Herberger/Martinek/Rüßmann/Weth

juris Praxiskommentar BGB
Schuldrecht

Band 2.3

juris PraxisKommentar

BGB

Band 2.3

Schuldrecht
(Teil 3: §§ 631 bis 853)

herausgegeben von

Prof. Dr. Dr. h.c. Helmut Rüßmann

Gesamtherausgeber:

Prof. Dr. Maximilian Herberger
Prof. Dr. Dr. Dr. h.c. mult. Michael Martinek M.C.J. (New York)
Prof. Dr. Dr. h.c. Helmut Rüßmann
Prof. Dr. Stephan Weth

6. Auflage

juris GmbH Saarbrücken 2013

Zitiervorschlag:
Martinek in: jurisPK-BGB, 6. Aufl. 2012, § 1 Rn. 10

Bibliografische Information der Deutschen Nationalbibliothek:
Die Deutsche Nationalbibliothek verzeichnet diese Publikation in der Deutschen Nationalbibliografie; detaillierte bibliografische Daten sind im Internet über http://dnb.ddb.de abrufbar.

ISBN: 978-3-86330-010-4

© 2013 juris GmbH, Gutenbergstraße 23, 66117 Saarbrücken, www.juris.de

Umschlaggestaltung: HDW Werbeagentur GmbH Saarbrücken
Druckvorstufe: Satzweiss.com GmbH Saarbrücken
Druck: Kösel GmbH & Co. KG, Altusried-Krugzell

Vorwort der Gesamtherausgeber zur 6. Auflage

Wenn unser Online-Kommentarwerk mit seinen begleitenden Print- und E-Book-Versionen in diesem Herbst in die 6. Auflage geht, dann ist dies ein Grund zur Freude und zum Feiern: Das „halbe Dutzend" von Auflagen innerhalb nur eines Jahrzehnts beweist eine Marktposition, die keine Angst vor der Konkurrenz zu haben braucht, auch wenn diese bekanntlich „nicht schläft". Das gedruckte Komplettwerk besteht nunmehr aus acht Büchern; das Schuldrecht ist seit der 1. Auflage in drei Bände aufgeteilt, und das – inzwischen schon weithin europäisierte – Internationale Privatrecht ist seit der 4. Auflage 2008/2009 in einem eigenen Band kommentiert. Die acht Bücher enthalten ca. 20.000 Druckseiten, die man freilich nur in der Print-Version als solche „sieht", aber in der Online- und E-Book-Version nur ahnt und mit denen man – so oder so – tagesaktuell, mediengerecht und zukunftssicher die praktische Arbeit gestalten kann. Alleinstellungsmerkmal der Online-Version ist nach wie vor die zeitnahe Ein- und Verarbeitung der neuesten Rechtsprechung und Literatur, die unser Kommentarwerk – nach einem Wort unseres „Rechtsinformatikers" unter den Herausgebern, Maximilian Herberger – zu einem „atmenden Kommentar" macht.

Wir dürfen von einer zehnjährigen Erfolgsgeschichte sprechen: Der Kommentar erblickte das Licht der Welt als Online-Kommentar. Mit der zweiten Auflage gewann er als zusätzliche Gestalt die traditionelle Buchform. Seit der fünften Auflage ist er auch als E-Book erhältlich, um sich den Weg auf manches iPad (oder vergleichbares Lesegerät) zu bahnen und dem Nutzer auch außerhalb der eigenen Bibliothek stets griffbereit zur Verfügung zu stehen.

Für die Nutzer des Druckwerks finden sich die Entscheidungszitate, die in der elektronischen Welt mit den von juris vorgehaltenen Entscheidungstexten verlinkt sind, durch eine Fundstelle aus der ja noch keineswegs „versunkenen Welt" der Druckwerke ergänzt. Die unterjährigen Aktualisierungen unseres juris Praxiskommentars zum BGB sind natürlich nur den Nutzern der elektronischen Medien zugänglich, für die der Kommentar entwickelt worden ist. Die weiterhin zahlen- und frequenzmäßig anwachsenden Aktualisierungen sind über ein Feed abrufbar und können sogar vorgelesen werden (Podcast-Feed).

Der juris PraxisKommentar BGB hat sich als Gesamtkommentar zu allen fünf Büchern des BGB behauptet und sich als Online-Version in den Favoriten-Listen der Computer und als Print-Version in den Regalen der Arbeitszimmer unserer immer zahlreicheren Nutzer einen festen Platz erobert; die jüngere E-Book-Version wird nicht lange nachhinken. Er ist in der Fachwelt zu einem „Begriff" geworden – und damit erhöht sich die Verantwortung aller Herausgeber und Autoren vor allem für die Verlässlichkeit der Inhalte unserer Kommentierungen und für die Schnelligkeit der Einarbeitung von Rechtsprechung und Literatur.

Es versteht sich von selbst, dass der Leser unseres Kommentars in der sechsten Auflage die vielfältigen, zum Teil tiefgreifenden Veränderungen des BGB wieder konzentriert und kompakt, praxisnah und aktuell dokumentiert und kommentiert findet. Für die Nutzer der Online-Version waren die Änderungen schon als Aktualisierungen der fünften Auflage verfügbar. Es finden sich in diesen turbulenten Zeiten gesetzgeberischer Aktivitäten und Rechtsprechungsentwicklungen ja kaum noch innovationsresistente Teile unseres mehr als einhundert Jahre alten BGB. Die Rechtsanwendung beginnt heute vielfach mit der Frage, wie überhaupt die aktuelle Rechtslage ist.

Die acht Einzelbände unseres juris PraxisKommentars werden von Bandherausgebern aus Wissenschaft und Praxis betreut: Band 1, Allgemeiner Teil: Prof. Dr. Klaus Vieweg; Band 2.1, Schuldrecht Allgemeiner Teil: Rechtsanwalt Dr. Markus Junker; Band 2.2, Schuldrecht Besonderer Teil (§§ 433-630): Prof. Dr. Roland Michael Beckmann; Band 2.3, Schuldrecht Besonderer Teil (§§ 631-853): Prof. Dr. Dr. h.c. mult. Helmut Rüßmann; Band 3, Sachenrecht: Prof. Dr. Dr. Dr. h.c. mult. Michael Martinek; Band 4, Familienrecht: Richter am Amtsgericht Dr. Wolfram Viefhues; Band 5, Erbrecht: Prof. Dr. Wolfgang Hau; Band 6, Internationales Privatrecht: Dr. Dr. Ingo Ludwig.

Wir freuen uns in der Zehn-Jahres-Feier darauf, dass das Kommentarwerk mit steigender Resonanz weiterhin einen guten Weg geht, um unseren Nutzern als ein rundes und lebendiges Werk für die praktische Arbeit auch künftig eine immer wichtigere Hilfe zu bieten.

Saarbrücken, im September 2012

Maximilian Herberger
Helmut Rüßmann
Michael Martinek
Stephan Weth

Vorwort der Herausgeber zur 1. Auflage

Unser Online-Kommentar nimmt schon vom Namen her einen ausgeprägten Praxisbezug für sich in Anspruch. In der Tat wollen wir nicht nur eine mediale, sondern auch eine inhaltliche, substanzielle Innovation präsentieren, weil sich der jurisPK vom konventionellen Duktus zivilrechtlicher Kommentarliteratur abheben soll. Die Ausrichtung an den Erfordernissen der Rechtsanwendungs-, Rechtsberatungs- und Rechtsgestaltungspraxis tritt dadurch hervor, dass die Kommentatoren die juristische Alltagsrelevanz der kommentierten Vorschriften und Rechtsinstitute ständig im Auge behalten. So wird die prozessuale Bedeutung der Normen immer „mitbedacht"; Beweislastfragen oder prozessstrategische Hinweise fließen ständig in die Kommentierungen ein. Dagegen ist unser jurisPK weitgehend von einem Verzicht der Kommentatoren auf die Mitwirkung am rechtsdogmatischen Diskurs, auf die Rekapitulation von akademischen Streitständen und auf die Auseinandersetzung mit wissenschaftlichen Lehrmeinungen gekennzeichnet. Die Kommentatoren sind zur Konzentration auf die anerkannten und wichtigsten Gesichtspunkte des Mainstream aufgerufen. Die Benutzer des jurisPK sollen sich nicht über das „law in the books", sondern über das „law in action" verlässlich informieren und aus den Informationen Handlungsanleitungen und Ratschläge gewinnen können. Die bewusst anwaltliche Perspektive ist darum bemüht, dem praktisch tätigen Rechtsanwalt oder Unternehmensjuristen Hilfestellungen für den alltäglichen Umgang mit den Normen in der streitentscheidenden Zivilrechtspraxis zu geben. Einschränkend muss freilich angemerkt werden, dass dieser Anspruch noch nicht von Anfang an schlagartig eingelöst werden, sondern nur allmählich umgesetzt werden kann. Der besondere Praxisbezug unseres jurisPK wird sich aber von Jahr zu Jahr deutlicher ausformen. Für Anregungen und Beiträge aus der Praxis, die uns helfen, unserem Anspruch besser gerecht zu werden, sind wir dankbar.

Die juristische Welt hat sich an Kommentare in Papierform gewöhnt. Aus dieser Gewöhnung resultiert fast so etwas wie eine Zuneigung zu dieser Form der medialen Präsentation. Und doch ist diese Art der Erläuterung und Erschließung von Gesetzen, Rechtsprechung und Literatur aus einem zentralen Grund unangemessen: Gesetze, Rechtsprechung und Literatur wandeln sich in schneller Folge (und mit zunehmendem Akzelerationsrhythmus). Das Papier kann dem nicht in adäquater Weise folgen. Loseblattsammlungen und ähnliche Versuche der „Dynamisierung von Papier" sind letzten Endes zum Scheitern verurteilt, weil sie nicht in der Lage sind, dem Rhythmus des Wissenswandels zeitnah und benutzerfreundlich zu folgen. Angesichts dieser Tatsache gilt es, die Chance des Medienwechsels hin zur elektronischen Begleitung des schnellen Wandels zu ergreifen. Der juris Praxiskommentar tut dies in konsequenter Weise. Er vollzieht diesen unter heutigen Bedingungen unabweislichen Paradigmenwechsel, indem er von vornherein bereits seiner Architektur nach der Tatsache Rechnung trägt, dass juristisches Wissen einem täglichen Wandel unterworfen ist. Das bedeutet, dass der Kommentar sich lebendig der jeweils neuen Informationslage anpasst. Es geschieht dies durch einen Aktualisierungsdienst, der Tag für Tag in den Kommentar eingearbeitet wird. Wenn sich zum Thema einer Randnummer etwas Neues ergibt, erscheint in einer optisch hervorgehobenen Zusatz-Randnummer, was man Neues wissen muss, um nicht dem Risiko ausgesetzt zu sein, in der Praxis folgenreiche Fehler zu begehen. Von dieser jeweils neuen Lage erfährt man aber nicht nur bei Konsultation des Kommentars. Wer den Kommentar abonniert hat, wird zeitnah per elektronischer Post auf den jeweils aktuellen Informationsstand gebracht – dies natürlich unter Einbeziehung des gesamten bei juris vorhandenen Hintergrundwissens, das vom juris Praxiskommentar her in konsequenter Verlinkung erschlossen wird. Mit alledem überschreitet der Kommentar die Grenze der statischen papierfixierten Information hin zum dynamischen Informationssystem. Es werden aber – auch dies gilt es zu betonen – die guten Werte des alten Mediums „Kommentar" aufrechterhalten: Die erste Auflage bleibt (stets zitierbar) die erste Auflage, die zweite die zweite usw. Die Schichten „Kommentierung" und „Aktualisierung" sind äußerlich klar erkennbar getrennt. Auf diese Weise wird der (trotz allen Wandels) gleichfalls bewahrenswerten Tatsache Rechnung getragen, dass es Ruhepunkte im Wandel gibt. So verbindet der juris Praxiskommentar das Beste der „alten" und der „neuen" Welt juristischen Wissens in einer Symbiose eigener Art. Dass man beliebige Teile dieses Kommentars neuen Typs nach je eigener Wahl in ansprechendem Layout ausdrucken kann, um damit „vor Ort" über das (haptisch) vertraute Papier zu verfügen, rundet das Spektrum der Funktionalität des juris Praxiskommentars ab: Er ist ein Kommentar, wie man ihn gewohnt ist, und zugleich ein Kommentar, wie man ihn noch nicht kennt. Wenn man es auf einen knappen Nenner bringen will: Der erste Kommentar, der vorher kein Buch war – es wohl aber auch ist.

Saarbrücken, im Mai 2003

Bearbeiterverzeichnis

Dr. Andreas Bergmann
Universitätsprofessor, FernUniversität in Hagen, Lehrstuhl für Bürgerliches Recht, Privatrechtsgeschichte sowie Handels- und Gesellschaftsrecht
§§ 705 bis 729, 736 bis 740

Prof. Dr. Reinhard Bork
Universität Hamburg, Geschäftsführender Direktor, Seminar für Zivilprozess- und Allgemeines Prozessrecht
§§ 779 bis 782

Godehard Diep
Rechtsanwalt, Fachanwalt für IT-Recht, München
§§ 632, 632a, 643, 649, 650

Jochen Ehlers
Rechtsanwalt, Berlin
§§ 741 bis 758

Seraphine Eulenburg
Rechtsanwältin, München
§§ 793 bis 808

Dr. Herbert Geisler
Rechtsanwalt beim Bundesgerichtshof, Karlsruhe
§§ 759 bis 761

Dr. Barbara Genius
Rechtsanwältin beim Bundesgerichtshof, Karlsruhe
§§ 633, 634, 635 bis 641, 646

Prof. Dr. Peter W. Heermann, LL.M.
Universität Bayreuth, Lehrstuhl für Bürgerliches Recht, Handels- und Wirtschaftsrecht, Rechtsvergleichung und Sportrecht
§§ 783 bis 792

Prof. em. Dr. Günther Hönn
Universität des Saarlandes, Bürgerliches Recht, Handels-, Wirtschafts- und Arbeitsrecht
§§ 662 bis 675

Prof. Dr. Axel Jäger
Fachhochschule Frankfurt am Main, Fachbereich Wirtschaft und Recht, Professor für Deutsches, Europäisches und Internationales Wirtschaftsrecht
§§ 652 bis 656

Dr. Christian Jülch
Wissenschaftlicher Mitarbeiter, Universität des Saarlandes, Lehrstuhl für Bürgerliches Recht, Zivilprozessrecht und Rechtsphilosophie (Prof. Dr. Dr. h.c. Helmut Rüßmann)
§§ 688 bis 704

Hans-Eike Keller
Rechtsanwalt beim Bundesgerichtshof, Karlsruhe
§§ 651a bis 651m

Dr. Jérôme Lange
Richter am Amtsgericht, Saarbrücken
§ 823

Prof. Dr. Knut Werner Lange
Universität Bayreuth, Lehrstuhl für Bürgerliches Recht, deutsches und europäisches Handels- und Wirtschaftsrecht (Zivilrecht V)
§§ 677 bis 687

Dr. Thomas Lapp
Rechtsanwalt und Mediator, Frankfurt
§ 651

Dr. Marc Laukemann
Rechtsanwalt, Fachanwalt für Handels- und Gesellschaftsrecht, Fachanwalt für gewerblichen Rechtsschutz, Wirtschaftsmediator (IHK), München
§§ 657 bis 661a, 762, 763

Prof. Dr. Dr. Dr. h.c. mult. Michael Martinek
Universität des Saarlandes, Lehrstuhl für Bürgerliches Recht, Handels- und Wirtschaftsrecht, Internationales Privatrecht und Rechtsvergleichung, Institut für Europäisches Recht
§§ 809 bis 822

Prof. Dr. Annemarie Matusche-Beckmann
Universität des Saarlandes, Lehrstuhl für Bürgerliches Recht, Handels- und Wirtschaftsrecht sowie Arbeitsrecht
§ 831

Prof. Dr. Klaus Moritz
Universität Hamburg, im Ruhestand
§§ 832 bis 838

Dr. Mansur Pour Rafsendjani
Rechtsanwalt, München
§§ 793 bis 808

Prof. Dr. Hanns Prütting
Universität zu Köln, Direktor, Institut für Verfahrensrecht
§§ 765 bis 778

Prof. Dr. Hermann Reichold
Universität Tübingen, Lehrstuhl für Bürgerliches Recht, Handels-, Wirtschafts- und Arbeitsrecht
§§ 824 bis 830

Dr. Ulrich Rösch
Rechtsanwalt, München
§§ 631, 634a, 642, 644, 645, 647 bis 648a

Prof. Dr. Dr. h.c. Helmut Rüßmann
Universität des Saarlandes, Lehrstuhl für Bürgerliches Recht, Zivilprozessrecht und Rechtsphilosophie
§§ 840, 842 bis 853

Katrin Schmidbauer
Rechtsanwältin, Saarbrücken
§ 823

Prof. Dr. Hans-Peter Schwintowski
Humboldt-Universität zu Berlin, Lehrstuhl für Bürgerliches Recht, Handels-, Wirtschafts- und Europarecht
§§ 675a bis 676c

Dr. Annette Trost
Richterin am Landgericht, Saarbrücken
§§ 730 bis 735

Dr. Wolfgang Zimmerling
Rechtsanwalt, Saarbrücken
§§ 839, 839a, 841

Inhaltsverzeichnis zu Band 2.3

Abkürzungsverzeichnis XIII

Literaturverzeichnis XXV

Bürgerliches Gesetzbuch

Buch 3 - Recht der Schuldverhältnisse (Teil 3)

Abschnitt 8 - Einzelne Schuldverhältnisse (§§ 631 - 853)

Titel 9 - Werkvertrag und ähnliche Verträge (§§ 631 - 651m) 1
Untertitel 1 - Werkvertrag (§§ 631 - 651) 1
Untertitel 2 - Reisevertrag (§§ 651a - 651m) 221
Titel 10 - Mäklervertrag (§§ 652 - 655e) 370
Untertitel 1 - Allgemeine Vorschriften (§§ 652 - 655) 370
Untertitel 2 - Vermittlung von Verbraucherdarlehensverträgen (§§ 655a - 655e) 502
Untertitel 3 - Ehevermittlung (§ 656) 518
Titel 11 - Auslobung (§§ 657 - 661a) 526
Titel 12 - Auftrag, Geschäftsbesorgungsvertrag und Zahlungsdienste (§§ 662 - 676c) .. 572
Untertitel 1 - Auftrag (§§ 662 - 674) 572
Untertitel 2 - Geschäftsbesorgungsvertrag (§§ 675 - 675b) 645
Untertitel 3 - Zahlungsdienste (§§ 675c - 676c) 707
Titel 13 - Geschäftsführung ohne Auftrag (§§ 677 - 687) 796
Titel 14 - Verwahrung (§§ 688 - 700) 868
Titel 15 - Einbringung von Sachen bei Gastwirten (§§ 701 - 704) 900
Titel 16 - Gesellschaft (§§ 705 - 740) 918
Titel 17 - Gemeinschaft (§§ 741 - 758) 1151
Titel 18 - Leibrente (§§ 759 - 761) 1197
Titel 19 - Unvollkommene Verbindlichkeiten (§§ 762 - 764) 1219
Titel 20 - Bürgschaft (§§ 765 - 778) 1249
Titel 21 - Vergleich (§ 779) 1302
Titel 22 - Schuldversprechen, Schuldanerkenntnis (§§ 780 - 782) 1318
Titel 23 - Anweisung (§§ 783 - 792) 1332
Titel 24 - Schuldverschreibung auf den Inhaber (§§ 793 - 808a) 1355
Titel 25 - Vorlegung von Sachen (§§ 809 - 811) 1447
Titel 26 - Ungerechtfertigte Bereicherung (§§ 812 - 822) 1462
Titel 27 - Unerlaubte Handlungen (§§ 823 - 853) 1591

Stichwortverzeichnis 2147

Abkürzungsverzeichnis

a.A.	anderer Ansicht
a.a.O.	am angegebenen Ort
a.E.	am Ende
a.F.	alte Fassung
a.M.	anderer Meinung
Abb.	Abbildung
ABl.	Amtsblatt
ABl.EG	Amtsblatt der Europäischen Gemeinschaften
ABl.EU	Amtsblatt der Europäischen Union
Abs.	Absatz
abw.	abweichend
AbzG	Gesetz betreffend die Abzahlungsgeschäfte
AdVermiG	Gesetz über die Vermittlung der Annahme als Kind und über das Verbot der Vermittlung von Ersatzmüttern
AEG	Allgemeines Eisenbahngesetz
AEntG	Gesetz über zwingende Arbeitsbedingungen bei grenzüberschreitenden Dienstleistungen
AEUV	Vertrag über die Arbeitsweise der Europäischen Union
AFG	Arbeitsförderungsgesetz
AfP	Archiv für Presserecht, Zeitschrift für Medien- und Kommunikationsrecht
AFWoG	Gesetz über den Abbau der Fehlsubventionierung im Wohnungswesen
AG	Aktiengesellschaft
AG	Amtsgericht
AGB	Allgemeine Geschäftsbedingungen
AGB DDR	Arbeitsgesetzbuch der Deutschen Demokratischen Republik
AGBG	Gesetz zur Regelung des Rechts der Allgemeinen Geschäftsbedingungen
AGG	Allgemeines Gleichbehandlungsgesetz
AIHonO	Verordnung über die Honorare für Leistungen der Architekten und der Ingenieure
AktG	Aktiengesetz
allg.	allgemein
Alt.	Alternative
AltTZG	Altersteilzeitgesetz
AMG	Gesetz über den Verkehr mit Arzneimitteln
AnfG	Gesetz über die Anfechtung von Rechtshandlungen eines Schuldners außerhalb des Insolvenzverfahrens
Anm.	Anmerkung
AO	Abgabenordnung
ApoG	Gesetz über das Apothekenwesen
ArbGBeschlG	Gesetz zur Vereinfachung und Beschleunigung des arbeitsgerichtlichen Verfahrens
ArbGG	Arbeitsgerichtsgesetz
ArbnErfG	Gesetz über Arbeitnehmererfindungen
ArbSchG	Gesetz über die Durchführung von Maßnahmen des Arbeitsschutzes zur Verbesserung der Sicherheit und des Gesundheitsschutzes der Beschäftigten bei der Arbeit
ArbStättV	Verordnung über Arbeitsstätten
ArbuR	Arbeit und Recht, Zeitschrift für Arbeitsrechtspraxis
ArbZG	Arbeitszeitgesetz (ArbZG)
arg.	argumentum
Art.	Artikel

Abkürzungsverzeichnis

AStG	Gesetz über die Besteuerung bei Auslandsbeziehungen
AtG	Gesetz über die friedliche Verwendung der Kernenergie und den Schutz gegen ihre Gefahren
Aufl.	Auflage
AÜG	Gesetz zur Regelung der gewerbsmäßigen Arbeitnehmerüberlassung (Arbeitnehmerüberlassungsgesetz - AÜG)
AuslG	Gesetz über die Einreise und den Aufenthalt von Ausländern im Bundesgebiet
AuslInvestmG	Gesetz über den Vertrieb ausländischer Investmentanteile und über die Besteuerung der Erträge aus ausländischen Investmentanteilen (Erster Teil des Gesetzes über den Vertrieb ausländischer Investmentanteile, über die Besteuerung ihrer Erträge sowie zur Änderung und Ergänzung des Gesetzes über Kapitalanlagegesellschaften)
AuslPflVG	Gesetz über die Haftpflichtversicherung für ausländische Kraftfahrzeuge und Kraftfahrzeuganhänger
AuslWBG	Gesetz zur Bereinigung von deutschen Schuldverschreibungen, die auf ausländische Währung lauten
AVAG	Gesetz zur Ausführung zwischenstaatlicher Verträge und zur Durchführung von Verordnungen und Abkommen der Europäischen Gemeinschaft auf dem Gebiet der Anerkennung und Vollstreckung in Zivil- und Handelssachen
AVBEltV	Verordnung über Allgemeine Bedingungen für die Elektrizitätsversorgung von Tarifkunden
AVBFernwärmeV	Verordnung über Allgemeine Bedingungen für die Versorgung mit Fernwärme
AVBGasV	Verordnung über Allgemeine Bedingungen für die Gasversorgung von Tarifkunden
AVBWasserV	Verordnung über Allgemeine Bedingungen für die Versorgung mit Wasser
AVermV	Verordnung über Arbeitsvermittlung durch private Arbeitsvermittler
AVG	Angestelltenversicherungsgesetz
AWG	Außenwirtschaftsgesetz
AWV	Verordnung zur Durchführung des Außenwirtschaftsgesetzes
Az.	Aktenzeichen
BA	Bundesagentur für Arbeit
BAföG	Bundesgesetz über individuelle Förderung der Ausbildung (Bundesausbildungsförderungsgesetz - BAföG)
BauFordSiG	Gesetz über die Sicherung der Bauforderungen
BayObLGZ	Entscheidungen des Bayerischen Obersten Landesgerichts in Zivilsachen Neue Folge
BazBV	Basiszinssatz-Bezugsgrößen-Verordnung
BB	Betriebs-Berater, Zeitschrift für Recht und Wirtschaft
BBankG	Gesetz über die Deutsche Bundesbank
BBauG	Baugesetzbuch
BBergG	Bundesberggesetz
BBesG	Bundesbesoldungsgesetz
BBG	Bundesbeamtengesetz
BBiG	Berufsbildungsgesetz
BBodSchG	Gesetz zum Schutz vor schädlichen Bodenveränderungen und zur Sanierung von Altlasten
Bd.	Band
Bde.	Bände
BDSG	Bundesdatenschutzgesetz
BeamtVG	Gesetz über die Versorgung der Beamten und Richter des Bundes
bearb.	bearbeitet
Bearb.	Bearbeitung, Bearbeiter

Abkürzungsverzeichnis

BEG	Bundesgesetz zur Entschädigung für Opfer der nationalsozialistischen Verfolgung
Begr.	Begründung
Beih.	Beiheft
Beil.	Beilage
Bek.	Bekanntmachung
Bem.	Bemerkung
ber.	berichtigt
BErzGG	Gesetz zum Erziehungsgeld und zur Elternzeit
bes.	besonders
BesatzSchG	Gesetz über die Abgeltung von Besatzungsschäden
bespr.	besprochen
bestr.	bestritten
betr.	betreffend
BetrAVG	Gesetz zur Verbesserung der betrieblichen Altersversorgung
BetrKV	Verordnung über die Aufstellung von Betriebskosten
BetrVG	Betriebsverfassungsgesetz
BeurkG	Beurkundungsgesetz
BewG	Bewertungsgesetz
BFH	Bundesfinanzhof
BGB	Bürgerliches Gesetzbuch
BGBEG	Einführungsgesetz zum Bürgerlichen Gesetzbuche
BGB-InfoV	Verordnung über Informations- und Nachweispflichten nach bürgerlichem Recht
BGH	Bundesgerichtshof
BGSG	Gesetz über die Bundespolizei
BImSchG	Gesetz zum Schutz vor schädlichen Umwelteinwirkungen durch Luftverunreinigungen, Geräusche, Erschütterungen und ähnliche Vorgänge
BinSchVerkG	Gesetz über den gewerblichen Binnenschiffsverkehr
BJagdG	Bundesjagdgesetz
BKGG	Bundeskindergeldgesetz
BKleingG	Bundeskleingartengesetz
Bl.	Blatt
BMAS	Bundesministerium für Arbeit und Soziales
BMBF	Bundesministerium für Bildung und Forschung
BMF	Bundesministerium der Finanzen
BMG	Bundesministerium für Gesundheit
BMI	Bundesministerium des Inneren
BMJ	Bundesministerium der Justiz
BML	Bundesministerium für Ernährung, Landwirtschaft und Forsten
BMWi	Bundesministerium für Wirtschaft und Technologie
BNotO	Bundesnotarordnung
BörsG	Börsengesetz
BPersVG	Bundespersonalvertretungsgesetz
BR	Bundesrat
BRAGebO	Bundesgebührenordnung für Rechtsanwälte
BRAO	Bundesrechtsanwaltsordnung
BR-Drs.	Bundesratsdrucksache
BRRG	Rahmengesetz zur Vereinheitlichung des Beamtenrechts
BSchG	Gesetz zum Schutz der Beschäftigten vor sexueller Belästigung am Arbeitsplatz
BSchuWG	Gesetz zur Regelung des Schuldenwesens des Bundes
BSeeSchG	Gesetz über die Aufgaben des Bundes auf dem Gebiet der Seeschiffahrt
BSG	Bundessozialgericht
BSGE	Amtliche Sammlung der Entscheidungen des Bundessozialgerichts

Abkürzungsverzeichnis

BSHG	Bundessozialhilfegesetz
bspw.	beispielsweise
BT	Bundestag
BT-Drs.	Bundestagsdrucksache
BTOEltV	Bundestarifordnung Elektrizität
Buchst.	Buchstabe
BUrlG	Mindesturlaubsgesetz für Arbeitnehmer
BVerfG	Bundesverfassungsgericht
BVerfGE	Amtliche Sammlung der Entscheidungen des Bundesverfassungsgerichts
BVerfGG	Gesetz über das Bundesverfassungsgericht
BVerwG	Bundesverwaltungsgericht
BVG	Gesetz über die Versorgung der Opfer des Krieges
BVO 2	Verordnung über wohnungswirtschaftliche Berechnungen nach dem Zweiten Wohnungsbaugesetz
bzw.	beziehungsweise
c.i.c.	culpa in contrahendo
ca.	circa
CISG	Convention on Contracts for the International Sale of Goods
d.h.	das heißt
ders.	derselbe
dgl.	dergleichen, desgleichen
dies.	dieselbe
Diss.	Dissertation
DMBilG	Gesetz über die Eröffnungsbilanz in Deutscher Mark und die Kapitalneufestsetzung
DRiG	Deutsches Richtergesetz
DÜG	Diskontsatz-Überleitungs-Gesetz
DWW	Deutsche Wohnungswirtschaft, Zentralorgan für das gesamte Haus- und Grundstückswesen
e.V.	eingetragener Verein
EAEG	Einlagensicherungs- und Anlegerentschädigungsgesetz
ebd.	ebenda
EBO	Eisenbahn-Bau- und Betriebsordnung
EEG	Gesetz für den Vorrang Erneuerbarer Energien
EG	Europäische Gemeinschaft
EGInsO	Einführungsgesetz zur Insolvenzordnung
EGV	Vertrag zur Gründung der Europäischen Gemeinschaft
EIBV 2005	Verordnung über den diskriminierungsfreien Zugang zur Eisenbahninfrastruktur und über die Grundsätze zur Erhebung von Entgelt für die Benutzung der Eisenbahninfrastruktur
Einf.	Einführung
EinigVtr	Vertrag zwischen der Bundesrepublik Deutschland und der Deutschen Demokratischen Republik über die Herstellung der Einheit Deutschlands
Einl.	Einleitung
einschl.	einschließlich
EKG	Einheitliches Gesetz über den internationalen Kauf beweglicher Sachen
EnEV	Verordnung über energiesparenden Wärmeschutz und energiesparende Anlagentechnik bei Gebäuden
EntgFG	Gesetz über die Zahlung des Arbeitsentgelts an Feiertagen und im Krankheitsfall
Entsch.	Entscheidung
entspr.	entsprechend
EnWG	Gesetz über die Elektrizitäts- und Gasversorgung
ErbbauV	Gesetz über das Erbbaurecht

ErbStG	Erbschaftsteuer- und Schenkungsteuergesetz
ErsDiG	Gesetz über den Zivildienst der Kriegsdienstverweigerer
EStG	Einkommensteuergesetz
etc.	et cetera
EU	Europäische Union
EuGH	Gerichtshof der Europäischen Gemeinschaften / Gerichtshof der Europäischen Union / Europäischer Gerichtshof
EuGHE	Sammlung der Rechtsprechung des Gerichtshofs der Europäischen Gemeinschaften / der Europäischen Union
EuroEG	Gesetz zur Einführung des Euro
EVO	Eisenbahn-Verkehrsordnung
evtl.	eventuell
EWIVAG	Gesetz zur Ausführung der EWG-Verordnung über die Europäische wirtschaftliche Interessenvereinigung
f.	folgende
FahrpersStG	Gesetz über das Fahrpersonal von Kraftfahrzeugen und Straßenbahnen
FamFG	Gesetz über das Verfahren in Familiensachen und in Sachen der freiwilligen Gerichtsbarkeit
FernAbsG	Fernabsatzgesetz
FernUSG	Gesetz zum Schutz der Teilnehmer am Fernunterricht
ff.	fortfolgend
FGG	Gesetz über die Angelegenheiten der freiwilligen Gerichtsbarkeit
FGG-RG	Gesetz zur Reform des Verfahrens in Familiensachen und in den Angelegenheiten der freiwilligen Gerichtsbarkeit
FGO	Finanzgerichtsordnung
FinDAG	Gesetz über die Bundesanstalt für Finanzdienstleistungsaufsicht
FinVermV	Verordnung über die Finanzanlagenvermittlung
Fn.	Fußnote
FPersV	Verordnung zur Durchführung des Fahrpersonalgesetzes
FS	Festschrift
FStrG	Bundesfernstraßengesetz
FuttMG	Futtermittelgesetz
FuttMV	Futtermittelverordnung
GasGVV	Verordnung über Allgemeine Bedingungen für die Grundversorgung von Haushaltskunden und die Ersatzversorgung mit Gas aus dem Niederdrucknetz
GBO	Grundbuchordnung
GebrMG	Gebrauchsmustergesetz
gem.	gemäß
GenG	Gesetz betreffend die Erwerbs- und Wirtschaftsgenossenschaften
GenTG	Gesetz zur Regelung der Gentechnik
GeschmMG	Gesetz über den rechtlichen Schutz von Mustern und Modellen
GesO	Gesamtvollstreckungsordnung
GewO	Gewerbeordnung
GewStG	Gewerbesteuergesetz
GG	Grundgesetz für die Bundesrepublik Deutschland
ggf.	gegebenenfalls
GKG	Gerichtskostengesetz
GmbHG	Gesetz betreffend die Gesellschaften mit beschränkter Haftung
GoA	Geschäftsführung ohne Auftrag
GOÄ	Gebührenordnung für Ärzte
GOZ	Gebührenordnung für Zahnärzte
grds.	grundsätzlich
GrdstVG	Gesetz über Maßnahmen zur Verbesserung der Agrarstruktur und zur Sicherung land- und forstwirtschaftlicher Betriebe
GrEStG	Grunderwerbsteuergesetz

Abkürzungsverzeichnis

GrStG	Grundsteuergesetz
GüKG	Güterkraftverkehrsgesetz
GVG	Gerichtsverfassungsgesetz
GVGEG	Einführungsgesetz zum Gerichtsverfassungsgesetz
GWB	Gesetz gegen Wettbewerbsbeschränkungen
GwG	Gesetz über das Aufspüren von Gewinnen aus schweren Straftaten
h.L.	herrschende Lehre
h.M.	herrschende Meinung
HaftPflG	Haftpflichtgesetz
HAG	Heimarbeitsgesetz
HausratsV	Verordnung über die Behandlung der Ehewohnung und des Hausrats
HeilMWerbG	Gesetz über die Werbung auf dem Gebiete des Heilwesens
HeizkostenV	Verordnung über die verbrauchsabhängige Abrechnung der Heiz- und Warmwasserkosten
HGB	Handelsgesetzbuch
HintO	Hinterlegungsordnung
HOAI	Verordnung über die Honorare für Architekten- und Ingenieurleistungen
HöfeO	Höfeordnung
HRG	Hochschulrahmengesetz
Hrsg.	Herausgeber
hrsg.	herausgegeben
HS	Halbsatz
HTürGG	Gesetz über den Widerruf von Haustürgeschäften und ähnlichen Geschäften
HypAblV	Verordnung über die Ablösung früherer Rechte und andere vermögensrechtliche Fragen
HypBkG	Hypothekenbankgesetz
i.A.	im Allgemeinen
i.d.F.	in der Fassung
i.d.R.	in der Regel
i.E.	im Einzelnen
i.e.S.	im engeren Sinne
i.S.d.	im Sinne des
i.S.v.	im Sinne von
i.V.m.	in Verbindung mit
IBR	Immobilien- und Baurecht
InsO	Insolvenzordnung
InvG	Investmentgesetz
JArbSchG	Gesetz zum Schutz der arbeitenden Jugend
JBeitrO	Justizbeitreibungsordnung
JGG	Jugendgerichtsgesetz
Jh.	Jahrhundert
JMStV	Jugendmedienschutz-Staatsvertrag
jurisPR	juris PraxisReport
JVEG	Gesetz über die Vergütung von Sachverständigen, Dolmetscherinnen, Dolmetschern, Übersetzerinnen und Übersetzern sowie die Entschädigung von ehrenamtlichen Richterinnen, ehrenamtlichen Richtern, Zeuginnen, Zeugen und Dritten
KAGG	Gesetz über Kapitalanlagegesellschaften
Kap.	Kapitel
KfzPflVV	Verordnung über den Versicherungsschutz in der Kraftfahrzeug-Haftpflichtversicherung
KO	Konkursordnung
KostO	Gesetz über die Kosten in Angelegenheiten der freiwilligen Gerichtsbarkeit

KredWG	Gesetz über das Kreditwesen
krit.	kritisch
KrW-/AbfG	Gesetz zur Förderung der Kreislaufwirtschaft und Sicherung der umweltverträglichen Beseitigung von Abfällen
KrWG	Gesetz zur Förderung der Kreislaufwirtschaft und Sicherung der umweltverträglichen Bewirtschaftung von Abfällen
KSchG	Kündigungsschutzgesetz
KStG	Körperschaftsteuergesetz
KunstUrhG	Gesetz betreffend das Urheberrecht an Werken der bildenden Künste und der Photographie
LAnpG	Gesetz über die strukturelle Anpassung der Landwirtschaft an die soziale und ökologische Marktwirtschaft in der Deutschen Demokratischen Republik
LFZG	Gesetz über die Fortzahlung des Arbeitsentgelts im Krankheitsfall
LG	Landgericht
Lit.	Literatur
lit.	litera (Buchstabe)
LPachtVG	Gesetz über die Anzeige und Beanstandung von Landpachtverträgen
LPartG	Gesetz über die Eingetragene Lebenspartnerschaft
LPGG	Gesetz über die landwirtschaftlichen Produktionsgenossenschaften
LuftBO	Betriebsordnung für Luftfahrtgerät
LuftFzgG	Gesetz über Rechte an Luftfahrzeugen
LuftVG	Luftverkehrsgesetz
LwVfG	Gesetz über das gerichtliche Verfahren in Landwirtschaftssachen
m.N.	mit Nachweisen
m.w.N.	mit weiteren Nachweisen
MargG	Margarinegesetz
MarkenG	Gesetz über den Schutz von Marken und sonstigen Kennzeichen
MDR	Monatsschrift für Deutsches Recht
MDStV	Mediendienste-Staatsvertrag
MiArbG	Gesetz über die Festsetzung von Mindestarbeitsbedingungen
MietHöReglG	Gesetz zur Regelung der Miethöhe (Artikel 3 des Zweiten Gesetzes über den Kündigungsschutz für Mietverhältnisse über Wohnraum)
MilchFettG	Gesetz über den Verkehr mit Milch, Milcherzeugnissen und Fetten
MM	Mietrechtliche Mitteilungen. Beilage zu Mieter Magazin, Fachorgan des Berliner Mietervereins
MMR	MultiMedia und Recht
MPG	Gesetz über Medizinprodukte
MünzG	Münzgesetz
MuSchG	Gesetz zum Schutz der erwerbstätigen Mutter
n.F.	neue Fassung
nachf.	nachfolgend
Nachw.	Nachweis
NachwG	Gesetz über den Nachweis der für ein Arbeitsverhältnis geltenden wesentlichen Bedingungen
Neubearb.	Neubearbeitung
NJW	Neue Juristische Wochenschrift
NJW-RR	NJW-Rechtsprechungsreport Zivilrecht
NMV	Verordnung über die Ermittlung der zulässigen Miete für preisgebundene Wohnungen
Nr.	Nummer
NZM	Neue Zeitschrift für Miet- und Wohnungsrecht, Miete, Wohnungseigentum, Pacht, Makler- und Bauträgerrecht, Steuern, Wohnungswirtschaft, Versicherung, Immobilienleasing, Time-Sharing
OEG	Gesetz über die Entschädigung für Opfer von Gewalttaten
OLG	Oberlandesgericht

Abkürzungsverzeichnis

OVG	Oberverwaltungsgericht
OWiG	Gesetz über Ordnungswidrigkeiten
PartGG	Gesetz über Partnerschaftsgesellschaften Angehöriger Freier Berufe
PatAnwO	Patentanwaltsordnung
PatG	Patentgesetz
PBefG	Personenbeförderungsgesetz
PfandBG	Pfandbriefgesetz
pfl.	pflichtig
PflSchG	Gesetz zum Schutz der Kulturpflanzen
PflVG	Gesetz über die Pflichtversicherung für Kraftfahrzeughalter
PostG	Postgesetz
PrKG	Gesetz über das Verbot der Verwendung von Preisklauseln bei der Bestimmung von Geldschulden
PrKV	Preisklauselverordnung
ProdHaftG	Gesetz über die Haftung für fehlerhafte Produkte
ProdSG	Gesetz zur Regelung der Sicherheitsanforderungen an Produkte und zum Schutz der CE-Kennzeichnung
RBerG	Rechtsberatungsgesetz
RBerGAV	Verordnung zur Ausführung des Rechtsberatungsgesetzes
RDG	Gesetz über außergerichtliche Rechtsdienstleistungen
RechKredV	Verordnung über die Rechnungslegung der Kreditinstitute und Finanzdienstleistungsinstitute
RennwLottG	Rennwett- und Lotteriegesetz
RGZ	Entscheidungen des Reichsgerichts in Zivilsachen
RHBG	Gesetz über die Haftung des Reichs für seine Beamten
RKG	Reichsknappschaftsgesetz
RL	Richtlinie
Rn.	Randnummer
RPflG	Rechtspflegergesetz
Rs.	Rechtssache
RSiedlG	Reichssiedlungsgesetz
Rspr.	Rechtsprechung
RStV	Rundfunkstaatsvertrag
RVG	Gesetz über die Vergütung der Rechtsanwältinnen und Rechtsanwälte
RVO	Reichsversicherungsordnung
Rz.	Randzahl
S.	Satz
S.	Seite
s.	siehe
SachenRBerG	Gesetz zur Sachenrechtsbereinigung im Beitrittsgebiet
ScheckG	Scheckgesetz
SchfG	Gesetz über das Schornsteinfegerwesen
SchlHA	Schleswig-Holsteinische Anzeigen, Justizministerialblatt für Schleswig-Holstein
SchuldRAnpG	Gesetz zur Anpassung schuldrechtlicher Nutzungsverhältnisse an Grundstücken im Beitrittsgebiet
SchuldRModG	Gesetz zur Modernisierung des Schuldrechts
SchVG	Gesetz über Schuldverschreibungen aus Gesamtemissionen
SchwPestSchV	Verordnung zum Schutz vor der Verschleppung der Schweinepest
SchwPestV	Verordnung zum Schutz gegen die Schweinepest und die Afrikanische Schweinepest
SeemG	Seemannsgesetz
SG	Gesetz über die Rechtsstellung der Soldaten
SGB I	Sozialgesetzbuch Erstes Buch - Allgemeiner Teil
SGB II	Sozialgesetzbuch Zweites Buch - Grundsicherung für Arbeitsuchende
SGB III	Sozialgesetzbuch Drittes Buch - Arbeitsförderung

SGB IV	Sozialgesetzbuch Viertes Buch - Gemeinsame Vorschriften für die Sozialversicherung
SGB V	Sozialgesetzbuch Fünftes Buch - Gesetzliche Krankenversicherung
SGB VI	Sozialgesetzbuch Sechstes Buch - Gesetzliche Rentenversicherung
SGB VII	Sozialgesetzbuch Siebtes Buch - Gesetzliche Unfallversicherung
SGB VIII	Sozialgesetzbuch Achtes Buch - Kinder- und Jugendhilfe
SGB IX	Sozialgesetzbuch Neuntes Buch - Rehabilitation und Teilhabe behinderter Menschen
SGB X	Sozialgesetzbuch Zehntes Buch - Sozialverwaltungsverfahren und Sozialdatenschutz
SGB XI	Sozialgesetzbuch Elftes Buch - Soziale Pflegeversicherung
SGB XII	Sozialgesetzbuch Zwölftes Buch - Sozialhilfe
SGG	Sozialgerichtsgesetz
SigG	Gesetz über Rahmenbedingungen für elektronische Signaturen
sog.	so genannt
SpielV	Verordnung über Spielgeräte und andere Spiele mit Gewinnmöglichkeit
SprAuG	Gesetz über Sprecherausschüsse der leitenden Angestellten
SprengG	Gesetz über explosionsgefährliche Stoffe
SpTrUG	Gesetz über die Spaltung der von der Treuhandanstalt verwalteten Unternehmen
st. Rspr.	ständige Rechtsprechung
StBerG	Steuerberatungsgesetz
StBGebV	Gebührenverordnung für Steuerberater, Steuerbevollmächtigte und Steuerberatungsgesellschaften
StGB	Strafgesetzbuch
StHG	Staatshaftungsgesetz
StPO	Strafprozeßordnung
str.	streitig
StromGVV	Verordnung über Allgemeine Bedingungen für die Grundversorgung von Haushaltskunden und die Ersatzversorgung mit Elektrizität aus dem Niederspannungsnetz
StUG	Gesetz über die Unterlagen des Staatssicherheitsdienstes der ehemaligen Deutschen Demokratischen Republik
StVG	Straßenverkehrsgesetz
StVO	Straßenverkehrs-Ordnung
StVollzG	Gesetz über den Vollzug der Freiheitsstrafe und der freiheitsentziehenden Maßregeln der Besserung und Sicherung
StVZO	Straßenverkehrs-Zulassungs-Ordnung
SVG	Gesetz über die Versorgung für die ehemaligen Soldaten der Bundeswehr und ihre Hinterbliebenen
TDDSG	Gesetz über den Datenschutz bei Telediensten
TDG	Gesetz über die Nutzung von Telediensten
TechArbmG	Gesetz über technische Arbeitsmittel
TEHG	Gesetz über den Handel mit Berechtigungen zur Emission von Treibhausgasen
teilw.	teilweise
THW-HelfRG	Gesetz über das Technische Hilfswerk
TierSchG	Tierschutzgesetz
TierZG	Tierzuchtgesetz
TKG	Telekommunikationsgesetz
TKV	Telekommunikations-Kundenschutzverordnung
TMG	Telemediengesetz
TVG	Tarifvertragsgesetz
TzBfG	Gesetz über Teilzeitarbeit und befristete Arbeitsverträge
TzWrG	Gesetz über die Veräußerung von Teilzeitnutzungsrechten an Wohngebäuden

Abkürzungsverzeichnis

u.a.	unter anderem
u.Ä.	und Ähnliches
u.H.a.	unter Hinweis auf
u.U.	unter Umständen
UhVorschG	Gesetz zur Sicherung des Unterhalts von Kindern allein stehender Mütter und Väter durch Unterhaltsvorschüsse oder -ausfallleistungen
UKlaG	Gesetz über Unterlassungsklagen bei Verbraucherrechts- und anderen Verstößen
UmstG	Drittes Gesetz zur Neuordnung des Geldwesens
UmweltHG	Umwelthaftungsgesetz
UmwG	Umwandlungsgesetz
unstr.	unstreitig
UrhG	Gesetz über Urheberrecht und verwandte Schutzrechte
UStG	Umsatzsteuergesetz 1999
usw.	und so weiter
UWG	Gesetz gegen den unlauteren Wettbewerb
VA	Verwaltungsakt
VAG	Gesetz über die Beaufsichtigung der Versicherungsunternehmen
VerbrKrG	Verbraucherkreditgesetz
VerkaufsprospektG	Wertpapier-Verkaufsprospektgesetz
VerlG	Gesetz über das Verlagsrecht
VermAnlG	Gesetz über Vermögensanlagen
VermG	Gesetz zur Regelung offener Vermögensfragen
VermVerkProspV	Verordnung über Vermögensanlagen-Verkaufsprospekte
VersAusglG	Gesetz über den Versorgungsausgleich
VG	Verwaltungsgericht
vgl.	vergleiche
VglO	Vergleichsordnung
VgV	Verordnung über die Vergabe öffentlicher Aufträge
Vorbem.	Vorbemerkung
VVG	Gesetz über den Versicherungsvertrag
VVG	Gesetz über den Versicherungsvertrag
VVGEG	Einführungsgesetz zum Versicherungsvertragsgesetz
VwGO	Verwaltungsgerichtsordnung
VwVfG	Verwaltungsverfahrensgesetz
WaffG	Waffengesetz
WährG	Gesetz Nr. 61 - Erstes Gesetz zur Neuordnung des Geldwesens
WehrPflG	Wehrpflichtgesetz
WG	Wechselgesetz
WHG	Gesetz zur Ordnung des Wasserhaushalts
WiPrO	Gesetz über eine Berufsordnung der Wirtschaftsprüfer
WiStrG	Gesetz zur weiteren Vereinfachung des Wirtschaftsstrafrechts
WM	Wertpapier-Mitteilungen. Teil IV, Zeitschrift für Wirtschafts- und Bankrecht
WoBauG 2	Zweites Wohnungsbaugesetz
WoBindG	Gesetz zur Sicherung der Zweckbestimmung von Sozialwohnungen
WoEigG	Gesetz über das Wohnungseigentum und das Dauerwohnrecht
WoFG	Gesetz über die soziale Wohnraumförderung
WoModG	Gesetz zur Förderung der Modernisierung von Wohnungen und von Maßnahmen zur Einsparung von Heizenergie
WoVermRG	Gesetz zur Regelung der Wohnungsvermittlung
WPapG	Gesetz über die Verwahrung und Anschaffung von Wertpapieren
WpDVerOV	Verordnung zur Konkretisierung der Verhaltensregeln und Organisationsanforderungen für Wertpapierdienstleistungsunternehmen
WpHG	Gesetz über den Wertpapierhandel

Abkürzungsverzeichnis

WpPG	Gesetz über die Erstellung, Billigung und Veröffentlichung des Prospekts, der beim öffentlichen Angebot von Wertpapieren oder bei der Zulassung von Wertpapieren zum Handel an einem organisierten Markt zu veröffentlichen ist
WpÜG	Wertpapiererwerbs- und Übernahmegesetz
WuM	Wohnungswirtschaft und Mietrecht
WZG	Warenzeichengesetz (Anlage 3 zu § 18 des Fünften Gesetzes zur Änderung und Überleitung von Vorschriften auf dem Gebiet des gewerblichen Rechtsschutzes vom 18. Juli 1953 BGBl II 1953, 615)
z.B.	zum Beispiel
ZAG	Gesetz über die informationelle Zusammenarbeit der Sicherheits- und Strafverfolgungsbehörden des Bundes und der Länder in Angelegenheiten des Staats- und Verfassungsschutzes und nachrichtendienstlicher Tätigkeit - Entwurf -
ZfIR	Zeitschrift für Immobilienrecht - ZfIR
ZfSch	Zeitschrift für Schadensrecht
Ziff.	Ziffer
ZIP	Zeitschrift für Wirtschaftsrecht und Insolvenzpraxis, ZIP
zit.	zitiert
ZMR	Zeitschrift für Miet- und Raumrecht, Mit Wohnungseigentumsrecht, Wohngeldrecht und Erschließungsrecht
ZPO	Zivilprozessordnung
ZPOEG	Gesetz, betreffend die Einführung der Zivilprozeßordnung
ZPO-RG	Gesetz zur Reform des Zivilprozesses
ZugabeV	Verordnung des Reichspräsidenten zum Schutz der Wirtschaft - Erster Teil - Zugabewesen
ZuSEG	Gesetz über die Entschädigung von Zeugen und Sachverständigen
zust.	zuständig, zustimmend
zutr.	zutreffend
ZVG	Gesetz über die Zwangsversteigerung und die Zwangsverwaltung

Literaturverzeichnis

Ascheid/Bader/Dörner u.a., Gemeinschaftskommentar zum Arbeitsgerichtsgesetz, Loseblatt-Grundwerk, Stand: 2012 (zit. Bearbeiter in: GK-ArbGG)
Assmann/Schütze, Handbuch des Kapitalanlagerechts, 3. Aufl. 2007Ascheid/Bader/Dörner u.a., Gemeinschaftskommentar zum Arbeitsgerichtsgesetz, Loseblatt-Grundwerk, Stand: 2012 (zit. Bearbeiter in: GK-ArbGG)
Bader/Funke-Kaiser/Kuntze/v. Albedyl, Verwaltungsgerichtsordnung, 4. Aufl. 2007
Badura/Scholz, Wege und Verfahren des Verfassungslebens - Festschrift für Peter Lerche, 1993
Bamberger/Roth, Bürgerliches Gesetzbuch, 3. Aufl. 2012 (zit.: Bearbeiter in: Bamberger/Roth)
Bamberger/Roth, Beck'scher Online-Kommentar, 24. Edition, Stand: 01.08.2012
Bärmann, Wohnungseigentumsgesetz, 11. Aufl. 2010
v. Bar, Gemeineuropäisches Deliktsrecht, Band I, 1999
Bahr, Glücks- und Gewinnspielrecht, 2. Aufl. 2007
Bartl, Reiserecht, 2. Aufl. 1981
Basty, Der Bauträgervertrag, 7. Aufl. 2012
Battis, Bundesbeamtengesetz, 4. Aufl. 2009
Baum/Fleckner/Hellgardt/Roth, Perspektiven des Wirtschaftsrechts - Beiträge für Klaus J. Hopt, 2008
Baumbach/Hefermehl/Casper, Wechselgesetz, Scheckgesetz, Recht der kartengestützten Zahlungen, 23. Aufl. 2008
Baumbach/Hopt, Handelsgesetzbuch, 35. Aufl. 2012
Baumbach/Lauterbach/Albers/Hartmann, Zivilprozessordnung, 70. Aufl. 2012
Baumgärtel/Laumen, Handbuch der Beweislast, 3. Aufl. 2008
Baur/Esser, Funktionswandel der Privatrechtsinstitutionen - Festschrift für Ludwig Raiser, 1974
Baur/Hopt/Mailänder, Festschrift für Ernst Steindorff, 1990
Baur/Stürner, Sachenrecht, 18. Aufl. 2009
Bayerlein, Praxishandbuch Sachverständigenrecht, 4. Aufl. 2008
Bechtold, Kartellgesetz, 6. Aufl. 2012
Bechtold/Bosch/Brinker/Hirsbrunner, EG-Kartellrecht, 2. Aufl. 2009
Bergmann, Die fremdorganschaftlich verfasste Offene Handelsgesellschaft, Kommanditgesellschaft und BGB-Gesellschaft als Problem des allgemeinen Verbandsrechts, 2002
Bernau, Die Aufsichtshaftung der Eltern nach § 832 BGB - Im Wandel, 2005
Bettermann, Die Grundrechte Bd. III/2, 1959
BGB-RGRK - Mitglieder des Bundesgerichtshofs (Hrsg.), Das bürgerliche Gesetzbuch - mit besonderer Berücksichtigung der Rechtsprechung des Reichsgerichts und des Bundesgerichtshofs, 12. Aufl. 1974 (zit.: Bearbeiter in: BGB-RGRK)
Bidinger/Müller, Reisevertragsrecht, 2. Aufl. 1995
Bley/Büchner-Uhder/Duckwitz u.a., Verwaltungsrecht, 2. Aufl. 1988
Borgmann/Jungk/Grams, Anwaltshaftung, 4. Aufl. 2005
Bork, Der Vergleich, 1988
Brandner/Hensen/Schmidt u.a., AGB-Gesetz, 10. Aufl. 2006
Bredemeier/Neffke/Cerff/Weizenegger, TVöD/TV-L, 3. Aufl. 2007
Brox/Henssler, Handelsrecht, 21. Aufl. 2011
Brüggemeier, Deliktsrecht, 1986
Budewig/Gehrlein, Haftpflichtrecht nach der Reform, 2002
Bundesminister der Justiz, Gutachten und Vorschläge zur Überarbeitung des Schuldrechts, 1981
Bundesministerium der Justiz, Bericht der Kommission für das Zivilprozeßrecht, 1977
Büchting/Heussen, Beck'sches Rechtsanwalts-Handbuch, 10. Aufl. 2011
Burgi, Staat, Kirche, Verwaltung - Festschrift für Hartmut Maurer, 2001
Burmann/Heß/Jahnke/Janker, Straßenverkehrsrecht, 22. Aufl. 2012
Bydlinski, Probleme der Schadensverursachung nach deutschem und österreichischem Recht, 1964
Caemmerer, Gesammelte Schriften,
  Bd. I: Rechtsvergleichung und Schuldrecht, 1968;
  Bd. II: Gesellschaftsrecht, Währung und Kredit, 1968;
  Bd. III: Gesammelte Schriften 1968-1982, 1983

Literaturverzeichnis

Cahn, Einführung in das neue Schadensersatzrecht, 2003
Canaris, Bankvertragsrecht, 4. Aufl. 1988 (Sonderausgabe der Kommentierung des Bankvertragsrechts aus: Staub, GroßKomm-HGB)
Canaris, Die Vertrauenshaftung im deutschen Privatrecht, 1971
Canaris, Recht der Wertpapiere, 12. Aufl. 1986
Canaris/Diederichsen, Festschrift für Karl Larenz, 1983
Casper, Der Optionsvertrag, 2005
Conrad, Deutsche Rechtsgeschichte Bd. 1, 2. Aufl. 1962
Damrau/Fürst/Kraft, Festschrift für Otto Mühl, 1981
Dauner-Lieb/Heidel/Lepa/Ring, Anwaltkommentar - Das neue Schuldrecht, 2002 (zit.: Bearbeiter in: AnwK-Das neue Schuldrecht)
Dauner-Lieb u.a., Das neue Schuldrecht in der anwaltlichen Praxis, 2002
Deutsch, Unerlaubte Handlungen und Schadensersatz, 4. Aufl. 2002
Deutsche Gesellschaft für Reiserecht, DGfR Jahrbuch 2001, 2002
Dirksen, Rechtsfragen beim Depot, 4. Aufl. 1971
Doralt/Nowotny, Kontinuität und Wandel: Beiträge zum Unternehmensrecht - Festschrift für Walther Kastner, 1992
Dölle/Rheinstein, Festschrift für Ernst Rabel, 2. Bände, 1954
Dörner/Ebert/Eckert, BGB-Handkommentar, 7. Aufl. 2012 (zit.: Bearbeiter in: Hk-BGB)
Dötsch/Jost/Pung/Witt, Die Körperschaftssteuer, Loseblatt-Kommentar, 75. Erg.Lfg. Stand: 09.2012
Drews/Wacke/Vogel/Martens, Gefahrenabwehr, 9. Aufl. 1986
Dreier/Schulze, Urheberrechtsgesetz, 3. Aufl. 2008
Dreier/Wittreck, Grundgesetz, 6. Aufl. 2011
Düwell/Lipke, ArbGG - Arbeitsgerichtsgesetz, 2. Aufl. 2005
Eisenried, Die bürgerlich-rechtliche Anweisung und ihre Entstehung, 2010
Ekkenga/Hadding/Hammen, Bankrecht und Kapitalmarktrecht in der Entwicklung - Festschrift für Siegfried Kümpel, 2003
Emmerich, Kartellrecht, 12. Aufl. 2012
Enneccerus/Lehmann, Recht der Schuldverhältnisse, 15. Bearb. 1958
Erman, Handkommentar zum Bürgerlichen Gesetzbuch, 13. Aufl. 2011 (zit.: Bearbeiter in: Erman)
Eschmann, Einstweiliger Rechtsschutz beim Dokumentenakkreditiv in Deutschland, England und der Schweiz, 1994
Esser/Schmidt, Schuldrecht Allgemeiner Teil, Teilband 2, 8. Aufl. 2000
Esser/Weyers, Schuldrecht Besonderer Teil, Teilband 2, 8. Aufl. 2000
Eyermann, Verwaltungsgerichtsordnung, 13. Aufl. 2010
Ficker/König/Kreuzer, Festschrift für Ernst von Caemmerer, 1978
Fikentscher/Heinemann, Schuldrecht, 10. Aufl. 2006
Finkelnburg/Jank, Vorläufiger Rechtsschutz im Verwaltungsstreitverfahren, 6. Aufl. 2011
Fitting/Auffarth/Kaiser, Betriebsverfassungsgesetz (BetrVG), 26. Aufl. 2012
Flume, Allgemeiner Teil des Bürgerlichen Rechts, Band 1/1, 1977
Flume, Allgemeiner Teil des Bürgerlichen Rechts, Band 2, 4. Aufl. 1992
Forkel, Beiträge zum Schutz der Persönlichkeit und ihrer schöpferischen Leistungen - Festschrift für Heinrich Hubmann, 1985
Fritzweiler/Pfister/Summerer, Praxishandbuch Sportrecht, 2. Aufl. 2007
Führich, Reiserecht, 6. Aufl. 2010
Gaier/Wolf/Göcken, Anwaltliches Berufsrecht, 2010
Geigel, Der Haftpflichtprozess, 26. Aufl. 2011
Geiger/Khan/Kotzur, EUV/AEUV, 5. Aufl. 2010
Gerlach, Ungerechtfertigte Zwangsvollstreckung und ungerechtfertigte Bereicherung, 1986
Germelmann/Matthes/Prütting/Müller-Glöge, Arbeitsgerichtsgesetz (ArbGG), 7. Aufl. 2009
Gerold/Schmidt, Rechtsanwaltsvergütungsgesetz (RVG), 20. Aufl. 2012
Gloy/Loschelder/Erdmann, Handbuch des Wettbewerbsrechts, 4. Aufl. 2010
Gottwald, Insolvenzrechts-Handbuch, 4. Aufl. 2010
Grunsky, Arbeitsgerichtsgesetz, 7. Aufl. 1995
Grunsky, Funktionswandel der Privatrechtsinstitutionen, 1974
Gursky, Wertpapierrecht, 3. Aufl. 2007

Literaturverzeichnis

Habersack/Joeres/Krämer, Entwicklungslinien im Bank- und Kapitalmarktrecht - Festschrift für Gerd Nobbe, 2009
Habscheid, Staatshaftung für fehlsame Bankenaufsicht, 1988
Harbauer, Rechtsschutzversicherung, 8. Aufl. 2010
Harte-Bavendamm/Henning-Bodewig, Gesetz gegen den unlauteren Wettbewerb - UWG, 2. Aufl. 2009
Hartmer/Detmer, Hochschulrecht, 2. Aufl. 2011
Hartung/Schons/Enders, Rechtsanwaltsvergütungsgesetz, 2011
Haug/Pfarr/Struck, Möglichkeiten der Beschleunigung des arbeitsgerichtlichen Verfahrens, 1985
Heck, Grundriß des Schuldrechts, 1929(Nachdruck 1994)
Heckmann, juris PraxisKommentar Internetrecht, 3. Aufl. 2011
  (zit.: Bearbeiter in: juris-PK Internetrecht, 3. Aufl. 2011)
Heermann, Drittfinanzierte Erwerbsgeschäfte, 1998
Heermann, Geld und Geldgeschäfte, 2003
Heiermann/Zeiss/Blaufuß, juris PraxisKommentar Vergaberecht, 3. Aufl. 2011
  (zit.: Bearbeiter in: juris-PK VergR, 3. Aufl. 2011)
Heldrich/Prölls/Koller, Festschrift für Claus-Wilhelm Canaris, Band I, 2007
Henssler, Risiko als Vertragsgegenstand, 1994
Henssler/Prütting, Bundesrechtsanwaltsordnung, 3. Aufl. 2010
Hentschel/König/Dauer, Straßenverkehrsrecht, 41. Aufl. 2011
Herdegen, Die Haftung der Europäischen Wirtschaftsgemeinschaft für fehlerhafte Rechtsetzungsakte, 1983
Herberger/Martinek/Rüßmann/Weth, juris PraxisKommentar BGB, 6. Aufl. 2012,
  (zit.: Bearbeiter in: juris-PK BGB, 6. Aufl. 2012)
Heymann, Handelsgesetzbuch (ohne Seerecht),
  Band 1: Einleitung; §§1-104, 2. Aufl. 2012;
  Band 2: §§ 105-237, 2. Aufl. 2012;
  Band 3: §§ 238-342a, 2. Aufl. 2012;
  Band 4: §§ 343-475h, 2. Aufl. 2005
Hochstein/Korbion/Keldungs, Der VOB-Vertrag, 9. Aufl. 2008
Hopt, Festschrift für Mestmäcker, 1996
Horn/Lwowski/Nobbe, Bankrecht, Schwerpunkte und Perspektiven - Festschrift für Herbert Schimansky, 1999
Hromadka/Maschmann, Arbeitsrecht Band 1:Individualarbeitsrecht, 5. Aufl. 2012
Huber, Leistungsstörungen, 1999
Huber, Wirtschaftsverwaltungsrecht Bd. 1, 2. Aufl. 1953
Huber/Jayme, Festschrift für Rolf Serick, 1992
Hüffer, Aktiengesetz, 10. Aufl. 2012
Isele, Geschäftsbesorgung. Umrisse eines Systems, 1935
Isensee, Subsidiaritätsprinzip und Verfassung, 1968
Jacobs/Papier/Schuster (Hrsg.), Festschrift für Peter Raue, 2006
Jacobs/Knobbe-Keuk, Festschrift für Flume, 1978
Jaeger/Luckey, Das neue Schadensersatzrecht, 2002
Jarass/Pieroth, Grundgesetz, 11. Aufl. 2011
Jauernig, Bürgerliches Gesetzbuch, 14. Aufl. 2011 (zit.: Bearbeiter in: Jauernig)
Jennißen (Hrsg.), Wohnungseigentumsgesetz, 2. Aufl. 2010
Jennißen/Schmidt, Der WEG-Verwalter - Handbuch für Verwalter und Beirat, 2. Aufl. 2010
Johlen, Münchener Anwaltshandbuch Verwaltungsrecht, 3. Aufl. 2012
Jülch, Die Wechselwirkung von Kapital- und Existenzschutz im GmbH-Konzern am Beispiel des Cash Poolings unter besonderer Berücksichtigung des MoMiG, 2009
Jürgens, Betreuungsrecht, 4. Aufl. 2010
Kirchhof, Handbuch des Staatskirchenrechts der Bundesrepublik Deutschland, Band VI, 1989
Kirchhof/Söhn/Mellinghoff, Einkommensteuergesetz, Loseblattwerk, Stand: 2012
Klinger, Die Rückabwicklung unberechtigter Lastschriften im Einzugsermächtigungsverfahren - unter besonderer Berücksichtigung des Lastschriftabkommens und der Rechtsnatur der Einzugsermächtigung, 1989

Literaturverzeichnis

Knack/Henneke, Verwaltungsverfahrensgesetz (VwVfG), 9. Aufl. 2009
Koller/Morck/Roth, Handelsgesetzbuch, 7. Aufl. 2011
Köhler/Bornkamm, Gesetz gegen den unlauteren Wettbewerb, 30. Aufl. 2012
Köndgen, Selbstbindung ohne Vertrag, 1981
Kopp/Ramsauer, Verwaltungsverfahrensgesetz, 13. Aufl. 2012
Kopp/Schenke, Verwaltungsgerichtsordnung: VwGO, 18. Aufl. 2012
Koppensteiner/Kramer, Ungerechtfertigte Bereicherung, 2. Aufl. 1988
Krause-Allenstein/Pause/Jansen, Bauvertragsrecht, 1. Aufl. 2011
Krenzler, Rechtsdienstleistungsgesetz, 1. Aufl. 2009
Kruse, Alternative Kausalität im Deliktsrecht - Eine historische und vergleichende Untersuchung, 2006
Kuffer/Wirth, Handbuch des Fachanwalts für Bau- und Architektenrecht, 3. Aufl. 2011
Kulartz/Kus/Portz, Kommentar zum GWB-Vergaberecht, 2. Aufl. 2009
Kullmann/Pfister, Produzentenhaftung, Loseblattwerk, Stand: 2010
Kübler, Feststellung und Garantie - eine rechtsvergleichende und dogmatische Abhandlung wider die Lehre vom abstrakten Schuldvertrag im bürgerlichen und Handelsrecht, 1967
Kümpel/Wittig, Bank- und Kapitalmarktrecht, 4. Aufl. 2011
Lachmann, Handbuch für Schiedsgerichtspraxis, 3. Aufl. 2008
Lando/Beale, Principles of European Contract Law, Part I and II, 2000
Lange/Schiemann, Schadensersatz, 3. Aufl. 2003
Lange/Nörr/Westermann, Festschrift für Joachim Gernhuber, 1993
Langenbucher, Die Risikozuordnung im bargeldlosen Zahlungsverkehr, 2001
Larenz, Lehrbuch des Schuldrechts, Band I: Allgemeiner Teil, 14. Aufl. 1987
Larenz, Lehrbuch des Schuldrechts, Band II/1: Besonderer Teil, 13. Aufl. 1986
Larenz/Canaris, Lehrbuch des Schuldrechts, Band II/2: Besonderer Teil, 13. Aufl. 1994
Larenz/Wolf, Allgemeiner Teil des Bürgerlichen Rechts, 10. Aufl. 2012
Leiß, Die Amtshaftung bei Ausübung öffentlicher Gewalt, 2. Aufl. 1958
Lorenz/Riehm, Lehrbuch zum neuen Schuldrecht, 2002
Lutter (Hrsg.), Festschrift für Johannes Bärmann, 1975
Lutter/Mertens/Ulmer, Festschrift für Walter Stimpel, 1985
Maier, Die Insolvenz des Rechtsanwalts, 2008
v. Mangoldt/Klein/Starck, Das Bonner Grundgesetz in 3 Bänden, 6. Aufl. 2010
Mansel, Das neue Verjährungsrecht, 2002
Marburger, Das kausale Schuldanerkenntnis als einseitiger Feststellungsvertrag, 1971
Martinek/Semler/Habermeier, Handbuch des Vertriebsrechts, 3. Aufl. 2010
Matusche-Beckmann, Das Organisationsverschulden, 2001
Maunz/Dürig, Grundgesetz, Loseblattwerk, 65. Aufl. 2012
Medicus/Petersen, Bürgerliches Recht, 23. Aufl. 2011
Medicus/Lorenz, Schuldrecht II: Besonderer Teil, 16. Aufl. 2012
Meier, Formularvertragliche Globalbürgschaften von Geschäftsführern und Gesellschaftern einer GmbH für die Verbindlichkeiten ihrer Gesellschaft, 2004
Mellinghoff/Schön/Viskorf (Hrsg.), Steuerrecht im Rechtsstaat - Festschrift für Wolfgang Spindler, 2011
Merten, Multitudo legum ius unum - Festschrift für Wilhelm Wengler, 1973
Metzlaff, Praxishandbuch Franchising, 2003
Meyer-Cording, Das Recht der Banküberweisung, 1951
Meyer-Cording/Drygala, Wertpapierrecht, 3. Aufl. 1995
Motive zu dem Entwurfe eines Bürgerlichen Gesetzbuches für das Deutsche Reich,
  Bd. I Allgemeiner Teil;
  Bd. II Recht der Schuldverhältnisse;
  Bd. III Sachenrecht;
  Bd. IV Familienrecht;
  Bd. V Erbrecht, 1888
  (zit.: Motive)
Mugdan, Die gesamten Materialien zum Bürgerlichen Gesetzbuch für das Deutsche Reich, 5 Bde., Sachreg. u. Erg.-Bd., 1899/1979 (zit.: Mugdan)

Literaturverzeichnis

Müller-Christmann/Schnauder, Wertpapierrecht, 1. Aufl. 1992
Münch-Kunig, Grundgesetz-Kommentar (GG), Band 1: Präambel, Art. 1 bis Art. 69, 6. Aufl. 2012
Münchener Anwalts Handbuch Gewerblicher Rechtsschutz, 4. Aufl. 2012
Münchener Handbuch zum Arbeitsrecht, Band 1: Individualarbeitsrecht, 3. Aufl. 2009
Münchener Kommentar zum Bürgerlichen Gesetzbuch,
  Band 1: Allgemeiner Teil, §§ 1-240, ProstG, AGG, 6. Aufl. 2012;
  Band 4: Schuldrecht - Besonderer Teil II (§§ 611-704), EFZG, TzBfG, KSchG, 6. Aufl. 2012;
  Band 5: Schuldrecht, Besonderer Teil III (§§ 705-853, PartGG, ProdHaftG), 5. Aufl. 2009
  (zit.: Bearbeiter in: MünchKomm-BGB)
Münchener Kommentar zum Lauterkeitsrecht (UWG), Band 1: Grundlagen des Wettbewerbsrechts, Internationales Wettbewerbs- und Wettbewerbsverfahrensrecht, Europäisches Gemeinschaftsrecht - Grundlagen und sekundärrechtliche Maßnahmen, §§ 1-4 UWG, 2006; Band 2: §§ 5-22 UWG, 2006 (zit.: Bearbeiter in: Münchener Kommentar zum UWG)
Münchener Kommentar zur Zivilprozessordnung, Band 2: §§ 355-1024, 4. Aufl. 2012
  (zit.: Bearbeiter in: MünchKomm-ZPO)
Musielak, Haftung für Rat, Auskunft und Gutachten, 1974
Musielak, Kommentar zur Zivilprozessordnung, 9. Aufl. 2012
Musielak/Manke/Schira, Schornsteinfegergesetz, 6. Aufl. 2003
Neumann, Die Rechtsnatur des Netzgeldes, 2000
Nies, Reisebüro, 3. Aufl. 2011
Nielsen, Neue Richtlinien und Gebräuche für Dokumentenakkreditive, 3. Aufl. 2008
Ossenbühl, Staatshaftungsrecht, 5. Aufl. 1998
Palandt, Bürgerliches Gesetzbuch, 71. Aufl. 2012 (zit.: Bearbeiter in: Palandt)
Paulus/Diederichsen/Göttingen, Festschrift fürKarl Larenz, 1973
Petershagen, Die Gebäudehaftung - § 836 BGB im System der Verkehrssicherungspflichten, 2000
Pick, Reiserecht, 1995
Plagemann/Pardey/Bacher, Der Haftpflichtprozess, 26. Aufl. 2011
Posser/Wolff, VwGO, 1. Aufl. 2008
Prölls/Martin, Versicherungsvertragsgesetz (VVG), 28. Aufl. 2010
Prütting/Gehrlein, ZPO, 4. Aufl. 2012
Prütting/Weth, Rechtskraftdurchbrechung bei unrichtigen Titeln, 2. Aufl. 1994
Prütting/Wegen/Weinreich, BGB Kommentar, 7. Aufl. 2012 (zit. Bearbeiter in PWW)
Ranieri, Europäisches Obligationenrecht, 3. Aufl. 2009
Redeker, Handbuch der IT-Verträge, 2012
Reichs-Justizamt, Protokolle der Kommission für die zweite Lesung des Entwurfs des Bürgerlichen Gesetzbuchs, Bd. I und IV 1897; Bd. II 1898, V und VI 1899 (zit.: Protokolle)
Reuter, Privatrechtliche Schranken der Perpetuierung von Unternehmen, 1973
Reuter/Martinek, Ungerechtfertigte Bereicherung, 1983
Rinsche/Fahrendorf/Terbille, Die Haftung des Rechtsanwalts, 8. Aufl. 2010
Rittberg, Die aufgedrängte Bereicherung, 1969
Rosenberg/Schwab/Gottwald, Zivilprozessrecht, 17. Aufl. 2010 (zit. Bearbeiter in: Rosenberg/Schwab/Gottwald, ZPR)
Roth/Altmeppen, Gesetz betreffend die Gesellschaften mit beschränkter Haftung - GmbHG, 7. Aufl. 2012
Rother, Haftungsbeschränkung im Schadensrecht, 1965
Sachs, Grundgesetz, 6. Aufl. 2011
Schaub/Künzl, Arbeitsgerichtsverfahren, 7. Aufl. 2004
Schimansky/Bunte/Lwowski, Bankrechts-Handbuch Bd. 1, 4. Aufl. 2011
Schlechtriem/Schwenzer, Kommentar zum Einheitlichen UN-Kaufrecht - CISG, 5. Aufl. 2008
Schlegelberger/Hefermehl, Handelsgesetzbuch, 5. Aufl. 1973 ff. (zit.: Bearbeiter in: Schlegelberger, HGB)
Schlüter/Knippenkötter, Die Haftung des Notars, 2004
Schmid, Das Zusammenspiel von Einheitlichem UN-Kaufrecht und nationalem Recht: Lückenfüllung und Normenkonkurrenzen, 1996
Schmidt, Gesellschaftsrecht, 4. Aufl. 2002
Schmidt, Schuldrecht, 8. Aufl. 1995

Literaturverzeichnis

Schmiedel, Deliktsobligationen nach deutschem Kartellrecht, Bd. 1, 1974
Schneider, Handbuch des EDV-Rechts, 4. Aufl. 2009
Schnellenbach, Beamtenrecht in der Praxis, 7. Aufl. 2011
Schoch/Schmidt-Aßmann/Pietzner, Verwaltungsgerichtsordnung (VwGO), 22. Aufl. 2011
Schönke/Schröder, Strafgesetzbuch, 28. Aufl. 2010
Schröder, Die Lücken des deutschen Rechts im Bürgenschutz, 2008
Schröter/Jakob/Mederer, Kommentar zum europäischen Wettbewerbsrecht, 2003
Schulte/Just, Kartellrecht, 2012
Schulz-Borck/Pardey, Der Haushaltsführungsschaden, 7. Aufl. 2009
Schürnbrand, Organschaft im Recht der privaten Verbände, 2007
Schütze, Das Dokumenten-Akkreditiv (Dokumentenakkreditiv) im Internationalen Handelsverkehr, 6. Aufl. 2008
Schütze, Schiedsgericht und Schiedsverfahren, 5. Aufl. 2012
Schütze/Tscherning/Wais, Handbuch des Schiedsverfahrens, 2. Aufl. 1990
Schwab/Weth, Kommentar zum Arbeitsgerichtsgesetz, 3. Aufl. 2011
Schweer/v. Hammerstein, Treibhausgas-Emissionshandelsgesetz, 2008 (zit. Bearbeiter in: TEHG)
Schwintowski, Bankrecht, 3. Aufl. 2011
Seyderhelm, Reiserecht, 1997
Simitis, Gute Sitten und ordre public, 1960
Soergel, Bürgerliches Gesetzbuch mit Einführungsgesetz und Nebengesetzen,
  Band 2: Schuldrecht 1 (§§ 241-432), 12. Aufl. 1990;
  Band 2a: Allgemeiner Teil 3 (§§ 13, 14, 126a-127, 194-218), 13. Aufl. 2002;
  Band 5/1: Schuldrecht IV/I (§§ 705-822), 12. Aufl. 2007;
  Band 4/2: Schuldrecht III/2 (§§ 651a-704), 12. Aufl. 1999;
  Band 12: Schuldrecht 10 (§§ 823-853), Produkthaftungsgesetz, Umwelthaftungsgesetz, 13. Aufl. 2005;
  Band 14: Sachenrecht I (§§ 854-904), 13. Aufl. 2002
  (zit.: Bearbeiter in: Soergel)
Soffner, Die Haftung des Rechtsanwalts für Rechtsfehler, 2011
Solomon, Der Bereicherungsausgleich in Anweisungsfällen, 2004
Söllner/Gitter/Waltermann/Giesen/Ricken (Hrsg.), Gedächtnisschrift für Meinhard Heinze, 2005
Sonnenberger (Hrsg.), Vorschläge und Berichte zur Reform des europäischen und deutschen internationalen Gesellschaftsrechts, 2007
Staub, Handelsgesetzbuch Großkommentar, 15 Bände, 5. Aufl. 2008 ff. (zit.: Bearbeiter in: Staub, GroßKomm-HGB)
Staudinger, Kommentar zum Bürgerlichen Gesetzbuch mit Einführungsgesetzen und Nebengesetzen,
  §§ 164-240, Neubearb. 2009;
  §§ 244-248 (Geldrecht), 13. Bearb. 1997;
  §§ 255-304, Neubearb. 2009;
  §§ 535-562d (Mietrecht 1), Neubearb. 2006;
  §§ 631-651 (Werkvertragsrecht), Neubearb. 2008;
  §§ 651a-651m (Reisevertragsrecht), Neubearb. 2003;
  §§ 652-704, Neubearb. 2003;
  §§ 657-704, Neubearb. 2006;
  §§ 705-740 (Gesellschaftsrecht), 13. Bearb. 2003;
  §§ 741-764, Neubearb. 2008;
  §§ 779-811, Neubearb. 2009;
  §§ 812-822, Neubearb. 2007;
  §§ 823-825, 14. Bearb. 2009;
  §§ 826-829, ProdHaftG, 15. Bearb. 2009;
  §§ 830-838, Neubearb. 2008;
  §§ 839, 839a, Neubearb. 2007;
  §§ 840-853, Neubearb. 2007;
  §§ 925-984, 14. Neubearb. 2004;
  §§ 1773-1895, KJHG, Neubearb. 2004
  (zit.: Bearbeiter in: Staudinger)

Literaturverzeichnis

Stein/Jonas, Kommentar zur Zivilprozessordnung, 22. Aufl. 2002 ff.
Stern/Grupp, Gedächtnisschrift für Joachim Burmeister, 2005
Streinz, Europarecht, 9. Aufl. 2012
Tempel/Graßnack/Kosziol/Seyderhelm, Materielles Recht im Zivilprozess, 5. Aufl. 2009
Tettinger/Ennuschat, Grundstrukturen des deutschen Lotterierechts, 1999
Thomas/Putzo, Zivilprozessordnung, 33. Aufl. 2012
Tipke/Lang, Steuerrecht, 20. Aufl. 2009
Tittel, Mulititudo legum jus unum - Festschrift für Wilhelm Wengler, 1973
Ulmer/Schäfer, Gesellschaft bürgerlichen Rechts und Partnerschaftsgesellschaft, Sonderausgabe aus Band 5 (Schuldrecht Besonderer Teil III) des Münchner Kommentars zum Bürgerlichen Gesetzbuch, 5. Aufl. 2009
Ullmann, juris PraxisKommentar UWG, 3. Aufl. 2013 (zit.: Bearbeiter in: juris-PK UWG, 3. Aufl. 2013)
Ulrich, Der gerichtliche Sachverständige, 12. Aufl. 2007
Wandtke/Bullinger, Praxiskommentar zum Urheberrecht, 3. Aufl. 2009
Wassermann, Kommentar zum Bürgerlichen Gesetzbuch, 1979
Weinbrenner/Jochen/Neusüß, Der Architektenwettbewerb, 2. Aufl. 1998
Welker, Bereicherungsausgleich wegen Zweckverfehlung, 1974
Werner/Pastor, Der Bauprozess, 13. Aufl. 2011
Westermann, BGB-Sachenrecht, 11. Aufl. 2005
Westermann, Personengesellschaftsrecht, 5. Aufl. 1993
Wieser, Prozessrechts-Kommentar zum BGB, 2. Aufl. 2002
Wilburg, Die Lehre von der ungerechtfertigten Bereicherung nach österreichischem und deutschem Recht, 1934
Wilhelm, Rechtsverletzung und Vermögensentscheidung als Grundlagen und Grenzen des Anspruchs aus ungerechtfertigter Bereicherung, 1973
Wimmer, Frankfurter Kommentar zur Insolvenzordnung, 6. Aufl. 2011
Wimmer/Dauernheim/Wagner/Gietl, Handbuch des Fachanwalts - Insolvenzrecht, 5. Aufl. 2012
Wolf/Lindacher/Pfeiffer, AGB-Recht, 5. Aufl. 2009
Wolff/Bachof/Stober/Kluth, Verwaltungsrecht, Band 1, 12. Aufl. 2007; Band 2, 7. Aufl. 2010
Wollschläger, Geschäftsführung ohne Auftrag, 1976
Wolter/Meyer, Das Effektengeschäft, 4. Aufl. 1985
Zimmerling, Arbeitsrechtliche Konkurrentenklage und Eingruppierungsklage im öffentlichen Dienst, 1999
Zimmerling/Brehm, Der Prüfungsprozess, 2004
Zimmerling/Brehm, Prüfungsrecht, 3. Aufl. 2007
Zöller, Zivilprozessordnung, 29. Aufl. 2012
Zöllner, Wertpapierrecht, 14. Aufl. 1987
Zugehör, Grundsätze der zivilrechtlichen Haftung der Rechtsanwälte, Steuerberater und Wirtschaftsprüfer, 1. Aufl. 2009
Zugehör, Beraterhaftung nach der Schuldrechtsreform, 2002
Zugehör/Fischer/Sieg, Handbuch der Anwaltshaftung, 3. Aufl. 2011

Bürgerliches Gesetzbuch (BGB)

vom 18. August 1896 (RGBl, 195) in der Fassung der Bekanntmachung vom 2. Januar 2002 (BGBl I, 42, 2909; 2003, 738), zuletzt geändert durch Art. 1 des Gesetzes zur Änderung des Bürgerlichen Gesetzbuchs zum besseren Schutz der Verbraucherinnen und Verbraucher vor Kostenfallen im elektronischen Geschäftsverkehr und zur Änderung des Wohnungseigentumsgesetzes vom 10. Mai 2012 (BGBl I, 1084)

Buch 2 - Recht der Schuldverhältnisse (Teil 3)
Abschnitt 8 - Einzelne Schuldverhältnisse (§§ 631 - 853)
Titel 9 - Werkvertrag und ähnliche Verträge
Untertitel 1 - Werkvertrag

§ 631 BGB Vertragstypische Pflichten beim Werkvertrag

(Fassung vom 02.01.2002, gültig ab 01.01.2002)

(1) Durch den Werkvertrag wird der Unternehmer zur Herstellung des versprochenen Werkes, der Besteller zur Entrichtung der vereinbarten Vergütung verpflichtet.

(2) Gegenstand des Werkvertrags kann sowohl die Herstellung oder Veränderung einer Sache als auch ein anderer durch Arbeit oder Dienstleistung herbeizuführender Erfolg sein.

Gliederung

A. Grundlagen 1	a. Abgrenzung Werkvertrag zu anderen Vertragstypen im Baubereich 78
B. Praktische Bedeutung 3	b. Prüffähigkeit der Rechnung 80
C. Anwendungsvoraussetzungen 4	c. Vergütung des Bauunternehmers 82
I. Der Werkvertrag 4	d. Pflichtverletzung des Bauunternehmers 85
1. Der Begriff des Werksvertrags 4	e. Abnahme 89
2. Die Abgrenzung zu anderen Vertragstypen 6	f. Sicherungsabrede 91
3. Der Abschluss des Werkvertrags 19	g. Kündigung eines Bauvertrages 93
4. Formfragen 25	h. Verschiedenes 96
5. Nichtigkeit des Werkvertrags 26	11. Der Werkvertrag im IT- Bereich 100
6. Beendigung des Werkvertrags 36	12. Einzelfragen zum Werkvertrag im IT- Bereich 108
7. Der Architektenvertrag als praktisch bedeutsame Sonderform 38	13. Vertragstypologische Einordnung weiterer Verträge 116
8. Einzelfragen des Architektenvertrags ... 47	II. Pflichten des Unternehmers 158
a. Abgrenzung freiwillige Akquisitionsmaßnahme/Abschluss Werkvertrag 47	1. Hauptpflicht des Unternehmers 158
b. Einzelfragen bezüglich der Baukostenobergrenze 51	2. Nebenpflichten des Unternehmers 165
c. Vergütung 53	3. Rechtsfolgen der Pflichtverletzung 173
d. Abgrenzung Pflichtverletzung/vertragsgemäße Leistung 58	III. Pflichten des Bestellers 180
	1. Hauptpflichten des Bestellers 180
e. Verschiedenes 62	2. Nebenpflichten des Bestellers 182
9. Der Werkvertrag in Gestalt des Bauvertrags 64	3. Rechtsfolgen der Verletzung 188
10. Einzelfragen zum Werkvertrag im Baubereich 78	IV. Mehrheit von Unternehmern 191
	D. Arbeitshilfen 195

A. Grundlagen

Regelungsprinzipien: In den §§ 631, 632 BGB sind die Hauptpflichten der Vertragsparteien manifestiert. Der sich daran anschließende Katalog der §§ 633-639 BGB normiert präzise den Komplex der Sach- und Rechtsmängelhaftung. Dieser Bereich hat durch das Schuldrechtsreformgesetz tief greifende Änderungen erfahren. § 640 BGB regelt mit der Abnahme einen Zentralbegriff des Werkvertragsrechts, der trotz seiner großen Bedeutung für diesen Vertragstyp gesetzlich nicht definiert ist. An sie knüpfen beispielsweise die Fälligkeit der Vergütung (§ 641 BGB) sowie der Gefahrübergang (§ 644 BGB) an. Ist indes eine Abnahme aufgrund der Beschaffenheit des Werks nicht möglich, so tritt an de-

1

ren Stelle die Vollendung des Werks (§ 646 BGB). Der Gesetzgeber trug der Erkenntnis, dass die ordnungsgemäße Erbringung des geschuldeten Werks häufig nur durch eine Mitwirkung des Bestellers erbracht werden kann in den Bestimmungen der §§ 642, 643, 646 BGB Rechnung. Einen wirtschaftlichen Ausgleich für die Vorleistungspflicht des Unternehmers und eine Sicherung seines Vergütungsanspruchs gewähren die §§ 647, 648, 648a BGB. Neu abgegrenzt wurde durch § 651 BGB der Anwendungsbereich von Kauf- und Werkvertragsrecht.

2 Die §§ 631 ff. BGB sind grundsätzlich auf alle Werkverträge anwendbar, wenngleich für manche Sachverhalte Sondervorschriften gelten. So verhält es sich beispielsweise für den Frachtvertrag, der in den §§ 407 ff. HGB geregelt ist.

B. Praktische Bedeutung

3 Der Werkvertrag nimmt in der Rechtspraxis aufgrund der mannigfachen Sachverhalte die er rechtlich abzudecken hat, eine zentrale Bedeutung ein. Werkverträge werden in nahezu allen Unternehmensbranchen abgeschlossen. Sie finden sich im Wirtschaftsleben vom einfachen Werkvertrag für Kfz-Reparaturen, dem Chartervertrag, über den Architektenvertrag bis hin zum Softwareerstellungsvertrag. Wenig verwunderlich ist somit, dass der Werkvertrag vielfältigere Lebenssachverhalte zu regeln hat, als jeder andere im BGB normierte Vertrag.[1] Von großer Bedeutung ist der Werkvertrag im Bauwesen. Dies spiegelt auch die Fülle der Judikatur wieder, die in diesem Bereich ergeht. Seine Grundform wie sie im BGB normiert ist, wird in diesem Bereich von Sonderregelungen wie den VOB überlagert.

C. Anwendungsvoraussetzungen

I. Der Werkvertrag

1. Der Begriff des Werksvertrags

4 Der Werkvertrag ist ein **gegenseitiger Vertrag** bei dem sich die Pflicht des Unternehmers zur Herstellung des versprochenen Werks und die Pflicht des Bestellers zur Zahlung der vereinbarten Vergütung synallagmatisch gegenüber stehen. Neben der körperlichen Herstellung oder Veränderung einer Sache kann das geschuldete Werk nach § 631 Abs. 2 BGB auch in jedem anderen durch Arbeit oder Dienstleistung herbeizuführenden Erfolg bestehen. § 631 Abs. 2 BGB verdeutlicht, dass der herbeizuführende Erfolg nicht nur ein körperlich sichtbarer Arbeitserfolg, wie z.B. die Herstellung einer Sache sein kann, sondern auch im immateriellen Bereich, wie z.B. der Erstellung eines Gutachtens liegen kann.

5 Den Werkvertrag zeichnet seine **Erfolgsbezogenheit** aus. Damit ist auch ein wesentliches Abgrenzungskriterium zu anderen Verträgen benannt. Inhaltlich schuldet der Unternehmer nicht eine Arbeitsleistung als solche, sondern einen durch seine Tätigkeit herbeizuführenden Erfolg. Der Werkvertrag ist damit auf eine erfolgreiche **entgeltliche Wertschöpfung** in Gestalt des versprochenen Werks gerichtet.[2] Als in diesem Sinne herbeizuführender Erfolg kommt indes nur das **unmittelbare Resultat der Tätigkeit** des Unternehmers und nicht ein weitergehender Erfolg, wie etwa der wirtschaftliche Zweck des herzustellenden Werks in Betracht.[3] Maßgeblich also ist beispielsweise die fachgerechte Reparatur und nicht der langfristige fehlerfreie Betrieb der reparierten Maschine.

2. Die Abgrenzung zu anderen Vertragstypen

6 Der Werkvertrag ist anhand verschiedener Kriterien von anderen Verträgen abzugrenzen. **Zentrales Abgrenzungskriterium**, insbesondere zum Dienstvertrag, ist die Formel, nach der bei dem Werkvertrag die **Herbeiführung eines konkreten Erfolgs** geschuldet ist.[4] Weitere Differenzierungsmerkmale sind die Ausgestaltung des Vertrags entsprechend dem Parteiwillen sowie der mit dem Vertrag verfolgte wirtschaftliche Zweck. Zu diesen Kriterien treten weitere, die für sich alleine genommen keine

---

[1] *Soergel* in: MünchKomm-BGB, § 631 Rn. 2.
[2] Vgl. *Sprau* in: Palandt, Einf. v. § 631 Rn. 1; *Seiler* in: Erman, Handkommentar BGB, 10. Aufl. 2000, Vorbem. § 631 Rn. 2.
[3] Allgemeine Meinung, vgl. beispielsweise *Sprau* in: Palandt, Einf. v. § 631 Rn. 1.
[4] So auch *Soergel* in: MünchKomm-BGB, § 631 Rn. 12; *Sprau* in: Palandt, § 631 Rn. 6; anders: *Seiler* in: Erman, Handkommentar BGB, 10. Aufl. 2000, Vorbem. § 631 Rn. 2 der primär auf das „schöpferische Element" des Werkvertrags abstellt.

Aussagekraft besitzen, wie z.B. die Selbständigkeit der Leistungserbringung und die Vergütungsart.[5] **Keinen Einfluss** auf die vertragstypologische Einordnung hat die von den Parteien **gewählte Bezeichnung**.[6]

Der **Kaufvertrag** verpflichtet den Verkäufer zur Übereignung einer Sache. Zwar stellt sich die damit verbundene Rechtsänderung auch als ein nach außen sichtbarer Erfolg dar, entbehrt aber das dem Werkvertrag immanente schöpferische Element.[7] Ist Vertragsinhalt die Lieferung herzustellender oder zu erzeugender beweglicher Sachen, so ist dem zwar eine Werkschöpfung immanent, jedoch ist auf solche Verträge nach § 651 BGB Kaufrecht anwendbar, sofern der geschuldete Erfolg primär in der Herstellung der beweglichen Sache oder deren Übertragung zu Eigentum liegt. Soll hingegen ein wesentlich über diese Sache hinausgehender Erfolg erzielt werden, der dem Vertrag das Gepräge gibt, sind die §§ 631 ff. BGB anzuwenden. Dies gilt z.B. für einen Vertrag, bei dem der Lieferant über die Lieferung und Montage einer Windenergieanlage hinaus auch noch die Bauleitung übernommen hat.[8]

Anders verhält es sich jedoch bei einem Vertrag, der die Generierung von Anschriften, deren Erfassung in Computerdateien und Übersendung der lesbaren Dateien zum Gegenstand hat. Auf einen solchen Vertrag ist Werkvertragsrecht anwendbar.[9] Geschuldet ist ein komplexes Werk. § 651 BGB findet keine Anwendung, weil keine bewegliche Sache im Sinne dieser Vorschrift herzustellen ist. Weder die Adressen selbst noch die Dateien, die in concreto nicht auf einem Datenträger festgehalten, sondern auf elektronischem Weg auf das Computersystem übermittelt wurden, sind bewegliche Sachen.

Die **Abgrenzung des Dienst- zum Werkvertrag** ist ebenso schwierig wie praktisch bedeutsam. Eine trennscharfe Unterscheidung ist geboten, da der Unternehmer für den Eintritt des Erfolgs seiner Tätigkeit einzustehen hat, während dies beim Dienstverpflichteten gerade nicht der Fall ist. Eine klare Trennung ist auch wegen unterschiedlicher Verjährungsfristen der Gewährleistungsrechte sowie wegen unterschiedlicher Kündigungsregelungen notwendig. So verjähren die Rechte des Bestellers bei Mängeln des Werks gem. § 634a BGB entweder nach zwei (vgl. § 634a Abs. 1 Nr. 1 BGB), fünf (vgl. § 634a Abs. 1 Nr. 2 BGB) oder drei Jahren (vgl. § 634a Abs. 1 Nr. 3 BGB mit § 195 BGB), während die Haftung des Dienstverpflichteten bei nicht ordnungsgemäßer Erbringung (§ 280 BGB) der Leistung einheitlich nach § 195 BGB, mithin in drei Jahren verjährt. Darüber hinaus kennt das Werkvertragsrecht nicht die dezidierten Regelungen zur Kündigung des Vertragsverhältnisses, wie sie im Dienstvertragsrecht niedergelegt sind. Auch enthält das Dienstvertragsrecht keine dem § 649 BGB entsprechende Regelung.

Die Schwierigkeiten bei der Abgrenzung gründen darauf, dass beide Verträge auf die Erbringung einer Tätigkeit gegen Entgelt gerichtet sind. Eine eindeutige Zuordnung zu einem der beiden Verträge gestaltet sich im Einzelfall häufig deshalb als schwierig, da einerseits an den Eintritt des beim Werkvertrag geschuldeten Erfolges keine überhöhten Anforderungen gestellt werden dürfen und andererseits beim Dienstvertrag nicht das bloße Ableisten von Arbeitszeit geschuldet ist. Diese Abgrenzungsschwierigkeiten treten insbesondere bei der Einordnung der von Angehörigen der höheren Berufen erbrachten Dienstleistungen zu Tage, da dort schlichtes Tätigwerden und weitergehender Erfolg nicht immer klar unterscheidbar sind.[10]

Zentrales und in der Praxis meist **taugliches Abgrenzungskriterium**[11] ist, dass der Unternehmer für den **Eintritt des Erfolgs** seiner Tätigkeit haftet, während der Dienstverpflichtete nur die Tätigkeit als solche schuldet.[12] Beim Dienstvertrag steht die fachgerechte Ableistung der geschuldeten Tätigkeit, unter Beachtung der gebotenen Sorgfalt, im Vordergrund. Beim Werkvertrag hingegen tritt eine **Erfolgskomponente** hinzu. Geschuldet also ist beim Werkvertrag das Ergebnis der Tätigkeit des Unternehmers als nach außen hin sichtbarer, messbarer Erfolg. Demzufolge ist ein Werkvertrag anzunehmen, wenn Vertragsgegenstand ein klar definierter Leistungsgegenstand und nicht eine allgemeine, laufende Tätigkeit ist.[13]

---

[5] *Soergel* in: MünchKomm-BGB, § 631 Rn. 16,18.
[6] BGH v. 17.09.1987 - VII ZR 153/86 - BGHZ 101, 350-356.
[7] BGH v. 10.03.1983 - VII ZR 302/82 - BGHZ 87, 112-121.
[8] LG Hannover v. 22.01.2010 - 2 O 302/07.
[9] LG Duisburg v. 21.10.2004 - 5 S 77/04 - MMR 2005, 195.
[10] *Seiler* in: Erman, Handkommentar BGB, 10. Aufl. 2000, Vorbem. § 631 Rn. 4.
[11] Kritisch: *Peters* in: Staudinger, 13. Bearb. 1995, Vorbem. § 631 Rn. 22.
[12] BGH v. 26.11.1959 - VII ZR 120/58 - BGHZ 31, 224-229.
[13] Vgl. BGH v. 01.02.2000 - X ZR 198/97 - LM BGB § 632 Nr. 21 (6/2000).

12 Die vertragstypologische Zuordnung zu einem der beiden Verträge ist nicht nur anhand des Kriteriums der Erfolgsbezogenheit vorzunehmen. Vielmehr treten weitere Aspekte hinzu, die wenn auch nicht alleine, so doch in Zusammenschau mit anderen Gesichtspunkten Rückschlüsse auf die Rechtsnatur des in Frage stehenden Vertrages ermöglichen.[14] Solche Kriterien sind die wirtschaftliche Abhängigkeit, die Weisungsgebundenheit sowie die Frage nach der Vergütungsart. So spricht häufig eine wirtschaftlich selbständige und unabhängige Tätigkeit mehr für einen Werkvertrag. Dieses Merkmal aber ist keineswegs dazu tauglich, alleine damit eine Zuordnung zu begründen, denn typische Dienstverpflichtete wie Ärzte oder Rechtsanwälte erbringen ihre Leistung häufig wirtschaftlich unabhängig.

13 Für sich alleine genommen ist auch die Vergütungsart kein aussagekräftiges Merkmal. Zwar trifft es häufig zu, dass der Dienstverpflichtete eine Vergütung nach der aufgewendeten Zeit erhält, während beim Werkvertrag eine Bezahlung nach Erbringung der Leistung erfolgt. So spricht gegen ein Werkvertragsverhältnis, wenn ein schriftlicher Auftrag nicht vorliegt und die Leistungen des angeblichen Auftragnehmers auf Stundenlohnbasis nach Zeitaufwand abgerechnet werden.[15]

14 Dieser Befund allerdings erfährt zahlreiche Durchbrechungen. So bemisst sich das Honorar eines Rechtsanwalts für die Erstellung eines Gutachtens häufig nach seinem zeitlichen Aufwand, ohne dass dies gegen das Vorliegen eines Werkvertrages sprechen würde.

15 **Sowohl Auftrag** als auch Werkvertrag sind auf die Erbringung einer Tätigkeit gerichtet, unterscheiden sich aber durch die Unentgeltlichkeit des Auftrags. Hinzukommt, dass der Auftrag, ebenso wie der Dienstvertrag nicht zur Herbeiführung eines konkreten Erfolgs verpflichtet, sondern zur schlichten Besorgung des übertragenen Geschäfts.

16 Der **Geschäftsbesorgungsvertrag** ist gem. § 675 Abs. 1 BGB ein Dienst- oder Werkvertrag auf den zahlreiche Bestimmungen des Auftragsrechts anwendbar sind. Damit trägt das Gesetz den, mit dem typischen Anwendungsbereich des Geschäftsbesorgungsvertrags, nämlich der selbständigen Wahrnehmung fremder Vermögensinteressen, einhergehenden Sonderproblemen Rechnung.

17 Beim **Garantievertrag** hat der Garant für einen bestimmen Erfolg einzustehen, ohne jedoch zur Herstellung eines konkreten Werks oder der Erbringung einer gewissen Tätigkeit verpflichtet zu sein.

18 Gegenstand des **Arbeitnehmerüberlassungsvertrages** ist, dass ein selbstständiger Unternehmer einen Arbeitnehmer, mit dem er einen Arbeitsvertrag geschlossen hat, vorübergehend einem anderen Unternehmer überlässt, wobei der Arbeitnehmer unter Fortbestand des Rechtsverhältnisses zum Verleiher verpflichtet ist, für den Betrieb des Entleihers nach dessen Weisungen zu arbeiten. Der Arbeitnehmerüberlassungsvertrag zielt nicht auf einen herbeizuführenden Erfolg im Sinne des Werkvertragsrechts ab. Beim Werkvertrag organisiert der Unternehmer damit die zur Erreichung eines wirtschaftlichen Erfolges notwendigen Handlungen selbst, wobei er sich eines Erfüllungsgehilfen bedienen kann; er bleibt für die Herstellung des geschuldeten Werks verantwortlich. Bei der Arbeitnehmerüberlassung überlässt er indes dem Vertragspartner geeignete Arbeitskräfte, die dieser nach eigenen betrieblichen Erfordernissen in seinem Betrieb einsetzt[16]. Maßgeblich für die Abgrenzung von werkvertraglicher Fremdvergabe und verdeckter Arbeitnehmerüberlassung ist der Geschäftsinhalt, wie er sich sowohl aus den ausdrücklichen Vereinbarungen der Vertragsparteien als auch aus der praktischen Durchführung des Vertrages ergibt. Widersprechen sich beide, kommt es auf die tatsächliche Durchführung des Vertrages an. Die maßgeblichen Abgrenzungskriterien zwischen beiden Verträgen sind die Einbindung in die betriebliche Arbeitsorganisation und die Ausübung des arbeitsbezogenen Weisungsrechts.[17] Indes führt die Erteilung von Weisungen, wie aus § 645 Abs. 1 Satz 1 BGB folgt, noch nicht zu einer Arbeitnehmerüberlassung, sofern der Vertrag tatsächlich als Werkvertrag gelebt wird.[18]

3. Der Abschluss des Werkvertrags

19 Für den Werkvertrag gelten die allgemeinen Vorschriften über Rechtsgeschäfte und Schuldverhältnisse. **Vertragsparteien** können alle natürlichen und juristischen Personen sowie rechtsfähige Personengesellschaften sein.

---

[14] Soergel in: MünchKomm-BGB, § 631 Rn. 15.
[15] OLG Hamm v. 11.06.2002 - 21 U 89/01 - BauR 2003, 1747-1749; das Urteil grenzt den Werkvertrag von einem Leiharbeitsverhältnis ab. Indizien für Letzteres sind, wenn der Mitarbeiter des angeblichen Auftragnehmers seine Anweisungen und die Arbeitsgeräte von dem angeblichen Auftraggeber erhält.
[16] BAG v. 08.11.1978 - 5 AZR 261/77.
[17] Landesarbeitsgericht Rheinland-Pfalz v. 11.11.2010 - 11 Sa 289/10.
[18] Landesarbeitsgericht Rheinland-Pfalz v. 30.11.2010 - 3 Sa 374/10.

Zum Abschluss des Werkvertrages ist eine **Einigung** über alle Punkte notwendig, über die nach der Erklärung auch nur einer Partei eine Vereinbarung getroffen werden sollte (§ 154 Abs. 1 BGB). Nach allgemeinen Regeln wäre damit ein Vertrag nichtig, wenn über die Vergütung keine Einigung erzielt würde. Von diesem Grundsatz macht § 632 BGB eine wichtige Ausnahme. Fehlt es also an einer Vergütungsabrede, so gilt § 632 BGB. Ein Vertragsabschluss ist auch durch **konkludentes Verhalten** möglich. Ein solches liegt z.B. in der Zahlung auf eine Abschlagsrechnung des Werkunternehmers. Diese ist als **deklaratorisches Schuldanerkenntnis** des Zahlenden mit dem Inhalt zu verstehen, er sei Vertragspartner des Unternehmers geworden. Damit ist zugleich anerkannt, dass ein Auftrag besteht, der über die in den Abschlagsrechnungen aufgeführten Werkleistungen hinausgeht.[19]

Lediglich eine unentgeltliche Akquisitionstätigkeit und kein Abschluss eines Architektenvertrags liegt jedoch vor, wenn ein Architekt für einen Verein, der erste Planungen für die Verlegung der Geschäftsstelle anstellt, in Kenntnis dessen, dass der Verein weder die erforderlichen Grundstücke erworben noch eine definitive Entscheidung über den Umzug getroffen hat, Planungsleistungen zur Vorbereitung eines Vorstandsbeschlusses erbringt.[20] Ein **Bindungswille** des Bauherrn **zum Abschluss** eines Architektenvertrages kann erst dann angenommen werden, wenn der Bauherr zweifelsfrei erklärt, dass der Architekt die **Planungslösung für ihn fortentwickeln** soll.[21]

Der Abschluss eines Werkvertrages in Form einer **zusätzlichen entgeltlichen Beauftragung** eines Subunternehmers durch den Bauherrn ist vor dem Hintergrund des § 133 BGB nur in ganz bestimmten Ausnahmefällen anzunehmen. Ein solcher liegt nicht schon dann vor, wenn der Subunternehmer darauf hinweist, dass bestimmte Arbeiten nicht von seinem Auftrag gedeckt sind und der Bauherr ihn gleichwohl zur Erledigung auffordert.[22]

§ 312 BGB und § 312b BGB geben für den Fall der dort normierten Voraussetzungen ein **Widerrufsrecht** bei Verbraucher- bzw. Fernabsatzverträgen. Bei Bauverträgen ist § 312b Abs. 3 Nr. 4 BGB zu beachten. Der Werkvertrag kann auch als Vertrag zu Gunsten Dritter (§ 328 BGB) abgeschlossen werden.

In den Werkvertrag können nach den Regeln der §§ 305 ff. BGB Allgemeine Geschäftsbedingungen (AGB) einbezogen werden. Sofern mittels AGB jedoch eine Vertragsstrafe vereinbart wird, darf diese nach dem Urteil des [23] nicht 5% der Auftragssumme überschreiten. Kritisch ist zu dem Urteil anzumerken, dass nicht klar erkennbar ist, wie der BGH die Angemessenheit der Höchstbetragsgrenze festgelegt hat.[24] Ein Hauptunternehmer kann gegen den Werklohnanspruch eines Subunternehmers nicht mit einem Vertragsstrafenanspruch aufrechnen, wenn dieser sich auf eine aus dem Hauptvertrag in alle Subunternehmerverträge (wortgleich) übernommene Vertragsstrafenregelung (hier: 0,5% der Auftragssumme pro Kalendertag und maximal 10% der Auftragssumme) stützt, mithin eine allgemeine Geschäftsbedingung darstellt. Derartige Regelungen in Allgemeinen Geschäftsbedingungen sind unwirksam.[25]

4. Formfragen

Der Abschluss des Werkvertrages ist grds. **formfrei**, Formzwang aber kann aus allgemeinen Grundsätzen folgen. Notarielle Beurkundung ist etwa dann notwendig, wenn sich ein Wohnungsbauunternehmen einem Eigenheimbewerber gegenüber zur Errichtung eines Hauses und Übereignung des zugehörigen Anwesens verpflichtet.[26] Rechtsgeschäftlich vereinbarte Formerfordernisse bestimmen sich nach den allgemeinen Regeln.

5. Nichtigkeit des Werkvertrags

Ist der Werkvertrag[27] auf eine bei Abschluss **unmögliche Leistung** gerichtet, so steht dies gem. § 311a BGB seiner Wirksamkeit nicht entgegen. Der Besteller kann gem. § 311a Abs. 2 BGB Schadensersatz

---

[19] OLG Köln v. 11.04.2006 - 22 U 204/05 - OLGR Köln 2006, 597-598.
[20] OLG Celle v. 20.02.2003 - 14 U 195/02 - OLGR Celle 2003, 201-202.
[21] OLG Naumburg v. 22.02.2005 - 11 U 247/01 - IBR 2006, 207.
[22] KG Berlin v. 11.07.2005 - 8 U 8/05 - KGR Berlin 2005, 769-770.
[23] BGH v. 23.01.2003 - VII ZR 210/01 - BGHZ 153, 311-327.
[24] So *Wolter*, BauR 2003, 1274-1279.
[25] Anschluss BGH v. 20.01.2000 - VII ZR 46/98 - NJW 2000, 2106; KG Berlin v. 02.07.2003 - 26 U 113/02 - NJW-RR 2003, 1599-1600.
[26] BGH v. 21.05.1971 - V ZR 17/69 - LM Nr. 48 zu § 313 BGB.
[27] Kritisch: *Peters* in: Staudinger, 13. Bearb. 1995, Vorbem. § 631 Rn. 22.

statt der Leistung oder Aufwendungsersatz gem. § 284 BGB verlangen, wenn der Unternehmer das Leistungshindernis bei Vertragsschluss kannte oder seine Unkenntnis zu vertreten hat. Jedoch sind an das Vorliegen der Unmöglichkeit strenge Maßstäbe zu legen.[28] Dies ist nur dann der Fall, wenn die Herbeiführung des endgültigen Erfolgs, auf den der Werkvertrag gerichtet ist, objektiv unmöglich zu erreichen ist. Nicht ausreichend etwa ist, dass das ursprünglich beabsichtigte Herstellungsverfahren undurchführbar ist.[29]

27 Der Werkvertrag kann auch infolge eines Verstoßes gegen ein **gesetzliches Verbot** (§ 134 BGB) nichtig sein. So liegt es bei Zuwiderhandlung gegen das Koppelungsverbot des Art. 10 § 3 MRVG. Diese Bestimmung erklärt Vereinbarungen für unwirksam, durch die sich der Erwerber eines Grundstücks in Zusammenhang mit dem Erwerb ausdrücklich oder konkludent dazu verpflichtet, bei Entwurf[30], Planung oder Ausführung eines Bauwerks auf dem Grundstück die Leistungen eines bestimmten Ingenieurs oder Architekten in Anspruch zu nehmen. Ausreichend ist, wenn der Veräußerer den Eindruck erweckt, dass er das Grundstück ohne Beauftragung eines bestimmten Architekten nicht veräußern wird.[31]

28 Die Vorschrift etabliert ein gesetzliches Verbot, Architekten- und Ingenieurleistungen mit Grundstücksgeschäften zu koppeln, um Wettbewerbsstörungen durch fachfremde Tätigkeiten der genannten Berufsgruppen zu unterbinden. Rechtsfolge eines Verstoßes gegen besagte Bestimmung ist die **Nichtigkeit des Architektenvertrags**. Dieser kann jedoch nachträglich gemäß § 141 BGB bestätigt werden. Der Kaufvertrag über das Grundstück[32] bleibt grundsätzlich wirksam, jedoch kann dessen Nichtigkeit im Einzelfall aus § 139 BGB folgen. Inhaltlich wird von der Bestimmung, entsprechend dem Regelungszweck und weiten Wortlaut, jede Verpflichtung des Erwerbers zur Inanspruchnahme von Leistungen der genannten Berufsgruppen, ohne die er das Grundstück nicht hätte bekommen können erfasst.

29 Unter den Anwendungsbereich des Art. 10 § 3 MRVG fallen auch Koppelungsklauseln außerhalb des Grundstückskaufvertrages, denen der Erwerber z.B. gegenüber dem Architekten zugestimmt hat, ebenso wie Vereinbarungen über „Abstandszahlungen" an den Architekten dafür, dass dieser auf zukünftige Bindungen von Erwerbern verzichtet.[33]

30 Das Koppelungsverbot gilt nur für die dort genannten Berufsgruppen. Jedoch ist es auch anwendbar, wenn der Begünstigte zwar nicht Architekt ist, aber Architektenleistungen zu erbringen hat.[34] Nicht anwendbar allerdings ist die Vorschrift auf Baubetreuungsunternehmen.[35]

31 Die von Art. 10 § 3 MRVG angeordnete Nichtigkeit tritt unabhängig davon ein, wer die Koppelung veranlasst hat.[36] Nicht notwendig ist ein Zusammenwirken zwischen Architekt und Erwerber.[37]

32 Entsprechend den allgemeinen Regeln ist für das Vorliegen der Voraussetzungen des Art. 10 § 3 MRVG derjenige beweispflichtig, der die Unwirksamkeit behauptet.[38]

33 Als **Folge der Nichtigkeit** des Architektenvertrages trägt dieser das Risiko, für von ihm erbrachte Leistungen kein Honorar zu erhalten. Möglich aber sind Ansprüche aus ungerechtfertigter Bereicherung[39]; § 817 Satz 2 BGB steht dem nicht entgegen.

---

[28] *Peters* in: Staudinger, 13. Bearb. 1995, Vorbem. § 631 Rn. 73.

[29] *Seiler* in: Erman, Handkommentar BGB, 10. Aufl. 2000, § 631 Rn. 5.

[30] BGH v. 24.06.1982 - VII ZR 253/81 - LM Nr. 14 zu MietrechtsverbesserungsG.

[31] *Peters* in: Staudinger, 13. Bearb. 1995, Vorbem. § 631 Rn. 125.

[32] BGH v. 13.12.1977 - VI ZR 206/75 - BGHZ 71, 339-348; BGH v. 10.04.1975 - VII ZR 254/73 - BGHZ 64, 173-177; OLG Hamburg v. 18.07.1973 - 5 U 51/73 - MDR 1974, 228.

[33] BGH v. 26.01.1978 - VII ZR 10/77 - BGHZ 70, 262-267; BGH v. 24.06.1982 - VII ZR 244/81 - LM Nr. 13 zu MietrechtsverbesserungsG; BGH v. 07.10.1982 - VII ZR 24/82 - LM Nr. 15 zu MietrechtsverbesserungsG.

[34] OLG Hamm v. 18.12.1981 - 25 U 78/81 - BB 1982, 764-765.

[35] BGH v. 09.12.1974 - VII ZR 180/73 - BGHZ 63, 302-306; BGH v. 22.12.1983 - VII ZR 59/82 - BGHZ 89, 240-244.

[36] BGH v. 19.02.1998 - VII ZR 236/96 - LM MietrechtsverbesserungsG Nr. 23 (9/1998); BGH v. 06.04.2000 - VII ZR 455/98 - LM MietrechtsverbesserungsG Nr. 24 (2/2001).

[37] BGH v. 10.04.1975 - VII ZR 254/73 - BGHZ 64, 173-177.

[38] BGH v. 06.04.2000 - VII ZR 455/98 - LM MietrechtsverbesserungsG Nr. 24 (2/2001).

[39] Ständige obergerichtliche Rechtsprechung, so z.B. Brandenburgisches Oberlandesgericht v. 13.07.2010 - 11 U 7/10.

Nichtigkeit tritt auch bei beidseitigem Verstoß gegen das **Gesetz zur Bekämpfung der Schwarzarbeit**[40] ein. Ein einseitiger Verstoß durch den Unternehmer führt grds. nur dann zur Nichtigkeit, wenn der Besteller den Verstoß kennt oder den ihm bekannten Verstoß bewusst ausnutzt.[41]

Ein **nichtiges Scheingeschäft (§ 117 BGB)** liegt **nicht** schon deshalb vor, weil die Vertragspartner den **Vertrag** unter einem **Vorbehalt abgeschlossen** haben.[42] So **hindert** der **Abschluss** eines umfassenden schriftlichen Architektenvertrags, der nur zur Erlangung **öffentlicher Mittel** für das Bauvorhaben dient, im Schadensersatzprozess gegen den Architekten **nicht die Annahme eines bloßen Scheingeschäfts**.[43]

6. Beendigung des Werkvertrags

Die Beendigung des Werkvertrages bestimmt sich nach allgemeinen Regeln, die allerdings durch werkvertragliche Sondervorschriften für beide Vertragsparteien ergänzt werden. So werden dem **Unternehmer** Kündigungsrechte unter den Voraussetzungen des § 643 BGB bei unterlassener Mitwirkung des Bestellers sowie gemäß § 648a Abs. 5 BGB, wenn der Besteller eine geforderte Sicherheit nicht fristgerecht entrichtet, eingeräumt.

Der **Besteller** kann nach § 649 Satz 1 BGB bis zur Vollendung des Werks den Vertrag jederzeit kündigen. Darüber hinaus räumt ihm § 650 Abs. 1 BGB ein Kündigungsrecht für den Fall des Überschreitens des Kostenvoranschlages ein. Das Rücktrittsrecht bei mangelhafter Werkherstellung richtet sich nach § 634 Abs. 3 BGB.

7. Der Architektenvertrag als praktisch bedeutsame Sonderform

Die Tätigkeit des Architekten umfasst zahlreiche unterschiedliche Einzelleistungen, die von der Grundlagenermittlung bis hin zur Objektbetreuung reichen (vgl. die Leistungsphasen in § 15 HOAI). Diese Einzelleistungen sind ihrer Art nach teilweise mehr dienst-, teilweise mehr werkvertraglicher Natur[44]. Schwierigkeiten bei der vertragstypologischen Einordnung waren damit insbesondere bei dem typischen und in der Praxis am häufigsten angefundenen Architektenvertrag vorgezeichnet, bei dem der Architekt **sämtliche Leistungsbereiche** erbringt. Architektenverträge die nicht dieses breite Tätigkeitsspektrum aufweisen, sind in ihrer Einordnung unproblematisch.

Seiner Rechtsnatur nach ist der typische Architektenvertrag **Werkvertrag**[45]. Dies wird durch eine Grundsatzentscheidung des BGH[46] und eine darauf aufbauende ständige Rechtsprechung bestätigt[47]. Für diese Einordnung spricht auch § 634a Abs. 1 Nr. 2 BGB. Auch der Vertrag mit einem Innenarchitekten ist nach Werkvertragsrecht zu beurteilen.[48]

Der BGH klassifiziert den typischen Architektenvertrag als Werkvertrag, da die eigentliche geistige Leistung des Architekten in der Objektplanung liegt.[49] Der Architekt schuldet nicht die Erstellung des Bauwerks als körperliche Sache[50], da die Leistung des Architekten diesbezüglich neben den anderen am Bau beteiligten Unternehmern lediglich eine Teilleistung darstellt[51]. Abzustellen ist vielmehr auf

---

[40] BGH v. 23.09.1982 - VII ZR 183/80 - BGHZ 85, 39-50.
[41] Allgemeine Meinung, vgl. *Soergel* in: MünchKomm-BGB, § 631 Rn. 47; *Sprau* in: Palandt, Einf. § 631 Rn. 17.
[42] KG Berlin v. 31.03.2006 - 7 U 18/05 - KGR Berlin 2006, 691-693.
[43] OLG Koblenz v. 10.11.2005 - 5 U 1182/03 - OLGR Koblenz 2007, 115-117.
[44] Zur Frage, ob sich gesetzliche Regelungen für das Architektenvertragsrecht empfehlen: BauR 2010, 1381-1392.
[45] A.M., vgl. *Soergel* in: MünchKomm-BGB, § 631 Rn. 47; *Sprau* in: Palandt, Einf. § 631 Rn. 1.
[46] BGH v. 26.11.1959 - VII ZR 120/58 - BGHZ 31, 224-229.
[47] BGH v. 21.04.1960 - VII ZR 97/59 - BGHZ 32, 206-208; BGH v. 25.10.1961 - V ZR 103/60 - BGHZ 36, 84-91; BGH v. 22.10.1981 - VII ZR 310/79 - BGHZ 82, 100-110.
[48] *Fischer*, BrBp 2004, 411-415, der weitergehend die Rechtsstellung des Innenarchitekten beleuchtet und zu dem Ergebnis kommt, dass die Judikatur zum Architektenvertrag weitgehend auf den Innenarchitektenvertrag übertragbar ist.
[49] Vgl. BGH v. 26.11.1959 - VII ZR 120/58 - BGHZ 31, 224-229; BGH v. 09.07.1962 - VII ZR 98/61 - BGHZ 37, 341-346; BGH v. 25.05.1964 - VII ZR 239/62 - BGHZ 42, 16-19; BGH v. 25.04.1966 - VII ZR 120/65 - BGHZ 45, 223-230.
[50] BGH v. 26.11.1959 - VII ZR 120/58 - BGHZ 31, 224-229.
[51] BGH v. 21.04.1960 - VII ZR 97/59 - BGHZ 32, 206-208; BGH v. 09.07.1962 - VII ZR 98/61 - BGHZ 37, 341-346.

das „im Bauplan verkörperte geistige Werk", das durch die weiteren Tätigkeiten des Architekten, wie der Oberleitung, der örtlichen Bauaufsicht usw. verwirklicht wird.[52]

41 Für die Auffassung des BGH spricht, dass sich die verschiedenen Tätigkeiten des Architekten letztlich zu einer einheitlichen Gesamtleistung fügen und daher der Architektenvertrag insgesamt einem Vertragstypus zugeordnet werden soll.[53] Die vertragstypologische Einordnung bestimmt sich dann danach, in welcher Teilleistung der Schwerpunkt liegt. Bei dem typischen Architektenvertrag ist dies die Planung, da alle anderen Tätigkeiten des Architekten die zur Ausführung und Überwachung des Plans notwendig sind, dahinter zurücktreten.[54]

42 Nach einhelliger Ansicht liegt ein Werkvertrag vor, wenn der Architekt ausschließlich mit der **Bauplanung** befasst ist.[55] Das nach § 631 BGB geschuldete Werk ist dabei der vom Architekten erstellt Bauplan, in dem sich die geistige Leistung des Architekten verkörpert.[56]

43 Ebenso liegt ein Werkvertrag dann vor, wenn sich ein Architekt zur Erstellung einer Genehmigungsplanung verpflichtet. In diesem Fall liegt der geschuldete Werkerfolg in einer dauerhaft genehmigungsfähigen Planung.[57]

44 Nach Ansicht des BGH[58] sind auch Architektenverträge, bei denen der Architekt nur die **Objektüberwachung** und/oder die **Objektbetreuung** übernommen hat, als Werk- und nicht als Dienstverträge einzuordnen. Damit stellt sich der BGH gegen eine verbreitete Ansicht, die in solchen Architektenverträgen Dienstverträge erkannte. Der vom Architekten geschuldete Erfolg liegt in diesen Konstellationen in der Plangerechtigkeit und Mangelfreiheit. Wird der Architekt wegen unzureichender Bauüberwachung auf Schadensersatz in Anspruch genommen, kann ihn die sekundäre Darlegungslast zur Ausführung und zum Umfang seiner Kontrollen treffen.[59] Der Architekt schuldet im Rahmen der ihm übertragenen Grundleistungen der Objektüberwachung nicht nur eine fachliche Aufsicht, sondern hat als Objektüberwacher auch für eine zeitliche Koordinierung zu sorgen.[60] Der Architekt hat insoweit im Rahmen seiner Koordinierungspflichten während der gesamten Planungs- und Ausführungsphase umfassende Terminplanungen zu erbringen, weil nur auf diese Weise ein ordnungsgemäßer Bauablauf gewährleistet ist. Der bauaufsichtsführende Architekt wird von der Zeitplanung nur dann entlastet, wenn diese von einem Projektsteuerer oder einem Sonderfachmann tatsächlich übernommen wird.[61]

45 In der Praxis werden häufig standardisierte Architektenverträge oder solche verwendet, die auf allgemeine Vertragsbedingungen verweisen. Diese Verträge unterliegen damit der AGB-rechtlichen Kontrolle.[62]

46 Dem Architekten, der im Sinne des Gesetzes ausnahmslos als **Bauwerkunternehmer** anzusehen ist, ist das Recht auf Einräumung einer **Sicherungshypothek** zuzubilligen.[63]

8. Einzelfragen des Architektenvertrags

a. Abgrenzung freiwillige Akquisitionsmaßnahme/Abschluss Werkvertrag

47 Streit besteht häufig darüber, ob eine **freiwillige Akquisitionsmaßnahme** des Architekten oder bereits ein Architektenvertrag abgeschlossen wurde[64]. Ein konkludenter Vertragsschluss ist umso eher anzunehmen, je umfangreicher die von dem Architekten erbrachte Leistung ist. Bedeutung kommt auch der Frage zu, ob sich der Architekt unaufgefordert an den Beklagten gewandt hat oder die Kontaktaufnahme durch den Besteller erfolgte.

---

[52] So auch *Seiler* in: Erman, Handkommentar BGB, 10. Aufl. 2000, Vorbem. § 631 Rn. 13; BGH v. 26.11.1959 - VII ZR 120/58 - BGHZ 31, 224-229; BGH v. 25.04.1966 - VII ZR 120/65 - BGHZ 45, 223-230.

[53] *Seiler* in: Erman, Handkommentar BGB, 10. Aufl. 2000, Vorbem. § 631 Rn. 12.

[54] Vgl. *Soergel* in: MünchKomm-BGB, § 631 Rn. 50.

[55] BGH v. 26.11.1959 - VII ZR 120/58 - BGHZ 31, 224-229; BGH v. 25.04.1966 - VII ZR 120/65 - BGHZ 45, 223-230.

[56] Vgl. *Soergel* in: MünchKomm-BGB, § 631 Rn. 49.

[57] BGH v. 10.02.2011 - VII ZR 8/10.

[58] BGH v. 07.03.1974 - VII ZR 217/72 - BGHZ 62, 204-208.

[59] OLG Naumburg v. 26.11.2002 - 11 U 234/01 - NZBau 2003, 389-391.

[60] Weiterführend: *Henning/Kesselring*, NJW 2004, 3535-3542.

[61] OLG Celle v. 16.03.2004 - 16 U 169/03 - OLGR Celle 2004, 320-322.

[62] Eine Analyse typischer Allgemeiner Geschäftsbedingungen in Architektenverträgen findet sich bei *Schmidt*, NJW-Spezial 2011, 428-429.

[63] OLG Frankfurt v. 16.06.1987 - 8 U 37/87 - BauR 1988, 343-347.

[64] Dazu z.B. OLG Celle v. 25.09.2003 - 14 U 30/03 - OLGR Celle 2004, 84-85.

Eine Regel nach der ein Architekt grundsätzlich nicht unentgeltlich arbeitet, besteht nicht. Auch könne nach Ansicht *Deckers* nicht die Regel aufgestellt werden, ein Vertragsschluss sei anzunehmen, wenn die erbrachten Leistungen die Voraussetzungen der Leistungsphase 3 erfüllten.[65] Wurde ein Architekt auf Veranlassung des Bauherrn ohne Honorar vor Abschluss eines in Aussicht genommenen Vertrages tätig, ist anhand der Umstände des Falles zu prüfen, ob dem Architekten ein Auftrag erteilt wurde, oder ob er ohne vertragliche Grundlage akquisitorisch tätig war. Ein mit dem Architekten geschlossener Vorvertrag, gerichtet auf den späteren Abschluss eines Planungsvertrages, setzt voraus, dass die künftigen Vertragspflichten hinreichend bestimmt oder mindestens bestimmbar sind. Daran fehlt es, wenn die Gestaltung des zu planenden Gebäudes nicht einmal in Grundzügen feststand, so dass eine Einigung über Art und Umfang künftiger Vertragspflichten noch nicht zustande gekommen war.[66] 48

Weist der Architekt im Honorarprozess hingegen durch Vorlage von entsprechenden Unterlagen (Bauzeichnungen, Vergabeunterlagen, Abrechnungsschreiben, Rechnungsprüfungen etc.) nach, dass er Arbeiten aus den Leistungsphasen 6-8 erbracht hat, reicht es nicht aus, dass der Besteller die Auftragsvergabe mit der bloßen Behauptung bestreitet, es habe sich um eine **unentgeltliche Gefälligkeit** des Architekten gehandelt. Vielmehr ist von einem stillschweigenden Zustandekommen des Architektenvertrages auszugehen.[67] Der Abschluss eines Werkvertrags ist ebenso für Fälle anerkannt, in denen der Investor bei **Großprojekten** an den **Architekten herantritt** und auf die im Rahmen der **Vorplanung erbrachte Tätigkeit eine Abschlagszahlung leistet**.[68] 49

Allgemein liegt damit die Grenze, an der die **Akquisitionstätigkeit** des Architekten **endet** und die **honorarauslösende Tätigkeit beginnt**, dort, wo der Architekt **absprachegemäß** in die **konkrete Planung übergeht**.[69] 50

b. Einzelfragen bezüglich der Baukostenobergrenze

Hat der Bauherr dem Architekten eine **Provision** oder ein Zusatzhonorar versprochen für den Fall, dass der Architekt eine bestimmte Bausumme einhält, wird die Bausumme berechnet aus den tatsächlich bezahlten Beträgen, also Rechnungssummen abzüglich in Anspruch genommener Skonti zuzüglich dem Finanzierungsaufwand = Zinsen für die Tage zwischen Skontofrist und Fälligkeit.[70] 51

Haben die Parteien **keine Baukostenobergrenze** als Beschaffenheit des Architektenwerks vereinbart, ist der Architekt dennoch **verpflichtet**, im Rahmen seiner **Beratungstätigkeit** in der Leistungsphase 1 den **wirtschaftlichen Rahmen** ungefragt **zu klären** und sich nach den Finanzierungsmöglichkeiten des Bauherrn zu erkundigen.[71] 52

c. Vergütung

In Abweichung von § 4 Abs. 1 HOAI kann auch eine Honorarvereinbarung nach Vertragsschluss getroffen werden, sofern sich erst nach der eigentlichen Auftragserteilung das bisherige Leistungsziel ändert oder zusätzlich übertragene Leistungen zu einer Erweiterung des ursprünglichen Auftrages führen.[72] 53

Führt der Architekt kein **Bautagebuch**, obwohl er dazu verpflichtet ist, so kann die Vergütung für die Leistungsphase 8 in § 15 Abs. 2 HOAI um 0,5% gemindert werden. Einer Fristsetzung zur Nacherfüllung der Leistung bedarf es nicht, weil die Leistung nicht nachholbar ist.[73] 54

Kommt es bei einem Bauvorhaben zu **Bauzeitverzögerungen**, die der Architekt selbst nicht zu vertreten hat, kommen Vergütungsansprüche jenseits der pauschalierten Vergütungssätze der HOAI nur in Ausnahmefällen zum Tragen. Ein zuvor nicht vertraglich vereinbarter Anspruch auf Mehrvergütung des Architekten ist daher nur in seltenen Fällen zu realisieren.[74] 55

---

[65] *Deckers*, BauRB 2003, 60-63.
[66] OLG Koblenz v. 12.05.2005 - 5 U 1408/04 - NZBau 2006, 184-185.
[67] OLG Celle v. 11.12.2003 - 14 U 23/03 - OLGR Celle 2004, 233-235.
[68] OLG Hamm v. 21.06.2001 - 24 U 100/00 - IBR 2003, 138.
[69] OLG Hamm v. 29.01.2001 - 17 U 181/98.
[70] OLG Dresden v. 08.01.2003 - 11 U 838/02 - BauR 2004, 137.
[71] Anschluss an BGH v. 22.01.1998 - VII ZR 259/96 - NJW 1998, 1064; LG Mönchengladbach v. 28.07.2005 - 10 O 505/03.
[72] OLG Dresden v. 27.04.2004 - 9 U 506/03 - BauR 2005, 1370.
[73] OLG Celle v. 11.10.2005 - 14 U 68/04 - OLGR Celle 2005, 712-713.
[74] *Lauer/Steingröver*, BrBp 2004, 316-322.

§ 631

56 Wenn der Architekt nach der Planung des einheitlichen Gebäudes eine **Schlussrechnung** erstellt hat, kann der Auftraggeber annehmen, dass der Architekt den Vertrag als **abgeschlossen** ansieht. Der Architekt kann dann nicht mehr weitere Honoraransprüche hinsichtlich der im Vertrag in offener Bauweise bezeichneten Einzelobjekte geltend machen.[75]

57 Macht der Besteller nach Beendigung des Architektenvertrags unter Ausschöpfung der ihm zur Verfügung stehenden Quellen **Überzahlung geleisteter Vorauszahlungen** geltend, hat der **Architekt darzulegen** und zu **beweisen**, dass ihm eine **Vergütung** in Höhe der geleisteten Zahlungen endgültig zusteht. Der **Besteller** hat einen **vertraglichen Anspruch** auf Auszahlung eines Überschusses.[76]

d. Abgrenzung Pflichtverletzung/vertragsgemäße Leistung

58 Unterlässt es ein Architekt im Rahmen der Genehmigungsplanung für ein Mehrfamilienhaus zur Erreichung des Bauzieles eine **Ausnahmegenehmigung** von den Festsetzungen des Bebauungsplanes zu beantragen, dann liegt **kein Planungsfehler** vor, wenn die Gemeinde eine **Ausnahmegenehmigung nur unter Auflagen** erteilt hätte.[77]

59 Schaltet der Bauherr für die Beurteilung der Wasser- und Bodenverhältnisse eines Baugrundstücks einen Sonderfachmann ein, wird dadurch der **Architekt nicht** von seiner eigenen **Verantwortung entbunden**. An einer Ursächlichkeit einer Pflichtverletzung des Architekten für den eingetretenen Schaden fehlt es aber, wenn der Sonderfachmann Vorgaben und Hinweise des Architekten nicht berücksichtigt hat.[78]

60 Beschreibt ein Architektenvertrag als **Gegenstand drei selbständige Objekte**, nämlich „Neubau Bürogebäude", „Neubau Werkstattgebäude" und „Neubau Lagerhalle", kann der **geschuldete Erfolg** gleichwohl erbracht sein, wenn es nur zur **Errichtung** eines **einheitlichen Büro- und Werkstattgebäudes** mit kleineren Lagerflächen kommt.[79]

61 Hält sich der Architekt nicht an die vom Bauherrn vorgegebene **Baukostenobergrenze**, kann dieser den Architektenvertrag aus **wichtigem Grund kündigen**, da die **Planungsleistung** durch die Kostenüberschreitung **mangelbehaftet**[80] und dem Bauherrn die **Vertragsfortsetzung** deshalb **unzumutbar** ist.[81]

e. Verschiedenes

62 Der Architekt kann eigene Überprüfungen hinsichtlich der auszuführenden Leistungen vornehmen und deren Ergebnis dem Auftragnehmer als **fachliche Vorgabe** setzen, so dass der Werkunternehmer in seinen **Prüfungspflichten beschränkt** wird.[82]

63 Umfassende Rechtsprechungsübersichten, insbesondere zur Gewährleistung und Haftung im Rahmen von Architektenverträgen, finden sich bei *Neuenfeld*[83] sowie für die Oberlandesgerichte unter Darstellung der voneinander abweichenden Rechtsansichten bei *Keldungs*[84].

9. Der Werkvertrag in Gestalt des Bauvertrags

64 Der Bauvertrag ist in der Rechtspraxis, sowohl in vertragsgestalterischer als auch in forensischer[85] Hinsicht, typischer und wichtiger Anwendungsfall des Werkvertrags, der vorwiegend die Rechtsbeziehung zwischen Bauherrn und Bauunternehmer regelt. Inhaltlich kann sich der Bauvertrag auf die Herstellung eines Gesamtbauwerks, einzelner Bauabschnitte, wie Rohbau, Innenausbau oder aber auf separat zu er-

---

[75] OLG Bamberg v. 07.08.2002 - 8 U 76/01 - IBR 2004, 575.
[76] BGH v. 22.11.2007 - VII ZR 130/06.
[77] OLG Karlsruhe v. 18.12.2002 - 7 U 140/00 - OLGR Karlsruhe 2003, 397-398.
[78] OLG Hamm v. 17.03.2004 - 25 U 177/03 - IBR 2005, 30.
[79] OLG Bamberg v. 07.08.2002 - 8 U 76/01 - IBR 2004, 575.
[80] Anschluss an BGH v. 23.01.2003 - VII ZR 362/01 - NJW-RR 2003, 593.
[81] LG Mönchengladbach v. 28.07.2005 - 10 O 505/03.
[82] OLG Frankfurt v. 26.05.2003 - 17 U 227/01 - OLGR Frankfurt 2003, 327-328.
[83] *Neuenfeld*, NZBau 2005, 657-665.
[84] *Keldungs*, ZfBR 2005, 627-633; weiterführend zur Bestandsaufnahme als weitere Leistung: OLG Düsseldorf v. 28.12.2006 - I-21 U 41/06.
[85] Zur Adjunktion und Mediation im Baustreit weiterführend *Jung/Lembcke/Steinbrecher/Sundermeier*, ZKM 2011, 50-54.

bringende Tätigkeiten wie Malerarbeiten, Installationen oder Bodenverlegungsarbeiten, gerichtet sein. Der Bauvertrag unterliegt auch dann Werkvertragsrecht, wenn der Unternehmer sämtliche zu verbauenden Stoffe liefert.[86]

Der Abschluss des Bauvertrages ist **formfrei**. Notarielle Form (§ 311 Abs. 1 BGB) ist nur dann gefordert, wenn der Bauvertrag von dem Grundstückserwerbsvertrag rechtlich nicht trennbar ist (§ 139 BGB). Dies ist der Fall, wenn beide Verträge so eng verwoben sind, dass sie miteinander stehen und fallen sollen.[87] 65

Im Bereich des Bauvertrages werden die werkvertraglichen Bestimmungen durch die **Verdingungsordnung für Bauleistungen (VOB)** ergänzt, die sich in die Teile A, B und C gliedert. Ihrer Rechtsnatur nach sind die VOB wegen ihrer fehlenden Zwangswirkung weder Rechtsverordnung noch Gesetz, sondern eine private Vergabeordnung[88]. Veröffentlicht werden sie im Bundesanzeiger. Regelungsziel der VOB ist die Aufstellung einheitlicher und transparenter Grundsätze bei der Vergabe und Durchführung öffentlicher Bauaufträge und die Schaffung eines gerechten Interessenausgleichs zwischen Bauunternehmer und Bauherren. 66

Die einzelnen Teile haben unterschiedlichen Rechtscharakter. **Teil A** beinhaltet als Vergabeordnung allgemeine Bedingungen über die Vergabe von Bauleistungen. Dieser bindet nur die öffentlichen Auftraggeber und betrifft die Auftragsvergabe von der Ausschreibung bis zur Erteilung des Zuschlags. Überschreiten Aufträge den EG-Schwellenwert entfaltet VOB Teil A Rechtssatzqualität.[89] VOB Teil A sind keine Rechtsnormen mit unmittelbarer Außenwirkung, sondern **bloße Verwaltungsvorschriften**[90], die nicht Bestandteil des Bauvertrages werden. Der Bewerber hat daher gegen den öffentlichen Auftraggeber weder einen gesetzlichen noch vertraglichen Anspruch auf ihre Einhaltung. Dennoch aber bleibt ein Verstoß des öffentlichen Auftraggebers nicht ungeahndet. Nach ständiger Rechtsprechung des BGH[91] kommt durch die **Ausschreibung** des öffentlichen Auftraggebers und der Beteiligung der Bewerber ein **gegenseitiges Vertrauensverhältnis** zustande, dessen schuldhafte Verletzung vormals Ansprüche aus **cic** begründet hat. Solche Ansprüche werden zukünftig wohl unter die §§ 311, 280 BGB zu fassen sein. Die Haftung bestimmt sich danach, ob die verletzte Bestimmung der VOB Teil A den Schutz des verletzten Bewerbers bezweckt[92] und ob dieser, vorausgesetzt das Verfahren wäre ordnungsgemäß durchgeführt worden, den Zuschlag erhalten hätte[93]. Der Höhe nach richtet sich dieser Anspruch regelmäßig auf das Vertrauensinteresse.[94] 67

VOB Teil B bezieht sich auf die Ausführung des Bauauftrags, also auf einen Zeitpunkt, zu dem der Auftrag schon vergeben wurde. VOB Teil B regelt die Rechte und Pflichten der Beteiligten (Bauherr, Architekt, Bauunternehmer, Handwerker) nach Vertragsschluss. Er ergänzt in Form von **Allgemeinen Geschäftsbedingungen**[95] die Bestimmungen des Werkvertragsrechts und passt sie, vornehmlich durch Lückenfüllung und präzise Einzelregelungen, an die Spezifika des Bauwesens an. 68

Konsequenz der Einordnung der VOB Teil B als AGB ist, dass sie nur **durch** ausdrückliche oder konkludente[96] **Vereinbarung Geltung** erlangen (vgl. § 305 Abs. 2 und 3 BGB). Sollten die VOB Teil B gegenüber im Baubereich unerfahrenen Vertragspartnern einbezogen werden, so ist diesen auf zumut- 69

---

[86] *Sprau* in: Palandt, Einf. v. § 631 Rn. 16; weiterführend zu der durch die Neuregelung des § 651 BGB resultierenden Verschiebung von der bisherigen Anwendung des Werkvertragsrechts hin zur Anwendung des Kaufrechts und den Auswirkungen dieser Verschiebung auf die Baurechtspraxis vgl. *Stumpe*, BrBp 2004, 224-231.
[87] *Peters* in: Staudinger, 13. Bearb. 1995, Vorbem. § 631 Rn. 90; weitergehend zur Beurkundungspflicht: *von Hayn-Habermann*, NJW-Spezial 2010, 684-685.
[88] *Soergel* in: MünchKomm-BGB, § 631 Rn. 26.
[89] BGH v. 08.09.1998 - X ZR 48/97 - BGHZ 139, 259-273.
[90] BGH v. 21.11.1991 - VII ZR 203/90 - BGHZ 116, 149-156.
[91] BGH v. 08.09.1998 - X ZR 48/97 - BGHZ 139, 259-273; BGH v. 08.09.1998 - X ZR 109/96 - BGHZ 139, 273-279; BGH v. 08.09.1998 - X ZR 99/96 - BGHZ 139, 280-288; BGH v. 22.02.1973 - VII ZR 119/71 - BGHZ 60, 221-226; BGH v. 16.11.1967 - III ZR 12/67 - BGHZ 49, 77-84.
[92] Vgl. BGH v. 08.09.1998 - X ZR 99/96 - BGHZ 139, 280-288.
[93] *Seiler* in: Erman, Handkommentar BGB, 10. Aufl. 2000, § 631 Rn. 23b.
[94] BGH v. 08.09.1998 - X ZR 48/97 - BGHZ 139, 259-273.
[95] *Peters* in: Staudinger, 13. Bearb. 1995, Vorbem. § 631 Rn. 98; Brandner/Hensen/Schmidt u.a., AGB-Gesetz, 9. Aufl. 2001, Anh. §§ 9-11 Rn. 900; anders: *Soergel* in: MünchKomm-BGB, § 631 Rn. 38 bewertet die VOB Teil B zwar als Allgemeine Geschäftsbedingungen, allerdings mit einem anderen Verständnis wie sie dem AGBG zugrunde liegen.
[96] BGH v. 29.10.1956 - VII ZR 6/56 - LM Nr. 1 zu § 13 VOB Teil B.

bare Weise die Möglichkeit zur Kenntnisnahme des ganzen VOB Textes zu verschaffen. Weniger strenge Maßstäbe gelten, wenn die VOB Teil B gegenüber im Bauwesen erfahrenen Kunden einbezogen werden sollen. In diesen Fällen ist eine Einbeziehung durch bloßen Hinweis auf die VOB Teil B möglich.[97] Auch wenn beide Parteien im Prozess übereinstimmend die Vereinbarung der VOB/B in den Vertrag vortragen, genügt dies allein nicht für eine **wirksame Einbeziehung**. Die **VOB/B** wird nur dann **Vertragsbestandteil**, wenn **ausdrücklich** darauf hingewiesen wird und der geschäftlich unerfahrene Vertragspartner auch die Gelegenheit hat, von deren **Inhalt bei Vertragsschluss Kenntnis** zu erlangen.[98]

70 Für die **Inhaltskontrolle** der VOB gelten im Gegensatz zu herkömmlichen AGB **Besonderheiten**. Nach früherer Rechtsprechung hatte sich die Inhaltskontrolle gem. den §§ 307-309 BGB daran zu orientieren, dass die VOB Teil B im Gegensatz zu typischen AGB nicht einseitig auf den Vorteil einer Vertragspartei ausgerichtet sind, sondern eine für beide Vertragsparteien ausgewogene Regelung stellen.[99] Eine isolierte Inhaltskontrolle einzelner VOB Teil B Bestimmungen war daher nicht sachgerecht, vielmehr war der Vertrag als Ganzes zu prüfen.[100]

71 Die Gerichte haben damit in der Vergangenheit die VOB/B sowohl bei der Verwendung gegenüber Verbrauchern als auch Unternehmern dergestalt privilegiert, dass die Gerichte von einer AGB-Kontrolle einzelner unangemessener Bestimmungen der VOB/B Abstand genommen haben, sofern die **VOB/B „als Ganzes"** ohne wesentliche Änderung in den Vertrag einbezogen wurden[101]. Eine solche Einbeziehung ohne wesentlichen Änderungen lag nur dann vor, wenn die Ausgewogenheit des VOB/B Regelwerks bestehen blieb.[102] Einzelne Bestimmungen der VOB Teil B konnten nur dann einer Prüfung anhand der §§ 305-310 BGB unterzogen werden, wenn die VOB Teil B durch Individualvertrag oder AGB dergestalt verändert werden, dass sie nicht mehr Vertragsgrundlage sind.[103] Eine Prüfung einzelner Bestimmungen der VOB/B war damit nur dann statthaft, wenn der durch die VOB Teil B erstrebte ausgewogene Interessenausgleich durch Zusatzabreden nachhaltig verändert wird.[104]

72 Davon rückte der BGH im Jahr 2004 ab und postulierte, dass die VOB/B nur dann einer AGB-rechtlichen Überprüfung entzogen sind, wenn sie uneingeschränkt und **ohne jede Abweichung** vereinbart werden[105].

73 Diese Privilegierung gilt bei Verwendung gegenüber **Unternehmern** nach wie vor. Gegenüber **Verbrauchern** kam es mit Einführung des § 310 Abs. 1 Satz 3 BGB durch das Forderungssicherungsgesetz (FoSiG) hingegen zu einer Entprivilegierung der VOB/B in AGB-rechtlicher Hinsicht. In der Konsequenz sind die VOB/B bei einer Verwendung gegenüber Verbrauchern **stets einer Inhaltskontrolle nach den §§ 307 ff. BGB** zu unterziehen.

74 Werden nur einzelne Bestimmungen der VOB/B als AGB vereinbart, z.B. die Verjährungsregelung bei der Gewährleistung oder Ausschluss von Nachforderungen bei vorbehaltloser Schlusszahlung[106], so sind diese anhand der §§ 305-310 BGB zu messen.

---

[97] *Peters* in: Staudinger, 13. Bearb. 1995, Vorbem. § 631 Rn. 100; *Sprau* in: Palandt, Einf. v. 631 Rn. 5.
[98] LG Aachen v. 30.03.2006 - 6 S 215/05 - BauR 2006, 1796-1797.
[99] *Seiler* in: Erman, Handkommentar BGB, 10. Aufl. 2000, Vorbem. § 631 Rn. 23; *Soergel* in: MünchKomm-BGB, § 631 Rn. 44.
[100] *Hochstein/Korbion*, Der VOB-Vertrag, 1976, § 10 VOB Teil A, Anh. AGB Rn. 57; BGH v. 16.12.1982 - VII ZR 92/82 - BGHZ 86, 135-143; BGH v. 17.09.1987 - VII ZR 155/86 - BGHZ 101, 357-368; BGH v. 20.04.1989 - VII ZR 35/88 - BGHZ 107, 205-209; BGH v. 17.12.1998 - VII ZR 243/97 - BGHZ 140, 241-247.
[101] BGH v. 16.12.1982 - VII ZR 92/82 - BGHZ 86, 135-143.
[102] *Soergel* in: MünchKomm-BGB, § 631 Rn. 43.
[103] BGH v. 16.12.1982 - VII ZR 92/82 - BGHZ 86, 135-143; weiterführend zur Vereinbarung der VOB/B als Ganzes: *Hartung*, NJW 2004, 2139-2142.
[104] BGH v. 21.06.1990 - VII ZR 109/89 - BGHZ 111, 394-400; BGH v. 17.11.1994 - VII ZR 245/93 - LM AGBG § 23 Nr. 14 (5/1995), st. Rspr.
[105] BGH v. 22.01.2004 - VII ZR 419/02 - NJW 2004, 1597.
[106] BGH v. 10.10.1985 - VII ZR 325/84 - BGHZ 96, 129-135; BGH v. 17.09.1987 - VII ZR 155/86 - BGHZ 101, 357-368; BGH v. 23.02.1989 - VII ZR 89/87 - BGHZ 107, 75-87; BGH v. 15.06.1989 - VII ZR 14/88 - BGHZ 108, 65-73; BGH v. 21.06.1990 - VII ZR 109/89 - BGHZ 111, 394-400; BGH v. 17.12.1998 - VII ZR 37/98 - BGHZ 140, 248-253.

Ist die vom Besteller im Rahmen eines VOB-Bauvertrages dem Unternehmer gem. § 13 Nr. 5 Abs. 2 VOB/B mit der Aufforderung zur Vornahme von Mängelbeseitigungsarbeiten gesetzte Frist zu kurz bemessen, dann ist diese nicht wirkungslos und der Fristbeginn wird dadurch nicht gehindert. Auf Verlangen des Unternehmers wird lediglich eine angemessene Frist in Gang gesetzt.[107] **75**

Die Inhaltskontrolle Besonderer Vertragsbedingungen (BVB) ist vertragstypengerecht vorzunehmen. Eine in BVB eines Einheitspreisvertrages vereinbarte Vertragsstrafe für die Überschreitung einer Zwischenfrist hält der Inhaltskontrolle nicht stand, wenn sich die Vertragsstrafe nach einem Promille-Satz der Endabrechnungssumme bemessen soll und nicht nach dem mit der Zwischenfrist zu erreichenden Leistungsstand.[108] **76**

Teil C enthält allgemeine technischen Vorschriften in denen festgelegt ist, wie die Bauleistungen auszuführen sind und wo u.a. die einzelnen Bauleistungsgruppen spezifiziert werden. Sie enthalten damit Vorschriften, die die Leistungsverpflichtungen des Unternehmers in technischer Hinsicht präzisieren. VOB Teil C wird Vertragsbestandteil, wenn VOB Teil B in den Vertrag einbezogen worden ist (VOB Teil B § 1 Nr. 1 S 2). VOB Teil C ist insbesondere für die Frage der mangelfreien Erstellung des Bauwerks von Bedeutung, da ein Verstoß dagegen regelmäßig Indiz für eine nicht vertragsgemäße Herstellung ist oder einen Verstoß gegen die Regeln der Baukunst nahe legt. **77**

10. Einzelfragen zum Werkvertrag im Baubereich

a. Abgrenzung Werkvertrag zu anderen Vertragstypen im Baubereich

Benötigt ein Bauunternehmer bei seinen Arbeiten zur Herstellung eines Werkes für den Besteller eine **Baumaschine** und wird diese von einem Spezialunternehmen **nebst Führer** gestellt und bedient, so kann es sich um einen auf **Überlassung** von Arbeitsgerät und Führer gerichteten Vertrag, der Elemente eines Miet- und eines Dienstverschaffungsvertrages enthält, einen **Dienstvertrag** oder um einen **Werkvertrag** handeln. Leistet ein Spezialunternehmen für Tiefbauarbeiten einem Bauunternehmer bloße Hilfe bei der Herstellung eines Werkes für den Bauherrn in Form einer Zuarbeit, ohne dass es ein in sich geschlossenes Werk herstellt, so kann dies gegen die Einordnung eines Werkvertrages sprechen. Bei einer solchen Konstellation kann die Annahme eines Dienstvertrages dann in Betracht kommen, wenn der Dritte eigenverantwortlich die Zuarbeit mit seiner Maschine und seinem Personal übernehmen soll, dagegen um einen als Miet- und Dienstverschaffungsvertrag anzusehenden Überlassungsvertrag, wenn der Dritte dem Bauunternehmer Maschine und Personal zur eigenverantwortlichen Selbstbedienung zu überlassen hat.[109] **78**

Auf einen Vertrag, der die **Veräußerung eines Altbaus** zum Gegenstand hat, wendet der BGH in ständiger Rechtsprechung **Werkvertragsrecht** an, soweit aus dem Vertrag deutlich wird, dass der Verkäufer zur mangelfreien Erstellung des Bauwerks verpflichtet ist. *Weise*[110] ist jedoch der Ansicht, dass sich aus dem Vertrag auch etwas anderes ergeben kann. In diesem Zusammenhang untersucht er auch das Abgrenzungskriterium zwischen **Werk- und Kaufrecht**. Der Autor weist darauf hin, dass die herrschende Ansicht davon ausgeht, dass Werkrecht anwendbar ist, wenn bedeutende Arbeiten an der Konstruktion des Hauses zu erbringen sind. *Weise* bezweifelt dies, da der BGH keine technischen Gegebenheiten zur Abgrenzung einsetzen wird. **79**

b. Prüffähigkeit der Rechnung

Auch beim BGB-Bauvertrag kann **nicht auf eine Rechnung verzichtet werden**, die dem Besteller eine Prüfung ermöglicht. Die **Prüffähigkeit der Rechnung** ist jedoch – anders als beim VOB-Vertrag – **nicht Fälligkeitsvoraussetzung** für den Werklohnanspruch.[111] Ist beim VOB-Vertrag eine Werklohnforderung des Auftragnehmers nach Treu und Glauben fällig geworden, weil der Auftraggeber innerhalb einer Frist von zwei Monaten keine Einwendungen gegen die Prüfbarkeit der Schlussrechnung erhoben hat, kann die Vorlage weiterer, nicht prüfbarer Schlussrechnungen an der bereits eingetretenen Fälligkeit der Werklohnforderung nichts ändern. Es ist im Rahmen einer Sachprüfung zu klären, ob die Forderung berechtigt ist.[112] Die Rechtswirksamkeit der Rüge des Fehlens einer prüffähi- **80**

---

[107] OLG Celle v. 18.12.2002 - 7 U 171/01 - OLGR Celle 2003, 345-347.
[108] OLG Celle v. 13.07.2005 - 7 U 17/05 - OLGR Celle 2005, 533-535.
[109] OLG Rostock v. 18.10.2004 - 3 U 40/04 - OLGR Rostock 2005, 41-44.
[110] *Weise*, NJW-Spezial 2005, 165-170.
[111] OLG Bamberg v. 15.01.2003 - 3 U 46/02 - BauR 2003, 1227-1228.
[112] BGH v. 27.01.2011 - VII ZR 41/10.

§ 631

gen Schlussrechnung gemäß § 16 Nr. 3 Abs. 1 Satz 2 VOB/B als Fälligkeitsvoraussetzung für die Schlusszahlung setzt voraus, dass die vom Auftraggeber erhobenen Einwendungen dem Auftragnehmer verdeutlichen, dass er nicht bereit ist, in die sachliche Auseinandersetzung einzutreten, solange er keine prüffähige Rechnung erhalten hat.[113]

81 Die Prüffähigkeit der Rechnung erfordert in erster Linie, dass die Rechnungen **übersichtlich aufgestellt** und die **Reihenfolge der Posten** entsprechend dem Auftrag einzuhalten sind, ferner die in den Vertragsbestandteilen enthaltenen Bezeichnungen verwendet werden. Des Weiteren sind als zum Nachweis von Art und Umfang der Leistung erforderlichen Mengenberechnungen, Zeichnungen und andere Belege beizufügen (§ 14 Nr. 1 Satz 2 VOB/B). Die **Prüfbarkeit** ist aber bereits **dann gegeben, wenn** sie **derjenige prüfen kann, der die Bauleitung hat**.[114]

c. Vergütung des Bauunternehmers

82 Dem Bauunternehmer steht ein **Zahlungsanspruch** auf Mehrvergütung bei **verzögerter Zuschlagserteilung** zu. Dieser ist aus der Kooperationspflicht der Vertragspartner abzuleiten.[115]

83 Widersprüchlich wird beurteilt, ob bei gleichzeitiger Geltendmachung des Anspruchs auf Bewilligung einer Bauhandwerkersicherungshypothek und auf Zahlung des abzusichernden Werklohns die Bauhandwerkersicherungshypothek streitwerterhöhend wirkt.[116]

84 Errichtet ein Bauunternehmer einen Baukörper **abweichend** von den **genehmigten Grundrissmaßen** und scheidet eine Nachtragsbaugenehmigung aus, so hat er keinen Anspruch auf Werklohn und damit auch nicht auf Abschlagszahlungen. In einem solchen Fall hat der Bauherr einen vertraglichen Anspruch, etwaig geleistete Abschlagszahlungen zurückzufordern. Ein Anspruch auf Vergütung der erbrachten Teilleistungen steht dem Unternehmer nur zu, wenn die Abweichung von den genehmigten Grundrissmaßen und damit die Unausführbarkeit des Bauwerks allein auf Weisungen des Bauherrn beruht.[117]

d. Pflichtverletzung des Bauunternehmers

85 Äußert ein **Bauunternehmer Bedenken gegen** die **Architektenplanung** nur gegenüber dem Architekten, **ohne diese auch dem Besteller mitzuteilen**, und erklärt der Architekt ihm die geplante Ausführung daraufhin so nachvollziehbar, dass er die Bedenken des Unternehmers zerstreut, ist dessen Verschulden an der Hinweispflichtverletzung derart gering, dass es gegenüber dem **Besteller zurechenbaren Architektenverschulden** vollständig zurücktritt und eine **Haftung des Unternehmers ausscheidet**.[118]

86 Wenn der Bauunternehmer bei der Herstellung des Werks **nicht** für eine den Umständen nach **angemessene Überwachung** und Prüfung der Werkleistung sorgt und infolgedessen auch nicht dafür, dass er oder seine Erfüllungsgehilfen etwaige Mängel erkennen, verhält er sich **vertragswidrig**.[119]

87 Kommt es bei einem Bauvorhaben zu einem Unfall, weil Handwerker unterschiedlicher Gewerke Arbeiten ausgeführt haben, die nicht zeitgleich hätten ausgeführt werden dürfen, kommt eine **Mithaftung des Bauherrn** nur bei **Verletzung** seiner **Koordinierungspflicht** in Betracht. Eine solche **Pflichtverletzung** liegt **nicht** vor, wenn er **beide Handwerker zusammengeführt** hat und sich beide untereinander absprechen konnten und auch abgesprochen haben und der Unfall demzufolge allein auf dem Umstand beruhte, dass sich die Werkunternehmer nicht an die Absprachen gehalten haben.[120]

88 Ein Bauunternehmer (Generalübernehmer) kann sich seiner **Vertragspflicht** zur **Offenbarung von Mängeln** bei Ablieferung des Werkes nicht dadurch entledigen, dass er sich für unwissend hält oder sich keiner Gehilfen bei der Pflicht zur Mängeloffenbarung bedient.[121]

---

[113] Brandenburgisches Oberlandesgericht v. 25.01.2012 - 4 U 7/10.
[114] OLG Brandenburg v. 16.02.2005 - 4 U 12/02 - BauR 2005, 1218.
[115] Behrendt, BauR 2007, 784-800.
[116] Dafür: OLG Düsseldorf v. 24.08.2005 - I- 5 U 170/04, 5 U 170/04; dagegen: OLG Nürnberg v. 02.07.2003 - 6 W 2019/03 - MDR 2003, 1382; OLG Koblenz v. 14.03.2003 - 8 W 147/03 - OLGR Koblenz 2003, 256 und OLG Düsseldorf v. 30.04.1996 - 23 W 19/96 - OLGR Düsseldorf 1997, 136.
[117] OLG Schleswig v. 22.05.2003 - 11 U 157/01 - IBR 2004, 305.
[118] OLG Celle v. 25.09.2003 - 5 U 14/03 - IBR 2004, 614.
[119] OLG Naumburg v. 12.11.2003 - 6 U 90/03 - BrBp 2005, 31-32.
[120] OLG Hamm v. 09.06.1998 - 21 U 185/97 - OLGR Hamm 1998, 337.
[121] OLG Naumburg v. 12.11.2003 - 6 U 90/03 - BrBp 2005, 31-32.

e. Abnahme

Das BGB sowie die VOB/B setzen für die **Abnahme** eines Werkes voraus, dass sich die Bauleistung in einem abnahmefähigen Zustand befindet. Haben die Parteien eines BGB-Bauvertrages über die Herstellung einer Eigentumswohnung Zahlung der **Werklohnschlussrate** nach „vollständiger Fertigstellung" vereinbart und weist das Werk nur geringfügige Mängel auf, ist der Besteller zur **Verweigerung der Abnahme berechtigt**.[122]

Zwar kann der Besteller im Einverständnis mit dem Bauunternehmer die Abnahme erklären, auch wenn die Voraussetzungen nicht vorliegen. Streitig ist jedoch, ob dies auch **gegen den Willen des Bauunternehmers** zuständig ist. *Hildebrandt* stellt heraus, dass es kein Recht des Bestellers im BGB oder VOB/B gibt, das ihn berechtigt, bereits vor Fertigstellung das Werk abzunehmen.[123]

f. Sicherungsabrede

Bei **mehreren Bauvorhaben** erstreckt sich, soweit keine gesonderte Abrede getroffen wird, die **Sicherungsabrede** über einen Gewährleistungseinbehalt regelmäßig nur auf das jeweilige **konkrete Bauvorhaben**.[124] Eine vorformulierte Sicherungsabrede in den Allgemeinen Geschäftsbedingungen eines Bauvertrages, die lautet: „Zahlungen auf Schlussrechnungen werden bis zu 95% des Nettowertes geleistet. Der Rest ist durch eine kostenlose und befristete Gewährleistungsbürgschaft (Vorgabe der Befristung durch den Besteller) ablösbar", ist unwirksam.[125]

Ist formularvertraglich ein **Sicherheitseinbehalt** in Höhe von 5% der Auftragssumme für die Dauer von fünf Jahren vereinbart, ist dies auch dann **unwirksam**, wenn der Sicherheitseinbehalt nach zwei Jahren freizugeben ist, sofern bei einer Kontrollbegehung keine Mängel festgestellt werden. Der Bauunternehmer bleibt deshalb unangemessen benachteiligt, weil er trotz Abnahme die Beweislast für die Mangelfreiheit seines Werkes trägt.[126]

g. Kündigung eines Bauvertrages

Kündigt der **Besteller** den VOB-Vertrag über Instandsetzungsarbeiten wegen vorhandener Mängel **vor Fertigstellung** gem. § 8 Nr. 1 Abs. 1 VOB/B, verliert der Unternehmer sein Recht, die Mängel selbst zu beseitigen, wenn er keine uneingeschränkte Nachbesserungsbereitschaft erklärt, sondern die Durchführung der Mangelbeseitigungsarbeiten einseitig von einem Ausschluss der Gewährleistung abhängig macht. Infolge dieser einseitigen Gewährleistungseinschränkung im Zuge der Nachbesserung ist dem Besteller eine weitere Zusammenarbeit nicht mehr zuzumuten mit der Folge, dass er berechtigt ist, eine weitere Tätigkeit des Bauunternehmers sowie eine Vergütung für die erbrachten Leistungen abzulehnen.[127]

Erklärt der Auftraggeber zu Unrecht die Kündigung aus wichtigem Grund des VOB-Bauvertrags, so kann dies den Kündigungsempfänger seinerseits berechtigen, die Kündigung des Vertrages gem. § 9 Abs. 1 VOB/B auszusprechen, ohne dass § 314 BGB analog herangezogen werden muss[128].

Hat der **Bauherr** im Rahmen eines Bauvertrages den Bauablauf und die Bauausführung im Verlaufe verbaler Auseinandersetzungen **ständig kritisiert** sowie einzelnen Mitarbeitern des Bauunternehmers die Fortsetzung ihrer Bauarbeiten verwehrt und damit für eine den Betriebsfrieden gefährdende Unruhe gesorgt, ist der **Bauunternehmer** gem. § 242 BGB zur **Vertragskündigung berechtigt**. Der Auftragnehmer ist nicht auf die ausdrücklich geregelten Kündigungsrechte nach dem BGB-Werkvertragsrecht bzw. VOB beschränkt.[129]

h. Verschiedenes

Für den **Schallschutz** zwischen Wohnungen gelten die DIN 4109 als verpflichtendes öffentliches Recht, höhere Anforderungen an den Schallschutz müssen regelmäßig vertraglich vereinbart werden. Gibt es im Bauvertrag keine konkrete Angabe zum Schallschutz, dann kann sich ein bestimmter, unter

---

[122] OLG Hamm v. 13.09.2001 - 17 U 164/00 - MDR 2001, 1404-1405.
[123] Weiterführend zur Problematik der Abnahme eines Werkes gegen den Willen des Auftragnehmers und vor Fertigstellung *Hildebrandt*, BauR 2005, 788-792.
[124] OLG Düsseldorf v. 23.02.2007 - I-22 U 115/06, 22 U 115/06 - OLGR Düsseldorf 2007, 716-717.
[125] OLG Stuttgart v. 19.02.2004 - 13 U 118/03 - IBR 2005, 320.
[126] OLG Rostock v. 18.10.2004 - 3 U 40/04 - OLGR Rostock 2005, 41-44.
[127] OLG Koblenz v. 19.05.2004 - 2 U 1252/02 - OLGR Koblenz 2004, 648-649.
[128] *Stickler*, BauR 2011, 364-371.
[129] OLG Celle v. 22.09.2005 - 6 U 37/05 - OLGR Celle 2006, 622-624.

Umständen auch erhöhter Schallschutzwert aus der vereinbarten Konstruktion ergeben. Ist auch danach die Ermittlung des geschuldeten Schallschutzniveaus nicht möglich, so muss der geschuldete Schallschutz jedenfalls dem vertraglich vorausgesetzten Verwendungszweck entsprechen. So stellt etwa bei einer Luxuswohnung ein Schallschutz nur nach der DIN 4109 einen Mangel dar.[130]

97 Abgezeichnete **Stunden- und Materialzettel** haben die Wirkung eines **deklaratorischen Anerkenntnisses**. Das hat zur Folge, dass der Bauherr an die unterschriebenen Massen gebunden ist, es sei denn, er kann beweisen, dass der berechnete und gegengezeichnete Material- und Lohnstundenaufwand in einem groben Missverhältnis zu den erbrachten Leistungen steht und dass er diese Unrichtigkeiten bei Unterzeichnung nicht kannte und mit ihnen auch nicht rechnen musste.[131] Eine befreiende Schuldübernahme setzt stets den Willen voraus, einen Schuldner aus der Haftung zu entlassen.[132]

98 Durch fehlerhafte Werkleistung des Vorunternehmers bedingte Verzögerungen dürfen dem Auftraggeber regelmäßig nicht zugerechnet werden, da der Vorunternehmer insoweit nicht Erfüllungsgehilfe des Auftraggebers ist[133].

99 Der Gewährleistungsbürge ist an die im Bauvertrag enthaltene Schiedsgutachtenklausel nicht gebunden, es sei denn, er ist in den Bauvertrag eingebunden oder der Bürgschaftsvertrag enthält ebenfalls eine Schiedsgutachtenklausel[134].

11. Der Werkvertrag im IT- Bereich

100 Im Bereich der IT-Verträge ist zwischen dem **Erwerb der Hardware**, also den Rechnerkomponenten und der Software, mithin der zum Betrieb notwendigen Computerprogramme, zu differenzieren.

101 Wird **Hardware** zeitlich unbegrenzt erworben, so ist dies nach den Regeln des Kaufrechts zu beurteilen. Erfolgt die Überlassung auf Zeit, so kann dem ein Miete- oder Leasingvertrag zugrunde liegen.

102 Hat der Vertrag die **Überlassung von Standardsoftware auf Dauer** gegen einmaliges Entgelt zum Gegenstand, so ist darauf Kaufrecht anzuwenden.[135] Nach **bisheriger Rechtsprechung** liegt hingegen ein Werkvertrag vor, wenn durch den Vertrag eine speziell auf die Bedürfnisse des Users **angepasste Individualsoftware** erstellt wird.[136] Ausgehend von der Ansicht des BGH[137], dass es sich bei Software um eine bewegliche Sache handelt, ist jedoch eine **Änderung** der Einordnung der Softwareerstellungsverträge **denkbar**[138]. § 651 Satz 1 BGB n.F. unterstellt die Lieferung von herzustellenden beweglichen Sache dem Kaufrecht. Erkennt man mit dem BGH in Software eine bewegliche Sache, so wäre die **Softwareerstellung nach neuem Recht** konsequenterweise als **Kauf** und nicht wie bisher als Werkvertrag zu betrachten. Damit entfällt auch die werkvertraglich geforderte Abnahme. Darüber hinaus hat beim Kauf, anders als beim Werkvertrag, der Erwerber die Wahl auf welche Weise die Nacherfüllung geleistet werden soll (vgl. § 439 Abs. 1 BGB).

103 Schließt man sich indes der Gegenansicht an, die Software nicht als bewegliche Sache qualifiziert, so ist die Softwareerstellung, wie nach bisherigem Recht, als Werkvertrag zu beurteilen[139]. Konsequenz ist, dass Ansprüche wegen mangelhafter Lieferung gem. § 634a Nr. 3 BGB in drei Jahren ab Kenntnis des Bestellers vom Mangel bzw. in der Höchstfrist von 10 Jahren gem. § 199 Abs. 3 Nr. 1 BGB verjähren. Wenngleich die Diskussion zu diesem Thema mittlerweile ausufernd ist, ist sie für die Praxis wegen der vorgenannten Gründe von großer Bedeutung[140].

104 Unabhängig von diesem Meinungsstreit beinhaltet ein Auftrag zur Programmentwicklung ein Alleinverwertungsrecht des Bestellers.[141]

---

[130] *Steffen*, BauR 2006, 873-875; weiterführend zu Auswirkungen und Einfluss des europäischen Gemeinschaftsrechts auf das private Baurecht, *Vogel/Olrik*, BauR 2006, 744-855.
[131] OLG Celle v. 18.03.2003 - 7 U 28/03 - OLGR Celle 2003, 283-284.
[132] KG Berlin v. 31.03.2006 - 7 U 8/05.
[133] Brandenburgisches Oberlandesgericht v. 18.08.2009 - 11 W 25/08; BGH v. 21.10.1999 - VII ZR 185/98.
[134] OLG Düsseldorf v. 13.11.2003 - I-12 U 55/03, 12 U 55/03.
[135] BGH v. 04.11.1987 - VIII ZR 314/86 - BGHZ 102, 135-152; BGH v. 12.07.1990 - III ZR 174/89 - LM Nr. 11 zu § 1042 ZPO.
[136] BGH v. 04.11.1987 - VIII ZR 314/86 - BGHZ 102, 135-152.
[137] Grundlegend BGH v. 14.07.1993 - VIII ZR 147/92 - LM BGB § 631 Nr. 73 (11/1993).
[138] Eingehend *Redecker*, IT-Rechtsberater 5/2002, 119-121; weiterführend *Roas/Schweinoch*, CR 2004, 326-331.
[139] In diesem Sinn wohl auch BGH v. 04.03.2010 - III ZR 79/09 nach dessen Ansicht, die Erstellung von Individualsoftware „regelmäßig" als Werkvertrag einzustufen ist.
[140] Einen Überblick über mögliche Lösungsansatz gibt: *Koch*, ITRB 2008, 233-237.
[141] LG Osnabrück v. 27.08.2002 - 18 O 286/02.

Auch nach der neuen Rechtslage dürfte dann, wenn **Standardsoftware** erworben wird, diese aber umfangreich an die individuellen Bedürfnisse des Users **anzupassen** ist („Customizing"), **Werkvertragsrecht** anzuwenden sein.[142]   105

Werden, wie bei größeren Projekten üblich, in einem einheitlichen Vertrag Standard- und Individualsoftware bzw. Hardware und Individualsoftware erworben und liegen damit kauf- und werkvertragliche Komponenten vor, so wurden darauf früher die Regeln über gemischte Verträge angewendet.[143] Dies erscheint zukünftig nicht mehr notwendig, da auf den Erwerb von Standardsoftware Kaufrecht anwendbar ist. Gleiches gilt wegen § 651 Satz 1 BGB nunmehr auch für den Erwerb von Individualsoftware, sofern man dem BGH in seiner Annahme folgt, dass es sich bei Software um eine bewegliche Sache handelt.[144]   106

Weitergehend zum Vertrag über die Lieferung, Anpassung und Installation von Software bei Verwendung der EVB-IT Systemlieferung vgl. *Redeker*[145].   107

12. Einzelfragen zum Werkvertrag im IT- Bereich

Macht ein Internetdienstleistungsanbieter seinen nach dem Datenverkehrsaufkommen berechneten **Vergütungsanspruch** gerichtlich geltend, können die in der Rechtsprechung über die Abrechnung im Bereich der Festnetztelefonie entwickelten Grundsätze über den Anscheinsbeweis nicht auf die Mess- und Aufzeichnungsverfahren des Internetdienstbieters angewandt werden, da es an ausreichenden Erfahrungswerten fehlt. Zur Geltendmachung seiner Vergütungsansprüche muss der Internet-Provider seine Mess- und Aufzeichnungsverfahren und deren Richtigkeit darlegen und erforderlichenfalls beweisen.[146]   108

Nimmt der Softwarelieferant in seinem vom Besteller angenommenen Vertragsangebot ausdrücklich auf die **Lizenzbedingungen des Softwareherstellers** Bezug, so handelt der Besteller **treuwidrig**, wenn er den im Liefervertrag als Voraussetzung für die Verschaffung der Nutzerrechte an der Software vorgesehenen **Lizenzvertrag** mit dem Lieferanten und Hersteller **verweigert** und die Software nicht abnimmt. Dies ist als **treuwidrige Bedingungsverteilung im Sinne von § 162 Abs. 1 BGB** anzusehen, die einem wirksamen Vertragsschluss nicht entgegensteht. Bei Nichtabnahme der Leistungen kann der Lieferant nicht den vereinbarten Werklohn, sondern lediglich nach **§ 649 BGB den „Kündigungsschaden"** geltend machen, d.h. die ersparten Aufwendungen für den Bezug der Nutzerlizenzen und die nicht erbrachten Installationsleistungen.[147]   109

Hinsichtlich der Sachmangelhaftung im IT-Bereich wird häufig der Einwand vorgetragen, dass es nahezu unmöglich ist, **fehlerfreie Software** zu erstellen. Tatsächlich ist die Aufgabe der Softwareerstellung im Einzelfall extrem komplex, so dass die Frage, wie sich der Hersteller nach der Schuldrechtsreform hier im Hinblick auf seine Haftung entlasten kann, entscheidend ist.[148]   110

---

[142] Vgl. dazu BGH v. 15.05.1990 - X ZR 128/88 - NJW 1990, 3008-3010; LG Landshut v. 20.08.2003 - 2 HKO 2392/02 - CR 2004, 19-21; OLG Karlsruhe v. 16.08.2002 - 1 U 250/01 - CR 2003, 95-97; OLG Hamm v. 10.03.2006 - 12 U 58/05; weiterführend *Söbbing*, ITRB 2007, 217-219; weiterführend: *Intveen*, ITRB 2008, 237-239.

[143] Vgl. BGH v. 04.11.1987 - VIII ZR 314/86 - BGHZ 102, 135-152.

[144] Für einen weiterführenden Überblick über aktuelle Probleme der rechtlichen Einordnungen von Hardware- und Softwareverträgen in die bestehenden Vertragstypen vgl. *Schneider*, CR 2005, 695-700. Zu Haftungs- und vertragsrechtlichen Problemen bei Web-Services vgl. *Spindler*, DuD 2005, 139-141; *Klett/Pohle*, DRiZ 2007, 198-203.

[145] *Redeker*, ITRB 2010, 255-257.

[146] OLG Düsseldorf v. 26.02.2003 - 18 U 192/02 - DuD 2003, 443-445.

[147] OLG Hamm v. 10.03.2006 - 12 U 58/05 - CR 2006, 442-444.

[148] Weiterführend *Heussen*, CR 2004, 1-10. Nach einer Einführung in die Komplexität von Softwareprogrammen problematisiert *Heussen* zunächst den im Rahmen der Softwareentwicklung zu beachtenden Stand der Technik, bevor er in einem weiteren Teil seines Beitrages die Risiken anführt, denen sich der Software-Ersteller im Rahmen der Schaffung von komplexen Systemen ausgesetzt sieht. Dann führt der Verfasser die mit der Schuldrechtsreform für die Vertragshaftung herbeigeführten Änderungen vor Augen, um weiterhin diejenigen Anspruchsgrundlagen aufzuzeigen, welche für die einzelnen Vertragstypen hinsichtlich einer Pflichtverletzung in Frage kommen. Auch nimmt der Autor eine Systematisierung von Softwarefehlern sowie Systemfehlern vor, bevor er den einzelnen Haftungsmaßstäben nachgeht und sich der rechtlichen Beurteilung gerade der unvermeidbaren Softwarefehler zuwendet.

111 Unter Heranziehung der zum Baurecht entwickelten Rechtsprechung zu den **Sowieso-Kosten** kann der Hersteller auch im Bereich der Software-Entwicklung im Falle einer erforderlichen Nachbesserung einen Teil der entstehenden Kosten dem Besteller auferlegen. Der Grundgedanke beruht dabei auf der Vertragsgerechtigkeit, die es herzustellen gilt, wenn der Besteller den Unternehmer zur Erstellung eines letztlich als mangelhaft anzusehenden Werkes veranlasst.[149]

112 Bei Nichtlieferung der **Handbücher** ist die Abnahmefähigkeit des erstellten Softwareprogramms grundsätzlich nicht gegeben, weil die Lieferung des Benutzerhandbuchs eine Hauptleistungspflicht des Werkvertrages darstellt. Denn die Erstellung und Übergabe einer ausreichenden Dokumentation und damit das Zur-Verfügung-Stellen eines für den Umgang mit der Software notwendigen Handbuchs ist selbstverständlicher Vertragsinhalt eines auf Lieferung von Software gerichteten Geschäfts, so dass es insoweit keiner ausdrücklichen Vereinbarung bedarf.[150]

113 Von großer Bedeutung sind bei umfassenden Projekt- und Systemverträgen dezidierte **Abnahmeregelungen**. Trotz der aus § 651 BGB resultierenden Unsicherheiten ist eine ausdrückliche vertragliche Regelung der Abnahme und des entsprechenden Prozedere für beide Vertragspartner notwendig. Die Abnahme wird typischerweise in einen mehrwöchigen Abnahmebetrieb sowie die eigentliche Endabnahme aufgeteilt. In sämtlichen Vorgangsmodellen zur Realisierung komplexer Softwareprojekte ist das Test- und Abnahmeprozedere zwingender Bestandteil. Grundlage der Abnahme sollten von Unternehmer und Besteller abgestimmte Abnahmespezifikationen sein, aus welchen sich die Anforderungen an die Leistungen und Funktionen des geschuldeten Systems ergeben. Anschließend empfiehlt es sich, dass die Vertragspartner Testprozeduren entwerfen, wobei der Besteller federführend realistische Testfälle entwickeln sollte. Weiterhin ist festzulegen, wie und dovon wen entsprechende Testdaten zur Verfügung gestellt werden. Streitigkeiten können in der Praxis dadurch verhindert werden, dass vertraglich Mängelkategorien beziehungsweise Fehlerklassen und deren Auswirkung auf die Abnahmefähigkeit festgelegt werden.[151]

114 Eine **Beweislastumkehr** zum Nachteil des EDV-Anbieters findet bei Streit darüber, ob eine nicht funktionierende Datensicherung auf einer fehlerhaften Installation beruht, nicht nur dann statt, wenn feststeht, dass eine Prüfung der Funktionsfähigkeit der Datensicherung unterblieben ist, sondern auch dann, wenn nicht mehr feststellbar ist, ob eine solche Prüfung stattgefunden hat.[152]

115 Einen Überblick über die Rechtsfragen im Zusammenhang mit der Erstellung von Software nach dem sog. **Prototyping**-Verfahren gibt *Söbbing*[153].

13. Vertragstypologische Einordnung weiterer Verträge

116 Ein Vertrag, durch den Zugang zum Internet verschafft wird (**Access-Provider-Vertrag**), ist nach Dienstvertragsrecht zu beurteilen.[154]

117 Der Erwerb von Altbauten, auch hinsichtlich des Gebäudes, bestimmt sich nach **Werkvertragsrecht**, soweit der Veräußerer mit Neubauarbeiten vergleichbare Herstellungspflichten übernimmt.[155]

118 Der **Anzeigenvertrag** ist Werkvertrag. Geschuldet wird die fehlerfreie Publikation der jeweiligen Anzeige nach Inhalt und äußerer Form. Die Frage der Fehlerhaftigkeit einer Anzeige bestimmt sich nach den vertraglichen Vereinbarungen.

119 Der **Arbeitsvertrag** unterscheidet sich von dem Rechtsverhältnis eines selbständigen Werkunternehmers insbesondere durch den Grad der persönlichen Abhängigkeit. Ein Arbeitsverhältnis liegt vor, wenn jemand die geschuldete Tätigkeit im Rahmen einer von einem Dritten bestimmten Arbeitsorganisation erbringt und er in diese eingegliedert ist, weil er hinsichtlich Ort, Zeit und Ausführung seiner Tätigkeit einem umfassenden Weisungsrecht seiner Vertragspartners unterliegt.[156]

---

[149] Weiterführend dazu *Zeidler*, Der Syndikus 32, 32-35 (2003). Zu den Voraussetzungen eines stillschweigend abgeschlossenen selbständigen Beratervertrages *Hörl*, ITRB 2004, 87-91.

[150] OLG Karlsruhe v. 16.08.2002 - 1 U 250/01 - CR 2003, 95-97.

[151] *Bischof/Witzel*, ITRB 2006, 95-99.

[152] Anschluss an BGH v. 02.07.1996 - X ZR 64/94 - NJW 1996, 2924; OLG Hamm v. 10.05.1999 - 13 U 95/98.

[153] *Söbbing*, ITRB 2008, 212-214.

[154] BGH v. 23.03.2005 - III ZR 338/04 - NSW BGB § 611, unter Hinweis auf die in der Literatur vertretenen Ansichten

[155] BGH v. 08.03.2007 - VII ZR 130/05 - NJW-RR 2007, 895; LG Nürnberg-Fürth v. 11.06.2010 - 12 O 4999/09.

[156] BGH v. 21.01.2003 - X ZR 261/01 - NJW-RR 2003, 773-774. Zur arbeitsrechtlich relevanten Abgrenzung von Arbeitnehmerüberlassungsvertrag und Dienstvertrag beziehungsweise Werkvertrag, vgl. *Paul/von Steinau-Steinrück*, NJW-Spezial 2006, 81-82 sowie *Hamann*, jurisPR-ArbR 32/2005, Anm. 4.

Der Vertrag zwischen **Arzt** und Patient ist nach überwiegender Ansicht Dienstvertrag. Gegen die Annahme eines Werkvertrags spricht, dass bei diesem ein Erfolg geschuldet ist, der Arzt aber für den Heilungserfolg nicht einstehen kann. Ein Werkvertrag liegt auch dann nicht vor, wenn der Arzt eine Operation vornehmen muss. In diesem Fall schuldet er die ordnungsgemäße und lege artis durchgeführte Durchführung des Eingriffs. **120**

Der gewerbliche **Auskunftsvertrag** ist Werkvertrag. **121**

Der **Autorenvertrag** ist Werkvertrag, da der Autor nicht lediglich eine schlichte Tätigkeit schuldet, sondern die Verfassung eines konkreten Werks und damit einen bestimmten Arbeitserfolg. **122**

Der **Bankvertrag** zwischen dem Kunden und der Bank ist Geschäftsbesorgungsvertrag. **123**

Für den **Beförderungsvertrag** gelten die Grundsätze des Werkvertrags. Geschuldet wird der unversehrte Transport der zu befördernden Ware oder Person an den Zielort.[157] Es sind jedoch zahlreiche Sondervorschriften zu beachten, wie z.B. die §§ 407 ff. HGB für den Frachtvertrag, die Bestimmungen des Personenbeförderungsgesetzes sowie das Luftverkehrsgesetzes.[158] **124**

Der **Beratungsvertrag** kann im Einzelfall entweder Dienstvertrag, ggf. mit Elementen des Maklervertrags[159] oder Werkvertrag sein. **125**

Ein Vertrag zur Erstellung einer **Biografie** des Auftraggebers ist ein Werkvertrag.[160] **126**

Der Vertrag zwischen der öffentlichen Hand und einem privaten Labor über die Durchführung eines **BSE-Schnelltests** ist als Werkvertrag zu qualifizieren.[161] **127**

Innerhalb des **Chartervertrags** ist zu differenzieren. Wird ein Schiff ohne Besatzung auf Zeit überlassen, so ist dies ein Mietvertrag. Wird das Schiff samt Besatzung überlassen, so liegt Raumfracht vor. Wird ein Luftfahrzeug überlassen, so liegt ein Werkvertrag vor, wenn ein Beförderungserfolg geschuldet ist. Anders im Fall der Überlassung ohne Besatzung; dann liegt Mietvertrag vor. **128**

Das Decken eines Tieres (**Deckvertrag**) ist Werkvertrag. **129**

Der **Entsorgungsvertrag** ist Werkvertrag.[162] **130**

Ein Vertrag über Planung und Konzeption, Übernahme eines Großteils der erforderlichen Gesamtorganisation sowie Übernahme des gastronomischen Catering (Verpflegung und Service) für eine **Firmengroßveranstaltung** in Gestalt eines Sommerfestes ist als Werkvertrag zu qualifizieren[163]. **131**

Forschungs- und Entwicklungsleistungen können Gegenstand eines Dienst- wie auch eines Werkvertrags sein. Für die Abgrenzung ist der im Vertrag zum Ausdruck kommende Wille der Parteien maßgebend. Es kommt darauf an, ob auf dieser Grundlage eine Dienstleistung als solche oder als Arbeitsergebnis deren Erfolg geschuldet wird. Bei Fehlen einer ausdrücklichen Regelung sind die gesamten Umstände des Einzelfalls zu berücksichtigen; die vertragliche Beschreibung eines Ziels ist allein kein hinreichendes Indiz für die Annahme eines Werkvertrags.[164] **132**

Der **Friseurvertrag** ist Werkvertrag. **133**

Ebenso der **Filmherstellungsvertrag**, wenn die geschuldete Leistung in der Erstellung eines vorführungsreifen Films gegen Entgelt liegt[165]. **134**

Der Vertrag zur **Gebäudereinigung** ist Werkvertrag[166], ebenso der zur **Straßenreinigung**[167]. Gleiches gilt für einen Vertrag hinsichtlich der Autoreinigung mittels Waschanlage.[168] **135**

Ein **Güllelieferungsvertrag** zwischen einem Güllelieferanten und einer Güllebank ist meist ein Werkvertrag[169]. **136**

---

[157] BGH v. 18.12.1952 - VI ZR 54/52 - BGHZ 8, 239-243.

[158] Weiterführend zu den Rechtsproblemen bei der Luftbeförderung im Rahmen von Flugpauschalreisen *Schmid*, NJW 2005, 1168-1172.

[159] LG Memmingen v. 05.05.1999 - 1 S 105/99 - NJW-RR 2000, 870-871.

[160] Oberlandesgericht des Landes Sachsen-Anhalt v. 08.05.2008 - 2 U 9/08.

[161] OLG Stuttgart v. 19.04.2005 - 1 U 74/03, 1 U 74/2003 - OLGR Stuttgart 2005, 580-585.

[162] *Kempkes/Teufel*, AbfallR 2006, 73-77.

[163] OLG Nürnberg v. 22.06.2010 - 12 U 1442/09.

[164] BGH v. 16.07.2002 - X ZR 27/01 - BGHZ 151, 330-337.

[165] *Haeger*, NJW 1959, 656.

[166] OLG Bremen v. 03.07.1972 - 4 U 51/72 - MDR 1972, 866.

[167] *Keinert*, Grundeigentum 2011, 865-868, der darauf hinweist, dass Verträge über Haus- und Straßenreinigung grds. als Dienst- oder Werkverträge, bisweilen auch als Geschäftsbesorgungsverträge eingeordnet werden können, die Klassifizierung als Werkvertrag aber vorteilhaft ist; zum rechtlichen Schicksal der Vergütung bei Schlechtleistung von Haus- und Straßenreinigungsverträgen, *Keinert*, AnwZert MietR 6/2011, Anm. 2.

[168] LG Krefeld v. 30.07.2010 - 1 S 23/10.

[169] OLG Oldenburg (Oldenburg) v. 28.01.2009 - 3 U 7/08.

137 Werden **Gutachten** durch Privatpersonen erstellt, so liegt dem ein Werkvertrag zugrunde.[170] Gleiches gilt bei der Erstellung durch ein Schiedsgericht im Rahmen eines Schiedsgerichtsverfahrens.

138 Zwischen dem Provider von **Internet-Online-Diensten** und Usern kommt grds. ein Dienstvertrag zustande. Im Einzelfall kann ein Werkvertrag vorliegen, wenn z.B. ein Download vorgenommen wird. Verträge zur Freischaltung von Telefonleitungen zur Sprachübermittlung sind Dienstverträge.[171] Gleiches gilt für Mobilfunkverträge.[172]

139 Der **Internet-System-Vertrag**, also ein Vertrag, der die Erstellung und Betreuung einer Website sowie die Gewährleistung der Abrufbarkeit dieser Website im Internet für einen festgelegten Zeitraum zum Gegenstand hat, ist ein Werkvertrag[173].

140 Ein Vertrag, der im Wesentlichen die Planung und Implementierung einer Netzwerkinfrastruktur inklusive einer neuen Serverfarm zum Gegenstand hat, ist auch dann Werkvertrag, wenn zur Umsetzung des Projekts zusätzlich die Lieferung von Hardwareprodukten und leitungstechnische Arbeiten des Unternehmers erforderlich sind.[174]

141 Der **Instandhaltungsvertrag** ist meist als Werkvertrag einzuordnen.[175]

142 Beim **Krangestellungsvertrag** handelt es sich um einen Werkvertrag nach § 631 BGB, nicht um einen gemischten Miet- und Dienstverschaffungsvertrag, wenn der Kranführer nicht auf Weisung des Entleihers tätig wird und daher eine irgendwie geartete, insbesondere länger andauernde Eingliederung in den Betrieb des Auftraggebers nicht gegeben ist.[176]

143 Der Auftrag zur Erstellung eines körperlichen **Kunstwerks** (Skulptur, Gemälde) ist Werkvertrag. Wird die Aufführung eines Theaterstücks bzw. Konzerts geschuldet, so ist die Tätigkeit der an der Aufführung beteiligten Künstler nach Dienst- oder Arbeitsvertragsrecht zu beurteilen. Hinsichtlich des Sitzplatzes kommt zwischen Besucher und Unternehmer der Aufführung ein Werkvertrag mit mietvertraglichen Elementen zustande.[177] Ist Gegenstand der vertraglichen Leistung eine zu einem Fixtermin durchzuführende Aufführung, folgt dies als künstlerische Wertschöpfung dem Werkvertragsrecht.[178]

144 Die Überlassung von **Maschinen** ist Mietvertrag.

145 Der Vertrag eines Fotomodells mit einer **Modelagentur** ist Werkvertrag.[179]

146 Bei einem Vertrag, durch den ein **Pannenhilfeunternehmen** dem Kunden verspricht, für die Reparatur eines Fahrzeugs zu sorgen, handelt es sich um einen sog. Werkverschaffungsvertrag, der nach dem Werkvertragsrecht zu beurteilen ist.[180]

147 Die Einordnung des **Partnerschaftsservicevertrags** ist umstritten. Er kann Ehemakler-, Dienst- oder Werkvertrag sein.

148 Der **Projektsteuerungsvertrag** kann dienst- oder werkvertraglichen Charakter tragen. Die Zuordnung ist einzelfallabhängig. Von einem Werkvertrag ist jedoch dann auszugehen, wenn der Projektsteuerer einen bestimmten Erfolg übernimmt.[181] Dafür reicht jedoch die Vereinbarung eines Erfolgshonorars nicht aus.[182] Übernimmt der Projektsteuerer Verpflichtungen im Sinne eines Generalmanagements bzw. einer Qualitätskontrolle, so spricht dies für eine Einordnung unter werkvertraglichen Gesichtspunkten.[183]

---

[170] BGH v. 10.06.1976 - VII ZR 129/74 - BGHZ 67, 1-10; BGH v. 10.11.1994 - III ZR 50/94 - BGHZ 127, 378-387.

[171] BGH v. 22.11.2001 - III ZR 5/01 - LM BGB § 138 (Ce) Nr. 15 (5/2002).

[172] AG Düsseldorf v. 15.06.2000 - 34 C 3564/00 - NJW-RR 2001, 275-276. Weiterführend zu Haftungs- und vertragsrechtlichen Problemen von Webservices, *Spindler*, DuD 2005, 139-141.

[173] BGH, v. 04.03.2010 - III ZR 79/09; LG Düsseldorf v. 27.08.2010 - 22 S 12/10; LG Düsseldorf v. 30.07.2010 - 20 S 3/10.

[174] LG Köln v. 16.07.2003 - 90 O 68/01 - CR 2003, 724-726.

[175] *Busch*, NZBau 2011, 85-89 insbesondere mit Bezug auf die Instandhaltung von Windparks.

[176] OLG Hamm v. 22.10.1998 - 24 U 69/98 - BauR 1999, 666-668.

[177] AG Aachen v. 24.04.1997 - 10 C 529/96 - NJW 1997, 2058, AG Herne-Wanne v. 27.03.1998 - 3 C 5/98 - NJW 1998, 3651-3653.

[178] OLG München v. 26.05.2004 - 7 U 3802/02 - NJW-RR 2005, 616-617.

[179] AG Pinneberg v. 30.07.1998 - 65 C 507/97 - NJW-RR 1999, 1574-1575.

[180] LG Kiel v. 04.09.2003 - 10 S 8/03 - SchlHA 2004, 43-44.

[181] BGH v. 10.06.1999 - VII ZR 215/98 - NJW 1999, 3118.

[182] BGH v. 26.01.1995 - VII ZR 49/94 - NJW-RR 1995, 855; OLG Frankfurt v. 24.04.2006 - 8 U 131/05.

[183] OLG Frankfurt v. 24.04.2006 - 8 U 131/05 - BauR 2007, 1107.

Zwischen dem **Rechtsanwalt** und seinem Mandanten liegt ein Dienstvertrag vor, wenn der Anwalt rechtsberatend oder forensisch tätig wird. Wird hingegen vom Rechtsanwalt die Erstellung eines Rechtsgutachtens oder ein Vertragsentwurf geschuldet, so liegt ein Werkvertrag vor. 149

Der Vertrag des Bauherrn mit dem **Statiker** ist Werkvertrag.[184] 150

Der Vertrag zwischen dem **Steuerberater** und Mandanten ist Dienstvertrag, der eine Geschäftsbesorgung zum Gegenstand hat.[185] Ein Werkvertrag liegt nur dann vor, wenn konkrete Einzelleistungen beauftragt werden, wie z.B. die Erstellung eines Gutachtens.[186] **Übersetzungen** erfolgen nach Werkvertragsrecht.[187] 151

Verlagsvertrag ist ein Vertragstyp sui generis der im Verlagsgesetz geregelt ist. 152

Vermessung eines Grundstücks ist Werkvertrag.[188] 153

Der **Wartungsvertrag** findet sich in unterschiedlicher Ausprägung. Dient die Wartung der Aufrechterhaltung eines ordnungsgemäßen Betriebszustandes, so liegt Werkvertrag mit dienstvertraglichen Element vor.[189] Ist Gegenstand des Wartungsvertrages eine Reparatur, so liegt Werkvertrag vor. 154

Werden **Werbemaßnahmen** in Auftrag gegeben, so erfolgt die Abgrenzung, ob im Einzelfall ein Dienst- oder Werkvertrag vorliegt danach, ob ein bestimmter Arbeitserfolg, wie z.B. der Entwurf eines Logos[190], die Konzeption einer Werbekampagne oder eine bestimmte Arbeitsleistung geschuldet wird. 155

Der **Winterdienstvertrag** ist nach überwiegender Ansicht ein Werkvertrag[191]. 156

Die technische Herstellung eines **Zahnersatzes** ist Werkvertrag[192]. 157

II. Pflichten des Unternehmers

1. Hauptpflicht des Unternehmers

Hauptpflicht des Unternehmers ist die **rechtzeitige und mangelfreie Herstellung** des vertraglich geschuldeten Werks (§§ 631 Abs. 1, 633 BGB). Der Unternehmer schuldet nicht eine bloße Tätigkeit, sondern einen konkreten Arbeitserfolg. Jedoch haftet der Unternehmer, sofern er keine Garantie für den Eintritt eines weitergehenden wirtschaftlichen oder ideellen Erfolgs auf Seiten des Bestellers abgegeben hat, nur für das unmittelbare Ergebnis seiner Arbeitsleistung. Inhaltlich konkretisiert wird die Pflicht zur Herstellung des geschuldeten Werks bzw. der Herbeiführung des konkreten Erfolges durch die Ausgestaltung des Vertrags. Ist der Vertrag seinem Wortlaut nach nicht eindeutig, so ist er der Auslegung zugänglich (§§ 133, 157 BGB).[193] Der vertraglich fixierte Erfolg wird vom Unternehmer auch dann geschuldet, wenn dieser mit der vereinbarten Ausführungsart nicht erreicht werden kann.[194] 158

Der **gestalterische Freiraum**, der dem Unternehmer bei der Herstellung einzuräumen ist, hängt von der Art des geschuldeten Werkes ab. Wird die Herstellung eines künstlerischen Werkes geschuldet, so hat der Hersteller einen größeren Freiraum um seine individuellen Gestaltungskraft zum Ausdruck zu bringen[195] als dies bei körperlichen Werken der Fall ist, bei denen vertraglich eindeutig ein Soll-Zustand definiert werden kann. 159

Die **Fälligkeit** der vom Unternehmer geschuldeten Leistung bestimmt sich nach den vertraglich vereinbarten Terminen oder Fristen.[196] Ansonsten gilt § 271 BGB. Im Zweifel hat der Unternehmer mit der Herstellung alsbald zu beginnen und sie in angemessener Frist zügig zu Ende zu führen.[197] Sofern nicht anders vereinbart, ist dabei die Ablieferung des Gesamtwerkes[198] maßgeblich. 160

---

[184] BGH v. 18.09.1967 - VII ZR 88/65 - BGHZ 48, 257-264.
[185] BGH v. 04.06.1970 - VII ZR 187/68 - BGHZ 54, 106-115.
[186] LG München I v. 21.03.1968 - 17 O 709/67 - NJW 1968, 1725; oder einer Steuererklärung (AG Mönchengladbach v. 16.06.1976 - 4 C 126/76 - NJW 1977, 110).
[187] OLG Hamm v. 28.02.1989 - 24 U 155/88 - NJW 1989, 2066-2067.
[188] BGH v. 09.03.1972 - VII ZR 202/70 - BGHZ 58, 225-230.
[189] OLG Stuttgart v. 10.12.1976 - 2 U 90/76 - BB 1977, 118-119.
[190] AG Bochum v. 18.09.1990 - 45 C 117/90 - NJW-RR 1991, 1207.
[191] AG Spandau v. 01.11.2011 - 70 C 73/11 WEG mit weiteren Verweisen.
[192] OLG Frankfurt v. 23.11.2010 - 8 U 111/10.
[193] Für einen Architektenvertrag, OLG Bamberg v. 07.08.2002 - 8 U 76/01.
[194] BGH v. 16.07.1998 - VII ZR 350/96 - BGHZ 139, 244-249.
[195] BGH v. 24.01.1956 - VI ZR 147/54 - BGHZ 19, 382-386.
[196] BGH v. 20.01.2000 - VII ZR 224/98 - LM BGB § 133 (C) Nr. 101 (9/2000).
[197] OLG Hamm v. 07.03.2001 - 25 W 48/00 - NJW-RR 2001, 806-808.
[198] BGH v. 03.07.1997 - VII ZR 159/96 - NJW-RR 1997, 1376-1377.

161 Der Werklohn fordernde Unternehmer, der nach **Angebotspreisen abrechnet**, muss im Einzelnen darlegen, welche **Teilsumme er wofür berechnet**, wenn insgesamt der Angebotspreis deutlich unterschritten ist, was darauf schließen lässt, dass nicht alle Teilleistungen erbracht sind.[199] Die Substantiierung von bestrittenen Stundenlohnarbeiten muss daher ebenso wie Stundenlohnzettel alle notwendigen Angaben enthalten, die den Vergütungsanspruch rechtfertigen. Die Darlegung der bestrittenen Stundenlohnarbeiten muss so substantiiert erfolgen, dass die Arbeiten auf der Grundlage des schriftsätzlichen Vortrags für das Gericht nachvollziehbar sind und das Gericht sich, gegebenenfalls mit Hilfe eines Sachverständigen, eine Vorstellung von dem Umfang der Arbeiten und der Erforderlichkeit der dafür berechneten Stunden machen kann.[200]

162 Der Unternehmer kann sich zur Erfüllung seiner Pflichten **dritter Personen** bedienen. Das vertraglich geschuldete Werk kann daher auch von einem Dritten erstellt werden. Eine dem § 613 BGB vergleichbare Regelung fehlt im Werkvertragsrecht, da für den Besteller die Herstellung des versprochenen Werkes und nicht die Person des Unternehmers in Vordergrund steht. Ein persönliches Tätigwerden des Unternehmers ist daher im Allgemeinen nicht notwendig. Die gänzliche Übertragung der Werkherstellung auf einen Dritten aber ist davon wohl nicht gedeckt. Weiterhin kann der im Einzelfall zu erbringende Erfolg so eng mit der Person des Unternehmers verbunden sein, dass sich aus dem Vertrag eine Pflicht zur persönlichen Herstellung ergibt. So liegt es in Fällen, in denen der Erfolgseintritt entscheidend von den Fähigkeiten und Kenntnissen des Unternehmers bestimmt wird. Dies ist beispielsweise bei künstlerischen oder wissenschaftlichen Inhalten, bei denen es dem Besteller häufig auf die Expertise des Unternehmers ankommt, der Fall.

163 Der Unternehmer **haftet für** die von ihm eingeschalteten **Hilfspersonen** nach § 278 BGB. Erfüllungsgehilfen sind aber nur diejenigen Personen, die bei der Herstellung des Werks unmittelbar tätig waren, d.h. mit der Herstellung selbst befasst waren und damit in den Pflichtenkreis des Unternehmers unmittelbar eingegliedert sind.[201] Ob eine Hilfsperson Erfüllungsgehilfe ist, bemisst sich nach dem Vertragsinhalt und der Verkehrssitte.

164 Der Unternehmer haftet dafür, dass er die anerkannten Regeln seiner Kunst, seines Handwerks beherrscht und sich über technische Fortentwicklungen auf seinem Tätigkeitsgebiet informiert.

2. Nebenpflichten des Unternehmers

165 Die Pflichten des Unternehmers beschränken sich nicht auf die Herstellung des geschuldeten Werks. Vielmehr treten zu dieser Hauptleistungspflicht Nebenleistungspflichten, die kraft **Vertrag oder Gesetz** entstehen. Gesetzliche Nebenpflichten resultieren aus Treu und Glauben (§ 242 BGB) oder aus dem Vertragszweck. So verletzt ein Autohaus, dem ein Kraftfahrzeug zur Reparatur übergeben wurde, seine Nebenpflicht, das übergebene Fahrzeug gegen Diebstahl zu sichern, fahrlässig, wenn es die mitübergebenen Schlüssel nicht sicher verwahrt. Dies gilt im besonderen Maße für Schlüssel besonders wertvoller Fahrzeuge. Diese sind an einem Ort zu verwahren, der für nicht Eingeweihte nur schwer auffindbar oder derart (tresormäßig) gegen Diebstahl gesichert ist, dass er mit den üblichen Hebelwerkzeugen nicht zugänglich ist. Eine fahrlässige Verletzung der Aufbewahrungspflicht liegt vor, wenn Schlüssel für ein wertvolles Fahrzeug in einem im Verkaufsraum leicht erreichbar aufgehängten Schlüsselkasten verwahrt werden, der ohne weiteres mit einem Brecheisen aufgehebelt werden kann.[202] Ebenso begeht der Inhaber einer Kfz-Werkstatt, der die Herausgabe eines Fahrzeugs wegen nicht vollständiger Bezahlung des Rechnungsbetrags verweigert, eine **fahrlässige Obhuts- und Sorgfaltspflichtverletzung**, wenn er das Fahrzeug auf einem unbewachten, **nicht gesicherten Parkplatz hinter seiner Werkstatt abstellt** und so den Diebstahl durch Dritte erheblich erleichtert.[203]

166 Hat der Besteller dem Werkunternehmer den Auftrag entzogen und das Werk durch einen anderen Unternehmer vollenden lassen, dann trifft den Erstunternehmer keine vertragliche Nebenpflicht gem. §§ 631 Abs. 1, 242 BGB zur Herausgabe von das Werk betreffenden Unterlagen. Die Herausgabeverpflichtung obliegt dann dem Unternehmer, der den Auftrag fortgeführt und vollendet hat.[204]

---

[199] OLG Brandenburg v. 12.12.2006 - 11 U 88/06.
[200] OLG Hamm v. 08.02.2004 - 24 W 20/04 - NJW-RR 2005, 893-895.
[201] *Soergel* in: MünchKomm-BGB, § 631 Rn. 136.
[202] OLG Düsseldorf v. 09.07.2004 - 23 U 67/04 - Schaden-Praxis 2005, 321-322.
[203] LG Waldshut-Tiengen v. 13.05.2005 - 2 O 32/04.
[204] OLG Köln v. 23.02.2005 - 11 U 76/04 - OLGR Köln 2005, 152.

Leistungsbezogene Aufklärungs- und Beratungspflichten des sachkundigen Unternehmers gegenüber dem unerfahrenen Besteller resultieren aus dem auf Treu und Glauben basierendem Vertrauensverhältnis der Vertragspartner[205], kraft dessen sich der Besteller darauf verlassen kann, dass der Unternehmer das auf dem jeweiligen Gebiet erforderlichen Fachwissen besitzt[206]. Ihrer Reichweite nach erstrecken sich solche Pflichten grundsätzlich nur auf das in Auftrag gegebene Werk und der damit zusammenhängenden Umstände.[207] Die vertraglich übernommenen Verpflichtungen bestimmen den Umfang der Obhuts- und Beratungspflicht.[208] Das Ausmaß dieser Pflichten richtet sich nach dem Beratungsbedarf des Bestellers und dem Fachwissen des Unternehmers, das der Besteller in ausreichendem Umfang voraussetzen kann.[209] Der Unternehmer hat auf alle Umstände hinzuweisen bzw. darüber aufzuklären, die der Besteller nicht kennt, deren Kenntnis aber für seine Willensbildung und Entschlüsse bedeutsam sind.[210] Der Unternehmer hat auf Risiken und Gefahren des Werks für sein Gelingen hinzuweisen.[211] Der Unternehmer hat die Pflicht, sich nach Anlieferung durch Überprüfung der vom Besteller angelieferten Sachen zu vergewissern, dass diese zur Herstellung eines mangelfreien Werks geeignet sind.[212] Erkennt oder kann bei Anwendung der gebotenen Sorgfalt der Unternehmer bei der Durchführung der Reparaturarbeit einen die Betriebssicherheit einer Anlage beeinträchtigenden Mangel erkennen, begründet dies dem Besteller gegenüber eine Mitteilungspflicht, damit dieser eine Entschließung über Maßnahmen zur Beseitigung des Mangels herbeiführen kann.[213] 167

Ein Unternehmer kann auch ohne ausdrückliche Abrede dazu verpflichtet sein, den Besteller unter Befragung seiner konkreten Nutzungserwartung über die **technische Eignung** des Werkes zu **informieren**. Unterlässt der Unternehmer eine gebotene Beratung, so haftet der Unternehmer nach den Grundsätzen der c.i.c. auch dann, wenn der aufklärungswürdige Aspekt eine Eigenschaft des Werkes i.S.d. § 633 BGB in der bis zum 31.12.2001 geltenden Fassung betrifft.[214] 168

Keine Hinweispflicht trifft hingegen den Luftbeförderer (insbesondere auf einem Mittelstreckenflug) auf eine mögliche Thrombose-Erkrankung des Fluggastes infolge seiner (beengten) Sitzposition.[215] 169

Aufklärungs- und Beratungspflichten treten häufig im Bauwesen auf. 170

Die Zielrichtung der **nicht leistungsbezogenen Obhuts- und Fürsorgepflichten** ist, Schäden vom Besteller bei der Durchführung des Vertrages abzuwenden. Entsprechend § 618 BGB[216] hat der Unternehmer eine Fürsorgepflicht hinsichtlich der körperlichen Unversehrtheit des Bestellers und seiner Leute. Diese reicht aber nicht soweit, dass ein Taxifahrer gegenüber einem zwar alten, aber nicht erkennbar gebrechlichen oder fürsorgebedürftigen Fahrgast verpflichtet ist, vor dem Öffnen der Fahrzeugtür Verhaltensmaßregeln zu erteilen oder ihn am Aussteigen zu hindern, bis ein gefahrloses Türöffnen möglich ist.[217] Die Obhuts- und Fürsorgepflicht des Konzertveranstalters gegenüber dem Künstler bezieht sich nicht nur auf dessen mitgebrachte Musikinstrumente, sondern auch auf in der Garderobe zurückgelassene Kleidung samt Inhalt.[218] Jedoch ist der Eigentümer eines durch Abbrucharbeiten beschädigten Nachbarhauses nicht in den Schutzbereich des Abbruchvertrages einbezogen, der lediglich Familienangehörige des Bestellers, dessen Arbeitnehmer und sonstige Personen, denen der Besteller besondere Fürsorge schuldet, erfasst. Der Unternehmer hat mit dem Eigentum des Bestellers, das in seinen Gewahrsam gelangt oder seiner Einwirkung unmittelbar ausgesetzt ist, pfleglich umzugehen und es vor Schaden zu bewahren. Wie weit diese Pflicht reicht, hängt vom Einzelfall und den, dem Besteller bekannten Möglichkeiten ab. 171

---

[205] *Soergel* in: MünchKomm-BGB, § 631 Rn. 139.
[206] BGH v. 02.11.1995 - X ZR 81/93 - NJW-RR 1996, 789-792.
[207] OLG Düsseldorf v. 05.02.1999 - 22 U 161/98 - NJW-RR 1999, 1210-1211.
[208] BGH v. 03.05.2000 - X ZR 49/98 - LM BGB § 631 Nr. 93 (1/2001).
[209] BGH v. 02.11.1995 - X ZR 81/93 - NJW-RR 1996, 789-792.
[210] BGH v. 19.10.1999 - X ZR 26/97 - ZfBR 2000, 98-100.
[211] BGH v. 25.11.1986 - X ZR 38/85 - NJW-RR 1987, 664-665.
[212] BGH v. 14.09.1999 - X ZR 89/97 - LM BGB § 631 Nr. 91.
[213] OLG Zweibrücken v. 23.03.1999 - 5 U 4/95 - NJW-RR 2000, 1554-1556.
[214] OLG Saarbrücken v. 19.10.2004 - 4 U 146/04, 4 U 146/04 - 28 - OLGR Saarbrücken 2005, 190-193.
[215] AG Duisburg v. 20.09.2004 - 6 C 2662/04 - RRa 2005, 40-41.
[216] BGH v. 07.11.1960 - VII ZR 148/59 - BGHZ 33, 247-251.
[217] AG Frankfurt v. 11.11.1994 - 30 C 1393/94 - 71 - Schaden-Praxis 1995, 262-263.
[218] OLG Karlsruhe v. 16.05.1990 - 1 U 307/89 - NJW-RR 1991, 1245-1246.

§ 631

172　Hat der Werkvertrag eine Geschäftsbesorgung zum Gegenstand, so hat der Unternehmer gemäß den §§ 675, 666 BGB **Auskunft und Rechnungslegung** zu geben.[219] Außerhalb dieses Bereichs gilt dies nur, wenn dies zwischen den Vertragsparteien vereinbart ist. Der Besteller hat aus Treu und Glauben Anspruch auf die Informationen, die er zur Überprüfung der inhaltlichen Richtigkeit der gestellten Rechnung benötigt.[220]

3. Rechtsfolgen der Pflichtverletzung

173　Werden Haupt- oder Nebenleistungspflichten verletzt, so greifen die Regelungen des **allgemeinen Schuldrechts** ein. Im Mittelpunkt stehen dabei die Regelungen zum Schadensersatz (§§ 280-283, 311 Abs. 2 BGB) sowie die Bestimmungen zum Rücktritt (§§ 323, 324, 326 BGB). Innerhalb dieser Regelungen ist zwischen der Verletzung leistungsbezogener und nichtleistungsbezogener Pflichten zu unterscheiden. Soweit es um die Verletzung leistungsbezogener Pflichten geht, sind die §§ 281, 323 BGB, sonst die §§ 282, 324 BGB einschlägig.

174　Beispielsweise besteht ein **Schadensersatzanspruch** eines **Fluggasts** wegen der durch die Annullierung des Fluges entstandenen Kosten für Hotelunterkunft und Verpflegung sowie der ihm entstandenen Fahrt- und Telefonkosten, wenn das Luftfahrtunternehmen es unterlassen hat, seiner Verpflichtung zur Bereitstellung von Unterkunft etc. nachzukommen.[221]

175　Ebenso ist ein Werkunternehmer zum Schadensersatz verpflichtet, wenn er bei **Kanalreinigungsarbeiten in Steinzeugrohren** eine für solche Arbeiten **ungeeignete Fräse** einsetzt. Werden bei diesen Arbeiten die Kanalrohre erheblich beschädigt, hat er den Schaden zu beseitigen, ohne zusätzliche Entlohnung verlangen zu können.[222]

176　Eine **mangelhafte Prothetik** kann den **Rücktritt des Patienten** rechtfertigen und verpflichtet den Zahnarzt zur Rückzahlung der Vergütung.[223]

177　Insbesondere muss der erstbehandelnde Zahnarzt Fehler und Versäumnisse nachbehandelnder Kollegen **substantiiert darlegen**, wenn deren Verantwortlichkeit nach der Art des Mangels fern liegt.[224]

178　Verursachte die Verletzung leistungsbezogener Pflichten Mängel am Werk ist nach Gefahrübergang § 634 BGB anwendbar.

179　Sind **mehrere Unternehmer** an der Herstellung eines einheitlichen Werks beteiligt, so haften diese, sofern sie nicht aufgrund von Einzelverträgen hinsichtlich voneinander abgrenzbaren Arbeiten an der Herstellung des Werks beteiligt sind[225], gemäß den §§ 427, 431 BGB. Wirken mehrere Unternehmer an der Herstellung eines einheitlichen Werks zusammen, schulden sie aber unterschiedliche Leistungsinhalte, so sind sie hinsichtlich des Erfüllungsanspruchs keine Gesamtschuldner.[226]

III. Pflichten des Bestellers

1. Hauptpflichten des Bestellers

180　Hauptpflicht des Bestellers ist, sofern die diesbezüglichen Voraussetzungen gegeben sind, die **Abnahme** des Werks (§ 640 BGB) sowie die **Zahlung** der vereinbarten oder üblichen Vergütung (§§ 631 Abs. 1, 632 BGB). Mit Abnahme des Werkes und Fehlen eines Vorbehalts trifft die **Darlegungs- und Beweislast** für die Mangelhaftigkeit des Werks und die Ursächlichkeit des Mangels für den Schaden den Besteller.[227] Der Vergütungsanspruch entsteht mit Vertragsschluss und wird mit der Abnahme fällig (§ 641 BGB) oder, wenn eine solche nach der Art des Werks ausgeschlossen ist, mit der Vollendung des Werks (§ 646 BGB). Jedoch kann ein Bauvertrag auch ohne ausdrückliche Vereinbarung so auszulegen sein, dass die Schlusszahlung von der Erteilung einer prüffähigen Rechnung abhängig sein soll.[228] Erteilt der Besteller im Rahmen eines Werkvertrages Zusatzaufträge, stellt sich aber im Nachhinein heraus, dass es sich tatsächlich um Mängelbeseitigungsarbeiten handelt oder sonst um Leistun-

---

[219] BGH v. 30.04.1964 - VII ZR 156/62 - BGHZ 41, 318-327.
[220] OLG Köln v. 05.07.1973 - 10 W 17/73 - NJW 1973, 2111-2112.
[221] AG Frankfurt v. 09.05.2006 - 31 C 2820/05 - 74, 31 C 2820/05.
[222] OLG Hamm v. 24.11.1998 - 34 U 119/96 - BauR 1999, 915-917.
[223] OLG Koblenz v. 19.06.2007 - 5 U 467/07 - OLGR Koblenz 2007, 901-902.
[224] OLG Koblenz v. 19.06.2007 - 5 U 467/07 - OLGR Koblenz 2007, 901-902.
[225] BGH v. 22.10.1969 - VIII ZR 196/67 - LM Nr. 8 zu § 476 BGB.
[226] BGH v. 09.07.1962 - VII ZR 98/61 - BGHZ 37, 341-346; BGH v. 02.05.1963 - VII ZR 171/61 - BGHZ 39, 261-266; BGH v. 01.02.1965 - GSZ 1/64 - BGHZ 43, 227-235.
[227] BGH v. 08.06.2004 - X ZR 7/02 - BGHReport 2004, 1603-1604.
[228] OLG Bamberg v. 10.06.2002 - 4 U 248/01 - OLGR Bamberg 2003, 132-134.

gen, die der Unternehmer schon nach dem Ursprungsvertrag zu erbringen hat, schuldet der Besteller dafür eine (zusätzliche) Vergütung nur, wenn er eine solche Forderung in Ansehung dieser Frage anerkannt hat oder die Parteien sich hierüber verglichen haben.[229]

Der Unternehmer kann die **vereinbarte Vergütung** nach wie vor verlangen, wenn der Besteller die Vertragserfüllung **endgültig verweigert** hat, weil nach seiner Auffassung kein Vertrag zustande gekommen ist; er muss sich jedoch anrechnen lassen, was er infolge der Leistungsbefreiung erspart oder durch anderweitige Verwendung seiner Arbeitskraft erwirbt oder zu erwerben böswillig unterlässt.[230] 181

2. Nebenpflichten des Bestellers

Nebenpflichten des Bestellers können sich aus Vertrag sowie aus Treu und Glauben (§ 242 BGB) ergeben. 182

Als **leistungsbezogenen Nebenpflicht** obliegt dem Besteller die Pflicht zur **Mitwirkung** soweit dies notwendig ist, damit der Unternehmer zur der Herstellung des Werks in der Lage ist (vgl. §§ 642, 643 BGB). Kommt der Besteller dieser Pflicht nicht nach, so können sich daran die Rechtsfolgen der §§ 642, 643 BGB anschließen. Daneben kommen Ansprüche aus § 280 BGB in Betracht. Jedoch ist der Besteller nicht verpflichtet, den Unternehmer bei der Herstellung des Werks zu überwachen.[231] 183

Nicht leistungsbezogene Nebenpflichten sind Aufklärungs-, Schutz- und Obhutspflichten, die aus dem zwischen den Parteien bestehenden Treuverhältnis (§ 242 BGB) resultieren. Zwar hat der Besteller grundsätzlich keine Überwachungspflicht gegenüber dem Unternehmer.[232] Der Besteller ist aber dazu verpflichtet, den Unternehmer über für diesen erkennbar bedeutsame und für dessen Rechtsgüter gefährliche Umstände aufzuklären, die dieser nicht erkennt oder unzutreffend würdigt.[233] 184

Der Besteller hat alles Zumutbare und Mögliche zu tun, um den Unternehmer bei der Ausführung seiner Vertragspflichten vor Schäden zu bewahren. Kommt er dieser Verpflichtung nicht nach, so liegt darin eine Pflichtverletzung gemäß § 280 Abs. 1 BGB. 185

Nach allgemeiner Meinung ist § 618 BGB auch im Werkvertragsrecht analog anwendbar.[234] 186

Beim Sturz eines Schornsteinfegers von einer vom Grundstückeigentümer zur Verfügung gestellten Leiter kommt eine **Fahrlässigkeit** des Grundstückseigentümers in Bezug auf eine **Nebenpflichtverletzung** bei einem möglichen Defekt der Leiter nur dann in Betracht, wenn für ihn tatsächlich **erkennbar** war, dass mit der Leiter aufgrund ihrer Konstruktion eine Gefahr für den Schornsteinfeger verbunden war.[235] 187

3. Rechtsfolgen der Verletzung

An die Pflichtverletzungen werden die Rechtsfolgen des **allgemeinen Schuldrechts** geknüpft. Maßgeblich sind bei der Verletzung leistungsbezogener Pflichten die Schadensersatz- und Rücktrittsansprüche aus § 281 BGB und § 323 BGB sowie bei nichtleistungsbezogenen Pflichtverletzungen die Ansprüche aus § 282 BGB und § 324 BGB. Im Falle der unterlassenen Mitwirkung kommt ein Kündigungsrecht aus § 643 BGB in Betracht. 188

Die Pflichten können durch Vertragsstrafe oder pauschalierten Schadensersatz abgesichert sein.[236] 189

An die Verletzung von Obliegenheiten des Bestellers knüpfen keine Schadensersatzansprüche gem. § 280 BGB, wohl aber Leistungsverweigerungsrechte, Kündigungsrechte (§§ 643, 648a BGB) sowie u.U. Entschädigungsansprüche (§ 642 BGB) an. 190

IV. Mehrheit von Unternehmern

In der Praxis wird die Erstellung eines einheitlichen Werks häufig von mehreren Unternehmern vorgenommen. Dazu kann es aufgrund **verschiedener Gestaltungsvarianten** kommen. So können mehrere Unternehmer aufgrund eines **einheitlichen Vertrages** mit dem Besteller tätig werden. Dies kann da- 191

---

[229] OLG Celle v. 14.10.2004 - 5 U 148/03 - OLGR Celle 2005, 2-5.
[230] OLG Saarbrücken v. 27.07.2005 - 1 U 515/04 - 149, 1 U 515/04.
[231] So auch *Soergel* in: MünchKomm-BGB, § 631 Rn. 179.
[232] BGH v. 18.01.1973 - VII ZR 88/70 - NJW 1973, 518.
[233] OLG Stuttgart v. 18.12.1996 - 1 U 118/96 - NJW-RR 1997, 1241-1242; BGH v. 26.04.2001 - VII ZR 222/99 - LM BGB § 276 (Hb) Nr. 85 (5/2002).
[234] So auch *Soergel* in: MünchKomm-BGB, § 631 Rn. 182; BGH v. 05.02.1952 - GSZ 4/51 - BGHZ 5, 62-69; BGH v. 20.02.1958 - VII ZR 76/57 - BGHZ 26, 365-372.
[235] OLG Brandenburg v. 08.08.2007 - 4 U 23/07.
[236] OLG Nürnberg v. 28.10.1971 - 8 U 122/71 - MDR 1972, 418-419.

durch geschehen, dass ein Unternehmer Vertragspartner des Bestellers ist und dann andere Unternehmer selbständig einschaltet (Generalunternehmer) oder aber mehrere Unternehmer sich gemeinsam zur Werkherstellung verpflichten. Daneben kann der Besteller **Einzelverträge** hinsichtlich unterschiedlicher Teilleistungen mit verschiedenen Unternehmern abschließen.

192 Der **Generalunternehmer** charakterisiert sich dadurch, dass er sich durch einen Werkvertrag verpflichtet, ein bestimmtes Gesamtwerk herzustellen, aber befugt sind die dazu notwendigen Ausführungsarbeiten im eigenen Namen und auf eigene Rechnung von Subunternehmern ausführen zu lassen. Der Subunternehmer steht damit nicht in Vertragsbeziehung mit dem Besteller. Vertragsbeziehungen existieren damit nur zwischen dem Generalunternehmer und dem Besteller sowie dem Generalunternehmer und dem Subunternehmer. Dies ist wichtig für die Geltendmachung vertraglicher Ansprüche, insbesondere der Haftung für Sachmängel, die nur im jeweiligen Vertragsverhältnis geltend gemacht werden können. Im Verhältnis zum Subunternehmer ist der Generalunternehmer Besteller, der Subunternehmer hingegen Unternehmer.

193 Schließen mehrere Unternehmer einen einheitlichen Werkvertrag mit dem Besteller ab, so handelt es sich dabei um eine **Arbeitsgemeinschaft**. Diese ist häufig als Gesellschaft bürgerlichen Rechts einzustufen.[237] Das auf den Vertragsschluss gerichtete Angebot muss von den Unternehmern gemeinsam abgegeben werden. Maßgeblich für die Haftung der Unternehmer gegenüber dem Besteller ist die dem Zusammenschluss zugrunde liegende Rechtsform. Im Zweifel haften die Unternehmer gegenüber dem Besteller als Gesamtschuldner.

194 Sind mehrere Unternehmer in **eigenständigen Verträgen** unabhängig voneinander damit beauftragt, durch voneinander abgrenzbare Arbeiten an der Herstellung des Gesamtwerks mitzuwirken, so sind die einzelnen Rechtsverhältnisse isoliert zu betrachten. Eine vertragliche Beziehung zwischen den einzelnen Unternehmern besteht nicht. Dies gilt auch, wenn das Gesamtwerk erst nach vollständiger Fertigstellung abgenommen werden soll. Der einzelne Unternehmer ist dieser Konstellation nicht Erfüllungsgehilfe anderer Unternehmer im Verhältnis zum Besteller und auch nicht Erfüllungsgehilfe des Bestellers hinsichtlich der anderen Unternehmer.[238]

D. Arbeitshilfen

195 Hinweise zur Betreuung von baurechtlichen Mandanten finden sich bei *Leitzke*[239] sowie *Thierau*[240].

---

[237] BGH v. 18.10.1951 - III ZR 138/50 - LM Nr. 2, 3 zu § 278 BGB.
[238] OLG Hamm v. 12.06.1997 - 24 U 183/96 - NJW-RR 1998, 163-164.
[239] *Leitzke*, BrBp 2004, 60-65.
[240] *Thierau*, BrBp 2005, 100-108.

§ 632 BGB Vergütung

(Fassung vom 02.01.2002, gültig ab 01.01.2002)

(1) Eine Vergütung gilt als stillschweigend vereinbart, wenn die Herstellung des Werkes den Umständen nach nur gegen eine Vergütung zu erwarten ist.

(2) Ist die Höhe der Vergütung nicht bestimmt, so ist bei dem Bestehen einer Taxe die taxmäßige Vergütung, in Ermangelung einer Taxe die übliche Vergütung als vereinbart anzusehen.

(3) Ein Kostenanschlag ist im Zweifel nicht zu vergüten.

Gliederung

A. Grundlagen 1	III. Das „Ob" der Vergütung 6
I. Kurzcharakteristik 1	IV. Die Art der Vergütung 10
II. Regelungsprinzipien 3	V. Die Höhe der Vergütung 11
B. Anwendungsvoraussetzungen 4	VI. Die Vergütung für Vorarbeiten – Vergütungspflicht des Kostenanschlags 18
I. Normstruktur 4	
II. Vertragsschluss 5	VII. Beweislast 23

A. Grundlagen

I. Kurzcharakteristik

§ 632 BGB regelt die Vergütungsfrage zwischen den Vertragsparteien des Werkvertrags, sofern zwar ein Werkvertrag zu Stande gekommen ist aber keine Einigung über die Vergütungspflicht und deren Höhe erzielt wurde. Eine Vergütung wird aufgrund Gesetzes geschuldet.[1]   **1**

Neu aufgenommen wurde durch das Schuldrechtsmodernisierungsgesetz in Absatz 3 eine Regelung bezüglich der Vergütungspflicht von Kostenanschlägen. Danach ist ein Kostenanschlag nur bei ausdrücklicher Vereinbarung vergütungspflichtig.   **2**

II. Regelungsprinzipien

Die Erfolgsbezogenheit und die Entgeltlichkeit prägen das Wesen des Werkvertrages. Das Gefälligkeitsverhältnis und der Auftrag sind ebenfalls auf einen Erfolg ausgerichtet, indes wird für diese Leistungen kein Entgelt geschuldet. Mit § 632 BGB wird die Unterscheidung zwischen Werkvertrag und Gefälligkeitsverhältnis sowie Werkvertrag und Auftrag ermöglicht. Darüber hinaus hilft die Vorschrift etwaige Einigungsmängel und dadurch entstehende Vertragslücken in Bezug auf die Vergütung, durch die Vermutung der Vergütungspflicht unter bestimmten Voraussetzungen, zu vermeiden. Der Anwendungsbereich des § 632 BGB wird aber auch dann eröffnet, wenn der Besteller des Werkes den Vertrag kündigt. Denn dann richtet sich nach der Rechtsprechung der Vergütungsanspruch des Unternehmers nicht nach § 649 Satz 2 BGB sondern nach § 632 BGB.[2]   **3**

B. Anwendungsvoraussetzungen

I. Normstruktur

Absatz 1 und Absatz 2 wurden durch das Schuldrechtsmodernisierungsgesetz nicht geändert. Neu eingefügt wurde der Absatz 3. Dieser regelt nun die Frage der Vergütungspflicht von Kostenanschlägen.   **4**

II. Vertragsschluss

§ 632 Abs. 1 BGB setzt grundsätzlich einen Vertragsschluss voraus.[3] Damit ist eine Einigung über die Parteien, die Leistung und die Gegenleistung als Mindestkonsens gefordert. Hieran fehlt es aber, sofern die Parteien sich nicht über die Vergütung und damit nicht über die Gegenleistung und deren Höhe verständigt haben. Dies kann auch bei einer nachträglichen Vertragsänderung der Fall sein, bei der sich   **5**

---

[1] Weiterführend zum Honorarrecht: *Kesselring/Henning*, NJW 2006, 3472-3480.
[2] BGH v. 28.10.1999 - VII ZR 115/97 - NJW-RR 2000, 309-310.
[3] BGH v. 15.09.1997 - II ZR 170/96 - BGHZ 136, 332-336.

die Parteien z.B. auf eine vom ursprünglichen Vertrag abweichende Ausführung verständigt haben.[4] Diese tatsächliche Situation hat der Regelbereich des § 632 BGB zum Ziel. Denn § 632 Abs. 1 BGB kodifiziert eine Ausnahme zu den §§ 154-155 BGB, indem er die Frage nach der Vergütungspflichtigkeit fingiert und Regeln zu Bestimmung der Höhe aufstellt. Diese Fiktion bezieht sich aber nur auf die Vergütungsregelung und nicht auf den Vertrag als solches.[5] Über die Erbringung einer werkvertraglichen Leistung als solche müssen die Parteien sich auf jeden Fall geeinigt haben.[6] Noch ausstehende Preisverhandlungen sind ein Indiz dafür, dass es an einer solchen grundsätzlichen Einigung noch fehlt.[7] § 632 Abs. 1 BGB soll, wenn die Parteien sich auf die Herstellung eines Werkes grundsätzlich geeinigt haben, es aber übersehen haben, eine Vergütungsvereinbarung zu treffen, einen sachgerechten Ausgleich der beiderseitigen Interessen schaffen.[8]

III. Das „Ob" der Vergütung

6   Wenn eine Vergütung weder ausdrücklich noch konkludent vereinbart ist, fingiert § 632 Abs. 1 BGB eine solche Vereinbarung dem Grunde nach, wenn eine Herstellung des Werkes nur gegen Vergütung zu erwarten ist.[9] Dies beurteilt sich nach den allgemeinen Kriterien; wie auch bei § 612 BGB kommt es dabei auf die objektive Sicht des Bestellers an. Keine Rolle spielt die persönliche Vorstellung der Parteien insbesondere nicht der Vergütungswunsch des Unternehmers oder die Vorstellung des Bestellers, zur Vergütung nicht verpflichtet zu sein.[10] Entscheidungsrelevant sind insofern die Verkehrssitte sowie das persönliche Verhältnis der Vertragsparteien zueinander.[11] Letzteres wiederum ist ebenfalls aus der objektiven Sicht zu beurteilen. Eine Erstreckung der Wirkung des § 632 Abs. 1 BGB auf Zusatzaufträge kann sich dabei auch aus dem Gesichtspunkt des kaufmännischen Bestätigungsschreibens ergeben.[12]

7   Sofern die Werkleistungen des Unternehmers zu dessen gewerblichem oder freiberuflichem Hauptbetätigungsfeld gehören, **bejaht** die Rechtsprechung regelmäßig die **Vergütungspflicht**.[13] Im privaten Bereich ist eine stillschweigend vereinbarte Vergütung anzunehmen, wenn die Lieferung von Baumaterialien in einer Größenordnung erfolgt, welche in der Regel auch nahe Verwandte nicht ohne Bezahlung leisten.[14]

8   So kann zum Beispiel der Kfz-Händler für die Bestellung einer Neuausstellung des Inspektionsheftes einschließlich Nachtrag der durchgeführten Inspektionen eine angemessene Vergütung verlangen. Es handelt sich nicht um eine unentgeltliche Serviceleistung.[15] Bei Architekten erfolgt die Abgrenzung zwischen der Akquisitionstätigkeit und der **honorarauslösende Tätigkeit** dort, wo der Architekt absprachegemäß in die **konkrete Planung** übergeht.[16] Hat der Architekt auf die Auslobung einer Gemeinde an einem Planungswettbewerb für ein Kindergartengebäude teilgenommen, und war eine Kostenschätzung nach DIN 276 nicht Bestandteil der anfänglichen Auslobung, so kommt zwischen der Gemeinde und dem Architekten auch ohne eine explizite Vergütungsvereinbarung ein entgeltlicher Architektenvertrag (über die Kostenschätzung) zustande, wenn dieser später vom Bauamtsleiter bzw. Bürgermeister der Gemeinde mündlich und schriftlich aufgefordert wird, eine vollständige Kostenschätzung zu erstellen.[17] Die Akquisitionstätigkeit eines Architekten bei Großprojekten ist **nicht mehr**

---

[4] OLG Dresden v. 20.09.2005 - 14 U 878/04.
[5] BGH v. 24.06.1999 - VII ZR 196/98 - LM BGB § 151 Nr. 22 (2/2000).
[6] *Busche* in: Müko, 4. Aufl., § 632 Rn. 19; *Peters* in: Staudinger, 2003, § 632 BGB Rn. 36.
[7] Vgl. *Kniffka/Koeble*, Kompendium des Baurechts, 2. Aufl., 5. Teil Rn. 5.
[8] BGH v. 08.06.2004 - X ZR 211/02 - NJW-RR 2005, 19-21.
[9] BGH v. 14.07.1994 - VII ZR 53/92 - ZfBR 1995, 16-18.
[10] *Soergel* in: MünchKomm-BGB, § 632 Rn. 2.
[11] BGH v. 09.04.1987 - VII ZR 266/86 - NJW 1987, 2742-2743; OLG Düsseldorf v. 16.08.1990 - 2 U 32/90 - NJW-RR 1991, 1192-1193.
[12] OLG Celle v. 11.12.2003 - 14 U 93/03.
[13] OLG Düsseldorf v. 16.08.1990 - 2 U 32/90 - NJW-RR 1991, 1192-1193; OLG Saarbrücken v. 10.02.1999 - 1 U 379/98 - 69, 1 U 379/98 - NJW-RR 1999, 1035-1036.
[14] OLG Oldenburg (Oldenburg) v. 26.09.2002 - 8 U 108/02.
[15] AG Aachen v. 27.03.2003 - 9 C 116/03 - DAR 2003, 465-466.
[16] OLG Hamm v. 29.01.2001 - 17 U 181/98 - ZfBR 2001, 329-332; OLG Frankfurt v. 20.09.2005 - 22 U 210/02 - BauR 2006, 1922-1924.
[17] AG Landsberg v. 21.09.2004 - 2 C 494/04.

honorarfrei, wenn der Investor an den Architekten herantritt und auf die im Rahmen der Vorplanung erbrachte Tätigkeit eine Abschlagszahlung leistet.[18] Generell kann man festhalten, dass Architektenleistungen erfahrungsgemäß nur entgeltlich erbracht werden.[19]

Abgelehnt wird die Vergütungspflicht bei der Erbringung von Werkleistungen aufgrund von geschuldeten Garantieleistungen, oder wenn der Unternehmer aufgrund entsprechender Garantiezusagen tätig wird. Dies gilt auch dann, wenn die Werkleistungen aufgrund eines unterzeichneten Reparaturvertrages erbracht werden.[20] Bei einer Weisung des Bauherrn an einen Subunternehmer sind hohe Anforderungen an die Annahme eines zusätzlichen Vertrages zu stellen; ein Hinweis auf die Überschreitung des Kostenrahmens reicht nicht zwingend aus.[21] Des Weiteren schuldet in der Regel derjenige, der einen Werkunternehmer zur Abgabe eines spezifizierten Vertragsangebots auffordert, keine Vergütung für die dadurch veranlasste Arbeit, wenn er das Angebot nicht annimmt.[22] Bei einem Architektenauftrag wird die Entgeltlichkeit abgelehnt, wenn der Bauausschuss einer Kirchengemeinde einem Ausschussmitglied, dessen Beruf Architekt ist, den Auftrag der Überarbeitung bereits vorliegender Architektenpläne erteilt, ohne dass dabei über eine Honorierung gesprochen wird.[23]

IV. Die Art der Vergütung

Das BGB trifft keine ausdrückliche Anordnung, welche Art der Vergütung beim Werkvertrag geschuldet ist. In der Regel ist hier aber von Geld auszugehen.[24] Im Rahmen der Vertragsfreiheit sind aber auch andere Gegenleistungen vorstellbar. Insbesondere dürften hier die Abtretung, Beteiligung am Vertriebserlös in Frage kommen. Vor dem Hintergrund der fingierten Vergütungsregelung des § 632 BGB dürften sich aber insoweit erhebliche Auslegungs- und Beweisprobleme hinsichtlich Art und Umfang der Gegenleistung ergeben.

V. Die Höhe der Vergütung

Aufgrund des Vorrangs der Parteivereinbarung richtet sich die Höhe der Vergütung nach dem entsprechenden Parteienkonsens. Besondere Situation des § 632 BGB ist, dass genau diese Vereinbarung fehlt. Im Baurecht werden oftmals Einheitspreise vereinbart. In diesem Fall verständigen sich die Parteien darauf, dass der Preis sich aus der Gesamtheit der erbrachten Einheiten (Stückzahlen, Gewicht, Aufmaß), welche vorher einzeln bepreist wurden, errechnen soll. Ebenso kann im Bereich des Handwerks sich die Vergütung aus Stundenlöhnen und Materialaufwand berechnen. Erbringt der Werkunternehmer neben den vertraglich vereinbarten Leistungen ohne besonderen Auftrag weitere Leistungen, steht ihm auch für die auftragslosen Zusatzleistungen gemäß den §§ 677, 683 Satz 1, 670 BGB der übliche Werklohn zu, sofern die Voraussetzungen einer Geschäftsführung ohne Auftrag erfüllt sind.[25]

Teilweise kann die fehlende Festlegung der Vergütungshöhe auch auf bewusster Parteivereinbarung beruhen. So können die Parteien einen Preisvorbehalt vereinbaren. Ebenso kann dem Unternehmer die Bestimmung der letztendlichen Vergütungshöhe in den Grenzen der §§ 307, 315 Abs. 1 und 3 BGB gewährt werden.[26] Dies trifft gerade bei Dauerschuldverhältnissen im kaufmännischen Bereich zu, wo sich der Unternehmer Preisänderungsvorbehalte, Preisanpassungsklauseln oder Preiserhöhungsrechte ausbedingt. Gegen solche Vereinbarungen bestehen in den vorgenannten Grenzen keine grundsätzlichen Bedenken.[27] Sofern derartige Verträge unbestimmte Rechtsbegriffe enthalten, ist durch Auslegung zu ermitteln, welche rechtliche Regelung die Parteien damit treffen wollten.[28]

---

[18] OLG Hamm v. 21.06.2001 - 24 U 100/00 - IBR 2003, 138; ergänzend zur Abgrenzung zwischen unentgeltlicher Akquisitionstätigkeit und vertraglich zu vergütender Tätigkeit bei Architektenvertrag vgl. *Fischer*, jurisPR-PrivBauR 5/2010, Anm. 4.
[19] BGH v. 09.04.1987 - VII ZR 266/86 - NJW 1987, 2742, 2743.
[20] *Seiler* in: Erman, Handkommentar BGB, 10. Aufl. 2000, § 632 Rn. 2.
[21] KG Berlin v. 11.07.2005 - 8 U 8/05 - KGR Berlin 2005, 769-770.
[22] OLG Hamm v. 28.10.1974 - 17 U 169/74 - MDR 1975, 402-403.
[23] OLG Düsseldorf v. 18.06.1998 - 5 U 187/97 - OLGR Düsseldorf 1999, 217-219.
[24] *Seiler* in: Erman, Handkommentar BGB, 10. Aufl. 2000, § 632 Rn. 3.
[25] OLG Jena v. 07.11.2000 - 8 U 554/99 - OLGR Jena 2003, 65-67.
[26] BGH v. 20.05.1985 - VII ZR 198/84 - BGHZ 94, 335-343.
[27] BGH v. 25.10.1984 - IX ZR 110/83 - BGHZ 92, 339-346.
[28] *Seiler* in: Erman, Handkommentar BGB, 10. Aufl. 2000, § 632 Rn. 5.

13 Fehlt also diese ausdrückliche Vereinbarung über die Höhe der Vergütung, greift die Fiktion des § 632 Abs. 2 BGB.[29] Danach ist die Höhe der Vergütung entweder nach einer bestehenden Taxe oder aber aufgrund der Üblichkeit zu ermitteln. Damit ist zunächst zu prüfen, ob eine Taxe besteht, die die Bestimmung der Vergütung vornimmt. Wenn keine Taxe den zu klärenden Vergütungssachverhalt abdeckt, wird die Vergütung anhand der Üblichkeit tarifiert.

14 Taxen sind nur unter hoheitlicher Mitwirkung oder Genehmigung festgesetzte Vergütungssätze.[30] Das Rechtsanwaltsvergütungsgesetz (RVG; vorher die Gebührenordnung der Rechtsanwälte (BRAGO)), Ärzte (GOÄ), Zahnärzte (GOZ), Steuerberater (StBGebV), Wirtschaftsprüfer (WiPrO), Architekten und Tragwerkingenieure (HOAI) sind nach herrschender Auffassung Taxen.[31] Die letztendliche Einstufung hat allerdings keine praktische Bedeutung, da unabhängig von der Einstufung der Regelwerke diese jedenfalls bei der Bemessung der Üblichkeit Anhaltspunkte liefern können.

15 Auch wenn Taxen bestehen, lässt sich bei deren Anwendung nicht zwingend die Vergütung bestimmen. Denn vielfach geben Taxen nur einen Vergütungsrahmen vor, in dem sie Höchst- und Mindestvergütungen, manchmal auch Mittelwerte festlegen. Zugelassen wurde die Überschreitung der Kostenobergrenze in einem Architektenvertrag von 31%.[32] Zur Ermittlung der „üblichen" Vergütung im Rahmen des § 632 Abs. 2 BGB ist dann zunächst zu prüfen, ob in dem jeweiligen Regelwerk Vorschriften bestehen, die eine Vergütung genau für den Fall der fehlenden Vergütungsabrede enthalten. (Beispiel Art. 10 § 1 Abs. 3 Nr. 3 HOAI).[33] Wo diese Regeln fehlen, ist gleichwohl noch Platz für die Anwendung der Regelwerke.[34] Denn gemäß der Systematik des § 632 Abs. 2 BGB ist dann auf die „Üblichkeit" abzustellen. Hierfür können die Regelwerke vergütungsprägende Merkmale aufweisen.

16 Die Festlegung der „üblichen" Vergütung ergibt sich durch Abwägung verschiedener Kriterien. Insofern ist auf die allgemeine Auffassung der beteiligten Verkehrskreise zum Zeitpunkt des Vertragsschlusses am Ort der Werkleistung abzustellen. Vergleichsmaßstab sind dabei Leistungen gleicher Art, gleicher Güte und gleichen Umfangs.[35] Die Anerkennung der Üblichkeit setzt gleiche Verhältnisse in zahlreichen Fällen voraus.[36] Sie braucht den konkret Beteiligten nicht bekannt zu sein.[37] Ferner kommt es auf die Umstände des Einzelfalles an.[38] Überschreiten die anrechenbaren Kosten die Honorartafelwerte des § 16 HOAI von 50 Millionen DM, so sind bei 80-85 Millionen DM anrechenbaren Kosten und einer Honorarzone III unten (HOAI 1995) Honorarprozentsätze von 6,45-6,46% als übliche Vergütung anzusehen.[39]

17 Wenn weder anhand der Taxe, weil sie nur einen Rahmen vorgibt, noch anhand der Kriterien zur Bestimmung der Üblichkeit (weil verschiedene Kriterien nicht gegeben sind), aufgrund derer die Vergütung hinreichend konkret bestimmt werden kann, ist die Vergütung anhand der – notfalls ergänzenden – Vertragsauslegung zu bestimmen.[40] Das Ergebnis dieser Auslegung kann dabei unterschiedlich ausfallen. Einerseits kann die Auslegung dazu führen, dass die Bestimmung der „angemessenen" Vergütung dem Tatrichter übertragen wird[41], der dann ausgehend von einem mittleren Wert durch Zu- und Abschläge den konkreten Umständen des Einzelfalles Rechnung tragen soll[42]. Andererseits kann die Auslegung auch ergeben, dass dem Unternehmer ein Leistungsbestimmungsrecht nach den §§ 315-316 BGB zusteht. Dies ist aber erst dann der Fall, wenn eine übliche Vergütung nicht feststellbar und die bestehende Vertragslücke durch ergänzende Vertragsauslegung nicht geschlossen werden kann. Bei

---

[29] *Sprau* in: Palandt, § 632 Rn. 4; anders *Seiler* in: Erman, Handkommentar BGB, 10. Aufl. 2000, § 632 Rn. 6: Auslegungsregel.

[30] *Peters* in: Staudinger, § 632 Rn. 6; *Soergel* in: MünchKomm-BGB; *Sprau* in: Palandt, § 632 Rn. 7.

[31] Andere Ansicht *Peters* in: Staudinger, § 632 Rn. 47; und *Seiler* in: Erman, Handkommentar BGB, 10. Aufl. 2000, § 632 Rn. 6.

[32] OLG Dresden v. 16.04.2003 - 11 U 1633/02 - OLGR Dresden 2003, 551-553.

[33] *Seiler* in: Erman, Handkommentar BGB, 10. Aufl. 2000, § 632 Rn. 6.

[34] *Seiler* in: Erman, Handkommentar BGB, 10. Aufl. 2000, § 632 Rn. 7.

[35] BGH v. 26.10.2000 - VII ZR 239/98 - LM BGB § 632 Nr. 23 (8/2001).

[36] BGH v. 15.02.1965 - VII ZR 194/63 - BGHZ 43, 154-162.

[37] OLG Frankfurt v. 30.10.1996 - 7 U 70/93 - NJW-RR 1997, 120-121.

[38] BGH v. 24.10.1989 - X ZR 58/88 - LM Nr. 14 zu BGB § 612.

[39] KG Berlin v. 22.03.2004 - 24 U 57/01 - NZBau 2005, 522-525.

[40] BGH v. 13.03.1985 - IVa ZR 211/82 - BGHZ 94, 98-104; BGH v. 04.04.2006 - X ZR 80/05 - BGHReport 2006, 1081-1081.

[41] BGH v. 13.03.1985 - IVa ZR 211/82 - BGHZ 94, 98-104.

[42] *Peters* in: Staudinger, § 632 Rn. 50.

der Bestimmung sind der Gegenstand und die Schwierigkeit der Werkleistung ebenso zu berücksichtigen wie der Vertragszweck und die Interessenlage der Parteien.[43] In der Rechtsprechung wurde dies anerkannt für einen Kfz-Sachverständigen.[44] Beides dürfte aber nur in Ausnahmefällen zutreffend sein. Zwar spricht für das Leistungsbestimmungsrecht mit Staudinger-Peters, dass die Verkehrsanschauung stark davon geprägt ist, dass der Unternehmer bei der Bestimmung seines Preises die Redaktionshoheit innehält und die Preisbildung durch die Billigkeit nach oben gedeckelt ist. Dagegen spricht aber, dass es nur schwerlich dem Kundenwillen zu entnehmen ist, dass er der freien Preisgestaltung durch den Unternehmer ausgesetzt sein will, weil er sich zumindest im Bereich der Preisobergrenzen ansonsten möglicherweise gegen eine Beauftragung entschieden hätte. Da auch nicht ohne weiteres davon ausgegangen werden kann, dass sich die redlichen Parteien von vornherein auf die gerichtliche Vergütungsentscheidung verständigt haben, ist zu unterstellen, dass es dem Parteiwillen am nächsten kommt, dass ein Mittelwert zu Grunde gelegt wird, von dem, in Abhängigkeit von den konkreten Umständen des Einzelfalles, insbesondere der Leistungsqualität des Unternehmers dann Zu- oder Abschläge gemacht werden.[45] Denn damit wird das Risiko, in das sich beide Parteien aufgrund der fehlenden Absprache bezüglich der Vergütung begeben haben, gleichmäßig verteilt.

VI. Die Vergütung für Vorarbeiten – Vergütungspflicht des Kostenanschlags

Der durch das Schuldrechtsmodernisierungsgesetz neu eingefügte Absatz 3 regelt nunmehr die Frage der Vergütungspflicht eines Kostenanschlags. § 632 Abs. 3 BGB bestimmt, dass der Kostenanschlag im Zweifel nicht vergütungspflichtig ist. Im Umkehrschluss bedeutet dies, dass der Unternehmer sich jetzt vertraglich die Vergütungspflicht des Kostenanschlags ausbedingen muss. Damit geht die Neuregelung davon aus, dass die Vorarbeiten nicht vergütungspflichtig sind. Vor der Einführung des Absatzes 3 war vielfach die Frage nach der Vergütungspflicht für vorvertragliche Arbeiten (Muster, Entwürfe, Zeichnungen, Angebote, Leistungsbeschreibungen) gestellt. Dies galt insbesondere dann, wenn der spätere Hauptvertrag nicht zustande kam. Die Rechtsprechung hat die Frage nach der Vergütungspflicht von Vorarbeiten dahingehend beantwortet, dass nur dann eine Vergütung verlangt werden kann, wenn die Vorarbeiten selbst Gegenstand eines gesonderten Werkvertrages war. Aus dem Vergleich der jetzigen rechtlichen Regelung mit der bisherigen Rechtsprechung ergibt sich daher eine parallele Wertung. Somit wird die bisherige Rechtsprechung angesichts der neuen Rechtslage weiterhin gelten. 18

Voraussetzung für die Vergütungspflicht des Kostenanschlags ist daher, dass ein Vertrag zur Erstellung des Kostenanschlags zustande gekommen ist. Eine entsprechende Vereinbarung kann auch konkludent geschlossen werden, sofern es wiederum auf die konkreten Umstände des Einzelfalles und die Gewohnheiten im Geschäftsverkehr ankommt.[46] Abgelehnt werden muss eine Vergütungspflicht des Kostenanschlags dann, wenn der Unternehmer im eigenen Risikobereich also aus eigenem Entschluss und Interesse tätig wird, zum Beispiel im Bereich der Werbung[47] zur Akquisition von Aufträgen[48] (zur Abgrenzung zur honorarfreien Akquisitionstätigkeit bei Großprojekten[49]). Hierzu zählen auch Kostenanschläge von Handwerkern.[50] Auch die Aufnahme einer Vergütungspflicht für Kostenvoranschläge in die in einer Werkstatt ausgestellten AGB unterliegt hohen Anforderungen. Insbesondere muss die Kostenpflicht hier ausdrücklich hervorgehoben sein.[51] 19

---

[43] BGH v. 04.04.2006 - X ZR 80/05 - BGHReport 2006, 1081-1081.
[44] AG Weinheim v. 13.01.2003 - 3 C 236/02 - ZfSch 2004, 18; weiterführend zur Vergütung von Sachverständigen, *Göbel*, NZV 2007, 457-458.
[45] *Seiler* in: Erman, Handkommentar BGB, 10. Aufl. 2000, § 632 Rn. 8.
[46] *Seiler* in: Erman, Handkommentar BGB, 10. Aufl. 2000, § 632 Rn. 2.
[47] OLG Hamm v. 11.07.1986 - 25 U 84/86 - NJW-RR 1986, 1280-1281.
[48] *Soergel* in: MünchKomm-BGB, § 632 Rn. 2.
[49] OLG Hamm v. 21.06.2001 - 24 U 100/00 - IBR 2003, 138.
[50] OLG Hamm v. 28.10.1974 - 17 U 169/74 - MDR 1975, 402-403; OLG Koblenz v. 31.07.1997 - 5 U 90/97 - NJW-RR 1998, 813-814.
[51] OLG Hamm v. 18.04.1996 - 17 U 136/95.

20 Anders ist von einer Vergütungspflicht auszugehen, wenn die Arbeiten des Unternehmers eine gewisse Intensität und Qualität aufweisen und insoweit als eigenständige Vertragsleistung bewertet werden müssen. So zum Beispiel der künstlerische Entwurf.[52] Aber auch die Entwicklung eines Firmenlogos durch eine Werbeagentur[53], die Fertigung einer Selbstdarstellungsbroschüre[54] wurde insoweit als vergütungspflichtige Vorarbeiten bewertet.

21 Nicht zuletzt wird die Vergütungspflichtigkeit von Vorarbeiten dann anzunehmen sein, wenn der Unternehmer mit Einverständnis des Bestellers so umfangreiche Vorarbeiten leistet, dass er nach Treu und Glauben nicht von einer Unentgeltlichkeit ausgehen konnte.[55]

22 Im privaten Baurecht sind hier Besonderheiten gegeben. Die Erstellung eines Angebotes ist seitens des Unternehmers von teilweise sehr zeit- und arbeitsintensiven Vorarbeiten geprägt. Im Rahmen von Ausschreibungen kann es der Unternehmer vielfach nicht dabei belassen, dass er das vorgegebene Leistungsverzeichnis anhand seiner internen Kalkulation bearbeitet und dementsprechend sein Angebot abgibt. Vielmehr wird der Unternehmer vielfach Skizzen, Zeichnungen, Berechnungen erstellen, aber auch Ausgaben haben für Reisekosten o.Ä. Hierfür kann der Unternehmer keine Vergütung verlangen, wenn er später den Zuschlag nicht erhält. Eine entsprechende Regelung ist in § 20 Nr. 2 VOB/A Teil A enthalten.[56]

VII. Beweislast

23 Die Fiktion einer stillschweigenden Vergütungsvereinbarung im Sinne des § 632 Abs. 1 BGB kommt erst dann zum Tragen, wenn Umstände dargelegt und bewiesen sind, aufgrund derer eine Vergütung erwartet werden konnte. Für diese Umstände trägt der Unternehmer die Beweislast. Derartige Umstände können z.B. in einem nicht unbeträchtlichen Materialaufwand zu sehen sein.[57] Generell hat der Unternehmer hat darzutun und zu beweisen, dass er das Werk, die Vorarbeiten bzw. den Kostenanschlag nur aufgrund eines gesonderten Werkvertrags erbracht hat. Dies gilt sowohl für den Nachweis der ausdrücklichen Vereinbarung als auch für die stillschweigende Vereinbarung. Im letzteren Falle wird er allerdings seiner Beweislast nur dann gerecht, wenn er die Umstände des Einzelfalles beweisen kann, die zur Vergütungspflicht führen.[58] Dabei können zu diesen Umständen auch nicht ausnahmsweise die ausdrückliche Absprache über eine Vergütungspflicht oder das Fehlen einer solchen Vereinbarung gehören.[59] Dies gilt insbesondere nach dem neuen Absatz 3, da der Unternehmer Umstände dartut, die eine Abweichung von der gesetzlichen Regelung beinhalten. Auch die Höhe der Vergütung, auf die er sich beruft hat der zu belegen. Wer aus einem Vertrag einen Vergütungsanspruch herleitet, muss nicht nur das Zustandekommen des Vertrages sondern auch den Vertragsinhalt beweisen, soweit dieser für die Vergütung von Bedeutung ist.[60]

24 Der Besteller hat hingegen zu beweisen, dass eine niedrigere als die vom Unternehmer geltend gemachte Vergütung vereinbart wurde. Ebenso ist der Besteller dafür darlegungs- und beweispflichtig, dass der Unternehmer für ein im Stundenlohn herzustellendes Werk zu viele Arbeitsstunden aufgewendet hat.[61] Wenn der Besteller eine nach Ort, Zeit und Umständen konkretisierte Pauschalpreisvereinbarung vorträgt, ist es Sache des Auftragnehmers, den Vortrag zu widerlegen und eine von ihm behauptete anderweitige Preisvereinbarung zu beweisen.[62]

---

[52] OLG Hamburg v. 23.11.1984 - 1 U 32/84 - MDR 1985, 321-322; OLG Frankfurt v. 30.10.1996 - 7 U 70/93 - NJW-RR 1997, 120-121.
[53] OLG Düsseldorf v. 28.09.1990 - 12 U 209/89 - NJW-RR 1991, 120-121.
[54] OLG Hamm v. 23.05.1995 - 24 U 212/94 - NJW-RR 1995, 1265-1266; und das Design eines Titelbildes OLG Frankfurt v. 30.10.1996 - 7 U 70/93 - NJW-RR 1997, 120-121.
[55] OLG Nürnberg v. 18.02.1993 - 12 U 1663/92 - NJW-RR 1993, 760-762.
[56] *Sprau* in: Palandt, § 632 Rn. 10.
[57] OLG Oldenburg v. 26.09.2002 - 8 U 108/02 - OLGR Oldenburg 2003, 398-399.
[58] *Soergel* in: MünchKomm-BGB, § 632 Rn. 20.
[59] BGH v. 09.04.1987 - VII ZR 266/86 - WM 1987, 931-932.
[60] OLG Köln v. 29.04.1968 - 7 U 179/67.
[61] OLG Düsseldorf v. 10.12.2002 - 21 U 106/02 - NJW-RR 2003, 455-457.
[62] OLG München v. 29.03.2000 - 27 U 668/99.

§ 632a BGB Abschlagszahlungen

(Fassung vom 23.10.2008, gültig ab 01.01.2009)

(1) ¹Der Unternehmer kann von dem Besteller für eine vertragsgemäß erbrachte Leistung eine Abschlagszahlung in der Höhe verlangen, in der der Besteller durch die Leistung einen Wertzuwachs erlangt hat. ²Wegen unwesentlicher Mängel kann die Abschlagszahlung nicht verweigert werden. ³§ 641 Abs. 3 gilt entsprechend. ⁴Die Leistungen sind durch eine Aufstellung nachzuweisen, die eine rasche und sichere Beurteilung der Leistungen ermöglichen muss. ⁵Die Sätze 1 bis 4 gelten auch für erforderliche Stoffe oder Bauteile, die angeliefert oder eigens angefertigt und bereitgestellt sind, wenn dem Besteller nach seiner Wahl Eigentum an den Stoffen oder Bauteilen übertragen oder entsprechende Sicherheit hierfür geleistet wird.

(2) Wenn der Vertrag die Errichtung oder den Umbau eines Hauses oder eines vergleichbaren Bauwerks zum Gegenstand hat und zugleich die Verpflichtung des Unternehmers enthält, dem Besteller das Eigentum an dem Grundstück zu übertragen oder ein Erbbaurecht zu bestellen oder zu übertragen, können Abschlagszahlungen nur verlangt werden, soweit sie gemäß einer Verordnung auf Grund von Artikel 244 des Einführungsgesetzes zum Bürgerlichen Gesetzbuche vereinbart sind.

(3) ¹Ist der Besteller ein Verbraucher und hat der Vertrag die Errichtung oder den Umbau eines Hauses oder eines vergleichbaren Bauwerks zum Gegenstand, ist dem Besteller bei der ersten Abschlagszahlung eine Sicherheit für die rechtzeitige Herstellung des Werkes ohne wesentliche Mängel in Höhe von 5 vom Hundert des Vergütungsanspruchs zu leisten. ²Erhöht sich der Vergütungsanspruch infolge von Änderungen oder Ergänzungen des Vertrages um mehr als 10 vom Hundert, ist dem Besteller bei der nächsten Abschlagszahlung eine weitere Sicherheit in Höhe von 5 vom Hundert des zusätzlichen Vergütungsanspruchs zu leisten. ³Auf Verlangen des Unternehmers ist die Sicherheitsleistung durch Einbehalt dergestalt zu erbringen, dass der Besteller die Abschlagszahlungen bis zu dem Gesamtbetrag der geschuldeten Sicherheit zurückhält.

(4) Sicherheiten nach dieser Vorschrift können auch durch eine Garantie oder ein sonstiges Zahlungsversprechen eines im Geltungsbereich dieses Gesetzes zum Geschäftsbetrieb befugten Kreditinstituts oder Kreditversicherers geleistet werden.

Gliederung

A. Grundlagen 1	III. Eigentumsübertragung auf den Besteller 9
I. Kurzcharakteristik 1	IV. Höhe der Abschlagszahlung 13
II. Regelungsprinzipien 2	V. Abdingbarkeit 14
B. Anwendungsvoraussetzungen 5	**C. Rechtsfolgen** 15
I. Erbrachte Leistungen 6	**D. Prozessuale Hinweise** 16
II. Vertragsgemäßheit 8	

A. Grundlagen

I. Kurzcharakteristik

Abschlagszahlungen konnten vor Aufnahme des § 632a BGB zum 01.05.2000, durch das Gesetz zur Beschleunigung fälliger Zahlungen vom 30.03.2000,[1] von Unternehmern nur dann geltend gemacht werden, wenn dies ausdrücklich vereinbart worden war. Lag eine derartige Vereinbarung nicht vor, galt die anders lautende Regelung des § 641 BGB a.F. Diese, für den Unternehmer ungünstige rechtliche Situation hat sich durch den neuen § 632a BGB geändert, weil er nunmehr auch ohne ausdrückliche

1

---

[1] BGBl I 2000, 330.

§ 632a

Vereinbarung bei Vorliegen der gesetzlichen Voraussetzungen Abschlagszahlungen verlangen kann. Eine vergleichbare Regelung findet sich in § 16 Nr. 1 VOB/B. Das Forderungssicherungsgesetz (FoSiG), welches zum 01.01.2009 in Kraft getreten ist, soll vor allem Werkunternehmer in der Baubranche vor Forderungsausfällen besser schützen.

II. Regelungsprinzipien

2 Grundsätzlich ist der Unternehmer vorleistungspflichtig. Denn er kann seine Vergütung erst nach Abnahme im Sinne von § 641 BGB oder nach Erteilung einer der Abnahme gleichgestellten Fertigstellungsbescheinigung nach § 641a BGB verlangen. Und in Folge der §§ 946-950 BGB verliert er vielfach schon das Eigentum an den von ihm gelieferten Materialien. Insoweit bleibt es auch angesichts des § 632a BGB bei diesen Grundsätzen. Diese werden durch die Aufnahme des § 632a BGB aber insoweit durchbrochen, als der Anspruch auf Zahlung des Werklohns nicht erst mit Abnahme des gesamten Werkes fällig wird, sondern bereits mit Erbringung vertragsgemäß erbrachter Teilgewerke ein fälliger und durchsetzbarer Anspruch auf Abschlagszahlung (Vergütungsanspruch) entsteht.

3 Für ab dem 01.01.2009 geschlossene Verträge kann eine Abschlagszahlung bereits dann verlangt werden, wenn der Besteller einen Wertzuwachs erlangt. Neu ist auch, dass wegen unwesentlicher Mängel die Abschlagszahlung nicht verweigert werden darf. Dem Besteller steht jedoch ein Zurückbehaltungsrecht in Höhe des Doppelten der für die Beseitigung des Mangels erforderlichen Kosten zu. Bei wesentlichen Mängeln können Abschlagszahlungen nicht verlangt werden. Eine Sonderregelung gilt für den Besteller, der Verbraucher ist, und wenn der Vertrag die Errichtung oder den Umbau eines Hauses zum Gegenstand hat. Dort hat der Werkunternehmer dem Besteller mit oder vor der ersten Abschlagszahlung eine Sicherheit für die rechtzeitige Herstellung in Höhe von 5% seines Vergütungsanspruchs zu stellen. Das FoSiG hat zur Folge, dass die Privilegierung der VOB/B gegenüber den Allgemeinen Geschäftsbedingungen für Verbraucherverträge aufgehoben wird. Bei den Regelungen der VOB/B handelt es sich um Allgemeine Geschäftsbedingungen, die nur Bestandteil des Bauvertrages werden, wenn die Parteien die VOB/B ausdrücklich vereinbaren. Damit unterliegen die VOB/B der vollständigen und strengen Kontrolle der Rechtsprechung.

4 Es soll der wirtschaftliche Nachteil aus der Vorleistungspflichtigkeit des Unternehmers ein Stück weit relativiert werden. Flankiert wird dieses Regelungsziel dadurch, dass in § 640 Abs. 1 Satz 2 BGB nunmehr klargestellt wird, dass die Abnahme nicht wegen unwesentlicher Mängel verweigert werden darf. Denn § 640 Abs. 1 Satz 3 BGB regelt eine Abnahmefiktion für den Fall, dass der Auftraggeber entgegen seiner Verpflichtung die Abnahme nicht innerhalb einer durch den Auftragnehmer gesetzten Frist durchführt.

B. Anwendungsvoraussetzungen

5 § 632a BGB ist anwendbar auf alle Werkverträge, die nach dem 01.05.2000 geschlossen worden sind (Art. 229 § 1 Abs. 2 EGBGB). Die Neuregelung des § 632a BGB durch das Forderungssicherungsgesetz gilt für alle Verträge ab dem 01.01.2009.

I. Erbrachte Leistungen

6 Der Begriff der Abschlagszahlung ist im BGB nicht legal definiert. Er findet sich aber in § 16 Nr. 1 VOB/B wieder. Nach § 632a BGB können für erbrachte Leistungen des Unternehmers Abschlagszahlungen gefordert werden. Damit stehen den entsprechenden Zahlungen bereits erbrachte Leistungen gegenüber. Sie unterscheiden sich daher von Vorauszahlungen, denen noch keine Leistungen zugrunde liegen. Nach dem Wortlaut des § 632a BGB sind erbrachte Leistungen des Unternehmers als „in sich abgeschlossenen Leistungen" zu sehen. Da die Definition dieses Tatbestandsmerkmals bislang nicht Gegenstand höchstrichterlicher Rechtsprechung war, ergibt sich ein Hinweis für die Auslegung des Begriffes nur vermittels eines Blicks in die Gesetzgebungsmaterialien. So ergibt sich aus BT-Drs. 14/1246, S. 6, dass die erbrachten Teilleistungen für den Besteller werthaltig sein müssen. Eine Werthaltigkeit wiederum kann sich für den Besteller nur daraus ergeben, dass die erbrachten Leistungen des Unternehmers als Teilwerk einer gesonderten oder isolierten Nutzung zugänglich sind (so zum Beispiel die Erstellung eines Pflichtenheftes ohne die programmtechnische Umsetzung, die Erstellung eines funktionsfähigen Teils einer Software, der auch ohne die weiteren Module nutzbar ist). Einen Hinweis auf ein in sich geschlossenes Teilwerk kann sich auch aus der Beauftragung ergeben. Insbesondere dort wo Teilleistungen in den vertraglichen Vereinbarungen gesondert benannt und bepreist sind, liegt die Vermutung nahe, dass es sich um ein in sich abgeschlossenes Teilwerk handelt.

Auch für das Werk erforderliche Stoffe oder Bauteile können Gegenleistung einer Abschlagszahlung sein, sofern sie vom Unternehmer zur Herstellung des vertragsgegenständlichen Gesamtwerkes angefertigt worden sind.[2] Keine Abschlagszahlungen kann der Unternehmer daher für zugekaufte Gegenstände verlangen, an denen er keinerlei Veredelungsmaßnahmen erbringt.

II. Vertragsgemäßheit

Der Anspruch auf Abschlagszahlung entsteht ferner nur dann, wenn der Unternehmer die entsprechende Leistung vertragsgemäß erbringt. Vor dem Hintergrund des durch das Schuldrechtsmodernisierungsgesetz eingeführten subjektiven Fehlerbegriffs, entscheidet daher vorrangig die Beschaffenheitsvereinbarung über die Frage der Vertragsgemäßheit im Werkvertrag. Weiterer Prüfungsmaßstab ist insoweit § 640 Abs. 1 Satz 2 BGB, der die vertragsgemäße Erfüllung dann als gegeben ansieht, wenn nur noch unwesentliche Mängel bestehen. § 16 Nr. 1 VOB/B bejaht einen Anspruch auf Abschlagszahlungen auch bei Mängeln. Dies ist indes nicht auf § 632a BGB übertragbar. Anders als in der VOB/B kann im Werkvertragsrecht der Auftraggeber vor Abnahme lediglich Erfüllung verlangen, jedoch keine Beseitigung einzelner Mängel.[3] Freilich bleiben etwaige Ansprüche aus Haftung wegen Sach- und Rechtsmängeln bestehen.

III. Eigentumsübertragung auf den Besteller

Der Unternehmer muss dem Besteller das Eigentum an den Teilwerken/Stoffen oder Bauteilen übertragen. Teilweise wird seitens der Rechtsprechung zusätzlich eine entsprechende Sicherheit gefordert.[4]

Der eindeutige Wortlaut des § 632a BGB lässt darauf schließen, dass zur Verwirklichung dieses Merkmales die Eigentumsverschaffung sich dies nur durch Erfüllung des § 929 BGB realisieren lässt. Typisch für Werkleistungen sind aber Situationen, in denen der Eigentumserwerb des Bestellers durch die §§ 946-950 BGB verwirklicht wird. Damit dürfte eine Eigentumsänderung aufgrund dieser Vorschriften auch den Erfordernissen des § 632a BGB Genüge tun. Wenn der Eigentümer, zum Beispiel aufgrund der Vereinbarung eines Eigentumsvorbehalts, verlängerten Eigentumsvorbehalts, Sicherungsübereignung mit seinem Vorlieferanten, das Eigentum auf den Besteller nicht übertragen kann, er gleichwohl eine Abschlagszahlung fordern möchte, kann er dies nur dann tun, wenn er eine Sicherheitsleistung in Höhe der geforderten Abschlagszahlung stellt. Der Unternehmer kann sich bei der Sicherheitsleistung grundsätzlich der Möglichkeiten des § 232 BGB bedienen. Aus dieser Vorschrift steht dem Unternehmer ein Wahlrecht über die Art der Sicherheitsleistung zu. In der Regel dürfte dies jedoch nach § 232 Abs. 2 BGB die Bankbürgschaft sein, da diese am einfachsten zu stellen ist und dem Besteller einen solventen weiteren Schuldner zur Seite stellt.

Die Verpfändung von beweglichen Sachen dürfte insoweit nicht sachgerecht sein, da der Unternehmer aufgrund von § 1205 BGB den Besitz an der verpfändeten Sache aufgeben muss und sie ihm daher als Rohstoff zur eigenen Produktion nicht mehr zur Verfügung stehen.

Die Eintragung von Grundpfandrechten an etwaigen Grundstücken des Unternehmers dürfte aufgrund des höheren Verwaltungsaufwandes und der höheren Kosten ebenfalls der Praxis zuwider laufen.

IV. Höhe der Abschlagszahlung

Die Höhe der Abschlagszahlung ergibt sich zunächst aus der Vereinbarung. So ist der für das jeweilige Teilgewerk vereinbarte Nettopreis zuzüglich der Mehrwertsteuer zu entrichten. Sofern die vertragliche Vereinbarung keine gesonderte Bepreisung der einzelnen Teilgewerke vorsieht, ist die Höhe der Abschlagszahlung anhand des Wertes des Teilgewerkes im Verhältnis zum Gesamtwerk zu ermitteln.[5]

V. Abdingbarkeit

Die Parteien können von § 632a BGB abweichende Vereinbarungen treffen.[6] In allgemeinen Geschäftsbedingungen sind etwaige Vereinbarungen an § 307 Abs. 2 Nr. 1 BGB zu messen. So sind AGB des Bestellers unwirksam, sofern sie das Rechts des Bestellers auf Abschlagszahlungen gänzlich ausschließen, da der Unternehmer hier unangemessen benachteiligt wird.[7] Ebenso unwirksam sind AGB

---

[2] *Sprau* in: Palandt, § 632 Rn. 5.
[3] OLG Schleswig-Holstein v. 30.03.2007 - 17 U 21/07.
[4] LG Bamberg v. 22.10.2009 - 2 O 454/07.
[5] Zum Anspruch auf Abschlagszahlung: *Vogel*, EWiR 2003, 261-262.
[6] *Sprau* in: Palandt, § 632a Rn. 3; *Peters* in: Staudinger, § 632a Rn. 13.
[7] *Peters* in: Staudinger, § 632 Rn. 13.

des Unternehmers der sich statt der Abschlagszahlungen Vorauszahlungen formularmäßig ausbedingt.[8] Dies muss zumindest dann gelten, wenn der Unternehmer nicht im Gegenzug dem Besteller entsprechende Sicherheiten bietet. Gemäß der Rechtsprechung des BGH ebenso unwirksam ist nach § 307 Abs. 2 Nr. 1 BGB eine Regelung in Allgemeinen Geschäftsbedingungen, die einem Architekten lediglich Abschlagszahlungen in Höhe von 95% seines Honorars zubilligt, da sie vom gesetzlichen Leitbild des § 8 Abs. 2 HOAI abweicht.[9]

C. Rechtsfolgen

15 Sobald der Unternehmer die gesetzlichen Voraussetzungen erfüllt, kann er die Abschlagszahlung verlangen. Mit der Geltendmachung des entsprechenden Begehrs wird der Anspruch dann auch fällig. Auf die Erteilung einer prüfbaren Abschlagsrechnung kommt es insoweit im Gegensatz zu § 16 Nr. 1 VOB/B nicht an.[10] Der Besteller ist nicht berechtigt, von dem zu Recht geforderten Betrag „Sicherungseinbehalte" wegen etwaiger Mängel zu machen. Der Anspruch ist aber dann ausgeschlossen, sobald der Unternehmer den gesamten Vertragswert abrechnet bzw. dazu in der Lage ist.[11] Ansonsten kann sich der Besteller insoweit auf die allgemeinen Regeln insbesondere § 320 BGB berufen.[12]

D. Prozessuale Hinweise

16 Im Prozess kann der Unternehmer den gesamten Werklohn einklagen. Hilfsweise kann er aber für den Fall der Unbegründetheit des Gesamtbetrages die Abschlagszahlung geltend machen.[13] Die Rechtsprechung bewertet den Anspruch auf Abschlagszahlung und den auf den Gesamtwerklohn als unterschiedliche Streitgegenstände,[14] so dass der Übergang von der Abschlagszahlung auf die Schlusszahlung eine Klageänderung gem. § 264 ZPO darstellt. Diese ist aber zulässig.[15]

---

[8] *Peters* in: Staudinger, § 632 Rn. 13.
[9] BGH v. 22.12.2005 - VII ZB 84/05 - BGHZ 165, 332-342 – kritisch hierzu: *Schwenker/Thode*, ZfIR 2006, 369-371, vertiefend hierzu *Weise*, NJW-Spezial 2006, 117-118.
[10] *Sprau* in: Palandt, § 632a Rn. 8.
[11] OLG Hamm v. 29.10.1998 - 17 U 38/98 - NJW-RR 1999, 528-529
[12] *Peters* in: Staudinger, § 632a Rn. 4.
[13] BGH v. 15.06.2000 - VII ZR 30/99 - LM VOB/B 1973 § 16 (E) Nr. 6 (5/2001).
[14] BGH v. 05.11.1998 - VII ZR 191/97 - LM BGB § 241 Nr. 16 (4/1999).
[15] BGH v. 21.02.1985 - VII ZR 160/83 - LM Nr. 15 zu §16 (A) VOB/B 1973; *Otto*, BauR 2000, 350-356.

§ 633 BGB Sach- und Rechtsmangel

(Fassung vom 02.01.2002, gültig ab 01.01.2002)

(1) Der Unternehmer hat dem Besteller das Werk frei von Sach- und Rechtsmängeln zu verschaffen.

(2) ¹Das Werk ist frei von Sachmängeln, wenn es die vereinbarte Beschaffenheit hat. ²Soweit die Beschaffenheit nicht vereinbart ist, ist das Werk frei von Sachmängeln,

1. wenn es sich für die nach dem Vertrag vorausgesetzte, sonst
2. für die gewöhnliche Verwendung eignet und eine Beschaffenheit aufweist, die bei Werken der gleichen Art üblich ist und die der Besteller nach der Art des Werks erwarten kann.

³Einem Sachmangel steht es gleich, wenn der Unternehmer ein anderes als das bestellte Werk oder das Werk in zu geringer Menge herstellt.

(3) Das Werk ist frei von Rechtsmängeln, wenn Dritte in Bezug auf das Werk keine oder nur die im Vertrag übernommenen Rechte gegen den Besteller geltend machen können.

Gliederung

A. Grundlagen 1	4. Falschlieferung, Zuweniglieferung 35
I. Kurzcharakteristik 1	5. Sonstige Nebenpflichten des Unternehmers 38
II. Gesetzgebungsmaterialien 4	III. Rechtsmangel (Absatz 3) 39
B. Praktische Bedeutung 6	**D. Prozessuale Hinweise** 43
C. Anwendungsvoraussetzungen 7	**E. Anwendungsfelder** 50
I. Pflicht zur mangelfreien Leistung (Absatz 1) ... 7	I. Architektenwerk 50
II. Sachmangel (Absatz 2) 12	II. Bauwesen 69
1. Beschaffenheitsvereinbarung 13	III. EDV 92
2. Verwendungseignung 22	IV. Beförderung/Kfz/Boot 93
a. Nach dem Vertrag vorausgesetzte Verwendung 22	V. Sachverständiger 94
b. Gewöhnliche Verwendung 26	VI. Werbeagentur 95
3. Anerkannte Regeln der Technik (insbes. DIN-Normen), untaugliche Ausführungsart, Hinweis- und Prüfungspflicht 28	VII. Übergangsregelungen 96
	VIII. VOB 100

A. Grundlagen

I. Kurzcharakteristik

Abgesehen von für das Werkvertragsrecht nicht passenden Besonderheiten (§ 434 Abs. 1 Satz 3 und Abs. 2 BGB) besteht eine weitgehende Übereinstimmung zwischen dem werkvertraglichen und dem kaufrechtlichen Mängelbegriff (§ 434 BGB und § 435 BGB). **1**

§ 633 Abs. 1 BGB erhebt die mangelfreie Verschaffung des Werks zur Vertragspflicht. Da sich ein **Werkmangel** deshalb als **Pflichtverletzung** darstellt, ist die werkvertragliche Mängelhaftung ohne weiteres in die Systematik des allgemeinen Leistungsstörungsrechts eingepasst. **2**

Das Gesetz legt dem Werkmängelrecht einen subjektiven Fehlerbegriff zugrunde. In erster Linie bestimmt die Vereinbarung der Parteien, welche Beschaffenheit das Werk haben muss. Wenn eine Beschaffenheit nicht vereinbart wurde, kommt es nach Absatz 2 auf die nach dem Vertrag vorausgesetzte Verwendung an. Wenn sich auch eine solche nicht feststellen lässt, sind objektive Kriterien maßgeblich. Dann kommt es darauf an, ob sich das Werk für die gewöhnliche Verwendung eignet und eine Beschaffenheit aufweist, die bei Werken der gleichen Art üblich ist und von dem Besteller nach der Art des Werkes erwartet werden kann. Nach Absatz 2 Satz 3 stellen auch die Zuwenigleistung und die Lieferung eines Aliuds einen Werkmangel dar. Nach Absatz 3 haftet der Unternehmer nicht nur für Sachmängel, sondern auch für Rechtsmängel. **3**

II. Gesetzgebungsmaterialien

4 § 633 BGB erhebt die Mangelfreiheit zur Leistungspflicht des Unternehmers und definiert den Begriff des Werkmangels. Die Regelung tritt damit an die Stelle des bisherigen § 633 Abs. 1 BGB a.F. § 633 BGB wurde durch das Schuldrechtsmodernisierungsgesetz vom 26.11.2001[1] zwar grundlegend neu gefasst. Damit sind jedoch keine größeren Änderungen verbunden. Bereits bisher gehörte die Mangelfreiheit zu den Leistungspflichten des Unternehmers und bereits bisher hat die Rechtsprechung dem Werkmängelrecht den subjektiven und nur ergänzend hierzu den objektiven Fehlerbegriff zugrunde gelegt. Das Schuldrechtsmodernisierungsgesetz hat die Unterscheidung zwischen Fehler und **Eigenschaftszusicherung** aufgegeben. Die im Altrecht geregelte Zusicherung von Eigenschaften entspricht weitgehend der Übernahme einer Garantie im Sinne von § 276 BGB. Neu ist, dass der Unternehmer für Rechtsmängel, für eine Zuwenigleistung oder die Leistung eines Aliuds nach Werkmängelrecht haftet.

5 Die weitgehende Angleichung an die kaufrechtliche Mangeldefinition (§§ 434, 435 BGB) ist absichtlich erfolgt, um auch textlich zum Ausdruck zu bringen, dass das Gesetz in Kauf- und Werkvertragsrecht von einem einheitlichen Mangelbegriff ausgeht.[2]

B. Praktische Bedeutung

6 Da die werkvertraglichen Mängelrechte (§ 634 BGB) das Vorliegen eines Werkmangels voraussetzen, kommt § 633 BGB eine besondere Bedeutung zu. So hat es der Unternehmer z.B. in der Hand, seine Haftung bereits im Vorfeld zu begrenzen, indem die Beschaffenheit des Werks sachgerecht vereinbart wird. In solchen Fällen wird aber besonders auf eine mögliche Verletzung von Hinweis- und Aufklärungspflichten zu achten sein.

C. Anwendungsvoraussetzungen

I. Pflicht zur mangelfreien Leistung (Absatz 1)

7 Die Pflicht zur **mangelfreien Leistung** ist – wie bereits bisher im Werkvertragsrecht – eine vertragliche **Hauptpflicht** des Unternehmers. Indem Absatz 1 die mangelfreie Verschaffung zur Leistungspflicht des Unternehmers erhebt, wird die Möglichkeit einer Anwendbarkeit der Regelungen des allgemeinen Leistungsstörungsrechts nach Maßgabe der §§ 633-639 BGB eröffnet.

8 Der Unternehmer hat nach Absatz 1 dem Besteller das Werk mangelfrei „**zu verschaffen**". Der Begriff weicht zwar von § 631 BGB ab, nach dem der Unternehmer das Werk „herstellen" muss. Hierin liegt jedoch kein sachlicher Unterschied. Die Formulierung „verschaffen" erklärt sich aus dem beabsichtigten Gleichlauf von kauf- und werkvertraglicher Mangeldefinition.

9 Ein Werkmangel liegt dann vor, wenn die Ist-Beschaffenheit des Werks von seiner Soll-Beschaffenheit abweicht. Wie die Soll-Beschaffenheit auszusehen hat, bestimmt sich nach den Absätzen 2 und 3. Nach Absatz 1 kann die Abweichung zwischen Ist- und Soll-Beschaffenheit, also ein Werkmangel, sowohl in einem Sachmangel als auch in einem Rechtsmangel liegen. Soweit in den Einzelvorschriften die Begriffe „Mangel", „mangelfrei" und „mangelhaft" verwendet werden, umfassen sie sowohl Sachmängel als **auch Rechtsmängel**.

10 Nach § 633 BGB schuldet der Unternehmer ein vollständig mangelfreies Werk. Es dürfen überhaupt keine Mängel vorliegen. Auch wenn nur **unwesentliche Mängel** vorliegen, liegt ein Werkmangel im Sinne der § 633 ff. BGB vor. Bei unwesentlichen Mängeln sind allerdings der Rücktritt (§ 323 Abs. 5 Satz 2 BGB) und der Schadensersatz statt der ganzen Leistung (§ 281 Abs. 1 Satz 3 BGB) grundsätzlich ausgeschlossen (vgl. aber die Kommentierung zu § 634 BGB Rn. 18 und die Kommentierung zu § 634 BGB Rn. 48). Nur unwesentliche Mängel stehen auch der Verpflichtung des Bestellers zur Abnahme nicht entgegen (vgl. die Kommentierung zu § 640 BGB Rn. 19).

11 **Maßgeblicher Zeitpunkt** für die Beurteilung der Mangelfreiheit (der Ist-Beschaffenheit) ist der **Zeitpunkt des Gefahrübergangs**, also in der Regel der Zeitpunkt der Abnahme (§ 634 BGB).[3] Gleiches gilt ohne abweichende Vereinbarung auch für die Beurteilung der Sollbeschaffenheit.[4] Ob Mangelhaftigkeit des Werks im Zeitpunkt des Gefahrübergangs vorliegt, hat nach Abnahme der Auftraggeber

---

[1] BGBl I 2001, 3138.
[2] BT-Drs. 14/6040, S. 261; BT-Drs. 14/7052, S. 204.
[3] OLG Stuttgart v. 08.12.2010 - 4 U 67/10 - juris Rn. 93 f. - NJW-RR 2011, 669-672.
[4] BGH v. 14.05.1998 - VII ZR 184/97 - juris Rn. 7 - BGHZ 139, 16-20; BGH v. 08.12.2000 - V ZR 484/99 - juris Rn. 18 - NJW-RR 2001, 842-843.

substantiiert darzulegen und zu beweisen.[5] Bei Gefahrübergang müssen die Mängel zumindest im Keim vorliegen.[6] Mängel, die erst später entstehen, stellen deshalb keinen Werkmangel dar. Hierbei muss allerdings darauf geachtet werden, dass es auf den eigentlichen Mangel (also die Mangelursache) und nicht nur auf die Mangelerscheinungen (Mangelsymptome, vgl. die Kommentierung zu § 634 BGB Rn. 11) ankommt. Auch wenn Risse in einem Bauwerk erst nach Abnahme auftreten, liegt z.B. ein Werkmangel vor, wenn diese Risse durch eine – von vornherein, und damit auch bei Abnahme gegebene – unzureichende Gründung verursacht sind. Greifen die werkvertraglichen Sonderregelungen im Ausnahmefall (vgl. die Kommentierung zu § 634 BGB Rn. 97) bereits vor Abnahme ein, ist selbstverständlich dieser Zeitpunkt maßgeblich.

II. Sachmangel (Absatz 2)

§ 633 Abs. 2 Satz 1 BGB liegt der subjektive Fehlerbegriff zugrunde. Für die Annahme eines Werkmangels ist in erster Linie eine zwischen den Parteien getroffene Beschaffenheitsvereinbarung maßgeblich. In zweiter Linie kommt es auf die Eignung zu einem bestimmten Verwendungszweck an (Verwendungseignung). 12

1. Beschaffenheitsvereinbarung

Zwischen dem Begriff „Beschaffenheit" und dem aus dem Altrecht bekannten Begriff der (zusicherungsfähigen) „Eigenschaft" bestehen keine relevanten Unterschiede. Zwar schränkt Absatz 1 den Fehlerbegriff anders als im Altrecht (§ 633 Abs. 1 BGB a.F.) jetzt nicht mehr in der Weise ein, dass der Wert oder die Gebrauchstauglichkeit beeinträchtigt sein müssen. Eine solche Beeinträchtigung war aber auch nach Altrecht nur für den Fehlerbegriff, nicht aber für die Annahme einer zusicherungsfähigen Eigenschaft erforderlich. Deshalb kann zur Definition des Begriffes „Beschaffenheit" darauf zurückgegriffen werden, was von der Rechtsprechung zu dem altrechtlichen Begriff der zusicherungsfähigen Eigenschaft herausgearbeitet wurde. 13

Unter **Beschaffenheit** im Sinne von Absatz 2 sind auf jeden Fall einmal die dem Werk unmittelbar **physisch** auf gewisse Dauer **anhaftenden Merkmale** zu verstehen, die für den Wert, den vertraglich vorausgesetzten Gebrauch oder aus sonstigen Gründen erheblich sind.[7] Eine Erheblichkeit für den Wert oder die Gebrauchstauglichkeit kann also, muss aber nicht vorliegen. 14

Ob zu dem Begriff „Beschaffenheit" auch **Umstände** gehören, die **außerhalb der Sache** selbst liegen, hat der Gesetzgeber bewusst nicht selbst entschieden.[8] Diese Frage hat sich bereits zum Altrecht gestellt, hatte dort aber wegen erheblicher Auswirkungen auf die Verjährung eine weit größere Bedeutung als dies nach der Modernisierung des Schuldrechts jetzt noch der Fall ist. Da zwischen „Eigenschaft" und „Beschaffenheit" nach ihrem Wortsinn keine relevanten Unterschiede bestehen, da sich solche Unterschiede auch nicht bei einer systematischen, historischen oder teleologischen Auslegung zeigen, ist es gerechtfertigt, die zum altrechtlichen Begriff der zusicherungsfähigen Eigenschaft herausgearbeiteten Kriterien auch insoweit zu übernehmen.[9] 15

Demgemäß ist der Begriff der **Beschaffenheit** wie folgt zu **definieren**: Zu der Beschaffenheit eines Werks gehören die ihm auf Dauer anhaftenden physischen Merkmale oder solche tatsächlichen, wirtschaftlichen, sozialen und rechtlichen Beziehungen des Werks zu seiner Umwelt, die für die Brauchbarkeit und den Wert oder aus sonstigen Gründen bedeutsam sind. Diese Beziehungen müssen aber in der Beschaffenheit des Werks selbst ihren Grund haben, ihm selbst unmittelbar innewohnen, von ihm ausgehen; sie dürfen sich nicht erst durch Heranziehung von außerhalb des Werks liegenden Verhältnissen oder Umständen ergeben.[10] 16

---

[5] BGH v. 11.10.2001 - VII ZR 383/99 - juris Rn. 8 - NJW 2002, 223; BGH v. 24.10.1996 - VII ZR 98/94 - juris Rn. 10 - BauR 2997, 129-131; OLG Stuttgart v. 08.12.2010 - 4 U 67/10 - juris Rn. 94 - NJW-RR 2011, 669-672.

[6] BGH v. 24.03.1994 - IX ZR 149/93 - juris Rn. 5 - NJW 1994, 1659-1660.

[7] BGH v. 23.03.1994 - VIII ZR 47/93 - juris Rn. 6 - NJW 1994, 2230-2231; BGH v. 25.05.1983 - VIII ZR 55/82 - juris Rn. 12 - BGHZ 87, 302-309.

[8] BT-Drs. 14/6040, S. 213.

[9] Ebenso *Raab* in: AnwK-Das neue Schuldrecht, § 633 Rn. 11.

[10] BGH v. 08.02.1995 - VIII ZR 8/94 - juris Rn. 9 - NJW 1995, 1547-1549; BGH v. 03.07.1992 - V ZR 97/91 - juris Rn. 13 - NJW 1992, 2564-2566; BGH v. 26.04.1991 - V ZR 165/89 - juris Rn. 10 - BGHZ 114, 263-273; BGH v. 30.03.1990 - V ZR 13/89 - juris Rn. 14 - NJW 1990, 1658-1659; BGH v. 30.10.1987 - V ZR 144/86 - juris Rn. 28 - WM 1988, 48-54; BGH v. 19.12.1980 - V ZR 185/79 - juris Rn. 12 - BGHZ 79, 183-187; BGH v. 18.11.1977 - V ZR 172/76 - juris Rn. 12 - BGHZ 70, 47-52.

17 Welche Beschaffenheit eines Werkes die Parteien vereinbart haben, ergibt sich aus der **Auslegung** des Werkvertrages. Zur vereinbarten Beschaffenheit im Sinne des § 633 Abs. 2 Satz 1 BGB gehören alle Eigenschaften des Werkes, die nach der Vereinbarung der Parteien den vertraglich geschuldeten Erfolg herbeiführen sollen. Der vertraglich geschuldete Erfolg bestimmt sich nicht allein nach der zu seiner Erreichung vereinbarten Leistung oder Ausführungsart, sondern auch danach, welche Funktion das Werk nach dem Willen der Parteien erfüllen soll.[11] Bei **Widersprüchen** oder Unklarheiten in einem Bauvertrag hat sich die Auslegung zunächst an spezielleren Regelungen, etwa in der Leistungsbeschreibung gegenüber etwaigen Plänen zu orientieren.[12]

18 Beschreibt der Unternehmer bei Vertragsschluss die Eigenschaften des herzustellenden Werks in einer bestimmten Weise, so werden, wenn der Besteller vor diesem Hintergrund den Auftrag vergibt, die Erklärungen des Unternehmers ohne weiteres zum Inhalt des Vertrags und damit zum Inhalt einer Beschaffenheitsvereinbarung im Sinne des Satz 1. Eine derartige Beschaffenheitsvereinbarung kann insbesondere auch durch Werbeaussagen des Unternehmers[13] oder aus **Prospektangaben**[14] zustande kommen. Weil der Unternehmer – anders als beim Kaufvertrag – in der Regel selbst Hersteller ist, bestand für eine dem § 434 Abs. 1 Satz 3 BGB vergleichbare Regelung im Werkvertragsrecht kein Bedürfnis. Ob eine und welche Beschaffenheit vereinbart wurde, kann sich auch aus einem Leistungsverzeichnis ergeben.[15]

19 Entspricht das gelieferte Werk nicht der Beschaffenheitsvereinbarung, so liegt auch dann ein Werkmangel vor, wenn der Unternehmer die **anerkannten Regeln der Technik** (vgl. Rn. 28) eingehalten hat oder wenn die tatsächliche Werkausführung wirtschaftlich und technisch besser ist als die vereinbarte.[16]

20 Die Vereinbarung einer Beschaffenheit kann ausdrücklich oder auch konkludent erfolgen. Bei Bestehen eines **Formerfordernisses** muss auch die Beschaffenheitsvereinbarung dieser Form genügen.[17] Das ist insbesondere bei einer vereinbarten Schriftform (§ 127 BGB) oder nach § 311b BGB für den Umfang zu erbringender Bauleistungen beim Ersterwerb neu errichteter Bauwerke von Bedeutung. Unterliegt der Abschluss des Vertrages dieser Form, gilt das grundsätzlich auch für spätere Änderungen.[18] Das ist zu berücksichtigen, wenn der Unternehmer das Bauwerk abweichend von der ursprünglichen Planung errichtet und sich hierfür auf eine Abrede mit dem Bauherrn stützen will, ohne dass der Vertrag eine entsprechende Öffnungsklausel enthält. Bei dem Formerfordernis nach § 311b Abs. 1 BGB ist daran zu denken, dass der Formmangel nach Auflassung und Eintragung im Grundbuch geheilt sein kann (§ 311b Abs. 1 Satz 2 BGB). Fehlt es an der erforderlichen Form, kann der Inhalt der Beschaffenheitsvereinbarung dennoch gemäß § 633 Abs. 2 Satz 2 Nr. 1 BGB als „nach dem Vertrag vorausgesetzt" maßgeblich sein.[19]

21 Geht die Beschaffenheitsvereinbarung der Parteien dahin, dass der Unternehmer verspricht, für alle Folgen des Fehlens der vereinbarten Beschaffenheit (ohne weiteres Verschulden) einzustehen, stellt sich das als Übernahme einer (unselbständigen) **Garantie** dar, die bei dem verschuldensabhängigen Schadensersatzanspruch gemäß § 276 Abs. 1 Satz 1 BGB Bedeutung gewinnt. Eine solche Garantie entspricht der Sache nach der altrechtlichen Eigenschaftszusicherung. Zur Garantie vgl. die Kommentierung zu § 276 BGB und die Kommentierung zu § 639 BGB Rn. 16.

---

[11] BGH v. 08.11.2007 - VII ZR 183/05 - juris Rn. 15 - BGHZ 174, 110; BGH v. 29.09.2011 - VII ZR 87/11 - juris Rn. 11 - NJW 2011, 3780-3782.

[12] BGH v. 05.12.2002 - VII ZR 342/01 - juris Rn. 10 f. - NJW 2003, 743; vgl. auch OLG Oldenburg v. 06.05.2010 - 8 U 190/09 - juris Rn. 40 ff. - BauR 2011, 530-535.

[13] BGH v. 28.04.1992 - X ZR 27/91 - juris Rn. 21 - NJW-RR 1992, 1078-1080.

[14] BGH v. 25.10.2007 - VII ZR 205/06 - juris Rn. 18 - BauR 2008, 351-353.

[15] BGH v. 05.12.2002 - VII ZR 342/01 - juris Rn. 11 - NJW 2003, 743; OLG Düsseldorf v. 04.08.2006 - I-22 U 32/06, 22 U 32/06 - juris Rn. 40 - BauR 2007, 1748; Brandenburgisches Oberlandesgericht v. 13.12.2005 - 11 U 15/05 - juris Rn. 39 - BauR 2007, 1063.

[16] BGH v. 07.03.2002 - VII ZR 1/00 - juris Rn. 28 - NJW 2002, 3543-3545; BGH v. 21.09.2004 - X ZR 244/01 - juris Rn. 13 - BauR 2004, 1941-1943; OLG Karlsruhe v. 14.06.2005 - 17 U 82/04 - OLGR Karlsruhe 2005, 692-695.

[17] OLG Stuttgart v. 14.12.2010 - 10 U 52/10 - juris Rn. 57.

[18] OLG Braunschweig v. 23.11.2006 - 8 U 21/06 - juris Rn. 38 - OLGR Braunschweig 2007, 848.

[19] BGH v. 11.07.1997 - V ZR 246/96 - juris Rn. 8 - NJW 1997, 2874-2875; BGH v. 08.01.2004 - VII ZR 181/02 - juris Rn. 20 - BauR 2004, 847-850; OLG Stuttgart v. 14.12.2010 - 10 U 52/10 - juris Rn. 57.

2. Verwendungseignung

a. Nach dem Vertrag vorausgesetzte Verwendung

Wenn eine Beschaffenheitsvereinbarung insgesamt fehlt oder wenn sie nicht vollständig ist (Absatz 2 Satz 2: „Soweit"), kommt es nach Absatz 2 Satz 2 auf die Eignung für einen bestimmten Verwendungszweck an, nämlich primär für den **nach dem Vertrag vorausgesetzten** Verwendungszweck und beim Fehlen eines solchen für den gewöhnlichen Verwendungszweck. Nach dem Vertrag vorausgesetzt im Sinne des Satzes 2 Nr. 1 ist eine Verwendungseignung demgemäß in denjenigen Fällen, in denen es zu einer Vereinbarung nicht gekommen ist, in denen die Parteien aber vor Vertragsschluss gemeinsame Vorstellungen über eine bestimmte Verwendungseignung hatten[20] oder in denen die Vorstellungen der einen Seite über eine bestimmte Verwendungseignung erkennbar und von der anderen Seite nicht beanstandet wurden.[21]

22

Wenn sich das Werk für einen bestimmten vom Besteller angestrebten Zweck eignen soll, den der Besteller dem Unternehmer bei Vertragsschluss zur Kenntnis gebracht und dem der Unternehmer zugestimmt hat, wird regelmäßig eine Beschaffenheitsvereinbarung im Sinne von Satz 1 anzunehmen sein. Weil die Herstellung eines Werkes durchweg nicht Selbstzweck ist, muss grundsätzlich davon ausgegangen werden, dass eine **Beschaffenheitsvereinbarung** nicht vollständig ist, sondern nach Absatz 2 Satz 2 **ergänzt werden muss**, wenn sie nichts dazu enthält, **zu welcher Verwendung** das Werk geeignet sein muss. Anderes kann allenfalls dann gelten, wenn in der Beschaffenheitsvereinbarung klar und unmissverständlich zum Ausdruck gebracht wird, dass es auf eine Verwendungseignung nicht ankommen soll.

23

Dabei muss sich der Unternehmer die **Kenntnis** einer von ihm eingeschalteten **Hilfsperson** entsprechend § 166 BGB zurechnen lassen. Eine solche Hilfsperson kann etwa der von dem Bauträger eingeschaltete Makler sein, wenn dieser seine Tätigkeit nicht auf das für die Durchführung seines Auftrages Notwendige beschränkt, sondern als Verhandlungsführer oder -gehilfe tätig wird. Die Selbständigkeit eines Maklers steht dessen Einordnung als Erfüllungsgehilfe nicht grundsätzlich entgegen. Nichts anderes gilt für einen von diesem Makler eingeschalteten **Untervermittler**, wenn der Unternehmer mit dessen Einschaltung rechnen musste oder gar von ihr gewusst hat. Hier gelten die zur vorvertraglichen Pflichtverletzung entwickelten Grundsätze (vgl. die Kommentierung zu § 311 BGB) entsprechend.[22]

24

Eine Beeinträchtigung des nach dem Vertrag vorausgesetzten Gebrauchs und damit ein **Werkmangel** liegt u.a. dann vor, wenn die mit der vertraglich geschuldeten Ausführung **erreichbaren technischen Eigenschaften**, die für die Funktion des Werkes von Bedeutung sind, durch die vertragswidrige Ausführung nicht erreicht werden und damit die Funktion des Werkes gemindert ist.[23] Die Werkleistung des Unternehmers muss dauerhaft mangelfrei und funktionstauglich sein.[24] Begründet eine vertragswidrige Ausführung des Werks das Risiko, dass dieses im Vergleich zu dem vertraglich geschuldeten Werk eine **geringere Haltbarkeit** und Nutzungsdauer hat und dass **erhöhte Betriebs- oder Instandsetzungskosten** erforderlich werden, ist der nach dem Vertrag vorausgesetzte Gebrauch gemindert.[25] Ließe sich mit der vereinbarten Ausführungsweise eine Nutzlastreserve erreichen, die es dem Besteller ermöglichen würde, während der Lebensdauer des Objektes, die **Nutzung zu ändern**, ist bei einer davon abweichenden Ausführung mit geringerer Nutzlast der nach dem Vertrag vorausgesetzte Gebrauch rechtlich erheblich gemindert. Unerheblich sind insoweit etwaige Vorstellungen des Bestellers, wie er in Zukunft das Werk nutzen könnte, und die Tatsache, dass die gegebene Ausführung für nach dem derzeitigen Erkenntnisstand denkbare Lastfälle ausreicht.[26] Ist eine Werkleistung für die **beabsichtigte Verwendung** nicht oder nicht vollständig tauglich, ist sie auch dann fehlerhaft, wenn die anerkannten

25

---

[20] BGH v. 02.11.1995 - X ZR 81/93 - NJW-RR 1996, 789-792.
[21] BGH v. 09.07.2002 - X ZR 242/99 - juris Rn. 11 - NJW-RR 2002, 1533-1535; BGH v. 11.07.1997 - V ZR 246/96 - juris Rn. 8 - NJW 1997, 2874-2875; BGH v. 02.07.1996 - X ZR 2/95 - juris Rn. 19 - NJW-RR 1996, 1396-1398.
[22] BGH v. 08.01.2004 - VII ZR 181/02 - juris Rn. 22 - BauR 2004, 847-850.
[23] BGH v. 09.01.2003 - VII ZR 181/00 - juris Rn. 15 - BGHZ 153, 279-285.
[24] OLG Nürnberg v. 15.12.2005 - 13 U 1911/05 - juris Rn. 64 - BauR 2007, 413.
[25] BGH v. 09.01.2003 - VII ZR 181/00 - juris Rn. 17 - BGHZ 153, 279-285.
[26] BGH v. 09.01.2003 - VII ZR 181/00 - juris Rn. 19 - BGHZ 153, 279-285.

§ 633

Regeln der Technik eingehalten worden sind[27] (vgl. unten bei untaugliche Ausführungsart, Rn. 34). Muss ein Auftragnehmer erkennen, dass die von ihm vertragsgemäß errichtete Bodenplatte wegen einer Bauzeitverzögerung im Winter der Gefahr von Rissbildung ausgesetzt sein wird, kann er verpflichtet sein, den Auftraggeber entsprechend zu informieren. Kommt er dieser Pflicht nicht nach, löst das keine Gewährleistungsansprüche, sondern Schadensersatzansprüche wegen Verletzung einer **Aufklärungspflicht** aus. Allein eine solche begründet die Mängelhaftung nicht.[28]

b. Gewöhnliche Verwendung

26 Fehlt es an einer Beschaffenheitsvereinbarung und ist auch ein bestimmter Verwendungszweck nicht nach dem Vertrag vorausgesetzt, muss sich das Werk nach Absatz 2 Satz 2 Nr. 2 für die gewöhnliche Verwendung eignen und eine Beschaffenheit aufweisen, die bei Werken der gleichen Art üblich ist und die der Besteller nach der Art des Werkes erwarten kann. Soweit das Gesetz hier auf die Beschaffenheit gleichartiger Werke und die berechtigte Erwartung des Bestellers abstellt, handelt es sich um **keine zusätzlichen Voraussetzungen**, sondern lediglich um Erläuterungen dessen, was unter der Eignung für den gewöhnlichen Gebrauch zu verstehen ist.[29] Was in diesem Sinne „erwartet" werden kann, richtet sich danach, wie ein **durchschnittlicher „vernünftiger" Besteller** die Äußerungen des Unternehmers in Bezug auf das Vorhandensein konkreter Eigenschaften auffassen durfte. Der Vergleichsmaßstab sind „Werke der gleichen Art". Es kommt demgemäß darauf an, welche Eigenschaften der durchschnittliche Besteller anhand der „Art des Werks" erwarten kann.

27 Zur Verwendungseignung eines Werks zählt auch der **merkantile Wert bzw. Minderwert.**[30] Dabei ist unter merkantilem Minderwert die Minderung des Verkaufswerts einer Werkleistung zu verstehen, die trotz völliger und ordnungsgemäßer Instandsetzung deshalb verbleibt, weil bei einem großen Teil des Publikums vor allem wegen des Verdachts verborgen gebliebener Schäden eine den Preis beeinflussende Abneigung gegen den Erwerb besteht.[31]

3. Anerkannte Regeln der Technik (insbes. DIN-Normen), untaugliche Ausführungsart, Hinweis- und Prüfungspflicht

28 Haben die Parteien keine abweichende Vereinbarung getroffen, darf der Besteller erwarten, dass das Werk zum Zeitpunkt der Fertigstellung und Abnahme diejenigen Qualitäts- und Komfortstandards erfüllt, die auch vergleichbare andere zeitgleich fertiggestellte und abgenommene Bauwerke erfüllen. Der Unternehmer **garantiert** üblicherweise **stillschweigend** bei Vertragsschluss die Einhaltung dieses Standards.[32] Das Werk muss deshalb im Allgemeinen dem Stand der **anerkannten Regeln der Technik**[33] zur Zeit der Abnahme entsprechen[33]. In solchen Fällen stellt bereits allein die Abweichung von den

---

[27] BGH v. 08.11.2007 - VII ZR 183/05 - juris Rn. 15 - BGHZ 174, 110; BGH v. 29.09.2011 - VII ZR 87/11 - juris Rn. 11 - NJW 2011, 3780-3782; BGH v. 15.10.2002 - X ZR 69/01 - juris Rn. 22 - NJW 2003, 200-202; BGH v. 09.07.2002 - X ZR 242/99 - juris Rn. 11 - NJW-RR 2002, 1533-1535; BGH v. 11.11.1999 - VII ZR 403/98 - juris Rn. 20 - BauR 2000, 411-413; BGH v. 16.07.1998 - VII ZR 350/96 - juris Rn. 19 - BGHZ 139, 244-249; BGH v. 17.12.1996 - X ZR 76/94 - juris Rn. 26 - NJW-RR 1997, 688-689; BGH v. 19.01.1995 - VII ZR 131/93 - juris Rn. 10 - BauR 1995, 230-231; BGH v. 17.05.1984 - VII ZR 169/82 - juris Rn. 25 - BGHZ 91, 206-217; BGH v. 26.09.1995 - X ZR 46/93 - juris Rn. 33 - NJW-RR 1996, 340-341; BGH v. 06.05.1985 - VII ZR 304/83 - juris Rn. 11 - WM 1985, 1077. Str. – vgl. *Rocke*, DAR 2004, 705.
[28] BGH v. 19.05.2011 - VII ZR 24/08 - juris Rn. 21 - BauR 2011, 1494-1498; BGH v. 08.11.2007 - VII ZR 183/05 - juris Rn. 22, 35 - BGHZ 174, 110-126.
[29] *Raab* in: AnwK-Das neue Schuldrecht, § 633 Rn. 17; *Haas*, BB 2001, 1313-1321, 1314.
[30] BGH v. 14.01.1971 - VII ZR 3/69 - BGHZ 55, 198-200; BGH v. 19.09.1985 - VII ZR 158/84 - juris Rn. 11 - NJW 1986, 428-429; BGH v. 15.12.1994 - VII ZR 246/93 - juris Rn. 9 - NJW-RR 1995, 591-592; OLG Düsseldorf v. 13.11.2000 - 9 U 93/00 - juris Rn. 8 - NJW-RR 2001, 523-524.
[31] BGH v. 19.09.1985 - VII ZR 158/84 - juris Rn. 11 - NJW 1986, 428-429; BGH v. 09.01.2003 - VII ZR 181/00 - juris Rn. 23 - BGHZ 153, 279-285; BGH v. 11.07.1991 - VII ZR 301/90 - juris Rn. 9 - NJW-RR 1991,1429-1430.
[32] BGH v. 14.05.1998 - VII ZR 184/97 - juris Rn. 7 ff. - BGHZ 139, 16-20; BGH v. 19.01.1995 - VII ZR 131/93 - juris Rn. 15 - BauR 1995, 230-231; BGH v. 09.07.1981 - VII ZR 40/80 - juris Rn. 30 - BauR 1981, 577-581.
[33] BGH v. 14.05.1998 - VII ZR 184/97 - juris Rn. 11 - BGHZ 139, 16-20; OLG Nürnberg v. 23.09.2010 - 13 U 194/08 - juris Rn. 53 - NJW-RR 2011, 100-106.

anerkannten Regeln der Technik regelmäßig einen Mangel dar.[34] Auch über die anerkannten Regeln der Technik hinausgehende **Herstellervorgaben** muss der Unternehmer jedenfalls dann beachten, wenn diese sicherheitsrelevant sind.[35]

Allgemein anerkannte Regeln der Bautechnik stellen die Summe der im Bauwesen anerkannten wissenschaftlichen, technischen und handwerklichen Erfahrungen dar, die durchweg bekannt und als richtig und notwendig anerkannt sind. Es ist damit also stets eine echte Anerkennung in der Theorie und Praxis erforderlich, und zwar abgestellt auf den jeweiligen Einzelfall. Die allgemein anerkannte Regel der Technik muss in der Wissenschaft anerkannt und damit theoretisch richtig sein; sie muss ausnahmslos wissenschaftlichen Erkenntnissen entsprechen und sich in der Praxis restlos durchgesetzt haben. Es ist nicht erforderlich, dass diese schriftlich niedergelegt ist. Allgemein anerkannte Regeln der Bautechnik enthalten u.a. die DIN-Normen; sie sind aber nicht hierauf beschränkt. DIN-Normen können die allgemein anerkannten Regeln der Technik widerspiegeln. Sie können aber auch hinter ihnen zurückbleiben, was insbesondere im Schallschutz der Fall sein kann. Dazu hat der BGH festgestellt, dass die derzeit gültige DIN 4109 nicht den Mindestanforderungen an den Schallschutz widerspiegelt, den der Erwerber einer Wohnung oder Doppelhaushälfte als üblichen Qualitäts- und Komfortstandard erwarten darf.[36] Baut der Unternehmer gleichwohl nach der DIN 4109, missachtet er die anerkannten Regeln der Technik und seine Werkleistung ist mangelhaft, es sei denn, er hat über die Nichteinhaltung der anerkannten Regeln der Technik deutlich aufgeklärt; dafür reicht jedoch der schlichte Hinweis in der Leistungsbeschreibung auf „Schalldämmung nach DIN 4109" nicht aus.[37] Allerdings ist anerkannt, dass DIN-Normen die Vermutung für sich haben, die allgemein anerkannten Regeln der Technik wiederzugeben. Diese Vermutung bedeutet eine echte Beweislaständerung mit der Folge, dass derjenige, der eine DIN-Norm zu Fall bringen will, beweispflichtig ist. Da sich die allgemein anerkannten Regeln der Technik ändern können, müssen sich die bauausführenden Kreise jeweils über die fortlaufenden Entwicklungen informieren. Ein DIN-Entwurf (Gelbdruck) signalisiert in der Regel, dass Vorsicht hinsichtlich der DIN-Normen geboten ist. Wer neue, vom Stand der Technik abweichende Wege beschreitet, muss als Fachunternehmer prüfen, dass er den gestellten Anforderungen gerecht wird, und den Auftraggeber grundsätzlich aufklären. Ob eine allgemein anerkannte Regel der Bautechnik verletzt ist, kann im Zweifelsfall nur durch Einholung eines Sachverständigengutachtens geklärt werden.[38]

29

Eine nicht dem Stand der **anerkannten Regeln der Technik** zur Zeit der Abnahme entsprechende Werkleistung stellt sich auch dann als Werkmangel dar, wenn die vom Unternehmer gewählte Ausführung des Werkes lediglich ein Schadensrisiko in sich birgt. Der Besteller **muss nicht warten, bis sich ein Schaden zeigt**.[39] Soweit mit einem Verstoß gegen die anerkannten Regeln der Technik ein tatsächlich nachweisbares Risiko nicht verbunden ist, mithin irgendwelche Gebrauchsnachteile auch langfristig nicht erkennbar sind, soll kein Mangel vorliegen.[40] Das kann aber allenfalls dann gelten, wenn insoweit auch kein merkantiler Minderwert verbleibt. Vgl. in diesem Zusammenhang insbesondere auch Rn. 24. Ein Verstoß nur gegen Herstellervorschriften bei der Verarbeitung eines Produkts begründet keinen Werkmangel, wenn kein anderer gegenwärtiger Sachmangel und auch kein Zukunftsrisiko erkennbar sind.[41] Weil mit der Verwendung **neuer Baustoffe** wegen ihrer fehlenden Bewährung in der Praxis grundsätzlich ein Risiko verbunden ist, ist deren Verwendung ohne Einverständnis des Bestellers grundsätzlich fehlerhaft.[42] Zu Aufklärungspflichten des Unternehmers in diesen Fällen vgl. Rn. 33.

30

---

[34] BGH v. 09.07.1981 - VII ZR 40/80 - juris Rn. 30 - LM Nr. 19 zu § 320 BGB; OLG Koblenz v. 16.05.2001 - 7 U 392/00 - juris Rn. 13 - OLGR Koblenz 2001, 336-338; OLG Hamm v. 08.03.2012 - I-24 U 148/10, 24 U 148/10 - juris Rn. 28 - BauR 2012, 1109- 1113: nicht handwerksgerechtes Gewerk.
[35] BGH v. 23.07.2009 - VII ZR 164/08 - juris Rn. 11 - BauR 2009, 1589-1591.
[36] BGH v. 14.06.2007 - VII ZR 45/06 - juris Rn. 32 - BGHZ 172, 346-360.
[37] BGH v. 04.06.2009 - VII ZR 54/07 - juris Rn. 12-15 - BGHZ 181, 225-233.
[38] Brandenburgisches Oberlandesgericht v. 14.06.2006 - 13 U 18/04 - juris Rn. 44 - BauR 2008, 567.
[39] BGH v. 09.07.1981 - VII ZR 40/80 - juris Rn. 30 - BauR 1981, 577-581; OLG Celle v. 06.05.1999 - 14 U 163/98 - juris Rn. 32 - IBR 2001, 170 ; OLG Köln v. 30.04.2003 - 13 U 207/01 - IBR 2003, 615.
[40] OLG Nürnberg v. 25.07.2002 - 13 U 979/02 - NJW-RR 2002, 1538; OLG Koblenz v. 28.10.2005 - 10 U 382/05 - juris Rn. 40 - IBR 2007, 21.
[41] OLG Köln v. 20.07.2005 - 11 U 96/04 - OLGR Köln 2005, 559-560.
[42] OLG Koblenz v. 16.05.2001 - 7 U 392/00 - juris Rn. 15 - OLGR Koblenz 2001, 336-338.

§ 633

31 Die allgemeinen Regeln der Technik werden nicht allein durch **DIN-Normen** festgelegt. Die DIN-Normen sind keine Rechtsnormen, sondern private technische Regelungen mit Empfehlungscharakter.[43] Sie können zum Zeitpunkt ihres Inkrafttretens noch weiter gehen als die allgemeinen Regeln der Technik[44], werden danach aber nicht selten durch den neuesten Stand der Technik überholt sein[45].

32 Den Parteien bleibt es unbenommen, eine Beschaffenheit zu **vereinbaren**, die **nicht den anerkannten Regeln der Technik**[46] oder öffentlich-rechtlichen Vorschriften[47] **entspricht** (zur Beschaffenheitsvereinbarung vgl. auch Rn. 19). Eine derartige Beschaffenheitsvereinbarung kann jedoch nicht ohne weiteres angenommen werden. Sie muss entweder ausdrücklich erfolgt sein oder es muss aufgrund gewichtiger für die Auslegung relevanter Umstände feststehen, dass die Parteien eine entsprechende vertragliche Vereinbarung konkludent oder stillschweigend getroffen haben. Die **Vereinbarung einer bestimmten Ausführungsart**, die den anerkannten Regeln der Technik nicht genügt oder bei der es sich um eine neue und weitgehend unerprobte Technik handelt, reicht allein für eine derartige Auslegung nicht aus (zur Vereinbarung einer untauglichen Ausführungsart vgl. Rn. 34).[48] Eine Zustimmung des Bauherrn zur mustergemäßen Ausführung ist nach Treu und Glauben nur als unter der Voraussetzung erteilt zu verstehen, dass die Ausführung gemäß Muster technisch in Ordnung ist. Der Auftraggeber verzichtet durch die Zustimmung zum Muster nicht auf die Gebrauchstauglichkeit des bemusterten Bauteils.[49]

33 Bei Vereinbarung einer von den allgemeinen Regeln der Technik abweichenden Beschaffenheit treffen den Unternehmer in besonderem Maße **Prüf-, Aufklärungs- und Hinweispflichten**.[50] Eine solche Aufklärungs- und Hinweispflicht besteht auch dann, wenn der Unternehmer aufgrund seines vorauszusetzenden Fachwissens erkennen kann, dass das in Auftrag gegebene Werk die vom Besteller vorgesehenen Aufgaben nicht erfüllen kann.[51] Macht der Besteller **verbindliche Vorgaben** oder stellt er dem Unternehmer Stoffe, Bauteile oder **Vorleistungen** anderer Unternehmer zur Verfügung, auf die der Mangel dann zurückzuführen ist, haftet der zur Herstellung eines funktionstauglichen Gewerkes verpflichtete Unternehmer (vgl. auch Rn. 25 und Rn. 34) für die fehlende Funktionstauglichkeit des Werkes bzw. den Sachmangel nicht, wenn er im Hinblick auf die Unzulänglichkeiten der Vorgaben oder Vorleistungen seine **Prüf- und Hinweispflicht** erfüllt hat, der Besteller aber gleichwohl auf der untauglichen Ausführung besteht[52] (zu Inhalt und Umfang der Prüf- und Hinweispflicht vgl. Rn. 38). Um seiner Aufklärungs- und Hinweispflicht nachzukommen, reicht es nicht aus, lediglich auf die Abweichung von den anerkannten Regeln der Technik hinzuweisen.[53] Der Unternehmer muss vielmehr auch die Folgen einer solchen Abweichung für die Verwendbarkeit und den Wert des Werkes konkret aufzeigen. Es reicht deshalb z.B. nicht aus, wenn der Unternehmer darauf hinweist, dass bei sach- und fachgerechter Ausführung „eigentlich" eine Drainage eingebaut werden müsste. Der Unternehmer muss in einem solchem Fall dem Besteller vielmehr auch verständlich machen, dass trotz Horizontal- und Vertikalsperre beim Fehlen der Drainage eine Durchfeuchtung des Bauwerks eintreten kann. Im Gegenzug muss der Besteller nicht nur für die Richtigkeit seiner dem Vertragsschluss zugrunde gelegten Vorgaben einstehen. Der Besteller hat den Unternehmer vielmehr auch über Umstände zu unter-

---

[43] BGH v. 14.05.1998 - VII ZR 184/97 - juris Rn. 14 - BGHZ 139, 16-20.
[44] BGH v. 06.06.1991 - I ZR 234/89 - juris Rn. 38 - NJW-RR 1991, 1445-1447.
[45] BGH v. 14.05.1998 - VII ZR 184/97 - juris Rn. 16 - BGHZ 139, 16-20; BGH v. 20.03.1986 - VII ZR 81/85 - juris Rn. 13 - NJW-RR 1986, 755-756; BGH v. 19.01.1995 - VII ZR 131/93 - juris Rn. 15 - BauR 1995, 230-231.
[46] OLG Koblenz v. 02.10.2006 - 12 U 1056/05 - juris Rn. 20 - BTR 2007, 134.
[47] OLG Dresden v. 19.06.2002 - 18 U 2985/01 - juris Rn. 12 - NJW-RR 2002, 1314-1315.
[48] BGH v. 16.07.1998 - VII ZR 350/96 - juris Rn. 24 - BGHZ 139, 244-249; BGH v. 17.05.1984 - VII ZR 169/82 - juris Rn. 27 - BGHZ 91, 206-217.
[49] OLG Frankfurt v. 19.01.2005 - 1 U 82/00 - juris Rn. 28 - OLGR Frankfurt 2005, 429-432.
[50] BGH v. 02.07.1996 - X ZR 2/95 - juris Rn. 20 - NJW-RR 1996, 1396-1398; BGH v. 24.09.1992 - VII ZR 213/91 - juris Rn. 9 - NJW-RR 1993, 26-27; BGH v. 25.11.1986 - X ZR 38/85 - juris Rn. 23 - NJW-RR 1987, 664-665; OLG Koblenz v. 02.10.2006 - 12 U 1056/05 - juris Rn. 20 - BTR 2007, 134.
[51] BGH v. 02.11.1995 - X ZR 81/93 - NJW-RR 1996, 789-792; OLG Saarbrücken v. 19.10.2004 - 4 U 146/04, 4 U 146/04 - 28 - OLGR Saarbrücken 2005, 190-193 m.w.N.
[52] BGH v. 08.11.2007 - VII ZR 183/05 - juris Rn. 29 - BGHZ 174, 110; BGH v. 10.02.2011 - VII ZR 8/10 - juris Rn. 33 - BauR 2011, 869-876; BGH v, 29.09.2011 - VII ZR 87/11 - juris Rn. 14 - NJW 2011, 3780-3782.
[53] Grdl. zum Umfang der Prüf- und Hinweispflicht: BGH v. 08.11.2007 - VII ZR 183/05 - juris Rn. 21 ff. - BGHZ 174, 110.

richten, aus denen Gefahren für das Gelingen des Werks hervorgehen können.[54] Solche gegenseitigen Aufklärungsverpflichtungen bestehen insbesondere dann, wenn es um die Erstellung einer komplexen technischen Anlage geht.

Allein aus der Vereinbarung einer bestimmten Ausführungsart kann nicht der Schluss gezogen werden, dass die gewöhnliche oder die nach dem Vertrag vorausgesetzte oder gar die vereinbarte Verwendungseignung nicht erreicht werden müsse.[55] Im Rahmen der getroffenen Beschaffenheitsvereinbarung bzw. im Rahmen der maßgeblichen Verwendungseignung **schuldet der Unternehmer ein funktionstaugliches und zweckentsprechendes Werk**.[56] An dieser Erfolgshaftung **ändert** sich grundsätzlich **nichts, wenn** die Parteien eine **untaugliche Ausführungsart vereinbart** haben, mit der die geschuldete Funktionstauglichkeit des Werkes nicht erreicht werden kann. Ist die Funktionstauglichkeit mit der vertraglich vereinbarten Ausführungsart nicht zu erreichen, dann schuldet der Unternehmer die vereinbarte Funktionstauglichkeit. Entspricht die Werkleistung nicht diesen Anforderungen, so ist sie auch dann fehlerhaft, wenn die anerkannten Regeln der Technik oder öffentlich-rechtliche Bauvorschriften[57] oder Herstellerrichtlinien[58] eingehalten worden sind. Ausschlaggebend ist allein, dass der Leistungsmangel zwangsläufig den angestrebten Erfolg beeinträchtigt.[59] Zu Auswirkungen einer vereinbarten untauglichen Ausführungsart auf die Werkmängelrechte des Bestellers vgl. die Kommentierung zu § 634 BGB Rn. 57, die Kommentierung zu § 635 BGB Rn. 11 und die Kommentierung zu § 637 BGB Rn. 19.

4. Falschlieferung, Zuweniglieferung

Absatz 2 Satz 3 stellt die Falschlieferung und die Zuweniglieferung ausdrücklich einem Sachmangel gleich. Auf die im Altrecht bedeutsame Unterscheidung zwischen mangelhafter Lieferung auf der einen Seite und Aliud-Lieferung oder Zuweniglieferung auf der anderen Seite kommt es demgemäß jetzt nicht mehr an.

Eine Zuweniglieferung im vorgenannten Sinn liegt vor, wenn der Unternehmer die Leistung als vorgeblich vollständige Erfüllung seiner Pflicht erbringt. Für den Besteller muss erkennbar dieser **Zusammenhang zwischen Leistung und Verpflichtung** bestehen. Erbringt der Unternehmer die in Rede stehende Leistung nur als Teilleistung (§ 266 BGB), betrachtet er also selbst seine Leistung noch nicht als vollständig, sondern nur als zum Teil erbracht, dann liegt kein Werkmangel vor. Dann steht vielmehr noch eine Erfüllung der Leistungspflicht des Unternehmers aus, weshalb der Werklohn grundsätzlich noch nicht fällig ist und die Regelungen des allgemeinen Leistungsstörungsrechts unmittelbar anwendbar sind.[60]

Für die **Aliud-Lieferung** gilt Gleiches. Zur Annahme eines Werkmangels muss der Unternehmer gerade auf die in Rede stehende Verbindlichkeit und nicht etwa auf eine andere Schuld geleistet haben.

5. Sonstige Nebenpflichten des Unternehmers

Die in § 4 Nr. 3 VOB/B ausdrücklich geregelte **Hinweis- und Prüfungspflicht** ist eine Konkretisierung des allgemeinen Grundsatzes von Treu und Glauben, die über den Anwendungsbereich der VOB B hinaus auch für den BGB-Bauvertrag gilt.[61] Der Rahmen der Prüfungs- und Hinweispflicht und ihre Grenzen ergeben sich aus dem Grundsatz der Zumutbarkeit, wie sie sich nach den besonderen Um-

---

[54] BGH v. 25.11.1986 - X ZR 38/85 - juris Rn. 23 - NJW-RR 1987, 664-665.
[55] BGH v. 16.07.1998 - VII ZR 350/96 - juris Rn. 23 - BGHZ 139, 244-249.
[56] BGH v. 08.11.2007 - VII ZR 183/05 - juris Rn. 15 - BGHZ 174, 110; BGH v. 29.09.2011 - VII ZR 87/11 - juris Rn. 11 - NJW 2011, 3780-3782; BGH v. 09.07.2002 - X ZR 154/00 - juris Rn. 28 - IBR 2002, 537; BGH v. 26.09.1995 - X ZR 46/93 - juris Rn. 33 - NJW-RR 1996, 340-341.
[57] OLG München v. 22.05.2007 - 9 U 3081/06 - juris Rn. 12 - BauR 2008, 373.
[58] Vgl. BGH v. 21.04.2011 - VII ZR 130/10 - juris Rn. 17 ff. - NJW-RR 2011, 1240-1242.
[59] BGH v. 08.11.2007 - VII ZR 183/05 - juris Rn 15 - BGHZ 174, 110; BGH v. 15.10.2002 - X ZR 69/01 - juris Rn. 22 - NJW 2003, 200-202; BGH v. 11.11.1999 - VII ZR 403/98 - juris Rn. 20 - BauR 2000, 411-413; BGH v. 16.07.1998 - VII ZR 350/96 - juris Rn. 19 - BGHZ 139, 244-249; BGH v. 17.12.1996 - X ZR 76/94 - juris Rn. 26 - NJW-RR 1997, 688-689; BGH v. 19.01.1995 - VII ZR 131/93 - juris Rn. 10 - BauR 1995, 230-231; BGH v. 17.05.1984 - VII ZR 169/82 - juris Rn. 25 - BGHZ 91, 206-217; BGH v. 26.09.1995 - X ZR 46/93 - juris Rn. 33 - NJW-RR 1996, 340-341; BGH v. 06.05.1985 - VII ZR 304/83 - juris Rn. 11 - WM 1985, 1077; str. – vgl. *Rocke*, DAR 2004, 705.
[60] Im Einzelnen: *Windel*, Jura 2003, 793-798 - Mankoleistungen im modernisierten Schuldrecht.
[61] BGH v. 08.11.2007 - VII ZR 183/05 - juris Rn. 22 - BGHZ 174, 110.

ständen des Einzelfalls darstellt.[62] Jeder Werkunternehmer, der seine Arbeit in engem Zusammenhang mit der Vorarbeit eines andern oder überhaupt aufgrund dessen Planungen auszuführen hat, muss deshalb **eigenverantwortlich** in zumutbarem Umfang prüfen und gegebenenfalls auch geeignete Erkundigungen einziehen, ob diese **Vorarbeiten**, Stoffe oder Bauteile eine geeignete Grundlage für sein Werk bieten und keine Eigenschaften besitzen, die den Erfolg seiner Arbeit infrage stellen können.[63] Der Unternehmer muss also prüfen, ob die Vorleistung eine geeignete Grundlage für die eigene Folgeleistung bildet. Insoweit muss eine zweckgerichtete Verbindung zwischen beiden Leistungen bestehen. Eine darüber hinausgehende Untersuchung der Vorleistung muss er nicht vornehmen. Auch wenn der Unternehmer den Besteller darauf hingewiesen hat, dass er seine Leistung nur dann ordnungsgemäß erbringen kann, wenn bestimmte Voraussetzungen vorliegen, muss er sich grundsätzlich vor Ausführung seines Werkes vergewissern, ob der Besteller diese Voraussetzungen geschaffen hat.[64] Regelmäßig kann er sich auch nicht allein deshalb darauf verlassen, dass diese Voraussetzungen vorliegen, weil er sie mit dem Vorunternehmer besprochen hat, sondern er muss dies im Rahmen des ihm Zumutbaren selbständig prüfen.[65] Reagiert der Architekt oder Statiker auf Hinweise des Unternehmers uneinsichtig, müssen die Bedenken sein gegenüber dem Bauherrn selbst geäußert werden.[66] Kommt der Unternehmer seiner **Prüfungs- und Hinweispflicht** nicht nach und wird dadurch das Gesamtwerk beeinträchtigt, so ist seine Werkleistung mangelhaft.[67] Selbst dann, wenn der Unternehmer seine Werkleistung fachgerecht und vertragsgemäß erbracht hat, kann eine Hinweispflicht gegenüber seinem Auftraggeber dahin bestehen, dass er diesen über die für ihn als Fachmann erkennbare Gefahr hinweist, die von den Besonderheiten der Werkleistung ausgehen kann.[68] Für die Einhaltung der ihn treffenden Prüfungs- und Hinweispflicht ist der Unternehmer **beweisbelastet**.[69]

III. Rechtsmangel (Absatz 3)

39 Rechtsmängel spielen beim Werkvertrag eine geringere Rolle als beim Kaufvertrag, insbesondere wenn der Werklieferungsvertrag außer Betracht gelassen wird. Aber auch beim Werkvertrag im engeren Sinne kommen Rechtsmängel vor, vor allem im Bereich des Urheberrechts und des gewerblichen Rechtsschutzes.[70] Auch öffentlich-rechtliche Beschränkungen können nach allgemeiner Ansicht einen Rechtsmangel darstellen.[71] Beeinträchtigen sie die Gebrauchstauglichkeit des Werkes, liegt jedoch grundsätzlich kein Rechtsmangel, sondern ein Sachmangel vor, wie etwa im Fall des Fehlens einer versprochenen Baugenehmigung für das errichtete Werk.[72]

40 Gemäß § 633 Abs. 3 BGB werden Rechtsmängel den Sachmängeln auf der Rechtsfolgenseite gleichgestellt. Der Begriff des Rechtsmangels wird **ausschließlich objektiv** verstanden. Auf Vereinbarungen über einen Verwendungszweck kommt es für den Rechtsmangel anders als beim Sachmangel nicht an.

---

[62] BGH v. 30.06.2011 - VII ZR 109/10 - juris Rn. 11 - BauR 2011, 1652-1654; BGH v. 08.11.2007 - VII ZR 183/05 - juris Rn 24 - BGHZ 174, 110; BGH v. 23.10.1986 - VII ZR 48/85 - ZfBR 1987, 32; OLG Oldenburg (Oldenburg) v. 05.09.2002 -8 U 53/02 - OLGR Oldenburg 2004, 6-8.
[63] BGH v. 30.06.2011 - VII ZR 109/10 - juris Rn. 12 ff. - BauR 2011, 1652-1654; BGH v. 23.10.1986 - VII ZR 48/85 - juris Rn. 8 - NJW 1987, 643-644; OLG Celle v. 12.12.2001 - 7 U 217/00 - juris Rn. 11 - NJW-RR 2002, 594; OLG Koblenz v. 15.07.2004 - 5 U 173/04 - VersR 2005, 1699.
[64] BGH v. 14.09.1999 - X ZR 89/97 - ZfBR 2000, 42.
[65] BGH v. 08.11.2007 - VII ZR 183/05 - juris Rn 24 - BGHZ 174, 110.
[66] BGH v. 19.01.1989 - VII ZR 87/88 - juris Rn. 13 - NJW-RR 1989, 721-722; BGH v. 29.09.1977 - VII ZR 134/75 - juris Rn. 29 - BauR 1978, 54; BGH v. 10.11.1977 - VII ZR 252/75 - juris Rn. 43 - BauR 1978, 139-143.
[67] BGH v. 08.05.2003 - VII ZR 205/02 - juris Rn. 16 - NJW-RR 2003, 1238; BGH v. 08.07.1982 - VII ZR 314/81 - juris Rn. 12 - BauR 1983, 70-73.
[68] BGH v. 21.01.2003 - X ZR 102/01 - juris Rn. 8 - BGHReport 2003, 1053-1054.
[69] BGH v. 08.11.2007 - VII ZR 183/05 - juris Rn. 26 - BGHZ 174, 110; BGH v. 29.09.2011 - VII ZR 87/11 - juris Rn. 14 - NJW 2011, 3780-3782; OLG Frankfurt v. 27.04.2007 - 19 U 47/06 - juris Rn. 20.
[70] Urheberrechtsverletzung z.B. durch Architektenleistung oder Werbemaßnahmen; vgl. BGH v. 13.05.2003 - X ZR 200/01 - NJW-RR 2003, 1285.
[71] BGH v. 09.07.1976 - V ZR 256/75 - juris Rn. 14 - BGHZ 67, 134-137.
[72] BGH v. 21.12.2000 - VII ZR 17/99 - juris Rn. 32 - NJW 2001, 1642-1644; BGH v. 24.11.1988 - VII ZR 222/87 - juris Rn. 22 - BauR 1989, 219-222; OLG Brandenburg v. 21.09.2011 - 4 U 9/11 - juris Rn. 76 ff.: Mangel, wenn errichtete Windenergieanlagen nach der Inbetriebnahme nicht über eine dauerhafte, durch öffentlich-rechtliche Genehmigungen gesicherte Zuwegung verfügt, die es ermöglicht, erforderliche Wartungs- und Reparaturarbeiten für den Betrieb der Anlage durchzuführen.

Ein Recht, das ein Dritter hinsichtlich der Sache gegen den Besteller geltend machen kann, stellt **auch** dann einen Rechtsmangel dar, wenn es den Besteller bei der von ihm konkret vorgesehenen Verwendung der Sache **nicht oder nur unerheblich beeinträchtigen** kann.

Weil Absatz 3 darauf abstellt, ob Dritte ein Recht geltend machen „können", reicht es nicht aus, dass ein Dritter ein Recht beansprucht. Ein Rechtsmangel liegt grundsätzlich **nur** dann vor, **wenn ein Recht eines Dritten wirklich besteht**. Etwas anderes kann dann gelten, wenn zwischen den Parteien vereinbart wurde oder sich durch Auslegung des Werkvertrags ergibt, dass der Unternehmer dafür einsteht, der Dritte werde keine Rechte **geltend** machen. Dann hat der Unternehmer auch solche Ansprüche abzuwehren, deren sich ein Dritter berühmt, auch wenn sie tatsächlich nicht bestehen. Kein (Rechts-)Mangel ergibt sich daraus, wenn der Besteller einer Anlage zu Unrecht wegen der Möglichkeit einer Umgestaltung **befürchtet**, einem Unterlassungs- oder Beseitigungsanspruch Dritter ausgesetzt sein zu können.[73]   41

Umstritten ist, ob auch die gescheiterte Verschaffung des Eigentums am Werk zu den Rechtsmängeln zu zählen ist.[74]   42

D. Prozessuale Hinweise

Zur Beweislast vgl. die Kommentierung zu § 634 BGB Rn. 65.   43

Im Prozess darf der **Streithelfer** die Richtigkeit der Messungen des gerichtlichen Sachverständigen nicht bestreiten, wenn die unterstützte Hauptpartei von der Richtigkeit der Messungen ausgeht, diese ausdrücklich ihrem Vorbringen zugrunde legt und nicht bestreitet.[75]   44

Praktische Hinweise: Der Unternehmer hat es – unabhängig von einem vereinbarten Gewährleistungsausschluss – in der Hand, seine Haftung bereits im Vorfeld zu begrenzen, indem die Beschaffenheit des Werks sachgerecht vereinbart wird. Hierauf ist insbesondere bei der Veräußerung renovierter Altbauten besonders zu achten (vgl. hierzu Rn. 72). In solchen Fällen wird aber besonders auf eine mögliche Verletzung von Hinweis- und Aufklärungspflichten zu achten sein (vgl. Rn. 33).   45

Häufig wird sich Streit über das Vorliegen eines Werkmangels nicht ohne Einholung eines Sachverständigengutachtens beilegen lassen.[76] Ein **Privatgutachten** – auch wenn es unter Vermittlung von Handwerkskammer oder IHK eingeholt wurde – stellt prozessual nichts anderes als (in besonderer Weise substantiiertes) Parteivorbringen dar. Als solches macht es im Prozess die Einholung des Sachverständigenbeweises allenfalls dann entbehrlich, wenn der Tatrichter das Privatgutachten ohne Rechtsfehler für eine zuverlässige Beantwortung der Beweisfrage für ausreichend halten darf.[77] Es kommt hinzu, dass es nicht unproblematisch ist, ob die Kosten eines Privatgutachtens in einem nachfolgenden Prozess als Kosten des Rechtsstreits festgesetzt werden können.[78] Aufgrund der hieraus resultierenden Unwägbarkeiten dürfte es häufig sinnvoll sein, auf die Einholung eines Privatgutachtens zu verzichten und ein **selbständiges Beweisverfahren** (§ 485 ZPO) in die Wege zu leiten. Die in diesem Rahmen erfolgte Beweiserhebung steht im nachfolgenden Prozess nach § 493 ZPO einer Beweisaufnahme vor dem Prozessgericht gleich. Soweit in Betracht kommt, einen Bürgen aus einer Gewährleistungsbürgschaft in Anspruch zu nehmen, sollte der Bauherr aus Kostengründen in Erwägung ziehen, im selbständigen Beweisverfahren gegen den Unternehmer dem Bürgen vorsorglich den Streit zu verkünden[79]. Auch wenn das Gutachten keine detaillierte Schadensberechnung enthält, hindert das nicht dessen Verwertung. Denn das Gericht ist gehalten, einen durch Gutachten noch nicht abschließend geklärten Mindestschaden nach § 287 ZPO zu schätzen und auszuurteilen, wenn das Gutachten eine ausreichende Schätzungsgrundlage bietet.[80]   46

---

[73] BGH v. 16.03.2010 - VI ZR 176/09 - juris Rn. 9 - NJW 2010, 1533-1535.
[74] Bejahend *Thode*, NZBau 2002, 297, 303; a.A. *Sprau* in: Palandt, § 633 Rn. 9.
[75] OLG Karlsruhe v. 07.11.2001 - 7 U 87/97 - OLGR Karlsruhe 2002, 187-189.
[76] Zur Formulierung von Beweisanträgen bei bauakustischen Sachverhalten *Moll*, BauR 2005, 470-473.
[77] BGH v. 12.04.1989 - IVa ZR 83/88 - juris Rn. 15 - ZfSch 1989, 284; BGH v. 18.02.1987 - IVa ZR 196/85 - juris Rn. 12 - VersR 1987, 1007-1008; BGH v. 27.05.1982 - III ZR 201/80 - juris Rn. 16 - NJW 1982, 2874-2875; BGH v. 14.04.1981 - VI ZR 264/79 - juris Rn. 10 - RuS 1981, 111-112; OLG München v. 25.02.1988 - 28 W 994/88 - juris Rn. 22 - NJW-RR 1988, 1534-1535.
[78] Vgl. hierzu BGH v. 17.12.2002 - VI ZB 56/02 - juris Rn. 7 - BGHZ 153, 235-239; BGH v. 23.05.2006 - VI ZB 7/05 - juris Rn. 8 - NJW 200, 2415-2416; BGH v. 04.03.2008 - VI ZB 72/06 juris Rn. 10 - NJW 2008, 1597-1598; *Frank*, BauRB 2004, 55-57 und *Herget* in: Zöller, ZPO, § 91 Rn. 13 „Privatgutachten".
[79] Vgl. hierzu OLG Koblenz v. 07.05.2004 - 14 W 329/04 - WM 2004, 2253-2254.
[80] BGH v. 21.07.2005 - VII ZR 240/03 - NJW-RR 2005, 1473-1474.

47 Der **Kostenausspruch** der Hauptsache umfasst auch die Kosten des selbständigen Beweisverfahrens, sofern die Parteien und der Streitgegenstand beider Verfahren identisch sind. Dabei kommt es für die Kostenentscheidung nicht darauf an, ob das im selbständigen Beweisverfahren gewonnene Beweisergebnis verwertet worden ist oder die Entscheidung des Hauptsacheverfahrens auf anderen Gründen beruht.[81] Das gilt für den Kostenausspruch in der Hauptsache selbst dann, wenn sich das selbständige Beweisverfahren nicht nur gegen den späteren Beklagten, sondern (einheitlich) gegen mehrere – später nicht verklagte – Antragsgegner richtete.[82] Der Kostentitel der Hauptsache erlaubt nur eine Kostenfestsetzung in dem Umfang, wie selbständiges Beweisverfahren und Hauptsache identisch waren. Bleibt die Hauptsacheklage hinter dem Verfahrensgegenstand des selbständigen Beweisverfahrens zurück, können im Hauptsacheverfahren dem Antragsteller in entsprechender Anwendung von § 96 ZPO die dem Antragsgegner durch den überschießenden Teil des selbständigen Beweisverfahrens entstandenen Kosten auferlegt werden.[83]

48 Liegt nur eine **Teilidentität** zwischen selbständigem Beweisverfahren und Hauptsache vor, kann es angezeigt sein, dass der Antragsteller die Kosten des überschießenden Teils des selbständigen Beweisverfahrens selbständig – etwa zusammen mit der Hauptsacheklage im Wege der Klagehäufung - geltend macht. Soweit eine Leistungsklage noch nicht möglich ist, ist an eine **Feststellungsklage** zu denken.[84] Der Erfolg einer solchen (Leistungs- oder Feststellungs-) Klage setzt allerdings das Vorliegen eines materiell-rechtlichen Kostenerstattungsanspruchs voraus. Ein solcher kann sich etwa aus § 635 Abs. 2 BGB (vgl. die Kommentierung zu § 635 BGB Rn. 15), aus § 634 Nr. 4 BGB i.V.m. § 280 Abs. 1 BGB (vgl. die Kommentierung zu § 634 BGB Rn. 34) oder aus § 634 Nr. 4 BGB i.V.m. §§ 280 Abs. 1, Abs. 2, 286 BGB ergeben.

49 Umgekehrt kann der Antragsgegner im Hauptsacheverfahren (wider-)klagend auf **negative Feststellung** antragen, dass er die Kosten des selbständigen Beweisverfahrens nicht oder nur zu einem bestimmten Teil zu tragen hat. Hierbei muss er besonders darauf achten, dass sein Feststellungsantrag nur den Teil des selbständigen Beweisverfahrens betrifft, der nicht Gegenstand des Hauptsacheverfahrens wird. Soweit Identität gegeben ist, umfasst die Kostenentscheidung in der Hauptsache auch die Kosten des selbständigen Beweisverfahrens. Soweit Identität besteht, fehlt es deshalb in der Regel an dem für die Feststellungsklage nach § 256 ZPO erforderlichen besonderen Feststellungsinteresse.

E. Anwendungsfelder

I. Architektenwerk

50 Der vom Architekten geschuldete Gesamterfolg ist im Regelfall nicht darauf beschränkt, dass er nur die Aufgaben wahrnimmt, die für die mangelfreie Errichtung des Bauwerks erforderlich sind. Umfang und Inhalt der **geschuldeten Leistung** des Architekten sind, soweit einzelne Leistungen des Architekten, die für den geschuldeten Erfolg erforderlich sind, nicht als selbständige Teilerfolge vereinbart worden sind, durch Auslegung zu ermitteln. Nach dem Grundsatz einer interessengerechten Auslegung sind die durch den konkreten Vertrag begründeten Interessen des Auftraggebers an den **Arbeitsschritten** zu berücksichtigen, die für den vom Architekten geschuldeten Werkerfolg erforderlich sind. Der Auftraggeber wird im Regelfall ein Interesse an den Arbeitsschritten haben, die als Vorgaben aufgrund der Planung des Architekten für die Bauunternehmer erforderlich sind, damit diese die Planung vertragsgerecht umsetzen können. Er wird regelmäßig auch ein Interesse an den Arbeitsschritten haben, die es ihm ermöglichen zu überprüfen, ob der Architekt den geschuldeten Erfolg vertragsgemäß bewirkt hat, die ihn in die Lage versetzen, etwaige Gewährleistungsansprüche gegen Bauunternehmer durchzusetzen, und die erforderlich sind, die Maßnahmen zur Unterhaltung des Bauwerkes und dessen Bewirtschaftung zu planen. Eine an den **Leistungsphasen des § 15 HOAI** orientierte vertragliche Vereinbarung begründet im Regelfall, dass der Architekt die vereinbarten Arbeitsschritte als Teilerfolg des geschuldeten Gesamterfolges schuldet. Erbringt der Architekt einen derartigen Teilerfolg nicht, ist sein geschuldetes Werk mangelhaft.[85]

---

[81] BGH v. 21.07.2005 - VII ZB 44/05 - ZfBR 2005, 790-791.

[82] BGH v. 22.07.2004 - VII ZB 9/03 - NJW-RR 2004, 1651.

[83] BGH v. 09.02.2006 - VII ZB 59/05 - juris Rn. 14 - ZfBR 2006, 348-350; BGH v. 24.06.2004 - VII ZB 11/03 - NJW 2004, 3121.

[84] Ausf. zur Zulässigkeit der Feststellungsklage wegen Mängeln einer Werkleistung: BGH v. 25.02.2010 - VII ZR 187/08 - juris Rn. 12 ff. - BauR 2010, 812-814.

[85] BGH v. 24.06.2004 - VII ZR 259/02 - BGHZ 159, 376-382.

Vereinbaren die Parteien, dass der Architekt die in § 15 Abs. 2 HOAI genannten **Kostenermittlungen** schuldet, so sind diese als Teilerfolge geschuldet. Sie müssen grundsätzlich bereits in den Leistungsphasen erbracht werden, denen sie in der HOAI zugeordnet sind. Eine spätere Kostenermittlung würde ihren Zweck regelmäßig nicht mehr erfüllen können. Dieser besteht darin, eine vom Planungsstand abhängige und verlässliche[86] Information über die voraussichtlichen Kosten des Bauwerks zu erhalten.[87] Mängel in der Werkleistung des Architekten führen aber nicht ohne weiteres zur Kürzung seiner **Vergütung**. Der Bauherr muss vielmehr seine werkvertraglichen Mängelrechte geltend machen und dabei auf die grundsätzlich erforderliche Aufforderung zur Nacherfüllung unter entsprechender Fristsetzung achten (zu Einzelheiten und Ausnahmen vgl. die Kommentierung zu § 634 BGB Rn. 109). Eine Fristsetzung ist allerdings dann nicht mehr Voraussetzung für die Minderung wegen eines Mangels der Architektenleistung, wenn der Besteller das Interesse an der Leistung deshalb verloren hat, weil die Leistung ihren vertraglich vorgesehenen Zweck nicht mehr erfüllen kann. Das ist für die Kostenschätzungen, Kostenberechnungen und Kostenanschläge **nach** Durchführung des Bauvorhabens ohne weiteres anzunehmen.[88] Fehlt die auch vereinbarte Detailplanung, kann der für diese Leistungsphase nach § 15 Abs. 1 HOAI vorgesehene Anteil von 25% der Gesamtvergütung aller Leistungsphasen auf 14% zu kürzen sein.[89]

51

Ist eine etwa zur besseren Darstellung der Finanzierung abgegebene Kostenschätzung unzutreffend oder zweifelhaft, muss der Architekt den Bauherrn über die Schwächen der Kostenangaben aufklären. Seine Kostenberatung hat nämlich den Zweck, den Besteller über die zu erwartenden Kosten zu informieren, damit dieser die Entscheidung über die Durchführung des Bauvorhabens auf einer geeigneten Grundlage treffen kann. Die Aufklärungspflicht entfällt nur in Ausnahmefällen, wenn der Besteller positive Kenntnis von den aufzuklärenden Umständen hat und in der Lage ist, die Konsequenz für die weitere Planung und Durchführung des Bauvorhabens selbständig zu erkennen, so dass er einer Beratung durch den Architekten nicht bedarf.[90]

52

Wenn nichts Abweichendes vereinbart ist, muss die Planung des Architekten von vornherein so erfolgen, dass sie **dauerhaft genehmigungsfähig** ist.[91] Die Parteien eines Architektenvertrages können allerdings im Rahmen der Privatautonomie vereinbaren, dass und in welchen Punkten der Auftraggeber das Risiko übernimmt, dass die vom Architekten zu erstellende Planung nicht genehmigungsfähig ist. Von einer solchen Vereinbarung kann jedoch nur in Ausnahmefällen ausgegangen werden.[92] Allein die Kenntnis des Genehmigungsrisikos bietet keine hinreichende Grundlage für die Annahme, dass die Parteien abweichend von einem schriftlichen Vertrag vereinbart haben, dass der Auftraggeber das Genehmigungsrisiko tragen soll.[93] Es steht nicht im Belieben des Architekten, zunächst eine nicht genehmigungsfähige Planung vorzulegen und Auflagen der Genehmigungsbehörde abzuwarten.[94] Etwas anderes gilt dann, wenn der Auftraggeber das Risiko der Genehmigungsfähigkeit der Planung aufgrund vertraglicher Vereinbarung übernimmt.[95] Die Parteien eines Architektenvertrages können im Rahmen der Privatautonomie vereinbaren, dass und in welchem Umfang der Auftraggeber rechtsgeschäftlich das Risiko übernimmt, dass die vom Architekten zu erstellende Planung nicht genehmigungsfähig ist. Da ein Architektenvertrag einem dynamischen Anpassungsprozess unterliegt, kann eine derartige ver-

53

---

[86] BGH v. 11.11.2004 - VII ZR 128/03 - juris Rn. 28 - NJW-RR 2005, 318
[87] BGH v. 11.11.2004 - VII ZR 128/03 - juris Rn. 52 - NJW-RR 2005, 318.
[88] BGH v. 11.11.2004 - VII ZR 128/03 - juris Rn. 53 - NJW-RR 2005, 318; OLG Hamm v. 24.01.2006 - 21 U 139/01 - juris Rn. 34 - NZBau 2006, 584.
[89] OLG Hamm v. 24.01.2006 - 21 U 139/01 - juris Rn. 36 - NZBau 2006, 584.
[90] OLG Hamm v. 24.01.2006 - 21 U 139/01 - juris Rn. 68 - NZBau 2006, 584.
[91] BGH v. 10.02.2011 - VII ZR 8/10 - juris Rn. 22 - BauR 2011, 869-876; BGH v. 26.09.2002 - VII ZR 290/01 - juris Rn. 27 - NJW 2003, 287-288; BGH v. 21.12.2000 - VII ZR 17/99 - juris Rn. 32 - BauR 2001, 785-789; BGH v. 25.03.1999 - VII ZR 397/97 - BauR 1999, 1195; BGH v. 19.02.1998 - VII ZR 236/96 - juris Rn. 27 - BauR 1998, 579-582; OLG Saarbrücken v. 05.10.2004 - 4 U 710/03 - 130, 4 U 710/03 - BauRB 2005, 76-77; OLG Celle v. 09.08.2007 - 13 U 48/07 - juris Rn. 34 - OLGR Celle 2008, 53. OLG Celle v. 09.08.2007 - 13 U 48/07 - juris Rn. 34 - OLGR Celle 2008, 53.
[92] BGH v. 25.03.1999 - VII ZR 397/97 - juris Rn. 14 - NJW-RR 1999, 1105-1107.
[93] BGH v. 26.09.2002 - VII ZR 290/01 - juris Rn. 27 - NJW 2003, 287-288.
[94] BGH v. 21.12.2000 - VII ZR 488/99 - juris Rn. 9 - NJW-RR 2001, 383-385.
[95] BGH v. 10.02.2011 - VII ZR 8/10 - juris Rn. 22 - BauR 2011, 869-876; BGH v. 26.09.2002 - VII ZR 290/01 - juris Rn. 27 - NJW 2003, 287-288; BGH v. 25.03.1999 - VII ZR 397/97 - juris Rn. 14 - NJW-RR 1999, 1105-1107; OLG Hamm v. 04.01.2001 - 21 U 159/99 - NJW-RR 2002, 747.

tragliche Risikoübernahme durch den Auftraggeber auch nach Vertragsschluss im Rahmen der Abstimmung über das geplante Bauvorhaben erfolgen. Voraussetzung für die vertragliche Risikoübernahme durch den Auftraggeber ist, dass dieser Bedeutung und Tragweite des Risikos erkannt hat, dass die Genehmigung nicht erteilt oder widerrufen wird. Das kann – sofern es nicht bereits offenkundig ist – in der Regel nur angenommen werden, wenn der Architekt den Auftraggeber umfassend über das bestehende rechtliche und wirtschaftliche Risiko aufgeklärt und belehrt hat und der Auftraggeber sich sodann auf einen derartigen Risikoausschluss rechtsgeschäftlich einlässt.[96] Etwas anderes gilt nur dann, wenn dem Bauherrn die gegen die Planung bestehenden Bedenken bekannt waren, er aber gleichwohl versuchen wollte, eine Genehmigung zu erhalten. Gegebenenfalls muss in einem solchen Fall der Architekt den Bauherrn aber auf die **Möglichkeit einer Bauvoranfrage** hinweisen.[97] Das Architektenwerk ist auch dann fehlerhaft, wenn die Baugenehmigung zwar erteilt, auf die Anfechtung eines Dritten hin jedoch zurückgenommen wird, weil sie rechtswidrig war.[98] Macht die Genehmigungsbehörde **Auflagen**, die auf eine vom Vertrag abweichende Bauausführung hinauslaufen, ist der Besteller vorbehaltlich einer vertraglichen Vereinbarung mit dem Architekten nicht verpflichtet, seine Planung entsprechend der genehmigten **Planung zu ändern**. Das Architektenwerk ist in einem solchen Fall mangelhaft, wenn die Auflagen die vertraglich vorausgesetzte oder gewöhnliche Verwendungseignung beeinträchtigen.[99] Dem Architekten mögen zwar im Rahmen einer Nacherfüllung geringfügige Änderungen seiner bisherigen Planung zuzugestehen sein; das gilt aber nicht, wenn eine grundlegende Umplanung des Baukörpers erforderlich würde.[100] Zum Schaden bei fehlerhafter Genehmigungsplanung: vgl. die Kommentierung zu § 634 BGB Rn. 110.

54 Auch dann, wenn er lediglich mit der Genehmigungsplanung beauftragt ist, kann die Auslegung des Architektenvertrages ergeben, dass der Architekt eine planerisch mangelfreie, druckwasserhaltende Abdichtung vorsehen muss.[101]

55 Der Architekt, der die Planung eines Bauwerks übernommen hat, schuldet – wie jeder Unternehmer – ein mangelfreies **funktionstaugliches** Werk[102], das grundsätzlich den vertraglichen, gegebenenfalls auch wirksamen einseitigen Vorgaben bzw. den allgemeinen Regeln der Technik entspricht.[103] Auch für den Architekten gelten insoweit Prüf- und Hinweispflichten bei fehlerhaften Vorgaben des Bestellers.[104] Ein Planungsfehler liegt bereits vor, wenn die geplante Ausführung des Bauvorhabens notwendigerweise zu einem Mangel des Bauwerks führt.[105] Zu der Planung gehört die Berücksichtigung der Bodenverhältnisse, die auch den Umständen notwendigen Schutz gegen drückendes Wasser vorsehen muss.[106] Dabei hat sich eine Planung nicht nach dem aktuellen Grundwasserstand auszurichten, sondern der Architekt muss sich regelmäßig Klarheit über die Grundwasserverhältnisse im Allgemeinen verschaffen und die Planung seines Bauvorhabens nach den höchsten bekannten Grundwasserständen, auch wenn diese seit Jahren nicht mehr erreicht worden sind, ausrichten.[107] Der Architekt darf nur eine Konstruktion bzw. ein System vorsehen, bei dem er völlig sicher sein kann, dass es den zu

---

[96] BGH v. 10.02.2011 - VII ZR 8/10 - juris Rn. 22 - BauR 2011, 869-876; BGH v. 09.05.1996 - VII ZR 181/93 - juris Rn. 24 - BauR 1996, 732-735.

[97] OLG Hamm v. 04.01.2001 - 21 U 159/99 - NJW-RR 2002, 747.

[98] BGH v. 10.02.2011 - VII ZR 8/10 - juris Rn. 22 - BauR 2011, 869-876; BGH v. 25.02.1999 - VII ZR 190/97 - juris Rn. 11 - NJW 1999, 2112-2113; OLG Celle v. 09.08.2007 - 13 U 48/07 - juris Rn. 34 - OLGR Celle 2008, 53.

[99] BGH v. 26.09.2002 - VII ZR 290/01 - juris Rn. 30 - NJW 2003, 287-288; BGH v. 21.12.2000 - VII ZR 17/99 - juris Rn. 34 - BauR 2001, 785-789; BGH v. 19.02.1998 - VII ZR 236/96 - juris Rn. 27 - BauR 1998, 579-582.

[100] OLG Hamm v. 01.12.2005 - 24 U 89/05 - juris Rn. 49 - OLGR Hamm 2006, 564.

[101] BGH v. 06.12.2007 - VII ZR 157/06 - juris Rn 25 - BauR 2008, 543; OLG Düsseldorf v. 30.11.2004 - 23 U 73/04, I-23 U 73/04 - OLGR Düsseldorf 2005, 118-121; OLG Stuttgart v. 10.09.2008 - 3 U 48/08 - juris Rn. 19 - BauR 2010, 98-100.

[102] OLG Köln v. 23.08.2006 - 11 U 165/05 - juris Rn. 14 - BauR 2007, 910; KG Berlin v. 14.09.2010 - 21 U 108/09 - juris Rn. 22 - IBR 2012, 92.

[103] BGH v. 02.05.1963 - VII ZR 213/61 - BGHZ 39, 189-191; OLG Düsseldorf v. 15.07.2010 - 5 U 25/09 - juris Rn 57 - BauR 2010, 2142-2151.

[104] OLG Düsseldorf v. 15.07.2010 - 5 U 25/09 - juris Rn 57 - BauR 2010, 2142-2151.

[105] OLG Celle v. 18.10.2006 - 7 U 69/06 - juris Rn. 23 - OLGR Celle 2007, 630.

[106] BGH v. 14.02.2001 - VII ZR 176/99 - juris Rn. 15 - BGHZ 147, 1-7; OLG Düsseldorf v. 20.07.2007 - I-22 U 145/05, 22 U 145/05 - juris Rn. 34 - BauR 2008, 142; OLG Düsseldorf v. 30.11.2004 - 23 U 73/04, I-23 U 73/04 - OLGR Düsseldorf 2005, 118-121.

[107] OLG Düsseldorf v. 20.07.2007 - I-22 U 145/05, 22 U 145/05 - juris Rn. 34 - BauR 2008, 142; OLG Düsseldorf v. 20.12.2002 - 22 U 95/02 - juris Rn. 33 - NJW-RR 2003, 379.

stellenden Anforderungen genügt; immer ist der **sicherste Weg** zu wählen, insbesondere bei der wasserdichten Erstellung des Kellergeschosses. Denn die Planung muss bei einwandfreier handwerklicher Ausführung zu einer fachlich richtigen, vollständigen und dauerhaften Abdichtung führen. Der Architekt muss nicht nur bei der Auswahl der Baustoffe den sichersten Weg gehen, sondern auch bei ihrer Beschreibung in der Planung. Wenn ein Baustoff angegeben wird, der mehrere Ausführungen zulässt, von denen nicht alle zulässig sind, erfordert die Verpflichtung zur Wahl des sichersten Wegs einen Hinweis auf die zulässige Ausführung. Jedenfalls gilt das, wenn eine Üblichkeit festgestellt werden kann und die übliche Ausführung nicht zulässig ist.[108]

Im Rahmen der von ihm übernommenen **Ausführungsplanung** hat der Architekt all die Unterlagen zu erstellen, die der Bauunternehmer für die Durchführung des Vorhabens benötigt.[109] Dazu gehört u.a. die zeichnerische = schriftliche Darstellung des Objekts mit allen für die Ausführung notwendigen Einzelangaben, z.B. endgültige, vollständige Ausführungs-, Detail- und Konstruktionszeichnung im Maßstab 1:50. Die Planung muss unter Berücksichtigung des bei dem betreffenden ausführenden Unternehmer vorauszusetzenden Fachwissens einen nahtlosen Übergang von der Planung in die Ausführung ermöglichen und zwar so, dass der ausführende Unternehmer eindeutig das jeweils Gewollte erkennen kann.[110] Ein Mangel der Planung kann auch vorliegen, wenn gemessen an der vertraglichen Leistungsverpflichtung **übermäßiger Aufwand** getrieben wird oder wenn die geschuldete Optimierung der Nutzbarkeit (beispielsweise: Verhältnis Nutzflächen/Verkehrsflächen) nicht erreicht wird. Vorgaben des Bauherrn insoweit sind für den Architekten auch dann verbindlich, wenn sie erst im Laufe des Planungsprozesses gemacht werden.[111] Im Hinblick auf die denkbare Bandbreite möglicher Lösungen kann von einem Architekten aber nicht eine (ohnehin nicht mit Genauigkeit festzustellende) optimale Planungslösung, sondern lediglich eine durchschnittlich brauchbare, sachgerechte Planung verlangt werden.[112]

56

Je nach den Umständen des Einzelfalls muss der mit der Planung beauftragte Architekt dem ausführenden Unternehmer besonders **schadensträchtige Details** in einer jedes Risiko ausschließenden Weise verdeutlichen.[113] So muss etwa die planerische Darstellung der schadensträchtigen Details der Bauwerksabdichtung mit einer Dickbeschichtung dem ausführenden Unternehmer zweifelsfrei verdeutlichen, welche Anforderungen die Dickbeschichtung hinsichtlich Stärke und Materialverbrauch erfüllen muss; ferner bedürfen auch Drainagemaßnahmen einer in sich schlüssigen Detailplanung mit planerischen Angaben zu allen wesentlichen Umständen.[114]

57

Grundsätzlich ist jeder Planungsbeteiligte für die Vertragsgemäßheit seiner eigenen Leistung verantwortlich.[115] Ist für bestimmte Gewerke ein **Sonderfachmann** beauftragt, darf der Architekt grundsätzlich dessen Spezialwissen vertrauen und haftet nicht für dessen Leistung[116], sondern nur für seinen eigenen Leistungsbereich.[117] Er ist aber für Fehler des Sonderfachmanns mitverantwortlich, wenn er einen Mangel in dessen Vorgabe bzw. Planung nicht beanstandet, obwohl er diesen nach den von einem Architekten zu erwartenden Kenntnissen hätte erkennen können.[118] Das gilt gleichermaßen, wenn der

58

---

[108] OLG Frankfurt v. 11.03.2008 - 10 U 118/07 - juris Rn. 20 - IBR 2008, 279.

[109] Schleswig-Holsteinisches Oberlandesgericht v. 19.01.2007 - 14 U 199/04 - juris Rn. 27 - IBR 2007, 628.

[110] OLG Stuttgart v. 13.02.2006 - 5 U 136/05 - juris Rn. 31 - OLGR Stuttgart 2006, 463.

[111] BGH v. 09.07.2009 - VII ZR 130/07 - juris Rn. 7 - NJW 2009, 2947-2949; BGH v. 22.01.1998 - VII ZR 259/96 - juris Rn. 10 - NJW 1998, 1064.

[112] OLG Frankfurt v. 14.07.2006 - 24 U 2/06 - juris Rn. 33 - BauR 2008, 553; OLG Karlsruhe v. 31.07.2001 - 17 U 140/99 - juris Rn. 102 - OLGR Karlsruhe 2001, 411.

[113] BGH v. 15.06.2000 - VII ZR 212/99 - juris Rn. 18 - NJW 2000, 2991-2992; OLG Celle v. 18.10.2006 - 7 U 69/06 - juris Rn. 21 - OLGR Celle 2007, 630.

[114] Saarländisches Oberlandesgericht Saarbrücken v. 11.12.2006 - 8 U 274/01 - juris Rn 129 - BauR 2007, 1918; vgl. auch KG Berlin v. 09.04.2010 - 7 U 144/09 - juris Rn. 4 - IBR 2010, 402.

[115] BGH v. 10.07.2003 - VII ZR 329/02 - juris Rn. 31 - BauR 2003, 1918-1921.

[116] OLG Düsseldorf v. 28.10.2008 - I-21 U 21/08, 21 U 21/08 - juris Rn. 18 - NJW-RR 2009, 449-452.

[117] BGH v. 10.07.2003 - VII ZR 329/02 - juris Rn. 31 - BauR 2003, 1918-1921; OLG Köln v. 31.05.2011 - 24 U 164/10 - juris Rn. 3 - BauR 2011, 2004-2006.

[118] BGH v. 14.02.2001 - VII ZR 176/99 - juris Rn. 18 - BGHZ 147, 1-7; OLG Bamberg v. 04.06.2003 - 8 U 12/02 - OLGR Bamberg 2004, 103-105; OLG Düsseldorf v. 29.04.2004 - 5 U 144/03 - juris Rn. 26 - BauR 2005, 423-424; OLG Düsseldorf 19.06.2007 - 21 U 38/05 - juris Rn. 40 - BauR 2007, 1914-1916; OLG Hamm v. 09.07.2010 - 19 U 43/10 - juris Rn. 29 ff. - NJW 2011, 316-319; OLG Köln v. 17.08.2011 - 11 U 16/11 - juris Rn. 8 - IBR 2011, 704.

Auftraggeber dem Architekten konkrete Vorgaben – etwa durch eine Vorplanung – macht.[119] Es gehört zu den Hauptleistungspflichten eines Architekten, ein zur Verfügung gestelltes Bodengutachten jedenfalls im Rahmen einer Evidenzkontrolle auf inhaltliche Richtigkeit zu überprüfen.[120] Übernimmt der beauftragte Unternehmer die Detailplanung, hat der Architekt im Rahmen der von ihm selbst geschuldeten Ausführungsplanung dessen Pläne auf Fehler zu überprüfen.[121]

59 Die Planung des Architekten muss den vertraglichen Vereinbarungen entsprechen. Eine von der ursprünglich vereinbarten Planung abweichende Planung[122] – sei es auch im Rahmen der geschuldeten Nacherfüllung – wegen Mängeln der Ausgangsplanung – ist nur dann vertragsgerecht, wenn die Vertragsparteien eine entsprechende Änderung vereinbart haben.[123] Wenn der Planungsfehler sich in dem Bauwerk realisiert hat, weil der Bauunternehmer nach den fehlerhaften Plänen gebaut hat, ist eine Nacherfüllung nicht mehr möglich und kann der Auftraggeber ohne Fristsetzung von dem Architekten Schadensersatz für die Baumängel verlangen, die aufgrund eines vom Architekten verschuldeten Planungsmangels verursacht worden sind (vgl. hierzu die Kommentierung zu § 634 BGB Rn. 109).[124]

60 Ein **Überwachungsfehler** ist gegeben, wenn der Architekt die ihm im Einzelfall obliegende Aufgabe, die Arbeiten der Bauunternehmer und der übrigen am Bau Beteiligten so zu leiten und zu überwachen, dass das Bauwerk plangerecht und mängelfrei erstellt wird, verletzt.[125] Der Architekt hat im Rahmen der **Bauaufsicht** sicherzustellen, dass sich aus dem konkreten Bauzustand keine erkennbaren und abwendbaren Gefahren für das Objekt ergeben.[126] Auch ohne eine besondere vertragliche Vereinbarung trifft den Architekten gegenüber Dritten die deliktische Verkehrssicherungspflicht, etwaigen Gefahren, die von dem Bauwerk für Gesundheit und Eigentum ausgehen, vorzubeugen und sie ggf. abzuwehren. Daraus ergibt sich, dass er auch gegenüber seinem Auftraggeber verpflichtet ist, vorhersehbare Schäden zu vermeiden, ohne dass es insoweit einer ausdrücklichen vertraglichen Vereinbarung bedarf.[127]

61 Der die Bauaufsicht führende Architekt ist nicht verpflichtet, sich ständig auf der Baustelle aufzuhalten. Allgemein übliche, gängige und einfache Bauarbeiten, sog. handwerkliche Selbstverständlichkeiten, muss der Architekt nicht überwachen.[128] Er muss jedoch die Arbeiten in angemessener und zumutbarer Weise überwachen und sich durch **häufige Kontrollen** vergewissern, dass seine Anweisungen sachgerecht erledigt werden.[129] Bei wichtigen oder bei kritischen Baumaßnahmen, die erfahrungsgemäß ein **hohes Mängelrisiko** aufweisen, ist der Architekt zu erhöhter Aufmerksamkeit und zu einer intensiveren Wahrnehmung der Bauaufsicht verpflichtet.[130] Hierzu gehören u.a. Drainage, Isolierungsarbeiten[131], Abdichtungsarbeiten jeder Art[132] sowie Dach- und Dachdeckerarbeiten[133], aber auch Abbrucharbeiten, durch die der Bestandsschutz eines Gebäudes gefährdet werden kann.[134] Demgegenüber soll die Durchführung von Rohren durch eine Kellerwand bzw. durch den Kellerboden einschließlich ihrer Abdichtung jedenfalls dann dem Bereich handwerklicher Selbstverständlichkeiten zuzurechnen sein, wenn kein drückendes Wasser zu befürchten ist.[135]

---

[119] OLG Frankfurt v. 14.07.2006 - 24 U 2/06 - juris Rn. 47 - BauR 2008, 553.
[120] OLG Brandenburg v. 25.08.2004 - 4 U 185/03 - BTR 2004, 288.
[121] OLG Celle v. 18.10.2006 - 7 U 69/06 - juris Rn. 21 - OLGR Celle 2007, 630.
[122] BGH v. 22.04.2010 - VII ZR 48/07 - juris Rn. 28 - BauR 2010, 1249-1255; BGH v. 21.12.2000 - VII ZR 488/99 - juris Rn. 9 - BauR 2001, 667-670.
[123] BGH v. 07.03.2002 - VII ZR 1/00 - juris Rn. 40 - NJW 2002, 3543-3545.
[124] BGH v. 08.07.2010 - VII ZR 171/08 - juris Rn. 11 - BauR 2010, 1778- 1782; BGH v. 11.10.2007 - VII ZR 65/06 - juris Rn. 15 - BauR 2007, 2083-2084; BGH v. 07.03.2002 - VII ZR 1/00 - juris Rn. 40 - NJW 2002, 3543-3545; OLG München v. 18.01.2011 - 9 U 2546/10 - juris Rn. 13 - BauR 2011, 712-714.
[125] OLG Celle v. 18.10.2006 - 7 U 69/06 - juris Rn. 23 - OLGR Celle 2007, 630.
[126] OLG Köln v. 15.12.2000 - 20 U 45/00 - IBR 2003, 146.
[127] OLG Celle v. 01.08.2007 - 7 U 174/06 - juris Rn. 48 - OLGR Celle 2007, 885.
[128] OLG Celle v. 18.10.2006 - 7 U 69/06 - juris Rn. 32 - OLGR Celle 2007, 630.
[129] BGH v. 15.06.1978 - VII ZR 15/78 - juris Rn. 12 - NJW 1978, 1853; BGH v. 06.07.2000 - VII ZR 82/98 - juris Rn. 15 - NJW-RR 2000, 1468-1469; BGH v. 09.11.2000 - VII ZR 362/99 - juris Rn. 11 – BauR 2001, 273-274.
[130] BGH v. 26.09.1985 - VII ZR 50/84 - juris Rn. 15 - NJW-RR 1986, 182-183; BGH v. 06.07.2000 - VII ZR 82/98 - juris Rn. 15 - NJW-RR 2000, 1468-1469; BGH v. 09.11.2000 - VII ZR 362/99 - juris Rn. 11 - BauR 2001, 273-274; OLG Naumburg v. 26.11.2002 - 11 U 234/01 - juris Rn. 30 - NZBau 2003, 389-391.
[131] Saarländisches Oberlandesgericht Saarbrücken v. 11.12.2006 - 8 U 274/01 - juris Rn. 151 - BauR 2007, 1918.
[132] OLG Celle v. 18.10.2006 - 7 U 69/06 - juris Rn. 52 - OLGR Celle 2007, 630.
[133] OLG Celle v. 18.10.2006 - 7 U 69/06 - juris Rn. 32 - OLGR Celle 2007, 630.
[134] OLG Stuttgart v. 13.02.2006 - 5 U 136/05 - juris Rn. 59 - OLGR Stuttgart 2006, 463.
[135] OLG Köln v. 19.10.2005 - 11 U 170/03 - juris Rn. 30 - BauR 2007, 600.

In höherem Maße zur Überwachung verpflichtet ist der Architekt u.a. dann, wenn er lückenhaft geplant hat, außerdem dann, wenn er nur mündliche Anordnungen auf der Baustelle getroffen hat. Dann muss er sich nicht nur vergewissern, dass sie ausgeführt werden, sondern er muss auch prüfen, ob dies sachgerecht geschieht.[136] Besondere Aufmerksamkeit muss der Architekt walten lassen, wenn das Bauwerk nicht nach einer eigenen Planung des Architekten, sondern nach den Vorgaben eines Dritten ausgeführt wird.[137] Dieselben Anforderungen sind bei solchen Baumaßnahmen zu stellen, bei denen sich im Verlauf der Bauausführung **Anhaltspunkte für Mängel** ergeben.[138] Die Sorgfaltspflichten des mit der Bauaufsicht beauftragten Architekten sind nicht deshalb gemindert, weil die ausgeschriebenen Arbeiten vom Bauherrn selbst vergeben werden.[139] Es gehört auch zu den Aufgaben des bauüberwachenden Architekten, sich davon zu überzeugen, dass das ausführende **Unternehmen** überhaupt **zuverlässig** und in der Lage ist, die beauftragten Arbeiten ordnungsgemäß auszuführen.[140] Bei einem ihm unbekannten Bauunternehmen muss der Architekt sich vor allem am Anfang einen eigenen Eindruck von dessen Eignung verschaffen. Erkennt der Architekt dabei eine mangelnde Eignung des Bauunternehmers, begründet dies erhöhte Überwachungspflichten.[141] Übernimmt der Architekt die Bauüberwachung des weitgehend in Eigenleistung zu errichtenden Hauses, hat er durch eindeutige Anweisungen in einer auch für Laien verständlichen Form darauf hinzuwirken, dass die für eine mängelfreie Errichtung des Bauwerks erforderlichen Bauleistungen erstellt werden. Unterlässt er diese Anweisungen, trifft den Bauherrn kein Mitverschulden.[142] Ist die nach den Plänen des Architekten errichtete Werkleistung des Unternehmers funktionstauglich und entspricht sie den anerkannten Regeln der Technik, stellt eine Abweichung von einzelnen Planvorgaben des Architekten nur dann eine Pflichtverletzung des Architekten dar, wenn deren Einhaltung mit dem Bauherrn vertraglich vereinbart war.[143] Der Architekt ist auch nicht verpflichtet, Fertigteile auf mehr als äußerlich erkennbare Mängel zu prüfen.[144]

Der Architekt schuldet im Rahmen der ihm übertragenen **Objektüberwachung** nicht nur eine fachliche Aufsicht, er hat als Objektüberwacher auch für eine zeitliche Koordinierung zu sorgen. Der Architekt hat insoweit im Rahmen seiner Koordinierungspflichten während der gesamten Planungs- und Ausführungsphase umfassende Terminplanungen zu erbringen, weil nur auf diese Weise ein ordnungsgemäßer Bauablauf gewährleistet ist.[145] Der mit der Bauüberwachung beauftragte Architekt hat grundsätzlich selbst und konkret die Beseitigung eines festgestellten Mangels zu überwachen. Auf die mündliche oder schriftliche Zusicherung des Bauhandwerkers, den Mangel beseitigt zu haben, darf er sich nicht verlassen, und zwar ohne Rücksicht darauf, dass es sich um Mängel an handwerklichen Selbstverständlichkeiten handelt.[146]

Den Architekten trifft im Rahmen seines jeweils übernommenen Aufgabengebiets eine **Untersuchungs- und Beratungspflicht**. Das gilt auch noch nach Beendigung der eigentlichen Tätigkeit im Rahmen der Betreuungsaufgaben des Architekten.[147] Danach hat er dem Bauherrn bei der Untersuchung und Behebung von Baumängeln zur Seite zu stehen. Als Sachwalter des Bauherrn schuldet er die unverzügliche und umfassende Aufklärung der Ursachen sichtbar gewordener Baumängel sowie die sachkundige Unterrichtung des Bauherrn vom Ergebnis der Untersuchung und von der sich daraus ergebenden Rechtslage. Das gilt auch dann, wenn die Mängel ihre Ursache auch in Planungs- oder Aufsichtsfehlern des Architekten selbst haben.[148] Bei der Untersuchungs- und Beratungspflicht des Architekten handelt es sich nur um eine vertragliche Nebenpflicht. Sie betrifft nicht die Herstellung des ge-

---

[136] OLG Stuttgart v. 13.02.2006 - 5 U 136/05 - juris Rn. 59 - OLGR Stuttgart 2006, 463.
[137] BGH v. 06.07.2000 - VII ZR 82/98 - juris Rn. 15 - NJW-RR 2000, 1468-1469; BGH v. 09.11.2000 - VII ZR 362/99 - juris Rn. 11 - BauR 2001, 273-274.
[138] BGH v. 10.02.1994 - VII ZR 20/93 - juris Rn. 11 - BGHZ 125, 111-116; BGH v. 09.11.2000 - VII ZR 362/99 - juris Rn. 11 - BauR 2001, 273-274.
[139] BGH v. 09.11.2000 - VII ZR 362/99 - juris Rn. 12 - BauR 2001, 273-274.
[140] OLG Naumburg v. 26.11.2002 - 11 U 234/01 - juris Rn. 31 - NZBau 2003, 389-391.
[141] Oberlandesgericht des Landes Sachsen-Anhalt v. 29.05.2006 - 1 U 27/06 - juris Rn. 28 - NJW-RR 2006, 1315.
[142] OLG Düsseldorf v. 21.05.2004 - I-22 U 150/03, 22 U 150/03 - OLGR Düsseldorf 2005, 65-67.
[143] OLG Köln v. 23.08.2006 - 11 U 165/05 - juris Rn. 14 - BauR 2007, 910.
[144] OLG Frankfurt v. 24.02.2006 - 24 U 156/05 - juris Rn. 50.
[145] OLG Celle v. 16.03.2004 - 16 U 169/03 - OLG Celle 2004, 320-322.
[146] OLG Dresden v. 02.05.2002 - 9 U 2995/01 - IBR 2003, 554.
[147] OLG Düsseldorf v. 22.09.2006 - 22 U 49/06 - juris Rn. 61 - OLGR Düsseldorf 2007, 269.
[148] BGH v. 26.10.2006 - VII ZR 133/04 - juris Rn. 10 - ZfBR 2007, 250.

§ 633

schuldeten Architektenwerkes, ihre Verletzung führt nicht zu einem Mangel dieses Werkes. Der Schadensersatzanspruch des Bauherrn kann im Falle ihrer Verletzung dahin gehen, dass die Verjährung der gegen den Architekten gerichteten werkvertraglichen Ansprüche als nicht eingetreten gilt.

65 Zur Zurechnung von **Architektenfehlern als Mitverschulden des Bauherrn** bei der Geltendmachung von Werkmängelansprüchen gegen den Bauunternehmer vgl. die Kommentierung zu § 634 BGB Rn. 61.

66 Sofern eine bestimmte **Bausumme** als Kostenrahmen **vereinbart** ist (Kostenlimit), hat der Architekt diesen einzuhalten. Die Angabe einer Bausumme in dem für die Baubehörde bestimmten Bauantrag stellt allenfalls ein Indiz für die Vereinbarung einer entsprechenden Bausumme dar. Denn regelmäßig enthält der vom Architekten erstellte Bauantrag keine für den Bauherrn bestimmte Willenserklärung und dient nicht der Bestimmung des einzuhaltenden Kostenrahmens.[149] **Entscheidend** ist, dass der Bauherr und der Architekt von einer bestimmten Kostenbasis ausgegangen sind und diese zur Grundlage des Vertrags gemacht haben. Dabei kann sich eine Kostengrenze auch aus den Finanzierungsmöglichkeiten des Bauherrn ergeben.[150] Wird der vereinbarte Kostenrahmen überschritten, bedeutet das einen Mangel des geschuldeten Architektenwerkes.[151] Ob in diesem Zusammenhang überhaupt eine **Toleranz** in Betracht kommt und gegebenenfalls in welchem Umfang, richtet sich nach dem Vertrag. Erst wenn sich im Vertrag Anhaltspunkte dafür finden, dass die vereinbarte Bausumme keine strikte Grenze, sondern beispielsweise nur eine Größenordnung oder eine bloße Orientierung sein soll, können Erwägungen zu Toleranzen angestellt werden.[152] Diese Toleranzen reichen jedoch nur so weit, als die in den Ermittlungen enthaltenen Prognosen von unvermeidbaren Unsicherheiten und Unwägbarkeiten abhängen. Dementsprechend darf eine erste Kostenschätzung weniger genau ausfallen als spätere Kostenermittlungen bei fortgeschrittenem Bauvorhaben. Welchen Umfang die Toleranzen haben können, ist unter Berücksichtigung der Umstände des **Einzelfalles** zu entscheiden.[153] Ein nachträgliches Weglassen von Bauteilen als dem Bauherrn zumutbare Maßnahme zur Einhaltung der Baukostenobergrenze kommt nur dann in Betracht, wenn die Planung ausgewogen bleibt, der Charakter des Bauvorhabens nicht wesentlich verändert wird und anzunehmen ist, dass der Auftraggeber von Anfang an damit einverstanden gewesen wäre, eine Verringerung der Baukosten durch das Entfallen von Bauteilen in dieser Form zu akzeptieren. Ansonsten hat der Auftraggeber das Recht, eine baukostenmindernde neue und ausgewogene Planung einzufordern, bei der letztlich er bestimmt, wie die Ersparnis herbeigeführt wird.[154] Der Architekt kann aber **keine Toleranzen** für sich in Anspruch nehmen, wenn ein **grober Fehler** – etwa die vergessene Mehrwertsteuer oder unrealistische Kubikmeterpreise – vorliegt[155] oder die Kostenüberschreitung auf mangelhafter Planung beruht.[156] Zum Schaden in einem solchen Fall vgl. die Kommentierung zu § 634 BGB Rn. 112.

67 Ist ein Gutachten aufgrund unzureichender Vorgaben des Architekten mit Mängeln behaftet, die Schäden an dem Bauwerk nach sich ziehen, darf es bei der Beurteilung der **Ursächlichkeit** der Pflichtverletzung des Architekten nicht außer Acht gelassen werden, wenn das Gutachten von einem Gutachter mit anerkanntermaßen herausragender Kompetenz erstattet wurde und dieser Gutachter die fehlende Vorgabe nicht für erheblich gehalten hat.[157]

---

[149] BGH v. 13.02.2003 - VII ZR 395/01 - juris Rn. 13 - NJW-RR 2003, 877-878.
[150] OLG Frankfurt v. 14.12.2006 - 16 U 43/06 - juris Rn. 22 - BauR 2008, 556.
[151] BGH v. 13.02.2003 - VII ZR 395/01 - juris Rn. 17 - NJW-RR 2003, 877-878; OLG Rostock v. 18.04.2001 - 2 U 10/95 - IBR 2002, 370; Schleswig-Holsteinisches OLG v. 25.04.2008 - 1 U 77/07 - juris Rn. 45 ff. - BauR 2008, 2066-2070: Architektenhaftung wegen Vergabe an zu teures Unternehmen; Brandenburgisches OLG v. 13.07.2011 - 13 U 60/10 - juris Rn. 51 - BauR 2011, 1999-2004.
[152] BGH v. 23.01.1997 - VII ZR 171/95 - juris Rn. 10 - BauR 1997, 494-497; Brandenburgisches OLG v. 13.07.2011 - 13 U 60/10 - juris Rn. 62 - BauR 2011, 1999-2004; Thüringer Oberlandesgericht v. 09.09.2010 - juris Rn. 130 f. - IBR 2012, 154.
[153] BGH v. 23.01.1997 - VII ZR 171/95 - juris Rn. 13 - BauR 1997, 494-497; BGH v. 16.12.1993 - VII ZR 115/92 - juris Rn. 6 - NJW 1994, 856-858.
[154] OLG Naumburg v. 17.07.2007 - 9 U 164/06 - juris Rn 64 - BauR 2010, 1641-1642.
[155] BGH v. 07.11.1996 - VII ZR 23/95 - juris Rn. 4 - NJW-RR 1997, 402-403.
[156] OLG Naumburg v. 17.07.2007 - 9 U 164/06 - juris Rn 64 - BauR 2010, 1641-1642.
[157] BGH v. 10.07.2003 - VII ZR 8/02 - juris Rn. 25 - BauR 2003, 1915-1918; und bei identischem Sachverhalt: BGH v. 10.07.2003 - VII ZR 4/02 - juris Rn. 25 - NJW-RR 2003, 1456-1457.

Zur **substantiierten Darlegung** eines Mangels des Architektenwerks, z.B. fehlerhafte Planung oder Bauaufsicht, der sich im Bauwerk realisiert hat, genügt es, wenn der Besteller die am Bauwerk sichtbaren Mangelerscheinungen (vgl. die Kommentierung zu § 634 BGB Rn. 11) bezeichnet und einer Leistung des Architekten zuordnet. Zu den Ursachen der Mangelerscheinungen muss er sich nicht äußern. Solange er sie jedenfalls dem Architektenwerk zuordnet, muss er sie daher nicht als Planungs- oder Überwachungsfehler einordnen.[158] Es gelten insoweit die allgemeinen Grundsätze (vgl. die Kommentierung zu § 634 BGB Rn. 11). Der Besteller ist zwar auch für einen Verstoß des Architekten gegen die von ihm geschuldete **Überwachungspflicht** darlegungs- und beweisbelastet. Wenn der Besteller einen solchen Verstoß behauptet und nicht wissen muss, wann und wie der Architekt seiner Überwachungspflicht nachgekommen ist, ist es **Sache des Architekten**, substantiiert vorzutragen, welche Arbeiten wann, wie oft, durch wen, in welchem Umfang kontrolliert wurden sowie was dabei festzustellen war.[159] Sind vorhandene Baumängel bei der Abnahme nicht gerügt worden, so spricht der **Beweis des ersten Anscheins** dafür, dass die Überwachung des Architekten bei der Errichtung des Bauwerks mangelhaft war[160]. Diesen Beweis kann der Architekt nur durch substantiierten Vortrag zu seinen Überwachungsleistungen entkräften.[161] Auch im Falle eines krassen Ausführungsfehlers des Unternehmers an einem wesentlichen Gewerk kann der Beweis des ersten Anscheins für eine ungenügende Bauaufsicht durch den Architekten sprechen.[162] In einem solchen Fall braucht der Bauherr nicht anzugeben, inwieweit es der Architekt im Einzelnen an der erforderlichen Überwachung hat fehlen lassen. Vielmehr ist es Sache des Architekten, den Beweis des ersten Anscheins dadurch auszuräumen, dass er seinerseits darlegt, was er oder sein Erfüllungsgehilfe an Überwachungsmaßnahmen geleistet hat. Dazu genügt nicht die bloße Behauptung, er habe die Gründungsarbeiten selbst oder durch seinen Bauleiter überwachen lassen. Der Architekt hat vielmehr seine Überwachungsleistungen substantiiert darzulegen.[163]

68

II. Bauwesen

Darf der Schlamm in der Zusammensetzung, wie er durch die Konstruktion einer **Abwasserreinigungsanlage** entsteht, nicht auf der örtlichen Deponie gelagert werden, entspricht die Anlage nicht der gewöhnlichen Verwendungseignung.[164]

69

Selbst wenn bei einem aufgebrachten Estrich eine Abweichung vom vertraglich vereinbarten Leistungssoll **nur an einem Prozent der Messstellen** vorliegt, kann das einen Mangel darstellen, wenn hierdurch die nach dem Vertrag vorausgesetzte Verwendungseignung gemindert ist.[165]

70

Beim **Erwerb** neu errichteter oder im Bau befindlicher oder erst zu errichtender Eigentumswohnungen – selbst durch entsprechenden Umbau eines Altbaus[166] – bestimmen sich die Mängelrechte des Erwerbers auch dann nach **Werkvertragsrecht**, wenn das Bauwerk bei Vertragsschluss bereits fertiggestellt war und die Parteien den Vertrag als Kaufvertrag und sich selbst als Käufer und Verkäufer bezeichnet haben.[167] Unerheblich ist auch, ob bei der Ausführung der Arbeiten bereits die Absicht bestand, das Ob-

71

---

[158] BGH v. 08.05.2003 - VII ZR 407/01 - juris Rn. 10 - NJW-RR 2003, 1239-1240; BGH v. 18.09.1997 - VII ZR 300/96 - juris Rn. 13 - BGHZ 136, 342-346; BGH v. 10.11.1988 - VII ZR 272/87 - juris Rn. 31 - NJW 1989, 717-719.

[159] BGH v. 19.04.1999 - II ZR 331/97 - juris Rn. 7 - NJW-RR 1999, 1152-1153; OLG Naumburg v. 26.11.2002 - 11 U 234/01 - juris Rn. 26 - NZBau 2003, 389-391.

[160] Vgl. hierzu *Vogel*, ZfBR 2004, 424-429.

[161] OLG Rostock v. 29.08.2002 - 7 U 261/00 - IBR 2003, 147; OLG Celle v.02.06.2010 - 14 U 205/03 - juris Rn. 107 - BauR 2010, 1613-1921.

[162] BGH v. 16.05.2002 - VII ZR 81/00 - juris Rn. 11 - NJW 2002, 2708-2709; OLG Frankfurt v. 26.02.2009 - 22 U 240/05 - juris Rn. 28 - BauR 2010, 647-648; OLG Celle v. 02.06.2010 - 14 U 205/03 - juris Rn. 107 - BauR 2010, 1613-1921; OLG Hamm v. 13.11.2001 - 21 U 194/00 - ZfBR 2002, 257-264; Saarländisches Oberlandesgericht Saarbrücken v. 11.12.2006 - 8 U 274/01 - juris Rn. 150 - BauR 2007, 1918.

[163] BGH v. 16.05.2002 - VII ZR 81/00 - juris Rn. 11 - NJW 2002, 2708-2709.

[164] BGH v. 26.09.1995 - X ZR 46/93 - juris Rn. 35 - NJW-RR 1996, 340-341.

[165] BGH v. 19.11.1998 - VII ZR 371/96 - juris Rn. 23 – NJW-RR 1999, 381-383.

[166] BGH v. 28.09.2006 - VII ZR 303/04 - juris Rn. 11 - NJW-RR 2007, 59.

[167] BGH v. 26.04.2007 - VII ZR 210/05 - juris Rn. 18 - NJW 2007, 3275; BGH v. 08.03.2007 - VII ZR 130/05 - juris Rn. 17 - NJW-RR 2007, 895; BGH v. 07.05.1987 - VII ZR 129/86 - juris Rn. 9 - NJW 1987, 2373-2374; BGH v. 10.05.1979 - VII ZR 30/78 - juris Rn. 33 - BGHZ 74, 258-272; OLG Saarbrücken v. 06.04.2004 - 4 U 34/03, 4 U 34/03 - 5 - juris Rn. 41 - OLGR Saarbrücken 2005, 34-39; KG Berlin v. 26.11.1999 - 18 U 6271/98 - juris Rn. 19 - IBR 2001, 202.

§ 633

jekt zu veräußern.[168] **Entscheidend** ist allein, dass sich aus dem Inhalt derartiger Verträge, aus ihrem Zweck und ihrer wirtschaftlichen Bedeutung sowie aus der Interessenlage die **Verpflichtung** des Veräußerers **zur** (mangelfreien) **Errichtung** des Bauwerks ergibt.[169] Das ist dann der Fall, wenn der Veräußerer Leistungen erbringt, die bei Neuerrichtung Arbeiten bei Bauwerken wären und nach Umfang und Bedeutung mit solchen Neubauarbeiten vergleichbar sind. Zu einem Gewährleistungsausschluss in solchen Verträgen vgl. die Kommentierung zu § 639 BGB Rn. 29. In Anlehnung an diese Grundsätze findet Werkvertragsrecht auch dann Anwendung, wenn eine Eigentumswohnung nicht unmittelbar vom Bauträger, sondern von einem Zwischenerwerber („Durchgangserwerb") veräußert wird.[170]

72 Beim Erwerb von **Altbauten** ist Werkvertragsrecht anwendbar, wenn und soweit der Erwerb des Grundstücks mit einer Herstellungsverpflichtung verbunden ist[171]: Wird nur die Ausführung punktueller Maßnahmen geschuldet, soll die Bausubstanz nach dem Inhalt des Vertrages im Übrigen aber unberührt bleiben, so unterliegt nur die Ausführung dieser punktuellen Maßnahmen Werkvertragsrecht.[172] Im Übrigen gilt Kaufvertragsrecht. Im Einzelfall kann der Veräußerer in solchen Fällen die Verpflichtung übernommen haben, das Bauwerk im Rahmen der Modernisierung daraufhin zu untersuchen, ob auch im Übrigen notwendige Renovierungsarbeiten vorzunehmen sind. Übernimmt der Veräußerer vertraglich Bauleistungen, die insgesamt **nach Umfang und Bedeutung Neubauarbeiten vergleichbar** sind[173] (etwa Arbeiten auch an den Innenwänden, den technischen Anlagen sowie den Versorgungsleitungen[174] oder eine Aufstockung, die auf die Altbausubstanz aufbaut[175], oder der Ausbau von Dachgeschoss und Spitzboden unter Vornahme eines Deckendurchbruchs, Installation einer Treppe und Abriss vorhandener Mauern[176]), haftet er nicht nur für die ausgeführten Umbauarbeiten, sondern für die gesamte Altbausubstanz nach den Gewährleistungsregeln des Werkvertrags, ohne dass es von Bedeutung ist, ob Parteien den Vertrag als Kaufvertrag und sich selbst als Käufer und Verkäufer bezeichnet haben[177] (vgl. hierzu auch die Kommentierung zu § 634 BGB Rn. 114). Das gilt – auch bei Altbauten[178] – selbst dann, wenn die Bauleistungen bei Vertragsschluss bereits abgeschlossen sind[179] und der Veräußerer zum damaligen Zeitpunkt auch keine Absicht hatte, das Objekt zu veräußern.[180] Ob in den Baubestand der Fundamente, Außenwände und Geschossdecken eingegriffen wurde, ist nicht ausschlaggebend. Das ist häufig auch bei einer so genannten Kernsanierung nicht anders.[181]

73 Das bedeutet indessen nicht ohne weiteres, dass die Frage nach Sachmängeln für die **Altbau**substanz und die von der Sanierung betroffenen Gebäudeteile demselben Maßstab unterliegt. So kann der Unternehmer seine Haftung insbesondere durch eine geeignete **Beschaffenheitsvereinbarung** begrenzen (vgl. Rn. 45). In welchem Umfang sich der Veräußerer eines sanierten Altbaus zu Herstellungsleistungen verpflichtet hat, ist – mangels klarer Absprachen – nach dem Zusammenhang der einzelnen Vertragsbestimmungen sowie der gesamten Umstände zu beurteilen, die zum Vertragsschluss geführt ha-

---

[168] BGH v. 08.03.2007 - VII ZR 130/05 - juris Rn. 18 - NJW-RR 2007, 895.
[169] BGH v. 29.06.1989 - VII ZR 151/88 - juris Rn. 28 - BGHZ 108, 164-171; BGH v. 17.09.1987 - VII ZR 153/86 - juris Rn. 7 - BGHZ 101, 350-356; BGH v. 07.05.1987 - VII ZR 129/86 - juris Rn. 9 - NJW 1987, 2373-2374; BGH v. 08.10.1981 - VII ZR 99/80 - NJW 1982, 169-170; BGH v. 05.04.1979 - VII ZR 308/77 - juris Rn. 11 - BGHZ 74, 204-211; BGH v. 29.06.1981 - VII ZR 259/80 - juris Rn. 8 - NJW 1981, 2344-2345; BGH v. 20.02.1986 - VII ZR 318/84 - juris Rn. 11 - NJW-RR 1986, 1026-1028.
[170] Saarländisches Oberlandesgericht Saarbrücken v. 05.04.2006 - 5 U 263/05 - juris Rn. 39 - OLGR Saarbrücken 2006, 666.
[171] BGH v. 26.04.2007 - VII ZR 210/05 - juris Rn. 18 - NJW 2007, 3275.
[172] BGH v. 06.10.2005 - VII ZR 114/04 - juris Rn. 16 - BGHZ 164, 225-235.
[173] BGH v. 08.03.2007 - VII ZR 130/05 - juris Rn. 17 - NJW-RR 2007, 895.
[174] BGH v. 06.10.2005 - VII ZR 114/04 - juris Rn. 24 - BGHZ 164, 225-235.
[175] BGH v. 26.04.2007 - VII ZR 210/05 - juris Rn. 21 - NJW 2007, 3275.
[176] OLG Karlsruhe v. 15.05.2007 - 8 U 107/06 - juris Rn. 24 - BTR 2008, 40.
[177] BGH v. 26.04.2007 - VII ZR 210/05 - juris Rn. 18 - NJW 2007, 3275; BGH v. 28.09.2006 - VII ZR 303/04 - juris Rn. 11 - NJW-RR 2007, 59; BGH v. 06.10.2005 - VII ZR 117/04 - juris Rn. 11 - BGHZ 164, 225-235; BGH v. 16.12.2004 - VII ZR 257/03 - NJW 2005, 1115-1118; BGH v. 07.05.1987 - VII ZR 366/85 - juris Rn. 25 - BGHZ 100, 391-399; BGH v. 21.04.1988 - VII ZR 146/87 - juris Rn. 9 - BauR 1988, 464-465.
[178] BGH v. 16.12.2004 - VII ZR 257/03 - juris Rn. 24 - NJW 2005, 1115-1118.
[179] BGH v. 26.04.2007 - VII ZR 210/05 - juris Rn. 19 - NJW 2007, 3275; BGH v. 06.10.2005 - VII ZR 117/04 - juris Rn. 11 - BGHZ 164, 225-235; BGH v. 29.06.1981 - VII ZR 259/80 - juris Rn. 8 - NJW 1981, 2344-2345; BGH v. 06.05.1982 - VII ZR 74/81 - juris Rn. 8 - NJW 1982, 2243-2244.
[180] BGH v. 08.03.2007 - VII ZR 130/05 - juris Rn. 18 - NJW-RR 2007, 895.
[181] BGH v. 26.04.2007 - VII ZR 210/05 - juris Rn. 21 - NJW 2007, 3275.

ben.[182] Maßgeblich ist hierbei, wie der Erwerber das Angebot des Veräußerers nach Treu und Glauben unter Berücksichtigung der Verkehrssitte verstehen musste[183]. Die Verpflichtung zu Maßnahmen, die insgesamt einer Neuherstellung gleichkommen, und deren Umfang müssen nicht ausdrücklich festgelegt worden sein. Sie können sich aus dem Zusammenhang der einzelnen Vertragsbestimmungen, aus ihrem Zweck und ihrer wirtschaftlichen Bedeutung, aus der Interessenlage der Parteien sowie aus den gesamten Umständen herleiten, die zum Vertragsschluss geführt haben. Zu den für die Auslegung bedeutsamen Umständen gehören auch solche Erklärungen, die der Veräußerer bei der Beschreibung des Objekts abgegeben hat, und zwar unabhängig davon, ob sie schriftlich oder mündlich erfolgten[184] (zu Formerfordernissen hierbei vgl. Rn. 20). Im Einzelfall kann es zweifelhaft sein, ob der **aktuelle Stand der Technik** auch hinsichtlich solcher Bauteile geschuldet wird, die von der Sanierungsmaßnahme erkennbar nicht erfasst sind, die also erkennbar nach altem Standard errichtet worden sind und unverändert angeboten werden. Es kommt darauf an, inwieweit sich aus dem Vertrag und den ihm zugrunde liegenden Umständen ergibt, dass gerade das beanstandete Gewerk nach den aktuellen allgemein anerkannten Regeln der Technik herzustellen ist. Insbesondere ist zu berücksichtigen, dass bei Altbauten unter Umständen ein Eingriff in die alte Bausubstanz von den Erwerbern nicht erwartet wird und sich darüber im Klaren sind, dass sie einen Altbau mit den Nachteilen seiner alten Bausubstanz erwerben.[185] Verspricht der Veräußerer allerdings, das Altbauobjekt sei bis auf die Grundmauern saniert worden, darf der Erwerber dies grundsätzlich dahin verstehen, dass der Veräußerer zu diesem Zweck im Rahmen des technisch Möglichen die Maßnahmen angewandt hat, die erforderlich sind, um den Stand der anerkannten Regeln der Technik zu gewährleisten. Etwas anderes kann sich ergeben, wenn die berechtigte Erwartung des Erwerbers unter Berücksichtigung der gesamten Vertragsumstände, insbesondere des konkreten Vertragsgegenstands und der jeweiligen Gegebenheiten des Bauwerks, darauf nicht gerichtet ist.[186] Sieht die Baubeschreibung eines umfassend sanierten Altbaus vor, dass die Kellerwände mit Pinselputz zu versehen und zu streichen sind, schuldet der Veräußerer ohne Aufpreis auch die erforderliche Trockenlegung der Kellerwände, wenn der Putz wegen der feuchten Wände nicht hält.[187] Für Einzelheiten zu einem Gewährleistungsausschluss beim Erwerb von Altbauten und anderen Immobilien vgl. die Kommentierung zu § 639 BGB Rn. 29.

Grundsätzlich ist es nicht Aufgabe des Bauunternehmers, eine **Baugrunduntersuchung** durchzuführen oder durchführen zu lassen. Der Unternehmer hat ein vorhandenes Bodengutachten jedoch auf Plausibilität und etwaige Unvollständigkeiten oder Unrichtigkeiten zu untersuchen. Auf erkennbare Fehler und Unvollständigkeiten hat er den Auftraggeber hinzuweisen.[188]   74

Aufgrund der betreuenden Funktion des **Bauträgers**, seiner „Sachwalterstellung" für den Erwerber, trifft diesen eine Koordinierungsverpflichtung, wenn der Erwerber mit Zustimmung des Bauträgers Sonderwünsche direkt an die ausführenden Handwerker beauftragt (sog. selbständiger Sonderwunschvertrag). Sie besteht insbesondere darin, zu überprüfen, ob sich der Sonderwunsch in das Gesamtkonzept der übrigen Bauleistungen störungsfrei einfügen lässt, und ggf. planerische Anweisungen zu geben.[189]   75

Lässt ein Unternehmensberater ein Hausanwesen bauen, in dem nach Kenntnis des Unternehmers im Kellergeschoss Büroräume eingerichtet werden sollen, so fehlt es an der nach dem Vertrag vorausgesetzten Verwendungseignung, wenn der Unternehmensberater sich in den Räumen aufgrund einer **Auflage des Bauaufsichtsamtes** nicht ganztägig aufhalten darf.[190]   76

Zu den Aufgaben eines planenden Sonderfachmanns für die Heizungsanlage gehört auch die **Beratung** des Bauherrn hinsichtlich der einzubauenden Heizkörper. Werden ungeeignete Heizkörper ausgewählt, stellt sich das als Werkmangel dar.[191]   77

---

[182] OLG Frankfurt v. 07.03.2007 - 15 U 36/06 - juris Rn. 36 - BauR 2008, 90.
[183] BGH v. 06.10.2005 - VII ZR 114/04 - juris Rn. 16 - BGHZ 164, 225-235; BGH v. 16.12.2004 - VII ZR 257/03 - juris Rn. 27 - NJW 2005, 1115-1118; *Weise*, NJW-Spezial 2005, 165-170.
[184] BGH v. 06.10.2005 - VII ZR 114/04 - juris Rn. 27 - BGHZ 164, 225-235.
[185] OLG Düsseldorf v. 22.05.2003 - I-5 U 33/00, 5 U 33/00 - juris Rn. 96 - BauR 2004, 380.
[186] BGH v. 26.04.2007 - VII ZR 210/05 - juris Rn. 23 - NJW 2007, 3275; BGH v. 16.12.2004 - VII ZR 257/03 - juris Rn. 31 - NJW 2005, 1115-1118.
[187] OLG Nürnberg v. 15.12.2005 - 13 U 1911/05 - juris Rn. 65 - BauR 2007, 413.
[188] OLG Köln v. 19.07.2006 - 11 U 139/05 - juris Rn. 34 - OLGR Köln 2007, 74.
[189] OLG Hamm v. 19.09.2006 - 21 U 44/06 - juris Rn. 6 - NJW-RR 2006, 1680.
[190] BGH v. 24.11.1988 - VII ZR 222/87 - juris Rn. 20 - BauR 1989, 219-222.
[191] BGH v. 06.05.1985 - VII ZR 304/83 - juris Rn. 12 - WM 1985, 1077.

§ 633

78 Öffnet der Werkunternehmer, der u.a. mit Zimmerer- und **Dachdeckerarbeiten** beauftragt ist, ein vorhandenes Dach, so ist er – auch in den Sommermonaten – verpflichtet, durch geeignete Maßnahmen (Schutzfolie, Notdach o.Ä.) den Eintritt von Niederschlägen in das darunter liegende ungeschützte Wohnhaus zu verhindern.[192]

79 Eine nicht DIN-gerechte, mit einem Sicherheitsrisiko behaftete **Außenwandabdichtung** ist insgesamt als fehlerhaft anzusehen.[193] Der sach- und fachgerechte Aufbau einer Drainage und einer Außenwandabdichtung gehört zu dem bei einem Bauunternehmer vorauszusetzenden Fachwissen.[194]

80 Der **vorzeitige Anschluss** einer nicht vollständig montierten Heizung an das Fernheizungsnetz in einem unbewohnten Gebäude stellt eine objektive Pflichtverletzung dar, weil sie das Risiko begründet, dass eine etwaige unzureichende Abdichtung eines Rohrstücks oder nachträgliche Veränderungen an den **Abdichtungen** zu einem erheblichen Wasserschaden führen.[195]

81 Wählt der Bauunternehmer, der ein Haus mit Garten und Stellplatz schuldet, für die Aufstellung eines Kabelverteilerschrankes eine Stelle, bei der eine **Nutzung des Gartens** in nicht unbeträchtlichem Maße verhindert wird, so fehlt es insoweit an der nach dem Vertrag vorausgesetzten Verwendungseignung.[196] Auch ein planwidrig neben einer Terrasse angelegter Abstellplatz für Müllcontainer kann einen Werkmangel darstellen. Dies selbst dann, wenn von den Containern keine Geruchs- und Lärmbelästigungen ausgehen, weil die Verkäuflichkeit einer Wohnung infolge einer solchen Gestaltung der Außenanlagen eingeschränkt sein kann.[197] Der Werkmangel liegt dann in der Minderung des Verkaufswertes, der zur Gebrauchstauglichkeit des Werkes gehört.[198] Wird im Verkaufsprospekt ein „exklusives Einfamilienhaus" mit „großzügigem Privatgarten" angepriesen und in der Baubeschreibung als Sonderwunsch der Einbau einer Gartentüre „für den Zugang zum Grundstück" berücksichtigt, so ergibt die Auslegung des Bauträgervertrages, dass die Käufer redlicherweise erwarten dürfen, dass das erworbene Grundstück über einen direkten und ausreichend breiten **Durchgang zum Garten** verfügt. Ein gebrauchstauglicher Zugang liegt nicht vor, wenn der Abstand zwischen Wohnhaus und Nachbargarage lediglich ca. 50 cm beträgt. Dies widerspricht dem vertraglichen Bausoll.[199]

82 Soll der Unternehmer für den Besteller eine **Gaststätte** errichten und fehlt es hinsichtlich der Zahl von **Gastplätzen** an einer Beschaffenheitsvereinbarung oder an einer nach dem Vertrag vorausgesetzten Verwendungseignung, so ist die Eignung zum gewöhnlichen Gebrauch nach allgemeiner, gewerblicher Verkehrssitte unter Berücksichtigung von Treu und Glauben zu ermitteln, wobei es auf die örtlichen Gegebenheiten ankommen kann. Insoweit kommt es in erster Linie auf allgemein anerkannte Standards zur Relation von Gastraumgrundfläche zur Gastzahl an, wobei allerdings aus öffentlich-rechtlichen Regelungen keine Rückschlüsse gezogen werden können. Sollte ein bestimmter Standard nicht feststellbar sein, so kommt bei einem Gewerbeobjekt auch eine wirtschaftliche Beurteilung in Betracht. Wesentlicher Anhaltspunkt hierfür ist seine Rentabilität.[200]

83 Erstellt der Heizungsbauer ein **Fußbodenheizungssystem**, das „nass" (d.h. mit gefüllten Heizungsrohren) verlegt werden muss, hat er bei entsprechenden Witterungsverhältnissen durch Zugabe von Frostschutzmittel zum Wasser oder Entleeren der Rohre dafür Sorge zu tragen, dass die Rohre nicht **einfrieren**. Treten im Estrich nach dessen Abbinden Risse auf, weil das in den Heizungsrohren befindliche Wasser gefroren ist und sich dabei ausgedehnt hat, hat dies grundsätzlich der Heizungsbauer zu verantworten.[201]

84 Wird ein Gebäude 1,15 m **höher gegründet** als in den genehmigten und vereinbarten Bauplänen vorgesehen, liegt ein Werkmangel unabhängig davon vor, ob der im Vergleich zu der geschuldeten Ausführung veränderte optische Eindruck des Gebäudes zu einer Beeinträchtigung des Wertes oder der Gebrauchstauglichkeit des Bauwerkes führt oder wirtschaftlich und technisch besser ist als die ursprüng-

---

[192] OLG Celle v. 26.09.2002 - 22 U 109/01 (6. ZS), 22 U 109/01 - NJW-RR 2003, 15-17.
[193] Saarländisches Oberlandesgericht Saarbrücken v. 11.12.2006 - 8 U 274/01 - juris Rn. 118 - BauR 2007, 1918.
[194] Saarländisches Oberlandesgericht Saarbrücken v. 11.12.2006 - 8 U 274/01 - juris Rn. 119 - BauR 2007, 1918.
[195] BGH v. 21.11.1996 - VII ZR 25/96 - NJW-RR 1997, 338-339.
[196] BGH v. 09.11.2000 - VII ZR 409/99 - juris Rn. 9 - NJW-RR 2001, 309-310.
[197] OLG Düsseldorf v. 13.11.2000 - 9 U 93/00 - juris Rn. 8 - NJW-RR 2001, 523-524.
[198] BGH v. 14.01.1971 - VII ZR 3/69 - BGHZ 55, 198-200; BGH v. 19.09.1985 - VII ZR 158/84 - juris Rn. 11 - NJW 1986, 428-429; BGH v. 15.12.1994 - VII ZR 246/93 - juris Rn. 9 - NJW-RR 1995, 591-592; OLG Düsseldorf v. 13.11.2000 - 9 U 93/00 - juris Rn. 8 - NJW-RR 2001, 523-524.
[199] OLG München v. 15.03.2011 - 9 U 4665/10 - juris Rn. 25 - BauR 2011, 1505-1506.
[200] BGH v. 05.07.2001 - VII ZR 399/99 - juris Rn. 15 - NJW 2001, 3476-3477.
[201] OLG Hamm v. 25.09.2001 - 21 U 108/00 - BauR 2002, 635-637.

lich geplante Lösung.²⁰² Maßstab für die Frage, ob ein Mangel vorliegt, ist ausschließlich der vom Bauunternehmer aufgrund des Werkvertrages versprochene Erfolg. Ein Mangel liegt vor, wenn die Grundstücks-/**Garagenzufahrt** zum Haus des Bauherren zu eng geplant und angelegt worden ist, so dass das Einfahren nur unter Nutzung der gegenüberliegenden Stellplätze der Nachbarn (Sondernutzungsrecht) möglich und deshalb kein nach der nach dem Vertrag geschuldeten räumlichen Situation zweckentsprechendes, funktionstaugliches Werk hergestellt worden ist.²⁰³

Wenn von der aufgebrachten Parkettversiegelung monatelang ein starker **Lösungsmittelgeruch** ausgeht, liegt hierin ein Werkmangel.²⁰⁴   85

Welcher **Luftschallschutz** geschuldet ist, ist vorrangig durch **Auslegung** des Vertrages zu ermitteln.²⁰⁵   86
Wären bei vertraglich geschuldeter Ausführung bestimmte Schalldämm-Maße **erreichbar**, ist die Werkleistung mangelhaft, wenn diese Werte nicht erreicht sind.²⁰⁶ Wenn nicht die DIN 4109 vereinbart ist, sind deren Schalldämm-Maße in aller Regel nicht die maßgeblichen Anknüpfungspunkte für die Feststellung des geschuldeten Schallschutzes. Maßgebend sind vielmehr die im Vertrag zum Ausdruck gebrachten Vorstellungen von der Qualität des Schallschutzes, also der Beeinträchtigung durch Geräusche. Der Besteller hat insoweit in aller Regel nämlich keine Vorstellungen, die sich in Schalldämm-Maßen nach der DIN 4109 ausdrücken, sondern darüber, in welchem Maße er Geräuschbelästigungen ausgesetzt ist.²⁰⁷ Entsprechende Qualitätsanforderungen können sich nicht nur aus dem Vertragstext, sondern auch aus erläuternden und präzisierenden Erklärungen der Vertragsparteien, sonstigen vertragsbegleitenden Umständen, den konkreten Verhältnissen des Bauwerks und seines Umfeldes, dem qualitativen Zuschnitt²⁰⁸, dem architektonischen Anspruch und der Zweckbestimmung des Gebäudes ergeben; vorzunehmen ist insoweit eine Gesamtabwägung aller Umstände.²⁰⁹ Lassen sich in dieser Weise aus dem Vertrag keine bestimmten Anforderungen entnehmen, kann der Erwerber die Vereinbarung grundsätzlich dahin verstehen, dass das Bauwerk dem Stand der anerkannten Regeln der Technik zur Zeit der Abnahme entspricht.²¹⁰ Der Besteller kann nämlich redlicherweise erwarten, dass das Werk zum Zeitpunkt der Fertigstellung und Abnahme diejenigen Qualitäts- und Komfortstandards erfüllt, die auch vergleichbare andere zeitgleich fertiggestellte und abgenommene Bauwerke erfüllen.²¹¹ Im Bereich des Schallschutzes entsprach die DIN 4109 aus dem Jahre 1962 mit einem Grenzwert von 54 dB schon in den 70er und 80er Jahren nicht mehr dem Stand der Technik.²¹² Ein Neubau, der heute nicht einmal diese Werte erreicht, ist deshalb ohne weiteres mangelhaft.²¹³ Die DIN 4109 regelt nach alledem lediglich die Anforderungen, die erreicht werden müssen, um Menschen in Aufenthaltsräumen vor Belästigungen durch solche Schallübertragung zu schützen, die bereits als unzumutbar einzustufen ist.²¹⁴ Diese Erwägungen gelten grundsätzlich auch dann, wenn die Parteien in ihrer Vereinbarung hinsichtlich der Schalldämmung auf die DIN 4109 Bezug nehmen.²¹⁵ Die sich aus den sonstigen

---

²⁰² BGH v. 07.03.2002 - VII ZR 1/00 - juris Rn. 28 - NJW 2002, 3543-3545.
²⁰³ OLG Hamm v. 10.05.2010 - I-17 U 92/09 - juris Rn. 40 - BauR 2010, 1954-1956.
²⁰⁴ OLG Köln v. 17.12.2002 - 3 U 66/02 - MDR 2003, 618-619.
²⁰⁵ BGH v. 14.06.2007 - VII ZR 45/06 - juris Rn. 24 - BGHZ 172, 346-360; BGH v. 04.06.2009 - VII ZR 54/07 - juris Rn. 12 - BGHZ 181, 225-233; OLG Frankfurt v. 26.11.2004 - 4 U 120/04 - juris Rn. 10 - NZM 2005, 225-226; *Steffen*, BauR 2006, 873-875.
²⁰⁶ BGH v. 14.06.2007 - VII ZR 45/06 - juris Rn. 29 - BGHZ 172, 346-360; BGH v. 14.05.1998 - VII ZR 184/97 - juris Rn. 8 - BGHZ 139, 16-20; OLG Stuttgart v. 21.05.2007 - 5 U 201/06 - juris Rn. 24 - NJW-RR 2007, 1614; Hanseatisches Oberlandesgericht in Bremen v. 07.11.2007 - 1 U 40/07 - juris Rn. 11 - OLGR Bremen 2008, 94; OLG Hamm v. 13.02.2007 - 21 U 69/06 - juris Rn. 76 - NJW-RR 2007, 897; OLG Köln v. 16.09.2010 - 7 U 158/08 - juris Rn. 26 f. - IBR 2010, 617.
²⁰⁷ BGH v. 14.06.2007 - VII ZR 45/06 - juris Rn. 25 - BGHZ 172, 346-360; BGH v. 04.06.2009 - VII ZR 54/07 - juris Rn. 15 - BGHZ 181, 225-233.
²⁰⁸ OLG Karlsruhe v. 11.04.2006 - 17 U 225/04 - juris Rn. 18 - BauR 2008, 390.
²⁰⁹ BGH v. 14.06.2007 - VII ZR 45/06 - juris Rn. 25 - BGHZ 172, 346-360; BGH v. 04.06.2009 - VII ZR 54/07 - juris Rn. 12 - BGHZ 181, 225-233; OLG Hamm v. 11.03.2010 - 21 U 148/09 - juris Rn. 14 - NJW-RR 2011, 14-17.
²¹⁰ OLG Hamm v. 13.02.2007 - 21 U 69/06 - juris Rn. 76 - NJW-RR 2007, 897.
²¹¹ Hanseatisches Oberlandesgericht in Bremen v. 07.11.2007 - 1 U 40/07 - juris Rn. 11 - OLGR Bremen 2008, 94.
²¹² BGH v. 14.05.1998 - VII ZR 184/97 - juris Rn. 16 - BGHZ 139, 16.
²¹³ BGH v. 14.06.2007 - VII ZR 45/06 - juris Rn. 25 - BGHZ 172, 346-360; BGH v. 04.06.2009 - VII ZR 54/07 - juris Rn. 12 - BGHZ 181, 225-233.
²¹⁴ BGH v. 14.06.2007 - VII ZR 45/06 - juris Rn. 31 - BGHZ 172, 346-360; BGH v. 04.06.2009 - VII ZR 54/07 - juris Rn. 12 - BGHZ 181, 225-233.
²¹⁵ BGH v. 04.06.2009 - VII ZR 54/07 - juris Rn. 13 - BGHZ 181, 225-233.

Umständen des Vertrages ergebenden Anforderungen an den vertraglich vereinbarten Schallschutz können nicht durch einen einfachen Hinweis auf die DIN 4109 überspielt werden. Die Gesamtabwägung wird vielmehr regelmäßig ergeben, dass der Erwerber ungeachtet der anerkannten Regeln der Technik einen den Qualitäts- und Komfortstandards seiner Wohnung entsprechenden Schallschutz erwarten darf. Kann der Erwerber nach den Umständen erwarten, dass die Wohnung in Bezug auf den Schallschutz üblichen Qualitäts- und Komfortstandards entspricht, dann muss der Unternehmer, der hiervon vertraglich abweichen will, deutlich hierauf hinweisen und den Erwerber über die Folgen einer solchen Bauweise für die Wohnqualität aufklären.[216] Nach Ansicht des OLG Karlsruhe[217] und – diesem folgend – des OLG Stuttgart[218] ist zumindest seit 1999/2000 das Stand der Technik, was in der Schallschutzstufe (SSt) II des Entwurfs der DIN 4109-10 (Juni 2000) – Schallschutz im Hochbau, Vorschläge für einen erhöhten Schallschutz von Wohnungen – festgelegt ist, also ein Grenzwert von 57 dB. Dies hat zur Folge, dass die vertragliche Vereinbarung eines erhöhten Schallschutzes einen 57 dB übersteigenden Schallschutz erforderlich macht. Es ist nämlich zu berücksichtigen, dass eine gegenüber dem Mindeststandard spürbare Erhöhung des Schallschutzes erst ab einer bestimmten Abweichung von 3 bis 5 dB eintritt.[219] Nach Auffassung des OLG Düsseldorf soll bereits dann ein wesentlicher Baumangel vorliegen, wenn die Luftschalldämmung zwischen zwei Doppelhaushälften den Mindestwert nach DIN 4109 um 3 dB und den erzielbaren Wert um 8 dB unterschreitet.[220] Der BGH stellt sogar in den Raum, dass jedenfalls für Haustrennwände ggf. sogar ein Schalldämm-Maß von mindestens 67 dB erreichbar sein müsse.[221]

87 Ein Bausachverständiger, der mit der Erstellung eines **Verkehrswertgutachtens** für ein älteres Gebäude beauftragt ist, ist ohne konkrete Veranlassung nicht verpflichtet, nach **versteckten Mängeln** zu suchen.[222]

88 Wer als Installateur mit der **betriebsfertigen Montage** einer Wasserenthärtungsanlage beauftragt ist, die ganz speziellen Anforderungen genügen soll, muss die konkreten Betriebsbedingungen ermitteln und die Anlage dementsprechend programmieren, damit sie nicht nur vorübergehend, sondern **dauerhaft arbeitet**.[223] Das Werk eines Auftragnehmers, der mit dem Umbau eines historischen Gebäudes zu einem Hotelbetrieb beauftragt ist, ist mangelhaft, wenn die Steuerung der installierten Aufzugsanlage für den Brandfall nicht sach- und fachgerecht programmiert ist und nicht den anerkannten normierten Regeln der Technik im Zeitpunkt der Abnahme entspricht. Kommt es aufgrund der **fehlerhaften Programmierung der Aufzugssteuerung** zu einem Personenschaden (hier: Hotelgast), so haftet der Auftragnehmer für den dem Auftraggeber (hier: Hotelier) hierdurch entstandenen Schaden.[224] Eine entgegen der Herstellervorgaben vorgenommene **Verschraubung von Brettern einer Schwimmsteganlage** stellt jedenfalls dann einen Mangel i.S.d. § 13 Nr. 1 VOB/B dar, wenn der Auftraggeber dadurch Gefahr läuft, die Herstellergarantie zu verlieren. Werden die Montageanweisungen (hier: Verwendung von Montage-Clips) nicht beachtet und wird dadurch das optische Erscheinungsbild einer gleichmäßigen Fugenbreite beeinträchtigt, so liegt ebenfalls ein Mangel vor.[225]

89 Ein Mangel einer Eigentumswohnung kann auch darin bestehen, dass – abweichend von dem in der Teilungserklärung zugrunde liegenden Aufteilungsplan – die Außenanlage der Wohnungseigentumsanlage in einer Weise gestaltet wird, dass die der Nachbarwohnung zugewiesene **Terrasse** unmittelbar vor dem Badezimmerfenster der anderen betroffenen Wohnung verläuft. Die Nutzungsmöglichkeit dieses sensiblen Bereiches als Terrasse für die Bewohner der Nachbarwohnung kann eine erhebliche Beeinträchtigung des Wohngebrauchs darstellen. Dies kann selbst dann gelten, wenn der Bereich vor dem Badezimmerfenster zwar tatsächlich nicht dem Sondernutzungsrecht der Nachbarwohnung unter-

---

[216] BGH v. 04.06.2009 - VII ZR 54/07 - juris Rn. 15 - BGHZ 181, 225-233.
[217] OLG Karlsruhe v. 29.12.2005 - 9 U 51/05 - juris Rn. 31 - BauR 2007, 557.
[218] OLG Stuttgart v. 21.05.2007 - 5 U 201/06 - juris Rn. 24 - NJW-RR 2007, 1614; vgl. auch OLG Stuttgart v. 17.10.2011 - 5 U 43/11 - juris Rn. 27 - NJW 2012, 539-543: Reihenhäuser.
[219] BGH v. 14.06.2007 - VII ZR 45/06 - juris Rn. 40 - BGHZ 172, 346-360.
[220] OLG Düsseldorf v. 19.12.2003 - 22 U 69/03, I-22 U 69/03 - WE 2005, 18-19.
[221] BGH v. 14.06.2007 - VII ZR 45/06 - juris Rn. 28 - BGHZ 172, 346-360.
[222] OLG Bamberg v. 08.08.2002 - 1 U 5/02 - OLGR Bamberg 2003, 27.
[223] OLG Koblenz v. 19.07.2001 - 5 U 1732/00 - juris Rn. 16 - GuT 2002, 54.
[224] OLG Hamm v. 15.01.2011 - 21 U 167/10 - juris Rn. 77, 94 - IBR 2012, 142.
[225] Brandenburgisches OLG v. 15.06.2011 - 4 U 144/10 - juris Rn. 26, 33 - IBR 2011, 455.

liegt, aufgrund der Gestaltung der Pflasterung aber den Eindruck vermittelt, dieser Bereich gehöre zur Terrasse der Nachbarwohnung.[226]

Die Wohnfläche einer Eigentumswohnung und deren Berechnungsgrundlage gehören aus der Sicht des Erwerbers zu den zentralen Beschaffenheitsmerkmalen des Objektes. Deshalb kann die einseitige Vorstellung des Bestellers hierüber zum Vertragsinhalt werden, wenn der Unternehmer den wirklichen Willen des Erklärenden erkennt und in Kenntnis dieses Willens den Vertrag abschließt.[227] Bleibt die Wohnfläche einer errichteten Wohnung hinter dem zurück, was vertraglich vereinbart war, liegt ein Werkmangel vor, denn die Wohnfläche einer Wohnung ist nach der Verkehrsauffassung ein Merkmal, das von wesentlicher Bedeutung für den Wert ist.[228] Ein allgemeiner Sprachgebrauch für den Begriff der **„Wohnfläche"** hat sich nicht entwickelt. Der **Begriff** ist daher **auslegungsbedürftig**. Dabei ist auch eine Verkehrssitte zu berücksichtigen. Diese kann dahin gehen, dass die Wohnfläche nicht nach der Grundfläche, sondern selbst dann in Anlehnung an die DIN 283 oder die 2. Berechnungsverordnung ermittelt wird, wenn deren Anwendungsvoraussetzungen nicht vorliegen.[229] Intertemporal ist zu berücksichtigen, dass die DIN 283 seit 1983 nicht mehr gültig ist und die WohnflächenVO erst für Fälle gilt, die nach dem 01.01.2004 liegen, während die 2. Berechnungsverordnung eine gängige Berechnungsart auch für den frei finanzierten Wohnungsbau und insbesondere auch für Bauvorhaben durch Bauträger ist.[230] In Berlin soll es der Verkehrssitte entsprechen, dass für die Berechnung von Wohnflächen die 2. Berechnungsverordnung zugrunde gelegt wird.[231] Bei Einbeziehung des Aufteilungsplans zur Teilungserklärung in den notariellen Vertrag werden die mit Maßketten versehenen Grundrisspläne des Aufteilungsplans Gegenstand einer Beschaffenheitsvereinbarung oder gehören zumindest zur vertraglich vorausgesetzten Verwendungseignung.[232] Wenn nicht etwas anderes vereinbart ist oder jedenfalls eine Vertragsauslegung zu einem anderen Ergebnis führt, stellen **selbst unwesentliche Abweichungen** einen **Werkmangel** dar (zu den in diesem Fall allerdings nur eingeschränkten Mängelrechten vgl. Rn. 10). Ist die Wohnfläche nur „circa" angegeben worden, sind allenfalls geringfügige Abweichungen vertretbar. Bei einem Unterschied von mehr als 6,9%[233] oder gar 10%[234] oder mehr[235] liegt ein Fehler vor. Haben die Parteien einen Rahmen vereinbart, innerhalb dessen Abweichungen unschädlich sein sollen, haftet der Unternehmer bei dessen Überschreitung für die gesamte Abweichung. Der vereinbarte **Toleranzrahmen** ist also nicht von der Überschreitung in Abzug zu bringen.[236] Der bei einer zu geringen Wohnfläche gegebene Minderwert kann in der Weise berechnet werden, dass der Erwerbspreis der Wohnungen in dem Verhältnis herabgesetzt wird, in dem die tatsächliche Wohnfläche zu der vereinbarten steht.[237]

90

Bei dem Erwerb von **Wohnungseigentum** hat die Teilungserklärung samt Aufteilungsplan in erster Linie die Funktion, die Rechtsverhältnisse zwischen den Wohnungseigentümern zu regeln; gleichwohl kommt ihnen auch im Verhältnis zwischen Veräußerer und Erwerber der Wohnung eine große Bedeutung als Konkretisierung des Vertragsgegenstandes zu. Danach sind nur geringfügige Abweichungen

91

---

[226] OLG Hamm v. 29.05.2007 - 21 U 73/06 - juris Rn. 18 - NZBau 2007, 715.
[227] BGH v. 25.10.2007 - VII ZR 205/06 - juris Rn. 16 - ZfBR 2008, 163-164; BGH v. 08.01.2004 - VII ZR 181/02 - juris Rn. 20 - BauR 2004, 847-850.
[228] BGH v. 08.01.2004 - VII ZR 181/02 - juris Rn. 14 - BauR 2004, 847-850; BGH v. 21.01.1999 - VII ZR 398/97 - juris Rn. 5 - NJW 1999, 1859-1860; BGH v. 11.07.1997 - V ZR 246/96 - juris Rn. 18 - NJW 1997, 2874-2875; OLG Koblenz v. 05.01.2006 - 5 U 239/04 - juris Rn. 32 - WM 2006, 481.
[229] BGH v. 11.07.1997 - V ZR 246/96 - juris Rn. 13 - NJW 1997, 2874-2875.
[230] OLG Koblenz v. 05.01.2006 - 5 U 239/04 - juris Rn. 39 - WM 2006, 481.
[231] KG Berlin v. 26.11.1999 - 18 U 6271/98 - juris Rn. 19 - IBR 2001, 202; LG Berlin v. 27.11.2003 - 5 O 140/03 - Grundeigentum 2004, 182-183.
[232] OLG Hamm v. 26.07.2001 - 21 U 160/00 - NJW-RR 2002, 415-417.
[233] OLG Hamm v. 26.07.2001 - 21 U 160/00 - NJW-RR 2002, 415-417.
[234] BGH v. 11.07.1997 - V ZR 246/96 - juris Rn. 10 - NJW 1997, 2874-2875; vgl. auch BGH v. 25.10.2007 - VII ZR 205/06 - juris Rn. 18 - BauR 2008, 351-353: Wohnnutzung des Spitzbogens.
[235] OLG Karlsruhe v. 15.05.2007 - 8 U 107/06 - juris Rn. 24 - BauR 2008, 1147-1149: ca. 19%.
[236] BGH v. 08.01.2004 - VII ZR 181/02 - juris Rn. 31 - BauR 2004, 847-850.
[237] BGH v. 08.01.2004 - VII ZR 181/02 - juris Rn. 30 - BauR 2004, 847-850; OLG Koblenz v. 05.01.2006 - 5 U 239/04 - juris Rn. 41 - WM 2006, 481.

von dem Aufteilungsplan als unerheblich anzusehen; darüber hinausgehende Abweichungen stellen sich sodann als fehlerbegründend dar.[238]

III. EDV

92 Soweit weitergehende Vereinbarungen zum Leistungsumfang nicht getroffen worden sind, ist die Erstellung eines Datenverarbeitungsprogramms geschuldet, das dem **Stand der Technik** bei einem mittleren Ausführungsstandard entspricht.[239] Tauglichkeitsmindernde **Softwarefehler** sind ein Mangel.[240] Der EDV-Anbieter muss von den technisch möglichen und wirtschaftlich zumutbaren Kontrollen diejenige vornehmen, die ein Fachmann auf dem Gebiet des Implementierens von Programmen auf einer EDV-Anlage angewendet hätte, um aufgrund der Überprüfung annehmen zu können, dass das der **Datensicherung** dienende Programm übertragen und die Sicherungsroutine auf der EDV-Anlage lauffähig ist. Wird diese Überprüfung unterlassen, kehrt sich bei Streit darüber, ob ein Datenverlust seine Ursache in fehlerhafter Implementierung der Sicherungsroutine oder einem anderen Ereignis hat, die Beweislast zum Nachteil des EDV-Anbieters um.[241] Im Rahmen eines Vertrags über die Herstellung einer Individualsoftware soll die Erstellung eines möglichst umfassenden Pflichtenheftes nicht einseitig beim Anwender liegen. So müsse der Unternehmer etwa die Bedürfnisse aufklären und bei der Formulierung der Aufgabenstellung mitwirken.[242] Fehlende **Dokumentation** oder Programmbeschreibung kann ein Mangel sein.[243]

IV. Beförderung/Kfz/Boot

93 Verspätung der Beförderung kann Verzug begründen, ist aber kein Sachmangel der Beförderungsleistung.[244] Führt ein **Fahrzeugaufbau** dazu, dass in dem Fahrzeug kein Beifahrer mehr mitgenommen werden kann oder dies nur mit einem Gewichtsausgleich auf der Ladefläche möglich ist, ist die gewöhnliche Verwendungseignung beeinträchtigt.[245] Entsprechendes gilt, wenn der Unternehmer es übernommen hat, ein Boot auf eine andere **Abgasnorm** umzurüsten, der Bootsmotor aber trotz an sich fehlerfreier Umrüstung wegen eines höheren Energiebedarfs beim Starten nicht mehr reibungslos anspringt.[246] Beim Einbau einer **Autogasanlage** muss der Unternehmer sich Sicherheit darüber verschaffen, dass das umzurüstende Fahrzeug für den Umbau geeignet ist, oder auf das Risiko hinweisen, dass solche Sicherheit nicht besteht.[247]

V. Sachverständiger

94 Das Werk des Gutachters ist mangelhaft, wenn er sich über eine ihn bindende Fragestellung der Behörde hinwegsetzt und sein Gutachten damit keine taugliche Entscheidungsgrundlage für die Behörde sein kann.[248] Bei der Ermittlung des Restwerts eines unfallbeschädigten Fahrzeugs hat der Sachverständige auf den Restwert abzustellen, der auf dem allgemeinen Markt erzielt werden kann. Er ist nicht verpflichtet, auch auf dem Sondermarkt der Verwertungsbetriebe und Restwerthändler, zu denen auch die Anbieter der elektronischen Restwertbörsen im Internet gehören, zu recherchieren.[249] Ein hydrogeologisches Bodengutachten, das der Besteller in Auftrag gegeben hat, um die Machbarkeit einer Geothermieanlage zu ergründen, leidet unter einem Werkmangel, wenn der Gutachter durch eine zusammen-

---

[238] OLG Hamm v. 29.05.2007 - 21 U 73/06 - juris Rn. 17 - NZBau 2007, 715; OLG Hamm v. 26.07.2001 - 21 U 160/00 - juris Rn. 9 - NJW-RR 2002, 415.
[239] BGH v. 16.12.2003 - X ZR 129/01 - juris Rn. 20 - NJW-RR 2004, 782-784.
[240] BGH v. 04.11.1987 - VIII ZR 314/86 - juris Rn. 20 - BGHZ 102, 135-152.
[241] BGH v. 02.07.1996 - X ZR 64/94 - BGHZ 133, 155-168.
[242] OLG Köln v. 06.03.1998 - 19 U 228/97 - NJW-RR 1999, 51-52.
[243] Saarländisches OLG v. 16.07.1996 - 4 U 899/95 - NJW-RR 1997, 558-559.
[244] BGH v. 28.05.2009 - Xa ZR 113/08 - juris Rn. 15 f. - NJW 2009, 2743-2744, für Verspätung bei Flügen.
[245] BGH v. 07.01.2003 - X ZR 94/00 - juris Rn. 14 - BGHReport 2003, 646-647; BGH v. 02.07.1996 - X ZR 2/95 - juris Rn. 14 - NJW-RR 1996, 1396-1398.
[246] OLG München v. 11.10.2006 - 20 U 2645/06 - juris Rn. 7.
[247] OLG Frankfurt v. 17.03.2006 - 8 U 211/05 - juris Rn. 27 - NJW-RR 2006, 1617.
[248] AG Köln v. 05.10.2008 - 143 C 512/07 - juris Rn. 3 ff. - DAR 2010, 102-103: MPA-Gutachten.
[249] OLG Köln v. 11.05.2004 - 22 U 190/03 - NJW-RR 2005, 26-28; OLG Karlsruhe v. 29.12.2004 - 12 U 299/04 - juris Rn. 10 - OLGR Karlsruhe 2005, 229-230; BGH v. 07.12.2004 - VI ZR 119/04 - NJW 2005, 357-358.

fassende Bewertung der Untersuchungsergebnisse Verockerungsrisiken verharmlost und die unzureichende Aussagekraft der gutachterlichen Untersuchungsbefunde in Bezug auf den vom Besteller verfolgten Verwendungszweck nicht offen legt.[250]

VI. Werbeagentur

Erstellt eine Werbeagentur für einen Auftraggeber eine **wettbewerbswidrige Werbung**, ist diese fehlerhaft, weil der Auftraggeber hierdurch Unterlassungsansprüchen von Konkurrenzunternehmen ausgesetzt wird, die den Wert bzw. die Tauglichkeit der Werbeleistung zum gewöhnlichen bzw. vertraglich vorausgesetzten Gebrauch aufheben bzw. mindern.[251] 95

VII. Übergangsregelungen

Nach Art. 229 § 5 EGBGB gelten die durch das Schuldrechtsmodernisierungsgesetz geänderten Vorschriften über die Werkmängelrechte des Bestellers für solche Schuldverhältnisse, die seit dem **01.01.2002** entstanden sind. Auf vor diesem Stichtag entstandene **Dauer**schuldverhältnisse finden die neuen Regelungen ab dem **01.01.2003** Anwendung. Für das Verjährungsrecht gelten besondere Regelungen (vgl. die Kommentierung zu § 634a BGB). 96

Entstanden ist ein Werkvertrag mit (dem Zugang) der wirksamen Annahme des Vertragsangebots. Hängen Angebot oder Annahme von einer Genehmigung ab, ist der Zeitpunkt (des Zugangs) der Genehmigungserklärung entscheidend. Wirkt die Genehmigung zurück – etwa im Fall des § 184 BGB oder § 177 BGB –, so kommt es auf den Zeitpunkt der Annahmeerklärung an.[252] Bei bedingtem Vertragsschluss kommt es nicht auf den Bedingungseintritt, sondern auf den Zeitpunkt der Annahme des Vertragsangebotes an.[253] 97

Was unter „**Dauerschuldverhältnis**" zu verstehen ist, ist gesetzlich nicht definiert. Die amtliche Begründung zum Schuldrechtsmodernisierungsgesetz liefert hierzu keine Anhaltspunkte. Der Begriff wird in dem neuen § 314 BGB vorausgesetzt. Ein Dauerschuldverhältnis liegt dann vor, wenn die Leistungspflicht mindestens einer Partei in einem dauernden Verhalten oder in regelmäßig wiederkehrenden Leistungen besteht und wenn der Umfang der geschuldeten Leistung und daher auch der Umfang der vom Gläubiger zu erbringenden Gegenleistung nicht von vorneherein feststeht, sondern von der Dauer der Zeit abhängt, während derer die Leistungen des Schuldners fortlaufend zu erbringen sind.[254] 98

Teilweise wird die Auffassung vertreten, Art. 229 § 5 EGBGB sei ein eigenständiger kollisionsrechtlicher Begriff des Dauerschuldverhältnisses zugrunde zu legen: Danach soll ein Dauerschuldverhältnis bereits dann vorliegen, wenn die vertragliche Beziehung eine gewisse Dauerhaftigkeit mit einer hinreichenden Pflichtenintensität hat.[255] Zu den Dauerschuldverhältnissen gehören sowohl die sog. Sukzessivlieferungsverträge als auch die sog. Rahmenverträge (zu Einzelheiten vgl. die Kommentierung zu § 314 BGB). Als Dauerschuldverhältnis in diesem Sinn sind z.B. **Wartungsverträge** für EDV-Anlagen oder Heizungsanlagen einzustufen.[256] 99

VIII. VOB

Die VOB regelt in § 4 VOB/B, in welcher Weise der Auftragnehmer die Werkleistung auszuführen hat. 100

---

[250] Saarländisches Oberlandesgericht v. 22.02.2011 - 4 U 155/09 - juris Rn. 48 ff. - NJW-RR 2011, 990-993.
[251] OLG Düsseldorf v. 13.03.2003 - 5 U 39/02 - ITRB 2004, 34; OLG Jena v. 28.04.2004 - 2 U 993/03 - OLG-NL 2004, 121-123.
[252] Zu allem Vorstehenden: *Heß*, NJW 2002, 253-260, 255 m.w.N.
[253] BGH v. 29.11.1996 - LwZR 8/95 - juris Rn. 14 - BGHZ 134, 170-182.
[254] *Huber*, Leistungsstörungen, 1999, S. 437; *Heß*, NJW 2002, 253-260, 256.
[255] *Kirsch*, NJW 2002, 2520-2523, 2523.
[256] *Heß*, NJW 2002, 253-260, 256 m.w.N.; *Kirsch*, NJW 2002, 2520-2523, 2521.

§ 634 BGB Rechte des Bestellers bei Mängeln

(Fassung vom 02.01.2002, gültig ab 01.01.2002)

Ist das Werk mangelhaft, kann der Besteller, wenn die Voraussetzungen der folgenden Vorschriften vorliegen und soweit nicht ein anderes bestimmt ist,

1. **nach § 635 Nacherfüllung verlangen,**
2. **nach § 637 den Mangel selbst beseitigen und Ersatz der erforderlichen Aufwendungen verlangen,**
3. **nach den §§ 636, 323 und 326 Abs. 5 von dem Vertrag zurücktreten oder nach § 638 die Vergütung mindern und**
4. **nach den §§ 636, 280, 281, 283 und 311a Schadensersatz oder nach § 284 Ersatz vergeblicher Aufwendungen verlangen.**

Gliederung

A. Grundlagen 1	D. Prozessuale Hinweise/Verfahrenshinweise 65
I. Kurzcharakteristik 1	I. Beweislast für Mängel nach Abnahme 65
II. Gesetzgebungsmaterialien 2	II. Beweislast für Mängel vor Abnahme 66
B. Praktische Bedeutung 5	III. Sonstiges zur Darlegungs- und Beweislast 68
C. Anwendungsvoraussetzungen 6	IV. Sonstige prozessuale Hinweise 73
I. Fristsetzung 6	**E. Anwendungsfelder** 85
1. Grundsatz und Ausnahmen 6	I. Konkurrenzen 85
2. Fehlerfälle 10	1. Nacherfüllung 85
3. Inhalt der Fristsetzung 11	2. Selbstvornahme 91
4. Angemessenheit 13	3. Rücktritt, Minderung 92
5. Pflichtverletzung des Bestellers 14	4. Schadensersatz, frustrierte Aufwendungen ... 93
II. Rücktritt 15	5. Allgemeines Leistungsstörungsrecht 96
1. Ausschluss des Rücktritts 17	6. Sonstiges 99
2. Rechtsfolgen des Rücktritts 22	II. Architektenvertrag 103
III. Schadensersatz 27	III. Immobilienerwerb 108
1. Verschulden 29	IV. Wohnungseigentum 109
2. Erforderlichkeit der Fristsetzung je nach Anspruchsinhalt 32	1. Allgemeines 109
3. Schadensersatz statt der Leistung 36	2. Befugnisse des einzelnen Wohnungseigentümers 113
4. Verzögerungsschaden 52	3. Befugnisse der Wohnungseigentümergemeinschaft 117
5. Aufrechnung/Verrechnung 54	
6. Vorteilsausgleichung/Sowieso-Kosten 56	4. Erweiterte Befugnisse der Wohnungseigentümergemeinschaft 124
7. Mitverschulden des Bestellers und seiner Erfüllungsgehilfen 59	V. Abdingbarkeit 128
8. Beispiele 62	VI. Übergangsregelungen 130
IV. Aufwendungsersatz 63	VII. VOB 131

A. Grundlagen

I. Kurzcharakteristik

1 § 634 BGB zählt die Rechte und Ansprüche auf, die der Besteller beim Vorliegen eines Rechts- oder Sachmangels an der Werkleistung des Unternehmers hat. In erster Linie kann der Besteller Nacherfüllung (§ 635 BGB) verlangen. Der Vorrang der Nacherfüllung ergibt sich daraus, dass der Besteller diese sofort verlangen kann, ohne dass zuvor noch eine Frist gesetzt werden müsste. Hat der Besteller dem Unternehmer eine – ausnahmsweise entbehrliche – Frist zur Nacherfüllung gesetzt und ist diese erfolglos abgelaufen, hat er grundsätzlich die Wahl zwischen Selbstvornahme, Minderung und Rücktritt. Alle diese Mängelrechte sind verschuldensunabhängig. Bei Verschulden des Unternehmers besteht ein Anspruch auf Schadensersatz, der – anders als im Altrecht – mit anderen Mängelrechten kombiniert werden kann (§ 325 BGB). Das Kaufrecht enthält in § 437 BGB eine ähnliche Regelung.

II. Gesetzgebungsmaterialien

Nach dem Schuldrechtsmodernisierungsgesetz gibt es **kein besonderes Gewährleistungsrecht** mehr. Die Werkmängelrechte des Bestellers sind in das allgemeine Leistungsstörungsrecht integriert. Weil die Lieferung einer mangelhaften Sache sich als Nichterfüllung der Unternehmerpflichten darstellt, kann nach der Konzeption des Schuldrechtsmodernisierungsgesetzes für die Folgen eines Werkmangels in großen Teilen auf das **allgemeine Leistungsstörungsrecht** verwiesen werden. Diese Regelungen werden durch die §§ 634 ff. BGB lediglich in einzelnen Beziehungen im Hinblick auf die Besonderheiten des Werkvertragsrechts **modifiziert**.[1] An die Stelle der bisher gegebenen Wandelung ist jetzt das Rücktrittsrecht getreten. Rücktritt und Minderung sind als Gestaltungsrechte ausgestaltet. Eine **Ablehnungsandrohung** ist **nicht mehr erforderlich** – eine Fristsetzung reicht aus. Auch sie kann im Einzelfall entbehrlich sein. **Wandelung** oder **Minderung** auf der einen Seite können mit **Schadensersatz** auf der anderen Seite **kombiniert** werden. Da für den Schadensersatz jetzt auf §§ 280 ff. BGB verwiesen wird, kommt es nicht mehr auf die bisherige Unterscheidung zwischen Mangelschaden und Mangelfolgeschaden an.

2

Die verschuldensunabhängige Schadensersatzhaftung des bisherigen § 635 BGB a.F. wegen Fehlens **zugesicherter Eigenschaften** geht auf in § 276 Abs. 1 Satz 1 BGB. Sichert der Unternehmer bestimmte Eigenschaften des Werks zu, **liegt hierin** die Übernahme einer **Garantie** mit der sich aus der vorgenannten Regelung ergebenden strengen Haftung (zur Garantie vgl. die Kommentierung zu § 639 BGB Rn. 16). Die nach dem bisherigen § 467 Satz 2 BGB a.F. verschuldensunabhängig ersatzfähigen **Vertragskosten** kann der Besteller jetzt nach den §§ 284, 280, 281 BGB nur noch bei (allerdings vermutetem) Verschulden des Unternehmers ersetzt verlangen.

3

Zum In-Kraft-Treten vgl. die Kommentierung zu § 633 BGB Rn. 96.

4

B. Praktische Bedeutung

§ 634 BGB verweist beim Vorliegen von Werkmängeln u.a. auf die **Selbstvornahme** und die **Minderung**. Hierbei handelt es sich um Rechte des Bestellers, die das allgemeine Leistungsstörungsrecht nicht kennt. Ob auf die Regelungen des allgemeinen Leistungsstörungsrechts unmittelbar oder erst über die Verweisungsregelung des § 634 BGB zugegriffen wird, spielt für die **Verjährung** der Ansprüche eine Rolle. Die § 634 BGB unterfallenden Ansprüche wegen eines Werkmangels verjähren nach § 634a BGB; die Verjährung der unmittelbar dem allgemeinen Leistungsstörungsrecht unterfallenden Ansprüche richtet sich nach den §§ 195 ff. BGB.

5

C. Anwendungsvoraussetzungen

I. Fristsetzung

1. Grundsatz und Ausnahmen

Die in § 634 BGB genannten Werkmängelrechte des Bestellers setzen neben dem Vorliegen eines Werkmangels (zu praktischen Hinweisen hierzu vgl. die Kommentierung zu § 633 BGB Rn. 46) regelmäßig voraus, dass der Besteller den Unternehmer zur **Nacherfüllung** aufgefordert und ihm hierzu eine angemessene **Frist** gesetzt hat.

6

Es gibt jedoch **Ausnahmen**:

7

- Der Anspruch auf Nacherfüllung (§ 634 Nr. 1 BGB) setzt keine vorherige Fristsetzung voraus (§ 635 BGB).
- Zu Ausnahmen bei der Selbstvornahme (§ 634 Nr. 2 BGB) vgl. die Kommentierung zu § 637 BGB Rn. 6.
- Zu Ausnahmen bei Rücktritt oder Minderung (§ 634 Nr. 3 BGB) vgl. die Kommentierung zu § 636 BGB Rn. 5.
- Zu Ausnahmen bei Schadensersatz oder Ersatz vergeblicher Aufwendungen (§ 634 Nr. 4 BGB) vgl. Rn. 34 und die Kommentierung zu § 636 BGB Rn. 6.

Eine Fristsetzung ist auch dann **nicht entbehrlich**, wenn der Besteller die Nacherfüllung nach den § 635 Abs. 3 BGB, § 275 Abs. 2 oder Abs. 3 BGB zwar verweigern kann aber (noch) nicht verweigert hat. Der Besteller muss also eine Frist zur Nacherfüllung setzen, wenn nicht der Unternehmer **zuvor** erklärt hat, dass er von einem ihm nach den vorgenannten Regelungen zustehenden Leistungsverwei-

8

---

[1] Vgl. zum Ganzen BT-Drs. 14/6040, S. 261.

§ 634

gerungsrecht Gebrauch macht. Wenn der Unternehmer sein Leistungsverweigerungsrecht ausübt, nachdem ihm Frist zur Nacherfüllung gesetzt wurde, muss der Besteller nicht noch auf den Ablauf der gesetzten Frist warten. Er kann vielmehr jetzt sofort die gegebenen Mängelrechte geltend machen (§§ 326 Abs. 5, 283 BGB).[2]

9 Die Frist ist **erfolglos abgelaufen**, wenn der Unternehmer den Mangel nicht innerhalb der Frist (vollständig) beseitigt hat. Dass der Unternehmer entsprechende Bemühungen unternommen hat, die nicht zum (vollständigen) Erfolg geführt haben, hindert den Besteller nach Fristablauf nicht daran, seine Werkmängelrechte geltend zu machen.[3] Der Besteller muss in einem solchen Fall dem Unternehmer nicht nochmals eine neue Frist setzen. Wenn bereits **vor Fristablauf** feststeht, dass die angemessene Frist nicht eingehalten wird, ist es dem Besteller in der Regel nicht zumutbar, den Ablauf der Frist noch abzuwarten (vgl. hierzu auch § 281 Abs. 2 Alt. 2 BGB).[4]

2. Fehlerfälle

10 Werden mehrere **Mängel sukzessive entdeckt**, muss der Besteller darauf achten, dass er wegen eines jeden neuen Mangels (nicht bei nur neuer Mangelerscheinung, vgl. Rn. 11) noch einmal zur Mängelbeseitigung auffordert und hierfür Frist setzt, wenn die Fristsetzung nicht ausnahmsweise (vgl. Rn. 6) entbehrlich ist. Hat der Besteller wegen eines später entdeckten Mangels nicht die erforderliche Frist gesetzt, kann er wegen dieses Mangels keine Werkmängelrechte geltend machen.[5] Dies gewinnt besondere Relevanz im Prozess, wenn dort Mängel nachgeschoben werden sollen.

3. Inhalt der Fristsetzung

11 Es ist ausreichend, dass sich die Aufforderung auf die Nacherfüllung bezieht. Der Besteller muss nicht daneben oder vorher noch zusätzlich zur eigentlichen Erfüllung auffordern. In der Aufforderung zur Mängelbeseitigung unter Fristsetzung muss der Besteller den zu beseitigenden Mangel so genau bezeichnen, dass der Unternehmer erkennen kann, was konkret beanstandet wird. Nach der sog. **Symptomrechtsprechung** ist es aber ausreichend, wenn der Besteller eine **Mangelerscheinung** nennt.[6] Während der eigentliche Werkmangel in der Abweichung der Werkleistung davon liegt, was nach § 633 BGB geschuldet ist, zeigt sich an den Mangelerscheinungen (den „Symptomen" des Mangels) die Abweichung des Werkes von der vertraglich geschuldeten Leistung.[7] Den Mangel selbst, also die wirklichen Ursachen der Symptome, braucht der Besteller nicht zu nennen.[8] Es ist allerdings unschädlich, wenn er neben den Mangelerscheinungen zusätzlich Mangelursachen nennt. Hierin ist nur ein Hinweis auf einen festgestellten Schaden, nicht eine Begrenzung des Mängelbeseitigungsverlangens zu sehen. Deshalb ist es auch unschädlich, wenn der Besteller bei seiner Aufforderung irrtümlich eine falsche Ursache für die Mangelerscheinung angibt.[9] Das gilt auch, wenn der Besteller insoweit Gutachten übermittelt, in denen bestimmte Aussagen über die Ursachen gemacht werden. Damit werden Rechtswirkungen oder das weitere Vorgehen nicht auf die bezeichneten oder vermuteten Ursachen beschränkt. Vielmehr sind auch dann immer **alle Ursachen erfasst**, auf die die beanstandeten äußeren Erscheinungen zurückzuführen sind. Das gilt auch dann, wenn die beanstandeten Mangelerscheinungen nur an einigen Stellen aufgetreten sind, während ihre Ursache und damit der Mangel des Werkes in Wahrheit das ganze Gebäude erfasst. Für eine Leistungsaufforderung mit Fristsetzung nach § 281 Abs. 1 Satz 1 BGB kann sogar die Aufforderung ausreichen, die Leistung bis zu einem bestimmten Zeitpunkt zu bewirken. Maßgeblich ist, dass der Schuldner durch die Leistungsaufforderung mit Fristsetzung noch einmal in nachhaltiger Form zur ordnungsgemäßen Erfüllung des Vertrages angehalten

---

[2] BT-Drs. 14/6040, S. 184 und BT-Drs. 14/6040, S. 186.
[3] Vgl. BT-Drs. 14/6040, S. 234.
[4] BGH v. 12.09.2002 - VII ZR 344/01 - juris Rn. 9 - NJW-RR 2003, 13-14.
[5] Vgl. etwa BGH v. 10.06.2003 - X ZR 86/01 - juris Rn. 22 - BGHReport 2003, 1254-1255.
[6] Etwa durch ein dem Unternehmer bekanntes Gutachten: BGH v. 09.10.2008 - VII ZR 80/07 - juris Rn. 19 - NJW 2009, 354-355. Ferner BGH v. 30.03.2004 - X ZR 127/01 - juris Rn. 9 - BGHReport 2004, 1067; BGH v. 08.05.2003 - VII ZR 407/01 - juris Rn. 9 - NJW-RR 2003, 1239-1240; BGH v. 06.12.2001 - VII ZR 241/00 - juris Rn. 55 - BauR 2002, 613-618; OLG Hamm v. 01.12.2005 - 24 U 89/05 - juris Rn. 44 - OLGR Hamm 2006, 564.
[7] BGH v. 03.07.1997 - VII ZR 210/96 - juris Rn. 7 - NJW-RR 1997, 1376.
[8] BGH v. 30.10.2007 - X ZR 101/06 - juris Rn. 10 - NZBau 2008, 177; BGH v. 06.12.2001 - VII ZR 241/00 - juris Rn. 55 - BauR 2002, 613-618.
[9] BGH v. 30.10.2007 - X ZR 101/06 - juris Rn. 16 - NZBau 2008, 177.

und ihm klargemacht wird, dass nach fruchtlosem Ablauf der Frist die Leistung durch ihn abgelehnt werde.[10] Sind für die Mängelbeseitigung Mitwirkungshandlungen des Bestellers erforderlich, muss er diese vornehmen oder zumindest auch anbieten. Tut er das nicht, bleibt die Fristsetzung ohne Wirkung.[11]

Auf ein in dieser Weise erhobenes Mängelbeseitigungsverlangen **hat der Unternehmer zu prüfen**, worauf der Schaden zurückzuführen ist und inwieweit sein Werk mangelhaft ist.[12] An den dabei von ihm zu treffenden Feststellungen hat er sein Verhalten auszurichten. Das hat seinen Grund darin, dass der Besteller zunächst nur die Mangelerscheinungen zuverlässig kennen und beobachten kann. Außerdem würde sich bei einer anderen Handhabung das Risiko einer unzureichenden Erfassung der Mängel auf den Besteller verlagern, obwohl Kenntnis, Beurteilung und Beseitigung von Mängeln des Werks nach dem vertraglichen Pflichtenkreis sowie nach Informationsstand und Fachkenntnissen vorrangig Sache des Unternehmers sind.[13] **Als Fristsetzung** zur Mängelbeseitigung kann es **unzureichend** sein, wenn der Besteller lediglich **zur Stellungnahme** zu Mängeln und zu Änderungsarbeiten auffordert[14], wenn er lediglich dazu auffordert, sich binnen bestimmter Frist dazu **zu erklären**, ob er Nacherfüllungsarbeiten ausführen wird[15], wenn er lediglich auffordert, Nacherfüllung „an" einem – und nicht bis zu einem – genau bestimmten Termin vorzunehmen[16]. 12

4. Angemessenheit

Angemessen ist die Frist, wenn sie so lang ist, dass der Schuldner die Leistung auch tatsächlich **noch erbringen kann**. Allerdings muss sie dem Schuldner, der zur Erbringung der Leistung noch nichts unternommen hat, **nicht ermöglichen**, die Leistung **erst anzufangen** und zu erbringen.[17] Da der Schuldner seiner ursprünglichen Leistungspflicht nicht hinreichend entsprochen hat, können von ihm jetzt auch größere Anstrengungen und damit schnelleres Handeln erwartet werden. Erweist sich die Frist als **unangemessen kurz**, so ist sie damit nicht völlig unwirksam.[18] Vielmehr setzt sie die angemessene Frist in Lauf, wenn sie nicht nur zum Schein gesetzt wurde oder der Gläubiger deutlich gemacht hat, dass es ihm gerade auf die Kürze der Frist ankommt und er die Leistung keinesfalls annehmen werde, selbst wenn sie innerhalb einer angemessenen Frist erbracht werden sollte.[19] Die Angemessenheit einer Nachfrist kann sich, gemessen an dem Zweck, dem Schuldner noch einmal die Erfüllung seiner Leistungspflicht zu ermöglichen, nur nach objektiven Maßstäben beurteilen. Dabei kann allerdings auch ein **besonderes Interesse des Bestellers** an einer möglichst pünktlichen Erfüllung der Leistungspflicht zu berücksichtigen sein.[20] War der Unternehmer **bereits vorher ohne Fristsetzung** zur Nacherfüllung **aufgefordert** worden, kann eine kürzere Frist angemessen sein, wenn hier nicht sogar schon von einem Fehlschlagen der Nacherfüllung oder einer endgültigen und ernsthaften Leistungsverweigerung ausgegangen werden muss.[21] Hat der Bauherr dem Unternehmer, der bereits mit Nacherfüllungsarbeiten begonnen hat, eine Frist von nur zwei Tagen gesetzt und ihm zugleich Baustellenverbot erteilt, wird dies 13

---

[10] BGH v. 25.03.2010 - VII ZR 224/08 - juris Rn. 15 f. - BauR 2010, 909-911.
[11] BGH v. 08.11.2007 - VII ZR 183/05 - juris Rn. 36 - BGHZ 174, 110.
[12] OLG München v. 22.02.2006 - 27 U 607/05 - juris Rn. 13 - BauR 2007, 2073.
[13] BGH v. 17.01.2002 - VII ZR 488/00 - juris Rn. 11 - BauR 2002, 784-786; BGH v. 02.04.1998 - VII ZR 230/96 - juris Rn. 12 - BauR 1998, 632-633; BGH v. 18.01.1990 - VII ZR 260/88 - juris Rn. 14 - BGHZ 110, 99-104; BGH v. 03.07.1997 - VII ZR 210/96 - juris Rn. 8 - NJW-RR 1997, 1376; BGH v. 26.03.1992 - VII ZR 258/90 - juris Rn. 7 - WM 1992, 1416-1418; BGH v. 15.06.1989 - VII ZR 14/88 - juris Rn. 13 - BGHZ 108, 65-73; BGH v. 20.04.1989 - VII ZR 334/87 - juris Rn. 11 - NJW-RR 1989, 979-980; BGH v. 23.02.1989 - VII ZR 31/88 - juris Rn. 26 - NJW-RR 1989, 667-668; BGH v. 10.11.1988 - VII ZR 140/87 - juris Rn. 12 - BauR 1989, 81-83; BGH v. 06.10.1988 - VII ZR 227/87 - juris Rn. 7 - BauR 1989, 79-81; BGH v. 09.10.1986 - VII ZR 184/85 - juris Rn. 19 - NJW 1987, 381-382; BGH v. 26.02.1987 - VII ZR 64/86 - juris Rn. 9 - NJW-RR 1987, 798.
[14] OLG Dresden v. 18.09.1997 - 19 U 624/97 - IBR 1998, 382.
[15] OLG Düsseldorf v. 27.12.2001 - 21 U 81/01 - BauR 2002, 963-965.
[16] OLG Düsseldorf v. 27.12.2001 - 21 U 81/01 - BauR 2002, 963-965.
[17] BGH v. 21.06.1985 - V ZR 134/84 - juris Rn. 23 - NJW 1985, 2640-2642; OLG Düsseldorf v. 05.07.1991 - 22 U 48/91 - NJW-RR 1992, 951.
[18] BT-Drs. 14/6040, S. 138.
[19] BGH v. 21.06.1985 - V ZR 134/84 - juris Rn. 21 - NJW 1985, 2640-2642; OLG Celle v. 18.12.2002 - 7 U 171/01 - OLGR Celle 2003, 345-347.
[20] BGH v. 21.06.1985 - V ZR 134/84 - juris Rn. 25 - NJW 1985, 2640-2642.
[21] BT-Drs. 14/6040, S. 222.

nicht als Setzung einer angemessenen Frist einzustufen sein.[22] Wenn sich der Besteller zuvor im Annahmeverzug befunden hatte, kann die Länge der Frist nicht allein von der für die Mängelbeseitigung erforderlichen Zeit abhängen, sondern geräumiger zu bemessen sein. Denn es ist einem Unternehmer nicht zuzumuten, sich dauernd zur Erbringung der noch ausstehenden restlichen Werkleistung bereit zu halten.[23]

5. Pflichtverletzung des Bestellers

14 Verhält sich der Besteller vertragsuntreu, etwa weil er es an der zur Herstellung des Werks erforderlichen Mitwirkungshandlung hat fehlen lassen[24], weil er seinerseits in Verzug geraten ist[25] oder weil er objektiv rechtswidrig den Vertrag gebrochen hat[26], ist es ihm zumindest so lange verwehrt, die von dem Unternehmer zu erbringende Nacherfüllung zu verlangen, bis er seinerseits wieder vorbehaltlos zu dem Vertrag steht[27]. Befindet sich der Unternehmer mit seiner Leistungspflicht im **Verzug**, so kann er dem Nacherfüllungsverlangen des Bestellers nicht entgegen halten, dass der Besteller seiner erst nach Eintritt des Leistungsverzugs entstehenden Zahlungspflicht nicht nachgekommen sei. Vielmehr muss, wer sich im Verzug befindet, stets zunächst die Folgen seiner eigenen Vertragsverletzung beseitigen, bevor er sich auf § 320 BGB berufen kann. Hierzu ist erforderlich, dass er die von ihm geschuldete Leistung vollständig erbringt oder sie dem anderen Vertragsteil so anbietet, dass dieser seinerseits in Annahmeverzug gerät.[28] Wenn der Besteller noch vor Ablauf der angemessenen Frist die **Entgegennahme** der Mängelbeseitigung endgültig **verweigert**, kann er grundsätzlich keine Werkmängelrechte geltend machen. Etwas anderes gilt allerdings, wenn es dem Besteller nicht zuzumuten war, den Fristablauf abzuwarten.[29]

II. Rücktritt

15 Nach § 634 Nr. 3 BGB kann der Besteller bei Vorliegen eines Werkmangels vom Vertrag zurücktreten. Hierzu müssen die Voraussetzungen des § 323 BGB oder des § 326 Abs. 5 BGB vorliegen.

16 Der Besteller kann bereits **vor Abnahme** zurücktreten, wenn offensichtlich ist, dass die Voraussetzungen des Rücktritts eintreten werden (§ 323 Abs. 4 BGB). Das wird in der Regel dann der Fall sein, wenn der Unternehmer seine Leistung endgültig und ernsthaft verweigert hat. Dann ist auch eine Fristsetzung nicht mehr erforderlich.

1. Ausschluss des Rücktritts

17 Der Rücktritt ist ausgeschlossen,
- wenn der Mangel auf einem Umstand beruht, für den der Gläubiger allein oder weit überwiegend verantwortlich ist (§§ 634 Nr. 3, 323 Abs. 6 BGB), oder
- wenn der Schuldner den Werkmangel nicht zu vertreten hat und der Gläubiger bei Eintritt des Werkmangels im Annahmeverzug ist (§§ 634 Nr. 3, 323 Abs. 6, 293 ff. BGB) oder
- wenn der Besteller sich bei der Abnahme wegen eines ihm bekannten Mangels seine Rechte nicht vorbehalten hat (vgl. die Kommentierung zu § 640 BGB Rn. 31).

18 Nach § 323 Abs. 5 Satz 2 BGB ist der Rücktritt wegen eines **unerheblichen Mangels** ausgeschlossen, was sich vor allem nach dem Ausmaß der mangelbedingten Beeinträchtigung der vertraglich vorausgesetzten Verwendungstauglichkeit richtet.[30] Dies gilt gemäß den §§ 326 Abs. 5, 323 Abs. 5 Satz 2 BGB auch dann, wenn der Besteller den Rücktritt aus § 275 Abs. 1 BGB (Unmöglichkeit der Nacherfüllung), aus § 275 Abs. 2 BGB (Leistungsverweigerung des Unternehmers wegen praktischer = faktischer Unmöglichkeit) oder aus § 275 Abs. 3 BGB (Leistungsverweigerung des Unternehmers wegen Unzumutbarkeit bei persönlicher Leistungspflicht) herleiten will. Ein Mangel ist dann nicht unerheb-

---

[22] OLG Hamm v. 08.02.2000 - 24 U 71/99 - BauR 2000, 1346-1347.
[23] BGH v. 03.04.2007 - X ZR 104/04 - juris Rn. 9 - NJW 2007, 2761.
[24] BGH v. 20.02.1969 - VII ZR 175/66 - ZfBR 2000, 108.
[25] BGH v. 07.11.1985 - VII ZR 45/85 - juris Rn. 14 - NJW 1986, 987-988.
[26] BGH v. 02.10.1987 - V ZR 42/86 - WM 1987, 1467-1468.
[27] BGH v. 08.11.1994 - X ZR 104/91 - juris Rn. 24 - NJW-RR 1995, 564-565; BGH v. 02.10.1987 - V ZR 42/86 - WM 1987, 1467-1468.
[28] BGH v. 08.11.1994 - X ZR 104/91 - juris Rn. 24 - NJW-RR 1995, 564-565.
[29] BGH v. 12.09.2002 - VII ZR 344/01 - juris Rn. 12 - NJW-RR 2003, 13-14.
[30] *Sprau* in: Palandt, § 636 Rn. 6; *Halfmeier/Leupertz* in: PWW, § 636 Rn 10, jew. m.w.N.

lich, wenn er im Fehlen einer **garantierten** (zugesicherten) **Eigenschaft** liegt[31] oder der Unternehmer über das Vorhandensein eines Mangels arglistig getäuscht hat[32] (zur Arglist vgl. die Kommentierung zu § 639 BGB Rn. 3). Die Prüfung der Erheblichkeit der Pflichtverletzung erfordert eine umfassende Interessenabwägung, bei der einerseits der für die Mängelbeseitigung erforderliche Aufwand, andererseits die von den Mängeln ausgehende funktionelle Beeinträchtigung und die Schwere des Verschuldens des Schuldners zu berücksichtigen sind.[33]

Ist der Rücktritt wegen eines unerheblichen Mangels ausgeschlossen, bleibt dem Besteller weiterhin die Möglichkeit zu mindern oder Schadensersatz wegen Nichterfüllung zu verlangen. Ein Anspruch auf Schadensersatz statt der ganzen Leistung (früher: großer Schadensersatzanspruch) ist aber dann auch ausgeschlossen (§ 281 Abs. 1 Satz 3 BGB). Hat der Besteller wegen eines unerheblichen Mangels noch keinen Schadensersatz verlangt, kann er trotz Rücktrittserklärung **noch** zur **Selbstvornahme** schreiten. Der erklärte Rücktritt hindert ihn hieran nicht, weil die Rücktrittserklärung gemäß § 323 Abs. 5 Satz 2 BGB ohne Wirkung bleibt. 19

Der Rücktritt ist außerdem dann ausgeschlossen, wenn der **Besteller** für den Mangel des Werks allein oder weit überwiegend **verantwortlich** ist (§ 323 Abs. 6 Alt. 1 BGB). Hier ist ein Grad der Mitverantwortung gemeint, der über § 254 BGB auch einen Schadensersatzanspruch vollständig ausschließen würde. Der Rücktritt ist auch in dem Fall ausgeschlossen, dass der Schuldner den Mangel nicht zu vertreten hat und der Besteller sich bei Eintritt des Mangels in **Annahmeverzug** befindet (§ 323 Abs. 6 Alt. 2 BGB). 20

Hat der Schuldner eine **Teilleistung** bewirkt, so kann der Gläubiger nach § 323 Abs. 5 Satz 1 BGB vom ganzen Vertrag nur zurücktreten, wenn er an der Teilleistung kein Interesse hat. Eine Teilleistung in diesem Sinne setzt voraus, dass der Unternehmer eine teilbare Leistung zu erbringen hat und der Werkmangel auf einen abgrenzbaren Leistungsteil begrenzt ist. Die Teilleistung ist von der **Zuweniglieferung** (Zuwenigleistung) abzugrenzen. Eine Zuweniglieferung im Sinne von § 633 Abs. 2 Satz 3 BGB liegt vor, wenn der Unternehmer mit dieser Leistung seine Leistungspflicht (vollständig) erfüllt wissen will (vgl. die Kommentierung zu § 633 BGB Rn. 36).[34] Die Zuweniglieferung stellt gemäß § 633 Abs. 2 Satz 3 BGB einen Werkmangel dar. Deshalb berechtigt sie ohne die Einschränkung aus § 323 Abs. 5 Satz 1 BGB zum Rücktritt.[35] 21

2. Rechtsfolgen des Rücktritts

Ist die von dem Besteller gesetzte **Frist** ergebnislos **abgelaufen**, ist hiermit der **Nacherfüllungsanspruch** des Bestellers **nicht automatisch erloschen**. Der Besteller kann weiter Nacherfüllung verlangen, bis er den Rücktritt erklärt, bis er die Minderung erklärt, bis er Schadensersatz verlangt oder bis er erklärt hat, er werde den Unternehmer aus einer Selbstvornahme in Anspruch nehmen (zu Letzterem vgl. die Kommentierung zu § 637 BGB Rn. 27). Das hat allerdings auch zur Folge, dass der Besteller **bis zur Rücktrittserklärung** (Erklärung der Minderung, Schadensersatzverlangen) eine **Nacherfüllung** durch den Unternehmer **zulassen muss**.[36] Erst mit Erklärung des Rücktritts wird das Schuldverhältnis in ein Rückgewährschuldverhältnis umgewandelt und erlischt der Anspruch auf die Leistung. Der Besteller ist dann an den von ihm einmal erklärten Rücktritt **gebunden** und kann ihn nicht mehr nach seinem freien Willen zurücknehmen und etwa Minderung verlangen.[37] Gleichwohl ist der Besteller nicht gehindert, neben dem Rücktritt auch noch Schadensersatz zu verlangen (§ 325 BGB). 22

Nach erfolgtem Rücktritt sind die beiderseits empfangenen Leistungen zurückzugeben und die gezogenen Nutzungen herauszugeben (§ 346 Abs. 1 BGB). Soweit der Rücktrittsschuldner hierzu **außer Stande** ist, schließt das den Rücktritt nicht aus. Der Rücktrittsschuldner hat dann nach § 346 Abs. 2 BGB Wertersatz und – bei Verschulden – auch Schadensersatz (§§ 280, 346 Abs. 4 BGB) zu leisten. Der vom Besteller nach Rücktritt gemäß § 346 Abs. 2 Satz 2 BGB geschuldete **Wertersatz** für die bei ihm verbleibende Werksleistung ist auf der Grundlage des Werklohns zu ermitteln[38]; ein eventueller 23

---

[31] Zu § 437 BGB: BT-Drs. 14/6040, S. 223.
[32] BGH v. 24.03.2006 - V ZR 173/05 - juris Rn. 12 - ZIP 2006, 904-906.
[33] OLG Frankfurt v. 28.03.2007 - 1 U 71/05 - juris Rn. 17 - IBR 2008, 211; OLG Frankfurt v. 28.03.2007 - 1 U 71/05 - juris Rn. 20 - IBR 2008, 211; BGH v. 24.03.2006 - V ZR 173/05 - juris Rn. 13 - ZIP 2006, 904-906.
[34] Zu § 434 BGB: BT-Drs. 14/6040, S. 216.
[35] Zu § 323 BGB BT-Drs. 14/6040, S. 187.
[36] BT-Drs. 14/6040, S. 185.
[37] Zu § 437 BGB BT-Drs. 14/6040, S. 221.
[38] BGH v. 14.07.2011 - VII ZR 113/10 - juris Rn. 4 - BauR 2011, 1654-1655; BGH v. 19.11.2008 - VIII ZR 311/07 - juris Rn. 13 ff. - BGHZ 178, 355-362.

§ 634

Mangel des Werkes ist durch eine analoge Anwendung des § 638 Abs. 3 BGB zu berücksichtigen.[39] Bei der für einen **Schadensersatzanspruch** erforderlichen **Pflichtverletzung** ist zu berücksichtigen, dass der Besteller zunächst einmal davon ausgehen darf, dass er das Werk behält. Eine Rechtspflicht zur sorgsamen Behandlung entsteht deshalb erst, wenn er weiß oder wissen muss, dass die Rücktrittsvoraussetzungen vorliegen.

24 Soweit keine anderen Bewertungskriterien – etwa ein vereinnahmter Mietzins – näher liegen, sind die anzurechnenden Gebrauchsvorteile in der Regel linear zu berechnen[40] (Beispiel: Werklohn: 100.000,00 €, angenommene Gesamtnutzungsdauer: 80 Jahre, Dauer des anzurechnenden Gebrauchs: 2 Jahre à Gebrauchsvorteil = 100.000,00 € / 80 Jahre * 2 Jahre). Bei Wohngebäuden kann in Anlehnung an die Anlage 4 zu § 22 WertV 2002 von einer wirtschaftlichen Gesamtnutzungsdauer zwischen 60 und 100 Jahren ausgegangen werden (gemäß ZPO § 287 gemittelt: 80 Jahre). Bei der Bemessung der nach § 346 Abs. 1 BGB zu erstattenden **Gebrauchsvorteile** ist die Mangelhaftigkeit des Werks zu berücksichtigen. Dies kann durch Schätzung nach § 287 ZPO erfolgen.[41]

25 Eine Verschlechterung des Werks, die durch den bestimmungsgemäßen Gebrauch eingetreten ist, bleibt gemäß § 346 Abs. 2 Satz 1 HS. 2 BGB außer Betracht. Beispiel: Der Besteller schuldet eine Nutzungsentschädigung, wenn er die von ihm bezogene Eigentumswohnung zurückgewährt. Dass diese jetzt nicht mehr als neu weiterveräußert werden kann, ist Folge des bestimmungsgemäßen Gebrauchs. Der Besteller schuldet insoweit deshalb keinen Ausgleich.

26 Nach § 347 Abs. 1 BGB hat der Rücktrittsschuldner diejenigen **Nutzungen** herauszugeben, die er seit Empfang der Überzahlung tatsächlich gezogen oder unter Verstoß gegen die eigenübliche Sorgfalt nicht gezogen hat. Zu den Nutzungen zählen **Zinserträge** und sonstige Erträge, die dem Unternehmer aus einer kapitalvermehrenden Anlage des erlangten Geldbetrages zugeflossen sind. Hat der Unternehmer das erlangte Geld zur Tilgung von Schulden verwandt, hat er die dadurch ersparten Zinszahlungen als Vorteile aus dem Gebrauch des Geldes an den Besteller herauszugeben.[42] Für weitere Einzelheiten zum Rücktritt vgl. die Kommentierung zu § 323 BGB und die Kommentierung zu § 346 BGB.

III. Schadensersatz

27 Stellt der Unternehmer ein mangelhaftes Werk her, verletzt er eine Vertragspflicht. In einem solchen Fall kann der Besteller nach den §§ 634 Nr. 4, 280 ff. BGB Schadensersatz verlangen.

28 Ein Anspruch auf Schadensersatz setzt grundsätzlich voraus,
- dass der Besteller den Unternehmer unter Setzung einer angemessenen Frist (vgl. Rn. 6) zur Nacherfüllung aufgefordert hat (zu Ausnahmen vgl. Rn. 34) und
- dass der Unternehmer den Werkmangel zu vertreten hat (Verschulden des Unternehmers – hierzu vgl. die Kommentierung zu § 276 BGB).

1. Verschulden

29 Dafür, dass er den Werkmangel nicht zu vertreten hat, ist der **Unternehmer** nach § 280 Abs. 1 Satz 2 BGB **darlegungs- und beweisbelastet**.[43] Bei dem Unternehmer sind die zur Herstellung des Werkes nötigen sachlichen Kenntnisse und Fertigkeiten vorauszusetzen. Der Unternehmer hat grundsätzlich für das hierzu nötige Wissen und Können einzustehen.[44] Maßgeblicher Zeitpunkt ist der der Erbringung der Werkleistung bis zum Zeitpunkt der Abnahme.[45] Verschulden des Unternehmers kann außer in der mangelhaften Ausführung als solcher auch bereits darin gesehen werden, dass er die Erbringung der Leistung versprochen hat, obwohl er wusste oder hätte erkennen müssen, dass er hierfür nicht die erforderliche **Fachkunde** besitzt.[46] Das von einem Unternehmer erwartete Spezialwissen ist maßgeblich durch den vom Hersteller bzw. Lieferanten des Materials vermittelten Informationsstand mitbestimmt.

---

[39] BGH v. 14.07.2011 - VII ZR 113/10 - juris Rn. 9, 11 - BauR 2011, 1654-1655.
[40] BGH v. 06.10.2005 - VII ZR 325/03 - juris Rn. 16 - BGHZ 164, 235-241; BGH v. 31.03.2006 - V ZR 51/05 - BGHZ 167, 108-118.
[41] BGH v. 06.10.2005 - VII ZR 325/03 - juris Rn. 21 - BGHZ 164, 235-241.
[42] Vgl. BGH v. 06.03.1998 - V ZR 244/96 - juris Rn. 21 - BGHZ 138, 160-166.
[43] BGH v. 12.12.2001 - X ZR 192/00 - juris Rn. 14 - NJW 2002, 1565;
[44] OLG Bamberg v. 16.04.2007 - 4 U 198/05 - juris Rn. 48 - IBR 2008, 212.
[45] OLG Bamberg v. 16.04.2007 - 4 U 198/05 - juris Rn. 57 - IBR 2008, 212; OLG Hamm v. 09.01.2003 - 17 U 91/01 - juris Rn. 55 - BauR 2003, 567; OLG Köln v. 26.03.2003 - 13 U 65/02 - juris Rn. 19 - BauR 2003, 1940.
[46] BGH v. 16.10.1984 - X ZR 86/83 - juris Rn. 14 - BGHZ 92, 308-312.

Dessen Verarbeitungsrichtlinien bilden in der Regel für den ausführenden Fachhandwerker eine ausreichende Verlässlichkeitsgrundlage.[47] Der Unternehmer muss aber auch sonstige erhebliche Umstände berücksichtigen, die für ihn als bedeutsam erkennbar sind.[48] Die Einstandspflicht des Unternehmers findet eine Grenze, wenn der Mangel ausschließlich darauf beruht, dass der Unternehmer einer verbindlichen Anweisung des Bestellers Folge leistet und sich auch nicht zugleich wegen der strikten Befolgung der Anweisung eine Verletzung seiner Hinweis- und Aufklärungspflicht vorwerfen lassen muss.[49]

Bei Verletzung einer **Offenbarungspflicht**[50] kann das Verschulden des Unternehmers auch darin liegen, dass ihm der Mangel infolge unzureichender Organisation seines Betriebes unbekannt geblieben war[51] (zum arglistigen Verschweigen eines Mangels vgl. die Kommentierung zu § 639 BGB Rn. 3). Ob ein schwerwiegender Mangel den Schluss auf mangelhafte Organisation und Prüfung zulässt, hängt davon ab, ob die Nichtentdeckung des Mangels auf einem Organisationsfehler beruht. Alleine die Tatsache, dass ein schwerwiegender Mangel vorliegt, rechtfertigt nicht ohne Weiteres die Annahme eines Organisationsverschuldens, denn auch bei ordnungsgemäßer Organisation des Herstellungsprozesses lassen sich Mängel nicht vollständig ausschließen.[52] Verwendet der Unternehmer in **bewusster Abweichung** von der Vereinbarung einen neuen, nicht erprobten Baustoff, so genügt er seiner Mitteilungspflicht gegenüber dem Besteller nur dadurch, dass er ihn darauf und auf das mit der Verwendung dieses Baustoffes verbundene Risiko hinweist.[53] Nach § 276 Abs. 1 BGB haftet der Unternehmer auch dann, wenn er eine bestimmte Beschaffenheit der Werkleistung **garantiert** hat. Damit werden die Fälle der früheren **Eigenschaftszusicherung** erfasst. Will der Besteller den Unternehmer nicht nur aus Vorsatz oder Fahrlässigkeit, sondern aus einer solchen Garantie in Anspruch nehmen, liegt die Beweislast für die Garantiezusage wegen des in § 276 Abs. 1 BGB formulierten Regel-/Ausnahmeverhältnisses beim Besteller.

30

Verschulden des Unternehmers kann fehlen, wenn der Werkmangel auf dem **Verschulden eines Lieferanten** des Unternehmers beruht. Anders als der Subunternehmer ist der Lieferant nämlich grundsätzlich kein Erfüllungsgehilfe des Unternehmers.[54] Etwas anderes gilt allerdings dann, wenn der Lieferant eine Tätigkeit übernommen hat, die zum Umfang der dem Werkunternehmer obliegenden Herstellungspflicht gehört.[55] Auch wenn der Lieferant kein Erfüllungsgehilfe des Unternehmers ist, kann sich eine Haftung des Unternehmers aus einer Verletzung von Untersuchungs- oder Hinweispflichten in Ansehung der Leistung des Lieferanten ergeben. Zu **Erfüllungsgehilfen des Bestellers** vgl. die Kommentierung zu § 635 BGB Rn. 21.

31

2. Erforderlichkeit der Fristsetzung je nach Anspruchsinhalt

Für die weiteren Voraussetzungen eines Schadensersatzanspruchs kommt es darauf an, für welchen Schaden Ersatz beansprucht wird. Macht der Besteller einen Verzugsschaden geltend oder verlangt er Schadensersatz statt der Leistung (früher: Schadensersatz wegen Nichterfüllung), verfolgt der Besteller also sein Interesse an der ordnungsgemäßen Erfüllung des Vertrags durch den Unternehmer[56], müssen weitere Voraussetzungen vorliegen.

32

---

[47] OLG Bamberg v. 16.04.2007 - 4 U 198/05 - juris Rn. 63 - IBR 2008, 212.

[48] BGH v. 12.12.2001 - X ZR 192/00 - juris Rn. 17 - NJW 2002, 1565.

[49] Saarländisches Oberlandesgericht Saarbrücken v. 16.05.2006 - 4 U 654/04 - juris Rn. 44 - OLGR Saarbrücken 2006, 1063.

[50] Hierzu BGH v. 22.11.1991 - V ZR 215/90 - juris Rn. 9 - NJW-RR 1992, 333-334; BGH v. 12.03.1992 - VII ZR 5/91 - juris Rn. 8 - BGHZ 117, 318-323; OLG Hamm v. 04.11.1997 - 21 U 45/97 - NJW-RR 1999, 171-172.

[51] BGH v. 12.03.1992 - VII ZR 5/91 - juris Rn. 9 - BGHZ 117, 318-323.

[52] OLG Düsseldorf v. 30.11.2001 - 5 U 229/00 - OLGR Düsseldorf 2002, 317-320.

[53] BGH v. 23.05.2002 - VII ZR 219/01 - juris Rn. 15 - NJW 2002, 2776-2777.

[54] BGH v. 09.02.1978 - VII ZR 84/77 - juris Rn. 11 - NJW 1978, 1157-1158; OLG Hamm v. 01.04.1998 - 12 U 146/94 - BauR 1998, 1019-1021; OLG Bamberg v. 16.04.2007 - 4 U 198/05 - juris Rn. 68 - IBR 2008, 212.

[55] OLG Karlsruhe v. 27.02.1997 - 11 U 31/96 - juris Rn. 28 - NJW-RR 1997, 1240-1241; OLG Celle v. 29.03.1995 - 6 U 94/94 - OLGR Celle 1995, 267-269.

[56] BGH v. 20.05.1994 - V ZR 64/93 - juris Rn. 8 - BGHZ 126, 131-138.

§ 634

33 Nach den §§ 280 Nr. 3, 281 Abs. 1 Satz 1 BGB muss der Besteller den Unternehmer grundsätzlich **unter Fristsetzung zur Nacherfüllung aufgefordert** haben, bevor er Schadensersatz statt der Leistung (früher: Schadensersatz wegen Nichterfüllung) fordern kann. Aus dem Regelungszusammenhang ergibt sich, dass § 281 BGB alle Schäden umfasst, die bei ordnungsgemäßer Erfüllung der werkvertraglichen Leistungspflichten und gegebenenfalls tauglicher Nachbesserungen nicht entstanden wären. Schäden, die auch im Wege der Nacherfüllung nicht hätten beseitigt werden können, unterfallen demgegenüber § 280 BGB, weil eine fristgebundene Aufforderung zur Mängelbeseitigung insoweit ohne Sinn gewesen wäre. Für die **Abgrenzung** zwischen § 280 BGB und § 281 BGB kommt es demnach nicht mehr auf die bisherige Unterscheidung zwischen Mangel- und Mangelfolgeschäden an.[57]

34 Richtet sich die Ersatzpflicht bei einem **Schaden, der über das Erfüllungsinteresse** hinausgeht, nicht nach § 280 BGB i.V.m. § 281 BGB, sondern allein nach § 280 Abs. 1 BGB, dort wird eine Fristsetzung nicht verlangt.[58] Bei diesem Schaden wäre eine **Fristsetzung** auch **sinnlos**, da ein solcher Schaden mit einer erfolgreichen Beseitigung des Werkmangels, zu der mit der Fristsetzung aufgefordert wird, nicht zu beheben wäre. Es geht hier um Schäden, die durch den Werkmangel an anderen Rechtsgütern als der Werkleistung selbst (Körperschäden, Vermögensschäden wie z.B. Gutachterkosten, der durch den Mangel verursachte Betriebsausfallschaden, Verdienstausfall oder entgangenen Gewinn, weil das Werk infolge des Mangels oder während der Zeit der Mangelbeseitigung unbenutzbar ist[59]) oder auch anderweitig etwa durch eine schuldhafte Verletzung von Aufklärungs-, Hinweis- und Kooperationspflichten[60] eingetreten sind. Wenn diese Schäden durch den Werkmangel verursacht sind, richtet sich die Ersatzpflicht nach § 634 Nr. 4 BGB i.V.m. § 280 Abs. 1 BGB (Verjährung: § 634a BGB). Wenn sie unabhängig von einem Werkmangel verursacht wurden, kommt § 280 Abs. 1 BGB unmittelbar zur Anwendung (Verjährung: § 195 BGB). **Im Zweifel** kann darauf abgestellt werden, ob der in Rede stehende Schaden im Falle einer Nachbesserung vollständig wegfällt. Ist das der Fall, kann davon ausgegangen werden, dass nach § 281 Abs. 1 BGB grundsätzlich eine Frist zur Nacherfüllung gesetzt werden muss, wenn nicht eine der in § 281 Abs. 2 BGB bzw. § 636 BGB geregelten Ausnahmen vorliegt (vgl. hierzu die Kommentierung zu § 636 BGB Rn. 6). Deshalb hat der Unternehmer auch ohne Fristsetzungen für einen Vermögensschaden einzustehen, wenn dieser Schaden zu dem Zeitpunkt, zu dem der Besteller zur Beseitigung des Mangels hätte auffordern können, bereits entstanden war.[61] Wählt ein Unternehmer, der nach einem Wasserschaden in einem Gebäude damit beauftragt ist, den Fußbodenaufbau zu trocknen, und zu diesem Zweck den Fliesenbelag öffnen muss, eine Trocknungsmethode, die zu größeren Schäden am Gebäude als erforderlich führt, ist der Schadensersatzanspruch des Bestellers nicht davon abhängig, dass er dem Unternehmer eine Frist zur Nacherfüllung gesetzt hat. Der Schaden kann durch eine Nacherfüllung nicht mehr beseitigt werden. Der Zweck der Fristsetzung, dem Unternehmer eine letzte Gelegenheit einzuräumen, das noch mit Mängeln behaftete Werk in den vertragsgemäßen Zustand zu versetzen, ehe an deren Stelle die ihn finanziell regelmäßig mehr belastenden anderen Mängelansprüche treten, ist nicht mehr zu erreichen.[62] Ein **Tierarzt**, der seine Pflichten aus einem Vertrag über die Ankaufsuntersuchung eines Pferdes verletzt und deshalb einen unzutreffenden Befund erstellt hat, haftet seinem Vertragspartner gemäß § 634 Nr. 4 BGB i.V.m. § 280 Abs. 1 BGB auf Ersatz des Schadens (z.B. Unterbringungs- und Behandlungskosten), der diesem dadurch entstanden ist, dass er das Pferd aufgrund des fehlerhaften Befundes erworben hat.[63]

35 § 634 Nr. 4 BGB nimmt außerdem die Vorschriften in Bezug, die im allgemeinen Leistungsstörungsrecht die Schadensersatzpflicht des Schuldners bei **Unmöglichkeit** der Leistung regeln, nämlich § 283 BGB und § 311a BGB. Damit sind in dem hier maßgeblichen Zusammenhang die Fälle angesprochen, in denen die Erfüllung des Nacherfüllungsanspruchs aus § 635 BGB unmöglich ist. Der Besteller kann dann auch **ohne Fristsetzung**, die in diesem Fall sinnlos ist, gemäß § 283 Satz 1 BGB Schadensersatz

---

[57] *Halfmeier/Leupertz* in: PWW, § 634 Rn 16 m.w.N.; *Sprau* in: Palandt, § 634 Rn. 6.
[58] BGH v. 30.03.2004 - X ZR 127/01 - juris Rn. 16 - BGHReport 2004, 1067; OLG Naumburg v. 19.08.2004 - 4 U 66/04 - juris Rn. 34 - ZGS 2005, 77-78.
[59] BGH v. 16.10.1984 - X ZR 86/83 - juris Rn. 11 - BGHZ 92, 308-312; BGH v. 08.06.1978 - VII ZR 161/77 - juris Rn. 10 - BGHZ 72, 31-34; BGH v. 13.09.2001 - VII ZR 392/00 - juris Rn. 14 - BauR 2002, 86-88.
[60] BGH v. 19.05.2011 - VII ZR 24/08 - juris Rn. 24 ff. - BauR 2011, 1494-1498.
[61] BGH v. 13.05.2003 - X ZR 200/01 - juris Rn. 10 - NJW-RR 2003, 1285.
[62] BGH v. 08.12.2011 - VII ZR 198/10 - juris Rn. 12 - BauR 2012, 494-496.
[63] BGH v. 22.12.2011 - VII ZR 7/11 - juris Rn. 14 - NJW 2012, 1071-1073; BGH v. 22.12.2011 - VII ZR 136/11 - juris Rn. 14 - NJW 2012, 1070-1071; BGH v. 26.01.2012 - VII ZR 164/11 - juris Rn. 12 - NJW-RR 2012, 540-542.

statt der Leistung verlangen. Schadensersatz statt der ganzen Leistung, also großen Schadensersatz, kann er auch in diesem Fall gemäß § 283 Satz 2 BGB in Verbindung mit § 281 Abs. 1 Satz 2 BGB nur bei Interessefortfall beanspruchen. War eine (Nach-)Erfüllung **von vorneherein unmöglich**, richtet sich der Schadensersatzanspruch des Bestellers nach § 311a Abs. 2 BGB.

3. Schadensersatz statt der Leistung

Hat der Besteller einen Anspruch auf Schadensersatz statt der Leistung, kann er verlangen, **so gestellt** zu werden, **wie** er gestanden hätte, wenn der Vertrag **ordnungsgemäß erfüllt** worden wäre. Ihm ist die Wertdifferenz zwischen der Vermögenslage, die sich bei ordnungsgemäßer Vertragserfüllung durch den Unternehmer ergeben hätte, und derjenigen zu ersetzen, wie sie infolge der durch den Werkmangel verursachten späteren teilweisen Nichterfüllung für den Besteller eingetreten ist. Der Anspruch auf Schadensersatz statt der Leistung ist grundsätzlich auf den „**kleinen Schadensersatz**" beschränkt. Der Besteller kann im Rahmen des „kleinen" Schadensersatzanspruches entweder den mangelbedingten (technischen) Minderwert des Werkes oder den Betrag geltend machen, der für die Beseitigung des Mangels erforderlich ist.[64] Zwischen diesen beiden Alternativen kann der Besteller noch während des Rechtsstreits wählen.[65] 36

Der Unternehmer hat die Kosten und Aufwendungen zu erstatten, die für die ordnungsgemäße Herstellung des vom Unternehmer vertraglich geschuldeten Werks erforderlich sind. Zu den im Rahmen des Schadensersatzes zu ersetzenden notwendigen Aufwendungen für die Mängelbeseitigung gehören diejenigen Kosten, die der Besteller **im Zeitpunkt der Mängelbeseitigung** als vernünftiger, wirtschaftlich denkender Bauherr aufgrund sachkundiger Beratung oder Feststellung aufwenden konnte und musste, wobei es sich um eine vertretbare Maßnahme der Schadensbeseitigung handeln muss.[66] Das Risiko einer trotz sachkundiger Beratung fehlerhaften Mängelbeseitigungsmaßnahme trägt der Unternehmer.[67] Eine Mängelbeseitigung, die nicht den vertraglich geschuldeten Erfolg herbeiführt, muss der Besteller grundsätzlich nicht akzeptieren. Der Schadensersatzanspruch beschränkt sich nicht auf die geringeren Kosten einer Ersatzlösung, die den vertraglich geschuldeten Erfolg nicht herbeiführt. Der Besteller muss sich auch nicht darauf verweisen lassen, dass der durch eine nicht vertragsgemäße Nachbesserung verbleibende Minderwert durch einen Minderungsbetrag abgegolten wird.[68] Der Schadensersatzanspruch erfasst den **gesamten Vermögensnachteil**, den der Besteller durch den Mangel erlitten hat.[69] Zu den Kosten, die im Rahmen der Mängelbeseitigung anfallen und deshalb erstattungsfähig sind zählen auch solche **Kosten**, die den eigentlichen Mängelbeseitigungsarbeiten vorausgehen, indem das Bauwerk zur **Mängelbeseitigung vorbereitet** wird, sowie die Kosten, die der eigentlichen **Mängelbeseitigung folgen**, indem der ursprüngliche Zustand (= Zustand vor Mängelbeseitigung) wiederhergestellt wird.[70] Genau wie bei § 635 Abs. 2 BGB hat der Besteller auch einen materiell-rechtlichen Anspruch auf Ersatz aufgewandter Rechtsanwalts- und Gerichtskosten[71] sowie der Kosten für die Erstellung von Gutachten, soweit diese zur Auffindung des zu beseitigenden Mangels[72] oder zur Ermittlung der Verantwortlichkeit des Unternehmers für den Mangel[73] notwendig sind. Dann zählen dazu auch die Kosten einer von dem Gutachter veranlassten Bauteilöffnung.[74] 37

Wenn durch eine Mängelbeseitigung der Schaden nicht vollständig behoben werden kann, ist dem Besteller zusätzlich Ersatz für einen verbleibenden **technischen Minderwert** zu leisten. Maßstab für die Berechnung des technischen Minderwertes ist die Beeinträchtigung der Nutzbarkeit und damit des Er- 38

---

[64] BGH v. 11.07.1991 - VII ZR 301/90 - juris Rn. 9 - NJW-RR 1991, 1429-1430.
[65] BGH v. 11.07.1991 - VII ZR 301/90 - juris Rn. 9 - NJW-RR 1991, 1429-1430.
[66] BGH v. 27.03.2003 - VII ZR 443/01 - juris Rn. 12 - BGHZ 154, 301-305; BGH v. 31.01.1991 - VII ZR 63/90 - juris Rn. 11 - BauR 1991, 329-331; BGH v. 29.09.1988 - VII ZR 182/87 - juris Rn. 38 - NJW-RR 1989, 86-89.
[67] BGH v. 27.03.2003 - VII ZR 443/01 - juris Rn. 12 - BGHZ 154, 301-305.
[68] BGH v. 27.03.2003 - VII ZR 443/01 - juris Rn. 10 - BGHZ 154, 301-305; BGH v. 24.04.1997 - VII ZR 110/96 - juris Rn. 13 - BauR 1997, 638-640.
[69] Insbesondere der mangelbedingte Minderwert: BGH v. 10.03.2005 - VII ZR 321/03 - juris Rn. 11 - BauR 2005, 1014-1015.
[70] OLG Karlsruhe v. 07.11.2001 - 7 U 87/97 - OLGR Karlsruhe 2002, 187-189.
[71] BGH v. 25.09.2003 - VII ZR 357/02 - juris Rn. 13 - BauR 2003, 1900, 1902;
[72] BGH v. 17.02.1999 - X ZR 40/96 - juris Rn. 10 - NJW-RR 1999, 813-814; BGH v. 23.01.1991 - VIII ZR 122/90 - juris Rn. 55 - BGHZ 113, 251-262; BayObLG München v. 18.09.2002 - 2Z BR 62/02 - NJW-RR 2002, 1668.
[73] OLG Koblenz v. 08.11.2004 - 12 U 1228/03.
[74] OLG Düsseldorf v. 28.12.2006 - I-21 U 41/06, 21 U 41/06 - juris Rn. 70 - OLGR Düsseldorf 2007, 643.

§ 634

39 trags- und Veräußerungswertes des Gebäudes. Bei einer Gewerbeimmobilie sind alle Nutzungsmöglichkeiten in Betracht zu ziehen, die bei einem vertragsgemäßen Zustand des Gebäudes in Frage kommen. Auf die konkrete Nutzung des Gebäudes kommt es nicht an.[75]

39 Zu den Mangelbeseitigungskosten bzw. dem technischen Minderwert kann im Einzelfall ein **merkantiler Minderwert** hinzuzurechnen sein. Bei dem merkantilen Minderwert handelt es sich um den Schaden, der trotz völliger und ordnungsgemäßer Instandsetzung deshalb verbleibt, weil bei einem großen Teil des Publikums vor allem wegen des Verdachts verborgen gebliebener Schäden eine den Preis beeinflussende Abneigung gegen den Erwerb besteht.[76]

40 Der Schadensersatzanspruch ist auf Entschädigung in Geld gerichtet. Im Rechtsstreit ist maßgeblicher **Zeitpunkt** für die Berechnung der Schadenshöhe der Schluss der letzten mündlichen Tatsachenverhandlung.[77] Ob der als Schadensersatz bezahlte Betrag zur Beseitigung des Werkmangels eingesetzt wird, unterliegt der **Dispositionsfreiheit** des Bestellers.[78] Auch wenn der Besteller den Mangel überhaupt nicht beseitigen will oder die Beseitigung des Werkmangels wegen seiner zwischenzeitlichen Veräußerung[79] gar nicht mehr erfolgen kann, steht das dem Anspruch nicht entgegen.[80] Der Schadensersatzanspruch des Bestellers richtet sich allein gegen den Unternehmer, dessen Gewerk mit einem Mangel behaftet ist. Dieser kann grundsätzlich nicht mit Kosten für die Behebung von **Fehlern in den Gewerken Dritter** belastet werden. Mehrere an einem Bauvorhaben beteiligte Unternehmer – etwa Vor- und Nachunternehmer – haften für Mängel als **Gesamtschuldner**, wenn die ihnen jeweils anzulastenden Versäumnisse in einer Art und Weise zu Tage treten, die dieselben Nachbesserungsmaßnahmen erforderlich machen.[81] Steht im Rahmen einer werkvertraglichen **Leistungskette** fest, dass der Nachunternehmer von seinem Auftraggeber wegen Mängeln am Werk nicht mehr in Anspruch genommen wird, so kann er nach dem Rechtsgedanken der Vorteilsausgleichung gehindert sein, seinerseits Ansprüche wegen dieser Mängel gegen seinen Auftragnehmer geltend zu machen. An seiner früheren gegenteiligen Rechtsprechung[82] hält der Bundesgerichtshof nicht mehr uneingeschränkt fest.[83] Haftet der wegen eines Fehlers bei der Ankaufsuntersuchung eines Pferdes zum Schadensersatz verpflichtete Tierarzt neben dem Verkäufer als Gesamtschuldner, trifft den Käufer grundsätzlich nicht die Obliegenheit, zur Schadensminderung zunächst seine Ansprüche gegen den Verkäufer gerichtlich geltend zu machen.[84]

41 Auch wenn der Unternehmer nach § 635 Abs. 3 BGB eine Nacherfüllung wegen **unverhältnismäßiger Kosten** verweigert hat, kann der Besteller seinen Schadensersatzanspruch nach den von ihm für die Mängelbeseitigung gemachten Aufwendungen berechnen und ist nicht auf die Geltendmachung des merkantilen Minderwerts beschränkt. Das ist deshalb gerechtfertigt, weil der Schadensersatzanspruch nur dann besteht, wenn der Besteller den Mangel schuldhaft herbeigeführt hat.[85] In solchen Fällen kommt allerdings eine entsprechende Anwendung des § 251 Abs. 2 BGB in Betracht.[86] Hieran sind

---

[75] BGH v. 09.01.2003 - VII ZR 181/00 - juris Rn. 22 - BGHZ 153, 279-285; BGH v. 15.12.1994 - VII ZR 246/93 - juris Rn. 8 - NJW-RR 1995, 591-592.

[76] BGH v. 09.01.2003 - VII ZR 181/00 - juris Rn. 23 - BGHZ 153, 279-285; BGH v. 11.07.1991 - VII ZR 301/90 - juris Rn. 9 - NJW-RR 1991, 1429-1430.

[77] BGH v. 07.11.1996 - VII ZR 23/95 - juris Rn. 8 - LM BGB § 635 Nr. 112 (7/1997).

[78] BGH v. 10.05.1979 - VII ZR 30/78 - juris Rn. 22 - BGHZ 74, 258-272.

[79] BGH v. 16.12.2004 - VII ZR 257/03 - juris Rn. 66 - NJW 2005, 1115-1118; BGH v. 22.07.2004 - VII ZR 275/03 - juris Rn. 10 - NJW-RR 2004, 1462-1463.

[80] BGH v. 06.11.1986 - VII ZR 97/85 - juris Rn. 5 - BGHZ 99, 81-88; BGH v. 19.09.1985 - VII ZR 158/84 - juris Rn. 11 - NJW 1986, 428-429; Brandenburgisches Oberlandesgericht v. 14.06.2006 - 13 U 18/04 - juris Rn. 67 - BauR 2008, 567.

[81] BGH v. 26.06.2003 - VII ZR 126/02 - juris Rn. 11 - BGHZ 155, 265-273; OLG Stuttgart v. 05.06.2003 - 7 U 7/03 - juris Rn. 18 - ZfBR 2004, 59; OLG Stuttgart v. 21.07.2004 - 3 U 19/04 - IBR 2005, 312; OLG Oldenburg (Oldenburg) v. 27.04.2006 - 8 U 243/05 - juris Rn. 48 - OLGR Oldenburg 2007, 12.

[82] BGH v. 24.03.1977 - VII ZR 319/75 - EBE/BGH 1977, 199

[83] BGH v. 28.06.2007 - VII ZR 81/06 - juris Rn. 20 - BGHZ 173, 83; BGH v. 28.06.2007 - VII ZR 8/06 - juris Rn. 18 - ZfBR 2007, 677-679; BGH v. 10.07.2008 - VII ZR 16/07 - juris Rn. 17 - NJW 2008, 3359-3360; BGH v. 20.12.2010 - VII ZR 95/10 - juris Rn. 2 - BauR 2011, 683-684.

[84] BGH v. 22.12.2011 - VII ZR 136/11 - juris Rn. 19 - NJW 2012, 1070-1071; BGH v. 26.01.2012 - VII ZR 164/11 - juris Rn. 15 - NJW-RR 2012, 540-542; vgl. a. BGH v.02.05.1963 - VII ZR 171/61 - juris Rn. 36 - BGHZ 39, 261-266; BGH v. 26.07.2007 - VII ZR 5/06 - juris Rn. 4 - BauR 2007, 1875-187.

[85] BGH v. 26.10.1972 - VII ZR 181/71 - juris Rn. 5 - BGHZ 59, 365-369; OLG Karlsruhe v. 07.11.2001 - 7 U 87/97 - OLGR Karlsruhe 2002, 187-189.

[86] BGH v. 29.06.2006 - VII ZR 86/05 - juris Rn. 16 - NJW 2006, 2912; OLG Bamberg v. 16.04.2007 - 4 U 198/05 - juris Rn. 52 - IBR 2008, 212.

strenge Anforderungen zu stellen und alle Umstände des Falls, insbesondere der Grad des Verschuldens, zu berücksichtigen.[87] Unverhältnismäßig sind die Aufwendungen für die Beseitigung eines Werkmangels dann, wenn der damit in Richtung auf die Beseitigung des Mangels erzielte Erfolg oder Teilerfolg bei Abwägung aller Umstände des Einzelfalls in keinem vernünftigen Verhältnis zur Höhe des dafür gemachten Geldaufwandes steht. In einem solchen Falle würde es Treu und Glauben (§ 242 BGB) widersprechen, wenn der Besteller diese Aufwendungen dem Unternehmer anlasten könnte.[88] Im Rahmen der erforderlichen Abwägung ist zu berücksichtigen, ob und in welchem Umfang der Unternehmer den Werkmangel verschuldet hat.[89] Unverhältnismäßigkeit in diesem Sinne kann in aller Regel nur dann angenommen werden, wenn einem objektiv geringen Interesse des Bestellers an einer ordnungsgemäßen Leistung ein ganz erheblicher und deshalb unangemessener Aufwand gegenübersteht. Hat der Besteller objektiv ein berechtigtes Interesse an dieser Leistung, so kann ihm regelmäßig nicht wegen hoher Kosten die Kompensation für die fehlende Vertragserfüllung verweigert werden. Ein solches Interesse ist vor allem dann anzunehmen, wenn die Funktionsfähigkeit des Werkes spürbar beeinträchtigt ist. Der Unternehmer kann dem Besteller in aller Regel nicht nur entgegenhalten, die Errichtung eines mangelfreien Gebäudes durch einen anderen Unternehmer sei zu teuer oder unwirtschaftlich.[90] Dieser strenge Maßstab gilt auch, wenn es lediglich um rein optische Mängel geht[91], wenn auch in diesen Fällen Unverhältnismäßigkeit eher vorliegen wird.

Die sich aus § 251 Abs. 2 BGB ergebende Beschränkung des Schadensersatzanspruchs hat zur Folge, dass dem Besteller als Schadensersatz nur ein Ausgleich in Höhe der durch den Ausführungsmangel verursachten (merkantilen) Wertminderung des Gebäudes zusteht.[92] Soweit der Besteller in diesen Fällen statt Schadensersatzes einen Rücktritt in Erwägung zieht, muss er berücksichtigen, dass der Rücktritt nach § 323 Abs. 5 Satz 2 BGB bei „unerheblichen" Mängeln ausgeschlossen ist (vgl. Rn. 18). 42

Zu dem erstattungsfähigen Schaden kann auch eine **Nutzungsausfallentschädigung** gehören. Dem steht nicht entgegen, dass der hier in Rede stehende Anspruch nicht deliktischer, sondern vertraglicher Natur ist.[93] Der Anspruch auf Entschädigung des Nutzungsausfalls ist bei Kfz in aller Regel gegeben. 43

Bei anderen Sachen setzt eine Erstattungsfähigkeit voraus, dass 44
- der Besteller typischerweise auf die ständige Verfügbarkeit der Sache angewiesen ist,
- sich der Nutzungsausfall typischerweise auf die materielle Grundlage der Lebenshaltung spürbar auswirkt – für nur kurzfristige und durch zumutbare Umdispositionen auffangbare Gebrauchsbeeinträchtigungen kann eine Nutzungsausfallentschädigung nicht zuerkannt werden,
- der Besteller selbst die Sache im in Rede stehenden Zeitraum auch tatsächlich genutzt hätte.[94]

Ein Anspruch auf Nutzungsausfallentschädigung kann auf dieser Grundlage gegeben sein bei zeitweise völliger Unbewohnbarkeit des selbst genutzten Hauses.[95] Im Übrigen ist die Rechtsprechung uneinheitlich. Entschädigung des Nutzungsausfalls wurde zuerkannt, weil durch einen Werkmangel der Gebrauch von Räumen mit zentraler Bedeutung für die Wohnung (Schlaf- oder Wohnzimmer) gravierend beeinträchtigt wurde.[96] 45

Ein Anspruch auf Entschädigung des Nutzungsausfalls soll demgegenüber **NICHT** bestehen 46
- bei vorübergehender Gebrauchsbeeinträchtigung eines eigengenutzten Hauses, wenn der Eigentümer, sei es auch unter fühlbaren Erschwernissen, sein Haus weiter benutzen kann[97],
- wenn die Nutzung nur einzelner Räume einer Wohnung beeinträchtigt wird[98],

---

[87] BGH v. 26.10.1972 - VII ZR 181/71 - juris Rn. 12 - BGHZ 59, 365-369; OLG Karlsruhe v. 07.11.2001 - 7 U 87/97 - OLGR Karlsruhe 2002, 187-189.
[88] BGH v. 26.10.1972 - VII ZR 181/71 - juris Rn. 11 - BGHZ 59, 365-369; OLG Bamberg v. 16.04.2007 - 4 U 198/05 - juris Rn. 52 - IBR 2008, 212.
[89] BGH v. 27.03.2003 - VII ZR 443/01 - juris Rn. 16 - BGHZ 154, 301-305.
[90] BGH v. 29.06.2006 - VII ZR 86/05 - juris Rn. 25 - NJW 2006, 2912.
[91] OLG Bamberg v. 04.04.2005 - 4 U 95/04 - juris Rn. 24 - NJW-RR 2006, 742; OLG Bamberg v. 16.04.2007 - 4 U 198/05 - juris Rn. 53 - IBR 2008, 212.
[92] OLG Bamberg v. 16.04.2007 - 4 U 198/05 - juris Rn. 72 - IBR 2008, 212.
[93] BGH v. 20.10.1987 - X ZR 49/86 - juris Rn. 17 - NJW 1988, 484-486.
[94] BGH v. 09.07.1986 - GSZ 1/86 - juris Rn. 43 - BGHZ 98, 212-226; BGH v. 21.02.1992 - V ZR 268/90 - juris Rn. 12 - BGHZ 117, 260-264.
[95] BGH v. 09.07.1986 - GSZ 1/86 - juris Rn. 43 - BGHZ 98, 212-226.
[96] OLG Köln v. 17.12.2002 - 3 U 66/02 - MDR 2003, 618-619.
[97] OLG Köln v. 23.01.1992 - 7 U 169/91 - NJW-RR 1992, 526-527.
[98] KG Berlin v. 21.01.1998 - 24 W 5061/97 - juris Rn. 7 - KGR Berlin 1998, 142-143.

§ 634

- bei teilweisen Einschränkungen in der Benutzbarkeit des Gartens und des Wohnhauses,[99]
- bei Entziehung der Nutzung der Terrasse einer Eigentumswohnung für nicht unerhebliche Zeit,[100]
- bei lediglich eingeschränkter Nutzungsmöglichkeit von zwei Kellerräumen, die nicht als Aufenthaltsräume ausgewiesen sind und als Hobby- bzw. Kinderspielkeller genutzt werden (sollen),[101]
- bei Sachen, die nach der Verkehrsauffassung als Liebhaberei bzw. Luxus gelten oder nur der Freizeitgestaltung dienen.[102]

47 Für die Bemessung der **Höhe des Nutzungsausfalls** gibt es keinen festen Maßstab. Entscheidend ist, was die Einsatzfähigkeit der Sache für den Eigengebrauch dem Verkehr an Geld wert ist. Der Schadensbemessung können die Kosten der Miete einer Ersatzsache zugrunde gelegt werden, sofern diese von den spezifisch die erwerbswirtschaftliche Nutzung betreffenden Wertfaktoren zuverlässig bereinigt werden können. Insbesondere der Teil des Mietzinses, der auf einen Unternehmergewinn oder Wagnis entfällt, ist deshalb bei dieser Berechnungsweise herauszurechnen und nicht erstattungsfähig. Auch die anteiligen Vorhaltekosten für den entzogenen Gebrauch (angemessene Verzinsung des für die Beschaffung der Sache eingesetzten Kapitals, weiterlaufende Aufwendungen für die Einsatzfähigkeit der Sache, Alterungsminderwert für die gebrauchsunabhängige Entwertung der Sache in der Zeit ihres Ausfalls) können eine geeignete Grundlage für die Schadensbemessung sein. Insoweit kommt auch ein maßvoller Aufschlag auf die vom Markt regelmäßig als Untergrenze für den Gebrauchswert angesehenen Gemeinkosten in Betracht.[103] Auch andere Berechnungsweisen kommen in Betracht.

48 **Schadensersatz statt der ganzen Leistung**, also den früher so bezeichneten „großen Schadensersatz" kann der Besteller nur dann verlangen, wenn mehr als ein nur **unerheblicher Werkmangel** vorliegt (§ 281 Abs. 1 Satz 3 BGB). Ein Mangel ist dann nicht unerheblich, wenn er im Fehlen einer **garantierten** (zugesicherten) **Eigenschaft** liegt[104] oder der Unternehmer über das Vorhandensein eines Mangels arglistig getäuscht hat[105] (zur Arglist vgl. die Kommentierung zu § 639 BGB Rn. 3). Im Fall einer **Teilleistung** setzt die Geltendmachung von Schadensersatz statt der ganzen Leistung nach § 281 Abs. 1 Satz 2 BGB voraus, dass der Besteller an der Teilleistung kein Interesse hat. Unter Teilleistung in diesem Sinne ist nur die (quantitativ) unvollständige Leistung zu verstehen (vgl. hierzu die Kommentierung zu § 266 BGB). Hat der Besteller die Annahme der Teilleistung zu Recht nach § 266 BGB abgelehnt, greift § 281 Abs. 1 Satz 2 BGB nicht ein. Von der Teilleistung im vorgenannten Sinne muss die **Zuwenigleistung** unterschieden werden, mit der der Unternehmer seine Leistungspflicht vollständig erfüllen will (vgl. hierzu die Kommentierung zu § 633 BGB Rn. 36). Weil es sich bei der Zuwenigleistung nach § 633 Abs. 2 Satz 3 BGB um einen Werkmangel handelt, kann der Besteller in einem solchen Fall Schadensersatz statt der Leistung (früher: Schadensersatz wegen Nichterfüllung) beanspruchen, ohne dass es auf sein Interesse an dem Geleisteten ankommt. § 281 Abs. 1 Satz 2 BGB gilt für die Zuwenigleistung nicht. Eine **Weiterbenutzung** des Werks **trotz erkannter Mängel** schließt es nicht ohne weiteres aus, dass sich der Besteller im Rahmen eines Anspruchs auf Schadensersatz statt der **ganzen** Leistung darauf berufen kann, dass seine Verpflichtung zur Zahlung des restlichen Werklohns entfallen ist. Aus § 254 Abs. 2 BGB kann sich zwar im Einzelfall Anderes ergeben. Die beiderseitigen Interessen können es aber geradezu gebieten, dass der Besteller das mangelhafte Werk auf jeden Fall weiter benutzen darf, und zwar nicht nur bis zu zumutbarer Ersatzbeschaffung, sondern bis zu endgültigem, auch vorzeitigem Verschleiß. Das kann insbesondere dann in Frage kommen, wenn eine vom Unternehmer erstellte Anlage auf den Betrieb des Bestellers so zugeschnitten ist, dass sie anderweitig kaum oder nur mit unverhältnismäßig geringerem Wirkungsgrad eingesetzt werden kann. Denn dann können die vom Besteller gezogenen Gebrauchsvorteile, die er sich ohnehin anrechnen lassen muss, dem Unternehmer mehr bringen als die Rückgabe der gelieferten Sache, mit der er kaum mehr etwas anfangen kann. Insofern hängt alles von den Umständen des Einzelfalles ab, u.a. auch von der Art und der Schwere der vorhandenen Mängel.[106]

---

[99] OLG Karlsruhe v. 17.11.1988 - 12 U 95/88 - NVwZ 1989, 399-400.
[100] BayObLG München v. 06.02.1987 - BReg 2 Z 93/86 - BayObLGZ 1987, 50-54.
[101] OLG Düsseldorf v. 14.06.1991 - 22 U 293/90 - BauR 1992, 96-98.
[102] BGH v. 09.07.1986 - GSZ 1/86 - juris Rn. 9 - BGHZ 98, 212-226.
[103] BGH v. 09.07.1986 - GSZ 1/86 - juris Rn. 45 - BGHZ 98, 212-226.
[104] Zu § 437 BGB BT-Drs. 14/6040, S. 223.
[105] BGH v. 24.03.2006 - V ZR 173/05 - juris Rn. 12 - ZIP 2006, 904-906.
[106] BGH v. 19.01.1978 - VII ZR 175/75 - juris Rn. 35 - BGHZ 70, 240-247.

Die zum Altrecht vertretene Auffassung, auch im Rahmen eines großen Schadensersatzanspruchs (jetzt: Schadensersatz statt der ganzen Leistung) könne der Gläubiger seine Leistung, wenn sie bereits vollständig erbracht wurde, nur dann zurückfordern, wenn er vom Vertrag zurücktrete[107], beruhte darauf, dass nach Altrecht Rücktritt und Schadensersatz nicht kombiniert werden konnten. Das ist nach § 325 BGB jetzt anders. Deshalb kann die vorgenannte Auffassung nicht auf die gegenwärtige Rechtslage übertragen werden. 49

Seinem Inhalt nach geht der Anspruch auf Schadensersatz statt der ganzen Leistung (großer Schadensersatz) dahin, dass der Besteller dem Unternehmer das mangelhaft errichtete Werk zur Verfügung stellt und den ihm aus der Nichterfüllung des Vertrages entstandenen Schaden geltend macht. Mit dem Schadensersatzverlangen (§ 281 Abs. 4 BGB) geht gleichzeitig auch der Werklohnanspruch unter.[108] Im Rahmen des Anspruchs auf Schadensersatz statt der ganzen Leistung kann der Besteller auch die Kosten für die Neuerrichtung des Werkes durch einen Dritten geltend machen. Auch im Rahmen des Anspruchs auf Schadensersatz statt der ganzen Leistung muss sich der Besteller nicht darauf verweisen lassen, dass er die nicht vertragsgemäße Leistung behalten könne, weil sie an sich brauchbar sei, und hierfür durch einen Minderungsbetrag abgegolten werden könne.[109] In diesem Fall ist allerdings auch bei erheblichen Mängeln die entsprechende Anwendung des § 251 Abs. 2 BGB zu prüfen[110] (vgl. hierzu auch Rn. 41). Hierbei ist nicht nur der Aufwand für die Herstellung eines neuen Werkes, sondern der gesamte Aufwand einschließlich der Entfernung des mangelhaften Werkes zu berücksichtigen. 50

Der Schaden umfasst die auf die Mängelbeseitigungskosten zu entrichtende **Umsatzsteuer**. Dies gilt jedoch nicht mehr uneingeschränkt.[111] Bei dem Schadensersatzanspruch wegen Mängeln eines Werkes schuldet der Unternehmer den Schadensersatz nicht wegen der Vorschrift des § 249 Abs. 2 Satz 1 BGB in Geld, sondern ausschließlich deshalb, weil er an die Stelle des Erfüllungsanspruches tritt. Dieser auf Zahlung eines Geldbetrages gerichtete Schadensersatzanspruch kann nach Wahl des Bestellers entweder nach dem mangelbedingten Minderwert des Werkes oder nach den Kosten berechnet werden, die für eine ordnungsgemäße Mängelbeseitigung erforderlich sind.[112] Letzteres gilt unabhängig davon, ob und in welchem Umfang der Besteller den Mangel tatsächlich beseitigen lässt.[113] Die Erfahrungen im Bauvertragsrecht zeigen, dass die Schadensberechnung nach geschätzten Mängelbeseitigungskosten häufig insoweit zu einer Überkompensation führt, als dem Geschädigten rechnerische Schadensposten ersetzt werden, die nach dem von ihm selbst gewählten Weg zur Schadensbeseitigung gar nicht anfallen. Ein vor der Mängelbeseitigung geltend gemachter Anspruch auf Schadensersatz statt der Leistung wegen der Mängel an einem Bauwerk umfasst nicht die auf die voraussichtlichen Mängelbeseitigungskosten entfallende Umsatzsteuer.[114] Unbeschadet bleibt die Ersatzfähigkeit eines Betrages in Höhe der Umsatzsteuer, wenn der Besteller diese tatsächlich aufgewendet hat und nicht im Rahmen eines Vorsteuerabzugs erstattet bekommt. Einer Vorleistungspflicht in dieser Höhe kann der Besteller entgehen, indem er einen Vorschussanspruch nach § 637 Abs. 3 BGB geltend macht. Beabsichtigt er zunächst keine Mängelbeseitigung, ist es ihm zumutbar, einer drohenden Verjährung durch Erhebung einer Feststellungsklage zu begegnen, falls er sich die Möglichkeit einer späteren Mängelbeseitigung auf Kosten des Unternehmers erhalten will.[115] Die Umsatzsteuer kann auch dann nicht verlangt werden, wenn der 51

---

[107] BGH v. 20.05.1994 - V ZR 64/93 - juris Rn. 12 - BGHZ 126, 131-138.
[108] BGH v. 29.06.2006 - VII ZR 86/05 - juris Rn. 13 - NJW 2006, 2912.
[109] BGH v. 29.06.2006 - VII ZR 86/05 - juris Rn. 22 - NJW 2006, 2912.
[110] BGH v. 29.06.2006 - VII ZR 86/05 - juris Rn. 15 - NJW 2006, 2912.
[111] BGH v. 22.07.2010 - VII ZR 176/09 - juris Rn. 12 ff. - BGHZ 186, 330-334; OLG Stuttgart v. 09.03.2011 - 3 U 121/10 - juris Rn. 78 ff. - IBR 2011, 638; OLG Hamm v. 08.03.2012 - I-24 U 148/10, 24 U 148/10 - juris Rn. 37 - BauR 2012, 1109-1113.
[112] BGH v. 11.07.1991 - VII ZR 301/90 - juris Rn. 9 - BauR 1991, 744-745; BGH v. 22.07.2010 - VII ZR 176/09 - juris Rn. 11 - BGHZ 186, 330-334.
[113] BGH v. 28.06.2007 - VII ZR 8/06 - juris Rn. 10, 13 - BauR 2007, 1567-1569; BGH v. 22.07.2010 - VII ZR 176/09 - juris Rn. 11 - BGHZ 186, 330-334.
[114] BGH v. 22.07.2010 - VII ZR 176/09 - BGHZ 186, 330-334 (Leitsatz); in diesem Sinne schon KG Berlin v. 29.04.2008 - 7 U 108/07 - juris Rn 41.
[115] BGH v. 22.07.2010 - VII ZR 176/09 - juris Rn 16 - BGHZ 186, 330-334; ebenso OLG Stuttgart v. 09.03.2011 - 3 U 121/10 - juris Rn. 81 - IBR 2011, 638.

Auftraggeber zur maßgeblichen Zeit der Durchführung des Werkvertrages als Kaufmann zum Vorsteuerabzug berechtigt ist, weil die Mehrwertsteuer für ihn dann nur einen durchlaufenden Posten darstellt.[116]

4. Verzögerungsschaden

52 Weil § 634 Nr. 4 BGB auch auf § 280 Abs. 2 BGB verweist, muss der Unternehmer dem Besteller auch einen Verzögerungsschaden ersetzen. Die §§ 280 Abs. 2, 286 Abs. 1 BGB setzen insoweit **Verzug** voraus. Praktisch wird es hier jedoch kaum zu Problemen kommen, weil in der Aufforderung zur Nacherfüllung, erst recht in Verbindung mit einer Fristsetzung in aller Regel eine Mahnung zu sehen sein wird.

53 Verzug muss dann nicht vorliegen, wenn der Verzögerungsschaden – was alternativ möglich sein kann[117] – als **Teil des Nichterfüllungsschadens** geltend gemacht wird. Wenn der Verzögerungsschaden durch eine Nacherfüllung nicht verhindert werden kann und dieser nicht zugänglich ist, steht der Anspruch auf Ersatz dieses Schadens von vornherein neben dem Nacherfüllungsanspruch. Seine Geltendmachung setzt deshalb – obwohl Nichterfüllungsschaden – keine vorherige Fristsetzung voraus.[118] Hierunter kann z.B. fallen: ein durch den Mangel verursachter Betriebsausfallschaden oder Verdienstausfall bzw. entgangener Gewinn, weil das Werk infolge des Mangels oder während der Zeit der Mangelbeseitigung unbenutzbar ist. Von Bedeutung ist die Voraussetzung des Verzugs insbesondere für den Ersatz von **Rechtsverfolgungskosten**, die dem Besteller durch die Geltendmachung des Nacherfüllungsanspruchs aus § 635 BGB entstehen.

5. Aufrechnung/Verrechnung

54 Nach der mittlerweile für das Werkmängelrecht aufgegebenen früheren Rechtsprechung des Bundesgerichtshofs wurde zwischen „Aufrechnung" und „Verrechnung" unterschieden. Machte der Besteller den sog. kleinen Schadensersatzanspruch geltend, wurden in die dann vorzunehmende Berechnung u.a. auf der einen Seite der Werklohn und auf der anderen Seite die für eine Mängelbeseitigung erforderlichen Kosten eingestellt. Die einzelnen Rechnungspositionen wurden als unselbständige Abrechnungsposten eines einheitlichen Schadensersatzanspruchs eingestuft. Sie wurden miteinander „verrechnet".[119] Das hatte u.a. zur Folge, dass Aufrechnungsverbote in dieser Situation nicht eingriffen[120] und ein Vorbehaltsurteil (ZPO § 302) nicht möglich war.

55 Diese Rechtsprechung hat der BGH mittlerweile aufgegeben.[121] Der BGH geht jetzt davon aus, dass in dem Abrechnungsverhältnis, das bei dem Aufeinandertreffen von Werklohnforderung und kleinem Schadensersatzanspruch entsteht, die jeweiligen Forderungen selbständig sind. Wenn der Auftraggeber seinen Schadensersatzanspruch mit der Werklohnforderung „verrechnet", ist dies als Aufrechnung einzustufen.[122] Deshalb sind insoweit im Ausgangspunkt auch Aufrechnungsverbote zu beachten.[123] Allerdings benachteiligen Aufrechnungsverbote in Allgemeinen Geschäftsbedingungen des Auftragnehmers den Auftraggeber unangemessen, wenn sie ihn in einem Abrechnungsverhältnis zwingen, eine mangelhafte oder unfertige Leistung in vollem Umfang zu vergüten, obwohl ihm Gegenansprüche in Höhe der Mängelbeseitigungs- oder Fertigstellungskosten zustehen. Ein Aufrechnungsverbot ist deshalb insoweit unwirksam (§ 307 Abs. 1 BGB). Der BGH hat seine bisherige Rechtsprechung damit in der Begründung, nicht aber im Ergebnis geändert. Soweit eine solche Fallkonstellation allerdings nicht vorliegt, ist es unzulässig, Aufrechnungsverbote dadurch zu umgehen, dass die einander gegenüberste-

---

[116] OLG Hamm v. 14.02.1996 - 12 U 157/94 - OLGR Hamm 1996, 207.
[117] BGH v. 05.11.1952 - II ZR 47/52 - juris Rn. 19 - LM Nr. 2 zu § 286 BGB; BGH v. 20.05.1994 - V ZR 64/93 - juris Rn. 8 - BGHZ 126, 131-138.
[118] BGH v. 16.10.1984 - X ZR 86/83 - juris Rn. 11 - BGHZ 92, 308-312; BGH v. 08.06.1978 - VII ZR 161/77 - juris Rn. 10 - BGHZ 72, 31-34; BGH v. 13.09.2001 - VII ZR 392/00 - juris Rn. 14 - BauR 2002, 86-88.
[119] BGH v. 26.04.1991 - V ZR 213/89 - juris Rn. 11 - LM ZPO § 301 Nr. 40 (3/1992); BGH v. 20.05.1994 - V ZR 64/93 - juris Rn. 12 - BGHZ 126, 131-138; BGH v. 11.02.1983 - V ZR 191/81 - WM 1983, 418-419.
[120] BGH v. 09.12.1971 - VII ZR 211/69 - WM 1972, 540-542; OLG Köln v. 26.05.1986 - 7 U 77/84 - VersR 1987, 620-621.
[121] BGH v. 23.06.2005 - VII ZR 197/03 - juris Rn. 21 - NJW 2005, 2771-2773.
[122] Ebenso OLG Düsseldorf v. 28.12.2006 - 21 U 41/06 - juris Rn. 24 - OLGR Düsseldorf 2007, 643.
[123] BGH v. 23.06.2005 - VII ZR 197/03 - juris Rn. 21 - NJW 2005, 2771-2773.

henden Ansprüche einer vom Gesetz nicht anerkannten Verrechnung unterstellt werden.[124] Der Auftraggeber wird dann im Prozess gehalten sein, seine Gegenansprüche mit der **Widerklage** geltend zu machen.

6. Vorteilsausgleichung/Sowieso-Kosten

Der Anspruch des Bestellers auf Schadensersatz ist ggf. nach den Grundsätzen der **Vorteilsausgleichung** zu kürzen. Eine Anrechnung ersparter Instandhaltungsaufwendungen, die durch eine verzögerte Nacherfüllung eintritt, oder eine Anrechnung einer durch die verzögerte Nacherfüllung bewirkten **längeren Lebensdauer** der nachgebesserten Leistungen hat nicht zu erfolgen.[125] Etwas anderes kann gelten, wenn durch die Mängelbeseitigung eine deutlich verlängerte Nutzungsdauer entsteht und der Mangel sich verhältnismäßig spät ausgewirkt hat und der Besteller bis dahin keine Gebrauchsnachteile hinnehmen musste.[126] Steht im Rahmen einer werkvertraglichen Leistungskette fest, dass der Nachunternehmer von seinem Auftraggeber wegen Mängeln am Werk nicht mehr in Anspruch genommen wird, so kann er nach dem Rechtsgedanken der Vorteilsausgleichung gehindert sein, seinerseits Ansprüche wegen dieser Mängel gegen seinen Auftragnehmer geltend zu machen.[127] An seiner früheren abweichenden Rechtsprechung hält der Bundesgerichtshof nicht mehr uneingeschränkt fest.[128] Zur Vorteilsausgleichung beim Nacherfüllungsanspruch vgl. die Kommentierung zu § 635 BGB Rn. 17. 56

Ein Schadensersatzanspruch des Bestellers ist um die sog. **Sowieso-Kosten** (Ohnehin-Kosten) zu kürzen. Bei den sog. Sowieso-Kosten handelt es sich um die Kosten solcher Maßnahmen, die der Unternehmer nach dem Vertrag gar nicht zu erbringen hatte und um die das Werk bei ordnungsgemäßer Ausführung von vornherein teurer gewesen wäre.[129] Der Unternehmer darf zwar nicht mit Kosten solcher Leistungen belastet werden, die er nach dem Vertrag gar nicht zu erbringen hatte. AGB-Klauseln, die die Vergütung solcher Leistungen von einer schriftlichen Beauftragung abhängig machen und eine Vergütung ausschließen, halten einer Inhaltskontrolle nicht stand.[130] Andererseits ist es ihm aber auch nicht gestattet, sich seiner werkvertraglichen Erfolgshaftung zu entziehen. Im Rahmen der getroffenen Vereinbarung **schuldet der Auftragnehmer** ein **funktionstaugliches und zweckentsprechendes Werk** (vgl. die Kommentierung zu § 633 BGB Rn. 34).[131] An dieser Erfolgshaftung ändert sich grundsätzlich nichts, wenn die Parteien eine bestimmte Ausführungsart vereinbart haben, mit der die geschuldete Funktionstauglichkeit des Werkes nicht erreicht werden kann.[132] Hat der Auftragnehmer einen bestimmten Erfolg zu einem bestimmten Preis versprochen, so bleibt er an seine Zusage auch dann gebunden, wenn sich die beabsichtigte Ausführungsart nachträglich als unzureichend erweist.[133] Ist die Funktionstauglichkeit mit der gewählten Ausführungsart nicht zu erreichen, muss der Unternehmer im Rahmen der Nacherfüllung eine andere – ggf. auch aufwendigere – Ausführungsart wählen.[134] Durch höhere Anforderungen an die Bauausführung aufgrund von Fortentwicklung der allgemein anerkannten Regeln der Technik oder der gesetzlichen Vorgaben nach Abnahme notwendig gewordene Kosten hat er zu tragen.[135] Richtet sich die Kalkulation des Unternehmers dagegen nicht allein nach seinen eigenen Vorstellungen, sondern in erster Linie nach einem Leistungsverzeichnis des Bestellers, so umfasst der vereinbarte Preis die Werkleistung nur in der jeweils angegebenen Größe, Güte und Herstel- 57

---

[124] BGH v. 23.06.2005 - VII ZR 197/03 - juris Rn. 21 - NJW 2005, 2771-2773.
[125] BGH v. 17.05.1984 - VII ZR 169/82 - juris Rn. 33 - BGHZ 91, 206-217; OLG Düsseldorf v. 30.09.2002 - 21 U 29/02 - IBR 2003, 669; OLG Bamberg v. 16.04.2007 - 4 U 198/05 - juris Rn. 44 - IBR 2008, 212.
[126] BGH v. 13.09.2001 - VII ZR 392/00 - juris Rn. 22 - BauR 2002, 86-88; BGH v. 13.03.1990 - X ZR 12/89 - juris Rn. 12 - NJW-RR 1990, 826-827; BGH v. 17.05.1984 - VII ZR 169/82 - juris Rn. 39 - BGHZ 91, 206-217.
[127] BGH v. 28.06.2007 - VII ZR 81/06 - juris Rn. 20 - BGHZ 173, 83; BGH v. 28.06.2007 - VII ZR 8/06 - juris Rn. 18 - ZfBR 2007, 677-679; kritisch dazu *Halfmeier/Leupertz* in: PWW, § 634 Rn. 20.
[128] BGH v. 24.03.1977 - VII ZR 319/75 - EBE/BGH 1977, 199.
[129] BGH v. 22.03.1984 - VII ZR 50/82 - BGHZ 90, 344-354; BGH v. 18.01.1990 - VII ZR 171/88 - juris Rn. 13 - NJW-RR 1990, 728-729; BGH v. 12.10.1989 - VII ZR 140/88 - juris Rn. 18 - BauR 1990, 84-85; BGH v. 17.05.1984 - VII ZR 169/82 - juris Rn. 21 - BGHZ 91, 206-217.
[130] OLG Koblenz v. 01.07.2009 - 1 U 1535/08 - juris Rn. 17 ff. - NJW-RR 2010, 594-595.
[131] BGH v. 19.01.1995 - VII ZR 131/93 - juris Rn. 10 - BauR 1995, 230-231.
[132] OLG Hamm v. 14.03.2006 - 21 U 115/05 - juris Rn. 22 - BTR 2007, 86.
[133] BGH v. 25.01.2007 - VII ZR 41/06 - juris Rn. 16 - NJW-RR 2007, 597.
[134] BGH v. 17.05.1984 - VII ZR 169/82 - juris Rn. 21 - BGHZ 91, 206-217; BGH v. 16.07.1998 - VII ZR 350/96 - juris Rn. 19 - BGHZ 139, 244-249.
[135] OLG Stuttgart v. 14.09.2011 - 10 W 9/11 - juris Rn. 25, 28 - NJW-RR 2011, 1589-1591.

§ 634

lungsart. Notwendig werdende Zusatzarbeiten sind dann als sog. Sowieso-Kosten gesondert zu vergüten.[136] Soweit der Unternehmer zur ordnungsgemäßen Vertragserfüllung auf Änderungen in einer nicht zu seinem Gewerk gehörenden Vorleistung angewiesen ist, muss der Besteller eine ungeeignete Vorleistung so verändern, dass der Unternehmer in der Lage ist, sein Werk vertragsgerecht herzustellen.[137] Zur Ermittlung dieser Sowieso-Kosten ist auf den Zeitpunkt der Beauftragung abzustellen.[138] Mehrkosten gegenüber diesem Preisstand, die sich aus späteren Preiserhöhungen ergeben, können einen nach den § 634 Nr. 4, 280 BGB erstattungsfähigen Schaden darstellen.[139]

58 Erhebt der Besteller **Feststellungsklage**, mit der er festgestellt wissen will, dass der Unternehmer die Kosten einer Nacherfüllung zu tragen hat, darf das Gericht hierbei grundsätzlich noch **keine sog. Sowieso-Kosten betragsmäßig berücksichtigen**. Sowieso-Kosten führen nämlich ihrer Rechtsnatur nach zu einer Anspruchsminderung und beschränken somit von vornherein den Ersatzanspruch materiellrechtlich.[140] Demgemäß kann über die Höhe der zu berücksichtigenden Sowieso-Kosten erst dann abschließend befunden werden, wenn endgültig feststeht, welche Maßnahmen zur Mängelbehebung erforderlich sind.[141] Aufgrund der Subsidiarität der Feststellungs- gegenüber der Leistungsklage wird das bei Erhebung einer zulässigen Feststellungsklage grundsätzlich noch nicht möglich sein. Wurde im Tenor des Feststellungsurteils gleichwohl die Höhe eines von dem Besteller als Sowieso-Kosten zu tragenden Anteils der Mängelbeseitigungskosten festgelegt, steht das unter dem Vorbehalt, dass das dabei zugrunde gelegte „Konzept" zur Mängelbehebung auch tatsächlich greift. Ist das nicht der Fall, steht das Feststellungsurteil einer höheren Beteiligung des Bestellers an den Kosten einer anderen Mängelbeseitigungsvariante nicht entgegen.[142]

7. Mitverschulden des Bestellers und seiner Erfüllungsgehilfen

59 Der Besteller hat sich auf den von ihm geltend gemachten Schadensersatzanspruch nach § 254 BGB ein eigenes Mitverschulden oder das Verschulden seiner Erfüllungsgehilfen anrechnen zu lassen. Der Besteller ist nicht in jedem Falle gehalten, den Schaden zum Zwecke der Schadensminderung selbst zu beseitigen. Das ist nur bei Unterlassen derjenigen Maßnahmen der Fall, die ein vernünftiger, wirtschaftlich denkender Mensch nach Lage der Sache ergreifen würde, um Schaden von sich und anderen abzuwenden. Bei Prüfung dieser Frage sind auch die Beweissicherungsinteressen sowie die finanzielle Dispositionsfreiheit des Bestellers mit einzubeziehen. Solange ohne Schuld des Bestellers ungeklärt bleibt, welcher genaue Schaden entstanden ist und welche Maßnahmen zur Mängelbeseitigung erforderlich sind, ist dieser nicht gehalten, den Schaden zu beseitigen.[143] In jedem Fall darf und muss der Besteller mit einer Mängelbeseitigung zuwarten, bis er die Voraussetzungen dafür geschaffen hat, dass ihm der Unternehmer die aufgewandten Kosten zu erstatten hat (Fristsetzung!). Das Recht des Bestellers, Mängelbeseitigung zu fordern, wird grundsätzlich nicht dadurch eingeschränkt, dass die **Verantwortlichkeit** des Unternehmers bei der Inanspruchnahme noch **unklar** ist. Ein Unternehmer darf Maßnahmen zur Mängelbeseitigung nicht davon abhängig machen, dass der Besteller eine Erklärung abgibt, wonach er die Kosten der Untersuchung und weiterer Maßnahmen für den Fall übernimmt, dass der Unternehmer nicht für den Mangel verantwortlich ist. Den Besteller trifft deshalb kein Mitverschulden an einem Wasserschaden, der auf einem Mangel beruht, den der Unternehmer nicht beseitigt hat, weil der Auftraggeber eine entsprechende Erklärung nicht abgegeben hat.[144]

60 Der **Vorunternehmer**, auf dessen Vorleistung die Leistungen des Nachunternehmers aufbauen, ist allerdings im Verhältnis zum Nachunternehmer kein Erfüllungsgehilfe des Bauherrn.[145] Hat der Bauherr mehrere Architekten beauftragt, hat der bauaufsichtsführende Architekt nur gegenüber dem Bauherrn

---

[136] BGH v. 17.05.1984 - VII ZR 169/82 - juris Rn. 21 - BGHZ 91, 206-217; BGH v. 16.07.1998 - VII ZR 350/96 - juris Rn. 21 - BGHZ 139, 244-249; BGH v. 30.06.1994 - VII ZR 116/93 - juris Rn. 31 - BGHZ 126, 326-335; BGH v. 08.11.2007 - VII ZR 183/05 - juris Rn. 19 - BGHZ 174, 110.

[137] BGH v. 08.11.2007 - VII ZR 183/05 - juris Rn 19 - BGHZ 174, 110.

[138] BGH v. 05.11.1998 - VII ZR 236/97 - juris Rn. 18 - BauR 1999, 252-254; BGH v. 08.07.1993 - VII ZR 176/91 - juris Rn. 13 - BauR 1993, 722-723.

[139] BGH v. 08.07.1993 - VII ZR 176/91 - juris Rn. 13 - BauR 1993, 722-723.

[140] BGH v. 17.05.1984 - VII ZR 169/82 - juris Rn. 20 - BGHZ 91, 206-217.

[141] BGH v. 19.05.1988 - VII ZR 111/87 - juris Rn. 8 - BauR 1988, 468-469.

[142] BGH v. 19.05.1988 - VII ZR 111/87 - juris Rn. 9 - BauR 1988, 468-469.

[143] Saarländisches Oberlandesgericht Saarbrücken v. 11.12.2006 - 8 U 274/01 - juris Rn. 158 - BauR 2007, 1918.

[144] BGH v. 02.09.2010 - VII ZR 110/09 - juris Rn. 20 ff. - NJW 2010, 3649-3651.

[145] BGH v. 27.06.1985 - VII ZR 23/84 - juris Rn. 13 - BGHZ 95, 128-137; BGH v. 01.07.1971 - VII ZR 224/69 - juris Rn. 32 - BGHZ 56, 312-316.

die Verpflichtung, erkennbare Planungsfehler umgehend anzuzeigen, nicht aber gegenüber dem vom Bauherrn beauftragten planenden Architekten, so dass der bauaufsichtsführende Architekt nicht Erfüllungsgehilfe des Bauherrn gegenüber dem planenden Architekten ist.[146] Nimmt allerdings der Besteller den bauaufsichtsführenden Architekten wegen eines Bauwerkmangels in Anspruch, der darauf zurückzuführen ist, dass die gelieferten Pläne mangelhaft sind und der bauaufsichtsführende Architekt dies pflichtwidrig nicht bemerkt hat, muss er sich gemäß §§ 254 Abs. 1, 278 BGB das mitwirkende Verschulden des planenden Architekten als seines Erfüllungsgehilfen zurechnen lassen.[147] Daran ändert sich nichts dadurch, dass der bauaufsichtsführende Architekt verpflichtet ist, die ihm überlassenen Pläne auf Fehler und Widersprüche zu überprüfen. Beruht der Mangel des Bauwerks darauf, dass der planende Architekt fehlerhaft gearbeitet und der bauaufsichtsführende Architekt dies unter Verletzung seiner Bauaufsichtspflicht nicht bemerkt hat, sind diese Umstände bei der Abwägung der beiderseitigen Verursachungsbeiträge im Rahmen des § 254 Abs. 1 BGB zu berücksichtigen.[148] Der vom Bauherrn beauftragte **Statiker**[149] oder **Sonderfachmann**[150] ist regelmäßig nicht Erfüllungsgehilfe des Bauherrn in dessen Vertragsverhältnis mit dem Architekten. Im Einzelfall kann allerdings aufgrund konkreter vertraglicher Beziehungen zwischen den Beteiligten anderes gelten.[151] Nur wenn der Bauherr die Pflicht übernommen hat, dem Tragwerksplaner Unterlagen über die Beschaffenheit des Baugrundstücks zur Verfügung zu stellen, rechtfertigt dies seine Haftung für den Architekten als Erfüllungsgehilfen nach § 278 BGB. Mangels solcher Pflichten haften Architekt und Statiker dem Bauherrn ggf. gleichgeordnet als Gesamtschuldner.[152] Soweit der Bauherr den Architekten auf Schadensersatz in Anspruch nimmt, muss er sich ein etwaiges Verschulden des ausführenden Bauunternehmers wegen Unterlassung eines gebotenen Hinweises nicht zurechnen lassen. Der Unternehmer ist grundsätzlich nicht Erfüllungsgehilfe des Bauherrn im Verhältnis zum Architekten.[153] Umgekehrt ist der **Architekt** im Verhältnis zum Bauunternehmer Erfüllungsgehilfe des Bauherrn, soweit **Planungs- und Koordinierungsaufgaben** in Frage stehen.[154] Gleiches gilt für den Bodengutachter.[155] Ein schuldhaftes und pflichtwidriges Verhalten des Architekten ist in diesem Fall dem Bauherrn – ggf. zu 50%[156] – gemäß § 278 BGB zuzurechnen, wenn das Verhalten des Erfüllungsgehilfen aus der Sicht des Unternehmers im sachlichen Zusammenhang mit den Aufgabenbereich steht, der dem Erfüllungsgehilfen zugewiesen worden ist[157]. Der Unternehmer hat aber für von ihm erkannte Mängel der Architektenleistung allein einzustehen, wenn er es unterlässt, den Besteller hierauf hinzuweisen.[158] Darüber hinaus müssen erkannte Mängel den Auftragnehmer veranlassen, die Planungsunterlagen auf weitere Mängel besonders sorgfältig zu überprüfen.[159] Soweit ein Unternehmer mit der gebotenen Prüfung die Mängel hätte verhindern können, setzt er die eigentlichen Ursachen für die weiteren Schäden. Es ist deshalb in der Regel auch veranlasst, dem bei einer Verschuldensabwägung entscheidendes Gewicht zukommen zu

---

[146] BGH v. 27.11.2008 - VII ZR 206/06 - juris Rn. 29 - BGHZ 179, 55-71; Schleswig-Holsteinisches Oberlandesgericht v. 19.01.2007 - 14 U 199/04 - juris Rn. 42 - IBR 2007, 628.
[147] BGH v. 27.11.2008 - VII ZR 206/06 - juris Rn. 30 - BGHZ 179, 55-71.
[148] BGH v. 27.11.2008 - VII ZR 206/06 - juris Rn. 36, 39 - BGHZ 179, 55-71.
[149] BGH v. 04.07.2002 - VII ZR 66/01 - juris Rn. 12 - NJW-RR 2002, 1531.
[150] BGH v. 10.07.2003 - VII ZR 329/02 - juris Rn. 31 - NJW-RR 2003, 1454-1456; OLG Bamberg v. 04.06.2003 - 8 U 12/02 - OLGR Bamberg 2004, 103-105; *Wenner*, ZfIR 2003, 904-905, 904.
[151] OLG Köln v. 23.08.2006 - 11 U 165/05 - juris Rn. 16 - BauR 2007, 910.
[152] BGH v. 10.07.2003 - VII ZR 329/02 - juris Rn. 31 - NJW-RR 2003, 1454-1456; OLG Köln v. 31.05.2011 - 24 U 164/10 - juris Rn. 3 - NJW 2011, 2739-2740; OLG Karlsruhe v. 27.02.2002 - 7 U 134/00 - BauR 2002, 1884-1886.
[153] OLG Hamburg v. 10.03.2004 - 4 U 105/01 - IBR 2005, 337
[154] BGH v. 27.11.2008 - VII ZR 206/06 - juris Rn. 29 - BGHZ 179, 55-71; BGH v. 24.02.2005 - VII ZR 328/03 - juris Rn. 33 - NJW-RR 2005, 891-893; BGH v. 07.03.2002 - VII ZR 1/00 - juris Rn. 49 - NJW 2002, 3543-3545; BGH v. 27.06.1985 - VII ZR 23/84 - juris Rn. 11 - BGHZ 95, 128-137; BGH v. 04.03.1971 - VII ZR 204/69 - juris Rn. 52 - ZfBR 1998, 244; BGH v. 29.11.1971 - VII ZR 101/70 - NJW 1972, 447-448; OLG Frankfurt v. 23.05.2007 - 13 U 176/02 - juris Rn. 80 - IBR 2008, 224; Brandenburgisches Oberlandesgericht v. 09.05.2007 - 13 U 103/03 - juris Rn. 63 - BauR 2007, 1783.
[155] OLG Köln v. 19.07.2006 - 11 U 139/05 - juris Rn. 39 - OLGR Köln 2007, 74.
[156] Saarländisches Oberlandesgericht Saarbrücken v. 11.12.2006 - 8 U 274/01 - juris Rn. 128 - BauR 2007, 1918.
[157] BGH v. 24.02.2005 - VII ZR 328/03 - juris Rn. 34 - NJW-RR 2005, 891-893
[158] BGH v. 05.11.1998 - VII ZR 236/97 - juris Rn. 18 - BauR 1999, 252-254; BGH v. 11.10.1990 - VII ZR 228/89 - juris Rn. 9 - BauR 1991, 79-81; BGH v. 18.01.1973 - VII ZR 88/70 - NJW 1973, 518.
[159] BGH v. 11.10.1990 - VII ZR 228/89 - juris Rn. 10 - BauR 1991, 79-81.

lassen.[160] Sind in der Architektenplanung nicht bzw. nicht richtig dargestellte Details Regeldetails, deren fachgerechte Ausführung Architekt und Bauherr als selbstverständlich voraussetzen können, weil der Unternehmer auch ohne Detailpläne des Architekten die allgemein üblichen und in seinen Fachkreisen bekannten Regeln der Technik beachten muss, kann der Unternehmer, der ein mangelhaftes Dach erstellt, sich nicht auf ein (planerisches) Mitverschulden des Bauherrn berufen.[161] Der fehlerhaft arbeitende Unternehmer kann dem Bauherrn auch nicht entgegenhalten, er sei von dem Architekten unzureichend beaufsichtigt worden.[162] Führt die mangelhafte Überwachung eines Vorunternehmers durch den bauleitenden Architekten dazu, dass dem Unternehmer eine für ihn nicht erkennbare mangelhafte **Vorleistung** zur Verfügung gestellt wird, so muss sich der Bauherr das Mitverschulden des bauleitenden Architekten zurechnen lassen.[163]

61 Auch **Anweisungen des Bestellers** können zu einer Risikoverlagerung auf den Besteller führen. Dies wird aber nur dann anzunehmen sein, wenn es sich bei den Angaben des Bestellers zur Herstellung des Werkes um für den Unternehmer bindenden Anordnungen handelt und nicht nur um die Äußerung bloßer Wünsche oder von Leistungsbeschreibungen, die dem Unternehmer durchaus noch die Wahl anderer Alternativen einräumen.[164] Ein gemäß § 254 Abs. 1 BGB zu berücksichtigendes Eigenverschulden des Bestellers kann vorliegen, wenn er **trotz bekannter Hinweise** möglichen **Gefährdungen** seines Bauvorhabens nicht nachgeht (z.B. bauordnungsrechtliche Bedenken von solchem Gewicht gegen die Zulässigkeit eines Bauvorhabens, dass der Bauherr ihretwegen nicht ohne weiteres auf die Rechtmäßigkeit der erteilten Baugenehmigung vertrauen darf)[165] oder trotz erkennbarer Gefährdungslage einer unzureichenden Sanierung zustimmt.[166]

8. Beispiele

62 Werden durch feststehende Baumängel eines vermieteten Gewerbeobjekts Mietausfälle durch **Mietminderungen** der Mieter verursacht, sollen diese Mietminderungen im Verhältnis zwischen Bauherrn und Bauunternehmer nicht nach Mietrecht zu beurteilen sein, sondern als unabhängig von der Berechtigung zur Mietminderung eingetretener Schaden des Bauherrn. Es soll lediglich eine Frage des Mitverschuldens sein, ob der Bauherr verpflichtet war, die Mieter auf Zahlung des teilweise einbehaltenen Mietzinses zu verklagen.[167] Soweit es für eine Mängelbeseitigung notwendig ist, dass der Besteller sein Hausanwesen vorübergehend nicht bewohnt, ist es geboten, auch die **Hotelkosten** in den zu ersetzenden Schaden einzubeziehen. Bei der Beantwortung der Frage, ob eine derartige Notwendigkeit besteht, kann zwar § 287 ZPO helfen. Aber auch nach dieser Regelung muss sicher feststehen, dass ein Hotelaufenthalt notwendig sein wird. Zweifel hieran gehen nicht zu Lasten des Unternehmers. Die Maßnahmen und Kosten, die der Besteller verursacht, müssen sich an den Möglichkeiten orientieren, die er im Rahmen der Schadensminderungspflicht nutzen muss. Steht fest, dass ein Hotelaufenthalt erforderlich ist, kann der Besteller die insoweit notwendigen Kosten ersetzt verlangen. Da es sich insoweit dann um Kosten handelt, die zur Mängelbeseitigung erforderlich sind, kann der Besteller entsprechenden Ersatz im Hinblick auf die dem Schadensersatzanspruch eigene Dispositionsfreiheit selbst dann verlangen, wenn er den Mangel tatsächlich nicht beheben lässt.[168]

IV. Aufwendungsersatz

63 Gemäß § 636 Nr. 4 BGB in Verbindung mit § 284 BGB kann der Besteller im Falle eines Werkmangels **statt** Schadensersatz auch Ersatz seiner aufgrund des Werkmangels frustrierten Aufwendungen verlangen. Aufwendungsersatz und Schadensersatz **statt** der Leistung schließen sich gegenseitig aus. Hierdurch soll verhindert werden, dass der Geschädigte wegen ein und desselben Vermögensnachteils

---

[160] BGH v. 11.10.1990 - VII ZR 228/89 - juris Rn. 12 - BauR 1991, 79-81; vgl. auch BGH v. 30.06.2011 - VII ZR 109/10 - juris Rn. 11 - NJW 2011, 2644-2646.
[161] OLG Köln v. 02.06.2004 - 17 U 121/99 - IBR 2005, 476.
[162] BGH v. 27.06.1985 - VII ZR 23/84 - juris Rn. 12 - BGHZ 95, 128-137.
[163] OLG Frankfurt v. 22.06.2004 - 14 U 76/99 - IBR 2004, 518.
[164] BGH v. 07.01.2003 - X ZR 94/00 - juris Rn. 21 - BGHReport 2003, 646-647; BGH v. 30.06.1977 - VII ZR 325/74 - juris Rn. 12 - BauR 1977, 420-422.
[165] BGH v. 10.02.2011 - VII ZR 8/10 - juris Rn. 47 - BauR 2011, 869-876.
[166] BGH v. 04.08.2010 - VII ZR 207/08 - juris Rn. 11 - NJW 2010, 3299-3300.
[167] OLG Hamm v. 21.05.2003 - 12 U 15/02 - OLGR Hamm 2003, 279-280 – sehr zweifelhaft. Folgt man der Entscheidung, ist der Besteller zumindest zur Abtretung eventueller Ansprüche gegen den Mieter verpflichtet.
[168] BGH v. 10.04.2003 - VII ZR 251/02 - juris Rn. 13 - NJW-RR 2003, 878-879.

eine doppelte Kompensation erhält. Da diese Erwägungen insoweit nicht durchgreifen, schließen sich Schadensersatz **„neben** der Leistung" (§ 280 Abs. 1 BGB) und Aufwendungsersatz **nicht** gegenseitig aus.[169]

Bei Aufwendungen handelt es sich um freiwillige Vermögensopfer des Bestellers, die dadurch gekennzeichnet sind, dass sie auch dann angefallen wären, wenn die Werkleistung keinen Mangel aufgewiesen hätte[170] und die deshalb nicht durch den Werkmangel verursacht sind. Hierunter fallen z.B. die bislang nach den §§ 634 Abs. 3, 467 Satz 2 BGB a.F. ersatzfähigen **Vertragskosten**. Während dieser Anspruch nach Altrecht verschuldensunabhängig bestand, ist jetzt allerdings Verschulden des Unternehmers erforderlich. Erweisen sich die Aufwendungen aufgrund des Werkmangels als vergeblich, so kann der Besteller sie nunmehr – auch ohne die nach Altrecht hierfür erforderliche Rentabilitätsberechnung[171] – ersetzt verlangen. Da der Aufwendungsersatzanspruch an die Stelle des Schadensersatzes statt der Leistung tritt, muss auch insoweit (nach § 280 Abs. 1 Satz 2 BGB vermutetes) **Verschulden** des Unternehmers vorliegen und der Besteller **muss** den Unternehmer grundsätzlich zur Nacherfüllung aufgefordert und ihm hierfür eine **Frist gesetzt haben**.

64

D. Prozessuale Hinweise/Verfahrenshinweise

I. Beweislast für Mängel nach Abnahme

Die **Beweislast** für das Vorliegen eines Mangels trägt nach der Abnahme wegen § 363 BGB der Besteller.[172] Hat sich der Besteller bei der Abnahme seine Rechte wegen bestimmter Mängel vorbehalten (§ 640 Abs. 2 BGB), trägt nach – nicht unbestrittener[173] – Ansicht des BGH der Unternehmer die Beweislast für das Fehlen der von dem Vorbehalt betroffenen Mängel[174]; das gilt auch dann, wenn der Auftraggeber die Mängel der Werkleistung im Wege der Ersatzvornahme hat beseitigen lassen.[175] Allerdings kann in einem solchen Fall eine fehlende oder unzureichende Dokumentation der beseitigten Mängel eine Beweisvereitelung darstellen; beruht sie auf einer Verletzung der Kooperationspflicht des Auftraggebers, kann hieraus eine Umkehr der Beweislast für das Vorliegen der Mängel zu seinen Lasten folgen.[176] Aus der sog. „Symptomrechtsprechung" des Bundesgerichtshofes (vgl. Rn. 11) ergibt sich für die Beweislast nichts anderes. Diese Rechtsprechung verkürzt nur die Darlegungslast des Bestellers, der zur Bezeichnung des Mangels lediglich dessen Symptome (Mangelerscheinungen, vgl. Rn. 11) nennen muss. Hierdurch wird dem Bauherrn die Last erspart, vorprozessual kostenaufwendig die Ursachen der Symptome zu ermitteln. Es wird ihm stattdessen ermöglicht, die Tatsachen für die Ursachen des Symptoms erst durch ein gerichtliches Gutachten zu „erforschen".[177] Reduzierte Anforderungen gelten auch für die Darlegung der Höhe des Mängelbeseitigungsaufwands im Vorschussprozess.[178]

65

II. Beweislast für Mängel vor Abnahme

Zur Beweislast für das Vorliegen eines Mangels vor Abnahme, im Falle der berechtigten Verweigerung der Abnahme oder bei einem Vorbehalt nach § 640 Abs. 2 BGB hat der **Bundesgerichtshof** zum Altrecht ausgeführt, in diesen Fällen müsse der Besteller lediglich substantiiert darlegen, dass ein Mangel bestehe oder das Werk unvollständig sei. Es sei dann Sache des Werkunternehmers, darzulegen und zu beweisen, dass sein Werk nicht mit Mängeln behaftet sei und die erbrachte Leistung nicht hinter der

66

---

[169] BGH v. 20.07.2005 - VIII ZR 275/04 - juris Rn.16 - BGHZ 163, 381.
[170] BGH v. 19.04.1991 - V ZR 22/90 - juris Rn. 12 - BGHZ 114, 193-202; BGH v. 14.12.1987 - II ZR 53/87 - juris Rn. 7 - NJW-RR 1988, 745-749.
[171] BGH v. 10.12.1986 - VIII ZR 349/85 - juris Rn. 47 - BGHZ 99, 182-203.
[172] BGH v. 23.10.2008 - VII ZR 64/07 - juris Rn. 14 - NJW 2009, 360-363; BGH v. 11.10.2001 - VII ZR 383/99 - juris Rn. 8 - BauR 2002, 85-86; BGH v. 29.06.1981 - VII ZR 299/80 - BauR 1982, 61-63.
[173] Besteller hat die Beweislast OLG Hamburg v. 05.12.1997 - 14 U 21/96 - OLGR Hamburg 1998, 61-63.
[174] BGH v. 23.10.2008 - VII ZR 64/07 - juris Rn. 15 - NJW 2009, 360-363; BGH v. 24.10.1996 - VII ZR 98/94 - juris Rn. 10 - BauR 1997, 129-131.
[175] BGH v. 23.10.2008 - VII ZR 64/07 - juris Rn. 16 - NJW 2009, 360-363.
[176] BGH v. 23.10.2008 - VII ZR 64/07 - juris Rn. 21, 24 - NJW 2009, 360-363.
[177] OLG Hamburg v. 10.01.2001 - 13 U 87/99 - juris Rn. 35 - OLGR Hamburg 2001, 341-343.
[178] BGH v. 22.02.2001 - VII ZR 115/99 - juris Rn. 7 f. - NJW-RR 2001, 739.

§ 634

vertraglich geschuldeten zurückbleibe.[179] Bei einem durch Kündigung oder Vertragsaufhebung vorzeitig beendeten Werkvertrag soll die Darlegungs- und Beweislast für Mängel aber dann den Besteller treffen, wenn er im Wege der Selbstvornahme die behaupteten Mängel beseitigt hat und das Werk zum Zeitpunkt der Entscheidung des Gerichts mangelfrei ist.[180]

67 Richtig ist hier eine **differenzierte Betrachtungsweise**, deren Ausgangspunkt der allgemeine Grundsatz sein muss, dass derjenige, der Ansprüche geltend macht, für die anspruchsbegründenden Voraussetzungen darlegungs- und beweisbelastet ist. Deshalb ist es sicher richtig, dass der **Unternehmer** vor Abnahme die Mangelfreiheit seines Werks darlegen und beweisen muss, wenn er seinen Anspruch auf **Werklohn** verfolgt. Verfolgt der **Besteller** allerdings einen **Schadensersatzanspruch**, gehört das Vorliegen eines Werkmangels zu den Voraussetzungen eines solchen Anspruchs. Dass er für das Vorliegen eines Werkmangels dennoch nicht beweisbelastet sein soll, lässt sich nicht damit rechtfertigen, dass der Besteller ja das Werk des Unternehmers noch nicht als Erfüllung angenommen habe. Die Verschaffung eines mangelfreien Werks ist Vertragspflicht des Unternehmers. Liegen Werkmängel vor, kann das vor Abnahme bereits unmittelbar nach den §§ 280 ff. BGB Schadensersatzansprüche des Bestellers gegen den Unternehmer auslösen. In diesem Fall ist es grundsätzlich der Besteller, der die Beweislast für die **Pflichtverletzung** (= Werkmängel) trägt[181] – nähere Einzelheiten hierzu vgl. die Kommentierung zu § 280 BGB). Das kann **nicht anders** sein, **wenn** die Schadensersatzansprüche über die Verweisungsnorm des § 634 BGB geltend gemacht werden (zu dieser Möglichkeit vor Abnahme vgl. Rn. 97).[182] Der Besteller trägt deshalb die Beweislast für das Vorliegen eines Werkmangels auch vor Abnahme, wenn er Schadensersatzansprüche gegen den Unternehmer geltend macht. Ausgehend hiervon kann das auch bei der Geltendmachung anderer Werkmängelrechte vor Abnahme nicht anders sein. Der Unternehmer ist für die Mangelfreiheit seines Werks vor einer Abnahme jedoch dann beweisbelastet, wenn er seinen Werklohn einverlangt.

III. Sonstiges zur Darlegungs- und Beweislast

68 Steht das Vorliegen eines Werkmangels fest und streiten die Beteiligten darüber, in wessen Verantwortungsbereich der Umstand liegt, der den Mangel herbeigeführt hat, so trägt der Besteller hierfür die Beweislast, wenn die Möglichkeit besteht, dass der Werkmangel erst nach Abnahme eingetreten ist, insbesondere dass er durch andere Beteiligte verursacht wurde. Steht dagegen fest, dass der Mangel im Zeitpunkt der Abnahme vorlag, so hat der Werkunternehmer den Beweis zu führen, dass der Mangel durch einen nicht in seinem Verantwortungsbereich liegenden Umstand herbeigeführt worden ist.[183]

69 Auch im **Rechtsstreit** muss der Besteller lediglich Mangelerscheinungen (vgl. Rn. 11) nennen. Mit der **Darlegung von Mangelerscheinungen** werden – mit Folgen für die Verjährung – die Mängel, die für die benannten Erscheinungen ursächlich sind, uneingeschränkt Gegenstand des Verfahrens.[184] **Nicht erforderlich** sind Ausführungen des Auftraggebers zu den **Ursachen** der Mangelerscheinungen und zur Verantwortlichkeit des Auftraggebers für die etwaigen Mängel. Ob die Ursache der Mangelerscheinung auf einem Ausführungsfehler oder auf einem Planungsfehler (für den der Besteller mit verantwortlich sein kann – vgl. die Kommentierung zu § 635 BGB Rn. 21) beruht, ist Gegenstand des Beweises und kein Erfordernis des Sachvortrags.[185] Es genügt der Sachvortrag, dass die Erscheinungen auf Mängel zurückzuführen sein können und dass die Mängel in den Verantwortungsbereich des Auftrag-

---

[179] Für Ansprüche auf Schadensersatz und aus Selbstvornahme BGH v. 24.10.1996 - VII ZR 98/94 - juris Rn. 10 - BauR 1997, 129-131; im Zusammenhang mit einem Anspruch auf Ersatz des entfernten Mangelfolgeschadens aus pFV BGH v. 08.06.2004 - X ZR 7/02 - juris Rn. 15 - BGHReport 2004, 1603-1604; für einen Rücktritt nach § 636 BGB a.F. BGH v. 24.11.1998 - X ZR 21/96 - juris Rn. 30 - NJW-RR 1999, 347-349; für die Wandelung OLG Düsseldorf v. 18.04.1997 - 22 U 179/96 - juris Rn. 12 - VersR 1998, 1296-1297. Vgl. auch BGH v. 23.10.2008 - VII ZR 64/07 - juris Rn. 14 - NJW 2009, 360-363 m.w.N.
[180] KG Berlin v. 09.08.2002 - 7 U 203/01 - MDR 2003, 319.
[181] BGH v. 25.03.1999 - IX ZR 283/97 - juris Rn. 7 - NJW 1999, 2437-2438.
[182] Zu einem Anspruch aus § 635 BGB a.F. BGH v. 12.10.1967 - VII ZR 8/65 - BGHZ 48, 310-313.
[183] OLG Köln v. 19.07.2006 - 11 U 139/05 - juris Rn. 28 - OLGR Köln 2007, 74.
[184] BGH v. 25.01.2007 - VII ZR 41/06 - juris Rn. 19 - NJW-RR 2007, 597; BGH v. 06.12.2001 - VII ZR 241/00 - juris Rn. 55 - BauR 2002, 613-618; BGH v. 08.05.2003 - VII ZR 407/01 - juris Rn. 9 - NJW-RR 2003, 1239-1240.
[185] BGH v. 06.12.2001 - VII ZR 241/00 - juris Rn. 55 - BauR 2002, 613-618; BGH v. 08.05.2003 - VII ZR 407/01 - juris Rn. 9 - NJW-RR 2003, 1239-1240.

nehmers fallen.[186] Macht der Besteller gleichwohl Ausführungen zur **Mangelursache** und erweisen sich diese als **falsch**, ist das unschädlich. Auch in diesem Fall ist die für die bezeichnete Mangelerscheinung ursächliche wahre Mangelursache vollständig Verfahrensgegenstand. Ausführungen des Bestellers nach der von ihm vermuteten Mangelursache sind deshalb nur als Hinweis auf einen festgestellten Schaden und nicht als Begrenzung des Mängelbeseitigungsverlangens zu verstehen.[187] Für weitere Einzelheiten vgl. Rn. 11.

Die **Vereinbarung einer Beschaffenheit** ist vom Besteller zu beweisen.[188] Nach § 633 Abs. 2 BGB ist nämlich das Fehlen einer Beschaffenheitsvereinbarung Voraussetzung dafür, auf die Eignung zum gewöhnlichen Gebrauch abstellen zu können. Wendet der Unternehmer gegen seine Inanspruchnahme wegen eines Mangels ein, es sei eine Unterschreitung des gewöhnlichen Standards vereinbart worden, so hat der Besteller die Behauptung zu beweisen, weder ein minderwertiges noch minderbrauchbares Werk in Auftrag gegeben zu haben.[189] Behauptet der Unternehmer, dass eine von den anerkannten **Regeln der Technik** abweichende Beschaffenheit vereinbart wurde, hat er darzulegen und zu beweisen, dass er die ihn dann treffende Aufklärungs- und Hinweispflicht eingehalten hat. Eigenmächtige Abweichungen des Unternehmers von der vertraglich geschuldeten Leistung stellen einen Mangel dar, wenn der Unternehmer nicht nachweisen kann, dass die Vertragsabweichung für den Bauherrn keinerlei Mehrrisiko gegenüber der Vertragsausführung mit sich bringt.[190] Steht fest, dass das von dem Unternehmer hergestellte Werk bei der Abnahme mangelhaft war, und beansprucht der Unternehmer seinen Werklohn mit der **Behauptung**, die **Mängel** seien in der Folge **behoben** worden, muss er beweisen, dass seine Nacherfüllung zur (fristgerechten) Beseitigung des Mangels geführt hat.[191] Für die Einhaltung der ihn treffenden Prüfungs- und Hinweispflicht ist der Unternehmer beweisbelastet.[192] Bei der Prüfungs- und Hinweispflicht handelt es sich nämlich um einen Tatbestand, der Werkmängelrechte des Bestellers ausschließt. Den Bauunternehmer trifft eine Garantiehaftung für die **Wasserdichtigkeit** des Kellers. Beim Auftreten von Feuchtigkeitsmängeln an den Kelleraußenwänden ist daher **prima facie** von seiner Verantwortlichkeit auszugehen. Zur Entkräftung der Vermutungswirkung muss der Bauunternehmer in nachvollziehbarer Weise andere Schadensursachen darlegen. Gelingt ihm dies nicht, ist das Gericht nicht gehalten, eine genaue Schadensursache zu ermitteln.[193] Der Besteller ist **nicht verpflichtet**, vorprozessual die **Mängelbeseitigungskosten** durch ein Sachverständigengutachten zu **ermitteln**. Es genügt, wenn er die Kosten schätzt und für den Fall, dass der Unternehmer die Kosten bestreitet, ein Sachverständigengutachten als Beweismittel anbietet.[194] Das Gericht muss ein so angebotenes Gutachten ggf. einholen. Es kann eine Verurteilung zum Schadensersatz nicht auf eine als Sachvortrag noch genügende lediglich überschlägige Schätzung stützen.[195] Es können daher für den im Rahmen einer Sanierung anfallenden Aufwand auch weder ein ins Einzelne gehender Sanierungsplan noch detaillierte Kostenvoranschläge gefordert werden.

70

Bei der Geltendmachung von Schadensersatz ist der Unternehmer nach § 280 Abs. 1 Satz 2 BGB darlegungs- und beweisbelastet dafür, dass er den Werkmangel **nicht zu vertreten** hat. Für die Übernahme einer **Garantie** durch den Unternehmer trägt der Besteller die Darlegungs- und Beweislast. Dafür, dass er den Unternehmer unter **Fristsetzung** zur Nacherfüllung aufgefordert hat oder für die Umstände, aufgrund derer eine Fristsetzung entbehrlich ist, ist der Besteller darlegungs- und beweisbelastet.[196] Dafür, dass es sich bei bestimmten Teilen der Nachbesserungskosten um **Sowieso-Kosten** han-

71

---

[186] BGH v. 14.01.1999 - VII ZR 19/98 - juris Rn. 11 - BauR 1999, 631-632.
[187] BGH v. 17.01.2002 - VII ZR 488/00 - BauR 2002, 784-786; BGH v. 26.03.1992 - VII ZR 258/90 - juris Rn. 7 - WM 1992, 1416-1418.
[188] *Peters/Jacoby* in: Staudinger, § 633 Rn. 191 m.w.N.
[189] OLG Saarbrücken v. 25.10.2000 - 1 U 111/00 - 25, 1 U 111/00 - OLGR Saarbrücken 2001, 49-50.
[190] OLG München v. 27.10.1999 - 27 U 301/99 - IBR 2001, 304.
[191] BGH v. 03.03.1998 - X ZR 14/95 - juris Rn. 13 - NJW-RR 1998, 1268-1270.
[192] BGH v. 08.11.2007 - VII ZR 183/05 - juris Rn. 26 - BGHZ 174, 110.
[193] OLG Düsseldorf v. 19.12.1995 - 23 U 66/95 - IBR 1997, 195.
[194] BGH v. 25.01.2007 - VII ZR 41/06 - juris Rn. 22 - NJW-RR 2007, 597; BGH v. 08.05.2003 - VII ZR 407/01 - juris Rn. 13 - NJW-RR 2003, 1239-1240; BGH v. 28.11.2002 - VII ZR 136/00 - juris Rn. 25 - NJW 2003, 1038-1039; BGH v. 14.01.1999 - VII ZR 19/98 - juris Rn. 13 - BauR 1999, 613-632.
[195] Saarländisches Oberlandesgericht Saarbrücken v. 11.12.2006 - 8 U 274/01 - juris Rn. 166 - BauR 2007, 1918.
[196] OLG Köln v. 04.09.2001 - 3 U 166/00 - BauR 2002, 978-979.

delt, und für die Höhe der Sowieso-Kosten ist der Unternehmer beweisbelastet.[197] Der Unternehmer, der sich auf **Ersparnisse** des Bestellers berufen will, hat diese zu beweisen.[198] Hat der Bauherr die Werkmängel selbst beseitigen lassen, kommt der Einwand des Unternehmers, die hierzu aufgewandten Kosten seien nicht erforderlich gewesen, nur unter dem Gesichtspunkt des Mitverschuldens des Bauherrn zum Tragen.[199] Deshalb ist der Unternehmer insoweit beweisbelastet.

72 Haben Architekt und Bauunternehmer nach Öffnung des Dachs in einem Schreiben auf die Gefahr von Regenwassereinbrüchen hingewiesen und jegliche Haftung für Schäden an Menschen oder Maschinen abgelehnt, reicht das nicht aus, um sie von jeglicher Haftung freizuzeichnen, denn sie bleiben trotz des erteilten Hinweises weiterhin verpflichtet, die von ihnen vertraglich geschuldete Bauüberwachung ordnungsgemäß zu erbringen. Jedoch ist der Bauherr dafür, dass dem Rohbauunternehmer und dem bauüberwachenden Architekten ein Pflichtenverstoß anzulasten ist bzw. die Schadensursache in sonstiger Weise aus ihrem Verantwortungsbereich hervorgegangen ist, darlegungs- und beweispflichtig.

IV. Sonstige prozessuale Hinweise

73 Der Übergang vom Anspruch auf **Kostenvorschuss** zu dem auf **Schadensersatz** oder umgekehrt ist eine **Klageänderung** i.S.v. § 263 ZPO und nicht etwa nur eine Erweiterung oder Beschränkung i.S.v. § 264 Nr. 2 ZPO.[200] Sind die Mängel allerdings bereits beseitigt und wird deshalb auf Erstattung der Mängelbeseitigungskosten geklagt, ist das Gericht nicht daran gebunden, ob der Kläger den Anspruch als Aufwendungsersatz (§ 637 BGB) oder als Schadensersatz fordert.[201] Weil der Streitgegenstand durch eine materiellrechtliche Begründung des Klägers nicht begrenzt wird, stellt sich in dieser Konstellation die Frage nach einer Klageänderung nicht.

74 Ein Übergang von der Schadensersatzklage zur Klage auf Vorschuss soll auch nicht unter § 264 Nr. 3 ZPO fallen.[202] Es wird deshalb regelmäßig zweckmäßig sein, in der Hauptsache Schadensersatz zu verlangen, gleichzeitig aber auch den Anspruch auf Vorschuss **hilfsweise** geltend zu machen. Dabei muss allerdings bedacht werden, dass das Verlangen nach Schadensersatz statt der Leistung zum Erlöschen der (Nach-)Erfüllungsanspruchs führt (§ 281 Abs. 4 BGB).

75 Eine **Feststellungsklage** ist in der Regel dann unzulässig, wenn eine Klage auf Leistung möglich ist.[203] Auch wenn das noch nicht der Fall ist, ist sie im Regelfall unzulässig, wenn sie auf die Feststellung gerichtet ist, dass der Unternehmer Schadensersatz für **Mängel** an der Werkleistung zu leisten hat, die **bisher nicht in Erscheinung getreten** sind. Ein so weitgehender Feststellungsanspruch schnitte dem Unternehmer sämtliche Einwendungen zum Grund des Anspruchs, über die mitentschieden wäre, ab; die einschlägigen Verjährungsregelungen würden in nicht hinzunehmender Weise ausgehöhlt.[204] Ein solcher Fall liegt nicht vor, wenn Feststellung der Schadensersatzpflicht für Mängel an bestimmten Teilen, die der Unternehmer bearbeitet hat, begehrt wird, die sich noch nicht gezeigt haben. Wenn es um **konstruktive Mängel** geht, die an einer Stelle auftreten, dann ist Feststellungsklage zulässig auch hinsichtlich gleich bearbeiteter Teile, bei denen die Mängel entweder noch nicht aufgetreten oder nicht festgestellt worden sind.[205] Erforderlich ist nur, dass ein Schadenseintritt möglich oder jedenfalls wahrscheinlich ist.[206] Generell ist die Zulässigkeit einer Feststellungsklage großzügig zu beurteilen.[207] So-

---

[197] BGH v. 08.05.2003 - VII ZR 407/01 - juris Rn. 15 - NJW-RR 2003, 1239-1240; BGH v. 10.11.1988 - VII ZR 272/87 - juris Rn. 34 - BauR 1989, 361-365; BGH v. 29.09.1982 - IVa ZR 309/80 - juris Rn. 47 - NJW 1983, 1053-1055.
[198] BGH v. 17.07.2001 - X ZR 71/99 - juris Rn. 20 - BauR 2001, 1903-1906.
[199] OLG Celle v. 11.12.2003 - 6 U 105/03 - juris Rn. 13 - NJW-RR 2004, 526-527.
[200] BGH v. 21.07.2005 - VII ZR 240/03 - NJW-RR 2005, 1473-1474; BGH v. 13.11.1997 - VII ZR 100/97 - juris Rn. 11 - Baur 1998, 369-370; a.A. OLG Brandenburg v. 09.11.2000 - 8 U 43/00 - NJW-RR 2001, 386-389.
[201] BGH v. 21.07.2005 - VII ZR 304/03 - NJW-RR 2005, 1472-1473.
[202] OLG Dresden v. 09.06.1999 - 8 U 814/99 - juris Rn. 21 - NJW-RR 2000, 1337-1338.
[203] BGH v. 21.01.2000 - V ZR 387/98 - juris Rn. 11 - NJW 2000, 1256.
[204] BGH v. 26.09.1991 - VII ZR 245/90 - BauR 1992, 115-116; BGH v. 24.03.1994 - IX ZR 149/93 - juris Rn. 6 - NJW 1994, 1659-1660.
[205] BGH v. 25.02.2010 - VII ZR 187/08 - juris Rn 10 - BauR 2010, 812-814.
[206] BGH v. 25.02.2010 - VII ZR 187/08 - juris Rn 12 - BauR 2010, 812-814.
[207] Saarländisches Oberlandesgericht Saarbrücken v. 11.12.2006 - 8 U 274/01 - juris Rn. 145 und 167 - BauR 2007, 1918.

weit das OLG Celle meint, die Feststellungsklage sei bei Streitigkeiten über Baumängel in der Regel nicht zulässig[208], kann dem so nicht beigetreten werden.[209]

Wenn der Auftraggeber gegenüber dem Werklohnanspruch des Auftragnehmers mit einem auf Ersatz von Mängelbeseitigungskosten gerichteten Schadensersatzanspruch „aufrechnet", sollte nach der jetzt aufgegebenen Rechtsprechung des BGH lediglich ein **Verrechnungsverhältnis** zustande gekommen sein (vgl. Rn. 54). Weil die tatbestandlichen Voraussetzungen des ZPO § 302 ausgehend hiervon nicht gegeben waren, hielt man in dieser Prozesslage ein **Vorbehaltsurteil** für unzulässig. Es konnte dann nur ein Grundurteil unter Vorbehalt der „Aufrechnung" und zugleich ein Teilurteil über den Teil der Werklohnforderung, der durch die erklärte „Aufrechnung" keinesfalls berührt wird, ergehen.[210] Der BGH hat seine bisherige Rechtsprechung mittlerweile aufgegeben und nimmt auch in solchen Fällen eine Aufrechnung an[211]. Nach der neuen Rechtsprechung des BGH ist von Folgendem auszugehen: Hält der Besteller dem Vergütungsanspruch des Unternehmers Schadensersatzansprüche etwa wegen erforderlicher Mängelbeseitigungskosten entgegen, handelt es sich jeweils um selbständige Forderungen, die sich aufrechenbar gegenüberstehen und nicht mit der Folge als Verrechnung behandelt werden können, dass die gesetzlichen oder vertraglichen Regelungen zur Aufrechnung umgangen werden können. Deshalb kann zwar an sich ein Vorbehaltsurteil erlassen werden (§ 302 Abs. 1 ZPO). Hierbei hat das Gericht jedoch ein ihm eingeräumtes Ermessen pflichtgemäß auszuüben. Maßstab der Ermessensausübung ist der Zweck des Gesetzes zur Beschleunigung fälliger Zahlungen, mit dem die Möglichkeit von Vorbehaltsurteilen erweitert wurde. Dieses Gesetz bezweckt den Schutz des Unternehmers vor einer ungerechtfertigten Verzögerung des Verfahrens, will dem Unternehmer jedoch nicht ermöglichen, die Werklohnforderung ohne Erbringung der Gegenleistung durchzusetzen. Soweit der Bauherr deshalb mit Ansprüchen auf Ersatz von Mängelbeseitigungskosten oder Fertigstellungsmehrkosten aus **demselben** (!) Bauvorhaben aufrechnet, wird nur ausnahmsweise ein Vorbehaltsurteil ergehen können. Ein Vorbehaltsurteil wird danach insbesondere dann in Betracht kommen, wenn nach der auf der Grundlage des gesamten Streitstoffes vom Gericht vorzunehmenden Einschätzung die Gegenansprüche geringe Aussicht auf Erfolg haben und es unter Berücksichtigung der beiderseitigen Interessen und der voraussichtlichen Dauer des weiteren Verfahrens angezeigt erscheint, dem Unternehmer durch einen Titel die Möglichkeit zu eröffnen, sich sofortige Liquidität zu verschaffen oder jedenfalls eine Sicherheit vom Besteller zu erlangen. Ein solcher Fall kann z.B. dann vorliegen, wenn die Gegenforderung bei Würdigung des Parteivortrags oder der bisherigen Beweisergebnisse, z.B. eines überzeugenden Privatgutachtens oder der Ergebnisse eines selbständigen Beweisverfahrens, wahrscheinlich nicht besteht oder im Verhältnis zur Werklohnforderung wahrscheinlich geringes Gewicht hat und die weitere Aufklärung voraussichtlich so lange dauern wird, dass es nicht mehr hinnehmbar ist, dem Unternehmer die Möglichkeit einer Vollstreckung vorzuenthalten.[212]

Die Ausnahmefälle, die der BGH für diese Konstellation in seiner Entscheidung darstellt, dürften nur in den wenigsten Fällen vorliegen. Anders liegt es, wenn mit Ansprüchen aus einem anderen Bauvorhaben oder sonstigen nicht das unmittelbare Verhältnis Leistung/Gegenleistung tangierenden Ansprüchen – etwa solchen auf Ersatz des Verzugsschadens – aufgerechnet wird. In einer solchen Konstellation kann Vorbehaltsurteil ergehen.[213]

Diese Rechtsprechung, die zunächst nur hinsichtlich einer Aufrechnung des Bestellers gegenüber dem Werklohnanspruch des Unternehmers erging, gilt auch im umgekehrten Fall, in dem der Unternehmer gegenüber der Forderung des Bestellers auf Ersatz der Kosten der Mängelbeseitigung oder der Fertigstellungsmehrkosten mit einem Werklohnanspruch aufrechnet.[214]

Wendet der Unternehmer gegenüber einer Werklohnklage Mängel und Begleitschäden ein, kann im Hinblick auf die geltend gemachten Zurückbehaltungsrechte und Aufrechnungen ein kombiniertes Grund- und Vorbehaltsurteil ergehen, ohne dass dies im Widerspruch zu der vorgenannten Rechtsprechung des Bundesgerichtshofs steht. Wird nämlich ein Vorbehaltsurteil mit einem Grundurteil kombi-

---

[208] OLG Celle v. 19.12.2006 - 16 U 127/06 - juris Rn. 19 - NJW-RR 2007, 676.
[209] Zur Kritik vgl. Zepp, jurisPR-PrivBauR 3/2007, Anm. 1 = jurisPR extra 2007, 104-106.
[210] OLG Düsseldorf v. 26.06.1998 - 22 U 3/98 - NJW-RR 1999, 858-859; OLG Koblenz v. 10.01.2002 - 2 U 825/01 - MDR 2002, 715-716; OLG München v. 16.07.2002 - 9 U 1813/02 - BauR 2003, 421; OLG Oldenburg v. 25.02.2003 - 2 U 232/02 - NJW-RR 2003, 879-880.
[211] BGH v. 23.06.2005 - VII ZR 197/03 - juris Rn. 21 - NJW 2005, 2771-2773.
[212] BGH v. 24.11.2005 - VII ZR 304/04 - juris Rn. 16 - NJW 2006, 698-699.
[213] BGH v. 24.11.2005 - VII ZR 304/04 - juris Rn. 16 - NJW 2006, 698-699.
[214] BGH v. 27.09.2007 - VII ZR 80/05 - juris Rn. 20 - NJW-RR 2008, 31.

niert, erhält der Kläger ein Urteil, das keinen vollstreckungsfähigen Inhalt hat. Durch ein solches Urteil werden – anders als in der vom Bundesgerichtshof entschiedenen Fallgestaltung – keine Sicherheiten entwertet, die das materielle Recht dem Besteller bietet. Im weiteren Verfahren müssen dann die Fragen, die für die Entscheidung sowohl über die Anspruchshöhe (Zurückbehaltungsrecht) als auch über den Vorbehalt (Aufrechnung) einheitlich geklärt werden.[215]

80 Bestand vor dem in § 767 Abs. 2 ZPO genannten Zeitpunkt keine Aufrechnungslage, ist der Besteller nicht durch § 767 Abs. 2 ZPO daran gehindert, nach nachträglicher Schaffung der Aufrechnungslage gegen die titulierte Forderung aufzurechnen. Das ist etwa dann der Fall, wenn der Besteller sich im Verfahren nur auf die Geltendmachung des Druckeinbehalts beschränkt hat und erst nach Abschluss des Verfahrens – etwa durch Fristsetzung – die Voraussetzungen für einen Schadensersatzanspruch geschaffen hat.[216]

81 Klagt der Besteller nur einen Teil seines Schadens ein, hängen die an seinen Sachvortrag zu stellenden Anforderungen davon ab, ob es sich bei den einzelnen Schadenspositionen nur um Rechnungsposten handelt oder ob jeweils selbständige Ansprüche kumuliert werden. Solange einzelne Schadenspositionen aus demselben Mangel oder derselben Pflichtverletzung hergeleitet werden, liegen nur Rechnungsposten ein und desselben Anspruchs vor[217], bei denen der Besteller dem Gericht keine Reihenfolge vorgeben muss. Leitet der Kläger seinen Schadensersatzanspruch jedoch aus verschiedenen Mängeln her, ist die **Teilleistungsklage** unbestimmt und daher unzulässig, wenn der Kläger nicht genau angibt, **wie** sich der eingeklagte Betrag auf die einzelnen Mängel (Ansprüche) **verteilen** soll und in welcher **Reihenfolge** die aus den einzelnen Mängeln hergeleiteten Ansprüche zur Entscheidung des Gerichts gestellt werden sollen. Andernfalls ergeben sich unüberwindliche Schwierigkeiten bei der Bestimmung des Streitgegenstandes und damit zusammenhängend auch bei der Bestimmung der materiellen Rechtskraft.[218]

82 Nach § 301 ZPO kann im Werklohn- oder Schadensersatzprozess über eine Abrechnungsspitze **Teilurteil** ergehen. Auch wenn der Besteller Schadensersatz verlangt, ist ein Teilurteil nicht etwa deshalb unzulässig, weil es sich bei dem Schadensersatzanspruch um einen einheitlichen Anspruch handelt, innerhalb dessen es nur unselbständige Rechnungsposten gibt.[219] Die Einheitlichkeit des Anspruchs bedeutet noch nicht seine Unteilbarkeit, auf die es für die Zulässigkeit des Teilurteils nach § 301 Abs. 1 ZPO allein ankommt. Nach § 301 Abs. 1 Satz 2 ZPO ist es allerdings erforderlich, dass gleichzeitig Grundurteil über den restlichen Teil des Anspruchs ergeht. Auch ein Grundurteil ist nicht etwa deshalb unzulässig, weil es nur einzelne Schadensposten des insgesamt streitgegenständlichen Schadensersatzanspruchs betrifft.[220] Die unselbständigen **Rechnungsposten**, die zum Gegenstand des Teilurteils gemacht werden, müssen quantitativ, zahlenmäßig oder auf sonstige Weise so **bestimmt und individualisiert** werden, dass keine Ungewissheit darüber besteht, in welchem Umfang über den Klaganspruch rechtskräftig entschieden ist und in welcher Höhe und bezüglich welcher Schadenspositionen er noch anhängig ist.[221] Im Übrigen darf auch keine **Gefahr widersprüchlicher Entscheidungen** zwischen dem Teilurteil und dem späteren Schlussurteil bestehen.[222] Das gilt auch, wenn diese Gefahr nur deshalb besteht, weil das Rechtsmittelgericht noch zu einer abweichenden Beurteilung kommen kann.[223] Die Gefahr der Widersprüchlichkeit kann ggf. dadurch beseitigt werden, dass über die Vorfrage ein Zwischenfeststellungsurteil gemäß § 256 Abs. 2 ZPO ergeht, durch das die Möglichkeit eines Widerspruchs zwischen dem Teilurteil und dem Schlussurteil ausgeräumt wird.[224]

---

[215] OLG Hamm v. 30.10.2007 - 21 U 34/07 - juris Rn. 31 - OLGR Hamm 2008, 105.
[216] BGH v. 07.07.2005 - VII ZR 351/03 - juris Rn. 16 - BGHZ 163, 339-343.
[217] BGH v. 22.11.1990 - IX ZR 73/90 - juris Rn. 13 - NJW-RR 1991, 1279-1280; BGH v. 07.12.1995 - VII ZR 112/95 - juris Rn. 9 - NJW-RR 1996, 891-892.
[218] BGH v. 04.12.1997 - IX ZR 247/96 - juris Rn. 8 - BauR 1998, 332-334; BGH v. 22.05.1984 - VI ZR 228/82 - juris Rn. 15 - NJW 1984, 2346-2348.
[219] BGH v. 21.02.1992 - V ZR 253/90 - juris Rn. 10 - NJW 1992, 1769-1770.
[220] BGH v. 12.07.1989 - VIII ZR 286/88 - juris Rn. 11 - BGHZ 108, 256-268.
[221] BGH v. 27.10.1999 - VIII ZR 184/98 - juris Rn. 22 - NJW 2000, 958-960; BGH v. 12.07.1989 - VIII ZR 286/88 - juris Rn. 14 - BGHZ 108, 256-268; BGH v. 08.06.1988 - VIII ZR 105/87 - juris Rn. 18 - NJW-RR 1988, 1405.
[222] BGH v. 28.11.2002 - VII ZR 270/01 - juris Rn. 9 - NJW-RR 2003, 303-304; BGH v. 26.04.1991 - V ZR 213/89 - juris Rn. 11 - NJW-RR 1991, 1468-1469.
[223] BGH v. 21.02.1992 - V ZR 253/90 - juris Rn. 11 - NJW 1992, 1760-1770.
[224] BGH v. 28.11.2002 - VII ZR 270/01 - juris Rn. 10 - NJW-RR 2003, 303-304.

Da präjudizielle Vorfragen nicht an der Rechtskraft teilnehmen, ist ein Auftraggeber nicht gehindert, seine gegenüber der Werklohnklage des Auftragnehmers erfolglos geltend gemachten Mängel zum Gegenstand einer eigenen Schadensersatzklage zu machen.[225] Das gilt auch, wenn er sich insoweit ausdrücklich auf ein Zurückbehaltungsrecht gestützt hat.[226] 83

Beim Anspruch auf Erstattung von **Mehrwertsteuer** handelt es sich um einen selbständigen Anspruch. Deshalb darf der zuzuerkennende Betrag nur dann mit der Mehrwertsteuer „aufgefüllt" werden, wenn der Kläger die Mehrwertsteuer auch geltend gemacht hat (§ 308 Abs. 1 ZPO).[227] 84

E. Anwendungsfelder

I. Konkurrenzen

1. Nacherfüllung

Mit der Abnahme geht der Erfüllungsanspruch des Bestellers in einen **Nacherfüllungsanspruch** über. Der Nacherfüllungsanspruch ist gegenüber den anderen Mängelrechten des Bestellers vorrangig, weil er auch ohne die ansonsten grundsätzlich notwendige Fristsetzung geltend gemacht werden kann. Der Nacherfüllungsanspruch **erlischt** nicht schon mit Ablauf einer von dem Besteller zur Nacherfüllung gesetzten Frist. Er erlischt erst, wenn der Besteller Schadensersatz statt der Leistung verlangt (§ 281 Abs. 4 BGB), wenn er Ersatz frustrierter Aufwendungen verlangt (§ 284, § 281 Abs. 4 BGB) oder wenn der Besteller den Rücktritt oder die Minderung erklärt. Verlangt der Besteller vor diesem Verlangen nochmals (Nach-)Erfüllung des Vertrages hindert ihn das nicht daran, dennoch ohne erneute Fristsetzung Rücktritt oder Schadensersatz statt der Leistung zu verlangen. Das schließt allerdings nicht aus, dass die Ausübung des Rücktrittsrechts im Einzelfall mit dem Gebot von Treu und Glauben (§ 242 BGB) nicht zu vereinbaren sein kann, wenn etwa der Rücktritt zur Unzeit erklärt wird, kurze Zeit nachdem der Besteller erneut die Leistung angefordert hat.[228] 85

Wenn der Besteller nach Fristablauf eine Rückabwicklung des Vertrages verlangt hat (Schadensersatz statt der ganzen Leistung oder Rücktritt), und deshalb der Nacherfüllungsanspruch erloschen ist, besteht **bis zum Vollzug der Rückabwicklung** ein **Schwebezustand**. Solange der Schwebezustand andauert, ist der Besteller gehalten, Schaden abzuwenden oder zu mindern. Soweit der Besteller in diesem Rahmen Mängelbeseitigungsarbeiten durch den Unternehmer veranlasst, kann das trotz nicht mehr bestehenden Nacherfüllungsanspruchs nicht ohne weiteres als Abschluss eines neuen vergütungspflichtigen Werkvertrages begriffen werden. Würde ohne die Nacherfüllungsarbeiten bis zum Vollzug der Rückabwicklung weiterer Schaden entstehen, kann die von dem Besteller veranlasste Tätigkeit des Unternehmers auch den Zweck haben, den Eintritt eines im Rahmen der Rückabwicklung auszugleichenden Schadens zu vermeiden.[229] 86

Außerdem sind die Parteien, solange eine Rückabwicklung des Vertrages nicht vollzogen ist und der Schwebezustand andauert, nicht gehindert, eine erneute Erfüllungsabrede zu treffen und die weitere Mängelbeseitigung zu vereinbaren. Die **Vereinbarung weiterer kostenloser Nacherfüllung** wird in der Regel dahin auszulegen sein, dass die Lage zum Zeitpunkt des Geltendmachens des Mängelbeseitigungsanspruchs wieder hergestellt werden soll.[230] 87

Mit dem Nacherfüllungsanspruch des Bestellers korrespondiert die **Nacherfüllungsbefugnis** des Unternehmers. Diese erlischt zwar an sich nicht bereits mit Fristablauf, sondern erst mit der Erklärung des Bestellers, er verlange Schadensersatz, trete zurück, mindere[231] oder er werde den Unternehmer aus einer Selbstvornahme in Anspruch nehmen (zu Letzterem vgl. die Kommentierung zu § 637 BGB Rn. 27). Nach Fristablauf ist der Auftraggeber aber auch bei einem BGB-Vertrag **nicht verpflichtet**, die vom Auftragnehmer noch angebotene **Nacherfüllung anzunehmen**. Der Besteller hat nach Ablauf 88

---

[225] OLG Zweibrücken v. 11.10.2007 - 4 W 97/07 - juris Rn. 7 - NJW-RR 2008, 405.
[226] OLG Rostock v. 19.04.2007 - 1 U 141/06 - juris Rn. 30 - OLGR Rostock 2008, 280.
[227] BGH v. 19.11.1998 - VII ZR 371/96 - juris Rn. 29 - BauR 1999, 254-257; OLG Frankfurt v. 18.03.2002 - 1 U 35/01 - juris Rn. 3 - OLGR Frankfurt 2002, 315.
[228] BGH v. 20.01.2006 - V ZR 124/05 - juris Rn. 16 - BauR 2006, 1134-1137; BGH v. 27.11.2003 - VII ZR 93/01 - juris Rn. 26 - NJW-RR 2004, 303-305.
[229] BGH v. 10.06.2003 - X ZR 86/01 - juris Rn. 20 - BGHReport 2003, 1254-1255.
[230] BGH v. 10.06.2003 - X ZR 86/01 - juris Rn. 21 - BGHReport 2003, 1254-1255.
[231] Zu § 323 Abs. 1 BGB BT-Drs. 14/6040, S. 185.

§ 634

der gesetzten Frist ein berechtigtes Interesse daran, das ihm jetzt zustehende Wahlrecht zwischen den einzelnen Mängelrechten selbst auszuüben. Das kann nicht dadurch unterlaufen werden, dass der Unternehmer jetzt noch gegen den Willen des Bestellers nachbessert.[232]

89 Mit der Erklärung von **Rücktritt** oder **Minderung** erlischt der Nacherfüllungsanspruch. Der Besteller kann aber neben einer Nacherfüllung zusätzlich **Schadensersatz** verlangen (§ 280 Abs. 1 BGB). Nur das Verlangen nach Schadensersatz **statt der Leistung** lässt den Nacherfüllungsanspruch untergehen (§ 281 Abs. 4 BGB).

90 Ein **Druckeinbehalt** (§§ 641 Abs. 3, 320 BGB) setzt das Fortbestehen des Nacherfüllungsanspruchs voraus, dessen Durchsetzung er dient. Ist der Nacherfüllungsanspruch erloschen, etwa bei Verlangen von Schadensersatz bzw. bei Erklärung von Rücktritt oder Minderung, kann der Besteller keinen Druckeinbehalt (§§ 320, 641 Abs. 3 BGB) mehr zurückhalten. Gegen einen dann ggf. noch fällig werdenden Anspruch des Unternehmers auf Werklohn muss mit einem Schadensersatzanspruch oder Ansprüchen aus Rücktritt bzw. Minderung aufgerechnet werden.[233]

2. Selbstvornahme

91 Ein Anspruch auf Aufwendungsersatz oder Vorschuss wegen **Selbstvornahme** (§ 637 BGB) setzt das Fortbestehen des Nacherfüllungsanspruchs zum Zeitpunkt der Selbstvornahme voraus.[234] Daher könnte der Besteller auch nach fruchtlosem Fristablauf noch Nacherfüllung verlangen, denn auch nach Ablauf der Frist muss er das Recht der Selbstvornahme nicht ausüben.[235] Verlangt der Besteller Schadensersatz **statt der Leistung** (§ 281 Abs. 4 BGB) oder erklärt er den Rücktritt oder die Minderung vor erfolgter Selbstvornahme, steht das deshalb einem Anspruch auf Aufwendungsersatz oder Vorschuss (§ 637 BGB) entgegen. Ein bereits gezahlter Vorschuss ist in diesen Fällen zurückzuerstatten. Er kann aber auch mit einem eventuellen Schadensersatzanspruch verrechnet werden.[236] Solange das Schadensersatzverlangen **nicht** auf Schadensersatz **wegen Nichterfüllung** gerichtet ist, können daneben Ansprüche auf Vorschuss oder Aufwendungsersatz gemäß § 637 BGB geltend gemacht werden. Ein Druckeinbehalt (§ 641 Abs. 3 BGB) ist neben der Selbstvornahme möglich. Der einbehaltene Betrag ist aber mit dem Anspruch auf Aufwendungsersatz oder Vorschuss zu verrechnen.[237]

3. Rücktritt, Minderung

92 Erklärt der Besteller den Rücktritt oder die Minderung, erlischt der Nacherfüllungsanspruch und mit ihm das Selbstvornahmerecht. Minderung und Rücktritt schließen sich gegenseitig aus. Neben einem erfolgten Rücktritt kann weiter Schadensersatz – auch Schadensersatz statt der Leistung – verlangt werden (§ 325 BGB). Gleiches gilt für die Minderung (Näheres unter der Kommentierung zu § 638 BGB Rn. 11). Bei der Berechnung des Schadens muss allerdings die Minderung bzw. das, was dem Besteller aus dem Rücktritt zufließt, berücksichtigt werden.

4. Schadensersatz, frustrierte Aufwendungen

93 Schadensersatz kann der Besteller neben Nacherfüllung, Selbstvornahme oder Ersatz frustrierter Aufwendungen verlangen, solange er nicht den Nichterfüllungsschaden (Schadensersatz statt der Leistung) ersetzt verlangt. Nacherfüllung, Selbstvornahme oder Ersatz frustrierter Aufwendungen können nicht mit Schadensersatz statt der Leistung kombiniert werden. Demgegenüber kann Schadensersatz statt der Leistung neben Ansprüchen aus Rücktritt und Minderung geltend gemacht werden. Bei der Berechnung des Schadens muss allerdings die Minderung bzw. das, was dem Besteller aus dem Rücktritt zu-

---

[232] BGH v. 27.02.2003 - VII ZR 338/01 - juris Rn. 23 - BGHZ 154, 119-124; BGH v. 27.11.2003 - VII ZR 93/01 - juris Rn. 25 - NJW-RR 2004, 303-305.
[233] BGH v. 07.07.1988 - VII ZR 320/87 - juris Rn. 14 - BGHZ 105, 103-107; BGH v. 24.11.1988 - VII ZR 112/88 - juris Rn. 13 - BauR 1989, 201-203.
[234] Vgl. zum Stufenverhältnis auch OLG Naumburg v. 25.03.2010 - 1 U 90/09 - juris Rn. 29 f. - BauR 2010, 1238-1239.
[235] OLG Naumburg v. 25.03.2010 - 1 U 90/09 - juris Rn. 30 - BauR 2010, 1238-1239 m.w.N.
[236] BGH v. 07.07.1988 - VII ZR 320/87 - juris Rn. 14 - BGHZ 105, 103-107; BGH v. 24.11.1988 - VII ZR 112/88 - juris Rn. 13 - BauR 1989, 201-203.
[237] OLG Hamm v. 03.12.1997 - 12 U 125/97 - NJW-RR 1998, 885-886; OLG Hamm v. 25.10.1996 - 12 U 163/95 - OLGR Hamm 1997, 117-118; OLG Oldenburg v. 02.02.1994 - 2 U 216/93 - juris Rn. 5 - NJW-RR 1994, 529-530; im Ergebnis vergleichbar – Aufrechnungsrecht des Bestellers – OLG Karlsruhe v. 26.04.1983 - 8 U 32/83 - OLGZ 1983, 464-466.

fließt, berücksichtigt werden. Da ein Druckeinbehalt (§§ 641 Abs. 3, 320 BGB) den Zweck hat, den Nacherfüllungsanspruch durchzusetzen, das Verlangen nach Schadensersatz statt der Leistung aber zum Erlöschen des Nacherfüllungsanspruchs führt (§§ 634 Nr. 4, 281 Abs. 4 BGB) können Druckeinbehalt und Schadensersatz statt der Leistung nicht kombiniert werden. Soweit es sich bei dem ersetzt verlangten Schaden nicht um den Nichterfüllungsschaden (Schadensersatz statt der Leistung) handelt, kann dieser ohne Auswirkung auf einen Druckeinbehalt beansprucht werden.

Eine in AGB enthaltene Klausel, die es dem Verwender im Falle einer Überschreitung des Fertigstellungstermins ermöglicht, neben Schadensersatz zusätzlich eine Vertragsstrafe zu verlangen, verstößt gegen § 307 Abs. 2 Nr. 1 BGB.[238] **94**

Für einen Anspruch auf Ersatz **frustrierter Aufwendungen** (§§ 634 Nr. 4, 284 BGB) gilt dasselbe wie für Schadensersatz statt der Leistung. **95**

5. Allgemeines Leistungsstörungsrecht

Vor der Abnahme sind grundsätzlich die Regelungen des **allgemeinen Leistungsstörungsrechts** unmittelbar und nicht erst über § 634 BGB anwendbar. Nach Abnahme kommen die in § 634 BGB genannten Rücktritts- und Schadensersatzregelungen nur über die Verweisungsnorm des § 634 BGB zur Anwendung. Das hat Relevanz für die **Verjährung**, die sich im Falle des § 634 BGB nach § 634a BGB richtet. § 634 BGB befasst sich nur mit Ansprüchen aufgrund eines Werkmangels. Weil es daher an einer Überschneidung mit § 634 BGB fehlt, greifen die Regelungen des allgemeinen Leistungsstörungsrechts auch nach Abnahme immer dann unmittelbar ein, wenn Ansprüche nicht aus einem Werkmangel hergeleitet werden. **96**

Im Hinblick auf eine von dem allgemeinen Leistungsstörungsrecht abweichende Verjährung kann für den Besteller ein Interesse daran bestehen, die Werkmängelrechte auch ohne Abnahme geltend zu machen. Ein solches Interesse kann auch deshalb bestehen, weil das allgemeine Leistungsstörungsrecht die verschuldensunabhängige Minderung oder Selbstvornahme nicht kennt. Der Besteller kann zwar ohne weiteres eine Abnahme auch beim Vorliegen von Mängeln erklären. Wenn er sich hierbei (beweiskräftig, vgl. die Kommentierung zu § 640 BGB Rn. 41) seine Rechte wegen eines (konkret zu bezeichnenden, vgl. die Kommentierung zu § 640 BGB Rn. 35) Mangels vorbehält (§§ 640 Abs. 2, 341 Abs. 3 BGB), hat eine solche Abnahme nach richtiger Auffassung nur eine eingeschränkte Tragweite (vgl. die Kommentierung zu § 640 BGB Rn. 36). Eine Abnahme ist aber nicht in jedem Fall erforderlich. Der **Rücktritt** kann nach den §§ 634 Nr. 3, 323 Abs. 4 BGB auch schon vor der Abnahme erklärt werden, wenn offensichtlich ist, dass die Voraussetzungen des Rücktritts eintreten werden. § 323 Abs. 4 BGB kann analog auf die **Minderung** angewandt werden, weil diese auch im Übrigen dem Rücktritt vergleichbar behandelt wird und es hier keinen sachlichen Grund für eine Differenzierung gibt. Entsprechendes muss auch für die **Selbstvornahme** gelten[239]. **Generell** kann der Besteller alle werkvertraglichen Mängelrechte auch **ohne Abnahme** geltend machen, **wenn** deren Voraussetzungen vorliegen und der Besteller eine **Abnahme ohne Verstoß gegen Treu und Glauben verweigert**.[240] Eine Abnahme ist für die Geltendmachung werkvertraglicher Mängelrechte auch dann nicht erforderlich, wenn eine Nacherfüllung **unmöglich** ist oder von dem Unternehmer wegen **Unverhältnismäßigkeit** bzw. wegen eines der Unmöglichkeit gleich stehenden Tatbestandes verweigert wird.[241] Das gilt auch nach neuem Schuldrecht.[242] Insbesondere für die Minderung kann eine Abnahme auch dann entbehrlich sein, wenn der Werkvertrag vorzeitig beendet (gekündigt) wird oder der Besteller auf den Erfüllungsanspruch und Ansprüche aus allgemeinem Leistungsstörungsrecht verzichtet.[243] **97**

Für Ansprüche aus **culpa in contrahendo** (§ 241 Abs. 2 BGB und § 311 Abs. 2, Abs. 3 BGB), die u.a. bei einer vorvertraglichen Verletzung von Hinweis-, Offenbarungs- oder Beratungspflichten[244] – etwa bei arglistiger Täuschung über die Beschaffenheit des Werkes[245] – in Betracht kommen, gilt nichts an- **98**

---

[238] OLG Düsseldorf v. 22.03.2002 - 5 U 85/01 - OLGR Düsseldorf 2002, 304-306.
[239] Zum Altrecht BGH v. 16.11.1993 - X ZR 7/92 - juris Rn. 21 - BauR 1994, 242-245.
[240] BGH v. 27.02.1996 - X ZR 3/94 - BGHZ 132, 96-104; OLG Karlsruhe v. 06.05.2003 - 12 U 26/03 - juris Rn. 10.
[241] BGH v. 30.09.1999 - VII ZR 162/97 - juris Rn. 10 - BauR 2000, 128-130.
[242] OLG Koblenz v. 18.10.2007 - 5 U 521/07 - juris Rn. 12 - OLGR Koblenz 2008, 175.
[243] BGH v. 17.02.1999 - X ZR 8/96 - juris Rn. 18 - BauR 1999, 760-763.
[244] BGH v. 25.05.1972 - VII ZR 165/70 - ZfBR 2000, 395; BGH v. 03.07.1969 - VII ZR 132/67 - NJW 1969, 1710-1711; BGH v. 18.04.1968 - VII ZR 15/66 - ZfBR 2000, 395; BGH v. 10.07.1987 - V ZR 236/85 - juris Rn. 16 - NJW-RR 1988, 10-11; BGH v. 06.06.1984 - VIII ZR 83/83 - juris Rn. 29 - NJW 1984, 2938-2939.
[245] Vgl. zum Kaufrecht: BGH v. 27.03.2009 - V ZR 30/08 - juris Rn. 19, 24 - BGHZ 180, 205-215.

deres. Auch insoweit ist Anspruchsgrundlage jetzt die zentrale Schadensersatzvorschrift des § 280 BGB. Auch insoweit gehen mithin die spezielleren werkvertraglichen Vorschriften vor, wenn das vorvertragliche Verschulden zu einem Schaden führt, der § 634 Nr. 4 BGB in Verbindung mit den dort genannten Regelungen unterfällt. Die zum Altrecht diskutierte Frage, ob Ansprüche aus vorsätzlicher culpa in contrahendo neben werkvertraglichen Mängelrechten bestehen können[246], hat wegen des Gleichlaufs von Rechtsfolgen (§ 280 BGB) und Verjährung (§ 634a Abs. 3 Satz 1 BGB) keine praktische Bedeutung mehr.

6. Sonstiges

99   Die werkvertraglichen Mängelrechte schließen eine **Anfechtung** nach § 119 Abs. 2 BGB wegen Irrtums über solche Eigenschaften aus, die die in § 634 BGB genannten Mängelrechte des Bestellers begründen können.[247] Das gilt jedenfalls ab Abnahme. Das hat den Grund, dass der Besteller sich nicht den Sonderregelungen der Werkmängelhaftung entziehen können soll. Es liegt nahe, die Anfechtung wegen Eigenschaftsirrtums auch schon vor Abnahme als ausgeschlossen anzusehen. Das muss – anders als im Altrecht für Rechtsmängel im Kaufvertrag – auch für Rechtsmängel gelten, weil für Rechts- und Sachmängel grundsätzlich in gleicher Weise gehaftet wird und die daraus erwachsenen Ansprüche des Käufers derselben Verjährungsregelung unterliegen.

100 Ansprüche aus **ungerechtfertigter Bereicherung** und **Geschäftsführung ohne Auftrag** sind insoweit ausgeschlossen, als sie Kosten des Bestellers betreffen, die er mangels erforderlicher Fristsetzung nicht als Schaden wegen Nichterfüllung geltend machen kann.[248] Lässt ein Besteller ohne Beachtung der Voraussetzungen des § 637 BGB die Mängel anderweit nachbessern, hat er auch nicht unter dem Gesichtspunkt der Geschäftsführung ohne Auftrag oder der ungerechtfertigten Bereicherung Anspruch auf Aufwendungsersatz.[249]

101 Ansprüche aus **unerlaubter Handlung** können zwar neben den Mängelrechten des Bestellers bestehen.[250] Die Errichtung eines mangelhaften Bauwerks stellt jedoch grundsätzlich keine Eigentumsverletzung im Sinne von § 823 Abs. 1 BGB dar. In diesen Fällen hat der Besteller Eigentum an dem Bauwerk nur so erlangt, wie es erstellt wurde. Die Verschaffung eines mit Mängeln behafteten Bauwerks zu Eigentum ist aber keine Verletzung schon vorhandenen Eigentums, sondern führt nur zu einem allgemeinen Vermögensschaden und erfüllt daher den Tatbestand des § 823 Abs. 1 BGB nicht.[251] Dasselbe gilt, wenn durch die mangelhafte Leistung ein Schaden an Bauteilen entsteht, die zwar nicht erneuert werden, jedoch derart in die Sanierungsaufgabe integriert sind, dass ohne diese Einbeziehung der vertraglich geschuldete Erfolg nicht erzielt werden kann. Denn auch in diesen Fällen ist der Schaden in der Regel deckungsgleich mit dem Mangelunwert der Bauleistung. Das Interesse des Bestellers besteht dann daran, ein unter Einbeziehung der vorhandenen Bausubstanz funktionstaugliches Bauteil zu erhalten. Dieses Interesse wird durch die Vertragsordnung geschützt.[252] Grundsätzlich deckt sich der Mangelunwert der mangelhaften Leistung mit dem erlittenen Schaden am Eigentum, soweit der Mangel selbst der Schaden der Bauleistung ist und nicht darüber hinausgeht. Ein Anspruch aus unerlaubter Handlung besteht deshalb grundsätzlich nicht, soweit mit dem Schadensersatzanspruch allein die Kosten für die Beseitigung des Mangels der in Auftrag gegebenen Bauleistung geltend gemacht werden. Ein mit dem Mangel der Bauleistung deckungsgleicher Schaden liegt in der Regel auch vor, wenn er darin besteht, dass der mit der Bauleistung bezweckte Erfolg nicht eingetreten ist. Dient diese einem bestimmten Erfolg, so ist dieser Gegenstand des Vertragsinteresses.[253] Sind allerdings nicht nur die auf den Erhalt einer mangelfreien Werkleistung gerichteten Vertragserwartungen, insbesondere Nutzungs-

---

[246] OLG Saarbrücken v. 19.10.2004 - 4 U 146/04, 4 U 146/04 - 28 - OLGR Saarbrücken 2005, 190-193.
[247] Zum Kaufrecht BGH v. 26.10.1978 - VII ZR 202/76 - juris Rn. 12 - BGHZ 72, 252-257.
[248] BGH v. 10.02.1977 - II ZR 213/74 - juris Rn. 12 - WM 1977, 581-582.
[249] BGH v. 08.10.1987 - VII ZR 45/87 - juris Rn. 26 - BauR 1988, 82-86; BGH v. 07.11.1985 - VII ZR 270/83 - juris Rn. 10 - BGHZ 96, 221-230; BGH v. 12.07.1984 - VII ZR 268/83 - juris Rn. 12 - BGHZ 92, 123-128; OLG Frankfurt v. 15.01.1993 - 10 U 308/91 - OLGR Frankfurt 1993, 88.
[250] BGH v. 18.01.1983 - VI ZR 310/79 - juris Rn. 10 - BGHZ 86, 256-264; BGH v. 03.02.1998 - X ZR 27/96 - juris Rn. 9 - NJW 1998, 2282-2284.
[251] BGH v. 12.12.2000 - VII ZR 242/99 - juris Rn. 10 - BGHZ 146, 144-153; BGH v. 07.11.1985 - VII ZR 270/83 - juris Rn. 24 - BGHZ 96, 221-230; BGH v. 24.06.1981 - VIII ZR 96/80 - juris Rn. 32 - LM Nr. 33 zu § 477 BGB; BGH v. 30.05.1963 - VII ZR 236/61 - juris Rn. 6 - BGHZ 39, 366-370.
[252] BGH v. 27.01.2005 - VII ZR 158/03 - NJW 2005, 1423-1426.
[253] BGH v. 27.01.2005 - VII ZR 158/03 - NJW 2005, 1423-1426.

und Werterwartungen (sog. Äquivalenz- und Nutzungsinteresse), sondern ist das damit nicht stoffgleiche Interesse des Bestellers betroffen, durch die Werkleistung nicht in unabhängig von der Werkleistung gegebenem Eigentum oder Besitz verletzt zu werden (sog. Integritätsinteresse), kommt auch ein deliktischer Schadensersatzanspruch in Betracht. Das kann etwa dann der Fall sein, wenn der Unternehmer ein verhältnismäßig geringwertiges, funktionell begrenztes, fehlerhaftes Ersatzteil in die Maschine des Bestellers einbaut, die durch den Fehler des Ersatzteils zerstört wird[254], oder wenn das mangelhafte Teil an einer Gesamtsache Schaden verursacht, aus der es ohne großen Aufwand und ohne größere Beschädigungen der betroffenen Gesamtsache hätte herausgelöst werden können[255], oder wenn an sich fehlerfreie Teile des Bestellers von dem Unternehmer so unsachgemäß zusammengefügt werden, dass sie beschädigt werden[256].

§ 313 BGB (**Störung der Geschäftsgrundlage**) ist mit Rücksicht auf die Sonderregelung der §§ 633 ff. BGB ausgeschlossen, soweit es sich um einen Fehler oder die Beschaffenheit der Werkleistung handelt.[257] Das gilt auch dann, wenn zwischen den Vertragsparteien ein Ausschluss der werkvertragliche Gewährleistung vereinbart ist. 102

II. Architektenvertrag

Dazu, wann das Architektenwerk mit einem Mangel behaftet ist, vgl. die Kommentierung zu § 633 BGB Rn. 93. Der umfassend beauftragte Architekt schuldet zwar nicht die Errichtung des Bauwerks. Er hat aber dessen mangelfreie Errichtung durch seine Leistungen, etwa durch mangelfreie Planung und Bauaufsicht, zu bewirken. Zeigen sich nach Errichtung des Bauwerks Mängel, die auf eine mangelhafte Planung oder Bauaufsicht zurückzuführen sind, kann der Architekt diese **Mängel im Bauwerk** durch Nacherfüllungsbemühungen an den von ihm geschuldeten Leistungen nicht mehr beheben. Der Architekt kann in diesen Fällen **ohne Fristsetzung** sofort auf Schadensersatz in Anspruch genommen werden (§§ 634 Nr. 4, 283, 280 BGB).[258] Dabei haftet der Architekt neben dem Bauunternehmer auch dann als **Gesamtschuldner**, wenn der Unternehmer nicht auf Geld, sondern noch auf Nacherfüllung in Anspruch genommen wird oder genommen werden kann.[259] Einem gesamtschuldnerisch mit einem Unternehmer wegen Bauaufsichtsfehlern haftenden Architekten ist in der Regel der Einwand versagt, der Auftraggeber hätte sich durch rechtzeitigen Zugriff bei dem Unternehmer befriedigen können und müssen. Der Schadensersatzanspruch kann nicht allein deshalb verneint werden, weil der Auftraggeber entgegen der Empfehlung des Architekten Werklohn wegen Mängeln der Bauausführung nicht einbehalten hat.[260] Einer etwaigen, unter besonderen Umständen in diesem Fall anzunehmenden Treuwidrigkeit kann im Einzelfall dadurch Rechnung getragen werden, dass es dem Besteller ausnahmsweise verwehrt wird, sich zunächst an den Architekten zu wenden, wenn der Bauunternehmer nachbesserungsbereit und -willig ist.[261] Zu welchem Anteil der Schaden auf den Planungsfehler und zu welchem Anteil er auf den Ausführungsfehler zurückgeht, spielt für den Prozess des Bauherrn gegen Architekten und Unternehmer keine Rolle. Das gilt selbstverständlich nur, soweit der Bauherr sich das Verhalten des Architekten nicht als eigenes Mitverschulden zurechnen lassen muss (vgl. Rn. 60 f.).[262] Ist Letzteres nicht der Fall, haften Architekt und Unternehmer dem Bauherrn gesamtschuldnerisch je- 103

---

[254] BGH v. 24.11.1976 - VIII ZR 137/75 - BGHZ 67, 359-367.
[255] BGH v. 18.01.1983 - VI ZR 310/79 - juris Rn. 14 - BGHZ 86, 256-264.
[256] BGH v. 03.02.1998 - X ZR 27/96 - juris Rn. 18 - NJW 1998, 2282-2284; BGH v. 04.03.1971 - VII ZR 40/70 - BGHZ 55, 392-399.
[257] Vgl. BGH v. 06.06.1986 - V ZR 67/85 - juris Rn. 17 - BGHZ 98, 100-109; BGH v. 24.11.1988 - VII ZR 222/87 - juris Rn. 17 - BauR 1989, 219-222; BGH v. 15.10.1976 - V ZR 245/74 - juris Rn. 9 - JZ 1977, 177-178.
[258] BGH v. 07.03.2002 - VII ZR 1/00 - juris Rn. 40 - NJW 2002, 3543-3545; BGH v. 21.12.2000 - VII ZR 488/99 - juris Rn. 12 - NJW 2000, 133-134; BGH v. 30.09.1999 - VII ZR 162/97 - juris Rn. 10 - NJW-RR 2001, 383-385; BGH v. 06.06.1991 - VII ZR 372/89 - juris Rn. 10 - BGHZ 114, 383-393; Schleswig-Holsteinisches Oberlandesgericht v. 19.01.2007 - 14 U 199/04 - juris Rn. 27 - IBR 2007, 628; *Achilles-Baumgärtel*, BauR 2003, 1125-1128.
[259] BGH v. 07.03.2002 - VII ZR 1/00 - juris Rn. 50 - NJW 2002, 3543-3545; BGH v. 01.02.1965 - GSZ 1/64 - juris Rn. 13 - BGHZ 43, 227-235; BGH v. 26.07.2007 - VII ZR 5/06 - juris Rn. 23 - BauR 2007, 1875-1878.
[260] BGH v. 26.07.2007 - VII ZR 5/06 - juris Rn. 23 ff. - BauR 2007, 1875-1878; OLG Frankfurt v. 14.12.2010 - 16 U 145/10 - juris Rn. 28 - NJW 2011, 862-864.
[261] OLG Karlsruhe v. 13.03.2007 - 17 U 304/05 - juris Rn. 29 - IBR 2007, 418; BGH v.02.05.1963 - VII ZR 171/61 - juris Rn. 36 - BGHZ 39, 261-266; BGH v. 26.07.2007 - VII ZR 5/06 - juris Rn. 4 - BauR 2007, 1875-1878; vgl. auch BGH v. 22.12.2011 - VII ZR 136/11 - juris Rn 19 - NJW 2012, 1070-1071.
[262] BGH v. 23.06.2005 - VII ZR 204/04 - BrBp 2005, 463; BGH v. 29.11.1971 - VII ZR 101/70 - WM 1972, 800.

§ 634

weils in vollem Umfang.²⁶³ Die Mitverursachungsanteile werden dann nur im Rahmen des Gesamtschuldnerausgleichs zwischen Architekt und Unternehmer relevant. Im Rahmen dieses Gesamtschuldnerausgleichs ist als Orientierungshilfe zu berücksichtigen, dass Planungsfehler grundsätzlich in den Verantwortungsbereich des Architekten, Ausführungsfehler dagegen in den Verantwortungsbereich des Unternehmers fallen.²⁶⁴ So kann der Architekt, der durch einen Planungsfehler die eigentliche Schadensursache gesetzt hat, gegenüber dem Bauunternehmer voll ausgleichspflichtig sein. Ist der Baumangel dagegen auf einen Ausführungsfehler des Unternehmers zurückzuführen, den der Architekt im Rahmen seiner Bauaufsicht lediglich nicht erkannt hat, so trifft den Unternehmer grundsätzlich die alleinige, zumindest aber die ganz überwiegende Haftung, denn der Unternehmer kann weder dem Bauherrn noch dessen Architekten gegenüber einwenden, er sei bei seinen Arbeiten nicht ausreichend beaufsichtigt worden.²⁶⁵ Wenn dem Unternehmer nur ein Verstoß gegen Prüfungs- und Hinweispflichten vorzuwerfen ist, bei dem Architekten aber eine grobe Aufsichtsverletzung vorliegt, kann im Einzelfall der Architekt im Innenverhältnis allein verantwortlich sein.²⁶⁶ Das gilt allerdings nicht, wenn gleichzeitig Ausführungsmängel des Unternehmers vorliegen.²⁶⁷

104 Bei einer nicht genehmigungsfähigen Planung des Architekten ist grundsätzlich noch eine Fristsetzung erforderlich, sofern die Nachbesserung der Planung noch zu einer Genehmigungsfähigkeit führen kann.²⁶⁸ Ist die **Genehmigungsplanung** des Architekten nicht genehmigungsfähig, schuldet er dem Bauherrn Ersatz der Kosten für einen Vermessungsingenieur und der Gebühren für den ablehnenden Bescheid. Ersatz der Kosten eines Widerspruchsverfahrens und eines verwaltungsgerichtlichen Verfahrens schuldet er nur dann, wenn er den Bauherrn über die Erfolgsaussichten dieser Rechtsbehelfe fehlerhaft informiert hat. In diesem Fall hat er auch die Kosten für einen von dem Bauherrn mit dem Widerspruchsverfahren beauftragten Rechtsanwalt zu ersetzen.²⁶⁹ Bei Berechnung der ebenfalls erstattungsfähigen Zinsbelastung, die auf die Bauverzögerung infolge der fehlerhaften Planung zurückzuführen ist, muss jedoch berücksichtigt werden, dass auch ein Zeitverlust entstanden wäre, wenn – soweit geboten – eine Voranfrage gestellt worden wäre.²⁷⁰ Ein Architekt, der sich zur Erstellung einer Genehmigungsplanung verpflichtet, schuldet als Werkerfolg grundsätzlich eine dauerhaft genehmigungsfähige Planung. Etwas anderes gilt dann, wenn der Auftraggeber das Risiko der Genehmigungsfähigkeit der Planung aufgrund vertraglicher Vereinbarung übernimmt.²⁷¹ Sind dem Auftraggeber Umstände bekannt, aufgrund derer sich die Fehlerhaftigkeit der Genehmigungsplanung des Architekten aufdrängt, und macht er von der erteilten Baugenehmigung dennoch Gebrauch, verstößt er regelmäßig gegen die im eigenen Interesse bestehende Obliegenheit, sich selbst vor Schäden zu bewahren²⁷² (vgl. auch Rn. 61).

105 Wenn der Architekt kein Bautagebuch führt, obwohl er dazu verpflichtet ist, so kann die Vergütung für die Objektüberwachung (Bauüberwachung) um 0,5% gemindert werden, ohne dass es einer vorherigen Fristsetzung zur Nacherfüllung der Leistung bedarf, weil die Leistung nicht nachholbar ist.²⁷³

106 Im Falle der **Bausummenüberschreitung** kann der Bauherr Werkmängelrechte regelmäßig erst nach **Fristsetzung** zur Nacherfüllung geltend machen; denn dem Architekten muss Gelegenheit gegeben werden, durch neue planerische Bemühungen die Baukosten auf den vorgegebenen Betrag zu „senken".²⁷⁴ Bei Überschreitung einer vom Architekten berechneten Bausumme kann ein Schaden in den

---

[263] BGH v. 16.05.2002 - VII ZR 81/00 - juris Rn. 19 - NJW 2002, 2708-2709; BGH v. 16.05.1974 - VII ZR 35/72 - juris Rn. 28 - ZfBR 2001, 109.
[264] Lesenswerte Zusammenstellung OLG Karlsruhe v. 13.03.2007 - 17 U 304/05 - juris Rn. 49 - IBR 2007, 418.
[265] OLG Stuttgart v. 13.02.2006 - 5 U 136/05 - juris Rn. 72 - OLGR Stuttgart 2006, 463.
[266] OLG Naumburg v. 14.01.2003 - 1 U 80/02 - NJW-RR 2003, 595-596.
[267] OLG Düsseldorf v. 08.11.2002 - 22 U 52/02 - IBR 2003, 205.
[268] OLG Naumburg v. 27.09.2001 - 2 U 25/01 - BauR 2002, 1878-1881.
[269] OLG Hamm v. 04.01.2001 - 21 U 159/99 - NJW-RR 2002, 747.
[270] OLG Hamm v. 04.01.2001 - 21 U 159/99 - NJW-RR 2002, 747.
[271] BGH v. 10.02.2011 - VII ZR 8/10 - juris Rn. 22, 27 f. - BauR 2011, 869-871.
[272] BGH v. 10.02.2011 - VII ZR 8/10 - juris Rn. 46 f. - BauR 2011, 869-871.
[273] BGH v. 28.07.2011 - VII ZR 65/10 - juris Rn. 13, 17 - BauR 2011, 1677-1679; OLG Celle v. 11.10.2005 - 14 U 68/04 - juris Rn. 19 f. - OLGR Celle 2005, 712-713; OLG Karlsruhe v. 24.05.2006 - 9 U 113/05 - juris Rn. 31 f. - BauR 2007, 1170-1172.
[274] OLG Schleswig v. 26.03.2002 - 3 U 45/00 - SchlHA 2002, 232-233; OLG Köln v. 04.09.2001 - 3 U 166/00 - BauR 2002, 978-979.

zusätzlichen Baukosten bestehen.[275] Der Bauherr erleidet jedoch insoweit keinen Schaden, als der zu seinen Lasten gehende Mehraufwand zu einer Wertsteigerung des Objektes geführt hat.[276] Da es regelmäßig offenkundig ist, dass die von dem Architekten geplante Baumaßnahme zu einer mehr oder minder großen Wertsteigerung geführt hat, gehört es in diesen Fällen zu der durch den Besteller vorzunehmenden Darlegung des Schadens, spezifiziert auseinanderzusetzen, dass diese Steigerung hinter den nachweislich aufgewendeten Baukosten zurückbleibt oder wodurch sonst eine Minderung des Vermögens eingetreten sein soll.[277] Das gilt entsprechend, wenn der Besteller auf die Bausummenüberschreitung entfallende zusätzliche Finanzierungskosten und Kreditzinsen geltend macht.[278] Soll den Baukosten der Gebäudewert gegenübergestellt werden, kann für Letzteren bei einer im Vordergrund stehenden Eigennutzung auf Sachwertverfahren und bei Mietobjekten auf das Ertragswert- oder Vergleichswertverfahren abgestellt werden.[279] Aus der Bausummenüberschreitung darf der Architekt für seine Honorarberechnung keinen Vorteil ziehen.[280] Die Berücksichtigung der Überschreitung als anrechenbare Kosten würde ansonsten dazu führen, dass der Architekt aufgrund der Mangelhaftigkeit seines Werkes eine höhere Vergütung erhalten würde als sie ihm für eine vertragsgerechte Leistung zustehen würde.[281] Neben dem Schaden hat der Besteller auch die **Ursächlichkeit** der fehlerhaften Kostenermittlung für den eingetretenen Schaden darzulegen und zu beweisen. Hierzu muss er darlegen, wie er sich bei rechtzeitiger Mitteilung der richtigen Bausumme verhalten hätte. Beweiserleichterungen – etwa eine Vermutung aufklärungsgerechten Verhaltens – kann er dabei nicht für sich in Anspruch nehmen.[282] Maßgeblicher Zeitpunkt für die im Rahmen des Vorteilsausgleichs vorzunehmende Bestimmung der Werterhöhung durch zusätzliche Aufwendungen ist – wie auch sonst bei der Ermittlung eines Schadens – der Schluss der letzten mündlichen Tatsachenverhandlung.[283] Ein erstattungsfähiger Schaden des Bauherrn kann in solchen Fällen allerdings in der Belastung mit den Kosten für den Architekten liegen, wenn dessen Leistung infolge der Überschreitung des Kostenrahmens für den Bauherrn unbrauchbar ist.[284]

Im Einzelfall kann der Architekt eine selbständige verschuldensunabhängige **Bausummengarantie** 107
übernommen haben. Das ist dann anzunehmen, wenn er zugesagt hat, dass die von ihm angegebenen Baukosten nicht überschritten werden, und zumindest stillschweigend auch erklärt hat, dass er bei einer Überschreitung der Höchstpreisgrenze den Mehrbetrag selbst tragen werde (Bausummen- oder Baukostengarantie).[285] Die Übernahme einer solchen Garantie wird nur in Ausnahmefällen anzunehmen sein.[286] Hat der Architekt eine Bausummengarantie übernommen, kann der Besteller bei einer Baukostenüberschreitung nicht etwa nur Schadensersatz beanspruchen. Er kann die **Erfüllung** des Garantievertrages **einfordern** und braucht daher nur darzulegen und zu beweisen, dass die garantierte Summe überschritten worden ist. Sache des Architekten ist es dann zu beweisen, dass die Überschreitung der Kosten auf ein Verhalten der Bauherren zurückgeht.[287]

---

[275] OLG Frankfurt v. 14.12.2006 - 16 U 43/06 - juris Rn. 40 - BauR 2008, 556; BGH v. 13.02.2003 - VII ZR 395/01 - juris Rn. 9 - BauR 2003, 877-878 m.w.N.
[276] BGH v. 16.12.1993 - VII ZR 115/92 - juris Rn. 17 – NJW 1994, 856-858; BGH v. 23.01.1997 - VII ZR 171/95 - juris Rn. 17 - BauR 1997, 494-497; BGH v. 16.06.1977 - VII ZR 2/76 - WM 1977, 1055-1059; OLG Koblenz v. 22.03.2001 - 5 U 627/00 - juris Rn. 23 - NZBau 2002, 231-233.
[277] BGH v. 23.01.1997 - VII ZR 171/95 - juris Rn. 19 - BauR 1997, 494-497.
[278] BGH v. 16.12.1993 - VII ZR 115/92 - juris Rn. 18 - NJW 1994, 856-858.
[279] OLG Koblenz v. 22.03.2001 - 5 U 627/00 - juris Rn. 23 - NZBau 2002, 231-233.
[280] OLG Hamm v. 24.01.2006 - 21 U 139/01 - juris Rn. 47 - NZBau 2006, 584.
[281] BGH v. 23.01.2003 - VII ZR 362/01 - juris Rn. 16 - NJW-RR 2003, 593; BGH v. 13.02.2003 - VII ZR 395/01 - juris Rn. 9 - BauR 2003, 877-878.
[282] BGH v. 23.01.1997 - VII ZR 171/95 - juris Rn. 22 - BauR 1997, 494-497.
[283] BGH v. 07.11.1996 - VII ZR 23/95 - juris Rn. 8 - BauR 1997, 335-337.
[284] OLG Naumburg v. 14.10.2003 - 11 U 1610/97 - IBR 2005, 31.
[285] BGH v. 04.12.1986 - VII ZR 197/85 - WM 1987, 294-295; OLG Koblenz v. 22.03.2001 - 5 U 627/00 - juris Rn. 19 - NZBau 2002, 231-233.
[286] OLG Celle v. 30.01.2002 - 7 U 89/97 - IBR 2003, 260.
[287] BGH v. 04.12.1986 - VII ZR 197/85 - WM 1987, 294-295.

III. Immobilienerwerb

108 Die Mängelrechte aus dem „Kauf" von Immobilien richten sich nur dann nach Kaufrecht, wenn der Vertragsgegenstand kein neu errichtetes Bauwerk ist.[288] Zu Einzelheiten vgl. die Kommentierung zu § 633 BGB Rn. 72.

IV. Wohnungseigentum

1. Allgemeines

109 Der Erwerber von Wohnungseigentum ist grundsätzlich berechtigt, seine individuellen Rechte aus dem Vertrag mit dem Veräußerer selbständig zu verfolgen, solange durch sein Vorgehen gemeinschaftsbezogene Interessen der Wohnungseigentümer oder schützenswerte Interessen des Veräußerers nicht beeinträchtigt sind. Demgegenüber ist die Wohnungseigentümergemeinschaft für die Geltendmachung und Durchsetzung solcher Rechte von vornherein allein zuständig, die ihrer Natur nach gemeinschaftsbezogen sind und ein eigenständiges Vorgehen des einzelnen Wohnungseigentümers nicht zulassen.

110 Der einzelne Wohnungseigentümer hat aus dem mit dem Veräußerer geschlossenen Vertrag einen Anspruch auf eine mangelfreie Eigentumswohnung. Soweit es **ausschließlich** um Rechte wegen **Mängeln an** seinem **Sonder**eigentum geht, unterliegt er hier **keinen Restriktionen**.[289] Wenn Mängel am **Gemeinschafts**eigentum in Rede stehen, selbst wenn diese in das Sondereigentum übergreifen, gelten allerdings **Besonderheiten**:

111 Wegen Mängeln am Gemeinschaftseigentum kann der einzelne Sondereigentümer grundsätzlich allein und ohne Mitwirkung der Wohnungseigentümergemeinschaft geltend machen: Erfüllung, Nacherfüllung, Selbstvornahme, Vorschusszahlung an die Gemeinschaft, Zahlung der Kosten einer vorgenommenen Selbstvornahme an die Gemeinschaft, Rücktritt und Schadensersatz statt der ganzen Leistung (großer Schadensersatz). Demgegenüber können Minderung und kleiner Schadensersatz wegen solcher Mängel nur von der Wohnungseigentümergemeinschaft geltend gemacht werden.

112 Darüber hinaus kann die Wohnungseigentümergemeinschaft wegen Mängeln im Gemeinschaftseigentum die Befugnis zur Geltendmachung der Ansprüche der einzelnen Erwerber auf Erfüllung, Nacherfüllung und Vorschuss mit der Folge an sich ziehen, dass der einzelne Wohnungseigentümer seine entsprechende Befugnis verliert.

2. Befugnisse des einzelnen Wohnungseigentümers

113 Der Anspruch auf Erfüllung oder **Nacherfüllung** kann auch wegen Mängeln am **Gemeinschafts**eigentum **von jedem Erwerber selbständig** geltend gemacht werden.[290] Das gilt auch für solche Mängel am Gemeinschaftseigentum, die außerhalb des räumlichen Bereiches des Sondereigentums des handelnden Wohnungseigentümers liegen.[291] Die Umsetzung der Nacherfüllungsansprüche hängt nicht von einer Beschlussfassung der Wohnungseigentümergemeinschaft ab, sondern es genügt deren Duldung.[292] Da die **Nacherfüllung** bei Mängeln im **Gemeinschafts**eigentum eine unteilbare Leistung ist, die alle Wohnungseigentümer zu fordern berechtigt sind, liegt ein Fall der Mitgläubigerschaft vor. Demzufolge kann der Erwerber nur die Zahlung an die Wohnungseigentümergemeinschaft verlangen.[293] Der Erwerber kann im Verhältnis zu dem Unternehmer – nach entsprechender Fristsetzung (§ 637 BGB) – einen Mangel am **Gemeinschafts**eigentum auch selbst beseitigen und Ersatz der erforderlichen Aufwendungen verlangen. Im Falle des Erwerbs von Wohnungseigentum hat jeder einzelne Erwerber aus dem jeweiligen Vertrag mit den Baubeteiligten einen individuellen Anspruch auf mangelfreie Werkleistung auch in Bezug auf das gesamte Gemeinschaftseigentum. Jedenfalls solange kein abweichender Beschluss der Wohnungseigentümer vorliegt, ist jeder Erwerber berechtigt, seine Ansprüche auf Erfül-

---

[288] BGH v. 06.10.2005 - VII ZR 117/04 - BGHZ 164, 225-235; BGH v. 23.06.1989 - V ZR 40/88 - juris Rn. 15 - BGHZ 108, 156-164; BGH v. 06.06.1986 - V ZR 67/85 - juris Rn. 35 - BGHZ 98, 100-109; OLG Schleswig v. 30.10.2003 - 7 U 215/99 - BauR 2004, 381; zum neuen Schuldrecht *Pauly*, MDR 2004, 16-18; kritisch *Hofmann/Joneleit*, NZBau 2003, 641-645.
[289] BGH v. 16.12.2004 - VII ZR 257/03 - juris Rn. 53 - NJW 2005, 1115-1118.
[290] BGH v. 12.04.2007 - VII ZR 236/05 - juris Rn. 18 - BGHZ 172, 42-58; BGH v. 27.07.2006 - VII ZR 276/05 - juris Rn. 21 - NJW 2006, 3275; BGH v. 04.06.1981 - VII ZR 9/80 - juris Rn. 15 - BGHZ 81, 35-40.
[291] OLG Stuttgart v. 21.05.2007 - 5 U 201/06 - juris Rn. 22 - NJW-RR 2007, 1614.
[292] OLG Koblenz v. 08.11.2004 - 12 U 1228/03 - juris Rn. 12.
[293] OLG Stuttgart v. 17.10.2002 - 2 U 37/02 - BauR 2003, 1394-1398; OLG Dresden v. 17.03.2005 - 4 U 2065/04 - juris Rn. 19 - OLGR Dresden 2005, 895-898 – Unternehmer muss an alle Wohnungseigentümer leisten deshalb falsch OLG Koblenz v. 08.11.2004 - 12 U 1228/03 - juris Rn. 12: Gesamtgläubiger.

lung des Vertrages auch hinsichtlich des Gemeinschaftseigentums gegen den Vertragspartner selbständig geltend zu machen und hierzu Frist gemäß § 637 BGB zu setzen. Dem Erwerber steht bei Vorliegen der Voraussetzungen des § 637 BGB gegenüber dem Vertragspartner das Selbstvornahmerecht zu. Er kann selbständig **Vorschuss** verlangen.[294] Dabei muss er aber seinen Zahlungsantrag (Vorschuss genau wie Ersatz der Kosten der Selbstvornahme) auf Zahlung an die Gemeinschaft richten.[295] Denn auch durch ein selbständiges Vorgehen muss gewährleistet sein, dass die Mittel zur ordnungsgemäßen Herstellung des Gemeinschaftseigentums der Gemeinschaft zufließen. Auch soweit der Erwerber über einen titulierten Mängelbeseitigungsanspruch verfügt, auf dessen Grundlage er die Zwangsvollstreckung nach § 887 ZPO betreibt, kann er die Zahlung von Vorschuss (§ 887 Abs. 2 ZPO) nur an die Wohnungseigentümergemeinschaft verlangen. Denn auch der titulierte Mängelbeseitigungsanspruch ist gemeinschaftsbezogen. Allein die Titulierung kann es nicht rechtfertigen, dem einzelnen Wohnungseigentümer die zur Mängelbeseitigung erforderlichen Mittel gegen die Interessen der Gemeinschaft zur Verfügung zu stellen.[296] Wurden die gegeben Mängel im Rahmen der Selbstvornahme beseitigt, kann der einzelne Erwerber den Veräußerer auf die **Kosten der Selbstvornahme** in Anspruch nehmen. Auch hierbei muss sich der Klageantrag grundsätzlich auf Zahlung an die Wohnungseigentümergemeinschaft richten.[297] Für eine Aufrechnung durch den Erwerber gegenüber Ansprüchen des Veräußerer gegen den Erwerber fehlt es hier genau wie bei dem Vorschussanspruch an der erforderlichen Gegenseitigkeit.[298] Hat der Erwerber die Mängelbeseitigung aber selbst durchführen lassen und selbst bezahlt, steht ihm – bei Vorliegen der übrigen Voraussetzungen – ein Anspruch auf **Kostenerstattung** zu, den er mit einem auf Zahlung an sich selbst gerichteten Klageantrag einfordern kann.[299]

Weil nach Ablauf einer zur Nacherfüllung gesetzten Frist der Nacherfüllungsanspruch nicht erlischt, der Wohnungseigentümergemeinschaft deshalb die Entscheidung über eine eventuelle Minderung oder einen kleinen Schadensersatzanspruch hierdurch nicht genommen wird, kann **jeder Erwerber** auch in Bezug auf das Gemeinschaftseigentum selbständig und ohne Ermächtigung durch die Wohnungseigentümergemeinschaft zur Nacherfüllung (an die Eigentümergemeinschaft) auffordern und hierzu **Frist setzen**[300]. Anders ist es, wenn der Besteller mit der Fristsetzung ausschließlich und erkennbar von vorneherein nur solche Mängelrechte geltend machen will, über die nur die Wohnungseigentümergemeinschaft insgesamt disponieren kann.[301]

114

Ebenfalls von jedem Erwerber selbständig können geltend gemacht werden der **Rücktritt** eines Erwerbers[302] oder **Schadensersatz statt der ganzen Leistung** (großer Schadensersatz),[303] weil dies zur Rückabwicklung des jeweiligen Erwerbsvertrages führt. Die Wohnungseigentümergemeinschaft kann dem einzelnen Wohnungseigentümer aber diese Rechte im Ergebnis entziehen, wenn sie die Ausübung der auf die ordnungsgemäße Herstellung **des Gemeinschaftseigentums** gerichteten Rechte an sich zieht (vgl. Rn. 124). In diesem Fall kann der einzelne Wohnungseigentümer den Unternehmer nämlich nicht mehr selbst zur Nacherfüllung auffordern und hierzu wirksam die für Rücktritt oder Schadensersatz statt der ganzen Leistung erforderliche Frist setzen.[304] Wenn der Unternehmer auf Verlangen der Wohnungseigentümergemeinschaft einen Vorschuss zur Beseitigung eines Mangels am Gemeinschaftseigentum gezahlt hat, wird das (noch laufende) Verlangen eines einzelnen Wohnungseigentümers zur

115

---

[294] OLG Stuttgart v. 20.01.2005 - 2 U 133/04 - BauR 2005, 1490-1491.

[295] BGH v. 12.04.2007 - VII ZR 236/05 - juris Rn. 18 – BGHZ 172, 42-58; OLG Düsseldorf v. 25.11.2005 - I-22 U 71/05, 22 U 71/05 - juris Rn. 23 - BauR 2007, 1890.

[296] BGH v. 12.04.2007 - VII ZR 236/05 - juris Rn. 18 - BGHZ 172, 42-58.

[297] BGH v. 12.04.2007 - VII ZR 50/06 - juris Rn. 55 - BGHZ 172, 63-83.

[298] BGH v. 12.04.2007 - VII ZR 50/06 - juris Rn. 75 - BGHZ 172, 63-83; a.A. OLG München v. 22.05.2007 - 9 U 3081/06 - juris Rn. 19 - BauR 2008, 373.

[299] BGH v. 21.07.2005 - VII ZR 304/03 - NJW-RR 2005, 1472-1473; BGH v. 12.04.2007 - VII ZR 236/05 - juris Rn. 18 - NJW 2007, 1952.

[300] BGH v. 27.07.2006 - VII ZR 276/05 - juris Rn. 21 - NJW 2006, 3275; BGH v. 23.02.2006 - VII ZR 84/05 - juris Rn. 18 - BauR 2006, 979-983; OLG Saarbrücken v. 06.04.2004 - 4 U 34/03, 4 U 34/03 - 5 - OLGR Saarbrücken 2005, 34-39.

[301] BGH v. 23.02.2006 - VII ZR 84/05 - juris Rn. 19 - BauR 2006, 979-983.

[302] BGH v. 12.04.2007 - VII ZR 236/05 - juris Rn. 18 - BGHZ 172, 42-58; BGH v. 15.02.1990 - VII ZR 269/88 - juris Rn. 7 - BGHZ 110, 258-263; BGH v. 04.06.1981 - VII ZR 9/80 - juris Rn. 14 - BGHZ 81, 35-40; BGH v. 10.05.1979 - VII ZR 30/78 - juris Rn. 13 - BGHZ 74, 258-272.

[303] BGH v. 12.04.2007 - VII ZR 236/05 - juris Rn. 18 - BGHZ 172, 42-58; BGH v. 23.02.2006 - VII ZR 84/05 - juris Rn. 15 - BauR 2006, 979-983.

[304] Durch BGH v. 12.04.2007 - VII ZR 236/05 - juris Rn. 20 - BGHZ 172, 42-58; überholt: OLG Brandenburg v. 04.12.2003 - 8 U 55/03 - BauR 2005, 561-563.

Mängelbeseitigung mit Fristsetzung wirkungslos und er darf auch ein eventuelles Recht auf Rückabwicklung des Vertrages nicht mehr ausüben.[305] Hatte der einzelne Wohnungseigentümer jedoch die Voraussetzungen für einen Schadensersatzanspruch geschaffen und dann Schadensersatz statt der ganzen Leistung verlangt, ist der Anspruch auf (Nach-)Erfüllung erloschen (§ 281 Abs. 4 BGB). Dann kann ihm die Wohnungseigentümergemeinschaft durch anderweitige Vereinbarungen mit dem Unternehmer den Schadensersatzanspruch nicht mehr nehmen.[306] Die Wohnungseigentümergemeinschaft ist nicht befugt, auf bereits begründete Ansprüche einzelner Erwerber auf Schadensersatz statt der ganzen Leistung (großer Schadensersatz) oder Rücktritt zu verzichten.[307]

116 Das einzelne Mitglied der Wohnungseigentümergemeinschaft ist nur dann befugt, Erfüllung an alle Mitglieder der Gemeinschaft zu verlangen, wenn es Inhaber des geltend gemachten Gewährleistungsanspruches ist oder wenn es von dem Anspruchsinhaber ermächtigt worden ist, den Anspruch geltend zu machen. Im Regelfall ist jedoch zu vermuten, dass Zweiterwerber von den Ersterwerbern dazu stillschweigend ermächtigt worden sind.[308] Will der Unternehmer anderes behaupten, trifft ihn deshalb für den vom Regelfall abweichenden Tatbestand die Beweislast.

3. Befugnisse der Wohnungseigentümergemeinschaft

117 Die Wohnungseigentümergemeinschaft ist nach der neueren Rechtsprechung des Bundesgerichtshofs ein (teil-)**rechtsfähiger** parteifähiger Verband.[309] Zu den Befugnissen dieses Verbands gehört es, die Rechte der Erwerber wegen Mängeln an der Bausubstanz des Gemeinschaftseigentums geltend zu machen und gerichtlich durchzusetzen.[310]

118 **Minderung oder kleiner Schadensersatz** (also wenn der Berechnung des Schadens zugrunde gelegt wird, dass der Erwerber die Eigentumswohnung behält) **wegen** eines **behebbaren Mangels** am **Gemeinschaft**seigentum kann **nur** von der Wohnungseigentümergemeinschaft als teilrechtsfähigem Verband durchgesetzt werden.[311] Die entsprechende gemeinschaftliche Befugnis, die in der älteren Rechtsprechung[312] allen Wohnungseigentümern zugeschrieben wurde, steht nach der neueren Rechtsprechung zur (Teil-)Rechtsfähigkeit der Wohnungseigentümergemeinschaft dem Verband zu. Das Rubrum von Klage und Urteil muss deshalb auf die Wohnungseigentümergemeinschaft und nicht auf die einzelnen (alle) Wohnungseigentümer lauten. Ein dennoch auf die (alle) Wohnungseigentümer lautendes Rubrum kann und muss berichtigt werden.[313] Auch die Voraussetzungen für diese Rechte wie Fristsetzung mit Ablehnungsandrohung kann allein die Wohnungseigentümergemeinschaft schaffen.[314]

119 Die ausschließlich gemeinschaftliche Befugnis der Wohnungseigentümergemeinschaft zur Geltendmachung von Minderung und kleinem Schadensersatz gilt auch dann, wenn der Mangel sich nicht nur im Gemeinschaftseigentum, sondern **auch im Sondereigentum** eines Wohnungseigentümers auswirkt.[315] Andernfalls liefe der Veräußerer nämlich Gefahr, dass er an einzelne Erwerber den Minderungsbetrag zahlen oder Schadensersatz zahlen muss, während er von anderen wegen desselben Mangels weiterhin auf Nacherfüllung in Anspruch genommen wird. Ausnahmsweise kann auch hier anderes gelten: Beschränkt sich ein Mangel im Gemeinschaftseigentum räumlich ausschließlich auf das Sondereigentum eines einzelnen Wohnungseigentümers und kommt gleichzeitig ein Anspruch der Wohnungseigentümergemeinschaft auf Schadensersatz in Höhe der Mangelbeseitigungskosten nicht

---

[305] OLG Hamm v. 13.02.2007 - 21 U 69/06 - juris Rn. 52 - NJW-RR 2007, 897.
[306] BGH v. 27.07.2006 - VII ZR 276/05 - juris Rn. 30 - NJW 2006, 3275.
[307] BGH v. 27.07.2006 - VII ZR 276/05 - juris Rn. 32 - NJW 2006, 3275.
[308] OLG Düsseldorf v. 22.05.2003 - I-5 U 33/00, 5 U 33/00 - juris Rn. 62 - BauR 2004, 380; BGH v. 19.12.1996 - VII ZR 233/95 - juris Rn. 12 - BauR 1997, 488-490.
[309] BGH v. 02.06.2005 - V ZB 32/05 - juris Rn. 10 - NJW 2005, 2061; BGH v. 24.06.2005 - V ZR 350/03 - juris Rn. 8 - NJW 2005, 3146.
[310] BGH v. 12.04.2007 - VII ZR 236/05 - juris Rn. 13 - BGHZ 172, 42-58.
[311] BGH v. 12.04.2007 - VII ZR 236/05 - juris Rn. 19 - BGHZ 172, 42-58; BGH v. 19.08.2010 - VII ZR 113/09 - juris Rn. 20 - NSW BGB § 634 a.F.
[312] BGH v. 16.12.2004 - VII ZR 257/03 - juris Rn. 48 - NJW 2005, 1115-1118; OLG Düsseldorf v. 22.05.2003 - I-5 U 33/00, 5 U 33/00 - juris Rn. 61 - BauR 2004, 380; BGH v. 30.04.1998 - VII ZR 47/97 - juris Rn. 13 - BauR 1998, 783-785; BGH v. 15.02.1990 - VII ZR 269/88 - juris Rn. 14 - BGHZ 110, 258-263; BGH v. 04.11.1982 - VII ZR 53/82 - juris Rn. 9 - LM Nr. 19 zu § 634 BGB; BGH v. 04.06.1981 - VII ZR 9/80 - juris Rn. 11 - BGHZ 81, 35-40; BGH v. 10.05.1979 - VII ZR 30/78 - juris Rn. 17 - BGHZ 74, 258-272.
[313] BGH v. 26.04.2007 - VII ZR 210/05 - juris Rn. 15 - NJW 2007, 3275.
[314] BGH v. 19.08.2010 - VII ZR 113/09 - juris Rn. 20 - NJW 2010, 3089-3093.
[315] BGH v. 06.06.1991 - VII ZR 372/89 - juris Rn. 15 - BGHZ 114, 383-393.

in Betracht, weil der Mangel nicht mehr behoben werden kann oder weil die Kosten der Mängelbeseitigung unverhältnismäßig hoch sind und der Besteller deshalb die Nachbesserung verweigert hat (§ 635 Abs. 3 BGB)[316], dann kann der von dem Mangel betroffene Wohnungseigentümer selbständig und ohne Ermächtigung durch die Wohnungseigentümergemeinschaft Minderung vom Veräußerer verlangen.[317] Es bleibt aber bei der gemeinschaftlichen Berechtigung der Wohnungseigentümergemeinschaft als Verband, wenn von dem Mangel auch andere Sondereigentümer betroffen sind. Im letzteren Fall muss es der Wohnungseigentümergemeinschaft überlassen bleiben, ob sie den Minderungs- oder Schadensersatzbetrag dazu einsetzt, die Folgen des Mangels zu mildern.[318] Gleichwohl kann der einzelne Wohnungseigentümer dann auf Zahlung an sich selbst klagen, wenn der streitgegenständliche Mangel am Gemeinschaftseigentum beseitigt wurde, die Mängelbeseitigungsarbeiten bezahlt sind und der klagende Wohnungseigentümer die insoweit angefallenen Kosten selbst getragen hat. Nach mangelfreier Herstellung des Gemeinschaftseigentums hat die Wohnungseigentümergemeinschaft nämlich kein schützenswertes Interesse, die Mittel zu erlangen, die einzelne Erwerber zur Beseitigung der Mängel aufgewandt haben.[319]

Macht die Wohnungseigentümergemeinschaft Minderung oder kleinen Schadensersatz wegen Mängeln im Gemeinschaftseigentum geltend, liegt, auch wenn zusätzlich das Sondereigentum von den Mängeln betroffen ist, ein Fall gesetzlicher Prozessstandschaft vor.[320] 120

Verfolgt ein Eigentümer, auf dessen Sondereigentum sich Mängel des Gemeinschaftseigentums auswirken, mit Ermächtigung der Wohnungseigentümergemeinschaft den Anspruch auf Minderung oder kleinen Schadensersatz wegen des mangelbedingten Minderwertes des Gesamtobjekts, kann der Veräußerer dem nicht entgegenhalten, dass der Anspruch anderer Wohnungseigentümer bereits **verjährt** ist.[321] 121

Die Wohnungseigentümer können den **Verwalter ermächtigen**, Gewährleistungsansprüche im eigenen Namen – in gewillkürter Prozessstandschaft – einzuklagen.[322] Das gilt selbst dann, wenn der Mangel sich nicht auf das Gemeinschaftseigentum beschränkt, sondern auch Sondereigentum betrifft.[323] Der Abtretung des Anspruchs an den Verwalter bedarf es nicht. Dabei kann der Verwalter auch auf Leistung an sich selbst klagen.[324] 122

In gleicher Weise können die Wohnungseigentümer statt den Verwalter einen der **Wohnungseigentümer** zur Verfolgung des Anspruchs **ermächtigen**.[325] Wenn die Ermächtigung durch die Wohnungseigentümergemeinschaft keine anderweitige Regelung trifft, muss der einzelne Wohnungseigentümer **auf Zahlung** des Minderungs- bzw. Schadensersatzbetrages **an alle** Wohnungseigentümer **antragen**. Zahlung an sich selbst kann der einzelne Wohnungseigentümer nur verlangen, wenn er von der Gemeinschaft dazu ermächtigt wurde.[326] Solange die Ermächtigung nicht durch Beschluss der Wohnungseigentümergemeinschaft widerrufen wurde, bleibt ein nachträglicher Wechsel in der Zusammensetzung der Gemeinschaft ohne Auswirkung auf die einmal erteilte Ermächtigung.[327] Auch wenn der Anspruch auf (kleinen) Schadensersatz (nach entsprechender Ermächtigung) nur von einem Wohnungseigentümer verfolgt wird, ist dieser auf die Gesamtkosten gerichtet, die für die Beseitigung des Man- 123

---

[316] BGH v. 15.02.1990 - VII ZR 269/88 - juris Rn. 21 - BGHZ 110, 258-263.
[317] BGH v. 15.02.1990 - VII ZR 269/88 - juris Rn. 15 - BGHZ 110, 258-263.
[318] BGH v. 15.02.1990 - VII ZR 269/88 - juris Rn. 18 - BGHZ 110, 258-263; BGH v. 10.05.1979 - VII ZR 30/78 - juris Rn. 22 - BGHZ 74, 258-272.
[319] BGH v. 21.07.2005 - VII ZR 304/03 - NJW-RR 2005, 1472-1473.
[320] BGH v. 12.04.2007 - VII ZR 236/05 - juris Rn. 15 - BGHZ 172, 42-58; BGH v. 26.04.2007 - VII ZR 210/05 - juris Rn. 14 - NJW 2007, 3275.
[321] BGH v. 06.06.1991 - VII ZR 372/89 - juris Rn. 28 - BGHZ 114, 383-393.
[322] OLG Düsseldorf v. 22.05.2003 - I-5 U 33/00, 5 U 33/00 - juris Rn. 58 - BauR 2004, 380; BGH v. 19.12.1996 - VII ZR 233/95 - juris Rn. 11 - BauR 1997, 488-490; BGH v. 04.06.1981 - VII ZR 9/80 - juris Rn. 11 - BGHZ 81, 35-40.
[323] BGH v. 20.03.1986 - VII ZR 81/85 - juris Rn. 8 - BauR 1986, 374.
[324] BGH v. 20.03.1986 - VII ZR 81/85 - juris Rn. 9 - BauR 1986, 374; BGH v. 10.05.1979 - VII ZR 30/78 - juris Rn. 26 - BGHZ 74, 258-272.
[325] BGH v. 06.06.1991 - VII ZR 372/89 - juris Rn. 16 - BGHZ 114, 383-393; OLG Nürnberg v. 23.09.2010 - 13 U 194/08 - juris Rn. 23 - NJW-RR 2011, 100-106.
[326] BGH v. 16.12.2004 - VII ZR 257/03 - juris Rn. 48 - NJW 2005, 1115-1118; BGH v. 28.10.1999 - VII ZR 284/98 - juris Rn. 15 - BauR 2000, 285-286.
[327] BGH v. 16.12.2004 - VII ZR 257/03 - juris Rn. 51 - NJW 2005, 1115-1118.

gels am gesamten Gemeinschaftseigentum erforderlich sind. Eine Beschränkung auf eine dem Miteigentumsanteil entsprechende Quote, wie sie für den Schadensersatzanspruch bei Anwendung von Kaufrecht vertreten wird[328], kommt im Werkvertragsrecht grundsätzlich nicht in Betracht[329]. Entsprechendes gilt für die Berechnung des Minderungsbetrages.[330] Die Wohnungseigentümergemeinschaft kann die Ermächtigung an den einzelnen Wohnungseigentümer aber auch dahin fassen, dass dieser nur eine seinem Anteil am gemeinschaftlichen Eigentum entsprechende Quote des Minderungsbetrages oder „kleinen" Schadensersatzanspruch selbständig einklagen darf. Das gilt jedenfalls dann, wenn die Eigentümergemeinschaft gleichzeitig darüber beschließt, ob der einzelne Miteigentümer diese Quote behalten darf oder ob der Betrag zur Behebung des Mangels eingesetzt werden soll.[331] Einen entsprechenden Ermächtigungsbeschluss hat das Prozessgericht hinzunehmen. Selbst die absolute Nichtigkeit eines derartigen Beschlusses (§ 23 Abs. 4 Satz 2, letzter HS. WoEigG) könnte nicht vom Prozessgericht, sondern nur im Verfahren vor den Wohnungseigentumsgerichten festgestellt werden.[332]

4. Erweiterte Befugnisse der Wohnungseigentümergemeinschaft

124 Darüber hinaus kann die Wohnungseigentümergemeinschaft im Rahmen der ordnungsgemäßen Verwaltung des Gemeinschaftseigentums die Ausübung der auf die ordnungsgemäße Herstellung **des Gemeinschaftseigentums** gerichteten Rechte (Erfüllung, Nacherfüllung, Selbstvornahme, Vorschuss) der einzelnen Erwerber aus den Verträgen mit dem Veräußerer durch Mehrheitsbeschluss an sich ziehen. Mit einem solchen Eigentümerbeschluss verliert der einzelne Sondereigentümer seine Befugnis, diese Ansprüche selbst zu verfolgen, soweit die ordnungsgemäße Verwaltung ein gemeinschaftliches Vorgehen erfordert.[333] Ein derartiges gemeinschaftliches Vorgehen wird regelmäßig erforderlich sein, weil eine ordnungsgemäße Verwaltung in aller Regel voraussetzt, einen gemeinschaftlichen Willen darüber zu bilden, wie die ordnungsgemäße Herstellung des Gemeinschaftseigentums zu bewirken ist. Dies verhindert zudem, dass der Veräußerer inhaltlich verschiedenartigen Ansprüchen ausgesetzt wird, die letztlich doch nicht durchsetzbar wären.[334] Ein Beschluss der Wohnungseigentümergemeinschaft, mit dem etwa der Verwalter oder der Verwaltungsbeirat ermächtigt wird, den Unternehmer – ggf. auch klageweise – auf Vorschuss in Anspruch zu nehmen, reicht nicht ohne weiteres zur Annahme aus, dass damit auch jeder einzelne Wohnungseigentümer bis zur Zahlung des Vorschusses gehindert sein soll, Mängelbeseitigung zu verlangen. Das gilt insbesondere dann, wenn das Verlangen des einzelnen Wohnungseigentümers erkennbar den Zweck hat, die Voraussetzungen für einen Rücktritt oder Schadensersatz statt der ganzen Leistung (großer Schadensersatz) zu schaffen. Durch das Vorschussverlangen der Wohnungseigentümergemeinschaft ist deren Interesse an einer Mängelbeseitigung nicht erloschen. Derjenige Erwerber, der selbstständig einen Anspruch auf Mängelbeseitigung gegen den Veräußerer verfolgt, kann vielmehr selbst dann noch im wohlverstandenen Interesse der Wohnungseigentümergemeinschaft handeln, wenn diese sich schon entschlossen hat, Vorschuss zu verlangen. Denn mit einer eventuell bewirkten Mängelbeseitigung werden die Selbstvornahme und die damit verbundenen Komplikationen hinfällig.[335]

125 Hat die Wohnungseigentümergemeinschaft mit Mehrheitsbeschluss die Ausübung gemeinschaftsbezogener Gewährleistungsrechte wegen Mängeln an der Bausubstanz an sich gezogen, ist der einzelne Wohnungseigentümer jedenfalls dann nicht gehindert, dem Veräußerer eine Frist zur Mängelbeseitigung mit Ablehnungsandrohung zu setzen, wenn die fristgebundene Aufforderung zur Mängelbeseitigung mit den Interessen der Wohnungseigentümergemeinschaft nicht kollidiert.[336] Führt die Woh-

---

[328] BGH v. 23.06.1989 - V ZR 40/88 - juris Rn. 20 - BGHZ 108, 156-164.
[329] BGH v. 25.02.1999 - VII ZR 208/97 - juris Rn. 10 - BGHZ 141, 63-69; BGH v. 06.06.1991 - VII ZR 372/89 - juris Rn. 21 - BGHZ 114, 383-393.
[330] BGH v. 06.06.1991 - VII ZR 372/89 - juris Rn. 27 - BGHZ 114, 383-393.
[331] BGH v. 06.06.1991 - VII ZR 372/89 - juris Rn. 16 - BGHZ 114, 383-393; BGH v. 04.11.1982 - VII ZR 53/82 - juris Rn. 10 - BauR 1983, 84-87.
[332] BGH v. 04.06.1981 - VII ZR 9/80 - juris Rn. 17 - BGHZ 81, 35-40.
[333] BGH v. 12.04.2007 - VII ZR 236/05 - juris Rn. 20 - BGHZ 172, 42-58; BGH v. 19.08.2010 - VII ZR 113/09 - juris Rn. 22 - NJW 2010, 3089-3093; BGH v. 15.01.2010 - V ZR 80/09 - juris Rn. 7 ff. - NJW 2010, 933-934; OLG München v. 23.05.2007 - 32 Wx 30/07 - juris Rn. 13 - NJW 2007, 2418; OLG Dresden v. 31.03.2010 - 1 U 1446/09 - juris Rn. 42 - ZMR 2011, 312-316.
[334] BGH v. 12.04.2007 - VII ZR 236/05 - juris Rn. 20 - BGHZ 172, 42-58.
[335] BGH v. 27.07.2006 - VII ZR 276/05 - juris Rn. 22 - NJW 2006, 3275.
[336] BGH v. 19.08.2010 - VII ZR 113/09 - juris Rn. 24 ff. - NJW 2010, 3089-3093.

nungseigentümergemeinschaft, die die Ausübung der gemeinschaftsbezogenen Gewährleistungsansprüche wegen Mängeln an der Bausubstanz des Gemeinschaftseigentums an sich gezogen hat, Verhandlungen mit dem Veräußerer über die Beseitigung der Mängel, wird dadurch die Verjährung der Mängelbeseitigungsansprüche der einzelnen Wohnungseigentümer gehemmt. Soweit eine gesonderte Ermächtigung nicht besteht, hemmt diese Verhandlung nicht die Verjährung der Ansprüche, die den Wohnungseigentümern nach Ablauf einer von ihnen mit Ablehnungsandrohung gesetzten Frist entstehen.[337]

Für den Erwerber, der einen Wohnungseigentümerbeschluss angreifen will, mit dem die Gemeinschaft Mängelrechte an sich zieht, ist misslich, dass dieser Beschluss – abgesehen von den Fällen seiner Nichtigkeit – nach § 23 Abs. 4 Satz 2 WEG (zunächst einmal) sofort gültig ist.[338] Im Bauprozess ist das Prozessgericht nicht befugt, über die Wirksamkeit eines solchen Wohnungseigentümerbeschlusses zu befinden. Hierfür ist gemäß § 43 Nr. 4 WEG das für Wohnungseigentumssachen zuständige Gericht berufen. Selbst wenn der betroffene Erwerber den Beschluss der Wohnungseigentümergemeinschaft gerichtlich anficht (§ 23 Abs. 4 Satz 2 WEG), bleibt es bis zu einer Ungültigerklärung oder – im Wege der einstweiligen Verfügung – bis zu einer Suspendierung des Wohnungseigentümerbeschlusses bei diesen Wirkungen. Weil das anders ist, wenn der Wohnungseigentümerbeschluss wegen Überschreitung der Beschlusskompetenz der Wohnungseigentümergemeinschaft nichtig ist, entstehen in der Praxis erhebliche Unsicherheiten, wie in einer solchen Konstellation weiter zu verfahren ist, wenn der Erwerber den Wohnungseigentümerbeschluss nicht hinnehmen will. Es dürfte hier nahe liegen, das Wohnungseigentumsgericht im Wege der einstweiligen Verfügung anzurufen, um eine schnelle Regelung herbeizuführen. **126**

Auch soweit die Wohnungseigentümergemeinschaft Mängelrechte an sich zieht, handelt es sich verfahrensrechtlich um einen Fall der gesetzlichen Prozessstandschaft.[339] **127**

V. Abdingbarkeit

Wie sich aus § 639 BGB ergibt, sind die Mängelrechte des Bestellers grundsätzlich abdingbar. Die äußerste Grenze wird hier durch § 639 BGB gezogen. Darüber hinaus können sich im Einzelfall Einschränkungen aus Treu und Glauben ergeben (§ 242 BGB) ergeben.[340] Allgemeine Geschäftsbedingungen sind insbesondere an § 309 Nr. 8 lit. b BGB zu messen.[341] Soll in allgemeinen Geschäftsbedingungen ein Schadensersatzanspruch des Bestellers ausgeschlossen werden, ist das nur dann wirksam, wenn dem Besteller Nacherfüllung und – für den Fall verzögerter, verweigerter oder misslungener Nachbesserung – ein Recht auf Rücktritt oder Minderung eingeräumt ist (§ 309 Nr. 8 lit. b sublit. bb BGB). Dabei ist insbesondere zu beachten, dass die von einem Bauträger zu erbringenden Leistungen keine „Bauleistungen" im Sinne des § 309 Nr. 8 lit. b sublit. bb BGB sind.[342] Für Einzelheiten bei dem Erwerb von Immobilien vgl. die Kommentierung zu § 639 BGB Rn. 29. **128**

An die Annahme eines Verzichts auf die Geltendmachung von Gewährleistungsansprüchen sind strenge Anforderungen zu stellen. Da ein Verzicht auf Rechte im Allgemeinen nicht zu vermuten ist, hat die Rechtsprechung eindeutige Anhaltspunkte verlangt, aus denen sich die Annahme eines ausdrücklichen oder stillschweigenden Verzichts ergeben. Dem Gläubiger darf kein Erlass unterstellt werden, den er nicht wollte. Ein stillschweigender Verzicht kann deshalb regelmäßig dann nicht angenommen werden, wenn es sich um Rechte handelt, die dem Erklärenden unbekannt waren und mit deren Bestehen er nicht rechnete.[343] **129**

VI. Übergangsregelungen

Zum In-Kraft-Treten von § 634 BGB und zu Übergangsregelungen vgl. die Kommentierung zu § 633 BGB Rn. 96. **130**

---

[337] BGH v. 19.08.2010 - VII ZR 113/09 - juris Rn. 33 ff. - NJW 2010, 3089-3093.
[338] BGH v. 01.12.1988 - V ZB 6/88 - juris Rn. 15 - NJW 1989, 1087.
[339] BGH v. 12.04.2007 - VII ZR 236/05 - juris Rn. 15 - BGHZ 172, 42-58.
[340] BGH v. 06.06.1986 - V ZR 67/85 - juris Rn. 31 - BGHZ 98, 100-109.
[341] Vgl. etwa BGH v. 28.09.2006 - VII ZR 303/04 - juris Rn. 15 - NJW-RR 2007, 59.
[342] BGH v. 28.09.2006 - VII ZR 303/04 - juris Rn. 15 - NJW-RR 2007, 59; BGH v. 27.07.2006 - VII ZR 276/05 - juris Rn. 40 - NJW 2006, 3275; BGH v. 08.11.2001 - VII ZR 373/99 - juris Rn. 15 - NJW 2002, 511.
[343] BGH v. 07.01.2003 - X ZR 94/00 - juris Rn. 22 - BGHReport 2003, 646-647.

VII. VOB

131 Die VOB regelt in § 13 VOB/B die Mängelansprüche des Bestellers nach der Abnahme. Die VOB schließt den Rücktritt wegen eines Werkmangels aus.

§ 634a BGB Verjährung der Mängelansprüche

(Fassung vom 02.01.2002, gültig ab 01.01.2002)

(1) Die in § 634 Nr. 1, 2 und 4 bezeichneten Ansprüche verjähren

1. vorbehaltlich der Nummer 2 in zwei Jahren bei einem Werk, dessen Erfolg in der Herstellung, Wartung oder Veränderung einer Sache oder in der Erbringung von Planungs- oder Überwachungsleistungen hierfür besteht,
2. in fünf Jahren bei einem Bauwerk und einem Werk, dessen Erfolg in der Erbringung von Planungs- oder Überwachungsleistungen hierfür besteht, und
3. im Übrigen in der regelmäßigen Verjährungsfrist.

(2) Die Verjährung beginnt in den Fällen des Absatzes 1 Nr. 1 und 2 mit der Abnahme.

(3) ¹Abweichend von Absatz 1 Nr. 1 und 2 und Absatz 2 verjähren die Ansprüche in der regelmäßigen Verjährungsfrist, wenn der Unternehmer den Mangel arglistig verschwiegen hat. ²Im Fall des Absatzes 1 Nr. 2 tritt die Verjährung jedoch nicht vor Ablauf der dort bestimmten Frist ein.

(4) ¹Für das in § 634 bezeichnete Rücktrittsrecht gilt § 218. ²Der Besteller kann trotz einer Unwirksamkeit des Rücktritts nach § 218 Abs. 1 die Zahlung der Vergütung insoweit verweigern, als er auf Grund des Rücktritts dazu berechtigt sein würde. ³Macht er von diesem Recht Gebrauch, kann der Unternehmer vom Vertrag zurücktreten.

(5) Auf das in § 634 bezeichnete Minderungsrecht finden § 218 und Absatz 4 Satz 2 entsprechende Anwendung.

Gliederung

A. Grundlagen 1	3. Verjährungsbeginn und Verjährungsdauer 16
B. Anwendungsvoraussetzungen 2	V. Übrige Fälle (Absatz 1 Nr. 3) 19
I. Normstruktur 2	1. Begriff 19
II. Die erfassten Rechte 3	2. Fristbeginn und Dauer 21
III. Herstellung, Wartung oder Veränderung einer Sache (Absatz 1 Nr. 1) 5	VI. Arglistiges Verschweigen (Absatz 3) 22
1. Der Sachbegriff 5	VII. Das Rücktrittsrecht des Bestellers (Absatz 4) 25
2. Planungsleistungen 7	1. Ausübung des Rücktrittsrechts 25
3. Verjährungsbeginn und Verjährungsdauer 8	2. Die Mängeleinrede des Bestellers 26
IV. Arbeiten an Bauwerken (Absatz 1 Nr. 2) 11	3. Das Rücktrittsrecht des Unternehmers 27
1. Der Begriff Bauwerk 11	VIII. Das Minderungsrecht des Bestellers (Absatz 5) 28
2. Planungs- und Überwachungsleistungen 15	

A. Grundlagen

§ 634a BGB ist durch das Schuldrechtsmodernisierungsgesetz erstmalig in das BGB eingeführt worden und regelt die Verjährung der Ansprüche des Besteller im Falle von Mängeln. Ein augenfälliger Unterschied zur früheren Rechtslage liegt in der Verjährungsdauer, die früher sechs Monate, ein Jahr oder fünf Jahre betrug, während nunmehr Verjährungsfristen von zwei, drei oder fünf Jahren gelten. Auch wird der Fristlauf nicht wie früher durchweg an die Abnahme geknüpft, sondern, soweit auf die regelmäßige Verjährungsfrist Bezug genommen wird, kommt es auch auf die Kenntnis bzw. das Kennenmüssen der in § 199 Abs. 1 BGB genannten Umstände an. Die Verjährungsfristen des § 634a Abs. 1 BGB haben im Vergleich zur früheren Regelung einen weiteren Anwendungsbereich, da jetzt auch Ansprüche aus positiver Vertragsverletzung im Falle von Mangelfolgeschäden erfasst werden.[1] § 634a BGB ist eine abschließende Regelung hinsichtlich der dort normierten Rechte. Der zeitliche Anwendungsbereich der neuen Verjährungsregeln bestimmt sich nach Art. 229 § 6 EGBGB.

1

---

[1] *Sprau* in: Palandt, § 634a Rn. 1.

B. Anwendungsvoraussetzungen

I. Normstruktur

2 § 634a Abs. 1-3 BGB regelt die Verjährung der in § 634 Nr. 1, Nr. 2, Nr. 4 BGB bezeichneten Mängelansprüche des Bestellers und unterwirft diese, abhängig von der Art des erbrachten Werks, unterschiedlichen Verjährungsfristen. Wird ein Mangel arglistig verschwiegen, so gilt § 634a Abs. 3 BGB. Die eigenständige Regelung der zeitlichen Ausübung des Rücktritts- und Minderungsrechts in § 634a Abs. 4, Abs. 5 BGB trägt dem Umstand Rechnung, dass diese Rechte als Gestaltungsrechte nicht der Verjährung unterliegen (vgl. § 194 BGB). Durch die Bezugnahme auf § 218 BGB wird sichergestellt, dass der Rücktritt und die Minderung nur solange ausgeübt werden können, solange der Nacherfüllungsanspruch nicht verjährt ist. Durch diese Regelungstechnik erreicht der Gesetzgeber einen zeitlichen Gleichlauf der Verjährung der Mängelrechte des Bestellers.[2]

II. Die erfassten Rechte

3 Durch § 634a BGB wird die Verjährung der Rechte des Bestellers bei Mängeln (§ 634 BGB) geregelt. § 634a Abs. 1 BGB erfasst die Rechte auf Nacherfüllung (§§ 634, 635 BGB), auf Aufwendungsersatz im Falle der Selbstbeseitigung (§§ 634 Nr. 2, 637 BGB) sowie auf Schadens- und Aufwendungsersatz (§§ 634 Nr. 4, 280, 281, 283, 311a, 284 BGB) unter Einschluss des Mangelfolgeschadens.

4 Nicht von § 634a Abs. 1 BGB erfasst sind hingegen die Rechte auf Rücktritt und Minderung, die dogmatisch folgerichtig eigenständig in § 634a Abs. 4, Abs. 5 BGB normiert wurden. Ebenso wenig werden Ansprüche des Bestellers aus allgemeinen Vorschriften, wie z.B. aus Verzug oder unerlaubter Handlung, von § 634a BGB erfasst.

III. Herstellung, Wartung oder Veränderung einer Sache (Absatz 1 Nr. 1)

1. Der Sachbegriff

5 § 634a Abs. 1 Nr. 1 BGB regelt die Verjährung von Arbeiten an einer Sache, wie sie in § 90 BGB definiert ist. Von der Verjährungsregelung des § 634a Abs. 1 Nr. 1 BGB werden daher grundsätzlich sowohl Arbeiten an beweglichen als auch unbeweglichen Sachen erfasst. Jedoch ist § 634a Abs. 1 Nr. 1 BGB im Falle der Herstellung einer **beweglichen Sache nicht einschlägig**, da für solche Verträge nach neuem Recht Kaufrecht gilt (§ 651 BGB) und somit die werkvertraglichen Verjährungsregelungen nicht greifen. Typischer Anwendungsbereich von § 634a Abs. 1 Nr. 1 BGB sind daher Reparatur- und Wartungsarbeiten wie z.B. an Autos und Maschinen.

6 Ebenso ist § 634a Abs. 1 Nr. 1 BGB **nicht anwendbar**, soweit Arbeiten an einem Grundstück ausgeführt werden, die einem Bauwerk zuzuordnen sind; in diesem Fall gilt § 634a Abs. 1 Nr. 2 BGB.[3] Die zweijährige Verjährungsfrist des § 634a Abs. 1 Nr. 1 BGB gilt folglich bei Arbeiten an Grundstücken nur dann, wenn die geschuldete Werkleistung sich auf das Grundstück als solches bezieht. Derartige Fälle sind beispielsweise die Verlegung von Entwässerungsleitungen oder die Vornahme von Aufschüttungsarbeiten.

2. Planungsleistungen

7 Einbezogen in den sachlichen Anwendungsbereich sind Planungs- und Überwachungsleistungen zur Herstellung, Wartung und Veränderung einer Sache. Dies erfasst z.B. die Anfertigung von Konstruktionszeichnungen für Maschinen.

3. Verjährungsbeginn und Verjährungsdauer

8 Die Verjährungsfrist beginnt gemäß § 634a Abs. 2 BGB mit der, ggf. objektiv verfrüht erklärten und nicht wegen Irrtums über den erreichten Baustands anfechtbaren[4], **Abnahme** des Werks bzw. mit ihrer endgültigen Verweigerung.[5]

9 Die Fristberechnung und die Verjährungshemmung richten sich nach den allgemeinen Vorschriften (§§ 187, 188, 203-213 BGB).

---

[2] *Sprau* in: Palandt, § 634a Rn. 3.
[3] Vgl. *Sprau* in: Palandt, § 634a Rn. 8.
[4] OLG München v. 13.12.2011 - 9 U 2533/11 Bau.
[5] BayObLG München v. 26.03.1998 - 2Z BR 46/98 - NJW-RR 1998, 1025-1026.

Zur Zulässigkeit von Verjährungsvereinbarungen vor dem Hintergrund der §§ 305 ff. BGB vgl. *Kainz*[6]. 10

IV. Arbeiten an Bauwerken (Absatz 1 Nr. 2)

1. Der Begriff Bauwerk

§ 634a BGB behält das bisherige Verständnis des Begriffs Bauwerk bei. Danach ist ein Bauwerk eine unbewegliche Sache, die durch Verwendung von Arbeit und Material in Verbindung mit dem Erdboden hergestellt wird.[7] Erfasst sind sowohl Hoch- als auch Tiefbauten. Der Bauwerksbegriff geht also über den Gebäudebegriff hinaus. 11

Unter den sachlichen Anwendungsbereich des § 634a Abs. 1 Nr. 2 BGB fallen alle zur Neuerrichtung erbrachten Arbeiten, als auch Arbeiten an bereits vorhandener[8] Gebäudesubstanz, wie z.B. die Errichtung von Anbauten[9]. Gleiches gilt für die Herstellung und Montage von fest eingebrachten Bauteilen einer ortsfest aufgestellten technischen Anlage. Solche stellen Arbeiten an einem Bauwerk i.S.d. Verjährungsvorschrift des § 638 Abs. 1 BGB a.F. bzw. § 634a Abs. 1 Nr. 2 BGB dar.[10] Demzufolge verjähren werkvertragliche Gewährleistungsansprüche für die Errichtung einer Tankanlage, die Bestandteil eines aus mehreren Bauwerken bestehenden Betriebshofes ist, in fünf Jahren.[11] 12

Indes werden Instandhaltungs-, Umbau- und Modernisierungsmaßnahmen nur dann von § 634a Abs. 1 Nr. 2 BGB erfasst, wenn diese für die Konstruktion, den Bestand oder der Nutzbarkeit des Gebäudes von wesentlicher Bedeutung sind und eine feste Verbindung der eingebauten Teile mit dem Bauwerk vorliegt.[12] Dies ist von der Rechtsprechung etwa für den Einbau einer Decke, Isolierungsarbeiten von Kelleraußenwänden sowie den Einbau einer serienmäßigen Einbauküche unter Anpassung an die Wünsche des Bestellers[13], als auch für einen Heizöltank, der nicht lediglich in das Erdreich eingebettet ist, sondern auch fest mit einem gemauerten Domschacht verbunden ist[14] angenommen worden. 13

Im Umkehrschluss fallen dagegen Arbeiten die für den Bestand eines bereits fertig gestellten Gebäudes unwesentlich sind, nicht unter § 634a BGB. So verhält es sich bei Erneuerungsarbeiten für den Außenanstrich oder dem Einbau einer Markise. 14

2. Planungs- und Überwachungsleistungen

Die fünfjährige Verjährungsfrist gilt auch für Planungs- und Überwachungsleistungen für Bauwerke. Erfasst werden alle Leistungen, die der Planung oder Erstellung des Bauwerks dienen. Typischerweise trifft dies auf Leistungen des Architekten und Statikers zu.[15] Für die Erstellung eines Software-Programms zur Steuerung, Regelung und Überwachung einer Gebäudeheizung gilt keine fünfjährige Verjährungsfrist, weil es sich nicht um „Arbeiten bei Bauwerken" im Sinne des § 638 BGB handelt.[16] 15

---

[6] *Kainz*, BauR 2004, 1696-1703.
[7] BGH v. 16.09.1971 - VII ZR 5/70 - BGHZ 57, 60-62.
[8] Vgl. *Sprau* in: Palandt, § 634a Rn. 10.
[9] Vgl. *Sprau* in: Palandt, § 634a Rn. 10.
[10] OLG Hamm v. 28.11.2002 - 23 U 18/02 - IBR 2004, 8.
[11] OLG Zweibrücken v. 13.02.2003 - 4 U 2/02 - OLGR Zweibrücken 2003, 292-293.
[12] Vgl. *Sprau* in: Palandt, § 634a Rn. 17.
[13] BGH v. 15.03.1990 - VII ZR 311/88 - NJW-RR 1990, 786-787.
[14] OLG Hamm v. 17.10.2006 - 21 U 177/05 - BauR 2007, 732-736.
[15] Zu verjährungsverkürzenden Maßnahmen der Architektenhaftung, vgl. *Schmidt*, BauRB 2003, 64. Der Autor weist darauf hin, dass der Verjährungsbeginn an die Abnahme geknüpft ist, § 634a Abs. 2 BGB. Die Abnahme hingegen setze die Beendigung der Architektenleistung voraus, welche völlig unabhängig sei von der Beendigung des Bauwerks. *Schmidt* erläutert insoweit die Abnahmereife in den Fällen, in denen der Architekt mit der Erbringung einer Genehmigungsplanung beauftragt wurde, in denen der Architekt Leistungen entsprechend der Leistungsphasen 1 bis 8 zu erbringen hat und in den Fällen, in denen er Leistungen nach der Leistungsphase 9 zu erbringen hat. Im Folgenden stellt *Schmidt* Maßnahmen dar, mit denen der Architekt die Verjährungsfrist für die Mängelgewährleistung verkürzen kann. Zunächst einmal sei dies durch eine individualvertragliche Vereinbarung möglich. Schließlich könne die Verjährung durch Vereinbarung einer Teilabnahme bis zur Leistungsphase 8 verkürzt werden.
[16] OLG Düsseldorf v. 04.06.2003 - I-18 U 207/02, 18 U 207/02 - NJW 2003, 3140-3141.

3. Verjährungsbeginn und Verjährungsdauer

16 § 634a BGB behält die bisherige Verjährungsfrist von fünf Jahren bei. Der Gesetzgeber entschied sich für die im Vergleich zu § 634a Abs. 1 Nr. 1 BGB längere Verjährungsfrist, da bei Bauwerken Mängel oft schwierig zu erkennen sind und erst nach längerer Zeit zu Tage treten. Die Frist beginnt mit der Abnahme gem. § 634a Abs. 2 BGB. Für die Fristberechnung gelten die allgemeinen Vorschriften. Setzen die Vertragsparteien übereinstimmend und rechtsirrtümlich voraus, dass Gewährleistungsansprüche noch nicht verjährt sind, enthält die Zusage der Mängelbeseitigung keine Willenserklärung zur Verjährungsthematik.[17] Die Gewährleistungsfrist für Werkleistungen an einem Bauwerk beginnt nicht mit der technischen Abnahme durch den Architekten zu laufen, sondern mit der rechtsgeschäftlichen Abnahme.[18] In der vorbehaltlosen Zahlung der Schlussrechnung des Tragwerksplaners liegt eine **konkludente Abnahme** der erbrachten Leistung und damit beginnt die Verjährungsfrist für Gewährleistungsansprüche. Dies gilt jedoch nur dann, wenn in der Schlussrechnung sämtliche vertraglich geschuldeten Leistungen abgerechnet sind.[19]

17 Für ein die **Hemmung** der Verjährung auslösendes Stillhalteabkommen genügt es nicht, wenn der Auftragnehmer ein Beweissicherungsverfahren in die Wege geleitet hat und der Auftraggeber sich in diesem Verfahren, auch durch Vorlage eines Privatsachverständigengutachtens, verteidigt hat. Durch das Beweissicherungsverfahren tritt keine Unterbrechung der Verjährungsfrist für die Werklohnforderung ein, denn die Einleitung des Beweissicherungsverfahrens vermag die Verjährung nur zu unterbrechen, wenn es um die Gewährleistungsansprüche des Käufers/Bestellers geht. Die Vergütungsansprüche des Unternehmers werden hiervon nicht erfasst.[20]

18 Der Erwerber eines Grundstücks kann gegen den Werklohnanspruch des Bauträgers mit einem verjährten Schadensersatzanspruch aus dem gleichen Vertragsverhältnis aufrechnen, auch wenn er den Schadensersatzanspruch erst nach Ablauf der in § 634a BGB bestimmten Frist gewählt hat[21].

V. Übrige Fälle (Absatz 1 Nr. 3)

1. Begriff

19 § 634a Abs. 1 Nr. 3 BGB ist Auffangtatbestand für die Mängel aus Werkleistungen, die nicht bereits von § 634a Abs. 1 Nr. 1, Nr. 2 BGB erfasst werden, mithin Werkleistungen, die **weder bewegliche noch unbewegliche Sachen** betreffen. § 634a Abs. 1 Nr. 3 BGB gilt damit für Verträge über die Herstellung unkörperlicher Werke, soweit sie nicht Planungs- und Überwachungsleistungen nach § 634a Abs. 1 Nr. 1, Nr. 2 BGB sind.[22] Als Beispiele zu nennen sind die Erstellung eines Gutachtens oder die Erbringung von Transportleistungen.

20 Des Weiteren hat § 634a Abs. 1 Nr. 3 BGB Leistungen zum Gegenstand, bei denen der geschuldete Erfolg bestimmungsgemäß an einem Menschen eintreten soll. In diese Kategorie sind Verträge wie der Friseurvertrag oder solche zur Vornahme einer Tätowierung einzuordnen. Ärztliche Behandlungsmaßnahme, wie z.B. Operationen, sind nicht nach Werkvertragsrecht zu beurteilen und unterfallen deshalb nicht § 634a Abs. 1 Nr. 3 BGB.

2. Fristbeginn und Dauer

21 Die nach § 634a Abs. 1 Nr. 3 BGB zu erbringenden Leistungen verjähren innerhalb der regelmäßigen Verjährungsfrist, mithin drei Jahren (§ 195 BGB). Der Verjährung beginnt gem. § 199 Abs. 1 BGB mit dem Schluss des Jahres in dem das objektive Element der Anspruchsentstehung und das subjektive Element der Kenntnis bzw. grob fahrlässigen Unkenntnis des Mangels kumulativ vorliegen. Zusätzlich zu beachten sind die Verjährungshöchstfristen der § 199 Abs. 2-4 BGB.

VI. Arglistiges Verschweigen (Absatz 3)

22 Nach der Rechtsprechung des BGH liegt arglistiges Verschweigen vor, wenn dem Unternehmer bewusst ist, dass ein ihm bekannter Mangel, für den Besteller so erheblich ist, dass dieser möglicherweise die Abnahme verweigern wird und der Unternehmer, obwohl er nach Treu und Glauben dazu verpflich-

---

[17] OLG München v. 01.02.2005 - 9 U 4479/04 - OLGR München 2005, 112.
[18] AG Mülheim v. 23.06.2006 - 12 C 838/06 - IBR 2006, 511, dazu auch: *Motzke*, NZBau 2007, 2-7.
[19] OLG Karlsruhe v. 27.01.2004 - 17 U 154/00 - IBR 2004, 630.
[20] OLG Saarbrücken v. 09.03.2004 - 7 U 342/03 - 71, 7 U 342/03 - BauR 2004, 1198-1199.
[21] OLG München v. 06.12.2011 - 9 U 424/11 Bau.
[22] Vgl. *Sprau* in: Palandt, § 634a Rn. 12.

tet wäre, diesen Mangel dem Besteller nicht mitteilt.[23] So verschweigt ein mit der Bauüberwachung beauftragter Architekt einen Mangel dann arglistig, wenn er den Mangel kennt oder mit dessen Vorhandensein zumindest rechnet, ihn dem Bauherrn aber nicht mitteilt, oder wenn er über die Mangelhaftigkeit unzutreffende Angaben „ins Blaue hinein" macht[24].

Arglist setzt sich aus zwei Elementen zusammen: Wissen und Wollen. Die Kenntnis des Mangels ist daher Voraussetzung der Arglist; bloße Nachlässigkeit reicht nicht aus.[25] Nicht erforderlich ist, dass der Unternehmer in Schädigungsabsicht handelt. Zeitlich muss die Arglist spätestens bei Abnahme bzw. der Vollendung des Werks vorliegen.[26] Arglistiges Verschweigen des Erfüllungsgehilfen wird dem Unternehmer gem. § 278 BGB zugerechnet.

Fristbeginn und Dauer bestimmt sich nach den §§ 196, 199 BGB. Um im Falle des § 634a Abs. 1 Nr. 2 BGB nicht eine sinnwidrige Verkürzung der Verjährungsfrist herbeizuführen, bestimmt § 634a Abs. 3 Satz 2 BGB, dass die Verjährung sich jeweils nach der im Einzelfall längeren Frist richtet.

VII. Das Rücktrittsrecht des Bestellers (Absatz 4)

1. Ausübung des Rücktrittsrechts

Nach § 194 BGB unterliegen nur Ansprüche und nicht Gestaltungsrechte der Verjährung. Dogmatisch zutreffend wurde deshalb die zeitliche Ausübung des Rücktrittsrechts nicht in § 634a Abs. 1 BGB normiert. Ohne die Regelung des § 634a Abs. 4 BGB könnte der Besteller auch nach Verjährung der sonstigen Mängelrechte zurücktreten. Der Unternehmer müsste also auch nach Ablauf der Verjährungsfrist damit rechnen, Rückzahlungsansprüchen des Bestellers ausgesetzt zu sein. Um dieses offensichtlich widersprüchliche Ergebnis zu vermeiden, bestimmen §§ 634a Abs. 4 Satz 1, 218 BGB, dass der Rücktritt unwirksam ist, wenn der Leistungsanspruch verjährt ist und der Unternehmer sich auf die Verjährung beruft. Der Unternehmer hat es also in der Hand, den Rücktritt des Bestellers im Nachhinein unwirksam werden zu lassen, indem er sich auf die Verjährung beruft.[27]

2. Die Mängeleinrede des Bestellers

§ 634a Abs. 4 Satz 2 BGB gewährt dem Besteller das Recht der sog. Mängeleinrede. In veränderter Form war diese auch dem alten Recht bekannt; nach neuer Rechtslage ist jedoch nicht mehr erforderlich, dass der Besteller den Mangel vor Ablauf der Verjährungsfrist angezeigt hat. Erhebt der Besteller die Mängeleinrede, so kann er die Zahlung der Werkvergütung insoweit verweigern, als er auf Grund des Rücktritts dazu berechtigt war.

3. Das Rücktrittsrecht des Unternehmers

Um die synallagmatische Verbindung von Leistung und Gegenleistung auch dann aufrecht zu erhalten, wenn der Besteller die Zahlung verweigert, gewährt § 634a Abs. 4 Satz 3 BGB dem Unternehmer ein eigenes Rücktrittsrecht. § 634a Abs. 3 Satz 3 BGB schließt damit an das Recht des Bestellers zur Mängeleinrede an und sieht für den Fall, dass der Besteller infolge der Mängeleinrede die Zahlung des Werklohns verweigert, ein Rücktrittsrecht des Unternehmers vor. Übt der Unternehmer dies aus, so kommt es gemäß den §§ 346-354 BGB zu einem Rückabwicklungsverhältnis.

VIII. Das Minderungsrecht des Bestellers (Absatz 5)

Für das Minderungsrecht gelten oben dargestellte Grundsätze entsprechend (§ 634a Abs. 5 BGB). Folglich ist die Minderung unwirksam, wenn der zugrunde liegende Leistungsanspruch verjährt ist und der Unternehmer sich auf die Verjährung beruft. § 634a Abs. 4 Satz 3 BGB ist nicht anwendbar, da der Besteller bei wirksamer Minderung das Werk behält.

---

[23] Vgl. BGH v. 12.03.1992 - VII ZR 5/91 - BGHZ 117, 318-323.
[24] OLG Koblenz v. 06.04.2009 - 12 U 1495/07.
[25] OLG Celle v. 07.12.2006 - 13 U 145/06 - OLGR Celle 2007, 798-800.
[26] BGH v. 20.12.1973 - VII ZR 184/72 - BGHZ 62, 63-70.
[27] Vgl. *Sprau* in: Palandt, § 634a Rn. 22.

§ 635 BGB Nacherfüllung

(Fassung vom 02.01.2002, gültig ab 01.01.2002)

(1) Verlangt der Besteller Nacherfüllung, so kann der Unternehmer nach seiner Wahl den Mangel beseitigen oder ein neues Werk herstellen.

(2) Der Unternehmer hat die zum Zwecke der Nacherfüllung erforderlichen Aufwendungen, insbesondere Transport-, Wege-, Arbeits- und Materialkosten zu tragen.

(3) Der Unternehmer kann die Nacherfüllung unbeschadet des § 275 Abs. 2 und 3 verweigern, wenn sie nur mit unverhältnismäßigen Kosten möglich ist.

(4) Stellt der Unternehmer ein neues Werk her, so kann er vom Besteller Rückgewähr des mangelhaften Werks nach Maßgabe der §§ 346 bis 348 verlangen.

Gliederung

A. Grundlagen 1	6. Mitverschulden des Bestellers 21
I. Kurzcharakteristik 1	III. Unverhältnismäßige Kosten (Absatz 3) 22
II. Gesetzgebungsmaterialien 2	1. Gesetzgebungsgeschichte 24
B. Praktische Bedeutung 3	2. Definition 28
C. Anwendungsvoraussetzungen 4	3. Rechtsprechung 29
I. Nacherfüllung (Absatz 1) 4	4. Abdingbarkeit 30
II. Nacherfüllungsaufwand (Absatz 2) 10	IV. Rückgewähranspruch (Absatz 4) 31
1. Umfang der Kostenpflicht des Unternehmers 11	**D. Prozessuale Hinweise** 32
2. Kosten unberechtigter Inanspruchnahme 14	**E. Anwendungsfelder** 40
3. Rechtsprechung 15	I. Übergangsregelungen 40
4. Abdingbarkeit 16	II. Konkurrenzen 41
5. Vorteilsausgleichung 17	III. VOB 42

A. Grundlagen

I. Kurzcharakteristik

1 § 635 BGB räumt dem Besteller bei einem Mangel des Werks einen Nacherfüllungsanspruch ein. Damit korrespondiert eine Nacherfüllungsbefugnis des Unternehmers. Verlangt der Besteller Nacherfüllung, hat der Unternehmer nach seiner Wahl entweder nachzubessern oder ein neues Werk herzustellen. Dies hat gemäß Absatz 2 grundsätzlich ohne weiteres Entgelt zu geschehen. Nur unter den engen Voraussetzungen des Absatzes 3 ist der Unternehmer von seiner Nacherfüllungspflicht befreit. Sofern der Unternehmer Nacherfüllung durch Neuherstellung leistet, räumt ihm Absatz 4 einen Anspruch auf Rückgewähr des mangelhaften Werks nach den Vorschriften des Rücktrittsrechts ein.

II. Gesetzgebungsmaterialien

2 Der durch das Schuldrechtsmodernisierungsgesetz vom 26.11.2001[1] neu geschaffene § 635 BGB entspricht mit geringen Änderungen dem bisherigen § 633 Abs. 2 BGB a.F. und dessen Auslegung durch die Rechtsprechung. Zum In-Kraft-Treten vgl. die Kommentierung zu § 633 BGB Rn. 96.

B. Praktische Bedeutung

3 In § 635 BGB setzt sich der Erfüllungsanspruch aus den §§ 631, 633 BGB für die Zeit nach der Abnahme fort. Das Fortbestehen eines Nacherfüllungsanspruchs ist Voraussetzung für weitere Mängelrechte. Ist der Nacherfüllungsanspruch ausgeschlossen oder erloschen, scheidet eine Selbstvornahme (§ 637 BGB) genauso wie ein Druckeinbehalt (§ 641 Abs. 3 BGB) aus.

C. Anwendungsvoraussetzungen

I. Nacherfüllung (Absatz 1)

4 Voraussetzung für den Nacherfüllungsanspruch des Bestellers ist das Vorliegen eines Werkmangels (§ 633 BGB – zu praktischen Hinweisen hierzu vgl. die Kommentierung zu § 633 BGB Rn. 46). Dann

---
[1] BGBl I 2001, 3138.

ist der Unternehmer gemäß § 635 Abs. 1 BGB zur Nacherfüllung verpflichtet, wenn der Besteller sie verlangt. Dieses Nacherfüllungsverlangen ist eine geschäftsähnliche Handlung, auf welche die allgemeinen Regeln über die Willenserklärungen entsprechend anzuwenden sind.[2] Es genügt, wenn der Besteller die Symptome, d.h. die „Mangelerscheinungen" an bestimmten Stellen hinreichend genau bezeichnet, etwa durch Bezugnahme auf ein dem Unternehmer bekanntes Gutachten.[3] Verlangt der Besteller Nachbesserung, **hat der Unternehmer** trotz Konkretisierung der Leistungspflicht auf ein bereits abgenommenes Werk **die Wahl**, ob er den an dem Werk vorliegenden Mangel beseitigt oder ein neues Werk herstellt. Dieses Wahlrecht des Unternehmers entspricht der bisherigen Rechtslage[4], unterscheidet sich aber vom Kaufrecht (§ 439 Abs. 1 BGB). Dass das Wahlrecht beim Unternehmer liegt, ist aufgrund seiner größeren Sachnähe gerechtfertigt und enthebt den Besteller überdies von dem Risiko, sich für die falsche Nachbesserungsart zu entscheiden.

Der Nacherfüllungsanspruch setzt **keine** vorherige **Fristsetzung** voraus. Der Unternehmer ist zur Nacherfüllung auch dann verpflichtet, wenn er den Werkmangel nicht zu vertreten hat[5]. Das Recht des Bestellers, von einem für einen Mangel verantwortlichen Unternehmer Mängelbeseitigung zu fordern, wird grundsätzlich nicht dadurch eingeschränkt, dass dessen Verantwortlichkeit bei der Inanspruchnahme noch unklar ist; der Besteller schuldet dem für den Mangel verantwortlichen Unternehmer vor dessen Inanspruchnahme nicht die objektive **Klärung** der Mangelursache.[6] Der Unternehmer darf deshalb Maßnahmen zur Mängelbeseitigung **nicht davon abhängig** machen, dass der Besteller erklärt, die Kosten der Untersuchung und weiterer Maßnahmen für den Fall einer Nichtverantwortlichkeit des Unternehmers zu übernehmen.[7] Hat der Besteller das Werk allerdings abgenommen, ohne sich seine Rechte wegen eines ihm bekannten Mangels vorzubehalten, steht ihm ein Nacherfüllungsanspruch nicht mehr zu (§ 640 Abs. 2 BGB). Er kann dann nur noch Schadensersatz oder Ersatz frustrierter Aufwendungen verlangen. Im Einzelfall kann eine Mangelbeseitigung für den Unternehmer nach Treu und Glauben nicht zumutbar sein, wenn eine vollständige und insgesamt erfolgreiche Mängelbeseitigung nur dadurch zu erreichen ist, dass der Auftraggeber zuvor vom Werkunternehmer vertraglich nicht geschuldete Vorarbeiten ausführen lässt, der Auftraggeber dieses aber ausdrücklich ablehnt und darüber hinaus die Bezahlung der in diesem Fall entstehenden Sowieso-Kosten verweigert (zu den Sowieso-Kosten vgl. die Kommentierung zu § 634 BGB Rn. 57).[8] Fehlen anderweitige Absprachen der Parteien, ist im Zweifel die Nachbesserung **dort** zu erbringen, wo das nachzubessernde Werk sich vertragsgemäß befindet.[9]

Der Besteller ist **nicht berechtigt**, dem Unternehmer hinsichtlich der **Art der Nacherfüllung** einzelne **Weisungen** zu erteilen. Die Art und Weise, wie der Unternehmer Mängel beseitigt, unterliegt seiner Entscheidung, solange seine Nachbesserungsbemühungen zu einem **vertragsgerechten** Gewerk führen.[10] Hinter dem geschuldeten Erfolg zurück bleibende Billiglösungen muss der Besteller nicht akzeptieren.[11] Der Besteller kann sich im Wege einer rechtsgeschäftlichen Einigung über die Art und Weise der Nachbesserung auf bloße Sanierungsmaßnahmen einlassen, muss es aber nicht.[12] Im Einzelfall kann zwar der Unternehmer nach dem Vertrag oder im Hinblick auf eine nach Treu und Glauben gebotene Berücksichtigung von Belangen des Bestellers verpflichtet sein, von diesem erteilte Weisungen bei der Nacherfüllung zu beachten. In der Regel aber ist es seiner Fachkunde überlassen, wie er Mängel an seinem Werk beheben will, denn er trägt das Risiko einer erfolglosen Nachbesserung.[13] Der Besteller kann ausnahmsweise, wenn die Mängelbeseitigung nur auf eine bestimmte Weise möglich ist und nur so der vertraglich geschuldete Zustand erreicht werden kann, eine bestimmte Art der Nacherfüllung verlangen und ein dem nicht entsprechendes und damit untaugliches Nacherfüllungsangebot von vorn-

---

[2] BGH v. 12.12.2001 - X ZR 192/00 - juris Rn. 25 - BauR 2002, 945-949.
[3] BGH v. 09.10.2008 - VII ZR 80/07 - juris Rn. 19 - NJW 2009, 354-355; vgl. auch BGH v. 28.10.1999 - VII ZR 115/97 - juris Rn 7 - NJW-RR 2000, 309-310 m.w.N.
[4] BGH v. 10.10.1985 - VII ZR 303/84 - juris Rn. 29 - BGHZ 96, 111-124.
[5] OLG Koblenz v. 08.11.2004 - 12 U 1228/03 - juris Rn. 11.
[6] BGH v. 02.09.2010 - VII ZR 110/09 - juris Rn. 19 ff. - NJW 2010, 3649-3651.
[7] BGH v. 02.09.2010 - VII ZR 110/09 - juris Rn. 20 ff. - NJW 2010, 3649-3651.
[8] OLG München v. 14.05.2002 - 28 U 5207/01 - BauR 2003, 720-721.
[9] BGH v. 08.01.2008 - X ZR 97/05 - juris Rn. 13 - BauR 2008, 829-830.
[10] Vgl. BGH v. 27.11.2003 - VII ZR 93/01 - juris Rn. 21 - BauR 2004, 501-503.
[11] OLG Hamm v. 25.05.2005 - 25 U 117/04 - NJW-RR 2006, 166-167.
[12] BGH v. 07.05.2009 - VII ZR 15/08 - juris Rn. 15 - BauR 2009, 1295-1297.
[13] BGH v. 05.05.1969 - VII ZR 26/69 - ZfBR 2001, 110; OLG Hamm v. 07.01.1992 - 26 U 54/91 - BauR 1992, 414.

herein zurückweisen.[14] Ist die eine oder andere Art der Nacherfüllung **für den Besteller** nicht zumutbar, kann der Besteller diese nach Treu und Glauben (§ 242 BGB) ablehnen.[15] Der Nacherfüllungsanspruch des Bestellers besteht grundsätzlich so lange, bis die Nachbesserung tatsächlich erfolgreich ausgeführt worden ist. Allein dadurch, dass der Besteller einen eigenen Nacherfüllungsversuch vorschaltet, der nicht zum Erfolg führt, verliert er den Mangelbeseitigungsanspruch gegen den ursprünglich von ihm beauftragten Unternehmer nicht.[16] Das **Einverständnis** des Bestellers mit einer bestimmten Art der Nachbesserung umfasst in der Regel nicht einen Verzicht auf bestehende Gewährleistungsansprüche.[17]

7 Der Unternehmer bleibt **auch nach Vertragskündigung** noch zur Nacherfüllung verpflichtet, sofern die Nacherfüllung für solche Leistungsteile eingefordert wird, die bis zur Kündigung erbracht wurden. Denn die Kündigung beendet den Vertrag nur für die Zukunft. Gewährleistungsansprüche für die bis dahin erbrachten Leistungen werden durch sie grundsätzlich nicht berührt. Ein Nacherfüllungsanspruch kann jedoch naturgemäß nicht daraus hergeleitet werden, dass die Leistung – aufgrund der durch die Kündigung erfolgten vorzeitigen Vertragsbeendigung – unvollständig ist.[18]

8 Der Nacherfüllungsanspruch **kann abgetreten werden**, und zwar auch dann, wenn der Besteller das von dem Unternehmer zu erstellende oder bereits erstellte Werk nicht zugleich an den neuen Gläubiger veräußert.[19]

9 Die AGB-Klausel, nach der der Besteller dem Unternehmer bei zu vertretender Inanspruchnahme wegen eines nur vermeintlichen Gewährleistungsanspruchs die dadurch entstandenen Kosten zu erstatten hat, ist unwirksam, wenn nicht nach dem Verschuldensgrad des Bestellers unterschieden wird.[20]

II. Nacherfüllungsaufwand (Absatz 2)

10 Absatz 2 sieht vor, dass der Unternehmer die zum Zweck der Nacherfüllung erforderlichen Aufwendungen, insbesondere Transport-, Wege-, Arbeits- und Materialkosten zu tragen hat. Die Bestimmung entspricht dem bisherigen § 633 Abs. 2 Satz 2 BGB a.F. in Verbindung mit § 476a Satz 1 BGB a.F. und dem § 439 Abs. 2 BGB im jetzigen Kaufrecht.

1. Umfang der Kostenpflicht des Unternehmers

11 Der Anspruch umfasst den gesamten für die Beseitigung des Mangels notwendigen Aufwand.[21] Die Kostenpflicht des Unternehmers betrifft nicht nur die eigentliche Mangelbehebung, sondern weitergehend alles, was vorbereitend erforderlich ist, um den Mangel an der eigenen Leistung zu beheben. Der Unternehmer schuldet die – dann mangelfreie – Wiederherstellung des vor Beginn der Nachbesserung bestehenden Zustandes.[22] Der Unternehmer trägt das sog. **Prognoserisiko** für die Art der Ausführung der Nacherfüllung und hat deshalb auch die Kosten erfolgloser oder sich später als unverhältnismäßig teuer herausstellender Nachbesserungsversuche zu tragen.[23] Dazu können gehören Mehrkosten, die durch höhere Anforderungen an die Bauausführung aufgrund von Fortentwicklung der allgemein anerkannten Regeln der Technik oder der gesetzlichen Vorgaben nach Abnahme entstehen.[24] Der Nacherfüllungsanspruch gegen den Unternehmer ist allerdings auf Fehler an dessen eigenem Werk beschränkt. Er erfasst nicht auch Mangelfolgeschäden, die an anderen als den vom Unternehmer herge-

---

[14] BGH v. 05.05.2011 - VII ZR 28/10 - juris Rn. 17 - NJW 2011, 1872-1874; BGH v. 13.12.2001 - VII ZR 27/00 - juris Rn. 20 - BGHZ 149, 289-294; BGH v. 24.04.1997 - VII ZR 110/96 - juris Rn. 11 - BauR 1997, 638-640; BGH v. 08.10.1987 - VII ZR 45/87 - juris Rn. 26 - BauR 1988, 82-86.

[15] BT-Drs. 14/6040, S. 265.

[16] OLG Frankfurt v. 26.06.1990 - 5 U 8/89 - NJW-RR 1992, 280-282.

[17] BGH v. 06.12.2001 - VII ZR 19/00 - juris Rn. 10 - NJW 2002, 748-749; BGH v. 26.09.1996 - VII ZR 63/95 - juris Rn. 6 - NJW-RR 1997, 148-149.

[18] BGH v. 21.12.2000 - VII ZR 488/99 - juris Rn. 9 - NJW-RR 2001, 383-385; BGH v. 25.06.1987 - VII ZR 251/86 - juris Rn. 17 - BauR 1987, 689-691; BGH v. 11.07.1974 - VII ZR 76/72 - juris Rn. 9 - WM 1974, 931-932; OLG Hamm v. 02.02.1995 - 17 U 162/92 - NJW-RR 1995, 724.

[19] BGH v. 24.10.1985 - VII ZR 31/85 - juris Rn. 14 - BGHZ 96, 146-151.

[20] OLG Düsseldorf v. 21.10.1999 - 6 U 161/98 - NJW-RR 2000, 790.

[21] OLG Bamberg v. 01.04.2005 - 6 U 42/04 - juris Rn. 23 - OLGR Bamberg 2005, 408-410.

[22] OLG Oldenburg (Oldenburg) v. 27.04.2006 - 8 U 243/05 - juris Rn. 51 - OLGR Oldenburg 2007, 12.

[23] OLG Bamberg v. 01.04.2005 - 6 U 42/04 - juris Rn. 23 - OLGR Bamberg 2005, 408-410; *Halfmeier/Leupertz* in: PWW, § 635 Rn 5.

[24] OLG Stuttgart v. 14.09.2011 - 10 W 9/11 - juris Rn. 25, 28 - NJW-RR 2011, 1589-1591.

stellten Gewerken eingetreten sind.[25] Der Unternehmer hat aber auch für die Arbeiten einzustehen, die notwendig werden, um nach durchgeführter Mängelbeseitigung Schäden am sonstigen Eigentum des Bestellers zu beheben, die im Zuge der Nachbesserung zwangsläufig entstehen.[26] Die **Verpflichtung, Vorbereitungs- und Nebenarbeiten kostenlos durchzuführen** sowie die **Nachbesserungsspuren zu beseitigen**, ergibt sich bereits allein aus § 635 Abs. 2 BGB. Die Voraussetzungen für einen Anspruch auf Schadensersatz gegen den Unternehmer müssen insoweit nicht vorliegen. Die Kostenpflicht des Unternehmers ist insbesondere auch dann gegeben, wenn er den Mangel nicht verschuldet hat. Andernfalls liefe der Besteller Gefahr, die Erfüllung seines Anspruches auf Mängelbeseitigung mit Einbußen an seinem Vermögen bezahlen zu müssen.[27]

Erteilt der Auftraggeber im Rahmen eines Werkvertrages Zusatzaufträge, stellt sich aber im Nachhinein heraus, dass es sich tatsächlich um Mängelbeseitigungsarbeiten handelt oder sonst um Leistungen, die der Auftragnehmer schon nach dem Ursprungsvertrag zu erbringen hat, schuldet der Auftraggeber dafür eine (zusätzliche) Vergütung nur, wenn er eine solche Forderung in Ansehung dieser Frage anerkannt hat oder die Parteien sich hierüber verglichen haben.[28]

12

Im Einzelfall muss sich der Besteller unter dem Gesichtspunkt der Vorteilsausgleichung, insbesondere der sog. „**Sowieso-Kosten**" (vgl. hierzu die Kommentierung zu § 634 BGB Rn. 57), oder wegen eines **Mitverschuldens**[29] an dem Mängelbeseitigungsaufwand (vgl. hierzu die Kommentierung zu § 634 BGB Rn. 31 und die Kommentierung zu § 634 BGB Rn. 59) beteiligen. Für durch die Nachbesserung nicht oder nicht vollständig zu behebende Vermögenseinbußen des Bestellers, kann dieser unter den Voraussetzungen der §§ 634, 280 ff. BGB Schadensersatz verlangen, ohne dass es noch einer – hier ja gerade sinnlosen – Fristsetzung bedarf.[30] Bleibt etwa nach Mängelbeseitigung ein merkantiler oder technischer **Minderwert**, ist dieser nach den §§ 634, 280 BGB ohne Fristsetzung zu ersetzen.[31]

13

2. Kosten unberechtigter Inanspruchnahme

Der Besteller kann grundsätzlich davon ausgehen, dass der Auftragnehmer einem Mängelbeseitigungsverlangen vergütungsfrei nachkommen wird. Will der Auftragnehmer, sofern er seine Verantwortung für den Mangel und damit seine Mängelbeseitigungsverpflichtung in Abrede stellt, einen **bei unberechtigter Inanspruchnahme** möglichen Werklohnanspruch erhalten, muss er dem Besteller hinreichend deutlich darauf **hinweisen**, dass dieser keine kostenlose Mängelbeseitigung erwarten kann, sondern eine angemessene Vergütung zu entrichten hat.[32] Der Besteller soll aufgrund eines konkludent geschlossenen Werkvertrages den Aufwand des Unternehmers für die Prüfung einer unberechtigten Mängelrüge tragen müssen, wenn er den Auftraggeber zuvor **unmissverständlich** darauf hingewiesen und seine Tätigkeit davon abhängig gemacht hatte, dass im Falle der Feststellung der Mangelfreiheit seines Gewerks seine Kosten zu erstatten sind.[33] Eine unberechtigte Inanspruchnahme mag ferner zu einer **Schadensersatzverpflichtung** führen, wenn der Auftragnehmer für den Mangel nicht verantwortlich ist und der Auftraggeber bei der im Rahmen seiner Möglichkeiten gebotenen Überprüfung hätte feststellen können, dass er selbst für die Ursachen des Mangels verantwortlich ist.[34] Da das Recht des Be-

14

---

[25] OLG Frankfurt v. 18.03.2002 - 1 U 35/01 - juris Rn. 1 - OLGR Frankfurt 2002, 315; BGH v. 07.11.1985 - VII ZR 270/83 - juris Rn. 11 - BGHZ 96, 221-230.
[26] BGH v. 22.03.1979 - VII ZR 142/78 - juris Rn. 17 - BauR 1979, 333-335; BGH v. 08.06.1978 - VII ZR 161/77 - juris Rn. 6 - BGHZ 72, 31-34; BGH v. 13.12.1962 - II ZR 196/60 - NJW 1963, 805-806; BGH v. 13.12.1962 - II ZR 197/60 - NJW 1963, 811-812.
[27] BGH v. 07.11.1985 - VII ZR 270/83 - juris Rn. 14 - BGHZ 96, 221-230.
[28] OLG Celle v. 14.10.2004 - 5 U 148/03 - OLGR Celle 2005, 2-5; vgl. auch OLG Stuttgart v. 14.09.2011 - 10 W 9/11 - juris Rn. 25, 28 - NJW-RR 2011, 1589-1591.
[29] BGH v. 22.03.1984 - VII ZR 50/82 - BGHZ 90, 344-354.
[30] BGH v. 16.10.1984 - X ZR 86/83 - juris Rn. 11 - BGHZ 92, 308-312; KG Berlin v. 26.11.1999 - 18 U 6271/98 - juris Rn. 23 - IBR 2001, 202.
[31] BGH v. 25.06.2002 - X ZR 78/00 - juris Rn. 9 - IBR 2002, 467; BGH v. 20.12.1990 - VII ZR 302/89 - juris Rn. 10 - BauR 1991, 212-214; BGH v. 08.10.1987 - VII ZR 45/87 - juris Rn. 25 - BauR 1988, 82-86; BGH v. 19.09.1985 - VII ZR 158/84 - juris Rn. 13 - NJW 1986, 428-429.
[32] OLG Celle v. 08.05.2002 - 7 U 47/00 - BauR 2003, 265-266.
[33] OLG Karlsruhe v. 13.05.2003 - 17 U 193/02 - MDR 2003, 1108-1109; zweifelhaft, weil der Unternehmer die von ihm verlangte Nacherfüllung nicht davon abhängig machen darf, dass der Besteller auf ein solches Vertragsangebot eingeht, vgl. nachstehend BGH v. 02.09.2010 - VII ZR 110/09 - juris Rn. 20 - NJW 2010, 3649-3651.
[34] BGH v. 02.09.2010 - VII ZR 110/09 - juris Rn. 20 - NJW 2010, 3649-3651, unter Hinweis auf BGH v. 23.01.2008 - VIII ZR 246/06 - juris Rn. 12 - NJW 2008, 1147-1148 zum Kaufrecht.

stellers, von einem für einen Mangel verantwortlichen Unternehmer Mängelbeseitigung zu fordern, grundsätzlich nicht dadurch eingeschränkt wird, dass dessen Verantwortlichkeit bei der Inanspruchnahme noch unklar ist, darf der Unternehmer aber Maßnahmen zur Mängelbeseitigung **nicht davon abhängig** machen, dass der Besteller erklärt, die Kosten der Untersuchung und weiterer Maßnahmen für den Fall einer Nichtverantwortlichkeit des Unternehmers zu übernehmen.[35] Tut er es dennoch, kann von einem **Scheitern der Nacherfüllung** auszugehen sein (vgl. hierzu die entsprechende Kommentierung zu § 636 BGB Rn. 9).[36] Zur Kostenpflicht bei Veranlassung von Nacherfüllungsarbeiten nach erloschenem Nacherfüllungsanspruch: Kommentierung zu § 634 BGB Rn. 86.

3. Rechtsprechung

15 Unter § 635 Abs. 2 BGB fallen auch von dem Besteller aufgewandte Rechtsanwaltskosten sowie Kosten für die Erstellung von Gutachten, soweit diese zur Auffindung des zu beseitigenden Mangels[37] oder zur Ermittlung der Verantwortlichkeit des Unternehmers für den Mangel[38] notwendig sind. Dann zählen dazu auch die Kosten einer von dem Gutachter veranlassten Bauteilöffnung.[39] Muss eine fehlerhaft verlegte Abflussleitung nachgebessert werden, können neben den eigentlichen Sanierungsarbeiten an der Leitung auch die in diesem Zusammenhang notwendig werdenden Kosten der Maurerarbeiten, Putzarbeiten, Steinemaillierarbeiten, Malerarbeiten, Reinigungsarbeiten und Architektenarbeiten unter § 635 Abs. 2 BGB fallen.[40] Bei nachzubessernden Isolierungsarbeiten können Aufwendungen für den Ausbau der Kellertüren, der Ölheizung, des Öltanks und der Kellertreppen, für das Abmontieren und Wiederanbringen der Elektroanschlüsse sowie das Anpassen und Wiedereinbau der Kellertüren § 635 Abs. 2 BGB unterfallen.[41] Bei Nachbesserungsarbeiten an in der Straße verlegten Rohrleitungen können Aufwendungen zum Aufspüren der Schadstellen, Aufreißen der Straßendecke, Aufgraben des Erdreichs bis zur Rohrleitung, Freilegung der Leckstellen der Rohre durch Entfernen der Isolierung, Verfüllung des Rohrgrabens, Verdichten des Erdreichs und Wiederherstellung der im Zuge der Mängelbeseitigung aufgerissenen Straßendecke zu den vom Unternehmer gemäß § 635 Abs. 2 BGB zu tragenden Aufwendungen gehören.[42] Hat der Unternehmer eine unter dem Asphaltbelag eingebrachte Isolierschicht nachzubessern, fällt unter § 635 Abs. 2 BGB auch das Aufnehmen und im Anschluss an die eigentliche Mängelbeseitigung erneute Aufbringen des Asphalts.[43] Hat der Unternehmer unter dem Estrich verlegte Heizungsrohre nachzubessern, können zu den von ihm nach § 635 Abs. 2 BGB zu tragenden Aufwendungen auch die Kosten fallen für das Entfernen des Teppichbodens, Aufstemmen des Estrichs und Ausräumen der Perlite-Schüttung, den Abtransport des Bauschutts sowie die Verlegung eines neuen Estrichs und des neuen Teppichbodens sowie die Kosten von Malerarbeiten, soweit diese durch die Nachbesserung veranlasst waren, etwa weil der bei der Entfernung des alten Estrichs aufgewirbelte Staub auch die Tapeten und Decken der Räume in Mitleidenschaft gezogen hatte. Der Unternehmer schuldet weiter die Reinigung des Teppichbodens, sofern dieser bei der Schadensbeseitigung verschmutzt wurde. Er schuldet schließlich den Ersatz der Nebenkosten, soweit diese – etwa aufgrund von Telefongesprächen mit Handwerkern – zur Vorbereitung und Durchführung der Nachbesserung erforderlich werden.[44] Der Schadensersatzanspruch nach § 635 BGB umfasst auch die Kosten einer Hotelunterbringung, die notwendig wird, um die Mängelbeseitigung durchführen zu können.[45]

4. Abdingbarkeit

16 Absatz 2 ist in Allgemeinen Geschäftsbedingungen nicht abdingbar (§ 309 Nr. 8 b) cc) BGB).

---

[35] BGH v. 02.09.2010 - VII ZR 110/09 - juris Rn. 20 ff. - NJW 2010, 3649-3651.
[36] OLG Köln v. 02.04.1985 - 15 U 231/84 - NJW-RR 1986, 151-152.
[37] BGH v. 17.02.1999 - X ZR 40/96 - juris Rn. 10 - NJW-RR 1999, 813-814; BGH v. 23.01.1991 - VIII ZR 122/90 - juris Rn. 55 - BGHZ 113, 251-262; BayObLG München v. 18.09.2002 - 2Z BR 62/02 - NJW-RR 2002, 1668; LG Oldenburg v. 25.02.2010 - 5 O 327/09 - juris Rn. 28.
[38] OLG Koblenz v. 08.11.2004 - 12 U 1228/03.
[39] OLG Düsseldorf v. 28.12.2006 - I-21 U 41/06, 21 U 41/06 - juris Rn. 70 - OLGR Düsseldorf 2007, 643.
[40] BGH v. 13.12.1962 - II ZR 196/60 - NJW 1963, 805-806.
[41] BGH v. 29.11.1971 - VII ZR 101/70 - NJW 1972, 447-448.
[42] BGH v. 27.04.1972 - VII ZR 144/70 - BGHZ 58, 332-341.
[43] BGH v. 16.05.1974 - VII ZR 35/72 - juris Rn. 42 - ZfBR 2001, 109.
[44] BGH v. 22.03.1979 - VII ZR 142/78 - juris Rn. 18 - BauR 1979, 333-335.
[45] BGH v. 10.04.2003 - VII ZR 251/02 - juris Rn. 15 ff. - NJW-RR 2003, 878-879; OLG Köln v. 03.11.2010 - 11 U 54/10, I-11 U 54/10 - juris Rn. 5 - MDR 2011, 354.

5. Vorteilsausgleichung

Die Grundsätze der Vorteilsausgleichung sind auch auf den Nacherfüllungsanspruch anwendbar.[46] Der Vorteilsausgleichung sind jedoch regelmäßig nur diejenigen Vorteile zugänglich, die der Auftraggeber allein durch die Gewährleistung außerhalb ohnehin bestehender vertraglicher Verpflichtungen des Auftragnehmers erlangt.

Nach den Grundsätzen der Vorteilsausgleichung kann von dem Besteller auszugleichen sein, was ihm an **steuerlichen Vorteilen** allein deshalb zufließt, weil nicht ordnungsgemäß erfüllt wurde und eine Nacherfüllung erfolgen musste.[47] Ein von dem Besteller auszugleichender Vorteil kann vorliegen, wenn die Lebensdauer des Werks durch die Nacherfüllung sich im Vergleich zur geschuldeten **Lebensdauer** erhöht.[48] Eine Anrechnung ersparter Instandhaltungsaufwendungen, die durch eine verzögerte Nacherfüllung eintritt, oder einer durch die verzögerte Nacherfüllung bewirkten längeren Lebensdauer der nachgebesserten Leistungen hat jedoch nicht zu erfolgen.[49] Vgl. auch die Kommentierung zu § 634 BGB Rn. 56.

Wichtigster Anwendungsfall der Vorteilsausgleichung im Rahmen der Nacherfüllung ist die Verpflichtung des Bestellers, die sog. **Sowieso-Kosten** zu tragen.[50] Das sind die Kosten, die für Leistungen entstehen, die zwar zur mangelfreien Herstellung des Werks erforderlich sind, die der Unternehmer nach dem Vertrag aber gar nicht zu erbringen hatte und um die das Werk bei ordnungsgemäßer Ausführung von vornherein teurer gewesen wäre. AGB-Klauseln, die die Vergütung solcher Leistungen von einer schriftlichen Beauftragung abhängig machen und eine Vergütung ausschließen, halten einer Inhaltskontrolle nicht stand.[51] Die insoweit zu dem Schadensersatzanspruch des Bestellers in der Kommentierung zu § 634 BGB Rn. 57 dargestellten Grundsätze gelten auch für den Nacherfüllungsanspruch.[52]

Zur Berücksichtigung von Sowieso-Kosten bei einer **Feststellungsklage**, mit der die Kostenpflicht des Unternehmers für die Nacherfüllung festgestellt werden soll, vgl. die Kommentierung zu § 634 BGB Rn. 58.

6. Mitverschulden des Bestellers

Ein Mitverschulden des Bestellers oder seiner Erfüllungsgehilfen (§ 278 BGB – vgl. hierzu die Kommentierung zu § 634 BGB Rn. 59) muss sich dieser auch bei seinem Nacherfüllungsanspruch nach den Grundsätzen des § 254 BGB quotal nach dem Verursachungsbeitrag anrechnen lassen.[53] Die Höhe der Kostenbeteiligung bemisst sich im Unterschied zu den Sowiesokosten nicht nach den Vertragspreisen, sondern nach den Selbstkosten des Unternehmers im Rahmen der Mangelbeseitigung.[54] Beauftragt der Besteller nach fruchtloser Mängelrüge einen Sonderfachmann erfolglos mit der Untersuchung der Mangelursache, muss sich der Besteller im Verhältnis zu dem für den Mangel verantwortlichen Unternehmer ein Mitverschulden nicht zurechnen lassen, wenn es später zu einem Schaden kommt.[55]

---

[46] BGH v. 17.05.1984 - VII ZR 169/82 - juris Rn. 18 - BGHZ 91, 206-217.
[47] BGH v. 30.06.1994 - VII ZR 116/93 - juris Rn. 34 - BGHZ 126, 326-335.
[48] BGH v. 03.07.1986 - VII ZR 331/85 - BauR 1987, 322-324.
[49] BGH v. 17.05.1984 - VII ZR 169/82 - juris Rn. 33 - BGHZ 91, 206-217.
[50] OLG Braunschweig v. 20.12.2007 - 8 U 134/06 - juris Rn. 16 f. - BauR 2008, 1323-1326; BGH v. 13.09.2001 - VII ZR 392/00 - juris Rn 19 - BauR 2002, 86-88; BGH v. 05.11.1998 - VII ZR 236/97 - juris Rn. 12 - NJW 1999, 416-417.
[51] OLG Koblenz v. 01.07.2009 - 1 U 1535/08 - juris Rn. 17 ff. - NJW-RR 2010, 594-595.
[52] BGH v. 23.09.1976 - VII ZR 14/75 - MDR 1977, 133; BGH v. 29.10.1970 - VII ZR 14/69 - VersR 1971, 157.
[53] BGH v. 27.05.2010 - VII ZR 182/09 - juris Rn. 18 - NJW 2010, 2571-2573; BGH v. 08.05.2003 - VII ZR 205/02 - juris Rn. 17 - BauR 2003, 1213-1215; BGH v. 05.11.1998 - VII ZR 236/97 - juris Rn. 12 - NJW 1999, 416-417; BGH v. 22.03.1984 - VII ZR 50/82 - BGHZ 90, 344-354; BGH v. 11.10.1990 - VII ZR 228/89 - juris Rn. 8 - BauR 1991, 79-81; BGH v. 26.02.1981 - VII ZR 287/79 - juris Rn. 30 - NJW 1981, 1448-1449; BGH v. 04.03.1971 - VII ZR 204/69 - juris Rn. 52 - ZfBR 1998, 244; BGH v. 29.11.1971 - VII ZR 101/70 - NJW 1972, 447-448.
[54] BGH v. 27.05.2010 - VII ZR 182/09 - juris Rn. 18 ff. - NJW 2010, 2571-2573.
[55] BGH v. 02.09.2010 - VII ZR 110/09 - juris Rn. 25 - NJW 2010, 3649-3651.

III. Unverhältnismäßige Kosten (Absatz 3)

22 Der Nacherfüllungsanspruch ist gemäß § 275 Abs. 1 BGB von vorneherein ausgeschlossen, wenn die Nacherfüllung (von Anfang an) unmöglich ist oder (nachträglich) unmöglich wird. Sie ist objektiv unmöglich, wenn der Mangel durch technisch und rechtlich mögliche Maßnahmen nicht behoben werden kann oder weil die zur Beseitigung geeigneten Maßnahmen die Grundsubstanz oder Konzeption des Werkes nicht unwesentlich verändern würden.[56] Ebenfalls unmöglich in diesem Sinne ist die Beseitigung von Planungs- oder Überwachungsfehlern des Architekten, wenn sich diese bereits im Bauwerk verkörpert haben.[57] Frage der Möglichkeit oder Unmöglichkeit einer Mängelbeseitigung hängt von einer sachgerechten technischen Beurteilung ab. Unter der Voraussetzung, dass die **Grundsubstanz erhalten** bleibt, liegt **keine Unmöglichkeit** vor, solange Nachbesserungsarbeiten möglich sind, durch die der vertragsmäßige Zustand erreicht wird, selbst wenn das auf einem anderen als dem im Vertrag – vor allem der Leistungsbeschreibung – vorgesehenen Weg geschieht.[58] Auch soweit eine Unmöglichkeit im vorgenannten Sinn nicht vorliegt, kann in besonders gelagerten Ausnahmefällen, die wertungsmäßig der Unmöglichkeit nahe kommen, ein Leistungsverweigerungsrecht nach § 275 Abs. 2 oder Abs. 3 BGB in Betracht kommen. § 635 Abs. 3 BGB stellt eine besondere Ausprägung dieses allgemeinen Rechtsgedankens im Werkvertragsrecht und eine **gegenüber** § 275 Abs. 2 und Abs. 3 BGB **niedrigere Schwelle** für die Begründung einer Einrede des Unternehmers dar. Wie bei § 275 Abs. 2 und Abs. 3 BGB wird auch das Vorliegen der Voraussetzungen des § 635 Abs. 3 BGB nur dann berücksichtigt, wenn sich der Unternehmer darauf beruft. § 635 Abs. 3 BGB stellt also eine **Einrede** dar.[59] Die Regelung greift ein, wenn eine Nacherfüllung den Unternehmer mit Kosten belastet, die unverhältnismäßig sind.[60] Anders als die kaufrechtliche Parallelvorschrift des § 439 Abs. 3 BGB bezieht sich § 635 Abs. 3 BGB nicht auf eine einzelne Art der Nacherfüllung (Nachbesserung, Neuherstellung). Weil es der Unternehmer nach Abs. 1 BGB ja selbst in der Hand hat, ob er nachbessert oder neu herstellt, ist das Leistungsverweigerungsrecht aus Absatz 3 von vorneherein auf den Nacherfüllungsanspruch insgesamt gerichtet. Deshalb steht dem Unternehmer die Einrede aus § 635 Abs. 3 BGB nur dann zu, wenn **beide Nacherfüllungsvarianten**, also sowohl eine Nachbesserung als auch eine Neuherstellung, jeweils unverhältnismäßige Kosten verursachen.

23 Verweigert der Unternehmer die Nacherfüllung, bleibt dem Besteller grundsätzlich ein Anspruch auf Minderung[61], Rücktritt oder Schadensersatz[62]. Dabei muss er jedoch berücksichtigen, dass der Schadensersatzanspruch entsprechend § 251 BGB eingeschränkt (vgl. die Kommentierung zu § 634 BGB Rn. 41) und der Rücktritt nach § 323 Abs. 5 Satz 2 BGB bei unerheblichen Mängeln ausgeschlossen sein kann (vgl. die Kommentierung zu § 634 BGB Rn. 18). Zur Fristsetzung in solchen Fällen vgl. die Kommentierung zu § 634 BGB Rn. 8.

1. Gesetzgebungsgeschichte

24 § 635 Abs. 3 BGB ist an die Stelle des bisherigen § 633 Abs. 2 Satz 2 BGB a.F. getreten. Zum In-Kraft-Treten vgl. die Kommentierung zu § 633 BGB Rn. 96. Zwar wurde der in der bisherigen Regelung verwandte Begriff „Aufwand" durch die Formulierung „Kosten" ersetzt. Aus der amtlichen Begründung ergibt sich jedoch nicht, dass damit eine inhaltliche Änderung beabsichtigt war. Mit dem Begriff „Kosten" folgt der Gesetzgeber lediglich der Formulierung in der kaufrechtlichen Parallelvorschrift (§ 439 Abs. 3 Satz 1 BGB), wo der auch dort im Altrecht (§ 476a BGB a.F.) verwandte Begriff „Aufwendungen" mit Blick auf Art. 3 Abs. 3 Satz 2 der Verbrauchsgüterkaufrichtlinie durch die Formulierung „Kosten" ohne Änderung in der Sache ersetzt wurde.[63] Dem entspricht es, dass sich zwischen „Aufwand" und „Kosten" schon deshalb kein relevanter Unterschied ergibt, weil die Bewertung eines bestimmten Aufwandes regelmäßig nach den hierdurch verursachten Kosten erfolgt.

---

[56] BGH v. 21.12.2000 - VII ZR 17/99 - juris Rn. 33 - NJW 2001, 1642-1644.
[57] BGH v. 26.09.2002 - VII ZR 290/01 - juris Rn. 29 f. - NJW 2003, 287-288; *Halfmeier/Leupertz* in: PWW, § 635 Rn. 7.
[58] OLG Düsseldorf v. 04.08.1992 - 23 U 236/91 - juris Rn. 43 - BauR 1993, 82-86.
[59] OLG Köln v. 16.09.2010 - 7 U 158/08, I-7 U 158/08 - juris Rn. 34 - IBR 2010, 617; *Sprau* in: Palandt, § 635 Rn. 13.
[60] BT-Drs. 14/6040, S. 265 und BT-Drs. 14/6040, S. 232.
[61] KG Berlin v. 15.09.2009 - 7 U 120/08 - juris Rn. 7 - NJW-RR 2010, 65-67.
[62] OLG Hamm v. 13.02.2007 - 21 U 69/06 - juris Rn. 66 - NJW-RR 2007, 897; OLG Celle v. 02.11.2011 - 14 U 52/11 - juris Rn. 28 - BauR 2012, 509-516.
[63] Vgl. BT-Drs. 14/6040, S. 232.

Demgemäß wird der Unternehmer jetzt durch § 635 Abs. 3 BGB nicht leichter von dem Nacherfüllungsanspruch des Bestellers befreit, als das nach Altrecht der Fall war. Die amtliche Begründung zu § 635 Abs. 3 BGB kann hier allerdings zu Missverständnissen führen. Dort wird davon ausgegangen, dass die Zumutbarkeit der Nacherfüllung das wesentliche Abgrenzungskriterium zwischen § 275 Abs. 2 BGB und § 635 Abs. 3 BGB sei. Ausgehend hiervon wird dargelegt, dass § 635 Abs. 3 BGB auch dann eingreifen könne, wenn eine Nacherfüllung dem Unternehmer noch zumutbar sei.[64] Folgt man dem, kommt es darauf an, wie der Begriff „zumutbar" im vorgenannten Zusammenhang auszulegen ist. Bei richtigem Begriffsverständnis ergeben sich dann keine Abweichungen zum Altrecht. 25

Wie sich aus der amtlichen Begründung zu § 275 Abs. 2 BGB ergibt, sollen mit dieser Regelung die Fälle der sog. faktischen (= praktischen) Unmöglichkeit erfasst werden. Als Schulbeispiel hierfür nennt die amtliche Begründung den geschuldeten Ring auf dem Grund des Sees. § 275 Abs. 2 BGB begründet demgemäß für den Unternehmer ein Leistungsverweigerungsrecht, wenn eine Nacherfüllung zwar noch theoretisch möglich wäre, wenn eine solche aber von keinem vernünftigen Besteller mehr ernsthaft erwartet werden kann.[65] Bloße „wirtschaftliche" oder sittliche Unmöglichkeit oder eine „Unerschwinglichkeit" im Sinne einer Leistungserschwerung für den Schuldner reichen für § 275 Abs. 2 BGB nicht aus.[66] Die Nacherfüllung ist dem Unternehmer in den letztgenannten Fällen nach dem Begriffsverständnis der amtlichen Begründung noch „zumutbar". 26

Für die Praxis kommt es auf die **Abgrenzung** zwischen § 275 Abs. 2 und Abs. 3 BGB auf der einen Seite und § 635 Abs. 3 BGB auf der anderen Seite nicht an. Die **Rechtsfolgen** sind in allen Fällen **identisch**. Auch im Fall des Leistungsverweigerungsrechts nach § 275 Abs. 2 oder Abs. 3 BGB sind Rücktritt, Minderung und Schadensersatz möglich (§§ 634 Nr. 3, 326 Abs. 5 BGB bzw. §§ 634 Nr. 4, 283 BGB). Sowohl im Falle des § 275 Abs. 2 oder Abs. 3 BGB als auch im Fall des § 635 Abs. 3 BGB muss der Unternehmer sich auf das Leistungsverweigerungsrecht berufen. Dabei muss er nicht die jeweilige Regelung nennen, solange sich aus seiner Einrede nur ergibt, dass er dem Nacherfüllungsanspruch die Höhe des Aufwandes bzw. der Kosten der Nacherfüllung entgegenhalten will. Weder im Fall des § 635 BGB noch im Falle des § 275 Abs. 2 oder Abs. 3 BGB setzt das Geltendmachen des jeweiligen Anspruchs eine Fristsetzung voraus (§§ 636, 634 Nr. 3, 326 Abs. 5, 634 Nr. 4, 283 BGB). 27

2. Definition

Die Kosten zur Beseitigung eines Mangels sind unverhältnismäßig hoch, wenn der mit der Nacherfüllung erzielbare Erfolg oder Teilerfolg bei Abwägung aller Umstände des Einzelfalles in keinem vernünftigen Verhältnis zur Höhe des dafür erforderlichen Geldaufwandes steht.[67] Das wird in aller Regel nur anzunehmen sein, wenn einem objektiv geringen Interesse des Bestellers an einer völlig ordnungsgemäßen Vertragsleistung mit Sicherheit[68] ein ganz erheblicher und deshalb vergleichsweise unangemessener Aufwand gegenübersteht. Hat der Besteller hingegen objektiv ein berechtigtes Interesse an einer ordnungsgemäßen Erfüllung des Vertrages, was vor allem anzunehmen ist, wenn die Funktionsfähigkeit des Werks spürbar beeinträchtigt ist, so kann ihm regelmäßig nicht wegen hoher Kosten die Nachbesserung verweigert werden.[69] Der **Maßstab** für das objektive Interesse des Bestellers an der ordnungsgemäßen Erfüllung ist der vertraglich vereinbarte oder der nach dem Vertrag vorausgesetzte Gebrauch des Werkes.[70] Weil der Unternehmer grundsätzlich das Erfüllungsrisiko für die versprochene Leistung ohne Rücksicht auf den dafür erforderlichen Aufwand trägt, kommt es für die insoweit zu treffende Abwägung nicht auf das **Preis/Leistungsverhältnis** des Vertrages oder das Verhältnis von 28

---

[64] BT-Drs. 14/6040, S. 265.
[65] BT-Drs. 14/6040, S. 129.
[66] BT-Drs. 14/6040, S. 130.
[67] BGH v. 06.12.2001 - VII ZR 241/00 - juris Rn. 42 - BauR 2002, 613-618; BGH v. 10.11.2005 - VII ZR 137/04 - juris Rn 20 - BauR 2006, 382-384.
[68] OLG Düsseldorf v. 04.08.1992 - 23 U 236/91 - juris Rn. 44 - BauR 1993, 82-86.
[69] BGH v. 10.11.2005 - VII ZR 64/04 - NJW-RR 2006, 304-306; BGH v. 04.07.1996 - VII ZR 24/95 - BauR 1996, 358-359; OLG München v. 24.01.2012 - 9 U 3012/11 - juris Rn. 37 - NJW-RR 2012, 826-828; OLG Koblenz v. 10.04.2003 - 5 U 1687/01 - juris Rn. 28 - NJW-RR 2003, 1671-1672; OLG Köln v. 26.03.2002 - 3 U 95/01 - IBR 2003, 242.
[70] BGH v. 06.12.2001 - VII ZR 241/00 - juris Rn. 46 - BauR 2002, 613-618; anders BGH v. 10.04.2008 - VII ZR 214/06 - juris Rn. 18 - BauR 2008, 1140-1141: die Wahl der vertraglich geschuldeten Leistung – Zirkelschluss!

Nachbesserungsaufwand und den zugehörigen Vertragspreisen an.[71] Auch das Verhältnis von Nachbesserungsaufwand zu der dadurch zu erreichenden Wertsteigerung ist nicht allein entscheidend. Der Einwand der Unverhältnismäßigkeit ist nur dann gerechtfertigt, wenn es sich mit Rücksicht auf das objektive Interesse an ordnungsgemäßer Erfüllung im Verhältnis zu dem dafür erforderlichen Aufwand unter Abwägung aller Umstände als Verstoß gegen Treu und Glauben darstellt, dass der Besteller auf ordnungsgemäße Vertragserfüllung besteht, statt sich mit Schadensersatz, Minderung oder Rücktritt zu begnügen. Bei der danach gebotenen Abwägung ist unter anderem auch zu berücksichtigen, ob und in welchem Ausmaß der Unternehmer den Mangel **verschuldet** hat.[72] Im Einzelfall ist dem Unternehmer die Berufung auf die Unverhältnismäßigkeit des Aufwands selbst dann zu gestatten, wenn er den Mangel vorsätzlich herbeigeführt hat.[73] Fehlendes Verschulden allein reicht jedoch nicht für ein Leistungsverweigerungsrecht nach § 635 BGB aus. Demnach ist der Unternehmer grundsätzlich **bis an die Grenze des Wegfalls der Geschäftsgrundlage** (§ 313 BGB) zu jedem erforderlichen Aufwand verpflichtet. Deshalb können im Regelfall weder die für die mangelhafte Leistung aufgewandten Kosten, noch auch der etwa für ihre Beseitigung erforderliche Aufwand, noch ferner die Mehrkosten für die Erbringung außerhalb des normalen Leistungszusammenhanges, noch schließlich auch Kostensteigerungen durch Zeitablauf eine Rolle spielen.[74]

3. Rechtsprechung

29   Der Unternehmer kann die von dem Besteller verlangte Beseitigung eines Mangels, die nur im Wege der Neuherstellung möglich ist, wegen des unverhältnismäßigen Aufwands verweigern, wenn sich der behauptete Mangel **bislang nicht ausgewirkt** hat und aufgrund des Zeitablaufs auch nicht zu erwarten ist, dass zukünftig nennenswerte Mängel auftreten.[75] Bei Beeinträchtigungen des **Schallschutzes** muss das heutige Interesse eines Eigenheimerwerbers an ruhigem und störungsfreiem Wohnen maßgebend berücksichtigt werden.[76] Nach neuerer Rechtsprechung des BGH spiegelt die derzeit gültige **DIN 4109** nicht die Mindestanforderungen an den Schallschutz wider, den der Erwerber einer Wohnung oder Doppelhaushälfte als üblichen Qualitäts- und Komfortstandard erwarten darf.[77] Baut der Unternehmer gleichwohl nach der DIN 4109, missachtet er die anerkannten Regeln der Technik und seine Werkleistung ist mangelhaft, es sei denn, er hat über die Nichteinhaltung der anerkannten Regeln der Technik deutlich aufgeklärt.[78] Ein unverhältnismäßiger Aufwand wird eher nahe liegen, wenn nur **optische Beeinträchtigungen** vorliegen.[79] Das gilt erst recht dann, wenn der Erfolg einer Nachbesserung in einem solchen Fall zweifelhaft sein kann.[80] Ein unverhältnismäßiger Aufwand kann gegeben sein, wenn beim Verlegen des Pflasters für eine Hoffläche Farbabweichungen bei den verwendeten Betonsteinen vorliegen, die Funktion des Pflasters hierdurch aber nicht beeinträchtigt wird, die Beseitigung dieses op-

---

[71] BGH v. 10.11.2005 - VII ZR 64/04 - NJW-RR 2006, 304-306; BGH v. 04.07.1996 - VII ZR 24/95 - BauR 1996, 358-359; BGH v. 06.12.2001 - VII ZR 241/00 - juris Rn. 44 - BauR 2002, 613-618.
[72] BGH v. 16.04.2009 - VII ZR 177/07 - juris Rn. 3 f. - BauR 2009, 1151-1152; BGH v. 10.04.2008 - VII ZR 214/06 - juris Rn. 16 - BauR 2008, 1140-1141; BGH v. 06.12.2001 - VII ZR 241/00 - juris Rn. 45 - BauR 2002, 613-618; OLG Hamm v. 13.02.2007 - 21 U 69/06 - juris Rn. 65 - NJW-RR 2007, 897; OLG Köln v. 16.09.2010 - 7 U 158/08, I-7 U 158/08 - juris Rn. 35 - IBR 2010, 617.
[73] BGH v. 16.04.2009 - VII ZR 177/07 - juris Rn. 4 - BauR 2009, 1151-1152.
[74] BGH v. 06.12.2001 - VII ZR 241/00 - juris Rn. 42 - BauR 2002, 613-618; BGH v. 24.04.1997 - VII ZR 110/96 - juris Rn. 13 - BauR 1997, 638-640; BGH v. 04.07.1996 - VII ZR 24/95 - juris Rn. 9 - BauR 1996, 358-359; BGH v. 23.02.1995 - VII ZR 235/93 - juris Rn. 9 - NJW 1995, 1836-1837; BGH v. 10.10.1985 - VII ZR 303/84 - juris Rn. 43 - BGHZ 96, 111-124; BGH v. 26.10.1972 - VII ZR 181/71 - juris Rn. 11 - BGHZ 59, 365-369; OLG Nürnberg v. 30.11.2000 - 2 U 1462/00 - IBR 2001, 607; OLG Stuttgart v. 14.09.2011 - 10 W 9/11 - juris Rn. 25, 28 - NJW-RR 2011, 1589-1591.
[75] OLG Celle v. 01.06.2006 - 6 U 233/05 - juris Rn. 14 - BauR 2007, 728.
[76] OLG Düsseldorf v. 22.10.1993 - 22 U 103/93 - NJW-RR 1994, 341-342; OLG Hamm v. 22.07.1986 - 26 U 143/84 - BauR 1987, 569-572.
[77] BGH v. 14.06.2007 - VII ZR 45/06 - juris Rn. 32 - BGHZ 172, 346-360; OLG Stuttgart v. 17.10.2011 - 5 U 43/11 - juris Rn. 50 ff. - Leitsatz - NJW 2012, 539-543.
[78] BGH v. 04.06.2009 - VII ZR 54/07 - juris Rn. 12-15 - BGHZ 181, 225-233.
[79] OLG Celle v. 08.10.1997 - 6 U 85/96 - BauR 1998, 401-402; OLG Düsseldorf v. 04.08.1992 - 23 U 236/91 - juris Rn. 44 - BauR 1993, 82-86.
[80] OLG Köln v. 25.11.1992 - 11 U 33/92 - juris Rn. 33 - NJW-RR 1993, 593-594; OLG Düsseldorf v. 04.08.1992 - 23 U 236/91 - BauR 1993, 82-86; OLG Köln v. 11.01.1989 - 11 U 5/88 - BauR 1990, 733-735.

tischen Mangels aber eine Aufnahme und vollständige Neuverlegung der Pflasterfläche erfordern würde.[81] In einem solchen Fall kommt eine Minderung in Höhe von 16% des Quadratmeterpreises für die Lieferung und Verlegung der Betonsteine in Betracht.[82] Anders kann es aber dann liegen, wenn an einem Granitfußboden in einer hochwertigen Immobilie einzelne Granitplatten ausgetauscht werden müssen. Hier muss der Besteller Farbabweichungen und -schattierungen nicht hinnehmen und kann, wenn ein farbgleiches Material zur Reparatur zur Verfügung steht, eine komplette Neuverlegung verlangen.[83] Ist die Gebrauchsfähigkeit einer Betonfläche durch **Risse** nicht beeinträchtigt und fallen die Risse wegen einer regelmäßig bestehenden Verschmutzung des Bodens auch nicht auf, können die entstehenden Mängelbeseitigungskosten eher einen unverhältnismäßigen Umfang erreichen.[84] Das gilt jedoch nicht ohne weiteres, wenn die Tendenz besteht, dass sich die vielfach vorhandenen Risse ständig vergrößern werden (ausbrechende Rissufer).[85] Führt eine fehlerhafte Verlegung von **Drainagerohren** zu Wassereintritt in ein Gebäude, werden die zur Mängelbeseitigung erforderlichen Kosten regelmäßig nicht unverhältnismäßig sein.[86] Der Unternehmer, der ein Niedrigenergiehaus zu erstellen hatte, kann sich nicht auf die Unverhältnismäßigkeit der Nachbesserung berufen, weil sich die Gefahr von Feuchtigkeit für Dachsparren und Dachdämmung noch nicht verwirklicht hat.[87] Ist eine Werkleistung für die **beabsichtigte Verwendung** nicht oder nicht vollständig tauglich, ist sie auch dann fehlerhaft, wenn die anerkannten **Regeln der Technik** eingehalten worden sind.[88] In diesem Fall darf bei der Beurteilung der Unverhältnismäßigkeit der Mängelbeseitigung das Interesse des Auftraggebers an einer vertraglich vereinbarten höherwertigen und risikoärmeren Art der Ausführung nicht deshalb als gering bewertet werden, weil die tatsächlich erbrachte Leistung den anerkannten Regeln der Technik entspricht.[89]

4. Abdingbarkeit

Absatz 3 ist in Allgemeinen Geschäftsbedingungen nicht abdingbar, weil der Unternehmer andernfalls unangemessen benachteiligt würde (§ 307 BGB). 30

IV. Rückgewähranspruch (Absatz 4)

Absatz 4 räumt dem Werkunternehmer, der Nacherfüllung in Form der Herstellung eines neuen Werks leistet, einen Anspruch auf Rückgewähr des mangelhaften Werks nach den Rücktrittsvorschriften der §§ 346, 347, 348 BGB ein. Demgemäß hat der Besteller nicht nur das mangelhafte Werk, sondern auch die aus ihm gezogenen Nutzungen Zug um Zug (§ 348 BGB) gegen Verschaffung des neu hergestellten Werks herauszugeben (§ 346 Abs. 1 BGB)[90]. Bei der Bemessung der grundsätzlich zu erstattenden Gebrauchsvorteile ist aber die Mangelhaftigkeit der Sache zu berücksichtigen. Eine Verschlechterung des Werks, die durch den bestimmungsgemäßen Gebrauch eingetreten ist, bleibt gemäß § 346 Abs. 2 Satz 1 HS. 2 BGB außer Betracht. Für Einzelheiten vgl. die Kommentierung zu 634 BGB Rn. 24 und die Kommentierung zu § 346 BGB, die Kommentierung zu § 347 BGB, die Kommentierung zu § 348 BGB. 31

---

[81] OLG Celle v. 18.07.2002 - 22 U 197/01 (6. ZS), 22 U 197/01 - IBR 2003, 15.
[82] OLG Celle v. 18.07.2002 - 7 U 47/00 - IBR 2003, 15.
[83] OLG Frankfurt v. 01.10.2004 - 24 U 194/03 - WE 2005, 237.
[84] BGH v. 24.09.1987 - VII ZR 330/86 - juris Rn. 12 - ZfBR 1988, 37-38.
[85] OLG Düsseldorf v. 04.08.1992 - 23 U 236/91 - juris Rn. 44 - BauR 1993, 82-86.
[86] OLG Köln v. 26.03.2002 - 3 U 95/01 - IBR 2003, 242.
[87] OLG Celle v. 13.10.2004 - 7 U 114/02 - OLGR Celle 2005, 68-70.
[88] BGH v. 08.11.2007 - VII ZR 183/05 - juris Rn 15 - BGHZ 174, 110; BGH v. 15.10.2002 - X ZR 69/01 - juris Rn. 22 - NJW 2003, 200-202; BGH v. 11.11.1999 - VII ZR 403/98 - juris Rn. 20 - BauR 2000, 411-413; BGH v. 16.07.1998 - VII ZR 350/96 - juris Rn. 19 - BGHZ 139, 244-249; BGH v. 17.12.1996 - X ZR 76/94 - juris Rn. 26 - NJW-RR 1997, 688-689; BGH v. 19.01.1995 - VII ZR 131/93 - juris Rn. 10 - NJW-RR 1995, 472-473; BGH v. 17.05.1984 - VII ZR 169/82 - juris Rn. 25 - BGHZ 91, 206-217; BGH v. 26.09.1995 - X ZR 46/93 - juris Rn. 33 - NJW-RR 1996, 340-341; BGH v. 06.05.1985 - VII ZR 304/83 - juris Rn. 11 - WM 1985, 1077- str. vgl. *Rocke*, DAR 2004, 705.
[89] BGH v. 10.04.2008 - VII ZR 214/06 - juris Rn. 16 - BauR 2008, 1140-1141.
[90] Vgl. hierzu *Jungmann*, ZGS 2004, 263-268

D. Prozessuale Hinweise

32 Will sich der Unternehmer darauf berufen, dass eine Nacherfüllung unverhältnismäßig ist, ist er für die entsprechenden Voraussetzungen darlegungs- und beweispflichtig.[91]

33 Weil der Unternehmer in aller Regel selbst entscheiden kann, wie er nacherfüllt (vgl. Rn. 6), ist es im Regelfall geboten, dass der **Klageantrag** den Erfolg konkret angibt, der durch die Nacherfüllung erreicht werden soll, dass aber in der Beschreibung, wie dieser zu erreichen ist, Zurückhaltung zu üben ist. Zur Bezeichnung der zu beseitigenden Mängel ist die Beschreibung der Mangelerscheinungen (vgl. die Kommentierung zu § 634 BGB Rn. 11) auf eine so konkrete Weise notwendig aber auch ausreichend, dass der Schuldner zweifelsfrei erkennen kann, an welchen Orten oder Stellen er welche Fehler zu beheben hat.[92] Auch das Gericht ist nicht gehalten, im Urteilstenor die genaue Vorgehensweise bei der Durchführung der Sanierungsarbeiten zu bestimmen, weil die Art und Weise der Nacherfüllung grundsätzlich dem Auftragnehmer überlassen werden muss. Der zu beseitigende Mangel als solcher ist aber möglichst genau zu beschreiben und der Soll-Zustand ist zu präzisieren.[93] Ob eine Nacherfüllung sach- und fachgerecht erfolgt ist, richtet nach den anerkannten Regeln der Technik und nicht allein nach den teilweise nur beispielhaften Vorgaben eines Urteils, das abweichend von den vorgenannten Grundsätzen technische Details der als erforderlich angesehenen Nacherfüllungsmaßnahmen enthält.[94]

34 Aufgrund des grundsätzlich gegebenen Wahlrechts des Unternehmers geht der Besteller ein hohes Risiko ein, wenn er auf Vornahme eines konkreten Verfahrens zur Mängelbeseitigung klagt. In diesem Fall sollte keinesfalls darauf verzichtet werden, in einem **Hilfsantrag** auch den im Regelfall gebotenen Antrag zu stellen.

35 Wendet sich der Besteller mit der **Vollstreckungsgegenklage** gegen die titulierte Werklohnforderung, indem er dieser seinen Nacherfüllungsanspruch gemäß den §§ 635, 641 Abs. 3, 320 BGB entgegenhält, so führt das nicht dazu, dass die Zwangsvollstreckung schlechthin für unzulässig erklärt wird. Das Gericht spricht vielmehr aus, dass die Zwangsvollstreckung aus dem Titel **nur Zug um Zug** gegen Beseitigung näher zu bezeichnender Mängel zulässig ist. Ein entsprechend eingeschränkter Klageantrag ist in dem Antrag, die Zwangsvollstreckung (schlechthin) für unzulässig zu erklären, als minus mitenthalten.[95]

36 Wird im Urteilstenor zur Bezeichnung der zu behebenden Mängel **auf ein Gutachten Bezug** genommen, liegt nur dann eine ordnungsgemäße vollstreckbare Ausfertigung des Urteils vor, wenn das Gutachten mit dem Urteil fest verbunden wird.[96] Einem Vollstreckungstitel (hier: **Prozessvergleich**) fehlt die **Vollstreckungsfähigkeit**, wenn eine Konkretisierung der Nachbesserungsverpflichtung weder in Bezug auf den zu beseitigenden Mangel noch in Bezug auf den zu erzielenden Erfolg oder auf die Art, wie dieser herbeizuführen ist, erfolgt ist. Dass für den zu vollstreckenden Anspruch die **Vorgaben eines Sachverständigen** maßgeblich sind, die in Zukunft erst eingeholt werden sollen, wird den Anforderungen an die hinreichende Bestimmtheit des Titels nicht gerecht.[97]

37 Die **Zwangsvollstreckung** eines auf Nacherfüllung gerichteten Titels richtet sich regelmäßig – wenn nicht ausnahmsweise eine unvertretbare Handlung geschuldet ist – nach § 887 ZPO. Bei einem Titel, der die vom Schuldner vorzunehmenden vertretbaren Handlungen nur allgemein bezeichnet, ist dem Vollstreckungsgericht jedoch nur dann eine Prüfung möglich, wenn der Gläubiger in seinem Antrag die geplanten Maßnahmen, zu denen er sich ermächtigen lassen will, im Einzelnen bezeichnet, soweit ihm dies möglich und zumutbar ist. Der Antrag des Gläubigers muss genau erkennen lassen, was Gegenstand seiner Ermächtigung auf Kosten des Schuldners sein soll. Dabei ist allerdings nicht erforderlich, schon im Vollstreckungsantrag detailliert jeden zur Vollstreckungsdurchführung geplanten Ar-

---

[91] BGH v. 06.12.2001 - VII ZR 241/00 - juris Rn. 50 - BauR 2002, 613-618.
[92] OLG München v. 02.07.1987 - 28 W 1163/87 - NJW-RR 1988, 22-23; zur vergleichbaren Lage beim Anspruch aus BGB § 1004 BGH v. 24.02.1978 - V ZR 95/75 - juris Rn. 15 - NJW 1978, 1584-1585; BGH v. 27.11.1981 - V ZR 42/79 - juris Rn. 14 - WM 1982, 68-69.
[93] OLG Celle v. 09.11.2000 - 14 U 35/00 - juris Rn. 3 - MDR 2001, 686.
[94] OLG Hamm v. 22.05.2003 - 24 U 111/02 - NJW 2003, 3568-3571.
[95] BGH v. 30.04.1998 - VII ZR 47/97 - juris Rn. 28 - BauR 1998, 783-785.
[96] Vgl. *Stöber* in: Zöller, ZPO, § 169 Rn. 15, 8.
[97] Saarländisches Oberlandesgericht v. 29.06.2009 - 5 W 103/09-38, 5 W 103/09 - juris Rn. 25 f. - NJW-RR 2010, 95-96.

beitsschritt anzugeben.[98] Teilweise wird dies sehr großzügig gehandhabt.[99] In der Regel wird es **ausreichend** sein, wenn der Besteller mit dem Vollstreckungsantrag einen **Kostenvoranschlag** einreicht, auf den er in seinem Antrag Bezug nimmt. Macht der Vollstreckungstitel keine ausdrückliche Aussage darüber, ob und in welchem Umfang der Schuldner auch zu **Vor- und Nacharbeiten** verpflichtet ist, muss und kann dies durch **Auslegung** des Titels geklärt werden.[100] Wenn die von dem Schuldner zu beseitigenden Mängel nicht ohne die in Rede stehenden Vor- bzw. Nacharbeiten beseitigt werden können, werden diese regelmäßig von dem Titel mit abgedeckt. Die Anordnung einer Ersatzvornahme ist nicht vom Vorliegen einer **baurechtlichen Genehmigung** abhängig. Eine Ersatzvornahme kommt erst dann nicht in Betracht, wenn selbst dem Gläubiger eine eventuell erforderliche Baugenehmigung endgültig verweigert wurde.[101]

Ist ein Besteller nur **Zug um Zug** gegen die Erbringung von Nacherfüllungsleistungen zur Zahlung verurteilt, gehört die **Prüfung, ob** der Gläubiger des Zahlungsanspruchs die im Urteilstenor konkret bezeichneten **Mängel ordnungsgemäß beseitigt** hat, in das Zwangsvollstreckungsverfahren und obliegt regelmäßig dem **Gerichtsvollzieher**. Wenn der Gerichtsvollzieher nicht über die erforderliche Sachkunde verfügt, hat er einen Sachverständigen hinzuzuziehen, um entscheiden zu können, ob die Nachbesserungsarbeiten vollständig und fachgerecht ausgeführt wurden.[102] Wegen dieser Zuständigkeit des Gerichtsvollziehers sind die Kosten für ein Gutachten, das der Gläubiger in dieser Konstellation selbst in Auftrag gibt, nicht nach § 788 ZPO erstattungsfähig.[103] 38

Können Zweifel daran bestehen, ob die titulierte Nacherfüllungshandlung vertretbar ist, sollte der Gläubiger nicht alternativ zwischen § 887 ZPO und § 888 ZPO entscheiden, sondern den weniger wahrscheinlichen Vollstreckungsweg mit einem **Hilfsantrag** abdecken. 39

E. Anwendungsfelder

I. Übergangsregelungen

Zum In-Kraft-Treten und zu Übergangsregelungen vgl. die Kommentierung zu § 633 BGB Rn. 96. 40

II. Konkurrenzen

Zu Konkurrenzen mit sonstigen Werkmängelrechten des Bestellers vgl. die Kommentierung zu § 634 BGB Rn. 85. 41

III. VOB

Die VOB regelt in § 13 Nr. 5 und Nr. 6 VOB/B einen Nachbesserungsanspruch des Auftraggebers nach Abnahme. Vor Abnahme kann der Auftraggeber nach § 4 Nr. 7 VOB/B Mangelbehebung verlangen. 42

---

[98] OLG Karlsruhe v. 18.07.1988 - 7 W 17/88 - Justiz 1989, 156; OLG Köln v. 02.05.1990 - 2 W 61/90 - NJW-RR 1990, 1087-1088; OLG Zweibrücken v. 30.10.1973 - 3 W 100/73 - MDR 1974, 409-410; OLG Frankfurt v. 20.08.1987 - 8 W 43/86 - JurBüro 1988, 259-260; OLG Zweibrücken v. 10.02.1983 - 3 W 223/82 - MDR 1983, 500.
[99] OLG Hamm v. 21.03.1984 - 26 W 4/84 - MDR 1984, 591.
[100] OLG Düsseldorf v. 26.01.2001 - 9 W 79/00 - OLGR Düsseldorf 2001, 281-283; OLG Celle v. 09.11.2000 - 14 U 35/00 - juris Rn. 2 - MDR 2001, 686.
[101] OLG Düsseldorf v. 26.01.2001 - 9 W 79/00 - juris Rn. 10 - OLGR Düsseldorf 2001, 281-283.
[102] OLG Celle v. 05.07.1999 - 4 W 154/99 - NJW-RR 2000, 828; OLG Stuttgart v. 02.12.1981 - 8 W 235/81 - MDR 1982, 416; LG Heidelberg v. 31.03.1977 - 2 T 22/77 - juris Rn. 21 - DGVZ 1977, 91-92.
[103] OLG Köln v. 14.04.1986 - 17 W 85/86 - MDR 1986, 1033.

§ 636 BGB Besondere Bestimmungen für Rücktritt und Schadensersatz

(Fassung vom 02.01.2002, gültig ab 01.01.2002)

Außer in den Fällen des § 281 Abs. 2 und des § 323 Abs. 2 bedarf es der Fristsetzung auch dann nicht, wenn der Unternehmer die Nacherfüllung gemäß § 635 Abs. 3 verweigert oder wenn die Nacherfüllung fehlgeschlagen oder dem Besteller unzumutbar ist.

Gliederung

A. Grundlagen 1	III. Leistungsverweigerung (§§ 635 Abs. 3, 275 Abs. 2, 3 BGB) 8
B. Anwendungsvoraussetzungen 2	IV. Fehlschlagen der Nacherfüllung 9
I. Entbehrlichkeit einer Fristsetzung (Auflistung) ... 3	V. Unzumutbarkeit für den Besteller 11
1. Rücktritt, Minderung 5	VI. Unmöglichkeit 13
2. Schadensersatz, Ersatz vergeblicher Aufwendungen 6	C. Prozessuale Hinweise 14
II. Endgültige und ernsthafte Erfüllungsverweigerung 7	

A. Grundlagen

1 Das Recht des Bestellers zurückzutreten und ggf. (kumulativ) Schadensersatz zu verlangen bestimmt sich nunmehr auch bei Vorliegen eines Werkvertrages nach den allgemeinen Vorschriften. Dort ist gemäß § 323 Abs. 1 BGB als Voraussetzung für den Rücktritt und gemäß § 281 Abs. 1 BGB als Voraussetzung für den Schadensersatz statt der Leistung erforderlich, dass dem Schuldner eine angemessene Frist zur Nacherfüllung gesetzt wird. Entsprechendes gilt für die Minderung, weil für diese nach § 638 Abs. 1 Satz 1 BGB die Rücktrittsvoraussetzungen vorliegen müssen. In Ausnahmefällen ist eine Fristsetzung entbehrlich. Ein Katalog dieser Fälle ist in § 281 Abs. 2 BGB und § 323 Abs. 2 BGB enthalten. Dieser Katalog wird in § 636 BGB für das Werkvertragsrecht weiter ergänzt.

B. Anwendungsvoraussetzungen

2 Eine Kommentierung der **einzelnen Werkmängelrechte** findet sich in der Kommentierung zu § 634 BGB.

I. Entbehrlichkeit einer Fristsetzung (Auflistung)

3 Für die Geltendmachung von Werkmängelrechten ist grundsätzlich erforderlich, dass der Besteller den Unternehmer zur Nacherfüllung aufgefordert und ihm hierfür eine angemessene Frist gesetzt hat. Zum Inhalt der Fristsetzung vgl. die Kommentierung zu § 634 BGB Rn. 11 und zur Angemessenheit vgl. die Kommentierung zu § 634 BGB Rn. 13. Das Gesetz regelt eine Vielzahl von – sich teilweise überschneidenden – Fällen, in denen eine Fristsetzung entbehrlich ist. In § 634 BGB wird nur für Rücktritt, Minderung, Schadensersatz und Ersatz vergeblicher Aufwendungen auf § 636 BGB Bezug genommen. Für die Selbstvornahme enthält § 637 Abs. 2 BGB jedoch eine vergleichbare Regelung.

4 Nach der amtlichen Begründung zum Schuldrechtsmodernisierungsgesetz soll die Nacherfüllung u.a. dann fehlgeschlagen (vgl. Rn. 9) sein, wenn der Besteller den Unternehmer zur Nacherfüllung ohne Nennung einer Frist aufgefordert hat und der Unternehmer gleichwohl nicht innerhalb einer angemessenen Frist (vgl. die Kommentierung zu § 634 BGB Rn. 13) nachgebessert hat (als Grundsatz zweifelhaft!).[1] Folgt man dem, reicht im Anwendungsbereich des § 636 BGB grundsätzlich die schlichte Aufforderung zur Mängelbeseitigung aus, ohne dass noch eine Frist gesetzt sein müsste.

1. Rücktritt, Minderung

5 Eine Fristsetzung ist bei Rücktritt oder Minderung entbehrlich,
- wenn der Unternehmer die Nacherfüllung ernsthaft und endgültig verweigert (§ 323 Abs. 2 Nr. 1 BGB – vgl. Rn. 7) oder

---

[1] BT-Drs. 14/6040, S. 222.

- bei einem Fixgeschäft (§ 323 Abs. 2 Nr. 2 BGB – vgl. die Kommentierung zu § 323 BGB) oder
- wenn besondere Umstände vorliegen, die unter Abwägung der beiderseitigen Interessen den sofortigen Rücktritt rechtfertigen (§ 323 Abs. 2 Nr. 3 BGB – vgl. die Kommentierung zu § 323 BGB) oder
- wenn die Nacherfüllung nur mit unverhältnismäßigem Aufwand möglich ist und der Unternehmer deshalb erklärt hat (vgl. die Kommentierung zu § 634 BGB Rn. 8), er verweigere sie (§ 635 Abs. 3, § 636 BGB – vgl. Rn. 8 und die Kommentierung zu § 635 BGB Rn. 28) oder
- wenn die Nacherfüllung fehlgeschlagen ist (§ 636 BGB – vgl. Rn. 9) oder
- wenn die Nacherfüllung **dem Besteller** unzumutbar ist (§ 636 BGB – vgl. Rn. 11) oder
- bei Unmöglichkeit der Nacherfüllung (§§ 634 Nr. 3, 326 Abs. 5, 275 Abs. 1 BGB – vgl. die Kommentierung zu § 326 BGB und die Kommentierung zu § 275 BGB) oder
- wenn der Unternehmer die Nacherfüllung wegen grob unverhältnismäßigen Aufwandes verweigert hat (§§ 634 Nr. 3, 326 Abs. 5, 275 Abs. 2 BGB – vgl. die Kommentierung zu § 634 BGB Rn. 8, die Kommentierung zu § 326 BGB und die Kommentierung zu § 275 BGB) oder
- bei persönlicher Leistungspflicht, wenn **der Unternehmer** die Nacherfüllung wegen Unzumutbarkeit verweigert hat (§§ 634 Nr. 3, 326 Abs. 5, 275 Abs. 3 BGB – vgl. die Kommentierung zu § 634 BGB Rn. 8, die Kommentierung zu § 326 BGB und die Kommentierung zu § 275 BGB).

Für weitere Einzelheiten zum Rücktritt vgl. die Kommentierung zu § 634 BGB Rn. 15, für Einzelheiten zur Minderung vgl. die Kommentierung zu § 638 BGB Rn. 1.

2. Schadensersatz, Ersatz vergeblicher Aufwendungen

Eine Fristsetzung ist bei Schadensersatz oder Ersatz vergeblicher Aufwendungen entbehrlich, 6
- wenn der von dem Besteller ersetzt verlangte Schadensersatz **nicht** Schadensersatz statt der Leistung oder Ersatz vergeblicher Aufwendungen ist (§§ 634 Nr. 4, 280 Abs. 1 BGB – vgl. die Kommentierung zu § 634 BGB Rn. 34 und die Kommentierung zu § 280 BGB) oder
- wenn der Unternehmer die Nacherfüllung ernsthaft und endgültig verweigert (§ 281 Abs. 2 Alt. 1 BGB – vgl. Rn. 7) oder
- wenn besondere Umstände vorliegen, die unter Abwägung der beiderseitigen Interessen die sofortige Geltendmachung von Schadensersatz statt der Leistung rechtfertigen (§ 281 Abs. 2 Alt. 2 BGB – vgl. die Kommentierung zu § 281 BGB) oder
- wenn die Nacherfüllung nur mit unverhältnismäßigem Aufwand möglich ist und der Unternehmer deshalb erklärt hat (vgl. die Kommentierung zu § 634 BGB Rn. 8), er verweigere sie (§§ 635 Abs. 3, 636 BGB – vgl. Rn. 8 und die Kommentierung zu § 635 BGB Rn. 28) oder
- wenn die Nacherfüllung fehlgeschlagen ist (§ 636 BGB – vgl. Rn. 9) oder
- wenn die Nacherfüllung **dem Besteller** unzumutbar ist (§ 636 BGB – vgl. Rn. 11) oder
- bei anfänglicher oder nachträglicher Unmöglichkeit der Nacherfüllung (§§ 634 Nr. 4, 283, 275 Abs. 1 BGB bzw. § 311a BGB – vgl. Rn. 13 und die Kommentierung zu § 283 BGB, die Kommentierung zu § 275 BGB, die Kommentierung zu § 311a BGB) oder
- wenn der Unternehmer die Nacherfüllung wegen grob unverhältnismäßigen Aufwandes verweigert hat (§§ 634 Nr. 3, 283, 275 Abs. 2 BGB – vgl. die Kommentierung zu § 634 BGB Rn. 8, die Kommentierung zu § 283 BGB und die Kommentierung zu § 275 BGB) oder
- bei persönlicher Leistungspflicht, wenn **der Unternehmer** die Nacherfüllung wegen Unzumutbarkeit verweigert hat (§§ 634 Nr. 3, 283, 275 Abs. 2 BGB – vgl. die Kommentierung zu § 634 BGB Rn. 8, die Kommentierung zu § 283 BGB und die Kommentierung zu § 275 BGB).

Für weitere Einzelheiten zum Schadensersatz vgl. die Kommentierung zu § 634 BGB Rn. 27.

II. Endgültige und ernsthafte Erfüllungsverweigerung

Eine Fristsetzung ist insbesondere dann entbehrlich, wenn der Unternehmer die Nacherfüllung ernsthaft und endgültig verweigert hat (§§ 281 Abs. 2, 323 Abs. 2 Nr. 1 BGB ggf. i.V.m. § 637 Abs. 2 Satz 1 BGB).[2] An die Annahme einer endgültigen Erfüllungsverweigerung sind **strenge Anforderungen**[3] zu stellen, wenngleich sie auch in einem schlüssigen Verhalten gefunden werden kann, das bei objektiver Betrachtung eine Fristsetzung sinnlos erscheinen lässt[4]. Das Verhalten des Schuldners muss **zweifelsfrei** ergeben, dass er sich über das auf die vertragliche Leistung gerichtete Erfüllungsverlangen

---
[2] BGH v. 30.03.2004 - X ZR 127/01 - juris Rn. 14 - BGHReport 2004, 1067
[3] BGH v. 28.03.1995 - X ZR 71/93 - juris Rn. 34 - NJW-RR 1995, 939-941.
[4] BGH v. 07.03.2002 - III ZR 12/01 - juris Rn. 15 - NJW 2002, 1571-1574,

§ 636

des Gläubigers klar ist und ohne Rücksicht auf die möglichen Folgen seine Weigerung zum Ausdruck bringt. Das ist regelmäßig nur der Fall, wenn der Schuldner sich **beharrlich oder strikt weigert**, die Leistung zu erbringen. Hiervon ist vor allem auszugehen, wenn er seine Pflicht zur Gewährleistung schlechthin bestreitet[5], schon vor Geltendmachung der Rechte aus den §§ 626 ff. BGB.[6] Keine Rolle spielt, aus welchen Gründen die Mängelbeseitigung verweigert wird, und es ist auch bedeutungslos, ob die Weigerung zu Recht oder zu Unrecht erfolgt.[7] Es genügen aber nicht bloße Meinungsverschiedenheiten über den Vertragsinhalt oder vom Schuldner geäußerte rechtliche Zweifel an der Wirksamkeit des Vertrages. Nicht ausreichend ist es auch, wenn die Parteien unterschiedlicher Auffassung über die Ursachen von Baumängeln sind, solange der Unternehmer die Mängelbeseitigung nicht (endgültig) verweigert.[8] Im **nachhaltigen Bestreiten** eines Mangels kann eine Ablehnung des Nachbesserungsverlangens gesehen werden. Das gilt aber nicht ohne weiteres für ein Bestreiten von Mängeln **im Prozess**, denn das Bestreiten ist prozessuales Recht des Schuldners.[9] Vielmehr **müssen** zu dem bloßen Bestreiten **weitere Umstände hinzutreten**, welche die Annahme rechtfertigen, dass der Schuldner über das Bestreiten der Mängel hinaus bewusst und endgültig seinen Vertragspflichten nicht nachkommen will und es damit ausgeschlossen erscheint, dass er sich von einer Fristsetzung werde umstimmen lassen.[10] Das gesamte Verhalten des Unternehmers ist zu würdigen, auch seine späteren Einlassungen im Prozess.[11] Solche weiteren Umstände können etwa gegeben sein, wenn der Unternehmer die Mängel im Prozess von Anfang an beharrlich leugnet und durch seinen Vortrag zu erkennen gibt, er wolle für den Auftraggeber keinesfalls mehr tätig werden; dann folgt auch nichts anderes, wenn er sich vorprozessual zur Beseitigung einzelner, weniger schwerwiegender Mängel bereit erklärt hat.[12] Verweigert der Schuldner die Erfüllung eines **Sekundäranspruchs** (z.B. Schadensersatz), kann allein daraus nicht gefolgert werden, dass er auch die Erfüllung des **Primäranspruchs** (Erfüllung/Nacherfüllung) verweigert hätte. Aus dem Antrag des Schuldners auf Klageabweisung kann daher allenfalls bei der Erfüllungsklage, nicht aber bei der Schadensersatzklage auf eine endgültige und ernsthafte Erfüllungsverweigerung geschlossen werden.[13] Erfasst ist auch der Fall, dass sich der Unternehmer zu Unrecht auf Leistungsverweigerungsrechte aus den §§ 275, 635 Abs. 3 oder 648a BGB beruft.[14] Wenn der Schuldner von seiner Erfüllungsverweigerung **Abstand nimmt**, ist eine Aufforderung zur Nacherfüllung unter Fristsetzung ab diesem Zeitpunkt grundsätzlich nur dann entbehrlich, wenn der Gläubiger bereits vorher gegenüber dem Schuldner erklärt hat, dass er Mängelrechte geltend macht, die zum Erlöschen des Nacherfüllungsanspruchs führen[15], wenn er also Schadensersatz oder Ersatz frustrierter Aufwendungen verlangt hat, den Rücktritt oder die Minderung erklärt hat. Zur Lage bei Ansprüchen aus Selbstvornahme vgl. die Kommentierung zu § 637 BGB Rn. 27. Wenn der Schuldner von seiner Erfüllungsverweigerung Abstand nimmt, kann allerdings aufgrund seines vorangegangenen Verhaltens die Nach-

---

[5] BGH v. 05.12.2003 - VII ZR 360/01 - juris Rn. 11 - NJW 2003, 580-581; BGH v. 09.07.2002 - X ZR 242/99 - juris Rn. 17 - NJW-RR 2002, 1533-1535; BGH v. 15.03.1990 - VII ZR 311/88 - juris Rn. 7 - NJW-RR 1990, 786-787; OLG Saarbrücken v. 05.03.2002 - 7 U 436/00 - 107, 7 U 436/00 - IBR 2003, 127.

[6] BGH v. 20.01.2009 - X ZR 45/07 - juris Rn. 10 - NJW-RR 2009, 667-668.

[7] BGH v. 09.07.2002 - X ZR 242/99 - juris Rn. 17 - NJW-RR 2002, 1533-1535; BGH v. 28.03.1995 - X ZR 71/93 - juris Rn. 34 - NJW-RR 1995, 939-941; BGH v. 15.03.1990 - VII ZR 311/88 - juris Rn. 7 - NJW-RR 1990, 786-787.

[8] OLG Düsseldorf v. 20.12.2000 - 5 U 5/00 - BauR 2003, 1564-1567.

[9] BGH v. 07.03.2002 - III ZR 12/01 - juris Rn. 15 - NJW 2002, 1571-1574; OLG Düsseldorf v. 27.12.2001 - 21 U 81/01 - BauR 2002, 963-965; OLG Düsseldorf v. 03.11.1998 - 21 U 17/98 - juris Rn. 35 - OLGR Düsseldorf 1999, 153-154.

[10] BGH v. 07.03.2002 - III ZR 12/01 - juris Rn. 15 - NJW 2002, 1571-1574; BGH v. 12.01.1993 - X ZR 63/91 - juris Rn. 14 - NJW-RR 1993, 882-883; BGH v. 28.03.1995 - X ZR 71/93 - juris Rn. 34 - NJW-RR 1995, 939-941; BGH v. 21.10.1992 - XII ZR 173/90 - juris Rn. 13 - NJW-RR 1993, 139-141; OLG Düsseldorf v. 03.11.1998 - 21 U 17/98 - OLGR Düsseldorf 1999, 153-154; OLG Düsseldorf v. 16.03.1995 - 5 U 72/94 - juris Rn. 31 f. - NJW-RR 1996, 16-17.

[11] BGH v. 05.12.2003 - VII ZR 360/01 - juris Rn. 11 - NJW 2003, 580-581; BGH v. 15.03.1990 - VII ZR 311/88 - juris Rn. 7 - NJW-RR 1990, 786-787; BGH v. 21.12.2000 - VII ZR 488/99 - juris Rn 13 - BauR 667-669; BGH v. 16.05.2002 - VII ZR 479/00 - juris Rn. 11 f. - NJW 2002, 3019-3021.

[12] BGH v. 16.05.2002 - VII ZR 479/00 - juris Rn. 19 - NJW 2002, 3019-3021.

[13] BGH v. 15.03.1996 - V ZR 316/94 - juris Rn. 10 - NJW 1996,1814-1815; BGH v. 18.09.1985 - VIII ZR 249/84 - juris Rn. 37 - NJW 1986, 661-662.

[14] OLG München v. 12.06.2003 - 28 U 4242/02 - juris Rn. 43 ff. - NJW-RR 2003, 1602-1603.

[15] BGH v. 05.07.1990 - VII ZR 352/89 - juris Rn. 10 - NJW-RR 1990, 1300-1301.

erfüllung als fehlgeschlagen gelten oder dem Besteller unzumutbar sein. Auch in diesen Fällen ist nach § 636 BGB eine Fristsetzung nicht erforderlich. Für weitere Einzelheiten vgl. auch die Kommentierung zu § 281 BGB und die Kommentierung zu § 323 BGB.

III. Leistungsverweigerung (§§ 635 Abs. 3, 275 Abs. 2, 3 BGB)

Eine Fristsetzung ist entbehrlich, wenn der Unternehmer die Nacherfüllung nach § 635 Abs. 3 BGB oder nach § 275 Abs. 2 oder Abs. 3 BGB verweigert. Es ist **wichtig**, dass der Besteller darauf achtet, dass er auch bei Vorliegen der Voraussetzungen der §§ 635 Abs. 3, 275 Abs. 2 oder Abs. 3 BGB eine Frist zur Nacherfüllung setzen muss, wenn nicht der Unternehmer zuvor **erklärt hat**, dass er von dem ihm nach den vorgenannten Regelungen bestehenden Leistungsverweigerungsrecht Gebrauch macht (näheres vgl. die Kommentierung zu § 634 BGB Rn. 8). Beruft sich der Unternehmer auf ein Leistungsverweigerungsrecht nach einer der vorgenannten Regelungen, muss er sich hieran festhalten lassen, selbst wenn die Voraussetzungen dieser Regelung nicht gegeben sind. In der Geltendmachung des Leistungsverweigerungsrechts wird nämlich regelmäßig eine endgültige und ernsthafte Erfüllungsverweigerung (§§ 281 Abs. 2, 323 Abs. 2 Nr. 1 BGB), zumindest aber ein Fehlschlagen der Nachbesserung liegen.

8

IV. Fehlschlagen der Nacherfüllung

Der Begriff des Fehlschlagens wurde aus dem bisherigen § 11 Nr. 10 lit. b AGBGB übernommen. Erfasst ist der Fall der erfolglosen Nachbesserungsbemühungen des bisher nicht fristgebunden zur Mängelbeseitigung aufgeforderten Unternehmers.[16] Ein Fehlschlagen ist im Wesentlichen anzunehmen bei Unzulänglichkeit der Nacherfüllung, unberechtigter Verweigerung, ungebührlicher Verzögerung oder misslungenem Versuch der Nacherfüllung.[17] Will der Besteller seinen Nacherfüllungsanspruch geltend machen, muss er hierzu keinen „**Reparaturauftrag**" unterzeichnen. Er braucht sich insbesondere nicht darauf einzulassen, dass für die Nacherfüllung Allgemeine Geschäftsbedingungen des Unternehmers gelten sollen. Macht der Unternehmer eine Nacherfüllung dennoch von einer solchen Unterschrift abhängig, sei es auch mit der Zusicherung, dass dem Besteller keine Kosten entstünden, so ist dies als Verweigerung der Nacherfüllung durch den Unternehmer und damit als Fehlschlagen der Nacherfüllung einzustufen (vgl. hierzu auch die Kommentierung zu § 635 BGB Rn. 14).[18] Dasselbe gilt dann, wenn der Unternehmer die Durchführung der Nacherfüllungsarbeiten von der **Erfüllung von Forderungen** durch den Besteller abhängig macht, auf die er keinen Anspruch hat.[19] Hat der Besteller eine Frist zur Nacherfüllung gesetzt und stellt sich während des Fristlaufs heraus, dass eine **Nacherfüllung nicht mehr zu erreichen** ist, so ist die Nacherfüllung fehlgeschlagen. Der Besteller muss dann den Ablauf der von ihm gesetzten Frist nicht mehr abwarten.[20]

9

Die Frage, wie viele Nachbesserungsversuche der Gläubiger hinnehmen muss, hat an Bedeutung verloren. Nach der jetzigen Konzeption des Leistungsstörungsrechts ist maßgeblich, dass der Mangel innerhalb der gesetzten Frist behoben wird. Die **Zahl der Nachbesserungsversuche** ist eher zweitrangig. Sie kann bei der Bemessung der zu setzenden Frist Bedeutung gewinnen, wenn von vorneherein mehr als ein Nacherfüllungsversuch einkalkuliert werden muss.[21] Soweit es demnach im Einzelfall noch hierauf ankommt, wird man in Anlehnung an § 440 BGB in der Regel zwei Nacherfüllungsversuche für zulässig halten können.[22] Ein Fehlschlagen kann aber auch schon bei nur einem erfolglosen Nachbesserungsversuch vorliegen.[23] Entscheidend sind die Umstände des Einzelfalles unter Berücksichtigung des Gebots von Treu und Glauben. Insoweit kann es etwa auf die Art des Mangels, die Gründe für das Scheitern eines vorangegangenen Nacherfüllungsversuchs und die für den Besteller mit

10

---

[16] BGH v. 03.03.1998 - X ZR 14/95 - juris Rn. 13 - NJW-RR 1998, 1268-1270.
[17] BGH v. 02.02.1994 - VIII ZR 262/92 - juris Rn. 15 - NJW 1994, 1004-1006; BGH v. 26.11.1984 - VIII ZR 214/83 - juris Rn. 82 - BGHZ 93, 29-63; OLG Düsseldorf v. 20.03.1992 - 22 U 194/91 - NJW-RR 1992, 824-826.
[18] OLG Köln v. 02.04.1985 - 15 U 231/84 - NJW-RR 1986, 151-152.
[19] KG Berlin v. 07.03.1995 - 14 U 2522/93 - KGR Berlin 1996, 109.
[20] BT-Drs. 14/6857, S. 68; BT-Drs. 14/6040, S. 223.
[21] Vgl. zu § 440 BGB: BT-Drs. 14/6040, S. 234.
[22] OLG Oldenburg (Oldenburg) v. 04.07.2005 - 13 U 16/05 - juris Rn. 33 - MedR 2008, 222- 223.
[23] OLG Bremen v. 24.02.2005 - 5 U 35/04 - juris Rn. 35 f. - IBR 2005, 673.

weiteren Versuchen verbundenen Nachteile ankommen.[24] Weist das Werk nach vorausgegangener Nachbesserung Fehler auf, ist die Nacherfüllung nur fehlgeschlagen, wenn der Besteller nachweist, dass diese weiterhin auf dem von ihm zuvor gerügten Mangelsymptom beruhen.[25]

V. Unzumutbarkeit für den Besteller

11 Maßgebend ist, anders als in § 323 Abs. 2 Nr. 3 BGB, nur das Interesse des Bestellers. Unzumutbar in diesem Sinne ist die Nacherfüllung für den Besteller, wenn das **Vertrauen** in die Verlässlichkeit und Kompetenz des Unternehmers so **nachhaltig erschüttert** ist, dass aus seiner (objektivierten) Sicht eine erfolgreiche Nacherfüllung nicht zu erwarten ist.[26] Setzt der Besteller eine Frist, spricht dies für die Zumutbarkeit der der Nacherfüllung.[27] Ob dem Besteller eine Nacherfüllung unzumutbar ist, lässt sich im Einzelfall nur aufgrund einer **Abwägung** der gegebenen Umstände feststellen.[28] Hierbei ist einerseits die Zumutbarkeitsschwelle umso höher anzusetzen, je komplizierter und technisch aufwendiger der Leistungsgegenstand ist. Andererseits ist zu berücksichtigen, welchen Erwartungshorizont der Besteller im konkreten Fall aufgrund der Vertragsverhandlungen und der vorausgegangenen Werbung durch den Unternehmer haben darf, und wie dringend der Besteller auf ein einwandfreies Werk angewiesen ist.[29] Im Einzelfall kann demnach eine Unzumutbarkeit der Nacherfüllung durch den Unternehmer angenommen werden, wenn der Unternehmer bewusst von dem Leistungsverzeichnis abgewichen ist, dies dem Besteller als Laien nicht erkennbar war und der Unternehmer das dennoch nicht offenbart hat[30], oder wenn der Unternehmer den Besteller über das Vorhandensein eines Mangels **arglistig getäuscht** hat.[31] Einer Fristsetzung bedarf es auch dann nicht mehr, wenn der Unternehmer zur Beseitigung des Mangels nur **ungeeignete Maßnahmen anbietet**.[32]

12 Eine Nacherfüllung kann auch unzumutbar sein, wenn die Werkleistung ein ganzes **Paket nicht nur geringfügiger Mängel** aufweist[33], wenn Art und Umfang der Mängel darauf schließen lassen, dass es sich bei der Werkleistung um einen von Grund auf fehlerhaften Gegenstand handelt, und auch künftig neu auftretende Mängel stets zu erwarten sind[34], nach mehrfachen ergebnislosen Nachbesserungsversuchen[35], wenn die im Rahmen der **Nacherfüllung** vorgenommenen Arbeiten nicht zur Fehlerbeseitigung, sondern im Gegenteil **zu gewichtigeren Fehlern geführt** haben und sich die Besorgnis aufdrängen muss, dass weiteres Experimentieren zu weiteren Fehlern führt[36] oder wenn der Unternehmer dem Besteller keine überzeugende Diagnose mit gesichertem Lösungsweg anbieten kann[37]. Hat sich die Nacherfüllung bereits vor Fristsetzung über einen nicht mehr hinnehmbaren **Zeitraum** hingezogen, kann es auch bei Vorliegen nur kleinerer Mängel unzumutbar sein, nochmals zur Nacherfüllung Gelegenheit zu geben.[38] Das gilt erst recht, wenn das gesamte Werk mit grundlegenden Fehlern behaftet ist,

---

[24] BGH v. 21.02.1990 - VIII ZR 216/89 - juris Rn. 22 - NJW-RR 1990, 886-889.

[25] BGH v. 09.03.2011 - VIII ZR 266/09 - juris Rn. 10 ff. - NJW 2011, 1664-1665 zum Kaufrecht.

[26] BGH v. 03.03.1998 - X ZR 14/95 - juris Rn. 19 - NJW-RR 1998, 1268-1270; BGH v. 12.01.1993 - X ZR 63/91 - juris Rn. 18 - NJW-RR 1993, 882-883; BGH v. 05.11.1980 - VIII ZR 232/79 - LM Nr. 5 zu § 326 (J) BGB; BGH v. 08.12.1966 - VII ZR 144/64 - BGHZ 46, 242-246; BGH v. 17.10.1951 - II ZR 55/50 - LM Nr. 1 zu § 634 BGB; OLG Düsseldorf v. 17.12.2009 - I-5 U 57/09, 5 U 57/09 - juris Rn. 47 - BauR 2011, 121-127: bei Vorspiegeln einer Insolvenz.

[27] BGH v. 12.03.2010 - V ZR 147/09 - juris Rn. 10 - NJW 2010, 1805 zum Kaufrecht; vgl. auch BGH v. 08.12.2009 - XI ZR 181/08 - juris Rn. 33 - NJW 2010, 1284-1290.

[28] Keine Unzumutbarkeit bei der bloßen Einschränkung von Stellmöglichkeiten bei Möbeln in von der Nachbesserung betroffenen Zimmern: AG Halle (Saale) v. 11.10.2011 - 95 C 2198/11 - juris Rn. 14.

[29] OLG Düsseldorf v. 18.10.1990 - 6 U 71/87 - BB Beilage 1991, Nr. 18, 17-19.

[30] OLG Düsseldorf v. 13.08.1996 - 22 U 42/96 - NJW-RR 1997, 20-21.

[31] BGH v. 12.03.2010 - V ZR 147/09 - juris Rn. 9 - NJW 2010, 1805; BGH v. 08.12.2006 - V ZR 249/05 - juris Rn. 10 - NJW 2007, 835-837; BGH v. 09.01.2008 - VIII ZR 210/06 - juris Rn. 19 - NJW 2008, 1371-1373 zum Kaufrecht.

[32] Zu § 13 Nr. 5 Abs. 2 VOB/B: OLG Celle v. 14.12.1993 - 16 U 10/93 - NJW-RR 1994, 1174-1175.

[33] BGH v. 29.10.1997 - VIII ZR 347/96 - juris Rn. 14 - LM AGBG § 11 Ziff. 10b Nr. 5 (7/1998); OLG Köln v. 16.01.1992 - 12 U 151/91 - juris Rn. 5 - NJW-RR 1992, 1147.

[34] OLG Brandenburg v. 06.06.1995 - 6 U 47/95 - OLGR Brandenburg 1995, 153-154.

[35] OLG Bremen v. 07.09.2005 - 1 U 32/05a, 1 U 32/05 - juris Rn. 20 - BauR 2007, 422-423: drei fehlgeschlagene Nachbesserungsversuche.

[36] OLG Düsseldorf v. 22.09.1995 - 22 U 35/95 - OLGR Düsseldorf 1996, 38-39.

[37] OLG Hamm v. 26.10.1992 - 31 U 81/92 - JurPC 1993, 2198-2200.

[38] OLG Koblenz v. 02.05.1991 - 5 U 1265/90 - NJW-RR 1992, 760-761.

deren Beseitigung dem Unternehmer trotz zahlreicher Servicetermine nicht gelungen ist.[39] Eine Fristsetzung ist auch dann entbehrlich, wenn die Nacherfüllung mit **erheblichen Unannehmlichkeiten** für den Besteller verbunden ist, etwa mit absehbaren, nicht hinnehmbaren Betriebsstörungen von einigem Gewicht[40], oder wenn der Besteller das Werk sofort benötigt zur Weitergabe an einen Dritten[41], bei Interessewegfall wegen eigener Insolvenz.[42] Soweit der Besteller dennoch eine Nacherfüllung zulässt, wird unter den Voraussetzungen des § 280 BGB für diese Unannehmlichkeiten Schadensersatz zu leisten sein.

VI. Unmöglichkeit

Unmöglichkeit im o.g. Sinne liegt etwa dann vor, wenn das von dem Architekten fehlerhaft geplante Bauwerk errichtet und die Fehlplanung des Architekten deshalb bereits im Bauwerk verkörpert ist[43] oder wenn der Mangel durch technisch und rechtlich mögliche Maßnahmen nicht behoben werden kann oder wenn die zur Beseitigung der Mangelfolgen geeignete Maßnahme die Grundsubstanz oder die Konzeption des Werkes nicht unwesentlich verändert[44]. Eine Fristsetzung ist ebenfalls entbehrlich, wenn der Architekt entgegen den Leistungspflichten des Leistungsbilds des § 15 Abs. 2 HOAI kein Bautagebuch geführt hat, weil dieses nachträglich nicht mehr zuverlässig erstellt werden kann.[45] Im Übrigen vgl. die Kommentierung zu § 275 BGB.

13

C. Prozessuale Hinweise

Der Besteller, der Gewährleistungsrechte geltend macht, ohne dass er dem Unternehmer zuvor eine Frist gesetzt hat, ist dafür darlegungs- und beweisbelastet, dass die Nacherfüllung fehlgeschlagen oder dem Besteller unzumutbar ist. Hat der Unternehmer in seinen Allgemeinen Geschäftsbedingungen dem Besteller nur für den Fall des Fehlschlagens der Nacherfüllung Rücktritt, Minderung oder Schadensersatz eingeräumt, so trägt der Besteller, der Rücktritt oder Minderung beansprucht, auch wenn unstreitig eine Frist gesetzt wurde, die Darlegungs- und Beweislast dafür, dass eine Nacherfüllung fehlgeschlagen ist.[46]

14

---

[39] BGH v. 03.03.1998 - X ZR 14/95 - juris Rn. 20 - NJW-RR 1998, 1268-1270; OLG Koblenz v. 05.05.1994 - 5 U 1114/93 - NJW-RR 1995, 567.
[40] BGH v. 07.03.2002 - III ZR 12/01 - juris Rn. 17 - NJW 2002, 1571-1574.
[41] BGH v. 26.01.1993 - X ZR 90/91 - juris Rn. 11 - NJW-RR 1993, 560-561.
[42] BGH v. 10.08.2006 - IX ZR 28/05 - juris Rn. 8 - NJW 2006, 2919-2922.
[43] BGH v. 07.07.1988 - VII ZR 320/87 - juris Rn. 11 - BGHZ 105, 103-107; LG Dresden v. 22.06.2011 - 8 O 1039/09 - juris Rn. 34 - IBR 2011, 532.
[44] BGH v. 24.11.1988 - VII ZR 222/87 - juris Rn. 21 - LM Nr. 72 zu § 633 BGB.
[45] BGH v. 28.07.2011 - VII ZR 65/10 - juris Rn. 17 - BauR 2011, 1677-1679.
[46] BGH v. 21.02.1990 - VIII ZR 216/89 - juris Rn. 26 - LM Nr. 91 zu § 253 ZPO.

§ 637 BGB Selbstvornahme

(Fassung vom 02.01.2002, gültig ab 01.01.2002)

(1) Der Besteller kann wegen eines Mangels des Werkes nach erfolglosem Ablauf einer von ihm zur Nacherfüllung bestimmten angemessenen Frist den Mangel selbst beseitigen und Ersatz der erforderlichen Aufwendungen verlangen, wenn nicht der Unternehmer die Nacherfüllung zu Recht verweigert.

(2) [1]§ 323 Abs. 2 findet entsprechende Anwendung. [2]Der Bestimmung einer Frist bedarf es auch dann nicht, wenn die Nacherfüllung fehlgeschlagen oder dem Besteller unzumutbar ist.

(3) Der Besteller kann von dem Unternehmer für die zur Beseitigung des Mangels erforderlichen Aufwendungen Vorschuss verlangen.

Gliederung

A. Grundlagen 1	III. Unzumutbarkeit für den Besteller 16
I. Kurzcharakteristik 1	**D. Rechtsfolgen** 17
II. Gesetzgebungsmaterialien 2	I. Erforderliche Kosten 19
B. Praktische Bedeutung 3	II. Abrechnungspflicht 24
C. Anwendungsvoraussetzungen 4	III. Nacherfüllungsanspruch des Unternehmers 27
I. Selbstvornahme 4	**E. Prozessuale Hinweise** 29
1. Fristsetzung 5	**F. Anwendungsfelder** 38
2. Vorschuss nur bei Mängelbeseitigungsabsicht 8	I. VOB 38
II. Berechtigte Verweigerung der Nacherfüllung (Absatz 1 letzter Halbsatz) 10	II. Konkurrenzen 39

A. Grundlagen

I. Kurzcharakteristik

1 § 637 BGB regelt die Selbstvornahme der Mängelbeseitigung durch den Besteller auf Kosten des Unternehmers. Nach Absatz 1 hat der Besteller Anspruch auf Erstattung der Kosten, die er zur Mängelbeseitigung aufgewandt hat. Nach bisherigem Recht (§ 633 Abs. 3 BGB a.F.) war hierfür grundsätzlich Verzug des Unternehmers erforderlich. § 637 BGB lässt jetzt eine Fristsetzung ausreichen. Absatz 3 gewährt dem Besteller jetzt ausdrücklich einen Anspruch auf Vorschuss. Ein solcher Anspruch war bisher nicht ausdrücklich geregelt. Er wurde jedoch von der Rechtsprechung aus dem Kostenerstattungsanspruch der § 633 Abs. 3 BGB a.F., § 13 Nr. 5 Abs. 2 VOB/B aus Billigkeitsgründen nach § 242 BGB in Anlehnung an § 669 BGB hergeleitet. Mit der Neuregelung in Absatz 3 wird dieser Anspruch jetzt ausdrücklich normiert.

II. Gesetzgebungsmaterialien

2 Mit dem Schuldrechtsmodernisierungsgesetz vom 26.11.2001[1] ist an die Stelle des bisher in § 633 Abs. 3 BGB a.F. verlangten Verzugs der Ablauf einer erfolglos gesetzten Frist getreten. Der zum Altrecht richterrechtlich entwickelte Vorschussanspruch ist jetzt in Absatz 3 ausdrücklich geregelt. Zum In-Kraft-Treten der Neuregelung vgl. die Kommentierung zu § 633 BGB Rn. 96.

B. Praktische Bedeutung

3 Mit der durch das Schuldrechtsreformgesetz vorgenommenen Neuregelung hat die Selbstvornahme wesentlich an Bedeutung verloren. Nach Altrecht war sie insbesondere für die Fälle von Bedeutung, in denen die strengen Voraussetzungen für die Geltendmachung eines Schadensersatzanspruchs (Nachfrist mit Ablehnungsandrohung – §§ 634, 635 BGB a.F.) nicht vorlagen. Mit dem Schuldrechtsreformgesetz unterliegen Schadensersatz und Selbstvornahme nunmehr weitgehend gleichen Voraussetzungen. Der Schadensersatzanspruch geht aber weiter. Zwar setzt ein Schadensersatzanspruch Verschul-

---
[1] BGBl I 2001, 3138.

den des Unternehmers voraus. Der Unternehmer trägt jedoch die Beweislast für fehlendes Verschulden. Die Selbstvornahme wird deshalb allenfalls noch in den Fallgestaltungen interessant sein, in denen der Unternehmer nachweisen kann, dass ihn an dem Werkmangel kein Verschulden trifft. Im Wege des Schadensersatzes können – anders als bei der Selbstvornahme (vgl. Rn. 10) – im Grundsatz auch unverhältnismäßige Mängelbeseitigungskosten einverlangt werden (vgl. hierzu die Kommentierung zu § 634 BGB Rn. 41). Einen als Schadensersatz gezahlten Betrag muss der Besteller nicht abrechnen (vgl. Rn. 24). In den meisten Fällen wird es deshalb **sinnvoll** sein, wenn der Besteller in der Hauptsache **Schadensersatz** beansprucht und – vorsorglich – die **Selbstvornahme nur noch hilfsweise** geltend macht. Dabei muss er allerdings berücksichtigen, dass mit dem erfolgreichen Schadensersatzverlangen der Nacherfüllungsanspruch verloren geht und dass damit insbesondere die Möglichkeit eines Druckeinbehalts (§ 641 Abs. 3 BGB) nicht mehr gegeben ist (vgl. hierzu die Kommentierung zu § 641 BGB Rn. 31).

C. Anwendungsvoraussetzungen

I. Selbstvornahme

Die Anwendungsvoraussetzungen des Selbstvornahmeanspruchs entsprechen weitgehend denen des Rücktritts und der Minderung. Demgemäß muss ein **Werkmangel** vorliegen (§ 633 BGB – zu praktischen Hinweisen hierzu vgl. die Kommentierung zu § 633 BGB Rn. 46). Es muss grundsätzlich eine **Abnahme** erfolgt sein. Das Fehlen der Abnahme schließt die Selbstvornahme aber nicht immer aus.[2] Sie ist entsprechend den §§ 634 Nr. 3, 323 Abs. 4 BGB auch ohne Abnahme zulässig, wenn offensichtlich ist, dass der Unternehmer eine (Nach-)Erfüllung nicht vornehmen wird. Eine Selbstvornahme ist darüber hinaus trotz fehlender Abnahme allgemein schon dann zulässig, wenn der Besteller die Abnahme ohne Verstoß gegen Treu und Glauben verweigert. Zur Entbehrlichkeit der Abnahme im Einzelnen vgl. die Kommentierung zu § 634 BGB Rn. 97. Hat der Besteller die Werkleistung abgenommen, ohne sich seine Rechte wegen eines ihm bekannten Mangels vorzubehalten, steht ihm insoweit ein Selbstvornahmeanspruch nicht zu (§ 640 Abs. 2 BGB). Er kann dann nur noch Schadensersatz oder Ersatz frustrierter Aufwendungen verlangen.

1. Fristsetzung

Der Besteller muss dem Unternehmer **grundsätzlich** eine angemessene **Frist** zur Nacherfüllung gesetzt haben, die erfolglos abgelaufen sein muss. Zum Inhalt der Fristsetzung und zu deren Angemessenheit vgl. die Kommentierung zu § 634 BGB Rn. 11 f. Eine erneute Aufforderung zur Nacherfüllung mit Fristsetzung ist erforderlich, wenn die Parteien nach erstmaliger Fristsetzung eine Nacherfüllungsvereinbarung getroffen haben, die dann aber von dem Unternehmer nicht eingehalten wird.[3]

Die Fristsetzung kann im Einzelfall entbehrlich sein:
- wenn die Nacherfüllung fehlgeschlagen ist (§ 637 Abs. 2 BGB – zum Begriff des „Fehlschlagens" vgl. die Kommentierung zu § 636 BGB Rn. 9) oder
- wenn die Nacherfüllung **dem Besteller** unzumutbar ist (§ 637 Abs. 2 BGB – vgl. Rn. 16) oder
- bei endgültiger und ernsthafter Erfüllungsverweigerung durch den Unternehmer (§§ 637 Abs. 2, 323 Abs. 2 Nr. 1 BGB – vgl. hierzu die Kommentierung zu § 636 BGB Rn. 7) oder
- bei einem Fixgeschäft (§§ 637 Abs. 2, 323 Abs. 2 Nr. 2 BGB – vgl. hierzu die Kommentierung zu § 323 BGB) oder
- beim Vorliegen besonderer Umstände, aufgrund derer unter Abwägung der beiderseitigen Interessen die sofortige Geltendmachung der Minderung gerechtfertigt ist (§§ 637 Abs. 2, 323 Abs. 2 Nr. 3 BGB – vgl. hierzu die Kommentierung zu § 323 BGB), so z.B. die Verzögerung der Eröffnung eines Geschäftslokals oder die Androhung seiner Schließung wegen des Mangels.[4]

Daneben bedarf es gemäß § 242 BGB zur Geltendmachung des Vorschussanspruchs auch dann keiner Fristsetzung, wenn der Unternehmer zur Beseitigung des Mangels lediglich ungeeignete Maßnahmen anbietet.[5] Beseitigt ein Besteller **ohne Beachtung der Voraussetzungen** des § 637 BGB die Mängel, kann er die Aufwendungen ggf. als Schadensersatz im Rahmen des § 634 Nr. 4 BGB geltend machen,

---

[2] BGH v. 25.06.2002 - X ZR 78/00 - juris Rn. 7 - IBR 2002, 467; BGH v. 16.11.1993 - X ZR 7/92 - juris Rn. 21 - NJW 1994, 942-944.
[3] OLG Köln v. 09.05.2003 - 19 U 170/96 - IBR 2005, 15.
[4] BGH v. 15.01.2002 - X ZR 233/00 - juris Rn. 27 - NJW-RR 2002, 666-669.
[5] Zu § 13 Nr. 5 Abs. 2 VOB/B OLG Celle v. 14.12.1993 - 16 U 10/93 - NJW-RR 1994, 1174-1175.

§ 637

er hat jedoch **keinen Anspruch** auf Aufwendungsersatz, auch nicht unter dem Gesichtspunkt der Geschäftsführung ohne Auftrag oder der ungerechtfertigten Bereicherung oder § 823 BGB. Auch eine Anrechnung ersparter Aufwendungen des Unternehmers auf dessen Vergütungsanspruch scheidet aus, weil § 637 BGB eine abschließende Sonderregelung darstellt.[6]

2. Vorschuss nur bei Mängelbeseitigungsabsicht

8 Hat der Besteller die Mängel selbst beseitigt, kann er nach Absatz 1 die insoweit angefallenen erforderlichen Kosten ersetzt verlangen. Der Besteller muss jedoch nicht in Vorlage treten. Er kann von dem Unternehmer bereits vor Beginn der Mängelbeseitigungsarbeiten Vorschuss verlangen. Das ist jetzt in Absatz 3 ausdrücklich geregelt. Der Vorschuss ist der vorweggenommene Ersatz der erforderlichen Selbstvornahmekosten.[7] Der Anspruch auf **Vorschuss** ist allerdings nur begründet, wenn der Besteller die **Absicht** hat, **die vorhandenen Mängel zu beseitigen**. Der Besteller kann keinen Vorschuss verlangen, wenn Mangelbeseitigungsarbeiten in überschaubarer Zeit nicht ausgeführt werden können.[8] Der Umstand, dass der Besteller prozessual vorrangig Minderung verlangt und hilfsweise mit einem Kostenvorschuss aufrechnet, rechtfertigt jedoch nicht die Annahme, er wolle die Mängel nicht mehr beseitigen lassen.[9] Zu weiteren Einschränkungen bei dem Vorschussanspruch vgl. unten bei Abrechnungspflicht (vgl. Rn. 24).

9 Vorschuss kann der Besteller nur verlangen, solange er den Mangel noch nicht beseitigt hat. **Nach beendeter Mangelbeseitigung** hat er nur noch einen Anspruch auf Aufwendungsersatz (zu prozessualen Konsequenzen hieraus vgl. Rn. 30).

II. Berechtigte Verweigerung der Nacherfüllung (Absatz 1 letzter Halbsatz)

10 Nach § 637 Abs. 1 letzter HS. BGB ist eine Selbstvornahme zu Lasten des Unternehmers ausgeschlossen, wenn der Unternehmer eine Nacherfüllung **zu Recht verweigert**.

11 Eine Selbstvornahme ist deshalb ausgeschlossen,
- wenn eine Nacherfüllung nur mit unverhältnismäßigen Kosten möglich ist und der Besteller deshalb die Leistung verweigert **hat** (§ 635 Abs. 3 BGB – vgl. die Kommentierung zu § 635 BGB Rn. 28) oder
- wenn der Unternehmer die Nacherfüllung wegen grob unverhältnismäßigen Aufwandes verweigert **hat** (§ 275 Abs. 2 BGB – vgl. die Kommentierung zu § 275 BGB) oder
- bei persönlicher Leistungspflicht, wenn **der Unternehmer** die Nacherfüllung wegen Unzumutbarkeit verweigert **hat** (§ 275 Abs. 3 BGB – vgl. die Kommentierung zu § 275 BGB).

12 Weil der Besteller mit der Selbstvornahme die Erfüllung des Nacherfüllungsanspruchs durchsetzt, ist sie auch dann ausgeschlossen, wenn der **Nacherfüllungsanspruch erloschen** ist. Sonst liefe die Freistellung von der Nacherfüllungspflicht leer, weil der Unternehmer die – in der Regel höheren – Kosten der Selbstvornahme tragen müsste. Der Nacherfüllungsanspruch ist erloschen,
- wenn eine Nacherfüllung unmöglich ist (§ 275 Abs. 1 BGB – vgl. hierzu die Kommentierung zu § 636 BGB Rn. 13 und die Kommentierung zu § 275 BGB) oder
- wenn der Besteller sich bei der Abnahme wegen eines ihm bekannten Mangels seine Rechte nicht vorbehalten hat (vgl. die Kommentierung zu § 640 BGB Rn. 31) oder
- nach wirksamem Verlangen nach Schadensersatz statt der Leistung (§ 281 Abs. 4 BGB) oder
- nach wirksamem Verlangen nach Ersatz nutzloser Verwendungen (§§ 281 Abs. 4, 284 BGB) oder
- nach wirksamem Rücktritt (§ 346 BGB).

13 Selbst wenn die Voraussetzungen des § 635 Abs. 3 BGB oder § 275 Abs. 2, Abs. 3 BGB vorliegen, bleibt der Besteller zur Selbstvornahme berechtigt, solange der Unternehmer das ihm zustehende Leistungsverweigerungsrecht nicht **ausübt**, also keine entsprechende Erklärung gegenüber dem Besteller abgibt (vgl. in diesem Zusammenhang auch die Kommentierung zu § 634 BGB Rn. 8).

---

[6] Vgl. nunmehr zum Kaufrecht BGH v. 23.02.2005 - VIII ZR 100/04 - juris Rn 16 ff. - BGHZ 162, 219-230; ferner BGH v. 08.10.1987 - VII ZR 45/87 - juris Rn. 26 - ZfBR 1988, 38-40; BGH v. 07.11.1985 - VII ZR 270/83 - juris Rn. 10 - BGHZ 96, 221-230; BGH v. 12.07.1984 - VII ZR 268/83 - juris Rn. 12 - BGHZ 92, 123-128; OLG Frankfurt v. 15.01.1993 - 10 U 308/91 - OLGR Frankfurt 1993, 88.

[7] BGH v. 25.09.2008 - VII ZR 204/07 - juris Rn. 8 - BauR 2008, 2041-2043.

[8] OLG Nürnberg v. 27.06.2003 - 6 U 3219/01 - NJW-RR 2003, 1601.

[9] BGH v. 14.01.1999 - VII ZR 19/98 - juris Rn. 14 - NJW-RR 1999, 813.

Der Unternehmer kann grundsätzlich noch in der letzten mündlichen Verhandlung der Tatsacheninstanz dieses Leistungsverweigerungsrecht geltend machen. Hat sich der Unternehmer zu dem im Vorschussprozess vorgelegten Kostenvoranschlag des Bestellers nicht geäußert, so kann er in einem nachfolgenden Abrechnungsrechtsstreit nach dem Rechtsgedanken des § 767 Abs. 2 ZPO nicht mehr damit gehört werden, eine vom Bauherrn nach einem bestimmten Kostenvoranschlag in Aussicht genommene Nachbesserung sei ihrer Art nach unangemessen oder bestimmte Arbeiten seien nicht notwendig gewesen.[10] Im Übrigen kann der Unternehmer dem Besteller gegenüber nach §§ 280 Abs. 2, 286 BGB zum Schadensersatz verpflichtet sein, wenn er die ihm zustehende Einrede pflichtwidrig spät erhebt. Nach § 286 Abs. 1 BGB ist hierzu grundsätzlich erforderlich, dass der Besteller den Unternehmer angemahnt hat, sich zu möglichen Einreden gegenüber der vorgesehenen Nacherfüllung zu erklären. Wenn der Unternehmer jedoch wortlos dabei zusieht, wie der Besteller bei der Selbstvornahme unverhältnismäßige Kosten aufwendet, wird ein Verzug ohne Mahnung nach § 286 Abs. 2 Nr. 4 BGB in Betracht kommen.

Der aus der verspäteten Geltendmachung der Einrede resultierende Schadensersatzanspruch füllt die Differenz zwischen einem dem Besteller zustehenden Minderungsbetrag und den tatsächlichen Mängelbeseitigungskosten auf, sofern nicht eine Kürzung nach § 254 BGB geboten ist. Der Schaden liegt in dem für die Mängelbeseitigung betriebenen Aufwand. Er entfällt nicht deshalb, weil der Besteller durch die Selbsterfüllung im Gegenzug ein mangelfreies Werk erhält. Der Wert des mangelfreien Werkes wird nämlich in den hier relevanten Fällen weit hinter dem Aufwand der Selbstvornahme zurück bleiben, weil dem Unternehmer ja ansonsten keine Einrede zustünde.

III. Unzumutbarkeit für den Besteller

Unzumutbarkeit **für den Besteller** nach § 637 Abs. 2 BGB wird nicht häufig in Betracht kommen. Sie kann sich hier nur auf die Unzumutbarkeit einer Nacherfüllung gerade durch den konkreten Werkunternehmer beziehen, da der Besteller den mit der Nacherfüllung herbeizuführenden Erfolg, nämlich das mangelfreie Werk, ja im Wege der Ersatzvornahme erreichen will.[11] Die Nachbesserung durch den Unternehmer ist dem Besteller unzumutbar, wenn er berechtigterweise das **Vertrauen** zu ihm **verloren** hat.[12] Das kann dann der Fall sein, wenn sich der Unternehmer im Rahmen der Bauausführung als so unzuverlässig erwiesen hat, dass der Besteller nicht das Vertrauen zu haben braucht, der Unternehmer werde noch ordnungsgemäße Nacherfüllung leisten.[13] Das kommt in Betracht, wenn der Unternehmer bewusst von dem Leistungsverzeichnis abgewichen ist, dies dem Besteller als Laien nicht erkennbar war und der Unternehmer das dennoch nicht offenbart hat.[14] Im Übrigen vgl. auch die Kommentierung zu § 636 BGB Rn. 11.

D. Rechtsfolgen

Vor der Selbstvornahme besteht ein Anspruch auf Vorschuss (Absatz 3), danach ein Anspruch auf Ersatz der erforderlichen Aufwendungen (Absatz 1).

Da der Besteller durch die Selbstvornahme das erledigt, was der Unternehmer schuldet, kann er die Nacherfüllung genau wie der Unternehmer durch **Mangelbeseitigung oder Neuherstellung** vornehmen. Zwar spricht § 637 Abs. 1 BGB nur davon, dass der Besteller „den Mangel selbst beseitigen" könne. Hiermit ist kein Ausschluss der Neuherstellung gewollt, wenn auch § 635 Abs. 1 BGB zwischen Mangelbeseitigung und Neuherstellung differenziert. Bereits zum Altrecht wurde die Neuherstellung lediglich als Unterfall der Mängelbeseitigung begriffen.[15] Dass die Formulierung „Mangelbeseitigung" in Absatz 1 dieses Begriffsverständnis zugrunde legt, ergibt sich aus dem letzten Halbsatz von Absatz 1. Dort wird darauf abgestellt, ob der Unternehmer die „Nacherfüllung"(!) zu Recht verweigert. Das ist nur der Fall, wenn der Unternehmer weder nachbessern noch neu herstellen muss (vgl. die Kommentierung zu § 635 BGB Rn. 22). Der letzte Halbsatz von Absatz 1 nimmt mithin sowohl auf die Nachbesserung als auch auf die Neuherstellung Bezug. Hieraus ergibt sich, dass beide Nacherfüllungsvarianten von Absatz 1 erfasst werden. Da die Gesetzgebungsmaterialien zu dieser

---

[10] OLG Düsseldorf v. 25.02.1993 - 5 U 72/92 - juris Rn. 37 - OLGR Düsseldorf 1993, 163-164.
[11] BT-Drs. 14/6040, S. 266; *Sprau* in: Palandt, § 637 Rn. 3, 4.
[12] OLG Düsseldorf v. 04.08.2006 - I-22 U 32/06, 22 U 32/06 - juris Rn. 46 - BauR 2007, 1748.
[13] BGH v. 08.12.1966 - VII ZR 144/64 - BGHZ 46, 242-246.
[14] OLG Düsseldorf v. 13.08.1996 - 22 U 42/96 - NJW-RR 1997, 20-21.
[15] BGH v. 10.10.1985 - VII ZR 303/84 - juris Rn. 29 - NJW 1986, 711.

Frage nichts hergeben, kann davon ausgegangen werden, dass mit der in Absatz 1 angesprochenen Mangelbeseitigung die altrechtliche Regelung des § 633 Abs. 3 BGB ohne die Absicht einer inhaltlichen Änderung aufgegriffen wurde, dass dabei allerdings die Differenzierung übersehen wurde, die jetzt in § 635 Abs. 1 BGB vorgenommen wird.

I. Erforderliche Kosten

19 Dafür, was an Kosten zur Selbstvornahme **erforderlich** ist, ist auf den Aufwand und die damit verbundenen Kosten abzustellen, die der Besteller **im Zeitpunkt der Mängelbeseitigung** als vernünftiger, wirtschaftlich denkender Bauherr aufgrund sachkundiger Beratung aufwenden kann und muss, wobei es sich jedoch um eine vertretbare Maßnahme der Schadensbeseitigung handeln muss.[16] Der Besteller kann sogar die Kosten einer nochmaligen Herstellung (Neuherstellung) verlangen, wenn nur auf diese Weise Mängel nachhaltig zu beseitigen sind.[17] Die Kostenpflicht des Unternehmers betrifft nicht nur die eigentliche Mangelbehebung, sondern weitergehend alles, was vorbereitend erforderlich ist, um den Mangel an der Werkleistung zu beheben. Der Nacherfüllungsanspruch gegen den Unternehmer ist allerdings auf Fehler an dessen Werk beschränkt. Er erfasst nicht auch Mangelfolgeschäden, die an anderen als den vom Unternehmer hergestellten Gewerken eingetreten sind.[18] Der Unternehmer hat aber auch für die Arbeiten einzustehen, die notwendig werden, um nach durchgeführter Mängelbeseitigung Schäden am sonstigen Eigentum des Bestellers zu beheben, die im Zuge der Nachbesserung zwangsläufig entstehen.[19]

20 Nach Beginn der für erforderlich gehaltenen und berechtigt in Angriff genommenen Nachbesserungsarbeiten geht das Prognoserisiko voll zu Lasten des Unternehmers.[20] Der Besteller darf solche Nacherfüllungsmaßnahmen durchführen, die den geschuldeten **Erfolg nachhaltig erreichen**. Auf Maßnahmen, deren Tauglichkeit Zweifeln ausgesetzt ist, kann er nicht verwiesen werden.[21] Soweit eine von dem Bauherrn veranlasste Nachbesserung **fehlschlägt**, kann er von dem Bauunternehmer keinen Aufwendungsersatz verlangen.[22] Er ist dann aber auch nicht daran gehindert, wegen des fortbestehenden Mangels andere Mängelrechte geltend zu machen oder sich erneut an einer Selbstvornahme zu versuchen. Hat der Bauherr einen Dritten mit der Mängelbeseitigung beauftragt, ohne dass ihm ein Auswahlverschulden zur Last fällt, soll der schadensersatzpflichtige Vertragspartner des Bauherrn die diesem daraus entstandenen Kosten auch dann ersetzen müssen, wenn der Dritte im Zuge der Beseitigungsmaßnahme unnötige Arbeiten ausführt oder überhöhte Arbeitszeiten in Ansatz bringt.[23] Gleiches gilt, wenn sich die „gutgläubig" eingeleitete Nachbesserungsmaßnahme als objektiv ungeeignet erweise.[24] Zu den erstattungsfähigen Aufwendungen gehören auch die zur Mängelbeseitigung aufgewandten **eigenen Arbeitsleistungen** des Bestellers.[25] Soweit der Besteller solche Eigenleistungen im Rahmen seines Gewerbebetriebes erbracht hat, kann er nicht nur den Lohn berechnen, den ein abhängiger Arbeitnehmer für derartige Leistungen verdienen würde. Dem Besteller muss zumindest auch ein Aufschlag für die anteiligen Gemeinkosten seines Unternehmens und ein Unternehmergewinn zugebilligt werden.[26] Der Anspruch auf Ersatz der Kosten der Selbstvornahme oder auf Vorschuss umfasst beim **nicht** vorsteuerabzugsberechtigten Besteller auch die **Mehrwertsteuer** als Teil der im Rahmen der Selbst-

---

[16] BGH v. 31.01.1991 - VII ZR 63/90 - juris Rn. 11 - BauR 1991, 329-331; BGH v. 29.09.1988 - VII ZR 182/87 - juris Rn. 38 - NJW-RR 1989, 86-89; BGH v. 14.03.1963 - VII ZR 215/61 - ZfBR 2001, 253; OLG Frankfurt v. 09.12.1999 - 1 U 197/97 - OLGR Frankfurt 2000, 102; OLG Düsseldorf v. 07.06.2011 - I-21 U 100/10, 21 U 100/10 - BauR 2012, 960-965.

[17] BGH v. 10.10.1985 - VII ZR 303/84 - BGHZ 96, 111-124.

[18] OLG Frankfurt v. 18.03.2002 - 1 U 35/01 - juris Rn. 1 - OLGR Frankfurt 2002, 315; BGH v. 07.11.1985 - VII ZR 270/83 - juris Rn. 11 - BGHZ 96, 221-230.

[19] BGH v. 22.03.1979 - VII ZR 142/78 - juris Rn. 17 - BauR 1979, 804-805; BGH v. 08.06.1978 - VII ZR 161/77 - juris Rn. 6 - BGHZ 72, 31-34; BGH v. 13.12.1962 - II ZR 196/60 - NJW 1963, 805-806; BGH v. 13.12.1962 - II ZR 197/60 - NJW 1963, 811-812.

[20] OLG Bamberg v. 01.04.2005 - 6 U 42/04 - OLGR Bamberg 2005, 408-410.

[21] OLG Köln v. 27.11.1991 - 11 U 132/91 - OLGR Köln 1992, 35-36.

[22] OLG Düsseldorf v. 12.12.1997 - 22 U 18/97 - NJW-RR 1998, 527-529.

[23] OLG Karlsruhe v. 19.10.2004 - 17 U 107/04 - NJW-RR 2005, 248-251; zu § 635 BGB a.F. OLG Celle v. 11.12.2003 - 6 U 105/03 - juris Rn. 13 - NJW-RR 2004, 526-527.

[24] OLG Brandenburg v. 02.08.2006 - 4 U 132/99 - juris 67 ff. - BauR 2007, 1618-1619.

[25] BGH v. 12.10.1972 - VII ZR 51/72 - BGHZ 59, 328-332.

[26] OLG Bremen v. 31.01.1991 - 2 U 56/90 - juris Rn. 15.

vornahme zu tätigenden Aufwendungen.[27] Weil es sich bei diesen Ansprüchen um keine Schadensersatzansprüche handelt, hat sich hieran nichts durch den mit dem Zweiten Gesetz zur Änderung schadensersatzrechtlicher Vorschriften vom 19.07.2002[28] eingefügten § 249 Abs. 2 Satz 2 BGB geändert.[29] Ist der Besteller zur maßgeblichen Zeit der Durchführung des Werkvertrages als Kaufmann zum Vorsteuerabzug berechtigt, ist der Unternehmer von vornherein nicht auch noch zur Begleichung der Mehrwertsteuer verpflichtet, da diese für den Besteller nur einen durchlaufenden Posten darstellt.[30] Der Anspruch auf Kostenvorschuss oder Aufwendungsersatz umfasst lediglich die mutmaßlichen Nachbesserungskosten, **nicht** aber einen etwaigen **merkantilen Minderwert**[31] **oder entgangenen Gewinn**[32]. Der Aufwendungsersatz- und Vorschussanspruch ist um die sog. **Sowieso-Kosten** zu kürzen, also um diejenigen Mehrkosten, um die das Werk bei ordnungsgemäßer Ausführung von vornherein teurer gewesen wäre (vgl. hierzu auch die Kommentierung zu § 634 BGB Rn. 57).[33] Eine Anrechnung ersparter Instandhaltungsaufwendungen, die durch eine verzögerte Nacherfüllung eintritt, oder eine Anrechnung einer durch die verzögerte Nacherfüllung bewirkten längeren Lebensdauer der nachgebesserten Leistungen hat nicht zu erfolgen.[34] Etwas anderes kann gelten, wenn durch die Mängelbeseitigung eine deutlich verlängerte Nutzungsdauer entsteht und der Mangel sich verhältnismäßig spät ausgewirkt hat und der Besteller bis dahin keine Gebrauchsnachteile hinnehmen musste.[35] Zur Vorteilsausgleichung vgl. auch die Kommentierung zu § 634 BGB Rn. 56.

Ein **Mitverschulden** des Bestellers oder seiner Erfüllungsgehilfen (vgl. hierzu die Kommentierung zu § 634 BGB Rn. 59) muss sich dieser quotal auf seinen Vorschuss- bzw. Aufwendungsersatzanspruch anrechnen lassen.[36] Für den Vorschussanspruch aus § 637 Abs. 3 BGB gilt, wenn es sich um Arbeiten an einem Bauwerk handelt, die fünfjährige **Verjährungsfrist** aus den §§ 634 Nr. 1, 634a Abs. 1 Nr. 2 BGB.[37]

21

Muss sich der Besteller in Höhe sog. **Sowieso-Kosten** an den Mängelbeseitigungskosten beteiligen (vgl. hierzu die Kommentierung zu § 634 BGB Rn. 57), hat der Unternehmer gegenüber dem Nacherfüllungsanspruch des Bestellers einen Anspruch auf Sicherheitsleistung gegen den Besteller, aufgrund dessen er entsprechend § 273 BGB ein **Zurückbehaltungsrecht** hat, bis der Besteller die Sicherheit geleistet hat.[38]

22

Ein Anspruch auf die Kosten der Selbstvornahme besteht nach Treu und Glauben von vornherein nur insoweit, als der Besteller nicht **restlichen Werklohn** im Hinblick auf vorhandene Mängel **zurückbehalten hat und diesen zur Mängelbeseitigung verwenden kann**. Ein Bauherr ist deshalb, wenn er Werklohn zurückbehalten hat und dieser zur sachgerechten Beseitigung der Baumängel ausreicht, auf die Möglichkeit des Zugriffs auf den einbehaltenen Werklohn zu verweisen. Dies gilt auch dann, wenn der restliche Werklohnanspruch des Unternehmers mangels Abnahme noch nicht fällig ist oder wenn er bereits verjährt ist.[39]

23

---

[27] Differenzierend: BGH v. 22.07.2010 - VII ZR 176/09 - juris Rn. 12 ff. - BGHZ 186, 330-334; Brandenburgisches Oberlandesgericht v. 15.06.2011 - 4 U 144/10 - juris Rn. 51 - NJW-Spezial 2011, 494; LG Erfurt v. 08.09.2011 - 1 S 145/11 - juris Rn. 11.

[28] BGBl I 2002, 2674.

[29] Vgl. hierzu: BT-Drs. 14/7752, S. 13.

[30] OLG Hamm v. 14.02.1996 - 12 U 157/94 - OLGR Hamm 1996, 207; OLG Düsseldorf v. 16.08.1995 - 22 U 256/93 - NJW-RR 1996, 532-533.

[31] BGH v. 24.10.1996 - VII ZR 98/94 - juris Rn. 20 - LM BGB § 635 Nr. 111 (4/1997).

[32] OLG Dresden v. 17.11.2000 - 11 U 0369/00, 11 U 369/00 - BauR 2001, 424-425.

[33] BGH v. 17.05.1984 - VII ZR 169/82 - juris Rn. 20 - BGHZ 91, 206-217.

[34] BGH v. 17.05.1984 - VII ZR 169/82 - juris Rn. 33 - BGHZ 91, 206-217.

[35] BGH v. 13.09.2001 - VII ZR 392/00 - juris Rn. 22 - NJW 2002, 141-142; BGH v. 17.05.1984 - VII ZR 169/82 - juris Rn. 39 - BGHZ 91, 206-217.

[36] BGH v. 22.03.1984 - VII ZR 50/82 - BGHZ 90, 344-354; BGH v. 05.11.1998 - VII ZR 236/97 - juris Rn. 12 - NJW 1999, 416-417; BGH v. 11.10.1990 - VII ZR 228/89 - juris Rn. 8 - BauR 1991, 79-81; BGH v. 26.02.1981 - VII ZR 287/79 - juris Rn. 30 - NJW 1981, 1448-1449; OLG Rostock v. 11.06.2009 - 3 U 213/08 - juris Rn. 31 - NJW-RR 2009, 1674-1676.

[37] Oberlandesgericht Sachsen-Anhalt v. 21.03.2011 - 10 U 31/10 - juris Rn. 4 - NJW-RR 2011, 1101-1104.

[38] OLG Hamm v. 14.11.1989 - 24 U 183/88 - BauR 1991, 756-759.

[39] OLG Hamm v. 03.12.1997 - 12 U 125/97 - NJW-RR 1998, 885-886; OLG Hamm v. 25.10.1996 - 12 U 163/95 - OLGR Hamm 1997, 117-118; OLG Oldenburg (Oldenburg) v. 02.02.1994 - 2 U 216/93 - juris Rn. 5 - NJW-RR 1994, 529-530; im Ergebnis vergleichbar – Aufrechnungsrecht des Bestellers – OLG Karlsruhe v. 26.04.1983 - 8 U 32/83 - OLGZ 1983, 464-466.

II. Abrechnungspflicht

24 Der Besteller hat seine Aufwendungen für die Mängelbeseitigung nachzuweisen, über den erhaltenen **Kostenvorschuss** Abrechnung zu erteilen und den für die Mängelbeseitigung nicht in Anspruch genommenen Betrag zurückzuerstatten.[40] Für Form und Inhalt der Aufrechnung können die Regeln des Auftragsrechts herangezogen werden.[41] Wenn der Besteller von der Durchführung von Mängelbeseitigungsarbeiten absieht, hat er den Vorschuss insgesamt zurückzuzahlen. Beansprucht der Unternehmer auf dieser Grundlage eine Rückerstattung des Vorschusses, ist der Besteller nicht daran gehindert, vor bestimmungsgemäßer Verwendung des als Vorschuss erhaltenen Betrages **Schadensersatz statt der Leistung** zu verlangen und mit diesem Anspruch **aufzurechnen**.[42] Das gilt auch dann, wenn der Schuldner den Vorschussanspruch, mit dem er aufrechnet, nur durch Abtretung erhalten hat.[43] Wenn die Voraussetzungen für die Geltendmachung eines Schadensersatzanspruchs gegeben sind, können die Abrechnung des Kostenvorschusses und der Schadensersatzanspruch auch in der Weise kombiniert werden, dass der Besteller die Höhe der notwendigen Nachbesserungskosten dartut, ohne dabei auch noch nachweisen zu müssen, ob, wie und in welchem Umfang die Mängel tatsächlich beseitigt worden sind.[44]

25 Der **Vorschussanspruch** soll den Besteller in die Lage setzen, das geschuldete Werk auf Kosten des Unternehmers in den vertragsgerechten Zustand versetzen zu lassen. Aus diesem Grund ist er lediglich **vorübergehender Natur** und zugleich zweckgebunden. Der Vorschuss wird dem Auftraggeber zweckgebunden zur Verfügung gestellt, damit dieser die Mängelbeseitigung vornimmt. Steht fest, dass die Mängelbeseitigung nicht mehr durchgeführt wird, so entfällt die Grundlage dafür, dass der Auftraggeber die ihm zur Mängelbeseitigung zur Verfügung gestellten Mittel behält. Der Rückforderungsanspruch wird zu diesem Zeitpunkt fällig. Das ist insbesondere der Fall, wenn der Auftraggeber seinen Willen aufgegeben hat, die Mängel zu beseitigen.[45] Dass der Auftraggeber den Willen aufgegeben hat, die Mängel zu beseitigen, muss der Auftragnehmer darlegen und beweisen. Für ihn kann eine widerlegbare Vermutung streiten, wenn die angemessene Frist für die Beseitigung der Mängel abgelaufen ist und der Auftraggeber binnen dieser Frist noch keine Maßnahmen zur Mängelbeseitigung ergriffen hat.[46] Ein Rückforderungsanspruch entsteht auch dann, wenn der Auftraggeber die Mängelbeseitigung nicht binnen angemessener Frist durchgeführt hat.[47] Welche Frist für die Mängelbeseitigung angemessen ist, ist im Einzelfall unter Berücksichtigung aller Umstände zu ermitteln, die für diese maßgeblich sind. Abzustellen ist auch auf die persönlichen Verhältnisse des Auftraggebers und die Schwierigkeiten, die sich für ihn ergeben, weil er in der Beseitigung von Baumängeln unerfahren ist und hierfür fachkundige Beratung benötigt.[48] Der Rückforderungsanspruch **verjährt** in der regelmäßigen Verjährungsfrist von drei Jahren (§§ 195, 199 BGB),[49] wobei an die grobfahrlässige Unkenntnis hinsichtlich des Bestehens des Anspruchs keine zu geringen Anforderungen zu stellen sind.[50] Der Vorschuss ist trotz Ablauf einer angemessenen Frist zur Mängelbeseitigung nicht zurückzuzahlen, soweit er im Zeitpunkt der letzten mündlichen Verhandlung zweckentsprechend verbraucht worden ist oder es feststeht, dass er alsbald verbraucht werden wird.[51] Der Besteller darf mit einem Anspruch auf Zahlung eines

---

[40] BGH v. 07.07.1988 - VII ZR 320/87 - juris Rn. 13 - BGHZ 105, 103-107; BGH v. 20.05.1985 - VII ZR 266/84 - juris Rn. 11 - BGHZ 94, 330-335; OLG Düsseldorf v. 22.10.1987 - 5 U 92/87.

[41] Auskunftsanspruch des Unternehmers gemäß § 666 BGB: LG Hildesheim v. 02.04.2008 - 4 O 376/07 - juris Rn 30 ff. - NJW-RR 2008, 1338-1340; *Sprau* in: Palandt, § 637 Rn. 10.

[42] BGH v. 14.01.2010 - VII ZR 108/08 - juris Rn. 17 - BGHZ 183, 366-387, BGH v. 07.07.1988 - VII ZR 320/87 - juris Rn. 14 - BGHZ 105, 103-107; BGH v. 24.11.1988 - VII ZR 112/88 - juris Rn. 13 - BauR 1989, 201-203.

[43] BGH v. 08.12.1988 - VII ZR 139/87 - juris Rn. 12 - BauR 1989, 199-201.

[44] BGH v. 24.11.1988 - VII ZR 112/88 - juris Rn. 15 - BauR 1989, 201-203.

[45] BGH v. 14.01.2010 - VII ZR 108/08 - juris Rn. 16 - BGHZ 183, 366-387; BGH v. 05.04.1984 - VII ZR 167/83 - BauR 1984, 406-408.

[46] BGH v. 14.01.2010 - VII ZR 108/08 - juris Rn. 16 - BGHZ 183, 366-387.

[47] BGH v. 14.01.2010 - VII ZR 108/08 - juris Rn. 20 - BGHZ 183, 366-387.

[48] BGH v. 14.01.2010 - VII ZR 108/08 - juris Rn. 21 f. - BGHZ 183, 366-387. Zügiger Beginn und Verwendung längstens in Jahresfrist: OLG Koblenz v. 01.09.1999 - 9 U 106/97 - OLGR Koblenz 2000, 157-158; OLG Oldenburg v. 17.04.2008 - 8 U 2/08 - juris Rn. 20 - BauR 2008, 1641-1643; OLG Oldenburg v. 08.11.2007 - 8 U 123/07 - juris Rn. 32 - BauR 2008, 2051-2053; OLG Celle v. 12.03.2002 - 16 U 138/01 - IBR 2002, 308.

[49] BGH v. 14.01.2010 - VII ZR 213/07 - juris Rn. 11 - NJW 2010, 1195-1196.

[50] BGH v. 14.01.2010 - VII ZR 213/07 - juris Rn. 17 ff. - NJW 2010, 1195-1196.

[51] BGH v. 14.01.2010 - VII ZR 108/08 - juris Rn. 23 f. - BGHZ 183, 366-387.

Vorschusses zur Behebung von Mängeln gegenüber der Werklohnforderung des Unternehmers aufrechnen.[52] Das setzt nicht voraus, dass der Besteller den aufgerechneten Betrag sofort zur Mängelbeseitigung verwendet. Der Besteller kann vielmehr den **rechtskräftigen Abschluss** des Rechtsstreits **abwarten**, in dem über die Aufrechnung entschieden wird.[53]

Auch auf den Vorschussanspruch können gemäß den §§ 288 Abs. 1, 291 BGB Verzugs- oder Prozesszinsen verlangt werden.[54] Diese **Zinsen** bleiben, weil sie den Schuldner auch zur alsbaldigen Erfüllung des Anspruchs anhalten sollen, bei der Abrechnung des Vorschusses außer Betracht.[55] Soweit der Kostenvorschuss allerdings die tatsächlichen Mängelbeseitigungskosten übersteigt, ist nicht nur der Mehrbetrag, sondern sind auch die auf den Mehrbetrag gezahlten Zinsen auszukehren.[56] Der Verzug mit der Kostenvorschusszahlung tritt nicht (schon) mit dem Ablauf der zur Mängelbeseitigung gesetzten Frist ein. Es bedarf vielmehr grundsätzlich einer Mahnung zur Zahlung des Kostenvorschusses (§ 284 BGB).[57] 26

III. Nacherfüllungsanspruch des Unternehmers

Schon bisher wurde zur VOB B vertreten, dass der Unternehmer nach Fristablauf eine Eigennachbesserung gemäß § 13 Nr. 5 Abs. 2 VOB/B nur dann noch vornehmen kann, wenn der Besteller damit einverstanden ist und von einer Selbstvornahme absieht[58], weil ansonsten eine nicht hinzunehmende Verwirrung die Folge sei. Abweichend von gegenteiliger Instanzrechtsprechung[59] hat der Bundesgerichtshof jetzt wiederholt entschieden, dass der Auftraggeber auch bei dem BGB-Vertrag **nicht verpflichtet** ist, die vom Auftragnehmer **nach Fristablauf** noch angebotene **Nacherfüllung anzunehmen**. Der BGH begründet seine Auffassung damit, dass die dem Auftraggeber nach fruchtlosem Ablauf der Nacherfüllungsfrist zustehenden unterschiedlichen Gewährleistungsansprüche diesen dazu berechtigen zu entscheiden, welche Ansprüche er gegen den Auftragnehmer geltend machen will. Mit dem berechtigten Interesse des Auftraggebers, diese Entscheidung über die Art der Vertragsabwicklung zu treffen, sei es unvereinbar, dass der Auftragnehmer gegen dessen Willen die Mängel nachbessert. Der Auftragnehmer werde dadurch nicht unangemessen benachteiligt. Die Situation nach dem fruchtlosen Ablauf der Frist beruhe darauf, dass der Auftragnehmer zweifach gegen seine Vertragspflichten verstoßen habe. Er habe die geschuldete Leistung vertragswidrig ausgeführt und auf die Aufforderung zur Mängelbeseitigung die geschuldete Mängelbeseitigung nicht durchgeführt.[60] Hat der Besteller den Unternehmer nach erfolglosem Fristablauf nochmals zur Nacherfüllung aufgefordert und verweigert er dann dem Unternehmer die Nacherfüllung, wenn dieser dazu ansetzt, kann das treuwidrig sein.[61] Auch nach Verlust der Nachbesserungsberechtigung des Unternehmers und Verlust des Selbstvornahmerechts des Bestellers bleibt es den Vertragsparteien unbenommen, sich nachträglich auf eine Mängelbeseitigung in bestimmter Art und Weise zu verständigen und das Selbstvornahmerecht wieder entstehen zu lassen.[62] 27

Beseitigt der Unternehmer den Werkmangel nachdem der Besteller mit dem Vorschussanspruch gegenüber der Werklohnforderung aufgerechnet hatte, soll die Werklohnforderung wieder aufleben, weil 28

---

[52] BGH v. 13.07.1970 - VII ZR 176/68 - BGHZ 54, 244-251; BGH v. 08.12.1988 - VII ZR 139/87 - juris Rn. 12 - BauR 1989, 199-201; BGH v. 30.09.1992 - VIII ZR 193/91 - juris Rn. 23 - NJW 2002, 1957-1958.
[53] OLG Celle v. 14.12.1993 - 16 U 10/93 - NJW-RR 1994, 1174-1175.
[54] BGH v. 14.04.1983 - VII ZR 258/82 - juris Rn. 9 - BauR 1983, 365-366; BGH v. 27.03.1980 - VII ZR 214/79 - juris Rn. 6 - BGHZ 77, 60-64.
[55] BGH v. 20.05.1985 - VII ZR 266/84 - juris Rn. 7 - BGHZ 94, 330-335.
[56] BGH v. 20.05.1985 - VII ZR 266/84 - juris Rn. 12 - BGHZ 94, 330-335.
[57] BGH v. 27.03.1980 - VII ZR 214/79 - BGHZ 77, 60-64.
[58] OLG Düsseldorf v. 10.07.1979 - 21 U 32/79 - BauR 1980, 75-77; KG Berlin v. 18.12.1989 - 24 U 2745/88 - NJW-RR 1990, 217-218; OLG Düsseldorf v. 23.06.1995 - 22 U 205/94 - NJW-RR 1996, 1422-1423.
[59] OLG Hamm v. 03.12.2004 - 19 U 93/04 - MDR 2005, 682-683; OLG Oldenburg (Oldenburg) v. 16.12.1998 - 2 U 227/98 - juris Rn. 2 - MDR 1999, 994; OLG Koblenz v. 13.03.1997 - 5 U 655/96 - juris Rn. 22 - NJW-RR 1997, 1176-1177; OLG Koblenz v. 05.10.1995 - 5 U 1229/94 - NJW-RR 1996, 1299-1300.
[60] BGH v. 27.02.2003 - VII ZR 338/01 - juris Rn. 23 - BGHZ 154, 119-124; BGH v. 27.11.2003 - VII ZR 93/01 - juris Rn. 25 - NJW-RR 2004, 303-305.
[61] BGH v. 27.11.2003 - VII ZR 93/01 - juris Rn. 26 - NJW-RR 2004, 303-305.
[62] OLG Köln v. 05.03.2001 - 13 W 84/00, 13 W 85/00 - juris Rn. 5 - NJW-RR 2001, 1386.

§ 637

die erfolgreiche Nacherfüllung durch den Unternehmer auflösende Bedingung des werkvertraglichen Vorschussanspruchs sei.[63]

E. Prozessuale Hinweise

29 Der Besteller hat bei einer Vorschussklage **nachprüfbar darzulegen**, welche **Nachbesserungsarbeiten** geplant sind und dass diese der Bauleistung entsprechen, die der Werkunternehmer vertraglich schuldete.[64] Wenn der Besteller die Erscheinungen der von ihm gerügten Mängel vorträgt und deshalb einen Kostenvorschuss verlangt, liegt darin gleichzeitig auch die Behauptung, dass die Mängel noch vorliegen und dass der Besteller beabsichtigt, die Mängel zu beseitigen. Das gilt selbst dann, wenn vorrangig Minderung und der Kostenvorschuss nur hilfsweise beansprucht wird.[65]

30 Sind die **Mängelbeseitigungsarbeiten abgeschlossen** und wurde der Besteller mit den hierfür aufgewendeten Kosten belastet, ist für eine Vorschussklage (Absatz 3) kein Raum mehr. Der Besteller hat nur noch den Aufwendungserstattungsanspruch (Absatz 1). Der Folge der Abweisung einer im Übrigen zunächst zulässigen und begründeten Vorschussklage kann er nur entgehen, indem er die Hauptsache für erledigt erklärt.[66] Die Vorschussklage war auch dann zunächst begründet, wenn die tatsächlichen Mängelbeseitigungskosten weitaus niedriger sind als die mit der Vorschussklage geltend gemachten Kosten, die auf einem nicht beanstandeten Ergebnis eines Sachverständigengutachtens beruhten.[67]

31 An die Darlegungen zur **Anspruchshöhe** dürfen beim Vorschuss (Absatz 3) **nicht gleich strenge Anforderungen** gestellt werden wie bei dem Anspruch auf Ersatz der Aufwendungen der Selbstvornahme (Absatz 1). Letztere müssen abschließend und im Einzelnen genau vorgetragen und nachgewiesen werden. Ein Vorschuss dagegen muss, eben weil es nur um voraussichtliche Aufwendungen geht, nicht in gleichem Maße genau begründet werden.[68] Der Vorschuss ist auch keine abschließende, sondern nur eine vorläufige Zahlung, über die am Ende abgerechnet werden muss. Der Bauherr muss vorprozessual grundsätzlich keinen Sachverständigen beauftragen; es genügt der Besteller die mutmaßlichen Selbstvornahmekosten selbst **schätzt** und bei Bestreiten ein Sachverständigengutachten als Beweis anbietet.[69] Eine detaillierte Aufschlüsselung der Kosten ist im Prozess nicht erforderlich. Lediglich, wenn die Behauptung des Bestellers so ungewiss ist, dass sie als Behauptung „aufs Geratewohl" eingestuft werden müsste (strenge Anforderungen![70]), wäre sie unbeachtlich[71]. Die Höhe kann bei Vorliegen greifbarer Anhaltspunkte geschätzt werden.[72] Zur Schätzung reicht in der Regel die Vorlage nachvollziehbarer Angebote.[73] Maßgeblich für die Schätzung der voraussichtlichen Beseitigungskosten sind die Angaben des Sachverständigen; ein Zuschlag von 20% für die Auftragserteilung an Fremdunternehmen kommt regelmäßig nicht in Betracht, vielmehr hat der Sachverständige den Umstand bei der Schätzung einzupreisen.[74]

32 Ist eine Mängelbeseitigung erfolgt, obliegt es dem Besteller darzulegen und ggf. zu beweisen, dass es ihm **noch nicht möglich** ist **abzurechnen**.[75] Bei der von ihm vorzunehmenden Abrechnung des ge-

---

[63] OLG Nürnberg v. 18.04.2002 - 13 U 4136/01 - NJW-RR 2002, 1239-1240.
[64] OLG Düsseldorf v. 23.07.1999 - 22 U 12/99 - OLGR Düsseldorf 2000, 84-86.
[65] BGH v. 14.01.1999 - VII ZR 19/98 - juris Rn. 14 - NJW-RR 1999, 813.
[66] OLG Koblenz v. 02.12.1988 - 2 U 177/86 - NJW-RR 1990, 981-982.
[67] OLG Koblenz v. 02.12.1988 - 2 U 177/86 - NJW-RR 1990, 981-982.
[68] OLG Nürnberg v. 15.12.2005 - 13 U 1911/05 - juris Rn. 70 - BauR 2007, 413; OLG Düsseldorf v. 25.11.2005 - I-22 U 71/05, 22 U 71/05 - juris Rn. 28 - BauR 2007, 1890.
[69] BGH v. 20.05.2010 - V ZR 201/09 - juris Rn. 8 - NJW-Spezial 2010, 460; BGH v. 08.05.2003 - VII ZR 407/01 - juris Rn. 13 - BauR 2003, 1247-1248; BGH v. 28.11.2002 - VII ZR 136/00 - juris Rn. 25 - NJW 2003, 1038-1039; BGH v. 14.01.1999 - VII ZR 19/98 - juris Rn. 13 - NJW-RR 1999, 813; OLG Stuttgart v. 25.05.2011 - 9 U 122/10 - juris Rn. 44 - NJW-RR 2011, 1242-1244.
[70] BGH v. 25.04.1995 - VI ZR 178/94 - juris Rn. 13 - NJW 1995, 2111, 2112.
[71] BGH v. 22.02.2001 - VII ZR 115/99 - juris Rn. 7 - NJW-RR 2001, 739.
[72] BGH v. 11.03.2004 - VII ZR 339/02 - juris Rn. 6 - NJW-RR 2004, 1023; OLG Düsseldorf v. 25.11.2005 - I-22 U 71/05, 22 U 71/05 - juris Rn. 28 - BauR 2007, 1890.
[73] OLG Stuttgart v. 25.05.2011 - 9 U 122/10 - juris Rn. 44 - NJW-RR 2011, 1242-1244.
[74] LG Erfurt v. 08.09.2011 - 1 S 145/11 - juris Rn. 9.
[75] BGH v. 01.02.1990 - VII ZR 150/89 - juris Rn. 15 - BGHZ 110, 205-209.

zahlten Vorschusses hat der Besteller die Aufwendungen für die Mängelbeseitigung darzulegen und zu beweisen.[76]

Weil der Vorschuss seiner Natur nach nicht endgültig festgeschrieben werden kann, bestehen Besonderheiten hinsichtlich der **Rechtskraft** eines Vorschussurteils. Mit der Vorschussklage wird ein einheitlicher Anspruch auf Ersatz der voraussichtlichen Mängelbeseitigungskosten geltend gemacht. Die Klage umfasst den Vorschussanspruch in der Höhe, in der er zur Beseitigung des Mangels sachlich erforderlich ist. Der Vorschuss stellt aber nichts Endgültiges dar, sondern muss abgerechnet werden. Gegebenenfalls kann eine Nachzahlung verlangt werden.[77] Die Wirkung der Vorschussklage ist nicht auf den eingeklagten Betrag beschränkt. Sie deckt vielmehr hinsichtlich der Unterbrechung der Verjährung auch spätere Erhöhungen, gleichviel worauf sie zurückzuführen sind, ab, sofern sie nur denselben Mangel betreffen.[78] 33

Aus dem auch in die Zukunft gerichteten Wesen einer Vorschussklage folgt, dass ein Vorschussurteil gleichzeitig auch Elemente eines Feststellungsurteils enthält. Dem Grunde nach wird die Verpflichtung des Unternehmers festgestellt, die voraussichtlichen Mängelbeseitigungskosten zu tragen. Diese Feststellung bezieht sich grundsätzlich nicht nur auf Nachforderungen in Form eines weiteren Vorschusses, sondern auch auf den gezahlten Vorschuss übersteigende Selbstvornahmekosten. Bei dem Kostenvorschuss handelt es sich um einen vorweggenommenen Ersatz der Selbstvornahmekosten nach § 637 Abs. 1 BGB. Auch bei einer Vorschussklage hat der Auftraggeber regelmäßig bereits den endgültigen Gesamtbetrag der Mängelbeseitigungskosten im Sinn, wenn auch auf einer nur vorläufigen Basis. Der Auftragnehmer seinerseits muss so lange mit Nachforderungen rechnen, als die Kosten der Mängelbeseitigung nicht endgültig feststehen. Die Vorschussklage ist daher regelmäßig so zu verstehen, dass gleichzeitig die Nachschusspflicht des Auftragnehmers für den Fall festgestellt werden soll, dass der ausgeurteilte Vorschuss nicht ausreicht.[79] Eine **Feststellungsklage** neben der Vorschussklage ist sonach entbehrlich.[80] 34

Rechnet der Besteller gegen eine titulierte Werklohnforderung mit einem Anspruch auf Zahlung eines Vorschusses zur Mängelbeseitigung auf, kommt es für die Präklusion nach § 767 Abs. 2 ZPO nicht darauf an, wann objektiv eine Fristsetzung zur Nacherfüllung hätte gesetzt werden können und wann diese abgelaufen wäre, sondern auf den Zeitpunkt des Ablaufs einer tatsächlich gesetzten Frist.[81] Nach seiner Verurteilung zur Vorschusszahlung kann sich der Unternehmer nicht erfolgreich mit der Vollstreckungsgegenklage wehren, wenn er nach dem Urteil Mängelbeseitigungsarbeiten gegen den Willen des Bauherrn vorgenommen hat, deren Erfolg zwischen den Parteien umstritten ist. Dieser Streit wird erst bei der Abrechnung des Vorschusses unter dem Gesichtspunkt der Erforderlichkeit der vom Auftraggeber aufgewandten Kosten entschieden.[82] 35

Wegen der unterschiedlichen Auswirkungen einer Verurteilung auf Zahlung von Vorschuss oder Schadensersatz, insbesondere im Hinblick auf die bei einem Vorschuss bestehende Abrechnungspflicht darf ein **Urteil nicht offen lassen, ob** es dem Besteller **Vorschuss oder Schadensersatz** zugebilligt hat.[83] 36

Der Übergang vom Anspruch auf Kostenvorschuss zu dem auf Schadensersatz oder umgekehrt ist eine **Klageänderung** i.S.v. § 263 ZPO und nicht etwa nur eine Erweiterung oder Beschränkung i.S.v. § 264 Nr. 2 ZPO.[84] Ein Übergang von der Schadensersatzklage zur Klage auf Vorschuss soll auch nicht unter § 264 Nr. 3 ZPO fallen.[85] 37

---

[76] BGH v. 01.02.1990 - VII ZR 150/89 - juris Rn. 15 - BGHZ 110, 205-209; BGH v. 07.07.1988 - VII ZR 320/87 - juris Rn. 13 - BGHZ 105, 103-107; BGH v. 20.05.1985 - VII ZR 266/84 - juris Rn. 11 - BGHZ 94, 330-335.
[77] BGH v. 25.09.2008 - VII ZR 204/07 - BauR 2008, 2041-2042; *Sprau* in: Palandt, § 637 Rn. 9
[78] BGH v. 10.11.1988 - VII ZR 140/87 - BauR 1989, 81-83; BGH v. 01.02.2005 - X ZR 112/02 - NJW-RR 2005, 1037-1039.
[79] BGH v. 25.09.2008 - VII ZR 204/07 - juris Rn. 8 - BauR 2008, 2041-2042.
[80] BGH v. 25.09.2008 - VII ZR 204/07 - juris Rn. 8 - BauR 2008, 2041-2042; BGH v. 20.02.1986 - VII ZR 318/84 - juris Rn. 19 - NJW-RR 1986, 1026-1028; BGH v. 10.11.1988 - VII ZR 140/87 - juris Rn. 15 - BauR 1989, 81-83.
[81] BGH v. 07.07.2005 - VII ZR 351/03 - juris Rn. 16 - BGHZ 163, 339-343; OLG Hamm v. 15.11.1988 - 21 U 124/88 - BauR 1989, 743-744.
[82] OLG Nürnberg v. 28.07.2005 - 13 U 896/05 - NJW-RR 2006, 165-166.
[83] OLG München v. 24.09.1984 - 28 U 4569/83 - BauR 1986, 729-730.
[84] BGH v. 13.11.1997 - VII ZR 100/97 - juris Rn. 11 - BauR 1998, 369-370; a.A. OLG Brandenburg v. 09.11.2000 - 8 U 43/00 - NJW-RR 2001, 386-389.
[85] OLG Dresden v. 09.06.1999 - 8 U 814/99 - juris Rn. 21 - NJW-RR 2000, 1337-1338.

F. Anwendungsfelder

I. VOB

38 § 13 Nr. 5 Abs. 2 VOB/B gibt dem Besteller ein Selbstbeseitigungsrecht nebst Kostenerstattungsanspruch nach Ablauf einer angemessenen Mängelbeseitigungsfrist. Es gelten im Wesentlichen die Grundsätze wie für § 637 BGB.[86] Das Selbstvornahmerecht ist abzugrenzen vom Recht zur Beseitigung von Mängeln, die sich während der Ausführung zeigen (§ 4 Nr. 7 VOB/B). Letzteres Recht besteht, außer bei der endgültigen Erfüllungsverweigerung[87], erst nach schriftlicher (§ 8 Nr. 5 VOB/B) Auftragsentziehung gemäß § 8 Nr. 3 VOB/B[88].

II. Konkurrenzen

39 Zu Konkurrenzen mit sonstigen Werkmängelrechten des Bestellers vgl. die Kommentierung zu § 634 BGB Rn. 91. Zum In-Kraft-Treten von § 637 BGB vgl. die Kommentierung zu § 633 BGB Rn. 96.

---

[86] *Sprau* in: Palandt, § 637 Rn. 12; *Halfmeier/Leupertz* in: PWW, § 637 Rn. 13; Schleswig-Holsteinisches OLG v. 22.08.2011 - 3 U 101/10 - juris Rn. 4, 49 - BauR 2012, 815-822..
[87] BGH v. 13.09.2001 - VII ZR 113/00 - juris Rn. 30 - BauR 2001, 1897-1901; BGH v. 20.04.2000 - VII ZR 164/99 - juris Rn. 20 - NJW 2000, 2997-2998; BGH v. 09.10.2008 - VII ZR 80/07 - juris Rn. 16 - BauR 2009, 99-101.
[88] BGH v. 13.09.2001 - VII ZR 113/00 - juris Rn. 30 - BauR 2001, 1897-1901.

§ 638 BGB Minderung

(Fassung vom 02.01.2002, gültig ab 01.01.2002)

(1) ¹Statt zurückzutreten, kann der Besteller die Vergütung durch Erklärung gegenüber dem Unternehmer mindern. ²Der Ausschlussgrund des § 323 Abs. 5 Satz 2 findet keine Anwendung.

(2) Sind auf der Seite des Bestellers oder auf der Seite des Unternehmers mehrere beteiligt, so kann die Minderung nur von allen oder gegen alle erklärt werden.

(3) ¹Bei der Minderung ist die Vergütung in dem Verhältnis herabzusetzen, in welchem zur Zeit des Vertragsschlusses der Wert des Werkes in mangelfreiem Zustand zu dem wirklichen Wert gestanden haben würde. ²Die Minderung ist, soweit erforderlich, durch Schätzung zu ermitteln.

(4) ¹Hat der Besteller mehr als die geminderte Vergütung gezahlt, so ist der Mehrbetrag vom Unternehmer zu erstatten. ²§ 346 Abs. 1 und § 347 Abs. 1 finden entsprechende Anwendung.

Gliederung

A. Grundlagen 1	IV. Beteiligung mehrerer (Absatz 2) 13
I. Kurzcharakteristik 1	V. Berechnung der Minderung (Absatz 3) 16
II. Gesetzgebungsmaterialien 3	VI. Rückforderungsanspruch (Absatz 4) 21
B. Anwendungsvoraussetzungen 4	**C. Prozessuale Hinweise** 22
I. Statt zurückzutreten 4	**D. Anwendungsfelder** 23
II. Erklärung der Minderung 8	I. VOB 23
III. Rechtsfolgen 11	II. Konkurrenzen 24

A. Grundlagen

I. Kurzcharakteristik

Mit der Minderungserklärung kann der Besteller beim Vorliegen eines Werkmangels eine Reduzierung des vereinbarten Werklohns gemäß Absatz 3 erreichen. Die Ausgangslage des Bestellers unterscheidet sich bei der Minderung nicht von der des Rücktritts. Im Tatbestand des § 638 BGB wird dies durch die Formulierung „statt zurückzutreten" zum Ausdruck gebracht.   **1**

Liegen die Voraussetzungen für eine Minderung vor, tritt ihre Wirkung mit entsprechender Erklärung des Bestellers ein (Absatz 1 Satz 1). Mit dieser Ausgestaltung des Minderungsrechts als **Gestaltungsrecht** hat der Gesetzgeber dem im Altrecht zu den §§ 634, 465 BGB a.F. bestehenden Theorienstreit die Grundlage entzogen. Weil es sich bei der Minderung jetzt um ein Gestaltungsrecht handelt, kann sie allerdings bei mehrheitlicher Beteiligung auf Seiten des Bestellers oder des Unternehmers nur noch einheitlich geltend gemacht werden (Absatz 2).   **2**

II. Gesetzgebungsmaterialien

Durch das Schuldrechtsmodernisierungsgesetz vom 26.11.2001[1] haben sich bei der Minderung in drei Punkten Änderungen ergeben: **3**
- Die Minderung ist Gestaltungsrecht,
- die Minderung ist auch bei Vorliegen eines Rechtsmangels möglich,
- einer nach Altrecht grundsätzlich erforderlichen Ablehnungsandrohung bedarf es nicht mehr; eine erfolglos gesetzte Frist zur Nacherfüllung reicht aus.

Von einer zunächst vorgesehenen Änderung bei der Berechnung der Minderung wurde Abstand genommen.[2]

---

[1] BGBl I 2001, 3138.
[2] BT-Drs. 14/6040, S. 267; BT-Drs. 14/7052, S. 205.

B. Anwendungsvoraussetzungen

I. Statt zurückzutreten

4 Wie sich aus der Formulierung „statt zurückzutreten" ergibt, setzt § 638 Abs. 1 BGB für die Minderung voraus, dass die Voraussetzungen für einen Rücktritt vorliegen. Damit wird auf die §§ 636, 323, 326 Abs. 5 BGB Bezug genommen (§ 634 Nr. 3 BGB).

5 Für eine Minderung muss mithin grundsätzlich bereits eine **Abnahme** erfolgt sein. Es gibt allerdings Ausnahmen. So kann der Gläubiger auch schon vor Fälligkeit der Leistung Minderung verlangen, wenn offensichtlich ist, dass die Voraussetzungen für eine Minderung eintreten werden (§§ 634 Nr. 3, 323 Abs. 4 BGB). Zu weiteren Ausnahmen vgl. die Kommentierung zu § 634 BGB Rn. 97. Es muss ein **Werkmangel** vorliegen (zu praktischen Hinweisen hierzu vgl. die Kommentierung zu § 633 BGB Rn. 46). Dieser kann – anders als beim Rücktritt – **auch unerheblich** sein (§ 638 Abs. 1 Satz 2 BGB, wonach der Ausschlussgrund des § 323 Abs. 5 Satz 2 BGB keine Anwendung findet). Der Besteller muss dem Unternehmer **grundsätzlich** eine angemessene **Frist** zur (Nach-)Erfüllung gesetzt haben, die erfolglos (vgl. die Kommentierung zu § 634 BGB Rn. 9) abgelaufen sein muss. Die Fristsetzung kann im Einzelfall allerdings **entbehrlich** sein: vgl. hierzu die Kommentierung zu § 636 BGB Rn. 5.

6 Die Minderung ist ausgeschlossen,
- wenn der Mangel auf einem Umstand beruht, für den der Gläubiger allein oder weit überwiegend verantwortlich ist (§§ 634 Nr. 3, 323 Abs. 6 BGB – zur Minderung, wenn die Mitverantwortung des Gläubigers diesen Grad nicht erreicht: vgl. Mitverschulden, Rn. 20), oder
- wenn der Schuldner den Werkmangel nicht zu vertreten hat und Gläubiger bei Eintritt des Werkmangels im Annahmeverzug ist (§§ 634 Nr. 3, 323 Abs. 6, 293 ff. BGB), oder
- wenn der Besteller sich bei der Abnahme wegen eines ihm bekannten Mangels seine Rechte nicht vorbehalten hat (vgl. die Kommentierung zu § 640 BGB Rn. 31).

Für Einzelheiten hierzu vgl. die Kommentierung zu § 634 BGB Rn. 18.

7 Das Minderungsrecht kann selbständig **abgetreten** werden. An den hierzu vom Bundesgerichtshof angestellten Erwägungen[3] hat sich durch das Schuldrechtsmodernisierungsgesetz nichts geändert.

II. Erklärung der Minderung

8 Die Minderung erfolgt nicht kraft Gesetzes, sondern bedarf einer entsprechenden Erklärung des Bestellers. Sie ist eine einseitige nicht formbedürftige Willenserklärung, die **mit Zugang** beim Unternehmer **wirksam** wird **und** dann **rechtsgestaltend** wirkt: Der (Nach-)Erfüllungsanspruch erlischt. Der zunächst vereinbarte Werklohn reduziert sich nach näherer Maßgabe des Absatzes 3. Da die Minderungserklärung rechtsgestaltende Wirkung hat, können die Rechtsfolgen einer durch Zugang wirksam gewordenen Minderung von dem Besteller nicht einseitig durch Widerruf oder Rücknahme der Minderung beseitigt werden. Die Parteien können den Eintritt der Rechtsfolgen allenfalls noch einverständlich beseitigen.[4] Ohne eine solche Vereinbarung bleibt der Besteller an eine von ihm erklärte Minderung **gebunden**.

9 Die Erklärung der Minderung muss **eindeutig** sein.[5] Nur die Androhung der Minderung oder das Verhandeln mit dem Unternehmer über eine einvernehmliche Reduzierung des Werklohns reichen nicht aus. Ein bestimmter Geldbetrag muss bei Erklärung der Minderung (noch) nicht genannt werden. Das entspricht dem vergleichbaren Schadensersatzverlangen gemäß § 281 Abs. 4 BGB. Im Übrigen ergibt sich für den Unternehmer ja bereits aus Absatz 3, in welcher Höhe gemindert ist. Wird allerdings kein bestimmter Geldbetrag genannt, wird im Zweifel lediglich eine Ankündigung der Minderung, jedoch keine Minderungserklärung vorliegen. Im Hinblick auf die rechtsgestaltende Wirkung der Minderung ist es von besonderer Bedeutung, dass der Besteller klar zum Ausdruck bringt, auf **welche** der von ihm gerügten **Mängel** sich die Minderung beziehen soll. Lässt sich das nicht – auch nicht durch Auslegung – klären – ist die Minderungserklärung nicht wirksam. Als Ausübung eines Gestaltungsrechts ist die Erklärung der Minderung **bedingungsfeindlich**.[6] Ist sie unter Bedingungen gestellt, ist die Erklärung unwirksam, es sei denn der Eintritt der Bedingung liegt allein in der Hand des Unternehmers.

---

[3] BGH v. 11.07.1985 - VII ZR 52/83 - juris Rn. 11 - BGHZ 95, 250-255.
[4] Vgl. BayObLG München v. 14.07.1981 - Allg Reg 32/81 - juris Rn. 36 - NJW 1981, 2197-2201.
[5] Zur Parallelproblematik bei § 281 Abs. 4 BGB: BT-Drs. 14/6040, S. 140.
[6] Vgl. OLG Düsseldorf v. 07.06.1990 - 10 U 195/89 - juris Rn. 12 - NJW-RR 1990, 1469; einschränkend *Voit* in: Bamberger/Roth, § 638 Rn. 2.

Die Erklärung der Minderung hat als Ausübung eines rechtsändernden Gestaltungsrechts Verfügungscharakter. Ein **Vormund**, ein Betreuer oder ein Vermögenspfleger bedarf deshalb zur Minderung der vormundschaftsgerichtlichen Genehmigung (§§ 1908i, 1915, 1831, 1812 BGB).[7] Ob das Recht zu mindern (also das Recht **auf** Minderung, nicht das Recht **aus** Minderung gemäß Absatz 4) selbständig **abgetreten** werden kann, kann zweifelhaft sein. Eine entsprechende Vereinbarung kann jedoch nach § 140 BGB zumindest in eine **Ermächtigung** zur Erklärung der Minderung (§ 185 Abs. 1 BGB) **umgedeutet** werden.[8]

III. Rechtsfolgen

Der Besteller kann wegen des Mangels, wegen dessen die Minderung erklärt wird, nachträglich nicht mehr zurücktreten. Streitig ist, inwieweit er daneben Schadensersatz statt der ganzen Leistung verlangen kann.[9] Gegen diese Möglichkeit spricht, dass mit der Erklärung der Minderung der Erfüllungsanspruch erloschen ist und eine dem § 325 BGB vergleichbare Vorschrift fehlt.[10] Der Beanspruchung eines kleinen Schadensersatzes, soweit dieser die bereits durch die Minderung abgedeckten Mängelbeseitigungskosten übersteigt, steht dies nicht entgegen.[11]

Abdingbarkeit: Der endgültige und gleichzeitige Ausschluss von Rücktritt und Minderung verstößt gegen § 309 Nr. 8 lit. b bb BGB und benachteiligt auch den kaufmännischen Vertragspartner unangemessen (§ 307 BGB).[12]

IV. Beteiligung mehrerer (Absatz 2)

Folge der Ausgestaltung der Minderung als Gestaltungsrecht ist es weiter, dass nach Absatz 2 – abweichend von der bisherigen Rechtslage (§ 474 BGB a.F.) – bei einer Beteiligung mehrerer Personen auf der einen oder anderen Seite die Minderung nur von allen und gegenüber allen erklärt werden kann. Absatz 2 betrifft nur den Fall, dass die Mehrheit von Personen auf Besteller- oder Unternehmerseite gerade **bei dem in Rede stehenden** Werkvertrag besteht. Hat sich ein Unternehmer gegenüber verschiedenen Personen in verschiedenen Verträgen zur (teilweise) selben Leistung verpflichtet, ist das kein Fall des Absatzes 2. Etwas anderes gilt nur, wenn die einzelnen Verträge so miteinander verbunden sind, dass sie entsprechend § 139 BGB miteinander stehen und fallen.[13] Absatz 2 betrifft deshalb nicht die Fälle, in denen ein Bauträger verschiedene Eigentumswohnungen an verschiedene Erwerber veräußert (zur Rechtsnatur der Ansprüche vgl. die Kommentierung zu § 639 BGB Rn. 29). Bindungen, denen die Erwerber bei einer derartigen Mehrheit von Verträgen aufgrund ihres Innenverhältnisses (etwa als Gesamthand oder als Wohnungseigentümergemeinschaft – zu Letzterem vgl. die Kommentierung zu § 634 BGB Rn. 109) unterliegen, lässt Absatz 2 allerdings unberührt.[14]

Greift Absatz 2 ein, setzt dies zwar keine „gleichzeitige" Abgabe voraus, jedoch tritt die Wirksamkeit erst mit Abgabe der letzten erforderlichen Minderungserklärung ein.[15] Wird trotz Eingreifens des Absatzes 2 die Minderung nur von einem Besteller erklärt, kann in Betracht kommen, dass er hierbei alle Besteller vertritt (§ 164 BGB). Ist die Erklärung der Minderung nach Absatz 2 unwirksam, wird häufig ihre Umdeutung in ein Schadensersatzverlangen nahe liegen (§ 140 BGB). Nach Treu und Glauben kann ein Hauptunternehmer gehindert sein, gegenüber dem Nachunternehmer Minderungsansprüche geltend zu machen, wenn im Rahmen der werkvertraglichen Leistungskette feststeht, dass der Hauptunternehmer von seinem Besteller wegen der Mängel am Werk nicht mehr in Anspruch genommen wird.[16]

Abdingbarkeit: Absatz 2 ist dispositiv.[17]

---

[7] Vgl. BGH v. 28.09.1988 - IVa ZR 126/87 - juris Rn. 16 - NJW-RR 1989, 21-22.
[8] Vgl. BGH v. 10.12.1997 - XII ZR 119/96 - juris Rn. 12 - NJW 1998, 896-898.
[9] Bejahend *Derleder*, NJW 2003, 998, 1002.
[10] *Sprau* in: Palandt, § 634 Rn. 5 m.w.N.
[11] Str., *Halfmeier/Leupertz* in: PWW, § 634 Rn. 6; *Krause-Allenstein* in: Kniffka, Bauvertragsrecht, § 638 Rn. 5; vgl. zum Kaufvertrag BGH v. 05.11.2010 - V ZR 228/09 - juris Rn. 34 f. - NJW 2011, 1217-1220.
[12] BGH v. 26.06.1991 - VIII ZR 231/90 - juris Rn. 23 - NJW 1991, 2630-2633; BGH v. 16.05.1990 - VIII ZR 245/89 - juris Rn. 11 - NJW-RR 1990, 1141-1142.
[13] Zu § 356 BGB a.F.: BGH v. 30.04.1976 - V ZR 140/74 - juris Rn. 12 - JZ 1976, 685.
[14] BT-Drs. 14/6040, S. 266.
[15] *Busche* in: MünchKomm-BGB, § 638 Rn. 6.
[16] BGH v. 20.12.2010 - VII ZR 95/10 - juris Rn. 2 - BauR 2011, 683-684.
[17] Ebenso zur vergleichbaren Situation beim Rücktritt: *Grüneberg* in: Palandt, § 351 Rn. 2 m.w.N.

V. Berechnung der Minderung (Absatz 3)

16 Der Gesetzgeber hat mit Absatz 3 keine Änderung gegenüber dem Altrecht beabsichtigt.[18] Absatz 3 wurde nur aus Gründen der Übersichtlichkeit aufgenommen und entspricht inhaltlich § 441 Abs. 3 BGB.

17 Für die Berechnung der Minderung gemäß Absatz 3 müssen neben dem Werklohn der Verkehrswert der Werkleistung – wäre sie mangelfrei – (V_Wert_soll) und der Verkehrswert der Sache in ihrer Mangelhaftigkeit (V_Wert_ist) bekannt sein. Maßgeblicher Bewertungszeitpunkt ist der des Vertragsschlusses. Danach berechnet sich der geminderte Werklohn wie folgt:

$$\text{Geminderter Werklohn} = (V\_Wert\_ist\ /\ V\_Wert\_soll) \times \text{voller Werklohn}$$

18 Die Berechnung der Minderung wird erleichtert, wenn – wie häufig – der Wert der (mangelfreien) Werkleistung dem hierfür zu entrichtenden Werklohn entspricht. In diesem Fall ist auch nach neuem Recht die durch den Mangel verursachte Wertminderung am Objekt der Minderung der Vergütung gleichzusetzen und kommt es auf die in Absatz 3 genannte Berechnungsmethode nicht an.[19] Das eigentliche Problem der Minderung liegt in der Ermittlung des Verkehrswertes der mangelhaften Sache (V_Wert_ist). Hierbei hilft die Berechnungsmethode des Absatzes 3 nicht weiter.[20] **Üblicherweise** lehnt sich die gerichtliche Praxis zur Ermittlung der Wertminderung an den Geldbetrag an, der (einschließlich eventueller Mehrwertsteuer[21]) aufgewendet werden muss, um die in Rede stehenden Mängel zu beheben.[22] Daneben kann zusätzlich eine nach der Mängelbeseitigung verbleibende sog. **merkantile Wertminderung** berücksichtigt werden.[23] Die sog. merkantile Wertminderung ist die Minderung des Verkehrswerts einer Sache, die trotz völliger und ordnungsgemäßer Instandsetzung deshalb verbleibt, weil bei einem großen Teil des Publikums vor allem wegen des Verdachts verborgen gebliebener Schäden eine den Preis beeinflussende Abneigung gegen den Erwerb besteht.[24] Weil das Schuldrechtsmodernisierungsgesetz keine sachliche Änderung bei der Berechnung der Minderung beabsichtigt hat, kann an der bislang üblichen Berechnungsweise weiterhin festgehalten werden. Im Gesetzgebungsverfahren wurde zwar darauf hingewiesen, dass der Minderungsbetrag nicht von den **Kosten der Nachbesserung** abhängig ist. Es wurde jedoch gleichzeitig anerkannt, dass diese einen **tauglichen Anhaltspunkt** für die Berechnung der Minderung geben.[25] Dass die Nachbesserungskosten nicht in jedem Fall herangezogen werden können, entspricht ebenfalls bisheriger Rechtsprechung. Auch bisher wurde für die Minderung nicht auf die Nachbesserungskosten abgestellt, wenn diese in einem **auffälligen Missverhältnis** zur Leistung des Unternehmers standen.[26] Die Berechnung der Minderung nach den Mangelbeseitigungskosten ist darüber hinaus in den Fällen nicht möglich, in denen die **Mangelbeseitigung nicht durchführbar** oder **unverhältnismäßig** ist.[27] Verwendet der Auftragnehmer in diesen Fällen im Vergleich zur geschuldeten Ausführung minderwertiges Material, dann ist die Vergütung des Auftragnehmers um den Vergütungsanteil zu mindern, der der Differenz zwischen der erbrachten und

---

[18] BT-Drs. 14/7052, S. 205 und S. 197.

[19] Zum alten Recht: BGH v. 24.02.1972 - VII ZR 177/70 - juris Rn. 25 - BGHZ 58, 181-184; BGH v. 17.12.1996 - X ZR 76/94 - juris Rn. 25 - NJW-RR 1997, 688-689.

[20] Vgl. zur auf § 638 Abs. 3 BGB gestützten Berechnung der Minderung bei einem Flächenmangel einer vom Bauträger errichteten Eigentumswohnung: LG Nürnberg-Fürth v. 11.06.2010 - 12 O 499909 - juris Rn. 57 - IBR 2010, 690.

[21] OLG München v. 08.06.2004 - 13 U 5680/03 - BTR 2004, 235.

[22] BGH v. 17.12.1996 - X ZR 76/94 - juris Rn. 36 - NJW-RR 1997, 688-689; BGH v. 24.02.1972 - VII ZR 177/70 – juris 27 - BGHZ 58, 181-184; BGH v. 19.10.1988 - VIII ZR 298/87 - juris Rn. 18 - NJW 1989, 719-720; BGH v. 28.06.1961 - V ZR 201/60 - NJW 1961, 1860; OLG Hamm v. 16.12.1988 - 26 U 67/87 - NJW-RR 1989, 602-603.

[23] BGH v. 24.02.1972 - VII ZR 177/70 - BGHZ 58, 181-184; OLG Hamm v. 09.07.1993 - 12 W 10/93 - OLGR Hamm 1993, 320-321; OLG Hamm v. 16.12.1988 - 26 U 67/87 - NJW-RR 1989, 602-603; OLG Hamm v. 10.05.2010 - I-17 U 92/09, 17 U 92/09 - juris Rn. 25 - NJW-Spezial 2010, 430.

[24] BGH v. 09.01.2003 - VII ZR 181/00 - juris Rn. 23 - BGHZ 153, 279-285; BGH v. 19.09.1985 - VII ZR 158/84 - juris Rn. 11 - NJW 1986, 428-429; OLG Hamm v. 10.05.2010 - I-17 U 92/09, 17 U 92/09 - juris Rn. 25 - NJW-Spezial 2010, 430.

[25] BT-Drs. 14/6040, S. 235.

[26] OLG München v. 03.06.1992 - 27 U 815/90 - OLGR München 1992, 133.

[27] KG v. 15.09.2009 - 7 U 120/08 - juris Rn. 7 - NJW-RR 2010, 65-67; OLG München v. 15.03.2011 - 9 U 4665/10 - juris Rn. 27 - BauR 2011, 1505-1506.

der geschuldeten Ausführung entspricht.[28] Hinzutreten kann eine Minderung wegen eines etwaigen merkantilen und/oder technischen Minderwertes. Maßstab für die Berechnung des technischen Minderwertes ist die Beeinträchtigung der Nutzbarkeit und damit des Ertrags- und Veräußerungswertes des Gebäudes. Bei einer Gewerbeimmobilie sind alle Nutzungsmöglichkeiten in Betracht zu ziehen, die bei einem vertragsgemäßen Zustand des Gebäudes in Frage kommen. Dabei kommt es auf konkrete Nutzung des Werks nicht an.[29] Ist die **Werkleistung** aufgrund des Mangels **wertlos**, kann eine **Minderung auf Null** erfolgen.[30]

Bei einem nicht vorsteuerabzugsberechtigten Bauherrn ist die Werklohnminderung durch einen Abzug vom Werklohn in Höhe der Nachbesserungskosten einschließlich hierauf entfallender **Umsatzsteuer** zu vollziehen.[31] Hieran hat sich auch durch das Zweite Gesetz zur Änderung schadensersatzrechtlicher Vorschriften vom 19.07.2002[32] nichts geändert, weil es hier nicht um Schadensersatz, sondern um Minderung geht. 19

Absatz 3 Satz 2 erlaubt nunmehr ausdrücklich, die Minderung durch **Schätzung** gemäß § 287 ZPO zu ermitteln.[33] Diese Regelung wurde eingefügt, um die bisherige Handhabung[34] auf eine sichere Grundlage zu stellen. Die Schätzung kann zu dem Ergebnis gelangen, dass das Werk nicht als minderwertig anzusehen ist und der Besteller deshalb keine Minderung beanspruchen kann, so bei geringfügigen, optisch kaum wahrnehmbaren Mängeln am Bodenbelag.[35] Soweit der Besteller den Werkmangel mitzuverantworten hat (vgl. hierzu die Kommentierung zu § 634 BGB Rn. 31), kann dies bei der Berechnung der Minderung entsprechend § 254 BGB berücksichtigt werden.[36] Ist die Werklohnforderung **teilweise abgetreten**, so kann der minderungsberechtigte Besteller die Minderung grundsätzlich nur gegenüber jeder der Teilforderungen im Verhältnis ihrer Höhe verlangen.[37] 20

VI. Rückforderungsanspruch (Absatz 4)

Hat der Besteller den Werklohn bereits ganz oder teilweise bezahlt, steht ihm nach der Minderung ein Anspruch auf Rückzahlung des geleisteten Mehrbetrags zu. Absatz 4 regelt diesen Anspruch nicht durch bloße Verweisung auf Rücktrittsvorschriften, sondern stellt eine selbstständige Anspruchsgrundlage dar. Aus der Verweisung auf § 346 Abs. 1 BGB und § 347 Abs. 1 BGB ergibt sich, dass der Unternehmer neben der Überzahlung diejenigen **Nutzungen** herauszugeben hat, die er seit Empfang der Überzahlung tatsächlich gezogen hat oder unter Verstoß gegen die eigenübliche Sorgfalt nicht gezogen hat. Zu den Nutzungen zählen **Zinserträge** und sonstige Erträge, die dem Unternehmer aus einer kapitalvermehrenden Anlage des erlangten Geldbetrages zugeflossen sind. Hat der Unternehmer das erlangte Geld zur Tilgung von Schulden verwandt, hat er die dadurch ersparten Zinszahlungen als Vorteile aus dem Gebrauch des Geldes an den Besteller herauszugeben.[38] 21

C. Prozessuale Hinweise

Der Besteller, der Minderung beansprucht, hat darzulegen und zu beweisen, dass ein Werkmangel vorliegt, dass er dem Unternehmer erfolglos eine angemessene Frist zur Nacherfüllung gesetzt hat oder, dass – und aus welchen Gründen – eine solche Frist ausnahmsweise entbehrlich war. Er trägt weiter die 22

---

[28] BGH v. 09.01.2003 - VII ZR 181/00 - juris Rn. 21 - BGHZ 153, 279-285.
[29] BGH v. 09.01.2003 - VII ZR 181/00 - juris Rn. 23 - BGHZ 153, 279-285; zu anderen Berechnungsmethoden: *Pauly*, BauR 2002, 1321, 1323 (Zielbaummethode); *Halfmeier/Leupertz* in: PWW § 638 Rn 4; *Krause-Allenstein* in: Kniffka, Bauvertragsrecht , § 638 Rn. 18.
[30] BGH v. 29.10.1964 - VII ZR 52/63 - BGHZ 42, 232-235; BGH v. 29.05.1961 - VII ZR 84/60 - ZfBR 2000, 395; OLG Köln v. 22.12.1992 - 3 U 36/90 - NJW-RR 1993, 666-667.
[31] OLG Hamm v. 05.09.1997 - 12 U 113/96 - OLGR Hamm 1998, 58-60; OLG München v. 08.06.2004 - 13 U 5690/03 - juris Rn. 8 - BauR 2004, 1806-1807; KG v. 15.09.2009 - 7 U 120/08 - juris Rn. 14 - NJW-RR 2010, 65-67.
[32] BGBl I 2002, 2674.
[33] KG v. 15.09.2009 - 7 U 120/08 - juris Rn. 5 - NJW-RR 2010, 65-67; OLG München v. 15.03.2011 - 9 U 4665/10 - juris Rn. 27 - BauR 2011, 1505-1506.
[34] BGH v. 17.12.1996 - X ZR 76/94 - juris Rn. 36 - NJW-RR 1997, 688-689; BGH v. 26.06.1980 - VII ZR 257/79 - juris Rn. 35 - BGHZ 77, 320-327.
[35] KG v. 15.09.2009 - 7 U 120/08 - juris Rn. 5 - NJW-RR 2010, 65-67.
[36] BT-Drs. 14/6040, S. 235 zu § 441.
[37] BGH v. 08.12.1966 - VII ZR 144/64 - BGHZ 46, 242-246.
[38] Vgl. BGH v. 06.03.1998 - V ZR 244/96 - juris Rn. 21 - BGHZ 138, 160-166.

§ 638

Darlegungs- und Beweislast dafür, dass die Minderung – im Falle des Absatzes 2 durch alle Besteller gegenüber allen Unternehmern – erklärt wurde. Die Erklärung der Minderung liegt aber spätestens vor, wenn der Besteller den Minderungsbetrag einklagt oder der Werklohnklage die Minderung entgegen hält. Der Besteller ist auch für die Höhe der Minderung und für herausverlangte Zinsen darlegungs- und beweisbelastet. Der Unternehmer, der sich gegenüber einem Schadensersatz- oder Rücktrittsverlangen mit der Behauptung verteidigt, der Besteller habe gemindert, ist für die Minderungserklärung beweisbelastet.

D. Anwendungsfelder

I. VOB

23 Bei vereinbarter VOB ist eine Minderung nach Maßgabe von § 13 Nr. 6 VOB/B möglich.

II. Konkurrenzen

24 Zu Konkurrenzen mit sonstigen Werkmängelrechten des Bestellers vgl. die Kommentierung zu § 634 BGB Rn. 91. Zum In-Kraft-Treten von § 638 BGB vgl. die Kommentierung zu § 633 BGB Rn. 96.

§ 639 BGB Haftungsausschluss

(Fassung vom 02.12.2004, gültig ab 08.12.2004)

Auf eine Vereinbarung, durch welche die Rechte des Bestellers wegen eines Mangels ausgeschlossen oder beschränkt werden, kann sich der Unternehmer nicht berufen, soweit er den Mangel arglistig verschwiegen oder eine Garantie für die Beschaffenheit des Werkes übernommen hat.

Gliederung

A. Grundlagen 1	II. AGB 24
I. Kurzcharakteristik 1	1. Allgemeines 24
II. Gesetzgebungsmaterialien 2	2. Subsidiaritätsklauseln 26
B. Anwendungsvoraussetzungen 3	3. Einmalige Verwendung 27
I. Arglistiges Verschweigen 3	4. Kardinalpflichten 28
II. Garantie 16	III. Immobilien 29
C. Rechtsfolgen 20	**D. Prozessuale Hinweise** 31
I. Individualvereinbarung 20	**E. Anwendungsfelder – Übergangsrecht** 32

A. Grundlagen

I. Kurzcharakteristik

§ 639 BGB betrifft allein die **vertragliche** Haftung wegen Werkmängeln. Sie legt die äußerste Grenze dessen fest, was vereinbart werden darf. Aus § 639 BGB kann der Umkehrschluss gezogen werden, dass ein Haftungsausschluss grundsätzlich nicht unzulässig ist. Dabei können allerdings im Einzelfall weitergehende Einschränkungen – etwa aus den §§ 305 ff. BGB – bestehen.

II. Gesetzgebungsmaterialien

Mit dem Schuldrechtsmodernisierungsgesetz vom 26.11.2001[1] ist § 639 BGB an die Stelle des bisherigen § 637 BGB a.F. getreten. Die Umformulierung bringt **keine sachliche Änderung**. Sie trägt lediglich der Neukonzeption des Gewährleistungsrechts Rechnung, weil nunmehr für die Haftung des Unternehmers nicht mehr auf ein „Vertreten" abgestellt wird. Soweit § 639 BGB jetzt an eine von dem Unternehmer übernommene Garantie anknüpft, ist das Folge davon, dass das Schuldrechtsmodernisierungsgesetz auf den Begriff der Zusicherung verzichtet und an deren Stelle die Übernahme einer Garantie treten lässt. § 639 BGB findet mit § 444 BGB eine Entsprechung im Kaufrecht.[2]

B. Anwendungsvoraussetzungen

I. Arglistiges Verschweigen

Arglistiges Verschweigen eines Werkmangels liegt vor, wenn
- der Unternehmer einen Mangel zumindest für möglich[3] oder mit einiger Wahrscheinlichkeit[4] für vorhanden hält und
- er gleichzeitig weiß oder damit rechnet und billigend in Kauf nimmt, dass ein bestimmter Umstand für die Entschließung seines Vertragspartners von Erheblichkeit ist[5], und
- der Unternehmer nach Treu und Glauben diesen Umstand mitzuteilen verpflichtet ist, und
- er ihn trotzdem nicht offenbart.

Anstelle positiver Kenntnis genügt und steht der Arglist gleich, dass der Unternehmer
- ohne tatsächliche Grundlage – quasi ins Blaue hinein – unrichtige Angaben zur Beschaffenheit des Werks macht[6] oder,

---

[1] BGBl I 2001, 3138.
[2] BT-Drs. 14/7052, S. 205.
[3] OLG Düsseldorf v. 20.10.2006 - 23 U 76/06 - juris Rn. 4 - BauR 2007, 157.
[4] OLG Köln v. 06.04.1990 - 11 U 245/89 - BauR 1991, 472.
[5] OLG Frankfurt v. 30.01.2007 - 5 U 2/06 - juris Rn. 24 - IBR 2007, 127.
[6] BGH v. 18.03.1981 - VIII ZR 44/80 - juris Rn. 13 - LM Nr. 13 zu § 476 BGB.

§ 639

- dass der Unternehmer seine Augen vor handgreiflich augenscheinlichen Umständen verschließt oder
- durch Fehlorganisation (sog. Organisationsverschulden) die Möglichkeit, die gegebenen Mängel zu erkennen, unterbunden wird[7].

5 Arglist setzt mindestens **Vorsatz** oder doch bedingten Vorsatz voraus; Fahrlässigkeit, auch grobe Fahrlässigkeit, genügt nicht.[8] Arglist und Vorsatz setzen sich aus zwei Elementen zusammen: Wissen und Wollen. Viel Wissen kann wenig Wollen ausgleichen.[9]

6 **Bewusstsein** ist ein wesentliches Element der Arglist.[10] Bloße Nachlässigkeit reicht nicht aus.[11] Arglist setzt voraus, dass der Unternehmer den Mangel als solchen wahrgenommen und seine Bedeutung als erheblich für den Bestand oder die Benutzung der Leistung erkannt hat.[12] Ein solches Bewusstsein fehlt, wenn ein Mangel von seinem Verursacher nicht als solcher wahrgenommen wird.[13] Dass bei dem Unternehmer darüber hinaus auch noch ein Bewusstsein über die Folgen des von ihm erkannten Mangels besteht, ist nicht erforderlich.[14] Arglist verlangt keine Schädigungsabsicht und keinen eigenen Vorteil.[15] Allein der Umstand, dass der Bauleiter bei einer ordnungsgemäßen Kontrolle den Mangel hätte feststellen können, begründet nicht den Vorwurf der Arglist.[16] Hat der Unternehmer die Bauüberwachung als vertragliche Verpflichtung gegenüber dem Besteller übernommen, diese jedoch nicht durchgeführt und darüber bei der Abnahme seiner Leistungen nicht aufgeklärt, handelt er arglistig.[17]

7 Maßgeblicher Zeitpunkt für die den Arglistvorwurf begründende Verletzung der Pflicht zur Offenbarung des Mangels ist der Zeitpunkt der Abnahme, ersatzweise der Vollendung des Werks, bei nachträglicher Vereinbarung einer Haftungsbeschränkung dieser.[18] Demnach kann der Unternehmer den Vorwurf arglistigen Verhaltens damit entkräften, dass er einen ihm vor der Abnahme bekannt gewesenen Mangel bei der Abnahme nicht offenbart habe, weil er ihn zwischenzeitlich vergessen habe. Erst nach Abnahme erlangte Kenntnis des Unternehmers kann Arglist nicht mehr begründen.[19]

8 Bei arbeitsteiliger Arbeitsweise hat der Unternehmer die organisatorischen Voraussetzungen dafür zu schaffen, dass die Mangelfreiheit des Werkes bei Ablieferung sachgerecht beurteilt werden kann. Ein **Organisationsmangel** an dieser Stelle ist der Arglist gleichzustellen, sofern der Mangel sonst erkannt worden wäre.[20] Der Organisationsmangel kann durch Art und Schwere des Mangels indiziert sein; dann hat der Unternehmer seine organisatorischen Maßnahmen darzutun.[21] Alleine die Tatsache, dass ein schwerwiegender Mangel vorliegt, rechtfertigt nicht ohne weiteres die Annahme eines Organisationsverschuldens, denn auch bei ordnungsgemäßer Organisation des Herstellungsprozesses lassen sich Mängel nicht vollständig ausschließen.[22] Ebenso rechtfertigt noch nicht das Vorliegen eines Baumangels, der bei ordnungsgemäßer Bauüberwachung festgestellt worden wäre, den Vorwurf einer mangel-

---

[7] BGH v. 30.11.2004 - X ZR 43/03 - NJW 2005, 893-894; OLG Naumburg v. 12.11.2003 - 6 U 90/03 - BrBp 2005, 31-32; OLG Düsseldorf v. 30.03.2004 - 23 U 65/03, I-23 U 65/03 - juris Rn. 24 - OLGR Düsseldorf 2004, 294-298; BGH v. 22.11.1991 - V ZR 215/90 - juris Rn. 9 - NJW-RR 1992, 333-334; BGH v. 12.03.1992 - VII ZR 5/91 - juris Rn. 8 - BGHZ 117, 318-323; OLG Hamm v. 04.11.1997 - 21 U 45/97 - NJW-RR 1999, 171-172; OLG Düsseldorf v. 20.10.2006 - 23 U 76/06 - juris Rn. 5 - BauR 2007, 157.

[8] BGH v. 21.11.1952 - V ZR 158/51 - LM Nr. 1 zu § 463 BGB.

[9] OLG München v. 19.04.2005 - 9 U 3931/04 - juris Rn. 20 - NJW-RR 2005, 1181.

[10] OLG München v. 04.03.2008 - 9 U 4539/07 - juris Rn. 9.

[11] OLG Celle v. 07.12.2006 - 13 U 145/06 - juris Rn. 24 - OLGR Celle 2007, 798.

[12] OLG München v. 04.03.2008 - 9 U 4539/07 - juris Rn. 9; OLG München v. 19.04.2005 - 9 U 3931/04 - juris Rn. 20 - NJW-RR 2005, 1181; OLG Frankfurt v. 30.01.2007 - 5 U 2/06 - juris Rn. 28 - IBR 2007, 127.

[13] BGH v. 11.10.2007 - VII ZR 99/06 - juris Rn. 14 - BGHZ 174, 32-39; BGH v. 22.07.2010 - VII ZR 77/08 - juris Rn. 13 - BauR 2010, 1959-1966.

[14] BGH v. 23.05.2002 - VII ZR 219/01 - juris Rn. 15.

[15] BGH v. 23.05.2002 - VII ZR 219/01 - juris Rn. 15 - NJW 2002, 2776-2777.

[16] BGH v. 12.10.2006 - VII ZR 272/05 - juris Rn 11 - ZfBR 2007, 47.

[17] BGH v. 17.06.2004 - VII ZR 345/03 - BauR 2004, 1476 = NJW 2002, 2776-2777.

[18] *Voit* in: Bamberger/Roth, § 639 Rn. 10; *Halfmeier/Leupertz* in: PWW, § 639 Rn 4.

[19] OLG Düsseldorf v. 20.10.2006 - 23 U 76/06 - juris Rn. 3 - BauR 2007, 157.

[20] BGH v. 12.03.1992 - VII ZR 5/91 - BGHZ 117, 318-323, noch zu § 638 BGB a.F.; dazu *Peters/Jacoby* in: Staudinger, § 639 Rn. 15; OLG Düsseldorf v. 20.10.2006 - 23 U 76/06 - juris Rn. 7 - BauR 2007, 157; OLG Düsseldorf v. 22.09.2006 - 22 U 49/06 - juris Rn. 51 - OLGR Düsseldorf 2007, 269.

[21] BGH v. 12.03.1992 - VII ZR 5/91 - BGHZ 117, 318-323; *Peters/Jacoby* in: Staudinger, § 639 Rn. 15

[22] OLG Düsseldorf v. 30.11.2001 - 5 U 229/00 - OLGR Düsseldorf 2002, 317-320.

haften Organisation der Bauüberwachung[23]. Anders kann das sein, wenn ein gravierender Mangel an besonders wichtigen Gewerken vorliegt.[24] Im Übrigen kann die Art des Mangels ein so schwerwiegendes Indiz für eine fehlende oder fehlerhafte Organisation sein, dass weitere Darlegungen hierzu entbehrlich sind. Dem Unternehmer kann es nicht angelastet werden, wenn ein von ihm eingesetzter Subunternehmer die Herstellung des ihm übertragenen Werks seinerseits nicht richtig organisiert.[25] Ggf. muss er sich aber Arglist seines Subunternehmers zurechnen lassen.[26]

Zumindest indiziell sprechen folgende Konstellationen für die Bejahung eines Organisationsfehlers[27]: **9**
- besonders krasse Mängel,
- besonders gravierende, augenfällige Mängel an wichtigen Gewerken,
- besonders augenfällige Mängel an weniger wichtigen Gewerken,
- besonders schwierige konstruktive Anforderungen,
- deutlich sichtbare und wesentliche Mängel, die während der Ausführungsarbeiten bei hinreichender Organisation und Prüfung ohne weiteres bemerkbar gewesen wären, bei Abnahme aber nicht mehr festgestellt werden können,
- Mängel werden so schnell durch Nachfolgearbeiten überdeckt, dass eine effektive Kontrolle hätte gewährleistet werden müssen.[28]

Bei der Einordnung, ob ein Gewerk im vorgenannten Sinne wichtig ist, ist zu berücksichtigen, dass dies eine Ausnahme darstellen muss, weil andernfalls fast jeder erhebliche Defekt als arglistig verschwiegen gelten würde. Deshalb können nur herausragende Teilgewerke als besonders gewichtig angesehen werden.[29] **10**

Die Schwere oder Augenfälligkeit des Mangels kann einen Anschein für fehlende bzw. mangelhafte Organisation und vorhandene Kausalität begründen. Der Unternehmer kann das entkräften, wenn er nachweist, die Organisation seiner Arbeitsabläufe richtig vorgenommen zu haben.[30] **11**

Der Besteller muss die Verletzung der Organisationspflichten darlegen und **beweisen**.[31] Dabei ist zu berücksichtigen, dass keine ständige Überwachung der Arbeiter erforderlich ist, sondern dass nur besonders wichtige Leistungsabschnitte kontrolliert und überwacht werden müssen. Bei wenig aufwändigen oder routinemäßigen Arbeiten genügt eine Überwachung durch einen Mitarbeiter ohne besondere Qualifikation.[32] **12**

Arglist seiner **Mitarbeiter** muss sich der Unternehmer als eigenes arglistiges Verschweigen nur **zurechnen** lassen, soweit er sich dieser Mitarbeiter bei der Erfüllung seiner Pflicht bedient, dem Besteller die Mängel seiner Leistung zu offenbaren. Erfüllungsgehilfe in diesem Sinne ist in der Regel derjenige, der mit der Ablieferung des Werkes an den Besteller betraut ist oder dabei mitwirkt.[33] Dazu gehört in aller Regel der von dem Unternehmer zur Überwachung der Bauleistungen eingesetzte Bauleiter.[34] Der Unternehmer muss sich im Einzelfall auch die Kenntnis eines arglistigen Subunternehmers[35] oder eines arglistigen Kolonnenführers[36] zurechnen lassen, wenn er deren Leistungen nicht überwacht. In Betracht kommt auch die Zurechnung anderer zur Erfüllung der Offenbarungspflicht herangezogener Hilfspersonen. Setzt allein das Wissen und die Mitteilung von mit der Herstellung befassten Mitarbeitern den Unternehmer in Stand, seine Offenbarungspflicht gegenüber dem Besteller zu erfüllen, so **13**

---

[23] BGH v. 27.11.2008 - VI ZR 206/06 - juris Rn. 23 - BGHZ 179, 55-71; BGH v. 22.07.2010 - VII ZR 77/08 - juris Rn. 15 - BauR 2010, 1959-1966.
[24] OLG Naumburg v. 12.11.2003 - 6 U 90/03 - BrBp 2005, 31-32; kein Anscheinsbeweis für Arglist; gravierende Mängel aber Indiz: OLG Hamburg v. 26.11.2010 - 1 U 163/09 - juris Rn. 89 f. - BauR 2011, 1017-1027.
[25] BGH v. 11.10.2007 - VII ZR 99/06 - juris Rn. 18 - BGHZ 174, 32-39.
[26] BGH v. 11.10.2007 - VII ZR 99/06 - juris Rn. 21 - BGHZ 174, 32-39; BGH v. 12.10.2006 - VII ZR 272/05 - juris Rn. 15.
[27] Aufzählung nach *Neuhaus*, MDR 2002, 131, 134.
[28] OLG Naumburg v. 19.05.2005 - 4 U 2/05 - juris Rn. 26 - MDR 2006, 266-267.
[29] OLG Celle v. 09.05.2006 - 16 U 230/05 - juris Rn. 22 - OLGR Celle 2006, 900.
[30] OLG Düsseldorf v. 22.09.2006 - 22 U 49/06 - juris Rn. 51 und Rn. 58 - OLGR Düsseldorf 2007, 269.
[31] OLG Düsseldorf v. 04.08.2006 - I-22 U 32/06, 22 U 32/06 - juris Rn. 48 - BauR 2007, 1748.
[32] OLG Düsseldorf v. 20.10.2006 - 23 U 76/06 - juris Rn. 6 - BauR 2007, 157.
[33] BGH v. 12.03.1992 - VII ZR 5/91 - juris Rn. 8 - BGHZ 117, 318-323; BGH v. 30.11.2004 - X ZR 43/03 - juris Rn. 8 - BauR 2005, 550; OLG Düsseldorf v. 20.10.2006 - 23 U 76/06 - juris Rn. 4 - BauR 2007, 157.
[34] BGH v. 20.12.1973 - VII ZR 184/72 - juris Rn. 24 - BGHZ 62, 63.
[35] BGH v. 15.01.1976 - VII ZR 96/74 - BGHZ 66, 43.
[36] BGH v. 20.12.1973 - VII ZR 184/72 - juris Rn. 24 - BGHZ 62, 63.

kann es geboten sein, ihm deren Kenntnisse zuzurechnen, wenn sie auch mit der Prüfung des Werkes auf Mangelfreiheit betraut sind. Je schwieriger und je kürzer ein Mangel während der Ausführung der Leistung zu entdecken ist, desto eher muss die Kenntnis einer mit Prüfungsaufgaben betrauten Hilfsperson des Unternehmers diesem zugerechnet werden.[37]

14 Diese Grundsätze gelten nicht nur für bauausführende Unternehmen, sondern beispielsweise auch für **Architekten**.[38] Dabei ist der Werkunternehmer, der von dem Architekten beaufsichtigt werden soll, nicht Gehilfe in dem hier maßgeblichen Sinn, weil sich der Architekt nicht des Werkunternehmers zur Verrichtung eines eigenen Geschäfts bedient.[39] Nicht jeder Überwachungsfehler führt auch zur Annahme von Arglist. Soweit der Architekt jedoch weiß, dass er seine Überwachungspflichten nicht korrekt wahrgenommen hat, und er deshalb damit rechnen muss, einen wesentlichen Ausführungsmangel übersehen zu haben, ist ein arglistiges Verschweigen des Mangels der Architektentätigkeit schon nach allgemeinen Grundsätzen zu bejahen.[40] Das gilt auch dann, wenn der Architekt annimmt, die Arbeit sei mangelfrei erbracht worden.[41] Arglist ist vorzuwerfen, wenn der Architekt sich durch eine unzureichende Organisation der Bauüberwachung bewusst – zur Vermeidung einer Arglisthaftung – unwissend gehalten hat, in dem er, ohne selbst tätig zu werden, ganz darauf verzichtet hat, Gehilfen zur Erfüllung seiner Überwachungspflichten einzuschalten.[42] Arglist kann bereits dann vorliegen, wenn hinsichtlich eines abgrenzbaren und besonders schadensträchtigen Teils der Baumaßnahme keine Kontrolle stattgefunden hat. Sie ist erst dann ausgeschlossen, wenn wenigstens stichprobenhaft überprüft worden ist.[43]

15 Für die Annahme einer arglistiges Verschweigen ausschließenden **Kenntnis des Bestellers** reicht es nicht aus, wenn der Besteller lediglich die Mangelerscheinungen (vgl. die Kommentierung zu § 634 BGB Rn. 11) kennt. Für einen Anspruchsverlust muss der Besteller vielmehr auch die Mangelursachen und deren mögliche weitergehenden Auswirkungen erkannt haben.[44] Bei einer Mehrheit von Unternehmern reicht es aus, dass einer von ihnen arglistig gehandelt hat.[45] Er muss sich die Kenntnis von Erfüllungsgehilfen oder von ihm eingesetzter Subunternehmer zurechnen lassen.

II. Garantie

16 Mit der „Garantie" ist inhaltlich im Wesentlichen die **im bisherigen Recht** erwähnte **Zusicherung** gemeint.[46] Mit dem Begriff Garantie wird jedoch deutlich, dass eine verschärfte Haftung nicht nur wegen bestimmter Eigenschaften eines körperlichen Gegenstandes, sondern z.B. auch für den Bestand und die Einredefreiheit eines Rechts übernommen werden kann.

17 Demgemäß liegt eine Garantie im Sinne von § 639 BGB vor, wenn und soweit der Unternehmer
- für das Vorhandensein einer bestimmten Eigenschaft oder
- für den Bestand eines Rechts oder
- für die Einredefreiheit eines Rechts

verspricht, für alle Folgen des Fehlens der garantierten Beschaffenheit (ohne weiteres Verschulden) einzustehen.[47]

---

[37] BGH v. 12.10.2006 - VII ZR 272/05 - juris Rn. 14 - ZfBR 2007, 47.
[38] OLG Hamm v. 30.10.2007 - 21 U 57/07 - juris Rn. 48 - BauR 2008, 723; OLG Düsseldorf v. 22.09.2006 - 22 U 49/06 - juris Rn. 49 - OLGR Düsseldorf 2007, 269.
[39] Oberlandesgericht des Landes Sachsen-Anhalt v. 12.05.2006 - 10 U 8/06 - juris Rn. 41 - NJW-RR 2007, 815.
[40] OLG Hamm v. 30.10.2007 - 21 U 57/07 - juris Rn. 50 - BauR 2008, 723.
[41] BGH v. 22.07.2010 - VII ZR 77/08 - juris Rn. 13 - BauR 2010, 1959-1966.
[42] BGH v. 27.11.2008 - VII ZR 206/06 - juris Rn. 21 f. - BGHZ 179, 55-71; BGH v. 11.10.2007 - VII ZR 99/06 - juris Rn. 13 - BGHZ 174- 32-39; BGH v. 22.07.2010 - VII ZR 77/08 - juris Rn. 13 - BauR 2010, 1959-1966.
[43] KG Berlin v. 08.12.2005 - 4 U 16/05 - juris Rn. 14 - BauR 2006, 1778.
[44] OLG Düsseldorf v. 21.10.1994 - 22 U 50/94 - IBR 1995, 57.
[45] BGH v. 10.07.1987 - V ZR 152/86 - juris Rn. 9 - NJW-RR 1987, 1415-1416.
[46] BT-Drs. 14/6040, S. 240 zu § 444 RE; zum Ganzen ausf. *Krause-Allenstein* in: Kniffka, Bauvertragsrecht, § 639 Rn. 4 ff.
[47] BT-Drs. 14/6040, S. 132 zu § 276 RE.

Damit ist es – abweichend zur Rechtslage bzgl. einer Zusicherung vor In-Kraft-Treten des Schuldrechtsmodernisierungsgesetzes[48] – nunmehr auch im Werkvertragsrecht erforderlich, dass der Auftraggeber zum Ausdruck bringt, er werde für alle Folgen einstehen, wenn die garantierte Beschaffenheit nicht erreicht werde[49].

Übernimmt der Schuldner eine Garantie, so besagt das nicht zwingend, dass er auch uneingeschränkt verschärft haftet. Er hat vielmehr trotz § 639 BGB auch die Möglichkeit, diese verschärfte **Haftung** zu **begrenzen**.[50] Da ein Zwang zur Übernahme einer Garantiehaftung nicht besteht, kann der Unternehmer entscheiden, in welchem Umfang er eine Garantie übernehmen will. § 639 BGB erfasst demnach solche Fälle, in denen der Unternehmer sich widersprüchlich verhält, weil er durch den Haftungsausschluss quasi mit der einen Hand nimmt, was er gleichzeitig durch ein weitergehendes Garantieversprechen mit der anderen gegeben hat.[51]

C. Rechtsfolgen

I. Individualvereinbarung

Wie sich im Umkehrschluss aus § 639 BGB ergibt, sind vertragliche Einschränkungen der Mängelrechte grundsätzlich zulässig. Die Grenze bilden die §§ 639, 138 BGB, im Rahmen ihres Anwendungsbereichs die §§ 305 ff. BGB (vgl. Rn. 24 ff.) sowie in Individualverträgen § 242 BGB (vgl. dazu Rn. 29). § 639 BGB betrifft einen – **auch individuell vereinbarten** – Ausschluss oder eine Einschränkung der Haftung für Werkmängel, mithin Veränderungen der in § 634 BGB genannten Rechte zu Lasten des Bestellers. Zu unterscheiden ist sie von Vereinbarungen über eine (mindere) Beschaffenheit des Werks (vgl. die Kommentierung zu § 633 BGB Rn. 13 ff.). Der inhaltliche Umfang muss ggf. durch Auslegung ermittelt werden. Die Vereinbarung eines Ausschlusses der Mängelhaftung umfasst im Zweifel auch Mangelfolgeschäden[52]; regelmäßig, d.h. ohne ausdrückliche und hinreichende Vereinbarung, nicht erfasst sind deliktrechtliche Ansprüche[53] oder Ansprüche aus der Verletzung einer vertraglichen Nebenpflicht[54].

Neben den weiter unten dargestellten Einschränkungen ist es dem Unternehmer nach § 639 BGB so weit verwehrt, sich auf einen Haftungsausschluss zu berufen, wie seine Arglist oder die von ihm übernommene Garantie reichen. Hat der Unternehmer zwar einen Mangel arglistig verschwiegen, soll er aber wegen eines anderen Mangels in Anspruch genommen werden, kann er wegen Letzterem den Besteller auf den Gewährleistungsausschluss verweisen. Das wird z.B. für den Umfang einer gerichtlichen Beweisanordnung relevant, wenn der Besteller seinen Anspruch aus mehreren – bestrittenen – Mängeln herleiten will. Das wurde mit dem Gesetz zur Änderung der Vorschriften über Fernabsatzverträge bei Finanzdienstleistungen[55] jetzt auch im Wortlaut der Regelung ausdrücklich klargestellt, entsprach aber bereits vorher der herrschenden und richtigen Meinung.

Abweichend vom früheren § 637 BGB a.F. wird jetzt in § 639 BGB nicht mehr die Nichtigkeit der Vereinbarung angeordnet, sondern die Rechtsfolge festgeschrieben, dass sich der Unternehmer nicht auf die Vereinbarung berufen kann. Hieraus folgt, dass die Unwirksamkeit der Vereinbarung über den Gewährleistungsausschluss grundsätzlich nicht zur Unwirksamkeit des gesamten Vertrages führt.[56]

§ 639 BGB ist **nicht abdingbar**.

---

[48] BGH v. 17.05.1994 - X ZR 39/93 - juris Rn. 17 - NJW-RR 1994, 1134-1136; BGH v. 05.12.1995 - X ZR 14/93 - juris Rn. 39 - NJW-RR 1996, 783-789; BGH v. 17.06.1997 - X ZR 95/94 - juris Rn. 52 - WM 1997, 2183-2186; BGH v. 10.10.1985 - VII ZR 303/84 - juris Rn. 18 - BGHZ 96, 111-124.

[49] Darin unterscheidet sich die Garantie im Sinne des § 639 BGB von der werkvertraglichen Eigenschaftszusicherung nach altem Recht, vgl. BGH v. 05.12.1995 - X ZR 14/93 - juris Rn. 39 - NJW-RR 1996, 783; anders die kaufvertragliche Eigenschaftszusicherung nach § 463 BGB a.F. - BGH v. 29.11.2006 - VIII ZR 92/06 - juris Rn. 20 - NJW 2007, 1346.

[50] BT-Drs. 14/7052, S. 184 zu § 276 RE.

[51] BGH v. 04.10.1989 - VIII ZR 233/88 - WM 1989, 1894-1895.

[52] Str. *Voit* in: Bamberger/Roth, § 639 Rn. 19; *Halfmeier/Leupertz* in: PWW, § 639 Rn. 3.

[53] BGH v. 07.02.1979 - VIII ZR 305/77 - juris Rn. 19 - WM 1979, 435-437.

[54] BGH v. 23.04.1970 - VII ZR 150/68 - juris Rn. 18 - WM 1970, 903-904.

[55] BGBl I 2004, 3102.

[56] BT-Drs. 14/6040, S. 240 zu § 444 RE.

II. AGB

1. Allgemeines

24 Haftungsausschlüsse oder -beschränkungen im Sinne des § 639 BGB können sowohl individualvertraglich vereinbart werden als auch in Allgemeinen Geschäftsbedingungen enthalten sein mit der Folge, dass über den Anwendungsbereich des § 639 BGB die AGB-rechtliche Inhaltskontrolle eröffnet ist.

25 Haftungsbeschränkungen in Allgemeinen Geschäftsbedingungen sind insbesondere an § 309 Nr. 8 BGB (sonstige Haftungsausschlüsse bei Pflichtverletzung) und § 309 Nr. 12 BGB (Beweislast) zu messen. Bei einer Inhaltskontrolle nach der Generalklausel des § 307 BGB sind bei Verbraucherverträgen auch die den Vertragsschluss begleitenden Umstände zu berücksichtigen (§ 310 Abs. 3 Nr. 3 BGB).[57]

2. Subsidiaritätsklauseln

26 Nach § 309 Nr. 8 lit. b sublit. aa BGB ist eine Vertragsklausel in AGB dann unwirksam, wenn sie bei Verträgen über Lieferungen neu hergestellter Sachen und über Werkleistungen die Gewährleistung des Verwenders ganz oder teilweise ausschließt, auf die Einräumung von Ansprüchen gegen Dritte – etwa Subunternehmer – beschränkt oder von der vorherigen gerichtlichen Inanspruchnahme Dritter abhängig macht. Bauträger oder Generalunternehmer können in AGB oder Individualverträgen mit **Verbrauchern** ihre Mängelhaftung nicht auf die Abtretung eigener Mängelansprüche gegen andere Baubeteiligte (ausführende Unternehmer, Subunternehmer) beschränken oder deren erfolglose (gerichtliche) Inanspruchnahme als Voraussetzung der eigenen Haftung vorsehen.[58] Bei anderen Verträgen ist eine solche Klausel bei entsprechender Belehrung wirksam.[59] Im Übrigen können solche Klauseln in Fortgeltung der früheren Rechtsprechung[60] wirksam sein, soweit die Eigenhaftung des Unternehmers für in seine Ausführungsverantwortung fallende Mängel erhalten bleibt und nicht von der vorherigen (erfolglosen) gerichtlichen Inanspruchnahme Dritter abhängig gemacht wird.[61]

3. Einmalige Verwendung

27 Selbst wenn auf den ersten Blick keine Allgemeinen Geschäftsbedingungen vorliegen, können die §§ 305 ff. BGB eingreifen. Nach § 310 Abs. 3 Nr. 2 BGB unterliegen auch (Verbraucher-)**Verträge**, die nur **für eine einmalige Verwendung** bestimmt sind, im Wesentlichen der für Allgemeine Geschäftsbedingungen geltenden **Inhaltskontrolle**. Auch soweit Vertragsbedingungen nicht von dem Unternehmer, sondern von einem Dritten – etwa einem Notar oder Makler – stammen (sog. Drittbedingungen), unterliegen diese jetzt nach § 310 Abs. 3 Nr. 1 BGB der Inhaltskontrolle des § 305 BGB.

4. Kardinalpflichten

28 Gegen § 307 BGB verstößt eine ansonsten zulässige Vertragsklausel, wenn eine Haftung für die Verletzung sog. Kardinalpflichten, also wesentlicher Pflichten, die sich aus der Natur des Vertrages ergeben, so eingeschränkt wird, dass die Erreichung des Vertragszwecks gefährdet ist (§ 307 Abs. 2 Nr. 2 BGB). In Allgemeinen Geschäftsbedingungen dürfen dem Besteller deshalb nicht solche Rechtspositionen weggenommen oder eingeschränkt werden, die ihm der Vertrag nach seinem Inhalt und Zweck zu gewähren hat. Vor allem darf sich der Unternehmer – auch gegenüber einem Kaufmann – nicht formularmäßig von Pflichten freizeichnen, deren Erfüllung die ordnungsgemäße Durchführung des Vertrages überhaupt erst ermöglicht, auf deren Erfüllung der Besteller daher vertraut und auch vertrauen darf.[62] Es ist deshalb unwirksam, wenn Gewährleistungsrechte auf grob fahrlässig herbeigeführte Män-

---

[57] Ausf. zu Haftungsausschlüssen in AGB: *Krause-Allenstein* in: Kniffka, Bauvertragsrecht, § 639 Rn. 12 ff.
[58] BGH v. 21.03.2002 - VII ZR 493/00 - juris Rn. 38 - BGHZ 150, 226-237.
[59] OLG Dresden v. 01.12.2005 - 9 U 1008/04 - juris Rn. 28 f. - BauR 2008, 369-373.
[60] BGH v. 04.12.1997 - VII 7/97 - juris Rn. 14 - NJW 1998, 904-905; BGH v. 06.04.1995 - VII ZR 73/94 - juris Rn. 18 - NJW 1995, 1675-1676.
[61] *Halfmeier/Leupertz* in: PWW, § 639 Rn. 8.
[62] BGH v. 11.11.1992 - VIII ZR 238/91 - juris Rn. 15 f. - NJW 1993, 335-336; BGH v. 27.09.2000 - VIII ZR 155/99 - juris Rn. 111 - BGHZ 145, 203-245; BGH v. 19.01.1984 - VII ZR 220/82 - juris Rn. 16 - BGHZ 89, 363-369; BGH v. 26.01.1993 - X ZR 90/91 - juris Rn. 23 - NJW-RR 1993, 560-561.

gel beschränkt werden. Dem Besteller muss mindestens der Nacherfüllungsanspruch belassen und ihm bei verzögerter, verweigerter oder misslungener Nacherfüllung ein Recht auf Rücktritt oder Minderung eingeräumt bleiben.[63]

III. Immobilien

Ansprüche der Erwerber aus **Mängeln an neu errichteten Häusern** oder Eigentumswohnungen und – unter bestimmten Umständen – auch an sanierten Altbauwohnungen[64] richten sich – auch wenn die Parteien den Vertrag als Kaufvertrag bezeichnet haben und das Bauwerk bereits fertig gestellt ist – grundsätzlich nach dem Recht des Werkvertrags.[65] Für eine detaillierte Darstellung wird auf die Kommentierung zu § 634 BGB Rn. 109 Bezug genommen. Soweit der Umbau oder die Modernisierung von Altbauten als „Neuherstellung" von Sachen und Leistungen im Sinne von § 309 Nr. 8 lit. b BGB einzustufen ist, muss sich eine Einschränkung oder ein Ausschluss der Gewährleistung in allgemeinen Geschäftsbedingungen an dieser Regelung messen lassen.[66] Das gilt nach neuem Werkvertragsrecht unverändert weiter.[67] Dabei ist insbesondere zu beachten, dass die von einem Bauträger zu erbringenden Leistungen keine „Bauleistungen" im Sinne des § 309 Nr. 8 lit. b sublit. bb BGB sind.[68] Sind allerdings Grundstücksverkäufer und Unternehmer personenverschieden, kann der Grundstücksverkäufer wirksam die vertragliche Gewährleistungshaftung ausschließen.[69] Beim Erwerb neu errichteter oder diesen gleichgestellter (vgl. die Kommentierung zu § 634 BGB Rn. 109) Eigentumswohnungen und Häuser kann ein Haftungsausschluss auch in einem Individualvertrag, der nicht bereits nach § 310 Abs. 3 Nr. 2 BGB der Kontrolle nach den §§ 305 ff. BGB unterliegt, nach § 242 BGB unwirksam sein. Formelhafte (insbesondere allgemein gehaltene) Freizeichnungen über eine so einschneidende Rechtsfolge wie den Ausschluss jeglicher Mängelhaftung des Veräußerers einer neuen oder sanierten Immobilie bedürfen einer **eingehenden** vorherigen Erörterung zwischen den Vertragsparteien und sich daran anschließender eindeutiger Niederlegung im Vertrag, wenn sie als Individualabrede gelten soll. Bloßes Verlesen des Vertragstextes und eine sich daran anschließende allgemeine Belehrung durch den Notar genügen hierfür nicht.[70] Grundlage dieser Rechtsprechung ist die Erwägung, dass Verträge über die Veräußerung von Häusern und Eigentumswohnungen erhebliche Vermögenswerte betreffen und solche Objekte betreffende Gewährleistungsausschlüsse einschneidende Rechtsfolgen mit sich bringen, deren Bedeutung und Tragweite zur Wahrung einer angemessenen Vertragsgestaltung jedem Erwerber klar sein muss, so dass Treu und Glauben eine ausführliche Belehrung über diese Rechtsfolgen gebieten.[71] Eine formelhafte Klausel liegt vor, wenn diese üblicherweise in Formularverträgen zu finden und nicht auf den Individualvertrag zugeschnitten ist.[72] An die in diesen Fällen erforderliche Belehrung stellt die

29

---

[63] BGH v. 26.01.1993 - X ZR 90/91 - juris Rn. 24 - NJW-RR 1993, 560-561; BGH v. 09.04.1981 - VII ZR 194/80 - juris Rn. 15 - NJW 1981, 1510-1511.
[64] BGH v. 08.03.2007 - VII ZR 130/05 - juris Rn. 17 - NJW-RR 2007, 895; BGH v. 06.10.2005 - VII ZR 117/04 - juris Rn. 20 - BGHZ 164, 225-235; BGH v. 29.06.1981 - VII ZR 259/80 - juris Rn. 8 - NJW 1981, 2344-2345; BGH v. 06.05.1982 - VII ZR 74/81 - NJW 1982, 2243-2244; BGH v. 06.05.1982 - VII ZR 74/81 - juris Rn. 8 - NJW 1982, 1455-1457.
[65] BGH v. 05.04.1979 - VII ZR 308/77 - juris Rn. 12 - BGHZ 74, 204-211; BGH v. 27.09.1990 - VII ZR 316/89 - juris Rn. 12 - BauR 1991, 85-88; BGH v. 29.06.1981 - VII ZR 259/80 - juris Rn. 8 - NJW 1981, 2344-2345; BGH v. 08.10.1981 - VII ZR 99/80 - juris Rn. 9 - NJW 1982, 169-170.
[66] BGH v. 16.12.2004 - VII ZR 257/03 - NJW 2005, 1115-1118.
[67] BGH v. 26.04.2007 - VII ZR 210/05 - juris Rn. 22 - NJW 2007, 3275.
[68] BGH v. 28.09.2006 - VII ZR 303/04 - juris Rn. 15 - NJW-RR 2007, 59; BGH v. 27.07.2006 - VII ZR 276/05 - juris Rn. 40 - NJW 2006, 3275; BGH v. 08.11.2001 - VII ZR 373/99 - juris Rn. 15 - NJW 2002, 511.
[69] OLG Koblenz v. 25.06.2003 - 7 U 1034/01 - NJW-RR 2004, 668-670.
[70] BGH v. 08.03.2007 - VII ZR 130/05 - juris Rn. 27 - NJW-RR 2007, 895; BGH v. 06.10.2005 - VII ZR 117/04 - juris Rn. 20 - BGHZ 164, 225-235; BGH v. 16.12.2004 - VII ZR 257/03 - juris Rn. 46 - NJW 2005, 1115-1118; BGH v. 29.06.1989 - VII ZR 151/88 - BGHZ 108, 164-171; BGH v. 15.03.1990 - VII ZR 311/88 - BauR 1990, 466-468; BGH v. 05.04.1984 - VII ZR 21/83 - BauR 1984, 392-395; BGH v. 06.05.1982 - VII ZR 74/81 - juris Rn. 16 - NJW 1982, 1455-1457; BGH v. 05.04.1979 - VII ZR 308/77 - juris Rn. 21 - BGHZ 74, 204-211; BGH v. 25.06.1976 - V ZR 243/75 - juris Rn. 14 - MDR 1977, 38.
[71] OLG Köln v. 23.02.2011 - 11 U 70/10, I-11 U 70/10 - juris Rn. 29 - BauR 2011, 1010-1013, im Anschluss an BGH v. 17.09.1987 - VII ZR 153/86 - juris Rn. 13 - BGHZ 101, 350-356.
[72] BGH v. 17.09.1987 - VII ZR 153/86 - juris Rn. 10 - BGHZ 101, 350-356; BGH v. 06.10.2005 - VII ZR 117/04 - juris Rn. 29 - BGHZ 164, 225-235.

§ 639

Rechtsprechung strenge Anforderungen.[73] Die Belehrung muss über den Gewährleistungsausschluss in seiner Gesamtheit erfolgen, auch wenn der vollständige Ausschluss der Sachmängelgewährleistung nur die von der Bauleistung unberührt gebliebene Altbausubstanz betrifft.[74] Von einer eingehenden Erörterung und ausführlichen Belehrung des Erwerbers kann nur ausnahmsweise abgesehen werden, wenn sich der Notar davon überzeugt hat, dass sich die Beteiligten über die Tragweite ihrer Erklärungen und das damit verbundene Risiko vollständig im Klaren sind und dennoch die konkrete Vertragsgestaltung ernsthaft wollen.[75]

30 Diese Rechtsprechung beschränkt sich allerdings auf Verträge über den eingangs genannten Gegenstand. Sie lässt sich nicht auf die Vereinbarung eines Gewährleistungsausschlusses in Verträgen über die Veräußerung von Grundstücken mit Altbauten ohne Herstellungsverpflichtung[76] oder bei nur punktueller Herstellungsverpflichtung für von der Herstellungsverpflichtung nicht berührte Bauteile übertragen.[77]

D. Prozessuale Hinweise

31 Für Arglist oder eine Garantie ist der Besteller darlegungs- und beweisbelastet.[78] Soweit sich der Besteller für Arglist auf einen Organisationsmangel des Unternehmers berufen will, stellen die Anhäufung besonders gravierender Mängel und die offensichtlich grob mangelhafte Bauausführung ein so erhebliches Indiz für eine fehlende oder mangelhafte Organisation des Herstellungsprozesses durch den Werkunternehmer dar, dass es weiterer Darlegungen durch den Besteller nicht bedarf, vielmehr der Unternehmer zu seiner Entlastung vortragen muss, wie er seinen Betrieb organisiert hat, um die Ausführung der Arbeiten ordnungsgemäß zu überwachen.[79] Gleiches gilt, wenn der Besteller einen besonders schwerwiegenden Mangel an einem wichtigen Bauteil oder einen besonders augenfälligen Mangel dartut.[80] Die volle Darlegungs- und Beweislast trägt der Unternehmer ferner für die Behauptung, der Besteller habe Kenntnis von dem Mangel unabhängig von einer ihm zurechenbaren Aufklärung erlangt.[81]

E. Anwendungsfelder – Übergangsrecht

32 Zum In-Kraft-Treten von § 639 BGB vgl. die Kommentierung zu § 633 BGB Rn. 96.

---

[73] OLG Saarbrücken v. 06.04.2004 - 4 U 34/03, 4 U 34/03 - 5 - OLGR Saarbrücken 2005, 34-39.
[74] BGH v. 06.10.2005 - VII ZR 114/04 - juris Rn. 30 - BGHZ 164, 225-235.
[75] BGH v. 08.03.2007 - VII ZR 130/05 - juris Rn. 29 - NJW-RR 2007, 895.
[76] BGH v. 06.06.1986 - V ZR 67/85 - juris Rn. 36 - BGHZ 98, 100-109.
[77] BGH v. 06.10.2005 - VII ZR 114/04 - juris Rn. Nr. 20 - BGHZ 164, 225-235.
[78] BGH v. 10.07.1987 - V ZR 152/86 - juris Rn. 10 - NJW-RR 1987, 1415-1416.
[79] OLG Köln v. 01.07.1994 - 11 U 29/94 - NJW-RR 1995, 180-182; OLG Hamm v. 04.11.1997 - 21 U 45/97 - NJW-RR 1999, 171-172; OLG Celle v. 09.05.2006 - 16 U 230/05 - juris Rn. 19 - OLGR Celle 2006, 900.
[80] OLG Hamm v. 30.10.2007 - 21 U 57/07 - juris Rn. 50 - BauR 2008, 723; OLG Jena v. 27.02.2001 - 5 U 766/00 - BauR 2001, 1124-1125.
[81] Zum Kaufrecht: BGH v. 12.11.2010 - V ZR 181/09 - juris Rn. 15 - BGHZ 188, 43-50.

§ 640 BGB Abnahme

(Fassung vom 02.01.2002, gültig ab 01.01.2002)

(1) [1]Der Besteller ist verpflichtet, das vertragsmäßig hergestellte Werk abzunehmen, sofern nicht nach der Beschaffenheit des Werkes die Abnahme ausgeschlossen ist. [2]Wegen unwesentlicher Mängel kann die Abnahme nicht verweigert werden. [3]Der Abnahme steht es gleich, wenn der Besteller das Werk nicht innerhalb einer ihm vom Unternehmer bestimmten angemessenen Frist abnimmt, obwohl er dazu verpflichtet ist.

(2) Nimmt der Besteller ein mangelhaftes Werk gemäß Absatz 1 Satz 1 ab, obschon er den Mangel kennt, so stehen ihm die in § 634 Nr. 1 bis 3 bezeichneten Rechte nur zu, wenn er sich seine Rechte wegen des Mangels bei der Abnahme vorbehält.

Gliederung

A. Grundlagen 1	2. Abdingbarkeit 29
I. Kurzcharakteristik 1	3. Praktische Hinweise 30
II. Gesetzgebungsmaterialien 2	III. Vorbehaltlose Abnahme trotz Mangelkenntnis (Absatz 2) 31
B. Praktische Bedeutung 4	
C. Anwendungsvoraussetzungen 8	1. Ausschluss einzelner – nicht aller – Mängelrechte 31
I. Abnahme 8	
1. Rechtsgeschäft oder rechtsgeschäftsähnliche Handlung 9	2. Abnahmefiktionen 33
2. Konkludente Abnahme 11	3. Kenntnis 34
3. Abnahmereife 16	4. Wirkungen der Abnahme unter Vorbehalt 36
4. Wohnungseigentum 23	5. Abdingbarkeit 37
5. Abdingbarkeit 25	6. Praktische Hinweise 38
6. Praktische Hinweise 27	**D. Prozessuale Hinweise** 39
II. Abnahmefiktion gemäß Absatz 1 Satz 3 .. 28	E. Anwendungsfelder 43
1. Setzen einer Frist zur Abnahme 28	I. Übergangsregelungen 43
	II. VOB 44

A. Grundlagen

I. Kurzcharakteristik

Bei der Abnahme handelt es sich um eine Hauptpflicht des Bestellers. Sie hat rechtsgestaltende Wirkung, weil mit ihr der Erfüllungsanspruch erlischt und Rechte aufgrund von Werkmängeln nur noch nach Maßgabe der §§ 633-639 BGB geltend gemacht werden können. Die Abnahme hat besondere **Bedeutung** für die Fälligkeit der Vergütung (§ 641 BGB) und deren Verzinsung (§ 641 Abs. 4 BGB), für den Übergang der Vergütungsgefahr (§§ 644, 645 BGB) und – gemäß § 634 Abs. 2 BGB – für den Lauf der Verjährungsfrist in den praktisch wichtigen Fällen des § 634a Abs. 1 Nr. 1 und 2 BGB. Das Verhalten des Bestellers bei der Abnahme kann einzelnen (nicht allen!) Ansprüchen wegen Leistungsmängeln (§ 640 Abs. 2 BGB – vgl. ausgeschlossene Ansprüche, Rn. 31) und der Geltendmachung einer Vertragsstrafe (§ 341 Abs. 3 BGB) entgegenstehen. Der Abnahme steht die Vollendung des Werkes gleich, wenn eine Abnahme nach der Beschaffenheit des Werkes ausgeschlossen ist (§ 646 BGB).

II. Gesetzgebungsmaterialien

Das Schuldrechtsmodernisierungsgesetz vom 26.11.2001[1] hat § 640 Abs. 1 BGB unangetastet gelassen. Bei den in Absatz 2 vorgenommenen Änderungen handelt es sich um eine rein redaktionelle Anpassung ohne inhaltliche Änderungen. Sie wurde notwendig, weil hier auf Gewährleistungsregelungen verwiesen wurde, die durch das Schuldrechtsmodernisierungsgesetz eine Umstrukturierung erfahren haben.[2]

Mit dem am 01.05.2000 in Kraft getretenen Gesetz zur Beschleunigung fälliger Zahlungen vom 30.03.2000[3] wurde § 640 Abs. 1 BGB um die Sätze 2 und 3 erweitert. Die gleichzeitige Änderung des Absatzes 2 war auch hier nur redaktioneller Art. Mit dieser u.a. auch durch die Richtlinie 2000/35/EG

---
[1] BGBl I 2001, 3138.
[2] BT-Drs. 14/6040, S. 267; BT-Drs. 14/7052, S. 205.
[3] BGBl I 2000, 330.

des Europäischen Parlaments und des Rates vom 29.06.2000 zur Bekämpfung von Zahlungsverzug im Geschäftsverkehr[4] veranlassten Änderung wurde das Ziel verfolgt, Verzögerungen von Zahlungen im Baubereich wirtschaftlich unattraktiv zu machen und die Möglichkeit zur gerichtlichen Geltendmachung zu verbessern.[5]

B. Praktische Bedeutung

4   Die Abnahme ist zwar grundsätzlich Fälligkeitsvoraussetzung für den Vergütungsanspruch des Unternehmers (§ 641 Abs. 1 BGB). Kommt der Besteller seiner Verpflichtung zur Abnahme nicht nach, kann der Unternehmer nunmehr eine Frist nach Absatz 1 Satz 3 setzen, nach deren Ablauf das Werk als abgenommen gilt (vgl. Rn. 28). Es ist jedoch auch möglich, zunächst (mit Leistungs- oder Feststellungsklage) **auf Abnahme zu klagen**[6]; ebenso ist eine Klage auf Feststellung möglich, dass der Besteller das Werk bereits abgenommen habe oder die Abnahmefiktion des Absatzes 1 Satz 3 eingetreten sei. Ob der Besteller bei fehlender Abnahme sogleich **Klage auf Zahlung der Vergütung** erheben kann oder erst nach Fristsetzung gemäß Absatz 1 Satz 3 zur Herbeiführung der Abnahmefiktion, ist streitig. Für die Erforderlichkeit der Fristsetzung spricht der Zweck der Neuregelung, Unklarheiten der Rechtslage für die Parteien zu beseitigen.[7] Anderes gilt jedoch, wenn der Besteller das Werk endgültig als mangelhaft zurückweist[8] oder die Abnahme endgültig verweigert hat[9] und deswegen die Fristsetzung sinnlos ist. Angesichts der Abnahmefiktion des § 640 Abs. 1 Satz 3 BGB stellt sich die Frage, ob auch ohne Abnahme auf Vergütung geklagt werden kann, also in der Regel nicht mehr. Im Übrigen kann der Streitfrage in der Praxis leicht Rechnung getragen werden, indem die **Aufforderung** nach § 640 Abs. 1 Satz 3 BGB **in die Klageschrift** mit aufgenommen wird. In der Regel wird die Frist zur Anzeige der Verteidigungsbereitschaft (§ 276 Abs. 1 Satz 1 ZPO) nicht kürzer sein als eine angemessene Frist im Sinne des § 640 Abs. 1 Satz 3 BGB. Ferner bedarf es dann keiner Fristsetzung, wenn die Voraussetzungen für einen Zahlungsanspruch des Unternehmers ohne Abnahme[10] bereits bei In-Kraft-Treten des Gesetzes zur Beschleunigung fälliger Zahlungen, also vor dem 01.05.2000, vorlagen[11].

5   Ob eine Abnahme erfolgt ist, ist von Bedeutung, wenn der Unternehmer seinen Werklohn (nicht: Abschlagszahlungen) einklagt und der Besteller wegen nicht nur unwesentlicher (§ 640 Abs. 1 Satz 2 BGB) Mängel die **Einrede des nicht erfüllten Vertrages** nach § 320 BGB erhebt. Der Werklohn wird im Grundsatz erst mit der Abnahme fällig (§ 641 Abs. 1 BGB), bei wesentlichen Mängeln besteht allerdings kein Anspruch auf Abnahme. Wenn der Besteller der Werklohnforderung wesentliche Mängel entgegen hält und dabei auch die Einrede aus § 320 BGB nennt, darf das nicht dazu verleiten, trotz fehlender Abnahme zur Zahlung von Werklohn Zug um Zug gegen Mängelbeseitigung zu verurteilen (zur Zwangsvollstreckung in diesem Fall vgl. die Kommentierung zu § 635 BGB Rn. 38). Vor Abnahme ist die Klage auf Werklohn (nicht: Abschlagszahlungen) vielmehr als derzeit unbegründet abzuweisen. Nur wenn eine Abnahme erfolgt ist, führt die Erhebung der Einrede zur Verurteilung Zug um Zug gegen Mängelbeseitigung (vgl. hierzu § 641 Abs. 3 BGB).[12] Zur Relevanz von Mängeln auf den Anspruch bei Abschlagszahlungen: vgl. die Kommentierung zu § 632a BGB.

6   Die Abnahme hat auch Einfluss darauf, welche Rechte dem Besteller wegen Leistungsmängeln zustehen. Vor Abnahme bedarf die Anwendbarkeit der §§ 633 ff. BGB besonderer Begründung, vgl. die Kommentierung zu § 634 BGB Rn. 97. **Nach Abnahme** finden diese Bestimmungen nur noch nach Maßgabe der vorrangigen, weil **spezielleren** Regelungen der §§ 633 ff. BGB Anwendung.[13] Im Ein-

---

[4] ABl. EG Nr. L 200, S. 35.
[5] BT-Drs. 14/1246, S. 1.
[6] Noch vor Inkrafttreten des Abs. 1 Satz 3: BGH v. 27.02.1996 - X ZR 3/94 - juris Rn. 5 - BGHZ 132, 96-104.
[7] BT-Drs. 14/1246, S. 6 f.
[8] BGH v. 25.04.1996 - X ZR 59/94 - juris Rn. 19 f. - NJW-RR 1996, 883-885.
[9] BGH v. 16.05.1968 - VII ZR 40/66 - BGHZ 50, 175-179; BGH v. 25.01.1996 - VII ZR 26/95 - juris Rn. 22 - NJW 1996, 1280-1281; OLG Koblenz v. 21.10.2010 - 5 U 91/09 - juris Rn. 33 - IBR 2012, 80.
[10] Zu diesen Voraussetzungen BGH v. 15.10.2002 - X ZR 69/01 - juris Rn. 14 - NJW 2003, 200-202.
[11] BGH v. 15.10.2002 - X ZR 69/01 - juris Rn. 15 - NJW 2003, 200-202.
[12] BGH v. 18.01.1965 - VII ZR 155/63 - juris Rn. 31 - ZfBR 2000, 252; BGH v. 22.03.1984 - VII ZR 286/82 - BGHZ 90, 354-363; BGH v. 04.06.1973 - VII ZR 112/71 - BGHZ 61, 42-47; BGH v. 22.03.1984 - VII ZR 286/82 - BGHZ 90, 354-363; OLG Koblenz v. 14.02.2002 - 5 U 1640/99 - NJW-RR 2002, 807-809.
[13] BGH v. 17.02.1999 - X ZR 8/96 - juris Rn. 14 - NJW 1999, 2046-2048; BGH v. 10.01.1974 - VII ZR 28/72 - juris Rn. 27 - BGHZ 62, 83-90.

zelfall – etwa wenn eine vertragsgerechte Erfüllung nicht mehr in Betracht kommt[14] oder der Besteller sich unter Verzicht auf den Erfüllungsanspruch (nicht: Nacherfüllungsanspruch) und auf weitergehende Rechte auf ein Vorgehen nach den §§ 633 ff. BGB beschränkt[15] – können die Regelungen der §§ 633 ff. BGB bereits vor Abnahme eingreifen[16]. Das kann bei den Ansprüchen aus § 637 BGB (Selbstvornahme)[17] oder § 638 BGB (Minderung) von Interesse sein, weil es insoweit an einer Entsprechung im allgemeinen Leistungsstörungsrecht fehlt.

Im Prozess hängt von der Abnahme ab, wer die **Beweislast** für eine Mängelfreiheit der Werkleistung trägt (vgl. Beweislast, Rn. 39). 7

C. Anwendungsvoraussetzungen

I. Abnahme

Die Abnahme setzt sich aus grundsätzlich zwei Elementen zusammen: zum einen aus der körperlichen Hinnahme des Werks und zum anderen aus der Billigung des Werks als im Wesentlichen vertragsgerecht erbrachte Leistung.[18] Scheidet eine körperliche Hinnahme aus, etwa weil die Werkleistung körperlich nicht fassbar ist, reicht eine Billigung aus.[19] Auch Architekten-, Ingenieur- oder Gutachterleistungen sind abzunehmen; die Abnahme liegt zumeist in der Billigung des jeweiligen geistigen Werks.[20] Ausgeschlossen ist die Abnahme bei im Sinne des § 646 BGB nicht abnahmefähigen Werken; dann besteht keine Abnahmepflicht. 8

1. Rechtsgeschäft oder rechtsgeschäftsähnliche Handlung

Die Billigung als das Kernstück der **Abnahme** wird nach herrschender Meinung den **Regelungen über Rechtsgeschäfte unterworfen**, ohne dass es für die Praxis darauf ankommt, ob sie als Rechtsgeschäft im technischen Sinne oder nur als geschäftsähnliche Handlung einzustufen ist.[21] Das hat u.a. folgende Auswirkungen: 9

Als rechtsgeschäftliche oder geschäftsähnliche Erklärung kann die Billigung der Werkleistung auch **konkludent** erfolgen[22] (vgl. auch konkludente Abnahme, Rn. 11). Gegebenenfalls ist die Erklärung auszulegen.[23] Für den Zugang gelten die §§ 130 ff. BGB[24] Für die Billigung ist **Geschäftsfähigkeit** erforderlich. Auf eine **Vertretung** finden die §§ 164 ff. BGB einschließlich der Grundsätze über die **Duldungs- und Anscheinsvollmacht** Anwendung (vgl. auch Vollmacht des Architekten, Rn. 15).[25] Dar- 10

---

[14] BGH v. 30.09.1999 - VII ZR 162/97 - juris Rn. 10 - NJW 2000, 133-134; BGH v. 27.02.1996 - X ZR 3/94 - BGHZ 132, 96-104.

[15] BGH v. 17.02.1999 - X ZR 8/96 - juris Rn. 18 - NJW 1999, 2046-2048.

[16] *Sprau* in: Palandt, vor § 633 Rn. 7 und § 637 Rn. 1.

[17] BGH v. 16.11.1993 - X ZR 7/92 - juris Rn. 21 - NJW 1994, 942-944.

[18] BGH v. 18.09.1967 - VII ZR 88/65 - BGHZ 48, 257-264; BGH v. 25.04.1996 - X ZR 59/94 - juris Rn. 16 - NJW 1996, 883; BGH v. 16.11.1993 - X ZR 7/92 - juris Rn. 18 - NJW 1994, 942-944; BGH v. 27.02.1996 - X ZR 3/94 - juris Rn. 10 - BGHZ 132, 96-104.

[19] BGH v. 09.07.1962 - VII ZR 98/61 - BGHZ 37, 341-346; BGH v. 18.09.1967 - VII ZR 88/65 - BGHZ 48, 257-264; BGH v. 26.10.1978 - VII ZR 249/77 - juris Rn. 19 - BGHZ 72, 257-263; BGH v. 25.03.1993 - X ZR 17/92 - juris Rn. 30 - NJW 1993, 1972-1974; OLG Stuttgart v. 08.12.2010 - 4 U 67/10 - juris Rn. 60 - NJW-RR 2011, 669-672.

[20] BGH v. 30.09.1999 - VII ZR 162/97 - juris Rn. 12 - BauR 2000, 128-130: Bsp.: Bauherr nimmt Architektenentwurf als vertragsgemäße Leistung entgegen: BGH v. 25.02.1999 - VII ZR 190/97 - juris Rn. 13 f. - NJW 1999, 2112-2113; Abnahme eines Statikerwerks: BGH v. 25.02.2010 - VII ZR 64/09 - juris Rn. 22 - BauR 2010, 795-798.

[21] Zum Meinungsstand *Peters* in: Staudinger, § 640 Rn. 10; OLG Stuttgart v. 08.12.2010 - 4 U 67/10 - juris Rn. 70 - NJW-RR 2011, 669-672.

[22] BGH v. 28.04.1992 - X ZR 27/91 - juris Rn. 12 - NJW-RR 1992, 1078-1080; BGH v. 18.09.1967 - VII ZR 88/65 - BGHZ 48, 257-264.

[23] Vgl. OLG Hamm v. 30.10.2007 - 21 U 34/07 - juris Rn. 20 - BauR 2008, 677-679.

[24] BGH v. 15.11.1973 - VII ZR 110/71 - NJW 1974, 95-96; OLG Stuttgart v. 08.12.2010 - 4 U 67/10 - juris Rn. 71 f. - NJW-RR 2011, 669-672.

[25] BGH v. 06.03.1986 - VII ZR 235/84 - juris Rn. 17 - BGHZ 97, 224-230; BGH v. 29.06.1993 - X ZR 60/92 - juris Rn. 17 - NJW-RR 1993, 1461-1463; OLG Stuttgart v. 08.12.2010 - 4 U 67/10 - juris Rn. 71 ff. - NJW-RR 2011, 669-672.

über hinaus ist § 1357 BGB anwendbar.[26] Die Billigung ist **anfechtbar**.[27] In ihrem Anwendungsbereich verdrängen die werkvertraglichen Gewährleistungsregelungen jedoch die Vorschriften über die Anfechtung. Hieran scheitert eine Anfechtung nach § 119 Abs. 2 BGB, wenn sie auf einen Werkmangel gestützt wird.[28] Im Falle eines Irrtums der Kläger über den erreichten Bautenstand oder ihre Pflicht zur Abnahme, ist das Anfechtungsrecht ungeachtet der Rechtsnatur der Abnahmeerklärung durch die vorrangigen §§ 633 ff. BGB ausgeschlossen. Dies gilt sogar dann, wenn der Unternehmer die Abnahmefähigkeit arglistig vorspiegelt. Denn die Arglistfolgen regelt speziell § 634a Abs. 3 BGB.[29] Die Billigung kann jedenfalls dann von **Bedingungen** (§§ 158 ff. BGB) abhängig gemacht werden, wenn der Eintritt der Bedingung ausschließlich vom Unternehmer abhängt.[30] Eine **Teilabnahme** kann vereinbart werden.[31] Mit der Teilabnahme wird der Werklohn für die teilabgenommene Leistung fällig und der Lauf der Gewährleistungsfristen in Gang gesetzt.[32] Eine vorzeitig erklärte Abnahme (Vorwegabnahme) ist möglich, ein dahingehender Wille zur **Vorwegabnahme** muss jedoch wegen der gravierenden Rechtsfolgen der Abnahme (Lauf der Gewährleistungsfristen) klar zum Ausdruck kommen.[33]

2. Konkludente Abnahme

11 Eine Abnahme kann nicht nur ausdrücklich, sondern auch konkludent, d.h. durch schlüssiges Verhalten des Auftraggebers, erklärt werden. **Konkludent** handelt der Auftraggeber, wenn er dem Auftragnehmer gegenüber ohne ausdrückliche Erklärung erkennen lässt, dass er dessen Werk als im Wesentlichen vertragsgemäß billigt. Erforderlich ist ein tatsächliches Verhalten des Auftraggebers, das geeignet ist, seinen Abnahmewillen dem Auftragnehmer gegenüber eindeutig und schlüssig zum Ausdruck zu bringen. Ob eine konkludente Abnahme vorliegt, beurteilt sich grundsätzlich nach den Umständen des Einzelfalles[34] (vgl. auch Wesen der Abnahme, Rn. 10). Mit Rücksicht auf die weitreichenden Rechtsfolgen der Abnahme dürfen an die tatsächlichen Voraussetzungen zur Annahme einer Abnahme allerdings **keine zu geringen Anforderungen** gestellt werden.[35] Eine konkludent erklärte Abnahme wird so lange nicht in Betracht kommen, wie das Werk **noch nicht vollständig erbracht** ist (vgl. auch Abnahmereife, Rn. 16).[36] Ist zur sachgerechten Nutzung einer komplexen Anlage – etwa einer EDV-Anlage – eine **Dokumentation** oder ein Benutzerhandbuch erforderlich, kommt eine Vollendung und damit auch eine konkludente Abnahme nicht in Betracht, ohne dass – zuvor – die Dokumentation bzw. das Handbuch zur Verfügung gestellt wurde.[37] Dasselbe gilt, wenn – wie bei Medizinprodukten – eine solche Dokumentation gesetzlich vorgeschrieben ist.[38] Ein **Verhalten** des Bestellers kann dann nicht als stillschweigende Abnahme verstanden werden, wenn sich aus den sonstigen Umständen ergibt, dass er das Werk **nicht als vertragsgemäß anerkennt**.[39] So fehlt es für eine konkludente Abnahme an der hinreichenden Grundlage, wenn der Auftraggeber vor dem Einzug oder der Nutzung die Abnahme zu Recht aufgrund von Mängeln verweigert hat, die zum Zeitpunkt des Einzugs oder der Nutzung nicht beseitigt

---

[26] OLG Stuttgart v. 08.12.2010 - 4 U 67/10 - juris Rn. 71 - NJW-RR 2011, 669-672.
[27] BGH v. 04.11.1982 - VII ZR 11/82 - juris Rn. 13 - BGHZ 85, 240-245.
[28] *Peters/Jacoby* in: Staudinger, § 640 Rn. 12 m.w.N.; zu § 486 BGB a.F. OLG Düsseldorf v. 13.10.1988 - 18 U 70/88 - MDR 1989, 159; OLG München v. 13.12.2011 - 9 U 2533/11 Bau - juris Rn. 16.
[29] OLG München v. 13.12.2011 - 9 U 2533/11 Bau - juris Rn. 16.
[30] *Peters/Jacoby* in: Staudinger, § 640 Rn. 13.
[31] BGH v. 11.05.2006 - VII ZR 300/04 - juris Rn. 12 - BauR 2006, 1332-1334; BGH v. 10.02.1994 - VII ZR 20/93 - juris Rn. 26 f. - BGHZ 125, 111-116; OLG München v. 13.12.2011 - 9 U 2533/11 Bau - juris Rn. 8 f.
[32] Brandenburgisches OLG v. 05.05.2005 - 4 U 118/03 - juris Rn. 27 - BauR 2005, 152; BGH v. 20.08.2009 - VII ZR 205/07 - juris Rn. 56 - BGHZ 182, 158-187; OLG München v. 13.12.2011 - 9 U 2533/11 Bau - juris Rn. 14.
[33] BGH v. 10.02.1994 - VII ZR 20/93 - juris Rn. 25 f. - BGHZ 125, 111-116
[34] BGH v. 25.02.2010 - VII ZR 64/09 - juris Rn. 21 - BauR 2010, 795-798 m.w.N.
[35] BGH v. 25.04.1996 - X ZR 59/94 - juris Rn. 16 - NJW-RR 1996, 883-885; BGH v. 16.11.1993 - X ZR 7/92 - juris Rn. 18 - NJW 1994, 942-944.
[36] BGH v. 18.02.2003 - X ZR 245/00 - juris Rn. 27 - BauR 2004, 1337-1341; BGH v. 20.10.2005 - VII ZR 155/04 - juris Rn. 12 - NJW-RR 2006, 303, 304; BGH v. 25.02.1999 - VII ZR 190/97 - juris Rn. 3 - BauR 1999, 934-936; BGH v. 27.01.2011 - VII ZR 175/09 - juris Rn. 14 - BauR 2011, 876.
[37] BGH v. 18.02.2003 - X ZR 245/00 - juris Rn. 31 - BauR 2004, 1337-1341; BGH v. 03.11.1992 - X ZR 83/90 - juris Rn. 26 - NJW 1993, 1063-1066.
[38] OLG Bamberg v. 08.12.2010 - 3 U 93/09 - juris Rn. 19 - IBR 2011, 575.
[39] BGH v. 22.12.2000 - VII ZR 310/99 - juris Rn. 39 - BGHZ 146, 250-264; BGH v. 27.02.1996 - X ZR 3/94 - juris Rn. 10 - BGHZ 132, 96-104; OLG Koblenz v. 21.10.2010 - 5 U 91/09 - juris Rn. 28 f. - IBR 2012, 80.

worden sind. In einer solchen Situation kann auch aus der (weiteren) Nutzung der Werkleistung eine konkludente Abnahme nicht hergeleitet werden.[40] Es ist insoweit nicht erforderlich, dass die Abnahmeverweigerung bei Beginn der Nutzung wiederholt wird.[41] Eine konkludente Abnahme der Tragwerksplanung ist weder in der Fortführung der Bauarbeiten über die Rohbauarbeiten hinaus zu sehen, noch in der Einladung des Planers zum Richtfest mit dessen Einbeziehung in die üblichen Dankesreden.[42]

Eine konkludente Abnahme kann vorliegen, wenn der Unternehmer aus dem Verhalten des Bestellers nach Treu und Glauben und mit Rücksicht auf die Verkehrssitte schließen konnte und durfte, der Besteller billige seine Leistung als frei von wesentlichen Mängeln.[43] Das kann etwa dann der Fall sein, wenn der Besteller die Werkleistung an einen Dritten **weiter veräußert**[44], wenn der Hauptunternehmer seinem Auftraggeber die Werkleistung seines Subunternehmers als abnahmereif anbietet oder die Leistung des Subunternehmers seinem Auftraggeber gegenüber abrechnet (vgl. für die Fälligkeit der Vergütung in solchen Fällen jetzt: § 641 Abs. 2 BGB)[45], oder bei widerspruchsloser Hinnahme einer Fertigstellungsbescheinigung.[46] Eine konkludente Abnahme kann in der Regel – aber nicht immer[47] – in einer **vorbehaltlosen Zahlung** des Werklohns[48] gesehen werden. Das gilt gleichermaßen, wenn jedenfalls ein erheblicher Teil der Vergütung bezahlt wird und die Werkleistung gleichzeitig in Gebrauch genommen wird.[49] Die Abnahme von Anwendungssoftware, etwa Konfigurationssoftware, setzt die Inbetriebnahme in dem Unternehmen voraus, für das sie entwickelt worden ist. Erst wenn diese Inbetriebnahme zeigt, dass die Software erfolgreich in dem Betrieb angewendet werden kann, kommt eine Abnahme der Werkleistung des Softwareherstellers in Betracht.[50] Eine Abnahme kann auch in einer **vorbehaltlosen Inbetriebnahme** einer erstellten Anlage[51], der **Ingebrauchnahme** des Werks oder dem Einzug in das errichtete Gebäude[52] liegen, wobei hier allerdings nicht isoliert auf den Zeitpunkt des Nutzungsbeginns abgestellt werden darf. Entscheidendes Gewicht kommt vielmehr dem Verhalten des Bestellers in einem sich anschließenden Zeitraum bei, der als **Prüfungszeit** zu begreifen ist.[53] Welcher Zeitraum hierfür angemessen ist, hängt von den Umständen des Einzelfalls ab (vgl. auch angemessene Frist, Rn. 28 und AGB Klauseln, Rn. 26), insbesondere von Art und Umfang des Werks, das in Gebrauch genommen wird.[54] Bei Einzug in ein Haus können das mehrere[55] **rügelos** vergangene Wochen – zwei Wochen können reichen[56] – sein, in denen das Werk unter normalen Bedingungen[57] geprüft werden konnte. Bei einer Kfz-Reparatur kommt eine Abnahme bereits nach nur wenigen Tagen[58] bis hin zu zwei Wochen[59], bei Architekten-

12

---

[40] BGH v. 27.07.2006 - VII ZR 276/05 - juris Rn. 42 - NJW 2006, 3275; OLG Stuttgart v. 19.04.2011 - 10 U 116/10 - juris Rn. 23 - BauR 2011, 1824-1828; OLG Stuttgart v.16.11.2010 - 10 U 77/10 - juris Rn 35, 38 - NZBau 2011, 167-170.

[41] BGH v. 10.06.1999 - VII ZR 170/98 - NJW 1999, 2432-2434; BGH v. 13.10.1994 - VII ZR 139/93 - ZfBR 1995, 33; BGH v. 27.05.1974 - VII ZR 151/72 - ZfBR 2000, 253; OLG Frankfurt v. 25.07.2003 - 2 U 107/02 - BauR 2004, 1004-1006.

[42] OLG München v. 06.02.2002 - 27 U 282/01 - BauR 2003, 124-126.

[43] BGH v. 25.04.1996 - X ZR 59/94 - juris Rn. 16 - NJW-RR 1996, 883-885; BGH v. 29.06.1993 - X ZR 60/92 - juris Rn. 17 - NJW-RR 1993, 1461-1463.

[44] BGH v. 25.04.1996 - X ZR 59/94 - juris Rn. 16 - NJW-RR 1996, 883-885.

[45] OLG Düsseldorf v. 16.11.1995 - 5 U 49/95 - OLGR Düsseldorf 1996, 1.

[46] OLG Frankfurt a.M. v. 05.02.2008 - 5 U 151/06 - juris Rn. 29 - BauR 2009, 656-659.

[47] OLG Hamm v. 19.02.2002 - 24 U 144/01 - BauR 2003, 106-108.

[48] BGH v. 06.06.1989 - X ZR 6/88; BGH v. 26.10.1978 - VII ZR 249/77 - juris Rn. 20 - BGHZ 72, 257-263; OLG München v. 06.02.2002 - 27 U 282/01 - BauR 2003, 124-126.

[49] Brandenburgisches Oberlandesgericht v. 18.07.2007 - 4 U 164/06 - juris Rn. 17 - BauR 2007, 1943.

[50] OLG Düsseldorf v. 28.09.2001 - 5 U 39/99 - OLGR Düsseldorf 2002, 41-42.

[51] BGH v. 29.06.1993 - X ZR 60/92 - juris Rn. 17 - NJW-RR 1993, 1461-1463.

[52] BGH v. 10.06.1999 - VII ZR 170/98 - juris Rn. 16 - NJW 1999, 2432-2434; BGH v. 25.01.1996 - VII ZR 26/95 - juris Rn. 18 - NJW 1996, 1280-1281.

[53] OLG Frankfurt v. 29.03.2006 - 4 U 136/04 - juris Rn. 58 - AIZ 2007, Nr. 6, 59.

[54] BGH v. 20.09.1984 - VII ZR 377/83 - NJW 1985, 731-732.

[55] OLG Hamm v. 10.05.2001 - 21 U 101/00 - BauR 2001, 1914-1915.

[56] OLG Hamm v. 29.10.1992 - 23 U 3/92 - NJW-RR 1993, 340-341.

[57] OLG Koblenz v. 25.04.1996 - 5 U 855/95 - NJW-RR 1997, 782-783.

[58] OLG Düsseldorf v. 06.01.1994 - 5 U 83/92 - OLGR Düsseldorf 1994, 141.

[59] OLG Düsseldorf v. 21.03.1997 - 22 U 193/96 - NZV 1997, 519-521.

§ 640

leistungen ein Zeitraum von ca. 3 Monaten ab Einzug[60] in Betracht. Bei einer vom Architekten zu erbringenden Ausführungsplanung, kann die Abnahme nicht in dem Beginn der Bauarbeiten gesehen werden, sondern ist erst nach Vollendung und Abnahme des Bauwerks denkbar, denn vor Fertigstellung des Bauwerkes kann sich ein Mangel in der Planung des Architekten nicht verwirklichen. Eine konkludente Abnahme ist frühestens darin zu sehen, dass der Bauherr auf die Schlussrechnung des Architekten vorbehaltlos Zahlungen erbringt.[61]

13 Erklärt der Besteller ausdrücklich nur eine „**vorläufige**" **Abnahme** und behält sich gleichzeitig eine weitere Überprüfung von Mängelbeseitigungsarbeiten ebenso ausdrücklich vor, verweigert er damit in diesem Zeitpunkt die Abnahme.[62] Haben die Parteien eine förmliche Abnahme (vgl. Rn. 25) vereinbart (vgl. hierzu: § 12 Nr. 4 VOB/B), kann bei deren Verweigerung eine spätere konkludente Abnahme durch Nutzung nicht angenommen werden.[63] Bei vereinbarter förmlicher Abnahme kann eine konkludente Abnahme nur dann angenommen werden, wenn die Vereinbarung über die förmliche Abnahme einvernehmlich aufgehoben wurde. Eine solche Aufhebung kann zwar ihrerseits konkludent erfolgen, doch gilt hierfür ein strenger Maßstab.[64] Liegen die Voraussetzungen der Abnahme vor, ist die Berufung auf das Fehlen einer vereinbarten förmlichen Abnahme treuwidrig, wenn der Auftraggeber das Werk jahrelang genutzt hat, ohne eine förmliche Abnahme zu verlangen.[65]

14 Bietet der **Bauträger** dem Bauherrn die Werkleistung des Subunternehmers als abnahmereif an oder rechnet er diese gar ab, stellt das eine konkludente Abnahme der Werkleistung des Subunternehmers durch den Bauträger dar.[66] Zur Fälligkeit des Werklohns in diesen Fällen vgl. auch die Kommentierung zu § 641 BGB Rn. 22.

15 Die Einschaltung von **Dritten** zur Erklärung der Abnahme setzt grundsätzlich die Erteilung einer rechtsgeschäftlichen Vollmacht voraus.[67] Schaltet der Besteller einen **Architekten** oder **Bauleiter** ein, hat dieser nur dann **Vertretungsmacht** zur rechtsgeschäftlichen Abnahme, wenn sich dies aus besonderen Umständen ergibt (z.B. entsprechende Auslegung des Architektenvertrages, einer dem Architekten erteilten Weisung, Anscheins- oder Duldungsvollmacht).[68] Erklärt der Architekt dennoch, dass er das Werk abnehme, wird damit regelmäßig nur eine technische Abnahme (Feststellung, ob die Werkleistung den an sie zu stellenden Erfordernissen allein aus technischer Sicht entspricht) gemeint sein.

3. Abnahmereife

16 Die **Abnahmepflicht ist Hauptpflicht**. Der Besteller ist zur Abnahme verpflichtet, wenn das Werk abnahmereif ist.

17 Das Werk ist abnahmereif, wenn es zum einen vollständig (vollendet) und zum anderen ohne wesentliche Mängel ist. Eine fehlende Abnahmereife hindert die **ausdrückliche** Abnahme nicht.[69] Der Wille des Bestellers zur **Vorwegabnahme** muss jedoch wegen der gravierenden Rechtsfolgen der Abnahme (Lauf der Gewährleistungsfristen) klar zum Ausdruck kommen.[70] Entscheidend ist ein nach außen tretender Wille in Kenntnis der noch ausstehenden Arbeiten die Abnahme zu erklären.[71]

---

[60] OLG Düsseldorf v. 15.09.2000 - 22 U 35/00 - BauR 2001, 672-674.
[61] Brandenburgisches Oberlandesgericht v. 20.12.2006 - 13 U 55/06 - juris Rn. 33 - BauR 2007, 1110.
[62] OLG Köln v. 20.11.1997 - 18 U 54/93 - OLGR Köln 1998, 127-129.
[63] OLG Hamm v. 12.12.2006 - 26 U 49/04 - juris Rn. 23 - BauR 2007, 1617.
[64] BGH v. 22.12.2000 - VII ZR 310/99 - juris Rn. 37 - BGHZ 146, 250-264.
[65] OLG Jena v. 25.05.2005 - 4 U 159/02 - OLGR Jena 2005, 898-900.
[66] OLG Düsseldorf v. 16.11.1995 - 5 U 49/95 - juris Rn. 28 - OLGR Düsseldorf 1996, 1; OLG Naumburg v. 22.03.2001 - 3 U 77/00 - juris Rn. 5 - MDR 2001, 1289-1290; OLG Jena v. 17.06.1998 - 2 U 997/97 - IBR 1998, 520.
[67] BGH v. 27.05.1999 - VII ZR 291/97 - juris Rn. 18 - NJW-RR 2000, 164-165.
[68] OLG Düsseldorf v. 28.06.1996 - 22 U 256/95 - NJW-RR 1996, 1485-1486; OLG Düsseldorf v. 12.11.1996 - 21 U 68/96 - juris Rn. 16 - BauR 1997, 647-652; *Peters/Jacoby* in: Staudinger, § 640 Rn. 11 m.w.N.; offen gelassen BGH v. 26.04.1979 - VII ZR 190/78 - juris Rn. 10 - BGHZ 74, 235-240; vgl. ferner BGH v. 24.06.1999 - VII ZR 120/98 - BauR 1999, 1300-1303.
[69] OLG Stuttgart v. 08.12.2010 - 4 U 67/10 - juris Rn. 83 - NJW-RR 2011, 669-672.
[70] BGH v. 10.02.1994 - VII ZR 20/93 - juris Rn. 26 f. - BGHZ 125, 111-116; OLG München v. 13.12.2011 - 9 U 2533/11 Bau - juris Rn. 9.
[71] OLG München v. 13.12.2011 - 9 U 2533/11 Bau - juris Rn. 10 ff.; *Wagner*, IBR 2012, 138.

Vor Ablieferung einer **Dokumentation** oder eines Benutzerhandbuchs ist eine Werkleistung nicht vollendet, wenn diese Unterlagen (etwa bei Individualsoftware oder komplexen Maschinen) zur sachgerechten Nutzung des Werks erforderlich[72] oder sogar gesetzlich vorgeschrieben sind.[73] Das **Architektenwerk** ist erst vollendet, wenn der Architekt alle von ihm übernommenen Leistungsphasen nach § 15 HOAI, also – soweit geschuldet – auch sämtliche Teilleistungen der Phase 9 (Objektbetreuung, Dokumentation, Überwachung der Mängelbeseitigung), erbracht hat (vgl. auch konkludente Abnahme, Rn. 11).[74] Nach der **Kündigung** hat der Auftragnehmer einen Anspruch auf Abnahme, wenn die von ihm bis zur Kündigung erbrachte Leistung die Voraussetzung für die Abnahmepflicht des Auftraggebers erfüllt.[75] Die Kündigung selbst ist keine konkludente Abnahme. Die Abnahme hat im gekündigten Vertrag die gleiche Funktion wie im nicht gekündigten Vertrag. Sie dient dazu festzustellen, ob die aufgrund der Kündigung beschränkte Werkleistung des Auftragnehmers vertragsgemäß erbracht wurde. 18

Wie sich aus dem durch das Gesetz zur Beschleunigung fälliger Zahlungen in § 640 Abs. 1 BGB neu eingefügten Satz 2 ergibt, berechtigen heute **unwesentliche Mängel** nicht mehr zu einer Verweigerung der Abnahme. Dies entspricht der Sache nach § 12 Nr. 3 VOB/B. Auf die zu dieser Regelung ergangene Rechtsprechung kann daher zurückgegriffen werden. 19

Ob ein nur unwesentlicher Mangel vorliegt, bestimmt sich letztlich maßgeblich danach, ob der Mangel an Bedeutung so weit zurück tritt, dass es unter Abwägung der beiderseitigen Interessen für den Auftraggeber zumutbar ist, eine zügige Abwicklung des gesamten Vertragsverhältnisses nicht länger aufzuhalten und sich mit seinem Leistungsverweigerungsrecht aus § 320 BGB oder den in § 634 BGB genannten Ansprüchen zu begnügen.[76] 20

Ob dem Besteller eine Abnahme zuzumuten ist, hängt von der Art, dem Umfang und vor allem von den Auswirkungen eines Mangels ab und lässt sich nur unter Berücksichtigung der Umstände des jeweiligen Einzelfalles beurteilen. Wichtige **Beurteilungshilfen** sind insoweit, ob Einzelheiten in Rede stehen, deren Bedeutung für den Besteller im Rahmen der Vertragsverhandlungen hinreichend deutlich zum Ausdruck gebracht wurde. Auch die Höhe der voraussichtlichen Mängelbeseitigungskosten oder die mit einer Mängelbeseitigung verbundenen weiteren Risiken können entscheidend sein.[77] Ein Mangel, aus dem sich ein erhebliches Gefahrenpotential für den Nutzer ergibt, berechtigt auch dann zur Verweigerung der Abnahme, wenn die Mängelbeseitigungskosten nur gering sind und dies die Fälligkeit des restlichen Vergütungsanspruchs in vielfacher Höhe ausschließt.[78] Der Unternehmer wird in einer solchen Fallgestaltung überprüfen, ob er nicht zumindest Abschlagszahlungen verlangen kann. Wesentliche Mängel, die zur Abnahmeverweigerung berechtigen, können vorliegen, wenn die über das Gesamtwerk verteilten Mängel in ihrer Summe wesentlich sind und zudem die Gebrauchsfähigkeit beeinträchtigen.[79] 21

Zur Abnahme in Teilen (**Teilabnahme**) ist der Besteller des BGB-Vertrages nur verpflichtet, wenn dies besonders vereinbart ist (anders: § 12 Nr. 2 VOB/B – vgl. auch Teilabnahme, Rn. 27 und Abnahme Wohnungseigentum, Rn. 24).[80] 22

4. Wohnungseigentum

Nach § 1 Abs. 2 WoEigG gehört dem Wohnungseigentümer zum einen seine Wohnung als solche (Sondereigentum) und zum anderen ein Miteigentumsanteil an dem Gemeinschaftseigentum. Die **Abnahme** von Werkleistungen am **Sondereigentum** ist Sache jedes einzelnen Wohnungseigentümers. 23

---

[72] BGH v. 03.11.1992 - X ZR 83/90 - juris Rn. 26 - NJW 1993, 1063-1066.
[73] OLG Bamberg v. 08.12.2010 - 3 U 93/09 - juris Rn. 19 - IBR 2011, 575.
[74] BGH v. 10.02.1994 - VII ZR 20/93 - juris Rn. 21 - BGHZ 125, 111-116; OLG Hamm v. 05.04.1995 - 12 U 184/94 - OLGR Hamm 1995, 171-173.
[75] BGH v. 19.12.2002 - VII ZR 103/00 - juris Rn. 31 - BGHZ 153, 244-253.
[76] BGH v. 26.02.1981 - VII ZR 287/79 - juris Rn. 21 - NJW 1981, 1448-1449; BGH v. 15.06.2000 - VII ZR 30/99 - juris Rn. 12 - LM VOB/B 1973 § 16 (E) Nr. 6 (5/2001); BGH v. 30.04.1992 - VII ZR 185/90 - juris Rn. 8 - NJW 1992, 2481-2482; OLG Hamm v. 03.09.1991 - 26 U 137/90 - BauR 1992, 240-241.
[77] BGH v. 26.02.1981 - VII ZR 287/79 - juris Rn. 21 - NJW 1981, 1448-1449; BGH v. 15.06.2000 - VII ZR 30/99 - juris Rn. 12 - NJW 2000, 2818-2819; OLG Celle v. 14.06.2001 - 13 U 234/00; OLG Dresden v. 18.02.1999 - 7 U 2222/98 - IBR 2001, 358; OLG Hamm v. 05.06.1989 - 17 U 201/88 - NJW-RR 1989, 1180-1181.
[78] OLG Hamm v. 26.11.2003 - 12 U 112/02 - BauR 2005, 731-732.
[79] OLG Stuttgart v. 22.12.1999 - 4 U 105/99 - IBR 2001, 167.
[80] BGH v. 10.02.1994 - VII ZR 20/93 - juris Rn. 25 - BGHZ 125, 111-116; BGH v. 09.10.1986 - VII ZR 245/85 - juris Rn. 17 - NJW-RR 1987, 144-146.

§ 640

Abschluss und Abwicklung von Werkverträgen, die das **Gemeinschaftseigentum** betreffen, sind Angelegenheiten gemeinschaftlicher Verwaltung im Sinne des § 21 Abs. 1 WoEigG. Nach § 27 Abs. 3 Nr. 1, 2 WoEigG ist der **Verwalter** zur Abnahme berechtigt, soweit es sich um eine Angelegenheit der laufenden Verwaltung handelt. Das ist etwa bei der Beauftragung von Kleinreparaturen oder Wartungsarbeiten der Fall. Beauftragt die Wohnungseigentümergemeinschaft in den übrigen Fällen den Verwalter mit der Erteilung des Auftrags an den Unternehmer, wird dies in der Regel auch die Vollmacht des Verwalters zur Abnahme beinhalten.

24 Soweit es um den **Erwerb** des Wohnungseigentums **vom Bauträger** geht, ist jeder Erwerber einer Einheit Besteller bzgl. des Sondereigentums sowie des Anteils am Gemeinschaftseigentum.[81] Die Abnahme der Wohnung durch den Erwerber bedeutet in der Regel auch die Abnahme des Gemeinschaftseigentums.[82] Eine Bevollmächtigung des Verwalters zur Abnahme kann **nicht** durch **Mehrheits**beschluss der Wohnungseigentümer erteilt werden. Sie muss vielmehr von jedem einzelnen Wohnungseigentümer eingeräumt werden, weil jeder einzelne Wohnungseigentümer mit dem Erwerbsvertrag auch einen Anspruch auf mangelfreies **Gemeinschaftseigentum** erhält, über den die Wohnungseigentümergemeinschaft nicht durch Mehrheitsentscheidung, sondern allenfalls durch Vereinbarung aller Wohnungseigentümer disponieren kann. Ohne diese fehlt es an einer wirksamen Vertretung bei der Abnahme.[83] Ob die Wohnungseigentümergemeinschaft die Abnahme erklären kann, wenn sie durch Beschluss die Verfolgung der Mängelrechte an sich gezogen hat, ist höchstrichterlich noch nicht geklärt.[84] Auch wenn die Mehrheit der übrigen Wohnungseigentümer die das Gemeinschaftseigentum betreffenden Werkleistungen abgenommen haben, müssen das die nicht zustimmenden Wohnungseigentümer nicht gegen sich gelten lassen.[85] Die Wirkungen einer Abnahme treten für das Gemeinschaftseigentum nur gegenüber demjenigen Wohnungseigentümer ein, der auch insoweit die Werkleistung des Bauträgers abgenommen hat.[86] Allerdings kann die Auslegung eines insoweit lückenhaften Erwerbervertrages ergeben, dass in der Abnahme eines einem Erwerber zur Sondernutzung zugewiesenen Gemeinschaftseigentums durch den nutzungsberechtigten Erwerber zugleich eine schlüssige Abnahme des betreffenden Gemeinschaftseigentums durch die übrigen Eigentümer zu sehen ist, wenn die Abnahme des nutzungsberechtigten Erwerbers nach Ablauf einer Prüfungsfrist unbeanstandet geblieben ist.[87] Nicht selten wird **zunächst das Sondereigentum** und erst **später das Gemeinschaftseigentum** abgenommen. Wie sich aus § 641 Abs. 1 Satz 2 BGB ergibt, sind derartige Teilabnahmen zulässig (vgl. auch Teilabnahme, Rn. 27).[88] Ob mit einer Abnahme des Sondereigentums gleichzeitig das Gemeinschaftseigentum abgenommen wurde, muss ggf. durch Auslegung ermittelt werden. Wenn das Abnahmeprotokoll sich nur mit dem Sondereigentum befasst und das Gemeinschaftseigentum erst lange nach dem Einzug fertiggestellt wurde, kann in der Regel nur von der Abnahme des Sondereigentums ausgegangen werden.[89] Eine Regelung in einem **vorformulierten Bauträgervertrag**, wonach im Rahmen einer Teilabnahme das Gemeinschaftseigentum durch einen von dem Bauträger zu benennenden Sachverständigen abgenommen wird und der Erwerber diesem Sachverständigen eine unwiderrufliche Vollmacht, das Gemeinschaftseigentum abzunehmen, erteilt, ist wegen unangemessener Benachteiligung des Erwerbers unwirksam.[90] Auch die in einem vorformulierten Übergabeprotokoll abgegebene Erklärung des Erwerbers, wonach das Gemeinschaftseigentum mangelfrei sei und er den Vertragsge-

---

[81] BGH v. 21.02.1985 – VII ZR 72/84 - WM 1985, 664- 666.
[82] OLG Hamm v. 14.12.1995 - 17 U 3/94 - juris Rn. 7 - NJW-RR 1996, 1301.
[83] Vgl. BGH v. 20.09.2000 - V ZB 58/99 - juris Rn. 13 ff. - BGHZ 145, 158-170; vor dieser Entscheidung hierzu: BayObLG v. 30.04.1999 - 2Z BR 153/98 - juris Rn. 29 - NJW-RR 2000, 13-16.
[84] Tendenziell weit zur Möglichkeit der „Vergemeinschaftung", ohne auf die Abnahme einzugehen: BGH v. 15.01.2010 - V ZR 80/09 - juris Rn. 7 ff. - NJW 2010, 233-234; für eine Kompetenz der Wohnungseigentümergemeinschaft, durch Mehrheitsbeschluss die Befugnis zur Erklärung der Abnahme des Gemeinschaftseigentums an sich zu ziehen, unter Bezugnahme auf diese Rechtsprechung sowie BGH v. 12.04.2007 - VII ZR 236/05 - BGHZ 172, 42-58: AG München v. 07.07.2010 - 482 C 287/10 - juris Rn. 21 ff. - NJW 2011, 2222-2223.
[85] BGH v. 21.02.1985 - VII ZR 72/84 - juris Rn. 18 - WM 1985, 664- 666.
[86] BGH v. 21.02.1985 - VII ZR 72/84 - juris Rn. 17 ff. - WM 1985, 664- 666.
[87] OLG Hamm v. 14.10.2003 - 21 U 116/03 - juris Rn. 6 ff. - MittBayNot 2005, 226-228.
[88] BGH v. 30.06.1983 - VII ZR 185/81 - juris Rn. 18 ff. - WM 1983, 1104-1105.
[89] BGH v. 04.06.1981 - VII ZR 9/80 - juris Rn. 23 - BGHZ 81, 35-40.
[90] OLG Karlsruhe v. 06.12.2011 - 8 U 106/10 - juris Rn. 81 ff. - NJW 2012, 237-240; LG München I v. 02.07.2008 - 18 O 21458/07 - juris Rn. 65 - BauR 2009, 1444-1445; OLG Koblenz v. 17.010.2002 - 5 U 263/02 - BauR 2003, 546-550.

genstand abnehme, führt nicht zur Abnahme des Gemeinschaftseigentums, wenn – im Hinblick auf die Abnahme durch den vom Bauträger benannten Sachverständigen – tatsächlich eine Prüfung durch den Erwerber, ob das Gemeinschaftseigentum im Wesentlichen vertragsgemäß hergestellt wurde, nicht stattgefunden hat.[91]

5. Abdingbarkeit

Die Modalitäten der Abnahme sind nach Form[92], Zeitpunkt und Voraussetzungen **dispositiv**. So kann z.B. vereinbart werden, dass eine **förmliche Abnahme** zu erfolgen hat. Im Rahmen einer förmlichen Abnahme haben die Vertragsparteien gemeinsam die erbrachte Bauleistung zu überprüfen und zur Vermeidung von Unklarheiten und Beweisschwierigkeiten die Tatsache und den Zeitpunkt sowie den Befund der Abnahme und etwaige Vorbehalte wegen bekannter Mängel und wegen Vertragsstrafen schriftlich niederzulegen – vgl. § 12 Nr. 4 VOB/B. Auf eine bereits vereinbarte förmliche Abnahme kann im Nachhinein wieder verzichtet werden. Das kann auch stillschweigend erfolgen (strenge Anforderungen!).[93] Die Abnahme kann einem Dritten (Architekten, Verwalter einer Wohnungseigentümergemeinschaft) überantwortet werden.[94]

25

In **Allgemeinen Geschäftsbedingungen** sind Regelungen über die Abnahme insbesondere an § 308 Nr. 1 BGB und an § 307 BGB zu messen. Wenn nicht wesentliche Mängel vorliegen, muss die Werkleistung mangels abweichender Vereinbarung nach § 640 BGB unmittelbar nach ihrer Vollendung abgenommen werden. Es kann jedoch berechtigten Interessen eines Generalunternehmers entsprechen, die Abnahme der Leistung eines Subunternehmers auf einen späteren Zeitpunkt zu verschieben, wenn dessen Werkleistung nicht isoliert, sondern nur im Zusammenhang mit einem erst nach dieser Leistung fertigzustellenden Werk eines anderen Subunternehmers beurteilt werden kann oder wenn der Generalunternehmer die Dauer der Gewährleistungsverpflichtung seines Subunternehmers deckungsgleich mit der seiner eigenen Gewährleistungspflicht gegenüber seinen Kunden ausgestalten will. Eine hierauf ausgerichtete Klausel enthält jedoch eine **unangemessene Benachteiligung** des Subunternehmers, wenn der **Zeitpunkt** der Abnahme für den Subunternehmer **ungewiss** bleibt oder wenn die Klausel die Abnahme auf einen **nicht mehr angemessenen** Zeitpunkt nach Fertigstellung der Subunternehmerleistung hinausschiebt.[95] Ungewiss in diesem Sinne ist der Zeitpunkt der Abnahme dann, wenn er vom Subunternehmer nicht herbeigeführt oder nicht berechnet werden kann, etwa weil die Abnahme vom Eingang einer Mängelfreiheitsbescheinigung oder von der Bestätigung des Erwerbers oder von einer vorgeschriebenen behördlichen Abnahme[96] oder von der vollständigen Erstellung oder von der Abnahme des gesamten Bauwerks oder von der Bezugsfertigkeit der letzten Wohneinheit abhängig sein soll[97]. Unangemessen hinausgeschoben wird der Zeitpunkt der Abnahme, wenn aufgrund der in der Klausel getroffenen Regelung die Leistung des Subunternehmers erst erhebliche Zeit nach ihrer Fertigstellung abgenommen werden soll. 24 Tage[98], ja sogar 4 bis 6 Wochen können hingenommen werden, 2 Monate jedoch nicht mehr[99] (vgl. auch angemessene Frist, Rn. 28 und vorbehaltlose Nutzung, Rn. 12). Die Vereinbarung förmlicher Abnahme benachteiligt den Auftragnehmer treuwidrig, wenn der **Abnahmetermin allein durch den Auftraggeber** festgesetzt werden kann, ohne dass dafür eine Frist oder sonstige Bindung vorgesehen ist, und eine Abnahme deshalb allein davon abhängig sein soll, dass der Auftraggeber einen Abnahmetermin anberaumt.[100] Eine AGB-Klausel im Bauvertrag, nach der der Besteller auch bei Vorhandensein **erheblicher Baumängel** das Bauwerk bei Einzug abzunehmen hat und anderenfalls Mängelbeseitigungsansprüche ausgeschlossen sind, verstößt gegen § 307 BGB.[101] Eine AGB-Klausel, wonach „das Kaufobjekt spätestens mit dem **Einzug** des Käufers in

26

---

[91] OLG Karlsruhe v. 06.12.2011 - 8 U 106/10 - juris Rn. 85 ff. - NJW 2012, 237-240; LG München I v. 02.07.2008 - 18 O 21458/07 - juris Rn. 65 - BauR 2009, 1444-1445.
[92] OLG Koblenz v. 14.02.2002 - 5 U 1640/99 - NJW-RR 2002, 807-809.
[93] OLG Düsseldorf v. 04.12.1992 - 22 U 154/92 - NJW-RR 1993, 1110-1111.
[94] BayObLG München v. 20.03.2001 - 2Z BR 75/00 - NZM 2001, 539-540.
[95] BGH v. 23.02.1989 - VII ZR 89/87 - juris Rn. 11 - BGHZ 107, 75-87.
[96] BGH v. 23.02.1989 - VII ZR 89/87 - juris Rn. 12 - BGHZ 107, 75-87.
[97] OLG Karlsruhe v. 22.07.1982 - 9 U 27/81 - BB 1983, 725-729; OLG München v. 03.11.1983 - 6 U 1390/83 - BB 1984, 1386-1388; OLG Nürnberg v. 25.09.1979 - 3 U 52/79 - WM 1980, 854-855.
[98] BGH v. 16.12.1982 - VII ZR 92/82 - juris Rn. 36 - BGHZ 86, 135-143.
[99] BGH v. 23.02.1989 - VII ZR 89/87 - juris Rn. 14 - BGHZ 107, 75-87.
[100] BGH v. 25.01.1996 - VII ZR 233/94 - juris Rn. 21 - BGHZ 131, 392-402.
[101] OLG Oldenburg v. 21.08.1996 - 2 U 104/96 - OLGR Oldenburg 1996, 266-267.

die Wohnung als abgenommen gilt" verstößt gegen § 309 Nr. 8 lit. b sublit. ff BGB (vgl. auch vorbehaltlose Nutzung, Rn. 12).[102] Gleiches kann für eine Klausel in einem **Architekten**-Formularvertrag gelten, wonach Ansprüche des Bauherrn gegen den Architekten innerhalb von zwei Jahren – beginnend mit der Abnahme (Ingebrauchnahme) des Bauwerks verjähren sollen (vgl. auch Abnahmereife des Architektenwerks, Rn. 18).[103] Bei Einziehung der VOB B gilt für die Abnahme § 12 VOB/B.

6. Praktische Hinweise

27 Soweit die Vertragsparteien eine Abnahme in Teilen (Teilabnahme) vereinbart haben, ist es wichtig zu wissen, dass es sich bei jeder der vereinbarten **Teilabnahmen** jeweils um echte Abnahmen handelt. Jede Teilabnahme kann deshalb für den von ihr betroffenen Teil der Werkleistung die Rechtsfolgen der § 640 Abs. 2 BGB und § 341 Abs. 3 BGB auslösen. Der Besteller muss sich deshalb seine **Rechte** wegen ihm bekannter Mängel in dem abzunehmenden Teilgewerk bei der jeweiligen Teilabnahme **vorbehalten**. Auch sonst treten alle Rechtswirkungen ein.[104]

II. Abnahmefiktion gemäß Absatz 1 Satz 3

1. Setzen einer Frist zur Abnahme

28 Nach § 640 Abs. 1 Satz 3 BGB steht es einer Abnahme gleich, wenn eine dem Besteller gesetzte Frist zur Abnahme des abnahmereifen Werkes erfolglos abgelaufen ist (vgl. auch Rn. 4). Die Fiktion greift also nur, wenn die Werkleistung abnahmereif fertiggestellt ist.[105] Da das Gesetz anderes nicht anordnet, ist es ausreichend (aber nicht empfehlenswert), wenn die Frist zur Abnahme formlos gesetzt wurde. Wie lange eine angemessene Frist zu sein hat, hängt von den Umständen des Einzelfalles ab. Für Bauleistungen (§ 1 VOB/A) wird in Anlehnung an § 12 Nr. 5 Abs. 1 VOB/B in der Regel eine Frist von 12 Tagen ausreichend sein (vgl. auch vorbehaltlose Nutzung, Rn. 12 und AGB Klauseln, Rn. 26). Eine zu kurz bemessene Frist setzt den Lauf einer angemessenen Frist in Gang, es sei denn der Auftragnehmer bringt zum Ausdruck, dass es ihm gerade auf die Kürze der Frist ankommt.[106] Eine auch an sich ausreichend lang gesetzte Frist bleibt jedoch ohne Rechtsfolgen, wenn sie bereits vor Eintritt der Abnahmereife gesetzt wurde.[107] Im zuletzt genannten Fall muss die Fristsetzung nach Eintritt der Abnahmereife wiederholt werden, um die Rechtsfolgen des § 640 Abs. 1 Satz 3 BGB auszulösen. Im Fall der ausdrücklichen Abnahmeverweigerung ist eine zusätzliche Fristsetzung als überflüssige Förmlichkeit entbehrlich (zur vergleichbaren Situation bei der Erfüllungsverweigerung durch den Unternehmer vgl. die Kommentierung zu § 636 BGB Rn. 7).[108]

2. Abdingbarkeit

29 Da die Parteien die Voraussetzungen für eine Abnahme individuell festlegen können (vgl. Abnahmemodalitäten, Rn. 25), ist Satz 3 in Individualvereinbarungen dispositiv. In Allgemeinen Geschäftsbedingungen verstößt ein vollständiger Ausschluss der Möglichkeit, eine Abnahme trotz Verpflichtung zur Abnahme zu erreichen, gegen § 307 BGB.[109]

3. Praktische Hinweise

30 Soweit vor Einreichung einer Werklohnklage keine Abnahme erfolgt ist und sich ein Vorgehen nach Satz 3 nicht beweiskräftig darlegen lässt, sollte aus anwaltlicher Vorsorge in der Klageschrift (nochmals) Frist zur Abnahme gesetzt werden (vgl. Rn. 4).

---

[102] OLG Hamm v. 24.11.1993 - 12 U 29/93 - OLGR Hamm 1994, 74-76.
[103] BGH v. 09.10.1986 - VII ZR 245/85 - juris Rn. 16 - NJW-RR 1987, 144-146.
[104] Vgl. BGH v. 10.07.1975 - VII ZR 64/73 - juris Rn. 12 und Leitsatz 2.
[105] Schleswig v. 10.03.2006 - 14 U 47/05 - juris Rn. 39 - BauR 2008, 360-364.
[106] BGH v. 15.03.1996 - V ZR 316/94 - juris Rn. 8 - NJW 1996, 1814-1815; BGH v. 21.06.1985 - V ZR 134/84 - juris Rn. 21 - NJW 1985, 2640-2642; BGH v. 10.02.1982 - VIII ZR 27/81 - juris Rn. 54 - NJW 1982, 1279-1280.
[107] Vgl. BGH v. 15.03.1996 - V ZR 316/94 - juris Rn. 8 - NJW 1996, 1814-1815.
[108] BGH v. 08.11.2007 - VII ZR 183/05 - juris Rn. 29 - BGHZ 174, 110; OLG Brandenburg v. 08.01.2003 - 4 U 82/02 - IBR 2003, 470.
[109] *Sprau* in: Palandt, § 640 Rn. 12 m.w.N.

III. Vorbehaltlose Abnahme trotz Mangelkenntnis (Absatz 2)

1. Ausschluss einzelner – nicht aller – Mängelrechte

Nimmt der Besteller das Werk ohne Vorbehalt ab, obwohl er einen Werkmangel kennt, so verliert er gemäß § 640 Abs. 2 BGB die in § 634 Nr. 1 bis 3 BGB genannten Mängelrechte. Auch bei einer konkludenten Abnahme kommt es gemäß § 640 Abs. 2 BGB zu einem Rechtsverlust, wenn der Besteller sich die Rechte wegen der ihm bekannten Mängel nicht vorbehält.[110] Ausgeschlossen sind also **nur** ein Anspruch auf Nacherfüllung, eine Ersatzvornahme, ein Rücktritt oder eine Minderung. Da der Nacherfüllungsanspruch ausgeschlossen ist, ist der Besteller auch nicht mehr zur Einbehaltung eines **Druckzuschlags** gemäß § 641 Abs. 3 BGB berechtigt, weil dieser nur eine Durchsetzung des Nacherfüllungsanspruchs bezweckt.

31

Die **vorbehaltlose Abnahme** hat aber **keinen Verlust** eines Anspruchs auf **Schadensersatz** oder auf Ersatz vergeblicher **Aufwendungen** (§ 634 Nr. 4 BGB) zur Folge.[111] Im Wege des Schadensersatzes kann allerdings grundsätzlich keine Naturalrestitution, sondern nur Schadensersatz in Geld verlangt werden.[112] Auch soweit sich der Schadensersatzanspruch auf Zahlung der Mängelbeseitigungskosten richtet, ist er nicht durch § 640 Abs. 2 BGB ausgeschlossen.[113] Der Besteller muss die fehlerhafte Sache behalten und kann nur den Minderwert liquidieren. Er kann das Werk also nicht mehr insgesamt zurückweisen und stattdessen Schadensersatz wegen der ganzen Leistung (also den früher so genannten „großen Schadensersatz") verlangen[114], weil dies der Sache nach dem ausgeschlossenen Rücktritt gleich käme.

32

2. Abnahmefiktionen

Absatz 2 Satz 1 setzt voraus, dass eine (ausdrückliche oder konkludente) Abnahme nach Absatz 1 Satz 1 erfolgt ist. **Abnahmefiktionen** (§§ 640 Abs. 1 Satz 3, 641a BGB) reichen deshalb nicht aus, um die Rechtsfolgen aus § 640 Abs. 2 BGB auszulösen.[115] Dies ist für die Fertigstellungsbescheinigung in § 641a Abs. 1 Satz 3 BGB noch einmal ausdrücklich klargestellt.

33

3. Kenntnis

Kenntnis ist nur die positive Kenntnis des Mangels. **Fahrlässige – auch grob fahrlässige – Unkenntnis genügt nicht.**[116] Kenntnis im Sinne von Absatz 2 liegt nicht schon vor, wenn der Besteller um die äußere Erscheinungsform des Mangels (Mangelerscheinung) weiß (Beispiel: Mangelerscheinung = Risse im Putz – Mangel = hierfür ursächliche unzureichende Gründung des Bauwerks); Kenntnis liegt nur vor, wenn der Besteller weiß, dass durch die von ihm beobachtete Mangelerscheinung der Wert oder die Tauglichkeit der Werkleistung beeinträchtigt wird (zu Mangelerscheinungen vgl. auch die Kommentierung zu § 634 BGB Rn. 11).[117] Erforderlich ist, dass dem Besteller auch die **Ursachen**, die zur Mangelerscheinung führen, jedenfalls ungefähr bekannt sind, da sich anders ein Mangel auch nicht annähernd zuverlässig in seiner **Tragweite** beurteilen lässt.[118] Ein Irrtum bloß über die rechtliche oder wirtschaftliche Tragweite eines Werkmangels steht einer Kenntnis im Sinne von Absatz 2 nicht entgegen.[119] Wenn allerdings Bedeutung und Tragweite eines später als Mangels erkannten Umstands nicht zu übersehen waren, steht das der Kenntnis entgegen.[120]

34

---

[110] BGH v. 25.02.2010 - VII ZR 64/09 - juris Rn. 30 - BauR 2010, 795-798.
[111] OLG Köln v. 14.02.2006 - 3 U 41/05 - juris Rn. 15 - BauR 2006, 1190.
[112] BGH v. 06.11.1986 - VII ZR 97/85 - juris Rn. 5 - BGHZ 99, 81-88; BGH v. 08.11.1973 - VII ZR 86/73 - BGHZ 61, 369-373.
[113] BGH v. 12.05.1980 - VII ZR 228/79 - juris Rn. 14 - BGHZ 77, 134-139.
[114] OLG Bamberg v.12.07.1995 - 3 U 97/94 - IBR 1995, 382.
[115] OLG Celle v. 18.09.2003 - 11 U 11/03 - juris Rn. 43 - OLGR Celle 2004, 167-171.
[116] BGH v. 20.12.1978 - VIII ZR 114/77 - juris Rn. 7 - NJW 1979, 713-714.
[117] BGH v. 13.05.1981 - VIII ZR 113/80 - juris Rn. 13 - NJW 1981, 2640-2641; KG Berlin v. 04.10.1994 - 7 U 355/94 - KGR Berlin 1994, 220-221.
[118] *Peters/Jacoby* in: Staudinger, § 640 Rn. 58.
[119] BGH v. 20.12.1978 - VIII ZR 114/77 - juris Rn. 8 - NJW 1979, 713-714; zur Kenntnis bei offenkundigen Mängeln: OLG Dresden v. 28.02.2002 - 4 U 2123/01 - juris Rn. 29 - BauR 2002, 1274-1277.
[120] BGH v. 09.11.2000 - VII ZR 409/99 - juris Rn. 17 - NJW-RR 2001, 309-310.

§ 640

35 Der Vorbehalt muss bei der Abnahme gemacht werden. Ein davor oder danach geäußerter Vorbehalt reicht nicht aus. An die Formulierung des Vorbehalts sind keine strengen Anforderungen zu stellen. Es kann im Einzelfall auch eine **konkludente** Erklärung ausreichen.[121] So kann ein Vorbehalt entbehrlich sein, wenn eine Abnahme während eines schwebenden selbständigen Beweisverfahrens erfolgt.[122] In jedem Fall muss der Besteller zum Ausdruck bringen, wegen welcher Mängel er sich seine Rechte vorbehalten will. Dabei ist es ausreichend, wenn er nicht den Werkmangel selbst, sondern nur eine der Mängelerscheinungen (vgl. die Kommentierung zu § 634 BGB Rn. 11) rügt. Es **genügt aber nicht, wenn** der Besteller sich seine Rechte **pauschal** wegen möglicher nicht näher bezeichneter Mängel vorbehält. Insoweit sind die gleichen Anforderungen zu stellen wie bei der Mängelerscheinung (vgl. die Kommentierung zu § 634 BGB Rn. 11) nach den §§ 634 ff. BGB.

4. Wirkungen der Abnahme unter Vorbehalt

36 Eine Abnahme unter Vorbehalt steht in ihren Wirkungen den Wirkungen einer vollständigen Abnahme (vgl. Rn. 1) gleich. Dabei kommt es auch nicht darauf an, wie umfangreich die vorbehaltenen Mängel sind und ob wegen dieser Mängel die Abnahme auch hätte verweigert werden können, wenn die Abnahme erfolgt ist.[123] Deshalb wird der **Werklohn fällig**. Der Besteller kann aber nach den §§ 641 Abs. 3, 320 BGB ein Mehrfaches der Mängelbeseitigungskosten zurückhalten. Dabei ist es Sache des Unternehmers darzutun, dass der einbehaltene Betrag auch bei Berücksichtigung des Durchsetzungsinteresses des Bestellers das Dreifache der voraussichtlichen Mängelbeseitigungskosten übersteigt und des Weiteren unverhältnismäßig und deshalb unbillig hoch ist.[124] Der Besteller muss nicht zur Höhe der voraussichtlichen Mängelbeseitigungskosten vortragen.[125] Bezüglich des Mangels, aufgrund dessen der Besteller sich seine Rechte vorbehalten hat, tritt nach richtiger, wenn auch nicht unbestrittener Auffassung[126], **kein Wechsel in der Beweislast** ein. Der Unternehmer hat auch nach Abnahme im Streitfall zu beweisen, dass der von dem Vorbehalt betroffene Mangel nicht vorliegt.[127]

5. Abdingbarkeit

37 Eine Klausel in allgemeinen Geschäftsbedingungen des Auftragnehmers, nach der die Rechtsfolgen des § 640 Abs. 2 BGB auch ohne positive Kenntnis des Mangels eintreten sollen, ist an § 309 Nr. 8 lit. b ee BGB zu messen.[128] Der Besteller kann § 640 Abs. 2 BGB vollständig abbedingen.[129]

6. Praktische Hinweise

38 Bei der Abnahme muss nicht nur an einen Vorbehalt wegen bekannter Mängel, sondern auch wegen einer verwirkten Vertragsstrafe gedacht werden (§ 341 Abs. 3 BGB).

D. Prozessuale Hinweise

39 Macht der Unternehmer seinen Anspruch auf **Werklohn** geltend, muss der Besteller **vor der Abnahme** oder bei einem Vorbehalt nach § 640 Abs. 2 BGB lediglich darlegen, dass ein Mangel besteht oder das Werk unvollständig ist. Es ist dann Sache des Unternehmers, darzulegen und zu beweisen, dass sein Werk nicht mit den behaupteten Mängeln behaftet ist und die erbrachte Leistung nicht hinter der vertraglich geschuldeten zurückbleibt.[130] Zur Beweislast bei der Geltendmachung von Werkmängelrechten vgl. die Kommentierung zu § 634 BGB Rn. 65. Vor der Abnahme ist es auch Sache des Un-

---

[121] BGH v. 12.06.1975 - VII ZR 55/73 - NJW 1975, 1701-1703.
[122] OLG Köln v. 17.09.1982 - 20 U 56/82 - BauR 1983, 463-465.
[123] OLG Hamm v. 30.10.2007 - 21 U 34/07 - juris Rn. 20 - OLGR Hamm 2008, 105; OLG Brandenburg v. 20.03.2003 - 12 U 14/02 - BauR 2003, 1054-1056.
[124] BGH v. 04.07.1996 - VII ZR 125/95 - juris Rn. 14 - NJW-RR 1997, 18-19; KG Berlin v. 15.09.2000 - 21 U 9456/98 - IBR 2000, 597; OLG Hamm v. 16.04.1999 - 12 U 64/98 - OLGR Hamm 1999, 229.
[125] BGH v. 04.07.1996 - VII ZR 125/95 - NJW-RR 1997, 18-19.
[126] Besteller hat die Beweislast OLG Hamburg v. 05.12.1997 - 14 U 21/96 - OLGR Hamburg 1998, 61-63.
[127] BGH v. 24.10.1996 - VII ZR 98/94 - juris Rn. 10 - NJW-RR 1997, 339-340.
[128] *Grüneberg* in: Palandt, § 309 Rn. 71.
[129] *Peters/Jacoby* in: Staudinger, § 640 Rn. 67.
[130] BGH v. 24.10.1996 - VII ZR 98/94 - juris Rn. 10 - NJW-RR 1997, 339-340; OLG Karlsruhe v. 24.10.2007 - 7 U 214/06 - juris Rn. 16 - OLGR Karlsruhe 2008, 246.

ternehmers, den Nachweis zu führen, dass ein gegebener **Mangel** oder eine Unvollständigkeit der erbrachten gegenüber der geschuldeten Werkleistung **unerheblich** im Sinne des § 640 Abs. 1 Satz 2 BGB ist.[131] **Nach der Abnahme** liegt die Beweislast insoweit bei dem Besteller.[132]

Der Unternehmer hat die Darlegungs- und Beweislast für den Grund und die **Höhe** seiner Werklohnforderung. Eine Abnahme ist hierauf ohne Einfluss.[133] 40

Bei dem Streit darüber, ob sich der Besteller bei der Abnahme seine **Mängelrechte vorbehalten** hat, trägt der Unternehmer nach allgemeinen Grundsätzen die Beweislast für die erfolgte Abnahme und die Kenntnis des Bestellers von dem Mangel.[134] Der Besteller hat zu beweisen, dass er sich die Mängelrechte bei Abnahme vorbehalten hat.[135] 41

Bestreitet der Auftraggeber erstmals in der **zweiten Instanz** die Abnahme des Werks, kann das Bestreiten gemäß § 531 Abs. 2 ZPO als **verspätet** zurückgewiesen werden. Zwar handelt es sich bei dem Begriff der Abnahme um einen Rechtsbegriff. Dieser enthält aber einen Tatsachenkern, dem schon in erster Instanz hätte entgegengetreten werden müssen.[136] 42

E. Anwendungsfelder

I. Übergangsregelungen

§ 640 Abs. 1 Satz 2 und 3 BGB sind auch für solche Werkverträge anwendbar, die vor dem 01.05.2000 abgeschlossen wurden. Eine von dem Unternehmer nach Satz 3 gesetzte Frist beginnt jedoch nicht vor dem 01.05.2000 zu laufen (Art. 229 § 1 Abs. 2 Satz 3 EGBGB). 43

II. VOB

Die VOB regelt die Abnahme in § 12 VOB/B. 44

---

[131] BGH v. 24.11.1998 - X ZR 21/96 - juris Rn. 30 - NJW-RR 1999, 347-349; BGH v. 13.10.1994 - VII ZR 139/93 - juris Rn. 10 - ZfBR 1995, 33; BGH v. 03.03.1988 - III ZR 89/86 - juris Rn. 20 - EWiR 1988, 567.
[132] BGH v. 03.03.1988 - III ZR 89/86 - juris Rn. 20 - EWiR 1988, 567.
[133] BGH v. 13.10.1994 - VII ZR 139/93 - juris Rn. 9 - ZfBR 1995, 33.
[134] *Peter/Jacobys* in: Staudinger, § 640 Rn. 62.
[135] Zur gleich gelagerten Sachlage bei der Vertragsstrafe BGH v. 10.02.1977 - VII ZR 17/75 - juris Rn. 10 - NJW 1977, 897-898.
[136] OLG Hamm v. 23.10.2003 - 21 U 58/03 - IBR 2004, 113.

§ 641 BGB Fälligkeit der Vergütung

(Fassung vom 23.10.2008, gültig ab 01.01.2009)

(1) ¹Die Vergütung ist bei der Abnahme des Werkes zu entrichten. ²Ist das Werk in Teilen abzunehmen und die Vergütung für die einzelnen Teile bestimmt, so ist die Vergütung für jeden Teil bei dessen Abnahme zu entrichten.

(2) ¹Die Vergütung des Unternehmers für ein Werk, dessen Herstellung der Besteller einem Dritten versprochen hat, wird spätestens fällig,

1. soweit der Besteller von dem Dritten für das versprochene Werk wegen dessen Herstellung seine Vergütung oder Teile davon erhalten hat,
2. soweit das Werk des Bestellers von dem Dritten abgenommen worden ist oder als abgenommen gilt oder
3. wenn der Unternehmer dem Besteller erfolglos eine angemessene Frist zur Auskunft über die in den Nummern 1 und 2 bezeichneten Umstände bestimmt hat.

²Hat der Besteller dem Dritten wegen möglicher Mängel des Werks Sicherheit geleistet, gilt Satz 1 nur, wenn der Unternehmer dem Besteller entsprechende Sicherheit leistet.

(3) Kann der Besteller die Beseitigung eines Mangels verlangen, so kann er nach der Fälligkeit die Zahlung eines angemessenen Teils der Vergütung verweigern; angemessen ist in der Regel das Doppelte der für die Beseitigung des Mangels erforderlichen Kosten.

(4) Eine in Geld festgesetzte Vergütung hat der Besteller von der Abnahme des Werkes an zu verzinsen, sofern nicht die Vergütung gestundet ist.

Gliederung

A. Grundlagen 1	II. Fälligkeit bei Leistungskette (Absatz 2) 22
I. Kurzcharakteristik 1	III. Druckzuschlag (Absatz 3) 30
II. Gesetzgebungsmaterialien 2	IV. Zinspflicht (Absatz 4) 39
III. Übergangsregelungen 3	D. Prozessuale Hinweise 43
B. Praktische Bedeutung 4	I. Zu Absatz 1 43
C. Anwendungsvoraussetzungen 9	II. Zu Absatz 2 (Leistungskette) 44
I. Fälligkeit bei Abnahme (Absatz 1) 9	III. Zu Absatz 3 (Druckeinbehalt) 45
1. Rechnung als Fälligkeitsvoraussetzung? 10	IV. Zu Absatz 4 (Zinspflicht) 48
2. Eigene Auffassung 13	E. Anwendungsfelder 49
3. Abdingbarkeit 17	

A. Grundlagen

I. Kurzcharakteristik

1 § 641 Abs. 1 BGB regelt den praktisch wichtigsten Fall des Eintritts der Werklohnfälligkeit: die Abnahme. Aus der Regelung ergibt sich gleichzeitig, dass der Unternehmer mit seiner Leistung vorleistungspflichtig ist. Absatz 2 erfasst einen Sonderfall bei Werkleistungen in der Leistungskette. Absatz 3 normiert den in der Rechtsprechung entwickelten Druckeinbehalt und Absatz 4 enthält eine Regelung über die Verzinsung des Werklohns.

II. Gesetzgebungsmaterialien

2 Mit dem am 01.05.2000 in Kraft getretenen Gesetz zur Beschleunigung fälliger Zahlungen vom 30.03.2000[1] wurden die jetzigen Absätze 2 und 3 in § 641 BGB neu eingefügt. Mit dieser u.a. auch durch die Richtlinie 2000/35/EG des Europäischen Parlaments und des Rates vom 29.06.2000 zur

---
[1] BGBl I 2000, 330.

Bekämpfung von Zahlungsverzug im Geschäftsverkehr[2] veranlassten Änderung wurde das Ziel verfolgt, Verzögerungen von Zahlungen im Baubereich wirtschaftlich unattraktiv zu machen und die Möglichkeit zur gerichtlichen Geltendmachung zu verbessern.[3] § 641 Abs. 2 BGB ist durch das Forderungssicherungsgesetz vom 23.10.2008 mit Wirkung ab dem 01.01.2009 abermals modifiziert worden. Ebenfalls geändert hat sich die Höhe des sogenannten Druckzuschlags, der nun gemäß § 641 Abs. 3 BGB statt mindestens des Dreifachen in der Regel das Doppelte der voraussichtlichen Mängelbeseitigungskosten beträgt. Ziel der Änderung ist es, das Institut der Durchgriffsfälligkeit effektiver zu gestalten und im Rahmen des Absatzes 3 aufgetretene Zweifelsfragen und Unzuträglichkeiten zu beseitigen.[4]

III. Übergangsregelungen

Der neu eingefügte § 641 Abs. 2 BGB gilt nach Art. 229 § 1 Abs. 2 EGBGB nur für ab dem 01.05.2000 abgeschlossene Verträge. Der ebenfalls mit dem Gesetz zur Beschleunigung fälliger Zahlungen vom 30.03.2000[5] eingefügte Absatz 3 gilt auch für Altverträge (Art. 229 § 1 Abs. 2 Satz 2 EGBGB). Die durch das Forderungssicherungsgesetz geänderten Fassungen des § 641 Abs. 2 und 3 BGB sind auf dem 01.01.2009 abgeschlossene Verträge anwendbar (Art. 229 § 19 Abs. 1 BGBEG).   3

B. Praktische Bedeutung

Wenn der Unternehmer keine Abschlagszahlungen (§ 632a BGB), sondern die vereinbarte Vergütung verlangt, setzt das nach § 641 Abs. 1 BGB – dem für die Fälligkeit praktisch wichtigsten Fall – eine Abnahme der Werkleistung voraus. Bei zu Recht verweigerter Abnahme kann der Unternehmer keinen Werklohn verlangen, solange der Besteller an seinem Erfüllungsanspruch festhält.[6]   4

Außer durch Abnahme kann der Werklohn (allerdings nicht in jedem Fall in voller Höhe) **auch unter anderen Voraussetzungen fällig** werden: 5

- aufgrund der Abnahmefiktion, die nach Ablauf einer zur Abnahme gesetzten Frist eintritt (§ 640 Abs. 1 Satz 3 BGB),
- mit Erteilung einer Fertigstellungsbescheinigung im Sinne des § 641a BGB,
- wenn der Besteller von einem Endkunden (auch ohne Abnahme in diesem Verhältnis) die Vergütung für das von dem Unternehmer hergestellte Werk erhält (§ 641 Abs. 2 BGB),
- wenn gemäß § 646 BGB die Vollendung an die Stelle der Abnahme tritt,
- bei unberechtigter endgültiger und ernsthafter Erfüllungsverweigerung des Bestellers[7], und zwar selbst dann, wenn der Unternehmer keine Frist nach § 640 Abs. 1 Satz 3 BGB gesetzt hat[8],
- wenn der Unternehmer dem Besteller die Nachbesserung in einer den Annahmeverzug begründenden Weise angeboten und der Besteller das Angebot nicht angenommen hat,[9]
- bei verweigerter Mitwirkung durch den Besteller[10],
- wenn der Besteller nicht nur eine bestimmte Form der Nachbesserung[11], sondern überhaupt keine Nachbesserung mehr zulässt, weil er (auch unberechtigt) den Vertrag für gekündigt oder für unwirksam hält[12],

---

[2] ABl. EG Nr. L 200, S. 35.
[3] BT-Drs. 14/1246, S. 1.
[4] BT-Drs. 16/511, S. 15 f.
[5] BGBl I 2000, 330.
[6] OLG Hamm v. 12.12.2006 - 26 U 49/04 - juris Rn. 29 - BauR 2007, 1617.
[7] BGH v. 16.05.1968 - VII ZR 40/66 - BGHZ 50, 175-179; BGH v. 25.01.1996 - VII ZR 26/95 - juris Rn. 22 - NJW 1996, 1280-1281; BGH v. 08.11.2007 - VII ZR 183/05 - juris Rn. 29 - BGHZ 174, 110-126; OLG Köln v. 15.05.1998 - 19 U 191/97 - NJW-RR 1999, 853-855; OLG Frankfurt v. 28.03.2007 - 1 U 71/05 - juris Rn. 20 - IBR 2008, 211; OLG Koblenz v. 21.10.2010 - 5 U 91/09 - juris Rn. 33 - IBR 2012, 80.
[8] BGH v. 08.11.2007 - VII ZR 183/05 - juris Rn. 29 - BGHZ 174, 110-126.
[9] Schleswig-Holsteinisches Oberlandesgericht v. 10.03.2006 - 14 U 47/05 - juris Rn. 49 - BauR 2008, 360.
[10] BGH v. 29.10.1985 - X ZR 12/85 - juris Rn. 12 - NJW-RR 1986, 211-213; BGH v. 16.05.1968 - VII ZR 40/66 - BGHZ 50, 175-179; OLG Köln v. 09.08.1995 - 19 U 69/95 - NJW-RR 1996, 624.
[11] BGH v. 13.12.2001 - VII ZR 27/00 - juris Rn. 17 - BGHZ 149, 289-294.
[12] BGH v. 22.09.1983 - VII ZR 43/83 - juris Rn. 27 - BGHZ 88, 240-248.

§ 641

- wenn der Besteller keine Erfüllung mehr verlangt[13] (etwa weil er Schadensersatz statt der Leistung verlangt (§ 281 Abs. 4 BGB)[14], weil er gemindert hat (§ 638 BGB)[15], weil er die Kosten einer Ersatzvornahme verlangt[16] oder weil eine (Nach-)Erfüllung unmöglich ist oder weil zwischen den Parteien Einvernehmen darüber besteht, dass nicht mehr nachgebessert wird).[17]
- wenn der Besteller trotz fehlender oder zweifelhafter Abnahme im Werklohnprozess keinen Klageabweisungsantrag ankündigt, sondern den Antrag, ihn nur Zug um Zug gegen Beseitigung der von ihm gerügten Mängel zu verurteilen.[18]

6   Auch nach Kündigung des Werkvertrages wird der Werklohn nicht ohne Abnahme fällig – und zwar nicht nur beim VOB-Vertrag, sondern auch beim BGB-Vertrag.[19] Der BGH hat seine bisherige Rechtsprechung aufgegeben und vertritt jetzt die Auffassung, dass es keinen rechtlich tragfähigen Grund dafür gebe, an die Fälligkeitsvoraussetzungen nach Kündigung geringere Anforderungen zu stellen als im ungekündigten Vertrag.[20] Vielmehr führte ein Verzicht auf die Abnahme als Fälligkeitsvoraussetzung dazu, dass der Unternehmer grundlos selbst in denjenigen Fällen besser gestellt würde, in denen er Anlass zur Kündigung gegeben hat. Die neue Rechtsprechung des BGH gilt auf jeden Fall bei einem (gekündigten) Bauvertrag. Ob sie auf andere Fälle übertragen werden kann, in denen eine Abnahme der erbrachten Teilleistung grundsätzlich nicht möglich ist, hat der BGH ausdrücklich offen gelassen. In diesen Fällen dürfte eine Abnahme zumindest nach § 646 BGB entbehrlich sein. Bei der Prüfung der Abnahmereife ist zu beachten, dass die Kündigung den Umfang der vom Unternehmer geschuldeten Werkleistung auf den bis zur Kündigung erbrachten Teil beschränkt. Aus diesem Grund kann die Abnahme nicht allein deshalb verweigert werden, weil das Werk noch nicht fertig ist. Für die Abnahmereife ist vielmehr allein auf den bis zur Kündigung erbrachten Teil der Werkleistung abzustellen (vgl. auch die Kommentierung zu § 640 BGB Rn. 27). Fehlt die Abnahme, kann die Werklohnforderung auch beim gekündigten Werkvertrag dennoch nach den oben genannten Grundsätzen (vgl. Rn. 5) fällig sein.[21] Ist die Abnahme der bis zur Kündigung erbrachten Leistungen nicht mehr möglich, weil der Besteller die Häuser hat weiterbauen und fertigstellen lassen, hindert die fehlende Abnahme die Fälligkeit nicht. Auch im Fall der Kündigung kann sich der Besteller nicht auf fehlende Fälligkeit mangels Abnahme berufen, wenn er das Werk endgültig als mangelhaft zurückweist, weil auch aus seiner Sicht eine Abnahme der Werkleistung nicht nur vorübergehend, sondern überhaupt nicht mehr in Betracht kommt.[22]

7   Wenn der Besteller bei einem vorliegenden Werkmangel die ihm angebotene **Nacherfüllung zu Unrecht ablehnt**, wird eine Klage auf Vergütung – wie bei einer berechtigten Ablehnung auch – mangels Abnahme und Abnahmefähigkeit grundsätzlich (zu Ausnahmen vgl. Rn. 5) keinen Erfolg haben. In einem solchen Fall kann der Unternehmer jedoch **auf Zahlung nach Erbringung der Werkleistung klagen**.[23] Gleichzeitig wird er auf **Feststellung** antragen müssen, dass der Besteller im **Annahmever-**

---

[13] OLG Hamm v. 19.07.2006 - 12 U 155/03 - juris Rn. 59 - IBR 2007, 421.
[14] BGH v. 23.11.1978 - VII ZR 29/78 - juris Rn. 10 - BauR 1979, 152-153.
[15] BGH v. 16.05.2002 - VII ZR 479/00 - juris Rn. 13 - NJW 2002, 3019-3021; BGH v. 16.09.1999 - VII ZR 456/98 - juris Rn. 15 - BGHZ 142, 278-283; OLG Koblenz v. 10.04.2003 - 5 U 1687/01 - juris Rn. 15 - NJW-RR 2003, 1671-1672.
[16] OLG Brandenburg v. 16.02.2005 - 4 U 12/02 - BauR 2005, 1218.
[17] BGH v. 06.05.1968 - VII ZR 33/66 - BGHZ 50, 160-169; OLG Düsseldorf v. 05.11.1998 - 5 U 84/98 - BauR 1999, 494-496; OLG Hamm v. 05.09.1997 - 12 U 113/96 - OLGR Hamm 1998, 58-60; OLG Hamm v. 25.10.1996 - 12 U 66/96 - OLGR Hamm 1997, 74-75; OLG Hamm v. 13.06.1989 - 26 U 233/88 - NJW-RR 1989, 1365.
[18] OLG Hamm v. 18.10.2005 - 24 U 59/05 - juris Rn. 16 - NJW-RR 2006, 391.
[19] A.A.: Thüringer Oberlandesgericht v. 18.04.2007 - 7 U 946/06 - juris Rn. 59 - BauR 2008, 534; soweit das OLG dort darauf abstellt, dass die Entscheidung zu einem der VOB unterliegenden Fall ergangen ist, lässt das unberücksichtigt, dass der BGH v. 11.05.2006 - VII ZR 146/04 - juris Rn. 18 ff. - BGHZ 167, 345-352, zur Begründung seiner Auffassung tragend und ausdrücklich auf § 641 BGB und nicht auf Besonderheiten des VOB-Vertrages abstellt.
[20] BGH v. 11.05.2006 - VII ZR 146/04 - juris Rn. 18 ff. - BGHZ 167, 345-352.
[21] Brandenburgisches Oberlandesgericht v. 25.04.2007 - 4 U 190/03 - juris Rn. 30 - IBR 2008, 204; Brandenburgisches Oberlandesgericht v. 11.10.2006 - 13 U 116/05 - juris Rn. 35 - BauR 2007, 1108; OLG München v. 10.10.2006 - 13 U 4639/03 - juris Rn. 23 - BauR 2007, 1938.
[22] Schleswig-Holsteinischen Oberlandesgericht v. 09.03.2010 - 3 U 55/10 - juris Rn. 49 - IBR 2011, 9, 12.
[23] BGH v. 13.12.2001 - VII ZR 27/00 - juris Rn. 13 - BGHZ 149, 289-294; kritisch hierzu *Seiler*, EWiR 2002, 699-700.

zug ist.²⁴ Mit einem derartigen Titel ist eine Zwangsvollstreckung trotz Vorleistungspflicht ohne weiteres möglich. Verweigert der Auftraggeber die Durchführung von Nachbesserungsarbeiten nur für die Dauer des Rechtsstreits, führt allein dies allerdings noch nicht zum Annahmeverzug, solange der Unternehmer die Nachbesserung nicht tatsächlich angeboten hat.²⁵

Verweigert der Besteller die Abnahme allerdings zu Recht und ist der (Nach-)Erfüllungsanspruch auch nicht untergegangen, ist der Werklohn nicht – nicht einmal teilweise – fällig. Die auf Werklohn (nicht Abschlagszahlungen) gerichtete **Klage** ist als **derzeit unbegründet** abzuweisen.²⁶ Sie kann nach **späterem** Eintritt der Fälligkeit unter Beachtung der Ausschlusswirkung des § 767 Abs. 2 ZPO erneut erhoben werden.   **8**

C. Anwendungsvoraussetzungen

I. Fälligkeit bei Abnahme (Absatz 1)

Nach § 641 Abs. 1 BGB wird der Werklohn mit der Abnahme (§ 640 BGB) – oder bei vereinbarter Teilabnahme – mit der Teilabnahme (im Umfang der Teilabnahme) fällig.   **9**

1. Rechnung als Fälligkeitsvoraussetzung?

Eine Rechnung wird in § 641 BGB für die Fälligkeit nicht verlangt. Es ist allerdings umstritten, ob eine solche – genau wie beim VOB-Vertrag – weitere (ungeschriebene) Fälligkeitsvoraussetzung ist. Der Bundesgerichtshof hat sich in einer Entscheidung vom 18.12.1980²⁷ nur mit der Fälligkeit im Sinne des Verjährungsrechts befasst. Für das Entstehen der Werklohnforderung im Sinne des § 199 Abs. 1 BGB ist keine Rechnung erforderlich, weil der Unternehmer ansonsten beim BGB-Vertrag – anders als beim VOB-Vertrag – den Beginn der Verjährungsfrist beliebig hinauszögern könnte, indem er keine Rechnung stellt. Teilweise wird auch für die Fälligkeit im Sinne der Verpflichtung zur sofortigen Zahlung des Werklohns beim BGB-Vertrag keine Rechnung für erforderlich gehalten.²⁸ Auch der Bundesgerichtshof hat sich in einer Entscheidung vom 27.11.2003 – allerdings nur nebensächlich – in diesem Sinne geäußert.²⁹ Weil er dabei auf das o.g. Urteil vom 18.12.1980 Bezug genommen hat, bringt diese Entscheidung keine sichere Klärung.   **10**

Teilweise wird vertreten, dass die Erteilung einer Rechnung selbst dann keine Fälligkeitsvoraussetzung ist, wenn der Schuldner gemäß § 14 UstG oder nach der Verkehrssitte einen Anspruch auf eine spezifizierte Rechnung hat.³⁰ Allerdings soll die Zinspflicht bis zur Mitteilung der Werklohnforderung regelmäßig abbedungen sein³¹ (vgl. Rn. 41). Nach anderer Auffassung soll auch beim BGB-Vertrag zum Eintritt der Fälligkeit die Erteilung einer Rechnung erforderlich sein.³²   **11**

Im Einzelfall kann bereits eine Vertragsauslegung ergeben, dass die Werklohnforderung nicht vor Erteilung einer Rechnung fällig ist.³³ Gibt es eine dahingehende vertragliche Einigung, ist die Fälligkeit des Werklohnanspruchs bei einem BGB-Werkvertrag neben der Abnahme von der Erteilung einer (nachvollziehbaren) Rechnung durch den Werkunternehmer abhängig. Für eine stillschweigende Einigung der Parteien diesen Inhalts spricht, wenn der Werklohnanspruch von bei Vertragsschluss noch nicht feststehenden Umständen (Kosten der noch zu bestellenden wesentlichen Materialien, Kosten für notwendiges Kleinmaterial, Arbeitsstunden) abhing und die Parteien stillschweigend davon ausgingen, dass der Werkunternehmer diese Kosten ermittelt und dem Auftraggeber in Form einer Abrechnung mitteilt.³⁴ Mit Rücksicht darauf, dass der Unternehmer auf den Werklohn geleistete Voraus- und Ab-   **12**

---

²⁴ BGH v. 13.12.2001 - VII ZR 27/00 - juris Rn. 22 - BGHZ 149, 289-294.
²⁵ OLG Düsseldorf v. 20.04.2001 - 5 U 91/00 - BauR 2002, 482-484.
²⁶ OLG Koblenz v. 14.02.2002 - 5 U 1640/99 - NJW-RR 2002, 807-809.
²⁷ BGH v. 18.12.1980 - VII ZR 41/80 - juris Rn. 13 - BGHZ 79, 176-180.
²⁸ OLG Bamberg v. 15.01.2003 - 3 U 46/02 - BauR 2003, 1227-1228; OLG Celle v. 09.07.1985 - 16 U 216/84 - NJW 1986, 327-328; OLG Frankfurt v. 31.03.1999 - 7 U 113/90 - NJW-RR 2000, 755; OLG Düsseldorf v. 21.12.1982 - 21 U 105/82 - JurBüro 1983, 1901-1902.
²⁹ BGH v. 27.11.2003 - VII ZR 288/02 - juris Rn. 22 - BauR 2004, 316-322.
³⁰ OLG Koblenz v. 06.09.2001 - 5 U 219/01 - juris Rn. 34 - GuT 2002, 52.
³¹ OLG Frankfurt v. 31.03.1999 - 7 U 113/90 - NJW-RR 2000, 755.
³² OLG Frankfurt v. 11.04.1997 - 7 U 273/93 - BauR 1997, 856.
³³ OLG Frankfurt v. 12.08.2004 - 26 U 77/03 - juris Rn. 22 - NJW-RR 2005, 169-170; OLG Bamberg v. 10.06.2002 - 4 U 248/01 - OLGR Bamberg 2003, 132-134.
³⁴ OLG Düsseldorf v. 21.06.2011 - I-21 U 119/10, 21 U 119/10 - juris Rn. 38 f. - NJW 2011, 2593-2594.

schlagzahlungen nach Fertigstellung des Gewerkes abrechnen muss[35], kann die Auslegung zumindest eines komplexen Bauvorhabens unter Berücksichtigung der Interessenlage und der Gepflogenheiten der Baubranche ergeben, dass die Vertragsparteien konkludent eine Schlussrechnungspflicht als Fälligkeitsvoraussetzung vereinbart haben[36].

2. Eigene Auffassung

13 Darauf, ob die Erteilung einer Rechnung Fälligkeitsvoraussetzung ist, wird es in vielen Fällen, nicht ankommen. Soweit es um einen Fälligkeitszinsen übersteigenden **Verzugsschaden** geht und der Besteller die Höhe der Werklohnforderung ohne Rechnung nicht unschwer selbst ermitteln kann, wird das in § 286 Abs. 4 BGB für Verzug erforderliche **Verschulden** des Bestellers fehlen.

14 Im Übrigen wird es in einer Vielzahl von Fällen vertragliche **Nebenleistungspflicht** des Unternehmers sein, eine Rechnung über seine Leistungen zu stellen, etwa weil der Besteller eine Rechnung aus steuerlichen Gründen benötigt, weil er eine Rechnung benötigt, um bei der kreditgebenden Bank die Freigabe von Finanzierungsmitteln zu erreichen, weil der Besteller die Kosten der Werkleistung an einen Dritten weitergeben kann oder weil er die Rechnung benötigt, um Leistungen einer Versicherung zu erlangen. In solchen Fällen wird dem Besteller in der Regel ein **Zurückbehaltungsrecht** (§ 273 BGB) zustehen, das den Eintritt von Schuldnerverzug hindert.[37] Ein solches Zurückbehaltungsrecht **muss** zwar **ausgeübt werden**.[38] Weil der Unternehmer hier in der Regel ohne großen Aufwand reagieren kann, ist das insbesondere dann sachgerecht, wenn man die Auffassung vertritt, dass bereits die fehlende Angabe einer Steuernummer in der Rechnung, die einem vorsteuerabzugsberechtigten Besteller gestellt wird, der Fälligkeit entgegen steht.[39]

15 Da in den hier interessierenden Fällen Verzug regelmäßig eine Mahnung voraussetzt, kann davon ausgegangen werden, dass der Besteller, der wirklich eine Rechnung benötigt, auf eine Zahlungsaufforderung mit dem Hinweis auf das Fehlen einer Rechnung reagieren wird und so zumindest **konkludent** das Zurückbehaltungsrecht geltend macht. Der Besteller muss allerdings darauf achten, dass allein die Ausübung des Zurückbehaltungsrechts nicht genügt, wenn er vorher bereits in Verzug geraten war. In einem solchen Fall muss der Besteller zusätzlich Zug um Zug die von ihm geschuldete Zahlung anbieten, um den bereits eingetretenen Verzug zu beenden.[40]

16 Der Unternehmer, der eine Werklohnforderung **ohne Rechnung** einklagt, geht ein **hohes Risiko** ein. Er ist im Prozess für die Höhe seiner Forderung darlegungs- und beweisbelastet.[41] Wenn der Besteller die Höhe der geltend gemachten Forderung bestreitet, wird der Unternehmer gehalten sein, seine Forderung in einer Art und Weise darzulegen, die dem Inhalt einer prüffähigen Schlussrechnung entspricht. Kommt der Unternehmer seiner Darlegungslast (erstmals) in dieser Weise nach und erkennt der Besteller daraufhin an, droht dem Unternehmer die Kostenfolge des § 93 ZPO (**sofortiges Anerkenntnis**).

3. Abdingbarkeit

17 § 641 Abs. 1 BGB ist abdingbar. Den Parteien bleibt es unbenommen, bei Vertragsschluss oder nachträglich die Fälligkeit des Werklohnanspruchs dem jeweiligen Leistungsstand anzupassen, Abschlagzahlungen und sogar Vorauszahlungen auf die Vergütung zu vereinbaren.[42] Die Fälligkeit kann insbesondere ausdrücklich von der Erteilung einer **Rechnung** abhängig gemacht werden[43]: Dies kann allerdings dann problematisch werden, wenn es allein in der Hand des Unternehmers liegt, wann Rechnung gestellt wird, weil er auf diese Weise den Beginn der Verjährung beliebig hinauszögern könnte.[44] Eine den Zeitpunkt der Fälligkeit regelnde Klausel enthält eine unangemessene Benachteiligung des Subun-

---

[35] BGH v. 24.01.2002 - VII ZR 196/00 - NJW 2002, 1567-1568.
[36] *Halfmeier/Leupertz* in: PWW, § 641 Rn. 3; OLG Düsseldorf v. 26.06.1998 - 22 U 207/97 - BauR 1999, 655-656.
[37] Ebenso: OLG Koblenz v. 06.09.2001 - 5 U 219/01 - juris Rn. 35 - GuT 2002, 52.
[38] OLG Köln v. 26.08.1994 - 19 U 5/94 - DB 1994, 2019-2020 m.w.N.
[39] AG Waiblingen v. 10.11.2003 - 14 C 1737/03 - NJW-RR 2004, 417.
[40] OLG Koblenz v. 06.09.2001 - 5 U 219/01 - juris Rn. 54 - GuT 2002, 52.
[41] BGH v. 13.10.1994 - VII ZR 139/93 - juris Rn. 9 - ZfBR 1995, 33.
[42] BGH v. 29.01.2002 - X ZR 231/00 - juris Rn. 20 - BGHReport 2002, 763.
[43] BGH v. 29.01.2002 - X ZR 231/00 - juris Rn. 20 - BGHReport 2002, 763; BGH v. 18.12.1980 - VII ZR 41/80 - juris Rn. 13 - BGHZ 79, 176-180; BGH v. 06.10.1988 - VII ZR 367/87 - juris Rn. 18 - BauR 1989, 90-92.
[44] BGH v. 06.10.1988 - VII ZR 367/87 - juris Rn. 19 - BauR 1989, 90-92; OLG Stuttgart v. 15.09.1993 - 9 U 90/93 - NJW-RR 1994, 17-18.

ternehmers, wenn der **Zeitpunkt der Abnahme** für den Subunternehmer **ungewiss** bleibt oder wenn die Klausel die Abnahme auf einen nicht mehr angemessenen Zeitpunkt nach Fertigstellung der Subunternehmerleistung hinausschiebt[45] (vgl. dazu auch Rn. 29 m.w.N.). Eine Zahlungsfrist von 90 Tagen nach Abnahme ist nicht mehr angemessen.[46]

Eine von § 641 Abs. 1 BGB abweichende Vereinbarung einer **Vorleistungspflicht** des Bestellers ist in Allgemeinen Geschäftsbedingungen nur zulässig, wenn ein sachlich rechtfertigender Grund gegeben ist und den berechtigten Interessen des Kunden Rechnung getragen wird.[47] Eine diesen Anforderungen nicht genügende, beim Auftrag zur Lieferung und Installation einer Photovoltaikanlage vereinbarte Klausel, wonach der Auftraggeber zur Vorleistung des gesamten Werklohns verpflichtet ist, um eine gegenseitige Zahlungs- und Ausführungssicherheit zu gewährleisten, ist gemäß § 307 Abs. 1 und Abs. 2 Nr. 1 BGB unwirksam.[48] Eine Vorleistungspflicht des Kunden bei einem als Werkvertrag einzuordnenden „Internet-System-Vertrag", die sich auf sachlich rechtfertigende Gründe stützt und den berechtigten Interessen des Kunden Rechnung trägt, ist jedenfalls bei Verwendung gegenüber einem Unternehmer wirksam.[49] Kann durch AGB in Abweichung von § 641 Abs. 1 BGB eine Vorausleistungspflicht vereinbart werden, verstößt es jedenfalls gegen § 307 Abs. 2 Nr. 1 BGB, wenn dem Kunden daraus resultierend Kosten einer Rückabwicklung auferlegt werden.[50]

18

Eine Klausel, in der sich der Bauherr gegenüber dem Bauträger der **sofortigen Zwangsvollstreckung** unterwirft, ist nach § 134 BGB i.V.m. den §§ 3, 12 MaBV nichtig, wenn der Notar ermächtigt ist, die Vollstreckungsklausel ohne besonderen Nachweis zu erteilen.[51] Soweit im Einzelfall nicht schon die §§ 3, 12 MaBV eingreifen, ist eine solche Klausel nach § 307 BGB unwirksam.[52] Auch die Klausel in einem Fertighausvertrag, dass ein bestimmter **Teil des Werklohns** 14 Tage nach der (äußeren) Montage des Hauses ohne Rücksicht auf den Umfang der tatsächlich erbrachten Bauleistungen zur Zahlung fällig sind, ist nach § 307 BGB unwirksam.[53] Gleiches gilt für eine Klausel, nach der 90% der Rechnung bei der Anlieferung und noch vor dem Abladen der bestellten Fenster fällig werden.[54] Auch eine Klausel wonach 70% des Werklohns bei Anlieferung und vor der Montage eines Geländers zu zahlen ist, ist wegen Verstoßes gegen § 307 BGB unwirksam, wenn die Übereignung und die Prüfbarkeit auf Mängel nicht sichergestellt sind.[55] Die in einem Formularvertrag über die Errichtung und Veräußerung eines Bauwerks enthaltene Klausel, wonach der Veräußerer verlangen kann, dass der Erwerber ohne Rücksicht auf vorhandene Baumängel vor Übergabe des bezugsfertigen Bauwerks dann **noch nicht fällige Teile des Erwerbspreises** von insgesamt 14% nach Anweisung des Veräußerers **hinterlegt**, verstößt gegen § 309 Nr. 2 a) BGB und ist daher unwirksam.[56] Eine AGB-Klausel im Bauvertrag, nach der der Besteller auch bei Vorhandensein erheblicher Baumängel das Bauwerk bei Einzug **abzunehmen hat** und anderenfalls Mängelbeseitigungsansprüche ausgeschlossen sind, verstößt gegen § 307 BGB, da sie den Besteller entgegen den Geboten von Treu und Glauben unangemessen benachteiligt.[57]

19

Ebenfalls nach § 307 BGB unwirksam ist es, wenn dem Besteller ein **Gewährleistungseinbehalt** eingeräumt wird, ohne dass der Unternehmer hierfür einen angemessenen Ausgleich erhält.[58] Das ist auch

20

---

[45] BGH v. 23.02.1989 - VII ZR 89/87 - juris Rn. 11 - BGHZ 107, 75-87.
[46] OLG Köln v. 01.02.2006 - 11 W 5/06 - NZBau 2006, 317-318.
[47] BGH v. 04.03.2010 - III ZR 79/09 - juris Rn. 28 - BGHZ 184, 345-357; BGH v. 07.06.2001 - VII ZR 420/00 - juris Rn. 18 - BGHZ 148, 85-89; BGH v. 27.09.2001 - VII ZR 388/00 - juris Rn. 28 - NJW 2002, 138-140.
[48] LG Rottweil v. 23.03.2011 - 1 S 131/10 - juris Rn. 6 ff.
[49] BGH v. 04.03.2010 - III ZR 79/09 - juris Rn. 28 ff. - BGHZ 184, 345-357.
[50] LG Köln v. 28.10.2010 - 31 O 76/10 - juris Rn. 55 - GRURPrax 2011, 41.
[51] BGH v. 22.10.1998 - VII ZR 99/97 - BGHZ 139, 387-394.
[52] BGH v. 27.09.2001 - VII ZR 388/00 - juris Rn. 28 - NJW 2002, 138-140; OLG München v. 04.07.2000 - 28 U 2485/98 - NJW-RR 2001, 130-131; OLG Düsseldorf v. 27.06.1995 - 21 U 18/95 - NJW-RR 1996, 148.
[53] BGH v. 10.07.1986 - III ZR 19/85 - juris Rn. 27 - WM 1986, 1054-1056.
[54] BGH v. 06.12.1984 - VII ZR 227/83 - juris Rn. 2 - BauR 1985, 192-195.
[55] OLG Schleswig v. 09.03.1994 - 9 U 116/93 - juris Rn. 3 - BauR 1994, 513.
[56] BGH v. 11.10.1984 - VII ZR 248/83 - BauR 1985, 93-96.
[57] OLG Oldenburg v. 21.08.1996 - 2 U 104/96 - OLGR Oldenburg 1996, 266-267.
[58] BGH v. 02.03.2000 - VII ZR 475/98 - juris Rn. 19 - NJW 2000, 1863-1864; BGH v. 05.06.1997 - VII ZR 324/95 - juris Rn. 14 - BGHZ 136, 27-33; OLG Hamburg v. 14.05.1999 - 8 U 35/99 - BauR 2000, 445-447.

nicht anders zu beurteilen, wenn der Besteller den Einbehalt durch Stellung einer selbstschuldnerischen Gewährleistungsbürgschaft ablösen darf.[59]

21 Ist in einem Werkvertrag ein Gewährleistungseinbehalt wirksam vereinbart, erhält also der Unternehmer insbesondere als Gegenleistung für den Einbehalt einen angemessenen Ausgleich, und darf der Unternehmer den Einbehalt durch eine Bürgschaft ablösen, so gilt Folgendes[60]:

Zeitpunkt der Stellung der Austauschbürgschaft:	Verpflichtung des Bestellers:
vor Eintritt des Sicherungsfalls	Besteller muss Bareinbehalt unverzüglich auszahlen (auch wenn nachträglich noch Sicherungsfall eintritt).
nach Verwertung des Bareinbehalts	Besteller muss Austauschbürgschaft zurückweisen.
nach Eintritt des Sicherungsfalls	Besteller hat Wahlrecht, er muss dem Unternehmer jedoch unverzüglich mitteilen, ob er den Bareinbehalt oder die Bürgschaft behalten will; kommt er dem nicht nach, muss der Besteller die Bürgschaft entgegen nehmen und den Bareinbehalt auskehren.

II. Fälligkeit bei Leistungskette (Absatz 2)

22 Der durch das Forderungssicherungsgesetz erneut geänderte § 641 Abs. 2 BGB geht von gestuften Vertragsverhältnissen aus, nämlich der Erbringung der Werkleistung in einer Leistungskette; er erfasst Fallgestaltungen, wie sie typischerweise beim **Bauträger- oder Generalübernehmervertrag** auftreten.[61] Die Regelung knüpft an ein gegen Treu und Glauben verstoßendes, weil widersprüchliches Verhalten des Bauträgers/Generalübernehmers an, der zwar einerseits von seinem Endkunden den auf das Gewerk des Unternehmers entfallenden Werklohn einfordert, mit dem ihm daraufhin gezahlten Entgelt aber nicht den Unternehmer bezahlt, dessen Leistung er verwertet hat.[62] § 641 Abs. 2 BGB regelt, wann der **Werklohn in der Leistungskette spätestens**[63] fällig wird (Durchgriffsfälligkeit).

23 Nach **§ 641 Abs. 2 Satz 1 Nr. 1 BGB** wird die Werklohnforderung fällig, wenn der Besteller (Bauträger/Hauptunternehmer) von dem Dritten (Bauherrn) eine Zahlung oder Teilzahlung für eine Werkleistung erhält, die der Unternehmer (Subunternehmer) für den Besteller erbracht hat und die der Besteller an den Dritten als eigene Leistung weitergegeben hat. Ob es sich bei der Zahlung des Dritten um eine Schlusszahlung oder eine Abschlagszahlung handelt, ist unerheblich. Der Gesetzgeber hat gerade erreichen wollen, dass der Unternehmer **auch** aus von dem Besteller vereinnahmten **Abschlagszahlungen** bezahlt wird.[64] Es ist deshalb auch **nicht erforderlich**, dass eine **Abnahme** der Werkleistung **durch den Dritten** bereits erfolgt ist. Die Interessenlage ist auf die Vertragskette Architekt – Generalplaner – Auftraggeber übertragbar; rechnet der Generalplaner gegenüber dem Auftraggeber Leistungen des Subplaners/Architekten aus Nachträgen ab, so hat er diese Nachträge grundsätzlich auch gegenüber dem Subplaner zu vergüten.[65]

24 Wenn der Dritte das Werk **nur teilweise bezahlt**, muss der Besteller an den Unternehmer ebenfalls nur anteilig leisten. Dabei entspricht die (prozentuale) Quote, mit der der Werklohnanspruch des Unternehmers gegenüber dem Besteller zu befriedigen ist, der (prozentualen) Quote, mit der der Dritte auf den Werklohnanspruch des Bestellers geleistet hat. Hat der Besteller also mit dem Dritten für eine

---

[59] BGH v. 17.01.2002 - VII ZR 495/00 - IBR 2002, 663; BGH v. 02.03.2000 - VII ZR 475/98 - juris Rn. 19 - NJW 2000, 1863-1864; BGH v. 05.06.1997 - VII ZR 324/95 - juris Rn. 18 - BGHZ 136, 27-33; OLG Dresden v. 11.02.1997 - 5 U 2577/96 - BauR 1997, 671-672.

[60] BGH v. 13.09.2001 - VII ZR 467/00 - juris Rn. 16 - BGHZ 148, 151-156.

[61] Vgl. hierzu *Schubert*, ZfBR 2005, 219-228.

[62] *Sprau* in: Palandt, § 641 Rn. 7; LG Magdeburg v. 21.10.2008 - 31 O 77/08 - juris Rn. 33 - IBR 2009, 398.

[63] Keine Änderung des gesetzlichen Leitbilds durch § 641 Abs. 2 BGB im Umkehrschluss: die Zahlungspflicht des Haupt-/Generalunternehmers ist bei Begründung der Fälligkeitsvoraussetzung nach § 641 Abs. 1 BGB unabhängig von Zahlungen des Bestellers auf die Subunternehmerleistung: OLG Celle v 29.07.2009 - 14 U 67/09 - juris Rn. 9 - BauR 2009, 1754-1757.

[64] BT-Drs. 14/1246, S. 7.

[65] LG Magdeburg v. 21.10.2008 - 31 O 77/08 - juris Rn. 33 f. - IBR 2009, 398.

Werkleistung eine Vergütung in Höhe von 1.000 € vereinbart, für die der Besteller an den Unternehmer nur 600 € zahlen muss, und zahlt der Dritte an den Besteller nur 500 €, so muss der Besteller an den Unternehmer 300 € weiterleiten.

§ 641 Abs. 2 Satz 1 Nr. 2 BGB ist neu und betrifft den Fall, dass der Dritte (Bauherr) die Leistung des Bestellers (Bauträger/Hauptunternehmer) (ausdrücklich, stillschweigend oder fingiert (§ 640 Abs. 1 Satz 3 BGB)) abgenommen hat, wogegen die Abnahme der Werkleistung des unbezahlt gebliebenen Unternehmers (Subunternehmer) aussteht. Die Vergütung des Unternehmers wird fällig, soweit das abgenommene Werk mit dem des Unternehmers identisch ist, ohne dass es hierfür einer Abnahme durch den Besteller (Bauträger) bedarf. Demgegenüber kann sich der Generalunternehmer nicht auf eine gemäß § 307 BGB unzulässige sog. „Pay-when-paid"-Klausel berufen.[66] Andere Möglichkeiten des Unternehmers, die Fälligkeit seines Anspruchs herbeizuführen, etwa durch Erzwingung der Abnahme seiner Werkleistung gemäß § 640 Abs. 1 Satz 3 BGB, werden durch die Vorschrift nicht berührt.

25

Ebenfalls neu ist **§ 641 Abs. 2 Satz 1 Nr. 3 BGB**, der dem Unternehmer (Subunternehmer) die Möglichkeit eröffnet, dem Besteller (Bauträger/Hauptunternehmer) eine angemessene Frist zu setzen, in er dieser Auskunft über die nach § 641 Abs. 2 Satz 1 Nr. 1 und 2 BGB maßgeblichen Umstände (Zahlungen, Abnahme) erteilen muss. Für die Durchgriffsfälligkeit genügt dann, wenn der Besteller dem Unternehmer nicht innerhalb einer angemessenen Frist diese Auskunft erteilt.[67] Die Rechtsfolge tritt nicht ein, sofern der Besteller die Auskunft aus berechtigten Gründen verweigert und dies dem Unternehmer fristgemäß mitteilt.[68] Erweisen sie sich als tatsächlich falsch, bleiben nur Schadensersatzansprüche.[69]

26

Sofern der Besteller (Bauträger/Hauptunternehmer) an den Dritten (Bauherr) **Sicherheit** wegen möglicher Mängel des Werks geleistet hat, besteht nach § 641 Abs. 2 Satz 2 BGB Durchgriffsfälligkeit gemäß Satz 1 nur, wenn auch der Unternehmer (Subunternehmer) dem Besteller Sicherheit in entsprechender Höhe leistet. Weil das Gesetz nur „entsprechende" Sicherheitsleistung fordert, muss die Sicherheit betragsmäßig nur dem Anteil der Subunternehmerleistungen am Gesamtgewerk entsprechen[70]; ebenso muss die Art der Sicherheit in beiden Vertragsverhältnissen übereinstimmen.

27

Soweit der Besteller nach Maßgabe der vorstehenden Ausführungen zur Zahlung verpflichtet ist, kann er grundsätzlich ein **Leistungsverweigerungsrecht** gegenüber dem Unternehmer nicht mehr geltend machen. Behält allerdings der Dritte (Bauherr) aufgrund von Mängeln des Subunternehmergewerkes die an den Besteller (Bauträger/Hauptunternehmer) zu zahlende Vergütung (teilweise) gemäß § 641 Abs. 3 BGB ein, steht auch dem Besteller gegenüber dem (Sub-)Unternehmer ein Leistungsverweigerungsrecht wegen dieser Mängel zu. Dies gilt auch, wenn der Dritte trotz vorhandener Mängel den Hauptunternehmer voll bezahlt hat.[71] Die Geltendmachung eines mangelbedingten Leistungsverweigerungsrechts ist von der (Durchgriffs-)Fälligkeit der Vergütung zu trennen; der Besteller soll durch § 641 Abs. 2 BGB nicht schlechter stehen, als er stehen würde, wenn er die Leistung abgenommen hätte.[72]

28

Eine vollständige **Abbedingung** des Absatzes 2 in Allgemeinen Geschäftsbedingungen des Bestellers benachteiligt den Unternehmer entgegen den Geboten von Treu und Glauben unangemessen und verstößt deshalb gegen § 307 BGB, weil Absatz 2 treuwidriges Verhalten des Bestellers unterbinden soll. Sog. „Pay-when-paid"-Klauseln, welche entgegen § 641 Abs. 2 BGB die Fälligkeit unangemessen verzögern, ins Ungewisse verschieben oder ausschließen, verstoßen gegen § 307 BGB.[73]

29

III. Druckzuschlag (Absatz 3)

Mit dem durch das Gesetz zur Beschleunigung fälliger Zahlungen[74] neu eingefügten Absatz 3 wird im Wesentlichen nur das gesetzlich normiert, was bislang bereits gängiger Rechtsprechung entsprach. Absatz 3 betrifft nur die **Zeit nach Abnahme** oder einem der Abnahme gleich gestellten Tatbestand.

30

---

[66] LG Saarbrücken v. 07.11.2011 - 3 O 201/11 - juris Rn. 32, 38 - NJW-RR 2012, 226-227.
[67] In der Regel 6 Tage: *Leinemann*, NJW 2008, 3745, 3747; *Sprau* in: Palandt, § 641 Rn. 8.
[68] *Ganten*, ZFBR 2006, 203, 206; *Sprau* in: Palandt, § 641 Rn. 8.
[69] *Sprau* in: Palandt, § 641 Rn. 8; *Halfmeier/Leupertz* in: PWW, § 641 Rn. 13.
[70] Im Einzelnen str.; vgl. *Sprau* in: Palandt, § 641 Rn. 8; *Halfmeier/Leupertz* in: PWW, § 641 Rn. 11.
[71] OLG Nürnberg v. 10.07.2003 - 13 U 1322/03 - NJW-RR 2003, 1526-1527; *Sprau* in: Palandt, § 641 Rn. 9; *Halfmeier/Leupertz* in: PWW, § 641 Rn. 14.
[72] Ausf. *Halfmeier/Leupertz* in: PWW, § 641 Rn. 14.
[73] OLG Celle v. 29.07.2009 - 14 U 67/09 - juris Rn. 7 ff. - BauR 2009, 1754-1757; LG Saarbrücken v. 07.11.2011 - 3 O 201/11 - juris Rn. 32, 38 - NJW-RR 2012, 226-227.
[74] BGBl I 2000, 330.

Vor dieser Zeit ist der Unternehmer nämlich vorleistungspflichtig; seine auf Werklohn (nicht: Abschlagszahlung) gerichtete Klage ist vor dieser Zeit abzuweisen. Macht der Unternehmer (aufgrund entsprechender Vereinbarung oder nach § 632a BGB) **Abschlagszahlungen** geltend, gilt für diese § 320 BGB und damit auch § 641 Abs. 3 BGB entsprechend.[75]

31 Absatz 3 setzt voraus, dass der Erfüllungs- oder **Nacherfüllungsanspruch noch nicht erloschen** ist. Der in Absatz 3 geregelte sog. Druckzuschlag dient nämlich der Durchsetzung des (Nach-)Erfüllungsanspruchs: Er soll auf den Unternehmer Druck ausüben, damit er den Anspruch des Bestellers auf Herstellung des Werks alsbald erfüllt.

32 Ein **Druckzuschlag** ist deshalb insbesondere **ausgeschlossen**
- im Falle der Unmöglichkeit oder einem dieser gleich gestellten Tatbeständen (§ 275 BGB),
- wenn die Nacherfüllung nur mit unverhältnismäßigen Kosten möglich ist (§ 635 Abs. 3 BGB),
- nach Selbstvornahme durch den Besteller (§ 637 BGB),
- nach Rücktritt (§§ 634, 346 BGB),
- nach dem Verlangen auf Schadensersatz statt der Leistung (§§ 634, 281 Abs. 5 BGB),
- nach vorbehaltloser Abnahme in Kenntnis des in Rede stehenden Mangels (§ 640 Abs. 2 BGB).

Zu weiteren Fällen, bei denen der Nacherfüllungsanspruch nicht mehr durchsetzbar ist und ein Druckzuschlag deshalb nicht mehr einbehalten werden darf, vgl. die Kommentierung zu § 637 BGB Rn. 10.

33 Der Ablauf der **Verjährung**sfrist lässt das Zurückbehaltungsrecht nicht zwangsläufig entfallen (§ 215 BGB vgl. auch § 634a Abs. 4 BGB und § 634a Abs. 5 BGB).[76] Ist der Nacherfüllungsanspruch erloschen, kommt **immer noch** ein **Zurückbehaltungsrecht nach** § 273 BGB in Betracht. Dieses Zurückbehaltungsrecht ist jedoch auf die einfache Höhe der Mängelbeseitigungskosten beschränkt und es muss geltend gemacht werden[77], wenn seine Wirkungen eintreten sollen. Darüber bleibt § 273 BGB auch deshalb von Bedeutung, weil der Besteller über diese Regelung dem Unternehmer auch Ansprüche aus anderen Vertragsverhältnissen entgegen halten kann, soweit diese aus „demselben rechtlichen Verhältnis" stammen[78] – vgl. die Kommentierung zu § 273 BGB.

34 Gegenüber dem Werklohnanspruch des Unternehmers kann der Besteller auch dann noch die Einrede des nichterfüllten Vertrages erheben, wenn er die Gewährleistungsansprüche an Dritte **abgetreten** hat.[79]

35 Grundsätzlich darf nach § 320 BGB die gesamte Gegenleistung zurück behalten werden. Nach § 320 Abs. 2 BGB kann sich allerdings aus Treu und Glauben anderes ergeben. Auf letztgenannter Grundlage durfte ein Besteller nach bislang gängiger Rechtsprechung einen Betrag in Höhe von dem zwei- bis dreifachen der voraussichtlichen Mängelbeseitigungskosten zurückhalten.[80] Der Gesetzgeber hatte in § 641 Abs. 3 BGB a.F. den unteren Rahmen mit dem Dreifachen der Mängelbeseitigungskosten festgelegt.[81] Von dieser starren Regelung hat der Gesetzgeber mit dem Forderungssicherungsgesetz für nach dem 01.01.2009 geschlossene Werkverträge Abstand genommen. Maßgebend ist nun in der Regel das **Doppelte** der Mängelbeseitigungskosten. Im Einzelfall kann ein höherer Betrag gerechtfertigt sein, z.B. bei im Verhältnis zum Objektwert besonders niedrigen Nachbesserungskosten[82], oder in Ausnahmefällen ein geringerer Betrag, z.B. bei im Verhältnis zum Wert des Objekts besonders hohen Nachbesserungskosten oder wenn sich der Besteller mit der Nacherfüllung im Annahmeverzug befindet[83]. Ein vereinbarter **Sicherungseinbehalt** kann sich auf die Höhe des Einbehalts auswirken, wobei jedoch der Besteller hinsichtlich der Leistungsverweigerung nicht auf den den Sicherheitseinbehalt

---

[75] BGH v. 21.04.1988 - VII ZR 65/87 - juris Rn. 11 - NJW-RR 1988, 1043-1044; BGH v. 21.12.1978 - VII ZR 269/77 - juris Rn. 24 - BGHZ 73, 140-145.
[76] Ausführlich zum Zurückbehaltungsrecht *Kohler*, BauR 2003, 1804-1816.
[77] OLG Köln v. 26.08.1994 - 19 U 5/94 - DB 1994, 2019-2020 m.w.N.
[78] Für das Verhältnis Bauträger - Unternehmer OLG Naumburg v. 30.09.1996 - 1 U 76/96 - juris Rn. 18 - BauR 1997, 1049-1050.
[79] BGH v. 18.05.1978 - VII ZR 138/77 - juris Rn. 8 - BauR 1978, 398-401.
[80] BGH v. 16.01.1992 - VII ZR 85/90 - juris Rn. 12 - BauR 1992, 401-403.
[81] Dazu BT-Drs. 14/1246, S. 7.
[82] OLG Oldenburg v. 21.06.1995 - 2 U 93/94 - NJW-RR 1996, 817: 21-faches bei mehreren fehlgeschlagenen Nachbesserungsversuchen; BGH v. 06.02.1958 - VII ZR 39/57 - BGHZ 26, 337-340: 4-faches.
[83] *Sprau* in: Palandt, § 641 Rn. 16.

übersteigenden Betrag beschränkt sein, sondern vielmehr einen als Druckmittel erforderlichen weiteren Betrag zurückhalten kann.[84]

Der Besteller kann ferner auf einen Einbehalt nur des einfachen Betrages beschränkt sein, wenn er mit der Mängelbeseitigung **in Annahmeverzug** war.[85] In einem solchen Fall sollte der Unternehmer den Werklohn nur Zug-um-Zug einklagen, gleichzeitig aber auch beantragen, festzustellen, dass der Besteller mit der Annahme der (konkret zu bezeichnenden) Mängelbeseitigung in Annahmeverzug ist. Das ermöglicht dem Unternehmer über § 756 Abs. 1 ZPO die Zwangsvollstreckung, ohne dass er noch die ihm obliegende Leistung zuvor erbringen müsste.[86] Das OLG Celle hat in einer Situation, in der der Besteller den Unternehmer zur Prüfung umstrittener Werkmängel überhaupt oder unter fadenscheinigen Vorwänden am Betreten des Hauses gehindert hat, ein Leistungsverweigerungsrecht des Bestellers nach Treu und Glauben für ausgeschlossen gehalten und ihn auf die selbständige Geltendmachung der von ihm beanspruchten Werkmängelrechte verwiesen.[87] Im Hinblick auf die aus § 756 Abs. 1 ZPO resultierenden vollstreckungsrechtlichen Vorteile im Falle des (festgestellten) Annahmeverzugs dürfte diese Entscheidung nicht verallgemeinerungsfähig sein. Das Gericht kann ohne weiteres durch Einholung eines Sachverständigengutachtens klären, ob die behaupteten Mängel vorliegen. Verweigert der Besteller auch diesem den Zutritt zu dem Objekt, ist das als Beweisvereitelung zu behandeln. Im Übrigen ist beiden Parteien nicht geholfen, wenn sich der Streit nachgerade auf einen Nebenkriegsschauplatz konzentriert, weil im Einzelfall umfangreich darüber Beweis zu erheben wäre, ob eine Besichtigung/Prüfung durch den Unternehmer treuwidrig verweigert wurde. Soweit der Unternehmer von dem Gerichtsgutachter festgestellte Mängel akzeptiert, mag er einen zuvor gestellten Antrag auf uneingeschränkte Verurteilung in einen Antrag auf Verurteilung Zug-um-Zug ändern und den weiter gehenden Antrag für erledigt erklären. Den berechtigten Interessen des Unternehmers ist ausreichend Genüge getan, wenn man die erstmalige Besichtigungsmöglichkeit bei der gerichtlichen Beweiserhebung als erledigendes Ereignis einstuft. Im Rahmen der nach Billigkeit zu treffenden (Teil-)Kostenentscheidung kann einem treuwidrigen Verhalten des Bestellers ausreichend Rechnung getragen werden.

Verschlechtern sich die wirtschaftlichen Verhältnisse des Bauherrn erheblich, kann es ihm nach § 321 BGB sogar versagt sein, überhaupt einen Einbehalt zurückzuhalten. Dies kann der Auftraggeber aber durch Sicherheitsleistung abwenden.[88] Der Auftragnehmer kann geschuldete Mängelbeseitigungsarbeiten auch nach Abnahme davon abhängig machen, dass der Besteller **Sicherheit** nach § 648a BGB leistet. Das schließt indessen das Zurückbehaltungsrecht des Bestellers aus § 641 Abs. 3 BGB nicht aus. Der Unternehmer kann sich jedoch vom Vertrag lösen und so seinen Vergütungsanspruch fällig stellen, wenn der Besteller die geforderte Sicherheit nicht leistet. Hierzu muss er in sinngemäßer Anwendung des § 648a Abs. 5 Satz 1 BGB in Verbindung mit § 643 Satz 1 BGB eine Nachfrist zur Sicherheitsleistung mit der Erklärung setzen, dass er die Mängelbeseitigung ablehne, wenn die Sicherheit nicht fristgerecht geleistet werde. Nach fruchtlosem Ablauf der Nachfrist wird er von der Pflicht zur Mängelbeseitigung frei. Sein Anspruch auf Werklohn ist dann fällig. Zusätzlich hat er Anspruch auf Ersatz des Vertrauensschadens (§ 648a Abs. 5 BGB). Der Anspruch besteht in einem solchen Fall jedoch nicht in voller Höhe, er ist vielmehr um den mangelbedingten Minderwert des Werkes zu kürzen. Hierbei handelt es sich der Sache nach um eine Minderung, die der Unternehmer selbst veranlassen kann. Macht der Unternehmer von dieser Möglichkeit keinen Gebrauch, kann der Besteller dem Verlangen auf Zahlung des vollen Werklohns das gesetzliche Leistungsverweigerungsrecht aus § 641 Abs. 3 BGB auch dann entgegenhalten, wenn er die Sicherheit nicht gestellt hat.[89] Er kann zudem Werkmängelrechte geltend machen. Deshalb kann er bei Vorliegen der Voraussetzungen des § 637

---

[84] BGH v. 09.07.1981 - VII ZR 40/80 - juris Rn. 38 f. - NJW 1981, 2801; BGH v. 10.11.1983 - VII ZR 373/82 - juris Rn. 21 - NJW 1984, 725-728; BGH v. 08.07.1982 - VII ZR 96/81 - juris Rn. 6 - NJW 1982, 2494-2495.

[85] OLG Celle v. 13.01.2005 - 14 U 129/03 - BauR 2006, 1316-1318; OLG Celle v. 17.02.2004 - 16 U 141/03 - juris Rn. 12 - NZBau 2004, 328-329; OLG München v. 30.05.2001 - 27 U 700/00 - IBR 2002, 361; der BGH hat die gegen diese Entscheidung eingelegte Revision nicht angenommen BGH v. 04.04.2002 - VII ZR 252/01 - NJW-RR 2002, 1025.

[86] OLG Celle v. 17.02.2004 - 16 U 141/03 - NZBau 2004, 328-329.

[87] OLG Celle v. 13.07.2004 - 16 U 41/04 - NJW-RR 2004, 1669-1670.

[88] OLG Düsseldorf v. 10.07.2003 - 12 U 4/03 - BauR 2003, 1723-1724.

[89] BGH v. 13.01.2005 - VII ZR 28/04 - NJW-RR 2005, 609-611; BGH v. 22.01.2004 - VII ZR 183/02 - juris Rn. 21 - NJW 2004, 1525-1527.

§ 641

BGB auch die Mängel im Wege der Selbstvornahme beseitigen und die Kosten mit dem ausstehenden Werklohn verrechnen.[90]

38 Abweichende Vereinbarungen sind individualvertraglich möglich, in **Allgemeinen Geschäftsbedingungen** nur im Rahmen des § 307 BGB sowie des § 309 Nr. 2 BGB, wonach ein Leistungsverweigerungsrecht aus § 320 BGB nicht ausgeschlossen oder eingeschränkt werden darf.[91]

IV. Zinspflicht (Absatz 4)

39 Nach Absatz 4 ist der Werklohn grundsätzlich ab Abnahme bzw. den der Abnahme gleich gestellten Tatbeständen (§§ 640 Abs. 1 Satz 3, 641a, 646 BGB) zu verzinsen.[92] Die Fälligkeit nach § 641 Abs. 2 BGB (Fälligkeit bei Leistungskette) reicht für Absatz 4 nicht aus, weil der Gesetzgeber darauf verzichtet hat, diesen Sachverhalt einer Abnahme gleich zu stellen. Die **Zinshöhe** bestimmt sich nach § 246 BGB, liegt also auch nach In-Kraft-Treten des Schuldrechtsmodernisierungsgesetzes immer noch bei 4%, bzw. – bei Kaufleuten – gemäß § 352 HGB bei 5%. Höhere Zinsen kann der Unternehmer nur bei Verzug des Bestellers verlangen.

40 Da es sich bei der **Teilabnahme** um eine „echte" Abnahme handelt, gilt § 641 Abs. 4 BGB auch für den Werklohn, der auf einen abgenommenen Teil entfällt.

41 Weil dies der Fälligkeit entgegensteht, können Zinsen nach Absatz 4 nicht verlangt werden, solange ein **Leistungsverweigerungs- oder Zurückbehaltungsrecht** besteht.[93] Ein Zinsanspruch aus Absatz 4 entsteht auch dann nicht, wenn die Werklohnforderung gestundet ist. Hiervon ist im Zweifel vor Erteilung einer Rechnung auszugehen.[94]

42 Absatz 4 ist **dispositiv**. Haben die Parteien besondere Zahlungsbedingungen vereinbart, ist damit regelmäßig auch die Zinspflicht aus Absatz 4 abbedungen.[95]

D. Prozessuale Hinweise

I. Zu Absatz 1

43 Der Unternehmer ist im Rahmen der Werklohnklage für die Fälligkeit seiner Forderung darlegungs- und beweisbelastet. Er hat deshalb die (Teil-)Abnahme oder einen ihr gleichgestellten Tatbestand darzulegen und ggf. zu beweisen.[96] Der Unternehmer trägt die Darlegungs- und Beweislast dafür, dass seine Leistungen den behaupteten Umfang haben.[97] Fehlt eine Abnahme und ist die Werklohnforderung deshalb nicht fällig, ist die Klage (nur) als „zur Zeit" nicht begründet abzuweisen.[98]

II. Zu Absatz 2 (Leistungskette)

44 Beansprucht der Unternehmer die Vergütung gemäß § 641 Abs. 2 BGB, hat er darzulegen und ggf. zu beweisen, dass und in welcher Höhe der Besteller von dem Dritten Zahlung erhalten hat. Er hat weiter darzulegen und zu beweisen, dass diese Bezahlung auf die Werkleistung des Unternehmers erfolgt ist. Behauptet der Besteller, dass der Dritte mit der Zahlung (auch) Leistungen abgegolten hat, die nicht von dem Unternehmer stammen, muss der Unternehmer das entkräften. Verlangt der Besteller Sicherheitsleistung nach § 641 Abs. 2 Satz 2 BGB, muss er darlegen und beweisen, dass und in welcher Höhe er dem Dritten Sicherheit geleistet hat. Der Besteller ist weiterhin dafür darlegungs- und beweisbelastet, dass die Sicherheit für die Werkleistung des Unternehmers gestellt wurde. Der Unternehmer, der in dieser Konstellation auf Werklohn klagt, muss darlegen und beweisen, dass er die Sicherheit geleistet hat, die er nach Satz 2 zu erbringen hat.

---

[90] OLG Köln v. 05.07.2005 - 24 U 44/05 - IBR 2005, 480.
[91] Vgl. BGH v. 31.03.2005 - VII ZR 180/04 - BauR 2005, 1010-1012.
[92] Zu weiteren Anspruchsgrundlagen für Zinsansprüche des Unternehmers *Schmeel*, MDR 2002, 809-810.
[93] Vgl. BGH v. 04.06.1973 - VII ZR 112/71 - BGHZ 61, 42-47; BGH v. 14.01.1971 - VII ZR 3/69 - BGHZ 55, 198-200.
[94] OLG Frankfurt v. 31.03.1999 - 7 U 113/90 - NJW-RR 2000, 755; *Peters* in: Staudinger, § 641 Rn. 115.
[95] Vgl. BGH v. 20.12.1996 - V ZR 277/95 - juris Rn. 20 - LM BGB § 440 Nr. 11 (4/1997); *Peters* in: Staudinger, § 641 Rn. 117.
[96] OLG Hamm v. 12.12.2006 - 26 U 49/04 - juris Rn. 33 - BauR 2007, 1617.
[97] OLG Hamm v. 12.09.2001 - 12 U 136/98 - BauR 2002, 631-633.
[98] OLG Hamm v. 02.08.2006 - 12 U 16/06 - juris Rn. 4.

III. Zu Absatz 3 (Druckeinbehalt)

Nach § 320 Abs. 1 BGB kann ein Besteller wegen eines Mangels die Zahlung des noch offenen Werklohns des Unternehmers verweigern; das Gesetz sieht eine Beschränkung des Leistungsverweigerungsrechtes auf einen Teil der Leistung grundsätzlich nicht vor. Es ist deshalb Sache des Unternehmers darzutun, dass der einbehaltene Betrag auch bei Berücksichtigung des Durchsetzungsinteresses des Bestellers (sog. Druckzuschlag) das dreifache der voraussichtlichen Mängelbeseitigungskosten übersteigt und des Weiteren unverhältnismäßig und deshalb unbillig hoch ist.[99] Der Besteller muss nicht zur Höhe der voraussichtlichen Mängelbeseitigungskosten vortragen.[100] Nicht der Besteller, sondern der Unternehmer ist dementsprechend für die Höhe der Kosten der Mängelbeseitigung darlegungs- und beweispflichtig.[101]   45

Wenn der Besteller sich wegen sog. **Sowieso-Kosten** an den Kosten der Mängelbeseitigung beteiligen muss, ist in entsprechender Anwendung des § 274 BGB eine „doppelte Zug-um-Zug-Verurteilung" auszusprechen.[102] Da der Bauherr im Falle der Nachbesserung weder vorher eine Zahlung noch die Zusage eines Kostenvorschusses leisten muss, sondern lediglich eine entsprechende Sicherheitsleistung, hält es das OLG München stattdessen für sachgerecht, die Verpflichtung zur Sicherheitsleistung im Tenor auszusprechen.[103] Zur Zwangsvollstreckung bei Zug-um-Zug-Verurteilung vgl. die Kommentierung zu § 635 BGB Rn. 38.   46

Die **Beschwer** des Bestellers, der in Höhe eines Druckzuschlags Zug-um-Zug gegen die Beseitigung bestimmter Mängel verurteilt worden ist, bestimmt sich nach dem Wert der Mängelbeseitigungskosten, nicht nach dem Druckzuschlag.[104]   47

IV. Zu Absatz 4 (Zinspflicht)

Verlangt der Unternehmer Zinsen nach Absatz 4, hat er die Abnahme zu beweisen. Der Besteller hat eine Stundung, auf die er sich berufen will, darzulegen und zu beweisen.   48

E. Anwendungsfelder

Die **VOB** regelt die Fälligkeit der Vergütung in § 16 VOB/B. § 16 VOB/B betrifft die Schlusszahlung. Sie ist ohne prüffähige Schlussrechnung nicht fällig.   49

---

[99] BGH v. 04.07.1996 - VII ZR 125/95 - juris Rn. 14 - LM BGB § 320 Nr. 38 (2/1997); KG Berlin v. 15.09.2000 - 21 U 9456/98 - IBR 2000, 597; OLG Hamm v. 16.04.1999 - 12 U 64/98 - OLGR Hamm 1999, 229.
[100] BGH v. 04.07.1996 - VII ZR 125/95 - NJW-RR 1997, 18-19.
[101] BGH v. 06.12.2007 - VII ZR 125/06 - juris Rn. 18 - MDR 2008, 199.
[102] BGH v. 22.03.1984 - VII ZR 286/82 - BGHZ 90, 354-363.
[103] Mit Wiedergabe des entsprechenden Tenors: OLG München v. 20.12.2006 - 28 U 4722/05 - juris Rn. 138.
[104] BGH v. 18.05.1995 - VII ZR 63/95 - NJW-RR 1997, 148.

§ 641a BGB Fertigstellungsbescheinigung (weggefallen)

(Fassung vom 02.01.2002, gültig ab 01.01.2002, gültig bis 31.12.2008)

(1) Der Abnahme steht es gleich, wenn dem Unternehmer von einem Gutachter eine Bescheinigung darüber erteilt wird, dass

1. das versprochene Werk, im Falle des § 641 Abs. 1 Satz 2 auch ein Teil desselben, hergestellt ist und
2. das Werk frei von Mängeln ist, die der Besteller gegenüber dem Gutachter behauptet hat oder die für den Gutachter bei einer Besichtigung feststellbar sind,

(Fertigstellungsbescheinigung). Das gilt nicht, wenn das Verfahren nach den Absätzen 2 bis 4 nicht eingehalten worden ist oder wenn die Voraussetzungen des § 640 Abs. 1 Satz 1 und 2 nicht gegeben waren; im Streitfall hat dies der Besteller zu beweisen. § 640 Abs. 2 ist nicht anzuwenden. Es wird vermutet, dass ein Aufmaß oder eine Stundenlohnabrechnung, die der Unternehmer seiner Rechnung zugrunde legt, zutreffen, wenn der Gutachter dies in der Fertigstellungsbescheinigung bestätigt.

(2) Gutachter kann sein

1. ein Sachverständiger, auf den sich Unternehmer und Besteller verständigt haben, oder
2. ein auf Antrag des Unternehmers durch eine Industrie- und Handelskammer, eine Handwerkskammer, eine Architektenkammer oder eine Ingenieurkammer bestimmter öffentlich bestellter und vereidigter Sachverständiger.

Der Gutachter wird vom Unternehmer beauftragt. Er ist diesem und dem Besteller des zu begutachtenden Werkes gegenüber verpflichtet die Bescheinigung unparteiisch und nach bestem Wissen und Gewissen zu erteilen.

(3) Der Gutachter muss mindestens einen Besichtigungstermin abhalten; eine Einladung hierzu unter Angabe des Anlasses muss dem Besteller mindestens zwei Wochen vorher zugehen. Ob das Werk frei von Mängeln ist, beurteilt der Gutachter nach einem schriftlichen Vertrag, den ihm der Unternehmer vorzulegen hat. Änderungen dieses Vertrags sind dabei nur zu berücksichtigen, wenn sie schriftlich vereinbart sind oder von den Vertragsteilen übereinstimmend gegenüber dem Gutachter vorgebracht werden. Wenn der Vertrag entsprechende Angaben nicht enthält, sind die allgemein anerkannten Regeln der Technik zugrunde zu legen. Vom Besteller geltend gemachte Mängel bleiben bei der Erteilung der Bescheinigung unberücksichtigt, wenn sie nach Abschluss der Besichtigung vorgebracht werden.

(4) Der Besteller ist verpflichtet, eine Untersuchung des Werkes oder von Teilen desselben durch den Gutachter zu gestatten. Verweigert er die Untersuchung, wird vermutet, dass das zu untersuchende Werk vertragsgemäß hergestellt worden ist; die Bescheinigung nach Absatz 1 ist zu erteilen.

(5) Dem Besteller ist vom Gutachter eine Abschrift der Bescheinigung zu erteilen. In Ansehung von Fristen, Zinsen und Gefahrübergang treten die Wirkungen der Bescheinigung erst mit ihrem Zugang beim Besteller ein.

1 § 641a BGB in der Fassung vom 23.10.2008 ist durch Art. 1 Abs. 4 des Gesetzes vom 23.10.2008 – BGBl I 2008, 2022 – mit Wirkung vom 01.01.2009 weggefallen.

§ 642 BGB Mitwirkung des Bestellers

(Fassung vom 02.01.2002, gültig ab 01.01.2002)

(1) Ist bei der Herstellung des Werkes eine Handlung des Bestellers erforderlich, so kann der Unternehmer, wenn der Besteller durch das Unterlassen der Handlung in Verzug der Annahme kommt, eine angemessene Entschädigung verlangen.

(2) Die Höhe der Entschädigung bestimmt sich einerseits nach der Dauer des Verzugs und der Höhe der vereinbarten Vergütung, andererseits nach demjenigen, was der Unternehmer infolge des Verzugs an Aufwendungen erspart oder durch anderweitige Verwendung seiner Arbeitskraft erwerben kann.

Gliederung

A. Grundlagen 1	II. Annahmeverzug des Bestellers 10
B. Anwendungsvoraussetzungen 3	III. Angemessene Entschädigung 11
I. Erforderliche Mitwirkungshandlung des Bestellers 3	

A. Grundlagen

§ 642 BGB normiert einen spezifisch werkvertraglichen Schadensersatzanspruch, der an eine besondere Form des Gläubigerverzugs, nämlich an unterlassene Mitwirkungspflichten des Bestellers, anknüpft. Die Höhe des Anspruchs bemisst sich anhand der Kriterien des § 642 Abs. 2 BGB. Der Anspruch ist verschuldensunabhängig ausgestaltet und verbessert damit die Rechtsstellung des Unternehmers gegenüber der allgemeinen Regelung des § 304 BGB weitreichend. 1

Die dem Unternehmer nach allgemeinen Vorschriften eingeräumten Rechte stehen dem Unternehmer neben § 642 BGB zu. Dies gilt insbesondere für den Vergütungsanspruch, falls das Werk noch fertiggestellt wird, den Ansprüchen auf Teilvergütung gem. den §§ 645 Abs. 1 Satz 2, 649 BGB sowie den Schadensersatzansprüchen aus den §§ 645 Abs. 2, 280 BGB. 2

B. Anwendungsvoraussetzungen

I. Erforderliche Mitwirkungshandlung des Bestellers

Die in Frage kommenden Mitwirkungshandlungen des Bestellers sind genauso vielfältig wie die Lebenssachverhalte die der Werkvertrag regelt. Konkretisiert werden sie aufgrund der Art und Beschaffenheit des herzustellenden Werks. Viel zitierte Schulfälle in denen das geschuldete Werk nicht ohne Mitwirkung des Bestellers erbracht werden kann sind das persönliche Erscheinen zu einer Anprobe eines Kleidungsstücks oder der Erstellung eines Portraits, ebenso wie die Übergabe der zu reparierenden Maschine. 3

Zwar geht § 642 BGB explizit davon aus, dass der Besteller eine Mitwirkungshandlung, mithin ein **positives Tun**, unterlässt. Entsprechend der Ratio der Bestimmung wird jedoch auch der spiegelbildliche Fall erfasst, nämlich dass der Besteller eine Handlung vornimmt, deren **Unterlassung** ihm obliegt.[1] 4

Der Wortlaut des § 642 BGB macht deutlich, dass die Mitwirkungshandlung gerade „**bei der Herstellung des Werks**" erbracht werden muss. Über den Wortlaut hinaus ist § 642 BGB aber auch dann anwendbar, wenn dem Unternehmer infolge der unterbliebenen Mitwirkung des Bestellers der Beginn seiner Arbeit unmöglich ist. Demgegenüber werden solche Mitwirkungshandlungen **nicht erfasst**, die **nach der Vollendung** des Werks erbracht werden müssen. Ist das Werk also bereits fertig gestellt und unterbleiben spätere Mitwirkungshandlungen des Bestellers, so ist § 642 BGB nicht anwendbar. Unterlässt der Besteller demgemäß die Abnahme des fertigen Werks, so greift nicht § 642 BGB[2], sondern die allgemeinen Bestimmungen. Der Besteller gerät also, wenn er die Annahme verweigert unter den Voraussetzungen der §§ 293-299 BGB in Gläubiger- und ggf. in Schuldnerverzug. 5

---

[1] *Busche* in: MünchKomm-BGB, § 642 Rn 6.
[2] Andere Ansicht *Peters* in: Staudinger, 13. Bearb. 1995, § 642 Rn. 22.

6 Umstritten ist, ob die Mitwirkung des Bestellers dogmatisch als Vertragspflicht oder als **Obliegenheit** einzustufen ist. Vorherrschend ist die Ansicht, die Mitwirkung als bloße Obliegenheit einzustufen.[3]

7 Von großer Bedeutung sind Mitwirkungshandlungen des Bestellers im Bereich der Softwareentwicklung. Ohne weitreichende Mitwirkungshandlungen ist dort häufig eine ordnungsgemäße Softwareerstellung nicht möglich. In der Konsequenz scheitern zahlreiche IT-Projekte aufgrund der mangelnden Mitwirkung des Auftraggebers. Begünstigt wird dies noch dadurch, dass sich viele Auftragnehmer scheuen, die Mitwirkungspflichten des Auftraggebers in den Vertrag mitaufzunehmen und einzufordern. Aufgrund der Bedeutung der Mitwirkungspflichten kann es daher empfehlenswert sein, diese nicht nur als vertragliche Nebenpflichten, sondern als Hauptpflichten auszugestalten.[4]

8 Im Bereich des Bauwesens werden Mitwirkungshandlungen des Bestellers in den §§ 3 Nr. 1, 2, § 4 Nr. 1 Abs. 1 VOB/B normiert.[5] Kann der Auftraggeber aus Witterungsgründen eine Vorleistung nicht rechtzeitig erbringen, unterlässt er eine Mitwirkungshandlung, die in der Zurverfügungstellung des Baugrundstücks besteht.[6]

9 Sofern der Besteller mehrere Unternehmer parallel beauftragt hat, obliegt ihm eine Koordinierungspflicht.[7] Dies gilt jedoch nicht, wenn der Besteller mehrere Architekten u. Sonderfachleute beauftragt, da er dann darauf vertrauen kann, dass diese zur Förderung des Werks kooperieren.[8]

II. Annahmeverzug des Bestellers

10 Der Besteller muss durch die unterlassende Mitwirkung in Annahmeverzug geraten. Das setzt gemäß den §§ 271, 297, 293, 294 BGB voraus, dass der Unternehmer zur Herstellung des Werks berechtigt, bereit und imstande ist und seine Leistung angeboten hat. Der Besteller hingegen muss die notwendige Mitwirkungshandlung, nicht notwendigerweise schuldhaft, unterlassen haben. Annahmeverzug tritt jedoch dann nicht ein, wenn die Mitwirkungshandlung objektiv unmöglich ist. Die unterlassene Mitwirkung muss also kausal dazu führen, dass die Herstellung oder Vollendung des Werkes erschwert oder verzögert wird.[9]

III. Angemessene Entschädigung

11 Als Rechtsfolge sieht § 642 BGB die Zahlung einer angemessenen **Entschädigung** vor, die dem Unternehmer einen Ausgleich dafür bieten soll, dass er seine Arbeitskraft und Geschäftskapital vorgehalten hat. Dieser Anspruch reicht weiter als der Aufwendungsersatz nach § 304 BGB. Nicht erfasst aber ist der entgangene Gewinn und Wagnis.[10]

12 Ebenso wenig kann der Anspruch eines Bauunternehmers auf Ersatz von Überstundenzuschlägen, die an die Mitarbeiter wegen des verzögerten Bauablaufs zu zahlen waren, auf § 642 BGB gestützt werden, da ein Entschädigungsanspruch des Unternehmers nach § 642 BGB voraussetzt, dass dieser finanzielle Nachteile infolge des Annahmeverzuges des Bestellers erleidet, was nicht der Fall ist, wenn nach Beendigung des Annahmeverzugs Mehrkosten durch die Notwendigkeit des schnelleren Abschlusses der Arbeiten entstehen.[11] Dem Auftragnehmer steht wegen der zeitlichen Verschiebung seiner Arbeiten, die darauf zurückzuführen sind, dass der Besteller aus Witterungsgründen eine Vorleistungspflicht nicht rechtzeitig erbringt, gemäß § 642 BGB ein Anspruch auf Entschädigung für Stillstandzeiten und zusätzliche Transportkosten zu.[12]

---

[3] Vgl. BGH v. 13.11.1953 - I ZR 140/52 - BGHZ 11, 80-89; BGH v. 16.05.1968 - VII ZR 40/66 - BGHZ 50, 175-179; differenzierend *Sprau* in: Palandt, Einf. v. § 642 Rn. 2; anders *Seiler* in: Erman, Handkommentar BGB, 10. Aufl. 2000, § 642 Rn. 2.

[4] *Schneider*, ITRB 2008, 261-263.

[5] Weitergehend zur Vernachlässigung von Mitwirkungspflichten des Auftraggebers bei Bau- und Architekturverträgen, vgl. *Armbrüster/Bickert*, NZBau 2006, 153-160.

[6] LG Cottbus v. 03.03.2010 - 6 O 258/07.

[7] OLG Köln v. 22.06.1989 - 18 U 96/88 - BauR 1990, 729-730.

[8] *Sprau* in: Palandt, § 642 Rn 4.

[9] *Busche* in: MünchKomm-BGB, § 642 Rn 12.

[10] BGH v. 21.10.1999 - VII ZR 185/98 - BGHZ 143, 32-41; weitergehend zur Problematik des Wagnisses in der Kündigungsvergütung *Groß*, BauR 2007, 631-636.

[11] OLG Köln v. 14.08.2003 - 12 U 114/02 - NJW-RR 2004, 818-820.

[12] LG Cottbus v. 03.03.2010 - 6 O 258/07.

Keine Anwendung findet § 642 BGB bei Ansprüchen des Unternehmers gegen den Besteller auf Ersatz der Kosten eines Baugerüsts für die über die vertragliche Laufzeit hinausreichende Aufstellung. Diese richten sich allein nach **Mietrecht**.[13] 13

Hingegen kann der mit der Planung und Überwachung der gebäudetechnischen Anlagen beauftragte Unternehmer den **Vertrag** nach den §§ 642, 643 BGB **beenden** und nach Ablauf der mit einer Kündigungsandrohung verbundenen Nachfrist seine **Schlussrechnung** vorlegen, wenn der Besteller den Baubeginn verzögert.[14] 14

Zum Nachweis eines Verzögerungsschadens genügt es nicht, die Verzögerung und die Stillstandszeit für Mannschaft und Gerät und die Vorhaltekosten darzustellen. Vielmehr muss konkret vorgetragen werden, welche Differenz sich bei einem Vergleich zwischen einem ungestörten und dem verzögerten Bauablauf ergibt.[15] 15

Die **Höhe** der Entschädigung bemisst sich nach den Vorgaben des § 642 Abs. 2 BGB. Einzustellen sind damit einerseits die Dauer des Verzugs und die Höhe der vereinbarten Vergütung sowie andererseits die vom Unternehmer ersparten Aufwendungen und der anderweitige Erwerb. Erzielen die Parteien keine Einigung über die Entschädigungshöhe, so ist diese im Prozess nach richterlichem Ermessen, ggf. im Wege der Schätzung (§ 287 ZPO), festzulegen. 16

Im Baurecht gelten bei unterbliebenen Mitwirkungshandlungen des Bestellers **Besonderheiten**. So gewährt § 9 VOB/B zunächst dem Bauunternehmer ein Kündigungsrecht und nicht wie § 642 BGB einen Schadensersatzanspruch.[16] 17

Der Anspruch aus § 642 BGB verjährt in der regelmäßigen Verjährungsfrist gem. den §§ 195, 199 BGB. 18

Die Entschädigung gemäß § 642 BGB unterliegt der Umsatzsteuerpflicht.[17] 19

---

[13] OLG Celle v. 03.04.2007 - 16 U 267/06 - OLGR Celle 2007, 434-435.
[14] OLG Stuttgart v. 14.03.2006 - 10 U 219/05 - IBR 2006, 275.
[15] OLG Hamm v. 12.02.2004 - 17 U 56/00 - NZBau 2004, 439-441; weitergehend zu der Liquidation von sog. Behinderungsschäden: *Schilder*; BauR 2007, 450-457.
[16] Zu den weiteren Besonderheiten vgl. eingehend *Seiler* in: Erman, Handkommentar BGB, 10. Aufl. 2000, § 642 Rn. 14.
[17] BGH v. 24.01.2008 - VII ZR 280/05 - BGHZ 175, 118-123; zustimmend: *Jelitte*, ZfIR 2008, 726-727.

§ 643 BGB Kündigung bei unterlassener Mitwirkung

(Fassung vom 02.01.2002, gültig ab 01.01.2002)

¹Der Unternehmer ist im Falle des § 642 berechtigt, dem Besteller zur Nachholung der Handlung eine angemessene Frist mit der Erklärung zu bestimmen, dass er den Vertrag kündige, wenn die Handlung nicht bis zum Ablauf der Frist vorgenommen werde. ²Der Vertrag gilt als aufgehoben, wenn nicht die Nachholung bis zum Ablauf der Frist erfolgt.

Gliederung

A. Grundlagen 1	II. Abdingbarkeit 5
B. Annahmeverzug des Bestellers 2	C. Rechtsfolgen 6
I. Angemessene Nachfristsetzung mit Ablehnungsandrohung 3	

A. Grundlagen

1 Werkverträge sind vielfach dadurch gekennzeichnet, dass der Unternehmer die versprochene Werkleistung nur dann erstellen kann, wenn der Besteller bestimmten Mitwirkungspflichten nachkommt. Daher regelt § 642 BGB, dass der Unternehmer die entsprechenden Mitwirkungspflichten zu erbringen hat. So muss der Besteller regelmäßig Informationen bereitstellen, Zutritt zu den Räumlichkeiten gewähren, Pläne und Unterlagen zur Verfügung stellen, bei der Beschaffung von Hard- und Software die erforderlichen Angaben und Daten liefern, insbesondere ein Pflichtenheft erstellen.[1] Diese Mitwirkungspflichten sind allerdings nur Obliegenheiten des Bestellers. Daher ist es nicht möglich, dass der Besteller mit diesen Mitwirkungspflichten in Verzug gerät. Um dem Unternehmer gleichwohl eine rechtliche Handhabe zur Verfügung zu stellen, verpflichtet § 643 BGB den Unternehmer, dem Besteller eine angemessene Nachfrist zur Erbringung der Mitwirkungspflichten zu setzen, räumt ihm aber gleichzeitig das Recht ein, nach fruchtlosem Ablauf der Nachfrist von der weiteren Vertragsdurchführung abzusehen.

B. Annahmeverzug des Bestellers

2 Der Besteller muss sich in Annahmeverzug befinden. Dies setzt voraus, dass der Unternehmer zunächst nach § 642 BGB vorgegangen sein muss. Da es sich bei den Mitwirkungspflichten lediglich um Obliegenheiten handelt,[2] kann deren Unterlassung keinen Schuldnerverzug des Bestellers auslösen, sondern bewirkt lediglich, dass der Unternehmer mit der Fertigstellung des Werks nicht in Verzug geraten kann[3]. Daher muss der Unternehmer dem Besteller gegenüber seine Leistungsbereitschaft erklären und ihn zur Mitwirkung auffordern. Sollte der Besteller gleichwohl seinen Mitwirkungspflichten nicht nachkommen, so gerät der Besteller gemäß den §§ 293-304 BGB in Annahmeverzug; § 296 BGB ist anwendbar.[4]

I. Angemessene Nachfristsetzung mit Ablehnungsandrohung

3 Die Erklärung des Unternehmers muss dem Besteller klar verdeutlichen, dass er innerhalb der gesetzten Frist seine Mitwirkungspflichten zu erbringen hat, da der Unternehmer anderenfalls zur Kündigung berechtigt ist. Ebenso muss der Unternehmer den Besteller darauf hinweisen, dass mit Ablauf der Frist der Vertrag für die Zukunft aufgehoben wird, wenn der Besteller nicht binnen der Nachfrist seinen Mitwirkungspflichten nachkommt.

4 Angemessen ist die Frist, wenn dem Besteller eine letzte Gelegenheit zur Vertragserfüllung gegeben wird. Die Dauer muss dabei nicht so bemessen sein, dass dem Besteller die noch gar nicht begonnenen

---

[1] BGH v. 20.02.2001 - X ZR 9/99 - LM BGB § 631 Nr. 97 (10/2001); weiterführend zu den Mitwirkungspflichten des Auftraggebers im Softwareprojekt: *Witzel/Stern*, ITRB 2007, 167-169.
[2] BGH v. 13.11.1953 - I ZR 140/52 - BGHZ 11, 80-89; BGH v. 16.05.1968 - VII ZR 40/66 - BGHZ 50, 175-179.
[3] BGH v. 23.01.1996 - X ZR 105/93 - LM BGB § 284 Nr. 44 (7/1996).
[4] BGH v. 14.11.1990 - VIII ZR 13/90 - LM Nr. 22 zu § 275 BGB.

Mitwirkungspflichten und deren Fertigstellung ermöglicht werden.[5] Der Besteller soll lediglich die Möglichkeit haben, die bereits begonnenen Leistungen zu vollenden.[6] Eine generelle Aussage über die Dauer lässt sich nicht bestimmen. In Anlehnung an § 308 Nr. 1 BGB wird man davon ausgehen müssen, dass eine angemessene Frist sich aus der Abwägung, der wirtschaftlichen Bedeutung des Vertrages für beide Seiten sowie unter Berücksichtigung der beiderseitigen Interessen und der Verkehrsanschauung ergibt. So ist zum Beispiel eine vom Unternehmer dem in Deutschland ansässigen Besteller gesetzte Frist von 14 Tagen für die Herstellung der notwendigen Strom-, Wasser- und Druckluftversorgung in dem georgischen Krankenhaus und die Bereitstellung georgischer Mitarbeiter zur Hilfe bei Installation der Ausstattung unangemessen kurz.[7] Die Aufforderung sollte einen klaren Endtermin benennen oder eine kalendermäßige Bestimmbarkeit enthalten. Ausreichend soll eine Aufforderung zur umgehenden oder unverzüglichen Leistung sein. Denn wie bei der zur kurzen Fristsetzung[8] wird eine angemessene Frist in Gang gesetzt.

II. Abdingbarkeit

Die Regelungen des § 643 BGB enthalten dispositives Recht.[9]

C. Rechtsfolgen

Mit fruchtlosem Ablauf der angemessenen Nachfrist ist der Vertrag für die Zukunft beendet. Der Unternehmer kann gemäß § 645 Abs. 1 Satz 2 BGB seine Vergütung abrechnen und seine Ansprüche aus § 642 BGB für die Dauer des Annahmeverzugs geltend machen. So kann der mit der Planung und Überwachung der gebäudetechnischen Anlagen beauftragte Werkunternehmer, bei Verzögerung des Baubeginns durch den Bauherrn, den Vertrag nach §§ 642, 643 BGB beenden und nach Ablauf der mit einer Kündigungsandrohung verbundenen Nachfrist seine Schlussrechnung vorlegen.[10]

Die anderen Regelungen, insbesondere die des allgemeinen Leistungsrechts bleiben neben § 643 BGB anwendbar.

---

[5] BGH v. 31.10.1984 - VIII ZR 226/83 - LM Nr. 4 zu § 4 AGBG; OLG Düsseldorf v. 05.07.1991 - 22 U 48/91 - NJW-RR 1992, 951.
[6] BGH v. 10.02.1982 - VIII ZR 27/81 - NJW 1982, 1279-1280.
[7] OLG Karlsruhe v. 22.01.2003 - 12 U 141/02.
[8] BGH v. 21.06.1985 - V ZR 134/84 - LM Nr. 2/3 zu § 326 (Da) BGB; OLG Karlsruhe v. 22.01.2003 - 12 U 141/02.
[9] *Sprau* in: Palandt, § 643 Rn. 1.
[10] OLG Stuttgart v. 14.03.2006 - 10 U 219/05 - IBR 2006, 275.

§ 644 BGB Gefahrtragung

(Fassung vom 02.01.2002, gültig ab 01.01.2002)

(1) ¹Der Unternehmer trägt die Gefahr bis zur Abnahme des Werkes. ²Kommt der Besteller in Verzug der Annahme, so geht die Gefahr auf ihn über. ³Für den zufälligen Untergang und eine zufällige Verschlechterung des von dem Besteller gelieferten Stoffes ist der Unternehmer nicht verantwortlich.

(2) Versendet der Unternehmer das Werk auf Verlangen des Bestellers nach einem anderen Ort als dem Erfüllungsort, so finden die für den Kauf geltenden Vorschriften des § 447 entsprechende Anwendung.

Gliederung

A. Grundlagen ... 1	2. Die Vergütungsgefahr ... 5
B. Anwendungsvoraussetzungen ... 3	II. Die Verteilung der Vergütungsgefahr ... 6
I. Der Begriff der Gefahr ... 3	1. Gefahrtragung durch den Unternehmer ... 7
1. Die Leistungsgefahr ... 4	2. Gefahrtragung durch den Besteller ... 9

A. Grundlagen

1 § 644 BGB regelt die Gefahrtragung beim Werkvertrag im Falle des zufälligen Untergangs oder Verschlechterung des geschuldeten Werks. Tritt eine Leistungsstörung infolge zufälligen Untergangs oder Verschlechterung der Sache auf, so ist eine Regelung zu treffen, ob der Unternehmer zur Neuherstellung des Werks verpflichtet ist und ob unabhängig davon, der Besteller die vereinbarte Vergütung zu entrichten hat. Diese Fragen werden durch die Verteilung der Leistungs- und Vergütungsgefahr geregelt.

2 Klarstellend ist darauf hinzuweisen, dass § 644 BGB indes nur die Gefahrtragung bei **zufälligem Untergang oder Verschlechterung** des geschuldeten Werks regelt. Die Bestimmung kommt nicht zur Anwendung, wenn das Werk infolge des Verschuldens einer der Vertragsparteien verschlechtert wird oder gar zerstört wird. Es gelten dann die Vorschriften des allgemeinen Schuldrechts.

B. Anwendungsvoraussetzungen

I. Der Begriff der Gefahr

3 § 644 BGB ist eine Vorschrift zur Gefahrtragung beim Werkvertrag. Dabei ist zwischen Leistungs- und Vergütungsgefahr zu differenzieren. § 644 BGB gilt nur für die Vergütungsgefahr.

1. Die Leistungsgefahr

4 Bei zufälligem Untergang oder zufälliger Verschlechterung des begonnenen oder fertig gestellten Werkes stellt sich die Frage, ob der Unternehmer weiterhin zur Herbeiführung des werkvertraglichen Erfolges verpflichtet ist oder ob diese Verpflichtung erlischt. Die Antwort darauf gibt die Verteilung der Leistungsgefahr, die im Werkvertragsrecht den **allgemeinen Grundsätzen** folgt. Demzufolge ist der Unternehmer, infolge der Erfolgsbezogenheit des Werkvertrages, weiterhin zur Herstellung eines vertragsgemäßen Werks verpflichtet (§§ 631 Abs. 1; 633 BGB). Jedoch kommt der Unternehmer im Falle der subjektiven und objektiven Unmöglichkeit, die nunmehr im Rahmen des § 275 BGB einheitlich zu behandeln sind, sowie im Rahmen der Leistungsverweigerungsrechte der §§ 275 Abs. 2 und Abs. 3, 635 Abs. 3 BGB von seiner Leistungspflicht frei.

2. Die Vergütungsgefahr

5 Demgegenüber wird durch die Verteilung der Vergütungsgefahr geregelt, ob der Unternehmer im Falle des zufälligen, mithin schuldlosen, Untergangs oder Verschlechterung des Werks Anspruch auf die Vergütung hat. Im Bereich des Werkvertrages enthalten die §§ 644, 645 BGB spezielle Regelungen zu den §§ 320-326 BGB.[1] Geht das Werk infolge eines Umstandes, den eine Vertragspartei zu vertreten hat, unter bzw. verschlechtert es sich, so verbleibt es bei den allgemeinen Regelungen.

---

[1] BGH v. 21.08.1997 - VII ZR 17/96 - BGHZ 136, 303-309.

II. Die Verteilung der Vergütungsgefahr

§ 644 BGB bezieht sich **ausschließlich** auf die **Vergütungsgefahr** und regelt die Gefahrenverteilung wie folgt: 6

1. Gefahrtragung durch den Unternehmer

Nach § 644 Abs. 1 BGB trägt der Unternehmer die Vergütungsgefahr **bis zur Abnahme** des Werks. Demzufolge hat er keinen Anspruch gegen den Besteller auf Zahlung der vereinbarten Vergütung, wenn das Werk vor Abnahme bzw. Vollendung (§ 646 BGB) zufällig untergeht bzw. sich verschlechtert.[2] Dies resultiert aus der Erfolgsbezogenheit des Werkvertrages. Jedoch haftet der Unternehmer nicht weitergehend. Er ist insbesondere, soweit keine Pflichtverletzung vorliegt, weder zum Schadensersatz noch zur Neubeschaffung des Stoffs verpflichtet.[3]   7

Wird das Werk durch einen Dritten verschlechtert oder zerstört, so trägt der Unternehmer nach § 644 BGB die Vergütungsgefahr. Jedoch hat der Unternehmer gegen den Dritten, sofern er noch Eigentümer des Werks ist, Anspruch aus § 823 BGB wegen Eigentumsverletzung. Ist das Werk bereits im Eigentum des Bestellers, so kann dieser die Ansprüche aus § 823 BGB gelten machen und im Wege der **Drittschadensliquidation** die Schäden geltend machen, die dem Unternehmer dadurch entstehen, dass er den Vergütungsanspruch verliert.[4]   8

2. Gefahrtragung durch den Besteller

Mit der **Abnahme** (§ 640 BGB) bzw. der **Vollendung** (§ 646 BGB) geht nach § 644 Abs. 1 Satz 1 BGB die Gefahr auf den Besteller über, d.h. der Besteller ist nach diesem Zeitpunkt zur Entrichtung der Vergütung auch dann verpflichtet, wenn das Werk infolge Zufalls untergeht oder verschlechtert wird. Tritt der Untergang oder die Verschlechterung nach Abnahme infolge von Mängel des Werks ein, so gelten die §§ 633-639 BGB.   9

Der Besteller trägt gem. § 644 Abs. 1 Satz 2 BGB die Vergütungsgefahr, wenn er sich im **Annahmeverzug** (§§ 293-299 BGB) befindet. Dieser kann sich dabei sowohl auf die nicht erfolgte Abnahme des fertigen und abgelieferten Werks als auch auf unterlassene Mitwirkungspflichten des Bestellers nach § 642 BGB beziehen.[5]   10

Darüber hinaus trifft den Besteller gem. § 644 Abs. 2 BGB die Vergütungsgefahr in Abweichung zu § 644 Abs. 1 Satz 1 BGB schon mit **Übergabe an den Transporteur**, wenn das Werk auf Verlangen des Bestellers versendet worden ist. Dies gilt aber nur, wenn das Werk bei Übergabe an die Transportperson mangelfrei war; die Beweislast dafür trägt der Unternehmer.   11

---

[2] BGH v. 11.07.1963 - VII ZR 43/62 - BGHZ 40, 71-75.
[3] *Sprau* in: Palandt, BGB, 61. Aufl. 2002, § 644 Rn. 4.
[4] *Peters* in: Staudinger, 13. Bearb. 1995, § 644 Rn. 10.
[5] Vgl. *Soergel* in: MünchKomm-BGB, § 644 Rn. 7.

§ 645 BGB Verantwortlichkeit des Bestellers

(Fassung vom 02.01.2002, gültig ab 01.01.2002)

(1) ¹Ist das Werk vor der Abnahme infolge eines Mangels des von dem Besteller gelieferten Stoffes oder infolge einer von dem Besteller für die Ausführung erteilten Anweisung untergegangen, verschlechtert oder unausführbar geworden, ohne dass ein Umstand mitgewirkt hat, den der Unternehmer zu vertreten hat, so kann der Unternehmer einen der geleisteten Arbeit entsprechenden Teil der Vergütung und Ersatz der in der Vergütung nicht inbegriffenen Auslagen verlangen. ²Das Gleiche gilt, wenn der Vertrag in Gemäßheit des § 643 aufgehoben wird.

(2) Eine weitergehende Haftung des Bestellers wegen Verschuldens bleibt unberührt.

Gliederung

A. Grundlagen 1	II. Mangel des vom Besteller gelieferten Stoffes 5
B. Anwendungsvoraussetzungen 2	III. Vom Besteller erteilte Anweisung 7
I. Untergang, Verschlechterung, Unausführbarkeit des Werks 2	IV. Analoge Anwendung des § 645 BGB 8

A. Grundlagen

1 § 645 BGB schließt an die Regelung des § 644 BGB an und stellt dogmatisch eine weitere Durchbrechung des Grundsatzes des § 644 Abs. 1 Satz 1 BGB dar. § 645 BGB ist daher in die Reihe der Ausnahmebestimmungen des § 644 Abs. 1 Satz 2, Abs. 2 BGB einzureihen. Der Anwendungsbereich dieser Norm ist verschlossen, wenn ein schuldhaftes Verhalten des Unternehmers zu der Leistungsstörung geführt hat.

B. Anwendungsvoraussetzungen

I. Untergang, Verschlechterung, Unausführbarkeit des Werks

2 Die Anwendbarkeit des § 645 BGB erfordert, dass das vom Unternehmer geschuldete Werk untergegangen, verschlechtert oder unausführbar geworden ist.

3 Erfasst sind damit auch die Rechtsfolgen der Unmöglichkeit. § 645 BGB geht als spezielle Sonderregelung den allgemeinen Bestimmungen vor.

4 Von einem Untergang des Werks ist bei vollständiger Substanzvernichtung auszugehen. Eine Verschlechterung des Werks im Sinne des § 645 BGB ist von dessen Mangelhaftigkeit abzugrenzen. Tritt also ein Mangel am Werk infolge des vom Besteller gelieferten Stoffs oder aufgrund einer von diesem getroffenen Anweisung ein, so ist vorrangig das Mängelgewährleistungsrecht anwendbar. Ein Rückgriff auf § 645 BGB scheidet dann aus[1]. Unausführbar hingegen ist das Werk, wenn es bereits von Anfang an nicht erstellt werden kann.

II. Mangel des vom Besteller gelieferten Stoffes

5 § 645 Abs. 1 Satz 1 Alt. 1 BGB erfasst die Fälle, in denen die Leistungsstörung infolge eines Mangels des vom Besteller gelieferten Stoffes eintritt. Zwischen dem Mangel und der Leistungsstörung ist ein **kausaler Zusammenhang** erforderlich („infolge"). Der Begriff „Stoff" ist extensiv auszulegen und umfasst alle Gegenstände, aus denen oder mit deren Hilfe das Werk herzustellen.[2] Als solcher Stoff kommt beispielsweise beim Frachtvertrag das Transportgut in Frage.[3] Beim Werkvertrag über einen Brunnenbau ist der Boden als ein „solcher Stoff" anzusehen.[4]

6 Der Begriff des Mangels folgt der Verwendung in § 434 BGB.[5] Es ist also ein subjektiver Mangelbegriff zugrunde zu legen.

---

[1] *Busche* in: MünchKomm-BGB, § 645 Rn. 4.
[2] BGH v. 30.11.1972 - VII ZR 239/71 - BGHZ 60, 14-22.
[3] BGH v. 30.11.1972 - VII ZR 239/71 - BGHZ 60, 14-22.
[4] LG Osnabrück v. 13.10.2006 - 12 S 779/04 - IBR 2007, 244.
[5] Vgl. *Sprau* in: Palandt, BGB, 61. Aufl. 2002, § 644 Rn. 7.

III. Vom Besteller erteilte Anweisung

Eine Anweisung im Sinne des § 645 BGB liegt vor, wenn der Besteller für eine Modalität der Ausführung das Risiko übernimmt[6] und dieser Weisung ein Verbindlichkeit immanent ist, die die bei Werkverträgen notwendige Leistungsbeschreibung übersteigt. Die Anweisung hat also eine Konkretisierung des bereits vertraglich vereinbarten Leistungsinhalts zum Gegenstand, ohne dass der Unternehmer eine andere Wahl hätte[7]. Dies ist z.B. der Fall, wenn der Bauherr eine Unterbrechung der Bauarbeiten anordnet. Er trägt dann das Risiko für Schäden, die infolge der Unterbrechung an schon ausgeführten, jedoch noch nicht abgenommenen Bauleistungen entstehen[8].

IV. Analoge Anwendung des § 645 BGB

Seinem Wortlaut nach regelt § 645 BGB die Gefahrtragung in den Fällen, in denen der Untergang bzw. Verschlechterung des Werks auf einen Mangel des vom Besteller gelieferten Stoffs bzw. einer von ihm erteilten Anweisung basiert. Denkbar aber sind Konstellationen, die zwar vom Wortlaut nicht erfasst sind, aber mit den in § 645 BGB normierten Fällen vergleichbar sind und insofern eine **analoge Anwendung** der Bestimmung ermöglichen[9], um den in § 645 BGB enthaltenen Billigkeitsgedanken Rechnung zu tragen. Die Analogie kann dabei sowohl an das Merkmal „Stoff" als auch „Anweisung" ansetzen.

§ 645 BGB ist analog anwendbar, wenn das Werk vor Abnahme zwar nicht, wie vom Wortlaut des § 645 BGB gefordert, infolge eines Mangels des Stoffes untergeht oder unausführbar wird, sondern dies infolge des **zufälligen Untergangs** des Stoffes eintritt, bevor dieser in die Sphäre des Unternehmers übergegangen ist. So liegt es beispielsweise wenn, das zu reparierende Fahrzeug vor der Reparatur infolge eines Unfalls vollkommen zerstört wird.

Eine analoge Anwendung des § 645 BGB ist auch möglich, wenn es nicht zu den dort genannten Leistungsstörungen infolge eines Mangels des Stoffs kommt, sondern diese durch die **Person des Bestellers** ausgelöst worden ist. Schuldhaftes Handeln ist dafür nicht notwendig. So liegt es etwa, wenn eine Reise, für die eine Schutzimpfung gefordert ist, infolge der schlechten körperlichen Konstitution des Bestellers der Reise nicht vorgenommen werden kann.[10]

Anerkannt ist die analoge Anwendung des § 645 BGB auch dann, wenn nicht eine Anweisung, sondern ein, wenn auch **schuldloses Handeln** des Bestellers den Untergang, die Verschlechterung oder Unausführbarkeit des Werks bewirkt.[11] Dieses Ergebnis wird nunmehr durch § 326 Abs. 2 BGB bestätigt. So hat der BGH[12] § 645 Abs. 1 Satz 1 BGB analog auf den Fall angewendet, dass es zum Untergang des Werks dadurch kam, dass der Besteller Heu in die vom Unternehmer noch nicht fertig gestellte Scheune einbrachte und diese dadurch abbrannte.

Nicht durchsetzen konnte sich hingegen die sog. **Sphärentheorie**[13], die auf der Auffassung beruht, dass es außerhalb der in § 645 BGB normierten Fälle Sachverhalte gibt, bei denen eine Aufbürdung der Vergütungsgefahr vor Abnahme ausschließlich auf den Unternehmer unbillig wäre. Dies ist nach der Sphärentheorie der Fall, wenn das geschuldete Werk aus Gründen untergeht oder verschlechtert wird, die ganz allgemein aus der Sphäre des Bestellers, mithin aus dessen Risikobereich kommen. In solchen Fällen soll der Vergütungsanspruch des Unternehmers erhalten bleiben. Die Sphärentheorie widerspricht der gesetzgeberischen Wertung, die eine klare Risikoverteilung zwischen Unternehmer und Besteller in § 645 BGB getroffen hat und wird daher zu Recht abgelehnt.

---

[6] Vgl. *Sprau* in: Palandt, BGB, 61. Aufl. 2002, § 644 Rn. 7.
[7] *Busche* in: MünchKomm-BGB, § 645 Rn. 9.
[8] OLG Düsseldorf v. 16.07.2004 - 22 U 59/03 - IBR 2005, 477.
[9] BGH v. 16.10.1997 - VII ZR 64/96 - BGHZ 137, 35-43.
[10] BGH v. 30.11.1972 - VII ZR 239/71 - BGHZ 60, 14-22.
[11] BGH v. 21.08.1997 - VII ZR 17/96 - BGHZ 136, 303-309; BGH v. 16.10.1997 - VII ZR 64/96 - BGHZ 137, 35-43.
[12] BGH v. 11.07.1963 - VII ZR 43/62 - BGHZ 40, 71-75.
[13] Die Sphärentheorie bejahend *Fikentscher*, Schuldrecht, 9. Aufl. 1997, § 80 II 4c; im Gegensatz dazu Anwendung der Sphärentheorie: OLG Rostock v. 13.09.2007 - 7 U 128/05 - OLGR Rostock 2008, 86-87.

§ 646 BGB Vollendung statt Abnahme

(Fassung vom 02.01.2002, gültig ab 01.01.2002)

Ist nach der Beschaffenheit des Werkes die Abnahme ausgeschlossen, so tritt in den Fällen des § 634a Abs. 2 und der §§ 641, 644 und 645 an die Stelle der Abnahme die Vollendung des Werkes.

1 **Vollendung statt Abnahme**: Nach § 646 BGB tritt für bestimmte Rechtsfolgen (vgl. Rn. 2) die Vollendung der Werkleistung an die Stelle der Abnahme, wenn eine Abnahme nach der Beschaffenheit des Werks ausgeschlossen ist. Die Vorschrift ist im Hinblick auf den Ausschluss der Abnahme mangels Abnahmefähigkeit des Werkes Folgebestimmung zu § 640 Abs. 1 Satz 1 HS. 2 BGB. Es wird allerdings regelmäßig möglich sein, eine Werkleistung durch – was ausreichend ist – konkludente Billigung abzunehmen.[1] § 646 BGB hat deshalb nur einen sehr eingeschränkten Anwendungsbereich. Weil der Unternehmer durch die Einfügung von Satz 3 in § 640 Abs. 1 BGB jetzt kurzfristig zu einer Abnahme gelangen kann, hat sich das Interesse der Praxis an § 646 BGB noch weiter reduziert. Die Regelung kann eingreifen bei Verträgen, die auf **Leistungen nichtkörperlicher Art** gerichtet sind. Der BGH hat **Beförderungsleistungen** für der Abnahme unzugänglich gehalten.[2] Auch ein Anzeigenwerbevertrag soll auf eine der Abnahme nicht zugängliche Leistung gerichtet sein.[3] Demgegenüber ist eine Abnahme individuell angepasster Software[4] oder von Architektenleistungen[5] möglich.

2 Im Anwendungsbereich des § 646 BGB steht die Vollendung nur in bestimmten Bereichen der Abnahme gleich: nämlich – soweit nicht die Regelverjährung eingreift – für den Beginn der Verjährung (§ 634a Abs. 2 BGB), für die Werklohnfälligkeit (§ 641 BGB) und für die Gefahrtragung (§§ 644, 645 BGB). Nicht anwendbar ist § 640 Abs. 2 BGB.

3 Eine Verlagerung der **Beweislast** vom Unternehmer auf den Besteller, wie sie im Falle der Abnahme eintritt (vgl. die Kommentierung zu § 640 BGB), wird durch § 646 BGB nicht bewirkt.[6] § 646 BGB ist **dispositiver** Natur.[7]

---

[1] *Peters/Jacoby* in: Staudinger, § 646 Rn. 8 m.w.N.
[2] BGH v. 27.10.1988 - I ZR 156/86 - juris Rn. 23 - NJW-RR 1989, 160-163; OLG Düsseldorf v. 29.04.1993 - 18 U 260/92 - NJW-RR 1994, 1122-1123.
[3] LG Hannover v. 25.08.1989 - 8 S 158/89 - NJW-RR 1989, 1525-1526; AG Königstein v. 14.09.1998 - 21 C 920/98 21 C 920/98 (14) - NJW-RR 1999, 1355-1356; AG Rheda-Wiedenbrück v. 07.02.2002 - 11 C 296/01 - NJW-RR 2002, 856; AG Cottbus v. 31.03.1994 - 41 C 44/94 - NJW-RR 1994, 949-950: Papier-Tischsets für Gaststätten mit Werbeaufschrift.
[4] BGH v. 15.05.1990 - X ZR 128/88 - juris Rn. 18 - NJW 1990, 3008-3010; OLG München v. 31.01.1995 - 25 U 4246/94 - OLGR München 1995, 217; OLG Hamburg v. 09.08.1985 - 11 U 209/84 - CR 1986, 83-85; LG Karlsruhe v. 13.05.1991 - 10 O 458/89 - CR 1991, 544-547.
[5] BGH v. 18.09.1967 - VII ZR 88/65 - BGHZ 48, 257-264; BGH v. 09.07.1962 - VII ZR 98/61 - BGHZ 37, 341-346; *Eichberger*, Die Abnahme von Architektenleistungen, Anwert BauR 3/2012, Anm. 1; *Lichtenberg*, Objektüberwachung und Objektbetreuung: Vollendung statt Abnahme?, IBR 2011, 682.
[6] *Peters/Jacoby* in: Staudinger, § 646 Rn. 15.
[7] OLG Düsseldorf v. 29.04.1993 - 18 U 260/92 - NJW-RR 1994, 1122-1123; OLG Koblenz v. 04.02.1999 - 2 U 184/98 - OLGR Koblenz 1999, 145-146

§ 647 BGB Unternehmerpfandrecht

(Fassung vom 02.01.2002, gültig ab 01.01.2002)

Der Unternehmer hat für seine Forderungen aus dem Vertrag ein Pfandrecht an den von ihm hergestellten oder ausgebesserten beweglichen Sachen des Bestellers, wenn sie bei der Herstellung oder zum Zwecke der Ausbesserung in seinen Besitz gelangt sind.

Gliederung

A. Grundlagen 1	3. Meinungen zur Frage der Pfandrechtsentstehung an bestellerfremden Sachen 18
B. Praktische Bedeutung 4	4. Zutreffende Ansicht zur Frage der Pfandrechtsentstehung an bestellerfremden Sachen 21
C. Anwendungsvoraussetzungen 5	
I. Die gesicherte Forderung 5	
II. Die Pfandobjekte 8	
1. Bewegliche Sachen 8	5. Besitz des Bestellers 25
2. Sachen des Bestellers 12	**D. Rechtsfolgen** 27

A. Grundlagen

Zweck der §§ 647-648a BGB ist eine umfassende Sicherung des nach § 640 BGB vorleistungspflichtigen Unternehmers hinsichtlich seiner Zahlungsansprüche aus dem Werkvertrag. Im Konkurs des Bestellers verleiht das Pfandrecht ein Absonderungsrecht gemäß § 50 Abs. 1 InsO.   1

§ 647 BGB ist **abdingbar**.[1] Die Begründung eines vertraglichen Pfandrechts neben dem gesetzlichen durch AGB oder Individualvereinbarung ist zulässig.[2]   2

Das Werkunternehmerpfandrecht bleibt vom Schuldrechtsmodernisierungsgesetz unberührt.   3

B. Praktische Bedeutung

§ 647 BGB ist für die Werkunternehmer, insbesondere die Reparaturwerkstätten von großer Bedeutung, da das gesetzliche Pfandrecht wichtiges Instrument zur Sicherung ihrer Forderungen gegen den Besteller ist. Sehr häufig erhalten Werkstätten Fahrzeuge zur Reparatur, die nicht im Eigentum des Auftraggebers stehen, sei es weil sie unter Eigentumsvorbehalt verkauft, geleast oder sicherungsübereignet sind. Die juristische Literatur und Rechtsprechung musste sich deshalb eingehend mit der Frage auseinandersetzen, ob ein gutgläubiger Erwerb des Unternehmerpfandrechts an bestellerfremden Sachen möglich ist.   4

C. Anwendungsvoraussetzungen

I. Die gesicherte Forderung

Das Pfandrecht nach § 647 BGB **sichert** sämtliche **vertraglichen Forderungen** des Unternehmers, insbesondere die Vergütungs- (§§ 631, 649 Abs. 2 BGB) und Teilvergütungsansprüche (§ 645 Abs. 1 BGB). Erfasst werden aber auch Entschädigungs- (§ 647 BGB) und Schadensersatzansprüche aus § 645 Abs. 2 BGB und den §§ 280 ff. BGB. Ebenso sind Ansprüche auf Prozesskostenerstattung abgesichert.[3]   5

Das Unternehmerpfandrecht bezüglich der Werklohnforderung wird durch eine mangelhafte Herstellung des Werks nicht ausgeschlossen. Jedoch wird die Werklohnforderung nur in der Höhe gesichert, wie sie nach Abzug der Nachbesserungskosten besteht.[4]   6

Nicht geschützt sind außervertragliche Ansprüche aus den §§ 812 ff. BGB und den §§ 823 ff. BGB sowie Forderungen aus früheren Verträgen.[5]   7

---

[1] Zu abweichenden Vereinbarungen in AGB vgl. *Peters* in: Staudinger, 13. Bearb. 1995, § 647 Rn. 21 f.
[2] BGH v. 04.05.1977 - VIII ZR 3/76 - BGHZ 68, 323-331.
[3] Herrschende Meinung, vgl. *Peters* in: Staudinger, 13. Bearb. 1995, § 647 Rn. 2; *Busche* in: MünchKomm-BGB, § 647 Rn. 14.
[4] Vgl. *Peters* in: Staudinger, 13. Bearb. 1995, § 647 Rn. 2.
[5] BGH v. 18.05.1983 - VIII ZR 86/82 - BGHZ 87, 274-281.

II. Die Pfandobjekte

1. Bewegliche Sachen

8 Dem Pfandrecht unterworfen sind die vom Unternehmer hergestellten oder ausgebesserten beweglichen Sachen des Bestellers. Das Merkmal „Ausbesserung" ist weit zu interpretieren und erfasst neben der Verbesserung jede sonstige Veränderung der übergebenen Sache.[6]

9 Bewegliche Sachen im Sinne des § 647 BGB sind auch Schiffe und Schiffsbauwerke, sofern sie nicht in das Schiffsregister eintragungsfähig sind. Andernfalls gilt § 648 Abs. 2 BGB.

10 Zu den beweglichen gehören auch die unpfändbaren Sachen.

11 Für unbewegliche Sachen gibt § 648 Abs. 1 BGB dem Unternehmer einen Anspruch auf Einräumung einer Sicherungshypothek (§§ 648 Abs. 1, 1184 ff. BGB).

2. Sachen des Bestellers

12 Pfandobjekte des § 647 BGB sind Sachen des Bestellers, also solche, die in seinem **Eigentum** stehen.[7] Besitz ist nicht ausreichend.

13 Eigentum des Bestellers ist auch bei der **Neuherstellung** durch den Unternehmer anzunehmen. § 950 BGB steht dem nicht entgegen, denn nicht der Unternehmer erwirbt Eigentum durch Verarbeitung nach dieser Vorschrift, sondern der Besteller, wenn er das Material geliefert hat. Hersteller im Sinne des § 950 BGB ist der Besteller.[8]

14 Erhält der Unternehmer eine vom Besteller unter **Eigentumsvorbehalt** gekaufte Sache, so entsteht das Pfandrecht an der Anwartschaft des Bestellers. Erwirbt der Besteller in einem solchen Falle durch Tilgung seiner Schuld Eigentum an den dem Unternehmer zur Herstellung oder Ausbesserung überlassenen beweglichen Sachen, verstärkt sich gemäß § 1287 BGB analog das Pfandrecht des Unternehmers am Anwartschaftsrecht des Bestellers zu einem Pfandrecht an den Sachen.[9]

15 Indes ist darauf hinzuweisen, dass dem Sicherungsbedürfnis des Unternehmers durch das Pfandrecht an der Anwartschaft faktisch nur eingeschränkt Genüge geleistet wird, denn es ist von dem Bestand der Anwartschaft abhängig. Geht die Anwartschaft, zum Beispiel durch Rücktritt des Vorbehaltsverkäufers unter, so erlischt auch das Pfandrecht.

16 Keine Sicherung durch § 647 BGB erhält der **Subunternehmer** für seine Forderung gegen den Unternehmer, da sich das Pfandrecht nur auf Sachen erstreckt, die im Eigentum des Bestellers stehen. Erhält der Sub- vom Hauptunternehmer zur Herstellung oder Ausbesserung eine bewegliche Sache des Bestellers, fehlt es am Eigentum des Hauptunternehmers. Für den Subunternehmer ist der Hauptunternehmer Besteller.[10]

17 **Umstritten** ist, ob das Pfandrecht des § 647 BGB auch an **Sachen Dritter**, die der Unternehmer vom Besteller zur Ausbesserung erhält, entsteht. Praktisch relevant ist dieser Fall insbesondere dann, wenn einer Kfz-Werkstatt ein Wagen zur Reparatur übergeben wird, der nicht im Eigentum des Bestellers steht. Ausgehend von der Schutzbedürftigkeit des Unternehmers wurden verschiedene Lösungsansätze entwickelt, nicht dem Besteller gehörende Sachen, dem Pfandrecht zu unterwerfen.

3. Meinungen zur Frage der Pfandrechtsentstehung an bestellerfremden Sachen

18 Nach der Theorie der **Verpflichtungsermächtigung** hat der Eigentümer den Besteller ausdrücklich oder konkludent ermächtigt, bei erforderlichen Reparaturen den Werkvertrag zugleich für und gegen ihn abzuschließen und damit die Sache dem Pfandrecht zu unterwerfen.[11]

---

[6] Vgl. *Seiler* in: Erman, Handkommentar BGB, 10. Aufl. 2000, § 647 Rn. 3.

[7] A.M., vgl. zum Beispiel *Fikentscher*, Schuldrecht, 9. Aufl. 1997, § 647 Rn. 902; *Busche* in: MünchKomm-BGB, § 647 Rn. 4; *Peters* in: Staudinger, 13. Bearb. 1995, § 647 Rn. 7.

[8] *Seiler* in: Erman, Handkommentar BGB, 10. Aufl. 2000, § 647 Rn. 3; *Peters* in: Staudinger, 13. Bearb. 1995, § 647 Rn. 7, so auch *Klinck*, JR 2006, 1-4 unter Auseinandersetzung mit den Argumenten der Gegenansicht.

[9] Vgl. *Baur*, Lehrbuch des Sachenrechts, 16. Aufl. 1992, § 55 C II 2b; *Seiler* in: Erman, Handkommentar BGB, 10. Aufl. 2000, § 647 Rn. 4.

[10] *Seiler* in: Erman, Handkommentar BGB, 10. Aufl. 2000, § 647 Rn. 5; *Peters* in: Staudinger, 13. Bearb. 1995, § 647 Rn. 8.

[11] *Westermann*, BGB-Sachenrecht, 9. Aufl. 1994, § 133 I; *Peters* in: Staudinger, 13. Bearb. 1995, § 647 Rn. 11; *Medicus*, Bürgerliches Recht, 18. Aufl. 1999, Rn. 594.

Entsprechend der Doktrin der **sachenrechtlichen Ermächtigung** sollte das Pfandrecht analog der §§ 183, 185 BGB durch Zustimmung zu der verfügungsähnlichen Übergabe der Sache zur Reparatur an den Unternehmer begründet werden.[12]

Die früher herrschende Meinung[13] trug dem wirtschaftlichen Schutzbedürfnis des Unternehmers dadurch Rechnung, dass sie einen **gutgläubigen Erwerb** des Unternehmerpfandrechts zuließ. Diese Ansicht stützte sich auf §§ 1257 ff., 1207 BGB analog sowie auf die Möglichkeit des gutgläubigen Erwerbs des gesetzlichen Pfandrechts des § 366 Abs. 3 HGB.

4. Zutreffende Ansicht zur Frage der Pfandrechtsentstehung an bestellerfremden Sachen

Der **BGH**[14] lehnt in ständiger Rechtsprechung den **gutgläubigen Erwerb** eines gesetzlichen Pfandrechts zu Recht **ab**. Nach seiner Ansicht ist die Berufung auf die für den Erwerb des vertraglichen Pfandrechts maßgeblichen Normen der §§ 1207, 932 BGB nicht tragfähig, da § 1257 BGB lediglich die Vorschriften über vertragliche Pfandrechte auf die durch Gesetz bereits „entstandenen" Pfandrechte entsprechend anwendbar erklärt. Eine entsprechende Anwendung auf den Entstehungstatbestand gesetzlicher Pfandrechte ist nach dem eindeutigen Wortlaut damit nicht möglich. Folglich scheidet auch ein gutgläubiger Erwerb eines gesetzlichen Pfandrechts entsprechend den Vorschriften eines vertraglichen Pfandrechts aus.

Hinzu kommt, dass § 1257 BGB gerade nicht auf § 1207 BGB verweist. Auch ist § 366 Abs. 3 HGB eine für diesen Fall nicht analogiefähige handelsrechtliche Sondernorm. Klare dogmatische Entscheidungen des Gesetzgebers können nicht zugunsten des wirtschaftlich schutzbedürftigen Unternehmers umgangen werden.[15]

Gegen die Konstruktion der **Verpflichtungsermächtigung** spricht, dass sie sich einer Fiktion bedient und damit mit dem tatsächlichen Wille des Eigentümers kollidiert, gerade nicht aus dem Werkvertrag verpflichtet zu werden.

Der Ansicht der **sachenrechtlichen Ermächtigung** ist **entgegenzuhalten**, dass eine Ermächtigung zu rechtsgeschäftlichen sachenrechtlichen Verfügungen möglich ist, das Werkunternehmerpfandrecht aber kraft Gesetz entsteht. Eine Ermächtigung zu kraft Gesetz eintretenden Rechtsfolgen aber erscheint dogmatisch schwer denkbar.[16]

5. Besitz des Bestellers

Das Werkunternehmerpfandrecht ist besitzgebunden. Der Unternehmer muss Besitz an den herzustellenden oder auszubessernden Sachen erlangt haben. Dies beurteilt sich anhand der §§ 854 ff. BGB unter Einschluss des mittelbaren Besitzes.

An Sachen des Bestellers, die außerhalb des Werkvertrages in den Besitz des Unternehmers gelangt sind, entsteht das Unternehmerpfandrecht nicht.

D. Rechtsfolgen

Nach überzeugender Ansicht des BGH ist ein **gutgläubiger Erwerb** des Unternehmerpfandrechts **nicht möglich**. Dennoch wird der Unternehmer durch Zurückbehaltungsrechte und Verwendungsersatzansprüche hinreichend gesichert. Im Einzelnen gilt:

Der Unternehmer hat **gegen den Besteller** mit Abnahme Anspruch auf Zahlung aus § 631 BGB. Sollte der Besteller nicht zahlen, so kann der Unternehmer sich auf das **Zurückhaltungsrecht des** § 273 BGB berufen.

Fordert der **Besteller Herausgabe** der Pfandsache aus § 985 BGB, so kann der Unternehmer ein **Besitzrecht** aus § 986 Abs. 1 BGB, basierend auf dem Werkvertrag sowie aus dem Pfandrecht nach § 647 BGB, **entgegenhalten**.

Beruft sich der **Eigentümer** auf **Herausgabe** der Sache und ist zugleich der Besteller dem Eigentümer zum Besitz berechtigt, so kann der **Unternehmer** den Herausgabeanspruch des Bestellers aus § 985 BGB **unter Berufung auf** § 986 Abs. 1 Satz 1 BGB **abwehren**.

---

[12] Vgl. *Seiler* in: Erman, Handkommentar BGB, 10. Aufl. 2000, § 647 Rn. 4.
[13] *Seiler* in: Erman, Handkommentar BGB, 10. Aufl. 2000, § 647 Rn. 6 m.w.N.
[14] BGH v. 21.12.1960 - VIII ZR 89/59 - BGHZ 34, 122-134; BGH v. 21.12.1960 - VIII ZR 146/59 - BGHZ 34, 153-158; BGH v. 18.05.1983 - VIII ZR 86/82 - BGHZ 87, 274-281; BGH v. 25.02.1987 - VIII ZR 47/86 - BGHZ 100, 95-107.
[15] So auch *Busche* in: MünchKomm-BGB, § 647 Rn. 6.
[16] So aber *Medicus*, Bürgerliches Recht, 18. Aufl. 1999, Rn. 594.

§ 647

31 Kann sich der Unternehmer nicht auf § 986 Abs. 1 BGB berufen, weil der Besteller gegenüber dem Eigentümer, zum Beispiel in Folge dessen Rücktritts beim Verkauf unter Eigentumsvorbehalt kein Besitzrecht mehr hat, so kann der Unternehmer den **Verwendungsersatzanspruch** aus § 994 BGB und das **Zurückbehaltungsrecht** des § 1000 BGB gegenüber dem Eigentümer in Ansatz bringen. Dies gilt auch für diejenigen Verwendungen, die der Unternehmer zu einem Zeitpunkt gemacht hat, als er noch besitzberechtigt war.[17]

32 Die **Verwertung** der Pfandobjekte richtet sich gem. § 1257 BGB nach den für das vertragliche Pfandrecht geltenden Vorschriften. Sie erfolgt also durch Privatverkauf oder öffentliche Versteigerung (§§ 1228 ff. BGB).

33 Das Pfandrecht **erlischt** gem. den §§ 1257, 1252 BGB durch Tilgung der gesicherten Ansprüche sowie gemäß den §§ 1257, 1253 BGB mit Rückgabe der Sache durch den Unternehmer, nicht aber bei dessen unfreiwilligem Besitzverlust.

---

[17] BGH v. 21.12.1960 - VIII ZR 89/59 - BGHZ 34, 122-134.

§ 648 BGB Sicherungshypothek des Bauunternehmers

(Fassung vom 02.01.2002, gültig ab 01.01.2002)

(1) ¹Der Unternehmer eines Bauwerks oder eines einzelnen Teiles eines Bauwerks kann für seine Forderungen aus dem Vertrag die Einräumung einer Sicherungshypothek an dem Baugrundstück des Bestellers verlangen. ²Ist das Werk noch nicht vollendet, so kann er die Einräumung der Sicherungshypothek für einen der geleisteten Arbeit entsprechenden Teil der Vergütung und für die in der Vergütung nicht inbegriffenen Auslagen verlangen.

(2) ¹Der Inhaber einer Schiffswerft kann für seine Forderungen aus dem Bau oder der Ausbesserung eines Schiffes die Einräumung einer Schiffshypothek an dem Schiffsbauwerk oder dem Schiff des Bestellers verlangen; Absatz 1 Satz 2 gilt sinngemäß. ²§ 647 findet keine Anwendung.

Gliederung

A. Grundlagen	1	III. Pfandgegenstand	15
B. Anwendungsvoraussetzungen	4	IV. Erfüllung des Anspruchs	22
I. Der Bauwerkunternehmer als Berechtigter	4	V. Prozessuales	26
II. Die gesicherte Forderung	10		

A. Grundlagen

§ 648 BGB dient, ebenso wie das Unternehmerpfandrecht, der umfänglichen Sicherung des vorleistungspflichtigen Unternehmers für dessen Zahlungsansprüche aus dem Werkvertrag. Während § 647 BGB dies bei beweglichen Sachen durch Einräumung eines Pfandrechts erreicht, gewährt § 648 BGB im Grundstücksbereich dem Bauunternehmer einen schuldrechtlichen Anspruch auf Bestellung einer Sicherungshypothek, nicht jedoch eine Hypothek kraft Gesetzes.[1] Der Anspruch des Bauunternehmers auf Einräumung einer Sicherungshypothek ist indes kraft Gesetz **ausgeschlossen**, soweit dieser für seinen Vergütungsanspruch bereits eine Sicherheit gemäß § 648 Abs. 1, Abs. 2 BGB erlangt hat (§ 648a Abs. 4 BGB). Die Sicherheitsleistung nach § 648a BGB verdrängt damit den Anspruch auf Einräumung einer Sicherungshypothek. Das Konkurrenzverhältnis beider Normen tritt aber nur auf, soweit Arbeiten bereits erbracht wurden und der Unternehmer eine Sicherheit nach § 648a BGB tatsächlich erlangt hat. Bis zu diesem Zeitpunkt können die Ansprüche aus den §§ 648, 648a BGB parallel verfolgt werden. Einen Ausschluss der Ansprüche aus § 648 BGB schon vorher annehmen zu wollen, widerspräche dem Zweck des § 648a BGB.[2]

1

Uneinheitlich beurteilt wird die Frage, ob ein Anspruch auf Einräumung einer Sicherungshypothek gegeben ist, wenn die Bestellerin eine insolvenzunfähige juristische Person des öffentlichen Rechts ist. Die Befürworter einer Sicherungshypothek stützen ihre Ansicht insbesondere darauf, dass der Wortlaut des § 648 BGB – anders als derjenige des § 648a BGB – keine entsprechende Einschränkung enthält. Die Gegenansicht führt das fehlende Sicherungsbedürfnis des Unternehmers an.[3]

2

Die Vertragsparteien können § 648 BGB **ausschließen**; erfolgt der Ausschluss durch AGB, ohne dem Unternehmer eine andere angemessene Sicherheit einzuräumen, verstößt dies gegen § 307 BGB.

3

B. Anwendungsvoraussetzungen

I. Der Bauwerkunternehmer als Berechtigter

Berechtigt aus § 648 BGB sind Bauwerkunternehmer. Das sind all diejenigen, die aufgrund eines Werkvertrages mit dem Eigentümer tätig werden, um ein Bauwerk (vgl. zum Begriff § 634a BGB) zu errichten, auszubessern oder zu verändern.[4] Aus dieser Definition leiten sich verschiedene Folgerungen ab.

4

---

[1] *Sprau* in: Palandt, § 648 Rn. 1.
[2] So auch *Seiler* in: Erman, Handkommentar BGB, 10. Aufl. 2000, vor § 648a Rn. 16.
[3] So OLG Koblenz v. 14.04.2010 - 12 W 178/10; OLG Zweibrücken v. 25.09.2007 - 8 W 44/07 - NJW-RR 2008, 469; *Sprau* in: Palandt, § 648 Rn. 1.
[4] Vgl. *Seiler* in: Erman, Handkommentar BGB, 10. Aufl. 2000, vor § 648 Rn. 3.

§ 648

5 Erforderlich also ist eine **Vertragsbeziehung zwischen Eigentümer und Unternehmer**. Demzufolge sind Subunternehmer nicht aus § 648 BGB berechtigt, da diese lediglich mit dem Generalunternehmer in Rechtsbeziehung stehen und nicht mit dem Eigentümer.

6 Weiterhin muss die Tätigkeit gerade auf einem **Werkvertrag** beruhen.[5] Nicht erfasst werden beispielsweise Tätigkeiten aus Werklieferungs- und Kaufvertrag. Nicht in den Genuss der Sicherheit aus § 648 BGB kommen daher Lieferanten, die zwar mit dem Eigentümer kontrahiert haben, aber aufgrund eines Kaufvertrages ihre Leistung erbringen.[6]

7 Die geleistete Arbeit muss in enger Beziehung zum Bauwerk stehen und in der Folge für dieses werterhöhend sein.[7] Personell erfasst ist daher grundsätzlich auch der Abbruchunternehmer. Auch ein solcher kann für seine Forderungen die Einräumung einer Sicherungshypothek an dem Baugrundstück des Bestellers gemäß § 648 BGB verlangen. Dies gilt insbesondere dann, wenn die Abbrucharbeiten im Zusammenhang mit weiteren Vorbereitungsarbeiten für das Bauwerk wie Aushub, Mauerwerksvernadelung der angrenzenden Nachbarwände und Abbruch einer Hofmauer erbracht werden.[8] Vorgenannten Anforderungen genügen indes bloße Hilfs- oder Nebentätigkeiten, wie z.B. die Lieferung von Baugerüsten, nicht.

8 Soweit die skizzierten Voraussetzungen vorliegen, ist auch der Architekt aus § 648 BGB anspruchsberechtigt.[9] Dies trifft auch für einen nur planenden Architekten zu.[10] Anders verhält es sich aber, wenn die zu sichernde Forderung nicht aus der eigentlichen Architektentätigkeit, sondern aus Nebendienstleistungen, wie z.B. Finanzierungsberatung oder Geldbeschaffung stammt, da dadurch keine Werterhöhung am Grundstück bewirkt wird. Unter Maßgabe dieser Voraussetzungen ist § 648 BGB auch auf Statiker und Baubetreuer[11] anwendbar.

9 Neben dem Bauunternehmer kann auch der **Inhaber einer Schiffswerft** gem. § 648 Abs. 2 BGB für seine Forderungen die Eintragung einer Schiffshypothek verlangen.

II. Die gesicherte Forderung

10 § 648 BGB sichert, ebenso wie § 647 BGB, sämtliche aus dem Vertrag resultierenden Forderungen des Bauunternehmers bzw. Inhabers einer Schiffswerft (§ 648 Abs. 2 BGB) gegen den Besteller. Erfasst werden mithin Vergütungs- und Teilvergütungsansprüche sowie Schadensersatz- und Entschädigungsansprüche, solange diese nicht erloschen sind oder ihnen eine dauernde Einrede entgegensteht.[12] Dem Bauunternehmer steht z. B. für seine Forderungen aus dem Bauvertrag mit einer BGB-Gesellschaft gegen die BGB-Gesellschafter ein Anspruch auf Einräumung einer Sicherungshypothek gem. § 648 Abs. 1 BGB an dem Baugrundstück der Gesellschafter zu.[13] Sicherbar sind auch Forderungen gegen öffentliche Auftraggeber, wie z.B. eine Stadt als juristische Person des öffentlichen Rechts[14].

11 Nicht notwendig ist, dass die Forderung fällig ist. § 648 Abs. 1 Satz 2 BGB verdeutlicht, dass der **Sicherungsumfang** des Anspruchs mit dem jeweiligen **Baufortschritt korreliert**[15], d.h. die Sicherung kann nur in einer Höhe verlangt werden, die der Teilvergütung für die bereits abgeleistete Arbeit entspricht. Der Anspruch auf volle Sicherung entsteht damit erst mit vollständiger Beendigung der Bauarbeiten.

12 Der Sicherungsanspruch besteht auch, wenn vom Unternehmer Mängel der erbrachten Werkleistung geltend gemacht werden, und selbst dann, wenn das Vertragsverhältnis aufgrund einer ausgesproche-

---

[5] *Peters* in: Staudinger, 13. Bearb. 1995, Vorbem. § 648 Rn. 9.
[6] *Peters* in: Staudinger, 13. Aufl. 1995, Vorbem. § 648 Rn. 9.
[7] OLG Düsseldorf v. 19.03.1999 - 22 U 198/98 – NJW-RR 2000, 165-166; a.A. *Busche* in: MünchKomm-BGB § 648 Rn. 11, der für eine weitere Auslegung des Begriffes des „Bauwerks" eintritt und zu einem weiteren Anwendungsbereich des § 648 BGB gelangt.
[8] OLG München v. 17.09.2004 - 28 W 2286/04 - Schaden-Praxis 2005, 195-196.
[9] BGH v. 05.12.1968 - VII ZR 127/66, VII ZR 128/66– BGHZ 51, 190-193.
[10] OLG Koblenz v. 02.03.2005 - 6 W 124/05 - NZBau 2006, 188, weitergehend *Krause-Allenstein*, BauR 2010, 857-862.
[11] OLG Frankfurt v. 16.06.1987 - 8 U 37/87 - BauR 1988, 343-347.
[12] *Peters* in: Staudinger, 13. Bearb. 1995, Vorbem. § 648 Rn. 25.
[13] Hanseatisches OLG v. 19.09. 2007 - 1 U 47/07 – OLGR Bremen 2008, 49-50.
[14] LG Ravensburg v. 29.07.2004 - 6 O 130/04 - BauR 2004, 1793-1794.
[15] BGH v. 10.03.1977 - VII ZR 77/76 - BGHZ 68, 180-188.

nen Kündigung beendet ist.[16] Jedoch wird der Sicherungsanspruch des Unternehmers in dem Umfang eingeschränkt, in dem der Besteller Mängel des Werks geltend machen kann.[17]

Indes ist ein Anspruch auf Eintragung einer Vormerkung zur Sicherung des Anspruchs auf Einräumung einer Bauhandwerkersicherungshypothek gemäß § 648 BGB begründet, wenn der Unternehmer glaubhaft gemacht hat, die nach dem Vertrag geschuldeten Arbeiten mangelfrei erbracht zu haben, während die vom Auftraggeber vorgetragenen Mängel sich auf Bauteile beziehen, von denen nicht ersichtlich ist, dass sie Gegenstand des ursprünglichen Vertrages waren.[18] 13

Wird die gesicherte Forderung abgetreten, so geht der Anspruch aus § 648 BGB, sofern nicht vertraglich abbedungen, auf den neuen Gläubiger über. 14

III. Pfandgegenstand

Das Pfandrecht erstreckt sich auf das Baugrundstück des Bestellers, auf dem der Bau errichtet wurde. Der Sicherung nicht unterworfen sind andere Grundstücke des Bestellers, auf denen der konkrete Bau nicht errichtet wurde. Hingegen dienen mehrere Grundstücke als Sicherheit für die Forderung des Unternehmers, wenn auf ihnen das einheitliche Bauwerk errichtet wurde.[19] Erforderlich ist, dass das Grundstück als Ganzes, d.h. nicht nur der bebaute Teil, im Eigentum des Bestellers steht. 15

Bildet der Eigentümer nach den Bauarbeiten Wohnungseigentum, so sichert § 648 BGB nur noch die im Eigentum des Bestellers stehenden Wohnungen.[20] Jedoch kann der Unternehmer hinsichtlich dieser Wohnungen eine Gesamthypothek in voller Höhe seiner Forderungen verlangen und nicht nur hinsichtlich der Forderungen, die dem auf die einzelne Wohnung entfallenden Leistungsteil entspricht.[21] Ist eine Wohnungseigentümergemeinschaft selbst der Besteller, so kann eine Sicherungshypothek von den einzelnen Wohnungseigentümern nicht verlangt werden.[22] 16

Weiterhin ist erforderlich, dass der Besteller des Bauwerks Eigentümer des Grundstücks ist. Zwischen beiden muss **personelle Identität** gegeben sein, eine wirtschaftliche Identität ist nicht ausreichend.[23] Die Sicherung kann damit von dem Unternehmer nur beansprucht werden, wenn der Besteller im Zeitpunkt der Geltendmachung des Anspruchs auch Eigentümer ist. Trotz der eng auszulegenden personellen Identität[24] zwischen Besteller und Eigentümer des Grundstücks kann es so sein, dass der Eigentümer gem. § 242 BGB als Besteller zu behandeln ist, wenn ihm tatsächlich die Vorteile aus der Werkleistung zukommen[25]. Auch kann sich derjenige, der als Auftraggeber für die Sanierung seines privaten Hausgrundstück eine von ihm beherrschte GmbH, deren Geschäftszweck mit solchen Arbeiten nichts zu tun hat, einsetzt, um werterhöhende Bauleistungen für sein Hausgrundstück zu erhalten, ohne Sicherungsansprüchen nach § 648 BGB ausgesetzt zu sein, sich nach Treu und Glauben nicht auf die fehlende Identität zwischen Besteller und Grundstückseigentümer berufen.[26] 17

Der Unternehmer ist in der Regel indes nicht schutzbedürftig, wenn er hätte erkennen müssen, dass der Besteller nicht zugleich Grundstückseigentümer ist.[27] 18

---

[16] LG Nürnberg-Fürth v. 12.04.2010 - 17 O 11183/09.
[17] BGH v. 10.03.1977 - VII ZR 77/76 - BGHZ 68, 180-188; OLG Hamm v. 20.10.1999 - 12 U 107/99 - NJW-RR 2000, 971-972; OLG Bremen v. 30.10.1998 - 2 W 100/98 - NJW-RR 1999, 963-964; a.A. *Peters* in: Staudinger, 13. Aufl. 1995, § 648 Rn. 33.
[18] LG Magdeburg v. 30.12.2004 - 2 S 449/04.
[19] *Peters* in: Staudinger, 13. Bearb. 1995, Vorbem. § 648 Rn. 24.
[20] *Seiler* in: Erman, Handkommentar BGB, 10. Aufl. 2000, vor § 648 Rn. 8.
[21] OLG Frankfurt v. 10.05.1995 - 20 W 79/95 - NJW-RR 1995, 1359; LG Düsseldorf v. 05.11.1998 - 21 S 416/98 - NJW-RR 1999, 383.
[22] *Drasdo*, NJW-Spezial 2008, 513.
[23] BGH v. 22.10.1987 - VII ZR 12/87 - BGHZ 102, 95-106; *Sprau* in: Palandt, § 648 Rn. 3; *Seiler* in: Erman, Handkommentar BGB, 10. Aufl. 2000, vor § 648 Rn. 8.
[24] *Seiler* in: Erman, Handkommentar BGB, 10. Aufl. 2000, vor § 648 Rn. 8.
[25] BGH v. 22.10.1987 - VII ZR 12/87 - BGHZ 102, 95-106; OLG Celle v. 26.10.2000 - 13 W 75/00 - BauR 2001, 834-835, OLG Naumburg v. 14.04.1999 - 12 U 8/99 - NJW-RR 2000, 311-312; zur Problematik, ob Auftragnehmer dann eine Bauhandwerkssicherung durchsetzen kann, wenn Auftraggeber nicht zugleich auch Grundstückseigentümer ist *Hänsel*, NJW-Spezial 2007, 572-574.
[26] OLG Celle v. 21.04.2004 - 7 U 199/03 - OLGR Celle 2005, 567-57; auch: OLG Hamm v. 07.03.2006 -21 W 7/06.
[27] OLG Hamm v. 07.03.2006 - 21 W 7/06 - OLGR Hamm 2007, 41-42.

19 Auch bei Eheleuten kommt eine Durchbrechung der in § 648 BGB als Voraussetzung für die Eintragung einer Bauhandwerkersicherungshypothek vorgeschriebenen Identität zwischen Besteller und Grundstückseigentümer nur beim Vorliegen besonderer Umstände in Betracht. Allein die Kenntnis des Ehegatten, dem das Grundstück gehört, von dem vom anderen Ehegatten abgeschlossenen Bauvertrag und dessen Billigung genügt dazu ebenso wenig wie der Umstand der späteren Mitnutzung des Bauwerkes.[28] Die geforderte Identität liegt deshalb dann nicht vor, wenn der Ehemann Besteller und die Ehefrau Eigentümerin des Grundstücks ist.

20 Wird das Grundstück veräußert, so hat der Besteller keinen Sicherungsanspruch mehr, sofern keine Vormerkung für ihn eingetragen war.[29]

21 Im Falle des § 648 Abs. 2 BGB sind Gegenstand des Pfandrechts die im Schiffsregister eingetragenen Schiffe.

IV. Erfüllung des Anspruchs

22 Die Bestellung der Sicherungshypothek (§§ 1184, 1185 BGB) erfolgt gem. § 873 BGB durch **Einigung**, ggf. ersetzt durch rechtskräftiges Urteil (§ 894 ZPO) und **Eintragung**.

23 Die Eintragung einer Bauhandwerker-Sicherungshypothek für Architektenleistungen ist nach der Kündigung des Werkvertrags unabhängig von einer Wertsteigerung des Grundstücks.[30] Die gesetzliche Sicherungshypothek ist streng akzessorisch und damit in Bestand und Höhe von der gesicherten Forderung des Unternehmers abhängig. Wird die gesicherte Forderung erfüllt, so ist die Hypothek Zug-um-Zug zu löschen.

24 Der Anspruch aus § 648 BGB kann durch Eintragung einer Vormerkung aufgrund Bewilligung oder einstweiliger Verfügung gesichert werden.[31] Beantragt der Bauunternehmer fast 3 Jahre nach Erhebung einer Werklohnklage eine einstweilige Verfügung auf Grundbucheintragung einer Vormerkung zur Sicherung seines Anspruchs auf Eintragung einer Bauhandwerkersicherungshypothek, fehlt ein Verfügungsgrund, weil der Unternehmer die Dringlichkeit seines Antrages durch das Abwarten von fast 3 Jahren selbst widerlegt hat.[32]

25 Die Dringlichkeitsvermutung ist hingegen nicht durch Zuwarten des Bauunternehmers widerlegt, wenn dies durch ernsthaft wirkende Zahlungsversprechen des Bestellers veranlasst war.[33]

V. Prozessuales

26 Bei gleichzeitiger klageweiser Geltendmachung des Werklohnanspruchs und des Anspruchs auf Zustimmung zur Eintragung einer Bauhandwerkersicherungshypothek in Höhe dieser behaupteten Werklohnforderung durch den Auftragnehmer liegen zwei unterschiedliche Streitgegenstände vor, so dass für die Bemessung des Streitwerts der Klage eine Zusammenrechnung der Werte der eigenständigen Streitgegenstände zu erfolgen hat.[34]

27 Die Eintragung einer Vormerkung für eine Bauhandwerkersicherungshypothek im Wege der einstweiligen Verfügung setzt voraus, dass auch die Höhe des Werklohns glaubhaft gemacht wird.[35]

---

[28] OLG Celle v. 17.12.2004 - 6 W 136/04 - NdsRpfl 2005, 66-68.
[29] OLG Düsseldorf v. 20.12.1976 - 5 U 163/76 - BauR 1977, 361-363.
[30] OLG Düsseldorf v. 30.11.2006 - I-22 U 83/06, 22 U 83/06- BauR 2007, 1601-1602.
[31] *Peters* in: Staudinger, 13. Bearb. 1995, Vorbem. § 648 Rn. 35.
[32] OLG Brandenburg v. 16.02.2005 - 4 U 129/04 - IBR 2005, 372.
[33] OLG Koblenz v. 27.04.2007- 5 W 309/07 - OLGR Koblenz 2007, 739.
[34] OLG Düsseldorf v. 02.12.2008 - I-5 W 48/08, 5 W 48/08.
[35] OLG Karlsruhe v. 04.08.2009 - 4 W 36/09.

§ 648a BGB Bauhandwerkersicherung

(Fassung vom 23.10.2008, gültig ab 01.01.2009)

(1) ¹Der Unternehmer eines Bauwerks, einer Außenanlage oder eines Teils davon kann vom Besteller Sicherheit für die auch in Zusatzaufträgen vereinbarte und noch nicht gezahlte Vergütung einschließlich dazugehöriger Nebenforderungen, die mit 10 vom Hundert des zu sichernden Vergütungsanspruchs anzusetzen sind, verlangen. ²Satz 1 gilt in demselben Umfang auch für Ansprüche, die an die Stelle der Vergütung treten. ³Der Anspruch des Unternehmers auf Sicherheit wird nicht dadurch ausgeschlossen, dass der Besteller Erfüllung verlangen kann oder das Werk abgenommen hat. ⁴Ansprüche, mit denen der Besteller gegen den Anspruch des Unternehmers auf Vergütung aufrechnen kann, bleiben bei der Berechnung der Vergütung unberücksichtigt, es sei denn, sie sind unstreitig oder rechtskräftig festgestellt. ⁵Die Sicherheit ist auch dann als ausreichend anzusehen, wenn sich der Sicherungsgeber das Recht vorbehält, sein Versprechen im Falle einer wesentlichen Verschlechterung der Vermögensverhältnisse des Bestellers mit Wirkung für Vergütungsansprüche aus Bauleistungen zu widerrufen, die der Unternehmer bei Zugang der Widerrufserklärung noch nicht erbracht hat.

(2) ¹Die Sicherheit kann auch durch eine Garantie oder ein sonstiges Zahlungsversprechen eines im Geltungsbereich dieses Gesetzes zum Geschäftsbetrieb befugten Kreditinstituts oder Kreditversicherers geleistet werden. ²Das Kreditinstitut oder der Kreditversicherer darf Zahlungen an den Unternehmer nur leisten, soweit der Besteller den Vergütungsanspruch des Unternehmers anerkennt oder durch vorläufig vollstreckbares Urteil zur Zahlung der Vergütung verurteilt worden ist und die Voraussetzungen vorliegen, unter denen die Zwangsvollstreckung begonnen werden darf.

(3) ¹Der Unternehmer hat dem Besteller die üblichen Kosten der Sicherheitsleistung bis zu einem Höchstsatz von 2 vom Hundert für das Jahr zu erstatten. ²Dies gilt nicht, soweit eine Sicherheit wegen Einwendungen des Bestellers gegen den Vergütungsanspruch des Unternehmers aufrechterhalten werden muss und die Einwendungen sich als unbegründet erweisen.

(4) Soweit der Unternehmer für seinen Vergütungsanspruch eine Sicherheit nach den Absätzen 1 oder 2 erlangt hat, ist der Anspruch auf Einräumung einer Sicherungshypothek nach § 648 Abs. 1 ausgeschlossen.

(5) ¹Hat der Unternehmer dem Besteller erfolglos eine angemessene Frist zur Leistung der Sicherheit nach Absatz 1 bestimmt, so kann der Unternehmer die Leistung verweigern oder den Vertrag kündigen. ²Kündigt er den Vertrag, ist der Unternehmer berechtigt, die vereinbarte Vergütung zu verlangen; er muss sich jedoch dasjenige anrechnen lassen, was er infolge der Aufhebung des Vertrages an Aufwendungen erspart oder durch anderweitige Verwendung seiner Arbeitskraft erwirbt oder böswillig zu erwerben unterlässt. ³Es wird vermutet, dass danach dem Unternehmer 5 vom Hundert der auf den noch nicht erbrachten Teil der Werkleistung entfallenden vereinbarten Vergütung zustehen.

(6) ¹Die Vorschriften der Absätze 1 bis 5 finden keine Anwendung, wenn der Besteller

1. eine juristische Person des öffentlichen Rechts oder ein öffentlich-rechtliches Sondervermögen ist, über deren Vermögen ein Insolvenzverfahren unzulässig ist, oder

2. eine natürliche Person ist und die Bauarbeiten zur Herstellung oder Instandsetzung eines Einfamilienhauses mit oder ohne Einliegerwohnung ausführen lässt.

§ 648a

²Satz 1 Nr. 2 gilt nicht bei Betreuung des Bauvorhabens durch einen zur Verfügung über die Finanzierungsmittel des Bestellers ermächtigten Baubetreuer.

(7) Eine von den Vorschriften der Absätze 1 bis 5 abweichende Vereinbarung ist unwirksam.

Gliederung

A. Grundlagen ... 1	VI. Garantie und sonstiges Zahlungsversprechen (Absatz 2) ... 29
B. Anwendungsvoraussetzungen ... 6	VII. Erstattungsfähige Kosten der Sicherheitsleistung (Absatz 3) ... 35
I. Der Bauunternehmer als Berechtigter ... 6	
II. Der Sicherungsgeber ... 10	VIII. Nicht fristgemäße Leistung der Sicherheit (Absatz 5) ... 38
III. Das Sicherungsverlangen ... 14	
IV. Die gesicherte Forderung ... 21	
V. Der Widerspruchsvorbehalt des Sicherungsgebers ... 28	

A. Grundlagen

1 § 648a BGB wurde durch das Forderungssicherungsgesetz[1] weitreichend modifiziert[2]. Handelte es sich bei der Stellung der Sicherheit in der Vergangenheit um eine bloße Obliegenheit des Unternehmers, so gewährt § 648a Abs. 1 BGB dem Besteller nunmehr einen gerichtlich durchsetzbaren Anspruch auf Leistung der Sicherheit[3]. Kommt der Besteller dem Verlangen nach erfolgloser Fristsetzung nicht nach, so steht dem Unternehmer ein Leistungsverweigerungsrecht bzw. alternativ ein Kündigungsrecht zu.

2 Eine nach § 648a Abs. 1, Abs. 2 BGB erbrachte Sicherheitsleistung verdrängt den Anspruch auf Einräumung einer Sicherungshypothek (§ 648a Abs. 4 BGB).

3 Ausnahmen vom sachlichen Anwendungsbereich der Bauhandwerkssicherung trifft § 648a Abs. 6 BGB. Eine Bauhandwerkssicherung kann danach nicht verlangt werden, wenn der Besteller eine juristische Person des öffentlichen Rechts oder ein öffentlich-rechtliches Sondervermögen ist, über dessen Vermögen ein Insolvenzverfahren unzulässig ist (§ 648a Abs. 6 Nr. 1 BGB).

4 Gleiches gilt, wenn das in § 648a Abs. 6 Nr. 2 BGB näher beschriebene Bauvorhaben von einer natürlichen Person durchgeführt wird. Der Gesetzgeber gewährt in diesem Fall keine Bauhandwerkssicherung, da solche Bauvorhaben meist solide finanziert sind und die lebenslängliche Haftung des Bestellers eine ausreichende Sicherheit bietet[4].

5 Nach dem BGH ist § 648a BGB für beide Vertragsteile zwingend[5], es kann also weder durch Individualvertrag noch durch AGB davon abgewichen werden.[6] In der Literatur wird teilweise vertreten, dass die Bestimmung nur zu Lasten des Unternehmers zwingend ist.[7] Der zeitliche Anwendungsbereich des § 648a BGB bestimmt sich nach Art. 229 § 1 Abs. 2 EGBGB, sowie hinsichtlich der durch das Forderungssicherungsgesetz bedingten Änderungen nach Art. 229 § 18 [richtig: 19] EGBGB.

B. Anwendungsvoraussetzungen

I. Der Bauunternehmer als Berechtigter

6 Berechtigter aus § 648a BGB ist der Unternehmer eines Bauwerks, einer Außenanlage oder jeweils eines Teils davon. Der Begriff des Bauunternehmers ist wie in § 648 BGB zu interpretieren. Allerdings

---

[1] *Otto/Spiller*, Überblick über das Forderungssicherungsgesetz, ZfIR 2009, 1-7; kritisch: *Hildebrandt*, BauR 2009, 4-13; eine Gegenüberstellung von alter und neuer Rechtslage findet sich bei *Wagenführ*, ZAP Fach 2, 561-566.

[2] Weiterführend zu den grundsätzlichen Änderungen: *Schmitz*, Der neue § 648a BGB, BauR 2009, 714-727; zur Frage, ob die Neufassung des § 648a BGB eine praxisrelevante Verbesserung der Rechtslage bringt: *Reinke*, AnwZert BauR 5/2012, Anm. 1.

[3] Kritisch dazu, ob die Neufassung des § 648a BGB die Zahlungsmoral des Bestellers verbessert hat, *Fuchs*, BauR 2012, 326-344.

[4] Vgl. *Sprau* in: Palandt, § 648a Rn. 2; kritisch: *Peters/Jacoby* in: Staudinger, § 648a Rn. 1 und 7.

[5] Vgl. BGH v. 11.05.2006 - VII ZR 146/04 - NJW 2006, 2475.

[6] Weiterführend zu Zulässigkeit von Allgemeinen Geschäftsbedingungen bei § 648a BGB *Hofmann*, BauR 2006, 763-768 und zur vertraglichen Modifizierung *Oberhauser*, BauR 2004, 1864-1869.

[7] Vgl. *Schmitz*, BauR 02, 798; *Vogl*, ZfIR 2005, 285.

ist, anders als dort, Berechtigter aus § 648a BGB auch der Subunternehmer, wenn er Bauarbeiten in diesem Sinne erbringt.[8] Derjenige, der Fenster liefert und einbaut, ist i.S.d. § 648a BGB „Unternehmer eines Bauwerks". Ihm steht daher ein gesetzlicher, unabdingbarer Anspruch auf Stellung einer Zahlungssicherheit zu.[9] Ein Generalübernehmer ist auch dann sicherungsberechtigter Unternehmer i.S.d. des § 648a BGB, wenn er von vornherein beabsichtigt, sämtliche Leistungen an Subunternehmer zu vergeben.[10] Der Subunternehmer kann dabei die Stellung der Sicherheit auch dann verlangen, wenn dies der Hauptunternehmer gegenüber seinem Auftraggeber nicht verlangt hat.[11] Unter Arbeiten an einer **Außenanlage** versteht der Gesetzgeber beispielsweise Erd-, Pflanz- und Rasenarbeiten sowie vegetationstechnische Arbeiten im Zusammenhang mit Garten-, Landschafts- und Sportplatzbau.[12]

Fraglich ist, ob § 648a BGB auch auf den Anlagenbauvertrag anwendbar ist. Dies ist zu bejahen, wenn die Anlage unbeweglich und mit dem Erdboden verbunden ist oder auf das Gebäude in welches sie eingebracht ist ausgerichtet und fest installiert ist. Handelt es sich hingegen um eine mobile Anlage, die nach ihrem Zweck und ihrer Verbindung mit der Hauptanlage nicht zum dauerhaften Verbleib ausgerichtet ist, so ist sie kein Bauwerk im Sinne des § 648a BGB. Ob die Voraussetzungen vorliegen ist im Einzelfall zu prüfen[13]. 7

Der lediglich planende Architekt/Sonderfachmann hat einen Anspruch auf Sicherheitsleistung gemäß § 648a BGB für die von ihm erbrachten, aber noch nicht bezahlten und die noch zu erbringenden Planungsleistungen auch dann, wenn mit der Bauausführung noch nicht begonnen wurde.[14] 8

§ 648a BGB findet im Rahmen des zwischen einer Dach-ARGE und einem ihrer Mitglieder abgeschlossenen Nachunternehmervertrags Anwendung.[15] Dabei steht der Anwendung des § 648a BGB auch nicht die Doppelfunktion als Mitglied der Dach-ARGE und Vertragspartnerin des Nachunternehmervertrages entgegen. Dies folgt aus der rechtlichen Trennung zwischen ARGE-Vertrag und Nachunternehmervertrag. Auf diese gesonderten Werkverträge im Außenverhältnis sind diejenigen Vorschriften anzuwenden, die auch für jeden anderen Werkvertrag zwingend vorgeschrieben sind.[16] 9

II. Der Sicherungsgeber

Der Anspruch aus § 648a BGB richtet sich gegen den Besteller der Bauarbeiten, d.h. denjenigen, mit dem der Unternehmer den Werkvertrag abgeschlossen hat. Dies muss nicht der Eigentümer des Grundstücks sein. Wie aus § 648a Abs. 1 Satz 5 BGB folgt, ist anders als bei § 648 BGB **keine Identität** zwischen dem Besteller und Sicherungsgeber notwendig. Sicherungsverpflichteter ist im Verhältnis zum Subunternehmer der Hauptunternehmer. 10

Keine Anwendung findet § 648a BGB gem. Absatz 6 Nr. 1, wenn der Besteller eine **juristische Person** des öffentlichen Rechts oder ein öffentlich-rechtliches Sondervermögen ist, über deren Vermögen ein Insolvenzverfahren unzulässig ist. Dies sind gem. § 12 Abs. 1 Nr. 1 InsO insbesondere der Bund und die Länder. 11

Die Bereichsausnahme des § 648a Abs. 6 Nr. 2 BGB greift, wenn der Besteller eine **natürliche Person** ist und dieser die Bauarbeiten zur Herstellung oder Instandsetzung eines Einfamilienhauses mit oder ohne Einliegerwohnung ausführen lässt. Ebenso ist der Anwendungsbereich des § 648a BGB im Wege der teleologischen Reduktion so zu beschränken, dass die Vorschrift des § 648a Abs. 1-5 BGB auf die Errichtung einer Eigentumswohnung für eine Privatperson nicht anzuwenden ist.[17] 12

Streitig ist, ob die Leistungen für den Eigenbedarf erbracht werden müssen. Wenngleich die besseren Argumente dafür sprechen, die Einschränkung nicht vorzunehmen, so müssen die Bauvorhaben sich doch auf den privaten Bereich erstrecken.[18] 13

---

[8] *Peters/Jacoby* in: Staudinger, § 648a Rn. 3.
[9] OLG Hamm v. 22.08.2000 - 24 U 30/00 - IBR 2000, 545.
[10] OLG Dresden v. 01.03.2006 - 12 U 2379/04 - BauR 2006, 1318-1320.
[11] *Peters/Jacoby* in: Staudinger, § 648a Rn. 3.
[12] Vgl. BT-Drs. 12/4526, S. 10.
[13] *Buscher/Theurer*; BauR 2005, 902-904.
[14] OLG Düsseldorf v. 05.10.2004 - I-21 U 26/04, 21 U 26/04 - BauR 2005, 585-588.
[15] Weitergehend zum Wesen sowie zur Rechts- und Parteifähigkeit der Dach-ARGE *Messerschmidt/Thierau*, NZBau 2007, 205-211.
[16] KG Berlin v. 17.12.2004 - 7 U 168/03.
[17] OLG München v. 15.01.2008 - 13 U 4378/07.
[18] *Peters/Jacoby* in: Staudinger, § 648a Rn. 3.

§ 648a

III. Das Sicherungsverlangen

14 Der Besteller muss die Sicherheit **nicht unaufgefordert**, sondern nur auf Verlangen des Unternehmers leisten. An eine bestimmte Form ist das Verlangen nicht geknüpft. Da das Sicherungsverlangen eine Vergütungsforderung voraussetzt, wird die zeitliche Grenze der Anwendbarkeit einerseits durch die Entstehung der Vergütungsforderung, mithin der Abschluss des Werkvertrages und andererseits durch die vollständigen Erfüllung des Zahlungsanspruchs markiert. Nach Kündigung oder Rücktritt ist das Sicherungsverlangen ausgeschlossen, da dann nur noch ein Rückabwicklungsverhältnis besteht.

15 Wie sich aus § 648a Abs. 1 Satz 3 BGB ergibt, steht weder die vollständige Erbringung der Werkunternehmerleistung noch deren Abnahme dem Sicherungsverlangen entgegen.

16 Dem Unternehmer steht es frei, ob er die Sicherheit vollständig oder teilweise, ggf. auch in mehreren Teilen, geltend macht.

17 Inhaltlich muss das Sicherungsverlangen seitens des Unternehmers **summenmäßig bestimmt** sein. Ist das Sicherungsverlangen des Unternehmers **überhöht**, so führt dies nicht zu dessen Unwirksamkeit, sofern der Unternehmer dazu bereit ist, die ihm tatsächlich zustehende niedrigere Sicherheit zu akzeptieren und der Besteller diese der Höhe nach ermitteln kann.[19]

18 Die formularmäßige Verknüpfung des Verlangens einer Sicherheit nach § 648a BGB mit der Leistung von Abschlagszahlungen nach § 632a BGB stellt keinen Verstoß gegen § 648a Abs. 7 BGB dar.[20] Sehen die Allgemeinen Geschäftsbedingungen eines Einfamilienfertighausanbieters in Verträgen mit privaten Bauherren vor, dass der Bauherr verpflichtet ist, spätestens acht Wochen vor dem vorgesehenen Baubeginn dem Unternehmer eine unbefristete, selbstschuldnerische Bürgschaft eines in Deutschland zugelassenen Kreditinstituts in Höhe der nach dem vorliegenden Vertrag geschuldeten Gesamtvergütung (unter Berücksichtigung von aus Sonderwünschen resultierenden Mehr- oder Minderkosten) zur Absicherung aller sich aus dem vorliegenden Vertrag ergebenden Zahlungsverpflichtungen des Bauherrn vorzulegen, verstößt dies nicht gegen § 307 BGB.[21]

19 Leistet der Besteller die verlangte Sicherheit nicht, führt dies nicht dazu, dass er in einem Werklohnprozess seine bestehenden Gewährleistungsansprüche nicht mehr geltend machen kann.[22]

20 Die eigene **Vertragstreue** des Unternehmers ist kein ungeschriebenes Tatbestandsmerkmal im Rahmen des § 648a BGB.[23] Ebenso wenig steht der Wirksamkeit des Sicherungsbegehrens entgegen, wenn dies vom Unternehmer nur deshalb verlangt wird, weil er sich erhofft, dass der Besteller diesem nicht nachkommen wird, und er deshalb einen von ihm nicht mehr gewünschten Vertrag kündigen kann.[24]

IV. Die gesicherte Forderung

21 Gesichert werden **sämtliche Vergütungsforderungen** des Unternehmers für die von ihm zu erbringenden Leistungen. Dies sind alle vertraglich vom Unternehmer noch zu erbringenden Leistungen bzw. bereits von ihm erbrachten aber noch nicht vergüteten Leistungen, es sei denn, dass kein Bezug zum Bauwerk oder der Außenanlage besteht. Die Vergütungsforderung umfasst die Ansprüche aus den §§ 631 Abs. 1, 632 BGB, sowie gemäß § 648a Abs. 5 BGB Ansprüche aus § 649 Satz 2 BGB. Kommt es zu Erweiterungen des ursprünglichen Auftrags so sind auch diese Zusatzaufträge vom Sicherungsverlangen gedeckt.

22 In den Genuss der Sicherheit kommen auch **Nebenforderungen**, wie z.B. vertraglich vereinbarte Zinsen oder Kosten der Rechtsverfolgung. Werden sie geltend gemacht, so sind sie nachzuweisen und gemäß § 648a Abs. Abs. 1 Satz 1 pauschal mit 10% des zu sichernden Vergütungsanspruchs anzusetzen. Die sich zu errechnende Gesamtsicherheit stelle eine einheitliche Sicherheit dar und steht somit für alle Ansprüche zur Verfügung.

23 Nach Absatz 1 Satz 2 werden auch die Forderungen gesichert, die an die Stelle der Vergütung treten. Dazu zählen insbes. Schadensersatzforderungen anstatt der Leistung aus den §§ 280 ff. BGB.[25]

---

[19] BGH v. 09.11.2000 - VII ZR 82/99 - NZBau 2001, 129.
[20] LG München I v. 08.02.2005 - 11 O 15194/04 - IBR 2005, 201.
[21] BGH v. 27.05.2010 - VII ZR 165/09.
[22] OLG Dresden v. 27.06.2003 - 11 U 1549/00 - IBR 2003, 538.
[23] OLG Frankfurt v. 15.08.2006 - 12 U 184/05 - BauR 2007, 1263-1265.
[24] *Peters/Jacoby* in: Staudinger, § 648a Rn. 24.
[25] Vgl. *Sprau* in: Palandt, § 648a Rn. 15

Strittig ist, ob darunter auch die **Surrogate** aus den §§ 642, 643 und 645 Abs. 1 BGB fallen.[26] Es kommt nicht entscheidend darauf an, ob die Ansprüche bereits fällig sind, nach einem Bauzeitenplan anstehen, oder abgerufen sind.[27] § 648a BGB sichert Vergütungsansprüche des Generalübernehmers unabhängig davon, ob diese eine Werterhöhung des Baugrundstücks bewirken.[28] Auf eine Bürgschaft, die der Unternehmer zur Sicherung einer Vergütungsforderung aufgrund einer im Bauvertrag vereinbarten Sicherungsabrede beanspruchen kann, findet § 648a BGB keine Anwendung.

Anders als nach früherer Rechtslage, wo nur das Vorleistungsrisiko des Unternehmers abzusichern war, soll die Sicherheit nunmehr das **komplette Ausfallrisiko** abdecken. Maßgeblich hierfür ist die zwischen den Parteien vereinbarte Vergütung samt Zusatzaufträgen und Nebenforderungen. Der konkrete Betrag der zu stellenden Sicherheit errechnet sich entweder auf Stunden- oder Pauschalbasis, bzw. wenn keine Vergütung vereinbart ist, sinngemäß nach § 632 Abs. 2 BGB. Wurden Einheitspreise vereinbart, ist die Sicherheit gem. § 287 ZPO anhand des Leistungsverzeichnisses zu schätzen. Die zu stellende Sicherheit reduziert sich um den Betrag, hinsichtlich dessen Leistungen bereits vergütet wurden. Die Erfüllungswirkung bestimmt sich dabei nach den §§ 362, 364 BGB und § 378 BGB.

Soweit Mängel in der Bauleistung bereits vorhanden sind, führt dies grundsätzlich nicht zu einer Verringerung der Sicherheit, da der Unternehmer zur Nachbesserung verpflichtet ist und damit den auf die Mängel entfallenden Teil der Vergütung noch verdienen kann. Hinsichtlich zukünftig zu erwartender Mängel kann ebenfalls keine Reduzierung der Sicherheit vorgenommen werden.[29]

Die Höhe der zu leistenden Sicherung reduziert sich gemäß § 648a Abs. 1 Satz 4 BGB im Falle von **Mängeln, aufrechenbaren Gegenansprüchen**, sonstigen **rechtvernichtenden Einwendungen** oder **Schadensersatzansprüchen** nur dann, wenn diese **unstreitig** oder **rechtskräftig** festgestellt sind.

V. Der Widerspruchsvorbehalt des Sicherungsgebers

§ 648a Abs. 1 Satz 5 BGB räumt dem Sicherungsgeber, der nicht selbst Besteller ist, ein Widerspruchsrecht für den Fall ein, dass sich die Vermögensverhältnisse des Bestellers nach Abschluss des Bauvertrages wesentlich verschlechtern. Dieses Widerrufsrecht aber erfasst nur Sicherheitsleistungen für solche Bauleistungen, die der Unternehmer bei Zugang der Widerrufserklärung noch nicht erbracht hat. Entsprechend allgemeinen Regeln hat der Unternehmer die von ihm erbrachten Leistungen zu beweisen, während der Sicherungsgeber die Beweislast für den Zeitpunkt trägt.

VI. Garantie und sonstiges Zahlungsversprechen (Absatz 2)

§ 648a Abs. 2 BGB ist eine ergänzende Regelung (vgl. § 648a Abs. 2 Satz 1 BGB: „auch") zu den Bestimmungen der Sicherheitsleistung, wie sie in den §§ 232-240 BGB geregelt ist. Danach kann der Anspruch aus § 648a Abs. 1 BGB neben den in den §§ 232-240 BGB geregelten Arten der Sicherheitsleistung zusätzlich auch durch eine Garantie oder ein sonstiges Zahlungsversprechen eines Kreditinstituts erbracht werden. Erfasst werden damit alle Haftungskredite im Sinne des § 21 Abs. 1 KWG.

Handelt es sich bei einer Bürgschaft um eine Bauhandwerkersicherung nach § 648a Abs. 2 BGB, steht ihrer Wirksamkeit nicht entgegen, dass sie den Vorgaben des § 648a BGB nicht entspricht.[30]

Die Rechtsprechung lehnt bislang eine Anrechnung des Sicherungseinbehalts des Bestellers auf eine von diesem zu gewährende Sicherungshypothek nach § 648 BGB oder Sicherungsbürgschaft nach § 648a BGB ab, da die Stellung der Hypothek nicht an die Fälligkeit der Forderung anknüpft. Entsprechendes gilt auch für die Anrechnung auf eine Sicherungsbürgschaft. Nach Ansicht von *Herchen* und *Kleefisch* kommt es dadurch zu einer Übersicherung des Unternehmers; dieser sei für die gesamte Gewährleistungszeit doppelt durch Einbehalt und Bürgschaft oder Hypothek gesichert.[31]

Zeitpunkt der Sicherheitsleistung: Zahlungen an den Unternehmer dürfen durch das Kreditinstitut gem. § 648a Abs. 2 Satz 2 BGB erst dann geleistet werden, wenn der Besteller den Vergütungsanspruch des Unternehmers **anerkennt** oder zur Zahlung des Vergütungsanspruchs **verurteilt** worden ist und mit der Zwangsvollstreckung begonnen werden darf. Im Falle der Verurteilung des Bestellers zur Zahlung gegen Sicherheitsleistung sind die Voraussetzungen zum Beginn der Zwangsvollstreckung gegeben, wenn der Unternehmer die Sicherheit geleistet hat. Erfolgt im Rahmen der Mängelbeseiti-

---

[26] Vgl. *Sprau* in: Palandt, § 648a Rn. 15.
[27] OLG Jena v. 23.11.2004 - 8 U 176/04 - OLG Jena 2005, 40-41.
[28] OLG Dresden v. 01.03.2006 - 12 U 2379/04 - BauR 2006, 1318-1320.
[29] *Peters/Jacoby* in: Staudinger, § 648a Rn. 10.
[30] OLG Koblenz v. 14.07.2005 - 5 U 267/05 - ZIP 2005, 1822-1823.
[31] *Herchen/Kleefisch*, NZBau 2006, 201-205.

gung eine Verurteilung Zug-um-Zug, so ist dies der Fall, wenn der Unternehmer die Gegenleistung erbracht hat.[32] Zweck dieser Bestimmung ist, den Besteller davor zu schützen, dass der Sicherungsgeber auf nicht erbrachte Leistungen bezahlt oder Zahlungen trotz bestehender Mängel erbringt.[33]

33 Von dieser den Besteller schützenden Regelung können die Parteien **nicht** durch AGB oder Individualvertrag **abweichen** (§ 648a Abs. 7 BGB).

34 Die gestellte Sicherheit ist an den Besteller zurückzugeben, wenn der Sicherungsfall nicht mehr eintreten kann.[34]

VII. Erstattungsfähige Kosten der Sicherheitsleistung (Absatz 3)

35 Die Kosten der Sicherheitsleistung werden durch § 648a Abs. 3 BGB dem Unternehmer aufgebürdet. Dies hat seinen Grund darin, dass der Unternehmer letztlich die Vorteile aus der Bestellung der Sicherheit zieht, da sein aus der Vorleistungspflicht resultierendes wirtschaftliches Risiko dadurch gemindert wird. Solche Kosten sind insbesondere Zinsen für die Stellung einer Bankbürgschaft oder Bankgarantie. Der Höhe nach ist der Kostenerstattungsanspruch auf die üblichen Kosten, mithin solche, die von Kreditinstituten bei einem durchschnittlichen Risiko erhoben werden, beschränkt. Diese Kosten sind nach oben auf maximal 2% der Garantiesumme pro Jahr beschränkt.

36 Der Anspruch ist wegen § 648a Abs. 7 BGB **unabdingbar**.[35]

37 Der **Anspruch** auf Kostenerstattung ist nach § 648a Abs. 3 Satz 2 BGB **ausgeschlossen**, wenn der Besteller unbegründete Einwendungen gegen den Vergütungsanspruch des Unternehmers erhebt und die Sicherheitsleistung deshalb länger aufrechterhalten werden muss.

VIII. Nicht fristgemäße Leistung der Sicherheit (Absatz 5)

38 Der Unternehmer muss dem Besteller zunächst eine angemessene Frist zur Leistung der Sicherheit gestellt haben. Anders als nach bisheriger Rechtslage ist dafür nicht erforderlich, dass die Fristsetzung mit einer konkreten Ablehnungsandrohung verbunden wird, der Unternehmer muss also sein Leistungsverweigerungsrecht oder die Kündigung **nicht androhen**.

39 Die Kriterien, die an die Fristsetzung zu stellen sind, entsprechen denen in § 281 BGB. Die Angemessenheit der Frist ist einzelfallabhängig, wobei die amtliche Begründung eine Dauer von 7-10 Tagen für ausreichend hält. Angemessen zur Leistung der Sicherheit ist generell eine Frist, die es dem Besteller ermöglicht, die Sicherheit ohne schuldhaftes Verzögern zu beschaffen. Grundsätzlich ist darauf abzustellen, was von einem Besteller zu verlangen ist, der sich in normalen finanziellen Verhältnissen befindet. Eine zu kurze Fristsetzung führt nicht zur Unwirksamkeit des Sicherungsverlangens, sondern setzt eine angemessene Frist in Lauf.

40 Eine erfolglose Fristsetzung liegt vor, wenn der Unternehmer innerhalb der geforderten angemessenen Frist keine oder keine ausreichende Sicherheit bestellt.

41 Die **Rechtsfolgen** nicht fristgemäßer Leistung der Sicherheit bestimmen sich nach § 648a Abs. 5 BGB. Danach kann der Unternehmer die **Leistung verweigern** und/oder den Vertrag **kündigen**. Daneben kann der Unternehmer weiterarbeiten und klageweise die Erfüllung seines Anspruchs auf Stellung der Sicherheit geltend machen.

42 Aufgrund des **Leistungsverweigerungsrechts**, welches dem aus § 321 BGB entspricht, kann der Unternehmer, wenn mit der Ausführung der Arbeiten begonnen wurde, diese einstellen. Wurde die Tätigkeit noch nicht aufgenommen, so muss diese nicht angefangen werden. Auch ist der Unternehmer nicht verpflichtet, eine Mängelbeseitigung vorzunehmen, wenn der Besteller die Sicherheit nicht leistet. Der Unternehmer kann in diesem Fall nicht in Verzug mit der Mängelbeseitigung geraten. Voraussetzung für ein berechtigtes Sicherungsverlangen allerdings ist, dass der Unternehmer bereit und in der Lage ist, die Mängel zu beseitigen.[36] § 321 BGB ist neben § 648a BGB anwendbar; dies ist insbesondere aufgrund der Kostenregelung des § 648a Abs. 3 BGB für den Unternehmer von Bedeutung.

43 Bezüglich der Rechtsfolgen einer **Kündigung** nach § 648a Abs. 5 Satz 2 BGB wird auf die Kommentierung zu § 649 BGB verwiesen. § 648a Abs. 5 Sätze 2 und 3 BGB deckt sich wörtlich und sinngemäß mit § 649 Sätze 2 und 3 BGB.

---

[32] Vgl. *Sprau* in: Palandt, § 648a Rn. 14.
[33] Zu Abwicklungsproblemen mit § 648a-Bürgschaften vgl. *Schmitz*, BauR 2006, 430-440.
[34] Vgl. *Sprau* in: Palandt, § 648a Rn. 17.
[35] Ebenso *Seiler* in: Erman, Handkommentar BGB, 10. Aufl. 2000, vor § 648a Rn. 13; a.A.: *Sprau* in: Palandt, § 648a Rn. 15.
[36] BGH v. 27.09.2007 - VII ZR 80/05 - BauR 2007, 2052-2061.

Auch der **Besteller** kann den Vertrag kündigen, sein **Kündigungsrecht** folgt aus § 649 BGB. Übt der Besteller dieses Recht aus, so ist er gemäß § 649 Sätze 2 und 3 BGB verpflichtet, dem Unternehmer den vollen Betrag der vereinbarten Vergütung zu bezahlen. Einen Nachteil erleidet der Unternehmer im Vergleich zu § 648a Abs. 5 BGB dadurch nicht.

§ 649 BGB Kündigungsrecht des Bestellers

(Fassung vom 23.10.2008, gültig ab 01.01.2009)

¹Der Besteller kann bis zur Vollendung des Werkes jederzeit den Vertrag kündigen. ²Kündigt der Besteller, so ist der Unternehmer berechtigt, die vereinbarte Vergütung zu verlangen; er muss sich jedoch dasjenige anrechnen lassen, was er infolge der Aufhebung des Vertrags an Aufwendungen erspart oder durch anderweitige Verwendung seiner Arbeitskraft erwirbt oder zu erwerben böswillig unterlässt. ³Es wird vermutet, dass danach dem Unternehmer 5 vom Hundert der auf den noch nicht erbrachten Teil der Werkleistung entfallenden vereinbarten Vergütung zustehen.

Gliederung

A. Grundlagen 1	2. Die zeitliche Ausübung 9
B. Anwendungsvoraussetzungen 7	II. Abdingbarkeit 12
I. Kündigungsrecht des Bestellers 7	C. Rechtsfolgen 14
1. Die Kündigungserklärung 7	D. Prozessuale Hinweise/Verfahrenshinweise 24

A. Grundlagen

1 § 649 BGB räumt dem Besteller ein eigenständiges Kündigungsrecht ein, welches er bis zur Vollendung des Werkes ausüben kann. Diese auf den ersten Blick überraschende und die Interessen des Bestellers würdigende Regel, findet ihre rechtstheoretische Begründung darin, dass der Unternehmer in konsequenter Fortsetzung des Gedankens des § 631 BGB keinen Anspruch auf die Fertigstellung des Werks, sondern lediglich auf die versprochene Vergütung hat. Da die Erstellung des Werks allein im Interesse des Bestellers liegt, kommt diesem die Entscheidungsbefugnis zu, ob das Werk fertiggestellt werden soll oder nicht. Auch der römisch-rechtliche Grundsatz pacta sunt servanda wird insoweit gewahrt, da dem Unternehmer, trotz Kündigung eine entsprechender Vergütungsanspruch zugestanden wird.

2 Die Regelung ist auch auf Werkverträge mit Dauerschuldcharakter, wie z.B. den Internet-System-Vertrag anwendbar.[1]

3 Darüber hinaus löst die Ausübung des Kündigungsrechtes keine Schadensersatzansprüche aus. Im Falle einer Kündigung aus wichtigem Grund findet die Regelung des § 649 BGB keine Anwendung.[2]

4 Durch das Forderungssicherungsgesetz[3] wurde die Vorschrift um Satz 3 ergänzt. Hintergrund der Ergänzung durch den Gesetzgeber waren die in tatsächlicher und prozessualer Hinsicht bestehenden Probleme mit der Darlegung. Insbesondere die hohen Anforderungen an die Darlegungslast erschwerten die Prozessführung für den Unternehmer. Der ergänzte Satz 3 enthält eine Pauschalierung der verbleibenden Vergütung für die noch nicht erbrachten Leistungen auf 5% des Auftragswertes bezogen auf den Nettowert ohne die Umsatzsteuer. Es handelt sich um eine widerlegbare Vermutung. Gelingt es dem Unternehmer, unter Anwendung von § 649 Satz 2 BGB höhere Vergütung darzulegen und zu beweisen, kann er diese beanspruchen. Diese eingefügte Regelung ist auf Schuldverhältnisse anwendbar, die nach dem 01.01.2009 entstanden sind, Art. 229 § 19 Abs. 1 BGBEG.

5 Unberührt von diesen Sonderregelungen bleiben die allgemeinen Regeln zur Vertragsbeendigung.

6 Verlangt der Werkunternehmer von dem die Leistung wegen eigener Kündigung ablehnenden Besteller zunächst statt der Leistung Schadensersatz, so wird dadurch nicht die spätere Geltendmachung eines Anspruchs auf Zahlung der Vergütung abzüglich ersparter Aufwendungen aus § 649 Satz 2 BG ausgeschlossen. Dieser Anspruch stellt keinen „Anspruch auf die Leistung" im Sinne des § 281 Abs. 4 BGB dar.[4]

---

[1] LG Düsseldorf v. 28.07.2011 - 7 O 311/10.
[2] BGH v. 15.02.2005 - X ZR 47/03 - BGHReport 2005, 887-888.
[3] BT-Drs. 16/511, S. 17.
[4] OLG Frankfurt v. 07.12.2011 - 4 U 152/11; OLG Frankfurt v. 25.01.2012 - 4 U 152/11.

B. Anwendungsvoraussetzungen

I. Kündigungsrecht des Bestellers

1. Die Kündigungserklärung

Die werkvertragliche Kündigung ist einseitige empfangsbedürftige Willenserklärung, für die die allgemeinen Regeln gelten. Die Kündigungserklärung wird mit Zugang wirksam, kann **formlos** erfolgen und erfordert nicht die Angabe eines Grunds.

Die Kündigung kann ausdrücklich oder konkludent erklärt werden. In der Praxis wird sie meist ausdrücklich erklärt. Ebenso aber kann die in § 649 Satz 1 BGB vorgesehene Möglichkeit zur Vertragslösung auch konkludent erfolgen. Die Judikatur legt an die Voraussetzungen einer konkludenten Kündigung keine strengen Maßstäbe. Erforderlich ist, dass das Verhalten des Bestellers klar und zweifelsfrei ergibt, dass der Besteller eine vollständige Vertragsdurchführung nicht länger wünscht und er sich daher vom Vertrag endgültig lösen will. So liegt es, wenn der Besteller einen anderen Unternehmer mit der Fortführung der bislang erbrachten Leistungen beauftragt und dies dem Unternehmer mitteilt oder wenn er eigene materielle Beistellungen zurückfordert.[5] Bejaht wurde es auch, wenn der Besteller dem Unternehmer mitteilt, dass er die noch offen Teilgewerke selbst erstellen wird.[6]

2. Die zeitliche Ausübung

§ 649 Satz 1 BGB spricht davon, dass das Kündigungsrecht **jederzeit** ausgeübt werden kann. Damit ist gesagt, dass der Besteller sein Kündigungsrecht, das mit Vertragsabschluss entsteht, während der gesamten Vertragslaufzeit **bis zur Vollendung** des Werks ausüben kann.[7] Teilweise wird auch ein Kündigungsrecht für die Zeit nach Vollendung des Werks angenommen.[8] Dem ist aus Wertungsgesichtspunkten nicht zu folgen. Zwar bliebe davon der Vergütungsanspruch des Unternehmers gem. § 649 Satz 2 BGB von der Kündigung unberührt, aber der Besteller könnte sich seiner werkvertraglichen Hauptpflicht zur Abnahme des Werks entziehen.

Der Kündigung steht nicht entgegen, dass das Werk bereits übergeben wurde und nur noch die Beseitigung behebbarer Mängel aussteht.[9]

Ein Kündigungsrecht wurde im Falle eines aufschiebend bedingten Vertrages, bei dem die Bedingung noch nicht eingetreten ist,[10] angenommen.

II. Abdingbarkeit

Im Rahmen der Vertragsfreiheit und deren Grenzen steht es den Parteien zu, von der gesetzlichen Vorgabe abweichende Vereinbarungen zu treffen. Das in § 649 BGB verankerte Recht zur Kündigung kann gänzlich eingeschränkt, ausgeschlossen und modifiziert werden.

Die Gestaltungsmöglichkeiten erschöpfen sich aber nicht nur in einer Modifikation der Kündigung selbst, sondern es können auch Regelungen über die Kündigungsfolgen aufgenommen werden. Damit sind vom Gesetz abweichende Vereinbarungen bezüglich der Vergütung grundsätzlich auch möglich. Im Rahmen von Individualvereinbarungen können die Vergütungsansprüche des Unternehmers pauschaliert werden. In AGB ist eine differenziertere Betrachtungsweise angezeigt. Bereits in sehr früher Rechtsprechung – vor der Geltung des AGBG – wurde insoweit eine Klausel für unwirksam erachtet, mittels der Unternehmer sich auf seinen Vergütungsanspruch Einsparungen oder anderweitige Erwerbe nicht anzurechnen lassen brauchte.[11] In AGB haben sich entsprechende Klauseln insbesondere an den §§ 308 Nr. 7, 309 Nr. 5, 12 BGB und nicht zuletzt § 307 BGB messen zu lassen. So scheiterten AGB des Bestellers an der Generalklausel, die eine Bestimmung enthält, dass bei einer Kündigung des Bestellers der anteilige Werklohn für die erbrachten Werkleistungen gezahlt werde, darüber hinausgehende Ausgleichsleistungen nicht geschuldet sein sollen.[12] In Unternehmer AGB ist es mit § 649 Satz 2 BGB in AGB nicht vereinbar, dass ohne Rücksicht auf die tatsächlich erbrachten Leistungen die volle

---

[5] *Soergel* in: Erman, Handkommentar BGB, 10. Aufl. 2000, § 649 Rn. 4.
[6] BGH v. 16.6.1972 - V ZR 174/70 - WM 1972, 1025.
[7] *Soergel* in: Erman, Handkommentar BGB, 10. Aufl. 2000, § 649 Rn. 2.
[8] *Peters* in: Staudinger, § 649 Rn. 7.
[9] OLG Dresden v. 16.10.1997 - 7 U 1476/97 - NJW-RR 1998, 882-883.
[10] OLG Bremen v. 03.03.1998 - 1 W 11/98 - NJW-RR 1998, 1745-1746.
[11] BGH v. 04.06.1970 - VII ZR 187/68 - BGHZ 54, 106-115.
[12] BGH v. 04.10.1984 - VII ZR 65/83 - BGHZ 92, 244-250.

Vergütung durch den Besteller geschuldet werden soll.[13] Im Rahmen von § 308 Nr. 7 BGB und § 309 Nr. 5b BGB ist es zulässig, wenn die bis zur Kündigung erbrachten Leistungen pauschal abgegolten werden[14] und der Gegenbeweis tatsächlich geringerer Leistungen und Aufwendungen nicht ausgeschlossen ist[15]. Eine AGB-Klausel mit dem Inhalt, dass bei Kündigung eines Werklieferungsvertrages über den Einbau eines Treppenlifts vor Produktionsbeginn eine Pauschalvergütung von 30% des vereinbarten Preises zu zahlen ist, ist gemäß § 308 Nr. 7 BGB unwirksam.[16]

C. Rechtsfolgen

14 Durch den Ausspruch der Kündigung wird das **Vertragsverhältnis** ex nunc **beendet**. Damit erlischt die aus dem ursprünglichen Vertrag resultierende Hauptleistungspflicht des Unternehmers, das Werk frei von Sach- und Rechtsmängeln herzustellen. Der Unternehmer hat die bis zum Zeitpunkt der Kündigung erbrachten Leistungen an den Besteller herauszugeben. Für den Besteller entfallen die ursprünglichen Hauptleistungspflichten nicht gänzlich. Denn die Pflicht zur Zahlung entfällt nicht per se, sondern wird gemäß dem § 649 Satz 2 BGB modifiziert. Die Mitwirkungspflichten entfallen.

15 Als zentrale Rechtsfolge normiert § 649 Satz 2 BGB die Verpflichtung des kündigenden Bestellers dem Unternehmer die **vereinbarte Vergütung** zu bezahlen.[17] Regelungszweck ist, den Unternehmer schadlos zu stellen, um dadurch die widerstreitenden Interessen von Besteller und Unternehmer zu balancieren. Da dem Unternehmer weder Vor- noch Nachteile aus der Ausübung des Kündigungsrechtes entstehen sollen, wird die vereinbarte Vergütung jedoch eine überprüfenden Berechnung dergestalt unterzogen, dass sich der Unternehmer Ersparnisse oder anderweitig erlangten oder böswillig nicht erzielten Erwerb von der vereinbarten Vergütung abziehen lassen muss. So besteht der Vergütungsanspruch nicht grundsätzlich in vereinbarter Höhe, sondern nur in der Differenz zwischen der vereinbarten Vergütung und den infolge der Vertragsaufhebung ersparten Aufwendungen bzw. durch anderweitigen Einsatz der Arbeitskraft erzielten und der böswillig nicht erzielten Erlöse.[18] Die Vergütung für nicht erbrachte Leistungen nach freier Kündigung eines Bauvertrages während der Bauausführung berechnet sich allein nach den vertraglich ausbedungenen Leistungen, ausgehend von der dafür vereinbarten Vergütung. Zusätzlich beauftragte Leistungen, die auch für die nicht mehr erbrachten Leistungsbereiche erforderlich geworden wären, fließen nicht in die Berechnung der Vergütung für nicht erbrachte Leistungen nach § 649 Abs. 1 Satz 2 BGB, § 8 Abs. 2 Nr. 1 VOB/B ein.[19] Hinsichtlich der nach § 649 BGB zu berechnenden Vergütung kann der Unternehmer auch nach einer Kündigung eine Bauhandwerkersicherungshypothek verlangen.[20]

16 Ausgangspunkt der Berechnung, die konkret zu erfolgen hat,[21] ist also die vereinbarte Vergütung. Anhand derer ist zu berechnen, welchen Vergütungsanspruch dem Unternehmer zustünde, wenn der Vertrag nicht gekündigt worden wäre. Bei einem Pauschalpreis bildet dieser die erste Berechnungsgrundlage. Wurde beispielsweise für die einzelnen Gewerke sowie für die Architektur ein **Pauschalpreis** vereinbart, kann der Bauunternehmer im Falle der Kündigung durch den Besteller die erbrachten Architekten- und sonstigen Planungsleistungen nur entsprechend dem Verhältnis der erbrachten Leistungen zur vertraglich vereinbarten Gesamtleistung abrechnen.[22] Zu einer derartigen Abrechnung, die in der Regel eine nachträgliche Aufgliederung der Gesamtleistung in Einzelleistungen und kalkulierte Preise erfordert, ist der Unternehmer dann nicht verpflichtet, wenn lediglich geringfügige Leistungen ausstehen.[23] Der Unternehmer muss bei vorzeitiger Kündigung des Pauschalvertrags bei der konkreten

---

[13] BGH v. 16.04.1973 - VII ZR 140/71 - BGHZ 60, 353-362.
[14] BGH v. 10.03.1983 - VII ZR 302/82 - BGHZ 87, 112-121; BGH v. 28.10.1999 - VII ZR 326/98 - BGHZ 143, 79-89.
[15] BGH v. 27.10.1998 - X ZR 116/97 - LM BGB § 649 Nr. 32 (3/1999).
[16] OLG Hamm v. 10.11.2009 - 19 U 34/09.
[17] Zur Vergütungsabrechnung nach Kündigung eines Projektsteuervertrages OLG Dresden v. 21.06.2001 - 16 U 3229/98 - IBR 2003, 90.
[18] BGH v. 14.01.1999 - VII ZR 277/97 - BGHZ 140, 263-269.
[19] OLG Celle v. 24.09.2008 - 7 U 12/05.
[20] OLG Düsseldorf v. 14.08.2003 - 5 W 17/03 - NJW-RR 2004, 18; anders OLG Jena v. 22.04.1998 - 2 U 1747/97 - NJW-RR 1999, 384-385.
[21] BGH v. 12.02.1996 - II ZR 279/94 - LM BGB § 826 (Gg) Nr. 10 (7/1996).
[22] OLG Dresden v. 08.02.2005 - 5 U 2230/03.
[23] OLG Brandenburg v. 10.05.2006 - 4 U 207/05.

Abrechnung nur diejenigen Aufwendungen schlüssig darlegen, die er erspart hat.[24] Beim Einheitspreis sind die entsprechend dem Leistungsverzeichnis erbrachten Leistungen maßgebend. Im Anwendungsbereich des § 632 BGB ist dann die sich nach § 632 Abs. 2 BGB[25] ergebende Vergütung primäre Berechnungsgrundlage.

Von dem so ermittelten Wert sind zunächst **ersparte Aufwendungen** in Abzug zu bringen. Dieses sind Aufwände, die der Unternehmer nicht mehr tätigen muss, um das Werk fertig zu stellen. Sie ergeben sich konkret aus den Vertragsunterlagen unter Berücksichtigung der Kalkulation.[26] Kündigt der Bauherr vor Fertigstellung eines Bauvorhabens den Bauvertrag, so muss sich der Bauunternehmer auf seine Vergütung die Kosten für nicht mehr verwendete Baumaterialien, die speziell für das Bauwerk beschafft wurden und sich nicht anderweitig verwenden lassen, nicht als ersparte Aufwendungen nach § 649 Satz 2 HS. 2 BGB anrechnen lassen.[27] Es handelt sich nicht um ersparte Aufwendungen einer Spedition, wenn der Gerichtsvollzieher den erteilten Auftrag zur Räumung einer Wohnung einen Tag vor Aufnahme der Arbeiten kündigt, weil der Gläubiger den Vollstreckungsauftrag zurückgenommen hat und der Spediteur die Arbeitskräfte nicht anderweitig einsetzen konnte.[28] Die allgemeinen fortlaufenden Geschäftsunkosten, z.B. Miete für das Büro, Versicherung der Fahrzeuge werden dabei nicht in Ansatz gebracht.[29] Dagegen ist der Aufwand für die Beschaffung von werkbezogenen Rohstoffen, die sich nun erübrigt haben mit dem Einkaufspreis zu bewerten. Sofern werkbezogene Rohstoffe bereits angekauft wurden, sind die entsprechenden Kosten dann relevant, wenn der Unternehmer diese Stoffe nicht zeitnah weiterverwenden kann[30] oder diesbezüglich einen wirtschaftlichen Nachteil hinnehmen muss[31]. 17

Personal- und Subunternehmerkosten werden nur dann zu Abzugsposten, sofern diese tatsächlich nicht mehr vom Unternehmer wegen der Kündigung aufgebracht werden müssen. Dabei kann die Kündigung von Arbeitnehmern grundsätzlich nicht gefordert werden.[32] Ist der Werkvertrag dem Unternehmer von einem Makler oder Handelsvertreter vermittelt worden, so schuldet er diesem die versprochene Provision, unabhängig von der Vollendung des Werkvertrages. Daher werden diese Kosten in der Regel nicht erspart.[33] Vergütungsmindernd wirkt sich ein Risikozuschlag aus, wenn das Risiko sich nicht verwirklicht hat.[34] 18

Anderweitiger Erwerb zielt darauf ab, dass der Unternehmer aufgrund der Kündigung freigewordene Arbeitskraft nun mehr anderweitig einsetzen kann und er somit andere Erwerbsmöglichkeiten hat. Bei einem Unternehmer, der einen Betrieb unterhält, kommt es insoweit nicht auf die Arbeitskraft, sondern auf die Betriebskapazitäten an.[35] Der anderweitige Erwerb muss aber streng kausal auf die Kündigung des Bestellers zurückzuführen sein.[36] Damit sind Aufträge, die der Unternehmer zeitgleich zu dem gekündigten Vertrag ausführen konnte, kein anderweitiger Erwerb im Sinne von § 649 Satz 2 BGB. Vice versa zählen Aufträge, die der Unternehmer wegen der Kündigung freigewordener Kapazitäten vorziehen kann zu den Abrechnungsposten.[37] Ebenso hat der Unternehmer sich diejenigen Erlöse anrechnen zu lassen, die dadurch entstehen, dass er anderweitig die Werkleistung verwertet, wozu er im Rahmen seiner Schadensminderungspflicht verpflichtet ist.[38] Etwaige Mindererlöse bei der Verwertung sind seitens des Bestellers in Kauf zu nehmen.[39] Gleiches gilt, falls werkbezogene Rohstoffe veräußert werden. 19

---

[24] OLG Bamberg v. 22.07.2005 - 3 U 19/05; OLG Düsseldorf v. 24.09.2009 - 23 U 9/09, I-23 U 9/09.
[25] BGH v. 30.09.1999 - VII ZR 250/98 - LM BGB § 632 Nr. 20.
[26] BGH v. 21.12.1995 - VII ZR 198/94 - BGHZ 131, 362-367.
[27] OLG Köln v. 27.02.2004 - 11 U 103/03 - OLGR Köln 2004, 184-185.
[28] LG Frankfurt v. 19.09.2005 - 2/9 T 614/05.
[29] *Soergel* in: Erman, Handkommentar BGB, 10. Aufl. 2000, § 649 Rn. 13.
[30] BGH v. 12.02.1996 - II ZR 279/94 - LM BGB § 826 (Gg) Nr. 10 (7/1996).
[31] OLG Hamm v. 21.02.1992 - 26 U 114/91 - NJW-RR 1992, 889.
[32] BGH v. 28.10.1999 - VII ZR 326/98 - BGHZ 143, 79-89.
[33] BGH v. 17.11.1983 - I ZR 201/83 - LM Nr. 13 zu § 649 BGB.
[34] BGH v. 30.10.1997 - VII ZR 222/96 - LM BGB § 649 Nr. 30 (7/1998).
[35] *Hochstein/Korbion*, Der VOB-Vertrag, 1976, § 8 Rn. 12.
[36] *Soergel* in: Erman, Handkommentar BGB, 10. Aufl. 2000, § 649 Rn. 15.
[37] BGH v. 21.12.1995 - VII ZR 198/94 - BGHZ 131, 362-367.
[38] OLG Hamm v. 21.02.1992 - 26 U 114/91 - NJW-RR 1992, 889.
[39] OLG Hamm v. 21.02.1992 - 26 U 114/91 - NJW-RR 1992, 889.

20 Böswillige Erwerbsunterlassung ist darin zu sehen, dass der Unternehmer in treuwidriger Weise einen möglichen Erwerb unterlässt. Dies ist insbesondere dann gegeben, wenn der Besteller dem Unternehmer einen zumutbaren Ersatzauftrag nachweist und der Unternehmer diesen nicht annimmt.[40] Der Unternehmer kann daher weder eine Vergütung für noch nicht erbrachte Leistungen noch für den entgangenen Gewinn verlangen.[41]

21 Rechtsprechung und Literatur gehen teilweise davon aus, dass der Werkunternehmer auch nach Kündigung grundsätzlich berechtigt sei, die Mängel seiner erbrachten Leistung zu beseitigen. Dies aber nur, da der Besteller auch nach einer Kündigung nicht ohne weiteres berechtigt ist, vorhandene Mängel selbst zu beheben oder durch einen Dritten beheben zu lassen und die dadurch entstehenden Kosten vom Werklohn abzuziehen. Der Besteller muss vielmehr den Werkunternehmer grundsätzlich unter Fristsetzung zur Mangelbeseitigung auffordern, da er sonst unter Umständen auch beim Vorliegen schwerer Mängel den gesamten Werklohn entrichten muss.[42]

22 Zur Abrechnung eines gekündigten Pauschalpreisvertrags werden beim zehnten bzw. siebten Senat des BGH unterschiedliche Berechnungsmethoden eingesetzt. Beide sind zulässig und führen zum gleichen Ergebnis.[43]

23 **Pauschale nach Satz 3**: Voraussetzung für den Anspruch auf die Pauschale von 5% ist nach § 649 Satz 3 BGB, dass der Unternehmer die auf den noch nicht erbrachten Teil der Werkleistung entfallende vereinbarte Vergütung darlegt. Es reicht nicht, die Gesamtvergütung darzulegen, denn diese ist nicht Grundlage für die Berechnung der Pauschale von 5%. Vielmehr muss der Unternehmer darlegen, welche Leistungen er erbracht hat und welche Leistungen nicht erbracht worden sind.[44]

D. Prozessuale Hinweise/Verfahrenshinweise

24 Zur Herstellung der **Fälligkeit** des Anspruches aus § 649 BGB ist eine Abnahme der unvollendeten Werkleistungen nicht notwendig.[45]

25 Entsprechend den allgemeinen Beweisregeln hat der Unternehmer im Streitfall seinen Vergütungsanspruch darzulegen und zu beweisen. Dies umfasst die vereinbarte Vergütung, die Abrechnung der erbrachten und nicht erbrachten Leistungen, die Anrechnung der ersparten Aufwendungen unter Umständen mit Offenlegung der Kalkulationsgrundlage und die Mangelfreiheit.[46] Wegen des negativen formulierten Wortlauts der Vorschrift ist grundsätzlich vom vereinbarten Vergütungsanspruch des Unternehmers auszugehen und im Zweifel sind bestimmte Abrechnungsposten zu berücksichtigen. Die Beweislast hierfür verbleibt grundsätzlich beim Besteller.[47] Wie im Prozessrecht üblich, hat der Besteller die für ihn günstigen Umstände zu beweisen; dies gilt beispielsweise für behauptete höhere Ersparnisse des Unternehmers[48], für die Unzumutbarkeit der Verwertbarkeit von Rohstoffen etc.[49]

26 Bei Abrechnung nach § 649 BGB muss der Werkunternehmer darlegen und erforderlichenfalls beweisen, welche Teile des Gesamtwerks hergestellt wurden, damit auf dieser Grundlage der anteilige Werklohn ermittelt werden kann.[50]

27 Ist ungeklärt, ob und in welcher Höhe Einsparungen möglich sind, kann der Unternehmer eine Feststellungsklage auf Einstandspflicht des Bestellers betreiben.[51]

---

[40] OLG Koblenz v. 18.02.1992 - 3 U 137/91 - NJW-RR 1992, 850-852.
[41] OLG Oldenburg (Oldenburg) v. 27.02.2003 - 8 U 201/02 - OLGR Oldenburg 2004, 28-30.
[42] OLG Hamm v. 28.12.2006 - 24 W 39/06.
[43] *Schmitz*, BauR 2006, 521-522.
[44] BGH v. 28.07.2011 - VII ZR 223/10.
[45] OLG Oldenburg v. 22.05.2003 - 8 U 214/02 - OLGR Oldenburg 2003, 440-443.
[46] BGH v. 05.06.1997 - VII ZR 124/96 - BGHZ 136, 33-40.
[47] BGH v. 21.12.2000 - VII ZR 467/99 - LM BGB § 649 Nr. 38 (12/2001).
[48] BGH v. 21.12.1995 - VII ZR 198/94 - BGHZ 131, 362-367.
[49] BGH v. 15.09.1997 - II ZR 170/96 - BGHZ 136, 332-336.
[50] OLG Koblenz v. 27.11.2003 - 5 U 1880/01 - NJW-RR 2004, 667-668.
[51] BGH v. 28.10.1999 - VII ZR 326/98 - BGHZ 143, 79-89.

§ 650 BGB Kostenanschlag

(Fassung vom 02.01.2002, gültig ab 01.01.2002)

(1) Ist dem Vertrag ein Kostenanschlag zugrunde gelegt worden, ohne dass der Unternehmer die Gewähr für die Richtigkeit des Anschlags übernommen hat, und ergibt sich, dass das Werk nicht ohne eine wesentliche Überschreitung des Anschlags ausführbar ist, so steht dem Unternehmer, wenn der Besteller den Vertrag aus diesem Grund kündigt, nur der im § 645 Abs. 1 bestimmte Anspruch zu.

(2) Ist eine solche Überschreitung des Anschlags zu erwarten, so hat der Unternehmer dem Besteller unverzüglich Anzeige zu machen.

Gliederung

A. Grundlagen 1	IV. Wesentliche Überschreitung 7
B. Anwendungsvoraussetzungen 2	V. Rechtsfolgen der Kostenüberschreitung 9
I. Kostenanschlag 2	VI. Die Anzeigepflicht nach Absatz 2 10
II. Keine bindende Preisvereinbarung 4	**C. Prozessuale Hinweise/Verfahrenshin-**
III. Zugrundelegung 6	**weise** 15

A. Grundlagen

§ 650 BGB räumt dem Besteller ein Kündigungsrecht für den Fall ein, dass ein vor Vertragsschluss unterbreitetes Kostenangebot wesentlich überschritten wird, und regelt für diesen Fall den Vergütungsanspruch des Unternehmers. Dieser richtet sich folgerichtig nach § 645 Abs. 1 BGB, da die Überschreitung des Kostenanschlags in die Risikosphäre des Unternehmers fällt. Wurde die Vergütungshöhe nicht vereinbart und ist der Auftragserteilung ein nicht bindendes Kostenangebot vorausgegangen, ergibt sich aus § 650 BGB für den Unternehmer die Pflicht ständig die Kosten zu kontrollieren und über deren Entwicklung den Besteller zu unterrichten.

B. Anwendungsvoraussetzungen

I. Kostenanschlag

Eine gesetzliche Definition des Kostenanschlags ist in § 650 Abs. 1 BGB nicht enthalten. Die inhaltlichen Anforderungen die an diesen Begriff anzulegen sind, ergeben sich aus Sinn und Zweck des Kostenvoranschlags, nämlich die zu erwartenden Kosten der Werkherstellung für den Besteller kalkulierbar zu machen. Der Kostenanschlag ist nicht mit der vom Besteller zu entrichtenden Vergütung gleich zu setzen, so dass der Unternehmer **summenmäßig nicht** an den darin ermittelten Betrag **gebunden** ist. Vielmehr legt der Unternehmer im Kostenvoranschlag eine unverbindliche Aufstellung der voraussichtlich entstehenden Kosten dar[1], die die maßgeblichen Berechnungsgrundlagen erkennbar werden lässt. Beim Kostenanschlag handelt es sich daher um eine **gutachterliche Äußerung** zur Kostenfrage des herzustellenden Werks[2], die aber für den Besteller konkret und verlässlich wirkt[3].

Abweichungen vom Kostenanschlag sind in zwei Richtungen denkbar. **Übersteigt** der tatsächliche Aufwand den Kostenanschlag, so wird der Unternehmer nicht auf den niedrigeren Betrag des Kostenanschlags verwiesen. Spiegelbildlich verhält es sich, wenn die **tatsächlichen Kosten geringer** ausfallen, als die im Kostenanschlag kalkulierten. Auch dann sind lediglich die tatsächlichen niedrigeren Kosten zu vergüten und nicht die im Kostenanschlag ermittelten.[4]

II. Keine bindende Preisvereinbarung

Weitere Voraussetzung des § 650 BGB ist, dass der Unternehmer **keine Gewähr für die Richtigkeit** des Kostenanschlags übernommen hat. Durch die Verwendung des stets eine rechtliche Bindung indizierenden Begriffs „Garantie", klammert der Gesetzgeber Fälle vom Anwendungsbereich des § 650

---

[1] *Soergel* in: MünchKomm-BGB, § 650 Rn. 10.
[2] *Soergel* in: MünchKomm-BGB, § 650 Rn. 50; *Peters* in: Staudinger, § 650 Rn. 7.
[3] *Peters* in: Staudinger, § 650 Rn. 19.
[4] *Soergel* in: MünchKomm-BGB, § 650 Rn. 3.

§ 650

BGB aus, in denen der Unternehmer die rechtliche Verantwortung für die Richtigkeit seines Kostenanschlags übernommen hat. Übernimmt der Unternehmer eine solche **Garantie** für die Richtigkeit des Kostenanschlags, wird der so garantierte Preis **Vertragsinhalt** und § 650 BGB ist in der Folge nicht anwendbar.[5]

5 Darüber hinausgehend sind dem Anwendungsbereich des § 650 BGB aber auch die Fälle enthoben, in denen sich die Parteien bereits zum Zeitpunkt des Vertragsschlusses auf einen **endgültigen Preis** verständigt haben und der Unternehmer deshalb für einen bestimmten Preis einzustehen hat. So liegt es etwa im Bereich des Fest- oder Pauschalpreises.

III. Zugrundelegung

6 Die Rechte aus § 650 Abs. 1 BGB werden daran geknüpft, dass der Kostenanschlag von den Parteien dem Vertrag zugrunde gelegt worden ist. Das „Zugrundelegen" im Sinne des § 650 Abs. 1 BGB geht **nicht** soweit, dass der Kostenanschlag **Vertragsinhalt** geworden sei, da es sich dann nicht mehr um eine unverbindliche Preisprognose, sondern um eine bindende Preisabsprache handelt. Erforderlich ist vielmehr, dass die Vertragspartner den Kostenanschlag **gemeinsam für richtig halten**[6] und ihn als maßgebliche Geschäftsgrundlage dem Vertrag zugrunde legen[7].

IV. Wesentliche Überschreitung

7 § 650 Abs. 1 BGB erfordert eine **wesentliche Überschreitung** des Kündigungsrechts. Allgemein verbindliche Prozentsätze lassen sich zur Prüfung der Wesentlichkeit nicht benennen; entscheidend sind die Umstände des **Einzelfalles**.[8] Dabei kommt es vor allem darauf an, ob der veranschlagte Endpreis und nicht nur die einzeln ausgewiesenen Kostenpositionen überschritten werden.

8 Insgesamt ist die Frage ob eine wesentliche Überschreitung vorliegt, im Zusammenhang mit dem Schutzcharakters des § 650 BGB zu sehen und daher normativ zu beantworten. Entscheidend hat daher zu sein, ob die Steigerung so erheblich ist, dass sie einen redlichen Besteller zur Änderung seiner Dispositionen, namentlich zur Kündigung veranlassen kann. Die Literatur nennt insoweit den groben Richtwert von 10%.[9] In einer frühen Entscheidung hat der BGH sogar 27,7% noch als nicht wesentlich erachtet[10], jedoch hat das Gericht später seine eigene Rechtsprechung dahingehend wieder eingeschränkt[11].

V. Rechtsfolgen der Kostenüberschreitung

9 Unter vorstehenden Voraussetzungen gewährt § 650 Abs. 1 BGB dem Besteller ein **Kündigungsrecht**. Wird dieses ausgeübt, entfällt der Vertrag mit Wirkung für die Zukunft. Der Vergütungsanspruch des Unternehmers richtet sich dann nach § 645 Abs. 1 BGB.[12]

VI. Die Anzeigepflicht nach Absatz 2

10 Die **Anzeigepflicht** nach § 650 Abs. 2 BGB legt dem Unternehmer eine **Pflicht zur regelmäßigen Kontrolle** der Kosten auf. Sofern diese Kontrolle eine wesentliche Überschreitung befürchten lässt, ist der Unternehmer verpflichtet, den Besteller über diesen Umstand zu informieren. Dadurch soll der Besteller von seinem Kündigungsrecht in Kenntnis gesetzt werden, um so eine weitere Ausdehnung der tatsächlichen Kosten vermeiden zu können.

11 Unterlässt der Unternehmer die geforderte Anzeige, so liegt darin eine **Pflichtverletzung** im Sinne von § 280 BGB. Soweit diese schuldhaft ist, schließt sich für den Besteller daran ein Schadensersatzanspruch, gerichtet auf Ersatz des **negativen Interesses**[13], an. Der Besteller ist mithin so zu stellen, wie wenn der Unternehmer rechtzeitig seiner Informationspflicht nachgekommen wäre und der Besteller

---

[5] OLG Hamm v. 24.07.1986 - 4 U 197/86 - NJW-RR 1987, 33.
[6] *Peters* in: Staudinger, § 650 Rn. 20.
[7] *Soergel* in: MünchKomm-BGB, § 650 Rn. 5.
[8] *Peters* in: Staudinger, § 650 Rn. 21.
[9] *Soergel* in: MünchKomm-BGB, § 650 Rn. 9; bis 15-20%, in Ausnahmefällen sogar 25%; *Sprau* in: Palandt, § 650 Rn. 2.
[10] BGH v. 07.02.1957 - VII ZR 266/56 - VersR 1957, 298.
[11] BGH, NJW-RR 1987, 237.
[12] Zu den Folgen der Überschreitung eines Kostenanschlags durch den Werkunternehmer: OLG Celle v. 03.04.2003 - 22 U 179/01 (6. ZS), 22 U 179/01 - NJW-RR 2003, 1243-1245.
[13] *Soergel* in: MünchKomm-BGB, § 650 Rn. 13.

dann gekündigt hätte.[14] Bei der Berechnung des Schadensersatzanspruchs des Bestellers wird berücksichtigt, dass sich sein Vermögen durch die bereits erbrachten Leistungen mehrt. Die insoweit in Ansatz zu bringende Höhe der Vermögensmehrung bestimmt nach dem subjektiven Nutzen des Werkes für den Besteller.[15]

Etwaiges Mitverschulden ist § 254 BGB zu berücksichtigen. 12

Hätte der Besteller trotz gemäß § 650 Abs. 2 BGB angezeigter Überschreitung des Kostenanschlags am Vertrag festgehalten, dann schuldet er für die Werkleistung nicht nur den Preis des Kostenanschlags bzw. einen um 25% erhöhten Preis, sondern die der erbrachten Arbeitsleistung entsprechende Vergütung gemäß den vereinbarten Einzelpreisen bzw. Stundensätzen.[16] 13

Eine vergleichbare Regelung findet sich in § 2 Nr. 6 Abs. 1 Satz 2 VOB/B. Dort wird dem Unternehmer ein so genanntes Ankündigungsrecht auferlegt. Danach muss der Unternehmer Leistungen, die im Vertrag nicht vereinbart sind, jedoch vom Besteller gefordert werden, als vergütungspflichtig ankündigen, bevor er mit der Ausführung der Leistungen beginnt.[17] 14

C. Prozessuale Hinweise/Verfahrenshinweise

Die Verteilung der Beweislast folgt allgemeinen Regeln. Demzufolge hat im Rahmen des § 650 Abs. 1 BGB der Besteller die Kündigungsvoraussetzungen darzulegen und zu beweisen. 15

Begehrt der Besteller Schadensersatz unter Berufung auf die verletzte Anzeigepflicht nach § 650 Abs. 2 BGB, trägt er die Darlegungs- und Beweislast für den Schadenseintritt. 16

Kontrovers beurteilt wird, ob der Besteller darlegen muss, dass er nach § 650 Abs. 1 BGB gekündigt hätte. Nach zutreffender Ansicht ist die Beweislast dafür dem Besteller aufzubürden, da keine tatsächliche Vermutung für die Kündigung des Bestellers spricht und die Kündigung zur Darlegung des Schadens gehört.[18] 17

Die Beweislast für fehlendes Verschulden der Überschreitung des Kostenanschlags trifft den Unternehmer. Ebenso hat der Unternehmer zu belegen, ob und in welcher Höhe die dem Besteller verbleibende Werkleistung diesen bereichert und dieser Wert vom Schadensersatzanspruch in Abzug zu bringen ist. Hierzu gehört auch, dass er dem Besteller nachweisen muss, dass ein anderweitiger Wert der Teilleistungen am Markt nicht billiger bezogen werden konnten.[19] 18

---

[14] OLG Köln v. 16.01.1998 - 19 U 98/97 - NJW-RR 1998, 1429-1430.
[15] *Köhler*, NJW 1983, 1633-1635.
[16] OLG Karlsruhe v. 23.10.2002 - 7 U 104/02 - OLGR Karlsruhe 2003, 61.
[17] Eingehend hierzu *Kretschmann*, BrBp 2005, 178-184.
[18] Vgl. *Peters* in: Staudinger, § 650 Rn. 14.
[19] A.A. LG Köln v. 22.02.1990 - 29 O 139/89 - NJW-RR 1990, 1498-1499.

§ 651 BGB Anwendung des Kaufrechts *⁾

(Fassung vom 02.01.2002, gültig ab 01.01.2002)

¹Auf einen Vertrag, der die Lieferung herzustellender oder zu erzeugender beweglicher Sachen zum Gegenstand hat, finden die Vorschriften über den Kauf Anwendung. ²§ 442 Abs. 1 Satz 1 findet bei diesen Verträgen auch Anwendung, wenn der Mangel auf den vom Besteller gelieferten Stoff zurückzuführen ist. ³Soweit es sich bei den herzustellenden oder zu erzeugenden beweglichen Sachen um nicht vertretbare Sachen handelt, sind auch die §§ 642, 643, 645, 649 und 650 mit der Maßgabe anzuwenden, dass an die Stelle der Abnahme der nach den §§ 446 und 447 maßgebliche Zeitpunkt tritt.

*) *Amtlicher Hinweis:*
  Diese Vorschrift dient der Umsetzung der Richtlinie 1999/44/EG des Europäischen Parlaments und des Rates vom 25. Mai 1999 zu bestimmten Aspekten des Verbrauchsgüterkaufs und der Garantien für Verbrauchsgüter (ABl. EG Nr. L 171 S. 12).

Gliederung

A. Grundlagen ... 1	3. Forschungs- und Entwicklungsvertrag ... 31
I. Kurzcharakteristik ... 1	V. Typische Fallkonstellationen ... 33
II. Europäischer Hintergrund ... 7	1. Lieferung und Montage ... 34
III. Bezug zum UN-Kaufrecht ... 8	2. Keine beweglichen Sachen ... 35
B. Praktische Bedeutung ... 9	3. Erstellung von Software ... 36
C. Anwendungsvoraussetzungen ... 10	4. „Komplexe Werke" ... 46
I. Normstruktur ... 10	5. Zusätzlich geschuldeter Erfolg ... 47
II. Bewegliche Sachen ... 14	**D. Rechtsfolgen** ... 48
III. Lieferung ... 22	I. Kaufrecht ... 48
IV. Herstellung oder Erzeugung ... 28	II. Nicht vertretbare Sachen ... 53
1. Herstellung ... 28	III. Untersuchungs- und Rügepflicht ... 57
2. Erzeugung ... 30	IV. Vertragliche Gestaltung ... 58

A. Grundlagen

I. Kurzcharakteristik

1 Die Norm wurde durch Art. 1 Abs. 1 Nr. 42 Schuldrechtsmodernisierungsgesetz vollständig neu formuliert. Die Vorschrift regelt die Abgrenzung von **Werkvertrag** und **Kaufvertrag** und ersetzt die alte Regelung des **Werklieferungsvertrages**. Die Neuregelung erfolgte zur Umsetzung der RL 1999/44/EG des Europäischen Parlaments und Rates vom 25.05.1999 zu bestimmten Aspekten des Verbrauchsgüterkaufs und der Garantien für Verbrauchsgüter.[1] Die Neuregelung beschränkt sich allerdings nicht auf den Bereich des Verbrauchsgüterkaufs. Vielmehr regelt sie auch den **B2B**-Bereich (Business-to-Business, also den Rechtsverkehr zwischen Unternehmen). Dies soll der Rechtssicherheit und Klarheit dienen.[2]

2 Nach der neuen Konzeption wird weder nach Herkunft des Materials noch nach Art der Sache unterschieden, vielmehr unterfallen ihr alle Verträge zur Lieferung beweglicher Sachen.[3]

3 Insbesondere für **Projektverträge** hat die Neuregelung zu heftigen Diskussionen geführt. Es wird befürchtet, dass Projektverträge in weitem Umfang aus dem Werkvertragsbereich herausgenommen und dem Kaufvertragsrecht unterstellt werden. Da die Schuldrechtsmodernisierung zu einer weitgehenden Angleichung der Gewährleistungsvorschrift im **Kaufrecht** und im **Werkvertragsrecht** geführt hat, sind die praktischen Auswirkungen begrenzt.[4] Sie liegen im Wesentlichen darin, dass die werkvertragliche Abnahme durch die kaufvertragliche Übergabe ersetzt wird. Dadurch wird der Werkunterneh-

---

[1] Abl. EG Nr. L171, S. 12.
[2] *Sprau* in: Palandt, § 651 Rn. 1.
[3] *Sprau* in: Palandt, § 651 Rn. 1.
[4] OLG Frankfurt v. 25.08.2011 - 5 U 209/09 - juris Rn. 25.

mer/Verkäufer bevorzugt. Er muss nun nur noch die Übergabe vortragen und beweisen. Nach Werkvertragsrecht hätte er bis zur erfolgten Abnahme auch noch die Beweislast für die Mangelfreiheit gehabt. Inwieweit dies dem Schutz des Verbrauchers dienen mag, ist zweifelhaft. Insbesondere bei Projektverträgen führt es allerdings zu einer Veränderung der bewährten Strukturen.

Ein ähnliches Problem stellt in diesem Zusammenhang auch § 95 BGB dar. Danach sind Sachen, die nur zu einem vorübergehenden Zweck mit einem Grundstück verbunden werden, keine Bestandteile. Hiervon sind insbesondere Ferienhäuser betroffen.[5] Das Gleiche gilt, sofern eine Sache „in Ausübung eines Rechts an einem fremden Grundstück" mit dem Grundstück verbunden wurde.[6] In beiden Fällen bedeutet die Einordnung des Vertrages als Kaufvertrag die Überstülpung einer nicht geeigneten Vertragsart. Deshalb ist auch dort die Mehrheit der Autoren der Ansicht, dass Werkvertrag die richtige und sachgerechte vertragstypologische Einordnung ist.[7]

Die Rechtsprechung geht bisher davon aus, dass die Parteien jedenfalls in AGB den Vertragstyp nicht frei bestimmen können.[8] Diese Rechtsprechung betrifft jedoch Fälle, in denen die gewählte Vertragsart als sachwidrig einzuordnen war und zu einseitigen deutlichen Nachteilen des Vertragspartners bei den Gewährleistungsrechten führte. Nach der ständigen Rechtsprechung des 7. Senats des BGH ist ein formelhafter Ausschluss der Gewährleistung für Sachmängel beim Erwerb neu errichteter oder so zu behandelnder Häuser auch in einem notariellen Individualvertrag gemäß § 242 BGB unwirksam, wenn die Freizeichnung nicht mit dem Erwerber unter ausführlicher Belehrung über die einschneidenden Rechtsfolgen eingehend erörtert worden ist.[9] Hintergrund dieser Rechtsprechung ist keineswegs eine formelhafte oder auch nur generelle Ablehnung der Wahl der Vertragsparteien für einen bestimmten Vertragstyp. Vielmehr wird ausschließlich die einseitig den Verwender unangemessen bevorzugende Wahl eines Vertragstyps abgelehnt.[10] Auch soweit man zur Anwendung von Kaufrecht gelangt, können kaufrechtliche Bestimmungen abbedungen werden, soweit nicht die für den Kaufvertrag charakteristischen Hauptpflichten vollständig beseitigt werden.[11]

Es spricht sehr wenig dafür, dies auch für den Fall von IT-Projekten zu übertragen, bei denen praktisch alle Experten der Ansicht sind, dass Werkvertragsrecht die Interessenlage beider Beteiligter wesentlich besser berücksichtigt als der (scheinbar, vgl. dazu Rn. 30) gesetzlich vorgeschriebene Kaufvertrag.[12] Jedenfalls wird man in dieser Situation nicht die unangemessene Benachteiligung des Vertragspartners begründen können, wie sie nach § 307 BGB bei AGB oder nach § 242 BGB bei den vom BGH entschiedenen notariellen Individualverträgen Voraussetzung der Unwirksamkeit der Vereinbarung wäre.[13] Für diesen Befund spricht auch die weitere Überlegung, dass die Änderungen der Schuldrechtsreform im Bereich der Gewährleistung die Unterschiede deutlich eingeebnet haben (vgl. dazu Rn. 10). Zudem ist in typischen IT-Projektverträgen meist eine solche Regelung nicht isoliert anzutreffen. Vielmehr werden weitere, für den Werkvertrag typische, Regelungen, insbesondere zu Mitwirkungspflichten, enthalten sein.

II. Europäischer Hintergrund

Hintergrund dieser Neuregelung ist die RL 1999/44/EG des Europäischen Parlaments und Rates vom 25.05.1999 (Richtlinie über Verbrauchsgüterkauf). Art. 1 Abs. 2 RL 1999/44/EG des Europäischen Parlaments und Rates bestimmt, dass als Kaufverträge im Sinne dieser Richtlinie auch Verträge über die Lieferung herzustellender oder zu erzeugender Verbrauchsgüter gelten sollen. Der deutsche Gesetzgeber hat über die Richtlinie hinaus nicht nur Verbrauchsgüterkaufverträge, sondern sämtliche Verträge über die Lieferung herzustellender oder zu erzeugender Sachen der Neuregelung unterworfen.[14]

---

[5] *Schwenker* in: Erman, § 651 Rn. 5.
[6] *Schwenker* in: Erman, § 651 Rn. 5.
[7] *Schwenker* in: Erman, § 651 Rn. 5; OLG Düsseldorf v. 30.07.2004 - I-23 U 186/03, 23 U 186/03 - juris Rn. 14 - K&R 2004, 591-594.
[8] BGH v. 17.09.1987 - VII ZR 153/86 - juris Rn. 7 - BGHZ 101, 350; BGH v. 29.06.1989 - VII ZR 151/88 - juris Rn. 26 - BGHZ 108, 164.
[9] BGH v. 08.03.2007 - VII ZR 130/05 - juris Rn. 27 - MDR 2007, 771-772.
[10] *Schuhmann*, JZ 2008, 115-120.
[11] *Weidenkaff* in: Palandt, § 433 Rn. 3; vgl. auch *Grüneberg* in: Palandt, Überblick vor § 311 Rn. 15.
[12] Offen gelassen in BGH v. 23.07.2009 - VII ZR 151/08 - juris Rn. 19.
[13] *Lapp*, ITRB 2006, 166.
[14] *Busche* in: MünchKomm-BGB, § 651 Rn. 2.

III. Bezug zum UN-Kaufrecht

8 Das UN-Kaufrecht enthält eine in wesentlichen Punkten ähnliche Regelung. Nach Art. 3 Abs. 1 CISG stehen ebenfalls Verträge über die **Lieferung herzustellender** oder zu erzeugender Waren den **Kaufverträgen** gleich. Dies gilt nur dann nicht, wenn der Besteller einen wesentlichen Teil der für die Herstellung oder Erzeugung notwendigen Stoffe selbst zur Verfügung zu stellen hat. In Art. 3 Abs. 2 CISG werden außerdem Verträge ausgenommen, bei denen der überwiegende Teil der Pflichten der Partei, welche die Ware liefert, in der Ausführung von Arbeiten oder anderen Dienstleistungen besteht.

B. Praktische Bedeutung

9 Der Werklieferungsvertrag ist durch die Neuregelung endgültig abgeschafft. Die Bedeutung der Abgrenzung zwischen Kaufvertrag und Werkvertrag ist durch die Änderungen des Gewährleistungsrechts stark zurückgegangen. Die Gewährleistungsvorschriften sind im Kaufvertrag und Werkvertrag seit der Reform des Schuldrechts weitgehend angeglichen.[15] Daneben gibt es aber immer noch wichtige Unterschiede zwischen den Vertragstypen, weshalb die Abgrenzung wegen der Funktion als Leitbild für die Beurteilung nach § 307 Abs. 2 BGB relevant bleibt.[16] Wichtigste Unterschiede beim Werkvertrag sind die Fälligkeit der Vergütung erst mit Abnahme nach den §§ 640, 641, 641a BGB gegenüber der Fälligkeit mit Übergabe und Übereignung an Kaufvertrag, die Möglichkeit von Abschlagszahlungen kraft Gesetzes nach § 632a BGB, die Sicherung des Unternehmers nach den §§ 647, 648, 648a BGB, die Regelung der Mitwirkungspflichten nach den §§ 642, 643, 645 BGB, das Recht zur Selbstvornahme nach § 637 BGB und die Unanwendbarkeit der §§ 377, 381 Abs. 2 HGB. Gedacht war die Regelung als Stärkung der Rechte des Verbrauchers als Käufer beim Verbrauchsgüterkauf. Dennoch kann man nicht generell erklären, ob es für den Besteller oder den Unternehmer Vorteile bringt, einen bestimmten Vertrag nach Kaufvertrags- oder Werkvertragsrecht zu behandeln. In etlichen der bislang zu der Neuregelung entschiedenen Fällen führte die Anwendung von Kaufvertragsrecht wegen § 377 HGB zu Nachteilen für die Käufer/Besteller, die mit ihren Mängelrügen ausgeschlossen waren. Andererseits legen etliche Unternehmer Wert auf den förmlichen Abschluss der vertraglichen Leistungen durch die Abnahme. Gerade Unternehmen, die amerikanischen Rechnungslegungsvorschriften (US GAAP) unterliegen, benötigen eine der Abnahme entsprechende Erklärung, um die Einnahmen als Gewinn verbuchen zu dürfen.

C. Anwendungsvoraussetzungen

I. Normstruktur

10 Die Regelung unterscheidet sich in ihrer Struktur grundsätzlich von der alten Regelung. Nach **altem Recht** wurde zunächst danach unterschieden, ob der Unternehmer oder der Kunde das Material zur Herstellung der Sache beschaffen sollte. Sofern der Stoff vom Unternehmer zu beschaffen war, unterstand der Vertrag bei vertretbaren Sachen **Kaufrecht**. Bei nicht vertretbaren Sachen wurde eingeschränkt Werkvertragsrecht angewendet, der so genannte **Werklieferungsvertrag**. Sofern der Stoff ausschließlich vom Kunden beschafft wurde und der Unternehmer nur zur Beschaffung von Zutaten oder sonstigen Nebensachen verpflichtet war, wurde reines **Werkvertragsrecht** angewendet.

11 Nach neuem Recht ist der Bezug zu den Materialien bzw. dem Stoff weggefallen. Jede Lieferung von herzustellenden oder zu erzeugenden Sachen unterfällt dem Kaufrecht. Nur soweit diese Sachen nicht vertretbar sind, gilt jetzt Kaufrecht mit werkvertraglichen Elementen, nämlich die §§ 642, 643, 645, 649, 650 BGB. Dabei gilt die Einschränkung, dass auch hier keine Abnahme erforderlich ist, sondern auf den nach den §§ 446, 447 BGB maßgeblichen Zeitpunkt die Übergabe bzw. Auslieferung abgestellt wird. Auch der Werklieferungsvertrag hat daher stark an Eigenständigkeit und damit an Bedeutung verloren.

12 Die Abgrenzung zwischen Werk- und Kaufvertrag hat jedoch unter funktionaler Betrachtungsweise zu erfolgen,[17] d.h. danach, ob der Schwerpunkt der Verpflichtung des Leistungserbringers in der Eigentumsverschaffung an neuen beweglichen Sachen besteht – dann ist Kaufrecht anwendbar – oder ob die

---

[15] *Sprau* in: Palandt, § 651 Rn. 1; *Busche* in: MünchKomm-BGB, § 651 Rn. 2.
[16] *Sprau* in: Palandt, § 651 Rn. 1.
[17] BGH v. 22.12.2005 - VII ZR 183/04 - juris Rn. 12 - NJW 2006, 904-906.

Schöpfung eines über die Sache hinausgehenden Gesamterfolgs Vertragszweck ist.[18] Ein Vertrag mit Schwerpunkt auf Lieferung und Herstellung beweglicher Sachen ist als reiner Kaufvertrag zu qualifizieren. Lieferung und Herstellung als wesentliche Leistung des Vertrages führen nach neuem Recht zur Qualifikation als Kaufvertrag.[19]

Der Werklieferungsvertrag ist durch die Neuregelung abgeschafft worden.[20] Diese Mischform zwischen Werkvertrag und Kaufvertrag hat im Gesetz keinen Platz mehr. 13

II. Bewegliche Sachen

Die Vorschrift ist auf alle beweglichen Sachen anwendbar. Der Begriff ist identisch mit der Regelung in §§ 90, 433 BGB (vgl. zum Begriff die Kommentierung zu § 90 BGB und die Kommentierung zu § 433 BGB). Wesentliche Bestandteile unbeweglicher Sachen sind aber keine beweglichen Sachen im Sinne der Norm.[21] Vom Wortlaut her würden auch Schiffe als bewegliche Sachen im Sinne der Vorschrift anzusehen sein. Die Regelung in § 648 Abs. 2 BGB zeigt allerdings, dass Schiffbau dem Werkvertragsrecht unterliegen soll.[22] 14

Nach dem Wortlaut könnte man auch Scheinbestandteile nach § 95 BGB als bewegliche Sachen ansehen. Daraus wird entnommen, dass beispielsweise die Errichtung von Gebäuden, die im Rahmen eines Erbbaurechts errichtet werden und daher Scheinbestandteile nach § 95 Abs. 1 Satz 2 BGB sind, dem Kaufrecht unterliegen, während ansonsten Werkvertragsrecht anzuwenden ist.[23] Auch diese Folge ist offenbar vom Gesetzgeber nicht gewollt. Eine richtlinienkonforme Auslegung, die nur noch Verbrauchsgüter als bewegliche Sachen im Sinne des § 651 BGB betrachtet[24], schafft dagegen das Problem, dass „bewegliche Sachen" an unterschiedlichen Stellen des Gesetzes andere Bedeutung haben. Auch das ist sicher nicht vom Gesetzgeber gewollt. Auch hier ist eine teleologische Reduktion der Norm geboten, die Scheinbestandteile nicht unter § 651 BGB fasst. Dies liegt umso näher, als der Wortlaut von § 95 Abs. 1 Satz 2 BGB die Scheinbestandteile nicht ausdrücklich zu beweglichen Sachen erklärt. 15

Der Einordnung als bewegliche Sache im Sinne des § 651 BGB steht nicht entgegen, dass die Anlagenteile dazu bestimmt waren, zu einer Anlage zusammengesetzt und dann auf einem Grundstück fest installiert zu werden. Maßgeblich ist, ob die Sachen im Zeitpunkt der Lieferung beweglich sind.[25] 16

Auch aus der Zweckbestimmung zum Einbau in Bauwerke ergeben sich weder nach nationalem deutschem Recht noch aus der Verbrauchsgüterkaufrichtlinie Anhaltspunkte für eine Abweichung von § 651 BGB.[26] 17

Dem Gesetz kann keine Beschränkung derart entnommen werden, dass lediglich Verträge über die Lieferung von typischen Massengütern oder zum Verbrauch bestimmten Gütern erfasst sein sollten.[27] 18

Auch geistige Werke sind keine beweglichen Sachen. Ihre Herstellung ist damit nicht nach Kaufvertragsrecht, sondern nach Werkvertragsrecht zu beurteilen. Das gilt auch dann, wenn diese Werke letztlich in einer Sache verkörpert werden, die dann dem Besteller übergeben wird.[28] Diese Ausnahme betrifft Planungsleistungen, Gutachten[29], Architektenverträge, Prospekte, Werbefilme[30] etc. Darunter soll 19

---

[18] Oberlandesgericht des Landes Sachsen-Anhalt v. 20.12.2007 - 1 U 80/07 - juris Rn. 7 - OLGR Naumburg 2008, 231.
[19] OLG Nürnberg v. 11.10.2005 - 9 U 804/05 - juris Rn. 48 - BauR 2007, 122-124; BGH v. 15.04.2004 - VII ZR 291/03 - juris Rn. 11 - NJW-RR 2004, 1205-1206.
[20] Dies übersieht LG Konstanz v. 14.01.2010 - 5 O 40/08 R - juris Rn. 46.
[21] *Voit* in: Bamberger/Roth, § 651 Anm. II 1a.
[22] *Voit* in: Bamberger/Roth, § 651 Anm. II 1a; *Busche* in: MünchKomm-BGB, § 651 Rn. 3.
[23] *Voit* in: Bamberger/Roth, § 651 Anm. II 1b.
[24] *Schwenker* in: Erman, § 651 Rn. 5.
[25] BGH v. 23.07.2009 - VII ZR 151/08 - juris Rn. 13.
[26] BGH v. 23.07.2009 - VII ZR 151/08 - juris Rn. 15; OLG Rostock v. 16.02.2010 - 4 U 99/09 - juris Rn. 10 - BauR 2010, 1223-1224.
[27] BGH v. 23.07.2009 - VII ZR 151/08 - juris Rn. 20.
[28] *Voit* in: Bamberger/Roth, § 651 Anm. II 1c; *Sprau* in: Palandt, § 651 Rn. 5.
[29] *Ott*, MDR 2002, 361-365, 363.
[30] *Voit* in: Bamberger/Roth, § 651 Anm. II 1b.

§ 651

20 auch Software gefasst werden, weil diese ebenfalls als geistige Leistung anzusehen sei, deren Verkörperung auf einem Datenträger nicht im Vordergrund der Betrachtung stehe.[31]

20 Planungsleistungen, die als Vorstufe zu der im Mittelpunkt des Vertrages stehenden Lieferung herzustellender Anlagenteile anzusehen sind, können der Beurteilung des Vertrages nach den Vorschriften über den Kauf nicht entgegenstehen, wenn sie von untergeordneter Bedeutung sind.[32]

21 Ob Computersoftware als bewegliche Sache oder rein geistige Leistung einzuordnen ist, hatte der BGH im Jahre 1987 zwar noch offen gelassen, jedoch bereits festgestellt, dass die Regelungen zur kaufrechtlichen Sachmängelhaftung zumindest entsprechend anzuwenden seien.[33] In späteren Entscheidungen hat der BGH immer wieder entschieden, dass eine auf einem Datenträger verkörperte Standardsoftware als bewegliche Sache anzusehen ist, auf die je nach der vereinbarten Überlassungsform Miet- oder Kaufrecht anwendbar ist.[34]

III. Lieferung

22 Lieferung ist jede Handlung, die dazu dient, dem Besteller Besitz und Eigentum zu verschaffen. Wesentlich für die Norm ist diese Pflicht des Unternehmers, dem Besteller Besitz und Eigentum zu verschaffen.[35] Die Art und Weise, wie das geschieht, ist unerheblich.[36]

23 Die Norm legt den Schwerpunkt auf die Verpflichtung zur Lieferung.[37] Es ist unerheblich, ob die Sache erst noch hergestellt (vgl. Rn. 28) oder erzeugt (vgl. Rn. 30) werden muss. Aus der Tatsache, dass § 651 BGB in seinem Wortlaut von einem Vertrag über eine Lieferung spricht, zeigt, dass diese Leistung im Vordergrund stehen muss. In vielen Verträgen scheint diese Unterscheidung nicht von Bedeutung. Allerdings wird in der Literatur diskutiert, ob bei § 651 BGB eine Verpflichtung zur Herstellung besteht.[38] Tatsächlich kann sich eine solche Pflicht nicht aus dem Gesetz, sondern nur aus dem Vertrag ergeben. Das Gesetz zieht nur die Schlussfolgerung aus einer entsprechenden vertraglichen Gestaltung. Liegt dann der Schwerpunkt in der Lieferung, ist nach § 651 BGB Kaufvertragsrecht anzuwenden.[39] Es gibt jedoch Verträge, bei denen der Schwerpunkt auf der Herstellung liegt. Dort finden sich ausgefeilte Regelungen über die Herstellung, beispielsweise zu Mitwirkungsleistungen des Bestellers, zum Verfahren bei Änderungen, Regelungen zum gemeinsamen Test, zur Abnahme. Dies sind dann Verträge über die Herstellung von Sachen, die nur dem Werkvertragsrecht unterfallen. Dies gilt nicht nur dann, wenn ein über die reine Herstellung hinausgehender Erfolg geschuldet wird.[40] Vielmehr genügt es, dass die Parteien den Herstellungsprozess und nicht die Lieferung als wesentlichen Vertragsinhalt gesehen haben.[41]

24 Soweit nach dem Vertragsinhalt die Übertragung von Eigentum und Besitz an den Besteller/Käufer im Vordergrund steht, steht der Einordnung als Kaufvertrag nicht entgegen, dass der Unternehmer auch Montageverpflichtungen übernommen hat.[42]

25 Andererseits handelt es sich dann um einen reinen Werkvertrag, wenn der vertraglich geschuldete Erfolg nicht oder nicht in erster Linie in der Herstellung einer beweglichen Sache und der Übertragung von Eigentum und Besitz, sondern wesentlich in einem über die körperliche Sache hinausgehenden Erfolg besteht. Soweit es sich im Wesentlichen um eine **geistige Leistung**, etwa Planungsarbeiten eines Architekten oder die Herstellung eines bestimmten Zustands einer körperlichen Sache (Reparatur einer Maschine, Neukonfiguration eines Computerprogramms etc.), handelt, ist ebenfalls ein reiner Werkvertrag gegeben.[43] Soweit es sich um Leistungen an oder für Bauwerke handelt, wird es in der Regel an der für die Lieferung kennzeichnenden Übereignung fehlen. In diesen Fällen wird das Eigen-

---

[31] *Voit* in: Bamberger/Roth, § 651 Anm. II 1b unter Verweis auf *Ott*, MDR 2002, 361-365, 363; *Peters* in: Staudinger, § 651 Rn. 14.
[32] BGH v. 23.07.2009 - VII ZR 151/08 - juris Rn. 25.
[33] BGH v. 04.11.1987 - VII ZR 314/86 - juris Rn. 20.
[34] BGH v. 15.11.2008 - XII ZR 120/04 - juris Rn. 15 - mit weiteren Nachweisen.
[35] BGH v. 03.03.2004 - VIII ZR 76/03 - juris Rn. 10 - MDR 2004, 737; *Lapp*, ITRB 2006, Heft 7.
[36] *Sprau* in: Palandt, § 651 Rn. 2.
[37] So ausdrücklich BGH v. 23.07.2009 - VII ZR 151/08 - juris Rn. 8, 19.
[38] *Voit* in: Bamberger/Roth, § 651 Rn. 13.
[39] BGH v. 03.03.2004 - VIII ZR 76/03 - juris Rn. 10 - MDR 2004 (zu § 651 BGB a.F.).
[40] So aber *Sprau* in: Palandt, § 651 Rn. 4.
[41] BGH v. 03.03.2004 - VIII ZR 76/03 - juris Rn. 10 - MDR 2004 (zu § 651 BGB a.F.).
[42] *Sprau* in: Palandt, § 651 Rn. 4; BGH v. 03.03.2004 - VIII ZR 76/03 - juris Rn. 10 - MDR 2004, 737.
[43] *Sprau* in: Palandt, § 651 Rn. 4 unter Verweis auf die Rechtsprechung zum alten Recht.

tum sukzessive durch Einbau auf den Grundstückseigentümer übergehen. Allerdings stehen in diesen Fällen auch die Gesamtleistungen (nämlich Planung etc.) im Vordergrund, so dass auch eine Anwendung von Werkvertragsrecht angemessen ist.

Auch andere, über die bloße Lieferung mit Verpflichtung zur Montage hinausgehende Leistungen, etwa umfassende Arbeiten im Zusammenhang mit der Inbetriebnahme einer Anlage, können den Schwerpunkt der vertraglichen Pflichten von der reinen Lieferungspflicht entfernen und zu einer Einordnung des Vertrages als Werkvertrag führen.[44] Schuldet die Werkunternehmerin nämlich nicht nur Herstellung, sondern auch einsatzfähige Installation der Anlage in der von der Bestellerin unterhaltenen Bowlinghalle einschließlich der Inbetriebnahme der dazu erforderlichen Hard- und Softwarekomponenten sowie die Einweisung des Bedienpersonals, ist der Vertrag als Werkvertrag einzuordnen.[45] Wird die Verpflichtung zum Einbau von Einzelteilen in ein Bauwerk vereinbart, bei der die Teile dadurch ihre Eigenschaft als selbstständige Sache verlieren, ist dies ebenfalls ein über die bloße Lieferung und Übertragung von Eigentum und Besitz hinausgehender Erfolg, der die Einordnung des Vertrages als Werkvertrag rechtfertigt.[46] Auch bei einem Vertrag über den von einem Zahntechniker zu fertigenden und vom Zahnarzt ein- und anzupassenden Zahnersatz steht vor dem Hintergrund der Besonderheiten der zahnprothetischen Arbeiten, des nach den Vertragszweck insgesamt zu erbringenden Erfolges und des hierbei festzustellenden Schwerpunkts der Leistungserbringung nicht die Lieferung einer herzustellenden Sache im Vordergrund, so dass die Einordnung als Werkvertrag geboten ist.[47]

Überwiegt bei einem Vertrag über die Herstellung und den Einbau von beweglichen Teilen das Interesse des Bestellers an der Erstellung eines funktionsfähigen Werkes, ist der Vertrag insgesamt als Werkvertrag einzustufen.[48]

IV. Herstellung oder Erzeugung

1. Herstellung

Gegenstand der Regelung sind zum einen Verträge über die Lieferung **herzustellender beweglicher Sachen**. Es kommt dabei nicht darauf an, aus welchem Stoff die Sachen hergestellt wurden und wer diesen geliefert hat. Bei der Herstellung wird eine neue Sache geschaffen und nicht eine bestehende lediglich eine Veränderung oder Verarbeitung (§ 950 BGB) erfährt. Der zweite Fall führt über § 631 Abs. 2 Alt. 2 BGB zur Anwendung von Werkvertragsrecht,[49] während im ersten Fall Kaufvertragsrecht zur Anwendung kommt. Die Abgrenzung kann im Einzelfall schwierig werden, weil die Grenzen zwischen Bearbeitung und Herstellung manchmal fließend sind.

Alleine die Herstellung beweglicher Sachen nach individuellen Maßen des Auftraggebers führt nicht zur Qualifizierung des Vertrages als Werkvertrag.[50]

2. Erzeugung

Erzeugung meint tierische und pflanzliche Produktion.[51] Auch hier entsteht etwas Neues, wobei der Mensch lediglich die Rahmenbedingungen beeinflusst. Durch die ausdrückliche Erwähnung ist klargestellt, dass auch landwirtschaftliche Produkte von der Regelung umfasst sind, im Vordergrund. Auf einen Vertrag, der die Lieferung und Übereignung von Weintrauben, somit die Lieferung zu erzeugender beweglicher Sachen zum Gegenstand hat, finden gemäß § 651 Satz 1 BGB die Vorschriften über den Kauf Anwendung.[52]

3. Forschungs- und Entwicklungsvertrag

Forschungs- und Entwicklungsleistungen können Gegenstand eines Dienstvertrags wie auch eines Werkvertrags sein. Für die Abgrenzung von Dienst- und Werkvertrag ist der im Vertrag zum Ausdruck kommende Wille der Parteien maßgebend. Es kommt darauf an, ob auf dieser Grundlage eine Dienst-

---

[44] LG Dessau-Roßlau v. 12.09.2011 - 2 O 311/10 - juris Leitsatz und Rn. 13.
[45] LG Dessau-Roßlau v. 12.09.2011 - 2 O 311/10 - juris Leitsatz und Rn. 13.
[46] OLG Stuttgart v. 08.12.2010 - 4 U 67/10 - juris Rn. 54 - NJW-RR 2011, 669-672.
[47] OLG Frankfurt am Main v. 23.11.2010 - 8 U 111/10 - juris Rn. 22, 23 - ZM 2011, Nr. 6, 130.
[48] Hanseatisches OLG Bremen v. 19.03.2010 - 2 U 110/09 - juris Rn. 32 - IBR 2011, 406.
[49] *Sprau* in: Palandt, Einf. § 631 Rn. 22.
[50] BGH v. 09.02.2010 - X ZR 82/07 - juris Rn. 8; OLG Nürnberg v. 11.10.2005 - 9 U 804/05 - juris Rn. 47 - BauR 2007, 122-124; kritisch *Peters/Jacoby* in: Staudinger/Peters/Jacoby, 2008, § 651 BGB Rn 2.
[51] OLG München v. 16.11.2005 - 20 U 3950/05 - juris Rn. 9.
[52] OLG Stuttgart v. 05.05.2010 - 3 U 79/09 - juris Rn. 15.

leistung als solche oder als Arbeitsergebnis deren Erfolg geschuldet wird. Dabei sind die gesamten Umstände des Einzelfalls zu berücksichtigen; die vertragliche Beschreibung eines Ziels ist allein kein hinreichendes Indiz für die Annahme eines Werkvertrags.[53] Die Möglichkeit, einen Forschungs- und Entwicklungsvertrag je nach Interessenlage der Parteien sowohl als Dienstvertrag wie auch als Werkvertrag zu strukturieren, eröffnet auch Möglichkeiten, Projektverträge anders als nach Kaufrecht zu werten.

32 Insbesondere Verträge zur Erstellung von Individualsoftware gleichen den Forschungs- und Entwicklungsverträgen von der Interessenlage der Parteien häufig sehr. Der Unterschied in der Struktur wird auch durch den Wortlaut unterstützt. Herstellung ist die Produktion eines fertig entwickelten Produktes. Gerade bei Software ist die Herstellung des Datenträgers letztlich eine im Verhältnis zur Entwicklung untergeordnete Aufgabe. Bei Beginn der Entwicklung steht zwischen den Beteiligten noch nicht fest, welches Ergebnis am Ende stehen wird. Es werden in der ursprünglichen Planung einige Dinge enthalten sein, die sich nicht oder nicht so realisieren lassen oder die aus anderen Gründen letztlich nicht umgesetzt werden. Außerdem tauchen oft während der Realisierung neue Anforderungen auf. Alle diese Probleme lassen sich im Rahmen eines Werkvertrages gut abbilden, zum Kaufvertrag passen sie nicht.

V. Typische Fallkonstellationen

33 Aufgrund der einschneidenden Änderung in der Struktur der Norm ist ein Rückgriff auf frühere Rechtsprechung äußerst problematisch. Deshalb können hier nur wenige Beispiele gegeben werden. Die Entwicklung der Rechtsprechung bleibt abzuwarten.

1. Lieferung und Montage

34 Kaufvertragsrecht gilt nach der Neuregelung zum Beispiel bei Herstellung und Lieferung von körperlichen Sachen, bei denen Anpassung oder Montage als Nebenleistung geschuldet wird.[54] Beispiele sind eine Einbauküche mit Montage, Maßkonfektion[55], Standardsoftware mit Installation. § 434 Abs. 2 Satz 1 BGB zeigt deutlich, dass der Gesetzgeber diese Verträge dem Kaufrecht unterstellen will.

2. Keine beweglichen Sachen

35 Reines Werkvertragsrecht gilt für Arbeiten, die nicht Arbeiten an beweglichen Sachen sind, insbesondere an Grundstücken oder Personen. Gleiches gilt, wenn ein anderes Ziel als die Herstellung und Lieferung, beispielsweise die Reparatur oder der Umbau einer Sache im Vordergrund stehen. Auch für die Herstellung und Produktion unkörperlicher Werke, beispielsweise Architektenplanung, Erstellung von Gutachten, Theateraufführungen oder ähnliches gilt Werkvertragsrecht. In diesen Fällen wird zwar auch meist eine körperliche Sache hergestellt und übereignet. Der Ausdruck eines Gutachtens oder einer Architektenplanung oder eines Drehbuchs auf Papier führt jedoch nicht dazu, dass diese körperliche Sache Hauptgegenstand der vertraglichen Vereinbarungen wird. Deshalb verbleibt es in diesen Fällen beim Werkvertragsrecht. Teilweise wird dies auch für künstlerische Leistungen, wie etwa Porträt oder Skulptur oder Ähnliches angenommen.[56]

3. Erstellung von Software

36 **Computerprogramme** bzw. **Software** werden heute überwiegend als Sachen betrachtet.[57] Da bei der Programmierung jedoch keine Vorprodukte im Sinne von § 651 BGB a.F. verwendet werden, fand darauf früher reines Werkvertragsrecht, nicht Werklieferungsrecht Anwendung. Da es diese Schwelle zur Anwendung des § 651 BGB nicht mehr gibt, wird für Software heute vielfach unterstellt, dass die Regelungen des Kaufrechts Anwendung finden und nur ausnahmsweise nebenbei auch Regelungen des Werkvertrages angewendet werden.[58]

---

[53] BGH v. 16.07.2002 - X ZR 27/01 - juris Rn. 14 - BGHZ 151, 330-337.
[54] *Peters/Jacoby* in: Staudinger/Peters/Jacoby, 2008, § 651 Rn. 15.
[55] Insoweit kritisch *Peters/Jacoby* in: Staudinger/Peters/Jacoby, 2008, § 651 Rn. 2.
[56] *Vorwerk*, BauR 2002, 165-181.
[57] BGH v. 14.07.1993 - VIII ZR 147/92 - juris Rn. 23 - LM BGB § 631 Nr. 73 (11/1993); BGH v. 04.11.1987 - VIII ZR 314/86 - juris Rn. 13 - BGHZ 102, 135-152; ausführlich dazu *Schneider*, Handbuch des EDV-Rechts, 3. Aufl. 2003, Rn. D 275 ff.
[58] *Schneider*, Handbuch des EDV-Rechts, 3. Aufl. 2003, Rn. D 1515.

Für **Computerprogramme** hatte der BGH[59] zur alten Rechtslage, bei der Voraussetzung für den Werklieferungsvertrag war, dass das Werk aus einem vom Unternehmer zu liefernden Stoff hergestellt wird entschieden, dass die Arbeiten an einem vom Besteller zur Verfügung gestellten **Programm** und dessen Umgestaltung in Form der Portierung auf andere Betriebssysteme kein Werklieferungsvertrag, sondern ein reiner Werkvertrag sei. Daran fehlt es in der Entscheidung, da das zu verändernde und portierende Programm vom Besteller geliefert wurde. Diese Unterscheidung spielt für die Neuregelung jedoch keine Rolle mehr. Dennoch kann man aus der Entscheidung entnehmen, dass der BGH bei gemischten Verträgen (Lieferung einer Sache, Umgestaltung dieser Sache, Montage etc.) keine starre Einordnung in einen bestimmten Vertragstyp für gerechtfertigt hält. Der BGH erklärt ausdrücklich, dass es nicht auf eine rechnerisch genaue Differenzierung nach dem wirtschaftlichen Wert der einzelnen Leistungen, sondern nach dem aus Sicht der Parteien wesentlichen Vertragsinhalt abzugrenzen ist.[60] Diese Entscheidung wurde bestätigt in der neuesten Entscheidung zum Internet-System-Vertrag. Ein Vertrag über die Erstellung oder Bearbeitung einer speziellen, auf die Bedürfnisse des Auftraggebers abgestimmten Software ist danach regelmäßig als Werkvertrag im Sinne der §§ 631 ff. BGB, unter Umständen auch als Werklieferungsvertrag im Sinne von § 651 BGB, anzusehen.[61] 37

Bei Computerprogrammen muss man verschiedene Konstellationen unterscheiden. Bei Standardsoftware ist normalerweise reines Kaufrecht anwendbar.[62] Das gilt dann uneingeschränkt, wenn die Software nicht durch **Parametrisierung** oder **Customizing** angepasst wird. Dabei spielt es keine Rolle, ob die Software bereits vorhanden ist oder ob das auszuliefernde Vervielfältigungsstück erst noch erstellt wird. 38

Insbesondere bei umfangreichen IT-Projekten wird die Anwendung von Kaufrecht, auch wenn dabei werkvertragliche Elemente einfließen, als unangemessen empfunden. Diese Projekte sind dadurch geprägt, dass der Kunde in weit stärkerem Maße in die Entwicklung eingebunden wird, als dies im Kaufvertrag üblich ist. Dies findet auch im Vertrag seinen Ausdruck. Dort werden dem Kunden umfangreiche Beistellungsleistungen abverlangt. Es finden sich auch differenzierte Regelungen über den Ablauf des Entwicklungsprozesses. Diese Regelungen umfassen die Bildung von Gremien wie Projektteam, Lenkungsausschuss, genaue Zeitpläne für Zwischenergebnisse, teilweise namentliche Nennung von Mitarbeitern des Kunden etc. Derartige Mitwirkungsleistungen sind beim Werkvertrag in den §§ 642, 643 BGB geregelt. Gegenstand eines derartigen Vertrages ist damit nicht in erster Linie die Lieferung eines Vervielfältigungsstücks einer Software, sondern deren Entwicklung unter Einbeziehung des Bestellers. Nicht die Lieferung (vgl. Rn. 25) im Sinne der Verschaffung von Eigentum und Besitz, sondern die Entwicklung einer Software und damit ein Erfolg (vgl. Rn. 25), stehen im Vordergrund der vertraglichen Vereinbarung. 39

Bei nicht vertretbaren Sachen sind die §§ 642, 643 BGB auch nach § 651 BGB heranzuziehen und es wird erwogen, sie auch bei vertretbaren Sachen entsprechend anzuwenden.[63] Letzteres ist aber gegen den klaren Wortlaut des Gesetzes nicht möglich und stellt ein weiteres Argument dafür dar, bei IT-Projekten nach wie vor Werkvertragsrecht anzuwenden. 40

Der Schluss, dass alle Verträge, bei denen eine herzustellende Sache übereignet werden soll, nach dieser Norm dem Kaufrecht unterfallen, geht über die Intention des Gesetzgebers hinaus.[64] § 651 BGB soll nur diejenigen Fälle dem Kaufrecht unterstellen, in denen die Lieferung der Sache den Schwerpunkt des Vertrages bildet. Es gibt aber auch andere Verträge. Dies zeigt zum einen die Verjährungsregelung in § 634a Abs. 1 Nr. 1 Alt. 1 BGB. Dort wird die Verjährung bei einem Werk geregelt, dessen Erfolg in der Herstellung einer Sache besteht. Die Norm hätte keinen Anwendungsbereich, wenn es keine Werkverträge über herzustellende bewegliche Sachen gäbe. Auch der Blick in § 648 Abs. 2 BGB zeigt, dass der Bau von Schiffen dem Werkvertragsrecht unterfallen kann. 41

Abzugrenzen ist damit nach dem Schwerpunkt der Leistung. Liegt der Schwerpunkt auf der Lieferung, ist Kaufrecht anzuwenden, bei unvertretbaren Sachen mit der zusätzlichen Anwendung werkvertraglicher Elemente in Satz 3. Liegt aber der Schwerpunkt der vertraglichen Pflichten bei der Herstellung unter Mitwirkung des Kunden, ist Werkvertragsrecht in vollem Umfang anzuwenden.[65] 42

---

[59] BGH v. 09.10.2001 - X ZR 58/00 - juris Rn. 15 - CR 2002, 93-95.
[60] BGH v. 16.07.2002 - X ZR 27/01 - juris Rn. 14 - BGHZ 151, 330-337.
[61] BGH v. 04.03.2010 - III ZR 79/09 - juris Rn. 21.
[62] *Schneider*, Handbuch des EDV-Rechts, 3. Aufl. 2003, Rn. D 275 ff.
[63] *Voit* in: Bamberger/Roth, § 651 Rn. 13.
[64] Zu weitgehend daher *Mankowski*, MDR 2003, 854-860, 854.
[65] Vgl. dazu auch *Redeker*, CR 2004, 88-91, 88.

§ 651

43 Ein wichtiges Indiz für die Wertung des Vertrages als Werkvertrag ist auch die Übertragung der Verwertungsrechte. Erhält der Kunde nur die Rechte an der einzelnen Sache, spricht dies eher für einen Kaufvertrag. Erhält dagegen der Kunde umfassende Verwertungsrechte, einschließlich des Rechts auf Änderung und Anpassung, Vergabe von Unterlizenzen und wird ihm der Quellcode übergeben, spricht dies für Werkvertrag.[66] Die einzelne verkörperte Kopie des Programms ist im dann Gesamtkontext des Vertrages eine weniger wichtige Komponente.

44 Anders ist die Situation, wenn die Standardsoftware beim Kunden bereits vorhanden ist oder von ihm anderweitig beschafft wird. In diesem Fall stehen die Anpassungsarbeiten im Vordergrund. Unabhängig davon, ob mit Anpassung, Portierung etc. ein Eingriff in den Programmcode verbunden ist, ist nicht von der Herstellung einer Sache auszugehen. Vielmehr wird nur eine bestehende Sache verändert, ohne dass eine neue Sache geschaffen würde. Auf solche Verträge ist reines Werkvertragsrecht anzuwenden.[67]

45 Auch im Bereich kommerzieller Software spielt Open-Source-Software eine immer größere Rolle. Dabei handelt es sich um frei verfügbare Software, für deren Nutzung, Veränderung, Verarbeitung kein Entgelt zu zahlen ist und die von jedermann genutzt werden kann. Die Qualität dieser Software ist mittlerweile so gut, dass auch große Hersteller darauf zurückgreifen und in Projekten häufig eine Mischung aus Open-Source-Software und kostenpflichtiger Software eingesetzt wird. Die Lieferung von Open-Source-Software stellt struktureller etwas anderes da, als die für die Abgrenzung von Kaufvertrag und Werkvertrag maßgebender Lieferung. Nicht die Übertragung von Eigentum und Besitz steht hier im Vordergrund. Der Besteller könnte ohne größeren Aufwand und ohne Kosten sich selbst Eigentum und Besitz verschaffen. Im Vordergrund der vertraglichen Vereinbarungen zwischen den Parteien steht daher die Auswahl der geeigneten Open-Source-Software, deren Implementierung, sowie die Erstellung der individuellen, kostenpflichtigen Software. Auch bei der Lieferung von Standardsoftware muss heute davon ausgegangen werden, dass in erheblichem Umfang Open-Source-Bestandteile enthalten sind. Es wäre nicht sachgerecht, die vertragstypologische Einordnung des Vertrages als Kaufvertrag oder Werkvertrag davon abhängig zu machen, welcher Anteil der Standardsoftware Open-Source-Software ist.

4. „Komplexe Werke"

46 Die Rechtsprechung hat die Komplexität des Vertragsgegenstandes als Maßstab herangezogen. Danach soll gerade die Herstellung eines komplexen Werkes einen Werkvertrag darstellen.[68] Als komplex in diesem Sinne wurde beispielsweise die Lieferung von Adresslisten einschließlich der Generierung der Anschriften, deren Erfassung in Computerdateien und Übersendung der lesbaren Dateien angesehen.[69]

5. Zusätzlich geschuldeter Erfolg

47 Ein über die Lieferung und Übereignung hinaus geschuldeter Erfolg könnte einem Vertrag das besondere Gepräge geben und der getroffenen Vereinbarung einen Werkvertragscharakter geben.[70]

D. Rechtsfolgen

I. Kaufrecht

48 Soweit die geschilderten Anwendungsvoraussetzungen vorliegen gilt für den jeweiligen Vertrag in vollem Umfang das Kaufrecht. Je nach Einordnung handelt es sich dabei um einen Verbrauchsgüterkauf oder einen Handelskauf. Diese vertragstypologische Einordnung erfolgt ohne jede Einschränkung.

49 Den „Werklieferungsvertrag" nach altem Recht gibt es nicht mehr. Es wird lediglich nach Satz 2 und 3 in bestimmten Fällen ergänzend die zusätzliche Anwendung bestimmter Vorschriften aus dem Werkvertragsrecht vorgesehen (vgl. Rn. 55). Dies ändert aber nichts an der grundsätzlichen Eingruppierung als Kaufvertrag.

50 Da keine Verweisung auf § 632 BGB vorgesehen ist, gelten bei Fehlen einer Vergütungsvereinbarung die §§ 315, 316 BGB.

---

[66] *Redeker*, CR 2004, 88-91, 89.
[67] Insoweit offen *Schneider*, Handbuch des EDV-Rechts, 3. Aufl. 2003, D Rn. 275 ff.
[68] OLG Düsseldorf v. 30.07.2004 - I-23 U 186/03, 23 U 186/03 - juris Rn. 14 - K&R 2004, 591-594.
[69] OLG Düsseldorf v. 30.07.2004 - I-23 U 186/03, 23 U 186/03 - juris Rn. 14 - K&R 2004, 591-594.
[70] OLG Stuttgart v. 05.05.2010 - 3 U 79/09 - juris Rn. 15.

Da § 640 BGB nicht in Bezug genommen wird, vielmehr in Satz 3 sogar ausdrücklich auf die kaufvertragliche Übergabe abgestellt wird, entfallen auch die mit § 640 BGB verbundenen Konsequenzen. Diese führen beim reinen Werkvertrag dazu, dass bis zur **Abnahme** der Hersteller für die **Mangelfreiheit** beweisbelastet ist. Da hier nunmehr reines Kaufrecht gilt, ist der Hersteller nur verpflichtet, die Ware zu übergeben. Nach **Übergabe** liegt die Beweislast für Fehler in vollem Umfang beim Käufer. Nach Kaufrecht treffen den Käufer außerdem im Falle des Handelskaufs Untersuchungs- und Rügepflichten nach den §§ 377, 378 HGB. 51

Nach Satz 2 gilt § 442 Abs. 1 Satz 1 BGB auch dann, wenn der Mangel auf den vom Besteller gelieferten Stoff zurückzuführen ist. 52

II. Nicht vertretbare Sachen

Soweit es sich um die Herstellung bzw. Erzeugung nicht vertretbarer Sachen (§ 91 BGB) handelt, werden bestimmte Regelungen des Werkvertragsrechts für neben dem Kaufvertragsrecht anwendbar erklärt. Vertretbar sind solche Sachen, die im Rechtsverkehr nach Zahl, Maß oder Gewicht gehandelt werden. Charakteristisch für **vertretbare Sachen** ist, dass sie nicht im Hinblick auf die individuellen Bedürfnisse einer einzelnen Person geschaffen wurden, sondern dass es einen (wenn auch möglicherweise kleinen) Kreis von anderen Personen gibt, für die diese Gegenstände ebenfalls in Betracht kommen. Am deutlichsten ist dies bei Waren aus Serienfertigung, auch wenn diese in bestimmtem Umfang (Zubehörliste) auf persönliche Bedürfnisse zugeschnitten sind. Auch kann beispielsweise **Wein** in seiner durch Rebsorte, Lager, Jahrgang und Qualitätsstufe bestimmten Gattung vertretbar sein.[71] Es genügt für die Annahme einer vertretbaren Sache, dass diese innerhalb einer Gattung vertretbar ist. Qualitätskriterien sind damit nicht verbunden. Nicht vertretbar sind damit individuelle Sonderanfertigungen, wie etwa Maßanzüge, Einbauschränke, persönliches Briefpapier, Visitenkarte, Stempel, Innenkäfige und Außenkäfige für sogenannte Schwingungstilger,[72] etc. Vertretbar sind danach auch Maschinen, welche zwar größer oder kleiner, stärker oder schwächer als bisher Gebaute, dennoch aber auf dem Markt absetzbar sind.[73] Als unvertretbar wurden auch Reiseprospekte angesehen.[74] 53

Beim Werkvertrag ist der Besteller gemäß § 645 BGB für solche Mängel verantwortlich, die auf den von ihm gelieferten Stoff oder auf von ihm erteilten Anweisungen beruhen. Die Regelung wird gemäß Satz 3 nur bei nicht vertretbaren Sachen angewendet. 54

Bei Herstellung oder Erzeugung von nicht vertretbaren Sachen handelt es sich um einen „**Werklieferungsvertrag neuer Art**". Anders als nach altem Recht gelten jetzt einige werkvertragliche Regelungen **neben dem Kaufrecht**. 55

Es handelt sich dabei um folgende Normen: 56
- Mitwirkungspflicht des Bestellers § 642 BGB (vgl. die Kommentierung zu § 642 BGB),
- Recht zur Kündigung bei unterlassener Mitwirkung des Bestellers § 643 BGB (vgl. die Kommentierung zu § 643 BGB),
- Verantwortlichkeit des Bestellers für den von ihm gelieferten Stoff oder von ihm erteilte Anweisungen § 645 BGB (vgl. die Kommentierung zu § 645 BGB),
- Kündigungsrecht des Bestellers § 649 BGB (vgl. die Kommentierung zu § 649 BGB),
- Kostenanschlag § 650 BGB (vgl. die Kommentierung zu § 650 BGB).

III. Untersuchungs- und Rügepflicht

Konsequenz der Einordnung eines Vertrages als Kaufvertrag ist, dass bei Vorliegen der Voraussetzungen eines beiderseitigen Handelsgeschäfts der Käufer nach § 377 HGB verpflichtet ist, die Ware unverzüglich nach der Ablieferung durch den Verkäufer, soweit dies nach ordnungsmäßigem Geschäftsgang tunlich ist, zu untersuchen und dabei hervortretende Mängel gegenüber dem Verkäufer unverzüglich zu rügen. Wird die Rüge von Mängeln durch den Käufer unterlassen, so gilt die Ware als genehmigt. Lediglich im Hinblick auf diejenigen Mängel, die bei einer ordentlichen Untersuchung nicht erkennbar waren, können nach Ablauf der Untersuchungs- und Rügefrist noch Rechte durch den Käufer 57

---

[71] BGH v. 24.04.1985 - VIII ZR 88/84 - juris Rn. 14 - LM Nr. 3 zu § 91 BGB.
[72] OLG Karlsruhe v. 14.07.2010 - 6 U 145/08 - juris Rn. 54; http://de.wikipedia.org/wiki/Schwingungstilger#Verbrennungsmotoren (abgerufen am 11.09.2012).
[73] OLG Düsseldorf v. 15.02.1989 - 19 U 34/88.
[74] BGH v. 29.09.1966 - VII ZR 160/64 - LM Nr. 6 zu § 651 BGB.

IV. Vertragliche Gestaltung

58 Es stellt sich die Frage, ob angesichts der nach wie vor bestehenden Unsicherheit bei der Anwendung der Norm, für die Parteien die Möglichkeit besteht, durch vertragliche Gestaltung Klarheit zu schaffen.

59 Bislang hat die Rechtsprechung den Parteien das Recht, den Vertragstyp zu bestimmen, ausdrücklich abgesprochen (vgl. Rn. 10). Allerdings betraf dies Fälle, in denen zum einen der von den Parteien gewünschte Vertragstyp lediglich "benannt", nicht aber im Detail ausgearbeitet wurde, zum anderen für eine Vertragspartei erheblich nachteilige Bestimmungen mit der Vereinbarung eines eigentlich nicht zum geplanten Vertragsverhältnis passenden Vertragstyps verbunden waren.

60 Als Grundsatz dieser Rechtsprechung kann daher festgehalten werden, dass die bloße Bezeichnung eines Vertrages als "Werkvertrag" für die Einordnung des Vertrages durch die Rechtsprechung unbeachtlich ist. Soll ein Vertrag daher nach dem Willen der Parteien als Werkvertrag vereinbart werden, müssen die charakteristischen Elemente eines Werkvertrages auch ausdrücklich zum Vertragsbestandteil gemacht werden.[76]

61 Folgende Regelungen sollten daher zumindest Vertragsgegenstand sein:[77]
- Mitwirkungspflichten des Bestellers;
- Verfahren zur Änderung der ursprünglich vereinbarten vertraglichen Leistung und Gegenleistung sowie der Mitwirkungspflichten;
- Test- und Abnahmeverfahren als Voraussetzung für die Zahlungspflicht;
- Regelungen zur Zusammensetzung des Projektteams, zur Verantwortung für das Projekt, zur Qualifikation und zum Austausch von Mitarbeitern und zum Einsatz von Subunternehmern.

62 Bei Verträgen über die Herstellung von Software wird in der Regel ausdrücklich vereinbart, welche Nutzungsrechte übertragen werden sollen. Die Übertragung ausschließlicher Nutzungsrechte stellt ein weiteres Indiz dafür dar, dass Werkvertragsrecht angemessen ist.

63 Zusätzlich ist darauf zu achten, dass die Wahl des Vertragstyps „Werkvertrag" in allgemeinen Geschäftsbedingungen oder in Individualverträgen für den Vertragspartner keine unangemessene Benachteiligung darstellt.[78] Die Abnahme stellt bei IT-Projekten oder anderen komplexen Projekten keine solche Benachteiligung dar. Die bloße Übergabe des Kaufrechts ist vor allem bei Massengeschäften und bei einfachen Individualleistungen angemessen schnell und effizient.[79] Bei komplexen Projekten wird der Kunde begünstigt, weil er eine Prüfung vornehmen kann und muss, der Hersteller erhält als Ausgleich eine ausdrückliche Erklärung zur Abnahme.[80]

64 Angesichts der starken Annäherung insbesondere des Gewährleistungsrechts beim Werkvertrag an den Kaufvertrag wird eine derartige unangemessene Benachteiligung nur noch in Ausnahmefällen angenommen werden können.

---

[75] Brandenburgisches OLG v. 22.02.2012 - 4 U 69/11 - juris Rn. 30 und 34.
[76] *Lapp*, ITRB 2006, 166.
[77] *Lapp*, ITRB 2006, 166.
[78] *Witte* in: Redeker, Handbuch der IT-Verträge, 1.4 Rn. 10.
[79] *Schuhmann*, JZ 2008, 115-120.
[80] *Schuhmann*, JZ 2008, 115-120.

Untertitel 2 - Reisevertrag *⁾

§ 651a BGB Vertragstypische Pflichten beim Reisevertrag

(Fassung vom 23.07.2002, gültig ab 01.08.2002)

(1) ¹Durch den Reisevertrag wird der Reiseveranstalter verpflichtet, dem Reisenden eine Gesamtheit von Reiseleistungen (Reise) zu erbringen. ²Der Reisende ist verpflichtet, dem Reiseveranstalter den vereinbarten Reisepreis zu zahlen.

(2) Die Erklärung, nur Verträge mit den Personen zu vermitteln, welche die einzelnen Reiseleistungen ausführen sollen (Leistungsträger), bleibt unberücksichtigt, wenn nach den sonstigen Umständen der Anschein begründet wird, dass der Erklärende vertraglich vorgesehene Reiseleistungen in eigener Verantwortung erbringt.

(3) ¹Der Reiseveranstalter hat dem Reisenden bei oder unverzüglich nach Vertragsschluss eine Urkunde über den Reisevertrag (Reisebestätigung) zur Verfügung zu stellen. ²Die Reisebestätigung und ein Prospekt, den der Reiseveranstalter zur Verfügung stellt, müssen die in der Rechtsverordnung nach Artikel 238 des Einführungsgesetzes zum Bürgerlichen Gesetzbuche bestimmten Angaben enthalten.

(4) ¹Der Reiseveranstalter kann den Reisepreis nur erhöhen, wenn dies mit genauen Angaben zur Berechnung des neuen Preises im Vertrag vorgesehen ist und damit einer Erhöhung der Beförderungskosten, der Abgaben für bestimmte Leistungen, die Hafen- oder Flughafengebühren, oder einer Änderung der für die betreffende Reise geltenden Wechselkurse Rechnung getragen wird. ²Eine Preiserhöhung, die ab dem 20. Tage vor dem vereinbarten Abreisetermin verlangt wird, ist unwirksam. ³§ 309 Nr. 1 bleibt unberührt.

(5) ¹Der Reiseveranstalter hat eine Änderung des Reisepreises nach Absatz 4, eine zulässige Änderung einer wesentlichen Reiseleistung oder eine zulässig Absage der Reise dem Reisenden unverzüglich nach Kenntnis von dem Änderungs- oder Absagegrund zu erklären. ²Im Falle einer Erhöhung des Reisepreises um mehr als fünf vom Hundert oder einer erheblichen Änderung einer wesentlichen Reiseleistung kann der Reisende vom Vertrag zurücktreten. ³Er kann stattdessen, ebenso wie bei einer Absage der Reise durch den Reiseveranstalter, die Teilnahme an einer mindestens gleichwertigen anderen Reise verlangen, wenn der Reiseveranstalter in der Lage ist, eine solche Reise ohne Mehrpreis für den Reisenden aus seinem Angebot anzubieten. ⁴Der Reisende hat diese Rechte unverzüglich nach der Erklärung durch den Reiseveranstalter diesem gegenüber geltend zu machen.

*⁾ *Amtlicher Hinweis:*

Dieser Untertitel dient der Umsetzung der Richtlinie 90/314/EWG des Europäischen Parlaments und des Rates vom 13. Juni 1990 über Pauschalreisen (ABl. EG Nr. L 158 S. 59).

Gliederung

A. Grundlagen 1	2. Reisender 18
B. Anwendungsvoraussetzungen 3	a. Geschäftsreisender 20
I. Reisevertrag 3	b. Gruppenreisender 23
1. Verbindung einer Gesamtheit von Reise-	III. Vertragsschluss 31
leistungen 3	1. Formfreiheit 31
2. Nur einzelne Reiseleistung 6	2. Angebot 32
3. Besondere Reisetypen 13	3. Annahme 33
II. Parteien des Reisevertrages 17	IV. Pflichten der Vertragsparteien 38
1. Reiseveranstalter 17	1. Hauptpflichten des Reiseveranstalters 38

§ 651a

a. Erbringung der Reiseleistungen 38	1. Nachträgliche Preiserhöhung 63
b. Hinweis-, Aufklärungs- und Informationspflichten 51	2. Leistungsänderungen und Absage der Reise 68
	a. Leistungsänderungen 69
2. Hauptpflichten des Reisenden 57	b. Reiseabsage 71
a. Zahlung des Reisepreises 57	C. Rechtsfolgen 73
b. Nebenpflichten des Reisenden 61	**D. Prozessuale Hinweise/Verfahrenshinweise** 76
V. Preis- und Leistungsänderungen 62	

A. Grundlagen

1 **Entstehungsgeschichte des Reisevertragsrechts**: Die ursprünglichen Regelungen der §§ 651a-651k BGB a.F. wurden durch das Reisevertragsgesetz[1] in das BGB eingefügt und traten am 01.10.1979 in Kraft. Zuvor wurde auf reiserechtliche Fallgestaltungen Werkvertragsrecht angewendet.[2] Die §§ 651a-651k BGB a.F. sind an das Werkvertragsrecht angelehnt.[3] Gesetzgeberisches Ziel war die Stärkung der Verbraucherrechte unter Berücksichtigung der Eigenheiten des Reisevertrags im Vergleich mit dem Werkvertrag.[4]

2 Die reiserechtlichen Vorschriften erfuhren in der Folgezeit **wesentliche Änderungen**, die maßgeblich durch EG-Richtlinien und Rechtsprechung des EuGH veranlasst wurden. Die bisher letzten Änderungen sind durch das am 01.09.2001 in Kraft getretene Zweite Gesetz zur Änderung reiserechtlicher Vorschriften[5] und – mit geringen sachlichen Auswirkungen - durch das am 01.01.2002 in Kraft getretene Gesetz zur Modernisierung des Schuldrechts (Schuldrechtsmodernisierungsgesetz – SMG)[6] bewirkt worden. Die §§ 651a-651m BGB in ihrer derzeitigen Fassung gelten für (Reise-)Verträge, die nach dem 31.12.2001 geschlossen worden sind, Art. 229 § 5 EGBGB. Die Verordnung über Informationspflichten von Reiseveranstaltern (InfoVO) ist – in Abschnitt 3 – Teil der allgemeinen Verordnung über Informations- und Nachweispflichten nach bürgerlichem Recht (BGB-InfoV vom 02.01.2002[7]) in der Form der Bekanntmachung der Neufassung der BGB-InfoV vom 05.08.2002[8] geworden. Die bisherige Verordnungsermächtigung des § 651a Abs. 5 BGB ist durch Art. 238 Abs. 1 EGBGB ersetzt worden.

B. Anwendungsvoraussetzungen

I. Reisevertrag

1. Verbindung einer Gesamtheit von Reiseleistungen

3 In § 651a Abs. 1 BGB findet sich die Legaldefinition des Reisevertrags. „Reisevertrag" ist nur ein Vertrag zwischen einem Reiseveranstalter und einem Reisenden, durch den sich der Reiseveranstalter verpflichtet, dem Reisenden eine **Gesamtheit von Reiseleistungen** (Reise) zu erbringen. Das entspricht der in den §§ 651a ff. BGB umgesetzten EG-Pauschalreise-Richtlinie (90/314/EWG). Nach Art. 2 Nr. 1 dieser Richtlinie bedeutet „Pauschalreise" die im Voraus festgelegte und zu einem Gesamtpreis verkaufte oder zum Verkauf angebotene Verbindung von mindestens zwei Dienstleistungen wie Beförderung, Unterbringung oder anderen touristischen Dienstleistungen, die nicht lediglich Nebenleistungen von Beförderung oder Unterbringung sind, wenn diese Gesamtleistung länger als 24 Stunden dauert oder eine Übernachtung einschließt. Der Wortlaut des § 651a Abs. 1 BGB ist nicht so eindeutig. Zum einen sind die einzelnen Reisebestandteile nicht ausdrücklich aufgeführt. Zum anderen schließt § 651a Abs. 1 BGB im Gegensatz zu Art. 2 Nr. 1 der EG-Pauschalreise-Richtlinie Tagesreisen nicht

---

[1] Vom 04.05.1979, BGBl I 1979, 509.
[2] BGH v. 30.11.1972 - VII ZR 239/71 - BGHZ 60, 14-22.
[3] BT-Drs. 8/786, S. 35.
[4] BT-Drs. 8/2343, S. 6.
[5] Gesetz v. 23.07.2001, BGBl I 2001, 1658 – vgl. dazu etwa *Führich*, NJW 2001, 3083; *Isermann*, DRiZ 2002, 133; *Tempel*, TranspR 2002, 369; *Tonner*, DGfR Jahrbuch 2001 (2002), 45.
[6] BGBl I 2001, 3138.
[7] BGBl I 2002, 342.
[8] BGBl I 2002, 3002.

aus und verlangt auch nicht die Bildung eines Gesamtpreises. Aufgrund dessen kommen die verbraucherschützenden reiserechtlichen Vorschriften über den Wortlaut der Richtlinie hinaus zur Anwendung, was durch Art. 8 der Richtlinie ausdrücklich gestattet wird.

Eine **Gesamtheit von Reiseleistungen**[9] erfordert mindestens zwei verschiedene miteinander verbundene (typische) Reiseleistungen, von denen nicht eine Leistung von völlig untergeordneter Bedeutung ist; die einzelnen Reiseleistungen müssen zu einer Gesamtheit gebündelt sein. Eine Bündelung der Reiseleistungen durch den Reiseveranstalter ist auch dann gegeben, wenn der Reisende die im Prospekt (Katalog) angebotenen Einzelleistungen selbst auswählt und nach dem Baukastenprinzip[10] selbst zusammenstellt. Das äußere Erscheinungsbild ist ausschlaggebend. Eine Gesamtheit liegt z.B. vor bei einem Flug verbunden mit einer Unterkunft, bei einer Übernachtung verbunden mit Seminaren oder dem Besuch bestimmter Veranstaltungen,[11] bei zwei Übernachtungen mit Frühstück in einem Hotel und dem Eintritt in einen Themenpark für zwei Tage,[12] bei einer Wohnmobilreise verbunden mit einem Flug[13] oder bei einem Urlaub in einem Center-Park.[14] Tagesfahrten unterliegen dem Reiserecht, nicht aber eine Übernachtung mit Frühstück,[15] auch nicht die Beschaffung von Flugtickets und Visa; bei der Visabeschaffung handelt es sich nicht, wie es erforderlich wäre, um eine touristische Dienstleistung (Reiseleistung), sondern um eine Nebenleistung zur Vermittlung der Flugleistung, so dass nur **eine** eigenständige Reiseleistung – und nicht eine Gesamtheit von Reiseleistungen – erbracht wird.[16] Hingegen ist das Reisevertragsrecht nach der Auffassung des LG Frankfurt[17] dann anwendbar, wenn eine Werbeagentur für Interessenten, die Tätigkeiten als Dressmen anstreben, zu einem – den Flug und einen einwöchigen Hotelaufenthalt abgeltenden – Gesamtpreis eine Reise in die USA durchführt, deren Zweck darin besteht, die Interessenten an dortige Modelagenturen zu vermitteln (vgl. zur „Geschäftsreise" Rn. 20).

Die Bildung eines Gesamtpreises ist nach ganz überwiegender Auffassung[18] – anders als nach Art. 2 Nr. 1 der EG-Pauschalreise-Richtlinie – nur ein wichtiges Indiz, nicht aber zwingende Voraussetzung dafür, dass es sich um eine den reiserechtlichen Vorschriften unterfallende Reise (Pauschalreise) handelt. Ansonsten hätte es ein Reiseveranstalter in der Hand, die Anwendbarkeit der §§ 651a-651m BGB dadurch auszuschließen, dass er nur Einzelpreise nennt und von ihrer Addition zu einem Gesamtpreis absieht.

2. Nur einzelne Reiseleistung

Soweit nur eine einzelne Reiseleistung Vertragsgegenstand ist, fehlt es an einer Gesamtheit von Reiseleistungen, so dass das Reisevertragsrecht nicht anwendbar ist.[19]

---

[9] BGH v. 24.11.1999 - I ZR 171/97 - NJW 2000, 1639-1641; LG München I v. 25.04.1995 - 28 O 4632/94 - NJW-RR 1995, 1522-1523: Boots-Charter mit An- und Abreise; *Eckert* in: Soergel, § 651a Rn. 11: zu Gesamtpaket „verschmolzen"; *Tonner* in: MünchKomm-BGB, vor §§ 651a-m Rn. 11; *Staudinger* in: Staudinger, § 651a Rn. 12-27; *Führich*, Reiserecht, 6. Aufl. 2010, Rn. 86 und 88.

[10] *Tonner* in: MünchKomm-BGB, § 651a Rn. 24; *Führich*, Reiserecht, 6. Aufl. 2010, Rn. 88 b „Baukasten".

[11] LG Frankfurt v. 25.09.1997 - 2-24 S 282/96 - NJW-RR 1999, 57-58: Musical-Besuch (Starlight-Express) mit Hotelübernachtung.

[12] LG München I v. 28.11.2006 - 33 O 8239/06 - WRP 2007, 692-694.

[13] LG Frankfurt v. 15.02.1993 - 2/24 S 92/92 - NJW-RR 1993, 952-953; AG Hamburg v. 18.03.1994 - 6 C 2110/93 - RRa 1994, 79-80; AG München v. 13.05.1997 - 121 C 6877/97 - DAR 1997, 315-316; AG Hamburg v. 24.09.1997 - 17a C 221/97 - RRa 1998, 3.

[14] BGH v. 24.11.1999 - I ZR 171/97 - NJW 2000, 1639-1641; OLG Frankfurt v. 19.06.1997 - 6 U 138/96 - NJW-RR 1997, 1209-1210; *Noll*, RRa 1996, 257.

[15] BT-Drs. 8/786, S. 13.

[16] LG Stuttgart v. 25.01.2007 - 12 O 488/06 - StBT 2007, Nr. 4, 4.

[17] LG Frankfurt v. 14.02.1994 - 2/24 S 195/93 - NJW-RR 1994, 634-635: u.a. auch Flug und einwöchiger Hotelaufenthalt.

[18] *Seiler* in: Erman, § 651a Rn. 4; *Eckert* in: Soergel, § 651a Rn. 13; *Tonner* in: MünchKomm-BGB, § 651a Rn. 13; *Staudinger* in: Staudinger, § 651a Rn. 25, 26; *Führich*, Reiserecht, 6. Aufl. 2010, Rn. 88 a.

[19] BGH v. 17.01.1985 - VII ZR 163/84 - NJW 1985, 906-907; BGH v. 12.10.1989 - VII ZR 339/88 - BGHZ 109, 29-40; BGH v. 09.07.1992 - VII ZR 7/92 - BGHZ 119, 152-176; BGH v. 29.06.1995 - VII ZR 201/94 - BGHZ 130, 128-133.

§ 651a

7 Nach der Rechtsprechung[20] des Bundesgerichtshofes und der Instanzgerichte, die im Schrifttum[21] nicht einhellige Zustimmung gefunden hat, ist das Reisevertragsrecht entsprechend anwendbar, wenn die Überlassung eines Ferienhauses oder einer Ferienwohnung für die Dauer eines Urlaubs von einem Reiseveranstalter katalogmäßig angeboten wird. Zur Begründung hat der Bundesgerichtshof[22] darauf hingewiesen, dass der Reiseveranstalter mit dem Abschluss eines Reisevertrages die Haftung (auch) für den Erfolg des Urlaubs übernehme, soweit dieser von seinen Leistungen abhänge. Deshalb sei es im Falle der vom Reiseveranstalter verschuldeten Beeinträchtigung der Reise gerechtfertigt, dem Reisenden eine Entschädigung (auch) für vertane Urlaubszeit zuzubilligen. Überlasse ein Reiseveranstalter einem Urlauber ein katalogmäßig angebotenes Ferienhaus (Ferienwohnung), übernehme er damit die Haftung auch für den Urlaubserfolg, wenn auch beschränkt auf das Ferienhaus, also u.a. für die Belegenheit und die dazugehörenden Umstände. Der Reiseveranstalter schulde dem Urlauber mithin nicht nur die Überlassung eines nach Art und Größe bestimmten Hauses, sondern auch – beschränkt auf das Ferienhaus, seine Lage und die damit verbundenen Begleitumstände – den Urlaubserfolg. Das rechtfertige die entsprechende Anwendung des Reisevertragsrechtes.

8 Es spricht viel dafür, dieser Auffassung zu folgen, wenngleich Abgrenzungsschwierigkeiten nicht zu verkennen sind. Im Falle der Vercharterung einer Hochseeyacht ist nach der Auffassung des Bundesgerichtshofes[23] in jedem Einzelfall festzustellen, ob mit der Charter ein Urlaubsaufenthalt auf See in vergleichbarer Weise veranstaltet wird, wie es mit dem Urlaubsaufenthalt bei Vermietung eines Ferienhauses in der Regel der Fall ist, oder ob sich die Yachtcharter als Vermietung eines Transportmittels darstellt, das der Charterer benutzt, um damit nicht etwa eine von einem Veranstalter ganz oder teilweise angebotene Reise zu unternehmen, sondern eine individuell von ihm selber organisierte Urlaubszeit zu verbringen. Für diese Abgrenzung fehlen praktikable Kriterien. Wird maßgeblich darauf abgestellt, ob eine Reiseroute vereinbart ist oder ob es dem Charterer freisteht, wohin er mit der Yacht gegebenenfalls segelt, ist die Differenzierung nicht sehr überzeugend.

9 Wohnmobile sind bewegliche Ferienhäuser/Ferienwohnungen. Für sie kann nichts anderes gelten als für Ferienhäuser/Ferienwohnungen[24].

10 Wird ein Vertrag über die Überlassung eines Ferienhauses, einer Ferienwohnung, eines Wohnmobils, einer Yacht oder eines Hotelzimmers unmittelbar zwischen dem (verfügungsberechtigten) Eigentümer und dem Urlauber geschlossen, ist ausschließlich Mietrecht[25] anwendbar.

11 Hat der Vertrag lediglich eine reine Transportleistung zum Gegenstand (z.B. Bahnfahrt oder Flug – sogenannter Nur-Flug), ist das Reisevertragsrecht auch nicht analog anwendbar, da es an einer Reiseveranstaltung fehlt. Anwendung findet ausschließlich das für die jeweilige Transportleistung einschlägige Recht.[26]

---

[20] BGH v. 17.01.1985 - VII ZR 163/84 - NJW 1985, 906-907; BGH v. 09.07.1992 - VII ZR 7/92 - BGHZ 119, 152-176; dem Bundesgerichtshof haben sich die Instanzgerichte angeschlossen, vgl. etwa OLG Düsseldorf v. 07.12.1989 - 18 U 163/89 - NJW-RR 1990, 186-187; OLG Düsseldorf v. 13.02.1994 - 18 U 138/93 - VuR 1994, 259-262; LG Frankfurt v. 21.04.1986 - 2/24 S 133/85 - NJW-RR 1986, 854-855; LG Offenburg v. 19.11.1996 - 1 S 126/96 - NJW-RR 1997, 626: Berghütte.

[21] Der Auffassung des Bundesgerichtshofes folgen u.a. *Tonner* in: MünchKomm-BGB, § 651a Rn. 28-32; *Eckert* in: Soergel, § 651a Rn. 21 und 22; *Führich*, 6. Aufl. 2010, Rn. 93; kritisch äußern sich u.a. *Seiler* in: Erman, vor § 651a Rn. 8; *Bidinger/Müller*, Reisevertragsrecht, 2. Aufl. 1995, S. 56; *Staudinger* in: Staudinger, § 651a Rn. 30.

[22] Vgl. dazu die Erläuterung der Rechtsprechung zum „Ferienhaus" in dem - eine Bootscharter betreffenden - Urteil des Bundesgerichtshofes vom 29.06.1995 - VII ZR 201/94 - BGHZ 130, 128-133.

[23] BGH v. 29.06.1995 - VII ZR 201/94 - BGHZ 130, 128-133.

[24] OLG Düsseldorf v. 01.10.1991 - 18 U 87/91 - TranspR 1993, 121-122; OLG Düsseldorf v. 24.04.1997 - 18 U 135/96 - NJW-RR 1998, 50: soweit „veranstaltergemäß" angeboten; AG Hamburg v. 18.03.1994 - 6 C 2110/93 - RRa 1994, 79-80; *Tonner* in: MünchKomm-BGB, § 651a Rn. 31; *Führich*, Reiserecht, 6. Aufl. 2010, Rn. 96.

[25] *Tonner* in: MünchKomm BGB, § 651a Rn. 34; *Führich*, Reiserecht, 6. Aufl. 2010, Rn. 93 und 96; AG Trier v. 24.03.2000 - 32 C 48/00 - NJW-RR 2001, 48, 50.

[26] LG Düsseldorf v. 11.11.1994 - 22 S 239/94 - RRa 1995, 53-55; AG Hannover v. 01.06.2004 - 565 C 19922/03 - RRa 2005, 41-43; LG Hamburg v. 10.05.1995 - 318 S 22/95 - RRa 1995, 171-172; *Eckert* in: Soergel, § 651a Rn. 26; *Führich*, Reiserecht, 6. Aufl. 2010, Rn. 97; *Schlotmann*, DZWir 1995, 446-458; a.A. LG Aachen v. 06.08.1999 - 5 S 76/99 - NJW-RR 2000, 113-134; Reisebüro im ausgehändigten Sicherungsschein als „Veranstalter" ausgeführt; AG Bad Homburg v. 13.01.1995 - 2 C 3789/94 - RRa 1995, 65-66: § 651f Abs. 2 BGB auch bei Nur-Flug analog anwendbar.

Auch eine bloße Aneinanderreihung verschiedener Transportleistungen genügt nicht, wenn eine darin enthaltene Übernachtung lediglich untergeordnete Nebenleistung der Beförderung ist.[27] Anders verhält es sich nur bei sog. **Stop-over-Flügen**; hier dienen die Kurzaufenthalte zwischen – mehreren – Flügen auch der Stadtbesichtigung etc.[28]

3. Besondere Reisetypen

Bei sog. **Incentive-Reisen** wird eine Reise zumeist von Unternehmen zu Werbezwecken oder als Prämie zur Verfügung gestellt bzw. verschenkt. In diesen Fällen wird das Unternehmen selbst Vertragspartner des Reiseveranstalters.[29] Der die Reise tatsächlich antretende Reiseteilnehmer ist als „Dritter" gemäß § 328 BGB anspruchsberechtigt[30] und auch in den Schutzbereich des Reisevertrages einbezogen.

Bei einer **Gewinnreise** erhält der Dritte ebenfalls die Rechtsstellung aus § 328 BGB. Wird ein Urlaubsaufenthalt als Gewinn für Teilnehmer ausgeschrieben, stellt die Gewinnverschaffung nach Zahlung des Flugpreises durch den jeweiligen Gewinner eine Reiseleistung dar.[31]

Bei **Fortuna-, Joker- oder Roulette-Reisen**[32] wird in Bezug auf Zielgebiet und Unterkunft nur ein Rahmen vereinbart; innerhalb dieses Rahmens darf der Reiseveranstalter den Ort und das Hotel auswählen, in welchem er dem Reisenden ein Hotelzimmer zuweist. Die vom Reiseveranstalter auf diese Weise konkretisierte Leistung gilt als von Anfang an geschuldet. Reiseverträge mit diesem Inhalt haben für den Reiseveranstalter den Vorteil, dass er die Kontingente besser ausnutzen kann. Die Zimmer, die jeweils noch frei sind, kann er – unabhängig von der Kategorie, wenn sie sich nur in dem vereinbarten Rahmen hält – mit Reisenden belegen, die sich für eine solche Fortuna-Reise entschieden haben. Der Reisende hat nur einen Anspruch auf ein Hotelzimmer der untersten – noch in den vereinbarten Rahmen fallenden – Kategorie. Er hat aber die Chance, dass ihm – ohne Zahlung eines Mehrpreises – ein höherwertiges Hotelzimmer überlassen wird. Hat er diese Chance nicht, stellt die Bezeichnung der Reise als „Fortuna-Reise" eine irreführende und unlautere Werbung dar.[33] Das Leistungsbestimmungsrecht steht dem Reiseveranstalter nur **einmal** zu. Hat er dieses Recht einmal ausgeübt und dem Reisenden ein Hotelzimmer zugewiesen, ist er daran gebunden. Er hat kein Recht mehr, dem Reisenden etwa nachträglich noch ein schlechteres – oder überhaupt ein anderes – Hotelzimmer zuzuweisen.[34] Aufgrund der Ausübung des Leistungsbestimmungsrechtes durch den Reiseveranstalter erlangt der Reisende dieselbe Rechtsstellung wie ein Reisender, der ein solches Zimmer gebucht hat. Auch im Rahmen der Fortuna-Reise kann der Reisende, wenn nichts anderes vereinbart ist, alle Leistungen beanspruchen, die sich – für diese Kategorie – aus der Prospektbeschreibung ergeben.[35]

Die Unterbringung in 80 km Entfernung vom vereinbarten Urlaubsort, an einer Steilküste statt an einem flachen Strand und in der Einflugschneise eines Flughafens muss auch im Rahmen einer Fortuna-Reise nicht hingenommen werden und berechtigt den Reisenden zur Kündigung.[36]

II. Parteien des Reisevertrages

1. Reiseveranstalter

Der Begriff „**Reiseveranstalter**" ist **weit** auszulegen. Nach Art. 2 Nr. 2 der EG-Pauschalreise-Richtlinie fällt darunter jede „Person, die nicht nur gelegentlich Pauschalreisen organisiert und sie direkt oder über einen Vermittler verkauft oder zum Verkauf anbietet." Entscheidend ist, wer aus Sicht des Rei-

---

[27] AG Berlin-Mitte v. 23.02.1996 - 14 C 690/95 - NJW-RR 1996, 1400: Flüge von Berlin nach Brisbane über Athen, Bangkok und Sydney mit Zwischenübernachtung in Athen.
[28] AG Berlin-Mitte v. 23.02.1996 - 14 C 690/95 - NJW-RR 1996, 1400.
[29] BGH v. 16.04.2002 - X ZR 17/01 - NJW 2002, 2238-2240; *Eckert*, EWiR 2002, 1043-1044.
[30] *Führich*, Reiserecht, 6. Aufl. 2010, Rn. 120.
[31] AG Berlin-Hohenschönhausen v. 22.10.1997 - 6 C 273/97 - NJW-RR 1999, 129-130.
[32] Terminologie nicht einheitlich, rechtliche Gestaltung aber gleich, vgl. *Kaller/Schäfer*, RRa 1995, 78-83, 78.
[33] LG Frankfurt v. 02.11.1987 - 2/24 S 75/87 - NJW-RR 1988, 248; *Kaller-Schäfer*, RRa 1995, 78-83, 81: ohne Chance auf höherwertige Unterbringung keine Fortuna-Reise, sondern Billigreise, so dass Werbung damit irreführend i.S.d. § 3 UWG a.F. wäre.
[34] LG Frankfurt v. 30.04.1984 - 2/24 S 306/83 - NJW 1985, 143-144; AG Flensburg v. 24.11.1998 - 63 C 190/97 - RRa 1999, 48-49; *Staudinger* in: Staudinger, § 651c Rn. 37; *Kaller-Schäfer*, RRa 1995, 78-83.
[35] AG Flensburg v. 24.11.1998 - 63 C 190/97 - RRa 1999, 48/49; LG Frankfurt vom 02.11.1987 - 2/24 S 75/87 - NJW-RR 1988, 248: Fortuna-Reise; *Kaller-Schäfer*, RRa 1995, 78, 83.
[36] AG Bad Homburg v. 02.03.1999 - 2 C 4972/98 - RRa 2000, 90-91; Fortuna-Reise nach Fuerteventura.

senden die Gesamtheit von Reiseleistungen erbringen will.[37] Gewerblichkeit ist nicht erforderlich, so dass die §§ 651a-651m BGB auch bei regelmäßiger[38] Veranstaltung von Reisen etwa durch Volkshochschulen, Sportvereine, Pfarreien, Jugendorganisationen anwendbar sind, sofern die Reisen nicht nur von Vereinsmitgliedern, sondern grundsätzlich von jedem Interessenten gebucht werden können. Die Veranstaltereigenschaft – und damit die Anwendbarkeit der reiserechtlichen Vorschriften – entfällt jedoch bei nicht-gewerblichen Anbietern, wenn sie einen gewerblichen Veranstalter beauftragen und deutlich auf die alleinige Verantwortlichkeit dieses Veranstalters gegenüber den Reiseteilnehmern hinweisen.[39]

2. Reisender

18 Reisender im Sinne der §§ 651a-651m BGB ist der Vertragspartner des Reiseveranstalters, also derjenige, der die Reise im eigenen Namen bucht[40], und zwar unabhängig davon, ob er selbst an der Reise teilnimmt oder an der Reise im Einvernehmen mit dem Reiseveranstalter einen anderen teilnehmen lässt. Dieser erlangt die in § 328 Abs. 2 BGB bezeichnete Rechtsstellung.

19 Das gilt nicht nur bei den sogenannten Incentive-Reisen (vgl. dazu Rn. 13) und Reisen, die dem Reiseteilnehmer von dem „Reisenden" (= dem Vertragspartner des Reiseveranstalters) geschenkt werden, sondern auch für die Gastschulaufenthalte; § 651l BGB (vgl. auch die Kommentierung zu § 651l BGB Rn. 4) spricht einerseits vom „Gastschüler", andererseits vom „Reisenden" und damit von demjenigen, der den Reisevertrag (Gastschulvertrag) mit dem Reiseveranstalter im eigenen Namen zu Gunsten des Gastschülers schließt. Hingegen wird im Fall der Vertragsübertragung nach § 651b BGB der „Dritte" auch selbst Vertragspartner des Reiseveranstalters und damit auch selbst „Reisender" (vgl. die Kommentierung zu § 651b BGB).

a. Geschäftsreisender

20 Umstritten ist, ob auch ein Geschäftsreisender „Reisender" im Sinne des Reisevertragsrechtes (§§ 651a-651m BGB) sein kann. Der Reisende ist derjenige Vertragspartner, der durch das Reisevertragsrecht geschützt werden soll, ist also der zu schützende Verbraucher. Er muss aber nicht Verbraucher im Sinne des § 13 BGB sein; im Reisevertragsrecht gilt ein anderer Verbraucherbegriff als der in § 13 BGB definierte Verbraucherbegriff.[41] Demgemäß kann auch ein Unternehmen, das als Verkaufsförderungsinstrument und damit zu gewerblichen Zwecken Reisen bucht und an ausgewählte Kunden verschenkt, „Reisender" i.S. der §§ 651a-651m BGB sein.[42] Genauso kann auch ein Geschäftsreisender „Reisender" i.S. des Reisevertragsrechtes sein[43], Art. 2 Nr. 4 der EG-Pauschalreise-Richtlinie ließe eine andere Beurteilung seitens der deutschen Gerichte auch gar nicht zu.[44] Umstritten ist aber, ob nur eine Urlaubsreise (Erholungsreise) „Reise" i.S. der §§ 651a-651m BGB sein kann. Die Incentive-Reise dient touristischen Zwecken; der Beschenkte will sie zu Erholungszwecken nutzen. Die Geschäftsreise dient hingegen nicht touristischen Zwecken.

21 Aus Art. 2 Nr. 1 der EG-Pauschalreise-Richtlinie, der als Elemente der Pauschalreise die Beförderung, die Unterbringung und andere touristische Dienstleistungen aufführt, ist zu ersehen, dass nur eine touristischen Zwecken dienende Reise von dieser Richtlinie erfasst wird. Der nationale Gesetzgeber ist aber, wie Art. 8 der Richtlinie ausdrücklich klarstellt, nicht gehindert, über die Mindestanforderungen der Richtlinie hinauszugehen, und kann daher auch andere – nicht touristischen Zwecken dienende – Reiseverträge dem Reisevertragsrecht unterstellen. Das ist auch in anderem Zusammenhang geschehen. Nachdem der EuGH entschieden hat[45], dass Gastschulreisen nicht in den Anwendungsbereich der EG-Pauschalreise-Richtlinie fallen, hat der deutsche Gesetzgeber durch die Einfügung des § 651l BGB

---

[37] BGH v. 09.07.1992 - VII ZR 7/92 - BGHZ 119, 152-176; OLG Köln v. 15.08.1994 - 16 U 14/94 - NJW-RR 1995, 314-316; OLG Celle v. 28.09.1994 - 11 U 223/93 - RRa 1995, 52-53; OLG Frankfurt v. 25.02.1999 - 16 U 112/98 - NJW-RR 2000, 351-352.

[38] Ein einziger, sich wiederholender und von vornherein kalendermäßig feststehender Termin reicht aus, z.B. Pfingst- oder Weihnachtsfahrt.

[39] *Führich*, Reiserecht, 6. Aufl. 2010, Rn. 90.

[40] BGH v. 16.04.2002 - X ZR 17/01 - juris Rn. 24 - NJW 2002, 2238-2240.

[41] *Tonner* in: MünchKomm-BGB, § 651a Rn. 11; *Führich*, Reiserecht, 6. Aufl. 2010, Rn. 92.

[42] BGH v. 16.04.2002 - X ZR 17/01 - juris Rn. 24 - NJW 2002, 2238-2240.

[43] *Tonner* in: MünchKomm-BGB, § 651a Rn. 11; *Führich*, Reiserecht, 6. Aufl. 2010, Rn. 92.

[44] *Tonner* in: MünchKomm-BGB, § 651a BGB Nr. 11.

[45] EuGH v. 11.02.1999 - C-237/97 - AFS Intercultural Programs Finland.

klargestellt, dass Gastschulaufenthalte (auch weiterhin) dem deutschen Reisevertragsrecht unterfallen. Dass die Vorschriften des Reisevertragsrechtes in erster Linie auf (auch zahlenmäßig im Vordergrund stehende) Urlaubsreisen (Erholungsreisen) zugeschnitten sind, steht außer Frage. Es ist aber weder dem Wortlaut noch dem Sinn und Zweck der §§ 651a-651m BGB zu entnehmen, dass diese Vorschriften auf Geschäftsreisen keine Anwendung finden sollen[46].

Freilich dürften die meisten Geschäftsreisen keine „Gesamtheit von Reiseleistungen" einschließen, so dass das Reisevertragsrecht **deshalb** nicht auf sie anwendbar ist.[47]

b. Gruppenreisender

Buchungen im Rahmen von **Gruppenreisen** (z.B. Familienreisen, Vereinsreisen oder Betriebsausflügen) werden unterschiedlich gewürdigt.

Wird eine Familienreise von einem Familienangehörigen allein gebucht (und dabei nichts Gegenteiliges erklärt), kommt nach allgemeiner Auffassung[48] der Reisevertrag nur zwischen dem buchenden Familienangehörigen und dem Reiseveranstalter zustande. Der Reisevertrag entfaltet nach einhelliger Auffassung Schutzwirkung auch für die mitreisenden Familienangehörigen. Darüber hinaus wird er auch als Vertrag zu Gunsten der mitreisenden Familienangehörigen qualifiziert, so dass die Mitreisenden einen eigenen Anspruch auf die ihnen gegenüber zu erbringenden Reiseleistungen haben. Sofern nicht (ausnahmsweise) ein anderer Wille der Vertragsschließenden anzunehmen ist, steht nach § 335 BGB auch dem Versprechensempfänger, d.h. dem Reisenden im Sinne des § 651a Abs. 1 BGB, der die Reise (allein) gebucht hat, ein Anspruch auf Leistung an den Dritten (= den mitreisenden Familienangehörigen) zu. Dieses Forderungsrecht besteht grundsätzlich nicht nur hinsichtlich der Primärleistung, sondern auch für Schadensersatzansprüche, und zwar wohl auch für Ansprüche auf Entschädigung für entgangene Urlaubsfreude (§ 651f Abs. 2 BGB), die keine höchstpersönlichen Ansprüche sein dürften.[49] Diese Betrachtung führt zu befriedigenden Ergebnissen:

Der Anspruch des Reiseveranstalters auf Zahlung des Reisepreises richtet sich nur gegen den buchenden Familienangehörigen. Dieser kann – mit Wirkung für sich und für alle Familienangehörigen – alle Gestaltungsrechte ausüben, kann also – mit Wirkung für sich und für alle Familienangehörigen – Mängel anzeigen und Abhilfe verlangen, kann allein den Reisevertrag kündigen und vom Reisevertrag zurücktreten, kann auch alle vertraglichen Ansprüche allein geltend machen. Soweit er von der Sache her die Ansprüche der mitreisenden Familienangehörigen geltend macht, also deren Ansprüche auf Erbringung der vom Reiseveranstalter ihnen geschuldeten Reiseleistungen und auf Ersatz der ihnen entstandenen Schäden, ist auf Leistung an die Familienangehörigen zu klagen. Ebenso können auch die Reiseteilnehmer selbst die jeweils ihnen erwachsenen Ansprüche (gerichtlich) geltend machen. Sind alle mitreisenden Familienangehörigen betroffen, können alle gemeinsam klagen. Ist nur ein (mitreisender) Familienangehöriger (verletzt und) geschädigt worden, kann er allein gegen den Reiseveranstalter klagen.

Wird eine Reise mehrerer Teilnehmer, die nicht (sämtlich) familiär miteinander verbunden sind, von einem Teilnehmer allein gebucht, wird es häufig nicht seinem Willen entsprechen, der einzige Vertragspartner des Reiseveranstalters zu werden.[50] Demgemäß wird in einem solchen Fall angenommen, dass ein Reisevertrag zwischen dem Reiseveranstalter und dem buchenden Reiseteilnehmer nur zustande kommt, soweit die Reiseleistungen dem buchenden Reiseteilnehmer und dessen mitreisenden Familienangehörigen zu erbringen sind. Ansonsten kommen die Reiseverträge zwischen dem Reiseveranstalter und den einzelnen Reiseteilnehmern zustande.

Eine derartige Abgrenzung bereitet zunehmend praktische Schwierigkeiten.[51] Zwischen Eheleuten und Partnern einer nichtehelichen Lebensgemeinschaft wird nicht differenziert werden können. Auch kann bezüglich der mitreisenden Kinder nicht danach differenziert werden, ob die Eltern miteinander verheiratet sind oder nicht. Ebenso kann nicht danach differenziert werden, ob die Kinder aus der jetzigen Verbindung der mitreisenden Erwachsenen oder aus einer früheren Verbindung eines mitreisenden Elternteiles stammen. In einigen dieser Fälle sind unterschiedlichen Nachnamen der Reiseteilnehmer

---

[46] *Tonner* in: MünchKomm-BGB, § 651a Rn. 11.
[47] *Tonner* in: MünchKomm-BGB, § 651a Rn. 11; *Führich*, Reiserecht, 6. Aufl. 2010, Rn. 92 unter 2.
[48] *Staudinger* in: Staudinger, § 651a Rn. 86; *Führich*, Reiserecht, 6. Aufl. 2010, Rn. 117.
[49] BGH v. 26.05.2010 - Xa ZR 124/09 - juris Rn. 14 und 15 - NJW 2010, 2950-2952.
[50] BGH v. 06.04.1978 - VII ZR 104/76 - WM 1978, 899-900; *Tonner* in: MünchKomm-BGB, § 651a Rn. 87 und 88; *Führich*, Reiserecht, 6. Aufl. 2010, Rn. 118.
[51] *Tonner* in: MünchKomm-BGB, § 651a Rn. 85.

nicht selten oder sogar (nahezu) zwingend. Schließlich können auch Eheleute unterschiedliche Nachnamen führen. Daher kann aus den Nachnamen der Reiseteilnehmer nicht verlässlich hergeleitet werden, ob alle Reiseteilnehmer zur selben Familie gehören oder wer gegebenenfalls nicht zu ihr gehört. Auch die Anschriften der Reiseteilnehmer lassen das nicht zuverlässig erkennen. Angehörige einer Familie können unterschiedliche Anschriften haben. Andererseits können Angehörige verschiedener Familien – oder auch Reiseteilnehmer ohne jede familiäre Bindung – dieselbe Anschrift haben.

28   Wenn sich für den Reiseveranstalter kein eindeutiges Bild ergibt, kann wohl nur auf § 164 Abs. 2 BGB abgestellt werden. Ist für den Reiseveranstalter hinreichend erkennbar, dass der buchende Reiseteilnehmer nicht nur im eigenen Namen einen Reisevertrag mit dem Reiseveranstalter schließen will, sondern dass er – in Bezug auf einzelne oder sogar in Bezug auf alle Mitreisende – in deren Namen (und mit deren Vollmacht) handelt, kommen Reiseverträge (auch) mit den Mitreisenden zustande. Tritt hingegen der Mangel des Willens des buchenden Reiseteilnehmers, bezüglich einzelner oder bezüglich aller Mitreisenden im eigenen Namen zu handeln, für den Reiseveranstalter nicht erkennbar hervor (oder verfügt der buchende Reiseteilnehmer nicht über die erforderliche Vollmacht), kommt der Reisevertrag (nur) mit dem buchenden Reiseteilnehmer zustande (§ 164 Abs. 2 BGB) oder haftet dieser jedenfalls nach § 179 Abs. 1 BGB.

29   Der Bundesgerichtshof[52] hält es ersichtlich für wünschenswert, dass Reisebuchungen, die mehrere als Gruppe oder als Familie zusammenreisende Personen betreffen, so ausgelegt werden, dass diejenige Person der Reisegruppe Vertragspartner des Reiseveranstalters wird, die wirtschaftlich innerhalb der Gruppe für den Reisepreis letztes Endes aufzukommen hat. Diese Person ist dem Reiseveranstalter gegenüber zur Zahlung des Reisepreises verpflichtet und zur Geltendmachung von Minderungsansprüchen sowie zur Erklärung einer Kündigung berechtigt. Auch der Bundesgerichtshof verkennt in diesem Zusammenhang aber nicht, dass dieses Ziel in einer nicht unerheblichen Zahl der Fälle nicht erreicht werden kann, weil der Buchende bei der Buchung die zur Übernahme des Reisepreises unter den Reiseteilnehmern intern getroffenen Absprachen nicht offenbart.

30   Praktische Schwierigkeiten können sich daraus kaum (noch) ergeben. Aus dem schutzwürdigen Interesse der Teilnehmer einer Reisegruppe, Minderungsansprüche auf den Reiseteilnehmer zu übertragen, der für den Reisepreis letzten Endes wirtschaftlich aufzukommen hat, leitet der Bundesgerichtshof[53] her, dass Abtretungsverbote, die in Allgemeinen Reisebedingungen (ARB) enthalten sind, eine den Grundsätzen von Treu und Glauben widersprechende unangemessene Benachteiligung der Reisenden darstellen. Die Abtretung der auf Leistungsstörungen beruhenden Ansprüche der Reisenden gegen den jeweiligen Reiseveranstalter kann mithin formularmäßig nicht ausgeschlossen werden. Die Teilnehmer einer Reisegruppe können demgemäß durch Abtretungen bewirken, dass derjenige Reiseteilnehmer, der die Reisekosten aufgebracht hat, auch Inhaber der auf Leistungsstörungen beruhenden Ansprüche wird und diese selbst geltend machen kann, so dass ihm einerseits etwaige Ersatzleistungen zukommen und er andererseits auch das Prozesskostenrisiko trägt.[54] Hat nur er die Ansprüche innerhalb der Monatsfrist des § 651g Abs. 1 BGB dem Reiseveranstalter gegenüber geltend gemacht, obwohl die Ansprüche zu diesem Zeitpunkt noch nicht an ihn abgetreten waren, können die anderen Reiseteilnehmer die ihre Ansprüche betreffende Anspruchsanmeldung nachträglich genehmigen und auf diesem Wege die Ausschlussfrist des § 651g Abs. 1 BGB wahren.[55]

III. Vertragsschluss

1. Formfreiheit

31   Der Reisevertrag ist nicht formbedürftig.[56] Auch die Erklärung des Reiseveranstalters, dass er den Antrag des Reisenden annehme, bedarf keiner Form. Der Reiseveranstalter ist nach § 651a Abs. 3 BGB verpflichtet, dem Reisenden bei oder unverzüglich nach Vertragsschluss eine Urkunde über den Reisevertrag (Reisebestätigung) zur Verfügung zu stellen, welche die in § 6 Abs. 2 BGB-InfoV genannten Angaben über die Reise enthalten muss. Die Verpflichtung zur Erteilung dieser Reisebestätigung folgt

---

[52] BGH v. 17.04.2012 - X ZR 76/11 - juris Rn. 19, 20 - NJW 2012, 2107-2110.
[53] BGH v. 17.04.2012 - X ZR 76/11 - juris Rn. 18-20 - NJW 2012, 2107-2110.
[54] BGH v. 17.04.2012 - X ZR 76/11 - juris Rn. 20 - NJW 2012, 2107-2110.
[55] BGH v. 26.05.2010 - Xa ZR 124/09 - juris Rn. 21-24 - NJW 2010, 2950-2952.
[56] *Recken* in: BGB-RGRK, § 651a Rn. 28; *Sprau* in: Palandt, § 651a Rn. 1; *Tonner* in: MünchKomm-BGB, § 651a Rn. 62 und 63; *Eckert* in: Soergel, § 651a Rn. 37; *Staudinger* in: Staudinger, § 651a Rn. 75, 76; *Führich*, Reiserecht, 6. Aufl. 2010, Rn. 109.

aus dem (wirksam zustande gekommenen) Reisevertrag. Mithin ist die Erteilung dieser Reisebestätigung gerade nicht Voraussetzung des wirksamen Zustandekommens des Reisevertrages. Allerdings erklärt der Reiseveranstalter die Annahme des Antrags des Reisenden in der Regel schriftlich, meistens durch Übersendung/Aushändigung der schriftlichen Reisebestätigung. Ein gesetzliches Schriftformerfordernis – als Voraussetzung der Wirksamkeit des Reisevertrages – besteht aber nicht.[57] Eine in Allgemeinen Reisebedingungen (ARB) – die ARB–DRV 2010[58] enthalten eine solche Klausel gerade nicht (vgl. 1.6 Satz 2) – etwa enthaltene Schriftformklausel schließt wegen des Vorrangs individueller Vertragsabreden (§ 305b BGB) einen wirksamen mündlichen Vertragsschluss nicht aus.[59] Die Regelungen über Fernabsatzverträge beim Einsatz von Fernkommunikationsmitteln sind nach h.M.[60] auf den Reisevertrag nicht anwendbar (§ 312b Nr. 6 BGB).

2. Angebot

Der Reiseprospekt enthält kein Angebot.[61] Zwar „binden" die Prospektangaben den Reiseveranstalter (Art. 3 Abs. 2 Satz 2 der EG-Pauschalreise-Richtlinie und § 4 Abs. 1 Satz 2 BGB-InfoV). Diese Bindung besagt jedoch nichts über das Zustandekommen des Reisevertrages; insbesondere kann aus ihr nicht etwa hergeleitet werden, dass der Reiseprospekt – auf den Abschluss konkreter Reiseverträge gerichtete – bindende Angebote des Reiseveranstalters an eine Vielzahl von Interessenten enthalte. Der Reiseveranstalter kann, wenn er den Reiseprospekt herausgibt, nicht wissen, welche Reisen in welcher Zahl gebucht werden. Wenn die Kapazitäten erschöpft sind, muss er weitere Buchungen ablehnen (und ablehnen dürfen). Deshalb kann im Reiseprospekt nur eine invitatio ad offerendum gesehen werden. Folglich wird das Vertragsangebot vom Reisenden abgegeben. In seiner Buchung ist ein bindendes Vertragsangebot (§ 145 BGB) zu sehen. 32

3. Annahme

Die Annahme kann nur bis zu dem in § 147 Abs. 2 BGB bezeichneten Zeitpunkt wirksam erklärt werden. Die durch § 147 Abs. 2 BGB bestimmte Annahmefrist kann mit (höchstens) zwei Wochen angesetzt werden.[62] 33

Mit Zugang der Annahmeerklärung des Reiseveranstalters kommt der Reisevertrag zustande. Ein eingeschaltetes Reisebüro ist Empfangsvertreter des Veranstalters, so dass der Reisevertrag bei Buchung über ein Reisebüro erst zustande kommt, wenn die Annahmeerklärung dem Reisenden zugeht.[63] 34

Online-Buchungen unterliegen grundsätzlich denselben Regeln.[64] Der Reiseveranstalter unterliegt bei Online-Vertragsschlüssen den Pflichten des § 321g BGB (bisher: § 321e BGB).[65] Sowohl für den Reiseveranstalter als auch für den Reisenden gilt die Zugangsfiktion des § 321g Abs. 1 Satz 2 BGB.[66] 35

Bei inhaltlicher **Abweichung** von Antrag (Buchung) und Annahmeerklärung (Reisebestätigung) stellt die abweichende Annahmeerklärung (Reisebestätigung) gemäß § 150 Abs. 2 BGB eine Ablehnung verbunden mit einem neuen Antrag dar. Der Reisende nimmt diesen neuen Antrag konkludent an, indem er den Reisepreis zahlt oder die Reise antritt.[67] 36

---

[57] *Führich*, Reiserecht, 6. Aufl. 2010, Rn. 111 unter 2.
[58] Konditionenempfehlung 2010 des Deutschen ReiseVerbandes e.V. (DRV), abgedruckt bei *Führich*, Reiserecht, 6. Aufl. 2010, im Anhang II 6.
[59] *Staudinger* in: Staudinger, § 651a Rn. 76; *Führich*, Reiserecht, 6. Aufl. 2010, Rn. 111 unter 2.
[60] *Wendehorst* in: MünchKomm-BGB, § 312 b Rn. 82; de lege lata zweifelnd und de lege ferenda ablehnend: *Staudinger* in: Staudinger, § 651a BGB Rn. 70.
[61] *Recken* in: BGB-RGRK, § 651a Rn. 29; *Eckert* in: Soergel, § 651a Rn. 38; *Tonner* in: MünchKomm-BGB, § 651a Rn. 65; *Staudinger* in: Staudinger, § 651a Rn. 70; *Bidinger/Müller*, RRa 1993, 49-50; *Führich*, Reiserecht, 6. Auf. 2010, Rn. 110.
[62] *Recken* in: BGB-RGRK, § 651a Rn. 36; *Tonner* in: MünchKomm-BGB, § 651a Rn. 63; *Eckert* in: Soergel, § 651a Rn. 39; *Führich*, Reiserecht, 6. Aufl. 2010, Rn. 109; *Staudinger* in: Staudinger, § 651a Rn. 75.
[63] AG Kleve v. 29.09.1995 - 3 C 389/95 - RRa 1996, 10-11; *Eckert* in: Staudinger, § 651a Rn. 72; *Führich*, 6. Aufl. 2010, Rn. 111 unter 3; a.A. AG Berlin-Schöneberg v. 02.09.1991 - 102 C 23/91 - NJW-RR 1992, 116-117: Reisebüro Empfangsbote des Reisenden.
[64] *Staudinger* in: Staudinger, § 651a Rn. 71.
[65] *Staudinger* in: Staudinger, § 651a Rn. 72.
[66] *Staudinger* in: Staudinger, § 651a Rn. 74.
[67] LG Frankfurt v. 07.07.1994 - 2/5 O 88/94 - RRa 1995, 18; *Bartl*, Reiserecht, 2. Aufl. 1981, Rn. 192; *Eckert* in: Soergel, § 651a Rn. 41; *Tonner* in: MünchKomm-BGB, § 651a Rn. 67; *Staudinger* in: Staudinger, § 651a Rn. 78.

§ 651a

37 Allgemeine Reisebedingungen (ARB) werden (§ 305 Abs. 2 BGB) nur dann Bestandteil des Reisevertrages, wenn der Reiseveranstalter bei Vertragsschluss
- den Reisenden hinreichend deutlich auf die ARB hinweist und
- dem Reisenden die Möglichkeit verschafft, in zumutbarer Weise von ihrem Inhalt Kenntnis zu nehmen, und
- wenn der Reisende mit ihrer Geltung einverstanden ist.

Zumindest bei einer Buchung im Reisebüro erlangt der Reisende nur dann die Möglichkeit, in zumutbarer Weise von dem Inhalt der ARB Kenntnis zu nehmen, wenn sie ihm ausgehändigt werden. Sind die ARB im Reisekatalog/Reiseprospekt abgedruckt, muss der Reisekatalog/Reiseprospekt dem Reisenden ausgehändigt werden. Nach der Rechtsprechung des Bundesgerichtshofes[68] genügt es nicht, dass der Katalog nur im Reisebüro einsehbar ist. Auch wenn § 6 Abs. 3 BGB-InfoV nicht unmittelbar die Voraussetzungen für eine wirksame Einbeziehung von Allgemeinen Reisebedingungen in den Reisevertrag bestimmt, genügt nach der Auffassung des Bundesgerichtshofes angesichts der dort begründeten gesetzlichen Verpflichtungen des Reiseveranstalters, dem Reisenden Allgemeine Reisebedingungen vor dem Vertragsschluss vollständig zu übermitteln, die bloße Gelegenheit, den Katalog im Reisebüro einzusehen, nicht dem Erfordernis des § 305 Abs. 2 Nr. 2 BGB (Verschaffung der Möglichkeit, in zumutbarer Weise von dem Inhalt der ARB Kenntnis zu nehmen). Dem kann nach der Auffassung des Bundesgerichtshofes[69] auch nicht entgegengehalten werden, dass der Reisende im Reisebüro um die (vorübergehende) Aushändigung des Reiseprospektes/Reisekataloges bitten könne, um die ARB zuhause in Ruhe zu studieren. Nicht der Reisende müsse sich darum bemühen, die ARB in zumutbarer Weise zur Kenntnis nehmen zu können. Vielmehr obliege es dem Reiseveranstalter, von sich aus dem Reisenden die Möglichkeit zu verschaffen, den Inhalt der ARB in zumutbarer Weise zur Kenntnis zu nehmen. Die bisher überwiegend vertretene Auffassung,[70] für die Einbeziehung der ARB in den Reisevertrag reiche es aus, dass der Reisende im Reisebüro Einsicht nehmen könne, ist aufgrund des Urteils des Bundesgerichtshofes vom 26.02.2009[71] für die Praxis bedeutungslos geworden.

IV. Pflichten der Vertragsparteien

1. Hauptpflichten des Reiseveranstalters

a. Erbringung der Reiseleistungen

38 Hauptpflicht des Reiseveranstalters ist die **ordnungsgemäße Erbringung der Reise**. Diese Hauptpflicht des Reiseveranstalters hat der Bundesgerichtshof im Urteil vom 18.07.2006[72] wie folgt umrissen:

„Der Reiseveranstalter übernimmt gemäß seinem Angebot die Planung und Durchführung der Reise, haftet insoweit für deren Erfolg und trägt grundsätzlich die Gefahr des Nichtgelingens. Deshalb darf der Reisende darauf vertrauen, dass der Veranstalter alles zur erfolgreichen Durchführung der Reise Erforderliche unternimmt. Dazu gehört nicht nur die sorgfältige Auswahl der Leistungsträger, insbesondere der Vertragshotels, sondern der Reiseveranstalter muss diese auch überwachen."

39 Im Urteil vom 14.12.1999[73] hat der Bundesgerichtshof seine Rechtsprechung wie folgt zusammengefasst:

„Nach der Rechtsprechung des Bundesgerichtshofes verpflichtet sich der Reiseveranstalter bei Abschluss des Pauschalvertrages nicht nur zur Erbringung der in der Reisebestätigung genannten Beförderung, Unterbringung und sonstigen Teilleistungen; vielmehr umfasst der Reiseveranstaltungsvertrag die Reise selbst. Gegenstand des Reisevertrages sind daher alle Leistungen, die der Veranstalter Reiseinteressenten nach einem vorher festgelegten und ausgeschriebenen Reiseprogramm anbietet. Der Veranstalter verspricht damit eine bestimmte Gestaltung der Reise, etwa einer Urlaubsreise. Er vermittelt nicht nur Fremdleistungen, sondern übernimmt selbst die Haftung für deren Erfolg, soweit dieser von seinen Leistungen abhängt."

---

[68] BGH v. 26.02.2009 - Xa ZR 141/07 - juris Rn. 13 - NJW 2009, 2950-2952.
[69] BGH v. 26.02.2009 - Xa ZR 141/07 - juris Rn. 14 - NJW 2009, 2950-2952.
[70] Vgl. *Eckert* in: Soergel, § 651a Rn. 45 sowie *Eckert* in: Staudinger, Neubearbeitung 2003, § 651a Rn. 85 und 87; anders jetzt *Staudinger* in: Staudinger, Neubearbeitung 2011, § 651a Rn. 93.
[71] BGH v. 28.02.2009 - Xa ZR 141/07 - juris Rn. 13 und 14 - NJW 2009, 2950-2952.
[72] BGH v. 18.07.2006 - X ZR 142/05 - juris Rn. 21 - NJW 2006, 3268-3270.
[73] BGH v. 14.12.1999 - X ZR 122/97 - juris Rn. 8 - NJW 2000, 1188-1191.

40 Der Reiseveranstalter haftet also, wie der Bundesgerichtshof auch schon im Urteil vom 29.06.1995[74] hervorgehoben hat, nicht nur für die Erbringung einzelner Leistungen, sondern für den Eintritt des Erfolgs des Urlaubs, soweit dieser von seinen Leistungen abhängt.

41 Zu welchen Leistungen sich der Reiseveranstalter verpflichtet und in welchem Umfange er – etwa in Bezug auf das Umfeldrisiko[75] – eine Verpflichtung übernimmt, über die Grenzen seiner Einflussmöglichkeiten hinaus für den Eintritt des Urlaubserfolgs einzustehen, ergibt sich aus den für die Festlegung des Leistungsinhalts maßgeblichen Angaben im Reiseprospekt und in der Reisebestätigung (§ 651a Abs. 3 BGB).

42 Für den **Leistungsinhalt** maßgeblich sind die im **Reiseprospekt** und in der Reisebestätigung (§ 651a Abs. 3 BGB) enthaltenen Angaben. Das Leistungsangebot des Veranstalters ist dabei so zu verstehen, wie ein „verständiger potentieller Durchschnittsreisender" die Beschreibung verstehen durfte.[76] § 651a Abs. 3 BGB wurde im Zuge des SMG neu eingefügt. Die Vorschrift verlangt die Einhaltung der in Art. 238 EGBGB vorgegebenen Kriterien. „Danach" soll zum Schutz des Verbrauchers sichergestellt werden, dass Reisebeschreibungen **keine irreführenden Angaben** enthalten und der Reiseveranstalter dem Reisenden die notwendigen Informationen erteilt. Diese Sicherstellung erfolgt durch die zuletzt 2002 geänderte BGB-InfoV.[77]

43 Die in der BGB-InfoV enthaltenen Aufklärungs- und Informationspflichten sind nicht lediglich Nebenpflichten, sondern **Hauptpflichten** des Veranstalters.[78] § 6 Abs. 2 BGB-InfoV[79] legt die erforderlichen inhaltlichen Angaben fest. Nach § 6 Abs. 4 BGB-InfoV kann auf einen dem Reisenden zur Verfügung gestellten Prospekt (§ 4 BGB-InfoV) verwiesen werden, soweit dieser die erforderlichen inhaltlichen Angaben enthält; jedenfalls hat die **Reisebestätigung** Reisepreis und Zahlungsmodalitäten anzugeben. Nach § 6 Abs. 5 BGB-InfoV gelten die Absätze 1-4 nicht für Buchungen, die weniger als sieben Werktage vor Reisebeginn vorgenommen werden (Last-Minute-Reisen). Ebenfalls ausgenommen sind Gelegenheitsveranstalter (§ 11 BGB-InfoV). Bestätigung bedeutet nicht gesetzliche Schriftform; die Reisebestätigung dient lediglich der Information des Reisenden.

44 **Mündliche Zusagen** sind ebenfalls möglich. Eine Regelung in ARB, die für vertragliche Abreden die Schriftform verlangt oder nach der sich die vertraglichen Leistungen ausschließlich aus dem Prospekt und der Reisebestätigung ergeben sollen, ist wegen Verstoßes gegen § 305b BGB unwirksam.[80] Mündliche Zusagen seiner Mitarbeiter muss sich der Veranstalter über § 54 Abs. 1 HGB zurechnen lassen; mündliche Erklärungen des – selbstständigen – Reisebüros werden dem Veranstalter über die §§ 84-92c, 54 HGB zugerechnet.[81] Unklare oder unvollständige Angaben in der Leistungsbeschreibung wirken sich nach § 305c Abs. 2 BGB zulasten des Veranstalters[82] aus. Mündliche Zusagen von Mitarbeitern des selbstständigen Reisebüros, die in offenem Widerspruch zur Beschreibung im Reiseprospekt stehen, sind jedoch für den Reiseveranstalter nicht verbindlich.[83]

45 Einschränkungen der Einstandspflicht des Reiseveranstalters durch eine in Allgemeinen Reisebedingungen (ARB) enthaltene **Landesüblichkeitsklausel** („Der Umfang der vertraglichen Leistungen ergibt sich aus der Leistungsbeschreibung des Reiseveranstalters unter Berücksichtigung der Landesüblichkeit sowie aus den hierauf bezugnehmenden Angaben in der Reisebestätigung.")[84] oder eine **Freizeichnungsklausel**[85] sind wegen Verstoßes gegen § 307 BGB unwirksam. Die sog. **Drucklegungs-**

---

[74] BGH v. 29.06.1995 - VII ZR 201/94 - juris Rn. 14 - BGHZ 130, 128-133.
[75] *Führich*, Reiserecht, 6. Aufl. 2010, Rn. 248.
[76] BGH v. 16.06.1982 - IVa ZR 270/80 - BGHZ 84, 268-280; BGH v. 12.03.1987 - VII ZR 37/86 - BGHZ 100, 158-185.
[77] Bekanntmachung vom 05.08.2002 (BGBl I 2002, 3002).
[78] BGH v. 29.06.1995 - VII ZR 201/94 - BGHZ 130, 128-133; *Eckert* in: Soergel, § 651a Rn. 74; *Staudinger* in: Staudinger, Anh. zu § 651a: Vorbem. BGB-InfoV, Rn. 6.
[79] Die Regelung des § 6 BGB-InfoV n.F. entspricht § 3 BGB-InfoV a.F.
[80] BGH v. 25.02.1982 - VII ZR 268/81 - NJW 1982, 1389-1391; *Staudinger* in: Staudinger, § 651c Rn. 19.
[81] BGH v. 19.11.1981 - VII ZR 238/80 - BGHZ 82, 219-227; *Bidinger/Müller*, Reisevertragsrecht, 2. Aufl. 1995, S. 107; *Eckert* in: Soergel, § 651c Rn. 4; *Staudinger* in Staudinger, § 651c Rn. 19.
[82] OLG Frankfurt v. 02.12.1980 - 8 U 129/80 - NJW 1981, 827-828.
[83] OLG Frankfurt v. 06.04.1995 - 16 U 47/94 - NJW-RR 1995, 1462-1463.
[84] BGH v. 12.03.1987 - VII ZR 37/86 - juris Rn. 59 - BGHZ 100, 158-185.
[85] BGH v. 09.07.1992 - VII ZR 7/92 - juris Rn. 74 - BGHZ 119, 152-176.

§ 651a

klausel, wonach die Verhältnisse bei Drucklegung entscheidend und danach erfolgende Änderungen irrelevant sein sollen, verstößt gegen § 308 Nr. 4 BGB und ist deshalb ebenfalls unwirksam.[86]

46 Reiseunternehmen können als Erbringer von Reiseleistungen in eigener Verantwortung tätig werden, wobei sie sich Dritter als Leistungsträger bedienen können; sie können aber auch lediglich Vermittler solcher Reiseleistungen sein. Welche Art von Tätigkeit vorliegt, hängt vom Inhalt und den weiteren Umständen der Vertragsverhandlungen ab. Hierbei ist gemäß § 651a Abs. 2 BGB entscheidend darauf abzustellen, wie das Reiseunternehmen aus der Sicht des Reisenden auftritt.[87] Reiseveranstalter – und damit Vertragspartner eines Reisevertrages – ist derjenige, der aus der maßgeblichen Sicht eines durchschnittlichen Reisekunden als Vertragspartei eine Gesamtheit der Reiseleistungen in eigener Verantwortung zu erbringen verspricht.[88]

47 Ein Reisebüro übernimmt typischerweise lediglich die Tätigkeit eines Vermittlers von Reiseleistungen und nicht die Verantwortung für deren ordnungsgemäße Durchführung. Allerdings kann ein Reisebüro auch als Reiseveranstalter auftreten (und demzufolge im eigenen Namen einen Reisevertrag mit dem Reisenden schließen). Dafür streitet aber weder ein Erfahrungssatz noch eine gesetzliche Auslegungsregel. Eine solche Auslegungsregel ergibt sich weder aus dem Wortlaut des § 651a BGB noch aus der Richtlinie 90/314/EWG vom 13.06.1990 über Pauschalreisen, deren Umsetzung § 651a BGB dient.[89] Dass das Reisebüro dem Reisekunden sämtliche Reiseleistungen in eigener Verantwortung verspreche, folgt auch nicht allein aus dem Angebot mehrerer zeitlich und örtlich aufeinander abgestimmter Reiseleistungen durch das Reisebüro. Vielmehr kann von einem Auftreten des Reisebüros als Reiseveranstalter (und mithin dem Zustandekommen eines Reisevertrages zwischen dem Reisenden und dem Reisebüro) nur dann ausgegangen werden, wenn das Reisebüro diverse Einzelleistungen im Voraus bündelt, die Leistungserbringer nicht benennt und dem Reisekunden insbesondere nur einen Gesamtpreis (Pauschalpreis) für die verschiedenen Einzelleistungen benennt. Wenn sich das Reisebüro hingegen selbst nur als Reisebüro bezeichnet, die Veranstalter der Einzelleistungen in den Reiseanmeldungen jeweils namentlich benennt und auch keinen Gesamtreisepreis (Pauschalpreis) bildet, sondern die Kosten der Einzelleistungen jeweils gesondert auswirft, beschränkt es sich auf die Reisevermittlung und wird nicht selbst als Reiseveranstalter tätig, so dass zwischen ihm und dem Reisenden kein Reisevertrag zustande kommt.[90]

48 Soweit ein Reiseveranstalter nach den gesamten Umständen den Anschein erweckt, die vertraglich vorgesehenen Reiseleistungen in eigener Verantwortung zu erbringen, kommt zwischen ihm und dem Reisenden ein Reisevertrag zustande; der Einwand, er übe lediglich eine Vermittlungstätigkeit aus, ist ihm abgeschnitten. Entsprechende Klauseln sind bereits vor In-Kraft-Treten des § 651a Abs. 2 BGB vom Bundesgerichtshof[91] für unwirksam erklärt worden. § 651a Abs. 2 BGB stellt nunmehr klar, dass (auf einen Haftungsausschluss abzielende) Erklärungen von Reiseveranstaltern, sie vermittelten lediglich die einzelnen Reiseleistungen, wirkungslos sind, wenn nach den sonstigen Umständen der Anschein erweckt wird, der Reiseveranstalter erbringe die vertraglich vorgesehenen Reiseleistungen in eigener Verantwortung. Durch Urteil vom 30.09.2003[92] hat der Bundesgerichtshof zwei Fremdleistungsklauseln wegen Verstoßes gegen § 307 Abs. 1 BGB (= § 9 AGBG a.F.) für unwirksam erklärt.

49 Einem Reiseveranstalter dürfte es auch nur noch in engen Grenzen möglich sein, vor Ort angebotene Ausflüge oder die Teilnahme von Reisenden an sportlichen oder kulturellen Veranstaltungen lediglich zu vermitteln. Das setzt voraus, dass es sich nicht um Ausflüge, Sportmöglichkeiten oder kulturelle Veranstaltungen handelt, die nach dem Reiseprospekt als – wenn auch vor Ort gegen Entgelt zu buchende – Bestandteile der Pauschalreise erscheinen. Auch muss der Reiseveranstalter dem Reisenden ausdrücklich und eindeutig erklären, dass er insoweit lediglich Fremdleistungen eines Fremdunternehmens vermittle.[93] Diese Erklärung darf auch nicht dadurch relativiert werden, dass etwa aufgrund werb-

---

[86] *Tonner* in: MünchKomm-BGB, § 651a Rn. 124; *Führich*, Reiserecht, 6. Aufl. 2010, Rn. 138 unter 6.
[87] BGH v. 30.09.2010 - Xa ZR 130/08 - juris Rn. 9 - NJW 2011, 599-600; BGH v. 30.09.2003 - X ZR 244/02 - BGHZ 256, 220 -231.
[88] BGH v. 30.09.2010 - Xa ZR 130/08 - juris Rn. 9 - NJW 2011, 599-600; BGH v. 19.06.2007 - X ZR 61/06 - juris Rn. 14 - NJW-RR 2007, 1501-1503; BGH v. 25.07.2006 - X ZR 182/05 - juris Rn. 11 - NJW 2006, 3137-3139.
[89] BGH v. 30.09.2010 - Xa ZR 130/08 - juris Rn. 12 und 13 - NJW 2011, 599 - 600.
[90] BGH v. 30.09.2010 - Xa ZR 130/08 - juris Rn. 6 und 12 - NJW 2011, 599-600.
[91] BGH v. 18.10.1973 - VII ZR 247/72 - juris Rn. 27 - BGHZ 61, 275-282.
[92] BGH v. 30.09.2003 - X ZR 244/02 - BGHZ 156, 220-231; vgl. dazu auch *Hefermehl*, BGHReport 2004, 280; *Schmidt*, LMK 2004, 60-61 und *Staudinger*, RRa 2004, 44-47.
[93] BGH v. 14.12.1994 - X ZR 122/97 - juris Rn. 12 - NJW 2000, 1188-1191.

licher Anpreisungen der Eindruck entsteht, die Leistungen würden im Auftrag und in der Verantwortung des Reiseveranstalters erbracht werden. Im Wesentlichen dürfte sich eine solche Vermittlungstätigkeit des Reiseveranstalters auf Fälle beschränken, in denen örtliche Reiseleiter Reisenden dabei behilflich sind, im Reiseprospekt des Reiseveranstalters nicht erwähnte Ausflüge, sportliche Betätigungsmöglichkeiten oder kulturelle Veranstaltungen, die von örtlichen Anbietern angeboten und erbracht werden und an diese unmittelbar zu bezahlen sind, bei diesen zu buchen, ohne den Eindruck zu erwecken, der Reiseveranstalter habe mit diesen Leistungen etwas zu tun und stehe für sie ein.[94] Unter diesen engen Voraussetzungen scheidet eine Haftung des Reiseveranstalters für Schäden aus, welche die örtlichen Anbieter etwa verschulden, sofern dem Reiseveranstalter nicht die Unzuverlässigkeit und Ungeeignetheit des örtlichen Anbieters/Leistungserbringers hätte bekannt sein müssen.

Überlässt der Reiseveranstalter dem Reisenden einen Gutschein (Voucher), der diesen zur (kostenlosen) Anreise/Abreise mit der Bahn zum/vom Flughafen berechtigt, hebt er außerdem die Vorzüge dieser Anreisemöglichkeit hervor und erteilt er dem Reisenden detaillierte Hinweise zur Auswahl der Bahnverbindungen, erweckt er den Eindruck, dass er den Bahntransfer als eigene Leistung anbiete und für den Erfolg einstehen wolle. In diesem Falle bedient sich der Reiseveranstalter zur Erbringung einer von ihm geschuldeten Leistung des Bahnunternehmens als seines Erfüllungsgehilfen und muss sich dessen schuldhaft pflichtwidriges Verhalten nach § 278 BGB zurechnen lassen.[95]

b. Hinweis-, Aufklärungs- und Informationspflichten

Wenn der Reiseveranstalter, den insoweit eine Erkundigungspflicht trifft, erkennen kann, dass zu bestimmten Zeiten mit einiger Wahrscheinlichkeit mit Witterungsverhältnissen gerechnet werden muss, die den Urlaubserfolg beeinträchtigen, oder wenn er, den auch insoweit eine Erkundigungspflicht trifft, erkennen kann, dass gesundheitliche Risiken (Epidemie!) oder politische Unruhen drohen, muss er den Reisenden darüber ungefragt aufklären;[96] anderenfalls erwachsen dem Reisenden die Rechte aus den §§ 651c und 651e BGB.

Der Reiseveranstalter muss den Reisenden auch ungefragt über die im jeweiligen Durchreise- und Zielland für einen Angehörigen des Mitgliedstaates, in dem die Reise angeboten wird, geltenden Einreisebestimmungen aufklären[97]; dies ergibt sich nunmehr auch ausdrücklich aus § 4 Abs. 1 Nr. 6 BGB-InfoV. Wenn der Reisende erkennbar Ausländer ist[98], kann er der Aufklärung darüber bedürfen, dass für Ausländer andere (schärfere) Einreisebestimmungen bestehen können; ausländisch klingende Vornamen bzw. Vornamen aus fremden Sprachkulturen dürften heutzutage aber kein Anhaltspunkt mehr für eine ausländische Staatsangehörigkeit sein[99]. Nachforschungen über die Staatsangehörigkeit des Reisenden muss der Reiseveranstalter nicht anstellen.[100] In jedem Falle genügt der Hinweis, dass **möglicherweise** andere Pass- und Visumserfordernisse gelten als für einen Deutschen.[101]

Zur Unterrichtung des Reisenden über Pass- und Visumerfordernisse ist grundsätzlich allein der Reiseveranstalter verpflichtet, nicht auch das Reisebüro.[102] Ein Reisebüro, das aufgrund eines Agenturvertrages **einem** Reiseveranstalter verpflichtet ist, dessen Reisen zu vertreiben, und das von diesem Provision erhält, ist dessen Handelsvertreter. Zwischen dem Handelsvertreter und dem Kunden des von ihm vertretenen Unternehmens – in diesem Falle also zwischen dem Reisebüro und dem Reisenden – kommt in der Regel kein eigener Vertrag zustande. Etwas anderes gilt nur dann, wenn der Vertreter gegenüber dem Vertragspartner in besonderem Maße Vertrauen in Anspruch genommen – die Werbung mit der eigenen Sachkunde reicht dafür nicht aus – und dadurch die Verhandlungen oder den Vertragsschluss erheblich beeinflusst hat oder wenn er am Vertragsschluss ein unmittelbares eigenes wirtschaftliches Interesse hat, wofür das Provisionsinteresse als lediglich mittelbares wirtschaftliches Inte-

---

[94] Tonner in: MünchKomm-BGB, § 651a Rn. 91a; Führich, Reiserecht, 6. Aufl. 2010, Rn. 134.
[95] BGH v. 28.10.2010 - Xa ZR 46/10 - juris Rn. 14, 16, 20 - NJW 2011, 371-373.
[96] Führich, Reiserecht, 6. Aufl. 2010, Rn. 255.
[97] BGH v. 17.01.1985 - VII ZR 375/83 - NJW 1985, 1165-1166; Hinweispflicht entfällt nur dann, wenn der Reiseveranstalter unmissverständlich erkennt, dass der Reisende die notwendige Kenntnis bereits besitzt.
[98] AG Frankfurt v. 03.09.2002 - 32 C 3051/01 - RRa 2002, 267-270: gebrochenes Deutsch sprechender Bosnier.
[99] So AG Düsseldorf v. 17.05.2000 - 53 C 3697/00 - RRa 2000, 138-139 für „Sirintorn".
[100] LG Baden-Baden v. 07.03.2003 - 2 S 104/02 - RRa 2003, 82-83: deutsche Ehefrau buchte für sich und ihren jugoslawischen Ehemann.
[101] LG Baden-Baden v. 07.03.2003 - 2 S 104/02 - RRa 2003, 82-83; AG Bad Homburg v. 18.11.1997 - 2 C 2764/97 - NJW-RR 1998, 923-924; AG Bad Homburg v. 20.01.1999 - 2 C 3610/98 - RRa 2000, 225-226.
[102] BGH v. 25.04.2006 - X ZR 198/04 - juris Rn. 13-17 - NJW 2006, 2321-2323.

resse nicht ausreicht. Beide Voraussetzungen sind bei einem Reisebüro normalerweise nicht erfüllt.[103] Kommt demgemäß ein Vertrag zwischen dem Reisebüro und dem Reisekunden nicht zustande, scheiden eine eigene Verpflichtung und eine eigene Haftung des Reisebüros gegenüber dem Reisekunden schon aus diesem Grunde aus.

54 Zwischen einem Reisebüro, das **mehrere** Veranstalter vertritt, und einem Kunden, den es bei der Auswahl einer Pauschalreise berät, kommt nach der ganz herrschenden Meinung in der Rechtsprechung der Instanzgerichte[104] und in der Literatur[105] stillschweigend ein selbstständiger Vertrag mit Haftungsfolgen zustande, der zumeist als Reisevermittlungsvertrag bezeichnet wird. Der Bundesgerichtshof hat sich dazu bisher nicht ausdrücklich geäußert.

55 Kommt zwischen dem Reisebüro und dem Reisenden ein eigener Vertrag zustande, schuldet das Reisebüro dem Reisenden aufgrund dieses Vertrages Beratung nur bei der Auswahl der Reise.[106] Aufklärungs- und Hinweispflichten bezüglich der Durchführung der gewählten Reise treffen ausschließlich den Reiseveranstalter. Die EG-Pauschalreise-Richtlinie (90/314/EWG) hat es dem nationalen Gesetzgeber ausdrücklich freigestellt, ob „der Veranstalter und/oder der Vermittler" den Verbraucher vor Vertragsschluss schriftlich oder in einer anderen geeigneten Form über die Pass- und Visumerfordernisse zu unterrichten hat (Art. 4 Abs. 1 der Richtlinie). Der deutsche Gesetzgeber hat diese Verpflichtung in § 4 Abs. 1 Nr. 6 der BGB-InfoV, durch die er die Richtlinie 90/314/EWG (EG-Pauschalreise-Richtlinie) umgesetzt hat, nur dem Reiseveranstalter auferlegt.[107] Wird das Reisebüro insoweit gegenüber dem Reisenden tätig, nimmt es Aufgaben wahr, die (ausschließlich) dem Reiseveranstalter gegenüber dem Reisenden obliegen und für deren ordnungsgemäße Erfüllung/Nichterfüllung ausschließlich der Reiseveranstalter dem Reisenden einstehen/haften muss.[108]

56 Aufgrund der vom Gesetzgeber in § 6 Abs. 2 i BGB-InfoV getroffenen Entscheidung ist der Reiseveranstalter verpflichtet, den Reisenden auf die Möglichkeit des Abschlusses einer Reiserücktrittskostenversicherung hinzuweisen, aber nicht zu einem Hinweis auf die Möglichkeit einer Reiseabbruchversicherung verpflichtet.[109] Auf die Erläuterungen zu § 651i BGB sei wegen der Einzelheiten verwiesen.

2. Hauptpflichten des Reisenden

a. Zahlung des Reisepreises

57 Der Reisende hat den **Reisepreis** zu entrichten, § 651a Abs. 1 Satz 2 BGB. Der Reisepreis muss nach § 1 Abs. 1 PAngVO sämtliche Nebenleistungen enthalten. Lediglich Zusatzleistungen, wie z.B. **Endreinigungen**, Kurtaxen, verbrauchsabhängige und daher vorab nicht feststehende Gas-, Strom- oder Wasserkosten oder auch vermittelte Fremdleistungen, wie die Prämien einer Reiserücktrittskosten-Versicherung, können gesondert ausgewiesen und abgerechnet werden.[110]

58 Die **Fälligkeit** des Zahlungsanspruchs ist in den §§ 651a-m BGB nicht geregelt. Nach allgemeinem Werkvertragsrecht würde der Reisepreis – mangels einer Abnahme – wohl erst mit der Vollendung der vom Reiseveranstalter zu erbringenden Leistung, also erst mit dem Abschluss der Reise fällig werden.[111] Das würde den Reiseveranstalter unzumutbaren Risiken aussetzen. Daher enthalten die Allgemeinen Reisebedingungen (ARB) der Reiseveranstalter regelmäßig Vorleistungsklauseln.[112] Vor In-Kraft-Treten des § 651k Abs. 4 BGB bestand das Problem, dass der Reisende bei **Vorkasse** das Ausfallrisiko zu tragen hatte. Nach § 651k Abs. 4 BGB dürfen nunmehr Zahlungen auf den Reisepreis vor Beendigung der Reise nur gefordert oder angenommen werden, wenn dem Reisenden ein Sicherungsschein (vgl. die Kommentierung zu § 651k BGB Rn. 17) übergeben wurde. Das bedeutet im Um-

---

[103] BGH v. 25.04.2006 - X ZR 198/04 - juris Rn 12 - NJW 2006, 2321-2323.
[104] LG Frankfurt v. 10.12.1998 - 2/24 S 109/98 - NJW-RR 1999, 1145-1146; LG Kleve v. 10.08.2000 - 6 S 85/00 - NJW-RR 2002, 557-559; LG Frankfurt v. 26.04.2001 - 2/24 S 342/00 - NJW-RR 2001, 1423-1425; LG Baden-Baden v. 07.03.2003 - 2 S 104/02 - RRa 2003, 82/83.
[105] *Baumbach-Haupt*, 32. Aufl., § 84 HGB, Rn. 49; *Sprau* in: Palandt, vor § 651a Rn. 4; *Tonner* in: Münch-Komm-BGB, § 651a Rn. 44; *Führich*, Reiserecht, 6. Aufl. 2010, Rn. 701; *Nies*, Reisebüro, 2. Aufl. Rn. 10.
[106] BGH v. 25.04.2006 - X ZR 198/04 - juris Rn. 10 und 11 - NJW 2006, 2321-2323.
[107] BGH v. 25.04.2006 - X ZR 198/04 - juris Rn. 18 - NJW 2006, 2321-2323.
[108] BGH v. 25.04.2006 - X ZR 198/04 - juris Rn. 17 - NJW 2006, 2321-2323.
[109] BGH v. 25.07.2006 - X ZR 182/05 - juris Rn. 14 - NJW 2006, 3137-3139.
[110] *Führich*, Reiserecht, 6. Aufl. 2010, Rn. 230; a.A. für Kurtaxen und Kulturförderabgaben, soweit sie vom Reiseveranstalter eingezogen werden: *Staudinger* in: Staudinger, Anl. Z § 651a: § 4 BGB-InfoV, Rn. 3.
[111] *Staudinger* in: Staudinger, § 651a Rn. 137.
[112] *Staudinger* in: Staudinger, § 651a Rn. 138.

kehrschluss aber nicht, dass der Reisepreis mit Übergabe des Sicherungsscheins fällig gestellt werden dürfte. Denn eine Zahlungspflicht infolge Übergabe des Sicherungsscheins bereits mehrere Monate vor Reiseantritt würde den Reisenden trotz Insolvenzsicherung ebenso unangemessen benachteiligen wie ein Eintritt der Fälligkeit erst nach Reiseende den Reiseveranstalter unangemessen benachteiligen würde. Unter Zugrundelegung des Rechtsgedankens des § 320 BGB ist eine möglichst **zeitnahe Verknüpfung** von Leistung und Gegenleistung eine beiden Interessenlagen gerecht werdende Lösung. Da eine Zahlung während des Urlaubs ausscheidet, kann sich der Reiseveranstalter somit in seinen Allgemeinen Reisebedingungen (ARG) ausbedingen, dass der Reisepreis kurz vor Reiseantritt zu zahlen ist. Wenn der Reisende zur Bezahlung (Vorleistung) des vollständigen Reisepreises nur gegen Aushändigung des Sicherungsscheins verpflichtet ist – ansonsten läge ein Verstoß gegen § 651k Abs. 4 BGB vor –, stellt eine Vorleistungsklausel, die vorschreibt, dass der vollständige Reisepreis kurz vor Reiseantritt zu zahlen ist, demnach keine unangemessene Benachteiligung des Reisenden dar.[113] Hingegen wird der Reisende unangemessen benachteiligt, wenn in einer Klausel der Allgemeinen Reisebedingungen eines Pauschalreiseveranstalters vorgeschrieben wird, dass der vollständige Reisepreis 28 Tage vor Reiseantritt zu zahlen ist, und sich der Reiseveranstalter in einer weiteren Klausel vorbehält, die Reise noch zwei Wochen nach diesem Zeitpunkt – etwa wegen Nichterreichens der Mindestteilnehmerzahl – abzusagen. Eine derartige Vorleistungsklausel ist insgesamt unwirksam.[114]

Für vorherige **Anzahlungen** gelten die gleichen Grundsätze. Nach der Rechtsprechung des BGH vor In-Kraft-Treten des § 651k Abs. 4 BGB konnte Vorauskasse i.H.v. 10% gegen Aushändigung qualifizierter Reiseunterlagen verlangt werden.[115] Da durch die Regelung des § 651k Abs. 4 BGB das Insolvenzrisiko nunmehr abgesichert ist, ist die Beanspruchung höherer Anzahlungen in einer Größenordnung von bis zu 20%[116] zulässig. Das hat der Bundesgerichtshof durch Urteil vom 20.06.2006[117] bestätigt. Die Klausel in den Allgemeinen Reisebedingungen eines Reiseveranstalters 59

„Mit Erhalt der schriftlichen Reisebestätigung und Aushändigung des Sicherungsscheines werden 20% des Reisepreises als Anzahlung fällig. Bei Ferienwohnungen beträgt die Anzahlung 20% des Reisepreises je Wohneinheitbuchung."

stellt keine gegen die Grundsätze von Treu und Glauben verstoßende unangemessene Benachteiligung der Reisenden dar und ist wirksam. Dabei hat der Bundesgerichtshof maßgeblich darauf abgestellt, dass sich die Verteilung des Risikos zwischen den Reisevertragsparteien insoweit geändert hat, als der Reisende durch die Vorschriften über den Sicherungsschein vom Risiko der Insolvenz des Reiseveranstalters hinsichtlich ausfallender Reiseleistungen entlastet und seine Rückreise wirtschaftlich sichergestellt worden ist (§ 651h Abs. 1 BGB), so dass es noch angemessen erscheint, wenn der Reiseveranstalter in Allgemeinen Reisebedingungen (ARB) Anzahlungen in Höhe von 20% – und nicht nur von 10% – des Reisepreises beansprucht.

Anzahlungen können **erst ab Vertragsschluss** verlangt werden. Klauseln, die die Anzahlung schon bei Buchung – und damit vor Eingang der Reisebestätigung (Annahmeerklärung) des Reiseveranstalters – vorsehen, sind wegen Verstoßes gegen §§ 651a und 651m BGB sowie § 307 Abs. 2 Nr. 1 BGB unwirksam.[118] 60

b. Nebenpflichten des Reisenden

Den Reisenden treffen darüber hinaus **Nebenpflichten** und Mitwirkungsobliegenheiten. Den Reisenden trifft nach den §§ 651c und 651d BGB die Obliegenheit der rechtzeitigen Mängelanzeige. Der Reisende darf die Erbringung der Reiseleistungen seinerseits nicht erschweren, z.B. durch Nichteinhalten von Terminen oder Nichtbeschaffung von Reisedokumenten.[119] Beeinträchtigungen von Mitreisenden, 61

---

[113] BGH v. 20.06.2006 - X ZR 59/05 - juris Rn. 9-12 - NJW 2006, 3134-3136.
[114] LG Hamburg v. 23.03.2007 - 324 O 858/06 - NJW-RR 2008, 439-441.
[115] BGH v. 20.03.1986 - VII ZR 191/85 - NJW 1986, 1613-1614; BGH v. 12.03.1987 - VII ZR 37/86 - BGHZ 100, 158-185; BGH v. 09.07.1992 - VII ZR 7/92 - BGHZ 119, 152-176; BGH v. 24.09.1992 - VII ZR 36/92 - NJW 1993, 263-264.
[116] *Führich*, Reiserecht, 6. Aufl. 2010, Rn. 153; *Eckert* in: Staudinger, § 651a Rn. 135.
[117] BGH v. 20.06.2006 - X ZR 59/05 - NJW 2006, 3134-3136.
[118] BGH v. 09.07.1992 - VII ZR 7/92 - BGHZ 119, 152-176; BGH v. 24.09.1992 - VII ZR 36/92 - NJW 1993, 263-264; *Tonner* in: MünchKomm-BGB, § 651a Rn. 83; *Staudinger* in: Staudinger, § 651a Rn. 146.
[119] *Eckert* in: Soergel, § 651a Rn. 52, 53; *Staudinger* in: Staudinger, § 651a Rn. 154 und 155.

§ 651a

z.B. durch übermäßigen Lärm, sind Pflichtverletzungen, die bei entsprechendem Ausmaß eine außerordentliche Kündigung (vgl. die Kommentierung zu § 651e BGB Rn. 4) durch den Reiseveranstalter und Schadensersatzansprüche aus §§ 280, 241 Abs. 2 BGB rechtfertigen können.[120]

V. Preis- und Leistungsänderungen

62 Der Reiseveranstalter ist grundsätzlich an den Inhalt des geschlossenen Reisevertrages gebunden (pacta sunt servanda).[121] § 651a Abs. 4 und 5 BGB gestattet nachträgliche Abweichungen nur in sehr beschränktem Maße.

1. Nachträgliche Preiserhöhung

63 Eine nachträgliche **Preiserhöhung** ist nur unter den engen Voraussetzungen des Absatzes 4 zulässig und auf für vom Veranstalter nicht zu beeinflussende und nicht kalkulierbare Fallgestaltungen begrenzt. Die Möglichkeit einer Erhöhung muss nach Art. 3 Abs. 2 Satz 2 der EG-Pauschalreise-Richtlinie „ausdrücklich" im Vertrag vorgesehen sein. Die Klausel „Änderungen der Prospektangaben vorbehalten" genügt diesen Anforderungen nicht und ist deshalb unwirksam.[122]

64 Als **Gründe für die Erhöhung** des Reisepreises kommen abschließend[123] nur die Erhöhung der Beförderungskosten, Abgaben für bestimmte Leistungen wie Hafen- oder Flughafengebühren, oder Wechselkursänderungen in Betracht. Die eine Preiserhöhung rechtfertigenden Gründe müssen nach Vertragsschluss eingetreten und dürfen für den Veranstalter nicht vorhersehbar gewesen sein.[124] Die Aufzählung ist abschließend; der Veranstalter kann sich daneben nicht auf einen Kalkulationsirrtum[125], eine Druckfehlerklausel[126] oder eine Drucklegungsklausel (vgl. Rn. 45)[127] berufen. Pauschale Erhöhungen sind nicht zulässig, vielmehr sind **konkrete Angaben zur Neuberechnung** zu machen. Dabei ist erforderlich, aber auch ausreichend, dass der Reisende nachvollziehbare Angaben zur Überprüfung erhält.[128] An den Reiseveranstalter dürfen hierbei keine übersteigerten Anforderungen gestellt werden, insbesondere ist er nicht verpflichtet, seine Kalkulationsgrundlagen offen zu legen.[129]

65 Treibstoffkosten sind in Art. 4 Abs. 4a der EG-Pauschalreise-Richtlinie ausdrücklich erwähnt, in § 651a Abs. 4 BGB dagegen nicht. Im Wege einer richtlinienkonformen Auslegung ist der Anstieg der Treibstoffkosten als zulässiger Erhöhungsgrund anzuerkennen.[130] Mit der sog. **Kerosinklausel** behält sich der Veranstalter vor, „die ausgeschriebenen und mit der Buchung bestätigten Preise im Falle der Erhöhung der Beförderungskosten ... in dem Umfang zu ändern, wie sich deren Erhöhung pro Person bzw. Sitzplatz auf den Reisepreis auswirkt". Diese Klausel hat der BGH[131] wegen Verstoßes gegen das **Transparenzgebot** (§ 307 Abs. 1 BGB) für unwirksam erklärt. Die Klausel sei schon deshalb mehrdeutig, weil sie nicht eindeutig erkennen lasse, ob nur Kostensteigerungen nach Vertragsschluss oder auch solche zwischen der Drucklegung des Prospektes und dem Vertragsschluss berücksichtigt werden dürfen. Wie eine reiserechtliche Preisanpassungsklausel gestaltet sein muss, um allen Anforderungen zu genügen, hat bisher, soweit ersichtlich, noch nicht aufgezeigt werden können. Das ist bedenklich. Die Anforderungen an eine Preiserhöhungsklausel dürfen nicht so hoch geschraubt werden, das die im

---

[120] OLG Frankfurt v. 01.12.1982 - 17 U 30/82 - NJW 1983, 235-237; *Staudinger* in: Staudinger, § 651a Rn. 154.
[121] BT-Drs. 12/5354, S. 9.
[122] *Führich*, NJW 2000, 3672-3677.
[123] *Noll*, RRa 1993, 45, 42-49; *Eckert* in: Soergel, § 651a Rn. 60.
[124] LG Berlin v. 13.10.1999 - 26 O 248/99 - RRa 2000, 27-28; *Staudinger* in: Staudinger, § 651a Rn. 157; *Führich*, NJW 2000, 3672-3677.
[125] LG Frankfurt v. 08.08.1988 - 2/24 S 76/88 - NJW-RR 1988, 1331; AG Frankfurt v. 13.06.1989 - 30 C 1270/89 - 45 - NJW-RR 1990, 116-117; *Führich*, NJW 2000, 3672-3677; *Staudinger* in: Staudinger, § 651a Rn. 164.
[126] *Staudinger* in: Staudinger, § 651a Rn. 103.
[127] *Führich*, NJW 2000, 3672-3677; *Staudinger* in: Staudinger, § 651a Rn. 103.
[128] *Eckert* in: Soergel, § 651a Rn. 61.
[129] *Eckert* in: Soergel, § 651a Rn. 61.
[130] *Führich*, NJW 2000, 3672-3677.
[131] BGH v. 19.11.2002 - X ZR 243/01 - juris Rn. 22 - NJW 2003, 507-510; BGH v. 19.11.2002 - X ZR 253/01 - juris Rn. 18 - NJW 2003, 746-748; *Hefermehl*, BGHReport 2003, 213-214; *Schmid*, NJW 2003, 947-949; *Führich*, RRa 2003, 4-7; *Kappus*, LMK 2003, 17-18.

Gesetz ausdrücklich vorgesehene Möglichkeit einer Preiserhöhung faktisch leer läuft. Das muss auch für die anderen zulässigen Erhöhungsgründe gelten.[132]

Preiserhöhungen sind nur **zeitlich begrenzt** zulässig. Sie sind unwirksam, wenn sie erst ab dem zwanzigsten Tag vor Reisebeginn verlangt werden (Absatz 4 Satz 2). Daneben bleibt § 309 Nr. 1 BGB kraft ausdrücklicher gesetzlicher Regelung (Absatz 4 Satz 3) mit der Konsequenz anwendbar, dass zwischen Vertragsschluss und Leistungserbringung vier Monate liegen müssen. Diese Frist beginnt bei einer konstitutiv wirkenden Reisebestätigung mit Zugang der Reisebestätigung beim Reisenden (vgl. Rn. 33 ff.). Der Reiseveranstalter hat dem Reisenden die Preiserhöhung **unverzüglich** (§ 121 BGB) nach Erlangung der Kenntnis von den der Erhöhung zugrundeliegenden Tatsachen **mitzuteilen** (Absatz 5 Satz 1). Die Erklärung ist empfangsbedürftig und wird mit Zugang (§ 130 BGB) beim Reisenden wirksam.

66

§ 4 Abs. 2 BGB-InfoV bindet den Reiseveranstalter, der über die von ihm veranstalteten Reisen einen Prospekt zur Verfügung stellt, auch schon für die Zeit zwischen dem Erscheinen des Prospektes und der Buchung, also auch schon für die Zeit **vor** dem Abschluss eines Reisevertrages, an die im Prospekt enthaltenen (Preis-)Angaben. Indes ermöglicht § 4 Abs. 2 Sätze 2 und 3 der BGB-InfoV in der seit dem 01.11.2008 geltenden Fassung in beschränktem Umfange Preisanpassungsvorbehalte für den zuvor genannten Zeitraum.[133] Dadurch gewinnt der Reiseveranstalter, der über die von ihm veranstalteten Reisen einen Prospekt zur Verfügung stellt, für die Zeit zwischen der Drucklegung des Prospektes und der Buchung bezüglich der Reisepreise etwa Flexibilität, die es ihm ermöglicht, aktuelle Entwicklungen bei der Preisbildung zu berücksichtigen und dadurch die in dieser Hinsicht bestehenden Nachteile des katalogbasierten Vertriebs gegenüber dem Internetvertrieb teilweise auszugleichen.[134]

67

2. Leistungsänderungen und Absage der Reise

Leistungsänderungen und eine **Absage der Reise** können zulässig sein, wie aus Absatz 5 Satz 1 zu folgern ist; sie sind dem Reisenden bei Kenntnis des Grundes unverzüglich (§ 121 BGB) zu erklären. Die Vorschrift regelt lediglich die Rechtsfolgen, nicht aber die Voraussetzungen für eine zulässige Änderung bzw. Absage.

68

a. Leistungsänderungen

Vom Wortlaut nicht umfasst sind Änderungen **unwesentlicher Reiseleistungen**. Zu unterscheiden ist zwischen erheblichen und unerheblichen **Änderungen wesentlicher Reiseleistungen**. Da kein Grund ersichtlich ist, weshalb die Änderung wesentlicher Reiseleistungen geringeren Anforderungen unterliegen sollte als die Preiserhöhung, ist ebenfalls ein vertraglicher Änderungsvorbehalt (vgl. Rn. 63) erforderlich.[135] In der Praxis werden Änderungsvorbehalte häufig durch Allgemeine Reisebedingungen in den Reisevertrag einbezogen. Die Wirksamkeit solcher Klauseln ist an § 308 Nr. 4 BGB zu messen. Danach darf die Änderung für den Reisenden **nicht unzumutbar** sein. Erhebliche Änderungen wesentlicher Reiseleistungen sind regelmäßig unzumutbar.[136] **Organisatorisch eingeplante Änderungen** sind ebenfalls unzumutbar. Das betrifft etwa den Fall, dass der Reiseveranstalter schon nach seinem Kenntnisstand bei Vertragsschluss von einer Leistungsänderung ausgeht, z.B. bei Überbuchung.[137] Änderungsvorbehalte für derartige Sachverhalte können lediglich individualvertraglich, nicht aber in Allgemeinen Reisebedingungen vereinbart werden. Bei einem individualvertraglich vereinbarten Leistungsänderungsvorbehalt kennt der Reisende eventuelle Änderungen; die einseitige Leistungsbestimmung ist lediglich gemäß § 315 Abs. 3 BGB auf Billigkeit hin überprüfbar. Ausreichend für eine individualvertragliche Vereinbarung soll der Veranstalterhinweis im Prospekt auf potentielle Änderungen sein.[138]

69

---

[132] LG Düsseldorf v. 29.11.2000 - 12 O 176/00 - NJW 2001, 834-835; LG Frankfurt v. 08.03.2001 - 2/2 O 32/00 - RRa 2001, 125-126; LG Düsseldorf v. 21.03.2001 - 12 O 303/00 - RRa 2001, 123-125; LG Frankfurt v. 22.03.2001 - 2/2 O 31/00 - RRa 2001, 127-128; *Seiler* in: Erman, § 651a Rn. 32.

[133] BGH v. 29.04.2010 - I ZR 23/08 - juris Rn. 20 - NJW 2010, 2521-2523 - „Costa del Sol".

[134] BGH v. 29.04.2010 - I ZR 23/08 - juris Rn. 20 - NJW 2010, 2521-2523 - „Costa del Sol" - unter Bezugnahme auf *Tonner*, VuR 2008, 210, 212 f.

[135] *Eckert* in: Soergel, § 651a Rn. 68; *Staudinger* in: Staudinger, § 651a Rn. 176; *Sprau* in: Palandt, § 651a Rn. 20.

[136] *Führich*, Reiserecht, 6. Aufl. 2010, Rn. 168; *Eckert* in: Soergel, § 651a Rn. 68; *Tonner* in: MünchKomm-BGB, § 651a Rn. 121; *Staudinger* in: Staudinger, § 651a Rn. 175 und 176.

[137] *Eckert* in: Soergel, § 651a Rn. 68.

[138] *Eckert* in: Soergel, § 651a Rn. 69; *Staudinger* in: Staudinger, § 651a Rn. 176.

70 Die Ersetzung einer Busreise durch eine Bahnreise auf der Strecke Hamburg-Mannheim ist als eine lediglich unwesentliche Leistungsänderung angesehen worden.[139] Die Änderung der Kreuzfahrtroute stellt – soweit vorbehalten – eine zulässige Leistungsänderung dar, wenn der Gesamtzusammenhang der Reise erhalten bleibt.[140] Nicht zumutbar ist es dagegen, wenn der Reisende bei Vertragsschluss nicht auf während der Kreuzfahrt stattfindende Ton- und Filmaufnahmen hingewiesen wird.[141] Ebenso liegt eine zum Rücktritt berechtigende Leistungsänderung vor, wenn nach der Buchung eine Abflugzeit mitgeteilt wird, aufgrund deren die Ankunft am Zielflughafen um 1 Uhr erfolgen, um 9 Uhr aber bereits eine Busrundreise beginnen soll.[142] Wird durch eine mehrstündige Verlegung der Flugzeiten aus einem Tagflug ein Nachtflug, liegt eine wesentliche Änderung der Reiseleistung vor.[143] Eine Regelung in AGB, wonach „geringfügige Reiseänderungen zulässig" sein sollen, gestattet nicht den Rückflug nach München statt nach Hamburg mit anschließender Busbeförderung nach Hamburg, so dass der Reisende 10 Stunden später als vorgesehen ankommt.[144] Die Katalogangabe „Programmänderungen vorbehalten" erlaubt bei einer Safari nicht die Unterbringung in Zelten statt in Lodges[145] oder den Wegfall eines größeren Besichtigungspunktes[146].

b. Reiseabsage

71 Eine **Absage** der Reise erfordert ebenfalls einen vertraglichen Vorbehalt.[147] Im Übrigen muss ein Absagevorbehalt (vgl. Rn. 63) § 308 Nr. 3 BGB genügen, wonach ein Rücktrittsvorbehalt unzulässig ist, der die Lösung von der Leistungspflicht ohne sachlich gerechtfertigten und im Vertrag angegebenen Grund ermöglicht. Soweit ein nicht ausdrücklich vorgesehener Absagegrund zum Nachteil des Reisenden als Verbraucher für ausreichend gehalten wird, liegt darin ein Verstoß gegen die EG-Pauschalreise-Richtlinie (1990/314/EWG) und gegen § 651m BGB.[148]

72 Ein Lösungsrecht des Veranstalters ohne Schadensersatzanspruch des Reisenden wegen Nichterfüllung sieht Art. 4 Abs. 6 Satz 2 der EG-Pauschalreise-Richtlinie (1990/314/EWG) vor, soweit eine geforderte Mindestteilnehmerzahl nicht erreicht wird und dem Reisenden die Stornierung innerhalb der in der Beschreibung der Reise angegebenen Frist schriftlich mitgeteilt wurde (vgl. dazu auch Nr. 8 der ARB-DRV)[149], sowie im Falle höherer Gewalt, wovon die Überbuchung ausdrücklich ausgenommen ist. Diese Kriterien ergeben sich zwar nicht direkt aus dem Wortlaut des § 651a Abs. 5 Satz 1 BGB, aber aus seiner richtlinienkonformen Auslegung.

C. Rechtsfolgen

73 Wird eine unzulässige Leistungsänderung oder Absage in Allgemeinen Reisebedingungen (ARB) vorbehalten, stellt die Leistungsänderung oder Absage einen Mangel dar, der Gewährleistungsrechte des Reisenden (§§ 651c-651f BGB) begründet.[150] Nach § 651a Abs. 5 Satz 1 BGB hat der Reiseveranstal-

---

[139] AG Bielefeld v. 21.12.2000 - 42 C 1095/00 - RRa 2001, 54-55.

[140] LG Hannover v. 11.12.2002 - 12 S 65/02 - RRa 2003, 27-28: kein Anlaufen von Zielen in Ägypten und Oman nach dem 11.09.2001; *Tempel*, RRa 1999, 107-113; dagegen AG Erkelenz v. 18.02.2004 - 8 C 328/03 - RRa 2004, 120-121: zum Rücktritt berechtigende wesentliche Leistungsänderung auch bei Ausfall eines einzelnen Landgangs, wenn dieser im Prospekt besonders hervorgehoben ist und in der sonstigen Werbung des Reiseveranstalters eine besondere Bedeutung für die Gesamtreise erlangt.

[141] AG Oldenburg (Oldenburg) v. 05.10.1999 - 3 C 177/99 - RRa 2000, 132-133: ZDF-Fernsehfilm „Das Traumschiff".

[142] LG Koblenz v. 12.11.2003 - 12 S 164/03 - RRa 2003, 260-261.

[143] AG Düsseldorf v. 05.06.1997 - 49 C 20720/96 - RRa 1997, 226-227: Verlegung um 10½ Stunden.

[144] AG Hamburg-Altona v. 05.02.2001 - 319 C 451/00 - RRa 2001, 104: 100% Minderung des auf Rückreisetag entfallenden Reisepreises.

[145] AG Düsseldorf v. 21.08.1991 - 22 C 4658/91 - RRa 1994, 121.

[146] AG Düsseldorf v. 21.08.1991 - 22 C 4658/91 - RRa 1994, 121: Viktoria-Fälle.

[147] *Sprau* in: Palandt, § 651a Rn. 20.

[148] *Führich*, Reiserecht, 6. Aufl. 2010, Rn. 174; *Tonner* in: MünchKomm-BGB, § 651a Rn. 127 ff.; *Eckert* in: Soergel, § 651a Rn. 74.

[149] Konditionenempfehlung 2010 des Deutschen Reiseverbandes e.V. – abgedruckt bei Führich, Reiserecht, 6. Aufl. 2010, Anhang II 6.

[150] *Staudinger* in: Staudinger, § 651a Rn. 175; *Eckert* in: Soergel, § 651a Rn. 70; *Noll*, RRa 1993, 45, 42-49.

ter eine Änderung des Reisepreises nach Absatz 4[151], eine zulässige Änderung einer wesentlichen Reiseleistung oder eine zulässige Absage der Reise dem Reisenden unverzüglich (§ 121 BGB) nach Kenntnis des Änderungs- oder Absagegrundes zu erklären.

Der Reisende kann nach Absatz 5 zurücktreten oder die Teilnahme an einer Ersatzreise verlangen. Zwischen beiden Möglichkeiten besteht ein **Wahlrecht**.[152] Der Reisende muss seine Rechte gegenüber dem Veranstalter unverzüglich (§ 121 BGB) geltend machen (Absatz 5 Satz 4). Absatz 5 Satz 2 gewährt dem Reisenden ein **Rücktrittsrecht** bei einer Reisepreiserhöhung um mehr als 5% oder bei einer erheblichen Abweichung einer wesentlichen Reiseleistung. Weiteren Voraussetzungen unterliegt dieses Rücktrittsrecht nicht. Da selbst zulässige Preiserhöhungen und zulässige Leistungsänderungen zum Rücktritt berechtigen, gilt dies erst recht, wenn diese Änderungen unzulässig sind. Bei **unzulässiger Änderung** oder Absage hat der Reisende zudem die Rechte aus den §§ 651c-651j BGB.[153] Neben dem Rücktritt nach Absatz 5 Satz 2 bleibt die Möglichkeit eines Rücktritts nach § 651i BGB grundsätzlich bestehen. Wegen der dort bestehenden Pauschalierungsmöglichkeit ist der Rücktritt nach Absatz 5 Satz 2 jedoch günstiger für den Reisenden. Anstelle des Rücktritts kann der Reisende bei erheblicher Beeinträchtigung gemäß § 651e BGB kündigen.[154] Folge des Rücktritts ist Rückabwicklung des Reisevertrages nach den §§ 346-354 BGB. Vertragliche Ansprüche des Reisenden erlöschen. Vertragliche Schadensersatzansprüche gemäß § 651f BGB kann der Reisende nach einem Rücktritt gemäß § 651a Abs. 5 Satz 2 BGB nicht mehr geltend machen, vielmehr muss er dazu nach § 651e BGB vorgehen.[155] Eine zulässige Absage beseitigt rückwirkend den Reisevertrag; die Rückabwicklung erfolgt entsprechend § 346 BGB.[156] **Umbuchungen**, d.h. Änderungen mit Zustimmung des Reisenden, stellen keinen Rücktritt dar. Unzulässig sind daher Klauseln, die eine Umbuchung als Rücktritt verbunden mit einer Neuanmeldung behandeln. Diese Rücktrittsfiktion (vgl. die Kommentierung zu § 651i BGB Rn. 10) verstößt gegen § 308 Nr. 5 BGB.[157] Da eine Umbuchung beim Veranstalter regelmäßig einen Verwaltungsaufwand auslöst, ist ein an den Maßstäben von § 308 Nr. 5b, 7b BGB zu bemessendes Umbuchungsentgelt (vgl. die Kommentierung zu § 651i BGB Rn. 11) zulässig.[158]

Nach Absatz 5 Satz 3 kann der Reisende die Teilnahme an einer mindestens gleichwertigen anderen Reise verlangen, wenn der Veranstalter in der Lage ist, eine solche Reise ohne Mehrpreis für den Reisenden aus seinem Angebot anzubieten. Soweit das Angebot einer gleichwertigen **Ersatzreise** einen unverhältnismäßigen Aufwand erfordert, kann der Veranstalter die Bereitstellung einer Ersatzreise verweigern; insoweit kann auf die Ausführungen zu § 651c Abs. 2 und 3 BGB (vgl. die Kommentierung zu § 651c BGB Rn. 106) verwiesen werden.

D. Prozessuale Hinweise/Verfahrenshinweise

Die **Darlegungs- und Beweislast** für den Abschluss und den Inhalt eines Reisevertrages, für Nebenabreden und Anzahlungen hat derjenige zu tragen, der daraus Rechte herleitet, also regelmäßig der Reisende.[159] Der Reisende hat zudem die Unbeachtlichkeit einer Vermittlerklausel (Absatz 2) zu beweisen.[160]

---

[151] Zunächst enthaltener Verweis auf „Absatz 3" war – inzwischen behobenes – redaktionelles Versehen.
[152] *Seyderhelm*, Reiserecht, 1997, § 651a Rn. 125; *Staudinger* in: Staudinger, § 651a Rn. 198.
[153] *Eckert* in: Soergel, § 651a Rn. 70; *Noll*, RRa 1993, 45, 42-49.
[154] OLG Düsseldorf v. 20.02.1997 - 18 U 128/96 - NJW-RR 1998, 51; *Sprau* in: Palandt, § 651a Rn. 24; *Staudinger* in: Staudinger, § 651a Rn. 195.
[155] BGH v. 20.03.1986 - VII ZR 187/85 - BGHZ 97, 255-263; OLG Düsseldorf v. 20.02.1997 - 18 U 128/96 - NJW-RR 1998, 51.
[156] *Sprau* in: Palandt, § 651a Rn. 27.
[157] OLG Frankfurt v. 17.12.1981 - 6 U 26/81 - NJW 1982, 2198-2200; OLG Hamburg v. 03.04.1985 - 5 U 134/84 - NJW 1985, 3030-3032; *Recken* in: BGB-RGRK, § 651i Rn. 28; *Eckert* in: Soergel, § 651i Rn. 10; *Tonner* in: MünchKomm-BGB, § 651i Rn. 28.
[158] *Bidinger/Müller*, Reisevertragsrecht, 2. Aufl. 1995, S. 214; *Staudinger* in: Staudinger, § 651a Rn. 200; § 651i Rn. 19; *Tonner* in: MünchKomm-BGB, § 651i Rn. 17; *Führich*, Reiserecht, 6. Aufl. 2010, Rn. 181, 527: 25 bis 30 € pro Reise, nicht Reisenden, da Buchung für mehrere Personen ein einheitlicher technischer Vorgang.
[159] *Führich*, Reiserecht, 6. Aufl. 2010, Rn. 183; *Staudinger* in: Staudinger, § 651a Rn. 206.
[160] *Baumgärtel/Laumen*, Handbuch der Beweislast im Privatrecht, § 651a Rn. 1; *Tonner* in: MünchKomm-BGB, § 651a Rn. 134 und 135; *Staudinger* in: Staudinger, § 651a Rn. 207.

§ 651a

77 Der Reiseveranstalter muss die Einbeziehung von Allgemeinen Reisebedingungen (ARB), die Übergabe von Reisebestätigung und Sicherungsschein und die Erfüllung der ihm nach der BGB-InfoV obliegenden Pflichten[161] sowie die Voraussetzungen einer zulässigen Reisepreiserhöhung, Leistungsänderung oder Absage (Absätze 4 und 5) nachweisen[162].

---

[161] *Eckert* in: Staudinger, § 651a Rn. 206.
[162] *Führich*, Reiserecht, 6. Aufl. 2010, Rn. 183.

§ 651b BGB Vertragsübertragung

(Fassung vom 02.01.2002, gültig ab 01.01.2002)

(1) ¹Bis zum Reisebeginn kann der Reisende verlangen, dass statt seiner ein Dritter in die Rechte und Pflichten aus dem Reisevertrag eintritt. ²Der Reiseveranstalter kann dem Eintritt des Dritten widersprechen, wenn dieser den besonderen Reiseerfordernissen nicht genügt oder seiner Teilnahme gesetzliche Vorschriften oder behördliche Anordnungen entgegenstehen.

(2) Tritt ein Dritter in den Vertrag ein, so haften er und der Reisende dem Reiseveranstalter als Gesamtschuldner für den Reisepreis und die durch den Eintritt des Dritten entstehenden Mehrkosten.

Gliederung

A. Grundlagen 1	2. Entgegenstehende gesetzliche Vorschriften oder behördliche Anordnungen 9
I. Kurzcharakteristik 1	3. Ausübung des Widerspruchsrechtes 11
II. Gesetzgebungsmaterialien 3	4. Rechtsfolgen des Widerspruchs 12
B. Anwendungsvoraussetzungen 5	III. Unabdingbarkeit 14
I. Ausübung der Ersetzungsbefugnis 5	**C. Rechtsfolgen** 17
II. Widerspruchsrecht des Reiseveranstalters ... 7	**D. Prozessuale Hinweise** 20
1. Besondere Reiseerfordernisse 8	

A. Grundlagen

I. Kurzcharakteristik

Diese Vorschrift räumt dem Reisenden die Befugnis ein, an seiner Stelle einen Dritten an der Reise teilnehmen zu lassen. Mit dem „Reisenden" ist im Rahmen des § 651b BGB derjenige gemeint, der die Reise ursprünglich gebucht hat. Als „Dritter" wird derjenige bezeichnet, der tatsächlich an der Reise teilnimmt oder teilnehmen soll. Grundgedanke des § 651b BGB ist es, dass die Person des Reiseteilnehmers für den Reiseveranstalter in der Regel keine Rolle spielt. Die vom Gesetz anerkannten Ausnahmen sind in Absatz 1 Satz 2 geregelt. In diesen Ausnahmefällen steht dem Reiseveranstalter ein Widerspruchsrecht zu. § 651b BGB ist von praktischer Bedeutung vor allem bei langfristigen Buchungen.

1

Bis zum Reisebeginn stehen dem Reisenden die Behelfe des § 651b BGB und des § 651i BGB jeweils ohne Angabe eines Hinderungsgrundes **nebeneinander** zu. Der Rücktritt gemäß § 651i BGB ist wegen der damit verbundenen Storno-Gebühren (vgl. die Kommentierung zu § 651i BGB Rn. 15), die bei einem Rücktritt kurz vor Reiseantritt bis an den eigentlichen Reisepreis heranreichen können, in vielen Fällen für den Reisenden ungünstiger.

2

II. Gesetzgebungsmaterialien

Nach der Schaffung dieser Vorschrift im Jahre 1979 war die Rechtsnatur der „Ersetzungsbefugnis" umstritten (echter Vertrag zugunsten Dritter[1]; Vertragsübernahme[2]; gesetzlich geregelte Abtretung[3]). Die seinerzeitige Diskussion ist überholt.

3

Art. 4 Abs. 3 der EG-Pauschalreise-Richtlinie (90/314/EWG) führte zur Neufassung des § 651b BGB im Jahre 1994. Der deutsche Gesetzgeber hielt zwar in Absatz 1 Satz 1 insoweit am bisherigen Wortlaut fest, als auch weiterhin vom „Reisenden" und vom „Dritten" die Rede ist. Der Wortlaut wurde aber dahin geändert, dass der Dritte nicht mehr nur „an der Reise teilnimmt", sondern „in die Rechte und Pflichten aus dem Reisevertrag eintritt." Dem Reiseveranstalter haften er und der Reisende nach Absatz 2 als Gesamtschuldner für den Reisepreis und die durch den Eintritt des Dritten verursachten Mehrkosten. Angesichts dessen ist es sachgerecht, dem Dritten auch eigene vertragliche Rechte gegen-

4

---

[1] *Tonner* in: MünchKomm-BGB, § 651b Rn. 5; *Staudinger* in: Staudinger, § 651b Rn. 3.
[2] *Held*, BB 1980, 185-188, *Seiler* in: Erman, § 651b Rn. 4: für Zeit nach Reiseantritt.
[3] *Derleder* in: Wassermann, Kommentar zum Bürgerlichen Gesetzbuch, § 651b Rn. 3.

§ 651b

über dem Reiseveranstalter einzuräumen, wie es dem Absatz 1 Satz 1 entspricht. Es spricht viel dafür, aufgrund dieser Gesetzesänderung nunmehr von einer **Vertragsübernahme** auszugehen, die den Dritten zum neuen Vertragspartner des Reiseveranstalters macht.[4]

B. Anwendungsvoraussetzungen

I. Ausübung der Ersetzungsbefugnis

5 Der vom Wortlaut der §§ 566, 613 a BGB (Vertragseintritt kraft Gesetzes) abweichende Wortlaut des § 651b BGB spricht dafür, nicht von einem gesetzlichen Wechsel des Vertragspartners, also nicht von einem (Reise-)Vertragseintritt des Dritten kraft Gesetzes auszugehen, sondern dem Reisenden einen Anspruch gegen den Reiseveranstalter auf – eine im Regelfall konkludent zu erklärende – Zustimmung zur rechtsgeschäftlichen Vertragsübernahme (Eintritt des Dritten in den Reisevertrag mit dem Reiseveranstalter anstelle des Reisenden) zuzubilligen[5], der nur dann nicht besteht, wenn der Reiseveranstalter nach Absatz 1 Satz 2 ein Widerspruchsrecht hat und dieses ausübt. Die Geltendmachung dieses Anspruchs des Reisenden ist grundsätzlich bis zum tatsächlichen Reisebeginn möglich.[6] Der Reiseveranstalter muss jedoch so rechtzeitig informiert werden, dass er sein Widerspruchsrecht gegebenenfalls noch ausüben kann. Bei der Beurteilung der Rechtzeitigkeit müssen Besonderheiten der Reise, des Reisenden und des Reiseveranstalters berücksichtigt werden. Ein bis drei Tage dürften im Normalfall ausreichen.[7] Bei Last-Minute-Reisen können für die Ausübung der Ersetzungsbefugnis keine längeren Fristen akzeptiert werden als für die Buchung selbst.[8]

6 Der Dritte wird in der Regel durch den Reisenden benannt, bei entsprechender Absprache jedoch auch durch den Reiseveranstalter. So kann bei einer ausgebuchten Reise der Veranstalter Nachrücker von der Warteliste benennen. Allerdings darf er dies nicht als Rücktritt (Storno-Gebühren!) verbunden mit einer Neuanmeldung (vgl. die Kommentierung zu § 651i BGB Rn. 10) (Neubuchung) behandeln, da dies einen Verstoß gegen § 651m Satz 1 BGB darstellen würde.

II. Widerspruchsrecht des Reiseveranstalters

7 Das Widerspruchsrecht des Reiseveranstalters besteht nach Absatz 1 Satz 2 in zwei Fällen:

1. Besondere Reiseerfordernisse

8 Als besondere Reiseerfordernisse kommen alle besonderen Erfordernisse in Betracht, die sich aus der Art, dem Ziel oder dem Programm der Reise ergeben. Die Begründung des Regierungsentwurfs von 1977 nennt beispielhaft fehlende Tropentauglichkeit.[9] Das Widerspruchsrecht besteht auch dann, wenn der Dritte nicht mehr wirksam geimpft werden kann.[10] Neben gesundheitlichen Anforderungen kommen altersbedingte Gründe in Betracht. So können Senioren nicht auf spezielle Jugendreisen geschickt werden und umgekehrt.[11] Bei Hochgebirgstouren oder Abenteuerreisen können Alter und Gesundheit, ggf. auch Schwangerschaft Kriterien sein.[12] Möglich sind auch Beschränkungen auf abgrenzbare Personengruppen, deren Homogenität gewahrt werden soll: etwa Studenten, Singles, Sportler ei-

---

[4] *Bidinger/Müller*, Reisevertragsrecht, 2. Aufl. 1995, S. 94; *Seyderhelm*, Reiserecht, 1997, § 651b Rn. 3; *Pick*, Reiserecht, 1995, § 651b Rn. 11; *Sprau* in: Palandt, § 651b Rn. 1, 3; *Eckert* in: Soergel, § 651b Rn. 5; *Eckert*, DB 1994, 1069-1075; *Staudinger* in: Staudinger, § 651b Rn. 4, 19: rechtsgeschäftliche Vertragsübernahme; *Kubis/Meyer*, TranspR 1991, 411-420; *Führich*, Reiserecht, 6. Aufl. 2010, Rn. 185; a.A. *Tonner* in: MünchKomm-BGB, § 651b Rn. 5: Vertrag zugunsten Dritter.

[5] *Staudinger* in: Staudinger, § 651b Rn 19; a.A. *Führich*, Reiserecht, 6. Aufl. 2010, Rn. 185: Gesetzlicher Wechsel des Vertragspartners.

[6] AG Baden-Baden v. 11.05.1994 - 6 C 53/94 - NJW-RR 1995, 1263-1264.

[7] *Recken* in: BGB-RGRK, § 651b Rn. 4; *Seiler* in: Erman, § 651b Rn. 2; *Tonner* in: MünchKomm-BGB, § 651b Rn. 4; *Führich*, Reiserecht, 6. Aufl. 2010, Rn. 187.

[8] AG Baden-Baden v. 11.05.1994 - 6 C 53/94 - NJW-RR 1995, 1263-1264: Buchung 2 Tage, Ersetzungsbegehren ein Tag vor Reisebeginn; *Tonner* in: MünchKomm-BGB, § 651b Rn. 4; *Staudinger* in: Staudinger, § 651b Rn. 7; *Führich*, Reiserecht, 6. Aufl. 2010, Rn. 187.

[9] BT-Drs. 8/786, S. 18; *Eckert* in: Soergel, § 651b Rn. 12.

[10] OLG Frankfurt v. 21.09.1983 - 17 U 155/81 - MDR 1984, 143.

[11] *Tonner* in: MünchKomm-BGB, § 651b Rn. 9; *Staudinger* in: Staudinger, § 651b Rn. 11; *Führich*, Reiserecht, 6. Aufl. 2010, Rn. 189.

[12] *Bartl*, Reiserecht, 2. Aufl. 1981, § 651b Rn. 24; *Führich*, Reiserecht, 6. Aufl. 2010, Rn. 189.

nes bestimmten Vereines oder Verbandes, die eine bestimmte Sportart ausüben, oder Sportler mit bestimmten Auszeichnungen oder Erfolgen oder einem bestimmten Leistungsstand. Das Widerspruchsrecht des Reiseveranstalters kann sich auch unabhängig von einer Beschränkung des Teilnehmerkreises auf eine abgrenzbare Personengruppe daraus ergeben, dass der Dritte nicht über Kenntnisse, Fähigkeiten oder Erfahrungen verfügt, die für die konkrete Reise erforderlich sind. Darunter fallen z.B. fehlende Skifahr-, Kletter- oder Tauchkenntnisse bei einem Hochgebirgs-, Kletter- oder Tauchurlaub, fehlende nautische Kenntnisse bei einer Segeltour, fehlende Reitkenntnisse bei einer Wüstenreise, die auf Pferden oder Kamelen durchgeführt werden soll.[13] Außerdem besteht ein Widerspruchsrecht des Reiseveranstalters, wenn der Dritte dem anderen Geschlecht angehört als der Reisende, die Unterbringung in Mehrbettzimmern vorgesehen und eine anderweitige Verteilung der Zimmer nicht mehr möglich ist.[14]

2. Entgegenstehende gesetzliche Vorschriften oder behördliche Anordnungen

Als entgegenstehende gesetzliche Vorschriften oder behördliche Anordnungen, die ein Widerspruchsrecht begründen, kommen Einreisebeschränkungen aller Art in Betracht. Der Regierungsentwurf von 1977 nennt exemplarisch den Fall, dass ein Sammel-Visum nicht mehr rechtzeitig geändert werden kann.[15] Nichts anderes gilt, wenn der Dritte eine gesetzlich oder behördlich vorgeschriebene Impfung nicht mehr durchführen lassen kann.[16] In Betracht kommen auch innerstaatliche Anordnungen,[17] wie z.B. die Nebenbestimmungen der vom Bundesminister für Verkehr gemäß § 22 LuftVG erteilten Genehmigung von ABC-Flügen und die in der Vergangenheit vom Bundesminister für Verkehr nach § 21 LuftVG genehmigten Beförderungsbedingungen für Fluggesellschaften im Inland. Sollten in Zukunft in einzelnen Ländern Bestimmungen gelten, dass Flugpassagiere der Einreisebehörde frühzeitig namhaft gemacht werden müssen, wäre ein kurzfristiger Reisendenwechsel unmöglich und ein Widerspruchsrecht des Reiseveranstalters begründet.

Hingegen folgt aus **vertraglichen** Hindernissen **kein Widerspruchsrecht**[18], beispielsweise nicht aus Vertragsbeziehungen zu Leistungsträgern. Selbst wenn der Reiseveranstalter Beförderungsbedingungen zum Inhalt des Reisevertrages macht, darf dadurch die Möglichkeit der Vertragsübertragung wegen der Unabdingbarkeit (vgl. die Kommentierung zu § 651m BGB) des § 651b BGB nicht eingeschränkt werden. Im konkreten Einzelfall ist eine Abgrenzung vorzunehmen zwischen privatrechtlichen Regelungen und staatlichen Anordnungen, wobei das Widerspruchsrecht nur bei staatlichen Anordnungen besteht. Die Beförderungsbedingungen der International Air Transport Association (**IATA**) sind **privatrechtlicher** Natur, da es sich bei der IATA um eine privatrechtliche Vereinigung und nicht um eine staatliche Organisation handelt.[19]

3. Ausübung des Widerspruchsrechtes

Ein bestehendes Widerspruchsrecht kann der Reiseveranstalter nur **unverzüglich** (§ 122 BGB) nach dem Ersetzungsverlangen des Reisenden ausüben, weil der Reisende schnell Klarheit darüber erlangen muss, ob der Dritte in den Reisevertrag eintreten kann.[20] Der Reiseveranstalter hat bei Kenntnis aller Daten des Dritten unverzüglich zu prüfen, ob ein Widerspruchsrecht besteht und ob er dieses ausüben will. Bei unvollständigen Angaben über den Dritten hat der Reiseveranstalter den Reisenden umgehend zu ergänzenden Informationen aufzufordern.[21]

---

[13] BT-Drs. 8/2343, S. 8; *Staudinger* in: Staudinger, § 651b Rn. 11; *Führich*, Reiserecht, 6. Aufl. 2010, Rn. 189.
[14] *Recken* in: BGB-RGRK, § 651b Rn. 6, *Tonner* in: MünchKomm-BGB, § 651b Rn. 9, *Staudinger* in: Staudinger, § 651b Rn. 11; *Führich*, Reiserecht, 6. Aufl. 2010, Rn. 189; *Michalek/Teichmann*, JuS 1985, 673-677.
[15] BT-Drs. 7/5141, Begründung zu § 5.
[16] *Tonner* in: MünchKomm-BGB, § 651b Rn. 11; *Staudinger* in: Staudinger, § 651b Rn. 12; *Führich*, Reiserecht, 6. Aufl. 2010, Rn. 189.
[17] Vgl. *Staudinger* in: Staudinger, § 651b Rn. 12.
[18] *Tonner* in: MünchKomm-BGB, § 651b Rn. 11; *Staudinger* in: Staudinger, § 651b Rn. 13.
[19] BGH v. 20.01.1983 - VII ZR 105/81 - BGHZ 86, 284-299.
[20] *Staudinger* in: Staudinger, § 651b Rn. 15; *Führich*, Reiserecht, 6. Aufl. 2010, Rn. 188.
[21] *Staudinger* in: Staudinger, § 651b Rn. 15.

4. Rechtsfolgen des Widerspruchs

12 Widerspricht der Veranstalter **zu Unrecht** und nehmen deshalb weder der Reisende noch der Dritte an der Reise teil, so ist der Veranstalter dem Reisenden nach den §§ 280, 241 Abs. 2 BGB schadensersatzpflichtig[22]. Die Verpflichtung zur Zahlung des Reisepreises entfällt.[23]

13 Widerspricht der Reiseveranstalter **zu Recht**, so ist das Ersetzungsverlangen unwirksam und es bleibt beim Reisevertrag mit dem Reisenden.[24] Dieser kann vom Reisevertrag zurücktreten. Wenn er das will, muss er den Rücktritt (§ 651j BGB) erklären. Wegen der weiterreichenden Wirkungen des Rücktritts (z.B. Storno-Gebühren) kann ein **unwirksames** Ersetzungsverlangen, wenn nicht besondere Umstände gegeben sind, nicht in eine Rücktrittserklärung umgedeutet werden.[25] Allgemeine Reisebedingungen, die bei einem wirksamen Widerspruch des Reiseveranstalters – und damit einem unbegründeten und unwirksamen Ersetzungsverlangen des Reisenden – einen Rücktritt des Reisenden fingieren, verstoßen gegen § 308 Nr. 5 BGB (früher: § 10 Nr. 5 AGBG).[26]

III. Unabdingbarkeit

14 651b BGB ist **zwingendes Recht** (§ 651m Satz 1 BGB). Wird die Ersetzung des Reisenden durch einen Dritten aufgrund eines **wirksamen** Ersetzungsverlangens des Reisenden als ein mit einer Neuanmeldung / Neubuchung verbundener Rücktritt fingiert, handelt es sich dabei um eine unzulässige Umgehung des § 651b Abs. 1 Satz 1 BGB, die nach § 651m Satz 1 BGB unwirksam ist. Die Unwirksamkeit einer solchen Klausel in Allgemeinen Reisebedingungen (ARB), durch die im Wege einer Fiktion sogar ein **wirksames** Ersetzungsverlangen in eine Rücktrittserklärung umgedeutet („verfälscht") werden soll, folgt auch aus § 308 Nr. 5 BGB.[27]

15 Zulässig ist es hingegen, dass der Reisende und der Reiseveranstalter einvernehmlich und ohne Berechnung/Zahlung von Stornogebühren den ursprünglichen Reisevertrag aufheben und dass der Reiseveranstalter mit dem Dritten einen neuen Reisevertrag schließt. Wird keine Stornogebühr berechnet, wird der Reisende durch ein solches Vorgehen nicht belastet und durch die Vermeidung seiner sich ansonsten aus § 651b Abs. 2 BGB ergebenden gesamtschuldnerischen Haftung mit dem Dritten für die Mehrkosten und den (etwa noch nicht vollständig gezahlten) Reisepreis sogar begünstigt[28].

16 § 651b BGB gestattet nicht (ausdrücklich) eine Pauschalierung der dem Reiseveranstalter zu erstattenden Mehrkosten, die durch den Eintritt des Dritten verursacht werden (§ 651b Abs. 2 BGB). Deshalb wird eine Pauschalierung dieser Mehrkosten im Schrifttum überwiegend für unzulässig erachtet.[29]

C. Rechtsfolgen

17 § 651b BGB bestimmt die rechtsgeschäftliche Übertragung des Reisevertrages im Ganzen, d.h. der Dritte tritt vollständig in alle Rechte und Pflichten aus dem Reisevertrag ein. Die Gewährleistungsrechte können dementsprechend vom Dritten selbstständig und unabhängig vom Reisenden ausgeübt werden.[30] Das Innenverhältnis zwischen dem Dritten und dem Reisenden richtet sich nach den von diesen untereinander getroffenen Absprachen.[31]

---

[22] *Staudinger* in: Staudinger, § 651b Rn. 16.
[23] AG Baden-Baden v. 11.05.1994 - 6 C 53/94 - NJW-RR 1995, 1263-1264.
[24] *Sprau* in: Palandt, § 651b Rn. 2; *Eckert* in: Soergel, § 651b Rn. 16; *Führich*, Reiserecht, 6. Aufl. 2010, Rn. 191.
[25] *Staudinger* in: Staudinger, § 651b Rn. 17; *Führich*, Reiserecht, 6. Aufl. 2010, Rn. 191.
[26] *Recken* in: BGB-RGRK, § 651b Rn. 16; *Staudinger* in: Staudinger, § 651b Rn. 17; *Führich*, Reiserecht, 6. Aufl. 2010, Rn. 197.
[27] *Tonner* in: MünchKomm-BGB, § 651b Rn. 3; *Staudinger* in: Staudinger, § 651b Rn. 33; *Führich*, Reiserecht, 6. Aufl. 2010, Rn. 197.
[28] *Staudinger* in: Staudinger, § 651b Rn. 32.
[29] *Derleder* in: Wassermann, Kommentar zum Bürgerlichen Gesetzbuch, § 651b Rn. 1; *Recken* in: BGB-RGRK, § 651b Rn. 19; *Seiler* in: Erman, § 651b Rn. 5; a.A. *Sprau* in: Palandt, § 651b Rn. 3: Pauschalierung zwar nicht vorgesehen, aber in den durch die §§ 308 Nr. 7, 309 Nr. 5 BGB gezogenen Grenzen zulässig; ebenso *Staudinger* in: Staudinger, § 651b Rn. 28.
[30] *Staudinger* in: Staudinger, § 651b Rn. 21.
[31] *Staudinger* in: Staudinger, § 651b Rn. 22.

Reisender und Ersatzreisender haften nach Abs. 2 als **Gesamtschuldner** für die Bezahlung des Reisepreises und der Mehrkosten, die durch den Eintritt des Dritten verursacht werden. Der Anspruch auf Ersatz der Mehrkosten ist ein Aufwendungsersatzanspruch. Darunter fallen z.B. Verwaltungsunkosten, Telefon- und Portokosten etc., soweit diese durch sachlich erforderliche Handlungen verursacht werden.[32]

18

Der Vertrag wird mit den Rechten und Pflichten übernommen, wie sie im Zeitpunkt der Übernahme bestehen, so dass der Dritte alle vom Reiseveranstalter gegenüber dem Reisenden bereits erbrachten Leistungen gegen sich gelten lassen muss. Dies gilt insbesondere für die Erfüllung der Informationspflicht nach der BGB-InfoV[33] und der Pflichten nach § 651k BGB, soweit der Reisende bereits einen Sicherungsschein (vgl. die Kommentierung zu § 651k BGB Rn. 17) erhalten hat.

19

D. Prozessuale Hinweise

Die **Darlegungs- und Beweislast** obliegt dem Reiseveranstalter bezüglich der sein Widerspruchsrecht begründenden Tatsachen. Er muss außerdem die Höhe der Mehrkosten und ihre Verursachung durch den Eintritt des Dritten darlegen und beweisen.[34]

20

Der Reisende muss die Rechtzeitigkeit seines Ersetzungsverlangens, die Entstehung und die Höhe eines ihm durch einen unberechtigten Widerspruch des Reiseveranstalters zugefügten Schadens darlegen und beweisen.[35]

21

Nach dem Beschluss des Landgerichtes Frankfurt von 01.02.2012[36] kann der Anspruch des Reisenden gegen den Reiseveranstalter auf Übertragung des Reisevertrages auf einen Dritten im Wege einstweiliger Verfügung durchgesetzt werden.

22

---

[32] *Seiler* in: Erman, § 651b Rn. 5; *Eckert* in: Soergel, § 651b Rn. 24; *Staudinger* in: Staudinger, § 651b Rn. 27.
[33] BT-Drs. 12/5354, S. 11; *Sprau* in: Palandt, § 651b Rn. 1; *Eckert* in: Soergel, § 651b Rn. 20.
[34] *Staudinger* in: Staudinger, § 651b Rn. 31; *Führich*, Reiserecht, 6. Aufl. 2010, Rn. 198.
[35] *Führich*, Reiserecht, 6. Aufl. 2010, Rn. 198.
[36] LG Frankfurt v. 01.02.2012 - 2-24 T 1/12 - RRa 2012, 76-77.

§ 651c BGB Abhilfe

(Fassung vom 02.01.2002, gültig ab 01.01.2002)

(1) Der Reiseveranstalter ist verpflichtet, die Reise so zu erbringen, dass sie die zugesicherten Eigenschaften hat und nicht mit Fehlern behaftet ist, die den Wert oder die Tauglichkeit zu dem gewöhnlichen oder nach dem Vertrag vorausgesetzten Nutzen aufheben oder mindern.

(2) ¹Ist die Reise nicht von dieser Beschaffenheit, so kann der Reisende Abhilfe verlangen. ²Der Reiseveranstalter kann die Abhilfe verweigern, wenn sie einen unverhältnismäßigen Aufwand erfordert.

(3) ¹Leistet der Reiseveranstalter nicht innerhalb einer vom Reisenden bestimmten angemessenen Frist Abhilfe, so kann der Reisende selbst Abhilfe schaffen und Ersatz der erforderlichen Aufwendungen verlangen. ²Der Bestimmung einer Frist bedarf es nicht, wenn die Abhilfe von dem Reiseveranstalter verweigert wird oder wenn die sofortige Abhilfe durch ein besonderes Interesse des Reisenden geboten wird.

Gliederung

A. Grundlagen 1	d. Lärm 66
I. Garantiehaftung 1	3. Service, Verpflegung 69
II. Anwendungsvorrang 2	4. Reisen mit besonderem Charakter 73
III. Vorrangige Regelungen 8	a. Studienreisen, Sprachreisen 73
1. Luftbeförderung 8	b. Schiffsreisen, Kreuzfahrt 78
2. Seereisen 15	c. Expeditionen, Abenteuerreisen, Jagdreisen 83
3. Bahnreisen 16	d. Cluburlaub, all-inclusive, FKK 85
4. Busreisen 18	e. Sporturlaub 88
5. Beherbergung 19	f. Hochzeitsreisen 89
B. Anwendungsvoraussetzungen 21	g. Jugendreisen 90
I. Reisemangel 21	h. Luxusreisen 92
1. Fehlen zugesicherter Eigenschaften 21	i. Billigreisen 95
2. Fehler 28	j. Fortuna-, Joker-, Roulette-Reisen 97
3. Grenzen der Einstandspflicht 35	III. Abhilfeanspruch (Absatz 2) 99
a. Völlig unerhebliche Mängel 35	1. Sinn und Zweck 99
b. Landes- oder Ortsüblichkeit 37	2. Adressat des Abhilfeverlangens 101
c. Höhere Gewalt 40	3. Gleichwertigkeit der Ersatzleistung 102
d. Allgemeines Lebensrisiko 43	4. Verweigerungsrecht des Reiseveranstalters 106
II. Weitere Einzelfälle, in denen Reisemängel bejaht werden sind 48	5. Rechtsfolgen der Abhilfe 107
	IV. Selbstabhilferecht (Absatz 3) 110
1. Beförderung 48	1. Kurzcharakteristik 110
a. Ausfall, Verspätung der Beförderung 48	2. Fristsetzung 112
b. Busreisen 54	a. Ausdrücklichkeit der Fristsetzung 112
2. Urlaubsobjekt, Umweltverhältnisse 57	b. Angemessenheit der Fristsetzung 113
a. Urlaubsort, Unterkunft 57	c. Entbehrlichkeit der Fristsetzung 114
b. Strandlage, Strandzustand 60	3. Rechtsfolgen 118
c. Geruch 65	**C. Prozessuale Hinweise/Verfahrenshinweise** 123

A. Grundlagen

I. Garantiehaftung

1 Die Vorschrift des § 651c BGB ist die zentrale Vorschrift des reiserechtlichen Gewährleistungsrechts und begründet die verschuldensunabhängige Pflicht des Reiseveranstalters, für den Erfolg der Reise einzustehen. Der Reiseveranstalter haftet verschuldensunabhängig für den Erfolg der Reise und trägt *grundsätzlich das Risiko ihres Gelingens.*[1] Der in § 651c Abs. 1 BGB verwendete zweigeteilte Man-

---

[1] *Tonner* in: MünchKomm-BGB, § 651c Rn. 1 und 3; *Führich*, Reiserecht, 6. Aufl. 2010, Rn. 199.

gelbegriff ist durch das am 01.01.2002 in Kraft getretene Schuldrechtsmodernisierungsgesetz[2] nicht geändert worden und entspricht auch weiterhin dem Mangelbegriff des § 633 Abs. 1 BGB a.F.[3] Ein Reisemangel ist dann gegeben, wenn die Reise nicht die zugesicherten Eigenschaften hat oder mit Fehlern behaftet ist, die den Wert oder die Tauglichkeit der Reise zu dem gewöhnlichen oder nach dem Vertrag vorausgesetzten Nutzen aufheben oder mindern. Das Vorliegen eines Reisemangels ist Voraussetzung aller in den §§ 651c-651f BGB geregelten reisevertraglichen Gewährleistungsansprüche. Der Reisende kann bei Vorliegen eines Reisemangels nach Absatz 2 vom Reiseveranstalter Abhilfe verlangen. Absatz 3 gewährt dem Reisenden ein Recht zur Selbstabhilfe verbunden mit einem Aufwendungsersatzanspruch. Führen Abhilfe (vgl. Rn. 99) oder Selbstabhilfe (vgl. Rn. 110) zur Mängelbeseitigung, scheiden Gewährleistungsansprüche aus, sobald der vertragsgemäße Zustand wiederhergestellt ist. Bis zu diesem Zeitpunkt aber können Minderung des Reisepreises gemäß § 651d BGB und Schadensersatz gemäß § 651f BGB beansprucht werden.[4]

II. Anwendungsvorrang

Das reiserechtliche Gewährleistungsrecht der §§ 651c ff. BGB verdrängt bereits vom Abschluss des Reisevertrages an das allgemeine Leistungsstörungsrecht der §§ 275 ff., 280, 283 ff. BGB, zwar auch für die Fälle, in denen begrifflich Unmöglichkeit oder Verzug vorliegt.[5]

Ansprüche aus den §§ 280, 241 Abs. 2 BGB (pVV) sind nicht vollständig ausgeschlossen; ihre praktische Bedeutung ist im Reiserecht aber gering. Sie sind zu bejahen, wenn die Verletzung von nicht in (den §§ 4 ff.) der BGB-InfoV geregelten Informationspflichten und von sonstigen nicht leistungsbezogenen Nebenpflichten nicht zu einem Reisemangel führt. Hingegen sind die in der BGB-InfoV geregelten Informationspflichten Hauptpflichten, deren schuldhafte Verletzung Schadensersatzansprüche nach § 651f BGB begründet.[6]

Schadensersatzansprüche aus den §§ 280, 311 Abs. 2 und 3 BGB kommen im Wesentlichen nur in Betracht, wenn die schuldhafte Verletzung einer vorvertraglichen Aufklärungspflicht durch den Reiseveranstalter das Zustandekommen eines Reisevertrages verhindert oder dazu führt, dass der Reisevertrag – ohne eine Beeinträchtigung der Reise – mit einem für den Reisenden minderwertigen Inhalt zustande kommt.[7]

Die §§ 823 ff. BGB werden durch das reisevertragliche Gewährleistungsrecht **nicht** verdrängt, wie in der Kommentierung zu § 651f BGB Rn. 8 im Einzelnen aufgezeigt wird.

§ 313 BGB wird durch § 651j BGB verdrängt, der eine Sonderregelung des Wegfalls der Geschäftsgrundlage darstellt.[8]

Eine Anfechtung des Reisevertrages wegen Irrtums ist ausgeschlossen, wenn sich der Irrtum auf eine verkehrswesentliche Eigenschaft der Reise bezieht, deren Fehlen zugleich einen Reisemangel darstellt; in diesen Fällen wird § 119 Abs. 2 BGB durch die §§ 651c-651f BGB verdrängt. Soweit sich die Anwendungsbereiche der §§ 119 ff. BGB und der §§ 651a ff. BGB nicht überschneiden, ist die Anfechtung eines Reisevertrages nach den §§ 119 ff. BGB möglich, insbesondere auch eine Anfechtung wegen eines Erklärungsirrtums.[9]

---

[2] BGBl I 2001, 3138.
[3] *Tonner* in: MünchKomm-BGB, § 651c Rn. 1 und 6; *Staudinger* in: Staudinger, § 651c Rn. 5; *Führich*, Reiserecht, 6. Aufl. 2010, Rn. 199.
[4] *Eckert* in: Soergel, § 651c Rn. 1.
[5] *Tonner* in: MünchKomm-BGB, § 651c Rn. 32 ff.; *Führich*, Reiserecht, 6. Aufl. 2010, Rn. 201 ff., insbesondere 203; Staudinger in: Staudinger, vor §§ 651c-651g Rn. 22 und – mit Einschränkungen bezüglich der Unabwendbarkeit der Vorschriften über den Schuldnerverzug – Rn. 25 und 25a.
[6] *Tonner* in: MünchKomm-BGB, § 651c Rn. 40; *Staudinger* in: Staudinger, vor §§ 651c-651g Rn. 27 und 28; *Führich*, Reiserecht, 6. Aufl. 2010, Rn. 205.
[7] *Tonner* in: MünchKomm-BGB, § 651c Rn. 40; *Staudinger* in: Staudinger, vor §§ 651c-651g Rn. 30; *Führich*, Reiserecht, 6. Aufl. 2010, Rn. 206.
[8] *Tonner* in: MünchKomm-BGB, § 651j Rn. 6; *Staudinger* in: Staudinger, vor §§ 651c-651g Rn. 32 und § 651j Rn. 14; *Führich*, Reiserecht, 6. Aufl. 2010, Rn. 207.
[9] *Eckert* in: Soergel, vor § 651c Rn. 11; *Staudinger* in: Staudinger, vor §§ 651c-651g Rn. 31; *Führich*, Reiserecht, 6. Aufl. 2010, Rn. 112 und 208.

§ 651c

III. Vorrangige Regelungen

1. Luftbeförderung

8 Die §§ 651c-651f BGB werden bei der **Luftbeförderung** im Rahmen von Pauschalreisen in Deutschland verdrängt durch das LuftVG. Bei internationaler Luftbeförderung war bis 2004 das Warschauer Abkommen (WA)[10] in der Fassung des Haager Protokolls (HP)[11] und des Zusatzabkommens von Guadalajara (ZAG)[12] gültig. Nach diesen Regelungen gilt der Reiseveranstalter als „vertraglicher Luftfrachtführer" und haftet gesamtschuldnerisch[13] neben der Fluggesellschaft als „ausführendem Luftfrachtführer". Nach § 48 LuftVG und Art. 24, 25 WA können sämtliche Schadensersatzansprüche gegen den Luftfrachtführer nur unter den Voraussetzungen und Beschränkungen dieser Vorschriften geltend gemacht werden; § 651f BGB wird insoweit verdrängt. Dies gilt nur dann nicht, wenn der Schaden durch den Luftfrachtführer vorsätzlich oder grob fahrlässig (§ 48 LuftVG) bzw. absichtlich oder leichtfertig (Art. 25 WA, HP) herbeigeführt worden ist. In diesen Fällen gelten im Hinblick auf Körperschäden nicht die **Haftungsobergrenzen** des Luftverkehrsrechts. Gemäß Art. 17 WA haftet der Luftfrachtführer für Personenschäden. Wenn durch eine Verspätung ein Schaden entstanden ist, haftet der Luftfrachtführer nach Art. 19 WA, bei Beschädigung des Gepäcks nach Art. 18 WA. Bei Überbuchung oder Ausfall des (den Bestandteil einer Pauschalreise bildenden) Fluges gelten hingegen die §§ 651c-651f BGB.[14]

9 Das Warschauer Abkommen ist vom Montrealer Übereinkommen (MÜ)[15] vom 04.11.2003 abgelöst worden; das MÜ ist am 28.06.2004[16] für die EG und damit auch für Deutschland in Kraft getreten und verdrängt in seinem Anwendungsbereich die Regelungen des nationalen Reisevertragsrechts.[17] Gemäß Art. 17 MÜ haftet der Luftfrachtführer bei einem Unfall an Bord eines Luftfahrzeugs oder beim Ein- und Aussteigen, der den Tod oder eine **Körperverletzung** eines Fluggastes verursacht. Bis zu einer Haftungssumme von ca. 123.318 € je Reisenden haftet der Luftfrachtführer verschuldensunabhängig; ihm bleibt nur die Möglichkeit, dem Geschädigten ein Allein- oder Mitverschulden nachzuweisen (Art. 20 MÜ). Bei Schäden, die diese Haftungssumme überschreiten, ist ein eingeschränkter Entlastungsbeweis möglich: der Luftfrachtführer haftet gemäß Art. 21 MÜ nicht, wenn der Schaden (a) nicht auf seine unrechtmäßige Handlung oder Unterlassung oder die seiner Leute oder (b) ausschließlich auf eine unrechtmäßige Handlung oder Unterlassung eines Dritten zurückzuführen ist. **Neu** ist die Verpflichtung der Luftfrachtführer, bei einem Luftfahrtunfall, der zum Tod oder einer Körperverletzung eines Fluggastes führt, an den Geschädigten oder seine Angehörigen eine **Abschlagszahlung** von mindestens ca. 19.730 €[18] zu leisten (Art. 28 MÜ). Nach Art. 17 Abs. 2 MÜ haftet der Luftfrachtführer grundsätzlich verschuldensunabhängig für den Schaden, der durch die Beschädigung, Zerstörung oder den Verlust von **Reisegepäck** an Bord des Luftfahrzeugs bzw. in Obhut des Luftfrachtführers entsteht; die Haftung ist lediglich ausgeschlossen, wenn der Schaden auf die Eigenart oder einen Mangel des Gepäcks zurückzuführen ist (Art. 17 Abs. 2 Satz 2 MÜ). Die Haftungsgrenze ist auf ca. 1.233 € (Art. 22 Abs. 2 MÜ) erhöht worden. Bei **Verspätung** von Reisegepäck und im Rahmen einer Personenbeförderung haftet der Luftfrachtführer nach Art. 19, 22 Abs. 1, 2 MÜ, soweit er nicht „alle zumutbaren Maßnahmen"[19] zur Vermeidung des Schadens getroffen hat (Art. 19 Satz 2 MÜ); die Haftungs-

---

[10] RGBl II 1933, 1039; vgl. etwa *Staudinger* in: Staudinger, vor §§ 651c-651g Rn. 37.
[11] BGBl II 1958, 291.
[12] BGBl II 1963, 1159.
[13] *Staudinger* in: Staudinger, vor §§ 651c-651g Rn. 38.
[14] *Eckert* in: Soergel, vor § 651c Rn. 15; beachte auch die am 17.02.2005 in Kraft getretene VO 261/2004/EG des Europäischen Parlaments und Rates, 2004-02-17 – vgl. Rn. 10.
[15] ABlEG Nr. L 194 v. 18.07.2001, S. 39; *Müller-Rostin/Schmid*, NJW 2003, 3516-3523; *Schollmeyer*, IPRax 2004, 78-82; *Schmidt-Bendun/Staudinger*, NJW 2004, 1897-1901.
[16] ABlEG Nr. L 140 v. 30.05.2002, S. 2; zur Anwendbarkeit bereits vor diesem Zeitpunkt *Müller-Rostin/Schmid*, NJW 2003, 3516 3523: Luftbeförderung von einem Staat, der das MÜ bereits vorher ratifiziert hat (z.B. USA) nach Deutschland, wobei Abgangs- und Bestimmungsort im anderen Unterzeichnerstaat liegen müssen – ansonsten ist in diesem Zeitraum weiter das WA anwendbar.
[17] *Staudinger* in: Staudinger, vor §§ 651c-651g Rn. 39; *Führich*, Reiserecht, 6. Aufl. 2010, Rn. 212.
[18] Vgl. VO 889/2002/EG des Europäischen Parlaments und Rates.
[19] Art. 20 WA stellt noch weitergehend auf „alle erforderlichen Maßnahmen" ab.

grenzen (bis ca. 5.117 €) gelten jeweils nur, soweit den Luftfrachtführer kein qualifiziertes Verschulden[20] trifft.

Am 17.02.2005 ist die VO 261/2004/EG des Europäischen Parlaments und Rates[21] über Ausgleichsleistungen für Fluggäste bei Nichtbeförderung, Annullierung oder großer Verspätung von Flügen (FluggastrechteVO) in Kraft getreten. Nunmehr erhalten auch[22] Pauschalreisende Ansprüche gegen die Fluggesellschaft; die Rechtsstellung der Reisenden hat sich dadurch weiter verbessert.[23] Diese Verordnung gewährt den Fluggästen u.a. Ausgleichsansprüche bis zur Höhe von 600 € je Flug für die Fälle der Nichtbeförderung von Fluggästen gegen ihren Willen, der Annullierung oder der großen Verspätung eines Fluges. Diese Ansprüche, die sich als solche aus dem nationalen Recht nicht herleiten lassen, stehen Fluggästen zu, die ihren Flug in einem Mitgliedstaat der Europäischen Gemeinschaft antreten oder bestimmungsgemäß beenden und richten sich gegen das ausführende Luftfahrtunternehmen. Sie sind verschuldensunabhängig, entfallen aber u.a. dann, wenn das ausführende Luftfahrtunternehmen nachweist, dass die (den betroffenen Fluggästen nicht frühzeitig mitgeteilte) Annullierung oder die große Verspätung auf außergewöhnliche Umstände zurückgeht, die sich auch dann nicht hätten vermeiden lassen, wenn von dem Luftfahrtunternehmen alle zumutbaren Maßnahmen ergriffen worden wären (Art. 5 Abs. 3 der Verordnung). Mit derartigen Ausgleichsansprüchen befassen sich zahlreiche Entscheidungen des Gerichtshofes der Europäischen Union[24] und des Bundesgerichtshofes.[25]

10

Eine Nichtbeförderung liegt nach Art. 2 j FluggastrechteVO vor, wenn das Luftfahrtunternehmen sich weigert, Fluggäste zu befördern, obwohl sie sich unter den in Art. 3 Abs. 2 FluggastrechteVO genannten Bedingungen am Flugsteig eingefunden haben, sofern keine vertretbaren Gründe für die Nichtbeförderung gegeben sind. Der Ausgleichsanspruch nach dieser Vorschrift hat mithin drei Voraussetzungen: Der Fluggast muss entweder über eine bestätigte Buchung für den betreffenden Flug verfügen oder von einem anderen Flug, für den er eine solche Buchung besaß, auf den betreffenden Flug verlegt worden sein. Er muss sich zur angegebenen Zeit oder mangels einer solchen Angabe 45 Minuten vor dem planmäßigen Abflug zur Abfertigung („Check-in") eingefunden haben. Dem am Flugsteig erschienen Fluggast muss der Einstieg („Boarding") gegen seinen Willen verweigert worden sein.[26]

11

Als Annullierung ist gemäß Art. 2 l FluggastrechteVO die Nichtdurchführung eines geplanten Flugs anzusehen, für den zumindest ein Platz reserviert war. Nach der Rechtsprechung des Gerichtshofes der Europäischen Union[27] ist grundsätzlich von einer Annullierung auszugehen, wenn die Planung des ursprünglichen Flugs aufgegeben wird und die Fluggäste dieses Flugs zu den Fluggästen eines anderen, ebenfalls geplanten Flugs stoßen, und zwar unabhängig von dem Flug, für die so umgebuchten Fluggäste gebucht hatten.[28]

12

Eine große Verspätung eines Fluges liegt – gestaffelt nach der Länge des Fluges – vor, wenn sich der Abflug um zwei Stunden oder mehr, um drei Stunden oder mehr oder um vier Stunden oder mehr verzögert. In einem solchen Falle steht jedem betroffenen Fluggast – wiederum gestaffelt nach der Länge des Fluges – eine Ausgleichszahlung in Höhe von 250 €, von 400 € oder von 600 € zu. Die Frage, ob dem betroffenen Fluggast eine derartige Ausgleichszahlung auch dann zusteht, wenn sich der Abflug

13

---

[20] Der Schaden darf nicht leichtfertig oder absichtlich verursacht sein.
[21] ABlEG Nr. L 46/1 v. 17.02.2004.
[22] Im Gegensatz zur Vorgänger-Regelung VO 295/1991/EG des Europäischen Parlaments und Rates (ABlEG Nr. L 35/5 v. 08.02.1991).
[23] Vgl. dazu *Tonner*, RRa 2004, 59-61; *Schmidt-Bendun/Staudinger*, NJW 2004, 1897-1901.
[24] Vgl. etwa die Urteile des EuGH v. 19.11.2009 - C-402/07 und C-432/07 - NJW 2010, 43 - Sturgeon, EuGH v. 22.12.2008 - C-549/07 - Slg. 2008 I 11061 = NJW 2009, 347 - Wallentin-Hermann und EuGH v. 10.07.2008 - C-173/07 - Slg. 2008 I 5237 - NJW 2008, 2697 - Schenkel.
[25] Vgl. etwa die Urteile des BGH v. 14.10.2010 - Xa ZR 15/10 - NJW-RR 2011, 355-357; BGH v. 25.03.2010 - Xa ZR 96/09 - NJW-RR 2010, 1641-1643; BGH v. 18.02.2010 - Xa ZR 164/07 - RRa 2010, 151; BGH v. 18.02.2010 - Xa ZR 106/06; BGH v. 18.02.2010 - Xa ZR 95/06 - NJW 2010, 2281-2282; BGH v. 10.12.2009 - Xa ZR 61/09 - NJW 2010, 1526-1528; BGH v. 26.11.2009 - Xa ZR 132/08 - NJW 2010, 1522-1525; BGH v. 28.05.2009 - Xa ZR 113/08 - NJW 2009, 2743-2744; BGH v. 30.04.2009 - Xa ZR 78/08 - NJW 2009, 2740-2743 und BGH v. 30.04.2009 - Xa ZR 79/08 - TranspR 2009, 323-325.
[26] BGH v. 30.04.2009 - Xa ZR 78/08 - juris Rn. 7 - NJW 2009, 2740-2743; EuGH-Vorlage durch den BGH v. 09.12.2010 - Xa ZR 80/10 - juris Rn. 11 - RRa 2011, 84-86; EuGH-Vorlage durch den BGH v. 16.06.2011 - X ZR 123/10 - juris Rn. 8.
[27] EuGH v. 19.11.2009 - C-402/07 und C-432/07 - juris Rn. 36 - NJW 2010, 43.
[28] EuGH-Vorlage durch den BGH v. 09.12.2010 - Xa ZR 80/10 - juris Rn. 10 - RRa 2011, 84-86.

§ 651c

um eine Zeitspanne verzögert hat, die unterhalb der in Art. 6 Abs. 1 der FluggastrechteVO definierten Grenzen liegt, die Ankunft am letzten Zielort aber mindestens drei Stunden nach der planmäßigen Ankunftszeit erfolgt, hat der Bundesgerichtshof dem Gerichtshof der Europäischen Union mit den Beschlüssen vom 16.06.2011[29] und vom 09.12.2010[30] vorgelegt. Eine Entscheidung des Gerichtshofes der Europäischen Union steht noch aus.

14 Nach deutschem Recht stellt eine Flugverspätung keinen Mangel der Beförderungsleistung dar. Wird lediglich der Flug als solcher gebucht, ist der zwischen dem Fluggast und dem Luftfahrtunternehmen zustande kommende Vertrag ein Werkvertrag. Eine Flugverspätung stellt keinen Werkmangel dar. Entsteht dem Fluggast im Einzelfall durch die Verzögerung ein Schaden, wird dieser Fall (ausschließlich) durch die Regeln über den Verzug erfasst, so dass dem Fluggast ein Anspruch auf Ersatz seines Verzögerungsschadens ausschließlich nach den Regeln über den Verzug zustehen kann.[31]

2. Seereisen

15 Umfasst die Pauschalreise eine **Seepassage**, haftet der Reiseveranstalter als Beförderer nach § 664 HGB und den „Bestimmungen über die Beförderung von Reisenden und ihrem Gepäck auf See" in der Anlage zu § 664 HGB. Die Anwendung der §§ 651c-651f BGB auf Schäden, die im Rahmen der Beförderung auf See aufgrund des Todes oder der Körperverletzung des Reisenden oder aufgrund der Beschädigung oder des Verlustes von Gepäck entstanden sind, ist ausgeschlossen, § 664 Abs. 1 HGB.[32]

3. Bahnreisen

16 Für grenzüberschreitende **Bahnreisen** gelten bei Tötung oder Verletzung des Reisenden, Verlust, Beschädigung oder verspäteter Auslieferung des Gepäcks sowie bei Ausfall oder Verspätungen die Vorschriften des „Übereinkommens über den internationalen Eisenbahnverkehr" (COTIF[33]).[34] Die Kommission[35] hat eine Verordnung über die Rechte und Pflichten der Fahrgäste im grenzüberschreitenden Eisenbahnverkehr vorgeschlagen.[36]

17 Im nationalen Rahmen gelten die §§ 453-466 HGB, die EVO und das HPflG. Ansonsten sind die §§ 651c-651f BGB anwendbar.

4. Busreisen

18 Bei **Busbeförderungen** im Rahmen eines Reisevertrages bleiben die §§ 651c-651f BGB neben den Vorschriften des StVG anwendbar.

5. Beherbergung

19 Die §§ 535-580a BGB sind neben den §§ 651c-651f BGB nicht anwendbar.[37] Ausschließlich Mietrecht ist anwendbar, wenn eine **Unterkunft** in einer Ferienwohnung oder einem Ferienhaus alleiniger Vertragsgegenstand ist und die Buchung direkt beim Eigentümer erfolgt, der auch nicht wie ein Reiseveranstalter auftritt.[38]

---

[29] EuGH-Vorlage durch den BGH v. 16.06.2011 - X ZR 123/10.
[30] EuGH-Vorlage durch den BGH v. 09.12.2010 - Xa ZR 80/10 - RRa 2011, 84-86.
[31] BGH v. 28.05.2009 - Xa ZR 113/08 - juris Rn. 14-17 - NJW 2009, 2743-2744.
[32] *Eckert* in: Soergel, vor § 651c Rn. 16; Gepäck-Diebstahl auf Segelyacht nach Seerecht: LG Frankfurt v. 19.08.1999 - 2/24 S 419/98, 2-24 S 419/98 - RRa 2000, 8-9: verschuldensunabhängige Haftung für Kabinengepäck in Häfen nur, wenn Beförderer das Gepäck übernommen hat (Anlage zu § 664 Art. 1 Nr. 8b HGB).
[33] Convention relative aux transports internationaux ferroviaires.
[34] BGBl II 1985, 130; *Eckert* in: Soergel, vor § 651c Rn. 17.
[35] KOM (2004) 143 v. 03.03.2004.
[36] Dazu *Tonner*, RRa 2004, 59-61, 61.
[37] *Seiler* in: Erman, vor §§ 651c-651g Rn. 10; *Eckert* in: Soergel, vor § 651c Rn. 19; *Staudinger* in: Staudinger, vor §§ 651c-651g Rn. 35; *Tempel*, RRa 1998, 19-38; a.A. LG Frankfurt v. 06.06.1983 - 2/24 S 360/82 - NJW 1983, 2264-2266; *Tempel*, JuS 1984, 81-92.
[38] BGH v. 17.01.1985 - VII ZR 163/84 - juris Rn. 7 - NJW 1985, 906-907; AG Trier v. 24.03.2000 - 32 C 48/00 - NJW-RR 2001, 48-50; *Sprau* in: Palandt, Einf. vor § 651a Rn. 4; *Eckert* in: Soergel, § 651a Rn. 17; *Tonner* in: MünchKomm-BGB, § 651a Rn. 28; *Staudinger* in: Staudinger, § 651a Rn. 31 und 32 und vor §§ 651c-651g Rn. 35; *Führich*, Reiserecht, 6. Aufl. 2010, Rn. 93.

Die §§ 701-704 BGB kommen gegenüber einem Reiseveranstalter nicht zur Anwendung[39], auch dann nicht, wenn der Reiseveranstalter die Beherbergung selbst vornimmt[40].

B. Anwendungsvoraussetzungen

I. Reisemangel

1. Fehlen zugesicherter Eigenschaften

Eigenschaften sind alle tatsächlichen und rechtlichen Verhältnisse, welche die Beziehung der Sache zur Umwelt betreffen und wegen ihrer Art und Dauer die Brauchbarkeit oder den Wert der Sache beeinflussen.[41] Demgemäß sind sämtliche Elemente und Merkmale der Reise wie etwa (Wahl der) Fluggesellschaft, Typ, Alter und sonstige Beschaffenheit der Flugzeuge, sonstige Beförderungsmodalitäten, Lage und Beschaffenheit des Urlaubsortes (Zielortes), Hotelkategorie, Vorhandensein und Beschaffenheit von Hoteleinrichtungen, Lage und Umgebung des Hotels, Ausstattung der Zimmer, Art der Verpflegung, Vorhandensein und Beschaffenheit sonstiger touristischer Einrichtungen, Möglichkeiten einer bestimmten sportlichen Betätigung, Charakterisierung der Reise, z.B. als Studienreise, zusicherungsfähig.[42] Zugesichert ist eine Eigenschaft, wenn der Reiseveranstalter durch eine ausdrückliche oder stillschweigende Erklärung, die Vertragsinhalt wird, die Gewähr für das Vorhandensein der Eigenschaft übernimmt.[43] Erforderlich ist eine Erklärung des Reiseveranstalters, aufgrund deren der Reisende darauf vertrauen darf, dass der Reiseveranstalter für das Vorliegen der Eigenschaft einstehen will.[44] Entscheidend ist, wie der Reisende die Äußerungen des Reiseveranstalters aus der Sicht eines objektiven verständigen Dritten nach Treu und Glauben verstehen darf.[45] Erteilt der Reiseveranstalter dem Reisenden eine ausdrückliche Bestätigung, sind die in ihr bestätigten Eigenschaften der Reise zugesichert.[46] Durch Katalogangaben kann der Reiseveranstalter Eigenschaften der Reise stillschweigend zusichern. Freilich ist bei der Annahme einer stillschweigenden Eigenschaftszusicherung durch Katalogangaben Zurückhaltung geboten. Die Angaben in dem – Vertragsinhalt werdenden – Reiseprospekt bilden die Reisebeschreibung, die den Inhalt der vom Reiseveranstalter geschuldeten Leistung und damit die vertragliche Sollbeschaffenheit der Reiseleistung festlegt. Dass der Reiseveranstalter mit solchen Katalogangaben eine Garantiehaftung übernehmen will, kann nur dann angenommen werden, wenn er einzelne Leistungsmerkmale besonders intensiv hervorhebt oder diesen bei der Buchung der Reise – für den Reiseveranstalter erkennbar – besonderes Gewicht zukommt.[47] Bei der insoweit vorzunehmenden Abwägung kann nicht unberücksichtigt bleiben, dass der Prospekt nach § 4 Abs. 1 Nr. 3 BGB-InfoV **klare** Angaben zur Unterbringung (Art, Lage, Kategorie oder Komfort und Hauptmerkmale) enthalten **muss**. Wenn der Reiseveranstalter auch in anderer Hinsicht klare Angaben macht, kann daraus kaum auf seinen Willen geschlossen werden, die beschriebenen Eigenschaften zu garantieren. Daher wird nur dann von einer Eigenschaftszusicherung ausgegangen werden können, wenn es für den Reiseveranstalter erkennbar war, dass diesen Angaben für die Entscheidung der Reisenden – oder jedenfalls entsprechend interessierter Reisender – zur Buchung dieser Reise maßgebliche Bedeutung zu-

---

[39] OLG Frankfurt v. 08.05.1985 - 19 U 251/83 - Fremdenverkehrsrechtliche Entscheidungen 23, Nr. 542 (1987); OLG München v. 26.04.1999 - 17 U 1581/99 - RRa 1999, 174-175; LG Berlin v. 12.04.1984 - 13 O 94/84 - NJW 1985, 144-146; LG Frankfurt v. 09.05.1994 - 2/24 S 394/93 - NJW-RR 1994, 1477-1478; AG Stuttgart-Bad Cannstatt v. 26.04.1996 - 6 C 102/96 - RRa 1996, 255; AG Kleve v. 14.06.1996 - 3 C 112/96 - RRa 1996, 185-186; AG München v. 03.07.1996 - 113 C 13148/96 - RRa 1996, 204; *Seyderhelm*, Reiserecht, 1997, § 651c Rn. 51; *Sprau* in: Palandt, § 701 Rn. 2; *Führich*, Reiserecht, 5. Aufl. 2005, Rn.209; *Tempel*, RRa 1998, 19-38; a.A. LG Frankfurt v. 06.06.1983 - 2/24 S 326/82 - NJW 1983, 2263-2264; LG München I v. 26.01.1994 - 31 S 4308/91 - RRa 1994, 68-69; AG Bamberg v. 27.04.1994 - 1 C 246/94 - NJW-RR 1994, 1137-1138; *Tempel*, JuS 1984, 81-92.
[40] *Staudinger* in: Staudinger, vor §§ 651c-g Rn. 36; a.A. *Eckert* in: Soergel, vor § 651c Rn. 19.
[41] BGH v. 19.12.1980 - V ZR 185/79 - juris Rn. 12 - BGHZ 79, 183-187.
[42] *Tonner* in: MünchKomm-BGB, § 651c Rn. 9; *Führich*, Reiserecht, 6. Aufl. 2010, Rn. 243.
[43] *Tonner* in: MünchKomm-BGB, § 651c Rn. 9; *Führich*, Reiserecht, 6. Aufl. 2010, Rn. 243.
[44] *Führich*, Reiserecht, 6. Aufl. 2010, Rn. 243.
[45] *Führich*, Reiserecht, 6. Aufl. 2010, Rn. 243.
[46] *Staudinger* in: Staudinger, § 651c Rn. 48.
[47] *Führich*, Reiserecht, 6. Aufl. 2010, Rn. 244.

§ 651c

kommt, oder wenn der Reiseveranstalter bestimmte – wesentliche – Merkmale (etwa der Unterkunft oder der touristischen Einrichtungen) in einer über eine lediglich klare Angabe deutlich hinausgehenden Weise besonders hervorhebt.[48]

22 Diese Abgrenzung wird nicht immer scharf vorgenommen. Manche Gerichtsentscheidungen, welche diese Abgrenzung vornehmen, sind nicht zwingend. Freilich ist die praktische Bedeutung dieser Abgrenzung auch gering.[49]

23 Entscheidend ist die Abgrenzung **rechtlich unverbindlicher** reklamehafter Anpreisungen[50] ohne sachlichen Kern („im sonnigen Süden", „in traumhafter Umgebung", „malerisches Ambiente", „schönste Zeit des Jahres", „Paradies auf Erden") von rechtlich verbindlichen Angaben mit einem Tatsachenkern, zu denen auch Angaben wie „paradiesischer Sandstrand" und „wirklich feiner Sandstrand" – die Angabe „Sandstrand" enthält eine Tatsachenbehauptung – zu zählen sind.[51] Hingegen hängt von der Abgrenzung, ob eine Eigenschaftszusicherung oder nur eine Vertragsinhalt gewordene Leistungsbeschreibung vorliegt, lediglich ab, ob eine zugesicherte Eigenschaft fehlt oder ob die Reise „nur" mit einem Fehler behaftet ist. Sowohl das Fehlen einer zugesicherten Eigenschaft als auch der Fehler der Reise sind Reisemängel im Sinne des § 651c Abs. 1 BGB. Ein Unterschied ergibt sich nur insoweit, als es beim Fehlen einer zugesicherten Eigenschaft anders als beim Fehler auf eine Beeinträchtigung des Wertes oder der Tauglichkeit der Reise nicht ankommt; lediglich **bedeutungslose Abweichungen** müssen nach Treu und Glauben außer Betracht bleiben[52].

24 Als Eigenschaftszusicherung sind anerkannt worden:
- die in der Reisebestätigung gem. § 6 Abs. 2 Nr. 5 BGB-InfoV abgegebene Bestätigung der Vereinbarung von Sonderwünschen des Reisenden;[53]
- die Katalogangabe „Paradies für Schnorchler und Taucher" und „nahegelegenes Hausriff" als Zusicherung guter Tauchmöglichkeiten in unmittelbarer Nähe zum Hotel;[54]
- die Katalogangabe eines auf Surfreisen spezialisierten Reiseveranstalters, dass in einem bestimmten Surfrevier der Wind „fast jeden Tag" und „das ganze Jahr hindurch" eine Stärke von 4 bis 5 Beaufort habe;[55]
- die Katalogangabe „erholsame Urlaubstage in schöner tropischer Umgebung bei einem Höchstmaß an Komfort" als Zusicherung des Ausbleibens von Lärmbelästigungen[56].

25 Hingegen sind in folgenden Katalogangaben keine Zusicherungen gesehen worden:
- durch die Katalogangaben „hervorragende und faszinierende Tauchreviere" und faszinierende Unterwasserwelt" wird nicht das Vorhandensein intakter Hartkorallenbänke zugesichert;[57]
- durch den Hinweis, bei einer Expeditions- bzw. Forschungsreise sei mit bestimmten nicht vorhersehbaren Ereignissen und Schwierigkeiten zu rechnen, sichert der Reiseveranstalter nicht zu, dass sich diese während der Reise auch tatsächlich realisieren;[58]
- durch die Abbildung eines Zimmers mit Meerblick im Katalog wird die Überlassung eines solchen Zimmers nicht zugesichert;[59]
- durch die Katalogangabe „Hotel in ruhiger Lage" wird nicht zugesichert, dass der Reisende in der Hochsaison innerhalb des Hotelkomplexes ein sehr ruhiges Zimmer erhält;[60]
- in der Angabe, das gebuchte Schiff sei insgesamt „behindertengerecht" eingerichtet, ist keine Eigenschaftszusicherung gesehen worden[61].

---

[48] *Staudinger* in: Staudinger, § 651c Rn. 46.
[49] *Tonner* in: MünchKomm-BGB, § 651c Rn. 10.
[50] *Eckert* in: Soergel, § 651c Rn. 7.
[51] OLG Düsseldorf v. 15.02.1982 - 5 U 160/71 - Fremdenverkehrsrechtliche Entscheidungen Zivilrecht, Nr. 336; *Staudinger* in: Staudinger, § 651c Rn. 11.
[52] *Führich*, Reiserecht, 6. Aufl. 2010, Rn. 245.
[53] *Führich*, Reiserecht, 6. Aufl. 2010, Rn. 243.
[54] AG Düsseldorf, v. 06.07.1990 - 43 C 826/88 - RRa 1994, 122.
[55] LG Verden v. 01.07.1992 - 8 O 358/91 - RRA 1997, 21.
[56] OLG Düsseldorf v. 09.10.1997 - 18 U 209/96 - NJW-RR 1998, 921-922.
[57] AG Bad Homburg v. 28.03.2000 - 2 C 3864/99 - NJW-RR 2001, 345-346.
[58] AG Königstein v. 12.11.1993 - 21 C 350/93 - RRa 1994, 29-30.
[59] AG Stuttgart-Bad Cannstadt v. 12.02.1996 - 7 C 3927/95 - NJW-RR 1996, 1398-1399.
[60] AG Düsseldorf v. 13.06.2003 - 230 C 5432/03 - RRa 2003, 239.
[61] AG Offenbach v. 21.06.1995 - 31 C 671/95 - RRa 1996, 243-243.

Bei der Buchung eines Sonderangebots kann sich der Reisende nur auf die dort gemachten Angaben 26
berufen. Leistungen, die nur im allgemeinen Katalog, nicht aber im Sonderangebot genannt werden,
gelten nicht als zugesichert. Deshalb wurde kein Reisemangel darin gesehen, dass ein nur im Katalog,
nicht aber im Sonderangebot aufgeführtes Spiel-Casino während der Aufenthaltszeit geschlossen
war.[62]

Seine Verpflichtung, für das Vorhandensein zugesicherter Eigenschaften einzustehen, kann der Reise- 27
veranstalter nicht durch eine formularmäßige Landesüblichkeitsklausel[63] oder Freizeichnungsklausel[64]
einschränken.

2. Fehler

Der Reiseveranstalter ist verpflichtet, seine Leistung so zu erbringen, dass die Reise nicht mit Fehlern 28
behaftet ist, die den Wert oder die Tauglichkeit zu dem gewöhnlichen oder nach dem Vertrag vorausgesetzten Nutzen aufheben oder mindern (§ 651c Abs. 1 BGB). Ein Fehler im Sinne von § 651c Abs. 1
BGB (Reisemangel) liegt daher vor, wenn die tatsächliche Beschaffenheit der Reiseleistungen (Istbeschaffenheit) von derjenigen abweicht, welche die Parteien bei Vertragsschluss vereinbart oder gemeinsam, auch stillschweigend, vorausgesetzt haben (Sollbeschaffenheit), und dadurch der Nutzen der
Reise für den Reisenden aufgehoben oder beeinträchtigt wird.[65]

Von § 651c Abs. 1 BGB werden alle – nicht ausschließlich aus der Sphäre des Reisenden stammenden 29
– Störungen erfasst, die sich auf die Reise auswirken und ihren Nutzen beeinträchtigen. Dazu gehören:
- alle Fälle der Schlechtleistung,
- der Minderleistung (die Reise wird nur verkürzt durchgeführt; Programmpunkte fallen völlig weg),
- der Erbringung einer anderen als der vertraglich geschuldeten Leistung (der Reiseveranstalter bringt den Reisenden in einem anderen als dem gebuchten Hotel – gar an einem anderen als dem vertraglich vereinbarten Urlaubsort – unter),
- der (anfänglichen oder nachträglichen) Unmöglichkeit und der Leistungsverweigerung (Reiseveranstalter kann – etwa aufgrund einer Überbuchung – die vertraglich zugesagte Reiseleistung überhaupt nicht erbringen oder den Reisenden nur in einem – von diesem zu Recht nicht akzeptierten – Hotel an einem anderen Ort unterbringen),
- des Verzuges (verspäteter Abflug),
- der Berechnung zusätzlicher Kosten für die Mitnahme von Sondergepäck durch die Fluggesellschaft, obwohl der Anfall solcher zusätzlichen Kosten vor Reiseantritt ausdrücklich verneint worden war.[66]
- der Verletzung sonstiger Hauptpflichten (etwa der in der BGB-InfoV geregelten Informationspflichten) oder Nebenpflichten, soweit sie sich auf die Reise auswirken, auch der Verletzung von Verkehrssicherungspflichten, soweit diese den Erfolg der Reise beeinträchtigt.

Da der Reiseveranstalter aufgrund seiner Obhuts- und Fürsorgepflichten dem Reisenden Abwehrmaßnahmen gegen solche mit den Reiseleistungen verbundenen Gefahren schuldet, mit denen der Reisende
nicht zu rechnen braucht und die er deshalb nicht willentlich in Kauf nimmt, fallen auch Beeinträchtigungen des Reisenden infolge von Sicherheitsdefiziten im Verantwortungsbereich des Reiseveranstalters, also Beeinträchtigungen des Reisenden infolge einer Verletzung einer Verkehrssicherungspflicht
des Reiseveranstalters, für deren Einhaltung dieser einzustehen hat, unter den Mangelbegriff.[67] Demgemäß verbleibt keine – nicht ausschließlich auf dem Verhalten des Reisenden beruhende – Störung
der Reise, die nicht von § 651c Abs. 1 BGB erfasst wird.

Umstritten war, ob ein „weiter" oder ein „enger" Mangelbegriff zu gelten hat.[68] Dem „engen" Mangel- 30
begriff liegt zugrunde, dass sich die verschuldensunabhängige Einstandspflicht des Reiseveranstalters
im Wesentlichen nur auf die einzelnen zugesagten (Teil-)Leistungen beziehe und durch die Begren-

---

[62] AG Hamburg v. 07.03.1995 - 9 C 2334/94 - NJW-RR 1995, 1330.
[63] BGH v. 12.03.1987 - VII ZR 37/86 - juris Rn. 58-66 - BGHZ 100, 158-185.
[64] BGH v. 09.07.1992 - VII ZR 7/92 - juris Rn. 70-74 - BGHZ 119, 152-176.
[65] BGH v. 12.06.2007 - X ZR 87/06 - juris Rn. 20 - NJW 2007, 2549 - 2554; *Sprau* in: Palandt, vor § 651c Rn. 2; *Staudinger* in: Staudinger, § 651c Rn. 6; *Führich*, Reiserecht, 6. Aufl. 2010, Rn. 222.
[66] AG Bad Homburg v. 24.05.2006 - 2 C 1824/05 - NJW-RR 2006, 1358.
[67] BGH v. 12.06.2007 - X ZR 87/06 - juris Rn. 20 - NJW 2007, 2549 - 2554; OLG Celle v. 18.04.2002 - 11 U 202/01 - RRa 2004, 156-158; OLG Düsseldorf v. 28.05.2002 - 20 U 30/02 - RRa 2003, 14-19; *Sprau* in: Palandt, vor § 651c Rn. 2.
[68] Vgl. zum Meinungsstreit etwa *Führich*, Reiserecht, 6. Aufl. 2010, Rn. 220.

zung der Beeinflussungsmöglichkeiten des Reiseveranstalters auch ihrerseits begrenzt werde.[69] Hingegen liegt dem „weiten" Mangelbegriff zugrunde, dass der Reiseveranstalter eine Gesamtleistung verspreche und für den Erfolg einstehen müsse; die Verschulden**un**abhängigkeit der Gewährleistungshaftung des § 651c Abs. 1 BGB – und damit die Verschuldensunabhängigkeit der den Reiseveranstalter treffenden Erfüllungspflicht zur Herbeiführung eines mangelfreien Erfolges und seiner daraus folgenden Einstandspflicht – schließe es aus, über das Kriterium der Beherrschbarkeit Verschuldenselemente in den Mangelbegriff einzuführen.[70] Inzwischen hat sich der weite Mangelbegriff durchgesetzt.[71]

31 Auf dieser Grundlage muss in jedem Einzelfall – oder jedenfalls für jede Fallgruppe – geprüft werden, ob der Reisende angesichts des vertraglich festgelegten Inhalts der vom Reiseveranstalter geschuldeten Leistung und der vom Reiseveranstalter durch sein Leistungsversprechen geweckten Erwartungen redlicherweise beanspruchen kann, dass das Risiko, das sich im konkreten Fall verwirklicht hat, vom Reiseveranstalter getragen wird. Diese unterschiedlicher Beantwortung zugängliche Fragestellung gefährdet die Einheitlichkeit der Rechtsprechung und beeinträchtigt die Vorhersehbarkeit gerichtlicher Entscheidungen und damit die Rechtssicherheit. Es gibt aber wohl in der Tat keine tauglichen Kriterien, um auf einer allgemeinen begrifflichen Ebene die Haftung des Reiseveranstalters einzugrenzen.[72] Demgemäß verbleibt nur die Möglichkeit, verallgemeinerungsfähige Überlegungen herauszuarbeiten und auf Fallgruppen anzuwenden.

32 Wesentliche Bedeutung hat dabei der Inhalt des Leistungsversprechens. Bietet der Reiseveranstalter eine Städtereise mit dem Besuch bestimmter Museen („Eintrittspreise im Reisepreis inbegriffen") an, muss er dafür einstehen, wenn die Museen wegen eines (nicht vorhersehbaren) Streiks des Aufsichtspersonals geschlossen sind. Bei einer Städtereise ohne nähere Festlegung muss er für einen Streik des Aufsichtspersonals der Museen wohl nicht einstehen, auch wenn es dem Reisenden – für den Reiseveranstalter nicht erkennbar – ausschließlich darauf ankam, diese Museen zu besuchen. Wenn der Reiseveranstalter eine Ski-Safari mit dem von einem Skilehrer begleiteten Besuch von sechs bestimmten Skigebieten verspricht, berührt es die Einstandspflicht des Reiseveranstalters, wenn Schneemangel die Ausübung des Skisports – und damit den (sinnvollen) Besuch der Skigebiete – unmöglich macht. Wird lediglich eine Reise in den Skiort gebucht, gilt das wohl grundsätzlich nicht, auch wenn – für den Reiseveranstalter erkennbar – eine Reise in einen solchen Ort im Winter kaum zu anderen Zwecken gebucht wird. Diese – nicht auf den ersten Blick überzeugenden – Differenzierungen sind eine Folge des Umstandes, dass der Inhalt der Leistungspflicht – und damit auch der Einstandspflicht – des Reiseveranstalters von den Parteien durch die Gestaltung des Reisevertrages festgelegt wird, praktisch also durch das vom Reiseveranstalter abgegebene und vom Reisenden akzeptierte Leistungsversprechen.

33 Eine Erholungsreise dient der Erholung des Reisenden. Ob sich der Reisende tatsächlich erholt, ist zum einen kaum messbar und zum anderen von zahlreichen in der Person des Reisenden liegenden Umstände abhängig, für die der Reiseveranstalter nicht einstehen muss. Er muss nur dafür einstehen, dass die Bedingungen geschaffen werden, die eine Erholung ermöglichen.

34 Bezüglich der vom Reiseveranstalter zugesicherten Unterbringung und Verpflegung, auch bezüglich von außen kommender (etwa Baulärm von einem Nachbargrundstück) Störungen der Unterbringung, der zum Hotel gehörenden Einrichtungen und der ansonsten vom Reiseveranstalter unterbreiteten touristischen Angebote muss der Reiseveranstalter grundsätzlich – verschuldensunabhängig – einstehen. Darunter fällt es wohl auch, wenn der Reiseveranstalter die Möglichkeit von zwei Tauchgängen pro Tag verspricht und die Wetterverhältnisse während der gesamten Reisezeit Tauchgänge nicht ermöglichen. Für sonstige („externe") Umstände außerhalb des Hotelbereichs (Bereichs der Ferienanlage) und außerhalb der vom Reiseveranstalter angebotenen Ausflüge und der anderen von ihm unterbreiteten Angebote, also für das „Umfeldrisiko",[73] trifft den Reiseveranstalter wohl grundsätzlich keine Einstandspflicht. Etwas anderes gilt nur dann, wenn der Reiseveranstalter – durch eine Erstreckung seines Leistungsversprechens oder gar durch die Zusicherung einer Eigenschaft – eine weitergehende Einstandspflicht übernommen hat, und außerdem auch dann, wenn der Reiseveranstalter den Reisenden nicht darüber unterrichtet hat, dass während der Reisezeit mit – etwa auf nicht völlig unerwarteten Witterungsverhältnissen beruhenden – Beeinträchtigungen gerechnet werden muss, deren Möglichkeit

---

[69] Vgl. insbesondere *Tempel*, JuS 1984, 81, 86 und 507; NJW 1985, 97, 99; RRa 1998, 23.
[70] *Tonner* in: MünchKomm-BGB, § 651c Rn. 4; *Staudinger* in: Staudinger, § 651c Rn. 9.
[71] *Führich*, Reiserecht, 6. Aufl. 2010, Rn. 222.
[72] *Tonner* in: MünchKomm-BGB, § 651c Rn. 4.
[73] *Führich*, Reiserecht, 6. Aufl. 2010, Rn. 249 ff.

dem Reiseveranstalter bekannt sein muss, während sie dem Reisenden unbekannt sein darf. Auch im Fall der sich auf die Reise auswirkenden Verletzung dieser Informationspflicht unterliegt der Reiseveranstalter keiner Schadensersatzpflicht wegen Verletzung seiner Informationspflicht, sondern der reisevertraglichen Gewährleistungshaftung nach den §§ 651c-651f BGB.[74]

3. Grenzen der Einstandspflicht

a. Völlig unerhebliche Mängel

Eine Einstandspflicht des Reiseveranstalters scheidet aus bei völlig unerheblichen Mängeln, die bloße Unannehmlichkeiten darstellen. **Bloße Unannehmlichkeiten** sind hinzunehmen, da sie auch bei sehr sorgfältiger Organisation nicht gänzlich verhindert werden können und den Reisenden auch nicht erheblich beeinträchtigen.[75] Bloße Unannehmlichkeiten sind 35

- Verspätungen bis zu zwei Stunden,[76]
- Flugverzögerungen innerhalb Europas bis zu vier Stunden[77] und bei Fernflügen bis zu acht Stunden,[78]
- ein verfrühter Rückflug, soweit dadurch nicht die Nachtruhe unangemessen verkürzt wird,[79]
- eine nicht geplante dreistündige Zwischenlandung,[80]
- Flugunterbrechungen von zwei oder vier[81] Stunden bei einer zweiwöchigen Reise,
- das Fehlen von Liegewagen auch auf einer längeren Bahnfahrt,[82]
- knapp vierstündiges Warten auf Zimmerschlüssel nach Ankunft im Hotel,[83] defektes Radio und Telefon im Zimmer,[84]
- verschmutzte Toiletten im Haupthaus, sofern im eigenen Bungalow einwandfreie Toiletten zur Verfügung stehen,[85]
- an einem Tag wegen Ungezieferbekämpfung in den Außenanlagen geschlossen zu haltende Türen und Fenster,[86]
- Ameisen oder Spinnweben im Zimmer,[87]
- das Auftreten von Mücken,[88]
- Stechfliegen außerhalb der Unterkunft,[89]
- morgendliches Hahnenkrähen,[90]
- fehlende Bilder und Haken an den Wänden, halbstündige Wartezeiten im Speisesaal,[91]
- häufiges Klingeln von Mobiltelefonen während der Mahlzeiten,[92]
- die abstrakte Gefahr, von vor Ort durchgeführten Taschenkontrollen betroffen zu sein,[93]

---

[74] *Führich*, NJW 1991, 2192-2194; vgl. dazu auch *Tonner* in: MünchKomm-BGB, § 651c Rn. 40.
[75] OLG Düsseldorf v. 27.02.1992 - 18 U 173/91 - NJW-RR 1992, 1330-1332; OLG Düsseldorf v. 17.02.1994 - 18 U 40/93 - NJW-RR 1995, 368-369.
[76] OLG Düsseldorf v. 15.02.1982 - 5 U 160/71 - Fremdenverkehrsrechtliche Entscheidungen Zivilrecht, Nr. 336.
[77] LG Frankfurt v. 07.01.1991 - 2/24 S 299/90 - NJW-RR 1991, 630-631.
[78] OLG Düsseldorf v. 27.02.1992 - 18 U 173/91 - NJW-RR 1992, 1330-1332.
[79] AG Bad Homburg v. 30.11.2000 - 2 C 3320/00 - NJW-RR 2002, 636.
[80] AG Düsseldorf v. 11.10.1996 - 20 C 9177/96 - NJW-RR 1997, 1139; AG Hamburg v. 15.06.2000 - 22a C 32/00 - RRa 2000, 197-198.
[81] LG Darmstadt v. 14.08.1975 - 6 S 556/74 - FVE Bd.9 Nr.924.
[82] AG Stuttgart v. 18.07.1970 - 16 O 16026/69 - FVE 6, 304.
[83] AG Duisburg v. 08.04.2003 - 73 C 166/03 - RRa 2003, 121: 3¾ Stunden.
[84] AG Düsseldorf v. 23.05.1995 - 26 C 2315/95 - RRa 1995, 209-210.
[85] OLG Düsseldorf v. 21.09.2000 - 18 U 52/00 - RRa 2001, 49-50: Mittelklassehotel in der Karibik.
[86] AG Hamburg v. 04.11.1997 - 4 C 312/97 - RRa 1998, 45: Gran Canaria.
[87] AG München v. 17.06.1993 - 113 C 8167/93 - RRa 1994, 85.
[88] LG Frankfurt v. 30.09.1999 - 2/24 S 391/97 - RRa 2000, 75-76.
[89] LG Hamburg v. 15.01.1997 - 302 S 112/96 - NJW-RR 1997, 1205-1206.
[90] LG Kleve v. 23.11.2000 - 6 S 280/00 - RRa 2001, 32: Türkei.
[91] LG Frankfurt v. 17.10.1983 - 2/24 S 14/82 - Fremdenverkehrsrechtliche Entscheidungen 20, Nr. 448 (1985); LG Düsseldorf v. 11.01.2002 - 22 S 631/01 - RRa 2002, 67-68: 20 bis 30 Minuten; LG Düsseldorf v. 20.12.2002 - 22 S 531/01 - RRa 2003, 68-69: 30 Minuten; AG Duisburg v. 05.05.2004 - 3 C 1218/04 - RRa 2004, 118-120: 20-30 Minuten.
[92] AG Potsdam v. 17.04.2003 - 27 C 50/03 - RRa 2004, 143.
[93] LG Düsseldorf v. 18.05.2001 - 22 S 54/00 - RRa 2001, 222-225: selbst in (türkischem) 5-Sterne-Hotel.

- einmaliger Stromausfall,[94]
- Bettwäschewechsel nur einmal und Handtuchwechsel nur zweimal pro Woche bei einer preisgünstigen Reise,[95]
- schnarchende Mitreisende auch in der Business-Class,[96]
- rülpsende Mitreisende[97] etc.

36 Hat der Veranstalter im Prospekt auf **voraussichtlich zu erwartende Mängel bzw. Unannehmlichkeiten** hingewiesen, kann der Reisende aus deren tatsächlichem Eintritt keine Gewährleistungsansprüche herleiten; denn mit einer solchen Beeinträchtigung musste er rechnen. Der Hinweis, die touristische Entwicklung stecke noch „in den Kinderschuhen", es fehle an erfahrenem und geschultem Personal und es bestehe die Möglichkeit von Wasser- und Stromausfällen, entlastet den Veranstalter, wenn sich eben diese Risiken im Einzelfall verwirklichen.[98]

b. Landes- oder Ortsüblichkeit

37 Eine Haftungsentlastung kann sich bei **Landes- oder Ortsüblichkeit** ergeben. Der Reiseveranstalter muss auf entsprechende Besonderheiten hinweisen (vgl. die Kommentierung zu § 651a BGB Rn. 46).[99] Entscheidend ist neben dem konkreten Urlaubsgebiet die vereinbarte Ausstattung der Reiseleistung.

38 In einem **Entwicklungsland** können keine europäischen Standards erwartet werden.[100] Der Reisende kann insbesondere nicht davon ausgehen, mit anderer als landesüblicher Nahrung versorgt zu werden.[101] Bei Buchung einer gehobenen Zimmerkategorie kann die Größe eines Doppelzimmers von (nur) 15 qm einen Mangel darstellen.[102] Ameisen und Kakerlaken sind in einem einfachen Bungalow in Tunesien hinzunehmen, soweit regelmäßig Vernichtungsmittel gespritzt werden, in einem Hotel oder Appartement einer höheren Kategorie dagegen nicht.[103] Bei ohne Vorankündigung erfolgtem Einsatz von (zulässigen) Insektenvernichtungsmitteln an zwei Tagen ohne anschließendes Wechseln der Bettwäsche liegt ein Mangel vor.[104] In einem Mittelklassehotel in der Karibik sind zwei bis drei Geckos hinzunehmen, nicht dagegen trotz täglichen Spritzens täglich sechs bis acht (neu auftretende) Kakerlaken.[105] Hinzunehmen sind steile Treppen, das Fehlen von Schränken und einer Dusche auf einem „sehr einfach" ausgestatteten Flussboot auf Borneo, dagegen nicht eine erhebliche Verschmutzung der Matratzen.[106] Heizbarkeit eines Hotelzimmers in südlichen Ländern kann erwartet werden in Italien,[107] Istrien[108] und nur ausnahmsweise auf Kreta, so z.B. bei Tourismus auch in der kalten Jahreszeit oder bei entsprechend hohem Niveau des Hotels[109]. Als landesüblich hinzunehmen sind weiter z.B. ein fehlender Duschvorhang in einem italienischen Hotel,[110] Ameisen auf Mallorca,[111] drei Geckos und eine Ka-

---

[94] AG Köln v. 26.04.1984 - 128 C 1/84 - Fremdenverkehrsrechtliche Entscheidungen 20, Nr. 488 (1985).
[95] AG Köln v. 26.04.1984 - 128 C 1/84 - Fremdenverkehrsrechtliche Entscheidungen 20, Nr. 488 (1985).
[96] AG Frankfurt v. 30.08.2001 - 31 C 842/01 - RRa 2002, 23-24.
[97] AG Hamburg v. 07.03.1995 - 9 C 2334/94 - NJW-RR 1995, 1330.
[98] LG Frankfurt v. 17.09.1993 - 2/2 O 245/91 - RRa 1994, 63-64: Dominikanische Republik.
[99] BGH v. 12.03.1987 - VII ZR 37/86 - juris Rn. 59 - BGHZ 100, 158-185; AG Syke v. 28.06.1995 - 2 C 134/95 - RRa 1995, 228-229.
[100] AG Düsseldorf v. 05.07.1993 - 37 C 3006/93 - RRa 1994, 102: Malediven; AG Berlin-Tiergarten v. 18.03.1997 - 2 C 480/96 - RRa 1997, 151-154: Kuba.
[101] AG Düsseldorf v. 20.09.1993 - 47 C 13431/92 - RRa 1994, 103: Sri Lanka.
[102] LG Frankfurt v. 09.04.1990 - 2/24 S 369/89 - NJW-RR 1990, 957-958.
[103] LG Hannover v. 24.05.1982 - 20 O 393/80 - Fremdenverkehrsrechtliche Entscheidungen 20, Nr. 462 (1985); LG Köln v. 13.07.1983 - 19 S 75/83 - Fremdenverkehrsrechtliche Entscheidungen 20, Nr. 469 (1985); LG Hannover v. 30.01.1985 - 11 S 376/84 - MDR 1985, 496-497: Cucarachas; AG Bad Homburg v. 21.11.1995 - 2 C 1560/95, 2 C 1560/95 - 19 - NJW-RR 1996, 306-307.
[104] LG Frankfurt v. 11.04.2002 - 2/24 S 297/01 - RRa 2002, 166-167.
[105] OLG Düsseldorf v. 21.09.2000 - 18 U 52/00 - RRa 2001, 49-50.
[106] LG Frankfurt v. 21.11.1994 - 2/24 S 65/93 - NJW-RR 1995, 1521-1522.
[107] LG Hannover v. 23.08.1985 - 8 S 167/85 - NJW-RR 1986, 146: „erstklassiges" Hotel.
[108] LG Dortmund v. 13.02.1986 - 8 O 570/85 - NJW-RR 1986, 1174: „großzügig konzipiertes Haus".
[109] LG München I v. 27.09.1994 - 20 S 10018/94 - RRa 1995, 11: „Appartement-Anlage für Anspruchsvolle" nicht ausreichend; LG Bonn v. 14.01.1998 - 5 S 156/97 - RRa 1998, 93-94: „Appartement mit einfacher Ausstattung" auf Lanzarote bedeutet nicht „beheizbar" in den Wintermonaten.
[110] LG Frankfurt v. 16.07.1984 - 2/24 S 61/84 - Fremdenverkehrsrechtliche Entscheidungen 20, Nr. 457 (1985).
[111] LG Frankfurt v. 17.03.1986 - 2/21 O 422/85 - VersR 1987, 942-943.

kerlake im Hotelzimmer auf Hawaii,[112] Wanzen in Indonesien,[113] Insekten und Ungeziefer sowie Schimmelbildung in Nassräumen in südlichen Reiseländern,[114] zwei Tage Wasserausfall in Kenia,[115] nach Salz schmeckendes Trinkwasser in Spanien[116] sowie fehlender Komfort in marokkanischen[117] oder indischen[118] Reisebussen. Auf erhöhte Lärmpegel bis tief in die Nacht hinein, vor allem in südlichen Ländern, muss der Veranstalter deutlich hinweisen. In südlichen Ländern muss mit einer eher unsoliden Bauweise und entsprechenden Verschleiß- und Abnutzungserscheinungen gerechnet werden; das gilt auch in Hotels der gehobenen Kategorie.[119] Bei der Kategorisierung einer Unterkunft ist dem jeweiligen Landesstandard Rechnung zu tragen; eine 4-Sterne-Unterkunft in Ägypten kann nicht mit einer 4-Sterne-Unterkunft in Deutschland verglichen werden.[120] Tägliche Stromausfälle von bis zu einer halben Stunde können in einem Land wie der Türkei hinzunehmen sein.[121]

Nicht hinzunehmen sind eine Raupenplage auf den Malediven,[122] täglich mindestens 10 Kakerlaken in Ägypten,[123] eine Ratte im Zimmer,[124] ununterbrochenes nächtliches Hundegebell rund um eine Ferienanlage auf Ischia,[125] Wanzen oder Flöhe[126] oder Filzläuse auf russischem Schiff[127]. Auf Gran Canaria sind Kakerlaken nicht landesüblich.[128]

c. Höhere Gewalt

Höhere Gewalt und Reisemangel schließen einander nicht aus.[129] Höhere Gewalt (vgl. die Kommentierung zu § 651j BGB Rn. 8) liegt vor bei Epidemien, Naturkatastrophen, politischen Unruhen, Terroranschlägen und Kriegen (vgl. die Kommentierung zu § 651j BGB). Die Einstandspflicht des Reiseveranstalters wird lediglich durch die Kündigungsmöglichkeit nach § 651j BGB beschränkt. Der Veranstalter muss den Reisenden auf drohende höhere Gewalt hinweisen, wenn nicht die Eintrittswahrscheinlichkeit gering ist.[130]

Eine Haftung des Reiseveranstalters wegen einer Belästigung des Reisenden durch **Mitreisende** oder **Dritte** wird nur in Ausnahmefällen in Betracht kommen etwa dann, wenn der Reiseveranstalter Einwirkungsmöglichkeiten hat, z.B. bei sexuellen Belästigungen durch Einheimische im Hotel oder (erst recht) durch den Reiseleiter[131] oder bei wiederholten lautstarken Auseinandersetzungen von Mitreisenden[132]. Besonders in Ländern der Dritten Welt kann es ortsüblichen Gepflogenheiten entsprechen, dass

---

[112] LG Frankfurt v. 13.01.1992 - 2/24 S 274/91 - NJW-RR 1992, 630-631; OLG Düsseldorf v. 21.09.2000 - 18 U 52/00 - RRa 2001, 49-50: Mangel aber, wenn trotz Spritzens immer wieder 6 bis 8 (neue) Kakerlaken auftreten.
[113] LG Frankfurt v. 16.05.1994 - 2/24 S 451/93 - RRa 1994, 173-174: Sulawesi.
[114] AG Stuttgart v. 01.07.1996 - 19 C 4440/96 - RRa 1996, 202-203: Türkei.
[115] OLG Frankfurt v. 29.02.1988 - 16 U 187/87 - NJW-RR 1988, 632-633.
[116] AG Frankfurt v. 16.10.1984 - 30 C 6628/83 - Fremdenverkehrsrechtliche Entscheidungen 20, Nr. 479 (1985).
[117] AG Stuttgart v. 12.04.1994 - 11 C 13605/93 - RRa 1994, 133.
[118] AG Königstein v. 29.10.1993 - 22 C 222/92 - RRa 1994, 45-46.
[119] LG Düsseldorf v. 11.03.2003 - 8 O 388/02 - RRa 2003, 215-217: Türkei - geringfügige Beschädigungen am Rand einiger Treppenstufen.
[120] AG Hamburg v. 04.06.2003 - 10 C 60/03 - NJW-RR 2004, 142: ägyptisches 4-Sterne-Schiff.
[121] AG Düsseldorf v. 01.08.1997 - 231 C 2599/97 - RRa 1997, 235-236.
[122] OLG Düsseldorf v. 13.11.1991 - 18 U 123/91 - NJW-RR 1992, 245-246: allergische Reaktion - 50% bzw. 60% Minderung.
[123] AG Kleve v. 19.10.2001 - 36 C 65/01 - RRa 2001, 252: 10% Minderung.
[124] OLG Düsseldorf v. 06.12.1990 - 18 U 133/90 - NJW-RR 1991, 377-378: Bali.
[125] AG Frankfurt v. 14.05.1993 - 32 C 4877/91 - 19 - NJW-RR 1993, 1209: in Hotelanlage „Haustiere verboten" - 30% Minderung.
[126] OLG Hamm v. 11.10.1974 - 6 U 170/74 - NJW 1975, 123; LG Frankfurt v. 27.06.1977 - 2/24 S 99/77.
[127] OLG Frankfurt v. 08.04.1993 - 16 U 102/92 - VuR 1993, 237-239.
[128] LG Frankfurt v. 23.11.1987 - 2/24 S 121/87 - NJW-RR 1988, 245-246.
[129] BGH v. 23.09.1982 - VII ZR 301/81 - juris Rn. 19 und 20 - BGHZ 85, 50-61; *Staudinger* in: Staudinger, § 651c Rn. 55; a.A. AG Königstein v. 17.04.1996 - 21 C 531/95 - RRa 1996, 147-149; *Bidinger/Müller*, Reisevertragsrecht, 2. Aufl. 1995, S. 112.
[130] BGH v. 15.10.2002 - X ZR 147/01 - juris Rn. 11 - NJW 2002, 3700-3701; AG Kleve v. 16.07.1999 - 3 C 288/99 - RRa 2000, 7-8.
[131] LG Frankfurt v. 01.03.1993 - 2/24 S 328/92 - NJW-RR 1993, 632-633.
[132] OLG Frankfurt v. 01.12.1982 - 17 U 30/82 - NJW 1983, 235-237.

die Einheimischen ihre Notdurft am Strand verrichten.[133] In einer All-Inclusive-Anlage muss der Reisende mit erhöhtem Alkoholgenuss der anderen Feriengäste rechnen, so dass daraus resultierende Belästigungen keinen Reisemangel darstellen.[134] Im Zeitalter des Massentourismus ist ein spezielles Publikum für Luxushotels nicht mehr vorhanden, so dass ein Zusammentreffen mit Gästen aus Bevölkerungsschichten mit einfach strukturiertem Niveau nicht auszuschließen ist; etwaige hierdurch empfundene optische oder atmosphärische Störungen sind hinzunehmen.[135] Erscheinen Hotelgäste in einem türkischen 5-Sterne-Hotel in Badekleidung im Speisesaal, liegt darin jedenfalls dann kein Mangel, wenn eine Kleiderordnung in der Ausschreibung nicht mitgeteilt worden war und der Reisende ein günstiges Sonderangebot gebucht hatte, so dass er damit rechnen musste, auch auf Gäste zu stoßen, die normalerweise kein 5-Sterne-Hotel buchen.[136] Aussehen, Benehmen und landsmannschaftliche Herkunft von Passagieren einer Kreuzfahrt sind grundsätzlich nicht geeignet, einen Mangel der Kreuzfahrt als solcher zu begründen.[137]

42 Die gemeinsame Unterbringung von jungen und alten, gesunden und kranken Reisenden verschiedener Religionen und Nationalitäten stellt keinen Reisemangel dar. Insbesondere kann vom Reiseveranstalter nicht verlangt werden, **ältere, pflegebedürftige Menschen** im Rahmen ihres Urlaubs von anderen Reisenden abzusondern und zu isolieren.[138] Ein Mangel liegt erst vor, wenn von geistig und körperlich schwer **Behinderten** erhebliche und dauernde Störungen ausgehen, die auch für einen durchschnittlich empfindenden Menschen erheblich sind.[139] Denkbar ist dies, wenn der Anteil Behinderter so hoch ist und die von dieser Gruppe ausgehenden Auswirkungen so stark sind, dass der Reisende diesen nicht ausweichen kann.[140] Einmalige Vorfälle stellen keinen Mangel dar; auch nicht bei verunstalteten geistesgestörten Menschen, die keiner Sprache mächtig sind und von denen einer in unregelmäßigen Abständen unartikulierte Schreie ausstößt und gelegentlich Tobsuchtsanfälle bekommt.[141] Ebenso wenig liegt ein Mangel vor, wenn am Nachbartisch Behinderte gefüttert werden und dabei Geräusche von sich geben.[142] Anders dann, wenn die Behinderten, denen das Essen aus dem Mund in umgebundene Lätzchen läuft, unter anderem auch mit einem spritzenähnlichen Instrument gefüttert werden und den Reisenden (mit Kleinkindern) aufgrund der gemeinsamen Essenszeiten und geringen Abmessungen des Speisesaals ein Ausweichen nicht möglich ist.[143] Die Grenze ist jedenfalls überschritten, wenn Behinderte während der Mahlzeiten wiederholt in den Speisesaal erbrechen und urinieren.[144]

d. Allgemeines Lebensrisiko

43 Der Reiseveranstalter trägt nicht das allgemeine Lebensrisiko des Reisenden. Er haftet nicht bei Unfällen oder Verletzungen **außerhalb der geschuldeten Reiseleistungen**, z.B. Sturz in Gletscherspalte auf einer privat organisierten Skiabfahrt,[145] ebenso wenig bei einer Verletzung durch einen Holzsplitter,[146] Sturz auf feuchtem Steinfußboden in Afrika[147], Herzinfarkt auf überfülltem Schiff[148]. Die Gefahr, bei einer sportlichen Betätigung verletzt zu werden, besteht auch im Urlaub.[149] So verwirklicht sich beim

---

[133] AG Nürnberg v. 24.08.1998 - 20 C 4724/98 - NJW-RR 1999, 567-568: Billigreise nach Sri Lanka.
[134] LG Kleve v. 23.11.2000 - 6 S 369/00 - RRa 2001, 39: Engländer in einer von „deutschen Hotelurlaubern bevorzugten Hotelanlage".
[135] AG Hamburg v. 07.03.1995 - 9 C 2334/94 - NJW-RR 1995, 1330.
[136] LG Düsseldorf v. 18.05.2001 - 22 S 54/00 - RRa 2001, 222-225.
[137] AG Frankfurt v. 09.05.1996 - 32 C 1579/95 - 41 - RRa 1996, 200: Traumschiff „MS Berlin" - „Auf den Spuren Homers".
[138] AG Bad Homburg v. 10.11.2000 - 2 C 4362/99 - RRa 2001, 38: 3-Sterne-Hotel in Malaga.
[139] *Brox*, NJW 1980, 1939-1940; *Seiler* in: Erman, § 651c Rn. 7.
[140] LG Frankfurt v. 25.02.1980 - 2/24 S 282/79 - NJW 1980, 1169-1170.
[141] LG Frankfurt v. 25.02.1980 - 2/24 S 282/79 - NJW 1980, 1169-1170.
[142] AG Kleve v. 12.03.1999 - 3 C 460/98 - NJW 2000, 84.
[143] AG Flensburg v. 27.08.1992 - 63 C 265/92 - NJW 1993, 272.
[144] LG Frankfurt v. 25.02.1980 - 2/24 S 282/79 - NJW 1980, 1169-1170; *Brox*, NJW 1980, 1939-1940.
[145] OLG Karlsruhe v. 18.01.1984 - 7 U 78/83 - OLGZ 1986, 252-254.
[146] OLG Düsseldorf v. 05.04.1990 - 18 U 231/89 - NJW-RR 1990, 825-826: Holzsplitter auf Ausflugsschiff.
[147] OLG Frankfurt v. 24.10.2002 - 16 U 52/02 - RRa 2003, 19-20: Tunesien; AG München v. 23.11.1993 - 222 C 20943/93 - RRa 1994, 62-63.
[148] OLG Düsseldorf v. 19.03.1992 - 18 U 178/91 - NJW-RR 1992, 1461-1462.
[149] AG Bad Homburg v. 25.04.2003 - 2 C 3259/02 - RRa 2003, 120-121: Fußsohlen-Verletzung beim Beach-Volleyball.

Skifahren bei einem Sturz aus dem Stand nur das allgemeine Lebensrisiko.[150] Der Veranstalter haftet auch nicht für einen drei Stunden in einer Ferienanlage umherfliegenden Bienenschwarm,[151] Ziegenbock-Angriff[152] oder Eselsbiss[153] auf Hotelgelände, Verletzungen durch aus dem Swimmingpool herausfliegende Bälle,[154] geringen Flohbefall in tropischen und subtropischen Ländern,[155] einzelnen Skorpion in Nord-Italien[156], einzelne hochgiftige Schlange in Unterkunft in Afrika,[157] Affenbiss auf Hotelgelände in Kenia[158] oder eine Vielzahl stechender Fliegen am hoteleigenen Strand in der Karibik.[159] Vorschriftsmäßige Insektenvernichtung stellt keinen Mangel dar.[160]

Tonner[161] weist zu Recht darauf hin, dass das „allgemeine Lebensrisiko" nicht etwa ein Haftungsausschlussgrund ist, sondern dass unter diesem Stichwort Fallgruppen und Fälle erfasst werden, in denen es, weil die Beeinträchtigung nicht aus der vom Reiseveranstalter erbrachten Leistung herrührt, von vornherein an einer Einstandspflicht des Reiseveranstalters fehlt.

44

Für das **Wetter** und die klimatischen Gegebenheiten am Urlaubsort haftet der Veranstalter grundsätzlich nicht,[162] sondern nur dann, wenn der Reisende klimatische Besonderheiten[163] nicht kannte und auch nicht kennen musste, die der Reiseveranstalter hätte kennen müssen, z.B. die Großwetterlage bei Fernreisen[164] oder regional begrenzte temporär ungünstige Witterungsverhältnisse;[165] den Reiseveranstalter trifft hier eine Erkundigungspflicht und dann aufgrund überlegen Wissens eine Hinweispflicht. Der Veranstalter muss den Reisenden nach der Auffassung des OLG Frankfurt/Main[166] bei einer Berg-Expedition darauf hinweisen, dass eine Gipfelbesteigung an ungünstigen Witterungsverhältnissen scheitern kann. Ob diese Auffassung zutrifft, erscheint freilich zweifelhaft; dieses Risiko dürfte jedem Bergsteiger bekannt und bewusst sein. Eine Verpflichtung zum Hinweis auf Windverhältnisse, welche die angebotenen Sportmöglichkeiten beeinträchtigen, besteht nur dann, wenn ex ante eine gewisse Eintrittswahrscheinlichkeit besteht.[167] Ein (nur) geringer Fischbestand stellt bei einer Angelreise ein natürliches Risiko dar, wenn er nur auf einer vorübergehenden „Laune der Natur" beruht.[168] Bei der Zusicherung „mit Pkw erreichbar bis 100 m vor der Hütte" muss der Reisende bei einem Winterurlaub im Alpenraum damit rechnen, dass der Weg zur Hütte nicht von Schnee geräumt und ein Abstellen des Pkw nur in 400 m Entfernung möglich ist.[169]

45

Muss eine Kreuzfahrtroute geändert werden, weil ein Zyklon („Gerry") zu starken Winden, hohem Seegang und zu einer Änderung der Strömungsverhältnisse geführt hat, ist darin kein Reisemangel zu sehen.[170]

46

---

[150] OLG Celle v. 29.11.2001 - 11 U 70/01 - NJW-RR 2002, 559-560.
[151] AG Bad Homburg v. 04.11.1998 - 2 C 3193/97 - RRa 1999, 9-10.
[152] LG Frankfurt v. 22.10.1999 - 2/21 O 60/99 - NJW-RR 2001, 52-53: Faro (Portugal).
[153] OLG Celle v. 31.10.2002 - 11 U 70/02 - NJW-RR 2003, 197: Tunesien.
[154] AG Bad Homburg v. 22.08.2002 - 2 C 769/02 - RRa 2002, 218-219.
[155] OLG Köln v. 14.10.1992 - 16 U 46/92 - NJW-RR 1993, 252-253: Kuba.
[156] LG Frankfurt v. 15.02.1993 - 2/24 S 343/92 - NJW-RR 1993, 1146-1147: Luganer See.
[157] AG Bad Homburg v. 23.02.1994 - 2 C 1347/93 - RRa 1994, 78.
[158] AG München v. 08.12.1995 - 111 C 24235/95 - NJW-RR 1996, 1399.
[159] LG Hamburg v. 15.01.1997 - 302 S 112/96 - NJW-RR 1997, 1205-1206: Dominikanische Republik.
[160] LG Frankfurt v. 11.04.2002 - 2-24 S 297/01 - RRa 2002, 166-167.
[161] *Tonner* in: MünchKomm-BGB, § 651c Rn. 17.
[162] LG Frankfurt v. 30.03.1992 - 2/24 S 235/91 - NJW-RR 1992, 890.
[163] LG Düsseldorf v. 13.11.1980 - 6 O 303/79 - Fremdenverkehrsrechtliche Entscheidungen Zivilrecht, Nr. 245: durch Zyklon aufgewühltes Meer; AG München v. 10.06.1980 - 9 C 1069/80 - Fremdenverkehrsrechtliche Entscheidungen 17, Nr. 401: Hitze in Südfrankreich; LG München I v. 14.04.1993 - 10 O 17208/92 - NJW-RR 1994, 124-125: extreme Trockenheit.
[164] LG Frankfurt v. 09.02.1987 - 2/24 S 150/86 - NJW-RR 1987, 566-567: Regenzeit auf Sri Lanka.
[165] LG Frankfurt v. 26.01.1987 - 2/24 S 207/86 - NJW-RR 1987, 495-496: Nebel in Agadir.
[166] OLG Frankfurt v. 09.12.1999 - 16 U 66/99 - NJW-RR 2002, 272-273: an Regen und Nebel gescheiterter Aufstieg zum Kilimandscharo berechtigt zu 50% Minderung.
[167] LG Frankfurt v. 30.03.1992 - 2/24 S 235/91 - NJW-RR 1992, 890: relative Häufigkeit von 17,1% nicht ausreichend.
[168] OLG Frankfurt v. 23.02.1988 - 14 U 182/86 - NJW-RR 1988, 1328-1330.
[169] AG Offenburg v. 23.05.1995 - 1 C 357/94 - NJW-RR 1996, 117.
[170] AG Hamburg v. 08.07.2004 - 22a C 103/04 - RRa 2005, 43-44.

§ 651c

47 Außerdem verwirklicht sich das allgemeine Lebensrisiko, wenn der Reisende am Urlaubsort Opfer von **Straftaten** wird,[171] in ein gebuchtes Ferienhaus eingebrochen wird,[172] Gegenstände aus einer Hotelunterkunft gestohlen[173] oder Reisende außerhalb des Hotelbereichs sexuell belästigt werden[174]. Dagegen stellt ein Angriff auf einen Reisenden im Hotel einen Mangel dar, insbesondere wenn daran Hotelpersonal beteiligt ist.[175] Das gilt auch für die besondere Überfallgefährdung eines „Luxusbungalows mit einzigartigem Strand in geradezu paradiesischer Umgebung".[176] Verhaltensweisen in lockerer, ungezwungener Atmosphäre am Urlaubsort, die noch als sozial-adäquat einzustufen sind, stellen keine **sexuelle Belästigung** dar, sofern nicht der unmissverständlich geäußerte Wille der/des Reisenden entgegensteht.[177] Es muss sich um eine nach Art, Intensität und Dauer erhebliche Beeinträchtigung handeln; bloßes gelegentliches Anstarren durch Einheimische stellt lediglich eine landestypische Unannehmlichkeit dar.[178] Erforderlich ist ein fortdauerndes, aufdringliches Verhalten, das in verbalen Belästigungen oder non-verbalen Gesten, wie etwa Anfassen, zum Ausdruck kommen muss.[179] Die Behauptung einer Reisenden, der nur Arabisch sprechende Fahrer habe sie durch eine „entsprechende Handbewegung" sexuell belästigt, stellt allein noch keine hinreichende Substantiierung dar.[180] Die Vergewaltigung einer Reisenden durch einen Mitarbeiter des Betreibers der Hotelanlage ist dem Reiseveranstalter zuzurechnen,[181] der von einem Dritten verübte Angriff auf einen unbekleideten Reisenden in einer Sauna in einem türkischen Hotel nicht[182].

II. Weitere Einzelfälle, in denen Reisemängel bejaht werden sind

1. Beförderung

a. Ausfall, Verspätung der Beförderung

48 Wird ausschließlich der Flug gebucht, so dass zwischen dem Fluggast und dem Luftfahrtunternehmen ein als Werkvertrag zu qualifizierender reiner Beförderungsvertrag zustande kommt, begründet die Verspätung eines Flugs regelmäßig keinen Sachmangel der Beförderungsleistung.[183] Hingegen begründen Flugverspätungen bei einem Reisevertrag, der auch die Flüge mit einschließt, einen Reisemangel, und zwar unabhängig davon, ob die jeweilige Flugverspätung auf dem Ausfall oder der Verspätung von Flügen, auf einer Überbuchung oder auch darauf beruht, dass der Reisende unberechtigt aus dem Flugzeug gewiesen[184] oder dass ihm die Zugang zum Flugzeug von vornherein unberechtigt verwehrt wird.

---

[171] LG Frankfurt v. 01.03.1993 - 2/24 S 328/92 - NJW-RR 1993, 632-633; OLG Karlsruhe v. 23.10.1992 - 10 U 321/91 - NJW-RR 1993, 1076-1078: Überfall auf Trekking-Tour in Kamerun; LG Hamburg v. 07.09.1994 - 318 S 59/94 - RRa 1995, 8-9: Überfall auf Trekking-Tour im Grenzland zwischen Thailand und Burma aufgrund „normaler" Kriminalität dieser Region; AG Köln v. 01.11.2002 - 117 C 232/02 - RRa 2004, 80-81: bewaffneter Raubüberfall auf Rundreise durch Guatemala.

[172] AG Bad Homburg v. 23.02.1994 - 2 C 1347/93 - RRa 1994, 78; AG Hamburg v. 24.03.1998 - 9 C 612/97 - NJW-RR 1999, 931: Diebe in Bungalow in Ungarn; AG Duisburg-Hamborn v. 09.02.2001 - 8 C 262/00 - RRa 2001, 123.

[173] AG Kleve v. 14.06.1996 - 3 C 112/96 - RRa 1996, 185-186: Gepäckabstellraum - landesübliche (Mallorca) Sicherheitsstandards beachtet; AG München v. 03.07.1996 - 113 C 13148/96 - RRa 1996, 204: unbeachtlich, ob Diebstahl unter Mitwirkung von Hotelpersonal verübt, da für Reiseveranstalter nicht vorhersehbar.

[174] LG Frankfurt v. 21.05.1984 - 2/24 S 113/82 - NJW 1984, 1762-1763; LG Frankfurt v. 01.03.1993 - 2/24 S 328/92 - NJW-RR 1993, 632-633.

[175] LG Frankfurt v. 21.05.1984 - 2/24 S 113/82 - NJW 1984, 1762-1763.

[176] BGH v. 25.03.1982 - VII ZR 175/81 - juris Rn. 7-9 - NJW 1982, 1521 - 1522; LG Frankfurt v. 01.03.1993 - 2/24 S 328/92 - NJW-RR 1993, 632-633.

[177] AG Bad Homburg v. 05.09.1995 - 2 C 857/95 - 19 - RRa 1996, 8-9.

[178] LG Frankfurt v. 01.03.1993 - 2/24 S 328/92 - NJW-RR 1993, 632-633: Barbados.

[179] So etwa AG Bad Homburg v. 05.09.1995 - 2 C 857/95 - 19 - RRa 1996, 8-9; AG Frankfurt v. 19.12.1997 - 32 C 1201/97 - 19, 32 C 1201/97 - NJW-RR 1998, 709-710.

[180] AG Frankfurt v. 19.12.1997 - 32 C 1201/97 - NJW-RR 1998, 709-710: 4-tägige Landrover-Fahrt durch den Jemen.

[181] AG Neuss v. 02.08.2000 - 42 C 6702/99 - RRa 2000, 181-182: Türkei; AG Frankfurt v. 18.09.2003 - 31 C 2383/01.

[182] AG Neuwied v. 25.02.1004 - 4 C 2152/03 - RRa 2004, 126.

[183] BGH v. 28.05.2009 - Xa ZR 113/08 - juris Rn. 14-17 - NJW 2009, 2743-2744.

[184] BGH v. 18.11.1982 - VII ZR 25/82 - juris Rn. 11 und 12 - BGHZ 85, 301-305.

Flugverspätungen begründen freilich nur dann einen Reisemangel, wenn sie eine bestimmte Dauer 49
überschreiten. Die Grenze wurde in der Vergangenheit sehr unterschiedlich gezogen. Es ist die Auffassung vertreten worden, bei Fernreisen seien Flugverspätungen von fünf Stunden,[185] von acht Stunden[186] oder sogar von 21 Stunden[187] hinzunehmen. Diese Rechtsprechung könnte überholt sein. Es dürfte sich anbieten, der Abgrenzung des Reisemangels von der bloßen Unannehmlichkeit auch im Reisevertragsrecht die Maßstäbe der FluggastrechteVO[188] zugrunde zu legen[189] (vgl. dazu Rn. 10 ff.).

Auf einem Mittelstreckenflug ist die Vorverlegung um 6½ Stunden hinzunehmen.[190] Die Verzögerung 50
der Rückreise um einen Tag ist ein Reisemangel.[191] Ein Mangel ist gegeben bei **unzumutbarer Vorverlegung** des Rückfluges,[192] nicht aber wenn die Rückflugzeit bei einem Charterflug nicht im Katalog angegeben und im Flugschein unter Änderungsvorbehalt mitgeteilt ist;[193] dem Reisenden darf aber nicht die Nachtruhe unangemessen verkürzt werden[194]. Ein Reisemangel liegt vor bei langen **vertragswidrigen Zwischenlandungen**,[195] soweit ein Non-Stop-Flug zugesichert wurde, dadurch nicht nur geringfügige Verspätung eintritt und sich der Reiseveranstalter, dessen Allgemeine Reisebedingungen insoweit nicht wirksam sind, die Änderung von Flugzeiten nicht (wirksam) vorbehalten hat,[196] bei zu kurz bemessenen Umsteigezeiten,[197] verspätetem Transport zum Flughafen,[198] wenn der Reisende auf dem Transport zu einem weiteren Urlaubsort bei einem Zwischenaufenthalt morgens zwischen 4 und 7 Uhr in fremder Umgebung ohne Begleitung und unversorgt bleibt,[199] bei einem Wechsel der Fluggesellschaft, soweit eine bestimmte Gesellschaft zugesichert ist,[200] wenn durch die Verlegung der Flugzeiten aus einem Tagflug ein Nachtflug wird. Ein Mangel liegt vor, soweit der

---

[185] AG Wiesbaden v. 12.07.1995 - 97 C 184/95 - RRa 1997, 121-122.
[186] OLG Düsseldorf v. 27.02.1992 - 18 U 173/91 - NJW-RR 1992, 1330-1332.
[187] AG Stuttgart v. 14.12.1995 - C 2480/95 - RRa 1996, 61-62.
[188] VO 261/2004 EG des Europäischen Parlaments und Rates über Ausgleichsleistungen für Fluggäste bei Nichtbeförderung, Annullierung oder großer Verspätung von Flügen vom 11.02.2004 (in Kraft getreten am 17.02.2005) – AblEG Nr. 11 461 vom 17.02.2004.
[189] Vgl. *Staudinger* in: Staudinger, § 651c Rn. 65.
[190] LG Frankfurt v. 07.01.1991 - 2/24 S 492/89 - NJW-RR 1991, 631-632; OLG Köln v. 03.03.1993 - 26 U 41/92 - NJW-RR 1993, 1019-1020: jeweils 1 Tag Verspätung; AG Hannover v. 08.01.2004 - 504 C 11550/03 - RRa 2004, 79-80.
[191] AG Bad Homburg v. 17.10.2003 - 32 C 2221/03 - RRa 2004, 31-32: Vorverlegung von 10 Uhr auf 2.50 Uhr.
[192] AG Düsseldorf v. 25.04.1993 - 52 C 19803/94 - RRa 1995, 151-152: Vorverlegung von 7 Uhr auf 2 Uhr zumutbar; AG Essen v. 12.01.1995 - 21 C 598/94 - RRa 1995, 130-131: Vorverlegung von 20.35 Uhr auf 12.30 Uhr zumutbar; AG Bonn v. 27.06.1996 - 18 C 14/96 - RRa 1996, 231-232: Vorverlegung von 16.15 Uhr auf 9 Uhr zumutbar; AG Düsseldorf v. 03.06.1998 - 232 C 1482/98 - RRa 1998, 165: Vorverlegung von 15.25 Uhr auf 6 Uhr zumutbar; AG Bad Homburg v. 30.11.2000 - 2 C 3320/00 - NJW-RR 2002, 636: am Vortag mitgeteilte Vorverlegung von 14.35 Uhr auf 6.10 Uhr zumutbar im Charterflugverkehr; a.A. *Tonner*, RRa 2001, 53-54: Optimierung der Umlaufzeiten von Charterfluggesellschaften planbar und nicht von kurzfristigen Änderungen abhängig.
[193] LG Frankfurt v. 30.06.1986 - 2/24 S 288/85 - NJW-RR 1986, 1174; LG Frankfurt v. 10.10.1988 - 2/24 S 169/88 - NJW-RR 1989, 48; *Tonner*, RRa 2001, 53-54.
[194] AG Düsseldorf v. 11.10.1996 - 20 C 9177/96 - NJW-RR 1997, 1139; AG Hamburg v. 15.06.2000 - 22a C 32/00 - RRa 2000, 197-198: 100% Minderung für Zeitraum der unplanmäßigen Zwischenlandungen; auf Rückflug 50% des Tagespreises.
[195] AG Frankfurt v. 24.11.1993 - 31 C 4135/92 - RRa 1994, 58; AG Berlin-Charlottenburg v. 15.02.1994 - 19 C 576/93 - RRa 1994, 83.
[196] LG Berlin v. 10.11.1988 - 58 S 210/88 - NJW-RR 1989, 1020-1021.
[197] AG Wiesbaden v. 20.09.2000 - 93 C 2764/00 - RRa 2001, 8-9.
[198] OLG Frankfurt v. 18.12.1997 - 16 U 118/97 - NJW-RR 1999, 202-204.
[199] LG Köln v. 30.11.1999 - 11 S 200/99 - NJW-RR 2000, 786; AG Bad Homburg v. 17.06.1994 - 2 C 3614/93 - RRa 1994, 175; AG Hersbruck v. 04.01.1999 - 3 C 1634/98 - NJW-RR 2000, 134: trotz „Condor-Zuschlag" Beförderung mit ägyptischer Airline; AG Bad Homburg v. 14.04.1999 - 2 C 397/99 - RRa 2000, 13-14: anders nur, soweit Änderung ausdrücklich vorbehalten; AG Bonn v. 13.01.1997 - 4 C 396/96 - RRa 1997, 197: Angabe in Buchungsbestätigung als Zusicherung; AG Hamburg v. 08.10.1997 - 17a C 322/97 - NJW-RR 1999, 353-354: Mangel nur bei Zusicherung - Angabe in „Flyer" nur bloße reklamehafte Anpreisung (zwar Herausstellung der Fluggesellschaft, damit aber keine besondere Betonung, dass damit besondere Sicherheitsstandard verbunden sein soll); AG Bielefeld v. 13.03.1998 - 41 C 800/97 - RRa 1999, 101: Zusicherung gegeben bei intensiver Werbung mit Fluggesellschaft - 15% Minderung; *Führich*, RRa 1996, 76-78; *Schmid*, NJW 1996, 1636-1644.
[200] AG Düsseldorf v. 05.06.1997 - 49 C 20720/96 - RRa 1997, 226-227: Verlegung um 10½ Stunden.

Transport nicht wie vereinbart per Linienflug, sondern per Charterflug[201] oder in der „Economy-Class" statt in der vereinbarten „Business-Class" erfolgt.[202] Wenn der Reisende trotz Zahlung eines Zuschlags nicht in der Business-Class befördert wird, kann er nicht nur den Zuschlag zurückverlangen, sondern zusätzlich den Reisepreis mindern.[203] Soweit kein Non-Stop-Flug gebucht wurde, berechtigt eine Zwischenlandung allein noch nicht zur Minderung.[204] Auch bei einem Transatlantikflug kann der Reisende nicht ohne weiteres von einem Non-Stop-Flug ausgehen; im Prospekt ist aber darauf hinzuweisen, wenn mehr als ein Zwischenstopp vorgesehen ist.[205] In der Zwischenlandung wegen eines technischen Defekts des Flugzeugs liegt kein Mangel,[206] ebenso wenig, wenn zwischen Ankunft am Zielflughafen und Zuweisung des Hotelzimmers lediglich 45 Minuten liegen.[207] Findet die Beförderung statt durch einen Inland-Transferflug mit einem klimatisiertem Reisebus statt und dauert diese Beförderung nur unwesentlich länger, liegt nur eine unbeachtliche Abweichung vom geschuldeten Reiseverlauf vor.[208]

51 Ein Mangel liegt vor, wenn das **Gepäck** verspätet eintrifft,[209] während der gesamten Reise fehlt,[210] beim Transfer durchnässt wird[211] oder aufgrund unterbliebener Beaufsichtigung abhandenkommt[212]. Ein Busfahrer verletzt aber nicht die ihm obliegende Verkehrssicherungspflicht, wenn er während einer Kaffeepause seinen -verschlossenen- Bus tagsüber auf einer Autobahnraststätte unbeaufsichtigt lässt und während dieser Zeit daraus Reisegepäck entwendet wird.[213] Bei das Reisegepäck betreffenden Ansprüchen sind vorrangige Regelungen (vgl. Rn. 8) zu beachten.

52 Bei Buchung von **Nichtraucherplätzen** stellt die Beförderung im Raucherbereich einen Mangel dar;[214] ohne Zusicherung besteht dagegen kein Anspruch auf eine rauchfreie Unterbringung/Beförderung[215]. Freilich dürfte diese Rechtsprechung inzwischen aufgrund genereller Rauchverbote in Flugzeugen (und Zügen) überholt sein. Aufgrund ihrer allgemeinen Schutzpflicht kann eine Fluggesellschaft jedenfalls gehalten sein, einen besonders gefährdeten Fluggast in angemessener Entfernung zu einer Raucherzone unterzubringen.[216]

53 Nach der Auffassung des LG Nürnberg-Fürth[217] stellt es keinen Reisemangel dar, wenn der Reisende während einer dreistündigen Flugzeit auf einem Notsitz untergebracht ist. Dem hält Schmid[218] entgegen, dass es sich bei einem Notsitz um einen nicht für Passagiere zugelassenen, sondern dem Flugpersonal vorbehaltenen Sitz handelt.

---

[201] LG Frankfurt v. 19.11.1990 - 2/24 S 95/90 - NJW-RR 1991, 316-317; *Schmid/Sonnen*, NJW 1992, 464-472, 466.
[202] LG Frankfurt v. 19.11.1990 - 2/24 S 95/90 - NJW-RR 1991, 316-317.
[203] AG Ludwigsburg v. 12.05.2004 - 1 C 329/04 - RRa 2004, 182-183: 4% Minderung.
[204] AG Frankfurt v. 24.11.1993 - 31 C 4135/92 - RRa 1994, 58; AG Hamburg v. 15.10.2002 - 9 C 54/02 - RRa 2003, 169-171: hier aber Verzögerung am Zielflughafen von 8½ Stunden (von Düsseldorf nach Hurghada und Luxor) - 25% Minderung; AG Hamburg v. 10.03.2004 - 10 C 514/03 - RRa 2004, 123-126.
[205] AG Düsseldorf v. 17.10.1989 - 51 C 8671/89 - RRa 1994, 103.
[206] AG Frankfurt v. 05.07.2001 - 29 C 210/01 - RRa 2001, 209-210: Reparatur i.R.d. üblichen und hinzunehmenden Gefährdungsrisikos, in das sich Reisende mit der Wahl des Transportmittels begeben.
[207] LG Hamburg v. 15.01.1997 - 302 S 112/96 - NJW-RR 1997, 1205-1206: Dominikanische Republik.
[208] AG Bonn v. 12.07.1996 - 18 C 140/96 - NJW-RR 1997, 1137: 3 statt 2 Stunden.
[209] OLG Frankfurt v. 25.11.1992 - 19 U 229/91 - NJW-RR 1993, 1147-1148: 5 Tage Verspätung bei Luxusreise - „nicht mehr als 25%"; LG Hannover v. 19.04.1985 - 8 S 393/84 - NJW 1985, 2903-2904; LG Stuttgart v. 15.07.1992 - 13 S 53/92 - NJW-RR 1992, 1272-1273; LG Frankfurt v. 20.12.1993 - 2/24 S 230/93 - NJW-RR 1994, 309-310: Luxusreise - 40% anteiliger Tagespreis; AG Frankfurt v. 19.12.1997 - 32 C 1201/97 - NJW-RR 1998, 709-710: 3 Tage Verspätung bei Badeaufenthalt - 25% Minderung.
[210] OLG Frankfurt v. 03.04.1984 - 11 U 59/83; LG Hannover v. 19.04.1985 - 8 S 393/84 - NJW 1985, 2903-2904; AG Nürnberg v. 27.11.1996 - 35 C 7300/96 - NJW-RR 1999, 1068: 1 Woche Peking ohne Koffer - 50% Minderung.
[211] OLG Düsseldorf v. 27.02.1992 - 18 U 173/91 - NJW-RR 1992, 1330-1332.
[212] OLG Düsseldorf v. 04.10.1990 - 18 U 56/90 - NJW-RR 1991, 248.
[213] AG München v. 23.11.2000 - 32 C 31258/00 - RRa 2001, 63: Autobahnraststätte in Eindhoven.
[214] AG Frankfurt v. 27.02.1997 - 32 C 4084/96 - 84- NJW-RR 1997, 1339-1340: Wunsch nach Nichtraucherplätzen allein nicht ausreichend.
[215] LG Darmstadt v. 24.10.2002 - 13 O 267/01 - RRa 2002, 275-276; AG Nürnberg v. 24.08.1998 - 20 C 4724/98 - NJW-RR 1999, 567-568.
[216] OLG Frankfurt v. 10.02.1994 - 1 U 96/92 - NJW-RR 1994, 633-634: Rauch-Allergie.
[217] LG-Nürnberg-Fürth v. 25.06.2004 - 16 S 1175/04 - RRa 2004, 168-169.
[218] *Schmid*, RRa 2004, 169-170.

b. Busreisen

Bei **Bus-Pauschalreisen** liegen Reisemängel vor bei zu langer Wartezeit am Zusteigepunkt,[219] bei Nichteinhaltung des zugesicherten Qualitätsstandards,[220] bei Busdefekten,[221] wenn der Bus verdreckt und in schlechtem Zustand ist,[222] bei zu geringem Sitzabstand,[223] bei trotz Zusage fehlender Nichtraucherzone[224] oder fehlender[225] oder defekter Klimaanlage[226]. Die Ersetzung einer Busreise durch eine Bahnreise auf der Strecke Hamburg-Mannheim stellt lediglich eine unwesentliche Leistungsänderung dar.[227] Kann der Reisende dem Prospekt entnehmen, dass der Reisebus vor dem vorgesehenen Zusteigepunkt noch andere, erheblich entfernt liegende Punkte anfahren muss, darf er sich nicht bereits bei einer Verspätung von 20 Minuten entfernen.[228] Bei einer Reise mit einem Nichtraucherbus stellt es keinen Mangel dar, wenn im Restaurant und bei Besichtigungen im Freien geraucht wird.[229] Es ist auch kein Mangel, wenn die Reiseleitung während einer Busrundreise ein Rauchverbot anordnet, jedoch alle 2 bis 2½ Stunden eine Pause von 3 Minuten eingelegt wird.[230] Inzwischen sind generelle Rauchverbote Standard. Wird Reisegepäck separat vom Fahrgastraum verstaut, muss der Reiseveranstalter für geeignete Maßnahmen zur Sicherung des Gepäcks vor Diebstahl oder versehentlicher Wegnahme sorgen;[231] ein Busfahrer verletzt aber nicht die ihm obliegende Verkehrssicherungspflicht, wenn er seinen – verschlossenen – Bus tagsüber auf einer Autobahnraststätte während einer Kaffeepause unbeaufsichtigt lässt und während dieser Zeit daraus Reisegepäck entwendet wird.[232] Ein Mangel ist auch gegeben im Falle unvorhergesehener Mitbenutzung der Dusche durch andere Mitglieder einer Rundreisegruppe[233] oder wenn der Reiseleiter selbst Fahrdienste übernehmen muss und deshalb nur spärliche Ansagen möglich sind[234]. Der Ausfall einer Stadtrundfahrt ist dagegen grundsätzlich kein Reisemangel.[235] Erfährt der Reisende nach dem Hinflug, dass die geplante 11-tägige Busrundreise nicht stattfindet, und wird ihm stattdessen der Anschluss an eine Reisegruppe angeboten, die bereits seit 4 Tagen unterwegs ist, liegt ein -erheblicher- Reisemangel vor.[236]

Bei einem Transferbus kann nicht der Komfort eines Reisebusses erwartet werden.[237] Der Transfer in einem Minibus, bei dem das Gepäck auf dem Dach befördert wird, stellt für sich noch keinen Mangel dar.[238] Fährt der **Zubringerbus** für eine Kreuzfahrt nicht am vereinbarten Halteplatz ab und wird der Reisende deshalb nicht befördert, liegt ein -erheblicher – Mangel vor.[239] Vergewissert sich die Reiseleitung vor Abfahrt des Transferbusses zum Flughafen nicht von der Anwesenheit aller Reisegäste und

---

[219] LG Frankfurt v. 19.09.1988 - 2/24 S 123/88 - NJW-RR 1988, 1451-1454: ab 2 Stunden.
[220] LG Düsseldorf v. 14.06.1991 - 22 S 117/90 - RRa 1994, 102: „Fahrt im klimatisierten Reisebus" erweckt Eindruck einer bequemen, komfortablen Beförderung; AG Frankfurt v. 15.01.2004 - 31 C 2352/03 - 83 31 C 2352/03 - RRa 2004, 73-75: statt Beförderung im großzügigen, luxuriösen Reisebus mit verstellbaren Sitzen Fahrt in kleinem, älterem Bus mit abgenutzter Federung und nicht verstellbaren Sitzen auf Australien-Rundreise - 20% Minderung.
[221] OLG Düsseldorf v. 21.01.2000 - 22 U 138/99 - NJW-RR 2000, 787-790.
[222] AG Ludwigsburg v. 20.06.1995 - 2 C 1368/95 - RRa 1995, 188.
[223] LG Frankfurt v. 29.10.1990 - 2/24 S 10/90 - NJW-RR 1991, 247-248: 10 Zentimeter Beinfreiheit.
[224] AG Borken (Westfalen) v. 22.11.1990 - 3 C 904/90 - NJW-RR 1991, 377; *Eckert* in: Soergel, § 651c Rn. 22.
[225] AG Bielefeld v. 04.07.1996 - 42 C 11/96 - RRa 1996, 204-205: Busreise durch Irland im Hochsommer; dagegen AG Königstein v. 13.04.1995 - 22 C 394/94 - NJW-RR 1995, 1203-1204: kein Reisemangel einer Indien-Reise, wenn Klimaanlage nicht eingeschaltet wird.
[226] AG Frankfurt v. 10.04.2000 - 29 C 69/00 - RRa 2000, 138: Busrundreise durch Alaska im Hochsommer bei Außentemperaturen von über 30 Grad Celsius, zusätzlich nicht abstellbare Heizung.
[227] AG Bielefeld v. 21.12.2000 - 42 C 1095/00 - RRa 2001, 54-55.
[228] AG Bielefeld v. 05.01.1994 - 42 (17a) C 1595/93 - RRa 1996, 114-115: Zusteigepunkt in Bielefeld, Start der Busfahrt in Hamburg.
[229] AG Stuttgart v. 08.03.1994 - 11 C 8135/93 - RRa 1994, 76.
[230] AG Düsseldorf v. 27.03.1990 - 40 C 327/87 - RRa 1994, 102.
[231] LG Duisburg v. 04.11.1994 - 4 S 160/94 - NJW-RR 1995, 693-694: Busreise nach Spanien.
[232] AG München v. 23.11.2000 - 32 C 31258/00 - RRa 2001, 63: Autobahnraststätte in Eindhoven.
[233] AG Düsseldorf v. 07.12.1993 - 39 C 9041/93 - RRa 1994, 102: 30% Minderung.
[234] AG Königstein v. 13.03.1996 - 21 C 332/95 - RRa 1996, 162-164: Rundfahrt durch Ecuador.
[235] AG Stuttgart v. 09.02.1978 - 17 C 8394/77 - Fremdenverkehrsrechtliche Entscheidungen Zivilrecht Nr. 145.
[236] LG Frankfurt v. 17.02.2002 - 2-19 O 233/02: Australien-Rundreise.
[237] AG Düsseldorf v. 08.03.1991 - 28 C 16770/90 - RRa 1994, 122.
[238] AG Hamburg v. 10.03.2004 - 10 C 514/03 - RRa 2004, 123-126: Ägypten.
[239] AG Frankfurt v. 14.10.1994 - 32 C 2890/94 - RRa 1995, 73-74: Bustransfer von Frankfurt/M. nach Genua.

werden Reisende infolgedessen nicht ordnungsgemäß nach Hause befördert, liegt ein Reisemangel vor.[240] Bei Stornierung des **Zubringerfluges** und dadurch bedingter erschwerter Anreise (Flug zu anderem Flughafen und Busfahrt) ist ein Mangel gegeben.[241] Gleiches gilt, wenn der Rückflug auf einem anderen Flughafen endet und der Reisende eine mehrstündige Busfahrt zum vereinbarten Zielflughafen auf sich nehmen muss.[242]

56   Verletzungsbedingte Beeinträchtigungen aufgrund eines Verkehrsunfalls (vgl. die Kommentierung zu § 651f BGB Rn. 35) während einer Busrundreise oder einer Transferfahrt begründen Schadensersatzansprüche nach § 651f BGB,[243] und zwar auch dann, wenn der auf dem Parkplatz stehende Reisende infolge einer Unachtsamkeit des Busfahrers bei einem Einparkmanöver durch den Bus verletzt wird[244]. Der Reiseveranstalter ist nicht verpflichtet, die Reisenden auf die an den Sitzen angebrachten Sicherheitsgurte hinzuweisen und zu ihrer Benutzung anzuhalten.[245]

2. Urlaubsobjekt, Umweltverhältnisse

a. Urlaubsort, Unterkunft

57   Eine von der Buchung abweichende Unterbringung des Reisenden stellt einen Reisemangel dar. Der Reisende ist – bis zur Grenze des Rechtsmissbrauchs – nicht verpflichtet, ein Ersatzangebot zu akzeptieren.[246] Auch wenn das Ersatzhotel gleichwertig ist, billigt die Rechtsprechung dem Reisenden allein wegen der Unterbringung in einem anderen als dem gebuchten Hotel eine Minderung des Reisepreises zwischen 10 und 25% und bei einer erheblichen räumlichen Distanz von bis zu 45% zu.[247] Akzeptiert der Reisende, wozu er nicht verpflichtet ist,[248] die Unterbringung in einem minderwertigen Hotel oder in einer wesensmäßig verschiedenen Umgebung (Festlandsküste statt Insel[249] oder kulturell interessante Stadt statt Badeurlaubsort[250]), sind deutlich höhere Minderungsquoten gerechtfertigt; auch kann ein Schadensersatzanspruch wegen (teilweise) nutzlos aufgewendeter Urlaubszeit (§ 651f Abs. 2 BGB) begründet sein.[251]

58   Ein Mangel besteht, wenn die **Unterkunft** feucht und verwanzt[252] ist, muffiger Geruch aus den Schränken die gesamten Räume einschließlich der Bettwäsche durchzieht und die Schränke unbenutzbar macht,[253] bei freiliegenden elektrischen Kabeln sowie nicht ordnungsgemäß befestigter Steckdose[254] oder wenn Unterbringung in einem Hotel mit dem Namen einer international bekannten Hotelkette geschuldet ist, das konkrete Hotel dieser Hotelkette aber nicht angehört[255]. Wird ein Hotel – während des

---

[240] AG Frankfurt v. 28.03.1994 - 31 C 4833/93 - RRa 1994, 132-133; AG Düsseldorf v. 21.09.1995 - 42 C 6327/95 - RRa 1996, 38-39.

[241] AG Düsseldorf v. 20.07.1990 - 41 C 2004/90 - RRa 1994, 103: 9% Minderung.

[242] AG Hamburg-Altona v. 05.02.2001 - 319 C 451/00 - RRa 2001, 104: 10-stündige Busfahrt von München nach Hamburg.

[243] LG Frankfurt v. 01.03.2001 - 2-24 S 302/00 - NJW-RR 2002, 270-272; *Tempel*, RRa 2002, 4-9.

[244] LG Koblenz v. 09.08.2004 - 16 O 573/02 - RRa 2004, 206-209.

[245] AG Eutin v. 18.09.2003 - 6 C 173/02 - NJW-RR 2004, 853-854.

[246] BGH v. 11.01.2005 - X ZR 118/03 - juris Rn. 19-21 - BGHZ 161, 389 - 400 = NJW 2005, 1047-1050.

[247] LG Frankfurt v. 06.12.1982 - 2/24 S 156/82 - NJW 1983, 233-235: ohne Berücksichtigung der Qualität der Ersatzunterkunft i.d.R. zwischen 10% und 25% Minderung; LG Mönchengladbach v. 29.04.1986 - 4 S 291/85 - NJW-RR 1986, 1175-1176; AG Düsseldorf v. 17.09.1993 - 35 C 8394/93 - RRa 1994, 102; LG Frankfurt v. 04.01.1993 - 2/24 S 277/92 - NJW-RR 1993, 435-436: 70 km von Cancun - 25% Minderung; AG Düsseldorf vom 10.04.1996 - 22 C 1553/96 - RRa 1996, 155-156; LG Düsseldorf v. 08.12.2000 - 22 S 311/99 - RRa 2001, 39: 30 km - max. 45% Minderung; AG Düsseldorf v. 17.09.1993 - 35 C 8394/93 - RRa 1994, 102; AG Bad Homburg v. 21.11.1995 - 2 C 1560/95 - NJW-RR 1996, 306-307: 10 Auto-Minuten und getrennte Unterbringung der Schwiegermutter, die das Kind beaufsichtigen helfen sollte - nur 10% Minderung; AG Düsseldorf v. 10.04.1996 - 22 C 1553/96 - RRa 1996, 155-156: 30 km bei gleichwertigem Ersatzhotel - 30% Minderung; AG Kleve v. 18.04.1996 - 2 C 92/96 - NJW-RR 1997, 121-122: 150 km Entfernung auf Teneriffa.

[248] BGH v. 11.01.2005 - X ZR 118/03 - juris Rn. 15 - BGHZ 161, 389-400 = NJW 2005, 1047-1050.

[249] AG Königstein v. 20.03.1996 - 21 C 120/95 - RRa 1996, 149-150: Mombasa statt Seychellen.

[250] LG Köln vom 06.06.2001 - 10 S 85/01 - RRa 2001, 180-182: Luxor statt Hurghada.

[251] BGH v. 11.01.2005 - X ZR 118/03 - juris Rn. 24 - BGHZ 161, 389-400 = NJW 2005, 1047-1050.

[252] OLG Hamm v. 11.10.1974 - 6 U 170/74 - NJW 1975, 123: Djerba/Tunesien.

[253] OLG Frankfurt v. 06.04.1995 - 16 U 47/94 - NJW-RR 1995, 1462-1463: Dubai.

[254] AG Berlin-Tiergarten v. 18.03.1997 - 2 C 480/96 - RRa 1997, 151-154: Kuba - 5% Minderung.

[255] AG Neuss v. 23.05.2001 - 42 C 1488/01 - NJW-RR 2001, 1347: „Holiday Inn" - 25% Minderung.

Urlaubs – aus dem Verbund einer renommierten Hotelkette ausgegliedert, kann der Urlauber daraus allein noch keine Minderungsansprüche herleiten;[256] anders kann der Fall liegen, wenn der Veranstalter mit der Ausgliederung rechnen musste. Wird der Reisende statt in einem ruhigen 2-Zimmer-Appartement in einem Doppelzimmer an einer viel befahrenen Hauptstraße eines 10 km vom gebuchten Urlaubsort entfernten Hotels untergebracht, liegt ein – erheblicher – Mangel vor.[257] Das gilt ebenso bei fehlendem Zusatzbett für ein dreijähriges Kind, so dass es im Doppelbett der Eltern mitschlafen muss,[258] wenn ein Ehepaar mit 15-jähriger Tochter ein Drei-Zimmer-Appartement bucht und stattdessen ein Doppelzimmer mit Zusatzbett erhält,[259] bei Unterbringung einer Familie mit zwei kleinen Kindern statt im Familienzimmer mit zwei Schlafräumen in zwei nebeneinander liegenden Hotelzimmern,[260] bei Unterbringung in einem FKK-Hotel, falls ein solches nicht gebucht ist,[261] oder auch bei Unterbringung in einem anderen Hotel, wenn die Unterbringung in einem FKK-Hotel gebucht worden ist, oder in einem Ferienhaus ohne Fenster[262]. Werden statt der gebuchten 2 Appartements mit jeweils 2 Zimmern nur 2 Hotel-Doppelzimmer zugewiesen, kann gemindert werden;[263] ebenso bei Nichteinhaltung der zugesagten „Hotelsterne",[264] bei Unterbringung in einem als Pension betriebenen Nebengebäude statt in einem 4-Sterne-Kurhotel,[265] wenn das Zimmer entgegen der Zusage nicht in der obersten Etage liegt,[266] bei zusicherungswidrig fehlender Terrasse[267] oder fehlendem Balkon[268] oder wenn bei Buchung eines klimatisierten Doppelzimmers mit Zustellbett das Zustellbett nur als Schlafcouch in einem nicht klimatisierten Vorraum zur Verfügung steht,[269] Ein Doppelzimmer muss Platz für ein Doppelbett und die sonstige notwendige Möblierung bieten, wobei es noch möglich sein muss, die Möbel funktionsgerecht zu nutzen.[270] Bei Buchung eines halben Doppelzimmers begründet die gemeinsame Unterbringung einer minderjährigen Reisekundin mit einem jungen Mann Minderungsansprüche; die Berufung auf den Reisemangel stellt aber dann eine unzulässige Rechtsausübung dar, wenn sich die über 16 Jahre alten Reisenden mit dieser Unterbringung einverstanden erklären.[271] Beeinträchtigungen durch den Ausfall der Klimaanlage bei hohen Temperaturen berechtigen zur Minderung,[272] ebenso das Fehlen eines – vertraglich zugesicherten – Hallenbades während einer Winterreise in die Türkei[273] oder die zusicherungswidrige Unterbringung in einem nicht frisch renovierten Hotel[274].

Die Lage des Hotels in der Nähe eines Friedhofes begründet dagegen **keine Minderungsansprüche**.[275] 59
Wird ein Hotel in ruhiger Lage zugesichert, ist damit nicht ausgeschlossen, dass der Reisende insbe-

---

[256] LG Stuttgart v. 23.06.1993 - 13 S 393/92 - RRa 1993, 9: „Steigenberger"-Hotel.
[257] AG Bad Homburg v. 19.11.1996 - 2 C 2432/96 - NJW-RR 1997, 501: 85% Minderung.
[258] LG Frankfurt v. 29.11.1993 - 2/24 S 364/92 - NJW-RR 1994, 310-311: ohne weitere Feststellungen der konkreten Beeinträchtigungen - 20% Minderung; AG Kleve v. 28.02.2001 - 35 C 209/00 - NJW-RR 2002, 562: 50% des auf Kind entfallenden anteiligen Reisepreises.
[259] OLG Frankfurt v. 13.07.1995 - 16 U 199/94 - RRa 1995, 224-226.
[260] OLG Celle v. 16.07.2003 - 11 U 84/03 - MDR 2004, 203-204.
[261] OLG Frankfurt v. 20.03.2003 - 16 U 143/02; AG Düsseldorf v. 05.05.1998 - 38 C 18502/97 - NJW-RR 1999, 1147-1148: 50% Minderung.
[262] AG Flensburg v. 30.01.1996 - 62 C 657/95 - RRa 1996, 114: nur Glas-Backsteine.
[263] LG Kleve v. 15.07.1992 - 6 S 444/91 - NJW-RR 1992, 1525-1526: 50% Minderung.
[264] AG Frankfurt v. 15.01.2004 - 31 C 2352/03 - RRa 2004, 73-75: 3-Sterne-Hotel statt „4- oder 5-Sterne-Hotel" - 10% Minderung.
[265] AG Braunschweig v. 27.05.2003 - 119 C 5247/02 - RRa 2003, 223-224: 30% Minderung.
[266] BGH v. 19.11.1981 - VII ZR 238/80 - juris Rn. 24 - BGHZ 82, 219-227.
[267] LG Kleve v. 02.02.2001 - 6 S 299/00 - NJW-RR 2002, 634-636: 5% Minderung.
[268] LG Kleve v. 02.02.2001 - 6 S 299/00 - NJW-RR 2002, 634-636: 5% Minderung; AG Duisburg v. 21.05.2003 - 33 C 6013/02 - RRa 2003, 224-225: 10% Minderung.
[269] LG Düsseldorf v. 05.12.2003 - 22 S 73/02 - RRa 2004, 67-70: 10% Minderung für dort übernachtenden Reisenden.
[270] OLG Düsseldorf v. 10.12.2003 - 18 U 97/2003, 18 U 97/03 - StBT 2004, Nr. 7, 19.
[271] LG Frankfurt v. 21.11.1983 - 2/24 S 265/82 - NJW 1984, 806-807: jeweils 17-Jährige.
[272] LG Düsseldorf v. 07.11.2003 - 22 S 257/02 - RRa 2004, 14-17: Zimmertemperaturen „weit überwiegend" über 30 Grad Celsius - 15% Minderung.
[273] LG Düsseldorf v. 20.12.2002 - 22 S 531/01 - RRa 2003, 68-69: 10% Minderung.
[274] AG Hamburg v. 21.08.1996 - 17a C 247/96 - RRa 1996, 233: 10% Minderung.
[275] OLG Düsseldorf v. 09.10.1997 - 18 U 209/96 - NJW-RR 1998, 921-922: Karibik.

sondere in der Hochsaison ein nicht ganz so ruhiges Zimmer innerhalb des Hotelkomplexes erhält.[276] Wird eine bestimmte Lage der Räumlichkeiten im Hotel nicht vereinbart, stellt eine fehlende Aussichtsmöglichkeit keinen Reisemangel dar.[277] Bei der Kategorisierung einer Unterkunft ist dem jeweiligen Landesstandard Rechnung zu tragen.[278] An ein „landestypisches Mittelklasse-Hotel" in einem sog. **Schwellenland** darf der Reisende keine überzogenen Erwartungen stellen.[279] Insbesondere können in einem **Entwicklungsland** nicht europäische Standards erwartet werden.[280] Der Kataloghinweis „Tourismus im Anfangsstadium" macht hinreichend auf in Südamerika zu erwartende Organisationsschwierigkeiten aufmerksam.[281] Bei Katalogbeschreibung „Toilette" soll der Reisende keine Wasserspülung erwarten können, auch wenn das Ferienhaus ansonsten mit Waschmaschine, Geschirrspülmaschine, Dusche usw. ausgestattet ist[282]. Bei der Prospektangabe „Meerseite" soll kein Meerblick zu erwarten sein.[283] Nach der Auffassung des AG Kleve bedarf es der Zusicherung eines „uneingeschränkten Meerblickes", wenn Sichtbehinderungen durch Gebäude einen Reisemangel darstellen sollen.[284]

b. Strandlage, Strandzustand

60 Die Angabe „Strandentfernung" in einem Prospekt stellt nicht auf die Wegstrecke vom Hotel zur Wasserlinie, sondern zum Beginn des Sandstrandes ab.[285] Wird mit einer Bademöglichkeit vor dem Hotel geworben, liegt ein Mangel vor bei einer 500-700 m[286] betragenden **Entfernung** zum Strand, bei einer Entfernung von 600 m statt 300 m[287] oder von 1.000 m statt 500 m;[288] eine Abweichung von nicht mehr als 100 m[289] führt bei Circa-Angaben nicht zur Mangelhaftigkeit. Bei einer Ersatzunterkunft nach § 651c Abs. 2, 3 BGB kann eine höherwertige Ersatzleistung eine größere Strandentfernung aufwiegen.[290] Selbst bei größerer Höhendifferenz zwischen Hotel und Strand liegt kein Mangel vor.[291] Liegt das Hotel laut Katalog „direkt an einem schönen Strandabschnitt", darf der Reisende erwarten, dass er nicht noch nennenswerte Wege zum Badestrand zurücklegen muss.[292] Ein Reisemangel liegt vor, wenn die Prospektbeschreibung „Direkte Strandlage eventuell durch Straße vom Strand getrennt, max. Strandentfernung 200 m" lautet, das Hotel tatsächlich aber in der dritten Reihe liegt und 240 m vom Strand entfernt ist.[293] Grundsätzlich besteht zwar kein Anspruch auf einen eigenen Sonnenschirm oder Liegestuhl;[294] jedoch müssen in einem südlichen Urlaubsland an einem im Prospekt beworbenen hoteleigenen Strand ausreichend Sonnenschirme zur Verfügung stehen.[295] Für ein 100-Zimmer-Hotel

---

[276] AG Düsseldorf v. 13.06.2003 - 230 C 5432/03 - RRa 2003, 239: Nähe zum Hoteleingang - an- und abfahrende Reisebusse auch zur Nachtzeit.
[277] OLG Düsseldorf v. 21.07.1994 - 18 U 17/94 - VuR 1995, 216-217.
[278] AG Hamburg v. 04.06.2003 - 10 C 60/03 - NJW-RR 2004, 142: ägyptisches 4-Sterne-Schiff.
[279] AG Hamburg v. 27.06.1995 - 9 C 2563/94 - RRa 1995, 226: Dominikanische Republik; AG Stuttgart v. 04.03.1997 - 16 C 2476/96 - NJW-RR 1999, 489-491: Kenia.
[280] AG Düsseldorf v. 05.07.1993 - 37 C 3006/93 - RRa 1994, 102: Malediven; AG Berlin-Tiergarten v. 18.03.1997 - 2 C 480/96 - RRa 1997, 151-154: Kuba.
[281] OLG Düsseldorf v. 07.11.1991 - 18 U 104/91 - RRa 1994, 121: Venezuela.
[282] AG Hamburg v. 27.02.2002 - 10 C 541/01 - RRa 2004, 29: „Plumpsklo" mit Chemikalienzusatz in Südschweden (Schärengarten/Blekinge); zu Recht kritisch *Schmid*, RRa 2004, 30-31.
[283] So AG Kleve v. 16.09.1996 - 2 C 336/96 - RRa 1996, 244; zu Recht ablehnend *Tonner*, RRa 1996, 244-245.
[284] AG Kleve v. 03.08.2000 - 28 C 155/00 - RRa 2000, 200.
[285] AG Stuttgart-Bad Cannstatt v. 17.09.1993 - 8 C 1967/93 - VuR 1994, 54; LG Kleve v. 31.08.2001 - 6 S 106/01 - RRa 2001, 233.
[286] LG Frankfurt v. 19.10.1992 - 2/24 S 68/92 - NJW-RR 1993, 61-62.
[287] LG Kleve v. 18.06.1997 - 4 S 30/97 - RRa 1998, 15: 5% Minderung.
[288] LG Kleve v. 25.10.1996 - 6 S 31/96 - NJW-RR 1997, 1140-1142.
[289] AG Stuttgart-Bad Cannstatt v. 17.09.1993 - 8 C 1967/93 - VuR 1994, 54.
[290] OLG Frankfurt v. 20.04.1994 - 17 U 120/93 - RRa 1994, 148-149: höhere Hotelkategorie und kostenloser Bus-Service zum entfernter (800 m statt 25 m) liegenden Strand.
[291] AG Hamburg v. 01.08.1995 - 21b 440/95 - RRa 1995, 224: Höhendifferenz von 40 Metern.
[292] AG Düsseldorf v. 26.01.1994 - 24 C 8284/93 - RRa 1994, 116-117: Barbados - 10% Minderung.
[293] AG Bad Homburg v. 08.11.2000 - 2 C 2804/00 - RRa 2001, 63-64: 5% Minderung.
[294] AG Düsseldorf v. 23.05.1995 - 26 C 2315/95 - RRa 1995, 209-210: „selbst in Hotels der alleröbersten Luxusklasse nicht üblich und möglich".
[295] OLG Düsseldorf v. 16.11.1995 - 18 U 84/95 - NJW-RR 1996, 887-888: 23 Schirme für 500 Gäste zu wenig.

sind 50 Liegen ausreichend.[296] Ein „Hotel mit Meerblick" muss nicht direkt am Strand liegen.[297] Ist die im Reiseprospekt neben der Beschreibung des Zielgebiets abgebildete Bucht in Wirklichkeit dort nicht vorhanden, kann gemindert werden.[298] Eine mangelhafte Reiseleistung liegt nicht bereits dann vor, wenn sich bei einer als „Beach Club" bezeichneten Ferienanlage das Haupthaus nur 100 m Luftlinie vom Strand entfernt befindet, der Fußweg zum Strand aber 700 m beträgt und der Katalog zutreffende Entfernungsangaben enthält, die auf die Notwendigkeit von vielerlei Fußwegen hinweisen.[299]

Ein Mangel besteht, wenn der hoteleigene **Sandstrand** infolge eines Wirbelsturms weitgehend nicht mehr vorhanden ist,[300] ebenso, wenn entgegen der Katalogbeschreibung „grober Sandstrand" grobe Kieselsteine vorhanden sind,[301] ein „schöner Sandstrand" tatsächlich steinig und felsig ist,[302] statt des zugesagten feinen, flachen Sandstrandes ein stark abfallender Kiesstrand[303] oder statt des zugesagten feinsandigen ein grobkörniger Sandstrand[304] vorhanden ist. Die Existenz eines Kiesstrandes stellt keinen Reisemangel dar, soweit nicht ein Sandstrand zugesichert wurde.[305] Wird im Prospekt ein prächtiger Badestrand mit idealen Bademöglichkeiten angezeigt, liegt ein Mangel vor, wenn der Strand bei Flut völlig von Wasser bedeckt ist,[306] ebenso, wenn statt des im Prospekt beschriebenen Strandes nur eine auf Klippen gebaute Badeplattform vorhanden ist[307]. Bei der Katalogbeschreibung „Naturstrand" kann der Reisende keinen reinen Sandstrand erwarten, sondern muss vielmehr auch mit großen Natursteinen sowie spitzen und scharfkantigen Tonscherben rechnen.[308]

61

Die **Belästigungen** an einem öffentlichen Strand durch Strandverkäufer[309] sind ebenso hinzunehmen wie Belästigungen durch Bettler oder Kinder in Entwicklungsländern[310].

62

Der Veranstalter haftet grundsätzlich nicht für den Zustand eines öffentlichen Strandes.[311] Eine **Verschmutzung** des Strandes durch das achtlose Verhalten anderer ist, insbesondere bei öffentlichen Stränden, hinzunehmen,[312] nicht aber eine Strandverschmutzung durch Kot;[313] jedoch kann es insbesondere in Ländern der Dritten Welt ortsüblich sein, dass die Einheimischen ihre Notdurft am Strand verrichten[314]. Eine nur vorübergehende Verschmutzung des Strandes ist kein Mangel.[315] Eine übliche Verschmutzung des Meeres durch Abwässer und Meeresalgen ist hinzunehmen, nicht aber dann, wenn ein Baden im Meer dadurch unmöglich wird. Besteht keine andere Bademöglichkeit im Meer, kann um 20% gemindert werden; ein Swimmingpool stellt keinen adäquaten Ersatz dar.[316] Ist ein Baden im Meer wegen starken Quallenbefalls nicht möglich, muss der Veranstalter im Prospekt darauf hinweisen.[317] Eine Bademöglichkeit in einer Lagune bedeutet nicht Baden in verschmutzungsfreiem Wasser;

63

---

[296] LG Hannover v. 23.10.2001 - 17 S 1073/01 - RRa 2002, 71-72.
[297] AG Hamburg v. 23.12.1997 - 22 C 204/97 - RRa 1998, 111-113.
[298] LG Kleve v. 25.10.1996 - 6 S 31/96 - NJW-RR 1997, 1140-1142: 10% Minderung.
[299] OLG Celle v. 22.04.2004 - 11 U 251/03 NJW-RR 2004, 1354-1355.
[300] LG Frankfurt v. 08.12.2000 - 2-21 O 189/00 - NJW-RR 2001, 1497-1498: 30% Minderung.
[301] LG Essen v. 10.10.2002 - 10 S 186/02 - RRa 2003, 24-25: 10% Minderung.
[302] AG Bad Homburg v. 08.06.2001 - 2 C 354/01 - RRa 2001, 205-206: 10% Minderung.
[303] AG Frankfurt v. 08.02.1991 - 32/30 C 2122/90 - NJW-RR 1991, 1144-1145: 20% Minderung.
[304] AG Düsseldorf v. 01.08.1997 - 231 C 2599/97 - RRa 1997, 235-236: 5% Minderung.
[305] AG Syke v. 29.03.1996 - 13 C 541/95 - RRa 1996, 154: „einem der beliebtesten Sandstrände der Westküste".
[306] AG Stuttgart v. 04.03.1997 - 16 C 2476/96 - NJW-RR 1999, 489-491: Kenia.
[307] AG Düsseldorf v. 26.05.2003 - 37 C 15672/02 - NJW-RR 2003, 1363.
[308] AG Bad Homburg v. 12.07.2004 - 2 C 150/04 - RRa. 2004, 210-212; 5% Minderung.
[309] AG Düsseldorf v. 21.09.1993 - 26 C 7992/93 - RRa 1994, 102.
[310] OLG Düsseldorf v. 06.07.1981 - 5 U 3/81 - Fremdenverkehrsrechtliche Entscheidungen Zivilrecht, Nr. 297.
[311] LG Düsseldorf v. 18.05.2001 - 22 S 54/00 - RRa 2001, 222-225; AG Düsseldorf v. 10.11.1993 - 53 C 15469/93 - RRa 1994, 104; AG Hamburg v. 12.04.1994 - 9 C 2226/93 - RRa 1994, 100: Mittelmeer; AG Berlin-Tiergarten v. 18.03.1997 - 2 C 480/96 - RRa 1997, 151-154: Kuba.
[312] AG Baden-Baden v. 31.08.1993 - 6 C 19/93 - RRa 1994, 12-14; Tempel, Materielles Recht im Zivilprozeß, 3. Aufl. 1999, S. 418.
[313] LG Frankfurt v. 09.02.1987 - 2/24 S 150/86 - NJW-RR 1987, 566-567; LG Hannover - 17 O 153/82: jeweils 20% Minderung.
[314] AG Nürnberg v. 24.08.1998 - 20 C 4724/98 - NJW-RR 1999, 567-568: Billigreise nach Sri Lanka.
[315] OLG Düsseldorf v. 15.02.1982 - 5 U 160/71 - Fremdenverkehrsrechtliche Entscheidungen Zivilrecht, Nr. 336.
[316] AG Baden-Baden v. 31.08.1993 - 6 C 19/93 - RRa 1994, 12-14.
[317] LG Düsseldorf v. 02.08.1991 - 22 S 498/90 - RRa 1994, 121.

ein Baden muss lediglich ohne Gesundheitsgefahr und ohne Überwindung von Abscheu und Ekel möglich sein.[318] Ein Reisemangel ist gegeben, wenn vom gebuchten Hotel ins Meer geleitete Abwässer zu einer Beeinträchtigung des Strandes führen.[319]

64 Ein Reisemangel liegt vor, wenn der vorgesehene Reiseverlauf geändert und eine Rundreise erst im Anschluss an einen Badeurlaub durchgeführt wird.[320]

c. Geruch

65 Geruchsbeeinträchtigungen, z.B. durch Mülltonnen, Kläranlagen oder Mülldeponien, stellen einen Mangel dar.[321] Das gilt auch, wenn durch starke Geruchseinwirkungen die Benutzung des Hotelswimmingpools unmöglich wird.[322] Hinzunehmen sind in Hotelzimmern Geruchseinwirkungen durch Insektenschutzmittel,[323] nicht dagegen zu Kopfschmerzen führender Geruch[324].

d. Lärm

66 Der Reiseveranstalter ist verantwortlich für Lärm, der von der Nachbarschaft ausgeht. **Baulärm** in oder unmittelbar bei der Unterkunft stellt einen schweren Mangel dar, der zu einer Minderung und ggf. zur Zubilligung von Schadensersatz wegen nutzlos aufgewendeter Urlaubszeit führen kann.[325] Der Veranstalter muss den Reisenden auf Baustellen- oder erheblichen Verkehrslärm hinweisen. Die Bezeichnung als „aufstrebend" für den Urlaubsort oder die Umgebung der Unterkunft ist kein ordnungsgemäßer Hinweis auf Baulärm; diese Angabe ist zu pauschal.[326] Weist der Veranstalter auf bevorstehende Bauarbeiten in der Umgebung nicht hin, handelt er schuldhaft i.S.d. § 651f BGB.[327] Die Pflicht zur Beobachtung bevorstehender Störungsquellen ist nicht abdingbar.[328]

67 Die Lage eines Hotels in der Nähe eines Flughafens stellt nicht ohne weiteres einen Reisemangel dar.[329] Beeinträchtigungen durch **Fluglärm** muss der Reisende hinnehmen, wenn im Katalog neben der Ortsbezeichnung ein Flughafenzeichen abgebildet und der Ort als Zielflughafen angegeben ist,[330] erst recht bei einem ausdrücklichen Hinweis im Katalog, dass aufgrund der Nähe zum Flughafen u.U. zeitweise Fluglärm zu hören sein kann[331]. Etwas anderes mag gelten, wenn der Fluglärm ungewöhnlich stark und häufig ist.[332] Beim Hinweis, dass sich das Hotel in der Nähe des Flughafens befindet, muss der Reisende damit rechnen, dass es sich unmittelbar am Flughafen befindet.[333] Auf die Nichtgeltung des Nachtflugverbots außerhalb von Deutschland muss der Veranstalter nicht hinweisen.[334] Lärm durch einen nahe gelegenen Militärstützpunkt oder Truppenübungsplatz ist ein Reisemangel.[335] Gleiches gilt bei einer Erklärung zum militärischen Sperrgebiet[336] oder Belegung der Hotelanlage mit Soldaten, die

---

[318] OLG Düsseldorf v. 06.11.1997 - 18 U 32/97 - NJW-RR 1999, 491-492: Acapulco.
[319] AG Bad Homburg v. 12.07.2004 - 2 C 150/04 - RRa 2004, 210-212: 5% Minderung.
[320] LG Mönchengladbach v. 20.12.1989 - 4 S 236/89 - NJW-RR 1990, 317-318; AG Düsseldorf v. 14.05.1997 - 53 C 273/97 - NJW-RR 1997, 1343-1344.
[321] *Saudinger* in: Staudinger, § 651c Rn. 116.
[322] OLG Düsseldorf v. 01.12.1994 - 18 U 85/94 - RRa 1995, 70-71: 35% Minderung.
[323] AG Kleve v. 07.05.1999 - 3 C 109/99 - RRa 1999, 183-184.
[324] AG Kleve v. 29.11.2000 - 35 C 1387/99 - RRa 2001, 210-211: 5% Minderung.
[325] LG Düsseldorf v. 07.11.1986 - 22 S 104/86 - NJW-RR 1987, 176-177; LG Hannover v. 28.01.1987 - 11 S 378/86 - NJW-RR 1987, 496-497; LG Kleve v. 17.06.1998 - 4 S 25/98: Baustelle in unmittelbarer Nähe der Unterkunft - 25% Minderung.
[326] *Staudinger* in: Staudinger, § 651c Rn. 82; a.A. AG Hamburg v. 22.03.1994 - 9 C 2199/93 - RRa 1994, 131.
[327] LG Düsseldorf v. 07.11.1986 - 22 S 104/86 - NJW-RR 1987, 176-177.
[328] *Staudinger* in: Staudinger, § 651c Rn. 82.
[329] OLG Düsseldorf v. 09.10.1997 - 18 U 209/96 - NJW-RR 1998, 921-922.
[330] AG Hamburg v. 12.04.1994 - 9 C 2226/93 - RRa 1994, 100.
[331] AG Hannover v. 11.04.2003 - 535 C 190/02 - RRa 2004, 189-190.
[332] AG Bad Homburg v. 08.09.2000 - 2 C 861/99 - RRa 2000, 207-208.
[333] AG Frankfurt v. 24.09.1997 - 11 C 2140/97 - RRa 1998, 3-4.
[334] AG Frankfurt v. 24.09.1997 - 11 C 2140/97 - RRa 1998, 3-4.
[335] OLG Düsseldorf v. 06.11.1997 - 18 U 32/97 - NJW-RR 1999, 491-492: Militärflugbasis in 50 Meter Entfernung vom Bungalow - 10% Minderung; KG Berlin v. 18.11.1976 - 12 U 1953/76 - MDR 1977, 402.
[336] AG Frankfurt v. 22.05.1980 - 30 C 10028/80 - Fremdenverkehrsrechtliche Entscheidungen Zivilrecht Nr. 248: Jordanien.

an einem Manöver teilnehmen.[337] Bucht der Reisende ein Hotel im Stadtzentrum, muss er Straßenlärm hinnehmen.[338] Jedoch kann sich der Reiseveranstalter bei **außergewöhnlichen Lärmquellen** nicht darauf berufen, bei Buchung eines Stadthotels habe der Reisende ohnehin mit Straßenlärm rechnen müssen.[339] Erhöhte Sicherungsmaßnahmen infolge der Anwesenheit hochrangiger Politiker in der Ferienanlage sind als Reisemangel gewertet worden,[340] Unannehmlichkeiten infolge eines in der Nähe stattfindenden EU-Gipfels nicht[341].

Beeinträchtigungen durch Bars, Restaurants, Diskotheken sind in der Regel bis Mitternacht hinzunehmen.[342] Erfolgt ein besonderer Hinweis auf entsprechende Lokalitäten, sind auch spätere Beeinträchtigungen hinzunehmen.[343] Weist der Prospekt darauf hin, dass das Hotel in einem Gebiet liegt, in dem das Nachtleben seinen Schwerpunkt hat, kann kein für den Ruhe suchenden Urlauber geeignetes Hotel erwartet werden.[344] Das gilt auch bei speziellem Zuschnitt auf jüngeres Publikum[345] oder soweit **nächtlicher Lärm** orts- oder landesüblich ist. Jedoch stellt auch in südlichen Ländern eine Lärmbelästigung bis 4 Uhr morgens durch eine Diskothek[346] in der Nähe der Ferienanlage einen Reisemangel dar, wenn im Katalog eine „ruhige Lage" zugesichert war[347]. Auch in einem einfacheren Hotel „für Unternehmenslustige" muss ständiges Grölen und Lärmen Jugendlicher nicht hingenommen werden[348]. Beim Urlaub in einer dem **Massentourismus** dienenden Hotelanlage der Mittelklasse (sog. „Bettenburg") ist kindlicher Lärm hinzunehmen, soweit dieser kindlichem Verhalten entspricht.[349]

68

3. Service, Verpflegung

Bei einem in Deutschland mit einem inländischen Veranstalter abgeschlossenen Vertrag kann der Reisende eine **deutschsprachige** Reiseleitung erwarten.[350] Auch das Fehlen einer deutschsprachigen Animation berechtigt zur Minderung, wenn eine solche im Prospekt versprochen ist[351]. Bei Ankündigung einer „Fahrt mit deutschsprachigem Führer/Fahrer" ist ein Reisemangel gegeben, wenn der Fahrer nur Arabisch spricht.[352] Das gilt auch, wenn das im Prospekt angekündigte englischsprachige Personal nicht vorhanden ist.[353]

69

Die Unfreundlichkeit des Personals allein berechtigt nicht zur Minderung.[354] Werden Reisende über mehrere Tage hinweg vom Reiseleiter in aggressiver Form zur Teilnahme an einem (aufpreispflichtigen) Galadiner genötigt, kann gemindert werden.[355] **Servicemängel** können in mangelhafter Zimmerreinigung, mangelhaftem Wäschewechsel oder in einem vollständigen Ausfall von Service und **Verpflegung** liegen. So stellt es einen Mangel dar, wenn in einem Komforthotel die Bettwäsche nur einmal

70

---

[337] AG Köln v. 19.06.2001 - 135 C 556/00 - NJW-RR 2002, 702-703: 1.000 US-Soldaten in Mombasa - 40% Minderung.
[338] AG Düsseldorf v. 26.02.1991 - 39 C 15498/90 - RRa 1994, 122.
[339] LG Frankfurt v. 19.08.1991 - 2/24 S 64/91 - NJW-RR 1992, 51-52: Tunesien - bei Tag und Nacht mit Pressluft-Fanfaren hupende Lokomotiven auf Bahnhofsvorplatz.
[340] AG Düsseldorf v. 12.05.1998 - 58 C 3213/98 - RRa 1998, 158-159.
[341] AG Duisburg v. 27.11.2003 - 33 C 4084/03 - RRa 2004, 173-175; ablehnend *Bergmann*, RRa 2004, 175-176.
[342] LG Hannover v. 23.10.1986 - 3 S 58/86 - VuR 1987, 106-107; AG Kleve v. 07.05.1999 - 3 C 109/99 - RRa 1999, 183-184.
[343] AG Köln v. 19.05.1983 - 122 C 176/82 - Fremdenverkehrsrechtliche Entscheidungen 20, Nr. 487 (1985).
[344] AG Kleve v. 11.05.1998 - 3 C 197/98 - RRa 1998, 138: Playa del Ingles (Gran Canaria).
[345] *Seiler* in: Erman, § 651c Rn. 7; *Staudinger* in: Staudinger, § 651c Rn. 84.
[346] LG Frankfurt v. 30.10.1997 - 2-24 S 120/96 - RRa 1998, 138-140.
[347] OLG Köln v. 24.01.2000 - 16 U 42/99 - NJW-RR 2000, 1439-1441: 20% Minderung.
[348] AG Bad Homburg v. 12.12.1995 - 2 C 3510/95 - RRa 1996, 114: 10% Minderung.
[349] LG Kleve v. 20.12.1996 - 6 S 34/96 - NJW-RR 1997, 1208-1209: Mallorca; AG Duisburg v. 05.05.2004 - 3 C 1218/04 - RRa 2004, 118-120: 200-250 Schulkinder in Mittelklassehotel.
[350] AG Heidelberg v. 23.08.1994 - 62 C 106/93 - RRa 1995, 13-15.
[351] AG Düsseldorf v. 08.12.1993 - 25 C 16849/93 - RRa 1994, 122.
[352] AG Frankfurt v. 19.12.1997 - 32 C 1201/97 - NJW-RR 1998, 709-710: Landrover-Fahrt durch den Jemen - 20% Minderung.
[353] LG Frankfurt v. 10.01.1997 - 2-24 S 374/96 - RRa 1997, 218-219: ausschließlich Chinesisch sprechendes Personal - 10% Minderung.
[354] *Seiler* in: Erman, § 651c Rn. 7.
[355] AG Hamburg v. 10.03.2004 - 10 C 514/03 - RRa 2004, 123-126: 10% Minderung für 10 Tage.

§ 651c

wöchentlich und die Handtücher zweimal wöchentlich gewechselt werden.[356] Unsauberes Geschirr[357] oder Unterbringung in einem ungereinigten und von Ameisen befallenen Zimmer ohne eigenes Bad[358] oder ohne regulierbare Klimaanlage[359] stellen Reisemängel dar. Wird die Hotelunterkunft infolge anhaltender Regenfälle durchfeuchtet und die Bettwäsche nass, liegt ein (erheblicher) Mangel vor.[360] Werden infolge eines Streiks weder Mahlzeiten gereicht noch Serviceleistungen erbracht, beträgt die Minderung bei Halbpension 50%, bei Vollpension 60% des auf die Streikdauer entfallenden Anteils des Gesamt-Reisepreises.[361] Karges Frühstück,[362] eintöniges[363] oder regelmäßig lauwarmes[364] Essen sind Mängel. Ein Mangel ist auch gegeben, wenn sich der Reisende für das Abendessen zwei Stunden vorher vormerken lassen muss.[365] Das Fehlen eines zugesicherten à-la-carte-Restaurants berechtigt zur Minderung,[366] ebenso das Fehlen einer im Katalog angegebenen Diskothek im Hotel[367] oder der zugesagten Kinderbetreuung[368].

71 Öliges oder fettiges Essen im Mittelmeerraum stellt **keinen Mangel** dar.[369] Ein Mangel liegt auch dann nicht vor, wenn während der Hauptsaison lange Wartezeiten[370] entstehen, bei Wartezeiten am Buffet von 20 bis 30 Minuten,[371] wenn in zwei Schichten[372] gegessen wird, bei Selbstbedienung,[373] bei einheitlichem Essen im Rahmen einer Gruppenreise,[374] bei monotonem Buffet-Angebot in Ländern mit Versorgungsengpässen[375] oder wenn südländische Speisen zu einer Magenverstimmung[376] führen.

72 Ein Reisemangel liegt aber vor, wenn derartige Beeinträchtigungen ein **erhebliches Ausmaß** annehmen, zum Beispiel bei einer Salmonellenvergiftung infolge verdorbener Speisen,[377] nicht aber dann, wenn die Erkrankungen in keinerlei Zusammenhang mit der Reiseleistung des Veranstalters stehen[378]. Der Reisende muss den Nachweis führen, dass die Verpflegung ursächlich für die Erkrankung war.[379] Erkrankt eine nennenswerte Zahl von Reisenden gleichzeitig und in gleicher Art und Weise, z.B. an einer Lebensmittel-, Salmonellenvergiftung, tritt eine **Umkehr der Beweislast** ein, so dass der Veran-

---

[356] AG Bad Homburg v. 27.05.1997 - 2 C 289/97 - NJW-RR 1997, 1341-1342: 12,5% Minderung.
[357] LG Frankfurt v. 11.03.1991 - 2/24 S 251/90 - NJW-RR 1991, 880-881.
[358] LG Köln v. 06.06.2001 - 10 S 85/01 - RRa 2001, 180-182: 30% Minderung.
[359] LG Düsseldorf v. 18.05.2001 - 22 S 54/00 - RRa 2001, 222-225: 14% Minderung; nach AG Düsseldorf v. 23.05.1995 - 26 C 2315/95 - RRa 1995, 209-210 gilt eine Klimaanlage als vorhanden, wenn sie wenigstens zu Zeiten, in denen sich Reisende üblicherweise auf dem Zimmer aufhalten, funktioniert.
[360] AG Bad Homburg v. 12.09.1996 - 2 C 2245/96 - NJW-RR 1997, 818-819: 60% Minderung.
[361] LG Frankfurt v. 14.04.1980 - 2/24 S 258/79 - NJW 1980, 1696-1697.
[362] OLG Düsseldorf v. 15.02.1982 - 5 U 160/71 - Fremdenverkehrsrechtliche Entscheidungen Zivilrecht, Nr. 336; OLG Düsseldorf v. 06.11.1997 - 18 U 52/97 - NJW-RR 1998, 922-923.
[363] LG Frankfurt v. 11.03.1991 - 2/24 S 251/90 - NJW-RR 1991, 880-881: 10% Minderung.
[364] AG Ludwigsburg v. 29.06.1995 - 1 C 1908/95 - RRa 1995, 207-208: 5-10% Minderung; AG München v. 27.04.2001 - 274 C 23427/00 - RRa 2002, 25-26: 5% Minderung.
[365] AG München v. 27.04.2001 - 274 C 23427/00 - RRa 2002, 25-26: Club der gehobenen Kategorie - 5% Minderung.
[366] AG Bad Homburg v. 11.12.2003 - 2 C 2154/03 - RRa 2004, 17-18: 5% Minderung.
[367] OLG Düsseldorf v. 10.12.2003 - 18 U 97/03 - StBT 2004, Nr. 7, 19: 5% Minderung.
[368] OLG Nürnberg v. 06.05.1999 - 13 U 66/99 - OLGR Nürnberg 1999, 276: 20% Minderung.
[369] AG Köln v. 26.04.1984 - 128 C 1/84 - Fremdenverkehrsrechtliche Entscheidungen 20, Nr. 488 (1985); AG Frankfurt v. 25.06.1984 - 30 C 14507/83 - Fremdenverkehrsrechtliche Entscheidungen 20, Nr. 478 (1985).
[370] LG Frankfurt v. 15.11.1993 - 2/24 S 156/92 - NJW-RR 1994, 178-179: 30 Minuten hinnehmbar; LG Kleve v. 02.12.1998 - 4 S 174/98 - RRa 1999, 63-64: 20 Minuten; LG Düsseldorf v. 11.01.2002 - 22 S 631/00 - RRa 2002, 67-68: 20-30 Minuten.
[371] AG Duisburg v. 05.05.2004 - 3 C 1218/04 - RRa 2004, 118-120.
[372] Vgl. die Nachweise bei *H.-W. Eckert* in: Soergel, § 651c Rn. 28.
[373] OLG Frankfurt v. 11.11.1987 - 19 U 117/86 - ZfSch 1988, 99.
[374] OLG Düsseldorf v. 17.02.1994 - 18 U 40/93 - NJW-RR 1995, 368-369.
[375] OLG Düsseldorf v. 16.11.1995 - 18 U 84/95 - NJW-RR 1996, 887-888: Kuba.
[376] AG Hamburg v. 21.02.1995 - 9 C 505/94 - RRa 1995, 108-109; AG Frankfurt v. 29.05.1995 - 3 C 8032/95 - RRa 1996, 11-12.
[377] LG Frankfurt v. 23.08.1993 - 2/24 S 394/92 - NJW-RR 1993, 1330-1332.
[378] AG Kleve v. 02.10.1996 - 30 C 19/96 - RRa 1996, 245: Meningitis.
[379] LG Berlin v. 18.10.1991 - 22 O 543/90 - RRa 1994, 64-65: Durchfall-Erkrankung; AG Düsseldorf v. 19.04.1991 - 28 C 12424/90 - RRa 1994, 102: Magen-Darm-Erkrankung; AG Frankfurt v. 29.05.1995 - 3 C 8032/95 - RRa 1996, 11-12: Magen-Darm-Erkrankung.

stalter den Entlastungsbeweis führen muss,[380] ebenso bei Erkrankung einer einzelnen Person, wenn feststeht, dass die Erkrankung auf die Verpflegung im Hotel zurückzuführen ist.[381] Ist dem Veranstalter die **Häufung von Erkrankungen** in einem Hotel bekannt (vgl. die Kommentierung zu § 651f BGB Rn. 23) und schickt er trotzdem weiter Gäste dorthin, können diese mindern, wenn sie ebenfalls erkranken.[382]

4. Reisen mit besonderem Charakter

a. Studienreisen, Sprachreisen

Bei einer Studienreise sind an die Tätigkeit und Qualifikation eines **Reiseleiters** höhere Anforderungen zu stellen als bei einem kurzen Hotelaufenthalt oder einer kurzen Rundreise.[383] Ein Reisemangel liegt bei einer Studienreise vor, wenn ein wesentlicher Teil ausfällt, ein Reiseleiter nicht hinreichend wissenschaftsbezogen ausgebildet ist und seine Sprachkenntnisse unzureichend sind,[384] keine Vorbereitungsliteratur zur Verfügung steht,[385] Museen streikbedingt geschlossen sind[386] oder bei einzelnen Sehenswürdigkeiten nicht angemessen lange verweilt werden kann[387]. Bei einer Studienreise mit „nicht zu anstrengenden Führungen" in eine „vom Tourismus noch unberührte Landschaft Griechenlands" muss der Reisende mit körperlichen Anstrengungen rechnen.[388] Dem Reiseleiter müssen die einzelnen Sehenswürdigkeiten **nicht** aus eigener Anschauung bekannt sein.[389]

73

Wird für eine **Sprachreise** Gruppenunterricht vereinbart, kommt es dem Reisenden regelmäßig auf das Lernerlebnis in der Gruppe an, und ein stattdessen durchgeführter Einzelunterricht stellt einen Mangel dar. Bei der Angabe „Mindestteilnehmerzahl 10" kann von Gruppenunterricht ausgegangen werden.[390] Ungeeignete Unterrichtsräume stellen einen Mangel dar.[391] Ein Mangel ist auch gegeben, wenn bei **Sprachreisen** die Sprachkurse überhaupt nicht abgehalten werden. Erfolgt die Anreise aufgrund fehlerhafter Ortsangabe durch den Veranstalter zwei Tage verspätet und kann der Reisende an dem von ihm gewünschten Sprachkurs nicht teilnehmen, weil dieser inzwischen besetzt ist, liegt ein Reisemangel vor.[392]

74

---

[380] OLG München v. 20.12.1999 - 26 U 4306/99 - RRa 2000, 77; OLG Düsseldorf v. 21.09.2000 - 18 U 52/00 - RRa 2001, 49-50: Erkrankungen im Verhältnis zur Gästezahl, aber mindestens 10% der Gäste; LG Hannover v. 09.03.1989 - 3 S 335/88 - NJW-RR 1989, 633-635; LG Berlin v. 18.10.1991 - 22 O 543/90 - RRa 1994, 64-65; LG Frankfurt v. 23.08.1993 - 2/24 S 394/92 - NJW-RR 1993, 1330-1332; LG Darmstadt v. 13.01.1995 - 3 O 442/92 - RRa 1995, 123-125; LG Frankfurt v. 15.04.1996 - 2-24 S 496/94 - NJW-RR 1997, 244-245: Ciguatera-Fischvergiftung als allgemeines Lebensrisiko, daher keine Beweislastumkehr; LG Düsseldorf v. 22.09.2000 - 22 S 355/99 - NJW-RR 2001, 1063-1064: Ciguatera-Fischvergiftung führt bei erheblichen Krankheitssymptomen zu 100% Minderung; LG Frankfurt v. 28.08.2003 - 2-24 S 47/03 - RRa 2003, 259-260; LG Hannover v. 13.01.2004 - 17 S 61/03 - RRa 2004, 95-96; AG Ludwigsburg v. 05.02.1998 - 1 C 1598/97 - NJW-RR 1999, 710-711; ebenso bei unhygienischen Verhältnissen im Hotelschwimmbecken: OLG München v. 20.12.1999 - 26 U 4306/99 - juris Rn. 7 - RRa 2000, 77: Amöben-Ruhr.

[381] LG Düsseldorf v. 22.09.2000 - 22 S 355/99 - NJW-RR 2001, 1063-1064; LG Düsseldorf v. 13.10.2000 - 22 S 443/99 - NJW 2001, 1872-1873: 100% Minderung ab Beginn der Krankheit; nicht aber, wenn sich Urlauber überwiegend außerhalb des Hotels aufhält und verpflegt: OLG Düsseldorf v. 06.11.1997 - 18 U 32/97 - NJW-RR 1999, 491-492 (Darm-Erkrankung).

[382] AG Düsseldorf v. 31.08.1993 - C 294/92 - RRa 1994, 103.

[383] LG Düsseldorf v. 07.02.1997 - 22 S 317/96 - NJW-RR 1998, 562-563: keine ausreichende „deutschsprachige Betreuung eines qualifizierten Reiseleiters" auf USA-Rundreise - 20% Minderung.

[384] LG Frankfurt v. 03.09.1984 - 2/24 S 64/84 - MDR 1985, 141-142; LG Hannover v. 29.11.2001 - 3 S 993/01 - RRa 2002, 91-92: nur Chinesisch; AG Heidelberg v. 23.08.1994 - 62 C 106/93 - RRa 1995, 13-15: Englisch in Oman - 20% Minderung.

[385] LG Hildesheim v. 27.04.1988 - 7 S 49/88 - NJW-RR 1988, 1333.

[386] Seyderhelm, Reiserecht, 1997, § 651c Rn. 20; a.A. LG Frankfurt v. 08.11.1982 - 2/24 S 155/81 - NJW 1983, 237-238.

[387] LG Frankfurt v. 11.03.1985 - 2/24 S 218/84 - MDR 1985, 585: bei Aufzählung der Sehenswürdigkeiten im Katalog.

[388] LG Heidelberg v. 18.10.1983 - 4 S 19/83 - NJW 1984, 133-134: 70% schwerbehinderte Ärztin im Ruhestand.

[389] LG Hannover v. 29.11.2001 - 3 S 993/01 - RRa 2002, 91-92: Studienreise durch China.

[390] LG Frankfurt v. 12.03.1990 - 2/24 S 299/89 - NJW-RR 1990, 699-700: 2½-stündiger Einzelunterricht statt eintägigem Gruppenunterricht.

[391] LG Frankfurt v. 18.06.1990 - 2/24 S 306/89 - NJW-RR 1990, 1211-1212: private Küche statt Schule.

[392] LG Hannover v. 10.04.1991 - 11 S 284/90 - NJW-RR 1992, 50-51.

§ 651c

75 Ist die Mietwagenbenutzung bei einer Rundreise durch Kanada eingeschränkt und kann der Reisende deshalb bestimmte Hauptreiseziele nicht anfahren, liegt ein Reisemangel vor.[393] Ein Reisemangel ist auch gegeben, wenn der vorgesehene Reiseverlauf geändert und eine Rundreise erst im Anschluss an einen Badeurlaub durchgeführt wird.[394]

76 Bei Buchung eines Musical-Arrangements (Musical-Besuch mit Hotelübernachtung) berechtigen Karten für zwei weit auseinander liegende Sitzplätze zur Minderung.[395]

77 Ein Reisemangel liegt vor, wenn der vereinbarte Fahrschulunterricht unzumutbar organisiert ist.[396]

b. Schiffsreisen, Kreuzfahrt

78 Bei einer **Kreuzfahrt** stellt es einen Mangel dar, wenn die Unterbringung statt auf dem gebuchten auf einem kleineren, älteren Schiff mit nicht gleichwertiger Ausstattung[397] oder auf einem in anderer Hinsicht nicht gleichwertigen Schiff[398] erfolgt. Bereits die Unterbringung auf einem anderen als dem vereinbarten Kreuzfahrtschiff stellt ohne Berücksichtigung der Vergleichbarkeit der **Ausstattung** einen Mangel[399] dar; eine geringe oder gar fehlende Qualitätsabweichung ist im Rahmen der Mängelquote zu berücksichtigen.[400] Verschmutzungen auf dem Deck eines Schiffes, die durch Windböen oder den Fahrtwind verursacht sind oder sich aus der Salzhaltigkeit der Luft ergeben, berechtigen nicht zur Minderung.[401] Gleiches gilt, wenn der Bereich der Süßwasserdusche eines Motorsegelschiffes durch häufige Benutzung nass ist.[402] Der Reisende muss im Außenbereich eines Schiffes mit Gefahrenstellen aufgrund von Feuchtigkeit rechnen und sich darauf einstellen. Rutscht er dort aus, steht ihm kein Schadensersatzanspruch zu.[403] Ein Reisemangel liegt vor, wenn trotz günstiger Wind- und Witterungsverhältnisse mit Motorkraft gefahren[404] oder die Kreuzfahrt mit einem Motorschiff ohne Mast und Segel statt mit einem Motorsegelschiff[405] durchgeführt wird. Auf die Funktions- und Seetüchtigkeit einer Segelyacht kann sich der Reisende bei Übernahme weitgehend ohne eigene Überprüfung verlassen, insbesondere wenn dem übergebenden Eigner bekannt ist, dass die Reise durch allgemein als Schwerwettergebiet bekannte Gewässer führt.[406] Eine Fahrt auf einem Ausflugsschiff, welches nicht ausreichend Plätze für eine Schlechtwetterfahrt bietet, ist mangelbehaftet, soweit eine Schlechtwetterfahrt tatsächlich stattfindet.[407]

79 Die **Kabine** muss eine Mindestgröße aufweisen.[408] Bei **Unterbringung** statt in gebuchten Doppel-Kabinen mit Dusche und WC in einer 4-Bett-Kabine ohne sanitäre Einrichtungen ist ein Reisemangel gegeben,[409] ebenso, wenn in einer Dreier-Kabine die dritte Schlafgelegenheit in einem Sofa besteht, auf dem man nicht mit ausgestreckten Beinen schlafen kann[410]. Bei Buchung einer „Außenkabine" hat der Reisende einen Anspruch auf freien Blick auf das Meer; der Blick auf eine Schiffswand stellt einen Mangel dar.[411] Eine **nicht behindertengerechte Kabine** auf einem Kreuzfahrtschiff trotz ausdrückli-

---

[393] LG Frankfurt v. 29.11.1993 - 2/24 S 92/93 - NJW-RR 1994, 308-309: keine „unpaved roads" - Nationalparks (...) aber nur auf ungeteerten/unbefestigten Straßen zu erreichen.
[394] LG Mönchengladbach v. 20.12.1989 - 4 S 236/89 - NJW-RR 1990, 317-318; AG Düsseldorf v. 14.05.1997 - 53 C 273/97 - NJW-RR 1997, 1343-1344.
[395] LG Frankfurt v. 25.09.1997 - 2-24 S 282/96 - NJW-RR 1999, 57-58: „Starlight-Express".
[396] LG Frankfurt v. 31.07.1989 - 2/24 S 469/88 - NJW-RR 1989, 1399-1400.
[397] AG Düsseldorf v. 12.03.1992 - 42 C 16273/91 - RRa 1994, 105: Nil-Kreuzfahrtschiff - 40% Minderung.
[398] AG Braunschweig v. 23.11.1993 - 112 C 1431/93 - RRa 1994, 47-48: Nil-Kreuzfahrt - 10% Minderung.
[399] LG Frankfurt v. 10.01.1997 - 2-24 S 374/96 - RRa 1997, 218-219: Fluss-Kreuzfahrt in China („Drei Schluchten").
[400] LG Frankfurt v. 10.01.1997 - 2-24 S 374/96 - RRa 1997, 218-219: 20% Minderung.
[401] OLG Frankfurt v. 08.04.1993 - 16 U 102/92 - VuR 1993, 237-239: sowjetisches Schiff.
[402] AG Stuttgart v. 30.08.1993 - 13 C 5775/93 - VuR 1994, 54: Motorseglerreise in Türkei.
[403] AG Rostock v. 24.08.2011 - 47 C 29/11 - juris Rn. 20 und 23 - RRa 2012, 53.
[404] LG Hannover v. 30.09.1998 - 12 S 55/98 - NJW-RR 1999, 1004-1005.
[405] AG Hamburg v. 16.05.2000 - 18B C 467/99 - RRa 2001, 35-36: 15% Minderung.
[406] OLG Düsseldorf v. 17.11.1994 - 18 U 76/94 - NJW-RR 1995, 314: Biskaya/Atlantik.
[407] OLG Düsseldorf v. 19.03.1992 - 18 U 178/91 - NJW-RR 1992, 1461-1462: 45 Passagiere für 20/22 Aufenthaltsplätze unter Deck - Herzinfarkt.
[408] AG München v. 20.04.1989 - 1163 C 43496/88 - NJW-RR 1989, 1528.
[409] AG Königstein v. 08.05.1996 - 21 C 97/96 - RRa 1996, 150-151: Indonesien.
[410] AG Offenbach v. 31.01.2001 - 31 C 6017/00 - RRa 2001, 97: 35% Minderung.
[411] AG Stuttgart-Bad Cannstatt v. 05.01.1996 - 10 C 3489/95 - RRa 1996, 56-57.

cher Bestätigung der Rollstuhlbreite in der Buchungsbestätigung berechtigt zur Minderung.[412] Die Aussage, das gebuchte Schiff sei insgesamt „behindertengerecht" eingerichtet, ist aber zu vage, um als zugesicherte Eigenschaft im Rechtssinne gelten zu können.[413] Fehlt die zugesagte Möglichkeit der Benutzung des Swimmingpools, liegt ein Reisemangel vor.[414] Ein erheblicher Reisemangel ist gegeben, wenn bei hohen Temperaturen und fehlender Möglichkeit der Durchlüftung der Schiffskabine die zugesagte Klimaanlage fehlt.[415] Auf einem 4-Sterne-Schiff können eine Grundreinigung der Kabine vor Reiseantritt und mindestens zwei weitere Reinigungen pro Woche erwartet werden.[416] Erleidet ein Reisender auf einer Kreuzfahrt während eines Sturms eine **Sturzverletzung**, verwirklicht sich lediglich das allgemeine Lebensrisiko.[417] Bei einer Hochsee-Segelreise stellen durchnässte Kojen infolge eines Wassereinbruchs einen – erheblichen – Mangel dar.[418] Gleiches gilt, wenn bei einem Boots-Chartervertrag ein Boot als „ideal für mehrere Ehepaare" zugesichert wird und die Ehepaare entgegen dieser Zusicherung die Nächte nicht gemeinsam in einer jeweils eigenen Kabine verbringen können.[419] Endet eine Segelreise vorzeitig mit einem **Schiffbruch**, besteht ebenfalls ein – zur Kündigung berechtigender – Mangel.[420] Unzureichende hygienische Zustände bei einem **Segeltörn** in den Tropen können im Einzelfall einen Mangel darstellen.[421] Bei einer „Abenteuer-Schiffsreise" können nicht die Serviceleistungen eines Hotels erwartet werden.[422] Der Passagier einer Seereise muss sich auch auf die mit schlingernden Bewegungen eines Schiffes bei schwerem Seegang verbundenen Gefahren einstellen.[423]

Aussehen, Benehmen und landsmannschaftliche Herkunft von **Passagieren** einer Kreuzfahrt sind grundsätzlich nicht geeignet, einen Mangel der Kreuzfahrt als solcher zu begründen.[424] Eine Kreuzfahrtreise in die Karibik ist dagegen mangelbehaftet, wenn das Schiff fast ausschließlich einer Sonderveranstaltung durch Schweizer Folkloregruppen mit entsprechendem Programm dient.[425] 80

Ein Mangel liegt vor, wenn der Besuch von Ägypten als Teil der Reise wegen Landungsschwierigkeiten entfällt,[426] bei einer Eismeer-Kreuzfahrt die als hervorragendes Merkmal herausgestellte Erstumrundung Grönlands am fehlenden Einsatz eines zugesicherten Eisbrechers scheitert,[427] sich bei einer 18-tägigen Kreuzfahrt der Beginn um einen Tag verzögert und zwei Häfen nicht angelaufen werden können[428] oder sich die Abfahrt wegen Reparaturarbeiten um zweieinhalb Tage verzögert und dadurch drei von zehn Häfen nicht angelaufen werden können[429]. Der Reisende muss dagegen damit rech- 81

---

[412] AG Bonn v. 12.12.1996 - 4 C 191/96 - NJW-RR 1997, 1342-1343: 50% Minderung; vgl. auch AG Offenbach v. 21.06.1995 - 31 C 671/95 - RRa 1996, 242-243: Zusicherung, dass das Schiff insgesamt „behindertengerecht" eingerichtet sei, zu vage, um als zugesicherte Eigenschaft im Rechtssinne gelten zu können.

[413] AG Offenbach v. 21.06.1995 - 31 C 671/95 - RRa 1996, 242-243.

[414] AG München v. 27.04.2001 - 274 C 23427/00 - RRa 2002, 25-26: 5% Minderung.

[415] AG Königstein v. 08.05.1996 - 21 C 97/96 - RRa 1996, 150-151: (insgesamt) 55% Minderung; AG München v. 27.04.2001 - 274 C 23427/00 - RRa 2002, 25-26: 5% Minderung.

[416] AG Hamburg v. 10.03.2004 - 10 C 514/03 - RRa 2004, 123-126: Nil-Kreuzfahrt - 5% Minderung.

[417] OLG Bremen v. 03.06.1997 - 3 U 139/96 - MDR 1997, 1108.

[418] OLG Düsseldorf v. 17.11.1994 - 18 U 76/94 - NJW-RR 1995, 314: Biskaya/Atlantik.

[419] LG Frankfurt v. 30.01.1995 - 2-24 S 218/94 - RRa 1995, 89-90.

[420] OLG Frankfurt v. 15.12.1995 - 10 U 127/94 - RRa 1996, 84-88: Auflaufen auf Riff vor türkischer Küste.

[421] LG Düsseldorf v. 23.09.1991 - 9 O 432/89 - RRa 1994, 122: kein Mangel; LG Düsseldorf v. 03.09.1991 - 9 O 296/91 - RRa 1994, 122: Malediven, Minderung um 30%.

[422] LG Düsseldorf v. 18.01.1991 - 22 S 9/90 - RRa 1994, 122: Reinigung.

[423] LG Bremen v. 05.06.2003 - 7 O 124/03 - RRa 2004, 203-205: Sturz bei Windstärke 7.

[424] AG Frankfurt v. 09.05.1996 - 32 C 1579/95 - RRa 1996, 200: „Traumschiff" MS Berlin - Einpacken des Frühstücks und Vespern an historischen Stätten und Mitnahme von Kaffee in Thermoskannen.

[425] LG Frankfurt v. 19.04.1993 - 2/24 S 341/92 - NJW-RR 1993, 951-952: Reisender kann umfangreichem Unterhaltungsprogramm durch Veranstaltungen mit schweizerischem Volkscharakter (Blasmusik, Jodeln, Alphornblasen, Trachtentänze, Chörli-Singen etc.) nicht ausweichen; LG Hamburg v. 19.08.1993 - 302 S 18/93 - NJW-RR 1993, 1465-1466: kein Mangel bei Anteil jodelnder Folkloregruppen von 40% („internationale Kreuzfahrt" in Polarmeer).

[426] BGH v. 26.06.1980 - VII ZR 257/79 - juris Rn. 8 - BGHZ 77, 320-327; dagegen AG Ludwigsburg v. 10.12.1997 - 3 C 2952/97 - RRa 1998, 67: kein Mangel, soweit vor Reiseantritt zwischen Parteien konkludent ein Einverständnis darüber zustande kommt und Ersatzschiff gleichwertig ist.

[427] LG Frankfurt v. 02.05.1995 - 2/14 O 414/94 - NJW-RR 1995, 882-883: 30% Minderung.

[428] AG Bonn v. 25.06.1998 - 18 C 283/97 - RRa 1999, 87-88: „Faszination Nordland" - „äußerstenfalls 30%" Minderung, aber kein Kündigungsrecht nach § 651e BGB.

[429] AG Erkelenz v. 27.01.2004 - 14 C 464/03 - RRa 2004, 71-72: Schiff im Trockendock - 80% Minderung für 3 Tage.

nen, dass das Kreuzfahrtschiff nur auf Reede anlegt.[430] Die Änderung der Kreuzfahrtroute stellt – soweit vorbehalten – eine zulässige Leistungsänderung i.S.d. § 651a Abs. 5 BGB dar, wenn der Gesamtzusammenhang der Reise erhalten bleibt;[431] der Ausfall eines Landgangs stellt aber dann eine zum Rücktritt berechtigende wesentliche Leistungsänderung dar, wenn dieser im Prospekt besonders hervorgehoben ist und eine besondere Bedeutung für die Gesamtreise hat[432]. Hingegen ist eine wetterbedingte Routenänderung (wegen starker Winde, hohen Seegangs und Änderungen der Strömungsverhältnisse) nicht als Reisemangel gewertet worden.[433] Als eine unzumutbare Leistungsänderung ist es angesehen worden, dass während der Kreuzfahrt Ton- und Filmaufnahmen stattfanden.[434] Eine Schiffsreise auf dem Nil ist nicht mangelhaft, wenn sie flussabwärts statt flussaufwärts durchgeführt[435] oder wenn auch nachts gefahren[436] wird. Bei Verkürzung einer Nil-Kreuzfahrt um eine Teilstrecke liegt dagegen ein Mangel vor.[437] Bei einer „Ökumenischen Kreuzfahrt" muss dem Reisenden klar sein, dass er keine gewöhnliche Erholungs-Kreuzfahrt gebucht hat; er kann sich nicht darauf berufen, aufgrund des – vorab bekannten – Programmablaufs, in welchem Gottesdienste, Bibelarbeit, Vorträge etc. enthalten waren, sei Erholung nicht möglich gewesen.[438]

82 Ein bloßer Verstoß des Reisenden gegen eine Hausordnung oder gegen Anweisungen des Bordpersonals ohne unmittelbare Auswirkungen auf das Schiff, die Besatzung oder die Passagiere genügt regelmäßig noch nicht, um einen Verweis von Bord zu rechtfertigen. Ein Verstoß gegen Weisungen des Bordpersonals kann vielmehr einen Verweis vom Schiff nur dann rechtfertigen, wenn das weisungswidrige Verhalten des Reisenden Auswirkungen auf die Abläufe an Bord oder auf andere Passagiere haben kann.[439]

c. Expeditionen, Abenteuerreisen, Jagdreisen

83 Ein Mangel bei einer geführten **Trekking-Tour** liegt in der Wahl einer nicht vereinbarten Route, dem zeitweiligen Fehlen einer sachkundigen Führung und zusätzlichen Autotransporten,[440] bei **Abenteuerreisen** im zu geringen[441] oder zu hohen Expeditions- bzw. Abenteuercharakter,[442] im Einsatz nicht ausreichend qualifizierter Expeditionsleiter oder in fehlenden Sicherheitsvorkehrungen bei **Extrem-Expeditionen**[443]. Bei einer **Jagdreise** berechtigt das Fehlen einer vertraglich zugesagten Waffeneinfuhr-Genehmigung zur Kündigung.[444] Bestehen bei einer Elch- und Schwarzwildjagdreise die Treiberketten aus maximal drei bis vier Treibern und zwei Hunden, besteht ein Minderungsrecht.[445] Eine örtliche Jagdweise kann der Reisende nicht als nicht waidgerecht bemängeln, wenn er selbst auf diese Weise Wild erlegt.[446] Bei der Zusicherung, dass im Jagdrevier ein „hervorragender Wildbestand" vorhanden sei, schuldet der Veranstalter von Jagdreisen nicht gleich hohe Stückzahlen von verschiedenen Wildarten (z.B. Hirsche und Schwarzwild).[447] Bei diesen Reisen können keinesfalls mitteleuropäische Standards erwartet werden, vielmehr ist mit Pannen, Störungen und Unbequemlichkeiten zu rech-

---

[430] AG Stuttgart v. 25.03.1998 - 7 C 9734/97 - RRa 1998, 156-157.
[431] LG Hannover v. 11.12.2002 - 12 S 65/02 - RRa 2003, 27-28: kein Anlaufen von Zielen in Ägypten und Oman nach dem 11. September 2001; *Tempel*, RRa 1999, 107-113.
[432] AG Erkelenz v. 18.02.2004 - 8 C 328/03 - RRa 2004, 120-121: Alexandria/Ägypten.
[433] AG Hamburg v. 08.07.2004 - 22a C 103/04 - RRa 2005, 43-44.
[434] AG Oldenburg (Oldenburg) v. 05.10.1999 - 3 C 177/99 - RRa 2000, 132-133: ZDF-Fernsehfilm „Das Traumschiff".
[435] LG Bonn v. 16.03.1994 - 5 S 229/93 - NJW-RR 1994, 884: von Assuan nach Kairo.
[436] AG Hamburg v. 03.06.2003 - 4 C 446/01 - RRa 2003, 225-226.
[437] AG Stuttgart v. 09.08.1994 - 1 C 5918/93 - RRa 1995, 9-10.
[438] AG Stuttgart v. 25.03.1998 - 7 C 9734/97 - RRa 1998, 156-157.
[439] AG Frankfurt v. 25.03.2011 - 385 C 2455/10 - juris Rn. 70 - RRa 2011, 250-252.
[440] OLG Düsseldorf v. 26.05.1994 - 18 U 215/93 - NJW-RR 1995, 622-623.
[441] LG Frankfurt v. 16.05.1994 - 2/24 S 451/93 - RRa 1994, 173-174: zu hoher Komfort bei Expeditionsreise auf Sulawesi (Indonesien); AG Königstein v. 12.11.1993 - 21 C 350/93 - RRa 1994, 29-30.
[442] OLG Karlsruhe v. 27.01.1984 - 10 U 11/83 - OLGZ 1984, 250-253: Äthiopien.
[443] LG Frankfurt v. 29.12.1994 - 2-20 O 481/92 - RRa 1995, 67-70: Hochland-Trekking Irian-Jaya (Indonesien).
[444] LG Köln v. 21.12.1993 - 3 O 344/93 - Jagdrechtliche Entscheidungen XI Nr. 89: Büffeljagd in Tansania.
[445] AG Frankfurt v. 20.11.1992 - 32 C 2066/92 - NJW-RR 1993, 633-634: Elchjagdreise nach Weißrussland.
[446] AG Frankfurt v. 20.11.1992 - 32 C 2066/92 - NJW-RR 1993, 633-634: nächtliche Jagd auf Elche mit Suchscheinwerfern vom Jeep aus.
[447] AG Stuttgart v. 10.10.1995 - 16 C 4100/95 - RRa 1996, 37-38.

nen.⁴⁴⁸ Hinzunehmen sind z.B. abgepacktes statt frisches Brot⁴⁴⁹ oder Zubereitung von Essen auf schmutzigen Brettern und gelegentliches Auffinden von Ameisen und Insekten im Essen in einem tropischen Entwicklungsland⁴⁵⁰ oder unsaubere Zelte⁴⁵¹. Bei Reisen in ein **Entwicklungsland** muss sich der Reisende auf einen völlig anderen Kulturkreis sowie auf andere religiöse und politische Systeme einstellen;⁴⁵² mitteleuropäische Sicherheitsstandards können nicht erwartet werden⁴⁵³. Bei einer „Abenteuer-Schiffsreise" können nicht die Serviceleistungen eines Hotels (z.B. Reinigung) erwartet werden.⁴⁵⁴ Bucht der Reisende nicht eine ausgesprochene Abenteuerreise, kann er auch bei Reisen nach Sibirien einen gewissen Mindeststandard erwarten; die Angabe, das Hotelzimmer verfüge über Bad oder Dusche, darf der Reisende so verstehen, dass dort auch warmes Wasser zur Verfügung steht.⁴⁵⁵ Die Katalogangabe „Programmänderungen vorbehalten" erlaubt bei einer Safari nicht die Unterbringung in Zelten statt in Lodges⁴⁵⁶ oder den Wegfall eines größeren Besichtigungspunktes⁴⁵⁷. Wird im Rahmen einer Hundeschlitten-Tour über das ordnungsgemäße Funktionieren einer Eiskralle aufgeklärt, haftet der Reiseveranstalter nicht für Verletzungen, die durch die Eiskralle verursacht werden.⁴⁵⁸

Der Reisende hat grundsätzlich selbst zu überprüfen, ob er den Anforderungen gewachsen ist, insbesondere im Hinblick auf offensichtlich erkennbare Erschwerungsgründe wie Höhenlagen (dünne Luft) oder unwegsames Gelände.⁴⁵⁹ Der Veranstalter muss dagegen **auf Risiken hinweisen**, die der Reisende aufgrund seiner angegebenen Erfahrungen nicht einschätzen kann. Die Beschreibung einer Kanufahrt mit „Abenteuer Schweiz" ist zu unbestimmt, um einem Anfänger die Gefahren in einem Schweizer Fluss zu verdeutlichen.⁴⁶⁰ Ein Mangel liegt nicht bereits vor, wenn ein körperlich überforderter Reisender in einem Camp zurückgelassen wird, solange keine unmittelbare Gesundheits- oder Lebensgefahr besteht und ein zügiger Rücktransport vorgesehen ist. Anders verhält es sich dann, wenn der Reiseleiter das Expeditionsgebiet verlässt, ohne sich hinreichende Gewissheit vom Zustand des Reisenden und Evakuierungsmaßnahmen zu verschaffen und sich der Gesundheitszustand des Reisenden verschlechtert.⁴⁶¹

d. Cluburlaub, all-inclusive, FKK

Die Unterbringung in einem normalen Hotel statt einem Clubhotel stellt einen Mangel dar, weil **Cluburlaub** regelmäßig die Unterbringung in einem von Stadt und Verkehr abgegrenzten Gebiet, vielfach mit unmittelbarem Zugang zum Meer und einem vielfältigen Sport- und Unterhaltungsprogramm bedeutet.⁴⁶² Ein Veranstalter von Clubreisen, der umfangreiche Sportmöglichkeiten anbietet, ist nicht nur verpflichtet, dafür Sorge zu tragen, dass die in der Reisebeschreibung genannten Sportmöglichkeiten überhaupt vorhanden sind;⁴⁶³ vielmehr hat er auch dafür einzustehen, dass die zur Ausübung der Sportarten erforderlichen Clubeinrichtungen und Ausstattungen in einer für den Reisenden geeigneten Weise zur Verfügung stehen⁴⁶⁴. Der Reisepreis mindert sich bei Erhebung einer zusätzlichen Gebühr für Sporteinrichtungen und -geräte.⁴⁶⁵ Bei einer **Clubreise** stellt der Ausfall des Unterhaltungs- und Sportprogramms durch **Animateure** einen Mangel dar, auch wenn deren Auftritt aufgrund eines be-

---

⁴⁴⁸ AG Heidelberg v. 23.08.1994 - 62 C 106/93 - RRa 1995, 13-15: Jagdreise in Spanien.
⁴⁴⁹ OLG Karlsruhe v. 27.01.1984 - 10 U 11/83 - OLGZ 1984, 250-253.
⁴⁵⁰ LG München I v. 14.04.1993 - 10 O 17208/92 - NJW-RR 1994, 124-125: Nord-Thailand.
⁴⁵¹ LG München I v. 12.05.1993 - 10 O 9243/92 - VuR 1994, 53: Botswana.
⁴⁵² AG Dortmund v. 16.06.2000 - 116 C 2747/00 - RRa 2000, 193-194: Vietnam.
⁴⁵³ LG München I v. 12.05.1993 - 10 O 9243/92 - VuR 1994, 53: Botswana.
⁴⁵⁴ LG Düsseldorf v. 18.01.1991 - 22 S 9/90 - RRa 1994, 122.
⁴⁵⁵ OLG Frankfurt v. 09.03.1998 - 16 U 210/97 - NJW-RR 1999, 1356-1358.
⁴⁵⁶ AG Düsseldorf v. 21.08.1991 - 22 C 4658/91 - RRa 1994, 121.
⁴⁵⁷ AG Düsseldorf v. 21.08.1991 - 22 C 4658/91 - RRa 1994, 121: Viktoria-Fälle.
⁴⁵⁸ LG München I v. 05.05.2004 - 10 O 7576/01 - RRa 2004, 167-168; Grönland-Durchquerung.
⁴⁵⁹ OLG Düsseldorf v. 24.07.2002 - 18 U 9/02 - RRa 2002, 210; LG Frankfurt v. 06.05.1991 - 2/24 S 334/90 - NJW-RR 1991, 1076.
⁴⁶⁰ LG Frankfurt v. 30.03.1992 - 2/24 S 425/91 - NJW-RR 1992, 823-824: Fahrt auf der Reuß.
⁴⁶¹ OLG Frankfurt v. 11.10.1993 - 28 U 20/93 - RRa 1994, 8-12: Schürfwunden werden zu Entzündungen - 25% Minderung.
⁴⁶² AG Düsseldorf v. 30.07.1997 - 25 C 11961/96 - RRa 1997, 238-240.
⁴⁶³ AG Düsseldorf v. 08.12.1993 - 25 C 16849/93 - RRa 1994, 122: fehlende Wasser- und Jetskigeräte.
⁴⁶⁴ BGH v. 14.12.1999 - X ZR 122/97 - juris Rn. 8 und 11 - NJW 2000, 1188-1191: Reitclub in Tunesien.
⁴⁶⁵ LG Duisburg v. 26.06.2003 - 12 S 27/03 - NJW-RR 2003, 1362-1363: Windsurfen - 2% Minderung.

hördlichen Verbots unterblieben ist.[466] Das Fehlen einer zugesagten deutschsprachigen Animation berechtigt zur Minderung.[467] Ist der im Prospekt beschriebene Clubkindergarten geschlossen, kann gemindert werden.[468] Kann ein Reisender die Anlage eines Clubs als Bewohner einer dazugehörigen Appartementanlage entgegen dem Reiseprospekt, der durch Abbildung und Beschreibung einen entsprechenden Eindruck vermittelt, nicht mitbenutzen, so liegt darin ein – erheblicher – Reisemangel.[469] Kein Mangel liegt vor bei wetterbedingtem Ausfall des Animationsprogramms an drei Tagen im Rahmen einer zweiwöchigen Reise.[470] Dagegen kann bei Einstellung des Animationsprogramms aufgrund zu geringer Gästezahl im Hotel gemindert werden.[471] In einem Club der gehobenen Kategorie stellt es einen Mangel dar, wenn sich der Reisende für das Abendessen zwei Stunden vorher vormerken lassen muss.[472]

86 Im Rahmen von **All-Inclusive-Reisen** stellt die Verpflichtung, zur Unterscheidung von anderen Hotelgästen ständig ein **nicht abnehmbares Plastikarmband** zu tragen, keinen Mangel dar. Dadurch wird weder das Persönlichkeitsrecht noch die Menschenwürde der Reisenden beeinträchtigt; vielmehr wird hierdurch in geeigneter Weise die Zugehörigkeit der Reisenden zum All-Inclusive-Gästekreis dokumentiert und etwaigen Missbräuchen (durch andere Reisende) vorgebeugt.[473] In einer All-Inclusive-Anlage muss der Reisende mit **erhöhtem Alkoholgenuss** und daraus resultierenden Belästigungen durch andere Feriengäste rechnen.[474] Wählt der Reisende das mit Abstand billigste All-Inclusive-Angebot im Karibik-Angebot eines Veranstalters, kann er kein üppiges Frühstücksbuffet erwarten. Das Fehlen gekühlter Softdrinks in der Bar stellt ebenfalls lediglich eine bloße Unannehmlichkeit dar,[475] dagegen angeblich nicht das Fehlen im Katalog versprochener Lobster[476]. Dass die Hotelbar entgegen den Katalogangaben nur während der Mahlzeiten geöffnet ist, berechtigt zur Minderung.[477] Bei einer (relativ billigen) All-Inclusive-Reise kann nicht der Sicherheitsmaßstab eines deutschen Fünf-Sterne-Hotels erwartet werden.[478] Mit Bodenverunreinigungen, etwa durch übergeschwappte Getränke, muss insbesondere in All-Inclusive-Hotels gerechnet werden, in denen die Gäste eher mehr Getränke zu sich nehmen werden, da sie nicht gesondert bezahlt werden müssen, und Getränke auch aus dem Speisesaal heraus in andere Gebäudeteile mitgenommen werden.[479] Es stellt keinen Reisemangel dar, wenn sich Reisende mit All-Inclusive-Verpflegung ihre Getränke an der Bar selbst abholen müssen, während zahlende Gäste bedient werden.[480] Für ein 100-Zimmer-Hotel sind 50 Liegen ausrei-

---

[466] LG Hannover v. 22.09.1983 - 3 S 152/83 - NJW 1984, 2417-2419.
[467] AG Düsseldorf v. 08.12.1993 - 25 C 16849/93 - RRa 1994, 122.
[468] OLG Nürnberg v. 06.05.1999 - 13 U 66/99 - OLGR Nürnberg 1999, 276: 20% Minderung; LG Frankfurt v. 17.10.1996 - 2/24 S 11/96, 2-24 S 11/96 - NJW-RR 1997, 820: 25% Minderung.
[469] AG Düsseldorf v. 30.04.1998 - 32 C 8319/97 - RRa 1998, 171-172.
[470] AG Frankfurt v. 30.06.1985 - 30 C 659/85.
[471] AG Bad Homburg v. 11.12.2003 - 2 C 2154/03 - RRa 2004, 17-18: 5% Minderung.
[472] AG München v. 27.04.2001 - 274 C 23427/00 - RRa 2002, 25-26: 5% Minderung.
[473] OLG Düsseldorf v. 21.09.2000 - 18 U 52/00 - RRa 2001, 49-50; LG Köln v. 11.05.1999 - 11 S 216/98 - NJW-RR 2000, 132-133; LG Hamburg v. 30.07.1999 - 313 S 40/99 - NJW-RR 2000, 131; AG Hannover v. 15.01.1998 - 539 C 15668/97 - NJW-RR 1998, 1356; AG Berlin-Charlottenburg v. 19.01.1999 - 20a C 496/98 - RRa 1999, 139-140; AG Bad Homburg v. 31.03.1999 - 2 C 276/99 - RRa 1999, 155-156; *Staudinger* in: Staudinger, § 651c Rn. 133; *Führich*, RRa 1997, 230; *Tempel*, NJW 1997, 2206-2213; a.A. LG Frankfurt v. 07.11.1996 - 2-24 S 5/96 - NJW 1997, 2246-2247: bei fehlendem vorherigen Hinweis Kündigungsrecht gemäß § 651e BGB; LG Frankfurt v. 19.08.1999 - 2-24 S 341/98 - NJW-RR 2000, 1161-1162: vorheriger Hinweis erforderlich, sonst 5% Minderung; AG Baden-Baden v. 04.12.1998 - 6 C 444/98 - NJW 1999, 1340-1341; AG München v. 17.02.1999 - 212 C 39735/98 - NJW-RR 1999, 1146-1147: 10% Minderung.
[474] LG Kleve v. 23.11.2000 - 6 S 369/00 - RRa 2001, 39: Engländer in von „deutschen Hotelurlaubern bevorzugte(r) Hotelanlage".
[475] OLG Düsseldorf v. 06.11.1997 - 18 U 52/97 - NJW-RR 1998, 922-923: Toastbrot und Eier.
[476] LG Duisburg v. 26.06.2003 - 12 S 27/03 - NJW-RR 2003, 1362-1363: 2% Minderung.
[477] LG Hannover v. 23.10.2001 - 17 S 1073/01 - RRa 2002, 71-72: Samos (Griechenland) - (insgesamt) 10% Minderung.
[478] LG Düsseldorf v. 11.03.2003 - 8 O 388/02 - RRa 2003, 215-217.
[479] LG Düsseldorf v. 11.03.2003 - 8 O 388/02 - RRa 2003, 215-217.
[480] LG Düsseldorf v. 05.12.2003 - 22 S 73/02 - RRa 2004, 67-70.

chend.[481] An einem öffentlichen Strand kann auch ein All-Inclusive-Hotel zahlungspflichtige Anlagen (Bars etc.) unterhalten.[482]

Bei einem **FKK-Urlaub** stellt die fehlende FKK-Möglichkeit einen erheblichen Mangel i.S.d. § 651e BGB dar.[483]

87

e. Sporturlaub

Bei einem Sporturlaub berechtigt die fehlende Möglichkeit der Ausübung des Sports zu einer Minderung des Reisepreises um (mindestens) 10%.[484] Ist die Möglichkeit der Ausübung bestimmter Sportarten im Reiseprospekt vorgesehen, kann sich der Veranstalter nicht darauf berufen, dass der Reisende keinen speziellen Sporturlaub gebucht hat. Hat sich der Reisende die Nutzbarkeit eines Golfplatzes ausdrücklich zusagen lassen, kann er mindern, wenn der Golfplatz nicht zur Verfügung steht.[485] Das Fehlen eines zugesicherten Tennisplatzes oder zugesicherter Wassersportmöglichkeiten berechtigt zur Minderung.[486] Ebenso verhält es sich, wenn sich die nächsten Wassersportmöglichkeiten nicht – wie zugesagt – vor Ort, sondern 2 bis 3 Kilometer entfernt befinden.[487] Wurde die Möglichkeit zugesagt, zwei Stunden wöchentlich unentgeltlich Tennis spielen zu können, ist es unschädlich, wenn die Spielzeiten vor dem Frühstück oder in den Mittagsstunden liegen.[488] Die Katalogangabe eines auf **Surfreisen** spezialisierten Reiseveranstalters, dass in einem bestimmten Surfrevier der Wind „fast jeden Tag" und „das ganze Jahr hindurch" eine Stärke von 4 bis 5 Beaufort habe, stellt eine Eigenschaftszusicherung dar, so dass bei tatsächlich vorhandenen Schwachwinden ein Reisemangel gegeben ist.[489] Ein Mangel liegt auch vor, wenn Starkwinde die Ausübung der angebotenen Sportmöglichkeiten unmöglich machen, sofern ex ante eine gewisse Eintrittswahrscheinlichkeit besteht und der Veranstalter nicht darauf hinweist.[490] Bei **Wanderreisen** oder **Radreisen** hat der Reisende anhand des Reiseprospekts selbst zu überprüfen, ob er den körperlichen Anforderungen gewachsen ist.[491]

88

f. Hochzeitsreisen

Der Veranstalter, der ein „Hochzeitspaket" anbietet, muss vor Antritt der Reise prüfen, ob die für die Heirat erforderlichen Unterlagen (z.B. beglaubigte Übersetzungen der Geburtsurkunden) vorliegen; ein Mitverschulden der Reisenden ist zu berücksichtigen.[492] Während einer dreiwöchigen Urlaubsreise liegt ein Mangel vor, wenn am Hochzeitstag das (Abend-)Diner nicht stattfindet.[493]

89

g. Jugendreisen

Bestimmte Altersangaben im Reiseprospekt sind bei Jugendreisen[494] bindende Leistungsbeschreibungen[495]. Auch bei einer Jugendreise müssen gewisse Mindeststandards eingehalten werden; so kann erwartet werden, dass für Männer und Frauen getrennte Waschgelegenheiten vorhanden sind.[496] Es liegt kein Reisemangel vor, wenn ein Mädchen mit seinem Einverständnis vorübergehend gemeinsam mit drei Jungen in einem Zelt untergebracht wird.[497] Dagegen wurde die Unterbringung einer 17-jährigen Reisenden, die ein halbes Doppelzimmer gebucht hatte, mit einem – ebenfalls 17-jährigen – männli-

90

---

[481] LG Hannover v. 23.10.2001 - 17 S 1073/01 - RRa 2002, 71-72.
[482] AG Hamburg v. 03.06.2003 - 4 C 446/01 - RRa 2003, 225-226.
[483] LG Frankfurt v. 22.10.1979 - 2/24 S 173/79.
[484] LG Frankfurt v. 22.10.1979 - 2/24 S 173/79; AG Frankfurt v. 14.02.1980 - 30 C 10408/79 - Fremdenverkehrsrechtliche Entscheidungen Zivilrecht Nr. 218; AG Düsseldorf v. 30.09.1991 - 50 C 7252/90 - RRa 1994, 122.
[485] LG Kleve v. 08.06.2000 - 6 S 84/00 - RRa 2000, 196-197: 15% Minderung.
[486] LG Kleve v. 25.10.1996 - 6 S 31/96 - NJW-RR 1997, 1140-1142.
[487] AG Düsseldorf v. 01.08.1997 - 231 C 2599/97 - RRa 1997, 235-236: 5% Minderung.
[488] AG Stuttgart-Bad Cannstatt v. 12.02.1996 - 7 C 3927/95 - NJW-RR 1996, 1398-1399.
[489] LG Verden v. 01.07.1992 - 8 O 358/91 - RRa 1996, 21-24.
[490] LG Frankfurt v. 30.03.1992 - 2/24 S 235/91 - NJW-RR 1992, 890: relative Häufigkeit von 17,1% nicht ausreichend.
[491] AG München v. 24.04.1997 - 191 C 2707/97 - RRa 1997, 195-196: „kombinierte Wander- und Rad-Gruppenreise" nach Irland.
[492] AG Düsseldorf v. 18.11.1991 - 37 C 11022/91 - RRa 1994, 103: 50%iges Mitverschulden.
[493] LG Hamburg v. 25.10.1996 - 317 S 184/96 - NJW-RR 1997, 1138: 30% Minderung.
[494] Vgl. hierzu *Schuster*, RRa 1997, 107-112.
[495] AG Bielefeld v. 19.04.2001 - 42 C 1060/99 - RRa 2001, 183-184.
[496] AG Bielefeld v. 04.07.1996 - 42 C 11/96 - RRa 1996, 204-205: Irland-Busreise.
[497] AG Bielefeld v. 19.04.2001 - 42 C 1060/99 - RRa 2001, 183-184.

chen Reisenden als Reisemangel bewertet; die Berufung auf den Reisemangel soll aber dann eine unzulässige Rechtsausübung darstellen, wenn sich Reisekunden über 16 Jahre mit dieser Unterbringung einverstanden erklären.[498]

91 Ein **Betreuer** einer Jugendgruppe muss (bei einer Auslandsreise) eine erkrankte 15-jährige Reisende nur dann auch gegen ihren Willen in ein Krankenhaus einweisen lassen, wenn eine akute Notsituation besteht.[499]

h. Luxusreisen

92 Bei einer Luxusreise kann der Reisende auch ohne konkrete Angabe im Reiseprospekt eine **überdurchschnittliche Größe und Ausstattung** (z.B. Sitzgruppe, Radio, TV, gefüllte Minibar) des Hotelzimmers erwarten.[500] Das verspätete Eintreffen des Gepäcks begründet Minderungsansprüche.[501] Auch in südlichen Reiseländern kann eine Heizung erwartet werden.[502] Bucht der Reisende ein Sonderangebot, gelten die – weitergehenden – Angaben im Katalog nicht.[503] Auch in Luxushotels besteht kein Anspruch auf einen eigenen Sonnenschirm oder Liegestuhl.[504]

93 Bei einem Hotel der gehobenen Mittelklasse muss der Reisende damit rechnen, dass zu den Abendmahlzeiten gepflegte Kleidung erwartet wird.[505] Die besondere Überfallgefährdung eines „Luxusbungalows mit einzigartigem Strand in geradezu paradiesischer Umgebung" stellt einen Fehler dar.[506]

94 Ein Zusammentreffen mit Gästen aus Bevölkerungsschichten mit einfach strukturiertem Niveau in einem Luxushotel ist nicht auszuschließen; etwaige hierdurch empfundene optische oder atmosphärische Störungen sind hinzunehmen.[507] Erscheinen Hotelgäste in einem türkischen 5-Sterne-Hotel in Badekleidung im Speisesaal, liegt darin jedenfalls dann kein Mangel, wenn eine Kleiderordnung in der Ausschreibung nicht mitgeteilt worden war und der Reisende ein günstiges Sonderangebot gebucht hat, so dass er damit rechnen musste, auch auf Gäste zu stoßen, die normalerweise kein 5-Sterne-Hotel buchen.[508]

i. Billigreisen

95 Bei Billigreisen kann der Reisende nur **äußerst geringe Ansprüche** an Ausstattung, Bequemlichkeit und Hygiene stellen;[509] es müssen aber gewisse Mindeststandards gewahrt werden. Dazu gehört insbesondere die Versorgung mit elektrischem Strom und fließendem Wasser.[510] Auch bei einer sehr einfachen Unterkunft sind erhebliche Verschmutzungen sowie unhygienische Zustände nicht hinzunehmen.[511] Der Reisende muss vor Reiseantritt einschätzen können, was ihn erwartet. Bei einer Billigreise nach Antalya sind sechs Stunden Verspätung auf dem Hinflug für hinnehmbar gehalten worden.[512]

---

[498] LG Frankfurt v. 21.11.1983 - 2/24 S 265/82 - NJW 1984, 806-807.
[499] LG Halle (Saale) v. 19.04.2002 - 2 T 313/01 - RRa 2002, 169-170: Herausnahme der Mandeln nach Italien-Reise.
[500] LG Frankfurt v. 13.01.1992 - 2/24 S 185/90 - NJW-RR 1992, 380-381.
[501] OLG Frankfurt v. 25.11.1992 - 19 U 229/91 - NJW-RR 1993, 1147-1148: 5 Tage Verspätung - „nicht mehr als 25%"; LG Hannover v. 19.04.1985 - 8 S 393/84 - NJW 1985, 2903-2904; LG Stuttgart v. 15.07.1992 - 13 S 53/92 - NJW-RR 1992, 1272-1273; LG Frankfurt v. 20.12.1993 - 2/24 S 230/93 - NJW-RR 1994, 309-310: 40% anteiliger Tagespreis.
[502] LG Hannover v. 23.08.1985 - 8 S 167/85 - NJW-RR 1986, 146: „erstklassiges" Hotel; LG Dortmund v. 13.02.1986 - 8 O 570/85 - NJW-RR 1986, 1174: „großzügig konzipiertes Haus".
[503] AG Hamburg v. 07.03.1995 - 9 C 2334/94 - NJW-RR 1995, 1330.
[504] AG Düsseldorf v. 23.05.1995 - 26 C 2315/95 - RRa 1995, 209-210.
[505] AG Hamburg v. 19.03.1996 - 9 C 2577/95 - RRa 1996, 166: Hotel der höchsten Einstufung in Griechenland - Zutritt zum Speisesaal verweigert wegen kurzer Hosen.
[506] BGH v. 25.03.1982 - VII ZR 175/81 - juris Rn. 7-9 - NJW 1982, 1521-1522: Jamaika; LG Frankfurt v. 01.03.1993 - 2/24 S 328/92 - NJW-RR 1993, 632-633.
[507] AG Hamburg v. 07.03.1995 - 9 C 2334/94 - NJW-RR 1995, 1330: „Körpergeruch, Rülpsen und Erscheinen in Badekleidung zu den Mahlzeiten".
[508] LG Düsseldorf v. 18.05.2001 - 22 S 54/00 - RRa 2001, 222-225.
[509] OLG Düsseldorf v. 06.07.1981 - 5 U 3/81 - Fremdenverkehrsrechtliche Entscheidungen Zivilrecht, Nr. 297; LG Frankfurt v. 21.11.1994 - 2/24 S 65/93 - NJW-RR 1995, 1521-1522.
[510] LG Frankfurt v. 08.12.1986 - 2/24 S 140/86 - NJW-RR 1987, 368-369.
[511] LG Frankfurt v. 21.11.1994 - 2/24 S 65/93 - NJW-RR 1995, 1521-1522: Flussboot auf Borneo/Indonesien.
[512] AG Düsseldorf v. 16.06.1997 - 46 C 548/97 - NJW-RR 1999, 353.

Wählt der Reisende das mit Abstand billigste Angebot eines Veranstalters, kann er kein üppiges Frühstücksbuffet erwarten.[513]

Bei der Buchung von **Sonderangebotsreisen** muss der Reisende qualitative Abweichungen der angebotenen Leistungen vom normalen Standard hinnehmen; es gilt hier nur der Mindeststandard; jedoch muss der Reiseveranstalter bei der Ausschreibung eines Sonderangebots unmissverständlich klarstellen, dass der (allgemeine) Prospektinhalt nicht als Leistungsbeschreibung dienen soll.[514] Der Reisende darf bei Buchung von „3 Wochen zum Preis von 2" in der Nachsaison nicht davon ausgehen, dass sämtliche Leistungen der Situation der Nachsaison entsprechend gemindert sind.[515] Bei der Buchung eines Sonderangebots (mit deutlich niedrigerem Preis) kann sich der Reisende nur auf die Angaben berufen, die im Sonderangebot gemacht werden.[516]

j. Fortuna-, Joker-, Roulette-Reisen

Bei Fortuna-, Joker- oder Roulette-Reisen (vgl. die Kommentierung zu § 651a BGB Rn. 15) muss der **vereinbarte Mindeststandard gewahrt** werden.[517] Derartige Reisen sind im Vergleich zur regulären Reise keine minderwertigen Reisen.[518] Hat der Veranstalter sein Leistungsbestimmungsrecht (vgl. Kommentierung zu § 315 BGB) ausgeübt, ist er an diese Entscheidung gebunden; die so konkretisierte Leistung gilt als von Anfang an geschuldet.[519] Der Veranstalter kann den Reisenden nicht nachträglich in einer schlechteren Unterkunft unterbringen.[520] Grenzt der Veranstalter sein Bestimmungsrecht durch Angabe einer Hotelkategorie ein, kann der Reisende davon ausgehen, dass eine im Prospekt abgedruckte „Kategorisierungstabelle" auch für die Hoteleinteilung der gebuchten Fortuna-Reise gilt.[521] Die Unterbringung in einem FKK-Hotel berechtigt zur Kündigung.[522] Auch die Unterbringung 80 km vom vereinbarten Urlaubsort entfernt, an einer Steilküste statt an einem flachen Strand und in der Einflugschneise eines Flughafens berechtigt zur Kündigung.[523]

Ausgeschlossen ist der Reisende lediglich mit Gewährleistungsansprüchen aufgrund von Umständen, die dem Charakter der Reise als Fortuna-Reise entsprechen.[524] Der Reisende kann nicht mit dem Einwand gehört werden, er sei mit dem zugewiesenen Hotel nicht einverstanden, wenn eine durchschnittliche Unterkunft zur Verfügung gestellt wird.[525] Verschiebt sich der Rückflug um 1½ Stunden, liegt kein Mangel vor.[526]

III. Abhilfeanspruch (Absatz 2)

1. Sinn und Zweck

Der Reisende hat nach Absatz 2 einen Abhilfeanspruch gegen den Reiseveranstalter, soweit die Reise nicht die vertraglich geschuldete Beschaffenheit aufweist. Der Reisende hat ein Interesse daran, dass etwaige Mängel möglichst schnell behoben werden. Das Abhilferecht ist ausschließlich ein **Recht** des Reisenden, das dieser bis zur Abhilfe alternativ neben den anderen Rechten ausüben **kann**. Eine Regelung, die ihn verpflichtet, Abhilfe zu verlangen, bevor er Gewährleistungsrechte geltend macht, ist we-

---

[513] OLG Düsseldorf v. 06.11.1997 - 18 U 52/97 - NJW-RR 1998, 922-923: Toastbrot und Eier.
[514] LG Hamburg v. 14.09.1995 - 302 S 109/95 - NJW-RR 1996, 117-118.
[515] AG Düsseldorf v. 14.01.1991 - 29 C 1371/90 - RRa 1994, 122.
[516] AG Hamburg v. 07.03.1995 - 9 C 2334/94 - NJW-RR 1995, 1330.
[517] AG Flensburg v. 24.11.1998 - 63 C 190/97 - RRa 1999, 48-49.
[518] LG Frankfurt v. 02.11.1987 - 2/24 S 75/87 - NJW-RR 1988, 248: Fortuna-Reise.
[519] LG Frankfurt v. 30.04.1984 - 2/24 S 306/83 - NJW 1985, 143-144.
[520] LG Frankfurt v. 30.04.1984 - 2/24 S 306/83 - NJW 1985, 143-144; AG Flensburg v. 24.11.1998 - 63 C 190/97 - RRa 1999, 48-49; *Staudinger* in: Staudinger, § 651c Rn. 37.
[521] LG Frankfurt v. 15.11.1993 - 2/24 S 156/92 - NJW-RR 1994, 178-179: nur 3 statt 4 Globen.
[522] OLG Frankfurt v. 20.03.2003 - 16 U 143/02; AG Düsseldorf v. 05.05.1998 - 38 C 18502/97 - NJW-RR 1999, 1147-1148: 50% Minderung.
[523] AG Bad Homburg v. 02.03.1999 - 2 C 4972/98 - RRa 2000, 90-91: Fortuna-Reise nach Fuerteventura.
[524] LG Frankfurt v. 26.01.1987 - 2/24 S 207/86 - NJW-RR 1987, 495-496; LG Frankfurt v. 06.04.1987 - 2/24 S 289/86 - NJW-RR 1987, 826; LG Frankfurt v. 03.12.1990 - 2/24 S 452/88 - NJW-RR 1991, 317-318; *Kaller/Schäfer*, RRa 1995, 78-83.
[525] AG Hamburg v. 29.11.1994 - 9 C 907/93 - RRa 1995, 71-72: Fortuna-Reise.
[526] AG Hamburg v. 29.11.1994 - 9 C 907/93 - RRa 1995, 71-72.

§ 651c

gen Verstoßes gegen § 651m BGB unwirksam (vgl. die Kommentierung zu § 651m BGB). Ebenso ist es unwirksam, wenn vom Reisenden im Rahmen der Abhilfeleistung die Erklärung verlangt wird, dass er auf die Geltendmachung weiterer Ansprüche verzichte.[527]

100 Das Abhilfeverlangen hat einen (modifizierten) **Erfüllungsanspruch** (Nacherfüllungsanspruch) zum Gegenstand.[528] Durch das Abhilfeverlangen weist der Reisende den Veranstalter auf einen Mangel hin und fordert gleichzeitig zu dessen Beseitigung auf. Im Abhilfeverlangen ist eine Mängelanzeige nach § 651d Abs. 2 BGB zwangsläufig enthalten.[529] Das Abhilfeverlangen ist eine einseitige empfangsbedürftige Willenserklärung[530] und kann auch von Minderjährigen wirksam geäußert werden.[531] Ihr muss der Veranstalter entnehmen können, dass Selbstabhilfemaßnahmen drohen.[532] Die Einhaltung einer Form ist grundsätzlich nicht erforderlich. Sie kann in Allgemeinen Reisebedingungen (ARB) zwar zu Beweiszwecken empfohlen, nicht aber zur Wirksamkeitsvoraussetzung erhoben werden. Eine abweichende Regelung ist wegen Verstoßes gegen § 651m BGB unwirksam.[533]

2. Adressat des Abhilfeverlangens

101 Die Willenserklärung ist grundsätzlich an den **Reiseveranstalter** als Adressaten zu richten, also in der Regel an den vor Ort befindlichen **bevollmächtigten Repräsentanten** des Reiseveranstalters.[534] Es reicht nicht aus, wenn andere Personen die Weiterleitung an die Reiseleitung versprechen. Fehlverhalten von Dritten, derer sich der Reisende zur Übermittlung bedient, wird dem Reisenden zugerechnet.[535] Nach § 8 Abs. 1 Nr. 3 BGB-InfoV hat der Veranstalter dem Reisenden rechtzeitig vor Reisebeginn Name, Anschrift und Telefonnummer der örtlichen Vertretung mitzuteilen. Wie sich aus dem Wortlaut der Vorschrift ergibt, ist der Veranstalter zur Errichtung einer örtlichen Vertretung nicht verpflichtet. Der Reiseveranstalter kann einzelne Leistungsträger zu Adressaten eines Abhilfeverlangens erklären, was nur in Ausnahmefällen vorkommen wird.[536] Eine Klausel, nach der sich der Reisende mit seinem Abhilfeverlangen in jedem Fall zuerst an Leistungsträger zu wenden hat, ist unwirksam. Der Reisende ist in jedem Falle **berechtigt**, sein Abhilfeverlangen direkt gegenüber der Zentrale des Reiseveranstalters in Deutschland geltend zu machen.[537] Auch ein an einen Leistungsträger gerichtetes Abhilfeverlangen muss der Reiseveranstalter dann – freilich grundsätzlich auch nur dann – gegen sich gelten lassen, wenn er den Leistungsträger als Adressaten eines Abhilfeverlangens benannt hat oder wenn ein örtlicher Reiseleiter oder sonstiger örtlicher Repräsentant des Reiseveranstalters nicht vorhanden oder nicht erreichbar ist.[538] Dem Reisenden ist eine Fahrt in einen Nachbarort nur zuzumuten, wenn vernünftige Verkehrsanbindungen bestehen und Hin- und Rückfahrt allenfalls zwei Stunden beanspruchen.[539] Mehr muss der Reisende nicht unternehmen, um sein Abhilfeverlangen im Urlaubsland anzubringen. Gelingt dies nicht, kann ihm daraus kein Nachteil entstehen. Eine Klausel in Allgemeinen Reisebedin-

---

[527] OLG Düsseldorf v. 13.11.1991 - 18 U 123/91 - NJW-RR 1992, 245-246; LG Kleve v. 15.07.1992 - 6 S 444/91 - NJW-RR 1992, 1525-1526.
[528] *Seiler* in: Erman, § 651c Rn. 10; *Eckert* in: Soergel, § 651c Rn. 31; *Tonner* in: MünchKomm-BGB, § 651c Rn. 46; *Führich*, Reiserecht, 6. Aufl. 2010, Rn. 263; *Staudinger* in: Staudinger, § 651c Rn. 152.
[529] *Tonner* in: MünchKomm-BGB, § 651c Rn. 42.
[530] *Recken* in: BGB-RGRK, § 651c Rn. 17; *Eckert* in: Soergel, § 651c Rn. 31; *Tonner* in: MünchKomm-BGB, § 651c Rn. 54; *Führich*, Reiserecht, 6. Aufl. 2010, Rn. 265; a.A. *Seiler* in: Erman, § 651c Rn. 10: geschäftsähnliche Handlung; ebenso *Staudinger* in: Staudinger, § 651c Rn. 153.
[531] AG München v. 21.06.1996 - 111 C 5600/96 - RRa 1996, 20-21.
[532] *Staudinger* in: Staudinger, § 651c Rn. 153.
[533] *Führich*, Reiserecht, 6. Aufl. 2010, Rn. 265; *Eckert* in: Soergel, § 651c Rn. 31; *Staudinger* in: Staudinger, § 651c Rn. 156.
[534] LG Stuttgart v. 19.06.1996 - 13 S 48/96 - RRa 1996, 187-188; LG Duisburg v. 20.03.2003 - 12 S 330/02 - RRa 2003, 114-115: Hotel-Mitarbeiter nicht empfangszuständig; *Recken* in: BGB-RGRK, § 651c Rn. 19.
[535] LG Duisburg v. 20.03.2003 - 12 S 330/02 - RRa 2003, 114-115; AG Hamburg v. 08.12.2000 - 4 C 501/00 - RRa 2001, 130-131.
[536] *Führich*, Reiserecht, 6. Aufl. 2010, Rn. 266; *Recken* in: BGB-RGRK, § 651c Rn. 19.
[537] LG Frankfurt v. 04.07.1988 - 2/24 S 199/86 - NJW-RR 1988, 1330-1331.
[538] *Bidinger/Müller*, Reisevertragsrecht, 2. Aufl. 1995, S. 31; *Führich*, Reiserecht, 6. Auf. 2010, Rn. 266; *Tonner* in: MünchKomm-BGB, § 651c Rn. 43; *Staudinger* in: Staudinger, § 651c Rn. 157.
[539] *Tonner* in: MünchKomm-BGB, § 651c Rn. 44; zu lang dagegen die Frist von *Tempel*, NJW 1986, 547-556: halber Tag.

gungen (ARB), dass bei fehlender örtlicher Reiseleitung das Abhilfeverlangen an die deutsche Zentrale des Reiseveranstalters gerichtet werden muss, dürfte auch heute noch gegen § 307 BGB verstoßen,[540] was aber angesichts moderner Kommunikationsmöglichkeit auch anders beurteilt werden könnte.

3. Gleichwertigkeit der Ersatzleistung

Besteht ein Anspruch auf Abhilfe, hat der Reiseveranstalter die Reise in der vertraglich geschuldeten Art und Weise durchzuführen. Grundsätzlich ist eine (mindestens) gleichwertige, dem Reisenden subjektiv und objektiv zumutbare Ersatzleistung zu erbringen. Die Gleichwertigkeit beurteilt sich aus der Sicht eines verständigen Durchschnitts-Reisenden. Kleinere Abweichungen sind hinzunehmen,[541] der **Gesamtcharakter der Reiseleistung** darf dagegen **nicht verändert** werden[542]. Maßnahmen, die den Gesamtcharakter verändern, sind niemals gleichwertig. Gleichwertigkeit scheidet immer aus, wenn eine Ersatzunterkunft nicht in räumlicher Nähe liegt[543] oder wenn die Ersatzunterkunft nicht mangelfrei ist;[544] die Unterbringung in einem Hotel einer niedrigeren Kategorie stellt immer einen Mangel dar[545].

Unzulässig ist z.B. die Unterbringung in einem Ersatzhotel, das keine Verpflegung anbietet, wenn Halbpension gebucht ist,[546] in einem Ersatzzimmer ohne Balkon, soweit zu Recht Lärm beanstandet wird,[547] in einer Doppelhaushälfte anstatt in einem Einzel-Ferienhaus,[548] in einem Doppelzimmer statt in einem Drei-Zimmer-Appartement,[549] in einem Hotelzimmer statt in einem Appartement,[550] in einer Ferienanlage mit Clubcharakter statt in einem Hotel,[551] in einem als Pension betriebenen Nebengebäude statt in einem 4-Sterne-Kurhotel,[552] in einem Stadthotel statt in einem Strandhotel,[553] in einem außerhalb eines Ortes gelegenen Hotel mit Kiesstrand statt einem Hotel am Ortseingang in unmittelbarer Nähe eines Sandstrandes,[554] in einem Appartementhaus statt in einem Bungalow,[555] in einem Zwei-Familien-Haus statt in einem von einem Garten umgebenen Bungalow mit eigenem Swimmingpool[556]. Unzumutbar ist der Umzug in einen anderen, räumlich getrennten Hotelkomplex, wenn dort Hoteleinrichtungen wie Rezeption, Supermarkt, Restaurant, Swimmingpool etc. nicht zur Verfügung stehen und zudem Bauarbeiten stattfinden.[557]

---

[540] Vgl. zur Anzeigeobliegenheit BGH v. 15.06.1989 - VII ZR 205/88 - juris Rn. 41 und 45-47 - BGHZ 108, 52-64; BGH v. 09.07.1992 - VII ZR 7/92 - juris Rn. 67-69 - BGHZ 119, 152-176; BGH v. 24.09.1992 - VII ZR 36/92 - juris Rn. 19-23 - NJW 1993, 263-264.

[541] AG Hamburg v. 09.08.1994 - 9 C 2684/93 - RRa 1995, 10: dann nur Minderung, nicht aber z.B. eigenständiger Wechsel der Unterkunft; AG Hamburg v. 09.08.1994 - 9 C 546/94 - RRa 1995, 10-11: Ersatzunterkunft bei annähernder Gleichwertigkeit zu akzeptieren.

[542] *Bartl*, Reiserecht, 2. Aufl. 1981, Rn. 100; *Führich*, Reiserecht, 6. Aufl. 2010, Rn. 271.

[543] BGH v. 23.09.1982 - VII ZR 22/82 - juris Rn. 21 - NJW 1983, 35-37: 70 km Entfernung; AG Duisburg v. 05.05.2004 - 3 C 1218/04, RRa 2004, 118-120; OLG München v. 25.10.1983 - 5 U 2270/83 - NJW 1984, 132-133: 40 km; LG Köln v. 25.06.1996 - 3 O 27/96 - RRa 1996, 226-227: 25 km entfernt; AG Kleve v. 26.04.1996 - 3 C 90/96 - RRa 1996, 151: 100 km; AG Düsseldorf v. 10.04.1996 - 22 C 1553/96 - RRa 1996, 155-156; *Führich*, Reiserecht, 6. Aufl. 2010, Rn. 271.

[544] LG Frankfurt v. 09.11.1992 - 2/24 S 77/92 - NJW-RR 1993, 436-437; *Seyderhelm*, Reiserecht, 1997, § 651c Rn. 65.

[545] AG Düsseldorf v. 01.09.1995 - 41 C 6637/95 - RRa 1996, 13; dagegen AG Kleve v. 29.09.1995 - 3 C 389/95 - RRa 1996, 10-11: Mangel nur bei konkreter Negativ-Abweichung.

[546] AG Duisburg v. 05.05.2004 - 3 C 1218/04 - RRa 2004, 118-120.

[547] AG Bad Homburg v. 07.01.1997 - 2 C 3263/96 - NJW-RR 1997, 819.

[548] LG Freiburg (Breisgau) v. 16.09.1993 - 3 S 3/93 - NJW-RR 1994, 125.

[549] OLG Düsseldorf v. 10.07.1986 - 18 U 59/86 - NJW-RR 1986, 1175; LG Frankfurt v. 12.03.1990 - 2/24 S 299/89 - NJW-RR 1990, 699-700.

[550] LG Kleve v. 15.07.1992 - 6 S 444/91 - NJW-RR 1992, 1525-1526.

[551] AG Bad Homburg v. 04.06.1996 - 2 C 4966/95 - RRa 1996, 182-184.

[552] AG Braunschweig v. 27.05.2003 - 119 C 5247/02 - RRa 2003, 223-224: 30% Minderung.

[553] LG Frankfurt v. 01.06.1992 - 2/24 S 55/92 - NJW-RR 1992, 1083-1084; AG Königstein v. 20.03.1996 - 21 C 120/95 - RRa 1996, 149-150.

[554] AG Düsseldorf v. 19.07.1995 - 25 C 5194/95 - RRa 1995, 209.

[555] LG Frankfurt v. 10.02.1976 - 2/16 S 367/73.

[556] LG Frankfurt v. 06.12.1982 - 2/24 S 156/82 - NJW 1983, 233-235.

[557] LG Kleve v. 17.06.1998 - 4 S 25/98.

104 Bei **Zusicherung** einer Eigenschaft bestimmt sich die Zumutbarkeit nicht nach objektiven, sondern nach subjektiven Kriterien. So ist bei Zusage des Einsatzes einer bestimmten Fluggesellschaft der Flug mit Flugzeugen einer anderen Fluggesellschaft regelmäßig unzumutbar.[558] Wollen zwei befreundete Familien mit Kindern den Urlaub gemeinsam verbringen, so ist der Umzug in ein ansonsten gleichwertiges Hotel für eine der beiden Familien dann unzumutbar, wenn die gemeinsame Unterbringung zum Gegenstand einer Zusicherung gemacht wurde.[559] Eine Ersatzunterkunft ohne die zugesagte Kinderbetreuung ist nicht gleichwertig.[560]

105 Bietet der Veranstalter dem Reisenden eine objektiv gleichwertige[561] oder gar **höherwertige** Reiseleistung ohne Aufpreis an, muss der Reisende diese nach Treu und Glauben (§ 242 BGB) annehmen, es sei denn, er sei aus objektiv nachvollziehbaren Gründen, die freilich auch sehr subjektiv geprägt sein können, gerade an der Erbringung der vertraglich geschuldeten Leistung interessiert.[562] So kann eine höherwertige Ersatzunterkunft eine größere Strandentfernung aufwiegen.[563]

4. Verweigerungsrecht des Reiseveranstalters

106 Soweit die Abhilfe einen unverhältnismäßigen Aufwand erfordern würde, kann der Veranstalter die Abhilfe **verweigern** (Absatz 2 Satz 2). Diese Regelung ist angesichts der Kostenfreiheit der Abhilfe angemessen und verhindert eine einseitige Belastung des Reiseveranstalters. Begehrt der Reisende einen in einem **auffälligen Missverhältnis** zum möglichen Vorteil stehenden Aufwand, handelt er rechtsmissbräuchlich.[564] Ist die Abhilfe **objektiv unmöglich**, besteht ebenfalls ein Verweigerungsrecht.[565]

5. Rechtsfolgen der Abhilfe

107 Hilft der Reiseveranstalter ab, so entfällt der Mangel. Mit der Abhilfe erfüllt der Veranstalter seine Verpflichtung aus dem Reisevertrag. Dies gilt jedenfalls dann, wenn der Reisende **vor Reiseantritt** rechtzeitig und vollständig über die Ersatzleistung informiert wurde. Lehnt der Reisende eine zumutbare Ersatzleistung ab, ist er mit seinem Minderungsrecht ausgeschlossen.[566]

108 Wird der Reisende dagegen erst **nach Reiseantritt** mit einer Ersatzleistung konfrontiert, liegt im Bezug z.B. einer vertragswidrigen Ersatzunterkunft grundsätzlich kein Verzicht auf Ersatzansprüche.[567]

109 Da der Reisende den Reisepreis dafür bereits bezahlt hat, darf der Veranstalter für die Abhilfemaßnahmen **keine zusätzlichen Kosten** in Rechnung stellen. Die Kosten für die Abhilfe trägt der Veranstalter entsprechend § 439 Abs. 2 BGB selbst. Erstatten muss er auch Kosten des Reisenden für Telefonate oder etwaige Umzugskosten.[568]

IV. Selbstabhilferecht (Absatz 3)

1. Kurzcharakteristik

110 Dem Reisenden steht nach § 651c Abs. 3 Satz 1 BGB ein Selbstabhilferecht zu, soweit der Reiseveranstalter nicht in angemessener Frist Abhilfe leistet. Der Reisende kann zudem Ersatz seiner Aufwendungen verlangen. Die Vorschrift ist § 633 Abs. 3 BGB a.F. (heute § 634 Nr. 2 BGB) nachgebildet. Ein

---

[558] LG Köln v. 30.11.1999 - 11 S 200/99 - NJW-RR 2000, 786; *Schmid*, RRa 2001, 117-118; a.A. LG Bonn v. 07.03.2001 - 5 S 165/00 - NJW-RR 2002, 639-640.

[559] Sehr weitgehend *Schmid*, RRa 2003, 115-116: gemeinsame Buchung führt bereits zu Unzumutbarkeit getrennter Unterbringung; a.A. LG Duisburg v. 20.03.2003 - 12 S 330/02 - RRa 2003, 114-115: Unterbringung in unterschiedlichen Hotels auch bei befreundeten Familien nicht unzumutbar.

[560] OLG Nürnberg v. 06.05.1999 - 13 U 66/99 - OLGR Nürnberg 1999, 276: 20% Minderung.

[561] AG Duisburg v. 13.03.2003 - 53 C 4091/02 - RRa 2003, 75-77: jede Abhilfemaßnahme von vornherein abgelehnt - Veranstalter muss dann keine konkreten Abhilfevorschläge unterbreiten.

[562] *Tempel*, NJW 1997, 2206-2213; *Seyderhelm*, Reiserecht, 1997, § 651c Rn. 66; *Führich*, Reiserecht, 6. Aufl. 2010, Rn. 271; *Staudinger* in: Staudinger, § 651c Rn. 164.

[563] OLG Frankfurt v. 20.04.1994 - 17 U 120/93 - RRa 1994, 148-149: höhere Hotelkategorie und kostenloser Bus-Service zum entfernter (800 m statt 25 m) liegenden Strand.

[564] *Pick*, Reiserecht, 1995, § 651c Rn. 75; *Coester-Waltjen*, Jura 1995, 329-333; *Eckert* in: Soergel, § 651c Rn. 35.

[565] *Tonner* in: MünchKomm-BGB, § 651c Rn. 45.

[566] AG Bonn v. 18.04.1996 - 4 C 465/95 - RRa 1996, 221-222: Ablehnung „Verschulden gegen sich selbst".

[567] LG Frankfurt v. 06.12.1982 - 2/24 S 156/82 - NJW 1983, 233-235.

[568] *Recken* in: BGB-RGRK, § 651c Rn. 21; *H.-W. Eckert* in: Soergel, § 651c Rn. 34; a.A. Rechtsausschuss des Bundesrates (BR-Drs. 29/1979 v. 31.01.1979) wegen der fehlenden Verweisung auf § 476a a.F.

Verschulden des Reiseveranstalters ist nicht erforderlich. Bereits vor In-Kraft-Treten des SMG verzichtete § 651c Abs. 3 BGB im Gegensatz zu § 633 Abs. 3 BGB a.F. auf das Erfordernis des Verzugs des Reiseveranstalters. Die neue werkvertragliche Regelung in § 634 Nr. 2 BGB wurde § 651c Abs. 3 BGB angeglichen.

Die teilweise vertretene Differenzierung zwischen „eigentlicher" und „erweiterter" Selbstabhilfe,[569] wonach bei „erweiterter" Selbstabhilfe ein erheblicher Mangel erforderlich[570] sein soll, entbehrt zum einen jeglicher Grundlage im Wortlaut des § 651c Abs. 3 BGB. Zum anderen ist ein erheblicher Mangel nur erforderlich für das einschneidende Recht zur Kündigung nach § 651e Abs. 1 BGB. Da die Kündigung deutlich stärker in die Rechte des Reiseveranstalters eingreift als eine Selbstabhilfe, muss § 651c Abs. 3 BGB unabhängig von der Schwere der Beeinträchtigungen bei jedem Reisemangel im Sinne des Absatzes 1 Anwendung finden.[571]   111

2. Fristsetzung

a. Ausdrücklichkeit der Fristsetzung

Die Fristsetzung muss **ausdrücklich** erfolgen. Es genügen aber Bestimmungen wie „möglichst schnell" oder „in kürzester Zeit".[572] Eine Mängelanzeige kann mit einer Nachfristsetzung verbunden werden. Zeigt der Reisende den Mangel an, ohne dem Reiseveranstalter ausdrücklich eine Nachfrist zu setzen, kann er zwar Minderung (§ 651d BGB) beanspruchen, nicht aber das Selbstabhilferecht nach § 651c Abs. 3 BGB ausüben.[573] Aufwendungsersatz kann der Reisende dann nicht nach § 651c Abs. 3 Satz 1 BGB beanspruchen.[574] Der Reiseveranstalter muss den Reisenden gemäß § 6 Abs. 2 Nr. 7 BGB-InfoV über dessen Obliegenheit in der Reisebestätigung oder in einem Prospekt (§ 6 Abs. 4 BGB-InfoV) **ausdrücklich unterrichten**. Die ganz überwiegende Meinung versteht die Informationspflichten (vgl. die Kommentierung zu § 651a BGB Rn. 44) im Reisevertragsrecht im Gegensatz zum übrigen Privatrecht wegen § 651m BGB als zwingende Hauptpflichten des Veranstalters.[575] Bei Verletzung der Informationspflicht hat der Reisende folglich einen Schadensersatzanspruch nach § 651f BGB.[576]   112

b. Angemessenheit der Fristsetzung

Die Frist muss angemessen sein. Sie richtet sich nach den Umständen des Einzelfalls. Maßgeblich sind vor allem Art und Schwere des Mangels sowie die Länge des Urlaubs. Bei einer Reisedauer von nur wenigen Tagen macht Abhilfe nur innerhalb sehr kurzer Fristen Sinn.[577] Darüber hinaus gilt: **je schwerer** die Mängel wiegen, **desto kürzer** sind die Abhilfefristen. Steht die gebuchte Unterkunft überhaupt nicht zur Verfügung, kommt eine Frist von allenfalls drei Stunden in Betracht.[578] Bei sonstigen Män-   113

---

[569] OLG Karlsruhe v. 27.01.1984 - 10 U 11/83 - OLGZ 1984, 250-253; LG Frankfurt v. 01.08.1983 - 2/24 S 66/83 - NJW 1983, 2884-2885; LG Frankfurt v. 28.10.1991 - 2/24 S 398/90 - NJW-RR 1992, 310-312; LG Frankfurt v. 13.01.1992 - 2/24 S 274/91 - NJW-RR 1992, 630-631; LG Frankfurt v. 21.11.1994 - 2/24 S 65/93 - NJW-RR 1995, 1521-1522; LG Frankfurt v. 21.11.1994 - 2/24 S 65/93 - NJW-RR 1995, 1521-1522; AG Hamburg v. 27.06.1995 - 9 C 2563/94 - RRa 1995, 226; AG Bad Homburg v. 04.06.1996 - 2 C 4418/95 - RRa 1996, 186-187; *Pick*, Reiserecht, 1995, § 651c Rn. 78; *Seyderhelm*, Reiserecht, 1997, § 651c Rn. 93; *Tempel*, Materielles Recht im Zivilprozeß, 3. Aufl. 1999, S. 427; *Tempel*, RRa 1995, 158-161; *Tempel*, RRa 1998, 19-38.

[570] LG Frankfurt v. 01.08.1983 - 2/24 S 66/83 - NJW 1983, 2884-2885; LG Frankfurt v. 28.10.1991 - 2/24 S 398/90 - NJW-RR 1992, 310-312; LG Frankfurt v. 21.11.1994 - 2/24 S 65/93 - NJW-RR 1995, 1521-1522; *Seiler* in: Erman, § 651c Rn. 12.

[571] *Bidinger/Müller*, Reisevertragsrecht, 2. Aufl. 1995, S. 122; *Eckert* in: Soergel, § 651c Rn. 36; *Staudinger* in: Staudinger, § 651c Rn. 171.

[572] *Tempel*, NJW 1986, 547-556; *Tonner* in: MünchKomm-BGB, § 651c Rn. 58.

[573] LG Kleve v. 30.03.2003 - 12 S 332/02 - RRa 2003, 118-119: „Roulette-Reise" all-inclusive nach Fuerteventura - auch keine Minderung, da Abhilfe nicht verweigert oder unmöglich.

[574] *Bidinger/Müller*, Reisevertragsrecht, 2. Aufl. 1995, S. 121; *Eckert* in: Soergel, § 651c Rn. 37; *Staudinger* in: Staudinger, § 651c Rn. 172.

[575] *Tonner* in: MünchKomm-BGB, vor §§ 4-11 BGB-InfoV Rn. 16; a.A. Tempel, Materielles Recht im Zivilprozeß, 3. Aufl. 1999, S. 547; *Tempel*, NJW 1996, 1625-1636.

[576] *Führich*, Reiserecht, 6. Aufl. 2010, Rn. 276.

[577] Vgl. BT-Drs. 8/786, S. 26.

[578] *Führich*, Reiserecht, 6. Aufl. 2010, Rn. 277; *Tonner* in: MünchKomm-BGB, § 651c Rn. 59; *Seiler* in: Erman, § 651c Rn. 11: Unterkunft belegt - „nur wenige Stunden".

§ 651c

geln der Unterkunft werden längere Fristen angemessen sein. Bei Mängeln, die den Wert der Leistung zu mehr als 50% beeinträchtigen, ist, soweit die Unterkunft überhaupt beziehbar ist, ein Zuwarten von höchstens einem Tag zumutbar.[579] Ansonsten ist auch ein Zuwarten von zwei oder sogar von vier Tagen für zumutbar gehalten worden.[580] Soweit bei einem Ferienhaus nur drei statt der gebuchten vier Schlafzimmer für insgesamt sieben Personen einer Familie zur Verfügung stehen, wurde das Recht verneint, mit allen sieben Personen stattdessen Hotelzimmer zu beziehen.[581] Ein Selbstabhilferecht besteht, wenn der Reisende beim Flug zwar nach Meldeschluss am Abfertigungsschalter erscheint, jedoch noch hätte mitgenommen werden können.[582] Dies gilt erst recht, wenn der Reisende rechtzeitig vor Meldeschluss erscheint, aus organisatorischen Gründen aber nicht mehr abgefertigt wird.[583] Bei Ausfall eines Fluges ist es dem Reisenden zumutbar, einige Zeit auf dem Flughafengelände zu warten, um dem Reiseveranstalter Gelegenheit zur Abhilfe zu geben; der Reisende darf nicht sofort einen Ersatzflug buchen.[584]

c. Entbehrlichkeit der Fristsetzung

114 Die Fristsetzung ist nach § 651c Abs. 3 Satz 2 BGB entbehrlich, wenn der Reiseveranstalter die Abhilfe verweigert oder wenn die sofortige Abhilfe durch ein besonderes Interesse des Reisenden geboten wird.

115 **Verweigert** der Veranstalter die **Abhilfe**, würde die Fristsetzung einen reinen Formalismus darstellen.[585] Eine Verweigerung liegt auch vor, wenn der Reiseleiter sich einfach verabschiedet und geht,[586] der Reiseveranstalter Abhilfemaßnahmen von einer Zuzahlung abhängig macht[587] oder der Reisende am Abfertigungsschalter erfährt, dass für ihn kein Platz reserviert und der Flug ausgebucht ist[588]. Unklarheiten oder Vertröstungen wirken sich zu Lasten des Reiseveranstalters aus[589]. Wird dem Reisenden eine für ihn unzumutbare Alternativleistung angeboten, liegt auch darin eine Verweigerung.[590]

116 Ein **besonderes Interesse** des Reisenden liegt vor, wenn ihm selbst eine sehr kurze Fristsetzung nicht zumutbar ist, so z.B. wenn der Reisende bei Transfermängeln sein Anschluss-Verkehrsmittel nur durch eine Fahrt mit dem Taxi erreichen kann.[591] In der Person des Reisenden liegende Gründe können ebenfalls eine Rolle spielen, z.B. Krankheit, Gebrechen oder Übermüdung oder die Mitnahme von Kleinkindern.[592] Ein besonderes Interesse des Reisenden kann auch zu bejahen sein, wenn eine örtliche Reiseleitung oder ein Bevollmächtigter des Reiseveranstalters nicht vorhanden oder erreichbar ist und die Abhilfe des Veranstalters zu spät käme.[593] Bucht ein Reisender für sich und seine Lebensgefährtin ein Doppelzimmer für 7 Tage und wird ihm infolge Überbuchung des Hotels eine Ersatzunterkunft in einer

---

[579] LG Frankfurt v. 12.11.1984 - 2/24 S 164/84 - NJW 1985, 1473-1474; LG Frankfurt v. 07.01.1991 - 2/24 S 492/89 - NJW-RR 1991, 631-632; *Tonner* in: MünchKomm-BGB, § 651c Rn. 59.

[580] LG München I v. 15.12.1982 - 25 O 438/82 - Fremdenverkehrsrechtliche Entscheidungen 17, Nr. 396; LG München I v. 11.05.1984 - 10 O 18927/83 - Fremdenverkehrsrechtliche Entscheidungen 20, Nr. 471 (1985).

[581] OLG Köln v. 24.02.1993 - 13 U 178/92 - NJW-RR 1994, 55-56: nur erwachsene Tochter und deren Freund in Hotel unterzubringen.

[582] AG Düsseldorf v. 25.07.1995 - 38 C 3361/95 - RRa 1996, 43-44: Luftfrachtführer mit Nachweispflicht, dass keine Möglichkeit bestand, Passagier und Gepäck mitzunehmen; a.A. AG Stuttgart v. 24.03.1994 - 7 C 832/94 - RRa 1994, 137; *Schmid*, RRa 1994, 74-75; *Führich*, Reiserecht, 6. Aufl. 2010, Rn. 277 unter 6: Wiedereröffnung des Schalters im Charterflugverkehr nicht zumutbar.

[583] AG München v. 06.07.2000 - 113 C 2852/00 - NJW-RR 2001, 1064.

[584] AG Neuwied v. 11.08.2004 - 4 C 700/04 - RRa 2004, 215: Ersatzflug bereits 30 Minuten später.

[585] *Führich*, Reiserecht, 6. Aufl. 2010, Rn. 278; *Eckert* in: Soergel, § 651c Rn. 38.

[586] KG Berlin v. 18.02.1993 - 16 U 4702/92 - NJW-RR 1993, 1209-1211; *Führich*, Reiserecht, 6. Aufl. 2010, Rn. 278.

[587] AG Hannover v. 25.04.1996 - 542 C 19761/95 - RRa 1996, 222-223.

[588] LG Berlin v. 26.10.1995 - 52 C 82/95 - RRa 1996, 233.

[589] *Tempel*, NJW 1986, 547-556; *Staudinger* in: Staudinger, § 651c Rn. 175.

[590] *Führich*, Reiserecht, 6. Aufl. 2010 unter 2.

[591] AG Stuttgart v. 23.01.1995 - 5 C 8423/94 - RRa 1995, 125-126; *Seiler* in: Erman, § 651c Rn. 11; *Führich*, Reiserecht, 6. Aufl. 2010, Rn. 279.

[592] *Bartl*, Reiserecht, 2. Aufl. 1981, Rn. 47; *Führich*, Reiserecht, 6. Aufl. 2010, Rn. 279.

[593] BT-Drs. 8/786, S. 26; LG Frankfurt v. 11.03.1991 - 2/24 S 251/90 - NJW-RR 1991, 880-881; KG Berlin v. 18.02.1993 - 16 U 4702/92 - NJW-RR 1993, 1209-1211.

Privat-Wohnung angeboten, welche mit 4 Mitreisenden geteilt werden muss, ist eine Fristsetzung entbehrlich, wenn die Reiseleiterin Abhilfe frühestens 4 Tage später in Aussicht stellt.[594] **Nicht** ausreichend als „besonderes" Interesse ist z.B. aus dem Badezimmer kommender Fäkaliengeruch.[595]

Eine Nachfristsetzung ist auch dann entbehrlich, wenn der Reiseveranstalter auch bei Mängelanzeige mit Nachfristsetzung keine Abhilfe hätte schaffen können, z.B. weil ein Mangel nicht beseitigt werden kann und keine Ersatzleistung möglich ist.[596]

117

3. Rechtsfolgen

Mit Durchführung der Selbstabhilfe ist der **Vertrag erfüllt** und Minderung kommt nur noch für die Zeit vor der Selbstabhilfe in Betracht. Das Risiko der Gleichwertigkeit der Selbstabhilfe trägt der Reisende.[597]

118

Bei Vorliegen der Voraussetzungen des Selbstabhilferechts ist der Reisende berechtigt, vom Reiseveranstalter **Ersatz** seiner **erforderlichen Aufwendungen** zu verlangen. Die Erforderlichkeit orientiert sich am Reisevertrag, d.h. der Reisende muss die Ersatzleistung auswählen, die der vertraglich geschuldeten Reiseleistung am nächsten kommt.[598] Entscheidend ist, was ein verständiger Durchschnitts-Reisender in der konkreten Situation für erforderlich halten durfte (**ex ante-Betrachtung**). Dabei sind geringfügige Fehleinschätzungen unschädlich.[599] Mit geringerwertigen Leistungen muss sich der Reisende nicht begnügen. Er kann höherwertige Leistungen auswählen, sofern er sich zuvor erfolglos um eine gleichwertige Leistung bemüht hat und die Mehrkosten nicht unverhältnismäßig sind.[600] Ist eine vergleichbare Unterkunft nicht verfügbar, kann der Reisende z.B. ein Hotel einer höheren Kategorie wählen.[601] Unverhältnismäßige Mehrkosten sind nicht erforderliche Aufwendungen, so dass bei Überschreitung des zulässigen Rahmens der Reisende nur anteiligen Kostenersatz verlangen kann.

119

Erstattungsfähig sind die zur unmittelbaren Beseitigung des Mangels erforderlichen Aufwendungen, z.B. Kosten für die Ersatzunterkunft inklusive der Kosten für einen etwaigen Umzug mit Bus oder Taxi,[602] die Kosten für Mietwagen, Übernachtungen und Verpflegung für eine selbstständige Rundreise,[603] Zusatzkosten für vorenthaltene Sportanlagen, zusätzliche Restaurationskosten, Restaurantkosten bei schweren Essensmängeln, Reinigungskosten für ein verschmutztes Appartement[604] oder Kosten, die bei einer Jagdreise dadurch entstehen, dass der zugesicherte Abschuss eines Tieres nicht im vorgesehenen, sondern erst in einem Ersatzrevier erfolgen kann[605]. Grundsätzlich kommt auch die Durchführung einer kompletten Ersatzreise in Betracht, nicht aber beispielsweise eine Kuba-Reise statt der geplanten Türkei-Reise.[606] Außerdem sind mit den Abhilfemaßnahmen notwendigerweise verbundene Aufwendungen erstattungsfähig, wie z.B. Porto- oder Telefonkosten, und zwar wegen der Beurteilung ex ante selbst dann, wenn sie sich im Nachhinein als erfolglos herausstellen.[607]

120

---

[594] LG Kleve v. 27.06.1996 - 6 S 86/95 - RRa 1996, 197-199: mindestens 50% Minderung.
[595] AG Hannover v. 26.07.2002 - 526 C 3174/01 - RRa 2003, 78-79.
[596] BT-Drs. 7/5141; AG Frankfurt v. 13.03.1979 - 30 C 10573/78; Bartl, Reiserecht, 2. Aufl. 1981, Rn. 47; *Tempel*, NJW 1986, 547-556; *Recken* in: BGB-RGRK, § 651c Rn. 27; *Eckert* in: Soergel, § 651c Rn. 38.
[597] LG München I v. 15.12.1982 - 25 O 438/82 - Fremdenverkehrsrechtliche Entscheidungen 17, Nr. 396; *Tonner* in: MünchKomm-BGB, § 651c Rn. 65 a.E.
[598] LG Darmstadt v. 17.01.2002 - 6 S 324/01 - RRa 2002, 121-122.
[599] *Staudinger* in: Staudinger, § 651c Rn. 179.
[600] OLG Köln v. 14.10.1992 - 16 U 46/92 - NJW-RR 1993, 252-253; KG Berlin v. 18.02.1993 - 16 U 4702/92 - NJW-RR 1993, 1209-1211.
[601] OLG Köln v. 14.10.1992 - 16 U 46/92 - NJW-RR 1993, 252-253: 4-Sterne-Hotel statt 3-Sterne-Hotel; KG Berlin v. 18.02.1993 - 16 U 4702/92 - NJW-RR 1993, 1209-1211.
[602] LG Mönchengladbach v. 29.04.1986 - 4 S 291/85 - NJW-RR 1986, 1175-1176; LG Frankfurt v. 28.10.1991 - 2/24 S 398/90 - NJW-RR 1992, 310-312.
[603] LG München I v. 15.12.1982 - 25 O 438/82 - Fremdenverkehrsrechtliche Entscheidungen 17, Nr. 396.
[604] LG Frankfurt v. 16.07.1984 - 2/24 S 61/84 - Fremdenverkehrsrechtliche Entscheidungen 20, Nr. 457 (1985); *Eckert* in: Soergel, § 651c Rn. 39.
[605] LG Köln v. 09.05.1996 - 19 S 224/95 - RRa 1996, 242: Mufflon-Widder.
[606] LG Düsseldorf v. 21.08.1998 - 22 S 580/97 - NJW 1999, 2049-2050.
[607] BT-Drs. 7/5141; *Bartl*, Reiserecht, 2. Aufl. 1981, Rn. 45, 46; *Pick*, Reiserecht, 1995, § 651c Rn. 79; *Führich*, Reiserecht, 6. Aufl. 2010, Rn. 279 a unter 2.

§ 651c

121 **Nicht erstattungsfähig** sind Telefonkosten für eine Rechtsauskunft bei einem deutschen Rechtsanwalt.[608] Wird der Abflug wegen Verspätung des Transferbusses verpasst, muss der Reisende nicht auf den Charterflug am nächsten Tag warten, sondern kann den nächsten Linienflug nehmen.[609]

122 Nach h.M. kann der Reisende vom Veranstalter nach allgemeinem Werkvertragsrecht einen **Vorschuss** auf die zu erwartenden Aufwendungen verlangen.[610] Leistet der Veranstalter den Vorschuss auf ein entsprechendes Verlangen des Reisenden nicht, so muss der Veranstalter dadurch entstehende Mehrkosten, z.B. aufgrund der Aufnahme eines Kredits, ebenfalls erstatten.[611]

C. Prozessuale Hinweise/Verfahrenshinweise

123 Die **Darlegungs- und Beweislast** für das Vorliegen eines Mangels, das Fehlen einer zugesicherten Eigenschaft, die Mängelanzeige, das Abhilfeverlangen und die Verletzung von Informationspflichten durch den Reiseveranstalter trägt der Reisende (Absatz 1). Der Mangel muss konkret und hinreichend substantiiert angegeben werden.[612] Der Reiseveranstalter muss seinerseits substantiiert bestreiten; ein Bestreiten mit Nichtwissen gemäß § 138 Abs. 4 ZPO ist unbeachtlich.[613]

124 Der Reiseveranstalter trägt die Darlegungs- und Beweislast hinsichtlich der Unzumutbarkeit der Abhilfe wegen unverhältnismäßigen Aufwandes (Absatz 2 Satz 2). Der Reisende muss die Mangelhaftigkeit der Ersatzleistung beweisen.[614] Der Reiseveranstalter kann den Umzug eines Reisenden in eine Ersatzunterkunft nicht mit Nichtwissen gemäß § 138 Abs. 4 ZPO bestreiten.[615]

125 Bei Berufung auf § 651c Abs. 3 BGB hat der Reisende die Setzung einer angemessenen Frist zur Abhilfe bzw. deren Verweigerung durch den Veranstalter, das besondere Interesse an der sofortigen Abhilfe, die Aufwendungen und deren Erforderlichkeit zu beweisen.

---

[608] LG Mönchengladbach v. 29.04.1986 - 4 S 291/85 - NJW-RR 1986, 1175-1176.
[609] *Tonner* in: MünchKomm-BGB, § 651c Rn. 65.
[610] OLG Frankfurt v. 03.04.1984 - 11 U 59/83; *Tonner* in: MünchKomm-BGB, § 651c Rn. 64; *Eckert* in: Soergel, § 651c Rn. 40; *Seiler* in: Erman, § 651c Rn. 12; *Staudinger* in: Staudinger, § 651c Rn. 180; *Führich*, Reiserecht, 6. Aufl. 2010, Rn. 280.
[611] *Seiler* in: Erman, § 651c Rn. 12; *Eckert* in: Soergel, § 651c Rn. 40; *Führich*, Reiserecht, 6. Aufl. 2010, Rn. 280.
[612] AG Wiesbaden v. 04.12.1996 - 93 C 2731/96, 93 C 2731/96 - 29 - RRa 1997, 115-116; *Recken* in: BGB-RGRK, § 651c Rn. 30; *Tonner* in: MünchKomm-BGB, § 651c Rn. 67; *Sprau* in: Palandt, § 651c Rn. 6; *Eckert* in: Soergel, § 651c Rn. 41; *Staudinger* in: Staudinger, § 651c Rn. 181-184; *Führich*, Reiserecht, 6. Aufl. 2010, Rn. 285.
[613] LG Frankfurt v. 22.10.1990 - 2/24 S 6/90 - NJW-RR 1991, 378-379; *Führich*, Reiserecht, 6. Aufl. 2010, Rn. 285.
[614] *Tonner* in: MünchKomm-BGB, § 651c Rn. 67.
[615] AG Düsseldorf v. 31.05.1996 - 52 C 2061/96 - RRa 1996, 201-202.

§ 651d BGB Minderung

(Fassung vom 02.01.2002, gültig ab 01.01.2002)

(1) ¹Ist die Reise im Sinne des § 651c Abs. 1 mangelhaft, so mindert sich für die Dauer des Mangels der Reisepreis nach Maßgabe des § 638 Abs. 3. ²§ 638 Abs. 4 findet entsprechende Anwendung.

(2) Die Minderung tritt nicht ein, soweit es der Reisende schuldhaft unterlässt, den Mangel anzuzeigen.

Gliederung

A. Grundlagen 1	III. Verzichtsklauseln 19
B. Anwendungsvoraussetzungen 4	C. Rechtsfolgen 23
I. Reisemangel 4	D. Prozessuale Hinweise 27
II. Mängelanzeige 5	E. Arbeitshilfe – Frankfurter Tabelle 29

A. Grundlagen

Wird die Reise infolge eines Reisemangels im Sinne des § 651c Abs. 1 BGB (Fehlen einer zugesicherten Eigenschaft; Fehler, der den Wert oder die Tauglichkeit der Reise zu dem gewöhnlichen oder nach dem Vertrag vorausgesetzten Nutzen aufhebt oder mindert) beeinträchtigt, mindert sich für die Dauer des Mangels der Reisepreis in dem Verhältnis, in welchem der Wert der mangelfreien Reise zu dem Wert der mit dem Mangel behafteten Reise steht. Die Minderung tritt kraft Gesetzes ein; es bedarf also keiner Minderungserklärung.[1]   **1**

Die Minderung des Reisepreises unterbleibt freilich dann, wenn es der Reisende schuldhaft unterlässt, dem Reiseveranstalter den diesem unbekannten Reisemangel anzuzeigen (§ 651d Abs. 2 BGB).   **2**

Hat der Reisende den Reisevertrag gemäß § 651e BGB wirksam gekündigt, ist eine Minderung des Reisepreises ausgeschlossen, da der Reiseveranstalter seinen Anspruch auf den Reisepreis schon nach § 651e Abs. 3 Satz 1 BGB vollständig verliert; der Minderwert ist aber bei der Bemessung des Entschädigungsanspruches des Reiseveranstalters nach § 651e Abs. 3 Satz 2 BGB zu berücksichtigen.[2] Die Minderung des Reisepreises schließt einen Schadensersatzanspruch des Reisenden nach § 651f BGB **nicht** aus. § 651f Abs. 1 BGB stellt ausdrücklich klar, dass der Reisende „unbeschadet der Minderung" Schadensersatz verlangen kann, wenn die Voraussetzungen eines Schadensersatzanspruchs erfüllt sind. Der Reisende hat also **nebeneinander** die Rechte aus § 651d BGB und aus § 651f BGB. Allerdings darf ein und derselbe Nachteil (= ein und dieselbe Vermögenseinbuße) nicht zweimal ausgeglichen werden.[3]   **3**

B. Anwendungsvoraussetzungen

I. Reisemangel

Die Minderung setzt einen Reisemangel (vgl. die Kommentierung zu § 651c BGB Rn. 21 ff.) i.S.d. § 651c BGB voraus. Ein Verschulden des Reiseveranstalters ist nicht erforderlich (vgl. die Kommentierung zu § 651c BGB). Der Reisepreis mindert sich auch dann, wenn der Reisemangel auf höherer Gewalt beruht, sofern der Reisevertrag nicht nach § 651j BGB gekündigt wird.[4]   **4**

---

[1] BT-Drs. 8/2343, S. 9; *Seiler* in: Erman, § 651d Rn. 1; *Tonner* in: MünchKomm-BGB, § 651d Rn. 7; *Staudinger* in: Staudinger, § 651d Rn. 1; *Führich*, Reiserecht, 6. Aufl. 2010, Rn. 286.

[2] *Sprau* in: Palandt, § 651d Rn. 2; *Eckert* in: Soergel, § 651d Rn. 2; *Tonner* in: MünchKomm-BGB, § 651d Rn. 4; *Staudinger* in: Staudinger, § 651d Rn. 4; *Führich*, 6. Aufl. 2010, Rn. 287 unter 1.

[3] BGH v. 20.09.1984 - VII ZR 325/83 - BGHZ 92, 177, *Tonner* in: MünchKomm-BGB, § 651d Rn. 5; *Staudinger* in: Staudinger, § 651d Rn. 5; *Führich*, Reiserecht, 6. Aufl. 2010, Rn. 288.

[4] *Sprau* in: Palandt, § 651j Rn. 1; *Tonner* in: MünchKomm-BGB, § 651d Rn. 6; *Staudinger* in: Staudinger, § 651j Rn. 9.

II. Mängelanzeige

5 Den Reisenden trifft nach § 651d Abs. 2 BGB eine Anzeigeobliegenheit. Die danach erforderliche **Mängelanzeige** soll dem Reiseveranstalter die Möglichkeit einer Abhilfe verschaffen. Adressat der Mängelanzeige (vgl. die Kommentierung zu § 651c BGB Rn. 101) ist der Reiseveranstalter. Die Mängelanzeige ist formlos wirksam.[5] Die mündliche Beschwerde des Reisenden beim Reiseveranstalter, insbesondere bei dem örtlichen Reiseleiter als dem Vertreter des Reiseveranstalters vor Ort, reicht aus[6], nicht aber eine Beschwerde an der Hotelrezeption oder gegenüber einem sonstigen Bediensteten des Hotels oder der Ferienanlage. Etwas anderes kann nur gelten, wenn ein Reiseleiter (oder sonstiger Mitarbeiter des Reiseveranstalters) nicht anwesend oder jedenfalls nicht erreichbar ist oder wenn der Reiseveranstalter den Reisenden darauf verwiesen hat, etwaige Mängel den Bediensteten des Hotels anzuzeigen.[7] Die Mängelanzeige nach § 651d Abs. 2 BGB ist von einem Abhilfeverlangen nach § 651c Abs. 2 BGB zu unterscheiden. Allerdings ist in jedem Abhilfeverlangen zwangsläufig eine Mängelanzeige enthalten.[8] Hingegen stellt eine bloße Mängelanzeige kein Abhilfeverlangen dar. Eines solchen – oder gar der Setzung einer Frist zur Mängelbeseitigung – bedarf es zur Erhaltung des Minderungsrechts freilich nicht.

6 Die **Mängelanzeige** ist **entbehrlich**, wenn die Behebung des Mangels unmöglich ist oder wenn der Reiseveranstalter den Mangel bereits positiv kennt. Im ersten Fall ist die Mängelanzeige objektiv nicht nötig und sogar sinnlos; im zweiten Fall ist der Reiseveranstalter nicht schutzbedürftig.[9] Freilich reicht fahrlässige Unkenntnis des Reiseveranstalters nicht aus; in diesem Fall erscheint die Mängelanzeige gerade sinnvoll und geboten, um dem – wenn auch aufgrund von Fahrlässigkeit – unwissenden Reiseveranstalter die Gelegenheit zur Mangelbeseitigung zu geben.[10]

7 Die Unterlassung der Mängelanzeige ist **unschädlich**, wenn den Reisenden daran kein Verschulden trifft (§ 651d Abs. 2 BGB). An einem Verschulden des Reisenden fehlt es, wenn weder ein Reiseleiter noch andere Mitarbeiter des Reiseveranstalters am Urlaubsort anwesend und erreichbar sind.[11] Freilich wird in einem solchen Fall grundsätzlich „ersatzweise" eine Mängelanzeige gegenüber dem Personal des Hotels oder der Ferienanlage zu verlangen sein.[12] Eine unzumutbare Erschwerung für den Reisenden liegt auch vor, wenn beispielsweise eine Wartezeit von mehreren Stunden bei der örtlichen Reiseleitung anfällt. Ein **Verschulden fehlt** ebenso bei Behinderung, Krankheit oder Minderjährigkeit des Reisenden, bei Auftreten des Mangels kurz vor Urlaubsende oder **wenn der Veranstalter seiner Hinweispflicht aus § 6 Abs. 2 Nr. 7 BGB-InfoV in Bezug auf die Anzeigeobliegenheit nicht nachgekommen ist**.[13]

8 Die Anzeige muss **alsbald** (unverzüglich i.S.d. § 121 BGB) nach Erlangung der Kenntnis vom Mangel erfolgen.[14] Erfolgt die Mängelanzeige nicht rechtzeitig, treten die Rechtsfolgen der Minderung erst ab dem Zeitpunkt der verspäteten Anzeige ein.[15] Erfolgt die Anzeige eines zu Beginn der Reise erkannten Mangels erst, nachdem die Reiseleistungen (praktisch) sämtlich erbracht sind, ist dieses Vorgehen der Unterlassung einer Mängelanzeige gleichzusetzen. Unterlässt der Reisende schuldhaft, den Mangel anzuzeigen, tritt die Minderung nicht ein, wie sich zwingend aus § 651d Abs. 2 BGB ergibt.

9 Der Vorschrift des § 651d Abs. 2 BGB ist zu entnehmen, dass jede Mängelanzeige gegenüber dem Reiseveranstalter ausreicht, auch eine formlose (mündliche) Mängelanzeige gegenüber dem Reiseleiter als dem örtlichen Vertreter des Reiseveranstalters. Jegliche (formularvertragliche oder auch individualvertragliche) Abrede, welche die Anforderungen an die Mängelanzeige zum Nachteil des Reisenden verschärft, ist nach § 651m Satz 1 BGB unzulässig und unwirksam. Daher kann die Erhaltung des Minderungsrechtes nicht von einem „fruchtlosen Abhilfeverlangen", nicht von einer schriftlichen Mängelan-

---

[5] *Eckert* in: Soergel, § 651d Rn. 5; *Staudinger* in: Staudinger, § 651d Rn. 19; *Führich*, Reiserecht, 6. Aufl. 2010, Rn. 293.
[6] *Staudinger* in: Staudinger, § 651d Rn. 18.
[7] *Staudinger* in: Staudinger, § 651d Rn. 18.
[8] *Staudinger* in: Staudinger, § 651d Rn. 16; *Führich*, Reiserecht, 6. Aufl. 2010, Rn. 291.
[9] *Staudinger* in: Staudinger, § 651d Rn. 29; *Führich*, Reiserecht, 6. Aufl. 2010, Rn. 296.
[10] *Staudinger* in: Staudinger, § 651d Rn. 29; a.A. *Führich*, Reiserecht, 6. Aufl. 2010, Rn. 296.
[11] BT-Drs. 8/2343, S. 10.
[12] *Tonner* in: MünchKomm-BGB, § 651d Rn. 11.
[13] *Führich*, Reiserecht, 6. Aufl. 2010, Rn. 296.
[14] *Staudinger* in: Staudinger, § 651d Rn. 27.
[15] *Staudinger* in Staudinger, § 651d Rn. 27.

zeige, nicht von einer Anzeige gegenüber der Zentrale des Reiseveranstalters und nicht von der Erstellung (oder der Mitwirkung des Reisenden an der Erstellung) eines Mängelprotokolls abhängig gemacht werden.[16]

Derartige Mängelprotokolle werden ungeachtet dessen häufig in der Praxis erstellt und sind auch sinnvoll[17] (und jedenfalls als Nachweis der Mängelanzeige als solcher nicht völlig bedeutungslos). 10

Der Reiseveranstalter hat seinerseits ein legitimes Interesse an der Erstellung eines Mängelprotokolls und (jedenfalls) seiner Abzeichnung durch den Reisenden. Ein solches Mängelprotokoll entfaltet zu Gunsten des Reiseveranstalters die Vermutung der Vollständigkeit, also mindestens eine (kaum zu widerlegende) Vermutung dafür, dass weitergehende oder andere Mängelanzeigen nicht erfolgt seien. 11

Auch der Reisende hat ein schutzwürdiges Interesse daran, dass ein Mängelprotokoll erstellt und dass seitens des Reiseleiters mindestens die Entgegennahme des Mängelprotokolls zu dem genau anzugebenden Zeitpunkt quittiert wird. Auf diese Weise kann der Reisende den Nachweis erbringen, dass – und wann – er dem durch seinen örtlichen Reiseleiter vertretenen Reiseveranstalter welche Mängel angezeigt hat. 12

Fraglich ist, ob die vorbehaltlose Entgegennahme und Gegenzeichnung eines Mängelprotokolls durch den Reiseleiter dem Reisenden auch den Nachweis der Mängel als solcher mindestens erleichtert. 13

Im Schrifttum wird die Auffassung vertreten, dass die vorbehaltlose Entgegennahme und Gegenzeichnung des Mängelprotokolls durch den Reiseleiter zu einer Beweiserleichterung für den Reisenden bezüglich des Nachweises der Mängel als solcher – bis hin zu einer Beweislastumkehr – führe.[18] Das ist nach der Auffassung von *Führich*[19] noch zu wenig. Die vorbehaltlose Entgegennahme und Gegenzeichnung des Mängelprotokolls schaffe beim Reisenden einen **Vertrauenstatbestand** dahin, dass der Reiseveranstalter die protokollierten Mängel nachträglich nicht bestreiten werde, so dass es der Reisende unterlassen werde, vor der Abreise weitere Beweismittel zu sichern, etwa die Anschriften von Zeugen zu erfragen und festzuhalten und Fotos zu fertigen. Angesichts dessen komme der vorbehaltlosen Entgegennahme eines solchen Mängelprotokolls die Bedeutung einer materiell-rechtlichen Regelung zu, die den Reiseveranstalter nach Treu und Glauben daran hindere, die protokollierten Mängel nachträglich zu bestreiten. Andere Autoren[20] würdigen die vorbehaltlose Entgegennahme eines solchen Mängelprotokolls als ein deklaratorisches Anerkenntnis. 14

Eine materiell-rechtliche Regelung kann schon deshalb nicht zustande kommen, weil der örtliche Reiseleiter nicht bevollmächtigt ist und auch nicht unter Rechtsscheinsgesichtspunkten als bevollmächtigt gelten kann, eine solche Regelung im Namen des Reiseveranstalters zu treffen. Ein deklaratorisches Anerkenntnis scheidet weiter auch deshalb aus, weil nur Ansprüche – nicht aber Behauptungen – anerkannt werden können – dass der Reiseleiter durch die vorbehaltlose Entgegennahme des Mängelprotokolls Ansprüche des Reisenden, sollten sie überhaupt schon geltend gemacht worden sein, anerkennen wolle und dürfe, kann der Reisende keinesfalls annehmen – und es keine rechtliche Grundlage für bindende **außergerichtliche** Geständnisse gibt. Auch Treu und Glauben hindern den Reiseveranstalter nicht daran, die vom Reisenden „protokollierten" Mängel – selbstverständlich unter Beachtung der auch den Reiseveranstalter treffenden Wahrheitspflicht – gegebenenfalls zu bestreiten. Der Reisende nimmt nicht an (und kann auch nicht annehmen), dass der Reiseleiter für den Reiseveranstalter verbindliche Feststellungen treffen dürfe und dass er solche Feststellungen schon durch die vorbehaltlose Entgegennahme eines vom Reisenden erstellten Mängelprotokolls treffe. Deshalb ist es kaum vorstellbar, dass ein Reisender wegen der vorbehaltlosen Entgegennahme eines solchen Mängelprotokolls von der Sicherung der Beweise absehen könnte. Soweit Mängel optisch wahrnehmbar sind, sind Fotografien ohnehin sehr viel aussagekräftiger und anschaulicher als verbale Beschreibungen. Schon deshalb wird der Reisende nicht wegen der vorbehaltlosen Entgegennahme eines schriftlichen Mängelprotokolls von einer fotografischen Dokumentation der Mängel absehen. Soweit Mängel (Geruchs- oder Geräuschbelästigungen) nicht fotografisch dokumentiert werden können, bereitet es dem Reisenden keine Mühe, Anschriften von Mitreisenden zu erfragen und aufzunotieren. Deshalb kann der vorbehaltlosen Entgegennahme eines Mängelprotokolls durch den Reiseleiter keine – über die Berücksichtigung im Rahmen der freien Beweiswürdigung hinausgehende – Bedeutung beigemessen werden. 15

---

[16] *Tonner* in: MünchKomm-BGB, § 651d Rn. 7; *Staudinger* in: Staudinger, § 651d Rn. 19.
[17] *Staudinger* in: Staudinger, § 651d Rn. 21; *Führich*, Reiserecht, 6. Aufl. 2010, Rn. 293.
[18] *Eckert* in: Staudinger (Neubearbeitung 2003), § 651d Rn. 19.
[19] *Führich*, Reiserecht, 6. Aufl. 2010, Rn. 294.
[20] *Pick*, Reiserecht, 1995, Rn. 90; *Seyderhelm*, Reiserecht, 1997, Rn. 95; *Staudinger* in: Staudinger (Neubearbeitung 2011), § 651d Rn. 24.

§ 651d

16 Unbeschadet dessen ist es aber sicher sinnvoll, dass Reiseleiter, die ein solches Mängelprotokoll entgegennehmen, durch einen Zusatz in ihrer Empfangsbestätigung klarstellen, dass sie durch ihre Unterschrift nicht die inhaltliche Richtigkeit der vom Reisenden gegebenen Darstellung bestätigen. Dazu reicht der Vermerk „zur Kenntnis genommen" bereits aus.[21] Er besagt eindeutig, dass der Reiseleiter das ihm übergebene Schriftstück nur zur Kenntnis genommen und weitere Erklärungen nicht abgegeben hat und schließt daher die Würdigung seines Verhaltens als vorbehaltlose Entgegennahme des Mängelprotokolls aus.

17 Freilich könnte es sinnvoll sein, wenn Reiseveranstalter ihre Reiseleiter mit vorbereiteten Erklärungen ausstatten, durch die der Empfang der Mängelanzeige/des Mängelprotokolls bestätigt und zur Vermeidung jeglichen Missverständnisses ausdrücklich erklärt wird, mit der Entgegennahme der Mängelanzeige/des Mängelprotokolls werde die Richtigkeit der Angaben zu (angeblichen) Mängeln nicht bestätigt und auf keinerlei Einwendungen rechtlicher oder tatsächlicher Art (Bestreiten) verzichtet.

18 Die Übergabe einer solchen schriftlichen Erklärung könnte auch deshalb sinnvoll sein, weil es dem Reiseleiter kaum zuzumuten sein dürfte, sich auf eine inhaltliche Diskussion mit einem – nicht ganz selten erregten – Reisenden einzulassen, was auch zu einer Vergiftung der Atmosphäre am Urlaubsort führen könnte. Es gehört auch nicht zu den Aufgaben eines Reiseleiters, die mögliche rechtliche Relevanz bestimmter Handlungen einzuschätzen und mit dem Reisenden zu erörtern. Davon kann auch der Reisende redlicherweise nicht ausgehen. Allerdings zwingt die Entgegennahme einer solchen Mängelanzeige den Reiseleiter dazu, sich von der Berechtigung der vom Reisenden gegebenen Darstellung zu überzeugen und seine Erkenntnisse zu dokumentieren. Vom Reiseveranstalter wird dann im Rechtsstreit eine besonders fundierte und substantiierte Stellungnahme zu erwarten sein. Ein pauschales Bestreiten wäre unzureichend und unbeachtlich.

III. Verzichtsklauseln

19 Nach h.M. sind **Verzichtsvereinbarungen am Urlaubsort** auch dann gemäß den §§ 651m, 134 BGB unwirksam, wenn eine Abfindung oder andere Ersatzleistungen vereinbart werden; der Reisende befinde sich am Urlaubsort in einer Ausnahmesituation, weil er das Geld beispielsweise für ein Ersatzhotel brauche, und solle vom Reiseveranstalter bzw. dessen Reiseleitung nicht „erpresst" werden können.[22] Außerdem hat der Reisende an seinem Urlaubsort keine Möglichkeit, sich über seine Rechte zu informieren und sachkundig beraten zu lassen. Unzulässig und unwirksam sind in **Quittungen** enthaltene Klauseln, wonach der Reisende von der Geltendmachung von Ansprüchen gegen den Veranstalter oder das Reisebüro absehe.[23]

20 Verzichtsvereinbarungen sind dagegen wirksam und die Minderung ist ausgeschlossen, wenn der Reisende vor Reiseantritt umfassend über etwaige Mängel informiert worden ist und dann im Rahmen einer **freiwilligen Umbuchung** auf die Geltendmachung der ihm konkret mitgeteilten Reisemängel schriftlich verzichtet hat[24]; darin dürfte eine Änderung des Reisevertrages (Änderung der Vereinbarung über die Soll-Beschaffenheit der Reise) zu sehen sein, die dazu führt, dass die Reise nicht als mangelhaft anzusehen ist. Wirksam sind auch **Vertragsänderungen** am Urlaubsort, soweit sie freiwillig vorgenommen werden und keine Mängel zugrunde liegen. Erklärungen des Reisenden zu einem Reisemangel können nicht als Angebot einer Vertragsänderung oder als Annahme eines solchen Angebots gewertet werden.[25]

---

[21] *Staudinger* in: Staudinger, § 651d Rn. 23.
[22] OLG Düsseldorf v. 13.11.1991 - 18 U 123/91 - NJW-RR 1992, 245-246; OLG Düsseldorf v. 06.11.1997 - 18 U 52/97 - NJW-RR 1998, 922-923; LG Frankfurt v. 06.12.1982 - 2/24 S 156/82 - NJW 1983, 233-235; LG Frankfurt v. 21.05.1984 - 2/24 S 113/82 - NJW 1984, 1762-1763; LG Frankfurt v. 03.02.1986 - 2/24 S 116/84 - NJW-RR 1986, 539-540; LG Kleve v. 15.07.1992 - 6 S 444/91 - NJW-RR 1992, 1525-1526; *Sprau* in: Palandt, § 651m Rn. 1; *Eckert* in: Soergel, § 651l Rn. 3; *Tonner* in: MünchKomm-BGB, § 651m Rn. 5; *Tempel*, Materielles Recht im Zivilprozeß, 3. Aufl. 1999, S. 455; *Führich*, Reiserecht, 6. Aufl. 2010, Rn. 621; *Staudinger* in: Staudinger, § 651m Rn. 14 und 15; a.A. LG Hamburg v. 14.07.1994 - 317 S 299/93 - RRa 1994, 185; AG Frankfurt v. 08.12.1998 - 32 C 2060/98 - RRa 2000, 9-11; AG Bad Homburg v. 05.12.2000 - 2 C 746/00 - RRa 2001, 54; *Seiler* in: Erman, § 651m Rn. 2.
[23] LG Frankfurt v. 06.12.1982 - 2/24 S 156/82 - NJW 1983, 233-235.
[24] AG Düsseldorf v. 25.10.1991 - 41 C 2006/90 - RRa 1994, 122.
[25] *Führich*, Reiserecht, 6. Aufl. 2010, Rn. 621 unter 4.

Der Auffassung des AG Königstein[26], die **positive Beurteilung** der Reiseleistungen in einem **Fragebogen** könne als wirksamer Verzicht auf die Geltendmachung von Gewährleistungsansprüchen angesehen werden, kann nicht gefolgt werden; allenfalls muss der Reisende im Rechtsstreit erläutern, warum er sich nunmehr anders äußert als im Fragebogen.[27] 21

Erstattungen am Urlaubsort z.B. wegen nicht erhaltener Hotelleistungen schließen Minderungsansprüche hinsichtlich **sonstiger Mängel** nicht aus.[28] Ebenso wenig ist der Reisende mit Minderungsansprüchen gegenüber dem Veranstalter ausgeschlossen, wenn er vom Vermieter eines Wohnmobils Gutschriften erhält.[29] 22

C. Rechtsfolgen

Die Rechtsfolgen der Minderung treten ohne Erklärung des Reisenden **kraft Gesetzes** ein.[30] Daher kommt die Minderung des Reisepreises auch einem minderjährigen Vertragspartner des Reisevertrages zugute, ohne dass es der Abgabe einer rechtsgeschäftlichen (rechtsgestaltenden) Erklärung durch seine gesetzlichen Vertreter bedarf.[31] 23

§ 651d BGB verweist nunmehr auf § 638 Abs. 3 und 4 BGB. Demgemäß ist der Reisepreis in dem Verhältnis herabzusetzen, in welchem der Wert der mangelfreien Reise zu dem Wert der mangelbehafteten Reise steht. Die Minderung ist, soweit erforderlich – dieses Erfordernis wird regelmäßig gegeben sein –, durch Schätzung (§ 287 Abs. 1 ZPO) zu ermitteln. Sofern der Reisende den Reisepreis bereits vollständig bezahlt hat, wie es der Regelfall ist, folgt der Anspruch des Reisenden auf Erstattung des überzahlten Betrages aus § 651d Abs. 1 Satz 2 BGB i.V.m. § 638 Abs. 4 BGB. 24

Grundsätzlich ist bei der Bemessung der Minderung vom **Gesamtpreis** auszugehen, da der Mangel einer einzelnen Reiseleistung in der Regel auf die Gesamtreise ausstrahlt.[32] Bei besonderer Schwere kann ein Ereignis, das zu einem Mangel führt, eine Minderung rechtfertigen, die nicht auf den anteiligen Reisepreis für die Dauer des Ereignisses beschränkt ist. Das ist etwa denkbar, wenn es auf dem Rückflug zu einem Beinahe-Absturz kommt, bei dem die Reisenden Todesangst ausstehen, und die Reise deshalb ohne Erholungswert ist. Das kann nicht nur aufgrund eines Schadensersatzverlangens nach § 651 f Abs. 1 BGB berücksichtigt werden, sondern stattdessen auch bei der Bemessung der Minderung nach § 651d BGB.[33] In der Praxis werden zur Ermittlung der Minderung standardisierte Berechnungen und Tabellen herangezogen. Die praktisch bedeutsamste ist die von der 24. Zivilkammer des LG Frankfurt/M entwickelte „**Frankfurter Tabelle**".[34] Die Erarbeitung einer solchen Tabelle ist im Interesse der Vereinheitlichung der Rechtsprechung zur Minderung eines Reisepreises und im Interesse der Berechenbarkeit reiserechtlicher Entscheidungen – und damit auch im Interesse der Rechtssicherheit – begrüßenswert.[35] Freilich kann eine solche Tabelle nur einen Rahmen vorgeben; eine Entscheidung im 25

---

[26] AG Königstein v. 13.03.1996 - 21 C 332/95 - RRa 1996, 162-164: bei Frage nach „irgendeiner Unzufriedenheit" wurde nur anderer Punkt („to less animals in the jungle") angegeben, ansonsten Reise bzw. später beanstandeter „Guide service" mit „excellent" bewertet – Folge: konkludenter Verzicht.

[27] So zu Recht *Führich*, Reiserecht, 6. Aufl. 2010, Rn. 621 unter 5.

[28] LG Düsseldorf v. 07.01.1993 - 22 S 566/92 - RRa 1994, 102.

[29] AG Düsseldorf v. 25.10.1989 - 24 C 10961/89 - RRa 1994, 103.

[30] Vgl. BT-Drs. 8/2343, S. 9; *Seiler* in: Erman, § 651d Rn. 1; *Tonner* in: MünchKomm-BGB, § 651d Rn. 7; *Staudinger*, in: Staudinger, § 651d Rn. 1; *Führich*, Reiserecht, 6. Aufl. 2010, Rn. 286.

[31] AG Bielefeld v. 27.10.1995 - 42 C 89/95 - Rra 1996, 35-36; AG München v. 21.06.1996 - 111 C 5600/96 - Rra 1996, 20 – 21.

[32] BGH v. 14.12.1999 - X ZR 122/97 - juris Rn. 33 - NJW 2000, 1188-1191; OLG Düsseldorf v. 17.02.1994 - 18 U 40/93 - NJW-RR 1995, 368-369; LG Frankfurt v. 04.01.1993 - 2/24 S 277/92 - NJW-RR 1993, 435-436; *Tonner* in: MünchKomm-BGB, § 651d Rn. 15; *Führich*, Reiserecht, 6. Aufl. 2010, Rn. 299; *Eckert* in: Soergel, § 651d Rn. 8; a.A. LG Hannover v. 22.09.1983 - 3 S 152/83 - NJW 1984, 2417-2419: Orientierung an Einzelleistung; aufgegeben in LG Hannover v. 10.08.1989 - 3 S 158/89 - NJW-RR 1989, 1398-1390.

[33] BGH v. 15.07.2008 - X ZR 93/07 - juris Rn. 9 - NJW 2008, 2775-2776.

[34] Vgl. die Frankfurter Tabelle (Anlage 1 zu § 651d BGB) - NJW 1985, 113 und NJW 1994, 1639.

[35] OLG Hamburg v. 03.04.1985 - 5 U 134/84 - NJW 1985, 3030-3032; „durchaus fragwürdige" Minderungstabelle; *Müller-Langguth*, NJW 1985, 900-902, der als Parallele die Gesetzwidrigkeit von Punkttabellen bei der Sozialauswahl (BAG, 24.03.1983, DB 1983, 1665) anführt; *Isermann*, NJW 1988, 873-879: „Bewertungsabenteuer", *Sprau* in: Palandt, § 651d Rn. 5; *Tonner* in: MünchKomm-BGB, § 651d Rn. 20; *Führich*, Reiserecht, 6. Aufl. 2010, Rn. 308.

§ 651d

konkreten Einzelfall kann sie nicht vorwegnehmen oder ersetzen.[36] Der begrenzte Wert einer solchen Tabelle (Anlage 1) ist auch daraus zu ersehen, dass sich beim Zusammentreffen mehrerer Mängel eine Minderungsquote von mehr als 100% errechnen kann, eine 100% übersteigende Minderung aber denknotwendig ausgeschlossen ist. Die Frankfurter Tabelle kann daher – wie jede Tabelle – nicht mehr sein als eine grobe Richtschnur für die Beurteilung des jeweiligen Einzelfalles. Die Minderung ist im Wege einer unter Berücksichtigung von § 287 Abs. 1 ZPO vorzunehmenden Gesamtwürdigung und nicht durch bloße Addition von – andernorts festgesetzten – tabellarischen Minderungsquoten zu ermitteln.[37] Die Berechnung der Minderung steht nicht im Ermessen des Gerichtes, sondern ist Rechtsanwendung und ist daher vom Berufungsgericht nicht etwa nur auf ihre Vertretbarkeit, sondern uneingeschränkt auf ihre Richtigkeit zu überprüfen.[38]

26 Zahlreiche Beispielsfälle finden sich in der Kommentierung zu § 651c BGB Rn. 44-92.

D. Prozessuale Hinweise

27 Die Darlegungs- und Beweislast bezüglich des Mangels trifft den Reisenden.

28 Nach dem Wortlaut des § 651d Abs. 2 BGB müsste der Reiseveranstalter die **schuldhafte Unterlassung der Mängelanzeige** beweisen. Dazu müsste der Reiseveranstalter allerdings auch Tatsachen vortragen und beweisen, die nicht aus seinem Einfluss- und Wissensbereich stammen. Deshalb ist danach zu differenzieren, welche Vertragspartei die Tatsachen jeweils geschaffen hat oder jedenfalls kennt (oder mindestens kennen kann), und die Darlegungs- und Beweislast entsprechend zu verteilen.[39] Der Reisende hat demzufolge die Rechtzeitigkeit der Mängelanzeige zu beweisen, der Veranstalter die Erreichbarkeit des Reiseleiters für den Reisenden, soweit die Anzeige unterblieben ist und der Reisende konkret darlegt, dass er den Reiseleiter nicht habe erreichen können. Der Reiseveranstalter muss, da es insoweit um seinen Einfluss- und Wissensbereich geht, auch darlegen und beweisen, dass er den Mangel bei Kenntnis hätte beseitigen können. Hingegen muss der Reisende beweisen, dass die Mängelanzeige entbehrlich war, weil der Veranstalter bereits Kenntnis vom Mangel hatte.[40]

E. Arbeitshilfe – Frankfurter Tabelle

29 In der Praxis werden zur Ermittlung der Minderung standardisierte Berechnungen und Tabellen herangezogen. Die praktisch bedeutsamste ist die von der 24. Zivilkammer des LG Frankfurt/M entwickelte „Frankfurter Tabelle" (vgl. Anlage 1 zu § 651d BGB; zur Verwendung der Tabelle bei der Ermittlung der Minderung vgl. Rn. 25).

---

[36] Schon *Tempel*, NJW 1985, 97-103: „nur unverbindliche Richtlinie"; *Müller-Langguth*, MDR 1986, 757-758; *Eckert* in: Soergel, § 651d Rn. 9.
[37] OLG Celle v. 16.07.2003 - 11 U 84/03 - MDR 2004, 203, 204; OLG Celle vom 17.06.2004 - 11 U 1/04 - NJW 2004, 2985-2987.
[38] LG Frankfurt am Main v. 01.08.2006 - 2-24 S 262/05 - RRa 2007, 24-25.
[39] BGH v. 11.02.1957 - VII ZR 256/56 - BGHZ 23, 288-291; BGH v. 08.05.1958 - II ZR 304/56 - BGHZ 27, 236-241; BGH v. 15.10.2002 - X ZR 147/01 - NJW 2002, 3700-3701; *Tonner* in: MünchKomm-BGB, § 651d Rn. 23; *Eckert* in: Soergel, § 651d Rn. 11.
[40] LG Kleve v. 20.12.1996 - 6 S 22/96 - NJW-RR 1997, 1207-1208; *Baumgärtel/Laumen*, Handbuch der Beweislast im Privatrecht, § 651d Rn. 3; *Tonner* in: MünchKomm-BGB, § 651d Rn. 23; *Staudinger* in: Staudinger, § 651d Rn. 50 und 51.

Frankfurter Tabelle

Art der Leistung		Mängelposition	%-Satz	Bemerkungen
I. Unterkunft	1	Abweichung vom gebuchten Objekt	10-25	je nach Entfernung
	2	Abweichende örtliche Lage (Strandentfernung)	5-15	
	3	Abweichende Art der Unterbringung im gebuchten Hotel (Hotel statt Bungalow, abweichendes Stockwerk)	5-10	
	4	Abweichende Art der Zimmer		Entscheidend, ob Personen der gleichen Buchung oder unbekannte Reisende zusammengelegt werden
		DZ statt EZ	20	
		DreibettZ statt EZ	25	
		DreibettZ statt DZ	20-25	
		VierbettZ statt DZ	20-30	
	5	Mängel in der Ausstattung des Zimmers		
		zu kleine Fläche	5-10	
		fehlender Balkon	5-10	bei Zusage/je nach Jahreszeit
		fehlender Meerblick	5-10	bei Zusage
		fehlendes (eigenes) Bad/WC	15-25	bei Buchung
		fehlendes (eigenes) WC	15	
		fehlende (eigene) Dusche	10	bei Buchung
		fehlende Klimaanlage	10-20	bei Zusage/je nach Jahreszeit
		fehlendes Radio/TV	5	bei Zusage
		zu geringes Mobiliar	5-15	
		Schäden (Risse, Feuchtigkeit etc.)	10-50	
		Ungeziefer	10-50	
	6	Ausfall von Versorgungseinrichtungen		
		Toilette	15	
		Bad/ Warmwasserboiler	15	
		Stromausfall/ Gasausfall	10-20	
		Wasser	10	
		Klimaanlage	10-20	je nach Jahreszeit
		Fahrstuhl	5-10	je nach Stockwerk
	7	Service		
		vollkommener Ausfall	25	
		schlechte Reinigung	10-20	
		ungenügender Wäschewechsel (Bettwäsche, Handtücher)	5-10	
	8	Beeinträchtigungen		
		Lärm am Tage	5-25	
		Lärm in der Nacht	10-40	
		Gerüche	5-15	
	9	Fehlen der (zugesagten) Kureinrichtungen (Thermalbad, Massagen)	20-40	je nach Art der Projektzusage (z.B. „Kururlaub")

§ 651d

Art der Leistung		Mängelposition	%-Satz	Bemerkungen
II. Verpflegung	1	Vollkommener Ausfall	50	
	2	Inhaltliche Mängel		
		eintöniger Speisenzettel	5	
		nicht genügend warme Speisen	10	
		verdorbene (ungenießbare) Speisen	20-30	
	3	Service		
		Selbstbedienung (statt Kellner)	10-15	
		lange Wartezeiten	5-15	
		Essen in Schichten	10	
		verschmutzte Tische	5-10	
		verschmutztes Geschirr	10-15	
	4	Fehlende Klimaanlage im Speisesaal	5-10	bei Zusage
III. Sonstiges	1	Fehlender oder verschmutzter Swimmingpool	10-20	bei Zusage
	2	Fehlendes Hallenbad		bei Zusage
		bei vorhandenem Swimmingpool	10	soweit nach Jahreszeit benutzbar
		bei nicht vorhandenem Swimmingpool	20	
	3	Fehlende Sauna	5	bei Zusage
	4	Fehlender Tennisplatz	5-10	bei Zusage
	5	Fehlendes Mini-Golf	3-5	bei Zusage
	6	Fehlende Segelschule, Surfschule, Tauchschule	5-10	bei Zusage
	7	Fehlende Möglichkeit zum Reiten	5-10	bei Zusage
	8	Fehlende Kinderbetreuung	5-10	bei Zusage
	9	Unmöglichkeit des Badens im Meer	10-20	je nach Prospektbeschreibung und zumutbarer Ausweichmöglichkeit
	10	Verschmutzter Strand	10-20	
	11	Fehlende Strandliegen, Sonnenschirme	5-10	bei Zusage
	12	Fehlende Snack- oder Strandbar	0-5	je nach Ersatzmöglichkeit
	13	Fehlender FKK-Strand	10-20	bei Zusage
	14	Fehlendes Restaurant oder Supermarkt		bei Zusage/je nach Ausweichmöglichkeit
		bei Hotelverpflegung	0-5	
		bei Selbstverpflegung	10-20	
	15	Fehlende Vergnügungseinrichtungen (Disco, Nightclub, Kino, Animateure)	5-15	bei Zusage
	16	Fehlende Boutique oder Ladenstraße	0-5	je nach Ausweichmöglichkeit
	17	Ausfall von Landausflügen bei Kreuzfahrten	20-30	des anteiligen Reisepreises je Tag des Landausfluges
	18	Fehlende Reiseleitung		
		bloße Organisation	0-5	
		bei Besichtigungsreisen	10-20	
		bei Studienreisen mit wissenschaftlicher Führung	20-30	bei Zusage

Art der Leistung		Mängelposition	%-Satz	Bemerkungen
IV. Transport	19	Zeitverlust durch notwendigen Umzug		
		im gleichen Hotel		anteiliger Reisepreis für ½ Tag
		in anderes Hotel		anteiliger Reisepreis für 1 Tag
	1	Zeitlich verschobener Abflug über 4 Stunden hinaus	5	des anteiligen Reisepreises für einen Tag für jede weitere Stunde
	2	Ausstattungsmängel		
		niedrigere Klasse	10-15	
		erhebliche Abweichung vom normalen Standard	5-10	
	3	Service		
		Verpflegung	5	
		Fehlen der in der Flugklasse üblichen Unterhaltung (Radio, Film, etc.)	5	
	4	Auswechslung des Transportmittels		der auf die Transportverzögerung entfallende anteilige Reisepreis
	5	Fehlender Transfer vom Flugplatz (Bahnhof) zum Hotel		Kosten des Ersatztransportmittels

Anmerkungen zur Benutzung dieser Tabelle:

Folgende Punkte müssen bei der Berechnung des Minderungsbetrages beachtet werden:

1. Geringfügige Beeinträchtigungen bleiben außer Betracht.

2. Die Höhe des Prozentsatzes richtet sich bei Rahmensätzen nach der Intensität der Beeinträchtigung. Diese ist in der Regel unabhängig von den Eigenschaften des einzelnen Reisenden (Alter, Geschlecht, besondere Empfindlichkeit, besondere Unempfindlichkeit).

Ausnahmen:
- Bei besonderen Umständen eines Reisenden, die dem Reiseveranstalter bei Buchung bekannt waren, kann bei erheblicher Beeinträchtigung der einzelne Höchstsatz um 50% steigen.
- Bei Mängeln der Gruppe IV entfällt eine Minderung, wenn eine Beeinträchtigung für den Reisenden offenkundig oder nachweisbar nicht gegeben war.

3. Der Prozentsatz wird grundsätzlich vom Gesamtreisepreis (also auch Transportkosten) erhoben.
- Soweit Beeinträchtigungen während der Reisedauer nur zeitweilig auftreten, wird Minderung nur auf den entsprechenden Anteil angewandt. Gleiches gilt, wenn die Gewährleistungspflicht des Reiseveranstalters wegen schuldhaft unterlassener Anzeige des Mangels (§ 651d Abs. 2 BGB) oder wegen Nichtannahme eines zumutbaren Ersatzangebots entfällt.
- Bei kleineren Mängel bis höchstens l0% kann der Prozentsatz auf den Aufenthaltspreis angesetzt werden, wenn durch die Mängel der Reiseablauf nicht wesentlich verändert wurde.
- Bei zusammengesetzten Reisen, von denen mindestens ein Reiseteil getrennt gebucht werden kann, ist die Minderung in der Regel aus dem Preis für den Reiseteil zu berechnen, auf den die Mängel entfallen.

4. Bei Vorliegen mehrerer Mängelpositionen werden die Prozentsätze addiert.
- Ist Gegenstand des Vertrages die Unterkunft und Vollpension, so gelten folgende Gesamtprozentsätze für eine Leistungsgruppe als Obergrenze:
  - Gruppe I (Unterkunft) 50%
  - Gruppe II (Verpflegung) 50%
  - Gruppe III (Transport) 20%
  - Gruppe IV (Sonstiges) 30%
- Ist Gegenstand des Vertrages die Unterkunft und Halbpension, erhöhen sich die Sätze der Gruppe I um 25% und vermindern sich die Sätze der Gruppe II um 25%. Dabei dürfen folgende Gesamtprozentsätze innerhalb einer Leistungsgruppe nicht überschritten werden:

- Gruppe I (Unterkunft) 62,5%
- Gruppe II (Verpflegung) 37,5%
- Gruppe III (Transport) 20%
- Gruppe IV (Sonstiges) 30%
* Ist Gegenstand des Vertrages die Unterkunft mit Frühstück, so erhöhen sich die Sätze der Gruppe I um 66,6% und vermindern sich die Sätze der Gruppe II um 66,6%. Dabei dürfen folgende Gesamtprozentsätze innerhalb einer Leistungsgruppe nicht überschritten werden:
  - Gruppe I (Unterkunft) 83,3%
  - Gruppe II (Verpflegung) l6,7%
  - Gruppe III (Transport) 20%
  - Gruppe IV (Sonstiges) 30%
* Ist Gegenstand des Vertrages nur die Unterkunft so erhöhen sich die Sätze der Gruppe I um 100%; im Einzelfall kann der Gesamtprozentsatz der Gruppe I bis 100% gehen. Für die Gruppe III verbleibt es beim Gesamtprozentsatz von 20%, für die Gruppe IV beim Gesamtprozentsatz von 30%.

5. Ist die Reise in ihrer Gesamtheit durch Mängel einzelner Reiseleistungen oder durch Pflichtverletzungen des Reiseveranstalters schuldhaft erheblich beeinträchtigt worden, so können die Minderungssätze bis zum vollen Reisepreis steigen (§ 651f Abs. 2 BGB).

6. Sonstiges
* Eine Kündigung nach § 651e Abs. 1 BGB kommt nur in Betracht, wenn Mängel von mindestens 20% vorliegen. Hierbei ist bei einer Kündigung nach Fristsetzung (§ 651e Abs. 2 Satz 1 BGB) auf die nicht fristgerecht behobenen Mängel, bei einer sofortigen Kündigung (§ 651e Abs.2 Satz 2 BGB) auf die bei Abgabe der Kündigungserklärung vorliegenden Mängel abzustellen.
* § 651e Abs. 2 BGB in Form eines Ersatzurlaub kommt in der Regel nur in Betracht, wenn nicht fristgerecht behobene Mängel mit einem Gesamtgewicht von mindestens 50% vorliegen.

§ 651e BGB Kündigung wegen Mangels

(Fassung vom 02.01.2002, gültig ab 01.01.2002)

(1) ¹Wird die Reise infolge eines Mangels der in § 651c bezeichneten Art erheblich beeinträchtigt, so kann der Reisende den Vertrag kündigen. ²Dasselbe gilt, wenn ihm die Reise infolge eines solchen Mangels aus wichtigem, dem Reiseveranstalter erkennbaren Grund nicht zuzumuten ist.

(2) ¹Die Kündigung ist erst zulässig, wenn der Reiseveranstalter eine ihm vom Reisenden bestimmte angemessene Frist hat verstreichen lassen, ohne Abhilfe zu leisten. ²Der Bestimmung einer Frist bedarf es nicht, wenn die Abhilfe unmöglich ist oder vom Reiseveranstalter verweigert wird oder wenn die sofortige Kündigung des Vertrags durch ein besonderes Interesse des Reisenden gerechtfertigt wird.

(3) ¹Wird der Vertrag gekündigt, so verliert der Reiseveranstalter den Anspruch auf den vereinbarten Reisepreis. ²Er kann jedoch für die bereits erbrachten oder zur Beendigung der Reise noch zu erbringenden Reiseleistungen eine nach § 638 Abs. 3 zu bemessende Entschädigung verlangen. ³Dies gilt nicht, soweit diese Leistungen infolge der Aufhebung des Vertrags für den Reisenden kein Interesse haben.

(4) ¹Der Reiseveranstalter ist verpflichtet, die infolge der Aufhebung des Vertrags notwendigen Maßnahmen zu treffen, insbesondere, falls der Vertrag die Rückbeförderung umfaßte, den Reisenden zurückzubefördern. ²Die Mehrkosten fallen dem Reiseveranstalter zur Last.

Gliederung

A. Grundlagen	1	III. Kündigungserklärung	16
B. Anwendungsvoraussetzungen	4	C. Rechtsfolgen der Kündigung	20
I. Erheblichkeit des Mangels	4	I. Rückzahlungsanspruch des Reisenden	21
1. Objektive Erheblichkeit der Beeinträchtigung	5	II. Entschädigungsanspruch des Veranstalters	23
2. Subjektive Unzumutbarkeit	12	III. Kosten-Verteilung	26
3. Wegfall des Kündigungsgrundes	13	D. Prozessuale Hinweise	29
II. Abhilfefrist	14		

A. Grundlagen

§ 651e BGB ermöglicht dem Reisenden die Kündigung des Reisevertrages wegen besonders schwerer Mängel der Reise. Zuvor muss der Reisende dem Reiseveranstalter Gelegenheit zur Abhilfe geben (Absatz 2). Der Reiseveranstalter verliert den Anspruch auf den Reisepreis (Absatz 3 Satz 1), kann aber eine angemessene Entschädigung für bereits erbrachte oder noch zu erbringende Leistungen beanspruchen, sofern diese Leistungen nicht infolge der Aufhebung des Reisevertrages für den Reisenden wertlos werden (Absatz 3 Sätze 2 und 3). Nach Vertragsbeendigung entstehende Mehrkosten, insbesondere Kosten für die Rückbeförderung des Reisenden, hat der Reiseveranstalter zu tragen (Absatz 4).   1

Das Kündigungsrecht nach § 651e BGB steht nur dem Reisenden zu.   2

Der Reisende kann den Reisevertrag auch schon vor Reiseantritt kündigen, wenn bereits zu diesem Zeitpunkt feststeht, dass die Reise infolge eines Reisemangels erheblich beeinträchtigt sein wird. Vor Reiseantritt besteht das Kündigungsrecht des Reisenden aus § 651e BGB neben anderen Kündigungs- und Rücktrittsrechten des Reisenden, insbesondere neben seinem Recht, nach § 651i Abs. 1 BGB bis zum Reiseantritt jederzeit und ohne Angabe von Gründen vom Reisevertrag zurückzutreten. Die Rechtsfolgen einer Kündigung des Reisevertrages nach § 651e BGB sind für den Reisenden günstiger als die Rechtsfolgen eines Rücktritts nach § 651i BGB (Stornogebühren! – § 651i Abs. 2 BGB). Steht bereits fest, dass die Reise, würde sie angetreten und durchgeführt werden, infolge eines Reisemangels erheblich beeinträchtigt sein würde, geht die speziellere Kündigungsregelung des § 651e BGB, die das Kündigungsrecht von besonderen Voraussetzungen abhängig macht, der allgemeinen Vorschrift des § 651i BGB vor, die dem Reisenden bis zum Reisebeginn ein von Voraussetzungen nicht abhängiges   3

§ 651e

- wenn eine Segelreise aufgrund eines Schiffbruchs nicht weiter durchgeführt werden kann,[29]
- wenn bei einer Jagdreise nach Afrika die vertraglich zugesicherte Waffeneinfuhr-Genehmigung fehlt,[30]
- wenn der Zubringerbus für eine Kreuzfahrt nicht am vereinbarten Halteplatz abfährt und der Reisende deshalb nicht befördert wird,[31]
- wenn das Reisegepäck bei einem 14-tägigen Urlaub nach 3 Tagen noch nicht eingetroffen ist,
- wenn bei Buchung einer **Skireise** in eine laut Katalog 200 m von der (Talstation der) Gondelbahn ins Skigebiet entfernte Unterkunft der Liftbetrieb 2 Tage nach Ankunft des Reisenden saisonbedingt eingestellt wird.[32]

11 Ein **Kündigungsrecht** ist verneint worden,
- wenn sich bei einer 18-tägigen Kreuzfahrt der Beginn um einen Tag verzögert und deshalb zwei Häfen nicht angelaufen werden können[33],
- wenn der Urlaub infolge Umbuchung nicht gemeinsam mit zwei Ehepaaren aus dem Verwandtenkreis verbracht werden kann, soweit der Veranstalter dies nicht zugesichert hat[34],
- wenn der Zweck der Reise lediglich an 3 von insgesamt 21 Tagen völlig verfehlt wird,
- bei einer Erreichbarkeit der gleichwertigen Ersatzunterkunft in nur 10 Autominuten und getrennter Unterbringung der Schwiegermutter, die bei der Beaufsichtigung des Kindes helfen sollte[35],
- bei zusagewidrig fehlender Kinderbetreuung[36],
- im Falle des Eindringens von Moskitos durch Türspalten in ein Zimmer in einem südlichen Land[37].

2. Subjektive Unzumutbarkeit

12 Fehlt es an einem die Reise objektiv erheblich beeinträchtigenden Mangel, kann sich nach § 651 e Abs. 1 Satz 2 BGB trotzdem ein Kündigungsgrund ergeben, wenn die Durchführung der Reise infolge eines „einfachen" Reisemangel für den Reisenden subjektiv unzumutbar ist; eine solche Unzumutbarkeit liegt vor, wenn ein wichtiger Grund in der Person des Reisenden besteht.[38] Dieser Grund muss für den Veranstalter **erkennbar** gewesen sein.[39] Dies ist der Fall, wenn **Körperbehinderte** in einer Ersatzunterkunft der gleichen Kategorie untergebracht werden, diese jedoch nicht behindertengerecht ist[40], oder wenn einem gehbehinderten und hauptsächlich auf einen Rollstuhl angewiesenen Reisegast der Zugang zu dem gebuchten Kreuzfahrtschiff nur über ein weiteres Schiff und eine darauf befindliche Treppe mit 18 Stufen eröffnet wird, obwohl der Reiseveranstalter über die besonderen Bedürfnisse des gehbehinderten Reisegastes und insbesondere darüber informiert war, dass dieser zu Fuß nur kleinere Strecken – und auch dies nur mit einer Gehhilfe – zurücklegen konnte,[41] oder wenn einem **Diabetiker** trotz Zusage keine Diätverpflegung angeboten wird[42]. Eine Pflicht des Reiseveranstalters und des Reisebüros, selbstständig nach etwaigen gesundheitlichen Einschränkungen etc. des Reisenden zu fragen, beispielsweise nach dem konkreten Ausmaß einer Behinderung, besteht dagegen nicht[43]; in Betracht

---

[29] OLG Frankfurt v. 15.12.1995 - 10 U 127/94 - RRa 1996, 84-88: Auflaufen auf Riff vor türkischer Küste.
[30] LG Köln v. 21.12.1993 - 3 O 344/93 - Jagdrechtliche Entscheidungen XI Nr. 89: Büffeljagd in Tansania.
[31] AG Frankfurt v. 14.10.1994 - 32 C 2890/94 - 48 - RRa 1995, 73-74: Bustransfer von Frankfurt/M. nach Genua.
[32] AG Münster v. 28.11.2003 - 59 C 2377/03 - RRa 2004,186-187.
[33] AG Bonn v. 25.06.1998 - 18 C 283/97 - RRa 1999, 87-88: „Faszination Nordland" – „äußerstenfalls 30%" Minderung, aber kein Kündigungsrecht nach § 651e BGB.
[34] LG Düsseldorf v. 22.12.1989 - 9 O 196/89 - RRa 1994, 104.
[35] AG Bad Homburg v. 21.11.1995 - 2 C 1560/95 - NJW-RR 1996, 306-307: nur 10% Minderung.
[36] OLG Nürnberg v. 06.05.1999 - 13 U 66/99 - OLGR Nürnberg 1999, 276: nur 20% Minderung.
[37] OLG Düsseldorf v. 12.11.1992 - 18 U 72/92 - NJW-RR 1993, 315: Mombasa (Kenia).
[38] *Seiler* in: Erman, § 651e Rn. 5.
[39] *Seiler* in: Erman, § 651e Rn. 5; *Tonner* in: MünchKomm-BGB, § 651e Rn. 11.
[40] BT-Drs. 8/786, S. 23; *Eckert* in: Soergel, § 651e Rn. 8; *Führich*, Reiserecht, 6. Aufl. 2010, Rn. 369.
[41] OLG Hamm v. 21.10.2011 - 7 U 69/11 - juris Rn. 6.
[42] *Seiler* in: Erman, § 651e Rn. 5; *Führich*, Reiserecht, 6. Aufl. 2010, Rn. 369.
[43] LG Frankfurt v. 24.06.1999 - 2/24 S 344/99 - NJW-RR 2000, 580-582: USA-Busreise mit Rollstuhl; kritisch *Bechhofer*, RRa 1999, 189-190: Hinweis auf die Besonderheiten des zugrunde liegenden Sachverhaltes – Eltern wollten ursprünglich Abenteuerreise buchen und wiesen auf Nachfrage der Reisebüro-Mitarbeiterin darauf hin, bereits mehrfach auf diese Weise (mit zusammenklappbarem Rollstuhl etc.) gereist zu sein – bei weiterer Erörterung der Problematik reagierten die Eltern ohne Mitteilung konkreter Erwartungen an die Reise offenkundig ungehalten.

kommen nur solche Umstände, die sich geradezu aufdrängen. Ansonsten ist es Sache des Reisenden, seine konkreten persönlichen Umstände darzulegen.[44] Ein Kündigungsgrund dürfte aber bestehen, wenn ein schwer behinderter, mit Gehhilfen ausgestatteter Reisender persönlich im Reisebüro erscheint, nach der Buchung dem Reiseveranstalter eine Kopie seines Behindertenausweises einsendet und erklärt, eine ebenerdige Wohnung zu benötigen, und der Reiseveranstalter den Behinderten dann im 4. Stock eines Hotels unterbringt, das über keinen Fahrstuhl verfügt, was dazu führt, dass der behinderte Reisende allein für den Weg von der Rezeption zum Zimmer eine Stunde benötigt und das Zimmer während des zweiwöchigen Urlaubs nur zweimal verlassen kann.[45]

3. Wegfall des Kündigungsgrundes

Entfällt der Kündigungsgrund nachträglich und lässt sich der Reisezweck doch wie ursprünglich geplant verwirklichen, ist dem Reisenden ein Festhalten an der Kündigung unter dem Gesichtspunkt des Rechtsmissbrauchs verwehrt.[46] 13

II. Abhilfefrist

Die Kündigung kann erst nach fruchtlosem Ablauf einer Abhilfefrist erfolgen (Absatz 2). Durch das Schuldrechtsmodernisierungsgesetz wurde in Absatz 2 das Wort „erst" eingefügt, wodurch nur eine Klarstellung erfolgt ist. Der Reisende muss vom Veranstalter Abhilfe (vgl. die Kommentierung zu § 651c BGB) verlangen und eine angemessene Frist setzen. Insoweit gelten dieselben Grundsätze wie bei § 651c Abs. 2 und 3 BGB[47] (vgl. die Kommentierung zu § 651c BGB Rn. 99 ff. und die Kommentierung zu § 651c BGB Rn. 110 ff.). 14

Die Setzung einer Abhilfefrist ist **entbehrlich** bei objektiver Unmöglichkeit der Mängelbeseitigung, bei Verweigerung der Mängelbeseitigung durch den Veranstalter oder wenn die sofortige Kündigung durch ein besonderes Interesse des Reisenden gerechtfertigt wird. Ein besonderes Interesse des Reisenden kann gegeben sein, wenn – im Einzelfall – das Vertrauen des Reisenden in eine erfolgreiche Abhilfe durch Unzuverlässigkeit oder sonstiges vertragswidriges Verhalten des Reiseveranstalters oder diesem zurechenbarer Personen erschüttert ist.[48] Darüber hinaus ist die Setzung einer Abhilfefrist bei unterlassener Aufklärung über die Rügeobliegenheit des Reisenden (§ 6 Abs. 2 Nr. 7 BGB-InfoV) entbehrlich. 15

III. Kündigungserklärung

Die Kündigung muss gegenüber dem Reiseveranstalter oder gegenüber von diesem bevollmächtigten Personen erklärt werden.[49] Die Kündigung (vgl. die Kommentierung zu § 651c BGB) kann **auch konkludent** erklärt werden. Es genügen nach einer unberechtigten Verweisung aus dem Flugzeug bei einer Zwischenlandung die Weigerung, den Weiterflug zum Urlaubsort zu bezahlen, und die Buchung des Heimflugs[50], bei einem baulich noch nicht fertiggestellten Appartement der Antritt der Rückreise schon am Ankunftstag[51], die Erklärung an die Reiseleiterin, sie solle für den Rückflug sorgen[52], oder die Mitteilung des Entschlusses zur Abreise an die Reiseleiterin[53]. 16

Verbleibt der Reisende trotz zur Kündigung berechtigender Mängel am Urlaubsort, setzt er sich mit einer später aus denselben Gründen erfolgenden Kündigung in Widerspruch zu seinem eigenen vorherigen Verhalten (§ 242 BGB).[54] 17

---

[44] AG Frankfurt v. 03.05.1999 - 29 C 1719/98 - RRa 1999, 191-192.
[45] So auch *Führich*, RRa 2003, 124-125; *Seiler* in: Erman, § 651e Rn. 5; a.A. AG Hannover v. 22.08.2002 - 535 C 5892/02 - RRa 2003, 122-124.
[46] LG Köln v. 21.12.1993 - 3 O 344/93 - Jagdrechtliche Entscheidungen XI Nr. 89: Jagdreise nach Tansania nach Beschaffung der Waffeneinfuhr-Genehmigung (wieder) durchführbar.
[47] *Tonner* in: MünchKomm-BGB, § 651e Rn. 13; *Staudinger* in: Staudinger, § 651e Rn. 23.; *Führich*, Reiserecht, 6. Aufl. 2010, Rn. 370.
[48] LG Köln v. 29.11.1988 - 11 S 127/88 - NJW-RR 1989, 565-566; LG Frankfurt v. 18.03.1996 - 2/24 S 206/95 - NJW-RR 1996, 888-889: Fehlen eines Ansprechpartners vor Ort; *Seiler* in: Erman, § 651e Rn. 7.
[49] *Recken* in: BGB-RGRK, § 651e Rn. 9; *Eckert* in: Soergel, § 651e Rn. 11.
[50] BGH v. 18.11.1982 - VII ZR 25/82 - juris Rn. 4 - BGHZ 85, 301-305.
[51] OLG Düsseldorf v. 15.05.1997 - 18 U 142/96 - NJW-RR 1998, 53-54.
[52] AG Bad Homburg v. 21.11.1995 - 2 C 1560/95 - NJW-RR 1996, 306-307.
[53] LG Kleve v. 27.06.1996 - 6 S 86/95 - RRa 1996, 197-199.
[54] OLG Düsseldorf v. 12.06.1997 - 18 U 170/96 - NJW-RR 1998, 52-53.

18 Bei **Gruppenreisen** (vgl. die Kommentierung zu § 651a BGB Rn. 23 ff.) ist nach einer bisher in der Rechtsprechung der Instanzgerichte und im Schrifttum vertretenen Auffassung danach zu unterscheiden, ob der Mangel die gesamte Gruppe oder nur einen einzelnen Reisenden betrifft. Grundsätzlich ist nur derjenige zur Kündigung berechtigt, den der Mangel betrifft; eine **Teilkündigung** des Betroffenen ist möglich.[55] Dieses Gruppenmitglied ist von den Erklärungen der übrigen Teilnehmer unabhängig. Die anderen Teilnehmer sind nur dann selbst kündigungsberechtigt, wenn ihnen die Fortsetzung der Reise ohne das allein vom Mangel betroffene Mitglied nicht zumutbar ist. Dies ist umso eher der Fall, je größer die Verbundenheit der Gruppe ist; die größte Verbundenheit besteht bei Familien. Eine erhebliche Beeinträchtigung liegt z.B. vor, wenn sich ein Kind an nicht ordnungsgemäß gewarteten Hoteleinrichtungen verletzt und die Eltern deshalb einen Großteil der Zeit mit der Pflege des Kindes im Hotelzimmer verbringen müssen.[56] Sind alle Mitglieder der Gruppe kündigungsberechtigt, etwa bei einem erheblichen Mangel der Gruppenunterkunft, muss jeder für sich die Kündigung erklären[57]; jeder muss für sich entscheiden, ob er den Mangel hinnehmen und die Reise fortsetzen will. Eine Vertretung der jeweiligen Vertragspartner des Veranstalters durch eine Person bei der Kündigungserklärung ist zwar möglich[58]; der Umstand allein, dass eine Person die Gruppe angemeldet hat, verleiht dieser Person aber noch keine Vertretungsmacht zur Abgabe der Kündigungserklärung[59].

19 Nach dem Urteil des Bundesgerichtshofes vom 17.04.2012[60] soll vorzugsweise diejenige Person der Reisegruppe Vertragspartner des Reiseveranstalters – und zur Ausübung der Gestaltungsrechte und zur Geltendmachung der vertraglichen Ansprüche befugt – sein, die den Reisepreis letztlich aufzubringen hat. Das kann ein Familienmitglied für die gesamte Familie (oder auch ein Gruppenmitglied für die gesamte Reisegruppe) sein, das kann aber auch jeder Reiseteilnehmer selbst sein. Das Kündigungsrecht könnte bei Zugrundelegung dieser Rechtsprechung (nur) der Person zustehen, die jeweils Vertragspartner des Reiseveranstalters ist, und das gesamte mit dieser Person zustande gekommene Vertragsverhältnis erfassen. Die Vermeidung von Teilkündigungen könnte auch im Interesse des Reiseveranstalters liegen, der nach einer Teilkündigung (beispielsweise) ein größeres Appartement oder ein Ferienhaus insgesamt nicht anderweitig belegen könnte.

C. Rechtsfolgen der Kündigung

20 Die Rechtsfolgen einer Kündigung sind in den Absätzen 3 und 4 geregelt. Nach Absatz 3 Satz 1 **verliert** der Reiseveranstalter den **Anspruch auf Bezahlung des Reisepreises**. Absatz 3 Satz 2 verweist nunmehr auf § 638 Abs. 3 BGB.

I. Rückzahlungsanspruch des Reisenden

21 Anders als bei § 651d BGB wird nicht auf § 638 Abs. 4 BGB verwiesen. Aufgrund der weit verbreiteten Praxis, den Reisenden in **Vorleistung** treten zu lassen, wäre eine mit § 651d Abs. 1 Satz 2 i.V.m. § 638 Abs. 4 BGB vergleichbare Verweisung auf die §§ 346-354 BGB angezeigt gewesen, da die Interessenlage bezüglich der Vorleistung in beiden Fällen weitgehend identisch ist. Der Gesetzgeber hat davon abgesehen. Gleichwohl ist dem Reisenden nach erfolgter Kündigung auch weiterhin ein Rück-

---

[55] *Eckert* in: Soergel, § 651e Rn. 13; a.A. *Führich*, Reiserecht, 6. Aufl. 2010, Rn. 374.

[56] LG Düsseldorf v. 16.03.1984 - 6 O 71/82 - Fremdenverkehrsrechtliche Entscheidungen 22, Nr. 517 (1986).

[57] *Recken* in: BGB-RGRK, § 651e Rn. 10; *Eckert* in: Soergel, § 651e Rn. 12; a.A. *Führich*, Reiserecht, 6. Aufl. 2010, Rn. 374.

[58] LG Hannover v. 17.01.2002 - 3 S 1254/01 - NJW-RR 2002, 701; AG Düsseldorf v. 30.04.1998 - 50 C 2108/98 - NJW-RR 1999, 567: Reisevertrag allein mit anmeldender Ehefrau zustande gekommen; AG Hamburg-Altona v. 25.02.2000 - 318A C 156/99 - RRa 2000, 183-185: Anmelder auch dann nur Stellvertreter, wenn Adresse einer mitreisenden Person nicht mitgeteilt und die Rechnung ausschließlich an den Anmelder geschickt wird; AG Hannover v. 12.06.2001 - 501 C 2228/01 - RRa 2001, 226: bei Namensdifferenz Vermutung für Nichtzugehörigkeit zur Familie des Buchenden; a.A. AG Hamburg-Altona v. 12.05.2000 - 319 C 453/99 - RRa 2000, 185-186: keine Stellvertretung, wenn Anschriften der mitreisenden Personen nicht mitgeteilt.

[59] *Eckert* in: Soergel, § 651e Rn. 12.

[60] BGH v. 17.04.2012 - X ZR 76/11 - juris Rn. 19 - NJW 2012, 2107-2110.

zahlungsanspruch aus dem **vertraglichen Rückabwicklungsverhältnis** zuzubilligen, wie es die h.M. bisher angenommen hat.[61]

Eine Rückabwicklung über die §§ 812-822 BGB scheidet jedenfalls aus, weil sie u.a. wegen des möglichen Einwandes der Entreicherung des Veranstalters (§ 818 Abs. 3 BGB) eine unangemessene Benachteiligung des Reisenden darstellen würde. Der Veranstalter kann also nicht bereits an Leistungsträger weitergeleitete Teile des Reisepreises oder angefallene Verwaltungsunkosten abziehen.[62] 22

II. Entschädigungsanspruch des Veranstalters

Der Reiseveranstalter hat nach Absatz 3 Satz 3 i.V.m. § 638 Abs. 3 BGB einen **Anspruch auf Entschädigung** für bereits – mangelfrei – erbrachte oder noch zu erbringende Reiseleistungen (Beförderung und Rückbeförderung des Reisenden; Unterbringung und Verpflegung des Reisenden bis zur Rückbeförderung), welcher bezüglich der Reiseleistungen **entfällt**, an denen der Reisende infolge der Vertragsaufhebung **kein Interesse mehr** hat (Absatz 3 Satz 3). Entscheidend ist der Urlaubszweck; hierbei ist auf die jeweiligen Umstände des Einzelfalls abzustellen. Dass ein Strand oder Swimmingpool nicht benutzbar ist, hat beispielsweise andere Auswirkungen auf einen Badeurlaub als auf Sprach- oder Bildungsreisen.[63] Erhält der Reisende sein Reisegepäck nicht und hat er daher keine angemessene Garderobe für das sehr gute Hotel zur Verfügung, sind die bisher erbrachten Leistungen nach der – zweifelhaften – Auffassung des LG Hannover[64] auch bei einer Kündigung am sechsten und Abreise am achten Tag einer 14-tägigen Reise für den Reisenden ohne Interesse. 23

Die h.M. kombiniert bei ihrer **Berechnung** die Mängelquote und die Zeit, in der die Reise mangelhaft war, wenn sich die Reiseleistung in einen mangelfreien und einen mangelhaften Teil zerlegen lässt. Der Reiseveranstalter kann dann den anteiligen Reisepreis bis zur Kündigung abzüglich einer Minderung wegen der Mängel verlangen.[65] Die Beförderungsleistung wird anteilig einbezogen. Ist die Reise für den Reisenden wertlos, muss der Wert der Beförderungsleistung abgesetzt werden, da die Beförderungsleistung keinen eigenen Wert für den Reisenden hat.[66] Eine in AGB vorgesehene Pauschalierung (vgl. die Kommentierung zu § 651i BGB Rn. 15) ist unstatthaft, da eine solche nur im Rahmen von § 651i Abs. 3 BGB vorgesehen ist. 24

Nach Absatz 4 hat der Reiseveranstalter **notwendige Maßnahmen** zu treffen, insbesondere die Rückbeförderung vorzunehmen. Darunter fallen neben der Rückbeförderung die Duldung des weiteren Aufenthalts in der bisherigen Unterkunft oder die Beschaffung einer Ersatzunterkunft sowie die Verpflegung bis zur Abreise oder bei einer Reise mit Sammel-Visum die Beschaffung eines Einzel-Visums.[67] Die Art der Maßnahmen hat sich am ursprünglichen vertraglichen Rahmen zu orientieren, so dass die Rückbeförderung mit einem geringerwertigen Beförderungsmittel grundsätzlich unzulässig ist. Eine Ausnahme besteht dann, wenn die ursprünglich geschuldete Beförderung unmöglich ist[68], z.B. bei einem Fluglotsen-Streik. Die Maßnahmen sind vom Veranstalter **unverzüglich** zu treffen, da ansonsten ein vertragswidriger Zustand gegen den Willen des Reisenden aufrechterhalten werden würde. Die Obergrenze liegt bei zwei Tagen.[69] Eine Wartezeit von zwei bis drei Tagen ist in der Regel nicht zu- 25

---

[61] BGH v. 23.09.1982 - VII ZR 301/81 - juris Rn. 27 - BGHZ 85, 50-61; BGH v. 18.11.1982 - VII ZR 25/82 - juris Rn. 15 - BGHZ 85, 301-305; *Teichmann*, JZ 1983, 109-111; *Recken* in: BGB-RGRK, § 651e Rn. 11; *Seiler* in: Erman, § 651e Rn. 14; *Larenz*, VersR 1980, 689-694; *Eckert* in: Soergel, § 651e Rn. 14; nunmehr auch *Tonner* in: MünchKomm-BGB, § 651e Rn. 15; *Führich*, Reiserecht, 6. Aufl. 2010, Rn. 375; *Staudinger* in: Staudinger, § 651 e Rn. 38; a.A. [§§ 812-822 BGB] BT-Drs. 8/2589, S. 4; *Bartl*, Reiserecht, 2. Aufl. 1981, Rn. 80; *Pick*, Reiserecht, 1995, Rn. 74; *Seiler*, BB 1986, 1932-1942; *Löwe*, BB 1979, 1357-1366.

[62] BGH v. 26.06.1980 - VII ZR 210/79 - juris Rn. 48 - BGHZ 77, 310-320; *Führich*, Reiserecht, 6. Aufl. 2010, Rn. 375; *Eckert* in: Soergel, § 651e Rn. 14.

[63] *Eckert* in: Soergel, § 651e Rn. 17.

[64] LG Hannover v. 19.04.1985 - 8 S 393/84 - NJW 1985, 2903-2904.

[65] LG Frankfurt v. 21.05.1984 - 2/24 S 113/82 - NJW 1984, 1762-1763; LG Frankfurt v. 24.06.1985 - 2/24 S 5/85 - NJW-RR 1986, 55-56; LG Frankfurt v. 19.10.2000 - 2/24 S 62/00 - RRa 2001, 76-77; *Tonner* in: MünchKomm-BGB, § 651e Rn. 18; *Führich*, Reiserecht, 6. Aufl. 2010, Rn. 376; *Eckert* in: Soergel, § 651e Rn. 16.

[66] *Tonner* in: MünchKomm-BGB, § 651e Rn. 17.

[67] *Tonner* in: MünchKomm-BGB, § 651e Rn. 22; *Führich*, Reiserecht, 6. Aufl. 2010, Rn. 380; *Staudinger* in: Staudinger, § 651e Rn. 62.

[68] *Führich*, Reiserecht, 6. Aufl. 2010, Rn. 379.

[69] *Führich*, Reiserecht, 6. Aufl. 2010, Rn. 379; *Tonner* in: MünchKomm-BGB, § 651e Rn. 23.

mutbar; gegebenenfalls muss der Veranstalter die Rückreise per Linienflug ermöglichen.[70] Wird der Veranstalter nicht unverzüglich tätig, steht dem Reisenden analog § 651c Abs. 3 BGB ein Selbstabhilferecht (vgl. die Kommentierung zu § 651c BGB) zu.[71]

III. Kosten-Verteilung

26 Nach Absatz 4 Satz 2 fallen dem Reiseveranstalter die **Mehrkosten** zur Last. Nach der Konzeption des Absatzes 4 hat der Veranstalter selbst alle Maßnahmen durchzuführen und die Kosten zu tragen. Erfasst werden insbesondere Kosten für die Rückbeförderung, z.B. Einzel-Rückreise (auch per Linienflug[72]), Ersatzunterkunft, Taxikosten[73] oder Telefonkosten.[74] Nicht erfasst werden die Kosten, die der Reisende im Rahmen des § 651e Abs. 3 BGB i.V.m. § 638 Abs. 3 BGB zu tragen hat, da diese auch bei einer mangelfreien Reise angefallen wären.

27 Bei **unberechtigter Kündigung** trägt der Reisende die Mehrkosten.[75] Eine ungerechtfertigte Kündigung beendet den Reisevertrag nicht gemäß § 651e Abs. 3 BGB; vielmehr besteht der Reisevertrag mit sämtlichen Rechten und Pflichten fort. Beeinträchtigen Mängel die Reise, wenn auch nicht erheblich, muss sich der Veranstalter eine **hypothetische Minderung** gefallen lassen, da auch § 651d BGB weiterhin anwendbar bleibt.[76] Findet der Veranstalter einen anderen Abnehmer für die Reiseleistungen, entfällt der Anspruch gegen den Reisenden, der unberechtigt gekündigt hat; anderenfalls würde der Reiseveranstalter besser stehen als bei ordnungsgemäßer Erfüllung des Reisevertrages.[77]

28 Hat der Reisende ausnahmsweise selbst eine Leistung erbracht, bildet Absatz 4 Satz 2 die Grundlage für einen **Erstattungsanspruch** gegen den Veranstalter,[78] sei es allein nach dieser Vorschrift, sei es nach dieser Vorschrift i.V.m. den §§ 683, 670 BGB.

D. Prozessuale Hinweise

29 Den Reisenden trifft die **Darlegungs- und Beweislast** für das Vorliegen eines erheblichen Reisemangels, für die Unzumutbarkeit der Fortsetzung der Reise und für sein fehlendes Interesse (Absatz 3 Satz 3).[79]

30 Der Reiseveranstalter muss die fristgerechte Abhilfe und die Voraussetzungen einer Entschädigung nach Absatz 3 Satz 2 darlegen und beweisen.[80]

---

[70] LG Frankfurt v. 30.04.1984 - 2/24 S 306/83 - NJW 1985, 143-144.
[71] *Eckert* in: Soergel, § 651e Rn. 18; *Tonner* in: MünchKomm-BGB, § 651e Rn. 25; *Führich*, Reiserecht, 6. Aufl. 2010, Rn. 382.
[72] OLG Düsseldorf v. 10.07.1986 - 18 U 59/86 - NJW-RR 1986, 1175; *Tonner* in: MünchKomm-BGB, § 651e Rn. 23.
[73] LG Frankfurt v. 03.06.1991 - 2/24 S 328/90 - NJW-RR 1991, 1205.
[74] Vgl. *Führich*, Reiserecht, 6. Aufl. 2010, Rn. 382.
[75] *Führich*, Reiserecht, 6. Aufl. 2010, Rn. 382.
[76] LG Frankfurt v. 11.03.1991 - 2/24 S 251/90 - NJW-RR 1991, 880-881; LG Frankfurt v. 21.11.1994 - 2/24 S 65/93 - NJW-RR 1995, 1521-1522; LG Offenburg v. 19.11.1996 - 1 S 126/96 - NJW-RR 1997, 626; LG Duisburg v. 20.11.2003 - 12 S 176/03 - RRa 2003, 257-259; *Tempel*, RRa 2002, 146-151, 148; a.A. LG Kleve v. 25.10.1996 - 6 S 31/96 - NJW-RR 1997, 1140-1142.
[77] OLG Köln v. 11.09.2000 - 16 U 77/99 - RRa 2001, 3-5: entsprechend § 649 Satz 2 BGB; LG Frankfurt v. 15.02.1993 - 2/24 S 343/92 - NJW-RR 1993, 1146-1147: Rechtsgedanke des § 552 BGB (= § 537 BGB n.F.); *Tempel*, RRa 2002, 146-151, 150: allgemeines Bereicherungsverbot gemäß § 242 BGB.
[78] AG Flensburg v. 24.11.1998 - 63 C 190/97 - RRa 1999, 48-49; *Recken* in: BGB-RGRK, § 651e Rn. 17; *Seiler* in: Erman, § 651e Rn. 13; *Eckert* in: Soergel, § 651e Rn. 19; *Tonner* in: MünchKomm-BGB, § 651e Rn. 25; *Führich*, Reiserecht, 6. Aufl. 2010, Rn. 382.
[79] *Baumgärtel/Laumen*, Handbuch der Beweislast im Privatrecht, § 651e Rn. 1; *Sprau* in: Palandt, § 651e Rn. 7; *Tonner* in: MünchKomm-BGB, § 651e Rn. 26; *Staudinger* in: Staudinger, § 651e Rn. 73 -75; *Führich*, Reiserecht, 6. Aufl. 2010, Rn. 386.
[80] *Baumgärtel/Laumen*, Handbuch der Beweislast im Privatrecht, § 651e Rn. 1; *Sprau* in: Palandt, § 651e Rn. 7; *Tonner* in: MünchKomm-BGB, § 651e Rn. 26; *Staudinger* in: Staudinger, § 651e Rn. 75 und 76; *Führich*, Reiserecht, 6. Aufl. 2010, Rn. 386.

§ 651f BGB Schadensersatz

(Fassung vom 02.01.2002, gültig ab 01.01.2002)

(1) Der Reisende kann unbeschadet der Minderung oder der Kündigung Schadensersatz wegen Nichterfüllung verlangen, es sei denn, der Mangel der Reise beruht auf einem Umstand, den der Reiseveranstalter nicht zu vertreten hat.

(2) Wird die Reise vereitelt oder erheblich beeinträchtigt, so kann der Reisende auch wegen nutzlos aufgewendeter Urlaubszeit eine angemessene Entschädigung in Geld verlangen.

Gliederung

A. Grundlagen 1	4. Verschulden 44
B. Anwendungsvoraussetzungen 21	II. Entschädigung nach Absatz 2 45
I. Schadensersatz nach Absatz 1 21	1. Art des Anspruchs 45
1. Reisemangel und Mängelanzeige 21	2. Anspruchsvoraussetzungen 48
2. Anwendungsfälle 23	a. Erhebliche Beeinträchtigung 49
a. Verletzung des Integritätsinteresses 23	b. Vereitelung der Reise 57
b. Verletzung der Informationspflicht 37	3. Höhe der Entschädigung 62
c. Verletzung des Äquivalenzinteresses 40	4. Resterholungswert 63
3. Verpflichtung des Reiseveranstalters, nicht des Reisebüros 42	**C. Prozessuale Hinweise** 66

A. Grundlagen

§ 651f BGB schließt die Lücke, die bei Anwendung der Gewährleistungsrechte der §§ 651c, 651d und 651e BGB verbleibt, und gewährt auch den Ersatz der mit der Reise im Zusammenhang stehender Gesundheits- und Sachschäden (Absatz 1) sowie einen Ausgleich für nutzlos aufgewendete Urlaubszeit (Absatz 2). Diese Ansprüche des Reisenden sind – anders als die anderen Gewährleistungsrechte – von einem Verschulden des Reiseveranstalters abhängig. Freilich wird ein solches vermutet. Der Reiseveranstalter muss seinerseits darlegen und beweisen, dass ihn kein Verschulden trifft.

Der Schadensersatz nach § 651f BGB ist **neben** Minderung und Kündigung (vgl. die Kommentierung zu § 651e BGB) möglich.[1] Es können also kumulativ die Minderung des Reisepreises wegen der zur Minderung berechtigenden Mängel (§ 651d BGB) und der Ersatz darüber hinausgehender Schäden – auch ein Ausgleich für nutzlos aufgewendete Urlaubszeit (§ 651f Abs. 2 BGB) – beansprucht werden. Der Minderwert der Reise kann aber im Ergebnis nicht doppelt in Ansatz gebracht werden.[2] Ist der Vermögensverlust bereits durch die Minderung des Reisepreises abgegolten, kann sein Ausgleich nicht nochmals im Wege des Schadensersatzes beansprucht werden; wird der Minderwert als solcher als Schaden nach § 651f Abs. 1 BGB ersetzt, kann nicht zusätzlich der Reisepreis gemindert werden.[3] Dabei ist wohl von einem Vorrang der Minderung auszugehen.[4] Die Reisepreisminderung tritt kraft Gesetzes ein. Danach ist für die Geltendmachung eines – auf Ausgleich derselben Vermögenseinbuße gerichteten – Schadensersatzanspruchs kein Raum mehr. Schadensersatz kann ebenfalls nach erfolgter Kündigung (§ 651e BGB) oder Ausübung der Abhilfeansprüche (§ 651c Abs. 2 und 3 BGB) beansprucht werden[5], und auch eine erfolgreiche Abhilfe (§ 651c Abs. 2 BGB) oder Selbstabhilfe (§ 651c Abs. 3 BGB) schließt Schadensersatzansprüche aus § 651f BGB hinsichtlich der bis dahin entstandenen Schäden nicht aus.[6]

---

[1] BT-Drs. 8/2343, S. 10; *Seiler* in: Erman, § 651f Rn. 1, 4; *Tonner* in: MünchKomm-BGB, § 651f Rn. 9; *Staudinger* in: Staudinger, § 651f Rn. 3.
[2] BGH v. 20.09.1984 - VII ZR 325/83 - juris Rn. 11 - BGHZ 92, 177-184.
[3] *Tonner* in: MünchKomm-BGB, § 651d Rn. 5 und § 651f Rn. 9; *Staudinger* in: Staudinger, § 651d Rn. 5 und § 651f Rn. 3; *Führich*, Reiserecht, 6. Aufl. 2010, Rn. 288 und 390.
[4] *Führich*, Reiserecht, 6. Aufl. 2010, Rn. 288 und 390.
[5] *Eckert* in: Soergel, § 651f Rn. 3; *Staudinger* in: Staudinger, § 651f Rn. 3.
[6] *Staudinger* in: Staudinger, § 651f Rn. 3.

§ 651f

3 § 651f BGB ist die **umfassende reisevertragliche Schadensersatzvorschrift**. Nach § 651f BGB ist **jeder Schaden** zu ersetzen, der durch einen Reisemangel verursacht worden ist, es sei denn, der Reisemangel beruhe auf einem vom Reiseveranstalter nicht zu vertretenden Umstand. Der reiserechtliche Mangelbegriff ist umfassend (vgl. die Kommentierung zu § 651c BGB). **Alle** – nicht ausschließlich aus der Sphäre des Reisenden stammenden – Störungen, die sich auf die Reise auswirken und ihren Nutzen beeinträchtigen, stellen Reisemängel dar.[7] Der Reiseveranstalter ist verpflichtet, die Reise so zu erbringen, dass sie nicht mit Fehlern behaftet ist, die ihren Wert oder ihre Tauglichkeit zu dem gewöhnlichen oder nach dem Vertrag vorausgesetzten Nutzen aufheben oder mindern (§ 651c Abs. 1 BGB). Daher liegt ein Reisemangel dann vor, „wenn die tatsächliche Beschaffenheit der Reiseleistungen von derjenigen abweicht, welche die Parteien bei Vertragsschluss vereinbart oder gemeinsam, auch stillschweigend, vorausgesetzt haben, und dadurch der Nutzen der Reise für den Reisenden beeinträchtigt wird"[8]. Da der Reiseveranstalter aufgrund seiner Obhuts- und Fürsorgepflicht dem Reisenden Abwehrmaßnahmen gegen solche mit den Reiseleistungen verbundenen Gefahren schuldet, mit denen der Reisende nicht zu rechnen braucht und die er deshalb nicht willentlich in Kauf nimmt, fallen auch Beeinträchtigungen infolge von Sicherheitsdefiziten im Verantwortungsbereich des Reiseveranstalters – also Beeinträchtigungen des Reisenden infolge einer Verletzung einer Verkehrssicherungspflicht, für deren Einhaltung der Reiseveranstalter einzustehen hat – unter den Mangelbegriff[9]. Dabei stellt nach der Auffassung des Bundesgerichtshofes[10] allein die Realisierung einer objektiv vorhandenen Gefahr einen Reisemangel dar, ohne dass es für die Bejahung des Reisemangels darauf ankommt, ob die Gefahr für den Reiseveranstalter erkennbar war. Die Erkennbarkeit der Gefahr ist erst für die Beurteilung des Vertretenmüssens bedeutsam. Demgemäß muss der Reisende, der im Verantwortungsbereich des Reiseveranstalters verletzt/geschädigt worden ist, nur das (objektive) Vorhandensein der Gefahrenlage beweisen, während der Reiseveranstalter beweisen[11] muss, dass die Gefahr – für einen Sachkundigen[12] – nicht erkennbar gewesen sei.

4 Sofern sich der Reiseveranstalter nicht entlasten kann, sind alle Schäden, die aus – nicht ausschließlich aus der Sphäre des Reisenden stammenden – Störungen der Reise herrühren, nach § 651f BGB zu ersetzen, wobei die Ersatzpflicht des Reiseveranstalters nach § 651f BGB, soweit Schäden bei einer Luft-, Schiffs- und Eisenbahnbeförderung entstanden sind, durch andere Rechtsvorschriften überlagert sein kann[13]. Die Ersatzpflicht nach § 651f BGB erfasst alle (Körper-, Sach- und Vermögens-)Schäden, die dem Reisenden und den in den Schutzbereich des Reisevertrages einbezogenen Mitreisenden „durch die Reise" zugefügt worden sind, und alle (materiellen und immateriellen) Schäden, die dem Reisenden – und den Mitreisenden – aufgrund des Minderwertes der Reise und der darauf beruhenden Beeinträchtigung des Urlaubserfolges entstanden sind.

5 Sofern eine Busbeförderung Teil der Reise ist und der Reisende aufgrund der Busbeförderung einen Körper- oder Sachschaden erleidet, sind die Vorschriften des StVG neben den §§ 651c-651f BGB anwendbar.

6 Ansprüche aus den §§ 280, 241 Abs. 2 BGB (pVV) ergeben sich nur im Falle der Verletzung von nicht in (§§ 4 ff.) der BGB-InfoV geregelten Informationspflichten und von sonstigen nicht leistungsbezogenen Nebenpflichten, die nicht zu einem Reisemangel führen; ihre praktische Bedeutung ist daher gering. Hingegen stellen die in der BGB-InfoV geregelten Informationspflichten Hauptpflichten dar, deren schuldhafte Verletzung Schadensersatzansprüche nach § 651f BGB begründet[14]; die allgemeinen Nichterfüllungsregeln (§§ 275 ff., 280, 283 ff. BGB) dürften durch die abschließende Sonderregelung des in diesem Falle insgesamt anwendbaren reisevertraglichen Gewährleistungsrechtes (§§ 651c ff. BGB) verdrängt werden[15].

---

[7] *Tonner* in: MünchKomm-BGB, § 651c Rn. 3; *Staudinger* in: Staudinger, § 651c Rn. 11; *Führich*, Reiserecht, 6. Aufl. 2010, Rn. 205 und 222.

[8] BGH v. 12.06.2007 - X ZR 87/06 - juris Rn. 20 - NJW 2007, 2549-2554 – weitgehend wörtliches Zitat.

[9] BGH v. 12.06.2007 - X ZR 87/06 - juris Rn. 20 - NJW 2007, 2549-2554.

[10] BGH v. 12.06.2007 - X ZR 87/06 - juris Rn. 23 - NJW 2007, 2549-2554.

[11] BGH v. 12.06.2007 - X ZR 87/06 - juris Rn. 20 - NJW 2007, 2549-2554.

[12] BGH v. 12.06.2007 - X ZR 87/06 - juris Rn. 23 - NJW 2007, 2549-2554.

[13] *Staudinger* in: Staudinger, § 651 f Rn. 6; *Führich*, Reiserecht, 6. Aufl. 2010, Rn. 396; vgl. auch die Kommentierung zu § 651c BGB ff.

[14] *Tonner* in: MünchKomm-BGB, § 651f Rn. 5; *Staudinger* in: Staudinger, § 651f Rn. 4; *Führich*, Reiserecht, 6. Aufl. 2010, Rn. 391.

[15] *Führich*, Reiserecht, 6. Aufl. 2010, Rn. 203.

Ansprüche aus den §§ 280, 311 Abs. 2 und 3 BGB kommen im Wesentlichen nur in Betracht, wenn die schuldhafte Verletzung einer vorvertraglichen Aufklärungspflicht durch den Reiseveranstalter das Zustandekommen eines Reisevertrages verhindert oder dazu führt, dass der Reisevertrag – ohne eine Beeinträchtigung der Reise – mit einem für den Reisenden minderwertigen Inhalt zustande kommt[16].

Die §§ 823-853 BGB bleiben neben § 651f BGB anwendbar[17]. Die praktische Bedeutung dieser Anspruchskonkurrenz ist freilich für Schadensfälle, die sich nach dem 31.07.2002 ereignet haben, gering geworden[18], weil seit dem Inkrafttreten der Neufassung des § 253 Abs. 2 BGB am 01.08.2002 auch der vertragliche Schadensersatzanspruch aus § 651f Abs. 1 BGB einen Schmerzensgeldanspruch begründet.

Nach dem bis zum 31.07.2002 geltenden Rechtszustand (§§ 253, 847 BGB a.F.) begründete nur eine unerlaubte Handlung einen Schmerzensgeldanspruch. Dem Reisenden konnte daher ein Schmerzensgeldanspruch gegen den Reiseveranstalter nur dann zuerkannt werden, wenn dessen deliktische Haftung bejaht wurde. Da der Leistungsträger (Hotelier o.ä.) und dessen Erfüllungsgehilfen mangels der dafür notwendigen sozialen Abhängigkeit und Weisungsgebundenheit in der Regel nicht Verrichtungsgehilfen des Reiseveranstalters im Sinne des § 831 BGB sind[19], setzte das eine eigene unerlaubte Handlung des Reiseveranstalters – und damit die Verletzung einer eigenen Verkehrssicherungspflicht des Reiseveranstalters – voraus. Vor diesem Hintergrund hat der Bundesgerichtshof im Balkonsturzfall[20] aufgezeigt, dass zwar in erster Linie der Betreiber des Vertragshotels verkehrssicherungspflichtig ist, dass daneben aber auch den Reiseveranstalter eine eigene „Verkehrssicherungspflicht zur Vorbereitung und Durchführung der von ihm veranstalteten Reisen" trifft, deren schuldhafte Verletzung eine unerlaubte Handlung des Reiseveranstalters darstellt und einen Schmerzensgeldanspruch des Reisenden gegen den Reiseveranstalter begründet.

Seit dem Inkrafttreten der Neufassung des § 253 Abs. 2 BGB am 01.08.2002 bedarf es zur Begründung eines Schmerzensgeldanspruchs nicht mehr des Rückgriffs auf eine deliktische Haftung des Reiseveranstalters. Auch ansonsten gibt es kaum noch ein praktisches Bedürfnis für die Bejahung seiner deliktischen Haftung. Die vertragliche Haftung des Reiseveranstalters begründet nicht nur – bei Erfüllung der sonstigen Voraussetzungen eines Schmerzensgeldanspruchs – die Verpflichtung des Reiseveranstalters zur Zahlung eines Schmerzensgeldes, sondern stellt den Reisenden in den meisten Fällen auch unter anderen Gesichtspunkten günstiger als die deliktische Haftung.[21]

a) Hat der Reiseveranstalter eine eigene Verkehrssicherungspflicht verletzt – nur in diesem Falle kann ihn eine deliktische Haftung treffen –, stellt diese zugleich auch eine Vertragsverletzung dar. In allen Fällen, in denen der Reiseveranstalter einer deliktischen Haftung unterliegt, sind daher zwangsläufig auch die Voraussetzungen einer vertraglichen Haftung erfüllt.

Umgekehrt gilt das nicht. Die eigene Verkehrssicherungspflicht des Reiseveranstalters reicht weniger weit als die Verkehrssicherungspflicht des Leistungsträgers (Hoteliers u.Ä.).[22] Daher gibt es nicht wenige Fälle, in denen eine vertragliche Haftung des Reiseveranstalters begründet ist, weil er sich eine dem Leistungsträger anzulastende Verletzung von dessen Verkehrssicherungspflicht – und dessen Verschulden – nach § 278 BGB zurechnen lassen muss, eine deliktische Haftung des Reiseveranstalters aber mangels einer Verletzung seiner eigenen Verkehrssicherungspflicht (und mangels einer Zurechnung der Pflichtverletzung des Leistungsträgers nach § 831 BGB) zu verneinen ist.

Während der Reisende die Voraussetzungen eines Anspruchs aus unerlaubter Handlung, insbesondere auch das Verschulden des Reiseveranstalters und damit auch die Erkennbarkeit der objektiv vorhandenen Gefahr, darzulegen und zu beweisen hat, wobei ihm grundsätzlich keine Beweiserleichterungen zugutekommen, muss er zur Begründung einer vertraglichen Haftung des Reiseveranstalters nur darlegen und beweisen, dass er aufgrund der Verwirklichung einer in den Verantwortungsbereich des Reiseveranstalters fallenden Gefahr einen Schaden erlitten hat. Gelingt ihm dieser Nachweis, ist eine ver-

---

[16] *Tonner* in: MünchKomm-BGB, § 651f Rn. 4; *Staudinger* in: Staudinger, § 651f Rn. 4; *Führich*, Reiserecht, 6. Aufl. 2010, Rn. 392.

[17] *Tonner* in: MünchKomm-BGB, § 651f Rn. 11; *Staudinger* in: Staudinger, § 651f Rn. 5; *Führich*, Reiserecht, 6. Aufl. 2010, Rn. 394 und 425.

[18] Vgl. dazu *Tonner*, RRa 2008, 62-67; *Eckert*, RRa 2007, 113-121.

[19] BGH v. 12.06.2007 - X ZR 87/06 - juris Rn. 14 - NJW 2007, 2549-2554.

[20] BGH v. 25.02.1988 - VII ZR 348/86 - juris Rn. 23 - BGHZ 103, 298-309.

[21] Vgl. auch *Tonner*, NJW 2007, 2738-2741.

[22] BGH v. 12.06.2007 - X ZR 87/06 - juris Rn. 13-15 - NJW 2007, 2549-2554; BGH v. 18.07.2006 - X ZR 142/05 - juris Rn. 21 - NJW 2006, 3268-3270.

§ 651f

tragliche Haftung des Reiseveranstalters nur dann zu verneinen, wenn dieser seinerseits darlegt und beweist, dass er den Reisemangel, der in der Verwirklichung der objektiv vorhandenen Gefahr zu sehen ist, nicht zu vertreten hat, was die Darlegung und den Nachweis erfordert, dass die objektiv vorhandene Gefahr für ihn und alle seine Leistungsträger (jeweils nebst allen Erfüllungsgehilfen) nicht erkennbar war und nicht auf eine zumutbare Weise ausgeräumt oder beherrscht werden konnte[23].

14 b) In Bezug auf den Ersatz von Körperschäden ist eine betragsmäßige Beschränkung (auch) der vertraglichen Haftung des Reiseveranstalters schlechthin ausgeschlossen (§§ 651h und 651m Satz 1 BGB), so dass sich der vertragliche und der deliktische Schadensersatzanspruch unter diesem Gesichtspunkt nicht unterscheiden.

15 Die vertragliche Haftung des Reiseveranstalters für Schäden, die nicht Körperschäden sind, kann – individualvertragliche Haftungsbeschränkungen kommen in der Praxis nicht vor – durch Allgemeine Reisebedingungen (ARB) für den Fall, dass der Schaden weder auf einem groben Verschulden des Reiseveranstalters (§ 651h Abs. 1 BGB) noch auf einem groben Verschulden des Leistungsträgers (§ 309 Nr. 7 b BGB) beruht, auf den dreifachen Reisepreis beschränkt werden. Ob auch die deliktische Haftung des Reiseveranstalters, die (mindestens auch) eine eigene Pflichtverletzung des Reiseveranstalters erfordert, entsprechend beschränkt werden kann, ist umstritten (vgl. dazu die Kommentierung zu § 651h BGB Rn. 4). Unter diesem – praktisch nicht sehr gewichtigen Gesichtspunkt; der Umfang von Schäden, die nicht Körperschäden sind, übersteigt selten den dreifachen Reisepreis – könnte der deliktische Schadensersatzanspruch für den Reisenden möglicherweise günstiger sein als der vertragliche Schadensersatzanspruch.

16 c) Bezüglich der Verjährung stellt der deliktische Schadensersatzanspruch (3 Jahre seit dem Schluss des Jahres, in dem der Anspruch entstanden ist und der Gläubiger von den den Anspruch begründenden Umständen und der Person des Schuldners Kenntnis erlangt hat oder ohne grobe Fahrlässigkeit hätte erlangen müssen, mit einer Höchstfrist von 30 Jahren für Schadensersatzansprüche, die auf der Verletzung des Lebens, des Körpers oder der Gesundheit beruhen, und von 10 Jahren für sonstige Schadensersatzansprüche – §§ 195, 199 BGB) den Reisenden, der Kenntnis von den den Anspruch begründenden Umständen und der Person des Schuldners regelmäßig alsbald erlangt oder ohne grobe Fahrlässigkeit erlangen müsste, nur geringfügig besser als der vertragliche Schadensersatzanspruch (2 Jahre seit dem vereinbarten Reiseende – § 651g Abs. 2 BGB).

17 d) Erfreulicherweise sind die Fälle selten, dann allerdings sehr bedeutsam, in denen die – nur im Rahmen deliktischer Haftung anwendbaren – §§ 843, 844 BGB relevant werden.

18 e) Vorteile bietet der deliktische Schadensersatzanspruch dem Reisenden insofern, als die einmonatige Anmeldefrist gemäß § 651g Abs. 1 BGB, die freilich aufgrund der dem Reiseveranstalter auferlegten Hinweispflicht[24], deren Verletzung dazu führt, dass der Reisende „ohne Verschulden an der Einhaltung der Frist verhindert worden ist" (§ 651g Abs. 1 Satz 2 BGB), sehr entschärft worden ist, für deliktische Ansprüche nicht gilt und auch nicht durch Allgemeine Reisebedingungen (ARB) auf deliktische Ansprüche ausgedehnt werden kann[25].

19 f) Daher dürfte dem mit dem reisevertraglichen Schadensersatzanspruch aus § 651f BGB konkurrierenden deliktischen Schadensersatzanspruch in allen Schadensfällen, die sich nach dem 31.07.2002 ereignet haben, im Wesentlichen nur noch dann praktische Bedeutung zukommen, wenn einer der in den §§ 843 und 844 BGB geregelten Sachverhalte gegeben oder die einmonatige Ausschlussfrist für die Geltendmachung vertraglicher Schadensersatzansprüche (§ 651g Abs. 1 BGB) nicht ohne Verschulden nicht gewahrt worden ist.[26]

20 Die Geltendmachung eines Schadensersatzanspruchs bildet, auch wenn dieser sowohl auf eine vertragliche als auch auf eine deliktische Anspruchsgrundlage gestützt wird, einen einheitlichen Streitgegenstand. Nach der Rechtsprechung des Bundesgerichtshofes[27] wird mit der Klage nicht ein bestimmter materiell-rechtlicher Anspruch geltend gemacht. Vielmehr ist Gegenstand des Rechtsstreits der als Rechtsschutzbegehren oder Rechtsfolgenbehauptung aufgefasste eigenständige prozessuale Anspruch. Dieser wird bestimmt durch den Klageantrag, in dem sich die vom Kläger in Anspruch genommene Rechtsfolge konkretisiert, und den Lebenssachverhalt (Anspruchsgrund), aus dem der Kläger die begehrte Rechtsfolge herleitet. Sowohl mit dem reisevertraglichen als auch mit dem deliktischen Scha-

---

[23] BGH v. 09.11.2004 - X ZR 119/01 - juris Rn. 21 - NJW 2005, 418-420.
[24] BGH v. 12.06.2007 - X ZR 87/06 - juris Rn. 31 - NJW 2007, 2549-2554.
[25] BGH v. 03.06.2004 - X ZR 28/03 - juris Rn. 18-22 - NJW 2004, 2965-2966.
[26] Vgl. dazu *Tonner*, RRa 2008, 62-67; *Eckert*, RRa 2007, 113-121.
[27] Ständige Rechtsprechung, vgl. etwa BGH v. 19.12.1991 - IX ZR 96/91 - juris Rn. 14 - BGHZ 117, 1-7.

densersatzanspruch wird aus demselben Lebenssachverhalt (Unfall o.Ä.) dieselbe Rechtsfolge (Verpflichtung zur Schadensersatzleistung) hergeleitet. Deshalb muss der klagende Reisende nur den Sachverhalt darlegen. Dem Gebot, den „sichersten Weg" zu wählen, dürfte es entsprechen, eine Verletzung der Verkehrssicherungspflicht sowohl durch den Leistungsträger (Hotelier u.Ä.) als auch durch den Reiseveranstalter selbst darzulegen. Das Gericht wird, wenn nicht im Hinblick auf die §§ 843 und 844 BGB oder auf § 651g Abs. 1 BGB ein deliktischer Schadensersatzanspruch geprüft werden muss, in erster Linie prüfen, ob ein reisevertraglicher Schadensersatzanspruch zu bejahen ist. Wenn das der Fall ist, bedarf es – von den zuvor genannten Ausnahmen abgesehen – nicht des Eingehens auf einen deliktischen Schadensersatzanspruch. Wenn schon ein reisevertraglicher Schadensersatzanspruch mangels eines Anspruchsgrundes zu verneinen ist, wird ein deliktischer Schadensersatzanspruch auch – und erst recht – nicht in Betracht kommen.

B. Anwendungsvoraussetzungen

I. Schadensersatz nach Absatz 1

1. Reisemangel und Mängelanzeige

Voraussetzung für den Schadensersatzanspruch ist ein Reisemangel (vgl. die Kommentierung zu § 651c BGB) i.S.d. § 651c Abs. 1 BGB, der nicht erheblich sein muss.[28] 21

Nach h.M. setzt der Schadensersatzanspruch eine Mängelanzeige (vgl. die Kommentierung zu § 651d BGB) voraus; diese ist nur dann entbehrlich, wenn dem Mangel nicht abzuhelfen war, der Schaden auch bei erfolgreicher Abhilfe nicht zu vermeiden war oder der Reisende die Unterlassung der Anzeige nicht zu vertreten hat.[29] Die Mängelanzeige wird von den §§ 651d und 651e BGB verlangt; auf diese Vorschriften verweist § 651f Abs. 1 BGB. Demgemäß entsteht auch ein Schadensersatzanspruch des Reisenden nur dann, wenn dieser dem Reiseveranstalter den Mangel angezeigt und dadurch dem Reiseveranstalter die Möglichkeit gegeben hat, den Mangel zu beseitigen. Ansonsten könnte der Reisende Mängel „verheimlichen", um später Schadensersatz einzufordern, oder dann, wenn er die Anzeige am Urlaubsort vergessen hat, zwar nicht die Minderung des Reisepreises, aber doch Schadensersatz beanspruchen, obwohl er es schuldhaft unterlassen hat, dem Reiseveranstalter die Möglichkeit einzuräumen, die Mängel rechtzeitig zu beseitigen und den Eintritt eines Schadens (weitgehend) zu verhindern. Im Ergebnis gelangt auch die Gegenansicht über § 254 Abs. 2 BGB zu einem Wegfall, zumindest aber zu einer Minderung des Schadensersatzanspruchs.[30] 22

2. Anwendungsfälle

a. Verletzung des Integritätsinteresses

§ 651f Abs. 1 BGB erfasst zum einen die Fälle, in denen das Integritätsinteresse des Reisenden verletzt ist, also die Fälle, in denen der Reisende – und/oder ein Mitreisender – während der Reise einen Körperschaden, einen Sachschaden durch Beschädigung seines Eigentums oder auch einen Vermögensschaden erlitten hat. 23

aa. Körperschaden

Die Sachverhalte, aufgrund deren Reisende während der Reise körperlich verletzt werden können, sind unübersehbar. Freilich haben sich Fallgruppen gebildet. 24

Körperliche Verletzung aufgrund des nicht verkehrssicheren Zustandes des Hotels/der Ferienanlage: Ein Unfall, den der Reisende erleidet, stellt einen Reisemangel dar.[31] Da der Reiseveranstalter dem Reisenden aufgrund seiner Obhuts- und Fürsorgepflichten Abwehrmaßnahmen gegen solche mit 25

---

[28] BGH v. 18.07.2006 - X ZR 142/05; *Tonner* in: MünchKomm-BGB, § 651f Rn. 7; *Führich*, Reiserecht, 6. Aufl. 2010, Rn. 397.

[29] BGH v. 20.09.1984 - VII ZR 325/83 - juris Rn. 10 - BGHZ 92, 177-184; OLG Düsseldorf v. 23.03.1989 - 18 U 271/88 - NJW-RR 1989, 735-736; LG Frankfurt v. 21.07.1998 - 2-21 O 40/98 - NJW-RR 1999, 711; *Seiler* in: Erman, § 651f Rn. 4; *Seyderhelm*, Reiserecht, 1997, § 651f Rn. 10; *Pick*, Reiserecht, 1995, § 651f Rn. 77; *Eckert* in: Soergel, § 651f Rn. 6; *Führich*, Reiserecht, 6. Aufl. 2010, Rn. 397a; *Tempel*, NJW 1986, 547-556; a.A. (kein Anzeigeerfordernis) *Derleder* in: Wassermann, Kommentar zum Bürgerlichen Gesetzbuch, § 651f Rn. 1; *Tonner* in: MünchKomm-BGB, § 651f Rn. 27; *Teichmann*, JZ 1979, 737-743.

[30] Vgl. *Tonner* in: MünchKomm-BGB, § 651f Rn. 27; *Staudinger* in: Staudinger, § 651f Rn. 12; *Teichmann*, JZ 1979, 737-743.

[31] BGH v. 12.06.2007 - X ZR 87/06 - juris Rn. 20 - NJW 2007, 2549-2554.

§ 651f

den Reiseleistungen verbundenen Gefahren schuldet, mit denen der Reisende nicht zu rechnen braucht und die er deshalb nicht willentlich in Kauf nimmt, fallen auch Beeinträchtigungen infolge von Sicherheitsdefiziten im Verantwortungsbereich des Reiseveranstalters, d.h. infolge einer Verletzung einer Verkehrssicherungspflicht, für deren Einhaltung der Reiseveranstalter einzustehen hat, unter den Mangelbegriff.[32] Im Rahmen der reisevertraglichen Haftung muss der Reiseveranstalter sowohl für die Verletzung seiner eigenen Verkehrssicherungspflicht als auch – nach § 278 BGB – für die Verletzung einer Verkehrssicherungspflicht eines Leistungsträgers, insbesondere des Hotel- oder Clubbetreibers, einstehen.

26 Nach ständiger Rechtsprechung des Bundesgerichtshofes[33] trifft die Verkehrssicherungspflicht für das Hotel bzw. den Club und seine Einrichtungen in erster Linie den Hotel- oder Clubbetreiber. Verkehrssicherungspflicht bedeutet nach ständiger Rechtsprechung des Bundesgerichtshofes nicht, dass gegen alle denkbaren Möglichkeiten eines Schadenseintritts Vorkehrungen getroffen werden müssen. Die rechtlich gebotene Verkehrssicherung umfasst vielmehr diejenigen Maßnahmen, die ein umsichtiger, verständiger, in vernünftigen Grenzen vorsichtiger und gewissenhafter Angehöriger der jeweiligen Berufsgruppe für notwendig und ausreichend halten darf, um andere vor Schäden zu bewahren. Voraussetzung ist daher, dass sich vorausschauend für ein sachkundiges Urteil die naheliegende Gefahr ergibt, dass Rechtsgüter anderer verletzt werden können. Freilich führt schon die Realisierung einer objektiv vorhandenen Gefahr einen Mangel herbei.[34] Ob dieser für den Verkehrssicherungspflichtigen erkennbar war, ist erst bei der Prüfung des Verschuldens des Verkehrssicherungspflichtigen bedeutsam (zu den Auswirkungen bezüglich der Beweislast vgl. Rn. 69).

27 Dabei ist zu berücksichtigen, dass die Reisenden in ein ihnen (häufig) unbekanntes Hotel kommen und sich dort auch nicht lange aufhalten, es auch nicht sehr gut kennen lernen, im Urlaub heiter und gelöst sind und auch dem Alkohol zusprechen. Im Rahmen des Möglichen und Zumutbaren muss der Betreiber des Hotels dafür sorgen, dass Verletzungen – auch bei den im Hotel möglichen sportlichen und gesellschaftlichen Aktivitäten von Reisenden, die außerhalb des Urlaubs möglicherweise wenig Sport treiben – möglichst verhindert werden. Ist ein Hotel für Familien mit (kleinen) Kindern geeignet, wird gar die kindgerechte Ausstattung des Hotels in der Hotelbeschreibung hervorgehoben, müssen der bauliche Zustand des Hotels und die Einrichtung so beschaffen sein, dass auch die Gefahr der Verletzung von – entwicklungsgemäß noch nicht sehr vorsichtigen und umsichtigen – (Klein-) Kindern vermieden wird.[35]

28 Daneben hat auch der Reiseveranstalter eine eigene Verkehrssicherungspflicht bei der Vorbereitung und Durchführung der von ihm veranstalteten Reisen. Sie betrifft die Auswahl und Kontrolle der Leistungsträger und die Beschaffenheit der Vertragshotels und Ferienclubs. Es sind diejenigen Sicherungsvorkehrungen zu treffen, die ein verständiger, umsichtiger, vorsichtiger und gewissenhafter Reiseveranstalter für ausreichend halten darf, um die Reisenden vor Schaden zu bewahren, und die ihm den Umständen nach zuzumuten sind[36]. Der Reiseveranstalter ist verpflichtet, die Leistungsträger unter Überprüfung ihrer Eignung und Zuverlässigkeit sorgfältig auszuwählen. Außerdem muss der Reiseveranstalter auch regelmäßig die Leistungsträger und deren Leistung überwachen. Schließlich muss sich der Reiseveranstalter, bevor er ein Hotel unter Vertrag nimmt, vergewissern, ob es nicht nur den gewünschten Komfort, sondern auch einen ausreichenden Sicherheitsstandard bietet. Der Reiseveranstalter muss sich davon überzeugen, dass z.B. von Treppen und Aufzügen, elektrischen Anlagen und sonstigen Einrichtungen keine Gefahren für die von ihm unterzubringenden Hotelgäste ausgehen. Ist das Hotel einmal für in Ordnung befunden worden, muss der Reiseveranstalter in angemessenen Abständen – etwa zu Beginn jeder Saison – überprüfen lassen, ob der ursprüngliche Zustand und Sicherheitsstandard noch gewahrt ist.[37]

29 Die Verkehrssicherungspflicht des Reiseveranstalters reicht in vielen Fällen nicht so weit wie die Verkehrssicherungspflicht des Hotels- oder Clubbetreibers. So hat der Bundesgerichtshof[38] eine – dem Reiseveranstalter im Rahmen der vertraglichen Haftung nach § 278 BGB zuzurechnende – schuldhafte

---

[32] BGH v. 12.06.2007 - X ZR 87/06 - juris Rn. 20 - NJW 2007, 2549-2554.
[33] BGH v. 12.06.2007 - X ZR 87/06 - juris Rn. 13 - NJW 2007, 2549-2554.
[34] BGH v. 12.06.2007 - X ZR 87/06 - juris Rn. 20 und 21 - NJW 2007, 2549-2554.
[35] BGH v. 18.07.2006 - X ZR 44/04 - juris Rn. 6 - NJW 2006, 2918-2919.
[36] BGH v. 12.06.2007 - X ZR 87/06 - juris Rn. 13 - NJW 2007, 2549-2554; BGH v. 18.07.2006 - X ZR 142/05 - juris Rn. 20 - FamRZ 2006, 1517-1519.
[37] Vgl. *Eckert*, RRa 2007, 113-121, insbesondere 117-120.
[38] BGH v. 18.07.2006 - X ZR 44/04 - juris Rn. 15 und 21 - NJW 2006, 2918-2919.

Pflichtverletzung eines Clubbetreibers bejaht, dessen Animateurin es nicht verhindert hat, dass im Rahmen eines Wetten-dass-Spiels Schuhe auf die Bühne geworfen wurden, aber eine eigene Pflichtverletzung des Reiseveranstalters mit der Begründung verneint, der Reiseveranstalter, der einen Clubbetreiber sorgfältig ausgewählt habe, sei nicht verpflichtet, sich von diesem die geplanten Animationsspiele zur Genehmigung vorlegen zu lassen. Ausreichend, aber auch erforderlich sei vielmehr eine stichprobenartige Überprüfung des Animationsprogramms.

Freilich mögen auch – allerdings seltener – Konstellationen denkbar sein, in denen eine Verletzung der Verkehrssicherungspflicht des Reiseveranstalters zu bejahen, eine Verletzung der Verkehrssicherungspflicht des Hotel- oder Clubbetreibers hingegen zu verneinen ist. Das ist etwa in Fällen denkbar, in denen die Verletzung der Verkehrssicherungspflicht ausschließlich daraus folgt, dass ein (beispielsweise) als Unterkunft mit „kindgerechter Ausstattung"[39] oder mit „behindertengerechter Ausstattung" beworbenes Hotel zwar den generell geltenden Anforderungen an die Verkehrssicherheit genügt, nicht aber den Anforderungen an die Verkehrssicherheit, die an ein speziell als Unterkunft mit „kindgerechter Ausstattung" oder „behindertengerechter Ausstattung" beworbenes Hotel zu stellen sind. Ist die „kindgerechte Ausstattung" oder die „behindertengerechte Ausstattung" nur vom Reiseveranstalter versprochen worden, nicht aber vom Hotelbetreiber, der sein Hotel auch ansonsten nicht als „kindgerechtes Hotel" oder „behindertengerechtes Hotel" herausgestellt hat, dürfte nur eine Verletzung der Verkehrssicherungspflicht des Reiseveranstalters, nicht aber eine Verletzung der Verkehrssicherungspflicht des Hotelbetreibers zu bejahen sein. Das ist weiter auch in Fällen denkbar, in denen ein in einem anderen Kultur- und Zivilisationskreis belegenes Hotel den ortsüblichen Anforderungen genügt, so dass der Hotelbetreiber seine Verkehrssicherungspflicht nicht verletzt, aber den Mindestanforderungen an die Verkehrssicherheit nicht gerecht wird, die ein europäischer Reisender auch in einem solchen Hotel stellen darf, wenn er es über einen europäischen Reiseveranstalter bucht und dieser nicht schon im Prospekt darauf hinweist, dass das Hotel den hiesigen Mindestanforderungen an die Verkehrssicherheit nicht entspricht.

Die Verkehrssicherungspflicht des Reiseveranstalters erfasst auch – kostenlose und entgeltliche – Möglichkeiten zu sportlicher Betätigung im Rahmen des Hotels oder Clubs, die der Reisende erwarten darf, weil sie im Reiseprospekt bei der Beschreibung des Hotels oder Clubs aufgeführt sind. Wenn der Reiseveranstalter nicht eindeutig und ausdrücklich erklärt, dass er in Bezug auf diese Angebote nur Leistungen eines Fremdunternehmens vermittle, muss er aufgrund der von ihm durch den Abschluss des Pauschalreisevertrages übernommenen Verpflichtungen dafür Sorge tragen und dafür einstehen, dass sich die zur Ausübung der Sportarten benötigten Einrichtungen und Ausstattungen in einem für den Reisenden geeigneten Zustand befinden.[40]

Die Verkehrssicherungspflicht des Reiseveranstalters – für die Verkehrssicherungspflicht des Hotelbetreibers gilt das ohnehin – erstreckt sich darüber hinaus sogar auf solche Einrichtungen des Vertragshotels, die im Reiseprospekt nicht aufgeführt sind und deren Existenz und Benutzbarkeit der Reisende daher nicht beanspruchen kann. Werden sie ihm „gleichwohl" – sei es auch gegen ein zusätzliches Entgelt – zur Verfügung gestellt, erstreckt sich die Verkehrssicherungspflicht des Reiseveranstalters auch auf sie, wenn sie als „ein integraler und wesentlicher Bestandteil des Hotelkomplexes" erscheinen.[41] Höchstrichterlich noch nicht geklärt ist die Frage, ob das auch dann gilt, wenn eine im Reiseprospekt nicht aufgeführte Einrichtung, die nur gegen ein gesondertes Entgelt benutzt werden kann, etwa 100 m vom Hotelgelände entfernt liegt, aber als Einrichtung des Vertragshotels kenntlich gemacht ist.

Hingegen dürfte sich die Verkehrssicherungspflicht des Reiseveranstalters nicht auf eine im Reiseprospekt nicht aufgeführte Einrichtung (Meerwasser-Swimmingpool, Wasserrutsche oder ähnliches) erstrecken, die außerhalb des Hotelgeländes – wenn auch in der Nähe zu ihm – gelegen ist und einen anderen Betreiber ausweist, mag der Hotelbetreiber an diesem auch, ohne dass dieses offenbart würde, beteiligt sein.

Verpflegung: Einen Reisemangel stellt es auch dar und eine Schadensersatzpflicht nach § 651f BGB begründet es mithin auch, wenn im Hotel verdorbene oder infizierte Lebensmittel serviert werden. Bei Erbringung des Nachweises, dass sich der Reisende im Hotel infiziert hat, muss der Reiseveranstalter darlegen und beweisen, dass ihn und den Hotelier kein Verschulden treffe (§ 651 Abs. 1 HS. 2 BGB).

---

[39] BGH v. 18.07.2006 - X ZR 44/04 - juris Rn. 6 - NJW 2006, 2918-2919.
[40] BGH v. 14.12.1999 - X ZR 122/97 - juris Rn. 11 und 12 - NJW 2000, 1188-1191.
[41] BGH v. 18.07.2006 - X ZR 142/05 - juris Rn. 22 - FamRZ 2006, 1517-1519.

Erkranken gleichzeitig mehrere Hotelgäste, kommen dem Reisenden bezüglich einer Infizierung im Hotel Beweiserleichterungen nach Anscheinsgrundsätzen zugute.[42]

35 **Beförderung**: Wird der Reisende während der Hin- und Rückreise, während einer Transferfahrt, einer Rundreise oder einer Ausflugsfahrt verletzt, handelt es sich auch dabei um einen Reisemangel, der eine Schadensersatzpflicht des Reiseveranstalters nach § 651f BGB begründen kann.[43] Etwas anderes gilt bezüglich der Ausflugsfahrt nur dann, wenn sie niemals zum Programm des Reiseveranstalters gehört, dieser auch niemals einen solchen Eindruck erweckt und auch die Buchung nicht entgegengenommen und akzeptiert hat, vielmehr der Reisende den Ausflug unmittelbar bei einem örtlichen Anbieter gebucht und unmittelbar an diesen bezahlt hat (vgl. dazu auch § 651a Abs. 2 BGB). Hat der örtliche Reiseleiter auf die Ausflugsfahrt hingewiesen und ihre Buchung bei dem Drittveranstalter gefördert, ist die Verkehrssicherungspflicht des Reiseveranstalters nur dann zu verneinen, wenn der Reiseleiter von vornherein deutlich und unmissverständlich zum Ausdruck bringt, dass die Ausflugsfahrt von einem anderen (örtlichen) Veranstalter durchgeführt wird und dass der Reiseveranstalter damit nichts zu tun hat.[44]

bb. Sachschaden

36 Der Reiseveranstalter ist auch verpflichtet, dafür zu sorgen, dass das Hotel so gesichert wird, dass Raubüberfälle oder Diebstähle möglichst vermieden werden. Den Gästen sind auch weitere Sicherungsmöglichkeiten (Safe u.a.) zur Verfügung zu stellen. Während der Beförderung ist das Gepäck so zu sichern, dass eine Entwendung verhindert wird. Auch die Verletzung dieser Pflicht stellt einen Reisemangel dar und begründet eine Schadensersatzpflicht des Reiseveranstalters nach § 651f BGB.

b. Verletzung der Informationspflicht

37 Einen Reisemangel stellt es auch dar, wenn der Reiseveranstalter, den eine Erkundigungspflicht trifft, den Reisenden nicht darüber unterrichtet, dass die Gefahr von Verletzungen aufgrund von Hurrikans, und zwar schon bei einer Eintreffwahrscheinlichkeit von 1:4, und sonstigen Naturkatastrophen, von Epidemien oder von politischen Unruhen droht. Erleidet der Reisende infolge der Verletzung der Erkundigungs- und Informationspflicht[45] seitens des Reiseveranstalters einen Schaden, ist auch dieser nach § 651f BGB zu ersetzen.

38 Führt die Verletzung der Informationspflicht dazu, dass der Reisende zusätzliche Aufwendungen tätigen muss oder dass er Aufwendungen hat, die sich als vergeblich erweisen, hat der Reiseveranstalter auch diese Schäden des Reisenden nach § 651f BGB zu ersetzen.[46]

39 Das gilt auch dann, wenn der Reiseveranstalter seine Informationspflicht verletzt, der Reisende deshalb in das Urlaubsland nicht einreisen kann und aufgrund dessen finanzielle Einbußen erleidet.

c. Verletzung des Äquivalenzinteresses

40 Zu ersetzen ist auch der im Minderwert der Reise zu sehende Schaden des Reisenden. Freilich kann, wie bereits unter Rn. 2 ausgeführt worden ist, ein und derselbe Vermögensverlust nicht zweimal ausgeglichen werden. Ist der Minderwert der Reise bereits durch die Minderung des Reisepreises ausgeglichen worden, ist der im Minderwert der Reise bestehende Vermögensnachteil nicht durch die zusätzliche Zubilligung eines Schadensersatzanspruchs ein zweites Mal zu ersetzen.[47]

---

[42] OLG München v. 20.12.1999 - 26 U 4306/99; OLG Düsseldorf v. 21.09.2000 - 18 U 52/00: Erkrankungen im Verhältnis zur Gästezeit, aber mindestens 10% der Gäste; LG Hannover v. 09.03.1989 - 3 S 335/88; LG Düsseldorf v. 15.04.1991 - 9 O 520/90: in Tropen keine Beweislastumkehr; LG Frankfurt v. 23.08.1993 - 2/24 S 394/92; LG Darmstadt v. 13.01.1995 - 3 O 442/92; LG Düsseldorf v. 22.09.2000 - 22 S 355/99: Ciguatera-Fischvergiftung führt bei erheblichen Krankheitssymptomen zu 100% Minderung; AG Ludwigsburg v. 05.02.1998 - 1 C 1598/97; LG Frankfurt v. 15.04.1996 - 2/24 S 496/94: Ciguatera-Fischvergiftung (im Gegensatz zur Salmonellenvergiftung) als allgemeines Lebensrisiko, daher keine Beweislastumkehr; vgl. dazu auch *Führich*, Reiserecht, 6. Aufl. 2010, Rn. 436b.

[43] *Führich*, Reiserecht, 6. Aufl. 2010. Rn. 401.

[44] Vgl. auch dazu BGH v. 14.12.1999 - X ZR 122/97 - juris Rn. 12 - NJW 2000, 1188-1191.

[45] BGH v. 15.10.2002 - X ZR 147/01 - juris Rn. 8 bis 11 - NJW 2002, 3700-3702.

[46] *Führich*, Reiserecht, 6. Aufl. 2010, Rn. 403.

[47] BGH v. 20.09.1984 - VII ZR 325/83 - juris Rn. 8 - BGHZ 92, 177-184; *Tonner* in: MünchKomm-BGB, § 651d Rn. 5 und § 651f Rn. 10; *Staudinger* in: Staudinger, § 651d Rn. 5 und § 651f Rn. 3; *Führich*, Reiserecht, 6. Aufl. 2010, Rn. 288 und 390.

Für das Wetter ist der Reiseveranstalter grundsätzlich nicht einstandspflichtig[48]. Er muss aber den Reisenden unterrichten, wenn in einem Monat, in welchem dieser einen Surf- oder Segelurlaub verbringen will, im Zielgebiet mit einiger Wahrscheinlichkeit mit dauernden Stark- oder Schwachwinden zu rechnen ist, welche die Ausübung dieses Sports unmöglich machen und den Urlaub beeinträchtigen. Unterlässt der Reiseveranstalter diesen Hinweis und verlebt der Reisende einen völlig misslungenen Urlaub, ist dieser mit einem Reisemangel behaftet, der einen Schadensersatzanspruch nach § 651f BGB begründet.

3. Verpflichtung des Reiseveranstalters, nicht des Reisebüros

Zur Information des Reisenden ist grundsätzlich allein der Reiseveranstalter verpflichtet, nicht auch das Reisebüro.[49] Berät ein Reisebüro, das mehrere Reiseveranstalter vertritt, einen Reisenden bei der Auswahl einer Pauschalreise, kommt nach der in der Rechtsprechung[50] und im Schrifttum[51] ganz herrschenden Meinung stillschweigend ein selbstständiger Vertrag mit Haftungsfolgen zwischen dem Reisenden und dem Reisebüro zustande, der zumeist als Reisevermittlungsvertrag bezeichnet wird. Der Bundesgerichtshof[52] hat offen gelassen, ob er sich dieser herrschenden Meinung anschließen wird. Wenn das Reisebüro eigene vertragliche Beratungspflichten gegenüber dem Reisenden hat, beschränken sich diese auf die Auswahlberatung und enden in dem Zeitpunkt, in dem sich der Reisende für eine bestimmte Reise – oder auch nur für einen bestimmten Veranstalter – entschieden hat. Die Verpflichtung zur Aufklärung bezüglich der **Durchführung** der Reise – dazu gehören auch Hinweise zu Pass- und Visumerfordernissen – trifft **ausschließlich** den Reiseveranstalter. Die ihm durch die EG-Pauschalreise-Richtlinie (90/314/EWG) eingeräumte Entscheidungsfreiheit hat der deutsche Gesetzgeber dahin ausgeübt, dass er die Verpflichtung, den Reisenden über die Pass- und Visumerfordernisse zu unterrichten (in § 4 Abs. 1 Nr. 6 der BGB-InfoV), **ausschließlich** dem Reiseveranstalter auferlegt hat. Wenn das Reisebüro den Reisenden **insoweit** berät, wird es als Erfüllungsgehilfe des Reiseveranstalters tätig und begründet keine eigene Haftung und ggf. keine eigene Ersatzpflicht.[53]

Der Reiseveranstalter ist (nur) verpflichtet, den Reisenden auf die Möglichkeit einer Reiserücktrittskosten- und Rücktransportkostenversicherung hinzuweisen. Hingegen ist er zu einem Hinweis auf eine Reiseabbruchversicherung nicht verpflichtet; diese Beschränkung der Informationspflicht ergibt sich nach der Rechtsprechung des Bundesgerichtshofes aus dem Willen des deutschen Gesetzgebers, wie er in § 6 Abs. 2 i BGB-InfoV zum Ausdruck gekommen ist, mit dem die gleichlautende Vorschrift des Art. 4 Abs. 1 b IV der EG-Pauschalreise-Richtlinie umgesetzt worden ist.[54]

4. Verschulden

Der Schadensersatzanspruch nach § 651f BGB ist verschuldensabhängig. Der Reiseveranstalter muss seinerseits darlegen und beweisen, dass der Reisemangel, der zu dem Schaden geführt hat, auf einem Umstand beruht, den er nicht verschuldet hat und den auch keiner seiner Erfüllungsgehilfen, zu denen seine Leistungsträger gehören, und keiner der Erfüllungsgehilfen der Leistungsträger verschuldet hat. Dabei muss der Reiseveranstalter für sämtliche ernstlich in Betracht kommenden Schadensursachen den Entlastungsbeweis erbringen. Bleibt die ernstliche Möglichkeit des Vertretenmüssens bestehen, und sei es auch nur hinsichtlich einer der ernstlich in Betracht kommenden Ursachen, ist der Reiseveranstalter beweisfällig, hat er also den ihm obliegenden Entlastungsbeweis nicht erbracht.[55]

---

[48] *Führich,* Reiserecht, 6. Aufl. 2010, Rn. 340.
[49] BGH v. 25.04.2006 - X ZR 198/04 - juris Rn. 13 - NJW 2006, 2321-2323.
[50] LG Frankfurt v. 10.12.1998 - 2/24 S 109/98 - NJW-RR 1999, 1145/1146; LG Kleve vom 10.08.2000 - 6 S 85/00 - NJW-RR 2002, 557-559; LG Frankfurt v. 26.04.2001 - 2/24 S 342/00 - NJW-RR 2001, 1423-1425; LG Baden-Baden v. 07.03.2003 - 2 S 104/02 - RRa 2003, 82/83.
[51] *Baumbach/Hopt,* Handelsgesetzbuch, 32. Aufl. 2006, § 84 HGB Rn. 49; *Sprau* in: Palandt, vor § 651a Rn. 4; *Tonner* in: MünchKomm-BGB, § 651a Rn. 44; *Führich*, Reiserecht, 6. Aufl. 2010, Rn. 701; *Dewenter*, Die rechtliche Stellung des Reisebüros, S. 42 f.; *Nieß*, Reisebüro, 2. Aufl., Rn. 10.
[52] BGH v. 25.04.2006 - X ZR 198/04 - juris Rn. 8 - NJW 2006, 2321-2323.
[53] BGH v. 25.04.2006 - X ZR 198/04 - juris Rn. 9-13 - NJW 2006, 2321-2323.
[54] BGH v. 25.07.2006 - X ZR 182/05 - juris Rn. 14-15 - NJW 2006, 3137-3139.
[55] BGH v. 12.06.2007 - X ZR 87/06 - juris Rn. 23 - NJW 2007, 2549-2554; BGH v. 09.11.2004 - X ZR 119/01 - juris Rn. 24 - BGHZ 161, 79-86.

§ 651f

II. Entschädigung nach Absatz 2

1. Art des Anspruchs

45 Die Vorschrift des Absatzes 2 ist durch das Urteil des Bundesgerichtshofes vom 11.01.2005[56] grundlegend neu interpretiert worden. Hiervon abweichende Auffassungen früherer Rechtsprechung und Literatur sind für die Praxis weitgehend bedeutungslos geworden.

46 Absatz 2 gewährt dem Reisenden nach der neuen Rechtsprechung des Bundesgerichtshofes einen Anspruch auf Ersatz des immateriellen Schadens. Die frühere Rechtsprechung des Bundesgerichtshofes[57], dass vertane Urlaubszeit ein Vermögensschaden und dessen Richtgröße der Aufwand sei, den die Beschaffung zusätzlichen Urlaubs erfordern würde, also das Arbeitseinkommen, habe darauf beruht, dass seinerzeit noch eine Vorschrift gefehlt habe, die für diesen Fall einen Anspruch auf Ersatz immateriellen Schadens gewährt habe, und sei deshalb, so führt der Bundesgerichtshof[58] nunmehr aus, durch die zum 01.10.1979 erfolgte Einführung des § 651f Abs. 2 BGB hinfällig geworden. Auch die EG-Pauschalreise-Richtlinie sei dahin auszulegen, dass sie dem Verbraucher (Reisenden) einen Anspruch auf Ersatz des immateriellen Schadens verschaffe.

47 In dem Urteil vom 26.05.2010[59] hat der Bundesgerichtshof deutliche Zweifel geäußert, ob der Anspruch auf eine angemessene Entschädigung in Geld wegen nutzlos aufgewendeter Urlaubszeit (§ 651f Abs. 2 BGB) ein höchstpersönlicher Anspruch des jeweiligen (Mit-)Reisenden ist. Bucht der Reisende eine Reise für sich und weitere Mitreisende, handelt es sich, soweit die Reiseleistungen gegenüber den Mitreisenden erbracht werden sollen, im Zweifel um einen Vertrag zugunsten Dritter. Die Mitreisenden erlangen einen eigenen Anspruch auf die ihnen gegenüber zu erbringenden Reiseleistungen. Auch dem Reisenden (im Sinne des § 651a Abs. 1 BGB) steht, sofern nicht ein anderer Wille der Vertragschließenden anzunehmen ist, was allenfalls in extrem seltenen Ausnahmefällen anzunehmen sein könnte, ein Anspruch auf Leistung an den Dritten zu (§ 335 BGB). Das gilt nicht nur hinsichtlich der Primärleistung, sondern auch für Sekundäransprüche, insbesondere für Schadensersatzansprüche. Anders verhält es sich nur bei höchstpersönlichen Ansprüchen. Der Bundesgerichtshof[60] neigt der Auffassung zu, dass der Anspruch auf eine angemessene Entschädigung in Geld wegen nutzlos aufgewendeter Urlaubszeit (§ 651f Abs. 2 BGB) kein höchstpersönlicher Anspruch ist und folglich – gerichtet auf Zahlung an den jeweiligen Mitreisenden – auch vom Reisenden geltend gemacht werden kann.

2. Anspruchsvoraussetzungen

48 Erforderlich ist auch nach Absatz 2 ein Reisemangel, der insbesondere in einer mangelhaften Erbringung der Reiseleistung durch den Reiseveranstalter oder in einer vollständigen Nichtbringung der Reiseleistung – aufgrund einer Unmöglichkeit oder einer Leistungsverweigerung seitens des Reiseveranstalters – bestehen kann. Zusätzliche haftungsbegründende Voraussetzung ist nur noch die Vereitelung oder eine erhebliche Beeinträchtigung der Reise. Die „Vereitelung der Reise" setzt voraus, dass die Reise nicht durchgeführt, sondern erst gar nicht angetreten oder alsbald abgebrochen worden ist. Hingegen setzt eine „erhebliche Beeinträchtigung der Reise" ihre Durchführung voraus.[61]

a. Erhebliche Beeinträchtigung

49 Ob an dem Tatbestandserfordernis der Erheblichkeit noch festgehalten werden kann, ist umstritten. Der Europäische Gerichtshof hat in seinem Leitner-Urteil[62] ausgeführt, Art. 5 der Richtlinie 90/314/EWG des Rates vom 13.06.1990 über Pauschalreisen sei dahin auszulegen, dass er dem Verbraucher grundsätzlich einen Anspruch auf Ersatz des immateriellen Schadens verleihe, der auf der Nichterfüllung oder einer mangelhaften Erfüllung der eine Pauschalreise ausmachenden Leistungen beruhe. Im Schrifttum ist umstritten, ob die Zubilligung eines Anspruchs auf Ersatz der materiellen Schäden nur für den Fall einer **erheblichen** Beeinträchtigung der Reise mit den zwingenden Mindestvorgaben der Richtlinie vereinbar ist und ob die deutschen Gerichte, wenn das verneint wird,

---

[56] BGH v. 11.01.2005 - X ZR 118/03 - BGHZ 161, 389-400; vgl. dazu auch *Echtermeyer*, VuR 2005, 184-187; *Fischer*, RRa 2005, 98-104; *Führich*, BGHReport 2005, 550-551; *Schmid*, LMK 2005, 66-67.
[57] BGH v. 10.10.1974 - VII ZR 231/73 - juris Rn. 12-27 - BGHZ 63, 98-107.
[58] BGH v. 11.01.2005 - X ZR 118/03 - juris Rn. 28 - BGHZ 161, 389-400.
[59] BGH v. 26.05.2010 - Xa ZR 124/09 - juris Rn. 13 und 14.
[60] BGH v. 26.05.2010 - Xa ZR 124/09 - juris Rn. 15.
[61] *Führich*, Reiserecht, 6. Aufl. 2010, Rn. 411 und 412.
[62] EuGH v. 12.03.2002 - C-168/00 - NJW 2002, 1255-1256.

berechtigt und gehalten sind, im Wege einer **richtlinienkonformen Reduktion** des § 651f Abs. 2 BGB das Tatbestandserfordernis der Erheblichkeit entfallen zu lassen.[63] Der Bundesgerichtshof hält wohl an dem aus § 651f Abs. 2 BGB zu ersehenden Tatbestandserfordernis der Erheblichkeit fest. Er hat noch in seinem Urteil vom 07.04.2012[64] ausgeführt, dass der unbestimmte Rechtsbegriff „erheblich beeinträchtigt" bei der Anwendung sowohl des § 651e (Abs. 1 Satz 1) BGB als auch des § 651f Abs. 2 BGB grundsätzlich einheitlich auszulegen sei, ohne auch nur Zweifel zu äußern, ob an dem (in § 651f Abs. 2 BGB enthaltenen) Tatbestandserfordernis der Erheblichkeit festzuhalten ist.

Ob eine – durchgeführte – Reise „erheblich beeinträchtigt" ist, muss aufgrund einer Gesamtwürdigung aller Umstände des Einzelfalles beurteilt werden. Im Interesse der Vorhersehbarkeit gerichtlicher Entscheidungen und damit im Interesse der Rechtssicherheit erscheint es gerechtfertigt, auch in diesem Zusammenhang – ebenso wie in Bezug auf das identische Tatbestandsmerkmal, das sich in § 651e Abs. 1 Satz 1 BGB findet – darauf abzustellen, ob die Mängel eine Minderungsquote von mindestens 50% rechtfertigen. Ist das der Fall, spricht alles dafür, von einer „erheblichen Beeinträchtigung" auszugehen. Ist nur eine Minderungsquote von weniger als 50% gerechtfertigt, ist im Zweifel nicht von einer „erheblichen Beeinträchtigung" auszugehen. Die praktische Bedeutung der umstrittenen Frage,[65] ob eine – mehr oder minder starre – Erheblichkeitsgrenze zu bilden oder ob der Minderungsquote nur eine Indizwirkung zuzuerkennen ist, dürfte eher gering sein. 50

Sowohl in Bezug auf § 651e Abs. 1 Satz 1 BGB als auch in Bezug auf § 651f Abs. 2 BGB sprechen sich auch *Führich*[66] und *Tonner*[67] für die Festlegung eines einheitlichen Schwellenwertes aus, bei dessen Überschreitung im Regelfall von einer erheblichen Beeinträchtigung auszugehen ist, wollen aber den Richtwert für die Überschreitung der Erheblichkeitsschwelle bereits bei einer Minderungsquote von 30% bzw. 33 1/3% ansetzen. 51

Staudinger[68] lehnt eine generalisierende Quantifizierung wegen der Gefahr einer schematischen Anwendung als nicht mit der gebotenen Einzelfallbeurteilung und Einzelfallgerechtigkeit vereinbar ab. 52

Dieser Einwand erscheint nicht berechtigt. Einzelfallbezogen erfolgt die Bewertung der Mängel. Auf diese Weise ist Einzelfallgerechtigkeit zu erzielen. Die Frage, von welchem Wert an von einer „erheblichen Beeinträchtigung" auszugehen ist, ist dann einheitlich zu beantworten. 53

Nachvollziehbar ist, dass die Mängel schwerer oder weniger schwer sein und sich auch schwerer oder weniger schwer auswirken können. Dem ist bei der Bemessung der Minderungsquote Rechnung zu tragen. Warum es gerechtfertigt sein soll, in dem einen Fall schon bei einer Minderungsquote von 30 oder 40% und in dem anderen Fall erst bei einer Minderungsquote von 50 oder gar von 60% von einer „erheblichen Beeinträchtigung" auszugehen, ist hingegen nicht so recht nachzuvollziehen. Ein Betroffener, der erfahren würde, dass in einem anderen Fall bereits eine niedrigere Minderungsquote als ausreichend angesehen worden sei, in seinem Fall hingegen eine höhere Minderungsquote noch nicht, könnte das keinesfalls verstehen. Es ist auch nicht recht ersichtlich, wie es möglich sein könnte, die Erheblichkeit zu beurteilen, ohne auf Prozentsätze zurückzugreifen. Im Interesse der Vermeidung willkürlich erscheinender Ergebnisse – und damit im Interesse der Rechtssicherheit – erscheint es daher geboten, auf Prozentsätze abzustellen und einheitliche Kriterien zu bilden. 54

Führich und *Tonner*[69] ist darin zu folgen, dass der Richtwert für die Anwendung des § 651e Abs. 1 Satz 1 BGB derselbe sein muss wie für die Anwendung des § 651f Abs. 2 BGB. Eine Differenzierung ließe sich weder vom Wortlaut noch vom Sinn der Vorschriften her rechtfertigen. Das ist zwischenzeitlich auch vom Bundesgerichtshof bestätigt worden.[70] 55

Hingegen kann ihnen bezüglich der Höhe des Richtwertes der Erheblichkeitsgrenze nicht gefolgt werden. Bei einer Minderungsquote von 33 1/3 Prozent bereits von einer „erheblichen Beeinträchtigung" auszugehen, fällt schon vom Wortsinn her schwer, erscheint aber auch von der Sache her nicht gerechtfertigt. Daher spricht vieles dafür, bei einer Minderungsquote von mindestens 50% von einer „erheblichen Beeinträchtigung" auszugehen, bei einer niedrigeren Minderungsquote hingegen nicht. 56

---

[63] Vgl. zum Meinungsstreit *Staudinger* in: Staudinger, § 651 f Rn. 72; *Führich*, MDR 2009, 906/907.
[64] BGH v. 17.04.2012 - X ZR 76/11 - juris Rn. 32 - NJW 2012, 2107-2110.
[65] *Staudinger* in: Staudinger, § 651e Rn. 17 und § 651f Rn. 74.
[66] *Führich*, Reiserecht, 6. Aufl. 2010, Rn. 412.
[67] *Tonner* in: MünchKomm-BGB, § 651f Rn. 49 und 51.
[68] *Staudinger* in: Staudinger, § 651f Rn. 65.
[69] *Führich*, Reiserecht, 6. Aufl. 2010, Rn. 412; *Tonner* in: MünchKomm-BGB, § 651f Rn. 51.
[70] BGH v. 17.04.2012 - X ZR 76/11 - juris Rn. 32 - NJW 2012, 2107-2110.

b. Vereitelung der Reise

57 Die Reise ist vereitelt, wenn sie vom Reisenden erst gar nicht angetreten oder alsbald wieder abgebrochen worden ist. Das kann seinen Grund darin haben, dass der Reiseveranstalter dem Reisenden
- überhaupt kein Urlaubsquartier zur Verfügung stellen will oder kann,
- eine mit Mängeln behaftete Unterkunft überlässt, die vom Reisenden nicht akzeptiert wird,
- eine andere als die gebuchte Unterkunft zuweist oder überlässt, die vom Reisenden nicht akzeptiert wird.

58 Im ersten Fall ist die Reise vom Reiseveranstalter vereitelt worden.

59 Im zweiten Fall kommt es darauf an, ob die Mängel so gewichtig sind, dass von einer „erheblichen Beeinträchtigung" der Reise in dem zuvor erläuterten Sinne auszugehen ist. Ist das nicht der Fall, hat der Reisende zu Unrecht gekündigt; ihm steht (erst recht) kein Schadensersatzanspruch nach § 651f Abs. 2 BGB zu. Wäre die Reise hingegen, wenn der Reisende sie durchgeführt hätte, „erheblich beeinträchtigt" worden, hat der Reiseveranstalter die Reise vereitelt.

60 In dem zuletzt genannten Fall gilt nach der Rechtsprechung des Bundesgerichtshofes[71]: Wenn der Reisende eine bestimmte Reise gebucht und der Reiseveranstalter diese Buchung akzeptiert hat, ist keine Gattungs- oder Wahlschuld des Reiseveranstalters begründet worden. Vielmehr hat der Reiseveranstalter dem Reisenden die konkret gebuchte Reise zu ermöglichen. Der Reisende ist bis zur Grenze des Rechtsmissbrauchs nicht gehalten, ein Ersatzangebot zu akzeptieren. Lediglich bei völliger Gleichwertigkeit der beiden Reiseleistungen setzt sich der Reisende durch die Ablehnung des Ersatzangebotes dem Einwand unzulässiger Rechtsausübung aus. Das ist freilich nur dann der Fall, wenn es – unter Berücksichtigung auch der subjektiven Urlaubswünsche des Reisenden – keine Unterschiede zwischen den beiden Reiseleistungen gibt, so dass der Schluss gerechtfertigt ist, im Verhältnis zum Reiseveranstalter nicht schutzwürdige Motive – wie etwa schlichte Vertragsreue – hätten zur Ablehnung des Ersatzangebotes geführt. Gibt es – auch nur subjektiv relevante – Unterschiede zwischen den beiden Reiseleistungen, darf der Reisende das Ersatzangebot ablehnen. Die Reise ist in diesem Falle vom Reiseveranstalter vereitelt worden. Dem Reisenden steht die Entschädigung nach § 651f Abs. 2 BGB auch dann zu, wenn die Reise, falls er das Ersatzangebot angenommen hätte, nicht erheblich beeinträchtigt gewesen wäre. Der Entschädigungsanspruch nach § 651f Abs. 2 BGB setzt im Falle der Vereitelung der Reise nicht voraus, dass die Annahme eines unterbreiteten Ersatzangebotes zu keiner größeren Beeinträchtigung des Reisenden geführt hätte.[72]

61 Der Entschädigungsanspruch nach § 651f Abs. 2 BGB setzt auch nicht eine Kündigung nach § 651e Abs. 1 BGB voraus; auch die Kündigungsvoraussetzungen müssen, wie schon dargelegt, nicht erfüllt sein.[73]

3. Höhe der Entschädigung

62 Diese ist nicht nach dem Einkommen des Reisenden zu bemessen. Vielmehr hält es der Bundesgerichtshof[74], ohne andere Bemessungsgrundsätze gänzlich auszuschließen – die Bemessung ist Sache des Tatrichters –, für angezeigt, den Reisepreis als Bemessungskriterium zu wählen. Die Berücksichtigung des Reisepreises rechtfertige sich durch die Erwägung, dass der Reisepreis zeige, wie viel Geld der mit der geplanten Reise verbundene immaterielle Gewinn dem Reisenden wert (gewesen) sei. Dieses Kriterium ermögliche es auch, den Entschädigungsanspruch von nicht, noch nicht oder nicht mehr berufstätigen Personen wie etwa Arbeitslosen, Schülern und Rentnern, denen der Anspruch auf Ersatz des immateriellen Schadens ebenfalls zustehe, angemessen zu berechnen.

4. Resterholungswert

63 Unter ausdrücklicher Aufgabe der früheren Rechtsprechung[75] hat der Bundesgerichtshof[76] entschieden, dass ein Resterholungswert (Erholungswert eines häuslichen Urlaubs) nicht zu berücksichtigen und dass es auch unerheblich sei, wie der Reisende die Urlaubszeit verbracht habe. Auch sei es unerheblich, ob der Reisende den ihm vom Arbeitgeber bewilligten oder selbst organisierten Urlaub widerrufen, statt dessen weitergearbeitet und seinen Urlaub auf später verschoben oder in der Reisezeit eine andere

---

[71] BGH v. 11.05.2005 - X ZR 118/03 - juris Rn. 20 - BGHZ 161, 389-400.
[72] BGH v. 11.01.2005 - X ZR 118/03 - juris Rn. 21. - BGHZ 161, 389 ff.
[73] BGH v. 11.01.2005 - X ZR 118/03 - juris Rn. 18 - BGHZ 161, 389 ff.
[74] BGH v. 11.01.2005 - X ZR 118/03 - juris Rn. 29 und 30.
[75] Vgl. etwa BGH v. 12.05.1980 - VII ZR 158/79 - juris Rn. 26 - BGHZ 77, 116-125.
[76] BGH v. 11.01.2005 - X ZR 118/03 - juris Rn. 32 und 33 - BGHZ 161, 389 ff.

Reise durchgeführt habe, die ihm nicht der Reiseveranstalter angeboten habe (Ersatzurlaub). Mit all diesen Dingen habe der Reiseveranstalter nichts zu tun. Deshalb dürfe er durch solche überpflichtgemäßen Anstrengungen des Reisenden nicht entlastet werden. Derartige Umstände seien weder im Rahmen der Schadensberechnung noch im Wege des Vorteilsausgleichs zu berücksichtigen.

Es erscheint fraglich, ob diese Auffassung mit der Qualifizierung der nach § 651f Abs. 2 BGB zu zahlenden Entschädigung als immateriellem Schadensersatz – und nicht etwa als gesetzlich angeordneter Vertragsstrafe – ganz vereinbar ist. 64

Wenn der Reisende die vorgesehene Reisezeit auf andere Weise höchst sinnvoll und angenehm genutzt hat, kann ihm kaum eine (immaterielle) Entschädigung wegen nutzlos aufgewendeter Zeit zugebilligt werden. 65

C. Prozessuale Hinweise

Ansprüche sind innerhalb der Monatsfrist des § 651g Abs. 1 Satz 1 BGB geltend zu machen. 66

Die **Darlegungs- und Beweislast** trifft den Reisenden hinsichtlich Grund und Höhe des Schadens sowie der Mängelanzeige.[77] 67

Der Veranstalter muss beweisen, dass ihn kein **Verschulden** trifft. Dies ist nach dem heutigen Wortlaut des § 651f Abs. 1 BGB eindeutig. 68

Hat der Reisende einen Unfallschaden erlitten, muss er darlegen und beweisen, dass dieser Schaden darauf beruht, dass sich eine in einem Bereich, auf den sich die Verkehrssicherungspflicht des Reiseveranstalters und/oder eines seiner Leistungsträger (Betreiber des Hotels oder Clubs; Beförderungsunternehmer u.a.) erstreckt, objektiv vorhandene Gefahr verwirklicht hat. Ist das bewiesen, muss der Reiseveranstalter darlegen und beweisen, dass die Gefahr nicht erkannt oder gleichwohl nicht ausgeräumt werden konnte, auch nicht durch warnende Hinweise. Er muss darlegen und beweisen, dass der Unfall auf einem Umstand beruht, den er selbst, alle seine Erfüllungsgehilfen, zu denen seine Leistungsträger gehören, und alle Erfüllungsgehilfen seiner Leistungsträger nicht verschuldet haben[78]. Der Reiseveranstalter muss allerdings nicht positiv beweisen, welcher unverschuldete Umstand den Schaden herbeigeführt hat. Auch braucht er rein abstrakte Möglichkeiten, für die es keinen Anhaltspunkt gibt, nicht zu widerlegen. Wenn aber mehrere Ursachen ernsthaft in Betracht kommen, muss er bezüglich jeder dieser Ursachen beweisen, dass er sie nicht zu vertreten hat. Bleibt er auch nur hinsichtlich einer ernstlich in Betracht kommenden Unfallursache/Schadensursache beweisfällig, ist ihm der ihm obliegende Entlastungsbeweis misslungen.[79] 69

Der Reisende muss darlegen und beweisen, dass die Voraussetzungen des § 651f Abs. 2 BGB erfüllt sind. Wendet der Reiseveranstalter ein, dass der Reisende ein Ersatzangebot rechtsmissbräuchlich abgelehnt habe, muss er die völlige Gleichwertigkeit und Gleichartigkeit der gebuchten und der ersatzweise angebotenen Reiseleistung darlegen und beweisen.[80] 70

---

[77] BGH v. 20.09.1984 - VII ZR 325/83 - juris Rn. 17 - BGHZ 92, 177-184.
[78] BGH v. 12.06.2007 - X ZR 87/06 - juris Rn. 20, 22 und 23 - NJW 2007, 2549-2554.
[79] BGH v. 09.11.2004 - X ZR 119/01 - juris Rn. 24 - BGHZ 161, 79-86.
[80] BGH v. 11.01.2005 - X ZR 118/03 - juris Rn. 20 - BGHZ 161, 389 ff.

§ 651g BGB Ausschlussfrist, Verjährung

(Fassung vom 02.01.2002, gültig ab 01.01.2002)

(1) ¹Ansprüche nach den §§ 651c bis 651f hat der Reisende innerhalb eines Monats nach der vertraglich vorgesehenen Beendigung der Reise gegenüber dem Reiseveranstalter geltend zu machen. ²§ 174 ist nicht anzuwenden. ³Nach Ablauf der Frist kann der Reisende Ansprüche nur geltend machen, wenn er ohne Verschulden an der Einhaltung der Frist verhindert worden ist.

(2) ¹Ansprüche des Reisenden nach den §§ 651c bis 651f verjähren in zwei Jahren. ²Die Verjährung beginnt mit dem Tage, an dem die Reise dem Vertrag nach enden sollte.

Gliederung

A. Grundlagen ... 1	a. „Reisender" ... 28
I. Kurzcharakteristik ... 1	b. Gesetzlicher Forderungsübergang ... 32
II. Anwendbarkeit ... 3	c. Rechtsgeschäftliche Abtretung ... 39
B. Anwendungsvoraussetzungen ... 14	d. Verpflichtung zum Hinweis auf fehlende Anmeldebefugnis? ... 42
I. Ausschlussfrist (Absatz 1) ... 14	5. Beginn der Ausschlussfrist ... 44
1. Substantiierungspflicht ... 16	6. Gesonderte Anspruchsanmeldung? ... 48
2. Formfreiheit ... 18	7. Unmittelbare Klageerhebung ... 52
3. Adressat ... 19	8. Kein Nachschieben von Ansprüchen ... 55
a. Reiseveranstalter ... 19	9. Nicht verschuldete Fristversäumung ... 56
b. Reisebüro ... 21	II. Verjährung (Absatz 2) ... 65
c. Reiseleiter ... 23	C. Prozessuale Hinweise ... 69
d. Anmeldung bei nicht Empfangsberechtigten ... 25	D. Übergangsrecht ... 71
4. Anmeldebefugnis ... 28	

A. Grundlagen

I. Kurzcharakteristik

1 Nach § 651g Abs. 1 BGB muss der Reisende reisevertragliche Ansprüche innerhalb einer Ausschlussfrist von einem Monat seit dem vertraglich vorgesehenen Reiseende gegenüber dem Reiseveranstalter geltend machen. Diese Anspruchsanmeldung gemäß § 651g Abs. 1 BGB unterscheidet sich grundlegend von dem Abhilfeverlangen gemäß §§ 651c Abs. 2, 651e Abs. 2 BGB und der Mängelanzeige gemäß § 651d Abs. 2 BGB. Während es bei Abhilfeverlangen und Mängelanzeige darum geht, dem Reiseveranstalter die Möglichkeit zur Abhilfe zu geben, dient die in § 651g Abs. 1 BGB geregelte Ausschlussfrist dem Schutz des Veranstalters vor der (zu) späten Geltendmachung von Gewährleistungsansprüchen. Die Überprüfung des Sachverhaltes, insbesondere die Überprüfung der Berechtigung von Mängelrügen bezüglich der Beförderung, Unterkunft oder Verpflegung, ist nach mehr als einem Monat häufig erschwert, zumal sich die Verhältnisse am Urlaubsort relativ schnell ändern, Saisonkräfte möglicherweise nicht mehr zu erreichen sind und die Erinnerung verblasst. Auch soll der Reiseveranstalter in die Lage versetzt werden, unverzüglich die notwendigen Beweissicherungsmaßnahmen einzuleiten, etwaige Regressansprüche gegen seine Leistungsträger geltend zu machen und ggf. seinen Versicherer zu benachrichtigen.[1]

2 Durch das Zweite Gesetz zur Änderung reiserechtlicher Vorschriften[2] wurde – mit Wirkung zum 01.09.2001 – § 651g Abs. 1 Satz 2 BGB n.F. eingefügt, der die Anwendung von § 174 BGB ausschließt. Durch das Gesetz zur Modernisierung des Schuldrechts (SMG)[3] wurde mit Wirkung vom 01.01.2002 an die Verjährungsfrist von sechs Monaten auf zwei Jahre erhöht, § 651g Abs. 2

---

[1] BT-Drs. 8/2343, S. 11; BGH v. 09.06.2009 - Xa ZR 74/08 - juris Rn. 12 - NJW-RR 2009, 1570-1572 und BGH v. 09.06.2009 - Xa ZR 99/06 - juris Rn. 16 - NJW 2009, 2811-2814; BGH v. 22.06.2004 - X ZR 171/03 - juris Rn. 14 - BGHZ 159, 350-360; BGH v. 03.06.2004 - X ZR 28/03 - juris Rn. 21 - NJW 2004, 2965-2966; *Tonner* in: MünchKomm-BGB; § 651g Rn. 1; *Eckert* in: Staudinger, § 651g Rn. 1; *Führich*, Reiserecht, 6. Aufl. 2010, Rn. 437.

[2] Gesetz vom 23.07.2001, BGBl I 2001, 1658.

[3] BGBl I 2001, 3138.

Satz 3 BGB a.F. ist entfallen; eine entsprechende Regelung findet sich jetzt im Allgemeinen Teil in § 203 BGB. Außerdem gestattet die neue Regelung des § 651m Satz 2 BGB nunmehr im Gegensatz zur alten Regelung (§ 651l BGB a.F.) eine Erleichterung der Verjährung.

II. Anwendbarkeit

§ 651g BGB ist nicht anwendbar auf Ansprüche aus den §§ 280, 311 Abs. 2 und 3 BGB (cic), aus den §§ 280, 241 Abs. 2 BGB (pVV)[4] und auf bereicherungsrechtliche[5] Ansprüche.

§ 651g BGB ist nach allgemeiner Meinung auch nicht anwendbar auf deliktische Ansprüche.[6]

Der BGH hat in zwei Urteilen vom 07.09.2004[7] und vom 03.06.2004[8] – jeweils noch unter Zugrundelegung des bis zum 31.12.2001 geltenden Rechts – entschieden, dass eine Klausel in den Allgemeinen Reisebedingungen (ARV) eines Reiseveranstalters, welche die Ausschlussfrist des § 651g Abs. 1 Satz 1 BGB ganz allgemein auch auf Ansprüche aus unerlaubter Handlung ausdehne, den Reisenden unangemessen benachteilige und daher nach § 9 Abs. 1 AGBG unwirksam sei. Damit ist frühere Rechtsprechung zu dieser Frage überholt.

In der Begründung hat der BGH – insbesondere im zuletzt zitierten Urteil vom 03.06.2004 – maßgeblich auf die Unterschiede zwischen der vertraglichen und der deliktischen Haftung des Reiseveranstalters abgestellt. Die bei vertraglichen Ansprüchen bestehenden Regeln über die Darlegungs- und Beweislast seien in weitem Umfang von Beweiserleichterungen für den geschädigten Reisenden geprägt. Der Reiseveranstalter habe daher ein legitimes Interesse daran, von der Geltendmachung von Ansprüchen gegen ihn alsbald zu erfahren, um den Sachverhalt noch klären und Beweise noch sichern zu können. Hingegen müssten die Voraussetzungen von Ansprüchen aus unerlaubter Handlung, namentlich das Verschulden des Reiseveranstalters, vom Reisenden dargelegt und – grundsätzlich ohne dass ihm Beweiserleichterungen zugutekämen – bewiesen werden. Es wirke sich daher zum Nachteil des Reisenden aus, wenn die Klärungsmöglichkeiten durch Zeitabläufe erschwert würden. Die baldige Kenntnis von eventuell an ihn gestellten Ansprüchen sei für den Reiseveranstalter auch nicht deshalb von Bedeutung, damit er gegebenenfalls rechtzeitig Regressansprüche gegen den Leistungsträger stellen könne; denn anders als im Rahmen seiner vertraglichen Haftung könne sich der Reiseveranstalter im Rahmen von § 831 BGB von seiner Haftung für Drittverschulden entlasten. Daher halte eine Klausel, nach der die Geltendmachung aller Ansprüche, auch solcher aus unerlaubter Handlung und auch solcher auf Ersatz von Personenschäden, die erheblich über die üblichen Reisemangelschäden hinausgehen können, nach Ablauf einer einmonatigen Frist grundsätzlich ausgeschlossen sei, der Inhaltskontrolle gemäß § 9 AGBG nicht stand.

Wegen des Verbots der geltungserhaltenden Reduktion hatte der BGH nicht zu entscheiden, ob eine Klausel in Allgemeinen Reisebedingungen (ARB), nach der etwa mit reisevertraglichen Ansprüchen konkurrierende Ansprüche aus unerlaubter Handlung, die mit einem Reisemangel zusammenhängen und auf Schadensersatz wegen Verletzung des Eigentums zielen, ausgeschlossen seien, wenn sie nicht innerhalb eines Monats nach der Beendigung der Reise geltend gemacht worden seien, zulässig und wirksam sein könnte. Die Ausführungen des BGH könnten dafür sprechen, dass er eine dem § 651g Abs. 1 BGB nachgebildete Klausel, die nur deliktische Ansprüche wegen Verletzung des Eigentums des Reisenden erfasst, für zulässig und wirksam halten könnte.

Führich[9] hat beanstandet, die Rechtsprechung des BGH werde den schutzwürdigen Interessen des Reiseveranstalters nicht gerecht. Allerdings stimmt *Führich*[10] der Auffassung des BGH zu, dass eine Klausel, die „sämtliche in Betracht kommenden Ansprüche" ohne Differenzierung erfassen will – nur damit war der BGH befasst –, den Reisenden unangemessen benachteiligt.

---

[4] BT-Drs. 8/2343, S. 11; OLG München v. 11.12.1986 - 29 U 3080/86 - NJW-RR 1987, 493-494; OLG Düsseldorf v. 05.04.1990 - 18 U 231/89 - NJW-RR 1990, 825-826; *Seiler* in: Erman, § 651g Rn. 1; *Sprau* in: Palandt, § 651g Rn. 1; *Staudinger* in: Staudinger, § 651g Rn. 8; a.A. *Derleder* in: Wassermann, Kommentar zum Bürgerlichen Gesetzbuch, § 651g Rn. 2; *Seyderhelm*, Reiserecht, 1997, § 651g Rn. 6; *Tempel*, NJW 1987, 2841-2851.

[5] AG Kleve v. 03.11.2000 - 3 C 346/00 - NJW-RR 2001, 1062-1063; AG Duisburg v. 31.07.2002 - 53 C 3211/02 - RRa 2002, 219-220; *Sprau* in: Palandt, § 651g Rn. 1.

[6] *Sprau* in: Palandt, § 651g Rn. 1; *Seiler* in: Erman, § 651g Rn. 1; *Tonner* in: MünchKomm-BGB, § 651g Rn. 4; *Staudinger* in: Staudinger, § 651g Rn. 10; *Führich*, Reiserecht, 6. Aufl. 2010, Rn. 441.

[7] BGH v. 07.09.2004 - X ZR 25/03 - juris Rn. 18 - NJW 2004, 3777-3778.

[8] BGH v. 03.06.2004 - X ZR 28/03 - juris Rn. 18-23 - NJW 2004, 2965-2966.

[9] *Führich*, RRa 2004, 222-224.

[10] *Führich*, Reiserecht, 6. Aufl. 2010, Rn. 441.

9 *Staudinger*[11] stimmt dem BGH im Ergebnis zu, hält aber die Begründung nicht in allen Punkten für überzeugend. Tatsächlich dürften insbesondere die Ausführungen des BGH zu dem vom Reiseveranstalter beim Leistungsträger zu nehmenden Regress nicht zwingend sein: Nicht selten dürfte es sich so verhalten, dass der Leistungsträger seine Verkehrssicherungspflicht schuldhaft – sogar grob fahrlässig – verletzt hat, der Reiseveranstalter aber auch einer eigenen deliktischen Haftung gegenüber dem Reisenden unterliegt, weil er (etwa) das Hotel nicht hinreichend überprüft und deshalb den verkehrswidrigen Zustand nicht rechtzeitig bemerkt (und nicht rechtzeitig für seine Beseitigung gesorgt) hat. Auch in diesem Falle dürfte dem Reiseveranstalter ein – gegebenenfalls reduzierter – Regressanspruch gegen den Leistungsträger zustehen, an dessen Geltendmachung und Durchsetzung der Reiseveranstalter ein legitimes Interesse hat.

10 *Tonner*[12] stimmt der Auffassung des BGH zu.

11 Bei Zugrundelegung des seit dem 01.01.2002 geltenden Rechtszustandes dürfte die Auffassung des BGH in ihrem Kern noch unter einem weiteren Gesichtspunkt[13] zwingend sein: Eine in Allgemeinen Reisebedingungen (ARB) enthaltene Klausel, nach der auch Ansprüche aus unerlaubter Handlung auf **Ersatz von Personenschäden** grundsätzlich ausgeschlossen sein sollen, wenn sie nicht innerhalb einer einmonatigen Frist seit dem Reiseende gegenüber dem Reiseveranstalter geltend gemacht worden sind, dürfte schon nach § 309 Nr. 7 a BGB – ohne Wertungsmöglichkeit – unwirksam sein.

12 Wird eine solche Klausel hingegen auf mit reisevertraglichen Schadensersatzansprüchen konkurrierende, auf Ersatz von Schäden, die nicht Körperschäden sind, gerichtete Ansprüche aus unerlaubter Handlung beschränkt – solche Ansprüche gehen weder von ihrer Art noch von ihrer Höhe her erheblich über die üblichen Reisemangelschäden hinaus –, dürften gegen die Wirksamkeit einer solchen Klausel, auch bei Zugrundelegung der zuvor zitierten Rechtsprechung des BGH, kaum Bedenken bestehen.

13 Die aktuelle Konditionenempfehlung des Deutschen ReiseVerbandes zu Allgemeinen Geschäftsbedingungen von Pauschalreiseveranstaltern (ARB-DRV 2010)[14] sieht (vgl. Nr. 12 – Ausschluss von Ansprüchen) keine Klausel vor, durch die – ggf. mit modifiziertem Inhalt – eine Ausschlussfrist für die Geltendmachung **deliktischer** Ansprüche ausbedungen werden soll.

B. Anwendungsvoraussetzungen

I. Ausschlussfrist (Absatz 1)

14 Nach dem Wortlaut gilt die Ausschlussfrist nur für Ansprüche nach den §§ 651c-651f BGB. Darüber hinaus wird die Ausschlussfrist wegen der Vergleichbarkeit des § 651j BGB mit § 651e BGB auch auf Ansprüche aus § 651j BGB[15] angewandt, wogegen *Führich*[16] unter Bezugnahme auf den (halb-)zwingenden Charakter der §§ 651a-651 m BGB (vgl. § 651m Satz 1 BGB) und, sofern die Erstreckung der Ausschlussfrist auch auf Ansprüche aus § 651j BGB in Allgemeinen Reisebedingungen (ARB) bestimmt wird, auch unter Bezugnahme auf § 307 Abs. 1, Abs. 2 Nr. 1 BGB beachtliche Bedenken äußert. Auf Ansprüche aus § 651i BGB wird – mangels Vergleichbarkeit der Tatbestände – die für Ansprüche nach den §§ 651c-651f BGB geschaffene Ausschlussfrist des § 651g Abs. 1 Satz 1 BGB nicht angewandt.[17]

15 Macht der Reisende die Ansprüche nicht innerhalb eines Monats nach der vertraglich vorgesehenen Beendigung der Reise geltend, ist er mit seinen (reisevertraglichen) Ansprüchen aufgrund von Män-

---

[11] *Staudinger*, RRa 2004, 218-222; *Staudinger* in: Staudinger, § 651g Rn. 10.
[12] *Tonner*, LMK 2005, 4-5.
[13] Vgl. *Staudinger*, RRa 2004, 218-222.
[14] Abgedruckt bei *Führich*, 6. Aufl. 2010, Anhang II 6.
[15] AG Stuttgart v. 20.07.1995 - 18 C 12033/94 - RRa 1995, 227-228; *Seyderhelm*, Reiserecht, 1997, § 651g Rn. 5, 43; *Eckert* in: Soergel, § 651g Rn. 5; *Staudinger* in: Staudinger, § 651g Rn. 7; *Tonner* in: MünchKomm-BGB, § 651g Rn. 2; *Tempel*, NJW 1987, 2841-2851: Nichterwähnung des § 651j BGB „Redaktionsversehen".
[16] *Führich*, Reiserecht, 6. Aufl. 2010, Rn. 440 (unter 7).
[17] LG Düsseldorf v. 13.01.1994 - 9 O 207/94 - RRa 1994, 115-116; AG Hamburg v. 04.07.2000 - 21b C 141/00 - RRa 2000, 186-187; *Seyderhelm*, Reiserecht, 1997, § 651g Rn. 5; *Sprau* in: Palandt, § 651g Rn. 1; *Staudinger* in: Staudinger, § 651g Rn. 7; *Führich*, Reiserecht, 6. Aufl. 2010, Rn. 440 (unter 7); *Tempel*, Materielles Recht im Zivilprozeß, 3. Aufl. 1999, S. 568.

geln **materiell-rechtlich präkludiert**, soweit er nicht schuldlos an der Einhaltung der Frist gehindert war. Die Einhaltung der Monatsfrist ist **von Amts wegen**[18] zu beachten.

1. Substantiierungspflicht

Eine **Geltendmachung** der Ansprüche setzt voraus, dass für den Reiseveranstalter erkennbar wird, dass – und wegen welcher Mängel – der Reisende **Ersatz begehrt**; ein konkretes Zahlungsverlangen ist nicht erforderlich.[19] Es genügt eine stichwortartige Benennung der Mängel, etwa in Form einer Mängelliste in Verbindung mit einem Ersatzbegehren.[20] Der Reisende muss die Mängel lediglich so beschreiben, dass der Reiseveranstalter erkennen kann, was vom Reisenden beanstandet wird und worauf er seinen Ersatzanspruch stützt.[21] Der Reiseveranstalter kann sich dabei nicht darauf berufen, der Durchschnittshorizont seiner Mitarbeiter sei derart beschaffen, dass sie Eingaben des Reisenden nicht als erhebliche Anspruchsanmeldungen erkennen könnten.[22]

16

Es reicht **nicht** aus, wenn ohne jede Angabe, welcher Reisemangel vorgelegen habe, Schadensersatz gefordert und eine ausführliche Schilderung lediglich in Aussicht gestellt wird.[23] Auch genügen nicht eine bloße Beschwerde gegenüber dem Hotelpersonal,[24] die Übersendung einer Mängelliste nach Reiseende, aus der sich nicht ergibt, dass der Reisende Ansprüche geltend machen will,[25] oder ein Zahlungsverlangen ohne konkrete Auflistung der beanstandeten Mängel[26]. Ebenso wenig reichen die „Bitte um Überprüfung",[27] die bloße Äußerung subjektiver Unzufriedenheit,[28] die Erklärung, gerichtlich vorzugehen, wenn die Mängel nicht beseitigt würden,[29] die Formulierung „katastrophale und unhygienische Zustände",[30] die Aufforderung, den vertragsgemäßen Zustand herzustellen, verbunden mit der Drohung einer Strafanzeige,[31] der Hinweis auf einem Bewertungsbogen „Eine Rückzahlung der nicht erfüllten Leistungen wäre angemessen",[32] die Erklärung des Reisenden, er sei „nicht bereit, das Verhalten auf sich beruhen zu lassen",[33] oder eine Mängelliste, die mit den Worten endet „Wir hoffen, dass anderen Gästen (...) diese Enttäuschungen erspart bleiben".[34]

17

2. Formfreiheit

Eine bestimmte Form muss nicht eingehalten werden. Regelungen in Allgemeinen Reisebedingungen (ARB), welche die Wirksamkeit der Geltendmachung der reisevertraglichen Ansprüche von der Wahrung der Schriftform abhängig machen, sind wegen Verstoßes gegen § 651m BGB unwirksam.[35] Freilich ist zur Vermeidung von Beweisschwierigkeiten – die rechtzeitige Geltendmachung der reisever-

18

---

[18] AG Köln v. 23.08.2003 - 135 C 582/02 - RRa 2003, 268; *Baumgärtel/Laumen*, Handbuch der Beweislast im Privatrecht, § 651 Rn. 1, 3; *Recken* in: BGB-RGRK, § 651g Rn. 27; *Sprau* in: Palandt, § 651g Rn. 24; *Führich*, Reiserecht, 6. Aufl. 2010, Rn. 439 und 451, *Pick*, Reiserecht 1995, § 651g Rn. 5; *Tempel*, NJW 1987, 2841-2851; *Isermann*, RRa 1995, 98-101; a.A. LG Frankfurt v. 30.06.1986 - 2/24 S 63/85 - NJW 1987, 132-133; *Seyderhelm*, Reiserecht, 1997, § 651g Rn. 3.
[19] BT-Drs. 8/2343, S. 11; BGH v. 22.10.1987 - VII ZR 5/87 - BGHZ 102, 80-87.
[20] LG Frankfurt v. 22.12.1986 - 2/24 S 249/86 - NJW 1987, 784-786; LG Frankfurt v. 10.02.1992 - 2/24 S 268/91 - NJW-RR 1992, 504-505; AG Königstein v. 12.11.1993 - 21 C 350/93 - RRa 1994, 29-30.
[21] AG Duisburg v. 19.11.2003 - 2 C 3009/03 - RRa 2003, 266-267.
[22] LG Frankfurt v. 09.11.1992 - 2/24 S 77/92 - NJW-RR 1993, 436-437.
[23] LG Frankfurt v. 26.06.1997 - 2/24 S 264/96 - NJW-RR 1998, 563.
[24] AG Stuttgart v. 19.04.1994 - 4 C 934/94 - RRa 1994, 93-94.
[25] AG Hannover v. 15.05.2002 - 554 C 801/02 - RRa 2003, 77: Mängelliste an Reisebüro.
[26] LG Frankfurt v. 23.01.2003 - 2/24 S 170/02 - RRa 2003, 116.
[27] AG Kleve v. 08.03.1996 - 3 C 794/95 - RRa 1996, 209-210.
[28] AG Ludwigsburg v. 29.06.1995 - 1 C 1908/95 - RRa 1995, 207-208.
[29] AG Berlin-Tiergarten v. 27.03.2001 - 2 C 174/00 - RRa 2001, 122.
[30] AG Kleve v. 09.03.2001 - 3 C 455/00 - RRa 2001, 122.
[31] AG Bonn v. 08.02.1996 - 4 C 326/95 - RRa 1996, 104.
[32] AG Frankfurt v. 14.06.1996 - 3 C 6205/95 - RRa 1996, 184-185.
[33] So aber OLG Celle v. 16.05.2002 - 11 U 221/01 - RRa 2002, 162-165.
[34] LG Hannover v. 20.12.2001 - 19 S 1471/01 - RRa 2002, 72: dem Schreiben sei an keiner Stelle zu entnehmen, dass aus angeführten Mängeln Ansprüche hergeleitet werden sollen.
[35] BT-Drs. 8/2343, S. 11; BGH v. 22.03.1984 - VII ZR 189/83 - BGHZ 90, 363-370.

traglichen Ansprüche ist vom Reisenden zu beweisen[36] – die schriftliche Geltendmachung dringend zu empfehlen. Eine derartige Empfehlung darf auch der Reiseveranstalter – auch in Allgemeinen Reisebedingungen (ARB) – aussprechen.

3. Adressat

a. Reiseveranstalter

19 Die reisevertraglichen Ansprüche sind **gegenüber dem Reiseveranstalter** geltend zu machen. Dieser muss gemäß § 6 Abs. 2 Nr. 8 BGB-InfoV in der dem Reisenden bei oder unverzüglich nach Vertragsschluss auszuhändigenden Urkunde über den Reisevertrag (Reisebestätigung), gegebenenfalls durch Bezugnahme auf den dem Reisenden zur Verfügung gestellten Prospekt, Angaben machen über die nach § 651g BGB einzuhaltenden Fristen, unter namentlicher Angabe der Stelle (nebst genauer Anschrift), gegenüber der Ansprüche geltend zu machen sind. Diese Stelle ist dann zweifelsfrei der richtige Adressat (vgl. die Kommentierung zu § 651c BGB) für die Geltendmachung der Ansprüche; zur Vermeidung von Risiken sollten die Ansprüche bei dieser Stelle angemeldet werden. Fraglich ist, ob der Reiseveranstalter **andere Stellen ausschließen** kann.[37]

20 Nach § 651g Abs. 1 Satz 1 BGB sind die Ansprüche gegenüber dem Reiseveranstalter geltend zu machen. Dazu gehört grundsätzlich jede Abteilung, jede (rechtlich unselbstständige) Niederlassung und jede rechtlich unselbstständige Filiale (Filialagentur) des Reiseveranstalters, wohl auch jeder Mitarbeiter des Reiseveranstalters. Danach könnte die Anmeldung (fristwahrend) bei jeder dieser „Stellen" erfolgen. Davon kann nach § 651m Satz 1 BGB zum Nachteil des Reisenden nicht abgewichen werden. § 6 Abs. 2 Nr. 8 BGB-InfoV will wohl nur erreichen, dass dem Reisenden eine „Stelle" (nebst genauer Anschrift) benannt wird, die er anschreiben oder an die er sich wenden kann, ohne zuvor Nachforschungen – bezüglich der „richtigen" Stelle und ihrer genauen Anschrift – anstellen zu müssen. Hingegen verfolgt § 6 Abs. 2 Nr. 8 BGB-InfoV wohl nicht die Absicht, die auch kaum von der Verordnungsermächtigung des Art. 238 Abs. 1 EGBGB gedeckt wäre, die Möglichkeit der fristwahrenden Anspruchsanmeldung bei anderen „Stellen" des Reiseveranstalters auszuschließen, so dass der Reisende, mag auch eine bestimmte Abteilung des Reiseveranstalters (etwa die Zentralverwaltung) bezeichnet sein, die Ansprüche bei jeder Abteilung (oder sonstigen rechtlich unselbstständigen Organisationseinheit) des Reiseveranstalters wirksam (und fristwahrend) anmelden kann (und es Sache des Reiseveranstalters ist, die ordnungsgemäße interne Weiterleitung der Anmeldungen sicherzustellen).

b. Reisebüro

21 Der Reisende kann Ansprüche grundsätzlich auch bei dem vermittelnden **Reisebüro** fristwahrend anmelden.[38] Vereinzelt wird vom Reisenden der Nachweis gefordert, dass das Reisebüro Handelsvertreter des Veranstalters sei;[39] da auch das rechtlich selbstständige Reisebüro Handelsvertreter des Reiseveranstalters ist,[40] dürfte für diesen Nachweis bereits der Umstand ausreichen, dass die Buchung über das Reisebüro erfolgt ist.

22 Aus § 91 Abs. 2 HGB folgt die Ermächtigung des (rechtlich selbstständigen) Reisebüros – für die rechtlich unselbstständige Filialagentur des Reiseveranstalters gilt das ohnehin –, die Anmeldung von reisevertraglichen Ansprüchen mit Wirkung gegen den Reiseveranstalter – insbesondere auch die Ausschlussfrist des § 651g Abs. 1 Satz 1 BGB wahrend – entgegenzunehmen, wobei das Reisebüro die Wahrung der Ausschlussfrist wohl auch nicht dadurch verhindern kann, dass es die Entgegennahme der Anspruchsanmeldung ablehnt (Rechtsgedanke des § 162 Abs. 1 BGB). § 91 Abs. 2 HGB schließt allerdings die Abbedingung der Empfangsvollmacht des Handelsvertreters (ohne Abschlussvollmacht) nicht aus, sondern schränkt sie lediglich dahin ein, dass ein Dritter sie nur dann gegen sich gelten lassen

---

[36] *Tonner* in: MünchKomm-BGB, § 651g Rn. 42.
[37] Zur Rechtslage unter Geltung der InfoV *Tempel*, RRa 1996, 3-6.
[38] BGH v. 22.10.1987 - VII ZR 5/87 - BGHZ 102, 80-87: zur Rechtslage vor Erlass der InfVO und BGB-InfoV; AG Offenbach v. 21.06.1995 - 31 C 671/95 - RRa 1996, 242-243; AG Düsseldorf v. 03.07.1996 - 22 C 6225/96 - RRa 1996, 243-244; *Eckert* in: Soergel, § 651g Rn. 8; *Tonner* in: MünchKomm-BGB, § 651g Rn. 10; *Staudinger* in: Staudinger, § 651g Rn. 15; *Führich*, Reiserecht, 6. Aufl. 2010, Rn. 446.
[39] So AG Hannover v. 25.07.2001 - 540 C 4998/01 - RRa 2001, 225-226: Zurechnung verneint aufgrund fehlenden Vortrags zur Handelsvertretereigenschaft des Reisebüros.
[40] BGH v. 21.12.1973 - IV ZR 158/72 - BGHZ 62, 71-83; BGH v. 28.03.1974 - VII ZR 18/73 - NJW 1974, 1242-1244; BGH v. 19.11.1981 - VII ZR 238/80 - BGHZ 82, 219-227; *Baumbach/Hopt*, Handelsgesetzbuch, 30. Aufl. 2000, § 84 Rn. 26.

muss, wenn er sie kannte oder kennen musste.[41] Wird auf den **Ausschluss der Empfangsvollmacht** des (rechtlich selbstständigen) Reisebüros in der Reisebestätigung oder den in ihr in Bezug genommenen Allgemeinen Reisebedingungen deutlich hingewiesen, muss er dem Reisenden bekannt sein. § 651m BGB schließt nur eine Abweichung von den Vorschriften der §§ 651a-651l BGB zum Nachteil des Reisenden aus, nicht aber eine Abweichung von § 91 Abs. 2 Satz 1 HGB. Sofern der Ausschluss der Empfangsvollmacht des (rechtlich selbstständigen) Reisebüros – etwas anderes ist praktisch kaum denkbar – in den Allgemeinen Reisebedingungen festgelegt wird, unterliegt er der Inhaltskontrolle nach den §§ 305-310 BGB, der er standhalten dürfte[42]. Freilich dürfte es für einen Ausschluss der Empfangsvollmacht des Reisebüros nicht ausreichen, lediglich die Stelle anzugeben, der gegenüber Ansprüche geltend zu machen sind. Vielmehr bedarf es mindestens des ausdrücklichen und unmissverständlichen Hinweises, dass Ansprüche fristwahrend **nur** gegenüber dieser Stelle geltend gemacht werden können. Eine Bestimmung nach Maßgabe von Nr. 12 Abs. 1 Satz 2 ARB-DRV 2010[43] dürfte genügen. Daher kann unter den zuvor dargelegten Voraussetzungen der Anspruch beim Reisebüro **nicht** fristwahrend geltend gemacht werden, sofern das Reisebüro die Anmeldung nicht innerhalb der Frist dem Reiseveranstalter zuleitet.

c. Reiseleiter

Die Frage, ob der **Reiseleiter** ermächtigt ist, Anspruchsanmeldungen entgegenzunehmen, kann nur dann praktische Relevanz erlangen, wenn eine Anspruchsanmeldung bereits vor dem (tatsächlichen) Reiseende für wirksam erachtet wird (vgl. dazu Rn. 48). Grundsätzlich wird ein Reiseleiter wohl als **empfangsbevollmächtigt** zu gelten haben.[44]   23

Jedenfalls bezüglich eines Reiseleiters, der nicht Angestellter des Reiseveranstalters ist, also beispielsweise bezüglich des Mitarbeiters einer rechtlich selbstständigen Agentur am Urlaubsort, der die Aufgaben der Reiseleitung vertraglich übertragen worden sind, wird die Ermächtigung zur Entgegennahme von Anspruchsanmeldungen durch den Reisevertrag – auch durch ARB – **ausgeschlossen** werden können; bezüglich eines Reiseleiters, der Angestellter des Reiseveranstalters ist, gilt das wohl nicht.   24

d. Anmeldung bei nicht Empfangsberechtigten

Wird die Anspruchsanmeldung von einem nicht Empfangsbevollmächtigten entgegengenommen und so an den Reiseveranstalter weitergeleitet, dass sie dort noch innerhalb der Ausschlussfrist eingeht, wird diese dadurch gewahrt. Den rechtzeitigen Zugang muss gegebenenfalls der Reisende beweisen; der Reiseveranstalter wird aber nach den Grundsätzen über die **sekundäre Behauptungslast**[45] Angaben dazu machen müssen, wann und wie die Anspruchsanmeldung an ihn weitergeleitet worden ist.   25

Erhält der Reisende von einem nicht Empfangsbevollmächtigten mehrere Tage vor Fristablauf die Zusage, dieser werde die Anspruchsanmeldung sofort an den Reiseveranstalter weiterleiten, und hat der Reisende keinen Grund, an dieser Zusicherung zu zweifeln, dürfte es, wenn die rechtzeitige Weiterleitung der Anspruchsanmeldung an den Reiseveranstalter unterbleibt, im Sinne des § 651g Abs. 1 Satz 3 BGB an einem Verschulden des Reisenden an der Nichteinhaltung der Frist fehlen.   26

Am sichersten ist es in jedem Falle, die in der Reisebestätigung bezeichnete Stelle oder, wenn eine solche nicht benannt ist, den Reiseveranstalter selbst, ggf. seine Zentrale (Hauptverwaltung), anzuschreiben.   27

---

[41] BGH v. 19.11.1981 - VII ZR 238/80 - BGHZ 82, 219-227; *Baumbach/Hopt*, Handelsgesetzbuch, 30. Aufl. 2000, § 91 Rn. 2.
[42] LG Düsseldorf v. 13.01.1994 - 9 O 207/94 - RRa 1994, 115-116; *Führich*, Reiserecht, 6. Aufl. 2010, Rn. 446. a.A. *Tonner* in: MünchKomm, § 651g Rn. 11.
[43] Abgedruckt bei *Führich*, 6. Aufl. 2010, Anhang II 6.
[44] LG Frankfurt v. 02.05.1995 - 2/14 O 414/94 - NJW-RR 1995, 882-883: „Expeditionsleiter"; a.A. AG Kleve v. 03.04.1998 - 3 C 9/98 - RRa 1998, 140-141: Reiseleitung nicht Empfangsvertreterin des Veranstalters für Anspruchsanmeldung; AG Bad Homburg v. 13.06.2003 - 2 C 306/03 - RRa 2003, 222-223: Bitte an Reiseleiter, Mängelliste an Reiseveranstalter weiterzuleiten, nicht ausreichend, erst recht nicht, wenn Reiseleiter Annahme der Mängelliste verweigert; *Eckert* in: Staudinger, § 651g Rn. 11.
[45] Vgl. dazu BGH v. 11.06.1990 - II ZR 159/89 - NJW 1990, 3151-3152: unter III 2; *Greger* in: Zöller, ZPO, § 138 Rn. 8b, vor § 284 Rn. 34.

§ 651g

4. Anmeldebefugnis

a. „Reisender"

28 Nach § 651g Abs. 1 Satz 1 BGB hat der Reisende die Ansprüche geltend zu machen. „Reisender" ist grundsätzlich derjenige, mit dem der Reisevertrag zustande gekommen ist (vgl. dazu die Kommentierung zu § 651a BGB). Die Anmeldung von Ansprüchen muss also durch den jeweiligen Vertragspartner erfolgen.[46] Bucht der Reisende eine Reise für sich und für weitere Mitreisende, handelt es sich im Zweifel um einen Vertrag zugunsten Dritter.[47] Die Mitreisenden erlangen einen eigenen Anspruch auf die ihnen gegenüber zu erbringenden Reiseleistungen. Zusätzlich steht, sofern nicht ein anderer Wille der Vertragschließenden anzunehmen ist, nach § 335 BGB auch dem Versprechensempfänger, also dem buchenden Reisenden, ein Anspruch auf Leistung an den Dritten zu.[48] Dieses Forderungsrecht besteht grundsätzlich nicht nur hinsichtlich der Primärleistung, sondern auch für Sekundäransprüche, insbesondere Schadensersatzansprüche[49], und zwar wohl – abschließend hat sich der Bundesgerichtshof[50] noch nicht festgelegt – auch für einen wohl nicht als höchstpersönlichen Anspruch anzusehenden Anspruch auf eine angemessene Entschädigung wegen nutzlos aufgewendeter Urlaubszeit (§ 651f Abs. 2 BGB), so dass der buchende Reisende die Anmeldung aller Sekundäransprüche (insbesondere aller Schadensersatzansprüche) auch für alle Mitreisenden „aus eigenem Rechte" vornehmen kann. Aus den nachstehenden Gründen ist dieses „eigene Recht" allerdings nur von geringer praktischer Bedeutung.

29 Die Geltendmachung (Anmeldung) der Ansprüche kann auch durch einen **Bevollmächtigten** erfolgen, wobei in der Geltendmachung fremder Ansprüche zugleich die Behauptung der hierfür erforderlichen Vertretungsmacht zu sehen ist.[51]. Bei der Anmeldung der Ansprüche handelt es sich, da sie nicht unmittelbar auf die Herbeiführung einer Rechtswirkung gerichtet ist, zwar nicht um eine rechtsgeschäftliche Willenserklärung, aber um eine geschäftsähnliche Handlung, auf die nach überwiegender Auffassung[52] § 174 Satz 1 BGB anwendbar war. Mit Wirkung vom 01.09.2001 an[53] hat der Gesetzgeber durch § 651g Abs. 1 Satz 2 BGB n.F. die Anwendung des § 174 BGB ausgeschlossen. Werden Ansprüche durch einen Bevollmächtigten geltend gemacht (angemeldet), muss dieser also, um die Ausschlussfrist des § 651g Abs. 1 BGB zu wahren, keine Vollmacht beifügen. Der Reiseveranstalter kann die Wahrung der Ausschlussfrist nicht dadurch verhindern, dass er die Erklärung des Bevollmächtigten unter Hinweis auf die Nichtvorlage einer Original-Vollmacht unverzüglich zurückweist.

30 Ob es schädlich sein kann, wenn im Zeitpunkt der Anmeldung – und auch noch im Zeitpunkt des Ablaufs der Ausschlussfrist – eine Vollmacht noch nicht erteilt war, ist noch nicht abschließend geklärt. Das wird maßgeblich davon beeinflusst, ob § 180 BGB anwendbar ist, dessen Satz 1 besagt, dass bei einem einseitigen Rechtsgeschäft eine Vertretung ohne Vertretungsmacht unzulässig ist. Der durch § 651g Abs. 1 Satz 2 BGB ausdrücklich angeordnete Ausschluss der Anwendbarkeit des § 174 BGB spricht – auch zur Vermeidung von Wertungswidersprüchen – maßgeblich dafür, auch die Vorschrift des § 180 BGB weder unmittelbar noch analog anzuwenden. Dazu neigt wohl auch der Bundesgerichtshof.[54] Sollte die Vorschrift des § 180 BGB aber doch anwendbar sein, wäre das Fehlen einer Vollmacht im Zeitpunkt der Anmeldung und im Zeitpunkt des Ablaufs der Anmeldefrist dann unschädlich, wenn der Reiseveranstalter die von dem Vertreter (konkludent) behauptete Vertretungsmacht bei der Anmeldung der Ansprüche nicht beanstandet hat oder gar, was freilich praktisch kaum relevant werden dürfte, damit einverstanden gewesen ist, dass der Vertreter ohne Vertretungsmacht handele. In diesem Falle finden nämlich nach § 180 Satz 2 BGB die Vorschriften über Verträge – und damit auch die Vor-

---

[46] BGH v. 26.05.10 - Xa ZR 124/09 - juris Rn. 14 - NJW 2010, 2950-2952.
[47] BGH v. 26.05.10 - Xa ZR 124/09 - juris Rn. 14 - NJW 2010, 2950-2952.
[48] BGH v. 26.05.10 - Xa ZR 124/09 - juris Rn. 15 - NJW 2010, 2950-2952.
[49] BGH v. 26.05.10 - Xa ZR 124/09 - juris Rn. 15 - NJW 2010, 2950-2952.
[50] BGH v. 26.05.10 - Xa ZR 124/09 - juris Rn. 15 - NJW 2010, 2950-2952.
[51] BGH v. 26.05.10 - Xa ZR 124/09 - juris Rn. 19 - NJW 2010, 2950-2952.
[52] BGH v. 17.10.2000 - X ZR 97/99 - BGHZ 145, 343-352; OLG Düsseldorf v. 29.04.1999 - 18 U 135/98 - NJW-RR 2000, 583-585; LG Düsseldorf v. 11.10.1991 - 22 S 98/91 - NJW-RR 1992, 443-444; LG Kleve v. 17.11.1994 - 6 S 160/94 - NJW-RR 1995, 316-317; *Eckert* in: Staudinger, 13. Bearb. 2001, § 651g Rn. 16; a.A. OLG Karlsruhe v. 03.08.1990 - 15 U 121/90 - NJW-RR 1991, 54-55; LG Hamburg v. 04.10.1996 - 313 S 128/96 - NJW-RR 1997, 502-503; *Seyderhelm*, Reiserecht, 1997, § 651g Rn. 30; *Eckert* in: Soergel, § 651g Rn. 7; *Führich*, RRa 1995, 108; *Isermann*, MDR 1995, 224-226; *Tempel*, RRa 1998, 19-38.
[53] Durch das Zweite Gesetz zur Änderung reiserechtlicher Vorschriften vom 23.07.2001 (BGBl I 2001, 1658).
[54] BGH v. 26.05.2010 - Xa ZR 124/09 - juris Rn. 19 - NJW 2010, 2950-2952.

schrift des § 184 Abs. 1 BGB – entsprechende Anwendung. Da ein anderes nicht bestimmt ist – jede andere Annahme würde der Vorschrift des § 651g Abs. 1 Satz 2 BGB und der in ihr zum Ausdruck gekommenen Wertung des Gesetzgebers zuwiderlaufen[55] –, wirkt die nachträgliche Genehmigung nach § 184 Abs. 1 BGB, die in jeder Erklärung des Vertretenen gesehen werden kann, in der eine Billigung des Vorgehens des Vertreters (Anmeldung der Ansprüche) zum Ausdruck kommt, auf den Zeitpunkt der Anmeldung zurück, so dass es unschädlich ist und der Wirksamkeit der Anmeldung nicht entgegensteht, wenn im Zeitpunkt der Anmeldung – und auch im Zeitpunkt des Ablaufs der durch § 651g Abs. 1 Satz 1 BGB festgelegten Ausschlussfrist – eine Vollmacht noch nicht erteilt war. Beanstandet hingegen der Reiseveranstalter bei der Anmeldung der Ansprüche die von dem Vertreter (nur) behauptete Vertretungsmacht, ist die Anmeldung, wenn die Vertretungsmacht tatsächlich fehlt, unwirksam und kann die Unwirksamkeit auch nicht durch eine nachträgliche Genehmigung – mit rückwirkender (und fristwahrender) Kraft – geheilt werden, sofern die Vorschrift des § 180 BGB für anwendbar gehalten wird, wozu der Bundesgerichtshof[56] aber nicht neigt.

Findet § 180 BGB keine Anwendung, wozu der BGH[57] neigt, ist das Fehlen einer Vollmacht des im Namen des Reisenden handelnden Vertreters im Zeitpunkt der Anmeldung – und auch noch im Zeitpunkt des Ablaufs der Ausschlussfrist – unschädlich, wenn der Reisende, sei es auch nach Fristablauf, die Anmeldung der Ansprüche in seinem Namen genehmigt. 31

b. Gesetzlicher Forderungsübergang

Will ein Sozialversicherungsträger infolge gesetzlichen Forderungsübergangs (§ 116 SGB X) auf ihn übergegangene reisevertragliche Ansprüche auf Ersatz von Heilbehandlungskosten pp. gegen den Reiseveranstalter geltend machen, kann er die Ausschlussfrist nur selbst wahren, da der Anspruch gemäß § 116 Abs. 1 Satz 1 SGB X schon im Zeitpunkt des Unfalls auf den **Sozialversicherungsträger** übergeht und der Wortlaut des § 651g Abs. 1 Satz 1 BGB, wonach der Reisende die Ansprüche innerhalb der Monatsfrist geltend zu machen hat, dahin auszulegen ist, dass der jeweilige Anspruchsinhaber die Frist wahren muss.[58] Da nur die Anmeldung des Anspruchsinhabers, nicht aber die Anspruchsanmeldung eines Dritten, dem Reiseveranstalter die nötige Gewissheit bringt, dass der Gewährleistungsanspruch wirklich gegen ihn geltend gemacht werden wird, muss der Sozialversicherungsträger **selbst** den Anspruch **anmelden**; nur dann hat der Reiseveranstalter hinreichenden Anlass, sich um die schnelle Aufklärung des Sachverhalts und um die Beweissicherung zu bemühen. 32

Demgemäß wird die durch § 651g Abs. 1 Satz 1 BGB festgelegte Monatsfrist (Ausschlussfrist) durch eine Forderungsanmeldung des durch den Unfall unmittelbar Verletzten und Geschädigten, des „Reisenden" im eigentlichen Sinne, nicht gewahrt. 33

Diese Rechtsprechung[59] steht wohl auch nicht im Widerspruch zu dem Urteil des Bundesgerichtshofes vom 26.05.2010[60], demzufolge auch die rechtzeitige Anmeldung der Sekundäransprüche, insbesondere der Schadensersatzansprüche, durch einen nicht bevollmächtigten Vertreter ausreicht, wenn der Vertretene das Handeln des zunächst nicht bevollmächtigten Vertreters nachträglich – auch erst nach Ablauf der Monatsfrist/Ausschlussfrist – genehmigt (vgl. dazu Rn. 28), was einem Sozialversicherungsträger, wenn er auf diese Weise den Verlust der auf ihn übergegangenen reisevertraglichen Ansprüche vermeiden könnte, leicht fallen dürfte. Es wird nämlich, wenn nicht besondere Umstände vorliegen, nicht davon ausgegangen werden können, dass der unmittelbar verletzte und geschädigte Reisende die Anmeldung der (vollständig auf den Sozialversicherungsträger übergegangenen) Schadensersatzansprüche im Namen des Reiseveranstalters vorgenommen hat. 34

Die vom Bundesgerichtshof zunächst[61] noch offen gelassene Frage, ob eine rechtzeitige Anmeldung des übergegangenen Anspruchs durch den Sozialversicherungsträger entbehrlich ist, wenn ein weiterer – nicht vom Forderungsübergang erfasster – Anspruch beim Reisenden verblieben ist und vom Reisenden selbst rechtzeitig angemeldet worden ist, ist vom Bundesgerichtshof durch die beiden Urteile 35

---

[55] BGH v. 26.05.2010 - Xa ZR 124/09 - juris Rn. 23 - NJW 2010, 2950-2952.
[56] BGH v. 26.05.2010 - Xa ZR 124/09 - juris Rn. 19 - NJW 2010, 2950-2952.
[57] BGH v. 26.05.2010 - Xa ZR 124/09 - juris Rn. 19 - NJW 2010, 2950-2952.
[58] BGH v. 22.06.2004 - X ZR 171/03 - juris Rn. 14 - BGHZ 159, 350-360.
[59] BGH v. 22.06.2004 - X ZR 171/03 - BGHZ 159, 350-360.
[60] BGH v. 26.05.2010 - Xa ZR 124/09 - juris Rn. 21 ff. - NJW 2010, 2950-2952.
[61] BGH v. 26.05.2010 - X ZR 171/03 - juris Rn. 15 - BGHZ 159, 350-360.

vom 09.06.2009[62] dahin beantwortet worden, dass die eigene Anmeldung der auf ihn übergegangenen Schadensersatzansprüche durch den Sozialversicherungsträger auch in diesem Falle nicht entbehrlich ist und dass die rechtzeitige Anmeldung der ihm verbliebenen Ansprüche durch den verletzten und geschädigten Reisenden selbst auch in diesem Fall die Monatsfrist (Ausschlussfrist) bezüglich der auf den Sozialversicherungsträger übergegangenen Schadensersatzansprüche nicht wahrt. Der Bundesgerichtshof verweist nicht ohne Grund darauf, dass Fallgestaltungen denkbar sind, bei denen der Reiseveranstalter aufgrund der Anspruchsanmeldung durch den verletzten Reisenden selbst noch keinen hinreichenden Anlass hat, sich umfassend um die Aufklärung des Sachverhalts und um die Beweissicherung sowie um die Sicherung von Rückgriffsansprüchen zu kümmern, etwa weil die Höhe der von dem Reisenden selbst angemeldeten Forderungen gering ist (und diese Forderungen auch nur eine geringe Höhe erreichen können) oder schon Kulanzgründe deren Begleichung nahelegen oder im Verhältnis zur Höhe der angemeldeten Ansprüche die Geltendmachung und Durchsetzung von Regressforderungen unwirtschaftlich erscheint. Das von der Rechtsprechung als schützenswert angesehene Interesse des Reiseveranstalters, seine Überprüfungs- und Beweissicherungstätigkeit nicht vergeblich in Gang zu setzen, sei auch bei solchen Fallgestaltungen anzuerkennen. Daher ergebe sich für den Reiseveranstalter erst aus der rechtzeitigen Anspruchsanmeldung durch den Sozialversicherungsträger, dass dieser weitere Ansprüche aufgrund übergegangenen Rechts gegen den Reiseveranstalter erheben werde und in welchem Umfange sich hierdurch eine Inanspruchnahme des Reiseveranstalters ergeben könnte. Deshalb sei auch dann, wenn die Ansprüche teilweise bei dem Reisenden selbst verblieben und von diesem rechtzeitig angemeldet worden sind, eine rechtzeitige Anmeldung der auf den Sozialversicherungsträger übergegangenen Ansprüche durch diesen zur Vermeidung eines Anspruchsverlustes des Sozialversicherungsträgers unentbehrlich.

36 Hat der Sozialversicherungsträger im Zeitpunkt des Ablaufs der Ausschlussfrist noch keine Kenntnis von dem Anspruch gegen den Reiseveranstalter, ist er ohne sein Verschulden an der Einhaltung der Frist gehindert. Freilich muss er die Anspruchsanmeldung dann, wenn er diese Kenntnis erlangt hat, unverzüglich nachholen. Eine Zeitspanne von 15 Tagen ist, wenn nicht im konkreten Fall besondere – vom Sozialversicherungsträger darzulegende – Umstände zu einer andern Beurteilung führen, zu lang[63].

37 Auf einen privaten Krankenversicherer geht der Schadensersatzanspruch des Reisenden gegen den Reiseveranstalter erst über, wenn er die (erste) Leistung erbringt (§ 67 Abs.1 VVG). Geschieht das erst mehr als einen Monat nach dem vertraglich vorgesehenen Reiseende, kann nur der Reisende selbst die Ausschlussfrist des § 651g Abs. 1 BGB wahren, wovon dann auch sein Krankenversicherer profitiert. Der Reiseveranstalter weiß im Regelfall nicht, wie der Reisende gegen Krankheiten versichert ist.[64]

38 All das betrifft nur reisevertragliche Schadensersatzansprüche (§ 651f BGB). Auf Krankenversicherer übergehende reisevertragliche Ansprüche auf Ersatz eines Körperschadens resultieren aus Unfällen aufgrund einer Verletzung von Verkehrssicherungspflichten. Daraus ergeben sich häufig neben den reisevertraglichen Schadensersatzansprüchen auch (den Anspruchsteller freilich bezüglich der Darlegungs- und Beweislast schlechter stellende) deliktische Schadensersatzansprüche gegen den Reiseveranstalter. Diese werden von einem Ausschluss nach § 651g Abs. 1 BGB – oder nach einer vergleichbaren Bestimmung in Allgemeinen Reisebedingungen (ARB) – nicht erfasst.[65]

c. Rechtsgeschäftliche Abtretung

39 Im Falle einer **rechtsgeschäftlichen Abtretung** der reisevertraglichen Ansprüche dürfte gelten:

40 Wenn die Ansprüche vor der Abtretung vom bisherigen Anspruchsinhaber, dem Reisenden, bereits angemeldet sind, ist (und bleibt) die Ausschlussfrist gewahrt.

41 Wird die Abtretung vor Ablauf der Ausschlussfrist vorgenommen und ist eine Anspruchsanmeldung gegenüber dem Reiseveranstalter zu diesem Zeitpunkt noch nicht erfolgt, kann sie nur noch vom Zessionar wirksam vorgenommen werden. Ist die Ausschlussfrist im Zeitpunkt der Abtretung bereits ungenutzt verstrichen und war der Zedent (= der Reisende) an der Wahrung der Ausschlussfrist nicht

---

[62] BGH v. 09.06.2009 - Xa ZR 99/06 - juris Rn. 15 ff. - NJW 2009, 2811-2814 und BGH v. 09.06.2009 - Xa ZR 74/08 - juris Rn. 11 ff. - NJW-RR 2009, 1570-1572.
[63] BGH v. 22.06.2004 - X ZR 171/03 - juris Rn. 23-25 - BGHZ 159, 350-360.
[64] Vgl. dazu *Staudinger*, RRa 2004, 231-234.
[65] BGH v. 07.09.2004 - X ZR 25/03 - juris Rn. 18 - NJW 2004, 3777-3778; BGH v. 03.06.2004 - X ZR 28/03 - juris Rn. 18-23 -NJW 2004, 2965-2966.

ohne sein Verschulden gehindert, kann der Anspruch auch vom Zessionar wegen Versäumung der Ausschlussfrist nicht mehr durchgesetzt werden. Trifft den Zedenten (Reisenden) an der Nichteinhaltung der Frist kein Verschulden, muss die Anmeldung nach Wegfall des Hindernisses vom Zessionar unverzüglich nachgeholt werden.

d. Verpflichtung zum Hinweis auf fehlende Anmeldebefugnis?

Nach einer in der Rechtsprechung vertretenen Auffassung[66] soll eine spätere Berufung des Reiseveranstalters im Prozess auf die fehlende Berechtigung des Anmeldenden zur Geltendmachung des Anspruchs treuwidrig und unbeachtlich sein, wenn der Reiseveranstalter darauf nicht schon nach Eingang der Anspruchsanmeldung hingewiesen hat. Diese Auffassung erscheint fragwürdig, da sich der Reiseveranstalter auf die Versäumung der Ausschlussfrist nicht berufen muss; diese ist von Amts wegen zu berücksichtigen. Zudem würde auch sein unverzüglicher Hinweis auf die fehlende Berechtigung des Anmeldenden eine rechtzeitige Geltendmachung des Anspruchs durch den Berechtigten dann nicht mehr ermöglichen, wenn der Reiseveranstalter die Anspruchsanmeldung erst kurz vor Ablauf der Ausschlussfrist erhält. Lediglich dann, wenn der Reiseveranstalter die Anspruchsanmeldung mindestens einige Tage vor dem Ende der Ausschlussfrist erhält, könnte sein sofortiger Hinweis auf die fehlende Berechtigung des Anmeldenden noch eine rechtzeitige Anspruchsanmeldung durch den Berechtigten ermöglichen. In diesem Falle ist, sofern die fehlende Anmeldebefugnis vom Reiseveranstalter sofort erkannt werden kann, an eine aus der schuldhaften Verletzung einer vertraglichen **Nebenpflicht** herzuleitende Schadensersatzpflicht des Reiseveranstalters zu denken, die ihn dazu verpflichtet, den Reisenden so zu stellen, als hätte er die Frist aufgrund eines entsprechenden Hinweises des Reiseveranstalters noch gewahrt. Freilich stellt sich die Frage, ob der Reiseveranstalter unverzüglich prüfen muss, ob der Anmeldende zur Anmeldung befugt ist. Daher liegt es in den Fällen, in denen die fehlende Anmeldebefugnis des Anmelders von diesem und dem Reisenden nicht erkannt werden kann, wohl näher, ein Verschulden des Reisenden i.S.v. § 651g Abs. 1 Satz 3 BGB zu verneinen und auf diese Bestimmung abzustellen anstatt eine Pflichtverletzung und eine daraus folgende Schadensersatzpflicht des Reiseveranstalters zu konstruieren.

42

Zwischenzeitlich dürften diese Überlegungen aufgrund des Urteils des Bundesgerichtshofes vom 26.05.2010[67] (vgl. dazu Rn. 28) weitgehend ihre praktische Bedeutung verloren haben, da die durch den vollmachtlosen Vertreter rechtzeitig vorgenommene Anspruchsanmeldung jedenfalls dann, wenn der Reiseveranstalter die nur (konkludent) behauptete Vertretungsmacht nicht sofort beanstandet hat, vom Reisenden auch noch nach Ablauf der Ausschlussfrist mit rückwirkender Kraft genehmigt werden kann.

43

5. Beginn der Ausschlussfrist

Die Ausschlussfrist beginnt mit dem **vertraglich vorgesehenen Beendigungszeitpunkt**. Dies gilt auch bei Nichtantritt der Reise oder vorzeitiger Rückkehr.[68] Findet die Rückkehr erst später statt, ist auf den tatsächlichen Beendigungszeitpunkt abzustellen, so dass dem Reisenden jedenfalls ein Monat verbleibt.[69] Stellt sich der Reisende eine Reise aus Leistungen mehrerer Reiseveranstalter zusammen, so ist das Ende desjenigen Reiseteils entscheidend, dessen Mangelhaftigkeit gerügt wird.[70] Der (Ab-)Lauf der Ausschlussfrist ist unabhängig davon, ob der Reisende den anspruchsbegründenden Sachverhalt bereits kennt oder jedenfalls kennen kann. Das gilt auch für den Sozialversicherungsträger, auf den der Ersatzanspruch im Unfallzeitpunkt übergeht, und zwar auch dann, wenn er bis zum Ablauf der Ausschlussfrist von dem Unfall keine Kenntnis erlangt (beachte aber § 651g Abs. 1 Satz 3 BGB).[71]

44

---

[66] LG Frankfurt v. 04.03.1991 - 2/24 S 172/90 - NJW-RR 1991, 691-695; AG Offenbach v. 15.05.1998 - 340 C 850/96 - RRa 1999, 200-203; AG Hamburg v. 02.03.2000 - 22a C 456/99 - RRa 2000, 134-135.

[67] BGH v. 26.05.2010 - Xa ZR 124/09 - juris Rn. 23 - NJW 2010, 2950-2952.

[68] BT-Drs. 8/786, S. 32; a.A. LG Frankfurt v. 15.11.1993 - 2/24 S 5/93 - NJW-RR 1994, 376-377: keine Ausschlussfrist bei Nichtantritt der Reise.

[69] LG Frankfurt v. 13.05.1985 - 2/24 S 37/84 - NJW 1986, 594; *Eckert* in: Soergel, § 651g Rn. 10; *Staudinger* in: Staudinger, § 651g Rn. 14; *Führich*, Reiserecht, 6. Aufl. 2010, Rn. 443; a.A. LG Kleve v. 18.04.1996 - 6 S 109/95 - RRa 1996, 146-147; *Sprau* in: Palandt, § 651g Rn. 1a: dafür § 651g Abs. 1 Satz 3 BGB.

[70] OLG Düsseldorf v. 06.06.1991 - 18 U 35/91 - RRa 1994, 102.

[71] BGH v. 22.06.2004 - X ZR 171/03 - juris Rn. 14 - BGHZ 159, 350-360; abweichende frühere Rechtsprechung der Instanzgerichte ist überholt.

§ 651g

45 Verschweigt der Reiseveranstalter arglistig einen Mangel, entfällt die Ausschlussfrist dadurch nicht; § 651g BGB wird nicht durch eine den §§ 438 Abs. 3 Satz 1, 634a Abs. 3 Satz 1 BGB n.F. entsprechende Regelung ergänzt.[72] Praktische Bedeutung kommt dem nicht zu. Solange der Reisende die Entstehung seines Anspruchs nicht erkennen kann, ist er ohne eigenes Verschulden an der Einhaltung der Frist gehindert (§ 651g Abs. 1 Satz 3 BGB).

46 Auch ansonsten gilt: Handelt es sich ausnahmsweise um einen **verdeckten Reisemangel**, der erst nach Fristende erkennbar geworden ist, entfällt die Ausschlussfrist nicht. Jedoch ist der Reisende auch in diesem Falle ohne sein Verschulden an der Fristeinhaltung gehindert (§ 651g Abs. 1 Satz 3 BGB)[73], muss den Anspruch aber nach Erlangung der Kenntnis unverzüglich geltend machen.

47 Die **Fristberechnung** erfolgt nach ganz h.M. gemäß den §§ 187 Abs. 1, 188 Abs. 2 BGB;[74] der Tag des Reiseendes zählt nicht mit.[75] Die Anspruchsanmeldung muss dem Reiseveranstalter zugehen (analog § 130 BGB). **Zugang** ist grundsätzlich nur während der gewöhnlichen Geschäftszeiten möglich.[76] Dabei wird teilweise nicht auf die üblichen Bürozeiten abgestellt, sondern darauf, ob in anderen kundenorientierten Abteilungen länger gearbeitet wird.[77] Damit hängt das Ergebnis aber vom Zufall oder von einer beabsichtigten Außendarstellung des Reiseveranstalters in Bezug auf Kundennähe bzw. Kundenfreundlichkeit ab. Zweifelhaft erscheint es auch, ob ein „Zugang" i.S.v. § 130 BGB beispielsweise noch am Freitagnachmittag möglich ist. Streitig[78] ist, wann die Frist endet, wenn der Fristablauf auf ein Wochenende oder einen gesetzlichen Feiertag fällt. Den Belangen der Rechtssicherheit und Rechtsklarheit wäre am besten gedient, wenn § 222 Abs. 2 ZPO und **zivilprozessuale Grundsätze** (Fristwahrung bis 24 Uhr am Tage des Fristablaufs möglich, auch wenn mit Kenntnisnahme an diesem Tage nicht zu rechnen ist – vgl. etwa BVerfG[79]) entsprechend angewendet würden. Dem Anwalt, der den **sichersten Weg** wählen muss, ist jedenfalls die Anspruchsanmeldung spätestens einen Tag vor Fristablauf zu empfehlen, und zwar bei Absendung der Anmeldung erst einen Tag vor Fristablauf (auch) per E-Mail oder Telefax.

6. Gesonderte Anspruchsanmeldung?

48 Aus der Formulierung des § 651g Abs. 1 Satz 1 BGB, der Reisende habe die Ansprüche innerhalb eines Monats **nach** der vertraglich vorgesehenen Beendigung der Reise gegenüber dem Reiseveranstalter geltend zu machen, wird hergeleitet, dass eine Anmeldung **vor** dem vertraglich vorgesehenen Reiseende nicht wirksam sei und nach dem Reiseende eine gesonderte Anspruchsanmeldung erfolgen

---

[72] LG Frankfurt v. 30.06.1986 - 2/24 S 63/85 - NJW 1987, 132-133; LG Frankfurt v. 03.12.1990 - 2/24 S 452/88 - NJW-RR 1991, 317-318; *Recken* in: BGB-RGRK, § 651g Rn. 11; *Eckert* in: Soergel, § 651g Rn. 12; *Tonner* in: MünchKomm-BGB, § 651g Rn. 27; a.A. unter Bezugnahme auf § 242 BGB: *Staudinger* in: Staudinger, § 651g Rn. 22, 23.

[73] *Tempel*, NJW 2000, 3677-3685.

[74] BGH v. 22.10.1987 - VII ZR 5/87 - BGHZ 102, 80-87; OLG Karlsruhe v. 03.08.1990 - 15 U 121/90 - NJW-RR 1991, 54-55; LG Frankfurt v. 13.05.1985 - 2/24 S 37/84 - NJW 1986, 594; LG Hannover v. 22.02.1990 - 3 S 309/89 - NJW-RR 1990, 572-573; LG Hamburg v. 04.10.1996 - 313 S 128/96 - NJW-RR 1997, 502-503; *Seiler* in: Erman, § 651g Rn. 2; *Führich*, Reiserecht, 6. Aufl. 2010, Rn. 444; a.A. (Fristberechnung gemäß § 187 Abs. 2 BGB) AG Düsseldorf v. 17.12.1984 - 47 C 647/84 - NJW 1985, 980-981; AG Hamburg v. 14.12.1993 - 9 C 1631/93 - RRa 1994, 58-60; AG Hamburg v. 30.03.1999 - 9 C 650/98 - RRa 1999, 141.

[75] *Sprau* in: Palandt, § 651g Rn. 5.

[76] LG Hamburg v. 04.10.1996 - 313 S 128/96 - NJW-RR 1997, 502-503: Zugang 18.15 Uhr; LG Hamburg v. 22.02.1999 - 317 S 163/98 - RRa 1999, 141: Faxeingang erst 19.25 Uhr; AG Frankfurt v. 11.03.1993 - 30 C 3203/92 - 20 - NJW-RR 1993, 1332: Faxeingang erst 23.29 Uhr; AG Kleve v. 25.09.1996 - 29 C 432/96 - RRa 1996, 257: Zugang des Anspruchsschreibens 18.31 Uhr; AG Bad Homburg v. 23.07.1998 - 2 C 1804/98 - RRa 1998, 235-236: Faxeingang erst 20 Uhr; *Staudinger* in: Staudinger, § 651g Rn. 27; *Führich*, Reiserecht, 6. Aufl. 2010, Rn. 444 unter 2; a.A. LG Düsseldorf v. 30.12.1999 - 22 S 62/99 - NJW-RR 2001, 347: Faxeingang um 17.40 Uhr.

[77] AG Kleve v. 11.05.2001 - 3 C 52/01 - RRa 2001, 142-143: dann Fristwahrung bis 20 Uhr möglich.

[78] (Fristende gemäß § 193 BGB mit Ablauf des nächsten Werktages) LG Hamburg v. 04.10.1996 - 313 S 128/96 - NJW-RR 1997, 502-503; *Sprau* in: Palandt, § 651g Rn. 1a; *Seyderhelm*, Reiserecht, 1997, § 651g Rn. 24; *Führich*, Reiserecht, 6. Aufl. 2010, Rn. 444 unter 4; a.A. (gemäß § 187 Abs. 2 BGB Fristende bereits einen Tag früher) AG Düsseldorf v. 17.12.1984 - 47 C 647/84 - NJW 1985, 980-981; AG Hamburg v. 14.12.1993 - 9 C 1631/93 - RRa 1994, 58-60; AG Hamburg v. 30.03.1999 - 9 C 650/98 - RRa 1999, 141.

[79] BVerfG v. 14.05.1985 - 1 BvR 370/84 - NJW 1986, 244-245.

müsse.[80] Für diese Auffassung scheint zwar der Wortlaut des § 651g Abs. 1 Satz 1 BGB zu sprechen; sie vermag aber gleichwohl nicht zu überzeugen. Wird die Reise wegen eines gravierenden Mangels schon nach wenigen Tagen abgebrochen oder wegen eines bereits erkannten – nicht behebbaren – gravierenden Mangels erst gar nicht angetreten, entspricht es gerade dem Interesse des Reiseveranstalters an baldiger Erlangung zuverlässiger Kenntnis von der Geltendmachung von Ansprüchen (Beweissicherung; Sicherung der Regressansprüche gegen Leistungsträger), wenn der Reisende die Ansprüche gegenüber dem Reiseveranstalter alsbald anmeldet. Dass der Reisende das vertraglich vorgesehene Reiseende abwarten müsste, um erst danach die Ansprüche wirksam anmelden zu können, wäre nicht zu verstehen. Wird die Reise hingegen bis zum vertraglich vorgesehenen Ende durchgeführt, drängt sich die Überlegung, auch die vor dem vertraglich vorgesehenen Reiseende erfolgte Anspruchsanmeldung sei wirksam, nicht im selben Maße auf. Gleichwohl dürfte es nicht gerechtfertigt sein, zwischen beiden Fallgestaltungen zu differenzieren, zumal die Formulierung des § 651g Abs. 1 Satz 1 BGB zwanglos dahin interpretiert werden kann, dass die Ansprüche spätestens nach Ablauf eines Monats seit der vertraglich vorgesehenen Beendigung der Reise geltend gemacht sein müssen.

Der BGH entschied im Alaska-Urteil,[81] dass es weder Entstehungsgeschichte noch Sinn und Zweck des § 651g Abs. 1 Satz 1 BGB rechtfertigen, von einem Reisenden, der bereits während der Reise Mängel gerügt und ein gerichtliches Vorgehen gegen den Reiseveranstalter eindeutig und vorbehaltlos angekündigt hat, zu verlangen, diese Erklärung nach dem Reiseende binnen eines Monats zu wiederholen. Der Reiseveranstalter kann alle notwendigen Beweissicherungsmaßnahmen durchführen lassen, wenn und soweit der Reisende ihm gegenüber bereits vor Reiseende **eindeutig und vorbehaltlos** im Rahmen der Beanstandung von Mängeln die gerichtliche Geltendmachung von Ansprüchen **ankündigt**. Das Urteil fand weitgehende Zustimmung.[82] 49

Allerdings ist der Unterschied zwischen einem Abhilfeverlangen bzw. einer Mängelanzeige einerseits und einer Anspruchsanmeldung andererseits sehr genau zu beachten. Ein Abhilfeverlangen bzw. eine Mängelanzeige reicht als Anspruchsanmeldung i.S.d. § 651g Abs. 1 Satz 1 BGB nicht aus; eine Umdeutung einer Mängelanzeige in eine Anspruchsanmeldung kommt nicht in Betracht.[83] Eine Anspruchsanmeldung i.S.d. § 651g Abs. 1 Satz 1 BGB setzt zwingend voraus, dass zum Ausdruck kommt, dass aus dem im Einzelnen beschriebenen Mangel ein Ersatzanspruch hergeleitet und gegen den Reiseveranstalter geltend gemacht wird. Nur dann, wenn solches dem Reiseveranstalter gegenüber zum Ausdruck gebracht wird, ist darin eine Anspruchsanmeldung i.S.d. § 651g Abs. 1 Satz 1 BGB zu sehen. Ist diese Voraussetzung erfüllt, ist es nicht einsichtig, dass diese Anspruchsanmeldung nur deshalb unwirksam sein soll, weil sie schon vor dem vertraglich vorgesehenen Reisevertragsende erfolgt ist. Jedenfalls dürfte es einem Reisenden nicht als Verschulden i.S.d. § 651g Abs. 1 Satz 3 BGB anzulasten sein, wenn er darin eine wirksame und ausreichende Anspruchsanmeldung sieht. 50

Der **bloße Vorbehalt** von Gewährleistungsrechten reicht **nicht**, weil sich der Reisende möglicherweise mit Abhilfemaßnahmen zufrieden gibt. Dagegen ist es nicht erforderlich, dass nach der Formulierung des Reisenden ein Abrücken von der Verfolgung der Ansprüche nach Urlaubsende ausgeschlossen erscheint, da es niemals ganz auszuschließen ist, dass ein Gläubiger seine Ansprüche nicht weiterverfolgt.[84] Auch eine sehr detaillierte Beschreibung – oder gar Protokollierung – der Mängel während der Reise stellt keine Anspruchsanmeldung i.S.d. § 651g Abs. 1 Satz 1 BGB dar und macht eine solche auch nicht entbehrlich. Hinzukommen muss die Erklärung, dass wegen dieser Mängel Ersatz verlangt wird. Liegt danach (noch) keine ordnungsgemäße Anspruchsanmeldung, sondern ledig- 51

---

[80] OLG Düsseldorf v. 15.11.1984 - 18 U 134/84 - NJW 1985, 148-149; OLG München v. 25.11.1986 - 13 U 4490/86 - BB 1987, 157; LG Hannover v. 16.09.1981 - 16 S 187/81 - NJW 1982, 343; *Derleder* in: Wassermann, Kommentar zum Bürgerlichen Gesetzbuch, § 651g Rn. 1; *Rixecker*, VersR 1985, 216-219.

[81] BGH v. 22.10.1987 - VII ZR 5/87 - BGHZ 102, 80-87.

[82] OLG Frankfurt v. 16.07.1998 - 16 U 247/97 - RRa 1998, 219-221; LG Frankfurt v. 02.05.1995 - 2/14 O 414/94 - NJW-RR 1995, 882-883; LG Düsseldorf v. 05.05.2000 - 22 S 231/99 - RRa 2000, 195-196; *Recken* in: BGB-RGRK, § 651g Rn. 12; *Eckert* in: Soergel, § 651g Rn. 11; *Tonner* in: MünchKomm-BGB, § 651g Rn. 17 und 19; *Tempel*, Materielles Recht im Zivilprozeß, 3. Aufl. 1999, S. 464; *Seiler* in: Erman, § 651g Rn. 2; a.A. AG Düsseldorf v. 27.03.1997 - 42 C 18197/97 - RRa 1997, 151; differenzierend: *Führich*, Reiserecht, 6. Aufl. 2010, Rn. 449.

[83] AG Bonn v. 22.02.1996 - 4 C 104/95 - RRa 1996, 219-220: Mängelprotokoll.

[84] BGH v. 22.10.1987 - VII ZR 5/87 - BGHZ 102, 80-87.

lich eine Mängelanzeige vor, genügt es freilich, wenn **nach Reiseende** im Rahmen der Anspruchsanmeldung auf diese Mängelanzeige zur Bezeichnung der den Ersatzansprüchen zugrunde liegenden Mängel Bezug genommen wird.[85]

7. Unmittelbare Klageerhebung

52 § 651g Abs. 1 Satz 1 BGB schließt eine Klageerhebung vor einer außergerichtlichen Geltendmachung der Ansprüche nicht aus.[86] Im Falle eines sofortigen Anerkenntnisses trägt der Reisende allerdings die Kosten nach § 93 ZPO. Nach zweifelhafter Auffassung des LG Frankfurt/M.[87] soll ein **sofortiges Anerkenntnis** ausscheiden, wenn der Reiseveranstalter im vorgerichtlichen Schriftwechsel (ohne dass eine Anspruchsanmeldung vorliegt – denkbar insbesondere bei Geltendmachung ohne anwaltlichen Beistand) lediglich eine Zahlung auf Kulanzbasis und ohne Anerkennung einer Rechtspflicht anbietet, da in diesem Verhalten des Reiseveranstalters ein Bestreiten liegen soll.

53 Wird die (hinreichend substantiierte) Klageschrift dem Reiseveranstalter vor Ablauf der Ausschlussfrist zugestellt, ist diese gewahrt. Da der Kläger zur Wahrung der Ausschlussfrist des § 651g Abs. 1 Satz 1 BGB nicht auf die gerichtliche Mitwirkung angewiesen ist, dürfte es nicht gerechtfertigt sein, § 167 ZPO n.F.[88] (= § 270 Abs. 3 ZPO a.F.) entsprechend anzuwenden.[89] Daher dürfte die Ausschlussfrist nicht als gewahrt anzusehen sein, wenn die Klageschrift vor Fristablauf beim Gericht eingereicht, aber erst nach Fristablauf dem Reiseveranstalter zugestellt worden ist. Allerdings könnte ein Verschulden i.S.v. § 651g Abs. 1 Satz 3 BGB zu verneinen sein, wenn die Klageschrift lange vor Ablauf der Ausschlussfrist unter Einzahlung des Gerichtskostenvorschusses beim Gericht eingereicht worden ist und der Kläger darauf vertrauen durfte, dass die Zustellung noch vor Ablauf der Ausschlussfrist erfolgen werde.

54 Ein **Anwalt** ist nach gefestigter Rechtsprechung[90] gehalten, den **sichersten Weg** zu gehen und dadurch möglichst jedes Risiko zu vermeiden. Am sichersten ist es, auch im Falle einer sehr frühen Klageerhebung die reisevertraglichen Ansprüche vor Ablauf der Ausschlussfrist auch außergerichtlich gegenüber dem Reiseveranstalter geltend zu machen und dadurch die Wahrung der Ausschlussfrist in jedem Falle sicherzustellen.

8. Kein Nachschieben von Ansprüchen

55 Der Reisende kann nur die innerhalb der Ausschlussfrist angemeldeten Ansprüche wegen der Mängel weiterverfolgen, aus denen er die Ansprüche innerhalb der Frist hergeleitet hat; ein Nachschieben anderer Reisemängel ist nicht statthaft.[91] Hingegen gibt es **keine Bindungswirkung** (Beschränkung) bezüglich der **Höhe** der aus den aufgeführten Mängeln hergeleiteten Ersatzansprüche.[92]

9. Nicht verschuldete Fristversäumung

56 Der Reisende kann gemäß § 651g Abs. 1 Satz 3 BGB seine Ansprüche auch nach Fristablauf durchsetzen, sofern ihn **kein Verschulden** (§ 276 BGB) an der Versäumung der Ausschlussfrist trifft. Nach der Rechtsprechung des Bundesgerichtshofes[93] dürfen an den Entschuldigungsbeweis keine zu hohen Anforderungen gestellt werden. Im Einzelnen gilt: Nach § 6 Abs. 2 Nr. 8 BGB-InfoV und nach § 651a Abs. 3 BGB muss die Reisebestätigung, die der Reiseveranstalter dem Reisenden bei oder unverzüglich nach Vertragsschluss auszuhändigen hat (§ 6 Abs. 1 BGB-InfoV), unter anderem Angaben über die nach § 651g BGB einzuhaltenden Fristen enthalten. Weiter besagt allerdings § 6 Abs. 4 Satz 1

---

[85] BGH v. 22.03.1984 - VII ZR 189/83 - BGHZ 90, 363-370; *Recken* in: BGB-RGRK, § 651g Rn. 18; *Eckert* in: Soergel, § 651g Rn. 11; *Tonner* in: MünchKomm-BGB, § 651g Rn. 20.

[86] *Tonner* in: MünchKomm-BGB, § 651g Rn. 13; *Isermann*, RRa 1995, 178-180; a.A. AG Bad Homburg v. 02.11.1994 - 2 C 3118/94 - 15 - RRa 1995, 49-50.

[87] LG Frankfurt v. 11.01.2001 - 2/24 S 195/00 - RRa 2001, 202.

[88] In Kraft seit 01.07.2002.

[89] So auch OLG Düsseldorf v. 29.04.1999 - 18 U 135/98 - NJW-RR 2000, 583-585; *Sprau* in: Palandt, § 651g Rn. 2.

[90] Vgl. dazu nur BGH v. 23.06.1981 - VI ZR 42/80 - NJW 1981, 2741-2743; BGH v. 05.11.1987 - IX ZR 86/86 - NJW-RR 1988, 281.

[91] LG Frankfurt v. 08.09.1986 - 2/24 S 113/86 - NJW-RR 1986, 1441; LG Frankfurt v. 29.06.1987 - 2/24 S 361/86 - VuR 1987, 331-333; LG Düsseldorf v. 28.09.1990 - 22 S 751/89 - RRa 1994, 102; *Führich*, Reiserecht, 6. Aufl. 2010, Rn. 451 unter 6.

[92] LG Frankfurt v. 29.06.1987 - 2/24 S 361/86 - VuR 1987, 331-333; *Führich*, Reiserecht, 6. Aufl. 2010, Rn. 451 unter 2; a.A. AG Düsseldorf v. 17.11.1998 - 40 C 1690/98 - RRa 1999, 175-176.

[93] BGH v. 12.06.2007 - X ZR 87/06 - juris Rn. 26 ff., 34 - NJW 2007, 2549-2554.

BGB-InfoV, dass der Reiseveranstalter seine Verpflichtungen nach Absatz 2 auch dadurch erfüllen kann, dass er auf die in einem von ihm herausgegebenen und dem Reisenden zur Verfügung gestellten Prospekt enthaltenen Angaben verweist, die den Anforderungen nach Absatz 2 entsprechen. Ein allgemeiner Hinweis auf die Allgemeinen Geschäftsbedingungen des Reiseveranstalters stellt indessen keine inhaltlich ausreichende Verweisung auf die im Prospekt enthaltenen Angaben dar. Ein solcher Hinweis verfehlt den Gesetzeszweck, den Reisenden vor der einmonatigen Ausschlussfrist zu warnen. Eine wirksame Warnung findet nicht statt, wenn die Ausschlussfrist als eine unter vielen Klauseln in den meist umfangreichen und kleingedruckten Allgemeinen Geschäftsbedingungen verborgen ist. Eine Verweisung im Sinne des § 6 Abs. 4 Satz 1 BGB-InfoV, welche die komplette Information über die Ausschlussfrist nach § 6 Abs. 2 Nr. 1 BGB-InfoV ersetzt, muss zumindest einen Hinweis auf die Existenz von Ausschlussfristen und deren Fundstelle im Prospekt enthalten.[94] Außerdem setzt ein Ersatz der Warnung durch eine Verweisung auf den Prospekt im Sinne des § 6 Abs. 4 Satz 1 BGB-InfoV nach der Rechtsprechung des BGH[95] voraus, dass der Reiseveranstalter dem Reisenden den Prospekt zur Verfügung gestellt hat. Zumindest bei einer Buchung, die im Reisebüro erfolgt, muss der Katalog dem Reisenden ausgehändigt worden sein; es genügt nicht, dass der Katalog in der Buchungsstelle einsehbar war.[96] Für die Aushändigung ist der Reiseveranstalter darlegungs- und beweispflichtig. Schließlich ist die Verweisung nur dann ein tauglicher Ersatz für die vorgeschriebene Angabe der Ausschlussfrist, wenn sie groß und auffällig genug gedruckt ist, um eine Warnfunktion erfüllen zu können. Der Hinweis muss deutlich und bei durchschnittlicher Aufmerksamkeit des Kunden ohne weiteres erkennbar sein. Das ist bei einem schwer lesbaren Kleinstdruck nicht der Fall.

Ist der Reisende vom Reiseveranstalter nicht auf eine hinreichend deutliche Weise auf die Frist hingewiesen worden, wird zu seinen Gunsten widerleglich vermutet, dass er die Frist nicht kannte und auch nicht kennen musste. Diese – vom Reiseveranstalter zu widerlegende – Vermutung wird vom BGH[97] aus der in § 6 Abs. 2 Nr. 8 BGB-InfoV und § 651a Abs. 3 BGB klar niedergelegten Wertung des Gesetzgebers hergeleitet, dass die Reisenden in der Regel die Ausschlussfrist nicht kennen und deshalb zu ihrem Schutz der Belehrung darüber bedürfen. Mit diesem Motiv des Gesetzgebers und diesem Schutzzweck des Gesetzes wäre es, so hebt der BGH hervor, nicht zu vereinbaren, wenn nicht belehrte Reisende den schwer zu führenden Beweis erbringen müssten, dass sie nicht auf andere Weise Kenntnis von der Ausschlussfrist erlangt haben. Aus demselben Grund hält der BGH die für das Versicherungsrecht bejahte Sorgfaltspflicht, dass sich der Versicherungsnehmer über den wesentlichen Inhalt der Vertragsbedingungen, auch über eine darin etwa begründete Ausschlussfrist, informieren muss, in Bezug auf § 651g Abs. 1 BGB nicht für anwendbar. Ohne die Vermutung der unverschuldeten Unkenntnis des nichtbelehrten Reisenden würde die gesetzliche Hinweispflicht des Reiseveranstalters nach § 6 Abs. 2 Nr. 8 BGB-InfoV, § 651a Abs. 3 BGB weitgehend leerlaufen.[98] Fehlt es an hinreichend deutlichen Angaben über die nach § 651g BGB einzuhaltenden Fristen in der dem Reisenden bei oder unverzüglich nach Vertragsschluss auszuhändigenden Reisebestätigung, fehlt es weiter auch an einer inhaltlich ausreichenden und hinreichend auffälligen Verweisung auf in dem – dem Reisenden nachweislich ausgehändigten – Prospekt abgedruckte Allgemeine Geschäftsbedingungen (Allgemeine Reisebedingungen), aus denen das Bestehen und der Ablauf der Ausschlussfrist bei durchschnittlicher Aufmerksamkeit des Kunden ohne weiteres zu ersehen sind, und gelingt dem Reiseveranstalter auch nicht die Widerlegung der Vermutung, dass der Reisende die Frist nicht gekannt habe und auch nicht habe kennen müssen, scheidet eine schuldhafte Versäumung der Ausschlussfrist des § 651g Abs. 1 Satz 1 BGB aus.[99]

Hat der Reiseveranstalter den Reisenden **ordnungsgemäß unterrichtet**, kann die Verkennung des Erfordernisses der rechtzeitigen Anspruchsanmeldung durch den Reisenden grundsätzlich – abgesehen von Fällen einer schweren Erkrankung o.Ä. – nicht als unverschuldet angesehen werden. Etwas anderes kann ausnahmsweise dann gelten, wenn der Reisende die Mängel bereits während der Reisezeit dem Reiseveranstalter gegenüber sehr konkret gerügt hat und annehmen durfte, dadurch auch zum

---

[94] Weitgehend wörtliches Zitat aus BGH v. 12.06.2007 - X ZR 87/06 - juris Rn. 26-28 - NJW 2007, 2549-2554; vgl. auch *Staudinger* in: Staudinger, Anhang zu § 651a: § 6 BGB-InfoV Rn. 8.
[95] BGH v. 12.06.2007 - X ZR 87/06 - juris Rn. 29 und 30 - NJW 2007, 2549-2554.
[96] Vgl. dazu auch *Tempel*, RRa 2002, 185, 186.
[97] BGH v. 12.06.2007 - X ZR 87/06 - juris Rn. 37 - NJW 2007, 2549-2554.
[98] BGH v. 12.06.2007 - X ZR 87/06 - juris Rn. 37 - NJW 2007, 2549-2554.
[99] BGH v. 12.06.2007 - X ZR 87/06 - juris Rn. 37 - NJW 2007, 2549-2554.

Ausdruck gebracht zu haben, dass er eine Ersatzleistung beanspruche, so dass es einer (aus seiner Sicht: erneuten) Geltendmachung des Anspruchs in dem Monat nach dem vorgesehenen Reiseende nicht bedürfe, eine solche aber doch für erforderlich gehalten wird.

59 Ein Verschulden dürfte auch dann zu verneinen sein, wenn eine zur Entgegennahme der Anspruchsanmeldung nicht berechtigte (grundsätzlich vertrauenswürdige) Person dem Reisenden – spätestens einige Tage vor Fristablauf – zugesagt hat, die Anspruchsanmeldung rechtzeitig vor Fristablauf dem Reiseveranstalter zuzuleiten, ihre Zusage, ohne dass der Reisende damit hätte rechnen müssen, dann aber nicht einhält. Hingegen wird ein Irrtum über die Berechtigung zur Entgegennahme der Anspruchsanmeldung kaum jemals unverschuldet sein, wenn der Reiseveranstalter seine Informationspflicht gemäß § 6 Abs. 2 Nr. 8 BGB-InfoV ordnungsgemäß erfüllt hat. Wendet sich der Reisende nicht an die ihm benannte „Stelle", sondern an eine Person, die er für empfangsberechtigt hält, die aber nicht empfangsberechtigt ist, ist dem Reisenden grundsätzlich ein Verschulden anzulasten.

60 Erreicht die Anspruchsanmeldung den Reiseveranstalter nicht oder nicht fristgerecht, obwohl sie vom Reisenden – zutreffend adressiert und frankiert – rechtzeitig abgesandt worden ist, **fehlt** es an einem **Verschulden** des Reisenden.[100] Außergewöhnliche Verzögerungen oder das Abhandenkommen einer Sendung während der Briefbeförderung sind dem Reisenden nicht anzulasten, also z.B. nicht Verzögerungen infolge eines Post-Streiks,[101] erst recht nicht ein Verlust oder eine Verzögerung des Zugangs des Anmeldeschreibens, die darauf beruhen, dass der Reiseveranstalter eine unrichtige oder unvollständige Anschrift[102] mitgeteilt hat oder zwischenzeitlich (ohne Benachrichtigung des Reisenden) umgezogen[103] ist. Weicht der Reisende bei der Adressierung der Anspruchsanmeldung von der ihm in der Reisebestätigung oder den Allgemeinen Reisebedingungen mitgeteilten Anschrift des Reiseveranstalters ab und verursacht er durch eine **unzutreffende Adressierung** eine Verzögerung oder einen Verlust des Anmeldeschreibens, trifft ihn daran grundsätzlich ein Verschulden,[104] ebenso auch bei fehlender oder **unzureichender Frankierung**. Der Reisende darf auch nicht darauf vertrauen, dass ein Brief innerhalb Deutschlands den Adressaten bereits am nächsten Werktag erreicht.[105] Mit einer Laufzeit von mehr als 3 Werktagen muss er innerhalb Deutschlands aber nicht rechnen. Er darf auch darauf vertrauen, dass der Reiseveranstalter auch noch am Tage des Fristablaufs zu den üblichen Geschäftszeiten per Telefax oder per E-Mail erreichbar ist. Ist der Reisende durch eine **Erkrankung**[106] an der Wahrung der Ausschlussfrist gehindert, fehlt es an einem Verschulden.

61 Den Berechtigten trifft kein Verschulden, solange er von der Schädigung und der Person des Ersatzpflichtigen **keine Kenntnis** hat. Erfährt etwa der Sozialversicherungsträger – wie in der Praxis häufig – erst durch Einreichung der Heilbehandlungsunterlagen mehr als einen Monat nach dem vorgesehenen Reiseende von dem Unfall, fehlt es an einem Verschulden an der Versäumung der Ausschlussfrist.[107]

62 Das Gleiche gilt, wenn es sich ausnahmsweise um einen **verdeckten Reisemangel** handelt, der erst nach Fristende erkennbar geworden ist,[108] und ebenso dann, wenn der Reisende ein erst mehrere Monate nach dem Unfall hervorgetretenes unfallbedingtes Leiden bis zum Ablauf der Frist nicht erkennen konnte.[109] Unkenntnis des anspruchsbegründenden Schadens ist ein Entschuldigungsgrund. Das gilt für gesundheitliche Spätschäden auch dann, wenn dem Verletzten zwar die ursprüngliche Verletzung vor Fristablauf bekannt war, er aber die Folgeschäden persönlich nicht vorhersehen konnte. Der Reisende handelt nicht fahrlässig, wenn er in der – sich erst nach Fristablauf als unrichtig erweisenden – Annahme, die ihm bekannte Verletzung sei folgenlos ausgeheilt, zunächst von der Geltendmachung eines

---

[100] *Eckert* in: Soergel, § 651g Rn. 12; *Tempel*, NJW 1987, 2841-2851.
[101] LG Frankfurt v. 30.06.1986 - 2/24 S 63/85 - NJW 1987, 132-133.
[102] *Tonner* in: MünchKomm-BGB, § 651g Rn. 28.
[103] LG Köln v. 06.06.2001 - 10 S 85/01 - RRa 2001, 180-182.
[104] AG Bad Homburg v. 13.06.2003 - 2 C 306/03 - RRa 2003, 222-223.
[105] BGH v. 22.04.1993 - VII ZB 2/93 - VersR 1993, 1251: Do bis Mo jedenfalls ausreichend bei Postsendung von Landeshauptstadt zu Landeshauptstadt; LG Frankfurt v. 28.02.1994 - 2/24 S 391/93 - RRa 1994, 97-98: Fr bis Mo nicht ausreichend; ebenso AG Kleve v. 03.05.1996 - 3 C 144/96 - RRa 1996, 156; AG Kleve v. 09.01.1998 - 3 C 475/97 - RRa 1998, 113-114: Sa bis Di.
[106] *Eckert* in: Soergel, § 651g Rn. 12; *Tonner* in: MünchKomm-BGB, § 651g Rn. 29; *Führich*, Reiserecht, 6. Aufl. 2010, Rn. 456.
[107] BGH v. 22.06.2004 - X ZR 171/03 - juris Rn. 21 - BGHZ 159, 350-360.
[108] *Tempel*, NJW 2000, 3677-3685.
[109] BGH v. 12.06.2007 - X ZR 87/06 - juris Rn. 39 - NJW 2007, 2549-2554.

Schadensersatzanspruchs absieht.[110] Die Rechtsprechung des Bundesgerichtshofes[111] zur Verjährung deliktischer Schadensersatzansprüche wegen Spätfolgen, die besagt, dass die die Verjährungsfrist in Lauf setzende Kenntnis vom Schaden nicht gleichbedeutend ist mit der Kenntnis von Umfang und Höhe des Schadens, sondern dass auch nachträglich auftretende Schadensfolgen, die im Zeitpunkt der Kenntnis vom Schaden **für Fachleute** als möglich vorhersehbar waren, von der allgemeinen Schadenskenntnis erfasst werden, ist nach der Auffassung des Bundesgerichtshofes[112] angesichts der Kürze der einmonatigen Ausschlussfrist des § 651g Abs. 1 BGB nicht auf die Vorschrift des § 651g Abs. 1 Satz 3 BGB übertragbar.

Das Verschulden einer zur Beratung hinzugezogenen Person wird dem Reisenden zugerechnet.[113] Das gilt bei einem **Rechtsanwalt** ausnahmsweise dann nicht, wenn der Fehler auf das sorgsam ausgewählte und überwachte Personal des Rechtsanwalts zurückgeht. Liegt dagegen ein Organisationsverschulden des Rechtsanwalts vor, erfolgt die Zurechnung analog § 233 ZPO.[114] 63

Wurde die Frist schuldlos versäumt, ist die Anspruchsanmeldung nicht etwa entbehrlich, sondern **unverzüglich nachzuholen**.[115] 15 Tage sind zu lang, wenn keine triftige Begründung dafür gegeben wird, warum so viel Zeit benötigt wurde, um die (reisevertraglichen) Ansprüche (außergerichtlich) gegenüber dem Reiseveranstalter geltend zu machen.[116] Freilich gilt für die Pflicht zur unverzüglichen Nachholung der Anmeldung bei unverschuldeter Fristversäumung dasselbe wie für die Pflicht zur fristgerechten Anmeldung. Auch die Pflicht zur unverzüglichen Nachholung der Anmeldung bei unverschuldeter Fristversäumung kann nur dann verletzt sein, wenn der Reiseveranstalter zuvor ordnungsgemäß auf die Ausschlussfrist hingewiesen oder der Reisende, was vom Reiseveranstalter zu beweisen ist, auf andere Weise Kenntnis von der Ausschlussfrist erlangt hat.[117] 64

II. Verjährung (Absatz 2)

Die Verjährungsfrist beträgt **zwei Jahre**, Absatz 2 Satz 1. Sie beginnt – auch wenn der Wortlaut der Absätze 1 und 2 nicht identisch ist – ebenfalls mit dem vertraglich vorgesehenen Beendigungszeitpunkt, was wiederum auch bei Nichtantritt der Reise oder vorzeitiger Rückkehr gilt.[118] Bei späterer Rückkehr ist – ebenso wie nach Absatz 1 – auf den tatsächlichen Beendigungszeitpunkt abzustellen.[119] 65

Die **Hemmung** der Gewährleistungsansprüche war ausdrücklich in § 651g Abs. 2 Satz 3 BGB a.F. geregelt. Diese Vorschrift ist angesichts der allgemeinen Regelung der Hemmung in § 203 BGB n.F. überflüssig geworden und deshalb aufgehoben worden. Nach § 203 BGB ist die Verjährung gehemmt, solange Verhandlungen schweben und nicht ein Vertragsteil die Verhandlungen verweigert; vgl. dazu die Kommentierung zu § 203 BGB. 66

Da § 651g BGB nicht durch eine den §§ 438 Abs. 3 Satz 1, 634 a Abs. 3 Satz 1 BGB (n.F.) entsprechende Regelung ergänzt wird (vgl. zuvor unter der Rn. 45), dürfte – ebenso wie die Ausschlussfrist des Absatzes 1 – auch die zweijährige Verjährung des Absatzes 2 auch im Falle arglistigen Handelns des Reiseveranstalters mit dem Tage des vertragsgemäßen Reiseendes beginnen. Das ist aber streitig; im Schrifttum[120] wird auch die Auffassung vertreten, aus den §§ 438 Abs. 3 Satz 1, 634a Abs. 3 Satz 1 BGB sei ein – letztlich Treu und Glauben entspringender – allgemeiner Rechtsgedanke zu ersehen, der auch im Reisevertragsrecht zu berücksichtigen sei. Eine nennenswerte praktische Bedeutung dürfte diesem Streit nicht zukommen. Außer Frage steht im Übrigen, dass sich der Reiseveranstalter nicht auf Verjährung berufen darf, wenn es etwa den Eintritt der Verjährung arglistig herbeigeführt hat. 67

---

[110] Nahezu wörtliches Zitat aus BGH v. 12.06.2007 - X ZR 87/06 - juris Rn. 40 - NJW 2007, 2549-2554.
[111] Vgl. etwa BGH v. 16.11.1999 - VI ZR 37/99 - NJW 2000, 861-862.
[112] Urteil v. 12.06.2007 - X ZR 87/06 - juris Rn. 43 - NJW 2007, 2549-2554.
[113] AG Hamburg v. 05.04.2000 - 10 C 515/99 - MDR 2000, 1220.
[114] *Tempel*, NJW 1987, 2841-2851; *Führich*, Reiserecht, 6. Aufl. 2010, Rn. 458.
[115] BGH v. 22.06.2004 - X ZR 171/03 - juris Rn. 23 - BGHZ 159, 350-360; LG Frankfurt v. 30.06.1986 - 2/24 S 63/85 - NJW 1987, 132-133; AG München v. 14.09.1993 - 121 C 15238/93 - RRa 1993, 54; *Sprau* in: Palandt, § 651g Rn. 3; *Seiler* in: Erman, § 651g Rn. 3; *Eckert* in: Soergel, § 651g Rn. 13; *Staudinger* in: Staudinger, § 651g Rn. 32; *Führich*, Reiserecht, 6. Aufl. 2010, Rn. 458: sonst Verwirkung (§ 242 BGB).
[116] BGH v. 22.06.2004 - X ZR 171/03 - juris Rn. 25 - BGHZ 159, 350-360: Sozialversicherungsträger.
[117] BGH v. 12.06.2007 - X ZR 87/06 - juris Rn. 25 ff. - NJW 2007, 2549-2554.
[118] BT-Drs. 8/786, S. 32.
[119] LG Frankfurt v. 13.05.1985 - 2/24 S 37/84 - NJW 1986, 594; *Eckert* in: Soergel, § 651g Rn. 10; a.A. LG Kleve v. 18.04.1996 - 6 S 109/95 - RRa 1996, 146-147; zweifelnd: *Staudinger* in: Staudinger, § 651g Rn. 44.
[120] *Sprau* in: Palandt, § 651g Rn. 4; *Staudinger* in: Staudinger, § 651g Rn. 44.

§ 651g

68 Entgegen § 651l a.F. ist nunmehr nach § 651m Satz BGB 2 n.F. eine **Verkürzung der Verjährung** möglich; vgl. dazu die Kommentierung zu § 651m BGB.

C. Prozessuale Hinweise

69 Der Reisende muss die Einhaltung der Ausschlussfrist (Absatz 1) darlegen und beweisen;[121] der Reiseveranstalter wird aber nach den Grundsätzen über die sekundäre Behauptungslast[122] Angaben dazu machen müssen, wann und wie ggf. eine Anspruchsanmeldung an ihn weitergeleitet worden ist. Darüber hinaus obliegt dem Reisenden der Nachweis für ein fehlendes Verschulden bei Überschreiten der Monatsfrist.[123] Indes obliegt dem Reiseveranstalter der Nachweis, dass er den Reisenden deutlich genug auf die Ausschlussfrist hingewiesen hat, was im Falle einer inhaltlich ausreichenden und auch hinreichend auffälligen Verweisung auf im Reiseprospekt/Reisekatalog abgedruckte Allgemeine Geschäftsbedingungen/Allgemeine Reisebedingungen auch den Nachweis der Aushändigung des Prospektes/Kataloges an den Reisenden einschließt, oder der Nachweis, dass der Reisende auf anderem Wege Kenntnis von der Ausschlussfrist erlangt hat, also die Widerlegung der zu Gunsten des Reisenden sprechenden Vermutung, dass er die Ausschlussfrist weder gekannt habe noch habe kennen müssen. Gelingt dem Reiseveranstalter weder der eine noch der andere Beweis, steht schon deshalb positiv fest, dass der Reisende „ohne Verschulden an der Einhaltung der Frist verhindert war" (§ 651 Abs. 1 Satz 3 BGB).[124]

70 Die **Darlegungs- und Beweislast** für die Voraussetzungen der Verjährung und für das Ende der Hemmung trifft den Reiseveranstalter, für die Voraussetzungen von Hemmung und Unterbrechung den Reisenden.[125]

D. Übergangsrecht

71 Nach Art. 229 § 5 EGBGB ist das durch das SMG eingeführte neue Schuldrecht auf Schuldverhältnisse anwendbar, die ab dem 01.01.2002 entstanden sind. Nach Art. 229 § 6 EGBGB finden die neuen Verjährungsvorschriften Anwendung auf die am 01.01.2002 bestehenden und noch nicht verjährten Ansprüche (Absatz 1 Satz 1). Ist die Frist durch das SMG verlängert worden, gilt die kürzere alte Verjährungsfrist (Absatz 3). Soweit die neue Frist kürzer ist, gilt die kürzere Frist, berechnet ab dem 01.01.2002 (Absatz 4).

---

[121] *Baumgärtel/Laumen*, Handbuch der Beweislast im Privatrecht, § 651g Rn. 1, 3; *Recken* in: BGB-RGRK, § 651g Rn. 27; *Sprau* in: Palandt, § 651g Rn. 7; *Tonner* in: MünchKomm-BGB, § 651g Rn. 42; *Staudinger* in: Staudinger, § 651g Rn. 36; *Führich*, 6. Aufl. 2010, Rn. 482; *Pick*, Reiserecht, 1995, § 651g Rn. 5; *Tempel*, NJW 1987, 2841-2851; *Isermann*, RRa 1995, 98-101; a.A. LG Frankfurt v. 30.06.1986 - 2/24 S 63/85 - NJW 1987, 132-133; *Seyderhelm*, Reiserecht, 1997, § 651g Rn. 3: nur bei Bestreiten, da Einrede.

[122] Vgl. dazu *Greger* in: Zöller, ZPO, § 138 Rn. 8b, vor § 284 Rn. 34.

[123] *Baumgärtel/Laumen*, Handbuch der Beweislast im Privatrecht, § 651g Rn. 1, 3; *Derleder* in: Wassermann, Kommentar zum Bürgerlichen Gesetzbuch, § 651g Rn. 3; *Eckert* in: Soergel, § 651g Rn. 20; *Tonner* in: MünchKomm-BGB, § 651g Rn. 44; *Staudinger* in: Staudinger, § 651g Rn. 36.

[124] BGB v. 12.06.2007 - X ZR 87/06 - juris Rn. 25 ff. - NJW 2007, 2549-2554.

[125] *Sprau* in: Palandt, § 651g Rn. 7; *Staudinger* in: Staudinger, § 651g Rn. 61; *Führich*, Reiserecht, 6. Aufl. 2010, Rn. 483.

§ 651h BGB Zulässige Haftungsbeschränkung

(Fassung vom 02.01.2002, gültig ab 01.01.2002)

(1) Der Reiseveranstalter kann durch Vereinbarung mit dem Reisenden seine Haftung für Schäden, die nicht Körperschäden sind, auf den dreifachen Reisepreis beschränken,

1. soweit ein Schaden des Reisenden weder vorsätzlich noch grob fahrlässig herbeigeführt wird oder
2. soweit der Reiseveranstalter für einen dem Reisenden entstehenden Schaden allein wegen eines Verschuldens eines Leistungsträgers verantwortlich ist.

(2) Gelten für eine von einem Leistungsträger zu erbringende Reiseleistung internationale Übereinkommen oder auf solchen beruhende gesetzliche Vorschriften, nach denen ein Anspruch auf Schadensersatz nur unter bestimmten Voraussetzungen oder Beschränkungen entsteht oder geltend gemacht werden kann oder unter bestimmten Voraussetzungen ausgeschlossen ist, so kann sich auch der Reiseveranstalter gegenüber dem Reisenden hierauf berufen.

Gliederung

A. Grundlagen 1	4. Wirksamkeit der Beschränkung der vertraglichen Haftung 16
B. Anwendungsvoraussetzungen 3	5. Rechtsfolgen unzulässiger Beschränkungen der vertraglichen Haftung 21
I. Vertragliche Haftungsbeschränkungen (Absatz 1) 3	
1. Anwendungsbereich 3	II. Haftungsbeschränkungen für Leistungsträger (Absatz 2) 23
2. Vereinbarung der Beschränkung der vertraglichen Haftung 9	1. Kurzcharakteristik 23
3. Voraussetzungen der Beschränkung der vertraglichen Haftung 10	2. Anwendungsvoraussetzungen 24
	C. Prozessuale Hinweise 28

A. Grundlagen

Die Haftungsbeschränkung nach § 651h Abs. 1 BGB auf den dreifachen Reisepreis soll dem Reiseveranstalter die **Begrenzung seines Haftungsrisikos** ermöglichen. Der Reiseveranstalter hat daran ein berechtigtes Interesse, da angesichts des Massentourismus und des Einsatzes der Leistungsträger vor allem im Ausland die Einfluss- und Kontrollmöglichkeiten des Reiseveranstalters beschränkt und die wirtschaftlichen Risiken des Veranstalters demzufolge nur schwer kalkulierbar sind.[1]

1

Nach Absatz 2 kann sich der Reiseveranstalter gegenüber dem Reisenden auf Haftungsbeschränkungen oder -ausschlüsse berufen, die sich aus internationalen Übereinkommen oder auf solchen beruhenden gesetzlichen Vorschriften ergeben, die für eine von einem Leistungsträger zu erbringende Reiseleistung gelten.

2

B. Anwendungsvoraussetzungen

I. Vertragliche Haftungsbeschränkungen (Absatz 1)

1. Anwendungsbereich

Absatz 1 ermöglicht eine Beschränkung der Haftung für **Schäden, die nicht Körperschäden** sind, auf den dreifachen Reisepreis. Sonstige Gewährleistungsansprüche des Reisenden, die keine Schadensersatzansprüche sind, werden von Absatz 1 nicht erfasst; sie können daher nicht beschränkt werden.[2]

3

---

[1] BT-Drs. 8/2343, S. 11; BGH v. 12.03.1987 - VII ZR 37/86 - BGHZ 100, 158-185; *Eckert* in: Soergel, § 651h Rn. 1; *Staudinger* in: Staudinger, § 651h Rn. 3; *Führich*, Reiserecht, 6. Aufl. 2010, Rn. 484.

[2] BGH v. 12.03.1987 - VII ZR 37/86 - BGHZ 100, 158-185; OLG Frankfurt v. 25.11.1992 - 19 U 229/91 - NJW-RR 1993, 1147-1148; OLG Celle v. 24.05.1995 - 11 U 138/94 - RRa 1995, 163-166; *Eckert* in: Soergel, § 651h Rn. 3; *Tonner* in: MünchKomm-BGB, § 651h Rn. 4; *Staudinger* in: Staudinger, § 651h Rn. 16; *Führich*, Reiserecht, 6. Aufl. 2010, Rn. 486.

§ 651h

Absatz 1 erfasst alle vertraglichen Schadensersatzansprüche, also neben den reisevertraglichen Schadensersatzansprüchen gemäß § 651f BGB auch diejenigen aus den §§ 280, 241 Abs. 2 BGB (pVV) und aus den §§ 280, 311 Abs. 2 und 3 BGB (c.i.c.). Allerdings verbleibt für die zuletzt genannten Ansprüche neben Ansprüchen aus dem weit gefassten § 651f BGB kaum Raum.[3]

4 **Streitig** ist, ob Absatz 1 nur vertragliche oder **auch deliktische** Schadensersatzansprüche erfasst. Unter Zugrundelegung von § 651h Abs. 1 BGB in seiner bis zum 01.11.1994 geltenden Fassung, die Körperschäden nicht ausnahm, hat der BGH[4] entschieden, dass diese gesetzliche Vorschrift nur die Beschränkung vertraglicher Schadensersatzansprüche auf den dreifachen Reisepreis erlaube. Ebenso soll nach der wohl h.M.[5] § 651h Abs. 1 BGB in seiner jetzt geltenden Fassung zu verstehen sein. Nach der Mindermeinung[6] erlaubt § 651h Abs. 1 BGB in seiner jetzigen Fassung die Begrenzung sowohl der vertraglichen als auch der deliktischen Haftung für Nichtpersonenschäden auf den dreifachen Reisepreis.

5 Es erscheint nicht unangemessen, dem Reiseveranstalter auch die Beschränkung seiner deliktischen Haftung für Schäden, die nicht Körperschäden sind, auf den dreifachen Reisepreis zu ermöglichen. Die Auffassung des BGH[7], es sei weder interessengerecht noch gesetzesmäßig, dem Reiseveranstalter auch eine Beschränkung seiner deliktischen Haftung auf den dreifachen Reisepreis zu gestatten, ist maßgeblich darauf gestützt worden, dass unerlaubte Handlungen, insbesondere soweit sie Personenschäden verursachen, gravierende – über die üblichen Reisemängelschäden erheblich hinausgehende – Folgen haben könnten. Diese Überlegung ist weitgehend dadurch gegenstandslos geworden, dass § 651h Abs. 1 BGB seit seiner am 01.11.1994 in Kraft getretenen Neufassung eine Beschränkung der Haftung für Körperschäden generell nicht mehr gestattet.

6 Auch der Einwand[8], dass der Reiseveranstalter, würde es ihm erlaubt, seine deliktische Haftung für die Sach- und Vermögensschäden durch eine Vereinbarung mit dem Reisenden zu beschränken, diesem nur in geringerem Umfange haftbar sei als einem Dritten, erscheint nicht zwingend, zumal solches für jede vertragliche Beschränkung einer deliktischen Haftung zutrifft und eine Haftung des Reiseveranstalters gegenüber Dritten nur selten relevant wird.

7 Vieles spricht allerdings für die systematische Überlegung[9], dass § 651h BGB im Kontext vertragsrechtlicher Regelungen steht und dass der Gesetzgeber eine Erstreckung dieser Regelung auf außervertragliche (= deliktische) Ansprüche, wenn er sie gewollt hätte, zum Ausdruck hätte bringen können und müssen, was nicht geschehen ist. Daraus dürfte dann aber folgen, dass § 651h BGB eine Beschränkung der deliktischen Haftung für Schäden, die nicht Körperschäden sind, nicht erlaubt, aber, da diese Vorschrift eine außervertragliche Haftung überhaupt nicht erfasst, auch nicht ausschließt. Auch § 651m Satz 1 BGB greift nicht ein. Da eine außervertragliche Haftung nicht in den §§ 651a-651l BGB geregelt ist, wird von diesen Vorschriften nicht abgewichen, auch nicht von § 651h Abs. 1 BGB, der eine außervertragliche (= deliktische) Haftung nicht erfasst und für sie nicht gilt.

8 Das bedeutet:
- Durch eine Individualvereinbarung kann die deliktische Haftung des Reiseveranstalters in den durch die §§ 138 Abs. 1 und 276 Abs. 3 BGB gezogenen Grenzen beschränkt werden. Derartige Individualvereinbarungen zwischen Reiseveranstaltern und Reisenden sind freilich praktisch kaum denkbar.
- Durch Allgemeine Reisebedingungen (ARB) kann die deliktische Haftung des Reiseveranstalters für Schäden, die nicht Körperschäden sind, in den durch die §§ 307 und 309 Nr. 7 lit. a und b BGB gezogenen Grenzen beschränkt werden. Sofern Schäden, die nicht Körperschäden sind, vom Reiseveranstalter weder vorsätzlich noch grob fahrlässig herbeigeführt worden sind (arg. ex § 309 Nr. 7 lit. b BGB), ist eine Beschränkung der deliktischen Haftung des Reiseveranstalters gegenüber dem Reisenden durch Allgemeine Reisebedingungen (ARB) nicht nach § 309 Nr. 7 BGB unwirksam. Eine formularmäßige Beschränkung der deliktischen Haftung für derartige Schäden auf einen Be-

---

[3] *Eckert* in: Soergel, § 651h Rn. 4; *Tonner* in: MünchKomm-BGB § 651h Rn. 4; *Führich*, Reiserecht, 6. Aufl. 2010, Rn. 486.
[4] BGH v. 12.03.1987 - VII ZR 37/86 - BGHZ 100, 158-185.
[5] LG München I v. 22.11.1995 - 25 O 11073/95 - RRa 1996, 78-81; LG Frankfurt v. 22.02.2002 - 2/19 O 298/01 - RRa 2002, 210-211; *Sprau* in: Palandt, § 651h Rn. 1; *Seiler* in: Erman, § 651h Rn. 5; *Tonner* in: MünchKomm-BGB, § 651h Rn. 4 f.; *Führich*, Reiserecht, 6. Aufl. 2010, Rn. 487.
[6] *Staudinger* in: Staudinger, § 651h Rn. 18.
[7] BGH v. 12.03.1987 - VII ZR 37/86 - BGHZ 100, 158-185.
[8] *Tonner* in: MünchKomm-BGB, § 651h Rn. 5.
[9] *Tonner* in: MünchKomm-BGB, § 651h Rn. 4.

trag, der den dreifachen Reisepreis nicht unterschreitet, reicht nicht weiter als eine von § 651h Abs. 1 BGB erlaubte Beschränkung der vertraglichen Haftung und kann deshalb auch kaum als „unangemessene Benachteiligung" des Reisenden im Sinne von § 307 BGB angesehen werden. Daher dürfte die Regelung unter Nr. 11.2 ARB-DRV[10] wirksam sein.[11]

2. Vereinbarung der Beschränkung der vertraglichen Haftung

Die Beschränkung der vertraglichen Haftung nach Absatz 1 setzt eine **Vereinbarung** voraus. Es muss sich nicht um eine Individualvereinbarung handeln. Individuelle Haftungsbeschränkungsvereinbarungen werden kaum zwischen Reiseveranstaltern und Reisenden getroffen. Vielmehr sind Haftungsbeschränkungsklauseln üblicherweise in Allgemeinen Reisebedingungen (ARB) enthalten Es gibt kaum einen mit einem Reiseveranstalter geschlossenen Reisevertrag, in den nicht Allgemeine Reisebedingungen (ARB) mit Haftungsbeschränkungsklauseln einbezogen werden. Absatz 1 gilt gleichermaßen für Individualvereinbarungen und für Formularvereinbarungen.

3. Voraussetzungen der Beschränkung der vertraglichen Haftung

Die Beschränkung der vertraglichen Haftung des Reiseveranstalters für Nichtpersonenschäden auf den dreifachen Reisepreis darf (und kann) nur für die Fälle vereinbart werden, in denen der Schaden des Reisenden weder vorsätzlich noch grob fahrlässig herbeigeführt wird (Nr. 1) oder der Reiseveranstalter für den Schaden allein wegen eines Verschuldens eines Leistungsträgers verantwortlich ist (Nr. 2). Eine **Beschränkung** der vertraglichen Haftung für Nichtpersonenschäden auf den dreifachen Reisepreis ist mithin **nur** für die Fälle statthaft und wirksam, in denen den Reiseveranstalter selbst (unter Einbeziehung seiner Mitarbeiter und sonstigen unselbstständigen Erfüllungsgehilfen) entweder **kein oder nur ein leichtes Verschulden** trifft.

Dass § 651h Abs. 1 Nr. 2 BGB eine (formular-)vertragliche Beschränkung der vertraglichen Haftung des Reiseveranstalters für Schäden, die nicht Körperschäden sind, auch für den Fall gestattet, dass ein Leistungsträger den Schaden des Reisenden vorsätzlich oder grob fahrlässig herbeigeführt hat (und dem Reiseveranstalter selbst, was etwa ein Auswahl-, Organisations- oder Überwachungsverschulden anbelangt, allenfalls leichte Fahrlässigkeit anzulasten ist), erscheint systemwidrig[12] und rechtspolitisch bedenklich.[13] Der Leistungsträger ist im Sinne von § 278 BGB Erfüllungsgehilfe des Reiseveranstalters; das Verhalten und Verschulden seines Leistungsträgers muss sich der Reiseveranstalter im Rahmen der (von § 651h Abs. 1 BGB ausschließlich erfassten) vertraglichen Haftung ohne Entlastungsmöglichkeit zurechnen lassen. In sonstigen (nicht auf einen Reisevertrag bezogenen) Allgemeinen Geschäftsbedingungen (AGB) wäre eine Haftungsbegrenzung für den Fall einer vorsätzlichen oder grob fahrlässigen Pflichtverletzung eines Erfüllungsgehilfen unwirksam (§ 309 Nr. 7 lit. b BGB). Bei einem Reisevertrag ist keine grundlegend andere Situation gegeben. Dass in großem Umfang – auch ausländische – selbstständige Leistungsträger eingeschaltet werden, ist auch im sonstigen Geschäftsleben nicht (mehr) ungewöhnlich. Aus der Sicht des Reisenden, dem der Reiseveranstalter die Erbringung der gesamten Leitung zugesagt hat, ist es unerheblich, ob und in welchem Umfang der Reiseveranstalter Leistungen oder Teile von Leistungen, anstatt sie selbst zu erbringen, durch Leistungsträger erbringen lässt.

Leistungsträger im Sinne von § 651h Abs. 1 Nr. 2 BGB sind ausschließlich **selbstständige Leistungsträger**, etwa Beförderungs- und Beherbergungsunternehmer. Rechtlich selbstständige Gesellschaften, an denen der Reiseveranstalter eine maßgebliche Beteiligung hält und auf die er einen bestimmenden Einfluss ausüben kann, dürften nicht als selbstständige Leistungsträger im Sinne von § 651h Abs. 1 Nr. 2 BGB anzusehen sein.[14]

Rechtlich unselbstständige Erfüllungsgehilfen des Reiseveranstalters, insbesondere alle (fest angestellten oder freien) Mitarbeiter des Reiseveranstalters, welche die Beförderungsmittel und Unterkünfte aussuchen und überprüfen, die rechtlich selbstständigen Leistungsträger auswählen, anleiten

---

[10] Konditionenempfehlung 2010 des Deutschen Reise-Verbandes e.V., abgedruckt etwa bei *Führich*, Reiserecht, 6. Aufl. 2010, Anhang II 6.

[11] So auch – allerdings ausgehend davon, dass § 651h Abs. 1 BGB auch auf deliktische Ansprüche anwendbar sei – *Staudinger* in: Staudinger, § 651h Rn. 40; a.A. *Führich*, Reiserecht, 6. Aufl. 2010, Rn. 487 und 502; *Tonner* in: MünchKomm-BGB, § 651h Rn. 5.

[12] Vgl. etwa *Tonner* in: MünchKomm-BGB, § 651h Rn. 9.

[13] Vgl. etwa *Führich*, Reiserecht, 6. Aufl. 2010, Rn. 492.

[14] *Tonner* in: MünchKomm-BGB, § 651h Rn. 10; *Führich*, Reiserecht, 6. Aufl. 2010, Rn. 492.

§ 651h

und überwachen, auch deren Pflichten durch die inhaltliche Gestaltung der mit diesen zu schließenden Verträge festlegen, die vorbereitenden Gespräche mit den Reisenden führen – dazu sind auch die Mitarbeiter der mit dem Reiseveranstalter durch Agenturverträge verbundenen Reisebüros zu zählen – und schließlich die Reisenden betreuen (Reiseleiter, aber beispielsweise auch Animateure), sind **keine** selbstständigen Leistungsträger im Sinne von § 651h Abs. 1 Nr. 2 BGB; ihr Fehlverhalten stellt eigenes Fehlverhalten des Reiseveranstalters dar.[15]

14 § 651h Abs. 1 BGB gestattet die Beschränkung der vertraglichen Haftung des Reiseveranstalters für (Nichtpersonen-) Schäden unabhängig vom Grad des Verschuldens des den Schaden verursachenden (selbstständigen) Leistungsträgers. Sofern zu einem solchen Schaden **auch** ein Verschulden eines (unselbstständigen) Erfüllungsgehilfen des Reiseveranstalters (etwa Verschulden bei der Auswahl, Anleitung oder Überwachung des Leistungsträgers) beigetragen hat, gilt das aber nur für den Fall, dass dem (unselbstständigen) Erfüllungsgehilfen des Reiseveranstalters und damit dem Reiseveranstalter selbst weder Vorsatz noch grobe Fahrlässigkeit anzulasten ist.

15 **Vorsatz oder grobe Fahrlässigkeit** des Reiseveranstalters selbst (unter Einschluss der rechtlich unselbstständigen Erfüllungsgehilfen des Reiseveranstalters) führt also zwingend zu einer unbeschränkten und **unbeschränkbaren vertraglichen Haftung** des Reiseveranstalters auch für die Nichtpersonenschäden. Grobe Fahrlässigkeit liegt vor, wenn die verkehrserforderliche Sorgfalt in besonders schwerem Maße verletzt wird, schon einfachste, ganz nahe liegende Überlegungen nicht angestellt werden und nicht beachtet wird, was im gegebenen Fall jedem einleuchten musste.[16]

4. Wirksamkeit der Beschränkung der vertraglichen Haftung

16 Individualvertragliche Beschränkungen der vertraglichen Haftung, die von § 651h Abs. 1 BGB gestattet werden, sind auch nicht **unter sonstigen Gesichtspunkten** unwirksam. Sie verstoßen insbesondere nicht gegen die §§ 138 Abs. 1 und 276 Abs. 3 BGB.

17 Für die in Allgemeinen Reisebedingungen (ARB) geregelte Beschränkung der vertraglichen Haftung des Reiseveranstalters für Schäden, die nicht Körperschäden sind, gilt Folgendes:

18 § 651h Abs. 1 BGB beschränkt nicht die Haftung des Reiseveranstalters, sondern gestattet es diesem lediglich, unter den durch diese Vorschrift bestimmten Voraussetzungen und in den durch diese Vorschrift gesetzten Grenzen (auch formularmäßige) Vereinbarungen mit dem Reisenden über eine Beschränkung der vertraglichen Haftung des Reiseveranstalters zu treffen. Daher entzieht § 307 Abs. 3 Satz 1 BGB solche Vereinbarungen, soweit sie in Allgemeinen Reisebedingungen (ARB) enthalten sind, nicht der **Inhaltskontrolle** nach den §§ 307-309 BGB. Freilich halten Allgemeine Reisebedingungen, die sich in den durch § 651h Abs. 1 BGB gesetzten Grenzen halten – ansonsten sind sie schon wegen Verstoßes gegen diese Vorschrift unwirksam –, dieser Inhaltskontrolle stand.

19 § 651h Abs. 1 Nr. 2 BGB verdrängt als die speziellere Vorschrift den § 309 Nr. 7 lit. b BGB, der eine in Allgemeinen Geschäftsbedingungen festgelegte Begrenzung der vertraglichen Haftung des Reiseveranstalters für Nichtpersonenschäden des Reisenden, die auf einer vorsätzlichen oder grob fahrlässigen Pflichtverletzung eines Leistungsträgers (= selbstständigen Erfüllungsgehilfen des Reiseveranstalters) beruhen, für unwirksam erklären würde.

20 Der Überprüfung anhand der Generalklausel des § 307 BGB ist die in Allgemeinen Reisebedingungen (ARB) geregelte Beschränkung der vertraglichen Haftung des Reiseveranstalters für Schäden, die nicht Körperschäden sind, nicht entzogen. Sie hält ihr aber stand; eine gesetzlich gestattete Haftungsbeschränkung benachteiligt den Reisenden nicht unangemessen im Sinne von § 307 Abs. 1 BGB.

5. Rechtsfolgen unzulässiger Beschränkungen der vertraglichen Haftung

21 Jede Beschränkung der vertraglichen Haftung des Reiseveranstalters, die durch Absatz 1 nicht erlaubt wird, ist unzulässig und **unwirksam**. Demgemäß ist jede vertragliche Vereinbarung, die einen (vollständigen) **Ausschluss** der vertraglichen Haftung des Reiseveranstalters vorsieht, etwa einen nach allgemeinen Grundsätzen (vgl. § 309 Nr. 7 BGB) sogar in Allgemeinen Geschäftsbedingungen unbedenklichen Ausschluss der Haftung für einen lediglich auf einem leichten Verschulden ausschließlich eines selbstständigen Erfüllungsgehilfen beruhenden Sachschaden, wegen des Verstoßes gegen § 651h Abs. 1 BGB unzulässig und unwirksam. Ohne praktische Bedeutung dürfte es sein, ob die Unwirksam-

---

[15] *Tonner* in: MünchKomm-BGB, § 651h Rn. 8; *Staudinger* in: Staudinger, § 651h Rn. 23; *Führich*, Reiserecht, 6. Aufl. 2010, Rn. 490.

[16] BGH v. 13.12.2004 - II ZR 17/03 - NJW 2005, 981-982; *Grüneberg* in: Palandt, § 277 Rn. 5.

keit einer gegen § 651h Abs. 1 BGB verstoßenden Haftungsbeschränkungsvereinbarung unmittelbar aus dieser Vorschrift (i.V.m. § 651m BGB) oder aus dieser Vorschrift i.V.m. § 134 BGB hergeleitet wird.

Verstößt eine Haftungsbeschränkungsvereinbarung, die sich nicht nach ihrem Wortlaut aus sich heraus verständlich und sinnvoll in einen inhaltlich zulässigen und in einen unzulässigen Regelungsteil trennen lässt, **in einem einzelnen Punkt** gegen § 651h Abs. 1 BGB, dürfte sie – sofern sie in den in den Reisevertrag einbezogenen Allgemeinen Reisebedingungen (ARB) enthalten ist, wohl schon wegen des grundsätzlichen Verbotes einer geltungserhaltenden Reduktion[17] von Allgemeinen Geschäftsbedingungen – insgesamt unwirksam sein, die **Wirksamkeit des Reisevertrages** im Übrigen aber **unberührt** lassen[18]. An ihre Stelle tritt die gesetzliche Regelung (§ 306 Abs. 2 BGB), welche die unbeschränkte Haftung des Reiseveranstalters auch für Nichtpersonenschäden begründet, sofern der Schaden auf einer (auch nur einfachen) Fahrlässigkeit des Reiseveranstalters selbst (unter Einbeziehung seiner unselbstständigen Erfüllungsgehilfen) oder eines rechtlich selbstständigen Leistungsträgers beruht. 22

II. Haftungsbeschränkungen für Leistungsträger (Absatz 2)

1. Kurzcharakteristik

Wenn internationale Übereinkommen oder auf solchen beruhende gesetzliche Vorschriften, die für eine von einem Leistungsträger zu erbringende Reiseleistung gelten, die Schadensersatzpflicht des Leistungsträgers beschränken oder ausschließen, kann sich auch der Reiseveranstalter dem Reisenden gegenüber hierauf berufen. Er soll in einem solchen Fall nicht schärfer haften als der den Schaden verursachende Leistungsträger selbst.[19] 23

2. Anwendungsvoraussetzungen

Auch Absatz 2 gilt **nur für Schadensersatzansprüche**, nicht für sonstige Gewährleistungsansprüche, die nicht auf Schadensersatz gerichtet sind. Anders als Absatz 1 erfasst Absatz 2 **alle Arten von Schäden**, auch Körperschäden, und nicht nur Beschränkungen, sondern auch den **Ausschluss** von Schadensersatzansprüchen.[20] Das hat der Gesetzgeber durch die Einfügung der Worte „oder ausgeschlossen" in den Absatz 2 ausdrücklich klargestellt.[21] 24

Einer entsprechenden Vereinbarung zwischen dem Reiseveranstalter und dem Reisenden bedarf es nicht. Vielmehr ermöglicht Absatz 2 für sich allein, ohne dass es einer Umsetzung durch eine zwischen dem Reiseveranstalter und dem Reisenden zu treffende Vereinbarung bedürfte, dem Reiseveranstalter im Verhältnis zum Reisenden die Berufung auf die Beschränkung oder den Ausschluss der Schadensersatzpflicht des Leistungsträgers. Voraussetzung ist allerdings, dass sich die Haftung des Reiseveranstalters gegenüber dem Reisenden **ausschließlich** aus einem **Verschulden des Leistungsträgers** ergeben würde. Ein eigenes (Auswahl- oder Überwachungs-)Verschulden des Reiseveranstalters begründet zwingend seine Haftung gegenüber dem Reisenden.[22] 25

Internationale Übereinkommen, welche die Schadensersatzpflicht des Leistungsträgers – und über Absatz 2 die Schadensersatzpflicht des Reiseveranstalters gegenüber dem Reisenden – beschränken oder ausschließen, sind jetzt das Montrealer Übereinkommen (MÜ) [23], das im Jahre 2004 für Deutschland das Warschauer Abkommen (WA) mitsamt dem Zusatzabkommen von Guadalajara (ZAG) abgelöst hat, sowie das „Übereinkommen über den internationalen Eisenbahnverkehr" (COTIF);[24] alle diese internationalen Übereinkommen betreffen ausschließlich grenzüberschreitende Beförderungen. **Auf internationalen Übereinkommen beruhende gesetzliche Vorschriften** sind (u.a.) die auf ein Über- 26

---

[17] BGH v. 20.01.1983 - VII ZR 105/81 - BGHZ 86, 284-299; BGH v. 17.05.1991 - V ZR 140/90 - BGHZ 114, 338-343; BGH v. 04.11.1992 - VIII ZR 235/91 - BGHZ 120, 108-123; BGH v. 03.11.1999 - VIII ZR 269/98 - BGHZ 143, 104-122.

[18] *Grüneberg* in: Palandt, Vorb. v. § 307 Rn. 7.

[19] BT-Drs. 8/2343, S. 12; BGH v. 14.04.1983 - VII ZR 199/82 - BGHZ 87, 191-197; *Eckert* in: Soergel, § 651h Rn. 9; *Tonner* in: MünchKomm-BGB, § 651h Rn. 15; *Staudinger* in: Staudinger, § 651h Rn. 51.

[20] *Eckert* in: Soergel, § 651h Rn. 10; *Tonner* in: MünchKomm-BGB, § 651h Rn. 20; zweifelnd *Staudinger* in: Staudinger, § 651h Rn. 57; ob der Ausschluss von Schadensersatzansprüchen mit Art. 5 Abs. 2 Satz 3 der EG-Pauschalreise-Richtlinie vereinbar ist, ist unklar.

[21] BT-Drs. 8/2343, S. 12; vorher a.A. BGH v. 14.04.1983 - VII ZR 199/82 - BGHZ 87, 191-197.

[22] *Sprau* in: Palandt, § 651h Rn. 4; *Seiler* in: Erman, § 651h Rn. 8; *Führich*, Reiserecht, 6. Aufl. 2010, Rn. 494.

[23] *Tonner* in: MünchKomm-BGB, § 651h Rn. 19.

[24] *Eckert* in: Soergel, § 651h Rn. 11.

einkommen des Europarates über die Haftung der Gastwirte[25] zurückgehenden §§ 701-704 BGB und die auf dem Athener Übereinkommen beruhenden „Bestimmungen über die Beförderung von Reisenden und ihrem Gepäck auf See" in der Anlage zu § 664 HGB[26]. Lediglich im Land des (ausländischen) Leistungsträgers geltende Gesetze ohne internationalen Bezug führen nicht zur Beschränkung der Haftung des Reiseveranstalters gegenüber dem Reisenden.

27 Beförderungsbedingungen von Verkehrsunternehmen, z.B. IATA-Klauseln (vgl. die Kommentierung zu § 651b BGB), sind privatrechtlicher Natur und werden von Absatz 2 nicht erfasst. Dem stand es auch nicht entgegen, dass solche Beförderungsbedingungen in der Vergangenheit vom Bundesminister für Verkehr genehmigt wurden (im nationalen Luftverkehr nach § 21 Abs. 1 Satz 2 LuftVG), da die Qualifizierung als privatrechtliche Allgemeine Geschäftsbedingungen nicht deshalb entfällt, weil eine Genehmigung durch eine Verwaltungsbehörde vorgesehen ist[27]; „behördlich genehmigte" Bedingungen sind keine gesetzlichen Vorschriften i.S.d. Absatzes 2[28]. Auch **vertragliche Abreden** zwischen Reiseveranstalter und Leistungsträger werden von Absatz 2 **nicht** erfasst. Der Reiseveranstalter kann gegen ihn gerichtete Schadensersatzansprüche des Reisenden nicht dadurch verkürzen, dass er mit dem Leistungsträger eine Haftungsfreistellung oder -beschränkung vertraglich vereinbart.[29]

C. Prozessuale Hinweise

28 Den Reiseveranstalter trifft die **Darlegungs- und Beweislast** hinsichtlich der Voraussetzungen der zulässigen Haftungsbeschränkung nach **Absatz 1**. Darlegen und beweisen muss er das Zustandekommen einer Vereinbarung und das Fehlen eigenen groben Verschuldens. Dazu dürften, soweit der Schaden durch einen (rechtlich selbstständigen) Leistungsträger verschuldet worden ist, auch die Darlegung und der Nachweis gehören, dass den Reiseveranstalter jedenfalls kein grobes eigenes (Auswahl-, Überwachungs- oder Organisations-) Verschulden trifft. Sofern streitig ist, ob es sich bei dem Schadensverursacher um einen (unselbstständigen) Erfüllungsgehilfen des Reiseveranstalters oder um einen (rechtlich selbstständigen) Leistungsträger handelt, muss der Reiseveranstalter auch darlegen und beweisen, dass es sich nicht um einen (unselbstständigen) Erfüllungsgehilfen handelt.[30] Der Reiseveranstalter dürfte auch darlegungs- und beweisbelastet sein, sofern streitig ist, ob der (rechtlich selbstständige) Leistungsträger ein mit dem Reiseveranstalter verbundenes Unternehmen ist. Sollte insoweit der Reisende für beweisbelastet gehalten werden, trifft den Reiseveranstalter jedenfalls eine sekundäre Darlegungslast.[31]

29 Im Rahmen von **Absatz 2** muss der Reiseveranstalter die Voraussetzungen der Einschränkung oder des Ausschlusses der Schadensersatzpflicht des den Schaden verursachenden Leistungsträgers aufgrund internationaler Übereinkommen oder auf solchen beruhender gesetzlicher Vorschriften darlegen und beweisen.

---

[25] BGBl II 1966, 269; *Eckert* in: Soergel, § 651h Rn. 11; *Tonner* in: MünchKomm-BGB, § 651h Rn. 21.

[26] LG München I v. 22.11.1995 - 25 O 11073/95 - RRa 1996, 78-81; LG Frankfurt v. 22.02.2002 - 2/19 O 298/01 - RRa 2002, 210-211: Haftungsausschluss für das Abhandenkommen einer Rolex-Uhr beim Sturz vom Kreuzfahrtschiff auf die Pier aufgrund des Zusammenbruchs der Gangway; *Eckert* in: Soergel, § 651h Rn. 11.

[27] BGH v. 20.01.1983 - VII ZR 105/81 - BGHZ 86, 284-299; *Hefermehl* in: Erman, 10. Aufl. 2000, AGBG § 1 Rn. 4; *Roloff* in: Erman, § 305 Rn. 4; *Ulmer*, BB 1982, 584-589.

[28] *Seiler* in: Erman, § 651h Rn. 8; *Tonner* in: MünchKomm-BGB, § 651h Rn. 19.

[29] BT-Drs. 8/2343, S. 12; *Seiler* in: Erman, § 651h Rn. 8; *Eckert* in: Soergel, § 651h Rn. 9; *Tonner* in: MünchKomm-BGB, § 651h Rn. 18; *Staudinger* in: Staudinger, § 651h Rn. 53.

[30] *Eckert* in: Soergel, § 651 BGB Rn. 12; *Tonner* in: MünchKomm-BGB, § 651h Rn. 24 und 25; *Führich*, Reiserecht, 6. Aufl. 2010, Rn. 504; *Staudinger* in: Staudinger, § 651h Rn. 64-68.

[31] Vgl. dazu auch *Staudinger* in: Staudinger, § 651h Rn. 68 und 69.

§ 651i BGB Rücktritt vor Reisebeginn

(Fassung vom 02.01.2002, gültig ab 01.01.2002)

(1) Vor Reisebeginn kann der Reisende jederzeit vom Vertrag zurücktreten.

(2) ¹Tritt der Reisende vom Vertrag zurück, so verliert der Reiseveranstalter den Anspruch auf den vereinbarten Reisepreis. ²Er kann jedoch eine angemessene Entschädigung verlangen. ³Die Höhe der Entschädigung bestimmt sich nach dem Reisepreis unter Abzug des Wertes der vom Reiseveranstalter ersparten Aufwendungen sowie dessen, was er durch anderweitige Verwendung der Reiseleistungen erwerben kann.

(3) Im Vertrag kann für jede Reiseart unter Berücksichtigung der gewöhnlich ersparten Aufwendungen und des durch anderweitige Verwendung der Reiseleistungen gewöhnlich möglichen Erwerbs ein Vomhundertsatz des Reisepreises als Entschädigung festgesetzt werden.

Gliederung

A. Grundlagen ... 1	C. Rechtsfolgen des Rücktritts ... 12
B. Anwendungsvoraussetzungen ... 4	I. Rückzahlung und Entschädigung ... 12
I. Zeitlicher Anwendungsbereich ... 4	II. Storno-Pauschale ... 15
II. Rücktrittserklärung ... 7	III. Reiserücktrittskosten-Versicherung ... 17
III. Umbuchungen ... 10	D. Prozessuale Hinweise ... 31

A. Grundlagen

Die Vorschrift gestattet dem Reisenden, vor Reisebeginn vom Reisevertrag ohne Angabe von Gründen zurückzutreten. Art und Grund des Rücktritts sind irrelevant. Der Reisende soll nicht zum gebuchten Urlaub gezwungen sein.[1] Der Reiseveranstalter verliert den Anspruch auf den Reisepreis, kann aber eine Entschädigung verlangen, die gemäß ausdrücklicher gesetzlicher Gestattung pauschaliert werden darf (Absatz 3). Von dieser Möglichkeit wird in der Praxis reger Gebrauch gemacht. 1

§ 651i BGB erfasst sämtliche Fälle, in denen die Störung vor Reiseantritt aus der Sphäre des Reisenden stammt; die §§ 326 Abs. 2, 645 BGB werden verdrängt.[2] 2

Die allgemeine Rücktrittsregelung des § 651i Abs. 1 BGB wird ihrerseits durch die spezielle Rücktrittsregelung des § 651a Abs. 5 Satz 2 BGB und die speziellen Kündigungsregelungen der §§ 651e Abs. 1, 651j Abs. 1 und 651l Abs. 4 Satz 1 BGB für ihren jeweiligen Anwendungsbereich verdrängt.[3] 3

B. Anwendungsvoraussetzungen

I. Zeitlicher Anwendungsbereich

§ 651i BGB gestattet den Rücktritt vom Reisevertrag **vor Reisebeginn**. Die Vorschrift setzt begrifflich voraus, dass der Vertrag bereits zustande gekommen ist. Ein bereits **vorab erklärter Rücktritt** dürfte aber ebenfalls wirksam sein, wenn der Reisevertrag später zustande kommt; hier eine neuerliche Rücktrittserklärung vom Reisenden zu verlangen, erschiene als bloße Förmelei. Auch ist es denkbar, dem Reisenden, der nach § 651i Abs. 1 BGB vom zustande gekommenen Reisevertrag zurücktreten kann, in entsprechender Anwendung des § 651i Abs. 1 BGB das Recht einzuräumen, sein (bindendes) Vertragsangebot (Buchung) zu widerrufen[4], freilich mit der in § 651i Abs. 2 Sätze 2 und 3 BGB statuierten Rechtsfolge. 4

Nach dem Wortlaut des § 651i BGB ist der Rücktritt **nach Reisebeginn ausgeschlossen**. Ein Reisebeginn liegt vor, wenn die erste Reiseleistung zumindest teilweise in Anspruch genommen wird[5], z.B. bei 5

---

[1] BT-Drs. 8/786, S. 19.
[2] *Tonner* in: MünchKomm-BGB, § 651i Rn. 5; *Führich*, Reiserecht, 6. Aufl. 2010, Rn. 508.
[3] *Führich*, Reiserecht, 6. Aufl. 2010, Rn. 506 u 507.
[4] *Eckert* in: Soergel, § 651i Rn. 4; *Staudinger* in: Staudinger, § 651i Rn. 10.
[5] OLG Dresden v. 28.08.2001 - 3 U 1338/01 - NJW-RR 2001, 1610-1611; LG München I v. 08.04.2002 - 31 S 14352/01 - RRa 2002, 183-184; *Seiler* in: Erman, § 651i Rn. 3.

§ 651i

einer Flugreise mit Einchecken des Gepäcks[6] oder mit Antritt des Zubringerfluges zu einem Fernflug[7]. Ein Reisebeginn liegt aber beispielsweise noch nicht vor, wenn einer der beiden Reisenden nach Vorlage der Ausweise und Flugscheine am Flugschalter zusammenbricht und der Eincheck-Vorgang danach ohne die Mitwirkung der Reisenden beendet wird.[8]

6   Nach dem Willen des Gesetzgebers soll der Rücktritt **nach Reisebeginn** nicht nach § 651i BGB möglich sein.[9] Eine entsprechende Anwendung des § 651i BGB scheidet daher aus,[10] zumal es bei Störungen aus der Sphäre des Reisenden nicht sachgerecht wäre, den Anspruch des Reiseveranstalters auf den Reisepreis entfallen zu lassen und dem Reiseveranstalter die Darlegungs- und Beweislast für seinen Entschädigungsanspruch (§ 651i Abs. 2 BGB) aufzuerlegen. Ist die Reise nach Reisebeginn aus Gründen undurchführbar, die in der Sphäre des Reisenden liegen, kann der Reisende kündigen (vgl. die Kommentierung zu § 651e BGB Rn. 4) und der Veranstalter behält entsprechend § 649 BGB den Anspruch auf den Reisepreis, auf den er sich ersparte Aufwendungen anrechnen lassen muss.[11]

II. Rücktrittserklärung

7   Der Rücktritt nach § 651i BGB ist (gemäß § 349 BGB) gegenüber dem Reiseveranstalter oder einer empfangsberechtigten Person zu erklären. „Empfangsberechtigte Person" ist auch das Reisebüro, bei dem die Reise gebucht worden ist (vgl. dazu die Kommentierung zu § 651g BGB). Die Rücktrittserklärung ist eine empfangsbedürftige Willenserklärung; sie wird mit ihrem Zugang (§ 130 BGB) wirksam.[12] Sie ist formfrei zulässig und wirksam.[13] Eine Regelung in Allgemeinen Reisebedingungen (ARB), welche die Einhaltung einer bestimmten Form als Wirksamkeitsvoraussetzung vorschreibt, ist wegen Verstoßes gegen § 651m BGB unwirksam. Zulässig ist dagegen ein Hinweis, der die Einhaltung der Schriftform zu Beweiszwecken empfiehlt.[14]

8   Der Rücktritt nach § 651i BGB setzt **keine Rücktrittsgründe** voraus. Demnach muss der Reisende nur erkennbar zum Ausdruck bringen, dass er zurücktritt. Dies kann auch durch konkludentes Verhalten geschehen. Es reicht aus, dass der Reisende ohne Begründung die Reise nicht antritt („no show").[15] Daher begegnet es keinen Bedenken, dass in Allgemeinen Reisebedingungen (ARB) der (kommentarlose) Nichtantritt der Reise regelmäßig einer ausdrücklichen Rücktrittserklärung gleichgesetzt wird. Das Nichterscheinen gilt auch dann als Rücktrittserklärung, wenn dem Reisenden tatsächlich der innere Rücktrittswille fehlt und er sich z.B. nur verspätet.[16] Der Veranstalter muss das Nichterscheinen als Rücktritt verstehen.

---

[6] AG München v. 20.08.2001 - 231 C 16487/01 - RuS 2002, 384; AG München v. 23.06.2004 - 172 C 5651/04 - RRa 2005, 87-88.

[7] AG München v. 19.08.2002 - 251 C 17010/02 - RRa 2003, 91-92.

[8] AG München v. 12.07.2001 - 213 C 13153/01 - RRa 2001, 213-214.

[9] BT-Drs. 8/2589, S. 6: Rücktritt nach § 651i BGB „bis zur Beendigung der Reise" nicht Gesetz geworden.

[10] *Seiler* in: Erman, § 651i Rn. 3; *Eckert* in: Soergel, § 651i Rn. 5; *Tonner* in: MünchKomm-BGB, § 651i Rn. 6 unter ausdrücklicher Aufgabe der in früheren Auflagen vertretenen gegenteiligen Auffassung; *Seyderhelm*, Reiserecht, 1997, § 651i Rn. 6; *Staudinger* in: Staudinger, § 651i Rn. 11; a.A. *Recken* in: BGB-RGRK, § 651i Rn. 2; *Claussen*, NJW 1991, 2813-2815; *Teichmann*, JZ 1979, 737-743; *Wolter*, AcP 183, 35-80.

[11] LG Frankfurt v. 19.11.1990 - 2/24 S 63/90 - NJW 1991, 498-499: Kündigung aus wichtigem Grund (vgl. die Kommentierung zu § 651e BGB Rn. 4), z.B. bei Krankheit oder Tod eines Mitreisenden; AG Bad Homburg v. 04.11.1998 - 2 C 3193/97 - 20, 2 C 3193/97 - RRa 1999, 9-10; *Seiler* in: Erman, § 651i Rn. 3; a.A. *Sprau* in: Palandt, § 651i Rn. 1 unter Hinweis darauf, dass eine Kündigung aus wichtigem Grund nicht mehr statthaft sein dürfte, da § 314 BGB nur eine Kündigung von Dauerschuldverhältnissen aus wichtigem Grund zulässt, ein Reisevertrag aber kein Dauerschuldverhältnis ist.

[12] *Sprau* in: Palandt, § 651i Rn. 1: § 349 BGB analog; *Führich*, Reiserecht, 6. Aufl. 2010, Rn. 513.

[13] BT-Drs. 8/2343, S. 12; *Eckert* in: Soergel, § 651i Rn. 9; *Tonner* in: MünchKomm-BGB, § 651i Rn. 9; *Staudinger* in: Staudinger, § 651i Rn. 15.

[14] *Eckert* in: Soergel, § 651i Rn. 9; *Staudinger* in: Staudinger, § 651i Rn. 15.

[15] BT-Drs. 8/2343, S. 12; *Seiler* in: Erman, § 651i Rn. 2; *Eckert* in: Soergel, § 651i Rn. 9; *Tonner* in: MünchKomm-BGB, § 651i Rn. 9; *Eckert* in: Staudinger, § 651i Rn. 17; unter ausdrücklicher Aufgabe der früher vertretenen gegenteiligen Auffassung auch *Führich*, Reiserecht, 6. Aufl. 2010, Rn. 513; a.A. *Recken* in: BGB-RGRK, § 651i Rn. 16; *Bidinger/Müller*, Reisevertragsrecht, 2. Aufl. 1995, S. 213; *Pick*, Reiserecht, 1995, § 651i Rn. 93, 101; *Seyderhelm*, Reiserecht, 1997, § 651i Rn. 17.

[16] A.A. wohl *Staudinger* in: Staudinger, § 651i Rn. 15.

Von einem **Rücktrittswillen** kann der Veranstalter dann **nicht** ausgehen, wenn der Reisende bei Verspätung bzw. Nichterscheinen deutlich macht (z.B. durch Telefon, Fax, E-Mail), dass er auch weiterhin an der Reise teilnehmen möchte.

III. Umbuchungen

Umbuchungswünsche des Reisenden dürfen rechtlich nicht als Rücktritt gewürdigt und behandelt werden, sondern nur als Antrag auf Änderung des bestehenden Reisevertrages. Unzulässig sind daher Klauseln, die eine Umbuchung als Rücktritt verbunden mit einer Neuanmeldung behandeln; diese **Rücktrittsfiktion** verstößt gegen § 308 Nr. 5 BGB.[17] Nr. 6.2 ARB-DRV[18] legt Fristen fest, innerhalb derer eine Umbuchung (nur) vorgenommen werden kann; nach Ablauf dieser Fristen ist eine Umbuchung nur nach einem Rücktritt verbunden mit einer Neuanmeldung möglich, sofern ein Umbuchungswunsch nicht nur geringfügige Kosten verursacht. Diese Regelung ist anders als die früher empfohlene Regelung, die eine Umbuchung nach Ablauf bestimmter Fristen als Rücktritt verbunden mit einer Neuanmeldung behandelte, zulässig und insbesondere mit § 308 Nr. 5 BGB vereinbar; sie enthält keine Erklärungsfiktion, sondern lediglich einen Hinweis auf das Recht des Reiseveranstalters, nach Ablauf einer – angemessenen – Frist eingehende Anträge auf Änderung des Reisevertrages (= Umbuchungswünsche) nicht mehr anzunehmen, wenn sie nicht nur geringfügige Kosten verursachen.[19]

Für Umbuchungen sieht Nr. 6.1 ARB-DRV[20] die Regelung vor, dass bei Einhaltung der dort aufgeführten Fristen ein **Umbuchungsentgelt** pro Reisenden verlangt werden kann. Da eine Umbuchung beim Veranstalter regelmäßig einen Verwaltungsaufwand auslöst, ist ein an den Maßstäben des § 308 Nr. 5 lit. b, 7 lit. b BGB zu bemessendes Entgelt zulässig.[21] Wird der Umbuchungswunsch rechtzeitig geäußert, kann der Reiseveranstalter nur das Umbuchungsentgelt, nicht aber die Storno-Pauschale (vgl. Rn. 15) verlangen.

C. Rechtsfolgen des Rücktritts

I. Rückzahlung und Entschädigung

Rechtsfolge des Rücktritts ist zum einen der Verlust des Anspruchs auf den Reisepreis (Absatz 2 Satz 1). Bereits geleistete Zahlungen kann der Reisende nach den §§ 346-354 BGB zurückverlangen.[22] Daran hat sich auch dadurch, dass eine § 651d Abs. 1 Satz 2 BGB vergleichbare Verweisung auf die §§ 346-354 BGB auch durch das Schuldrechtsmodernisierungsgesetz nicht in § 651i BGB eingeführt worden ist, nichts geändert.

Zum anderen gewährt Absatz 2 Satz 2 dem Reiseveranstalter einen Entschädigungsanspruch, der an die Stelle des Vergütungsanspruchs tritt. Die ganz h.M.[23] qualifiziert diesen Entschädigungsanspruch als **Schadensersatzanspruch eigener Art**. Die Entschädigung nach Absatz 2 Satz 3 umfasst den Reisepreis abzüglich ersparter Aufwendungen und anderweit möglichen Erwerbs.

---

[17] BGH v. 09.07.1992 - VII ZR 7/92 - BGHZ 119, 152-176; OLG Frankfurt v. 17.12.1981 - 6 U 26/81 - NJW 1982, 2198-2200; OLG Hamburg v. 03.04.1985 - 5 U 134/84 - NJW 1985, 3030-3032; *Recken* in: BGB-RGRK, § 651i Rn. 28; *Eckert* in: Soergel, § 651i Rn. 10; *Tonner* in: MünchKomm-BGB, § 651i Rn. 28; *Staudinger* in: Staudinger, § 651i Rn. 16.

[18] Konditionenempfehlung 2010 des Deutschen Reise-Verbandes e.V., abgedruckt (u.a.) bei *Führich*, Reiserecht, 6. Auflage 2010, Anhang II 6.

[19] *Eckert* in: Soergel, § 651i Rn. 10; *Tonner* in: MünchKomm-BGB, § 651i Rn. 28; *Staudinger* in: Staudinger, § 651i Rn. 16; *Führich*, Reiserecht, 6. Aufl. 2010, Rn. 527.

[20] Konditionenempfehlung 2010 des Deutschen Reise-Verbandes e.V.

[21] *Bidinger/Müller*, Reisevertragsrecht, 2. Aufl. 1995, S. 214; *Tonner* in: MünchKomm-BGB, § 651i Rn. 27; *Staudinger* in: Staudinger, § 651i Rn. 16; *Führich*, Reiserecht, 6. Aufl. 2010, Rn. 527: bis 30 €.

[22] *Seiler* in: Erman, § 651i Rn. 5: Verweisung „offenbar versehentlich unterblieben"; *Recken* in: BGB-RGRK, § 651i Rn. 19; *Eckert* in: Soergel, § 651i Rn. 11; *Staudinger* in: Staudinger, § 651i Rn. 18; a.A. *Eichinger*, Jura 1981, 185-196: Rückabwicklung nach den §§ 812-822 BGB.

[23] BT-Drs. 8/2343, S. 12; BGH v. 26.10.1989 - VII ZR 332/88 - NJW-RR 1990, 114-115; OLG Hamburg v. 10.06.1981 - 5 U 78/81 - NJW 1981, 2420-2421; OLG Frankfurt v. 17.12.1981 - 6 U 26/81 - NJW 1982, 2198-2200; LG Braunschweig v. 19.09.1985 - 7 S 60/85 - NJW-RR 1986, 144-145; LG Frankfurt v. 15.02.1988 - 2/24 S 12/87 - VuR 1988, 148-151; *Tonner* in: MünchKomm-BGB, Rn. 10; *Eckert* in: Soergel, § 651i Rn. 12; *Staudinger* in: Staudinger, § 651i Rn. 20; *Führich*, Reiserecht, 6. Aufl. 2010, Rn. 517; *Wolter*, AcP 183, 35-80; a.A. *Teichmann*, JZ 1979, 737-743.

14 Tritt der Reisende sehr spät zurück, kann der Veranstalter in der Regel nicht mehr umdisponieren, so dass eine Entschädigung bis zu 100% des Reisepreises angemessen sein kann. Der Reiseveranstalter muss sich insoweit nur das anrechnen lassen, was er wegen der Nichterbringung der Reiseleistung erspart oder anderweit erlangt, z.B. Ersparnisse wegen Nichtinanspruchnahme von Beförderungs-, Unterbringungs- oder Verpflegungsleistungen oder Einnahmen infolge (ausnahmsweise doch noch möglicher, jedenfalls eingeschränkter) Nutzung der Kapazität, etwa anderweitige Vergabe des Hotelzimmers jedenfalls für einen Teil-Zeitraum oder des Sitzplatzes auf dem Rückflug. Das setzt aber voraus, dass die Reise völlig ausgebucht war.[24]

II. Storno-Pauschale

15 Nach Absatz 3 kann die Höhe der Entschädigung pauschaliert werden. Der Reiseveranstalter muss sich dabei sämtliche Ermäßigungen und Preisnachlässe anrechnen lassen, die ihm eingeräumt werden, z.B. Gutschriften durch Leistungsträger für entfallende Beförderung, Unterkunft, Verpflegung.[25] Die Storno-Pauschale ist nur wirksam, wenn der Prozentsatz des Reisepreises für die jeweilige Reiseart unter Berücksichtigung von ersparten Aufwendungen und anderweitigem Erwerb festgesetzt ist.[26] Die bis zum Reisebeginn verbleibende Zeit ist zu berücksichtigen. Die zeitlichen **Staffelungen**, die Nr. 5.3 ARB-DRV[27] unter Berücksichtigung der jeweiligen Reiseart vornimmt, stellen eine wirksame Grundlage für eine Pauschalierung dar. Daneben muss auch berücksichtigt werden, ob die Reise in der Haupt-, Zwischen- oder Nachsaison stattfinden soll und ob es sich gegebenenfalls um eine Last-Minute-Reise handelt.[28] Der Reiseveranstalter kann die Pauschalierung auf der Grundlage von Vorjahres-Statistiken vornehmen.[29] Als **unzulässig** eingestuft wurden Storno-Gebühren in Höhe von 100%[30], ebenso 80% bei Rücktritt 30 Tage vor Reisebeginn[31]. Bei kurzfristigem Rücktritt kann eine Storno-Gebühr in Höhe von 50% des Reisepreises zulässig sein.[32]

16 In Allgemeinen Reisebedingungen vorgesehene Pauschalierungen unterliegen daneben der Inhaltskontrolle nach Maßgabe der §§ 308 Nr. 7 lit. b und 309 Nr. 5 lit. a und b BGB.[33] Zusätzlich zu dem auch aus § 651 Abs. 3 BGB folgenden Verbot der Vereinbarung einer Pauschale, die den nach dem gewöhnlichen Lauf der Dinge zu erwartenden Schaden übersteigt (§ 309 Nr. 5 lit. a BGB), muss der Nachweis, dass überhaupt kein oder nur ein wesentlich niedriger Schaden entstanden sei, ausdrücklich gestattet sein (§ 309 Nr. 5 lit. b BGB). Erforderlich ist ein unzweideutiger, auch für einen rechtsunkundigen Reisenden ohne weiteres verständlicher Hinweis, dass ihm dieser Nachweis offensteht. Wenn er fehlt, ist die Pauschalierungsklausel unwirksam[34]. Ist die Pauschale unwirksam, ist die Höhe der Entschädigung zu schätzen, § 287 ZPO[35]; zur Schätzung kann nicht auf die übliche Stornokosten-Pauschale zurückgegriffen werden, weil das auf eine geltungserhaltende Reduktion hinausliefe[36]. Der Reiseveranstalter

---

[24] *Staudinger* in: Staudinger, § 651i Rn. 32.
[25] *Sprau* in: Palandt, § 651i Rn. 3; *Seiler* in: Erman, § 651i Rn. 6; *Eckert* in: Soergel, § 651i Rn. 15.
[26] BGH v. 26.10.1989 - VII ZR 332/88 –NJW-RR 1990, 114-115; OLG Frankfurt v. 17.12.1981 - 6 U 26/81 - NJW 1982, 2198-2200; LG Hamburg v. 24.04.1998 - 324 O 76/98 - NJW 1998, 3281-3282; LG Zweibrücken v. 06.02.2007 - 3 S 103/06; *Sprau* in: Palandt, § 651i Rn. 4; *Seiler* in: Erman, § 651i Rn. 6.
[27] Konditionenempfehlung 2010 des Deutschen Reise-Verbandes e.V.
[28] BGH v. 30.11.1972 - VII ZR 239/71 - BGHZ 60, 14-22; *Eckert* in: Soergel, § 651i Rn. 15.
[29] *Eckert* in: Soergel, § 651i Rn. 15.
[30] BGH v. 25.10.1984 - VII ZR 11/84 - LM Nr. 5 zu § 11 Ziff. 5 AGBG; OLG Celle v. 28.09.1994 - 11 U 223/93 - RRa 1995, 52-53; OLG Nürnberg v. 20.07.1999 - 3 U 1559/99 - NJW 1999, 3128.
[31] BGH v. 26.10.1989 - VII ZR 332/88 - NJW-RR 1990, 114-115.
[32] OLG Frankfurt v. 17.12.1981 - 6 U 26/81 - NJW 1982, 2198-2200; OLG Nürnberg v. 20.07.1999 - 3 U 1559/99 - NJW 1999, 3128.
[33] BGH v. 26.10.1989 - VII ZR 332/88 – NJW-RR 1990, 114-114; BGH v. 09.07.1992 - VII ZR 6/92 – NJW 1992, 3136-3164; OLG Frankfurt v. 17.12.1981 - 6 U 26/81 - NJW 1982, 2198-2200; *Sprau* in: Palandt, § 651i Rn. 4; *Tonner* in: MünchKomm-BGB, § 651i Rn. 20; *Führich*, Reiserecht, 6. Aufl. 2010, Rn. 523.
[34] Vgl. dazu *Grüneberg* in: Palandt, § 309 Rn. 30; vgl. dazu die identische Rechtslage nach dem zuvor geltenden AGBG.
[35] OLG Celle v. 28.09.1994 - 11 U 223/93 - RRa 1995, 52-53; LG Frankfurt v. 22.02.1988 - 2/24 S 348/86 - NJW-RR 1988, 635-636; *Sprau* in: Palandt, § 651i Rn. 4: der den gesetzlichen Richtlinien entsprechende Prozentsatz.
[36] AG Bad Homburg v. 10.04.2003 - 2 C 1901/02 - RRa 2003, 119-120: keine geltungserhaltende Reduktion.

kann sich in seinen Allgemeinen Reisebedingungen (ARB) ein **Wahlrecht** zwischen der Pauschale (Absatz 3) und der konkreten Berechnung (Absatz 2) vorbehalten.[37]

III. Reiserücktrittskosten-Versicherung

Der Reisende kann sich durch eine **Reiserücktrittskosten-Versicherung** absichern. Der Versicherungsumfang ist in Allgemeinen Versicherungsbedingungen geregelt. Zum einen gibt es die Allgemeinen Bedingungen für die Reise-Rücktrittskostenversicherung (ABRV) in einer seit 1994 geltenden Fassung. Zum anderen verwenden zwei große Spezialversicherer seit 2002 Allgemeine Bedingungen der Reiserücktrittskosten-Versicherung (AVB-RR 02), die nicht nur formulierungsmäßig, sondern auch teilweise sachlich von den ABRV abweichen. Das gilt etwa für den – offensichtlich auf den Ereignissen des 11.09.2001 beruhenden – §§ 3 Nr. 2 AVB-RR: 17
„Kein Versicherungsschutz besteht (…), sofern die Krankheit den Umständen nach als eine psychische Reaktion auf einen Terrorakt, ein Flugunglück oder aufgrund der Befürchtung von inneren Unruhen, Kriegsereignissen oder Terrorakten aufgetreten ist."

Nach den ABRV ist die Reise-Rücktrittskostenversicherung (§ 1 Nr. 1a ABRV) mit einer Reiseabbruchversicherung (§ 1 Nr. 1b ABRV) verbunden. Hingegen handelt es sich nach den AVB-RR um eine reine Reiserücktrittskosten-Versicherung; ihre Ergänzung durch eine Reiseabbruchversicherung bedarf gesonderter – formularmäßig angebotener – Vereinbarung im Versicherungsschein (2. Alternative – Art. 3 AVB-RR). Um einen Reiserücktritt handelt es sich nur bei einer vor Reiseantritt erfolgenden Stornierung.[38] Nach Reiseantritt stellt eine vorzeitige Beendigung der Reise einen Reiseabbruch dar. 18

Versicherungsschutz besteht[39] insbesondere dann, wenn die planmäßige Durchführung der Reise nicht zumutbar ist, weil die versicherte Person selbst oder eine Risikoperson (Angehöriger, Lebenspartner o.Ä. der versicherten Person) während der Dauer des Versicherungsschutzes vom Tod, einer schweren Unfallverletzung, einer „unerwarteten schweren Erkrankung" (§ 1 Nr. 2a ABRV) bzw. einer „unerwartet schweren Erkrankung" (§ 2 Nr. 1 AVB-RR 02), einer Impfunverträglichkeit, einer unerwarteten betriebsbedingten Kündigung des Arbeitsplatzes durch den Arbeitgeber oder auch der unerwarteten Aufnahme eines Arbeitsverhältnisses (§ 2 Nr. 1 ABV-RR 02) betroffen wird.[40] 19

Eine **unerwartet schwere Erkrankung** liegt nur dann vor, wenn ihr Auftreten bei Abschluss der Versicherung nicht vorhersehbar war. 20

Das ist etwa dann der Fall, wenn bei einem an sich gesunden Menschen nach dem Abschluss der Versicherung überraschend Krankheitssymptome in so hohem Maße auftreten, dass ein Reiseantritt objektiv unzumutbar ist.[41] 21

Die schwere Erkrankung darf folglich erst nach Abschluss der Versicherung zutage getreten sein.[42] Darüber hinaus besteht auch dann kein Versicherungsschutz, wenn die schwere Erkrankung bereits vor Reisebeginn angelegt war und vom Reisenden vor der Buchung ohne weiteres hätte erkannt werden können.[43] Bei einer phasenweise in ein akutes Stadium tretenden Erkrankung, bei der jederzeit mit einem neuen „Schub" gerechnet werden muss, ist ein erneutes akutes Auftreten nicht unerwartet.[44] Das gilt auch für einen Rückfall eines seit einem halben Jahr abstinenten alkoholkranken Versicherungsnehmers.[45] 22

Die Voraussehbarkeit einer schweren Erkrankung (= sie ist nicht unerwartet) ist bereits dann zu bejahen, wenn der Reisende nicht verlässlich mit der planmäßigen Durchführung der Reise rechnen kann. 23

---

[37] BGH v. 26.10.1989 - VII ZR 332/88 – NJW-RR 1990, 114-115; OLG München v. 11.12.1986 - 29 U 3080/86 - NJW-RR 1987, 493-494; *Sprau* in: Palandt, § 651i Rn. 4; *Führich*, Reiserecht, 6. Aufl. 2010, Rn. 520.

[38] OLG Dresden v. 28.08.2001 – 3 U 1338/01 - NJW-RR 2001, 1601-1611; AG München v. 19.08.2002 - 251 C 17010/02 - RRa 2003, 91-92.

[39] OLG Dresden v. 28.08.2001 - 3 U 1338/01 - NJW-RR 2001, 1610-1611: Koma und 2 Tage später Eintritt des Todes der Schwiegermutter.

[40] *Staudinger* in: Staudinger, § 651i Rn. 67.

[41] LG München I v. 30.03.2000 - 12 O 19386/99 - NJW-RR 2001, 529-530, AG Melsungen v. 09.10.2003 - 4 C 45/03 (70), 4 C 45/03 - RRa 2004, 92-93.

[42] AG Prüm v. 15.10.2003 - 6 C 90/03 - RRa 2004, 141-142: Bandscheibenschaden mit Ischiasbeschwerden.

[43] AG München v. 26.02.1997 - 282 C 29978/96 - RRa 1997, 188-189: empfohlene Impfungen können wegen Schwangerschaft nicht durchgeführt werden; AG Sinsheim v. 15.12.1999 - 4 C 179/99 - NJW-RR 2000, 939-940: Malaria-Impfung wegen Marcumar-Behandlung nicht möglich.

[44] LG Hamburg v. 27.11.2002 - 332 S 18/02 - RRa 2003, 88-89: Wirbelsäulenerkrankung.

[45] AG Dresden v. 04.12.2003 - 111 C 11541/00 - RRa 2002, 88-89.

Die spätere Diagnose einer Krebserkrankung ist vorhersehbar (= ist nicht unerwartet), wenn der Arzt vor der Reisebuchung einen „ernsten Befund" mitteilt, der weitere Untersuchungen erforderlich mache.[46]

24 Andererseits darf der Versicherungsschutz nicht allzu sehr entwertet werden. Die schwere Erkrankung ist nicht voraussehbar (= ist unerwartet), wenn ihr Auftreten nicht wahrscheinlicher ist als ihr Nichtauftreten. Sie ist beispielsweise dann nicht voraussehbar, wenn ein Arzt dem Reisenden mitgeteilt hat, er werde zum vorgesehenen Zeitpunkt reisefähig sein[47], oder wenn der Arzt der Reisenden, deren langjährige chronische schwere Erkrankung die Reisefähigkeit noch niemals beeinträchtigt hatte, die Kurreise sogar empfohlen hat.[48]

25 War der Verdacht einer schweren Herzerkrankung entstanden, hat er sich aber einen Tag später als unberechtigt erwiesen, ist der (nachfolgende) Reiseantritt nicht unzumutbar, so dass aus diesem Grunde kein Versicherungsschutz im Rahmen der Reiserücktrittskosten-Versicherung besteht.[49]

26 Vor einer Kanada-Reise aufgrund der Anschläge des 11.09.2001 verursachte Angstgefühle in Form von Aufgeregtheit, Blutdruckerhöhung und Herzrasen als subklinische Form der Angststörung werden nicht als unerwartete schwere Erkrankung eingestuft.[50] Die Terroranschläge vom 11.09.2001 stellen eine von jedem selbst zu tragende besonders tragische Realisierung der Lebensrisiken dar.[51] Daraus zieht § 3 Nr. 2 AVB-RR nunmehr ausdrücklich die Konsequenzen.

27 Ein Reiserücktritt wegen der Befürchtung, ein mitreisender Säugling könne sich am Urlaubsort anstecken, begründet nicht die Leistungspflicht des Versicherers.[52]

28 Eine unerwartete betriebsbedingte Kündigung liegt nicht vor bei einer Kündigung während der Probezeit[53] oder beim Wegfall einer beruflich geförderten Weiterbildungsmaßnahme.[54] Eine etwaige Umdeutung der Beendigung in eine betriebsbedingte Kündigung kann nicht zu Lasten des Versicherers gehen.[55]

29 Den Versicherungsnehmer trifft die Obliegenheit, den Eintritt des Versicherungsfalls unverzüglich mitzuteilen und gleichzeitig die Reise zu stornieren sowie dem Versicherer sachdienliche Auskünfte und Nachweise zukommen zu lassen (§ 4 Nr. 1 ABRV), bzw. die Obliegenheit, die Reise unverzüglich zu stornieren und Belege bei dem Versicherer einzureichen (Satz 4 AVB-RR). Verletzt er eine dieser Obliegenheiten vorsätzlich, wird der Versicherer von der Leistungspflicht frei, es sei denn, dass die Verletzung der Obliegenheit weder für den Eintritt oder die Feststellung des Versicherungsfalles noch für die Feststellung oder den Umfang der Leistungspflicht des Versicherers ursächlich ist (§ 28 Abs. 2 und 3 VVG n.F.). Die Leistungsfreiheit setzt weiter voraus, dass der Versicherer den Versicherungsnehmer, sobald dieses möglich war, durch eine gesonderte Mitteilung in Textform auf diese Rechtsfolge hingewiesen hat (§ 28 Abs. 4 VVG n.F.). Im Fall einer grob fahrlässigen Verletzung der Obliegenheit – die Beweislast für das Nichtvorliegen einer groben Fahrlässigkeit trägt der Versicherungsnehmer – ist der Versicherer berechtigt, seine Leistung in einem der Schwere des Verschuldens des Versicherungsnehmers entsprechenden Verhältnis zu kürzen (§ 28 Abs. 2 VVG n.F.). Grobe Fahrlässigkeit liegt z.B. vor, wenn der Reisende – ohne entsprechende ärztliche Beratung – erwartet, die Reise nach Besserung des Krankheitszustandes doch noch antreten zu können.[56] Ist die Reisefähigkeit nach ärztlichem Dafürhalten zweifelhaft oder nicht eindeutig prognostizierbar, muss die Reise sofort storniert werden.[57]

---

[46] AG München v. 04.12.2003 - 121 C 30516/02 - RRa 2004, 139-141.
[47] OLG Köln v. 29.10.1990 - 5 U 8/90 - VersR 1991, 661-662: Reise nach Florida und Jamaika.
[48] AG Lichtenberg v. 23.11.2004 - 6 C 286/04 - RRa 2005, 86-87.
[49] LG München I v. 30.03.2000 - 12 O 19386/99 - NJW-RR 2001, 529-530, AG Melsungen v. 09.10.2003 - 4 C 45/03 (70), 4 C 45/03 - RRa 2004, 92-93.
[50] AG Hamburg-Blankenese v. 07.01.2004 - 508 C 340/02 - NJW-RR 2004, 757-758.
[51] AG Dresden v. 15.07.2002 - 115 C 1158/02 - RRa 2003, 92; AG Euskirchen v. 17.12.2002 - 17 C 74/02 - RRa 2003, 92; AG Melsungen v. 09.10.2003 - 4 C 45/03 - RRa 2004, 92-93; vgl. auch *Tonner* in: MünchKomm-BGB, § 651i Rn. 24a.
[52] AG Köln v. 14.05.1997 - 118 C 23/97 - RRa 1997, 188.
[53] AG München v. 08.11.2002 - 274 C 22611/02 - RRa 2003, 237-238.
[54] AG Würzburg v. 28.05.2001 - 17 C 314/01 - RRa 2002, 91.
[55] AG Lippstadt v. 07.11.2001 - 6 C 364/01 - RRa 2002, 90-91.
[56] AG Hamburg v. 26.09.2001 - 10 C 147/01 - RRa 2002, 89-90: vor Buchung in nervenärztlicher Behandlung, kurz vor Reisebeginn Aufnahme in Fachklinik.
[57] LG München I v. 06.11.2002 - 15 S 4322/02 - RRa 2003, 89-90: Bandscheibenvorfall; AG Hamburg v. 15.08.2002 - 13B C 333/01 - RRa 2003, 90-91: Bluthochdruck.

Der Reiseveranstalter muss den Reisenden über die Möglichkeit des Abschlusses einer Reiserücktritts- 30
kosten-Versicherung unterrichten (§ 6 Abs. 2 Nr. 9 BGB-InfoV). Verletzt der Reiseveranstalter seine
Informationspflicht und tritt ein Sachverhalt ein, der die Leistungspflicht des Versicherers begründet
hätte, verliert der Reiseveranstalter seinen Entschädigungsanspruch aus § 651i Abs. 2 und 3 BGB.[58]
Lediglich die eingesparte Versicherungsprämie muss der Reisende dem Reiseveranstalter erstatten. Soweit dem Reisenden ein weitergehender Schaden entsteht, erwächst ihm ein Schadensersatzanspruch
gemäß den §§ 280, 241 Abs. 2 BGB.[59] Zur Unterrichtung ist der Reiseveranstalter verpflichtet, grundsätzlich nicht das Reisebüro.[60] Sofern zwischen dem Reisebüro und dem Kunden überhaupt ein eigener
Vertrag zustande kommt, schuldet das Reisebüro dem Kunden Beratung nur bei der Auswahl der Reise,
während die davon zu trennende Durchführung der gewählten Reise mitsamt den dabei anfallenden
weiteren Aufklärungs- und Hinweispflichten Sache des Reiseveranstalters ist.[61] Etwas anderes gilt nur
dann, wenn das Reisebüro den Kunden (Reisenden) bei der Planung einer Reise berät, die nach dem
Baukastenprinzip aus Einzelleistungen verschiedener Anbieter zusammengesetzt ist. Da bei diesem
Sachverhalt nur das Reisebüro die Reiseleistungen in ihrer Gesamtheit überschauen kann, schuldet es
in diesem Fall dem Kunden (Reisenden) eine Beratung auch bezüglich der Durchführung der Reise und
damit auch eine Versicherungsberatung, wie sie ansonsten vom Reiseveranstalter geschuldet wird.[62]
Eine – in § 6 Abs. 2 Nr. 9 BGB-InfoV nicht aufgeführte – Verpflichtung zum Hinweis auf die Möglichkeit des Abschlusses einer Reiseabbruchversicherung besteht nicht[63], auch nicht bezogen auf die
nach den AVB-RR bestehende Möglichkeit der Erweiterung einer Reiserücktrittskosten-Versicherung
des Versicherungsschutzes um eine Reiseabbruchversicherung.

D. Prozessuale Hinweise

Der Reisende trägt die **Darlegungs- und Beweislast** für den Zugang und für den Zeitpunkt des Zu- 31
gangs der Kündigungserklärung. Soweit der Veranstalter eine Vergütung verlangt, muss er die Voraussetzungen dieses Anspruchs beweisen. Er muss alle nach Absatz 2 Sätze 2 und 3 relevanten Tatsachen
vortragen und beweisen.[64] Dazu gehören auch die Darlegung und der Nachweis, dass er keine höheren
Aufwendungen erspart hat und dass keine anderweitige Verwendung der Reiseleistung möglich war.[65]
Bestreitet der Reisende mit hinreichender Substanz[66] die Angemessenheit einer Entschädigungs-Pau- 32
schale, muss der Veranstalter sämtliche nach Absatz 3 ausschlaggebenden Kriterien beweisen.[67] Gegebenenfalls hat der Veranstalter seine betriebswirtschaftlichen Kalkulationsgrundlagen, wie Vorjahres-Statistiken oder Verträge mit Leistungsträgern, offenzulegen.[68] Behauptet der Reisende bei Vereinbarung einer Entschädigungs-Pauschale, dem Veranstalter sei tatsächlich ein geringerer Schaden entstanden (§ 309 Nr. 5 lit. b BGB), ist der Reisende dafür beweispflichtig.[69]

---

[58] *Bidinger/Müller*, Reisevertragsrecht, 2. Aufl. 1995, S. 220; *Seiler* in: Erman, § 651i Rn. 10; *Tonner* in: MünchKomm-BGB, § 651i Rn. 25; *Staudinger* in: Staudinger, § 651i Rn. 84.

[59] *Seiler* in: Erman, § 651i Rn. 10; *Staudinger* in: Staudinger, § 651i Rn. 84.

[60] BGH v. 25.04.2006 - X ZR 198/04 - juris Rn. 10 - NJW 2006, 2321-2323.

[61] BGH v. 25.04.2006 - X ZR 198/04 - juris Rn. 10 - NJW 2006, 2321-2323; BGH v. 25.07.2006 - X ZR 182/05 - juris Rn. 12 - NJW 2006, 3137-3139.

[62] BGH v. 25.07.2006 - X ZR 182/05 - juris Rn. 12 - NJW 2006, 3137-3139.

[63] BGH v. 25.07.2006 - X ZR 182/05 - juris Rn. 20 und 22 - NJW 2006, 3137-3139.

[64] *Baumgärtel/Laumen*, Handbuch der Beweislast im Privatrecht, § 651i Rn. 1, 2; *Bartl*, Reiserecht, 2. Aufl. 1981, Rn. 205; *Sprau* in: Palandt, § 651i Rn. 3; *Eckert* in: Soergel, § 651i Rn. 18; *Tonner* in: MünchKomm-BGB, § 651i Rn. 29; *Staudinger* in: Staudinger, § 651i Rn. 94-97.

[65] BGH v. 26.10.1989 - VII ZR 332/88 - NJW-RR 1990, 114-115.

[66] LG Zweibrücken v. 06.02.2007 - 3 S 103/06.

[67] BT-Drs. 8/2343, S. 12; BGH v. 26.10.1989 - VII ZR 332/88 - NJW-RR 1990, 114-115; *Baumgärtel/Laumen*, Handbuch der Beweislast im Privatrecht, § 651i Rn. 4.

[68] BGH v. 21.12.1995 - VII ZR 198/94 - BGHZ 131, 362-367; *Eckert* in: Soergel, § 651i Rn. 18; *Führich*, Reiserecht, 6. Aufl. 2010, Rn. 529 unter den Ziffern 2 und 3.

[69] BGH v. 26.10.1989 - VII ZR 332/88 - NJW-RR 1990, 114-115; OLG Frankfurt v. 17.12.1981 - 6 U 26/81 - NJW 1982, 2198-2200; *Tonner* in: MünchKomm-BGB, § 651i Rn. 16; *Pick*, Reiserecht, 1995, § 651i Rn. 164; *Führich*, Reiserecht, 6. Aufl. 2010, Rn. 529 unter Ziffer 4; *Eckert* in: Soergel, § 651i Rn. 18.

§ 651j BGB Kündigung wegen höherer Gewalt

(Fassung vom 02.01.2002, gültig ab 01.01.2002)

(1) Wird die Reise infolge bei Vertragsabschluss nicht voraussehbarer höherer Gewalt erheblich erschwert, gefährdet oder beeinträchtigt, so können sowohl der Reiseveranstalter als auch der Reisende den Vertrag allein nach Maßgabe dieser Vorschrift kündigen.

(2) ¹Wird der Vertrag nach Absatz 1 gekündigt, so finden die Vorschriften des des § 651e Abs. 3 Satz 1 und 2, Abs. 4 Satz 1 Anwendung. ²Die Mehrkosten für die Rückbeförderung sind von den Parteien je zur Hälfte zu tragen. ³Im Übrigen fallen die Mehrkosten dem Reisenden zur Last.

Gliederung

A. Grundlagen 1	II. Erhebliche Auswirkungen auf die Reise 15
I. Kurzcharakteristik 1	III. Kündigungserklärung 16
II. Anwendbarkeit 2	C. Rechtsfolgen der Kündigung 17
B. Anwendungsvoraussetzungen 8	D. Prozessuale Hinweise 20
I. Höhere Gewalt 8	

A. Grundlagen

I. Kurzcharakteristik

1   Die Beeinträchtigung von Reisen durch Naturereignisse, durch politische Unruhen oder im Zusammenhang mit terroristischen Anschlägen ist von einiger Bedeutung für die Praxis. Störungen der Reise durch höhere Gewalt können weder dem Veranstalter noch dem Reisenden zugerechnet werden, so dass § 651j Abs. 1 BGB im Sinne einer gleichmäßigen Risikoverteilung beiden Vertragsparteien ein unabdingbares (§ 651m BGB) Kündigungsrecht **vor und nach Reiseantritt** gewährt. § 651j Abs. 1 BGB ist die einzige reiserechtliche Vorschrift, die dem Reiseveranstalter ein Kündigungsrecht gewährt. Hingegen kann sich ein Kündigungsrecht des Reisenden nicht nur aus § 651j Abs. 1 BGB, sondern (u.a.) auch aus § 651e Abs. 1 Satz 1 BGB ergeben; vor Reisebeginn besteht außerdem ein Rücktrittsrecht des Reisenden gemäß § 651i BGB. Die Rechtsfolgen sind für den Reisenden bei einer Kündigung nach § 651j BGB im Ergebnis ungünstiger als bei einer Kündigung nach § 651e BGB, aber besser als bei einem Rücktritt nach § 651i BGB.[1] Kann der Reiseveranstalter, den eine Erkundigungspflicht trifft, vor Reiseantritt erkennen, dass (auch) dem Reisenden ein Kündigungsrecht wegen höherer Gewalt zusteht, muss er den Reisenden umfassend orientieren.[2]

II. Anwendbarkeit

2   § 651j BGB ist ein **Sonderfall** des Rechtsinstituts **Wegfall der Geschäftsgrundlage**[3] und schließt in seinem Anwendungsbereich die Anwendung des § 313 BGB aus.[4] Es erscheint gerechtfertigt, § 651j BGB auch dann für anwendbar zu halten, wenn die höhere Gewalt sogar zur Unmöglichkeit der Durchführung der Reise führt. In diesem Falle dürfte § 651j BGB als Sonderregelung § 326 BGB grundsätzlich verdrängen.[5]

3   § 651j BGB geht als Spezialbestimmung § 651i BGB vor, der keine Rücktrittsgründe erfordert.[6] Lässt der Reisende den Beendigungstatbestand offen, gilt das **Prinzip der Meistbegünstigung**, d.h. der für

---

[1] *Eckert* in: Soergel, § 651j Rn. 1.
[2] *Führich*, RRa 2003, 50-57.
[3] BT-Drs. 8/786, S. 21; BT-Drs. 8/2343, S. 12; BGH v. 23.11.1989 - VII ZR 60/89 - BGHZ 109, 224-230; *Recken* in: BGB-RGRK, § 651j Rn. 1; *Tonner* in: MünchKomm-BGB, § 651j Rn. 1 und 6; *Führich*, Reiserecht, 6. Aufl. 2010, Rn. 530 (unter 1).
[4] *Staudinger* in: Staudinger, § 651j Rn. 4, 14.
[5] *Staudinger* in: Staudinger, § 651j Rn. 11; *Eckert* in: Soergel, § 651j Rn. 3; *Führich*, RRa 2005, 50-53.
[6] *Bartl*, Reiserecht, 2. Aufl. 1981, Rn. 164; *Seiler* in: Erman, § 651i Rn. 3, § 651j Rn. 8; *Eckert* in: Soergel, § 651j Rn. 2; *Pick*, Reiserecht, 1995, § 651j Rn. 13; *Führich*, Reiserecht, 6. Aufl. 2010, Rn. 533a.

den Reisenden günstigste Beendigungstatbestand ist maßgeblich.[7] Da die Kündigung nach § 651j BGB für den Reisenden bei Vorliegen höherer Gewalt die günstigeren Rechtsfolgen auslöst als der Rücktritt nach § 651i BGB (Storno-Gebühren!), ist im Zweifel von einer Kündigung nach § 651j BGB auszugehen.[8]

Die Anwendungsbereiche der §§ 651e und 651j BGB sind klar getrennt und voneinander abgegrenzt. § 651j Abs. 1 BGB besagt seit der im Jahre 1994 erfolgten Gesetzesänderung ausdrücklich, dass im Falle der erheblichen Erschwerung, Gefährdung oder Beeinträchtigung der Reise infolge bei Vertragsschluss nicht voraussehbarer höherer Gewalt sowohl der Reiseveranstalter als auch der Reisende den Reisevertrag **allein** nach Maßgabe des § 651j BGB kündigen können. Aufgrund dieser Gesetzesänderung ist die frühere Rechtsprechung[9] überholt und kann nicht mehr herangezogen werden. Nunmehr sind die Regelungen des Kündigungsrechtes und der Kündigungsfolgen wie folgt abgegrenzt:

- Im Falle der Kündigung des Reisevertrages wegen einer Beeinträchtigung der Reise infolge einer bei Vertragsschluss nicht voraussehbaren höheren Gewalt findet, wie sich schon aus seinem (nunmehrigen) Wortlaut ergibt, allein § 651j BGB Anwendung. § 651e BGB findet auch dann keine Anwendung, wenn die bei Abschluss des Reisevertrages nicht voraussehbare höhere Gewalt zu Reisemängeln im Sinne des § 651c Abs. 1 BGB führt.[10]
- Wird der Reisevertrag hingegen wegen einer Beeinträchtigung der Reise durch einen bei Vertragsschluss voraussehbaren oder nicht auf betriebsfremden Ursachen beruhenden Umstand gekündigt, ist ausschließlich § 651e BGB anwendbar.

Wird ein Reisevertrag im Falle der Beeinträchtigung der Reise durch eine bei seinem Abschluss nicht voraussehbare höhere Gewalt von keiner Vertragspartei gekündigt, findet § 651j BGB keine Anwendung und verdrängt auch nicht andere Vorschriften, auch nicht die §§ 651c, d, e und f BGB.[11] Insbesondere steht dem Reisenden der verschuldensunabhängige Minderungsanspruch aus § 651d BGB zu. Ein Schadensersatzanspruch des Reisenden aus § 651f BGB scheidet hingegen grundsätzlich deshalb aus, weil der Reiseveranstalter eine bei Vertragsschluss nicht voraussehbare höhere Gewalt nicht zu vertreten hat, und kommt nur ausnahmsweise in Betracht, wenn

- ein vom Reiseveranstalter zu vertretender Umstand, der von der höheren Gewalt unabhängig ist, noch zu einer zusätzlichen Beeinträchtigung der Reise führt[12] oder
- der Reiseveranstalter die (zu erwartende) Beeinträchtigung der Reise durch eine bei Abschluss des Reisevertrages (noch) nicht voraussehbare höhere Gewalt im Zeitpunkt des Reiseantritts kennt oder kennen muss, dem Reisenden aber gleichwohl nicht mitteilt, durch diese schuldhafte Verletzung seiner Erkundigungs- und Hinweispflicht den Reisenden an der Ausübung des diesem zustehenden Kündigungsrechtes vor Reiseantritt hindert und dadurch seine Schadensersatzpflicht nach § 651f BGB begründet[13].

Eine solche Schadensersatzpflicht des Reiseveranstalters besteht – für die Zeit bis zur Kündigung und (vor allem) in Bezug auf die Beförderungskosten – auch dann, wenn der Reisende in dem zuletzt dargestellten Fall nach Ankunft im Zielgebiet sein aus § 651j Abs. 1 BGB folgendes Kündigungsrecht ausübt und zurückreist; Hin- und Rückreisekosten sowie für die Hin- und Rückreise und die Wartezeit

---

[7] *Seiler* in: Erman, § 651i Rn. 3, § 651j Rn. 8; *Staudinger* in: Staudinger, § 651j Rn. 6; *Führich*, Reiserecht, 6. Aufl. 2010, Rn. 533a.
[8] *Staudinger* in: Staudinger, § 651j Rn. 6.
[9] Überholt sind etwa die Urteile des BGH v. 12.07.1990 - VII ZR 362/89 - NJW-RR 1990, 1334-1335 und v. 23.09.1990 - VII ZR 301/81 - BGHZ 85, 50 ff. und des OLG Köln v. 18.03.1992 - 16 U 136/91 - NJW-RR 1992, 1014-1017; vgl. etwa *Tonner* in: MünchKomm-BGH, § 651j Rn. 1 und 22; *Staudinger* in: Staudinger, 651e Rn. 3 und § 651j Rn. 3 und 7; *Führich*, Reiserecht, 6. Aufl. 2010, Rn. 534.
[10] *Eckert* in: Soergel, § 651j Rn. 2; *Tonner* in: MünchKomm-BGB, § 651j Rn. 18; *Staudinger* in: Staudinger, § 651e Rn. 3 und § 651j Rn. 3; *Führich*, Reiserecht, 6. Aufl. 2010, Rn. 534.
[11] *Eckert* in: Soergel, § 651j Rn. 2; *Staudinger* in: Staudinger, § 651j Rn. 9.
[12] *Eckert* in: Soergel, § 651j Rn. 2; *Staudinger* in: Staudinger, § 651j Rn. 10.
[13] BGH v. 15.10.2002 - X ZR 147/01 - NJW 2002, 3700-3701: Hurrikan „George"; OLG Köln v. 18.03.1992 - 16 U 136/91 - NJW-RR 1992, 1014-1017; OLG Frankfurt v. 31.05.2001 - 16 U 164/00 - RRa 2001, 178-180; AG Hamburg v. 13.10.1998 - 21b C 313/98 - RRa 2000, 104; Umweltbeobachtungspflicht des Veranstalters bei Smog in Burnei und auf Borneo; *Eckert* in: Soergel, § 651j Rn. 2; *Staudinger* in: Staudinger, § 651j Rn. 10; *Führich*, Reiserecht, 6. Aufl. 2010, Rn. 536 (unter 2).

§ 651j

nutzlos aufgewendete Urlaubszeit beruhen darauf, dass der Reiseveranstalter seine Erkundigungs- und Hinweispflicht[14] (vor Reiseantritt) schuldhaft verletzt hat.

7 Diese Erkundigungs- und Hinweispflicht obliegt dem Reiseveranstalter, damit der Reisende, der ein Recht zur Kündigung des Reisevertrages wegen – nach Vertragsschluss, aber vor Reiseantritt aufgetretener (und erkennbar gewordener) – höherer Gewalt hat und ausüben möchte, die Kündigung möglichst vor Reiseantritt aussprechen kann und nicht erst an das Urlaubsziel reist, dort die Auswirkungen der höheren Gewalt wahrnimmt und alsbald zurückkehrt. Darüber hinaus soll der Reisende (möglichst noch vor der Abreise) in Kenntnis des wahren Sachverhaltes eigenverantwortlich entscheiden können, ob er sich einer etwaigen Gefährdung oder Beeinträchtigung aussetzen oder dieses durch die Ausübung seines Kündigungsrechtes vermeiden möchte[15]. Letztlich dient diese Verpflichtung des Reiseveranstalters zur Informationsbeschaffung (Erkundigung) und Informationsweitergabe (Erteilung von Hinweisen)[16] daher auch dem Schutz des Reisenden davor, sich unwissentlich und unwillentlich einer (für den Reiseveranstalter vor Reiseantritt erkennbaren) Gefährdung oder Beeinträchtigung auszusetzen.

B. Anwendungsvoraussetzungen

I. Höhere Gewalt

8 Höhere Gewalt liegt vor bei einem von außen kommenden, in keinem betrieblichen Zusammenhang stehenden Ereignis, das auch durch äußerste Sorgfalt nicht abzuwenden ist und im Zeitpunkt des Vertragsabschlusses nicht voraussehbar war (dieses Tatbestandsmerkmal hat mithin in § 651j Abs. 1 BGB doppelten Ausdruck gefunden), also in der Zeit zwischen dem Vertragsschluss und der Kündigung in Erscheinung getreten ist.[17] Nach dem Wortlaut des Art. 4 Abs. 6 der EG-Pauschalreise-Richtlinie (RL 90/314/EWG) muss das Ereignis nicht von außen kommen; es genügt ein unvorhersehbares, nicht vermeidbares Ereignis. § 651j BGB stellt den Reisenden aufgrund der engeren Tatbestandsvoraussetzungen besser als es nach der Richtlinie erforderlich wäre. Diese Besserstellung des Reisenden als Verbraucher durch den Gesetzgeber wird von Art. 8 EG-Pauschalreise-Richtlinie, der bewusst nur einen Mindeststandard vorschreibt, ausdrücklich gebilligt.[18]

9 Unter den Begriff „höhere Gewalt" fallen schwerwiegende, **nicht voraussehbare** Ereignisse wie Krieg, innere Unruhen, Epidemien oder Naturkatastrophen[19] sowie hoheitliche Anordnungen oder auch Terrordrohungen[20]. Entscheidend sind die Umstände des Einzelfalls. Höhere Gewalt wurde bejaht bei Wirbelstürmen[21], einer Vulkanaschewolke,[22] ausgedehnten Wald- und Torfbränden[23] im Reisegebiet, dem Reaktorunfall in Tschernobyl[24], bei Cholera- oder Pestepidemien[25], bei Erdbeben, nicht aber

---

[14] BGH v. 15.10.2002 - X ZR 147/01 - NJW 2002, 3700-3701: Hurrikan „George"; *Führich*, RRa 2003, 50-57.
[15] Vgl. *Tonner*, NJW 2003, 2783-2787.
[16] BGH v. 15.10.2002 - X ZR 147/01 - NJW 2002, 3700-3701.
[17] BGH v. 12.03.1987 - VII ZR 172/86 - BGHZ 100, 185-190; *Seiler* in: Erman, § 651j Rn. 3; *Eckert* in: Soergel, § 651j Rn. 8; *Tonner* in: MünchKomm-BGB, § 651j Rn. 5 und 10; *Tonner*, NJW 2003, 2783-2787; *Führich*, Reiserecht, 6. Aufl. 2010, Rn. 537 und 545.
[18] *Bidinger/Müller*, Reisevertragsrecht, 2. Aufl. 1995, S. 223; *Seyderhelm*, Reiserecht, 1997, § 651j Rn. 12; *Eckert* in: Soergel, § 651j Rn. 4; *Staudinger* in: Staudinger, § 651j Rn. 17; *Führich*, Reiserecht, 6. Aufl. 2010, Rn. 537.
[19] BT-Drs. 8/2343, S. 12.
[20] *Führich*, BB 1991, 493-495; *Seiler* in: Erman, § 651j Rn. 4; *Eckert* in: Soergel, § 651j Rn. 5; *Tonner* in: MünchKomm-BGB, § 651j Rn. 7.
[21] BGH v. 23.09.1982 - VII ZR 301/81 - BGHZ 85, 50-61: Mauritiusfall – Zyklon „Claudette"; BGH v. 12.07.1990 - VII ZR 362/89 –NJW-RR 1990, 1334-1335: Hurrikan „Gilbert"; Hurrikan „George": BGH v. 15.10.2002 - X ZR 147/01 - NJW 2002, 3700-3701: Hinweispflicht des Veranstalters bei ergangener Vorwarnung in Nacht vor Abflug schon ab Eintreff-Wahrscheinlichkeit von 1:4; LG Frankfurt v. 05.11.1999 - 2/21 O 61/99 - RRa 2000, 118-120; LG Kleve v. 21.01.2000 - 6 S 305/99 - RRa 2000, 99-101; AG Bad Homburg v. 08.09.2000 - 2 C 1120/00 - RRa 2000, 208-209.
[22] LG Frankfurt v. 12.09.2011 - 2-24 O 99/11 - juris Rn. 34.
[23] AG Weisenfels v. 18.05.2011 - 1 C 626/10 - juris Rn. 15.
[24] BGH v. 23.11.1989 - VII ZR 60/89 - BGHZ 109, 224-230.
[25] AG Königstein v. 11.10.1995 - 21 C 84/95 - RRa 1996, 32-33: Pest in Indien; AG Bad Homburg v. 02.09.1992 - 2 C 1451/92 - 18 - VuR 1992, 313-315: Cholera in Peru.

bei Angst vor Nachbeben[26], bei einem Erdrutsch[27], einer Algenpest[28], bei Blitzeinschlag[29]. Wetter- oder umweltbedingte Störungen, die zum allgemeinen Lebensrisiko zählen, stellen keine höhere Gewalt dar. Eine Ausnahme gilt z.B. dann, wenn infolge extremer Schneefälle das gesamte öffentliche Leben und die Versorgung zum Erliegen kommen.[30]

Bei Bürgerkriegen und inneren Unruhen spielt das Kriterium der **Vorhersehbarkeit** eine entscheidende Rolle. Soweit mit einer negativen Entwicklung der Krise zu rechnen war, liegt keine höhere Gewalt vor. Demzufolge sind langanhaltende allgemeine politische Krisen nicht unvorhersehbar. Der Bürgerkrieg auf Sri Lanka wurde zunächst[31] als höhere Gewalt eingestuft, mit zunehmender Zeitdauer aber nicht mehr[32]. Die politischen Unruhen in China im Sommer 1989 waren höhere Gewalt in Bezug auf eine im Juli 1989 gebuchte Reise[33], nicht jedoch für eine Reise[34], die erst gebucht wurde, als sich die kritische Lage bereits deutlich abzeichnete. Der Golfkrieg 1991 berechtigte nach § 651j BGB zur Kündigung von Reisen nach Ägypten[35], nicht aber in die Türkei[36]. Die Kündigung eines eine Reise in das seinerzeitige Jugoslawien betreffenden Reisevertrages wegen höherer Gewalt einen Tag nach der kroatischen Unabhängigkeitserklärung wurde für zulässig erachtet[37], nicht dagegen die Kündigung eines eine Flugreise nach und durch Ägypten betreffenden Reisevertrages wegen der durch Terrorgruppen islamischer Fundamentalisten ausgelösten Unruhen in Ägypten[38]. **Vereinzelte terroristische Anschläge** gehören zum allgemeinen Lebensrisiko und führen erst bei flächendeckenden bürgerkriegsähnlichen Unruhen zu einem Recht zur Kündigung wegen höherer Gewalt.[39] Dementsprechend wurde ein Kündigungsrecht wegen höherer Gewalt verneint bei einem Anschlag auf einen Reisebus mit deutschen Touristen in Ägypten[40], bei Terroranschlägen in der Türkei[41], der Ankündigung eines blutigen Sommers für die türkischen Touristenzentren durch die PKK[42], bei wiederholten Terroranschlägen in Ägypten[43]. Die Terroranschläge des 11.09.2001 haben in Bezug auf zwei Monate später stattfindende Reisen nach New York ein Kündigungsrecht wegen höherer Gewalt begründet[44], nicht aber in Bezug auf Reisen in die Karibik vierzehn Tage nach den Anschlägen[45]. Die Terroranschläge in Istanbul am 15. und 20.11.2003 wurden als nicht voraussehbare höhere Gewalt in Bezug auf eine vom 02.12. bis 07.12.2003 geplante Istanbul-Reise bewertet.[46] Bezüglich einer Mittelmeer-Kreuzfahrt mit Landgängen in Italien wurde für den 25.03.2003 ein Kündigungsrecht im Hinblick auf den Irak-Krieg verneint.[47] Die Terroranschläge auf Bali wurden als terroristische Akte einzelner Personen und nicht als

---

[26] AG Nürtingen v. 28.01.2001 - 16 C 1661/00 - RRa 2001, 95-96: Griechenland; LG Köln v. 28.03.2001 - 10 S 395/00 - NJW-RR 2001, 1064-1066: Mexico.
[27] LG Frankfurt v. 11.06.1990 - 2/24 S 367/89 - NJW-RR 1990, 1017-1018: Bhutan.
[28] LG Frankfurt v. 23.04.1990 - 2/24 S 141/89 - NJW-RR 1990, 761-763.
[29] LG Frankfurt v. 03.06.1991 - 2/24 S 179/90 - NJW-RR 1991, 1272.
[30] *Seyderhelm*, Reiserecht, 1997, § 651j Rn. 16; *Staudinger* in: Staudinger, § 651j Rn. 19; *Führich*, Reiserecht, 6. Aufl. 2010, Rn. 541 (unter 1 und 2).
[31] LG Frankfurt v. 04.03.1991 - 2/24 S 172/90 - NJW-RR 1991, 691-695; ebenso AG Düsseldorf v. 29.10.1991 - 48 C 7512/91 - RRa 1994, 101: Trinidad.
[32] OLG Düsseldorf v. 15.02.1990 - 18 U 225/89 - NJW-RR 1990, 573-574; OLG Düsseldorf v. 28.06.1990 - 18 U 25/90 - RRa 1994, 104; AG Düsseldorf v. 23.01.1992 - 47 C 3865/90 - RRa 1994, 101.
[33] LG Frankfurt v. 15.07.1991 - 2/24 S 302/90 - NJW-RR 1991, 1205-1206.
[34] LG Frankfurt v. 07.05.1990 - 2/21 O 457/89 - NJW-RR 1991, 314-315: Kriegsrecht verhängt.
[35] AG Stuttgart-Bad Cannstatt v. 30.09.1991 - 9 C 1193/91 - NJW-RR 1992, 312.
[36] OLG Köln v. 18.03.1992 - 16 U 136/91 - NJW-RR 1992, 1014-1017.
[37] AG Frankfurt v. 31.01.1992 - 32 C 4368/91 - NJW-RR 1992, 1017-1018.
[38] AG Ludwigsburg v. 07.05.1993 - 4 C 59/93 - NJW-RR 1994, 56-57.
[39] AG Bad Homburg v. 27.01.1994 - 2 C 4030/93 - NJW-RR 1994, 635-636: Türkei.
[40] AG Ludwigsburg v. 28.10.1993 - 2 C 2891/93 - NJW-RR 1994, 311.
[41] AG Berlin-Charlottenburg v. 11.10.1993 - 7b C 511/93 - NJW-RR 1994, 312.
[42] LG Frankfurt v. 27.03.1995 - 2/24 S 354/94 - NJW-RR 1995, 883.
[43] AG Leverkusen v. 13.08.1996 - 25 C 96/96 - NJW-RR 1997, 1204.
[44] LG Frankfurt v. 22.05.2003 - 2/24 S 239/02 - NJW 2003, 2618-2619.
[45] LG Bonn v. 23.07.2003 - 5 S 76/03 - RRa 2003, 214-215: keine konkreten Beeinträchtigungen der Reise in Dominikanische Republik zu erwarten.
[46] AG Bielefeld v. 24.02.2004 - 41 C 61/04 - NJW-RR 2004, 703-704.
[47] AG München v. 17.02.2004 - 241 C 28518/03 - NJW-RR 2004, 1355-1356.

flächendeckende Unruhen eingestuft.[48] Die Abgrenzung ist im jeweiligen Einzelfall vorzunehmen und bisweilen durchaus zweifelhaft.

11 Ein **Streik** ist nach Art. 4 VI der EG-Pauschalreise-Richtlinie höhere Gewalt, nach deren Umsetzung in § 651j BGB dagegen, weil nicht von außen kommend, grundsätzlich nicht. Der Veranstalter hat für vorhersehbare Streiks, etwa im Urlaubsland sich regelmäßig wiederholende Streiks[49] oder gar Dauerstreiks und für Streiks mit Betriebsbezug, z.B. Streiks von Leistungsträgerpersonal[50], einzustehen. Höhere Gewalt liegt nur dann vor, wenn streikbedingte Störungen von Dritten ausgehen, z.B. bei einem überraschenden Streik von Fluglotsen, Flughafenpersonal oder Pass- und Zollbeamten des Ziellandes.[51]

12 **Warnhinweise des Auswärtigen Amtes** sind ein Indiz für das Vorliegen von höherer Gewalt.[52] Dass ein Warnhinweis nicht erfolgt ist, schließt höhere Gewalt im Einzelfall aber nicht aus.[53]

13 Dasselbe dürfte für Warnungen der Weltgesundheitsorganisation (WHO) – etwa vor dem Auftreten von SARS in China- gelten. Warnhinweise der WHO sprechen also dafür, dass das Auftreten einer Epidemie in einem Land oder Erdteil höhere Gewalt darstellt. Sie können weiter dazu führen, dass die konkrete Epidemie in Zukunft – relevant für spätere Buchungen – sowohl für den Reiseveranstalter als auch für den Reisenden vorhersehbar ist.[54]

14 Ein Kündigungsrecht nach § 651j Abs. 1 BGB besteht nicht, wenn das Ergebnis, das die Reise erheblich erschwert, gefährdet oder beeinträchtigt, bereits bei Abschluss des Reisevertrages bekannt oder jedenfalls vorhersehbar war. Ein Reisender, der trotz bereits bestehender Gefährdung sehenden Auges[55] die Reise bucht, kann den Reisevertrag nicht nach § 651j Abs. 1 BGB kündigen. Ein Reiseveranstalter, der sehenden Auges die Buchung akzeptiert, kann sich nicht nach § 651j Abs. 1 BGB der Erfüllung seiner vertraglichen Pflichten entziehen, sondern muss für die vertragsgerechte Erfüllung der von ihm im Reisevertrag übernommenen Verpflichtungen einstehen.

II. Erhebliche Auswirkungen auf die Reise

15 Die Reise muss erheblich erschwert, gefährdet oder beeinträchtigt werden. Eine Differenzierung zwischen diesen drei Begriffen ist nur schwer möglich[56] und angesichts derselben Rechtsfolgen entbehrlich. Die Reise muss nicht undurchführbar sein; ihr **Nutzen** muss aber **insgesamt in Frage stehen**.[57] In Betracht kommen nur schwerwiegende persönliche Beeinträchtigungen des Reisenden am konkreten Urlaubsort etwa durch Krieg oder Naturkatastrophen. Insbesondere steht der Nutzen in Frage bei unzumutbaren polizeilichen Sicherheitsmaßnahmen oder medizinischer Quarantäne (etwa im Zusammenhang mit SARS), bei Ausgehverboten oder Hausarrest im Hotel.[58] Ein Kündigungsrecht des Reisenden wegen nicht voraussehbarer höherer Gewalt besteht schon dann, wenn mit dem Eintritt des schädigenden Ereignisses (hier: Hurrikan im Zielgebiet in der Karibik) mit erheblicher, nicht erst dann, wenn mit ihm mit überwiegender Wahrscheinlichkeit zu rechnen ist.[59]

---

[48] LG Amberg v. 11.03.2004 - 12 S 470/03 - NJW-RR 2004, 1140.
[49] BT-Drs. 8/2343, S. 12; *Seiler* in: Erman, § 651j Rn. 4; *Eckert* in: Soergel, § 651j Rn. 7; *Führich*, Reiserecht, 6. Aufl. 2010, Rn. 542.
[50] BT-Drs. 8/2343, S. 12; LG Frankfurt v. 14.04.1980 - 2/24 S 258/79 - NJW 1980, 1696-1697; *Recken* in: BGB-RGRK, § 651j Rn. 5; *Derleder* in: Wassermann, Kommentar zum Bürgerlichen Gesetzbuch, § 651j Rn. 2; *Sprau* in: Palandt, § 651j Rn. 3; *Eckert* in: Soergel, § 651j Rn. 7; *Tonner* in: MünchKomm-BGB, § 651j Rn. 8; *Führich*, Reiserecht, 6. Aufl. 2010, Rn. 542.
[51] LG Frankfurt v. 04.03.1991 - 2/24 S 172/90 - NJW-RR 1991, 691-695; LG Hannover v. 30.03.1989 - 3 S 451/88 - NJW-RR 1989, 820-821; *Eckert* in: Soergel, § 651j Rn. 7; *Führich*, Reiserecht, 6. Aufl. 2010, Rn. 542.
[52] AG Frankfurt v. 05.07.1994 - 32 C 4890/93 - 40 - RRa 1994, 151-152; *Staudinger* in: Staudinger, § 651j Rn. 20; *Führich*, Reiserecht, 6. Aufl. 2010, Rn. 556.
[53] AG Augsburg v. 09.11.2004 - 14 C 4608/03 - RRa 2005, 84-86; *Eckert* in: Soergel, § 651j Rn. 8; *Tonner*, NJW 2003, 2783-2787; *Führich*, RRa 2003, 50-57.
[54] Vgl. dazu *Führich*, VersR 2004, 445-449.
[55] *Tonner*, NJW 2003, 2783-2787.
[56] A.A. *Tonner*, NJW 2003, 2783-2787.
[57] *Sprau* in: Palandt, § 651j Rn. 2.
[58] Vgl. dazu *Führich*, VersR 2004, 445-449.
[59] BGH v. 15.10.2002 - X ZR 147/01 - NJW 2002, 3700-3701; *Tonner*, NJW 2003, 2783-2787; *Führich*, RRa 2003, 50-57.

III. Kündigungserklärung

Die Kündigungserklärung ist eine empfangsbedürftige Willenserklärung, die mit Zugang wirksam wird. Eine bestimmte Form oder eine Begründung ist nicht erforderlich, auch nicht die Angabe, dass der Reisevertrag wegen höherer Gewalt gekündigt werde.[60] Die Kündigung kann ausdrücklich oder konkludent erklärt werden, z.B. durch Rückforderung des Reisepreises[61], die Nichtteilnahme an der Rückreise per Bus[62], das Verlangen der Reisenden nach sofortiger Rückreise[63] oder die Aufforderung des Reiseveranstalters an den Reisenden, den Rückflug anzutreten[64].

C. Rechtsfolgen der Kündigung

§ 651j Abs. 2 Satz 1 BGB verweist auf § 651e Abs. 3 Sätze 1 und 2, Abs. 4 Satz 1 BGB. Danach verliert der Reiseveranstalter seinen Anspruch auf den Reisepreis und erhält nach § 638 Abs. 3 BGB einen Anspruch auf **Entschädigung** für bereits erbrachte oder noch zu erbringende Reiseleistungen. Darunter fallen nur Reiseleistungen, die auf dem Reisevertrag beruhen. Bei Kündigung vor Reisebeginn hat der Veranstalter noch keine Reiseleistungen erbracht, die im Reisevertrag wurzeln. Ein Entschädigungsanspruch des Reiseveranstalters entsteht also (nur) im Falle einer Kündigung nach Reiseantritt. Abweichend von der Regelung des § 651e Abs. 3 Satz 3 BGB besteht dieser Anspruch im Falle der Kündigung des Reisevertrages wegen höherer Gewalt auch dann, wenn die erbrachten Leistungen für den Reisenden ohne Interesse sind; auf § 651e Abs. 3 Satz 3 BGB verweist § 651j Abs. 2 Satz 1 BGB gerade nicht.[65]

Der Veranstalter bleibt, soweit vom ursprünglichen Reisevertrag vorgesehen, zur **Rückbeförderung** verpflichtet. Abweichend von § 651e Abs. 4 Satz 2 BGB tragen bei einer Kündigung wegen höherer Gewalt die Parteien die Mehrkosten für die Rückbeförderung je zur Hälfte, unabhängig davon, wer die Kündigung erklärt. Die übrigen **Mehrkosten** hat der Reisende zu tragen.

§ 651j BGB sieht keine Beteiligung des Reisenden an Investitionen des Veranstalters vor, die für diesen infolge der Kündigung nutzlos geworden sind, wie z.B. vom Veranstalter an die Leistungsträger zu zahlende Storno-Kosten. Entgegen der gesetzlichen Regelung hat der BGH in der sog. Tschernobyl-Entscheidung dem Reiseveranstalter einen **hälftigen Ausgleichsanspruch** gegen den Reisenden nach den Grundsätzen des Wegfalls der Geschäftsgrundlage zuerkannt.[66] Diese Entscheidung erscheint problematisch, da § 651j BGB Reisestörungen infolge höherer Gewalt abschließend regelt und eine davon abweichende Kostenverteilung über die allgemeinen Grundsätze des Wegfalls der Geschäftsgrundlage (seinerzeit § 242 BGB – jetzt: wegen Störung der Geschäftsgrundlage § 313 BGB n.F.) ausschließt.[67] Im Übrigen dürfte die Entscheidung den Grundgedanken der verbraucherschützenden Vorschriften der §§ 651a-651m BGB widersprechen. Es erscheint fraglich, ob sie verallgemeinerungsfähig ist.[68]

D. Prozessuale Hinweise

Die **Darlegungs- und Beweislast** trifft jeweils die Vertragspartei, die sich auf die Regelung des § 651j BGB beruft[69] und aus dieser Vorschrift eine günstige Rechtsfolge herzuleiten versucht. Zu den von ihr darzulegenden Voraussetzungen des (außerordentlichen) Kündigungsrechts gehört auch die fehlende Voraussehbarkeit der höheren Gewalt im Zeitpunkt des Vertragsschlusses.[70] Allzu strenge Anforderun-

---

[60] *Eckert* in: Soergel, § 651j Rn. 10; *Führich*, Reiserecht, 6. Aufl. 2010, Rn. 557.
[61] AG Stuttgart v. 11.12.1998 - 7 C 7706/98 - RRa 1999, 93-95.
[62] AG Hamburg-Altona v. 21.06.2000 - 318c C 36/00 - RRa 2000, 182-183.
[63] AG Bad Homburg v. 08.09.2000 - 2 C 1120/00 - RRa 2000, 208-209.
[64] LG Hamburg v. 24.01.1997 - 313 S 233/96 - RRa 1997, 114-115.
[65] *Tonner* in: MünchKomm-BGB, § 651j Rn. 29; *Staudinger* in: Staudinger, § 651j Rn. 33; *Führich*, Reiserecht, 6. Aufl. 2010, Rn. 559 (unter 2).
[66] BGH v. 23.11.1989 - VII ZR 60/89 - BGHZ 109, 224-230: „Risikoverteilung zu starr".
[67] *Seiler* in: Erman, § 651j Rn. 7; *Eckert* in: Soergel, § 651j Rn. 13; *Staudinger* in: Staudinger, § 651j Rn. 14; *Tempel*, NJW 1990, 821-823; *Führich*, Reiserecht, 6. Aufl. 2010, Rn. 562.
[68] *Tonner* in: MünchKomm-BGB, § 651j Rn. 30 und 31: „Reisender" war das Land Baden-Württemberg und „Reiseveranstalter" ein (kleines) Busunternehmen.
[69] *Baumgärtel/Laumen*, Handbuch der Beweislast im Privatrecht, § 651j Rn. 1; *Tonner* in: MünchKomm-BGB, § 651j Rn. 32; *Staudinger* in: Staudinger, § 651j Rn. 47; *Führich*, Reiserecht, 6. Aufl. 2010, Rn. 569.
[70] *Führich*, Reiserecht, 6. Aufl. 2010, Rn. 569 (unter 1).

§ 651j

gen dürfen insoweit an die Darlegung und den Beweis nicht gestellt werden; es können Presseberichte ausreichen.[71] Warnhinweise des Auswärtigen Amtes haben Indizwirkung.[72] Die Höhe der Entschädigung muss der Veranstalter darlegen und beweisen.

---

[71] *Staudinger* in: Staudinger, § 651j Rn. 47; *Führich*, Reiserecht, 6. Aufl. 2010, Rn. 569 (unter 1).
[72] AG Frankfurt v. 05.07.1994 - 32 C 4890/93 - 40 - RRa 1994, 151-152; *Staudinger* in: Staudinger, § 651j Rn. 20.

§ 651k BGB Sicherstellung, Zahlung

(Fassung vom 02.01.2002, gültig ab 01.01.2002)

(1) ¹Der Reiseveranstalter hat sicherzustellen, dass dem Reisenden erstattet werden

1. der gezahlte Reisepreis, soweit Reiseleistungen infolge Zahlungsunfähigkeit oder Eröffnung des Insolvenzverfahrens über das Vermögen des Reiseveranstalters ausfallen, und
2. notwendige Aufwendungen, die dem Reisenden infolge Zahlungsunfähigkeit oder Eröffnung des Insolvenzverfahrens über das Vermögen des Reiseveranstalters für die Rückreise entstehen.

²Die Verpflichtungen nach Satz 1 kann der Reiseveranstalter nur erfüllen

1. durch eine Versicherung bei einem im Geltungsbereich dieses Gesetzes zum Geschäftsbetrieb befugten Versicherungsunternehmen oder
2. durch ein Zahlungsversprechen eines im Geltungsbereich dieses Gesetzes zum Geschäftsbetrieb befugten Kreditinstituts.

³(2) Der Versicherer oder das Kreditinstitut (Kundengeldabsicherer) kann seine Haftung für die von ihm in einem Jahr insgesamt nach diesem Gesetz zu erstattenden Beträge auf 110 Millionen Euro begrenzen. ⁴Übersteigen die in einem Jahr von einem Kundengeldabsicherer insgesamt nach diesem Gesetz zu erstattenden Beträge die in Satz 1 genannten Höchstbeträge, so verringern sich die einzelnen Erstattungsansprüche in dem Verhältnis, in dem ihr Gesamtbetrag zum Höchstbetrag steht.

(3) ¹Zur Erfüllung seiner Verpflichtung nach Absatz 1 hat der Reiseveranstalter dem Reisenden einen unmittelbaren Anspruch gegen den Kundengeldabsicherer zu verschaffen und durch Übergabe einer von diesem oder auf dessen Veranlassung ausgestellten Bestätigung (Sicherungsschein) nachzuweisen. ²Der Kundengeldabsicherer kann sich gegenüber einem Reisenden, dem ein Sicherungsschein ausgehändigt worden ist, weder auf Einwendungen aus dem Kundengeldabsicherungsvertrag noch darauf berufen, dass der Sicherungsschein erst nach Beendigung des Kundengeldabsicherungsvertrags ausgestellt worden ist. ³In den Fällen des Satzes 2 geht der Anspruch des Reisenden gegen den Reiseveranstalter auf den Kundengeldabsicherer über, soweit dieser den Reisenden befriedigt. ⁴Ein Reisevermittler ist dem Reisenden gegenüber verpflichtet, den Sicherungsschein auf seine Gültigkeit hin zu überprüfen, wenn er ihn dem Reisenden aushändigt.

(4) ¹Reiseveranstalter und Reisevermittler dürfen Zahlungen des Reisenden auf den Reisepreis vor Beendigung der Reise nur fordern oder annehmen, wenn dem Reisenden ein Sicherungsschein übergeben wurde. ²Ein Reisevermittler gilt als vom Reiseveranstalter zur Annahme von Zahlungen auf den Reisepreis ermächtigt, wenn er einen Sicherungsschein übergibt oder sonstige dem Reiseveranstalter zuzurechnende Umstände ergeben, dass er von diesem damit betraut ist, Reiseverträge für ihn zu vermitteln. ³Dies gilt nicht, wenn die Annahme von Zahlungen durch den Reisevermittler in hervorgehobener Form gegenüber dem Reisenden ausgeschlossen ist.

(5) ¹Hat im Zeitpunkt des Vertragsschlusses der Reiseveranstalter seine Hauptniederlassung in einem anderen Mitgliedstaat der Europäischen Gemeinschaften oder in einem anderen Vertragsstaat des Abkommens über den Europäischen Wirtschaftsraum, so genügt der Reiseveranstalter seiner Verpflichtung nach Absatz 1 auch dann, wenn er dem Reisenden Sicherheit in Übereinstimmung mit den Vorschriften des anderen Staates leistet und diese den Anforderungen nach Absatz 1 Satz 1 entspricht. ²Absatz 4 gilt mit der Maßgabe, dass dem Reisenden die Sicherheitsleistung nachgewiesen werden muss.

§ 651k

(6) Die Absätze 1 bis 5 gelten nicht, wenn

1. **der Reiseveranstalter nur gelegentlich und außerhalb seiner gewerblichen Tätigkeit Reisen veranstaltet,**
2. **die Reise nicht länger als 24 Stunden dauert, keine Übernachtung einschließt und der Reisepreis 75 Euro nicht übersteigt,**
3. **der Reiseveranstalter eine juristische Person des öffentlichen Rechts ist, über deren Vermögen ein Insolvenzverfahren unzulässig ist.**

Gliederung

A. Grundlagen 1	IV. Ausgestaltung der Insolvenzsicherung 16
I. Kurzcharakteristik 1	V. Ausländische Reiseveranstalter 21
II. Europäischer Hintergrund 4	VI. Ausnahmen (Absatz 6) 23
B. Anwendungsvoraussetzungen 5	C. Rechtsfolgen bei Verstößen gegen die Insolvenzsicherungspflicht 27
I. Anwendungsbereich 5	
II. Sicherungsmittel 12	D. Prozessuale Hinweise/Verfahrenshinweise 32
III. Haftungshöchstbetrag 14	

A. Grundlagen

I. Kurzcharakteristik

1 Der Reisende tritt in der Praxis regelmäßig in **Vorleistung** und soll für den Fall der Zahlungsunfähigkeit des Reiseveranstalters vor dem Verlust des bereits gezahlten Reisepreises geschützt werden. Tritt die **Zahlungsunfähigkeit des Reiseveranstalters während der Reise** ein, hat der Reisende zudem Anspruch auf Ersatz zusätzlich entstehender Kosten (vor allem für die Rückreise).

2 Zahlungen des Reisenden dürfen nur angenommen werden, wenn ein Sicherungsschein übergeben wurde. Der Reiseveranstalter hat die Wahl zwischen einer Versicherung und einem Zahlungsversprechen eines Kreditinstituts (Bankbürgschaft). Die Haftung des Versicherers oder des Kreditinstituts kann auf 110 Millionen € pro Jahr beschränkt werden. Der Reiseveranstalter hat dem Reisenden einen **direkten Anspruch** gegen den Kundengeldabsicherer (§ 651k Abs. 2 Satz 1 BGB – Oberbegriff für Versicherer und Kreditinstitute, wobei der Kundengeldabsicherer in Rechtsprechung und Schrifttum auch als Reisepreisversicherer oder Sicherungsgeber bezeichnet wird) zu verschaffen, welcher sich dem Reisenden gegenüber nicht auf Einwendungen aus dem mit dem Veranstalter geschlossenen Kundengeldabsicherungsvertrag berufen kann, auch nicht darauf, dass der Sicherungsschein erst nach Beendigung des Kundengeldabsicherungsvertrages ausgestellt worden sei. Reiseveranstalter mit Hauptsitz in einem anderen EU-Mitgliedsstaat genügen der Sicherungspflicht durch Leistung einer nach den Vorschriften dieses Staates ausreichenden Sicherheit.

3 Die Anwendung der Vorschrift ist ausgeschlossen, soweit das **typische Insolvenzrisiko** nicht besteht: bei Gelegenheitsreisen, bei Tagesreisen sowie bei Reiseveranstaltern, die juristische Personen des öffentlichen Rechts sind.

II. Europäischer Hintergrund

4 Mit Einfügung dieser Vorschrift hat der Gesetzgeber 1994 die Vorgabe des Art. 7 der EG-Pauschalreise-Richtlinie (RL 90/314/EWG vom 13.06.1990) erfüllt. Die Umsetzung erfolgte nicht rechtzeitig, was auch darauf beruht, dass in Deutschland im Gegensatz zu den übrigen (damaligen) EU-Staaten ein System der Insolvenzsicherung noch nicht existierte und von der Versicherungswirtschaft erst geschaffen werden musste.[1] Für den Zeitraum zwischen dem in Art. 9 Abs. 1 der EG-Pauschalreise-Richtlinie vorgesehenen Ende der Umsetzungsfrist (01.01.1993) und dem In-Kraft-Treten des § 651k BGB (01.10.1994), in den die Insolvenzen einiger Reiseveranstalter fielen, unterlag die Bundesrepublik Deutschland nach dem Dillenkofer-Urteil[2] des EuGH der Staatshaftung, weil sie die Richtlinie nicht rechtzeitig umgesetzt hat.

---

[1] *Eckert* in: Soergel, § 651k Rn. 2; *Tonner* in: MünchKomm-BGB, § 651k Rn. 1.
[2] EuGH v. 08.10.1996 - C-178/94 - EuGHE I 1996, 4845-4893 (Dillenkofer); vgl. dazu auch *Tonner* in: MünchKomm-BGB, § 651k Rn. 5; *Staudinger* in: Staudinger, § 651k Rn. 2.

B. Anwendungsvoraussetzungen

I. Anwendungsbereich

§ 651k BGB ist anwendbar auf **Reiseverträge** und solche Verträge, auf die Reiserecht entsprechend angewendet wird (z.B. Vermittlung von Ferienhäusern; vgl. die Kommentierung zu § 651a BGB).[3] Abgesichert wird ausschließlich das Risiko einer Insolvenz des Veranstalters, nicht das Risiko einer Insolvenz eines Leistungsträgers[4] oder Reisebüros. Kein Schutz besteht auch im Falle der Fälschung des Sicherungsscheines[5] (in diesem Falle kommt auch keine Rechtsscheinhaftung des Kundengeldabsicherers in Betracht,[6] so dass eine empfindliche Schutzlücke verbleibt) und auch im Falle der Unterschlagung des Reisepreises[7] durch den Inhaber des Reisebüros oder einen sonstigen Vermittler. War dem Reisebüro freilich Inkassovollmacht erteilt – das ist beim Bestehen eines Agenturvertrages mit Inkassoklausel der Fall und kraft gesetzlicher Festlegung eines Rechtsscheinstatbestandes (§ 651k Abs. 4 Satz 2 BGB) unter dem Gesichtspunkt einer Rechtsscheinsvollmacht u.a. dann zu bejahen, wenn das Reisebüro dem Reisenden gegen Zahlung des Reisepreises die Reiseunterlagen und den Sicherungsschein übergibt - und hat das Reisebüro als Zahlstelle des Reiseveranstalters fungiert, ist der Reisepreis mit Eingang des Geldes beim Reisebüro an den Reiseveranstalter gezahlt und der Anspruch des Reiseveranstalters gegen den Reisenden auf Zahlung des Reisepreises damit erfüllt worden,[8] so dass die Sicherung durch den Kundengeldabsicherer zum Tragen kommt.

§ 651k Abs. 1 Nr. 1 BGB verlangt seinem Wortlaut nach die Sicherstellung der Erstattung des gezahlten Reisepreises nur für den Fall, dass Reiseleistungen infolge Zahlungsunfähigkeit oder Eröffnung des Insolvenzverfahrens über das Vermögen des Reiseveranstalters ausfallen. Das könnte dahin verstanden werden, dass der Ausfall der Reiseleistung(en) als solcher – und nicht etwa nur die faktische Unmöglichkeit, den gezahlten Reisepreis vom Reiseveranstalter zurückzuerhalten – auf der Zahlungsunfähigkeit oder der Eröffnung des Insolvenzverfahrens über das Vermögen des Reiseveranstalters beruhen muss. Demgegenüber verlangt Art. 7 der EG-Pauschalreise-Richtlinie den vom Reiseveranstalter zu erbringenden Nachweis, dass im Fall der Zahlungsunfähigkeit oder des Konkurses die Erstattung gezahlter Beträge und die Rückreise des Verbrauchers sichergestellt sind, und zwar unabhängig von weiteren Voraussetzungen, insbesondere auch unabhängig davon, ob bereits die Entstehung des Erstattungsanspruchs auf der Zahlungsunfähigkeit des Reiseveranstalters beruht.

Nach der Rechtsprechung des Bundesgerichtshofes[9] ist § 651k Abs. 1 Satz 1 Nr. 1 BGB richtlinienkonform dahin auszulegen, dass der Reisende auch für den Fall abzusichern ist, dass der Reiseveranstalter zahlungsunfähig wird, nachdem er durch die Ausübung eines zulässigerweise vorbehaltenen Rücktrittsrechtes einen Anspruch des Reisenden auf Erstattung des gezahlten Reisepreises begründet hat. Der Reisende ist also insbesondere auch für den Fall abzusichern, dass die Nichtdurchführung der Reise, aus der der Anspruch auf Erstattung des gezahlten Reisepreises herrührt, (noch) nicht (nachweislich) auf Zahlungsunfähigkeit des Reiseveranstalters beruht, sondern dass erst die Unmöglichkeit, den gezahlten Reisepreis auch tatsächlich vom Reiseveranstalter erstattet zu erhalten, eine Folge seiner Zahlungsunfähigkeit ist.

Da der zwischen dem Reiseveranstalter und dem Versicherer geschlossene Reisepreissicherungsvertrag in der Regel ein echter Vertrag zugunsten Dritter im Sinne von § 328 BGB ist, wobei dem Reisenden ein unmittelbarer Anspruch gegen den Versicherer zusteht,[10] deckt er die in § 651k Abs. 1 BGB genannten Risiken und damit alle in Art. 7 der EG-Pauschalreise-Richtlinie genannten Risiken ab.[11]

---

[3] LG Köln v. 15.05.2007 - 33 O 447/06; LG Freiburg (Breisgau) v. 02.03.1995 - 12 O 1/95 - RRa 1995, 128-130; *Eckert* in: Soergel, § 651k Rn. 4; *Tonner* in: MünchKomm-BGB, § 651k Rn. 48.

[4] OLG Frankfurt v. 19.06.1997 - 6 U 138/96 - NJW-RR 1997, 1209-1210.

[5] *Eckert*, RRa 2002, 50-54; *Fischer/Lindner*, RRa 2002, 151-154.

[6] AG München v. 25.02.2004 - 112 C 22198/03 - RRa 2004, 185-186.

[7] *Eckert* in: Soergel, § 651k Rn. 5; *Führich*, Reiserecht 6. Aufl. 2010, Rn. 575.

[8] *Tonner* in: MünchKomm-BGB, § 651k Rn. 32 und 34; *Führich*, Reiserecht, 6. Aufl. 2010, Rn. 592.

[9] BGH v. 02.11.2011 - X ZR 43/11 - juris Rn. 20 - NJW 2012, 997-1000.

[10] *Staudinger* in: Staudinger, § 651k Rn. 20; *Führich*, Reiserecht, 6. Aufl. 2010, Rn. 585; *Sprau* in: Palandt, § 651k Rn. 4.

[11] BGH v. 02.11.2011 - X ZR 43/11 - juris Rn. 24 - NJW 2012, 997-1000.

9 Die Erstattung des gezahlten Reisepreises ist auch für den Fall sicherzustellen, dass die Zahlungsunfähigkeit des Reiseveranstalters auf dessen betrügerisches Verhalten zurückzuführen ist. Nach dem Urteil des Europäischen Gerichtshofes vom 16.02.2012[12] fällt auch ein derartiger Sachverhalt in den Geltungsbereich des Art. 7 der EG-Pauschalreise-Richtlinie und damit auch in den Anwendungsbereich des § 651k BGB.

10 Zu ersetzen sind bei Zahlungsunfähigkeit oder Eröffnung des Insolvenzverfahrens über das Vermögen des Reiseveranstalters – ob die Abweisung des Insolvenzantrages mangels Masse der Eröffnung des Insolvenzverfahrens kraft richtlinienkonformer Analogie[13] gleichgestellt werden kann, dürfte nicht von praktischer Bedeutung sein, da in diesem Falle jedenfalls Zahlungsunfähigkeit des Reiseveranstalters gegeben ist – vor Reisebeginn der **Reisepreis** (§ 651k Abs. 1 Satz 1 Nr. 1 BGB) und nach Reisebeginn zusätzlich die für die Rückreise **notwendigen Aufwendungen** (§ 651k Abs. 1 Satz 1 Nr. 2 BGB). Der Reisende ist gehalten, den Urlaub nicht fortzusetzen und umgehend die Rückreise anzutreten. Setzt er den Urlaub fort und zieht er z.B. in ein anderes Hotel, so kann er den Ersatz der dadurch verursachten Mehrkosten nicht beanspruchen, sondern hat nach § 651k Abs. 1 Satz 1 Nr. 1 BGB nur Anspruch auf Erstattung des auf die restliche Reisezeit entfallenden anteiligen Reisepreises.[14] Zu ersetzen sind notwendige Aufwendungen für die Rückreise selbst oder etwa erforderliche Kosten für Transfer, Übernachtungen und Verpflegung bis zur Rückreise. Bei der Auswahl hat der Reisende seine Schadensminderungspflicht (§ 254 Abs. 2 Satz 1 Halbsatz 2 BGB) zu beachten und dementsprechend den Zuschnitt des Reisevertrags als Maßstab zugrunde zu legen; es gelten insoweit die Grundsätze der Abhilferechte des § 651c Abs. 2 und 3 BGB (vgl. die Kommentierung zu § 651c BGB). Muss der Reisende die Unterkunft im Vertragshotel bezahlen, um überhaupt abreisen zu können, kann er diese doppelt gezahlten Beträge vom Sicherungsgeber ersetzt verlangen.[15] Die Rückreise muss der Reisende selbst organisieren. § 651k BGB gewährt – insoweit ist Art. 7 der EG-Pauschalreise-Richtlinie nicht vollständig umgesetzt – dem Reisenden keinen Anspruch gegen den Sicherungsgeber auf Organisation der Rückreise. Ob das mittels einer richtlinienkonformen Analogie korrigiert werden kann,[16] erscheint zweifelhaft. Allerdings organisieren die Sicherungsgeber, denen das zu geringeren Kosten möglich ist, im eigenen Interesse häufig selbst die vorzeitige Rückreise oder die Abwicklung der Verträge durch andere Reiseveranstalter.[17]

11 Bei Insolvenz nach Rückkehr des Reisenden trifft diesen lediglich das Risiko, Gewährleistungsansprüche nicht durchsetzen zu können. § 651k Abs. 1 Satz 1 Nr. 2 BGB sichert dieses Risiko nicht ab,[18] was nicht gegen EU-Recht verstößt, weil Art. 7 der EG-Pauschalreise-Richtlinie eine Absicherung dieses Risikos nicht verlangt.

II. Sicherungsmittel

12 Als Sicherungsmittel kommt eine Versicherung (§ 651k Abs. 1 Satz 2 Nr. 1 BGB), auch eine Versicherung durch ein eigens zu diesem Zweck gegründetes Versicherungsunternehmen[19], oder ein Zahlungsversprechen eines Kreditinstituts (§ 651k Abs. 1 Satz 2 Nr. 2 BGB), etwa eine (selbstschuldnerische) Bankbürgschaft, in Betracht.

13 Wegen der **Dienstleistungsfreiheit** sind auch Unternehmen aus dem **EU-Ausland** zuzulassen; die Dienstleistungsfreiheit wäre auch dann verletzt, wenn bei Unternehmen aus dem EU-Ausland zusätzliche Vereinbarungen mit einem Institut im Inland verlangt würden.[20] Der Wortlaut des § 651k Abs. 1 Satz 2 BGB („im Geltungsbereich dieses Gesetzes zum Geschäftsbetrieb befugt") wird dem nicht ge-

---

[12] Urteil des EuGH v. 16.02.2012 - C-134/11 - NJW 2012, 1135, ergangen auf das Vorabentscheidungsersuchen des Landgerichtes Hamburg vom 02.03.2011 - 306 S 83/10 - RRa 2011, 227-228; vgl. dazu auch *Staudinger*, RRa 2012, 106-109.

[13] *Staudinger* in: Staudinger, § 651k Rn. 8b; *Staudinger*, RRa 2012, 106-109 (unter VI).

[14] *Tonner* in: MünchKomm-BGB, § 651k Rn. 9; *Führich*, Reiserecht, 6. Aufl. 2010, Rn. 581.

[15] *Tonner* in: MünchKomm-BGB, § 651k Rn. 9; *Führich*, Reiserecht, 6. Aufl. 2010, Rn. 581.

[16] *Staudinger* in: Staudinger, § 651k Rn. 11; *Staudinger*, RRa 2012, 106-109 (unter VI).

[17] *Tonner* in: MünchKomm-BGB, § 651k Rn. 11.

[18] *Eckert* in: Soergel, § 651k Rn. 8, *Tonner* in: MünchKomm-BGB, § 651k Rn. 12.

[19] BT-Drs. 12/5354, S. 12; *Tonner* in: MünchKomm-BGB, § 651k Rn. 14; *Eckert*, DB 1994, 1069-1075.

[20] EuGH v. 01.12.1998 - C-410/96 - EuGHE I 1998, 7875-7905 (Andre Ambry); *Tonner* in: MünchKomm-BGB, § 651k Rn. 14.

recht; die Bestimmung des § 651k Abs. 1 Satz 2 BGB ist bis zu ihrer Änderung durch den deutschen Gesetzgeber europarechtskonform auszulegen.[21]

III. Haftungshöchstbetrag

Nach § 651k Abs. 2 BGB kann die Haftung auf 110 Millionen € pro Jahr begrenzt werden (Satz 1). Soweit die Höchstsumme überschritten wird, verringern sich – sämtliche – Erstattungsansprüche in dem Verhältnis, in dem ihr Gesamtbetrag zum Höchstbetrag steht (Satz 2). Die Beschränkung gilt bezogen auf den jeweiligen Kundengeldabsicherer, dem es ermöglicht werden soll, ausreichenden Rückversicherungsschutz zu erlangen und den notwendigen Deckungsstock aufzubauen, nicht bezogen auf einen Reiseveranstalter.[22] Durch die anteilige Verringerung der Ansprüche soll das **Ausfallrisiko gleichmäßig verteilt** und damit ein Leerlaufen der Insolvenzabsicherung für diejenigen Reisenden verhindert werden, deren Ansprüche erst gegen Ende des jeweiligen Abrechnungszeitraums entstehen. Die Erstattungsansprüche werden demgemäß, wenn die Haftungsbegrenzung für wirksam erachtet wird (vgl. dazu den folgenden Absatz), erst mit Ablauf des Abrechnungszeitraums fällig; ansonsten müsste der Kundengeldabsicherer die Erstattungsansprüche zunächst in voller Höhe befriedigen und bei späterem Überschreiten der Höchstgrenzen die überzahlten Beträge nach den §§ 812-822 BGB zurückfordern.[23] Der Kundengeldabsicherer darf keine Anmeldefristen festlegen, deren Nichteinhaltung zum Ausschluss der Erstattungsansprüche führen soll.[24]

14

Ein **Haftungshöchstbetrag** ist in Art. 7 EG-Pauschalreise-Richtlinie nicht vorgesehen und deshalb **richtlinienwidrig**; der EuGH lässt Haftungsbegrenzungen nicht gelten.[25] In Kenntnis dieser Rechtsprechung beließ es der deutsche Gesetzgeber gleichwohl bei der Haftungsbeschränkung, da ein Versicherungsschutz ohne Haftungsbeschränkung praktisch nicht rückversicherbar sei und die Versicherungswirtschaft unüberschaubaren Haftungsrisiken ausgesetzt würde.[26] Aufgrund der nicht richtlinienkonformen Umsetzung des europäischen Rechtes sind bei Großschadensfällen über 110 Millionen € im Jahr Staatshaftungsansprüche gegen die Bundesrepublik Deutschland denkbar,[27] es sei denn, dass die Haftungshöchstgrenze mittels einer richtlinienkonformen Reduktion[28] eliminiert würde, was dann auch zur Folge hätte, dass die Ansprüche der Reisenden gegen den Kundengeldabsicherer (Sicherungsgeber) jeweils sofort mit Eintritt der Zahlungsunfähigkeit oder spätestens der Eröffnung des Insolvenzverfahrens über das Vermögen des Reiseveranstalters – und nicht erst zum Jahresende – fällig würden. Die Haftungshöchstgrenze von 110 Millionen € pro Jahr hat bisher keine praktische Relevanz erlangt. Ob sich die Rechtsprechung ggf. zu ihrer richtlinienkonformen Reduktion in der Lage sehen würde, ist nicht vorhersehbar.

15

IV. Ausgestaltung der Insolvenzsicherung

Nach § 651k Abs. 3 Satz 1 BGB ist dem Reisenden ein **unmittelbarer Anspruch** gegen den Kundengeldabsicherer einzuräumen und durch Übergabe eines Sicherungsscheins nachzuweisen. Der Sicherungsschein muss den Vertragspartner des Reisenden als versicherten Reiseveranstalter ausweisen.[29] Satz 2 stellt ausdrücklich klar, dass sich der Kundengeldabsicherer gegenüber einem Reisenden, dem ein Sicherungsschein ausgehändigt worden ist, auf Einwendungen aus dem Kundengeldabsicherungsvertrag (vgl. etwa § 334 BGB) nicht berufen darf. Die Vereinbarung zwischen Reiseveranstalter und

16

---

[21] *Führich*, Reiserecht, 6. Aufl. 2010, Rn. 583 (unter 2).
[22] *Seyderhelm*, Reiserecht, 1997, § 651k Rn. 18; *Staudinger* in: Staudinger, § 651k Rn. 16.
[23] BT-Drs. 12/5354, S. 12; *Seiler* in: Erman, § 651k Rn. 9; *Seyderhelm*, Reiserecht, 1997, § 651k Rn. 21; *Eckert* in: Soergel, § 651k Rn. 11; *Staudinger* in: Staudinger, § 651k Rn. 17; bezüglich der Fälligkeit a.A. *Tonner* in: MünchKomm-BGB, § 651k Rn. 21.
[24] BT-Drs. 12/5354, S. 12; *Seyderhelm*, Reiserecht, 1997, § 651k Rn. 22; *Staudinger* in: Staudinger, § 651k Rn. 17.
[25] EuGH v. 15.06.1999 - C-140/97 - EuGHE I 1999, 3499-3549 (Rechberger).
[26] BT-Drs. 14/5944, S. 9, 10.
[27] *Führich*, VersR 1995, 1138-1145; *Führich*, Reiserecht, 6. Aufl. 2010, Rn. 584 (unter 5); *Tonner* in: MünchKomm-BGB, § 651k Rn. 16-20; *Staudinger* in: Staudinger, § 651k Rn. 5, 18; a.A. *Eckert* in: Soergel, § 651k Rn. 12.
[28] *Staudinger* in: Staudinger, § 651k Rn. 5, 19.
[29] LG München I v. 28.11.2006 - 33 O 8239/06 - WRP 2007, 692-694.

Kundengeldabsicherer ist danach ein (echter) **Vertrag zugunsten Dritter** (= zugunsten des Reisenden) gemäß § 328 BGB, der eine Versicherung für fremde Rechnung (§ 74 VVG) betrifft.[30]

17 Der Sicherungsschein muss die zur Geltendmachung von Ersatzansprüchen erforderlichen Informationen enthalten. Nach § 9 Abs. 1 BGB-InfoV hat der Veranstalter das in der Anlage zu dieser Vorschrift abgedruckte Muster für einen **Sicherungsschein** zu verwenden. Der Sicherungsschein ist aber lediglich **Nachweisdokument** und hat nur deklaratorische Bedeutung; die Ansprüche gegen den Kundengeldabsicherer bestehen mithin auch bei nicht erfolgter Übergabe des Sicherungsscheins.[31] Ein Anspruch des Reisenden besteht nur, soweit ein **Kundengeldabsicherungsvertrag tatsächlich geschlossen** wurde.[32] Bei Fälschung des Sicherungsscheins durch den Veranstalter hat der Reisende keinen Anspruch gegen den Kundengeldabsicherer (vgl. dazu schon Rn. 5).

18 Zum 01.09.2001 wurden die Regelungen des § 651k Abs. 3 Sätze 2-4 BGB **neu** eingefügt. Soweit der Kundengeldabsicherer Leistungen an den Reisenden erbringt, weil er sich diesem gegenüber auf Einwendungen aus dem Kundengeldabsicherungsvertrag nicht berufen kann (Satz 2), § 334 BGB also abbedungen worden ist, geht der Anspruch des Reisenden gegen den Reiseveranstalter kraft Gesetzes auf den Kundengeldabsicherer über (Satz 3).

19 Ein Reisevermittler hat den Sicherungsschein vor Aushändigung an den Reisenden auf seine Gültigkeit hin zu überprüfen (Satz 4).

20 Nach § 651k Abs. 4 BGB a.F. war eine Anzahlung bis 10% des Reisepreises bei einer Obergrenze von 500 DM vor Übergabe des Sicherungsscheins zulässig. Da diese Regelung gegen Art. 7 der EG-Pauschalreise-Richtlinie verstoßen hat,[33] ist Absatz 4 geändert worden und bestimmt nunmehr, dass Zahlungen auf den Reisepreis vor Beendigung der Reise ausnahmslos nur nach Übergabe des Sicherungsscheins gefordert oder angenommen werden dürfen. Das gilt auch für Reisevermittler. Diese Regelung erfasst jegliche Zahlungen und gewährt somit, wenn sie befolgt wird und der Sicherungsschein nicht gefälscht ist, einen umfassenden effektiven Insolvenzschutz.

V. Ausländische Reiseveranstalter

21 Absatz 5 enthält eine abweichende Regelung für Reiseveranstalter, die im Zeitpunkt des Vertragsschlusses ihre Hauptniederlassung in einem anderen Mitgliedstaat der Europäischen Gemeinschaften oder in einem anderen Vertragsstaat des Abkommens über den Europäischen Wirtschaftsraum haben. Abweichend von § 651k Abs. 1-4 BGB genügen in diesen Fällen Sicherheiten nach den Vorschriften des jeweils anderen Staates, die denen des § 651k Abs. 1 Satz 1 BGB entsprechen. Der Nachweis dieser Sicherheitsleistung tritt an die Stelle der Übergabe des Sicherungsscheines (§ 651k Abs. 5 Satz 2 BGB).

22 § 651k BGB muss auch dann anwendbar bleiben, wenn nach der anderen Rechtsordnung Reiserecht etwa nicht anwendbar ist (z.B. bei Ferienhausverträgen) oder weitere als die in Absatz 6 genannten Ausnahmen von der Insolvenzsicherungspflicht zugelassen werden.[34]

VI. Ausnahmen (Absatz 6)

23 Die Anwendung des § 651k BGB ist ausgeschlossen, soweit der Reiseveranstalter nur gelegentlich und außerhalb seiner gewerblichen Tätigkeit Reisen veranstaltet (Nr. 1), bei Reisen bis zu einem Tag, die keine Übernachtung einschließen und nicht teurer als 75 € sind (Nr. 2), sowie bei Reiseveranstaltern, die juristische Personen des öffentlichen Rechts sind (Nr. 3). Das verstößt nicht gegen Art. 2 Nr. 1 und Nr. 2 der EG-Pauschalreise-Richtlinie. Die beiden ersten Sachverhalte unterfallen von vornherein nicht der Richtlinie. Auch die dritte Ausnahme benachteiligt den Reisenden als Verbraucher nicht, da sie auf juristische Personen beschränkt ist, die nicht insolvent werden können.

---

[30] BGH v. 28.03.2001 - IV ZR 19/00 - NJW 2001, 1934-1936; *Sprau* in: Palandt, § 651k Rn. 4; *Tonner* in: Münch-Komm-BGB, § 651k Rn. 23 und 24; *Führich*, Reiserecht, 6. Aufl. 2010, Rn. 585 und 586.

[31] BT-Drs. 14/5944, S. 17; *Eckert* in: Soergel, § 651k Rn. 13; *Tonner* in: MünchKomm-BGB, § 651k Rn. 23; *Staudinger* in: Staudinger, § 651k Rn. 23; *Führich*, Reiserecht, 6. Aufl. 2010, Rn. 586 (unter 2); *Führich*, VersR 1995, 1138-1145; a.A. LG München I v. 14.08.1997 - 3 O 7282/97 - RRa 1998, 213-214.

[32] *Tonner* in: MünchKomm-BGB, § 651k Rn. 25; *Führich*, Reiserecht, 6. Aufl. 2010, Rn. 586 (unter 2).

[33] EuGH v. 08.10.1996 - C-178/94 - EuGHE I 1996, 4845-4893 (Dillenkofer).

[34] *Eckert* in: Soergel, § 651k Rn. 19; *Führich*, Reiserecht, 6. Aufl. 2010, Rn. 593 (unter 4).

Nach Nr. 1 liegt eine **nur gelegentliche** Veranstaltung von Reisen vor, soweit nur ein oder zwei Reisen pro Jahr durchgeführt werden und die Reisen nicht regelmäßig stattfinden, insbesondere nicht nach Maßgabe eines Jahresprogramms.[35] Kumulativ[36] muss noch hinzukommen, dass der Gelegenheitsveranstalter überhaupt kein Gewerbe betreibt, wie es beispielsweise bei Vereinen der Fall sein kann,[37] oder dass die Veranstaltertätigkeit außerhalb der gewerblichen Tätigkeit des Gelegenheitsveranstalters liegt. Diese Voraussetzung ist nicht erfüllt, wenn die Veranstaltung von Reisen zwar außerhalb der Haupttätigkeit liegt, mit der Haupttätigkeit jedoch in Zusammenhang steht, z.B. Leser-Reisen einer Zeitung, von einem Unternehmen organisierte Kunden-Reisen oder von einem Reisebüro, das nur gelegentlich selbst als Reiseveranstalter auftritt, selbst durchgeführte Reisen.[38]

Nr. 2 nimmt **Tagesreisen**, die nicht länger als 24 Stunden dauern, keine Übernachtung einschließen und nicht mehr als 75 € kosten, von der Insolvenzsicherungspflicht aus. Freilich unterfallen derartige Reisen ohnehin nur den Regelungen der §§ 651a-651m BGB, wenn neben der Beförderung mindestens eine zweite Leistung angeboten wird.[39] Der Gesetzgeber hatte bei der Nr. 2 vor allem Ausflugsfahrten, Kaffeefahrten oder Besichtigungsfahrten verbunden mit einem Konzert- oder Museumsbesuch am Zielort im Blick.[40]

Nach Nr. 3 besteht die Insolvenzsicherungspflicht nicht für **juristische Personen des öffentlichen Rechts**, die nicht insolvent werden können. Die Ausnahme von der Insolvenzsicherungspflicht gilt demzufolge nicht, wenn sich die öffentliche Hand privatrechtlicher Organisations- und Handlungsformen bedient, beispielsweise eine GmbH tätig werden lässt, die insolvenzfähig ist.[41] Unter die Ausnahmeregelungen fallen z.B. Reisen von staatlich betriebenen Volkshochschulen,[42] Klassenfahrten von staatlichen Schulen (Schulträger als Veranstalter)[43] und Reisen von Kirchengemeinden[44].

C. Rechtsfolgen bei Verstößen gegen die Insolvenzsicherungspflicht

Sanktionen sind denkbar in vertragsrechtlicher, gewerberechtlicher und wettbewerbsrechtlicher Hinsicht.

Der Reisende hat einen **vertraglichen** Anspruch auf Übergabe eines Sicherungsscheins. Der Veranstalter darf Zahlungen auf den Reisepreis vor Beendigung der Reise ohne Übergabe des Sicherungsscheins weder fordern noch annehmen (§ 651k Abs. 4 Satz 1 BGB). Der Reisende darf bis dahin die Zahlung verweigern.[45] Erhält der Reisende einen Sicherungsschein, hat er ein Recht zur Überprüfung. Besteht danach keine ausreichende Absicherung, kann der Reisende den Reisevertrag kündigen.[46] Das Kündigungsrecht ist entweder aus (der unmittelbar nur für Dauerschuldverhältnisse anwendbaren Vorschrift des) § 314 BGB[47] oder aus einer entsprechenden Anwendung des § 651e BGB[48] oder als Rücktrittsrecht aus § 323 Abs. 1 und 2 BGB[49] herzuleiten. Regelungen in Allgemeinen Reisebedingungen (ARB), die für den Reisenden nachteilig von § 651k BGB abweichen, sind nach § 651m BGB unwirksam.

---

[35] BT-Drs. 12/5354, S. 13.
[36] BT-Drs. 12/5354, S. 13; *Seiler* in: Erman, § 651k Rn. 4; *Staudinger* in: Staudinger, § 651k Rn. 35; *Führich*, Reiserecht, 10. Aufl. 2010, 595 (unter Nr. 1).
[37] Vgl. dazu *Noll*, Die Reiseaktivitäten von kirchlichen Trägern, Vereinen und Verbänden im Lichte des Pauschalreiserechts, RRa 2004, 98-102.
[38] So BT-Drs. 12/5354, S. 13.
[39] *Sprau* in: Palandt, § 651k Rn. 12.
[40] BT-Drs. 12/5354, S. 13.
[41] *Eckert* in: Soergel, § 651k Rn. 23; *Tonner* in: MünchKomm-BGB, § 651k Rn. 51; *Staudinger* in: Staudinger, § 651k Rn. 37; *Führich*, Reiserecht, 6. Aufl. 2010, Rn. 597.
[42] BT-Drs. 12/5354, S. 13.
[43] *Eckert* in: Soergel, § 651k Rn. 23; *Tonner* in: MünchKomm-BGB, § 651k Rn. 46.
[44] *Eckert* in: Soergel, § 651k Rn. 23; *Führich*, Reiserecht, 6. Aufl. 2010, Rn. 597.
[45] *Eckert* in: Soergel, § 651k Rn. 24; *Führich*, Reiserecht, 6. Aufl. 2010, Rn. 598.
[46] *Seyderhelm*, Reiserecht, 1997, § 651e Rn. 23.
[47] So etwa *Führich*, Reiserecht 6. Aufl. 2010, Rn. 598 (unter 3).
[48] *Seyderhelm*, Reiserecht, 1997, § 651e Rn. 23.
[49] *Staudinger* in: Staudinger, § 651k Rn. 31.

§ 651k

29 Bei Fälschung von Sicherungsscheinen durch den Reiseveranstalter hat der Reisende einen Schadensersatzanspruch aus § 823 Abs. 2 BGB i.V.m. § 263 StGB und § 651k BGB gegen den oder die vorsätzlich handelnden Geschäftsführer persönlich.[50]

30 **Gewerberechtliche** Sanktionen sind in § 147b GewO vorgesehen. Danach handelt ordnungswidrig, wer ohne vorherige Übergabe eines Sicherungsscheins Zahlungen auf den Reisepreis anfordert oder annimmt. Eine beharrliche Weigerung, die in § 651k BGB geregelten Pflichten zu erfüllen, kann zu einem Untersagungsverfahren nach § 35 GewO wegen Unzuverlässigkeit des Veranstalters führen.[51]

31 Kommt der Reiseveranstalter seiner Verpflichtung aus § 651k BGB nicht nach, handelt er **wettbewerbswidrig**.[52] Da die Regelungen in § 651k Abs. 3 und 4 BGB nicht wettbewerbsneutral sind, sondern wettbewerbsregelnden Charakter aufweisen,[53] verschafft sich der Veranstalter bei einem Verstoß gegen § 651k BGB unlauter im Sinne der §§ 3 und 4 UWG einen Wettbewerbsvorteil. Konkurrenten oder andere nach § 8 Abs. 3 UWG und den §§ 3, 4 UKlaG Klagebefugte, insbesondere auch Verbraucherschutzverbände, können gegen dieses wettbewerbswidrige und verbraucherschutzgesetzwidrige (§ 2 UKlaG) Verhalten im Wege der Unterlassungsklage, ggf. auch des Antrags auf Erlass einer einstweiligen (Unterlassungs-)Verfügung, vorgehen.

D. Prozessuale Hinweise/Verfahrenshinweise

32 Der **Reiseveranstalter** trägt die **Darlegungs- und Beweislast** für die ordnungsgemäße Absicherung des Insolvenzrisikos und für die Erfüllung der Voraussetzungen der Privilegierungen der Absätze 5 und 6.[54]

33 Der **Reisende** hat dem Kundengeldabsicherer gegenüber die Voraussetzungen des Erstattungsanspruchs nach Grund und Höhe (z.B. Reisepreis und Aufwendungen für Rückreise sowie Zahlungsunfähigkeit oder Insolvenz des Reiseveranstalters) nachzuweisen.[55]

34 Dem **Kundengeldabsicherer** obliegt der Nachweis, dass die Reiseleistung auch ohne Zahlungsunfähigkeit oder Insolvenz des Reiseveranstalters aufgrund anderer Ursachen ausgefallen wäre und dass der Reisende den Reisepreis auch ohne Zahlungsunfähigkeit oder sogar Insolvenz des Reiseveranstalters nicht erstattet erhalten würde.[56] Er hat auch die Voraussetzungen einer Haftungsbegrenzung nach Absatz 2 darzulegen und zu beweisen.[57]

---

[50] *Führich*, Reiserecht, 6. Aufl. 2010, Rn. 598 (unter 4).
[51] BT-Drs. 12/5354, S. 12; *Führich*, Reiserecht, 6. Aufl. 2010, Rn. 600.
[52] BGH v. 24.11.1999 - I ZR 171/97 - NJW 2000, 1639-1641; OLG München v. 09.11.1995 - 29 U 2900/95 - WRP 1996, 238-239; LG Oldenburg (Oldenburg) v. 28.01.2004 - 12 O 1961/03 - VuR 2004, 191-192; *Tonner* in: MünchKomm-BGB, § 651k, Rn. 50; *Führich*, Reiserecht, 6. Aufl. 2010, Rn. 599.
[53] OLG München v. 09.11.1995 - 29 U 2900/95 - WRP 1996, 238-239; OLG München v. 23.12.1999 - 6 U 4175/99 - OLGR München 2000, 178-179.
[54] *Staudinger* in: Staudinger, § 651k Rn. 41; *Führich*, Reiserecht, 6. Aufl. 2010, Rn. 603 (unter 3).
[55] *Sprau* in: Palandt, § 651k Rn. 2, 4; *Eckert* in: Soergel, § 651k Rn. 27; *Führich*, Reiserecht, 6. Aufl. 2010, Rn. 603 (unter 1).
[56] BGH v. 16.04.2002 - X ZR 17/01 - juris Rn. 31 - NJW 2002, 2238-2240.
[57] *Staudinger* in: Staudinger, § 651k Rn. 41; *Führich*, Reiserecht, 6. Aufl. 2010, Rn. 603 (unter 2).

§ 651l BGB Gastschulaufenthalte

(Fassung vom 02.01.2002, gültig ab 01.01.2002)

(1) ¹Für einen Reisevertrag, der einen mindestens drei Monate andauernden und mit dem geregelten Besuch einer Schule verbundenen Aufenthalt des Gastschülers bei einer Gastfamilie in einem anderen Staat (Aufnahmeland) zum Gegenstand hat, gelten die nachfolgenden Vorschriften. ²Für einen Reisevertrag, der einen kürzeren Gastschulaufenthalt (Satz 1) oder einen mit der geregelten Durchführung eines Praktikums verbundenen Aufenthalt bei einer Gastfamilie im Aufnahmeland zum Gegenstand hat, gelten sie nur, wenn dies vereinbart ist.

(2) Der Reiseveranstalter ist verpflichtet,

1. für eine bei Mitwirkung des Gastschülers und nach den Verhältnissen des Aufnahmelands angemessene Unterbringung, Beaufsichtigung und Betreuung des Gastschülers in einer Gastfamilie zu sorgen und
2. die Voraussetzungen für einen geregelten Schulbesuch des Gastschülers im Aufnahmeland zu schaffen.

(3) Tritt der Reisende vor Reisebeginn zurück, findet § 651i Abs. 2 Satz 2 und 3 und Abs. 3 keine Anwendung, wenn der Reiseveranstalter ihn nicht spätestens zwei Wochen vor Antritt der Reise jedenfalls über

1. Namen und Anschrift der für den Gastschüler nach Ankunft bestimmten Gastfamilie und
2. Namen und Erreichbarkeit eines Ansprechpartners im Aufnahmeland, bei dem auch Abhilfe verlangt werden kann,

informiert und auf den Aufenthalt angemessen vorbereitet hat.

(4) ¹Der Reisende kann den Vertrag bis zur Beendigung der Reise jederzeit kündigen. ²Kündigt der Reisende, so ist der Reiseveranstalter berechtigt, den vereinbarten Reisepreis abzüglich der ersparten Aufwendungen zu verlangen. ³Er ist verpflichtet, die infolge der Kündigung notwendigen Maßnahmen zu treffen, insbesondere, falls der Vertrag die Rückbeförderung umfasste, den Gastschüler zurückzubefördern. ⁴Die Mehrkosten fallen dem Reisenden zur Last. ⁵Die vorstehenden Sätze gelten nicht, wenn der Reisende nach § 651e oder § 651j kündigen kann.

Gliederung

A. Grundlagen 1	III. Rücktritt 9
B. Anwendungsvoraussetzungen 3	IV. Kündigung 11
I. Anwendungsbereich 3	C. Prozessuale Hinweise 15
II. Pflichten des Reiseveranstalters 6	

A. Grundlagen

§ 651l BGB wurde eingefügt durch Gesetz vom 23.07.2001 und gilt gemäß Art. 229 § 4 EGBGB für nach dem 01.09.2001 abgeschlossene Verträge. Auf Gastschulaufenthalte wurden von der h.M. bereits vor der Gesetzesänderung die §§ 651a-651m BGB angewendet[1]. Durch die Schaffung einer eigenen Regelung wurde diesbezüglich Klarheit geschaffen. Die Vorschrift enthält für diesen bestimmten Typ eines Reisevertrages eigenständige, in Teilen modifizierte Regelungen[2].   **1**

---

[1] OLG Karlsruhe v. 28.01.1998 - 1 U 218/97 - NJW-RR 1998, 841-842; OLG Köln v. 04.02.2000 - 6 U 99/99 - NJW-RR 2000, 1509-1511; OLG Köln v. 11.09.2000 - 16 U 77/99 - RRa 2001, 3-5; LG Düsseldorf v. 24.01.2001 - 12 O 299/99 - NJW-RR 2001, 1211-1212.

[2] Vgl. *Klein*, RRa 2004, 50-59.

§ 651l

2 Nach Ansicht des EuGH fallen Gastschulreisen nicht in den Anwendungsbereich der EG-Pauschalreise-Richtlinie vom 13.06.1990 (90/314/EWG)[3]. Nach Art. 8 dieser Richtlinie sind indes strengere Vorschriften des nationalen Gesetzgebers zum Schutz des Verbrauchers zulässig; von dieser Befugnis hat der deutsche Gesetzgeber Gebrauch gemacht[4].

B. Anwendungsvoraussetzungen

I. Anwendungsbereich

3 **Anwendbar** ist die Vorschrift auf einen Reisevertrag, der einen mindestens drei Monate dauernden Aufenthalt verbunden mit einem geregelten Besuch einer Schule zum Inhalt hat (Absatz 1 Satz 1). Bei kürzerer Aufenthaltsdauer oder einem mit der geregelten Durchführung eines Praktikums (z.B. Au-Pair) verbundenen Aufenthalt gelten die Absätze 2-4 nur bei Vereinbarung (Absatz 1 Satz 2).

4 § 651l BGB spricht einerseits vom „**Gastschüler**", andererseits vom „**Reisenden**". „Gastschüler" ist der Schüler, der in den anderen Staat (= das Aufnahmeland) reist, dort in einer Gastfamilie untergebracht wird und eine Schule (geregelt) besucht. „Reisender" ist derjenige, der den Reisevertrag (= den Gastschulvertrag) mit dem Reiseveranstalter im eigenen Namen abschließt. Mithin ist der Gastschüler, der volljährig ist und den Gastschulaufenthalt selbst bucht, zugleich auch „Reisender".

5 Ist der **Gastschüler minderjährig** und schließt sein gesetzlicher Vertreter, meist also (jedenfalls) ein Elternteil, im eigenen Namen den Vertrag über den Gastschulaufenthalt mit dem Reiseveranstalter, ist der gesetzliche Vertreter des Gastschülers „Reisender"[5]. Freilich drängt sich die Frage auf, ob der gesetzliche Vertreter den Vertrag wirklich im eigenen Namen oder im Namen des minderjährigen Gastschülers schließt und ob der Vertrag mithin wirklich – als Vertrag zugunsten des Gastschülers – zwischen seinem (die Buchung im eigenen Namen vornehmenden) gesetzlichen Vertreter und dem Reiseveranstalter oder aber zwischen dem von seinem (die Buchung im Namen des Minderjährigen vornehmenden) gesetzlichen Vertreter wirksam vertretenen Gastschüler und dem Reiseveranstalter zustande kommt. Schließlich kommt es auch in Betracht, dass der Gastschüler, der (naturgemäß) das siebente Lebensjahr vollendet hat (§ 106 BGB), mit der (in der Mitwirkung an der Buchung zum Ausdruck kommenden) Einwilligung seines gesetzlichen Vertreters (§ 107 BGB) den Vertrag über seinen Gastschulaufenthalt im eigenen Namen mit dem Reiseveranstalter schließt[6]. In den beiden zuletzt genannten Fällen ist der minderjährige Gastschüler zugleich „Reisender", wobei er allerdings zur Ausübung von Gestaltungsrechten (insbesondere Rücktritt und Kündigung) auf die Mitwirkung seines gesetzlichen Vertreters angewiesen bleibt.

II. Pflichten des Reiseveranstalters

6 Die Pflichten des Reiseveranstalters ergeben sich aus Absatz 2 Nr. 1. Danach hat er für angemessene **Unterbringung, Beaufsichtigung und Betreuung** des Gastschülers in einer Gastfamilie zu sorgen. Den Gastschüler trifft hierbei eine **Mitwirkungspflicht**. Die Angemessenheit orientiert sich am Maßstab „mittlerer Art und Güte" und variiert entsprechend von Aufnahmeland zu Aufnahmeland[7]. Die Unterbringung des Gastschülers im Rahmen eines Vertrages über einen Gastschulaufenthalt im Ausland in einer Region, die nicht völlig malariafrei ist („low risk"-Gebiet), stellt einen Mangel des Gastschulvertrages dar und berechtigt zur Vertragskündigung, wenn nicht umgehend Abhilfe erfolgt[8]. Subjektive Erwartungen im Hinblick auf bestimmte Kriterien wie z.B. das wirtschaftlich-soziale Umfeld der aufnehmenden Familie sind unerheblich. Der Gastschüler soll den Aufenthalt bei einer **zufällig ausgewählten, durchschnittlichen Gastfamilie** verbringen[9]. Die Unterbringung im Rahmen einer England-Reise bei einer nicht englischstämmigen Familie stellt angesichts der gesellschaftlichen Verhältnisse in England keinen Mangel dar,[10] sofern nicht etwas anderes vereinbart oder sogar zugesichert ist.

---

[3] EuGH v. 11.02.1999 - C-237/97 - EuGHE I 1999, 825-853 - AFS Intercultural Programs Finland.
[4] BT-Drs. 14/5944, S. 13.
[5] *Staudinger* in: Staudinger, § 651l Rn. 6 a.E.
[6] *Seiler* in: Erman, § 651l Rn. 2.
[7] BT-Drs. 14/5944, S. 14; *Seiler* in: Erman, § 651l Rn. 3; *Staudinger* in: Staudinger, § 651l Rn. 12a.
[8] OLG Köln v. 03.09.2007 - 16 U 11/07 - OLGR Köln 2008, 69-70.
[9] BT-Drs. 14/5944, S. 14.
[10] AG Heidelberg v. 23.07.1998 - 60 C 202/97 - RRa 1999, 171-173.

Darüber hinaus hat der Veranstalter die Voraussetzungen für einen **geregelten Schulbesuch** zu schaffen (Absatz 2 Nr. 2). Die tatsächliche Teilnahme des Gastschülers am Unterricht muss der Reiseveranstalter nicht überwachen[11]. Die Schule muss unter Berücksichtigung der Verhältnisse des Aufnahmelandes Alter und Bildungsstand des Gastschülers entsprechen. Ein Anspruch auf eine bestimmte Bildungseinrichtung besteht nicht[12]. Soweit der Veranstalter hierbei Erfüllungsgehilfen (z.B. Agenturen) zwischenschaltet, wird ihm deren Verhalten ohne Entlastungsmöglichkeit nach § 278 BGB zugerechnet[13].

Dem **Reiseveranstalter** wird durch § 651l BGB grundsätzlich keine Möglichkeit eingeräumt, den (Vertrag über den) Gastschulaufenthalt vorzeitig zu beenden. Bei besonders schweren Verfehlungen des Gastschülers kann der Reiseveranstalter jedoch die **außerordentliche Kündigung** des Reisevertrages (= des Gastschulvertrages) erklären (vgl. die Kommentierung zu § 651e BGB Rn. 4). In Betracht kommen beispielsweise erhebliche Verletzungen von Rücksichtnahme- und Anstandspflichten.[14]

III. Rücktritt

Der **Reisende** kann **vor Reisebeginn** jederzeit und ohne Angabe von Gründen vom Reisevertrag zurücktreten (Absatz 3).

Infolge des Rücktritts hat der Reisende grundsätzlich eine Entschädigung nach § 651i Absatz 2 Sätze 2 und 2 und Abs. 3 BGB zu leisten. Der Entschädigungsanspruch entfällt jedoch (vgl. die Kommentierung zu § 651i BGB Rn. 15), wenn der Veranstalter den Reisenden nicht spätestens zwei Wochen vor Reiseantritt über Namen und Anschrift der Gastfamilie (Absatz 3 Nr. 1) und über Namen und Erreichbarkeit eines Ansprechpartners im Aufnahmeland, bei dem auch Abhilfe verlangt werden kann (Absatz 3 Nr. 2), **informiert** und auf den Aufenthalt angemessen **vorbereitet** hat. Die Informationspflicht ist nunmehr auch in § 7 BGB-InfoV normiert. Wird eine Gastfamilie benannt, ist diese Festlegung verbindlich.[15] Der Ansprechpartner muss etwaigen Mängeln abhelfen können. Zur Vorbereitung hat der Veranstalter den Gastschüler angemessen in die Sitten und Gebräuche und die wesentlichen Lebensumstände im Aufnahmeland einzuweisen.[16]

IV. Kündigung

Bis zur Beendigung der Reise kann der **Reisende** den Reisevertrag – ebenfalls ohne Angabe von Gründen – kündigen (Absatz 4). Die Regelung des Absatzes 4 Sätze 1 und 2 ist derjenigen des § 649 BGB nachgebildet und enthält Erleichterungen im Vergleich zu § 651i BGB, der einen Rücktritt nach Reisebeginn nicht vorsieht[17], und im Vergleich zu § 651e BGB, der bei Gründen aus der Sphäre des Reisenden nicht anwendbar ist. Entgegen § 651e Abs. 3 BGB behält der Veranstalter hier den Anspruch auf den Reisepreis; abzuziehen sind nur ersparte Aufwendungen (Absatz 4 Satz 2). § 651l Abs. 4 BGB gewährt dem Reisenden also ein freies Kündigungsrecht bis zur Beendigung der Reise. Dieses soll eine Kündigung aus Gründen ermöglichen, die in der Person des Gastschülers liegen. Die Kündigung erfolgt allerdings nicht kostenfrei.[18] Der Gesetzgeber hat mit der **erweiterten Kündigungsmöglichkeit** der bei Jugendlichen dieser Altersgruppen noch nicht abgeschlossenen Persönlichkeitsentwicklung Rechnung getragen und berücksichtigt auch Gründe wie z.B. mangelndes Durchhaltevermögen, Sprunghaftigkeit, Heimweh und fehlende Lust.[19]

Nach der Kündigung eines Gastschulaufenthaltes ist eine anderweitige Verwertung der Reiseleistungen in der Regel nicht möglich. Auch liegt die Hauptarbeit in der Organisation der Reise bis zu deren Antritt; daher können durch eine Verringerung des Betreuungsaufwandes vor Ort etc. regelmäßig keine Personalkosten eingespart werden.[20]

---

[11] *Sprau* in: Palandt, § 651l Rn. 5, *Führich*, Reiserecht, 6. Aufl. 2010, Rn. 609 (unter Nr. 2).
[12] *Sprau* in: Palandt, § 651l Rn. 5.
[13] AG Heidelberg v. 23.07.1998 - 60 C 202/97 - RRa 1999, 171-173.
[14] LG Frankfurt v. 14.06.2002 - 2-19 O 87/02, 2/19 O 87/02 - RRa 2002, 212-214: Herunterladen pornographischer Bilder aus dem Internet auf einen der minderjährigen Tochter der Gastgeberfamilie frei zugänglichen Computer.
[15] BT-Drs. 14/5944, S. 20; *Führich*, NJW 2001, 3083-3087.
[16] BT-Drs. 14/5944, S. 16.
[17] *Sprau* in: Palandt, § 651l Rn. 7.
[18] *Staudinger* in: Staudinger, § 651l Rn. 24.
[19] BT-Drs. 14/5944, S. 16; *Seiler* in: Erman, § 651l Rn. 9: Vorschrift „erschien dem Gesetzgeber – ganz im Sinne moderner laisser faire-Pädagogik – sachgerecht".
[20] LG Köln v. 02.03.2004 - 11 S 279/03 - RRa 2004, 130-132; High-School-Programm USA.

§ 651l

13 Beruht die Kündigung auf dem Veranstalter zurechenbaren Umständen oder auf höherer Gewalt, bleiben § 651e BGB und § 651j BGB anwendbar. Freilich müssen deren Voraussetzungen auch bei gleichzeitiger Anwendbarkeit von § 651l BGB vollständig erfüllt sein. Das gilt z.B. für Abhilfeverlangen und -frist.[21] Absatz 4 Satz 5 ist so zu verstehen, dass der nach § 651l Abs. 4 BGB erklärte Rücktritt nicht etwa unwirksam ist, wenn der Reisende nach § 651e BGB oder nach § 651j BGB kündigen kann (bzw. hätte kündigen können), sondern dass sich in diesen Fällen die Rechtsfolgen der vorzeitigen Beendigung des Reisevertrages (= des Gastschulvertrages) aus den spezielleren Vorschriften der § 651e BGB oder § 651j BGB ergeben.[22]

14 Nach bisher ganz überwiegender Auffassung[23] soll auch im Falle grober Reisemängel kein Anspruch auf Entschädigung wegen nutzlos aufgewendeter Urlaubszeit (§ 651f Abs. 2 BGB) bestehen, weil die Zeit eines Gastschulaufenthaltes keine Urlaubszeit darstelle. Das ist richtig. Angesichts der neueren Rechtsprechung des Bundesgerichtshofes[24] zu einem Anspruch auf Entschädigung wegen vertaner Urlaubszeit erscheint es aber nicht über jeden Zweifel erhaben, ob nicht eine analoge Anwendung des § 651f Abs. 2 BGB auf einen Gastschulaufenthalt in Betracht kommen könnte.

C. Prozessuale Hinweise

15 Der Reiseveranstalter muss ggf. die Verletzung von Mitwirkungsobliegenheiten des Gastschülers, die Erfüllung der Informationspflicht (§ 651l Abs. 3 BGB) und etwaige Mehrkosten (§ 651l Abs. 4 Satz 4 BGB) **darlegen und beweisen**. Im Übrigen trifft die **Darlegungs- und Beweislast** den Reisenden (Gastschüler).[25]

---

[21] OLG Köln v. 11.09.2000 - 16 U 77/99 - RRa 2001, 3-5.
[22] *Sprau* in: Palandt, § 651l Rn. 7; *Führich*, Reiserecht, 6. Aufl. 2010, Rn. 614 a (unter 1).
[23] LG Berlin v. 03.06.2004 - 5 O 569/03 - RRa 2005, 71-75; *Klein*, RRa 2004, 50-59, 57; *Führich*, Reiserecht, 6. Aufl. 2010, Rn. 614 d).
[24] BGH v. 11.01.2005 - X ZR 118/03 - BGHZ 161, 389-400 – vgl. insbesondere die Ausführungen unter den juris Rn. 24 und 25.
[25] *Staudinger* in: Staudinger, § 651l Rn. 27-29; *Führich*, Reiserecht, 6. Aufl. 2010, Rn. 616.

§ 651m BGB Abweichende Vereinbarungen

(Fassung vom 02.01.2002, gültig ab 01.01.2002)

¹Von den Vorschriften der §§ 651a bis 651l kann vorbehaltlich des Satzes 2 nicht zum Nachteil des Reisenden abgewichen werden. ²Die in § 651g Abs. 2 bestimmte Verjährung kann erleichtert werden, vor Mitteilung eines Mangels an den Reiseveranstalter jedoch nicht, wenn die Vereinbarung zu einer Verjährungsfrist ab dem in § 651g Abs. 2 Satz 2 bestimmten Verjährungsbeginn von weniger als einem Jahr führt.

Gliederung

A. Grundlagen.................................... 1	II. Teilnichtigkeit................................ 6
B. Anwendungsvoraussetzungen........... 4	III. Verkürzung der Verjährung............. 7
I. Verzichtsklauseln.............................. 4	

A. Grundlagen

Regelungsprinzipien: Die Regelung des § 651m Satz 1 BGB entspricht weitgehend § 651l BGB a.F. Durch das Schuldrechtsmodernisierungsgesetz wurde lediglich der Vorbehalt des § 651m Satz 2 BGB eingefügt, der die Verjährungsregelung des Reisevertragsrechtes u.a. derjenigen des Werkvertragsrechtes angleicht, die eine Verkürzung der Verjährungsfrist auf ein Jahr erlaubt.[1] Die Gesetzesänderung gilt nach Art. 229 § 5 EGBGB für alle nach dem 01.01.2002 abgeschlossenen Reiseverträge.   1

Die §§ 651a-651l BGB sind gemäß § 651m Satz 1 BGB **halbzwingend**. Von ihnen (unter Einschluss der Bestimmungen der BGB-InfoV) kann zum Nachteil des Reisenden nicht abgewichen werden (einzige Ausnahme: § 651m Satz 2 BGB), weder durch Allgemeine Reisebedingungen (ARB) noch durch Individualvereinbarungen. Die Verletzung des § 651m BGB ist **von Amts wegen** zu beachten.[2] Ein Verstoß gegen § 651m BGB führt zur **Nichtigkeit**. Ob sich die Nichtigkeitsfolge bereits unmittelbar aus dieser Vorschrift ergibt[3] oder ob zusätzlich § 134 BGB heranzuziehen ist,[4] dürfte ohne praktische Bedeutung sein.   2

Eine nachteilige Abweichung ist jewails am Maßstab der einzelnen reiserechtlichen Vorschrift festzustellen. **Unzulässig** ist eine **Gesamtbetrachtung** dergestalt, dass vor- und nachteilige Regelungen gegeneinander abgewogen werden und danach ein Verstoß nur bei einem Überwiegen der nachteiligen Regelungen angenommen wird.[5]   3

B. Anwendungsvoraussetzungen

I. Verzichtsklauseln

Nach der h.M.[6] sind **Verzichtsvereinbarungen am Urlaubsort** auch dann gemäß §§ 651m, 134 BGB unwirksam, wenn eine Abfindung oder andere Ersatzleistungen vereinbart werden; der Reisende be-   4

---

[1] BT-Drs. 14/6040, S. 269; *Tonner* in: MünchKomm-BGB, § 651m Rn. 2 und 11; *Staudinger* in: Staudinger, § 651m Rn. 5; *Führich*, 6. Aufl. 2010, Rn. 617 (unter 2).

[2] *Staudinger* in: Staudinger, § 651m Rn. 13; *Führich*, Reiserecht, 6. Aufl. 2010, Rn. 617 (unter 1).

[3] So *Seiler* in: Erman, § 651m Rn. 4; *Eckert* in: Staudinger (Neubearbeitung 2003), § 651m Rn. 7.

[4] So BGH v. 22.03.1984 - VII ZR 189/83 - BGHZ 90, 363-370; OLG Düsseldorf v. 13.11.1991 - 18 U 123/91 - NJW-RR 1992, 245-246; *Sprau* in: Palandt, § 651m Rn. 1; *Eckert* in: Soergel, § 651l Rn. 2; *Tonner* in: MünchKomm-BGB, § 651l Rn. 1; *Staudinger* in: Staudinger (Neubearbeitung 2011), § 651m Rn. 13; *Führich*, Reiserecht, 6. Aufl. 2010, Rn. 617 (unter 1).

[5] *Seiler* in: Erman, § 651m Rn. 3; *Recken* in: BGB-RGRK, § 651k Rn. 2; *Eckert* in: Soergel, § 651l Rn. 3; *Tonner* in: MünchKomm-BGB, § 651l Rn. 6; *Staudinger* in: Staudinger, § 651m Rn. 13; *Führich*, Reiserecht, 6. Aufl. 2010, Rn. 620 (unter 2).

[6] OLG Düsseldorf v. 13.11.1991 - 18 U 123/91 - NJW-RR 1992, 245-246; OLG Düsseldorf v. 06.11.1997 - 18 U 52/97 - NJW-RR 1998, 922-923; LG Frankfurt v. 06.12.1982 - 2/24 S 156/82 - NJW 1983, 233-235; LG Frankfurt v. 21.05.1984 - 2/24 S 113/82 - NJW 1984, 1762-1763; LG Frankfurt v. 03.02.1986 - 2/24 S 116/84 - NJW-RR 1986, 539-540; LG Kleve v. 15.07.1992 - 6 S 444/91 - NJW-RR 1992, 1525-1526; *Sprau* in: Palandt, § 651m Rn. 1; *Eckert* in: Soergel, § 651l Rn. 3; *Tonner* in: MünchKomm-BGB, § 651l Rn. 5; *Tempel*, RRa 1999, 107-113; *Staudinger* in: Staudinger (Neubearbeitung 2011), § 651m Rn. 14-17; *Führich*, Reiserecht, 6. Aufl. 2010, Rn. 621 (unter 1 und 2), a.A. LG Hamburg v. 14.07.1994 - 317 S 299/93 - RRa 1994, 185; AG Ludwigsburg v. 27.10.1997 - 5 C 20/97 - RRa 1998, 74-76; AG Frankfurt v. 08.12.1998 - 32 C 2060/98 - RRa 2000, 9-11; *Seiler* in: Erman, § 651m Rn. 2: bereits entstandene Ansprüche nicht erfasst – „in Extremfällen ist mit § 242 BGB zu helfen"; *Eckert* in: Staudinger (Neubearbeitung 2003), § 651m Rn. 11: in Ausnahmefällen, z.B. wenn gebotene Abhilfemaßnahmen von Verzicht abhängig gemacht werden, Nichtigkeit des Verzichts nach § 138 BGB oder § 242 BGB.

finde sich insbesondere dann in einer **Drucksituation**, wenn er das Geld beispielsweise für eine Ersatzunterkunft benötige. Verzichtsvereinbarungen sind dagegen wirksam und Gewährleistungsrechte ausgeschlossen, wenn der Reisende vor Reiseantritt umfassend über Mängel informiert wird und dann auf die Geltendmachung von Gewährleistungsansprüchen wegen dieser Mängel schriftlich verzichtet;[7] dabei handelt es sich von der Sache her um eine – auf die Sollbeschaffenheit der Reiseleistung – bezogene Vertragsänderung. Gleiches gilt, wenn der Reisende am Urlaubsort – ohne das Vorliegen konkreter Mängel – freiwillig eine Leistungsänderung vereinbart.[8] **Erstattungen** am Urlaubsort, z.B. wegen nicht erhaltener Hotelleistungen, schließen Minderungsansprüche wegen sonstiger Mängel nicht aus.[9] Unwirksam sind in Quittungen enthaltene Klauseln, wonach der Reisende von der Geltendmachung von Ansprüchen gegen den Veranstalter oder das Reisebüro absehe.[10]

5 Erklärungen des Reisenden in Bezug auf einen Reisemangel können nicht als Angebot einer Vertragsänderung oder als Annahme eines solchen Angebotes gewertet werden.[11]

II. Teilnichtigkeit

6 Bei Teilnichtigkeit einer individuellen Reisevertragsregelung gilt grundsätzlich § 139 BGB. Im Zweifel wird davon auszugehen sein, das es dem Willen der Vertragsparteien entspricht (und dem von § 651m Satz 1 BGB erstrebten Schutz des Reisenden dient), den Reisevertrag im Übrigen aufrechtzuerhalten und die gesetzlichen Regelungen an die Stelle der unwirksamen individualvertraglichen Regelungen treten zu lassen.[12] Erst recht berührt die Unwirksamkeit einer Klausel der Allgemeinen Reisebedingungen den Reisevertrag im Übrigen nicht (§ 306 Abs. 1 BGB); die unwirksame Regelung wird durch die jeweils einschlägige gesetzliche Regelung ersetzt (§ 306 Abs. 2 BGB).

III. Verkürzung der Verjährung

7 Entgegen § 651l BGB a.F. ist nunmehr nach § 651m Satz 2 BGB n.F. eine Verkürzung der jetzt zweijährigen Verjährungsfrist möglich.

8 **Vor** Mitteilung des Mangels an den Reiseveranstalter darf diese Verkürzung aber nicht zu einer unter einem Jahr liegenden Verjährung führen (§ 651m Satz 2 BGB). Die Verkürzung bis zu dieser Grenze ist auch in Allgemeinen Reisebedingungen zulässig und wirksam[13], allerdings nur in den durch § 309 Nr. 7 BGB gezogenen Grenzen.[14] Danach ist jede in Allgemeinen Geschäftsbedingungen (Allgemeinen Reisebedingungen) ausbedungene Begrenzung der Haftung – um eine solche handelt es sich auch bei der Verkürzung der (gesetzlichen) Verjährungsfrist – für Schäden aus der Verletzung des Lebens, des Körpers und der Gesundheit, die auf einer mindestens fahrlässigen Pflichtverletzung des Verwenders der Allgemeinen Geschäftsbedingungen (= des Reiseveranstalters) oder eines Erfüllungsgehilfen beruhen, und für sonstige Schäden, die auf einer mindestens grob fahrlässigen Pflichtverletzung beruhen, (ohne Wertungsmöglichkeit) unzulässig und unwirksam, wobei ein Verstoß gegen dieses Klauselverbot wegen der Unstatthaftigkeit einer geltungserhaltenden Reduktion zur Unwirksamkeit der gesamten Klausel führt, sofern sich die Klausel nicht nach ihrem Wortlaut aus sich heraus verständlich und sinnvoll in einen inhaltlich zulässigen und einen unzulässigen Regelungsteil trennen lässt.[15] Die unter Nr. 13.1 und 2 ARB-DRV 2010[16] empfohlene Regelung dürfte wirksam sein. Sie belässt es in Bezug auf reisevertragliche Ansprüche des Kunden aus der Verletzung des Lebens, des Körpers oder der Gesundheit, die auf einer mindestens fahrlässigen Pflichtverletzung des Reiseveranstalters oder des Erfüllungsgehilfen des Reiseveranstalters beruhen, und in Bezug auf reisevertragliche Ansprüche des Kunden auf den Ersatz sonstiger Schäden, die auf einer mindestens grob fahrlässigen Pflichtverletzung

---

[7] AG Düsseldorf v. 25.10.1991 - 41 C 2006/90 - RRa 1994, 122; *Führich*, Reiserecht, 6. Aufl. 2010, Rn. 621 (unter 3); a.A. *Staudinger* in: Staudinger, § 651m Rn. 15.

[8] *Führich*, Reiserecht, 6. Aufl. 2010, Rn. 621 (unter 4).

[9] LG Düsseldorf v. 07.01.1993 - 22 S 566/92 - RRa 1994, 102.

[10] LG Frankfurt v. 06.12.1982 - 2/24 S 156/82 - NJW 1983, 233-235.

[11] *Führich*, Reiserecht, 6. Aufl. 2010, Rn. 621 (unter 4).

[12] *Tonner* in: MünchKomm-BGB, § 651m Rn. 9, *Staudinger* in: Staudinger, § 651m Rn. 13; *Führich*, Reiserecht, 6. Aufl. 2010, Rn. 620 (unter 1).

[13] BT-Drs. 14/6040, S. 269; *Tonner* in: MünchKomm-BGB, § 651m Rn. 10; *Führich*, Reiserecht, 6. Aufl. 2010, Rn. 622 (unter 2).

[14] BGH v. 26.02.2009 - Xa ZR 141/07 - juris Rn. 15 ff. - NJW 2009, 1486-1487; *Staudinger*, RRa 2004, 218-222; *Führich*, Reiserecht, 6. Aufl. 2010, Rn. 622 (unter 2).

[15] BGH v. 26.02.2009 - Xa ZR 141/07 - juris Rn. 19 - NJW 2009, 1486-1487.

[16] Abgedruckt bei *Führich*, Reiserecht, 6. Aufl. 2010, Anhang II Nr. 6.

des Reiseveranstalters oder eines Erfüllungsgehilfen des Reiseveranstalters beruhen, bei der zweijährigen Verjährung und verkürzt nur die Verjährung aller übrigen reisevertraglichen Ansprüche auf ein Jahr.

Nach Mitteilung des Mangels kann die Verjährungsfrist grundsätzlich auch auf weniger als ein Jahr verkürzt werden. Dabei ist jedoch Zurückhaltung geboten; keinesfalls dürfen durch eine formularmäßige Verkürzung der Verjährungsfrist auf weniger als sechs Monate die Gewährleistungsrechte des Reisenden als Verbraucher allzu sehr ausgehöhlt werden.[17] Eine praktische Bedeutung hat diese Verkürzungsmöglichkeit bisher wohl nicht erlangt.[18]

---

[17] A.A. *Tonner* in: MünchKomm-BGB, § 651m Rn. 10.
[18] *Führich*, Reiserecht, 6. Aufl. 2010, Rn. 622 (unter 4).

§ 652

Titel 10 - Mäklervertrag

Untertitel 1 - Allgemeine Vorschriften

§ 652 BGB Entstehung des Lohnanspruchs

(Fassung vom 02.01.2002, gültig ab 01.01.2002)

(1) ¹Wer für den Nachweis der Gelegenheit zum Abschluss eines Vertrags oder für die Vermittlung eines Vertrags einen Mäklerlohn verspricht, ist zur Entrichtung des Lohnes nur verpflichtet, wenn der Vertrag infolge des Nachweises oder infolge der Vermittlung des Mäklers zustande kommt. ²Wird der Vertrag unter einer aufschiebenden Bedingung geschlossen, so kann der Mäklerlohn erst verlangt werden, wenn die Bedingung eintritt.

(2) ¹Aufwendungen sind dem Mäkler nur zu ersetzen, wenn es vereinbart ist. ²Dies gilt auch dann, wenn ein Vertrag nicht zustande kommt.

Gliederung

A. Grundlagen ... 1	8. Bereicherungsrecht ... 148
B. Praktische Bedeutung ... 3	9. Verflechtungsfälle ... 154
C. Anwendungsvoraussetzungen ... 7	10. Wohnungseigentumsverwalter ... 170
I. Normstruktur ... 7	11. Atypischer Maklervertrag ... 179
II. Abschluss eines wirksamen Maklervertrags ... 9	12. Zurechnungsprobleme ... 183
1. Zustandekommen des Vertrags ... 9	V. Kausalität zwischen Maklertätigkeit und Abschluss des Hauptvertrags ... 189
2. Formerfordernisse ... 25	D. Rechtsfolgen ... 199
3. Berufs- und Standesregelungen ... 35	I. Provisionsanspruch ... 199
4. Sittenwidrigkeit ... 44	II. Steuerfragen ... 211
5. Stellvertretung ... 49	III. Aufwendungsersatzanspruch ... 213
6. Laufzeit ... 53	E. Prozessuale Hinweise/Verfahrenshinweise ... 216
7. Vertragstypen ... 56	F. Anwendungsfelder ... 223
8. Pflichtenbindung ... 65	I. Immobilienmakler ... 223
9. Individualabreden und AGB ... 81	II. Wohnungsmakler ... 230
III. Entfaltung der vertraglich vereinbarten Maklertätigkeit ... 90	III. Stellenmakler ... 241
1. Abgrenzung ... 90	IV. Abfallmakler ... 259
2. Gewerbeerlaubnis ... 94	V. Anlagemakler ... 266
3. Makler- und Bauträgerverordnung ... 96	1. Finanzanlagenvermittlung ... 266
4. Nachweismakler ... 98	2. Anlageberatung und Anlagevermittlung ... 270
5. Vermittlungsmakler ... 105	3. Kundenklassifikation und Kundeninformation ... 275
6. Kooperationsformen ... 108	4. Vertragliche Haftung ... 283
IV. Abschluss des angestrebten Hauptvertrags ... 118	5. Informationsquellen ... 301
1. Kongruenzkriterien ... 118	6. Innenprovisionen und Rückvergütungen ... 311
2. Änderung der Vertragsart ... 121	7. Finanztermingeschäfte ... 332
3. Änderung des Vertragsgegenstands ... 122	8. Immobiliengeschäfte ... 340
4. Änderung des Vertragspreises ... 126	9. Mittelverwendungskontrolle ... 353
5. Änderung der Vertragspartei ... 129	VI. Versicherungsmakler ... 363
6. Bedingungen ... 135	VII. Unternehmensmakler ... 379
7. Gestaltungsrechte ... 140	

A. Grundlagen

1 § 652 BGB gestaltet den **Maklervertrag** als einseitig verpflichtenden Vertrag, enthält die für das Maklerrecht charakteristische Differenzierung zwischen Nachweis- und Vermittlungstätigkeit und grenzt den Lohnanspruch des Maklers von einem möglichen Aufwendungsersatzanspruch ab, der gesonderter Vereinbarung bedarf. Der Vertragspartner des Maklers wird überwiegend als Auftraggeber oder Kunde bezeichnet. Für den Ausnahmefall, dass keine Vereinbarung zum Lohn bzw. zur Lohnhöhe getroffen wurde, normiert § 653 BGB eine gesetzliche Vermutung, nach der im Ergebnis der übliche

Lohn als vereinbart gilt. § 654 BGB sanktioniert dagegen einen Verstoß des Maklers gegen die ihm gegenüber seinem Auftraggeber obliegenden Treuepflichten mit dem Verlust des Lohn- und Aufwendungsersatzanspruchs.

Als **Sonderregelung** für den Maklerlohn im Bereich der Arbeitsvermittlung eröffnet § 655 BGB die Möglichkeit zur geltungserhaltenden Reduktion eines unverhältnismäßig hohen Lohnversprechens. Im Mittelpunkt der im Zuge der Schuldrechtsmodernisierung aus dem Verbraucherkreditgesetz in das Bürgerliche Gesetzbuch übernommenen Bestimmungen zum Darlehensvermittlungsvertrag (§§ 655a-655e BGB) steht der Schutz von Verbrauchern und Existenzgründern. Den Abschluss des BGB-Titels zum Maklervertrag bildet § 656 BGB, der den Maklerlohn auf dem Gebiet der Ehevermittlung als unvollkommene Verbindlichkeit ausgestaltet. Seine praktische Bedeutung beruht in erster Linie auf der Rechtsprechung des BGH, der ihn nicht nur auf Eheanbahnungs-, sondern vor allem auch auf Partnerschaftsvermittlungsverträge entsprechend anwendet.

B. Praktische Bedeutung

Der Maklervertrag hat im BGB selbst nur eine äußerst rudimentäre Regelung erfahren. Hinzu kommt, dass die Vorschriften mit Ausnahme der §§ 655, 656 BGB lediglich dispositiven Charakter haben. Die §§ 652-656 BGB gelten unmittelbar für den Zivilmakler sowie ergänzend zu den §§ 93-104 HGB für **den Handelsmakler**, der – ohne aufgrund eines Vertragsverhältnisses ständig damit betraut zu sein – für andere Personen gewerbsmäßig die Vermittlung von Verträgen über Anschaffung oder Veräußerung von Waren oder Wertpapieren, über Versicherungen, Güterbeförderungen, Schiffsmiete oder sonstige Gegenstände des Handelsverkehrs übernimmt (§ 93 Abs. 1 HGB). In Abweichung vom gesetzlichen Leitbild des Zivilmaklers ergibt sich aus den §§ 93-104 HGB, dass der Handelsmakler für beide Seiten als Vermittler tätig ist und die Rolle eines Schlichters zwischen den widerstreitenden Parteien spielt.

Die Vorschriften finden auch Anwendung, wenn das Unternehmen des Handelsmaklers nach Art oder Umfang einen in kaufmännischer Weise eingerichteten Geschäftsbetrieb nicht erfordert und somit kein Handelsgewerbe im Sinne des § 1 Abs. 2 HGB vorliegt (§ 93 Abs. 3 HGB). Die Vermittlung anderer als der in § 93 Abs. 1 HGB ausdrücklich bezeichneten Geschäfte ist dagegen von ihrem **Anwendungsbereich** generell ausgenommen (§ 93 Abs. 2 HGB), so dass insbesondere der Immobilienmakler und der Kreditvermittler als Zivilmakler gelten. Allerdings müssen diese ebenso wie alle anderen Makler bei gewerbsmäßiger Tätigkeit in aller Regel nach Art und Umfang einen in kaufmännischer Weise eingerichteten Geschäftsbetrieb vorhalten und sind infolgedessen gemäß § 1 HGB unabhängig von ihrer Handelsregistereintragung als Kaufleute zu behandeln,[1] für die zwar nicht die §§ 93-104 HGB gelten, wohl aber das gesamte übrige Handelsrecht, insbesondere § 354 HGB.

Die maklerrechtlichen Bestimmungen in BGB und HGB werden schließlich durch zahlreiche **Spezialvorschriften** ergänzt, die dem Umstand Rechnung tragen, dass Makler in ganz verschiedenen Geschäftsfeldern tätig werden, die es zum Teil notwendig erscheinen lassen, ihre Aktivitäten besonderen Anforderungen zu unterwerfen. Stellvertretend für solche spezialgesetzlichen Ausprägungen von Maklertypen sollen hier nur der Stellenmakler (§§ 292-301 SGB III) und der Abfallmakler (§§ 47 ff. KrWG) genannt werden.

Angesichts der offensichtlichen Zurückhaltung des historischen Gesetzgebers bei der Normierung des Maklerrechts kann der Befund nicht überraschen, dass sich die Grundpfeiler dieses Rechtsgebiets weniger aus dem Gesetzestext als vielmehr aus der **Rechtsfortbildung durch die Gerichte** erschließen.[2] Besondere Bedeutung kommt dabei naturgemäß der Rechtsprechung des BGH zu, wo zunächst der VIII. Zivilsenat und von 1969 bis 1994 der IV. Zivilsenat für das Maklerrecht zuständig war. Zum 01.01.1995 ist die Zuständigkeit auf den III. Zivilsenat übergegangen, ohne dass es dadurch zu einem Bruch in der Fortentwicklung bzw. Verfestigung der bis dahin erarbeiteten Grundsätze gekommen wäre. Da die Entscheidungen des BGH den maßgeblichen Orientierungsrahmen für die Praxis der Maklertätigkeit bilden, ist auch die nachfolgende Darstellung in erster Linie an ihnen ausgerichtet.

---

[1] *Dehner*, NJW 2000, 1986-1995, 1987; *Heße*, NJW 2002, 1835-1838, 1837.
[2] Vgl. dazu bereits *Dehner*, NJW 1991, 3254-3262; *Dehner*, NJW 1993, 3236-3244; *Dehner*, NJW 1997, 18-29; *Dehner*, NJW 2000, 1986-1995; *Dehner*, NJW 2002, 3747-3754, der neben der höchstrichterlichen Rechtsprechung auch die Gesetzgebung sowie neue Erscheinungsformen in der Praxis in seine Betrachtung mit einbezogen hatte; fortgeführt von *Fischer*, NJW 2007, 3107-3112; *Fischer*, NJW 2009, 3210-3216; *Fischer*, NJW 2011, 3277-3282.

C. Anwendungsvoraussetzungen

I. Normstruktur

7 Im gesetzlichen Regelfall des § 652 Abs. 1 Satz 1 BGB ist der Maklervertrag als **einseitig verpflichtender Vertrag** ausgestaltet, der keine Tätigkeitsverpflichtung des Maklers begründet, wohl aber eine Zahlungspflicht des Auftraggebers, die ihrerseits wieder von einem erfolgreichen Tätigwerden des Maklers abhängt.[3] Danach ist der Auftraggeber zur Entrichtung des für den Nachweis der Gelegenheit zum Abschluss eines Vertrags oder für die Vermittlung eines Vertrags versprochenen Maklerlohns nur verpflichtet, wenn ein solcher Hauptvertrag mit einem Dritten infolge des Nachweises oder infolge der Vermittlung des Maklers zustande kommt. Die wichtigsten rechtlichen Problemstellungen ranken sich daher um die Frage, ob der Makler einen Lohnanspruch in der von ihm geltend gemachten Höhe hat.[4]

8 Aus diesem Grund orientiert sich auch die nachfolgende Kommentierung an den **Voraussetzungen für den Lohnanspruch des Maklers**, als welche zu nennen sind:
- der Abschluss eines wirksamen Maklervertrags;
- die Entfaltung der vertraglich vereinbarten Tätigkeit[5] durch den Makler;[6]
- das wirksame Zustandekommen des vom Auftraggeber angestrebten Hauptvertrags;
- der ursächliche Zusammenhang zwischen der Maklertätigkeit und dem Abschluss des Hauptvertrags.

II. Abschluss eines wirksamen Maklervertrags

1. Zustandekommen des Vertrags

9 Obwohl seine Tätigkeit im Ergebnis beiden Parteien des Hauptvertrags wirtschaftlich zugutekommt, schließt der Makler nach dem gesetzlichen Leitbild nur mit einer Partei einen Maklervertrag, der Grundlage seines späteren Provisionsanspruchs ist. Vor Abschluss eines solchen Vertrags ist es für den Makler gefährlich, einem Interessenten Informationen über den Gegenstand eines möglichen Hauptvertrags zu überlassen, da der BGH deren Ausnutzung nicht als treuwidriges Verhalten einstuft, sondern als zulässig ansieht.[7] Der Interessent habe ein berechtigtes Interesse, die Entscheidung, ob er auf seine Kosten überhaupt einen Makler einschalten wolle, in der Hand zu behalten. Nach dem **Grundsatz der Vertragsfreiheit** stehe es ferner zu seiner alleinigen Disposition, ob er sich mit einer Nachweistätigkeit zufrieden geben oder Vermittlerdienste fordern wolle. Gleiches gelte für die Auswahl des Maklers.

10 Diese Belange könne der Makler nicht einseitig beiseiteschieben, indem er dem Interessenten unter Hinweis auf seine Konditionen ohne Bestehen eines Maklervertrags Kenntnis von einer Vertragsgelegenheit verschaffe. Benenne der Makler das Objekt ohne vorherige Vereinbarung mit dem Interessenten, so handle er, soweit ihn die Erwartung einer späteren Provisionszusage leite, auf **eigenes Risiko**.[8] Er nehme damit die Gefahr in Kauf, bei Abschluss eines Hauptvertrags keine Käuferprovision zu erlangen. Verwirkliche sich das bewusst übernommene Risiko, so könnten dessen nachteilige Folgen dem Makler nicht mit dem Hinweis auf das Gebot von Treu und Glauben abgenommen werden. Schutzwürdige Belange des Maklers würden dabei nicht berührt.

11 Da es der Makler selbst es in der Hand hat, die Vertragsgelegenheit erst nach **Abgabe eines Provisionsversprechens** zu benennen, wird ihm ein solches die eigenen Interessen wahrendes Geschäftsgebaren auch generell zugemutet.[9] Im konkreten Fall hatte der Makler mit dem Interessenten telefonisch einen Besichtigungstermin vereinbart, sich mit ihm in der Nähe des Objekts getroffen und dabei auf seinen Provisionsanspruch hingewiesen, der jedoch vom Interessenten ausdrücklich abgelehnt wurde,

---

[3] Zur besonderen Pflichtenstruktur des Maklervertrags vgl. nur *Reuter*, NJW 1990, 1321-1328, 1324 ff.
[4] Überblick z.B. bei *Weishaupt*, JuS 2003, 1166-1173, 1168 ff.
[5] Nachweis, Vermittlung oder beides.
[6] *Fischer*, NJW 2007, 183-187.
[7] BGH v. 25.09.1985 - IVa ZR 22/84 - BGHZ 95, 393-401; BGH v. 04.10.1995 - IV ZR 163/94 - NJW-RR 1996, 114-115; BGH v. 06.12.2001 - III ZR 296/00 - LM BGB § 652 Nr. 157 (9/2002); dem BGH folgend z.B. OLG Brandenburg v. 13.11.2008 - 12 U 90/08 - NZM 2010, 171-173, 172.
[8] BGH v. 18.06.1986 - IVa ZR 7/85 - NJW-RR 1987, 171-172; OLG Brandenburg v. 13.11.2008 - 12 U 90/08 - NZM 2010, 171-173, 171.
[9] BGH v. 25.09.1985 - IVa ZR 22/84 - BGHZ 95, 393-401; OLG Koblenz v. 05.11.2009 - 5 U 339/09 - NJW-RR 2011, 780-782.

so dass die Besichtigung unterblieb. Daraufhin ermittelte der Interessent eigenständig den Grundstückseigentümer und erwarb das Hausgrundstück. Um am Ende nicht mit leeren Händen dazustehen, liegt es somit im ureigensten Interesse des Maklers, rechtzeitig für den Abschluss eines Maklervertrags mit klarer und eindeutiger Provisionsabrede zu sorgen.[10]

Der Maklervertrag kommt durch Angebot und Annahme nach den §§ 145 ff. BGB zustande. Die Einhaltung von Formvorschriften stellt im Allgemeinen keine Wirksamkeitsvoraussetzung dar, so dass auch ein **Vertragsschluss durch schlüssiges Verhalten** in Betracht kommt, an den die Gerichte jedoch strenge Anforderungen stellen.[11] Der BGH stellt in erster Linie darauf ab, von wem die Initiative zum Geschäftskontakt ausgegangen ist.[12] Wer von sich aus an einen Makler herantritt und von ihm den Nachweis oder die Vermittlung eines Geschäfts verlangt, muss danach damit rechnen, dass der Makler dieses Verlangen als Angebot auf Abschluss eines Maklervertrags versteht, das er mit Beginn seiner Tätigkeit annimmt.[13] Die Gerichte erkennen in einem solchen Verhalten ein Indiz für einen stillschweigenden Vertragsschluss.[14] Geht die Initiative dagegen vom Makler aus, müssen weitere Umstände hinzutreten, um den Adressaten in der Folge als Auftraggeber erscheinen zu lassen.[15] Meldet sich ein Interessent lediglich auf das Inserat eines Maklers, so ist davon auszugehen, dass das Inserat noch kein Angebot auf Abschluss eines Maklervertrags, sondern eine invitatio ad offerendum und damit eine bloße Einladung bzw. Aufforderung an potenzielle Kunden zur Abgabe von Angeboten darstellt.[16] Dies gilt auch dann, wenn der Makler die von ihm im Bestand gehaltenen Objekte über eine Website im Internet anpreist.[17]

Andererseits erkennt die Rechtsprechung im bloßen Entgegennehmen von Maklerleistungen noch nicht in jedem Fall den Abschluss eines Maklervertrags.[18] Aus der Tatsache, dass sich eine Partei die Mitwirkung des Maklers gefallen lässt, folgt noch nicht notwendigerweise, dass sie mit ihm auch in Vertragsbeziehungen treten will.[19] Wer z.B. fernmündlich einen Besichtigungstermin mit einem Makler vereinbart, der mit „Angeboten" werbend im geschäftlichen Verkehr auftritt, erklärt damit noch nicht schlüssig seine Bereitschaft zur Zahlung einer Maklerprovision für den Fall, dass ein Vertrag über das angebotene Objekt zustande kommt.[20] Soweit dem Kaufinteressenten nichts Gegenteiliges bekannt sei, dürfe er davon ausgehen, dass der Makler das von ihm zum Verkauf angebotene Objekt vom Verkäufer an die Hand bekommen habe und dass er deshalb mit der angetragenen Weitergabe von Informationen eine **Leistung für den Verkäufer** erbringen wolle.

Ohne weiteres brauche der Kaufinteressent in einem solchen Fall nicht damit zu rechnen, dass der Makler auch von ihm eine Provision erwarte. Anderes ergebe sich auch nicht bei **Bestehen einer lokalen Übung**, die Maklerprovision im Kaufvertrag auf den Erwerber abzuwälzen, da dem Interessenten auch bei deren Kenntnis in der Regel die Abreden des Maklers mit dem Verkäufer nicht bekannt seien. Er wisse insbesondere nicht, ob der Makler gegenüber dem Verkäufer berechtigt ist, Interessenten nur deshalb zurückzuweisen, weil diese keine Käuferprovision übernehmen möchten und müsse daher al-

---

[10] *Fischer*, NZM 2002, 480-482.
[11] OLG Rostock v. 07.09.2005 - 6 U 211/04 - NZM 2006, 546-547; OLG Brandenburg v. 13.11.2008 - 12 U 90/08 - NZM 2010, 171-173, 171; OLG Frankfurt v. 25.03.2011 - 19 U 217/10 - NJW-RR 2011, 1500-1501.
[12] *Schäfer*, WM 1989, 1-4.
[13] BGH v. 21.05.1971 - IV ZR 52/70 - BB 1971, 1124-1125; BGH v. 12.02.1981 - IVa ZR 105/80 - LM Nr. 7 zu § 354 HGB; BGH v. 16.05.1990 - IV ZR 64/89 - LM Nr. 119 zu § 652.
[14] BGH v. 10.07.1985 - IVa ZR 15/84 - LM Nr. 94 zu § 652 BGB; BGH v. 02.07.1986 - IVa ZR 246/84 - LM Nr. 11 zu § 653 BGB.
[15] BGH v. 21.05.1971 - IV ZR 52/70 - BB 1971, 1124-1125; BGH v. 04.11.1999 - III ZR 223/98 - LM BGB § 652 Nr. 149 (4/2000); OLG Düsseldorf v. 26.04.1996 - 7 U 146/95 - NJW-RR 1997, 368-369; OLG Dresden v. 02.09.1998 - 8 U 3692/97 - NZM 1998, 1016-1017.
[16] BGH v. 21.05.1971 - IV ZR 52/70 - BB 1971, 1124-1125.
[17] OLG Brandenburg v. 13.11.2008 - 12 U 90/08 - NZM 2010, 171-173.
[18] BGH v. 02.07.1986 - IVa ZR 246/84 - LM Nr. 11 zu § 653 BGB; BGH v. 08.10.1986 - IVa ZR 20/85 - NJW-RR 1987, 173-174; OLG Dresden v. 02.09.1998 - 8 U 3692/97 - NZM 1998, 1016-1017; OLG Stuttgart v. 24.09.2003 - 3 U 85/03.
[19] BGH v. 25.05.1983 - IVa ZR 26/82 - LM Nr. 84 zu § 652 BGB; BGH v. 04.10.1995 - IV ZR 163/94 - NJW-RR 1996, 114-115.
[20] BGH v. 12.02.1981 - IVa ZR 105/80 - LM Nr. 7 zu § 354 HGB; BGH v. 25.09.1985 - IVa ZR 22/84 - BGHZ 95, 393-401; BGH v. 22.09.2005 - III ZR 393/04 - NJW 2005, 3779-3781, 3780; BGH v. 16.11.2006 - III ZR 57/06 - NZM 2007, 169-170.

lenfalls damit rechnen, dass ihm der Verkäufer die Übernahme seiner Provisionsschuld ansinne. Dagegen brauche er nicht anzunehmen, dass er sich darüber hinaus selbst dem Makler gegenüber zur Provisionszahlung verpflichten und Gefahr laufen könnte, zweifach Maklerlohn zu schulden.[21]

15 Der III. Zivilsenat des BGH hat erkannt, dass sich diese Erwägungen nicht auf die Fälle beschränken lassen, in denen die Initiative vom Makler ausgeht und der Kunde Maklerdienste nur hinsichtlich des vom Makler konkret angebotenen Objekts in Anspruch nimmt.[22] Er hat sie vielmehr auf diejenigen Sachverhalte erstreckt, bei denen der Makler anlässlich der **Anfrage eines Interessenten** diesem von sich aus weitere Objekte offeriert oder der Kunde ohne Bezugnahme auf ein Inserat oder ein sonstiges Einzelangebot des Maklers Kontakt zu diesem aufnimmt, um sich Objekte aus dessen „Bestand" benennen zu lassen.[23] Auch unter diesen Umständen liege in der Objektangabe letztlich ein vom Makler ausgehendes Angebot, so dass der Interessent mangels hinreichender Anhaltspunkte für das Gegenteil damit rechnen dürfe, die Objekte seien dem Makler schon von dem Verkäufer an die Hand gegeben worden und mit diesem bestehe ein Maklervertrag, selbst wenn ihm bewusst sei, dass er insoweit selbst Dienste des Maklers entgegennehme.

16 Anders liegt es nur bei einer weitergehenden Nachfrage von Maklerdienstleistungen seitens des Kunden, insbesondere bei der **Erteilung eines eigenen Suchauftrags**.[24] Zur Annahme eines solchen Angebots genügt grundsätzlich bereits die Aufnahme der üblichen Maklertätigkeit. Da der Zugang einer ausdrücklichen Annahmeerklärung nach § 151 Satz 1 BGB nicht erforderlich ist, braucht für die Feststellung eines konkludenten Vertragsschlusses in einem solchen Fall noch nicht einmal auf die tatsächliche Übermittlung von Informationen über geeignete Objekte im Anschluss an das Angebot abgestellt zu werden.[25] Andererseits genügt die bloße Besichtigung des Grundstücks nicht als Beleg für eine nach außen hervortretende eindeutige Bestätigung des Annahmewillens, die im Anwendungsbereich von § 151 BGB erforderlich ist, um das Zustandekommen eines Vertrags auch ohne Zugang einer Annahmeerklärung zu rechtfertigen.[26] Scheitert der Nachweis eines expliziten Suchauftrags, rückt für den Maklerlohnanspruch nach § 652 BGB wieder die Frage in den Mittelpunkt, ob der Makler den Interessenten unmissverständlich auf eine von diesem im Erfolgsfall zu zahlende Käuferprovision hingewiesen hat.[27]

17 Besonders strenge Anforderungen sind zu stellen, wenn objektiv erkennbar ist, dass der Makler bereits für einen anderen Auftraggeber handelt. Dabei ist dem Makler die angestrebte **Doppeltätigkeit** grundsätzlich erlaubt[28] und in der Praxis vor allem in der Konstellation anzutreffen, dass für die eine Seite eine Vermittlungs- und für die andere Seite lediglich eine Nachweistätigkeit erbracht werden soll. Der BGH hat allerdings zumindest für den Immobilienbereich anerkannt, dass auch eine Vermittlungstätigkeit für beide Auftraggeber zulässig ist, sofern nur ein solcher Doppelauftrag von beiden Vertragspart-

---

[21] BGH v. 25.09.1985 - IVa ZR 22/84 - BGHZ 95, 393-401; BGH v. 28.11.1990 - IV ZR 258/89 - LM Nr. 12 zu BGB § 653; BGH v. 04.10.1995 - IV ZR 163/94 - NJW-RR 1996, 114-115; BGH v. 17.09.1998 - III ZR 174/97 - NJW-RR 1999, 361-362; BGH v. 04.11.1999 - III ZR 223/98 - LM BGB § 652 Nr. 149 (4/2000); BGH v. 22.09.2005 - III ZR 393/04 - NJW 2005, 3779-3781, 3780; OLG Hamm v. 16.05.1994 - 18 U 231/93 - NJW-RR 1995, 819-820; OLG Hamm v. 16.05.1994 - 18 U 231/93 - NJW-RR 1995, 819-820; OLG Hamm v. 09.02.1998 - 18 U 120/97 - NJW-RR 1999, 127-128; OLG Oldenburg v. 16.06.2010 - 5 U 138/09 - NJW-RR 2010, 1717-1720.
[22] BGH v. 22.09.2005 - III ZR 393/04 - NJW 2005, 3779-3781.
[23] BGH v. 22.09.2005 - III ZR 393/04 - NJW 2005, 3779-3781, 3780.
[24] BGH v. 22.09.2005 - III ZR 393/04 - NJW 2005, 3779-3781, 3780; BGH v. 24.09.2009 - III ZR 96/09 - NZM 2009, 869; OLG Koblenz v. 05.11.2009 - 5 U 339/09 - NJW-RR 2011, 780-782.
[25] BGH v. 24.09.2009 - III ZR 96/09 - NZM 2009, 869.
[26] OLG Brandenburg v. 13.11.2008 - 12 U 90/08 - NZM 2010, 171-173, 172.
[27] BGH v. 22.09.2005 - III ZR 393/04 - NJW 2005, 3779-3781, 3781.
[28] BGH v. 08.02.1967 - VIII ZR 174/64 - LM Nr. 22 zu § 652 BGB; BGH v. 25.10.1967 - VIII ZR 215/66 - BGHZ 48, 344-351; BGH v. 16.01.1970 - IV ZR 1162/68 - LM Nr. 36 zu § 652 BGB; BGH v. 21.04.1971 - IV ZR 4/69 - WM 1971, 904; BGH v. 21.05.1971 - IV ZR 52/70 - BB 1971, 1124-1125; BGH v. 18.05.1973 - IV ZR 21/72 - BGHZ 61, 17-25; BGH v. 12.02.1981 - IVa ZR 105/80 - LM Nr. 7 zu § 354 HGB; BGH v. 31.10.1991 - IX ZR 303/90 - LM BGB § 134 Nr. 135 (5/1992); OLG Hamm v. 15.05.1997 - 18 U 214/96 - NJW-RR 1998, 844; OLG Koblenz v. 08.09.1999 - 7 U 232/99 - NJW-RR 2002, 491-492; LG Hannover v. 05.09.2000 - 18 S 1515/99 - NJW-RR 2001, 566-567.

nern gestattet wurde bzw. für den jeweils anderen Auftraggeber eindeutig erkennbar oder absehbar war.[29] Die Instanzgerichte haben sich dem angeschlossen.[30]

Ob die **Vermutung anderweitiger Beauftragung** gerechtfertigt ist, kann nur nach den Umständen des Einzelfalls beurteilt werden, wobei die Rechtsprechung eine wertende Betrachtungsweise zugrunde legt und grundsätzlich auf die Sicht des Interessenten abstellt.[31] Ein Erklärungswert als Provisionsversprechen kommt dem Verhalten des Interessenten nur zu, wenn es sich darstellt als dessen bejahende Entscheidung zwischen den Alternativen, die ihm gegen Entgelt angebotenen Dienste in Anspruch zu nehmen oder zurückzuweisen.[32] Wenn den Umständen nach mit der Möglichkeit zu rechnen ist, dass der Makler bereits aufgrund eines Auftrags der Gegenseite tätig ist, wird es daher als Sache des Maklers angesehen, dem Interessenten vor Entfaltung seiner Tätigkeit klar und unmissverständlich zu erkennen zu geben, dass er auch mit ihm ein Vertragsverhältnis begründen will und von ihm die Zahlung einer Provision erwartet.[33]

18

Das geeignete Mittel hierfür ist nach der ständigen Rechtsprechung des BGH ein **ausdrückliches Provisionsverlangen**, dessen hinreichende Deutlichkeit im Einzelfall von den Gerichten im Wege der Auslegung festgestellt wird.[34] So wurde beispielsweise die in einer an den Kaufinteressenten gerichteten Beschreibung eines Grundstücks enthaltene Klausel „Provision: 3% des Kaufpreises, vgl. Geschäftsbedingungen" als ausreichender Hinweis auf die Provisionserwartung gegenüber den Kaufinteressenten bewertet.[35] Die Annahme, dass dieser Vermerk lediglich auf eine vom Verkäufer zu zahlende Provision hinweise, die eventuell im Grundstückskaufvertrag auf den Käufer abgewälzt werden solle, sei nicht vertretbar, wenn nicht irgendwelche sonstigen Umstände oder Vermerke in dem Maklerschreiben oder in seinen Allgemeinen Geschäftsbedingungen hierfür sprächen. Der bloße Umstand, dass der Makler bereits in vertraglicher Beziehung mit dem Verkäufer stehe, genüge jedenfalls nicht.[36] Ebenso wurde der unübersehbare Hinweis auf die Maklergebühr in einem Kurzexposé als ausreichend angesehen.[37]

19

---

[29] BGH v. 26.03.1998 - III ZR 206/97 - LM BGB § 652 Nr. 143 (10/1998).
[30] OLG München v. 19.11.1999 - 23 U 3480/99 - WM 2001, 1562-1565; LG Mönchengladbach v. 01.03.2001 - 10 O 642/00 - NJW-RR 2002, 491.
[31] BGH v. 21.05.1971 - IV ZR 52/70 - BB 1971, 1124-1125; BGH v. 26.04.1978 - IV ZR 66/77 - WM 1978, 885; BGH v. 12.02.1981 - IVa ZR 105/80 - LM Nr. 7 zu § 354 HGB; BGH v. 28.09.1983 - IVa ZR 12/82 - WM 1983, 1287-1289; BGH v. 10.07.1985 - IVa ZR 15/84 - LM Nr. 94 zu § 652 BGB; BGH v. 25.09.1985 - IVa ZR 22/84 - BGHZ 95, 393-401; BGH v. 02.07.1986 - IVa ZR 246/84 - LM Nr. 11 zu § 653 BGB; BGH v. 10.05.1989 - IVa ZR 60/88 - NJW-RR 1989, 1071-1073; BGH v. 16.05.1990 - IV ZR 64/89 - LM Nr. 119 zu § 652; BGH v. 04.10.1995 - IV ZR 163/94 - NJW-RR 1996, 114-115.
[32] BGH v. 25.09.1985 - IVa ZR 22/84 - BGHZ 95, 393-401; OLG Brandenburg v. 13.11.2008 - 12 U 90/08 - NZM 2010, 171-173, 171.
[33] BGH v. 19.04.1967 - VIII ZR 91/65 - LM Nr. 24 zu § 652 BGB; BGH v. 21.04.1971 - IV ZR 4/69 - WM 1971, 904; BGH v. 21.05.1971 - IV ZR 52/70 - BB 1971, 1124-1125; BGH v. 23.10.1980 - IVa ZR 27/80 - LM Nr. 5 zu § 653 BGB; BGH v. 02.07.1986 - IVa ZR 246/84 - LM Nr. 11 zu § 653 BGB; BGH v. 10.10.1990 - IV ZR 280/89 - LM Nr. 122 zu § 652 BGB; OLG Rostock v. 07.09.2005 - 6 U 211/04 - NZM 2006, 546-547.
[34] BGH v. 19.04.1967 - VIII ZR 91/65 - LM Nr. 24 zu § 652 BGB; BGH v. 21.05.1971 - IV ZR 52/70 - BB 1971, 1124-1125; BGH v. 15.01.1986 - IVa ZR 46/84 - LM Nr. 101 zu § 652 BGB; BGH v. 02.07.1986 - IVa ZR 246/84 - LM Nr. 11 zu § 653 BGB; BGH v. 28.11.1990 - IV ZR 258/89 - LM Nr. 12 zu BGB § 653; BGH v. 20.03.1991 - IV ZR 93/90 - NJW-RR 1991, 950-951; BGH v. 17.09.1998 - III ZR 174/97 - NJW-RR 1999, 361-362; BGH v. 04.11.1999 - III ZR 223/98 - LM BGB § 652 Nr. 149 (4/2000); BGH v. 06.12.2001 - III ZR 296/00 - LM BGB § 652 Nr. 157 (9/2002); BGH v. 11.04.2002 - III ZR 37/01 - LM BGB § 652 Nr. 158 (9/2002); BGH v. 16.11.2006 - III ZR 57/06 - NZM 2007, 169-170; OLG Dresden v. 02.09.1998 - 8 U 3692/97 - NZM 1998, 1016-1017; OLG Hamburg v. 28.04.2000 - 11 U 166/99 - MDR 2001, 24-25; OLG Hamm v. 27.11.2000 - 18 U 56/00 - OLGR Hamm 2001, 237-239; OLG Karlsruhe v. 07.07.2004 - 15 U 7/03 - NZM 2005, 72-74; OLG Rostock v. 07.09.2005 - 6 U 211/04 - NZM 2006, 546-547; OLG Koblenz v. 05.11.2009 - 5 U 339/09 - NJW-RR 2011, 780-782.
[35] BGH v. 21.04.1971 - IV ZR 4/69 - WM 1971, 904.
[36] BGH v. 21.04.1971 - IV ZR 4/69 - WM 1971, 904; OLG Dresden v. 02.09.1998 - 8 U 3692/97 - NZM 1998, 1016-1017.
[37] BGH v. 04.10.1995 - IV ZR 163/94 - NJW-RR 1996, 114-115; BGH v. 07.02.1996 - IV ZR 335/94 - WM 1996, 722-723; zur Begründung eines Sachmangels durch eine unrichtige Angabe in einem Maklerexposé demgegenüber OLG Hamm v. 29.04.2010 - 22 U 127/09 - NJW-RR 2010, 1643-1645.

20 Allein durch die Übergabe eines die Courtageforderung enthaltenden Exposés zu Beginn einer Objektbesichtigung wird ein Provisionsanspruch des Maklers allerdings nicht begründet, wenn der Interessent vor der Fortsetzung seiner Teilnahme an der Besichtigung weder Zeit noch Gelegenheit hatte, von der Courtageforderung Kenntnis zu nehmen.[38] Das bloße **Schweigen des Kunden** auf ein Provisionsverlangen des Maklers kann nur in besonderen Ausnahmefällen als Einverständnis gewertet werden, bei denen aus einem zugunsten des Maklers enstandenen Vertrauenstatbestand die Pflicht des Kunden hergeleitet werden kann, einen eventuell abweichenden Willen erkennbar zu äußern.[39] Auch die kommentarlose Überreichung eines die Provisionsrechnung des Maklers enthaltenden Umschlags bei Gelegenheit der Vertragsunterzeichnung genügt für sich genommen nicht für die Annahme eines hinreichend deutlichen Provisionsverlangens.[40]

21 Als solches hat der BGH einen Objektnachweis ausgelegt, der **adressatenneutrale Angaben** zur Höhe und Fälligkeit des Provisionsanspruchs beinhaltete.[41] Enthalte die Erklärung keine näheren Angaben über das Kaufobjekt und mögliche Bedingungen, die den abzuschließenden Hauptvertrag betreffen, widerspreche die Auslegung, der Makler wolle auf seine Vereinbarungen mit dem Verkäufer hinweisen, der Lebenserfahrung. Bei einer solchen auf den wesentlichen Inhalt eines Maklervertrags beschränkten Erklärung liege es vielmehr nahe, dass der Makler mit demjenigen in vertragliche Beziehungen treten wolle, dem gegenüber er die Provisionserwartung äußert. Dies sehe auch ein Kaufinteressent nicht anders, von dem die Unterzeichnung einer solchen Erklärung verlangt werde.[42]

22 Ein Interessent, der in Kenntnis des eindeutigen Provisionsverlangens die Dienste des Maklers in Anspruch nimmt, gibt damit grundsätzlich in schlüssiger Weise zu erkennen, dass er den in dem Provisionsbegehren liegenden Antrag auf Abschluss eines Maklervertrags annehmen will.[43] Etwas anderes gilt allerdings dann, wenn der vom Makler angesprochene Interessent vor Inanspruchnahme der Maklerdienste ausdrücklich erklärt, eine solche Willenserklärung nicht abgeben zu wollen. Das ist etwa der Fall, wenn der Interessent es erklärtermaßen ablehnt, dem Makler Provision zahlen zu wollen.[44] In einem solchen Fall begründet der Umstand, dass sich der Interessent im Anschluss gleichwohl die Dienste des Maklers gefallen lässt, keine Provisionspflicht. Der BGH hat ausdrücklich festgestellt, dass sich der Interessent mit einem solchen Verhalten nicht in Form einer **protestatio facta contraria** in Widerspruch zu seiner ablehnenden Erklärung setzt.[45] Lehnt der Interessent dagegen gegenüber dem Makler nicht jede Provisionszahlung ab, sondern ersetzt er lediglich die vertraglich genau bestimmte Provisionshöhe durch einen handschriftlichen Zusatz „nach Vereinbarung", so gibt er damit gerade seine grundsätzliche Bereitschaft zu erkennen, dem Makler im Erfolgsfall eine Vergütung zukommen zu lassen.[46]

23 Die bloße Verwendung einer Höflichkeitsfloskel im Postskriptum stellt den eindeutig auf Abschluss eines Maklervertrags abzielenden rechtsgeschäftlichen Gehalt eines Antragsschreibens nicht in Frage.[47] Im Übrigen müssen **Unklarheiten** allerdings schon deshalb zu Lasten des für den Abschluss des Maklervertrags beweispflichtigen Maklers gehen, um zu verhindern, dass er einem Dritten seine Leistung aufdrängen kann.[48] Es gehe nicht an, dass das Verhalten von Interessenten ohne eindeutige

---

[38] OLG Düsseldorf v. 18.04.1997 - 7 U 170/96 - NJW-RR 1998, 564-565; OLG Celle v. 14.12.2000 - 11 U 67/00 - MDR 2001, 500-501.
[39] OLG Brandenburg v. 13.11.2008 - 12 U 90/08 - NZM 2010, 171-173, 172.
[40] LG Dortmund v. 23.01.2002 - 17 S 212/01 - NZM 2003, 163.
[41] BGH v. 04.11.1999 - III ZR 223/98 - LM BGB § 652 Nr. 149 (4/2000).
[42] BGH v. 04.11.1999 - III ZR 223/98 - LM BGB § 652 Nr. 149 (4/2000).
[43] BGH v. 04.10.1995 - IV ZR 163/94 - NJW-RR 1996, 114-115; BGH v. 16.11.2006 - III ZR 57/06 - NZM 2007, 169-170; OLG Frankfurt v. 13.07.1999 - 5 U 33/98 - NJW-RR 2000, 751-752; OLG Celle v. 07.02.2002 - 11 U 137/01 - MDR 2002, 939-940; OLG Oldenburg v. 16.06.2010 - 5 U 138/09 - NJW-RR 2010, 1717-1720.
[44] BGH v. 04.10.1995 - IV ZR 163/94 - NJW-RR 1996, 114-115.
[45] BGH v. 02.07.1986 - IVa ZR 246/84 - LM Nr. 11 zu § 653 BGB; BGH v. 11.04.2002 - III ZR 37/01 - LM BGB § 652 Nr. 158 (9/2002); OLG Karlsruhe v. 30.03.2001 - 15 U 9/01 - NZM 2002, 493-494.
[46] BGH v. 06.12.2001 - III ZR 296/00 - LM BGB § 652 Nr. 157 (9/2002).
[47] BGH v. 20.06.1996 - III ZR 219/95 - NJW-RR 1996, 1459-1460.
[48] BGH v. 09.11.1966 - VIII ZR 170/64 - LM Nr. 21 zu § 652 BGB; BGH v. 21.05.1971 - IV ZR 52/70 - BB 1971, 1124-1125; BGH v. 25.05.1983 - IVa ZR 26/82 - LM Nr. 84 zu § 652 BGB; OLG Dresden v. 02.09.1998 - 8 U 3692/97 - NZM 1998, 1016-1017; OLG Koblenz v. 19.07.2001 - 5 U 336/01 - WuM 2002, 150-151; LG Tübingen v. 25.01.2002 - 7 O 260/01 - NZM 2003, 164-165.

Erkennbarkeit für diese als Einverständnis mit dem Abschluss eines Maklervertrags gewertet werde und sie so unter Umständen mehreren Maklern provisionspflichtig würden.[49]

Andererseits ist in der Rechtsprechung des BGH anerkannt, dass die Verpflichtung zur Provisionszahlung wegen des im Schuldrecht geltenden Grundsatzes der Vertragsfreiheit auch unabhängig vom Vorliegen einer echten Maklerleistung begründet werden kann.[50] Der rechtliche Charakter einer solchen Vereinbarung muss in jedem Einzelfall gesondert bestimmt werden, wobei die **Auslegung als Schenkungsversprechen** im Sinne von § 518 Abs. 1 BGB nur ausnahmsweise in Betracht kommt, wenn es tatsächlich an jeder Gegenleistung fehlt.[51]

2. Formerfordernisse

Eine Ausnahme vom Grundsatz der Formfreiheit gilt z.B. bei Grundstücksgeschäften des Auftraggebers, wobei sowohl eine Verkaufs- als auch eine Erwerbsverpflichtung der notariellen Beurkundung nach § 311b Abs. 1 Satz 1 BGB bedarf.[52] Darüber hinaus bejaht der BGH in ständiger Rechtsprechung auch ohne ausdrückliche Verkaufs- oder Erwerbsverpflichtung die **Notwendigkeit notarieller Form**, wenn der Auftraggeber durch die Vertragsgestaltung derart in seiner Entschließungsfreiheit beeinträchtigt wird, dass von einem Verkaufs- oder Erwerbszwang ausgegangen werden muss.[53] Es muss eine durch die Vereinbarung eines empfindlichen Nachteils hervorgerufene Drucksituation zu Lasten des Auftraggebers festgestellt werden können, die eine Gleichsetzung seiner gegenüber dem Makler begründeten Zahlungspflicht mit der Verpflichtung zum Verkauf oder zum Erwerb des Grundstücks rechtfertigt. Ob Gegenstand der die Zahlungspflicht auslösenden Vereinbarung eine erfolgsunabhängige Provision,[54] ein pauschaler Schadensersatz[55] oder eine Vertragsstrafe[56] ist, ist demgegenüber eine nachrangige Frage. Nach Ansicht des BGH bewertet das Gesetz das verständliche Interesse des Maklers, sich gegen aus seiner Sicht völlig willkürliche Entscheidungen seines Auftraggebers zu sichern, geringer als den Schutz desjenigen, der sich bei dem Verkauf oder Erwerb von Immobilien frei entscheiden und sachkundig beraten lassen will und soll.[57] Rein wirtschaftliche Zweckmäßigkeitserwägungen reichen dagegen zur Rechtfertigung einer entsprechenden Anwendung von § 311b Abs. 1 Satz 1 BGB nicht aus.[58]

Leicht sind diejenigen Vertragsgestaltungen zu beurteilen, die auch für den Fall des Scheiterns des Hauptvertrags ein Provisionsversprechen in voller Höhe vorsehen.[59] Um auch für die übrigen Fälle einen Orientierungsmaßstab zur Feststellung eines ungerechtfertigten Zwangs des Auftraggebers zur Verfügung zu stellen, zieht der BGH die **Grenze zwischen Formfreiheit und Formbedürftigkeit** bei einem Betrag von 10 bis 15% der im Erfolgsfall zu zahlenden Provision.[60] Unberücksichtigt bleibt dabei der Ersatz konkreter Aufwendungen, der für den Fall des Scheiterns des Hauptvertrags ohne wei-

---

[49] BGH v. 21.05.1971 - IV ZR 52/70 - BB 1971, 1124-1125.
[50] BGH v. 05.10.2000 - III ZR 240/99 - NJW 2001, 3781-3782; BGH v. 06.02.2003 - III ZR 287/02 - NZM 2003, 284-285; BGH v. 12.10.2006 - III ZR 331/04 - WM 2007, 173-174.
[51] BGH v. 12.10.2006 - III ZR 331/04 - WM 2007, 173-174.
[52] BGH v. 01.07.1970 - IV ZR 1178/68 - LM Nr. 43 zu § 313 BGB.
[53] BGH v. 30.10.1970 - IV ZR 1176/68 - LM Nr. 38 zu § 652 BGB; BGH v. 18.12.1970 - IV ZR 1155/68 - LM Nr. 39 zu § 652 BGB; BGH v. 25.04.1973 - IV ZR 80/72 - BB 1973, 1141; BGH v. 06.02.1980 - IV ZR 141/78 - LM Nr. 66 zu § 652 BGB; BGH v. 02.07.1986 - IVa ZR 102/85 - NJW 1987, 54-55; BGH v. 15.03.1989 - IVa ZR 2/88 - LM Nr. 16 zu § 654 BGB; BGH v. 04.10.1989 - IVa ZR 250/88 - LM Nr. 127 zu § 313 BGB.
[54] BGH v. 30.10.1970 - IV ZR 1176/68 - LM Nr. 38 zu § 652 BGB; BGH v. 15.03.1989 - IVa ZR 2/88 - LM Nr. 16 zu § 654 BGB; BGH v. 18.03.1992 - IV ZR 41/91 - NJW-RR 1992, 817-818; OLG Düsseldorf v. 10.12.1999 - 7 U 53/99 - NJW-RR 2000, 1504-1505; LG Freiburg (Breisgau) v. 16.11.2000 - 3 S 154/00 - NZM 2001, 491-492.
[55] BGH v. 06.12.1991 - V ZR 310/89 - NJW-RR 1992, 589-591.
[56] BGH v. 01.07.1970 - IV ZR 1178/68 - LM Nr. 43 zu § 313 BGB; BGH v. 30.10.1970 - IV ZR 1176/68 - LM Nr. 38 zu § 652 BGB; BGH v. 18.12.1970 - IV ZR 1155/68 - LM Nr. 39 zu § 652 BGB; BGH v. 25.04.1973 - IV ZR 80/72 - BB 1973, 1141; BGH v. 02.07.1986 - IVa ZR 102/85 - NJW 1987, 54-55; BGH v. 14.01.1987 - IVa ZR 206/85 - NJW 1987, 1628-1629.
[57] BGH v. 02.07.1986 - IVa ZR 102/85 - NJW 1987, 54-55.
[58] BGH v. 11.05.1988 - IVa ZR 305/86 - NJW-RR 1988, 1196-1199.
[59] BGH v. 18.03.1992 - IV ZR 41/91 - NJW-RR 1992, 817-818.
[60] BGH v. 06.02.1980 - IV ZR 141/78 - LM Nr. 66 zu § 652 BGB; BGH v. 02.07.1986 - IVa ZR 102/85 - NJW 1987, 54-55.

§ 652

teres vereinbart und verlangt werden kann.[61] Daneben ist zu beachten, dass der BGH bei Vorliegen außergewöhnlicher Umstände von seinem Schwellenkorridor abweicht, so dass etwa bei besonderer Schutzbedürftigkeit des Auftraggebers bereits ein geringerer Betrag zur Unangemessenheit und damit zur Formbedürftigkeit führen kann.

27 Die Notwendigkeit der **Einzelfallbetrachtung** gelte umso mehr, als der Umfang des fraglichen Geschäfts, der ihm für die Provision entnommene Anknüpfungspunkt und die Höhe der vereinbarten Provision variable Größen der Prozentberechnung seien, denen im Rahmen des Schutzzwecks jeweils unterschiedliches Gewicht zukommen könne.[62] Solches Gewicht müsse auch den finanziellen Verhältnissen des Versprechenden zuerkannt werden, da diese seine mehr oder minder große Abhängigkeit entscheidend bedingen könnten. Werde beispielsweise bei einem Geschäft, das mehr als nur eine Veräußerung oder sehr hohe Beträge erfasse, eine den üblichen Satz überschreitende oder auch nur jedenfalls nicht geringe Provision vereinbart, dann könne bei Nichtzustandekommen des Geschäfts die Notwendigkeit zur Zahlung von weniger als 10-15% der vereinbarten Provision den Versprechenden je nach seiner wirtschaftlichen Leistungsfähigkeit so unter Druck setzen, dass er sich nicht mehr frei entscheiden könne.[63]

28 Daneben sind **weitere Ausnahmen vom Grundsatz der Formfreiheit** zu beachten. So wurde die in Verträgen über die Vermittlung von Kapitalanlagen im Bauherrenmodell übliche Begründung einer Zahlungsverpflichtung des Anlegers unabhängig vom Zustandekommen des angestrebten Geschäfts vom BGH regelmäßig aufgrund der Höhe des zu zahlenden Entgelts als vorweggenommene Vermittlungsprovision eingestuft, was in der Konsequenz ebenfalls die Formbedürftigkeit des Maklervertrags nach sich gezogen hat.[64] Für ein für die Vermittlung von GmbH-Geschäftsanteilen im Rahmen eines Unternehmensverkaufs abgegebenes Provisionsversprechen hat der BGH das Erfordernis der notariellen Form verneint und dies im Wesentlichen mit dem unterschiedlichen Schutzzweck von § 313 BGB a.F. einerseits und § 15 Abs. 3 und 4 GmbHG a.F. andererseits begründet.[65] Vereinzelt wurde die Beurkundungspflicht eines selbständigen Provisionsversprechens auch aus § 518 Abs. 1 Satz 1 BGB hergeleitet.[66] Aus den die verschiedenen Maklertypen betreffenden Spezialrechtsgebieten kann § 655b Abs. 1 Satz 1 BGB hervorgehoben werden, wonach Darlehensvermittlungsverträge zwischen Unternehmern einerseits und Verbrauchern oder Existenzgründern andererseits der Schriftform bedürfen.

29 Ein ganz anderes Problem ergibt sich, wenn Fehler des Notars dazu führen, dass der von ihm beurkundete Kaufvertrag nichtig ist. In einem Fall hatte der Notar bei einem Kaufvertrag über eine noch zu errichtende Eigentumswohnung eine Baubeschreibung nicht zum Gegenstand der Beurkundung gemacht, die nach dem in der Urkunde zum Ausdruck kommenden Parteiwillen für die Herstellungsarbeiten und die dabei vom Verkäufer zu erfüllenden Verpflichtungen maßgeblich sein sollte.[67] Der Kaufvertrag enthielt eine qualifizierte Maklerlohnklausel, wurde aber mangels beigefügter Baubeschreibung auf Klage der Käufer von einem Gericht für nichtig erklärt. Im Anschluss führten die Käufer mit Erfolg einen Prozess gegen den Makler auf Rückzahlung seines Lohns, in welchem dem Notar der Streit verkündet wurde. Das Gericht sah den Notar als verpflichtet an, dem Makler die entgangene Provision und die im Vorprozess entstandenen Kosten zu ersetzen, da er beim Erstellen der streitgegenständlichen Urkunde seine Amtspflichten vorwerfbar verletzt und dadurch den vom Makler geltend gemachten Schaden verursacht habe. Obwohl der Makler nicht Beteiligter des Beurkundungsverfahrens war, sei er doch zumindest als „Dritter" in den **Schutzbereich der vom Notar zu beachtenden Amtspflichten** einbezogen gewesen. Zur Begründung verwies das Gericht auf die enge Verknüpfung des Amtsgeschäfts mit dem Interesse des Maklers an der Durchsetzbarkeit der Provisionsvereinbarung mit dem Käufer, die letztlich darauf beruhte, dass der gültige Abschluss des Kaufvertrags Voraussetzung für den Provisionsanspruch nach § 652 Abs. 1 BGB gewesen war.[68]

---

[61] BGH v. 02.07.1986 - IVa ZR 102/85 - NJW 1987, 54-55.
[62] BGH v. 02.07.1986 - IVa ZR 102/85 - NJW 1987, 54-55.
[63] BGH v. 02.07.1986 - IVa ZR 102/85 - NJW 1987, 54-55.
[64] BGH v. 19.09.1989 - XI ZR 10/89 - LM Nr. 126 zu § 313 BGB.
[65] BGH v. 27.02.1997 - III ZR 75/96 - NJW-RR 1998, 1270-1271.
[66] OLG Düsseldorf v. 19.05.2000 - 7 U 169/99 - NJW-RR 2001, 1134-1135.
[67] LG Potsdam v. 18.05.2005 - 4 O 739/04 - NZM 2006, 390-391.
[68] LG Potsdam v. 18.05.2005 - 4 O 739/04 - NZM 2006, 390-391.

Die Formnichtigkeit des Maklervertrags kann geheilt werden, wobei die Heilungswirkung bereits mit der formgerechten Beurkundung des Hauptvertrags eintritt.[69] Wurde ein formbedürftiges Schenkungsversprechen im Sinne von § 518 BGB angenommen, kann eine **Heilung** durch Zahlung der Provision eintreten.[70] Auch eine bereits erfolgte Heilung schließt es jedoch nicht aus, dass der Maklerlohn entsprechend § 654 BGB verwirkt werden kann.[71] 30

Neben dem nicht eingehaltenen Formerfordernis (§ 125 BGB) kommen die §§ 134, 138 BGB sowie einige spezialgesetzliche Bestimmungen als Gründe zur Annahme der Nichtigkeit eines Maklervertrags in Betracht. **Verbotsgesetze** im Sinne von § 134 BGB finden sich in diesem Zusammenhang vor allem in Normierungen von Teilbereichen, in denen ein staatliches Vermittlungsmonopol statuiert oder ein privatwirtschaftliches Tätigwerden von staatlicher Anerkennung abhängig gemacht wird. 31

Als Beispiel kann das **Adoptionsvermittlungsgesetz** genannt werden, das die Adoptionsvermittlung in die grundsätzliche Zuständigkeit der Jugendämter und der Landesjugendämter verweist (§ 2 Abs. 1 Satz 1 AdVermiG). Als Adoptionsvermittlung definiert das Gesetz das Zusammenführen von Kindern unter achtzehn Jahren und Adoptionsbewerbern mit dem Ziel der Annahme als Kind sowie den Nachweis der Gelegenheit, ein Kind anzunehmen oder annehmen zu lassen, letzteres auch dann, wenn das Kind noch nicht geboren oder noch nicht gezeugt ist (§ 1 Satz 1 AdVermiG). Neben den Jugendämtern und Landesjugendämtern sind die örtlichen und zentralen Stellen des Diakonischen Werks, des Deutschen Caritasverbands, der Arbeiterwohlfahrt und der jeweils angeschlossenen Fachverbände zur Adoptionsvermittlung berechtigt, wenn sie von der zentralen Adoptionsstelle des Landesjugendamts als Adoptionsvermittlungsstellen anerkannt worden sind (§ 2 Abs. 2 AdVermiG). 32

Die Verbotsvorschrift im Sinne von § 134 BGB ist § 5 Abs. 1 AdVermiG, nach dem anderen Stellen die Adoptionsvermittlung untersagt ist. Allerdings gilt das **Vermittlungsverbot** nicht für Personen, die mit dem Adoptionsbewerber oder dem Kind bis zum dritten Grad verwandt oder verschwägert sind (§ 5 Abs. 2 Nr. 1 AdVermiG). Daneben sind Personen ausgenommen, die in einem Einzelfall und unentgeltlich die Gelegenheit nachweisen, ein Kind anzunehmen oder annehmen zu lassen, sofern sie eine Adoptionsvermittlungsstelle oder ein Jugendamt hiervon unverzüglich benachrichtigen (§ 5 Abs. 2 Nr. 2 AdVermiG). § 5 Abs. 4 Satz 1 AdVermiG untersagt die Ausübung von Vermittlungstätigkeiten, welche die dauerhafte Aufnahme eines Kindes bei einem Dritten zum Ziel haben, insbesondere dadurch, dass ein Mann die Vaterschaft für ein von ihm nicht gezeugtes Kind anerkennt. Schließlich enthält § 13c AdVermiG ein generelles Verbot der Ersatzmuttervermittlung. 33

Das Monopol der Bundesanstalt für Arbeit zur Stellenvermittlung ist dagegen inzwischen entfallen. Unter seiner Geltung führte ein Verstoß gegen § 4 AFG a.F. zur Nichtigkeit des dem Vermittler erteilten Provisionsversprechens nach § 134 BGB.[72] Die **dynamische Fortentwicklung des Rechts** zeigt sich auch in anderen Bereichen. So führte ein Verstoß gegen § 56 Abs. 1 Nr. 6 GewO a.F. zunächst noch zur Nichtigkeit des Darlehensvertrags nach § 134 BGB,[73] während Verbraucherkredit- und Darlehensvermittlungsvertrag danach durch das Verbraucherkreditgesetz (VerbrKrG) eine spezielle Regelung erfahren haben, die später im Zuge der Schuldrechtsmodernisierung in das BGB integriert wurde (§§ 655a-655e BGB) und dort seither einer kontinuierlichen Modifizierung unterliegt. Die unterschiedliche Bewertung von Darlehens- und Darlehensvermittlungsverträgen hatte allerdings bereits in der mit Wirkung zum 01.01.1991 geänderten Fassung des § 56 Abs. 1 Nr. 6 GewO ihren gesetzlichen Ausdruck gefunden, indem das Verbot zum Schutz der mit zusätzlichen Kosten für die Kreditvermittlung belasteten Darlehensnehmer aufrechterhalten wurde. Der Verstoß gegen das Vermittlungsverbot führte seitdem zur Nichtigkeit des Vermittlungsvertrags.[74] 34

3. Berufs- und Standesregelungen

Der BGH interpretiert auch § 14 Abs. 4 BNotO, der einem **Notar** außerhalb der ihm gesetzlich zugewiesenen Vermittlungstätigkeiten die Vermittlung von Darlehens- und Grundstücksgeschäften verbietet, als Verbotsgesetz im Sinne von § 134 BGB.[75] Die gesetzliche Regelung soll verhindern, dass der 35

---

[69] BGH v. 14.01.1987 - IVa ZR 206/85 - NJW 1987, 1628-1629.
[70] OLG Düsseldorf v. 19.05.2000 - 7 U 169/99 - NJW-RR 2001, 1134-1135.
[71] BGH v. 04.10.1989 - IVa ZR 250/88 - LM Nr. 127 zu § 313 BGB.
[72] BGH v. 19.02.1986 - IVa ZR 58/84 - LM Nr. 116 zu § 134 BGB.
[73] BGH v. 26.11.1991 - XI ZR 115/90 - LM BGB § 134 Nr. 136 (5/1992).
[74] BGH v. 02.02.1999 - XI ZR 74/98 - LM HWiG Nr. 33 (7/1999).
[75] BGH v. 22.03.1990 - IX ZR 117/88 - LM Nr. 11 zu § 14 BNotO; BGH v. 22.02.2001 - IX ZR 357/99 - BGHZ 147, 39-45.

§ 652

Notar an dem Zustandekommen eines Geschäfts, das er in amtlicher Funktion unabhängig und unparteiisch zu führen hat, ein eigenes persönliches oder wirtschaftliches Interesse besitzt. Ob die Tätigkeit des Notars zum Vertragsschluss führt, ist dabei unerheblich, da § 14 Abs. 4 Satz 1 BNotO nicht erst den Erfolg, sondern bereits die bloße Tätigkeit missbilligt, um die abstrakte Gefahr eines Anscheins von Parteilichkeit zu vermeiden.[76]

36 Der von einem Notar als Makler für die verbotswidrige Vermittlung eines erst mit der Beurkundung zustande kommenden Grundstücksgeschäfts geschlossene Vertrag wird jedenfalls dann als nach § 134 BGB nichtig angesehen, wenn der Notar selbst die Beurkundung vornimmt, die Voraussetzung für die Verpflichtung des Versprechenden zur Entrichtung des Maklerlohns ist.[77] In einem solchen Fall kommt es dann auch nicht darauf an, dass dem Notar die **Zusage einer Provisionszahlung** nicht in seiner Eigenschaft als Notar und bereits zu einem Zeitpunkt gemacht worden ist, in dem ihm noch nicht bekannt war, dass ihn die Parteien des von ihm vermittelten Kaufvertrags mit der Beurkundung beauftragen würden. § 14 Abs. 4 Satz 1 BNotO gilt uneingeschränkt auch für Anwaltsnotare[78] sowie für Rechtsanwälte, die sich mit einem Anwaltsnotar zu gemeinsamer Berufsausübung verbunden haben.[79] Schließlich begründet § 14 Abs. 4 Satz 2 BNotO die Pflicht des Notars, dafür zu sorgen, dass sich auch die bei ihm beschäftigten Personen nicht mit nach § 14 Abs. 4 Satz 1 BNotO verbotenen Geschäften befassen.

37 Verstöße gegen in Gesetzesform gefasste **Berufs- und Standesregelungen** lassen die Wirksamkeit des Maklervertrags dagegen im Allgemeinen unberührt. Dies hat der BGH zu § 57 Abs. 4 StBerG a.F. für Steuerberater[80] und zu § 7 Nr. 8 BRAO für Rechtsanwälte[81] entschieden. In beiden Fällen richtet sich das gesetzliche Verbot ausschließlich gegen den jeweiligen Mandatsträger und nicht auch gegen dessen Vertragspartner. Aus den Verbotsgesetzen selbst ergibt sich im Ergebnis nichts anderes, da sie es ihrem Sinn und Zweck nach nicht erfordern, dem einzelnen zustande gekommenen Maklervertrag die zivilrechtliche Wirksamkeit zu nehmen.[82] Insbesondere besteht kein Allgemeininteresse daran, den Vertragspartner des Mandatsträgers nur deshalb von seinen Pflichten zu befreien, weil der Mandatsträger selbst den Vertrag nicht hätte abschließen dürfen.

38 Die Sittenwidrigkeit und damit Nichtigkeit einer Vereinbarung, mit der sich ein **Steuerberater** eine Provision dafür versprechen lässt, dass er seinen Mandanten zu einer bestimmten Vermögensanlage veranlasst, kann sich aber aus einer anderen Erwägung herleiten lassen. Der BGH hatte bereits früher Bedenken gegen die Konstellation erhoben, in der steuerbegünstigte Vermögensanlagen anbietende Unternehmen Steuerberatern eine Provision für den Fall versprochen hatten, dass diese ihre Mandanten zu einem Vertragsschluss mit dem Unternehmen veranlassen würden.[83] Es liege in der Natur der Sache, dass Steuerberater mit ihren Mandanten auch die Frage erörterten, in welcher Weise diese ihr Vermögen am steuergünstigsten anlegen. Der Mandant habe einen Anspruch darauf, dass sein Berater diesbezügliche Fragen mit völliger Objektivität beantworte, sich ausschließlich vom Interesse des Mandanten leiten und sich nicht durch unsachliche Gesichtspunkte wie insbesondere zu erwartende persönliche Vermögensvorteile beeinflussen lasse.[84]

39 Durch eine Provisionsvereinbarung gerate der Steuerberater in die Gefahr, seinen Mandanten nicht mehr unvoreingenommen zu beraten.[85] In einer solchen Lage könne er dem **Vorwurf des Treubruchs** nur dadurch entgehen, dass er dem Mandanten das ihm erteilte Provisionsversprechen offenbare.[86] Tue er dies, bestünden keine durchgreifenden Bedenken gegen eine Provisionsteilung zwischen dem Steu-

---

[76] BGH v. 22.02.2001 - IX ZR 357/99 - BGHZ 147, 39-45.
[77] BGH v. 22.03.1990 - IX ZR 117/88 - LM Nr. 11 zu § 14 BNotO.
[78] BGH v. 22.03.1990 - IX ZR 117/88 - LM Nr. 11 zu § 14 BNotO.
[79] BGH v. 22.02.2001 - IX ZR 357/99 - BGHZ 147, 39-45.
[80] BGH v. 23.10.1980 - IVa ZR 28/80 - BGHZ 78, 263-268; BGH v. 19.06.1985 - IVa ZR 196/83 - BGHZ 95, 81-88.
[81] BGH v. 13.02.1995 - AnwZ (B) 71/94 - NJW 1995, 2357-2358; BGH v. 10.07.2000 - AnwZ (B) 55/99 - LM BRAO § 8 Nr. 6 (5/2001); BGH v. 08.06.2000 - III ZR 187/99 - NJW-RR 2000, 1502-1503; BGH v. 08.06.2000 - III ZR 186/99 - LM BGB § 654 Nr. 22 (3/2001).
[82] BGH v. 23.10.1980 - IVa ZR 28/80 - BGHZ 78, 263-268.
[83] BGH v. 23.10.1980 - IVa ZR 28/80 - BGHZ 78, 263-268.
[84] BGH v. 19.06.1985 - IVa ZR 196/83 - BGHZ 95, 81-88.
[85] BGH v. 01.04.1987 - IVa ZR 211/85 - NJW-RR 1987, 1380-1381.
[86] BGH v. 23.10.1980 - IVa ZR 28/80 - BGHZ 78, 263-268; BGH v. 19.06.1985 - IVa ZR 196/83 - BGHZ 95, 81-88.

erberater und dem Dritten.[87] Ohne Aufklärung des Mandanten muss der Steuerberater dagegen nach den §§ 675, 667 BGB alles herausgeben, was er aus der Geschäftsbesorgung erlangt hat, da die zugrunde liegende Vereinbarung mit dem Mandanten als Geschäftsbesorgungsvertrag mit Dienstvertragscharakter zu qualifizieren ist.[88] Hierzu gehören nach gefestigter Rechtsprechung auch Sondervorteile, die dem Steuerberater von dritter Seite zugewandt wurden und eine Willensbeeinflussung zum Nachteil des Mandanten befürchten lassen, selbst wenn sie nach dem Willen des Dritten gerade nicht für ihn bestimmt waren.

Provisionszahlungen an den Steuerberater stehen dabei Zahlungen gleich, die an einen von ihm eingesetzten **Strohmann**[89] oder an eine Gesellschaft geleistet werden, an welcher der Steuerberater maßgeblich beteiligt ist.[90] Die Beweislast dafür, wer genau was erlangt hat, treffe zwar den Auftraggeber, doch sei der Tatrichter nicht gehindert, aus dem Umstand, dass der Beauftragte keine einleuchtende Erklärung für eine Zahlung an einen ihm nahe stehenden Dritten zu geben vermag, auf die Strohmanneigenschaft des Dritten zu schließen.[91] Darüber hinaus ist zu beachten, dass der Steuerberater ohne Offenbarung der Provisionsteilung mit dem Dritten seinem Mandanten einen diesem durch die Anlageentscheidung entstandenen Schaden ersetzen muss, selbst wenn ihm kein weiteres Versehen wie insbesondere eine falsche Beratung vorgeworfen werden kann.[92] 40

Die Beurteilung der Zulässigkeit der Erbringung von entgeltlichen Maklerleistungen durch einen **Rechtsanwalt** weicht gegenüber derjenigen von Notaren und Steuerberatern im Ergebnis nur unwesentlich ab. Anders als für Notare existiert keine gesetzliche Vorschrift, die eine makelnde Tätigkeit von Rechtsanwälten allgemein im Sinne von § 134 BGB verbietet. Mit ihrem Beruf ist auch anders als für Steuerberater nach § 57 Abs. 4 Nr. 1 StBerG eine gewerbliche Tätigkeit nicht kraft Gesetzes unvereinbar.[93] Daher wird nur die ständige Ausübung des Maklerberufs durch einen Rechtsanwalt als unzulässig angesehen, während ein gelegentliches einzelnes Maklergeschäft durchaus rechtswirksam mit einem Dritten vereinbart werden kann.[94] Mögliche standesrechtliche Bedenken beeinträchtigten die zivilrechtliche Gültigkeit nicht ohne weiteres, zumal durch vereinzelte Maklertätigkeiten nicht Ansehen und Vertrauen in den Berufsstand des Rechtsanwalts im Allgemeinen untergraben würden.[95] 41

Betrifft der Inhalt der dem Anwalt übertragenen Aufgabe in nicht unwesentlichem Umfang **Rechtsberatung**, stellt sich der zwischen ihm und seinem Auftraggeber geschlossene Vertrag unabhängig von den Vorstellungen der Parteien in seiner Gesamtheit als Anwaltsdienstvertrag nach den §§ 611, 675 BGB dar, der die Maklertätigkeit mitumfasst.[96] Nur wenn die beratende Tätigkeit völlig in den Hintergrund tritt und keine in Betracht kommende Rolle spielt, gilt etwas anderes, was nach dem Inhalt der zugrunde liegenden Vereinbarung im Einzelfall zu beurteilen ist.[97] Geht es um die Vermittlung eines Kauf- oder Darlehensgeschäfts, so ist mangels eindeutig und zwingend entgegenstehender Gründe im Zweifel davon auszugehen, dass die den Anwalt anstelle eines Maklers beauftragende Partei von ihm erwartet, dass er in eben dieser Eigenschaft tätig wird und insbesondere ihre rechtlichen Interessen betreut. Dies wurde auch in einem Fall angenommen, in dem der Rechtsanwalt mit Verhandlungen über einen freihändigen Grundstücksverkauf an die öffentliche Hand zur Abwendung einer zukünftig drohenden Enteignung beauftragt worden war.[98] 42

---

[87] BGH v. 25.02.1987 - IVa ZR 214/85 - NJW-RR 1987, 1108.
[88] BGH v. 01.04.1987 - IVa ZR 211/85 - NJW-RR 1987, 1380-1381; BGH v. 18.12.1990 - XI ZR 176/89 - LM Nr. 37 zu § 667 BGB.
[89] BGH v. 01.04.1987 - IVa ZR 211/85 - NJW-RR 1987, 1380-1381; BGH v. 18.12.1990 - XI ZR 176/89 - LM Nr. 37 zu § 667 BGB.
[90] BGH v. 19.06.1985 - IVa ZR 196/83 - BGHZ 95, 81-88.
[91] BGH v. 01.04.1987 - IVa ZR 211/85 - NJW-RR 1987, 1380-1381; BGH v. 18.12.1990 - XI ZR 176/89 - LM Nr. 37 zu § 667 BGB.
[92] BGH v. 20.05.1987 - IVa ZR 36/86 - LM Nr. 127 zu § 675 BGB.
[93] BGH v. 31.10.1991 - IX ZR 303/90 - LM BGB § 134 Nr. 135 (5/1992).
[94] BGH v. 31.10.1991 - IX ZR 303/90 - LM BGB § 134 Nr. 135 (5/1992); BGH v. 22.02.2001 - IX ZR 357/99 - BGHZ 147, 39-45.
[95] BGH v. 22.02.2001 - IX ZR 357/99 - BGHZ 147, 39-45.
[96] BGH v. 31.10.1991 - IX ZR 303/90 - LM BGB § 134 Nr. 135 (5/1992).
[97] BGH v. 22.03.1990 - IX ZR 117/88 - LM Nr. 11 zu § 14 BNotO; BGH v. 31.10.1991 - IX ZR 303/90 - LM BGB § 134 Nr. 135 (5/1992); BGH v. 22.02.2001 - IX ZR 357/99 - BGHZ 147, 39-45.
[98] BGH v. 10.06.1985 - III ZR 73/84 - LM Nr. 114 zu § 675 BGB.

43 Festzuhalten bleibt, dass insbesondere der Anwaltssenat des BGH bei der vorzunehmenden Einzelfallprüfung maßgeblich darauf abstellt, ob die zweitberufliche Tätigkeit bei objektiv vernünftiger Betrachtungsweise die **Wahrscheinlichkeit von Pflichtenkollisionen** nahe legt.[99] Eine solche wird beispielsweise in ständiger Rechtsprechung bejaht, wenn der Rechtsanwalt zweitberuflich als Versicherungsmakler oder Angestellter eines Versicherungsmaklerunternehmens tätig ist, da der Makler typischerweise darauf angewiesen sei, Informationen zu erhalten, die bei der Rechtsberatung anfallen können und die Vermittlung von Geschäftsabschlüssen aussichtsreich erscheinen lassen.[100] Die Ausfüllung der Geschäftsführerposition in einem Versicherungsmaklerunternehmen wird selbst dann als mit der gleichzeitigen Ausübung des Anwaltsberufs unvereinbar angesehen, wenn das Unternehmen nicht mehr selbst, sondern nur noch über Franchisenehmer am Markt auftritt.[101] Die gleichen Grundsätze wendet der BGH auf den Rechtsanwalt als Grundstücksmakler oder Vermittler von Finanzdienstleistungen an.[102] Schließlich muss auch der Rechtsanwalt ein ihm von einem Dritten erteiltes Provisionsversprechen seinem Mandanten gegenüber offenbaren, wenn dadurch seine Objektivität und Unvoreingenommenheit gefährdet ist. Unterlässt er dies, muss er gemäß den §§ 675, 667 BGB ebenso wie der Steuerberater dem Mandanten alles herausgeben, was er aus der Geschäftsbesorgung erlangt hat.[103]

4. Sittenwidrigkeit

44 Die **Sittenwidrigkeit des Maklervertrags** kann sich aus § 138 Abs. 1 BGB ergeben, wenn die Provisionsvereinbarung unter Berücksichtigung der Umstände des Einzelfalls als Schmiergeldabrede erscheint.[104] Eine Bevorzugung beim Vertragsschluss anstrebende Zuwendungen an Organe, sonstige gesetzliche Vertreter oder Angestellte des möglichen Vertragspartners verstoßen nach der ständigen Rechtsprechung des BGH gegen die einfachsten und grundlegenden Regeln des geschäftlichen Anstands und kaufmännischer guter Sitte. Das Anstößige eines solchen Verhaltens wird darin erkannt, dass der Verhandlungsführer seinem Geschäftsherrn einen Teil der Gegenleistung entzieht und in die eigene Tasche lenkt. Daraus ergibt sich zugleich, dass der Vorwurf der Pflichtwidrigkeit entfallen muss, wenn der Verhandlungsführer im Einverständnis des Geschäftsherrn gehandelt hat. Hiervon konnte z.B. in einem Fall ausgegangen werden, in dem der Alleingesellschafter einer GmbH dem Geschäftsführer die Annahme einer Sondervergütung vom Verhandlungspartner gestattet hatte.[105]

45 Die Vereinbarung einer Maklerprovision für Nachweis- und Vermittlungsleistungen kann einen Sittenverstoß begründen, wenn die **Kommerzialisierung** in dem betreffenden Lebensbereich anstößig ist.[106] Als Beispiele aus der instanzgerichtlichen Rechtsprechung können die Vereinbarung eines Rechtsanwalts mit einem Dritten über die Zahlung von Provisionen für vermittelte Mandate sowie die entgeltliche Vermittlung von Patienten an einen Arzt genannt werden. Diese Fallgestaltungen werden jedoch dadurch geprägt, dass das besondere und häufig intimste Lebensbereiche berührende Vertrauen, das der Mandant dem Anwalt und der Patient dem Arzt entgegenbringt, es verbietet, diese Verhältnisse zum Gegenstand entgeltlicher Akquisition zu machen. Ein allgemeines Verbot für Angehörige sonstiger freier Berufe, für die Erlangung von Aufträgen die entgeltlichen Dienste eines Maklers in Anspruch zu nehmen, lässt sich hieraus jedoch nicht ableiten.

46 So wurde beispielsweise die Einschaltung eines Maklers zur Vermittlung von Aufträgen an einen Architekten weder als sitten- noch als standeswidrig angesehen, so dass dem Makler für seine ordnungsgemäß erbrachte und nicht mit sonstigen eine Sittenwidrigkeit begründenden Umständen behaftete Leistung der vereinbarte Lohn zugesprochen wurde.[107] In anderen Bereichen hat sich noch keine abschließende Bewertung durchgesetzt oder wird von der konkreten **Ausgestaltung des Vertragsver-**

---

[99] BGH v. 08.10.2007 - AnwZ (B) 92/06 - NZM 2008, 98-99.
[100] BGH v. 21.07.1997 - AnwZ (B) 15/97.
[101] BGH v. 18.10.1999 - AnwZ (B) 97/98 - NJW-RR 2000, 437-438.
[102] BGH v. 13.10.2003 - AnwZ (B) 79/02 - NJW 2004, 212-213; BGH v. 08.10.2007 - AnwZ (B) 92/06 - NZM 2008, 98-99.
[103] BGH v. 30.05.2000 - IX ZR 121/99 - BGHZ 144, 343-348.
[104] BGH v. 06.11.1985 - IVa ZR 266/83 - LM Nr. 98 zu § 652 BGB; BGH v. 01.04.1987 - IVa ZR 211/85 - NJW-RR 1987, 1380-1381.
[105] BGH v. 05.12.1990 - IV ZR 187/89 - NJW-RR 1991, 483-484.
[106] BGH v. 18.03.1999 - III ZR 93/98 - LM BGB § 138 (Cf) BGB Nr. 19 (9/1999).
[107] BGH v. 18.03.1999 - III ZR 93/98 - LM BGB § 138 (Cf) BGB Nr. 19 (9/1999).

hältnisses im Einzelfall abhängig gemacht. Stellvertretend kann hier das in heutiger Zeit besonders lukrative Sportmanagement genannt werden, dem üblicherweise Exklusivverträge zugrunde liegen, die eine umfassende Vermarktung der Persönlichkeitsrechte des betreffenden Sportlers einschließen.[108]

Unabhängig von den besonderen Voraussetzungen des in § 138 Abs. 2 BGB normierten Wuchertatbestands ist ein Geschäft wegen Sittenwidrigkeit nach § 138 Abs. 1 BGB nichtig, wenn ein **auffälliges Missverhältnis zwischen Leistung und Gegenleistung** besteht und weitere Umstände hinzutreten, insbesondere verwerfliche Gesinnung oder die Ausnutzung der Unerfahrenheit oder der schwierigen Lage des Vertragsgegners, um sich übermäßige Gewinne zu verschaffen.[109] Die immer wieder vorzufindenden Versuche einiger Makler, sich allein wegen der möglicherweise auf sie zukommenden Arbeit und Kosten im Wege eines Pauschalhonorars eine den üblichen Rahmen um ein Vielfaches übersteigende Provision versprechen zu lassen, werden von den Gerichten missbilligt. Für die Beantwortung der Frage nach dem auffälligen Missverhältnis stellen sie auf einen Vergleich der vereinbarten mit der üblichen Maklerprovision ab.[110] So wurde z.B. eine pauschale Maklervergütung von 1 Mio. DM für die Vermittlung eines Kredits in Höhe von 6 Mio. DM unabhängig davon als unzulässig angesehen, wie umfangreich und aufwendig die dazu erforderliche Arbeitsleistung des Maklers tatsächlich gewesen war.[111]

47

Daneben betont der BGH aber durchaus auch die Notwendigkeit der „angemessenen Ausgewogenheit" von versprochener Vergütung und zu erbringender Leistung. Ermöglicht die Vergütungsvereinbarung dem Makler, von seinem Auftraggeber mehr als das Achtfache der einfachen Verkäuferprovision zu fordern, kann von angemessener Ausgewogenheit keine Rede sein, wenn sich die Tätigkeit des Maklers auf die Benennung eines ihm bereits bekannten und vertragsbereiten Interessenten beschränkt.[112] Im Übrigen ist es für die Anwendung von § 138 Abs. 1 BGB unerheblich, ob sich der Makler der Sittenwidrigkeit seines Verhaltens bewusst war oder ob er es in falscher Bewertung der ihm bekannten Umstände für zulässig gehalten hat.[113] Bei einem besonders krassen Missverhältnis zwischen Leistung und Gegenleistung kann der Schluss auf eine verwerfliche Gesinnung in Form einer bewussten oder doch zumindest grob fahrlässigen Ausnutzung eines den Vertragspartner hemmenden Tatumstands zwingend nahe liegen.[114] In der Literatur wird diese Rechtsprechung des BGH vereinzelt kritisiert und stattdessen eine **Inhaltskontrolle** von Maklerverträgen am Maßstab von § 138 Abs. 1 BGB unter dem Gesichtspunkt der sittenwidrigen Knebelung vorgenommen.[115]

48

5. Stellvertretung

Lässt sich der Makler beim Abschluss des Maklervertrags vertreten, so kommt dieser nur zustande, wenn der Stellvertreter des Maklers gegenüber dem Auftraggeber erkennbar im Namen des Maklers auftritt (§ 164 Abs. 1 BGB). Erfolgt die Vertragsunterschrift in den Räumen der Immobilienabteilung einer Sparkasse, so kommt ohne weitere Aufklärung des Auftraggebers kein Maklervertrag mit der Bausparkasse zustande, mit der die Sparkasse zusammenarbeitet und an deren Provision sie überwiegend beteiligt werden soll.[116] In bestimmten Konstellationen muss sich der Makler einzelne Elemente des Maklervertrags bereits nach dem **Grundsatz der Anscheinsvollmacht** zurechnen lassen. So hat der BGH z.B. angenommen, dass ein Makler, der die Vertragsverhandlungen mit einem Interessenten durch einen freien Mitarbeiter dergestalt führen lässt, dass dieser allein die Vertragsmodalitäten aushandelt, dadurch den Anschein erzeugt, dieser sei auch bevollmächtigt, die Höhe der Maklerprovision festzulegen.[117]

49

---

[108] *Buch/Karakaya*, ZRP 2002, 193-196.
[109] BGH v. 25.05.1983 - IVa ZR 182/81 - BGHZ 87, 309-321; BGH v. 16.02.1994 - IV ZR 35/93 - BGHZ 125, 135-140; BGH v. 30.05.2000 - IX ZR 121/99 - BGHZ 144, 343-348; OLG Nürnberg v. 16.11.2000 - 2 U 2117/00 - NZM 2001, 481-482.
[110] BGH v. 22.01.1976 - II ZR 90/75 - LM Nr. 3 zu § 597 ZPO; BGH v. 16.02.1994 - IV ZR 35/93 - BGHZ 125, 135-140; OLG Nürnberg v. 16.11.2000 - 2 U 2117/00 - NZM 2001, 481-482.
[111] BGH v. 22.01.1976 - II ZR 90/75 - LM Nr. 3 zu § 597 ZPO.
[112] BGH v. 16.02.1994 - IV ZR 35/93 - BGHZ 125, 135-140.
[113] BGH v. 22.01.1976 - II ZR 90/75 - LM Nr. 3 zu § 597 ZPO.
[114] BGH v. 30.06.1976 - IV ZR 207/74 - WM 1976, 1158; BGH v. 16.02.1994 - IV ZR 35/93 - BGHZ 125, 135-140; BGH v. 30.05.2000 - IX ZR 121/99 - BGHZ 144, 343-348.
[115] *Martinek*, JZ 1994, 1048-1057, 1050.
[116] OLG Düsseldorf v. 05.11.1999 - 7 U 151/98 - NJW-RR 2001, 562-563.
[117] BGH v. 08.10.1986 - IVa ZR 49/85 - BGHR BGB § 167 Anscheinsvollmacht 2.

50 Lässt sich der Auftraggeber bei Abschluss des Maklervertrags vertreten, obliegt dem Makler, der den Auftraggeber später auf Provisionszahlung in Anspruch nehmen will, die Darlegungs- und Beweislast bezüglich der behaupteten Erteilung einer entsprechenden Vollmacht.[118] Soweit es sich dabei um eine Innenvollmacht handeln soll, wird an die Substantiierung kein allzu hoher Maßstab angelegt und insbesondere kein Tatsachenvortrag zu Ort, Zeitpunkt und Art und Weise der Bevollmächtigung verlangt. Um den **Vorwurf eines unzulässigen Ausforschungsbeweises** zu vermeiden, müssen allerdings konkrete Anhaltspunkte wie z.B. die Teilnahme an Vertragsverhandlungen und Besichtigungsterminen für das Vorliegen einer Vollmacht geltend gemacht werden können.[119]

51 Der Makler, der wusste oder dem sich aufdrängen musste, dass der für den Auftraggeber auftretende Vertreter die ihm eingeräumte Vertretungsmacht missbraucht hat, ist in seinem Vertrauen auf deren Bestand unabhängig davon nicht schutzwürdig, ob der Vertreter selbst vorsätzlich handelte oder nicht.[120] Dagegen ist es in Stellvertretungskonstellationen nicht zwingend erforderlich, dass der Vertretene bereits bei Abschluss des Maklervertrags feststeht. In der höchstrichterlichen Rechtsprechung wird es als ausreichend angesehen, dass die **nachträgliche Bestimmung** dem Vertreter überlassen wird oder vereinbarungsgemäß aufgrund sonstiger Umstände erfolgen soll. Wird der Geschäftspartner nachträglich bestimmt, so kommt das Geschäft erst dadurch zustande.

52 Da eine Rückwirkung entsprechend den §§ 177 Abs. 1, 184 Abs. 1 BGB nicht stattfindet, ist es unerheblich, ob die nachträglich bestimmte Person im Zeitpunkt der Vornahme des Vertretergeschäfts nur unbestimmt oder aber noch gar nicht existent war.[121] Dies kann sich etwa bei Konzernsachverhalten als praktisch erweisen, bei denen erst der absehbare Erfolg der Maklertätigkeit zur **Gründung einer Tochter- oder Schwestergesellschaft** führt, die dann Partei des Hauptvertrags wird. Streben die Parteien dagegen von vornherein einen Hauptvertrag an, den nicht der dem Makler gegenüber auftretende Kunde, sondern ein von diesem benannter Dritter abschließen soll, entsteht der Provisionsanspruch nach erbrachter Maklerleistung mit Abschluss des Hauptvertrags durch diesen Dritten, ohne dass es eines Rückgriffs auf die Grundsätze zur persönlichen oder wirtschaftlichen Identität bedarf.[122]

6. Laufzeit

53 Die Dauer des Maklervertrags bleibt im praktischen Regelfall unbestimmt. Gleichwohl ist mangels abweichender Vereinbarung sowohl der Auftraggeber zum jederzeitigen Widerruf[123] als auch der Makler zur jederzeitigen Kündigung berechtigt. Für weitere Beendigungsgründe können die auftragsrechtlichen Vorschriften der §§ 672 Satz 1, 673 Satz 1 BGB analog herangezogen werden, so dass zwar der Tod des Auftraggebers das Vertragsverhältnis fortbestehen lässt, nicht jedoch der Tod des selbständig tätigen Einzelmaklers.[124] Auch die z.B. infolge schwerer Erkrankung bestehende Unfähigkeit des Maklers zur Erbringung von Maklerdiensten kann zur **Beendigung des Maklervertrags** führen.[125] Ob diese Grundsätze auch bei in der Rechtsform einer Personen- oder Kapitalgesellschaft geführten Maklerunternehmen herangezogen werden können, ist nach den Umständen des Einzelfalls zu beurteilen und hängt in erster Linie davon ab, ob der Auftraggeber durch den Abschluss des Maklervertrags sein Vertrauen einer bestimmten natürlichen Person oder dem Maklerunternehmen als solchem entgegengebracht hat.

54 Während eine nach wirksamer Beendigung des Maklervertrags entfaltete Nachweis- oder Vermittlungstätigkeit keinen Lohnanspruch mehr auslösen kann, ist ein solcher anzuerkennen, wenn zwar die Maklerleistung vor der Vertragsbeendigung erbracht wurde, ihr im Abschluss des Hauptvertrags mit dem Dritten bestehender Erfolg aber erst danach eingetreten ist.[126] Ist der Makler, der eine für das Zu-

---

[118] BGH v. 17.09.1998 - III ZR 174/97 - NJW-RR 1999, 361-362.
[119] BGH v. 17.09.1998 - III ZR 174/97 - NJW-RR 1999, 361-362; zum Geltungsbereich von § 1357 BGB vor diesem Hintergrund LG Darmstadt v. 25.08.2005 - 25 S 81/05 - NZM 2006, 306-307.
[120] BGH v. 18.05.1988 - IVa ZR 59/87 - LM Nr. 59 zu § 164 BGB.
[121] BGH v. 18.09.1997 - III ZR 226/96 - LM BGB § 164 Nr. 82 (4/1998).
[122] LG Karlsruhe v. 24.07.2003 - 5 S 214/01 - NJW-RR 2003, 1495-1496.
[123] BGH v. 18.04.1966 - VIII ZR 111/64 - LM Nr. 17 zu § 652 BGB; BGH v. 09.11.1966 - VIII ZR 170/64 - LM Nr. 21 zu § 652 BGB.
[124] BGH v. 03.03.1965 - VIII ZR 266/63 - LM Nr. 15 zu § 652 BGB.
[125] BGH v. 03.03.1965 - VIII ZR 266/63 - LM Nr. 15 zu § 652 BGB.
[126] BGH v. 03.03.1965 - VIII ZR 266/63 - LM Nr. 15 zu § 652 BGB; BGH v. 02.04.1969 - IV ZR 786/68 - BB 1969, 934.

standekommen des Hauptvertrags ursächliche Tätigkeit entfaltet hat, vor dem endgültigen Geschäftsabschluss gestorben, geht die Anwartschaft auf den Provisionsanspruch auf seine **Erben** über, die bei Eintritt des Erfolgs die Provision verlangen können.[127]

Daneben ist auch hier zu beachten, dass der Hauptvertrag einen im Vergleich zu dem im Maklervertrag vorgesehenen wirtschaftlich identischen Inhalt aufweisen muss. Diese Voraussetzung kann nur durch Individualabrede, nicht aber in Allgemeinen Geschäftsbedingungen abbedungen werden. Ein Auftraggeber, dem durch einen Makler ein Mietvertrag über eine Wohnung vermittelt wurde, ist daher bei einem späteren Ankauf des Wohngrundstücks nicht schon deshalb zur Zahlung einer Käuferprovision verpflichtet, weil eine Klausel in den Allgemeinen Geschäftsbedingungen des Maklers die Zahlung einer solchen **„Differenzprovision"** vorsieht.[128]

7. Vertragstypen

Im gesetzlichen Regelfall ist der Makler zum Tätigwerden nicht verpflichtet, wodurch sich der Maklervertrag grundsätzlich vom Dienstvertrag unterscheidet. Den Parteien steht es jedoch frei, im Vertrag eine entsprechende Verpflichtung vorzusehen. In einem solchen Fall handelt es sich um einen **Maklerdienstvertrag**, auf den die §§ 611-630 BGB ergänzend anzuwenden sind.[129] Daneben ist es eine Frage der Gestaltung bzw. der Auslegung des Vertrags, ob die Vergütung nur bei Erfolg der Maklertätigkeit oder unabhängig davon geschuldet werden soll.[130]

Aus der Sicht des Maklers steht dagegen oft das Interesse im Vordergrund, den Auftraggeber ausschließlich an sich zu binden und auf diese Weise sicherzustellen, dass weitere Makler von der Mitwirkung ausgenommen bleiben. Erreicht wird dies durch eine Vereinbarung, die das grundsätzlich jederzeit mögliche Widerrufsrecht des Auftraggebers einschränkt und diesen darüber hinaus dazu verpflichtet, zum Nachweis oder zur Vermittlung nicht die Hilfe eines anderen Maklers in Anspruch zu nehmen.[131] Ein solcher **Alleinauftrag** wird als wirksam angesehen, soweit er nicht ausdrücklich unbefristet abgeschlossen wird und den Auftraggeber dadurch in sittenwidriger Weise in seiner wirtschaftlichen Bewegungsfreiheit einengt.[132] Verpflichtet der Auftraggeber den Makler ausdrücklich dazu, über das Geschäft Stillschweigen zu bewahren, so liegt hierin für sich genommen noch nicht die Vereinbarung eines Alleinauftrags. Es ist daher Sache des Maklers, gegenüber dem Auftraggeber klarzustellen, dass er in der Verschwiegenheitsabrede eine auf den Abschluss eines Alleinauftrags zielende Vereinbarung erblickt.[133] Vereinzelt wurde verlangt, dass der vor Unterzeichnung einer ihm vom Makler vorgelegten Erklärung über einen Alleinauftrag nachfragende Auftraggeber vom Makler in zutreffender Weise über die Bedeutung eines Alleinauftrags aufgeklärt wird.[134] Fehlt dagegen lediglich eine Befristungsregelung oder ist die vereinbarte Frist unangemessen lang, ermitteln die Gerichte im Wege der Auslegung unter Berücksichtigung aller Umstände des Einzelfalls den angemessenen Zeitraum.[135] Nach Ansicht des BGH stellt eine Zeitgrenze von fünf Jahren in keinem Fall eine sittenwidrige Bindung dar.[136]

Bei in zulässiger Weise vereinbarter langer Laufzeit des Alleinauftrags sehen die Gerichte den Makler in einer besonderen Vertrauensposition, die ihm insbesondere eine gleichzeitige Vermittlungstätigkeit für die Gegenseite verbieten soll.[137] Daraus folgt jedoch nicht ohne weiteres, dass ein solcher „Ver-

---

[127] BGH v. 17.12.1975 - IV ZR 73/74 - WM 1976, 503-507.
[128] BGH v. 28.02.1973 - IV ZR 34/71 - BGHZ 60, 243-247.
[129] BGH v. 10.10.1973 - IV ZR 144/72 - WM 1973, 1382; BGH v. 23.10.1980 - IVa ZR 45/80 - LM Nr. 70 zu § 652 BGB; BGH v. 25.05.1983 - IVa ZR 182/81 - BGHZ 87, 309-321; BGH v. 20.03.1985 - IVa ZR 223/83 - LM Nr. 3 zu § 1 AGBG.
[130] BGH v. 21.10.1987 - IVa ZR 103/86 - NJW 1988, 967-969; BGH v. 22.07.1999 - III ZR 304/98 - NJW-RR 1999, 1499-1500.
[131] BGH v. 09.11.1966 - VIII ZR 170/64 - LM Nr. 21 zu § 652 BGB; BGH v. 14.05.1969 - IV ZR 787/68 - LM Nr. 30 zu § 652 BGB.
[132] BGH v. 21.09.1973 - IV ZR 89/72 - WM 1974, 257; BGH v. 04.02.1976 - IV ZR 115/74 - WM 1976, 533-535; BGH v. 02.02.1994 - IV ZR 24/93 - LM BGB § 652 Nr. 133 (8/1994).
[133] BGH v. 09.11.1966 - VIII ZR 170/64 - LM Nr. 21 zu § 652 BGB.
[134] BGH v. 23.04.1969 - IV ZR 780/68 - LM Nr. 32 zu § 652 BGB.
[135] BGH v. 04.02.1976 - IV ZR 115/74 - WM 1976, 533-535; BGH v. 06.05.1977 - IV ZR 40/76 - WM 1977, 871-873; BGH v. 02.02.1994 - IV ZR 24/93 - LM BGB § 652 Nr. 133 (8/1994).
[136] BGH v. 21.09.1973 - IV ZR 89/72 - WM 1974, 257.
[137] BGH v. 22.04.1964 - VIII ZR 225/62 - LM Nr. 13 zu § 652 BGB; BGH v. 26.03.1998 - III ZR 206/97 - LM BGB § 652 Nr. 143 (10/1998).

trauensmakler" mit jeder vermittelnden Tätigkeit nach beiden Seiten seinen Provisionsanspruch quasi automatisch verwirkt. Die Gerichte stellen vielmehr entscheidend darauf ab, ob der Makler mit seiner Tätigkeit das Vertrauen und die Interessen seiner Auftraggeber verletzt.[138] Dies ist z.B. nicht der Fall, wenn er ihnen seine Tätigkeit für die jeweils andere Seite offen legt und sich darauf beschränkt, als „ehrlicher Makler" zwischen ihren Interessen zu vermitteln.[139] Entsprechendes kann sich auch aus der Art und Weise ergeben, wie er mit seinen Auftraggebern die Verhandlungen führt.[140] Die auf das Einschalten weiterer Makler bezogene Unterlassungspflicht des Auftraggebers[141] gilt als wesentliches Charakteristikum des Alleinauftrags im Zweifel auch ohne ausdrückliche Vereinbarung.[142] Ein Verstoß lässt zwar die Wirksamkeit des zweiten Maklervertrags unberührt, setzt den Auftraggeber aber aufgrund seiner dadurch gegenüber dem ersten Makler ausgelösten Schadensersatzpflicht[143] dem Risiko aus, die Provision am Ende doppelt zahlen zu müssen.

59   Der auch als Festauftrag, Exklusivvertrag oder Generalmaklervertrag bezeichnete Alleinauftrag verpflichtet zugleich den Makler, im Interesse seines Auftraggebers tätig zu werden und sich dabei rege und intensiv für dessen Belange einzusetzen.[144] Hierzu wird auch die sachkundige Beratung über den Kaufpreis gezählt.[145] Die Gerichte gehen davon aus, dass die **Tätigkeitspflicht des Maklers** beim Abschluss eines Alleinauftrags zumindest stillschweigend vereinbart wird[146] und durch Allgemeine Geschäftsbedingungen nicht abbedungen werden kann.[147] Ihre Inhalte sind nicht abschließend festgelegt, sondern werden im Einzelfall durch Auslegung ermittelt, so dass sich die gerichtliche Nachprüfung in aller Regel auf offensichtliche Verstöße beschränkt. Eine einseitige Lösung von seiner Tätigkeitspflicht durch Erklärung gegenüber dem Auftraggeber ist dem Makler allerdings versagt.[148] Er kann daher insbesondere durch die gegenüber dem Auftraggeber abgegebene Erklärung, er stelle es diesem frei, sich selbst um den Verkauf des Objekts zu bemühen oder einen anderen Vermittler einzuschalten, keine Umwandlung des Alleinauftrags in einen einfachen Maklervertrag erreichen.[149]

60   Umstritten ist, ob die Tätigkeitspflicht des Maklers dem Alleinauftrag den Charakter eines gegenseitigen Vertrags verleiht, auf den die §§ 320-326 BGB anwendbar sind. Der BGH geht davon aus, dass die Pflichtenübernahme durch beide Vertragsparteien den Charakter des Maklervertrags nicht grundlegend ändert. Die Tätigkeitspflicht des Maklers rechtfertige es allerdings, den Alleinauftrag als Maklerdienstvertrag einzuordnen.[150] Dieser kann bei Vorliegen eines wichtigen Grundes von beiden Seiten fristlos gekündigt werden, wenn die weiteren Voraussetzungen des § 626 BGB gegeben sind.[151] Das **Recht zur außerordentlichen Kündigung** kann weder ausgeschlossen noch eingeschränkt und für den Auftraggeber z.B. bejaht werden, wenn der Makler untätig bleibt, seine Vermittlungsbemühungen vernachläs-

---

[138] BGH v. 11.11.1999 - III ZR 160/98 - LM BGB § 654 Nr. 20 (7/2000); BGH v. 08.06.2000 - III ZR 187/99 - NJW-RR 2000, 1502-1503; BGH v. 08.06.2000 - III ZR 186/99 - LM BGB § 654 Nr. 22 (3/2001); OLG Dresden v. 26.08.1998 - 8 U 845/98 - OLGR Dresden 1998, 405-406.

[139] BGH v. 22.04.1964 - VIII ZR 225/62 - LM Nr. 13 zu § 652 BGB; BGH v. 31.10.1991 - IX ZR 303/90 - LM BGB § 134 Nr. 135 (5/1992).

[140] BGH v. 11.11.1999 - III ZR 160/98 - LM BGB § 654 Nr. 20 (7/2000); BGH v. 08.06.2000 - III ZR 187/99 - NJW-RR 2000, 1502-1503; BGH v. 08.06.2000 - III ZR 186/99 - LM BGB § 654 Nr. 22 (3/2001).

[141] BGH v. 22.04.1964 - VIII ZR 225/62 - LM Nr. 13 zu § 652 BGB; BGH v. 02.11.1983 - IVa ZR 86/82 - BGHZ 88, 368-372.

[142] BGH v. 08.05.1973 - IV ZR 158/71 - BGHZ 60, 377-385.

[143] BGH v. 22.02.1967 - VIII ZR 215/64 - LM Nr. 23 zu § 652 BGB; BGH v. 08.05.1973 - IV ZR 158/71 - BGHZ 60, 377-385; BGH v. 14.01.1987 - IVa ZR 130/85 - LM Nr. 108 zu § 652 BGB.

[144] BGH v. 21.03.1966 - VIII ZR 290/63 - LM Nr. 17 zu § 652 BGB; BGH v. 09.11.1966 - VIII ZR 170/64 - LM Nr. 21 zu § 652 BGB; BGH v. 14.05.1969 - IV ZR 787/68 - LM Nr. 30 zu § 652 BGB; BGH v. 06.05.1977 - IV ZR 40/76 - WM 1977, 871-873; BGH v. 07.06.1978 - IV ZR 22/77 - WM 1978, 1095.

[145] BGH v. 10.10.1973 - IV ZR 144/72 - WM 1973, 1382; OLG Düsseldorf v. 05.02.1999 - 7 U 132/98 - NJW-RR 1999, 1140-1141; OLG Schleswig v. 02.06.2000 - 14 U 136/99 - NJW-RR 2002, 419-420.

[146] BGH v. 21.03.1966 - VIII ZR 290/63 - LM Nr. 17 zu § 652 BGB; BGH v. 09.11.1966 - VIII ZR 170/64 - LM Nr. 21 zu § 652 BGB.

[147] BGH v. 08.05.1973 - IV ZR 158/71 - BGHZ 60, 377-385.

[148] BGH v. 07.06.1978 - IV ZR 22/77 - WM 1978, 1095; BGH v. 08.04.1987 - IVa ZR 17/86 - LM Nr. 110 zu § 652 BGB.

[149] BGH v. 08.04.1987 - IVa ZR 17/86 - LM Nr. 110 zu § 652 BGB.

[150] BGH v. 08.04.1987 - IVa ZR 17/86 - LM Nr. 110 zu § 652 BGB; BGH v. 21.10.1987 - IVa ZR 103/86 - NJW 1988, 967-969; OLG Koblenz v. 22.01.1999 - 10 U 1334/97 - NJW-RR 1999, 1000-1001.

[151] BGH v. 14.05.1969 - IV ZR 787/68 - LM Nr. 30 zu § 652 BGB.

sigt oder ausschließlich unseriöse Interessenten nachweist. Bei längerer Untätigkeit des Maklers kann sich für den Auftraggeber die Notwendigkeit einer formalen Kündigungserklärung erübrigen, da eine Berufung des Maklers auf die Bindungswirkung des Alleinauftrags rechtsmissbräuchlich wäre. Je mehr der Auftraggeber aufgrund des Verhaltens des Maklers annehmen kann, dieser betrachte selber die Bindung des Auftraggebers an ihn als überholt, umso eher missbraucht der Makler danach sein Recht, wenn er den Auftraggeber gleichwohl an der Bindungsklausel festhalten und Rechte aus ihr geltend machen will.[152] Umgekehrt darf der Makler weiterhin tätig werden, wenn der Auftraggeber den Alleinauftrag entgegen den Absprachen vorzeitig widerruft, ohne dass er hierfür einen wichtigen Grund geltend machen kann.[153]

Folgt man dem BGH, bleibt das gesetzliche Leitbild des Maklervertrags im Übrigen unangetastet, so dass sich der Auftraggeber beispielsweise weiterhin auf seine Abschlussfreiheit berufen und ein ihm nachgewiesenes oder vermitteltes Geschäft trotz erbrachter Maklerleistung und übertroffener Erwartungen ablehnen kann.[154] Ebenso bleibt ihm die Vornahme eines Eigen- oder Direktgeschäfts unbenommen, indem er den Hauptvertrag mit einem von ihm selbst gefundenen Interessenten abschließt.[155] Will der Makler dies verhindern, muss er eine entsprechende Zusatzvereinbarung mit dem Auftraggeber treffen, was regelmäßig in Form eines mit einer erweiterten Provisionspflicht verbundenen Selbstverkaufsverbots geschehen wird, das als Individualabrede zulässig,[156] als Allgemeine Geschäftsbedingung dagegen unwirksam ist.[157] Für ein Aushandeln im Sinne von § 305 Abs. 1 BGB genügt es insbesondere nicht, dass lediglich die Höhe der in der Klausel vorgesehenen Provision, nicht aber der Inhalt der Klausel zur Disposition gestellt wird.[158] Ausnahmsweise kann auch ein dem Makler eingeräumtes Alleinverkaufsrecht dahingehend ausgelegt werden, dass es Selbstverkäufe des Auftraggebers ebenfalls verbietet.[159] Enthält die Zusatzvereinbarung die darüber hinausgehende Verpflichtung des Auftraggebers, alle Interessenten an den Makler zu verweisen bzw. diesen bei selbst geführten Vertragsverhandlungen hinzuzuziehen, wird von einem **erweiterten oder qualifizierten Alleinauftrag** gesprochen.[160] Dieser ist grundsätzlich zulässig, kann aber nach § 138 Abs. 1 BGB sittenwidrig sein, wenn er auf unbestimmte Zeit eingegangen wird und hierin eine nicht hinnehmbare Einschränkung der Entscheidungsfreiheit des Auftraggebers zu erkennen ist.[161]

61

Vom Auftrag nach § 662 BGB unterscheidet sich der Maklervertrag bereits durch seine Entgeltlichkeit, aber auch dadurch, dass der Beauftragte ein fremdes Geschäft besorgt, während der Makler für sich selbst tätig ist. Im Gegensatz zum Unternehmer beim Werkvertrag gewährleistet der Makler keinen Erfolg seiner Tätigkeit. Ebenso wie eine Pflicht zum Tätigwerden des Maklers kann aber auch seine Einstandspflicht für den Vermittlungserfolg vereinbart werden, so z.B. wenn sich ein Finanzmakler nicht nur zu Bemühungen um die Finanzierung, sondern ausdrücklich auch zur Herbeiführung des Finanzierungserfolgs in Form einer „Endfinanzierungsbeschaffung" verpflichtet.[162] Auf den dann vorliegenden

62

---

[152] BGH v. 21.03.1966 - VIII ZR 290/63 - LM Nr. 17 zu § 652 BGB; BGH v. 06.05.1977 - IV ZR 40/76 - WM 1977, 871-873.

[153] BGH v. 22.02.1967 - VIII ZR 215/64 - LM Nr. 23 zu § 652 BGB.

[154] BGH v. 09.11.1966 - VIII ZR 170/64 - LM Nr. 21 zu § 652 BGB; BGH v. 22.02.1967 - VIII ZR 215/64 - LM Nr. 23 zu § 652 BGB; BGH v. 28.05.1969 - IV ZR 790/68 - LM Nr. 31 zu § 652 BGB.

[155] BGH v. 08.05.1973 - IV ZR 158/71 - BGHZ 60, 377-385; BGH v. 04.02.1976 - IV ZR 115/74 - WM 1976, 533-535; OLG Hamm v. 15.05.1997 - 18 U 189/96 - NJW-RR 1998, 842-844; OLG Koblenz v. 22.01.1999 - 10 U 1334/97 - NJW-RR 1999, 1000-1001.

[156] BGH v. 03.03.1965 - VIII ZR 266/63 - LM Nr. 15 zu § 652 BGB; BGH v. 21.09.1973 - IV ZR 89/72 - WM 1974, 257.

[157] BGH v. 08.05.1973 - IV ZR 158/71 - BGHZ 60, 377-385; BGH v. 27.03.1991 - IV ZR 90/90 - LM Nr. 14 zu § 1 AGBG; OLG Hamm v. 15.05.1997 - 18 U 189/96 - NJW-RR 1998, 842-844; LG Braunschweig v. 23.01.2004 - 12 O 2038/03 - ZMR 2004, 352-353.

[158] BGH v. 27.03.1991 - IV ZR 90/90 - LM Nr. 14 zu § 1 AGBG.

[159] BGH v. 04.02.1976 - IV ZR 115/74 - WM 1976, 533-535.

[160] BGH v. 26.02.1981 - IVa ZR 99/80 - LM Nr. 18 zu AGBG; BGH v. 02.11.1983 - IVa ZR 86/82 - BGHZ 88, 368-372; BGH v. 02.02.1994 - IV ZR 24/93 - LM BGB § 652 Nr. 133 (8/1994); OLG Frankfurt v. 06.05.2011 - 19 U 18/11 - ZIP 2011, 1929-1930; LG Dortmund v. 18.11.2009 - 2 O 103/09 - NJW-RR 2010, 1357.

[161] BGH v. 04.02.1976 - IV ZR 115/74 - WM 1976, 533-535; BGH v. 02.02.1994 - IV ZR 24/93 - LM BGB § 652 Nr. 133 (8/1994); BGH v. 28.05.1998 - III ZR 98/97 - NZM 1998, 677-678.

[162] BGH v. 21.10.1987 - IVa ZR 103/86 - NJW 1988, 967-969; BGH v. 17.10.1990 - IV ZR 197/89 - NJW-RR 1991, 627-629; OLG Oldenburg v. 19.05.2005 - 8 U 10/05 - NJW-RR 2005, 1287-1289.

Maklerwerkvertrag finden die §§ 631-650 BGB ergänzende Anwendung.[163] In der Literatur wird der Maklerwerkvertrag dagegen vereinzelt als generell ungeeigneter Vertragstyp angesehen und stattdessen für eine klare Abgrenzung zwischen Maklervertrag einerseits und Geschäftsbesorgungsvertrag mit Werkvertragscharakter andererseits plädiert.[164]

63 Zur **Feststellung des Vertragstyps** im konkreten Einzelfall stellen die Gerichte auf den durch Auslegung zu ermittelnden Parteiwillen ab,[165] aus dem sich eine Dominanz makler-, dienst- oder werkvertraglicher Elemente entnehmen lässt. Danach ist beispielsweise ein Geschäftsbesorgungsvertrag im Kern Maklervertrag, wenn eine Nachweis- oder Vermittlungstätigkeit zu erbringen ist, der Auftraggeber Entschließungsfreiheit hat und die Vergütung erfolgsabhängig ist.[166] Dagegen wurde ein Baubetreuungsvertrag im Rahmen eines Bauherrenmodells, in dem der Baubetreuer auch die Verpflichtung zur Beschaffung der Finanzierung und der Bauherr die zu ihrer Abnahme übernommen hatte, und in dem die Vergütung nicht nach Prozenten des vermittelten Kredits, sondern als Gesamtvergütung an der Wohnfläche der Eigentumswohnung ausgerichtet war, als Geschäftsbesorgungsvertrag dem Werkvertragsrecht unterstellt.[167] Nicht ausgeschlossen ist es schließlich, einen Vertrag überwiegend dem Maklerrecht zu unterstellen, für einzelne klar abgegrenzte Bestandteile dagegen das Recht eines anderen Schuldvertrags zur Anwendung zu bringen.[168]

64 Die im gesetzlichen Regelfall fehlende Tätigkeitsverpflichtung darf nicht dazu verleiten, jegliche Pflicht des Maklers in seinem Verhältnis zum Auftraggeber abzulehnen. Ganz im Gegenteil geht die ständige höchstrichterliche Rechtsprechung von einem besonderen **Treueverhältnis zwischen den Parteien des Maklervertrags** aus, in welchem dem Makler die Rolle eines Interessenvertreters zugewiesen ist, der auf der Grundlage von § 242 BGB im Rahmen des Zumutbaren verpflichtet ist, die Interessen seines Auftraggebers bei und während seiner Tätigkeit loyal zu wahren.[169] Er hat sich für einen möglichst günstigen Vertragsabschluss einzusetzen, bei einem Verkaufsauftrag also für einen möglichst hohen, bei einem Kaufauftrag dagegen für einen möglichst niedrigen Preis.[170] Mit einer solchen Interessenwahrung ist ein gleichzeitiges nicht offen gelegtes Tätigwerden im Interesse des Vertragsgegners des Auftraggebers ebenso wenig zu vereinbaren wie der Versuch des Maklers, im Interesse eines anderen konkurrierenden Kunden oder im eigenen Provisionsinteresse das zum Abschluss reife Geschäft zu hintertreiben.[171] Wer einen anderen zum Geschäftsführer seines Maklergeschäfts bestellt, von dessen starker Neigung zu Straftaten gegen das Vermögen und mehrfachen einschlägigen Vorstrafen er weiß, haftet einem Vertragspartner zumindest dann aus eigenem Verschulden (§ 276 BGB) für die dadurch erwachsenden Schäden, wenn er jegliche Überwachungsmaßnahmen unterlässt.[172]

8. Pflichtenbindung

65 Aus dem besonderen Treueverhältnis wurden im Laufe der Zeit zahlreiche **Einzelpflichten** des Maklers abgeleitet, insbesondere die Pflicht zur

---

[163] BGH v. 21.10.1987 - IVa ZR 103/86 - NJW 1988, 967-969.

[164] *Schäfer*, NJW 1989, 209-210.

[165] BGH v. 23.10.1980 - IVa ZR 79/80 - WM 1980, 1431-1433; BGH v. 21.10.1987 - IVa ZR 103/86 - NJW 1988, 967-969; BGH v. 11.05.1988 - IVa ZR 305/86 - NJW-RR 1988, 1196-1199.

[166] BGH v. 20.03.1985 - IVa ZR 223/83 - LM Nr. 3 zu § 1 AGBG; BGH v. 17.04.1991 - IV ZR 112/90 - LM Nr. 166 zu § 675 BGB.

[167] BGH v. 17.04.1991 - IV ZR 112/90 - LM Nr. 166 zu § 675 BGB.

[168] BGH v. 01.12.1982 - IVa ZR 109/81 - LM Nr. 81 zu § 652 BGB; BGH v. 21.10.1987 - IVa ZR 103/86 - NJW 1988, 967-969.

[169] BGH v. 25.10.1967 - VIII ZR 215/66 - BGHZ 48, 344-351; BGH v. 25.06.1969 - IV ZR 793/68 - LM Nr. 34 zu § 652 BGB; BGH v. 08.07.1970 - IV ZR 1174/68 - WM 1970, 1270; BGH v. 14.03.1973 - IV ZR 172/71 - WM 1973, 613; BGH v. 08.07.1981 - IVa ZR 244/80 - LM 1982, 1104-1105; BGH v. 18.12.1981 - V ZR 207/80 - LM Nr. 79 zu § 652 BGB; BGH v. 26.01.1983 - IVa ZR 158/81 - LM Nr. 82 zu § 652 BGB; BGH v. 18.01.2007 - III ZR 146/06 - WM 2007, 794-796; OLG Düsseldorf v. 16.02.1996 - 7 U 50/95 - NJW-RR 1996, 1012-1013; OLG Düsseldorf v. 05.02.1999 - 7 U 132/98 - NJW-RR 1999, 1140-1141; OLG Düsseldorf v. 17.03.2000 - 7 U 123/99 - NJW-RR 2001, 1135-1136; OLG Düsseldorf v. 19.05.2000 - 7 U 169/99 - NJW-RR 2001, 1134-1135; OLG Frankfurt v. 26.09.2001 - 7 U 3/01 - NJW-RR 2002, 778-779; OLG Hamm v. 07.06.2001 - 18 U 153/00 - NJW-RR 2002, 780-782; OLG Schleswig v. 02.06.2000 - 14 U 136/99 - NJW-RR 2002, 419-420; OLG Zweibrücken v. 28.06.2001 - 4 U 130/00 - NJW-RR 2002, 418-419.

[170] BGH v. 25.10.1967 - VIII ZR 215/66 - BGHZ 48, 344-351.

[171] BGH v. 26.01.1983 - IVa ZR 158/81 - LM Nr. 82 zu § 652 BGB.

[172] BGH v. 05.05.1970 - VI ZR 1/69 - NJW 1970, 1314.

- Information über alle ihm bekannten Umstände, die sich auf den Geschäftsabschluss beziehen und für die Willensentschließung des Auftraggebers von Bedeutung sein können;[173]
- Rücksichtnahme, Loyalität und Interessenwahrung bei den Vertragsverhandlungen[174] und bei einem Notartermin;[175]
- Verschwiegenheit, die allerdings beim Doppelauftrag hinter die gegenüber jedem Auftraggeber bestehende Informationspflicht zurücktritt.[176]

Auch wegen einer im Ansatzpunkt rechtlichen Frage kann sich für den Makler mit Rücksicht auf Treu und Glauben aus dem konkreten Fall eine Hinweispflicht ergeben. Führen tatsächliche Umstände wegen der daran geknüpften Rechtsfolge zu einer Lage, die für den Auftraggeber maßgebliche Bedeutung hat, kann der Makler seiner dann bestehenden Unterrichtungspflicht auch schon dadurch genügen, dass er auf die Möglichkeit verweist, zu der betreffenden Frage **Rechtsrat** einzuholen.[177] Eine Hinweispflicht besteht jedoch nur dann, wenn die Bedeutung, die der fragliche Umstand für den Entschluss des Auftraggebers hat, dem Makler erkennbar ist, und wenn der Auftraggeber gerade hinsichtlich dieses Umstands offenbar belehrungsbedürftig erscheint.[178]

66

Dabei braucht der Makler jedoch nicht jeden Einzelumstand daraufhin zu überprüfen, ob er unter irgendeinem denkbaren Gesichtspunkt für den Auftraggeber Bedeutung erlangen könnte, da es in erster Linie Sache des Auftraggebers ist, gegenüber dem Makler deutlich werden zu lassen, welche Interessen bei dem beabsichtigten Geschäft für ihn im Vordergrund stehen. Die für die **Informationspflicht** des Maklers im Einzelnen maßgebliche Reichweite hängt von den Umständen des konkreten Falls ab. Ist der Makler hiernach zu einer Unterrichtung seines Auftraggebers verpflichtet, gebietet es die von ihm wahrzunehmende Sorgfalt, keine Informationen zu erteilen, für die es an einer hinreichenden Grundlage fehlt. Steht ihm eine solche nicht zur Verfügung oder kann er sie sich nicht verschaffen, muss er – ebenso wie der Anlagevermittler – zumindest diesen Umstand offen legen.[179]

67

Die Erklärungen des Maklers müssen insgesamt so beschaffen sein, dass sie bei seinem Kunden keine unzutreffenden Vorstellungen vermitteln. Hieraus folgt für den Makler, der sich in Verhandlungen mit einem Kunden befindet – ebenso wie für den Anlagevermittler im Rahmen eines stillschweigend geschlossenen Auskunftsvertrags – auch die Pflicht, fehlerhafte Angaben richtig zu stellen.[180] Allerdings darf nicht übersehen werden, dass der BGH die von ihm zu den **Nebenpflichten** des Anlagevermittlers entwickelten Grundsätze nicht generell auf den Makler übertragen hat, weshalb dieser vom Verkäufer erhaltene Informationen im Grundsatz nach wie vor ungeprüft weitergeben darf.[181] Dies setzt jedoch voraus, dass der Makler die betreffenden Informationen mit der erforderlichen Sorgfalt eingeholt und sondiert hat, insbesondere wenn er diese in ein Exposé über das fragliche Objekt aufgenommen hat.

68

---

[173] BGH v. 05.02.1962 - VII ZR 248/60 - BGHZ 36, 323-329; BGH v. 25.06.1969 - IV ZR 793/68 - LM Nr. 34 zu § 652 BGB; BGH v. 08.07.1970 - IV ZR 1174/68 - WM 1970, 1270; BGH v. 31.05.1978 - IV ZR 188/76 - WM 1978, 1069; BGH v. 08.07.1981 - IVa ZR 244/80 - LM 1982, 1104-1105; BGH v. 18.12.1981 - V ZR 207/80 - LM Nr. 79 zu § 652 BGB; BGH v. 02.02.1983 - IVa ZR 118/81 - LM Nr. 27 zu § 676 BGB; BGH v. 27.06.1984 - IVa ZR 231/82 - LM Nr. 29 zu § 676 BGB; BGH v. 05.12.1990 - IV ZR 187/89 - NJW-RR 1991, 483-484; BGH v. 17.10.1990 - IV ZR 197/89 - NJW-RR 1991, 627-629; BGH v. 28.09.2000 - III ZR 43/99 - LM BGB § 276 (Hb) Nr. 84 (7/2001); BGH v. 18.01.2007 - III ZR 146/06 - WM 2007, 794-796; OLG Hamm v. 07.06.2001 - 18 U 153/00 - NJW-RR 2002, 780-782; OLG Hamm v. 18.03.2002 - 22 U 156/01 - NJW-RR 2003, 486-487; OLG Frankfurt a.M. v. 01.08.2005 - 19 W 26/05 - NZM 2006, 67; OLG München v. 14.04.2005 - 19 U 5861/04 - NZM 2006, 305-306; OLG Dresden v. 22.03.2007 - 8 U 1994/06 - OLGR Dresden 2007, 518-521; OLG Hamburg v. 12.08.2010 - 13 U 27/10 - ZMR 2011, 305-306; LG Wuppertal v. 14.01.2004 - 4 O 381/03 - NZM 2005, 465-466.

[174] BGH v. 25.10.1967 - VIII ZR 215/66 - BGHZ 48, 344-351.

[175] OLG Düsseldorf v. 17.03.2000 - 7 U 123/99 - NJW-RR 2001, 1135-1136.

[176] BGH v. 25.10.1967 - VIII ZR 215/66 - BGHZ 48, 344-351; OLG Düsseldorf v. 19.05.2000 - 7 U 169/99 - NJW-RR 2001, 1134-1135; OLG Frankfurt v. 22.06.2001 - 19 U 232/00 - NJW-RR 2002, 779-780; OLG Koblenz v. 08.09.1999 - 7 U 232/99 - NJW-RR 2002, 491-492.

[177] BGH v. 08.07.1981 - IVa ZR 244/80 - LM 1982, 1104-1105.

[178] BGH v. 31.05.1978 - IV ZR 188/76 - WM 1978, 1069; OLG Frankfurt a.M. v. 01.08.2005 - 19 W 26/05 - NZM 2006, 67.

[179] BGH v. 28.09.2000 - III ZR 43/99 - LM BGB § 276 (Hb) Nr. 84 (7/2001); OLG Oldenburg v. 15.05.2009 - 6 U 6/09 - NZM 2009, 823-824; LG Wuppertal v. 14.01.2004 - 4 O 381/03 - NZM 2005, 465-466.

[180] BGH v. 28.09.2000 - III ZR 43/99 - LM BGB § 276 (Hb) Nr. 84 (7/2001).

[181] BGH v. 16.09.1981 - IVa ZR 85/80 - NJW 1982, 1147-1148; BGH v. 18.01.2007 - III ZR 146/06 - WM 2007, 794-796; OLG Hamm v. 24.04.2006 - 18 U 10/05 - AIZ 2006, Nr. 9, 65-66.

§ 652

Nach den in seinem Berufsstand vorauszusetzenden Kenntnissen ersichtlich als unrichtig, nicht plausibel oder sonst als bedenklich einzustufende Angaben des Verkäufers darf der Makler von vornherein nicht verwerten.[182]

69 Bei Kenntnis von eine reibungslose Vertragsdurchführung gefährdenden Umständen muss der Makler diese dem Auftraggeber mitteilen. Die Gerichte haben den Makler beispielsweise als verpflichtet angesehen, darauf hinzuweisen, dass er die Bonität des Mieters eines angeblich gut vermieteten Objekts nicht geprüft hat.[183] Daneben kann er bezüglich auf dem Grundstück befindlicher Altlasten aufklärungspflichtig sein, wenn er insoweit über eigenes Wissen verfügt oder sich das Wissen eines Dritten zurechnen lassen muss.[184] Ferner wurde eine **Aufklärungspflicht** des Maklers gegenüber dem Grundstückskäufer bezüglich einer offenen Denkmalschutzsituation bejaht, da bei Unterfallen des betreffenden Gebäudes unter den Denkmalschutz nahezu jede vernünftige wirtschaftliche Nutzung ausgeschlossen sein könne.[185] Dagegen wird ein Immobilienmakler nicht ohne weiteres als verpflichtet angesehen, seinen Auftraggeber darauf hinzuweisen, dass es sich bei dem auf dem zu erwerbenden Grundstück errichteten Wohnhaus um ein Fertighaus handelt.[186] Die Aufklärungspflicht des Maklers besteht grundsätzlich auch dann, wenn er zulässigerweise sowohl mit dem Verkäufer als auch mit dem Kaufinteressenten in Vertragsbeziehungen steht. In einer solchen Konstellation ist er nach beiden Seiten verpflichtet, wobei der Umfang der notwendigen Unterrichtung von den Umständen des Einzelfalls abhängt.[187] Höchstrichterlich bislang nicht beantwortet ist schließlich die Frage, ob und gegebenenfalls unter welchen Voraussetzungen in Fällen unerlaubter Doppeltätigkeit eine Aufklärungspflicht des Maklers über erhaltene Innenprovisionen anzunehmen ist.[188]

70 Hat der Makler einen ihm bekannten Umstand, der für die Willensentschließung seines Auftraggebers wesentlich sein konnte, diesem verschwiegen und hätte bei Kenntnis dieses Umstands der Auftraggeber das Geschäft nicht abgeschlossen, so hat dieser gegen den Makler einen **Schadensersatzanspruch** aus positiver Vertragsverletzung und muss so gestellt werden, als hätte er das Geschäft nicht vorgenommen.[189] Im Rahmen der Herstellungsverpflichtung nach § 249 BGB sind unter dem Gesichtspunkt der Vorteilsausgleichung auch die Vorteile zu berücksichtigen, die mit dem schädigenden Ereignis in adäquat-ursächlichem Zusammenhang stehen, sofern außerdem die Anrechnung dem Zweck des Schadensersatzes entspricht und den Schädigenden nicht unbillig entlastet. Ein solcher Zusammenhang ist aber jedenfalls hinsichtlich derjenigen Vorteile gegeben, die dem Auftraggeber unmittelbar aus dem Kaufvertrag erwachsen sind, sei es, dass es sich um noch zu erfüllende Ansprüche wie insbesondere den Anspruch auf Übertragung des Eigentums an dem Grundstück handelt oder um bereits realisierte Vorteile wie den Besitz und die Nutzung des Grundstücks.[190] Bei der Vorteilsausgleichung geht es auch nicht etwa um eine erst geltend zu machende Einrede in Form eines Zurückbehaltungsrechts, sondern um eine Inhaltsbeschränkung, die dem Schadensersatzanspruch von vornherein anhaftet.[191]

71 Erfährt der Makler bei Abschluss des Maklervertrags von seinem Auftraggeber, dass dieser bereits einen anderen Makler beauftragt hat, muss er sich nach dem Inhalt des anderen Maklervertrags erkundigen und den Auftraggeber auf die drohende **Gefahr einer Belastung mit einer doppelten Maklerprovision** oder Schadensersatzansprüchen des zuerst beauftragten Maklers bei Zustandekommen des angestrebten Hauptvertrags hinweisen. Unterlässt der Makler diesen Hinweis, macht er sich gegebenenfalls wegen eines Verschuldens bei Vertragsverhandlungen schadensersatzpflichtig mit der Folge, dass der Auftraggeber Freistellung von der Verbindlichkeit aus dem zweiten Maklervertrag verlangen kann.[192]

---

[182] BGH v. 18.01.2007 - III ZR 146/06 - WM 2007, 794-796.
[183] BGH v. 31.01.2003 - V ZR 389/01 - NJW-RR 2003, 700-702.
[184] OLG Düsseldorf v. 01.12.2003 - 9 U 71/03 - NJW 2004, 783-785.
[185] LG Braunschweig v. 01.11.2000 - 1 S 468/00 - NJW-RR 2001, 1135.
[186] OLG Frankfurt a.M. v. 01.08.2005 - 19 W 26/05 - NZM 2006, 67.
[187] BGH v. 18.01.2007- III ZR 146/06 - WM 2007, 794-796.
[188] Zuletzt offen gelassen von BGH v. 14.03.2003 - V ZR 308/02 - NJW 2003, 1811-1814.
[189] BGH v. 18.12.1981 - V ZR 207/80 - LM Nr. 79 zu § 652 BGB; OLG München v. 14.04.2005 - 19 U 5861/04 - NZM 2006, 305-306; LG Wuppertal v. 14.01.2004 - 4 O 381/03 - NZM 2005, 465-466.
[190] BGH v. 18.12.1981 - V ZR 207/80 - LM Nr. 79 zu § 652 BGB.
[191] BGH v. 18.12.1981 - V ZR 207/80 - LM Nr. 79 zu § 652 BGB.
[192] OLG Hamm v. 15.05.1997 - 18 U 189/96 - NJW-RR 1998, 842-844.

Dagegen treffen den Makler in seiner Eigenschaft als Wissensvermittler ohne besondere Vereinbarung keine **Prüfungs- und Nachforschungspflichten**.[193] Von den Gerichten anerkannte Ausnahmen bilden insbesondere diejenigen Fälle, in denen 72
- der Makler eine Zusicherung macht;
- der Makler durch seine Werbung den Eindruck einer Überprüfung vermittelt hat;
- es sich um besonders gefährliche Geschäfte handelt und der Auftraggeber offensichtlich unerfahren ist.[194]

Die Gerichte verlangen von einem Makler, der Informationen eines interessierten Dritten ungeprüft an seinen Auftraggeber weiterleitet, dass er diesem gegenüber klarstellt, für die Richtigkeit und Vollständigkeit der Angaben nicht haften zu wollen.[195] Zwar haftet ein Makler in der Regel nicht für die Richtigkeit von ihm wiedergegebener Angaben des Verkäufers, wenn er diese in sein Exposé aufnimmt und an den Kaufinteressenten weiterleitet. Das gilt aber schon dann nicht mehr, wenn ein Makler die Unrichtigkeit dieser Angaben bei **Beachtung der gebotenen Sorgfalt** hätte erkennen können und bzw. oder wenn durch sein Verhalten auch nur der Eindruck entsteht, die Angaben beruhten auf seinen eigenen Ermittlungen oder seien von ihm auf ihre Richtigkeit hin überprüft.[196] Hat der Makler die Durchführung bestimmter Ermittlungen und die zuverlässige Weitergabe ihres Ergebnisses als vertragliche Nebenpflicht übernommen, kann der Auftraggeber bei deren Schlechterfüllung einen Anspruch aus positiver Vertragsverletzung geltend machen.[197] Dabei muss er beweisen, dass der Makler oder sein Erfüllungsgehilfe objektiv eine Pflichtverletzung begangen haben.[198] 73

Mit der Annahme einer **Beratungspflicht** des Maklers ist die Rechtsprechung ebenfalls zurückhaltend und beschränkt sie auf Konstellationen, in denen der Makler aufgrund gesonderter Vereinbarung spezielle Zusatzleistungen wie etwa die Erstellung eines Bewertungsgutachtens zu erbringen hat. Im Übrigen werden vom Makler weder rechtliche noch steuerliche Ratschläge geschuldet. Werden sie gleichwohl erteilt, müssen sie jedoch zutreffend sein.[199] Bei einem Alleinauftrag sieht die Rechtsprechung den Makler dagegen im Rahmen des ihm obliegenden Bestrebens, einen möglichst vorteilhaften Vertragsschluss zu erzielen, generell als verpflichtet an, seinen Auftraggeber sachkundig zu beraten.[200] 74

Finanzierungsvermittler, die Erklärungen über die Finanzierbarkeit des angestrebten Vorhabens abgeben und dabei durch die Heranziehung von Tabellen, die Aufstellung von Berechnungen und Erkundigungen bei Kreditinstituten den **Eindruck besonderer Sachkunde** erwecken, dürfen bei ihren Auftraggebern keine unzutreffenden Vorstellungen über die Finanzierbarkeit des Vorhabens erwecken.[201] Anlagevermittler trifft zwar eine erweiterte Aufklärungs- und Informationspflicht,[202] insbesondere wenn es sich um die gewerbliche Vermittlung von Warenterminoptionen,[203] Aktien- und Aktienindexoptionen,[204] Stillhalteoptionsgeschäfte,[205] Warenterminindirektgeschäfte[206] oder Penny Stocks[207] han- 75

---

[193] BGH v. 02.02.1983 - IVa ZR 118/81 - LM Nr. 27 zu § 676 BGB; BGH v. 17.10.1990 - IV ZR 197/89 - NJW-RR 1991, 627-629; OLG Hamm v. 26.06.2000 - 18 U 139/99 - NJW-RR 2001, 1276-1278; OLG Hamm v. 07.06.2001 - 18 U 153/00 - NJW-RR 2002, 780-782; OLG Frankfurt v. 26.09.2001 - 7 U 3/01 - NJW-RR 2002, 778-779; OLG Hamburg v. 07.01.2003 - 9 U 240/01 - ZMR 2003, 511; OLG Köln v. 08.03.2005 - 24 U 114/04 - MDR 2005, 974-975; LG Landshut v. 21.11.2000 - 55 O 2555/00 - NZM 2001, 908-910.
[194] OLG Hamm v. 26.06.2000 - 18 U 139/99 - NJW-RR 2001, 1276-1278.
[195] OLG Hamm v. 30.10.1997 - 18 U 35/97 - MDR 1998, 269-270; LG Landshut v. 21.11.2000 - 55 O 2555/00 - NZM 2001, 908-910.
[196] OLG Hamm v. 30.10.1997 - 18 U 35/97 - MDR 1998, 269-270.
[197] BGH v. 16.09.1981 - IVa ZR 85/80 - LM Nr. 76 zu § 652 BGB; OLG Schleswig v. 02.06.2000 - 14 U 136/99 - NJW-RR 2002, 419-420.
[198] BGH v. 16.09.1981 - IVa ZR 85/80 - LM Nr. 76 zu 652 BGB.
[199] BGH v. 08.07.1981 - IVa ZR 244/80 - LM 1982, 1104-1105; OLG Koblenz v. 07.02.2002 - 5 U 1060/01 - GuT 2002, 51-52.
[200] BGH v. 10.10.1973 - IV ZR 144/72 - WM 1973, 1382.
[201] BGH v. 17.10.1990 - IV ZR 197/89 - NJW-RR 1991, 627-629.
[202] BGH v. 25.11.1981 - IVa ZR 286/80 - LM Nr. 78 zu § 652 BGB; BGH v. 02.02.1983 - IVa ZR 118/81 - LM Nr. 27 zu § 676 BGB; BGH v. 27.06.1984 - IVa ZR 231/82 - LM Nr. 29 zu § 676 BGB; BGH v. 13.01.2000 - III ZR 62/99 - LM BGB § 675 Nr. 277 (9/2000).
[203] BGH v. 11.01.1988 - II ZR 134/87 - LM Nr. 94 zu § 276 (Fa) BGB; BGH v. 11.07.1988 - II ZR 355/87 - BGHZ 105, 108-116; BGH v. 06.06.1991 - III ZR 116/90 - LM 1992, Nr. 1, § 276 (Fb) Nr. 58.
[204] BGH v. 27.11.1990 - XI ZR 115/89 - LM Nr. 115 zu BGB § 276 (Fa).
[205] BGH v. 13.10.1992 - XI ZR 30/92 - LM BGB § 276 Nr. 129 (2/1993).
[206] BGH v. 17.03.1992 - XI ZR 204/91 - LM BGB § 276 (Fa) Nr. 125 (10/1992).
[207] BGH v. 05.03.1991 - XI ZR 151/89 - NJW 1991, 1947-1948.

dessen Rückseite befindlichen Allgemeinen Geschäftsbedingungen angesehen, wenn die streitgegenständliche Formulierung in davon räumlich eindeutig abgegrenzten „Vorbemerkungen" enthalten war.[227]

84 Bei ordnungsgemäßer Einbeziehung kann eine einzelvertragliche Vereinbarung dagegen nur noch anerkannt werden, wenn die Klausel zwischen den Parteien frei „ausgehandelt" wurde. Hierzu verlangt der BGH, dass Umstände vorliegen, die über ein bloßes „Verhandeln" hinausgehen, wobei der Verwender insbesondere den gesetzesfremden Kerngehalt seiner Bedingung ernsthaft zur Disposition stellen muss.[228] Als unzureichend wird es angesehen, wenn das Formular dem Vertragspartner bekannt ist und nicht auf Bedenken stößt oder wenn der Inhalt lediglich erläutert und erörtert wird und den Vorstellungen des Partners entspricht.[229] Von einem „**Aushandeln**" könne vielmehr nur gesprochen werden, wenn der Verwender zunächst die in seinen Allgemeinen Geschäftsbedingungen enthaltenen und den wesentlichen Inhalt der gesetzlichen Regelung ändernden oder ergänzenden Bestimmungen inhaltlich ernsthaft zur Disposition stellt und seinem Verhandlungspartner Gestaltungsfreiheit zur Wahrung eigener Interessen mit zumindest realer Möglichkeit einräumt, die inhaltliche Ausgestaltung der Vertragsbedingungen zu beeinflussen.[230] Nur unter besonderen Umständen könne ein Vertrag auch dann als Ergebnis eines „Aushandelns" bewertet werden, wenn es schließlich nach gründlicher Erörterung bei dem ursprünglichen Entwurf verbleibe. Es reiche nicht, wenn der Verwender seinen Vertragspartner ausschließlich vor die Wahl stelle, entweder die präsentierten Bedingungen unverändert anzunehmen oder ganz vom Vertrag Abstand zu nehmen.[231] Andererseits soll es für ein Aushandeln genügen, wenn der Verwender zwar auf einer Klausel besteht, seinem Vertragspartner aber dennoch in einem Teilpunkt wie z.B. der Entgeltvereinbarung entgegenkommt.[232]

85 Eine Klausel, mit welcher der Tatbestand des Aushandelns selbst bestätigt werden soll, wird allgemein als unwirksam angesehen.[233] Ansonsten besteht für Klauseln, die sich einseitig zum Nachteil des Auftraggebers auswirken, die Gefahr, dass sie der **Inhaltskontrolle** nach den §§ 307-309 BGB nicht standhalten. Im Gegensatz zu Individualabreden wird bei Formularvereinbarungen darauf abgestellt, inwieweit sich die Parteien damit vom gesetzlichen Leitbild des Maklervertrags entfernen, zu dem insbesondere die Grundsätze der Entschließungs- und Abschlussfreiheit des Auftraggebers, der Erfolgsabhängigkeit des Lohnanspruchs und der Kausalität der Maklerleistung gerechnet werden.[234] Aus den Einzelfällen, in denen ein Verstoß gegen den inzwischen durch § 307 Abs. 2 Nr. 1 BGB ersetzten § 9 Abs. 2 Nr. 1 AGBG a.F. angenommen wurde, ragt die Klausel heraus, die dem Makler eine Vergütung ohne Rücksicht auf den Erfolg seiner Tätigkeit sichern soll.[235] Eine in den Allgemeinen Geschäftsbedingungen eines Maklers enthaltene Klausel, nach der die Provisionspflicht des Auftraggebers bereits bei Abschluss eines Vorvertrags, bei Einräumung eines Vorverkaufsrechts oder bei bloßer Leistung einer Anzahlung entstehen soll, ist ebenfalls unwirksam.[236]

---

[227] BGH v. 14.01.1987 - IVa ZR 130/85 - LM Nr. 108 zu § 652 BGB.
[228] BGH v. 08.11.1978 - IV ZR 179/77 - LM Nr. 62 zu § 652 BGB; BGH v. 28.01.1987 - IVa ZR 173/85 - BGHZ 99, 374-384; BGH v. 30.09.1987 - IVa ZR 6/86 - LM Nr. 11 zu § 1 AGBG; BGH v. 27.03.1991 - IV ZR 90/90 - LM Nr. 14 zu § 1 AGBG.
[229] BGH v. 30.09.1987 - IVa ZR 6/86 - LM Nr. 11 zu § 1 AGBG.
[230] BGH v. 03.07.1985 - IVa ZR 246/83 - LM Nr. 4 zu § 1 AGBG; BGH v. 30.09.1987 - IVa ZR 6/86 - LM Nr. 11 zu § 1 AGBG.
[231] BGH v. 30.09.1987 - IVa ZR 6/86 - LM Nr. 11 zu § 1 AGBG.
[232] BGH v. 30.09.1987 - IVa ZR 6/86 - LM Nr. 11 zu § 1 AGBG.
[233] BGH v. 28.01.1987 - IVa ZR 173/85 - BGHZ 99, 374-384.
[234] BGH v. 08.05.1973 - IV ZR 158/71 - BGHZ 60, 377-385; BGH v. 20.03.1985 - IVa ZR 223/83 - LM Nr. 3 zu § 1 AGBG.
[235] BGH v. 04.11.1964 - VIII ZR 46/63 - LM Nr. 14 zu § 652 BGB; BGH v. 22.02.1967 - VIII ZR 215/64 - LM Nr. 23 zu § 652 BGB; BGH v. 02.11.1983 - IVa ZR 86/82 - BGHZ 88, 368-372; BGH v. 05.04.1984 - VII ZR 196/83 - LM Nr. 1 zu § 9 (Bc) AGBG; BGH v. 20.03.1985 - IVa ZR 223/83 - LM Nr. 3 zu § 1 AGBG; BGH v. 28.01.1987 - IVa ZR 173/85 - BGHZ 99, 374-384; BGH v. 30.09.1987 - IVa ZR 6/86 - LM Nr. 11 zu § 1 AGBG; BGH v. 18.03.1992 - IV ZR 41/91 - NJW-RR 1992, 817-818; BGH v. 20.11.2008 - III ZR 60/08 - NZM 2009, 325-326; KG Berlin v. 05.11.2001 - 10 U 6781/00 - MDR 2002, 629-630; OLG Karlsruhe v. 13.06.2007 - 15 U 60/05 - NZM 2008, 534-536; *Michalski*, NZM 1998, 209-216.
[236] BGH v. 18.12.1974 - IV ZR 89/73 - LM Nr. 52 zu § 652 BGB.

Eine AGB-Klausel, nach welcher der Auftraggeber dem Nachweismakler auch dann Provision schuldet, wenn er den erhaltenen Nachweis an einen Dritten weitergibt und dieser den Hauptvertrag abschließt, hält der Inhaltskontrolle dagegen stand.[237] Daneben stellt sich das Problem der Inhaltskontrolle beispielsweise für die vor allem bei Grundstücksgeschäften häufig anzutreffende Klausel, nach welcher der Makler zugleich für Verkäufer und Kaufinteressenten handelt. Wird die für einen solchen Doppelmakler besonders strenge **Objektivitätspflicht** in der Formularvereinbarung aufgeweicht, ist diese in der Regel als unwirksam anzusehen. In der Literatur wird dagegen vereinzelt vom Makler verlangt, sich die Doppeltätigkeit von beiden Parteien durch Individualvereinbarung gestatten zu lassen.[238] Zahlreiche weitere Klauseln sind im Rahmen dieser Kommentierung im jeweiligen Sachzusammenhang behandelt.

86

Da die das gesetzliche Leitbild des Maklervertrags ausmachenden Grundsätze durch die **Vereinbarung eines Alleinauftrags** unberührt bleiben, können sie in Allgemeinen Geschäftsbedingungen generell nicht außer Kraft gesetzt werden. Klauseln, die in die Abschlussfreiheit des Auftraggebers eingreifen oder eine erfolgsunabhängige Provision des Maklers vorsehen, sind daher auch bei einem Alleinauftrag unwirksam.[239] Während ein erweiterter Alleinauftrag mittels einer in den Allgemeinen Geschäftsbedingungen enthaltenen Hinzuziehungs- oder Verweisungsklausel nicht wirksam geschlossen werden kann,[240] lässt der BGH dies für den einfachen Alleinauftrag zu, wenn seine charakteristischen Elemente in der Klausel deutlich hervorgehoben werden.[241] Das unter der Geltung von § 34 GWB a.F. für beide Formen des Alleinauftrags zu beachtende kartellrechtliche Schriftformerfordernis[242] ist durch den ersatzlosen Fortfall der Vorschrift mit Inkrafttreten der 6. GWB-Novelle am 01.01.1999 beseitigt worden.[243]

87

Besondere Probleme wirft eine **Reservierungsvereinbarung** auf, durch die sich ein Kaufinteressent gegen Zahlung einer Gebühr von einem Verkäufermakler mit qualifiziertem Alleinauftrag versprechen lässt, das Objekt keinem anderen Interessenten anzubieten. Sie führt zu einem Konflikt mit den dem Makler gegenüber seinem Auftraggeber obliegenden vertraglichen Pflichten und könnte daher als Verleitung zum Vertragsbruch interpretiert und nach § 138 Abs. 1 BGB generell als sittenwidrig eingestuft werden. Der BGH tut dies jedoch nur, wenn es sich um eine unbefristete Reservierungsvereinbarung handelt oder der Kaufinteressent lediglich einen unangemessen niedrigen Kaufpreis zahlen will.[244] Ist die Reservierungsabrede Teil der einem Maklervertrag mit dem Kaufinteressenten zugrunde liegenden Allgemeinen Geschäftsbedingungen, kann ein Verstoß gegen § 307 Abs. 2 Nr. 1 BGB vorliegen, wenn die Reservierungsgebühr als Teilprovision zu würdigen ist, die unabhängig vom Erfolg der Maklertätigkeit versprochen wird.[245] Daneben kommt eine Beurkundungspflicht nach § 311b Abs. 1 Satz 1 BGB in Betracht, wenn dadurch zugleich ein unangemessener Druck zum Erwerb des Grundstücks auf den Kaufinteressenten ausgeübt wird.[246] Ferner wurde eine Courtageklausel als beurkundungsbedürftig erachtet, die auch für die Fälle der Aufhebung des Grundstückskaufvertrags sowie des Rücktritts von diesem gelten sollte und einen Provisionsanspruch des Maklers gegen beide Vertragsparteien begründete.[247]

88

---

[237] BGH v. 14.01.1987 - IVa ZR 130/85 - LM Nr. 108 zu § 652 BGB.
[238] *Wingbermühle*, MDR 1993, 820-821; einen Überblick über die Problematik von Maklerklauseln in Grundstückskaufverträgen vermittelte *Grziwotz*, MDR 2004, 61-64 mit entsprechenden Mustern.
[239] BGH v. 22.02.1967 - VIII ZR 215/64 - LM Nr. 23 zu § 652 BGB; BGH v. 08.05.1973 - IV ZR 158/71 - BGHZ 60, 377-385; BGH v. 08.11.1978 - IV ZR 179/77 - LM Nr. 62 zu § 652 BGB; BGH v. 20.03.1985 - IVa ZR 223/83 - LM Nr. 3 zu § 1 AGBG; LG Limburg v. 03.11.1998 - 4 O 301/98 - NJW-RR 1999, 847-848.
[240] BGH v. 26.02.1981 - IVa ZR 99/80 - LM Nr. 18 zu AGBG; BGH v. 02.11.1983 - IVa ZR 86/82 - BGHZ 88, 368-372; BGH v. 28.01.1987 - IVa ZR 173/85 - BGHZ 99, 374-384; BGH v. 26.01.1994 - IV ZR 39/93 - NJW-RR 1994, 511-512; OLG Hamm v. 29.05.2000 - 18 U 236/99 - NJW-RR 2001, 567-569; OLG Frankfurt v. 02.11.2000 - 15 U 179/99 - NJW-RR 2002, 1062-1063.
[241] BGH v. 08.07.1970 - IV ZR 1174/68 - WM 1970, 1270; OLG Hamm v. 15.05.1997 - 18 U 189/96 - NJW-RR 1998, 842-844.
[242] *Heße*, NJW 1998, 561-563.
[243] BGH v. 22.04.1999 - III ZR 95/98 - NJW-RR 1999, 998-999.
[244] BGH v. 10.02.1988 - IVa ZR 268/86 - BGHZ 103, 235-242.
[245] BGH v. 10.02.1988 - IVa ZR 268/86 - BGHZ 103, 235-242; BGH v. 23.09.2010 - III ZR 21/10 - NJW 2010, 3568-3570; LG Berlin v. 23.12.1999 - 5 O 352/99 - NJW-RR 2001, 706-708.
[246] BGH v. 10.02.1988 - IVa ZR 268/86 - BGHZ 103, 235-242.
[247] OLG Koblenz v. 18.06.2007 - 12 U 1799/05 - NZM 2008, 326-327.

§ 652

89 Ein mit der formularmäßigen Abrede eines erfolgsunabhängigen Provisionsversprechens vergleichbarer Verstoß wird von einigen schließlich dann bejaht, wenn die nach § 652 Abs. 2 Satz 1 BGB mögliche Vereinbarung, dem Makler die durch seine Tätigkeit entstandenen Aufwendungen zu ersetzen, in Allgemeinen Geschäftsbedingungen formuliert ist.[248] Die überwiegende Ansicht geht dagegen davon aus, dass ein **erfolgsunabhängiger Aufwendungsersatzanspruch** des Maklers dem gesetzlichen Leitbild des Maklervertrags nicht widerspricht. Einerseits müsse der Makler, der an einen Interessenten herankommen wolle, nicht selten erheblichen Aufwand betreiben, vor allem aber habe der Kunde wegen § 652 Abs. 2 BGB grundsätzlich die Möglichkeit, allzu großen oder gar unangemessenen Aufwand von vornherein auszuschließen.[249]

III. Entfaltung der vertraglich vereinbarten Maklertätigkeit

1. Abgrenzung

90 Das Gesetz unterscheidet als **typische Maklertätigkeiten** den Nachweis der Gelegenheit zum Abschluss eines Hauptvertrags von der Vermittlung eines solchen.[250] Sonstige Tätigkeiten wie z.B. den Verkauf fördernde Maßnahmen oder die Erstellung von Gutachten können keinen Anspruch aus § 652 BGB begründen, sondern bedürfen im Zweifel einer gesonderten Vergütungsvereinbarung.[251] Die Abgrenzung zwischen den beiden gesetzestypischen Maklerleistungen[252] ist nicht nur von theoretischer Bedeutung, sondern im Einzelfall auch praktisch relevant, da etwa der bloße Nachweis keinen Lohnanspruch begründet, wenn Gegenstand des Maklervertrags ausschließlich die Vermittlungstätigkeit ist.[253] Auch insoweit muss der Makler daher bereits im eigenen Interesse auf eine klare und eindeutige Vereinbarung Wert legen. Kann die vereinbarte Maklerleistung nach dem Vertragswortlaut nicht zweifelsfrei bestimmt werden, wird sie von den Gerichten unter Berücksichtigung der Umstände des konkreten Einzelfalls ermittelt. Dabei fließen auch Änderungen des Vertragsinhalts in die Beurteilung ein, welche die Vertragsparteien übereinstimmend nachträglich vorgenommen haben.[254]

91 Wer weder zu Leistungen verpflichtet ist, die § 652 BGB als Voraussetzungen eines Maklerlohnanspruchs fordert, noch Kosten bestreitet, die üblicherweise mit der Tätigkeit eines Maklers verbunden sind, kann einen Anspruch auf **Tipp-Provision** erlangen, wenn der angestrebte Hauptvertrag durch seinen Hinweis zustande kommt.[255] Bei Fehlen besonderer Anhaltspunkte wird ihre Höhe von den Gerichten mit ca. ein Drittel der üblichen Maklerprovision oder ca. 1% des Kaufpreises des zu verkaufenden Objekts bestimmt. Bei einem sehr hohen Kaufpreis und wenig aufwendiger Tätigkeit des Hinweisgebers kann auch eine Tipp-Provision von 0,5% des Kaufpreises angemessen sein.[256]

92 Für gewerbliche Makler ist es üblich, sich ihren Lohn bereits für den Nachweis einer Abschlussgelegenheit versprechen zu lassen.[257] Ist ein Nachweis erfolgt, kommt es für den Lohnanspruch dann nicht mehr darauf an, ob eine Vermittlungstätigkeit tatsächlich entfaltet wurde.[258] Hier wird das Interesse des Maklers anerkannt, typischerweise nur solche Angebote mitzuteilen, in denen die Angaben über das Objekt so allgemein gehalten sind, dass der Interessent nicht von sich aus mit dem Dritten als potentiellem Vertragspartner in Verbindung treten kann. Fordere der Makler in einem solchen Angebot eine Provision, so fordere er sie schon für die bloße **Bekanntgabe des Objekts und des Dritten**, soweit nicht im Einzelfall besondere Gründe dagegen sprächen. Diese Interessenlage sei auch für jeden Interessenten erkennbar, der ein solches Maklerangebot erhalte.[259]

93 Befasst sich ein Unternehmensberater damit, für Immobilienunternehmen Vertriebsbereiche zu entwickeln und sie in Organisation und Vermarktung zu beraten, so gehört ein von ihm vorgenommenes Immobilienmaklergeschäft zu dem von ihm ausgeübten Gewerbebetrieb.[260] Auch die Abwicklung eines

---

[248] *Michalski*, NZM 1998, 209-216, 214.
[249] BGH v. 28.01.1987 - IVa ZR 173/85 - BGHZ 99, 374-384.
[250] Zu den Abgrenzungsproblemen im Einzelfall *Fischer*, NJW 2007, 183-187.
[251] BGH v. 13.06.1990 - IV ZR 141/89 - NJW-RR 1991, 51-52.
[252] Stellvertretend *Fischer*, NJW 2007, 183-187.
[253] Vgl. dazu z.B. OLG Dresden v. 18.09.2008 - 8 U 1167/08 - NZM 2009, 522-523.
[254] BGH v. 28.09.1995 - III ZR 16/95 - NJW-RR 1996, 113-114.
[255] OLG Düsseldorf v. 28.11.1997 - 7 U 77/97 - NJW-RR 1998, 1667-1668.
[256] OLG Düsseldorf v. 28.11.1997 - 7 U 77/97 - NJW-RR 1998, 1667-1668.
[257] BGH v. 19.04.1967 - VIII ZR 91/65 - LM Nr. 24 zu § 652 BGB.
[258] BGH v. 02.04.1969 - IV ZR 781/68 - LM Nr. 29 zu § 652 BGB.
[259] BGH v. 19.04.1967 - VIII ZR 91/65 - LM Nr. 24 zu § 652 BGB.
[260] OLG Koblenz v. 28.05.1998 - 5 U 1626/97 - NJW-RR 1999, 1141-1142.

einzelnen auf Gewinnerzielung gerichteten Maklergeschäfts kann ein **gewerbsmäßiges Handeln** beinhalten, wenn ihm ein großes wirtschaftliches Gewicht zukommt und seine Durchführung längere Zeit in Anspruch nimmt.[261] Die Errichtung und Veräußerung eines Einkaufsmarkts kann einem Maklerbetrieb zugeordnet werden, wenn der Grundstückserwerb und die Immobilienerrichtung nicht zuletzt auf der Grundlage der aus der Maklertätigkeit gewonnenen Erkenntnisse abgewickelt werden und die Errichtung und Veräußerung von Objekten in den Folgejahren im Rahmen einer Bauträger-GmbH fortgesetzt wird.[262]

2. Gewerbeerlaubnis

Wer gewerbsmäßig den Abschluss von Verträgen über Grundstücke, grundstücksgleiche Rechte, gewerbliche Räume oder Wohnräume vermitteln oder die Gelegenheit zum Abschluss solcher Verträge nachweisen will, bedarf der Erlaubnis der zuständigen Behörde (§ 34c Abs. 1 Satz 1 Nr. 1 GewO). Ausgenommen von der Erlaubnispflicht sind insbesondere Verträge, soweit Teilnutzung von Wohngebäuden im Sinne von § 481 BGB nachgewiesen oder vermittelt wird (§ 34c Abs. 5 Nr. 4 GewO). Ist eine Erlaubnis erforderlich, kann diese sowohl von vornherein als auch nachträglich inhaltlich beschränkt und mit Auflagen verbunden werden, soweit dies zum Schutz der Allgemeinheit oder der Auftraggeber erforderlich ist (§ 34c Abs. 1 Satz 2 GewO).[263] Die Erlaubnis ist zu versagen, wenn Tatsachen die Annahme rechtfertigen, dass der Antragsteller oder eine mit der Leitung des Betriebs oder einer Zweigniederlassung beauftragte Person die für den Gewerbebetrieb **erforderliche Zuverlässigkeit** nicht besitzt (§ 34c Abs. 2 Nr. 1 GewO). Unzuverlässigkeit liegt in der Regel vor, wenn die betreffende Person in den letzten fünf Jahren vor Antragstellung wegen eines Verbrechens oder wegen Diebstahls, Unterschlagung, Erpressung, Betrugs, Untreue, Geldwäsche, Urkundenfälschung, Hehlerei, Wuchers oder einer Insolvenzstraftat rechtskräftig verurteilt worden ist. Einen weiteren Grund zur Versagung der Erlaubnis bildet nach § 34c Abs. 2 Nr. 2 GewO die Tatsache, dass der Antragsteller in ungeordneten Vermögensverhältnissen lebt. Dies ist in der Regel der Fall, wenn über das Vermögen des Antragstellers das Insolvenzverfahren eröffnet worden oder er in das vom Insolvenz- bzw. Vollstreckungsgericht zu führende Verzeichnis (§ 26 Abs. 2 InsO, § 915 ZPO) eingetragen ist.

94

Die laufende Gewerbeausübung ist von der zuständigen Behörde ganz oder teilweise zu untersagen, wenn Tatsachen vorliegen, welche die Unzuverlässigkeit des Gewerbetreibenden oder einer mit der Leitung des Gewerbebetriebs beauftragten Person in Bezug auf dieses Gewerbe dartun, sofern die Untersagung zum Schutz der Allgemeinheit oder der im Betrieb Beschäftigten erforderlich ist (§ 35 Abs. 1 Satz 1 GewO). Die **Untersagungsverfügung** kann auf die Tätigkeit als Vertretungsberechtigter eines Gewerbetreibenden oder als mit der Leitung eines Gewerbebetriebs beauftragte Person sowie auf einzelne andere oder auf alle Gewerbe erstreckt werden, soweit die festgestellten Tatsachen die Annahme rechtfertigen, dass der Gewerbetreibende auch für diese Tätigkeiten oder Gewerbe unzuverlässig ist (§ 35 Abs. 1 Satz 2 GewO). Liegt keine Unzuverlässigkeit mehr vor, ist dem Gewerbetreibenden auf schriftlichen Antrag hin die persönliche Ausübung des Gewerbes wieder zu gestatten (§ 35 Abs. 6 Satz 1 GewO). Vor Ablauf eines Jahres nach Durchführung der Untersagungsverfügung kann die Wiederaufnahme allerdings nur gestattet werden, wenn hierfür besondere Gründe vorliegen (§ 35 Abs. 6 Satz 2 GewO). Die Ausübung eines Maklergeschäfts ohne die nach § 34c GewO erforderliche gewerberechtliche Erlaubnis lässt die Wirksamkeit des geschlossenen Vertrags unberührt, da die Vorschrift nicht als Verbotsgesetz im Sinne von § 134 BGB angesehen wird.[264]

95

3. Makler- und Bauträgerverordnung

Eine wichtige Ergänzung zu den gewerberechtlichen Vorschriften stellt die auf der Grundlage von § 34c Abs. 3 GewO erlassene Makler- und Bauträgerverordnung (MaBV) dar,[265] die unabhängig vom Bestehen einer Erlaubnispflicht sämtliche auf der Grundlage von § 34c Abs. 1 GewO ausgeübte Tätig-

96

---

[261] Wegen Maßgeblichkeit für die Verjährung noch zu § 196 Abs. 1 Nr. 7 BGB a.F. OLG Koblenz v. 28.05.1998 - 5 U 1626/97 - NJW-RR 1999, 1141-1142.
[262] BFH v. 07.05.2008 - X R 49/04 - NZM 2008, 654-656.
[263] Wer vorsätzlich oder fahrlässig einer vollziehbaren Auflage zuwiderhandelt, handelt nach § 144 Abs. 2 Nr. 5 GewO ordnungswidrig und muss mit einem Bußgeld bis zu 5.000 € rechnen (§ 144 Abs. 4 GewO).
[264] BGH v. 23.10.1980 - IVa ZR 28/80 - BGHZ 78, 263-268; BGH v. 23.10.1980 - IVa ZR 33/80 - BGHZ 78, 269-273.
[265] *Jagenburg/Weber*, NJW 1999, 2855-2861; *Jagenburg/Weber*, NJW 2001, 3453-3461; *Drasdo*, NZM 2009, 601-605.

keiten erfasst (§ 1 Satz 1 MaBV). Im Geltungsbereich von § 34c Abs.5 GewO gilt die Verordnung nicht (§ 1 Satz 2 MaBV). Die §§ 2-8 MaBV normieren zahlreiche **Pflichten des Maklers**, die durch vertragliche Vereinbarung weder ausgeschlossen noch beschränkt werden können (§ 12 MaBV). Daneben statuiert die Verordnung umfassende Buchführungs-, Informations- und Aufbewahrungspflichten (§§ 10, 11 und 14 MaBV), deren Einhaltung der Makler ebenso wie die Einhaltung der sich aus den §§ 2-8 MaBV ergebenden Pflichten auf seine Kosten für jedes Kalenderjahr durch einen geeigneten Prüfer prüfen lassen muss, dessen Bericht der zuständigen Behörde bis spätestens zum 31.12. des Folgejahrs zu übermitteln ist (§ 16 Abs. 1 Satz 1 MaBV). Aus besonderem Anlass kann die zuständige Behörde eine außerordentliche Prüfung durchführen lassen (§ 16 Abs. 2 MaBV). Ergänzend kann sie auf § 29 GewO zurückgreifen, um Auskünfte vom Gewerbetreibenden einzuholen und eine Nachschau in seinem Betrieb vorzunehmen.

97 Grundsätzlich haben die an den Makler gerichteten und den Erwerber schützenden Vorschriften der Makler- und Bauträgerverordnung als Teil des öffentlichen Rechts keine unmittelbare Wirkung auf das zugrunde liegende zivilrechtliche Vertragsverhältnis, zumal der Verordnungsgeber mangels entsprechender Reichweite der Ermächtigungsgrundlage bewusst keine zivilrechtlichen Fragen geregelt hat. Enthält das zivilrechtliche Vertragsverhältnis allerdings einen Verstoß gegen die §§ 2-8 MaBV zum Nachteil des Auftraggebers, ist in der Regel Nichtigkeit nach § 134 BGB in Verbindung mit § 12 MaBV gegeben.[266] In derselben Entscheidung hat der BGH festgestellt, dass die nichtige Vertragsregelung nicht durch die entsprechende Vorschrift der Makler- und Bauträgerverordnung mit öffentlich-rechtlichem Charakter ersetzt wird, sondern auf das allgemeine Werkvertragsrecht zurückzugreifen ist.[267] Da dies bei nichtiger Abschlagszahlungsvereinbarung mangels ausdrücklicher Normierung im BGB dazu führen würde, dass die Forderung des Bauträgers nach § 641 Abs. 1 BGB insgesamt erst mit der Abnahme des Objekts fällig würde, hat der Verordnungsgeber zur Gegensteuerung auf der Ermächtigungsgrundlage des § 27a AGBG a.F. mit der **Verordnung über Abschlagszahlungen bei Bauträgerverträgen** eine Sonderregelung getroffen. Im Übrigen führt auch hier ein Verstoß nicht zur Unwirksamkeit des Maklervertrags.[268]

4. Nachweismakler

98 Bei einem reinen Nachweismaklervertrag umfasst die Leistung des Maklers die **Benennung von Gegenstand und Partei eines möglichen Hauptvertrags**, die so präzise sein muss, dass sie den Auftraggeber in die Lage versetzt, ohne weitere Mitwirkung des Maklers mit dem Interessenten in konkrete Verhandlungen über den von ihm angestrebten Hauptvertrag einzutreten.[269] Hierzu sind in aller Regel die Angabe von Name und Anschrift des vorgesehenen Vertragspartners sowie eine individualisierende Beschreibung des ins Auge gefassten Vertragsgegenstands erforderlich.[270] Die bloße Objektangabe genügt dagegen für sich genommen bereits nach dem Gesetzeswortlaut nicht.[271]

---

[266] BGH v. 22.12.2000 - VII ZR 310/99 - BGHZ 146, 250-264.

[267] BGH v. 22.12.2000 - VII ZR 310/99 - BGHZ 146, 250-264; *Ullmann*, NJW 2002, 1073-1079.

[268] BGH v. 08.11.1984 - VII ZR 42/84 - LM Nr. 5 zu § 34c GewO; BGH v. 22.12.2000 - VII ZR 310/99 - BGHZ 146, 250-264.

[269] BGH v. 27.10.1976 - IV ZR 149/75 - LM Nr. 58 zu § 652 BGB; BGH v. 26.09.1979 - IV ZR 92/78 - LM Nr. 65 zu § 652 BGB; BGH v. 15.02.1984 - IVa ZR 150/82 - WM 1984, 560-561; BGH v. 22.10.1986 - IVa ZR 4/85 - BGHR BGB § 652 Abs. 1 Satz 1 Nachweis 1; BGH v. 14.01.1987 - IVa ZR 206/85 - NJW 1987, 1628-1629; BGH v. 27.01.1988 - IVa ZR 237/86 - NJW-RR 1988, 942-943; BGH v. 28.09.1995 - III ZR 16/95 - NJW-RR 1996, 113-114; BGH v. 16.12.2004 - III ZR 119/04 - WM 2005, 1523-1528, 1525; BGH v. 15.05.2008 - III ZR 256/07 - NZM 2008, 656; BGH v. 04.06.2009 - III ZR 82/08 - NZM 2009, 627-628; OLG Düsseldorf v. 26.06.1998 - 7 U 219/97 - NJW-RR 1999, 349-350; OLG Hamm v. 24.08.1998 - 18 U 20/98 - NJW-RR 1999, 632-633; KG Berlin v. 20.09.1999 - 10 U 3177/98 - MDR 2000, 23-24; OLG Düsseldorf v. 17.03.2000 - 7 U 93/99 - NJW-RR 2000, 1362-1363; OLG Karlsruhe v. 13.06.2007 - 15 U 60/05 - NZM 2008, 534-536, 535; OLG Frankfurt v. 16.01.2009 - 19 W 87/08 - NZM 2009, 444; LG Düsseldorf v. 09.05.2001 - 5 O 272/00 - NJW-RR 2002, 489.

[270] BGH v. 22.10.1986 - IVa ZR 4/85 - BGHR BGB § 652 Abs. 1 Satz 1 Nachweis 1; BGH v. 14.01.1987 - IVa ZR 206/85 - NJW 1987, 1628-1629; BGH v. 28.09.1995 - III ZR 16/95 - NJW-RR 1996, 113-114; BGH v. 16.12.2004 - III ZR 119/04 - WM 2005, 1523-1528, 1525; OLG Düsseldorf v. 26.06.1998 - 7 U 219/97 - NJW-RR 1999, 349-350 KG Berlin v. 20.09.1999 - 10 U 3177/98 - MDR 2000, 23-24; OLG Düsseldorf v. 10.01.1997 - 7 U 82/96 - NJW-RR 1997, 1282-1283; OLG Düsseldorf v. 17.03.2000 - 7 U 93/99 - NJW-RR 2000, 1362-1363; LG Düsseldorf v. 09.05.2001 - 5 O 272/00 - NJW-RR 2002, 489.

[271] BGH v. 27.01.1988 - IVa ZR 237/86 - NJW-RR 1988, 942-943; BGH v. 15.06.1988 - IVa ZR 170/87 - LM Nr. 116 zu § 652 BGB.

Allerdings lässt der BGH bei Immobilienmaklerverträgen Ausnahmen zu, wenn nach der Objektbenennung keine weiteren Nachforschungen zur Feststellung des Eigentümers erforderlich sind, etwa weil dessen Anschrift erkennbar mit der Bezeichnung des Grundstücks übereinstimmt,[272] oder es dem Auftraggeber vorerst nicht auf die Person des Eigentümers ankam, weil er sich zunächst einmal über die Geeignetheit des Grundstücks schlüssig werden wollte.[273] Auch in diesen Fällen bleibt es jedoch unverzichtbare Voraussetzung eines Nachweises im Sinne von § 652 BGB, dass der Makler seinen Auftraggeber auf eine **konkrete Vertragsgelegenheit** aufmerksam gemacht hat.[274] Weist ein Makler als Verkäufer jemanden nach, der das Grundstück erworben hat und zu dessen Gunsten eine Auflassungsvormerkung eingetragen ist, so löst das eine Provision nicht aus, wenn der Auftraggeber das Grundstück später von dem noch im Grundbuch eingetragenen Voreigentümer erwirbt, nachdem dieser den Kaufvertrag mit dem Erwerber zurück abgewickelt hat.[275]

99

Erleichterungen zugunsten des Maklers kommen stets dann in Betracht, wenn sich der Auftraggeber arglistig verhält.[276] Die Gerichte lassen zu, dass der Nachweis bereits vor Abschluss des Maklervertrags erbracht bzw. ein Lohn erst im Nachhinein für einen bereits erbrachten Nachweis versprochen wird.[277] Der Provisionsanspruch des Maklers besteht auch, wenn der Auftraggeber sein Provisionsversprechen abgegeben hat, obwohl er wusste oder zumindest annahm, dass das angestrebte Geschäft vom Makler der Gegenseite nachgewiesen worden ist.[278] Gibt ein Makler einem Kaufinteressenten zugleich mit seinem Provisionsverlangen auch schon das Kaufobjekt bekannt, so kann der Kaufinteressent dem Makler im Regelfall nicht entgegenhalten, er habe das Angebot auf Abschluss eines Nachweismaklervertrags nicht mehr anzunehmen brauchen, weil er den Nachweis bereits vom Makler erhalten hatte.[279] Ein Verstoß gegen Treu und Glauben käme nur dann nicht in Betracht, wenn der Interessent es schlichtweg abgelehnt hätte, überhaupt einen Maklerauftrag zu erteilen, und den Objektnachweis in der Folge anderweitig ohne Hinzuziehung eines Maklers erhalten hätte.[280] Erfolgt der Nachweis des Maklers gegenüber einer vom Auftraggeber verschiedenen Person, kommt es für seinen Lohnanspruch entscheidend darauf an, ob dem Auftraggeber das Wissen dieser Person zugerechnet werden kann. Dies ist der Fall, wenn die Person als Stellvertreter, Bote, Erfüllungsgehilfe oder sonst als Repräsentant des Auftraggebers zu qualifizieren ist.[281]

100

Generell erfordert ein ordnungsgemäßer Nachweis, um den Lohnanspruch des Maklers auslösen zu können, dass die nachgewiesene Person im Zeitpunkt des Nachweises zum Abschluss des Hauptvertrags bereit ist.[282] Ist dies nicht der Fall, weil entweder von Anfang an keine **Vertragsbereitschaft der vom Makler benannten Person** bestand oder diese ihre Kauf- oder Verkaufsabsicht inzwischen aufgegeben hat, geht der BGH von einem Nachweis zur Unzeit aus, der die Voraussetzungen des § 652 BGB nicht erfüllt, selbst wenn die Absicht später unter veränderten Umständen erneut gefasst wird und der Auftraggeber diese neu entstandene Gelegenheit nunmehr ohne Hinweis des Maklers nutzt.[283] Der

101

---

[272] BGH v. 22.10.1986 - IVa ZR 4/85 - BGHR BGB § 652 Abs. 1 Satz 1 Nachweis 1; BGH v. 14.01.1987 - IVa ZR 206/85 - NJW 1987, 1628-1629; BGH v. 06.07.2006 - III ZR 379/04 - NJW 2006, 3062-3063; KG Berlin v. 20.09.1999 - 10 U 3177/98 - MDR 2000, 23-24.
[273] BGH v. 15.02.1984 - IVa ZR 150/82 - WM 1984, 560-561; BGH v. 06.07.2006 - III ZR 379/04 - NJW 2006, 3062-3063; KG Berlin v. 20.09.1999 - 10 U 3177/98 - MDR 2000, 23-24; OLG Düsseldorf v. 05.09.2008 - 7 U 185/07 - NJW-RR 2009, 487-488.
[274] BGH v. 15.06.1988 - IVa ZR 170/87 - LM Nr. 116 zu § 652 BGB; BGH v. 04.06.2009 - III ZR 82/08 - NZM 2009, 627-628.
[275] OLG Düsseldorf v. 17.03.2000 - 7 U 93/99 - NJW-RR 2000, 1362-1363.
[276] BGH v. 14.01.1987 - IVa ZR 206/85 - NJW 1987, 1628-1629.
[277] BGH v. 10.05.1989 - IVa ZR 60/88 - NJW-RR 1989, 1071-1073; BGH v. 06.03.1991 - IV ZR 53/90 - LM 1992, Nr. 1, § 652 BGB Nr. 124; BGH v. 18.09.1997 - III ZR 226/96 - LM BGB § 164 Nr. 82 (4/1998); OLG Dresden v. 27.10.1999 - 8 U 1676/99 - Grundeigentum 1999, 1644-1645; OLG Frankfurt v. 13.07.1999 - 5 U 33/98 - NJW-RR 2000, 751-752; OLG Hamburg v. 17.05.2002 - 9 U 39/01 - NJW-RR 2003, 487-488.
[278] BGH v. 06.02.1991 - IV ZR 265/89 - NJW-RR 1991, 686-687.
[279] BGH v. 21.04.1971 - IV ZR 4/69 - WM 1971, 904.
[280] BGH v. 21.04.1971 - IV ZR 4/69 - WM 1971, 904.
[281] BGH v. 04.03.1992 - IV ZR 267/90 - NJW-RR 1992, 687-688.
[282] BGH v. 27.01.1988 - IVa ZR 237/86 - NJW-RR 1988, 942-943; BGH v. 04.03.1992 - IV ZR 267/90 - NJW-RR 1992, 687; BGH v. 16.12.2004 - III ZR 119/04 - WM 2005, 1523-1528, 1525; BGH v. 15.05.2008 - III ZR 256/07 - NZM 2008, 656; OLG Frankfurt v. 16.01.2009 - 19 W 87/08 - NZM 2009, 444.
[283] BGH v. 16.05.1990 - IV ZR 337/88 - LM Nr. 118 zu § 652 BGB; BGH v. 20.03.1991 - IV ZR 93/90 - NJW-RR 1991, 950-951; OLG Hamm v. 09.10.1997 - 18 U 123/96 - NJW-RR 1999, 633-635; OLG Düsseldorf v. 08.10.1999 - 7 U 182/98 - NJW-RR 2000, 1504.

§ 652

Makler, der einem Interessenten ein Objekt benennt, das gar nicht zum Verkauf ansteht, kann mangels erbrachten Nachweises selbst dann keine Provision verlangen, wenn sich der Eigentümer später zu einem Verkauf entschließt und der Interessent diese Möglichkeit ausnutzt.[284] Anders gelagert ist der Fall, in dem der Eigentümer zwar das Bestreben hatte, das gesamte Objekt nach Möglichkeit einheitlich zu vermieten, sich am Ende aber doch zur Vermietung der vom Interessenten benötigten Teilfläche bereiterklärt. Gibt er seinen anfänglichen Vorbehalt in unmittelbarem zeitlichen Zusammenhang mit den geführten Verhandlungen auf, so steht dieser weder einer wirksamen Nachweisleistung des Maklers noch der notwendigen Kausalität zwischen Nachweisleistung und Vertragsschluss entgegen.[285]

102 Weist der Makler dem Auftraggeber ein Mietobjekt nach, das den Vorstellungen des Auftraggebers entspricht, das aber an einen Dritten vermietet wird, bevor sich der Auftraggeber endgültig zum Vertragsabschluss entschlossen hat, und kommt es dann später doch noch zu einem Vertragsabschluss zwischen Auftraggeber und Vermieter ohne **Mitwirkung des Maklers**, weil der Vertrag mit dem Dritten überraschend vorzeitig beendet wird, so steht dem Makler kein Provisionsanspruch zu, weil er gerade diese Abschlussgelegenheit nicht nachgewiesen hat.[286] Entscheidend ist danach der Wegfall der Bereitschaft des Dritten, mit dem Auftraggeber abzuschließen.[287]

103 Bei einem Unternehmensmaklervertrag legt der III. Zivilsenat des BGH eine wertende, **wirtschaftliche Betrachtungsweise** zugrunde. Hiervon ausgehend lässt er auch bei gesetzlich oder gesellschaftsvertraglich verankerter Alleinzuständigkeit der Gesellschafter für eine Unternehmensveräußerung für einen Nachweis genügen, „wenn einerseits der Geschäftsführer als vertretungsberechtigtes Organ der Gesellschaft die Bereitschaft zu Vertragsverhandlungen erkennen lässt, andererseits keine besonderen Anhaltspunkte für eine generelle Ablehnung eines derartigen Vertragsabschlusses durch die zustimmungsberechtigten Beteiligten vorliegen".[288] Allerdings greift auch beim Nachweis einer Gelegenheit zum Abschluss eines Unternehmenskaufvertrags keine Kausalitätsvermutung ein, wenn zwischen dem Nachweis und dem Abschluss des Vertrags ein Zeitraum von einem Jahr und mehr liegt.[289]

104 Ein anderes Problem ergibt sich, wenn es der nachgewiesenen Person zwar nicht an der Vertragsbereitschaft, dafür aber an der **Verfügungsbefugnis über den Vertragsgegenstand** fehlt. Kann deshalb der beabsichtigte Hauptvertrag nicht geschlossen werden, geht der BGH in ständiger Rechtsprechung davon aus, dass ein Nachweis nicht erbracht ist. Da nach § 652 Abs. 1 Satz 1 BGB der Nachweis einer Gelegenheit zum Abschluss des Hauptvertrags ausreicht, lässt er allerdings die Benennung eines vertragsbereiten Nichteigentümers genügen, der bereits im Zeitpunkt des Nachweises zum Erwerb und Weiterverkauf des Vertragsgegenstands an den Auftraggeber entschlossen und in der Lage ist.[290] Verfügt der vermeintliche Grundstücksverkäufer dagegen weder über eine Rechtsposition als Eigentümer noch über einen durch Auflassungsvormerkung gesicherten Anspruch auf Eigentumserwerb, fehlt es bereits an der wirtschaftlichen Identität zwischen dem beabsichtigten und dem tatsächlich zustande gekommenen Hauptvertrag. In einem solchen Fall entsteht selbst dann kein Provisionsanspruch, wenn der Verkäufer nachträglich Zwischenerwerber wird und dem Käufer letztlich doch das Eigentum an dem Grundstück verschafft.[291] Benennt der Makler seinem am Erwerb eines Grundstücks interessierten Kunden nur einen Miteigentümer, so genügt dies für die Annahme eines ausreichenden Nachweises, wenn er von den übrigen Miteigentümern zur alleinigen Führung der Vertragsverhandlungen beauftragt und ermächtigt ist, ohne dass eine Vollmacht zum Abschluss des Kaufvertrags vorliegen muss.[292]

---

[284] BGH v. 20.03.1991 - IV ZR 93/90 - NJW-RR 1991, 950-951; BGH v. 17.04.1997 - III ZR 182/96 - NJW-RR 1997, 884; OLG Frankfurt v. 02.07.1998 - 1 U 100/97 - MDR 1999, 351.

[285] BGH v. 28.09.1995 - III ZR 16/95 - NJW-RR 1996, 113-114.

[286] OLG Frankfurt v. 12.05.1998 - 5 U 90/97 - NJW-RR 1999, 635-636.

[287] BGH v. 20.03.1991 - IV ZR 93/90 - NJW-RR 1991, 950-951.

[288] BGH v. 16.12.2004 - III ZR 119/04 - WM 2005, 1523-1528, 1526; BGH v. 21.12.2005 - III ZR 451/04 - NJW-RR 2006, 496-498.

[289] OLG Stuttgart v. 24.06.2009 - 3 U 3/09 - NZM 2010, 86-88.

[290] BGH v. 28.11.1990 - IV ZR 258/89 - LM Nr. 12 zu BGB § 653; BGH v. 24.06.1992 - IV ZR 240/91 - BGHZ 119, 32-34; BGH v. 04.10.1995 - IV ZR 73/94 - NJW-RR 1996, 113; BGH v. 20.02.1997 - III ZR 208/95 - LM BGB § 652 Nr. 139 (8/1997).

[291] OLG Karlsruhe v. 04.02.1994 - 15 U 112/93 - NJW-RR 1994, 508-509.

[292] OLG Hamm v. 02.11.1998 - 18 U 89/98 - NJW-RR 1999, 632.

5. Vermittlungsmakler

Die Leistungserbringung des Maklers bei einem Vermittlungsmaklervertrag besteht im Herbeiführen oder Fördern des Hauptvertragsabschlusses zwischen Auftraggeber und Drittem. Der BGH verlangt hierfür eine **gezielte Einwirkung des Maklers auf den Dritten** in Richtung auf einen Vertragsschluss.[293] Er muss durch seine Tätigkeit die Abschlussbereitschaft des Dritten irgendwie gefördert haben, indem er bei ihm ein Motiv gesetzt hat, das sich später als nicht völlig unbedeutend erwiesen hat.[294] Die Gerichte definieren Vermittlung als „bewusste und finale Herbeiführung der Abschlussbereitschaft des Vertragspartners des zukünftigen Hauptvertrags".[295] Hat der Makler mit dem Vertragsgegner überhaupt nicht verhandelt, sondern ist der Vertragsgegner durch Mitteilungen eines Erstinteressenten oder des Maklers selbst zum Vertragsschluss motiviert worden, so ist der Zusammenhang zwischen Vermittlertätigkeit und Vertragsschluss ein rein zufälliger und die Provision daher nicht verdient.[296]

105

Ausnahmen lässt die Rechtsprechung nur dann zu, wenn zwischen dem Erstinteressenten und dem späteren Vertragsgegner besonders enge persönliche oder besonders ausgeprägte wirtschaftliche Beziehungen bestehen. Eine **Ausdehnung auf weitere Dritte** wie z.B. Notare, die den mit dem Interessenten angebahnten Vertrag beurkunden sollten und in ihrer amtlichen Eigenschaft notwendigerweise von der Gelegenheit zum Vertragsschluss erfahren hatten, lehnt der BGH dagegen ab und macht hierfür „kaum überwindbare Abgrenzungsschwierigkeiten" geltend.[297] Den Begriff „Vermittlung" versteht in der Regel derjenige, dem ein Formularvertrag vorgelegt wird, als die bei Maklerleistungen übliche Herbeiführung des Vertragsschlusses.[298] Der Vermittlungsmakler braucht nicht mit beiden Seiten gleichzeitig zu verhandeln, da insbesondere mit dem Auftraggeber eine weitere Verhandlung nach Abschluss des Maklervertrags nicht notwendig ist.[299] Ebenso wenig sieht es der BGH als erforderlich an, dass der Makler beim Vertragsschluss selbst mitwirkt.[300] Gleichwohl dürfte es den praktischen Regelfall darstellen, dass der Makler mit dem Auftraggeber und dem interessierten Dritten verhandelt, um zwischen beiden den Abschluss des Hauptvertrags herbeizuführen.[301]

106

Aus dem Anwendungsbereich des Vermittlungsmaklervertrags können folgende **Einzelfälle** hervorgehoben werden:

107

- die Immobilienvermittlung durch den Immobilienmakler;
- die Wohnungsvermittlung durch den Wohnungsmakler mit Sondervorschriften im Wohnungsvermittlungsgesetz;
- die Arbeitsplatz- und Ausbildungsstellenvermittlung durch den Stellenmakler mit Sondervorschriften in den §§ 291-300 SGB III und in der Arbeitsvermittlungsverordnung;
- die Darlehensvermittlung durch den Darlehensmakler (§§ 655a-655e BGB);
- die Kapitalanlagenvermittlung durch den Anlagemakler;
- die Versicherungsvermittlung durch den Versicherungsmakler;
- die Unternehmensvermittlung durch den Unternehmensmakler;
- die Reisevermittlung durch den Reisemakler;
- die Abfallvermittlung durch den Abfallmakler (§ 50 KrW-/AbfG);
- die Ehevermittlung durch den Heiratsmakler (§ 656 BGB);
- die Partnerschaftsvermittlung durch den Partnerschaftsmakler, auf den die höchstrichterliche Rechtsprechung § 656 BGB entsprechend anwendet.

---

[293] BGH v. 21.09.1973 - IV ZR 89/72 - WM 1974, 257; BGH v. 10.07.1985 - IVa ZR 15/84 - LM Nr. 94 zu § 652 BGB; BGH v. 25.02.1987 - IVa ZR 214/85 - NJW-RR 1987, 1108; OLG Dresden v. 26.08.1998 - 8 U 845/98 - OLGR Dresden 1998, 405-406; OLG Hamm v. 29.05.2000 - 18 U 236/99 - NJW-RR 2001, 567-569; OLG Schleswig v. 21.07.2006 - 14 U 55/06 - NJW 2007, 1982-1984; OLG Karlsruhe v. 13.06.2007 - 15 U 60/05 - NZM 2008, 534-536, 536.
[294] BGH v. 21.05.1971 - IV ZR 52/70 - BB 1971, 1124-1125; BGH v. 21.09.1973 - IV ZR 89/72 - WM 1974, 257; BGH v. 02.06.1976 - IV ZR 101/75 - WM 1976, 1118-1119.
[295] BGH v. 02.06.1976 - IV ZR 101/75 - WM 1976, 1118-1119; BGH v. 17.04.1997 - III ZR 182/96 - NJW-RR 1997, 884; LG Düsseldorf v. 09.05.2001 - 5 O 272/00 - NJW-RR 2002, 489.
[296] BGH v. 02.06.1976 - IV ZR 101/75 - WM 1976, 1118-1119.
[297] BGH v. 02.06.1976 - IV ZR 101/75 - WM 1976, 1118-1119.
[298] BGH v. 01.12.1982 - IVa ZR 109/81 - LM Nr. 81 zu § 652 BGB.
[299] BGH v. 21.09.1973 - IV ZR 89/72 - WM 1974, 257.
[300] BGH v. 21.09.1973 - IV ZR 89/72 - WM 1974, 257.
[301] OLG Dresden v. 26.08.1998 - 8 U 845/98 - OLGR Dresden 1998, 405-406.

6. Kooperationsformen

108 Konstellationen, in denen mehrere Makler im Interesse eines oder mehrerer Auftraggeber zusammenwirken, sind zahlreich. Für die Beantwortung der Frage, von welcher Art der Zusammenarbeit im konkreten Einzelfall auszugehen ist, wird mangels einer speziellen gesetzlichen Regelung in erster Linie der **Wille der Beteiligten** zum Maßstab erhoben, der von den Gerichten im Zweifel im Wege ergänzender Auslegung ermittelt wird.[302]

109 Folgende **Erscheinungsformen** können unterschieden werden:
- der angestellte Makler, der in die Organisation des Maklerunternehmens eingebunden und nach arbeitsrechtlichen Bestimmungen zu beurteilen ist;
- der selbständige Makler, der in freier Mitarbeit eingeschaltet wird und bei gewerblicher Tätigkeit Handelsvertreter im Sinne von § 84 HGB ist;
- der Makler-Franchisenehmer, der aufgrund seiner Zugehörigkeit zum Franchisesystem verpflichtet ist, von ihm eingebrachte Objekte im Namen und im Auftrag des Franchisegebers zu bearbeiten, als dessen Erfüllungsgehilfe er anzusehen ist;[303]
- der Mitmakler, der vom Auftraggeber gemeinsam mit anderen Maklern beauftragt wird, bei fehlender gesellschaftsvertraglicher Verbindung mit diesen ein eigenständiges Rechtsverhältnis zum Auftraggeber begründet und daher bei Mitursächlichkeit seiner Tätigkeit einen Lohnanspruch hat;[304]
- der Untermakler, der dem Hauptmakler gegenüber weder zum Tätigwerden noch zum ständigen Bemühen um dessen Geschäfte verpflichtet ist;
- der Makler, der im Rahmen eines als partiarisches Rechtsverhältnis zu qualifizierenden Gemeinschaftsgeschäfts mit dem Makler der Gegenseite seines Auftraggebers zusammenarbeitet,[305] ohne dass dieser dadurch zu seinem Erfüllungsgehilfen wird.[306]

110 Die Abgrenzung zwischen Angestellten und selbständigen Gewerbetreibenden ist eine Frage des Einzelfalls, die nicht nach der von den Parteien gewählten Bezeichnung beantwortet wird, sondern in erster Linie nach dem Gesamtbild der vertraglichen Gestaltung und der tatsächlichen Handhabung.[307] Maklerunternehmen schließen mit freien Mitarbeitern oft so genannte **Zubringerverträge**, nach denen der freie Mitarbeiter für den Nachweis von Objekten und Interessenten jeweils eine Provision erhält, die in der Regel mit einem bestimmten Prozentsatz der dem Maklerunternehmen zustehenden Provision festgelegt wird. Überträgt ein Kaufmann sein Maklerunternehmen an einen anderen, der es unter der bisherigen Firma fortführt, so muss er den Zubringer nach § 26 Abs. 1 HGB auch dann entlohnen, wenn erst der neue Geschäftsinhaber den Nachweis der Gelegenheit zu einem Vertragsschluss ausnutzt.[308]

111 Der **Handelsvertreter** (§§ 84-92c HGB) ist im Gegensatz zum Makler ständig damit betraut, für den Unternehmer tätig zu werden und in dessen Absatzorganisation eingebunden.[309] Er wird als rechtlich außerstande angesehen, mit der Vermittlung oder dem Abschluss eines Geschäfts gleichzeitig eine Maklerleistung für einen Auftraggeber zu erbringen, da er sich bei jedem Interessenwiderstreit als Vertreter des Unternehmers auf dessen Seite stellen müsste und deshalb von vornherein nicht in der Lage ist, die Belange des Auftraggebers gegenüber dem Unternehmer zu wahren, so wie es das durch einen Maklervertrag begründete Treue- und Vertrauensverhältnis erfordern würde.[310] Abgrenzungsprobleme bestehen insbesondere im Verhältnis zum Verkäufermakler mit Alleinauftrag, der seinem Auftraggeber gegenüber ebenfalls zum Tätigwerden verpflichtet ist. Der BGH hat in einem Grundsatzurteil die typischen Charakteristika der Maklertätigkeit einerseits und der Handelsvertretertätigkeit andererseits herausgearbeitet.[311] Danach sprechen für eine Einordnung als Handelsvertreter die Unbestimmtheit

---

[302] BGH v. 14.10.1981 - IVa ZR 152/80 - LM Nr. 13 zu § 398 ZPO; BGH v. 18.06.1986 - IVa ZR 7/85 - NJW-RR 1987, 171-172; BGH v. 23.02.1994 - IV ZR 58/93 - NJW-RR 1994, 636.
[303] BGH v. 26.10.1977 - IV ZR 177/76 - WM 1978, 245.
[304] BGH v. 26.09.1979 - IV ZR 92/78 - LM Nr. 65 zu § 652 BGB.
[305] BGH v. 14.10.1981 - IVa ZR 152/80 - LM Nr. 13 zu § 398 ZPO; BGH v. 18.06.1986 - IVa ZR 7/85 - NJW-RR 1987, 171-172; BGH v. 23.02.1994 - IV ZR 58/93 - NJW-RR 1994, 636.
[306] *Breiholdt*, BB 1993, 600-602.
[307] BGH v. 04.12.1981 - I ZR 200/79 - LM Nr. 13 zu § 84 HGB.
[308] BGH v. 13.03.1974 - IV ZR 170/72 - LM Nr. 13 zu § 25 HGB.
[309] BGH v. 18.11.1971 - VII ZR 102/70 - BB 1972, 11; BGH v. 01.04.1992 - IV ZR 154/91 - LM BGB § 652 Nr. 129 (9/1992).
[310] BGH v. 23.11.1973 - IV ZR 34/73 - LM Nr. 48 zu § 652 BGB; BGH v. 01.04.1992 - IV ZR 154/91 - LM BGB § 652 Nr. 129 (9/1992).
[311] BGH v. 01.04.1992 - IV ZR 154/91 - LM BGB § 652 Nr. 129 (9/1992).

und Vielzahl der zu veräußernden Objekte, das Interesse an Umsatzförderung, das Tätigwerden über einen langen Zeitraum, die im Zweifel zumindest in gewissem Umfang bestehende Weisungsgebundenheit sowie das im Einzelfall bestehende Verbot der Vertretung eines Konkurrenten.

Unselbständige Handelsvertreter sind nach den §§ 84 Abs. 2, 59 Abs. 1 HGB **Handlungsgehilfen**, die nach den §§ 65, 87 Abs. 1 und 3 HGB eine Provision fordern können. Der Provisionsanspruch besteht dabei auch dann, wenn erst zusätzliche Bemühungen des Arbeitgebers zum Geschäftsabschluss geführt haben, solange die Tätigkeit des Angestellten zumindest insoweit Erfolg zeitigte, als sie die zum Abschluss führenden Verhandlungen mit verursacht hat.[312] Bei fehlender Vereinbarung ist nach § 87b Abs. 1 HGB der übliche Satz als vereinbart anzusehen. In einem Fall, in dem die Ortsüblichkeit und Angemessenheit einer Provision durch Einholung eines Sachverständigengutachtens bewiesen worden war, ergaben sich als übliche Innenprovision für Handlungsgehilfen des Maklers für die bloße Akquisition eines Kunden 10%, für die Bearbeitung und den Vertragsschluss weitere 20% sowie für die Durchführung aller Tätigkeiten zusammen 30% des vom Makler erzielten Nettolohns.[313]

112

Wird der **Untermakler** tätig, ist er Erfüllungsgehilfe des Hauptmaklers. Sein Provisionsanspruch ist eng an den Bestand des Provisionsanspruchs des Hauptmaklers gegenüber seinem Auftraggeber geknüpft.[314] Der Hauptmakler seinerseits kann die ihm durch die Einschaltung des Untermaklers entstehenden Aufwendungen von seinem Auftraggeber nur bei besonderer Vereinbarung nach § 652 Abs. 2 Satz 1 BGB ersetzt verlangen. Bei einem als partiarisches Rechtsverhältnis einzuordnenden Untermaklervertrag hängt der Provisionsanspruch des Untermaklers grundsätzlich von der Durchsetzbarkeit des Provisionsanspruchs des Hauptmaklers ab.[315] Trifft der Hauptmakler mit dem Auftraggeber eine Vereinbarung, die seinen Provisionsanspruch von Voraussetzungen abhängig macht, mit denen der Untermakler nicht zu rechnen brauchte, ist der Hauptmakler verpflichtet, den Untermakler hierauf hinzuweisen.[316]

113

Soweit Makler ein **Gemeinschaftsgeschäft** als Form ihrer Zusammenarbeit vereinbaren, bestimmen sich ihre gegenseitigen Rechte und Pflichten ausschließlich nach den getroffenen vertraglichen Abreden, die erforderlichenfalls ergänzend auszulegen sind.[317] Da jeder Makler auf seiner Seite bleiben muss, scheidet eine bewusste Tätigkeit als Gehilfe im Dienst des Maklers der Gegenseite regelmäßig aus.[318] Die Gerichte stellen allerdings nicht entscheidend auf das Innenverhältnis, sondern darauf ab, wie das Handeln des zweiten Maklers gegenüber dem Auftraggeber erscheint. So wird es als möglich angesehen, dass der zweite Makler zugleich als Makler der Vertragsgegenseite und als Erfüllungsgehilfe des ersten Maklers auftritt, so dass die Nachweistätigkeit des zweiten Maklers im Fall des Zustandekommens des Hauptvertrags den Provisionsanspruch des ersten Maklers begründet. Voraussetzung dafür sei aber, dass der erste Makler zuvor zu erkennen gegeben hat, er werde seine Nachweis- oder Vermittlungsobliegenheit nicht notwendig selbst, sondern durch den zweiten Makler erfüllen.[319] Führen dagegen zwei an einem Gemeinschaftsgeschäft beteiligte Makler gemeinsam eine Wohnungsbesichtigung durch, bei der Angaben zur Wohnung, zum Kaufpreis und zu den Erwerbsmodalitäten gemacht werden, so wird angenommen, dass sich der eine Makler die Erklärungen des anderen zu eigen macht, so dass die Erbringung von Maklerleistungen durch den jeweils anderen genügt, wenn nur ein ausreichender Hinweis auf das Gemeinschaftsgeschäft erfolgt ist.[320]

114

Die von den wichtigsten Maklerverbänden erarbeiteten „**Geschäftsgebräuche** für Gemeinschaftsgeschäfte unter Maklern" können mangels allgemeinverbindlicher Wirkung nur dann Abhilfe schaffen, wenn sie ausdrücklich oder stillschweigend zum Bestandteil der Individualabrede zwischen den Mak-

115

---

[312] LG Frankfurt v. 06.04.2001 - 2/5 O 178/99, 2-5 O 178/99 - NJW-RR 2002, 53.
[313] LG Frankfurt v. 06.04.2001 - 2/5 O 178/99, 2-5 O 178/99 - NJW-RR 2002, 53.
[314] BGH v. 20.06.1984 - I ZR 62/82 - BGHZ 91, 370-374.
[315] OLG Stuttgart v. 15.11.2000 - 3 U 213/99 - NJW-RR 2002, 52.
[316] OLG Stuttgart v. 15.11.2000 - 3 U 213/99 - NJW-RR 2002, 52.
[317] BGH v. 14.10.1981 - IVa ZR 152/80 - LM Nr. 13 zu § 398 ZPO; BGH v. 18.06.1986 - IVa ZR 7/85 - NJW-RR 1987, 171-172; OLG Stuttgart v. 07.03.2001 - 3 W 332/00 - NJW-RR 2002, 783-784; OLG Naumburg v. 28.03.2002 - 11 U 229/01 - OLGR Naumburg 2002, 538-540; *Pauly*, NZM 2006, 161-163.
[318] OLG Karlsruhe v. 07.08.1997 - 19 U 22/96 - NJW-RR 1998, 996-997; OLG Stuttgart v. 10.07.2002 - 3 U 31/02 - NJW-RR 2002, 1482-1483.
[319] OLG Karlsruhe v. 07.08.1997 - 19 U 22/96 - NJW-RR 1998, 996-997.
[320] OLG Stuttgart v. 10.07.2002 - 3 U 31/02, 3 U 31/2002 - NJW-RR 2002, 1482-1483.

§ 652

lern gemacht wurden.[321] Ansonsten würde man den Maklerverbänden eine Rechtsetzungsgewalt über ihre Mitglieder zubilligen, die ihnen als privaten Vereinen nicht zukommt.[322]

116 In der Praxis bereitet vor allem die **Feststellung einer Provisionsteilungsverpflichtung** Probleme. Liegt eine solche vor, erstreckt sie sich nicht automatisch auf Folgegeschäfte, sondern bedarf auch insoweit einer ausdrücklichen Vereinbarung.[323] Im Übrigen können bei festgestellter Provisionsteilungsverpflichtung Schadensersatzansprüche des einen Maklers bestehen, wenn der andere eine zu geringe oder gar keine Provision berechnet. So muss beispielsweise der Makler, der mit dem Käufer verhandelte, darlegen, dass er einen Maklervertrag zu den Bedingungen geschlossen hat, wie sie der abgesprochenen Provisionsforderung des den Käufer vertretenden anderen Maklers entsprachen.[324]

117 Ein Verstoß gegen die aus dem Gemeinschaftsgeschäft resultierenden Pflichten kann darin gesehen werden, dass einer der Makler dem Interessenten zugleich mit seiner Provisionsforderung ein vollständiges Exposé übermittelt und damit die Möglichkeit gibt, den Provisionssatz ohne Schwierigkeiten zu drücken. Ein weiterer **Vertragsverstoß** wird angenommen, wenn der Makler seinen Vertragspartner nicht alsbald davon unterrichtet, dass der Interessent nur zur Zahlung einer geringeren Provision bereit ist.[325] Im Übrigen bleibt die unter den beteiligten Maklern näher ausgehandelte individuelle Vereinbarung auch dann allein maßgeblich, wenn eine allgemein oder regional bestehende Übung festgestellt wird, die allenfalls Indiz bei der Ermittlung des Inhalts des Vertrags über die Zusammenarbeit der Makler sein kann.[326]

IV. Abschluss des angestrebten Hauptvertrags

1. Kongruenzkriterien

118 Die dritte Voraussetzung des Lohnanspruchs des Maklers ist der zwischen dem Auftraggeber und dem nachgewiesenen bzw. vermittelten Dritten erfolgte Abschluss des Hauptvertrags, der wirksam zustande gekommen sein muss und nicht wegen einer im Vertragsschluss selbst liegenden Unvollkommenheit wieder beseitigt worden sein darf.[327] Den **Abschluss eines Vorvertrags** lässt die Rechtsprechung dagegen für sich genommen im Allgemeinen nicht genügen, da damit lediglich die Verpflichtung begründet wird, den endgültigen Vertrag abzuschließen.[328] Eine Ausnahme wird lediglich für den in der Praxis seltenen Fall anerkannt, dass der Abschluss eines Vorvertrags ausdrücklich als zur Begründung des Lohnanspruchs ausreichend vereinbart wurde.[329] Im Übrigen kommt es nicht auf das Zustandekommen des dinglichen Erfüllungsgeschäfts, sondern lediglich auf den Abschluss des schuldrechtlichen Verpflichtungsgeschäfts an.[330]

119 Zur Begründung des Lohnanspruchs muss der Hauptvertrag nach Art, Gegenstand und Preis der im Maklervertrag zum Ausdruck kommenden Zielsetzung des Auftraggebers entsprechen. Die höchstrichterliche Rechtsprechung hält inhaltliche Abweichungen solange für unschädlich, wie im Ergebnis von wirtschaftlicher Identität zwischen angestrebtem und abgeschlossenem Hauptvertrag ausgegangen werden kann.[331] Für den Nachweismakler verlangt der BGH eine **doppelte Kongruenz** zwischen Maklervertrag und geführtem Nachweis einerseits sowie Nachweis und abgeschlossenem Hauptvertrag an-

---

[321] BGH v. 14.10.1981 - IVa ZR 152/80 - LM Nr. 13 zu § 398 ZPO; BGH v. 18.06.1986 - IVa ZR 7/85 - NJW-RR 1987, 171-172; OLG Düsseldorf v. 19.12.1997 - 7 U 119/97 - NJW-RR 1998, 1666-1667; OLG Stuttgart v. 07.03.2001 - 3 W 332/00 - NJW-RR 2002, 783-784.

[322] BGH v. 18.06.1986 - IVa ZR 7/85 - NJW-RR 1987, 171-172.

[323] BGH v. 14.10.1981 - IVa ZR 152/80 - LM Nr. 13 zu § 398 ZPO.

[324] BGH v. 18.06.1986 - IVa ZR 7/85 - NJW-RR 1987, 171-172.

[325] BGH v. 18.06.1986 - IVa ZR 7/85 - NJW-RR 1987, 171-172.

[326] BGH v. 23.02.1994 - IV ZR 58/93 - NJW-RR 1994, 636.

[327] BGH v. 20.02.1997 - III ZR 208/95 - LM BGB § 652 Nr. 139 (8/1997).

[328] BGH v. 18.12.1974 - IV ZR 89/73 - LM Nr. 52 zu § 652 BGB; BGH v. 16.01.1991 - IV ZR 31/90 - NJW-RR 1991, 1073-1074.

[329] BGH v. 27.11.1985 - IVa ZR 68/84 - LM Nr. 100 zu § 652 BGB; BGH v. 16.01.1991 - IV ZR 31/90 - NJW-RR 1991, 1073-1074.

[330] BGH v. 20.02.1997 - III ZR 208/95 - LM BGB § 652 Nr. 139 (8/1997); OLG Frankfurt v. 20.08.2008 - 19 U 34/08 - NZM 2009, 445-446.

[331] BGH v. 18.04.1973 - IV ZR 6/72 - BB 1973, 1192; BGH v. 30.11.1983 - IVa ZR 58/82 - WM 1984, 342-343; BGH v. 14.10.1992 - IV ZR 9/92 - LM BGB § 652 Nr. 131 (4/1993); BGH v. 07.05.1998 - III ZR 18/97 - LM BGB § 652 Nr. 144 (10/1998); BGH v. 16.09.1999 - III ZR 77/98 - LM BGB § 652 Nr. 148 (4/2000); *Stark*, NZM 2008, 832-835; *Fischer*, DB 2009, 887-890.

dererseits. Der Lohnanspruch besteht somit nur bei wirtschaftlicher Identität zwischen dem ursprünglich beabsichtigten, dem vom Makler nachgewiesenen und dem tatsächlich zustande gekommenen Geschäft.[332]

Die **Feststellung der wirtschaftlichen Gleichwertigkeit bzw. Gleichartigkeit** kann nur nach den Umständen des konkreten Einzelfalls erfolgen und erfordert in aller Regel eine Auslegung des Maklervertrags.[333] Dabei können im Wesentlichen folgende Konstellationen unterschieden werden: 120

- Änderung der Vertragsart;
- Änderung des Vertragsgegenstands;
- Änderung des Vertragspreises;
- Abschluss des Hauptvertrags mit einer vom Auftraggeber verschiedenen natürlichen oder juristischen Person.

2. Änderung der Vertragsart

Während die ersten drei Fallgruppen unter dem Stichwort der inhaltlichen Kongruenz zusammengefasst werden können, handelt es sich in der letzten Konstellation um ein Problem der persönlichen Kongruenz. Bei Änderung der Vertragsart wird die **wirtschaftliche Identität** in der Regel verneint. Als Beispiel kann der Fall genannt werden, in dem der Makler lediglich die Möglichkeit zur Anmietung eines Grundstücks nachgewiesen hat, der Auftraggeber das Grundstück aber später kauft.[334] Die wirtschaftliche Gleichwertigkeit ist erst recht zu verneinen, wenn der vermittelte Hauptvertrag rechtlich so konzipiert ist, dass der angestrebte Leistungserfolg nie eintreten kann und der Vertrag aus Rechtsgründen unerfüllbar ist.[335] 121

3. Änderung des Vertragsgegenstands

Bei einer Änderung des Vertragsgegenstands zeigt sich in der Rechtsprechung ein **differenziertes Bild**. So hat der BGH beispielsweise die wirtschaftliche Identität verneint, wenn der mit der Vermittlung des Kaufs eines zwei Miteigentümern gehörenden Grundstücks beauftragte Makler lediglich den Erwerb einer Grundstückshälfte vermitteln konnte[336] oder wenn statt des Kaufs des ganzen Grundstücks lediglich der Erwerb eines ideellen Viertels ins Auge gefasst wurde.[337] Die Instanzgerichte kommen zum gleichen Ergebnis, wenn der Auftraggeber das ihm nachgewiesene Angebot zum Erwerb eines Baugrundstücks nicht annimmt, sondern nur eine Teilfläche von weniger als der Hälfte zu einem entsprechend geringeren Preis kauft und auf dieser Fläche nur einen Teil der ursprünglich geplanten Bebauung ausführt.[338] Ist laut Maklervertrag die Gelegenheit zum Kauf einer Doppelhaushälfte auf einem Grundstück nachzuweisen und stellt sich heraus, dass die beiden Doppelhaushälften eine Wohnungseigentümergemeinschaft bilden, entfällt der Lohnanspruch des Maklers mangels Identität des nach dem Maklervertrag beabsichtigten und des tatsächlich zustande gekommenen Hauptvertrags.[339] 122

Dagegen hat der BGH wirtschaftliche Gleichwertigkeit angenommen, wenn der Auftraggeber nicht das vom Makler nachgewiesene Grundstück gekauft hat, sondern sämtliche Geschäftsanteile der GmbH, der das Grundstück gehörte.[340] Waren für die Wahl dieser Gestaltungsvariante nachweislich allein steuerliche Motive ausschlaggebend, spreche eine tatsächliche Vermutung für die wirtschaftliche Identität zwischen dem nach dem Maklervertrag beabsichtigten und dem tatsächlich durchgeführten Geschäft. 123

---

[332] BGH v. 05.11.1975 - IV ZR 174/74 - WM 1976, 28-31; BGH v. 16.05.1990 - IV ZR 337/88 - LM Nr. 118 zu § 652 BGB.
[333] BGH v. 05.10.1995 - III ZR 10/95 - LM BGB § 652 Nr. 137 (2/1996); BGH v. 07.05.1998 - III ZR 18/97 - LM BGB § 652 Nr. 144 (10/1998); BGH v. 20.11.1997 - III ZR 57/96 - LM BGB § 652 Nr. 141 (8/1998).
[334] BGH v. 28.02.1973 - IV ZR 34/71 - BGHZ 60, 243-247.
[335] OLG Hamm v. 05.06.2000 - 18 U 203/99 - OLGR Hamm 2001, 253.
[336] BGH v. 18.04.1973 - IV ZR 6/72 - BB 1973, 1192; BGH v. 28.09.1983 - IVa ZR 12/82 - WM 1983, 1287-1289; BGH v. 28.01.1987 - IVa ZR 45/85 - LM Nr. 114 § 313 BGB; BGH v. 28.09.1995 - III ZR 16/95 - NJW-RR 1996, 113-114.
[337] BGH v. 15.02.1984 - IVa ZR 150/82 - WM 1984, 560-561.
[338] OLG Köln v. 16.01.2001 - 24 U 92/00 - MDR 2001, 500.
[339] OLG Karlsruhe v. 08.08.2003 - 15 U 41/02 - NJW-RR 2003, 1695-1697.
[340] BGH v. 07.05.1998 - III ZR 18/97 - LM BGB § 652 Nr. 144 (10/1998); für den Unternehmensmaklervertrag im Ergebnis ebenso BGH v. 16.12.2004 - III ZR 119/04 - WM 2005, 1523-1528, 1527.

Diese könne allerdings im Einzelfall durch die Feststellung entkräftet werden, dass der Auftraggeber damit sein wirtschaftliches Ziel nur unter **Inkaufnahme wesentlich weitergehender und schwerwiegenderer Haftungsrisiken** als beim Erwerb des Grundstücks erreichen konnte.[341]

124 Beim **Nachweis eines Mietvertrags** ist für die Beurteilung der erforderlichen Wesensgleichheit zwischen nachgewiesener Vertragsgelegenheit und letztlich abgeschlossenem Hauptvertrag neben den Mietvertragsbedingungen auch ein vom Vormieter verlangter und wirtschaftlich nicht bloß unbedeutender Abstand zu beachten, sofern dieser nicht getrennt verhandelbar ist.[342] Dagegen wird die inhaltliche Kongruenz zwischen Maklervertrag und zu erwerbendem Objekt nicht dadurch aufgehoben, dass der Käufer eine auf dem Objekt lastende Mietoption eines Dritten zu einem Betrag in Höhe von lediglich 0,5% des Kaufpreises ablöst.[343]

125 Bei der **Kreditvermittlung** wird eine Abweichung für wesentlich erachtet, wenn der zu finanzierende Betrag nicht erreicht wird oder der Auftraggeber ersichtlich ein einheitliches Darlehen von exakt bestimmter Höhe will.[344] Dagegen wird das vermittelte Darlehen trotz Abweichung als gleichwertig angesehen, wenn nach der Vorstellung der Parteien des Maklervertrags die Einzelheiten der Darlehensvereinbarung noch auszuhandeln waren und der gewünschte Darlehensbetrag nur als Rahmen angegeben war.[345]

4. Änderung des Vertragspreises

126 Für den Fall einer Änderung des Vertragspreises stellt sich die Frage, wo die Grenze zu ziehen ist, bei der eine Abweichung von dem vom Auftraggeber angestrebten Kauf- oder Verkaufspreis der Annahme wirtschaftlicher Identität (noch) nicht entgegensteht. Betrachtet man sich die instanzgerichtliche Rechtsprechung, so bietet sich ein breites Spektrum, das von 6%[346] über 7,5%[347] und 10%[348] bis hin zu 23%[349] und 25%[350] reicht. Die maßgebliche **Orientierungsgröße** liefert auch insoweit der BGH, der bis zu einer Abweichung des erzielten Verkaufspreises um 10-15% unter dem angestrebten Verhandlungsbasis von wirtschaftlicher Gleichwertigkeit für den Auftraggeber ausgeht.[351] Dieser Maßstab hat allerdings bislang noch nicht den zur notwendigen Rechtssicherheit erforderlichen Grad an Allgemeinverbindlichkeit erreicht, da beispielsweise eine Abweichung von 15% nach unten vereinzelt nach wie vor als „wirtschaftlich unvernünftig" eingestuft wird.[352] Der Nachweis einer wirtschaftlich unvernünftigen, den Interessen des Versprechenden zuwiderlaufenden Vertragsabschlussgelegenheit könne nicht mehr als vertragsgemäße Erfüllung eines Maklervertrags gewollt sein oder angesehen werden.[353]

127 Verneint wurde die wirtschaftliche Identität auch bei einem Vertragsangebot durch den Makler zur Anmietung von Ladenräumen zu einem Quadratmetermietpreis von 43 DM zuzüglich 100.000 DM Abstand und einem abgeschlossenen Vertrag zu einem Quadratmetermietpreis von 48 DM ohne **Abstandszahlung**. Begründet wurde dies zum einen damit, dass bei Abstandszahlung ein zusätzlicher Vertrag über die Übernahme von Einrichtungsgegenständen mit dem Vormieter hätte geschlossen werden müssen, zum anderen damit, dass sich eine Umrechnung der 100.000 DM auf die monatliche Miete für die gesamte Mietdauer verbiete, da die 100.000 DM sogleich in einem Betrag zu zahlen gewesen wären und damit die Liquidität des Auftraggebers entsprechend gemindert hätten.[354]

---

[341] BGH v. 07.05.1998 - III ZR 18/97 - LM BGB § 652 Nr. 144 (10/1998).
[342] OLG Hamburg v. 11.07.1997 - 11 U 84/97 - MDR 1998, 150-151.
[343] OLG Hamburg v. 17.05.2002 - 9 U 39/01 - NJW-RR 2003, 487-488; die Anforderungen an eine konkludente Wohnflächenvereinbarung konkretisierte BGH v. 23.06.2010 - VIII ZR 256/09 - NZM 2010, 614-615.
[344] BGH v. 07.07.1982 - IVa ZR 50/81 - LM Nr. 80 zu § 652 BGB; BGH v. 21.10.1987 - IVa ZR 103/86 - NJW 1988, 967-969.
[345] BGH v. 07.07.1982 - IVa ZR 50/81 - LM Nr. 80 zu § 652 BGB.
[346] OLG Stuttgart v. 12.07.2000 - 3 U 54/00 - NZM 2000, 918; OLG Jena v. 06.04.2011 - 2 U 862/10 - IMR 2011, 342.
[347] OLG Koblenz v. 27.11.2003 - 5 U 547/03 - WuM 2004, 44.
[348] OLG Hamm v. 16.06.1997 - 18 U 235/96 - NJW-RR 1998, 1070-1071.
[349] OLG Hamburg v. 28.04.2000 - 11 U 166/99 - MDR 2001, 24-25.
[350] OLG Dresden v. 18.09.2008 - 8 U 1167/08 - NZM 2009, 522-523.
[351] BGH v. 14.10.1992 - IV ZR 9/92 - LM BGB § 652 Nr. 131 (4/1993); OLG Frankfurt v. 06.09.2000 - 19 U 64/00 - NZM 2001, 908.
[352] OLG Brandenburg v. 12.10.1999 - 11 U 116/98 - NJW-RR 2000, 1505-1506.
[353] OLG Brandenburg v. 12.10.1999 - 11 U 116/98 - NJW-RR 2000, 1505-1506.
[354] KG Berlin v. 20.09.1999 - 10 U 3177/98 - MDR 2000, 23-24.

Am Ende kommt es immer auf die **Umstände des Einzelfalls** an, für die nicht nur die Höhe des Preisunterschieds, sondern auch die finanziellen Möglichkeiten des Kaufinteressenten, die allgemeine Marktlage und das Interesse des Käufers für das angebotene Objekt wesentlich sind.[355] Ziehen sich die Verhandlungen z.B. über einen längeren Zeitraum hin und ist für alle Beteiligten erkennbar, dass ein Käufer zum ursprünglich einmal angesetzten Kaufpreis nicht zu finden ist, setzt der Makler aber gleichwohl im Einvernehmen mit dem Auftraggeber seine Bemühungen um weitere Interessenten fort, die er dem Auftraggeber unabhängig von deren Kaufpreisvorstellungen zuführen soll, so scheitert der Vergütungsanspruch des Maklers auch nicht an fehlender wirtschaftlicher Identität, wenn letztlich der Kaufvertrag zu einem deutlich niedrigeren Kaufpreis zustande kommt.[356] Ist der geringere Kaufpreis dagegen nicht das Ergebnis kontinuierlicher Vertragsverhandlungen, sondern beruht er auf einer neuen Sachlage, nachdem die ursprünglichen Verhandlungen fünfzehn Monate oder länger zuvor endgültig gescheitert waren, so ist bei wertender Betrachtung kein Anspruch auf Zahlung einer Maklergebühr entstanden.[357]

128

5. Änderung der Vertragspartei

Bei Abschluss des Hauptvertrags mit einer vom Auftraggeber verschiedenen natürlichen oder juristischen Person wird wirtschaftliche Identität bejaht, wenn eine besonders enge persönliche, eine besonders ausgeprägte wirtschaftliche oder eine rechtliche Beziehung des Auftraggebers zu dieser Person besteht.[358] In der Rechtsprechung wurde eine solche **persönliche Kongruenz** z.B. in folgenden Fällen anerkannt:

129

- der erstrebte wirtschaftliche Erfolg des Hauptvertrags ist eingetreten, obwohl die hauptvertragliche Lieferung über andere Zwischenhändler „umgeleitet" worden war;[359]
- der gewünschte Grundstückskaufvertrag wurde nicht durch den Auftraggeber, sondern durch seine Ehefrau[360] bzw. eine erst nach Abschluss des Maklervertrags seitens des Auftraggebers gegründete GmbH[361] abgeschlossen;
- in dem vom Auftraggeber unterzeichneten Maklervertrag war neben ihm auch seine Lebensgefährtin als Kaufinteressent aufgeführt und später erwarb diese allein das vom Makler nachgewiesene Objekt;[362]
- das einer GmbH nachgewiesene Grundstück wurde durch eine andere GmbH erworben, die von denselben Gesellschaftern mit demselben Gesellschaftszweck später gegründet worden war;[363]
- das mehreren Personen nachgewiesene Grundstück wurde durch eine durch diese Personen unmittelbar vor Abschluss des notariellen Kaufvertrags gegründete GmbH erworben;[364]
- der Auftraggeber war mit einer umfassenden Vollmacht des Dritten ausgestattet, die ihn insbesondere zum Erwerb zur Veräußerung von Grundstücken sowie unter Befreiung von den Beschränkungen des § 181 BGB zu Rechtsgeschäften mit sich selbst ermächtigte.[365]

Wie bereits diese Beispiele zeigen, beschränkt sich die Heranziehung des Grundsatzes von Treu und Glauben als **Beurteilungsmaßstab für Ausnahmetatbestände** keinesfalls auf ausgesprochene Umgehungsfälle, in denen der Maklerkunde bewusst vorgeschoben wird und das fragliche Objekt von vornherein durch einen nicht an den Maklervertrag gebundenen Dritten erworben werden soll. Statt-

130

---

[355] OLG Zweibrücken v. 15.12.1998 - 8 U 95/98 - NJW-RR 1999, 1502-1504; OLG München v. 04.02.2010 - 24 U 471/09 - IMR 2010, 395.
[356] OLG Zweibrücken v. 15.12.1998 - 8 U 95/98 - NJW-RR 1999, 1502-1504.
[357] OLG Bamberg v. 22.12.1997 - 4 U 134/97 - NJW-RR 1998, 565-566; OLG Frankfurt v. 12.12.2003 - 24 U 5/02 - NJW-RR 2004, 704.
[358] BGH v. 05.06.1997 - III ZR 271/95 - LM BGB § 652 Nr. 139a (4/1998); BGH v. 13.12.2007 - III ZR 163/07 - NZM 2008, 174-176; OLG München v. 16.12.1994 - 23 U 3641/94 - NJW-RR 1995, 1525-1526; OLG Hamburg v. 18.06.2002 - 11 U 229/01 - ZMR 2002, 839-841; OLG Koblenz v. 18.09.2003 - 5 U 306/03 - WuM 2004, 41-43; OLG Frankfurt a.M. v. 19.11.2004 - 24 U 18/04 - ZMR 2005, 373-375; OLG Jena v. 03.08.2005 - 2 U 142/05 - NJW-RR 2005, 1509-1510.
[359] BGH v. 30.11.1983 - IVa ZR 58/82 - WM 1984, 342-343.
[360] BGH v. 14.12.1983 - IVa ZR 66/82 - LM Nr. 8 zu § 68 ZPO.
[361] OLG Hamburg v. 02.07.2009 - 9 U 253/08 - NJW-RR 2009, 1717-1718.
[362] BGH v. 10.10.1990 - IV ZR 280/89 - LM Nr. 122 zu § 652 BGB.
[363] BGH v. 05.10.1995 - III ZR 10/95 - LM BGB § 652 Nr. 137 (2/1996).
[364] BGH v. 07.02.1996 - IV ZR 335/94 - WM 1996, 722-723.
[365] BGH v. 20.11.1997 - III ZR 57/96 - LM BGB § 652 Nr. 141 (8/1998).

dessen stellt der BGH entscheidend darauf ab, „dass bei besonders engen persönlichen oder wirtschaftlichen Bindungen der Vertragsschluss dem Maklerkunden im wirtschaftlichen Erfolg häufig ähnlich zugutekommt wie ein eigener, der Abschluss des Vertrags darum auch für die Verpflichtung zur Zahlung einer Maklerprovision dann einem eigenen Geschäft gleichzusetzen ist".[366] Der Kunde könne nicht die Vorteile, die sich aus der Tätigkeit des von ihm beauftragten Maklers ergeben, für sich in Anspruch nehmen, die damit verbundenen Nachteile wie insbesondere die Zahlung des Maklerlohns dagegen ablehnen.

131 Im streitgegenständlichen Sachverhalt handelte es sich um eine in der Praxis häufig anzutreffende **typische Fallkonstellation**. Die dem Makler gegenüber als Auftraggeberin aufgetretene Tochter zog als Mieterin mit ihrer Familie in ein ihr vom Makler nachgewiesenes Haus ein, das von ihrem Vater und ihrem Bruder gemeinsam erworben worden war. In einer derartigen Variante erschien dem BGH ein Auseinanderfallen von Eigentumserwerb und Provisionspflicht gerechtfertigt, da der Erwerb letztlich doch (auch) der Auftraggeberin zugutekam.[367] Folgt man dieser Ansicht, kann es dann aber nicht darauf ankommen, ob der Maklerkunde lediglich „wegen der zeitlichen und finanziellen Schwierigkeiten von einem eigenen Ankauf des Grundstücks abgesehen hat". Maßgeblich bleibt vielmehr allein der wirtschaftliche Erfolg, so dass der entsprechende Hinweis am Ende der Entscheidungsgründe des BGH-Urteils nicht als generelles Schlupfloch zugunsten solcher Auftraggeber interpretiert werden sollte, die zu keinem Zeitpunkt einen Eigenerwerb beabsichtigt hatten.

132 Besonders enge persönliche Beziehungen werden allgemein unter Eheleuten, Lebenspartnern, Eltern und Kindern sowie Geschwistern angenommen.[368] Die wirtschaftliche Identität wurde dagegen z.B. in einem Fall verneint, in dem eine KG, der gegenüber der Nachweis durch den Makler erfolgte, drei Grundstücke erwerben sollte, tatsächlich aber drei an ihr insgesamt maßgeblich beteiligte Kommanditisten zusammen mit einer weiteren Person in die Grundstücksgesellschaft eintraten, in deren Gesellschaftsvermögen sich lediglich zwei Grundstücke befanden, während das wirtschaftlich bedeutendste Grundstück im Miteigentum der drei Kommanditisten verblieb.[369] Maßgeblich für die Bejahung eines Provisionsanspruchs ist in allen Fällen, dass der Auftraggeber im Hinblick auf seine Beziehung zu dem Erwerber gegen **Treu und Glauben** verstoßen würde, wenn er sich darauf beriefe, der ursprünglich von ihm angestrebte Vertrag sei nicht von ihm, sondern von einem Dritten abgeschlossen worden.[370] Eine bloße Geschäftsverbindung zwischen Erst- und Zweitinteressent wird dagegen selbst dann nicht als ausreichend angesehen, wenn diese zuvor längere Zeit unterhalten worden war.[371]

133 Selbst wenn es an der notwendigen wirtschaftlichen Kongruenz mangelt, kann sich ein Provisionsanspruch des Maklers noch aufgrund einer entsprechenden Änderung der ursprünglichen Vereinbarung ergeben,[372] die auch konkludent erfolgen kann. Da die Wesentlichkeit oder Unwesentlichkeit der Abweichung des zustande gekommenen vom beabsichtigten Hauptvertrag für die Frage der Provisionszahlungspflicht ansonsten gleichgültig wäre, reicht jedoch zur Annahme eines stillschweigend abgeschlossenen Änderungsvertrags das bloße **Ausnutzen der nicht vertragsgemäß erbrachten Maklerleistung** in keinem Fall aus.[373] Vielmehr muss der Makler die Änderung des Vertrags anbieten und die Annahme dieses Angebots abwarten, bevor er seine Leistung erbringt. Auch dies kann stillschweigend erfolgen, was insbesondere angenommen werden kann, wenn sich der Auftraggeber eine weitere Tätigkeit des Maklers gefallen lässt, obwohl bereits feststeht, dass das ursprünglich beabsichtigte Ge-

---

[366] BGH v. 08.04.2004 - III ZR 20/03 - DB 2004, 1885.
[367] BGH v. 08.04.2004 - III ZR 20/03 - DB 2004, 1885; OLG München v. 07.10.2004 - 19 U 3559/02 - NZM 2005, 71-72.
[368] BGH v. 13.12.2007 - III ZR 163/07 - NZM 2008, 174-176 m. Anm. *Langemaack*, NZM 2008, 679-680; OLG Frankfurt v. 03.08.1999 - 17 U 123/96 - NJW-RR 2000, 434-436; OLG Jena v. 03.08.2005 - 2 U 142/05 - NJW-RR 2005, 1509-1510.
[369] OLG Hamburg v. 30.12.1998 - 5 U 22/98 - NZM 1999, 1158-1159.
[370] BGH v. 05.10.1995 - III ZR 10/95 - LM BGB § 652 Nr. 137 (2/1996); BGH v. 20.11.1997 - III ZR 57/96 - LM BGB § 652 Nr. 141 (8/1998); OLG Hamburg v. 12.02.1997 - 8 U 174/96 - NJW-RR 1997, 1281-1282; OLG Hamburg v. 30.12.1998 - 5 U 22/98 - NZM 1999, 1158-1159; LG Braunschweig v. 29.03.2001 - 4 O 1331/00 (157), 4 O 1331/00 - ZMR 2002, 59-61.
[371] BGH v. 12.10.1983 - IVa ZR 36/82 - LM Nr. 86 zu § 652.
[372] BGH v. 21.10.1987 - IVa ZR 103/86 - NJW 1988, 967-969.
[373] BGH v. 16.09.1999 - III ZR 77/98 - LM BGB § 652 Nr. 148 (4/2000).

schäft nicht oder nicht zu den in Aussicht genommenen Bedingungen zustande kommen kann. Für den Makler empfiehlt sich dagegen schon mit Blick auf die gerichtliche Durchsetzbarkeit seines Provisionsanspruchs in jedem Fall, den Änderungsvertrag schriftlich abzufassen.

Erklärt der Makler seinem Vertragspartner, er sei selbst stark am Abschluss des Hauptvertrags interessiert, so kann dies als Angebot auf einvernehmliche Aufhebung des Maklervertrags verstanden werden. Wird die Ankündigung seines **Selbsteintritts** vom Makler dagegen eingesetzt, um den zum Kauf entschlossenen Interessenten zum Versprechen einer höheren Maklerprovision zu veranlassen, so kann dies die Anstößigkeit seines auch im Übrigen unredlichen Verhaltens noch verstärken und in der Konsequenz die Verwirkung seines Lohnanspruchs nach § 654 BGB rechtfertigen.[374]

134

6. Bedingungen

Die Ausführung des im Hauptvertrag verkörperten Geschäfts gehört nicht zu den gesetzlichen Tatbestandsvoraussetzungen des Lohnanspruchs des Maklers.[375] § 652 BGB macht die Entstehung des Provisionsanspruchs anders als insbesondere § 87a Abs. 1 Satz 1 HGB nur vom Zustandekommen des Hauptvertrags abhängig.[376] Wird der Hauptvertrag unter einer **aufschiebenden Bedingung** geschlossen, so kann der Maklerlohn nach § 652 Abs. 1 Satz 2 BGB erst verlangt werden, wenn die Bedingung eintritt. Der Grund hierfür liegt darin, dass ein solcher Vertrag noch nicht als ein vollkommen abgeschlossener Vertrag im Sinne von § 652 Abs. 1 Satz 1 BGB anzusehen ist, da seine gewollte Wirkung von dem Eintritt der aufschiebenden Bedingung abhängt.[377]

135

Praxisrelevanz erlangt § 652 Abs. 1 Satz 2 BGB vor allem in den Fällen, in denen die Wirksamkeit des Hauptvertrags von der **Erteilung einer behördlichen Genehmigung** abhängt. Die Gerichte mussten sich in erster Linie mit baurechtlichen[378] und gewerberechtlichen[379] Genehmigungen befassen, daneben aber z.B. auch mit vormundschaftsgerichtlichen Genehmigungen,[380] haushaltspolitischen Genehmigungen eines Landtags[381] sowie Genehmigungen einer ausländischen Behörde.[382]

136

Hervorzuheben bleibt, dass der Auftraggeber auch nach Abschluss eines bedingten Vertrags dem Makler gegenüber nicht als verpflichtet angesehen wird, die Bedingung eintreten zu lassen, wenn **billigenswerte Überlegungen** dagegen sprechen.[383] So steht es dem Auftraggeber grundsätzlich frei, ohne Rücksicht auf das Provisionsinteresse des Maklers im Einvernehmen mit dem Dritten von der zur Bedingung des Provisionsanspruchs erhobenen Durchführung des Hauptgeschäfts abzusehen, wenn er dies in seinem eigenen Interesse für geboten erachtet.[384] Wegen vergleichbarer Interessenlage wird § 652 Abs. 1 Satz 2 BGB vereinzelt entsprechend angewendet, wenn der wirtschaftliche Zweck des Hauptvertrags nachträglich wegfällt.[385]

137

Im Verhältnis zum Makler wird nur unter besonderen Umständen ein Verstoß gegen den Grundsatz von Treu und Glauben im Sinne von § 162 BGB angenommen.[386] Ein **treuwidriges Verhalten des Auftraggebers** wird z.B. darin gesehen, dass er den Makler beiseiteschiebt, sich aber gleichwohl dessen

138

---

[374] BGH v. 13.03.1985 - IVa ZR 222/83 - LM Nr. 15 zu § 654 BGB.
[375] BGH v. 18.04.1966 - VIII ZR 111/64 - LM Nr. 17 zu § 652 BGB.
[376] BGH v. 18.04.1966 - VIII ZR 111/64 - LM Nr. 17 zu § 652 BGB; BGH v. 06.03.1991 - IV ZR 53/90 - LM 1992, Nr. 1, § 652 BGB Nr. 124; BGH v. 20.02.1997 - III ZR 208/95 - LM BGB § 652 Nr. 139 (8/1997); BGH v. 20.02.1997 - III ZR 81/96 - NJW 1997, 1583-1584; OLG Düsseldorf v. 15.08.1997 - 7 U 193/96 - BB 1997, 2070-2071; OLG Frankfurt v. 20.06.2006 - 19 U 37/06 - NZM 2006, 828, 830.
[377] BGH v. 09.01.1974 - IV ZR 71/73 - LM Nr. 49 zu § 652 BGB.
[378] BGH v. 21.04.1971 - IV ZR 66/69 - WM 1971, 905; BGH v. 10.11.1976 - IV ZR 129/75 - WM 1977, 21-24; BGH v. 12.10.1983 - IVa ZR 36/82 - LM Nr. 86 zu § 652; BGH v. 14.12.1983 - IVa ZR 66/82 - LM Nr. 8 zu § 68 ZPO; BGH v. 15.01.1992 - IV ZR 317/90 - LM BGB § 652 Nr. 128 (9/1992); BGH v. 08.02.2001 - III ZR 49/00 - LM BGB § 652 Nr. 154 (1/2002).
[379] BGH v. 27.09.2001 - III ZR 318/00 - LM BGB § 145 Nr. 21 (1/2002).
[380] BGH v. 08.05.1973 - IV ZR 8/72 - BGHZ 60, 385-391.
[381] OLG Düsseldorf v. 07.04.2000 - 7 U 209/98 - MDR 2001, 209-210.
[382] BGH v. 16.01.1991 - IV ZR 31/90 - NJW-RR 1991, 1073-1074.
[383] BGH v. 18.04.1966 - VIII ZR 111/64 - LM Nr. 17 zu § 652 BGB; BGH v. 21.04.1971 - IV ZR 66/69 - WM 1971, 905; BGH v. 16.01.1991 - IV ZR 31/90 - NJW-RR 1991, 1073-1074.
[384] BGH v. 18.04.1966 - VIII ZR 111/64 - LM Nr. 17 zu § 652 BGB; BGH v. 22.02.1967 - VIII ZR 215/64 - LM Nr. 23 zu § 652 BGB; OLG Hamm v. 12.02.2001 - 18 U 72/00 - NZM 2001, 903-904.
[385] OLG Frankfurt v. 20.08.2008 - 19 U 34/08 - NZM 2009, 445-446.
[386] BGH v. 18.04.1966 - VIII ZR 111/64 - LM Nr. 17 zu § 652 BGB; BGH v. 22.02.1967 - VIII ZR 215/64 - LM Nr. 23 zu § 652 BGB.

§ 652

Arbeitsergebnis zunutze macht.[387] Der Vorwurf der Treuwidrigkeit kann auch gerechtfertigt sein, wenn der Auftraggeber den Makler in den sicheren Glauben versetzt hat, der Vertrag werde abgeschlossen und durchgeführt, was den Makler in der Folge zu besonders intensiver Arbeit veranlasst hatte. Gibt der Auftraggeber dagegen das Projekt auf, weil er sich arbeitsmäßig und finanziell übernommen hat, so wird dies als triftiger Grund anerkannt, das Vorhaben fallen zu lassen, so dass darin kein treuwidriges Verhalten gesehen wird. In einem solchen Fall kommt dann auch keine entsprechende Anwendung von § 87a Abs. 3 HGB in Betracht.[388] Der Tatbestand von § 162 Abs. 1 BGB kann in gleicher Weise durch die Erklärung des Rücktritts vom Hauptvertrag erfüllt werden, wenn bei der Auflösung des Vertragsverhältnisses treuwidrig gehandelt wurde. Bestand dagegen ein vernünftiger wirtschaftlicher Grund, das Vertragsverhältnis aufzulösen, so greift die Vorschrift jedoch auch hier nicht ein.[389]

139 Nicht gesetzlich geregelt sind die Folgen der Vereinbarung einer **auflösenden Bedingung** im Hauptvertrag. Da dessen Rechtswirksamkeit und die Willensbindung der Vertragsparteien dadurch zunächst nicht in Frage gestellt werden, entsteht der Lohnanspruch des Maklers bereits durch seinen Abschluss.[390] Der Grundsatz, wonach eine auflösende Bedingung die Provisionspflicht unberührt lässt, gilt auch dann, wenn der Hauptvertrag später aufgrund des Eintritts der Bedingung gegenstandslos wird.[391] Der spätere Eintritt der auflösenden Bedingung kann allerdings einen Bereicherungsanspruch des Auftraggebers nach § 812 Abs. 1 Satz 2 BGB auslösen, wenn nicht aus dem Vertrag oder dessen Auslegung eindeutig zu entnehmen ist, dass die Maklerleistung bereits mit dem Zustandekommen des bedingten Vertrags als endgültig erbracht gelten soll.[392]

7. Gestaltungsrechte

140 Wird ein zunächst fehlerfrei und voll wirksam zustande gekommener Hauptvertrag nachträglich wieder beseitigt, lässt dies den Lohnanspruch des Maklers grundsätzlich unberührt.[393] Als Umstände, die lediglich die **nachträgliche Beseitigung der Leistungspflicht** aus dem wirksam zustande gekommenen Vertrag bewirken, werden etwa die einverständliche Vertragsaufhebung, die nachträgliche Unmöglichkeit, die Kündigung und der Rücktritt vom Vertrag angesehen.[394] Da die Entstehung des Provisionsanspruchs nach § 652 BGB lediglich vom Zustandekommen des Hauptvertrags abhängt, wird er nur durch Umstände ausgeschlossen, das das wirksame Zustandekommen des Hauptvertrags verhindern oder ihn als von Anfang an unwirksam erscheinen lassen.[395] Hervorgehoben werden können insoweit diejenigen Fälle, in denen der Hauptvertrag formnichtig ist, gegen das Gesetz oder gegen die guten Sitten verstößt oder wegen Irrtums oder arglistiger Täuschung mit Wirkung ex tunc angefochten wurde.[396]

141 Die Rechtsprechung weist damit das generelle **Ausführungs- und Erfüllungsrisiko** des Hauptvertrags dem Auftraggeber zu.[397] Dies muss erst recht gelten, wenn der Auftraggeber die nachträgliche Be-

---

[387] BGH v. 18.04.1966 - VIII ZR 111/64 - LM Nr. 17 zu § 652 BGB.
[388] BGH v. 18.04.1966 - VIII ZR 111/64 - LM Nr. 17 zu § 652 BGB.
[389] BGH v. 30.11.1983 - IVa ZR 58/82 - WM 1984, 342-343.
[390] BGH v. 21.04.1971 - IV ZR 66/69 - WM 1971, 905.
[391] KG v. 07.07.2003 - 10 U 61/02.
[392] BGH v. 21.04.1971 - IV ZR 66/69 - WM 1971, 905.
[393] BGH v. 21.04.1971 - IV ZR 66/69 - WM 1971, 905; BGH v. 21.09.1973 - IV ZR 89/72 - WM 1974, 257; BGH v. 07.07.1982 - IVa ZR 50/81 - LM Nr. 80 zu § 652 BGB; BGH v. 12.10.1983 - IVa ZR 36/82 - LM Nr. 86 zu § 652; BGH v. 14.12.1995 - III ZR 34/95 - BGHZ 131, 318-325; BGH v. 09.07.2009 - III ZR 104/08 - NZM 2009, 671-673, 672.
[394] BGH v. 15.01.1986 - IVa ZR 46/84 - LM Nr. 101 zu § 652 BGB; BGH v. 18.05.1988 - IVa ZR 59/87 - LM Nr. 59 zu § 164 BGB; BGH v. 11.11.1992 - IV ZR 218/91 - NJW-RR 1993, 248-249; BGH v. 09.07.2009 - III ZR 104/08 - NZM 2009, 671-673, 672; OLG Düsseldorf v. 15.08.1997 - 7 U 193/96 - BB 1997, 2070-2071; OLG Düsseldorf v. 15.07.1998 - 7 W 62/98 - NZM 1999, 974; OLG Hamm v. 22.11.1999 - 18 U 60/99 - NJW-RR 2000, 1724-1726.
[395] BGH v. 11.11.1992 - IV ZR 218/91 - NJW-RR 1993, 248-249; BGH v. 09.07.2009 - III ZR 104/08 - NZM 2009, 671-673, 672.
[396] BGH v. 09.07.2009 - III ZR 104/08 - NZM 2009, 671-673, 672.
[397] BGH v. 21.09.1973 - IV ZR 89/72 - WM 1974, 257; BGH v. 09.01.1974 - IV ZR 71/73 - LM Nr. 49 zu § 652 BGB; BGH v. 15.01.1986 - IVa ZR 46/84 - LM Nr. 101 zu § 652 BGB; BGH v. 13.01.2000 - III ZR 294/98 - NJW-RR 2000, 1302-1303; BGH v. 30.11.2000 - III ZR 79/00 - NJW-RR 2001, 562; BGH v. 14.07.2005 - III ZR 45/05 - NZM 2005, 711-712; OLG Karlsruhe v. 21.05.2004 - 15 U 39/03 - NZM 2005, 592-595; OLG Koblenz v. 04.03.2011 - 2 U 335/10 - IMR 2011, 343; *Würdinger*, NZM 2006, 167-170.

seitigung des Hauptvertrags verschuldet hat.[398] Die Provisionspflicht bleibt auch dann bestehen, wenn der Auftraggeber nach Abschluss des vom Makler nachgewiesenen Grundstückskaufvertrags feststellt, dass er mangels Eigentums oder gesicherter Eigentumsposition zur Übereignung überhaupt nicht in der Lage ist, weil bereits der erste Verkäufer in einer Verkäuferkette, an deren Ende er steht, kein Eigentum an dem Grundstück hatte.[399]

Anders liegt es jedoch im Fall des Kreditmaklers. Hier bedarf es einer ausdrücklichen Abrede, wenn Auftraggeber und Makler die Durchführung des Hauptvertrags zur Grundlage oder Bedingung der Provisionszahlungspflicht machen wollen.[400] Die **Vermittlung eines Darlehens** werde nämlich nicht dadurch wertlos, dass der mit der Darlehensaufnahme vom Auftraggeber verfolgte Zweck nicht mehr erreicht werden könne. Die Möglichkeit der Kapitalnutzung bleibe vielmehr erhalten. Grundsätzlich könnte das Kapital anderweitig eingesetzt werden. Der vermittelte Darlehensvertrag leide in einem solchen Fall nicht unter einer unvermeidbaren Belastung, welche die Leistung des Maklers von Anfang an wertlos erscheinen lässt. Danach kommt auch eine Auslegung des Maklervertrags dahin, dass der Provisionsanspruch des Maklers entfallen soll, wenn der vom Auftraggeber mit der Darlehensaufnahme erstrebte Zweck unerreichbar wird oder eine vereinbarte Sicherheit nicht gestellt werden kann, regelmäßig nicht in Betracht. Derartige Umstände fallen grundsätzlich allein in den Risikobereich des Auftraggebers.[401]

142

Ob der Provisionsanspruch bei **Ausübung eines im Hauptvertrag vorbehaltenen Rücktrittsrechts** bestehen bleibt oder wegfällt, kann oft erst durch Auslegung ermittelt werden.[402] Die Gerichte stellen dabei entscheidend darauf ab, ob der Hauptvertrag nach Beweggrund, Zweck und Inhalt der Rücktrittsklausel im Sinne einer anfänglichen Unvollkommenheit in der Schwebe bleiben soll, so dass das Rücktrittsrecht einer aufschiebenden Bedingung gleichsteht,[403] oder ob die Vertragsparteien trotz des vereinbarten Rücktrittsvorbehalts sofort eine endgültige Willensbindung herbeiführen wollten.[404] Hat sich eine Partei im Hauptvertrag ein zeitlich befristetes und sonst an keine Voraussetzung gebundenes Rücktrittsrecht ausbedungen, entsteht die Provisionspflicht ausnahmsweise erst dann, wenn die Frist abgelaufen ist, ohne dass die zum Rücktritt berechtigte Partei von ihrem Recht Gebrauch gemacht hat.[405] Die Ausnahmebehandlung rechtfertigt sich aus der Überlegung, dass eine echte vertragliche Bindung erst in dem Zeitpunkt begründet wird, in dem das Rücktrittsrecht nicht mehr ausgeübt werden kann oder vorher seine Nichtausübung schon sicher feststeht.[406] Gleiches muss gelten, wenn bei einem den Nachweis von Baugelände betreffenden Maklervertrag das Rücktrittsrecht von der Bebauungsfähigkeit des gekauften Grundstücks abhängig gemacht wird.[407]

143

Während in diesen Gestaltungen der Rücktrittsvorbehalt einer aufschiebenden Bedingung gleichgestellt wird, weil die **Rechtsbeständigkeit des Vertrags** in vergleichbarer Weise mit einem Unsicherheitsfaktor belastet ist, muss es in allen übrigen Fällen bei der aus dem Gesetz abgeleiteten Regel verbleiben, nach welcher der Rücktritt vom Hauptvertrag den Provisionsanspruch des Maklers grundsätz-

144

---

[398] BGH v. 08.05.1980 - IVa ZR 1/80 - LM Nr. 57 zu § 123 BGB; BGH v. 28.01.1987 - IVa ZR 45/85 - LM Nr. 114 § 313 BGB.
[399] BGH v. 30.11.2000 - III ZR 79/00 - NJW-RR 2001, 562.
[400] BGH v. 07.07.1982 - IVa ZR 50/81 - LM Nr. 80 zu § 652 BGB.
[401] BGH v. 07.07.1982 - IVa ZR 50/81 - LM Nr. 80 zu § 652 BGB.
[402] BGH v. 10.01.1973 - VIII ZR 221/71 - LM Nr. 42 zu § 652 BGB; OLG Dresden v. 29.03.1995 - 8 U 1068/94 - NJW-RR 1996, 694-695; OLG Karlsruhe v. 21.05.2004 - 15 U 39/03 - NZM 2005, 592-595.
[403] BGH v. 21.04.1971 - IV ZR 66/69 - WM 1971, 905; BGH v. 10.11.1976 - IV ZR 129/75 - WM 1977, 21-24; BGH v. 20.02.1997 - III ZR 208/95 - LM § 652 Nr. 139 (8/1997); BGH v. 20.02.1997 - III ZR 81/96 - NJW 1997, 1583-1584; BGH v. 13.01.2000 - III ZR 294/98 - NJW-RR 2000, 1302-1303; OLG Düsseldorf v. 15.08.1997 - 7 U 193/96 - BB 1997, 2070-2071; KG Berlin v. 29.01.2001 - 10 U 9612/99 - NJW-RR 2002, 490-491; OLG Hamm v. 12.02.2001 - 18 U 72/00 - NZM 2001, 903-904.
[404] BGH v. 21.09.1973 - IV ZR 89/72 - WM 1974, 257.
[405] BGH v. 09.01.1974 - IV ZR 71/73 - LM Nr. 49 zu § 652 BGB; BGH v. 11.11.1992 - IV ZR 218/91 - NJW-RR 1993, 248-249; BGH v. 23.11.2006 - III ZR 52/06 - NZM 2007, 371-372; OLG Koblenz v. 03.12.1996 - 3 U 1248/95 - NJW-RR 1997, 887-888.
[406] BGH v. 09.01.1974 - IV ZR 71/73 - LM Nr. 49 zu § 652 BGB; BGH v. 06.03.1991 - IV ZR 53/90 - LM 1992, Nr. 1, § 652 BGB Nr. 124; BGH v. 11.11.1992 - IV ZR 218/91 - NJW-RR 1993, 248-249; OLG Düsseldorf v. 15.08.1997 - 7 U 193/96 - BB 1997, 2070-2071.
[407] BGH v. 21.04.1971 - IV ZR 66/69 - WM 1971, 905; BGH v. 10.11.1976 - IV ZR 129/75 - WM 1977, 21-24; BGH v. 29.01.1998 - III ZR 76/97 - NJW-RR 1998, 1205-1206.

§ 652

lich unberührt lässt. Dies wurde beispielsweise angenommen bei Ausübung eines gesetzlichen,[408] eines dem gesetzlichen nachgebildeten[409] sowie eines von bestimmten sachlichen Voraussetzungen abhängig gemachten vertraglichen Rücktrittsrechts.[410] Schließlich wird auch in den Fällen, in denen sich der Auftraggeber in dem vom Makler vermittelten Hauptvertrag bei eigener Nichterfüllung oder eigenem Verzug ein Rücktrittsrecht vorbehalten hat, bei dessen Ausübung der Lohnanspruch des Maklers nicht berührt.[411]

145 Eine wirksame **Anfechtung des Hauptvertrags** lässt den Rechtsgrund für die bereits erfolgte Zahlung des Maklerlohns nach § 142 Abs. 1 BGB rückwirkend entfallen und führt zu einem Rückgewähranspruch des Auftraggebers.[412] Dies gilt auch dann, wenn aufgrund eines arglistig verschwiegenen Sachmangels lediglich die Wandelung des vom Makler nachgewiesenen oder vermittelten Kaufvertrags erfolgt ist, sofern der Käufer infolge derselben Täuschung auch zur Anfechtung des Kaufvertrags nach § 123 BGB berechtigt gewesen wäre.[413] Der III. Zivilsenat des BGH stellte damit entscheidend darauf ab, dass der Hauptvertrag von Anfang an wegen des Makels der Anfechtbarkeit an einer Unvollkommenheit litt und später auch tatsächlich wirtschaftlich daran scheiterte. Als Voraussetzung für diese Gleichbehandlung von Gewährleistung und Vertragsanfechtung sei lediglich zu beachten, dass der Käufer seine Gewährleistungsrechte innerhalb der einjährigen Anfechtungsfrist des § 124 Abs. 1 BGB geltend gemacht habe.[414]

146 Knapp ein Jahrzehnt später hat der III. Zivilsenat geurteilt, dass der Provisionsanspruch des Maklers unberührt bleibt, wenn sein Kunde wegen des von ihm nachgewiesenen oder vermittelten Kaufvertrags den Verkäufer wegen arglistig verschwiegener Mängel auf – den vor Inkrafttreten der Schuldrechtsreform so genannten „großen" – **Schadensersatz** im Sinne von § 463 BGB in dessen bis zum 31.12.2001 geltenden Fassung in Anspruch nimmt.[415] Im konkreten Fall hatte der Kunde Wert darauf gelegt, für den entgangenen Gewinn entschädigt zu werden, der sich aus der Durchführung des Kaufvertrags ergeben hatte. Er durfte daher dem Kaufvertrag nicht gleichzeitig durch Anfechtung jede Wirksamkeit nehmen, so dass kein echtes Wahlrecht zwischen Gewährleistung und Vertragsanfechtung bestand. Wegen der unterschiedlichen Rechtsfolgen erkannte der BGH in der Anfechtung gegenüber dem Schadensersatzanspruch aus § 463 BGB a.F. keine echte Alternative, um sich vom Kaufvertrag zu lösen. Während der Käufer bei einer Anfechtung keinen Nutzen aus dem Kaufvertrag ziehen könne und darum auch dem Makler gegenüber nicht provisionspflichtig sei, kämen ihm bei einer Realisierung seiner Ansprüche aus § 463 BGB a.F. die wirtschaftlichen Vorteile aus dem Kaufvertrag – wenn auch in abgewandelter Form – zugute.[416]

147 Ein Käufer, der nicht innerhalb der Frist des § 124 Abs. 1 BGB Abstand von der Verfolgung seines positiven Interesses genommen hat, um den Kaufvertrag anzufechten, kann dessen Unwirksamkeit danach nicht mehr herbeiführen. Der bloße Umstand, dass der Kaufvertrag während der Jahresfrist anfechtbar gewesen war, berührt den Provisionsanspruch des Maklers mangels Ausübung dieses Rechts nicht.[417] Ein Ausweg kann sich dem Käufer durch sein Bemühen eröffnen, vom Verkäufer im Wege eines Schadensersatzanspruchs wegen einem **Verschulden bei den Vertragsverhandlungen** so gestellt zu werden, als hätte er den Kaufvertrag nicht geschlossen. Steht dem Käufer etwa ein Anspruch

---

[408] BGH v. 21.09.1973 - IV ZR 89/72 - WM 1974, 257; BGH v. 09.01.1974 - IV ZR 71/73 - LM Nr. 49 zu § 652 BGB; BGH v. 06.03.1991 - IV ZR 53/90 - LM 1992, Nr. 1, § 652 BGB Nr. 124; BGH v. 11.11.1992 - IV ZR 218/91 - NJW-RR 1993, 248-249; OLG Düsseldorf v. 15.08.1997 - 7 U 193/96 - BB 1997, 2070-2071.

[409] BGH v. 21.09.1973 - IV ZR 89/72 - WM 1974, 257; BGH v. 09.01.1974 - IV ZR 71/73 - LM Nr. 49 zu § 652 BGB; BGH v. 06.03.1991 - IV ZR 53/90 - LM 1992, Nr. 1, § 652 BGB Nr. 124; BGH v. 11.11.1992 - IV ZR 218/91 - NJW-RR 1993, 248-249; OLG Düsseldorf v. 15.08.1997 - 7 U 193/96 - BB 1997, 2070-2071.

[410] BGH v. 06.03.1991 - IV ZR 53/90 - LM 1992, Nr. 1, § 652 BGB Nr. 124; BGH v. 11.11.1992 - IV ZR 218/91 - NJW-RR 1993, 248-249; OLG Düsseldorf v. 15.08.1997 - 7 U 193/96 - BB 1997, 2070-2071; OLG Dresden v. 27.10.1999 - 8 U 1676/99 - Grundeigentum 1999, 1644-1645.

[411] BGH v. 21.09.1973 - IV ZR 89/72 - WM 1974, 257.

[412] BGH v. 08.05.1980 - IVa ZR 1/80 - LM Nr. 57 zu § 123 BGB; BGH v. 14.07.2005 - III ZR 45/05 - NZM 2005, 711-712, 712.

[413] BGH v. 14.12.2000 - III ZR 3/00 - LM BGB § 652 Nr. 153 (4/2001); OLG Celle v. 12.02.1998 - 11 U 307/96 - NJW-RR 1999, 128; Keim, NJW 2001, 3168-3170; Waas, NZM 2001, 453-458.

[414] BGH v. 14.12.2000 - III ZR 3/00 - LM BGB § 652 Nr. 153 (4/2001).

[415] BGH v. 09.07.2009 - III ZR 104/08 - NZM 2009, 671-673.

[416] BGH v. 09.07.2009 - III ZR 104/08 - NZM 2009, 671-673, 673.

[417] BGH v. 09.07.2009 - III ZR 104/08 - NZM 2009, 671-673, 673.

auf Rückabwicklung des Kaufvertrags nach den §§ 311 Abs. 2, 241 Abs. 2, 280 Abs. 1 BGB zu, weil ihn erst die unzutreffenden Angaben des Verkäufers über die – vermeintlich fehlende – Restitutionsbefangenheit des Grundstücks zu dessen Erwerb veranlasst hatten, und löst er sich auf dieser Grundlage noch vor Erteilung der nach der Grundstücksverkehrsordnung notwendigen Genehmigung vom Kaufvertrag, so wird dieser nicht wirksam und ein Provisionsanspruch des eingeschalteten Maklers entsteht nicht.[418]

8. Bereicherungsrecht

Bestand kein Rechtsgrund für die Zahlung des Maklerlohns, unterliegt der Makler einem Bereicherungsanspruch des Auftraggebers nach den §§ 812-822 BGB. Der Rückforderung kann im Einzelfall § 814 BGB entgegenstehen, wenn der Auftraggeber bei Zahlung der Provision gewusst hat, dass der Makler hierauf keinen Anspruch hat. Nach der Rechtsprechung des BGH genügt es jedoch nicht, dass dem Auftraggeber die Tatsachen bekannt sind, aus denen sich das **Fehlen einer rechtlichen Verpflichtung** ergibt, vielmehr muss er aus diesen Tatsachen auch eine im Ergebnis zutreffende rechtliche Schlussfolgerung gezogen haben.[419]

148

Als **Ausprägung des Grundsatzes von Treu und Glauben** ist § 814 BGB zudem dann nicht anwendbar, wenn bei einem auf den Austausch von Leistungen gerichteten Vertrag in Kenntnis dessen geleistet wird, dass eine wirksame Verbindlichkeit (noch) nicht besteht, jedoch in erkennbarer Erwartung, das Hindernis für das Zustandekommen des Hauptvertrags werde beseitigt und damit der Provisionsanspruch zur Entstehung gelangen.[420] In einem solchen Fall dürfe der jeweilige Empfänger nicht darauf vertrauen, dass er die Leistung behalten darf, nur weil der Leistende wusste, dass er zur Leistung im Zeitpunkt der Zahlung nicht verpflichtet war. Eine Klausel in einem vom Auftraggeber gestellten Formularvertrag, die den Makler „für den Fall, dass der abgeschlossene Mietvertrag – aus welchen Gründen auch immer – nicht realisiert werden wird", zur Rückzahlung der Provision verpflichtet hatte, wurde als wirksam erachtet, da das gleiche Ergebnis auch durch die Vereinbarung einer aufschiebenden Bedingung hätte erreicht werden können.[421]

149

Wird der Rückforderungsanspruch auf § 812 Abs. 1 Satz 2 Alt. 2 BGB gestützt, so können ihm weder § 814 BGB noch § 817 BGB entgegenstehen. Stattdessen ist er nach § 815 BGB ausgeschlossen, wenn der Eintritt des Erfolgs von Anfang an unmöglich war und der Leistende dies gewusst hat oder wenn der Leistende den Erfolgseintritt wider Treu und Glauben verhindert hat. Die anfängliche Unwirksamkeit eines Grundstückskaufvertrags, der wegen Schwarzkaufs zum Teil als Scheingeschäft und zum Teil als formunwirksames Geschäft zu qualifizieren ist, erstreckt sich nach § 139 BGB auch auf eine in den Vertrag aufgenommene Maklerklausel, sofern der Vertrag nicht durch heilende Vollziehung wirksam geworden ist.[422] Eine **Zweckverfehlung** im Sinne des § 812 Abs. 1 Satz 2 Alt. 2 BGB kann nur dann ausgeschlossen werden, wenn die Courtageklausel ungeachtet des unwirksamen Grundstückskaufs ihrerseits wirksam geblieben ist und den Leistungszweck in sich trägt.[423]

150

Dies ist jedoch bei der **Vermittlung eines Schwarzkaufs**, der mangels Vollziehung unwirksam bleibt, von vornherein nicht gegeben, da die Parteien eines Grundstückskaufvertrags für den Fall seiner Unwirksamkeit an einer Provisionszahlung offensichtlich kein Interesse haben. Liegen sachliche Gründe für die Nichtdurchführung des formnichtigen Grundstückskaufvertrags wie z.B. Probleme bei der Finanzierung des Vorhabens oder unvorhersehbarer Mehraufwand bei der Fertigstellung des Hausrohbaus vor, können sich dessen Parteien daher auf die Nichtigkeit berufen und den bereits gezahlten Maklerlohn zurückfordern, ohne sich dadurch dem Vorwurf treuwidrigen Verhaltens am Maßstab von § 815 BGB auszusetzen.[424] Der Rückforderungsanspruch wegen Zweckverfehlung aus § 812 Abs. 1 Satz 2 Alt. 2 BGB entsteht endgültig erst dann, wenn sicher davon ausgegangen werden kann, dass der Erfolg nicht mehr eintreten, der Zweck der Leistung also verfehlt bleiben wird. Eine Heilung ist insbesondere unmöglich, wenn der Notar noch vor Beurkundung der Auflassung Kenntnis von der Falschbeurkundung des Grundstückskaufvertrags erlangt, da er einen wissentlich unrichtig beurkundeten

151

---

[418] BGH v. 17.01.2008 - III ZR 224/06 - NZM 2008, 218-220; *Würdinger*, NZM 2009, 535-539.
[419] BGH v. 23.10.1980 - IVa ZR 41/80 - WM 1980, 1428-1431; BGH v. 23.10.1980 - IVa ZR 39/80 - LM Nr. 69 zu § 652 BGB; BGH v. 23.10.1980 - IVa ZR 45/80 - LM Nr. 70 zu § 652 BGB.
[420] OLG Düsseldorf v. 07.04.2000 - 7 U 209/98 - MDR 2001, 209-210.
[421] OLG Hamm v. 12.02.2001 - 18 U 72/00 - NZM 2001, 903-904.
[422] OLG Koblenz v. 18.06.2007 - 12 U 1799/05 - NZM 2008, 326-327.
[423] OLG Koblenz v. 18.06.2007 - 12 U 1799/05 - NZM 2008, 326-327, 326.
[424] OLG Koblenz v. 18.06.2007 - 12 U 1799/05 - NZM 2008, 326-327, 327.

Vertrag nicht weiter vollziehen darf (§ 925a BGB). Ferner bleibt der Zweck der Leistung auch dann verfehlt, wenn zwar die Auflassung schon beurkundet worden ist, der Notar jedoch zur Sicherung des Verkäufers eine Anweisung in die Urkunde aufgenommen hat, die Auflassung enthaltende beglaubigte Abschriften oder Ausfertigungen an Käufer und Grundbuchamt erst nach erfolgter Kaufpreiszahlung auszuhändigen, womit jedoch nicht mehr zu rechnen ist.[425]

152 Bei der Prüfung der Frage, in welchem Umfang der Makler bereichert ist, werden die von ihm aus Anlass des Vertragsschlusses mit dem Auftraggeber an seine Außendienstmitarbeiter geleisteten Zahlungen zumindest in den Fällen nicht berücksichtigt, in denen diese **Unterprovisionen** wie insbesondere im Bauherrenmodell für das Zustandekommen des Gesamtgeschäfts geschuldet werden, das rechtlichen Bestand hat und nicht der Rückabwicklung nach den §§ 812-822 BGB unterliegt.[426] Der dem Rückgewähranspruch nachkommende Makler kann von seinem als Vermittler tätigen Angestellten eine bereits an diesen ausgezahlte Verkaufsprovision seinerseits nach Bereicherungsgrundsätzen (§§ 812-822 BGB, § 87a Abs. 1 Satz 3 HGB) herausverlangen.[427] Der spezielle Rückgewähranspruch in § 87a Abs. 2 HGB ist dagegen weder unmittelbar noch mittelbar anwendbar, da er sich von vornherein auf den Ausgleich eines besonderen Vorleistungsrisikos des Arbeitgebers nach § 87a Abs. 1 Satz 1 HGB beschränkt.[428]

153 Der III. Zivilsenat des BGH hat Zweifel angemeldet, ob das Bereicherungsrecht dem Makler überhaupt einen Anspruch geben kann.[429] Hierbei sei insbesondere auch die **Risikoverteilung** im Zusammenhang mit der Regelung über die Begründung und das Entstehen der Maklerprovision in § 652 BGB zu beachten. Die Privatrechtsordnung kenne grundsätzlich keine Pflicht zur Vergütung ungefragt überlassener Informationen, die lediglich bei vertraglicher Grundlage gezahlt werden müsse.[430] Das Maklerrecht sei insbesondere dadurch geprägt, dass die bloße Ausnutzung von Maklerwissen für sich genommen noch keinen Vergütungsanspruch begründe. Für eine Vermittlungstätigkeit des Maklers gelte nichts wesentlich anderes. Im Hinblick darauf, dass für einen auf ein Entgelt im Sinne einer Maklerprovision gerichteten Bereicherungsanspruch zumindest auch alle diejenigen Voraussetzungen und Einschränkungen gelten müssten, die – außer der Kaufmannseigenschaft des tätig gewordenen Maklers – für einen gesetzlichen Anspruch nach § 354 HGB anerkannt sind, seien „ohnehin nur wenige Fallgestaltungen denkbar, in denen ein Bedürfnis für die Heranziehung von § 812 BGB als Anspruchsgrundlage neben Vertrag oder § 354 HGB gegeben sein könnte (falls der Anspruch sich nicht ganz ausnahmsweise unmittelbar aus § 242 BGB herleiten lässt)".[431] Letztlich konnte der BGH im konkreten Fall offen lassen, ob § 812 BGB überhaupt als Anspruchsgrundlage in Betracht kommen konnte, da es bereits an der in jedem Fall erforderlichen Willensübereinstimmung über den Umfang und die Entgeltlichkeit der Maklertätigkeit gefehlt hatte.

9. Verflechtungsfälle

154 Kommt der vom Auftraggeber angestrebte Hauptvertrag nicht mit einem Dritten, sondern mit dem Makler selbst zustande oder tritt dieser später in den Vertrag ein, so kann er für ein derartiges Eigengeschäft keine Vergütung beanspruchen, weil er durch die damit unvermeidliche Interessenkollision seine vom gesetzlichen Leitbild vorausgesetzte **Unparteilichkeit und Unabhängigkeit** zerstört.[432] Der Nachweismakler erbringt keinen Nachweis, sondern macht in Wahrheit ein auf den Abschluss des vom Auftraggeber erstrebten Vertrags selbst gerichtetes Angebot oder fordert zur Abgabe eines solchen Angebots auf.[433] Der Vermittlungsmakler vermittelt nicht, weil dies immer zur Voraussetzung

---

[425] OLG Koblenz v. 18.06.2007 - 12 U 1799/05 - NZM 2008, 326-327, 327.
[426] BGH v. 23.10.1980 - IVa ZR 41/80 - WM 1980, 1428-1431; BGH v. 23.10.1980 - IVa ZR 39/80 - LM Nr. 69 zu § 652 BGB; BGH v. 22.01.1981 - IVa ZR 40/80 - WM 1981, 328-329; BGH v. 23.10.1980 - IVa ZR 45/80 - LM Nr. 70 zu § 652 BGB; BGH v. 23.10.1980 - IVa ZR 79/80 - WM 1980, 1431-1433.
[427] BAG v. 14.03.2000 - 9 AZR 855/98 - NJW 2000, 2372-2374.
[428] BAG v. 14.03.2000 - 9 AZR 855/98 - NJW 2000, 2372-2374.
[429] BGH v. 07.07.2005 - III ZR 397/04 - ZIP 2005, 1516-1518.
[430] BGH v. 23.09.1999 - III ZR 322/98 - NJW 2000, 72.
[431] BGH v. 07.07.2005 - III ZR 397/04 - ZIP 2005, 1516-1518, 1517.
[432] BGH v. 21.02.1973 - VIII ZR 235/71 - LM Nr. 4 zu § 29a 1. BMietG; BGH v. 25.05.1973 - IV ZR 16/72 - LM Nr. 47 zu § 652 BGB; BGH v. 16.04.1975 - IV ZR 21/74 - NJW 1975, 1215-1217; BGH v. 22.12.1976 - IV ZR 146/75 - WM 1977, 317-318.
[433] BGH v. 12.05.1971 - IV ZR 82/70 - LM Nr. 41 zu § 652 BGB.

hat, dass er in Beziehung zu einem Dritten tritt und auf diesen zum Vertragsabschluss einwirkt.[434] Soll gleichwohl eine Vergütung verlangt werden können, muss der Makler zuvor gegenüber dem Auftraggeber die den Charakter des Eigengeschäfts ausmachenden Umstände und Tatsachen klar und eindeutig aufgedeckt haben.[435]

Vor diesem Hintergrund kann beispielsweise einem **Testamentsvollstrecker**, der ein seiner Verwaltungsbefugnis unterliegendes Nachlassgrundstück veräußert, kein Maklerprovisionsanspruch gegen den Käufer zustehen, wohl aber ein Anspruch auf eine von Maklerdiensten unabhängige Vergütung.[436] Letzteres liegt insbesondere dann nahe, wenn der Käufer ein Provisionsversprechen in Kenntnis des Umstands abgibt, dass der andere Teil zum Testamentsvollstrecker bestellt worden ist und den Verkauf des Grundstücks in dieser Eigenschaft betreibt.[437]

155

Ein **Handelsvertreter** kann nicht zugleich für den geworbenen Kunden als Makler tätig werden und für das vermittelte Geschäft Provision verlangen, obwohl er an dem gewünschten Vertrag weder wirtschaftlich noch rechtlich beteiligt ist, da er anstelle des Unternehmers auftritt und ausschließlich dessen Interessen wahrzunehmen hat.[438] In der jüngeren höchstrichterlichen Rechtsprechung wird bei Handelsvertretern allerdings vom Vorliegen einer unechten Verflechtung ausgegangen.[439] Gleiches gilt für den Geschäftsführer einer GmbH, dem der Verkauf von dieser Gesellschaft gehörenden Grundstücken übertragen ist.[440] Angesichts der grundlegenden Unmöglichkeit einer gleichzeitigen Maklerstellung kommt es in beiden Fällen nicht darauf an, ob ein Interessenkonflikt konkret zu erwarten ist.[441]

156

Für einen Finanzmakler wird ein den Lohnanspruch ausschließendes **Eigengeschäft** auch dann angenommen, wenn er sich das Geld für die Darlehensgewährung von einem Dritten beschafft, es sei denn, der Darlehensnehmer zahlt alle Vergütungen für die Kapitalnutzung im Einvernehmen mit dem Makler direkt an den das Geld gebenden Dritten.[442] Schließlich bleibt § 2 Abs. 2 Nr. 2 WoVermG zu beachten, der von den Gerichten dahingehend ausgelegt wird, dass der Maklerlohnanspruch auch dann ausgeschlossen sein soll, wenn eine der beiden geschäftsführenden Gesellschafterinnen einer wohnungsvermittelnden GbR Mitmieterin der vermittelten und vermakelten Wohnung war.[443]

157

Den unmittelbaren Eigengeschäften haben die Gerichte andere Konstellationen gleichgestellt, die ebenfalls zu einer Versagung des Lohnanspruchs führen können. Hervorzuheben sind dabei insbesondere das Vorliegen einer wirtschaftlichen Verflechtung sowie das Bestehen eines Abhängigkeitsverhältnisses zwischen Makler und Drittem. Eine **wirtschaftliche Verflechtung** wurde z.B. in einem Fall angenommen, in dem der Hauptvertrag zwischen dem Auftraggeber und einer GmbH zustande kam, an deren Stammkapital die Maklergesellschaft 90% hielt.[444] Auf den Umstand, dass die Gesellschafter von GmbH und Maklergesellschaft in beiden unterschiedlich beteiligt sind, kommt es dagegen nicht an, da es allein um die Einflussmöglichkeiten der Maklergesellschaft als selbständigem Rechtssubjekt in der GmbH geht.[445] Ebenso unbeachtlich ist der Einwand des Maklers, der Auftraggeber hätte die tatsächlichen Beteiligungsverhältnisse durch Einsichtnahme in das Handelsregister ohne weiteres feststellen können, da der Wille des Auftraggebers zur Verpflichtung des Maklers trotz der bestehenden wirtschaftlichen Verflechtung mit dem Dritten die Kenntnis der tatsächlichen Verhältnisse voraussetzt. Ein Kennenmüssen reicht hierzu nach Ansicht des BGH nicht aus, „ganz abgesehen davon, dass es

158

---

[434] BGH v. 12.05.1971 - IV ZR 82/70 - LM Nr. 41 zu § 652 BGB.
[435] BGH v. 16.04.1975 - IV ZR 21/74 - NJW 1975, 1215-1217.
[436] BGH v. 05.10.2000 - III ZR 240/99 - LM BGB § 652 Nr. 152 (2/2001).
[437] BGH v. 05.10.2000 - III ZR 240/99 - LM BGB § 652 Nr. 152 (2/2001).
[438] BGH v. 23.11.1973 - IV ZR 34/73 - LM Nr. 48 zu § 652 BGB; BGH v. 01.04.1992 - IV ZR 154/91 - LM BGB § 652 Nr. 129 (9/1992).
[439] BGH v. 12.03.1998 - III ZR 14/97 - BGHZ 138, 170-176; BGH v. 26.03.1998 - III ZR 206/97 - LM BGB § 652 Nr. 143 (10/1998).
[440] BGH v. 16.04.1975 - IV ZR 21/74 - NJW 1975, 1215-1217.
[441] BGH v. 23.11.1973 - IV ZR 34/73 - LM Nr. 48 zu § 652 BGB; BGH v. 16.04.1975 - IV ZR 21/74 - NJW 1975, 1215-1217.
[442] BGH v. 22.07.1976 - III ZR 48/74 - WM 1976, 1158; BGH v. 02.05.1979 - IV ZR 184/77 - WM 1979, 778.
[443] LG München II v. 22.01.2004 - 8 S 6249/03 - ZMR 2004, 353-354.
[444] BGH v. 12.05.1971 - IV ZR 82/70 - LM Nr. 41 zu § 652 BGB; BGH v. 23.10.1980 - IVa ZR 41/80 - WM 1980, 1428-1431; BGH v. 23.10.1980 - IVa ZR 79/80 - WM 1980, 1431-1433; BGH v. 23.10.1980 - IVa ZR 39/80 - LM Nr. 69 zu § 652 BGB; BGH v. 22.01.1981 - IVa ZR 40/80 - WM 1981, 328-329; BGH v. 23.10.1980 - IVa ZR 45/80 - LM Nr. 70 zu § 652 BGB.
[445] BGH v. 12.05.1971 - IV ZR 82/70 - LM Nr. 41 zu § 652 BGB.

§ 652

auch eine Überspannung der Sorgfaltspflicht wäre, wollte man dem Auftraggeber eines Maklers zumuten, er müsse sich die nötige Klarheit darüber verschaffen, in welchem Verhältnis der Makler und der Partner des abzuschließenden Vertrages miteinander stehen".[446]

159 Weitere **Beispiele aus der Rechtsprechung** für eine wirtschaftliche Verflechtung:
- der Hauptvertrag kommt zwischen dem Auftraggeber und einer GmbH & Co. KG mit einer GmbH als alleiniger Komplementärin zustande, an deren Stammkapital der Makler mit 75% beteiligt ist;[447]
- der Hauptvertrag kommt zwischen dem Auftraggeber und einer Gesellschaft zustande, an welcher der Makler eine Kapital- und Gewinnbeteiligung von 40% hat;[448]
- der Hauptvertrag kommt zwischen dem Auftraggeber und einer AG zustande, deren Mehrheitsaktionär und Aufsichtsratsvorsitzender zugleich beherrschender Gesellschafter des in der Rechtsform einer GmbH & Co. KG geführten Maklerunternehmens ist.[449]

160 Bei der Feststellung der besonders ausgeprägten wirtschaftlichen Beziehung zwischen dem Auftraggeber und dem Dritterwerber kommt es stets auf die Umstände des jeweiligen Einzelfalls an, wobei grundsätzlich auf die **Verhältnisse im Zeitpunkt des Abschlusses des Hauptvertrags** abzustellen ist.[450] Bei größeren Sanierungsobjekten, die anschließend unter Bildung von Eigentumswohnungseinheiten weiterveräußert werden sollen, können aber auch die näheren Umstände im unmittelbaren zeitlichen Umfeld mit einbezogen werden.[451] Ist der Makler als Mitgesellschafter am Gewinn des Vertragsgegners seines Auftraggebers in nicht ganz unbedeutendem Umfang beteiligt, rechtfertigt bereits diese objektive Gefährdung der Interessen des Auftraggebers, dem Makler den Provisionsanspruch zu versagen, selbst wenn er keinen beherrschenden Einfluss auf die Gesellschaft ausüben kann.

161 Dieser rechtfertigt jedoch dann die Annahme einer Verflechtung, wenn der Makler und der Vertragsgegner des Auftraggebers zwei rechtlich selbständige, aber **abhängige Unternehmen** im Sinne von § 17 AktG sind, auf die ein anderes Unternehmen einen beherrschenden Einfluss ausübt.[452] Nichts anderes gilt, wenn ein und dieselbe Person die Geschäftstätigkeit des Maklerunternehmens und des Vertragsgegners entscheidend steuern und beeinflussen kann.[453] Erfasst werden auch die Fälle, bei denen das Maklerunternehmen und diejenige Gesellschaft, die als Bevollmächtigte des Dritten die Entscheidung über das Zustandekommen des Hauptvertrags trifft, von ein und demselben Mehrheitsgesellschafter beherrscht werden.[454] Schließlich hat der BGH ausdrücklich klargestellt, dass ein Fall der Verflechtung nicht nur dann vorliegt, wenn der Makler den Dritten beherrscht, sondern auch im umgekehrten Fall.[455]

162 Diese Sachverhalte bilden die **Gruppe der echten Verflechtungsfälle**, bei denen die Verbindung zwischen Makler und Drittem so eng ist, dass einer den Willen des anderen oder ein anderer den Willen beider bestimmt. Damit wird gegen das gesetzliche Leitbild des Maklervertrags verstoßen, das voraussetzt, dass der Makler und die Parteien des Hauptvertrags die Fähigkeit zur selbständigen und voneinander unabhängigen Willensbildung haben.[456] Der Anspruch auf Maklerlohn wird versagt, weil der Makler wegen der bestehenden wirtschaftlichen Identität von vornherein keine Maklerdienste im Sinne

---

[446] BGH v. 12.05.1971 - IV ZR 82/70 - LM Nr. 41 zu § 652 BGB; BGH v. 13.03.1974 - IV ZR 53/73 - LM Nr. 50 zu § 652 BGB.
[447] BGH v. 25.05.1973 - IV ZR 16/72 - LM Nr. 47 zu § 652 BGB.
[448] BGH v. 30.06.1976 - IV ZR 28/75 - LM Nr. 57 zu § 652 BGB.
[449] BGH v. 15.03.1978 - IV ZB 77/77 - VersR 1978, 667.
[450] OLG Brandenburg v. 13.05.1998 - 1 U 1/98 - NJW-RR 1998, 1433-1434; OLG Karlsruhe v. 18.05.2001 - 15 U 61/00 - VersR 2003, 202-204; LG Bautzen v. 09.06.1999 - 1 S 19/99 - WuM 1999, 473-474.
[451] OLG Karlsruhe v. 18.05.2001 - 15 U 61/00 - VersR 2003, 202-204.
[452] BGH v. 13.03.1974 - IV ZR 53/73 - LM Nr. 50 zu § 652 BGB; BGH v. 08.10.1975 - IV ZR 13/75 - BB 1976, 203; BGH v. 30.06.1976 - IV ZR 207/74 - WM 1976, 1158.
[453] BGH v. 19.02.2009 - III ZR 91/08 - NZM 2009, 366-367.
[454] BGH v. 24.04.1985 - IVa ZR 211/83 - LM Nr. 91 zu § 652 BGB.
[455] BGH v. 15.04.1987 - IVa ZR 53/86 - LM Nr. 111 zu § 652 BGB.
[456] BGH v. 24.04.1985 - IVa ZR 211/83 - LM Nr. 91 zu § 652 BGB; BGH v. 19.02.2009 - III ZR 91/08 - NZM 2009, 366-367, 367.

von § 652 BGB erbringen kann.[457] Eine wirtschaftliche Verflechtung zwischen Makler und Auftraggeber lässt dagegen mangels Interessenkonflikts den Lohnanspruch des Maklers unberührt.[458]

163 Unechte Verflechtungsfälle sind dadurch gekennzeichnet, dass die Unparteilichkeit des Maklers aus anderen Gründen als rechtliche oder wirtschaftliche Identität in Frage gestellt ist. Sie werden von der höchstrichterlichen Rechtsprechung in erster Linie unter dem **Stichwort des institutionalisierten Interessenkonflikts** zusammengefasst. Hierzu muss die Interessenlage in dem zwischen Auftraggeber, Makler und Vertragsgegner bestehenden Dreiecksverhältnis derart verfestigt sein, dass der Makler sich im Streitfall zwischen seinem Auftraggeber und dessen Vertragsgegner bei regelmäßigem Verlauf auf die Seite des Vertragsgegners stellen wird, so dass er unabhängig von seinem Verhalten im Einzelfall als ungeeignet für die dem gesetzlichen Leitbild entsprechende Tätigkeit erscheint.[459] Ein nahes, persönliches oder freundschaftliches Verhältnis zu einem kaufbereiten Dritten rechtfertigt jedoch für sich genommen nicht, von einer provisionsschädlichen Interessenkollision auszugehen.[460]

164 Liegen die **Voraussetzungen einer unechten Verflechtung** vor, wird der Lohnanspruch des Maklers ebenfalls ausgeschlossen,[461] so dass sich die Abgrenzung zur echten wirtschaftlichen Verflechtung auf der Rechtsfolgeseite im Ergebnis nicht auswirkt. Da der Auftraggeber mit der Wahrung seiner eigenen Interessen durch einen fairen und von dem Vertragsgegner unabhängigen Makler rechnen darf, muss der Makler eine bestehende Interessenbindung an die Gegenseite in der Regel von sich aus offenbaren.[462] Der in seinem Vertrauen auf die Integrität des Maklers schutzwürdige Auftraggeber soll keinem Lohnanspruch ausgesetzt werden, wenn eine deutliche Interessenkollision vorhanden ist, die eine sachgemäße Wahrung seiner Interessen schon grundsätzlich nicht möglich erscheinen lässt und nicht offen gelegt wird.[463]

165 Da die Verflechtungsrechtsprechung in erster Linie den Zweck verfolgt, eine Gefährdung der dem Makler vom Auftraggeber übertragenen Wahrung seiner Interessen infolge der bei einer Verflechtung offensichtlichen Interessenkollision zu verhindern, setzt die Annahme, ein Provisionsanspruch sei wegen Verflechtung nicht entstanden, stets das Vorliegen von Gegebenheiten voraus, aus denen sich eine Verflechtung auch tatsächlich ergibt. Mangelt es hieran zur fraglichen Zeit objektiv, lässt es der BGH nicht zu, dass eine Konstellation, die zu einer Interessenkollision durch gesellschaftsrechtliche oder wirtschaftliche Bindungen und Abhängigkeiten führen kann, abstrakt und theoretisch aus noch vorhandenen **Eintragungen im Handelsregister** hergeleitet wird.[464] War die Person, die unter anderem als Komplementärin auch das Maklerunternehmen maßgeblich gesteuert und beeinflusst hatte, im Zeitpunkt des Hauptvertragsschlusses bereits aus der Makler-KG ausgeschieden, ist deshalb ein Verflechtungstatbestand selbst dann nicht (mehr) gegeben, wenn ihr Ausscheiden aus der Gesellschaft noch nicht im Handelsregister eingetragen worden war. Eine auf der Grundlage von § 15 Abs. 1 HGB unterstellte, mit den wahren Verhältnissen nicht übereinstimmende Verflechtungssituation mit der Folge des Entfallens eines Provisionsanspruchs gehe über die Reichweite des mit der Verflechtungsrechtsprechung beabsichtigten Schutzes des Maklerkunden hinaus.[465]

---

[457] BGH v. 23.10.1980 - IVa ZR 41/80 - WM 1980, 1428-1431; BGH v. 23.10.1980 - IVa ZR 79/80 - WM 1980, 1431-1433; BGH v. 23.10.1980 - IVa ZR 39/80 - LM Nr. 69 zu § 652 BGB; BGH v. 23.10.1980 - IVa ZR 45/80 - LM Nr. 70 zu § 652 BGB; BGH v. 24.04.1985 - IVa ZR 211/83 - LM Nr. 91 zu § 652 BGB; LG München I v. 12.07.1995 - 31 S 24382/94 - WE 1995, 352.

[458] BGH v. 27.10.1976 - IV ZR 90/75 - WM 1976, 1334-1335; LG Hamburg v. 23.04.1998 - 305 O 8/98 - NJW-RR 1998, 1665.

[459] BGH v. 24.06.1981 - IVa ZR 159/80 - LM Nr. 91 zu § 313 BGB; BGH v. 03.12.1986 - IVa ZR 87/85 - NJW 1987, 1008-1009; BGH v. 01.04.1992 - IV ZR 154/91 - LM BGB § 652 Nr. 129 (9/1992); BGH v. 19.02.2009 - III ZR 91/08 - NZM 2009, 366-367, 367; OLG Frankfurt v. 16.03.2001 - 19 U 218/00 - NJW-RR 2002, 56-57; OLG Frankfurt v. 02.04.2003 - 19 U 196/02 - NJW-RR 2003, 1428-1429.

[460] BGH v. 19.02.2009 - III ZR 91/08 - NZM 2009, 366-367, 367.

[461] BGH v. 26.09.1990 - IV ZR 226/89 - BGHZ 112, 240-243.

[462] BGH v. 24.06.1981 - IVa ZR 159/80 - LM Nr. 91 zu § 313 BGB; BGH v. 26.01.1983 - IVa ZR 158/81 - LM Nr. 82 zu § 652 BGB.

[463] BGH v. 24.06.1981 - IVa ZR 159/80 - LM Nr. 91 zu § 313 BGB; BGH v. 03.12.1986 - IVa ZR 87/85 - NJW 1987, 1008-1009.

[464] BGH v. 19.02.2009 - III ZR 91/08 - NZM 2009, 366-367.

[465] BGH v. 19.02.2009 - III ZR 91/08 - NZM 2009, 366-367, 367.

166 Einen typischen Fall des institutionalisierten Interessenkonflikts bildet die Konstellation, in der die Tätigkeit des Maklers zum Abschluss des Hauptvertrags zwischen seinem Ehegatten und dem Auftraggeber führt. Dies gelte zumindest bei funktionierender Ehe, die eine Vermutung dafür begründe, dass der Ehegatte des Maklers in dessen Lager stehe. Die **wirtschaftliche Bindung zwischen Eheleuten** könne bei nicht gestörter Ehe den Fällen gleichgestellt werden, in denen nach der Verflechtungsrechtsprechung ein Anspruch auf Maklerprovision ausgeschlossen sei.[466]

167 Das Bundesverfassungsgericht hat diese Rechtsprechung grundsätzlich gebilligt.[467] Aufgrund der bereits in zahlreichen familienrechtlichen Vorschriften zum Ausdruck kommenden wirtschaftlichen Verflechtung zwischen Eheleuten sei es verfassungsrechtlich unbedenklich, aus dem Bestehen einer nicht gestörten Ehe den Schluss auf enge wirtschaftliche Bindungen zu ziehen, die den als Makler tätigen Ehepartner im Regelfall hinderten, **gegenläufige Interessen des Auftraggebers** zu wahren. Andererseits müsse der aus Art. 3 Abs. 1, 6 Abs. 1 GG abgeleitete Grundsatz beachtet werden, wonach Ehegatten im Vergleich zu nicht miteinander verheirateten Personen nicht allein deshalb schlechter gestellt werden dürften, weil sie verheiratet sind.[468] Gegen diese Grundrechte werde verstoßen, wenn dem mit dem Vertragsgegner des Auftraggebers verheirateten Makler der Vergütungsanspruch aufgrund seiner Ehe abgesprochen werde, obwohl der Auftraggeber deren Bestehen kenne.[469] Mit dem Wissen um die Ehe seien die Möglichkeit wirtschaftlicher Verflechtung und die deutliche Gefährdung der dem Makler vom Auftraggeber übertragenen Interessenwahrung offen gelegt. Woher das Wissen stamme, sei dabei nicht entscheidend.[470]

168 Vor dem Hintergrund dieser Rechtsprechung kann trotz bestehender Ehe ein provisionsschädlicher Interessenkonflikt nicht angenommen werden, wenn die Wirklichkeit der Ehe entscheidend vom gesetzlichen Leitbild abweicht oder wenn das Bestehen der Ehe und damit die Interessenkollision offen gelegt werden. Handelt es sich bei dem Vertragspartner des Auftraggebers dagegen lediglich um die Lebensgefährtin des Maklers, sieht der BGH die Interessen des Auftraggebers durch § 654 BGB und einen möglichen Schadensersatzanspruch aus positiver Vertragsverletzung ausreichend geschützt, weshalb der Lohnanspruch des Maklers nicht ausgeschlossen sein soll.[471] **Persönliche Beziehungen außerhalb der Ehe** seien wegen ihrer im Vergleich zu wirtschaftlichen Interessen wesentlich individuelleren Prägung, ihrer vielfältigen Art und ihrer unterschiedlichen Intensität einer generalisierenden Betrachtungsweise nicht von vornherein zugänglich.[472]

169 Ein institutionalisierter Interessenkonflikt wurde z.B. auch für eine die Zwangsversteigerung aus einem Grundpfandrecht betreibende Bank angenommen, für die es wegen der institutionell bedingten Interessenkollision rechtlich ausgeschlossen sei, dass ihr ein Provisionsanspruch wegen Vermittlung eines freihändigen Verkaufs des Grundstücks gegen ihren Schuldner oder einen Dritten zustehe.[473] Der bloße Umstand, dass der Makler zugleich **Arbeitnehmer des Vertragspartners** seines Auftraggebers ist, soll dagegen zumindest dann keine unechte Verflechtung begründen, wenn dem Makler nach der konkreten Ausgestaltung seines Arbeitsverhältnisses im bewussten Einverständnis mit seinem Arbeitgeber ein genügend großer Freiraum verbleibt, in dem er sich selbständig wirtschaftlich betätigen kann.[474] Bei einem bevollmächtigten Makler wiederum, der einen Vertrag aufgrund eigener Willensbildung abschließe, sei ein Interessenkonflikt in gleicher Weise institutionalisiert[475] wie etwa bei dem Verwalter einer Wohnungseigentumsanlage, von dessen Zustimmung die Gültigkeit eines Wohnungsverkaufs[476]

---

[466] BGH v. 03.12.1986 - IVa ZR 87/85 - NJW 1987, 1008-1009.
[467] BVerfG v. 26.04.1988 - 1 BvR 1264/87 - NJW 1988, 2663.
[468] BVerfG v. 30.06.1987 - 1 BvR 1187/86 - NJW 1987, 2733.
[469] BVerfG v. 26.04.1988 - 1 BvR 1264/87 - NJW 1988, 2663.
[470] BVerfG v. 26.04.1988 - 1 BvR 1264/87 - NJW 1988, 2663.
[471] BGH v. 24.06.1981 - IVa ZR 159/80 - LM Nr. 91 zu § 313 BGB.
[472] BGH v. 24.06.1981 - IVa ZR 159/80 - LM Nr. 91 zu § 313 BGB.
[473] BGH v. 24.06.1997 - XI ZR 178/96 - LM BGB § 276 (Hb) Nr. 76 (11/1997).
[474] BGH v. 12.03.1998 - III ZR 14/97 - BGHZ 138, 170-176.
[475] BGH v. 26.03.1998 - III ZR 206/97 - LM BGB § 652 Nr. 143 (10/1998).
[476] BGH v. 26.09.1990 - IV ZR 226/89 - BGHZ 112, 240-243; BGH v. 06.02.2003 - III ZR 287/02 - NJW 2003, 1249-1250; OLG Hamburg v. 24.07.2002 - 8 U 53/02 - WuM 2002, 560; OLG Hamburg v. 24.07.2002 - 8 U 61/02 - WuM 2002, 559; OLG Köln v. 10.09.2002 - 24 U 32/02 - NJW-RR 2003, 516-517; LG Lüneburg v. 06.04.1995 - 1 S 288/94 - WuM 1997, 182-183; LG Lüneburg v. 23.01.1997 - 1 S 200/96 - WuM 1997, 182; LG Hamburg v. 07.07.2000 - 309 O 101/00 - NJW-RR 2001, 565-566; LG Hamburg v. 27.02.2002 - 318 O 336/01 - ZMR 2002, 523-524.

oder bei einem Baubetreuer, von dessen Zustimmung die Veräußerung der seiner Betreuung unterliegenden Wohnungen abhänge.[477] In diesen Fällen leitet der BGH die Institutionalisierung des Interessenkonflikts aus der Befugnis ab, über das Zustandekommen des Hauptvertrags zu entscheiden und damit zugleich den Provisionsanspruch eines tätig gewordenen Maklers dem Gesetz entsprechend entstehen zu lassen.[478]

10. Wohnungseigentumsverwalter

Besonders umstritten ist der **Begriff des Verwalters** in § 2 Abs. 2 Nr. 2 WoVermG, bei dessen Vorliegen ein Provisionsanspruch gesetzlich ausgeschlossen ist.[479] Nach Ansicht einiger Instanzgerichte soll ein Hausmeister bereits dann von einer Maklertätigkeit ausgeschlossen sein, wenn er in dem Haus, in dem sich das vermakelte Objekt befindet, auch nur geringe Verwaltungstätigkeiten ausführt und aus diesem Grund Zweifel an seiner Neutralität aufkommen könnten.[480] Dabei wird auf den Empfängerhorizont des Mieters bzw. Mietinteressenten abgestellt. So wurde in einem andern Fall eine Courtagevereinbarung als gegen § 2 Abs. 2 Nr. 2 WoVermG verstoßend und damit als nach § 134 BGB nichtig angesehen, in dem aus der Sicht des Interessenten durch die Lage des Hausmeisterbüros im Haus der Hausverwaltung der Anschein der Zusammenarbeit zwischen Verwaltung und Hausmeister gegeben war und der Interessent den Eindruck gewinnen musste, dass das Zustandekommen des Mietvertrags von dem Hausmeister mit dem Vermieter ausgehandelt worden war.[481] 170

Die Ansicht, nach der ein im Wesentlichen nur das Gemeinschaftseigentum verwaltender Wohnungseigentumsverwalter nicht „Verwalter" im Sinne von § 2 Abs. 2 Nr. 2 WoVermG und damit berechtigt zur Forderung einer Maklerprovision sein soll, stellt dagegen entscheidend darauf ab, dass ein solcher die Interessen der Gemeinschaft der Wohnungseigentümer wahrzunehmen habe, die mit dem Interesse des einzelnen Sondereigentümers durchaus in Konflikt stehen könnten.[482] Danach sollen etwa allgemeine Maßnahmen zur Erhaltung bzw. Verbesserung der Vermietbarkeit ebenso wenig zum **Kern der Sondereigentumsverwaltung** zählen wie das bloße Erstellen von „bereinigten" Nebenkostenabrechnungen.[483] 171

Einigkeit bestand lange nur insoweit, als es als unzureichend angesehen wurde, wenn der Vermittler erst nach Abschluss des Mietvertrags mit der Verwaltung der Mietwohnung beauftragt wird, jedenfalls dann, wenn der Abstand zwischen beiden Verträgen fast ein Jahr betragen hat.[484] Im Übrigen wurde die Annahme einer Verwalterstellung auf eine **Gesamtbetrachtung** gestützt, bei der Inhalt, Umfang und Dauer der Tätigkeit entscheidend waren.[485] Angesichts des beharrlichen Schweigens des Gesetzgebers wurde daneben jedoch vereinzelt bis zu einem klärenden Wort von ihm aus Gründen der Rechtssicherheit jeder Wohnungseigentumsverwalter als „Verwalter" im Sinne von § 2 Abs. 2 Nr. 2 WoVermG angesehen.[486] 172

Später hat der BGH klargestellt, dass dem gewöhnlichen Verwalter nach den §§ 20 ff. WEG ein Anspruch auf Entgelt für die Vermittlung oder den Nachweis einer Gelegenheit zum Abschluss von Mietverträgen über Wohnräume nicht nach § 2 Abs. 2 Nr. 2 WoVermG versagt ist, da er nicht als Verwalter von Wohnraum im Sinne dieser Bestimmung anzusehen ist.[487] Allein durch die Tatsache, dass die im 173

---

[477] BGH v. 26.09.1990 - IV ZR 226/89 - BGHZ 112, 240-243.
[478] BGH v. 26.09.1990 - IV ZR 226/89 - BGHZ 112, 240-243.
[479] Löhlein, NZM 2000, 119-121; Windisch, NZM 2000, 478-480.
[480] LG Paderborn v. 22.10.1998 - 1 S 158/98 - NZM 1999, 134-135.
[481] LG Paderborn v. 22.10.1998 - 1 S 158/98 - NZM 1999, 134-135
[482] LG Mainz v. 28.01.2000 - 3 S 105/99 - NZM 2000, 310-311.
[483] LG Hamburg v. 31.01.2001 - 304 S 86/00 - NJW-RR 2001, 876-877.
[484] LG Duisburg v. 15.02.2001 - 12/22 S 11/00 - NJW-RR 2001, 1278-1279.
[485] OLG Dresden v. 24.02.1999 - 8 U 3661/98 - NJW-RR 1999, 1501-1502; LG Berlin v. 22.07.1997 - 63 S 71/97 - Grundeigentum 1997, 1343-1345; LG Braunschweig v. 23.09.1999 - 7 S 261/99 (10), 7 S 261/99 - WuM 2001, 124; LG Hamburg v. 31.01.2001 - 304 S 86/00 - NJW-RR 2001, 876-877; LG Paderborn v. 15.06.2000 - 1 S 57/00 - NJW-RR 2000, 1611.
[486] LG München I v. 19.12.2000 - 13 S 17634/00 - NJW-RR 2001, 875-876; LG München II v. 10.10.2000 - 2 S 3660/00 - NZM 2001, 489-490.
[487] BGH v. 13.03.2003 - III ZR 299/02 - NJW 2003, 1393-1394; zuvor bereits z.B. LG Lüneburg v. 06.11.2001 - 9 S 44/01 - ZMR 2002, 280-281; dem BGH folgend z.B. KG v. 19.08.2004 - 10 U 167/03; a.A. LG Bautzen v. 03.05.1998 - 1 S 25/98 - WuM 1998, 363-364; LG Bautzen v. 26.05.1999 - 1 S 20/99 - WuM 1999, 472-473; LG Bonn v. 07.12.1995 - 8 S 122/95 - NJW-RR 1996, 1524; LG Bonn v. 23.09.2002 - 6 S 201/02 - ZMR 2003, 46-47.

Sondereigentum stehenden Wohnungen ohne eine ordnungsgemäße Verwaltung der Gegenstände der gemeinschaftlichen Verwaltung nicht nutzbar wären, werde der Verwalter des gemeinschaftlichen Eigentums noch nicht zum Verwalter der seiner Zuständigkeit gerade entzogenen einzelnen Wohnungen. Vielmehr gewährleiste er durch die **Verwaltung des gemeinschaftlichen Eigentums** lediglich die Rahmenbedingungen für die selbständige Verwaltung der Eigentumswohnungen durch den jeweiligen Eigentümer. Aus der im Einzelnen dargelegten gesetzlichen Ausgestaltung seiner rechtlichen Stellung folgerte der BGH, dass der gewöhnliche WEG-Verwalter nicht im „Lager" des Wohnungseigentümers und Vermieters steht.[488] Zudem bestehe nicht notwendig eine Interessenidentität zwischen den Belangen des gemeinschaftlichen Eigentums, die der Verwalter auf der Grundlage der Mehrheitsbeschlüsse der Wohnungseigentümer wahrzunehmen habe, und den Belangen des Sondereigentums der einzelnen Wohnungseigentümer.

174 Da der Maklerlohn generell nicht an den Aufwand des Maklers, sondern an den **Wert der Maklerleistung für den Auftraggeber** anknüpfe, könne der Provisionsanspruch des Verwalters auch nicht mit Hinweis auf den im Verhältnis zu anderen Maklern regelmäßig geringeren Aufwand für die Vermittlung von Mietverträgen über Wohnungen der Wohnungseigentumsanlage versagt werden. Schließlich bestehe zwischen dem gewöhnlichen wohnungsvermittelnden WEG-Verwalter und dem Wohnungseigentümer keine derart enge Verflechtung, dass von einem institutionalisierten Interessenkonflikt ausgegangen werden könne.[489] Dieser werde auch nicht dadurch herbeigeführt, dass der Verwalter kleinere Renovierungsarbeiten bezüglich einer zur Vermietung anstehenden Eigentumswohnung organisiert, da insoweit von einer in der Praxis üblichen Neben- bzw. Serviceleistung auszugehen sei.[490] In der Folge hat der BGH aus der gesetzgeberischen Intention abgeleitet, dass der Wohnungsvermittler den Provisionsanspruch nach § 2 Abs. 2 Nr. 2 WoVermG in der Regel auch dann verliert, wenn nicht er selbst, sondern sein Gehilfe die vermittelte Wohnung verwaltete.[491]

175 In einer weiteren Entscheidung stand § 2 Abs. 2 Nr. 3 Satz 2 WoVermG im Blickpunkt, der nachträglich eingefügt worden war, um **Umgehungen des Provisionsausschlusses** nach § 2 Abs. 2 Nr. 2 WoVermG zu verhindern. Ist danach der Wohnungsvermittler eine juristische Person, kommt es für den Provisionsausschluss nach dieser Vorschrift ausschließlich darauf an, ob die an ihr beteiligte natürliche oder juristische Person rechtliche Eigentümerin der vermittelten Wohnung ist.[492] Zur Begründung stellt der BGH entscheidend auf den Schutzzweck des Gesetzes ab. Der Mieter werde vor Umgehungen des Provisionsausschlusses nur dann wirksam geschützt, wenn für die Eigentümerstellung des Wohnungsvermittlers die aus dem Grundbuch ersichtliche Rechtslage maßgeblich sei, während die auf eine mögliche „wirtschaftliche Berechtigung" hindeutenden internen Verhältnisse zwischen dem Wohnungseigentümer und einem Käufer für ihn nicht zu durchschauen seien.[493] Diese Erwägungen gelten ausdrücklich nur für die Vermittlung von Mietverträgen.

176 Eine **analoge Anwendung** der §§ 1 Abs. 1, 2 Abs. 2 WoVermG auf die Vermittlung oder den Nachweis zum Abschluss von Kaufverträgen über Wohnhäuser oder Eigentumswohnungen kommt nach der Rechtsprechung des III. Zivilsenats des BGH schon deshalb nicht in Betracht, weil „normalerweise zu den Aufgaben des Verwalters eines Hauses oder einer Eigentumswohnung nicht der Verkauf und die Veräußerung derselben gehört und der Verwalter im Rahmen seiner Verwaltungstätigkeit dazu auch keine Befugnisse hat".[494] Mögliche Probleme des als Käufermaklers tätigen Verwalters wegen seiner Verschwiegenheitspflicht gegenüber dem Eigentümer begründen danach für sich genommen ebenso wenig einen institutionalisierten Interessenkonflikt wie die allgemeine Annahme, der Verwalter werde sich im Streitfall regelmäßig auf die Seite des Haus- oder Wohnungseigentümers stellen. Um bei einem Käufermakler, der zugleich Hausverwalter des Grundstücksverkäufers bzw. Wohnungsverwalter des Wohnungsverkäufers ist, von einem Fall unechter Verflechtung ausgehen zu können, bedarf es deshalb weiterer Anhaltspunkte.[495] Schließlich unterfällt ein Maklervertrag zwischen einem Wohnungseigen-

---

[488] BGH v. 13.03.2003 - III ZR 299/02 - NJW 2003, 1393-1394.
[489] BGH v. 13.03.2003 - III ZR 299/02 - NJW 2003, 1393-1394.
[490] LG Düsseldorf v. 18.03.2005 - 20 S 167/04 - NZM 2006, 28-29; *Moraht*, NZM 2006, 330-333.
[491] BGH v. 02.10.2003 - III ZR 5/03 - NJW 2004, 286-287; BGH v. 09.03.2006 - III ZR 235/05 - WuM 2006, 213-215.
[492] BGH v. 23.10.2003 - III ZR 41/03 - NJW 2003, 3768-3769.
[493] BGH v. 23.10.2003 - III ZR 41/03 - NJW 2003, 3768-3769.
[494] BGH v. 28.04.2005 - III ZR 387/04 - WM 2005, 1479-1480.
[495] BGH v. 28.04.2005 - III ZR 387/04 - WM 2005, 1479-1480.

tümer und einem Wohnungseigentumsverwalter, wonach der Verwalter Mieter für die Wohnungen des Eigentümers vermitteln soll, nicht dem Wohnungsvermittlungsgesetz, weshalb der Eigentümer die dem Verwalter aufgrund dieses Vertrags gezahlten Provisionen nicht zurückfordern kann.[496]

Mit Wirkung zum 01.09.1993 wurde der Mieter in den Personenkreis des § 2 Abs. 2 Nr. 2 WoVermG aufgenommen, um ihm ein Entgelt für eigene Maklertätigkeit gegenüber einem Nachmieter zu versagen. Will der Mieter einer Wohnung vorzeitig aus seinem Mietvertrag entlassen werden, steht er als von Mietinteressenten beauftragter Makler typischerweise in einem Interessenkonflikt. Obwohl er nach dem Maklervertrag dazu verpflichtet ist, seine Vermittlungstätigkeit im Interesse des Kunden auszuüben, wird er sein Augenmerk in erster Linie darauf richten, einen ihm und vor allem dem Vermieter genehmen Nachmieter aus einem meist größeren Bewerberkreis herauszusuchen und dementsprechend auch auf den Willen des eigenen Kunden einzuwirken, um seine Bedingungen bzw. diejenigen des Vermieters zur Gestaltung des Mietvertrags durchzusetzen. Der III. Zivilsenat des BGH hat erkannt, dass dieser **Interessenkonflikt beim Mieter** als Nachweismakler ebenso gegeben ist wie bei seinem Tätigwerden als Vermittlungsmakler.[497] Suche der Mieter nach einem Nachmieter, um aus seinem Mietvertrag herauszukommen, gehörten zum „Nachweis" der Wohnung typischerweise Verhandlungen ähnlich denjenigen bei der Vermittlung des Mietvertragsabschlusses, durch die der selbst an einem Mieterwechsel kaum interessierte Vermieter dazu bewegt werden solle, unter vorzeitiger Entlassung des bisherigen Mieters aus dem Mietvertrag die Wohnung anderweitig zu vermieten. Werde der „Nachweismakler" in derartige Verhandlungen eingeschaltet, stehe er aus der Sicht des Maklerkunden genauso stark in verschiedenen „Lagern" wie ein bisheriger Mieter als „Vermittler" der Wohnung.[498]

177

Dagegen ist eine Provisionszusage des Mieters an den Wohnungsvermittler nicht schon deshalb unwirksam, weil dieser gegenüber dem Eigentümer oder Vermieter eine **Mietgarantie** übernommen hatte.[499] Zwar sei nicht zu verkennen, dass ein Mieter, der seinem Vermieter einen Nachmieter stellt, damit häufig das wirtschaftliche Interesse verfolgen wird, vorzeitig aus dem Mietverhältnis entlassen und so von der Entrichtung des Mietzinses befreit zu werden. Damit sei das Interesse, die Verpflichtungen aus der gegenüber dem Eigentümer übernommenen Mietgarantie auf den Mieter überzuwälzen, durchaus vergleichbar. Allerdings betreffe dieses Interesse nicht das eigentliche Anliegen der gesetzlichen Regelung, die vorrangig darauf abziele, Abstandszahlungen und ähnliche Vereinbarungen zu verhindern oder zu erschweren. Schließlich liege die Nichteinbeziehung des bloßen Mietgaranten in den Personenkreis des § 2 Abs. 2 Nr. 2 WoVermG auch auf der Linie der bisherigen Rechtsprechung des III. Zivilsenats, wonach die vom Gesetzgeber als Ausnahmeregelungen konzipierten Tatbestände unwirksamer Provisionsvereinbarungen ihrerseits nicht allzu extensiv ausgelegt werden dürfen.[500]

178

11. Atypischer Maklervertrag

Der Interessenkonflikt des Maklers lässt seinen Lohnanspruch ausnahmsweise unberührt, wenn dem Auftraggeber die echte oder unechte Verflechtung mit dem Dritten von vornherein bekannt ist.[501] Es handelt sich dann um einen atypischen Maklervertrag, dessen Abschluss vom **Grundsatz der Privatautonomie** gedeckt ist.[502] Auch das Bundesverfassungsgericht erkennt nur diejenigen Auftraggeber als schutzwürdig an, die von der Interessenkollision nichts wissen.[503] Von einem von den Voraussetzungen von § 652 BGB unabhängigen Provisionsversprechen wird in Verflechtungsfällen insbesondere dann ausgegangen, wenn der Auftraggeber das Versprechen in Kenntnis der Umstände abgibt, die den Pro-

179

---

[496] OLG Naumburg v. 19.10.2004 - 9 U 83/04 - NZM 2005, 151.
[497] BGH v. 09.03.2006 - III ZR 235/05 - WuM 2006, 213-215.
[498] BGH v. 09.03.2006 - III ZR 235/05 - WuM 2006, 213-215, 214 f.
[499] BGH v. 09.03.2006 - III ZR 151/05 - WuM 2006, 212-213.
[500] BGH v. 09.03.2006 - III ZR 151/05 - WuM 2006, 212-213, 213.
[501] BGH v. 30.06.1976 - IV ZR 207/74 - WM 1976, 1158; BGH v. 22.12.1976 - IV ZR 146/75 - WM 1977, 317-318; BGH v. 02.02.1977 - IV ZR 84/76 - WM 1977, 415-416; BGH v. 15.03.1978 - IV ZB 77/77 - VersR 1978, 667.
[502] BGH v. 22.12.1976 - IV ZR 146/75 - WM 1977, 317-318; BGH v. 23.10.1980 - IVa ZR 41/80 - WM 1980, 1428-1431; BGH v. 23.10.1980 - IVa ZR 79/80 - WM 1980, 1431-1433; BGH v. 23.10.1980 - IVa ZR 39/80 - LM Nr. 69 zu § 652 BGB; BGH v. 23.10.1980 - IVa ZR 45/80 - LM Nr. 70 zu § 652 BGB; BGH v. 09.11.1983 - IVa ZB 60/82 - WM 1984, 62; BGH v. 03.12.1986 - IVa ZR 87/85 - NJW 1987, 1008-1009; BGH v. 15.04.1987 - IVa ZR 53/86 - LM Nr. 111 zu § 652 BGB; BGH v. 06.02.2003 - III ZR 287/02 - NJW 2003, 1249-1250.
[503] BVerfG v. 26.04.1988 - 1 BvR 1264/87 - NJW 1988, 2663.

§ 652

visionsempfänger an einer Maklertätigkeit hindern, weil es ihm dennoch und gerade auf die Einschaltung dieser Person ankommt.[504]

180 Dies gilt unabhängig davon, ob der Auftraggeber auch die rechtlich zutreffenden Schlussfolgerungen aus der **Kenntnis des Verflechtungstatbestands** gezogen hat.[505] Nach dieser inzwischen mehrfach bestätigten Rechtsprechung kann beispielsweise der Verwalter einer Wohnungseigentumsanlage bei entsprechender Vereinbarung einen von den Voraussetzungen des § 652 BGB unabhängigen Provisionsanspruch geltend machen, wenn er den Auftraggeber über seine Verwalterstellung und das sich aus § 12 WEG ergebende Erfordernis seiner Zustimmung zum Verkauf der Eigentumswohnung aufgeklärt hat.[506] Im Ergebnis wird dasselbe angenommen, wenn der Interessent vor die Alternative gestellt war, entweder eine Provision zu versprechen oder vom Geschäft Abstand zu nehmen.[507]

181 Maßgebliches Kriterium ist damit, dass der Auftraggeber die **Möglichkeit zu einer eigenverantwortlichen Entscheidung** darüber hat, ob er der ihm bekannten Interessenkollision Bedeutung beimessen will oder nicht.[508] Ist kein Anhaltspunkt dafür ersichtlich, dass mit der „Provision" irgendwelche Leistungen des Provisionsberechtigten abgegolten werden sollen, handelt es sich in aller Regel um einen verschleierten Teil des Kaufpreises, der nicht an den Verkäufer, sondern an einen mit diesem verflochtenen Dritten gezahlt werden soll.[509] Handelt dieser im Einverständnis mit seinem Geschäftsherrn, ist eine solche Vereinbarung auch nicht als Schmiergeldabrede sittenwidrig.[510]

182 Kennt der Auftraggeber die Tatsachen bzw. Umstände nicht, die eine Interessenkollision auslösende Verflechtung zwischen dem Makler und dem Dritten begründen, kann das Vorliegen eines von einer echten Maklerleistung unabhängigen Provisionsversprechens nur bejaht werden, wenn die Parteien nachträglich übereingekommen sind, den bereits abgeschlossenen und den gesetzlichen Bestimmungen unterliegenden Maklervertrag entsprechend zu ändern oder durch einen atypischen Maklervertrag zu ersetzen.[511] Die **nachträgliche Unterzeichnung der Provisionsvereinbarung** durch den Auftraggeber reicht den Gerichten für eine solche Annahme nicht aus, sondern wird lediglich als nachträgliche schriftliche Fixierung einer schon vorher getroffenen Provisionsabrede interpretiert.[512]

12. Zurechnungsprobleme

183 Grundsätzlich muss eine Vertragspartei im Rahmen der geführten Verhandlungen nicht nach § 278 BGB für einen von ihr eingeschalteten Makler einstehen. Dabei steht der Einschätzung als Erfüllungsgehilfe nicht die selbständige Stellung des Maklers als vielmehr der Umstand entgegen, dass der Makler durch seine Tätigkeit eine eigene Leistung gegenüber dem Auftraggeber erbringt, die nicht ohne weiteres zugleich die Verpflichtung des Auftraggebers gegenüber dem späteren Vertragspartner erfüllt.[513] Etwas anderes gilt jedoch dann, wenn der Makler seine Tätigkeit nicht auf das für die Durchführung des Maklerauftrags Notwendige beschränkt, sondern mit dem Willen seines Auftraggebers bei der Erfüllung der diesem im Rahmen der Vertragsanbahnung obliegenden Pflichten als dessen Hilfsperson tätig wird. Wann dies anzunehmen ist, kann nur aufgrund einer Gesamtwürdigung der konkreten Maklertätigkeit beantwortet werden.[514] Nach Auffassung des BGH verbietet sich angesichts der erforderlichen wertenden Beurteilung der Einzelfallumstände jede schematische Lösung der Zurech-

---

[504] BGH v. 30.06.1976 - IV ZR 207/74 - WM 1976, 1158; BGH v. 22.01.1981 - IVa ZR 40/80 - WM 1981, 328-329; BGH v. 24.06.1981 - IVa ZR 225/80 - LM Nr. 12 zu § 654 BGB; BGH v. 24.04.1985 - IVa ZR 211/83 - LM Nr. 91 zu § 652 BGB; BGH v. 26.09.1990 - IV ZR 226/89 - BGHZ 112, 240-243; OLG Naumburg v. 28.03.2000 - 9 U 2/00 - NJW-RR 2000, 1503-1504.
[505] BGH v. 22.03.1978 - IV ZR 175/76 - WM 1978, 711; OLG Naumburg v. 28.03.2000 - 9 U 2/00 - NJW-RR 2000, 1503-1504; OLG Celle v. 27.05.2004 - 11 U 260/03.
[506] BGH v. 06.02.2003 - III ZR 287/02 - NJW 2003, 1249-1250.
[507] BGH v. 02.02.1977 - IV ZR 84/76 - WM 1977, 415-416.
[508] BVerfG v. 26.04.1988 - 1 BvR 1264/87 - NJW 1988, 2663.
[509] BGH v. 05.12.1990 - IV ZR 187/89 - NJW-RR 1991, 483-484; BGH v. 20.11.2008 - III ZR 60/08 - NZM 2009, 325-326; OLG Düsseldorf v. 10.12.1999 - 7 U 53/99 - NJW-RR 2000, 1504-1505.
[510] BGH v. 05.12.1990 - IV ZR 187/89 - NJW-RR 1991, 483-484.
[511] BGH v. 22.12.1976 - IV ZR 146/75 - WM 1977, 317-318.
[512] BGH v. 22.12.1976 - IV ZR 146/75 - WM 1977, 317-318.
[513] BGH v. 24.11.1995 - V ZR 40/94 - LM BGB § 278 Nr. 129 (3/1996).
[514] BGH v. 24.11.1995 - V ZR 40/94 - LM BGB § 278 Nr. 129 (3/1996); BGH v. 27.11.1998 - V ZR 344/97 - BGHZ 140, 111-117; OLG Hamm v. 08.06.2000 - 22 U 172/99 - NJW-RR 2001, 564-565; OLG Stuttgart v. 24.01.2011 - 13 U 148/10 - NJW-RR 2011, 918-921.

nungsproblematik.[515] Insbesondere wenn der Auftraggeber dem Makler die Verhandlungsführung mit dem Interessenten für den Abschluss des Hauptvertrags überlässt, wird der Makler zum **Erfüllungsgehilfen des Auftraggebers**.[516] Dies gilt selbst dann, wenn er ohne eigenen Verhandlungsspielraum vorgegebene Vertragskonditionen einzuhalten hatte, da dies nichts daran ändert, dass ihm die Erfüllung der vorvertraglichen Sorgfaltspflichten überlassen war.[517]

Daneben kommt eine **Wissenszurechnung** entsprechend § 166 Abs. 1 BGB in Betracht, die z.B. auch im Rahmen von § 138 Abs. 1 BGB eine Rolle spielen kann.[518] Für den Bereich von § 123 BGB ist die Verantwortlichkeit des Geschäftsherrn auch dann bejaht worden, wenn der am Zustandekommen des Geschäfts Beteiligte wegen seiner engen Beziehung zum Geschäftsherrn als dessen Vertrauensperson erschien.[519] Der hierin zum Ausdruck kommende Rechtsgedanke gilt auch für Makler und kann auf § 278 BGB übertragen werden, wobei nicht entscheidend ist, ob dem Makler für die Verhandlungen Vertretungsmacht eingeräumt worden ist, sondern vielmehr, ob bei wertender Beurteilung der tatsächlichen Umstände sein Verhalten dem Geschäftsherrn zuzurechnen ist.[520] Dieser trägt daher das Risiko, dass er für ein Verschulden des Maklers nach § 278 BGB einstehen muss. **184**

Auch wer die gesamten Vertragsverhandlungen einem Makler als Repräsentanten überlassen hat und überdies zu diesem erkennbar in engen Geschäftsbeziehungen steht, kann sich allerdings von dessen vorvertraglichen Erklärungen gegenüber dem späteren Vertragspartner mit der Folge distanzieren, dass er ein Verschulden des Maklers nicht gemäß § 278 BGB wie ein eigenes Verschulden zu vertreten hat. Voraussetzung hierfür ist zum einen, dass die **Distanzierung** unmissverständlich vor dem Wirksamwerden des Vertragsschlusses erklärt wird und zum anderen, dass die Pflichtverletzung des Maklers noch nicht in einen Schaden des Vertragspartners umgeschlagen ist.[521] **185**

Im Übrigen hat der Auftraggeber ein Verschulden des Maklers nach § 278 BGB nur zu vertreten, wenn die gegen den Makler erhobenen Vorwürfe aus Sicht eines Außenstehenden ein Verhalten betreffen, das im inneren sachlichen **Zusammenhang mit dem Wirkungskreis** steht, der dem Erfüllungsgehilfen zugewiesen worden ist.[522] Rechtsgeschäftliche Erklärungen des Maklers über ein Kaufgrundstück wie beispielsweise die Zusicherung einer bestimmten Eigenschaft wirken nur dann unmittelbar für und gegen den Verkäufer, wenn sie innerhalb der ihm zustehenden Vertretungsmacht im Namen des Verkäufers abgegeben hat, und zwar bei Vermeidung der Nichtigkeit in der gesetzlich vorgeschriebenen Form der notariellen Beurkundung.[523] Wurde die Auflassung bereits im notariellen Kaufvertrag erklärt, so steht ein zwischenzeitlich einseitig erklärter Widerruf wegen der dinglichen Bindung der Auflassung der Heilung des Formmangels im Zeitpunkt der Eintragung nicht entgegen.[524] **186**

Welche Zurechnungsprobleme bei **Zwischenschaltung mehrerer Personen** auftreten können, verdeutlichte noch einmal ein vom V. Zivilsenat des BGH entschiedener Sachverhalt. Ein Erblasser konnte sich aufgrund einer schweren Krankheit nicht mehr um seine geschäftlichen Angelegenheiten kümmern und ließ sich insoweit durch seinen Sohn vertreten, der in der Folge einen Makler mit dem Verkauf eines Hausgrundstücks in seinem Namen beauftragte. Dabei gab der Sohn sein Wissen von einem teilweisen Holzbockbefall des Hauses nicht an den Makler weiter, was den Käufer später zur Geltendmachung eines Schadensersatzanspruchs wegen arglistiger Täuschung sowie wegen vorsätzlichen Verschuldens im vorvertraglichen Verhandlungsstadium bewog. Der V. Zivilsenat bestätigte hierzu seine frühere Rechtsprechung, wonach der Verkäufer für Verstöße gegen vorvertragliche Auf- **187**

---

[515] BGH v. 24.11.1995 - V ZR 40/94 - LM BGB § 278 Nr. 129 (3/1996); BGH v. 14.11.2000 - XI ZR 336/99 - LM BGB § 123 Nr. 85 (5/2001); OLG Hamm v. 01.03.1999 - 18 U 149/98 - NJW-RR 2000, 59-61.
[516] BGH v. 26.04.1991 - V ZR 165/89 - BGHZ 114, 263-273; BGH v. 24.11.1995 - V ZR 40/94 - LM BGB § 278 Nr. 129 (3/1996); BGH v. 24.09.1996 - XI ZR 318/95 - LM BGB § 278 Nr. 130 (1/1997); BGH v. 27.11.1998 - V ZR 344/97 - BGHZ 140, 111-117; BGH v. 14.11.2000 - XI ZR 336/99 - LM BGB § 123 Nr. 85 (5/2001); BGH v. 14.03.2003 - V ZR 308/02 - NJW 2003, 1811-1814; OLG Stuttgart v. 24.01.2011 - 13 U 148/10 - NJW-RR 2011, 918-921.
[517] BGH v. 24.11.1995 - V ZR 40/94 - LM BGB § 278 Nr. 129 (3/1996).
[518] BGH v. 08.11.1991 - V ZR 260/90 - LM BGB § 138 (Aa) Nr. 40 (8/1992).
[519] BGH v. 14.11.2000 - XI ZR 336/99 - LM BGB § 123 Nr. 85 (5/2001).
[520] BGH v. 24.11.1995 - V ZR 40/94 - LM BGB § 278 Nr. 129 (3/1996); BGH v. 14.11.2000 - XI ZR 336/99 - LM BGB § 123 Nr. 85 (5/2001).
[521] BGH v. 02.06.1995 - V ZR 52/94 - LM BGB § 278 Nr. 127 (11/1995).
[522] BGH v. 26.04.1991 - V ZR 165/89 - BGHZ 114, 263-273.
[523] BGH v. 23.03.1973 - V ZR 112/71 - BB 1973, 727.
[524] BGH v. 23.03.1973 - V ZR 112/71 - BB 1973, 727.

klärungspflichten haftet, die sich ein von ihm mit den Vertragsverhandlungen beauftragter Dritter zu Schulden kommen lässt,[525] wies aber zugleich darauf hin, dass es ihm als eigenes Verschulden anzurechnen ist, wenn er den Dritten nicht über die Umstände informiert, die dem Käufer zu offenbaren sind.[526]

188 Hiervon getrennt zu beantworten ist die Frage, inwieweit der Käufer in der soeben genannten Konstellation gegenüber dem Verkäufer das Schweigen des Sohnes gegenüber dem Makler für sich verwenden kann. Unbestritten ist, dass sich der Verkäufer, der sich zur Erteilung des Verkaufsauftrags an den Makler seines Sohnes bedient, dessen Kenntnis in seinem Verhältnis zum Makler als dem Empfänger der Willenserklärung in unmittelbarer Anwendung von § 166 BGB zurechnen lassen muss. Für sein Verhältnis zum Käufer erscheint dem BGH eine Wissenszurechnung dagegen nur in den Fällen gerechtfertigt, in denen der Vertreter die Angelegenheiten des Verkäufers in eigener Verantwortung zu erledigen und die dabei erlangten Informationen zur Kenntnis zu nehmen und weiterzugeben hat.[527] Hätte der Erblasser im streitgegenständlichen Sachverhalt seinen Sohn lediglich mit der Beauftragung des Maklers betraut, wäre danach eine Wissenszurechnung im Verhältnis zum Käufer von vornherein nicht in Betracht gekommen. Im Ergebnis gewichtet diese Rechtsprechung somit die **Gestaltungsfreiheit des Maklerkunden** höher als das Rechtsschutzbedürfnis seines Vertragspartners. Bedenkt man, dass die Erteilung von Vollmachten und Aufträgen allein in der Risikosphäre des Maklerkunden liegt, erheben sich Zweifel, die sich nicht nur auf die Fälle offenkundigen Missbrauchs beschränken. Konsequenter erscheint da die zu Bauträgermodellen ergangene Rechtsprechung des VII. Zivilsenats, nach der die Kenntnisse des vom Makler in seiner Eigenschaft als Verhandlungsgehilfen des Bauträgers eingeschalteten selbständigen Vermittlers über die einseitigen Vorstellungen des Erwerbers dem Bauträger zuzurechnen sind, wenn dieser mit der Einschaltung des Untermaklers rechnen musste.[528]

V. Kausalität zwischen Maklertätigkeit und Abschluss des Hauptvertrags

189 Konfliktpotential birgt in der Praxis vor allem die Feststellung der notwendigen Kausalität als vierter Tatbestandsvoraussetzung des Lohnanspruchs. Der BGH verlangt, dass die Tätigkeit des Maklers für den Abschluss des Hauptvertrags zwischen dem Auftraggeber und dem Dritten mitursächlich geworden ist.[529] Der Abschluss des Hauptvertrags muss sich mit anderen Worten zumindest auch als Ergebnis einer wesentlichen Maklerleistung darstellen.[530] Dadurch erhält der Maklerlohn den **Charakter einer Erfolgsprovision**, deren Realisierung allerdings durch den Auftraggeber verhindert werden kann, der nach dem gesetzlichen Leitbild in seiner Abschlussfreiheit unbeschränkt bleibt und zum Abschluss des Hauptvertrags nicht verpflichtet ist.[531] Allerdings wird die Ursächlichkeit der Maklertätigkeit nicht dadurch in Frage gestellt, dass der Auftraggeber die maßgeblichen Verhältnisse auch auf andere Weise hätte in Erfahrung bringen können, wenn er tatsächlich den Makler dafür in Anspruch genommen hat.[532] Sind mehrere Makler eingeschaltet, können diese aufgrund der lediglich vorausgesetzten Mitursächlichkeit sowohl nebeneinander als auch nacheinander zur Geltendmachung eines Lohnanspruchs berechtigt sein.[533]

---

[525] BGH v. 08.11.1991 - V ZR 260/90 - NJW 1992, 899.
[526] BGH v. 14.05.2004 - V ZR 120/03 - NZM 2004, 589.
[527] BGH v. 14.05.2004 - V ZR 120/03 - NZG 2004, 589.
[528] BGH v. 08.01.2004 - VII ZR 181/02 - NZM 2004, 393.
[529] BGH v. 24.05.1967 - VIII ZR 40/65 - LM Nr. 25 zu § 652 BGB; BGH v. 11.03.1970 - IV ZR 803/68 - WM 1970, 855; BGH v. 21.05.1971 - IV ZR 52/70 - BB 1971, 1124-1125; BGH v. 21.09.1973 - IV ZR 89/72 - WM 1974, 257; OLG Zweibrücken v. 15.12.1998 - 8 U 95/98 - NJW-RR 1999, 1502-1504.
[530] BGH v. 11.03.1970 - IV ZR 803/68 - WM 1970, 855; BGH v. 20.04.1983 - IVa ZR 232/81 - LM Nr. 83 zu § 652 BGB; BGH v. 27.01.1988 - IVa ZR 237/86 - NJW-RR 1988, 942-943; BGH v. 15.06.1988 - IVa ZR 170/87 - LM Nr. 116 zu § 652 BGB; BGH v. 16.05.1990 - IV ZR 337/88 - LM Nr. 118 zu § 652 BGB; BGH v. 15.05.2008 - III ZR 256/07 - NZM 2008, 656; OLG Zweibrücken v. 15.12.1998 - 8 U 95/98 - NJW-RR 1999, 1502-1504; OLG Frankfurt a.M. v. 19.11.2004 - 24 U 18/04 - ZMR 2005, 373-375.
[531] BGH v. 18.04.1966 - VIII ZR 111/64 - LM Nr. 17 zu § 652 BGB; BGH v. 22.02.1967 - VIII ZR 215/64 - LM Nr. 23 zu § 652 BGB.
[532] BGH v. 20.04.1983 - IVa ZR 232/81 - LM Nr. 83 zu § 652 BGB.
[533] BGH v. 02.04.1969 - IV ZR 781/68 - LM Nr. 29 zu § 652 BGB; BGH v. 11.03.1970 - IV ZR 803/68 - WM 1970, 855.

Da der Makler nicht für den Erfolg schlechthin, sondern für einen Arbeitserfolg belohnt wird, genügt es nicht, dass seine Tätigkeit für den Erfolg auf anderem Weg adäquat kausal geworden ist.[534] Maklertätigkeit und darauf beruhender Erfolgseintritt haben als Anspruchsvoraussetzungen gleiches Gewicht.[535] Das Kausalitätserfordernis ist nur erfüllt, wenn sich der Abschluss des Hauptvertrags als Verwirklichung einer Gelegenheit darstellt, die bei wertender Betrachtung unter **Berücksichtigung der Verkehrsauffassung** als identisch mit der vom Makler nachgewiesenen Gelegenheit zum Vertragsschluss anzusehen ist.[536] Der Auftraggeber muss also gerade die Vertragsgelegenheit ausgenutzt haben, die ihm vom Makler nachgewiesen worden ist. Identität wurde z.B. in einem Fall angenommen, in dem die Verhandlungen über den angestrebten Mietvertrag zunächst abgebrochen werden mussten, weil der bisherige Mieter an seinem Vertrag festhielt, nach kurzer Zeit aber vom Vermieter wieder aufgenommen werden konnten, weil der Mieter sich zwischenzeitlich zur Beendigung des Mietverhältnisses entschlossen hatte.[537]

190

Dies liegt auf der Linie der BGH-Rechtsprechung, nach der sich der Schluss auf den Ursachenzusammenhang von selbst ergeben soll, wenn der Makler die Gelegenheit zum Vertragsschluss nachgewiesen hat und dieser seiner Nachweistätigkeit in angemessenem Zeitabstand nachfolgt.[538] Nach Auffassung des III. Zivilsenats kann auch ein Zeitraum von mehr als einem halben Jahr zwischen dem Nachweis des Objekts und dem Abschluss des Hauptvertrags den Umständen nach noch den Schluss auf die Ursächlichkeit der Maklerleistungen nahe legen, selbst wenn die Kaufvertragsverhandlungen zwischenzeitlich abgebrochen worden waren.[539] In der instanzgerichtlichen Rechtsprechung ist z.B. ein Zeitraum von zwei bis drei Monaten,[540] von viereinhalb Monaten,[541] von sieben Monaten,[542] von zehn Monaten[543] und sogar von zwölf Monaten[544] zwischen der letzten Nachweistätigkeit und dem Abschluss des Kaufvertrags als angemessen angesehen worden, wohingegen die Grenze sowohl bei fünfzehn Monaten[545] als auch bei siebzehn Monaten[546] als überschritten angesehen wurde. Der BGH hat inzwischen klargestellt, dass nicht mehr ohne weiteres zugunsten des Maklers auf den notwendigen Ursachenzusammenhang geschlossen werden kann, wenn zwischen dem Nachweis und dem Abschluss des Hauptvertrags ein Jahr oder mehr vergangen ist.[547] Damit dürfte die maßgebliche zeitliche Obergrenze für die Geltung der **Kausalitätsvermutung** nunmehr manifestiert sein. Sie gilt auch dann, wenn sich der

191

---

[534] BGH v. 20.04.1983 - IVa ZR 232/81 - LM Nr. 83 zu § 652 BGB; BGH v. 27.01.1988 - IVa ZR 237/86 - NJW-RR 1988, 942-943; BGH v. 15.06.1988 - IVa ZR 170/87 - LM Nr. 116 zu § 652 BGB; BGH v. 23.11.2006 - III ZR 52/06 - NZM 2007, 371-372; BGH v. 15.05.2008 - III ZR 256/07 - NZM 2008, 656; OLG Bamberg v. 22.12.1997 - 4 U 134/97 - NJW-RR 1998, 565-566; OLG Hamm v. 16.06.1997 - 18 U 235/96 - NJW-RR 1998, 1070-1071; OLG Zweibrücken v. 15.12.1998 - 8 U 95/98 - NJW-RR 1999, 1502-1504.

[535] BGH v. 27.01.1988 - IVa ZR 237/86 - NJW-RR 1988, 942-943; BGH v. 15.06.1988 - IVa ZR 170/87 - LM Nr. 116 zu § 652 BGB; BGH v. 23.11.2006 - III ZR 52/06 - NZM 2007, 371-372; OLG Bamberg v. 22.12.1997 - 4 U 134/97 - NJW-RR 1998, 565-566.

[536] BGH v. 27.01.1988 - IVa ZR 237/86 - NJW-RR 1988, 942-943; BGH v. 18.01.1996 - III ZR 71/95 - LM BGB § 652 Nr. 138 (7/1996); BGH v. 25.02.1999 - III ZR 191/98 - NJW 1999, 1255; BGH v. 16.12.2004 - III ZR 119/04 - WM 2005, 1523-1528, 1527; BGH v. 13.12.2007 - III ZR 163/07 - EBE/BGH 2008, 34-36; OLG Bamberg v. 22.12.1997 - 4 U 134/97 - NJW-RR 1998, 565-566; OLG Dresden v. 18.03.1998 - 8 U 3047/97 - NJW-RR 1998, 994-995; OLG Hamm v. 16.06.1997 - 18 U 235/96 - NJW-RR 1998, 1070-1071.

[537] BGH v. 18.01.1996 - III ZR 71/95 - LM BGB § 652 Nr. 138 (7/1996).

[538] BGH v. 10.02.1971 - IV ZR 85/69 - LM Nr. 40 zu § 652 BGB; BGH v. 27.10.1976 - IV ZR 149/75 - LM Nr. 58 zu § 652 BGB; BGH v. 06.07.2006 - III ZR 379/04 - NJW 2006, 3062-3063; OLG Hamm v. 16.06.1997 - 18 U 235/96 - NJW-RR 1998, 1070-1071; OLG Zweibrücken v. 15.12.1998 - 8 U 95/98 - NJW-RR 1999, 1502-1504; OLG Koblenz v. 27.11.2003 - 5 U 547/03 - WuM 2004, 44; OLG Düsseldorf v. 05.09.2008 - 7 U 185/07 - NJW-RR 2009, 487-488, 488; LG Hamburg v. 07.07.2000 - 309 O 101/00 - NJW-RR 2001, 565-566.

[539] BGH v. 22.09.2005 - III ZR 393/04 - NJW 2005, 3779-3781, 3780.

[540] OLG Hamm v. 16.06.1997 - 18 U 235/96 - NJW-RR 1998, 1070-1071.

[541] LG Hamburg v. 07.07.2000 - 309 O 101/00 - NJW-RR 2001, 565-566.

[542] OLG Hamburg v. 28.04.2000 - 11 U 166/99 - MDR 2001, 24-25.

[543] OLG Frankfurt v. 06.09.2000 - 19 U 64/00 - NZM 2001, 908.

[544] OLG Frankfurt a.M. v. 19.11.2004 - 24 U 18/04 - ZMR 2005, 373-375.

[545] OLG Frankfurt v. 12.12.2003 - 24 U 5/02 - NJW-RR 2004, 704.

[546] OLG Bamberg v. 22.12.1997 - 4 U 134/97 - NJW-RR 1998, 565-566.

[547] BGH v. 06.07.2006 - III ZR 379/04 - NJW 2006, 3062-3063.

§ 652 jurisPK-BGB / Jäger

192 Nachweis auf einen Hauptvertrag bezieht, den der Auftraggeber von vornherein erst in ein bis zwei Jahren schließen will, jedoch soll dies bei der von der Kausalitätsvermutung gelösten tatrichterlichen Kausalitätsprüfung Berücksichtigung finden.[548]

192 Besteht ein Ursachenzusammenhang, kann die Provisionspflicht selbst dann nicht mit der Erwägung verneint werden, der Nachweis sei keine wesentliche Maklerleistung gewesen, wenn die Verhandlungen des Auftraggebers mit dem unverändert verkaufsbereiten Verkäufer zunächst scheitern und erst aufgrund einer Anzeige des Verkäufers[549] oder einer zufälligen Begegnung von Verkäufer und Käufer wieder aufgenommen werden.[550] Eine **Unterbrechung des Kausalzusammenhangs** kommt demgegenüber nur bei völlig neuen Verhandlungen in Betracht, die unabhängig von der Tätigkeit des Maklers aufgenommen werden, und muss zudem vom Auftraggeber dargelegt und bewiesen werden.[551] Bei einem zeitlichen Abstand von mehr als fünfzehn Monaten gehen die Gerichte allerdings vereinzelt von einer vom Makler zu widerlegenden Vermutung aus, dass der spätere Vertragsschluss ganz andere Gründe als die weit zurückliegende Maklerleistung hatte.[552]

193 Bei **Vorkenntnis des Auftraggebers** bezüglich des Objekts oder eines Interessenten ist es erforderlich, dass der Makler zusätzliche Informationen geliefert hat, die eine für den Vertragsschluss wesentliche Maklerleistung darstellten.[553] Um eine solche annehmen zu können, sehen es die Gerichte als notwendig und zugleich als ausreichend an, dass der Auftraggeber durch den Nachweis des Maklers den konkreten Anstoß bekommen hat, sich um das ihm bereits bekannte Objekt zu kümmern.[554] Um dem Auftraggeber von vornherein den Einwand abzuschneiden, der abgeschlossene Hauptvertrag beruhe nicht auf dem vom Makler gegebenen Hinweis, enthalten die Allgemeinen Geschäftsbedingungen der Makler oft Vorkenntnisklauseln, die den Auftraggeber zu einer schriftlichen Mitteilung verpflichten, wenn das Angebot bereits von anderer Seite unterbreitet wurde oder Verhandlungen darüber geführt werden.

194 Erfolgt die Mitteilung unter Angabe der Herkunft des Angebots nicht innerhalb einer regelmäßig knapp bemessenen Frist, so soll der Objektnachweis nach einer solchen **Vorkenntnisklausel** als durch deren Verwender erfolgt gelten. Dem Auftraggeber wird damit eine Obliegenheit zu Mitteilungen an den Makler auferlegt, die er ansonsten nicht hat. Schwerer wiegt, dass für den Fall der Nichterfüllung dieser Obliegenheit das zum Typus des Maklervertrags gehörende Merkmal der Ursächlichkeit zwischen der Maklertätigkeit und dem vom Auftraggeber vorgenommenen Vertragsschluss abbedungen wird, da eine Vorkenntnis bei Fristversäumnis nicht mehr geltend gemacht werden darf. Diese einseitig zum Nachteil des Auftraggebers wirkende Änderung des gesetzlichen Leitbilds des Maklervertrags wird vom BGH nur dann als wirksam anerkannt, wenn sie zwischen den Beteiligten ausdrücklich vereinbart worden ist.[555] Ist sie dagegen in einer vorformulierten Klausel in Allgemeinen Geschäftsbedingungen enthalten, verstößt sie gegen § 307 Abs. 2 Nr. 2 BGB und ist deshalb unwirksam.[556]

195 Für die Kenntnis des Auftraggebers von der Tätigkeit des Maklers wird auf den Zeitpunkt des Abschlusses des Hauptvertrags abgestellt. Der BGH hat allerdings bislang offen gelassen, ob insoweit ein **ungeschriebenes Tatbestandsmerkmal** von § 652 BGB anzuerkennen ist. Bei Unkenntnis lässt er es

---

[548] BGH v. 06.07.2006 - III ZR 379/04 - NJW 2006, 3062-3063.
[549] BGH v. 25.02.1999 - III ZR 191/98 - BGHZ 141, 40-48.
[550] OLG Celle v. 15.06.2000 - 11 U 184/99 - AIZ A 146 Bl 61.
[551] OLG Bamberg v. 22.12.1997 - 4 U 134/97 - NJW-RR 1998, 565-566; OLG Hamm v. 16.06.1997 - 18 U 235/96 - NJW-RR 1998, 1070-1071; OLG Zweibrücken v. 15.12.1998 - 8 U 95/98 - NJW-RR 1999, 1502-1504; OLG Hamburg v. 18.06.2002 - 11 U 229/01 - ZMR 2002, 839-841.
[552] OLG Frankfurt v. 12.12.2003 - 24 U 5/02 - NJW-RR 2004, 704.
[553] BGH v. 20.04.1983 - IVa ZR 232/81 - LM Nr. 83 zu § 652 BGB; BGH v. 12.12.1984 - IVa ZR 89/83 - LM Nr. 88 zu § 652 BGB; BGH v. 04.10.1995 - IV ZR 163/94 - NJW-RR 1996, 114-115; BGH v. 20.11.1997 - III ZR 57/96 - LM BGB § 652 Nr. 141 (8/1998); OLG Frankfurt v. 16.01.2009 - 19 W 87/08 - NZM 2009, 444.
[554] BGH v. 20.04.1983 - IVa ZR 232/81 - LM Nr. 83 zu § 652 BGB; BGH v. 12.12.1984 - IVa ZR 89/83 - LM Nr. 88 zu § 652 BGB; BGH v. 16.05.1990 - IV ZR 64/89 - LM Nr. 119 zu § 652; BGH v. 20.11.1997 - III ZR 57/96 - LM BGB § 652 Nr. 141 (8/1998); BGH v. 25.02.1999 - III ZR 191/98 - BGHZ 141, 40-48.
[555] BGH v. 10.02.1971 - IV ZR 85/69 - LM Nr. 40 zu § 652 BGB; OLG Frankfurt v. 03.08.1999 - 17 U 123/96 - NJW-RR 2000, 434-436.
[556] BGH v. 10.02.1971 - IV ZR 85/69 - LM Nr. 40 zu § 652 BGB; BGH v. 07.07.1976 - IV ZR 229/74 - LM Nr. 56 zu § 652 BGB.

ausnahmsweise genügen, dass der Hauptvertrag auch bei Kenntnis in gleicher Weise geschlossen worden wäre.[557]

Besondere Probleme bereitet die Feststellung einer Unterbrechung des Kausalzusammenhangs, da sie letztlich entscheidend von der Willensentschließung des Auftraggebers abhängt. Während das Ausnutzen der durch die Leistungen des Erstmaklers erlangten Kenntnisse für sich genommen der Annahme eines unterbrochenen Kausalverlaufs nicht entgegenstehen muss, wird sie andererseits nicht allein dadurch begründet, dass die Verhandlungen über einen längeren Zeitraum geruht haben.[558] In einem Fall wurde die Kausalität der Maklerleistung angenommen, obwohl der Käufer seine Kaufabsicht vorübergehend aufgegeben hatte, der ursprünglich verlangte Kaufpreis später heruntergehandelt wurde und zwischen dem Nachweis durch den Makler und dem endgültigen Vertragsschluss vier Jahre lagen, da die Parteien bereits durch einen Mietvertrag verbunden waren.[559] Hat der Auftraggeber das Geschäft, das sich aufgrund der Vermittlungstätigkeit seines Maklers im Verhandlungsstadium befand, einem Dritten überlassen, der anschließend den Hauptvertrag ohne Hinzuziehung des Maklers abschließt, nimmt der BGH eine Provisionspflicht des Auftraggebers an, wenn dieser an dem von dem Dritten abgeschlossenen Geschäft „wirtschaftlich weitgehend beteiligt" ist.[560] In einem solchen Fall kommt es für die **Frage der Mitursächlichkeit** insbesondere nicht auf die Auffassung des mit dem Makler nicht in Vertragsbeziehungen stehenden Dritten an, der Vertrag sei ausschließlich auf neue Verhandlungen zurückzuführen, an denen der Makler nicht beteiligt gewesen ist.[561]

196

Im Regelfall ist eine auf die Herbeiführung des Erstvertrags gerichtete Maklertätigkeit auch für den zweiten Vertragsschluss zwischen Auftraggeber und Drittem über den gleichen oder einen ähnlichen Gegenstand adäquat kausal. Der BGH lehnt eine „teleologische Einschränkung des Kausalitätsbegriffs" mangels gesetzlicher Grundlage als unzulässige Erweiterung der Entstehungsvoraussetzungen eines Maklerlohnanspruchs ab.[562] Der Grundsatz, wonach der Makler nach Zustandekommen eines Hauptvertrags nur dann eine Provision verlangen kann, wenn er mit der Herbeiführung gerade dieses oder eines wirtschaftlich gleichwertigen Vertrags beauftragt war, gilt jedoch auch für Folgeverträge. Diese sind daher nur dann provisionspflichtig, wenn der dem Makler erteilte Auftrag nicht nur auf das Zustandekommen des Erstvertrags, sondern zumindest konkludent auch auf das etwaiger Folgeverträge gerichtet war.[563] Die Feststellung einer Verpflichtung des Auftraggebers zur Zahlung von **Folgeprovisionen** ist daher nach Ansicht des BGH weniger eine Frage der Kausalität der Maklertätigkeit als vielmehr eine Frage der Auslegung des Maklervertrags.[564]

197

Soweit dem Makler z.B. die Herbeiführung eines Miet- oder Pachtvertrags übertragen sei, entspreche es in aller Regel nicht dem Parteiwillen, dass der Makler auch für Verlängerungsverträge eine Provision erhalte, an deren Zustandekommen er nicht unmittelbar mitgewirkt habe. Bei der Auslegung von Versicherungsmaklerverträgen seien dagegen die Besonderheiten dieses Geschäftszweigs zu beachten, die eine von der allgemeinen Praxis abweichende Behandlung rechtfertigen. So erhalte der **Versicherungsmakler** in der Regel keine einmalige Provision, sondern laufend Prozente von den Prämieneinnahmen des Versicherers, so dass die Verneinung eines Anspruchs auf Folgeprovision „zu einem seltsamen und der Billigkeit wenig entsprechenden Ergebnis führen" würde.[565] Der BGH stellt somit zur Feststellung einer Verpflichtung des Auftraggebers zur Zahlung von Folgeprovisionen entscheidend auf die Verkehrsauffassung sowie einen im Einzelfall feststellbaren Handelsbrauch ab. Den gleichen

198

---

[557] BGH v. 06.07.1994 - IV ZR 101/93 - LM BGB § 652 Nr. 135 (12/1994).

[558] BGH v. 21.09.1973 - IV ZR 89/72 - WM 1974, 257; BGH v. 20.03.1991 - IV ZR 93/90 - NJW-RR 1991, 950-951; OLG Frankfurt v. 06.09.2000 - 19 U 64/00 - NZM 2001, 908; OLG Hamburg v. 28.04.2000 - 11 U 166/99 - MDR 2001, 24-25; OLG Hamburg v. 18.06.2002 - 11 U 229/01 - ZMR 2002, 839-841; OLG Hamburg v. 16.10.2002 - 12 U 13/02 - ZMR 2004, 45-46; OLG Celle v. 15.06.2000 - 11 U 184/99 - AIZ A 146 Bl 61; LG Hamburg v. 07.07.2000 - 309 O 101/00 - NJW-RR 2001, 565-566.

[559] OLG Hamburg v. 16.10.2002 - 12 U 13/02 - ZMR 2004, 45-46.

[560] BGH v. 14.12.1959 - II ZR 241/58 - LM Nr. 7 zu § 652 BGB.

[561] BGH v. 14.12.1959 - II ZR 241/58 - LM Nr. 7 zu § 652 BGB.

[562] BGH v. 27.11.1985 - IVa ZR 68/84 - LM Nr. 100 zu § 652 BGB.

[563] BGH v. 13.06.1990 - IV ZR 141/89 - NJW-RR 1991, 51-52; OLG Düsseldorf v. 28.11.1997 - 7 U 63/97 - NJW-RR 1998, 1594-1595.

[564] BGH v. 27.11.1985 - IVa ZR 68/84 - LM Nr. 100 zu § 652 BGB; BGH v. 13.06.1990 - IV ZR 141/89 - NJW-RR 1991, 51-52; OLG Düsseldorf v. 28.11.1997 - 7 U 63/97 - NJW-RR 1998, 1594-1595.

[565] BGH v. 27.11.1985 - IVa ZR 68/84 - LM Nr. 100 zu § 652 BGB.

§ 652

Orientierungsmaßstab verwendet er zur Beantwortung der Frage, ob der Folgevertrag vom Erstvertrag wesentlich abweicht und nach welchen Kriterien provisionspflichtige von nicht provisionspflichtigen Folgeverträgen abzugrenzen sind.[566]

D. Rechtsfolgen

I. Provisionsanspruch

199 Wenn die vorgenannten Tatbestandsvoraussetzungen vorliegen, hat der Makler einen **Anspruch auf Lohnzahlung**. Die Höhe der üblicherweise als Provision oder Courtage bezeichneten Vergütung des Maklers wird in aller Regel im Maklervertrag ausdrücklich festgelegt und errechnet sich dann aus einem bestimmten Prozentsatz der im Hauptvertrag von einer Seite geschuldeten Geldleistung, die z.B. Kaufpreis, Darlehensbetrag oder Miete sein kann.[567] Hierin kommt zum Ausdruck, dass es nicht entscheidend ist, welche Mühen dem Makler seine Tätigkeit kostet, sondern was dem Auftraggeber der durch den Makler ermöglichte Geschäftsabschluss wert ist.[568] Bei unklaren oder sich widersprechenden Erklärungen ermitteln die Gerichte den gemeinsamen Parteiwillen im Wege der Auslegung.[569] Dies gilt auch für die maßgebliche Berechnungsgrundlage, deren verbindliche Feststellung in der Praxis den häufigsten Streitpunkt darstellt. Die Beschränkung der Provisionsvereinbarung auf die Bestimmung einer Berechnungsmethode wird zwar von den Gerichten als ausreichend angesehen,[570] birgt aber von vornherein erhebliches Konfliktpotential und sollte daher die Ausnahme bleiben. Vorzugswürdig erscheint demgegenüber die möglichst konkrete Bezeichnung der Berechnungsgrundlage und ihrer einzelnen Bestandteile bereits im Maklervertrag.

200 Nach der Rechtsprechung des BGH erwirbt der Makler seinen Lohnanspruch erst mit dem Abschluss des Hauptvertrags.[571] Zuvor entsteht mit Abschluss des Maklervertrags eine rechtlich geschützte **Anwartschaft auf den Vergütungsanspruch**, den sich der Makler im Anschluss durch seine Nachweis- oder Vermittlungstätigkeit verdient.[572] Bei Vorliegen eines wirksamen Hauptvertrags wird der Lohnanspruch nach § 271 BGB fällig, während etwa vorhandene vertragliche Fälligkeitsregelungen im Zweifel der Auslegung bedürfen. Sie können entweder die Fälligkeit zugunsten des Auftraggebers auf einen späteren Zeitpunkt verlegen oder aber die Annahme begründen, dass die Entstehung des Lohnanspruchs von einer Bedingung abhängig sein soll.[573]

201 Haben die Parteien nur die Fälligkeit, nicht aber die Entstehung des Anspruchs von der Ausführung des Hauptvertrags abhängig gemacht, so kann der Umstand, dass es überhaupt nicht zur Ausführung des Hauptvertrags gekommen ist, nicht dazu führen, dass der Makler überhaupt keinen Lohn erhält, da ansonsten der Abrede entgegen dem Parteiwillen der Charakter einer Bedingung beigelegt würde.[574] In einem solchen Fall liegt vielmehr eine Lücke im Vertrag vor, die durch ergänzende Auslegung zu schließen ist. Der BGH bestimmt den **Fälligkeitszeitpunkt** nach Treu und Glauben unter Berücksichtigung des vermutlichen Parteiwillens und geht dabei davon aus, dass der Maklerlohn in der Regel nach Ablauf der Zeitspanne als fällig angesehen werden kann, innerhalb derer die Ausführung des Hauptvertrags erwartet werden konnte.[575]

---

[566] BGH v. 27.11.1985 - IVa ZR 68/84 - LM Nr. 100 zu § 652 BGB.
[567] BGH v. 19.04.1967 - VIII ZR 91/65 - LM Nr. 24 zu § 652 BGB.
[568] BGH v. 19.04.1967 - VIII ZR 91/65 - LM Nr. 24 zu § 652 BGB.
[569] BGH v. 15.03.1995 - IV ZR 25/94 - NJW 1995, 1738-1739.
[570] BGH v. 18.09.1985 - IVa ZR 139/83 - LM Nr. 12 zu § 316 BGB.
[571] BGH v. 03.03.1965 - VIII ZR 266/63 - LM Nr. 15 zu § 652 BGB; BGH v. 07.07.1982 - IVa ZR 50/81 - LM Nr. 80 zu § 652 BGB.
[572] BGH v. 03.03.1965 - VIII ZR 266/63 - LM Nr. 15 zu § 652 BGB.
[573] BGH v. 19.06.1980 - IVa ZR 11/80 - LM Nr. 68 zu § 652 BGB; BGH v. 18.04.1966 - VIII ZR 111/64 - LM Nr. 17 zu § 652 BGB; BGH v. 27.02.1985 - IVa ZR 121/83 - LM Nr. 90 zu § 652 BGB; BGH v. 06.03.1991 - IV ZR 53/90 - LM 1992, Nr. 1, § 652 BGB Nr. 124; OLG Frankfurt v. 29.05.2001 - 14 U 107/00 - NJW-RR 2002, 54-55.
[574] BGH v. 19.06.1980 - IVa ZR 11/80 - LM Nr. 68 zu § 652 BGB; BGH v. 27.02.1985 - IVa ZR 121/83 - LM Nr. 90 zu § 652 BGB.
[575] BGH v. 19.06.1980 - IVa ZR 11/80 - LM Nr. 68 zu § 652 BGB; BGH v. 27.02.1985 - IVa ZR 121/83 - LM Nr. 90 zu § 652 BGB; OLG Frankfurt v. 29.05.2001 - 14 U 107/00 - NJW-RR 2002, 54-55.

Ortsübliche Handelsbräuche werden von den Gerichten in der Regel berücksichtigt, so dass beispielsweise bei Mietverträgen mit Staffelmiete aufgrund entsprechender Gepflogenheiten der anfängliche Mietzins als **Berechnungsgrundlage** maßgeblich sein kann. Der Maklerlohn für den Nachweis der Gelegenheit zum Kauf eines Hotelprojekts richtet sich nicht nach den Baukosten, denn das sind Folgekosten des Projekterwerbs, sondern nach dem Preis für die Projektübernahme und nach den Kosten für das Baugrundstück, dessen Erwerb als Bedingung in den Projektübernahmevertrag aufgenommen worden war.[576] Bei einer Geschäftsraummiete wird als Bemessungsgrundlage der Bruttomietzins inklusive Mehrwertsteuer zugrunde gelegt, wenn der Mietzins im Mietvertrag als Bruttomiete bestimmt ist. Tritt der Verkäufer einen ihm gegen seine Versicherung zustehenden Anspruch wegen eines Brandschadens der Immobilie an den Erwerber ab und ist die entsprechende Versicherungssumme im Kaufpreis enthalten, bemisst sich die Vergütung des Maklers lediglich nach dem Differenzbetrag zwischen Kaufpreis und Versicherungsleistung.[577]

202

Ergeben sich Probleme bei der Ermittlung der Vergütung, kann der Makler nach allgemeinen Rechtsgrundsätzen (§ 242 BGB) einen **Auskunftsanspruch** gegen den Auftraggeber geltend machen, wenn er in entschuldbarer Weise über das Bestehen oder den Umfang seines Provisionsanspruchs im ungewissen ist und der Auftraggeber die zur Beseitigung dieser Ungewissheit erforderliche Auskunft unschwer erteilen kann.[578] Der Auskunftsanspruch erfasst allerdings immer nur die für die Entstehung und Berechnung des Provisionsanspruchs maßgeblichen Tatsachen, dagegen nie die Höhe der geltend gemachten Provision.[579] Verweigert der Auftraggeber die geforderten Angaben über die Person des Käufers und den Kaufpreis, kann der Makler auf der Grundlage von § 12 GBO Einsicht in das Grundbuch verlangen, sofern er hierfür ein berechtigtes Interesse geltend machen kann, das die Gerichte dann bejahen, wenn die behauptete Entstehung eines nach der Kaufpreishöhe zu berechnenden Provisionsanspruchs sehr wahrscheinlich ist.[580] Hat der Makler seinen Auskunftsanspruch im Wege der Stufenklage geltend gemacht und hat das erstinstanzliche Gericht hierüber durch Teilurteil entschieden, kann das Berufungsgericht die Stufenklage in einem einheitlichen Endurteil insgesamt abweisen, sofern es den Hauptanspruch für unbegründet hält, da das Bestehen auf einer erstinstanzlichen Entscheidung insoweit als prozessunwirtschaftlich und entbehrlich erachtet wird.[581]

203

Die Gerichte halten auch **Übererlösabreden**, nach denen sich die Höhe der Provision aus der Differenz zwischen dem ursprünglich vorgesehenen und dem tatsächlich erzielten Vertragspreis ergibt, für grundsätzlich zulässig.[582] Allerdings sind immer die konkreten Vertragsumstände zu beachten, aus denen sich im Einzelfall die Sittenwidrigkeit der Vereinbarung ergeben kann.[583] Der BGH hat in einem Fall eine Übererlösabrede für zulässig erachtet, in dem die Maklerprovision am Ende 29% des Kaufpreises betragen hatte.[584] In einem anderen Fall reichte ihm eine Quote von 27,7% zur Bejahung der Sittenwidrigkeit, weil der Makler mit dem Grundstücksverkäufer durch einen qualifizierten Alleinauftrag verbunden war und ihn gleichwohl nicht von der Bereitschaft des Nachbarn unterrichtet hatte, für das zu verkaufende Grundstück einen hohen Preis zu zahlen, vielmehr stattdessen mit dem Verkäufer eine Übererlösklausel vereinbarte und vom Nachbarn einen Preis forderte, der ihm die Quote als Provision sicherte.[585]

204

---

[576] OLG Frankfurt v. 14.05.1998 - 1 U 13/95 - NJW-RR 1999, 1279-1280.
[577] OLG Stuttgart v. 23.12.2009 - 3 U 126/09 - NZM 2010, 590-591.
[578] BGH v. 08.10.1986 - IVa ZR 20/85 - NJW-RR 1987, 173-174; BGH v. 07.02.1990 - IV ZR 314/88 - NJW-RR 1990, 1370-1371; OLG Naumburg v. 29.10.2010 - 10 U 14/10 - IMR 2011, 113.
[579] BGH v. 07.02.1990 - IV ZR 314/88 - NJW-RR 1990, 1370-1371.
[580] OLG Dresden v. 03.12.2009 - 3 W 1228/09 - IMR 2010, 249; OLG Stuttgart v. 28.09.2010 - 8 W 412/10 - IMR 2010, 538.
[581] OLG Naumburg v. 29.10.2010 - 10 U 14/10 - IMR 2011, 113; zur Feststellung des Beschwerdewerts für das Rechtsmittel des zur Auskunft Verpflichteten BGH v. 28.10.2010 - III ZB 28/10 - IMR 2011, 81.
[582] BGH v. 16.04.1969 - IV ZR 784/68 - WM 1969, 886; BGH v. 25.06.1969 - IV ZR 793/68 - LM Nr. 34 zu § 652 BGB; BGH v. 08.11.1991 - V ZR 260/90 - LM BGB § 138 (Aa) Nr. 40 (8/1992); OLG Düsseldorf v. 05.02.1999 - 7 U 132/98 - NJW-RR 1999, 1140-1141; OLG Brandenburg v. 12.10.1999 - 11 U 116/98 - NJW-RR 2000, 1505-1506; KG Berlin v. 10.02.2000 - 10 U 4183/98 - NZM 2001, 481.
[583] BGH v. 16.02.1994 - IV ZR 35/93 - BGHZ 125, 135-140.
[584] BGH v. 16.04.1969 - IV ZR 784/68 - WM 1969, 886.
[585] BGH v. 16.02.1994 - IV ZR 35/93 - BGHZ 125, 135-140.

205 Tritt der Makler erkennbar als Vermittlungsmakler des Verkäufers auf und ist er dem Kaufinteressenten gegenüber lediglich zum Nachweis verpflichtet, dann muss dieser damit rechnen, dass der Makler bestrebt sein wird, einen möglichst hohen Kaufpreis zu erzielen.[586] Der BGH hat daher wiederholt entschieden, dass der Makler in einem solchen Fall nicht verpflichtet ist, dem Kaufinteressenten eine bestehende Übererlösvereinbarung mit dem Verkäufer zu offenbaren.[587] Zugleich hat er allerdings hervorgehoben, dass der Makler auch in diesem Fall keineswegs berechtigt ist, dem Kaufinteressenten gegenüber unrichtige Angaben zu machen.[588] Bei Vereinbarung eines Erfolgshonorars mit dem Verkäufer in Form einer Übererlösabrede werden zumindest dann **gesteigerte Sorgfaltspflichten** in Bezug auf die zutreffende Unterrichtung über den erzielbaren Kaufpreis statuiert, wenn der Auftraggeber selbst nicht sachkundig ist und damit auch keine Vorstellungen über den tatsächlichen Verkehrswert und den erzielbaren Preis hat.[589]

206 Jedenfalls in solchen Fällen verstoße der Makler vorwerfbar gegen die ihm obliegenden Pflichten, wenn er den Auftraggeber, der als Nichtfachmann allenfalls Wunschvorstellungen über den erzielbaren Kaufpreis hat, nicht aufkläre und berate oder sogar unzutreffend unterrichte. Dabei sei in Bezug auf eine fehlerhafte Information zu beachten, dass es sich bei der Abrede einer Übererlösklausel für den im Grundstücksgeschäft Unerfahrenen um eine besonders gefährliche Vereinbarung handele und zudem immer die Gefahr einer Interessenkollision zwischen den Wünschen des Verkäufers nach einem hohen Erlös und denen des Maklers nach einem hohen Gewinn bestehe. Allein aus diesen Gründen wird ein eng bemessener, auf zuverlässiger Grundlage beruhender **Beurteilungsspielraum des Maklers** bei der Berechnung des Verkehrswerts des Objekts und damit der Erlösbeteiligung angenommen, dessen Verletzung eine vorwerfbare Pflichtwidrigkeit darstellt.[590]

207 Eine grundlegend andere Beurteilung kann in Konstellationen gerechtfertigt sein, in denen der Auftraggeber zur Vermittlung seines Objekts an Erwerbsinteressenten einen spezialisierten Immobilienvertrieb einschaltet und sich dabei weitgehend seiner Abschlussfreiheit begibt, indem er sich vertraglich verpflichtet, mit jedem vermittelten Interessenten auf **Verlangen des Vertriebs** einen notariellen Kaufvertrag abzuschließen, sofern eine Käuferfinanzierung nachgewiesen werden konnte. Wird das gesetzliche Leitbild des Maklervertrags zudem dadurch verlassen, dass die Provision bereits mit der Unterzeichnung des Kaufvertragsangebots und nach Vorlage eines Darlehensvertrags fällig werden soll, kann deren vermeintliche Sittenwidrigkeit nicht aus einer bloß schematischen Gegenüberstellung der üblichen Maklerprovision mit einer in Höhe von 30% des Grundstücksverkaufspreises vereinbarten Vertriebsprovision hergeleitet werden.[591]

208 Mit Hilfe einer **Maklerklausel** im Hauptvertrag wird üblicherweise versucht, die Befriedigung der Ansprüche eines eingeschalteten Maklers ausschließlich dem Vertragsgegner aufzubürden.[592] Wird der Hauptvertrag zurück abgewickelt, stellt sich die Frage, ob in der Klausel ein eigenständiger Schuldgrund gesehen werden kann und infolgedessen der Lohnanspruch des Maklers erhalten bleibt. Die Gerichte stellen entscheidend darauf ab, ob die Anwendung der Maklerklausel eine Abweichung vom gesetzlichen Leitbild des Maklervertrags bewirkt, wonach grundsätzlich nur der Auftraggeber des Maklers zur Lohnzahlung verpflichtet ist. Ist das nicht der Fall, weil sich der durch die Klausel Verpflichtete ohnehin einem maklervertraglichen Lohnanspruch gegenübersieht, wird kein neuer Schuldgrund geschaffen, selbst wenn die entsprechende Vereinbarung erst nachträglich anlässlich eines Notartermins getroffen wurde.[593] Letztlich kommt es auf die Umstände des Einzelfalls und vor allem auf die Würdigung der von den Parteien abgegebenen Erklärungen an, deren Auslegung ergeben kann, dass ein ei-

---

[586] BGH v. 13.03.1985 - IVa ZR 222/83 - LM Nr. 15 zu § 654 BGB.
[587] BGH v. 16.01.1970 - IV ZR 1162/68 - LM Nr. 36 zu § 654 BGB.
[588] BGH v. 13.03.1985 - IVa ZR 222/83 - LM Nr. 15 zu § 654 BGB.
[589] OLG Düsseldorf v. 16.02.1996 - 7 U 50/95 - NJW-RR 1996, 1012-1013; OLG Düsseldorf v. 10.05.1996 - 7 U 86/95 - NJW-RR 1997, 1278-1280; OLG Düsseldorf v. 05.02.1999 - 7 U 132/98 - NJW-RR 1999, 1140-1141.
[590] OLG Düsseldorf v. 16.02.1996 - 7 U 50/95 - NJW-RR 1996, 1012-1013; OLG Düsseldorf v. 10.05.1996 - 7 U 86/95 - NJW-RR 1997, 1278-1280; OLG Düsseldorf v. 05.02.1999 - 7 U 132/98 - NJW-RR 1999, 1140-1141.
[591] BGH v. 20.02.2003 - III ZR 184/02 - NJW-RR 2003, 699-700.
[592] BGH v. 16.04.1969 - IV ZR 784/68 - WM 1969, 886; BGH v. 11.01.2007 - III ZR 7/06 - WM 2007, 696-698; OLG Hamburg v. 15.06.2001 - 11 U 240/00 - ZMR 2002, 57-59; *Bethge*, NZM 2002, 193-200; *Althammer*, NZM 2008, 25-29.
[593] BGH v. 21.02.1990 - IV ZR 333/88 - NJW-RR 1990, 628-629; BGH v. 06.03.1991 - IV ZR 53/90 - LM 1992, Nr. 1, § 652 BGB Nr. 124; OLG Dresden v. 27.10.1999 - 8 U 1676/99 - Grundeigentum 1999, 1644-1645.

genständiges Forderungsrecht des Maklers begründet werden sollte.[594] Ist dies zu bejahen, überdauert der Anspruch des Maklers auf die Käuferprovision auch einen Vorkaufsfall und richtet sich sodann gegen den Vorkaufsberechtigten.[595] Unklare Regelungen in Allgemeinen Geschäftsbedingungen gehen im Zweifel zu Lasten des Maklers (§ 305c Abs. 2 BGB) und können daneben als Überraschungsklausel im Sinne von § 305c Abs. 1 BGB unwirksam sein, wenn sie sich an einer nicht zu erwartenden Stelle des Vertrags befinden, die keinen Sachzusammenhang aufweist.[596]

Eine weitere Abweichung von der gesetzlichen Entlohnungsregel wird durch eine **Übernahmeklausel** im Hauptvertrag bewirkt, die den Vertragspartner auch ohne Inanspruchnahme einer mit dem Auftraggeber vertraglich vereinbarten Maklertätigkeit zur Vergütung anstelle des Auftraggebers verpflichtet und damit einen von einer echten Maklerleistung unabhängigen Schuldgrund schafft. Auch hier kann in der Regel erst mit Hilfe einer an Wortlaut, Sinn, Zweck und Entstehungsgeschichte der Klausel orientierten Auslegung festgestellt werden, ob eine solche Vereinbarung als Vertrag zugunsten Dritter im Sinne von § 328 Abs. 1 BGB, als Schuldübernahme oder als Schuldbeitritt zu qualifizieren ist.[597] Wer sich auf die einverständliche Aufhebung eines Vertrags beruft, muss mit Rücksicht auf die Interessenlage ausdrücklich behaupten, dass insbesondere seine in diesem Vertrag erklärte Übernahme der Zahlungsverpflichtung des Vertragsgegners gegenüber einem Dritten ebenfalls aufgehoben worden ist, wenn der Dritte von ihm wegen der übernommenen Verpflichtung Zahlung verlangt.[598]

209

Da der Verkäufer dann, wenn er aus in der Person des Käufers liegenden Gründen mit der Rückabwicklung des Hauptvertrags einverstanden sei, regelmäßig kein Interesse daran habe, trotz Verlusts der Verkaufsgelegenheit zur Zahlung der Maklerprovision verpflichtet zu bleiben, müsse der Käufer, der im Kaufvertrag die Zahlung der Maklerprovision übernommen habe, die **einverständliche Aufhebung** auch gerade dieser Übernahmeverpflichtung gegenüber dem Zahlungsbegehren des Maklers behaupten.[599] Dies gelte jedenfalls dann, wenn der Sachverhalt die Aufhebung des Vertrags aus Gründen nahe lege, die in der Person des Käufers liegen. Allerdings müsse gemäß § 328 Abs. 2 BGB in Ermangelung einer besonderen Bestimmung dem Zweck des Vertrags und den sonstigen Umständen entnommen werden, ob die Vertragschließenden sich die Befugnis vorbehalten haben, das Recht des Dritten ohne dessen Zustimmung aufzuheben.[600] Auch spreche vieles dafür, der einvernehmlichen Aufhebung den Fall der Ausübung eines vertraglichen Rücktrittsrechts durch eine der Hauptvertragsparteien gleichzustellen, also auch in einem solchen Fall die Auswirkungen auf das Forderungsrecht des Maklers nach § 328 Abs. 2 BGB zu beurteilen.[601] Soweit es sich um eine Erfüllungsübernahme im Sinne von § 329 BGB handelt, gilt als Auslegungsregel, dass im Zweifel nicht anzunehmen ist, der Makler solle unmittelbar das Recht erwerben, Befriedigung vom Vertragspartner seines Auftraggebers zu fordern.

210

II. Steuerfragen

Zahlt ein Unternehmen im Zusammenhang mit dem Abschluss eines Mietvertrags über Geschäftsräume eine Maklerprovision, ist diese als laufende **Betriebsausgabe** abzugsfähig und kann unter keinem Gesichtspunkt aktiviert werden.[602] Da der aus der Maklertätigkeit erlangte Vorteil dem Unterneh-

211

---

[594] BGH v. 12.03.1998 - III ZR 14/97 - BGHZ 138, 170-176.

[595] BGH v. 14.12.1995 - III ZR 34/95 - BGHZ 131, 318-325.

[596] OLG Düsseldorf v. 16.08.1996 - 7 U 182/95 - NJW-RR 1997, 370; KG Berlin v. 29.01.2001 - 10 U 9612/99 - NJW-RR 2002, 490-491.

[597] BGH v. 30.06.1976 - IV ZR 207/74 - WM 1976, 1158; BGH v. 22.12.1976 - IV ZR 52/76 - LM Nr. 60 zu § 652 BGB; BGH v. 22.09.2005 - III ZR 295/04 - NJW 2005, 3778-3779; OLG Hamm v. 06.07.1995 - 18 U 72/95 - NJW-RR 1996, 1081-1082; OLG Hamm v. 30.10.1997 - 18 U 35/97 - MDR 1998, 269-270; OLG Hamm v. 21.01.1999 - 18 U 142/98 - NJW-RR 1999, 999-1000; OLG Frankfurt v. 29.05.2001 - 14 U 107/00 - NJW-RR 2002, 54-55; LG Hamburg v. 23.04.1998 - 305 O 8/98 - NJW-RR 1998, 1665; LG Erfurt v. 10.06.1999 - 7 O 3165/98 - NJW-RR 2001, 1132-1133; *Althammer*, NZM 2006, 163-167.

[598] BGH v. 15.01.1986 - IVa ZR 46/84 - LM Nr. 101 zu § 652 BGB; OLG Hamburg v. 02.06.1998 - 11 U 176/96 - OLGR Hamburg 1998, 259-262.

[599] BGH v. 15.01.1986 - IVa ZR 46/84 - LM Nr. 101 zu § 652 BGB.

[600] BGH v. 15.01.1986 - IVa ZR 46/84 - LM Nr. 101 zu § 652 BGB; OLG Hamburg v. 02.06.1998 - 11 U 176/96 - OLGR Hamburg 1998, 259-262; OLG Dresden v. 27.10.1999 - 8 U 1676/99 - Grundeigentum 1999, 1644-1645; OLG Frankfurt v. 29.05.2001 - 14 U 107/00 - NJW-RR 2002, 54-55; OLG Schleswig v. 26.10.2001 - 14 U 31/01 - NJW-RR 2002, 782-783.

[601] OLG Dresden v. 27.10.1999 - 8 U 1676/99 - Grundeigentum 1999, 1644-1645; OLG Schleswig v. 26.10.2001 - 14 U 31/01 - NJW-RR 2002, 782-783.

[602] BFH v. 19.06.1997 - IV R 16/95 - NJW 1997, 3262-3263.

men nicht erhalten bleibe, nicht selbständig bewertet werden könne und im Rechtsverkehr auch nicht als eigenständiges Bewertungsobjekt behandelt werde, könne aus dem Umstand der Provisionszahlung für sich genommen nicht auf die Existenz eines selbständigen Wirtschaftsguts geschlossen werden.[603]

212 Vorwiegend für Arbeitnehmer stellt sich die Frage, ob sie eine im Zusammenhang mit ihrem Umzug an den neuen Arbeitsort gezahlte Maklerprovision als **Werbungskosten** bei den Einkünften aus nichtselbständiger Arbeit abziehen können. Grundsätzlich sind die Aufwendungen für einen Wohnungswechsel wie die Kosten für die Wohnung selbst dem privaten Lebensbereich zuzurechnen und daher steuerlich nicht zu berücksichtigen. Sie werden aber als Werbungskosten anerkannt, wenn der Umzug beruflich veranlasst ist. In einem solchen Fall zählen zu den Umzugskosten auch Maklergebühren, wenn am neuen Arbeitsort eine angemessene Wohnung angemietet wird. Maklerkosten, die bei einem beruflich veranlassten Umzug für den Erwerb eines selbst genutzten Hauses oder einer Eigentumswohnung anfallen, werden dagegen zu den Anschaffungskosten der Immobilie gerechnet, die wegen der ausschließlich privaten Nutzung zum nicht steuerbaren Bereich zählen und sich dem gemäß auf die Einkunftermittlung nicht auswirken können.[604] Dieses Abzugsverbot gilt auch in der Höhe fiktiver Aufwendungen für die Vermittlung einer gleichwertigen Mietwohnung.[605] Schließlich wird auch Maklergebühren, die im Zusammenhang mit der Veräußerung eines Eigenheims anlässlich eines berufsbedingten Umzugs angefallen sind, die Anerkennung als Werbungskosten bei den Einkünften aus nichtselbständiger Arbeit versagt.[606]

III. Aufwendungsersatzanspruch

213 Vom Lohnanspruch des Maklers zu unterscheiden ist sein Aufwendungsersatzanspruch, der ausdrücklich vereinbart worden sein muss, dann aber auch besteht, wenn kein Hauptvertrag zustande kommt (§ 652 Abs. 2 BGB). Ist in einer solchen Vereinbarung lediglich allgemein von Aufwendungen die Rede, zählen die Gerichte hierzu nur bare Auslagen für Exposés, Anzeigen, Objektfahrten sowie Post- und Schreibarbeit, nicht dagegen allgemeine Kosten für Büro-, Personal- und Zeitaufwand, die bereits durch die Einnahmen aus erfolgreicher Tätigkeit gedeckt sind, und erst recht nicht den Gewinn.[607] Aus Sicht des Maklers empfiehlt es sich daher, in der einzelvertraglichen Abrede auf eine eindeutige Bezeichnung der erstattungsfähigen Aufwendungen Wert zu legen. Allerdings ist hier wie schon beim Maklerlohn zu beachten, dass eine übertriebene Höhe der Aufwandsentschädigung zur **Formbedürftigkeit der Vereinbarung** führen kann, wenn dadurch eine unangemessene Drucksituation zu Lasten des Auftraggebers erzeugt wird.[608]

214 In der Praxis sind **Aufwendungsklauseln** in den Allgemeinen Geschäftsbedingungen des Maklers üblich, die auch für den Fall des Scheiterns des Hauptvertrags einen Aufwendungsersatzanspruch vorsehen. Sie werden von den Gerichten trotz der damit bewirkten Erfolgsunabhängigkeit des Anspruchs als zulässig erachtet, wenn sie sich ausschließlich auf den Ersatz des konkreten materiellen Aufwands beziehen.[609] In diesem Umfang werden auch pauschalierte Höchstbeträge als unbedenklich angesehen.[610] Damit wird dem berechtigten Interesse des Maklers Rechnung getragen, sich gegen ein willkürliches Verhalten des Auftraggebers zumindest insoweit abzusichern, als er seine nachgewiesenen Kosten ersetzt verlangen kann.

215 Bei Überschreitungen wird dagegen das gesetzliche Leitbild des Maklervertrags verlassen und es liegt in Wahrheit eine **verschleierte erfolgsunabhängige Provision** vor, die unwirksam ist. Als Beispiel aus der Rechtsprechung kann eine Klausel genannt werden, die den Auftraggeber für den Fall des Widerrufs seines Auftrags generell zum Auslagenersatz verpflichtete, selbst wenn dem Makler noch überhaupt keine Auslagen entstanden waren bzw. entstanden sein konnten.[611] Hält die Vereinbarung eines

---

[603] BFH v. 19.06.1997 - IV R 16/95 - NJW 1997, 3262-3263.
[604] BFH v. 24.05.2000 - VI R 188/97 - DB 2000, 2103-2104.
[605] BFH v. 24.05.2000 - VI R 188/97 - DB 2000, 2103-2104.
[606] BFH v. 24.05.2000 - VI R 147/99 - BB 2000, 1769-1770.
[607] BGH v. 06.02.1980 - IV ZR 141/78 - LM Nr. 66 zu § 652 BGB.
[608] BGH v. 06.02.1980 - IV ZR 141/78 - LM Nr. 66 zu § 652 BGB; BGH v. 02.07.1986 - IVa ZR 102/85 - NJW 1987, 54-55.
[609] BGH v. 28.01.1987 - IVa ZR 173/85 - BGHZ 99, 374-384; BGH v. 30.09.1987 - IVa ZR 6/86 - LM Nr. 11 zu § 1 AGBG.
[610] BGH v. 28.01.1987 - IVa ZR 173/85 - BGHZ 99, 374-384.
[611] BGH v. 28.01.1987 - IVa ZR 173/85 - BGHZ 99, 374-384.

Aufwendungsersatzanspruchs den vorgenannten Grundsätzen stand, so richtet sich die Abrechnung eines vom Auftraggeber gezahlten Vorschusses nach den Regeln des Auftragsrechts (§§ 667, 670 BGB).[612]

E. Prozessuale Hinweise/Verfahrenshinweise

Dem seinen Lohnanspruch einklagenden Makler obliegt bereits nach allgemeinen Grundsätzen die **Darlegungs- und Beweislast** für alle anspruchsbegründenden Tatsachen. Trägt er erstmals in der Berufungsbegründung vor, der Kunde sei bereits vor Bekanntgabe der Anschrift des Verkäufers auf die Provisionspflicht hingewiesen worden, wird dieser Vortrag als verspätet zurückgewiesen, sofern der Makler nicht ausnahmsweise zur Überzeugung des Gerichts darlegen kann, dass die Verspätung nicht auf seiner Nachlässigkeit im Sinne von § 531 Abs. 2 Nr. 3 ZPO beruht.[613] Andererseits kann der vom Makler auf Zahlung einer Provision verklagte Kunde seine außergerichtlichen Anwaltskosten nicht allein durch das Bestreiten des notwendigen Hinweises auf die Provisionspflicht erfolgreich im Wege der Widerklage geltend machen. Insoweit verweisen die Gerichte darauf, dass es – außerhalb des Vorliegens der Voraussetzungen spezieller Haftungsnormen – zum allgemeinen Lebensrisiko zählt, mit Ansprüchen konfrontiert zu werden, die sich am Ende als unberechtigt herausstellen.[614]

216

Neben dem Abschluss des Maklervertrags und der Erbringung der ihm aufgetragenen Tätigkeit obliegt dem Makler auch die Darlegungs- und Beweislast dafür, dass infolge dieser Tätigkeit der Hauptvertrag zustande gekommen ist.[615] Schaltet der Makler **Dritte** ein, die zu bestimmten Objekten Exposés übergeben und dabei in seinem Namen Maklerverträge abschließen sollen, so muss er gegenüber einem auf Provisionszahlung in Anspruch genommenen Interessenten beweisen, dass die bei den Verhandlungen mit diesem konkret aufgetretene Person erkennbar rechtsgeschäftlich im Sinne von § 164 Abs. 2 BGB in seinem Namen handeln wollte.[616] Der Kausalitätsnachweis ist erbracht, wenn bewiesen werden kann, dass der infolge der Maklertätigkeit abgeschlossene Hauptvertrag mit dem ursprünglich in Aussicht genommenen Geschäft identisch ist oder diesem nach wirtschaftlichen Gesichtspunkten zumindest gleichkommt.[617]

217

Zu diesem Fragenkreis werden dem Makler allerdings je nach Sachlage Darlegungs- und Beweiserleichterungen zugestanden, die sich an den unter dem **Stichwort der sekundären Behauptungslast** entwickelten Grundsätzen orientieren und deshalb insbesondere dann in Betracht zu ziehen sind, wenn der Makler außerhalb des von ihm darzulegenden Geschehensablaufs steht und keine Kenntnis der maßgebenden Tatsachen besitzt, während der Auftraggeber als Prozessgegner darüber verfügt und ihm nähere Angaben auch zumutbar sind.[618] Streben die Parteien des Maklervertrags oder auch nur der Auftraggeber ohne Wissen des Maklers den Abschluss des Hauptvertrags durch einen Dritten an, so entsteht der Provisionsanspruch bei Ursächlichkeit der Maklerleistung mit Abschluss des Hauptvertrags durch den Dritten, so dass es insbesondere keines Rückgriffs auf die Grundsätze zur wirtschaftlichen Identität bedarf.[619]

218

Die im Übrigen angenommene Beweislastverteilung beruht auf einer umfassenden **Interessenabwägung**. Steht z.B. fest, dass aufgrund des Maklervertrags ein Angebot des Maklers in den Bereich des Auftraggebers gelangt ist und dieser danach „in angemessenem Zeitabstand" einen dem Angebot entsprechenden Vertrag geschlossen hat, so soll sich der Schluss auf den ursächlichen Zusammenhang zwischen der Maklertätigkeit und dem Vertragsschluss von selbst ergeben.[620] Es kommt somit grund-

219

---

[612] OLG Karlsruhe v. 25.02.2003 - 15 U 4/02 - NJW-RR 2003, 1426-1428.
[613] OLG Brandenburg v. 13.11.2008 - 12 U 90/08 - NZM 2010, 171-173, 172.
[614] OLG Brandenburg v. 13.11.2008 - 12 U 90/08 - NZM 2010, 171-173, 172 f.
[615] BGH v. 06.12.1978 - IV ZR 28/78 - LM Nr. 64 zu § 652 BGB; BGH v. 26.09.1979 - IV ZR 92/78 - LM Nr. 65 zu § 652 BGB; BGH v. 21.02.1990 - IV ZR 333/88 - NJW-RR 1990, 628-629; OLG Schleswig v. 11.09.2009 - 14 U 33/09 - IMR 2010, 394.
[616] BGH v. 28.09.1983 - IVa ZR 12/82 - WM 1983, 1287-1289.
[617] BGH v. 06.03.1991 - IV ZR 53/90 - LM 1992, Nr. 1, § 652 BGB Nr. 124; BGH v. 11.11.1992 - IV ZR 218/91 - NJW-RR 1993, 248-249; BGH v. 07.05.1998 - III ZR 18/97 - LM BGB § 652 Nr. 144 (10/1998); OLG Dresden v. 24.02.1999 - 8 U 3661/98 - NJW-RR 1999, 1501-1502.
[618] BGH v. 07.05.1998 - III ZR 18/97 - LM BGB § 652 Nr. 144 (10/1998); OLG Schleswig v. 11.09.2009 - 14 U 33/09 - IMR 2010, 394.
[619] OLG Dresden v. 24.02.1999 - 8 U 3661/98 - NJW-RR 1999, 1501-1502; OLG Frankfurt v. 03.08.1999 - 17 U 123/96 - NJW-RR 2000, 434-436.
[620] BGH v. 02.04.1969 - IV ZR 781/68 - LM Nr. 29 zu § 652 BGB; BGH v. 10.02.1971 - IV ZR 85/69 - LM Nr. 40 zu § 652 BGB; BGH v. 27.10.1976 - IV ZR 149/75 - LM Nr. 58 zu § 652 BGB; BGH v. 26.04.1978 - IV ZR 66/77 - WM 1978, 885; BGH v. 26.09.1979 - IV ZR 92/78 - LM Nr. 65 zu § 652 BGB.

sätzlich nicht darauf an, was in der Zwischenzeit passiert ist, so dass die Mitursächlichkeit der Tätigkeit eines Nachweismaklers auch dann gegeben sein kann, wenn der Auftraggeber nach seinem Nachweis der Gelegenheit zum Abschluss des Hauptvertrags und vor dessen Abschluss noch die Dienste eines anderen Nachweismaklers in Anspruch genommen hat.[621] Ist zwischen dem Nachweis und dem Abschluss des Hauptvertrags ein Jahr oder mehr vergangen, endet die zugunsten des Maklers angenommene Kausalitätsvermutung und er muss vollen Beweis für die Ursächlichkeit seiner Nachweisleistung im Einzelfall erbringen.[622] Einem Grundsatz, wonach in Fällen, in denen ein Kaufgegenstand von mehreren Nachweismaklern nacheinander zu unterschiedlichen Preisen angeboten wird, das für den gemeinsamen Auftraggeber günstigste Angebot als das für den Kaufabschluss allein ursächliche anzusehen ist, versagt der BGH die Anerkennung.[623] Für die Behauptung des Nichtzustandekommens oder nachträglichen Wegfalls des Hauptvertrags trägt dagegen der Auftraggeber die Darlegungs- und Beweislast.[624]

220 Bei behaupteter Vorkenntnis des Auftraggebers muss der Makler die Mitursächlichkeit seiner Tätigkeit für den Vertragsschluss beweisen, wenn der Auftraggeber zuvor bewiesen hat, dass ihm das Objekt bereits bekannt war.[625] Eine solche **Beweislastverteilung** kann bereits unmittelbar den zwischen Makler und Auftraggeber bestehenden vertraglichen Beziehungen sowie allgemein geltenden Beweislastgrundsätzen entnommen werden und dient dazu, im Interesse des Maklers zu verhindern, dass berechtigte Provisionsansprüche nicht durch eine vom Auftraggeber fälschlich behauptete Vorkenntnis hintertrieben werden.[626] Die Beweislast für das Vorliegen eines Alleinauftrags wird ebenfalls dem Makler auferlegt.[627] Macht er einen Aufwendungsersatzanspruch geltend, muss er die konkreten Aufwendungen und die Voraussetzungen der Erstattungsfähigkeit darlegen und beweisen.[628] Eine Unterbrechung des Kausalzusammenhangs zwischen Maklertätigkeit und Abschluss des Hauptvertrags muss dagegen vom Auftraggeber dargelegt und bewiesen werden.[629]

221 Will der Auftraggeber einen **Schadensersatzanspruch** aus positiver Vertragsverletzung gegen den Makler durchsetzen, obliegt ihm die Darlegungs- und Beweislast für das Vorliegen einer objektiven Pflichtverletzung,[630] den Eintritt und den Umfang des Schadens sowie für den ursächlichen Zusammenhang zwischen der Vertragsverletzung und dem eingetretenen Schaden.[631] Umgekehrt ist der Makler, der seinen Auftraggeber wegen vertragswidrigen Vereitelns eines Provisionsanspruchs belangt, für die Entstehung und die Höhe des Schadens darlegungs- und beweispflichtig und muss deshalb hinreichend Anhaltspunkte dafür vortragen und gegebenenfalls beweisen, dass es ihm bei pflichtgemäßem Verhalten seines Vertragspartners gelungen wäre, den Interessenten zur Abgabe eines Provisionsversprechens zu bewegen oder einen anderen geeigneten und abschlussbereiten Interessenten zu finden.[632] Allerdings gestehen ihm die Gerichte zu, dass er von seinem Auftraggeber Auskunft über die für die Entstehung und Berechnung seines Provisionsanspruchs maßgeblichen Umstände verlangen kann.[633] Ein derartiger Auskunftsanspruch besteht somit unabhängig davon, ob die Zahlung der Provision als Erfüllung eines Provisionsversprechens oder als Schadensersatz begehrt wird. Bei einem Alleinauftrag muss der Makler im Fall einer objektiven Pflichtwidrigkeit deren mangelnde Vorwerfbarkeit beweisen.[634] Die Beweislast trifft ihn ebenso, wenn er für ein auf den ersten Blick in seinem Verantwortungs-

---

[621] BGH v. 26.09.1979 - IV ZR 92/78 - LM Nr. 65 zu § 652 BGB.
[622] BGH v. 06.07.2006 - III ZR 379/04 - NJW 2006, 3062-3063.
[623] BGH v. 26.09.1979 - IV ZR 92/78 - LM Nr. 65 zu § 652 BGB.
[624] BGH v. 28.01.1987 - IVa ZR 45/85 - LM Nr. 114 § 313 BGB.
[625] BGH v. 10.02.1971 - IV ZR 85/69 - LM Nr. 40 zu § 652 BGB; BGH v. 06.12.1978 - IV ZR 28/78 - LM Nr. 64 zu § 652 BGB; BGH v. 09.11.1983 - IVa ZB 60/82 - WM 1984, 62; BGH v. 12.12.1984 - IVa ZR 89/83 - LM Nr. 88 zu § 652 BGB; OLG Koblenz v. 27.11.2003 - 5 U 547/03 - WuM 2004, 44.
[626] BGH v. 10.02.1971 - IV ZR 85/69 - LM Nr. 40 zu § 652 BGB.
[627] BGH v. 09.11.1966 - VIII ZR 170/64 - LM Nr. 21 zu § 652 BGB.
[628] OLG Karlsruhe v. 25.02.2003 - 15 U 4/02 - NJW-RR 2003, 1426-1428.
[629] OLG Hamm v. 16.06.1997 - 18 U 235/96 - NJW-RR 1998, 1070-1071, OLG Zweibrücken v. 15.12.1998 - 8 U 95/98 - NJW-RR 1999, 1502-1504.
[630] BGH v. 16.09.1981 - IVa ZR 85/80 - LM Nr. 76 zu § 652 BGB.
[631] BGH v. 03.06.1977 - IV ZR 71/76 - WM 1977, 941; BGH v. 07.06.1978 - IV ZR 22/77 - WM 1978, 1095.
[632] BGH v. 27.07.2000 - III ZR 279/99 - NJW-RR 2001, 705-706.
[633] BGH v. 27.07.2000 - III ZR 279/99 - NJW-RR 2001, 705-706.
[634] BGH v. 16.12.1999 - III ZR 295/98 - LM BGB § 652 Nr. 150 (4/2000).

bereich liegendes Fehlverhalten einen Entlastungstatbestand anführt, der möglicherweise nicht erst sein Verschulden, sondern ausnahmsweise bereits die objektive Pflichtwidrigkeit entfallen lässt.[635]

Der seinen fehlenden oder unzureichenden Informationsstand nicht offen legende Anlagevermittler ist dem Anlageinteressenten unter dem Gesichtspunkt der positiven Vertragsverletzung zum Schadensersatz verpflichtet. Nach der Lebenserfahrung ist dabei davon auszugehen, dass die in einem wesentlichen Punkt unvollständige Auskunft ursächlich für die Beteiligungsentscheidung des unstreitig auf eine sichere Anlage bedachten Interessenten war.[636] Die Darlegungs- und Beweislast liegt insoweit beim Vermittler, so dass es keines Vortrags des Anlageinteressenten bedarf, wonach er von der Beteiligung Abstand genommen hätte, wenn der Vermittler ihn auf das Ausstehen einer Plausibilitätsprüfung hingewiesen hätte.[637] Diese **Vermutung aufklärungsrichtigen Verhaltens** gilt im Grundsatz für alle Aufklärungsfehler, also auch für die seitens eines Anlageberaters unterlassene Aufklärung seines Kunden über Rückvergütungen.[638] Bei einem Anlagemix zwischen Produkten, bei denen Rückvergütungen verschwiegen wurden, und solchen, bei denen die Bank keine Rückvergütungen erhalten hat, ist die Berufung des Anlegers auf die Vermutung aufklärungsrichtigen Verhaltens jedoch von vornherein auf die erste Produktgruppe beschränkt. Hinsichtlich der zweiten Gruppe muss der Anleger darlegen und beweisen, dass er bei gehöriger Aufklärung den Geschäftskontakt mit der beratenden Bank insgesamt abgebrochen und auch diejenigen Produkte nicht erworben hätte, bei denen keine Rückvergütungen geflossen sind.[639]

222

F. Anwendungsfelder

I. Immobilienmakler

Bei Immobilienmaklerverträgen bereitet Probleme, wenn der **Erwerb des Grundstücks in der Zwangsversteigerung** erfolgt. Ohne spezielle Regelung wird dadurch keine Provisionspflicht begründet, da sich der Eigentumserwerb nicht aufgrund eines notariellen Kaufvertrags, sondern aufgrund eines staatlichen Hoheitsakts vollzieht.[640] Hat der Makler seinem Kunden ein Grundstück benannt, das dieser sodann im Wege der Zwangsversteigerung erwirbt, scheitert der Provisionsanspruch bereits am fehlenden Zustandekommen eines Hauptvertrags als wesentlichem Tatbestandselement von § 652 BGB. Begründet wird dies mit der zentralen Aufgabe des Maklers, durch eine Nachweis- oder Vermittlungstätigkeit auf einen freiwilligen Vertragsschluss hinzuwirken, dem eine echte und nicht lediglich eine fingierte Willenseinigung der Beteiligten zugrunde liegen muss.[641]

223

Die Vereinbarung, wonach der Lohnanspruch des Maklers auch im Fall eines Grundstückserwerbs in der Zwangsversteigerung fällig werden soll, wird dagegen als zulässig angesehen, sofern sie auf einer Individualabrede beruht.[642] Besteht sie dagegen in einer vorformulierten und nicht zwischen den Parteien des Maklervertrags ausgehandelten **Zwangsversteigerungsklausel**, gehen die Gerichte von einem Verstoß gegen das gesetzliche Leitbild des Maklervertrags aus, nach dem die Provisionspflicht des Auftraggebers nur dann ausgelöst wird, wenn die Bemühungen des Maklers zum Abschluss eines Hauptvertrags geführt haben, womit der Grundstückserwerb in einem Zwangsversteigerungsverfahren nicht gleichgesetzt werden kann.[643] Ansonsten würde im Ergebnis die bloße Objektbekanntgabe als

224

---

[635] BGH v. 16.12.1999 - III ZR 295/98 - LM BGB § 652 Nr. 150 (4/2000).

[636] BGH v. 13.01.2000 - III ZR 62/99 - LM BGB § 675 Nr. 277 (9/2000); BGH v. 09.02.2006 - III ZR 20/05 - WM 2006, 668-672, 670 f.; BGH v. 12.05.2009 - XI ZR 586/07 - BKR 2009, 342-344 m. Anm. *Grys/Geist*; *Köndgen*, BKR 2009, 377-378.

[637] BGH v. 13.01.2000 - III ZR 62/99 - LM BGB § 675 Nr. 277 (9/2000).

[638] BGH v. 12.05.2009 - XI ZR 586/07 - BKR 2009, 342-344.

[639] BGH v. 19.12.2006 - XI ZR 56/05 - DB 2007, 683-684; BGH v. 12.05.2009 - XI ZR 586/07 - BKR 2009, 342-344, 344.

[640] OLG Celle v. 07.12.2004 - 3 W 108/04 - NZM 2005, 265; OLG Frankfurt v. 20.08.2008 - 19 U 34/08 - NZM 2009, 445-446.

[641] OLG Frankfurt v. 20.08.2008 - 19 U 34/08 - NZM 2009, 445-446, 446 unter Hinweis auf BGH v. 20.02.1997 - III ZR 208/95 - LM BGB § 652 Nr. 139 (8/1997).

[642] BGH v. 20.04.1983 - IVa ZR 232/81 - LM Nr. 83 zu § 652 BGB; BGH v. 18.03.1992 - IV ZR 41/91 - NJW-RR 1992, 817-818; BGH v. 20.02.1997 - III ZR 208/95 - LM BGB § 652 Nr. 139 (8/1997); OLG Frankfurt v. 16.07.2008 - 23 U 124/07 - NZM 2009, 37-39, 38; OLG Frankfurt v. 20.08.2008 - 19 U 34/08 - NZM 2009, 445-446, 446.

[643] BGH v. 24.06.1992 - IV ZR 240/91 - BGHZ 119, 32-34; OLG Celle v. 07.12.2004 - 3 W 108/04 - NZM 2005, 265.

§ 652

Nachweisleistung genügen, die aber bereits nach dem Gesetzeswortlaut in der Verschaffung einer Gelegenheit zum Vertragsschluss bestehe. Schließlich seien dem Auftraggeber bei einem Erwerb in der Zwangsvollstreckung Gestaltungsmöglichkeiten und Gewährleistungsrechte genommen und er müsse zudem befürchten, dass andere Bieter den Preis und die daran gekoppelte Provision in die Höhe treiben.[644] Eine solche Klausel benachteiligt den Auftraggeber somit unangemessen und ist daher nach § 307 Abs. 2 Nr. 1 BGB unwirksam.[645]

225 Eine andere Frage ist es, unter welchen Umständen eine Bank nach erfolglosem Erstversteigerungstermin einen Makler einschalten und den Bankkunden als Darlehensschuldner mit den entsprechenden Kosten belasten darf. Im Fall einer Spezialimmobilie in Form einer luxuriösen und kurz zuvor mit erheblichem Aufwand umgebauten Villa in einem kleinen Ort wurde die Einschaltung eines Maklers bereits mit Blick auf den von vornherein eingeschränkten Interessentenkreis für sinnvoll erachtet und die **Übertragung der Maklerkosten auf den Bankkunden** aus einer entsprechenden Anwendung der §§ 675, 670 BGB hergeleitet.[646] Die Besonderheiten des Sachverhalts lassen jedoch keine Verallgemeinerung zu, zumal das entscheidende Gericht am Ende selbst andeutete, bei gängigen Objekten könne die Beauftragung eines Maklers unangemessen sein.[647]

226 Nach ständiger Rechtsprechung des BGH entfällt der Provisionsanspruch des Immobilienmaklers gegen den Käufer in der Regel dann, wenn der dem Käufer als Auftraggeber vermittelte Grundstückskaufvertrag nicht zum Erwerb führt, weil ein **Vorkaufsrecht** ausgeübt wird.[648] Entscheidend ist dabei die Überlegung, dass in einem solchen Fall der vom Makler zustande gebrachte Hauptvertrag aus einem Grund gescheitert ist, der seinen wirtschaftlichen Wert und damit auch den Wert der Maklerleistung von vornherein in Frage gestellt hat. Der Provisionsanspruch gegen den Grundstückskäufer entfällt daher auch dann, wenn der Käufer das Grundstück anschließend im Wege der durch das Vorkaufsrecht nicht verhinderten Zwangsversteigerung erwirbt, da dies nichts daran ändert, dass das Zustandekommen des angestrebten Hauptvertrags und damit die Schaffung der Grundlage für einen vertraglichen Übereignungsanspruch durch die Ausübung des Vorkaufsrechts endgültig blockiert und verhindert war.[649]

227 Der Wettbewerbssenat des BGH verlangte unter der Geltung des alten UWG von Maklern, die Grundstücke in Annoncen zum Kauf anbieten und für den Nachweis oder die Vermittlung vom Kaufinteressenten eine Provision verlangen wollen, einen eindeutigen Hinweis auf die Provisionspflichtigkeit ihrer Tätigkeit bereits in der Annonce.[650] Eine Irreführung im Sinne von § 3 UWG a.F. wurde danach nicht schon dadurch ausgeschlossen, dass der Inserent in der Anzeige als „Finanz- und Vermögensberater" bezeichnet war, da eine solche Bezeichnung nicht ohne weiteres darauf hindeutete, dass auch der angesprochene Erwerber dem Inserenten eine Vergütung zu zahlen haben würde.[651] Ein Verstoß gegen § 3 UWG a.F. wurde auch angenommen, wenn der Makler ein Grundstück ohne Auftrag oder Billigung des Eigentümers zum Kauf annoncierte. Der Makler täusche damit über die Größe seines Auftragsbestands und verschaffe sich einen **Wettbewerbsvorsprung**, weil er Mitbewerber davon abhalte, sich um einen Vermittlungsauftrag für die betreffende Immobilie zu bemühen. Ein Interessent dürfe daher regelmäßig davon ausgehen, dass der annoncierende Makler bereits vom Verkäufer beauftragt worden ist. Gleichwohl konnte es als Antrag auf Abschluss eines Maklervertrags bezüglich des annoncierten Objekts verstanden werden, wenn der Interessent auf die das Provisionsverlangen des Maklers enthaltende Anzeige Bezug nahm. Diese Erwägungen behalten auch nach In-Kraft-Treten der UWG-Novelle ihre Berechtigung. Zum Schutz des Interessenten wird jedoch von einigen gefordert, dass der Makler auch auf seine Doppeltätigkeit hinweist und der Interessent diese ausdrücklich erlaubt.[652]

---

[644] BGH v. 24.06.1992 - IV ZR 240/91 - BGHZ 119, 32-34.
[645] BGH v. 24.06.1992 - IV ZR 240/91 - BGHZ 119, 32-34; BGH v. 03.02.1993 - IV ZR 106/92 - LM BGB § 652 Nr. 132 (8/1993).
[646] OLG Frankfurt v. 16.07.2008 - 23 U 124/07 - NZM 2009, 37-39.
[647] OLG Frankfurt v. 16.07.2008 - 23 U 124/07 - NZM 2009, 37-39, 39.
[648] BGH v. 07.07.1982 - IVa ZR 50/81 - LM Nr. 80 zu § 652 BGB; LG Wiesbaden v. 08.03.2000 - 5 O 172/99 - NJW-RR 2001, 708-710.
[649] BGH v. 04.03.1999 - III ZR 105/98 - LM BGB § 652 Nr. 147 (9/1999).
[650] BGH v. 13.12.1990 - I ZR 31/89 - LM Nr. 315 zu UWG § 3.
[651] BGH v. 13.12.1990 - I ZR 31/89 - LM Nr. 315 zu UWG § 3.
[652] *Wingbermühle*, MDR 1993, 820-821.

Immobilienwerbung, in der nur der Quadratmeterpreis angegeben ist oder die diesen im Verhältnis zum ebenfalls vorhandenen Endpreis blickfangartig hervorhebt, verstößt gegen die Preisangabenverordnung. Nach Ansicht des BGH ist sie jedoch grundsätzlich nicht geeignet, den Wettbewerb auf dem Immobilienmarkt wesentlich zu beeinträchtigen, so dass Wettbewerber, die mit dem Werbenden in keinem konkreten Wettbewerbsverhältnis stehen, hieraus keine Klagebefugnis nach dem UWG herleiten können.[653] Im Übrigen ist die Schlussfolgerung des BGH interessant, da in Verkaufsprospekten von Immobilienmaklern bekanntlich nicht selten „werbewirksame Übertreibungen" enthalten seien, dürften die hierzu verwendeten Worte „nicht ohne weiteres in dem Sinn verstanden werden, der ihnen nach strengem juristischen Verständnis zukommen mag".[654]

228

Die Mitgliederversammlung des im Jahr 2004 aus dem Zusammenschluss des Rings Deutscher Makler (RDM) und des Verbands Deutscher Makler (VDM) hervorgegangenen Immobilienverbands Deutschland (IVD) hat am 20.05.2006 spezielle Standesregeln verabschiedet, in dem Mindestanforderungen an die Berufsausübung zu einem einheitlichen **Verhaltenskodex** zusammengefasst wurden. Verstöße sollen im Regelfall in Abstimmung mit dem Bundesverband nach der Satzung des zuständigen Regionalverbands geahndet werden. Der Kodex erklärt es insbesondere für standeswidrig,

229

- gegen die vom Bundeskartellamt mit Beschluss vom 18.09.2006 genehmigten Wettbewerbsregeln des IVD zu verstoßen;
- bei der Werbung um einen Auftrag bewusst einen außerhalb der Marktlage liegenden Preis zu nennen, um auf diese Weise den Auftrag zu erhalten;
- Vorschüsse auf die Provision zu fordern;
- sich als alleinbeauftragt darzustellen, ohne nachweisbar über einen Alleinauftrag zu verfügen;
- sich einem Auftraggeber unter Missachtung lauteren Wettbewerbs aufzudrängen, der bereits anderweitig einen Auftrag erteilt hat;
- Objekte mit voller Anschrift gegen den erklärten Willen des Auftraggebers öffentlich anzubieten;
- sich unter dem Vorwand eines persönlichen Interesses oder unter Einschaltung Dritter Kenntnisse zu verschaffen, um diese dann im Geschäftsbetrieb zu verwerten.

II. Wohnungsmakler

Nach § 1 Abs. 1 WoVermG ist Wohnungsvermittler im Sinne des Gesetzes, wer den Abschluss von Mietverträgen über Wohnräume vermittelt oder die Gelegenheit zum Abschluss von Mietverträgen über Wohnräume nachweist.[655] Als Wohnräume gelten auch Geschäftsräume, die wegen ihres räumlichen oder wirtschaftlichen Zusammenhangs mit Wohnräumen mit diesen zusammen vermietet werden (§ 1 Abs. 2 WoVermG). Vom **Anwendungsbereich** des Gesetzes ausgenommen ist die auf den Abschluss von Mietverträgen über Wohnräume im Fremdenverkehr gerichtete Nachweis- und Vermittlungstätigkeit (§ 1 Abs. 3 WoVermG).

230

Das Gesetz bezweckt neben einer Verbesserung der Markttransparenz auf dem Gebiet der Wohnungsvermittlung in erster Linie, die Wohnungsuchenden vor ungerechtfertigten wirtschaftlichen Belastungen zu schützen, die sich aus missbräuchlichen Vertragsgestaltungen oder unlauteren Geschäftsmethoden für sie ergeben.[656] Die Begriffsbestimmung des Wohnungsvermittlers ist in bewusster Anlehnung an die Tätigkeitsmerkmale von § 652 Abs. 1 BGB erfolgt und entspricht daher dem gesetzlichen **Leitbild des Nachweis- und Vermittlungsmaklers**.[657] Ein Unternehmen, das Mietwohnungssuchwünsche gegen Entgelt mit Telefaxschreiben an Makler und Hausverwalter sendet und es diesen überlässt, den Wohnungsuchenden ein Angebot zu machen, fällt deshalb nicht unter das Wohnungsvermittlungsgesetz.[658]

231

Der gewerbsmäßig tätige Wohnungsvermittler darf Wohnräume nur anbieten, wenn er dazu einen Auftrag von dem Vermieter oder einem anderen Berechtigten hat (§§ 6 Abs. 1, 7 WoVermG).[659] Ein Verstoß gegen diese Vorschrift führt nicht zur Nichtigkeit des mit dem Wohnungsuchenden geschlossenen

232

---

[653] BGH v. 05.10.2000 - I ZR 210/98 - LM UWG § 1 Nr. 831 (4/2001).
[654] BGH v. 12.02.1981 - IVa ZR 103/80 - LM Nr. 23 zu § 305 BGB.
[655] Eine Erstreckung auf das gewerbliche Anbieten von Mietobjektlisten bejahte BGH v. 15.04.2010 - III ZR 153/09 - NJW-RR 2010, 1385-1387.
[656] BGH v. 13.03.2003 - III ZR 299/02 - NJW 2003, 1393-1394.
[657] BGH v. 09.03.1995 - I ZR 85/94 - NJW-RR 1995, 880.
[658] BGH v. 09.03.1995 - I ZR 85/94 - NJW-RR 1995, 880.
[659] *Fischer*, NZM 2005, 731-733.

§ 652

Maklervertrags.[660] Zur Begründung führt der BGH an, die Unwirksamkeit des Provisionsversprechens trotz vollwertig erbrachter Leistung könne nur dem generalpräventiven Zweck dienen, dem Makler von vornherein jeden Anreiz für einen Wohnungsnachweis ohne Vermieterauftrag zu nehmen. Dieser Zweck werde jedoch bereits in ähnlicher Weise durch die **Bußgeldandrohung** des § 8 Abs. 1 Nr. 3 WoVermG erreicht,[661] die gegenüber der Nichtigkeitsfolge insofern als sachgerechter erscheine, als sie eine ungerechtfertigte Begünstigung des Wohnungsuchenden vermeide. Entstünden dem vergeblich Wohnungsuchenden Kosten, weil der Makler keinen Auftrag des Vermieters oder eines sonst Berechtigten hatte, könne er den Makler auf Schadensersatz in Anspruch nehmen.[662]

233 Daneben unterliegt der gewerbsmäßig tätige Wohnungsvermittler besonderen **Hinweispflichten** bei öffentlichen Angeboten und Suchanzeigen, die neben seinem Namen und seiner Tätigkeitsbezeichnung den Mietpreis der Wohnräume sowie eine gegebenenfalls angestrebte Vergütung von Nebenleistungen betreffen (§§ 6 Abs. 2, 7 WoVermG). Wer seinen Namen, die Bezeichnung als Wohnungsvermittler oder den Mietpreis nicht angibt oder auf Nebenkosten nicht hinweist, begeht ebenfalls eine Ordnungswidrigkeit (§ 8 Abs. 1 Nr. 4 WoVermG), die mit einer Geldbuße bis zu 2.500 € geahndet werden kann (§ 8 Abs. 2 WoVermG).

234 Das aus § 652 Abs. 1 BGB bekannte Kausalitätserfordernis hat in § 2 Abs. 1 WoVermG eine entsprechende Regelung erfahren. Danach steht dem Wohnungsvermittler ein Anspruch auf Entgelt für die Vermittlung oder den Nachweis der Gelegenheit zum Abschluss von Mietverträgen über Wohnräume nur zu, wenn infolge seiner Vermittlung oder infolge seines Nachweises ein Mietvertrag zustande kommt. Sein **Provisionsanspruch** ist dagegen in folgenden Fällen ausgeschlossen:
- wenn durch den Mietvertrag ein Mietverhältnis über dieselben Wohnräume fortgesetzt, verlängert oder erneuert wird (§ 2 Abs. 2 Nr. 1 WoVermG);
- wenn der Mietvertrag über Wohnräume abgeschlossen wird, deren Eigentümer, Verwalter, Mieter oder Vermieter der Wohnungsvermittler ist (§ 2 Abs. 2 Nr. 2 WoVermG);
- wenn der Mietvertrag über Wohnräume abgeschlossen wird, deren Eigentümer, Verwalter oder Vermieter eine juristische Person ist, an welcher der Wohnungsvermittler rechtlich oder wirtschaftlich beteiligt ist oder wenn der Eigentümer, Verwalter oder Vermieter von Wohnräumen seinerseits an einer juristischen Person rechtlich oder wirtschaftlich beteiligt ist, die sich als Wohnungsvermittler betätigt (§ 2 Abs. 2 Nr. 3 WoVermG);[663]
- wenn Mietobjekt öffentlich geförderter oder sonst preisgebundener Wohnraum ist (§ 2 Abs. 3 WoVermG).

235 § 2 Abs. 2 Nr. 2 WoVermG wird von den Gerichten entsprechend angewendet, wenn der Mieter oder Vermieter ein Mitarbeiter des Maklers ist, ein Gehilfe des Maklers die vermittelte Wohnung verwaltet oder der Makler ein Gehilfe des Verwalters ist.[664] **Vorschüsse** dürfen generell nicht gefordert, vereinbart oder angenommen werden (§ 2 Abs. 4 WoVermG). Die Zahlung eines jährlichen Serviceentgelts für die Überlassung von Mietobjektlisten unter Berücksichtigung eines persönlichen Profils für den gewünschten Wohnraum erfüllt den Begriff des Vorschusses nicht, da sich dieser ausschließlich auf den vom Abschluss eines Mietvertrags abhängigen Entgeltanspruch nach § 2 Abs. 1 WoVermG bezieht.[665] Eine von § 2 Abs. 1 bis 4 WoVermG abweichende Vereinbarung ist unwirksam (§ 2 Abs. 5 WoVermG).[666]

236 Das dem Wohnungsvermittler zustehende Entgelt ist in einem Bruchteil oder Vielfachen der Monatsmiete anzugeben, wenn der Wohnungsvermittler gewerbsmäßig tätig ist (§§ 3 Abs. 1, 7 WoVermG). Wer das Entgelt nicht in einem Bruchteil oder Vielfachen der Monatsmiete angibt, begeht eine Ordnungswidrigkeit (§ 8 Abs. 1 Nr. 1 WoVermG), die mit einer Geldbuße bis zu 2.500 € geahndet werden kann (§ 8 Abs. 2 WoVermG). Als **Entgeltobergrenze** legt § 3 Abs. 2 WoVermG den zwei Monatsmieten zuzüglich der gesetzlichen Umsatzsteuer ausmachenden Betrag fest, wobei gesondert abzurechnende Nebenkosten unberücksichtigt bleiben. Wer ein über diesen Betrag hinausgehendes Entgelt for-

---

[660] BGH v. 25.07.2002 - III ZR 113/02 - BGHZ 152, 10-13.
[661] Nach § 8 Abs. 2 WoVermG kann das Anbieten von Wohnräumen ohne Auftrag als Ordnungswidrigkeit mit einer Geldbuße bis zu 2.500 € geahndet werden.
[662] BGH v. 25.07.2002 - III ZR 113/02 - BGHZ 152, 10-13; *Fischer*, NZM 2005, 731-733, 732 f.
[663] Aus der instanzgerichtlichen Rechtsprechung z.B. LG Konstanz v. 08.09.2006 - 11 S 54/06 - NZM 2007, 372.
[664] AG Hamburg-Altona v. 27.05.2008 - 316 C 409/07 - WuM 2009, 243-245, 244; bestätigt durch LG Hamburg v. 27.02.2009 - 320 S 89/08 - WuM 2009, 245.
[665] BGH v. 15.04.2010 - III ZR 153/09 - NJW-RR 2010, 1385-1387.
[666] LG Hamburg v. 12.05.2009 - 309 S 107/08 - WuM 2009, 363-364.

dert, sich versprechen lässt oder annimmt, begeht ebenfalls eine Ordnungswidrigkeit (§ 8 Abs. 1 Nr. 2 WoVermG), jedoch ist die Bußgeldandrohung in § 8 Abs. 2 WoVermG hier mit maximal 25.000 € deutlich schärfer.

Für mit der Vermittlung oder dem Nachweis zusammenhängende Tätigkeiten sowie für etwaige Nebenleistungen dürfen keine gesonderten Vergütungen vereinbart oder angenommen werden (§ 3 Abs. 3 Satz 1 WoVermG). Das Gesetz nennt beispielhaft Einschreibgebühren, Schreibgebühren und **Auslagenerstattungen**.[667] Dies gilt nicht, soweit die nachgewiesenen Auslagen eine Monatsmiete übersteigen (§ 3 Abs. 3 Satz 2 WoVermG). Zulässig bleibt eine Vereinbarung, nach der bei Nichtzustandekommen des Mietvertrags die in Erfüllung des Auftrags nachweisbar entstandenen Auslagen zu erstatten sind (§ 3 Abs. 3 Satz 3 WoVermG). 237

Eine Vereinbarung, durch die sich der Auftraggeber im Zusammenhang mit dem Auftrag verpflichtet, Waren zu beziehen oder Dienst- oder Werkleistungen in Anspruch zu nehmen, ist unwirksam, soweit die Verpflichtung nicht die Übernahme von Einrichtungs- und Ausstattungsgegenständen des bisherigen Inhabers der Wohnräume zum Gegenstand hat (§ 3 Abs. 4 Sätze 1 und 3 WoVermG). Ein Verstoß gegen das **Kopplungsverbot** lässt die Wirksamkeit des Wohnungsvermittlungsvertrags unberührt (§ 3 Abs. 4 Satz 2 WoVermG). Unwirksam ist auch eine Vereinbarung, die den Wohnungsuchenden oder für ihn einen Dritten verpflichtet, ein Entgelt dafür zu leisten, dass der bisherige Mieter die gemieteten Wohnräume räumt (§ 4a Abs. 1 Satz 1 WoVermG). Hiervon ausgenommen ist die Erstattung von Kosten, die dem bisherigen Mieter nachweislich für den Umzug entstanden sind (§ 4a Abs. 1 Satz 2 WoVermG). 238

Dagegen gilt ein Vertrag, durch den sich der Wohnungsuchende im Zusammenhang mit dem Abschluss eines Mietvertrags über Wohnräume verpflichtet, von dem Vermieter oder von dem bisherigen Mieter eine Einrichtung oder ein Inventarstück zu erwerben, im Zweifel unter der aufschiebenden Bedingung geschlossen, dass der Mietvertrag zustande kommt (§ 4a Abs. 2 Satz 1 WoVermG). Die Vorschrift findet auf wesentliche Bestandteile des Gebäudes sowie auf sonstige mit Einrichtungen und Inventarstücken vergleichbare Leistungen entsprechende Anwendung.[668] Die Entgeltvereinbarung ist unwirksam, soweit das Entgelt in einem auffälligen Missverhältnis zum Wert des überlassenen Gegenstands steht (§ 4a Abs. 2 Satz 2 WoVermG). Der BGH nimmt ein solches bei Überschreitung des objektiven Werts um mehr als 50% an und orientiert sich damit an der höchstrichterlichen Rechtsprechung zum Mietwucher. Die **Unwirksamkeitsfolge** betrifft lediglich die Entgelthöhe und lässt die Vereinbarung im Übrigen unberührt, die deshalb mit dem rechtlich unbedenklichen Teil aufrechterhalten bleibt.[669] 239

Haben der Wohnungsvermittler und der Auftraggeber vereinbart, dass bei Nichterfüllung von vertraglichen Verpflichtungen eine **Vertragsstrafe** zu zahlen ist, so darf diese 10% des ausgemachten Entgelts, höchstens jedoch 25 Euro nicht übersteigen (§ 4 WoVermG). Zahlungen, die an den Wohnungsvermittler geleistet wurden, obwohl sie ihm nach dem Wohnungsvermittlungsgesetz nicht zustehen, können nach den §§ 812-822 BGB zurückgefordert werden, wobei die Anwendbarkeit von § 817 Satz 2 BGB ausdrücklich ausgeschlossen ist (§ 5 WoVermG).[670] 240

III. Stellenmakler

Die Zulässigkeit der Stellenvermittlung durch Private bestand für Arbeitsplätze seit dem 01.01.1994 und für Ausbildungsplätze seit dem 01.01.1998. Danach war die Ausbildungs- und Arbeitsvermittlung durch eine natürliche oder juristische Person oder eine Personengesellschaft einheitlich in den §§ 291-300 SGB III a.F. geregelt, die durch die Arbeitsvermittlungsverordnung ergänzt wurden, die bereits auf der Grundlage von § 24c Abs. 1 AFG a.F. erlassen worden war und mit nur wenigen Modifizierungen weiterhin galt. Als eine der tragenden Säulen der gesetzlichen Regelung kann der Grundsatz der Erlaubnispflichtigkeit der Vermittlungstätigkeit hervorgehoben werden, der lediglich von bestimmten ausdrücklich formulierten Ausnahmen durchbrochen war und im Übrigen an die Eignung und Zuverlässigkeit des Antragstellers anknüpfte, bei deren Vorliegen ein Rechtsanspruch auf Erlaubniserteilung bestand. Daneben war zu beachten, dass für die Vermittlungsleistungen Vergütungen nur 241

---
[667] Eine Erstreckung auf das von einem späteren Mietvertragsabschluss unabhängige Serviceentgelt für die Überlassung von Mietobjektlisten bejahte BGH v. 15.04.2010 - III ZR 153/09 - NJW-RR 2010, 1385-1387.
[668] BGH v. 23.04.1997 - VIII ZR 212/96 - BGHZ 135, 269-278.
[669] BGH v. 23.04.1997 - VIII ZR 212/96 - BGHZ 135, 269-278.
[670] Am Beispiel eines für die Überlassung von Mietobjektlisten gezahlten Serviceentgelts BGH v. 15.04.2010 - III ZR 153/09 - NJW-RR 2010, 1385-1387.

§ 652

vom Arbeitgeber verlangt oder entgegengenommen werden durften. Im Zuge der anhaltenden Diskussion um den Umfang der Zulassung privater Arbeitsvermittlung wurden die Bestimmungen auf der Basis des Anfang 2002 verkündeten Zweistufenplans der Bundesregierung für kunden- und wettbewerbsorientierte Dienstleistungen am Arbeitsmarkt erneut grundlegend überarbeitet. Im Mittelpunkt der bereits am 27.03.2002 in Kraft getretenen **Neuregelung** standen der Fortfall der Erlaubnispflichtigkeit sowie des Vergütungsverbots, was die Aufhebung von §§ 291, 293-295, 299, 300 SGB III sowie der Arbeitsvermittlungsverordnung zur Folge hatte. Weitere Anpassungen erfolgten durch das Gesetz zur Verbesserung der Eingliederungschancen am Arbeitsmarkt vom 20.12.2011.[671]

242 Die Erreichung des Zwecks der Vorgängerregelung, sowohl Arbeitsuchende als auch Arbeitgeber mit Hilfe einer präventiven Kontrolle vor unzuverlässigen und missbräuchlich handelnden Vermittlern zu schützen, will der Gesetzgeber über die gewerberechtlichen Reaktions- und Eingriffsmöglichkeiten sicherstellen.[672] Daneben setzt er auf die Vermittlerorganisationen selbst, von denen er die Entwicklung freiwilliger Qualitätsstandards bis hin zu einschlägigen Zertifizierungen erwartet. Der **Grundsatz der Erlaubnisfreiheit** der Stellenvermittlung wurde auch auf die Auslandsvermittlung erstreckt, was zu einer entsprechenden Änderung von § 292 SGB III geführt hat. Danach bedarf es jetzt einer Rechtsverordnung des Bundesministeriums für Arbeit und Sozialordnung, wenn die Vermittlung für eine Beschäftigung im Ausland außerhalb der EU oder eines anderen Vertragsstaats EWR-Abkommens sowie die Vermittlung und die Anwerbung aus diesem Ausland für eine Beschäftigung im Inland für bestimmte Berufe und Tätigkeiten nur von der Bundesagentur durchgeführt werden soll.

243 Eine Überarbeitung hat auch § 298 SGB III als speziell datenschutzrechtliche Vorschrift erfahren, die dem Vermittler bestimmte Vorgaben macht, wie er **personenbezogene Daten sowie Geschäfts- und Betriebsgeheimnisse** zu behandeln hat. Im Grundsatz dürfen Vermittler Daten über zu besetzende Arbeits- und Ausbildungsplätze sowie über Ausbildungsuchende und Arbeitnehmerinnen und Arbeitnehmer nur erheben, verarbeiten und nutzen, soweit dies für die Verrichtung ihrer Vermittlungstätigkeit erforderlich ist (§ 298 Abs. 1 Satz 1 SGB III). Sind diese Daten personenbezogen oder Geschäfts- oder Betriebsgeheimnisse, so dürfen sie nur erhoben, verarbeitet oder genutzt werden, soweit die oder der Betroffene im Einzelfall nach Maßgabe von § 4a BDSG eingewilligt hat (§ 298 Abs. 1 Satz 2 SGB III). Übermittelt der Vermittler diese Daten im Rahmen seiner Vermittlungstätigkeit einer weiteren Person oder Einrichtung, darf diese sie nur zu dem Zweck verarbeiten oder nutzen, zu dem sie ihr befugt übermittelt worden sind (§ 298 Abs. 1 Satz 3 SGB III).

244 Von Betroffenen zur Verfügung gestellte Unterlagen sind unmittelbar nach Abschluss der Vermittlungstätigkeit zurückzugeben (§ 298 Abs. 2 Satz 1 SGB III). Die übrigen Geschäftsunterlagen des Vermittlers sind nach Abschluss der Vermittlungstätigkeit drei Jahre aufzubewahren (§ 298 Abs. 2 Satz 2 SGB III). Gesetzlich ausdrücklich zulässig ist die Verwendung der Geschäftsunterlagen zur Kontrolle des Vermittlers durch die zuständigen Behörden sowie zur Wahrnehmung berechtigter Eigeninteressen des Vermittlers (§ 298 Abs. 2 Satz 3 SGB III). Personenbezogene Daten sind nach Ablauf der **Aufbewahrungspflicht** grundsätzlich zu löschen (§ 298 Abs. 2 Satz 4 SGB III). Allerdings können Betroffene nach Abschluss der Vermittlungstätigkeit Abweichungen von den Sätzen 1, 3 und 4 gestatten, wofür Schriftform verlangt wird (§ 298 Abs. 2 Satz 5 SGB III).

245 Der zweite Kernpunkt der Neuregelung betraf die Vergütung für die Vermittlungstätigkeit, die der Vermittler bislang nur mit dem Arbeitgeber vereinbaren durfte und die nach der Änderung von § 296 SGB III und der Aufhebung der Arbeitsvermittlungsverordnung nunmehr auch in einem Vertrag mit dem Arbeitsuchenden vereinbart werden darf. Für den Bereich der Ausbildungsvermittlung blieb es dagegen dabei, dass eine Vergütung nur vom Arbeitgeber verlangt oder entgegengenommen werden darf (§ 296a Satz 1 SGB III). Zu den Leistungen der **Arbeits- und Ausbildungsvermittlung** gehören nach den §§ 296 Abs. 1 Satz 3, 296a Satz 2 SGB III auch alle Leistungen, die zur Vorbereitung und Durchführung der Vermittlung erforderlich sind. Das Gesetz nennt hierfür beispielhaft die Feststellung der Kenntnisse des oder der Arbeit oder Ausbildungsuchenden sowie die mit der Arbeits- oder Ausbildungsvermittlung verbundene Berufsberatung.

246 Eine **teilweise Einschränkung der Privatautonomie** ist auch bei der Arbeitsvermittlung zu beachten, da bestimmte Höchstbeträge festgeschrieben sind, die nicht überschritten werden dürfen. Nach § 296 Abs. 3 Satz 1 SGB III darf die Vergütung einschließlich der auf sie entfallenden Umsatzsteuer 2.000 € nicht übersteigen, soweit nicht ein gültiger Aktivierungs- und Vermittlungsgutschein in einer abweichenden Höhe nach § 45 Abs. 6 Satz 4 SGB III vorgelegt wird oder durch eine Rechtsverordnung nach

---

[671] BGBl 2011, 2854.
[672] BT-Drs. 14/8546, S. 6.

§ 301 SGB III für bestimmte Berufe oder Personengruppen etwas anderes bestimmt ist. Bei der Vermittlung von Personen in Au-pair-Verhältnisse darf die Vergütung pauschal 150 € nicht übersteigen (§ 296 Abs. 3 Satz 2 SGB III).

Ein Arbeitsuchender, der dem Vermittler einen Aktivierungs- und Vermittlungsgutschein vorlegt, kann die Vergütung abweichend von § 266 BGB in Teilbeträgen zahlen (§ 296 Abs. 4 Satz 1 SGB III). Die Vergütung ist nach Vorlage des Aktivierungs- und Vermittlungsgutscheins bis zu dem Zeitpunkt gestundet, in dem die Agentur für Arbeit nach Maßgabe von § 45 Abs. 6 SGB III gezahlt hat (§ 296 Abs. 4 Satz 2 SGB III). Allerdings hat ein Vermittlungsmakler trotz Vorlage eines Vermittlungsgutscheins keinen Vergütungsanspruch gegen die Bundesagentur, wenn er mit dem Arbeitgeber des „vermittelten" Arbeitnehmers wirtschaftlich verflochten ist.[673] Die oder der Arbeitsuchende ist zur Zahlung der Vergütung nach § 296 Abs. 3 SGB III nur verpflichtet, wenn infolge der Vermittlung des Vermittlers der Arbeitsvertrag zustande gekommen ist (§ 296 Abs. 2 Satz 1 SGB III), was dem allgemeinen **Kausalitätserfordernis** des Maklerrechts entspricht. Vorschüsse auf die Vergütungen darf der Vermittler weder verlangen noch entgegennehmen (§ 296 Abs. 2 Satz 2 SGB III). 247

Ordnungswidrig handelt nach § 404 Abs. 2 SGB III, wer vorsätzlich oder fahrlässig 248
- Nr. 9: einer Rechtsverordnung nach § 292 SGB III zuwiderhandelt, soweit sie für einen bestimmten Tatbestand auf diese Bußgeldvorschrift verweist;
- Nr. 11: entgegen § 296 Abs. 2 SGB III oder § 296a SGB III eine Vergütung oder einen Vorschuss entgegennimmt;
- Nr. 12: entgegen § 298 Abs. 1 SGB III als privater Vermittler Daten erhebt, verarbeitet oder nutzt;
- Nr. 13: entgegen § 298 Abs. 2 Satz 1 oder 4 SGB III eine Unterlage nicht, nicht richtig, nicht vollständig oder nicht rechtzeitig zurückgibt oder Daten nicht oder nicht rechtzeitig löscht.

Die **Ordnungswidrigkeiten** können mit Geldbußen bis zu 30.000 € geahndet werden (§ 404 Abs. 3 SGB III). Verwaltungsbehörde im Sinne von § 36 Abs. 1 Nr. 1 OWiG ist die Bundesagentur (§ 405 Abs. 1 Nr. 2 SGB III), die das Gewerbezentralregister über rechtskräftige Bußgeldbescheide unterrichtet (§ 405 Abs. 5 Satz 1 SGB III).

Der **Aktivierungs- und Vermittlungsgutschein** kann der oder dem Berechtigten von der Agentur für Arbeit ausgestellt und zeitlich befristet sowie regional beschränkt werden (§ 45 Abs. 1 Satz 2 SGB III). Er bescheinigt das Vorliegen der Voraussetzungen für eine Förderung nach § 45 Abs. 1 SGB III und legt Ziel und Inhalt der Maßnahme fest (§ 45 Abs. 4 Satz 1 SGB III). Nach § 45 Abs. 4 Satz 3 SGB III eröffnet er seinem Inhaber die Möglichkeit zur Auswahl zwischen 249
- Nr. 1: einem Träger, der eine dem Maßnahme-Ziel und -Inhalt entsprechende und nach § 179 SGB III zugelassene Maßnahme anbietet;
- Nr. 2: einem Träger, der eine ausschließlich erfolgsbezogen vergütete Arbeitsvermittlung in versicherungspflichtige Beschäftigung anbietet;[674]
- Nr. 3: einem Arbeitgeber, der eine dem Maßnahme-Ziel und -Inhalt entsprechende betriebliche Maßnahme von einer Dauer von bis zu sechs Wochen anbietet.

Während die nach § 45 Abs. 4 Satz 3 Nr. 1 SGB III ausgewählten Träger und der nach § 45 Abs. 4 Satz 3 Nr. 3 SGB III ausgewählte Arbeitgeber der Agentur für Arbeit den Aktivierungs- und Vermittlungsgutschein vor Beginn der Maßnahme vorzulegen haben (§ 45 Abs. 4 Satz 4 SGB III), trifft diese Pflicht den nach § 45 Abs. 4 Satz 3 Nr. 2 SGB III ausgewählten Träger nach erstmaligem Vorliegen der Auszahlungsvoraussetzungen (§ 45 Abs. 4 Satz 5 SGB III).

Die Agentur für Arbeit soll die Entscheidung über die Ausgabe eines Aktivierungs- und Vermittlungsgutscheins von der Eignung und den persönlichen Verhältnissen des Förderberechtigten oder der örtlichen Verfügbarkeit von Arbeitsmarktdienstleistungen abhängig machen (§ 45 Abs. 5 SGB III). Die Vergütung richtet sich nach Art und Umfang der Maßnahme, wobei sowohl eine Gestaltung mit Aufwands- oder Erfolgsbezug als auch eine Pauschalierung zugelassen wird (§ 45 Abs. 6 Satz 1 SGB III). § 83 Abs. 2 SGB III gilt entsprechend (§ 45 Abs. 6 Satz 2 SGB III). Bei erfolgreicher **Vermittlung in eine versicherungspflichtige Beschäftigung** durch einen Träger nach § 45 Abs. 4 Satz 3 Nr. 2 250

---

[673] BSG v. 06.04.2006 - B 7a AL 56/05 R - ArbuR 2006, 175; zur Feststellung der „wirtschaftlichen Verflechtung im Einzelfall z.B. LSG Rheinland-Pfalz v. 27.04.2006 - L 1 AL 215/05; LSG Rheinland-Pfalz v. 19.09.2006 - L 1 AL 154/05.

[674] Einen Anspruch für Arbeitslose mit Anspruch auf Arbeitslosengeld, dessen Dauer nicht allein auf § 147 Abs. 3 SGB III beruht, und die nach einer Arbeitslosigkeit von sechs Wochen innerhalb einer Frist von drei Monaten noch nicht vermittelt sind, normiert § 45 Abs. 7 SGB III.

§ 652

SGB III beträgt die Vergütung 2.000 € (§ 45 Abs. 6 Satz 3 SGB III),[675] bei Langzeitarbeitslosen und behinderten Menschen nach § 2 Abs. 1 SGB IX kann die Vergütung auf eine Höhe von bis zu 2.500 € festgelegt werden (§ 45 Abs. 6 Satz 4 SGB III).

251 Die Vergütung nach § 45 Abs. 6 Sätze 3 und 4 SGB III wird in Höhe von 1.000 € nach einer sechswöchigen und der Restbetrag nach einer sechsmonatigen Dauer des Beschäftigungsverhältnisses gezahlt (§ 45 Abs. 6 Satz 5 SGB III).[676] Die Regelung soll einen besonderen Anreiz zugunsten einer dauerhaften Integration in den Arbeitsmarkt schaffen und zudem Missbräuchen dadurch vorbeugen, dass die erste Rate nicht schon zu Beginn des Beschäftigungsverhältnisses gezahlt wird. Der BGH lehnt eine Übertragung dieser gesetzgeberischen Intention auf das Verhältnis zwischen Arbeitsvermittler und Arbeitsuchendem schon wegen der grundsätzlich anders geregelten **Risikoverteilung** ab.[677] Es bleibt deshalb dabei, dass der Provisionsanspruch des Vermittlers nach § 296 Abs. 2 SGB III, § 652 Abs. 1 BGB nur das wirksame Zustandekommen des vermittelten Arbeitsvertrags voraussetzt und nicht auch eine bestimmte Dauer des Arbeitsverhältnisses.[678] Eine erfolgsbezogene Vergütung für die Arbeitsvermittlung in eine versicherungspflichtige Beschäftigung ist nach § 45 Abs. 6 Satz 6 SGB III ausgeschlossen, wenn das Beschäftigungsverhältnis

- Nr. 1: von vornherein auf eine Dauer von weniger als drei Monaten begrenzt ist oder
- Nr. 2: bei einem früheren Arbeitgeber begründet wird, bei dem die Arbeitnehmerin oder der Arbeitnehmer während der letzten vier Jahre vor Aufnahme der Beschäftigung mehr als drei Monate lang versicherungspflichtig beschäftigt war.[679]

252 Der Vertrag zwischen Vermittler und Arbeitsuchendem ist Maklervertrag im Sinne von § 652 BGB, der allerdings durch öffentlich-rechtliche Normen teilweise modifiziert ist.[680] Er bedarf der Schriftform und muss insbesondere die Vergütung des Vermittlers angeben (§ 296 Abs. 1 Sätze 1 und 2 SGB III). Der Vertragsinhalt muss dem oder der Arbeitsuchenden vom Vermittler in Textform (§ 126b BGB) mitgeteilt werden (§ 296 Abs. 1 Satz 4 SGB III). Daneben können wie sonst auch weitere Leistungen gesondert vereinbart und vergütet werden. Da anders als im alten Recht (§ 11 Abs. 4 AVermV a.F.) keine Regelung hinsichtlich der Vergütung von **Aufwendungen des Vermittlers** getroffen ist, richtet sich diese nach den zu § 652 Abs. 2 BGB entwickelten Grundsätzen. Fehlt es aufgrund einer tatsächlichen Verflechtung an einer Vermittlungsleistung und ist dem Vermittler dies bekannt, kann er sich wegen Betrugs nach § 263 StGB strafbar machen.[681]

253 Der Vermittler ist Inhaber eines öffentlich-rechtlichen Zahlungsanspruchs, zu dessen Durchsetzung der **Rechtsweg zu den Sozialgerichten** eröffnet ist (§ 51 Abs. 1 Nr. 4 SGG). Aufgrund der Abhängigkeit der Vergütungsansprüche des privaten Vermittlers gegenüber der Bundesagentur mit ihren Vermittlungsansprüchen gegen die Arbeitnehmer ist eine Entscheidung im sozialgerichtlichen Verfahren nur einheitlich möglich, weshalb die Arbeitnehmer bzw. Vermittelten notwendig beizuladen sind (§ 75 Abs. 2 SGG).[682] Im Revisionsverfahren kann allerdings auf eine Zurückverweisung zwecks Beiladung bzw. Nachholung einer Beiladung (§ 168 Satz 2 SGG) verzichtet werden, wenn das Ergebnis des Rechtsstreits den Beizuladenden weder verfahrensrechtlich noch materiellrechtlich benachteiligen kann.[683] Da der Vermittler nicht als Leistungsempfänger im Sinne von § 183 SGG eingestuft wird, besteht Kostenpflichtigkeit nach § 197a SGG. Das BSG qualifiziert das Vermittlungshonorar nicht als Leistung, sondern als eine Vergütung aus wirtschaftlicher Betätigung, „selbst wenn man sie nach der Systematik des SGB III in einem weiteren Sinne als Leistung an einen Träger verstehen könnte".[684]

---

[675] Für bis einschließlich 31.12.2012 erfolgte Vermittlungen nach § 45 Abs. 4 Satz 3 Nr. 2 SGB III besteht ein Anspruch auf Vergütung für die Arbeitsvermittlung in eine versicherungspflichtige Beschäftigung nur, wenn der Träger zum Zeitpunkt der Vermittlung die Arbeitsvermittlung als Gegenstand seines Gewerbes angezeigt hat (§ 443 Abs. 3 Satz 4 SGB III).
[676] Noch zu § 421g SGB III z.B. BSG v. 23.02.2011 - B 11 AL 10/10 R; BSG v. 23.02.2011 - B 11 AL 11/10 R.
[677] Noch zu § 421g SGB III insbesondere BGH v. 18.03.2010 - III ZR 254/09 - NJW 2010, 3222-3226.
[678] BGH v. 18.03.2010 - III ZR 254/09 - NJW 2010, 3222-3226, 3224.
[679] Dies gilt jedoch nicht, sofern es sich um die befristete Beschäftigung besonders betroffener schwerbehinderter Menschen handelt.
[680] BSG v. 06.04.2006 - B 7a AL 56/05 R - ArbuR 2006, 175; BSG v. 23.02.2011 - B 11 AL 10/10 R; BSG v. 23.02.2011 - B 11 AL 11/10 R; BGH v. 18.03.2010 - III ZR 254/09 - NJW 2010, 3222-3226, 3223.
[681] BGH v. 26.03.2009 - 5 StR 74/09 - wistra 2009, 317.
[682] BSG v. 06.04.2006 - B 7a AL 56/05 R - ArbuR 2006, 175.
[683] BSG v. 29.11.1995 - 3 RK 33/94 - SozR 3-2500 § 124 Nr. 1.
[684] BSG v. 06.04.2006 - B 7a AL 56/05 R - ArbuR 2006, 175.

Das neue Recht enthält keinen Hinweis mehr auf den Vertrag zwischen Vermittler und Arbeitgeber, der sich deshalb nach dem Maklerrecht des BGB bestimmt. Zusätzlich zur Sonderregelung in § 655 BGB ist allerdings zu beachten, dass abweichend von den allgemeinen Bestimmungen die Vereinbarung eines Alleinauftrags unzulässig ist (§ 297 Nr. 4 SGB III). Damit ist der Katalog der **Unwirksamkeitsgründe** angesprochen, der ebenfalls eine Überarbeitung erfahren hat, aber nach wie vor in § 297 SGB III verortet ist. Unwirksam sind danach folgende Vereinbarungen:

254

- Nr. 1: zwischen einem Vermittler und einer oder einem Arbeitsuchenden über die Zahlung der Vergütung, wenn deren Höhe die nach § 296 Abs. 3 SGB III zulässige Höchstgrenze überschreitet, wenn Vergütungen für Leistungen verlangt oder entgegengenommen werden, die nach § 296 Abs. 1 Satz 3 SGB III zu den Leistungen der Vermittlung gehören oder wenn die erforderliche Schriftform nicht eingehalten wird;
- Nr. 2: zwischen einem Vermittler und einer oder einem Ausbildungsuchenden über die Zahlung einer Vergütung;
- Nr. 3: zwischen einem Vermittler und einem Arbeitgeber, wenn der Vermittler eine Vergütung mit einer oder einem Ausbildungsuchenden vereinbart oder von dieser oder diesem entgegennimmt, obwohl dies nicht zulässig ist;
- Nr. 4: die sicherstellen sollen, dass ein Arbeitgeber oder eine Person, die eine Ausbildung oder Arbeit sucht, sich ausschließlich eines bestimmten Vermittlers bedient

Die Regelung in § 297 Nr. 1 SGB III bezweckt in erster Linie den Schutz der Arbeitsuchenden vor Übervorteilung und erleichtert die Rückforderung überhöhter Vergütungen.[685] Wird ein Vermittlungsentgelt vereinbart, das die nach § 296 Abs. 3 SGB III maßgebliche Höchstgrenze überschreitet, hat dies nicht lediglich eine Herabsetzung der vereinbarten Vergütung auf den höchstzulässigen Umfang im Sinne einer Art „geltungserhaltenden Reduktion" zur Folge, sondern den vollständigen **Verlust des Vergütungsanspruchs** des Vermittlers aufgrund Unwirksamkeit der gesamten Vergütungsvereinbarung.[686]

255

Der Grundsatz, nach dem der Verstoß gegen ein preisrechtliches Verbotsgesetz am Maßstab von § 134 BGB im Allgemeinen lediglich die Nichtigkeit der Entgeltregelung im Umfang der Preisüberschreitung begründet, komme im Anwendungsbereich von § 297 Nr. 1 SGB III schon deshalb nicht zum Zuge, weil dort von „wenn" und nicht von „soweit" die Rede sei. Ferner könne die Norm ihren Schutzzweck nur dann wirkungsvoll erfüllen, wenn der Vermittler bei **Überschreitung der vorgegebenen Vergütungshöchstgrenzen** Gefahr laufe, seinen gesamten Vergütungsanspruch zu verlieren. Andernfalls könne er weitgehend risiko- und folgenlos darauf spekulieren, dass einzelne Arbeitsuchende in Unkenntnis der gesetzlichen Regelung eine zu hohe Vergütung entrichten und später auch nicht zurückfordern.[687] Schließlich führte der BGH zur Begründung seiner Auffassung noch systematische Erwägungen an. Die in § 297 Nr. 1 SGB III aufgeführten Fälle differenzierten nicht hinsichtlich der Nichtigkeitsfolge und es sei – zumal in Anbetracht der einheitlichen Zweckrichtung – auch kein sachlicher Grund für eine solche Differenzierung ersichtlich. Damit fehle es an einer wirksamen Vergütungsvereinbarung und damit an einer notwendigen Voraussetzung für die Entstehung eines Provisionsanspruchs des Vermittlers, da § 653 BGB insoweit nicht anwendbar sei.[688]

256

Im konkreten Fall war in den AGB des Vermittlers eine Verpflichtung des Arbeitsuchenden als Auftraggeber vorgesehen, den gesamten Betrag der geschuldeten Vermittlungsvergütung in Höhe von einem Bruttomonatsgehalt – maximal 2.000 € – unabhängig von der tatsächlichen Dauer des vermittelten und auf eine vertragliche Mindestbeschäftigungsdauer von drei Monaten angelegten Beschäftigungsverhältnisses bereits spätestens vier Wochen nach dessen Beginn zu entrichten.[689] Der III. Zivilsenat des BGH konnte darin am Maßstab von § 307 Abs. 1 Satz 1 und Abs. 2 BGB keine den Geboten von Treu und Glauben zuwiderlaufende unangemessene Benachteiligung des Auftraggebers erkennen. Er war vielmehr der Auffassung, die Vergütungsregelung werde bei der gebotenen **Berücksichtigung des gesetzlichen Leitbilds des Maklervertrags**, dessen Geltung für die private Arbeitsvermittlung durch § 296 Abs. 2 SGB III klargestellt sei, den Interessen beider Vertragsparteien hinreichend gerecht.[690]

257

---

[685] BT-Drs. 14/8546, S. 6.
[686] BGH v. 18.03.2010 - III ZR 254/09 - NJW 2010, 3222-3226.
[687] BGH v. 18.03.2010 - III ZR 254/09 - NJW 2010, 3222-3226, 3223.
[688] BGH v. 18.03.2010 - III ZR 254/09 - NJW 2010, 3222-3226, 3223 f.
[689] BGH v. 18.03.2010 - III ZR 254/09 - NJW 2010, 3222-3226, 3224.
[690] BGH v. 18.03.2010 - III ZR 254/09 - NJW 2010, 3222-3226, 3224 f.

§ 652

258 Dabei verkannte er nicht die gerade bei der Vermittlung von Dienst- und Arbeitsverträgen bestehende Besonderheit, dass der Auftraggeber auf den im Erfolgsfall erzielten Lohn oft nicht nur zur Bestreitung seines Lebensunterhalts angewiesen ist, sondern auch zur Erfüllung des Provisionsanspruchs des Vermittlers. Dennoch sei die Vereinbarung einer entsprechenden zeitlichen Mindestgrenze – auch unter dem Blickwinkel der vorgesehenen Provisionshöhe von einem Bruttomonatsgehalt – bei der **Inhaltskontrolle nach § 307 BGB** hinzunehmen, zumal auch unbefristete Arbeitsverhältnisse in den ersten Monaten unter erleichterten Bedingungen gekündigt werden könnten. Andererseits böten befristete Arbeitsverhältnisse im Fall der Bewährung häufig die Chance, ein längerfristiges Arbeitsverhältnis eingehen zu können. Der Vermittler habe hierauf typischerweise keinen Einfluss und beides sei für ihn in aller Regel auch nicht vorhersehbar. Stattdessen müsse der Auftraggeber selbst abschätzen, ob es für ihn lohnend sei, das angebotene Arbeitsverhältnis zu den vorgesehenen Bedingungen einzugehen und damit den Vergütungsanspruch des Vermittlers auszulösen. Soweit durch eine frühzeitige und seitens des Arbeitnehmers nicht zu vertretende Beendigung des vermittelten Arbeitsverhältnisses ein grobes Missverhältnis zwischen der geschuldeten Vermittlungsvergütung und dem aus der Vermittlung gezogenen Nutzen des Auftraggebers entstehe, könne eine solche unbillige Härte über § 655 Satz 1 BGB angemessen ausgeglichen werden.[691]

IV. Abfallmakler

259 Das **Kreislaufwirtschaftsgesetz**[692] (KrWG) hat mit Wirkung zum 01.06.2012 das Kreislaufwirtschafts- und Abfallgesetz (KrW-/AbfG) abgelöst und dabei auch die für Abfallmakler geltenden Vorschriften neu gefasst. Als solcher gilt nach § 3 Abs. 13 KrWG jede natürliche oder juristische Person, die gewerbsmäßig oder im Rahmen wirtschaftlicher Unternehmen – das heißt aus Anlass einer anderweitigen gewerblichen oder wirtschaftlichen Tätigkeit, die nicht auf das Makeln von Abfällen gerichtet ist – oder öffentlicher Einrichtungen für die Bewirtschaftung von Abfällen[693] für Dritte sorgt, wobei die Erlangung der tatsächlichen Sachherrschaft über die Abfälle nicht erforderlich ist.

260 Abfallmakler werden in regelmäßigen Abständen und in angemessenem Umfang von der zuständigen Behörde überprüft (§ 47 Abs. 2 Satz 1 KrWG) und haben deren Bediensteten und Beauftragten auf Verlangen Auskunft über Betrieb, Anlagen, Einrichtungen und sonstige der Überwachung unterliegende Gegenstände zu erteilen (§ 47 Abs. 3 Satz 1 Nr. 4 KrWG).[694] Ferner haben sie den Bediensteten und Beauftragten der zuständigen Behörde zur Prüfung der **Einhaltung ihrer Verpflichtungen** nach den §§ 7 und 15 KrWG das Betreten der Grundstücke sowie der Geschäfts- und Betriebsräume zu den üblichen Geschäftszeiten, die Einsicht in Unterlagen und die Vornahme von technischen Ermittlungen und Prüfungen zu gestatten (§ 47 Abs. 3 Satz 2 KrWG). Sofern dies zur Verhütung dringender Gefahren für die öffentliche Sicherheit oder Ordnung erforderlich ist, haben sie zudem das Betreten von Geschäfts- und Betriebsgrundstücken sowie von Geschäfts- und Betriebsräumen außerhalb der üblichen Geschäftszeiten und schließlich auch das Betreten von Wohnungen zu gestatten (§ 47 Abs. 3 Satz 3 KrWG).[695] Insoweit wird das in Art. 13 Abs. 1 GG gewährleistete Grundrecht auf Unverletzlichkeit der Wohnung eingeschränkt (§ 47 Abs. 3 Satz 4 KrWG). Im Übrigen erstrecken sich die behördlichen Überwachungsbefugnisse auch auf die Prüfung, ob bestimmte Stoffe oder Gegenstände am Maßstab der §§ 4 und 5 KrWG nicht oder nicht mehr als Abfall anzusehen sind (§ 47 Abs. 6 KrWG). Für die zur Auskunft verpflichteten Abfallmakler gilt § 55 StPO entsprechend (§ 47 Abs. 5 KrWG).

---

[691] BGH v. 18.03.2010 - III ZR 254/09 - NJW 2010, 3222-3226, 3225.

[692] Gesetz zur Förderung der Kreislaufwirtschaft und Sicherung der umweltverträglichen Bewirtschaftung von Abfällen, verkündet als Art. 1 des Gesetzes zur Neuordnung des Kreislaufwirtschafts- und Abfallrechts vom 24.02.2012, BGBl I 2012, 212 und zum Teil bereits am 01.03.2012 in Kraft getreten.

[693] § 3 Abs. 14 KrWG definiert Abfallbewirtschaftung als die Bereitstellung, die Überlassung, die Sammlung (§ 3 Abs. 15 KrWG), die Beförderung, die Verwertung (§ 3 Abs. 23 KrWG) und die Beseitigung (§ 3 Abs. 26 KrWG) von Abfällen (§ 3 Abs. 1 KrWG), einschließlich der Überwachung dieser Verfahren, der Nachsorge von Beseitigungsanlagen sowie der Tätigkeiten, die von Händlern (§ 3 Abs. 12 KrWG) und Maklern vorgenommen werden.

[694] Wer eine Auskunft nicht richtig, nicht vollständig oder nicht rechtzeitig erteilt, begeht eine Ordnungswidrigkeit nach § 69 Abs. 2 Nr. 4 KrWG, die mit einer Geldbuße bis zu 10.000 € geahndet werden kann (§ 69 Abs. 3 KrWG).

[695] Wer entgegen § 47 Abs. 3 Satz 2 oder 3 KrWG das Betreten eines Grundstücks oder eines Wohn-, Geschäfts- oder Betriebsraums, die Einsicht in eine Unterlage oder die Vornahme einer technischen Ermittlung oder Prüfung nicht gestattet, begeht eine Ordnungswidrigkeit nach § 69 Abs. 2 Nr. 5 KrWG, die mit einer Geldbuße bis zu einer Höhe von 10.000 € geahndet werden kann (§ 69 Abs. 3 KrWG).

Makler von gefährlichen Abfällen (§ 3 Abs. 5 KrWG) haben ein **Abfallregister** nach § 49 Abs. 1 KrWG zu führen (§ 49 Abs. 3 KrWG), sofern nicht lediglich private Haushaltungen betroffen sind (§ 49 Abs. 6 KrWG). Auf Verlangen der zuständigen Behörde sind das Register vorzulegen oder Angaben aus ihm mitzuteilen (§ 49 Abs. 4 KrWG). In das Register eingetragene Angaben oder eingestellte Belege über gefährliche Abfälle haben Abfallmakler mindestens drei Jahre ab dem Zeitpunkt der Eintragung oder Einstellung in das Register aufzubewahren, soweit nicht eine Rechtsverordnung nach § 52 KrWG eine längere Frist vorschreibt (§ 49 Abs. 5 KrWG).[696] 261

Im Rahmen einer im Einzelfall durchgeführten **Überwachung** kann die zuständige Behörde auch außerhalb bestehender Pflichten nach § 49 KrWG anordnen, dass Abfallmakler Register oder Nachweise zu führen und vorzulegen oder Angaben aus den Registern mitzuteilen bzw. bestimmten Anforderungen entsprechend § 10 Abs. 2 Nr. 2, 3, 5-8 KrWG nachzukommen haben (§ 51 Abs. 1 Satz 1 KrWG). Darüber hinaus kann sie bestimmen, dass Nachweise und Register elektronisch geführt und Dokumente in elektronischer Form nach § 3a Abs. 2 Sätze 2 und 3 VwVfG vorzulegen sind (§ 51 Abs. 1 Satz 2 KrWG). Ist der Abfallmakler Entsorgungsfachbetrieb nach § 56 KrWG oder auditierter Unternehmensstandort nach § 61 KrWG, hat die zuständige Behörde dies bei ihren Anordnungen auf der Grundlage von § 51 Abs. 1 KrWG zu berücksichtigen, insbesondere auch im Hinblick auf mögliche Beschränkungen des Umfangs oder des Inhalts der Nachweispflicht (§ 51 Abs. 2 Satz 1 KrWG).[697] 262

Makler von gefährlichen Abfällen bedürfen der **Erlaubnis** (§ 54 Abs. 1 Satz 1 KrWG),[698] welche die zuständige Behörde (§ 54 Abs. 1 Satz 3 KrWG) nach § 54 Abs. 1 Satz 2 KrWG zu erteilen hat, wenn folgende Voraussetzungen kumulativ vorliegen: 263

- Nr. 1: es sind keine Tatsachen bekannt, aus denen sich Bedenken gegen die Zuverlässigkeit des Inhabers oder der für die Leitung und Beaufsichtigung des Betriebs verantwortlichen Personen ergeben;
- Nr. 2: der Inhaber – soweit er für die Betriebsleitung verantwortlich ist – und die für die Leitung und Beaufsichtigung des Betriebs verantwortlichen Personen sowie das sonstige Personal verfügen über die für ihre Tätigkeit notwendige Fach- und Sachkunde.

Wer ohne eine solche Erlaubnis gefährliche Abfälle makelt, begeht eine Ordnungswidrigkeit nach § 69 Abs. 1 Nr. 7 KrWG, die mit einer Geldbuße bis zu 100.000 € geahndet werden kann (§ 69 Abs. 3 KrWG). Die Erlaubnis kann mit Nebenbestimmungen versehen werden, soweit dies zur Wahrung des Wohls der Allgemeinheit erforderlich ist (§ 54 Abs. 2 KrWG). Von der Erlaubnispflicht ausgenommen sind neben öffentlich-rechtlichen Entsorgungsträgern auch Entsorgungsfachbetriebe nach § 56 KrWG, soweit diese für die erlaubnispflichtige Tätigkeit zertifiziert sind (§ 54 Abs. 3 KrWG).[699]

Verfügt der Betrieb nicht bereits über eine Erlaubnis nach § 54 Abs. 1 KrWG, hat der Abfallmakler seine Betriebstätigkeit vor deren Aufnahme der zuständigen Behörde (§ 53 Abs. 1 Satz 3 KrWG) anzuzeigen (§ 53 Abs. 1 Satz 1 KrWG), die ihm den Eingang der Anzeige unverzüglich schriftlich bestätigt (§ 53 Abs. 1 Satz 2 KrWG). Der Abfallmakler sowie die für die Leitung und Beaufsichtigung des Betriebs verantwortlichen Personen müssen auch hier zuverlässig sein und ebenso wie das sonstige Personal die für ihre Tätigkeit notwendige Fach- und Sachkunde aufweisen (§ 53 Abs. 2 KrWG).[700] Die zuständige Behörde kann die **angezeigte Tätigkeit** von Bedingungen abhängig machen, sie zeitlich befristen oder Auflagen für sie vorsehen, soweit dies zur Wahrung des Wohls der Allgemeinheit erforderlich ist (§ 53 Abs. 3 Satz 1 KrWG). Ferner kann sie den Abfallmakler auffordern, Unterlagen über den Nachweis der Zuverlässigkeit sowie der Fach- und Sachkunde vorzulegen (§ 53 Abs. 3 Satz 2 KrWG). 264

Schließlich hat sie nach § 53 Abs. 3 Satz 3 KrWG die angezeigte Tätigkeit in zwei Fällen zu untersagen: 265

---

[696] Im Zusammenhang mit der Führung des Abfallregisters sind die Bußgeldtatbestände nach § 69 Abs. 2 Nr. 8, 10 und 11 KrWG zu beachten, bei deren Realisierung eine Geldbuße bis zu 10.000 € droht (§ 69 Abs. 3 KrWG).
[697] Nach § 51 Abs. 2 Satz 2 KrWG umfasst dies vor allem die Berücksichtigung der vom Umweltgutachter geprüften und im Rahmen der Teilnahme an dem Gemeinschaftssystem für das Umweltmanagement und die Umweltbetriebsprüfung (EMAS) erstellten Unterlagen.
[698] Eine Genehmigung für Vermittlungsgeschäfte nach § 50 Abs. 1 KrW-/AbfG gilt bis zum Ende ihrer Befristung als Erlaubnis nach § 54 Abs. 1 KrW fort (§ 72 Abs. 6 KrWG).
[699] Zur Gleichwertigkeit von Erlaubnissen aus einem anderen EU-Mitgliedstaat oder EWR-Vertragsstaat vgl. § 54 Abs. 4 KrWG, zur Überprüfung der erforderlichen Fach- und Sachkunde § 54 Abs. 5 KrWG.
[700] Zur Gleichwertigkeit von Nachweisen aus einem anderen EU-Mitgliedstaat oder EWR-Vertragsstaat vgl. § 53 Abs. 4 KrWG, zur Überprüfung der erforderlichen Fach- und Sachkunde § 53 Abs. 5 KrWG.

- Nr. 1: es sind Tatsachen bekannt, aus denen sich Bedenken gegen die Zuverlässigkeit des Inhabers oder der für die Leitung und Beaufsichtigung des Betriebs verantwortlichen Personen ergeben;
- Nr. 2: die nach § 53 Abs. 2 Satz 2 KrWG erforderliche Fach- und Sachkunde wurde nicht nachgewiesen.

Wer einer vollziehbaren Untersagung in diesem Sinne zuwiderhandelt, begeht eine Ordnungswidrigkeit nach § 69 Abs. 1 Nr. 6 KrWG, die mit einer Geldbuße in einer Höhe bis zu 100.000 € geahndet werden kann (§ 69 Abs. 3 KrWG). Ebenso wie bei **Ordnungswidrigkeiten** nach § 69 Abs. 1 Nr. 2 bis 5, 7 oder 8 KrWG unterliegen Gegenstände der Einziehung, auf die sich die jeweilige Ordnungswidrigkeit bezieht oder die zu ihrer Begehung oder Vorbereitung gebraucht worden oder bestimmt gewesen sind (§ 70 Satz 1 KrWG). § 23 OWiG ist anzuwenden (§ 70 Satz 2 KrWG).

V. Anlagemakler

1. Finanzanlagenvermittlung

266 Art. 5 Nr. 9 des Gesetzes zur **Novellierung des Finanzanlagenvermittler- und Vermögensanlagenrechts** hat mit Wirkung zum 01.01.2013 (Art. 26 Abs. 4)[701] den Anlageberater aus dem Anwendungsbereich von § 34c GewO herausgenommen und stattdessen im neuen § 34f GewO eine einheitliche Regelung zur Gewerbeerlaubnis für Finanzanlagenvermittler getroffen.[702] Als solche definiert § 34f Abs. 1 Satz 1 GewO diejenigen, die im Umfang der Bereichsausnahme des § 2 Abs. 6 Satz 1 Nr. 8 KWG gewerbsmäßig zu

- Nr. 1: Anteilsscheinen einer Kapitalanlagegesellschaft oder Investment-AG oder von ausländischen Investmentanteilen, die im Geltungsbereich des Investmentgesetzes öffentlich vertrieben werden dürfen,
- Nr. 2: Anteilen an geschlossenen Fonds in Form einer KG,
- Nr. 3: sonstigen Vermögensanlagen im Sinne von § 1 Abs. 2 VermAnlG

Anlageberatung im Sinne von § 1 Abs. 1a Nr. 1a KWG erbringen oder den Abschluss von Verträgen über den Erwerb solcher Finanzanlagen vermitteln wollen. Soweit dies zum Schutz der Allgemeinheit oder der Anleger erforderlich ist, kann die Erlaubnis inhaltlich beschränkt oder mit Auflagen verbunden werden, die unter denselben Voraussetzungen auch nachträglich aufgenommen, geändert und ergänzt werden können (§ 34f Abs. 1 Satz 2 GewO).[703] Ferner kann die Erlaubnis auf die Anlageberatung zu und die Vermittlung von Verträgen über den Erwerb von einzelnen Kategorien von Finanzanlagen nach § 34f Abs. 1 Satz 1 Nr. 1, 2 oder 3 GewO beschränkt werden (§ 34f Abs. 1 Satz 3 GewO). Von der Erlaubnispflicht ausgenommen sind in erster Linie Kredit- und Finanzdienstleistungsinstitute sowie Kapitalanlagegesellschaften, die bereits über eine Erlaubnis nach dem KWG bzw. nach dem InvG verfügen (§ 34f Abs. 3 Nr. 1 bis 3 GewO).[704]

267 Gewerbetreibende nach § 34f Abs. 1 GewO sind verpflichtet, sich unverzüglich nach Aufnahme ihrer Tätigkeit über die für die Erlaubniserteilung zuständige Behörde entsprechend dem Umfang der Erlaubnis in das Register nach § 11a Abs. 1 GewO eintragen zu lassen und spätere Änderungen der im Register gespeicherten Angaben unverzüglich der Registerbehörde mitzuteilen (§ 34f Abs. 5 GewO).[705] Das bislang lediglich Versicherungsvermittler und Versicherungsberater erfassende **Vermittlerregister** wurde somit auf Finanzanlagenvermittler ausgedehnt und ergänzend in den §§ 6-8 FinVermV geregelt. Der Gesetzgeber wollte zum einen vermeiden, neue Strukturen aufbauen zu müssen, und zum anderen durch ein einheitliches Register die Transparenz erhöhen, da eine Reihe von Vermittlern und Beratern in beiden Marktsegmenten tätig ist.[706] Die für die Erlaubniserteilung nach § 34f

---

[701] Der die dazugehörige Rechtsverordnungsermächtigung enthaltende § 34g GewO ist dagegen nach Art. 26 Abs. 1 des Gesetzes zur Novellierung des Finanzanlagenvermittler- und Vermögensanlagenrechts bereits am 13.12.2011 in Kraft getreten.

[702] Die maßgebliche Übergangsregelung hierzu enthält § 157 GewO.

[703] Wer vorsätzlich oder fahrlässig einer vollziehbaren Auflage nach § 34f Abs. 1 Satz 2 GewO zuwiderhandelt, begeht eine Ordnungswidrigkeit nach § 144 Abs. 2 Nr. 5 GewO, die mit einem Bußgeld bis zu 5.000 € geahndet werden kann (§ 144 Abs. 4 GewO).

[704] Eine weitere Ausnahme gilt für vertraglich gebundene Vermittler nach § 2 Abs. 10 Satz 1 KWG (§ 34f Abs. 3 Nr. 4 GewO); die Einordnung als reisegewerbekartenfreie Tätigkeit bestimmt § 55a Abs. 1 Nr. 8 GewO.

[705] Wer entgegen § 34f Abs. 5 Satz 1 oder 2 GewO vorsätzlich oder fahrlässig eine Mitteilung nicht, nicht richtig, nicht vollständig oder nicht rechtzeitig macht, handelt nach § 144 Abs. 2 Nr. 9 GewO ordnungswidrig und muss mit einem Bußgeld bis zu 5.000 € rechnen (§ 144 Abs. 4 GewO).

[706] BT-Drs. 17/6051, S. 72 und 75 f.

Abs. 1 GewO zuständige Behörde teilt der Registerbehörde unverzüglich die für die Eintragung nach § 34f Abs. 5 GewO erforderlichen Angaben sowie die Aufhebung der Erlaubnis mit (§ 11 Abs. 3a Satz 1 GewO). Im letzteren Fall hat die Registerbehörde bei Erhalt der Mitteilung über die Aufhebung der Erlaubnis unverzüglich die zu dem Betroffenen gespeicherten Daten zu löschen (§ 11 Abs. 3a Satz 2 GewO).

Die Gründe für die Versagung einer Erlaubnis sind in § 34f Abs. 2 GewO zusammengefasst. Mit dem verpflichtenden Nachweis einer Berufshaftpflichtversicherung in § 34f Abs. 2 Nr. 3 GewO in Verbindung mit den §§ 9 und 10 FinVermV wollte der Gesetzgeber zum einen den Anlegerschutz im Fall eines Beratungs- oder Vermittlungsfehlers erhöhen, zum anderen aber auch den Vermittler selbst vor einer ansonsten drohenden persönlichen Inanspruchnahme bewahren. Die Einführung dieser neuen Berufszugangsbeschränkung sei gerechtfertigt, da eine fehlerhafte Anlageberatung und Vermittlung zu erheblichen finanziellen Schädigungen der Anleger führen könne.[707] Der nach § 34f Abs. 2 Nr. 4 GewO verpflichtende und durch die §§ 1-5 FinVermV sowie Anlage 1 zur Finanzanlagenvermittlungsverordnung konkretisierte **Sachkundenachweis** soll dagegen die Qualität der Beratung erhöhen. Dies sei zum Schutz der Anleger vor unqualifizierter Beratung und unsachgemäßer Vermittlung von Finanzanlagen sinnvoll und – angesichts des hohen Schädigungspotenzials bei Falschberatung aufgrund mangelhafter Qualifikation – auch erforderlich. Die Verhältnismäßigkeit sei ebenso zu bejahen, da das Ziel der qualitativ hochwertigen Beratung und Vermittlung nicht durch anderweitige, weniger belastende Maßnahmen erreicht werden könne. Ferner werde durch die Einführung eines Sachkundenachweises für Finanzanlagenvermittler auch das mit Blick auf das für den Berufszugang erforderliche Qualitätsniveau seit 2007 bestehende Regulierungsgefälle im Verhältnis zu Versicherungsvermittlern und Versicherungsberatern ausgeglichen. Der Gesetzgeber verlangte insbesondere, dass hinsichtlich der im Einzelnen im Wege der Rechtsverordnung zu konkretisierenden Informations-, Beratungs- und Dokumentationspflichten ein den §§ 31 ff. WpHG vergleichbares Anlegerschutzniveau hergestellt wird (§ 34g Abs. 1 Satz 3 GewO).[708] Die Umsetzung dieser Vorgabe erfolgte durch die §§ 11-19 FinVermV, die in der Verordnung durch weitere Pflichten (§§ 20-25 FinVermV) ergänzt werden.

Gewerbetreibende nach § 34f Abs. 1 GewO dürfen direkt bei der Beratung und Vermittlung **mitwirkende Personen** nur beschäftigen, wenn sie sicherstellen, dass diese Personen über einen Sachkundenachweis nach § 34f Abs. 2 Nr. 4 GewO verfügen und geprüft haben, ob sie zuverlässig sind (§ 34f Abs. 4 Satz 1 GewO). Umgekehrt kann dem Gewerbetreibenden die Beschäftigung einer direkt bei der Beratung und Vermittlung mitwirkenden Person untersagt werden, wenn Tatsachen die Annahme rechtfertigen, dass die Person die für ihre Tätigkeit erforderliche Sachkunde oder Zuverlässigkeit nicht besitzt (§ 34f Abs. 4 Satz 2 GewO). Schließlich müssen die Gewerbetreibenden nach § 34f Abs. 1 GewO die unmittelbar bei der Beratung und Vermittlung mitwirkenden Personen unverzüglich nach Aufnahme ihrer Tätigkeit bei der Registerbehörde melden und eintragen lassen (§ 34f Abs. 6 Satz 1 GewO). Änderungen der im Register gespeicherten Angaben sind der Registerbehörde auch insoweit unverzüglich zu melden (§ 34f Abs. 6 Satz 2 GewO). Der Gesetzgeber betonte ausdrücklich, dass der Einsatz von Angestellten ohne den geforderten Sachkundenachweis zu zivilrechtlichen Haftungsansprüchen gegenüber dem Gewerbetreibenden führen kann, sofern es zu einem Vermögensschaden aufgrund einer Falschberatung kommt.[709] Inwiefern für die nach § 34f GewO konzessionierten oder angestellten Personen eine Stellvertretung zulässig ist, bestimmt jeweils diejenige Behörde, der die Konzessionierung oder Anstellung zusteht (§ 47 GewO). Wer vorsätzlich oder fahrlässig ohne die erforderliche Erlaubnis nach § 34f Abs. 1 Satz 1 GewO Anlageberatung erbringt oder den Abschluss von Verträgen der dort bezeichneten Art vermittelt, handelt ordnungswidrig nach § 144 Abs. 1 Nr. 1 lit. l GewO und kann mit einer Geldbuße bis zu 50.000 € belegt werden (§ 144 Abs. 4 GewO).

2. Anlageberatung und Anlagevermittlung

§ 2 Abs. 3 Satz 1 Nr. 9 WpHG definiert die Anlageberatung als „die **Abgabe von persönlichen Empfehlungen** an Kunden oder deren Vertreter, die sich auf Geschäfte mit bestimmten Finanzinstrumenten beziehen, sofern die Empfehlung auf eine Prüfung der persönlichen Umstände des Anlegers gestützt oder als für ihn geeignet dargestellt wird und nicht ausschließlich über Informationsverbreitungskanäle oder für die Öffentlichkeit bekannt gegeben wird". Der Begriff der Finanzinstrumente ist nach wie vor in § 2 Abs. 2b WpHG definiert und umfasst in erster Linie Wertpapiere (§ 2 Abs. 1 WpHG), Geldm-

---

[707] BT-Drs. 17/6051, S. 73.
[708] BT-Drs. 17/6051, S. 73 f.
[709] BT-Drs. 17/6051, S. 75.

§ 652

arktinstrumente (§ 2 Abs. 1a WpHG) und Derivate (§ 2 Abs. 2 WpHG), die zum Handel an einem organisierten Markt im Sinne von § 2 Abs. 5 WpHG im Inland oder in einem anderen Mitgliedstaat der EU zugelassen sind oder für die eine solche Zulassung beantragt worden ist. Nach Auffassung des Gesetzgebers ist es für die Qualifizierung als Anlageberatung unerheblich, ob diese aus Eigeninitiative oder auf ausdrücklichen Wunsch des Kunden erfolgt. Entscheidend sei allein, dass sie sich auf bestimmte Finanzinstrumente beziehe und die persönlichen Umstände des Kunden berücksichtige. Auf diese Weise erfolge die notwendige Abgrenzung zur allgemeinen Anlageberatung über Arten von Finanzinstrumenten, die nicht vom Anwendungsbereich des § 2 Abs. 3 Satz 1 Nr. 9 WpHG erfasst werden. Für ausschließlich in Bezug auf Investmentanteile erbrachte Beratungsdienstleistungen ist die Sonderregelung in § 2a Abs. 1 Nr. 7 WpHG zu beachten.[710]

271 Wortgleich mit § 2 Abs. 3 Satz 1 Nr. 9 WpHG macht § 1 Abs. 1a Satz 2 Nr. 1a KWG aus der Anlageberatung eine **erlaubnispflichtige Finanzdienstleistung**, soweit sie als persönliche Empfehlung abgegeben wird und sich auf bestimmte Finanzinstrumente bezieht. Demgegenüber erfasst § 1 Abs. 3 Satz 1 Nr. 6 KWG wie bislang alle anderen Formen der Anlageberatung einschließlich derjenigen, die unter die Bereichsausnahmen des § 2 Abs. 6 Nr. 8 und 15 sowie § 2 Abs. 10 KWG fallen.[711] Unternehmen, die als Finanzdienstleistung ausschließlich die Anlageberatung im Rahmen einer anderen beruflichen Tätigkeit erbringen, ohne sich die Anlageberatung gesondert vergüten zu lassen, gelten nicht als Finanzdienstleistungsinstitute (§ 2a Abs. 1 Nr. 11 WpHG, § 2 Abs. 6 Satz 1 Nr. 15 KWG) und unterliegen somit auch nicht der Erlaubnispflicht nach dem KWG.[712] Ferner sind Anlageberater ebenso wie Anlage- und Abschlussvermittler von der laufenden Solvenz-Aufsicht ausgenommen (§ 2 Abs. 8 KWG). Mit der Einbeziehung der Anlageberater in § 33 Abs. 1 Satz 1 Nr. 1a KWG wird schließlich die Qualifikation der Anlageberatung als erlaubnispflichtige Finanzdienstleistung nachvollzogen, für deren Erbringung grundsätzlich mindestens ein Anfangskapital von 50.000 € vorzusehen ist. Für Anlageberater, Anlage- und Abschlussvermittler, die nicht befugt sind, sich bei der Erbringung von Finanzdienstleistungen Eigentum oder Besitz an Geldern oder Wertpapieren von Kunden zu verschaffen, und die nicht auf eigene Rechnung mit Finanzinstrumenten handeln, genügt ein Betrag von 25.000 €, wenn sie zusätzlich als Versicherungsvermittler nach der RL 2002/92/EG in ein Register eingetragen sind und die Anforderungen von Art. 4 Abs. 3 dieser Richtlinie erfüllen (§ 33 Abs. 1 Satz 1 Nr. 1f KWG). Diese Differenzierung ist auch für die Festlegung der maßgeblichen Versicherungssumme pro Versicherungsfall bzw. für alle Versicherungsfälle eines Versicherungsjahrs entscheidend (§ 33 Abs. 1 Sätze 2 und 3 KWG).

272 Das Unterlassen der Aufklärung über wesentliche regelwidrige Auffälligkeiten einer Kapitalanlage stellt für sich genommen weder bei einer vertraglichen Pflicht zur Aufklärung noch bei Kenntnis von der noch entfernt liegenden Möglichkeit einer **Untersagung der Geschäftstätigkeit** durch die Bundesanstalt auf der Grundlage von § 37 KWG und dadurch drohenden Schäden für die Anleger einen Verstoß gegen die guten Sitten nach § 826 BGB dar. Der Vorwurf sittenwidrigen Verhaltens ist vielmehr erst bei einem Schweigen trotz positiver Kenntnis von der Chancenlosigkeit der Kapitalanlage gerechtfertigt, insbesondere bei positiver Kenntnis von einer unmittelbar bevorstehenden Untersagung der Geschäftstätigkeit.[713]

273 Ein Unternehmen, das keine Bankgeschäfte im Sinne von § 1 Abs. 1 Satz 2 KWG betreibt und als Finanzdienstleistungen nur die Anlage- oder Abschlussvermittlung, das Platzierungsgeschäft oder die Anlageberatung ausschließlich für Rechnung und unter der Haftung eines Einlagenkreditinstituts oder eines Wertpapierhandelsunternehmens erbringt, das seinen Sitz im Inland hat oder nach § 53b Abs. 1 Satz 1 oder Abs. 7 KWG im Inland tätig ist, wird in § 2 Abs. 10 Satz 1 KWG als **vertraglich gebundener Vermittler** definiert. Dieser gilt weder als Finanzdienstleistungsinstitut nach dem KWG noch als Wertpapierdienstleistungsunternehmen nach dem WpHG, sondern als Finanzunternehmen, wenn das Einlagenkreditinstitut oder Wertpapierhandelsunternehmen als das haftende Unternehmen dies der Bundesanstalt anzeigt. Seine Tätigkeit wird dem haftenden Unternehmen zugerechnet (§ 2 Abs. 10 Satz 2 KWG, § 2a Abs. 2 WpHG). Institute und Unternehmen, die sich eines vertraglich gebundenen Vermittlers bedienen, haben sicherzustellen, dass dieser zuverlässig und fachlich geeignet ist, bei der Erbringung der Finanzdienstleistungen die gesetzlichen Vorgaben erfüllt, Kunden vor Aufnahme der

---

[710] BT-Drs. 16/4028, S. 56.
[711] BT-Drs. 16/4028, S. 90.
[712] BT-Drs. 16/4028, S. 92.
[713] BGH v. 19.10.2010 - VI ZR 248/08; BGH v. 19.10.2010 - VI ZR 304/08; BGH v. 19.10.2010 - VI ZR 321/08; BGH v. 19.10.2010 - VI ZR 4/09; BGH v. 19.10.2010 - VI ZR 11/09; BGH v. 19.10.2010 - VI ZR 145/09.

Geschäftsbeziehung über seinen Status informiert und unverzüglich von der Beendigung dieses Status in Kenntnis setzt (§ 25a Abs. 4 Satz 1 KWG). Die erforderlichen Nachweise für die Erfüllung seiner Pflichten muss das Institut oder Unternehmen mindestens bis fünf Jahre nach dem Ende des Status des vertraglich gebundenen Vermittlers aufbewahren (§ 25a Abs. 4 Satz 2 KWG).

Die Bundesanstalt führt über die ihr angezeigten vertraglich gebundenen Vermittler ein **öffentliches Register im Internet** mit bestimmten Mindestinformationen (§ 2 Abs. 10 Satz 6 KWG), die sich im Einzelnen aus § 4 der KWG-Vermittlerverordnung ergeben. Ferner kann sie einem haftenden Unternehmen, das die Auswahl oder Überwachung seiner vertraglich gebundenen Vermittler nicht ordnungsgemäß durchgeführt oder die ihm im Zusammenhang mit der Führung des Registers übertragenen Pflichten verletzt hat, untersagen, vertraglich gebundene Vermittler in das Unternehmen einzubinden (§ 2 Abs. 10 Satz 8 KWG). 274

3. Kundenklassifikation und Kundeninformation

Nach der Definition in § 31a Abs. 1 WpHG sind Kunden im Sinne des WpHG alle natürlichen oder juristischen Personen, für die Wertpapierdienstleistungsunternehmen Wertpapierdienstleistungen oder Wertpapiernebendienstleistungen erbringen oder anbahnen. Entscheidend ist jedoch die **Differenzierung zwischen professionellen Kunden und Privatkunden**. Als professionelle Kunden gelten solche, bei denen das Wertpapierdienstleistungsunternehmen davon ausgehen kann, dass sie über ausreichende Erfahrungen, Kenntnisse und Sachverstand verfügen, um ihre Anlageentscheidungen zu treffen und die damit verbundenen Risiken angemessen beurteilen zu können (§ 31a Abs. 2 Satz 1 WpHG).[714] Während § 31a Abs. 2 Satz 2 WpHG mit einer enumerativen Aufzählung hilft, enthält § 31a Abs. 3 WpHG eine negative Auffangklausel, wonach zu den Privatkunden alle nicht professionellen Kunden zählen. Ferner wurde in § 31a Abs. 4 WpHG der Begriff der geeigneten Gegenpartei eingeführt, die aufgrund ihrer Erfahrung am Kapitalmarkt eines geringeren Schutzes als andere Kunden bedarf (§ 31b WpHG). Der Gesetzgeber wies jedoch darauf hin, dass geeignete Gegenparteien im Übrigen wie Kunden zu behandeln sind, insbesondere sofern für alle oder einzelne Geschäfte zwischen den Vertragspartnern ein höheres Schutzniveau vereinbart wurde. Liegt die Zustimmung zur Behandlung als geeignete Gegenpartei vor, wird eine Überprüfung des Vorliegens der Voraussetzungen für entbehrlich erachtet.[715] 275

Die **Einstufung** als professioneller Kunde oder als Privatkunde obliegt in jedem Einzelfall dem Wertpapierdienstleistungsunternehmen (§ 31a Abs. 5 Satz 1 WpHG). Über eine Änderung der Einstufung muss der Kunde informiert werden (§ 31a Abs. 5 Satz 2 WpHG). Während ein professioneller Kunde mit dem Wertpapierdienstleistungsunternehmen nach Maßgabe von § 31 Abs. 6 WpHG eine Einstufung als Privatkunde schriftlich vereinbaren kann, gilt für den umgekehrten Weg § 31 Abs. 7 WpHG. Auslöser kann ein Antrag des Privatkunden oder eine Festlegung des Wertpapierdienstleistungsunternehmens sein (§ 31 Abs. 7 Satz 1 WpHG). Der Änderung der Einstufung hat eine Bewertung durch das Wertpapierdienstleistungsunternehmen voranzugehen, ob der Kunde aufgrund seiner Erfahrungen, Kenntnisse und seines Sachverstands in der Lage ist, generell oder für eine bestimmte Art von Geschäften eine Anlageentscheidung zu treffen und die damit verbundenen Risiken angemessen zu beurteilen (§ 31 Abs. 7 Satz 2 WpHG). 276

Eine **Änderung der Einstufung** kommt nach § 31 Abs. 7 Satz 3 WpHG nur in Betracht, wenn der Privatkunde mindestens zwei der drei folgenden Kriterien erfüllt: 277
- Nr. 1: er hat an dem Markt, an dem die Finanzinstrumente gehandelt werden, für die er als professioneller Kunde eingestuft werden soll, während des letzten Jahres durchschnittlich zehn Geschäfte von erheblichem Umfang pro Quartal getätigt;
- Nr. 2: er verfügt über Bankguthaben und Finanzinstrumente im Wert von mehr als 500.000 €;
- Nr. 3: er hat mindestens für ein Jahr einen Beruf am Kapitalmarkt ausgeübt, der Kenntnisse über die in Betracht kommenden Geschäfte, Wertpapierdienstleistungen und Wertpapiernebendienstleistungen voraussetzt.

Das Wertpapierdienstleistungsunternehmen muss den Privatkunden schriftlich darauf hinweisen, dass mit der Änderung der Einstufung die Schutzvorschriften des WpHG für Privatkunden nicht mehr gelten (§ 31 Abs. 7 Satz 4 WpHG). Der Kunde muss schriftlich bestätigen, dass er diesen Hinweis zur Kenntnis genommen hat (§ 31 Abs. 7 Satz 5 WpHG). Informiert ein professioneller Kunde nach § 31 Abs. 7 Satz 1 oder Abs. 2 Satz 2 Nr. 2 WpHG das Wertpapierdienstleistungsunternehmen nicht über

---
[714] Vgl. dazu auch § 31 Abs. 9 WpHG.
[715] BT-Drs. 16/4028, S. 66.

alle Änderungen, die seine Einstufung als professioneller Kunde beeinflussen können, begründet eine darauf beruhende fehlerhafte Einstufung keinen Pflichtverstoß des Wertpapierdienstleistungsunternehmens (§ 31 Abs. 7 Satz 6 WpHG).

278 Den Kunden müssen rechtzeitig und in verständlicher Form angemessene Informationen zur Verfügung gestellt werden, um sie nach vernünftigem Ermessen in die Lage zu versetzen, die Art und die Risiken der ihnen angebotenen oder von ihnen nachgefragten Arten von Finanzinstrumenten oder Wertpapierdienstleistungen zu verstehen und auf dieser Grundlage ihre **Anlageentscheidungen** zu treffen (§ 31 Abs. 3 Satz 1 WpHG). Die Informationen können auch in standardisierter Form erfolgen (§ 31 Abs. 3 Satz 2 WpHG) und müssen sich mindestens auf die in § 31 Abs. 3 Satz 3 WpHG aufgeführten Punkte beziehen. Sämtliche den Kunden zugänglich gemachte Informationen müssen redlich, eindeutig und nicht irreführend sein (§ 31 Abs. 2 Satz 1 WpHG). Die § 124 InvG, § 15 WpPG bleiben unberührt (§ 31 Abs. 2 Satz 3 WpHG).

279 Im Fall einer Anlageberatung ist dem Kunden rechtzeitig vor Abschluss eines Geschäfts über Finanzinstrumente ein kurzes und leicht verständliches **Informationsblatt** über jedes Finanzinstrument zur Verfügung zu stellen, auf das sich eine Kaufempfehlung bezieht (§ 31 Abs. 3a Satz 1 WpHG).[716] Die Angaben in den Informationsblättern dürfen weder unrichtig noch irreführend sein und müssen mit den Angaben des Prospekts vereinbar sein (§ 31 Abs. 3a Satz 2 WpHG). An die Stelle des Informationsblatts treten nach § 31 Abs. 3a Sätze 3 und 4 WpHG

- bei Anteilen an inländischen Investmentvermögen die wesentlichen Anlegerinformationen nach § 42 Abs. 2 InvG;
- bei ausländischen Investmentvermögen die wesentlichen Anlegerinformationen nach § 137 Abs. 2 InvG;
- bei EU-Investmentanteilen die wesentlichen Anlegerinformationen, die nach § 122 Abs. 1 Satz 2 InvG in deutscher Sprache veröffentlicht worden sind;
- bei Vermögensanlagen nach § 1 Abs. 2 VermAnlG das spezielle Vermögensanlagen-Informationsblatt nach § 13 VermAnlG, soweit der Anbieter der Vermögensanlagen zur Erstellung eines solchen Vermögensanlagen-Informationsblatts verpflichtet ist.

Wer Informationsblätter oder wesentliche Anlegerinformation nicht, nicht richtig, nicht vollständig oder nicht rechtzeitig zur Verfügung stellt, begeht eine Ordnungswidrigkeit nach § 39 Abs. 2 Nr. 15a bzw. Nr. 15b WpHG, die mit einer Geldbuße bis zu 50.000 € geahndet werden kann (§ 39 Abs. 4 WpHG). In § 31 Abs. 9 Satz 2 WpHG wird schließlich klargestellt, dass professionellen Kunden generell keine Informationsblätter zur Verfügung gestellt werden müssen.

280 Wertpapierdienstleistungsunternehmen, die Anlageberatung oder Finanzportfolio-Verwaltung erbringen, wird durch § 31 Abs. 4 Satz 1 WpHG eine **Holschuld** gegenüber ihren Kunden hinsichtlich folgender Informationen auferlegt:

- Kenntnisse und Erfahrungen der Kunden in Bezug auf Geschäfte mit bestimmten Arten von Finanzinstrumenten oder Wertpapierdienstleistungen;
- Anlageziele der Kunden;
- finanzielle Verhältnisse der Kunden.

Die Erkundigungspflicht entfällt allerdings, wenn der beratenden Bank die jeweiligen Umstände bereits bekannt sind, wobei die Kenntnis sowohl auf einer langjährigen Geschäftsbeziehung mit dem Kunden als auch auf dessen bisherigem Anlageverhalten beruhen kann.[717] Als Orientierungsmaßstab für die Erfüllung der Holschuld gelten diejenigen Informationen, die erforderlich sind, um den Kunden ein für sie geeignetes Finanzinstrument oder eine für sie geeignete Wertpapierdienstleistung empfehlen zu können. Die Geeignetheit beurteilt sich danach, ob das dem Kunden konkret empfohlene Geschäft dessen Anlagezielen entspricht, die hieraus erwachsenden Anlagerisiken für den Kunden seinen Anlagezielen entsprechend finanziell tragbar sind und der Kunden mit seinen Kenntnissen und Erfahrungen die Anlagerisiken auch tatsächlich verstehen kann (§ 31 Abs. 4 Satz 2 WpHG). Erlangt das Wertpapierdienstleistungsunternehmen die erforderlichen Informationen nicht, darf es im Zusammenhang mit einer Anlageberatung kein Finanzinstrument empfehlen (§ 31 Abs. 4 Satz 3 WpHG). Wer hiergegen verstößt, begeht eine Ordnungswidrigkeit nach § 39 Abs. 2 Nr. 16 WpHG, für die ein Bußgeld in Höhe von bis zu 100.000 € verhängt werden kann (§ 39 Abs. 4 WpHG).

---

[716] Die Mindestanforderungen an das Informationsblatt normiert § 5a WpDVerOV.
[717] BGH v. 22.03.2011 - XI ZR 33/10 - NJW 2011, 1949-1954, 1951.

Ein Wertpapierdienstleistungen nach § 31 Abs. 4 Satz 1 WpHG erbringendes Wertpapierdienstleistungsunternehmen darf seinen Kunden nur solche Finanzinstrumente und Wertpapierdienstleistungen empfehlen, die nach den eingeholten Informationen für den Kunden geeignet sind, wobei sich die Geeignetheit wiederum nach § 31 Abs. 4 Satz 2 WpHG beurteilt (§ 31 Abs. 4a WpHG). Wer entgegen § 31 Abs. 4a Satz 1 WpHG ein Finanzinstrument oder eine Wertpapierdienstleistung empfiehlt, handelt nach § 39 Abs. 2 Nr. 16a WpHG ordnungswidrig und muss mit einer Geldbuße rechnen, die bis zu 200.000 € betragen kann (§ 39 Abs. 4 WpHG). Eine vergleichbare Pflichtenbindung enthält § 31 Abs. 5 Satz 1 WpHG für andere Wertpapierdienstleistungen zur Ausführung von Kundenaufträgen, wobei sich die Erforderlichkeit der Informationen hier an dem Ziel orientiert, die Angemessenheit der Produkte für die Kunden beurteilen zu können. Die Angemessenheit beurteilt sich danach, ob der Kunde über die erforderlichen Kenntnisse und Erfahrungen verfügt, um die Risiken im Zusammenhang mit der Art der Finanzinstrumente bzw. Wertpapierdienstleistungen angemessen beurteilen zu können (§ 31 Abs. 5 Satz 2 WpHG). Geht das Wertpapierdienstleistungsunternehmen aufgrund der nach § 31 Abs. 5 Satz 1 WpHG erhaltenen Informationen von fehlender Angemessenheit aus, hat es den Kunden hierauf hinzuweisen (§ 31 Abs. 5 Satz 3 WpHG). Fehlen ihm dagegen die erforderlichen Informationen, hat es den Kunden darüber in Kenntnis zu setzen, dass eine **Angemessenheitsprüfung** nicht möglich ist (§ 31 Abs. 5 Satz 4 WpHG). Der Hinweis nach § 31 Abs. 5 Satz 3 WpHG und die Information nach § 31 Abs. 5 Satz 4 WpHG können in standardisierter Form erfolgen (§ 31 Abs. 5 Satz 5 WpHG). Wer entgegen § 31 Abs. 5 Satz 3 oder 4 WpHG einen Hinweis oder eine Information nicht oder nicht rechtzeitig gibt, begeht eine Ordnungswidrigkeit nach § 39 Abs. 2 Nr. 17 WpHG, die mit einem Bußgeld bis zu 50.000 € geahndet werden kann (§ 39 Abs. 4 WpHG).

281

Soweit die in § 31 Abs. 4 und 5 WpHG genannten Informationen auf Angaben des Kunden beruhen, hat das Wertpapierdienstleistungsunternehmen die **Fehlerhaftigkeit oder Unvollständigkeit der Kundenangaben** nicht zu vertreten, es sei denn, eine solche ist ihm bekannt oder aufgrund grober Fahrlässigkeit unbekannt (§ 31 Abs. 6 WpHG). Im Übrigen gelten die in § 31 Abs. 5 WpHG statuierten Pflichten nicht, soweit das Wertpapierdienstleistungsunternehmen auf Veranlassung des Kunden Finanzkommissionsgeschäft, Eigenhandel, Abschlussvermittlung oder Anlagevermittlung in Bezug auf an einem organisierten Markt oder einem gleichwertigen Markt zum Handel zugelassene Aktien, Geldmarktinstrumente, Schuldverschreibungen und andere verbriefte Schuldtitel ohne eingebettete Derivate, den Anforderungen der Richtlinie 2009/65/EG entsprechende Anteile an Investmentvermögen oder in Bezug auf andere nicht komplexe Finanzinstrumente erbringt und den Kunden darüber informiert, dass keine Angemessenheitsprüfung nach § 31 Abs. 5 WpHG vorgenommen wird (§ 31 Abs. 7 WpHG). Die Information kann wiederum in standardisierter Form erfolgen.

282

4. Vertragliche Haftung

Die Aufgabenbereiche von Anlagevermittlern einerseits und Anlageberatern andererseits weisen Überschneidungen und Unterschiede auf. Die ihnen obliegenden Pflichten sind nicht deckungsgleich, was eine Abgrenzung erforderlich macht, die in der Praxis nicht selten Probleme bereitet. Der BGH vermeidet eine allgemeine Grenzziehung und bestimmt den maßgeblichen **Pflichtenkreis** stattdessen anhand der Besonderheiten des jeweiligen Einzelfalls.[718] Einen Anlageberater werde der Kapitalanleger im Allgemeinen hinzuziehen, wenn er selbst keine ausreichenden wirtschaftlichen Kenntnisse und keinen genügenden Überblick über wirtschaftliche Zusammenhänge habe. Er erwarte dann nicht nur die Mitteilung von Tatsachen, sondern insbesondere deren fachkundige Bewertung und Beurteilung.[719] Häufig wünsche er eine auf seine persönlichen Verhältnisse zugeschnittene Beratung, die er auch besonders honoriere. In einem solchen Vertragsverhältnis habe der Berater regelmäßig weitgehende Pflichten gegenüber dem betreuten Kapitalanleger. Als unabhängiger und individueller Berater, dem weitreichendes persönliches Vertrauen entgegengebracht werde, müsse er besonders differenziert und fundiert beraten, wobei die konkrete Ausgestaltung der Pflicht entscheidend von den Umständen des Einzelfalls

283

---

[718] BGH v. 27.09.1988 - XI ZR 4/88 - LM Nr. 11 zu § 249 (E) BGB; BGH v. 13.05.1993 - III ZR 25/92 - LM BGB § 676 Nr. 44 (1/1994); BGH v. 13.01.2000 - III ZR 62/99 - LM BGB § 675 Nr. 277 (9/2000); BGH v. 11.12.2003 - III ZR 118/03 - WM 2004, 278-281; BGH v. 12.02.2004 - III ZR 359/02 - NJW 2004, 1732-1734; BGH v. 01.12.2011 - III ZR 56/11 - NJW 2012, 380-382; OLG Stuttgart v. 04.03.2010 - 13 U 42/09 - ZIP 2010, 824-830, 824.
[719] BGH v. 13.05.1993 - III ZR 25/92 - LM BGB § 676 Nr. 44 (1/1994); BGH v. 05.11.2009 - III ZR 302/08 - DB 2009, 2711-2713, 2712; OLG Stuttgart v. 04.03.2010 - 13 U 42/09 - ZIP 2010, 824-830, 824.

§ 652

abhänge.[720] In Bezug auf das Anlageobjekt müsse der Anlageberater rechtzeitig, richtig und sorgfältig und dabei für den Kunden verständlich und vollständig beraten, ihn insbesondere über die Eigenschaften und Risiken unterrichten, die für die jeweilige Anlageentscheidung wesentliche Bedeutung haben oder haben können.[721]

284 Der BGH sieht beispielsweise den Anlageberater, der dem Anlageinteressenten zur Eingehung einer **Kommanditbeteiligung an einem geschlossenen Immobilienfonds** rät, als grundsätzlich zum Hinweis darauf verpflichtet an, dass die Veräußerung eines solchen Anteils wegen Fehlens eines entsprechenden Markts von vornherein nur eingeschränkt möglich ist.[722] Die praktisch nicht vorhandene Aussicht zu einem Verkauf zu angemessenen Konditionen sei für die Anlageentscheidung des durchschnittlichen Anlegers ein Umstand von erheblicher Bedeutung. Die Bedingungen, zu denen ein Anleger auch auf langfristig festgelegtes Geld vorzeitig zurückgreifen kann, seien typischerweise ein wesentliches Element seiner Investitionsentscheidung. Dies gelte auch für der Alterssicherung dienende Anlagen, da auch bei diesen vorzeitig ein Bedürfnis entstehen könne, die festgelegten Vermögenswerte liquide zu machen.[723] Allerdings kann die Pflicht zur ungefragten Aufklärung über die eingeschränkte Handelbarkeit von KG-Anteilen an geschlossenen Immobilienfonds entfallen, wenn der Weiterverkauf unter Berücksichtigung der Umstände des Einzelfalls für den Anleger erkennbar ohne Belang ist – z.B. wegen der Besonderheiten der zugrunde liegenden steuerlichen Konzeption der Beteiligung[724] – oder die erforderliche Belehrung in einem Prospekt enthalten ist und der Berater davon ausgehen darf, dass der Kunde diesen gelesen und verstanden hat und gegebenenfalls von sich aus nachfragen wird.[725]

285 Ferner bleibt darauf hinzuweisen, dass die für die professionelle Anlageberatung entwickelten Grundsätze vom BGH nicht ohne weiteres auf die **Anlageberatung im Familienkreis** übertragen werden.[726] Übernimmt z.B. jemand für ein Mitglied seiner Familie oder für die zum erweiterten Familienkreis zählende Person auf deren Wunsch die Anlage eines größeren Geldbetrags in Aktien gegen eine Gewinnbeteiligung, kann seine Pflichtenbindung von vornherein eingeschränkt sein, während es dem Anlageinteressenten obliegt, die von ihm mit der Geldanlage verfolgten Ziele von sich aus kundzutun.[727]

286 Dem Anlagevermittler, der für eine bestimmte Kapitalanlage im Interesse des Kapitalsuchenden und auch mit Rücksicht auf die ihm von diesem versprochene Provision den Vertrieb übernommen habe, trete der Anlageinteressent dagegen selbständiger gegenüber. An ihn wende er sich in der Regel in dem Bewusstsein, dass der werbende und anpreisende Charakter der Aussagen im Vordergrund stehe. Der zwischen beiden zustande kommende Vertrag ziele lediglich auf Auskunftserteilung ab und verpflichte den Anlagevermittler zu richtiger und vollständiger Information über diejenigen tatsächlichen Umstände, die für den Anlageentschluss des Interessenten von besonderer Bedeutung sind.[728] Gleichwohl sei der **Einwand des Mitverschuldens** nicht generell ausgeschlossen und komme z.B. in Betracht, wenn der Anlageinteressent Warnungen von dritter Seite oder differenzierende Hinweise des Beraters

---

[720] BGH v. 25.11.1981 - IVa ZR 286/80 - LM Nr. 78 zu § 652 BGB; BGH v. 13.05.1993 - III ZR 25/92 - LM BGB § 676 Nr. 44 (1/1994); BGH v. 27.10.2005 - III ZR 71/05 - NJW-RR 2006, 109-110; OLG Saarbrücken v. 08.03.2006 - 5 U 257/05-79 - WM 2006, 1720-1724, 1721; OLG Stuttgart v. 04.03.2010 - 13 U 42/09 - ZIP 2010, 824-830, 824.

[721] BGH v. 13.01.2004 - XI ZR 355/02 - NJW 2004, 1868-1870; BGH v. 18.01.2007 - III ZR 44/06 - BB 2007, 465-466; BGH v. 01.03.2010 - II ZR 213/08 - DB 2010, 898-899; OLG Frankfurt v. 07.03.2007 - 19 U 141/06 - WM 2007, 1215-1217.

[722] BGH v. 18.01.2007 - III ZR 44/06 - BB 2007, 465-466.

[723] BGH v. 18.01.2007 - III ZR 44/06 - BB 2007, 465-466, 466 nannte als Beispiele Arbeitslosigkeit, Kurzarbeit, krankheitsbedingter Verlust der Erwerbsfähigkeit sowie die bloße Änderung der Anlageziele.

[724] BGH v. 12.07.2007 - III ZR 145/06 - WM 2007, 1608-1609.

[725] BGH v. 18.01.2007 - III ZR 44/06 - BB 2007, 465-466, 466.

[726] BGH v. 19.04.2007 - III ZR 75/06 - BB 2007, 1247-1248.

[727] BGH v. 19.04.2007 - III ZR 75/06 - BB 2007, 1247-1248, 1248.

[728] BGH v. 25.11.1981 - IVa ZR 286/80 - LM Nr. 78 zu § 652 BGB; BGH v. 02.02.1983 - IVa ZR 118/81 - LM Nr. 27 zu § 676 BGB; BGH v. 13.01.2000 - III ZR 62/99 - LM BGB § 675 Nr. 277 (9/2000); BGH v. 11.09.2003 - III ZR 381/02 - NJW-RR 2003, 1690; BGH v. 19.10.2006 - III ZR 122/05 - ZIP 2006, 2221-2222; BGH v. 12.07.2007 - III ZR 83/06 - WM 2007, 1606-1608, 1607; BGH v. 25.10.2007 - III ZR 100/06 - WM 2007, 2228-2230, 2229; BGH v. 05.03.2009 - III ZR 17/08 - NZG 2009, 471-474, 472; BGH v. 16.06.2011 - III ZR 200/09; BGH v. 10.11.2011 - III ZR 81/11 - NJW-RR 2012, 283-285; BGH v. 01.12.2011 - III ZR 56/11 - NJW 2012, 380-382; OLG Saarbrücken v. 08.03.2006 - 5 U 257/05-79 - WM 2006, 1720-1724, 1721; OLG Stuttgart v. 04.03.2010 - 13 U 42/09 - ZIP 2010, 824-830, 824 f.

nicht genügend beachtet habe.[729] Gleiches gelte in seinem Verhältnis zum Anlagevermittler, der erkennbar für die Kapital suchende Gesellschaft handle und vornehmlich deren sowie sein eigenes wirtschaftliches Interesse im Auge habe. Es sei nicht zu verkennen, dass der von einem Vermittler geworbene Investor wegen wirtschaftlicher Gewinnchancen und zur Erreichung von Steuervorteilen ein unternehmerisches Risiko auf sich nehme und dabei zumindest davon ausgehen müsse, dass wesentliche dem Vertriebsinteresse des Vermittlers entgegenstehende Tatsachen nicht hervorgehoben und auffällig mitgeteilt, sondern erst durch Überprüfung des Informationsmaterials erkennbar würden. Daher beseitige er die sich ihm bei seiner eigenverantwortlichen Beurteilung aufdrängenden Unklarheiten durch Rückfragen, wenn nicht sogar durch eigene Nachforschungen.[730]

Andererseits genügt der Anlagevermittler nicht schon dadurch seiner vertraglichen – oder im Falle seiner Haftung aus Verhandlungsverschulden wegen Inanspruchnahme besonderen Vertrauens seiner vertragsähnlichen – Aufklärungspflicht, dass er seinem Kunden schriftliche Unterlagen überlässt, aus denen dieser dann die erforderlichen Erkenntnisse entnehmen kann.[731] Der Kapitalanleger, der wegen einer verbindlichen und umfassenden Aufklärung den Anlagevermittler in dessen Büro aufsuche, erwarte mehr als Material zur eigenen Durchsicht. Er wolle dieses Material in Einzelheiten und erschöpfend erläutert bekommen, um das Anlagerisiko weitgehend einschätzen zu können. Demgemäß wird der Anlagevermittler bei **Widersprüchlichkeit des schriftlichen Materials** als verpflichtet angesehen, die vorhandenen Widersprüche aufzudecken und zu erklären, also falsche Angaben eines Prospekts oder einer Stellungnahme ausdrücklich richtig zu stellen, wenn diese nicht offensichtlich unwesentlich für den Beitrittsentschluss sind.[732] Erst recht verschafft ihm der Umstand, dass der Prospekt die Chancen und Risiken der Kapitalanlage hinreichend verdeutlicht, nicht das Recht, eine hiervon abweichende Risikodarstellung zu geben, aufgrund derer die Hinweise im Prospekt letztlich entwertet und für die Entscheidungsbildung des Anlegers nutzlos werden.[733]

287

Nach ständiger Rechtsprechung kommt zwischen Anlageinteressent und Anlagevermittler ein **Auskunftsvertrag** mit Haftungsfolgen zumindest stillschweigend zustande, wenn der Interessent deutlich macht, dass er die besonderen Kenntnisse und Verbindungen des Vermittlers bezogen auf eine bestimmte Anlageentscheidung in Anspruch nehmen will und der Vermittler die gewünschte Tätigkeit beginnt.[734] Ein solcher Vertrag verpflichtet den Vermittler zu richtiger und vollständiger Information über diejenigen tatsächlichen Umstände, die für den Anlageentschluss des Interessenten von besonderer Bedeutung sind.[735] Der Feststellung weiterer besonderer Merkmale wie insbesondere eines wirtschaftlichen Eigeninteresses des Vermittlers an dem Geschäftsabschluss bedarf es in solchen Fällen ebenso wenig wie es darauf ankommt, ob der Vermittler den Kapitalsuchenden innerhalb seiner Rechtsbeziehungen mit dem Anleger vertritt und inwieweit jener seinerseits unter dem Gesichtspunkt des § 278 BGB für Fehler des Vermittlers einzustehen hat.

288

Der Vermittler, der bei den Vertragsverhandlungen zugleich als selbständiger „Repräsentant" einer Bank auftritt, kann den stillschweigenden Abschluss eines gesonderten Auskunftsvertrags mit dem Anlageinteressenten daher nur verhindern, wenn er von vornherein unmissverständlich klarstellt, dass er ausschließlich für die Bank Erklärungen abgibt.[736] Der BGH will mit dieser typisierenden Betrachtung den Anlegerschutz stärken und der Interessenlage und den Besonderheiten bei der Vermittlung von Ka-

289

---

[729] BGH v. 25.11.1981 - IVa ZR 286/80 - LM Nr. 78 zu § 652 BGB; BGH v. 13.05.1993 - III ZR 25/92 - LM BGB § 676 Nr. 44 (1/1994).

[730] BGH v. 25.11.1981 - IVa ZR 286/80 - LM Nr. 78 zu § 652 BGB; OLG Saarbrücken v. 08.03.2006 - 5 U 257/05-79 - WM 2006, 1720-1724, 1723 f.

[731] BGH v. 02.02.1983 - IVa ZR 118/81 - LM Nr. 27 zu § 676 BGB.

[732] BGH v. 02.02.1983 - IVa ZR 118/81 - LM Nr. 27 zu § 676 BGB.

[733] BGH v. 12.07.2007 - III ZR 83/06 - WM 2007, 1606-1608.

[734] BGH v. 22.03.1979 - VII ZR 259/77 - BGHZ 74, 103-116; BGH v. 13.05.1993 - III ZR 25/92 - LM BGB § 676 Nr. 44 (1/1994); BGH v. 13.01.2000 - III ZR 62/99 - LM BGB § 675 Nr. 277 (9/2000); BGH v. 13.06.2002 - III ZR 166/01 - NJW 2002, 2641-2642; BGH v. 11.09.2003 - III ZR 381/02 - NJW-RR 2003, 1690; BGH v. 12.05.2005 - III ZR 413/04 - WM 2005, 1219-1221; BGH v. 19.10.2006 - III ZR 122/05 - ZIP 2006, 2221-2222; BGH v. 11.01.2007 - III ZR 193/05 - DB 2007, 628-629; BGH v. 25.10.2007 - III ZR 100/06 - WM 2007, 2228-2230, 2229; BGH v. 07.10.2008 - XI ZR 89/07 - DB 2008, 2590-2592, 2591.

[735] BGH v. 13.05.1993 - III ZR 25/92 - LM BGB § 676 Nr. 44 (1/1994); BGH v. 13.01.2000 - III ZR 62/99 - LM BGB § 675 Nr. 277 (9/2000); BGH v. 11.09.2003 - III ZR 381/02 - NJW-RR 2003, 1690; BGH v. 12.05.2005 - III ZR 413/04 - WM 2005, 1219-1221, 1220.

[736] BGH v. 11.01.2007 - III ZR 193/05 - DB 2007, 628-629, 629.

pitalanlagen Rechnung tragen.[737] Er betont dabei neben der regelmäßig erheblichen wirtschaftlichen Bedeutung für den Anleger mit **Aufklärungsbedarf**, der in der großen Mehrzahl der Fälle nur durch den Vermittler hinreichend befriedigt werden kann, vor allem auch die vom Vermittler im Allgemeinen zu erwartende und nach eigenem Verständnis auch bestehende Sachkunde.[738]

290 Die vertraglichen Pflichten des Anlagevermittlers bestimmen sich somit ausschließlich im Rahmen dieses Auskunftsvertrags.[739] Umfang und Intensität der Informationspflicht hängen von der Gesamtsituation der einzelnen Anlageentscheidung ab. Dabei wird insbesondere auf die Erfahrung und den konkreten Kenntnisstand des Interessenten abgestellt, so dass sich die Informationspflicht des Maklers infolge einer geringeren Aufklärungsbedürftigkeit des Anlegers im Einzelfall auch reduzieren kann.[740] Ein Kunde, der sich als erfahren geriert und damit zum Ausdruck bringt, dass er Aufklärung weder braucht noch wünscht, kann danach nicht erwarten, gleichwohl über die Funktionsweise und besonderen Gefahren der ihm angeblich vertrauten Geschäfte eingehend aufgeklärt zu werden.[741] Die vorvertragliche Aufklärungspflicht diene nicht dem Zweck, einen seinen Geschäftspartner über seine Erfahrungen täuschenden Kunden vor sich selbst zu schützen.[742] Allerdings bleibt es auch gegenüber einem Anleger, der nach seinem Auftreten die von ihm gesehenen Risiken bewusst eingehen will, bei der Verpflichtung des Vermittlers, über eben diese Risiken richtig und vollständig zu informieren.[743] Erst recht gilt dies gegenüber einem risikobewussten Anleger, der zwar tatsächlich über **einschlägige Erfahrungen** verfügt, im konkreten Fall aber mit einer Anlageform konfrontiert wird, die ihm bislang unbekannt ist.[744] Dagegen haftet der Anlagevermittler, wenn er die konkrete Anlage dem Anleger gegenüber als „sicher" bezeichnet, obwohl sie nach der ihm bekannten Einstufung der Kapitalanlagegesellschaft den Risikoprofilen „gewinnorientiert" und „risikobewusst" zugeordnet ist.[745] Er handelt bereits dann pflichtwidrig, wenn er einem als „konservativ" eingestuften Anlageinteressenten die Zeichnung von Aktienfonds empfiehlt, die nach derselben Klassifizierung als „gewinnorientiert" zu gelten haben.[746]

291 Ferner hat der BGH eine vereinzelt anzutreffende Vorgehensweise sanktioniert, bei der alle in Betracht kommenden Anlegertypen[747] angekreuzt wurden, sobald der Kunde angegeben hatte, er wolle als risikobewusst eingestuft werden. Dadurch sollte nach der Lesart der Vermittler die Bereitschaft des Kunden erkennbar werden, sogar Anteile von Fonds der höchsten Risikoklasse zu erwerben. Der III. Zivilsenat hat hierin dagegen eine fehlerhafte Gesprächsführung erkannt.[748] Obwohl die **Zuordnung zu einem bestimmten Anlegertyp** letztlich Sache des Kunden selbst sei, sei der Vermittler nicht der Pflicht enthoben, die Angaben über den Anlegertyp mit dem bisherigen und in Aussicht genommenen Anlageverhalten des Kunden in Beziehung zu setzen und bei Widersprüchen eine Klärung herbeizuführen. Dies werde durch den vorformulierten Kaufauftrag erleichtert, der Anlageziel, Risiken, Chancen und Anlagedauer beispielhaft verschiedenen Anlegertypen zuordne und danach frage, welche Wertpapiergeschäfte bisher getätigt worden sind und über welches für Anlagezwecke frei verfügbare Monatseinkommen und frei verfügbare Vermögen der Anleger verfüge. Gebe der Kunde unter solchen Umständen zugleich an, die Substanzerhaltung der Anlage stehe im Vordergrund und seine Ertragserwartungen gingen deutlich über das marktübliche Zinsniveau hinaus, spreche die kritiklose Übernahme solcher Anlegervorstellungen für eine unzulängliche Befragung des Anlegers und/oder für eine nur unzureichende Beschäftigung mit diesen Angaben im Verlauf des Beratungsgesprächs.[749]

---

[737] BGH v. 11.01.2007 - III ZR 193/05 - DB 2007, 628-629, 629.
[738] BGH v. 11.01.2007 - III ZR 193/05 - DB 2007, 628-629, 629 unter Verweis auf BGH v. 22.03.1979 - VII ZR 259/77 - DB 1979, 1219-1220.
[739] BGH v. 13.01.2000 - III ZR 62/99 - LM BGB § 675 Nr. 277 (9/2000).
[740] BGH v. 04.11.1987 - IVa ZR 145/86 - WM 1988, 41-44; BGH v. 13.05.1993 - III ZR 25/92 - LM BGB § 676 Nr. 44 (1/1994); OLG Stuttgart v. 04.03.2010 - 13 U 42/09 - ZIP 2010, 824-830, 825.
[741] BGH v. 24.09.1996 - XI ZR 244/95 - LM BGB § 276 (Fb) Nr. 77a (3/1997); BGH v. 21.10.2003 - XI ZR 453/02 - NJW-RR 2004, 203-206; BGH v. 30.03.2004 - XI ZR 488/02 - WM 2004, 1132-1135.
[742] BGH v. 14.05.1996 - XI ZR 188/95 - LM BGB § 276 (Fb) Nr. 77 (10/1996); BGH v. 24.09.1996 - XI ZR 244/95 - LM BGB § 276 (Fb) Nr. 77a (3/1997).
[743] BGH v. 25.10.2007 - III ZR 100/06 - WM 2007, 2228-2230, 2229.
[744] BGH v. 06.03.2008 - III ZR 298/05 - WM 2008, 725-729, 729.
[745] BGH v. 19.10.2006 - III ZR 122/05 - ZIP 2006, 2221-2222.
[746] OLG Frankfurt v. 07.03.2007 - 19 U 141/06 - WM 2007, 1215-1217.
[747] Sicherheitsorientiert, konservativ, gewinnorientiert, risikobewusst.
[748] BGH v. 25.10.2007 - III ZR 100/06 - WM 2007, 2228-2230.
[749] BGH v. 25.10.2007 - III ZR 100/06 - WM 2007, 2228-2230, 2230.

Ein Vermittler, der eine Kapitalanlage als sicher hinstellt, obwohl seine eigenen **Informationsgrund-** 292
lagen erkennbar nicht ausreichen, begeht eine schuldhafte Aufklärungspflichtverletzung.[750] Verweist er einschränkungslos auf die Angaben im Beteiligungsantrag des Kapitalsuchenden, darf der Anleger davon ausgehen, dass sich der Vermittler damit identifiziert. Soll dieser Eindruck vermieden werden, muss sich der Vermittler eindeutig distanzieren.[751] Der BGH verpflichtet den Anlagevermittler „jedenfalls grundsätzlich" dazu, sich über die Wirtschaftlichkeit der Kapitalanlage und die Bonität des Kapitalsuchenden vorab selbst zu informieren.[752] Dies leuchtet unmittelbar ein, wenn man die für den Auskunftsvertrag zentrale Verpflichtung des Vermittlers ernst nimmt, den Anlageinteressenten richtig und vollständig über diejenigen tatsächlichen Umstände zu informieren, die für dessen Anlageentschluss von besonderer Bedeutung sind. Bei einer Anlagegesellschaft, die in den ersten Jahren im Wesentlichen in eine Beteiligung an einem dritten Unternehmen investieren wollte und dann auch tatsächlich investierte, wurde die Darstellung des Geschäftsmodells dieses Unternehmens sowie der damit verbundenen Chancen und Risiken zu den für die Anlageentscheidung besonders bedeutsamen Umstände gezählt.[753]

Ohne zutreffende Angaben über die für die Beurteilung der Wirtschaftlichkeit der Kapitalanlage und 293
der Bonität des Kapitalsuchenden maßgeblichen Umstände kann der Anlageinteressent sein Engagement nicht zuverlässig einschätzen und keine sachgerechte Anlageentscheidung treffen.[754] Der III. Zivilsenat des BGH hatte den Anlagevermittler daher bereits in früheren Entscheidungen zur **Offenlegung** verpflichtet, wenn objektive Daten zu diesen Punkten nicht vorhanden waren oder der Vermittler mangels Einholung entsprechender Informationen insoweit nur über unzureichende Kenntnisse verfügte.[755] Inzwischen ist der Senat einen Schritt weitergegangen und sieht Vermittler von Kapitalanlagen unabhängig von der Inanspruchnahme besonderen Vertrauens im Einzelfall generell als verpflichtet an, „das Anlagekonzept, bezüglich dessen sie Auskunft erteilen sollen, (wenigstens) auf Plausibilität, insbesondere auf wirtschaftliche Tragfähigkeit hin, zu prüfen". Sonst könnten sie keine sachgerechten Auskünfte erteilen und fehlende Sachkunde müsse dem Vertragspartner offen gelegt werden wie das Unterlassen einer Überprüfung des Anlagekonzepts auf Plausibilität.[756]

Den Gerichten genügt zur Erfüllung der Informationspflicht, wenn dem Interessenten anstelle einer 294
mündlichen Aufklärung im Rahmen des Vertragsanbahnungsgesprächs ein Prospekt über die Kapitalanlage überreicht wird, der nach Form und Inhalt geeignet ist, die nötigen Informationen wahrheitsgemäß und verständlich zu vermitteln. Daneben muss er dem Interessenten so rechtzeitig vor dem Vertragsschluss übergeben worden sein, dass der Interessent seinen Inhalt noch zur Kenntnis nehmen konnte.[757] Im Rahmen der geschuldeten **Plausibilitätsprüfung** muss der Prospekt jedenfalls darauf überprüft werden, ob er ein in sich schlüssiges Gesamtbild über das Beteiligungsobjekt ergibt und die in ihm enthaltenen Informationen sachlich vollständig und richtig sind.[758] Ferner muss der Vermittler bei fehlender Plausibilität Nachforschungen anstellen und den Anlageinteressenten über verbliebene Informationslücken unterrichten.[759]

---

[750] BGH v. 13.05.1993 - III ZR 25/92 - LM BGB § 676 Nr. 44 (1/1994).
[751] BGH v. 11.09.2003 - III ZR 381/02 - NJW-RR 2003, 1690.
[752] BGH v. 13.01.2000 - III ZR 62/99 - LM BGB § 675 Nr. 277 (9/2000); BGH v. 12.05.2005 - III ZR 413/04 - WM 2005, 1219-1221, 1220.
[753] BGH v. 07.12.2009 - II ZR 15/08 - DB 2010, 213-216.
[754] BGH v. 13.01.2000 - III ZR 62/99 - LM BGB § 675 Nr. 277 (9/2000).
[755] BGH v. 13.05.1993 - III ZR 25/92 - LM BGB § 676 Nr. 44 (1/1994); BGH v. 13.06.2002 - III ZR 166/01 - NJW 2002, 2641-2642.
[756] BGH v. 13.01.2000 - III ZR 62/99 - LM BGB § 675 Nr. 277 (9/2000); BGH v. 05.03.2009 - III ZR 17/08 - NZG 2009, 471-474, 472; BGH v. 01.12.2011 - III ZR 56/11 - NJW 2012, 380-382; OLG Stuttgart v. 04.03.2010 - 13 U 42/09 - ZIP 2010, 824-830, 825.
[757] BGH v. 05.03.2009 - III ZR 302/07 - NZG 2009, 469-471, 470; BGH v. 05.03.2009 - III ZR 17/08 - NZG 2009, 471-474, 472.
[758] BGH v. 12.02.2004 - III ZR 359/02 - NJW 2004, 1732-1734; BGH v. 12.05.2005 - III ZR 413/04 - WM 2005, 1219-1221, 1220 f.; BGH v. 05.03.2009 - III ZR 17/08 - NZG 2009, 471-474, 472; BGH v. 16.06.2011 - III ZR 200/09; BGH v. 01.12.2011 - III ZR 56/11 - NJW 2012, 380-382.
[759] BGH v. 13.01.2000 - III ZR 62/99 - LM BGB § 675 Nr. 277 (9/2000).

295 Allerdings stehen diese Pflichten unter dem Vorbehalt, dass ihnen „mit zumutbarem Aufwand" nachgekommen werden kann.[760] Wo die **Grenze der Prüfungspflicht** im Einzelfall zu ziehen ist, hängt in erster Linie davon ab, welche Informationen der Anleger konkret abfragt und welches Vertrauen der Vermittler in Anspruch nimmt.[761] Ein Anlagevermittler, der als Experte für Windparkbeteiligungen in Erscheinung tritt und sich auch als solcher bezeichnet, muss damit rechnen, dass der Anleger nicht nur allgemeine wirtschaftliche Kenntnisse, sondern ein darüber hinausgehendes technisches Fachwissen zu diesem speziellen Wirtschaftszweig erwartet, zumal die Rentabilität der Anlage entscheidend von den technisch-meteorologischen Vorbedingungen abhängt.[762] Einer etwaigen Überforderung könne der Vermittler ohne Weiteres dadurch begegnen, dass er unzureichende Kenntnisse wahrheitsgemäß offenlege.[763] Der Anleger werde regelmäßig erwarten können, dass der spezialisierte Anlagevermittler die Plausibilität der Prospektangaben über die zu erwartende Windausbeute überprüft. Stünden keine anderen gleichwertigen Erkenntnisquellen zur Verfügung, habe der Vermittler die Prospektangaben mit den Ergebnissen der ihnen zugrundeliegenden Windgutachten abzugleichen.[764] Die Anerkennung einer darüber hinausgehenden Verpflichtung zur Überprüfung der Schlüssigkeit des Windgutachtens selbst macht der III. Zivilsenat des BGH davon abhängig, welche Qualifikationen hierfür erforderlich sind und welche der Vermittler für sich in Anspruch genommen hat. Sofern er sich nicht einer entsprechenden Ausbildung berühmt habe, könne von ihm regelmäßig nicht erwartet werden, dass er eine umfassende Überprüfung des Windgutachtens vornehme, wenn und soweit dies ein meteorologisches oder sonstiges naturwissenschaftliches Studium voraussetze.

296 Der III. Zivilsenat erkannte ausdrücklich an, dass die Abgrenzung zwischen den Wissensanforderungen, die an einen auf die **Vermittlung von Windparkbeteiligungen** spezialisierten Anlagevermittler zu stellen sind, und den weitergehenden Kenntnissen, die der Anleger bei einem Vermittler ohne naturwissenschaftliche Ausbildung nicht mehr erwarten kann, im Einzelfall außerordentlich schwierig ist. Er verwies sie ebenso wie die Beurteilung, ob die Überprüfung der dem Emissionsprospekt zugrundeliegenden Windgutachten eine wissenschaftliche Ausbildung erfordert, in die Verantwortung des Tatrichters.[765] Nichts anderes wird für Beteiligungen an Projekten bzw. Projektgesellschaften zu gelten haben, die sich der Entwicklung, Förderung und Vermarktung anderer erneuerbaren Energien gewidmet haben. Neben dem Wind kann hier die kommerzielle Erschließung der Sonne (Photovoltaik, Thermosolarkraftwerke), des Wassers (Wasserkraft), der Erdwärme (Geothermie) und verschiedener Biomasseverwertungsanlagen genannt werden.

297 Von einer Plausibilitätsprüfung und gegebenenfalls sich daran anschließender Ermittlungen ist der Vermittler ausnahmsweise enthoben, wenn er bei pflichtgemäßer Prüfung der ihm vorliegenden Informationen davon ausgehen durfte, bereits auf dieser Grundlage zuverlässig Auskunft zur Wirtschaftlichkeit und Sicherheit der Kapitalanlage erteilen zu können. Der **Schutzzweck der Prüfungs- bzw. Offenbarungspflicht** des Anlagevermittlers ist von vornherein nicht betroffen, wenn der Prospekt einer Plausibilitätsprüfung in den für die Anlageentscheidung wesentlichen Punkten standgehalten hätte. Nach der Rechtsprechung des BGH muss deshalb in jedem Einzelfall gesondert festgestellt werden, „ob eine (hypothetische) Untersuchung des Prospekts auf Plausibilität durch den Anlagevermittler Anlass zu Beanstandungen gegeben hätte".[766] Will der Anlagevermittler dagegen einwenden, die – tatsächlichen oder vermeintlichen – Fehler des Prospekts seien für ihn auch bei der hypothetischen Plausibilitätsprüfung nicht zu entdecken gewesen, handelt es sich nicht mehr um ein Problem des Schutzzwecks der Prüfungs- und Offenbarungspflichten, sondern um die Frage, ob ein solcher Einwand rechtmäßigen Alternativverhaltens gerechtfertigt ist. Dessen tatsächliche Voraussetzungen müssen vom demjenigen dargelegt und bewiesen werden, der ihn geltend macht, somit vom Anlagevermittler selbst.[767]

---

[760] BGH v. 12.02.2004 - III ZR 359/02 - NJW 2004, 1732-1734; BGH v. 05.03.2009 - III ZR 17/08 - NZG 2009, 471-474, 472.
[761] BGH v. 05.03.2009 - III ZR 17/08 - NZG 2009, 471-474, 472.
[762] BGH v. 05.03.2009 - III ZR 17/08 - NZG 2009, 471-474, 472 f.
[763] BGH v. 05.03.2009 - III ZR 17/08 - NZG 2009, 471-474, 472.
[764] BGH v. 05.03.2009 - III ZR 17/08 - NZG 2009, 471-474, 473.
[765] BGH v. 05.03.2009 - III ZR 17/08 - NZG 2009, 471-474, 473.
[766] BGH v. 05.03.2009 - III ZR 17/08 - NZG 2009, 471-474, 472.
[767] BGH v. 05.03.2009 - III ZR 17/08 - NZG 2009, 471-474, 472; BGH v. 17.09.2009 - XI ZR 264/08 - BKR 2009, 471-472; OLG Oldenburg v. 24.11.2008 - 3 U 54/07 - BKR 2009, 477-482.

Bei bestehendem **Beratungsvertrag** reicht eine bloße Plausibilitätsprüfung dagegen von vornherein nicht aus. Dies hat zunächst der XI. Zivilsenat des BGH für das Verhältnis einer Bank zu ihrem Kunden entschieden, insbesondere wenn das Anlageobjekt Bestandteil eines bankinternen Anlageprogramms gewesen war, das zur Grundlage der Kundenberatung gemacht worden war.[768] Der III. Zivilsenat des BGH hat sich dem für das Verhältnis eines unabhängigen Anlageberaters zu seinem Kunden angeschlossen.[769] In beiden Fällen kommt ein Beratungsvertrag bereits dadurch zustande, dass der Anleger die Dienste des Beraters in Anspruch nimmt und dieser mit seiner Tätigkeit beginnt.[770] Ausgehend vom Grundsatz der anleger- und objektgerechten Beratung[771] wird eine Prüfung „mit banküblichem kritischem Sachverstand"[772] bzw. „mit üblichem kritischen Sachverstand" oder die Aufklärung des Anlegers über ein diesbezügliches Unterlassen[773] verlangt. Eine unterlassene Prüfung der empfohlenen Kapitalanlage kann jedoch in beiden Fällen nur dann eine Haftung begründen, wenn bei tatsächlicher Durchführung der Prüfung ein Risiko erkennbar geworden wäre, über das der Anleger hätte aufgeklärt werden müssen, oder wenn sich die Empfehlung der Kapitalanlage als nicht anleger- und/oder objektgerecht herausgestellt hätte.[774]

298

Das **Verschulden** des im Rahmen eines Auskunftsvertrags zur Auskunft Verpflichteten wird grundsätzlich vermutet (§ 280 Abs. 1 Satz 2 BGB), da für den Ursachenzusammenhang zwischen dem Beratungsfehler des Vermittlers und der Anlageentscheidung eine durch die Lebenserfahrung begründete tatsächliche Vermutung streiten soll.[775] Eine schuldhafte Verletzung des Auskunftsvertrags wird insbesondere durch folgende Umstände, auf die sich der Vermittler berufen will, nicht ausgeschlossen:[776]

299

- Bestätigungsvermerke und „positive Prüfberichte" eines Wirtschaftsprüfers, der lediglich die ordnungsgemäße Abwicklung des Zahlungsverkehrs auf den Anderkonten des in das Anlagemodell eingeschalteten Treuhänders untersucht hat;
- Aussagen von Rechtsanwälten und Notaren, die weder zur Plausibilität der Renditeerwartungen noch zur Wirtschaftlichkeit und Sicherheit der Kapitalanlage Stellung beziehen;
- eigene Investitionen in erheblichem Umfang und zunächst belegbar gute Erfahrungen durch den Vermittler selbst.

Eine in den Allgemeinen Geschäftsbedingungen der an die Kapital suchende Gesellschaft gerichteten Beteiligungsanträge enthaltene **Freistellungsklausel**, in welcher der Anlageinteressent formularmäßig bestätigt, „die beteiligten Firmen (ebenso Vermittler) sowie deren gesetzliche Vertreter von jeglicher Haftung freizustellen" kann den Vermittler trotz gleichzeitig vorgenommenem Ausschluss von Vorsatz und grober Fahrlässigkeit nicht entlasten. Der BGH erkannte hierin eine unzulässige Einschränkung der Haftung für die ordnungsgemäße Erfüllung einer so genannten Kardinalpflicht im Sinne von § 307 Abs. 2 Nr. 2 BGB. Da die Haftungsfreistellung nicht zwischen vertraglichen Haupt- und Nebenpflichten unterscheide und daher bei einem Auskunftsvertrag auch die Auskunftsverpflichtung selbst

300

---

[768] BGH v. 07.10.2008 - XI ZR 89/07 - DB 2008, 2590-2592; vgl. auch BGH v. 14.07.2009 - XI ZR 152/08 - DB 2009, 2093-2096, 2096; BGH v. 27.10.2009 - XI ZR 337/08 - NZG 2009, 1393-1395.

[769] BGH v. 05.03.2009 - III ZR 302/07 - NZG 2009, 469-471; BGH v. 01.12.2011 - III ZR 56/11 - NJW 2012, 380-382.

[770] BGH v. 19.04.2007 - III ZR 75/06 - BB 2007, 1247-1248; BGH v. 05.11.2009 - III ZR 302/08 - DB 2009, 2711-2713, 2712; LG Frankfurt am Main v. 25.09.2009 - 2/27 O 455/08 - WM 2010, 75-79, 77; LG Rottweil v. 07.05.2009 - 3 O 345/08 - BKR 2009, 482-484.

[771] BGH v. 22.03.2011 - XI ZR 33/10 - NJW 2011, 1949-1954, 1950; BGH v. 27.09.2011 - XI ZR 178/10 - ZIP 2011, 2246-2252, 2247; BGH v. 27.09.2011 - XI ZR 182/10 - ZIP 2011, 2237-2244, 2238 f.

[772] BGH v. 07.10.2008 - XI ZR 89/07 - DB 2008, 2590-2592, 2591; BGH v. 27.09.2011 - XI ZR 178/10 - ZIP 2011, 2246-2252, 2247 f.; BGH v. 27.09.2011 - XI ZR 182/10 - ZIP 2011, 2237-2244, 2239.

[773] BGH v. 05.03.2009 - III ZR 302/07 - NZG 2009, 469-471, 470; BGH v. 05.11.2009 - III ZR 302/08 - DB 2009, 2711-2713, 2712; BGH v. 16.09.2010 - III ZR 14/10 - DB 2010, 2277-2279; BGH v. 01.12.2011 - III ZR 56/11 - NJW 2012, 380-382.

[774] BGH v. 07.10.2008 - XI ZR 89/07 - DB 2008, 2590-2592, 2591; BGH v. 05.03.2009 - III ZR 302/07 - NZG 2009, 469-471, 470.

[775] BGH v. 18.01.2007 - III ZR 44/06 - BB 2007, 465-466, 466; BGH v. 16.06.2011 - III ZR 200/09; für eine vorvertragliche Aufklärungspflichtverletzung ebenso BGH v. 17.05.2011 - II ZR 123/09; BGH v. 17.05.2011 - II ZR 202/09.

[776] BGH v. 13.01.2000 - III ZR 62/99 - LM BGB § 675 Nr. 277 (9/2000).

umfasse, die Erfüllung eines Auskunftsvertrags aber gerade mit der Erteilung einer richtigen und vollständigen Auskunft „steht und fällt", könne sich der Auskunftsverpflichtete nicht durch Allgemeine Geschäftsbedingungen freizeichnen.[777]

5. Informationsquellen

301 Die Fragen, ob **Brancheninformationsdienste** von Anlageberatern und Anlagevermittlern ausgewertet und die Ergebnisse der Auswertung den Kunden gegenüber offengelegt werden müssen, waren lange Zeit umstritten. Einige Gerichte bejahten beides und leugneten folgerichtig die Möglichkeit eines Anlageberaters oder Anlagevermittlers, sich auf die Unkenntnis eines entsprechenden Artikels berufen zu können, selbst wenn die darin enthaltenen Informationen letztlich nicht den tatsächlichen Verhältnissen entsprochen hatten.[778] Die Gegenansicht verneinte eine Pflicht zum Bezug – und konsequenterweise auch zur Auswertung – solcher Informationsdienste, zumal bei den Veröffentlichungen darin nicht immer von einer unabhängigen und fundierten Berichterstattung ausgegangen werden könne.[779] Eine vermittelnde Meinung ging von der Annahme aus, dem Anlageberater oder Anlagevermittler müsse nicht jede negative Berichterstattung bekannt sein, vor allem wenn sie vereinzelt geblieben sei. Bei tatsächlich vorhandener Kenntnis bestehe jedoch die Pflicht zur Auswertung und unter Umständen auch zu einem entsprechenden Hinweis.[780]

302 Der XI. Zivilsenat des BGH hat sich für das Verhältnis einer Bank zu ihren Kunden der vermittelnden Auffassung angeschlossen.[781] Ausgangspunkt der Überlegungen ist dabei der Grundsatz, dass sich eine in Bezug auf eine bestimmte Anlageentscheidung als kompetent gerierende Bank stets aktuelle Informationen über das Anlageobjekt verschaffen muss, die sie im konkreten Einzelfall empfehlen will. Da hierzu auch die Auswertung vorhandener Veröffentlichungen in der **Wirtschaftspresse** gehört, muss der Kunde über darin zu findende zeitnahe und gehäufte negative Berichte über das zur Empfehlung vorgesehene Anlageobjekt unterrichtet werden.[782] Der XI. Zivilsenat zählt zur Wirtschaftspresse die Börsenzeitung, die Financial Times Deutschland, das Handelsblatt und die Frankfurter Allgemeine Zeitung.[783] Gerade die Lektüre des Handelsblatts soll für jeden Anlageberater unverzichtbar sein, da es als werktäglich erscheinende Zeitung mit spezieller Ausrichtung auf Wirtschaftsfragen und einem diesbezüglich breiten Informationsspektrum in ganz besonderem Maße die Gewähr dafür bieten soll, aktuell über wichtige und für die Anlageberatung relevante Nachrichten informiert zu werden.[784] An anderer Stelle versuchte der XI. Zivilsenat eine Definition, wonach es sich um „allgemein anerkannte Publikationen für Wirtschaftsfragen oder für ein bestimmtes Marktsegment, deren Seriosität und Qualität über jeden Zweifel erhaben ist", handeln muss.[785]

303 Über die von der Rechtsprechung besonders hervorgehobenen und bei der gebotenen Auswertung von Presseberichten vorrangig zu berücksichtigenden vier führenden Organe der Wirtschaftspresse hinaus blieb jedoch bislang unbeantwortet, wie und von wem eine rechtssichere Zuordnung und Abgrenzung im Einzelfall vorzunehmen sein soll. So wurde etwa bezweifelt, dass ein Berufungsgericht aufgrund eigener Sachkunde abschließend beurteilen kann, dass die Wirtschaftswoche zu denjenigen Zeitschriften zu rechnen ist, die von einem Anlageberater generell ausgewertet werden müssen.[786] Die in der vorstehenden Definition angedeutete Unterscheidung nach **Seriosität und Qualität der Publikation** hilft für sich genommen nicht weiter, da der Maßstab zur Feststellung dieser Kriterien nicht weiter konkre-

---

[777] BGH v. 13.01.2000 - III ZR 62/99 - LM BGB § 675 Nr. 277 (9/2000).
[778] LG Stuttgart v. 28.02.2003 - 26 O 396/02 - BKR 2003, 386-391.
[779] OLG München v. 06.12.2002 - 21 U 3997/01 - BKR 2003, 875-877; OLG Celle v. 16.07.2004 - 9 U 15/04 - WM 2005, 737-742; OLG Stuttgart v. 15.12.2005 - 13 U 10/05 - WM 2006, 1100-1102; LG Tübingen v. 17.09.2003 - 6 O 38/03 - WM 2004, 641-646.
[780] OLG Düsseldorf v. 24.08.1995 - 6 U 138/94 - WM 1996, 1082-1089; OLG Frankfurt v. 30.08.2000 - 23 U 136/99 - NJW-RR 2001, 479-481; LG Hannover v. 21.01.1992 - 15 O 262/91 - WM 1993, 201-205; LG Paderborn v. 22.02.1996 - 3 O 383/95 - WM 1996, 1843-1847.
[781] BGH v. 07.10.2008 - XI ZR 89/07 - DB 2008, 2590-2592.
[782] Am Beispiel einer privaten Auslandsanleihe bereits BGH v. 06.07.1993 - XI ZR 12/93 - DB 1993, 1869-1871.
[783] BGH v. 06.07.1993 - XI ZR 12/93 - DB 1993, 1869-1871; BGH v. 07.10.2008 - XI ZR 89/07 - DB 2008, 2590-2592, 2592.
[784] BGH v. 05.11.2009 - III ZR 302/08 - DB 2009, 2711-2713, 2712.
[785] BGH v. 07.10.2008 - XI ZR 89/07 - DB 2008, 2590-2592, 2592 im Anschluss an OLG München v. 06.12.2002 - 21 U 3997/01 - BKR 2003, 875-877, 877.
[786] BGH v. 05.03.2009 - III ZR 302/07 - NZG 2009, 469-471, 470.

tisiert wurde. Im Interesse einer möglichst großen Objektivität und Rechtssicherheit bietet sich eine Orientierung an den Börsenpflichtblättern an, die von den Geschäftsführungen der Börsen als solche bekannt gemacht worden sind (§ 32 Abs. 5 BörsG).

So zählt beispielsweise die Wirtschaftswoche an der Frankfurter Wertpapierbörse (erst) seit 01.08.2009 zu den überregionalen Börsenpflichtblättern.[787] Brancheninformationsdienste würden dagegen von vornherein nicht erfasst, was nicht ausschließt, dass interessierte Anleger diese weiterhin als Informationsquellen nutzen, die der allgemeinen Wirtschaftspresse nicht selten ein wenig voraus sind. Sie blieben auch für die Beurteilung einer möglichen Pflichtverletzung der Bank – oder eines Anlageberaters oder Anlagevermittlers – relevant, da eine Pflicht zur Nachforschung bestehen würde, wenn in einem **Börsenpflichtblatt** auf eine konkrete Berichterstattung in einem solchen Brancheninformationsdienst Bezug genommen worden ist. Ohne eine solche ausdrückliche Bezugnahme bestünde dagegen keine Informationspflicht im Vorfeld einer Anlageempfehlung. 304

Der XI. Zivilsenat ist einen anderen Weg gegangen und hat weitere **Abgrenzungsprobleme** geschaffen, da er Brancheninformationsdienste nicht generell von den für eine Bank unverzichtbaren Informationsquellen ausgeschlossen hat. Zuzustimmen ist zunächst seiner Überlegung, wonach die Anerkennung einer Verpflichtung, kritische Berichte in sämtlichen Brancheninformationsdiensten uneingeschränkt zur Kenntnis zu nehmen und die Anleger unabhängig von der Berechtigung der dort geübten Kritik an einem Anlagemodell auf die Existenz solcher Berichte hinzuweisen, zu einer uferlosen und kaum erfüllbaren Ausweitung der Pflichten von Anlageberatern führen würde. Soweit er dadurch allerdings zugleich eine weitgehende Verlagerung des Anlegerrisikos auf den Berater befürchtet,[788] muss daran erinnert werden, dass die umfassende und aktuelle Information über ein Anlagemodell und die ihm zugeordneten Anlageobjekte gerade den Kern einer jeden Beratung ausmacht und nicht zuletzt auch einen wesentlichen Teil der seitens des Beraters in Rechnung gestellten Vergütung rechtfertigt. 305

Daneben scheint der XI. Zivilsenat kritische **Veröffentlichungen im Internet** generell von den Pflichtquellen ausnehmen zu wollen.[789] Dies sollte aber schon deshalb nicht zum allgemeinen Grundsatz erhoben werden, weil auch die vom BGH zum Maßstab erhobene „seriöse Wirtschaftspresse" durchweg über Internetpräsenzen verfügt. Dort findet der interessierte Anleger nicht nur speziell für ihn aufbereitete Informationen, die über die gedruckten Ausgaben hinausgehen, sondern häufig auch Chat-Foren und Communities, in denen Anlagemodelle ebenso wie einzelne Anlageobjekte von ausgewiesenen Experten und interessierten Laien diskutiert und beurteilt werden. Wer die Lektüre der Wirtschaftspresse zum Maßstab einer vollständigen Information erhebt, kommt angesichts des sich beständig verändernden Informationsverhaltens heutzutage nicht (mehr) umhin, auch die jeweiligen Internetauftritte bis hin zu den vereinzelt angebotenen Anlegerportalen in die Pflichtenbindung einzubeziehen. 306

Gefolgt werden kann dem XI. Zivilsenat darin, dass er eine Verpflichtung zur Vorhaltung und Auswertung sämtlicher Publikationsorgane ablehnt und stattdessen der Bank die Auswahl ihrer Informationsquellen überlässt. Allein die Unkenntnis von einem Bericht in einem Brancheninformationsdienst stellt daher für sich genommen keine Pflichtverletzung der Bank dar.[790] Ob die ausgewählten Informationsquellen aber tatsächlich ausreichend waren, bleibt nach der Rechtsprechung des XI. Zivilsenats stets eine Frage des Einzelfalls. Anders ist es auch nach seiner Auffassung dann, wenn die Bank **Kenntnis von negativen Berichten** in Publikationsorganen wie beispielsweise Brancheninformationsdiensten erlangt hat. In solchen Fällen wird sie als verpflichtet angesehen, diese Berichte – insbesondere im Hinblick auf konkret angesprochene Mängel und Risiken – bei der Prüfung des Anlageobjekts zu berücksichtigen, selbst wenn sie das betreffende Publikationsorgan normalerweise nicht auswertet.[791] Ist aber die veröffentlichte Meinung bislang vereinzelt geblieben, ohne sich in den einschlägigen Fachkreisen durchgesetzt zu haben, wird eine Hinweispflicht nicht ohne Weiteres begründet. In Abhängigkeit vom Inhalte des Berichts könne sich jedoch „im Einzelfall ergeben, dass die Bank bei der Überprüfung des Anlageobjekts selbst auf das in dem kritischen Bericht genannte Risiko hätte aufmerksam werden müssen und aus diesem Grund dem Anleger eine Aufklärung schuldete".[792] 307

---

[787] Vgl. dazu die Bekanntmachung der Geschäftsführung der Frankfurter Wertpapierbörse vom 31.07.2009 mit einer (vorläufigen) Befristung bis zum 31.12.2010.
[788] BGH v. 07.10.2008 - XI ZR 89/07 - DB 2008, 2590-2592, 2592.
[789] BGH v. 07.10.2008 - XI ZR 89/07 - DB 2008, 2590-2592, 2592.
[790] BGH v. 07.10.2008 - XI ZR 89/07 - DB 2008, 2590-2592, 2592.
[791] BGH v. 07.10.2008 - XI ZR 89/07 - DB 2008, 2590-2592, 2592.
[792] BGH v. 07.10.2008 - XI ZR 89/07 - DB 2008, 2590-2592, 2592.

308 Eine Bank, die einschlägige Artikel der Wirtschaftspresse über in ihr Anlageprogramm aufgenommene Produkte nicht kennt oder auf diese nicht ausdrücklich hinweist, haftet im Übrigen nur dann, wenn ihr durch die Auswertung der Artikel ein **aufklärungspflichtiger Umstand** bekannt geworden wäre oder sich die Warnungen in der einschlägigen Fachpresse gehäuft hatten.[793] Genauso wenig wie die Bank eine positive Meldung in einem Brancheninformationsdienst entlasten könne, begründe allein eine dort erschienene negative Meldung ihre Haftung. Vielmehr müsse die in jedem Fall erforderliche Überprüfung der Kapitalanlage ex ante zu einem Ergebnis führen, das die Bank zu einem Hinweis verpflichtete oder ihr eine Empfehlung verbat.[794] Ist der Anlagegesellschaft durch eine zuständige Aufsichtsbehörde ihr „Kerngeschäft" untersagt worden, ist eine Aufklärung des Anlegers selbst dann geboten, wenn die betreffende Mitteilung nur in einem der führenden Presseorgane erscheint.[795]

309 Der III. Zivilsenat des BGH hat sich dieser Rechtsprechung angeschlossen und sie in vollem Umfang auf den Anlageberater übertragen.[796] Darüber hinaus hat er einen wichtigen Mosaikstein für diejenigen Fälle ergänzt, in denen dem Anleger rechtzeitig vor Vertragsschluss ein Projektprospekt übergeben wird, der nach Form und Inhalt geeignet ist, die nötigen Informationen wahrheitsgemäß und verständlich zu vermitteln. Wenn sich ein Anleger aufgrund des Prospekts bzw. einer mündlichen Erläuterung seines Inhalts ein sachgerechtes Bild von der Anlage machen könne, komme einer Berichterstattung, die sich in der Wirtschaftspresse (noch) nicht allgemein durchgesetzt habe, kein **relevanter Informationswert** zu.[797] Dies gelte jedenfalls dann, wenn keine zusätzliche Sachinformation enthalten sei, sondern lediglich eine negative Bewertung abgegeben werde. Wörtlich heißt es: „Solche Berichte sind nicht mitteilungspflichtig, weil ihr Inhalt nicht über das hinausgeht, was ohnehin in den Unterlagen enthalten ist, die dem Anleger vom Berater bei der Erfüllung dessen Beratungspflichten übergeben wurden und dem Anleger eine hinreichende Information über Chancen und Risiken vermitteln."[798]

310 Wurde unabhängig von den vorstehend erläuterten Kontroversen erst einmal das für den Anlageberater zur Erfüllung seiner Pflichten gegenüber dem Kunden maßgebliche Paket an Informationsquellen bestimmt, kommt dem Aspekt der **Aktualität der Informationen** besondere Bedeutung zu, da gerade die Finanzmärkte auf relevante Informationen unmittelbar reagieren. Der III. Zivilsenat verlangt bei Tageszeitungen eine Kenntnisnahme der einschlägigen Informationen „jedenfalls nach Ablauf von drei Tagen"[799] und wird damit der von ihm selbst ausdrücklich erkannten unmittelbaren Reaktion der Finanzmärkte von vornherein nicht gerecht. Das an Anlageberater gestellte Anforderungsprofil sollte vielmehr erwarten lassen, dass sie die entsprechenden Zeitungen noch an deren Erscheinungstag durchsehen, zumal kein vollständiges Durchlesen verlangt wird. Den Gerichten genügt zu Recht, dass das betreffende Publikationsorgan auf relevante Artikel zu den konkret angebotenen Anlageprodukten durchgesehen wird und nur diese Nachrichten komplett ausgewertet werden.[800] Außerhalb von Tageszeitungen erachtet es der III. Zivilsenat als zumutbar, die jeweilige Zeitung oder Zeitschrift innerhalb ihres Erscheinungsintervalls zu lesen, da davon auszugehen sei, dass ein Presseorgan seinen Informationsgehalt in einer Ausgabe auf sein Erscheinungsintervall abgestimmt habe.[801]

6. Innenprovisionen und Rückvergütungen

311 Die **rechtliche Unterscheidung** zwischen Innenprovisionen und Rückvergütungen ist seit Dezember 2011 geklärt, nachdem die grundlegende Rechtsprechung des XI. Zivilsenats des BGH[802] ihre Anerkennung durch das BVerfG gefunden hat. Dessen 1. Senat konnte weder eine Verletzung der

---

[793] BGH v. 06.07.1993 - XI ZR 12/93 - DB 1993, 1869-1871; BGH v. 07.10.2008 - XI ZR 89/07 - DB 2008, 2590-2592, 2592.
[794] BGH v. 07.10.2008 - XI ZR 89/07 - DB 2008, 2590-2592, 2592.
[795] BGH v. 05.11.2009 - III ZR 302/08 - DB 2009, 2711-2713, 2713.
[796] BGH v. 05.03.2009 - III ZR 302/07 - NZG 2009, 469-471; BGH v. 05.11.2009 - III ZR 302/08 - DB 2009, 2711-2713; BGH v. 16.09.2010 - III ZR 14/10 - DB 2010, 2277-2279; BGH v. 01.12.2011 - III ZR 56/11 - NJW 2012, 380-382.
[797] BGH v. 05.03.2009 - III ZR 302/07 - NZG 2009, 469-471, 470.
[798] BGH v. 05.03.2009 - III ZR 302/07 - NZG 2009, 469-471, 470 f.
[799] BGH v. 05.11.2009 - III ZR 302/08 - DB 2009, 2711-2713, 2712.
[800] BGH v. 05.11.2009 - III ZR 302/08 - DB 2009, 2711-2713, 2712 f.
[801] BGH v. 05.11.2009 - III ZR 302/08 - DB 2009, 2711-2713, 2713.
[802] BGH v. 09.03.2011 - XI ZR 191/10 - NJW 2011, 3227-3229 (Hinweisbeschluss); BGH v. 19.07.2011 - XI ZR 191/10 - NJW 2011, 3229-3231 (Zurückweisung der Revision); BGH v. 24.08.2011 - XI ZR 191/10 - NJW 2011, 3231-3233 (Zurückweisung der Anhörungsrüge).

Grundrechte der Beschwerde führenden Bank aus den Art. 3 Abs. 1, 12 Abs. 1 GG noch eine Verletzung der Garantie des gesetzlichen Richters (Art. 101 Abs. 1 Satz 2 GG) oder des Anspruchs auf rechtliches Gehör (Art. 103 Abs. 1 GG) erkennen.[803]

Innenprovisionen werden definiert als „nicht ausgewiesene Vertriebsprovisionen, die bei einem Fonds aus dem Anlagevermögen gezahlt werden".[804] Die sie betreffende Aufklärungspflicht wird mit der Begründung gerechtfertigt, Innenprovisionen hätten Einfluss auf die Werthaltigkeit der vom Anleger erworbenen Anlage und könnten deshalb bei diesem insoweit eine Fehlvorstellung herbeiführen.[805] Der III. Zivilsenat des BGH hat die Auffassung vertreten, eine Pflicht zur Ausweisung von Innenprovisionen beim Vertrieb von geschlossenen Immobilienfonds und anderen unter Verwendung von Prospekten angebotenen Anlagemodellen bestehe zwar nicht in jedem Fall, wohl aber ab einer bestimmten Größenordnung.[806] Eine generelle Unterrichtungspflicht statuierte er bei Innenprovisionen über 15%.[807] Demgegenüber verlangt der XI. Zivilsenat eine Aufklärung nur in denjenigen Konstellationen, in denen die Innenprovision zu einer so wesentlichen Verschiebung des Verhältnisses zwischen Kaufpreis und Verkehrswert der Kapitalanlage beiträgt, dass das Kreditinstitut von einer sittenwidrigen Überteilung des Käufers durch den Verkäufer ausgehen muss.[808] Von einem besonders groben Missverhältnis, das eine Vermutung für die subjektiven Voraussetzungen der Sittenwidrigkeit begründet, wird dabei erst ausgegangen, wenn der Wert der Leistung knapp doppelt so hoch ist wie der Wert der Gegenleistung.[809] Unabhängig hiervon besteht eine Aufklärungspflicht auch dann, wenn die Bank positive Kenntnis davon hat, dass der Anleger von den Prospektverantwortlichen über die Werthaltigkeit des Fondsanteils arglistig getäuscht wurde, indem aus seiner Einlage über die im Prospekt ausgewiesenen Vertriebskosten hinaus weitere Provisionen gezahlt wurden.[810] 312

Liegt dem Rechtsverhältnis zwischen Bank und Kunden ein **Beratungsvertrag** zugrunde, besteht – anders als im Rahmen eines Anlagevermittlungs- und Auskunftsvertrags – eine generelle Aufklärungspflicht über Rückvergütungen. Insoweit besteht Einigkeit zwischen dem III. Zivilsenat[811] und dem XI. Zivilsenat[812], der sich auch der II. Zivilsenat[813] angeschlossen hat. Ausgangspunkt der Überlegungen ist dabei, dass sich mit zunehmender Attraktivität der mit der Anlageempfehlung für die Bank verbundenen Anreize die Gefahr erhöht, dass die im Kundeninteresse zu erfolgende anleger- und objektgerechte Beratung nicht mehr oder nur noch unzureichend vorgenommen wird. 313

Seit dem Grundlagenbeschluss des XI. Zivilsenats des BGH werden **Rückvergütungen** definiert als „ – regelmäßig umsatzabhängige – Provisionen, die im Gegensatz zu Innenprovisionen nicht aus dem Anlagevermögen, sondern aus offen ausgewiesenen Provisionen wie zum Beispiel Ausgabeaufschlägen und Verwaltungsvergütungen gezahlt werden, so dass beim Anleger zwar keine Fehlvorstellung 314

---

[803] BVerfG v. 08.12.2011 - 1 BvR 2514/11 - NJW 2012, 443-444.
[804] BGH v. 09.03.2011 - XI ZR 191/10 - NJW 2011, 3227-3229, 3228; BGH v. 27.09.2011 - XI ZR 178/10 - ZIP 2011, 2246-2252, 2250; BGH v. 27.09.2011 - XI ZR 182/10 - ZIP 2011, 2237-2244, 2241.
[805] BGH v. 09.03.2011 - XI ZR 191/10 - NJW 2011, 3227-3229, 3228; OLG Frankfurt v. 04.05.2011 - 17 U 207/10 - ZIP 2011, 1506-1508.
[806] Grundlegend insoweit BGH v. 12.02.2004 - III ZR 359/02 - NJW 2004, 1732-1735.
[807] BGH v. 12.02.2004 - III ZR 359/02 - NJW 2004, 1732-1735, 1735; BGH v. 15.07.2010 - III ZR 322/08; BGH v. 15.07.2010 - III ZR 323/08; BGH v. 15.07.2010 - III ZR 337/08; BGH v. 15.07.2010 - III ZR 338/08; BGH v. 05.05.2011 - III ZR 84/10; BGH v. 10.11.2011 - III ZR 245/10 - NJW-RR 2012, 372-373; zum Vorliegen eines unvermeidbaren Rechtsirrtums in den Jahren vor Erlass der einschlägigen BGH-Rechtsprechung insbesondere BGH v. 28.10.2010 - III ZR 255/09; BGH v. 24.11.2010 - III ZR 260/09; BGH v. 24.11.2010 - III ZR 8/10; BGH v. 24.11.2010 - III ZR 12/10; BGH v. 16.12.2010 - III ZR 127/10 - WM 2011, 526-527.
[808] BGH v. 02.12.2003 - XI ZR 53/02 - NJW-RR 2004, 632; BGH v. 20.01.2004 - XI ZR 460/02 - DB 2004, 647; BGH v. 11.01.2011 - XI ZR 271/08; BGH v. 11.01.2011 - XI ZR 327/08; BGH v. 11.01.2011 - XI ZR 357/08; BGH v. 11.01.2011 - XI ZR 58/09; BGH v. 11.01.2011 - XI ZR 114/09.
[809] BGH v. 02.12.2003 - XI ZR 53/02 - NJW-RR 2004, 632; BGH v. 20.01.2004 - XI ZR 460/02 - DB 2004, 647; BGH v. 23.03.2004 - XI ZR 194/02 - DB 2004, 1362; BGH v. 16.05.2006 - XI ZR 6/04 - ZIP 2006, 1187-1196, 1194.
[810] BGH v. 10.07.2007 - XI ZR 243/05 - ZIP 2007, 1852-1854; BGH v. 11.01.2011 - XI ZR 271/08; BGH v. 11.01.2011 - XI ZR 327/08; BGH v. 11.01.2011 - XI ZR 357/08; BGH v. 11.01.2011 - XI ZR 58/09; BGH v. 11.01.2011 - XI ZR 114/09.
[811] BGH v. 15.04.2010 - III ZR 196/09 - DB 2010, 1056-1058, 1057.
[812] BGH v. 19.12.2006 - XI ZR 56/05 - DB 2007, 683-685; BGH v. 20.01.2009 - XI ZR 510/07 - BKR 2009, 126-127 m. Anm. *Grys/Geist*.
[813] BGH v. 20.09.2011 - II ZR 4/10; BGH v. 20.09.2011 - II ZR 39/10.

über die Werthaltigkeit der Anlage entstehen kann, deren Rückfluss an die beratende Bank aber nicht offenbart wird, sondern hinter dem Rücken des Anlegers erfolgt, so dass der Anleger das besondere Interesse der beratenden Bank an der Empfehlung gerade dieser Anlage nicht erkennen kann".[814] Die generelle Aufklärungspflicht über Rückvergütungen solle der Fehlvorstellung über die Neutralität der Beratungsleistung der Bank entgegenwirken,[815] die allein darauf beruhe, dass die beratende Bank als Empfängerin der Rückvergütung ungenannt bleibe. Die Fehlvorstellung entstehe dagegen unabhängig davon, aus welcher offen angegebenen Quelle die Rückvergütung an die beratende Bank fließe, weshalb die Aufzählung von Ausgabeaufschlägen und Verwaltungsvergütungen nur beispielhaft und keinesfalls abschließend zu verstehen sei.[816] Ist in einem Vertrag über die Eigenkapitalbeschaffung vorgesehen, dass der Vertragspartner der Fondsgesellschaft seine Rechte und Pflichten aus der Vertriebsvereinbarung auf Dritte übertragen darf und kann die aufklärungspflichtige Bank im Wege der Auslegung in den Kreis dieser Dritten einbezogen werden, fehlt es dennoch an der Angabe der konkreten Höhe des Rückflusses.[817]

315 Der Vertragspartner des Anlegers ist dagegen nur unter besonderen Voraussetzungen zur Aufklärung über die Zahlung von solchen Vertriebsprovisionen verpflichtet, die er an einen zugleich für den Anleger beratend tätigen Anlagevermittler leistet.[818] In den konkreten Fällen hatte die Bank dem Anleger jeweils eine **Unterbeteiligung** an einem zuvor durch sie erworbenen Fondsanteil eingeräumt und zu diesem Zweck mit dem Anleger eine BGB-Gesellschaft als Innengesellschaft vereinbart. Der Anleger hatte aus diesem Vertrag lediglich schuldrechtliche Ansprüche gegen die Bank erworben, jedoch keine Berechtigung an der Hauptbeteiligung. Der Vertrag war im Empfehlung eines Mannes zustande gekommen, der den Anleger in Geldfragen beraten und zugleich Geschäftsbeziehungen zur Bank unterhalten hatte. Für seine Vermittlungstätigkeit hatte er von der Bank eine „Bonifikation" erhalten, was dem Anleger jedoch nicht offengelegt worden war. Nach Auffassung des II. Zivilsenats des BGH fehlt es in einer solchen Konstellation an einer mit der den vom XI. Zivilsenat entschiedenen Fällen vergleichbaren Interessengefährdung und damit auch an der Grundlage für die Annahme einer Aufklärungspflicht aus einem vorvertraglichen Vertrauensverhältnis. Dies gelte jedenfalls dann, wenn zwischen Anleger und Provisionsempfänger kein Vertragsverhältnis bestehe, aufgrund dessen der Provisionsempfänger ähnlich einem Vermögensverwalter die Wahrnehmung der Interessen des Anlegers – insbesondere als Hauptleistungspflicht – schulde.[819]

316 Für das ausnahmsweise Bestehen einer Aufklärungspflicht statuierte der II. Zivilsenat drei Voraussetzungen:[820]
- der Provisionsempfänger ist ähnlich einem Vermögensverwalter verpflichtet, die Interessen des Anlegers wahrzunehmen und infolgedessen wird das Interesse des Anlegers an einer sachgerechten, durch eigene Erwerbsinteressen seines Vermögensverwalters oder Beraters unbeeinflussten Anlageempfehlung durch die Provisionsvereinbarung erheblich gefährdet;
- der Anleger würde die durch die Provisionsvereinbarung bedingte Gefährdung seiner Interessen ohne zutreffende Aufklärung nicht erkennen;
- die Aufklärungsbedürftigkeit des Anlegers einschließlich der sie begründenden Vertragsbeziehung zu dem Provisionsempfänger ist für den Vertragspartner des Anlegers ersichtlich.

Sofern eine Pflicht der Bank zur **Aufklärung des Anlegers über die mit dem Dritten bestehende Provisionsvereinbarung** festgestellt wird, bleibt der Bank die Berufung auf einen unvermeidbaren Rechtsirrtum versagt, da sie eine aufgrund ihrer Beteiligung an der Provisionsvereinbarung möglicher-

---

[814] BGH v. 09.03.2011 - XI ZR 191/10 - NJW 2011, 3227-3229, 3228; BGH v. 27.09.2011 - XI ZR 178/10 - ZIP 2011, 2246-2252, 2250; BGH v. 27.09.2011 - XI ZR 182/10 - ZIP 2011, 2237-2244, 2241; BGH v. 29.11.2011 - XI ZR 50/11; dem BGH folgend z.B. OLG Hamm v. 14.07.2011 - 34 U 55/10 - ZIP 2011, 1949-1953.
[815] Diesen Zweck ausdrücklich anerkennend BVerfG v. 08.12.2011 - 1 BvR 2514/11 - NJW 2012, 443-444, 443.
[816] BGH v. 09.03.2011 - XI ZR 191/10 - NJW 2011, 3227-3229, 3228; OLG Hamm v. 14.07.2011 - 34 U 55/10 - ZIP 2011, 1949-1953.
[817] BGH v. 09.03.2011 - XI ZR 191/10 - NJW 2011, 3227-3229, 3228.
[818] BGH v. 20.09.2011 - II ZR 277/09 - ZIP 2011, 2145-2148; BGH v. 20.09.2011 - II ZR 11/10; BGH v. 20.09.2011 - II ZR 39/10.
[819] BGH v. 20.09.2011 - II ZR 277/09 - ZIP 2011, 2145-2148, 2146.
[820] BGH v. 20.09.2011 - II ZR 277/09 - ZIP 2011, 2145-2148, 2146; BGH v. 20.09.2011 - II ZR 11/10; BGH v. 20.09.2011 - II ZR 39/10.

weise bestehende Aufklärungsverpflichtung in Betracht ziehen musste.[821] Ferner hilft ihr auch der Hinweis auf § 708 BGB nicht weiter, nach dem sie nur für diejenige Sorgfalt einzustehen hätte, die sie in eigenen Angelegenheiten anzuwenden pflegt, da diese Haftungsmilderung im vorvertraglichen Stadium jedenfalls dann nicht gilt, „wenn die Pflichtverletzung in einer Fehlinformation oder einer Aufklärungspflichtverletzung besteht, die den Geschädigten zum Abschluss des Gesellschaftsvertrages erst bewogen hat".[822]

Der Schadensersatzanspruch eines unzutreffend oder unzureichend informierten Anlegers aus **Verschulden bei Vertragsschluss** ist grundsätzlich umfassend darauf gerichtet, so gestellt zu werden, als hätte er die Anlageentscheidung nicht getroffen. Geschützt werde das Recht des Anlegers, in freier Willensentscheidung zutreffend informiert unter Abwägung der bestehenden Chancen und Risiken über die Verwendung seines Vermögens selbst zu bestimmen. Auf einen Schaden im Sinne fehlender Werthaltigkeit der Beteiligung komme es nicht an. Der Anleger könne grundsätzlich Befreiung von dem abgeschlossenen Vertrag und Ersatz seiner im Zusammenhang mit dem Vertrag stehenden Aufwendungen verlangen. Aus diesen Grundsätzen folge jedoch nicht, dass der Schadensersatzanspruch des Anlegers auch den Ausgleich von Nachteilen umfasse, die der Anleger erleide, weil schon der Versuch, den Anlagebetrag dem Partner des Anlagegeschäfts zur Verfügung zu stellen, (teilweise) fehlschlage. Das Recht des Anlegers zur Bestimmung über die Verwendung seines Vermögens in freier Willensentscheidung und zutreffend informiert werde durch die Investition in eine Kapitalanlage beeinträchtigt, für die er sich bei tatsächlich zutreffender Information nicht entschieden hätte. Dagegen erfasse der Schutzweck der Aufklärungspflicht nicht „den Ersatz von Verlusten, die zwar aus Anlass des Anlagegeschäfts aber unabhängig von seinem Inhalt und Gegenstand im Zuge des Geldtransfers eintreten und auf Umstände zurückzuführen sind, die – wie die Untreuehandlungen eines von dem Anleger beauftragten Geldübermittlers – der Sphäre des Anlegers zuzuordnen sind".[823]

Hier wird die für Schadensersatzansprüche aller Art anerkannte Schutzzwecklehre relevant, nach der eine Schadensersatzpflicht nur dann besteht, wenn der geltend gemachte Schaden nach Art und Entstehungsweise unter den Schutzzweck der verletzten Norm oder Pflicht fällt. Danach sind lediglich diejenigen Schäden zu ersetzen, die aus dem Bereich der Gefahren stammen, vor denen die jeweilige Verhaltenspflicht schützen soll. Gleiches gilt, wenn letztlich das vorsätzliche Fehlverhalten eines Dritten den Schaden herbeigeführt hat. Dabei muss der erlittene Nachteil stets in einem inneren Zusammenhang zu der vom Schädiger geschaffenen Gefahrenlage stehen, während eine bloß zufällige äußere Verbindung nicht genügt. Die Pflicht zur Aufklärung über eine Provisionsvereinbarung diene zwar auch dazu, dem Anleger wegen seines Interesses am Erfolg des in Aussicht genommenen Anlagegeschäfts Informationen über die Vertrauenswürdigkeit seines Beraters im Hinblick auf die **Qualität der Anlageempfehlung** zu vermitteln. Ein dem Anleger durch die Veruntreuung von dem Berater zu Anlagezwecken anvertrauten Geldern entstehender Schaden stamme jedoch nicht aus dem Bereich derjenigen Gefahren, vor denen die Pflicht zur Aufklärung über eine Provisionszahlung schützen solle.[824]

Dagegen besteht wiederum keine Verpflichtung der eigene Anlageprodukte empfehlenden Bank zur Aufklärung über ihren Gewinn bzw. die Gewinnmarge, da ihr **Handeln mit Gewinnerzielungsabsicht** offensichtlich ist.[825] Entsprechendes gilt, wenn fremde Anlageprodukte als Eigengeschäft nach § 2 Abs. 3 Satz 2 WpHG zu einem über dem Einkaufspreis liegenden Preis veräußert werden. Der XI. Zivilsenat des BGH konnte insbesondere keine mit der Situation bei Innenprovisionen und Rückvergütungen vergleichbare Schutzbedürftigkeit des Anlegers erkennen. Mit Blick auf Innenprovisionen fielen die in Rede stehenden Einkaufsrabatte bereits nicht unter die einschlägige Definition, so dass schon deshalb eine Aufklärungspflicht zu verneinen sei. Das Interesse der Anleger am Erwerb einer werthaltigen Anlage werde bereits durch die aus dem Beratungsvertrag fließende Pflicht zur objektgerechten

---

[821] BGH v. 20.09.2011 - II ZR 4/10; BGH v. 20.09.2011 - II ZR 11/10; BGH v. 20.09.2011 - II ZR 39/10; für verheimlichte Rückflüsse aus offen ausgewiesenen Vertriebsprovisionen entsprechend BGH v. 19.07.2011 - XI ZR 191/10 - NJW 2011, 3229-3231, 3230 f.
[822] BGH v. 20.09.2011 - II ZR 4/10; BGH v. 20.09.2011 - II ZR 11/10; BGH v. 20.09.2011 - II ZR 39/10.
[823] BGH v. 20.09.2011 - II ZR 11/10; BGH v. 20.09.2011 - II ZR 39/10.
[824] BGH v. 20.09.2011 - II ZR 11/10; BGH v. 20.09.2011 - II ZR 39/10.
[825] BGH v. 15.04.2010 - III ZR 196/09 - DB 2010, 1056-1058; BGH v. 27.09.2011 - XI ZR 178/10 - ZIP 2011, 2246-2252; BGH v. 27.09.2011 - XI ZR 182/10 - ZIP 2011, 2237-2244 m. Anm. *Klöhn*; OLG Frankfurt v. 29.07.2009 - 23 U 76/08 - BKR 2009, 378-383 m. Anm. *Glaß*; stellvertretend für die Gegenauffassung OLG Frankfurt v. 29.06.2011 - 17 U 12/11 - ZIP 2011, 1462-1465.

§ 652

Beratung geschützt. Zudem werde dadurch, dass die Bank beim Einkauf der Zertifikate einen geringeren Preis zahle als sie ihrerseits dem Anleger bei der Weiterveräußerung in Rechnung stelle, der Wert des Papiers nicht beeinträchtigt.[826]

320 Ebenso wenig liege eine aufklärungspflichtige Rückvergütung vor. Während diese ein Dreipersonenverhältnis voraussetze[827], wie es etwa für ein Kommissionsgeschäft üblich sei, bestehe ein solches bei einem Festpreisgeschäft in Form eines Eigengeschäfts der Bank gerade nicht. Die Senatsrechtsprechung zu aufklärungspflichtigen Rückvergütungen könne auf den **Wertpapiererwerb im Wege des Eigengeschäfts** nicht übertragen werden.[828] Es fehle an einem vergleichbaren Interessenkonflikt und damit auch an einer Notwendigkeit zur Statuierung einer Offenlegungspflicht. Nach der gesetzgeberischen Grundentscheidung treffe die Bank als Verkäuferin der vom Anleger georderten Wertpapiere – anders als etwa den Kommissionär für den Anleger in Bezug auf die erhaltenen Provisionen – keine Pflicht zur Offenlegung ihrer Gewinn- oder Handelsspanne. Der Preis des Deckungsgeschäfts müsse dem Kunden nicht offenbart werden und im Gegenzug habe die Bank weder Provisions- noch Aufwendungsersatzansprüche.[829]

321 Diese **gesetzgeberische Grundentscheidung** sei auch im Rahmen des neben dem Kaufvertrag abgeschlossenen Beratungsvertrags zu beachten. Die Interessen des Anlegers würden durch die Pflichten der Bank zu einer anleger- und objektgerechten Beratung hinreichend geschützt. In Bezug auf offensichtliche Umstände wie das dem Kaufvertrag immanente Gewinninteresse der Bank als Verkäuferin komme hiernach eine unterschiedliche Behandlung beider Vertragsverhältnisse nicht in Betracht. Was für den Kunden im Rahmen des Kaufvertrags offensichtlich sei, lasse innerhalb des Beratungsvertrags seine Schutzwürdigkeit entfallen. Ferner ließen sich weder aus Art. 19 Richtlinie 2004/39/EG noch aus Art. 26 der hierzu ergangenen Durchführungsrichtlinie 2006/73/EG zugunsten der Anleger unmittelbare Rechtswirkungen des Beratungsvertrags im Verhältnis zur Bank herleiten. Der deutsche Gesetzgeber habe den ihm durch diese Richtlinien belassenen Gestaltungsspielraum dahingehend genutzt, die notwendige Umsetzung in nationales Recht ausschließlich auf aufsichtsrechtlicher Ebene und nicht auf zivilrechtlicher Ebene vorzunehmen. Nach der Rechtsprechung des erkennenden Senats ließen aufsichtsrechtliche Bestimmungen aber die zivilrechtlich zu beurteilende Haftung des Anlageberaters unberührt und bewirkten weder eine Begrenzung noch eine Erweiterung. Schon deshalb lasse sich aus den vorgenannten Richtlinienbestimmungen für die Frage einer Aufklärungspflicht der Bank über ihre Gewinnmarge beim Eigenhandel nichts Entscheidendes herleiten.[830]

322 Schließlich verpflichte der Beratungsvertrag die beratende Bank nicht zur Aufklärung ihres Kunden darüber, dass der Erwerb der Zertifikate im Wege des Eigengeschäfts erfolgt sei. Folgerichtig könne die unterbliebene Aufklärung auch keinen Schadensersatzanspruch des Anlegers begründen. Zwar ergebe sich aus dem einschlägigen Aufsichtsrecht eine bereits bei Abschluss des Festpreisgeschäfts zu erfüllenden Informationspflicht der Bank. Diese bezwecke jedoch lediglich die Aufklärung des Kunden über die Verbindlichkeit des mit der Bank in Form eines Kaufvertrags zustande gekommenen Wertpapiergeschäfts. Eine Pflicht zur Aufklärung über die Gewinnmarge lasse sich der Vorschrift dagegen nicht entnehmen.[831] Während die Aufklärungspflicht über Rückvergütungen unabhängig von der vertraglichen Einordnung des zugrundeliegenden Geschäfts bestehe, damit der Anleger das Umsatzinteresse der beratenden Bank abschätzen könne, sei ihm eine Abschätzung des Gewinninteresses der Bank an dem in Aussicht genommenen Wertpapiergeschäft allein durch eine Auskunft über das Eigengeschäft nicht möglich. Die Aufklärungspflicht der Bank über Provisionen richte sich daher nach der **Rechtsnatur des objektiv vorliegenden Effektengeschäfts**, während das Wissen und die Kenntnis bzw. Unkenntnis des Anlegers in Bezug auf die rechtliche Einordnung des Wertpapiergeschäfts hierfür

---

[826] BGH v. 27.09.2011 - XI ZR 178/10 - juris Rn. 42 - ZIP 2011, 2246-2252, 2250; BGH v. 27.09.2011 - XI ZR 182/10 - ZIP 2011, 2237-2244, 2241.

[827] Vgl. dazu noch einmal BGH v. 19.07.2011 - XI ZR 191/10 - NJW 2011, 3229-3231, 3230.

[828] BGH v. 27.09.2011 - XI ZR 178/10 - ZIP 2011, 2246-2252, 2250; BGH v. 27.09.2011 - XI ZR 182/10 - ZIP 2011, 2237-2244, 2241.

[829] BGH v. 27.09.2011 - XI ZR 178/10 - ZIP 2011, 2246-2252, 2250 f.; BGH v. 27.09.2011 - XI ZR 182/10 - ZIP 2011, 2237-2244, 2241 f.

[830] BGH v. 27.09.2011 - XI ZR 178/10 - ZIP 2011, 2246-2252, 2251; BGH v. 27.09.2011 - XI ZR 182/10 - ZIP 2011, 2237-2244, 2242.

[831] BGH v. 27.09.2011 - XI ZR 178/10 - ZIP 2011, 2246-2252, 2251 f.; BGH v. 27.09.2011 - XI ZR 182/10 - ZIP 2011, 2237-2244, 2243.

unerheblich seien.⁸³² Dennoch kann ausnahmsweise eine Pflicht der beratenden Bank zur Aufklärung über ihren Gewinn bzw. ihre Gewinnmarge bestehen, wenn besondere Umstände hinzutreten, die für den Kunden nicht erkennbar waren.⁸³³

Hat dem für die Bank auftretenden Anlageberater das Bewusstsein der Rechtswidrigkeit seines Unterlassens gefehlt und hat er sich infolgedessen in einem den Vorsatz ausschließenden Rechtsirrtum befunden, ist die Klage des betroffenen Anlegers dennoch erfolgreich, wenn ein **vorsätzliches Organisationsverschulden** der Bank festgestellt werden kann.⁸³⁴ Als Orientierungsmaßstab ist dabei der Grundsatz zu beachten, wonach eine Bank ihren Geschäftsbetrieb zum Schutz des Rechtsverkehrs so organisieren muss, dass bei ihr vorhandenes Wissen den für die betreffenden Geschäftsvorgänge zuständigen Mitarbeitern zur Verfügung steht und von diesen auch genutzt wird. Ein vorsätzliches Organisationsverschulden ist danach anzunehmen, wenn die Bank ihre Verpflichtung zur Aufklärung der Kunden gekannt oder zumindest für möglich gehalten und gleichwohl unterlassen hat, ihre Anlageberater entsprechend anzuweisen.⁸³⁵ 323

Soweit eine Aufklärungspflichtverletzung feststeht, greift zugunsten des Anlegers die **Vermutung aufklärungsrichtigen Verhaltens** ein. Sie führt zu einer Beweislastumkehr, weshalb der Aufklärungspflichtige beweisen muss, dass der Anleger die Kapitalanlage auch bei ordnungsgemäßer Aufklärung erworben hätte, weil er den richtigen Rat oder Hinweis nicht befolgt hätte.⁸³⁶ Die Vermutung kommt jedoch nicht zum Tragen, wenn sich der Anleger bei gehöriger Aufklärung wegen des Bestehens mehrerer Möglichkeiten aufklärungsrichtigen Verhaltens in einem Entscheidungskonflikt befunden hätte.⁸³⁷ Bei verschwiegenen Rückvergütungen könne davon nicht schon wegen deren Geringfügigkeit im Verhältnis zur Anlagesumme ausgegangen werden. Es müsse vielmehr aufgrund konkreter Umstände des Einzelfalls feststehen, dass dem Anleger bei ordnungsgemäßer Aufklärung mindestens zwei tatsächlich von ihm zu ergreifende Handlungsalternativen zur Verfügung gestanden hätten.⁸³⁸ Im Übrigen gelingt die Widerlegung der Kausalitätsvermutung immer dann, wenn der Aufklärungspflichtige darlegt und beweist, dass der Anleger den unterlassenen Hinweis unbeachtet gelassen hätte. Die Begründung, der Anleger habe bereits andere Risiken hingenommen und hätte sich daher durch das mit der Anlage verbundene weitere Risiko nicht von deren Zeichnung abhalten lassen, genügt dem BGH für sich genommen nicht, da auch ein solcher Anleger ebenso gut nicht mehr bereit sein könne, weitere Risiken einzugehen.⁸³⁹ 324

Da eine Bank ihren Kunden im Rahmen eines Anlageberatungsvertrags ungefragt über ihr planmäßig zufließende Rückvergütungen aufklären muss, kann dem Kunden kein treuwidriges Verhalten vorgeworfen werden, wenn er sich später auf die Aufklärungspflichtverletzung beruft, obwohl er zunächst nicht konkret nachgefragt hatte. Aus einem erklärten Einverständnis mit Provisionszahlungen bei Wertpapiergeschäften könne nicht automatisch auf ein Einverständnis mit Rückvergütungen anlässlich des Erwerbs von Fondsanteilen geschlossen werden. Erfolgversprechend könne eine solche Argumentation nur dann sein, wenn der Anleger zuvor bereits mit den Fondsanteilen vergleichbare Produkte in Kenntnis dabei geflossener Rückvergütungen erworben habe.⁸⁴⁰ Wird eine vorsätzliche Aufklärungspflichtverletzung festgestellt, kann Schadensersatz in Form der Rückabwicklung der erworbenen Kapitalanlagen grundsätzlich nur bezüglich derjenigen Fondsanteile beansprucht werden, bei denen Rückvergütungen verschwiegen worden waren. Die **schadensersatzrechtliche Rückabwicklung** von Wertpapiergeschäften, bei denen keine Rückvergütungen gezahlt worden sind, richtet sich danach, ob der Kunde bei gehöriger Aufklärung den Geschäftskontakt mit der Bank insgesamt abgebrochen hätte, wofür ihm die Darlegungs- und Beweislast obliegt.⁸⁴¹ Bei über eine Bank außerhalb eines Vermögens- 325

---

⁸³² BGH v. 27.09.2011 - XI ZR 178/10 - ZIP 2011, 2246-2252, 2252; BGH v. 27.09.2011 - XI ZR 182/10 - ZIP 2011, 2237-2244, 2243.

⁸³³ Für einen bewusst strukturierten negativen Anfangswert eines CMS Spread Ladder Swap-Vertrags BGH v. 22.03.2011 - XI ZR 33/10 - NJW 2011, 1949-1954, 1953.

⁸³⁴ BGH v. 12.05.2009 - XI ZR 586/07 - BKR 2009, 342-344 m. Anm. *Grys/Geist*; *Köndgen*, BKR 2009, 377-378.

⁸³⁵ BGH v. 12.05.2009 - XI ZR 586/07 - BKR 2009, 342-344, 343.

⁸³⁶ Auch insoweit bestätigt durch BVerfG v. 08.12.2011 - 1 BvR 2514/11 - NJW 2012, 443-444, 444; speziell für Immobilienfonds ebenso BGH v. 17.05.2011 - II ZR 123/09; BGH v. 17.05.2011 - II ZR 202/09.

⁸³⁷ BGH v. 12.05.2009 - XI ZR 586/07 - BKR 2009, 342-344.

⁸³⁸ BGH v. 09.03.2011 - XI ZR 191/10 - NJW 2011, 3227-3229, 3229.

⁸³⁹ BGH v. 17.05.2011 - II ZR 123/09; BGH v. 17.05.2011 - II ZR 202/09.

⁸⁴⁰ BGH v. 19.07.2011 - XI ZR 191/10 - NJW 2011, 3229-3231, 3230.

⁸⁴¹ BGH v. 19.12.2006 - XI ZR 56/05 - DB 2007, 683-685.

verwaltungsvertrags abgewickelten Effektengeschäften könne „nicht ohne Weiteres davon ausgegangen werden, dass die Geschäftsverbindung insgesamt nicht zustande gekommen wäre, wenn die Bank in Bezug auf einzelne Geschäfte ein Aufklärungsverschulden trifft".[842]

326 Ein Berufungsgericht hatte die Rechtsprechungsgrundsätze zur Aufklärungspflicht über Vertriebsprovisionen auf freie, **bankunabhängige Anlageberater** erstreckt, sofern sie im Rahmen eines als Dauerschuldverhältnis ausgestalteten und mit einer jährlichen Grundvergütung versehenen Beratungsdienstvertrags Anlageberatung betreiben.[843] Es verwies hierzu auf den durch die Rechtsprechung bereits für andere Fallkonstellationen konkretisierten Grundsatz, wonach eine Vertragspartei, die für eine andere Vertragspartei tätig wird, nicht entgegen deren Interessen handeln darf.[844] Ein anderes Berufungsgericht hatte die Übertragung der vom BGH erarbeiteten Grundsätze dagegen abgelehnt, wenn der „allgemeine" Anlageberater keine Vergütung verlangt und erhalten hat.[845] Einem Anleger, der für die Leistung eines allgemeinen Anlageberaters nichts zu bezahlen brauche, müsse klar sein, dass dieser nicht unentgeltlich tätig sei und für die Vermittlung einer Anlage eine Vergütung von der jeweiligen Fondsgesellschaft erhalte.[846]

327 Der III. Zivilsenat des BGH hat entschieden, dass für den freien, nicht bankmäßig gebundenen Anlageberater grundsätzlich keine Verpflichtung gegenüber seinem Kunden besteht, ungefragt über eine von ihm bei der empfohlenen Anlage erwartete Provision aufzuklären, wenn der Kunde selbst keine Provision zahlt und offen ein Agio oder Kosten für die Eigenkapitalbeschaffung ausgewiesen werden, aus denen die Vertriebsprovisionen erbracht werden.[847] Da dem Kunden in einer solchen Konstellation das **Provisionsinteresse** seines Anlageberaters bei jeder Anlageempfehlung offen zutage liege, könne sich ein Interessenkonflikt im Hinblick auf die verdiente Provision nur aus der Höhe der Provision aus der konkret empfohlenen Anlage im Vergleich zur Provisionshöhe bei anderen Anlageprodukten ergeben. Um dieses Risiko einschätzen zu können, sei durchaus ein Interesse des Kunden anzuerkennen, die konkrete Höhe der vom Anlageberater erzielten Provision bei Tätigung der Anlage durch den Kunden zu erfahren. Da aber dem Kunden das generelle Provisionsinteresse bekannt sei, könne er bei Zweifeln an einer anlegergerechten Beratung die konkrete Provisionshöhe unschwer bei seinem Anlageberater erfragen. Von einem Anlageberater könne jedoch nicht verlangt werden, seine Kunden ohne Anlass oder Nachfrage über die Höhe gegebenenfalls sämtlicher Provisionen für die Vermittlung der in seinem Beratungsprogramm enthaltenen Anlagen aufzuklären.[848]

328 Der XI. Zivilsenat des BGH hat in seinem Grundsatzbeschluss zur Aufklärungspflicht über Rückvergütungen die Differenzierung zwischen Banken und freien Beratern bestätigt. Sie rechtfertige sich daraus, dass der Bankkunde in der Regel bei „seiner" Bank eine Reihe von kostenpflichtigen Vertragsverhältnissen unterhalte, insbesondere auf Dauer angelegte Vertragsverhältnisse wie einen Zahlungsdienste-Rahmenvertrag oder einen Depotvertrag, bzw. Banken typischerweise solche Vertragsverhältnisse anstrebten, was bei freien Anlageberatern typischerweise nicht der Fall sei.[849] Das BVerfG hat das Abstellen auf die typischerweise bestehende **Erwartungshaltung des Anlegers** verfassungsrechtlich nicht beanstandet. Sie sei im Rahmen der Statuierung von Aufklärungspflichten vielmehr folgerichtig, da eine Aufklärung nach § 242 BGB nur dann geschuldet sei, wenn der andere Teil nach Treu und Glauben und den im Verkehr herrschenden Anschauungen redlicherweise Aufklärung erwarten dürfe.[850]

---

[842] BGH v. 19.12.2006 - XI ZR 56/05 - DB 2007, 683-685, 685.
[843] OLG Stuttgart v. 04.03.2010 - 13 U 42/09 - ZIP 2010, 824-830.
[844] OLG Stuttgart v. 04.03.2010 - 13 U 42/09 - ZIP 2010, 824-830, 826 im Anschluss an OLG Stuttgart v. 06.10.2009 - 6 U 126/09 - ZIP 2009, 2185-2193.
[845] OLG Celle v. 11.06.2009 - 11 U 140/08 - BKR 2009, 385-388.
[846] OLG Celle v. 11.06.2009 - 11 U 140/08 - BKR 2009, 385-388, 386.
[847] BGH v. 15.04.2010 - III ZR 196/09 - DB 2010, 1056-1058; im Ergebnis bestätigt durch BGH v. 16.12.2010 - III ZR 10/10; BGH v. 03.03.2011 - III ZR 170/10 - ZIP 2011, 607-610; BGH v. 05.05.2011 - III ZR 84/10; BGH v. 10.11.2011 - III ZR 245/10 - NJW-RR 2012, 372-373; ebenso der II. Zivilsenat in BGH v. 20.09.2011 - II ZR 277/09 - ZIP 2011, 2145-2148, 2147; BGH v. 20.09.2011 - II ZR 11/10; BGH v. 20.09.2011 - II ZR 39/10.
[848] BGH v. 15.04.2010 - III ZR 196/09 - DB 2010, 1056-1058, 1058; BGH v. 10.11.2011 - III ZR 245/10 - NJW-RR 2012, 372-373.
[849] BGH v. 09.03.2011 - XI ZR 191/10 - NJW 2011, 3227-3229, 3228 f.
[850] BVerfG v. 08.12.2011 - 1 BvR 2514/11 - NJW 2012, 443-444.

Da die typisierende Einordnung als bankgebundener oder freier Anlageberater somit über den Umfang der jeweiligen Aufklärungspflicht entscheidet, kommt der **Abgrenzung im Einzelfall** entscheidende Bedeutung zu. Die dabei möglicherweise auftretenden Probleme verdeutlicht ein Fall, in dem eine Bank ihre Anlageberatung im Wege des Outsourcings auf eine eigens hierfür gegründete Tochtergesellschaft ausgelagert hatte.[851] Das Berufungsgericht war der Auffassung, die Tochtergesellschaft sei dadurch keineswegs automatisch als freier Anlageberater zu qualifizieren. Es komme vielmehr darauf an, ob sich die Beratungsgesellschaft aus der Sicht des Kunden nach außen als von der Bank unabhängig darstelle, da der Anleger nur dann damit rechnen müsse, eine für ihn kostenlose Beratungstätigkeit werde durch Vertriebsprovisionen der kapitalsuchenden Anlagegesellschaft finanziert. Im konkreten Fall standen der Annahme einer solchen Unabhängigkeit der Tochtergesellschaft folgende Umstände entgegen:[852]

- das Bestehen eines besonderen Nähe-Verhältnisses zur Muttergesellschaft im Sinne einer Corporate Identity, indem deren Firmenlogo benutzt und eine Imagebroschüre vorgelegt wurde;
- das Ausnutzen eines insbesondere gegenüber langjährigen Kunden der Mutter bestehenden Vertrauensvorsprungs, indem mit der Erfahrung und den Referenzen der Mutter geworben wurde;
- die Inanspruchnahme der Mutter und ihrer Einrichtungen als eine Art Back-Office zur technischen Abwicklung der einzelnen Kundenaufträge.

329

Der XI. Zivilsenat des BGH hat in seinem Grundlagenbeschluss ferner darauf verwiesen, dass eine typisierende Einordnung von Berufsgruppen zur Unterscheidung zwischen aufklärungspflichtigen und nicht aufklärungspflichtigen Personen in Gesetz und Rechtsprechung Vorbilder finde. Sie werde insbesondere im Anwendungsbereich von § 31d WpHG vorgegeben, der nur für Wertpapierdienstleistungsunternehmen Aufklärungspflichten statuiere, nicht aber für sonstige Anlagevertreiber.[853] Der III. Zivilsenat nimmt diejenigen Fälle, in denen § 31d WpHG eingreift, ausdrücklich von seinen Rechtsprechungsleitlinien zur Aufklärungspflicht freier Anlageberater aus.[854] Zuwendungen im Sinne dieser Vorschrift sind Provisionen, Gebühren und sonstige Geldleistungen sowie alle geldwerten Vorteile (§ 31d Abs. 2 WpHG). Ein Wertpapierdienstleistungsunternehmen darf im Zusammenhang mit der Erbringung von Wertpapierdienstleistungen oder Wertpapiernebendienstleistungen grundsätzlich keine Zuwendungen von Dritten annehmen oder an Dritte gewähren, die nicht Kunden dieser Dienstleistung sind (§ 31d Abs. 1 Satz 1 WpHG). Das **Zuwendungsverbot** gilt nicht, wenn zwei Voraussetzungen kumulativ erfüllt sind:

- Nr. 1: die Zuwendung ist darauf ausgelegt, die Qualität der für den Kunden erbrachten Dienstleistung zu verbessern[855] und steht der ordnungsgemäßen Erbringung der Dienstleistung im Interesse des Kunden im Sinne von § 31 Abs. 1 Nr. 1 WpHG nicht entgegen;
- Nr. 2: Existenz, Art und Umfang der Zuwendung oder, soweit sich der Umfang noch nicht bestimmen lässt, die Art und Weise seiner Berechnung, werden dem Kunden vor der Erbringung der Wertpapierdienstleistung oder Wertpapiernebendienstleistung in umfassender, zutreffender und verständlicher Weise deutlich offengelegt.

330

Die **Offenlegung** kann in Form einer Zusammenfassung der wesentlichen Bestandteile der Zuwendungsvereinbarungen erfolgen, sofern das Wertpapierdienstleistungsunternehmen dem Kunden die Offenlegung näherer Einzelheiten anbietet und auf Nachfrage auch tatsächlich gewährt (§ 31d Abs. 3 WpHG). Gebühren und Entgelte, welche die Erbringung von Wertpapierdienstleistungen erst ermöglichen oder dafür notwendig sind, und die ihrer Art nach nicht geeignet sind, die Erfüllung der Pflicht nach § 31 Abs. 1 Nr. 1 WpHG zu gefährden, sind von vornherein vom Zuwendungsverbot ausgenommen (§ 31d Abs. 5 WpHG). Der in § 31d Abs. 1 Satz 1 WpHG zugrunde gelegte Zuwendungsbegriff

331

---

[851] Am Beispiel eines Medienfonds OLG Hamm v. 14.07.2011 - 34 U 55/10 - ZIP 2011, 1949-1953; vgl. auch OLG München v. 29.03.2011 - 5 U 4680/10 - NJW 2011, 2814-1816.
[852] OLG Hamm v. 14.07.2011 - 34 U 55/10 - ZIP 2011, 1949-1953.
[853] BGH v. 09.03.2011 - XI ZR 191/10 - NJW 2011, 3227-3229, 3229.
[854] BGH v. 15.04.2010 - III ZR 196/09 - DB 2010, 1056-1058; BGH v. 10.11.2011 - III ZR 245/10 - NJW-RR 2012, 372-373.
[855] Erfolgt die Annahme einer Zuwendung im Zusammenhang mit einer Wertpapierdienstleistung nach § 2 Abs. 3 Satz 1 Nr. 9 WpHG oder allgemeinen Empfehlungen, die Geschäfte in Finanzinstrumenten betreffen, und werden diese Dienstleistungen trotz der Zuwendung unvoreingenommen erbracht, wird nach § 31d Abs. 4 WpHG vermutet, dass die Zuwendung darauf ausgelegt ist, die Qualität der für den Kunden erbrachten Dienstleistung zu verbessern.

§ 652

ist ferner nicht erfüllt, wenn das Wertpapierdienstleistungsunternehmen die Zuwendung von einem Dritten, der dazu vom Kunden beauftragt worden ist, annimmt oder sie einem solchen Dritten gewährt (§ 31d Abs. 1 Satz 2 WpHG).

7. Finanztermingeschäfte

332 Durch das **Finanzmarktrichtlinie-Umsetzungsgesetz** wurden die §§ 37d und 37f WpHG aufgehoben. Der Gesetzgeber sah die Anforderungen an eine ordnungsgemäße Aufklärung und Beratung von Anlegern auch im Handel mit Derivaten[856] bereits mit den erweiterten Verhaltenspflichten von Wertpapierdienstleistungsunternehmen am Maßstab der §§ 31 ff. WpHG als hinreichend bestimmt an. Die Aufhebung der Vorschriften diene dem Bürokratieabbau und der Flexibilisierung im Bereich der Anlageberatung.[857] Da die Definition des Finanztermingeschäfts somit im Grunde nur noch für die §§ 37e und 37g WpHG relevant ist, wurde die zuvor in § 2 Abs. 2a WpHG a.F. enthaltene Begriffsbestimmung mit unverändertem Wortlaut nach § 37e Satz 2 WpHG verschoben und inhaltlich durch den Verweis auf den neuen Derivate-Begriff in § 2 Abs. 2 WpHG erweitert. Der Ausschluss des Spieleinwands nach § 762 BGB blieb dagegen ebenso erhalten (§ 37e Satz 1 WpHG) wie die Ermächtigung des Bundesfinanzministeriums, durch Rechtsverordnung Finanztermingeschäfte zu verbieten oder zu beschränken, soweit dies zum Schutz der Anleger erforderlich ist (§ 37g Abs. 1 WpHG). Ein Finanztermingeschäft, das einer solchen Rechtsverordnung widerspricht, ist als verbotenes Finanztermingeschäft nichtig (§ 37g Abs. 2 Satz 1 WpHG). Die Nichtigkeitsfolge gilt nach § 37g Abs. 2 Satz 2 WpHG entsprechend für die Bestellung einer Sicherheit für ein verbotenes Finanztermingeschäft, Schuldanerkenntnisse und ähnliche Vereinbarungen, die Erteilung und Übernahme von Aufträgen sowie Vereinigungen zum Zweck des Abschlusses solcher Geschäfte.

333 Die zur allgemeinen Anlageberatung entwickelten Grundsätze gelten auch für **strukturierte Finanzprodukte**, bei denen die Gegenläufigkeit der Erwartungen des Emittenten auf der einen und der Anleger auf der anderen Seite auch für letztere offensichtlich sind.[858] Ohne Hinzutreten besonderer Umstände wie insbesondere einer bewusst zum Nachteil des Kunden gestalteten Risikostruktur[859] wird daher auch keine gesonderte Aufklärungspflicht der beratenden Bank über den „Wett- bzw. Optionscharakter" eines Zertifikats ausgelöst.[860] In den konkreten Fällen war dem Anleger jeweils die Funktionsweise des Zertifikats anhand einer Bildschirmpräsentation erläutert worden, die insbesondere Hinweise auf die Abhängigkeit des Zeitpunkts und der Höhe der Auszahlung des eingesetzten Kapitals samt Boni von der Entwicklung des in Bezug genommenen Index[861] bzw. Aktienkorbs[862] zu den festgelegten Bewertungsstichtagen enthalten hatte. Damit sei das spekulative Element der Anlage für den Anleger erkennbar gewesen. Aussagen über die hinreichende Wahrscheinlichkeit oder gar hinreichende Sicherheit des Kursniveaus des in Bezug genommenen Index oder Aktienkorbs am ersten Feststellungstag oder abschließenden Bewertungstag hätten nicht verlangt werden können, da es sich dabei ersichtlich um eine von zahlreichen Unwägbarkeiten beeinflusste Prognose gehandelt habe, die von der beratenden Bank in dem von der Revision für notwendig erachteten Maß nicht habe erbracht werden können. Ansprüche des Anlegers hätten sich nur ergeben können, wenn die Annahme eines entsprechenden Kursverlaufs ex ante betrachtet als unvertretbar hätte qualifiziert werden müssen.[863]

---

[856] Aus der Rechtsprechung z.B. OLG Frankfurt v. 17.02.2010 - 17 U 207/09 - ZIP 2010, 567-571; LG Frankfurt am Main v. 28.11.2008 - 2/19 O 62/08 - BKR 2009, 170-172 m. Anm. *Bausch*; LG Potsdam v. 03.12.2008 - 8 O 142/08 - BKR 2009, 204-206; für Swap-Geschäfte demgegenüber z. B. OLG Bamberg v. 11.05.2009 - 4 U 92/08 - BKR 2009, 288-304 m. Anm. *Bausch*; OLG Frankfurt v. 30.12.2009 - 23 U 24/09 - ZIP 2010, 316-319; OLG Koblenz v. 14.01.2010 - 6 U 170/09 - ZIP 2010, 725; OLG Stuttgart v. 26.02.2010 - 9 U 164/08 - ZIP 2010, 716-725.

[857] BT-Drs. 16/4028, S. 78.

[858] BGH v. 27.09.2011 - XI ZR 178/10 - ZIP 2011, 2246-2252, 2252; BGH v. 27.09.2011 - XI ZR 182/10 - ZIP 2011, 2237-2244, 2243 f.

[859] Am Beispiel des negativen Anfangswerts eines CMS Spread Ladder Swap-Vertrags BGH v. 22.03.2011 - XI ZR 33/10 - NJW 2011, 1949-1954, 1953.

[860] BGH v. 27.09.2011 - XI ZR 178/10 - ZIP 2011, 2246-2252, 2252; BGH v. 27.09.2011 - XI ZR 182/10 - ZIP 2011, 2237-2244, 2243.

[861] BGH v. 27.09.2011 - XI ZR 182/10 - ZIP 2011, 2237-2244 m. Anm. *Klöhn*.

[862] BGH v. 27.09.2011 - XI ZR 178/10 - ZIP 2011, 2246-2252.

[863] BGH v. 27.09.2011 - XI ZR 178/10 - ZIP 2011, 2246-2252, 2252; BGH v. 27.09.2011 - XI ZR 182/10 - ZIP 2011, 2237-2244, 2243.

Der BGH definiert **Index- und Basket-Zertifikate** als „strukturierte Finanzprodukte in der Form einer Inhaberschuldverschreibung, die den Anspruch des Inhabers gegen den Emittenten auf Zahlung eines Geldbetrags verbriefen, dessen Höhe vom Stand der zugrunde gelegten Basiswerte (sog. Underlyings) abhängt".[864] Bei ihrem Vertrieb ist die beratende Bank auch ohne Vorliegen konkreter Anhaltspunkte für eine drohende Zahlungsunfähigkeit des Emittenten zur Aufklärung des Anlegers darüber verpflichtet, dass dieser im Fall der Zahlungsunfähigkeit des Emittenten bzw. Garantiegebers das angelegte Kapital vollständig verliert. Da bei solchen Zertifikaten anders als etwa bei Investmentfonds nach dem InvG kein vom sonstigen Vermögen des Emittenten getrenntes Sondervermögen gebildet werde, trage der Anleger nicht nur das Marktrisiko in Bezug auf den zugrunde gelegten Basiswert, sondern darüber hinaus auch das Bonitätsrisiko des Emittenten. Selbst wenn sich der Basiswert, in den der Anleger mit Erwerb des Zertifikats investiert habe, für ihn günstig entwickele, werde das Zertifikat zum Verlustgeschäft, wenn der Emittent am Ende der Laufzeit den nach den Anlagebedingungen fälligen Rückzahlungsbetrag nicht aufbringen könne. 334

Zu einer vollständigen **Risikodarstellung der Anlageform des Zertifikats** gehöre mithin auch, dass der Anleger erkennen könne, dass die Rückzahlung generell von der Bonität des jeweiligen Emittenten bzw. Garantiegebers zum Zeitpunkt der Rückzahlbarkeit der Anleihe abhänge. Auch wenn bezogen auf den konkreten Emittenten zum Zeitpunkt der Beratung keine Anhaltspunkte für eine drohende Zahlungsunfähigkeit bestünden, könne es für die Entscheidung des Anlegers dennoch von wesentlicher Bedeutung sein, dass er dieses Risiko anders als bei anderen Anlageformen bezogen auf die gesamte Laufzeit des Zertifikats übernehme. Die beratende Bank könne sich insoweit nicht darauf berufen, dass das theoretisch immer bestehende Insolvenzrisiko eines Schuldners allgemein bekannt und daher in der Regel nicht aufklärungsbedürftig sei. Selbst wenn dem durchschnittlichen Anleger allgemein bekannt sei, dass Unternehmen – und damit auch Banken – zahlungsunfähig werden können, heiße dies nicht, dass er sich auch bewusst sei, dieses Risiko mangels Bildung eines Sondervermögens mit Erwerb eines Zertifikats in Bezug auf den jeweiligen Emittenten und Garantiegeber zu übernehmen. Da Letzteres nicht als allgemein bekannt vorausgesetzt werden könne, müsse im Rahmen eines Beratungsvertrags grundsätzlich über die generelle Abhängigkeit der Rückzahlung des empfohlenen Zertifikats von der Bonität des Emittenten bzw. Garantiegebers aufgeklärt werden.[865] 335

Liegt eine ordnungsgemäße **Belehrung über das allgemeine Emittenten-Risiko** vor, wird ein zusätzlicher Hinweis auf das Nichteingreifen von Einlagensicherungssystemen für entbehrlich erachtet.[866] Hierzu ist zu beachten, dass Inhaberschuldverschreibungen weder dem EAEG unterfallen (§ 1 Abs. 2 Satz 2 EAEG) noch vom Einlagensicherungsfonds des Bundesverbands deutscher Banken e.V. oder vom Einlagensicherungsfonds des Bundesverbands Öffentlicher Banken e.V. umfasst werden. Bei ordnungsgemäßer Belehrung über das allgemeine Emittenten-Risiko sei es für den Anleger unerheblich, ob er des eingezahlten Kapitals (nur) wegen einer – von ihm bewusst in Kauf genommenen – möglichen Zahlungsunfähigkeit des Emittenten oder mangels zusätzlicher Deckung dieses Risikos durch Einlagensicherungssysteme verlustig gehe. Wisse der Kunde um die Möglichkeit eines Totalverlusts, könne er nicht gleichzeitig auf das Eingreifen einer Einlagensicherung vertrauen.[867] Dies gelte auch für den Fall, dass der Anleger von einer der Einlagensicherung unterliegenden in die ungesicherte Anlageform des Zertifikats wechsele, solange er nur über das mit der Neuanlage verbundene allgemeine Emittenten-Risiko aufgeklärt worden sei.[868] 336

Die berufliche Qualifikation eines Bankkunden genügt für sich genommen keinesfalls, um Kenntnisse und Erfahrungen im Zusammenhang mit Finanztermingeschäften zu unterstellen, solange keine konkreten Anhaltspunkte dafür bestehen, dass er diese im Zusammenhang mit der Ausübung seiner beruflichen Tätigkeit auch tatsächlich erworben hat. Selbst wenn **Fachkenntnisse des Kunden** festgestellt werden können, darf hieraus nicht automatisch auf seine Risikobereitschaft geschlossen werden. Die aus der grundlegenden Pflicht zur anleger- und objektgerechten Beratung abgeleitete Aufgabe des Be- 337

---

[864] Für Index-Zertifikate BGH v. 27.09.2011 - XI ZR 182/10 - ZIP 2011, 2237-2244, 2239; für Basket-Zertifikate entsprechend BGH v. 27.09.2011 - XI ZR 178/10 - ZIP 2011, 2246-2252, 2248.
[865] BGH v. 27.09.2011 - XI ZR 178/10 - ZIP 2011, 2246-2252, 2249; BGH v. 27.09.2011 - XI ZR 182/10 - ZIP 2011, 2237-2244, 2239 f.
[866] BGH v. 27.09.2011 - XI ZR 178/10 - ZIP 2011, 2246-2252, 2249; BGH v. 27.09.2011 - XI ZR 182/10 - ZIP 2011, 2237-2244, 2240.
[867] BGH v. 27.09.2011 - XI ZR 178/10 - ZIP 2011, 2246-2252, 2249; BGH v. 27.09.2011 - XI ZR 182/10 - ZIP 2011, 2237-2244, 2240.
[868] BGH v. 27.09.2011 - XI ZR 178/10 - ZIP 2011, 2246-2252, 2249.

raters, die Anlageziele des Kunden zu ermitteln und ein dafür geeignetes Produkt zu empfehlen, wird durch einschlägige Vorkenntnisse des Kunden nicht berührt.[869] Bei besonders komplexen Anlageprodukten kann sich die Aufklärungspflicht der Bank zur Pflicht verdichten, den Kunden bezüglich des Risikos des Geschäfts auf denselben Kenntnis- und Wissensstand zu bringen.

338 Am Beispiel eines **CMS Spread Ladder Swap** hat der BGH dies damit begründet, nur auf diese Weise werde dem Bankkunden überhaupt eine eigenverantwortliche Entscheidung darüber ermöglicht, ob er die ihm angebotene Zinswette annehmen will.[870] Für den Abschluss eines solchen Vertrags hat der XI. Zivilsenat darüber hinaus die Notwendigkeit einer Aufklärung über den negativen Marktwert betont, den die Bank in die Formel zur Berechnung der variablen Zinszahlungspflicht ihres Kunden hinein strukturiert hatte. Dies ergebe sich bereits daraus, dass ein bewusst strukturierter negativer Anfangswert Ausdruck eines schwerwiegenden Interessenkonflikts der beklagten Bank sei. Als Partnerin der Zinswette übernehme sie eine Rolle, die den Interessen ihres Kunden entgegengesetzt sei. Für sie erweise sich der Tausch der Zinszahlungen nur dann als günstig, wenn ihre Prognose zur Entwicklung des Basiswerts – das Ausweiten der Zinsdifferenz – gerade nicht eintrete und der Kunde damit einen Verlust erleide. Als Beraterin des Kunden sei sie dagegen verpflichtet, dessen Interessen zu wahren und auf einen möglichst hohen Gewinn für ihn bedacht zu sein. Das Argument der Bank, sie behalte ihre Rolle als „Wettgegnerin" ihres Kunden nicht für die vertraglich vereinbarte Laufzeit bei, sondern gebe ihre mit dem Geschäft verbundenen Risiken und Chancen sofort durch Hedge-Geschäfte an andere Marktteilnehmer weiter, ließ der BGH nicht gelten. Der Bank habe die weitere Entwicklung des Spreads über die Laufzeit des Swap-Vertrags nach Abschluss der Hedge-Geschäfte nur deshalb gleichgültig sein können, weil sie durch diese Gegengeschäfte bereits ihre Kosten gedeckt und ihren Gewinn erzielt habe.[871]

339 Selbst wenn die Prognose einer zukünftigen Ausweitung des Spreads zum Beratungszeitpunkt vertretbar und somit Verluste aus dem Swap-Geschäft nicht vorhersehbar gewesen wären, erscheine die Anlageempfehlung aus der Sicht des Kunden in einem anderen Licht, wenn er wisse, dass die überaus komplexe Zinsberechnungsformel für seine Zahlungen so strukturiert worden war, dass der Markt derzeit seine Risiken negativer einschätze als die gegenläufigen Risiken seiner ihn beratenden Bank als Vertragspartnerin. Dabei spiele es keine Rolle, ob die hinein strukturierte Gewinnmarge der Bank marktüblich sei und die Erfolgschancen des Kunden nicht wesentlich beeinträchtige. Maßgeblich sei allein, dass die **Integrität der Beratungsleistung** der Bank dadurch in Zweifel gezogen werde, dass sie sich ein zum Zeitpunkt des Vertragsschlusses nach den Berechnungsmodellen überwiegendes Verlustrisiko des Kunden habe „abkaufen" lassen, das dieser gerade aufgrund ihrer Anlageempfehlung übernommen habe. Aus diesem Grund verlangte der BGH auch ausnahmsweise eine Aufklärung des Kunden darüber, dass die Bank mit dem in Rede stehenden Anlageprodukt Gewinne erzielte. Anders als die generelle – und nicht aufklärungspflichtige – Gewinnerzielungsabsicht der Bank sei dies für den Kunden gerade nicht erkennbar gewesen, obwohl die Chancenverschiebung aus den Konditionen des Swap-Vertrags entnommen werden konnte. Die Festlegung der einzelnen Strukturelemente des Swaps setze eine mehr oder weniger komplizierte finanzmathematische Berechnung voraus, zu der normalerweise nur die Bank und nicht auch der Kunde in der Lage sei.[872]

8. Immobiliengeschäfte

340 Zu dem in der Praxis häufig anzutreffenden **Fall eines kreditfinanzierten Beitritts zu einem geschlossenen Immobilienfonds** hat der II. Zivilsenat des BGH im Juni 2004 mehrere Grundsatzurteile gefällt, die u.a. auch die Rolle des vom jeweiligen Fonds eingeschalteten Vermittlers in den Blick nahmen.[873] Rechtlicher Ausgangspunkt war dabei die Annahme, dass die für Haustürgeschäfte bestehenden Regeln (§ 312 BGB) auch dann zur Anwendung gelangten, wenn das Recht des Anlegers zum Widerruf nach den für Verbraucherkredite geltenden Vorschriften (§§ 491 ff. BGB) ausgeschlossen oder erloschen ist. Hierauf aufbauend rechnete der II. Zivilsenat in Orientierung an den zu § 123 Abs. 2

---

[869] BGH v. 22.03.2011 - XI ZR 33/10 - NJW 2011, 1949-1954, 1951.
[870] BGH v. 22.03.2011 - XI ZR 33/10 - NJW 2011, 1949-1954, 1952.
[871] BGH v. 22.03.2011 - XI ZR 33/10 - NJW 2011, 1949-1954, 1952 f.
[872] BGH v. 22.03.2011 - XI ZR 33/10 - NJW 2011, 1949-1954, 1953.
[873] BGH v. 14.06.2004 - II ZR 392/01 - NJW 2004, 2735-2736; BGH v. 14.06.2004 - II ZR 395/01 - NJW 2004, 2731-2735; BGH v. 14.06.2004 - II ZR 374/02 - NJW 2004, 2742-2743; BGH v. 14.06.2004 - II ZR 385/02 - NJW 2004, 2735; BGH v. 14.06.2004 - II ZR 393/02 - NJW 2004, 2736-2742; BGH v. 14.06.2004 - II ZR 407/02 - NJW 2004, 2742.

BGB entwickelten Grundsätzen der den Beitritt finanzierenden Bank eine Haustürsituation jedenfalls dann zu, wenn sie dem von dem Fonds eingeschalteten Vermittler die Anbahnung auch des Kreditvertrags überlassen hatte und wenn aufgrund des Inhalts der Kreditunterlagen Anhaltspunkte dafür bestanden, dass der Anleger in einer Haustürsituation geworben worden war.[874] In den streitgegenständlichen Sachverhalten war die Einbeziehung der Bank in das Vertriebssystem des Fonds bereits darin zum Ausdruck gekommen, dass sie dem vom Fonds eingeschalteten Vermittler ihre – zum Teil bereits gegengezeichneten – Vertragsformulare überlassen hatte. Hatte der Anleger vor diesem Hintergrund seinen Fondsbeitritt wirksam widerrufen, war er nicht zur Rückzahlung der Darlehensvaluta, sondern lediglich zur Abtretung seines Fondsanteils an die Bank verpflichtet, die ihm ihrerseits Rückzahlung der geleisteten Zins- und Tilgungsraten abzüglich der vereinnahmten Erträge schuldete.[875]

Die Rolle des Anlagevermittlers wird darüber hinaus in den Konstellationen relevant, in denen der Anleger bei seinem Fondsbeitritt getäuscht worden war. Hierzu hat der II. Zivilsenat entschieden, dass der Anleger die ihm gegen die Gründungsgesellschafter und die sonst für die Täuschung Verantwortlichen zustehenden Schadensersatzansprüche auch gegenüber der den Fondsbeitritt finanzierenden Bank geltend machen kann, wenn Fondsbeitritt und Kreditvertrag ein **verbundenes Geschäft** im Sinne von § 358 Abs. 3 BGB bilden.[876] Dies wiederum nahm der II. Zivilsenat insbesondere dann an, wenn sich der Fonds und die Bank derselben Vertriebsorganisation bedienten. Zu Lasten der Bank wurde hier noch einmal berücksichtigt, dass sie dem von den Fondsinitiatoren eingeschalteten Vermittlungsunternehmen ihre Vertragsformulare überlassen hatte. Für den Anleger blieb es dagegen dabei, dass er nur diejenigen Zahlungen zurückverlangen kann, die er aus eigenen Mitteln erbracht hat, ohne dabei auf seine Fondsbeteiligung zurückzugreifen. Da die Rückabwicklung nicht zu einer Besserstellung des Anlegers im Vergleich zur Situation ohne erfolgten Fondsbeitritt führen darf, kann im Einzelfall eine Kürzung seines Zahlungsanspruchs gegen die Bank nach den Regeln des Vorteilsausgleichs in Betracht kommen.[877]

341

Außerhalb von Fondskonstruktionen erfasst die Haustürgeschäfterichtlinie solche Immobilienkaufverträge nicht, die lediglich Bestandteil eines kreditfinanzierten Kapitalanlagemodells sind, selbst wenn die Vertragsverhandlungen sowohl hinsichtlich des Immobilienkaufvertrags als auch hinsichtlich des ausschließlich der Finanzierung dienenden Darlehensvertrags in einer **Haustürsituation** erfolgen.[878] Ebenso steht die Richtlinie nationalen Vorschriften nicht entgegen, welche die Rechtsfolgen des Widerrufs eines Darlehensvertrags auch im Rahmen von Kapitalanlagemodellen in Form eines verbundenen Geschäfts auf dessen Rückabwicklung beschränken.[879] In Fällen der zielgerichteten Einschaltung eines Dritten kann ihre Anwendung nicht davon abhängig gemacht werden, dass der Gewerbetreibende wusste oder hätte wissen müssen, dass der Vertrag in einer Haustürsituation geschlossen wurde.[880] Entscheidend ist vielmehr, ob objektiv eine Haustürsituation bestanden hat.[881] Früher hatten sowohl der II. als auch der XI. Zivilsenat des BGH angenommen, dass ein Kreditvertrag nicht immer schon dann widerrufen werden kann, wenn in der Person des gleichzeitig für Anlagegesellschaft und Bank tätigen Anlagevermittlers eine Haustürsituation gegeben war. Die Haustürsituation wurde der Bank vielmehr nur dann zugerechnet, wenn die für die Zurechnung einer arglistigen Täuschung nach § 123 Abs. 2 BGB entwickelten Voraussetzungen erfüllt waren. War der Verhandlungsführer danach als Dritter anzusehen, wurde sein Handeln der Bank nur zugerechnet, wenn diese es kannte oder kennen musste. Für die Annahme einer fahrlässigen Unkenntnis genügte bereits, dass die Umstände des konkreten Einzel-

342

---
[874] BGH v. 14.06.2004 - II ZR 395/01 - NJW 2004, 2731-2735.
[875] BGH v. 14.06.2004 - II ZR 395/01 - NJW 2004, 2731-2735; BGH v. 14.06.2004 - II ZR 374/02 - NJW 2004, 2742-2743; BGH v. 14.06.2004 - II ZR 393/02 - NJW 2004, 2736-2742.
[876] BGH v. 14.06.2004 - II ZR 395/01 - NJW 2004, 2731-2735; BGH v. 14.06.2004 - II ZR 374/02 - NJW 2004, 2742-2743; BGH v. 14.06.2004 - II ZR 393/02 - NJW 2004, 2736-2742.
[877] BGH v. 14.06.2004 - II ZR 395/01 - NJW 2004, 2731-2735.
[878] EuGH v. 25.10.2005 - C-350/03 - ZIP 2005, 1959-1965.
[879] EuGH v. 25.10.2005 - C-350/03 - ZIP 2005, 1959-1965, 1963.
[880] EuGH v. 25.10.2005 - C-229/04 - ZIP 2005, 1965-1966.
[881] BGH v. 12.12.2005 - II ZR 327/04 - BB 2006, 346-348.

§ 652

falls die Bank veranlassen mussten, sich zu erkundigen, worauf die ihr übermittelte Willenserklärung beruhte.[882] Diese Auffassung haben beide Senate später aufgegeben.[883]

343 Eine andere Fallgruppe bilden diejenigen Sachverhalte, bei denen Anleger mit nur wenig oder ganz ohne Eigenkapital unter Einschaltung eines Anlagevermittlers eine Eigentumswohnung zwecks Steuerersparnis erworben haben. Nach der Rechtsprechung des XI. Zivilsenats des BGH ist eine kreditgebende Bank bei **steuersparenden Bauherren-, Bauträger- und Erwerber-Modellen** zur Risikoaufklärung über das finanzierte Geschäft nur unter engen Voraussetzungen verpflichtet. Sie darf in der Regel davon ausgehen, dass ihre Kunden entweder über die notwendigen Kenntnisse und Erfahrungen verfügen oder sich jedenfalls der Hilfe von Fachleuten bedient haben. Aufklärungs- und Hinweispflichten bezüglich des finanzierten Geschäfts können sich daher nur aus den besonderen Umständen des konkreten Einzelfalls ergeben. Als solche sind insbesondere anerkannt, wenn die Bank[884]

- im Zusammenhang mit der Planung, der Durchführung oder dem Vertrieb des Projekts über ihre Rolle als Kreditgeberin hinausgeht;
- einen zu den allgemeinen wirtschaftlichen Risiken hinzutretenden besonderen Gefährdungstatbestand für den Kunden schafft oder dessen Entstehung begünstigt;
- sich im Zusammenhang mit Kreditgewährungen sowohl an den Bauträger als auch an einzelne Erwerber in schwerwiegende Interessenkonflikte verwickelt;
- in Bezug auf spezielle Risiken des Vorhabens einen konkreten Wissensvorsprung vor dem Darlehensnehmer hat und dies auch erkennen kann.

344 Im März 2007 hat der XI. Zivilsenat die Aufklärungspflichten der finanzierenden Bank, die den Beitritt des Darlehensnehmers zu einem für das Erwerbsobjekt bestehenden Mietpool zur Voraussetzung der Darlehensauszahlung gemacht hat, eingeschränkt.[885] Danach setzt die Anerkennung von Aufklärungspflichten der finanzierenden Bank wegen eines durch sie bewusst geschaffenen oder begünstigten besonderen Gefährdungstatbestands das Hinzutreten spezifischer **Risiken des konkreten Mietpools** voraus. Hiervon werden Konstellationen erfasst, in denen die Bank den Beitritt zum Mietpool verlangt, obwohl sie Kenntnis von einem der nachfolgenden Umstände hat:[886]

- der bereits bestehenden Überschuldung des Mietpools;
- der Gewährung von Darlehen an den Mietpool, für welche die Anleger als Poolmitglieder haften müssen;
- der Auszahlung konstant überhöhter Ausschüttungen an die Poolmitglieder, die einen falschen Eindruck von der Rentabilität und Finanzierbarkeit der Anlage vermitteln.

345 Bereits im Mai 2006 hatte der XI. Zivilsenat seine Rechtsprechung zum Bestehen von Aufklärungspflichten der kreditgebenden Bank in solchen Fällen zum einen im Interesse der Effektivierung des Verbraucherschutzes bei realkreditfinanzierten Wohnungskäufen und Immobilienfondsbeteiligungen ergänzt, zum anderen aber auch, um dem in der zwischenzeitlich ergangenen Rechtsprechung des EuGH[887] zum Ausdruck kommenden **Gedanken des Verbraucherschutzes vor Risiken von Kapitalanlagemodellen** im nationalen Recht Rechnung zu tragen.[888] Danach können sich die Anleger in Fällen

---

[882] BGH v. 14.06.2004 - II ZR 395/01 - NJW 2004, 2731-2735; BGH v. 30.05.2005 - II ZR 319/04 - DStR 2005, 1457-1458; BGH v. 15.11.2004 - II ZR 375/02 - WM 2005, 124-126; BGH v. 12.11.2002 - XI ZR 3/01 - DStR 2003, 386-388; BGH v. 15.07.2003 - XI ZR 162/00 - ZIP 2003, 1741-1744; BGH v. 20.01.2004 - XI ZR 460/02 - DB 2004, 647-650.
[883] BGH v. 12.12.2005 - II ZR 327/04 - BB 2006, 346-348, 347; BGH v. 14.02.2006 - XI ZR 255/04 - BB 2006, 853-854, 854; BGH v. 25.4.2006 - XI ZR 193/04 - BB 2006, 1130-1135, 1135.
[884] BGH v. 26.10.2004 - XI ZR 255/03 - ZIP 2005, 69-76; BGH v. 09.11.2004 - XI ZR 315/03 - ZIP 2005, 110-115; BGH v. 15.03.2005 - XI ZR 135/04 - ZIP 2005, 846-852; BGH v. 16.05.2006 - XI ZR 6/04 - ZIP 2006, 1187-1196, 1195; BGH v. 19.09.2006 - XI ZR 204/04 - ZIP 2006, 2262-2267, 2263 f.; BGH v. 26.09.2006 - XI ZR 283/03 - ZIP 2006, 2258-2262, 2261; BGH v. 17.10.2006 - XI ZR 205/05 - ZIP 2007, 18-21, 19 f.; BGH v. 20.03.2007 - XI ZR 414/04 - ZIP 2007, 954-962, 956; BGH v. 10.07.2007 - XI ZR 243/05 - ZIP 2007, 1852-1854, 1854; BGH v. 06.11.2007 - XI ZR 322/03 - ZIP 2008, 210-217, 213; BGH v. 18.03.2008 - XI ZR 246/06 - ZIP 2008, 1011-1018, 1013.
[885] BGH v. 20.03.2007 - XI ZR 414/04 - ZIP 2007, 954-962.
[886] BGH v. 20.03.2007 - XI ZR 414/04 - ZIP 2007, 954-962, 958; BGH v. 18.03.2008 - XI ZR 246/06 - ZIP 2008, 1011-1018, 1013; BGH v. 27.05.2008 - XI ZR 132/07 - ZIP 2008, 1268-1275, 1274; BGH v. 05.04.2011 - XI ZR 365/09 - ZIP 2011, 901-905.
[887] EuGH v. 25.10.2005 - C-350/03 - ZIP 2005, 1959-1965; EuGH v. 25.10.2005 - C-229/04 - ZIP 2005, 1965-1966.
[888] BGH v. 16.05.2006 - XI ZR 6/04 - ZIP 2006, 1187-1196, 1194.

eines institutionalisierten Zusammenwirkens der kreditgebenden Bank mit dem Verkäufer oder Vertreiber des finanzierten Objekts unter erleichterten Voraussetzungen mit Erfolg auf einen die Aufklärungspflicht auslösenden konkreten Wissensvorsprung der finanzierenden Bank im Zusammenhang mit einer arglistigen Täuschung des Anlegers durch unrichtige Angaben der Vermittler, Verkäufer oder Fondsinitiatoren bzw. des Fondsprospekts über das Anlageobjekt berufen.

Hierzu wurde die eine eigene Aufklärungspflicht der Bank begründende **Fallgruppe des konkreten Wissensvorsprungs** unter bestimmten Voraussetzungen durch eine Beweiserleichterung in Form einer widerleglichen Vermutung für die bislang vom Darlehensnehmer darzulegende und zu beweisende Kenntnis der Bank von der arglistigen Täuschung durch den Verkäufer oder Fondsinitiator sowie der von ihnen eingeschalteten Vermittler bzw. des Verkaufs- oder Fondsprospekts ergänzt. Danach wird die Kenntnis der Bank von einer solchen arglistigen Täuschung widerleglich vermutet, wenn die folgenden drei Voraussetzungen kumulativ vorliegen:[889] 346

- die Verkäufer oder Fondsinitiatoren, die von ihnen beauftragten Vermittler und die finanzierende Bank wirken in institutionalisierter Art und Weise zusammen;
- die Finanzierung der Kapitalanlage wurde vom Verkäufer oder Vermittler angeboten, sei es auch nur über einen von ihm benannten besonderen Finanzierungsvermittler;
- die Unrichtigkeit der Angaben des Verkäufers, Fondsinitiators oder der für sie tätigen Vermittler bzw. des Verkaufs- oder Fondsprospekts ist nach den Umständen des Falls evident, so dass sich der Eindruck aufdrängt, die Bank habe sich der Kenntnis der arglistigen Täuschung geradezu verschlossen.

Für die **Annahme eines institutionalisierten Zusammenwirkens** genügt nicht, dass die Bank den übrigen am Vertrieb des Kapitalanlagemodells Beteiligten bereits vorab eine allgemeine Finanzierungszusage gegeben hat.[890] Verlangt wird vielmehr das Bestehen ständiger Geschäftsbeziehungen zwischen Verkäufer oder Fondsinitiator, den von ihnen beauftragten Vermittlern und der finanzierenden Bank. Dies ist insbesondere in folgenden Fällen anzunehmen:[891] 347

- eine Vertriebsvereinbarung, ein Rahmenvertrag oder konkrete Vertriebsabsprachen lagen vor;
- den vom Verkäufer oder Fondsinitiator eingeschalteten Vermittlern wurden von der Bank Büroräume überlassen oder sie haben Formulare der Bank mit deren Einverständnis, jedenfalls aber ohne eine Beanstandung benutzt;
- der Verkäufer oder die Vermittler haben der finanzierenden Bank wiederholt Finanzierungen von Eigentumswohnungen oder Fondsbeteiligungen desselben Objekts vermittelt.

Die Finanzierung der Kapitalanlage wurde vom Verkäufer oder Vermittler angeboten, wenn der Kreditvertrag nicht aufgrund einer Eigeninitiative des Kreditnehmers zustande gekommen ist, weil dieser etwa von sich aus eine Bank für die Finanzierung seines Erwerbsgeschäfts gesucht hat, sondern deshalb, weil der Vertriebsbeauftragte des Verkäufers oder Fondsinitiators dem Interessenten im Zusammenhang mit den Anlage- oder Verkaufsunterlagen einen Kreditantrag eines Finanzierungsinstituts vorgelegt hat, das sich dem Verkäufer oder dem Fondsinitiator gegenüber zur Finanzierung bereit erklärt hatte. Dies gilt auch dann, wenn der Vertriebsbeauftragte wiederum einen von ihm benannten **besonderen Finanzierungsvermittler** zwischengeschaltet hat.[892] 348

Die Anerkennung einer arglistigen **Täuschung durch evident unrichtige Angaben** des Vermittlers setzt voraus, dass sich die behauptete Täuschung durch Vorspiegeln oder Entstellen von Umständen auf objektiv nachprüfbare Angaben bezieht und nicht lediglich subjektive Werturteile oder markt- 349

---

[889] BGH v. 16.05.2006 - XI ZR 6/04 - ZIP 2006, 1187-1196, 1195; BGH v. 19.09.2006 - XI ZR 204/04 - ZIP 2006, 2262-2267, 2264; BGH v. 26.09.2006 - XI ZR 283/03 - ZIP 2006, 2258-2262, 2261; BGH v. 17.10.2006 - XI ZR 205/05 - ZIP 2007, 18-21, 20; BGH v. 05.12.2006 - XI ZR 341/05 - ZIP 2007, 414-419, 418; BGH v. 20.03.2007 - XI ZR 414/04 - ZIP 2007, 954-962, 961; BGH v. 06.11.2007 - XI ZR 322/03 - ZIP 2008, 210-217, 215 f.; BGH v. 18.03.2008 - XI ZR 246/06 - ZIP 2008, 1011-1018, 1017; BGH v. 27.05.2008 - XI ZR 132/07 - ZIP 2008, 1268-1275, 1270; BGH v. 24.03.2009 - XI ZR 456/07 - ZIP 2009, 1054-1058, 1057 f.; BGH v. 11.01.2011 - XI ZR 220/08 - ZIP 2011, 368-370, 369; BGH v. 11.01.2011 - XI ZR 326/08; BGH v. 11.01.2011 - XI ZR 46/09; OLG Schleswig v. 30.09.2009 - 5 U 52/09 - WM 2010, 258-262, 259 f.
[890] BGH v. 18.03.2008 - XI ZR 246/06 - ZIP 2008, 1011-1018, 1017.
[891] BGH v. 16.05.2006 - XI ZR 6/04 - ZIP 2006, 1187-1196, 1195; BGH v. 26.09.2006 - XI ZR 283/03 - ZIP 2006, 2258-2262, 2262.
[892] BGH v. 16.05.2006 - XI ZR 6/04 - ZIP 2006, 1187-1196, 1195 unter Hinweis auf BGH v. 21.07.2003 - II ZR 387/02 - ZIP 2003, 1592-1596; BGH v. 23.09.2003 - XI ZR 135/02 - ZIP 2003, 2111-2114; BGH v. 18.12.2007 - XI ZR 324/06 - ZIP 2008, 962-966, 964.

schreierische Anpreisungen vermittelt werden.[893] Ein die Aufklärungspflicht der finanzierenden Bank auslösender konkreter Wissensvorsprung im Zusammenhang mit einer arglistigen Täuschung des Anlegers setzt dementsprechend konkrete, dem Beweis zugängliche unrichtige Angaben des Vermittlers oder des Verkäufers über das Anlageobjekt voraus.[894] Nicht wenige Vermittler verwenden daher überwiegend unbestimmte Formulierungen wie „risikolose Immobilie", „hervorragend geeignet" und „übliche Wertentwicklung". Objektiv nachprüfbar und einem Beweis zugänglich wären dagegen Erläuterungen zu ihrem Verkehrswert, den Finanzierungskosten sowie den versprochenen Mieteinnahmen und Steuervorteilen.[895]

350 Die Frage, was unter einer evident unrichtigen Prospektangabe zu verstehen ist, ist keine zu generalisierende Rechtsfrage, sondern stets nach den Umständen des Einzelfalls zu beurteilen, wobei den zum Zeitpunkt des Vertragsschlusses bestehenden objektiven **Erkenntnismöglichkeiten der Bank** besondere Bedeutung beigemessen wird. Ein Berufungsgericht hat in einem rechtskräftigen Beschluss die Differenz zwischen einer der Bank vorliegenden Schätzung eines Planungsbüros und den im Verkaufsprospekt ausgewiesenen tatsächlichen Kosten eines Großbauprojekts in einer Höhe von bis zu 30% als hinnehmbar und somit für die Annahme einer objektiv evidenten Falschangabe nicht ausreichend angesehen.[896] Es sei allgemein bekannt, dass der Bau eines Büro- und Geschäftshauses mit Tiefgarage über eine Fläche von rund 5.000 qm mit erheblichen Unsicherheitsfaktoren hinsichtlich der Baukosten verbunden sei.[897] Ein verantwortungsbewusster Bauherr kalkuliere daher von vornherein mit einem ausreichenden Sicherheitspolster, wenn er keinen finanzbedingten Baustillstand riskieren wolle.[898]

351 Liegt nach diesen Grundsätzen eine schuldhafte Aufklärungspflichtverletzung der Bank vor, muss sie den Anleger nach dem Grundsatz der Naturalrestitution (§ 249 Satz 1 BGB) so stellen, wie dieser ohne die Pflichtverletzung gestanden hätte. Dabei gehen die Gerichte bei deutlich überhöht angegebenen Mieteinnahmen nach der – von der Kreditgeberin zu widerlegenden – Lebenserfahrung davon aus, dass der Anleger die Eigentumswohnung mangels Rentabilität nicht erworben bzw. den Kaufvertrag wegen arglistiger Täuschung angefochten und deshalb weder Vorausdarlehen und Bausparverträge abgeschlossen noch die Grundschuldbestellung und die Übernahme der persönlichen Haftung nebst Vollstreckungsunterwerfung notariell erklärt hätte.[899] Gleiches wurde in einem Fall angenommen, in dem der wirkliche Wert einer Eigentumswohnung, wesentliche Mängel und ihr tatsächliches Alter verschwiegen bzw. falsch dargestellt worden waren.[900] Den **Schadensersatzanspruch** können die Anleger ihrer Inanspruchnahme aus der Vollstreckungsunterwerfungserklärung wegen der von ihnen übernommenen persönlichen Haftung nach § 242 BGB entgegenhalten.[901]

352 Stellt sich dagegen heraus, dass die Voraussetzungen einer Schadensersatzpflicht der finanzierenden Bank für ein eigenes Aufklärungsverschulden bei Täuschungshandlungen des Vermittlers nicht gegeben sind, kommt eine **Haftung der Bank aus zugerechnetem Verschulden für unwahre Angaben des Vermittlers** nicht in Betracht, sofern kein verbundenes Geschäft vorliegt.[902] Der XI. Zivilsenat hielt an seiner Rechtsprechung fest, wonach der im Rahmen von Kapitalanlagemodellen auftretende Vermittler als Erfüllungsgehilfe im Pflichtenkreis der in den Vertrieb nicht eingeschalteten Bank nur

---

[893] BGH v. 19.09.2006 - XI ZR 204/04 - ZIP 2006, 2262-2267, 2264 f.; BGH v. 05.12.2006 - XI ZR 341/05 - ZIP 2007, 414-419, 418.

[894] BGH v. 19.09.2006 - XI ZR 204/04 - ZIP 2006, 2262-2267, 2265; BGH v. 05.12.2006 - XI ZR 341/05 - ZIP 2007, 414-419, 418; BGH v. 26.02.2008 - XI ZR 74/06 - ZIP 2008, 686-691, 691; BGH v. 31.05.2011 - XI ZR 190/08; BGH v. 31.05.2011 - XI ZR 369/08 - NJW 2011, 2794-2796, 2794; BGH v. 31.05.2011 - XI ZR 90/09.

[895] BGH v. 19.09.2006 - XI ZR 204/04 - ZIP 2006, 2262-2267, 2265.

[896] OLG Schleswig v. 30.09.2009 - 5 U 52/09 - WM 2010, 258-262.

[897] OLG Schleswig v. 30.09.2009 - 5 U 52/09 - WM 2010, 258-262, 261 nannte beispielhaft die unvorhergesehene Erhöhung von Lohn- und Materialkosten, einen erhöhten Gründungsaufwand, erhöhte Abbruchkosten wegen Entsorgung umweltbelasteter Baustoffe, Gewährleistungsrisiken sowie das Insolvenzrisiko der bauausführenden Unternehmen.

[898] OLG Schleswig v. 30.09.2009 - 5 U 52/09 - WM 2010, 258-262, 261.

[899] BGH v. 16.05.2006 - XI ZR 6/04 - ZIP 2006, 1187-1196, 1196; BGH v. 06.11.2007 - XI ZR 322/03 - ZIP 2008, 210-217, 216.

[900] BGH v. 17.10.2006 - XI ZR 205/05 - ZIP 2007, 18-21, 21.

[901] BGH v. 16.05.2006 - XI ZR 6/04 - ZIP 2006, 1187-1196, 1196.

[902] Vgl. auch BGH v. 23.09.2008 - XI ZR 266/07 - ZIP 2008, 2211-2214, 2212 f.

insoweit tätig wird, als sein Verhalten die Anbahnung des Kreditvertrags betrifft.[903] Da die falschen Erklärungen zum Wert des Objekts und zur monatlichen Belastung der Anleger nicht den Darlehensvertrag, sondern die Rentabilität des Anlagegeschäfts betreffen, liegen sie außerhalb des Pflichtenkreises der Bank. Eine Bank muss sich deshalb das Fehlverhalten eines Anlagevermittlers durch unrichtige Erklärungen über die Kapitalanlage selbst dann nicht nach § 278 BGB zurechnen lassen, wenn dieser zugleich den Kredit vermittelt.[904]

9. Mittelverwendungskontrolle

Angehörige von Berufsgruppen, denen im Rechtsverkehr üblicherweise besonderes Vertrauen entgegengebracht wird, werden von unseriösen Vermittlern nicht selten nur deshalb in ein Kapitalanlagemodell einbezogen, um diesem den notwendigen „Seriositätsanstrich" zu geben[905]. Dabei fungieren sie vorwiegend als Treuhänder im Rahmen der **Zahlungsabwicklung**, so dass sich für den geschädigten Anleger später die Frage stellen kann, inwieweit er auf den Rechtsanwalt, Notar, Steuerberater oder Wirtschaftsprüfer unmittelbar persönlich zugreifen kann. Im praktischen Regelfall wird einerseits der Umstand, dass sämtliche Zahlungen einschließlich als Guthaben sich ergebender Rückläufe über ein Rechtsanwaltsanderkonto bzw. Treuhandkonto geleitet werden, in den dem Anlageinteressent vorgelegten Prospekten als besondere Absicherung zu seinem Schutz hervorgehoben, während er andererseits in seiner Vereinbarung mit dem Vermittler darauf hingewiesen wird, dass die Haftung des Treuhänders auf die ordnungsgemäße Erfüllung des Treuhandauftrags beschränkt sein soll.

353

Der III. Zivilsenat des BGH neigt in derartigen Konstellationen dazu, die Vereinbarung über die Zahlungsabwicklung zwischen dem Vermittler und dem Treuhänder als **Vertrag zugunsten der Anleger** im Sinne von § 328 BGB[906] oder jedenfalls als Vertrag mit Schutzwirkung zu deren Gunsten[907] auszulegen. Soll das „Sicherungssystem" derart umgestellt werden, dass die Rückläufe nicht mehr über das Ander- bzw. Treuhandkonto erfolgen, müssen sowohl der Vermittler als auch der Treuhänder den Anleger hierüber ausdrücklich informieren.[908] Die Statuierung einer solchen Informationspflicht schließt jedoch auf der anderen Seite nicht aus, dass dem Anleger ein Mitverschulden vorgeworfen werden kann, weil er mangels sorgfältiger Lektüre des ihm vorgelegten neuen Formulars die Veränderung der bisher gehandhabten Praxis fahrlässig nicht erkannt hat. Nach Ansicht des BGH handelt es sich ähnlich wie bei der Erteilung einer rechtswidrigen behördlichen Genehmigung um unterschiedliche Zurechnungsebenen.[909]

354

Vor diesem Hintergrund erscheint es folgerichtig, dass der III. Zivilsenat den in ein Anlagemodell eingebundenen Mittelverwendungskontrolleur grundsätzlich nicht als verpflichtet ansieht, den Anlageinteressenten über Reichweite und Risiken des noch abzuschließenden Mittelverwendungskontrollvertrags aufzuklären, der diesem vor seinem Beitritt als **Bestandteil des Prospekts** mit einem allgemein verständlichen Text übergeben worden ist.[910] Dies gelte auch bei gleichzeitiger Stellung als Treuhandkommanditist, da eine Verpflichtung der sich in Vertragsverhandlungen befindlichen Partei, der Gegenseite den Inhalt und Sinn eines vorgeschlagenen und für einen verständigen Leser ohne weiteres verständlichen Vertragstextes zu erläutern, im Regelfall nicht existiere. In Bezug auf den Inhalt der abzuschließenden Verträge bestehe typischerweise kein Aufklärungsbedürfnis, wenn und soweit ein durchschnittlicher Anlageinteressent die (zukünftige) Vertragslage anhand der ihm mit dem Anlageprospekt vorgelegten Vertragstexte hinreichend deutlich erfassen könne, da von ihm erwartet werden müsse, dass er die ihm vorgelegten Vertragstexte bzw. ihre Entwürfe durchlese und sich mit ihrem Inhalt vertraut mache.[911]

355

---

[903] BGH v. 12.11.2002 - XI ZR 47/01 - NJW 2003, 422-424; BGH v. 23.03.2004 - XI ZR 194/02 - DB 2004, 1362-1363.
[904] BGH v. 16.05.2006 - XI ZR 6/04 - ZIP 2006, 1187-1196, 1196.
[905] Deutlich insoweit z.B. BGH v. 19.11.2009 - III ZR 109/08 - DB 2010, 219-222, 221.
[906] BGH v. 01.12.1994 - III ZR 93/93 - NJW 1995, 1025; BGH v. 30.10.2003 - III ZR 344/02 - ZIP 2004, 171; BGH v. 19.11.2009 - III ZR 109/08 - DB 2010, 219-222.
[907] BGH v. 11.10.2001 - III ZR 288/00 - ZIP 2001, 2230.
[908] BGH v. 13.05.2004 - III ZR 368/03 - ZIP 2004, 1154.
[909] BGH v. 13.05.2004 - III ZR 368/03 - ZIP 2004, 1154.
[910] BGH v. 22.03.2007 - III ZR 98/06 - ZIP 2007, 873-876.
[911] BGH v. 22.03.2007 - III ZR 98/06 - ZIP 2007, 873-876, 875.

§ 652

356 Andererseits kann ein Mittelverwendungskontrolleur, der es unterlässt, vor Aufnahme der Tätigkeit der Fondsgesellschaft sicherzustellen, dass die notwendigen **Voraussetzungen für eine ordnungsgemäße Mittelverwendungskontrolle** vorliegen, den Anlegern wegen einer Schlechterfüllung des zu deren Gunsten geschlossenen Mittelverwendungskontrollvertrags haften. Der III. Zivilsenat des BGH sieht ihn als gegenüber den Anlegern verpflichtet an, schon vor Vertragsabschluss und ohne konkreten Anlass dafür zu sorgen, dass sämtliche Anlagegelder von Anfang an in seine (Mit-)Verfügungsgewalt gelangen, da er ansonsten überhaupt nicht in der Lage ist, deren Verwendung zu den vertraglich vorgesehenen Zwecken zu gewährleisten.[912] Hierzu gehört insbesondere die Pflicht zur Untersuchung des Anlagemodells daraufhin, ob ihm Anlagegelder vorenthalten und damit seiner Mittelverwendungskontrolle entzogen werden können.[913]

357 Diese Rechtsprechung bezog sich zunächst auf einen Mittelverwendungskontrolleur, der zugleich Treuhandkommanditist war, den als solchen von vornherein weitergehende **Prüfungs-, Kontroll- und Hinweispflichten** in Bezug auf alle wesentlichen Umstände treffen, die für die zu übernehmende Beteiligung von Bedeutung sind.[914] Der III. Zivilsenat hat diese Grundsätze später auf alle Mittelverwendungskontrolleure erstreckt, sofern der im Einzelfall betonte Zweck des Mittelkontrollverwendungsvertrags dies fordert und rechtfertigt.[915] Gerade mit Blick auf die für einen Treuhandkommanditisten statuierte Hinweispflicht gegenüber den Anlegern, dass eine Mittelverwendungskontrolle bislang nicht stattgefunden hat, erkannte er durchaus die Probleme für nicht in dieser Position befindliche Mittelverwendungskontrolleure, die Anlageinteressenten rechtzeitig vor Tätigung der Anlage entsprechend zu informieren.[916] Dennoch sah er sie als darlegungs- und beweispflichtig an, dass ihnen die Erfüllung dieser Informationspflicht nicht möglich war, obwohl sie insbesondere den Vertrieb und notfalls die Fachpresse über die unterbliebene Mittelverwendungskontrolle hätten informieren können.[917]

358 Ein im Emissionsprospekt abgedruckter Mittelverwendungskontrollvertrag, der als ein dem Schutz der Anleger dienender Vertrag zugunsten Dritter ausgestaltet ist, unterliegt auch dann der **Inhaltskontrolle** nach dem Recht der Allgemeinen Geschäftsbedingungen, wenn er zwischen der Fondsgesellschaft als der das Versprechen Empfangenden und dem als Mittelverwendungskontrolleur eingesetzten Wirtschaftsprüfer als dem Versprechenden individuell ausgehandelt worden war.[918] Hatte der Anleger im Ergebnis nur die Wahl, den Beitrittsvertrag abzuschließen und den damit vermittelten Schutz durch die Mittelverwendungskontrolle zu den vorformulierten Bedingungen in Anspruch zu nehmen oder auf beides zu verzichten, sah er sich in zumindest gleicher Weise den vorformulierten Bedingungen des Drittschutzes ausgeliefert wie bei einem unmittelbaren Vertragsschluss mit dem beklagten Wirtschaftsprüfer.[919]

359 In anderen Fällen nimmt der Anlagevermittler in seinen Beratungsgesprächen lediglich Bezug auf die von einem Wirtschaftsprüfer erstellten **Prüfberichte** bezüglich der Jahres- und Konzernabschlüsse der die eingesammelten Anlagegelder verwaltenden und investierenden Gesellschaft. Macht ein Anleger die positiven oder jedenfalls unbedenklichen Ergebnisse der Prüfung zur Grundlage seiner Investitionsentscheidung und stellt sich später heraus, dass der Geschäftsführer der inzwischen insolventen Gesellschaft Fälschungen vorgenommen hatte, die dem Prüfer nicht aufgefallen waren, wird er versuchen, gegen den Prüfer direkt vorzugehen. Die Voraussetzungen, unter denen die Haftung eines mit der Pflichtprüfung einer Gesellschaft nach den §§ 316 ff. HGB betrauten Wirtschaftsprüfers gegenüber Dritten in Betracht kommt, sind in der Rechtsprechung des III. Zivilsenats des BGH geklärt und eng begrenzt.[920]

---

[912] BGH v. 24.07.2003 - III ZR 390/02 - NJW-RR 2003, 1342-1343.
[913] BGH v. 24.07.2003 - III ZR 390/02 - NJW-RR 2003, 1342-1343.
[914] BGH v. 29.05.2008 - III ZR 59/07 - NJW-RR 2008, 1129-1134; BGH v. 12.02.2009 - III ZR 90/08 - NJW-RR 2009, 613-615; BGH v. 22.04.2010 - III ZR 318/08 - DB 2010, 1173-1177.
[915] BGH v. 19.11.2009 - III ZR 109/08 - DB 2010, 219-222, 221.
[916] BGH v. 19.11.2009 - III ZR 109/08 - DB 2010, 219-222, 221 f.
[917] BGH v. 19.11.2009 - III ZR 109/08 - DB 2010, 219-222, 222; BGH v. 15.07.2010 - III ZR 321/08 - ZIP 2010, 1801-1805, 1803 ff.
[918] BGH v. 19.11.2009 - III ZR 108/08 - DB 2009, 2778-2780.
[919] BGH v. 19.11.2009 - III ZR 108/08 - DB 2009, 2778-2780, 2779.
[920] BGH v. 02.04.1998 - III ZR 245/96 - BGHZ 138, 257-266; BGH v. 06.04.2006 - III ZR 256/04 - BGHZ 167, 155-166.

Danach bleibt es im Grundsatz bei der Anordnung des § 323 Abs. 1 Satz 3 HGB, wonach der Abschlussprüfer für Fehler nur der Gesellschaft und gegebenenfalls einem geschädigten verbundenen Unternehmen gegenüber, nicht jedoch den Anteilseignern und sonstigen Gläubigern der Gesellschaft zum Ersatz des durch den Fehler entstandenen Schadens verpflichtet ist. § 323 HGB schließe zwar nicht von Rechts wegen aus, dass für den Abschlussprüfer auf vertraglicher Grundlage auch eine Schutzpflicht gegenüber Dritten begründet werden könne.[921] An die Annahme der vertraglichen **Einbeziehung eines Dritten in den Schutzbereich** seien jedoch stets strenge Anforderungen zu stellen.[922] Ausgangspunkt der Überlegungen ist dabei, dass Bestätigungsvermerken ohnehin die Bedeutung zukommt, Dritten Einblick in die Situation des publizitätspflichtigen Unternehmens zu gewähren und ihnen auf diese Weise eine Beurteilungsgrundlage für die Entscheidung über ihre beabsichtigte Investition zu geben. Da dies den Gesetzgeber aber nicht veranlasst hat, die Verantwortlichkeit des Abschlussprüfers ebenso weit zu ziehen, genügt dem BGH für die Annahme einer Schutzwirkung für sich genommen nicht, dass ein Dritter die von Sachkunde geprägte Stellungnahme des Prüfers für diesen erkennbar zur Grundlage einer Entscheidung mit wirtschaftlichen Folgen machen will. Vielmehr verlangt er, dass dem Abschlussprüfer deutlich wird, dass von ihm im Drittinteresse eine besondere Leistung erwartet wird, die über die Erbringung der gesetzlich vorgeschriebenen Pflichtprüfung hinausgeht.[923]

360

Diese Grundsätze gelten auch für die Beantwortung der Frage, ob im Rahmen eines Auskunftsvertrags von einem Pflichtprüfer billigerweise erwartet werden kann, er wolle gegenüber einer Vielzahl ihm nicht bekannter Kunden eines Anlagevermittlers für die Seriosität des geprüften Unternehmens eintreten.[924] Bestätigt der Prüfer im Ergebnis lediglich die **Durchführung einer Pflichtprüfung**, die bezogen auf einen bestimmten Zeitpunkt keine Beanstandungen ergeben hat, würde es nach Auffassung des III. Zivilsenats gegen die gesetzliche Wertung des § 323 Abs. 1 Satz 3 HGB verstoßen, wenn man „annehmen wollte, der Pflichtprüfer übernehme ohne besonderen Anlass und ohne Gegenleistung – gewissermaßen in doppelter Hinsicht konkludent – sowohl die Begründung als auch die mögliche Vervielfältigung seiner Haftung".[925] Möglich bleibt eine Haftung des Prüfers wegen vorsätzlicher sittenwidriger Schädigung aus § 826 BGB, die jedoch ebenfalls nur in besonderen Ausnahmefällen in Betracht kommt. Gute Erfolgsaussichten haben geschädigte Anleger insoweit, wenn dem Pflichtprüfer grobe Leichtfertigkeit bei seinen Prüfungen zur Last gelegt werden kann und er eine Schädigung der Anleger zumindest billigend in Kauf genommen hat.[926]

361

Trägt ein Kläger vor, sowohl der Vermittler der Kapitalanlage als auch ein wegen desselben Schadens als **Gesamtschuldner** in Anspruch genommener Wirtschaftsprüfer hätten die Fehler des Emissionsprospekts und die Verletzung einzelner Bestimmungen des KWG durch das Geschäftsmodell der Kapitalanlage erkennen können und müssen, wird der für eine Streitgenossenschaft nach § 60 ZPO erforderliche sachliche Zusammenhang zwischen den geltend gemachten Ansprüchen bejaht, obwohl zwischen den beiden Verträgen kein unmittelbarer Zusammenhang besteht. Trotz der bestehenden Unterschiede seien die erhobenen Ansprüche ihrem Wesen nach gleichartig, da der Kläger seine Klage darauf stütze, beide Beklagte hätten einen Beitrag zum Vertrieb der Kapitalanlage geleistet, obwohl sie die Fehler des Emissionsprospekts und den Verstoß der gesellschaftlichen Tätigkeit gegen Aufsichtsrecht hätten erkennen können und müssen.[927]

362

VI. Versicherungsmakler

Als Versicherungsvermittler werden diejenigen Personen bezeichnet, die kraft rechtsgeschäftlicher Geschäftsbesorgungsmacht für einen anderen Versicherungsschutz ganz oder teilweise beschaffen, ausgestalten und abwickeln, ohne selbst Versicherungsnehmer oder Versicherer zu sein.[928] Die beiden unter diesem Oberbegriff zusammengefassten **Haupttypen** sind:
- der Versicherungsvertreter oder Versicherungsagent (§§ 92, 84 HGB), der vom Versicherer als Glied seiner Außenorganisation in der Regel ständig damit betraut ist, für ihn Verträge zu vermitteln und gegebenenfalls auch abzuschließen;

363

---

[921] BGH v. 02.04.1998 - III ZR 245/96 - BGHZ 138, 257-266, 260 f.
[922] BGH v. 06.04.2006 - III ZR 256/04 - BGHZ 167, 155-166, 162 ff.
[923] BGH v. 06.04.2006 - III ZR 256/04 - BGHZ 167, 155-166, 166.
[924] BGH v. 30.10.2008 - III ZR 307/07 - DB 2008, 2756-2758.
[925] BGH v. 30.10.2008 - III ZR 307/07 - DB 2008, 2756-2758, 2757.
[926] BGH v. 30.10.2008 - III ZR 307/07 - DB 2008, 2756-2758, 2757.
[927] BGH v. 03.05.2011 - X ARZ 101/11 - ZIP 2011, 1074-1076, 1075 f.
[928] BGH v. 22.05.1985 - IVa ZR 190/83 - BGHZ 94, 356-364.

- der Versicherungsmakler, der nicht an einen Versicherer gebunden ist, üblicherweise den wirtschaftlich schwächeren Versicherungsnehmer unterstützt[929] und entweder Handelsmakler nach § 93 HGB oder bei nicht gewerbsmäßiger Tätigkeit Zivilmakler nach § 652 BGB ist.

364 Der Versicherungsmakler wird regelmäßig vom Versicherungsnehmer beauftragt und als sein Interessen- oder sogar Abschlussvertreter angesehen. Als Vertrauter und Berater des Versicherungsnehmers wird sein Pflichtenkreis weit gezogen. Da er den individuellen bzw. für das betreffende Objekt passenden Versicherungsschutz häufig kurzfristig besorgen muss, ist er üblicherweise zur Tätigkeit, meist sogar zum Abschluss des gewünschten Versicherungsvertrags verpflichtet. Dem entspricht, dass er von sich aus das Risiko untersucht, das Objekt prüft und den Versicherungsnehmer als seinen Auftraggeber ständig, unverzüglich und ungefragt über die für ihn wichtigen Zwischen- und Endergebnisse seiner Bemühungen zur Platzierung des aufgegebenen Risikos unterrichten muss.[930] Wegen dieser umfassenden Pflichten kann der Versicherungsmakler für den Bereich der Versicherungsverhältnisse des von ihm betreuten Versicherungsnehmers als dessen **treuhänderähnlicher Sachwalter** bezeichnet und insoweit mit sonstigen Beratern verglichen werden.[931]

365 Ein Versicherungsmakler, der von dem Versicherer mit der gesamten Geschäftsführung aus einem Versicherungsvertrag beauftragt ist, ist dagegen nicht der treuhänderähnliche Sachwalter des Versicherungsnehmers, da er diesem gegenüber alle Rechtshandlungen als Vertreter des Versicherers vornimmt.[932] Hat ein Versicherungsmakler als unabhängiger Sachwalter bei der Initiierung, Formulierung und Durchführung einer öffentlichen Ausschreibung von Versicherungsdienstleistungen für eine Stadt mitgewirkt, so steht ihm hierfür kein Anspruch auf Maklerprovision zu, da es an einer für den Versicherungsvertragsschluss zumindest mitursächlichen **Vermittlungstätigkeit** fehlt.[933] Das Erfordernis, mit beiden Vertragspartnern in Verbindung zu treten und dadurch zum Vertragsabschluss beitragen zu müssen, wird durch die bloße Veröffentlichung der vom Versicherungsmakler erarbeiteten Ausschreibungen nicht erfüllt, da darin keine Kontaktaufnahme zum Zweck der Förderung der Abschlussbereitschaft gesehen werden kann.[934]

366 Der Versicherungsmakler ist in seiner Eigenschaft als Interessenvertreter des Versicherungsnehmers zu einer umfassenden Betreuung aller Versicherungsinteressen seines Kunden und zu einer entsprechenden Beratung in Bezug auf den von ihm vermittelten Versicherungsvertrag verpflichtet. Je weniger versicherungsspezifische Kenntnisse und Erfahrungen der Auftraggeber hat, desto weiter reicht die **Beratungspflicht** des Maklers. Ein formularmäßiger Ausschluss aller Beratungspflichten des Versicherungsmaklers auch mit Blick auf den vermittelten Vertrag benachteiligt den Kunden entgegen den Geboten von Treu und Glauben unangemessen und ist daher jedenfalls in Bezug auf diesen Vertrag nach § 307 BGB unwirksam.[935] Dagegen rechtfertigt die Verwendung unzulässiger AGB seitens des Maklers für sich genommen noch keine Verwirkung seines Lohnanspruchs entsprechend § 654 BGB.[936] Eine mangelhafte Beratung durch den Makler oder einen seiner Mitarbeiter wird insbesondere angenommen, wenn der vermittelte Vertrag für die Bedürfnisse des Kunden ungeeignet war und der Kunde zudem durch die Kündigung seiner alten Versicherungen bzw. deren Umwandlung in eine prämienfreie Versicherung erhebliche weitere Nachteile erlitten hat. In einem solchen Fall müssen die Nachteile nicht im Einzelnen aufgeführt und betragsmäßig beziffert werden, sondern es genügt, wenn die Nachteile so schwerwiegend sind, dass der Kunde den Versicherungsvertrag bei richtiger und vollständiger Information nicht geschlossen hätte. Unter derartigen Umständen besteht der vom Makler auszugleichende Schaden des Kunden jedenfalls in dessen Belastung mit den vertraglichen Provisionsansprüchen.[937]

---

[929] BGH v. 27.11.1985 - IVa ZR 68/84 - LM Nr. 100 zu § 652 BGB; BGH v. 22.09.1999 - IV ZR 15/99 - LM VVG § 44 Nr. 7 (4/2000).
[930] BGH v. 22.05.1985 - IVa ZR 190/83 - BGHZ 94, 356-364.
[931] BGH v. 22.05.1985 - IVa ZR 190/83 - BGHZ 94, 356-364.
[932] BGH v. 17.01.2001 - IV ZR 282/99 - NJW-RR 2001, 593-594.
[933] KG v. 01.12.2003 - 10 U 274/02 - VergabeR 2004, 408-411.
[934] KG v. 01.12.2003 - 10 U 274/02 - VergabeR 2004, 408-411.
[935] BGH v. 20.01.2005 - III ZR 251/04 - NJW 2005, 1357-1360, 1360; BGH v. 19.05.2005 - III ZR 309/04 - NJW-RR 2005, 1425-1426; BGH v. 19.05.2005 - III ZR 322/04 - WM 2005, 1480-1482, 1481.
[936] BGH v. 19.05.2005 - III ZR 322/04 - WM 2005, 1480-1482, 1481.
[937] BGH v. 19.05.2005 - III ZR 309/04 - NJW-RR 2005, 1425-1426, 1426.

Aufgrund einer gleichförmig bestehenden Übung des Versicherungsvertragsrechts erhält der Versicherungsmakler seine Vergütung im Regelfall nicht vom Versicherungsnehmer, sondern vom Versicherer.[938] Die Frage, ob er auch für nach dem erstmöglichen Kündigungszeitpunkt liegende Zeitabschnitte Provision verlangen kann, wird durch Auslegung der vertraglichen Abreden unter Berücksichtigung der Besonderheiten dieses Geschäftszweigs beantwortet. Handelt es sich um einen Handelsmakler im Sinne von § 93 Abs. 1 HGB, spielen für die Bemessung und zeitliche Reichweite des Provisionsanspruchs insbesondere auch der Handelsbrauch sowie die in den Kreisen der Versicherungsmakler, der Versicherer und der versicherten Wirtschaft vorherrschenden Auffassungen eine wichtige Rolle.[939] Anders als beim Immobilienmakler sowie im Bereich der Lebens- und Krankenversicherung, wo die Auszahlung der Provision als einmalige Abschlusscourtage erfolgt, wird sie bei Sachversicherungsverträgen in der Regel in laufenden Raten gezahlt, deren Fälligkeitsdaten mit denen der Versicherungsprämien übereinstimmen. Ab dem zweiten Vertragsjahr ist dabei in der Courtage neben dem eigentlichen Vermittlungsentgelt noch ein Betreuungsentgelt enthalten, das auch als „Verwaltungsentgelt" oder „Bestandspflegegeld" bezeichnet wird.[940] Dieses wird als Gegenleistung für die dem Kunden in Ergänzung der Vermittlungstätigkeit geschuldete Geschäftsbesorgung angesehen.[941] Welches Schicksal der aus diesen beiden Elementen zusammengesetzte **Provisionsanspruch** des Versicherungsmaklers erfährt, wenn der Vertrag zwar über den ersten Kündigungszeitpunkt hinaus läuft, der Versicherungsnehmer das Vertragsverhältnis mit dem Makler jedoch kündigt und die Betreuung stattdessen durch einen anderen Makler oder die Versicherung selbst erfolgt, hängt wiederum von den individuellen Abreden und dem herrschenden Handelsbrauch ab, den der Tatrichter gegebenenfalls mit Hilfe von Sachverständigengutachten ermitteln muss.

367

Vor diesem Hintergrund verliert ein Versicherungsmakler seinen Provisionsanspruch, wenn die Versicherung die **Betreuung eines Sachversicherungsvertrags** mit einjähriger Laufzeit und Verlängerungsklausel selbst übernimmt und nach dem Handelsbrauch bei derartigen Verträgen im Fall des Maklerwechsels dem Erstmakler der Provisionsanspruch ebenfalls verloren geht.[942] Der Umstand, dass der Versicherer im Rahmen seiner Betreuung nicht dieselben Leistungen wie ein den Kunden neutral beratender unabhängiger Makler erbringt, bleibt insoweit unbeachtlich.[943] Der Anspruch auf das Vermittlungsentgelt könne zwar zunächst über die Beendigung des Vertragsverhältnisses zwischen Makler und Versicherungsnehmer hinaus weiterbestehen. Handele es sich jedoch um einen Sachversicherungsvertrag mit einjähriger Laufzeit und Verlängerungsklausel, trete die Vermittlungsleistung des Maklers mit fortschreitender Zeit alsbald in den Hintergrund und das Vermittlungsentgelt honoriere stattdessen in der Art einer „Nichtkündigungsprovision" das erfolgreiche Bemühen um die Aufrechterhaltung des Versicherungsvertrags. Bei einer an Treu und Glauben orientierten Auslegung der zwischen den Beteiligten getroffenen Abreden entspreche es daher einer sachgerechten Interessenabwägung, dem Erstmakler einen Anspruch auf das Vermittlungsentgelt jedenfalls dann nicht mehr zuzuerkennen, wenn der Fortbestand des Vertragsverhältnisses bei wertender Betrachtung überwiegend nicht mehr auf seine ursprüngliche Vermittlungsleistung, sondern auf das Bemühen eines Dritten um die Vertragsfortsetzung über die vorgesehene Dauer hinaus zurückzuführen ist.[944] Diese Erwägungen gelten gleichermaßen für den Maklerwechsel wie für die Übernahme der Vertragsbetreuung durch die Versicherung selbst. Ausgenommen sind lediglich nach § 162 BGB zu beurteilende Sachverhalte, bei denen der Versicherer den Versicherungsnehmer treuwidrig zur Kündigung des Vertrags mit dem Makler veranlasst.[945]

368

Für die Vergütung des Versicherungsmaklers spielt schließlich der sog. **Schicksalsteilungsgrundsatz** eine wichtige Rolle, nach dem die Maklerprovision das Schicksal der Versicherungsprämie im Guten wie im Schlechten teilt. Insoweit muss in erster Linie danach unterschieden werden, ob eine Brutto- oder eine Nettopolice vorliegt. Der Schicksalsteilungsgrundsatz gilt nur im ersten Fall uneingeschränkt, da die Versicherungsprämie bei einer Bruttopolice einen Provisionsanteil für die Vertrags-

369

---

[938] BGH v. 20.01.2005 - III ZR 207/04 - VersR 2005, 404-406; BGH v. 20.01.2005 - III ZR 251/04 - NJW 2005, 1357-1360, 1358.
[939] BGH v. 13.01.2005 - III ZR 238/04 - WM 2005, 1477-1479, 1477.
[940] BGH v. 13.01.2005 - III ZR 238/04 - WM 2005, 1477-1479, 1477.
[941] BGH v. 13.01.2005 - III ZR 238/04 - WM 2005, 1477-1479, 1478.
[942] BGH v. 13.01.2005 - III ZR 238/04 - WM 2005, 1477-1479.
[943] BGH v. 13.01.2005 - III ZR 238/04 - WM 2005, 1477-1479, 1478.
[944] BGH v. 13.01.2005 - III ZR 238/04 - WM 2005, 1477-1479, 1478 f.
[945] BGH v. 13.01.2005 - III ZR 238/04 - WM 2005, 1477-1479, 1479.

vermittlung enthält, der gerade in den ersten Jahren beträchtlich sein kann. Kündigt der Versicherungsnehmer den Versicherungsvertrag vor dessen Ablauf, entfällt daher mit der weiteren Prämienzahlung auch der in den künftigen Prämien enthaltene Anteil an der Maklerprovision. Dagegen kann die Geltung des Schicksalsteilungsgrundsatzes in den AGB einer Provisionsvereinbarung zwischen dem Versicherungsmakler und dem Kunden für die Vermittlung einer Lebensversicherung mit Nettopolice wirksam ausgeschlossen werden.[946] Der III. Zivilsenat des BGH erkennt hierin weder eine gegen die Gebote von Treu und Glauben verstoßende unangemessene Benachteiligung des Maklerkunden noch eine Abweichung von wesentlichen Grundgedanken der gesetzlichen Regelung.[947] Bei Vermittlung einer Lebensversicherung mit Nettopolice entfällt deshalb bei wirksamem Ausschluss des Schicksalsteilungsgrundsatzes die vereinbarungsgemäß ratierlich vom Kunden an den Makler zu zahlende Abschlussprovision nicht dadurch, dass der Kunde den Versicherungsvertrag vorzeitig kündigt. Maßgeblich bleibt insoweit die Grundregel des § 652 Abs. 1 BGB, nach der das spätere Schicksal des nachgewiesenen oder vermittelten wirksamen Hauptvertrags den Maklerlohnanspruch unberührt lässt.[948]

370   Die bei Lebensversicherungen den Versicherungsnehmer begünstigenden Vorschriften könnten neben § 652 BGB nicht als Vergleichsmaßstab herangezogen werden, da sie sich ausschließlich an das Versicherungsunternehmen richteten und inhaltlich ein Dauerschuldverhältnis voraussetzten, dessen Bedingungen sich während der regelmäßig langjährigen Laufzeit eines Lebensversicherungsvertrags grundlegend ändern könnten. Derartige Umstände bestünden bei einem auf einmaligen Leistungsaustausch gerichteten Maklervertrag entweder nicht oder sie hätten jedenfalls nicht ein solches Gewicht, dass ein entsprechender Eingriff in die **Vertragsfreiheit** geboten wäre. Dies gelte selbst dann, wenn dem Maklerkunden die Möglichkeit eingeräumt werde, die Provision über insgesamt drei Jahre in monatlichen Raten zu tilgen.[949] Der III. Zivilsenat verkannte nicht, dass mit dem Abschluss einer Nettopolice und der damit einhergehenden unmittelbaren Provisionspflicht des Versicherungsnehmers eine vorzeitige Kündigung der Lebensversicherung tatsächlich erschwert werden kann, weil sie an der Verpflichtung zur Fortzahlung der Maklerprovision nichts ändert. Ob diese Folge aus Gründen des Verbraucherschutzes rechtspolitisch bedenklich ist oder ob eine solche Vertragsgestaltung umgekehrt wegen der ihr innewohnenden Transparenz zu begrüßen ist, sei jedoch von ihm nicht zu entscheiden. Es sei jedenfalls nicht Aufgabe des Versicherungsvertragsgesetzes, derartigen Erschwernissen zu begegnen, die auch sonst nicht als treuwidrige Benachteiligung des Kunden angesehen werden könnten. Selbst bei einer Bruttopolice sei eine Kündigung des Versicherungsvertrags während der ersten zwei bis drei Jahre für den Versicherungsnehmer regelmäßig mit erheblichen Verlusten verbunden. Sofern dies im Versicherungsvertrag hinreichend transparent vereinbart sei, dürften die einmaligen Abschlusskosten zu einem wesentlichen Anteil mit den ersten Versicherungsprämien verrechnet werden mit der Folge, dass der Rückkaufswert des Vertrags solange gegen Null gehe.[950]

371   Am 22.05.2007 ist das **Gesetz zur Neuregelung des Versicherungsvermittlerrechts** vom 19.12.2006[951] in Kraft getreten, wonach u.a. die Vermittlung von Versicherungsverträgen verschiedenen neuen Pflichten wie der zum Einholen einer Erlaubnis nach den §§ 34d ff. GewO sowie zum Abschluss einer Berufshaftpflichtversicherung unterworfen worden ist. Wer als Versicherungsvermittler zugelassen ist, wird seitdem in einem öffentlichen Register geführt, das von den Industrie- und Handelskammern betreut wird (§ 11a GewO). Auskünfte aus dem Register werden im Wege des automatisierten Abrufs über das Internet oder schriftlich erteilt (§ 11a Abs. 2 Satz 1 GewO).

---

[946] BGH v. 20.01.2005 - III ZR 207/04 - VersR 2005, 404-406; BGH v. 20.01.2005 - III ZR 251/04 - NJW 2005, 1357-1360; OLG Frankfurt a.M. v. 25.09.2001 - 8 U 70/01 - VersR 2003, 1571; OLG Nürnberg v. 24.04.2001 - 3 U 4515/00 - VersR 2003, 1574; OLG Karlsruhe v. 19.02.2004 - 9 U 112/03 - VersR 2004, 999.

[947] BGH v. 20.01.2005 - III ZR 207/04 - VersR 2005, 404-406; BGH v. 20.01.2005 - III ZR 251/04 - NJW 2005, 1357-1360; BGH v. 19.05.2005 - III ZR 309/04 - NJW-RR 2005, 1425-1426; BGH v. 19.05.2005 - III ZR 322/04 - WM 2005, 1480-1482; BGH v. 14.06.2007 - III ZR 269/06 - WM 2007, 1676-1678.

[948] BGH v. 20.01.2005 - III ZR 207/04 - VersR 2005, 404-406; BGH v. 20.01.2005 - III ZR 251/04 - NJW 2005, 1357-1360, 1360.

[949] BGH v. 20.01.2005 - III ZR 207/04 - VersR 2005, 404-406; BGH v. 20.01.2005 - III ZR 251/04 - NJW 2005, 1357-1360, 1359; BGH v. 14.06.2007 - III ZR 269/06 - WM 2007, 1676-1678, 1678.

[950] BGH v. 20.01.2005 - III ZR 207/04 - VersR 2005, 404-406; BGH v. 20.01.2005 - III ZR 251/04 - NJW 2005, 1357-1360, 1359 f.

[951] BGBl I 2006, 3232.

§ 34d Abs. 1 Satz 1 GewO definiert als erlaubnispflichtige Versicherungsvermittlung die gewerbsmäßige Vermittlung des Abschlusses von Versicherungsverträgen durch einen Versicherungsmakler oder durch einen Versicherungsvertreter. Erfolgt die Versicherungsvermittlung lediglich als Ergänzung der im Rahmen einer anderen Haupttätigkeit gelieferten Waren oder Dienstleistungen, kann auf Antrag unter den Voraussetzungen des § 34d Abs. 3 GewO von der Erlaubnispflicht befreit werden. Von vornherein erlaubnisfrei bleibt die Tätigkeit eines Versicherungsvermittlers, wenn er diese ausschließlich im Auftrag eines oder – wenn die Versicherungsprodukte nicht in Konkurrenz stehen – mehrerer im Inland zum Geschäftsbetrieb befugten Versicherungsunternehmen ausübt und durch das oder die Versicherungsunternehmen für ihn die uneingeschränkte Haftung hieraus übernommen wird (§ 34d Abs. 4 GewO). Weitere Ausnahmetatbestände enthält § 34d Abs. 9 GewO. Die Vorschriften über Versicherungsvermittler gelten auch für **Rückversicherungsvermittler** (§ 34d Abs. 10 GewO).[952] Inwiefern für die konzessionierten oder angestellten Personen eine Stellvertretung zulässig ist, bestimmt jeweils die Behörde, der die Konzessionierung oder Anstellung zusteht (§ 47 GewO). 372

Die einem Versicherungsmakler erteilte Erlaubnis beinhaltet die Befugnis, Dritte, die nicht Verbraucher sind, bei der Vereinbarung, Änderung oder Prüfung von Versicherungsverträgen gegen gesondertes Entgelt rechtlich zu beraten. Diese Befugnis zur Beratung erstreckt sich auch auf Beschäftigte von Unternehmen, sofern der Versicherungsmakler das Unternehmen berät (§ 34d Abs. 1 Satz 4 GewO). Demgegenüber definiert § 34e Abs. 1 Satz 1 GewO als erlaubnispflichtige Versicherungsberatung die gewerbsmäßige Beratung Dritter über Versicherungen, ohne von einem Versicherungsunternehmen einen wirtschaftlichen Vorteil zu erhalten oder von ihm in anderer Weise abhängig zu sein. Eine solche Erlaubnis beinhaltet die Befugnis, Dritte bei der Vereinbarung, Änderung oder Prüfung von Versicherungsverträgen oder bei der Wahrnehmung von Ansprüchen aus dem Versicherungsvertrag im Versicherungsfall rechtlich zu beraten und gegenüber dem Versicherungsunternehmen außergerichtlich zu vertreten (§ 34e Abs. 1 Satz 3 GewO). Kern der Neuregelung für **Versicherungsberater** ist das Verbot der Annahme von Provisionen von Versicherungsunternehmen (§ 34e Abs. 3 GewO). Im Übrigen gelten außerhalb der Ausnahmetatbestände die meisten der für Versicherungsvermittler eingeführten Bestimmungen für Versicherungsberater entsprechend (§ 34e Abs. 2 GewO). Wer vorsätzlich oder fahrlässig ohne die erforderliche Erlaubnis nach § 34d Abs. 1 Satz 1 GewO den Abschluss von Verträgen der dort bezeichneten Art vermittelt oder nach § 34e GewO über Versicherungen berät, begeht eine Ordnungswidrigkeit nach § 144 Abs. 1 Nr. 1 lit. j bzw. lit. k GewO, für die ein Bußgeld in einer Höhe bis zu 5.000 € verhängt werden kann (§ 144 Abs. 4 GewO). 373

Die durch die Richtlinie 2002/92/EG vorgegebenen Informations-, Mitteilungs- und Beratungspflichten wurden zum Teil in das Versicherungsvertragsgesetz (§§ 42a-42k VVG a.F.) übernommen, teilweise flossen sie in die Versicherungsvermittlerverordnung vom 15.05.2007 ein.[953] Durch das **Gesetz zur Reform des Versicherungsvertragsrechts** vom 23.11.2007[954] wurde das Versicherungsvertragsgesetz komplett neu gefasst und die gerade erst eingeführten §§ 42a-42j VVG a.F. wurden zu den §§ 59-68 VVG. Die Begriffsbestimmungen in § 59 VVG folgen im Wesentlichen der in der Gewerbeordnung vorgenommenen Differenzierung zwischen Versicherungsvermittlern (Versicherungsvertreter und Versicherungsmakler) und Versicherungsberatern. Versicherungsmakler sind grundsätzlich verpflichtet, ihrem Rat eine hinreichende Zahl von auf dem Markt angebotenen Versicherungsverträgen und von Versicherern zugrunde zu legen, so dass sie nach fachlichen Kriterien eine Empfehlung dahin abgeben können, welcher Versicherungsvertrag geeignet ist, die Bedürfnisse des Versicherungsnehmers zu erfüllen (§ 60 Abs. 1 Satz 1 VVG). Ausnahmen gelten im Einzelfall, soweit der Versicherungsmakler den Versicherungsnehmer vor Abgabe seiner Vertragserklärung ausdrücklich auf eine eingeschränkte Auswahl hinweist (§ 60 Abs. 1 Satz 2 VVG). Ist ein solcher Ausnahmetatbestand erfüllt, ist der Versicherungsmakler – ebenso wie generell der Versicherungsvertreter – zur Mitteilung an den Versicherungsnehmer verpflichtet, auf welcher Markt- und Informationsgrundlage er seine Leistung erbringt und wer die seinem Rat zugrunde gelegten Versicherer sind (§ 60 Abs. 2 Satz 1 VVG). Der Versicherungsvertreter hat ferner mitzuteilen, für welche Versicherer er seine Tätigkeit ausübt und 374

---

[952] § 34d Abs. 1-4, 6, 7 und 9 GewO gilt nicht für Gewerbebetriebe, die als natürliche Person ihren Wohnsitz oder als juristische Person ihren satzungsmäßigen Sitz bzw. Hauptverwaltungssitz in einem anderen Mitgliedstaat der EU oder einem anderen Vertragsstaat des EWR-Abkommens haben und dort die Tätigkeit der Versicherungsvermittlung ausüben (§ 34d Abs. 1, 11 GewO).
[953] BGBl I 2007, 733, berichtigt in BGBl I 2007, 1967 und angepasst durch die Änderungsverordnung vom 19.12.2008, BGBl I 2008, 2969.
[954] BGBl I 2007, 2631.

§ 652

ob er für diese ausschließlich tätig ist (§ 60 Abs. 2 Satz 2 VVG). Dem Versicherungsnehmer steht es frei, auf die vorgenannten Mitteilungen und Angaben durch eine gesonderte schriftliche Erklärung zu verzichten (§ 60 Abs. 3 VVG).

375 Geben die angebotene Versicherung und ihre Struktur als solche oder die Person des Versicherungsnehmers und dessen Situation Anlass, den Versicherungsnehmer nach seinen Wünschen und Bedürfnissen zu befragen, so hat der Versicherungsvermittler dies zu tun. Er ist unter Berücksichtigung eines angemessenen Verhältnisses zwischen Beratungsaufwand und Prämienhöhe zur Beratung des Versicherungsnehmers verpflichtet und muss die Gründe für jeden zu einer bestimmten Versicherung erteilten Rat angeben (§ 61 Abs. 1 Satz 1 VVG). Ferner hat er dies unter Berücksichtigung der Komplexität des angebotenen Versicherungsvertrags nach § 62 VVG[955] zu dokumentieren (§ 61 Abs. 1 Satz 2 VVG). Der Versicherungsnehmer kann auf die Beratung oder die Dokumentation durch eine gesonderte schriftliche Erklärung verzichten, in der er vom Versicherungsvermittler ausdrücklich darauf hingewiesen wird, dass sich ein solcher Verzicht nachteilig auf die Möglichkeit zur Geltendmachung eines Schadensersatzanspruchs nach § 63 VVG auswirken kann (§ 61 Abs. 2 VVG). Ein solcher besteht, wenn dem Versicherungsnehmer durch die Verletzung einer Pflicht nach § 60 oder § 61 VVG ein Schaden entsteht und der Versicherungsvermittler die Pflichtverletzung zu vertreten hat. Neben der Regelung zur Zahlungssicherung zugunsten des Versicherungsnehmers in § 64 VVG bleibt schließlich noch hervorzuheben, dass die §§ 60 ff. VVG als **halbzwingendes Recht** ausgestaltet sind, wonach von ihnen nicht zum Nachteil des Versicherungsnehmers abgewichen werden kann (§ 67 VVG). Die Mehrzahl der für Versicherungsmakler geltenden Vorschriften sind auf Versicherungsberater wiederum entsprechend anzuwenden (§ 68 Satz 1 VVG). Soweit aus ihrem jeweiligen Auftragsverhältnis weitergehende Pflichten bestehen, bleiben diese daneben unberührt (§ 68 Satz 2 VVG).

376 Um den Schutz für Versicherungsnehmer abzurunden, wurde auch das Versicherungsaufsichtsgesetz angepasst, das nunmehr in einem gesonderten Unterabschnitt die **Zusammenarbeit mit Versicherungsvermittlern** normiert (§§ 80-80b VAG). Danach sind Versicherungsunternehmen verpflichtet, nur mit solchen gewerbsmäßig tätigen Versicherungsvermittlern zusammenzuarbeiten, die entweder eine Erlaubnis nach der Gewerbeordnung besitzen oder von vornherein bzw. auf entsprechenden Antrag hin eine erlaubnisfreie Tätigkeit ausüben (§ 80 Abs. 1 VAG).[956] Die Zusammenarbeit mit zulässigerweise ohne Erlaubnis tätigen Vermittlern setzt voraus, dass diese zuverlässig sind und in geordneten Vermögensverhältnissen leben (§ 34d Abs. 2 Nr. 1 und 2 GewO) und die Versicherungsunternehmen sicherstellen, dass die Vermittler über die zur Vermittlung der jeweiligen Versicherung angemessene Qualifikation verfügen (§ 80 Abs. 2 VAG). Ferner wurden den Versicherungsunternehmen bestimmte Mitteilungspflichten gegenüber der Registerbehörde (§ 11a GewO) auferlegt (§ 80 Abs. 3 und 4 VAG). Schließlich müssen sie Beschwerden über Versicherungsvermittler, die ihre Versicherungen vermitteln, beantworten und bei wiederholten Beschwerden, die für die Beurteilung der Zuverlässigkeit erheblich sein können, die nach § 34d Abs. 1 GewO für die Erlaubniserteilung zuständige Behörde davon in Kenntnis setzen (§ 80a VAG).

377 Zusammengenommen hat die Reform des Vertrags-, Gewerbe- und Aufsichtsrechts eine **erhebliche Erweiterung der Informations-, Dokumentations- und sonstigen Pflichten** für Versicherungsvermittler und Versicherungsberater bewirkt, was zu einem nicht zu überhörenden Aufschrei der betroffenen Personenkreise geführt hat, die dadurch ihre Existenz gefährdet sehen. Gerade die vielen kleinen Vermittler und Berater werden sich über kurz oder lang zu Zusammenschlüssen, Anbindung an stärkere Marktteilnehmer oder Aufgabe ihrer Tätigkeit gezwungen sehen. Die damit einhergehende Konzentrationstendenz ist jedoch politisch gewollt und folgt dem übergreifenden Ansatz zur Regulierung des Kapitalmarkts, von dem Anlagevermittler und Anlageberater ebenso erfasst werden. Es wird zu beobachten sein, ob und inwieweit sich hieraus tatsächlich nachweisbare Implikationen für den Verbraucher- und Anlegerschutz ergeben werden.

---

[955] Die Vorschrift verlangt grundsätzlich Übermittlung der Informationen in Textform, lässt aber mündliche Übermittlung genügen, wenn der Versicherungsnehmer dies wünscht oder wenn und soweit der Versicherer vorläufige Deckung gewährt. In solchen Fällen müssen die Informationen unverzüglich nach Vertragsschluss (spätestens mit dem Versicherungsschein) in Textform zur Verfügung gestellt werden. Ausgenommen sind Verträge über vorläufige Deckung bei Pflichtversicherungen.

[956] Bis zum 01.01.2009 durften Versicherungsunternehmen auch mit Versicherungsvermittlern im Sinne von § 156 Abs. 1 GewO zusammenarbeiten, wenn diese eine Berufshaftpflichtversicherung im Sinne von § 34d Abs. 2 Nr. 3 GewO nachweisen konnten oder im Fall von § 34d Abs. 4 GewO das oder die Versicherungsunternehmen, für das oder die sie ausschließlich tätig werden, die uneingeschränkte Haftung übernommen hatte (§ 80b VAG).

Zuvor bleibt noch auf eine **Neuorientierung im Umsatzsteuerrecht** aufmerksam zu machen, die der BFH unter Hinweis auf die nach seiner Ansicht gebotene richtlinienkonforme Auslegung von § 4 Nr. 11 UStG für notwendig erachtet hat. Den Ausgangspunkt seiner Überlegungen bildete dabei eine Entscheidung des EuGH, wonach die von Art. 13 der Richtlinie 77/388/EWG verwendeten Begriffe autonom gemeinschaftsrechtlich auszulegen sind, um eine in den Mitgliedstaaten unterschiedliche Anwendung des Mehrwertsteuersystems zu verhindern.[957] Danach gehört es zu den wesentlichen Aspekten der nach der Richtlinie steuerfreien Versicherungsvermittlungstätigkeit, Kunden zu suchen und diese mit dem Versicherer zusammenzuführen, wobei die Steuerfreiheit der Leistung im Einzelfall davon abhängt, dass sie sowohl zum Versicherer als auch zum Versicherungsnehmer in Beziehung steht. Demgegenüber sind Unterstützungsleistungen für die Ausübung der dem Versicherer selbst obliegenden Aufgaben stets steuerpflichtig.[958] Der BFH[959] hat deshalb seine frühere Rechtsprechung[960] aufgegeben, nach der es für den Umfang der Steuerbefreiung noch auf die handelsrechtlich fundierte Abgrenzung zwischen Versicherungsvertreter und Versicherungsmakler angekommen war.

VII. Unternehmensmakler

Unter dem Begriff des Unternehmensmaklers können diejenigen Personen zusammengefasst werden, die sich im lukrativen Geschäftsbereich M&A (Mergers and Acquisitions) zu Nachweis- und Vermittlungsleistungen verpflichten, die zum Abschluss eines Unternehmens- oder Beteiligungskaufvertrags zwischen ihrem Auftraggeber und einem Dritten führen sollen. Für die **Zuordnung zum Maklerrecht** sprechen die Erbringung einer maklertypischen Leistung und die Erfolgsabhängigkeit der Vergütung. Hieran ändert auch die bei Gesamtbetreuungsmandaten übliche Ergänzung durch dienst-, werk- und geschäftsbesorgungsvertragliche Elemente nichts, soweit diese Tätigkeiten lediglich die Maklerleistung unterstützenden Charakter haben. In der Praxis wird ein M&A-Mandat in der Mehrzahl der Fälle als qualifizierter Alleinauftrag erteilt.[961]

Die für den Unternehmensmakler bedeutsame Frage, inwieweit die Schulden des verkauften Unternehmens bei der **Berechnung der Provisionshöhe** zu berücksichtigen sind, wird von der höchstrichterlichen Rechtsprechung differenziert beantwortet. Der BGH geht davon aus, dass in den beteiligten Wirtschaftskreisen die Auffassung vorherrscht, dass der Kaufpreis im Hinblick auf die Differenz zwischen den in der Bilanz ausgewiesenen Aktiva und Passiva festgelegt wird, möglicherweise zuzüglich oder aber abzüglich weiterer den Unternehmenswert in der jeweiligen Verkaufssituation maßgeblich beeinflussender Faktoren. Der so errechnete oder geschätzte Betrag entspreche dem Verkehrswert des Unternehmens, in den demgemäß die Schulden nicht eingerechnet würden. Das gelte erst recht, wenn das Unternehmen in der Weise veräußert wird, dass Gesellschaftsanteile übertragen werden. Müsse der Verkäufer den Makler bezahlen, dann werde er bei der Provisionsberechnung nicht den Gesamtaufwand seines Vertragsgegners, sondern seinen ihm verbleibenden Verkaufserlös zugrunde legen wollen.[962]

Diese Auffassung erscheint ohne weiteres nachvollziehbar, soweit es sich um einen Verkäufermakler handelt. Die Instanzgerichte haben diese Rechtsprechung des BGH jedoch fortentwickelt und stellen zur Beantwortung der Frage, ob sich bei einem Unternehmensverkauf die Maklerprovision dadurch erhöht, dass zusätzlich zum Barkaufpreis noch Schulden übernommen werden, generell auf die **Auslegung des Maklervertrags** ab. Soweit es sich um eine Käuferprovision handelt, soll Folgendes gelten:[963]

- wird der Barkaufpreis nach der Ertragswertmethode ermittelt und sind in diesen Wert die langfristigen Verbindlichkeiten einbezogen worden, kann dies dafür sprechen, dass sich die Maklerprovision durch die Schuldübernahme nicht erhöht;

---

[957] EuGH v. 03.03.2005 - C-472/03 - DStR 2005, 467-469.
[958] EuGH v. 03.03.2005 - C-472/03 - DStR 2005, 467-469.
[959] BFH v. 06.09.2007 - V R 50/05 - DStR 2007, 2322, 2323.
[960] Vgl. z.B. BFH v. 09.07.1998 - V R 62/97 - DStR 1998, 158-160; BFH v. 10.06.1999 - V R 10/98 - DStR 1999, 1562-1564.
[961] *Rozijn*, NZG 2001, 494-503, 495.
[962] BGH v. 15.03.1995 - IV ZR 25/94 - NJW 1995, 1738-1739; BGH v. 16.12.2004 - III ZR 119/04 - WM 2005, 1523-1528, 1528.
[963] OLG Düsseldorf v. 08.10.1999 - 7 U 254/98 - NJW-RR 2000, 1506-1507.

§ 652

- dagegen ist regelmäßig von einer Erhöhung der Maklerprovision auszugehen, wenn es sich um Schulden handelt, die in unmittelbarem Zusammenhang mit der Kaufpreiszahlung zu begleichen sind.

382 Die Frage, wann der Unternehmensmakler den Nachweis der Gelegenheit zum Abschluss eines Vertrags über den **Erwerb einer aus Kommanditgesellschaften bestehenden Unternehmensgruppe** erbracht hat, hat der III. Zivilsenat des BGH im Ergebnis großzügig beantwortet.[964] Im konkreten Fall hatte eine kaufinteressierte Konzernmuttergesellschaft einen Makler damit beauftragt, für sie „den Klinikmarkt zu sondieren und Kontakte zu Eigentümern von zum Verkauf stehenden Klinikbetrieben aufzubauen". Über das Versprechen einer Pauschalvergütung hinaus hatte sich die Auftraggeberin verpflichtet, für den Fall des Abschlusses von Kaufverträgen aufgrund eines vom Makler nachgewiesenen Objekts eine „Vermittlungsprovision" von 1,5% des Kaufpreises zuzüglich gesetzlicher Mehrwertsteuer zu zahlen, wobei der Kaufpreis den Wert der Betriebsgesellschaft und der Immobilie umfassen sollte. Der Makler wies eine Gelegenheit zum Kauf einer Klinikgruppe mit einer Holding-GbR nach, unter der 26 Objektgesellschaften zusammengefasst waren, von denen jede mindestens eine Klinik betrieb.

383 Die **Objektgesellschaften** hatten alle die Rechtsform einer GmbH & Co. KG, deren Kommanditanteile etwa 460 Kommanditisten gehörten, wobei der mit 74% an den jeweiligen Komplementärgesellschaften beteiligte Gesellschafter-Geschäftsführer bzw. seine Familie üblicherweise eine Minderheit von 25%, teilweise aber auch zwischen 50 und 100% der Anteile hielten. Der Gesellschaftsvertrag einer jeden Publikums-KG sah vor, dass über die vollständige oder teilweise Veräußerung des Unternehmens die Gesellschafter zu bestimmen hatten. Diese standen einem Verkauf grundsätzlich positiv gegenüber, hatten aber – zunächst – noch Einwände gegen das Verfahren und die Bedingungen. Der Makler teilte seiner Auftraggeberin die grundsätzliche Verkaufsbereitschaft des Gesellschafter-Geschäftsführers mit und wies zugleich darauf hin, dass es noch andere Anteilseigner gebe, die jedoch ebenfalls verkaufsbereit seien. Nach Kontaktaufnahme, aber noch vor Abschluss des Unternehmenskaufvertrags kündigte die Auftraggeberin den Maklervertrag. Später übernahm sie nach eingehenden Preisverhandlungen mehr als 90% der Kommanditanteile an den Objektgesellschaften sowie 74% der Anteile an den Komplementärgesellschaften.

384 Der BGH ordnete den Vertrag als Nachweismaklervertrag ein und wies gleich zu Beginn darauf hin, dass der durch den zu erbringenden Nachweis geförderte Erwerb grundsätzlich sowohl als Asset Deal als auch als Share Deal möglich war.[965] Zum Zeitpunkt des Nachweises durch den Makler habe von einer Verkaufsbereitschaft der Objektgesellschaften ausgegangen werden können, da weder eine den Verkauf generell ablehnende Entschließung noch eine vergleichbare Verlautbarung der jeweiligen Gesellschaftermehrheit oder eines für sie sprechenden Gesellschaftsorgans vorgelegen habe. Jedenfalls bei Publikumsgesellschaften sei „typischerweise davon auszugehen, dass die Kommanditisten als Kapitalanleger gegenüber Unternehmensveräußerungen, die einen Gewinn versprechen, eine (latent) offene Haltung einnehmen". Komme es in engem zeitlichen Zusammenhang mit der ersten Kontaktaufnahme zwischen dem am Kauf interessierten Maklerkunden und der Geschäftsführung einer solchen Gesellschaft zu einem Übernahmegeschäft unter **Zustimmung der (Mehrheit der) Kommanditisten**, so spreche eine tatsächliche Vermutung dafür, dass die Kommanditisten von Anfang an – generell – verkaufsbereit waren.[966]

385 Der III. Zivilsenat legt eine **wertende wirtschaftliche Betrachtungsweise** zugrunde, nach der es auch bei gesetzlich oder gesellschaftsvertraglich begründeter Alleinzuständigkeit der Gesellschafter für eine Unternehmensveräußerung als „Nachweis" ausreicht, „wenn einerseits der Geschäftsführer als vertretungsbefugtes Organ der Gesellschaft die Bereitschaft zu Vertragsverhandlungen erkennen lässt, andererseits keine besonderen Anhaltspunkte für eine generelle Ablehnung eines derartigen Vertragsabschlusses durch die zustimmungsberechtigten Beteiligten vorliegen". Gebe der Geschäftsführer die Bereitschaft zum Vertragsschluss zu erkennen, dürfe der Maklerkunde hieraus im Allgemeinen schon einigermaßen sicher entnehmen, für die betreffende Transaktion bzw. für Verhandlungen darüber „den Fuß in der Tür" zu haben. Die endgültige Zustimmung der Gesellschafter stelle sich aus seiner Sicht eher als ein „Internum" der Verhandlungsgegenseite dar, zumal sich in der Erklärung der Verhandlungsbereitschaft durch den Geschäftsführer im Regelfall zugleich die Bereitschaft äußere, im Sinne

---

[964] BGH v. 16.12.2004 - III ZR 119/04 - WM 2005, 1523-1528.
[965] BGH v. 16.12.2004 - III ZR 119/04 - WM 2005, 1523-1528, 1525; BGH v. 21.12.2005 - III ZR 451/04 - NJW-RR 2006, 496-498.
[966] BGH v. 16.12.2004 - III ZR 119/04 - WM 2005, 1523-1528, 1526.

des in Betracht gezogenen Geschäfts auf die Gesellschafter einzuwirken. Die Frage, wie sich die Gesellschafter zu seinem Angebot stellen, hänge von dessen Inhalt sowie von den Verhandlungen darüber ab, mit denen der Nachweismakler aber nichts mehr zu tun habe. Dieser habe daher die Provision für den betreffenden Nachweis verdient, wenn der Hauptvertrag nach Verhandlungen über die Verkaufsbedingungen letztendlich mit Zustimmung der Gesellschafter zustande komme.[967]

Nach allem habe der Makler im konkreten Fall eine Gelegenheit zur Übernahme der Kliniken jedenfalls im Sinne eines Kaufs der Objektgesellschaften nachgewiesen, so dass es nicht entscheidend darauf ankomme, ob damit auch den Anforderungen an den Nachweis durch Beteiligungserwerb Genüge getan war, wofür jedoch bei der gebotenen wirtschaftlichen Betrachtungsweise alles spreche. Werde vom Investor ein Unternehmenskauf im Wege der Einzelrechtsübernahme einer Gesellschaft angestrebt und komme es schließlich zur Übernahme durch Kauf der Gesellschaftsanteile, so sei nicht die Frage zu klären, ob der Nachweis ordnungsgemäß erbracht wurde, sondern ob eine wirtschaftliche Identität zwischen angestrebtem und abgeschlossenem Hauptvertrag gegeben ist. Nichts anderes gelte, wenn „ursprünglich beide **Erwerbsarten** in Betracht kamen und ein zumindest für einen „asset deal" hinreichender Nachweis erfolgte, dass jedoch der Hauptvertrag als „share deal" zustande gekommen ist[968]. 386

Die wirtschaftliche Identität bejahte der BGH unter Hinweis auf eine tatsächliche Vermutung, die nach der gesellschaftsrechtlichen Gestaltung der Klinikgruppe dafür spreche, dass deren Übernahme durch Erwerb der ganz überwiegenden Mehrheit der Gesellschaftsanteile an den dazu gehörenden Objektgesellschaften wirtschaftlich im Wesentlichen einem Kauf sämtlicher Anteile einzelner Kliniken als Unternehmen gleichkam. Der **notwendige Ursachenzusammenhang** sei ebenfalls gegeben, da es für das Entstehen des Provisionsanspruchs genüge, dass die Auftraggeberin den Hauptvertrag abgeschlossen habe, nachdem sie durch den Nachweis des Maklers Kenntnis von der Vertragsgelegenheit erhalten hatte. Unbeachtlich sei dagegen, dass die Auftraggeberin noch einige Hürden bis zum endgültigen Vertragsschluss zu überwinden hatte und beispielsweise die Übernahmebedingungen im Einzelnen aushandeln musste.[969] 387

---

[967] BGH v. 16.12.2004 - III ZR 119/04 - WM 2005, 1523-1528, 1526.
[968] BGH v. 16.12.2004 - III ZR 119/04 - WM 2005, 1523-1528, 1527; BGH v. 21.12.2005 - III ZR 451/04 - NJW-RR 2006, 496-498.
[969] BGH v. 16.12.2004 - III ZR 119/04 - WM 2005, 1523-1528, 1527.

§ 653 BGB Mäklerlohn

(Fassung vom 02.01.2002, gültig ab 01.01.2002)

(1) Ein Mäklerlohn gilt als stillschweigend vereinbart, wenn die dem Mäkler übertragene Leistung den Umständen nach nur gegen eine Vergütung zu erwarten ist.

(2) Ist die Höhe der Vergütung nicht bestimmt, so ist bei dem Bestehen einer Taxe der taxmäßige Lohn, in Ermangelung einer Taxe der übliche Lohn als vereinbart anzusehen.

Gliederung

A. Anwendungsvoraussetzungen 1	III. Unanwendbarkeit von § 354 HGB 4
I. Fehlen einer Provisionsvereinbarung 1	**B. Rechtsfolgen** 8
II. Tatbestandsmäßigkeit nach § 652 BGB 2	**C. Prozessuale Hinweise/Verfahrenshinweise** 11

A. Anwendungsvoraussetzungen

I. Fehlen einer Provisionsvereinbarung

1   Fehlt jede Provisionsvereinbarung (dem Grunde oder der Höhe nach), greift § 653 Abs. 1 BGB ein, der eine **stillschweigende Übereinkunft** fingiert, wenn die dem Makler übertragene Leistung den Umständen nach nur gegen eine Vergütung zu erwarten ist.[1] Für diesen sowie für den Fall, dass lediglich die Höhe der Courtage nicht bestimmt ist, ordnet § 653 Abs. 2 BGB an, dass bei Bestehen einer Taxe diese den Maßstab bildet und ansonsten der übliche Lohn als vereinbart anzusehen ist. Vergleichbare Vorschriften sind aus den §§ 612 Abs. 1 und 2, 632 Abs. 1 und 2 BGB bekannt.

II. Tatbestandsmäßigkeit nach § 652 BGB

2   Nach der ständigen Rechtsprechung des BGH hängt die Anwendbarkeit von § 653 BGB neben seinen negativen Tatbestandsmerkmalen vom wirksamen **Zustandekommen eines Maklervertrags** und der Erbringung einer dem Makler durch den Auftraggeber konkret übertragenen Leistung ab.[2] Dabei ist ebenso wie zu § 652 BGB zu berücksichtigen, dass in dem bloßen Entgegennehmen von Maklerdiensten nicht in jedem Fall und nicht ohne weiteres der Abschluss eines Maklervertrags erblickt werden kann.[3]

3   Ein Makler, der ein Angebot zu einem Grundstücksverkauf einer Zeitung entnommen, hierauf einen Dritten aufmerksam gemacht und diesem alsdann ein Exposé mit Provisionsforderung für den Fall des Kaufabschlusses übersandt hat, erwirbt damit noch keinen **Lohnanspruch** für den Fall des Grundstückskaufs durch den Dritten, da ihm von diesem keine Maklerleistung übertragen wurde.[4] Setzt sich der Dritte direkt mit dem Verkäufer in Verbindung, ohne sich mit der Provisionsforderung des Maklers einverstanden erklärt und irgendwelche Dienste von ihm in Anspruch genommen zu haben, ist er diesem gegenüber nicht provisionspflichtig.[5]

III. Unanwendbarkeit von § 354 HGB

4   Eine über § 653 BGB hinausgehende Regelung enthält § 354 Abs. 1 HGB, wonach derjenige, der in Ausübung eines Handelsgewerbes einem anderen Geschäfte besorgt oder Dienste leistet, dafür auch ohne ausdrückliche oder stillschweigende Verabredung eine Provision nach den ortsüblichen Sätzen fordern kann.[6] Wegen ihrer subsidiären Geltung kommt die Anwendung der Vorschrift nicht in Be-

---

[1] BGH v. 12.02.1981 - IVa ZR 94/80 - LM Nr. 6 zu § 653 BGB.
[2] BGH v. 16.01.1970 - IV ZR 800/68 - LM Nr. 3 zu § 653 BGB; BGH v. 23.10.1980 - IVa ZR 27/80 - LM Nr. 5 zu § 653 BGB; BGH v. 12.02.1981 - IVa ZR 94/80 - LM Nr. 6 zu § 653 BGB; BGH v. 08.10.1986 - IVa ZR 20/85 - NJW-RR 1987, 173-174.
[3] BGH v. 23.10.1980 - IVa ZR 27/80 - LM Nr. 5 zu § 653 BGB; BGH v. 08.10.1986 - IVa ZR 20/85 - NJW-RR 1987, 173-174.
[4] BGH v. 10.05.1989 - IVa ZR 60/88 - NJW-RR 1989, 1071-1073.
[5] BGH v. 10.05.1989 - IVa ZR 60/88 - NJW-RR 1989, 1071-1073.
[6] BGH v. 11.06.1964 - VII ZR 191/62 - LM Nr. 4 zu § 354 HGB; BGH v. 28.01.1993 - I ZR 292/90 - LM HGB § 354 Nr. 10 (10/1993).

tracht, wenn die Parteien bereits eine **rechtswirksame Vergütungsvereinbarung** getroffen haben.[7] Ansonsten gilt § 354 HGB nicht nur für den Makler, der als Kaufmann im Handelsregister eingetragen ist, sondern auch für denjenigen, der ohne Registereintragung gewerbsmäßig tätig ist und dessen Unternehmen einen nach Art und Umfang in kaufmännischer Weise eingerichteten Geschäftsbetrieb erfordert.[8]

Grundsätzlich kann § 354 HGB auch dann für die Geltendmachung der Maklerprovision herangezogen werden, wenn es an einem wirksamen Maklervertrag fehlt.[9] Allerdings setzt der Provisionsanspruch in solchen Fällen voraus, dass mit dem am Geschäftsabschluss Interessierten ein Verhältnis besteht, das die Tätigkeit des Maklers rechtfertigt.[10] Der Makler muss also „befugterweise" für den Interessierten tätig geworden sein.[11] Diesem muss wiederum erkennbar gewesen sein, dass die Maklerdienste gerade für ihn geleistet werden, wofür im Regelfall eine **vertragliche Grundlage** erforderlich ist.[12] Ausnahmsweise wird jedoch ein gültiger Vertrag als entbehrlich erachtet, sofern keine Bedenken gegen die Wirksamkeit des Maklergeschäfts wegen Einigungs- oder Willensmängeln nach den §§ 145 ff., 104 ff., 116 ff. BGB bestehen und die Vorschrift, aus der sich die Nichtigkeit ergibt, nicht den Schutz einer Vertragspartei bezweckt.[13]

5

Geht man mit einer verbreiteten Ansicht[14] davon aus, dass das Erfordernis eines nach Art und Umfang in kaufmännischer Weise eingerichteten Geschäftsbetriebs bei Zivilmaklern den Regelfall darstellt, eröffnet sich für deren Provisionsanspruch auf den ersten Blick eine interessante **Ausweichmöglichkeit**, wenn mit dem vermeintlichen Auftraggeber kein wirksamer Maklervertrag zustande gekommen ist. Allerdings macht der BGH die Anwendung der Vorschrift davon abhängig, dass alle übrigen Voraussetzungen des Lohnanspruchs nach § 652 Abs. 1 BGB vorliegen, so dass dieser z.B. ausscheidet, wenn die Tätigkeit des Maklers nicht zumindest mitursächlich für das Zustandekommen des Hauptvertrags geworden ist, ein Hauptvertrag gar nicht zustande kommt oder ein Verflechtungstatbestand vorliegt.[15]

6

Hieran hat sich auch durch die Handelsrechtsreform nichts geändert. Zwar hat die Neuorientierung des Begriffs des Handelsgewerbes im Ergebnis zu einer weiteren **Einbeziehung von Zivilmaklern** in den Geltungsbereich von § 354 Abs. 1 HGB geführt, doch wird dessen Anwendung im konkreten Einzelfall nach wie vor von strengen Anforderungen abhängig gemacht, um zu verhindern, dass einem Teilnehmer am Rechtsverkehr in missbräuchlicher Weise eine provisionspflichtige Maklertätigkeit gegen seinen Willen aufgedrängt wird. So wird etwa im Hinblick auf den Vorrang vertraglicher Vereinbarungen und auf die Risikoverteilung des allgemeinen Maklervertragsrechts nach § 652 BGB eine „befugte" entgeltliche Maklertätigkeit nicht ohne weiteres angenommen, wenn die gewünschte Maklerleistung und deren Vergütung zuvor von dem Interessenten auf ein bestimmtes Geschäft eingegrenzt worden war, es dann jedoch zu einem anderen Hauptvertrag kommt. In einem solchen Fall kann der Makler einen Lohnanspruch nur dann über § 354 HGB geltend machen und durchsetzen, wenn er vor Entfaltung seiner Tätigkeit in anderer Richtung eine (ergänzende) Vereinbarung abschließt oder jedenfalls klare Hinweise auf eine Vergütungspflicht des Interessenten gibt.[16]

7

---

[7] BGH v. 18.04.1973 - IV ZR 6/72 - BB 1973, 1192; BGH v. 31.03.1982 - IVa ZR 4/81 - LM Nr. 8 zu § 653 BGB.
[8] BGH v. 12.02.1981 - IVa ZR 105/80 - LM Nr. 7 zu § 354 HGB.
[9] BGH v. 19.11.1962 - VIII ZR 229/61 - WM 1963, 165; BGH v. 11.06.1964 - VII ZR 191/62 - NJW 1964, 2343; BGH v. 04.04.1966 - VIII ZR 102/64 - WM 1966, 621; BGH v. 25.09.1985 - IVa ZR 22/84 - NJW 1986, 177.
[10] BGH v. 19.11.1962 - VIII ZR 229/61 - WM 1963, 165.
[11] BGH v. 04.04.1966 - VIII ZR 102/64 - WM 1966, 621; BGH v. 25.09.1985 - IVa ZR 22/84 - NJW 1986, 177.
[12] BGH v. 23.09.1999 - III ZR 322/98 - NJW 2000, 72; OLG Brandenburg v. 13.11.2008 - 12 U 90/08 - NZM 2010, 171-173, 172.
[13] BGH v. 28.09.1961 - II ZR 186/59 - MDR 1962, 31; BGH v. 07.07.2005 - III ZR 397/04 - ZIP 2005, 1516-1518, 1518.
[14] *Dehner*, NJW 2000, 1986-1995, 1987; *Heße*, NJW 2002, 1835-1838, 1837.
[15] BGH v. 09.11.1966 - VIII ZR 170/64 - LM Nr. 21 zu § 652 BGB; BGH v. 23.10.1980 - IVa ZR 41/80 - WM 1980, 1428-1431; BGH v. 23.10.1980 - IVa ZR 45/80 - LM Nr. 70 zu § 652 BGB; BGH v. 12.02.1981 - IVa ZR 105/80 - LM Nr. 7 zu § 354 HGB; BGH v. 25.09.1985 - IVa ZR 22/84 - BGHZ 95, 393-401; OLG Dresden v. 02.09.1998 - 8 U 3692/97 - NZM 1998, 1016-1017; OLG Dresden v. 26.08.1998 - 8 U 845/98 - OLGR Dresden 1998, 405-406.
[16] BGH v. 07.07.2005 - III ZR 397/04 - ZIP 2005, 1516-1518, 1518.

B. Rechtsfolgen

8 Da es keine einheitlichen Taxen für die Höhe von Maklerlöhnen gibt, gehen die Gerichte von der verkehrs- und ortsüblichen Vergütung zur Zeit des Vertragsschlusses aus.[17] Ist auch diese nicht zu ermitteln, wird eine **ergänzende Vertragsauslegung** erforderlich, die unter Berücksichtigung der Umstände des Einzelfalls zur Festlegung eines Prozentsatzes innerhalb der üblichen Vergütungsspanne führt.[18] Dabei hat der Tatrichter von einem mittleren Prozentsatz auszugehen und sodann die besonderen Umstände wie z.B. den Wert und die Art des vermakelten Objekts sowie die Leistungen und die Aufwendungen des Maklers zu berücksichtigen und schließlich danach zu fragen, in welchem Umfang Zu- und Abschläge zu dem Ausgangsbetrag erforderlich erscheinen.[19]

9 Für den **Handelsmakler** bestimmt § 99 HGB, dass bei fehlender Vereinbarung der Parteien über die Lohnzahlungsverpflichtung der Maklerlohn in Ermangelung eines abweichenden Ortsgebrauchs von jeder Partei zur Hälfte zu entrichten ist.

10 Im Verhältnis zu den §§ 315, 316 BGB besteht nach Ansicht des BGH Spezialität, da § 653 BGB gerade zu einer Beseitigung der in diesen Vorschriften vorausgesetzten Zweifel führen soll.[20] § 316 BGB sei daher nicht anwendbar, wenn der Vertrag zwar keine ausdrückliche Bestimmung der Höhe der Gegenleistung enthalte, diese aber im Wege der Auslegung dem Vertrag entnommen werden könne.[21] Ein **Bestimmungsrecht des Maklers** über die Höhe seiner Provision entspreche bei gehöriger Mitberücksichtigung der Vorstellungen und Wünsche des Auftraggebers allgemein nicht der Interessenlage und würde den Auftraggeber dazu nötigen, sich mit jeder Vergütung abzufinden, welche die unter Umständen nicht unbeträchtliche Spanne der Billigkeit noch nicht überschreite. Er müsste auch einen Betrag akzeptieren, der an der Obergrenze dessen liege, was noch nicht als unbillig bezeichnet werden könne, und zwar selbst dann, wenn diese Obergrenze deutlich über einem Durchschnittswert liege. Hierin läge ein so großes Entgegenkommen an den Makler, dass im Allgemeinen nicht von der Bereitschaft des Auftraggebers hierzu ausgegangen werden könne, so dass auch kein Raum für die Annahme bleibe, es sei ein entsprechendes Bestimmungsrecht nach § 315 Abs. 1 BGB vereinbart worden.[22]

C. Prozessuale Hinweise/Verfahrenshinweise

11 Die Frage der **Beweislastverteilung** hat der BGH dahingehend beantwortet, dass der Makler das Vorliegen der tatsächlichen Voraussetzungen der gesetzlichen Vermutung beweisen muss,[23] während dem Auftraggeber der Beweis für die dennoch vereinbarte Unentgeltlichkeit obliegt.[24] Der Makler muss zum einen die tatsächlichen Umstände darlegen und beweisen, aus denen sich ergeben soll, dass seine Tätigkeit nur gegen Vergütung zu erwarten war, zum anderen aber auch, dass diese Umstände die Maklerleistung bei vorausschauender Beurteilung tatsächlich nur gegen eine Vergütung erwarten ließen.[25] Da es hierfür maßgebend auf die objektive Gesamtlage des Einzelfalls ankommt, müssen zunächst alle Umstände, die von Bedeutung sein können, festgestellt werden. Als Indizien wurden in der Rechtsprechung eine bestehende Übung, Art, Umfang und Dauer der Maklertätigkeit, die Berufs- und Erwerbsverhältnisse des Maklers sowie die Beziehungen der Beteiligten zueinander herangezogen.[26]

12 Von der Feststellung dieser Umstände ist die weitere Prüfung zu unterscheiden, ob die Maklerleistung unter den gegebenen Umständen tatsächlich nur gegen eine Vergütung zu erwarten war. Dies ist zu bejahen, wenn die Umstände des Vertragsschlusses zu der Annahme zwingen, die Maklerleistung werde unterbleiben, wenn dem Makler angetragen würde, ohne Provision tätig zu wer-

---

[17] OLG Karlsruhe v. 22.07.1998 - 15 U 42/98 - NZM 1999, 231; OLG Frankfurt v. 15.09.1999 - 19 U 61/99 - NJW-RR 2000, 58-59; LG Stendal v. 01.03.2001 - 22 S 150/00 - NZM 2001, 1089.
[18] BGH v. 13.03.1985 - IVa ZR 211/82 - BGHZ 94, 98-104; BGH v. 18.09.1985 - IVa ZR 139/83 - LM Nr. 12 zu § 316 BGB; BGH v. 06.07.1994 - IV ZR 101/93 - LM BGB § 652 Nr. 135 (12/1994).
[19] BGH v. 13.03.1985 - IVa ZR 211/82 - BGHZ 94, 98-104.
[20] BGH v. 13.03.1985 - IVa ZR 211/82 - BGHZ 94, 98-104.
[21] BGH v. 18.09.1985 - IVa ZR 139/83 - LM Nr. 12 zu § 316 BGB.
[22] BGH v. 13.03.1985 - IVa ZR 211/82 - BGHZ 94, 98-104.
[23] BGH v. 16.01.1970 - IV ZR 800/68 - LM Nr. 3 zu § 653 BGB.
[24] BGH v. 12.02.1981 - IVa ZR 94/80 - LM Nr. 6 zu § 653 BGB; BGH v. 24.09.2009 - III ZR 96/09 - NZM 2009, 869.
[25] BGH v. 12.02.1981 - IVa ZR 94/80 - LM Nr. 6 zu § 653 BGB.
[26] BGH v. 12.02.1981 - IVa ZR 94/80 - LM Nr. 6 zu § 653 BGB.

den.[27] Diese **Prognose** obliegt dem Tatrichter und führt bei positivem Ergebnis dazu, dass die Vergütung nach § 653 Abs. 1 BGB als vereinbart gilt.[28] Klagt der Makler den üblichen Lohn ein und behauptet der Auftraggeber die Vereinbarung einer niedrigeren Vergütung, muss der Makler deren Nichtzustandekommen beweisen.[29] Da an die Führung eines derartigen Beweises keine unerfüllbaren Forderungen gestellt werden dürften, könne sich der Makler in entsprechenden Fällen auf den Nachweis beschränken, die substantiierten Darlegungen seines Auftraggebers über die von diesem behauptete Vereinbarung der niedrigeren Vergütung zu widerlegen.[30]

---

[27] BGH v. 12.02.1981 - IVa ZR 94/80 - LM Nr. 6 zu § 653 BGB; BGH v. 11.05.1988 - IVa ZR 305/86 - NJW-RR 1988, 1196-1199.
[28] BGH v. 12.02.1981 - IVa ZR 94/80 - LM Nr. 6 zu § 653 BGB.
[29] BGH v. 31.03.1982 - IVa ZR 4/81 - LM Nr. 8 zu § 653 BGB.
[30] BGH v. 31.03.1982 - IVa ZR 4/81 - LM Nr. 8 zu § 653 BGB.

§ 654 BGB Verwirkung des Lohnanspruchs

(Fassung vom 02.01.2002, gültig ab 01.01.2002)

Der Anspruch auf den Mäklerlohn und den Ersatz von Aufwendungen ist ausgeschlossen, wenn der Mäkler dem Inhalt des Vertrags zuwider auch für den anderen Teil tätig gewesen ist.

Gliederung

A. Anwendungsvoraussetzungen ... 1	B. Rechtsfolgen ... 15
I. Normstruktur ... 1	C. Prozessuale Hinweise/Verfahrenshinweise ... 18
II. Lohnunwürdigkeit des Maklers ... 3	

A. Anwendungsvoraussetzungen

I. Normstruktur

1   Aufgrund der vom Gesetz vorausgesetzten Unparteilichkeit des Maklers ist sein Lohnanspruch ausgeschlossen, wenn er dem Vertragsinhalt zuwider auch für den anderen Teil tätig geworden ist. Allerdings ist ihm die angestrebte Doppeltätigkeit grundsätzlich erlaubt[1] und in der Praxis vor allem in der Konstellation anzutreffen, dass für die eine Seite eine Vermittlungs- und für die andere Seite lediglich eine Nachweistätigkeit erbracht werden soll. Daneben hat der BGH zumindest für den Immobilienbereich anerkannt, dass auch eine Vermittlungstätigkeit für beide Auftraggeber zulässig ist, sofern nur ein solcher **Doppelauftrag von beiden Vertragspartnern** gestattet wurde bzw. für den jeweils anderen Auftraggeber eindeutig erkennbar oder absehbar war.[2] Die nicht offen gelegte Doppeltätigkeit des Vermittlungsmaklers führt dagegen zur Verwirkung des Provisionsanspruchs.[3] Die Instanzgerichte haben sich dieser Sichtweise angeschlossen.[4]

2   Nach der ständigen höchstrichterlichen Rechtsprechung[5] hat § 654 BGB **Strafcharakter** und will den Makler dazu anhalten, die ihm gegenüber seinem Auftraggeber obliegenden Treuepflichten zu wahren.[6] Deren Intensität steigt nicht nur mit der Tiefe des zwischen beiden Seiten bestehenden Vertrauensverhältnisses, sondern auch mit der wirtschaftlichen Bedeutung des Geschäfts für den Auftraggeber sowie mit dessen Unerfahrenheit.[7] An diesen Grundsätzen hat der BGH auch nach nochmaliger Überprüfung festgehalten.[8] Bei schweren Verstößen gegen die Treuepflicht bestehe ein Bedürfnis für eine vom Entstehen eines ersatzfähigen Schadens unabhängige Anspruchsverwirkung.[9] Den § 654 BGB entnommenen Rechtsgedanken, wonach eines Entgeltanspruchs verlustig gehen soll, wer sich wegen eines Treubruchs als unwürdig erweist, hat er im Laufe der Jahre auf andere Dienstverhältnisse mit ent-

---

[1] BGH v. 08.02.1967 - VIII ZR 174/64 - LM Nr. 22 zu § 652 BGB; BGH v. 25.10.1967 - VIII ZR 215/66 - BGHZ 48, 344-351; BGH v. 16.01.1970 - IV ZR 1162/68 - LM Nr. 36 zu § 652 BGB; BGH v. 21.04.1971 - IV ZR 4/69 - WM 1971, 904; BGH v. 21.05.1971 - IV ZR 52/70 - BB 1971, 1124-1125; BGH v. 18.05.1973 - IV ZR 21/72 - BGHZ 61, 17-25; BGH v. 12.02.1981 - IVa ZR 105/80 - LM Nr. 7 zu § 354 HGB; BGH v. 31.10.1991 - IX ZR 303/90 - LM BGB § 134 Nr. 135 (5/1992); BGH v. 02.12.2003 - XI ZR 53/02 - WM 2004, 417-422; OLG Hamm v. 15.05.1997 - 18 U 214/96 - NJW-RR 1998, 844; OLG Koblenz v. 08.09.1999 - 7 U 232/99 - NJW-RR 2002, 491-492; LG Hannover v. 05.09.2000 - 18 S 1515/99 - NJW-RR 2001, 566-567.

[2] BGH v. 26.03.1998 - III ZR 206/97 - LM BGB § 652 Nr. 143 (10/1998).

[3] OLG Köln v. 11.03.2003 - 24 U 197/02 - NJW-RR 2004, 271-272.

[4] OLG München v. 19.11.1999 - 23 U 3480/99 - WM 2001, 1562-1565; LG Mönchengladbach v. 01.03.2001 - 10 O 642/00 - NJW-RR 2002, 491.

[5] *Fischer*, NZM 2001, 573-883.

[6] BGH v. 05.02.1962 - VII ZR 248/60 - BGHZ 36, 323-329; BGH v. 16.10.1980 - IVa ZR 35/80 - LM Nr. 10 zu § 654 BGB; BGH v. 24.06.1981 - IVa ZR 225/80 - LM Nr. 12 zu § 654 BGB; BGH v. 13.03.1985 - IVa ZR 222/83 - LM Nr. 15 zu § 654 BGB; BGH v. 03.12.1986 - IVa ZR 87/85 - NJW 1987, 1008-1009; OLG Düsseldorf v. 11.04.1997 - 7 U 63/96 - AIZ A 146 Bl 40; OLG Frankfurt v. 22.06.2001 - 19 U 232/00 - NJW-RR 2002, 779-780; LG Berlin v. 23.12.1999 - 5 O 352/99 - NJW-RR 2001, 706-708.

[7] OLG Karlsruhe v. 29.09.1994 - 18a U 127/93 - NJW-RR 1995, 500-501.

[8] BGH v. 30.04.2003 - III ZR 318/02 - NJW-RR 2003, 991; BGH v. 19.05.2005 - III ZR 322/04 - WM 2005, 1480-1482.

[9] BGH v. 23.09.2010 - V ZB 90/09 - NZM 2010, 50-53, 51.

sprechenden Treuepflichten des Dienstverpflichteten angewendet. Betroffen hiervon waren Testamentsvollstrecker[10], Rechtsanwälte[11], Insolvenzverwalter[12], Zwangsverwalter[13] und Vermögensverwalter[14], wohingegen der III. Zivilsenat des BGH mit Blick auf seitens eines Steuerberaters in seiner Eigenschaft als Sanierungsberater begangene Pflichtverletzungen insoweit deutliche Zurückhaltung geübt hat.[15]

II. Lohnunwürdigkeit des Maklers

Soweit nicht ausnahmsweise eine **erlaubte Doppeltätigkeit** des Maklers vorliegt, findet § 654 BGB unmittelbare Anwendung. Ob von einer ausdrücklich oder stillschweigend gestatteten Doppeltätigkeit des Maklers ausgegangen werden kann, ist nach den konkreten Umständen des Einzelfalls zu beurteilen, wobei die Gerichte nicht den geschlossenen Vertrag, sondern die konkret entfaltete Tätigkeit des Maklers als maßgeblich erachten.[16]

Kann von einer zulässigen Doppeltätigkeit ausgegangen werden, unterliegt der Makler einer im Vergleich zur Einzelmaklertätigkeit umfassenderen Pflichtenbindung, die insbesondere seine grundlegende **Neutralitätspflicht** verschärft.[17] Auch der mit dem grundsätzlichen Einverständnis beider Seiten auftretende Doppelmakler kann daher seinen Lohn- und Aufwendungsersatzanspruch verwirken, wenn er im Rahmen seiner Tätigkeit die in einem solchen Fall besonders strenge Pflicht zur Unparteilichkeit verletzt und sich damit ebenfalls treuwidrig verhält.[18] Seine Neutralitätspflicht erfasst auch die Gestaltung der Verträge, da er sonst in einen Interessenwiderstreit kommen würde.[19] Eine Pflichtverletzung ist insbesondere darin zu sehen, dass sich der Makler von einem Kaufinteressenten zugleich mit der Kaufverpflichtung eine vom Zustandekommen des Kaufvertrags unabhängige Provision versprechen lässt.[20] Zwar sei das Versprechen einer erfolgsunabhängigen Provision ebenso wie die Vereinbarung einer Doppeltätigkeit des Maklers für sich genommen jeweils unter engen Voraussetzungen zulässig, doch könne der Makler die beiden Rechtsfiguren nicht nach Belieben zu seinem Vorteil kombinieren.

Ein Doppelmakler, der den Verkäufer kaum in Erscheinung treten und jedenfalls gänzlich ungebunden lässt, zugleich aber den Käufer einer vorformulierten Regelung unterwirft, durch die sich dieser nicht nur zum Abschluss des nachgewiesenen Geschäfts für den Fall verpflichtet, dass der frei bleibende Verkäufer einverstanden ist, sondern überdies als Sanktion dieser Verpflichtung dem Makler die Zahlung der vollen Provision auch bei Aufgabe des Kaufentschlusses zusichern muss, verstößt gegen die Pflicht zu strenger Unparteilichkeit. Bei pflichtgemäßer **Abwägung der Interessen beider Auftraggeber** muss sich der Doppelmakler vielmehr damit begnügen, vom Käufer der gesetzlichen Regelung entsprechend Provision nur beim Zustandekommen des notariellen Kaufvertrags zu verlangen.[21]

---

[10] BGH v. 05.05.1976 - IV ZR 53/75 - WM 1976, 771-773.
[11] BGH v. 15.01.1981 - III ZR 19/80 - NJW 1981, 1211-1213; BGH v. 30.03.1995 - IX ZR 182/94 - NJW 1995, 1954-1955.
[12] BGH v. 09.06.2011 - IX ZB 248/09 - ZIP 2011, 1526-1527.
[13] BGH v. 23.09.2009 - V ZB 90/09 - NZM 2010, 50-53; BGH v. 22.10.2009 - V ZB 77/09 - NJW-RR 2010, 426-428.
[14] BGH v. 09.12.2010 - IX ZR 60/10 - NJW 2011, 1732-1733; BGH v. 25.10.2011 - XI ZR 67/11 - ZIP 2011, 2295-2299, 2298.
[15] BGH v. 12.05.2011 - III ZR 107/10 - ZIP 2011, 1367-1371.
[16] OLG Köln v. 11.03.2003 - 24 U 197/02 - NJW-RR 2004, 271-272.
[17] BGH v. 08.02.1967 - VIII ZR 174/64 - LM Nr. 22 zu § 652 BGB; BGH v. 25.10.1967 - VIII ZR 215/66 - BGHZ 48, 344-351; BGH v. 16.01.1970 - IV ZR 1162/68 - LM Nr. 36 zu § 652 BGB; BGH v. 18.05.1973 - IV ZR 21/72 - BGHZ 61, 17-25; BGH v. 26.10.1977 - IV ZR 177/76 - WM 1978, 245; OLG Naumburg v. 27.09.1995 - 6 U 109/95 - NJW-RR 1996, 1082-1083; OLG Düsseldorf v. 19.05.2000 - 7 U 169/99 - NJW-RR 2001, 1134-1135; OLG Koblenz v. 08.09.1999 - 7 U 232/99 - NJW-RR 2002, 491-492; OLG Celle v. 31.10.2002 - 11 U 44/02 - NJW-RR 2003, 418-419.
[18] BGH v. 22.04.1964 - VIII ZR 225/62 - LM Nr. 13 zu § 652 BGB; BGH v. 25.10.1967 - VIII ZR 215/66 - BGHZ 48, 344-351; BGH v. 18.05.1973 - IV ZR 21/72 - BGHZ 61, 17-25; OLG Düsseldorf v. 08.10.1999 - 7 U 68/98 - NJW-RR 2000, 1363-1364; OLG Düsseldorf v. 16.06.2000 - 7 U 207/99 - NJW-RR 2001, 1133; OLG Frankfurt v. 22.06.2001 - 19 U 232/00 - NJW-RR 2002, 779-780.
[19] BGH v. 18.05.1973 - IV ZR 21/72 - BGHZ 61, 17-25.
[20] BGH v. 18.05.1973 - IV ZR 21/72 - BGHZ 61, 17-25.
[21] BGH v. 18.05.1973 - IV ZR 21/72 - BGHZ 61, 17-25.

6 In den Fällen, in denen der Doppelmakler dem Käufer gegenüber wie ein allein dem Bauträger verpflichteter Verkaufsagent handelt, wird die Anstößigkeit der erfolgsunabhängigen Provision noch dadurch verstärkt, dass sie als **Druckmittel zugunsten des Verkäufers** ausgegeben wird, bei Verfall aber wirtschaftlich dem Makler zugutekommt. Damit verschafft der Makler neben den Belangen des Verkäufers zugleich seinen eigenen ein Übergewicht, das mit den aus seiner Mittlerstellung hervorgehenden Pflichten unvereinbar ist.[22] Nach dieser Rechtsprechung muss sich der Makler somit entscheiden, ob er die Vorteile der Doppeltätigkeit oder die eines erfolgsunabhängigen Provisionsversprechens bevorzugt, von einer Kombination beider Gestaltungselemente aber absehen.

7 Gegen die Vereinbarung einer angemessenen Vergütung für die nutzlos in Anspruch genommenen Aufwendungen und Mühen des Maklers hat der BGH dagegen keine Einwände, da sie im redlichen Verkehr als verständlich angesehen und überdies auch nicht als drückende Einengung der Entschließungsfreiheit empfunden werden.[23] Ohne konkrete Verletzung der Neutralitätspflicht führt auch der Vorwurf, gegenüber einer Seite vorhandene Informationsdefizite von geringem Gewicht nicht beseitigt zu haben, nicht zum Wegfall des Provisionsanspruchs.[24] Angesichts der **Üblichkeit der Doppelmaklertätigkeit** mit beiderseitigem Provisionsverlangen in einigen Gerichtsbezirken neigen verschiedene Gerichte dazu, eine Hinweispflicht des Maklers auf seine entgeltliche Doppeltätigkeit gegenüber dem zweiten Auftraggeber zu verneinen.[25] Solange diese Frage umstritten und höchstrichterlich nicht geklärt sei, stelle es jedenfalls keine vorsätzliche oder dem Vorsatz nahe kommende Pflichtverletzung des Maklers dar, die eine Verwirkung des Courtageanspruchs nach sich ziehen könnte, wenn er einen solchen Hinweis unterlasse.[26] Andere halten den Hinweis auf eine Doppelmaklertätigkeit dagegen für notwendig, lassen ihn aber auch in Allgemeinen Geschäftsbedingungen zu.[27]

8 Der BGH stellt in erster Linie auf den **subjektiven Tatbestand** und weniger auf die objektive Schwere der Treuepflichtverletzung ab.[28] Der Strafcharakter lässt es geboten erscheinen, den Anwendungsbereich von § 654 BGB von vornherein einzuschränken.[29] Daher greift die Vorschrift nur bei im Einzelfall konkret vorliegenden, vorsätzlichen oder dem Vorsatz zumindest nahe kommenden Pflichtverletzungen des Maklers gegenüber seinem Auftraggeber ein.[30] In Fällen so schwerer Treupflichtverletzung hat der Makler seinen Lohn bereits nach allgemeinem Rechts- und Billigkeitsempfinden nicht verdient.[31] Die Verwirkung des Lohns erscheint daher auch dann gerecht, wenn dem Auftraggeber kein

---

[22] BGH v. 18.05.1973 - IV ZR 21/72 - BGHZ 61, 17-25.
[23] BGH v. 18.05.1973 - IV ZR 21/72 - BGHZ 61, 17-25.
[24] BGH v. 08.06.2000 - III ZR 186/99 - LM BGB § 654 Nr. 22 (3/2001); BGH v. 08.06.2000 - III ZR 187/99 - NJW-RR 2000, 1502-1503.
[25] OLG Hamm v. 27.11.2000 - 18 U 56/00 - OLGR Hamm 2001, 237-239.
[26] OLG Hamm v. 27.11.2000 - 18 U 56/00 - OLGR Hamm 2001, 237-239.
[27] OLG Koblenz v. 22.02.2001 - 5 U 707/00 - WuM 2002, 218-219; LG Mönchengladbach v. 01.03.2001 - 10 O 642/00 - NJW-RR 2002, 491; LG Münster v. 12.10.2001 - 16 O 230/01 - MDR 2002, 209-210; LG Osnabrück v. 22.11.2000 - 6 S 836/00 - ZMR 2002, 208-209.
[28] BGH v. 05.02.1962 - VII ZR 248/60 - BGHZ 36, 323-329; BGH v. 22.04.1964 - VIII ZR 225/62 - LM Nr. 13 zu § 652 BGB; BGH v. 05.03.1981 - IVa ZR 114/80 - WM 1981, 590-592; BGH v. 24.06.1981 - IVa ZR 225/80 - LM Nr. 12 zu § 654 BGB; BGH v. 03.12.1986 - IVa ZR 87/85 - NJW 1987, 1008-1009; BGH v. 25.09.1991 - IV ZR 244/90 - LM BGB § 654 Nr. 18 (6/1992); OLG Hamm v. 30.10.1997 - 18 U 35/97 - MDR 1998, 269-270; OLG Düsseldorf v. 04.12.1998 - 7 U 59/98 - NJW-RR 1999, 848-850; OLG Düsseldorf v. 16.06.2000 - 7 U 207/99 - NJW-RR 2001, 1133.
[29] BGH v. 05.02.1962 - VII ZR 248/60 - BGHZ 36, 323-329; BGH v. 22.04.1964 - VIII ZR 225/62 - LM Nr. 13 zu § 652 BGB.
[30] BGH v. 05.02.1962 - VII ZR 248/60 - BGHZ 36, 323-329; BGH v. 22.04.1964 - VIII ZR 225/62 - LM Nr. 13 zu § 652 BGB; BGH v. 03.12.1986 - IVa ZR 87/85 - NJW 1987, 1008-1009; BGH v. 15.03.1989 - IVa ZR 2/88 - LM Nr. 16 zu § 654 BGB; OLG Hamm v. 01.03.1999 - 18 U 149/98 - NJW-RR 2000, 59-61; OLG Hamm v. 26.06.2000 - 18 U 139/99 - NJW-RR 2001, 1276-1278; OLG Düsseldorf v. 16.06.2000 - 7 U 207/99 - NJW-RR 2001, 1133; OLG Frankfurt v. 22.06.2001 - 19 U 232/00 - NJW-RR 2002, 779-780; OLG München v. 19.11.1999 - 23 U 3480/99 - WM 2001, 1562-1565; OLG Koblenz v. 22.02.2001 - 5 U 707/00 - WuM 2002, 218-219; OLG Koblenz v. 21.06.2001 - 5 U 225/01 - NJW-RR 2002, 489-490.
[31] BGH v. 05.02.1962 - VII ZR 248/60 - BGHZ 36, 323-329; BGH v. 22.04.1964 - VIII ZR 225/62 - LM Nr. 13 zu § 652 BGB; OLG Köln v. 08.03.2005 - 24 U 114/04 - MDR 2005, 974.

oder nur ein geringer Schaden entstanden oder jedenfalls der Nachweis eines bestimmten Schadens nicht möglich ist.[32]

Allerdings kann auch die **konkret verletzte Verpflichtung** insoweit eine Rolle spielen, als mit steigender ihr von beiden Vertragsparteien zugemessener Bedeutung die Voraussetzungen für die Annahme ihrer treuwidrigen Verletzung absinken.[33] Da umgekehrt sogar die vorsätzliche Verletzung einer unbedeutenden Ordnungsvorschrift nicht unbedingt die Anwendung des Verwirkungsgedankens nach sich zu ziehen braucht, muss feststehen, dass die konkret verletzte Pflicht für den Berechtigten eine erhebliche Bedeutung hatte und dass dies dem Verpflichteten bekannt war.[34] Daher wurde beispielsweise die Erstellung eines fehlerhaften Gutachtens für die Verkäuferseite nicht als Pflichtverletzung im Verhältnis zum Erwerber der betreffenden Immobilie angesehen, der das Gutachten überhaupt nicht kannte und zudem nicht wusste, dass es der Bildung der Kaufpreisvorstellung des Verkäufers zugrunde gelegen hatte.[35]

Da § 654 BGB einen von der **Treue- und Sorgfaltspflicht** des Maklers ausgehenden allgemeinen Rechtsgedanken verkörpert, findet er entsprechende Anwendung, wenn der Makler vorsätzlich oder mit Vorsatz nahe kommender grober Leichtfertigkeit wesentliche Vertragspflichten verletzt und dadurch den Interessen seines Auftraggebers in schwerwiegender Weise zuwiderhandelt. Der BGH sieht den Makler auch in solchen Fällen nach allgemeinem Rechts- und Billigkeitsempfinden als lohnunwürdig an.[36] So liegt es beispielsweise, wenn der Makler davon ausgehen muss, dass sein Auftraggeber ihm an Kenntnissen und Erfahrungen unterlegen ist und er die schwächere Position seines Vertragspartners dazu ausnutzt, um bei diesem die irrige Vorstellung einer bereits bestehenden rechtlichen Bindung zu erwecken.[37] Die entsprechende Anwendung der Verwirkungsvorschrift von § 654 BGB liegt auch nahe, wenn der Makler eine ihm günstige Änderung des bereits abgeschlossenen Maklervertrags dadurch erreicht, dass er grob gegen seine durch diesen Vertrag begründeten Pflichten verstößt.[38] Dagegen rechtfertigt die Verwendung unzulässiger AGB seitens des Maklers nach Auffassung des III. Zivilsenats des BGH für sich genommen noch keine Verwirkung des Lohnanspruchs.[39] Als weiteres Beispiel aus der Rechtsprechung für eine entsprechende Anwendung von § 654 BGB kann der Fall genannt werden, in dem sich ein Makler in einem für den Verkäufer wahrgenommenen Notartermin kurz vor Beginn der Beurkundung vom Käufer ein vorgefertigtes Schriftstück mit einem Provisionsversprechen unterschreiben ließ, nachdem er dem Käufer zuvor angedroht hatte, andernfalls den Grundstückskauf platzen zu lassen.[40]

Lohnunwürdig erscheint der Makler auch dann, wenn er in einem für den Auftraggeber wichtigen Punkt vorsätzlich oder grob leichtfertig **falsche Angaben** macht, wozu insbesondere unrichtige Informationen über den möglichen Kaufpreis eines Hausgrundstücks gezählt werden.[41] Die Fehlerhaftigkeit von Angaben in einem Exposé soll dagegen in der Regel nicht das für die Anwendung des Verwirkungsgedankens erforderliche außergewöhnliche Gewicht erreichen.[42] Lässt der Makler allerdings einen ausdrücklichen Hinweis im Exposé auf eine kurz zuvor tatsächlich durchgeführte Dacherneuerung

---

[32] BGH v. 05.02.1962 - VII ZR 248/60 - BGHZ 36, 323-329; OLG Koblenz v. 23.03.1995 - 5 U 1530/94 - NJW-RR 1996, 1468-1469; OLG Naumburg v. 27.09.1995 - 6 U 109/95 - NJW-RR 1996, 1082-1083; OLG Naumburg v. 21.08.2001 - 9 U 84/01 - NJW-RR 2002, 1208-1209.
[33] BGH v. 24.06.1981 - IVa ZR 225/80 - LM Nr. 12 zu § 654 BGB; OLG Hamm v. 30.10.1997 - 18 U 35/97 - MDR 1998, 269-270.
[34] BGH v. 24.06.1981 - IVa ZR 225/80 - LM Nr. 12 zu § 654 BGB.
[35] OLG Celle v. 16.05.2002 - 11 U 240/01 - NJW-RR 2003, 347.
[36] BGH v. 25.06.1969 - IV ZR 793/68 - LM Nr. 34 zu § 652 BGB; BGH v. 18.02.1976 - IV ZR 209/74 - WM 1976, 477-478; BGH v. 05.03.1981 - IVa ZR 114/80 - WM 1981, 590-592; BGH v. 13.03.1985 - IVa ZR 222/83 - LM Nr. 15 zu § 654 BGB; OLG Düsseldorf v. 11.04.1997 - 7 U 63/96 - AIZ A 146 Bl 40; OLG Hamm v. 30.10.1997 - 18 U 35/97 - MDR 1998, 269-270; LG Wuppertal v. 14.01.2004 - 4 O 381/03 - NZM 2005, 465-466.
[37] BGH v. 16.10.1980 - IVa ZR 35/80 - LM Nr. 10 zu § 654 BGB; BGH v. 15.03.1989 - IVa ZR 2/88 - LM Nr. 16 zu § 654 BGB; BGH v. 18.03.1992 - IV ZR 41/91 - NJW-RR 1992, 817-818.
[38] BGH v. 13.03.1985 - IVa ZR 222/83 - LM Nr. 15 zu § 654 BGB.
[39] BGH v. 19.05.2005 - III ZR 322/04 - WM 2005, 1480-1482, 1481.
[40] OLG Düsseldorf v. 11.04.1997 - 7 U 63/96 - AIZ A 146 Bl 40.
[41] OLG Koblenz v. 21.06.2001 - 5 U 225/01 - NJW-RR 2002, 489-490.
[42] OLG Hamm v. 06.07.1995 - 18 U 72/95 - NJW-RR 1996, 1081-1082; OLG Hamm v. 30.10.1997 - 18 U 35/97 - MDR 1998, 269-270; OLG Frankfurt v. 26.09.2001 - 7 U 3/01 - NJW-RR 2002, 778-779.

unkommentiert, nachdem er bei einer eigenen Hausbesichtigung einen Reparaturbedarf festgestellt hatte, verletzt er die ihm gegenüber dem Erwerber obliegende Treuepflicht in einer dem Vorsatz zumindest gleichkommenden Weise.[43] Schließlich verwirkt auch derjenige Makler den Provisionsanspruch, der ein ihm bekanntes Gutachten, das zahlreiche Mängel des Objekts dokumentiert, bewusst nicht an seinen Auftraggeber weiterleitet.[44]

12 Ob die Voraussetzungen von § 654 BGB vorliegen, ist anhand des Inhalts des Maklervertrags sowie der **Umstände des konkreten Einzelfalls** zu ermitteln.[45] Zur Abgrenzung stellt der BGH weniger auf den Vertragsinhalt als vielmehr auf die tatsächlich entfaltete Maklertätigkeit ab.[46] Danach verwirkt ein Immobilienmakler seinen Lohnanspruch z.B. dann, wenn er seinen Auftraggeber mit an Vorsatz grenzender Leichtfertigkeit dazu veranlasst, eine formnichtige „Ankaufsverpflichtung" zu unterzeichnen, um bei ihm den Eindruck einer Verpflichtung zum Kauf und zur Zahlung von erfolgsunabhängigem Maklerlohn zu erwecken. Dies gilt erst recht, wenn sich der Makler von seinem Auftraggeber eine – rechtlich unwirksame – eidesstattliche Versicherung geben lässt, um den falschen Eindruck zu erwecken, er mache sich strafbar, wenn er das Objekt nicht erwirbt.[47] Dabei wird vorausgesetzt, dass einerseits dem Auftraggeber die Notwendigkeit der notariellen Beurkundung nicht bekannt war, andererseits der Makler diese Unkenntnis kannte oder zumindest erkennen konnte.[48] Nur dann, wenn der Makler davon ausgehen muss, dass ihm sein Vertragspartner an Kenntnissen und Erfahrungen im Grundstücksgeschäft unterlegen ist und wenn er dies ausnutzt, um im Auftraggeber die irrige Vorstellung einer bereits bestehenden rechtlichen Bindung zu erwecken, kann ihm eine grobe Verletzung seiner vertraglichen Verpflichtung im Sinne von § 654 BGB vorgeworfen werden.[49] Dagegen ist es nicht erforderlich, dass der Auftraggeber tatsächlich von dieser Entschließungsfreiheit Gebrauch gemacht und den Abschluss des Vertrags abgelehnt hätte, wenn ihm seine Freiheit bewusst gewesen wäre.[50] Um erhebliche Abgrenzungsschwierigkeiten und damit Rechtsunsicherheit zu vermeiden, droht die Verwirkungsfolge unabhängig von der Länge des zwischen der Unterzeichnung der Kaufverpflichtung und der notariellen Beurkundung liegenden Zeitraums.[51]

13 Der zeitliche Wirkungsbereich von § 654 BGB erfasst unter bestimmten Voraussetzungen auch **vor- und nachvertragliche Treuepflichtverletzungen**. So hat der BGH bereits früh festgestellt, dass die zu § 654 BGB entwickelten Grundsätze schon bei der Beurteilung der für das Zustandekommen des Maklervertrags maßgeblichen Vorgänge beachtlich sind, da das dem Vertragsverhältnis zugrunde liegende Vertrauen erst recht nicht bestehen könne, wenn dem Makler schon bei Eingehung des Vertrags eine Treuwidrigkeit zur Last falle.[52] Ebenso ist anerkannt, dass die Treuepflicht des Maklers nicht mit der Beendigung seiner Tätigkeit und der Herbeiführung des angestrebten Erfolgs endet, sondern zumindest insoweit nachwirkt, als er auch danach noch den Zweck des Maklervertrags zu beachten hat.[53] Versucht er etwa, die Vollziehung des Hauptvertrags zu verhindern oder dessen nachträgliche Aufhebung zu erreichen, ist dies als Vertragsverletzung zu bewerten, welche die in § 654 BGB vorgesehene Sanktion auslöst.[54]

---

[43] OLG Celle v. 06.02.2003 - 11 U 170/02 - MDR 2003, 983-984.
[44] OLG Naumburg v. 21.08.2001 - 9 U 84/01 - NJW-RR 2002, 1208-1209.
[45] BGH v. 18.02.1976 - IV ZR 209/74 - WM 1976, 477-478.
[46] BGH v. 22.04.1964 - VIII ZR 225/62 - LM Nr. 13 zu § 652 BGB.
[47] BGH v. 29.11.1989 - IVa ZR 206/88 - NJW-RR 1990, 372.
[48] BGH v. 15.03.1989 - IVa ZR 2/88 - LM Nr. 16 zu § 654 BGB.
[49] BGH v. 15.03.1989 - IVa ZR 2/88 - LM Nr. 16 zu § 654 BGB; BGH v. 04.10.1989 - IVa ZR 250/88 - LM Nr. 127 zu § 313 BGB.
[50] BGH v. 04.10.1989 - IVa ZR 250/88 - LM Nr. 127 zu § 313 BGB; BGH v. 29.11.1989 - IVa ZR 206/88 - NJW-RR 1990, 372.
[51] BGH v. 04.10.1989 - IVa ZR 250/88 - LM Nr. 127 zu § 313 BGB.
[52] BGH v. 25.05.1983 - IVa ZR 26/82 - LM Nr. 84 zu § 652 BGB; OLG Naumburg v. 21.08.2001 - 9 U 84/01 - NJW-RR 2002, 1208-1209.
[53] BGH v. 25.10.1967 - VIII ZR 215/66 - BGHZ 48, 344-351; BGH v. 26.10.1977 - IV ZR 177/76 - WM 1978, 245; BGH v. 26.01.1983 - IVa ZR 158/81 - LM Nr. 82 zu § 652 BGB; OLG Hamm v. 24.10.1996 - 18 U 67/96 - AIZ A 146 Bl 39.
[54] BGH v. 26.10.1977 - IV ZR 177/76 - WM 1978, 245; BGH v. 26.01.1983 - IVa ZR 158/81 - LM Nr. 82 zu § 652 BGB.

Nach Zahlung der Vergütung soll der Makler dagegen in aller Regel keinen rückwirkenden Verlust seines Lohnanspruchs mehr befürchten müssen. Der Gedanke, dass ein Vertragspartner das empfangene Entgelt für eine tatsächlich erbrachte Leistung wegen einer nachträglichen Pflichtverletzung herauszugeben hätte, sei dem BGB fremd und es bestehe kein Anlass, für den Maklervertrag eine Ausnahme zu machen.[55] Dagegen ließ der BGH in jener Entscheidung die Frage unbeantwortet, wie zu entscheiden ist, wenn der Makler in der Zeit zwischen dem Zustandekommen des Hauptvertrags und der Erfüllung des Provisionsanspruchs gegen seine Pflichten verstößt. Nach Ansicht eines Instanzgerichts gebietet es die **Interessenlage** auch in einem solchen Fall, eine Verwirkung im Regelfall zu verneinen und den Auftraggeber stattdessen auf Schadensersatzansprüche gegen den Makler zu verweisen.[56]

B. Rechtsfolgen

Hervorzuheben bleibt, dass die **Sanktionswirkung des Anspruchsverlusts** unabhängig davon eintritt, ob der Auftraggeber tatsächlich einen feststellbaren Schaden oder sonstigen Nachteil erlitten hat[57] und neben dem Lohnanspruch auch einen dem Makler durch besondere Vereinbarung nach § 652 Abs. 2 BGB eingeräumten Aufwendungsersatzanspruch umfasst. Wegen der Straffunktion von § 654 BGB kommt eine Anwendung von § 254 BGB zugunsten des Maklers nicht in Betracht.[58] Dagegen muss er sich das Verschulden von Erfüllungsgehilfen nach § 278 BGB zurechnen lassen.[59] Biete ein als Erfüllungsgehilfe eines Doppelmaklers auftretendes Kreditinstitut dem eine Immobilie verkaufenden Maklerkunden ein Darlehen an, um ihm einen Verkauf an einen Dritten zu einem späteren Zeitpunkt, aber zu einem höheren Preis zu ermöglichen, als der gegenwärtig am Kauf interessierte Auftraggeber des Maklers anbietet, so verletze der Doppelmakler seine Pflicht zur strengen Unparteilichkeit und verwirke seinen Anspruch auf Maklerlohn. Das Gericht wertete dieses Verhalten als einseitige Unterstützung der Interessen der Verkäuferseite und damit als erhebliche Verletzung der Interessen der Käuferseite.[60]

Hat der Auftraggeber durch das treuwidrige Verhalten des Maklers einen Schaden erlitten, kommt neben § 654 BGB ein Schadensersatzanspruch nach § 280 Abs. 1 BGB in Betracht.[61] Ein solcher kann auch dann bestehen, wenn der Schaden des Auftraggebers auf einem treuwidrigen Verhalten des Maklers beruht, ohne dass die Voraussetzungen von § 654 BGB gegeben sind.[62] In einer derartigen Konstellation bleibt der Vergütungsanspruch des Maklers grundsätzlich unberührt.[63] In allen Fällen lediglich fahrlässiger Verletzung seiner Vertragspflichten erscheint der Makler selbst dann nicht seinem Lohn als unwürdig im Sinne von § 654 BGB, wenn dem Auftraggeber durch sein schuldhaftes Verhalten ein erheblicher Schaden entstanden ist.[64] Auch hier hilft ein **Schadensersatzanspruch aus positiver Vertragsverletzung**, bei dem anders als im Rahmen von § 654 BGB ein mitwirkendes Verschulden des Auftraggebers an der Entstehung des Schadens nach § 254 BGB zu berücksichtigen ist.[65]

Auf ein treuwidriges Verhalten des Auftraggebers kann der in § 654 BGB zum Ausdruck kommende Rechtsgedanke dagegen nicht übertragen werden, so dass der Makler hieraus keinen Lohnanspruch herleiten kann. Im Einzelfall kann jedoch ein Schadensersatzanspruch des Maklers nach § 280 BGB

---

[55] BGH v. 26.09.1984 - IVa ZR 162/82 - BGHZ 92, 184-187.
[56] OLG Hamm v. 26.06.2000 - 18 U 139/99 - NJW-RR 2001, 1276-1278.
[57] BGH v. 05.02.1962 - VII ZR 248/60 - BGHZ 36, 323-329; BGH v. 26.10.1977 - IV ZR 177/76 - WM 1978, 245; BGH v. 13.03.1985 - IVa ZR 222/83 - LM Nr. 15 zu § 654 BGB; BGH v. 29.11.1989 - IVa ZR 206/88 - NJW-RR 1990, 372; OLG Koblenz v. 23.03.1995 - 5 U 1530/94 - NJW-RR 1996, 1468-1469; OLG Naumburg v. 27.09.1995 - 6 U 109/95 - NJW-RR 1996, 1082-1083; OLG Hamm v. 01.03.1999 - 18 U 149/98 - NJW-RR 2000, 59-61; OLG Frankfurt v. 22.06.2001 - 19 U 232/00 - NJW-RR 2002, 779-780; OLG München v. 19.11.1999 - 23 U 3480/99 - WM 2001, 1562-1565; LG Berlin v. 23.12.1999 - 5 O 352/99 - NJW-RR 2001, 706-708.
[58] BGH v. 05.02.1962 - VII ZR 248/60 - BGHZ 36, 323-329.
[59] BGH v. 26.10.1977 - IV ZR 177/76 - WM 1978, 245; BGH v. 13.03.1985 - IVa ZR 222/83 - LM Nr. 15 zu § 654 BGB; OLG Hamm v. 01.03.1999 - 18 U 149/98 - NJW-RR 2000, 59-61; OLG München v. 19.11.1999 - 23 U 3480/99 - WM 2001, 1562-1565.
[60] OLG München v. 19.11.1999 - 23 U 3480/99 - WM 2001, 1562-1565.
[61] BGH v. 24.06.1981 - IVa ZR 225/80 - LM Nr. 12 zu § 654 BGB.
[62] BGH v. 10.10.1973 - IV ZR 144/72 - WM 1973, 1382.
[63] BGH v. 24.06.1981 - IVa ZR 225/80 - LM Nr. 12 zu § 654 BGB.
[64] BGH v. 05.02.1962 - VII ZR 248/60 - BGHZ 36, 323-329.
[65] BGH v. 05.02.1962 - VII ZR 248/60 - BGHZ 36, 323-329.

§ 654

begründet sein, bei dem der Schadensnachweis nicht selten Probleme bereitet. Bei Vorliegen der Voraussetzungen von § 654 BGB hat der Makler weder einen Lohn- noch einen Aufwendungsersatzanspruch. Um die Sanktionswirkungen der Norm nicht zu untergraben, muss auch ein Anspruch auf Wertersatz für geleistete Dienste aus § 812 BGB ausscheiden. Zahlungen, die der Auftraggeber bereits geleistet hat, müssen vom Makler zurückgewährt werden, soweit er sich den entsprechenden Lohn nicht bereits vor seinem treuwidrigen Verhalten verdient hat.[66] Allerdings bleibt es auch für den die geleistete Provision zurückfordernden Auftraggeber eines Doppelmaklers bei der Pflicht zur Darlegung, dass für die erfolgte Zahlung kein Rechtsgrund bestanden hat.[67] Hat der Auftraggeber gegen den Makler wegen dessen auf ein und derselben Pflichtverletzung beruhenden vertragswidrigen Verhaltens sowohl einen Schadensersatzanspruch als auch einen Anspruch auf Rückzahlung der Provision, berücksichtigen die Gerichte den verwirkten Provisionsanspruch bei der **Schadensberechnung** zu Lasten des Auftraggebers als ersparte Aufwendung.[68]

C. Prozessuale Hinweise/Verfahrenshinweise

18 Die **Darlegungs- und Beweislast** dafür, dass der Makler dem Inhalt des Vertrags zuwider auch für den anderen Teil tätig gewesen ist, trägt grundsätzlich der Auftraggeber.[69] Allerdings kann er sich ausnahmsweise auf die unter dem Stichwort der sekundären Behauptungslast entwickelten allgemeinen Grundsätze berufen und infolgedessen Darlegungs- und Beweiserleichterungen geltend machen, wenn er außerhalb des von ihm darzulegenden Geschehensablaufs steht und keine Kenntnis der maßgebenden Tatsachen besitzt, während der Makler sie hat und ihm nähere Angaben zumutbar sind.[70] Kann der Auftraggeber den ihm obliegenden Beweis nicht voll erbringen, bleibt ihm immer noch die Möglichkeit, wegen konkreter Pflichtverletzungen des Maklers Schadensersatz wegen positiver Vertragsverletzung zu verlangen.[71] Behauptet der Makler, dass er keine Treuepflichtverletzung mehr begehen konnte, weil der Auftraggeber sein Erwerbsinteresse inzwischen aufgegeben und ihn aus der Treuepflicht entlassen hatte, muss er dies beweisen.[72]

---

[66] BGH v. 26.09.1984 - IVa ZR 162/82 - BGHZ 92, 184-187.
[67] OLG Celle v. 31.10.2002 - 11 U 44/02 - NJW-RR 2003, 418-419.
[68] OLG Hamm v. 23.05.1996 - 18 U 147/95 - NJW-RR 1997, 370-372.
[69] BGH v. 24.06.1981 - IVa ZR 159/80 - LM Nr. 91 zu § 313 BGB; OLG Hamm v. 26.06.2000 - 18 U 139/99 - NJW-RR 2001, 1276-1278.
[70] BGH v. 07.05.1998 - III ZR 18/97 - LM BGB § 652 Nr. 144 (10/1998).
[71] BGH v. 24.06.1981 - IVa ZR 159/80 - LM Nr. 91 zu § 313 BGB.
[72] BGH v. 25.09.1991 - IV ZR 244/90 - LM BGB § 654 Nr. 18 (6/1992).

§ 655 BGB Herabsetzung des Mäklerlohns

(Fassung vom 02.01.2002, gültig ab 01.01.2002)

¹Ist für den Nachweis der Gelegenheit zum Abschluss eines Dienstvertrags oder für die Vermittlung eines solchen Vertrags ein unverhältnismäßig hoher Mäklerlohn vereinbart worden, so kann er auf Antrag des Schuldners durch Urteil auf den angemessenen Betrag herabgesetzt werden. ²Nach der Entrichtung des Lohnes ist die Herabsetzung ausgeschlossen.

Gliederung

A. Grundlagen 1
B. Anwendungsvoraussetzungen 3
I. Vergütungsvereinbarung mit einem Arbeitgeber ... 3
II. Unverhältnismäßigkeit der Lohnhöhe 13
III. Ausstehende Lohnzahlung 14
IV. Antrag des Auftraggebers 15
C. Rechtfolgen 16
D. Prozessuale Hinweise/Verfahrenshinweise 17

A. Grundlagen

Die Vorschrift hat erst nach der Aufgabe des Vermittlungsmonopols der Bundesanstalt für Arbeit, die inzwischen **Bundesagentur für Arbeit** heißt, mit Wirkung zum 01.01.1994 praktische Bedeutung erlangt. Nach § 23 Abs. 1 AFG war die Vermittlung von Beschäftigungsverhältnissen seitdem mit Erlaubnis der Bundesanstalt auch privaten Dritten erlaubt. Das Arbeitsförderungsgesetz ist mit Wirkung zum 01.01.1998 aufgehoben und durch das Dritte Buch des Sozialgesetzbuchs ersetzt worden.[1] Seitdem waren die §§ 291-300 SGB III maßgeblich, die an der Erlaubnispflichtigkeit der Arbeitsvermittlung durch Private ebenso festgehalten haben wie an dem Vergütungsverbot im Verhältnis zwischen Vermittler und Arbeit Suchendem, das allerdings bereits durch einige Sonderregelungen in der Arbeitsvermittlungsverordnung durchbrochen war.

1

Als vorläufiger Abschluss der Reformdiskussion ist am 27.03.2002 eine Neuregelung in Kraft getreten, die vom **Grundsatz der Erlaubnisfreiheit** der privaten Arbeitsvermittlung ausgeht und das Vergütungsverbot im Verhältnis zum Stellensuchenden nur noch für den Bereich der Ausbildungsvermittlung aufrechterhält. Hierzu wurden die §§ 291, 293-295, 299, 300 SGB III sowie die Arbeitsvermittlungsverordnung aufgehoben, § 296a SGB III neu eingeführt und alle übrigen Vorschriften überarbeitet. Die Einzelheiten der Neuregelung wurden bereits zu § 652 BGB ausführlich dargestellt.

2

B. Anwendungsvoraussetzungen

I. Vergütungsvereinbarung mit einem Arbeitgeber

Da die Neuregelung im SGB III keinen Hinweis mehr auf den Vertrag zwischen Vermittler und Arbeitgeber enthält, richtet sich dieser nach dem Maklerrecht des BGB. Mit Blick auf die Vergütungsvereinbarung bleibt allerdings zu beachten, dass die Vereinbarung eines Alleinauftrags nach dem zwingenden § 297 Nr. 4 SGB III unzulässig ist. § 655 BGB wird ebenfalls als nicht abdingbar angesehen und setzt weder Gewerbsmäßigkeit der Vermittlung noch Kaufmannseigenschaft des Arbeitgebers voraus. Da Dienstleistungen nach § 93 HGB nicht Gegenstand des Handelsverkehrs sein können, sind Arbeitsvermittler durchweg als **Zivilmakler** einzuordnen. Umstritten ist, ob § 655 BGB auf Maklerverträge außerhalb des Bereichs der Arbeitsvermittlung entsprechend angewendet werden kann. Verneint man dies, bleibt die Möglichkeit der geltungserhaltenden Reduktion einer Vergütungsvereinbarung über die §§ 138, 242 BGB.

3

Der BGH wendet § 655 BGB auch in den Fällen an, in denen die Maklerprovision durch eine ausdrückliche gesetzliche Regelung auf einen bestimmten **Höchstbetrag** begrenzt ist.[2] Es sei nicht ausgeschlossen, dass der vereinbarte Maklerlohn im konkreten Einzelfall auch unterhalb der gesetzlichen Obergrenze ein Missverhältnis zwischen Leistung und Gegenleistung verkörpere und deshalb unverhältnismäßig sei. Für das Vorliegen eines solchen Missverhältnisses komme es zum einen auf den Aufwand

4

---

[1] Vgl. dazu das Reformgesetz vom 24.03.1997, BGBl I 1997, 594.
[2] Am Beispiel der §§ 296 Abs. 3 Satz 1, 421g Abs. 2 Satz 1 SGB III a.F. insbesondere BGH v. 18.03.2010 - III ZR 254/09 - NJW 2010, 3222-3226.

des Maklers für die Erbringung der von ihm geschuldeten Vermittlungsleistung an, zum anderen auf den wirtschaftlichen Nutzen, den der Auftraggeber aus dem vermittelten Dienstvertrag ziehen könne. Danach sei nicht auszuschließen, dass eine unter der gesetzlichen Höchstgrenze vereinbarte Vermittlungsvergütung unter bestimmten Umständen als „unverhältnismäßig hoch" einzuordnen und deshalb nach Wortlaut und Zweck von § 655 Satz 1 BGB einer richterlichen Korrektur zugänglich sei. Dementsprechend habe der Gesetzgeber – soweit ersichtlich – auch nicht erwogen, den Anwendungsbereich von § 655 Satz 1 BGB im Hinblick auf die sozialrechtlich vorgegebenen Obergrenzen einzuschränken, die den Arbeitsuchenden einen angemessenen Schutz bieten sollten, ohne den – teilweise weiterreichenden – Schutz aus § 655 Satz 1 BGB zu suspendieren. Schließlich eröffne die Anwendbarkeit von § 655 Satz 1 BGB auch den notwendigen Raum für eine Abwägung im Einzelfall, inwieweit das Vergütungsrisiko beim Vermittler oder beim Arbeitsuchenden liegen solle, wenn das vermittelte Arbeitsverhältnis schon nach kurzer Zeit beendet werde.[3]

5 Lange unbeantwortet blieb die Frage, ob ein Unternehmen, das sowohl Arbeitsvermittlung als auch **Arbeitnehmerüberlassung** betreibt, vom Entleiher eine Vermittlungsprovision verlangen kann, wenn der zunächst im Wege der Arbeitnehmerüberlassung beschäftigte Arbeitnehmer vom Entleiher durch Arbeitsvertrag übernommen wird. Diskutiert wurde sowohl ein Verstoß derartiger regelmäßig in den AGB von Personaldienstleistungsunternehmen verwendeter Klauseln gegen das Transparenzgebot als auch gegen spezielle Verbotsgesetze des Arbeitnehmerüberlassungsrechts. Der III. Zivilsenat des BGH war zunächst der Ansicht, dass die vom Gesetzgeber vorgenommene Erstreckung der privaten Arbeitsvermittlung auf den Verleiher von Arbeitnehmern nicht zugleich eine Einschränkung des zum Schutz der Leiharbeitnehmer erlassenen und zunächst unverändert gebliebenen § 9 Nr. 4 AÜG a.F. bedingte, da diese Vorschrift durchaus mit den beschäftigungspolitischen Zielen des Gesetzgebers vereinbar war und ebenfalls einem Hemmnis für die als notwendig erachteten Ausgleichsvorgänge auf dem Arbeitsmarkt entgegenwirkte.[4] War daher das in einer mit „Arbeitnehmerüberlassungs- und Personalvermittlungsvertrag" überschriebenen Vereinbarung lediglich im Schlussabschnitt vorgesehene „Vermittlungshonorar" allein daran geknüpft, dass der Entleiher den Leiharbeitnehmer vor Ablauf der gesetzlich geregelten maximalen Überlassungsdauer oder innerhalb von sechs Monaten nach Ablauf der Überlassung übernahm, wurde darin der Versuch erkannt, einen Ersatz für das vor Erlass von § 9 Nr. 4 AÜG a.F. übliche vertragsstrafenbewehrte Einstellungsverbot zu schaffen, was folgerichtig die Unwirksamkeitssanktion dieser Schutzvorschrift nach sich ziehen müsse.[5]

6 Seit Inkrafttreten der Neufassung von § 9 Nr. 3 AÜG durch das Dritte Gesetz für moderne Dienstleistungen am Arbeitsmarkt vom 23.12.2003[6] geht der III. Zivilsenat des BGH dagegen davon aus, dass sich der Verleiher vom Entleiher eine **angemessene Vermittlungsprovision** für den Fall versprechen lassen kann, dass der Entleiher den Leiharbeitnehmer im Anschluss an die Überlassung übernimmt. Hierfür wird weder eine Individualvereinbarung noch der Abschluss eines gesonderten Personalvermittlungsvertrags verlangt, so dass die Provisionspflicht auch formularmäßig begründet werden kann.[7] Bei der Beurteilung der Angemessenheit einer Vermittlungsvergütung im konkreten Einzelfall rekurriert der BGH insbesondere auf den Zweck der gesetzlichen Regelung, den er vorrangig in der Übernahme von Leiharbeitnehmern in ein normales Arbeitsverhältnis erkennt, die sozialpolitisch erwünscht deshalb auch grundsätzlich „honorarwürdig" sei.[8]

7 Die Vermittlungsvergütung verkörpere den teilweisen Ausgleich dafür, dass der ungeplante **Wechsel zum Entleiher** für den Verleiher erhebliche wirtschaftliche Nachteile bringen könne, da er einen von ihm ausgewählten und bereitgehaltenen, qualifizierten und offenbar geschätzten Arbeitnehmer „verliere", während der Entleiher einen wirtschaftlichen Vorteil erhalte, indem er einen zuvor im Laufe der Überlassung erprobten Arbeitnehmer einstellen könne. Auf der anderen Seite solle das Grundrecht des Arbeitnehmers auf freie Wahl seines Arbeitsplatzes (Art. 12 Abs. 1 GG) gewahrt und eine wesentliche

---

[3] BGH v. 18.03.2010 - III ZR 254/09 - NJW 2010, 3222-3226, 3225.
[4] BGH v. 03.07.2003 - III ZR 348/02 - BGHZ 155, 311-318.
[5] BGH v. 03.07.2003 - III ZR 348/02 - BGHZ 155, 311-318.
[6] BGBl I 2003, 2848, 2909 („Hartz III").
[7] BGH v. 07.12.2006 - III ZR 82/06 - DB 2007, 526-527; für Zugrundelegung strenger Maßstäbe bei der Feststellung der Angemessenheit der Vermittlungsvergütung im Einzelfall plädierten *Lembke/Fesenmeyer*, DB 2007, 801-804.
[8] BGH v. 10.11.2011 - III ZR 77/11 - DB 2011, 2852-2855.

Erschwerung des sozialpolitisch erwünschten Wechsels in ein normales Arbeitsverhältnis durch unangemessene Vermittlungsvergütungen verhindert werden.[9]

Nach dem Willen des Gesetzgebers sollten bei der Entscheidung über die Angemessenheit einer Vergütungsvereinbarung zwischen Verleiher und Entleiher im konkreten Einzelfall die Dauer des vorangegangenen Verleihs, die Höhe des vom Entleiher für den Verleih bereits gezahlten Entgelts sowie der Aufwand für die Rekrutierung eines vergleichbaren Arbeitnehmers als **Beurteilungskriterien** Berücksichtigung finden.[10] Da sich die in der Verleihvergütung einkalkulierten Kosten des Verleihers für die Auswahl, Gewinnung und Bereithaltung des Leiharbeitnehmers mit zunehmender Dauer der Arbeitnehmerüberlassung amortisieren und der mit dem Wechsel des Arbeitnehmers verbundene wirtschaftliche Nachteil durch die Verleihvergütung fortschreitend kompensiert wird, verlangt der III. Zivilsenat des BGH eine grundsätzlich nach der Verleihdauer degressiv gestaffelt ausgestaltete Vergütung.[11] Als weitere Kriterien sollen die Verkehrsüblichkeit der vereinbarten Vergütung unter Berücksichtigung des Marktniveaus einer funktionsgleichen Vermittlungsleistung sowie die Qualifikation des betreffenden Arbeitnehmers bei der Angemessenheitsprüfung Beachtung finden.[12] Wird die Vergütungshöhe ausdrücklich an das jeweilige Bruttoeinkommen des Arbeitnehmers geknüpft, wird damit bei der gebotenen typisierenden Betrachtung zugleich ein hinreichender Bezug zum „Marktwert" der Arbeitsleistung hergestellt, weshalb eine darüber hinausgehende Differenzierung nach der Qualifikation und bisherigen Tätigkeit des Arbeitnehmers als entbehrlich erachtet wird.[13]

Als unbedenkliche Dauer für das Bestehen einer Vermittlungsvergütungspflicht für die Übernahme eines Arbeitnehmers hat der BGH zunächst einen **Überlassungszeitraum** von bis zu sechs Monaten angesehen.[14] Später hat er ergänzt, dass bei einer mehrfachen degressiven Staffelung der Vergütungshöhe nach der Verleihdauer auch die Anknüpfung an einen Überlassungszeitraum von bis zu zwölf Monaten hingenommen werden kann, den er im Übrigen als absolute Höchstgrenze verstanden wissen will.[15] Für die Provisionsstaffelung selbst machte der III. Zivilsenat konkrete Vorgaben. Sie müsse „zumindest quartalsweise (also: im Drei-Monats-Rhythmus) und in ihrer Abstufung in etwa proportional zum Zeitablauf erfolgen. Ausgehend von einer abstrakt-generellen Vergütungsregelung und einer anfänglichen Maximalhöhe von zwei Bruttomonatsgehältern müssten sich die nachfolgenden, (zumindest) im Drei-Monats-Rhythmus abgestuften Sätze demnach etwa in einer Größenordnung von eineinhalb Bruttomonatsgehältern (nach Ablauf von drei Monaten), einem Bruttomonatsgehalt (nach Ablauf von sechs Monaten) und einem halben Bruttomonatsgehalt (nach Ablauf von neun Monaten) bewegen".[16]

Im konkreten Fall war ferner ein Verstoß gegen das **Transparenzgebot** (§§ 307 Abs. 1 Satz 2, 310 Abs. 1 Satz 2 BGB) mit der Begründung geltend gemacht worden, der in der streitgegenständlichen Vergütungsklausel verwendete Begriff „Jahresbruttoeinkommen" lasse nicht erkennen, ob hierfür auf das Einkommen aus dem Leiharbeitsverhältnis oder aus dem mit dem Entleiher geschlossenen neuen Arbeitsverhältnis abzustellen sei. Der BGH ist dem nicht gefolgt und hat stattdessen festgestellt, für die beteiligten Verkehrskreise unterliege es keinem ernsthaften Zweifel, dass hiermit das Einkommen des Arbeitnehmers gemeint sei, das dieser nach der Übernahme durch den Entleiher im neuen Arbeitsverhältnis erziele. Die Vergütungsklausel beziehe sich auf die Übernahme des Arbeitnehmers durch den Entleiher in ein neues Arbeitsverhältnis. Maßstab für die Höhe der Vergütung sollten der durch die Übernahme des Arbeitnehmers erlangte wirtschaftliche Vorteil des Entleihers sowie der damit verbundene „Marktwert" der Arbeitskraft sein. Dieser wirtschaftliche „Wert" finde sich nicht in dem – dem Entleiher regelmäßig gar nicht bekannten – Einkommen des Arbeitnehmers aus dem Leiharbeitsverhältnis, das sich als ein atypisches Arbeitsverhältnis darstelle, sondern in dem Einkommen aus dem

---

[9] BGH v. 03.07.2003 - III ZR 348/02 - BGHZ 155, 311-318; BGH v. 07.12.2006 - III ZR 82/06 - DB 2007, 526-527; BGH v. 11.03.2010 - III ZR 240/09 - NJW 2010, 2048-2050; BGH v. 10.11.2011 - III ZR 77/11 - DB 2011, 2852-2855, 2852 f.
[10] BT-Drs. 15/1749, S. 29; BT-Drs. 15/6008, S. 11.
[11] BGH v. 11.03.2010 - III ZR 240/09 - NJW 2010, 2048-2050.
[12] BGH v. 11.03.2010 - III ZR 240/09 - NJW 2010, 2048-2050; BGH v. 10.11.2011 - III ZR 77/11 - DB 2011, 2852-2855.
[13] BGH v. 10.11.2011 - III ZR 77/11 - DB 2011, 2852-2855, 2853.
[14] BGH v. 11.03.2010 - III ZR 240/09 - NJW 2010, 2048-2050.
[15] BGH v. 10.11.2011 - III ZR 77/11 - DB 2011, 2852-2855.
[16] BGH v. 10.11.2011 - III ZR 77/11 - DB 2011, 2852-2855, 2853 f.

hierdurch angebahnten Arbeitsverhältnis mit dem Entleiher, das dieser mit dem Arbeitnehmer selbst aushandeln könne. Vor diesem Hintergrund sei hinreichend deutlich, wie der Begriff „Jahresbruttoeinkommen" zu verstehen sei.[17]

11 Soweit die Vergütungsklausel eine Vergütungspflicht für die Übernahme „aus der Überlassung" unabhängig von der **Kausalität der Überlassung für die nachfolgende Übernahme des Arbeitnehmers** durch den Entleiher begründete, konnte der BGH hierin keine unangemessene Benachteiligung des Entleihers am Maßstab der §§ 307, 310 Abs. 1 Satz 2 BGB erkennen. Die für die Vermittlungsvergütung erforderliche Kausalität der Arbeitnehmerüberlassung für die Übernahme des Arbeitnehmers durch den Entleiher in ein neues Arbeitsverhältnis liege vor, wenn der Verleiher mit der Überlassung des Arbeitnehmers den Anstoß für die Anbahnung der späteren Übernahme gegeben habe, wie sich bereits aus der Formulierung „mittels vorangegangenem Verleih erfolgte Vermittlung" in § 9 Nr. 3 AÜG ergebe. Die Übernahme eines Arbeitnehmers „aus der Überlassung" setze einen bestehenden Überlassungsvertrag oder einen unmittelbaren zeitlichen Zusammenhang mit einem beendeten Überlassungsvertrag voraus, weshalb die Kausalität der Überlassung für die nachfolgende Übernahme typischerweise und in der Regel gegeben sei. Dagegen komme ihr Fehlen – wenn überhaupt – nur für äußerst fernliegende, rein theoretisch denk- oder „konstruierbare" Fallgestaltungen in Betracht, was im Rahmen der für die beiderseitige Interessenabwägung anzustellenden überindividuellen-generalisierenden Betrachtung jedoch nicht zu berücksichtigen sei.[18]

12 Die streitgegenständliche Klausel hatte schließlich auch für diejenigen Fälle einen Anspruch des Verleihers auf ein Vermittlungshonorar vorgesehen, in denen es „innerhalb von sechs Monaten nach der letzten Überlassung zu einem Anstellungsverhältnis zwischen dem Entleiher und dem Mitarbeiter kommt". Hierzu führte den BGH der Maßstab der §§ 307, 310 Abs. 1 Satz 2 BGB zur Annahme einer unangemessenen Benachteiligung des Entleihers. In dem genannten Zeitraum von bis zu sechs Monaten nach der letzten Überlassung könnten durchaus Umstände eingetreten sein, die den Kausalzusammenhang ernstlich in Frage stellen könnten, etwa dann, wenn zwischenzeitlich weitere Überlassungen des Arbeitnehmers an Dritte oder durch Dritte an denselben Entleiher erfolgt seien. Zwar könne bei der Übernahme eines Arbeitnehmers im Zeitraum von bis zu sechs Monaten nach der Überlassung an den Entleiher zumeist noch davon ausgegangen werden, dass die Übernahme auf die vorangegangene Arbeitnehmerüberlassung zurückzuführen sei, weshalb eine dahingehende formularvertragliche Vermutung – jedenfalls im unternehmerischen Verkehr – unbedenklich erscheine. Die Vergütungsklausel in ihrer vorliegenden Formulierung begründe jedoch keine bloße widerlegbare und einen Gegenbeweis zulassende Kausalitätsvermutung, sondern eine unabhängig von der Kausalitätsfrage entstehende, die Möglichkeit eines Gegenbeweises abschneidende Vergütungspflicht. Dies stelle auch im unternehmerischen Verkehr und unter Berücksichtigung des berechtigten Interesses des Verleihers an einer praxistauglichen Regelung eine **unangemessene Benachteiligung des Entleihers** dar.[19]

II. Unverhältnismäßigkeit der Lohnhöhe

13 Erscheint dem Arbeitgeber der vereinbarte Maklerlohn im Nachhinein als unverhältnismäßig hoch, kann er bei Gericht Herabsetzung auf den angemessenen Betrag beantragen, sofern er den Lohn noch nicht entrichtet hat. Für die notwendige Verhältnismäßigkeitsprüfung ist entscheidend auf das **Vorliegen eines objektiven Leistungsmissverhältnisses zum Zeitpunkt der Geltendmachung des Vergütungsanspruchs** abzustellen. Dabei kann die Höhe eines zusätzlich bestehenden Aufwendungsersatzanspruchs ebenso in die Beurteilung mit einfließen wie das berechtigte Interesse des Maklers, bei der Kalkulation seiner Provision berücksichtigen zu dürfen, dass zahlreiche Nachweis- und Vermittlungsbemühungen ohne jede Vergütung scheitern.

III. Ausstehende Lohnzahlung

14 Nach § 655 Satz 2 BGB setzt die **Herabsetzung des unverhältnismäßig hohen Lohns auf den angemessenen Betrag** durch das Gericht voraus, dass der Lohn noch nicht entrichtet wurde.

IV. Antrag des Auftraggebers

15 Der Auftraggeber muss als Schuldner des Lohnanspruchs einen **Antrag auf Herabsetzung** des unverhältnismäßig hohen Maklerlohns auf den angemessenen Betrag bei Gericht stellen.

---

[17] BGH v. 10.11.2011 - III ZR 77/11 - DB 2011, 2852-2855, 2854.
[18] BGH v. 10.11.2011 - III ZR 77/11 - DB 2011, 2852-2855, 2854.
[19] BGH v. 10.11.2011 - III ZR 77/11 - DB 2011, 2852-2855, 2854.

C. Rechtfolgen

Bei der Festsetzung des angemessenen Betrags durch das Gericht im Rahmen seines tatrichterlichen Ermessens bietet sich der übliche Lohn im Sinne von § 653 Abs. 2 BGB als **Orientierungsmaßstab** an. Da es sich nach dem Vorbild von § 343 BGB auch bei § 655 Satz 1 BGB im Schwerpunkt um eine richterliche Rechtsausübungskontrolle handelt, ist bei der Prüfung einer Herabsetzung des verlangten Maklerlohns nicht nur auf die Verhältnisse im Zeitpunkt des Vertragsschlusses, sondern auch auf die nachfolgend eingetretenen Umstände abzustellen. Nach einem Grundsatzurteil des III. Zivilsenats des BGH kommt zwei Kriterien eine herausragende Bedeutung zu:

- dem Aufwand, den der Makler für die Erbringung der von ihm geschuldeten Vermittlungsleistung zu tragen hatte;
- dem wirtschaftlichen Nutzen des Arbeitnehmers, den er in seiner Eigenschaft als Auftraggeber aus dem vermittelten Dienstvertrag bzw. Arbeitsverhältnis ziehen konnte und der von der vereinbarten Laufzeit des Arbeitsvertrags, aber auch von der tatsächlichen Dauer des vermittelten Arbeitsverhältnisses beeinflusst wird.

Bei der anzustellenden Abwägung sei vor allem „in den Blick zu nehmen, ob und inwieweit eine frühzeitige Beendigung des Arbeitsverhältnisses der Verantwortungssphäre des Auftraggebers (Arbeitnehmers) oder seines Arbeitgebers – oder des Vermittlers selbst – zuzurechnen ist".[20] Bereicherungsrechtliche Ansprüche des Maklers scheitern in aller Regel an § 817 Satz 2 BGB.[21]

D. Prozessuale Hinweise/Verfahrenshinweise

Für Tatsachen, aus denen die Unverhältnismäßigkeit der Vergütung hergeleitet werden soll, trägt der Schuldner die **Darlegungs- und Beweislast**.[22]

Beruft sich ein Arbeitnehmer im Prozess allein auf die Nichtigkeit der streitgegenständlichen Vergütungsvereinbarung, ohne explizit auf § 655 Satz 1 BGB zu rekurrieren, und kann auch sein übriges Vorbringen nicht als Anregung auf eine richterliche Herabsetzung der Vergütung verstanden werden, fehlt der nach § 655 Satz 1 BGB erforderliche Antrag.[23] Die **Wahrung des Antragserfordernisses** beurteile sich nach den von der Rechtsprechung zu § 343 BGB entwickelten Grundsätzen, dem § 655 BGB nachgebildet worden sei. Danach könne der Herabsetzungsantrag des Schuldners auch konkludent, unbeziffert und im Wege der Einrede gegen die Zahlungsklage angebracht werden, wobei jede Anregung oder Äußerung genüge, die den Willen des Schuldners erkennen lasse, eine Herabsetzung zu erreichen, weil er den geforderten Betrag als unangemessen hoch und drückend empfinde. Dementsprechend müsse der Schuldner „zum Ausdruck bringen, dass er nicht lediglich die rechtliche Wirksamkeit der Klageforderung bekämpfen, sondern – gegebenenfalls hilfsweise – auch eine auf Billigkeitserwägungen zurückgehende richterliche Gestaltungsmacht in Anspruch nehmen" wolle.[24]

---

[20] BGH v. 18.03.2010 - III ZR 254/09 - NJW 2010, 3222-3226, 3225 f.
[21] BGH v. 01.06.1966 - VIII ZR 65/64 - BGHZ 46, 24-29.
[22] BGH v. 18.03.2010 - III ZR 254/09 - NJW 2010, 3222-3226, 3226.
[23] BGH v. 18.03.2010 - III ZR 254/09 - NJW 2010, 3222-3226.
[24] BGH v. 18.03.2010 - III ZR 254/09 - NJW 2010, 3222-3226, 3226.

§ 655a

Untertitel 2 - Vermittlung von Verbraucherdarlehensverträgen

§ 655a BGB Darlehensvermittlungsvertrag

(Fassung vom 29.07.2009, gültig ab 11.06.2010)

(1) ¹Für einen Vertrag, nach dem es ein Unternehmer unternimmt, einem Verbraucher gegen ein vom Verbraucher oder einem Dritten zu leistendes Entgelt einen Verbraucherdarlehensvertrag oder eine entgeltliche Finanzierungshilfe zu vermitteln oder ihm die Gelegenheit zum Abschluss eines solchen Vertrags nachzuweisen, gelten vorbehaltlich des Satzes 2 die folgenden Vorschriften. ²Dies gilt nicht in dem in § 491 Abs. 2 bestimmten Umfang.

(2) ¹Der Darlehensvermittler hat den Verbraucher über die sich aus Artikel 247 § 13 des Einführungsgesetzes zum Bürgerlichen Gesetzbuche ergebenden Einzelheiten in der dort vorgesehenen Form zu unterrichten. ²Der Darlehensvermittler ist gegenüber dem Verbraucher zusätzlich wie ein Darlehensgeber gemäß § 491a verpflichtet. ³Satz 2 gilt nicht für Warenlieferanten oder Dienstleistungserbringer, die in lediglich untergeordneter Funktion als Darlehensvermittler tätig werden, etwa indem sie als Nebenleistung den Abschluss eines verbundenen Verbraucherdarlehensvertrags vermitteln.

Gliederung

A. Grundlagen 1
   I. Gesetzgebungsmaterialien 1
   II. Europäischer Hintergrund 2
   III. Gewerbeerlaubnis 11
B. Anwendungsvoraussetzungen 14
   I. Normstruktur 14
   II. Verbraucherdarlehensvertrag 25
   III. Typische Maklerleistung 26
C. Rechtsfolgen 27

A. Grundlagen

I. Gesetzgebungsmaterialien

1 Die Vorschriften über die Kreditvermittlung lehnten sich an einen Gesetzentwurf der Bundesregierung über Maklerverträge an, sollten ursprünglich in das BGB aufgenommen werden und wurden lediglich wegen des engen Sachzusammenhangs mit den Verbraucherkreditgeschäften in das damalige **Verbraucherkreditgesetz** (VerbrKrG) eingefügt. Im Zuge der großen Schuldrechtsreform[1] wurden zum 01.01.2002 die im Verbraucherkreditgesetz enthaltenen Vorschriften zur Darlehensvermittlung (§§ 1 Abs. 3, 15-18 VerbrKrG) durch die §§ 655a-655e BGB ersetzt und leicht modifiziert:

VerbrKrG	BGB
§§ 1 Abs. 1 Satz 2, 3 Abs. 1 Nr. 2 VerbrKrG	§ 655e Abs. 2 BGB
§ 1 Abs. 3 VerbrKrG	§ 655a Abs. 1 Satz 1 BGB
§ 15 VerbrKrG	§ 655b BGB
§ 16 VerbrKrG	§ 655c BGB
§ 17 VerbrKrG	§ 655d BGB
§ 18 VerbrKrG	§ 655e Abs. 1 BGB

II. Europäischer Hintergrund

2 Auf europäischer Ebene enthielt die erste Verbraucherkreditrichtlinie 1987/102/EG noch keine verbindlichen Vorgaben für die Kreditvermittlung. Sie wurde durch Art. 29 der am 11.06.2008 in Kraft getretenen neuen **Verbraucherkreditrichtlinie 2008/48/EG** mit Wirkung zum 12.05.2010 aufgehoben. Die Mitgliedstaaten mussten bis spätestens zum 12.05.2010 die zur Befolgung der neuen Richtlinie erforderlichen Maßnahmen erlassen und veröffentlichen (Art. 27 Abs. 1).

3 Die **Europäische Kommission** wird erstmals zum 12.05.2013 und danach alle fünf Jahre die in der Richtlinie und ihren Anhängen festgelegten Schwellenbeträge und die Prozentsätze, anhand derer der

---

[1] Gesetz zur Modernisierung des Schuldrechts vom 26.11.2001, BGBl I 2001, 3138.

Betrag der Entschädigung bei einer vorzeitigen Rückzahlung berechnet wird, überprüfen und im Lichte der wirtschaftlichen Trends in der Gemeinschaft und der Lage auf dem betreffenden Markt bewerten (Art. 27 Abs. 2 Satz 1). Daneben überwacht sie die Auswirkungen der von der Richtlinie zugelassenen Regelungsalternativen auf den Binnenmarkt und die Verbraucher (Art. 27 Abs. 2 Satz 2). Die Ergebnisse werden dem Europäischen Parlament und dem Rat vorgelegt, gegebenenfalls zusammen mit einem Vorschlag zur Änderung der Schwellenbeträge und der Prozentsätze sowie der Möglichkeiten der alternativen Regelungen (Art. 27 Abs. 2 Satz 3).

Die Richtlinie 2008/48/EG gilt grundsätzlich für alle Kreditverträge (Art. 2 Abs. 1), nimmt aber in Art. 2 Abs. 2 zugleich zahlreiche Anwendungsbeispiele von vornherein von ihrem **Geltungsbereich** aus:

a. Kreditverträge, die entweder durch eine Hypothek oder eine vergleichbare Sicherheit, die in einem Mitgliedstaat gewöhnlich für unbewegliches Vermögen genutzt wird, oder durch ein Recht an unbeweglichem Vermögen gesichert werden;
b. Kreditverträge, die für den Erwerb oder die Erhaltung von Eigentumsrechten an einem Grundstück oder einem bestehenden oder geplanten Gebäude bestimmt sind;
c. Kreditverträge, bei denen der Gesamtkreditbetrag weniger als 200 € oder mehr als 75.000 € beträgt;
d. Miet- oder Leasingverträge, bei denen weder im Vertrag selbst noch in einem gesonderten Vertrag eine Verpflichtung zum Erwerb des Miet- bzw. Leasingobjekts vorgesehen ist, wobei der Richtliniengeber eine solche Verpflichtung vermutet, wenn der Kreditgeber darüber einseitig entscheidet;
e. Kreditverträge in Form von Überziehungsmöglichkeiten, bei denen der Kredit binnen eines Monats zurückzuzahlen ist;
f. zins- und gebührenfreie Kreditverträge sowie Kreditverträge, nach denen der Kredit binnen drei Monaten zurückzuzahlen ist und bei denen nur geringe Kosten anfallen;
g. Verträge über Kredite, die Arbeitnehmern vom Arbeitgeber als Nebenleistung zinsfrei oder zu einem niedrigeren effektiven Jahreszins als dem marktüblichen gewährt und nicht der breiten Öffentlichkeit angeboten werden;
h. Kreditverträge, die mit einer Wertpapierfirma im Sinne von Art. 4 Abs. 1 der Richtlinie 2004/39/EG oder mit Kreditinstituten im Sinne von Art. 4 der Richtlinie 2006/48/EG geschlossen werden und die es einem Anleger erlauben sollen, ein Geschäft zu tätigen, das eines oder mehrere der in Anhang I Abschnitt C der Richtlinie 2004/39/EG genannten Instrumente betrifft, wenn das den Kredit gewährende Institut an diesem Geschäft beteiligt ist;
i. Kreditverträge, die Ergebnis eines Vergleichs vor einem Richter oder einer anderen gesetzlich befugten Stelle sind;
j. Kreditverträge, welche die unentgeltliche Stundung einer bestehenden Forderung zum Gegenstand haben;
k. Kreditverträge, nach deren Abschluss der Verbraucher zur Hinterlegung eines Gegenstands als Sicherheit beim Kreditgeber verpflichtet ist und bei denen sich die Haftung des Verbrauchers ausschließlich auf diesen Pfandgegenstand beschränkt;
l. Kreditverträge, die Darlehen zum Gegenstand haben, die einem begrenzten Kundenkreis im Rahmen gesetzlicher Bestimmungen im Gemeinwohlinteresse gewährt werden, sei es zu einem niedrigeren als dem marktüblichen Zinssatz oder zinslos oder zu anderen, für den Verbraucher günstigeren als den marktüblichen Bedingungen und zu Zinssätzen, die nicht über den marktüblichen Zinssätzen liegen.

Weitere **Ausnahmen und Einschränkungen** des Geltungsbereichs der Richtlinie enthält Art. 2 Abs. 3-6. Als Kreditvermittler definiert Art. 3 f) der Richtlinie natürliche und juristische Personen, die nicht als Kreditgeber handeln und die in Ausübung ihrer gewerblichen oder beruflichen Tätigkeit gegen ein Entgelt, das aus einer Geldzahlung oder einem sonstigen vereinbarten wirtschaftlichen Vorteil bestehen kann,
- Verbrauchern Kreditverträge vorstellen oder anbieten;
- Verbrauchern bei anderen Vorarbeiten zum Abschluss von Kreditverträgen behilflich sind;
- für den Kreditgeber Kreditverträge mit den Verbrauchern abschließen.

Im letzten Fall greifen im deutschen Recht die **Stellvertretungsregeln** der §§ 164 ff. BGB ein und der Darlehensgeber muss sicherstellen, dass die Anforderungen der §§ 491 ff. BGB beachtet werden. Tritt der Stellvertreter allerdings eigenständig am Markt auf, ist er als Vermittler anzusehen.[2]

---

[2] BT-Drs. 16/11643, S. 96.

§ 655a

7 Die wichtigsten vorvertraglichen Informationspflichten wurden in Art. 5 ff. zusammengefasst, die zwingenden Angaben in den Kreditverträgen in Art. 10 ff. und das Widerrufsrecht des Verbrauchers in Art. 14 ff. der Richtlinie. Nach Art. 21 müssen die Mitgliedstaaten sicherstellen, dass bestimmte **Pflichten des Kreditvermittlers gegenüber den Verbrauchern** normiert und eingehalten werden. Danach muss

- ein Kreditvermittler sowohl in seiner Werbung als auch in den für die Verbraucher bestimmten Unterlagen auf den Umfang seiner Befugnisse hinweisen und insbesondere deutlich machen, ob er ausschließlich mit einem oder mehreren Kreditgebern oder als unabhängiger Kreditmakler arbeitet;
- das gegebenenfalls vom Verbraucher an den Kreditvermittler für dessen Dienste zu zahlende Entgelt dem Verbraucher bekannt gegeben und vor Abschluss des Kreditvertrags zwischen Verbraucher und Kreditvermittler auf Papier oder einem anderen dauerhaften Datenträger vereinbart werden;
- das gegebenenfalls vom Verbraucher an den Kreditvermittler für dessen Dienste zu zahlende Entgelt dem Kreditgeber vom Kreditvermittler zur Berechnung des effektiven Jahreszinses mitgeteilt werden.

8 Die Bundesregierung hatte schon Anfang 2009 den „Entwurf eines Gesetzes zur Umsetzung der Verbraucherkreditrichtlinie, des zivilrechtlichen Teils der Zahlungsdiensterichtlinie sowie zur Neuordnung der Vorschriften über das Widerrufs- und Rückgaberecht" vorgelegt,[3] der nach kontroverser Diskussion zu einer Beschlussempfehlung und zum Bericht des Rechtsausschusses vom 01.07.2009 geführt hat.[4] Das **Umsetzungsgesetz** ist schließlich vollständig am 11.06.2010 in Kraft getreten und hat unter anderem auch zu Anpassungen der §§ 655a-655e BGB geführt.[5] Um die mit den Vorgaben des Gemeinschaftsrechts verbundene erhebliche Ausweitung der Informationspflichten für die Rechtsanwender möglichst einfach und übersichtlich zu gestalten, hat sich der deutsche Gesetzgeber im Übrigen entschieden, diese zum überwiegenden Teil in den Art. 246 ff. EGBGB zu verorten.[6]

9 Der Bundestag hatte die Bundesregierung bereits im Rahmen seiner Beschlussfassung über das Umsetzungsgesetz aufgefordert, zu Beginn der 17. Legislaturperiode einen Gesetzentwurf mit einem Muster für eine Information über das Widerrufsrecht bei Verbraucherkreditverträgen mit Gesetzlichkeitsfiktion in das Gesetzgebungsverfahren einzubringen.[7] Im Zuge dieses Verfahrens wurde erkannt, dass darüber hinaus neben der Bereinigung vereinzelter Redaktionsversehen ergänzende Anpassungen und Klarstellungen bei den Vorschriften über das Widerrufsrecht bei Verbraucherdarlehensverträgen sowie im gesamten Recht der Darlehensvermittlung notwendig geworden waren.[8] Das am Ende verabschiedete **Änderungsgesetz** ist am 30.07.2010 in Kraft getreten.[9]

10 Seitdem trägt der Untertitel 2 die Überschrift „Vermittlung von Verbraucherdarlehensverträgen", um der weit gefassten Definition in Art. 3 f) der Verbraucherkreditrichtlinie Rechnung zu tragen. Erfasst werden somit nicht nur Vermittlungsverträge mit einem Verbraucher, sondern auch solche, in denen Vertragspartner des Vermittlers – ausschließlich oder neben dem Verbraucher – ein Dritter ist, bei dem es sich regelmäßig um den Darlehensgeber handeln wird.[10] Während aber die in § 655a Abs. 2 Satz 1 und 2 BGB normierten Pflichten des Vermittlers gegenüber dem Darlehensnehmer auch bestehen, wenn der Verbraucher nicht **Vertragspartner des Vermittlers** ist, bezieht sich § 655b BGB nach wie vor ausschließlich auf Vermittlungsverträge mit einem Verbraucher.[11] Die neue Überschrift soll schließlich verdeutlichen, dass die §§ 655a-655e BGB nicht jede Art der Darlehensvermittlung betreffen, sondern nur solche Verträge, deren Gegenstand die Vermittlung von Verbraucherdarlehensverträ-

---

[3] BT-Drs. 16/11643.
[4] BT-Drs. 16/13669.
[5] Gesetz zur Umsetzung der Verbraucherkreditrichtlinie, des zivilrechtlichen Teils der Zahlungsdiensterichtlinie sowie zur Neuordnung der Vorschriften über das Widerrufs- und Rückgaberecht vom 29.07.2009, BGBl I 2009, 2355.
[6] BT-Drs. 16/11643, S. 66.
[7] BT-Drs. 16/13669, S. 5 und 126.
[8] BT-Drs. 17/1394, S. 1 und 12.
[9] Gesetz zur Einführung einer Musterwiderrufsinformation für Verbraucherdarlehensverträge, zur Änderung der Vorschriften über das Widerrufsrecht bei Verbraucherdarlehensverträgen und zur Änderung des Darlehensvermittlungsrechts vom 24.07.2010, BGBl I 2010, 977.
[10] BT-Drs. 17/1394, S. 20.
[11] BT-Drs. 17/1394, S. 21.

gen ist. Auf eine gesonderte Erwähnung der Verträge über entgeltliche Finanzierungshilfen hat der Gesetzgeber bewusst verzichtet, da der Anwendungsbereich von § 655a BGB bereits durch das Umsetzungsgesetz auf die Vermittlung von entgeltlichen Finanzierungshilfen erweitert worden war.[12]

III. Gewerbeerlaubnis

Wer gewerbsmäßig den Abschluss von Darlehensverträgen vermitteln oder die Gelegenheit zum Abschluss solcher Verträge nachweisen will, bedarf der Erlaubnis der zuständigen Behörde (§ 34c Abs. 1 Satz 1 Nr. 2 GewO). Soweit dies zum Schutz der Allgemeinheit oder der Auftraggeber erforderlich ist, kann die Erlaubnis inhaltlich beschränkt und mit Auflagen verbunden werden, die auch nachträglich aufgenommen, geändert und ergänzt werden können (§ 34c Abs. 1 Satz 2 GewO). Die Erlaubnis ist zu versagen, wenn Tatsachen die Annahme rechtfertigen, dass der Antragsteller oder eine der mit der Leitung des Betriebs oder einer Zweigniederlassung beauftragten Personen die für den Gewerbebetrieb erforderliche **Zuverlässigkeit** nicht besitzt (§ 34c Abs. 2 Nr. 1 GewO). Dies ist in der Regel der Fall, wenn der oder die Betreffende in den letzten fünf Jahren vor der Antragstellung wegen eines Verbrechens oder wegen Diebstahl, Unterschlagung, Erpressung, Betrug, Untreue, Geldwäsche, Urkundenfälschung, Hehlerei, Wucher oder einer Insolvenzstraftat rechtskräftig verurteilt worden ist. Als weiteren Versagungsgrund benennt § 34c Abs. 2 Nr. 2 GewO ein Leben in ungeordneten Vermögensverhältnissen, von dem in der Regel ausgegangen wird, wenn über das Vermögen des Antragstellers das Insolvenzverfahren eröffnet worden oder er in das vom Insolvenzgericht (§ 26 Abs. 2 InsO) oder vom Vollstreckungsgericht (§ 915 ZPO) zu führende Verzeichnis eingetragen ist. 11

Wer vorsätzlich oder fahrlässig ohne die erforderliche Erlaubnis nach § 34c Abs. 1 Satz 1 Nr. 2 GewO den Abschluss von Darlehensverträgen vermittelt oder die Gelegenheit hierzu nachweist, begeht eine Ordnungswidrigkeit nach § 144 Abs. 1 Nr. 1 lit. h GewO, die mit einer Geldbuße bis zu 5.000 € geahndet werden kann (§ 144 Abs. 4 GewO). Von der Erlaubnispflicht ausgenommen sind Kreditinstitute, die bereits über eine Erlaubnis nach § 32 Abs. 1 KWG verfügen, Zweigstellen von Unternehmen im Sinne von § 53b Abs. 1 Satz 1 KWG sowie Zweigstellen von Unternehmen mit Sitz in einem anderen Mitgliedstaat der EU, die nach § 53b Abs. 7 KWG Darlehen zwischen Kreditinstituten vermitteln dürfen, soweit sich ihre Tätigkeit auf die Vermittlung von Darlehen zwischen Kreditinstituten beschränkt (§ 34c Abs. 5 Nr. 1 und 3 GewO). Eine weitere **Ausnahme** gilt für Gewerbetreibende, die lediglich zur Finanzierung der von ihnen abgeschlossenen Warenverkäufe oder zu erbringenden Dienstleistungen den Abschluss von Darlehensverträgen vermitteln oder die Gelegenheit zum Abschluss solcher Verträge nachweisen (§ 34c Abs. 5 Nr. 2 GewO). Inwieweit für die konzessionierten oder angestellten Personen eine Stellvertretung zulässig ist, hat jeweils die Behörde zu bestimmen, der die Konzessionierung oder Anstellung zusteht (§ 47 GewO). 12

Auf der Grundlage von § 34c Abs. 3 GewO wurde die **Makler- und Bauträgerverordnung** erlassen, die unter anderem auch zahlreiche Pflichten des Darlehensvermittlers normiert, der seine Verpflichtungen nach den §§ 2 bis 8 MaBV sowie die nach § 2 Abs. 1 MaBV zu sichernden Schadensersatzansprüche des Auftraggebers durch vertragliche Vereinbarung weder ausschließen noch beschränken darf (§ 12 MaBV). Ferner hat der Darlehensvermittler der zuständigen Behörde die jeweils mit der Leitung des Betriebs oder einer Zweigniederlassung beauftragten Personen unverzüglich anzuzeigen (§ 9 Satz 1 MaBV). Bei juristischen Personen gilt dies auch für die nach Gesetz, Satzung oder Gesellschaftsvertrag jeweils zur Vertretung berufenen Personen (§ 9 Satz 2 MaBV). Hinzu kommen die spezielle Buchführungspflicht nach § 10 MaBV, die Informationspflichten nach § 11 MaBV sowie die Aufbewahrungspflicht nach § 14 MaBV. Für Missachtungen dieser Pflichten definiert § 18 MaBV einen Katalog von Ordnungswidrigkeiten, die mit einer Geldbuße bis zu 5.000 € geahndet werden können. 13

B. Anwendungsvoraussetzungen

I. Normstruktur

§ 655a Abs. 1 Satz 1 BGB definiert den Darlehensvermittlungsvertrag als einen Vertrag, nach dem es ein Unternehmer unternimmt, einem Verbraucher gegen ein vom Verbraucher oder einem Dritten zu leistendes Entgelt einen Verbraucherdarlehensvertrag oder eine entgeltliche Finanzierungshilfe zu vermitteln oder ihm die Gelegenheit zum Abschluss eines solchen Vertrags nachzuweisen. Die Platzie- 14

---

[12] BT-Drs. 17/1394, S. 20.

§ 655a

rung der §§ 655a-655e BGB im Maklerrecht des BGB macht Sinn, da es sich bei dem Darlehensvermittlungsvertrag um einen Unterfall des Maklervertrags handelt, so dass die allgemeinen Vorschriften der §§ 652-654 BGB grundsätzlich anwendbar sind.[13] Allerdings sind die §§ 655a-655e BGB als Spezialregelungen vorrangig zu berücksichtigen, so dass der **Verbraucherschutzgedanke** in den Vordergrund tritt.

15 Vom Schutzzweck ausgenommen bleiben nach § 655a Abs. 1 Satz 2 BGB die in § 491 Abs. 2 BGB aufgeführten **Verbraucherdarlehensverträge** und damit solche Verträge,
- Nr. 1: bei denen der Nettodarlehensbetrag im Sinne von Art. 247 § 3 Abs. 2 EGBGB weniger als 200 € beträgt;
- Nr. 2: bei denen sich die Haftung des Darlehensnehmers auf eine dem Darlehensgeber zum Pfand übergebene Sache beschränkt;
- Nr. 3: bei denen der Darlehensnehmer das Darlehen binnen drei Monaten zurückzuzahlen hat und nur geringe Kosten vereinbart sind;
- Nr. 4: die von Arbeitgebern mit ihren Arbeitnehmern als Nebenleistung zum Arbeitsvertrag zu einem niedrigeren als dem marktüblichen effektiven Jahreszins (§ 6 PAngV) abgeschlossen und anderen Personen nicht angeboten werden;
- Nr. 5: die nur mit einem begrenzten Personenkreis aufgrund von Rechtsvorschriften im öffentlichen Interesse abgeschlossen werden, wenn im Vertrag für den Darlehensnehmer günstigere als marktübliche Bedingungen und höchstens der marktübliche Sollzinssatz vereinbart sind.

16 § 655a Abs. 2 Satz 1 BGB schreibt vor, dass der Darlehensvermittler den Verbraucher über die sich aus Art. 247 § 13 Abs. 2 EGBGB ergebenden Einzelheiten in der dort vorgesehenen Form zu unterrichten hat. Wird der **Darlehensvermittlungsvertrag mit einem Verbraucher** abgeschlossen, so muss der Darlehensvermittler den Verbraucher rechtzeitig vor Abschluss des Darlehensvermittlungsvertrags in Textform über folgende Parameter unterrichten:
- Nr. 1: die Höhe einer vom Verbraucher verlangten Vergütung;
- Nr. 2: die Tatsache, ob er für die Vermittlung von einem Dritten ein Entgelt erhält, sowie gegebenenfalls dessen Höhe;
- Nr. 3: den Umfang seiner Befugnisse, insbesondere ob er ausschließlich für einen oder mehrere bestimmte Darlehensgeber oder unabhängig tätig wird;
- Nr. 4: gegebenenfalls weitere vom Verbraucher verlangte Nebenentgelte sowie deren Höhe, soweit diese im Zeitpunkt der Unterrichtung bekannt ist, andernfalls einen Höchstbetrag.

17 In Nr. 1 wird anders als noch in § 655b Abs. 1 Satz 2 BGB a.F. nicht mehr verlangt, dass die Vergütung in einem Prozentsatz des Darlehens auszudrücken ist. Der Gesetzgeber verlangt die Angabe eines Endbetrags in einer Währung, um die Kosten für den Verbraucher auch insoweit transparent zu machen.[14] Wird der **Darlehensvermittlungsvertrag ausschließlich mit einem Dritten** abgeschlossen, so hat der Darlehensvermittler den Verbraucher rechtzeitig vor Abschluss eines vermittelten Vertrags in Textform über die Einzelheiten gemäß Art. 247 § 13 Abs. 2 Satz 1 Nr. 2 und 3 EGBGB zu unterrichten (Art. 247 § 13 Abs. 2 Satz 2 EGBGB). Auf eine Erstreckung der Unterrichtungspflicht auf die in Art. 247 § 13 Abs. 2 Satz 1 Nr. 1 und 4 EGBGB geforderten Angaben konnte verzichtet werden, da nach dem insoweit neu gefassten § 655b BGB ein Entgeltanspruch gegen den Verbraucher nur in Betracht kommt, wenn mit ihm selbst ein schriftlicher Vermittlungsvertrag abgeschlossen wurde.[15]

18 Der Darlehensvermittler ist zusätzlich wie ein Darlehensgeber gemäß § 491a BGB verpflichtet (§ 655a Abs. 2 Satz 2 BGB), der bestimmte **vorvertragliche Informationspflichten** bei Verbraucherdarlehensverträgen normiert. § 491a Abs. 1 BGB entspricht dabei sinngemäß § 655a Abs. 2 Satz 1 BGB, so dass damit keine Ausweitung der Pflichten des Darlehensvermittlers verbunden ist. Eine solche wird jedoch zunächst durch die Übertragung der in § 491a Abs. 2 BGB enthaltenen Anordnung erreicht, wonach der Verbraucher einen Entwurf des Verbraucherdarlehensvertrags vom Darlehensvermittler verlangen kann, sobald dieser zum Vertragsabschluss bereit ist. Der Verweis auf § 491a BGB bewirkt zudem, dass neben dem Darlehensgeber auch der Darlehensvermittler vor Abschluss eines Verbraucherdarlehensvertrags zu angemessenen Erläuterungen verpflichtet ist, um dem Verbraucher die Beurteilung zu ermöglichen, ob der Vertrag dem von ihm verfolgten Zweck und seinen Vermögensverhältnissen auch tatsächlich gerecht wird (§ 491a Abs. 3 Satz 1 BGB). Die Erläuterungspflicht umfasst die vor-

---

[13] OLG Stuttgart v. 15.07.2009 - 3 U 25/09 - NJW-RR 2010, 195-198, 195.
[14] BT-Drs. 16/11643, S. 133.
[15] BT-Drs. 17/1394, S. 24.

vertraglichen Informationen nach § 491a Abs. 1 BGB, die Hauptmerkmale der vom Darlehensvermittler angebotenen Verträge sowie ihre vertragstypischen Auswirkungen auf den Verbraucher einschließlich der Folgen bei Zahlungsverzug (§ 491a Abs. 3 Satz 2 BGB).

Durch das am 30.07.2010 in Kraft getretene Änderungsgesetz wurde die Pflichtbindung des Vermittlers dahingehend erweitert, dass er die in § 655a Abs. 2 Satz 1 und 2 BGB enthaltenen Vorgaben seither auch dann zu beachten hat, wenn der Verbraucher nicht sein Vertragspartner ist.[16] § 655a Abs. 2 Satz 2 BGB gilt dagegen nicht für Warenlieferanten oder Dienstleistungserbringer, die in lediglich untergeordneter Funktion als Darlehensvermittler tätig werden, indem sie beispielsweise den Abschluss eines verbundenen Verbraucherdarlehensvertrags als Nebenleistung vermitteln (§ 655a Abs. 2 Satz 3 BGB). Eine **untergeordnete Vermittlungsfunktion** kann auch vorliegen, wenn der Vermittler bei Anbahnung und Abschluss des Darlehensvertrags nur eine unbedeutende Rolle spielt. Allerdings wird durch § 655a Abs. 2 Satz 3 BGB nur der Darlehensvermittlungsvertrag ausgenommen, während für den Darlehensvertrag selbst § 491a BGB uneingeschränkte Geltung behält.[17]

In der Praxis kommt es nicht selten vor, dass ein Finanzmakler den Auftrag erhält, seinem Kunden im Vorhinein näher bezeichnete Darlehen zur Neuregelung von Verbindlichkeiten aus einer Bau- oder sonstigen Finanzierung sowie aus der Überziehung privater Girokonten zu verschaffen. Teilt der Makler in einem solchen Fall nicht mit, dass er die von ihm vermittelten Banken aus einem festen Pool auswählt, sondern erweckt er stattdessen den Eindruck, er werde Finanzinstitute aus dem gesamten einschlägigen Markt heranziehen, stellt sich die Frage, ob hierin eine **positive Vertragsverletzung** in Form einer Pflichtverletzung bzw. Schlechterfüllung des Darlehensvermittlungsvertrags nach § 655a BGB gesehen werden kann. Ein Berufungsgericht hat diese Frage bejaht.[18] Da eine sachgemäße Interessenwahrnehmung in aller Regel gebiete, dass der Makler seinen Auftraggeber nicht nur über das Unerlässliche, sondern über alle ihm bekannten und für die Entschließung des Auftraggebers wichtigen Umstände aufkläre, sei eine Aufklärung darüber, dass nur eine bestimmte Auswahl von Kreditinstituten vermittelt werde, zwingend erforderlich. Aus der Sicht des Auftraggebers mache es einen erheblichen Unterschied, ob ein Finanzmakler das günstigste erhältliche Angebot aus dem gesamten Markt oder lediglich aus einem begrenzten Kreis von in einem Brokerpool per Computerprogramm zusammengestellten Banken ermittle.[19]

Der **Schadensersatzanspruch** erstreckt sich auf alle unmittelbaren und mittelbaren Nachteile des schädigenden Verhaltens und somit auch auf die Prozesskosten, während lediglich solche Folgeschäden ausgenommen sind, die außerhalb des Schutzzwecks der verletzten Pflicht liegen.[20] Ist der Kunde letztlich durch die Pflichtverletzung des Maklers zum Abschluss eines nachteiligen Vertrags veranlasst worden, muss er vom Makler so gestellt werden, als hätte er die nachteiligen Dispositionen nicht getroffen.[21] Auf Basis der §§ 249 ff. BGB werden daher die dem Kunden außergerichtlich entstandenen Rechtsanwaltskosten als weitere Schadensersatzposition aus der positiven Vertragsverletzung des Maklervertrags erfasst, zumal die Inanspruchnahme eines Rechtsanwalts zur Durchsetzung eines Schadensersatzanspruchs von der Rechtsprechung als erforderlich und zweckmäßig anerkannt ist.[22] Sofern die tatsächlich angefallene Honorarforderung im Wege eines materiell-rechtlichen Kostenerstattungsanspruchs als Teil des Schadensersatzanspruchs zu erstatten ist, wird der Geschäftswert zugrunde gelegt, welcher der berechtigten Schadensersatzforderung entspricht.[23]

Aus steuerrechtlicher Sicht ist darauf hinzuweisen, dass der BFH zunächst nur noch dann von einer **Umsatzsteuerfreiheit** der Kreditvermittlung nach § 4 Abs. 8a UStG ausgegangen war, wenn die entgeltliche Leistung unmittelbar an den Kreditgeber oder an den Kreditnehmer erfolgte.[24] Das Verständnis des Vermittlungsbegriffs dürfe sich nicht an § 652 BGB orientieren, sondern müsse auf der Basis

---

[16] BT-Drs. 17/1394, S. 20.
[17] BT-Drs. 16/11643, S. 97.
[18] OLG Stuttgart v. 15.07.2009 - 3 U 25/09 - NJW-RR 2010, 195-198.
[19] OLG Stuttgart v. 15.07.2009 - 3 U 25/09 - NJW-RR 2010, 195-198, 196.
[20] OLG Stuttgart v. 15.07.2009 - 3 U 25/09 - NJW-RR 2010, 195-198, 197.
[21] BGH v. 18.12.1981 - V ZR 207/80 - NJW 1982, 1145-1147; BGH v. 13.01.2004 - XI ZR 355/02 - NJW 2004, 1868-1871.
[22] OLG Stuttgart v. 15.07.2009 - 3 U 25/09 - NJW-RR 2010, 195-198, 197 unter Hinweis auf BGH v. 10.01.2006 - VI ZR 43/05 - NJW 2006, 1065-1066.
[23] OLG Stuttgart v. 15.07.2009 - 3 U 25/09 - NJW-RR 2010, 195-198, 197 f. im Anschluss an BGH v. 07.11.2007 - VIII ZR 341/06 - NJW 2008, 1888-1889.
[24] BFH v. 09.10.2003 - V R 5/03 - WM 2004, 221-222.

der Mehrwertsteuerrichtlinien gemeinschaftsrechtskonform ausgelegt werden. Er folgte damit der Rechtsprechung des EuGH, nach der die Tatbestandsvoraussetzungen der Steuerbefreiungen in der 6. Mehrwertsteuerrichtlinie 77/388/EWG autonome Begriffe des Gemeinschaftsrechts darstellen.[25] In einer weiteren Entscheidung hatte der EuGH festgestellt, dass die Vermittlungstätigkeit eine Dienstleistung ist, die einer Vertragspartei erbracht und von dieser als eigenständige Mittlertätigkeit vergütet wird.[26] Sie könne z.B. darin bestehen, der Vertragspartei die Gelegenheiten zum Abschluss eines solchen Vertrags nachzuweisen, mit der anderen Partei Kontakt aufzunehmen oder im Namen und für Rechnung des Kunden über die Einzelheiten der gegenseitigen Leistungen zu verhandeln. Zweck dieser Tätigkeit sei es also, das Erforderliche zu tun, damit zwei Parteien einen Vertrag schließen, ohne dass der Vermittler ein Eigeninteresse am Inhalt des Vertrags habe. Dagegen handele es sich nicht um eine Vermittlungstätigkeit, wenn eine der Vertragsparteien einen Subunternehmer mit einem Teil der mit dem Vertrag verbundenen Sacharbeit betraue, da dieser dann keine Mittelsperson sei.[27]

23 Der BFH übertrug diese zur wertpapierbezogenen Vermittlung gemachten Ausführungen auf die Kreditvermittlung und setzte voraus, dass der vergüteten Leistung ein **entgeltlicher Geschäftsbesorgungsvertrag** zwischen dem leistenden Unternehmer und entweder dem Kreditgeber oder dem Kreditnehmer zugrunde liegen muss. Der bloße Umstand, dass der leistende Unternehmer im Auftrag eines Dritten das Erforderliche tue, damit zwei weitere Parteien einen Kreditvertrag schließen, reiche zur Annahme einer die Steuerfreiheit begründenden Vermittlungsleistung nicht aus.[28] Dieses Ergebnis stehe zudem in Einklang mit einer früheren Entscheidung, wonach eine umsatzsteuerfreie Kreditvermittlung nur der ausführt, der gegenüber den künftigen Vertragsparteien als selbständiger Vermittler auftritt.[29] Die Finanzverwaltung war dieser Beurteilung im Wesentlichen gefolgt.[30]

24 Im Juni 2007 hat der EuGH entschieden, dass auch die **Untervermittlung von Krediten** grundsätzlich umsatzsteuerfrei ist.[31] Der Umstand, dass ein Steuerpflichtiger zu keiner der Parteien eines Kreditvertrags, zu dessen Abschluss er beigetragen hat, in einem Vertragsverhältnis steht und mit einer der Parteien nicht unmittelbar in Kontakt tritt, schließe die Steuerfreiheit der Kreditvermittlung ebenso wenig aus wie der Umstand, dass ein Steuerpflichtiger die Vermögenssituation von ihm akquirierter Kunden analysiert, um ihnen zu Krediten zu verhelfen. Im zweiten Fall sei allerdings vorauszusetzen, dass die angebotene Kreditvermittlung als Hauptleistung angesehen werden kann, während die Vermögensberatung als Nebenleistung einzustufen ist, die das steuerliche Schicksal der Hauptleistung teilt.[32] Im Übrigen folge aus dem Grundsatz der steuerlichen Neutralität, dass die Wirtschaftsteilnehmer in der Lage sein müssen, ihr nach rein wirtschaftlichen Erwägungen bevorzugtes Organisationsmodell zu wählen, ohne den Verlust der Steuerfreiheit ihrer Umsätze befürchten zu müssen.[33] Entscheidende Voraussetzung sei insoweit allein, dass die erbrachte Dienstleistung „ein im Großen und Ganzen eigenständiges Ganzes ist, das die spezifischen und wesentlichen Funktionen einer Vermittlungsleistung erfüllt" und sich etwa „nicht auf die Übernahme eines Teils der mit dem Vertrag verbundenen Sacharbeit beschränkt".[34] Vor diesem Hintergrund hat die Finanzverwaltung unter Aufgabe ihrer bisherigen Auffassung klargestellt, dass keine steuerfreie Vermittlungsleistung erbringt, wer nur einen Teil der mit einem Kreditvertrag verbundenen Sacharbeit übernimmt, bloße Beratungsleistungen erbringt oder lediglich einem anderen Unternehmer Vermittler zuführt und diese betreut.[35]

---

[25] EuGH v. 05.06.1997 - C-2/95 - EuZW 1997, 603.
[26] EuGH v. 13.12.2001 - C-235/00 - UR 2002, 84.
[27] EuGH v. 13.12.2001 - C-235/00 - UR 2002, 84.
[28] BFH v. 09.10.2003 - V R 5/03 - WM 2004, 221-222.
[29] BFH v. 26.01.1995 - V R 9/93 - NJW-RR 1995, 1007-1008.
[30] BMF v. 13.12.2004 - IV A 6-S 7160a-26/04 - DStR 2005, 29; BMF v. 30.05.2005 - IV A 6-S 7160a-34/05 - DStR 2005, 970; BMF v. 25.11.2005 - IV A 6-S 7160a-67/05 - DStR 2005, 2082.
[31] EuGH v. 21.06.2007 - C-453/05 - DStR 2007, 1160-1163.
[32] EuGH v. 21.06.2007 - C-453/05 - DStR 2007, 1160-1163, 1161 f. m.w.N.
[33] EuGH v. 21.06.2007 - C-453/05 - DStR 2007, 1160-1163, 1163.
[34] EuGH v. 21.06.2007 - C-453/05 - DStR 2007, 1160-1163, 1163.
[35] BMF v. 29.11.2007 - IV A 6-S 7160a/07/0001 - DStR 2007, 2263.

II. Verbraucherdarlehensvertrag

Der Makler heißt hier Unternehmer, der Auftraggeber ist Verbraucher. Wer als Unternehmer und wer als Verbraucher im Sinne des Gesetzes gilt, ergibt sich aus den §§ 13, 14 BGB. Der Begriff des Verbraucherdarlehensvertrags als dem **Hauptvertrag im Sinne des Maklerrechts** ist § 491 BGB zu entnehmen.

25

III. Typische Maklerleistung

§ 655a Satz 1 BGB knüpft an § 652 Abs. 1 Satz 1 BGB an und beschreibt als **maßgebliche Tätigkeit** des Unternehmers die Vermittlung oder den Nachweis der Gelegenheit zum Abschluss eines Verbraucherdarlehensvertrags.

26

C. Rechtsfolgen

§ 655a BGB erklärt bei Vorliegen eines Darlehensvermittlungsvertrags die §§ 655b-655e BGB für anwendbar, sofern der vermittelte oder nachgewiesene Verbraucherdarlehensvertrag nicht eines der in § 491 Abs. 2 BGB aufgeführten **Merkmale** erfüllt. Seit Inkrafttreten des Änderungsgesetzes am 30.07.2010 ist daneben zu beachten, dass sich die in § 655b BGB vorgeschriebenen Rahmenbedingungen trotz der Erweiterung des Anwendungsbereichs von § 655a BGB nach wie vor ausschließlich auf Darlehensvermittlungsverträge mit einem Verbraucher beziehen.[36]

27

---

[36] BT-Drs. 17/1394, S. 21.

§ 655b BGB Schriftform

(Fassung vom 29.07.2009, gültig ab 11.06.2010)

(1) ¹Der Darlehensvermittlungsvertrag bedarf der schriftlichen Form. ²Der Vertrag darf nicht mit dem Antrag auf Hingabe des Darlehens verbunden werden. ³Der Darlehensvermittler hat dem Verbraucher den Vertragsinhalt in Textform mitzuteilen.

(2) Ein Darlehensvermittlungsvertrag, der den Anforderungen des Absatzes 1 Satz 1 und 2 nicht genügt oder vor dessen Abschluss die Pflichten aus Artikel 247 § 13 Abs. 2 des Einführungsgesetzes zum Bürgerlichen Gesetzbuche nicht erfüllt worden sind, ist nichtig.

Gliederung

A. Anwendungsvoraussetzungen 1	II. Trennungsgebot 2
I. Formerfordernisse 1	B. Rechtsfolgen 4

A. Anwendungsvoraussetzungen

I. Formerfordernisse

1 § 655b Abs. 1 Satz 1 BGB normiert als besondere **Wirksamkeitsvoraussetzung** für Darlehensvermittlungsverträge mit einem Verbraucher die Schriftform nach § 126 BGB. Daneben wird dem Darlehensvermittler die Verpflichtung auferlegt, dem Verbraucher den Vertragsinhalt in Textform im Sinne von § 126b BGB mitzuteilen (§ 655b Abs. 1 Satz 3 BGB).

II. Trennungsgebot

2 § 655b Abs. 1 Satz 2 BGB enthält das Gebot der Trennung von Darlehensvermittlungsvertrag und Darlehensantrag. Damit soll gewährleistet werden, dass der Verbraucher die **rechtliche Selbständigkeit beider Verträge** bereits äußerlich leicht erkennen kann.

3 Für die von § 655a BGB seit 30.07.2010 ebenfalls erfassten Fälle, in denen Vertragspartner des Vermittlers kein Verbraucher, sondern ein Dritter ist, gelten die in § 655b Abs. 1 BGB aufgestellten Erfordernisse nicht, was nicht zuletzt bereits durch die Neufassung der Überschrift zu § 655b BGB klargestellt werden sollte.[1] Nach Auffassung des Gesetzgebers entspräche insbesondere ein Schriftformerfordernis bei Vermittlungsverträgen mit Dritten nicht den Gegebenheiten der Praxis und werde vom Gedanken des Verbraucherschutzes auch nicht gefordert.[2]

B. Rechtsfolgen

4 Ein Darlehensvermittlungsvertrag mit einem Verbraucher, der den in § 655b Abs. 1 Sätze 1 und 2 BGB aufgeführten Anforderungen nicht genügt oder vor dessen Abschluss die in Art. 247 § 13 Abs. 2 EGBGB normierten Pflichten nicht erfüllt worden sind, ist nach § 655b Abs. 2 BGB nichtig.[3] Hieraus lässt sich ableiten, dass die Mitteilung des Vertragsinhalts in Textform anders als das Schriftformerfordernis, die Informationspflichten und das Trennungsgebot nicht als Wirksamkeitsvoraussetzung des Darlehensvermittlungsvertrags, sondern lediglich als **Nebenpflicht** des Darlehensvermittlers ausgestaltet ist.

5 Andererseits beschränken sich die Konsequenzen aus dem Fehlen der Schriftform keinesfalls auf die in § 655b Abs. 2 BGB angeordnete Nichtigkeitsfolge. Der III. Zivilsenat des BGH geht vielmehr davon aus, dass mit Rücksicht auf den Schutzzweck des Schriftformerfordernisses jedweder **Vergütungsanspruch des Darlehensvermittlers** ausgeschlossen sein muss.[4] Danach ist es dem Darlehensvermittler insbesondere versagt, seine Provisionsforderung im Ergebnis doch noch durchzusetzen, indem er sich

---

[1] BT-Drs. 17/1394, S. 21.
[2] BT-Drs. 17/1394, S. 21.
[3] BT-Drs. 16/11643, S. 97.
[4] BGH v. 07.07.2005 - III ZR 397/04 - ZIP 2005, 1516-1518.

auf Ansprüche aus ungerechtfertigter Bereicherung oder aus § 354 HGB beruft, „selbst wenn und soweit dies nach allgemeinem Maklerrecht möglich sein sollte".[5]

Ebenso wie der übrige Anwendungsbereich von § 655b BGB erfasst auch die Nichtigkeitsfolge nur Vermittlungsverträge mit Verbrauchern, obwohl die in Art. 247 § 13 Abs. 2 EGBGB vorgeschriebenen Angaben nach dem insoweit neu gefassten § 655a Abs. 2 BGB auch bei Vermittlungsverträgen mit einem Dritten verpflichtend sind, wenn an einen Verbraucher vermittelt wird. Der Gesetzgeber sah die Durchsetzung der in Art. 23 der Verbraucherkreditrichtlinie enthaltenen Vorgaben bereits durch die **Sanktionsmechanismen** des Unterlassungsklagen-Gesetzes, des Gesetzes gegen den unlauteren Wettbewerb sowie der Gewerbeordnung gewährleistet und verwies ergänzend auf eine mögliche Haftung des Darlehensvermittlers nach den §§ 280 Abs. 1, 311 Abs. 2, 241 Abs. 2 BGB.[6]

---

[5] BGH v. 07.07.2005 - III ZR 397/04 - ZIP 2005, 1516-1518, 1517.
[6] BT-Drs. 17/1394, S. 21.

§ 655c BGB Vergütung

(Fassung vom 29.07.2009, gültig ab 11.06.2010)

¹Der Verbraucher ist zur Zahlung der Vergütung nur verpflichtet, wenn infolge der Vermittlung oder des Nachweises des Darlehensvermittlers das Darlehen an den Verbraucher geleistet wird und ein Widerruf des Verbrauchers nach § 355 nicht mehr möglich ist. ²Soweit der Verbraucherdarlehensvertrag mit Wissen des Darlehensvermittlers der vorzeitigen Ablösung eines anderen Darlehens (Umschuldung) dient, entsteht ein Anspruch auf die Vergütung nur, wenn sich der effektive Jahreszins nicht erhöht; bei der Berechnung des effektiven Jahreszinses für das abzulösende Darlehen bleiben etwaige Vermittlungskosten außer Betracht.

Gliederung

A. Anwendungsvoraussetzungen 1	III. Unmöglichkeit des Verbrauchwiderrufs 3
I. Normstruktur 1	IV. Sonderanforderungen bei Umschuldung 4
II. Ursächlichkeit der Vermittlerleistung 2	

A. Anwendungsvoraussetzungen

I. Normstruktur

1 § 655c Satz 1 BGB enthält eine an § 652 Abs. 1 Satz 1 BGB angelehnte Formulierung zur **Erfolgsbezogenheit des Maklerlohns** und ergänzt das grundlegende Kausalitätserfordernis durch eine Verknüpfung mit dem für Verbraucherschutzregelungen typischen Widerrufsrecht des Verbrauchers.

II. Ursächlichkeit der Vermittlerleistung

2 Als Voraussetzungen für den Vergütungsanspruch des Darlehensvermittlers statuiert die Rechtsprechung neben der Ursächlichkeit der Vermittlertätigkeit für den Abschluss eines wirksamen Darlehensvertrags zwischen dem Verbraucher und einem Darlehensgeber die **wirtschaftliche Gleichwertigkeit** des abgeschlossenen Darlehensvertrags mit demjenigen, der nach dem Darlehensvermittlungsvertrag vermittelt oder nachgewiesen werden sollte sowie die Auszahlung des Darlehens an den Verbraucher.[1] Für die Entscheidung der Frage, wann sich ein Finanzmakler die Provision verdient hat, kommt es danach neben den bereits zu § 652 BGB dargestellten allgemeinen Grundsätzen vor allem darauf an, welcher Art der Hauptvertrag war, den er herbeizuführen hatte. War Gegenstand des Maklervertrags lediglich der Nachweis oder die Vermittlung eines Vertrags, durch den ein Anspruch auf Auszahlung des Darlehensbetrags begründet werden sollte, dann ist der Provisionsanspruch des Maklers mit dem Abschluss dieses Vertrags entstanden, nicht jedoch dann, wenn der Makler einen echten Darlehensvertrag im Sinne der §§ 481 Abs. 1, 491 BGB zustande bringen sollte.[2] Ob das eine oder das andere gewollt ist, ist eine Frage der tatrichterlichen Vertragsauslegung.[3]

III. Unmöglichkeit des Verbrauchwiderrufs

3 Die **Pflicht zur Zahlung der vereinbarten Vergütung** trifft den Verbraucher erst, wenn die Frist abgelaufen ist, innerhalb derer er sein Recht zum Widerruf ausüben kann. Da der Finanzmakler im Fall einer positiven Vertragsverletzung verpflichtet ist, den Auftraggeber so zu stellen, als hätte dieser das betreffende Geschäft nicht abgeschlossen, hat er den Auftraggeber im Rahmen der auf der Grundlage von § 249 BGB zu vollziehenden Naturalrestitution provisionsfrei zu stellen, sofern die Pflichtverletzung für den Anfall der Provision ursächlich war.[4] In Fällen, in denen der streitgegenständliche Darle-

---

[1] BGH v. 07.07.1982 - IVa ZR 50/81 - LM Nr. 80 zu § 652 BGB; BGH v. 21.10.1987 - IVa ZR 103/86 - NJW 1988, 967-969.
[2] BGH v. 21.10.1987 - IVa ZR 103/86 - NJW 1988, 967-969.
[3] BGH v. 09.07.1969 - IV ZR 798/68 - LM Nr. 35 zu § 652 BGB; BGH v. 07.07.1982 - IVa ZR 50/81 - LM Nr. 80 zu § 652 BGB; BGH v. 21.10.1987 - IVa ZR 103/86 - NJW 1988, 967-969.
[4] BGH v. 18.12.1981 - V ZR 207/80 - NJW 1982, 1145-1147.

hensvertrag bei pflichtgemäßer Aufklärung durch den Makler vom Kunden erst gar nicht abgeschlossen worden und die Maklercourtage infolgedessen überhaupt nicht angefallen wäre, hat der Makler seinen Kunden in voller Höhe provisionsfrei zu stellen.[5]

IV. Sonderanforderungen bei Umschuldung

Weiß der Darlehensvermittler, dass mit Hilfe des Verbraucherdarlehensvertrags ein anderes Darlehen vorzeitig abgelöst wird, stellt § 655c Satz 2 BGB noch eine weitere **Hürde für den Vergütungsanspruch** auf. Soweit der Verbraucherdarlehensvertrag der Umschuldung dient, entsteht dieser nur, wenn sich der effektive Jahreszins ungeachtet etwaiger Vermittlungskosten nicht erhöht. Diese Regelung will die Durchführung wirtschaftlich sinnloser Umschuldungen verhindern und den Verbraucher auf diese Weise vor einer Verschlechterung seiner Lage schützen.

Zur Erscheinungsform von Kettenkrediten hat der BGH eine eigenständige Rechtsfortbildung entwickelt, die Aufschluss darüber geben soll, wie sich die Sittenwidrigkeit eines früheren Kreditvertrags auf die Beurteilung eines Folgevertrags auswirkt. Danach ist zunächst zu prüfen, ob der einzelne Folgekreditvertrag schon bei isolierter Betrachtung die Voraussetzungen von § 138 Abs. 1 BGB erfüllt. Ist dies zu verneinen, darf in der Regel nicht allein aus der **Sittenwidrigkeit** des früheren Vertrags auf die Nichtigkeit des neuen geschlossen werden. Anhaltspunkte hierfür können allerdings bestehen, wenn etwa der Kreditgeber die Nichtigkeit des Erstvertrags positiv gekannt und mit dem neuen Vertrag das Ziel verfolgt hat, sich den unberechtigten Gewinn aus dem sittenwidrigen Erstvertrag zu sichern.[6] In den Fällen aber, in denen der Folgevertrag nur teilweise durch den sittenwidrigen Erstvertrag beeinflusst wird und im Übrigen davon unabhängig einen neuen Kreditbedarf des Kreditnehmers zu nicht zu missbilligenden Konditionen deckt, passen die Gerichte den Folgevertrag der wahren Rechtslage an, soweit er durch den Irrtum der Vertragspartner über die Nichtigkeit des vorhergehenden Vertrags beeinflusst worden ist, weil sich insbesondere der Darlehensnehmer irrtümlich verpflichtet glaubte und nur deshalb im Folgevertrag die Belastungen in der vereinbarten Höhe übernommen hat.

Diese auf den Gedanken von Treu und Glauben (§ 242 BGB) gestützte Anpassung nach den Grundsätzen über das Fehlen der Geschäftsgrundlage hat zur Konsequenz, dass dem Kreditgeber aus dem wirksamen neuen Vertrag Ansprüche nur insoweit zugestanden werden, als sie ihm bei Kenntnis und Berücksichtigung der Nichtigkeit des früheren Vertrags billigerweise hätten eingeräumt werden müssen.[7] Daher schuldet der Kreditnehmer z.B. nur diejenige Restschuldversicherungsprämie, die er hätte entrichten müssen, wenn ihm der Kreditgeber mit dem neuen Vertrag von vornherein einen Kredit in Höhe des durch die Anpassung bestimmten Betrags gewährt hätte.[8] Vor einer **Vertragsanpassung** und der damit regelmäßig verbundenen Einschränkung der Ansprüche des Kreditgebers muss der Kreditnehmer allerdings die Hürde überwinden, die darin besteht, dass ihm die Darlegungs- und Beweislast für die Sittenwidrigkeit der vorausgegangenen Darlehensverträge obliegt.[9]

Bei **interner Umschuldung** wird die Anwendung von § 138 Abs. 1 BGB auf den neuen Kredit z.B. für geboten erachtet, wenn der Kreditgeber die Nichtigkeit des Erstvertrags positiv gekannt und mit dem neuen Kreditvertrag das Ziel verfolgt hat, sich den unberechtigten Gewinn aus dem sittenwidrigen Erstvertrag zu sichern.[10] Daneben kann der Umstand, dass der Vertrag auch der Ablösung eines sittenwidrigen alten Vertrags dient, im Rahmen der Gesamtwürdigung den Ausschlag geben, wenn die Kreditkonditionen des Folgevertrags schon bei isolierter Betrachtung auf der Grenze des Erlaubten liegen.[11] Bei der internen Umschuldung berücksichtigt die Rechtsprechung die Nichtigkeit eines Vorkredits bei der Beurteilung des Folgekreditvertrags in der Weise, dass der Inhalt des zweiten Vertrags der Rechtslage, die sich aus der Nichtigkeit des ersten ergibt, nach den Grundsätzen über das Fehlen der Geschäftsgrundlage angepasst wird.[12] Dem Kreditgeber stehen Ansprüche aus dem zweiten Vertrag nur

---

[5] OLG Stuttgart v. 15.07.2009 - 3 U 25/09 - NJW-RR 2010, 195-198, 198.
[6] BGH v. 15.01.1987 - III ZR 217/85 - BGHZ 99, 333-340.
[7] BGH v. 15.01.1987 - III ZR 217/85 - BGHZ 99, 333-340; BGH v. 12.02.1987 - III ZR 251/85 - LM Nr. 47 zu § 138 (Bc) BGB; BGH v. 24.09.1987 - III ZR 188/86 - NJW 1988, 696-697; BGH v. 03.12.1987 - III ZR 103/86 - WM 1988, 184-187; BGH v. 26.02.2002 - XI ZR 226/01 - WM 2002, 955-956.
[8] BGH v. 12.02.1987 - III ZR 251/85 - LM Nr. 47 zu § 138 (Bc) BGB; BGH v. 03.12.1987 - III ZR 103/86 - WM 1988, 184-187.
[9] BGH v. 26.02.2002 - XI ZR 226/01 - WM 2002, 955-956.
[10] BGH v. 15.01.1987 - III ZR 217/85 - BGHZ 99, 333-340.
[11] BGH v. 15.01.1987 - III ZR 217/85 - BGHZ 99, 333-340.
[12] BGH v. 20.02.1990 - XI ZR 195/88 - LM Nr. 61 zu § 138 (Bc) BGB.

§ 655c

8 in dem Umfang zu, in dem die Parteien solche Ansprüche billigerweise auch dann begründet hätten, wenn sie die Nichtigkeit des Erstvertrags und deren Auswirkungen auf ihre Rechtsbeziehungen gekannt hätten.[13] Auf diese Weise wird vermieden, dass der Kreditgeber den Vorteil behält, der ihm im Widerspruch zur wahren Rechtslage aus der Ablösung zugeflossen ist.

8 Bei einer **externen Umschuldung** ist es nicht möglich, auf die gleiche Weise einen Interessenausgleich herbeizuführen. Die Ablösungssumme ist nicht dem Kreditgeber des neuen Kredits, sondern einer andern Bank zugutegekommen. Nach Ansicht des BGH kann die Unwirksamkeit eines Vorkredits für den Kreditgeber des Neukredits bei einer externen Umschuldung nicht stärker belastende Rechtsfolgen haben als bei einer internen mit Identität des Kreditgebers.[14] Hier fällt der Umstand, dass die Parteien des neuen Kreditvertrags den Umschuldungsbedarf des Kreditnehmers zu hoch angenommen haben, grundsätzlich in dessen Risikobereich und rechtfertigt daher keine Anpassung zu Lasten des Kreditgebers. Der Kreditnehmer muss sich, soweit er das Darlehen zur Ablösung in Wahrheit nicht bestehender Zins- und Kostenansprüche verwendet hat, auf seine Bereicherungsansprüche gegen den Kreditgeber des abgelösten Kredits verweisen lassen. Der Vermittler, dem die Prüfung der wirtschaftlichen Vertretbarkeit einer externen Umschuldung obliegt, muss die Nichtigkeit eines Vorkredits berücksichtigen, wenn er sie positiv kennt, sonst allenfalls dann, wenn und soweit im Zeitpunkt der Umschuldung die entscheidenden Rechtsfragen von der Rechtsprechung bereits so eindeutig, umfassend und endgültig geklärt sind, dass die Nichtigkeit und deren Rechtsfolgen sich ihm bei Prüfung der Vertragsunterlagen auf den ersten Blick aufdrängen.[15]

9 Die Prüfung, ob ein Ratenkreditvertrag als **wucherähnliches Rechtsgeschäft** nach § 138 Abs. 1 BGB nichtig ist, erfordert eine Gesamtwürdigung aller objektiven und subjektiven Umstände des konkreten Vertragsschlusses. Der objektive Tatbestand der Sittenwidrigkeit setzt die Feststellung eines auffälligen Missverhältnisses von Leistung und Gegenleistung voraus und erlaubt daneben die Berücksichtigung weiterer Belastungen des Darlehensnehmers. Im Mittelpunkt steht jedoch der Vergleich des effektiven Jahreszinses, der sich aus den vereinbarten Konditionen des Darlehensnehmers ergibt, mit dem marktüblichen Zins eines entsprechenden Kredits.[16] Der III. Zivilsenat hat in ständiger Rechtsprechung ein auffälliges Missverhältnis nur dann angenommen, wenn der Vertragszins mindestens doppelt so hoch war wie der marktübliche Zins.[17] Der XI. Zivilsenat hat hieran festgehalten.[18] Dabei ist anerkannt, dass bei der Prüfung der objektiven Voraussetzungen des wucherähnlichen Kreditgeschäfts kein grundlegender Unterschied zwischen einem reinen Privatkredit und einem gewerblichen Kredit zu machen ist. Auch beim gewerblichen Kredit ist daher ein auffälliges Missverhältnis zwischen Leistung und Gegenleistung in der Regel zu bejahen, wenn die vereinbarten Kreditkosten die marktüblichen relativ um rund 100% übersteigen.[19] Die aus den Prämien sowie den anteiligen Kredit- und Bearbeitungsgebühren bestehenden Kosten einer Restschuldversicherung werden dabei weder in die Berechnung des Vertrags- noch in diejenige des Marktzinses einbezogen.[20]

10 Da es sich bei dem Erfordernis der Überschreitung um 100% nicht um eine starre Grenze, sondern um einen Richtwert handelt, wird die Anwendung von § 138 Abs. 1 BGB auch noch gebilligt, wenn die relative Zinsdifferenz zwischen 90% und 100% liegt und die von der Bank festgelegten sonstigen Kreditbedingungen zahlreiche schwerwiegende Belastungen des Darlehensnehmers enthalten.[21] Bei einem

---

[13] BGH v. 15.01.1987 - III ZR 217/85 - BGHZ 99, 333-340; BGH v. 03.12.1987 - III ZR 103/86 - WM 1988, 184-187; BGH v. 20.02.1990 - XI ZR 195/88 - LM Nr. 61 zu § 138 (Bc) BGB.
[14] BGH v. 20.02.1990 - XI ZR 195/88 - LM Nr. 61 zu § 138 (Bc) BGB.
[15] BGH v. 20.02.1990 - XI ZR 195/88 - LM Nr. 61 zu § 138 (Bc) BGB.
[16] BGH v. 10.07.1986 - III ZR 133/85 - BGHZ 98, 174-188; BGH v. 10.07.1986 - III ZR 47/85 - NJW 1986, 2568-2570; BGH v. 12.02.1987 - III ZR 251/85 - LM Nr. 47 zu § 138 (Bc) BGB; BGH v. 24.03.1988 - III ZR 30/87 - BGHZ 104, 102-109; BGH v. 13.03.1990 - XI ZR 254/89 - LM Nr. 63 zu § 138 (Bc) BGB.
[17] BGH v. 12.03.1981 - III ZR 92/79 - BGHZ 80, 153-172; BGH v. 02.10.1986 - III ZR 163/85 - NJW 1987, 181-183; BGH v. 06.11.1986 - III ZR 70/86 - LM Nr. 45 zu §§ 138, 367, 707 BGB.
[18] BGH v. 20.02.1990 - XI ZR 195/88 - LM Nr. 61 zu § 138 (Bc) BGB; BGH v. 11.12.1990 - XI ZR 24/90 - LM Nr. 68 zu BGB § 138 (Bc).
[19] BGH v. 19.02.1991 - XI ZR 319/89 - LM Nr. 71 zu § 138 (Bc) BGB.
[20] BGH v. 24.03.1988 - III ZR 24/87 - NJW 1988, 1661-1663.
[21] BGH v. 08.07.1982 - III ZR 60/81 - LM Nr. 32 zu § 138 (Bc) BGB; BGH v. 02.10.1986 - III ZR 130/85 - NJW 1987, 183-184; BGH v. 24.09.1987 - III ZR 188/86 - NJW 1988, 696-697; BGH v. 20.02.1990 - XI ZR 195/88 - LM Nr. 61 zu § 138 (Bc) BGB; BGH v. 11.12.1990 - XI ZR 24/90 - LM Nr. 68 zu BGB § 138 (Bc).

relativen Zinsunterschied von weniger als 90% ist ein auffälliges Missverhältnis dagegen regelmäßig zu verneinen.[22] Eine ähnliche **Richtwertfunktion** wie dem relativen Unterschied von 100% wird einer absoluten Zinsdifferenz von etwa 12% zuerkannt.[23] Verschlechtern sich infolge der Umschuldung die Konditionen zu Lasten des Kreditnehmers, sinken die Anforderungen bei der Überprüfung der Sittenwidrigkeit am Maßstab von § 138 Abs. 1 BGB. Ein objektives Missverhältnis zwischen Leistung und Gegenleistung kann danach auch dann vorliegen, wenn bei einem Ratenkreditvertrag der vereinbarte Zins den Marktzins zwar relativ nur um erheblich weniger als 100% übersteigt (hier: 83,72%), der absolute Zinsunterschied aber außergewöhnlich hoch ist (hier: 13,58%) und der Kredit zu wesentlichen Teilen der Ablösung zinsgünstigerer anderer Darlehen diente.[24]

Das Sittenwidrigkeitsurteil rechtfertigende erhebliche Nachteile des Darlehensnehmers können sich schließlich auch aus einer Umschuldung ergeben, die dieser nur deshalb durchgeführt hat, weil der Kreditgeber zuvor seine Kreditvergabe davon abhängig gemacht hatte.[25] Führt in einem solchen Fall die Abwägung der Vor- und Nachteile, die sich für den Kreditnehmer aus dem Vertragsschluss ergeben würden, zu dem Ergebnis, dass die Umschuldung wirtschaftlich unvertretbar ist, weil sie die finanzielle Belastung des Kreditnehmers unverhältnismäßig steigern würde, so muss die Bank ihr **Interesse an der Ablösung** in aller Regel zurücktreten lassen.[26] Trotz der Berechtigung ihres Bedürfnisses, alleinige Gläubigerin zu sein und an vorhandenen Sicherungen nicht nur auf dem letzten Rang teilzuhaben, darf eine Bank dieses Anliegen nicht ohne Rücksicht auf die wirtschaftlichen Belange des Kreditnehmers durchsetzen.

11

Wird das neue Darlehen zu Bedingungen angeboten, die so deutlich hinter den Konditionen des Vorkredits zurückbleiben, dass die Ablösung zu wirtschaftlich unvertretbaren Nachteilen des Kreditnehmers führt, so kann sich das Umschuldungsverlangen der Bank als unangemessen erweisen, insbesondere wenn sie den Kunden nicht über die Nachteile der Umschuldung aufklärt. Dieser Umstand ist bei der Beurteilung der Sittenwidrigkeit im Rahmen der gebotenen **Gesamtwürdigung** zu berücksichtigen.[27] Generell dürfe nicht übersehen werden, dass auch bei Verneinung der Sittenwidrigkeit sachgerechte Lösungen im Einzelfall durch Zubilligung eines die nachteiligen Folgen der Umschuldung ausgleichenden Schadensersatzanspruchs möglich seien und deshalb eine Begrenzung des Sittenwidrigkeitsverdikts auf besonders schwerwiegende Fälle der wirtschaftlichen Unvertretbarkeit hinnehmbar erscheine.[28] Die Nichtigkeit des Darlehensvermittlungsvertrags ergibt sich dagegen in erster Linie aus der Vereinbarung unangemessen überhöhter Provisionen,[29] lässt aber die Wirksamkeit des Darlehensvertrags grundsätzlich unberührt.[30]

12

---

[22] BGH v. 08.07.1982 - III ZR 35/81 - LM Nr. 33 zu § 138 (Bc) BGB; BGH v. 16.10.1986 - III ZR 92/85 - NJW 1987, 184-185; BGH v. 20.02.1990 - XI ZR 195/88 - LM Nr. 61 zu § 138 (Bc) BGB; BGH v. 11.12.1990 - XI ZR 24/90 - LM Nr. 68 zu BGB § 138 (Bc).

[23] BGH v. 13.03.1990 - XI ZR 252/89 - BGHZ 110, 336-342; BGH v. 11.12.1990 - XI ZR 24/90 - LM Nr. 68 zu BGB § 138 (Bc).

[24] BGH v. 24.03.1988 - III ZR 30/87 - BGHZ 104, 102-109.

[25] BGH v. 05.11.1987 - III ZR 98/86 - NJW 1988, 818-819.

[26] BGH v. 07.12.1989 - III ZR 276/88 - LM Nr. 7 zu GewO § 55.

[27] BGH v. 05.11.1987 - III ZR 98/86 - NJW 1988, 818-819; BGH v. 24.03.1988 - III ZR 30/87 - BGHZ 104, 102-109; BGH v. 24.03.1988 - III ZR 24/87 - NJW 1988, 1661-1663; BGH v. 07.12.1989 - III ZR 276/88 - LM Nr. 7 zu GewO § 55; BGH v. 20.02.1990 - XI ZR 195/88 - LM Nr. 61 zu § 138 (Bc) BGB; BGH v. 11.12.1990 - XI ZR 24/90 - LM Nr. 68 zu BGB § 138 (Bc).

[28] BGH v. 11.12.1990 - XI ZR 24/90 - LM Nr. 68 zu BGB § 138 (Bc).

[29] BGH v. 19.02.1991 - XI ZR 319/89 - LM Nr. 71 zu § 138 (Bc) BGB; BGH v. 16.02.1994 - IV ZR 35/93 - BGHZ 125, 135-140.

[30] BGH v. 16.02.1994 - IV ZR 35/93 - BGHZ 125, 135-140.

§ 655d BGB Nebenentgelte

(Fassung vom 29.07.2009, gültig ab 11.06.2010)

¹Der Darlehensvermittler darf für Leistungen, die mit der Vermittlung des Verbraucherdarlehensvertrags oder dem Nachweis der Gelegenheit zum Abschluss eines Verbraucherdarlehensvertrags zusammenhängen, außer der Vergütung nach § 655c Satz 1 ein Entgelt nicht vereinbaren. ²Jedoch kann vereinbart werden, dass dem Darlehensvermittler entstandene, erforderliche Auslagen zu erstatten sind. ³Dieser Anspruch darf die Höhe oder die Höchstbeträge, die der Darlehensvermittler dem Verbraucher gemäß Artikel 247 § 13 Abs. 2 Nr. 4 des Einführungsgesetzes zum Bürgerlichen Gesetzbuche mitgeteilt hat, nicht übersteigen.

A. Anwendungsvoraussetzungen

1 § 655d Satz 1 BGB verbietet die Vereinbarung von Nebenentgelten für die Darlehensvermittlung und erfüllt damit eine wichtige **verbraucherschützende Funktion**. Die Vorschrift wirkt vor allem der Verbreitung unseriöser Vermittler entgegen, deren „Geschäftsmodell" darin besteht, von vornherein aussichtslose Darlehensanträge anzunehmen und dafür hohe „Bearbeitungsgebühren" oder vergleichbar bezeichnete Entgelte zu verlangen. Der Darlehensvermittler muss daher die Nebenkosten im Einzelfall nicht nur belegen und abrechnen, sondern gegebenenfalls auch ihre Notwendigkeit und Höhe beweisen.[1] Allerdings erlaubt § 655d Satz 2 BGB ausdrücklich die Vereinbarung einer Auslagenerstattung zugunsten des Darlehensvermittlers. Dieser Anspruch darf wiederum jene Höhe oder Höchstbeträge nicht übersteigen, die der Darlehensvermittler dem Verbraucher gemäß Art. 247 § 13 Abs. 2 Satz 1 Nr. 4 EGBGB mitgeteilt hat (§ 655d Satz 3 BGB).

2 In der Beschränkung auf tatsächlich entstandene und zugleich auch erforderliche Auslagen kommt noch einmal der Schutzzweck von Satz 1 der Vorschrift zum Ausdruck.[2] Um diesen nicht zu gefährden, können als Auslagen im Sinne von § 655d Satz 2 BGB lediglich Porto- und Telefonkosten anerkannt werden, während als Entgelt im Sinne von § 655d Satz 1 BGB alle sonstigen Geschäftskosten zu gelten haben, die nicht unmittelbar aufgrund der konkreten Vermittlungstätigkeit angefallen sind.[3] Nicht näher spezifizierte Bearbeitungspauschalen müssen daher als unzulässige Nebenentgelte eingestuft werden. Im Einzelfall kommt es für die Abgrenzung allerdings nicht auf die Bezeichnung, sondern auf die nachweisliche Entstehung und **Erforderlichkeit der Vermittlerleistung** an.

B. Rechtsfolgen

3 Enthält ein Darlehensvermittlungsvertrag eine Abrede über unzulässige Nebenentgelte, so ist diese wegen Verstoßes gegen ein **gesetzliches Verbot** nichtig nach § 134 BGB. Inwieweit hiervon der restliche Vertragsinhalt infiziert wird, hängt davon ab, ob die Entgeltvereinbarung als Allgemeine Geschäftsbedingung oder Individualabrede formuliert war. Im ersten Fall ergibt sich die Rechtsfolge aus § 306 Abs. 1 BGB, im zweiten aus § 139 BGB.

---

[1] OLG Karlsruhe v. 08.11.1995 - 6 U 104/95 - NJW-RR 1996, 1451-1452.
[2] Vgl. dazu auch OLG Stuttgart v. 15.07.2009 - 3 U 25/09 - NJW-RR 2010, 195-198, 198.
[3] OLG Karlsruhe v. 08.11.1995 - 6 U 104/95 - NJW-RR 1996, 1451-1452.

§ 655e BGB Abweichende Vereinbarungen, Anwendung auf Existenzgründer

(Fassung vom 29.07.2009, gültig ab 11.06.2010)

(1) ¹Von den Vorschriften dieses Untertitels darf nicht zum Nachteil des Verbrauchers abgewichen werden. ²Die Vorschriften dieses Untertitels finden auch Anwendung, wenn sie durch anderweitige Gestaltungen umgangen werden.

(2) Dieser Untertitel gilt auch für Darlehensvermittlungsverträge zwischen einem Unternehmer und einem Existenzgründer im Sinne von § 512.

§ 655e Abs. 1 BGB verkörpert zusammen mit den §§ 511, 512 BGB den früheren § 18 VerbrKrG, dessen Regelungsgehalt infolge der Aufspaltung des Verbraucherkreditgesetzes in die §§ 491 ff. BGB zum Verbraucherdarlehensvertrag und die §§ 655a-655e BGB zum Darlehensvermittlungsvertrag verteilt werden musste. Die Norm sichert die den §§ 655a-655e BGB seitens des Gesetzgebers zugewiesene **Funktion des Verbraucherschutzes** ab und wirkt daher nicht nur offensichtlichen Verstößen, sondern auch allen Umgehungsversuchen entgegen.[1]

Abweichungen zum Vorteil des Verbrauchers bleiben dagegen zulässig, so dass sich insgesamt ein halbzwingender Charakter der §§ 655a-655e BGB ergibt. Nach § 655e Abs. 2 BGB stehen **Existenzgründer** im Sinne von § 512 BGB im Anwendungsbereich von Untertitel 2 „Vermittlung von Verbraucherdarlehensverträgen" Verbrauchern gleich. Hierin kommt die gesetzgeberische Wertung zum Ausdruck, dass Existenzgründer zumindest im Bereich der Darlehensvermittlung in gleicher Weise schutzbedürftig sind wie Verbraucher. Dies gilt in besonderem Maße für die in § 655a Abs. 2 BGB normierte Unterrichtungspflicht, die den Vermittler gegenüber dem Existenzgründer nicht nur dann trifft, wenn der Vermittlungsvertrag mit dem Existenzgründer geschlossen wird, sondern auch in den Fällen, in denen ein Dritter Vertragspartner des Vermittlers ist.[2]

---

[1] Im konkreten Einzelfall offen gelassen von OLG Stuttgart v. 15.07.2009 - 3 U 25/09 - NJW-RR 2010, 195-198, 198.
[2] BT-Drs. 17/1394, S. 21.

§ 656

Untertitel 3 - Ehevermittlung

§ 656 BGB Heiratsvermittlung

(Fassung vom 02.01.2002, gültig ab 01.01.2002)

(1) ¹Durch das Versprechen eines Lohnes für den Nachweis der Gelegenheit zur Eingehung einer Ehe oder für die Vermittlung des Zustandekommens einer Ehe wird eine Verbindlichkeit nicht begründet. ²Das auf Grund des Versprechens Geleistete kann nicht deshalb zurückgefordert werden, weil eine Verbindlichkeit nicht bestanden hat.

(2) Diese Vorschriften gelten auch für eine Vereinbarung, durch die der andere Teil zum Zwecke der Erfüllung des Versprechens dem Mäkler gegenüber eine Verbindlichkeit eingeht, insbesondere für ein Schuldanerkenntnis.

Gliederung

A. Anwendungsvoraussetzungen 1	II. Ehe- und Partnerschaftsvermittlung als Dienste
I. Normstruktur 1	höherer Art.. 2
	B. Rechtsfolgen.. 13

A. Anwendungsvoraussetzungen

I. Normstruktur

1   Für den Fall der Ehevermittlung hat der Gesetzgeber den Maklerlohn in § 656 BGB als **unvollkommene Verbindlichkeit** (Naturalobligation) ausgestaltet und zugleich eine Sicherung der Vergütungsforderung ausgeschlossen. Die Folgen sind, dass einerseits der Lohn oder Aufwendungsersatz nicht mit Erfolg eingeklagt, zum anderen eine bereits geleistete Zahlung nicht zurückverlangt werden kann, sofern nicht zugleich ein weiterer Unwirksamkeitsgrund vorliegt. Das Bundesverfassungsgericht hat die Verfassungsmäßigkeit der Norm bestätigt und erkennt ihren Schutzzweck in erster Linie in der Vermeidung von Heiratsmaklerprozessen, die wegen des unvermeidlichen Eingriffs in die Intimsphäre der Ehegatten unerwünscht sind[1] und auch durch den Ausschluss der Öffentlichkeit im Prozess (§ 171b Abs. 2 GVG) nicht kompensiert werden. Die früher angenommene sittliche Missbilligung der entgeltlichen Ehevermittlung kann dagegen angesichts der veränderten gesellschaftlichen Gepflogenheiten und Ansichten schon seit langem nicht mehr als Rechtfertigung angeführt werden.[2]

II. Ehe- und Partnerschaftsvermittlung als Dienste höherer Art

2   Neben dem Heiratsmaklervertrag spielte zunächst nur der **Eheanbahnungsdienstvertrag** eine größere Rolle, mit dessen Abschluss sich der Makler zur Erbringung einer auf die Herbeiführung einer Eheschließung gerichteten Tätigkeit gegen Zahlung einer erfolgsunabhängigen Vergütung verpflichtet. Die allgemeine Beauftragung, bei der Auswahl eines geeigneten Ehepartners behilflich zu sein, wird zur Bestimmbarkeit der Leistungsverpflichtung des Maklers als ausreichend angesehen. Üblicherweise wird sie durch die Aufnahme in eine Kartei, das Unterbreiten von Vorschlägen aus dieser Kartei sowie das Schalten weiterer Anzeigen konkretisiert. Bei Fehlen einer Leistungsbestimmung behelfen sich die Gerichte mit einer ergänzenden Vertragsauslegung. Der BGH qualifiziert den Eheanbahnungsdienstvertrag als Dienstvertrag, der Dienste höherer Art zum Gegenstand hat, und wendet § 656 BGB sowie die dazu entwickelten Grundsätze entsprechend an, da er eine vergleichbare Beeinträchtigung der Intimsphäre durch Honorarklagen befürchtet.[3] Ebenso wie man den Maklervertrag im Sinne von § 652 BGB vom Maklerdienstvertrag begrifflich trennen müsse, sei auch bei Eheanbahnungsverträgen zwischen solchen zu unterscheiden, bei denen lediglich der Interessent einseitig für den Fall einer erfolgreichen Anbahnungstätigkeit die Zahlung einer Vergütung verspreche, und solchen, bei denen sich der

---

[1] BVerfG v. 20.04.1966 - 1 BvR 20/62, 1 BvR 27/64 - NJW 1966, 1211.
[2] BGH v. 04.12.1963 - VIII ZR 250/62 - LM Nr. 2 zu § 656 BGB; BGH v. 25.05.1983 - IVa ZR 182/81 - BGHZ 87, 309-321.
[3] BGH v. 25.05.1983 - IVa ZR 182/81 - BGHZ 87, 309-321; BGH v. 04.12.1985 - IVa ZR 75/84 - LM Nr. 5 zu § 656 BGB; BGH v. 24.06.1987 - IVa ZR 99/86 - LM Nr. 9 zu § 627 BGB; BGH v. 01.02.1989 - IVa ZR 354/87 - BGHZ 106, 341-347.

die Ehe anbahnende Makler gegen ein einmaliges oder fortlaufendes Entgelt zu einer auf Herbeiführung der Ehe gerichteten Tätigkeit verpflichte.[4] Entscheidend sei dabei nicht die von den Parteien gewählte Bezeichnung, sondern die inhaltliche Ausgestaltung des Vertrags.[5] Wäre der Eheanbahnungsvertrag bereits zu Zeiten des historischen Gesetzgebers im Rechtsleben in Erscheinung getreten, wäre er ebenfalls der Regelung von § 656 BGB unterworfen worden.[6]

Da ein Eheanbahnungsdienstvertrag danach nicht unwirksam ist, sondern lediglich eine unvollkommene Verbindlichkeit in Form einer **Naturalobligation** begründet, kann er daraufhin überprüft werden, ob er im Einzelfall wegen Sittenwidrigkeit nach § 138 BGB nichtig ist und ob die in ihm enthaltenen Einzelbestimmungen einer Inhaltskontrolle nach den §§ 305-309 BGB standhalten. Dem steht auch die Vorschrift von § 656 Abs. 1 Satz 2 BGB nicht entgegen, die nur auf die Annahme gestützte Rückzahlungsansprüche ausschließt, der Auftraggeber hätte nach § 656 Abs. 1 Satz 1 BGB nicht zur Leistung gezwungen werden können.[7] Es sei allgemein anerkannt, dass der Heiratsmaklerlohn dann zurückverlangt werden könne, wenn die Voraussetzungen einer unerlaubten Handlung vorlägen, also z.B., wenn der Interessent durch Drohung oder Betrug zur Zahlung veranlasst worden war. Das Gleiche müsse gelten, wenn Umstände vorlägen, die auch bei einer klagbaren Verpflichtung den Leistenden zur Rückforderung des von ihm Gezahlten berechtigen würden. Der Rückforderungsanspruch sei daher sowohl dann gegeben, wenn wegen besonderer Nichtigkeitsgründe noch nicht einmal eine unvollkommene Verbindlichkeit begründet wurde, als auch dann, wenn der Rechtsgrund für die geleistete Zahlung etwa wegen vorzeitiger Vertragsauflösung weggefallen ist.[8]

In der praktischen Bedeutung wurden Heiratsvermittlung und Eheanbahnung inzwischen längst von der Partnerschaftsvermittlung überholt,[9] bei der eine erfolgsunabhängige Vergütung für die Bemühungen des Maklers um das Zustandekommen einer außerehelichen Partnerschaft des Auftraggebers versprochen wird. Der BGH ordnet auch den **Partnerschaftsvermittlungsvertrag** als Dienstvertrag ein und wendet § 656 BGB auf ihn entsprechend an.[10] Wäre die gesellschaftliche Akzeptanz außerehelicher Partnerschaften für den historischen Gesetzgeber absehbar gewesen, hätte er den Anwendungsbereich von § 656 BGB erst recht auf diese Fälle erstreckt. Das Grundgesetz schütze die Würde des Menschen und dessen freie Persönlichkeitsentfaltung ohne Rücksicht darauf, ob eine Eheschließung angestrebt werde oder nicht. Ob eine Bekanntschaft, die von einem Heiratsvermittlungsinstitut oder einer Partnerschaftsagentur vermittelt werde, zur Ehe oder zu einer außerehelichen Partnerschaft führe, hänge von Umständen ab, die sich bei Beginn der Vermittlertätigkeit nicht übersehen ließen. Da Ehe- und Partnerschaftsvermittlung somit praktisch nicht zu trennen seien, müsse das Diskretionsbedürfnis des Auftraggebers und der Schutz seiner Intimsphäre in beiden Fällen gleichermaßen beachtet werden. Nur mit einer solchen entsprechenden Anwendung von § 656 BGB könne eine ansonsten auf einfache Weise mögliche Umgehung der Vorschrift verhindert werden.[11]

Aus der Praxis ist dem BGH dagegen vorgeworfen worden, sein Urteil sei „eine offene Aufforderung an die Institute, nur noch gegen Vorkasse tätig zu werden", womit der Kunde sein wichtigstes Druckmittel in Form der Zahlung der Vergütung verliere.[12] Im Falle der Kündigung müsse nun der Klient seinem Geld hinterherlaufen, weshalb zu befürchten sei, dass nun die schwarzen Schafe in der Branche Auftrieb bekämen.[13] Der III. Zivilsenat des BGH hat allerdings nach einer erneuten Auseinandersetzung mit der zwischenzeitlich geäußerten Kritik an den Rechtsprechungsgrundsätzen festgehalten und

---

[4] BGH v. 25.05.1983 - IVa ZR 182/81 - BGHZ 87, 309-321; BGH v. 09.05.1984 - IVa ZR 113/82 - LM Nr. 4 zu § 656 BGB; BGH v. 01.02.1989 - IVa ZR 354/87 - BGHZ 106, 341-347.
[5] BGH v. 24.06.1987 - IVa ZR 99/86 - LM Nr. 9 zu § 627 BGB; BGH v. 01.02.1989 - IVa ZR 354/87 - BGHZ 106, 341-347.
[6] BGH v. 25.05.1983 - IVa ZR 182/81 - BGHZ 87, 309-321.
[7] BGH v. 25.05.1983 - IVa ZR 182/81 - BGHZ 87, 309-321.
[8] BGH v. 25.05.1983 - IVa ZR 182/81 - BGHZ 87, 309-321; BGH v. 09.05.1984 - IVa ZR 113/82 - LM Nr. 4 zu § 656 BGB.
[9] BGH v. 04.03.2004 - III ZR 124/03 - NJW-RR 2004, 778-780.
[10] BGH v. 11.07.1990 - IV ZR 160/89 - BGHZ 112, 122-127; zuvor z.B. schon LG Essen v. 21.09.1983 - 15 S 176/83 - NJW 1984, 178-180; danach z.B. OLG Koblenz v. 18.12.2006 - 12 U 1230/03 - NJW-RR 2007, 769-770; ablehnend dagegen AG Bochum v. 18.09.1990 - 45 C 117/90 - NJW-RR 1991, 1207; AG Hamburg-Blankenese v. 27.07.2005 - 517 C 70/04 - MDR 2006, 801-802.
[11] BGH v. 11.07.1990 - IV ZR 160/89 - BGHZ 112, 122-127.
[12] *Peters*, NJW 1990, 2552-2553.
[13] *Peters*, NJW 1990, 2552-2553.

zugleich noch einmal klargestellt, dass die unmittelbare oder analoge Anwendung von § 656 Abs. 1 Satz 1 BGB zur Abweisung der erhobenen Klage als unbegründet und nicht als unzulässig führen muss, da der Geltendmachung des Anspruchs bereits ein materiell-rechtliches Hindernis entgegensteht.[14] Zugleich hat er den in der Praxis vielfältig anzutreffenden Versuchen einen Riegel vorgeschoben, durch verharmlosende Begriffe wie „Freizeitkontakt" oder „Freizeitgestaltung" die Heranziehung von § 656 BGB zu vermeiden. Es komme entscheidend darauf an, den wirklichen Willen der Parteien zu erforschen und nicht an dem buchstäblichen Sinn des Ausdrucks zu haften (§§ 133, 157 BGB). Lege das Gesamtbild der Vereinbarung das Verständnis nahe, dass Vertragsziel die Vermittlung eines Partners nicht nur im Sinne einer gemeinsamen Teilnahme an bestimmten Freizeitunternehmungen, sondern im Sinne einer allgemeinen (Lebens-)Partnerschaft war, müsse dies unabhängig von irgendwelchen Bezeichnungen zur Anwendung von § 656 BGB führen.[15] Ob die Vorschrift einschließlich ihrer rechtsfortbildend entwickelten Ausweitung (noch) zum **Schutz der Intimsphäre** der Beteiligten unverzichtbar und insoweit in jeder Hinsicht interessengerecht ist, habe keine entscheidende Bedeutung, da darüber zu befinden ausschließlich Sache des Gesetzgebers sei. Dieser hätte in seine Überlegungen auch mit einzubeziehen, dass der Vorschrift heute auch die Aufgabe zugeschrieben wird, die Kunden vor den Folgen eines übereilten Vertragsschlusses zu schützen.[16]

6   Die Instanzgerichte sind dem BGH überwiegend gefolgt[17] und wenden § 656 BGB z.B. auch auf so genannte **Partneranschriftendepotverträge** entsprechend an, die letztlich ebenfalls dem Zweck der Partnerschaftsvermittlung dienen.[18] War in dem vom Vermittler verwendeten Vertragsformular ursprünglich vorgesehen, dass der Kunde gegen Zahlung einer konkret bezeichneten Summe aus dem Partneranschriftendepot sechs ausgewählte Partneradressen erhalten sollte und wurde dies noch vor dem Vertragsschluss bei unveränderter Vergütungshöhe handschriftlich in lediglich zwei Adressen abgeändert, führt dies zur Nichtigkeit des Vertrags wegen groben Missverhältnisses zwischen Leistung und Gegenleistung, so dass der Kunde seine bereits erbrachte Leistung zurückverlangen kann.[19]

7   Für alle übrigen Fälle bleibt zu beachten, dass die Höhe des Vermittlungshonorars für sich genommen nicht ohne weiteres auf die **Sittenwidrigkeit des Vertrags wegen Wuchers** schließen lässt. Ist eine Partnervermittlungsagentur beispielsweise ersichtlich auf die Vermittlung eines nach Herkunft, Ausbildung und finanziellen Verhältnissen besonders hochwertigen Personenkreises ausgerichtet und sind auch die Erwartungsanforderungen der Kunden entsprechend hoch, soll ein Honorar von 35.000 DM bei einer Vertragslaufzeit von zwei Jahren kein objektives Missverhältnis zwischen Leistung und Gegenleistung begründen.[20] Auch Partnerschaftsvermittlungsverträge, die nach einem Lockvogelangebot zustande kommen, bei dem das Vermittlungsinstitut ein Inserat mit einer tatsächlich nicht vermittlungsbereiten Person aufgegeben hatte, sind grundsätzlich nicht sittenwidrig, können aber nach § 123 BGB anfechtbar sein.[21] Will der Kunde seine Behauptung eines Lockvogelangebots mit Hilfe einer Zeugenvernehmung beweisen, kann sich das Institut weder auf § 656 BGB noch auf die vertraglich dem Kunden geschuldete Diskretion berufen, um dies zu verhindern. Allerdings soll die Weigerung des Instituts als der nicht beweispflichtigen Partei, den Namen und die Anschrift eines nur ihm bekannten Zeugen mitzuteilen, nicht als Verletzung einer sekundären Darlegungslast, sondern lediglich als Beweisvereitelung im Rahmen von § 286 ZPO gewürdigt werden.[22]

8   Da Partnerschafts- und Eheanbahnungsdienstverträge die Leistung von Diensten höherer Art zum Gegenstand haben, die aufgrund besonderen Vertrauens übertragen zu werden pflegen, sind sie nach der ständigen Rechtsprechung des BGH gemäß § 627 Abs. 1 BGB jederzeit kündbar.[23] Der Makler ist in seinem Kündigungsrecht allerdings insoweit eingeschränkt, als er nur in der Art kündigen darf, dass sich der Auftraggeber die Dienste anderweitig beschaffen kann, es sei denn, es liegt ein wichtiger

---

[14] BGH v. 04.03.2004 - III ZR 124/03 - NJW-RR 2004, 778-780.
[15] BGH v. 04.03.2004 - III ZR 124/03 - NJW-RR 2004, 778-780.
[16] BGH v. 04.03.2004 - III ZR 124/03 - NJW-RR 2004, 778-780.
[17] OLG Koblenz v. 17.10.2003 - 10 U 1136/02 - NJW-RR 2004, 268-270; LG Dresden v. 27.05.2003 - 13 S 122/03 - NJW-RR 2004, 346-347.
[18] LG Essen v. 03.04.2003 - 10 S 491/02 - NJW-RR 2003, 1425-1426.
[19] LG Köln v. 26.03.2003 - 26 S 253/02 - NJW-RR 2003, 1426.
[20] OLG Koblenz v. 17.10.2003 - 10 U 1136/02 - NJW-RR 2004, 268-270.
[21] BGH v. 17.01.2008 - III ZR 239/06 - NJW 2008, 982-985.
[22] BGH v. 17.01.2008 - III ZR 239/06 - NJW 2008, 982-985.
[23] BGH v. 24.06.1987 - IVa ZR 99/86 - LM Nr. 9 zu § 627 BGB; BGH v. 29.05.1991 - IV ZR 187/90 - LM BGB § 628 Nr. 10 (4/1992); BGH v. 02.07.2009 - III ZR 303/08 - NJW-RR 2010, 410-412, 411.

Grund für die unzeitige Kündigung vor (§ 627 Abs. 2 Satz 1 BGB). Ohne einen solchen muss er dem Auftraggeber denjenigen Schaden ersetzen, der diesem infolge der zur Unzeit erklärten Kündigung entsteht (§ 627 Abs. 2 Satz 2 BGB). Wird das **Recht des Auftraggebers zur außerordentlichen Kündigung** in den Allgemeinen Geschäftsbedingungen des Maklers ausgeschlossen, ist die entsprechende Klausel nach § 307 Abs. 2 Nr. 1 BGB unwirksam, weil sich die Rechtsstellung der Vertragspartner des Verwenders in nicht mehr hinnehmbarer Weise verschlechtern würde, wenn sie auf das Kündigungsrecht aus § 626 BGB angewiesen wären, obwohl auch dieses als außerordentliches Kündigungsrecht ausgestaltet ist.[24] Die Begründung liegt darin, dass der für § 627 Abs. 1 BGB maßgebliche Kündigungsgrund des Vertrauensverlusts nicht die gleiche Bedeutung wie der wichtige Grund im Sinne von § 626 Abs. 1 BGB hat. Das besondere Vertrauen kann vielmehr schon durch unwägbare Umstände und rational nicht begründbare Empfindungen gestört werden, die objektiv keinen wichtigen Grund darstellen.[25] Der Auftraggeber müsse daher für eine wirksame Kündigung nach § 627 BGB weder einen Grund darlegen und beweisen noch auf die Belange des Maklers Rücksicht nehmen.[26]

Angesichts dieses keinerlei Beschränkungen unterworfenen Kündigungsrechts liege die rechtliche **Bedeutung einer Lauf- oder Verlängerungszeit** in derartigen Verträgen in der Festlegung, welche Vergütung für welchen Zeitraum fällig werde bzw. im Fall einer Kündigung anteilig als verdient oder verbraucht zu berücksichtigen sei. Da sich diese Zusammenhänge jedoch dem durchschnittlichen Auftraggeber des Ehe- oder Partnerschaftsvermittlers im allgemeinen nicht erschlössen, begründe eine in den Allgemeinen Geschäftsbedingungen des Vermittlers enthaltene und den Eindruck einer festen vertraglichen Bindung erweckende Laufzeitverlängerungsklausel die naheliegende Gefahr, dass der Auftraggeber davon abgehalten wird, von seinem Recht auf jederzeitige Kündigung des Vertrags nach § 627 Abs. 1 BGB Gebrauch zu machen. Ohne näheren Hinweis auf das jederzeitige Kündigungsrecht wird eine solche Klausel daher als unklar bzw. intransparent eingestuft und wegen unangemessener Benachteiligung des Auftraggebers für unwirksam erachtet.[27]

Wird der Partnervermittlungsvertrag in einer **Haustürsituation** geschlossen, kommt sein Widerruf nach § 312 Abs. 1 Satz 1 Nr. 1 BGB in Betracht, dessen Voraussetzungen grundsätzlich vom Kunden in seiner Eigenschaft als Verbraucher im Sinne von § 13 BGB darzulegen und erforderlichenfalls zu beweisen sind.[28] Werden die Vertragsverhandlungen mit dem Vermittler in dessen Eigenschaft als Unternehmer nach § 14 BGB allerdings in der Privatwohnung des Verbrauchers geführt und kommt es dort in der Folge zum Abschluss des Partnervermittlungsvertrags, gehen die Gerichte für den Regelfall davon aus, dass die bestehende Haustürsituation jedenfalls mitursächlich für den Vertragsschluss geworden ist. Diese Indizwirkung bedeutet für den Verbraucher im Einzelfall, dass er seine Bestimmung zum Vertragsabschluss nicht konkret darlegen und nachweisen muss.[29] Dagegen kann für den Vermittler der Ausschlussgrund des § 312 Abs. 3 Nr. 1 BGB relevant werden, wonach das durch § 312 Abs. 1 Satz 1 Nr. 1 BGB eröffnete Widerrufsrecht nicht besteht, wenn die dem Vertragsabschluss zugrundeliegenden mündlichen Verhandlungen auf eine vorhergehende Bestellung des Verbrauchers geführt worden sind, die der Unternehmer darzulegen und erforderlichenfalls zu beweisen hat. Der Gesetzgeber erkennt in einer solchen Situation keine besondere Schutzwürdigkeit des Verbrauchers, da diesem keine Gefahr drohe, im Wege der Überraschung oder Überrumpelung zu einem unbedachten Geschäftsabschluss veranlasst zu werden. Die Situation ähnle vielmehr dem Aufsuchen eines Vertriebsgeschäfts in Eigeninitiative durch den Verbraucher, dem es zudem ohne Weiteres möglich sei, vor Beginn der Vertragsverhandlungen Vergleichsangebote zu prüfen.[30]

Orientiert am Schutzzweck der Norm wird eine vorhergehende Bestellung des Verbrauchers im Sinne von § 312 Abs. 3 Nr. 1 BGB jedoch verneint, wenn die Einladung vom Unternehmer „provoziert" worden ist, indem er sich beispielsweise unverlangt und unerwartet telefonisch an den Verbraucher gewendet und diesen zu der „Einladung" bewogen hat.[31] Ebenso liegt keine vorhergehende Bestellung vor,

---

[24] BGH v. 01.02.1989 - IVa ZR 354/87 - BGHZ 106, 341-347; BGH v. 29.05.1991 - IV ZR 187/90 - LM BGB § 628 Nr. 10 (4/1992).
[25] BGH v. 01.02.1989 - IVa ZR 354/87 - BGHZ 106, 341-347; BGH v. 05.11.1998 - III ZR 226/97 - LM BGB § 627 Nr. 15 (6/1999).
[26] BGH v. 05.11.1998 - III ZR 226/97 - LM BGB § 627 Nr. 15 (6/1999).
[27] BGH v. 05.11.1998 - III ZR 226/97 - LM BGB § 627 Nr. 15 (6/1999).
[28] BGH v. 15.04.2010 - III ZR 218/09 - ZIP 2010, 1084-1088.
[29] BGH v. 15.04.2010 - III ZR 218/09 - ZIP 2010, 1084-1088, 1085.
[30] BT-Drs. 10/2876, S. 6 f. und 12.
[31] BGH v. 15.04.2010 - III ZR 218/09 - ZIP 2010, 1084-1088, 1085 f.

„wenn das in der „Haustürsituation" unterbreitete und zum Vertragsschluss führende Angebot des Unternehmers von dem Gegenstand der Einladung des Verbrauchers nicht unerheblich abweicht und dieser damit vorher weder gerechnet hat noch rechnen musste".[32] Die vom Verbraucher ausgesprochene Einladung in die Privatwohnung müsse sich gerade auch auf die Durchführung von Vertragsverhandlungen beziehen, während eine auf eine allgemeine Informationserteilung oder die Präsentation von Waren oder Dienstleistungen beschränkte Einladung nicht genüge. Für ein bloß allgemeines und damit **unverbindliches Informationsinteresse** könnten folgende Umstände sprechen:[33]

- zwischen den Parteien besteht bislang keine Geschäftsbeziehung;
- der Kunde kennt die Ware oder Dienstleistung, die ihm angeboten werden soll, von der Art und von der Qualität her nicht;
- es handelt sich um ein aus objektiver Sicht größeres Geschäft mit erheblichen finanziellen Belastungen für den Kunden;
- der Kunde hat noch kein Vergleichsangebot eingeholt.

12 Zudem müsse die vorhergehende Bestellung des Verbrauchers den Gegenstand der Verhandlung hinreichend konkret bezeichnen und sich auf eine bestimmte Art von Leistungen beziehen, damit der Verbraucher sich auf das Angebot des Unternehmers vorbereiten könne und nicht der für Haustürsituationen typischen Überrumpelungsgefahr ausgesetzt werde. Weiche das in der Haustürsituation unterbreitete, zum Vertragsschluss führende Angebot des Unternehmers vom Gegenstand der Einladung und damit von der Bestellung des Verbrauchers nicht unerheblich ab, bleibe der Verbraucher schutzwürdig, wenn er mit dieser Abweichung nicht gerechnet habe und auch nicht habe rechnen müssen. In einem solchen Fall treffe ihn der Vertragsabschluss in der Haustürsituation unvorbereitet, weshalb ein Ausschluss des Widerrufsrechts unter Berufung auf § 312 Abs. 3 Nr. 1 BGB nicht zu rechtfertigen sei.[34] Im entschiedenen Sachverhalt hatte der Kunde die Vermittlung einer bestimmten, in einer Zeitungsannonce beschriebenen Partnerin erwartet, während es aufgrund der in seiner Privatwohnung geführten Verhandlungen mit dem Vermittler am Ende zum Abschluss eines von diesem konkreten Partnerwunsch gelösten allgemeinen Partnervermittlungsvertrags gekommen war. Dieser sah die Unterbreitung einer gewissen Zahl von Partnervorschlägen bzw. Partneradressen gegen ein Entgelt von 9.000 € vor. Der III. Zivilsenat des BGH erkannte hierin eine erhebliche Diskrepanz, mit welcher der in Bezug auf Partnervermittlungsverträge unerfahrene Kunde typischerweise nicht rechne und auch nicht rechnen müsse. Diese Diskrepanz sei vom Vermittler erkannt und zumindest hingenommen, wenn nicht sogar als Teil einer „Geschäftsmethode" beabsichtigt worden. Bei einer solchen Lage könne unter **Berücksichtigung des Schutzzwecks des Widerrufsrechts** nach § 312 BGB nicht angenommen werden, der Vertragsschluss und die ihm zugrunde liegenden mündlichen Verhandlungen in der Privatwohnung des Kunden seien auf dessen vorhergehende Bestellung im Sinne von § 312 Abs. 3 Nr. 1 BGB zurückzuführen. Es bleibe vielmehr bei der für Haustürsituationen typischen Überrumpelungsgefahr, weshalb es angezeigt sei, dem Verbraucher zur Wiederherstellung seiner Entschließungsfreiheit das Widerrufsrecht nach § 312 Abs. 1 Satz 1 Nr. 1 BGB einzuräumen.[35]

B. Rechtsfolgen

13 Der Auftraggeber hat weder einen Anspruch auf Tätigwerden des Maklers noch kann er Schadensersatz wegen Nichterfüllung verlangen.[36] Ein Schadensersatzanspruch wegen positiver Vertragsverletzung nach § 280 Abs. 1 BGB bleibt dagegen möglich.[37] Der BGH akzeptiert die Vereinbarung von Vorauszahlungen, selbst wenn sie in Allgemeinen Geschäftsbedingungen enthalten sind, um in diesem Geschäftsfeld tätigen Maklern nicht von vornherein die wirtschaftliche Grundlage zu entziehen.[38] Das Gesetz zwinge durch den Ausschluss der Klagbarkeit des Maklerlohns den Vermittler zur Vorauskasse. Da die entgeltliche Ehe- und Partnerschaftsvermittlung als eine rechtlich erlaubte und sittlich un-

---

[32] BGH v. 15.04.2010 - III ZR 218/09 - ZIP 2010, 1084-1088, 1084.
[33] BGH v. 15.04.2010 - III ZR 218/09 - ZIP 2010, 1084-1088, 1086.
[34] BGH v. 15.04.2010 - III ZR 218/09 - ZIP 2010, 1084-1088, 1086 unter Hinweis auf BT-Drs. 10/2876, S. 12.
[35] BGH v. 15.04.2010 - III ZR 218/09 - ZIP 2010, 1084-1088, 1086.
[36] BGH v. 08.07.1957 - II ZR 57/56 - BGHZ 25, 124-127; BGH v. 25.05.1983 - IVa ZR 182/81 - BGHZ 87, 309-321; BGH v. 04.12.1985 - IVa ZR 75/84 - LM Nr. 5 zu § 656 BGB.
[37] BGH v. 08.07.1957 - II ZR 57/56 - BGHZ 25, 124-127.
[38] BGH v. 25.05.1983 - IVa ZR 182/81 - BGHZ 87, 309-321; BGH v. 29.05.1991 - IV ZR 187/90 - LM BGB § 628 Nr. 10 (4/1992).

bedenkliche Tätigkeit anzusehen sei, dürfe den Vermittlern nicht die einzige rechtliche Möglichkeit genommen werden, sich ihren Vergütungsanspruch zu sichern.[39] Auch das Bundesverfassungsgericht stellt maßgeblich hierauf ab und sieht das erforderliche Mindestmaß an sozialer Sicherheit für die Vermittler durch dessen Möglichkeit gewährleistet, **Vorauszahlungen** zu verlangen, deren Rückforderung nach § 656 Abs. 1 Satz 2 BGB ausgeschlossen ist.[40] Dagegen wird eine Klausel, nach der das im Voraus entrichtete Entgelt „in keinem Fall" zurückgezahlt wird, als unangemessene Benachteiligung des Auftraggebers eingestuft, da dieser hiervon auch dann betroffen ist, wenn er von dem ihm vertraglich eingeräumten Kündigungsrecht zulässigerweise Gebrauch macht, selbst wenn der Makler dafür durch sein vertragswidriges Verhalten einen wichtigen Grund geliefert hatte.[41]

Die in der Regel verlangte „Anmeldegebühr" kann bei Untätigkeit des Maklers von diesem nach der zweiten Alternative in § 812 Abs. 1 Satz 2 BGB zurückgefordert werden, da Grundlage eines solchen Bereicherungsanspruchs nicht der fehlende Rechtsgrund, sondern die **Zweckverfehlung** ist. Auch die von einem Auftraggeber gegebenen Wechsel sind keine Leistung im Sinne von § 656 Abs. 1 Satz 2 BGB und können daher herausverlangt werden. Sie sollten der Erfüllung eines Versprechens dienen, das nach § 656 Abs. 1 Satz 1 BGB eine Verbindlichkeit nicht begründet. Da bei einem Wechsel Erfüllung erst mit dessen Einlösung eintritt, kann sich der Auftraggeber hinsichtlich eines übergebener, aber noch nicht eingelöster Wechsel auf § 656 Abs. 2 BGB berufen und Herausgabe verlangen.[42] 14

Kündigt der Auftraggeber nach § 627 BGB, so kann er nach § 628 Abs. 1 Satz 3 BGB **Rückerstattung** des im Zeitpunkt der Kündigung noch nicht verbrauchten Anteils seiner Vorschusszahlung verlangen. Der BGH leitet aus diesem gesetzlichen Zusammenhang „ein auf der Hand liegendes Interesse" des Betreibers einer Partnervermittlung ab, seine Leistung nach Zahlung der Vergütung insgesamt zu erbringen, um die – nicht einklagbare – Gegenleistung auch vollständig zu verdienen und nicht der Gefahr ausgesetzt zu sein, diese wieder herausgeben zu müssen[43]. 15

Dies hat Konsequenzen für die rechtliche Würdigung der in der Praxis häufig anzutreffenden Vereinbarungen, wonach der Auftraggeber den Partnervermittler damit beauftragt, ihm eine konkret bestimmte Anzahl von qualifizierten Partnervorschlägen zu unterbreiten. Hierfür erklärt er sich bereit, eine im Vorhinein betragsmäßig festgelegte (Gesamt-)Vergütung zu leisten, während weitere Partnervorschläge bei Bedarf kostenfrei sein sollen. Mit einer solchen Vereinbarung verpflichtet sich der Partnervermittler keinesfalls unbegrenzt, sondern nach Treu und Glauben stets nur mit Blick auf die Vorstellung solcher weiterer Partner, die dem **Anforderungsprofil des Auftraggebers** entsprechen und sich entweder bereits in seinem Bestand befinden oder später neu hinzugewonnen werden.[44] Der Schluss dahingehend, die durch den Auftraggeber zu erbringende Zahlung umfasse auch die als unentgeltlich bezeichneten Leistungen, verbiete sich auch deshalb, weil auch dem dienstverpflichteten Partnervermittler grundsätzlich die Möglichkeit zur Kündigung nach § 627 BGB offenstehe und er somit den Einfluss auf den Umfang seiner Verpflichtung nicht vollständig aus der Hand gegeben habe.[45] 16

Für den Fall, dass der Kündigungsgrund vom Makler nicht zu vertreten ist, verweist § 628 Abs. 1 Satz 3 BGB auf die Vorschriften über die Herausgabe einer ungerechtfertigten Bereicherung (§§ 812-822 BGB), ansonsten auf § 346 BGB. Zu den im Rahmen von § 628 BGB berücksichtigungsfähigen Kosten werden auch aus Sicht des Vermittlers vernünftigerweise als zur Erbringung seiner Dienste erforderlich einzustufende Kosten für „Anlaufarbeit" sowie **Allgemeinkosten** gezählt,[46] letztere jedoch nur „pro rata temporis".[47] Dagegen können die speziell zur Erfüllung des konkreten Vertrags bis zum Vertragsende bereits erbrachten, nicht mehr rückgängig zu machenden und auch nicht für andere Verträge verwendbaren Aufwendungen wie z.B. Provisionen und Reisekosten ungekürzt in Rechnung gestellt werden.[48] AGB-Klauseln, die den Rückerstattungsanspruch des Kündigenden z.B. 17

---

[39] BGH v. 25.05.1983 - IVa ZR 182/81 - BGHZ 87, 309-321; BGH v. 09.05.1984 - IVa ZR 113/82 - LM Nr. 4 zu § 656 BGB; BGH v. 04.12.1985 - IVa ZR 75/84 - LM Nr. 5 zu § 656 BGB.
[40] BVerfG v. 20.04.1966 - 1 BvR 20/62, 1 BvR 27/64 - NJW 1966, 1211.
[41] BGH v. 25.05.1983 - IVa ZR 182/81 - BGHZ 87, 309-321.
[42] BGH v. 11.07.1990 - IV ZR 160/89 - BGHZ 112, 122-127.
[43] BGH v. 02.07.2009 - III ZR 303/08 - NJW-RR 2010, 410-412, 411.
[44] BGH v. 02.07.2009 - III ZR 303/08 - NJW-RR 2010, 410-412, 411.
[45] BGH v. 02.07.2009 - III ZR 303/08 - NJW-RR 2010, 410-412, 411 f.
[46] BGH v. 25.05.1983 - IVa ZR 182/81 - BGHZ 87, 309-321.
[47] BGH v. 29.05.1991 - IV ZR 187/90 - LM BGB § 628 Nr. 10 (4/1992).
[48] BGH v. 29.05.1991 - IV ZR 187/90 - LM BGB § 628 Nr. 10 (4/1992); BGH v. 05.11.1998 - III ZR 226/97 - LM BGB § 627 Nr. 15 (6/1999).

§ 656

in Form einer besonders hohen Kostenpauschale unangemessen kürzen oder einschränken, beeinträchtigen zugleich das in § 627 BGB eingeräumte Recht zur außerordentlichen Kündigung selbst und sind daher ebenfalls nach § 307 Abs. 2 Nr. 1 BGB unwirksam.[49] Im Übrigen schließt § 656 Abs. 1 Satz 2 BGB im Bereich der Eheanbahnungs- und Partnerschaftsvermittlungsverträge nur solche Rückzahlungsansprüche aus, die darauf gestützt werden, dass der Auftraggeber nach § 656 Abs. 1 BGB nicht hätte zur Leistung gezwungen werden können.[50]

18 Hat der Kunde einen Partnervermittlungsvertrag als Haustürgeschäft wirksam nach § 312 Abs. 1 Satz 1 Nr. 1 BGB widerrufen, schuldet er dem Vermittler für die bis dahin empfangenen Leistungen Wertersatz. Maßgeblich sind dabei nur die tatsächlich übermittelten Partnervorschläge. Hat der Vermittler darüber hinaus für den Kunden ein „Partnerdepot" mit weiteren Adressen und Vorschlägen angelegt, bleibt dies unbeachtlich, da der Kunde dadurch noch keine Leistung des Vermittlers empfangen bzw. erlangt hat. Da die Rückgewähr der tatsächlich übermittelten Partnervorschläge wegen ihrer Beschaffenheit ausgeschlossen ist, richtet sich der Wertersatzanspruch des Vermittlers, für dessen Umfang er die Darlegungs- und Beweislast trägt, grundsätzlich nach den §§ 357 Abs. 1 Satz 1, 346 Abs. 2 BGB. Nach § 346 Abs. 2 Satz 2 BGB müsste somit für die Berechnung des Wertersatzes auf die vertragliche Entgeltregelung zurückgegriffen werden. Der III. Zivilsenat des BGH hat jedoch entschieden, dass diese Anordnung nicht zu Lasten des nach § 312 BGB zum **Widerruf eines Haustürgeschäfts** berechtigten Verbrauchers gehen darf und die in § 357 Abs. 1 Satz 1 BGB enthaltene allgemeine Verweisung auf die entsprechende Anwendung der „Vorschriften über den gesetzlichen Rücktritt" entsprechend einschränkend auszulegen ist.[51]

19 Für die **Bemessung des Wertersatzes**, den der Kunde als Verbraucher (§ 13 BGB) nach dem (wirksamen) Widerruf eines Haustürgeschäfts für die bis dahin erbrachten Leistungen des Vermittlers als Unternehmer (§ 14 BGB) gewähren müsse, komme es nicht auf das vertraglich vereinbarte Entgelt an, sondern auf den objektiven Wert der empfangenen Leistungen, soweit dieser das vertragliche Entgelt nicht übersteige.[52] Diese einschränkende Auslegung stehe im Einklang mit der Regelungsabsicht des Gesetzgebers, nach dem im Anwendungsbereich von § 346 Abs. 2 Satz 2 BGB die objektiven Wertverhältnisse maßgebend sein sollen, sofern keine privatautonom ausgehandelte Entgeltabrede vorliegt.[53] Von einer solchen könne jedoch regelmäßig nicht ausgegangen werden, wenn dem Verbraucher wegen einer Vertragsverhandlungssituation, die für ihn typischerweise mit einem Überraschungsmoment und einer Überrumpelungsgefahr verbunden sei, zur Wiederherstellung seiner dadurch beeinträchtigten Entschließungsfreiheit ein Widerrufsrecht eingeräumt werde. Nach seinem Sinn und Zweck greife § 346 Abs. 2 Satz 2 BGB daher zu Lasten des nach § 312 BGB zum Widerruf eines Haustürgeschäfts berechtigten Verbrauchers nicht ein.[54]

20 Die **einschränkende Auslegung** der Verweisung in § 357 Abs. 1 Satz 1 BGB auf § 346 Abs. 2 BGB beruhe auf dem Erfordernis der effektiven und zweckentsprechenden Gewährleistung des Rechts zum Widerruf von Haustürgeschäften. Müsste der Verbraucher für die an ihn erbrachten Unternehmerleistungen das vertraglich vereinbarte Entgelt entrichten, wäre die Ausübung des Widerrufsrechts insbesondere im Bereich der Dienstleistungen in vielen Fällen wirtschaftlich sinnlos und dieses Recht somit wesentlich entwertet. Die Gefahr einer solchen zweckwidrigen Entwertung zeige sich gerade bei Verträgen, bei denen es um die Übermittlung von Partnervorschlägen gehe. Werde dem Verbraucher die vertraglich vorgesehene Zahl von Partnervorschlägen noch in der Haustürsituation oder kurz darauf übermittelt, wäre das Recht zum Widerruf für den Verbraucher ohne Sinn, wenn er hierfür in jedem Fall das vertraglich vereinbarte Entgelt zu leisten hätte. Im Ergebnis würden unter dem Eindruck der für ein Haustürgeschäft typischen Überrumpelungssituation eingegangene hohe Entgeltverpflichtungen vom Widerrufsrecht unberührt bleiben, das somit weitgehend ins Leere laufe. Für die Bemessung des Wertersatzes nach dem objektiven Wert der tatsächlich empfangenen Leistungen spreche schließlich auch der in § 357 Abs. 3 BGB zum Ausdruck kommende Rechtsgedanke.[55]

---

[49] BGH v. 29.05.1991 - IV ZR 187/90 - LM BGB § 628 Nr. 10 (4/1992); BGH v. 05.11.1998 - III ZR 226/97 - LM BGB § 627 Nr. 15 (6/1999).
[50] BGH v. 25.05.1983 - IVa ZR 182/81 - BGHZ 87, 309-321; BGH v. 09.05.1984 - IVa ZR 113/82 - LM Nr. 4 zu § 656 BGB; BGH v. 01.02.1989 - IVa ZR 354/87 - BGHZ 106, 341-347.
[51] BGH v. 15.04.2010 - III ZR 218/09 - ZIP 2010, 1084-1088.
[52] BGH v. 15.04.2010 - III ZR 218/09 - ZIP 2010, 1084-1088, 1087.
[53] BGH v. 15.04.2010 - III ZR 218/09 - ZIP 2010, 1084-1088, 1087 unter Hinweis auf BT-Drs. 14/6040, S. 196.
[54] BGH v. 15.04.2010 - III ZR 218/09 - ZIP 2010, 1084-1088, 1087 f.
[55] BGH v. 15.04.2010 - III ZR 218/09 - ZIP 2010, 1084-1088, 1088.

Im entschiedenen Sachverhalt hatte der Vermittler seinem Kunden vor dessen Widerruf des Partnervermittlungsvertrags als Haustürgeschäft nach § 312 Abs. 1 Satz 1 Nr. 1 BGB lediglich zwei Partnervorschläge übermittelt, die für den Kunden nach dessen eigener Einschätzung „unbrauchbar" waren. Das Gericht hatte hierfür unter Anwendung von § 287 ZPO einen Wertersatz in Höhe von 300 € veranschlagt.[56] Der BGH hat dies im Ergebnis bestätigt und klargestellt, dass bei Dienstleistungen allgemein im Ausgangspunkt auf die **übliche bzw. angemessene Vergütung** abzustellen sei. Allerdings stehe bei Partnervermittlungsverträgen die Mitteilung von Adressen „passender" und „vermittlungsbereiter" Partner im Vordergrund. Ähnlich einem Maklernachweis entfalteten derartige Informationen nur im Erfolgsfall ihren vollen Wert, während sie bei Nichtgefallen eigentlich wertlos seien. Daher hätten sie für sich genommen einen kaum oder nur unter großen Schwierigkeiten zu ermittelnden Marktwert.[57] Im konkreten Fall konnte der III. Zivilsenat auf eine Vertiefung der Grundsätze zur „richtigen" Ermittlung des objektiven Werts der dem Kunden übermittelten Adressen verzichten, da der Vermittler weder etwas Greifbares zum objektiven Wert der ausgereichten Partnervorschläge vorgebracht hatte, noch dem Vortrag seines Kunden substantiiert entgegengetreten war, die beiden Vorschläge hätten nicht dem gewünschten Profil entsprochen und seien deshalb für ihn gänzlich unbrauchbar gewesen.

21

---

[56] BGH v. 15.04.2010 - III ZR 218/09 - ZIP 2010, 1084-1088, 1085.
[57] BGH v. 15.04.2010 - III ZR 218/09 - ZIP 2010, 1084-1088, 1088.

§ 657

Titel 11 - Auslobung
§ 657 BGB Bindendes Versprechen
(Fassung vom 02.01.2002, gültig ab 01.01.2002)

Wer durch öffentliche Bekanntmachung eine Belohnung für die Vornahme einer Handlung, insbesondere für die Herbeiführung eines Erfolges, aussetzt, ist verpflichtet, die Belohnung demjenigen zu entrichten, welcher die Handlung vorgenommen hat, auch wenn dieser nicht mit Rücksicht auf die Auslobung gehandelt hat.

Gliederung

A. Grundlagen 1	V. Vornahme einer Handlung oder Herbeiführung eines Erfolges 27
B. Praktische Bedeutung 2	VI. Weitere Auslobungsvoraussetzungen 28
C. Anwendungsvoraussetzungen 3	VII. Kein Widerruf (§ 658 BGB) 30
I. Zum Begriff der Auslobung 3	D. Rechtsfolgen 31
II. Abgrenzung zu anderen Rechtsinstituten 4	I. Haftung des Auslobenden 32
III. Normstruktur 10	II. Haftung des Handelnden 33
1. Aussetzen einer Belohnung für die Vornahme einer Handlung 11	III. Auffassung des Autors 34
a. Zum Begriff der Belohnung 11	E. Prozessuale Hinweise/Verfahrenshinweise 35
b. Bestimmbarkeit des Belohnungsversprechens .. 13	I. Ausschluss des Rechtsweges 35
2. Vorliegen eines wirksamen Versprechens 14	1. Auffassungen der Rechtsprechung 36
a. Kein Versprechen bei fehlender Ernsthaftigkeit 15	2. Auffassung des Autors 39
b. Typische Fallkonstellationen 17	II. Beispiele für die Überprüfbarkeit der Auslobungsentscheidung 40
c. Kein Versprechen bei Verstoß gegen die guten Sitten 18	III. Klageantrag 42
3. Handlung oder ein herbeigeführter Erfolg 19	IV. Beweislast 43
IV. Öffentliche Bekanntmachung 21	F. Anwendungsfelder – Praktische Hinweise 44
1. Definition 21	
2. Rechtsprechung 22	G. Arbeitshilfen – Hinweise zur Vertragsgestaltung 47
3. Die Auffassung des Autors 25	
4. Typische Fallkonstellationen 26	

A. Grundlagen

1   Bei der Auslobung handelt es sich um ein **einseitiges, nicht empfangsbedürftiges Rechtsgeschäft**, welches als einseitiges Belohnungsversprechen im Wege der öffentlichen Bekanntmachung erklärt wird, für deren schuldrechtliche Verpflichtung kein Zugang oder Annahme erforderlich ist. Die Auslobung stellt eine eher junge, eigenständige Rechtsfigur dar, die ihren Ursprung weder im römischen Recht noch im alten deutschen Recht, sondern im 17. Jahrhundert hat.[1]

B. Praktische Bedeutung

2   Auch wenn sich der Begriff der Auslobung im heutigen Sprachgebrauch nicht hat durchsetzen können und der Gesetzgeber die Auslobung in seiner amtlichen Überschrift ab 01.01.2002 als ein „bindendes Versprechen" bezeichnet, so kommt dem Institut der Auslobung in der Praxis eine erhebliche Bedeutung zu, insbesondere im Zusammenhang mit öffentlichen **Ausschreibungen, Preisrätseln und künstlerischen oder sportlichen Wettkämpfen**, aber auch im halbprivaten Bereich (z.B. Suchanzeigen, Vereinsprämierungen, Prämien für die Lösung wissenschaftlicher oder technischer Probleme, Entdeckungen, Erfindungen, Schadensregulierung[2] etc.). Jede Form von Casting oder „Wir suchen den

---

[1] *Seiler* in: MünchKomm-BGB, 5. Aufl. 2009, § 657 Rn. 1; vgl. zur Abgrenzung auch *Gerken*, JA 2004, 760-762; zur Auslobung im deutschen, englischen, französischen österreichischen und schweizerischen Recht vgl. *Kleinschmidt*, Jura 2007, 249-255.

[2] Ob sich das auf einer Auslobung beruhende Modell von *Kleinlein/Schubert*, WuW 2012, 345-354 durchsetzen wird, mit dem Ziel, die Geltendmachung des allen Betroffenen aus einem Kartellverstoß entstandenen Schadens beim unmittelbar Geschädigten zu bündeln und den von ihm erstrittenen Schadensersatz als „Belohnung" darzustellen, der auf die Schadensersatzberechtigten zu verteilen ist, bleibt abzuwarten.

Star"-Veranstaltung in den Medien, z.B. auch Big Brother, oder auch die von bekannten Elektrohändlern angebotene Preisreduzierung bei nachgewiesenen günstigeren Wettbewerbspreisen ist der Auslobung oder dem Preisausschreiben zuzuordnen.[3]

C. Anwendungsvoraussetzungen

I. Zum Begriff der Auslobung

Eine Auslobung liegt vor, wenn der Auslobende für **die Vornahme einer Handlung eine Belohnung** (1. Merkmal) **durch öffentliche Bekanntmachung** (2. Merkmal) aussetzt. Die Auslobung wird damit durch das öffentlich abgegebene, einseitige Versprechen des Auslobenden wirksam und bindend, ohne dass es eines Vertragsantrags bedarf.[4]

II. Abgrenzung zu anderen Rechtsinstituten

Die Auslobung ist ein einseitig und öffentlich abgegebenes Versprechen, während **Werk-, Dienst-, Auftrags- und Maklervertrag**, mit denen u.U. die gleichen Ziele wie durch eine Auslobung erreicht werden können, auf **gegenseitigen vertraglichen** Leistungsaustausch beruhen.[5] An der Gegenseitigkeit fehlt es bei der Auslobung, da der Handelnde zu keiner vertraglichen Leistung verpflichtet ist.[6]

Die Auslobung will primär zur Leistung anspornen und unterscheidet sich daher auch von der **Schenkung**, welche die Zuwendung in den Vordergrund stellt, ohne den Handelnden (öffentlich) zur Leistung anzuspornen.[7] Nimmt der Handelnde die ausgelobte entgeltliche Leistung lediglich an, ohne dass er eine eigenständige Handlung i.S.d. § 657 BGB erbringt, kommt allenfalls eine (analoge) Anwendung der Schenkungsregelungen in Betracht, wenn der Wille zur unentgeltlichen Zuwendung vorliegt.[8] Auf die notarielle Formbedürftigkeit eines Schenkungsversprechens (§ 518 Abs. 1 Satz 1 BGB) kann sich der Präsident eines Sportvereins nicht berufen, wenn er eine **Geldprämie** an Trainer und Spieler für den Fall des Gewinns der Meisterschaft ausruft. In einem solchen Fall liegt entweder eine gem. § 657 BGB bindende Auslobung oder ein entgeltlicher Vertrag über die Entlohnung einer noch zu erbringenden besonderen Leistung.[9]

Wegen der **Anwendbarkeit der Lotteriesteuer** kommt der Abgrenzung **zwischen Auslobung und Wette** besondere Bedeutung zu. Der Wettende will lediglich beweisen, dass die von ihm aufgestellte Tatsachenbehauptung (z.B. „Deutschland wird Fußballweltmeister") richtig ist. Er hat hingegen kein Interesse, die für den Erfolg erforderliche Handlung (hier: „Toreschießen für Deutschland") selbst vorzunehmen.[10] Eine nicht lotteriesteuerpflichtige Auslobung liegt daher vor, wenn eine echte Leistung verlangt wird, wobei der mit der Leistung verfolgte Zweck gleichgültig ist, wenn kein Einsatz in versteckter oder offener Form gefordert wird.[11] Die Teilnahme an einem TV-Gewinnspiel unterfällt dann den Regelungen der Auslobung, sofern nicht ausschließlich das Glück der Teilnehmer belohnt wird, sondern eine geistige Leistung zur Lösung der Aufgaben im Vordergrund steht.[12] Das Gewinnspiel wird auch dann als verbindliche Auslobung zu sehen sein, wenn die abverlangte Handlung des Initiators wirtschaftliche oder sonstige Interessen verfolgt und die besondere Schwierigkeit oder das Fehlen von Zufallselementen nach einer wertenden Betrachtung für den Empfänger als verbindlich angesehen werden kann[13].

---

[3] *Kotzian-Marggraf* in: Bamberger/Roth, § 657 Rn. 1.
[4] Insoweit liegt eine Ausnahme gem. § 311 Abs. 1 HS. 2 BGB vor; vgl. *Seiler* in: MünchKomm-BGB, § 657 Rn. 4.
[5] *Seiler* in: MünchKomm-BGB, 5. Aufl. 2009, § 657 Rn. 27.
[6] *Sprau* in: Palandt, § 657 Rn. 1.
[7] *Hauß* in: Erman, Handkommentar BGB, 10. Aufl. 2000, § 657 Rn. 4; *Sprau* in: Palandt, § 657 Rn. 2. Ein moderner Fall einer Schenkung war z.B. das Werbeangebot einer Elektrohandelskette, den Kaufpreis für ein an einem bestimmten Tag erworbenes Fernsehgerät zurückzuzahlen, sollte die deutsche Fußballnationalmannschaft die Europameisterschaft 2004 gewinnen. Vgl. *Katzenstein*, MDR 2004, 1275-1280.
[8] OLG Düsseldorf v. 14.01.1997 - 22 W 77/96 - NJW 1997, 2122-2123.
[9] Vgl. BGH v. 28.05.2009 - Xa ZR 9/08 - juris Rn. 10 - Meisterschaftsprämie.
[10] *Sprau* in: Palandt, § 657 Rn. 2; a.A. *Hauß* in: Erman, Handkommentar BGB, 10. Aufl. 2000, § 657 Rn. 4.
[11] BFH v. 27.04.1951 - II 111/50 S; OVG Berlin v. 27.03.1948 - III B 94/51 - BB 1953, 317; vgl. hierzu die Kommentierung zu § 762 BGB und die Kommentierung zu § 763 BGB.
[12] OLG München v. 28.07.2005 - U (K) 1834/05; vorausgehend LG München I v. 21.12.2004 - 33 O 15954/04; mit Anm. *Dieselhorst*, ITRB 2005, 249.
[13] OLG Dresden v. 16.11.2010 - 8 U 210/10.

7 Das Preisausschreiben (§ 661 BGB) ist eine besondere Form der Auslobung, bei der zusätzlich noch erforderlich ist, dass die Interessenten sich innerhalb **einer bestimmten Frist** um den Preis bewerben und der Anspruchsberechtigte von einem Preisrichter ausgewählt wird. Für sog. **Leistungspreisausschreiben** gegenüber Verbrauchern, die scheinbar eine Belohnung ohne eigenes Hinzutun des Angesprochenen versprechen, gilt ggf. die Regelung § 661a BGB.

8 Eine analoge Anwendung kann allerdings im Zusammenhang mit vermeintlichen Auslobungen gegenüber Unternehmen in Betracht kommen. Allerdings ist der im Vertrauen auf eine Belohnung handelnde Unternehmer zunächst einmal gem. § 282 BGB i.V.m. § 241 Abs. 2 BGB geschützt. Eine darüber hinausgehende analoge Anwendung ist nur dann zu bejahen, wenn der Handelnde bei einer Auslobung bzw. der Teilnehmer an einem Preisausschreiben eine **nennens- und belohnenswerte Tätigkeit** erbracht hat.[14] Hierunter können bereits nicht unerhebliche finanzielle Aufwendungen fallen.

9 Auch wenn der Dienstvertragscharakter von Auslobungsverfahren gem. § 99 V GWB überwiegt, ist eine (analoge) Anwendung der §§ 657 ff. BGB im Einzelfall möglich[15], wobei spezialgesetzliche Vorgaben, wie z.B. § 11 SektVO, vorrangig sind.

III. Normstruktur

10 Voraussetzungen für den Belohnungsanspruch:
(1) die Aussetzung einer Belohnung für die Vornahme einer Handlung oder die Herbeiführung eines Erfolges, d.h.
    (a) Aussetzen einer Belohnung,
    (b) Versprechen,
    (c) für die Vornahme einer Handlung oder die Herbeiführung eines Erfolges;
(2) öffentliche Bekanntmachung;
(3) Vornahme der Handlung;
(4) weitere Auslobungsvoraussetzungen;
(5) kein Widerruf (§ 658 BGB).

1. Aussetzen einer Belohnung für die Vornahme einer Handlung

a. Zum Begriff der Belohnung

11 Ein Belohnungsanspruch liegt vor, wenn der Auslobende eine Belohnung für die Vornahme einer Handlung oder den Eintritt eines Erfolges aussetzt.

12 Eine Belohnung bedeutet die Zusage irgendeines Vorteils, auch eines materiellen oder immateriellen Vorteils[16], Lieferpflichten, Verleihung von Diplomen, Gewinn von Wettbewerben[17].

b. Bestimmbarkeit des Belohnungsversprechens

13 Sie muss in hinreichender Deutlichkeit **bestimmbar** sein. Lässt sich der Umfang der Belohnung nicht aus der Auslobung entnehmen, und auch nicht über anerkannte Auslobungsregeln feststellen, ist er mangels Bestimmtheit unwirksam. Die §§ 134, 138 BGB können nicht analog herangezogen werden.[18]

2. Vorliegen eines wirksamen Versprechens

14 Ein Versprechen liegt bei einer wirksamen Willenserklärung vor, aus der sich mit hinreichender Deutlichkeit eine bindende Leistungsverpflichtung des Auslobenden ergibt. Soweit sich aus dem Inhalt des Versprechens nichts anderes ergibt, ist der Versprechende zugleich der Auslobende. Im Wege der Auslegung (§§ 133, 157 BGB) wird eine solche Bindungswirkung dahin auszulegen sein, dass das Versprechen einer Belohnung für die Wiederbeschaffung eines abhanden gekommenen Gegenstandes nicht dem Dieb oder Hehler zugutekommen soll.[19]

---

[14] OLG Düsseldorf v. 14.01.1997 - 22 W 77/96 - NJW 1997, 2122-2123.
[15] A.A. *Just* in: Schulte/Just, Kartellrecht, 2012, § 99 GWB Rn. 51; *Eschenbruch* in: Kulartz/Kus/Portz, Kommentar zum GWB-Vergaberecht, 2. Aufl. 2009, § 99 Rn. 204, 205 m.w.N.; *Sommer* in: jurisPK-VergR, 3. Aufl. 2011, § 11 SektVO Rn. 2.
[16] *Sprau* in: Palandt, § 657 Rn. 4.
[17] BGH v. 09.06.1983 - III ZR 74/82 - LM Nr. 129 zu § 256 ZPO.
[18] A.A. *Seiler* in: MünchKomm-BGB, 5. Aufl. 2009, § 657 Rn. 7 u.H.a. RG v. 01.08.1941 - III 12/41 - RGZ 167, 225-236.
[19] BGH v. 03.11.1983 - III ZR 125/82 - BGHZ 88, 373-386.

a. Kein Versprechen bei fehlender Ernsthaftigkeit

Es reicht außerdem nicht aus, wenn der Vornehmende lediglich günstige Bedingungen in Aussicht stellt oder erkennbar ohne den erforderlichen Ernst ein Versprechen ausspricht (§ 118 BGB).[20] Bei der Beurteilung der Ernsthaftigkeit eines Versprechens ist zwar auf den **durchschnittlich informierten aufgeklärten Erklärungsempfänger** abzustellen; bei Unternehmern als Angesprochene im Sinne des § 14 BGB ist ein noch strengerer Maßstab anzusetzen. Zugleich ist aber die Wertentscheidung des Gesetzgebers, wie sie in § 116 BGB und in dem neu geschaffenen § 661a BGB zum Ausdruck kommt, zu berücksichtigen.

Dies führt zu folgendem Wertungsmaßstab:
- Grundsätzlich ist davon auszugehen, dass der Angesprochene nur **marktschreierische, aber marktübliche Versprechungen** nicht als Versprechen i.S.d. § 657 BGB ernst nimmt.[21] Eine Ausnahme gilt hingegen für Unternehmen, die mittels Gewinnzusagen und vergleichbaren Mitteilungen gegenüber Verbrauchern Versprechungen im Zusammenhang mit Werbeaussagen machen.
- Eine Auslobung unter einer **Bedingung** (z.B. einer Frist, Zweckbestimmung etc.) ist zulässig.[22]

b. Typische Fallkonstellationen

Als Versprechen kann zu verstehen sein
- eine Erklärung der Versicherung über künftige Abrechnungen[23],
- eine Information eines Versicherungsverbandes über Rechte des Versicherten[24],
- eine öffentliche Anpreisung mit nur scheinbarer Garantie[25].

c. Kein Versprechen bei Verstoß gegen die guten Sitten

Eine Auslobung, die gegen die guten Sitten (§§ 134, 138 BGB) oder das Wettbewerbsrecht (§§ 3, 5 UWG) verstößt, ist **nichtig**.[26] Umstritten ist die Frage, ob ein Sittenverstoß in den Fällen vorliegt, in denen ein Mietsuchender ein **Entgelt als Belohnung für die Verschaffung einer Wohnung** aussetzt. Das Landgericht Waldshut Tiengen[27] geht in diesen Fällen von einer wirksamen Auslobung aus, wenn der Wohnungsvermittler kein berufsmäßiger Makler ist oder der Mietsuchende eine Belohnung an den gewerbsmäßig handelnden Makler bezahlt hat, ohne dass dieser sie gefordert hat. Die gegenteilige Auffassung überzeugt hingegen nicht.[28] Da das Rechtsinstitut der Auslobung dem Auslobenden gerade die Möglichkeit einräumt, ein Entgelt für einen Erfolg auszusetzen, hier die Vermittlung einer Wohnung (sog. „Belohnungsfunktion der Auslobung"), kann sich der Auslobende, wenn er von diesem Recht Gebrauch macht, nicht auf deren Unwirksamkeit stützen, soweit keine sonstigen sittenwidrigkeitsbegründenden Merkmale vorliegen würden. Denn der Auslobende hätte im Mietfall typischerweise nicht selbst oder nur auf andere Weise (Einschaltung eines Maklers) das ausgelobte Ziel erreicht. Damit ist das **Versprechen wirksam**, zumal es auf die Motive des Handelnden bei der Auslobung gerade nicht ankommt (vgl. Rn. 27).

3. Handlung oder ein herbeigeführter Erfolg

Es muss eine aktive, nicht allein auf Zufall beruhende menschliche Handlung oder ein Unterlassen mit dem Ziel, ein bestimmtes Handeln gerade zu unterbinden, vorliegen. Eine Handlung bzw. ein herbeigeführter Erfolg in diesem Sinne liegt bei Gratisverlosungen nicht vor, wenn es sich um eine Aufgabe handelt, die von jedermann ohne Mühe gelöst werden kann.[29]

---

[20] *Seiler* in: MünchKomm-BGB, 5. Aufl. 2009, § 657 Rn. 6.
[21] *Hauß* in: Erman, Handkommentar BGB, 10. Aufl. 2000, § 657 Rn. 4 f.
[22] *Seiler* in: MünchKomm-BGB, 5. Aufl. 2009, § 657 Rn. 6.
[23] LG Karlsruhe v. 10.03.1989 - 9 S 389/88; a.A. *Seiler* in: MünchKomm-BGB, § 657 Rn. 6.
[24] AG Köln v. 02.09.1983 - 266 C 391/83 - VRS 65, 243-244 (1983).
[25] A.A. *Seiler* in: MünchKomm-BGB, 5. Aufl. 2009, § 657 Rn. 6.
[26] BGH v. 25.01.1984 - IVb ZR 51/82 - LM Nr. 27 zu § 1578 BGB; *Seiler* in: MünchKomm-BGB, 5. Aufl. 2009, § 657 Rn. 22.
[27] LG Waldshut-Tiengen v. 23.06.1994 - 2 S 25/94 - WuM 1994, 550.
[28] AG Freiburg (Breisgau) v. 30.01.1990 - 7 C 4576/89 - NJW-RR 1991, 12-13.
[29] OLG Düsseldorf v. 14.01.1997 - 22 W 77/96 - NJW 1997, 2122-2123; OLG Stuttgart v. 19.02.1986 - 1 U 166/85 - MDR 1986, 756-757.

20 Die Handlung kann auch im Unterlassen liegen. Ein Unterlassen reicht aus, wenn ein bestimmtes Verhalten, i.d.R. innerhalb einer bestimmten Frist, gerade unterbunden werden soll.[30]

IV. Öffentliche Bekanntmachung

1. Definition

21 Die Auslobung setzt für ihre Wirksamkeit zwingend eine öffentliche Bekanntmachung voraus.[31] Öffentlich ist eine Bekanntmachung, wenn sie sich an einen individuell nicht abgrenzbaren Adressatenkreis richtet. Die Publikation kann in beliebiger Weise mündlich, schriftlich, durch Presse, Internet oder in sonstiger Weise erfolgen.[32] Eine Kündigung, verbunden mit einem Abfindungsangebot gem. § 1a KSchG, kann bereits aus diesem Grunde nicht unter die Auslobungsvorschriften fallen.[33]

2. Rechtsprechung

22 Die Aufforderung an mehrere bestimmte Architekten, Bauentwürfe einzureichen, erfüllt laut Auffassung der Rechtsprechung nicht das Merkmal der öffentlichen Bekanntmachung.[34]

23 Danach soll **keine öffentliche Bekanntmachung** vorliegen
- bei **Versendung an einige Interessenten**[35],
- bei einem **Versprechen gegenüber einer Fußballmannschaft**[36],
- bei einem **Bericht in der Presse** über eine **beschlossene** Auslobung mangels zielgerichteter Information[37],
- bei einem **beschränkten Wettbewerb** wie dem Gutachterverfahren, bei dem eine bestimmte, meist besonders schwierige Planungsaufgabe mehrfach vergeben bzw. zuvor an mehrere Architekten angetragen wird, auch wenn darüber hinaus eine Belohnung (Vergabe des Hauptauftrages) für den Gewinner versprochen wird. In diesen Fällen kommt mit jedem beauftragten Architekten ein Architektenvertrag mit beiderseitigen, synallagmatischen Leistungspflichten zustande, mit der Folge, dass sich die Frage der Anwendbarkeit der AIHonO stellt.[38]

24 Ein verbindliches Versprechen, das mangels öffentlicher Bekanntmachung nicht der Auslobung unterfällt, kann aber unter Umständen einen **vertraglichen Anspruch** begründen.[39]

3. Die Auffassung des Autors

25 Öffentliche Bekanntmachung ist vor dem Hintergrund des Schutzzwecks der Auslobung **sehr weit** zu verstehen. Die vollständige wörtliche Wiedergabe der Mitteilung ist nicht erforderlich.[40] Wollte der Auslobende kommunizieren, dass er eine Belohnung aussetzt, soweit eine Handlung vorgenommen wurde, dann liegt bereits eine öffentliche Bekanntmachung vor, wenn es dem Auslobenden auf die Person des Belohnungsempfängers nicht ankommt und er die Auslobung auch nicht bewusst an Ausgewählte „versprechen" wollte.[41] Daher reicht die Mitteilung gegenüber einer bestimmten Berufsgruppe oder sonstigen abgrenzbaren Personenkreisen grundsätzlich aus, wie z.B. eine Erklärung gegenüber dem Betriebsrat oder Mitarbeitern, wonach diese berechtigt sein sollen, dienstlich erworbene Meilenkonten aus Vielfliegerprogrammen privat zu verwenden.[42]

---

[30] *Seiler* in: MünchKomm-BGB, 5. Aufl. 2009, § 657 Rn. 8
[31] *Seiler* in: MünchKomm-BGB, 5. Aufl. 2009, § 657 Rn. 8
[32] *Seiler* in: MünchKomm-BGB, 5. Aufl. 2009, § 657 Rn. 12.
[33] Vgl. *Seel*, NZS 2006, 184-189.
[34] BGH v. 18.05.1955 - I ZR 8/54 - BGHZ 17, 266-296; BGH v. 14.06.1955 - V ZR 120/53 - BGHZ 17, 366-376, 267.
[35] BGH v. 18.05.1955 - I ZR 8/54 - BGHZ 17, 266-296.
[36] OLG München v. 11.11.1982 - 24 U 114/82 - JZ 1983, 955-956.
[37] OLG Hamburg v. 24.03.1911 - IV ZS - OLGE 24, 389.
[38] Bejahend BVerwG v. 13.04.1999 - 1 C 11/98 - NJW-RR 1999, 1542-1543; a.A. OLG Koblenz v. 11.05.1994 - 6 U 1831/92 - MDR 1994, 790, wonach § 661 BGB analog anzuwenden sei; offen gelassen BGH v. 10.10.1996 - I ZR 129/94 - LM HOAI Nr. 33 (7/1997).
[39] BGH v. 06.04.1966 - Ib ZR 82/64 - LM Nr. 2 zu § 661 BGB.
[40] KG Berlin v. 05.10.2001 - 21 U 1176/00.
[41] Diff. *Sprau* in: Palandt, § 657 Rn. 3, wonach ungewiss sein muss, wie viele Personen die Möglichkeit der Kenntnisnahme haben.
[42] Vgl. *Fischer*, Der Syndikus 34, 18-21 (2003); vgl. zu dieser Problematik auch: BAG v. 11.04.2006 - 9 AZR 500/05.

4. Typische Fallkonstellationen

Eine öffentliche Bekanntmachung liegt daher dann vor, wenn der Auslobende sich z.B. im Rahmen eines Anschreibens an namentlich bezeichnete Personen wendet, sofern diese zwar individuell abgrenzbar sind, der Auslobende diese Form der persönlichen Ansprache als besonders werbewirksames Mittel seiner Marketingkommunikation ansieht.[43]

V. Vornahme einer Handlung oder Herbeiführung eines Erfolges

Entscheidend ist die **Vollendung** der Handlung in der Auslobung in der beschriebenen Form. Auf die Kenntnis des Handelnden von der Existenz der Auslobung oder auf bestimmte edle Motive des Handelnden kommt es nicht an.[44] Eine Teilvollendung reicht u.U. unter dem Gesichtspunkt von **Treu und Glauben** aus (z.B. wiedergefundene Geldbörse mit einem Teil des Inhaltes). Auf den Zeitpunkt der Vornahme der Handlung oder die Geschäftsfähigkeit des Handelnden kommt es zwingend nicht an, sie kann auch in der Vergangenheit liegen.[45]

VI. Weitere Auslobungsvoraussetzungen

Weitergehende besondere Anforderungen an den Belohnungsanspruch sind nicht erforderlich.[46] Der **Adressatenkreis** ist in den Grenzen, die die §§ 19 f. AGG setzen, durch den Auslobenden **frei bestimmbar**.[47] Eine **Fristbestimmung ist nicht erforderlich**, kann sich jedoch aus den Umständen der Auslobung ergeben (z.B. Belohnung für Komposition für ein Jubiläum etc.).

Macht ein Berechtigter einen Anspruch auf die Belohnung geltend, der zugleich auf Seiten des Versprechenden mitgewirkt hat, so kann der Auslobende diesem wegen **Interessenkollision** den Einwand der **Verwirkung** gem. § 654 BGB analog entgegenhalten. Voraussetzung ist allerdings, dass die Tätigkeit für beide Seiten nicht offen gelegt wurde (vgl. die Kommentierung zu § 654 BGB Rn. 1).

VII. Kein Widerruf (§ 658 BGB)

Weiterhin darf der Versprechende seine Auslobung nicht vor Vollendung der Handlung widerrufen haben (vgl. hierzu die Kommentierung zu § 658 BGB).

D. Rechtsfolgen

Liegen die Voraussetzungen vor, entsteht der Belohnungsanspruch. Wird die Handlung von mehreren gemeinsam vorgenommen, greift § 660 BGB (vgl. hierzu die Kommentierung zu § 660 BGB), ist sie mehrmals vorgenommen, gilt § 659 BGB (vgl. hierzu die Kommentierung zu § 659 BGB). Die Auslobung ist grundsätzlich **vererblich**, außer bei einer rein persönlichen Zweckbindung.[48] Der **Tod** des Auslobenden ist ohne Einfluss auf die Auslobung.[49]

I. Haftung des Auslobenden

Ist die ausgelobte Handlung tatsächlich nicht erfüllbar, so kann sich der Auslobende gem. § 282 Abs. 2 BGB i.V.m. § 241 Abs. 2 BGB wegen **Verschulden bei Vertragsverhandlung** schadensersatzpflichtig machen.[50] Besteht die Auslobung nicht in Geld und leistet der Auslobende fehlerhaft, so **haftet** er, soweit der Entgeltcharakter der Auslobung nicht im Vordergrund steht, nach herrschender Meinung für **Sach- und Rechtsmängel** analog gem. den §§ 523, 524 BGB, ansonsten gem. den allgemeinen kauf-

---

[43] A.A. OLG Düsseldorf v. 14.01.1997 - 22 W 77/96 - NJW 1997, 2122-2123.
[44] *Sprau* in: Palandt, § 657 Rn. 1.
[45] Vgl. *Hauß* in: Erman, Handkommentar BGB, 10. Aufl. 2000, § 657 Rn. 6.
[46] *Seiler* in: MünchKomm-BGB, 5. Aufl. 2009, § 657 Rn. 8.
[47] *Seiler* in: MünchKomm-BGB, 5. Aufl. 2009, § 657 Rn. 10.
[48] *Seiler* in: MünchKomm-BGB, 5. Aufl. 2009, § 657 Rn. 10.
[49] *Hauß* in: Erman, Handkommentar BGB, 10. Aufl. 2000, § 657 Rn. 7.
[50] Vgl. BGH v. 27.06.2007 - X ZR 34/04, wonach es die §§ 311 Abs. 2 Nr. 1 und 2, 241 Abs. 2 BGB bei einer Ausschreibung das vorvertragliche Vertrauensverhältnis gebieten kann, den Bieter auf für diesen nicht erkennbare Umstände (hier Verstöße gegen das Vergaberecht) hinzuweisen, soweit diese geeignet sind, eine erfolgreiche Teilnahme in Frage zu stellen. OLG Hamm v. 21.03.2000 - 24 U 64/99 - NJW-RR 2000, 1038-1040, für den Fall das die Kostenvorgabe bei einem Architektenwettbewerb im Hinblick auf die Ausführungswünsche der Gemeinde tatsächlich von keiner Seite einzuhalten ist.

§ 657

oder werkvertraglichen Regelungen.[51] Gerade bei Wettkampfveranstaltungen trifft den Auslobenden aus § 241 Abs. 2 BGB eine Verkehrssicherungspflicht dahingehend, die Nutzer einer Sportanlage auch vor solchen Gefahren zu schützen, die über das übliche Risiko bei der Anlagenbenutzung hinausgehen, von diesem nicht vorhersehbar und nicht ohne Weiteres erkennbar sind. Soweit sich der Veranstalter dabei externer Fachleute bedient, wird ihm deren Verschulden gem. § 278 BGB zugerechnet.[52]

II. Haftung des Handelnden

33 Der Handelnde haftet nicht für den Erfolg und die Mangelfreiheit der vorgenommenen Handlung oder Leistung, da die Auslobung insoweit ein verpflichtendes Element gegenüber dem Handelnden nicht vorsieht.[53] Bei Mängeln der Leistung kann jedoch eine angemessene Herabsetzung in Betracht kommen.[54]

III. Auffassung des Autors

34 Der Auslobende wird insoweit durch sein Recht auf Widerruf der Auslobung ohne Schadensersatzpflicht ausreichend geschützt. Eine deliktische Haftung des Handelnden kommt hingegen infrage, soweit seine erbrachte Leistung fehlerhaft war, und er hierfür eine Garantie übernommen hat, oder in sonstiger Weise arglistig gehandelt hat (**Rechtsgedanke des § 443 BGB**)[55].

E. Prozessuale Hinweise/Verfahrenshinweise

I. Ausschluss des Rechtsweges

35 Umstritten ist, ob der **Rechtsweg** bei einer Auslobung wirksam ausgeschlossen werden kann.

1. Auffassungen der Rechtsprechung

36 Für die Vorschrift des § 662 Abs. 2 Alt. 2 BGB ist anerkannt, dass die Entscheidung zwar nicht auf ihre sachliche Richtigkeit nachgeprüft werden kann, dass aber das Verfahren des Preisgerichts auf schwerwiegende Mängel, die offensichtlich auch die Entscheidung selbst beeinflusst haben, überprüft werden darf (vgl. die Kommentierung zu § 661 BGB).

37 In allen übrigen Fällen fehlt eine entsprechende gesetzliche Legitimation, so dass ein Ausschluss des Rechtsweges außerhalb des § 1055 ZPO überwiegend als **unzulässig** angesehen wird.[56] Denn der Ausschluss des Rechtsweges kann vertraglich nur dann vereinbart werden, wenn er auf dem freien Willen gleichberechtigter Partner beruht.[57] Da der Bewerber bei der Auslobung allenfalls zwischen den Alternativen der Teilnahme an der Auslobung unter Ausschluss des Rechtsweges oder Verzicht auf die Teilnahme wählen kann, ist er kein gleichberechtigter Vertragspartner.[58]

38 Wettkampfentscheidungen von Vereinen und Verbänden sind hingegen nach Auffassung des OLG Hamm[59] als Wertung des Wettbewerbs für die Beteiligten **auch in Fällen offensichtlicher Unrichtigkeit** verbindlich. Ordnungsmaßnahmen privatrechtlich organisierter Verbände können durch die ordentlichen Gerichte nur darauf überprüft werden, ob

- diese Entscheidungen im Gesetz oder den verbandsinternen Regelwerken eine Rechtsgrundlage finden,

---

[51] *Seiler* in: MünchKomm-BGB, 5. Aufl. 2009, § 657 Rn. 12. Nach Auffassung des OLG Brandenburg v. 27.01.2012 - 6 W 122/11, haftet ein Veranstalter gem. §§ 657, 280 BGB (analog) wegen fehlerhaften Auswahlverschuldens, wenn dieser sich zur Erfüllung des öffentlich bekannt gemachten Leistungsversprechens eines ungeeigneten (hier später insolvent gewordenen Bauunternehmens, welches das versprochene Traumhaus bauen sollte) Erfüllungsgehilfen bedient hat.

[52] OLG Hamm v. 25.08.2009 - 7 U 94/08, bestätigt durch BGH 23.09.2010 - III ZR 246/09.

[53] *Seiler* in: MünchKomm-BGB, 5. Aufl. 2009, § 657 Rn. 20.

[54] *Hauß* in: Erman, Handkommentar BGB, 10. Aufl. 2000, § 657 Rn. 6.

[55] So jetzt auch OLG Frankfurt v. 04.08.2009 - 4 U 85/08 juris Nr. 63; OLG Dresden, v. 16.11.2010 - 8 U 210/10 m.w.N.

[56] *Seiler* in: MünchKomm-BGB, 5. Aufl. 2009, § 657 Rn. 21 m.w.N.

[57] OLG Hamm v. 05.11.1999 - 29 U 26/99 - OLGR Hamm 2000, 238-239; Zöller, ZPO, 23. Aufl. 2002, vor § 253 Rn. 23 m.w.N.

[58] Wohl auch OLG Hamm v. 05.11.1999 - 29 U 26/99 - OLGR Hamm 2000, 238-239.

[59] OLG Hamm v. 27.11.1995 - 8 U 33/95 - SpuRt 1999, 66-67; so nunmehr auch OLG Köln v. 05.06.2007 - 3 U 211/06.

- ein rechtsstaatliches Verfahren eingehalten wurde und
- die dem Spruch zugrunde liegende Tatsachenermittlung fehlerfrei ist.[60]

Nach Auffassung des Oberverwaltungsgerichts für das Land Schleswig-Holstein[61] sind Prüfungsentscheidungen und Prämierungen der Preisrichter (eines staatlichen Prüfungsausschusses) daraufhin überprüfbar, ob sie das Willkürverbot beachten. Richtigerweise wird man den Rechtsweg immer dann bereits als eröffnet ansehen müssen, wenn der Verein oder Verband selbst durch seine verfassungsmäßigen Organe gesetzliche oder satzungsmäßige Mitgliedschaftsrechte verletzt hat.[62]

2. Auffassung des Autors

Da eine spezialgesetzliche Regelung fehlt, wird man meines Erachtens eine Auslobung wie alle anderen Schuldverhältnisse grundsätzlich einer **vollen gerichtlichen Überprüfung** nicht entziehen können.[63] Allerdings kann der Versprechende in seiner Auslobung sich hiergegen **schützen**, indem er durch die Formulierung **Ausschluss des Rechtsweges** zum Ausdruck bringt, dass er eine Entscheidung entsprechend § 661 Abs. 2 und 3 BGB wünscht. Die §§ 315, 319 BGB finden insoweit keine Anwendung.[64] Soweit Preisrichter unter Beachtung der Mindeststandards dann über den Empfänger des Belohnungsversprechens entscheiden, ist eine solche Entscheidung nur eingeschränkt überprüfbar (vgl. die Kommentierung zu § 661 BGB).

39

II. Beispiele für die Überprüfbarkeit der Auslobungsentscheidung

Vorsicht ist geboten im Zusammenhang mit Zusagen im Vorfeld über den Umfang der Belohnung für den ausgewählten Preisträger. Diese können den Auslobenden binden.[65] Von der dargestellten grundsätzlichen Verpflichtung ist daher dann eine **Ausnahme** zu machen, wenn **triftige Gründe** gegen die Beauftragung eines Preisträgers sprechen, wobei nur nach der Auslobung aufgetretene oder bekannt gewordene Umstände in Betracht kommen.[66]

40

Nach Auffassung des OLG Hamm[67] ist eine Preisverleihung dann unverbindlich, wenn der Kostenrahmen im Entwurf des Preisträgers den von den Auslobenden vorgesehenen Kostenrahmen um mehr als 100% überschreitet.[68]

41

III. Klageantrag

Die Durchsetzung des Belohnungsanspruchs erfolgt i.d.R. mit der **Leistungsklage**. Haben mehrere Personen an der Handlung mitgewirkt, können die Handelnden mittels **Gestaltungsklage** gegen den Auslobenden eine Verurteilung zur Leistung gem. § 315 Abs. 3 Satz 2 BGB verlangen (§ 660 BGB, vgl. die Kommentierung zu § 660 BGB).

42

IV. Beweislast

Grundsätzlich ist diejenige Seite beweisbelastet, die den Belohnungsanspruch geltend macht; im Einzelfall können dem Berechtigten Beweiserleichterungen zugutekommen.[69]

43

F. Anwendungsfelder – Praktische Hinweise

Da die Auslobung ein einseitiges Rechtsgeschäft ist, sind die **Sondervorschriften** der §§ 111, 180, 143 Abs. 4, 1831 BGB zu beachten.

44

---

[60] OLG Köln v. 05.06.2007 - 3 U 211/06 - OLGR Köln 2007, 796.
[61] OVG Schleswig v. 15.04.1994 - 3 L 193/93 - ZBR 1995, 216. Nach OLG Nürnberg v. 08.10.1997 - 9 U 4273/96 - BauR 1998, 360-361, können Auslobungsentscheidungen (nur) in entsprechender Anwendung des § 1059 Abs. 2 ZPO (= § 1041 ZPO a.F.) im gleichen Umfang wie Schiedssprüche überprüft werden.
[62] Vgl. LG Frankfurt v. 14.05.2009 -2-03 O 614/08, 2/03 O 614/08, 2-3 O 614/08, 2/3 O 614/08 - juris Rn. 65.
[63] Vgl. *Seiler* in: MünchKomm-BGB, 5. Aufl. 2009, § 657 Rn. 10.
[64] Vgl. auch BGH v. 14.06.1955 - V ZR 120/53 - juris Rn. 31.
[65] Vgl. OLG München v. 22.01.2001 - 31 U 5879/00 - NJW-RR 2001, 1532-1534.
[66] BGH v. 03.11.1983 - III ZR 125/82 - BGHZ 88, 373-386.
[67] OLG Hamm v. 21.03.2000 - 24 U 64/99 - NJW-RR 2000, 1038-1040.
[68] Ähnlich OLG Düsseldorf v. 27.11.1997 - 5 U 21/97 - BauR 1998, 1032-1036.
[69] Vgl. AG München: v. 16.04.2009 - 222 C 2911/08, wonach das pauschale Bestreiten bei gleichzeitiger Nichtvorlage des zum Zeitpunkt der Durchführung des Internetgewinnspiels gültigen Sourcecodes der Veranstalterwebseite bzw. Protokolle des Backend-Systems bzgl. evtl. Benutzeraktivitäten des Anspruchsstellers unbeachtlich sein soll.

45 Die ausgezahlte Belohnung ist nach nicht unbestrittener Auffassung des BFH kein Entgelt im Sinne des § 10 Abs. 1 UStG, da der Anspruch auf Zahlung der Belohnung gem. § 657 letzter HS. BGB unabhängig von der Kenntnis des Berechtigten besteht, und unterfällt damit nicht der **Umsatzsteuer**.[70]

46 Umfassende Hinweise und Verhaltensregeln für Architektenwettbewerbe finden sich unter: www.aknw.de[71]. Bei Architektenauslobungen sind daneben weitere Sonderregelungen, z.B. § 20 VOL, die **Richtlinien für Planungswettbewerbe** vom 12.09.2008[72] zu beachten.

G. Arbeitshilfen – Hinweise zur Vertragsgestaltung

47 Die Regelungen der §§ 305 ff. BGB über die Gestaltung rechtsgeschäftlicher Schuldverhältnisse durch **Allgemeine Geschäftsbedingungen** gelten für die Auslobungsbedingungen entsprechend.[73] Der Ausschluss des Rechtsweges in entsprechender Anwendung des § 661a BGB ist mangels Vorliegen der Voraussetzungen einer Analogie nicht zulässig. Weitere Hinweise finden Sie in der Kommentierung zu § 661a BGB.

48 Der Auslobende sollte in der Auslobung als Voraussetzung für die Belohnung **explizit regeln**, dass er erwartet, dass ihm das Eigentum am ausgelobten Gegenstand übertragen wird. Für Preisausschreiben gilt insoweit § 661 Abs. 4 BGB. Fehlt ein solches Verlangen, dann gilt der Eigentumsübertrag im Zweifel als nicht erfolgt.[74]

49 Folgende Punkte sollte der Auslobende bereits in der öffentlichen Bekanntmachung festhalten:
- Der Preisträger und die Höhe der Belohnung werden vom Veranstalter nach freiem Ermessen bestimmt.
- Mit der Einsendung räumt der Teilnehmer dem Veranstalter ein umfassendes Urheber- und Nutzungsrecht an seinem Werk ein.
- Der Rechtsweg ist ausgeschlossen.

---

[70] BFH v. 02.10.1969 - V R 163/66 - DB 1972, 612; BFH v. 06.08.1970 - V R 94/68 - BFHE 99, 504.
[71] Abgerufen am 26.09.2012.
[72] Im Internet unter: http://www.bmvbs.de/cae/servlet/contentblob/32558/publicationFile/779/neue-wettbewerbs-ordnung-rpw-2008.pdf (abgerufen am 26.09.2012), vgl. dazu den BMVBS-Einführungserlass vom 21.11.2008 im Internet unter http://www.bmvbs.de/cae/servlet/contentblob/28342/publicationFile/29833/einfuehrungserlass-richtlinien-planungswettbewerbe.pdf (abgerufen am 26.09.2012) sowie *Abele*, BWGZ 2010, 68-69.
[73] So auch OLG München v. 05.02.2004 - 19 U 4690/03 zu § 661a BGB; a.A. noch *Wittmann* in: Staudinger, 13. Bearb. 1995, § 657 Rn. 4.
[74] *Seiler* in: MünchKomm-BGB, 5. Aufl. 2009, § 657 Rn. 7.

§ 658 BGB Widerruf

(Fassung vom 02.01.2002, gültig ab 01.01.2002)

(1) ¹Die Auslobung kann bis zur Vornahme der Handlung widerrufen werden. ²Der Widerruf ist nur wirksam, wenn er in derselben Weise wie die Auslobung bekannt gemacht wird oder wenn er durch besondere Mitteilung erfolgt.

(2) Auf die Widerruflichkeit kann in der Auslobung verzichtet werden; ein Verzicht liegt im Zweifel in der Bestimmung einer Frist für die Vornahme der Handlung.

Gliederung

A. Kommentierung zu Absatz 1 1	III. Folgen des Widerrufs 8
I. Grundlagen 1	**B. Kommentierung zu Absatz 2** 9
II. Anwendungsvoraussetzungen 2	I. Anwendungsvoraussetzungen 9
1. Normstruktur 2	1. Verzicht auf Widerruf möglich 9
2. Form des Widerrufs 4	2. Auslegungsregel: Fristbestimmung gilt als Verzicht 10
a. Durch öffentliche Bekanntmachung der gleichen Art, in der die Auslobung erfolgte 4	II. Rechtsfolgen des Ausschlusses des Widerrufs 11
b. Durch besondere Mitteilung 5	**C. Prozessuale Hinweise** 13
3. Ausschluss des Widerrufsrechts 6	

A. Kommentierung zu Absatz 1

I. Grundlagen

Die Auslobung ist eine einseitige Verpflichtungserklärung, die keiner Zustimmung bedarf und auch keine dritte Seite einseitig verpflichtet (vgl. die Kommentierung zu § 657 BGB). Aus diesem Grunde ist es interessengerecht, dem Auslobenden unter den Voraussetzungen des § 658 BGB die Möglichkeit zum Widerruf seiner Auslobung zu geben. Sofern kein anderer Wille des Auslobenden erkennbar ist (vgl. § 658 Abs. 2 Satz 1 HS. 2 BGB), steht **jede Auslobung unter dem Vorbehalt des Widerrufs**. Der Teilnehmer ist insoweit solange nicht schutzbedürftig, als die in der Auslobung geforderte Handlung nicht ausgeführt ist.[1]

1

II. Anwendungsvoraussetzungen

1. Normstruktur

Der Widerruf von Preisausschreiben ist gem. § 658 Abs. 2 Satz 1 HS. 2 BGB i.V.m. § 661 BGB nur möglich, wenn er in den Auslobungsbedingungen vorbehalten wurde. § 658 Abs. 1 BGB ist daher auch dann nicht analog auf die **Gewinnzusage** (§ 661a BGB) anzuwenden, solange der angesprochene Verbraucher noch keinen Kontakt mit dem Unternehmer aufgenommen oder aufwendige Erkundigungen eingeholt hat.[2]

2

Inhaltliche Anforderungen an die Widerrufserklärung: Es reicht aus, wenn der Wille des Auslobenden, seine Auslobung zu widerrufen, **hinreichend deutlich** wird. Er muss nicht als Widerruf bezeichnet werden. Der Widerruf muss nicht begründet werden[3] und kann ganz oder teilweise z.B. in der Weise erfolgen, dass die Auslobungsbedingungen geändert werden[4].

3

2. Form des Widerrufs

a. Durch öffentliche Bekanntmachung der gleichen Art, in der die Auslobung erfolgte

Der Widerruf der Auslobung kann in zwei Arten erfolgen: Entweder durch besondere Mitteilung (vgl. Rn. 5) oder aber durch öffentliche Bekanntmachung in der gleichen Art wie die Auslobung. Einig

4

---

[1] *Seiler* in: MünchKomm-BGB, 5. Aufl. 2009, § 658 Rn. 1.
[2] Vgl. die Kommentierung zu § 661a BGB; zweifelnd *Sprau* in: Palandt, § 661a Rn. 4.
[3] *Seiler* in: MünchKomm-BGB, 5. Aufl. 2009, § 658 Rn. 2.
[4] OLG Frankfurt v. 14.07.1920 - 4 ZS - OLGE 41, 123; OLG Dresden, v. 16.11.2010 - 8 U 210/10.

ist man sich, dass eine unbedingte Gleichheit der Publikationsmittel nicht erforderlich ist.[5] Entscheidend ist die zu **„erwartende" Gleichheit der Wirkungsmittel**. Eine öffentliche Bekanntmachung wirkt auch gegenüber denjenigen Personen, denen die Auslobung besonders mitgeteilt wurde. Nach OLG München ist bereits vor öffentlicher Bekanntmachung der Auslobung möglich, einzelne potentielle Adressaten durch individuelle Willenserklärung von den Erklärungswirkungen der späteren Auslobung auszuschließen.[6]

b. Durch besondere Mitteilung

5   Weiterhin kann der Widerruf durch empfangsbedürftige (§§ 130 ff. BGB) besondere Mitteilung an denjenigen erfolgen, gegenüber dem widerrufen werden soll. Diese Erklärung wirkt **nur gegenüber einzelnen Erklärungsempfängern** und setzt einen wirksamen Zugang voraus. Es reicht nicht aus, wenn sich der Widerrufende nach öffentlicher Bekanntmachung der Auslobung mit seinem Widerruf nur an denjenigen wendet, von dem er weiß, dass dieser zur Ausführung der Handlung ansetzt.

3. Ausschluss des Widerrufsrechts

6   Der Widerruf ist ausgeschlossen, wenn der Auslobende in seiner Auslobungsbekanntmachung hierauf **verzichtet** hat. Das Widerrufsrecht kommt nach Auffassung des OLG München so lange zur Anwendung, wie es nicht ausdrücklich in den jeweiligen Teilnahmebedingungen ausgeschlossen ist, das heißt es muss nicht ausdrücklich in den Teilnahmebedingungen vorbehalten sein.[7] Wird eine Frist gesetzt, ist die Auslobung nach Ablauf der Frist i.d.R. nicht mehr widerrufbar (§ 658 Abs. 2 BGB). Sie kann hingegen bis zur Vollendung der Handlung, das heißt, bis zur eigenständigen und wahrheitsgemäßen Durchführung der Handlung widerrufen werden.[8] Sobald ein Teilnehmer die Handlung **vollendet** hat, ist der Widerruf ausgeschlossen, auch wenn der Auslobende hiervon noch keine Kenntnis hat.[9] Im Einzelfall kann der Widerruf auch dann ausgeschlossen sein, wenn der Auslobende entsprechend §§ 133 und 157 BGB nach Treu und Glauben und mit Rücksicht auf die Verkehrssitte nicht erwarten konnte, dass die Person, an die sich der Widerruf richtet, unter Berücksichtigung der Gesamtumstände und in der konkreten Situation, in der die Erklärung abgegeben wurde, hinreichend klar entnehmen musste, es werde nicht mehr die ursprünglich in Aussicht gestellte Belohnung versprochen, sondern sie entfalle entweder ganz oder habe einen anderen Gegenstand.[10]

7   Betrifft die ausgelobte Handlung ein **Unterlassen**, so kann die Auslobung bis zur Grenze der Treuwidrigkeit widerrufen werden. Der Widerruf ist in diesen Fällen insbesondere treuwidrig, wenn der vom Auslobenden beabsichtigte Erfolg ganz oder wesentlich eingetreten ist.

III. Folgen des Widerrufs

8   Mit dem Widerruf **erlischt** die in der Auslobung übernommene Verpflichtung zur Leistung der Belohnung **rückwirkend**. Eine Haftung aus Verschulden bei Vertragsverletzung gem. § 311 Abs. 2 BGB ist ausgeschlossen.[11] Denkbar ist allenfalls ein Anspruch gem. § 826 BGB. Bis zur Vollendung der ausgelobten Handlung trägt der Teilnehmer das Risiko des Widerrufs. Er erhält daher auch **keinen Ersatz für geleistete Aufwendungen** und Auslagen. Ein Ausschluss vor öffentlicher Bekanntmachung der Auslobung wird wirksam, sobald sie demjenigen, der von der Auslobung ausgenommen werden soll, zugeht. Eine derartige Beschränkung kann auch für eine Vielzahl von künftigen Auslobungen vorgenommen werden, wenn dies gegenüber dem von der Auslobung Ausgenommenen entsprechend erklärt wird.[12]

---

[5] *Seiler* in: MünchKomm-BGB, 5. Aufl. 2009, § 658 Rn. 3.
[6] OLG München v. 28.07.2005 - U (K) 1834/05; bestätigt durch BGH v. 28.09.2006 - III ZR 295/05 - BGHReport 2007, 24-25.
[7] OLG München v. 28.07.2005 - U (K) 1834/05; vorausgehend LG München I v. 21.12.2004 - 33 O 15954/04.
[8] OLG Dresden v. 16.11.2010 - 8 U 210/10 - juris Rn. 36; *Sprau* in: Palandt, § 658 Rn. 1.
[9] *Seiler* in: MünchKomm-BGB, 5. Aufl. 2009, § 658 Rn. 6.
[10] Vgl. OLG Dresden v. 16.11.2010 – 8 U 210/10 juris Rn. 36.
[11] *Seiler* in: MünchKomm-BGB, 5. Aufl. 2009, § 658 Rn. 7.
[12] OLG München v. 28.07.2005 - U (K) 1834/05; vorausgehend LG München I v. 21.12.2004 - 33 O 15954/04.

B. Kommentierung zu Absatz 2

I. Anwendungsvoraussetzungen

1. Verzicht auf Widerruf möglich

Form des Verzichts: Der Verzicht auf den Widerruf der Auslobung kann entweder in der Auslobung selbst oder **nachträglich** entweder in einer Mitteilung erklärt werden, die der Auslobungserklärung entspricht, oder gegenüber einzelnen Teilnehmern.

9

2. Auslegungsregel: Fristbestimmung gilt als Verzicht

§ 658 Abs. 2 Satz 1 HS. 2 BGB enthält eine Auslegungsregel. In einer Fristbestimmung für die Vornahme der Handlung liegt danach im Zweifel der Verzicht auf Widerruf. Preisausschreiben sind daher gem. § 661 BGB i.V.m. § 658 Abs. 2 BGB im Zweifel unwiderruflich, sofern sich der Auslobende den Widerruf nicht **ausdrücklich vorbehält**.

10

II. Rechtsfolgen des Ausschlusses des Widerrufs

Kann die Auslobung nicht mehr widerrufen werden, hat der erfolgreiche Teilnehmer einen **Anspruch auf Erfüllung**.

11

Eine **Anfechtung** wegen Irrtums, Täuschung oder Drohung ist jedoch nach den allgemeinen Regeln **möglich**.[13] Sie kommt sinnvoller Weise erst in Betracht, wenn ein Widerruf wegen Verzichtes nicht mehr möglich ist. Die Auslobung als einseitiges im Wege der öffentlichen Bekanntmachung erklärtes Belohnungsversprechen (vgl. die Kommentierung zu § 657 BGB Rn. 1) kann ausschließlich[14] im Wege der öffentlichen Bekanntmachung gem. § 658 Abs. 1 Satz 2 BGB oder durch öffentliche Zustellung gem. § 132 Abs. 2 BGB erklärt werden. Sie muss wegen der Frist der §§ 121, 124 BGB sehr zügig erklärt werden.

12

C. Prozessuale Hinweise

Der Auslobende trägt die **Beweislast** für die Ausübung des Widerrufs und für die Widerlegung der Vermutung gem. § 658 Abs. 2 Satz 2 BGB, dass trotz Fristbestimmung die Auslobung widerruflich sei. In allen übrigen Fällen muss der Berechtigte den Verzicht auf den Widerruf darlegen und beweisen.

13

---

[13] *Hauß* in: Erman, Handkommentar BGB, 10. Aufl. 2000, § 658 Rn. 2.
[14] A.A. noch die Voraufl. sowie *Bergmann* in: Staudinger § 657 Rn. 23; *Marggraf* in: Bamberger/Roth, § 658 Rn. 6.

§ 659 BGB Mehrfache Vornahme

(Fassung vom 02.01.2002, gültig ab 01.01.2002)

(1) Ist die Handlung, für welche die Belohnung ausgesetzt ist, mehrmals vorgenommen worden, so gebührt die Belohnung demjenigen, welcher die Handlung zuerst vorgenommen hat.

(2) ¹Ist die Handlung von mehreren gleichzeitig vorgenommen worden, so gebührt jedem ein gleicher Teil der Belohnung. ²Lässt sich die Belohnung wegen ihrer Beschaffenheit nicht teilen oder soll nach dem Inhalt der Auslobung nur einer die Belohnung erhalten, so entscheidet das Los.

Gliederung

A. Grundlagen 1	II. Mehrere nehmen die Leistung gleichzeitig vor ... 3
B. Anwendungsvoraussetzungen 2	C. Rechtsfolgen 4
I. Mehrmalige selbständige Vornahme der Handlung ... 2	D. Prozessuale Hinweise/Beweislast 6
	E. Arbeitshilfen – Vertragsgestaltung 8

A. Grundlagen

1 § 659 BGB betrifft den Fall, dass **mehrere Bewerber selbständig und unabhängig voneinander die geforderte Handlung vollbringen**, und danach die nur einmal ausgesetzte Belohnung für sich beanspruchen, während § 660 BGB den Fall regelt, dass die Handlung durch das Zusammenwirken mehrerer Personen ausgeführt wird.[1]

B. Anwendungsvoraussetzungen

I. Mehrmalige selbständige Vornahme der Handlung

2 Enthält die Auslobung hierzu keine weitere Regelung, gilt im Falle mehrerer selbständiger und unabhängiger Bewerber nach der Vermutungsregelung des § 659 Abs. 1 BGB der **Prioritätsgrundsatz**, das heißt, derjenige, der die ausgelobte Handlung zuerst vorgenommen hat, hat Anspruch auf die Belohnung. Der nachrangig Tätige hat grundsätzlich keinen Anspruch auf die Belohnung, es sei denn aus dem Inhalt der Auslobung lässt sich ein Wille des Auslobenden entnehmen, auch diesen zu belohnen.

II. Mehrere nehmen die Leistung gleichzeitig vor

3 Nehmen mehrere Bewerber die Handlung gleichzeitig vor, gilt gem. § 659 Abs. 2 Satz 1 BGB die **Teilung** der ausgesetzten Belohnung. Ist dies nicht möglich oder vom Auslobenden nicht gewollt, entscheidet das Los (§ 659 Abs. 2 Satz 2 BGB).

C. Rechtsfolgen

4 **Verzichtet** ein Berechtigter, so treten an seine Stelle keine anderen Berechtigten.[2]

5 Leistet der Auslobende die ausgesetzte Belohnung an einen Bewerber, der hierauf keinen Anspruch hat, hat **nur der Auslobende gegen den Bewerber** einen Bereicherungsanspruch gem. § 812 Abs. 1 Satz 1 Alt. 1 BGB, nicht jedoch der eigentlich Berechtigte, da der vermeintlich Berechtigte nicht auf Kosten des Berechtigten bereichert ist. Erst wenn der Berechtigte die Leistung genehmigt, kann er gegen diesen gem. § 816 Abs. 2 BGB vorgehen.[3]

---

[1] BGH v. 30.10.1986 - III ZR 55/86 - BGHR BGB § 659 Abs. 1 Beweislast 1.
[2] *Sprau* in: Palandt, § 659 Rn. 1.
[3] So zu Recht: *Seiler* in: MünchKomm-BGB, 5. Aufl. 2009, § 659 Rn. 2; *Bergmann* in: Staudinger § 659 Rn. 9; *Marggraf* in: Bamberger/Roth, § 659 Rn. 2, die sich für eine (in-)direkte Anwendung des § 816 Abs. 2 BGB aussprechen.

D. Prozessuale Hinweise/Beweislast

Will der vermeintlich Berechtigte sein Recht gerichtlich geltend machen, hat er seine Klage **gegen den Auslobenden** zu richten.[4] Dieser kann gem. § 372 BGB hinterlegen.

Im Falle des § 659 Abs. 1 BGB braucht derjenige, der die Belohnung in Anspruch nimmt, zunächst nur zu behaupten und zu beweisen, dass er die Handlung vorgenommen hat; dem Auslobenden obliegt dann die substantiierte Behauptung und der Beweis dafür, dass die Handlung mehrmals vorgenommen worden ist. Erst wenn feststeht, dass mehrere Personen die Handlung vorgenommen haben, trifft den Bewerber die Beweislast für die zeitliche Priorität seiner Handlung.[5]

E. Arbeitshilfen – Vertragsgestaltung

§ 659 BGB ist ebenso wie § 660 BGB **dispositiv**.[6] So kann der Auslobende eine Regelung aufnehmen, dass jeder Handelnde die volle Belohnung erhalten soll[7], oder sich das Recht vorbehält, die **Zuteilung nach billigem Ermessen** (§ 315 BGB) vorzunehmen[8] oder die Belohnung für jeden aussetzen, der sie innerhalb einer bestimmten Zeit erbringt[9]. Bei Preisausschreiben sind die Sondervorschriften des § 661 Abs. 2, 3 BGB zu beachten (vgl. die Kommentierung zu § 661 BGB).

---

[4] *Sprau* in: Palandt, § 659 Rn. 1.
[5] BGH v. 30.10.1986 - III ZR 55/86 - BGHR BGB § 659 Abs. 1 Beweislast 1.
[6] Vgl. *Sprau* in: Palandt, § 659 Rn. 1.
[7] *Hauß* in: Erman, Handkommentar BGB, 10. Aufl. 2000, § 657 Rn. 1.
[8] RG v. 01.08.1941 - III 12/41 - RGZ 167, 225-236.
[9] RG v. 04.07.1940 - V 17/40 - RGZ 164, 226-235.

§ 660 BGB Mitwirkung mehrerer

(Fassung vom 02.01.2002, gültig ab 01.01.2002)

(1) ¹Haben mehrere zu dem Erfolg mitgewirkt, für den die Belohnung ausgesetzt ist, so hat der Auslobende die Belohnung unter Berücksichtigung des Anteils eines jeden an dem Erfolg nach billigem Ermessen unter sie zu verteilen. ²Die Verteilung ist nicht verbindlich, wenn sie offenbar unbillig ist; sie erfolgt in einem solchen Fall durch Urteil.

(2) Wird die Verteilung des Auslobenden von einem der Beteiligten nicht als verbindlich anerkannt, so ist der Auslobende berechtigt, die Erfüllung zu verweigern, bis die Beteiligten den Streit über ihre Berechtigung unter sich ausgetragen haben; jeder von ihnen kann verlangen, dass die Belohnung für alle hinterlegt wird.

(3) Die Vorschrift des § 659 Abs. 2 Satz 2 findet Anwendung.

Gliederung

A. Grundlagen 1	V. Recht des Auslobenden zur Erfüllungsverweigerung (Absatz 2) 13
B. Praktische Bedeutung 3	D. Prozessuale Hinweise/Verfahrenshinweise 14
C. Anwendungsvoraussetzungen 5	I. Verfahrensgang 14
I. Allgemeines 5	II. Beweislast 17
II. Mitwirkung an dem Erfolg, der zur Belohnung ausgesetzt ist 6	E. Arbeitshilfen 18
III. Verteilung nach billigem Ermessen 9	I. Was man nicht vergessen darf 18
IV. Fälligkeit 12	II. Hinweis zur Vertragsgestaltung 19

A. Grundlagen

1 § 659 BGB betrifft den Fall, dass mehrere Bewerber selbständig und unabhängig voneinander die Handlung vollbringen, während § 660 BGB den Fall regelt, dass die Handlung durch das Zusammenwirken mehrerer Personen ausgeführt wird.[1]

2 Nach § 660 BGB hat derjenige, der am Erfolg einer ausgelobten Leistung mitgewirkt hat, das Recht, vom Auslobenden den Teil der ausgelobten Belohnung zu verlangen, der anteilmäßig auf seine Leistung zurückzuführen ist (§ 660 Abs. 1 Satz 1 BGB). Der Auslobende ist insoweit berechtigt und verpflichtet einen **Belohnungsverteilungsplan** aufzustellen. Wird dieser von allen Beteiligten als verbindlich anerkannt, muss er auf Grundlage dieses Belohnungsplanes auszahlen (§ 660 Abs. 1 Satz 2 BGB). Ist die Belohnung teilbar und ist der einzelne Beteiligte mit der Verteilung nicht zufrieden, kann er die Festsetzung der Belohnungsanteile durch den Auslobenden angreifen (§ 660 Abs. 2 BGB). Ist die Belohnung hingegen nicht teilbar, entscheidet das Los über den Empfänger der Belohnung (§ 660 Abs. 3 BGB i.V.m. § 659 Abs. 2 Satz 2 BGB).

B. Praktische Bedeutung

3 Wer eine Auslobung vertragsrechtlich vorbereitet, sollte die Vorschrift des § 660 BGB immer berücksichtigen. Sie kann nämlich für den Auslobenden zu unangenehmen Konsequenzen führen, soweit Dritte unter Berufung auf eigene Mitwirkungshandlungen nach Auszahlung der Belohnung vom Auslobenden ihren Anteil einfordern (vgl. Rn. 9).

4 Der Rechtsgedanke des § 660 BGB ist im Einzelfall **analog** bei Streitigkeiten im **Makler- und Handelsvertreterrecht** anzuwenden und kann dann zu einer Provisionsteilung führen, wenn mehrere Makler oder Handelsvertreter an dem provisionierten Erfolg zusammengewirkt haben und die Provisionsteilung der Billigkeit entspricht.[2]

---

[1] Vgl. BGH v. 30.10.1986 - III ZR 55/86 - BGHR BGB § 659 Abs. 1 Beweislast 1.

[2] Vgl. *Knütel*, ZHR 144, 289-329.

C. Anwendungsvoraussetzungen

I. Allgemeines

Bei der Verteilungserklärung handelt es sich um eine **einfache, empfangsbedürftige Willenserklärung**, die mit der Erklärung (auch nur) einem Beteiligten gegenüber wirksam wird und die daher auch angefochten werden kann.[3]

II. Mitwirkung an dem Erfolg, der zur Belohnung ausgesetzt ist

Mitgewirkt am gemeinsamen Erfolg hat bereits derjenige, der einen zurechenbaren und erkennbaren Beitrag geleistet hat. Ein entsprechendes Bewusstsein ist ebenso wenig erforderlich, wie die Einwilligung der anderen Mitwirkenden.[4] Es reicht aus, dass seine Mitwirkungshandlung nicht gegen den erklärten Willen der anderen erfolgte.

Der Kreis der Mitwirkenden ist im Übrigen nach Wortsinn und Auslegung des Auslobungstextes zu bestimmen und unter Umständen einzuschränken.[5]

Typische Fallkonstellationen: Die Polizei stellt eine Belohnung für **sachdienliche Hinweise bei der Aufklärung eines Verbrechens** in Aussicht. Erst die Hinweise mehrerer Zeugen führen zum Fahndungserfolg.

III. Verteilung nach billigem Ermessen

Der Auslobende ist anders als der Dritte in der fast wortgleichen Regelung des § 319 BGB zur Verteilung der Belohnung **berechtigt und verpflichtet**. Er übernimmt insoweit die Funktion als Preisrichter und Schuldner.[6] Dieses Austeilungsrecht ist zumindest **vererblich** und in den Grenzen des § 242 BGB übertragbar.

Bei mehreren Auslobenden handeln diese entsprechend den Grundsätzen des Schiedsgerichtes mit Mehrheit (§ 1052 ZPO).[7]

Die Verteilung richtet sich nach dem Maße des eigenen Anteils im Verhältnis zu den gesamten Mitwirkungsleistungen aller Beteiligten am Erfolg. Die Verteilung muss nicht mathematisch genau sein, sie darf nur nicht offensichtlich unbillig erfolgen. Der Rechtsbegriff des billigen Ermessens orientiert sich an § 319 Abs. 1 BGB (vgl. die Kommentierung zu § 319 BGB). Das Ermessen bezieht sich auch auf den Zeitpunkt der Anspruchsgeltendmachung. So ist es nicht unbillig, wenn ein bisher unbekannter Beteiligter, der ohne entschuldbaren Grund erst nach längerer Zeit auf einen Belohnungsanteil Anspruch erhebt, ausgeschlossen ist und bleibt.[8] Unbillig ist hingegen jede Maßnahme, die gegen das zivilrechtliche **Benachteiligungsverbot** des § 19 AGG verstößt. Liegt eine solche Benachteiligung vor, kann sie auch nicht mehr über § 20 Abs. 1 Nr. 5 AGG gerechtfertigt werden.

IV. Fälligkeit

Der Anspruch des Berechtigten auf Auskehr seines Anteils ist grundsätzlich mit Vornahme der Handlung fällig. Soweit der Auslobende wie im Falle des § 660 BGB die Zuteilung nach billigem Ermessen vornehmen muss, ist er zu der Bestimmung verpflichtet. Der Berechtigte kann den Auslobenden in **Annahmeverzug** setzen, indem er erklärt, leisten zu wollen, und den Gläubiger zur Vornahme der Bestimmung auffordert. Im Falle der Verzögerung kann der Berechtigte zugleich auf Bestimmung der Leistung und Verurteilung zur Leistung klagen.

V. Recht des Auslobenden zur Erfüllungsverweigerung (Absatz 2)

Zur Vermeidung einer **doppelten Inanspruchnahme** erhält der Auslobende ein Leistungsverweigerungsrecht, wenn nur ein Beteiligter die Verteilung nicht als verbindlich anerkennt. Diese **Einrede** besteht solange, als nicht die Anerkennung der Entscheidung aller Beteiligter vorliegt oder ein rechtskräftiges Urteil ergangen ist.

---

[3] *Seiler* in: MünchKomm-BGB, § 660 Rn. 6; *Wittmann* in: Staudinger, § 660 Rn. 3.
[4] *Sprau* in: Palandt, 5. Aufl. 2009, § 660 Rn. 1.
[5] *Seiler* in: MünchKomm-BGB, 5. Aufl. 2009, § 660 Rn. 6.
[6] *Seiler* in: MünchKomm-BGB, 5. Aufl. 2009, § 660 Rn. 1.
[7] *Wittmann* in: Staudinger, § 660 Rn. 3.
[8] OLG Frankfurt v. 14.07.1920 - 4 ZS - OLGE 41, 123.

D. Prozessuale Hinweise/Verfahrenshinweise

I. Verfahrensgang

14 Jeder Beteiligte kann gegen den Auslobenden auf Vornahme der Verteilung klagen und gem. § 888 ZPO vollstrecken.[9]

15 Wird gegen die **Verteilungsentscheidung** hingegen vorgegangen, ist der Verfahrensgegner nicht der Auslobende (§ 660 Abs. 2 BGB), sondern die **übrigen Mitinteressenten**. Der Auslobende wird allerdings durch das Urteil gebunden.[10] Der Auslobende hat bis zur Erledigung des Streites der Beteiligten ein Leistungsverweigerungsrecht,[11] welches er – wenn er von einer Hinterlegung nicht Gebrauch machen will – auch unbedingt ausüben sollte, um eine Nachforderung des wahren Berechtigten zu vermeiden.

16 Setzt das Gericht auf Antrag eines Mitwirkenden eine andere Verteilung der Auslobung fest, und hat der Auslobende bereits schon ausgezahlt, bleibt er zur Zahlung an den obsiegenden Mitwirkenden verpflichtet. Alternativ kann der obsiegende Mitwirkende die Zahlungen genehmigen und sie von den übrigen Mitbewerbern herausverlangen (§§ 816 Abs. 1, 185 Abs. 2 Satz 1 Alt. 1 BGB).

II. Beweislast

17 Der Bewerber hat zu beweisen, dass seine Tätigkeit für den Erfolg ursächlich war.[12] Will der Auslobende den Anspruch auf die gesamte Belohnung des Bewerbers abwehren, muss der Auslobende beweisen, dass der Erfolg auch ohne die Handlung eines Dritten eingetreten wäre.[13]

E. Arbeitshilfen

I. Was man nicht vergessen darf

18 Der Auslobende sollte vor Bekanntmachung immer prüfen, ob nicht bestimmte **Personengruppen** (z. B. Mitarbeiter des Auslobenden und deren Verwandte) von der Verteilung **ausgeschlossen** werden sollten. Die Vorgaben der §§ 19 f. AGG bleiben zu beachten. In jedem Fall ist es sinnvoll, **gemeinsames Handeln** mehrerer überhaupt **auszuschließen**, um entsprechende Verzögerungen oder Haftungsrisiken des Auslobenden zu vermeiden.[14]

II. Hinweis zur Vertragsgestaltung

19 § 660 BGB ist ebenso wie § 659 BGB außerhalb des Anwendungsbereichs des § 21 Abs. 4 AGG **abdingbar**.

---

[9] *Wittmann* in: Staudinger, § 660 Rn. 2.
[10] *Seiler* in: MünchKomm-BGB, 5. Aufl. 2009, § 660 Rn. 10.
[11] *Hauß* in: Erman, Handkommentar BGB, 10. Aufl. 2000, § 660 Rn. 1.
[12] *Seiler* in: MünchKomm-BGB, 5. Aufl. 2009, § 660 Rn. 10.
[13] BGH v. 30.10.1986 - III ZR 55/86 - BGHR BGB § 659 Abs. 1 Beweislast 1.
[14] Zu diesen Risiken *Wittmann* in: Staudinger, § 660 Rn. 7.

§ 661 BGB Preisausschreiben

(Fassung vom 02.01.2002, gültig ab 01.01.2002)

(1) Eine Auslobung, die eine Preisbewerbung zum Gegenstand hat, ist nur gültig, wenn in der Bekanntmachung eine Frist für die Bewerbung bestimmt wird.

(2) ¹Die Entscheidung darüber, ob eine innerhalb der Frist erfolgte Bewerbung der Auslobung entspricht oder welche von mehreren Bewerbungen den Vorzug verdient, ist durch die in der Auslobung bezeichnete Person, in Ermangelung einer solchen durch den Auslobenden zu treffen. ²Die Entscheidung ist für die Beteiligten verbindlich.

(3) Bei Bewerbungen von gleicher Würdigkeit finden auf die Zuerteilung des Preises die Vorschriften des § 659 Abs. 2 Anwendung.

(4) Die Übertragung des Eigentums an dem Werk kann der Auslobende nur verlangen, wenn er in der Auslobung bestimmt hat, dass die Übertragung erfolgen soll.

Gliederung

A. Grundlagen 1
I. Kurzcharakteristik 1
II. Zweck und begriffliche Abgrenzung 2
B. Praktische Bedeutung 4
C. Anwendungsvoraussetzungen 6
I. Normstruktur 6
II. Erklärung einer Preisaussetzung 7
III. Auslobungserklärung mit Fristbestimmung 8
IV. Bewerbung 11
V. Entscheidung über die Preiszuerkennung (Absatz 2 und Absatz 3) 14
1. Pflicht zur Entscheidung und Preisvergabe 14
2. Umfang der Ansprüche 16
VI. Ausschluss des Rechtsweges (Absatz 2 Satz 2) 19
VII. Anspruch des Auslobenden auf Übertragung des Eigentums, Urheber- und Erfindungsrecht am Werke (Absatz 4) 20
D. Rechtsfolgen 22
I. Bindungswirkung der Entscheidung 22
II. Haftungsansprüche gegen Preisrichter und Auslobenden 26
III. Anspruch auf Herausgabe des Preises 30
IV. Anspruch auf angemessene Vergütung? ... 32
1. Kein vertraglicher Ausschluss von § 32 UrhG ... 32
2. Auffassung des Autors 33
E. Prozessuale Hinweise/Verfahrenshinweise 36
F. Weitere rechtliche Rahmenbedingungen ... 39
I. Wettbewerbsrecht 39
II. Gewerberecht 44
III. Medienspezifisches Sonderrecht 46
IV. Gewinnspiele und Markenrecht 48
G. Arbeitshilfen 49
I. Checklisten für die Vertragsgestaltung 49
II. Was man nicht vergessen darf 51
III. Musterklauseln 53
IV. Steuerrechtliche Auswirkungen 57

A. Grundlagen

I. Kurzcharakteristik

Typischerweise verfolgt der Preisausschreibende das Ziel, eine **Konkurrenzsituation herzustellen**, bei der sich mehrere Teilnehmer mit ihren Leistungen um den Preis bewerben sollen. Der oder die Preisrichter vergeben nach Ablauf der ausgelobten Frist den Preis an denjenigen Bewerber, dessen Leistung den Auslobungsbedingungen entspricht.

II. Zweck und begriffliche Abgrenzung

Im Gegensatz zur normalen Auslobung richtet sich das Belohnungsversprechen von vornherein nur an diejenigen, die sich mit ihrer Leistung beim Versprechenden bewerben. Ein Anspruch auf die Belohnung entsteht, anders als bei der Auslobung, erst durch Zuerkennung des Preises.[1] Charakteristisch für ein Preisausschreiben ist zum einen die Tatsache, dass der Teilnehmer in irgendeiner Form eine eigene Leistung erbringen muss. Ein Preisausschreiben setzt weiterhin Gewinner und Verlierer voraus, sonst liegt eine Schenkung vor. Insoweit handelt es sich bei der Werbung für das Darlehensangebot einer

---

[1] *Bergmann* in: Staudinger, BGB, § 661 Rn 1.

Bank, bei dem die Zinshöhe vom Ergebnis der Spiele der deutschen Fußballnationalmannschaft abhängt, weder um ein Preisausschreiben, weil eine eigene Leistung des Teilnehmers fehlt, noch um ein Gewinnspiel, da jeder Teilnehmer bei Bedingungseintritt den gleichen Erfolg erzielt.[2]

3 Die Preisverleihung ist zu Recht von der gerichtlichen Kontrolle weitgehend ausgeschlossen (vgl. § 661 Abs. 2 und 3 BGB), was nicht nur mit der Verkehrssitte und der regelmäßigen Absicht des Auslobenden begründet wird, sondern deshalb sachgerecht erscheint, weil bei der Beurteilung der Lösungen vielfach ein **weiterer Ermessensspielraum** gegeben ist, als etwa bei Entwürfen im Bereich von Architektur und Kunst.[3] Die Entscheidung über die Teilnahmebedingungen ist ebenso wie diejenige über den Ausschluss eines Bewerbers einer gerichtlichen Prüfung entzogen; ein Kontrahierungszwang gem. § 20 GWB oder allgemeine verfassungsrechtliche Grundsätze (Art. 2 Abs. 1; 3 Abs. 3 Satz 2; 12 Abs. 1 GG) bestehen für private Dritte i.d.R. nicht.[4]

B. Praktische Bedeutung

4 Preisausschreiben haben heute eine erhebliche praktische Bedeutung insbesondere im Zusammenhang mit **Gewinnspielen** von Werbetreibenden. Daneben können Preisausschreiben aber auch für wissenschaftliche und künstlerische Leistungen, z.B. **Architektenwettbewerbe**, bei denen die Lösung einer konkreten Aufgabe im Vordergrund steht, veranstaltet werden.[5] **Sportliche Wettkämpfe** eines Sportverbandes, z.B. Wettrennen, Turniere etc., auch sog. Mehrstufenspiele, fallen als Auslobungen in die Form der Preiswerbung.[6] § 661 BGB spielt eine wichtige Rolle im Zusammenhang mit Dienstvereinbarungen und Richtlinien zu betrieblichen Verbesserungsvorschlägen von Mitarbeitern im öffentlichen Dienst[7] (wie z.B. die Richtlinien für das betriebliche Vorschlagswesen der Bundesverwaltung) und in der Privatwirtschaft.[8]

5 Die **analoge** Anwendung des § 661 BGB ist im Einzelfall insbesondere dann möglich, wenn es an der nach § 657 BGB erforderlichen allgemeinen Voraussetzung der öffentlichen Bekanntmachung fehlt.[9]

C. Anwendungsvoraussetzungen

I. Normstruktur

6 Ein Preisausschreiben ist

(1) eine Unterart der Auslobung, bei der neben
 (a) der Aussetzung einer Belohnung
 (b) für die Lösung einer Aufgabe bzw. die Herbeiführung eines bestimmten Erfolges
 (c) durch öffentliche Bekanntmachung
 als weitere Wirksamkeitsvoraussetzungen vorgesehen sind,
(2) dass sich die Interessenten innerhalb einer bestimmten Frist,
(3) um den Preis (meist im Rahmen eines Wettbewerbes) bewerben (eigene Leistung) und

---

[2] Vgl. OLG Köln v. 09.03.2005 - 6 U 197/04 - OLGR Köln 2005, 576. Nach *Hofmann/Mosbacher*, NStZ 2006, 249-252, scheidet ein strafbares Glücksspiel auch dann aus, wenn die Gewinnmöglichkeit nicht mit der Gefahr eines Verlustes, sondern allenfalls mit der Aussicht auf eine Gewinnminderung erkauft wird: Dies überzeugt nicht. Die fehlende Gefahr des Verlustes ist kein taugliches Abgrenzungskriterium.
[3] *Seiler* in: MünchKomm-BGB, 5. Aufl. 2009, § 661 Rn. 2.
[4] OLG München v. 28.07.2005 - U (K) 1834/05.
[5] Mittlerweile hat das europäische Auftragsvergaberecht die Anwendung der Regelungen der §§ 657 ff. BGB stark eingeschränkt, vgl. hierzu *Kotzian-Marggraf* in: Bamberger/Roth, § 661 Rn. 2 m.w.N.
[6] *Pfister*, SpuRt 1998, 221-226.
[7] Vgl. z.B. die Richtlinie für das betriebliche Vorschlagswesen bei der Stadt Aachen, www.aachen.de/DE/stadt_buerger/pdfs_stadtbuerger/pdf_personalrat/vereinbarungen/vorschlagwesen.pdf (abgerufen am 26.09.2012) oder der Fachhochschule Hannover, www.fh-hannover.de/fileadmin/media/doc/qm/Qualitaetsmanagement/bvw_richtlinie.pdf (abgerufen am 26.09.2012).
[8] Vgl. hierzu *Eiermann/Voß*, BBahn 1981, 551-558 sowie die Broschüre der BGW-Ratgeber Betriebliches Vorschlagswesen als Ideenmanagement, www.bgw-online.de/internet/generator/Inhalt/OnlineInhalt/Medientypen/bgw_ratgeber/RGM9-Betriebliches-Vorschlagswesen-als-Ideenmanagement,property=pdfDownload.pdf (abgerufen am 26.09.2012).
[9] BGH v. 14.06.1955 - V ZR 120/53 - BGHZ 17, 366-376; BGH v. 09.06.1983 - III ZR 74/82 - LM Nr. 129 zu § 256 ZPO.

(4) dass die Preisvergabe (und damit die Entscheidung über Gewinner und Verlierer) zwingend von der Entscheidung der Preisrichter abhängt.

II. Erklärung einer Preisaussetzung

Die Preisausschreibung muss insbesondere öffentlich erklärt werden (vgl. die Kommentierung zu § 657 BGB, aber auch die Einschränkung in Rn. 5). Hierzu ist erforderlich, dass der Veranstalter einen Preis für die Vornahme einer Handlung oder die Herbeiführung eines Erfolges ausschreibt (vgl. hierzu die Kommentierung zu § 657 BGB Rn. 27 ff.) und dies öffentlich bekannt macht (vgl. hierzu die Kommentierung zu § 657 BGB Rn. 21). Sind die Bedingungen des Ausschreibens von jedermann ohne weiteres zu erfüllen und erfordern sie keine wirkliche Leistung, so handelt es sich nach ganz überwiegender Auffassung nicht um eine Auslobung, sondern um eine **Gratisverlosung**[10] oder um **Spiel**, bei einem Warenpreis um **genehmigungsbedürftige Ausspielung**[11] oder um eine **Gewinnzusage** (§ 661a BGB). 7

III. Auslobungserklärung mit Fristbestimmung

In der Bekanntgabe des Preisausschreibens muss **zwingend eine förmliche Bewerbungsfrist** enthalten sein. Der Auslobende soll die Entscheidung nicht verzögern oder blockieren können, um den Eingang besserer Leistungen abzuwarten.[12] 8

Die Fristbestimmung kann vom Auslobenden in der Bekanntmachung oder auch nachträglich innerhalb der zeitlichen Grenzen des § 658 BGB erfolgen[13] und hat i.d.R. die Unwiderruflichkeit zur Folge (§ 658 Abs. 2 BGB, vgl. die Kommentierung zu § 658 BGB Rn. 9). 9

Fehlt die Fristsetzung, ist das Preisausschreiben **unwirksam**, es sei denn, eine Preisbewerbung ist nach Sinn und Zweck der Ausschreibung nicht gewollt. Dann liegt eine Auslobung gem. § 657 BGB vor.[14] 10

IV. Bewerbung

Ein Preisausschreiben enthält mehr oder weniger deutliche **Teilnahmebedingungen.** Die Bewerbung kann vor der geforderten Leistung (Nennung, Erscheinen am Start) oder erst danach (Einreichen von Entwürfen) vorzunehmen sein. 11

Eine Auslobung liegt bei einem **Architektenwettbewerb** dann nicht mehr vor, wenn sich der vermeintliche Ausschreibende nur an einen begrenzten Personenkreis wendet und die Erstellung durch Übereignung der Architektenentwürfe samt Einräumung der Nutzungsrechte vergütet wird. In diesem Fall findet die AIHonO Anwendung, deren Voraussetzungen, insbesondere zur Mindesthöhe des Honorars (§ 4 AIHonO), eingehalten werden müssen.[15] 12

Wird die Teilnahme von Geldeinzahlungen (Startgeldern, Teilnehmergebühren) oder ähnlichen Leistungen abhängig gemacht, schließt dies die Annahme eines Preisausschreibens i.S.d. §§ 661, 657 BGB nicht aus, sofern damit **lediglich Bearbeitungskosten** ausgeglichen oder nicht ernsthafte Interessenten abgewehrt (Schutzgebühren) werden sollen. Finanzieren die Teilnehmer die Preise ganz oder teilweise selbst, ist die Veranstaltung eine nach § 763 BGB genehmigungspflichtige Lotterie oder Ausspielung bzw. bei Fehlen einer solchen Genehmigung ein gemäß § 762 BGB unverbindliches und eventuell strafbares Glücksspiel (§§ 284, 287 StGB, vgl. die Kommentierung zu § 763 BGB). 13

V. Entscheidung über die Preiszuerkennung (Absatz 2 und Absatz 3)

1. Pflicht zur Entscheidung und Preisvergabe

Die Entscheidung über den Gewinner des Preisausschreibens muss nach den Bedingungen der Auslobung erfolgen. Bei einer Entscheidung unter Aufsicht eines Notars hat dieser seine Amtspflichten gem. § 20 Abs. 1 Satz 2 der Bundesnotarordnung zu beachten.[16] Fehlt es an besonderen Regelungen in den 14

---

[10] OLG Hamm v. 05.11.1999 - 29 U 66/99 - MDR 2000, 516-517; OLG Düsseldorf v. 14.01.1997 - 22 W 77/96 - NJW 1997, 2122-2123.
[11] OLG Stuttgart v. 19.02.1986 - 1 U 166/85 - MDR 1986, 756-757.
[12] *Hauß* in: Erman, Handkommentar BGB, 10. Aufl. 2000, § 657 Rn. 2.
[13] *Sprau* in: Palandt, § 661 Rn. 1.
[14] *Seiler* in: MünchKomm-BGB, 5. Aufl. 2009, § 661 Rn. 10.
[15] BVerwG v. 13.04.1999 - 1 C 11/98 - NJW-RR 1999, 1542-1543; OLG Düsseldorf v. 29.06.1999 - 21 U 127/98 - NJW-RR 1999, 1543-1545; vgl. die Kommentierung zu § 657 BGB.
[16] Vgl. zu den einzelnen Pflichten eines Notars das Rundschreiben der Bundesnotarkammer vom 02.08.1994 „Verpflichtungen der Notare bei der Vornahme von Verlosungen und Auslosungen", www.dnoti.de/DOC/1994/BNotK_RS_1994_01.pdf (abgerufen am 26.09.2012).

Auslobungsbedingungen, findet bei mehreren gleichwürdigen Bewerbungen § 659 Abs. 2 BGB Anwendung (§ 661 Abs. 3 BGB, vgl. die Kommentierung zu § 659 BGB und die Kommentierung zu § 660 BGB). Die **Entscheidung** über die Preisvergabe **wird mit ihrer Bekanntgabe** (Äußerung) **wirksam**, da es sich hierbei um eine nicht empfangsbedürftige Willenserklärung handelt. Sie ist damit gemäß den §§ 119, 123 BGB anfechtbar.[17]

15 In Abweichung zu den Regelungen in den §§ 659 f. BGB sind gemäß § 661 BGB der oder die Preisrichter in der Auslobung zu bestimmen. Bei fehlender Bestimmung gilt der Auslobende als Preisrichter (Absatz 2 Satz 1). Für die Entscheidung gelten die Regelungen zur Schiedsgerichtsbarkeit, insbesondere zur **Stimmenmehrheit** (§ 1052 ZPO). Mit der Bekanntmachung des Preisausschreibens ist der Veranstalter in den Grenzen des § 242 BGB **verpflichtet**, die Veranstaltung auch wie angekündigt durchzuführen, soweit erforderlich die Wettbewerbsanlagen und Preisrichter zu stellen und diejenigen Bewerber, welche die Teilnahmevoraussetzungen erfüllen, auch teilnehmen zu lassen.

2. Umfang der Ansprüche

16 Oftmals ergeben sich aus den Auslobungsbedingungen weitere Ansprüche des Preisträgers. Enthält eine Architektenausschreibung, die nach den **Grundsätzen und Richtlinien für Wettbewerber auf den Gebieten der Raumplanung, des Städtebaus und des Bauwesens** erfolgt[18], den Hinweis, der Auslobende wolle dem Preisträger die weitere Bearbeitung übertragen, so liegt eine rechtsgeschäftliche Verpflichtungserklärung vor[19], weshalb der Gewinner einen entsprechenden Anspruch auf Erteilung des Auftrages hat[20]. Eine rechtliche Abschwächung und Einschränkung der eingegangenen rechtlichen Bindung kann auch nicht durch den Hinweis „Man **beabsichtige** xy mit der Bauausführung zu beauftragen" vorgenommen werden; ein solcher Vorbehalt wäre wegen widersprüchlichen Verhaltens unbeachtlich.[21]

17 Dieser Anspruch kann entfallen, wenn nach Ausschreibung ein **wichtiger bzw. triftiger Grund** entstanden oder bekannt geworden ist.[22] Dabei ist es nach Auffassung des BGH ausreichend, dass ein Auslober **hinreichende sachliche Gründe** hat, die es angesichts der beschränkten Bindung durch seine Zusage im Architektenwettbewerb bei der gebotenen Betrachtungsweise ex ante unzumutbar erscheinen lassen, ihn an dieser Verpflichtungserklärung festzuhalten.[23] Ein solch wichtiger Grund fehlt, wenn der Preisveranstalter der Meinung ist, eine andere Wettbewerbsarbeit als die von den Preisrichtern prämierte, komme den Vorstellungen des Preisveranstalters am Weitesten entgegen, oder wenn sich nach Preisverleihung herausstellt, dass der Preissieger die Zulassungsbedingungen nicht erfüllte[24]. Ein triftiger Grund kann für Gebietskörperschaften des öffentlichen Rechts vorliegen, wenn wirtschaftliche Gründe, wie einkalkulierte Subventionen, nachträglich gestrichen werden oder Steuereinnahmen drastisch einbrechen.[25] Die Verpflichtung des Auslobenden, den Wettbewerbssieger weiter zu beauftragen, entfällt erst dann, wenn die Aufgabenstellung sich so verändert hat, dass der prämierte Entwurf in seinen wesentlichen Elementen nicht mehr realisiert werden kann.[26] Der bei der Auslobung nicht vorhersehbare Umstand, dass das geplante Haus nicht mehr realisiert wird, stellt nicht ohne weiteres einen für den Auslobenden triftigen Grund dar, sich von der Auslobungsverpflichtung zu lösen.[27]

---

[17] *Seiler* in: MünchKomm-BGB, § 661 Rn. 13 m.w.N.
[18] Regeln für die Auslobung von Wettbewerbern (RAW 2004) unter www.aknw.de/fileadmin/user_upload/Wettbewerbe/raw_2004_endfassung.pdf (abgerufen am 26.09.2012).
[19] BGH v. 03.11.1983 - III ZR 125/82 - BGHZ 88, 373-386.
[20] Einschränkend OLG Düsseldorf v. 19.12.1996 - 12 U 220/95 - BauR 1998, 163-167; vgl. grundlegend *Weinbrenner/Jochen/Neusüß*, Der Architektenwettbewerb, 2. Aufl. 1998 und *Werner/Pastor*, Der Bauprozess, 11. Aufl. 2005, Rn. 638-653.
[21] A.A. OLG München v. 02.07.2009 - 29 U 4218/08 - juris Rn. 35 - ZUM 20909, 971-975 - Pinakothek der Moderne, Revision eingelegt unter BGH - III ZR 210/09.
[22] BGH v. 03.11.1983 - III ZR 125/82 - BGHZ 88, 373-386; OLG Hamm v. 21.03.2000 - 24 U 64/99 - NJW-RR 2000, 1038-1040.
[23] BGH v. 27.05.2004 - III ZR 433/02 - juris Rn. 17.
[24] OLG München v. 22.01.2001 - 31 U 5879/00 - NJW-RR 2001, 1532-1534.
[25] BGH v. 27.05.2004 - III ZR 433/02 - juris Rn. 17 f. - EBE/BGH 2004, 222-224; *Schudnagies*, BauR 2005, 1244-1253.
[26] BGH v. 27.05.2004 - III ZR 433/02 - juris Rn. 22 - EBE/BGH 2004, 222-224.
[27] Sehr großzügig hingegen: OLG München v. 02.07.2009 - 29 U 4218/08 - juris Rn. 37 - ZUM 20909, 971-975 - Pinakothek der Moderne, Revision eingelegt unter BGH - III ZR 210/09.

Setzt die Auftragserteilung an den Preisträger die Zustimmung oder das Einverständnis eines Dritten voraus, und wird dies in den Ausschreibungsbedingungen deutlich herausgestellt, hat der Preisträger nur einen Anspruch auf das ernsthafte Bemühen des Auslobenden, Einvernehmen mit dem Dritten herbeizuführen.[28]

VI. Ausschluss des Rechtsweges (Absatz 2 Satz 2)

Der Gesetzgeber hat die Preisvergabeentscheidungen nur einer **sehr eingeschränkten juristischen Kontrolle** unterzogen (vgl. hierzu die Kommentierung zu § 657 BGBRn. 22). Mit Recht, da es bei Preisausschreiben wegen der oftmals schwer konkretisierbaren Kriterien wie Preiswürdigkeit, Schönheit, Witz etc. an objektiven und justiziablen Kriterien fehlt.[29] Nach § 662 Abs. 2 BGB haben staatliche Gerichte deshalb bei Verbandsregeln im Sport nur dann eine **Kontrollfunktion**, wenn sie als Rechtsregeln und nicht als Preisbewerbung von den Beteiligten gewollt sind.[30] Eine entsprechende Gewinnspielklausel „Der Rechtsweg ist ausgeschlossen" ist insoweit auch hinreichend transparent und benachteiligt die Teilnehmer eines Gewinnspiels nicht.[31]

VII. Anspruch des Auslobenden auf Übertragung des Eigentums, Urheber- und Erfindungsrecht am Werke (Absatz 4)

Grundsätzlich **verbleibt das Eigentum** an dem Werk **beim Teilnehmer**. Es geht auch nicht durch die Preiszuerkennung auf den Veranstalter über. Gemäß § 661 Abs. 4 BGB ist der Teilnehmer zur **Übertragung des Eigentums** am prämierten Werk **verpflichtet**, wenn der Auslobende dies in der Auslobung zur Bedingung gemacht hat oder wenn sich dies aus den Umständen des Preisausschreibens ergibt. Eine Bestimmung in Teilnahmebedingungen, wonach die Rechtsübertragung sich auch auf eingereichte, aber nicht preisgekrönte oder prämierte Werke bezieht, ist grundsätzlich nichtig.[32]

Die Pflicht zur Eigentumsübertragung umfasst auch die Pflicht zur Übertragung der Nutzungsrechte am Werk gemäß § 31 UrhG.[33] Dabei ist zu beachten, dass sich der Umfang der eingeräumten Nutzungsrechte nach dem **Vertragszweck** richtet (§ 31 Abs. 5 UrhG) und im Zweifel von der Rechtsprechung auf der Grundlage der Zweckübertragungslehre **restriktiv** ausgelegt wird.[34] Dem Auslobenden ist dringend zu empfehlen, in seinen Auslobungsbedingungen eine Regelung über eine **umfassende Rechtsübertragung** an den eingereichten Werken aufzunehmen, um das Risiko auszuschließen, an der späteren umfassenden Verwertung des prämierten Werkes gehindert zu werden (vgl. Rn. 32).

D. Rechtsfolgen

I. Bindungswirkung der Entscheidung

Die Entscheidung der Preisrichter ist für die Beteiligten **bindend**, das heißt, die Entscheidung ist selbst bei offensichtlicher Unrichtigkeit nicht gerichtlich auf ihre sachliche Richtigkeit überprüfbar (§ 661 Abs. 2 Satz 2 BGB).[35]

Grobe Verfahrensfehler, die den Inhalt der Entscheidung offensichtlich beeinflusst haben (z. B.: die Entscheidung ohne Kenntnis aller Bewerbungen, unberechtigter Ausschluss vom Wettbewerb, Verstoß gegen das Mehrheitsprinzip u.a.) können hingegen in entsprechender Anwendung des § 1059 Abs. 2 ZPO **zur Unverbindlichkeit** führen, mit der Folge, dass die Entscheidung neu vorzunehmen ist.[36]

So kann der unberechtigte Ausschluss eines Teilnehmers eines Architektenwettbewerbes wegen vermeintlicher Fristüberschreitung genauso erfolgreich gerügt werden[37], wie der Einwand der Bestechung oder Schiebung[38], während die Disqualifizierung eines Pferdes durch das Renngericht selbst bei offen-

---

[28] BGH v. 24.02.1987 - VI ZR 19/86 - LM Nr. 5 zu § 1 StVO 1970.
[29] LG Dortmund v. 31.10.1974 - 2 O 413/73 - BauR 1975, 143.
[30] Vgl. *Pfister*, SpuRt 1998, 221-226; vgl. Bindungswirkung der Entscheidung (vgl. Rn. 22).
[31] Strittig, so auch LG Hannover v. 30.03.2009 - 1 O 77/08, a.A. OLG Dresden v. 16.11.2010 - 8 U 210/10 m.w.N.
[32] Ausführlich hierzu *Bergmann* in: Staudinger, BGB, § 661 Rn 47.
[33] *Sprau* in: Palandt, § 661 Rn. 4.
[34] Vgl. BGH v. 15.03.1984 - I ZR 218/81 - LM Nr. 1 zu § 5 VerlG; BGH v. 01.03.1984 - I ZR 217/81 - LM Nr. 5 zu § 16 UrhG.
[35] BGH v. 27.04.1966 - Ib ZR 82/64 - MDR 1966, 571; BGH v. 14.06.1955 - V ZR 120/53 - BGHZ 17, 366-376.
[36] BGH v. 27.04.1966 - Ib ZR 82/64 - MDR 1966, 571; BGH v. 14.06.1955 - V ZR 120/53 - BGHZ 17, 366-376; *Sprau* in: Palandt, § 661 Rn. 3; OLG Hamm v. 21.03.2000 - 24 U 64/99 - NJW-RR 2000, 1038-1040.
[37] Vgl. BGH v. 14.06.1955 - V ZR 120/53 - BGHZ 17, 366-376 zu § 1041 ZPO a.F.
[38] *Hauß* in: Erman, Handkommentar BGB, 10. Aufl. 2000, § 657 Rn. 3.

sichtlicher Unbilligkeit nicht angreifbar ist.[39] Hingegen sind die §§ 317, 319 BGB nicht anwendbar. Schwerwiegende Mängel in diesem Sinne sind alle Verstöße gegen Vergaberichtlinien und die Grundsätze des Vergaberechts, da ein Bieter im Sinne der Rechtsprechung von EuGH und BGH die Möglichkeit haben muss, entsprechende Verstöße in einem förmlichen Verfahren überprüfen zu lassen. Außerhalb der Anwendbarkeit des öffentlichen Vergaberechts kommt der Entscheidung des Preisgerichts wegen der ihr eigenen Verbindlichkeit (§ 661 Abs. 2 Satz 2 BGB) eine dem Zuschlag entsprechende Wirkung zu mit der Folge, dass ein nach dieser Entscheidung eingehender Nachprüfungsantrag unzulässig ist.[40]

25 Will sich der Auftraggeber die Entscheidung über die Auftragsvergabe vorbehalten, so hat er hierauf deutlich in seinen Preisausschreibebedingungen hinzuweisen. Andernfalls folgt aus der Entscheidung des Preisgerichts grundsätzlich die Pflicht zur Auftragsvergabe. Insoweit entspricht die Entscheidung des Preisgerichtes dem Zuschlag im Vergaberecht.[41]

II. Haftungsansprüche gegen Preisrichter und Auslobenden

26 Die **Haftung** der Preisrichter ist in entsprechender Anwendung des § 839 Abs. 2 BGB **beschränkt**.[42]

27 Schadensersatzansprüche gegen den Auslobenden werden in der Regel daran scheitern, dass der eingetretene Schaden **nicht kausal** auf die Pflichtverletzung zurückführbar ist, da z. B. die Unkosten des Preisausschreiben auch bei rechtmäßigem Verhalten entstanden wären und der Nachweis, der unberechtigt ausgeschlossene Teilnehmer wäre bei der Preisvergabe berücksichtigt worden, kaum gelingen dürfte.[43]

28 U.U. stehen dem Preisträger aber Schadensersatzansprüche wegen **Verletzung einer vertraglichen Nebenpflicht** zu. Eine solche Verletzung einer Nebenpflicht liegt insbesondere darin, wenn ein Wettkampfveranstalter den Teilnehmern keine geeigneten und sicheren Anlagen zur Verfügung stellt und die Teilnehmer daraufhin Verletzungen erleiden.[44] Sollte der Preisrichter nach § 661 Abs. 2 Satz 1 BGB der Auslobende selbst sein, so trifft diesen auch eine Haftung für Dritte im Rahmen der Verkehrssicherungspflichten nach § 241 Abs. 2 BGB (vgl. die Kommentierung zu § 657 BGB Rn. 31), wenn z.B. das Pferd eines nicht am Turnier teilnehmenden Dritten durch den falschen Aufbau eines Parcours verletzt wird.[45] Diese Haftung für Verletzungen von Rechtsgütern der Teilnehmer (oder in den Schutzbereich einbezogener sonstiger Dritter) kann auch nicht durch vorformulierte Allgemeine Geschäftsbedingungen beschränkt werden.[46]

29 Auch der schuldhafte, unberechtigte Ausschluss vom Architektenwettbewerb verpflichtet zum Schadensersatz.[47] Eine Inanspruchnahme des schädigenden Wettbewerbers für Schäden eines Mitbewerbers bei sportlichen Wettbewerben (Autorennen) ist grundsätzlich ausgeschlossen[48], es sei denn, es besteht ein entsprechender Versicherungsschutz.[49]

---

[39] BGH v. 08.05.1967 - VII ZR 328/64 - LM Nr. 2a zu § 661 BGB.

[40] In diesem Sinne: OLG Düsseldorf v. 31.03.2004 - VII-Verg 4/04; a.A. OLG Koblenz v. 26.05.2010 - 1 Verg 2/10, zust. *Weyand*, IBR 2004, 455; krit. auch *Sommer* in: jurisPK-VergR, 3. Aufl. 2011, § 11 SektVO Rn. 54 f.

[41] So auch: OLG Düsseldorf v. 31.03.2004 - VII-Verg 4/04; OLG Koblenz v. 16.02.2011 - 1 Verg 2/10; a.A. VK Sachsen v. 11.03.2004 - Verg 4/04; VK Saarbrücken v. 20.02.2007 - 1 VK 07/2007; VK Rheinland-Pfalz v. 21.04.2010 - VK 1-4/10, *Sommer* in: jurisPK-VergR, 3. Aufl. 2011, § 11 SektVO Rn. 54 f., wonach eine solche Wirkung nur eintritt, wenn der Auftraggeber das Auslobungsverfahren als Realisierungswettbewerb durchgeführt und die Auftragsvergabe für die Durchführung bzw. Fortsetzung der Wettbewerbsarbeit durch den Preisträger versprochen hat.

[42] *Sprau* in: Palandt, § 661 Rn. 2; a.A. *Seiler* in: MünchKomm-BGB, § 661 Rn. 14, wonach Ansprüche gegenüber dem Gewinner nur aus § 826 BGB bestehen und deshalb kein Bedürfnis für eine weitere Haftungsbeschränkung vorliegt.

[43] Vgl. aber OLG Frankfurt v. 04.04.1985 - 1 U 261/82 - BauR 1986, 712-714. Weiterhin hat der BGH v. 27.06.2007 - X ZR 34/04, für den Fall der Verletzung einer Aufklärungspflicht über für den Bieter nicht erkennbare Vergabeverstöße einen Anspruch auf Ersatz für die mit der Teilnahme am Ausschreibungsverfahren verbundenen Aufwendungen bejaht.

[44] OLG Köln v. 05.09.1995 - 22 U 23/95 - OLGR Köln 1996, 3-4; OLG Hamm v. 25.08.2009 - 7 U 94/08.

[45] OLG Hamm v. 25.08.2009 - 7 U 94/08, bestätigt durch BGH v. 23.09.2010 - III ZR 246/09.

[46] BGH v. 23.09.2010 - III ZR 246/09 - juris Rn. 24, krit. *Schinkels*, LMK 2010, 310339.

[47] BGH v. 23.09.1982 - III ZR 196/80 - LM Nr. 65 zu § 249 (A) BGB.

[48] BGH v. 01.04.2003 - VI ZR 321/02 - BGHZ 154, 316-326.

[49] BGH v. 29.01.2008 - VI ZR 98/07 - EBE/BGH 2008, 108-110; OLG Karlsruhe v. 21.10.2008 - 10 U 36/08.

III. Anspruch auf Herausgabe des Preises

Der Veranstalter eines Preisausschreibens ist nur zur Herausgabe der ausgelobten Preise nach Vorgaben der Preisrichter verpflichtet. Weitere **Ansprüche der übrigen Teilnehmer** bestehen nicht. Denn aufgrund der Rechtsnatur eines Preisausschreibens als einseitiges Rechtsgeschäft fehlt es bereits **an einer entsprechenden beidseitigen vertraglichen Verpflichtung** des Veranstalters.[50]

Ein **Architekt**, der im Rahmen eines echten Ausschreibens sein Werk eingereicht hat und der dadurch seine Nutzungsrechte abgetreten hat, hat auch **keinen Anspruch** mehr auf Honorierung seines Werkes auf Grundlage der AIHonO, da es sich in diesen Fällen um vorbereitende Maßnahmen der **Akquisition** handelt, auf die die AIHonO keine Anwendung findet (vgl. hierzu die Kommentierung zu § 657 BGB).

IV. Anspruch auf angemessene Vergütung?

1. Kein vertraglicher Ausschluss von § 32 UrhG

Zu beachten ist, dass von der Regelung des § 32 Abs. 1 UrhG **nicht zum Nachteil** des Urhebers **abgewichen** werden kann; entsprechende Regelungen in den Teilnahmebedingungen des Veranstalters sind daher unwirksam (vgl. § 32 Abs. 3 Satz 1 UrhG).

2. Auffassung des Autors

Nach Auffassung des Autors greift in diesen Fällen die Sonderregelung des § 32 Abs. 3 Satz 3 UrhG analog (sog. „Linux-Klausel") mit der Folge, dass der Teilnehmer einen Vergütungsanspruch nicht geltend machen kann. Danach kann der Urheber **ein einfaches Nutzungsrecht unentgeltlich für jedermann einräumen**. Diese ursprünglich nur für lizenzgebührenfrei vertriebene Open Source Software vorgesehene Regelung sollte den Fällen Rechnung tragen, bei denen Urheber ihre Leistung der Allgemeinheit unentgeltlich zur Verfügung stellen.[51] Der Zweck der Regelung greift auch bei Preisausschreiben, bei denen der Veranstalter **auf eine exklusive Einräumung des Urheberrechts verzichtet**. Denn in diesem Fall erfolgt die **Überlassung des Werkes selbst unentgeltlich**. Sie ist lediglich mit der Maßgabe verbunden, entsprechend den Teilnahmebedingungen über die Preiswürdigkeit der eingereichten Werke zu entscheiden, wobei der Teilnehmer das Risiko, nicht berücksichtigt zu werden, erkennbar in Kauf nimmt. Damit verzichtet er aber konkludent auf eine Vergütung. Dieser Verzicht richtet sich nicht nur an den Veranstalter, sondern konkludent an alle mit dem Veranstalter verbundenen Vertragspartner und damit an einen nicht mehr abgrenzbaren öffentlichen Personenkreis. Insoweit greift § 32 Abs. 3 Satz 3 UrhG in direkter bzw. **analoger Anwendung**.

Der Teilnehmer bleibt jedoch nicht rechtlos, da er gegen den Veranstalter nach wie vor einen Anspruch auf weitere Beteiligung an den mit den Nutzungsrechten gemachten Umsätzen gemäß § 32a UrhG hat.[52]

Will der Veranstalter die eingereichten Werke seiner Teilnehmer **umfassend** verwerten, ohne sich Ansprüchen der Teilnehmer auf angemessene Vergütung gemäß § 32 UrhG ausgesetzt zu sehen, hat er meines Erachtens nur die Möglichkeit, sich in den Teilnahmebedingungen ein **umfassendes, einfaches Nutzungsrecht** (§ 31 Abs. 1 UrhG) einräumen zu lassen. Flankierend zu dieser Maßnahme kann noch versucht werden, den für den Verwerter unkalkulierbaren Vergütungsanspruch durch eine **Ausschlussklausel** („Alle übrigen Ansprüche der Teilnehmer, insbesondere der Anspruch auf angemessene Vergütung sind vom Teilnehmer spätestens zwei Monate nach Kenntnis vom Anspruchsgrund geltend zu machen. Andernfalls sind sie verwirkt") abzusichern.

E. Prozessuale Hinweise/Verfahrenshinweise

Die Verletzung offensichtlicher Verfahrensfehler ist durch eine **Feststellungsklage** geltend zu machen.[53] Eine fehlende Versendung der Vorabmitteilung gem. § 13 VgV kann aber nicht im Vergabeverfahren gerügt werden.[54]

---

[50] A.A. *Lange*, GRUR 1991, 335-336.
[51] BT-Drs. 14/6433, S. 44 f.
[52] Vgl. hierzu *Jacobs*, NJW 2002, 1905-1909.
[53] BGH v. 09.06.1983 - III ZR 74/82 - LM Nr. 129 zu § 256 ZPO.
[54] OLG Düsseldorf v. 31.03.2004 - Verg 4/04; hierzu *Weyand*, IBR 2004, 455.

§ 661

37 Für die Vorschrift des § 662 Abs. 2 Alt. 2 BGB ist anerkannt, dass die Entscheidung zwar nicht auf ihre sachliche Richtigkeit nachgeprüft werden kann, dass aber das Verfahren des Preisgerichts auf **schwerwiegende Mängel**, die offensichtlich auch die Entscheidung selbst beeinflusst haben, überprüft werden darf. Als Leitlinie für den Umfang der Nachprüfungsbefugnis kann die für Schiedssprüche geltende Regelung des § 1059 Abs. 2 ZPO gelten.[55]

38 Die Verletzung von Verpflichtungen des Veranstalters wie z.B. die Benennung des Preises oder die Verpflichtung der Preisrichter, den Preis zu verleihen, oder die Verpflichtung bei fehlenden Preisrichtern selbst zu entscheiden (§ 662 Abs. 2 Satz 1 BGB) kann gemäß § 888 ZPO vollstreckt werden.[56]

F. Weitere rechtliche Rahmenbedingungen

I. Wettbewerbsrecht

39 Besondere Bedeutung hat in der Praxis die Werbung für Preisausschreiben und Gewinnspiele. Gerade auch bei der Ausgestaltung von Preisausschreiben sind daher die wettbewerbsrechtlichen Anforderungen gemäß den §§ 3 Abs. 3 UWG i.V.m. UWG Anh 16, 17, Nr. 20 und 21 sowie den §§ 4 Nr. 4 und 6; 5 UWG zu berücksichtigen.[57]

40 Immer noch offen ist die Frage, welche Auswirkung das Urteil des EuGH zur Europarechtswidrigkeit des § 4 Nr. 6 UWG[58] auf die **bisherige bundesdeutsche Rechtsprechung zum Verbot der Koppelung von Waren und Dienstleistungen** hat.[59] Der BGH legt § 4 Nr. 6 UWG nun richtlinienkonform dahingehend aus, dass die Kopplung von Gewinnspielen an Umsatzgeschäfte nur dann unlauter i.S.d. § 3 UWG ist, wenn sie den Erfordernissen der beruflichen Sorgfalt[60] widerspricht, was in jedem Einzelfall zu prüfen ist.[61] Gerichte werden bei etwaigen Koppelungen von Teilnahmen an Gewinnspielen/Preisausschreiben mit dem Erwerb von Waren bzw. der Inanspruchnahme von Dienstleistungen zusätzlich prüfen müssen, ob die wirtschaftliche Entscheidungsfreiheit der Verbraucher durch die konkrete Koppelung wesentlich eingeschränkt wird bzw. ob die Koppelung dazu geeignet ist, die wirtschaftliche Entscheidungsfreiheit der Verbraucher wesentlich einzuschränken oder ein sonstiger Verstoß gegen die Regelungen nach § 3 Abs. 3 UWG i.V.m. Anh Nr. 16 („Verbot der Angabe, durch den Erwerb bestimmter Waren oder Dienstleistungen ließen sich die Gewinnchancen erhöhen") bzw. Nr. 17, 20 und 21 vorliegt.

41 Vor allem aber ist bei Gewinnspielen ein Verstoß gegen § 4 Nr. 11 UWG i.V.m. § 284 StGB sowie § 3 Abs. 3 UWG i.V.m. UWG Anh. 21 kritisch zu prüfen.[62] Denn gerade die im Einzelhandel gängigen Gewinnspiele setzten sich bei Koppelung des ausgelobten Gewinns vom Kauf der Ware dem Vorwurf aus, für die Teilnahme an einem Gewinnspiel, bei dem die Gewinner letztendlich durch Los ermittelt werden (§ 661 Abs. 3 BGB i.V.m. § 659 Abs. 2 BGB), versteckte Einsätze zu verlangen. Dann dürfte aber ein **strafbares Glücksspiel** im Sinne des § 284 StGB nur noch schwer zu verneinen sein. Unzulässig ist es in jedem Fall, wenn

- ein von einem **Fernsehsender veranstaltetes Gewinnspiel**, welches dadurch gekennzeichnet ist, dass den Zuschauern für die Lösung eines Rätsels ein Gewinn in Aussicht gestellt wird und die Teilnahme den Anruf einer für den Zuschauer kostenpflichtigen Mehrwertdienste-Rufnummer voraussetzt, wobei die Verbindung des Anrufs zum Zwecke der Teilnahme am Gewinnspiel durch ein automatisiertes Losverfahren (hier: „Hot-Button-Verfahren") bestimmt ist und Verbindungsgebühren auch dann zu Lasten des Anrufers anfallen, wenn eine Teilnahme am Gewinnspiel nicht zustande kommt. Dies verstößt gegen die §§ 3, 5 Abs. 2 Nr. 2 UWG, sofern der Moderator der Sendung das Publikum laufend zu Anrufen animiert, ohne zugleich die Zuschauer darüber zu informieren, dass das Durchschalten ins Studio nach dem Zufallsprinzip erfolgt,[63]

---

[55] BGH v. 23.09.1982 - III ZR 196/80 - LM Nr. 65 zu § 249 (A) BGB; OLG Nürnberg v. 08.10.1997 - 9 U 4273/96 - BauR 1998, 360-361; OLG Hamm v. 21.03.2000 - 24 U 64/99 - NJW-RR 2000, 1038-1040.
[56] *Seiler* in: MünchKomm-BGB, 5. Aufl. 2009, § 661 Rn. 9.
[57] Vgl. hierzu *Bruhn* in: Harte/Henning, UWG, 2. Aufl. 2009, § 4 vor Nr. 5 Gewinnspiele.
[58] EuGH v. 14.01.2010 - C-304/08; vgl. *Seichter* in: Ullmann, jurisPK-UWG, 2. Aufl. 2009, § 4 Nr. 6 UWG Rn. 8.1.
[59] Vgl. *Jung*, IPRB 3/2010, 67-69; *Ernst*, jurisPR-ITR 10/2010, Anm. 4; *Seichter* in: Ullmann, jurisPK-UWG, 2. Aufl. 2009, § 4 Nr. 6 UWG Rn. 12.2.
[60] Vgl. hierzu ausführlich *Köhler* in: Köhler/Bornkamm, UWG, 30. Aufl. 2012, § 4 UWG Rn. 6.7 sowie 6.26 f.
[61] BGH v. 05.10.2010 - I ZR 4/06.
[62] Vgl. hierzu *Krekel* in: Hasselblatt, MAH Gewerblicher Rechtsschutz, Anh. § 3 Abs. 3 II. Nr. 20 Rn. 6 ff.
[63] LG Berlin v. 02.08.2005 - 15 O 368/05 - Magazindienst 2005, 1413-1418.

- ein Zeitschriftenverlag ein Gewinnspiel veranstaltet, bei dem die Leser Fotos über die Platzierung der beworbenen Zeitschrift (hier: für Heimelektronik) in den jeweiligen Einzelverkaufsstellen einsenden und dabei (durch Beispielfotos) dazu veranlasst werden, die Auslage von Zeitschriftentiteln derart zu verändern, dass die beworbene Zeitschrift hervorgehoben präsentiert wird, während andere (Konkurrenz-)Blätter verdeckt werden.[64]

Der Charakter von Preisausschreiben und Gewinnspielen muss klar erkennbar sein (vgl. § 6 Abs. 1 Nr. 4 TDG). Weiterhin müssen die entsprechenden **Teilnahmebedingungen** einerseits für den Durchschnittsnutzer leicht auffindbar sein und andererseits klar und unzweideutig formuliert werden.[65] **Unabhängig vom Medium**, in dem das Gewinnspiel ausgelobt wird, soll es nach Auffassung des BGH ausreichen, wenn in Fällen, in denen der Verbraucher aufgrund einer Werbung noch nicht ohne Weiteres an dem Gewinnspiel teilnehmen kann, in der **Ankündigung des Gewinnspiels** mitgeteilt wird, bis wann der Verbraucher wie teilnehmen kann und wie die Gewinne ermittelt werden. Nur dann, wenn es eine Besonderheit, wie zum Beispiel die Beschränkung des Teilnehmerkreises (z.B. den Ausschluss Minderjähriger, nicht aber die zeitliche Begrenzung oder sonstige Bedingungen der Teilnahme[66]), gibt, ist hierauf ergänzend hinzuweisen.[67] Dabei ist ein Verweis in einem **TV-Spot auf Teilnahmebedingungen**, die auf der Internetseite des Herstellers eingesehen werden können, oder im Handel leicht zugängliche Teilnahmebedingungen ausreichend; insbesondere ist es in einem solchen Spot nicht erforderlich, sämtliche Teilnahmebedingungen zu kommunizieren. Nur unerwartete Beschränkungen oder sonstige überraschende Teilnahmebedingungen müssten auch in einem TV-Spot unmittelbar genannt werden.[68] **42**

Preisausschreiben, Verlosungen oder andere Verfahren, deren Ergebnis vom Zufall abhängig ist, dürfen im **Zusammenhang mit Arzneimitteln**, Verfahren, Behandlungen, Gegenständen oder anderen Mitteln im Sinne des § 1 Abs. 1 und 2 HWG außerhalb von Fachkreisen nicht eingesetzt werden, vgl. § 11 Abs. 1 Nr. 13 HWG. Insoweit ist auch die Koppelung einer Konsumentenbefragung mit einer Gratisverlosung im Internet von frei verkäuflichen Arzneimitteln wettbewerbswidrig.[69] **43**

II. Gewerberecht

Wer **gewerbsmäßig** Gewinnspiele veranstaltet, bedarf der Erlaubnis der zuständigen Behörde gem. § 33d GewO und hat dies der zuständigen Behörde auch anzuzeigen (§ 14 Abs. 2 GewO). Weitere Voraussetzung wäre das Vorliegen einer vom Bundeskriminalamt ausgestellten Unbedenklichkeitsbescheinigung oder eines Abdrucks davon (§ 33d Abs. 2 GewO). Nach § 34 SpielV darf die **Erlaubnis für die Veranstaltung** eines „anderen Spieles" i.S.d. § 33d Abs. 1 Satz 1 GewO, bei dem der Gewinn in Geld besteht, nur erteilt werden, wenn das Spiel in Spielhallen oder ähnlichen Unternehmen veranstaltet werden soll. Nach § 5 SpielV darf die Erlaubnis für die Veranstaltung eines anderen Spieles, bei dem der Gewinn in Waren besteht, nur erteilt werden, wenn das Spiel auf Volksfesten, Schützenfesten oder ähnlichen Veranstaltungen veranstaltet werden soll. Dies führt dazu, dass Gewinnspiele im Internet, wie z.B. auch als Geschicklichkeitsspiel ausgestaltete **Hausverlosungen**, von den Behörden ebenso wenig zugelassen werden[70] wie Pokerturniere in der Variante **Texas Hold´em** (vgl. die Kommentierung zu § 762 BGB Rn. 18).[71] Nach Ansicht des BGH und der herrschenden Rechtsprechung sollen die GewO nicht auf **Geschicklichkeitsspiele im Internet** anwendbar sein.[72] **44**

---

[64] LG Hamburg v. 03.05.2005 - 312 O 1134/04 - Magazindienst 2005, 980-982.
[65] Vgl. *Heckmann* in: jurisPK-Internetrecht, 2. Aufl. 2009, Kap. 1.6, § 6 TMG Rn. 25.
[66] BGH v. 09.07.2009 - I ZR 64/07 - JurPC Web-Dok. 46/20, Abs. 1-25 - FIFA-WM-Gewinnspiel.
[67] BGH v. 10.01.2008 - I ZR 196/05 - JurPC Web-Dok. 9/2009, Abs. 1-19 - Urlaubsgewinnspiel.
[68] BGH v. 11.03.2009 - I ZR 194/06 - Geld-zurück-Garantie II.
[69] EuGH v. 08.11.2007 - C-374/05 - juris Rn. 52 - Ginseng; vgl. auch OLG Köln v. 16.05.2008 - 6 W 38/08 - Testwochen für Blutzuckermessgerät.
[70] Vgl. nur VGH München v. 09.02.2009 - M 22 S 09.300 - Hausverlosung winyourhome.de; *Sterzinger*, NJW 2009, 3690-3693; *Teßmer*, jurisPR-StrafR 17/2009, Anm. 1; *ders.*, jurisPR-StrafR 18/2009, Anm. 1.
[71] Vgl. hierzu *Hüsken*, ZfWG 2009, 77-80.
[72] So nun auch BGH v. 28.09.2011 - I ZR 93/10 - juris Rn. 53 - Sportwetten im Internet; wonach es nach § 4 Abs. 4 GlüStV generell verboten sei, im Internet Automatenspiele anzubieten; da die Erlaubnis nach § 33c Abs. 1 GewO nur für den stationären Betrieb von Geldspielautomaten gelte und Spielbanken das Internetverbot gemäß § 2 Satz 2 GlüStV zu beachten hätten; so bereits *Lober/Neumüller*, MMR 2010, 295, 296; *Spindler*, NJW-aktuell 32/2009, XII; a.A. VG Wiesbaden v. 20.03.2007 - 5 E 1713/05 - GewArch 2007, 490; VG Berlin v. 17.08.2009 - 4 L 274.09.

45 Ein Gewinnspiel, welches ohne die erforderliche gewerberechtliche Erlaubnis durchgeführt wird, ist nicht nichtig.[73]

III. Medienspezifisches Sonderrecht

46 Bei Gewinnspielen im Fernsehen und Hörfunk gilt zunächst einmal die Regelung des § 8a RStV in Verbindung mit den einschlägigen Richtlinien von ARD[74], ZDF[75] und den privaten Rundfunkanstalten[76]. Ergänzend können beim privaten Rundfunk die Anwendungs- und Auslegungsregeln der Landesmedienanstalten für die Aufsicht über Fernseh-Gewinnspiele vom 23.02.2010[77] sowie für Hörfunkgewinnspiele am 23.02.2010[78] herangezogen werden, die allerdings als reine interne Verwaltungsvorschriften keine unmittelbare Außenwirkung haben. Schließlich ist noch die Satzung der Landesmedienanstalten über Gewinnspielsendungen und Gewinnspiele vom 23.02.2009[79] zu beachten.[80] § 8a Abs. 1 Satz 6 HS. 1 RStV gibt vor: „Für die Teilnahme darf nur ein Entgelt bis zu 0,50 Euro verlangt werden", für die öffentlich-rechtlichen Anstalten ist zusätzlich § 13 Abs. 1 Satz 3 RStV zu beachten. Für Gewinnspiele im Internet, insbesondere bei sozialen Netzwerken (Social Media-Plattformen) sind ggf. noch gesonderte Richtlinien der Veranstalter zu beachten.[81]

47 Zu beachten ist, dass der Anwendungsbereich des § 8a RStV über § 58 Abs. 4 RStV auf alle „**Telemedien** [im Sinne des § 2 Abs. 1 RStV], die an die Allgemeinheit gerichtet sind", entsprechend gilt. Da die Ausrichtung eines Gewinnspiels an die Öffentlichkeit ein charakteristisches Merkmal von Gewinnspielen darstellt, wird man faktisch alle Internetseiten, die entsprechende Gewinnspiele anbieten, unter diese Vorschrift subsumieren können und müssen.[82]

IV. Gewinnspiele und Markenrecht

48 Gewinnspiele mit ausgelobten **Markenprodukten Dritter** sind grundsätzlich gem. § 24 Abs. 1 MarkenG zulässig, sofern nicht vom Veranstalter der irrige Eindruck verstärkt wird, zu dem Markeninhaber des ausgesetzten Preises bestünden besondere Geschäftsbeziehungen.[83] Die damit einhergehende

---

[73] BGH v. 05.05.2003 - II ZR 112/01; *Nassall* in: jurisPK-BGB, 4. Aufl. 2008, § 134 Rn. 81.

[74] ARD-Richtlinien für Werbung, Sponsoring, Gewinnspiele und Produktionshilfe in der Fassung vom 12.03.2010, www.ard.de/intern/abc/-/id=1794740/property=download/nid=1643802/14g8mzr/ARD-Werberichtlinien+f%C3%BCr+Werbung+und+Sponsoring+vom+M%C3%A4rz+2010.pdf (abgerufen am 26.09.2012).

[75] ZDF-Richtlinien für Werbung, Sponsoring, Gewinnspiele und Produktionshilfen vom 12.03.2010, http://www.zdf-werbefernsehen.de/fileadmin/user_upload/zdfwerb/pdf/sonstiges/richtlinien_werbung_und_sponsoring_20100312.pdf (abgerufen am 26.09.2012).

[76] Gemeinsame Richtlinien der Landesmedienanstalten für die Werbung, zur Durchführung der Trennung von Werbung und Programm und für das Sponsoring sowie Teleshopping im Hörfunk (WerbeRL/HÖRFUNK) (i.d.F. vom 23.02.2010), www.lmk-online.de/fileadmin/webdateien/PDF/Werberichtlinien_Hoerfunkx.pdf (abgerufen am 26.09.2012).

[77] Vgl. www.lfk.de/fileadmin/media/pdf/Gewinnspielregeln.pdf (abgerufen am 26.09.2012).

[78] Vgl. www.die-medienanstalten.de/fileadmin/Download/Rechtsgrundlagen/Richtlinien/10-05-12_RS_Werberichtlinien_HOERFUNK-23_2_10-Fliesstext_final.pdf (abgerufen am 26.09.2012).

[79] Vgl. www.lfk.de/fileadmin/media/recht/Gewinnspielsatzung_0902.pdf (abgerufen am 26.09.2012). Diese Satzung ist vom Bayerischen Verwaltungsgerichtshof v. 28.10.2009 - 7 N 09.1377 - AfP 2010, 204-214, wegen fehlender gesetzlicher Ermächtigungsnorm für teilweise rechtswidrig erklärt worden.

[80] Vgl. hierzu: *Liesching*, Gewinnspiele im Rundfunk und in Telemedien – Straf- und jugendschutzrechtliche Anforderungen, Gutachten für die Kommission für Jugendschutz (KfJ) vom April 2008, http://technolex-anwaelte.de/user_data/KJM-GUTACHTEN_%20GEWINNSPIELE_Apr2008.pdf (abgerufen am 26.09.2012). Öffentlich-rechtliche Anstalten haben darüber hinaus auch § 11d Abs. 5 RStV zu beachten, vgl. hierzu: *Peters*, NJW 2010, 335-341.

[81] So bei Facebook-Gewinnspielen die „Richtlinie für Promotions" (https://developers.facebook.com/docs/guides/policy/policy_checklist/Deutsch/ – abgerufen am 26.09.2012); vgl. hierzu: *Schirmbacher/Schätzle*, Gewinnspiele in sozialen Netzwerken, ITRB 2012, 61-65 bzw. *dies.*, Gewinnspiele auf Facebook, 16.04.2012, www.haerting.de/sites/default/files/downloads/Gewinnspiele%20auf%20Facebook.pdf (abgerufen am 26.09.2012).

[82] Ähnlich: *Bolay*, MMR 2009, 669, 672; *ders.*, ZfWG 2010, 88-93; *Lober/Neumüller*, MMR 2010, 295, 296; vgl. umfassend *Hüsken*, ZfWG 2009, 153-157, einschr. BGH v. 28.09.2011 - I ZR 93/10 - „Poker im Internet" m. Anm. *Stulz-Herrnstadt*, GRUR-Prax 2012, 39; wonach nur Internetportale, die redaktionelle Informations- und Unterhaltungsangebote für die Allgemeinheit bereitstellen, darunterfallen.

[83] BGH v. 03.11.2005 - I ZR 29/03 - MarkenR 2006, 110-114.

Werbewirkung ist selbst bei Luxusmarken insoweit hinzunehmen, sofern nicht charakteristische Produktmerkmale der ausgelobten Ware beeinflusst werden oder die Herkunfts- oder Garantiefunktion der Marke nicht beeinträchtigt wird.

G. Arbeitshilfen

I. Checklisten für die Vertragsgestaltung[84]

Vorformulierte Vertragsklauseln mit AGB-Charakter unterfallen grundsätzlich nicht dem Anwendungsbereich der §§ 305 ff. BGB, weil der Verwender hier regelmäßig nicht fremde, sondern ausschließlich eigene rechtsgeschäftliche Gestaltungsmacht in Anspruch nimmt.[85] Dies gilt insbesondere für die in der Ausschreibung aufgestellten Regeln („sportliche Regelung"), welche indes einer Kontrolle nach § 242 BGB und damit mittelbar auch einer Überprüfung nach den Wertungsmaßstäben der §§ 305 ff. BGB zugänglich sind; hingegen scheitern die in der Praxis weit verbreiteten Versuche der Veranstalter, mittels vorformulierter Ausschlüsse die eigene Haftung für Verletzungen von Rechtsgütern der Teilnehmer zu begrenzen, an § 309 Nr. 7 BGB.[86]

49

§ 661 Abs. 1 BGB enthält zwingendes Recht, während der Auslobende in Preisausschreiben wirksam Bestimmungen aufnehmen kann, die von den Regelungen des § 661 Abs. 2-4 BGB abweichen.[87] Folgende Punkte muss der vertragsgestaltende Berater im Zusammenhang mit Preisausschreiben berücksichtigen:

50

(1) Anforderungen an die **Preisgestaltung**:
    (a) Welchen Preis setze ich aus?
    (b) Von welchen Kriterien mache ich die Preisvergabe abhängig?
    (c) Behalte ich mir das Recht auf eine Neuvergabe der Ausschreibung bzw. eine Änderung des Gewinnes vor?

(2) Inhaltliche Anforderungen an die **Preisbewerbung**:
    (a) Achte ich darauf, dass der Gewinncharakter erkennbar im Vordergrund steht und vermeide ich den Anschein einer Gewinnzusage (§ 661a BGB, § 3 Abs. 3 UWG i. V. m. UWG Anh. 17)?
    (b) Beachte ich die werberechtlichen Vorgaben der Rechtsprechung? Es empfiehlt sich bei Anbietern gewerblicher Waren der Hinweis, dass die Teilnahme an dem Gewinnspiel nicht zum Kauf von Waren und Bestellung von Dienstleistungen verpflichtet. Im Falle einer Kopplung von Gewinnspiel und Preis ist sehr genau zu prüfen, dass keine übermäßige Anlockwirkung durch die Preisausschreibung ausgeht und ob in diesem Fall ein Ausschluss Minderjähriger von der Teilnehmerliste erforderlich ist.
    (c) Beziehe ich meine Teilnahmebedingungen ausreichend deutlich in das Gewinnspiel ein?

(3) **Teilnahmebedingungen**:
    (a) Begrenzung des Teilnehmerkreises.
    (b) An welche Teilnehmer richtet sich mein Ausschreiben (in jedem Fall über 18 Jahre bzw. ansonsten mit Einwilligung der Eltern, nur in Deutschland)?
    (c) Ausschluss der eigenen Mitarbeiter und deren Angehöriger und ggf. Ausschluss von professionellen Gewinnteilnehmern.
    (d) Jeder Teilnehmer sollte nur eine Teilnahmemöglichkeit haben.
    (e) Wird dem Teilnahmeschein ein Bestellschein/Ware angehängt? Wenn ja, ist in optisch deutlich hervorgehobene Weise darauf hinzuweisen, dass die Gewinnspielteilnahme unabhängig von der Warenbestellung ist. Außerdem ist auf eine alternative Gewinnspielmöglichkeit (i.d.R. im Internet) hinzuweisen.
    (f) Sind die Teilnahmebedingungen selbst für die Teilnehmer hinreichend klar und transparent, insbesondere auch im Hinblick auf versteckte Kosten?

---

[84] Vgl. auch die Checkliste *Bahr*, Glücks- und Gewinnspielrecht, 2. Aufl. 2007, S. 191 ff.; www.gewinnspiel-und-recht.de/download/bahr-gluecksspiel-gewinnspiel-recht-checkliste.pdf (abgerufen am 26.09.2012).
[85] Dies übersieht OLG Dresden v. 16.11.2010 - 8 U 210/10.
[86] BGH v. 23.09.2010 - III ZR 246/09 - juris Rn. 24-27 m.w.N.
[87] *Bergmann* in: Staudinger, BGB, § 661 Rn. 3 m.w.N.

§ 661

(g) Weitere zu beachtende Hausregeln bei Social Media Plattformen; so verbietet Facebook u.a. die Teilnahme am Gewinnspielen gegen den Klick auf den „Like"-, bzw. „Gefällt mir"-Button.[88]

(4) Vorgaben an die **Preisverleihung**:
- (a) Muss ein spezielles Regelwerk erstellt werden oder bestimmte Vorgaben für die Bewertung und Auswahl der Gewinner erfolgen? Folgende Fragen können relevant werden:
  - (aa) Wann dürfen Teilnehmer vom weiteren Wettbewerb ausgeschlossen bzw. disqualifiziert werden?
  - (bb) Wann liegt eine fristgemäße Einreichung/Teilnahme vor?
  - (cc) Wie erfolgt die Mitteilung des Gewinns? Gewinnbenachrichtigungen dürfen ohne Einwilligung auch keine Werbung enthalten.
  - (dd) Ist es erforderlich, dass der Gewinner seinen Preis innerhalb einer bestimmten Zeit einlöst oder dass er selbst weitere Verpflichtungen übernimmt oder Erklärungen abzugeben hat (z.B. für Werbezwecke)?
- (b) Benennung der Preisrichter.
- (c) Begrenzung der Gewinnmöglichkeit,
  - (aa) Ausschluss der Übertragbarkeit des Gewinns,
  - (bb) Ausschluss des Anspruchs des Gewinners auf Barerlös.
- (d) Ist die Begrenzung der Veranstalterhaftung in Bezug auf die Besonderheit des zur Verfügung gestellten Gewinns (z. B. bei Lebensmitteln, Tieren etc.) erforderlich und im Hinblick auf die zu beachtenden Vorgaben des § 309 Nr. 7 BGB möglich?
- (e) Namen der Gewinner dürfen nur veröffentlicht werden, wenn deutlich in den Teilnahmebedingungen darauf hingewiesen wurde, oder die Veröffentlichung so erfolgt, dass eine Identifizierung des Gewinners vermieden wird.

(5) Umgang mit **Urheber-, Eigentums- und Leistungsschutzrechten**:
- (a) Wie und in welchem Umfang sichere ich mir die Eigentums-, Urheber- und Leistungsrechte an den eingereichten Arbeiten?
- (b) In umfangreicheren Fällen sollte der Veranstalter sich einen Freistellungsanspruch gegen den Teilnehmer einräumen lassen und diesen vorab verpflichten, die erforderlichen Unterstützungsmaßnahmen bei Prozessen zu übernehmen.
- (c) Weitgehender Ausschluss der Veranstalterhaftung für eingesendete Arbeiten?
- (d) Problem der §§ 32 f. UrhG.

(6) Einhaltung der Vorgaben des **Datenschutzes**:
- (a) In der Werbung für das Gewinnspiel muss ein deutlicher[89] Hinweis auf Art und Weise sowie Umfang und Dauer der **Speicherung personenbezogener Daten** der Teilnehmer erfolgen.[90]
- (b) Es empfiehlt sich der Hinweis, dass nach Ablauf des Preisausschreibens alle personenbezogenen Daten der Teilnehmer wieder gelöscht werden. Andernfalls ist eine explizite Einwilligung zur Datenerhebung (durch deutliche Hervorhebung) empfehlenswert.[91]

---

[88] Vgl. https://developers.facebook.com/docs/guides/policy/policy_checklist/Deutsch/ (abgerufen am 26.09.2012). Erlaubt ist es hingegen, dass die Teilnahme an dem Gewinnspiel davon abhängig gemacht wird, dass der Teilnehmer zuvor ein Fan der Seite ist.

[89] Andernfalls liegt keine wirksame Einwilligung zur Verwendung von Werbeanrufen vor; vgl. OLG Köln v. 12.09.2007 - 6 U 63/07 - Magazindienst 2008, 211-216; LG Heidelberg v. 11.12.2007 - 2 O 173/07 - MMR 2008, 258.

[90] LG Dortmund v. 23.02.2007 - 8 O 194/06, vgl. auch unter http://adresshandel-und-recht.de/urteile/Landgericht-Dortmund-20070223.html (abgerufen am 26.09.2012).

[91] Ob die Koppelung eines Gewinnspiels mit einer datenschutzrechtlichen Einwilligung wegen Verstoßes gegen § 807 Abs. 2 Nr. 1 BGB i.V.m. § 4a BDSG unwirksam ist, ist nach wie vor umstritten (für ein Verbot: OLG Hamm v. 15.11.2007 - 4 U 23/07, dagegen: OLG Köln v. 12.09.2007 - 6 U 63/07; OLG Bamberg v. 10.01.2006 - 7 U 52/05). Diese Frage dürfte auch nach der Entscheidung des EuGH v. 14.01.2010 - C-304/08 zur Europarechtswidrigkeit von § 4 Nr. 6 UWG noch offen sein.

(c) Soweit die Teilnehmerdaten zu Werbezwecken verwendet werden sollen, ist eine ausdrückliche Zustimmung bei Onlinegewinnspielen einzuholen, z.B. durch Bestätigung eines entsprechenden Kontrollkästchens. Außerdem ist der Teilnehmer über folgende Punkte zu belehren:
- Art von Werbung (z.B. Information über neueste Produkte),
- Werbekanal (E-Mail, Telefon – beide bedürfen jeweils gesonderter Zustimmung, s.o.),
- Versender der Werbung (Gewinnspielveranstalter oder Dritte?),
- Widerspruchsrecht.
(d) Es dürfen nur so viele Daten erhoben werden, wie für das Gewinnspiel nötig sind. Werden zusätzliche Daten verlangt, muss
- darauf hingewiesen werden, dass diese freiwillig sind und
- wofür diese Daten verwendet werden.
(7) **Ausschluss des ordentlichen Rechtsweges** sowie Festlegung eines Gerichtsstands.
(8) Bei Gewinnspielen übers Internet sind die besonderen Vorgaben gem. § 6 Abs. 1 Nr. 4 TMG als auch des § 312d BGB zu berücksichtigen:
(a) Prüfung, ob die Umstände des Gewinnspiels die Belehrung über ein **Widerrufsrecht** insbesondere gemäß Fernabsatzgesetz erforderlich machen.
(b) Beachtung, dass die Teilnahmebedingungen vor Versendung der Teilnahmebestätigung gelesen und einbezogen werden.
(c) Einbeziehung des **Impressums**, d.h. der Teilnehmer muss vor Versendung seiner Teilnahmezusage[92] in deutlicher Weise alle Informationen gemäß § 5 TMG und § 2 DL-InfoV vom Veranstalter erhalten haben.[93]

II. Was man nicht vergessen darf

Bei jedem Gewinnspiel ist der **Hinweis auf den Ausschluss des Rechtsweges erforderlich**. Handelt der Veranstalter zugleich mit dem Ziel, Warenumsätze zu generieren, sollte das Gewinnspiel den Hinweis enthalten, dass die **Teilnahme an dem Gewinnspiel unabhängig von dem Kauf von Waren bzw. der Bestellung von Dienstleistungen möglich** ist. Außerdem sollte es nicht den Eindruck einer Gewinnzusage erwecken (vgl. die Kommentierung zu § 661a BGB). Auf die **Teilnahmebedingungen** sollte deutlich **hingewiesen** werden. 51

Wer Schadensersatzansprüche aus einer Verletzung der durch die Auslobung begründeten Beauftragungspflicht gegen den Ausschreibenden geltend macht und dennoch anschließend an einem erneuten vom Ausschreibenden veranstalteten zweiten Wettbewerb teilnimmt, setzt sich u.U. dem Einwand der **Verwirkung** aus.[94] 52

III. Musterklauseln

§ 661 Abs. 2-4 BGB ist im Gegensatz zu § 661 Abs. 1 BGB **dispositiv**.[95] Die nach § 661 Abs. 1 BGB zu setzende Frist kann jedoch im Einvernehmen mit den Bewerbern, die fristgemäß ihre Arbeiten eingereicht haben, mit dem Ziel verlängert werden, die eingereichten Entwürfe weiterzuentwickeln.[96] 53

Zunehmend ins Kreuzfeuer der Verbraucherschutzverbände geraten **pauschale Einwilligungserklärungen**. Formulierungen wie „Ja, ich bin damit einverstanden, dass ich telefonisch/per E-Mails/SMS (...) über interessante Angebote – auch durch Dritte und Partnerunternehmen – informiert werde"[97] oder „Für weitere interessante telefonische Angebote der X GmbH aus dem Abonnementbereich"[98] oder „Tel. (z.B. zur Gewinnbenachrichtigung und weitere interessante telef. Angebote der YX GmbH)"[99] sind intransparent und unzulässig. 54

---

[92] Eine Verpflichtung nach UWG, TMG oder DL-Info-VO, bereits in der Ankündigung für ein Gewinnspiel die Teilnahmebedingungen mitzuversenden, dürfte nach richtiger Ansicht nicht bestehen.
[93] Zu den erforderlichen Hinweisen im Einzelnen vgl. *Heckmann* in: jurisPK-Internetrecht, 3. Aufl. 2011, Kap. 4.2 Rn. 24 ff., 629 ff.
[94] OLG München v. 02.07.2009 - 29 U 4218/08 - juris Rn. 35 - ZUM 20909, 971-975 - Pinakothek der Moderne, Revision eingelegt unter BGH - III ZR 210/09.
[95] *Seiler* in: MünchKomm-BGB, 5. Aufl. 2009, § 661 Rn. 3.
[96] BGH v. 09.06.1983 - III ZR 74/82 - LM Nr. 129 zu § 256 ZPO.
[97] OLG Köln v. 29.04.2009 - 6 U 217/08.
[98] OLG Hamburg v. 04.03.2009 - 5 U 62/08.
[99] LG Hamburg v. 14.02.2008 - 315 O 869/07

55 Der BGH hat die Klausel
„**Einwilligung in Werbung und Markforschung**
Mit meiner Unterschrift erkläre ich mich einverstanden, dass die von mir oben angegebenen Daten sowie die Rabattdaten (Waren/Dienstleistungen, Preis, Rabattbetrag, Ort und Datum des Vorgangs) für an mich gerichtete **Werbung** (z.B. Informationen über Sonderangebote, Rabattaktionen) per Post und mittels ggf. von mir beantragter Services (SMS oder E-Mail-Newsletter) sowie zu Zwecken der **Marktforschung** ausschließlich von der L. GmbH und den Partnerunternehmen gemäß **Ziff. xy der beiliegenden Hinweise zum Datenschutz gespeichert und genutzt werden.**
Hier ankreuzen, falls die Einwilligung **nicht** erteilt wird."
für **zulässig** erklärt, sofern diese Klauseln besonders hervorgehoben ist (vgl. § 4a Abs. 1 Satz 4 BDSG). Soweit die Zustimmung zur Einwilligung in die Zusendung von Werbung unter Verwendung von elektronischer Post wie E-Mail, aber auch Fax und Telefon[100] gewünscht wird, muss dies allerdings durch eine aktive Erklärung durch gesonderte Unterschrift erfolgen („Opt-in"-Erklärung).[101] Beinhaltet die Klausel zugleich die Zweckbestimmung der telefonischen Benachrichtigung über den Gewinn bei einem Gewinnspiel, erachtet der BGH sie als unwirksam.[102] **Eine mit einem Haken auf einer Internetseite voreingestellte Einwilligungserklärung in den Erhalt von elektronischen Newslettern stellt keine ausdrückliche Einwilligung des Kunden dar.**[103] Nach der Rechtsprechung werden **einmalig erklärte (zulässige) Einwilligungserklärungen** spätestens nach **2 Jahren unwirksam**.[104] Weitere Hinweise zur Vertragsgestaltung allgemein finden sich bei *Bahr*[105] bzw. zu den Anforderungen bei Onlineshops bei *Heckmann*.[106]

56 **Anstehende Gesetzesreform**: Der zur Verabschiedung anstehende Gesetzesentwurf der Bundesregierung gegen unseriöse Geschäftspraktiken im Internet[107] sieht einen neuen § 308 Nr. 9 BGB-E vor. Die datenschutzrechtliche Einwilligung eines Verbrauchers, die in Zusammenhang mit einem Vertrag erteilt wird und die Verarbeitung von Daten legitimiert, obwohl dies nicht zum Zwecke des Vertrags erforderlich ist, wird danach generell als unwirksam betrachtet, vgl. § 308 Nr. 9 HS. 1 BGB-E. Ob die vorformulierte Erklärung in Allgemeinen Geschäftsbedingungen integriert oder separat vorgelegt wird, soll dabei keine Rolle spielen. Eine vom Verwender gestellte Einwilligungserklärung ist nur wirksam, wenn der Verbraucher
- auf die Folgen der Weigerung der Einwilligung hingewiesen wird, d.h. darauf, ob der Vertrag auch ohne selbige zustande kommt;
- darauf hingewiesen wird, ob die Einwilligung widerrufen werden kann;
- angeben muss, ob er die Einwilligung erteilt oder verweigert (Opt-in-Lösung);
- die vertragliche Leistung durch vergleichbaren Vertrag in zumutbarer Weise auch ohne Einwilligung vom Verwender oder einem Dritten beziehen kann, soweit er auf die Leistung angewiesen ist, vgl. § 308 Nr. 9 HS. 2 lit. a-c BGB-E.

Ein Verstoß hiergegen ist dann auch über § 4 Nr. 11 UWG abmahnbar.[108]

---

[100] Hierauf weist zu Recht *Klinger*, jurisPR-ITR 22/2008, Anm. 2 hin.
[101] BGH v. 16.07.2008 - VIII ZR 348/06; krit. zum Ganzen *Nord/Manzel*, NJW 2010, 3756.
[102] BGH v. 14.04.2011 - I ZR 38/10.
[103] OLG Jena v. 21.04.2010 - 2 U 88/10 *(rechtskräftig)*. Nach Auffassung des KG Berlin v. 26.08.2010 - 23 U 34/10, findet eine AGB-Kontrolle bei unabhängig von sonstigen Erklärungen abgegebenen Einwilligungen jedoch nicht statt, wenn auf Grund ihrer drucktechnischen Anordnung und Gestaltung deutlich erkennbar ist, dass die Teilnahme an dem Gewinnspiel weder rechtlich noch tatsächlich von der Abgabe der Erklärung abhängt.
[104] LG Berlin v. 02.07.2004 - 15 O 653/03; LG Hamburg v. 17.02.2004 - 312 O 645/02, wonach eine 10 Jahre zuvor erklärte zwischenzeitlich nicht genutzte Einwilligungserklärung wegen Zeitablaufs unwirksam ist.
[105] *Bahr*, Glücks- und Gewinnspielrecht, 2. Aufl. 2007, S. 89 ff. und S. 194 f.
[106] *Heckmann* in: jurisPK-Internetrecht, 3. Aufl. 2011, Kap. 4.2 Rn. 665 ff., 676.
[107] Mitteilung des BMJ v. 03.11.2011, „Besserer Schutz gegen überzogene Abmahnungen", http://www.bmj.de/SharedDocs/Kurzmeldungen/DE/2011/20111103_Besserer_Schutz_gegen_ueberzogene_Abmahnungen.html?nn=1356288 (abgerufen am 26.09.2012).
[108] Vgl. zum Ganzen: *Hullen*, jurisPR-ITR 9/2012, Anm. 2.

IV. Steuerrechtliche Auswirkungen

Die Aufwendungen für Preise sind, soweit es sich um Preisrätsel im Sinne des § 661 BGB handelt, **Betriebsausgaben im Sinne des § 4 Abs. 4 EStG**; die Regelung des § 4 Abs. 5 Nr. 1 EStG findet bei Preisen, bei denen die Gewinner der ausgelobten Preise eine Gegenleistung in Form der Lösung der Preisaufgabe erbracht haben, keine Anwendung.[109] Weiterhin ist zu beachten, dass Aufwendungen des Veranstalters für die Zurverfügungstellung eines Gewinns, der nicht in einer Geldleistung besteht, nicht unter dem Gesichtspunkt des abgekürzten Vertragsweges als eigene Aufwendungen des Gewinners zugerechnet werden können. Der Gewinner eines von einem Unternehmen im eigenen betrieblichen (Werbe-)Interesse verlosten Fertighauses kann daher mangels eigener Aufwendungen **keine AfA** in Anspruch nehmen.[110]

Preise, die dem Steuerpflichtigen verliehen werden, können zu Erwerbseinnahmen und damit auch zu Arbeitslohn führen, § 19 Abs. 1 Satz 1 Nr. 1 i. V. m. § 8 Abs. 1 EStG. Die Finanzverwaltung geht von einer wirtschaftlichen Betrachtung aus und stuft folgende Preisverleihungen als leistungsbezogenes Entgelt ein:

- **Architektenwettbewerbe**, bei denen der Veranstalter typische Berufsleistungen des Architekten zum Inhalt seiner Auslobung macht und ein besonderes wirtschaftliches Interesse an dem Ergebnis des Wettbewerbs hat;[111]
- Geldpreise, die von einer **Stiftung für herausragende Leistungen** in einer Meisterprüfung verliehen werden;[112]
- vom Arbeitgeber gezahlte **Prämie für eine gute Abschlussnote** an einen von ihm ausgebildeten Arbeitnehmer;[113]
- Gewinne aus Losen, die Vertriebsmitarbeiter für die Erzielung bestimmter Umsätze erhalten,[114] nicht aber der Gewinn aus einer Veräußerung eines Preises, den ein Vertriebsmitarbeiter durch Erwerb eines Loses aus eigenem verdientem Geld erzielt hat;[115]
- der einem Arbeitnehmer von einem Dritten verliehene **Nachwuchsförderpreis**, wenn die Preisverleihung nicht vor allem eine Ehrung der Persönlichkeit des Preisträgers darstellt[116] sowie
- das Preisgeld des Gewinners an einer Fernsehshow (hier Big-Brother), soweit im Rahmen einer Gesamtschau weitere qualifizierende Tätigkeiten hinzutreten wie beispielsweise die Teilnahme an einem Einspielfilm, Fotoshootings, Interviews und Pressetermine.[117]

---

[109] FG Bremen v. 09.07.2008 - 2 K 220/07 - juris Rn. 69; *Söhn* in: Kirchhof/Söhn/Mellinghoff, EStG, § 4 Rn. G 120, Stichwort: Preise.
[110] BFH 26.04.2006 - IX R 24/04 - ZSteu 2006, R607-R608; *Pfützenreuter*, jurisPR-SteuerR 39/2006, Anm. 2.
[111] BFH v. 16.01.1975 - IV R 75/74 - BStBl II 1975, 558.
[112] BFH v. 14.03.1989 - I R 83/85 - BStBl II 1989, 650.
[113] BFH v. 22.03.1985 - VI R 26/82 - BStBl II 1985, 641.
[114] BFH v. 02.09.2008 - X R 8/07, X R 25/07.
[115] BFH v. 02.09.2008 - X R 25/07.
[116] BFH v. 23.04.2009 - VI R 39/08 - DStR 2009, 1191-1193.
[117] FG Köln v. 29.10.2009 - 15 K 2917/06, Rev. eingelegt, Az. BFH: IX R 6/10. Preisgelder aus der Teilnahme an einer Fernsehshow sind aber im Übrigen nicht steuerbar, vgl. BFH v. 28.11.2007 - IX R 39/06 - Mein großer, dicker, peinlicher Verlobter.

§ 661a BGB Gewinnzusagen

(Fassung vom 02.01.2002, gültig ab 01.01.2002)

Ein Unternehmer, der Gewinnzusagen oder vergleichbare Mitteilung an Verbraucher sendet und durch die Gestaltung dieser Zusendungen den Eindruck erweckt, dass der Verbraucher einen Preis gewonnen hat, hat dem Verbraucher diesen Preis zu leisten.

Gliederung

A. Grundlagen 1	I. Verjährung/Verwirkung 33
I. Kurzcharakteristik 1	II. Widerruf, Anfechtung 34
II. Gesetzgebungsmaterialien 2	III. Mitverschulden 36
III. Praktische Bedeutung 4	**D. Prozessuale Hinweise/Verfahrenshinweise** 37
IV. Dogmatische Einordnung 5	I. Beweislast 37
V. Auffassung des Autors 6	II. Prozessuales Vorgehen 39
B. Anwendungsvoraussetzungen 10	III. Rechtsschutzversicherung, PKH 41
I. Gewinnzusage oder vergleichbare Mitteilung 10	**E. Anwendungsfelder** 43
II. Sendung von Unternehmer an Verbraucher 12	I. Zivilrechtliche Geltung 43
1. Definition 12	II. Steuerrechtliche Besonderheiten 46
2. Rechtsprechung 13	**F. Arbeitshilfen – Fallgruppen** 47
III. Versendung der Gewinnzusage 17	I. Fälle mit Auslandsbezug 47
IV. Die Gestaltung der Zusendung erweckt den Eindruck, dass der Verbraucher einen Preis gewonnen hat 22	1. Anwendbares Recht 48
	2. Internationale Zuständigkeit 49
1. Typische Fälle 25	II. Einbeziehung Allgemeiner Geschäftsbedingungen 50
2. Einschränkungsmöglichkeiten 29	III. Wettbewerbsrechtliche und strafrechtliche Beurteilung 51
V. Verpflichtung, den Preis zu leisten 32	
C. Rechtsfolgen 33	IV. Praktischer Hinweis 55

A. Grundlagen

I. Kurzcharakteristik

1 Die Vorschrift wurde mit Wirkung für Sachverhalte, die nach dem 29.06.2000 entstanden sind (Art. 229 § 2 Abs. 1 EGBGB), durch das Gesetz über Fernabsatzverträge und andere Fragen des Verbraucherrechts sowie zur Umstellung von Vorschriften auf Euro vom 27.06.2000 eingefügt. Sie stellt keine Umsetzung der Richtlinie dar; vielmehr ist ihr Vorbild der in Österreich mit Wirkung zum 01.10.1999 neu eingeführte § 5j Konsumentenschutzgesetz.[1] § 661a BGB ist verfassungsgemäß; die Anwendung des § 661a BGB verstößt nicht gegen den Grundsatz, dass jede Strafe Schuld voraussetzt[2]. § 661a BGB ordnet nicht eine Strafe an, sondern handelt von Ansprüchen zwischen Privaten.[3] Die Europarechtskonformität, insbesondere im Hinblick auf die Waren- und Dienstleistungsfreiheit, dürfte nach der Entscheidung des EuGH vom 20.01.2005[4] zum nahezu wortgleichen Konsumentenschutzgesetz § 5 j nicht mehr in Frage stehen.[5]

II. Gesetzgebungsmaterialien

2 § 661a BGB wurde – auch ohne europarechtlichen Umsetzungsbedarf – zu dem Zweck geschaffen, **unlauteres Anlocken von Verbrauchern durch Mitteilungen über angebliche Gewinne zu unterbinden**.[6] Dieses Ziel ist nach Auffassung des Gesetzgebers am effektivsten dadurch zu erreichen, dass man

---

[1] Vgl. *Rauscher/Schülke*, EuLF 2001, 334-338, 334, 335.
[2] BVerfG v. 05.01.2004 - 1 BvR 2518/03 - NJW 2004, 762; vorgehend BGH v. 16.10.2003 - III ZR 106/03 - NJW 2003, 3620-3621; im Erg. auch *Seiler* in: MünchKomm-BGB, 5. Aufl. 2009, § 661a Rn. 17.
[3] BGH v. 19.02.2004 - III ZR 226/03; *Schröder/Thiessen*, NJW 2004, 719-722; LG Leipzig v. 21.02.2003 - 7 O 5093/02, 07 O 5093/02; *Schröder/Thiessen*, NJW 2004, 719-722, 719 ff.; *Rauscher/Schülke*, EuLF 2001, 334-338, 217 ff.
[4] EuGH v. 20.01.2005 - C-27/02 - EuGHE I 2005, 481-522.
[5] Zust. *Beig/Reuß*, EuZW 2009, Nr. 3 VIII-IX.
[6] BT-Drs. 14/2658, S. 48 f.

den Verbraucher in die Lage versetzt, den Unternehmer beim Wort zu nehmen und den mitgeteilten Gewinn zu verlangen.[7]

Diese Werbepraxis wurde nach Auffassung des Gesetzgebers allein mit den Mitteln des Wettbewerbsrechts nicht zufriedenstellend geahndet, da die Aussicht auf einen Verstoß gegen die §§ 3, 4 Nr. 5 u. 6, 5 UWG[8] die für Unternehmen offensichtlich sehr lukrative Art der Werbung nicht unterbinden konnte.[9]

III. Praktische Bedeutung

§ 661a BGB hat sich zu einer wahren Arbeitsbeschaffungsmaßnahme des Gesetzgebers für Richter, Anwälte, Verbraucherschützer und Wissenschaftler entwickelt. In den ersten 6 Jahren seit seiner Einführung hat sich allein der BGH in 13 Entscheidungen mit Umfang und Reichweite dieser Norm beschäftigt. In den letzten Jahren sind Auseinandersetzungen im Zusammenhang mit Gewinnzusagen drastisch zurückgegangen. Ursache hierfür ist leider nicht die Tatsache, dass die Gesetzesnorm ihren Zweck erreicht hat, sondern vielmehr, dass die **Durchsetzung des Anspruchs für den Verbraucher praktisch unmöglich** ist, nachdem

- seit 2003 die Rechtsschutzversicherungen Klagen aus Gewinnzusagen regelmäßig ausschließen, vgl. Rn. 41,
- der BGH Gewinnzusagen als sog. „unentgeltliche Leistungen" einstuft, die in der Insolvenz des Versenders nachrangig sind (vgl. Rn. 42),
- die Vollstreckung von Titeln aus Gewinnzusagen gerade gegen im Ausland ansässige Firmen regelmäßig zu keinem Erfolg führen.[10]

Vor Einführung des § 661a BGB scheiterte ein Anspruch des Verbrauchers auf den vermeintlich zugesagten Gewinn gem. § 657 BGB dann, wenn die Gewinnmitteilung an den Verbraucher **individuell adressiert** war. § 661 BGB war nicht anwendbar, weil es **an einer wirklichen Leistung** des Beworbenen **fehlte**. Damit handelte es sich – je nach Ausgestaltung – um **unverbindliche Ausspielungen** (§ 762 BGB) oder um **formnichtige Schenkungsversprechen** (§ 518 Abs. 1 BGB).[11]

IV. Dogmatische Einordnung

Die dogmatische Einordnung von § 661a BGB war lange umstritten. Teilweise wurde die Vorschrift als Norm mit Deliktcharakter angesehen, während die Gegenauffassung einen Fall der **Rechtsscheinhaftung** mit stark generalpräventivem und auch wettbewerbsrechtlichem Charakter annahm[12] bzw. von einem Sonderfall der c.i.c. ausgeht[13]. Nach Auffassung des BGH löst § 661a BGB einen zivilrechtlichen, nicht strafähnlichen Erfüllungsanspruch auf den Preis aufgrund einer Gewinnzusage aus, wobei er sich nunmehr für eine Einordnung als eine geschäftsähnliche Handlung ausgesprochen hat.[14]

V. Auffassung des Autors

Richtigerweise ist § 661a BGB ein einseitiges Rechtsgeschäft, da die Mitteilung als **empfangsbedürftige Willenserklärung** unter Abwesenden an den Verbraucher gesendet werden muss.

Sie ist empfangsbedürftig, weil § 661a BGB nach seinem Wortlaut die Zusendung der Gewinnzusage voraussetzt. Bei dieser Regelung kommt es nicht auf den tatsächlichen Willen des Absenders an, sondern darauf, was er **vom Standpunkt eines objektiven Empfängers aus betrachtet erkennbar ge-**

---

[7] BT-Drs. 14/2920, S. 15.
[8] Zur strafbaren Werbung gem. § 16 UWG: BGH v. 30.05.2008 - 1 StR 166/07 - NJW-Spezial 2008, 440; *Schröder/Thiessen*, NJW 2004, 719-722, 407 ff. und *Braun*; StraFo 2005, 102-107.
[9] BT-Drs. 14/2920, S. 15; LG Wuppertal v. 06.08.2002 - 1 O 32/02; OLG Frankfurt v. 19.02.2002 - 8 U 228/01 - MDR 2002, 1023-1024; BGH v. 02.02.1995 - I ZR 31/93 - LM UWG § 1 Nr. 683 (8/1995); BGH v. 05.02.1998 - I ZR 151/95 - LM UWG § 1 Nr. 766 (9/1998).
[10] Vgl. OLG Koblenz v. 30.04.2009 - 5 W 282/09 - juris Rn. 2 m.w.N.
[11] Vgl. hierzu OLG Düsseldorf v. 14.01.1997 - 22 W 77/96 - NJW 1997, 2122-2123.
[12] Vgl. OLG Düsseldorf v. 23.05.2002 - 6 W 27/02 - NJW-RR 2002, 1632-1633; *Lorenz*, NJW 2000, 3305-3310; vgl. auch *Seiler* in: MünchKomm-BGB, 5. Aufl. 2009, § 661a Rn. 4; vgl. zum Meinungsstand *Meller-Hanich*, NJW 2006, 2516-2520.
[13] LG Braunschweig v. 10.01.2002 - 10 O 2753/00 (352), 10 O 2753/00 - NdsRpfl 2002, 145-147; *Lorenz*, IPRax 2002, 192-196, 192.
[14] BGH v. 01.12.2005 - III ZR 191/03 - juris Rn. 26 - BGHZ 165, 172-184; zuvor noch offen gelassen BGH v.16.10.2003 - III ZR 106/03 - NJW 2003, 3620-3621; *Geisler*, jurisPR-BGHZivilR 1/2004, Anm. 1.

§ 661a

wollt hat.[15] Hierzu im Detail vgl. Rn. 23. In der Zusendung liegt eine auf die **Herbeiführung einer bestimmten Rechtsfolge** gerichtete Willenserklärung. Etwas anderes lässt sich auch nicht aus der Perfektformulierung „gewonnen hat" ableiten. Der Rechtsbindungswille liegt im Vorgang der Mitteilung.

8   Eine Mitteilung an einen Verbraucher, wonach ein Gewinnspiel stattgefunden habe, aus dem er als Gewinner hervorgegangen sei und daher den Gewinn in Empfang nehmen solle, erweckt regelmäßig beim Empfänger solcher Mitteilungen die **Erwartung**, dass der Absender **sich rechtlich binden** will. Hierin liegt der analog zu den §§ 133, 157 BGB zu erkennende Rechtsbindungswille des Absenders. Der Wille des Absenders, sich nicht zu binden, **ist unbeachtlich** (§ 116 Satz 1 BGB). Weiterhin spricht die Rechtsfolgenregelung in § 661a BGB gegen seine Qualifizierung als gesetzlich besonders geregelten Fall der c.i.c. bzw. als Norm mit Deliktscharakter. Der Verbraucher hat **Anspruch auf Erfüllung**, **nicht** aber **auf Schadensersatz**.

9   Mit der Annahme eines einseitigen Rechtsgeschäfts mit dennoch wettbewerbsrechtlichem Charakter kann ferner einleuchtend die systematische Stellung neben der Auslobung (§ 657 BGB) und dem Preisausschreiben (§ 661 BGB), die gleichfalls solche Rechtsgeschäfte darstellen, erklärt werden. Auch ist nachvollziehbar, weshalb der Preis und nicht etwa Schadensersatz, wie es bei c.i.c und Delikt grundsätzlich der Fall ist, geleistet werden muss.

B. Anwendungsvoraussetzungen

I. Gewinnzusage oder vergleichbare Mitteilung

10 Als ein Gewinn ist jede Form der Vermögensmehrung anzusehen, insbesondere Geld- und Leistungsversprechen, aber auch eine **Gratiszuwendung**.[16] Dem Begriff der „Gewinnzusage" kommt keine eigenständige Bedeutung zu, da als „Gewinnzusage" jede Mitteilung zu verstehen ist, die beim Verbraucher den Eindruck erwecken muss, er habe einen Preis gewonnen.[17] Nicht erforderlich ist hingegen, dass die Gewinnzusage im Zusammenhang mit der Anbahnung eines Versandhandels- oder anderen Geschäftes steht.[18] Die zusätzliche Einfügung der „vergleichbaren Mitteilung" macht deutlich, dass der Tatbestand der Gewinnzusage **großzügig** im Sinne des Verbraucherschutzes **auszulegen** ist. Hierunter kann auch die Übersendung eines **Scheckvordruckes** fallen.[19] Die **Zusage eines „Treuepakets"** ist eine vergleichbare Mitteilung i.S.d. § 661a BGB. Die reißerische Hervorhebung bestimmter Passagen eines Fließtextes stellt dann doch keine Gewinnzusage dar, wenn aus dem Gesamttext ein solcher Inhalt nicht entnommen werden kann.[20] Ein Abzielen auf die Gewinnleidenschaft ist nicht notwendig.[21]

11 Voraussetzung für die Annahme einer Gewinnzusage ist, dass dem Verbraucher mitgeteilt wird, man habe den Verbraucher nach einem bestimmten formalisierten Gewinnspielverfahren als Gewinner **bereits** ermittelt. Typsicherweise erhält der Verbraucher den Satz „Sie haben gewonnen ..." mitgeteilt. Ein reines Geschenkversprechen („Wir schenken Ihnen ein Haus. Rufen Sie uns an.") enthält keine Gewinnzusage nach § 661a BGB[22], kann aber, wenn dieses Gewinnversprechen zugleich mit der Aufforderung zur Vornahme einer Handlung verbunden ist („Wer heute bei uns im Geschäft einen Fernseher kauft, bekommt einen Videorekorder der Marke xy gratis dazu"), unter § 657 BGB fallen. Die Abgrenzung kann im Einzelfall schwierig sein.[23]

---

[15] So auch OLG Köln v. 10.11.2011 - 7 U 72/11; AG Bremen v. 10.12.2001 - 8 C 0211/01, 8 C 211/01 - NJW-RR 2002, 417-418; AG Cloppenburg v. 23.02.2001 - 17 C 253/00 (XVII), 17 C 253/00 - NJW-RR 2001, 1274-1275; a.A. offenbar *Lorenz*, NJW 2000, 3305 -3310.

[16] AG Bremen v. 10.12.2001 - 8 C 0211/01 - 8 C 211/01 - NJW-RR 2002, 417-418; *Braun*, VuR 2003, 214-219, 214 ff.; *Braun*, BuW 2003, 727-732, 727 ff.

[17] AG Bremen v. 18.11.2010 - 25 C 0379/10.

[18] BGH v. 07.10.2004 - III ZR 158/04 - juris Rn. 19 - BB 2004, 2375-2377.

[19] AG Charlottenburg v. 27.01.2009 - 226 C 238/08.

[20] OLG Hamm v. 10.03.2005 - 21 W 12/05 - OLGR Hamm 2005, 409-411.

[21] AG Bremen v. 10.12.2001 - 8 C 0211/01, 8 C 211/01 - NJW-RR 2002, 417-418.

[22] LG München I v. 21.08.2003 - 22 O 302/03.

[23] Krit. hierzu: *Nickoleit*, „So dreist läuft die Abzocke mit Gewinnversprechen", in der Welt vom 29.04.2009 unter www.welt.de/finanzen/verbraucher/article3633976/So-dreist-laeuft-die-Abzocke-mit-Gewinnversprechen.html (abgerufen am 26.09.2012).

II. Sendung von Unternehmer an Verbraucher

1. Definition

Die Begriffe „Verbraucher" und „Unternehmer" sind in den §§ 13 f. BGB normiert und entsprechend anwendbar.[24] Der Geschäftsführer einer GmbH ist mangels eigener gewerblicher oder selbständiger Tätigkeit ebenso wenig Unternehmer wie ein Mitglied der Geschäftsführung einer französischen s.a.r.l.[25]; das gilt sogar für den Fall, dass der Geschäftsführer Allein- oder Mehrheitsgesellschafter ist.[26] **Der Wille, nicht als Unternehmer aufzutreten, ist unbeachtlich**.[27] Der Verbraucher braucht **nicht geschäftsfähig** zu sein; § 131 BGB gilt analog.[28] Die Nennung eines Dritten als Hauptsponsor führt nicht dazu, dass der Absender als dessen Stellvertreter angesehen werden kann[29]; zur Verwendung Dritter auf Unternehmerseite im Übrigen vgl. Rn. 13. Eine analoge Anwendung auf den Bereich Verbraucher-Verbraucher oder Unternehmer-Unternehmer ist nach dem **klaren Gesetzeswortlaut** und dem Ausnahmecharakter der Vorschrift **nicht möglich**.

12

2. Rechtsprechung

„Sender" im Sinne des § 661a BGB ist nach Auffassung des BGH[30] derjenige Unternehmer, den ein durchschnittlicher Verbraucher in der Lage des Empfängers einer Gewinnzusage als Versprechenden ansieht. Der Haftung nach § 661a BGB kann nicht entgehen, wer **Dritte zwischenschaltet**, welche die Mitteilungen versenden oder von einem anderen Ort als dem Sitz des Unternehmers senden, solange die Initiative hierzu aus der Sphäre des Unternehmers stammt.[31] Angesichts der vielfältigen Möglichkeit zur Umgehung des Gesetzes durch manipulative Gestaltung der Absenderangaben, ist grundsätzlich ein weiter Versenderbegriff geboten.[32]

13

Versender ist nur derjenige, der nach **außen, aus Sicht eines objektiven Empfängers**[33], **bei Zugang**[34] **als Versender in Erscheinung tritt**. Dritte haften hingegen nur dann gegenüber dem Empfänger einer Gewinnzusage, wenn sie eine eigene Willenserklärung abgegeben haben bzw. einen wirksamen Rechtsschein dadurch gesetzt haben, dass sie selbst den Empfänger einer Gewinnzusage getäuscht haben.[35] Als Sender einer Gewinnzusage nach § 661a BGB können auch solche Dritte (der BGH spricht leider hier nur von „Unternehmer") in Anspruch genommen werden, die Verbrauchern unter **nicht existierenden oder falschen Namen, Firmen oder Geschäftsbezeichnungen oder Anschriften** Gewinnmitteilungen zukommen lassen.[36] Sender kann schließlich der Unternehmer sein, der unter fremdem Namen, also unter dem Namen einer anderen existierenden Person, handelt.[37] Als Sender kann deshalb u.U. auch das hinter einer Briefkastenfirma stehende unter deren Namen mit Eigeninteresse

14

---

[24] BGH v. 15.07.2004 - III ZR 315/03 - juris Rn. 40 m.w.N. - ZIP 2004, 1647-1649; *Ackermann*, jurisPR-BGHZivilR 36/2004, Anm. 2; krit. *Bornemann*; VuR 2004, 434-440; *ders.*, BB 2004, 2260-2262.

[25] BGH v. 15.07.2004 - III ZR 315/03 - juris Rn. 40 - ZIP 2004, 1647-1649; *Ackermann*, jurisPR-BGHZivilR 36/2004, Anm. 2.

[26] St. Rspr., vgl. BGH v. 08.11.2005 - XI ZR 34/05 - BGHZ 165, 43-53 m.w.N.; unberührt bleibt die Möglichkeit der Inanspruchnahme des Mehrheitsgeschäftsführers nach Deliktsrecht bzw. als Versender i.S.d. § 661a BGB; vgl. auch *Bornemann*, BB 2004, 2260-2262; *ders.*, VUR 2004, 434-440, der eine analoge Anwendung des § 830 Abs. 1 BGB für möglich hält, wenn der Dritte die Versendung mindestens mit veranlasst habe, um selbst an die Vertrauensinvestition des Adressaten zu gelangen.

[27] *Lorenz*, NJW 2000, 3305-3310, 3306 m.w.N. der einschlägigen Rechtsprechung.

[28] *Sprau* in: Palandt, § 661a Rn. 2.

[29] AG Cloppenburg v. 23.02.2001 - 17 C 253/00 (XVII), 17 C 253/00 - NJW-RR 2001, 1274-1275.

[30] BGH v. 08.12.2005 - III ZR 99/05 - NJW-RR 2006, 701-702.

[31] LG Wuppertal v. 19.02.2001 - 3 O 358/00 - NJW-RR 2001, 1275-1276.

[32] OLG Frankfurt v. 18.12.2003 - 26 U 21/03.

[33] BGH v. 07.10.2004 - III ZR 158/04 - juris Rn. 15 - BB 2004, 2375-2377; a.A. noch z.B. OLG Frankfurt v. 07.04.2004 - 1 U 212/03 m.w.N.

[34] BGH v. 09.12.2004 - III ZR 112/04 - juris Rn. 33 - WRP 2005, 252-243.

[35] BGH v. 15.07.2004 - III ZR 315/03 - juris Rn. 42 - ZIP 2004, 1647-1649; *Ackermann*, jurisPR-BGHZivilR 36/2004, Anm. 2; OLG Düsseldorf v. 23.05.2002 - 6 W 27/02 - NJW-RR 2002, 1632-1633; vgl. *Seiler* in: Münch-Komm-BGB, § 661a Rn. 11 f.

[36] St. Rechtsprechung, vgl. BGH v. 08.12.2005 - III ZR 99/05 - NJW-RR 2006, 701-702; BGH v. 23.06.2005 - III ZR 4/04 - juris Rn. 18 - BB 2005, 1761-1762; BGH v. 09.12.2004 - III ZR 112/04 - juris Rn. 29 - WRP 2005, 252-243; BGH v. 07.10.2004 - III ZR 158/04 - juris Rn. 20 - BB 2004, 2375-2377.

[37] BGH v. 23.06.2005 - III ZR 4/04 - BB 2005, 1761-1762.

§ 661a

handelnde Unternehmen angesehen werden.[38] Organisieren zwei juristische Personen eine Gewinnmitteilungsaktion unter einer Fantasiebezeichnung, können beide als Sender i.S.v. § 661a BGB anzusehen sein, wobei als Mitwirkungshandlung schon das Anmieten eines zustellungsfähigen Postfaches ausreichen kann.[39]

15 Beim Handeln unter fremdem Namen ist allerdings zu unterscheiden, ob aus der maßgeblichen Sicht des Empfängers ein Geschäft des Namensträgers oder ein Eigengeschäft des Handelnden vorliegt. Sollte ein Geschäft des Namensträgers geschlossen werden und wurde eine falsche Identitätsvorstellung beim Empfänger geweckt, sind die Grundsätze über die **Stellvertretung** entsprechend anzuwenden, obwohl dem Handelnden der Vertretungswille fehlte. Hatte der Handelnde Vertretungsmacht, so wird der Namensträger aus dem Geschäft berechtigt und verpflichtet; ansonsten trifft den Handelnden die Haftung entsprechend § 179 BGB.[40] Auch ein Handeln im fremden, tatsächlich existierenden Namen kann zur Haftung führen, wenn der Vertretene mangels eigener Büroorganisation nicht erreichbar ist.[41] Eine eigene Inanspruchnahme ist jedoch ausgeschlossen, wenn sie im **Auftrag des Versenders** tätig geworden sind und die Zwischenschaltung des dritten Unternehmens nicht lediglich dem Zweck dient, die Herkunft des Versenders zu verschleiern.[42]

16 Handelt es sich bei dem Versender um eine **Gesellschaft**, können neben dieser Dritte nur nach gesellschaftsrechtlichen Regeln in Anspruch genommen werden; allein damit mögliche Gestaltungsmissbräuche rechtfertigen keine Ausweitung der Anwendbarkeit des § 661a BGB.[43] Als Versender von Gewinnzusagen sind weder Konzerngesellschaften, die keinen eigenen Rechtsschein gesetzt haben,[44] noch derjenige anzusehen, der Hilfsdienste zur Durchführung des Gewinnspiels leistet und zugleich damit eigene wirtschaftliche Interessen verfolgt.[45] Eine andere Bewertung kann im Einzelfall gerechtfertigt sein, wenn ein Telekommunikationsdienstleistungsunternehmen eine (Mehrwertdienste-)Telefonnummer an ein (ausländisches) Versandhandelsunternehmen vermietet hat und in dessen Werbebrief mit der Telefonnummer in einer einheitlichen Bezeichnung samt beigefügter Firmenabkürzung genannt wird.[46]

III. Versendung der Gewinnzusage

17 Die Gewinnzusage muss dem Verbraucher weiterhin zugesendet werden. Das setzt zunächst den **Zugang** der Gewinnzusage voraus.

18 Zweifellos kann eine **Postkarte** als Träger der Gewinnmitteilung verwendet werden.[47] Die Zusendung ist aber nicht auf den Postverkehr beschränkt. Da der Gesetzgeber die Praxis der Irreführung durch Gewinnzusagen wirksam unterbinden wollte, ist der Begriff der Zusendung **weit** auszulegen. Sie kann schriftlich (z.B. per Brief, Postwurfsendung, Fax) aber **auch in elektronischer Form** (z.B. SMS, E-Mail) oder über sonstige Medien erfolgen.

19 Wer **mündliche Erklärungen** (z.B. „Kommen Sie bitte mit, Sie haben gewonnen") nicht ausreichen lässt,[48] setzt sich dem Vorwurf aus, dem gesetzgeberischen Ziel, den Verbraucher vor unerwünschten angeblichen Gewinnmitteilungen zu schützen, nicht ausreichend Rechnung zu tragen. Gerade das per-

---

[38] BGH v. 08.12.2005 - III ZR 99/05 - NJW-RR 2006, 701-702.
[39] OLG Hamm v. 08.02.2007 - 21 U 138/06 - OLGR Hamm 2007, 285-288; LG Koblenz v. 29.04.2008 - 12 S 30/08.
[40] BGH v. 08.12.2005 - III ZR 99/05 - NJW-RR 2006, 701-702.
[41] OLG Frankfurt v. 18.12.2003 - 26 U 21/03; einschränkend OLG Stuttgart v. 13.04.2004 - 12 U 193/03 - OLGR Stuttgart 2004, 393-395.
[42] OLG Düsseldorf v. 23.05.2002 - 6 W 27/02 - NJW-RR 2002, 1632-1633.
[43] BGH v. 15.07.2004 - III ZR 315/03 - juris Rn. 42 - ZIP 2004, 1647-1649; OLG Düsseldorf v. 22.12.2003 - I-6 U 171/02, 6 U 171/02 - DB 2004, 128-130.
[44] LG Wuppertal v. 06.08.2002 - 1 O 32/02.
[45] OLG Düsseldorf v. 15.04.2005 - I-1 W 9/05, 1 W 9/05 - OLGR Düsseldorf 2005, 348-350; OLG Celle v. 02.12.2004 - 11 U 151/04 - OLGR Celle 2005, 188-190; OLG Köln v. 30.11.2004 - 9 U 41/04 - RuS 2005, 288-290; a.A. LG Darmstadt v. 27.08.2003 - 9 O 65/03; ähnlich auch *Bornemann*, VuR 2004, 434-440; *Mankowski*, EwiR 2005, 111-112.
[46] Vgl. OLG Frankfurt v. 29. 03.2005 - 22 U 196/03 - NJW-RR 2005, 1366-1368; in diesem Sinne auch, allerdings ohne (überzeugende) Begründung BGH v. 23.06.2005 - III ZR 4/04 - juris Rn. 19 - BB 2005, 1761-1762.
[47] LG Wuppertal v. 19.02.2001 - 3 O 358/00 - NJW-RR 2001, 1275-1276.
[48] So die ganz h.M., vgl. nur *Bergmann* in: Staudinger, § 661a Rn. 45; *Seiler* in: MünchKomm-BGB, § 661a Rn. 9; *Kotzian-Marggraf* in: Bamberger/Roth, § 661a Rn. 4; *Sprau* in: Palandt; BGB § 661a Rn. 2.

sönliche Ansprechen von Verbrauchern (z.B. in der Einkaufsstraße, im Ladenlokal, aber auch im Internet mittels Pop-Up-Fenstern[49] oder aber auch das Hinterlassen einer Gewinnnachricht auf dem **Anrufbeantworter** des Empfängers[50] etc.) stellt eine besonders aufdringliche Form der Werbung dar, die im besonderen Maße unerwünscht ist.

Der Wortlaut des § 661a BGB „sendet (...) an" verdeutlicht, dass jedes Mitteilen an einen ausgewählten, d.h. individualisierten Verbraucher ausreicht. Eine hinreichende Individualisierung kann nicht deshalb abgelehnt werden, weil der angesprochene Verbraucher nicht persönlich als Adressat genannt wird.[51] In jedem Fall reicht eine **Scheinindividualisierung per EDV aus**, durch die der Name des Adressaten automatisch in einen ansonsten vorgefertigten Serienbrief eingefügt wird.[52] Dass mehrere Verbraucher angesprochen worden sind, ist somit unerheblich.[53] Bei reinen virtuellen Werbeeinblendungen im Internet (**Pop-up-Fenster**), bei denen der Internetuser nicht gezielt auf eine bestimmte Webseite hingeleitet worden ist, fehlt es in der Regel an der ausreichenden Individualisierung.[54] Entscheidend ist vielmehr, dass für den angesprochenen Verbraucher erkennbar bleibt, ihm sei im Rahmen eines bestimmten Gewinnfeststellungsverfahrens ein Preis zugeteilt worden. 20

Eine Sendung an den Verbraucher i.S.d. § 661a BGB liegt z.B. **nicht bei einem redaktionellen Beitrag** in einem Massenmedium wie Fernsehen, oder Hörfunk vor, dessen Angebot sich an die Allgemeinheit richtet. Wird hingegen eine Mitteilung über einen elektronischen Telemediendienst i.S.d. § 1 Abs. 1 TMG versandt, liegt eine ausreichende Individualisierung vor. 21

IV. Die Gestaltung der Zusendung erweckt den Eindruck, dass der Verbraucher einen Preis gewonnen hat

Eine Zusendung ist eine Gewinnzusage oder vergleichbare Mitteilung i.S.d. § 661a BGB, wenn sie – nach Inhalt und Gestaltung – abstrakt geeignet ist, bei einem durchschnittlichen Verbraucher in der Lage des Empfängers den Eindruck zu erwecken, er werde einen – bereits gewonnenen – Preis erhalten; auf das subjektive Verständnis der Zusendung durch den konkreten Empfänger kommt es nicht an.[55] Ob eine Gewinnzusage vorliegt, beurteilt sich nach dem **Gesamteindruck**.[56] Dieser wird vor allem durch die Kernaussage des Schreibens geprägt, wobei plakativ herausgestellten Angaben entscheidende Bedeutung beizumessen ist.[57] 22

Auslegungsmaßstab für die Ernsthaftigkeit der abgegebenen Gewinnzusage (§ 118 BGB) ist nicht der besonders misstrauische, aufgeklärte Verbraucher. Es kommt darauf an, wie ein **durchschnittlich informierter, aufmerksamer und verständiger Verbraucher** die Mitteilung auffassen muss; nicht entscheidend ist auch der mäßig kritische Empfänger.[58] Maßgeblich ist für eine Auslegung von dem ersten, die Gewinnzusage enthaltenden Schreiben auszugehen. Spätere Schreiben können, auch wenn sie die Zusage relativieren, nicht einbezogen werden.[59] Auf Willensmängel des Erklärenden, insbesondere in Hinblick auf die Ernstlichkeit der Zusage, kommt es regelmäßig nicht an.[60] Hinweise auf die mangelnde Ernstlichkeit der Gewinnzusage oder auf sonstige Einschränkungen sind nur dann beachtlich, 23

---

[49] So aber zu Unrecht das LG Köln v. 27.08.2008 - 2 O 120/08 mit abl. Anm. *Albrecht*, jurisPR-ITR 13/2009, Anm. 4, wonach es bei einer derartigen elektronischen Einblendung einer Gewinnbenachrichtigung bei Klicken auf eine Webseite an der erforderlichen dauerhaften Verkörperung fehlt; a.A. LG Lübeck v. 03.06.2010 - 14 S 71/10, wonach es auf eine Verkörperung nicht ankomme.

[50] So wiederum zu Unrecht das LG Köln v. 21.04.2010 - 10 S 177/09, wonach eine Erweiterung über den Wortlaut hinaus nicht mit dem Ausnahmecharakter der Vorschrift zu begründen wäre.

[51] BT-Drs. 14/3195, S. 34.

[52] *Lorenz*, NJW 2000, 3305-3310, 3306 m.w.N.

[53] OLG Frankfurt v. 19.02.2002 - 8 U 228/01 - MDR 2002, 1023-1024.

[54] Strenger noch LG Köln v. 27.08.2008 - 2 O 120/08, welches eine hinreichende Individualisierung ablehnt.

[55] BGH v. 19.02.2004 - III ZR 226/03 - juris Rn. 32 m.w.N. sowie die Kommentierung zu § 116 BGB.

[56] LG Braunschweig v. 10.01.2002 - 10 O 2753/00 (352), 10 O 2753/00 - NdsRpfl 2002, 145-147; LG Wuppertal v. 19.02.2001 - 3 O 358/00 - NJW-RR 2001, 1275-1276.

[57] OLG Bremen v. 12.11.2003 - 1 U 50/03.

[58] OLG Stuttgart v. 25.11.2002 - 6 U 135/2002, 6 U 135/02 - MDR 2003, 350-351; *Braun*, MDR 2003, 351-352; OLG Frankfurt v. 19.02.2002 - 8 U 228/01 - MDR 2002, 1023-1024; OLG München v. 05.02.2004 - 19 U 4690/03 - NJW 2004, 1671-1672; vgl. die Kommentierung zu § 118 BGB sowie die Kommentierung zu § 133 BGB.

[59] OLG Jena v. 18.02.2004 - 2 U 798/03.

[60] OLG Jena v. 18.02.2004 - 2 U 798/03.

wenn dadurch bei einem durchschnittlichen Verbraucher ohne weiteres der Eindruck eines gewonnenen Preises zerstört wird.[61] Die Höhe des zugesagten Betrages hat grundsätzlich keine Bedeutung für die Wirksamkeit der Zusage.[62] Der Empfänger muss bei objektiver Betrachtung die Mitteilung auf Grund ihres Inhalts dahingehend verstehen, dass er den in der Mitteilung bezeichneten Preis erhalten werde.[63] Die Vorstellungen eines im Einzelfall unerfahrenen, naiven Verbrauchers bleiben in jedem Fall unberücksichtigt. Bei der Auslegung, ob eine Gewinnzusage vorliegt, ist vom ersten, die Gewinnzusage enthaltenden Schreiben und nicht von einem späteren Schreiben, welches die Gewinnzusage relativiert, auszugehen.[64] Ob der Eindruck erweckt wurde, ein Preis sei gewonnen, ist durch gerichtliche Auslegung festzustellen und nicht durch ein empirisches Sachverständigengutachten.[65]

24 Dabei ist der Lebenswirklichkeit Rechnung zu tragen. Wird die Gewinnzusage in einem **„flüchtigen" Medium** (z.B. per Telefon) versendet, ist der erstmalige flüchtige Eindruck maßgeblich, den der Verbraucher zum Zeitpunkt der Gewinnmitteilung erhält. Je wertvoller und außergewöhnlicher der vermeintlich zugesagte Gewinn ist, desto eher wird der durchschnittlich informierte Verbraucher seine Gewinnberechtigung hinterfragen. Das gilt insbesondere, wenn dem Verbraucher hierzu weitere Informationen (z.B. Teilnahmebedingungen) in deutlich erkennbarer Form zur Verfügung stehen.[66]

1. Typische Fälle

25 **Versteckte Hinweise** auf den unverbindlichen Charakter des Gewinnspiels (z.B. auf der Rückseite einer Mitteilung) **oder ähnlich entscheidende Einschränkungen im Kleingedruckten** des Versprechens, können einen bereits erweckten Eindruck, der angesprochene Verbraucher habe einen Preis gewonnen, dann nicht mildern, wenn mögliche Bedenken durch andere Äußerungen wie z.B. die namentliche Nennung des Gewinnberechtigten zerstreut werden.[67]

26 Für die erforderliche Ankündigung nach § 661a BGB ist es ausreichend, dass bei dem Verbraucher der Eindruck erweckt wird, er habe den Preis unabhängig von jeder Bestellung gewonnen.[68] Der Anspruch auf Auszahlung des Gewinns kann dann nicht durch allgemeine Geschäftsbedingungen eingeschränkt, relativiert oder als unverbindlich dargestellt werden, wenn sich die Allgemeinen Geschäftsbedingungen versteckt in einem besonders klein gedruckten Formulartext befinden, während die Gewinnzusage besonders herausgestellt ist[69] oder sich die Einschränkungen nicht aufdrängen.[70] Selbst wenn der Verbraucher bereits mehrfach Gewinnmitteilungen erhalten hat und vom Kleingedruckten weiß, komme es nicht auf dessen subjektive Sicht, sondern allein auf den objektiv erweckten Eindruck an.[71] Insoweit unbeachtlich ist, wenn der Empfänger mit seiner Unterschrift erklärt, von den Vergabebedingungen Kenntnis genommen zu haben und sie verstanden zu haben.[72]

27 Der Eindruck, einen Preis gewonnen zu haben, kann inhaltlich durch die **Anrede als „glücklicher Gewinner"**[73] hervorgerufen werden.[74] Ebenso durch die Bemerkung, dass die Mitteilung **„kein Scherz,**

---

[61] OLG Frankfurt v. 24.11.2003 - 25 U 89/03.
[62] KG Berlin v. 16.12.2003 - 7 U 9/03 - KGR Berlin 2004, 218-220.
[63] OLG Saarbrücken v. 27.08.2002 - 4 U 686/01 - 137, 4 U 686/01 - OLGR Saarbrücken 2003, 55-60.
[64] OLG Jena v. 18.02.2004 - 2 U 798/03 - OLG-NL 2004, 55-57.
[65] OLG Frankfurt v. 24.11.2003 - 25 U 89/03.
[66] Vgl. OLG Köln v. 18.03.2010 - 21 U 2/10. Streng auch OLG Celle v. 06.05.2004 - 4 U 29/04 - OLGR Celle 2004, 453-456, wonach eine „textgenaue Auslegung einer Mitteilung" erforderlich ist.
[67] Nach OLG Hamm v. 08.02.2007 - 21 U 138/06 - OLGR Hamm 2007, 285-288 sind in den Text einer Gewinnzusage eingebaute Aussagen, die entgegen dem Gesamteindruck nur bei einer spitzfindigen Auslegung Bedenken hinsichtlich eines bereits eingetretenen Gewinns auslösen können, ohne Bedeutung; in diesem Sinne auch OLG Frankfurt v. 22.01.2003 - 23 U 30/02 - juris Rn. 42; OLG Frankfurt v. 19.02.2002 - 8 U 228/01 - MDR 2002, 1023-1024; noch strenger *Lorenz*, NJW 2000, 3305-3310, 3306; OLG Dresden v. 19.12.2001 - 8 U 2256/01 - VuR 2002, 187-190.
[68] OLG Saarbrücken v. 27.08.2002 - 4 U 686/01 - 137, 4 U 686/01 - OLGR Saarbrücken 2003, 55-60.
[69] OLG Stuttgart v. 25.11.2002 - 6 U 135/2002, 6 U 135/02 - MDR 2003, 350-351; OLG Hamm v. 25.11.2002 - 8 U 65/02 - OLGR Hamm 2003, 78-82; noch strenger OLG Oldenburg v. 07.03.2003 - 6 U 173/02 - NJW-RR 2003, 1564-1565: grundsätzlich nicht möglich.
[70] OLG Saarbrücken v. 23.06.2004 - 1 U 578/03, 1 U 578/03 - 147 - OLGR Saarbrücken 2004, 576-579.
[71] OLG Koblenz v. 26.09.2002 - 5 U 202/02 - MDR 2002, 1359.
[72] OLG Celle v. 05.02.2004 - 4 U 195/03 - OLGR Celle 2004, 195-196.
[73] LG Wuppertal v. 19.02.2001 - 3 O 358/00 - NJW-RR 2001, 1275-1276.
[74] LG Potsdam v. 29.05.2002 - 4 O 467/00 - VersR 2003, 378-380.

sondern voller Ernst" sei[75], oder „das Unglaubliche sei wahr geworden"[76], sowie durch eine insgesamt erstmals zugehende „**letztmalige Aufforderung**"[77]. Ebenso kann eine als „**Gewinnbestätigung**"[78] oder „**Gewinnabruf**"[79] bezeichnete Mitteilung[80] oder aber **Fotos von vermeintlichen Gewinnern** aus vorangegangenen Ziehungen diesen Eindruck erwecken[81]. Eine „**Information über Guthaben**" in Verbindung mit der Mitteilung, es sei zu Gunsten des Adressaten ein Konto über 26.000 DM eingerichtet, erweckt objektiv den Eindruck, der Erklärungsempfänger habe diesen Betrag gewonnen. Maßgebend ist allein, ob die Mitteilung abstrakt geeignet ist, bei einem durchschnittlichen Verbraucher den Eindruck eines bereits gewonnenen Preises zu erwecken.[82] Eine Gewinnzusage liegt auch vor, wenn eine Werbesendung einen „offiziellen Ziehungsnachweis" verschickt mit dem Hinweis an den Adressaten, er sei Gewinner eines Bargeld-Preises in Höhe von 4.200 DM.[83] Ebenso das Versprechen, einen noch anzufordernden Scheck über einen bestimmten Betrag zu übersenden[84].

Äußerliches Indiz einer Gewinnzusage sind vermeintlich **offizielle Stempel, Siegel**, aber auch **Faksimile der Unterschrift**[85] und dergleichen mehr. Gleiches gilt für angebliche Beglaubigungen Dritter, die nicht notwendig als Träger hoheitlicher Funktionen erscheinen müssen. 28

2. Einschränkungsmöglichkeiten

Nicht eindeutig erkennbare Einschränkungen vermögen diesen Eindruck nicht zu zerstören. Hierzu gehören klein gedruckte[86], in „zarter" Schrift verfasste[87] oder auf der Rückseite befindliche Einschränkungen[88]. Ferner kann die Formulierung, dass der Angeschriebene „auch" Gewinner sei, die Verpflichtung, den Preis zu leisten, nicht sicher eingrenzen oder die Verpflichtung gar ausschließen[89]. Auch **Streichungen** durch den Verbraucher selbst in den der Gewinnzusage beigefügten Unterlagen sind unerheblich, solange sie nicht die Gewinnzusage selbst betreffen.[90] Die Aussage in einer angekündigten zweiten Mitteilung „**vielleicht sind Sie ja schon der glückliche Gewinner**", kann nicht den Eindruck beseitigen, wenn zuvor der Adressat in der ersten Mitteilung als „glücklicher Gewinner" angesprochen worden[91] oder ihm eine „offizielle Gewinnmitteilung" übersendet wurde[92]. Ebenso wenig kann der Hinweis, ein Rechtsanwalt solle noch prüfen, ob „alles seine Richtigkeit habe" die Gewinnzusage entfallen lassen, insbesondere, wenn die Prüfung tatsächlich überhaupt nicht durchgeführt wird und dem Verbraucher auch das Ergebnis nicht mitgeteilt wird.[93] Geschwollene Formulierungen und erfundene Titel angeblich Beteiligter in Gewinnzusagen sind nicht geeignet, den Eindruck des Empfängers, er habe schon gewonnen, in Frage zu stellen. Eine Gewinnmitteilung wird auch nicht dadurch entwertet, dass die Gewinnsumme durch die Vergabemodalitäten auf einen Kleinstbetrag reduziert wird.[94] Soweit klar und deutlich aber nur von einer **Gewinnchance**[95] die Rede ist, kann dies ausreichen, um den Anspruch aus § 661a BGB entfallen zu lassen. 29

Liegen die Voraussetzungen einer Gewinnzusage vor, kann sich der Unternehmer nicht dadurch der Haftung entziehen, dass er die Gewinnherausgabe von weiteren **Formerfordernissen**, wie z.B. 30

---

[75] AG Heinsberg v. 05.12.2000 - 18 C 173/00 - NJW-RR 2001, 1274.
[76] OLG Köln v. 18.03.2010 - 21 U 2/10.
[77] OLG Dresden v. 19.12.2001 - 8 U 2256/01 - VuR 2002, 187-190.
[78] OLG Frankfurt v. 19.02.2002 - 8 U 228/01 - MDR 2002, 1023-1024.
[79] LG Aachen v. 28.10.2009 - 11 O 417/08 - juris Rn. 30; rkr. OLG Köln v. 18.03.2010 - 21 U 2/10.
[80] OLG Frankfurt v. 19.02.2002 - 8 U 228/01 - MDR 2002, 1023-1024.
[81] OLG Frankfurt v. 19.02.2002 - 8 U 228/01 - MDR 2002, 1023-1024.
[82] OLG Koblenz v. 26.09.2002 - 5 U 202/02 - MDR 2002, 1359.
[83] OLG Köln v. 16.12.2002 - 16 U 54/02.
[84] OLG Köln v. 07.10.2003 - 16 W 25/03 - OLGR Köln 2003, 367-368.
[85] LG Wuppertal v. 19.02.2001 - 3 O 358/00 - NJW-RR 2001, 1275-1276.
[86] OLG Frankfurt v. 19.02.2002 - 8 U 228/01 - MDR 2002, 1023-1024.
[87] LG Braunschweig v. 10.01.2002 - 10 O 2753/00 (352), 10 O 2753/00 - NdsRpfl 2002, 145-147.
[88] OLG Dresden v. 19.12.2001 - 8 U 2256/01 - VuR 2002, 187-190.
[89] OLG Frankfurt v. 19.02.2002 - 8 U 228/01 - MDR 2002, 1023-1024.
[90] OLG Dresden v. 19.12.2001 - 8 U 2256/01 - VuR 2002, 187-190.
[91] LG Wuppertal v. 19.02.2001 - 3 O 358/00 - NJW-RR 2001, 1275-1276.
[92] LG Aachen v. 28.10.2009 - 11 O 417/08 - juris Rn. 30; rkr. OLG Köln v. 18.03.2010 - 21 U 2/10.
[93] OLG Celle v. 17.07.2003 - 11 U 69/03 - OLGR Celle 2004, 49-51.
[94] LG München I v. 23.12.2003 - 6 O 22041/02.
[95] OLG Karlsruhe v. 20.06.2008 - 14 U 195/07 - juris Rn. 18.

§ 661a

Schriftformen oder Verwendung eines Anforderungsscheins[96], **Zahlung einer Unkostenpauschale**[97], **Rücksendung einer bestimmten Codemarke auf einem dafür bestimmten Rücksendeschein**[98] abhängig macht. Auch die Voraussetzung, dass der Gewinner vor Auszahlung des Gewinns Waren bestellen muss, ist unzulässig.[99] Dadurch würden zusätzliche Tatbestandsvoraussetzungen geschaffen und folglich § 661a BGB umgangen werden.[100] Wird die Auszahlung des Gewinnes von leicht zu erfüllenden, formalen Voraussetzungen wie der Rücksendung der Auszahlungsunterlagen innerhalb einer bestimmten Frist geknüpft, dann kann dies die Haftung im Einzelfall ausschließen, wobei jede Klausel am Maßstab der §§ 305 ff. BGB zu prüfen ist.[101]

31   Die Anspracke mit „**Vielleicht sind Sie, werter Herr…, der Gewinner (…)**" führt dagegen zu keiner Haftung des Unternehmers.[102] Gleiches gilt für die Mitteilung, wonach der angeschriebene Verbraucher mit „großer Wahrscheinlichkeit" der Gewinner sei.[103]

V. Verpflichtung, den Preis zu leisten

32   Der Anspruch richtet sich auf **Leistung des Preises**, d.h. die Erbringung der angekündigten Leistung an den Mitteilungsempfänger, der diesen Anspruch geltend macht.[104] Er wird **fällig** im Zeitpunkt des Zugangs der Gewinnzusage.[105] Wenn also als Preis ein Reisescheck ausgeschrieben ist, ist dies der Preis, nicht etwa die Reise selbst.[106] Mit einem als „nagelneu" bezeichneten Preis ist dabei „fabrikneu" gemeint.[107] Der Unternehmer ist auch zur Leistung verpflichtet, wenn der Gewinner bei der Veranstaltung, auf welcher der Preis ausgehändigt werden sollte, nicht anwesend ist, da der von dem Unternehmer organisierte Bustransport zu der Veranstaltung ausfällt oder der Unternehmer den Ort der Preisübergabe nicht mitgeteilt hat.[108] Leistet der in Anspruch genommene nicht bzw. ist ihm die Leistung unmöglich, richten sich die Rechtsfolgen nach den §§ 280 ff., 284 ff. BGB. Dies gilt insbesondere auch dann, wenn der Unternehmer seine Nebenpflichten verletzt. Zu den Nebenpflichten des Unternehmers zählt beispielsweise die Auskunft, wann, wo und wie der Gewinn übergeben wird, aber auch die Aufklärung des Verbrauchers über die Identität des Versenders, wie sie z.B. in § 37a HGB, § 6 Abs. 2 MDStV und § 6 Abs. 1 TDG enthalten sind. Erhält der Gewinner diese Informationen nicht, und verpasst er deswegen die Übergabe des Preises, so haftet der Unternehmer gem. § 280 Abs. 1 i.V.m. § 661a BGB.

C. Rechtsfolgen

I. Verjährung/Verwirkung

33   Es gilt die regelmäßige Verjährungsfrist von **3 Jahren** (§ 195 BGB). Im Einzelfall ist zu prüfen, ob der Erfüllungsanspruch des Verbrauchers gegen den Versender einer Gewinnzusage **verwirkt** ist. Wegen des wettbewerbsrechtlichen Charakters des § 661a BGB (vgl. Rn. 5) ist m.E. die sechsmonatige Verjährung aus dem Wettbewerbsrecht entsprechend anzuwenden. Macht der Verbraucher seinen Anspruch innerhalb von **sechs Monaten seit Zugang** der Gewinnzusage nicht geltend, ist dieser i.d.R. verwirkt. Darüber hinaus besteht die Möglichkeit dem Gewinnanspruch des Verbrauchers den Einwand des Rechtmissbrauches (§§ 242, 826 BGB) entgegen zu halten.[109]

---

[96] OLG Dresden v. 19.12.2001 - 8 U 2256/01 - VuR 2002, 187-190.
[97] AG Cloppenburg v. 23.02.2001 - 17 C 253/00 (XVII), 17 C 253/00 - NJW-RR 2001, 1274-1275.
[98] OLG Frankfurt v. 24.11.2003 - 25 U 89/03; LG Berlin v. 11.07.2003 - 36 O 560/02.
[99] OLG Bamberg v. 18.11.2002 - 4 U 86/02 - OLGR Bamberg 2003, 164-166; LG Braunschweig v. 17.09.2004 - 4 O 663/03 (73), 4 O 663/03 - juris Rn. 35.
[100] LG Braunschweig v. 10.01.2002 - 10 O 2753/00 (352), 10 O 2753/00 - NdsRpfl 2002, 145-147.
[101] OLG München v. 05.02.2004 - 19 U 4690/03 - NJW 2004, 1671-1672; OLG Schleswig v. 19.05.2004 - 9 U 63/03 - OLGR Schleswig 2005, 120-121; LG Braunschweig v. 10.01.2002 - 10 O 2753/00 (352), 10 O 2753/00 - NdsRpfl 2002, 145-147; a.A. *Lorenz*, IPRax 2002, 192-196, 192.
[102] *Lorenz*, NJW 2000, 3305-3310, 3306.
[103] OLG Frankfurt v. 19.02.2002 - 8 U 228/01 - MDR 2002, 1023-1024.
[104] *Sprau* in: Palandt, § 661a Rn. 3.
[105] Vgl. OLG Thüringen v. 19.07.2006 - 7 U 325/05 - juris Rn. 25 m.w.N. - OLG-NL 2006, 241-242.
[106] AG Cloppenburg v. 23.02.2001 - 17 C 253/00 (XVII), 17 C 253/00 - NJW-RR 2001, 1274-1275.
[107] LG Wuppertal v. 19.02.2001 - 3 O 358/00 - NJW-RR 2001, 1275-1276.
[108] OLG Oldenburg v. 10.02.2004 - 15 W 3/04 - MDR 2004, 930.
[109] BGH v. 16.10.2003 - III ZR 106/03 - juris Rn. 36 - NJW 2003, 3620-3621.

II. Widerruf, Anfechtung

Das Widerrufsrecht gem. § 658 BGB findet auf die Gewinnzusage **keine Anwendung** (vgl. die Kommentierung zu § 658 BGB). § 658 BGB schützt vor den einzigartigen Gefahren, die von der Auslobung als **nichtempfangsbedürftiges Rechtsgeschäft** ausgehen. Die Norm kann also als Ersatzregelung für den hier nicht geltenden § 130 Abs. 1 Satz 2 BGB verstanden werden. § 661a BGB ist jedoch ein empfangsbedürftiges Rechtsgeschäft. Ferner sprechen Wortlaut, systematische Stellung und die Intention des Gesetzgebers, den Unternehmer beim Wort zu nehmen, gegen die analoge Anwendung des § 658 BGB[110], wonach der Unternehmer u.U. bis zu dem Zeitpunkt, zu dem der Mitteilungsempfänger in Kontakt mit dem Unternehmer tritt bzw. Erkundigungen einholt oder eine andere Erklärung abgibt, die Gewinnzusage gemäß § 658 Abs. 1 BGB analog widerrufen kann.

34

Die Gewinnzusage kann als einseitiges Rechtsgeschäft aber von dem Absender gemäß den §§ 119 ff. BGB angefochten werden, wobei eine Anfechtung wegen eines Rechtsfolgeirrtums ausscheidet. Genauso scheidet entsprechend dem Sinn des § 661a BGB eine Anfechtung wegen Inhaltsirrtums für den Fall aus, in welchem dem Absender nicht bewusst ist, dass seine Mitteilung als Preisgewinn verstanden werden kann.[111]

35

III. Mitverschulden

Ist der Unternehmer zur Erfüllung gemäß § 661a BGB verpflichtet, kann er sich **nicht mehr auf ein angebliches Mitverschulden** (§ 254 BGB) des Verbrauchers **berufen**. Ein Mitverschulden scheidet nach vorliegend vertretener Auffassung aufgrund der Rechtsnatur der Gewinnzusage als einseitiges Rechtsgeschäft (vgl. Rn. 6) aus. Hat der Verbraucher seinerseits Mitwirkungspflichten verletzt oder sich nicht ausreichend mit dem Charakter der Mitteilung auseinandergesetzt, dann ist der auf Herausgabe des Gewinns gerichtete Anspruch bereits **ausgeschlossen**, weil die Mitteilung vom Standpunkt eines durchschnittlich informierten, aufgeklärten Verbrauchers (vgl. Rn. 23) nicht den Eindruck erweckt, der Verbraucher habe einen Preis gewonnen.

36

D. Prozessuale Hinweise/Verfahrenshinweise

I. Beweislast

Die **Beweislast** ist wie folgt verteilt: Der Verbraucher muss grundsätzlich beweisen, dass der in Anspruch genommene Unternehmer der Sender der Gewinnzusage ist[112]; allerdings genügt dieser mit einem pauschalen Bestreiten dann nicht seiner sekundären Darlegungslast, wenn der Verbraucher konkrete Indizien für eine angebliche gesellschaftsrechtliche Verflechtung zum Versender vorlegt.[113] Behauptet der Verbraucher, dass ein Unternehmen ein Versprechender im Sinne des § 661a BGB ist, so hat er dies zu beweisen.[114] Gleiches gilt für die Behauptung, dass dieses Unternehmen wirtschaftlich hinter dem auftretenden versprechenden Unternehmen steht.[115]

37

Den Versender trifft die Beweislast für den Zugang zusätzlicher Teilnahmebedingungen.[116] Auch ohne den Nachweis der rechtzeitigen Absendung eines Gewinnanforderungsscheines durch den Verbraucher haftet der Versender jedenfalls dann, wenn er selbst keine Eingangskontrolle durchführt und den rechtzeitigen Zugang des „Gewinnanforderungsscheines" lediglich mit Nichtwissen bescheinigt.[117] Entscheidend für die Annahme, dass ein Unternehmen als Gewinnversprecher handelt bzw. auftritt, ist der **zeitliche und inhaltliche Zusammenhang zwischen Gewinnversprechen und Warenbewer-**

38

---

[110] Zweifelnd *Sprau* in: Palandt, § 661a Rn. 4.
[111] *Lorenz*, NJW 2000, 3305-3310, 307 m.w.N. auf die einschlägige Rechtsprechung.
[112] BGH v. 07.10.2004 - III ZR 158/04 - juris Rn. 20 ff. - BB 2004, 2375-2377; *Seiler* in: MünchKomm-BGB, 5. Aufl. 2009, § 661 Rn. 18; sehr kritisch hierzu *Mankowski*, EwiR 2005, 111-112, der von einer „höchstrichterlich abgesegneten Anleitung" zur Umgehung der § 661a BGB-Haftung spricht.
[113] Sehr großzügig: OLG Thüringen v. 19.07.2006 - 7 U 325/05 - juris Rn. 20 - OLG-NL 2006, 241-242; vgl. BGH v. 23.06.2005 - III ZR 4/04 - juris Rn. 19 - BB 2005, 1761-1762.
[114] Zu den Schwierigkeiten in der Praxis, den Nachweis zu erbringen, vgl. LG Hildesheim v. 11.03.2009 - 4 O 131/07 - NJOZ 2010, 832.
[115] LG Wuppertal v. 19.03.2002 - 1 O 334/01.
[116] OLG Rostock v. 17.02.2004 - 3 U 269/03 - OLGR Rostock 2004, 273-276.
[117] LG Berlin v. 11.07.2003 - 36 O 560/02.

bung.[118] Liegt ein typischer Werbeablauf bei gleichem Erscheinungsbild im oben genannten Sinne vor, dann muss der in Anspruch genommene Unternehmer erhebliche Gründe darlegen und sich um Aufklärung bemühen, warum er diese Gewinnzusage dennoch tatsächlich nicht abgesendet hat.

II. Prozessuales Vorgehen

39 Die Durchsetzung eines Anspruchs erfolgt mittels **Leistungsklage**. **Erfüllungsort** kann in Ausnahme zu § 269 Abs. 1 BGB auch der Wohnsitz des Empfängers der Gewinnzusage sein.[119] Eine Gewinnzusage eines Unternehmens kann einen Anspruch auf **dinglichen Arrest** begründen, wenn der Empfänger glaubhaft machen kann, dass der Versender Schwindelgeschäfte betreibt, in dem er inhaltlich gleichlautende Gewinnmitteilungen an eine Vielzahl von Personen unter Einsatz teurer 0900-Rufnummern versendet.[120] Es kann jedoch wegen Art. 28 ff. EGVR nicht mit dem Sitz des Versenders im EU-Ausland begründet werden.[121]

40 Enthält die Gewinnzusage das Versprechen der Zahlung einer bestimmten Geldsumme oder die Leistung einer bestimmten Menge anderer vertretbarer Sachen oder Wertpapiere und liegt dem Empfänger ein entsprechendes originalunterschriebenes Schreiben des Versenders vor, kann der Empfänger seinen Anspruch im Wege des **Urkundenverfahrens** gem. § 592 ZPO durchsetzen.[122]

III. Rechtsschutzversicherung, PKH

41 Für Klagen aus Gewinnzusagen müssen die **Rechtsschutzversicherungen** die Prozesskosten übernehmen, soweit noch die ARB 1994 gelten; der Ausschlusstatbestand des § 3 Abs. 2 lit. f Alt. 1 ARB 94 greift nicht[123]. Bei einer verweigerten Deckungszusage macht sich die Rechtsschutzversicherung schadensersatzpflichtig.[124] Eine Klage ist i.d.R. auch dann nicht mutwillig, wenn eine außergerichtliche Rechtsberatung über einen gesamten Forderungsbetrag aus mehreren Gewinnzusagen erfolgt.[125] Seit der Geltung der ARB 2000 besteht wegen der Ausschlussklausel keine Einstandspflicht mehr, vgl. § 3 Abs. 2 lit. f ARB 2004. Auf § 26 Abs. 4 ARB kann der Kostendeckungsantrag nicht gestützt werden.[126] Ob es einen Erfahrungssatz gibt, wonach Zwangsvollstreckungsmaßnahmen auf der Grundlage von Gewinnzusagen im Ausland ansässiger Firmen nicht einträglich sind, ist umstritten.[127] In jedem Fall ist das Risiko, dass die Gerichte den Antrag auf **Prozesskostenhilfe** für Klagen aus Gewinnzusage mangels hinreichender Erfolgsaussicht gem. § 114 ZPO verweigern, in den letzten Jahren angestiegen.[128]

42 Ansprüche aus einer Gewinnzusage sind **insolvenzrechtlich** als nachrangige Forderungen nach § 39 Abs. 1 Nr. 4 InsO zu behandeln.[129] Damit sind isolierte Klagen von Verbrauchern gegen die Versender derartiger Gewinnzusagen in der Regel aussichtslos. Der beratende Anwalt muss prüfen, ob sich die Namen der vertretungsberechtigten Organe des Versenders oder auch deren Gesellschafter ermitteln lassen und Ansprüche gegen diese prüfen. Denn ein GmbH-Geschäftsführer oder u.U. auch ein Director einer Private Limited Company (PLC) **haften persönlich** gem. § 15 Abs. 4 InsO i.V.m. § 17 Abs. 2 InsO, wenn sie Gewinnmitteilungen versenden (lassen), von denen sie wissen, dass die von ihnen geführte Gesellschaft diese Forderungen nicht bedienen kann. Dieselbe Pflicht trifft im Falle der **Führungslosigkeit** der Gesellschaft der die Gewinnzusagen versendenden Gesellschaft die Gesellschafter

---

[118] LG Wuppertal v. 19.02.2001 - 3 O 358/00 - NJW-RR 2001, 1275-1276.
[119] BGH v. 01.12.2005 - III ZR 191/03; vgl. die Kommentierung zu § 269 BGB Rn. 22.
[120] AG Waren v. 02.02.2005 - 31 C 58/05 - VuR 2005, 316-317; zust. *Gaedtke/Tamm*, IPRax 2006, 584-586.
[121] A.A. so aber gerade AG Waren v. 02.02.2005 - 31 C 58/05 - VuR 2005, 316-317.
[122] AG Bremen v. 18.11.2010 - 25 C 0379/10.
[123] BGH 15.03.2006 - IV ZR 4/05 - VersR 2006, 830-832.
[124] BGH 15.03.2006 - IV ZR 4/05 - VersR 2006, 830-832; *Armbrüster*, EwiR 2006, 425-426.
[125] OLG Köln v. 08.06.2004 - 9 U 129/03 - RuS 2005, 285-288.
[126] LG Osnabrück v. 08.09.2003 - 9 O 1781/03 - JurBüro 2004, 149; a.A. OLG Karlsruhe 01.12.2005 - 19 U 188/04 - OLGR Karlsruhe 2006, 87-90.
[127] Stritt. vgl. OLG Hamm v. 10.03.2005 - 21 W 12/05 - OLGR Hamm 2005, 409-411; OLG Dresden v. 23.12.2003 - 8 W 0781/03; zust. *Mankowski*, VuR 2004, 250-253; großzügiger hingegen OLG Hamm v. 28.12.2004 - 8 W 64/04 - OLGR Hamm 2005, 223-224; a.A. OLG Koblenz v. 30.04.2009 - 5 W 282/09 - juris Rn. 2; OLG Dresden v. 07.09.2004 - 8 W 670/04, 8 W 0670/04 - OLG-NL 2004, 281-282, wonach grundsätzlich keine PKH zu gewähren ist.
[128] Vgl. zuletzt OLG Koblenz v. 30.04.2009 - 5 W 282/09 - juris Rn. 2.
[129] BGH v. 13.03.2008 - IX ZR 117/07 - EBE/BGH 2008, 155-156, zust. *Hermann*, jurisPR-InsR 13/2007, Anm. 4 u. *Kriegel*, ZInsO 2008, 552-554, wonach die von § 661a BGB intendierte Straffunktion in der Insolvenz nicht mehr erfüllt werden könnte; dagegen: *Maier*, VuR 2008, 352-355.

selbst, vgl. § 15a Abs. 3 InsO. Die zivilrechtlichen Ansprüche gem. § 92 InsO bzw. aus existenzvernichtenden Eingriff können allerdings im Falle der Insolvenz wiederum nur vom Insolvenzverwalter geltend gemacht werden.[130]

E. Anwendungsfelder

I. Zivilrechtliche Geltung

Entsprechend dem vom Gesetzgeber verfolgten Zweck, den Unternehmer beim Wort zu nehmen, ist § 661a BGB **zwingend**. 43

Eine analoge Anwendung des § 661a BGB verbietet sich wegen dessen **Ausnahmecharakters als einseitiges Rechtsgeschäft**. Gemäß § 311 Abs. 1 BGB a.E. kann ein einseitiges Rechtsgeschäft nämlich nur in vom Gesetz ausdrücklich bezeichneten Fällen ein Schuldverhältnis begründen. Die Gesetzestechnik ist hierbei auch sinnvoll und zu beachten, weil in einem unerträglichen Maß gehaftet werden müsste, wenn § 661a BGB auf lediglich ähnlich gelagerte Fälle anzuwenden wäre.[131] Zur Anwendbarkeit in Fällen mit Auslandsbezug vgl. Rn. 48. 44

Soweit Gewinnzusagen im Zusammenhang mit der Anbahnung von (Versandhandels-) Geschäften stehen, können in diesem Zusammenhang zustande gekommene Bestellungen auch wegen Verstoßes gegen § 138 Abs. 1 BGB **sittenwidrig** sein. Das gilt insbesondere für Bestellungen von älteren Verbrauchern aufgrund der Zusendung einer Vielzahl von Gewinnzusagen, die den wiederholten Appell, alles „richtig zu machen", enthalten, soweit die Versender dabei bewusst die rechtliche und geschäftliche Unerfahrenheit der Angeschriebenen ausgenutzt haben und die Verbraucher ohne die Gewinnzusagen die gekauften Gegenstände nicht erworben hätten.[132] 45

II. Steuerrechtliche Besonderheiten

Die Einstufung der Gewinnzusage als **unentgeltliche Leistung** durch den BGH[133] hat nicht nur insolvenzrechtliche Bedeutung (vgl. Rn. 42). Als unentgeltliche Leistung kann sie im Gegensatz zu Preisrätseln im Sinne des § 661a BGB, bei denen der Gewinner der ausgelobten Preise eine Gegenleistung in Form der Lösung der Preisaufgabe erbringt, **nicht mehr als Betriebsausgabe** im Sinne des § 4 Abs. 4 bzw. Abs. 5 Nr. 1 EStG abgesetzt werden. Auf die Frage, ob der Versender einen wirtschaftlichen Zweck verfolgt, kommt es nicht an.[134] Als Marketinginstrument erscheint daher das Mittel der Gewinnzusage auch wirtschaftlich nicht (mehr) so attraktiv, es sei denn man unterstellt den Handelnden, dass diese von Anfang an weder bereit noch wirtschaftlich in der Lage sind, versprochene Gewinne auszuzahlen. Dann wäre das Vorgehen unter insolvenz- (vgl. Rn. 42) und strafrechtlichen Gesichtspunkten (vgl. Rn. 52) neu zu würdigen. 46

F. Arbeitshilfen – Fallgruppen

I. Fälle mit Auslandsbezug

Fälle mit Auslandsbezug liegen vor, wenn ein Unternehmer mit Sitz im Ausland Gewinnzusagen an einen in Deutschland wohnenden Verbraucher verschickt. 47

1. Anwendbares Recht

Unabhängig davon, wie man § 611a BGB dogmatisch einordnet (vgl. Rn. 5), gilt in diesen Fällen stets deutsches Recht. Bei Klagen deutscher Verbraucher gegen ausländische Anbieter stuft der BGH jede Gewinnmitteilung an im Inland ansässige Verbraucher als zwingende Eingriffsnorm im Sinne des Art. 34 EGBGB ein, mit der Folge, dass **deutsches Recht zwingend Anwendung** findet.[135] Zuständigkeitsrügen nach EuGVO oder EuGVVÜ, die nicht bereits in der ersten Instanz geltend gemacht wer- 48

---

[130] BGH v. 16.07.2007 - II ZR 3/04 - DB 2007, 1802.
[131] OLG Düsseldorf v. 23.05.2002 - 6 W 27/02 - NJW-RR 2002, 1632-1633.
[132] BGH v. 29.06.2005 - VIII ZR 299/04 - NJW 2005, 2991-2995; *Nassall*, jurisPR-BGHZivilR 43/2005, Anm. 2.
[133] FG Bremen v. 09.07.2008 - 2 K 220/07 - juris Rn. 69, bestätigt durch den Nichtannahmebeschluss des BFH v. 19.03.2009 - XI B 84/08; *Söhn* in: Kirchhof/Söhn/Mellinghoff, EStG, § 4 Rn. G 120 Stichwort: Preise.
[134] BFH v. 19.03.2009 - XI B 84/08.
[135] BGH v. 01.12.2005 - III ZR 191/03 - BGHZ 165, 172-184; im Erg. Zust. *Lorenz*, NJW 2006, 472-475, 474; *Schäfer*; JZ 2006, 522-524; *Felke*; BGHReport 2006, 254-255.

den, sind nicht präkludiert.[136] Wer § 661a BGB als wettbewerbsrechtliche und damit deliktische Norm einordnet, wird vom **Wohnsitz des Verbrauchers als Recht des Handlungsortes** (Art. 40 Abs. 1 Satz 1 EGBGB) ausgehen.[137]

2. Internationale Zuständigkeit

49 Zuständiges Gericht für Klagen des Verbrauchers auf Herausgabe des Gewinns gem. § 661a BGB ist nach herrschender Auffassung in der Rechtsprechung **stets das Gericht am Wohnsitz des Verbrauchers**.[138] Wenn man § 661a BGB richtigerweise als einseitiges Rechtsgeschäft ansieht (vgl. Rn. 6), gilt der deutsche Gerichtsstand gem. Art. 16 Abs. 1, 15 Abs. 1 lit. c EuGVVO.[139] Dies hat der EuGH nunmehr explizit auch in den Fällen geklärt, bei denen der Verbraucher nicht durch Bestellung von Waren einen Vertrag zustande gebracht hatte.[140] Eine eigenständige Verpflichtung des Verbrauchers ist danach nicht mehr erforderlich, solange er das in der Zusage des Gewinns enthaltene Angebot zumindest konkludent annehme, z.B. indem er den Gewinn anfordere.[141]

II. Einbeziehung Allgemeiner Geschäftsbedingungen

50 Versender von Gewinnzusagen müssen dem Verbraucher die Möglichkeit geben, in zumutbarer Weise von den Bedingungen Kenntnis zu nehmen, was voraussetzt, dass der Wille zur Einbeziehung in der Gewinnmitteilung deutlich hervortritt[142] und die Geschäftsbedingungen lesbar und nicht überraschend i.S.d. § 305c Abs. 1 BGB sind.[143] Sie können aber keinesfalls einen eindeutigen gegenteiligen Eindruck in der Gewinnzusage vollständig entwerten.[144] Unter Beachtung dieser Grenzen kann eine Gewinnzusage aber auch an eine fristgerechte Abrufung geknüpft werden.[145]

III. Wettbewerbsrechtliche und strafrechtliche Beurteilung

51 Nach der Reform des UWG vom 03.07.2004[146] und der zum 28.12.2008[147] erfolgten Umsetzung der EU-Richtlinie über unlautere Geschäftspraktiken (UGP-Richtlinie)[148] wird man jede Gewinnzusage als Verstoß gegen § 3 Abs. 3 UWG i.V.m. UWG Anh. Nr. 17 einstufen, bei der der unzutreffende Eindruck erweckt wird, ein Verbraucher habe einen Preis gewonnen oder werde ihn gewinnen oder werde durch eine bestimmte Handlung einen Preis oder sonstigen Vorteil gewinnen, wenn es einen solchen Preis oder Vorteil nicht gibt oder wenn jedenfalls die Möglichkeit einen solchen Preis zu erlangen, von der Zahlung eines Geldbetrages oder der Übernahme von Kosten abhängig gemacht wird.[149] Zusätzlich sind die Regelung gem. § 3 Abs. 3 UWG i.V.m. Anh. 16, 20 und 21 zu beachten. Im Ergebnis wird dies

---

[136] BGH v. 28.11.2002 - III ZR 102/02 - BGHZ 153, 82-93.

[137] Zur Behandlung von Gewinnzusagen in Frankreich vgl. *Reinert/Witz*, ZeuP 2005, 136-142.

[138] BGH v. 01.12.2005 - III ZR 191/03 - BGHZ 165, 172-184; OLG Stuttgart v. 11.03.2004 - 2 U 172/03 - juris Rn. 18 - OLGR Stuttgart 2004, 441-442, wonach sich die Zuständigkeit aus Art. 5 Nr. 3 i.V.m. Art. 66 I, 76 EuGVVO ergibt.

[139] LG Braunschweig v. 17.09.2004 - 4 O 663/03 (73), 4 O 663/03 - juris Rn. 29 ff.; LG Hannover v. 27.08.2002 - 18 S 2003/01 - 126, 18 S 2003/01 - NdsRpfl 2003, 70-72; a.A. noch: OLG Frankfurt v. 19.02.2002 - 8 U 228/01 - OLGR Frankfurt 2002, 168-170.

[140] EuGH v. 14.05.2009 - C-180/06.

[141] Vgl. allgemein: *Wurmnest* in: jurisPK-BGB, 4. Aufl. 2009, Art. 1 Rom II-VO Rn. 32 m.w.N.

[142] OLG Frankfurt v. 22.01.2003 - 23 U 30/02 - juris Rn. 42; OLG Koblenz v. 26.09.2002 - 5 U 202/02 - juris Rn. 31 ff. - MDR 2002, 1359.

[143] Vgl. LG Aachen v. 28.10.2009 - 11 O 417/08; krit. hierzu OLG Naumburg v. 30.09.2003 - 7 U 79/03 - juris Rn. 31 f.

[144] OLG Frankfurt v. 22.01.2003 - 23 U 30/02 - juris Rn. 42; LG Aachen v. 28.10.2009 - 11 O 417/08 - juris Rn. 34; LG Aachen v. 28.10.2009 - 11 O 417/08 - juris Rn. 30 (rkr.: OLG Köln v. 18.03.2010 - 21 U 2/10).

[145] OLG Stuttgart v. 01.03.2004 - 6 U 195/03 - OLGR Stuttgart 2004, 466-469.

[146] BGBl I 2004, 1414.

[147] BGBl I 2008, 2249.

[148] Richtlinie 2005/29/EG vom 11.05.2005 über unlautere Geschäftspraktiken im binnenmarktinternen Rechtsverkehr zwischen Unternehmern und Verbrauchern, http://eur-lex.europa.eu/LexUriServ/LexUriServ.do?uri=OJ:L:2005:149:0022:0039:DE:PDF (abgerufen am 26.09.2010).

[149] Vgl. hierzu *Weidert/Bruhn* in: Harte-Bavendamm, UWG, 2. Aufl. 2009, Anh. § 3 Abs. 3 „Schwarze Liste" II. Nr. 17 Rn. 22; *Seichter* in: Ullmann, jurisPK-UWG, 2. Aufl. 2009, Anh. zu § 3 Abs. 3 (Nr. 17) UWG Rn. 2, der zu Recht darauf hinweist, dass in diesen Fällen zugleich ein Verstoß gegen § 5 Abs. 1 UWG und § 34 Nr. 5 UWG vorliegen dürfte.

nur noch in den seltensten Fällen dazu führen, dass eine einzelne Gewinnzusage nicht zugleich wettbewerbswidrig ist. Im Einzelfall kann das Verhalten des Versenders auch als **(versuchter) Betrug** i.S.d. § 263 StGB[150] zu werten sein.

Der BGH hat Werbesendungen, denen jeweils Warenkataloge beigefügt waren und die unwahre und irreführende Gewinnmitteilungen und Geschenkversprechen enthielten, als **strafbare Werbung im Sinne des § 16 UWG** eingestuft. Ausschlaggebend für die Verurteilung der Verantwortlichen zu Freiheitsstrafen (!) war die Gestaltung der Werbesendungen in der Weise, dass für den Empfänger der Eindruck entstehen sollte, durch einen Gewinn schon begünstigt worden zu sein; vor diesem Hintergrund erschien auch die Ware günstiger, weil der Kunde für sein Geld vermeintlich mehr erhielt als nur diese.[151]

52

Unlauter handelt darüber hinaus, wer

53

- im Zusammenhang mit einer Gewinnmitteilung, der angeschriebene Verbraucher habe einen der abgebildeten Gewinne auf jeden Fall gewonnen, auf eine „Gewinn-Auskunft" unter Angabe einer 0900-Telefonnummer hinweist (dies ist irreführend gem. § 5 Abs. 1 Nr. 2 UWG, wenn dem Verbraucher unter der entgeltpflichtigen Telefonnummer nicht die erwartete Auskunft über seinen Gewinn erteilt wird, sondern die Gewinne nur allgemein beschrieben werden[152]),
- mit einer Gewinnbenachrichtigung die Aufforderung verbindet, für die Gewinnvergabe „anteilige Organisationskosten" i.H. von 25 € zu zahlen (er verstößt gegen § 4 Nr. 5 UWG, wenn aus der Teilnahmebedingung nicht klar und eindeutig hervorgeht, wofür der Verbraucher den geforderten „Organisationsbeitrag" leisten soll[153]).

Unternehmen, die sich an vorstehenden wettbewerbswidrigen Handlungen dadurch beteiligen, dass sie die Vertragsabwicklung übernehmen, haften darüber hinaus als Störer, da sie mir ihren Handlungen den lauteren Wettbewerb beeinträchtigen.[154]

54

IV. Praktischer Hinweis

Der Unternehmer kann seine zivilrechtliche Haftung nur dann abwehren, wenn er entweder **von vornherein deutlich** macht, dass lediglich eine **Gewinnchance**[155] besteht, oder aber er muss den ursprünglich **entstandenen Eindruck** in der Mitteilung mit den **gleichen deutlichen Mitteln zerstören**, mit denen er ihn hervorgerufen hat.[156] Auch der Empfänger einer Gewinnzusage sollte verschiedene taktische Varianten seiner Reaktion prüfen.[157]

55

- Zur Identifizierung der Sender können Auskunftsansprüche bei Mehrwertdienstenummern nach § 43a TKG[158] bzw. § 13a UKlaG durch Verbraucherverbände herangezogen werden.
- Ein Unternehmer mit Niederlassung in Deutschland hat nach richtiger Ansicht spätestens mit der Versendung die Auskünfte gem. § 2 **Dienstleistungsinformationsverordnung** (DL-InfoV) und auf Nachfrage die Auskünfte gem. § 3 DL-InfoV zur Verfügung zu stellen. Ein Verstoß hiergegen kann von den jeweils örtlich zuständigen Gewerbeämterm mit Bußgeldern bis zu 1.000 € geahndet werden, vgl. § 146 Abs. 2 Nr. 1 i.V.m. Abs. 3 GewO.
- Meldung der Werbemaßnahme und Abtretung der Forderung zur Einziehung und gerichtlichen Geltendmachung an einen Verbraucherverband.
- Wettbewerber können Ansprüche gem. §§ 8-10 UWG geltend machen.

Wer Gewinnzusagen versendet, in denen Kaffeefahrten veranstaltet werden, bedarf einer **Reisegewerbekarte** gem. § 55 GewO. Diese Genehmigung darf nicht erteilt werden bzw. kann widerrufen werden, wenn der Veranstalter bereits in der Vergangenheit Gewinnzusagen erteilt hat, die er nicht eingehalten hat.[159]

56

---

[150] Vgl. hierzu: *Eisele*, NStZ 2010, 193-199.
[151] BGH v. 30.05.2008 - 1 StR 166/07 - NJW-Spezial 2008, 440 mit Anm. *Ernst*, jurisPR-WettbR 10/2008, Anm. 5.
[152] BGH v. 09.06.2005 - I ZR 279/02 - Magazindienst 2005, 1314-1318 noch zu § 5 Abs. 2 Nr. 2 UWG a.F.
[153] BGH v. 09.06.2005 - I ZR 279/02 - Magazindienst 2005, 1314-1318.
[154] BGH v. 26.04.2001 - I ZR 314/98 - BGHZ 147, 296-306.
[155] Vgl. OLG Karlsruhe v. 20.06.2008 - 14 U 195/07 - juris Rn. 18.
[156] So kann beispielsweise nach Auffassung des AG Eckernförde v. 22.09.2011 - 6 C 460/11 erwartet werden, dass im Falle des Nichtgewinnens bei einem Rubbellos im freizurubbelnden Feld Beschreibungen wie „Leider nicht gewonnen!" oder „Dieses Mal hatten Sie leider kein Glück!" zum Vorschein kommen.
[157] Vgl. die Empfehlungen bei: *Meller-Hanich*, NJW 2006, 2516-2520, 249 f.
[158] Die 0900er-Nummern werden in einer bei der Bundesnetzagentur geführten Datenbank erfasst, die im Internet auf den Seiten der Bundesnetzagentur (www.bundesnetzagentur.de, abgerufen am 26.09.2012) veröffentlicht wird.
[159] Vgl. VG Oldenburg v. 22.04.2010 - 12 A 1106/09 (n. rkr.).

§ 662

Titel 12 - Auftrag, Geschäftsbesorgungsvertrag und Zahlungsdienste

Untertitel 1 - Auftrag

§ 662 BGB Vertragstypische Pflichten beim Auftrag

(Fassung vom 02.01.2002, gültig ab 01.01.2002)

Durch die Annahme eines Auftrags verpflichtet sich der Beauftragte, ein ihm von dem Auftraggeber übertragenes Geschäft für diesen unentgeltlich zu besorgen.

Gliederung

A. Grundlagen 1	2. Angebot und Annahme 30
I. Kurzcharakteristik 1	3. Form 31
II. Gesetzesentwicklung 2	4. Vollmacht 32
III. Europäischer Hintergrund 3	IV. Die §§ 662-674 BGB als allgemeine
IV. Regelungsprinzipien 4	Regelungen 33
V. Bezug zum UN-Kaufrecht 12	**D. Rechtsfolgen** 34
B. Praktische Bedeutung 13	I. Erfüllungsansprüche – Leistungs- und Schutz-
C. Anwendungsvoraussetzungen 19	pflichten 34
I. Besorgung eines übertragenen Geschäfts ... 20	II. Haftung 37
II. Unentgeltlichkeit 24	**E. Prozessuale Hinweise** 40
III. Vertragsschluss 25	**F. Anwendungsfelder** 41
1. Abgrenzung zum Gefälligkeitsverhältnis ... 26	

A. Grundlagen

I. Kurzcharakteristik

1 § 662 BGB gibt eine **Definition** des Auftrags im Sinne der vertraglichen Verpflichtung zur unentgeltlichen Besorgung eines fremden Geschäfts. Der Auftrag ist nach dem Gesetz ein unvollkommen zweiseitiger Vertrag. Weil Pflicht des Beauftragten zur Besorgung des übertragenen Geschäfts und Aufwendungsersatzpflicht des Auftraggebers nicht im Gegenseitigkeitsverhältnis (do ut des) stehen, ist der Auftrag kein gegenseitiger Vertrag; die §§ 320-326 BGB sind nicht anwendbar. Als unentgeltliches Rechtsgeschäft steht der Auftrag in Bezug auf die Besorgung eines fremden Geschäfts neben der auf Zuwendung gerichteten Schenkung (§ 516 BGB), der auf Gebrauchsgestattung bezogenen Leihe (§ 598 BGB) und der einer Aufbewahrung dienenden Verwahrung (§ 688 BGB). Von der Geschäftsführung ohne Auftrag (§ 677 BGB) unterscheidet sich der Auftrag durch das Vorhandensein eines Vertrags. Zur Abgrenzung zum Maklervertrag vgl. die Kommentierung zu § 652 BGB. Die eigentliche **Bedeutung** des Auftragsrechts liegt in der Anwendung dieser Bestimmungen kraft **Verweisung**, insbesondere beim **Geschäftsbesorgungsvertrag** (§ 675 BGB). Der Begriff Auftrag wird in den §§ 662 ff. BGB (Auftrag als Vertragsangebot einerseits und als Auftragsvertrag andererseits), in anderen rechtlichen Zusammenhängen („Auftragsbestätigung") oder umgangssprachlich (Auftrag der Eltern an ihr Kind) unterschiedlich verwandt.

II. Gesetzesentwicklung

2 Das Recht des Auftrags wird vom **Schuldrechtmodernisierungsgesetz** vom 26.11.2001[1] nicht berührt. Hinsichtlich des Geschäftsbesorgungsvertrags des § 675 BGB gilt im Wesentlichen dasselbe.[2] Durch das **Überweisungsgesetz** vom 21.07.1999,[3] das die §§ 675a-676h BGB eingefügt hatte, waren freilich zuvor der seinerzeitige § 675 BGB (entgeltliche Geschäftsbesorgung) und § 676 BGB (keine Haftung für Rat oder Empfehlung) mit geringfügigen Änderungen in § 675 BGB zusammengefasst und

---

[1] BGBl I 2001, 3138.
[2] Der Änderungsvorschlag aus einem vom BMJ vergebenen Gutachten, vgl. *Musielak*, Entgeltliche Geschäftsbesorgung, in: Gutachten und Vorschläge zur Überarbeitung des Schuldrechts, Bd. II, 1981, S. 1209, 1310 (hrsg. vom BMJ), blieb unberücksichtigt.
[3] BGBl I 1999, 1642.

der Überschrift „Geschäftsbesorgungsvertrag" unterstellt worden[4]; durch Gesetz vom 27.06.2000[5] war § 676h BGB (betreffend Missbrauch von Zahlungskarten) eingefügt worden. Das Schuldrechtsmodernisierungsgesetz hatte lediglich die VO-Ermächtigung von § 675a Abs. 2 BGB auf Art. 239 EGBGB verlagert. Durch Gesetz vom 29.07.2009[6] wurden mit Wirkung vom 31.10.2009 im Zuge der Umsetzung der **Zahlungsdiensterichtlinie**[7] § 675a BGB (betreffend Informationspflichten) und § 676 BGB (betr. Übertragung von Wertpapieren) neu gefasst sowie die §§ 675c-676c BGB betreffend Zahlungsdienste (mit Verweisung auf Auftragsrecht) neu eingeführt; diese Änderungen haben auch Auswirkungen auf den Anwendungsbereich der §§ 662 ff. BGB. Hinsichtlich der Systematik ist durch diese Gesetzesänderung der bisherige „Titel 12. Auftrag und Geschäftsbesorgung" erweitert worden zu „Titel 12: Auftrag, Geschäftsbesorgungsvertrag und Zahlungsdienste". Auf den **historischen Hintergrund** aus der Zeit der Schaffung des BGB wird unten im Kontext der Regelungsprinzipien eingegangen (vgl. Rn. 6).

III. Europäischer Hintergrund

Das Auftragsrecht selbst steht bislang außerhalb der europäischen Vereinheitlichungsbestrebung.[8] Art 3: 101 (3) der Principles of European Contract Law[9] beschränkt die einschlägigen Ausführungen ausdrücklich auf das Außenverhältnis zwischen Prinzipal und Agent, während sich das Auftragsrecht gerade mit dem Innenverhältnis von Auftraggeber und Auftragnehmer befasst. Für die **Geschäftsbesorgung** des § 675 BGB finden sich rechtsvergleichende Darstellungen[10]; Entsprechendes gilt für die **Geschäftsführung ohne Auftrag**[11]. Für spezielle vertypte Geschäftsbesorgungsverträge, insbesondere im Vertriebsrecht, spielt europäisches Recht eine wichtige Rolle.[12] Zur Zahlungsdiensterichtlinie vgl. Rn. 2.

3

IV. Regelungsprinzipien

Zum Begriff der Geschäftsbesorgung. § 662 BGB wie auch die §§ 662 ff. BGB lassen sich nur in ihrem Regelungszusammenhang mit § 675 BGB verstehen und kommentieren. Der Auftrag (§ 662 BGB) beinhaltet eine vertragliche Pflicht zur unentgeltlichen **Besorgung** eines fremden **Geschäfts**. Demgegenüber sollen die Auftragsvorschriften[13] mangels spezieller Regelung entsprechend angewandt werden auf einen entgeltlichen Dienstvertrag oder Werkvertrag, der eine **Geschäftsbesorgung** zum Inhalt hat (§ 675 BGB).

4

---

[4] Dass § 675 BGB unter dem Untertitel 2. Geschäftsbesorgungsvertrag steht, der entsprechend dem amtlichen Hinweis der Umsetzung der RL 97/5/EG über grenzüberschreitende Überweisungen sowie Art. 3-5 der RL 98/26/EG über die Wirksamkeit von Abrechnungen in Zahlungs- und Wertpapierliefer- und Wertpapierabrechnungssystemen dient, spielt für die Auslegung des § 675 BGB keine große Rolle, weil es insoweit primär um die §§ 675a ff. BGB geht.

[5] BGBl I 2000, 897.

[6] Gesetz zur Umsetzung der Verbraucherkreditrichtlinie, des zivilrechtlichen Teils der Zahlungsdiensterichtlinie sowie zur Neuordnung der Vorschriften über das Widerrufs- und Rückgaberecht vom 29.07.2009, BGBl I 2009, 2355.

[7] Das Gesetz verweist 1. auf die Richtlinie 2007/64/EG des Europäischen Parlaments und des Rates vom 13.11.2007 über Zahlungsdienste im Binnenmarkt, zur Änderung der Richtlinien 97/7/EG, 2002/65/EG, 2005/60/EG und 2006/48/EG sowie zur Aufhebung der Richtlinie 97/5/EG (Zahlungsdiensterichtlinie – Abl. EU Nr. L 319, S. 1) und 2. auf die Richtlinie 2008/48/EG des Europäischen Parlaments und des Rates vom 23.04.2008 über Verbraucherkreditverträge und zur Aufhebung der Richtlinie 87/102/EWG des Rates (Verbraucherkreditrichtlinie – Abl. EU Nr. L 133 S. 66).

[8] Vgl. zusammenfassend mit Nachweisen *Ranieri*, Europäisches Obligationenrecht, 3. Aufl. 2009, S. 100 ff.

[9] *Lando/Beale*, Principles of European Contract Law, Part I and II, 2000.

[10] Vgl. *Musielak*, Entgeltliche Geschäftsbesorgung, in: Gutachten und Vorschläge zur Überarbeitung des Schuldrechts, Bd. II, 1981, S. 1209, 1268 ff.; *Martinek* in: Staudinger, 1994, § 675 Rn. A 101 ff.

[11] Vgl. etwa *Ranieri*, Europäisches Obligationenrecht, 3. Aufl. 2009, S. 1757 ff.

[12] Vgl. etwa zum Vertriebsrecht *Martinek/Semler/Habermeier*, Handbuch des Vertriebsrechts, 3. Aufl. 2010; insoweit aus der allgemeinen kartellrechtlichen Literatur etwa *Klotz* in: Schröter/Jakob/Klotz/Mederer, Kommentar zum europäischen Wettbewerbsrecht, 2. Aufl. 2011; *Emmerich*, Kartellrecht, 12. Aufl. 2012, § 5; *Bechtold*, Kartellgesetz, 6. Aufl. 2012; *Bechtold/Bosch/Brinker/Hirsbrunner*, EG-Kartellrecht, Kommentar, 2. Aufl. 2009.

[13] Mit Ausnahme des § 664 BGB betr. Unübertragbarkeit und § 672 BGB betr. Widerruf und Kündigung.

§ 662

5   Nach herrschender **Trennungstheorie** wird dabei der Begriff der Geschäftsbesorgung in den §§ 662 und 677 BGB weiter verstanden als in § 675 BGB[14]; die sog. **Einheitstheorie** will demgegenüber den Begriff der Geschäftsbesorgung einheitlich verstehen[15], wobei Konsens darüber besteht, dass eine Abgrenzung allein durch das Merkmal der Unentgeltlichkeit in § 662 BGB gegenüber § 675 BGB nicht genügt, da es auch unentgeltliche Dienst- oder Werkverträge geben kann.[16]

6   **Historischer Hintergrund**: Die Kontroverse geht letztlich auf gravierende **Fehlvorstellungen** bei Schaffung des BGB zurück. Diese betreffen einmal das **Verhältnis zwischen** § 662 BGB **und** § 675 BGB.[17] So war nach dem ersten Entwurf des BGB vor dem Hintergrund der römisch-rechtlich-gemeinrechtlichen Tradition neben dem Dienst- und Werkvertrag der Auftrag vorgesehen, von den beiden ersteren Vertragstypen zwar nicht klar abgegrenzt, aber offenbar verstanden i.S. unentgeltlich erbrachter „höherer Dienste", die freilich eventuell auch gegen Entgelt geleistet werden konnten. Die zweite Kommission führte dann die Unentgeltlichkeit des Auftrags zur Abgrenzung ein, ergänzte dies aber vorsorglich um die heutige Regelung des § 675 BGB für entgeltliche Verträge, womit die Abgrenzung aber wieder offen blieb. Das Ergebnis ist Ratlosigkeit i.S.d. Einheits- bzw. Trennungstheorie, wobei die gesetzgeberische Vorstellung wohl eher für eine Einheitstheorie i.S. „höherer Dienste" zu mobilisieren wäre, was umgekehrt zu Defiziten im Auftragsrecht wegen eines dann dort zu engen Geschäftsbesorgungsbegriffs führen müsste. Eine klare begriffliche Abgrenzung existiert jedenfalls nicht.

7   Eine **zweite Fehlvorstellung** kam hinzu, nämlich die Meinung, dass die in den §§ 662-670 BGB geregelten Fragen betreffend Weisungen, Auskunfts- und Rechenschaftsberichten, Herausgabe- und Vorschusspflichten sowie Aufwendungsersatzpflichten **nur bei dem so verstandenen Auftrag bzw. Geschäftsbesorgungsvertrag** relevant sein. Derartige Fragen spielen aber bei weitem nicht nur beim Geschäftsbesorgungsvertrag des § 675 BGB eine Rolle. Schon deshalb muss der Begriff Geschäftsbesorgung beim Auftrag weiter sein als beim Geschäftsbesorgungsvertrag des § 675 BGB mit quasi „höheren Diensten". Darüber hinaus muss das diesbezügliche **Regelungsprogramm** der §§ 662-674 BGB generell einen weiten Anwendungsbereich haben, der letztlich noch über Auftrag, GoA und spezialgesetzliche In-Bezugnahmen (vgl. dazu Rn. 12) hinausreicht. Bei allen Rechtsverhältnissen, bei denen typischerweise Fragen betreffend Weisungen etc. eine Rolle spielen, ergeben sich diesbezügliche Nebenpflichten ggf. schon aus Treu und Glauben, und i.S. einer Konkretisierung dieses Grundsatzes stehen letztlich auch hier die §§ 662-674 BGB zur Diskussion.[18]

8   **Heutige Problematik**: Der heutige Stand der **Methodenlehre** gestattet es, das **Regelungsprogramm** der §§ 662, 675 BGB trotz der Mängel in Wortlaut und Systematik, trotz der begrifflich nicht möglichen Abgrenzung von allgemeinen Dienst- und Werkverträgen und trotz der Untätigkeit des heutigen Gesetzgebers in **adäquater Weise** zu **entfalten**, ohne dass es noch entscheidend auf die Einheits- oder Trennungstheorie ankommt. Dies gilt auch dann, wenn man den Geschäftsbesorgungsvertrag des § 675 BGB als Grundtypus vielfältiger speziell durch Gesetz oder Vertragspraxis weiter ausgestalteter Vertragstypen begreift.[19] Und es heißt für die §§ 662-675 BGB, dass die Anwendung des diesbezüglichen **Regelungsprogramms** unbeschadet der Begrifflichkeit der Geschäftsbesorgung letztlich i.S. eines beweglichen Systems realisiert werden kann.[20] Daneben mag durchaus Raum sein für einen typologisch erfassten Geschäftsbesorgungsvertrag als Grundmuster vielfältiger moderner Vertragstypen.[21] Für das Auftragsrecht i.e.S. hat dies zunächst keine unmittelbare Bedeutung. Bei **unentgeltlicher** Geschäfts-

---

[14] Vgl. BGH v. 25.04.1966 - VII ZR 120/65 - BGHZ 45, 223-230 zu § 675 BGB: selbständige Tätigkeit wirtschaftlicher Art, für die ursprünglich der Geschäftsführer selbst zu sorgen hatte; BGH v. 16.03.1965 - VI ZR 210/64 - BGHZ 43, 188-195 zu § 680 BGB: Information über Gefahrenlage durch Transport einer unbeleuchteten Strohpresse; OLG Celle v. 01.07.1987 - 9 U 36/86 - NJW-RR 1987, 1384-1385 zu § 662 BGB: Aufsicht über die zu einem Kindergeburtstag eingeladenen Kinder; *Sprau* in: Palandt, § 662 Rn. 6; § 675 Rn. 3; *Martinek* in: Staudinger, § 675 Rn. A 15 ff. m.w.N.; a.A. *Ehmann* in: Erman, vor § 662 Rn. 15, 91 m.w.N., der darauf hinweist, dass die Trennungstheorie auf die Rechtsprechung nicht gestützt werden könne, was freilich nur zutrifft, wenn man die GoA sowie die OLG-Rechtsprechung zu § 662 BGB außer Betracht lässt.

[15] Vgl. etwa *Seiler* in: MünchKomm-BGB, § 662 Rn. 9 ff., 14 mit Verweis auf typologische Abgrenzung in § 675 BGB; ähnlich *Ehmann* in: Erman, vor § 662 Rn. 24 unter Hinweis auf ein bewegliches System.

[16] Vgl. *Ehmann* in: Erman, vor § 662 Rn. 18.

[17] Vgl. hierzu eingehend *Martinek* in: Staudinger, § 675 Rn. A 5 ff.; *Ehmann* in: Erman, § 662 Rn. 6 ff.

[18] *Ehmann* in: Erman, vor § 662 Rn. 71 versteht i.d.S. § 675 BGB als Regel des allgemeinen Schuldrechts.

[19] Vgl. etwa *Martinek* in: Staudinger, § 675 Rn. A 23 ff.

[20] *Ehmann* in: Erman, § 662 Rn. 24; vgl. auch *Seiler* in: MünchKomm-BGB, § 662 Rn. 13 f.

[21] Vgl. *Martinek* in: Staudinger, § 675 Rn. A 23.

besorgung im Sinne des § 662 BGB greift vor dem Hintergrund des hier weiten Begriffs der Geschäftsbesorgung das Regelungsprogramm der einschlägigen Vorschriften **unstreitig** ein. **Wichtig** ist aber, dass die begrifflich **nicht klare Abgrenzung** zwischen dem entgeltlichen Geschäftsbesorgungsvertrag des § 675 BGB und den **sonstigen Dienst- oder Werkverträgen** zunächst qua beweglichem System aufgefangen werden kann mit der Folge, dass für Dienst- oder Werkverträge, für die Bedarf nach dem partiellen Einsatz des Regelungsprogramms des Auftragsrechts besteht, die diesbezüglichen Vorschriften jedenfalls herangezogen werden können.[22]

In diesem Sinne hat etwa *Ehmann* im Anschluss an *Isele* den Versuch unternommen, eine **Typenlehre der Geschäftsbesorgung** zu entwickeln.[23] Deren Kern bildet eine Geschäftsbesorgungsmacht, um die sich Ordnungsprinzipien gruppieren, nämlich Inhalt der Befugnisse, Dauer und Gegenstand der Geschäftsbesorgung, Verhältnis von Fremd- zu Eigeninteresse sowie Entstehungsgrundlage der Macht. In diesem Sinne wird dann § 675 BGB systematisch dem allgemeinen Dienst- oder Werkvertragsrecht zugeordnet und das Regelungsprogramm partiell und zweckgerecht auf Kauf-, Miet-, Leih- und Arbeitsvertrag, über § 242 BGB im Wege der Nebenpflichten auf sonstige Verträge, erstreckt, so dass die Norm letztlich als Regel des **allgemeinen Schuldrechts** begriffen wird.[24] Für die praktische Anwendung sind die Einzelheiten dieser Lehre wohl zu fein gesponnen. Im Sinne eines Argumentationspotentials dürfte sie freilich beträchtliche Dienste für eine adäquate Erfassung vielfältiger Nebenpflichten leisten, die deren Herleitung aus § 242 BGB sachgerecht ergänzt.

Folgen für die Kommentierung: Die nachfolgende Kommentierung der §§ 662 ff. BGB muss von vornherein die entsprechende Anwendung dieser Vorschriften über § 675 BGB im Blickfeld behalten, also über die Kommentierung des Auftragsrecht i.e.S. hinausgehen. Dabei wird insbesondere die Entfaltung des Regelungsprogramms im o.g. Sinne notwendig. Umgekehrt kann die Vielzahl von Einzelaspekten und Entscheidungen, die für § 675 BGB eine Rolle spielen, im Rahmen der Kommentierung der §§ 662 ff. BGB nicht umfassend angesprochen werden. Für Einzelaspekte und Entscheidungen bildet insoweit die Kommentierung zu § 675 BGB eine unerlässliche Ergänzung.

Nicht gesetzlich geregelte Fragen: Für die Kommentierung des § 662 BGB im Besonderen sind die **Aspekte** im Auge zu behalten, die in den §§ 663-674 BGB **nicht speziell angesprochen** sind. Insoweit geht es insbesondere um das Verhältnis von Auftrag und Vollmacht, weitere Pflichten von Auftraggeber und Auftragnehmer sowie die Frage der Pflichtverletzung und des Haftungsmaßstabs, die in die Kommentierung einbezogen werden müssen.

V. Bezug zum UN-Kaufrecht

An sich befasst sich das UN-Kaufrecht nicht mit dem Auftrag oder Geschäftsbesorgungsvertrag. Für den mit einem diesbezüglichen Kauf verbunden Auftrag oder Geschäftsbesorgungsvertrag wären nach Art. 7 Abs. 2 CISG mangels einschlägiger allgemeiner Grundsätze nationales Recht einschließlich dessen IPR heranzuziehen.[25] Im CISG geregelt sind freilich die Pflicht des Verkäufers zum Abschluss des Beförderungsvertrages beim Versendungskauf (Art. 32 Abs. 2 CISG) sowie die Pflicht des Verkäufers zur Übergabe eventueller Dokumente (Art. 34 CISG).[26]

B. Praktische Bedeutung

Der in den §§ 662 ff. BGB geregelte unentgeltliche Auftrag(-svertrag) selbst hat nur geringe praktische Bedeutung, zumal es bei Unentgeltlichkeit häufig an einer rechtsgeschäftlichen Bindung fehlen wird.[27]
Bedeutsam werden die Vorschriften vor allem im Rahmen der Verweisungstatbestände, und zwar für
- den **Geschäftsbesorgungsvertrag** des § 675 BGB,[28]

---

[22] Vgl. etwa *Seiler* in: MünchKomm-BGB, § 662 Rn. 13 m.w.N.: Auskunftsanspruch gegen Lehrer und Ärzte, Auslagenersatzanspruch des Arbeitnehmers.
[23] Grundlegend *Isele*, Geschäftsbesorgung. Umrisse eines Systems, 1935; *Ehmann* in: Erman, vor § 662 Rn. 26 ff.
[24] *Ehmann* in: Erman, vor § 662 Rn. 71.
[25] Vgl. *Schlechtriem/Schwenzer*, Kommentar zum Einheitlichen UN-Kaufrecht, 5. Aufl. 2008, Art. 7 Rn. 41 ff.; *Schmid*, Das Zusammenspiel von Einheitlichem UN-Kaufrecht und nationalem Recht: Lückenfüllung und Normenkonkurrenzen, 1996, S. 72 f.
[26] Näher hierzu *Schlechtriem/Schwenzer*, Kommentar zum Einheitlichen UN-Kaufrecht, 5. Aufl. 2008, Art. 32 Rn. 15 ff.; Art. 34 Rn. 1 ff.
[27] Vgl. *Ehmann* in: Erman, vor § 662 Rn. 2.
[28] Näher hierzu die Kommentierung zu § 675 BGB Rn. 1; vgl. auch die Aufzählungen bei *Sprau* in: Palandt, § 675 Rn. 9 ff.; *Ehmann* in: Erman, § 675 Rn. 7; *Heermann* in: MünchKomm-BGB, § 675 Rn. 26 ff.

§ 662

- den seit dem 31.10.2009 besonders geregelten Geschäftsbesorgungsvertrag, der die **Erbringung von Zahlungsdiensten** und die Ausgabe und Nutzung von elektronischem Geld zum Gegenstand hat, nach Maßgabe des § 675c BGB (unter Verweisung auf die §§ 675d-675z, 676-676c BGB), wobei es um Überweisungen, Lastschriften, (Kredit-)**Kartenzahlungen** sowie Ein- und Auszahlungen von **Bargeld (auch an Geldautomaten)** – vgl. zu Missbrauchsfolgen insoweit auch die Kommentierung zu § 670 BGB Rn. 13 f., Rn. 21 ff. – und elektronisches Geld geht,[29]
- den auf dem Geschäftsbesorgungsvertrag aufbauenden teils **spezialgesetzlich geregelten Geschäftsbesorgungsverhältnissen** wie etwa dem Handelsvertretervertrag (§§ 84 ff. HGB),
- die **einzelgesetzlichen Verweisungen** auf die Auftragsvorschriften im Falle der Besorgung fremder Vermögensangelegenheiten im Vereinsrecht (§§ 27 Abs. 3, 48 Abs. 2 BGB, zur Frage der Gemeinnützigkeit vgl. Rn. 40, zur nach § 31a BGB eingeschränkten Haftung vgl. Rn. 37), bei BGB-Gesellschaft (§§ 712 Abs. 2, 713 BGB), Kreditauftrag (§ 778 BGB), Beistandschaft, Vormundschaft, Betreuung und Pflegschaft (§§ 1716, 1835 Abs. 1, 1908i Abs. 1, 1915 Abs. 1 BGB), beim Testamentsvollstrecker (§ 2218 Abs. 1 BGB), beim Erben im Falle der §§ 1991, 1978, 677 BGB[30], bei der Abwicklung der Bodenreform in der ehemaligen DDR (Art. 233 § 11 Abs. 4 Satz 2 EGBGB),
- für die **GoA** (§§ 677 ff. BGB) sowie
- darüber hinaus generell für **Abwicklungs- und Rechnungslegungsfälle**, z.B. Freistellung von Verbindlichkeiten nach gescheiterter Ehe[31] sowie bei staatlicher Verwaltung nach dem Vermögensgesetz,[32] bzw. früherer Verwaltung nach dem Einigungsvertrag;[33] Gleiches gilt für die Übertragung der gesetzlichen Berufsschulpflicht auf einen freien Schulträger.[34] Einen **Regress** des Staates beim beliehenen Unternehmen ohne spezielle gesetzliche Grundlage lässt das BVerwG aber wegen des Gesetzesvorbehalts nicht zu.[35]

15 Darüber hinaus ist potentielles Anwendungsfeld der §§ 662 ff. BGB überall dort, wo im Rahmen rechtlich relevanter Beziehungen Auskunfts- und Rechenschaftspflichten, Herausgabepflichten,[36] Vorschusspflichten und vor allem Aufwendungsersatzansprüche in Frage stehen. Eingegangene Risiken können dabei Aufwendungen gleichstehen.

16 Die Bitte um Eingehung einer **Bürgschaft** oder der Bestellung einer **sonstigen Sicherheit** für fremde Schuld kann auch ohne ausdrückliche Vereinbarung einen Auftrag implizieren; dass der Schuldner von der Bestellung der Sicherheit wusste, genügt aber nicht.[37]

17 **Dagegen** scheidet die Anwendbarkeit der §§ 662 ff. BGB aus nach der 2008 nochmals bestätigten Judikatur des BGH zwischen **Ehepartnern** wegen der Besonderheiten der ehelichen Lebensgemeinschaft, und zwar selbst dann, wenn die Eheleute übereingekommen sind, dass ein Partner die Wirtschaftsführung übernimmt und die verfügbaren Mittel aus den Einkünften oder dem Vermögen des anderen Ehepartners zufließen.[38] Bei **vergleichbaren Beziehungen** mit sonstigem familiären oder personalen Einschlag soll allerdings – wie bisher auch schon – etwas **anderes** gelten können.[39]

---

[29] Hierzu erstmals eingehend *Meckel*, jurisPR-BKR 11/2009, Anm. 1; 12/2009, Anm. 1; 1/2010, Anm. 1; 2/2010, Anm. 1; vgl. vor allem die Erläuterung von *Schwintowski*, unten zu den §§ 675c, 675d-675z, 676-676c BGB.

[30] BGH v. 13.03.2008 - IX ZR 13/05 - ZEV 2008, 237.

[31] BGH v. 05.04.1989 - IVb ZR 35/88 - LM Nr. 3 zu § 257 BGB; OLG Bremen v. 26.04.2005 - 4 U 9/05 - NJW 2005, 3502-3504.

[32] BGH v. 20.11.1997 - III ZR 39/97 - BGHZ 137, 183-193; BGH v. 04.02.1999 - III ZR 268/97 - BGHZ 140, 355-364.

[33] BGH v. 23.03.2000 - III ZR 217/99 - BGHZ 144, 100-118.

[34] SG Hamburg v. 25.02.2005 - S 40 U 67/00.

[35] BVerwG v. 26.08.2010 - 3 C 35/09 - BVerwGE 137, 377-390; hierzu ablehnend *Weschpfennig*, DVBl 2011, 1137-1145, der auf ein verwaltungsrechtliches Schuldverhältnis und auf eine Analogie zu den §§ 675, 665 BGB und Leistungsstörungsrecht verweist.

[36] Zur mit dem Rechtsgedanken der §§ 666, 667 BGB begründeten Zulässigkeit entsprechender Geschäftsordnungsregelung für einen AG-Aufsichtsrat BGH v. 07.07.2008 - II ZR 71/07 - WM 2008, 2019-2021; kritisch *Weller*, LMK 2008, 271637.

[37] OLG Karlsruhe v. 17.04.2008 - 12 U 202/07 - juris Rn. 29 ff. - OLGR Karlsruhe 2008, 688-691 m.w.N.

[38] BGH v. 26.06.2008 - III ZR 30/08 - MDR 2008, 1161, m.w.N.

[39] BGH v. 26.06.2008 - III ZR 30/08 - MDR 2008, 1161, m.w.N.

Ebenso sollen im **staats- und verfassungsrechtlichen** Verhältnis zwischen Staat und den landesunmittelbaren Gebietskörperschaften in Ermangelung eines Auftrags die bürgerlich-rechtlichen Grundsätze über das Auftragsverhältnis unanwendbar sein.[40]

C. Anwendungsvoraussetzungen

Die nachfolgende Darstellung geht vom unentgeltlichen Auftrag im Sinne des § 662 BGB aus, bezieht aber zugleich Fragen der Anwendung der Einzelvorschriften qua Verweisung oder Analogie mit ein. Sie erstreckt sich insoweit auf zusammengesetzte und gemischte Verträge, z.B. den Rechtsanwaltspraxiskaufvertrag mit an den Käufer gerichtetem Auftrag zur Fremdgeldauskehrung[41].

I. Besorgung eines übertragenen Geschäfts

Die h.M. versteht unter Geschäftsbesorgung i.S.d. § 662 BGB „**jede fremdnützige Tätigkeit, gleich welcher Art**"[42]; Entsprechendes gilt für die GoA, während für § 675 BGB von einem engeren Begriff auszugehen ist. Bloßes Unterlassen oder Dulden genügt nicht; vielmehr ist positives Tun erforderlich, wie schon aus dem Begriff „besorgen" eines Geschäfts folgt.[43] Ob der Beauftragte im eigenen oder fremden Namen handelt, spielt für das Auftragsrecht keine Rolle.[44] Der Begriff der Geschäftsbesorgung i.S.v. § 662 BGB umfasst unstreitig nicht nur die Vornahme von Rechtsgeschäften, sondern auch rein tatsächliche Handlungen[45] wie Veranlassung ärztlicher Behandlung[46], Herumreißen eines Pkws[47] oder körperliche Hilfeleistung bei Streit[48], was insbesondere im Rahmen der GoA für Aufwendungsersatzansprüche bedeutsam ist.

Fremdnützigkeit: Das vom Auftraggeber übertragene Geschäft muss für diesen besorgt werden. Hieraus folgt einmal, dass es um eine für den Beauftragten **fremde** (nicht notwendig wirtschaftliche) **Angelegenheit** gehen muss, die an sich in den Verantwortungsbereich des anderen,[49] i.d.R. des Auftraggebers fällt. Dass der Beauftragte zugleich eigene Interessen verfolgt, steht nicht entgegen.[50]

Der Begriff der entgeltlichen **Geschäftsbesorgung** für einen anderen i.S.v. § 675 BGB wird zwecks Abgrenzung vom Dienst- und Werkvertrag **enger verstanden** i.S. einer „selbständigen Tätigkeit wirtschaftlicher Art, für die ursprünglich der Geschäftsherr selbst zu sorgen hatte, die ihm aber durch einen anderen (den Geschäftsführer) abgenommen wird".[51] Der BGH führt insoweit[52] weiter aus, es müssten bereits bestehende Obliegenheiten des Geschäftsherrn wahrgenommen werden wie z.B. **Prozessführung, Vermögensverwaltung** und **Ähnliches**; daher fehle es an der Geschäftsbesorgung, wenn der Aufgabenkreis des Geschäftsherrn mit Hilfe des Vertragspartners überhaupt erst geschaffen werden solle, etwa bei der Beauftragung mit der Anfertigung von Entwürfen für ein Bauvorhaben[53].

In der **Literatur** wird die Formel der „selbständigen Tätigkeit wirtschaftlicher Art zur Wahrnehmung fremder Vermögensinteressen" verwandt.[54] Dabei besteht zu Recht Einigkeit darüber, dass eine **klare begriffliche Abgrenzung** zwischen der Geschäftsbesorgung im Rahmen des § 675 BGB gegenüber

---

[40] VGH München v. 29.08.2005 - 12 BV 02.3269 - VGHE BY 58, 232-236 - in Abgrenzung zum öffentlich-rechtlichen Erstattungs- und Abwälzungsanspruch betreffend Erstattung zu Unrecht erbrachter Fördermittel.
[41] Vgl. BGH v. 07.07.1999 - VIII ZR 131/98 - LM BGB § 133 (C) Nr. 99 (2/2000).
[42] Vgl. BGH v. 17.05.1971 - VII ZR 146/69 - BGHZ 56, 204-214; *Larenz*, Schuldrecht, Band II/1: Besonderer Teil, 13. Aufl. 1986, § 56 I.
[43] *Seiler* in: MünchKomm-BGB, § 662 Rn. 20.
[44] *Seiler* in: MünchKomm-BGB, § 662 Rn. 19.
[45] BGH v. 17.05.1971 - VII ZR 146/69 - juris Rn. 11 - BGHZ 56, 204-214.
[46] BGH v. 07.11.1960 - VII ZR 82/59 - juris Rn. 25 - BGHZ 33, 251-259.
[47] BGH v. 27.11.1962 - VI ZR 217/61 - juris Rn. 12 - BGHZ 38, 270-281.
[48] BGH v. 06.12.1962 - VII ZR 164/61 - BGHZ 38, 302-306.
[49] Auch Angelegenheiten eines Dritten z.B. § 778 BGB; so *Seiler* in: MünchKomm-BGB, § 662 Rn. 24.
[50] BGH v. 09.02.1955 - VI ZR 286/53 - juris Rn. 9 - BGHZ 16, 265-275.
[51] So BGH v. 25.04.1966 - VII ZR 120/65 - juris Rn. 29 - BGHZ 45, 223-230; *Sprau* in: Palandt, § 675 Rn. 2, 4; vgl. auch schon BGH v. 09.12.1958 - VI ZR 259/57 - LM Nr. 8 zu § 276 (Cg) BGB; RG v. 29.10.1919 - I 125/19 - RGZ 97, 61-66, 65 ff.; RG v. 10.12.1924 - I 583/23 - RGZ 109, 299-305, 301.
[52] BGH v. 25.04.1966 - VII ZR 120/65 - juris Rn. 29 - BGHZ 45, 223-230.
[53] Kritisch zu letztgenannter Einschränkung *Martinek* in: Staudinger, § 675 Rn. A 35.
[54] *Martinek* in: Staudinger, § 675 Rn. A 23; kritisch *Ehmann* in: Erman, vor § 662 Rn. 14; *Seiler* in: MünchKomm-BGB, § 662 Rn. 12.

Dienst- und Werkvertrag **nicht möglich** ist.[55] Im Wege typologischer Abgrenzung einerseits und mit dem Verständnis der Regelung des § 675 BGB i.S. eines beweglichen Systems andererseits dürfte sich freilich das Problem des adäquaten Anwendungsbereichs des Regelungsprogramms des Auftragsrechts in den Griff bekommen lassen. Wird doch **im Ergebnis** im Wesentlichen **einheitlich beurteilt**, welche Fälle zu § 675 BGB gehören.[56]

II. Unentgeltlichkeit

24 Unentgeltlichkeit kennzeichnet den Auftrag, fehlt hingegen in den Fällen des § 675 BGB. Der Aufwendungsersatzanspruch nach § 670 BGB steht der Unentgeltlichkeit nicht entgegen; Entsprechendes gilt für eine nicht vertraglich geschuldete Anerkennung, etwa ein Trinkgeld. Maßgebend ist der Inhalt der vertraglichen Verpflichtung. Wird nach Vertragsschluss ein Entgelt vereinbart, wird der Auftrag zum Dienst-, Werk- oder Maklervertrag.[57]

III. Vertragsschluss

25 **Für eventuelle Wirksamkeitsmängel** gelten die allgemeinen Bestimmungen. So wurde etwa die Aufteilung eines größeren Windkraftprojekts auf mehrere kleine Projekte zwecks Umgehung der Umweltverträglichkeitsprüfung wegen Verstoßes gegen ein gesetzliches Verbot für nichtig angesehen.[58]

1. Abgrenzung zum Gefälligkeitsverhältnis

26 Als Vertrag bedarf der Auftrag der Abgrenzung zum nicht rechtsgeschäftlichen Gefälligkeitsverhältnis. Insoweit kommt es – praktisch vor allem für die Frage der Haftung – entscheidend auf den **Rechtsbindungswillen** an,[59] der aus den Umständen des Einzelfalles zu ermitteln ist und im Wesentlichen eine das Revisionsgericht grundsätzlich bindende Sache tatrichterlicher Würdigung ist[60]. Nach der Judikatur gelten folgende Maßstäbe:[61] Gefälligkeiten des täglichen Lebens und im rein gesellschaftlichen Verkehr werden sich regelmäßig im außerrechtsgeschäftlichen Bereich halten; Wert, Bedeutung, Interesse und Gefahr durch fehlerhafte Leistung können für einen Bindungswillen sprechen, und Entsprechendes gilt für Auskünfte im Rahmen einer Geschäftsverbindung; ein besonderes Interesse des Leistenden (z.B. durch Stellung eines Fahrers) an der dem Begünstigten gewährten Hilfe spricht i.d.R. für seinen Rechtsbindungswillen. Für den Fall politischer Widerstandstätigkeit hat der BGH einen Auftrag verneint.[62] Stehen für den Beauftragten erkennbar wirtschaftliche Interessen wie z.B. erhebliche Vermögenswerte des Auftraggebers auf dem Spiel, lässt dies regelmäßig auf Rechtsbindungswillen schließen.[63]

27 In der **Literatur** wird das Erschließen eines Rechtsbindungswillens aus den Umständen zum Teil als **Fiktion kritisiert**.[64] Freilich ist diese Vorgehensweise dem Auftragsrecht quasi immanent, und das Abstellen auf einen Rechtsbindungswillen entspricht dem System unseres Vertragsrechts. Da der Auftrag gemäß § 671 BGB jederzeit widerrufen bzw. gekündigt werden kann, besteht das Problem **praktisch nur** hinsichtlich des Eingreifens der §§ 662 ff. BGB (Aufwendungsersatz, Rechenschaftslegung, Herausgabeanspruch) sowie bei der Frage der Vertragshaftung, bei der es sich mit dem Problem der

---

[55] *Seiler* in: MünchKomm-BGB, § 662 Rn. 13; *Martinek* in: Staudinger, § 675 Rn. A 23 ff.: typologische Abgrenzung aber möglich, insbesondere unter Einbeziehung des Interessenwahrungsaspekts; *Ehmann* in: Erman, vor § 662 Rn. 25.

[56] *Seiler* in: MünchKomm-BGB, § 662 Rn. 11; im Ergebnis auch *Heermann* in: MünchKomm-BGB, § 675 Rn. 11, unter Hinweis auf die gegebenenfalls entsprechende Anwendung der Auftragsregeln ohne Bezugnahme auf § 675 BGB.

[57] Einschränkend *Seiler* in: MünchKomm-BGB, § 662 Rn. 29 bei Entgeltvereinbarung nach Erledigung des Auftrags; aber die Beteiligten können ihr Rechtsverhältnis auch dann noch frei gestalten.

[58] Thüringer Oberlandesgericht v. 26.09.2009 - 7 U 21/09 - juris.

[59] BGH v. 22.06.1956 - I ZR 198/54 - juris Rn. 12 - BGHZ 21, 102-112.

[60] So BGH v. 17.05.1971 - VII ZR 146/69 - juris Rn. 18 - BGHZ 56, 204-214.

[61] Vgl. BGH v. 22.06.1956 - I ZR 198/54 - juris Rn. 15 - BGHZ 21, 102-112.

[62] BGH v. 17.05.1971 - VII ZR 146/69 - BGHZ 56, 204-214.

[63] Brandenburgisches Oberlandesgericht v. 22.05.2008 - 12 U 200/07 - juris Rn. 22: bei Geldanlage in größerem Umfang für Großvater Rechtsbindungswillen bejaht.

[64] *Flume*, BGB AT, Bd. 2, 4. Aufl. 1992, § 7, 5-7; vgl. auch *Medicus/Petersen*, Bürgerliches Recht, 23. Aufl. 2011, Rn. 366 ff.; *Ehmann* in: Erman, § 662 Rn. 4.

Privilegierung bei Gefälligkeit vermengt; dazu vgl. Rechtsprechung zu rechtsgeschäftlicher Bindung (vgl. Rn. 28). Die Angemessenheit der Rechtsfolgen der §§ 662 ff. BGB ergibt aber zusätzliche Hinweise für die Feststellung des Rechtsbindungswillens.

Einzelfälle aus der Judikatur; rechtsgeschäftliche Bindung wurde bejaht: 28
- Zur-Verfügung-Stellung Lkw-Fahrer,[65]
- Fahren eines fremden Wagens in die Werkstatt,[66]
- Platzierung von Fußballwetten im Ausland,[67]
- Versicherungsagent bietet im Zusammenhang mit Lebensversicherung Beratung für Finanzierungsplan für Grunderwerb,[68]
- Freiballonfahrer nimmt Ehefrau des Sponsors mit in die Luft,[69]
- Pkw-Fahrt in Werkstatt ausschließlich im Interesse des Auftraggebers,[70]
- Vereinbarung über die Einreichung eines Rentenantrags,[71]
- Überführung eines Pkws nach Italien mit einer Woche freiem Aufenthalt,[72]
- unentgeltliche Lieferung von Druckluft zwischen Unternehmen bei erkennbar möglichen Störungsauswirkungen,[73]
- Verlegung von Schweißbahnen auf ein Flachdach qua Nachbarschaftshilfe,[74]
- Fahrgemeinschaft zwischen Wohnort und Dienststelle bei wöchentlich wechselnder Pkw-Nutzung,[75]
- Aufforderung zum Vorstellungsgespräch durch Arbeitgeber,[76]
- Wahrnehmung der Verwaltung einer Eigentümergemeinschaft ohne entsprechende Bestellung,[77]
- Verwaltung von Liegenschaften der Eltern durch den Sohn,[78]
- als Insolvenzverwalter tätiger Rechtsanwalt, der als solcher unentgeltlich und aus Gefälligkeit Insolvenzgeldanträge der Arbeitnehmer zur Weiterleitung entgegennimmt.[79]

Verneinung rechtsgeschäftlicher Bindung: 29
- Ausfüllen eines Lottoscheins,[80]
- Arbeitskollegin wird mit eigenem Pkw während der Arbeitszeit nach Hause gebracht,[81]
- Beaufsichtigung fremder Kinder,[82]
- Beaufsichtigung eines fremden Hauses im Urlaub,[83]
- langjährige Kontovollmacht einer Nachbarin zwecks Abhebung von Geld.[84]

2. Angebot und Annahme

Der Vertragsschluss richtet sich nach allgemeinen Grundsätzen, erfolgt also durch **Angebot und Annahme**, wobei es gleichgültig ist, welcher Teil das Angebot macht. Angebot und Annahme können **konkludent** erfolgen. In der Erteilung einer Vollmacht kann das Angebot zu einem Auftrag liegen; in 30

---

[65] BGH v. 22.06.1956 - I ZR 198/54 - BGHZ 21, 102-112.
[66] BGH v. 30.04.1959 - II ZR 126/57 - BGHZ 30, 40-50.
[67] OLG Hamm v. 29.01.1997 - 31 U 145/96 - NJW-RR 1997, 1007-1008, wobei freilich Einwand aus § 762 BGB gesehen wurde.
[68] OLG Hamm v. 10.11.1998 - 29 U 141/98 - NJW-RR 1999, 1356.
[69] OLG München v. 27.06.1989 - 5 U 2747/88 - NJW-RR 1991, 420-422.
[70] OLG Frankfurt v. 18.11.1997 - 17 U 103/96 - NJW 1998, 1232-1233; „Gefälligkeitsvertrag" angenommen.
[71] OLG Nürnberg v. 07.10.1966 - 1 U 89/65 - OLGZ 1967, 139.
[72] LG Frankfurt v. 23.12.1998 - 2/1 S 63/97, 2-01 S 63/97 - NJW-RR 1999, 930-931: „Transportvertrag" angenommen.
[73] OLG Zweibrücken v. 13.02.2003 - 4 U 46/02 - OLGR Zweibrücken 2003, 242-244.
[74] OLG Hamm v. 07.11.2000 - 29 U 47/00 - VersR 2002, 705-706.
[75] OLG Köln v. 30.04.2002 - 22 U 217/01 - VersR 2004, 189-191.
[76] BAG v. 29.06.1988 - 5 AZR 433/87 - NZA 1989, 468; krit. *Sieber/Wagner*, NZA 2003, 1312-1314, 1312.
[77] Haftung ohne Beschränkung nach OLG Hamm v. 25.10.2007 - 15 W 180/07 - juris Nr. 22 - ZMR 1008, 161-163.
[78] OLG Düsseldorf v. 26.08.2008 - I-4 U 182/07 - juris Rn. 42; vgl. auch Brandenburgisches OLG v. 22.05.2008 - 12 U 200/07 - juris Rn. 22.
[79] OLG Hamm v. 12.02.2008 - I-27 U 122/07 - ZInsO 2008, 673-674.
[80] BGH v. 16.05.1974 - II ZR 12/73 - LM Nr. 4 zu § 762 BGB.
[81] BGH v. 11.12.1991 - VIII ZR 4/91 - BGHZ 116, 268-278.
[82] BGH v. 02.07.1968 - VI ZR 135/67 - LM Nr. 9 zu § 832 BGB.
[83] LG Hamburg v. 09.09.1988 - 17 S 105/88 - ZfSch 1989, 246.
[84] Brandenburgisches Oberlandesgericht v. 19.03.2009 - 12 U 171/08 - juris Rn. 21.

der Vornahme des gewünschten Geschäfts kann die Annahme zu sehen sein, ohne dass diese dem Auftraggeber zugehen müsste (vgl. die Kommentierung zu § 151 BGB). Ein konkludent geschlossener Auftrag kann insbesondere in der unentgeltlichen Übernahme einer Bürgschaft zu sehen sein,[85] die dann dem Bürgen als Auftragnehmer im Falle seiner Inanspruchnahme einen Aufwendungsersatzanspruch[86] gegen den Hauptschuldner aus § 670 BGB gibt, der neben seine Rückgriffsansprüche aus § 774 BGB tritt; bei Entgeltlichkeit der Bürgschaft (Avalkreditvertrag) dürfte i.d.R. ein Geschäftsbesorgungsvertrag nach § 675 BGB ausdrücklich geschlossen werden. Im Rahmen des § 675 BGB können die handelsrechtlichen Grundsätze über das Schweigen auf ein kaufmännisches **Bestätigungsschreiben**[87] für den Vertragsschluss relevant werden, und nach § 362 HGB kann Schweigen auf einen Antrag als Annahme zu werten sein. Nach bürgerlichem Recht führt gemäß § 663 BGB Schweigen auf einen Antrag nicht zum Vertragsschluss, sondern nur zur Haftung aus culpa in contrahendo nach den §§ 280, 311, 663 BGB. Entsprechendes gilt für die sich aus § 675a BGB ergebenden Pflichten. **Zurechenbar** gesetzter **Rechtsschein** kann zum Vertragsschluss und damit ggf. zu Aufwendungsersatzansprüchen nach § 670 BGB führen.[88] Doch genügt es etwa bei der Fälschung eines Überweisungsauftrags noch nicht für den Vertragsschluss, dass die Fälschung aus der Sphäre des Kontoinhabers kam;[89] zur Haftung für Sorgfaltspflichtverletzungen vgl. Rn. 37. Zum Vertragsschluss im Zusammenhang mit Auskünften, Rat, Empfehlung oder Vermittlung vgl. die Kommentierung zu § 675 BGB Rn. 87. Ob bei Nichtigkeit nach den §§ 134, 138 BGB oder Nichtzustandekommen eines Auftrages die Vorschriften über die Geschäftsführung ohne Auftrag eingreifen, ist str.; vgl. die Kommentierung zu § 677 BGB.

3. Form

31 An sich ist der Auftrag formfrei. Doch kann sich ein Formzwang aus § 311b Abs. 1 BGB (= § 313 BGB a.F.) ergeben bei **Beauftragung zum Grundstückserwerb**. Dies gilt zwar nicht für die gemäß § 667 BGB bestehende **Herausgabepflicht** des Beauftragten, weil dies eine gesetzliche Pflicht ist[90], **wohl aber** für die **Erwerbspflicht** des Beauftragten und ggf. des Auftraggebers[91]. Dies gilt auch für den Erwerb in der Zwangsversteigerung[92] und von Miteigentumsanteilen[93]. Ist der Formmangel hinsichtlich der Erwerbspflicht des Beauftragten durch Eintragung ins Grundbuch **geheilt**, so kann ein Sich-Berufen des Auftraggebers auf den Formmangel betr. seiner Erwerbsverpflichtung gegen **Treu und Glauben** verstoßen.[94] Beim **Baubetreuungsvertrag** mit Vollmacht des Auftraggebers zum Grundstückserwerb ergibt sich das Formerfordernis aus der Erwerbspflicht des Auftraggebers.[95] Geht der **Auftrag auf Veräußerung eines Grundstücks**, so ist er formbedürftig, wenn sich der Auftraggeber unwiderruflich binden will.[96] Treuhandabreden über **GmbH-Geschäftsanteile**, die eine Verpflichtung zu deren Übertragung zum Inhalt haben, bedürfen nach Feststellung der Satzung der GmbH der Einhaltung der Form des § 15 Abs. 4 Satz 1 GmbHG;[97] für den Fall einer insoweit nichtigen Treuhandvereinbarung über eine Erwerbstreuhand unter Einsatz von Geldmittel des Treugebers will der BGH gleichwohl einen Herausgabeanspruch aus § 667 BGB über Geschäftsführung

---

[85] Vgl. RG v. 17.10.1904 - VI 587/03 - RGZ 59, 207-213, 209.
[86] Vgl. BGH v. 19.09.1985 - IX ZR 16/85 - juris Rn. 26 - BGHZ 95, 375-392.
[87] Vgl. BGH v. 24.09.1952 - II ZR 305/51 - BGHZ 7, 187-194; BGH v. 27.10.1953 - I ZR 111/52 - BGHZ 11, 1-6.
[88] Vgl. BGH v. 17.07.2001 - XI ZR 325/00 - juris Rn. 20 - LM BGB § 607 Nr. 180 (12/2001).
[89] BGH v. 17.07.2001 - XI ZR 325/00 - juris Rn. 20 - LM BGB § 607 Nr. 180 (12/2001).
[90] BGH v. 05.11.1982 - V ZR 228/80 - juris Rn. 19 - BGHZ 85, 245-252; BGH v. 07.10.1994 - V ZR 102/93 - juris Rn. 6 - BGHZ 127, 168-176 m.w.N. zu den hiergegen erhobenen Bedenken aus der Lit.
[91] BGH v. 05.11.1982 - V ZR 228/80 - BGHZ 85, 245-252; BGH v. 07.10.1994 - V ZR 102/93 - juris Rn. 18 - BGHZ 127, 168-176.
[92] BGH v. 05.11.1982 - V ZR 228/80 - BGHZ 85, 245-252.
[93] BGH v. 07.10.1994 - V ZR 102/93 - BGHZ 127, 168-176.
[94] BGH v. 05.11.1982 - V ZR 228/80 - juris Rn. 27 - BGHZ 85, 245-252; BGH v. 07.10.1994 - V ZR 102/93 - juris Rn. 19 - BGHZ 127, 168-176; für wertende Betrachtung sämtlicher Umstände des Einzelfalles und insbesondere auch der Belange des Beauftragten BGH v. 02.05.1996 - III ZR 50/95 - LM BGB § 313 Nr. 141 (9/1996).
[95] BGH v. 08.11.1984 - III ZR 132/83 - juris Rn. 9 - LM Nr. 104 zu § 313 BGB.
[96] *Ehmann* in: Erman, § 662 Rn. 10 m.w.N.
[97] BGH v. 19.04.1999 - II ZR 365/97 - BGHZ 141, 208-214; OLG Frankfurt v. 27.11.1991 - 21 W 35/91 - GmbHR 1992, 368-370; anders noch BGH v. 17.11.1955 - II ZR 222/54 - BGHZ 19, 69-72 betreffend Abtretung eines bestehenden Anspruchs auf Übertragung unter Hinweis auf den Herausgabeanspruch aus § 667 BGB; vgl. auch *Altmeppen* in: Roth/Altmeppen, GmbHG, 6. Aufl. 2009, § 15 Rn. 83.

ohne Auftrag akzeptieren.[98] Die unwiderrufliche Beauftragung mit der **Verwaltung** eines späteren **Nachlasses** bedarf der Form letztwilliger Verfügung.[99] Soll der Auftrag zur Übernahme einer Bürgschaft verbindlich sein, bedarf die Annahme nach § 766 BGB der Schriftform seitens des Beauftragten.

4. Vollmacht

Soweit der Beauftragte im Namen des Auftraggebers handeln soll, bedarf er einer Vollmacht. Diese ist als einseitige empfangsbedürftige Willenserklärung hinsichtlich Entstehung und Wirksamkeitsvoraussetzungen vom Auftrag streng zu **unterscheiden**. Es gilt § 164 BGB, ggf. in Verbindung mit speziellen Vorschriften wie den §§ 48, 54 HGB. Eine Beauftragung, die eine Vollmacht erforderlich macht, kann aber zugleich i.S. einer Bevollmächtigung interpretiert werden. Nach § 168 BGB erlischt die Vollmacht mit der Beendigung des Auftrags.

32

IV. Die §§ 662-674 BGB als allgemeine Regelungen

Die Auftragsvorschriften können kraft spezieller Verweisung auch eingreifen, wenn die Voraussetzungen der §§ 662 oder 675 BGB nicht gegeben sind. Überdies kommt die Heranziehung des diesbezüglichen Regelungsprogramms i.S. allgemeiner schuldrechtlicher Normen dann in Betracht, wenn sich über Treu und Glauben die Notwendigkeit einschlägiger schuldrechtlicher Nebenpflichten ergibt.[100] Hierauf wird jeweils bei der Kommentierung der Einzelvorschriften eingegangen.

33

D. Rechtsfolgen

I. Erfüllungsansprüche – Leistungs- und Schutzpflichten

Der **Beauftragte** hat die Pflicht, das übertragene Geschäft **unentgeltlich** zu besorgen, und zwar nach § 664 Abs. 1 Satz 1 BGB im Zweifel persönlich. Er ist grundsätzlich nach § 665 BGB weisungsgebunden, nach § 666 BGB rechenschaftspflichtig und muss gemäß § 667 BGB das Erlangte herausgeben. Er erhält ggf. Vorschuss und Aufwendungsersatz (§§ 669-670 BGB). Wegen der jederzeitigen Widerrufs- bzw. Kündigungsmöglichkeit beider Teile nach § 671 Abs. 1 BGB, die freilich vertraglich ausgeschlossen sein kann,[101] ist der Gehalt der rechtsgeschäftlichen Bindung hinsichtlich der Ausführung des Auftrags gering; nur die Kündigung zur Unzeit ist verwehrt, und das auch nur, wenn kein wichtiger Grund vorliegt (§ 671 Abs. 2, 3 BGB). Wichtig sind die Auftragsvorschriften für den Beauftragten insbesondere für den **Fall**, dass er den **Auftrag ausführt**; denn dann stellen sich Fragen des **Auftragsumfangs**,[102] der **Haftung**, der **Rechnungslegung**, der **Herausgabepflicht** und des **Aufwendungsersatzes**.

34

Je nach den näheren Umständen können den Beauftragten **besondere Schutzpflichten** nach Treu und Glauben treffen (§ 241 Abs. 2 BGB), die letztlich in dem die Fremdnützigkeit des Auftrags begleitenden Vertrauensverhältnis zwischen Auftraggeber und Auftragnehmer wurzeln. So ist der Beauftragte insbes. zur **Aufklärung** und **Information** verpflichtet.[103] **Warnpflichten**[104] können ebenso bestehen wie **Obhutspflichten**[105] oder **Geheimhaltungspflichten**,[106] hingegen nicht ohne weiteres Handlungs-

35

---

[98] BGH v. 04.11.2004 - III ZR 172/03 - juris Rn. 15 f. - WM 2004, 2441-2443, ausdrücklich mit Einverständnis des 2. ZS; kritisch *Kallmeyer*, GmbHR 2006, 66-68.

[99] RG v. 28.11.1932 - IV 263/32 - RGZ 139, 41-44.

[100] Vgl. etwa BGH v. 12.07.1984 - VII ZR 268/83 - juris Rn. 18 - BGHZ 92, 123-128.

[101] *Beuthien* in: Soergel, vor § 662 Rn. 5.

[102] So ist der mit der Vermögenssorge Beauftragte nicht befugt, von Dritten persönliche Unterlagen des Betreuten heraus zu verlangen; so AG Halberstadt v. 04.06.2008 - 6 C 601/07 - FamRZ 2008, 2308-2309.

[103] BGH v. 21.12.1995 - V ZB 4/94 - juris Rn. 21 - BGHZ 131, 347-356 - für Verwalter von Wohnungseigentum, der Weisung einholt; BGH v. 31.01.1957 - II ZR 41/56 - BGHZ 23, 222-227; BGH v. 26.02.1957 - VIII ZR 41/56 - LM Nr. 4 zu § 536 BGB - für Bank wegen devisenrechtlicher Bedenken; BGH v. 16.04.1964 - VII ZR 221/62 - LM Nr. 31 zu § 675 BGB - für Bank bei Gesetzesänderung betr. steuerbegünstigten Sparvertrag.

[104] BGH v. 08.06.1978 - III ZR 136/76 - juris Rn. 35 - BGHZ 72, 92-107 - bei Einschaltung einer Bank bei Modell zur Vermögensbildung.

[105] BGH v. 11.02.1960 - VII ZR 206/58 - BGHZ 32, 67-72 - betr. Pflicht des Treuhänders, Interessen des Zedenten bei Sicherungsabtretung wahrzunehmen.

[106] BGH v. 12.05.1958 - II ZR 103/57 - juris Rn. 11 - BGHZ 27, 241-249 - betr. Überweisungsauftrag einer Bank.

pflichten[107]. Im Rahmen der verstärkten Pflichtenbindung des Geschäftsbesorgungsvertrags nach § 675 BGB sind Nebenpflichten zum Teil erheblich **intensiviert**; bedeutsam sind insoweit namentlich die Sorgfaltspflichten im Zusammenhang mit der Aufbewahrung von **Kredit- und Zahlungskarten** (vgl. hierzu näher die Kommentierung zu § 670 BGB Rn. 13).

36 Der **Auftraggeber** kann die Besorgung des vom Beauftragten wahrzunehmenden Geschäfts, falls nichts anderes vereinbart ist, wegen § 671 BGB **praktisch nicht erzwingen**,[108] schuldet aber bei Vornahme des Geschäfts Aufwendungsersatz nach § 670 BGB; dieser Regelung kommt besondere Bedeutung zu, namentlich auch im Bereich der Geschäftsführung ohne Auftrag. Überdies können auch den Auftraggeber besondere Schutzpflichten treffen.[109] Falls die Pflicht zur Geschäftsbesorgung nicht wie geschuldet erfüllt wird, also vor allem bei Schlechterfüllung durch den Beauftragten, hat der Auftraggeber aber nach § 280 BGB Anspruch auf Schadenersatz, was vor allem für die Verletzung von Aufklärungs- und sonstigen Nebenpflichten des Beauftragten bedeutsam ist, die wiederum beim Geschäftsbesorgungsvertrag des § 675 BGB eine große Rolle spielen. Beim entgeltlichen Geschäftsbesorgungsvertrag gemäß § 675 BGB ist nicht auf § 671 BGB verwiesen, so dass der Auftraggeber hier keine jederzeitige Kündigung erwarten muss.

II. Haftung

37 Die Beteiligten haften nach § 280 Abs. 1 BGB auf Schadenersatz, wenn sie eine Pflicht aus dem Auftragsverhältnis verletzen und dies zu vertreten haben. Nach § 276 BGB hat der Schuldner insoweit grundsätzlich Vorsatz und Fahrlässigkeit zu vertreten. Da der Beauftragte unentgeltlich tätig wird, könnte man insoweit eine Privilegierung bei der Haftung erwarten. Das Auftragsrecht kennt allerdings entgegen den Regelungen bei sonstigen unentgeltlichen Verträgen wie Schenkung (§ 521 BGB), Leihe (§ 599 BGB) oder unentgeltliche Verwahrung (§ 690 BGB) keine Beschränkung der Haftung auf grobe Fahrlässigkeit bzw. eigenübliche Sorgfalt. Die **Judikatur lehnt** eine **Reduzierung des Haftungsmaßstabs** allein **wegen Unentgeltlichkeit ab**,[110] kommt freilich im Ergebnis häufig gleichwohl zu einer Haftungsbeschränkung in derartigen Fällen[111]: entweder durch Verneinung des Rechtsbindungswillens beim Vertragsschluss (vgl. Rn. 28), oder durch die Annahme stillschweigender Abreden über eine Haftungsbeschränkung bei leichter Fahrlässigkeit[112] oder über die Heranziehung des § 680 BGB bei Gefahrenabwehr[113] oder über § 254 BGB,[114] wobei diese Haftungsbeschränkungen partiell auch für deliktische Ansprüche gelten sollen. Seit dem 03.10.2009 haften unentgeltlich tätige Mitglieder eines Vereinsvorstandes[115] gemäß **§ 31a BGB** (im Innenverhältnis gegenüber dem Verein) nicht bei leichter Fahrlässigkeit[116]; Entsprechendes gilt nach § 86 BGB für Stiftungen.

---

[107] Nach OLG Hamm v. 12.11.2001 - 8 U 83/01 - IPRspr 2001, Nr. 33, 82-82 keine Pflicht zur Geltendmachung von Gewährleistungspflichten bei Auftrag zur Vermittlung eines Kfz-Imports.

[108] Zur Dispositivität vgl. *Beuthien* in: Soergel, vor § 662 Rn. 5.

[109] Vgl. BGH v. 09.02.1955 - VI ZR 286/53 - BGHZ 16, 265-275; BGH v. 17.07.2001 - XI ZR 325/00 - juris Rn. 23 - LM BGB § 607 Nr. 180 (12/2001) - zur Pflicht des Kontoinhabers zur Einschränkung von Fälschungsrisiken.

[110] BGH v. 22.06.1956 - I ZR 198/54 - BGHZ 21, 102-112; BGH v. 30.04.1959 - II ZR 126/57 - juris Rn. 14 - BGHZ 30, 40-50; OLG Köln v. 30.04.2002 - 22 U 217/01 - VersR 2004, 189-191.

[111] Zum familiären Hintergrund bei einer Anlageberatung vgl. BGH v. 19.04.2007 - III ZR 75/06 - juris Rn. 12 - ZIP 2007, 1160, 1162.

[112] OLG Frankfurt v. 18.11.1997 - 17 U 103/96 - NJW 1998, 1232-1233 für nicht haftpflichtversicherten Sachschaden; OLG Frankfurt v. 21.06.2005 - 14 U 120/04 - NJW 2006, 1004-1006 für Versicherungsregress nach Unfall bei unentgeltlicher Personenbeförderung auf Lkw-Hänger bei Rückfahrt von Maifeier einer Burschenschaft; OLG Stuttgart v. 07.01.2008 - 5 U 161/07 - juris für Körperverletzung durch von Berufskollegen leicht fahrlässig verschuldeten Unfall bei gemeinsam für die Dauer von 3 Monaten im Ausland gemietetem Pkw; Revision dagegen wurde durch BGH v. 10. 02. 2009 - VI ZR 28/08 - NJW 2009, 1482-1485 m.w.N. (vgl. zum Stand der Judikatur bei juris Rn. 16) zurückgewiesen.

[113] BGH v. 30.11.1971 - VI ZR 100/70 - NJW 1972, 475-477.

[114] BGH v. 08.01.1965 - VI ZR 234/63 - juris Rn. 12 - BGHZ 43, 72-80.

[115] Hierzu kritisch *Burgard*, ZIP 2010, 358-365; zu den gleichwohl bestehen bleibenden steuerlichen Haftungsrisiken vgl. *Gruber*, jurisPR-HaGesR 10/2009, Anm. 1.

[116] Zur Haftung für grobe Fahrlässigkeit vor Inkrafttreten des § 31a BGB vgl. BGH v. 15.11.2011 - II ZR 304/09 - WM 2012, 86-87.

In der **Literatur** besteht die Tendenz, den Aspekt der Unentgeltlichkeit in Analogie zu den o.a. Vorschriften zum Ausschluss der Haftung des Beauftragten für leichte Fahrlässigkeit heranzuziehen.[117] Dies ist überzeugend für die Haftung im Rahmen eines Quasi-Äquivalenz-Interesses, nicht aber bei der Verletzung von Integritätsinteressen. Und soweit es um Auskünfte von Vermögensrelevanz im Rahmen eines Auftrags geht, erschiene eine Haftungsbeschränkung ebenfalls bedenklich.[118] Soweit in der Literatur auf die nach der BAG Judikatur nicht mehr auf gefahrgeneigte Tätigkeit beschränkte Haftung des Arbeitnehmers[119] und deren Akzeptanz durch den BGH[120] als Grundlage einer Haftungsbeschränkung auch für den unentgeltlich handelnden Auftragnehmer verwiesen wird,[121] erscheint dies angesichts der auf das Betriebsrisiko und § 254 BGB gestützte Haftungsprivilegierung des Arbeitnehmers im Hinblick auf den Auftragnehmer nur beschränkt verallgemeinerungsfähig.

38

Der entgeltlich handelnde **Geschäftsbesorger** im Sinne des § 675 BGB haftet nach allgemeinen Grundsätzen. Entsprechendes gilt für den Auftrag**geber** bei der Verletzung von Sorgfaltspflichten, etwa hinsichtlich der Aufbewahrung von Überweisungsvordrucken.[122] Vereinsvorstände, die eine Vergütung von maximal 500 € jährlich erhalten, haften nach § 31a BGB nicht für leichte Fahrlässigkeit; Entsprechendes gilt nach § 86 BGB für den Bereich der Stiftungen.

39

E. Prozessuale Hinweise

Ist die Besorgung eines Geschäfts üblicherweise entgeltlich, so hat der Auftraggeber die Darlegungs- und Beweislast für Unentgeltlichkeit.[123] Eine eventuelle (objektive) Verletzung der Pflichten aus dem Auftrag, insbesondere Schlechterfüllung, hat der Auftraggeber als Gläubiger zu beweisen.[124] Der Beauftragte hat aber zu beweisen, dass er einen ihm für den Auftrag übermittelten Geldbetrag bestimmungsgemäß verwendet hat.[125] Bei (objektiver) Pflichtverletzung muss der Schuldner nach § 280 Abs. 1 Satz 2 BGB beweisen, dass er die Pflichtverletzung nicht zu vertreten hat.[126]

40

F. Anwendungsfelder

Vgl. die Bemerkungen in Rn. 14 f. Eine sich nach § 662 BGB ergebende Haftung des **Angestellten**[127] eines **Urkundsnotars** ist keine anderweitige Ersatzmöglichkeit i.S. von § 19 Abs. 1 Satz 2 BNotO.[128] Im Rahmen einer öffentlich-rechtlichen Sonderverbindung kann der Verbandsvorsitzende eines **Abwasserverbandes** diesem analog § 662 BGB wegen der Verletzung von Auftragspflichten auf Schadensersatz haften.[129] Die von der bisherigen h.M. in der Rechtsprechung der Instanzgerichte und in der Literatur bejahte Frage,[130] ob zwischen einem **Reisebüro**, das mehrere Reiseveranstalter vertritt, und einem Kunden, den es bei der Auswahl einer Pauschalreise berät, stillschweigend ein Reisevermittlungsvertrag mit Haftungsfolgen zustande kommt, hat der BGH ausdrücklich dahinstehen lassen.[131]

41

---

[117] Vgl. insbesondere *Ehmann* in: Erman, § 662 Rn. 21 m.w.N.; *Medicus/Petersen*, Bürgerliches Recht, 23. Aufl. 2011, Rn. 369.

[118] Vgl. hingegen *Medicus/Petersen*, Bürgerliches Recht, 23. Aufl. 2011, Rn. 371, mit dem Hinweis, dass die Judikatur hier das Erfordernis eines Rechtsbindungswillens aufgibt.

[119] BAG v. 27.09.1994 - GS 1/89 (A) - NJW 1995, 210-213.

[120] BGH v. 21.09.1993 - GmS-OGB 1/93 - NJW 1994, 856; BGH v. 11.03.1996 - II ZR 230/94 - NJW 1996, 1532.

[121] *Ehmann* in: Erman, § 662 Rn. 21.

[122] Hierzu näher BGH v. 23.01.1997 - I ZR 238/93 - juris Rn. 12 - LM UWG § 1 Nr. 735 (8/1997); BGH v. 17.07.2001 - XI ZR 325/00 - juris Rn. 23 - LM BGB § 607 Nr. 180 (12/2001).

[123] Vgl. die §§ 612 Abs. 1, 632 Abs. 1 BGB; BGH v. 12.05.1975 - III ZR 179/72 - LM Nr. 9 zu § 612; *Ehmann* in: Erman, § 662 Rn. 28.

[124] Vgl. *Grüneberg* in: Palandt, § 280 Rn. 35 m.w.N.; anders *Ehmann* in: Erman, § 662 Rn. 28.

[125] BGH v. 04.10.2001 - III ZR 290/00 - BGHReport 2002, 71.

[126] Vgl. BGH v. 18.02.1993 - III ZR 23/92 - NJW-RR 1993, 795-796; BGH v. 09.06.1994 - I ZR 23/92 - LM UrhG § 20 Nr. 4 (1/1995).

[127] OLG Oldenburg v. 24.03.2003 - 13 U 91/01 - NdsRpfl 2003, 386-387.

[128] BGH v. 14.11.2002 - III ZR 87/02 - NJW 2003, 578-580.

[129] OVG Bautzen v. 15.02.2006 - 4 B 952/04 - SächsVBl 2006, 188-191; dagegen soll nach *Ziche/Wehnert*, DÖV 2009, 890-899, die vertragliche Haftung des Vorsitzenden eines Zweckverbandes grundsätzlich nicht in Betracht kommen.

[130] Vgl. dazu *Tonner*, RRa 2007, 50-57.

[131] BGH v. 25.04.2006 - X ZR 198/04 - NJW 2006, 2321-2323; dazu *Schulz*, LMK 2006, 189320; *Tonner*, RRa 2007, 50-57.

§ 662

Zumindest im Regelfall gehöre die Unterrichtung über Pass- und Visumerfordernisse nicht zur Beratung bei der Auswahl (die mit der getroffenen Auswahl endet), sondern zur Durchführung der Reise und sei dann insoweit Pflicht des Reiseveranstalters. Zwischen dem durch einen Agenturvertrag an einen Reiseveranstalter gebundenen Reisebüro als Handelsvertreter einerseits und dem Kunden des Reisebüros andererseits bedürfe es grundsätzlich keiner vertraglichen Beziehungen. Allerdings hafte der Reiseveranstalter in seinem Pflichtenbereich für ein Verschulden des Reisebüros nach § 278 BGB. Eine eigenständige Haftung des Reisebüros komme daneben nur ausnahmsweise in Betracht bei Inanspruchnahme besonderen Vertrauens oder bei unmittelbar eigenem wirtschaftlichem Interesse des Reisebüros am Vertragsschluss, für das das Interesse an der Provision nicht genüge. Es ist freilich zu beachten, dass im Hinblick auf Zeit und Kosten für Visa und Reisepass (biometrische Daten!) die diesbezügliche Beratung auch schon für die Auswahlentscheidung relevant sein kann.[132]

42 Bei Vollzeitpflege gemäß § 33 SGB VIII kommt der **Pflegevertrag** zwischen den Pflegeeltern und dem Personensorgeberechtigten (kein öffentlich-rechtliches Schuldverhältnis mit dem Träger der Jugendhilfe) zustande.[133] Einer **Vorsorgevollmacht** kann ein Auftrag zugrunde liegen.[134] Die Zahlung einer über einen Aufwendungsersatz hinausgehenden Tätigkeitsvergütung für den Vorstand einer **gemeinnützigen Körperschaft** ist nur dann zulässig, wenn eine Vergütung in der Satzung vorgesehen ist; andernfalls droht ein Entzug der Gemeinnützigkeit.[135] Erbschafts- und schenkungs**steuerrechtlich** kommt es bei der **Treuhänderschaft** nicht auf die wirtschaftliche Zurechnung, sondern ausschließlich auf die Zivilrechtslage an, wobei der fremdnützigen und weisungsgemäßen Verwaltung sowie dem Herausgabeanspruch des Treugebers aus § 667 BGB eine entscheidende Rolle zufallen.[136] Der gerichtliche **Sachverständige** wird **nicht** aufgrund eines Vertrages tätig; seine Haftung ist durch § 839a BGB i.d.F. des Zweiten Gesetzes zur Änderung schadensersatzrechtlicher Vorschriften vom 19.07.2002[137] verschärft worden.

---

[132] *Geisler*, jurisPR-BGHZivilR 27/2006, Anm. 2.
[133] BGH v. 06.07.2006 - III ZR 2/06 - juris Rn. 12 ff. - NJW 2006, 2553-2555, bei Zugrundelegung des Bayerischen Kinder- und Jugendhilfegesetzes.
[134] Vgl. *Litzenburger*, NotBZ 2007, 1-10.
[135] BFH v. 08.08.2001 - I B 40/01 - BFH/NV 2001, 1536.
[136] FG Hamburg v. 28.04.2009 - 3 K 185/07 - juris Rn. 44 ff. m.w.N.; BFH v. 25.01.2001 - II R 39/98 - BFH/NV 2001, 908.
[137] BGBl I 2002, 2674.

§ 663 BGB Anzeigepflicht bei Ablehnung

(Fassung vom 02.01.2002, gültig ab 01.01.2002)

¹Wer zur Besorgung gewisser Geschäfte öffentlich bestellt ist oder sich öffentlich erboten hat, ist, wenn er einen auf solche Geschäfte gerichteten Auftrag nicht annimmt, verpflichtet, die Ablehnung dem Auftraggeber unverzüglich anzuzeigen. ²Das Gleiche gilt, wenn sich jemand dem Auftraggeber gegenüber zur Besorgung gewisser Geschäfte erboten hat.

Gliederung

A. Grundlagen 1	II. Nichtannahme des Auftrags 7
B. Praktische Bedeutung 2	D. Rechtsfolgen 8
C. Anwendungsvoraussetzungen 3	E. Prozessuale Hinweise 12
I. Spezifischer Vertrauenstatbestand 3	F. Anwendungsfelder 13

A. Grundlagen

Die Bestimmung statuiert eine **vorvertragliche Verhaltenspflicht** bei der Erweckung eines bestimmten **Vertrauenstatbestandes** gegenüber einem potentiellen Auftraggeber (also nicht etwa im Verhältnis Verkäufer/Käufer). Die schuldhafte Verletzung dieser Pflicht bildet einen speziellen Fall der culpa in contrahendo, die seit dem Schuldrechtsmodernisierungsgesetz über die §§ 311 Abs. 2, 241 Abs. 2, 280 Abs. 1, 276 BGB zur Ersatzpflicht hinsichtlich des Vertrauensschadens[1] führt. Da § 663 BGB eigenständige Pflichten enthält, ergibt sich der Ersatzanspruch hier unmittelbar aus den §§ 663, 280 Abs. 1 BGB. Anders als im Handelsrecht bei § 362 HGB, eventuell auch nach den Grundsätzen über das kaufmännische Bestätigungsschreiben, hat die Verletzung der Pflicht aus § 663 BGB weder das Zustandekommen eines Vertrags noch eine Ersatzpflicht hinsichtlich des positiven Interesses zur Folge. § 675a BGB sieht darüber hinaus eine spezifische Informationspflicht für Standardgeschäfte vor.

1

B. Praktische Bedeutung

Für den unentgeltlichen Auftrag ist § 663 BGB fast ohne praktische Bedeutung. Erst über § 675 BGB spielt die Bestimmung eine Rolle, soweit entgeltliche Geschäftsbesorgung öffentlich oder gegenüber einem potentiellen Auftraggeber anerboten wird; ersterenfalls enthält § 675a BGB weitere Informationspflichten. Für Zahlungsdiensteverträge verweist § 675c Abs. 1 BGB seit dem 31.10.2009 auf eine entsprechende Anwendung auch des § 663 BGB. Außerhalb der Geschäftsbesorgungsverträge kann § 663 BGB bei öffentlichen Angeboten anzuwenden sein, so etwa bei Tierärzten.[2] Bei Angeboten von Kaufleuten i.S. von § 1 HGB geht § 362 HGB vor. Für die berufliche Inanspruchnahme eines Rechtsanwalts enthält § 44 BRAO eine spezielle Regelung.[3] Bei der Verletzung vorvertraglicher Nebenpflichten, die nicht in der unverzüglichen Ablehnung eines nicht angenommenen Angebots bestehen, bleiben die Regeln über die culpa in contrahendo anwendbar[4] bzw. greifen die §§ 311 Abs. 2, Abs. 3, 241 Abs. 2, 280 Abs. 1, 276 BGB ein.

2

C. Anwendungsvoraussetzungen

I. Spezifischer Vertrauenstatbestand

Die vorvertraglichen Pflichten treffen nicht jeden Empfänger eines Vertragsangebots, sondern nur denjenigen, bei dem der spezifische Vertrauenstatbestand des § 663 BGB zuvor geschaffen wurde. Verpflichtet ist, a. wer zur Besorgung gewisser Geschäfte öffentlich bestellt ist, oder b. wer sich zur Besorgung gewisser Geschäfte öffentlich erboten hat (Satz 1), oder c. wer sich dem Auftraggeber gegenüber zur Besorgung gewisser Geschäfte erboten hat (Satz 2).

3

---

[1] Vgl. *Grüneberg* in: Palandt, § 311 Rn. 55.
[2] OLG Düsseldorf v. 05.05.1925 - 9 W 445/24.
[3] Hierzu LG Itzehoe v. 30.10.2009 - 9 S 11/09 betreffend die Nichtannahme eines Verwahrungsvertrages.
[4] BGH v. 17.10.1983 - II ZR 146/82 - LM Nr. 79 zu § 276 (Fa) BGB.

4 Ob die **öffentliche Bestellung** i.S. hoheitlicher Bestellung zu verstehen ist[5] oder lediglich i.S. einer an die Öffentlichkeit gerichteten Erklärung[6] ist streitig. Doch ist die Streitfrage ohne praktische Relevanz, da auch im Falle einer Bestellung im Sinne einer an die Öffentlichkeit gerichteten Erklärung beim Handeln des Beauftragten jedenfalls ein öffentliches Sich-Erbieten seitens des Handelnden vorliegen wird.[7] Die Beiordnung eines Rechtsanwalts im Rahmen der Prozesskostenhilfe lässt unbeschadet des Eingreifens des § 151 BGB die Pflicht aus § 663 BGB unberührt.[8] Im Falle einer Bestellung zu öffentlich-rechtlichem Handeln wäre bei Pflichtverletzungen nicht § 663 BGB anwendbar, sondern es würden die Vorschriften über die Amtspflichtverletzungen eingreifen.

5 **Öffentliches Sich-Erbieten**: Hierunter fallen etwa Zeitungsanzeigen, verteilte Prospekte, Schilder am Haus, wie überhaupt jede Werbung, die auf die Bereitschaft zur Durchführung von Geschäften – nicht zum Verkauf von Gegenständen – öffentlich hinweist. In dem öffentlichen Sich-Erbieten liegt noch kein Vertragsangebot seitens des potentiellen Geschäftsführers, sondern erst eine **invitatio ad offerendum**, also eine Aufforderung zur Abgabe eines Vertragsangebots. Das Sich-Erbieten ist Grundlage des Vertrauenstatbestandes und insoweit **geschäftsähnliche Handlung**, auf die die Vorschriften über Rechtsgeschäfte partiell anwendbar sind. Da es um einen Vertrauenstatbestand geht, greift § 663 BGB nicht ohne Rücksicht auf einen Zugang i.S.v. § 130 BGB zugunsten dessen ein, der von dem Sich-Erbieten keine Kenntnis erlangt,[9] wobei freilich zu vermuten ist, dass das Vertragsangebot in Kenntnis des Sich-Erbietens abgegeben wurde. Des Weiteren setzt das Sich-Erbieten als nicht nur vorteilhafte rechtsgeschäftliche Handlung volle **Geschäftsfähigkeit** voraus.[10] Der durch Erklärung an die Öffentlichkeit entstandene Vertrauenstatbestand kann nicht rückwirkend durch Anfechtung, wohl aber mit Wirkung für die Zukunft durch Widerruf beseitigt werden, wobei das Risiko der Kenntnisnahme und die diesbezügliche Beweislast der Sich-Erbietende trägt.

6 Beim **Sich-Erbieten gegenüber dem Auftraggeber** im Sinne von § 663 Satz 2 BGB, das in beliebiger Form, auch gesprächsweise, sogar konkludent[11] erfolgen kann, bedarf es der Abgrenzung zum Vertragsangebot seitens des Geschäftsführers. Beim Angebot zur Besorgung „gewisser" Geschäfte fehlt es an der für ein Vertragsangebot erforderlichen Bestimmtheit, so dass wiederum die für § 663 BGB notwendige invitatio ad offerendum gegeben ist; aber selbst bei hinreichender Bestimmbarkeit kann es am **Bindungswillen fehlen**, so dass dann § 663 BGB ebenfalls eingreifen kann. Im Übrigen gelten die in Rn. 5 dargelegten Grundsätze. Eine **Anfechtung** des Sich-Erbietens im Falle des § 662 Satz 2 BGB wird in der Literatur z.T. für möglich gehalten;[12] doch kann sie den Vertrauenstatbestand auch hier **nicht rückwirkend** beseitigen.[13]

II. Nichtannahme des Auftrags

7 Nichtannahme des Auftrags seitens des Sich-Erbietenden ist Voraussetzung für den Tatbestand des § 663 BGB. Kommt es durch **Annahme** des Vertragsantrags zum Vertragsschluss, evtl. über § 151 BGB, oder wird der Vertragsschluss über § 362 HGB oder über die Grundsätze über das kaufmännische Betätigungsschreiben fingiert, so ist für § 663 BGB kein Raum. Gleiches gilt, wenn es zu Vertragsverhandlungen kommt; hier ist der spezifische Vertrauenstatbestand des § 663 BGB abgelöst durch den Tatbestand der **allgemeinen Verhandlungssituation**[14]. In beiden Fällen sind nach allgemeinen Regeln Ersatzansprüche wegen der Verletzung vorvertraglicher Pflichten nach den §§ 311 Abs. 2, Abs. 3, 241 Abs. 2, 280 Abs. 1 BGB denkbar.[15] Wird ein Vertragsantrag verspätet angenommen, weil die verspätete Annahme als neuer Antrag (vgl. § 150 Abs. 1 BGB) akzeptiert wird, könnte hingegen

---

[5] So *Beuthien* in: Soergel, § 663 Rn. 5; *Seiler* in: MünchKomm-BGB, § 663 Rn. 7 unter Hinweis auf die Protokolle II, S. 353; *Ehmann* in: Erman, § 663 Rn. 8.

[6] *Sprau* in: Palandt, § 663 Rn. 2; *Martinek* in: Staudinger, § 663 Rn. 2; *Schulze* in: Schulze/Dörner u.a., BGB-Handkommentar, 6. Aufl. 2009, § 663 Rn. 2.

[7] Vgl. *Seiler* in: MünchKomm-BGB, § 663 Rn. 6; *Ehmann* in: Erman, § 663 Rn. 8.

[8] OLG Karlsruhe v. 27.08.2004 - 16 W 1/04 - juris Rn. 11 - FamRZ 2005, 552-553.

[9] *Ehmann* in: Erman, § 663 Rn. 5; *Seiler* in: MünchKomm-BGB, § 663 Rn. 11.

[10] *Seiler* in: MünchKomm-BGB, § 663 Rn. 11.

[11] *Ehmann* in: Erman, § 663 Rn. 5.

[12] Etwa *Seiler* in: MünchKomm-BGB, § 663 Rn. 11; *Ehmann* in: Erman, § 663 Rn. 5.

[13] So auch *Seiler* in: MünchKomm-BGB, § 663 Rn. 11.

[14] BGH v. 17.10.1983 - II ZR 146/82 - LM Nr. 79 zu § 276 (Fa) BGB.

[15] So auch BGH v. 17.10.1983 - II ZR 146/82 - LM Nr. 79 zu § 276 (Fa) BGB für den zweitgenannten Fall unter Bezugnahme auf die culpa in contrahendo.

§ 663 BGB eingreifen und die Pflicht zum Ersatz eines evtl. zwischenzeitlich entstandenen Vertrauensschadens zur Folge haben. Wird im Rahmen einer bestehenden Vertragsbeziehung ein zusätzlicher Auftrag nicht angenommen, so stellt sich die Frage, ob eine Verletzung neben- oder vorvertraglicher Pflichten gegeben und in diesem Zusammenhang § 663 BGB anwendbar ist.[16]

D. Rechtsfolgen

Aus § 663 BGB folgt bei Nicht-Annahme des Auftrags die über § 280 Abs. 1 BGB sanktionierte Pflicht, die **Ablehnung dem Auftraggeber unverzüglich anzuzeigen**. Es handelt sich dabei um eine an einen spezifischen Vertrauenstatbestand anknüpfende dispositive gesetzliche Konkretisierung allgemeiner Grundsätze des Vertragsrechts[17] und speziell der culpa in contrahendo. Die Anzeige muss unverzüglich erfolgen, also **ohne schuldhaftes Zögern** (§ 121 Abs. 1 BGB), sobald für den Sich-Erbietenden klar ist, dass er den Antrag nicht annimmt; er darf nicht etwa abwarten, bis der Antrag nach § 146 BGB mangels Annahme ohnehin erlischt.

8

Die Anzeige selbst ist wiederum **geschäftsähnliche** Handlung. **Fehlt** es an der **Geschäftsfähigkeit** des Sich-Erbietenden, so kommt es gar nicht zur Anzeigepflicht; ist diese etwa qua Genehmigung gemäß § 108 Abs. 1 BGB nachträglich entstanden, fragt es sich, ob die fehlende Geschäftsfähigkeit ein Unterlassen der Anzeige entschuldigt.[18] Richtigerweise wäre hier für die Erfüllung der Pflicht der gesetzliche Vertreter zuständig, jedenfalls wenn ihm der Vertragsantrag zugegangen ist;[19] hat er das Sich-Erbieten genehmigt, hat er aber auch hiermit schon einen Vertrauenstatbestands geschaffen, für den der Sich-Erbietende einzustehen hat. Ist Letzterer zwischenzeitlich voll geschäftsfähig geworden, kommt es nunmehr auf ihn an.[20] Aber auch eine **Anzeige** des **Nichtgeschäftsfähigen** selbst dürfte den Vertrauenstatbestand schon beseitigen, zumindest für Mitverschulden des Geschädigten sprechen.

9

An sich muss die Anzeige dem Auftraggeber **zugehen**, und zwar auch rechtzeitig zugehen, um den Vertrauenstatbestand zu beseitigen; insoweit ist § 130 BGB anwendbar.[21] Da aber eine Haftung über § 280 Abs. 1 Satz 2 BGB voraussetzt, dass der Schuldner (= Beauftragter) die objektive Pflichtverletzung zu vertreten hat, gehen bei korrekter Vornahme der Anzeige deren **Verlust oder Verzögerung** auf das **Risiko des Antragenden**;[22] der Schuldner muss aber beweisen, dass ihn hinsichtlich der Vornahme der Anzeige kein Verschulden trifft.

10

Die zu vertretende Verletzung vorvertraglicher Pflichten aus § 663 BGB führt über § 280 Abs. 1 BGB zum Anspruch auf **Schadensersatz**. Zu ersetzen ist der Schaden, der aus der Verletzung der Pflicht des § 663 BGB entsteht, also daraus, dass der Sich-Erbietende nicht oder nicht unverzüglich anzeigt, dass er einen Auftrag nicht annehmen will. Der Geschädigte ist so zu stellen, als hätte er rechtzeitig von der Ablehnung des Auftrags erfahren. Der zu ersetzende **Schaden** kann darin liegen, dass eine alternative Möglichkeit, einen anderen Geschäftsführer einzuschalten, wegen der verzögerten Anzeige nicht mehr besteht, so dass die **Geschäftsführung** nunmehr **teurer** wird; dass **vergebliche Aufwendungen** gemacht werden oder dass wegen der nicht rechtzeitigen Geschäftsführung ein **Geschäft unterbleiben** musste und dadurch ein Schaden entsteht; Beispiel ist etwa der Ausfall eines günstigen Geschäfts wegen der nicht rechtzeitigen Stellung eines Akkreditivs.[23] Die Fälle werden selten sein, dass sich insoweit über § 663 BGB eine Ersatzpflicht ergibt,[24] und wenn § 663 BGB wirklich einmal eingreift, dürfte meist ein Mitverschulden des Auftraggebers vorliegen, wenn er bei Schadensrisiken nicht seinerseits auf rasche Klärung hinsichtlich der Annahme des Antrags drängt. Der sich über § 280 Abs. 1 BGB ergebende Anspruch geht auf Ersatz des **Vertrauensschadens**, also des **negativen Interesses**. Der An-

11

---

[16] Vgl. zur Verletzung von einem Notar erteilter Treuhandanweisungen OLG Frankfurt v. 18.06.2008 - 4 U 229/07 - juris Rn. 17 - OLGR Frankfurt 2009, 384-388 (ohne Bezugnahme auf § 663 BGB).
[17] *Ehmann* in: Erman, § 663 Rn. 10.
[18] Vgl. *Seiler* in: MünchKomm-BGB, § 663 Rn. 17, der auf Schuldfähigkeit abstellt.
[19] Vgl. §§ 164 Abs. 3, 145 BGB; *Ehmann* in: Erman, § 663 Rn. 12.
[20] *Ehmann* in: Erman, § 663 Rn. 12.
[21] Vgl. *Beuthien* in: Soergel, § 663 Rn. 12; *Seiler* in: MünchKomm-BGB, § 663 Rn. 17.
[22] Anders wohl *Seiler* in: MünchKomm-BGB, § 663 Rn. 17; wie hier *Martinek* in: Staudinger, § 663 Rn. 11; *Ehmann* in: Erman, § 663 Rn. 12.
[23] Vgl. BGH v. 17.10.1983 - II ZR 146/82 - LM Nr. 79 zu § 276 (Fa) BGB unter dem Blickwinkel der culpa in contrahendo.
[24] Vgl. insoweit BGH v. 17.10.1983 - II ZR 146/82 - LM Nr. 79 zu § 276 (Fa) BGB, wo § 663 BGB gerade nicht eingriff.

spruch wird **nicht** durch das **positive Interesse beschränkt**.[25] Wenn ein Vertragsschluss zustande gekommen ist und der Auftrag nicht oder nicht richtig erfüllt wurde, besteht über die §§ 280 Abs. 3, 281 BGB Anspruch auf Schadensersatz statt der Leistung, der auf das Erfüllungsinteresse gerichtet ist. Bei Verletzung vorvertraglicher Nebenpflichten ist zusätzlich ein Anspruch auf Ersatz des Vertrauensschadens denkbar.

E. Prozessuale Hinweise

12 Im Streit um den Ersatzanspruch nach den §§ 663, 280 Abs. 1 BGB ist **grundsätzlich** der **Auftraggeber beweispflichtig**. Das gilt sowohl für das öffentliche Erbieten wie für das dem Auftraggeber gegenüber erfolgte Erbieten zur Besorgung gewisser Geschäfte. Es ist dann zu vermuten, dass eine Auftragserteilung in Kenntnis des öffentlichen oder direkten Erbietens vorgenommen wurde. Das **Fehlen** dieser **Kenntnis** seitens des Auftraggebers bzw. eine Entkräftung der Kenntnis durch Widerruf des Sich-Erbietens müsste der Sich-Erbietende, der Beauftragte, beweisen. Dem Auftraggeber obliegt es wiederum zu beweisen, dass die Anzeige vom Beauftragten nicht unverzüglich bei Nichtannahme des Angebots in einer für den raschen Zugang an den Auftraggeber geeigneten Weise vorgenommen wurde. Da sich diese Umstände in der Sphäre des sich-erbietenden Beauftragten abspielen, muss dem Auftraggeber hier ein Prima-facie-Beweis zu Hilfe kommen[26]. Der Geschädigte muss schließlich seinen Schaden und die kausale Verursachung beweisen. **Bestreitet** der **Sich-Erbietende** insoweit sein **Verschulden**, ist der Auftraggeber gemäß § 280 Abs. 1 Satz 2 BGB beweispflichtig.

F. Anwendungsfelder

13 Der Grundgedanke des § 663 BGB, dass derjenige, der im Hinblick auf eine eventuelle Übernahme eines Auftrags einen Vertrauenstatbestand geschaffen hat, dem Auftraggeber gegenüber aktiv werden muss, wenn er einen Auftrag nicht annimmt, ist auch über die Geschäftsbesorgung des § 675 BGB hinaus **verallgemeinerungsfähig**, insbesondere für sonstige entgeltliche Dienst- oder Werkverträge, bei denen die Merkmale der Geschäftsbesorgung fehlen. Beispiele sind Verträge mit Ärzten, Zahnärzten, Tierärzten[27], Krankhäusern, Hebammen oder Masseuren[28].

14 Eine **allgemeine Vertrauenshaftung** nach den §§ 311 Abs. 2, Abs. 3, 241 Abs. 2, 280 Abs. 1 BGB kann sich – auch bei Kaufverträgen – ergeben, wenn in qualifizierter Weise Vertrauen in das Zustandekommen eines Vertrages erweckt und der Vertragsschluss dann ohne hinreichenden Grund verweigert wird (vgl. die Kommentierung zu § 311 BGB).[29]

---

[25] H.M.; etwa *Ehmann* in: Erman, § 663 Rn. 14; *Seiler* in: MünchKomm-BGB, § 663 Rn. 22; *Beuthien* in: Soergel, § 663 Rn. 15; *Martinek* in: Staudinger, § 663 Rn. 14; a. A. *Steffen* in: BGB-RGRK, § 663 Rn. 10.

[26] *Ehmann* in: Erman, § 663 Rn. 15: Der Geschädigte muss das Sich-Erbieten und seinen Auftrag nachweisen und den Grund seines schädlichen Zuwartens plausibel machen.

[27] OLG Düsseldorf v. 05.05.1925 - 9 W 445/24.

[28] *Ehmann* in: Erman, § 663 Rn. 6; zu weitgehend aber wohl der Hinweis auf Bewerbungen; gegen Ausdehnung über § 675 BGB hinaus *Sprau* in: Palandt, § 663 Rn. 3.

[29] BGH v. 08.06.1978 - III ZR 48/76 - juris Rn. 16 - BGHZ 71, 386-400.

§ 664 BGB Unübertragbarkeit; Haftung für Gehilfen

(Fassung vom 02.01.2002, gültig ab 01.01.2002)

(1) ¹Der Beauftragte darf im Zweifel die Ausführung des Auftrags nicht einem Dritten übertragen. ²Ist die Übertragung gestattet, so hat er nur ein ihm bei der Übertragung zur Last fallendes Verschulden zu vertreten. ³Für das Verschulden eines Gehilfen ist er nach § 278 verantwortlich.

(2) Der Anspruch auf Ausführung des Auftrags ist im Zweifel nicht übertragbar.

Gliederung

A. Grundlagen	1	B. Praktische Bedeutung	5
I. Kurzcharakteristik	1	C. Anwendungsvoraussetzungen	8
II. Regelungsprinzipien	2	D. Rechtsfolgen	12

A. Grundlagen

I. Kurzcharakteristik

§ 664 BGB enthält **Auslegungsregeln** und ein **Haftungsprivileg** für den Beauftragten. Nach § 664 Abs. 1 Satz 1 BGB darf der Beauftragte im Zweifel die **Ausführung** des Auftrags **nicht einem Dritten übertragen**. Diese Abweichung von der allgemeinen Regel des § 267 Abs. 1 BGB, wonach der Schuldner nicht in Person zu leisten braucht, hat ihren Grund in dem typischerweise dem Beauftragten persönlich entgegengebrachten Vertrauen. Aus der an sich selbstverständlichen Regelung des § 664 Abs. 1 Satz 3 BGB, wonach für den Erfüllungsgehilfen nach § 278 BGB gehaftet wird, folgt aber, dass, anders als nach der für den Dienstvertrag geltenden Regelung des § 613 Satz 1 BGB, der Beauftragte im Zweifel einen **Erfüllungsgehilfen einschalten darf**. Über Absatz 1 Satz 2 ergibt sich schließlich eine **Haftungsprivilegierung** des Beauftragten, dem die Übertragung der Ausführung des Auftrags gestattet ist und der an sich nach § 278 BGB haften würde. Nach Absatz 2 ist, wiederum wegen des häufig bestehenden persönlichen Vertrauensverhältnisses und im Einklang mit der allgemeinen Regel des § 399 BGB, auch der **Anspruch** auf Ausführung des Auftrags im Zweifel **nicht übertragbar** (übertragbar sind aber Ansprüche aus § 667 BGB oder auf Schadensersatz). Die Auslegungsregeln entsprechen, abgesehen von der im Zweifel zulässigen Heranziehung von Erfüllungsgehilfen, der Regelung des § 613 BGB beim Dienstvertrag.   1

II. Regelungsprinzipien

Die Einschaltung Dritter auf der Seite des Beauftragten kann beim Auftrag in vielfältiger Weise erfolgen, und dementsprechend kann auch die dem Auftragsverhältnis eventuell zu entnehmende Berechtigung des Beauftragten hierzu unterschiedlich ausgestaltet sein: Richtet sich der Auftrag lediglich auf **Beauftragung eines Dritten**, etwa eines Handwerkers, so geht es von vornherein um einen außerhalb des § 664 BGB liegenden Tatbestand. Auch eine **Schuldübernahme** durch einen Dritten auf Seiten des Beauftragten nach den §§ 414, 415 BGB, die allerdings selten vorkommen wird und die von der Mitwirkung des Auftraggebers abhinge, läge außerhalb des § 664 BGB.   2

Das Haftungsprivileg des § 664 Abs. 1 Satz 2 BGB zeigt sich erst bei der dem Beauftragten **gestatteten** Übertragung der Ausführung des Auftrags an einen Dritten, der sog. **Substitution**; insoweit hat der Beauftragte, der den Dritten bestellt, nur ein ihm bei der Übertragung zur Last fallendes Verschulden zu vertreten. Er hat also für Auswahl und Instruktion, evtl. für eine gewisse laufende Überwachung, zu sorgen, haftet aber nicht gemäß § 278 BGB für den Dritten. Es kommt mithin entscheidend darauf an, ob dem Beauftragten die Substitution **gestattet** ist. Mangels ausdrücklicher vertraglicher **Regelung** bedarf es insoweit der **Auslegung** des Auftragsvertrags, wobei die näheren **Umstände** des zu besorgenden Geschäfts wichtig sind; geht es um ein Geschäft, das besonderes persönliches Vertrauen erfordert, so ist die Substitution in der Regel nicht gestattet.[1] Aus § 665 BGB mag sich im Einzelfall etwas anderes ergeben. Regelungen in AGB sind unter dem angegebenen Blickwinkel zu prüfen. Da die Gestat-   3

---

[1] Vgl. *Ehmann* in: Erman, § 664 Rn. 12.

§ 664

tung der Substitution auch nachträglich erfolgen kann, mag die Reaktion des Auftraggebers auf die dem Beauftragten im Hinblick auf § 665 BGB zumindest anzuratende Vorabinformation[2] praktisch eine Hilfe sein.

4 In entsprechender Weise kommt es darauf an, ob der Beauftragte ausnahmsweise zu der Heranziehung eines **Erfüllungsgehilfen** nicht befugt ist, weil dann ggf. der Beauftragte selbst wegen Pflichtverletzung nach § 280 Abs. 1 BGB auf Schadensersatz haftet, auch wenn den Erfüllungsgehilfen kein Verschulden trifft.[3] Abgesehen von einem **ausdrücklichen** vertraglichen **Verbot** zur Einschaltung Dritter kann sich ein solches qua Auslegung, etwa bei besonderer Vertraulichkeit des zu besorgenden Geschäfts, ergeben.[4]

B. Praktische Bedeutung

5 Obwohl es eine Entscheidung des BGH zu § 664 BGB aus dem Bereich der unentgeltlichen Geschäftsbesorgung gibt,[5] liegt die Hauptbedeutung der Norm naturgemäß bei **entgeltlichen** Rechtsverhältnissen. Dies gilt einmal kraft spezieller Verweisung für Vereinsvorstand, Gesellschafter-Geschäftsführer, Testamentsvollstrecker und ähnliche Tätigkeiten (vgl. die Kommentierung zu § 662 BGB Rn. 37); Substitution lässt sich hier allerdings schwer vorstellen. Aufsichtsratsmitglieder können ihre Aufgaben schon kraft Gesetzes nicht durch andere wahrnehmen lassen, so dass insoweit sowohl Substitution als auch Erfüllungsgehilfenschaft per se nicht statthaft sind.[6] Insbesondere im **Handelsrecht** spielt die Substitution im Rahmen von Geschäftsbesorgungsverhältnissen aber eine beträchtliche Rolle.

6 Dass § 675 BGB nicht auf § 664 BGB verweist, hindert die Anwendung des § 664 BGB bei der **entgeltlichen Geschäftsbesorgung** nach inzwischen h.M. nicht.[7] Warum die Verweisung fehlt, ist aus den Gesetzesmaterialien nicht erkennbar; doch legitimieren insbesondere die speziellen Verweisungen, die entgeltliche Geschäfte erfassen, die umfassende Anwendung des § 664 BGB.[8] Teilweise wird unterstützend darauf hingewiesen, dass sich die entsprechenden Rechtsfolgen ohnehin über § 613 BGB und bei entsprechendem Vertrauensverhältnis über allgemeine Rechtsgrundsätze ergäben.[9] Es überzeugt nicht, dass von einzelnen Stimmen in der Literatur das Haftungsprivileg des § 664 Abs. 1 Satz 2 BGB bei entgeltlichen Geschäftsbesorgungsverhältnissen partiell für unanwendbar gehalten wird.[10]

7 Für den amtlich bestellten **Rechtsanwaltsvertreter** geht § 53 Abs. 9 BRAO vor. Hinsichtlich der Einschaltung von Zwischenbanken beim Überweisungsvertrag sah § 676c Abs. 1 Satz 3 BGB für **Überweisungen** eine partiell § 278 BGB entsprechende Haftung vor. Seit dem 31.10.2009 gelten für alle Zahlungsdienste die §§ 675c-676c BGB. Für die Einholung von **Bankauskünften** bei anderen Kreditinstituten oder die Verwahrung oder Verwaltung von **Wertpapieren im Ausland** sah Nr. 3 Abs. 2 AGB-Banken in der Fassung vom 01.01.1993 einen weiter geleiteten Auftrag vor, bei dem sich die Haftung auf Auswahl und Unterweisung beschränken soll; ob dies mit § 309 Nr. 7b BGB (= § 11 Nr. 7 AGBG) vereinbar ist, ist streitig.[11] Für Aufträge zur Übertragung von Wertpapieren in System gilt heute ergänzend § 675b BGB.

---

[2] Für Anzeigepflicht insoweit *Ehmann* in: Erman, § 664 Rn. 11.
[3] Vgl. *Sprau* in: Palandt, § 664 Rn. 6.
[4] Vgl. *Sprau* in: Palandt, § 664 Rn. 6.
[5] BGH v. 17.12.1992 - III ZR 133/91 - LM BGB § 664 Nr. 2 (8/1993).
[6] §§ 111 Abs. 5, 278 Abs. 3 AktG; § 52 Abs. 1 GmbHG; § 38 Abs. 4 GenG; vgl. *Ehmann* in: Erman, § 664 Rn. 6.
[7] So für Dienstverträge BGH v. 14.11.1951 - II ZR 55/51 - LM Nr. 1 zu § 664 BGB unter Hinweis auf RG v. 02.03.1912 - I 147/11 - RGZ 78, 310-316; für umfassende Anwendung eingehend *Ehmann* in: Erman, § 664 Rn. 7; *Seiler* in: MünchKomm-BGB, § 664 Rn. 19; *Beuthien* in: Soergel, § 664 Rn. 14; *Sprau* in: Palandt, § 664 Rn. 1; *Martinek* in: Staudinger, § 675 Rn. A 87 f.; anders noch RG v. 04.07.1939 - VII 4/39 - RGZ 161, 68-76 und *Steffen* in: BGB-RGRK, § 664 Rn. 12.
[8] Vgl. *Ehmann* in: Erman, § 664 Rn. 7.
[9] *Beuthien* in: Soergel, § 664 Rn. 14; *Sprau* in: Palandt, § 664 Rn. 1; *Martinek* in: Staudinger, § 675 Rn. A 87 f.; *Seiler* in: MünchKomm-BGB, § 664 Rn. 19.
[10] So aber *Koller*, ZIP 1985, 1243-1249, 1247-1249 für den Fall, dass der Geschäftsführer den Dritten auf eigene Rechnung beauftragt, weil dies den Geschäftsherrn besonders gefährde, und bei fehlendem Ermessensspielraum im Bereich der Geschäftsbesorgung; hier müsse § 278 BGB zum Schutz des Geschäftsherrn eingreifen; zur Relativität dieser im Rahmen der Ermittlung der Zulässigkeit der Substitution relevanten Einzelaspekte *Ehmann* in: Erman, § 664 Rn. 19.
[11] Vgl. *Westermann*, WM 1993, 1865-1875; *Baumbach/Hopt*, Handelsgesetzbuch, 34. Aufl. 2010, AGB Banken 3 Rn. 6.

C. Anwendungsvoraussetzungen

Die Übertragung der Ausführung des Auftrags auf einen Dritten (Substitution) ist zu unterscheiden von der bloß geschuldeten Beauftragung eines Dritten, etwa eines Handwerkers einerseits und von der (gewiss seltenen) Übertragung des gesamten Schuldverhältnisses auf den Dritten andererseits (vgl. Rn. 2). Bei der Substitution kommt es darauf an, ob der Beauftragte dem **Dritten** die Geschäftsbesorgung **ganz oder in Teilbereichen in eigener Verantwortung überlässt**, wobei der Beauftragte mit den sich aus § 664 Abs. 1 Satz 2 BGB ergebenden Einschränkungen in Teilbereichen **verantwortlich bleiben kann**.[12] Für die Übertragung wird im Rahmen des § 664 Abs. 1 Satz 2 BGB schon für leichte Fahrlässigkeit gehaftet.[13] Der Substitut handelt in eigener Verantwortung; wer dem Beauftragten gegenüber **Weisungen** unterliegt, mag Erfüllungsgehilfe sein, ist aber **kein Substitut**.[14] Ob der Beauftragte den Substituten im eigenen Namen einschaltet oder im Namen des Auftraggebers, ist nicht von Belang; eine Vollmacht des Beauftragten impliziert aber die Berechtigung.

8

Übertragbarkeit der Ausführung des Auftrags ist **im Zweifel nicht** zu bejahen, so dass der Beauftragte die Beweislast für die Gestattung der Übertragung trägt; sind Dienste zur Ausführung übertragen, ergibt sich dieselbe Regelung aus § 613 Satz 1 BGB. Mangels **ausdrücklicher Regelung** im Auftrag bzw. Geschäftsbesorgungsvertrag bzw. einem **später** ausdrücklich oder konkludent erteilten **Einverständnis** des Auftraggebers oder einer Rechtfertigung durch eine **Gefahrenlage** i.S.v. § 665 BGB kommt es auf die Auslegung, evtl. **ergänzende Auslegung**, des mit dem Auftraggeber geschlossenen Vertrags an. Nur wenn die Betrauung eines Dritten nach der Art des Geschäfts aus dem Blickwinkel des Auftraggebers nahe liegt und wenn dies praktisch keine zusätzliche Gefährdung des Auftraggebers durch den ihm unbekannten Dritten mit sich bringt, lässt sich das Einverständnis ohne ausdrückliche Regelung bejahen; das ist etwa der Fall bei einem patentanwaltlichen Mandat zur Erlangung eines ausländischen gewerblichen Schutzrechts, das der inländische Patentanwalt im Wege der Substitution an einen ausländischen Anwaltskollegen weitergibt.[15] Auch wenn der Auftraggeber weiß, dass der Dritte eingeschaltet werden muss, ist es aber nicht selbstverständlich, dass er auf umfassende Haftung des von ihm Beauftragten zu verzichten bereit ist. Eine ausdrückliche Regelung ist jedenfalls dringend anzuraten, wobei im Falle der Regelung durch AGB über die §§ 305 ff. BGB wiederum die Interessenlage ins Spiel kommen kann.

9

Wie sich aus § 664 Abs. 1 Satz 3 BGB ergibt, wird hinsichtlich der Einschaltung eines **Erfüllungsgehilfen** umgekehrt die **Zulässigkeit vermutet**, da ja wegen § 278 BGB die Haftungssituation nicht verändert ist. Hier trägt – anders in § 613 Satz 1 BGB für den Dienstvertrag – der Auftraggeber die Beweislast dafür, dass auch die Heranziehung eines Erfüllungsgehilfen unzulässig ist. Mangels ausdrücklicher Regelung im Auftrag bzw. Geschäftsbesorgungsvertrag wird man im Wege der Auslegung die Unzulässigkeit der Heranziehung eines Dritten insoweit anzunehmen haben, als es um Risiken geht, die auch über § 278 BGB für den Auftraggeber nicht bewältigt werden, etwa Gefahren durch Indiskretion oder das Risiko der Beschädigung unersetzlicher Güter, wenn dem Auftrag ein ganz persönliches Vertrauensverhältnis zugrunde liegt. Im Übrigen kommt es darauf an, ob der Beauftragte, für den Auftraggeber erkennbar, Dritte sinnvollerweise einschalten muss bzw. inwieweit dies üblich ist.

10

Der **Anspruch auf Ausführung** des Auftrags ist gemäß § 664 Abs. 2 BGB ebenfalls im Zweifel **nicht abtretbar**. Wie sich aus den Materialien ergibt, erfolgte die Regelung, um ein sonst denkbares argumentum e contrario aus § 613 Satz 2 BGB auszuschließen.[16] Dass sich die Regelung bereits aus allgemeinen Rechtsgrundsätzen ergeben soll,[17] ist vor dem Hintergrund des § 399 BGB insofern zutreffend, als die Abtretung mit einer Inhaltsänderung verbunden wäre, was insbesondere bei spezifischen persönlichen Beziehungen der Fall ist, doch gilt dies nicht notwendigerweise (vgl. z.B. bevorschussten Auftrag zum Erwerb einer Gattungssache). Die Vermutung betrifft nur den Anspruch auf Ausführung des Auftrags selbst.

11

---

[12] BGH v. 17.12.1992 - III ZR 133/91 - juris Rn. 18 - NJW 1993, 1704-1706.
[13] OLG Düsseldorf v. 10.11.2004 - I-15 U 31/04 - juris Rn. 26.
[14] *Ehmann* in: Erman, § 664 Rn. 16; *Beuthien* in: Soergel, § 664 Rn. 3; *Seiler* in: MünchKomm-BGB, § 664 Rn. 4.
[15] LG Leipzig v. 12.10.2008 - 05 O 4444/04 - MittdtschPatAnw 2007, 84-89.
[16] Vgl. *Mugdan*, Bd. II S. 945.
[17] So *Ehmann* in: Erman, § 664 Rn. 24.

§ 664

D. Rechtsfolgen

12 Bei **erlaubter Substitution** haftet der Beauftragte dem Auftraggeber lediglich **für eigenes Verschulden bei Auswahl, Instruktion und ggf. erforderlicher Überwachung** der Substitution.[18] Der Substitut haftet dem Auftraggeber direkt, wenn ein **Vertragsverhältnis** zwischen ihm und dem Auftraggeber besteht. Wurde der Substitut vom Beauftragten im eigenen Namen eingesetzt, so kommt dessen Haftung gegenüber dem Beauftragten in Betracht, wobei der Schaden des Auftraggebers im Wege der Drittschadensliquidation dem Beauftragten zugerechnet würde und der Beauftragte gemäß § 667 BGB zur Abtretung an den Auftraggeber verpflichtet wäre.

13 Bei **nicht erlaubter Substitution** liegt bereits in der Einschaltung des Substituten eine Verletzung von Vertragspflichten des Beauftragten, für die er nach § 280 Abs. 1 BGB bei vermutetem Verschulden haftet, und zwar für den durch die Einschaltung des Substituten zurechenbar entstandenen Schaden. Auf das Verschulden des Substituten selbst kommt es nicht an. Wäre der Schaden auch ohne die Einschaltung des Substituten entstanden, weil ihn der Beauftragte selbst nicht hätte vermeiden können, haftet er nicht, und Entsprechendes gilt, wenn der Substitut korrekt gehandelt hat, weil die Geltendmachung der Pflichtverletzung hier gegen Treu und Glauben verstieße.[19] Eventuelle Ansprüche des Beauftragten gegen den Substituten braucht Ersterer deshalb nicht an den Auftraggeber abzutreten, weil die Einschaltung des Substituten vom Auftrag nicht erfasst ist, so dass § 667 BGB nicht eingreift; evtl. mag sich aus den §§ 683, 684 BGB etwas anderes ergeben.

14 Bei **erlaubter** Einschaltung eines **Erfüllungsgehilfen** haftet der Beauftragte nach § 664 Abs. 1 Satz 3 BGB für dessen Verschulden gemäß § 278 BGB.

15 Bei **unerlaubter** Einschaltung eines **Erfüllungsgehilfen** haftet der Beauftragte zwar ebenfalls für dessen Verschulden aus § 278 BGB, freilich nicht nur nach dieser Vorschrift. Die Pflichtverletzung des Beauftragten führt vielmehr zu dessen eigenständiger Haftung bei vermutetem Verschulden aus § 280 Abs. 1 BGB.[20] Wiederum kann die Haftung entfallen, wenn der Schaden auch bei sorgfältigem Verhalten des Erfüllungsgehilfen eingetreten wäre.[21]

16 Zur eventuellen **Einschränkung** der Haftung **bei einfacher Fahrlässigkeit** des Beauftragten wegen Unentgeltlichkeit der Tätigkeit, u.a. zur Sonderregelung der §§ 31a, 86 BGB für Vorstände von Vereinen und Stiftungen im Falle geringfügiger Entgelte, vgl. die Kommentierung zu § 662 BGB Rn. 37.

---

[18] Ausschluss der Haftung nach § 831 Abs. 1 Satz 2 letzter Halbsatz BGB analog nach *Ehmann* in: Erman, § 664 Rn. 21, wenn der Schaden auch bei sorgfältiger Auswahl eingetreten wäre.

[19] *Seiler* in: MünchKomm-BGB, § 664 Rn. 10.

[20] Vgl. BGH v. 04.02.1997 - XI ZR 31/96 - LM BGB § 276 (Hb) Nr. 74 (5/1997).

[21] Vgl. *Ehmann* in: Erman, § 664 Rn. 23.

§ 665 BGB Abweichung von Weisungen

(Fassung vom 02.01.2002, gültig ab 01.01.2002)

¹Der Beauftragte ist berechtigt, von den Weisungen des Auftraggebers abzuweichen, wenn er den Umständen nach annehmen darf, dass der Auftraggeber bei Kenntnis der Sachlage die Abweichung billigen würde. ²Der Beauftragte hat vor der Abweichung dem Auftraggeber Anzeige zu machen und dessen Entschließung abzuwarten, wenn nicht mit dem Aufschub Gefahr verbunden ist.

Gliederung

A. Grundlagen 1	D. Rechtsfolgen weisungswidrigen Verhaltens und sonstiger Pflichtverletzungen 13
B. Praktische Bedeutung 2	I. Erfüllung, Rücktritt und Schadensersatz 13
C. Anwendungsvoraussetzungen 4	II. Aufwendungsersatz 14
I. Weisungen 4	E. Prozessuale Hinweise 15
II. Weisungsgebundenheit 7	

A. Grundlagen

Der Beauftragte wird zwar nicht abhängig, sondern selbständig tätig, freilich im Interesse des Auftraggebers, und dementsprechend ist er weisungsgebunden. § 665 BGB konkretisiert diese sich aus dem Auftrag bzw. Geschäftsbesorgungsvertrag ergebende Weisungsgebundenheit i.S. eines denkenden Gehorsams. Je nach den Umständen darf oder gar muss der Beauftragte von Weisungen des Auftraggebers abweichen, hat freilich den Auftraggeber zuvor zu informieren und dessen Entscheidungen abzuwarten, es sei denn, dass mit dem Aufschub Gefahr verbunden ist. Insofern regelt § 665 BGB den Grundsatz der Weisungsgebundenheit.[1] Daraus folgt u.a., dass bei einer fremdnützigen Treuhand über einen Kommanditanteil sich eine steuerlich relevante Mitunternehmereigenschaft des Treuhänders wegen seiner weisungsunterworfenen Stellung nicht ableiten lässt.[2] Grenzen der Weisungsgebundenheit ergeben sich aus allgemeinen Gesetzen, so etwa im Vertikalverhältnis zwischen Unternehmen aus dem GWB.[3]

1

B. Praktische Bedeutung

§ 665 BGB gilt über die Verweisungsnorm des § 675 Abs. 1 BGB auch bei den entgeltlichen **Geschäftsbesorgungsverträgen**, vor allem des Handelsrechts und kraft spezieller Verweisung für Vorstand und Liquidatoren von Vereinen (§§ 27 Abs. 3, 48 Abs. 2 BGB) und geschäftsführende Personengesellschafter (§ 713 BGB, §§ 105 Abs. 2, 161 Abs. 2 HGB), nicht hingegen für den Testamentsvollstrecker (§ 2212 Abs. 1 BGB).

2

Die Bedeutung des § 665 BGB für das **Bankrecht** hatte sich durch das Überweisungsgesetz von 1999 relativiert, durch das die §§ 676a -675g BGB mit speziellen Regeln für Übertragungs-, Überweisungs-, Zahlungs- und Girovertrag eingeführt worden waren. Der Überweisungsauftrag, der als Weisung im Rahmen eines Girovertrages verstanden worden war[4], war durch § 676a BGB als Überweisungs**ver**trag ausgestaltet worden[5], so dass § 665 BGB insoweit nicht mehr einschlägig war. Seit dem 31.10.2009 gelten insoweit die §§ 675c-676c BGB über **Zahlungsdienste,** wobei aber gemäß § 675c Abs. 1 BGB eine entsprechende Anwendung von § 665 BGB vorgeschrieben ist. Hinsichtlich eines Geschäftsbesorgungsvertrages, der die Weiterleitung von Wertpapieren oder Ansprüchen auf Herausgabe von Wertpapieren zum Gegenstand hat, sprach das Gesetz im Hinblick auf die Kündigung eines solchen Vertra-

3

---

[1] Ebenso *Seiler* in: MünchKomm-BGB, § 665 Rn. 1; a.A. etwa *Ehmann* in: Erman, § 665 Rn. 22, der zugleich einen Grundsatz der Abweichungsbefugnis sehen will, damit aber das Regel-Ausnahme-Verhältnis des § 665 BGB überspielt.
[2] BFH v. 30.06.2005 - IV R 40/03 - BFH/NV 2005, 1994-1996.
[3] Vgl. etwa zum Informationsaustausch mit dem sog. Vertragshändler *Wiemer*, WuW 2009, 750-760.
[4] Vgl. *Ehmann* in: Vorauflage Erman, § 665 Rn. 4.
[5] Wohl eher polemisch zu verstehen *Jakobs*, JZ 2000, 641-650: falsa demonstratio des Gesetzgebers, die insoweit an der bisherigen Rechtslage nichts ändere; kritisch zur Vertragskonstruktion auch *Ehmann/Hadding*, WM IV 1999, Sonderbeilage Nr. 3, 3-31, 3; *Häuser*, WM IV 1999, 1037-1045, 1041.

ges im **früheren § 676 BGB** von einem **Übertragungsvertrag**, so dass auch bei Zugrundelegung eines einschlägigen Rahmenvertrages jeder Einzelauftrag durch eigenständigen Vertrag und nicht lediglich durch Weisung zustande kam; seit dem 31.10.2009 besagt § 675b BGB, dass entsprechende Aufträge „von dem in den Regeln des Systems bestimmten Zeitpunkt an" nicht mehr widerrufen werden können.

C. Anwendungsvoraussetzungen

I. Weisungen

4 Weisungen des Auftraggebers konkretisieren die Pflichten des Beauftragten im Rahmen des Auftrags bzw. des Geschäftsbesorgungsvertrages. Sie sind daher **von der Vertragsannahme** seitens des Beauftragten **zu unterscheiden**. Da Auftrag bzw. Geschäftsbesorgung Rechtsgrundlage des Weisungsrechts des Auftraggebers ist, ist eine Weisung nur im Rahmen des konkreten Vertragsverhältnisses bzw. der konkreten Rechtsgrundlagen[6] wirksam; eine darüber hinaus gehende Weisung verpflichtet den Beauftragten nicht, sondern wäre Vertragsangebot des Auftraggebers, das der Annahme bedarf. Soweit der vom Vertrag vorgegebene Handlungsspielraum des Beauftragten breit ist, wird er durch die Weisung eingeschränkt. Weisungen spielen bei Geschäftsbesorgungsverträgen eine wichtige Rolle, u.a. im Rahmen von Treuhandverträgen[7]. Eine bloße **Empfehlung** i.S. eines unverbindlichen Vorschlags steht der Weisung nicht gleich.[8] Vor Erlass des Überweisungsgesetzes (vgl. die Kommentierung zu § 662 BGB Rn. 2) hatte die Judikatur den einzelnen Überweisungsauftrag im Rahmen eines Girovertrags als Weisung i.S.v. § 665 BGB interpretiert.[9] Weisungen sind auch heute noch die **Abbuchungsaufträge** im Rahmen des Lastschriftverfahrens,[10] und sie spielen beim Einsatz von Kreditkarten und beim Akkreditivauftrag (Geschäftsbesorgungsvertrag) eine wichtige Rolle; dabei gelten seit dem 31.10.2009 die speziellen Regeln über Zahlungsdiensteverträge (vgl. die Kommentierung zu § 662 BGB Rn. 2).

5 Die Weisung ist eine einseitige empfangsbedürftige **Willenserklärung**.[11] Ihre Wirksamkeit im Rahmen der Weisungsbefugnis wird durch die §§ 134, 138, 242 BGB begrenzt. Bei unzumutbaren Weisungen hat der Beauftragte, sofern er nicht ohnehin nach § 671 Abs. 1 BGB jederzeit kündigen kann, überdies nach vorheriger Abmahnung einen wichtigen Grund zur außerordentlichen Kündigung des Geschäftsbesorgungsvertrags nach § 314 BGB. Eine gefälschte Weisung steht einer nicht erteilten Anweisung gleich, sofern sie nicht dem Auftraggeber unter Rechtsscheingesichtspunkten zuzurechnen ist.[12]

6 Die Weisung durch den Auftraggeber ist mit Wirkung für die Zukunft frei **widerruflich.** Der Abruf eines Kredites unterliegt daher (vor der Ausführung dieser Zahlungsanweisung) auch noch nicht der Insolvenzanfechtung.[13] Der Widerruf ist dabei **eigenständige Weisung**.[14] Er ist nur so lange möglich, wie entsprechend der Weisung noch nicht gehandelt ist[15], so dass Aufwendungsersatzansprüche bestehen bleiben. Für den nach bisheriger Rechtslage als Weisung aufgrund Girovertrags erteilten Überweisungsauftrag nahm man an, dass der Widerruf durch Individualvertrag ausgeschlossen werden

---

[6] Vgl. BGH v. 12.10.1992 - II ZR 208/91 - juris Rn. 11 - BGHZ 119, 379-386: keine Weisungen durch Vorstand hinsichtlich der Geschäftsführung des allein vertretungsberechtigten Vorstandsmitglieds, wenn hierfür in der Satzung die Grundlage fehlt.

[7] BGH v. 14.11.1991 - III ZR 145/90 - LM BGB § 280 Nr. 9 (8/1992) betr. weisungswidrige Weitergabe eines Schecks.

[8] *Beuthien* in: Soergel, § 665 Rn. 4.

[9] BGH v. 06.10.1953 - I ZR 185/52 - BGHZ 10, 319-325; *Häuser*, NJW 1994, 3121-3128, 3121; zur neuen Rechtslage *Beuthien* in: Soergel (Vorauflage), § 665 Rn. 2.

[10] Beim Einzugsermächtigungsverfahren bestand für den Widerruf der Lastschrift keine Frist, und eine Genehmigung allein durch Schweigen schied aus, so BGH v. 06.06.2000 - XI ZR 258/99 - BGHZ 144, 349-356.

[11] *Ehmann* in: Erman, § 665 Rn. 4.

[12] BGH v. 17.07.2001 - XI ZR 325/00 - LM BGB § 607 Nr. 180 (12/2001) betr. gefälschten Überweisungsauftrag; zugleich zur nebenvertraglichen Pflicht, Fälschungsrisiken zu minimieren.

[13] OLG Rostock v. 19.09.2008 - 5 U 96/08 - juris Rn. 21 - NZI 2008, 686-687; dies hat angesichts der Judikatur zur Pfändbarkeit von Kontokorrentkrediten, BGH v. 22.01.2004 - IX ZR 39/03 - BGHZ 157, 150 ff., die Konsequenz, dass zu diesem Zeitpunkt bereits ein Pfändungspfandrecht entstehen kann, so dass bei dessen Bedienung eine Insolvenzanfechtung ausscheidet; vgl. näher hierzu *Schmors*, jurisPR-InsR 6/2009, Anm. 3.

[14] BGH v. 25.01.1988 - II ZR 320/87 - juris Rn. 11 - BGHZ 103, 143-149.

[15] Vgl. BGH v. 25.01.1988 - II ZR 320/87 - juris Rn. 11 - BGHZ 103, 143-149; BGH v. 26.05.1955 - II ZR 256/54 - BGHZ 17, 317-327.

konnte;[16] heute gilt insoweit § 675p Abs. 4 BGB. Im Rahmen eines **Kreditkartensystems** ist die Unterzeichnung des Belastungsbelegs durch den Karteninhaber als Weisung gegenüber dem Kartenaussteller anzusehen.[17] Wegen der Zahlungsfunktion ist diese Weisung nach Übergabe des Belastungsbelegs an das Vertragsunternehmen nicht mehr widerruflich,[18] so dass kaufrechtliche Beanstandungen im Valutaverhältnis Vertragsunternehmen/Karteninhaber geltend zu machen sind[19]. Da beim **Abbuchungsverfahren** der Widerruf nach erfolgter Abbuchung nicht mehr möglich ist, gefährdet dieses Verfahren in besonderer Weise den Verbraucher; daher kann im Rahmen des Lastschriftverfahrens die Variante des Abbuchungsverfahrens – im Gegensatz zum Einzugsermächtigungsverfahren – nicht wirksam durch **AGB** vereinbart werden.[20] Die Verwendung des Wortes „abzubuchen" kann bei Auslegung von AGB als Hinweis auf das Einzugsermächtigungsverfahren zu verstehen sein.[21] Zum Widerspruch des Insolvenzverwalters im **Einzugsermächtigungs-Lastschriftverfahren** vgl. Rn. 11.

II. Weisungsgebundenheit

Grundsätzlich ist der Beauftragte an Weisungen des Auftraggebers gebunden. Deren Grundlage kann die Erfüllung von Aufklärungspflichten sein, die den Beauftragten als Nebenpflichten des Auftrags bei der Geschäftsbesorgung treffen. Doch kann der Verhaltensspielraum des Beauftragten bewusst offen gehalten werden, etwa wenn seine besondere Sachkunde rasch zum Einsatz kommen soll. So kann es gerade Pflicht des Geschäftsbesorgers sein, die jeweils **geeigneten Maßnahmen** aus eigener Entscheidung zu treffen. Unter besonderen Umständen kann der Beauftragte aber auch. Geschäftsführer aber auch ein **Recht** darauf haben, dass der Auftraggeber ihm eine Weisung erteilt, so etwa das Mitglied einer Wohnungseigentümergemeinschaft, das unentgeltlich die Verwaltung als Beauftragter ausführt, hinsichtlich der Zustimmung zu einer von einem Wohnungseigentümer gewünschten baulichen Veränderung;[22] demgegenüber hätte ein gewerblicher Verwalter nur dann ein solches Recht auf Erteilung einer Weisung, wenn ernsthafte Zweifel an einer durch ihn zu treffenden Maßnahme bzw. Entscheidung aufgrund der gewünschten Maßnahme bestehen.[23] Bei **Zweifeln** an der Bedeutung einer Weisung hat der Beauftragte zurückzufragen.

Ein Recht zum **Abweichen** von einer wirksamen (vgl. Rn. 4) Weisung besteht, wenn der Berechtigte den Umständen nach annehmen darf, dass der Auftraggeber bei Kenntnis der Sachlage die Abweichung billigen würde, wobei er freilich dies dem Auftraggeber anzuzeigen hat und mangels Eilbedürftigkeit dessen Entscheidung abwarten muss. Auf die mutmaßliche Billigung kommt es allerdings nur dann an, wenn der Beauftragte angesichts der Eilbedürftigkeit die Entscheidung des Auftraggebers nicht abwartet. Für diese mutmaßliche Billigung können die für § 683 Satz 1 BGB einschlägigen Kriterien herangezogen werden, wobei zusätzliche Vorteile bzw. vermeidbare Nachteile wichtig sind. Eilbedürftigkeit kann etwa bei Kursänderungen, Katastrophen o.Ä. zu bejahen sein. Gemäß § 666 BGB ist der Auftraggeber zumindest im Nachhinein zu informieren.

Eine **Pflicht** zum Abweichen von einer Weisung dürfte nur in Extremfällen bestehen, wenn nämlich bei erkennbar negativen Folgen der Weisung wegen der Eilbedürftigkeit eine Rückfrage beim Auftraggeber ausscheidet. Der Beauftragte ist freilich gehalten, dem Auftraggeber ggf. Bedenken mitzuteilen, insbesondere bei spezifischer Sachkunde seinerseits, evtl. auch eine andere Vorgehensweise anzuregen, und die Entschließung des Auftraggebers dann abzuwarten. Eine allgemeine Warn- und Aufklärungspflicht von Banken ist nicht anerkannt.[24]

---

[16] Vgl. *Ehmann* in: Erman, § 665 Rn. 19.
[17] BGH v. 17.05.1984 - II ZR 280/83 - juris Rn. 9 - BGHZ 91, 221-228.
[18] So nunmehr auch BGH v. 24.09.2002 - XI ZR 420/01 - juris Rn. 16 - BGHZ 152, 75-83; wie hier *Sprau* in: Palandt, § 675 f Rn. 48; *Martinek* in: Schimanski/Bunte/Lwowski, Bankrechts-Handbuch Bd. 1, 4. Aufl. 2011, § 67 Rn. 32 ff. m.w.N., unter Hinweis auf § 675p BGB; OLG München v. 11.05.1999 - 5 U 6738/98 - WM 1999, 2356-2357; OLG Köln v. 14.11.2001 - 13 U 8/01 - NJW-RR 2002, 620-622; OLG Schleswig v. 29.11.1990 - 5 U 143/89 - WM 1991, 453-454; a.A. OLG Karlsruhe v. 28.11.1990 - 1 U 189/90 - NJW-RR 1991, 237-239; OLG Frankfurt v. 26.01.1994 - 17 U 51/93 - WM 1994, 942-943.
[19] Zum Widerruf bei Scheck und Lastschrift vgl. *Sprau* in: Palandt § 675 Rn. 14; § 675p Rn. 4.
[20] BGH v. 29.05.2008 - III ZR 330/07 - juris Rn. 17 - NJW 2008, 2495-2497.
[21] BGH v. 29.05.2008 - III ZR 330/07 - juris Rn. 18 ff. - NJW 2008, 2495-2497.
[22] BGH v. 21.12.1995 - V ZB 4/94 - juris Rn. 20 - BGHZ 131, 347-356.
[23] BGH v. 21.12.1995 - V ZB 4/94 - juris Rn. 20 - BGHZ 131, 347-356.
[24] Vgl. m.w.N. BGH v. 27.11.1990 - XI ZR 308/89 - juris Rn. 13 - LM Nr. 27 zu BGB § 276 (Cc); vgl. freilich die Kommentierung zu § 675 BGB Rn. 22.

10 Hat ein **Rechtsanwalt** hinsichtlich Inhalt und Umfang von Weisungen Zweifel, so muss er den für seinen Mandanten gefahrlosesten Weg einschlagen, also rechtlich bindende Erklärungen ohne dessen vorherige Zustimmung unterlassen[25], etwa wenn er im Vergleichswege die Berufung zurücknehmen will[26]. Ein Rechtsanwalt, der einen bestimmten Auftrag wegen besonderer Sachkunde erhalten hat, muss bei Bedenken gegen Weisungen beraten und warnen.[27] Eine **Bank** kann beim Auftrag zum Erwerb einer ausländischen Bank-AG wegen Abweichung von Weisungen haften.[28] Die Abweichung von Dokumenten von den Akkreditivbedingungen rechtfertigt die Verweigerung der Aufnahme von Dokumenten.[29] Ein Konflikt zwischen der Pflicht eines Kreditinstitutes, auf Risiken (z.B. Insolvenzreife) hinzuweisen, und der Wahrung des Bankgeheimnisses, kann im Einzelfall durch Güterabwägung zu entscheiden sein.[30] Der Widerruf eines **Schecks** ist jederzeit zu beachten,[31] für die künftig nicht mehr aktuellen Euro-Schecks gilt etwas anderes[32]. Soweit[33] der vorläufige **Insolvenzverwalter** nach der Judikatur ein Widerspruchsrecht gegen eine Einziehungsermächtigung beim Lastschriftverfahren hat, lässt sich daraus nicht etwa ein Widerspruchsrecht auch gegen Abbuchungsaufträge ableiten.[34]

11 Die Möglichkeit zum **Widerspruch** des vorläufigen Insolvenzverwalters gegen Belastungsbuchungen im **Einzugsermächtigungslastschriftverfahren** wurde vom **BGH** durch mehrere Urteile vom 20.07.2010 wesentlich **eingeschränkt**. Der 11. Zivilsenat eröffnet einer (schon vor Eintritt der Genehmigungsfiktion nach den AGB möglichen) **konkludenten Genehmigung** (vgl. § 684 Satz 2 BGB) seitens des Schuldners breiten Raum. Eine solche soll im unternehmerischen Geschäftsverkehr bei regelmäßig wiederkehrenden Zahlungen unter der **Voraussetzung einer einmal erfolgten Genehmigung einer früheren Belastung** bei Kenntnis weiterer Belastungen mangels Widerspruchs binnen angemessener Zeit in Betracht kommen.[35] Eine konkludente Genehmigung kann auch in **Maßnahmen der Liquiditätsbeschaffung** für vorausgegangene Abbuchungen zu sehen sein.[36] Nach Auffassung des 9. Zivilsenats des BGH hat der Insolvenzverwalter generell nicht das Recht, die Genehmigung zu versagen, wenn die Lastschrift unter Verwendung des unpfändbaren **Schuldnervermögens** eingelöst wurde, und der Insolvenzverwalter habe dies zu prüfen.[37]

12 Überdies hat der 11. Zivilsenat festgestellt, dass Zahlungen mittels des im **November 2009** neu eingeführten **SEPA-Lastschriftverfahrens insolvenzfest** sind, so dass ein Widerspruch des Insolvenzverwalters ausscheidet; das seit 31.10.2009 geltende neue Zahlungsdiensterecht (§§ 675c-676c BGB) führe dazu, dass der Schuldner mit der durch Zahlungsempfänger als Erklärungsboten über die Gläubigerbank an die Schuldnerbank erteilten Einzugsermächtigung zugleich gemäß § 675f Abs. 3 Satz 2 BGB der Belastung seines Kontos zustimmt.[38] Das Recht des Zahlers, binnen 8 Wochen ab Belastungs-

---

[25] BGH v. 07.10.1976 - III ZR 110/74 - StB 1977, 33-34.
[26] BGH v. 20.03.1961 - III ZR 172/59 - LM Nr. 28 zu § 675 BGB.
[27] BGH v. 20.03.1984 - VI ZR 154/82 - LM Nr. 103 zu § 675 BGB.
[28] BGH v. 09.05.1983 - II ZR 284/81 - WM 1983, 837-840.
[29] BGH v. 04.10.1984 - III ZR 102/83 - WM 1984, 1443-1444; zu berechtigten Abweichungen vgl. BGH v. 19.11.1959 - VII ZR 209/58 - LM Nr. 3 zu § 665 BGB.
[30] BGH v. 27.11.1990 - XI ZR 308/89 - LM Nr. 27 zu BGB § 276 (Cc).
[31] BGH v. 13.06.1988 - II ZR 324/87 - juris Rn. 21 - BGHZ 104, 374-383.
[32] *Ehmann* in: Erman, § 665 Rn. 20.
[33] Das Widerspruchsrecht besteht naturgemäß nur bis zur wirksamen Genehmigung des Einzugs durch den Schuldner bzw. eventuell durch Zeitablauf (6 Wochen) im Rahmen der eine Genehmigung wirksam substituierenden Regelung in den AGB der Banken; vgl. hierzu näher *Lange*, jurisPR-BKR 4/2009, Anm. 3; *Michel/Bauch*, BKR 2008, 89-94.
[34] So *Avoine*, ZInsO 2006, 225-229, im Hinblick auf BGH v. 04.11.2004 - IX ZR 22/03 - BGHZ 161, 49-60.
[35] BGH v. 20.07.2010 - XI ZR 236/07 - juris Rn. 43 f., 48 - NJW 2010, 3510-3517; vgl. weiter die nachfolgenden Entscheidungen des 11. Zivilsenats: XI ZR 562/07, 373/08 und 171/09 sowie OLG München v. 20.12.2010 - 19 U 2126/09 - ZIP 2011, 43-47.
[36] BGH v. 23.11.2010 - XI ZR 370/08 - EWiR § 21 InsO 1/11, 119 (*Ringstmeier*).
[37] BGH v. 20.07.2010 - IX ZR 37/09 - juris Rn. 13, 18, 23 - NJW 2010, 3517-3520.
[38] BGH v. 20.07.2010 - XI ZR 236/07 - juris Rn. 15-18 - BGHZ 186, 269-295.

buchung von seiner Bank nach § 675x Abs. 1, 2, 4 BGB Erstattung verlangen zu können, ändere daran nichts, weil darin kein Widerruf, sondern ein eigenständiges Gegenrecht liege, das nicht in die Insolvenzmasse falle.[39] Nach der **derzeitigen Ausgestaltung** der Sonderbedingungen für die Einzugsermächtigungslastschrift fehle es allerdings an der Vorabautorisierung; doch sei eine **Parteivereinbarung**, wonach der Schuldner mit der Einzugsermächtigung zugleich der Zahlstelle den Zahlungsauftrag erteilt, nach § 675j Abs. 1 BGB **zulässig** und auch durch AGB regelbar.[40]

D. Rechtsfolgen weisungswidrigen Verhaltens und sonstiger Pflichtverletzungen

I. Erfüllung, Rücktritt und Schadensersatz

Durch weisungswidriges Verhalten wird, soweit es nicht ausnahmsweise gerechtfertigt ist (vgl. Rn. 8), die Pflicht aus dem Auftrag nicht oder nicht wie geschuldet erfüllt. Ist der Auftrag nach wie vor durchführbar, hat der Auftraggeber weiterhin einen Erfüllungsanspruch, der allerdings beim Auftrag i.e.S. wegen § 671 Abs. 1 Alt. 2 BGB nicht allzu bedeutsam ist. Der Auftraggeber seinerseits, der ja den Auftrag nach § 671 Abs. 1 Alt. 1 BGB jederzeit widerrufen kann, kann von einem Geschäftsbesorgungsvertrag i.S.v. § 675 BGB oder einem nicht widerruflichen Auftrag unter den Voraussetzungen des § 323 BGB (evtl. nach Fristsetzung) **zurücktreten** bzw. ihn ggf. unter den Voraussetzungen des § 314 BGB aus wichtigem Grund **kündigen**. Durch den Rücktritt wird gem. § 325 BGB ein Schadensersatzanspruch nicht ausgeschlossen; Entsprechendes gilt für die Kündigung. Je nach Sachlage und verletzter Pflicht kommen bei Verschulden des Beauftragten auf **Ersatz des positiven Interesses** gerichtete Ansprüche auf Schadensersatz statt der Leistung bei nicht oder nicht wie geschuldet erbrachter oder verzögerter Leistung nach den §§ 280-286 BGB in Betracht; dies gilt insbesondere auch für die Verletzung von Aufklärungs-, Informations- und Warnpflichten des Beauftragten, die sich als **Leistungs**nebenpflichten darstellen. Gegenüber einem WEG-Verwalter steht der Anspruch auf Ausführung und ggf. auf Schadensersatz der Gemeinschaft und nicht dem einzelnen Wohnungseigentümer zu.[41] Ein Auftraggeber kann gegen **Treu und Glauben** verstoßen, wenn er eine weisungswidrige Ausführung eines Auftrags nicht gelten lassen will, obwohl die Abweichung seine Interessen überhaupt nicht verletzt hat.[42] Bei der Verletzung sonstiger Schutzpflichten, die das Integritätsinteresse des Auftraggebers schützen, ergibt sich der Ersatzanspruch unmittelbar aus § 280 Abs. 1 BGB.

13

II. Aufwendungsersatz

Aufwendungsersatz nach § 670 BGB kann der Beauftragte für ein nicht pflichtgemäßes Verhalten nicht verlangen. Soweit er einen Vorschuss erhalten hat, muss er diesen, da er keinen Anspruch gem. § 669 BGB darauf hat, nach § 667 BGB zurückgeben. Die Judikatur zieht insoweit § 254 BGB heran.[43] Was der Beauftragte aus einer weisungswidrigen **Besorgung des Geschäftes erlangt** hat, muss er grundsätzlich **nicht** aus § 667 BGB herausgeben (vgl. aber die Kommentierung zu § 667 BGB Rn. 8); freilich kann der Auftraggeber, falls sich das Geschäft als für ihn günstig herausstellt, dieses **genehmigen** (vgl. § 684 Satz 2 BGB). Soweit der Auftraggeber durch das weisungswidrige Geschäft etwas erlangt hat, muss er dies, falls er nicht genehmigt, nach Bereicherungsrecht herausgeben (vgl. § 684 Satz 1 BGB).[44]

14

---

[39] BGH v. 20.07.2010 - XI ZR 236/07 - juris Rn. 20, 29 - BGHZ 186, 269-295.
[40] BGH v. 20.07.2010 - XI ZR 236/07 - juris Rn. 36 f. - BGHZ 186, 269-295; vgl. weiter *Schwintowski*, unten zu § 675 f.; zur o.a. Judikatur umfassend *Eyber*, ZInsO 2010, 2363-2382; *Meckel*, jurisPR-BKR 12/2010, Anm. 1; *Schleich/Götz/Nübel*, DZWIR 2010, 409-413; *Tetzlaff*, jurisPR-InsR 19/2010, Anm. 3 und 17/2010, Anm. 2 sowie weitere juris-Praxisreports.
[41] BGH v. 15.12.1988 - V ZB 9/88 - BGHZ 106, 222-229.
[42] BGH v. 04.02.1980 - II ZR 119/79 - LM Nr. 24 zu § 662 BGB.
[43] BGH v. 13.06.1995 - XI ZR 154/94 - juris Rn. 32 - BGHZ 130, 87-96.
[44] *Seiler* in: MünchKomm-BGB, § 665 Rn. 38 nennt unter Berufung auf *Knütel*, ZHR 137, 296, 331 als Beispiel: qualifizierte Art der Reise.

E. Prozessuale Hinweise

15 Der Auftraggeber trägt die **Beweislast** für das Zustandekommen des Auftrags bzw. Geschäftsbesorgungsvertrags und seinen Inhalt sowie für die erteilten Weisungen, während der Beauftragte für die zur Durchführung des Auftrags vorgenommenen Maßnahmen beweispflichtig ist.[45]

16 Auch bindende Weisungen sind **nicht insolvenzfest**: Ein Bürge für eine Bankschuld einer GmbH, der von der GmbH mit einer Sicherungszession hinsichtlich der gegen ihre Abnehmer bestehenden Forderungen abgesichert war, hatte mit der GmbH und der Bank vereinbart, dass bei der Bank eingehende Zahlungen nur zur Verringerung des (verbürgten) Soll-Saldos verrechnet werden sollten; für die nach Eröffnung des Gesamtvollstreckungsverfahrens eingegangenen Zahlungen wurde (mangels dinglicher Abtretung eines evtl. Anspruchs auf das Bankguthaben) ein Ersatzabsonderungsrecht des Bürgen nicht bejaht.[46]

---

[45] BGH v. 25.03.1987 - IVa ZR 224/85 - juris Rn. 21 - LM Nr. 11 zu § 43 VVG; vgl. auch OLG München v. 09.03.1995 - 32 U 5600/94 - NJW-RR 1995, 813-815: Auftraggeber trägt Beweislast für Widerruf der Weisung und deren Rechtzeitigkeit; zur Beweislast des Kreditkartenherausgebers im Streit über die Erteilung einer Weisung durch die Erklärung des Karteninhabers, mit Kreditkarte zahlen zu wollen, vgl. AG Krefeld v. 25.05.2007 - 3 C 299/06 - WM 2007, 1973.

[46] BGH v. 25.03.1999 - IX ZR 223/97 - BGHZ 141, 173-179; krit. *Johlke*, EWiR 1999, 857-858.

§ 666 BGB Auskunfts- und Rechenschaftspflicht

(Fassung vom 02.01.2002, gültig ab 01.01.2002)

Der Beauftragte ist verpflichtet, dem Auftraggeber die erforderlichen Nachrichten zu geben, auf Verlangen über den Stand des Geschäfts Auskunft zu erteilen und nach der Ausführung des Auftrags Rechenschaft abzulegen.

Gliederung

A. Grundlagen 1	D. Prozessuale Hinweise 13
B. Praktische Bedeutung 2	I. Klage und Vollstreckung 13
C. Anwendungsvoraussetzungen 3	II. Beweislast 14
I. Allgemeines 3	E. Anwendungsfelder 15
II. Die einzelnen Pflichten bzw. Ansprüche ... 10	

A. Grundlagen

§ 666 BGB schafft vertragliche Nebenpflichten zugunsten des Auftraggebers. Die Vorschrift ist **Konsequenz der Fremdnützigkeit**. Da es bei Auftrag und Geschäftsbesorgung um Geschäfte im Interesse des Auftraggebers geht, muss dieser die erforderlichen Nachrichten erhalten sowie Auskunfts- und Rechenschaftsansprüche gegen den Beauftragten haben. Hinsichtlich der Benachrichtigung geht es um eine **Schutzpflicht** des Beauftragten, im Übrigen um dessen **Leistungsnebenpflichten**; bei schuldhafter Verletzung haftet der Beauftragte nach § 280 BGB auf Schadensersatz. § 666 BGB ist **eigenständige Anspruchsgrundlage**, während die §§ 259-261 BGB sowie die §§ 809, 810 BGB lediglich ergänzenden Charakter haben, freilich insoweit auch im Rahmen des § 666 BGB eingreifen können.[1] Eine über § 666 BGB hinausreichende **allgemeine Auskunftspflicht** auf der Grundlage des § 242 BGB bejaht die Judikatur subsidiär:[2] Bei bestehenden besonderen rechtlichen Beziehungen zwischen den Beteiligten kann dies der Fall sein, wenn eine Seite unverschuldet über Bestehen und Umfang eines Rechts im Ungewissen ist, sich selbst zumutbar keine Gewissheit verschaffen und die andere Seite Auskunft unschwer geben kann, was insbesondere dann der Fall sein kann, wenn ein Leistungsanspruch dem Grunde nach besteht.[3] Bei vertraglichen Schadenersatzansprüchen muss – anders als bei gesetzlichen Schadenersatzansprüchen – für den Auskunftsanspruch die Ersatzpflicht noch nicht dem Grunde nach feststehen.[4]

1

B. Praktische Bedeutung

Die praktische Bedeutung der Norm ist beträchtlich, freilich vor allem außerhalb des Auftragsrechts i.e.S.: nämlich **qua Verweisung** insbesondere bei Geschäftsbesorgungsverträgen (§ 675 BGB)[5], seit dem 31.10.2009 nach § 675c Abs. 1 BGB für alle Zahlungsdiensteverträge sowie bei sonstiger Einzelverweisung, etwa bei GoA (§ 681 BGB), Geschäftsanmaßung (§§ 687 Abs. 2, 681 BGB), beim Vereinsvorstand (§ 27 Abs. 3 BGB)[6], geschäftsführenden Gesellschafter (§ 713 BGB) und Testamentsvollstrecker (§ 2218 BGB)[7]. Im Falle einer Beauftragung durch einen späteren Erblasser ergeben sich Auskunftsrechte der Erben (§§ 666, 672 BGB).[8] Die im Rahmen speziell geregelter Geschäftsbesorgungsverhältnisse normierten Informationspflichten (z.B. die §§ 86 Abs. 2, 384 Abs. 2 HGB) ergänzen § 666 BGB. Sofern man in der Gutschrift einer Giroüberweisung kein abstraktes Schuldversprechen

2

---

[1] *Ehmann* in: Erman, § 666 Rn. 5.
[2] Vgl. *Ehmann* in: Erman, § 666 Rn. 17.
[3] Vgl. BGH v. 17.05.1994 - X ZR 82/92 - juris Rn. 25 - BGHZ 126, 109-124; vgl. dazu *Lüke*, JuS 1986, 2-7, 2 ff.
[4] BGH v. 29.04.2010 - I ZR 68/08 - juris Rn. 51 - GRUR 2010, 623 - Restwertbörse.
[5] Zu neueren Formen der Vermögensbetreuung und -beratung durch Banken vgl. *Möllers*, WM 2008, 93-102.
[6] Vgl. BGH v. 11.11.2002 - II ZR 125/02 - juris Rn. 18 - BGHZ 152, 339-347 betr. Auskunftsanspruch des Landesverbandes gegenüber Dachverband; kritisch *Segna*, EWiR 2003, 307-308, 307.
[7] Zusammenfassend zur Anwendung des § 666 BGB im Erbrecht *Sarres*, ZEV 2008, 512-517; nach BGH v. 18.04.2007 - IV ZR 279/05 - NJW 2007, 2174, 2175 gilt für erbrechtliche Ansprüche die 30-jährige Verjährungsfrist des § 197 Abs. 1 Nr. 2 BGB; zu sich hieraus bei Schadensersatzansprüchen nach § 2219 BGB ergebenden Problemen *Zimmer*, NJW 2007, 2175, 2176.
[8] Vgl. hierzu *Wallkamm*, MDR 2008, 1375-1376; *Pamp*, ErbR 2009, 108-117.

sieht,[9] stellt sie eine Benachrichtigung des Begünstigten gemäß § 666 BGB dar.[10] Die ehemaligen staatlichen Verwalter von Hausgrundstücken in der früheren DDR, die ihre Tätigkeit über den 31.12.1992 hinaus ausgeübt haben, waren den damaligen Eigentümern gegenüber nach § 11a Abs. 3 VermG in Verbindung mit § 666 BGB auskunfts- und rechenschaftspflichtig,[11] und zwar auch für den Zeitraum der staatlichen Verwaltung[12]. Ein Auskunftsanspruch gegen Kommunen der ehemaligen DDR im Hinblick auf vor 1990 durchgeführte Aktivitäten kann daran scheitern, dass nach dem Recht der DDR sich die Kommunen rechtlich durch Übergang in den Staatsbereich aufgelöst und sich erst 1990 als Kommunen wieder konstituiert hatten, mit der Folge, dass weder Identität noch Gesamtrechtsnachfolge vorliegt[13].

C. Anwendungsvoraussetzungen

I. Allgemeines

3   Obwohl § 666 BGB **dispositiv** ist, dürfte im Hinblick auf die zentrale Funktion der Norm im Rahmen fremdnütziger Geschäfte der vollständige Ausschluss aller Informationsrechte gegen § 138 BGB verstoßen.[14] Einschränkungen durch AGB müssen in besonderer Weise § 307 Abs. 2 BGB beachten. Im Übrigen können sich Einschränkungen auch durch konkludente Vereinbarung oder aus § 242 BGB ergeben, etwa bei jahrelangem Verzicht auf Auskunft und Rechenschaft;[15] doch gilt die Einschränkung nicht, wenn Anlass zu Zweifeln an der Gewissenhaftigkeit des Pflichtigen bestehen.[16]

4   § 666 BGB setzt keinen weiter gehenden Anspruch voraus, dessen Durchsetzung die begehrte Auskunft etwa vorbereiten soll[17] und ist in diesem Sinne **selbständig**. Ein Anspruch auf Auskunft kann auch dann bestehen, wenn der Auftraggeber schon informiert wurde;[18] etwas anderes würde für ein erneutes Verlangen nach umfassender Rechnungslegung nach Beendigung der Geschäftsbesorgung gelten.[19] Aus Treu und Glauben kann sich im Einzelfall etwas anderes, vor allem aber Kostentragungspflicht des erneut Auskunftsbegehrenden, ergeben.[20] Zur Selbständigkeit des Anspruchs auf Erteilung von Kontoauszügen vgl. Rn. 5.

5   Zugleich ist der Anspruch aus § 666 BGB grundsätzlich **abhängig** vom Auftrag bzw. Geschäftsbesorgungsvertrag, dessen Absicherung er ja dient; er kann daher im Allgemeinen isoliert weder abgetreten (§ 399 BGB) noch verpfändet (§ 1274 Abs. 2 BGB) noch gepfändet (§ 851 ZPO) werden.[21] Doch kann die Abtretung an bestimmte Personen im Einzelfall zulässig sein; insoweit kann etwa der gegen sein Kreditinstitut gerichtete Auskunftsanspruch des Erben an den Pflichtteilsberechtigten, dem die Auskunft geschuldet wird, abgetreten werden,[22] und Entsprechendes gilt im Falle eines abgetretenen Bereicherungsanspruchs aus Geschäftsbesorgung, zu dessen Durchsetzung der Auskunftsanspruch dienen soll.[23] Bei Kontenpfändung geht nach den §§ 412, 401 BGB ein Auskunftsanspruch als Nebenanspruch

---

[9] So aber die h.M., vgl. BGH v. 16.04.1991 - XI ZR 68/90 - juris Rn. 8 - NJW 1991, 2140-2141.
[10] So *Gras*, Zahlungszusagen im bargeldlosen Zahlungsverkehr, Diss. Saarbrücken 2006, S. 98 ff.
[11] I.d.R. nicht gegenüber dem Restitutionsberechtigten, so BGH v. 21.02.2002 - III ZR 107/01 - LM VermG § 7 Nr. 7 (11/2002); zum Rechtsweg zu den ordentlichen Gerichten BGH v. 30.06.1994 - III ZB 21/94 - BGHZ 126, 321-326; zum Ausschluss des Auskunftsanspruchs bei Globalentschädigungsregelung DDR/Schweden BGH v. 14.11.1996 - III ZR 304/95 - BGHZ 134, 67-79.
[12] BGH v. 30.06.1994 - III ZB 21/94 - juris Rn. 9 - BGHZ 126, 321-326.
[13] BGH v. 06.05.2004 - III ZR 248/03 - BGHReport 2004, 1182 betr. von der Stadt Dresden verwaltetes Stiftungsvermögen.
[14] *Ehmann* in: Erman, § 666 Rn. 41, 50.
[15] BGH v. 31.01.1963 - VII ZR 284/61 - BGHZ 39, 87-96.
[16] BGH v. 31.01.1963 - VII ZR 284/61 - BGHZ 39, 87-96; BGH v. 04.12.2000 - II ZR 230/99 - LM BGB § 666 Nr. 23 (7/2001); vgl. auch § 716 Abs. 2 BGB sowie die §§ 118 Abs. 2, 166 Abs. 3 HGB.
[17] BGH v. 28.02.1989 - XI ZR 91/88 - juris Rn. 12 - BGHZ 107, 104-111.
[18] BGH v. 30.01.2001 - XI ZR 183/00 - juris Rn. 12 - LM BGB § 666 Nr. 24 (7/2001).
[19] BGH v. 30.01.2001 - XI ZR 183/00 - juris Rn. 12 - LM BGB § 666 Nr. 24 (7/2001); BGH v. 04.07.1985 - III ZR 144/84 - juris Rn. 18 - LM Nr. 115 zu § 675 BGB.
[20] *Ehmann* in: Erman, § 666 Rn. 49.
[21] Vgl. m.w.N. BGH v. 28.02.1989 - XI ZR 91/88 - juris Rn. 16 - BGHZ 107, 104-111; *Seiler* in: MünchKomm-BGB, § 666 Rn. 3, 17.
[22] M.w.N. BGH v. 28.02.1989 - XI ZR 91/88 - juris Rn. 16 - BGHZ 107, 104-111.
[23] BGH v. 30.01.2001 - XI ZR 183/00 - juris Rn. 13 - LM BGB § 666 Nr. 24 (7/2001).

hinsichtlich Gegenstand und Betrag des Hauptanspruchs auf den Gläubiger über, aus dem allerdings Kontoauszüge und Rechnungsabschlüsse nicht verlangt werden können; der Anspruch des Kontoinhabers auf Erteilung von Kontoauszügen und Rechnungsabschlüssen ist dem gegenüber ein selbständiger Anspruch, der nicht als Nebenanspruch mit der Hauptforderung mit gepfändet werden kann und der im Übrigen wegen der Gefahr der Ausforschung auch nicht selbständig pfändbar ist.[24]

Bei **mehreren Beteiligten** auf Seiten des Auftraggebers bzw. Informationsberechtigten (z.B. Wohnungseigentümergemeinschaft, Erbengemeinschaft) gilt an sich § 432 Abs. 1 Satz 1 BGB, da Auskunft bzw. Rechenschaft nicht aufgeteilt, sondern nur einheitlich vorgenommen werden können, es sich mithin um eine unteilbare Leistung handelt;[25] da Gesamtgläubigerschaft (§ 428 BGB) seitens der Informationsberechtigten i.d.R. nicht vorliegt, kann der Verpflichtete die Auskunft nach § 432 BGB an sich nur an alle gemeinschaftlich erteilen und ein Auskunftsberechtigter nur Auskunft an alle fordern. Sofern dann nicht eine gesellschaftsrechtliche Kompetenznorm (etwa § 125 HGB) im Wege steht,[26] lässt aber die neuere Judikatur im Hinblick auf die unproblematisch mögliche gleichzeitige Information der übrigen Auskunftsberechtigten bei Vorliegen eines **besonderen Interesses** den Anspruch auf Information etwa **des einzelnen Miteigentümers** gegen den Verwalter zu;[27] mangels eines solchen Interesses empfiehlt es sich, auf gemeinschaftliche Information zu klagen. Dies gilt insbesondere für Schadensersatzansprüche im Rahmen der Miteigentümergemeinschaft.[28]

Stehen **mehrere Beteiligte** auf der Seite des Beauftragten, so **haften** sie für die **Information** nach den §§ 427, 431 BGB als Gesamtschuldner. Entsprechendes gilt für Schadensersatzansprüche wegen schuldhafter Verletzung der Benachrichtigungs-, Auskunfts- bzw. Rechenschaftspflicht nach § 280 BGB.

Umfang und Grenzen der Informationspflicht. Da das Auskunftsrecht gerade dann besonders wichtig ist, wenn der Beauftragte gegen Pflichten verstoßen hat, schränkt die Gefahr der **Selbstbelastung** das Auskunftsrecht nicht ein; dies gilt auch dann, wenn sich der Informationspflichtige selbst einer vorsätzlichen strafbaren Handlung bezichtigen müsste[29] oder es einen Kunden betrifft[30]. Rechtsanwälte müssen sogar ungefragt über eine eventuelle eigene Haftung aufklären.[31] **Treu und Glauben** können den Anspruch ausschließen, wenn die Information zweckwidrig genutzt werden soll, etwa zu Wettbewerbszwecken[32] oder bei für den Zweck unverhältnismäßigen Aufwendungen[33]. Bei einem Geschäftsbesorgungsvertrag zwischen dem Eigentümer einer **Ferienwohnung** und dem Vermietungs-Vermittler hat der Eigentümer trotz eines gewissen Konkurrenzverhältnisses Anspruch auf Unterrichtung über die Namen der jeweiligen Mieter und (gemäß § 667 BGB) auf Herausgabe der entsprechenden Mietverträge[34]; datenschutzrechtliche Einwände greifen nicht.[35] Ein Zeitungsverlag braucht dem Einsender von Bewerbungsunterlagen aber keine Auskunft über einen Chiffreinserenten erteilen.[36] Dass der Auf-

---

[24] BGH v. 08.11.2005 - XI ZR 90/05 - juris Rn. 16, 20 - NJW 2006, 217-218; BGH v. 18.07.2003 - IXa ZB 148/03 - ZIP 2003, 1771-1772; zum Verhältnis zu allgemeinen Auskunftsansprüchen bei Forderungspfändung *Löhnig*, JR 2007, 75, 76.

[25] *Beuthien* in: Soergel, § 666 Rn. 16.

[26] Vgl. hierzu BGH v. 27.06.1966 - VII ZR 184/64 - WM 1966, 1037, 1038, verneint Auskunftsanspruch eines persönlich haftenden Gesellschafters einer KG an sich selbst, wenn er nicht auf Leistung an sich selbst persönlich klagen kann.

[27] BGH v. 07.12.1995 - III ZR 81/95 - juris Rn. 11 - LM BGB § 666 Nr. 18 (4/1996); LG Kleve v. 22.11.2006 - 4 O 110/06 - WM 2007, 830;für den Anspruch auf Einsicht in die Abrechnungsunterlagen für die Jahresabrechnung bedarf es nicht der Darlegung eines besonderen rechtlichen Interesses; so BayObLG München v. 04.07.2002 - 2Z BR 139/01 - ZWE 2002, 577-580.

[28] Für vorherigen Beschluss der Gemeinschaft für Schadensersatzansprüche BGH v. 15.12.1988 - V ZB 9/88 - BGHZ 106, 222-229 und BayObLG München v. 15.06.1989 - BReg 2 Z 50/89 - ZMR 1989, 386-388; vgl. auch *Ehmann* in: Erman, § 666 Rn. 47.

[29] BGH v. 30.04.1964 - VII ZR 156/62 - juris Rn. 24 - BGHZ 41, 318-327.

[30] So betr. Auskunftsverlangen über Scheckeinreicher BGH v. 22.04.1997 - XI ZB 10/97 - LM ZPO § 3 Nr. 91 (10/1997).

[31] Vgl. hierzu näher die Kommentierung zu § 675 BGB Rn. 57; etwas anderes dürfte für Ärzte gelten, weil insoweit keine Vermögensbetreuung stattfindet; so *Schwarz*, JR 2008, 89-94.

[32] Vgl. BGH v. 28.10.1953 - II ZR 149/52 - juris Rn. 24 - BGHZ 10, 385-389.

[33] BGH v. 16.05.1984 - IVa ZR 106/82 - LM Nr. 10 zu § 666 BGB.

[34] BGH v. 03.11.2011 - III ZR 105/11 - NJW 2012, 58-61.

[35] So BGH v. 08.02.2007 - III ZR 148/06 - NJW 2007, 1528.

[36] AG Bonn v. 08. 12. 2006 - AfP 2007, 503-504 unter Hinweis auf die §§ 242, 666 BGB.

§ 666

traggeber die Information selbst beschaffen könnte, steht generell nicht entgegen.[37] Im Übrigen entfällt der Informationsanspruch weder durch die Beendigung der Geschäftsführung[38] noch durch eine bereits gegebene Auskunft (vgl. Rn. 4). Die **Kosten** trägt nach § 670 BGB der Auftraggeber nur dann, wenn es sich um Aufwendungen handelt, nicht hinsichtlich der eigenen Tätigkeit des Beauftragten; etwas anderes gilt für Auskünfte, die aus vom Berechtigten zu vertretenden Gründen mehrfach erteilt wurden.[39]

9 Der Informationspflichtige ist **vorleistungspflichtig**; er kann, soweit es nicht um zusätzliche Aufwendungen für die Informationsbeschaffung geht[40], nicht einwenden, er habe nur Zug um Zug gegen den Erhalt von ihm zustehenden Geschäftsgewinn Rechenschaft zu legen;[41] anders im umgekehrten Verhältnis bei Geltendmachung von Zahlungsansprüchen[42].

II. Die einzelnen Pflichten bzw. Ansprüche

10 Die Pflicht, dem Auftraggeber die erforderlichen **Nachrichten** zu geben, ist nicht selbständig einklagbar, sondern reine Schutzpflicht, deren Verletzung über § 280 Abs. 1 BGB bei Verschulden zu Schadensersatz führt. Die Benachrichtigungspflicht steht in engem **Zusammenhang** mit dem Weisungsrecht des Auftraggebers; je selbständiger der Geschäftsbesorger handeln darf, desto geringer sind seine Benachrichtigungspflichten.[43] Doch kann bei der Verwaltung erheblicher Vermögenswerte die weit gehende Freistellung von Weisungen und Zustimmungen **nicht** als **Freistellung** von der Pflicht zur Erteilung erforderlicher Nachrichten verstanden werden.[44] Im Übrigen gilt für **Zeit**, **Art** und **Umfang** der Maßstab der **Erforderlichkeit** unter Berücksichtigung der **Art des Geschäfts** und der Verständnismöglichkeiten des Auftraggebers.[45] Ein **Arzt** muss über eigene Behandlungsfehler zumindest insoweit ungefragt aufklären, als dies zum Schutz der Gesundheit des Patienten erforderlich ist, nicht hingegen zur Sicherung von Vermögensinteressen.[46] Eine **Bank** ist nach der Judikatur bei einem Wertpapierdepotvertrag zur vollständigen und unmissverständlichen Weiterleitung der in den Wertpapiermitteilungen veröffentlichten Informationen verpflichtet, die für den Depotinhaber wichtig sind, doch braucht sie nicht auf die sich hieraus ergebenden Konsequenzen hinzuweisen.[47] Über ihre Gewinnmarge braucht eine Bank nicht aufzuklären; mangels Aufklärungspflicht hat der Erwerber eines Wertpapieres daher auch **keinen Auskunftsanspruch** hinsichtlich der Provision der Bank[48]; vgl. auch die Kommentierung zu § 675 BGB Rn. 135. Ein Vermögensverwalter ist gehalten, den Kunden über den Eintritt erheblicher Buchverluste zu informieren.[49] Die **Distanz** mag eine Rolle spielen, so für die Hinweispflicht des Hausverwalters über Mängel des Objekts gegenüber dem entfernt wohnenden Auftraggeber.[50] Die Pflicht zur Benachrichtigung ist **Schickschuld**, zu erfüllen ggf. am Geschäftssitz des Beauftragten;

---

[37] BGH v. 18.06.1998 - IX ZR 311/95 - juris Rn. 11 - LM BGB § 666 Nr. 21 (11/1998).
[38] Vgl. nur BGH v. 12.06.1997 - III ZR 278/95 - LM BGB § 675 Nr. 242a (3/1998) hinsichtlich der Richtigstellung fehlerhafter Prospektangaben bei Auskunftsvertrag auch noch nach Vertragsende; für Beschränkung hinsichtlich umfassender Rechnungslegung hingegen BGH v. 04.07.1985 - III ZR 144/84 - LM Nr. 115 zu § 675 BGB; vgl. auch OLG Köln v. 14.07.1982 - 2 U 20/82 - ZIP 1982, 1107-1108 für beschränkte Auskunftspflicht des Konkursverwalters nach Beendigung des Konkursverfahrens.
[39] BGH v. 30.01.2001 - XI ZR 183/00 - juris Rn. 26 - LM BGB § 666 Nr. 24 (7/2001).
[40] BGH v. 30.01.2001 - XI ZR 183/00 - juris Rn. 26 - LM BGB § 666 Nr. 24 (7/2001).
[41] BGH v. 10.06.1976 - II ZR 175/74 - WM 1976, 868-869.
[42] BGH v. 10.06.1976 - II ZR 175/74 - WM 1976, 868-869; BGH v. 24.11.1971 - VIII ZR 81/70 - juris Rn. 45 - BGHZ 57, 292-301; *Ehmann* in: Erman, § 666 Rn. 58.
[43] *Steffen* in: BGB-RGRK, § 666 Rn. 2.
[44] BGH v. 29.03.1994 - XI ZR 31/93 - LM BörsG Nr. 36 (8/1994) betr. Börsentermingeschäfte.
[45] *Ehmann* in: Erman, § 666 Rn. 20; m.w.N. zu Einzelfällen sowie *Beuthien* in: Soergel, § 666 Rn. 7; eine Checkliste für Auskunftsansprüche im Erbrecht findet sich bei *Burandt*, ZFE 2002, 49-51, 49.
[46] *Schwarz*, JR 2008, 89-94.
[47] BGH v. 23.11.2004 - XI ZR 137/03 - juris Rn. 20 f. - NJW 2005, 1113-1114; vgl. auch *Gericke/Saager*, WM 2008, 623-629.
[48] OLG Frankfurt v. 29.02.2012 - 19 U 188/11 - juris Rn. 20.
[49] LG Kiel v. 15.07.2005 - 17 O 248/02 - EwiR 2006, 135, mit. Anm. *Balzer*, EWiR 2006, 135-136: Benachrichtigungspflicht schon bei einem (Buch-)Verlust von 20% und nicht erst – wie vom Gericht angenommen – bei 25%.
[50] BGH v. 20.11.1997 - III ZR 310/95 - juris Rn. 12 - LM BGB § 675 Nr. 246 (4/1998).

§ 130 Abs. 1 Satz 1 BGB ist nicht anwendbar, so dass der Zugang vom Absender nicht bewiesen werden muss.[51]

Der Auskunftsanspruch **entsteht** erst auf Verlangen des Auftraggebers, kann aber insoweit dann eingeklagt werden; seine schuldhafte Verletzung macht nach § 280 BGB schadensersatzpflichtig. Er richtet sich auf den Stand des Geschäfts und ist insoweit vom Umfang des Auftrags bzw. der Geschäftsbesorgung abhängig, geht aber über die erforderliche Nachricht i.S.d. Alternative 1 hinaus; der Anspruch stellt eine unselbständige Nebenpflicht[52] dar und **verjährt** nicht vor Beendigung des Auftragsverhältnisses.[53] In diesem Rahmen richtet er sich nach dem Verlangen des Auftraggebers, das sich im Rahmen von Treu und Glauben halten muss. Insoweit kann auch schon ein Auskunftsanspruch gegen einen Nacherben-Testamentsvollstrecker bestehen.[54] Zur Auskunft über einen Inbegriff von Gegenständen vgl. § 260 BGB. Der Gegenstand des Auskunftsbegehrens kann im Einzelfall vollständig im Verlangen nach Rechenschaftslegung enthalten sein, so dass ein zusätzlicher Anspruch auf Auskunftserteilung ausscheidet.[55] Vgl. im Übrigen Rn. 3 ff.[56]

11

Der Anspruch auf **Rechenschaft** wird gemäß § 666 BGB erst **nach** der **Ausführung** des Auftrags fällig. Doch kann kraft ausdrücklicher Vereinbarung und wird häufig kraft stillschweigender Abrede bei auf Dauer angelegten Geschäftsbesorgungsverhältnissen eine periodische Rechenschaft anzunehmen sein.[57] Inhaltlich geht der Anspruch auf Rechenschaft über eine Rechnungslegung hinaus (vgl. § 259 BGB); es handelt sich um einen umfassenden **Gesamtbericht** über die Ausführung des Auftrags. Dabei müsste ggf. Rechnung gelegt und müssen Belege vorgelegt werden (§ 259 Abs. 1 BGB).[58] Insgesamt muss dabei die Ausführung des Auftrags umfassend nachprüfbar sein. Beim **Girovertrag** mit Kontokorrentabrede steht dem Kunden neben seinem Anspruch auf laufende Kontoauszüge und periodische Rechnungsabschlüsse sowie ggf. ergänzenden Auskunftsrechten hingegen nach Treu und Glauben ein umfassender Rechenschaftslegungsanspruch nach dem Ende des Girovertrages nicht zu.[59] Seit dem 31.10.2009 gelten insoweit die einschlägigen Vorschriften der §§ 675c ff. BGB über den Zahlungsdienstevertrag.

12

D. Prozessuale Hinweise

I. Klage und Vollstreckung

Während der Benachrichtigungsanspruch **nicht einklagbar** ist, kann auf Auskunft und Rechenschaft **geklagt** werden, und zwar auf Auskunft auch im Wege der einstweiligen Verfügung.[60] Eine Hemmung der Verjährung durch Klageerhebung tritt ein, wenn der **Gerichtskostenvorschuss** nicht unverzüglich eingezahlt wird.[61] Vollstreckung erfolgt nach den §§ 887 oder 888 ZPO. Soweit zugleich Ansprüche aufgrund der Information in Rede stehen, kann aus Zeit- und Kostengründen eine **Stufenklage** gemäß § 254 ZPO ratsam sein.[62] Eine **Pfändung** von Ansprüchen „aus Treuhandverträgen" kann den Auskunftsanspruch als Nebenrecht erfassen.[63] Zu Auskunftsansprüchen bei Pfändung des Guthabens eines Girokontos vgl. Rn. 5; die Annahme, der Gläubiger habe aus § 836 Abs. 3 Satz 3 ZPO einen pro-

13

---

[51] BGH v. 07.05.2002 - XI ZR 197/01 - juris Rn. 20 - BGHZ 151, 5-14; krit. *Schäfer*, EWiR 2002, 833-834, 833: bei bestrittenem Zugang der Benachrichtigung sei auch die Kausalität für den Schaden bestritten, und diese hätte der Kläger beweisen müssen.

[52] *Martinek* in: Staudinger, 2006, § 666 Rn. 2, 4.

[53] BGH v. 01.12.2011 - III ZR 71/11 - NJW 2012, 917-919.

[54] BGH v. 09.11.1994 - IV ZR 319/93 - BGHZ 127, 360-367.

[55] Zum Verhältnis der Ansprüche BGH v. 29.01.1985 - X ZR 54/83 - BGHZ 93, 327-330.

[56] Zu Einzelfällen vgl. *Beuthien* in: Soergel, § 666 Rn. 9.

[57] *Steffen* in: BGB-RGRK, § 666 Rn. 8.

[58] Zum Umfang der Pflichten des Wohnungseigentumsverwalters bei Beendigung seiner Tätigkeit OLG München v. 20.07.2007 - 32 Wx 93/07 - ZWE 2007, 511,512.

[59] BGH v. 04.07.1985 - III ZR 144/84 - juris Rn. 18 - LM Nr. 115 zu § 675 BGB; OLG Celle v. 04.06.2008 - 3 U 265/07 - NJW-RR 2008, 1584-1587; zust. *Schelske*, EWiR 2008, 521-522.

[60] LG Berlin v. 31.10.2000 - 20 O 317/00 - NZG 2001, 375-379.

[61] OLG Frankfurt v. 18.12.2006 - 18 U 137/05 - juris Rn. 4.

[62] *Ehmann* in: Erman, § 666 Rn. 56; vgl. auch BGH v. 04.12.2000 - II ZR 230/99 - LM BGB § 666 Nr. 23 (7/2001).

[63] BGH v. 18.06.1998 - IX ZR 311/95 - juris Rn. 9 - LM BGB § 666 Nr. 21 (11/1998).

zessualen Anspruch auf Herausgabe der Kontoauszüge[64], stößt im Hinblick auf die insoweit mögliche Ausforschung auf Bedenken.

II. Beweislast

14 Bei einem Streit um die Erfüllung der Pflichten aus § 666 BGB trägt der Beauftragte die **Beweislast**.[65] Auch bindende Weisungen sind **nicht insolvenzfest**: Ein Bürge (für eine Bankschuld einer GmbH), der von der GmbH mit einer Sicherungszession hinsichtlich der gegen ihre Abnehmer bestehenden Forderungen abgesichert war, hatte mit der GmbH und der Bank vereinbart, dass bei der Bank eingehende Zahlungen nur mit (verbürgten) Soll-Saldi verrechnet werden sollten; für die nach Eröffnung des Gesamtvollstreckungsverfahrens eingegangenen Zahlungen wurde (mangels dinglicher Abtretung eines evtl. Anspruchs auf das Bankguthaben) ein Ersatzabsonderungsrecht des Bürgen nicht bejaht.[66]

E. Anwendungsfelder

15 Im Rahmen einer **Publikums-KG** mit dem Treuhänder als Kommanditisten kann der Treuhänder mit den Anlegern als Treugebern gegebenenfalls eine BGB-Innengesellschaft mit dem Kommanditisten als Geschäftsführer bilden mit der Folge, dass nach § 716 BGB jeder Anleger Auskunft vom Kommanditisten über weitere Anleger verlangen kann, selbst wenn nach der vertraglichen Vereinbarung eine Offenlegung der treuhänderischen Beteiligung gegenüber „Dritten" ausgeschlossen sein sollte.[67] Im Übrigen haben die Gesellschafter Anspruch gegen einen Mittelverwendungskontrolleur hinsichtlich der von diesem genehmigten Verfügungen.[68] Vgl. zu weiteren Anwendungsfeldern die Kommentierung zu § 667 BGB Rn. 18 ff. sowie – insbesondere zu Innenprovisionen und Rückvergütungen - die Kommentierung zu § 675 BGB.

---

[64] So *Vollkommer*, WuB VI E § 829 ZPO 1.04.
[65] BGH v. 17.12.1992 - III ZR 133/91 - LM BGB § 664 Nr. 2 (8/1993); vgl. auch BGH v. 13.12.1990 - III ZR 336/89 - NJW-RR 1991, 575-576.
[66] BGH v. 25.03.1999 – IX ZR 223/97 - BGHZ 141, 173-179; krit. *Johlke*, EWiR 1999, 857-858 hinsichtlich des Abstellens auf Ersatzabsonderung.
[67] BGH v. 11.01.2011 - II ZR 187/09 - NJW 2011, 921 ff.; *Salger*, jurisPR-BKR 7/2011, Anm. 5; *Canaris*, NZG 2011, 362 ff.
[68] KG v. 20.01.2011 - 19 U 70/10 - NZG 2011, 553-554.

§ 667 BGB Herausgabepflicht

(Fassung vom 02.01.2002, gültig ab 01.01.2002)

Der Beauftragte ist verpflichtet, dem Auftraggeber alles, was er zur Ausführung des Auftrags erhält und was er aus der Geschäftsbesorgung erlangt, herauszugeben.

Gliederung

A. Grundlagen	1	3. Wertungsbezogener Zusammenhang	8
B. Praktische Bedeutung	2	4. Vorteile, unter anderem Schmiergelder	9
C. Anwendungsvoraussetzungen	3	5. Nur das Vorhandene	11
I. Das Erhaltene	3	D. Rechtsfolgen	12
II. Das aus der Geschäftsführung Erlangte	5	E. Prozessuale Hinweise	13
1. Rechte und Güter	6	F. Anwendungsfelder	18
2. Unterlagen	7		

A. Grundlagen

Als Konsequenz der Fremdnützigkeit des Auftrags statuiert § 667 BGB eine Herausgabepflicht des Beauftragten in zweierlei Hinsicht: Einmal hinsichtlich dessen, was er zur Ausführung des Auftrags erhalten hat; dies betrifft die Zeit nach der Beendigung des Auftrags. Zum Zweiten soll der Beauftragte das durch die Geschäftsbesorgung Erlangte an den Auftraggeber herausgeben. Beide Ansprüche stehen in engem Zusammenhang mit der Auskunfts- und Rechenschaftspflicht des Beauftragten nach § 666 BGB, ohne davon jedoch abhängig zu sein. § 667 BGB ist dispositiv.[1] Die Ansprüche aus § 667 BGB sind abtretbar und pfändbar. Sie können in Konkurrenz stehen mit Ansprüchen aus den §§ 985 oder 823 BGB. § 676f BGB a.F., seit dem 31.10.2009 § 675t BGB, wonach ein Kreditinstitut aus dem Girovertrag zur Gutschrift eingehender Zahlungen verpflichtet ist, ist lex specialis.[2] Zu Missbräuchen von Karten vgl. die Kommentierung zu § 670 BGB Rn. 14.

1

B. Praktische Bedeutung

Die **praktische Bedeutung** der Norm resultiert vor allem aus den vielfältigen **Verweisungen** auf das Auftragsrecht, insbesondere für den entgeltlichen Geschäftsbesorgungsvertrag über § 675 BGB, seit dem 31.10.2009 gemäß § 675c Abs. 3 BGB für Zahlungsdiensteverträge der §§ 675c-676c BGB (bisher spezialgesetzlich geregelt als Übertragungs-, Überweisungs-, Zahlungs- und Giroverträge nach den §§ 676-676h BGB)[3] sowie über zahlreiche Einzelverweisungen (vgl. dazu die Kommentierung zu § 666 BGB Rn. 2) betr. GoA, Vereinsvorstand, geschäftsführende Gesellschafter, Testamentsvollstrecker oder als allgemeiner Rechtsgedanke. Bedeutung kann der Vorschrift etwa bei der Beendigung der Tätigkeit des Handelsvertreters[4] oder bei der Verwertung von Sicherheiten im Hinblick auf Übererlös zukommen.[5] Im Übrigen wird § 667 BGB teilweise durch **spezielle Bestimmungen ergänzt**, so durch § 175 BGB für die Vollmachturkunde oder durch § 50 BRAO für die Handakten des Anwalts, bzw. ersetzt, wie durch § 651k BGB betr. die Sicherung des Reisenden[6]. Teilweise wird § 667 BGB analog

2

---

[1] Ggf. kann Schenkung vorliegen, so BGH v. 28.11.1996 - III ZR 45/96 - LM BGB § 667 Nr. 47a (7/1997).

[2] Wobei nach h.M. zunächst ein Anspruch auf die Gutschrift und sodann ein Anspruch aus der Gutschrift entsteht; vgl. BGH v. 31.01.1974 - II ZR 3/72 - WM 1974, 274, 275; dagegen im Sinne eines mit dem Anspruch auf die Gutschrift ipso jure entstehenden Zahlungsanspruchs neuerdings *Gras*, Zahlungszusagen im bargeldlosen Zahlungsverkehr, Diss. Saarbrücken 2006, S. 66 ff.

[3] Zum bisherigen Recht vgl. *Ehmann* in: Erman, § 667 Rn. 30-39; zum Anspruch auf Rückbuchung bei weisungs- oder rechtsgrundloser Belastungsbuchung BGH v. 17.10.2000 - XI ZR 42/00 - BGHZ 145, 337, 339.

[4] Vgl. etwa zur Herausgabe der Kundenanschriften durch einen Versicherungsvertreter, soweit es sich hinsichtlich selbst geworbener Kunden um Geschäftsgeheimnisse handelt, BGH v. 26.02.2009 - I ZR 28/06 - NJW 2009, 1420-1422; hierzu eingehend *Singer*, jurisPR-WettbR 5/2009, Anm. 4 .

[5] BGH v. 16.05.2002 - III ZR 330/00 - NJW 2002, 2316-2317.

[6] Reisebüro darf eingezogene Anzahlung nicht an den Reisenden zurückzahlen, wenn Reiseveranstalter insolvent wird, so BGH v. 10.12.2002 - X ZR 193/99 - NJW 2003, 743-746.

angewandt.[7] Besondere Bedeutung besaß § 667 BGB für in der **früheren DDR** gelegene **Grundstücke**, sei es im Hinblick auf einen gegen den **Treuhänder** gerichteten Anspruch aus Herausgabe eines **Grundstücks**[8], sei es im Hinblick auf Nutzungsherausgabe[9]. Streitig ist, ob für die Rückabwicklung eines nichtigen Auftrags bzw. Geschäftsbesorgungsvertrags § 667 BGB über die Vorschriften der GoA zur Anwendung gelangt oder ob Bereicherungsrecht mit § 817 BGB gilt (vgl. dazu die Kommentierung zu § 681 BGB). Zum Herausgabeanspruch von Röntgenbildern und sonstigen Krankenunterlagen vgl. Rn. 7. **Unbefugte Untervermietung** gibt dem Vermieter keinen Anspruch aus § 667 BGB[10]; etwas anderes gilt im Ergebnis nach Rechtshängigkeit des Rückgabeanspruchs.[11]

C. Anwendungsvoraussetzungen

I. Das Erhaltene

3 **Das zur Ausführung des Auftrags Erhaltene** ist vom Beauftragten an den Auftraggeber herauszugeben (Alternative 1), sei es, dass es zur Erledigung des Auftrags **nicht (mehr) benötigt** wird, sei es, dass der Auftrag erfüllt ist, seine Erfüllung unmöglich geworden ist (§ 275 Abs. 1 BGB) oder vom Beauftragten nicht nur vorübergehend verweigert werden kann (§ 275 Abs. 2, 3 BGB), sei es dass der Auftrag vom Auftraggeber widerrufen war, die Voraussetzungen für die Verwendung des treuhänderisch Überlassenen nicht gegeben waren[12], die Mittel auftragswidrig verwandt wurden[13] oder dass der Auftrag vom Beauftragten gekündigt worden ist.[14] Der Sache nach geht es um einen Kondiktionsanspruch.[15] **Gegenständlich** erfasst er alles, was der Beauftragte zur Ausführung des Auftrags erhalten hat, etwa im Wege des Vorschusses (§ 669 BGB), also insbesondere Geld, Wertpapiere, Besitz und/oder Eigentum an Sachen, Rechte, Vollmachts- und sonstige Urkunden, Surrogate und tatsächlich gezogene Nutzungen (arg. § 668 BGB), soweit das Erlangte nicht zur Durchführung des Auftrags verwendet wurde. Auch **immaterielle Güter**, etwa Adressenlisten, müssen zurückgegeben werden, wobei die Rückgabepflicht ggf. nach § 242 BGB die Pflicht zur Unterlassung unbefugter Weiterverwendung umfassen muss.[16] Zu Einzelfragen vgl. sogleich Rn. 4.

4 Soweit die Judikatur auf Rückerstattungsansprüche aus § 667 BGB bei fehlgegangenen Überweisungen[17] § 254 BGB heranzieht,[18] geht es um eine Problematik im Rahmen des § 676a BGB, seit dem 31.10.2009 des § 675y BGB. Die Anwendung des § 254 BGB[19] soll aber nicht verallgemeinerungsfähig sein und insbesondere nicht gelten gegenüber dem Rückzahlungsanspruch gegen den betrügerisch handelnden Kreditvermittler.[20] Hinsichtlich des Herausgabeanspruchs handelt es sich um **Hol-**,

---

[7] So durch RG v. 30.05.1940 - V 240/39 - RGZ 164, 98-106, 102 f. für Pfleger und wohl auch Vormund hinsichtlich der Herausgabe von Schmiergeld; OLG Karlsruhe v. 08.08.2003 - 15 U 76/01 - FamRZ 2004, 1601-1602 für das Verhältnis zwischen Betreuer und Betreutem.
[8] Vgl. unter dem Blickwinkel des Formzwangs BGH v. 13.12.1996 - V ZR 200/95 - LM BGB § 662 Nr. 47 (4/1997); *Armbrüster*, DZWir 1997, 281-288, 281.
[9] Vgl. BGH v. 04.02.2000 - V ZR 260/98; *Piekenbrock*, ZOV 2001, 147-150; *Kinne/Scholz*, ZOV 1994, 96-102.
[10] BGH v. 13.12.1995 - XII ZR 194/93 - juris Rn. 49 - BGHZ 131, 297-307, zu den §§ 687 Abs. 2, 681, 667 BGB.
[11] BGH v. 12 08.2009 - XII ZR 76/08 - MRD 2009, 1267-1268; hierzu *Eichel*, ZJS 2009, 702-705.
[12] BGH v. 24.07.2003 - IX ZR 333/00 - juris Rn. 36 - NJW-RR 2004, 48-50.
[13] BGH v. 30.10.2003 - III ZR 344/02 - juris Rn. 15 - WM 2003, 2383-2385.
[14] Vgl. auch LArbG München v. 28.02.2008 - 3 Sa 754/07, betr. die Rückzahlung eines vom Arbeitnehmer als angebliche Beteiligung gewährte Zuzahlung für ein „Start up" nach dem Scheitern des Projekts.
[15] *Ehmann* in: Erman, § 667 Rn. 5.
[16] Zur Pflicht zur Löschung von Kundendaten durch ein Marketingunternehmen s. BGH v. 17.04.1996 - VIII ZR 5/95 - juris Rn. 27 - LM HGB § 84 Nr. 26 (9/1996); dazu krit. *Martinek*, EWiR 1996, 803-804.
[17] Zur Auslegung bei Divergenz von Empfängerbezeichnung und Kontonummer BGH v. 14.01.2003 - XI ZR 154/02 - NJW 2003, 1389-1390.
[18] Vgl. BGH v. 03.10.1989 - XI ZR 163/88 - juris Rn. 22 - BGHZ 108, 386-393; krit. *Ehmann* in: Erman, § 667 Rn. 9, der auf Aufrechnung mit Anspruch aus pVV abstellen will; auch *Canaris*, Bankvertragsrecht, 1. Teil, 4. Aufl. 1988, Rn. 347.
[19] Bei fehlerhafter Bankleitzahl hat der BGH etwa ein Mitverschulden des Auftraggebers von 20% angenommen, BGH v. 12.10.1999 - XI ZR 294/98.
[20] BGH v. 08.01.1998 - III ZR 170/96 - LM BGB § 254 (Bb) Nr. 13a (6/1998).

bei Geld im Zweifel um **Schickschulden** i.S.v. § 270 BGB.[21] Bei **Verletzung** der Herausgabepflicht durch Nichtleistung bzw. durch Leistungsverzögerung hat der Auftraggeber die Rechte aus den §§ 280, 281, 286 BGB.

II. Das aus der Geschäftsführung Erlangte

Das aus der Geschäftsführung Erlangte ist ebenfalls an den Auftraggeber herauszugeben (Alt. 2), wobei es grundsätzlich keine Rolle spielt, ob der Beauftragte im eigenen oder fremden Namen gehandelt hat. Die Herausgabe darf nicht nur formal erfolgen, sondern muss auch bei wirtschaftlicher Betrachtung als solche zu qualifizieren sein.[22]

1. Rechte und Güter

In gegenständlicher Hinsicht kann es sich um **Besitz** und/oder **Eigentum** an Sachen oder um **Rechte** handeln, die der Beauftragte für den Auftraggeber erworben hat; Entsprechendes gilt für Forderungen aus dem Ausführungsgeschäft. Hat der Beauftragte Sachen oder Rechte für den Auftraggeber verkauft, geht es um die Gegenleistung, sei es in **Geld** oder als **Forderung**[23] des Beauftragten gegen den Dritten. Eingeschlossen sind jeweils gezogene Nutzungen und Surrogate (§ 285 BGB).[24] Stehen dem Beauftragten im Hinblick auf ein Ausführungsgeschäft **Schadensersatzansprüche** gegen Dritte zu, so sind auch diese durch die Geschäftsführung erlangt und an den Auftraggeber herauszugeben bzw. abzutreten, wobei nach den Grundsätzen der Drittschadensliquidation (vgl. die Kommentierung zu § 249 BGB) der Schaden des Auftraggebers dem Ersatzanspruch zugrunde gelegt werden kann. Auch **immaterielle Güter**, die aus der Geschäftsbesorgung erlangt werden, müssen ggf. herausgegeben werden, wobei sich die Art der Herausgabe nach § 242 BGB bestimmt; zu denken ist an gewerblich relevante Konzepte, die der Beauftragte für den Auftraggeber erstellt hat und ggf. nur begrenzt anderweitig verwenden darf.

2. Unterlagen

Herauszugeben sind vor allem **Unterlagen** im weitesten Sinne, die entweder **Gegenstand** der Geschäftsbesorgung sind (z.B. angefertigte Baupläne) oder sonst zur **Durchführung** der Geschäftsbesorgung als Arbeitsmittel angelegt bzw. angefertigt wurden wie Akten, Bilder, Protokolle, Zeichnungen etc., wobei freilich eine Abgrenzung zu den beim Beauftragten verbleibenden Unterlagen und Notizen, insbes. aus persönlichen Gründen, erfolgen muss. Dies gilt etwa für **Handakten** eines Rechtsanwalts mit der Maßgabe der Sondervorschrift des § 50 Abs. 3 und 4 BRAO[25] oder für die Übertragung der von einem Steuerberater bei DATEV **gespeicherten Daten** an einen anderen Steuerberater[26] oder für eine interne Dokumentation einer Bank[27]. Der abberufene Wohnungseigentumsverwalter hat die Verwaltungsunterlagen herauszugeben[28]; entsprechendes gilt für Kontoauszüge für ein Treuhandkonto.[29] Ein beauftragtes Inkassounternehmen hat nach Beendigung des Auftrags auch die vom Unternehmen selbst gefertigten Akten herauszugeben.[30] Streitig ist die Rechtslage hinsichtlich **Krankenunterlagen und**

---

[21] *Ehmann* in: Erman, § 667 Rn. 8, plädiert hinsichtlich der Rückgabe bestimmungswidrig nicht benötigter Vorschussgelder gemäß § 667 Alt. 1 BGB überzeugend für Gefahrtragung seitens des Auftraggebers, und zwar unter Hinweis auf BGH v. 14.07.1958 - VII ZR 99/57 - BGHZ 28, 123-129.

[22] BGH v. 17.04.2008 - III ZR 27/06 - juris Rn. 11 - FamRZ 2008, 1245-1246.

[23] Zur besonderen Sicherung dieser Forderung beim Kommissionsgeschäft nach § 392 Abs. 2 HGB, der nicht analogiefähig ist, vgl. *Ehmann* in: Erman, § 667 Rn. 13; anders freilich *Martinek* in: Staudinger, § 675 Rn. A 9.

[24] Vgl. BGH v. 04.02.2000 - V ZR 260/98 - juris Rn. 14 - BGHZ 143, 373-380.

[25] Zum Anspruch des Konkursverwalters auf Herausgabe der Handakten des RA des Gemeinschuldners vgl. BGH v. 30.11.1989 - III ZR 112/88 - juris Rn. 18 - BGHZ 109, 260-274; vgl. auch *Stöber*, ZAP Fach 23, 689-692 zum Anspruch des Mandanten.

[26] BGH v. 11.03.2004 - IX ZR 178/03 - WM 2004, 2216-2217, wobei das vertraglich geschuldete Arbeitsergebnis nur gegen Honorar herausgegeben werden muss; vgl. *Gräfe*, EWiR 2004, 1121-1122; zu den Grenzen des Zurückbehaltungsrechts eines Steuerberaters an Buchhaltungsunterlagen bei streitigem Beraterhonorar vgl. OLG Düsseldorf v. 21.12.2004 - I-23 U 36/04, 23 U 36/04 - NJW-RR 2005, 364-365.

[27] OLG Nürnberg v. 06.12.2006 - 8 U 1857/06 - WM 2007, 647-650.

[28] Trotz Anfechtung des Abberufungsbeschlusses, so OLG Celle v. 14.06.2005 - 4 W 114/05 - NZM 2005, 748-749; nach OLG Hamm v. 22.02.2007 - 15 W 181/06 - OLGR Hamm 2007, 502-503 hat er wegen seiner Vergütung kein Zurückbehaltungsrecht.

[29] OLG Celle 19.09.2008 - 13 U 125/08 - OLG Celle 2009, 1-2.

[30] OLG Saarbrücken v. 03.12.2009 - 8 U 578/08 - juris Rn. 37.

§ 667

insbesondere **Röntgenbildern**. Während der **BGH** 1962 noch entschieden hatte, dass der behandelnde Arzt i.d.R. nicht verpflichtet sei, von ihm angefertigte Röntgenbilder an den Patienten selbst herauszugeben,[31] hat er 1982 die Auffassung vertreten, der Patient habe grundsätzlich Anspruch auf Einsicht in die ihn betreffenden Unterlagen, soweit sie Aufzeichnungen über objektive physische Befunde und Berichte über Behandlungsmaßnahmen (Medikation, Operation etc.) betreffen[32], wobei die Möglichkeit der Anfertigung von Kopien für den Patienten ausdrücklich angesprochen wurde[33]; für psychiatrische Behandlung wurde auch nach deren Abschluss ein Anspruch auf Einsichtnahme verneint[34]. Angesichts der zentralen Bedeutung der Weiternutzung der Behandlungsunterlagen bei Arztwechsel und für die Information des Patienten dürfte die Einschränkung durch AGB nicht möglich sein.[35] Das **Schrifttum** tritt teilweise für weiter gehende Rechte des Patienten auf der Grundlage des § 667 BGB ein,[36] sieht aber teilweise auch engere Voraussetzungen[37]. Bei einem privaten Obduktionsauftrag kann der **Obduktionsbericht** nur herausverlangt werden, wenn eine ärztliche Schweigepflicht gegenüber Angehörigen Verstorbener nicht entgegensteht.[38]

3. Wertungsbezogener Zusammenhang

8 „**Durch" die Geschäftsführung erlangt**, impliziert nicht einfach Kausalität im Sinne der conditio sine qua non, sondern einen **wertungsbezogenen** Zusammenhang mit der Geschäftsbesorgung in dem Sinne, dass das Erlangte **dem Auftraggeber gebührt**[39], was voraussetzt, dass er in einem **inneren Zusammenhang** mit der Geschäftsführung steht[40], wobei es ausreicht, dass nach der – evtl. nur einseitig gebliebenen – Vorstellung des Leistenden oder Empfängers das Geleistete in Verbindung mit dem Auftrag steht[41]. Nicht erfasst sind damit Geschäfte des Beauftragten, die dieser bei Gelegenheit einer ordnungsmäßigen Geschäftsführung als Eigengeschäft macht.[42] Auch das Ergebnis weisungswidriger Geschäfte ist nach h.M. bei fehlender Genehmigung nicht herauszugeben.[43] Ein **Franchisegeber** muss Einkaufsvorteile mangels besonderer Abrede[44] nicht schon nach § 667 BGB an Franchisenehmer weitergeben.[45] Etwas anderes gilt aber für Werbekostenzuschüsse.[46] In der Weiterleitung nur an Konzern-

---

[31] BGH v. 06.11.1962 - VI ZR 29/62 - LM Nr. 19 zu § 611 BGB.
[32] BGH v. 23.11.1982 - VI ZR 222/79 - BGHZ 85, 327-339; die Entscheidung erging nicht auf der Grundlage des § 667 BGB, sondern des § 242 BGB; *Beuthien* in: Soergel, § 667 Rn. 12.
[33] BGH v. 23.11.1982 - VI ZR 222/79 - juris Rn. 21 - BGHZ 85, 327-339.
[34] BGH v. 23.11.1982 - VI ZR 177/81 - BGHZ 85, 339-346.
[35] *Ehmann* in: Erman, § 667 Rn. 24.
[36] Insbesondere *Ehmann* in: Erman, § 667 Rn. 24.
[37] Wohl *Seiler* in: MünchKomm-BGB, § 667 Rn. 15 f. im Hinblick auf Arbeitsmittel; *Martinek* in: Staudinger, § 667 Rn. 8 stellt nicht auf § 667 BGB, sondern auf vertragliche Nebenpflicht ab.
[38] *Dettmeyer*, Rechtsmedizin 14, 146-147 (2004).
[39] *Seiler* in: MünchKomm-BGB, § 667 Rn. 1; *Beuthien* in: Soergel, § 667 Rn. 1; ähnlich *Ehmann* in: Erman, § 667 Rn. 12.
[40] BGH v. 17.10.1991 - III ZR 352/89 - juris Rn. 19 - LM BGB § 667 Nr. 41 (9/1992); *Martinek* in: Staudinger, § 667 Rn. 7; *Seiler* in: MünchKomm-BGB, § 667 Rn. 9; *Beuthien* in: Soergel, § 667 Rn. 7; nach der h.M. (vgl. *Hadding*, ZIP 2008, 529-538), sind insbesondere sog. Kick-backs nicht herauszugeben; zur diesbezüglichen Aufklärungspflicht vgl. aber die Kommentierung zu § 675 BGB Rn. 126.
[41] BGH v. 11.03.1996 - II ZR 26/95 - NJW-RR 1996, 932; *Steffen* in: BGB-RGRK, § 667 Rn. 6; OLG Hamm v. 22.02.2007 - 15 W 181/06 - juris Rn. 83, stellt unter Berufung auf BGH v. 03.07.1997 - IX ZR 244/96 - NJW 1997, 2944, 2945 klar, dass dem früheren Verwalter kein Zurückbehaltungsrecht wegen Vergütungsansprüchen zusteht.
[42] BGH v. 11.03.1996 - II ZR 26/95 - juris Rn. 9 - NJW-RR 1996, 932.
[43] Anders, freilich bei Zubilligung eines Aufwendungsersatzanspruchs für sachgerechte Aufwendungen, OLG Koblenz v. 18.01.2007 - 2 U 664/06 - juris Rn. 29, 33 - OLGR Koblenz 2007, 521-523; vgl. demgegenüber *Martinek* in: Staudinger, § 665 Rn. 24; *Seiler* in: MünchKomm-BGB, § 665 Rn. 38.
[44] Vgl. im Hinblick auf spezifische AGB BGH v. 20.05.2003 - KZR 19/02 - BB 2003, 2254-2258 - Apollo-Optik.
[45] BGH v. 11.11.2008 - KVR 17/08 - WuW/E DE-R 2514 - Bau und Hobby; BGH v. 22.02.2006 - VIII ZR 40/04 - BB 2006, 1071 - Hertz; kritisch *Giesler/Güntzel*, ZIP 2006, 1792; OLG Düsseldorf v. 13.12.2006 - VI-U (Kart) 36/05 - BB 2007, 738-741.
[46] OLG Düsseldorf v. 06.04.2011 - VI-U (Kart) 24/10.

unternehmen liegt grundsätzlich auch kein Verstoß gegen Kartellrecht.[47] Bei der Nichtweitergabe von Einkaufsvorteilen besteht aber eine vorvertragliche Aufklärungspflicht.[48] Dass beim Ende eines **Kfz-Leasings** der Wert der Differenz zwischen Händlereinkaufs- und Händlerverkaufspreis des Kfz an sich dem Leasingnehmer gebührt[49], ist überzeugend und dürfte eine durch AGB erfolgte abweichende Regelung angreifbar machen.

4. Vorteile, unter anderem Schmiergelder

Herauszugeben sind nach ständiger Rechtsprechung **Schmiergelder**[50] in beliebiger Form, als „Provisionen", Geschenke und andere Sondervorteile, die dem Beauftragten von dritter Seite zugewendet werden und die eine Willensbeeinflussung zum Nachteil des Auftraggebers befürchten lassen; dass sie nach dem Willen des Dritten gerade nicht für den Auftraggeber bestimmt sind, bleibt unbeachtlich[51]. Dies überzeugt schon deshalb, weil die Schmiergelder andernfalls wegen § 817 Satz 2 BGB dem Beauftragten verblieben oder nach § 73 Abs. 1 Satz 2 StGB[52] verfielen, obwohl der Auftraggeber letztlich benachteiligt ist. Die Einschaltung eines Strohmanns ändert an dem Herausgabeanspruch nichts,[53] und auf einen Schaden kommt es nicht an[54]; doch bleiben eventuelle Schadensersatzansprüche unberührt[55]. Nachträgliche Geldzuwendungen des Dritten im Fall eines für den Auftraggeber lukrativen Geschäfts können einen Grenzfall bilden.[56] Inwieweit bei Bestechungsdelikten im öffentlichen Dienst ein Herausgabeanspruch insbesondere kraft öffentlichen Rechts in Betracht kommt und der Verfallsanordnung vorgeht, ist str.[57]; die erfolgte Verfallanordnung gemäß § 73 StGB soll einem Herausgabeanspruch eines öffentlichen Arbeitgebers vorgehen.[58]

9

Übliche **Trinkgelder** müssen nicht herausgegeben werden,[59] und auch für sog Innenprovisionen (**kick-backs**) besteht nach herrschender Meinung keine Herausgabepflicht[60]; etwas anderes kann aber im Verhältnis zwischen Kommittent und Kommissionär für Leistungen Dritter an den Kommissionär gelten.[61] Hingegen kann ein Arbeitgeber die private Nutzung von **Bonuspunkten** aus einem Mi-

10

---

[47] OLG Düsseldorf v. 13.12.2006 - VI-U (Kart) 36/05 - BB 2007, 738; anders bei besonderer Konstellation BKartA v. 08.05.2006 - B 9 - 149/04 - ZIP 2006, 1788 - Praktiker; aufgehoben von OLG Düsseldorf v. 16.01.2008 - VI-Kart 11/06 - WuW/E DE-R 2235; gegen das BKartA *Flohr*, BB 2007, 741; vgl. auch *Giesler/Güntzel*, ZIP 2006, 1792-1794.

[48] OLG München v. 27.07.2006 - 23 U 5590/05 - BB 2007, 14; *Flohr*, BB 2007, 741, 742.

[49] So *Dornis*, ZGS 2010, 109-115.

[50] BGH v. 02.04.2001 - II ZR 217/99 - NJW 2001, 2476; LAG Hamm v. 13.10.2010 - 3 Sa 527/10; dass das BAG v. 14.07.1961 - 1 AZR 288/60 - NJW 1961, 2036 den Anspruch aus den §§ 687 Abs. 1, 681, 667 BGB herleitet, ist praktisch ohne Belang, so zu Recht *Beuthien* in: Soergel, § 667 Rn. 14; vgl. umfassend *Froesch/Kappel/Acker*, BB 2007, 1509-1514.

[51] BGH v. 18.12.1990 - XI ZR 176/89 - LM Nr. 37 zu § 667 BGB m.w.N.; BGH v. 30.05.2000 - IX ZR 121/99 - juris Rn. 34 - BGHZ 144, 343-348; a.A. *Seiler* in: MünchKomm-BGB, § 667 Rn. 17, der aber einen Zahlungsanspruch nach § 280 BGB prüfen will.

[52] Vgl. hierzu BGH v. 31.03.2008 - 5 StR 631/07 - wistra 2008, 129.

[53] BGH v. 01.04.1987 - IVa ZR 211/85 - juris Rn. 6 - NJW-RR 1987, 1380-1381.

[54] BGH v. 28.10.1965 - VII ZR 290/63 - BB 1966, 99.

[55] Zur Frage der Anrechnung von Schmiergeldzahlung auf evtl. Schadensersatzansprüche des Auftraggebers vgl. bejahend *Steffen* in: BGB-RGRK, § 667 Rn. 10; *Martinek* in: Staudinger, § 667 Rn. 12; differenzierend *Ehmann* in: Erman, § 667 Rn. 17; zu steuerrechtlichen Fragen im Zusammenhang mit Schmiergeldzahlungen an Arbeitnehmer allgemein *Dikmen*, SAM 2011, 98-101.

[56] BGH v. 02.04.2001 - II ZR 217/99 - juris Rn. 6 - LM AktG 1965 § 88 Nr. 2 (3/2002).

[57] Vgl. zum Sachstand zuletzt *Zetsche*, DÖD 2004, 270-272: *Zetsche* kritisiert die gegensätzliche Judikatur von BGH und BVerwG vor dem Hintergrund des Fehlens eines gesetzlich normierten beamtenrechtlichen Herausgabeanspruchs, der den Verfall der Bestechungssumme ausschließen würde, und plädiert für eine gesetzliche Normierung eines Herausgabeanspruchs des Dienstherrn des bestochenen Beamten; LArbG Berlin v. 30.11.2004 - 3 Sa 1634/04 - Bibliothek BAG, bejaht Herausgabeanspruch, soweit kein Verfall erfolgt.

[58] LArbG Berlin v. 30.11.2004 - 3 Sa 1634/04 - Bibliothek BAG.

[59] *Seiler* in: MünchKomm-BGB, § 667 Rn. 17; *Steffen* in: BGB-RGRK, § 667 Rn. 11; *Ehmann* in: Erman, § 667 Rn. 16; *Beuthien* in: Soergel, § 667 Rn. 13; RG v. 08.06.1903 - I 88/03 - RGZ 55, 86.

[60] *Assmann*, ZBB 2008, 21, 31; *Hadding*, ZIP 2008, 529-538; vgl. im Übrigen die Kommentierung zu § 675 BGB Rn. 126.

[61] So *Kumpan* in: Perspektiven des Wirtschaftsrechts, Beiträge für Hopt, 2008, S. 33 ff., der u.a. auf § 384 Abs. 2 HS. 2 HGB hinweist.

§ 667

les-and-More-Programm, die dem Arbeitnehmer bei Dienstreisen gutgeschrieben wurden, untersagen und verlangen, dass die Bonuspunkte für Dienstreisen eingesetzt werden.[62] Nach einem (nicht rechtskräftig gewordenen) Urteil des LArbG Frankfurt[63] ist ein Gewerkschaftssekretär, der für die Gewerkschaft Aufsichtsratsmandate übernimmt, gegebenenfalls zur Abführung der erhaltenen Vergütung an eine gewerkschaftsnahe Stiftung verpflichtet.

5. Nur das Vorhandene

11 Grundsätzlich ist **nur das noch Vorhandene** (unter Einschluss von Surrogaten gemäß § 285 BGB) nach § 667 Alt. 2 BGB herauszugeben.[64] Soweit etwa ein von einem Dritten im Zuge der Geschäftsbesorgung zugewendeter Sondervorteil dem Dritten zurückerstattet wurde, scheidet ein Anspruch aus § 667 BGB aus;[65] und wenn die mit dem Scheckinkasso beauftragte Bank den Scheckgegenwert im Hinblick auf das Orderscheckabkommen an den Bezogenen zurückgeben musste, hat der Scheckeinreicher keinen Anspruch aus § 667 BGB gegen sie.[66] Der Auftraggeber trägt die **Gefahr der Übermittlung** an ihn (vgl. § 269 BGB), und zwar entgegen § 270 BGB auch bei Geldschulden, weil es im Kern nur um die Weiterleitung von Geld, nicht aber um eine genuine Geldschuld geht.[67] § 288 Abs. 1 BGB ist aber anwendbar.[68] Schadensersatzansprüche gegen den Beauftragten bleiben unberührt.

D. Rechtsfolgen

12 Die **Erfüllung der Herausgabepflicht** erfolgt i.d.R. durch **Rechtsgeschäft**, etwa durch Übereignung (§§ 929, 873, 925 BGB), Rechtsübertragung bzw. Zession (§§ 413, 398 BGB) oder auch durch Besitzeinräumung etc. Da es um eine gesetzliche Pflicht geht, führt eine sich aus § 667 BGB ergebende Pflicht zur Übereignung eines Grundstücks an den Auftraggeber nicht zum Formerfordernis des § 311b Abs. 1 BGB für den Auftrag[69]; doch kann das **Formerfordernis** aus einer vertraglichen Pflicht des Beauftragten oder des Auftraggebers zum Erwerb des Grundstücks begründet sein (vgl. die Kommentierung zu § 662 BGB Rn. 31); eventuell ist die Formnichtigkeit geheilt.[70] Durch Handeln des Beauftragten im Namen des Auftraggebers gegenüber einem Dritten, durch Vereinbarung eines Besitzkonstituts (§ 930 BGB), durch Abtretung des Herausgabeanspruchs (§ 931 BGB), antizipierte Zession (§ 398 BGB) oder Insichgeschäft (§ 181 BGB) kann der Rechtsübergang im Interesse der **Sicherheit** des Auftraggebers **beschleunigt** werden. Wird das erlangte Geld nicht bestimmungsgemäß verwendet und geht es dabei verloren, bleibt der Herausgabeanspruch bestehen.[71] Bei Verletzung der Erfüllung der Herausgabepflicht haftet der Beauftragte nach den allgemeinen Vorschriften (§§ 280, 281, 286 BGB). Mehrere Beauftragte haften als Gesamtschuldner (§ 427 BGB). Ein **Zurückbehaltungsrecht** steht dem Beauftragten nur zu, soweit sich nicht aus dem Zweck des Auftrags oder Treu und Glauben etwas anderes ergibt (zum Zurückbehaltungsrecht an Unterlagen vgl. Rn. 7), was insbesondere bei Treuhandverhältnissen der Fall sein kann; für die **Aufrechnung** gilt Entsprechendes. Nach § 175 Satz 2 BGB gibt es beim Erlöschen der Vollmacht kein Zurückbehaltungsrecht an der Urkunde; eine weitere Sonderregelung enthält § 50 Abs. 3 BRAO.

---

[62] BAG v. 11.04.2006 - 9 AZR 500/05; LArbG Hamm v. 29.06.2005 - 14 Sa 496/05 - LAGReport 2005, 353-356; *Schultze/Akitürk*, AuA 2009, 664-667; zustimmend auch *Kock*, LAGReport 2005, 353-358, der darauf hinweist, dass eine Gestattung privater Nutzung mitbestimmungspflichtig ist; Hinweis auf eventuelle anderweite betriebliche Übung bei *Bartz*, EWiR 2006, 677-678; *Gragert*, NJW 2006, 3762-3764; *Raif*, SAE 2007, 166-169.

[63] LArbG v. 04.11.2009 - 8/7 Sa 2219/08 - juris Rn. 54 - Revision eingelegt unter Az. 10 AZR 174/10; nach juris endete das Verfahren vor dem BAG durch Vergleich.

[64] BGH v. 21.12.2005 - III ZR 9/05 - NJW 2006, 986-988: nur Verschuldenshaftung des Treuhänders bei Verlust angelegter Gelder wegen Insolvenz einer Anlagebank.

[65] BGH v. 02.04.2001 - II ZR 217/99 - juris Rn. 8 - LM AktG 1965 § 88 Nr. 2 (3/2002).

[66] BGH v. 09.05.2000 - XI ZR 220/99 - LM BGB § 166 Nr. 42 (1/2001).

[67] BGH v. 14.07.1958 - VII ZR 99/57 - juris Rn. 64 - BGHZ 28, 123-129.

[68] BGH v. 15.09.2005 - III ZR 28/05 - NJW 2005, 3709-3710.

[69] BGH v. 05.11.1982 - V ZR 228/80 - BGHZ 85, 245 ff.; BGH v. 07.10.1994 - V ZR 102/93 - BGHZ 127, 168, 170 ff.

[70] Vgl. zu einem in eine Treuhand umgedeuteten Grundstückskaufvertrag, der 1973 in der DDR geschlossen worden war, BGH v. 13.12.1996 - V ZR 200/95 - juris Rn. 16 f. - LM BGB § 662 Nr. 47 (4/1997).

[71] BGH v. 17.04.2008 - III ZR 27/06 - NJW-RR 2008, 1245-1246.

E. Prozessuale Hinweise

§ 667 BGB gibt lediglich einen obligatorischen Anspruch. Die Herausgabepflicht nach § 667 Alt. 2 BGB hinsichtlich des aus der Geschäftsbesorgung Erlangten gewährt **keinen Schutz über** § 771 ZPO **bzw.** § 47 InsO; etwas anderes gilt aber ggf. für den Herausgabeanspruch nach § 667 Alt. 1 BGB hinsichtlich des zur Ausführung des Auftrags Erhaltenen. Beim Kommissionsgeschäft greift § 392 Abs. 2 HGB zugunsten des Kommittenten ein. Im Übrigen gilt es daher, durch Vertreterhandeln bzw. Antizipation der Herausgabe an den Auftraggeber diesen vor dem evtl. Zugriff von Gläubigern des Beauftragten zu schützen. 13

Für Ansprüche aus § 667 BGB hat zunächst der Auftraggeber das Zustandekommen des Auftrags **und dessen Inhalt zu beweisen**. Hinsichtlich der Ansprüche aus § 667 Alt. 1 BGB trägt der Auftraggeber weiter die Beweislast für die Überlassung der Mittel und ihre Zweckbestimmung. Wird der Herausgabeanspruch nicht oder nicht rechtzeitig erfüllt, trägt im Rahmen des § 280 BGB der Beauftragte die Beweislast, dass ihn kein Verschulden trifft; Entsprechendes dürfte im Falle der Heranziehung des § 254 BGB für die Reduzierung des Herausgabeanspruchs gelten. Für Ansprüche aus § 667 Alt. 2 BGB. muss der Auftraggeber beweisen, dass der Beauftragte den herausverlangten Gegenstand erworben hat.[72] Für die bestimmungsgemäße Verwendung des Erlangten ist der Geschäftsführer darlegungs- und beweispflichtig.[73] 14

Zulässig ist die Erhebung einer **Stufenklage** i.S.v. § 254 ZPO des Inhalts, dass neben dem Anspruch auf Auskunft sofort die Herausgabe der eventuell noch vorhandenen Gegenstände (z.B. Wertpapiere), für den Fall erfolgter Veräußerung die Erstattung des Erlöses und andernfalls Zahlung von Schadenersatz verlangt wird[74]. Die **Pfändung** eines Gewinnanspruchs aus § 721 Abs. 2 BGB bei der BGB-Gesellschaft kann im Einzelfall auch ohne Hilfspfändung einen der Gesamthand zustehenden Herausgabeanspruch gegen einen Mitgesellschafter aus den §§ 713, 667 BGB erfassen.[75] 15

Nach **Insolvenzeröffnung** trotz **Beendigung des Giroverhältnisses** noch auf dem Bankkonto des Schuldners **eingehende Überweisungsbeträge** kann nur der Insolvenzverwalter von der Bank herausverlangen.[76] Die Empfängerbank ist in Nachwirkung des Girovertrags befugt (aber nicht verpflichtet), auf den Namen des früheren Kunden unter der bisherigen Kontonummer noch eingehende Zahlungen für diesen entgegenzunehmen; bei irrtümlicher Überweisung besteht kein Rückzahlungsanspruch des Überweisenden gegen die Empfängerbank als Zahlstelle[77]; die Empfängerbank muss dann die Zahlung zu Gunsten des Kunden verbuchen bzw. nach § 667 BGB an ihn (bzw. den Insolvenzverwalter) herausgeben. Eine Verrechnung seitens der Empfängerbank mit einem Debet des insolventen Überweisungsempfängers muss im Insolvenzfall den diesbezüglichen Vorschriften entsprechen[78]. Die bereicherungsrechtliche Rückabwicklung findet im Valutaverhältnis zwischen Überweisendem und Überweisungsempfänger statt[79]. Ein (eventuell an den Überweisenden abgetretener) Rückforderungsanspruch aus § 667 BGB der mit der Überweisung beauftragten Bank gegen die Empfängerbank bei weisungswidriger Überweisung kommt nicht in Betracht, wenn die Zurückforderung der Empfängerbank erst zugeht, nachdem ihr der Überweisungsbetrag endgültig zur Gutschrift auf dem Konto des Überweisungsempfängers zur Verfügung gestellt wurde; seit dem 01.01.2002 waren zunächst insoweit die §§ 676a Abs. 4 Satz 1, 676d Abs. 2 Satz 1 BGB anzuwenden, die bei Erlöschen des Girovertrags ana- 16

---

[72] BGH v. 18.11.1986 - IVa ZR 79/85 - NJW-RR 1987, 963-964.
[73] BGH v. 17.04.2008 - III ZR 27/06 - juris Rn. 15 - FamRZ 2008, 1245-1246.
[74] BGH v. 03.07.2003 - III ZR 109/02 - juris Rn. 13 - NJW 2003, 2748-2750; zust. *Schultes*, EWiR 2003, 1109-1110, 1109, der auf die Möglichkeit umfassender Unterbrechung der Verjährung verweist.
[75] OLG Celle v. 31.03.2004 - 9 U 217/03 - NZG 2004, 613-614.
[76] Vgl. BGH v. 21.03.1995 - XI ZR 189/94 - NJW 1995, 1483-1484, zum Konkursverfahren; vgl. allgemein zur diesbezüglichen Auswirkung der Insolvenz *Gottwald*, Insolvenzrechts-Handbuch, 3. Aufl. 2006.
[77] BGH v. 05.12.2006 - XI ZR 21/06 - BGHZ 170, 121-129; vgl. auch schon BGH v. 15.11.2005 - XI ZR 265/04 - juris Rn. 22 - WM 2006, 28; gegen OLG Rostock v. 31.07.2006 - juris Rn. 16 m.N. - ZIP 2006, 1812; kritisch *Einsele*, LMK 2007, 216709.
[78] Zu Inkongruenz und Gläubigerbenachteiligung bei Gutschrift vor Eintritt der Insolvenz BGH v. 19.01.2006 - IX ZR 154/03 - WM 2006, 915.
[79] BGH v. 05.12.2006 - XI ZR 21/06 - juris Rn. 10, 17 - BGHZ 170, 121-129; ebenso BFH v. 10.11.2009 - VII R 6/09 - DB 2010, 261-261 und dazu *Cranshaw*, jurisPR-InsR 8/2010, Anm. 5.

log gelten sollten[80]; seit dem 31.10.2009 gilt nach § 675h BGB über die Folgen der Kündigung des Zahlungsdiensterahmenvertrages Entsprechendes.[81]

17 Die **Aufrechnung eines Rechtsanwalts** mit seiner Honorarforderung gegen den Anspruch des später insolvent gewordenen Mandanten auf Abführung erstrittenen Geldes kann vom Insolvenzverwalter[82] angefochten werden, auch wenn die Mandatsverträge jeweils vor dem kritischen Dreimonatszeitraum zustande gekommen sind[83]; die Aufrechnungslage zwischen dem Vergütungsanspruch des Rechtsanwalts und dem Anspruch des Mandanten auf Herausgabe eingezogener Gelder entsteht nach neuerer Auffassung des BGH[84] frühestens dann, wenn der Rechtsanwalt das Geld in Empfang genommen hat; aus dem Abschluss des Geschäftsbesorgungsvertrags mit dem Rechtsanwalt ergebe sich noch kein die insolvenzrechtlich zulässige Aufrechnung ermöglichender bedingter Anspruch des Mandanten auf Herausgabe erlangter Gelder nach § 667 BGB, weil der Rechtsanwalt noch keine gegenüber dem Mandanten gesicherte Rechtsposition im Sinne der §§ 95, 140 Abs. 3 InsO erlangt habe; da der Mandant jederzeit Zahlung des Dritten an sich selbst verlangen könne, habe der Rechtsanwalt lediglich eine tatsächliche Aussicht auf den Erwerb; der Rechtsanwalt könne im Übrigen vor Inempfangnahme der Gelder auch nicht i.S.v. § 387 BGB die ihm obliegende Leistung erbringen[85]. Zur Sicherung des Gebührenanspruchs des Rechtsanwalts ist es daher künftig, abgesehen von der Erhebung von Vorschüssen[86], ratsam, zugunsten des Rechtsanwalts eine Sicherungsabtretung der Klageforderung oder die Aufrechenbarkeit der eingeklagten Ansprüche gegen die Honorarforderung ausdrücklich zu vereinbaren[87]. Der amtlich bestellte Abwickler einer Anwaltskanzlei kann nach der Judikatur mit seiner Vergütungsforderung gegen den Anspruch auf Herausgabe des aus der Abwicklung Erlangten aufrechnen, auch wenn zwischenzeitlich das Insolvenzverfahren über das Vermögen des Anwalts eröffnet worden ist;[88] doch gilt dies wegen der Zweckbindung nicht in Bezug auf Fremdgelder.[89]

F. Anwendungsfelder

18 Eine bei Aufhebung eines **Arbeitsverhältnisses** getroffene Ausgleichsklausel, wonach alle wechselseitigen Ansprüche der vertragschließenden Parteien abgegolten sind, erstreckt sich grundsätzlich nicht auf die Rechenschaftspflicht und einen Herausgabeanspruch aus § 667 BGB.[90] Bei der Geltendmachung **sozialrechtlicher Ansprüche** stellt sich häufig die Frage, inwieweit mit Herausgabeansprüchen nach § 667 BGB belastetes Treugut im Vermögen des Antragstellers zu berücksichtigen ist. Mehrere Landessozialgerichte hatten insoweit die Auffassung vertreten, der verdeckte Treuhänder müsse sich am Rechtsschein der Vermögensinhaberschaft im Rahmen der Bedürftigkeitsprüfung der Sozialleistungsträger festhalten lassen, so dass bei Nichtangabe verdeckten Treuhandvermögens die seinerzeitige **Arbeitslosenhilfebewilligung** für die Vergangenheit zurückzunehmen sei; das Risiko, dass der Treuhänder unter Umständen gezwungen sei, das ihm vom Treugeber verdeckt zur Verfügung gestellte Treugut für seinen Lebensunterhalt zu verwerten, sei dem Treugeber aufzubürden.[91] Dem gegenüber hat das BSG zwischenzeitlich entschieden, dass es einen Grundsatz für die diesbezügliche Relevanz des Rechtsscheins nicht gibt, so dass der reale Sachverhalt zu ermitteln ist.[92] Der Judikatur der Landes-

---

80 So BGH v. 05.12.2006 - XI ZR 21/06 - juris Rn. 22, 25 - BGHZ 170, 121-129.
81 *Cranshaw*, jurisPR-InsR 8/2010, Anm. 5, C 1; *Sprau* in: Palandt, § 675h Anm. 2 m.N.
82 Vgl. allgemein *Maier*, Die Insolvenz des Rechtsanwalts, Baden-Baden 2008.
83 Überholt: OLG Rostock v. 18.04.2005 - 3 U 139/04 - NZI 2006, 107-108.
84 V. 14.06.2007 - IX ZR 56/06 - juris Rn. 17, 18 - NJW 2007, 2640-2643; OLG München v. 28.12.2007 - 25 U 3043/07 - juris Rn. 16 - OLGR München 2008, 276-278.
85 BGH v. 14.06.2007 - IX ZR 56/06 - juris Rn. 13 - NJW 2007, 2640-2643.
86 Jacobi, NZI 2007, 495-489.
87 So *Leithaus*, NJW 2007, 2643, 2644.
88 BGH v. 23.06.2005 - IX ZR 139/04 - juris Rn. 13 f. - ZIP 2005, 1742-1745 und hierzu *Rickert/Sattler* in: ZInsO 2006, 76; *Lambertz*, JR 2007, 111-112.
89 BGH v. 23.06.2005 - IX ZR 139/04 - juris Rn. 27 - ZIP 2005, 1742-1745.
90 BAG v. 14.12.2011 - 10 AZR 283/10 - juris Rn. 28 ff.
91 LSG Schleswig v. 24.02.2006 - L 3 AL 113/05; LSG Darmstadt v. 28.10.2005 - L 7 AL 117/05 - aufgehoben von BSG v. 28.08.2007 - B 7/7a AL 10/06 R - juris Rn. 9 - info also 2008, 29-30; LSG Mainz v. 24.02.2005 - L 1 AL 84/03 - NZS 2006, 49-50; jeweils mit Nachweisen.
92 BSG v. 28.08.2007 - B 7/7a AL 10/06 R - juris Rn. 9 - info also 2008, 29-30.

sozialgerichte entsprechende untergerichtliche Entscheidungen finden sich für Leistungen nach dem **BAföG**[93] **und dem BSHG**[94]. Bei Wirtschaftsführung durch einen **Ehegatten** ist § 667 BGB hinsichtlich der Herausgabe nicht belegbar verwendeter Gelder nicht anwendbar.[95]

Im Anschluss an eine Entscheidung des BFH[96] erging zur Bedeutung des Erwerbs des Herausgabeanspruchs gemäß § 667 BGB bei einem Treuhandverhältnis für das **Erbschafts-** und **Schenkungssteuerrecht** ein koordinierter Ländererlass vom 27.06.2005, der in der Literatur Gegenstand heftiger Kritik wurde, weil er die Bewertung zum gemeinen Wert und nicht zum Steuerwert des Gegenstands vorsieht.[97] Überweist das Finanzamt eine **Steuererstattung** auf ein inzwischen von der Bank gekündigtes Girokonto des Berechtigten, so kann es nach der Judikatur des BFH den Betrag auch dann nicht zurückverlangen, wenn der Berechtigte ein anderes Konto angegeben hatte.[98] 19

Bei der Vorratsgründung einer **GmbH** genügt es nicht den Kapitalaufbringungsvorschriften, wenn der zunächst auf das Stammkapital eingezahlte Geldbetrag qua Treuhand an die Gründer zurückbezahlt und stattdessen der Rückzahlungsanspruch der GmbH eingebracht wird; doch wird mit einer dann erfolgenden Rückzahlung die Einlagenschuld getilgt.[99] 20

Verwendet ein **Treuhänder einer Publikumsgesellschaft** die anzulegenden Gelder nicht vertragsgemäß, so ist er den Anlegern zur Herausgabe verpflichtet; eine durch AGB verkürzte Verjährungspflicht gilt insoweit nicht.[100] 21

Während namens- oder markenmäßige Herausgabeansprüche hinsichtlich einer **Domain** regelmäßig nur auf eine nicht prioritätswahrende **Freigabe** gerichtet sein können[101], können Ansprüche nach § 667 BGB aus treuhänderischer Registrierung auf **Herausgabe**, d.h. auf Umschreibung der Domain gerichtet werden, wobei die jeweilige Priorität erhalten bleibt; mit dem Herausgabeanspruch ist dabei zugleich ein Freigabeanspruch geltend gemacht.[102] 22

Bei der Herausgabe des Erlangten bei einem **Agenturgeschäft** können sich insbesondere dort besondere **insolvenzrechtliche Risiken** ergeben, wenn der Handelsvertreter neben dem Fremdgeschäft zugleich Eigengeschäfte vornimmt, wie das etwa beim Tankstelleninhaber mit Shop-Verkauf der Fall ist. Soweit dabei der zunächst vereinbarungsgemäß ins Eigentum des Auftraggebers fallende Kassenbestand für den Agenturvertrieb auf dem Umweg über ein allgemeines Konto des Handelsvertreters an den Auftraggeber überwiesen wird, liegt nach Meinung des BGH kein die Insolvenzanfechtung ausschließendes Bargeschäft vor[103]; als praxisnächste Notlösung der Problematik wird in der Literatur, da insoweit auch ein Treuhandkonto nicht in Betracht kommt, ein umfassendes Pfandrecht an allgemeinen Konto des Handelsvertreters vorgeschlagen[104]. Eine in **AGB** getroffene Vereinbarung, wonach Forderungen des Auftraggebers gegen den Tankstellenpächter im Wege des **Abbuchungsverfahrens** eingezogen werden können, benachteiligen diesen unangemessen, weil der Tankstellenpächter die Kontobelastung nach Einlösung der Lastschrift nicht mehr rückgängig machen kann, und sind daher nach § 307 Abs. 1 Satz 1 BGB **unwirksam**.[105] Im Übrigen sind seit dem 31.10.2009 für die Ausgestaltung des Lastschriftverfahrens sowohl in der Form des Einzugsermächtigungsverfahrens als auch des Abbuchungsverfahrens die §§ 675c-676c BGB zu beachten. 23

Zu **Franchise-Verträgen** vgl. Rn. 8. Vgl. zu **weiteren Anwendungsfeldern** die Kommentierung zu § 675 BGB. 24

---

[93] VG Karlsruhe v. 23.02.2005 - 10 K 1069/04.

[94] VG Hamburg v. 28.05.2004 - 8 K 1935/03.

[95] BGH v. 05.07.2000 - XII ZR 26/98 - juris Rn. 13; zum Verhältnis zwischen Großmutter und Enkel OLG Sachsen-Anhalt v. 06.07.2007 - 10 U 27/07 - juris Rn. 33 ff.

[96] BFH v. 25.01.2001 - II R 39/98 - BFH/NV 2001, 908.

[97] Vgl. *Daragan*, DB 2005, 2210-2212; *Kaiser/Lüdicke*, DStR 2005, 1926-1930; *Rödl/Seifried*, BB 2006, 20-22.

[98] BFH v. 22.11.2011 - VII R 27/11 - ZIP 2012, 513-514; dazu *Jäger*, jurisPR-SteuerR 10/2012, Anm. 2.

[99] BGH v. 09.01.2006 - II ZR 72/05 - juris Rn. 9 f. - NJW 2006, 906-908; zu den Konsequenzen *Nassall*, jurisPR-BGHZivilR 11/2006, Anm. 2; seit dem 01.11.2008 gilt insoweit allerdings § 19 Abs. 5 GmbHG in der Fassung des MoMiG.

[100] BGH v. 29.07.2008 - XI ZR 297/06 - juris Rn. 17 f.

[101] BGH v. 22.11.2001 - I ZR 138/99 - BGHZ 149, 192, 204 f. - shell.de.

[102] BGH v. 25.03.2010 - I ZR 197/08 - NJW 2010, 3440-3441 - braunkohle-nein.de.

[103] BGH v. 23.09.2010 - IX ZR 212/09 - juris Rn. 28 ff. - NJW 2010, 3578-3581.

[104] *Cranshaw*, jurisPR-InsR 23/2010, Anm. 3.

[105] BGH v. 14.10.2009 - VIII ZR 96/07 - juris Rn. 18 - WM 2010, 277-282.

§ 668 BGB Verzinsung des verwendeten Geldes

(Fassung vom 02.01.2002, gültig ab 01.01.2002)

Verwendet der Beauftragte Geld für sich, das er dem Auftraggeber herauszugeben oder für ihn zu verwenden hat, so ist er verpflichtet, es von der Zeit der Verwendung an zu verzinsen.

1 Die Vorschrift sieht beim Auftrag und bei dem Auftragsrecht unterfallenden sonstigen Geschäften (vgl. die Kommentierung zu § 662 BGB Rn. 14) sowie für die Zahlungsdiensteverträge (§ 675c Abs. 1 BGB) eine Verzinsungspflicht für Geld vor, das der Beauftragte zu **eigenen Zwecken** verwendet. Es ist gleichgültig, ob es sich um Geld handelt, das **zur Durchführung des Geschäfts**, etwa qua Vorschuss, dient oder das **aus der Geschäftsbesorgung erlangt** (vgl. § 667 Alt. 2 BGB) wurde. Die Verzinsung erfolgt mit **gesetzlichem Zinssatz** gemäß § 246 BGB von 4%, bei beiderseitigen Handelsgeschäften nach § 352 HGB mit 5%. Bei Schuldnerverzug (§ 286 BGB) sind gemäß § 288 BGB Verzugszinsen zu zahlen, deren Höhe 5 bzw. 8 Prozentpunkte über dem Basiszinssatz liegt;[1] dies gilt nicht nur bei Geldanforderungen aus Alternative 1, sondern auch für den Geldanspruch auf das Erlangte aus § 667 Alt. 2 BGB, obwohl es sich insoweit nicht um eine echte Geldforderung, sondern um eine bloße Weiterleitungsschuld handelt, hinsichtlich derer grundsätzlich der Auftraggeber die Gefahr trägt.[2] Höhere Zinsen aus anderem Rechtsgrund oder die Geltendmachung eines weiteren Schadens bleiben möglich. Für Schadensersatzansprüche kommen insbesondere § 280 BGB sowie § 823 Abs. 2 BGB in Verbindung mit den §§ 246, 263, 266 StGB in Betracht; auch Bereicherungsansprüche sind möglich.[3]

2 Der Zinsanspruch aus § 668 BGB setzt kein Verschulden und keinen Schaden voraus; die Eigenverwendung kann sogar gestattet sein.[4] Voraussetzung ist vielmehr **vorhandenes Geld** (einschließlich Buchgeld), das der Beauftragte für sich **verwendet**. Unterlassene Anlage des Geldes ist keine Eigenverwendung; eine solche ist aber ein Stehenlassen auf eigenem Konto im Debet mit der Folge der Reduzierung eigener Schuldzinsen.[5] Entsprechend anzuwenden ist die Bestimmung u.a. auf Vereinsvorstand und Testamentsvollstrecker (§§ 27 Abs. 3, 2218 Abs. 1 BGB).[6] Die §§ 698, 1834 BGB enthalten ähnliche Vorschriften für Verwahrung und Vormundschaft.

3 Auch wenn vereinnahmte Valuta zunächst einem betrieblichen Kontokorrent gutgeschrieben und erst dann privat verwendet wird, stellen Zinsen und Finanzierungsnebenkosten **steuerrechtlich** keine Betriebsausgaben dar.[7]

---

[1] § 247 BGB, halbjährlich veröffentlicht im Bundesanzeiger; vgl. www.bundesbank.de (abgerufen am 26.09.2012): seit 01.01.2012 0,12% (vgl. auch die Kommentierung zu § 247 BGB Rn. 12).
[2] BGH v. 15.09.2005 - III ZR 28/05 - NJW 2005, 3709-3710.
[3] *Ehmann* in: Erman, § 668 Rn. 2.
[4] Dann aber evtl. Darlehensvertrag nach § 488 BGB; vgl. *Sprau* in: Palandt, § 668 Rn. 1.
[5] *Beuthien* in: Soergel, § 668 Rn. 3.
[6] *Seiler* in: MünchKomm-BGB, § 669 Rn. 6.
[7] BFH v. 15.05.2008 - IV R 25/07 - DB 2008, 1661-1663 betr. von einem Versicherungsmakler für Rechnung von Versicherungsgesellschaften vereinnahmte Versicherungsbeiträge (durchlaufende Posten), die abredewidrig privat verwendet und in Vereinbarungsdarlehen umgeschuldet wurden; vgl. zur Entscheidung umfassend *Pfützenreuter*, jurisPR-SteuerR 38/2008, Anm. 1.

§ 669 BGB Vorschusspflicht

(Fassung vom 02.01.2002, gültig ab 01.01.2002)

Für die zur Ausführung des Auftrags erforderlichen Aufwendungen hat der Auftraggeber dem Beauftragten auf Verlangen Vorschuss zu leisten.

Gliederung

A. Grundlagen	1	D. Prozessuale Hinweise	10
B. Anwendungsvoraussetzungen	2	E. Anwendungsfelder	11
C. Rechtsfolgen	5		

A. Grundlagen

Im Zweifel ist der **Beauftragte** für die im Rahmen der Ausführung des Auftrags (objektiv) erforderlichen Aufwendungen **nicht vorleistungspflichtig**. Er hat daher einen Anspruch auf Vorschuss in Form einer entsprechenden Geldzahlung, über die später im Rahmen der §§ 666, 667, 670 BGB abgerechnet wird.[1] Vorschuss ist erst **auf Verlangen** des Beauftragten zu leisten. Da der Auftrag gemäß § 671 Abs. 1 BGB vom Auftraggeber im Zweifel jederzeit widerrufen werden kann, ist die Zahlung des Vorschusses insoweit letztlich **nicht** klageweise **durchsetzbar**. Etwas **anderes** gilt, wenn § 671 Abs. 1 BGB nicht eingreift, was insbesondere beim entgeltlichen **Geschäftsbesorgungsvertrag** nach § 675 Abs. 1 BGB der Fall ist. Unbeschadet dessen hat der Beauftragte bei Nichtzahlung eines erforderlichen Vorschusses mangels eigener Vorleistungspflicht ein Zurückbehaltungsrecht, kann also die Durchführung des Auftrags verweigern (§ 273 BGB). Die Vorschrift gilt auch für Zahlungsdiensteverträge (§ 675c Abs. 1 BGB).

1

B. Anwendungsvoraussetzungen

§ 669 BGB geht von der **Vorleistungspflicht des Auftraggebers** als Regel aus. Sie ist Voraussetzung dafür, dass der Beauftragte Vorschuss verlangen kann. Doch kann auch eine Vorleistungspflicht des Beauftragten ausdrücklich vereinbart oder im Gesetz vorgesehen sein oder sich aus den Umständen ergeben.[2] Eine Sonderregelung enthält § 775 BGB für das Innenverhältnis zwischen **Bürge** und Hauptschuldner, wonach Letzterer als Auftraggeber vorleistungspflichtig ist. Nach § 9 RVG kann der **Rechtsanwalt** einen angemessenen Vorschuss verlangen.

2

Nur für **objektiv erforderliche Aufwendungen** ist Vorschuss zu leisten, wobei sich der Begriff der Aufwendungen nach § 670 BGB bestimmt. Unstreitig ist der Vorschuss Geldzahlung. Je nach Art des Auftrags kann die Zahlung von Raten genügen. Während es für den Aufwendungsersatzanspruch nach § 670 BGB darauf ankommt, ob der Beauftragte die Aufwendungen für erforderlich halten durfte, stellt § 669 BGB nur auf objektiv erforderliche Aufwendungen ab.

3

Erst **auf Verlangen** des Beauftragten ist Vorschuss zu leisten. Führt der Beauftragte den Auftrag durch, ohne einen Vorschuss geltend zu machen, so ist insoweit § 669 BGB unanwendbar, und der Aufwendungsersatzanspruch folgt aus § 670 BGB. Bei teilweiser Durchführung des Auftrags ohne Vorschuss greift § 669 BGB für künftig erforderliche Aufwendungen ein.

4

C. Rechtsfolgen

Keine Vorschussklage beim widerruflichen Auftrag i.S.v. § 671 Abs. 1 BGB. Kann der Auftraggeber den Auftrag jederzeit widerrufen, so kommt nach h.M. eine Klage auf Vorschuss nicht in Betracht.[3] Etwas anderes kann dort gelten, wo der Beauftragte mit der Durchführung des Auftrags begonnen hat,

5

---

[1] BGH v. 03.02.1988 - IVa ZR 196/86 - NJW-RR 1988, 1264-1265 betr. Steuerberater.

[2] Etwa kraft Gesetzes beim Kreditauftrag nach § 778 BGB – den freilich der Beauftragte bei Unentgeltlichkeit mangels anderer Vereinbarung gem. den §§ 778, 671 BGB kündigen kann, womit dann zugleich seine Vorleistungspflicht entfällt – oder aus den Umständen beim Auftrag zur Bestellung eines Lotterieloses nach RG v. 27.03.1908 - 598 07 II.

[3] Anders vor allem *Seiler* in: MünchKomm-BGB, § 669 Rn. 2.

ohne Vorschuss zu verlangen, und sich bereits dadurch für ihn weitere Aufwendungen auch bei einem Widerruf des Auftrags zwingend ergeben; freilich dürfte insoweit § 670 BGB die richtige Anspruchsgrundlage sein.

6 Nach h.M. gibt es aber eine **Klage auf Vorschuss** dann, wenn der Auftraggeber nicht zum jederzeitigen Widerruf des Auftrags berechtigt ist, wie insbesondere beim entgeltlichen Geschäftsbesorgungsvertrag nach § 675 Abs. 1 BGB, wenn also der Beauftragte ein Recht auf Durchführung der Geschäftsbesorgung hat.[4] Die Frage des Vorschusses erfasst hier nicht nur erforderliche Aufwendungen, sondern evtl. zugleich einen Teil des Entgelts.[5]

7 Jedenfalls braucht der Beauftragte mangels Zahlung eines ihm geschuldeten Vorschusses wegen eines **Zurückbehaltungsrechts** nach § 273 BGB den Auftrag nicht auszuführen. Er muss aber nach § 666 BGB dem Auftraggeber darüber Nachricht geben und muss auch im Übrigen Treu und Glauben beachten; insoweit könnte ein Verstoß vorliegen, wenn durch eine Unterbrechung seiner Tätigkeit ein unverhältnismäßiger Schaden droht und er zuvor den Eindruck erweckt hatte, keinen Vorschuss geltend zu machen. Führt eine Direktbank eine Kauforder trotz nicht hinreichender Deckung eines Kontos aus, dürfte darin keine Vertragsverletzung, sondern nur ein Verzicht auf Vorschuss zu sehen sein.[6]

8 Ein Anspruch gegen den Auftraggeber auf Zahlung von **Verzugszinsen** bei Nichtzahlung des Vorschusses ist zumindest beim widerruflichen Auftrag zu verneinen, weil die Zahlung im Interesse des Auftraggebers selbst liegt;[7] etwas anderes gilt für Ansprüche aus § 670 BGB. Beim nicht widerruflichen Auftrag muss der Beauftragte im Rahmen des § 288 BGB auch Verzugszinsen verlangen können. Schadensersatzansprüche gem. § 280 BGB bleiben bei der Verletzung von Neben- und Schutzpflichten unberührt.

9 **Einzelfragen**: Das Aufladen der **Geldkarte**, begleitet von der Abbuchung des entsprechenden Betrags vom Konto, realisiert den Anspruch der Bank auf Vorschuss.[8] Eine Vorschussklausel in **AGB** schließt Skontogewährung durch Individualabrede nicht aus.[9] Die Zahlung des Reisescheckverwenders an den Emittenten ist Vorschuss; beim Abhandenkommen kann der Reisescheckverwender diesen dann nicht zurückverlangen, wenn er die Reiseschecks nicht hinreichend sicher aufbewahrt hat[10].

D. Prozessuale Hinweise

10 Beim Streit um die Rückforderung des Vorschusses nach § 667 BGB trägt der Auftraggeber die **Beweislast** für die Zahlung des Vorschusses; der Beauftragte muss beweisen, dass er den Vorschuss zur Ausführung des Auftrags verwendet hat.

E. Anwendungsfelder

11 Der Anwendungsbereich des § 669 BGB differiert teilweise von dem der übrigen Auftragsvorschriften (vgl. zum Anwendungsbereich der Letzteren die Kommentierung zu § 662 BGB Rn. 14). So gilt die Vorschrift auch für Vormund (§ 1835 Abs. 1 BGB), Pfleger (§ 1915 Abs. 1 BGB)[11], Beistandschaft (§ 1716 BGB) und Betreuung (§ 1908i Abs. 1 BGB)[12]. Sie gilt **nicht** für die GoA (§ 681 Satz 2 BGB) sowie den Testamentsvollstrecker (§ 2218 Abs. 1 BGB). Erhebliche praktische Bedeutung hat die Frage, inwieweit der Betriebsrat zu seiner Tätigkeit Vorschuss[13] verlangen kann, insbesondere im Hinblick auf die Mittel zur Ausstattung mit modernen Informations- und Kommunikationsmitteln.[14]

---

[4] *Sprau* in: Palandt, § 669 Rn. 1; *Ehmann* in: Erman, § 669 Rn. 4; *Martinek* in: Staudinger, § 669 Rn. 7; *Seiler* in: MünchKomm-BGB, § 669 Rn. 7.
[5] Vgl. *Benicke* in: Soergel, § 675 Rn. 17.
[6] OLG Nürnberg v. 09.10.2002 - 12 U 1346/02 - NJW-RR 2003, 628-630.
[7] BGH v. 27.03.1980 - VII ZR 214/79 - juris Rn. 10 - BGHZ 77, 60-64; *Ehmann* in: Erman, § 669 Rn. 4.
[8] *Kümpel*, WM 1997, 1037-1042, 1039.
[9] BGH v. 20.03.1981 - I ZR 36/79 - LM Nr. 14 zu AGBG.
[10] OLG Frankfurt v. 17.01.2003 - 10 U 30/02 - NJW-RR 2003, 555-556; krit. *Hofmann*, BKR 2003, 935-942 wegen Sorgfaltsanforderung (wie Bargeld!).
[11] Vgl. OLG Frankfurt v. 29.05.2001 - 20 W 328/2000, 20 W 328/00 - NJW-RR 2001, 1516-1518.
[12] Zur Umsatzsteuer beim Aufwendungsersatzanspruch eines Berufsbetreuers OLG Brandenburg v. 05.09.2000 - 9 Wx 27/00 - MDR 2001, 33.
[13] Zu vom Arbeitgeber partiell freiwillig eingerichteten Dispositionsfonds vgl. *Franzen*, NZA 2008, 250-255.
[14] Hierzu BAG v. 16.05.2007 - 7 ABR 45/06 BAGE 122, 293-304; *Weber*, NZA 2008, 280-284 sowie die Lit. zum BetrVG.

Bei der Durchführung eines einer insolventen Kapitalgesellschaft erteilten Auftrags zur Weiterleitung von Geld kann die Gewährung eines entsprechenden Vorschusses an die Kapitalgesellschaft als Vorschuss im Hinblick auf einen Auftrag anzusehen sein; je nach Sachlage kann aber im Einzelfall eine verbotene **Einlagenrückgewähr** vorliegen.[15]

Entstehen der **Masse** durch Aufwendungen der Gesellschafter einer Personengesellschaft Kosten allein in fremdem Interesse, kann der Insolvenzverwalter Vorschuss verlangen.[16]

---

[15] Zur Abgrenzung OLG München v. 23.02.2005 - 7 U 3204/04 - AG 2005, 691-693; *Cranshaw*, jurisPR-InsR 12/2005, Anm. 3.
[16] Vgl. BGH v. 16.09.2010 - IX ZR 121/09 - juris Rn. 12 - WM 2010, 281-285.

§ 670 BGB Ersatz von Aufwendungen

(Fassung vom 02.01.2002, gültig ab 01.01.2002)

Macht der Beauftragte zum Zwecke der Ausführung des Auftrags Aufwendungen, die er den Umständen nach für erforderlich halten darf, so ist der Auftraggeber zum Ersatz verpflichtet.

Gliederung

A. Grundlagen 1	6. Pflichtverletzung und Schadensersatz als Gegenrechte 13
B. Praktische Bedeutung 3	7. Missbrauch von EC- und Kreditkarten und im Onlinebanking im Besonderen 14
C. Anwendungsvoraussetzungen 5	II. Erforderlichkeit 16
I. Aufwendungen des Beauftragten 5	1. Grundsatz 16
1. Aufwendungen 5	2. Verbotene Geschäfte 17
2. Verbindung mit dem Auftrag 6	3. Einzelfälle 18
3. Gleichstellung übernommener Risiken 7	III. Zweck 19
a. Aufwendungen kraft Risikoübernahme 8	D. Rechtsfolgen 20
b. Fehlende Übernahme 9	E. Prozessuale Hinweise 21
c. Abgegoltene Übernahme 10	F. Anwendungsfelder 26
4. Problematik eingesetzter Arbeitskraft 11	
5. Folgen eines fehlenden Aufwendungsersatzanspruchs 12	

A. Grundlagen

1 Entsprechend der **Fremdnützigkeit** des Auftrags trägt der Auftraggeber die zur Durchführung des Auftrages erforderlichen Aufwendungen des Beauftragten. Soweit dieser keinen Vorschuss erhalten hat (vgl. § 669 BGB) bzw. dieser nicht ausreichend war, kann er über § 670 BGB deren Ersatz verlangen. Es handelt sich nicht um einen Schadens-, sondern um einen **Wertersatzanspruch**, der grundsätzlich auf **Geldzahlung** (zu verzinsen nach § 256 BGB, gemäß § 246 BGB mit 4% bzw. gem. § 352 HGB mit 5%) ggf. auch auf **Befreiung von einer Verbindlichkeit** gemäß § 257 BGB gerichtet ist. Der unentgeltliche Auftrag ist trotz des Aufwendungsersatzanspruchs **kein gegenseitiger Vertrag**; § 670 BGB enthält **dispositives Recht**. Der Anspruch ist abtretbar, pfändbar und verpfändbar.

2 Die **Tätigkeit** des Beauftragten ist als solche keine Aufwendung, so dass für sie beim unentgeltlichen Auftrag kein Ersatz verlangt werden kann; bei der entgeltlichen Geschäftsbesorgung (§ 675 Abs. 1 BGB) wird die Tätigkeit als solche (bzw. das Werk) eine entgeltlich erbrachte Leistung, wobei sich Überschneidungen mit dem Aufwendungsbegriff ergeben können. Soweit zur Ausführung des Auftrags **Risiken** eingegangen werden, führt § 670 BGB im Falle sich hieraus ergebender Schäden ebenfalls zur Ersatzpflicht.

B. Praktische Bedeutung

3 Ersatzansprüche für Aufwendungen in fremdem Interesse haben große praktische Bedeutung. Und insoweit nimmt § 670 BGB eine Schlüsselstellung ein.[1] Wichtig ist die Norm etwa für den **Regress** durch den Sicherungsgeber gegenüber dem Schuldner.[2] Die Vorschrift gilt zugleich für die entgeltliche **Geschäftsbesorgung** (§ 675 Abs. 1 BGB) und damit für eine Vielzahl von Geschäftsbesorgungsvertragstypen, darunter Verträge aus dem Bankbereich, wie insbesondere seit 31.10.2009 die Zahlungsdiensteverträge (§ 675c Abs. 1 BGB), für GoA (§ 683 Satz 1 BGB) sowie über direkte und indirekte **Einzelverweisung**, die über die generelle Inbezugnahme des Auftragsrechts (vgl. die Kommentierung zu § 662 BGB Rn. 14) weit hinausreicht.[3] Teils **abweichende**, teils **ergänzende Vorschriften** gibt es

---

[1] *Seiler* in: MünchKomm-BGB, § 670 Rn. 3.
[2] Vgl. etwa OLG Koblenz v. 01.08.2008 - 5 U 551/08 - juris Rn. 3 - WM 2008, 2293-2295.
[3] Vgl. z.B. *Seiler* in: MünchKomm-BGB, § 670 Rn. 3: § 539 BGB für Mieter, § 601 Abs. 2 BGB für Entleiher, § 994 Abs. 2 BGB für Besitzer, § 1049 BGB für Nießbraucher, § 1216 BGB für Pfandgläubiger, § 1949 BGB und § 1978 Abs. 1 BGB für Erbe, § 2135 BGB für Vorerbe, § 2218 BGB für Testamentsvollstrecker; weitere Nachweise, u.a. zum Familienrecht, bei *Ehmann* in: Erman, § 670 Rn. 4; zum Freistellungsanspruch nach dem Scheitern einer Ehe vgl. OLG München v. 20.12.2002 - 21 U 4862/01 - OLGR München 2003, 200-201.

im BGB (vgl. § 676h BGB a.F. für Zahlungskarten, seit 31.10.2009 §§ 675c ff. BGB), im Handelsrecht und in weiteren Gesetzen (vgl. Rn. 26). Im **Arbeitsrecht** gilt der Grundsatz des § 670 BGB der Sache nach weitin unmittelbar oder entsprechend.[4]

Im Übrigen wird **Analogie** zu § 670 BGB von der Judikatur **großzügig** zugelassen[5], beispielsweise als Anspruch gegenüber dem Ehegatten, der in beiderseitigem Einverständnis allein ein Darlehen zur Finanzierung rein familiärer Zwecke aufnimmt.[6] Entsprechendes gilt für die Herleitung von Aufwendungsersatzansprüchen **staatlicher Verwalter** von **Grundstücken** in der ehemaligen DDR.[7] Soweit es um den Ersatz für **Schäden des Helfers** in **Notfällen** wegen übernommener Risiken geht, führt § 2 SGB VII zumindest bei Körperschäden meist zur weit gehenden Verlagerung der Ersatzpflicht auf die Sozialversicherung.[8] § 670 BGB ist hingegen **unanwendbar**, wenn für die Frage des Ersatzes von Aufwendungen spezielle Regeln gelten wie etwa beim Maklervertrag[9], bei dem ein Provisionsanspruch vom Zustandekommen des nachgewiesenen oder vermittelten Vertrages abhängt.

C. Anwendungsvoraussetzungen

I. Aufwendungen des Beauftragten

1. Aufwendungen

Der Begriff ist gesetzlich nicht definiert; Rechtsprechung und Schrifttum verstehen darunter im **Grundsatz** die **freiwillige Aufopferung von Vermögenswerten für die Interessen eines anderen**;[10] dazu gehört die **Eingehung von Verbindlichkeiten**.

2. Verbindung mit dem Auftrag

Im Rahmen des § 670 BGB fallen Aufwendungen bzw. Verbindlichkeiten, die sich **notwendigerweise aus der Durchführung des Auftrags** ergeben, unter den Begriff[11] sowie Aufwendungen **aufgrund der Weisung** des Auftraggebers. Für **Vorbereitungs-, Hilfs-, Neben- und Folgekosten** gilt hinsichtlich der Verbindung mit dem Auftrag jeweils Entsprechendes.[12] Bei der Erledigung von **Bank**geschäften erlangt die Bank Aufwendungsersatzansprüche gegen ihren Kunden. Doch setzt dies jeweils eine wirksame Weisung voraus, und an einer solchen fehlt es bei **Lastschriften** im Verhältnis zwischen dem Lastschriftschuldner und seiner Bank vor der Genehmigung[13] durch den Lastschriftschuldner[14] oder bei einem **gefälschten** Auftrag oder bei **EC-Karten-Missbrauch** durch einen Unbefugten;[15] zu

---

[4] Ständige Rechtsprechung seit BAG v. 10.11.1961 - GS 1/60 - NJW 1962, 411; hierzu *Ehmann* in: Erman, § 670 Rn. 23-30; zur Erstattung der Kosten eines Vorstellungsgesprächs vgl. BAG v. 29.06.1988 - 5 AZR 433/87 - NZA 1989, 468; krit. *Sieber/Wagner*, NZA 2003, 1312-1314, 1312; zum Anspruch des Arbeitgebers auf Erstattung verauslagter Steuern BAG v. 16.06.2004 - 5 AZR 521/03 - juris Rn. 18 - NJW 2005, 3588-3589; zum Anspruch auf Ersatz der Kosten für den Erwerb einer erforderlichen Praxiseinrichtung seitens des Arbeitnehmers LArbG Köln v. 18.03.2004 - 5 Sa 1334/03 - ArbuR 2004, 354; BAG v. 28.10.2010 - 8 AZR 647/09 - NZA 2011, 406-411; zur Erstattung der Kosten eines Unfallschadens am privaten Pkw vgl. BAG v. 28.10.2010 - 8 AZR 647/09 - NZA 2011, 406-411.

[5] Vgl. *Ehmann* in: Erman, § 670 Rn. 4; *Seiler* in: MünchKomm-BGB, § 670 Rn. 3, 4.

[6] OLG Celle v. 28.12.2009 - 17 W 100/09 - juris Rn. 13 ff.

[7] BGH v. 05.07.2001 - III ZR 235/00 - BGHZ 148, 241-252; BGH v. 30.07.1997 - III ZR 157/96 - WM 1997, 1854-1855.

[8] Vgl. BGH v. 10.10.1984 - IVa ZR 167/82 - BGHZ 92, 270-274; eingehend dazu *Ehmann* in: Erman, § 670 Rn. 31 m.w.N.

[9] OLG Oldenburg v. 19.05.2005 - 8 U 10/05 - NJW-RR 2005, 1287-1289, wonach vereinbarter Ersatz konkreter Aufwendungen zwar möglich ist, die Vereinbarung einer Aufwendungspauschale durch AGB aber am Leitbild des Maklervertrages scheitert.

[10] BGH v. 12.10.1972 - VII ZR 51/72 - BGHZ 59, 328-332.

[11] BGH v. 16.12.1952 - I ZR 29/52 - juris Rn. 17 - BGHZ 8, 222-235.

[12] *Seiler* in: MünchKomm-BGB, § 670 Rn. 8.

[13] Vgl. zur konkludenten Genehmigung BGH v. 25.10.2007 - IX ZR 217/06 - juris Rn. 39 - BGHZ 174, 84-101; zur Genehmigung durch den vorläufigen mit Zustimmungsvorbehalt ausgestatteten Insolvenzverwalter auch OLG Düsseldorf v. 23.04.2009 - 6 U 66/08 - juris Rn. 25 - ZIP 2009, 980-984.

[14] BGH v. 08.03.2005 - XI ZR 154/04 - juris Rn. 33 ff. - BGHZ 162, 294-305; der BGH folgert daraus zugleich, dass der Lastschriftkunde mangels einer Verpflichtung gegenüber seiner Bank, Deckung vorzuhalten, auch nicht mit Gebühren für eine Rücklastschrift belastet werden darf und dass eine dem widersprechende Regelung in AGB unzulässig wäre.

[15] BGH v. 17.10.2000 - XI ZR 42/00 - juris Rn. 18 - BGHZ 145, 337-342; vgl. seit dem 31.10.2009 §§ 675u, 675v BGB.

Beweisfragen vgl. Rn. 21 f. Bei schuldhafter Ermöglichung des Missbrauchs können aber Ansprüche der Bank als Beauftragter wegen Nebenpflichtverletzung des Bankkunden nach den §§ 280 Abs. 1, 241 Abs. 2, 242 BGB, ggf. i.V.m. AGB, bestehen (vgl. insoweit Rn. 14). Für den Bereich des Fernabsatzes stellte sich die Frage, ob § 676h BGB a.F. richtlinienkonform i.S. eines Ausschlusses verschuldensbedingter Ersatzansprüche zu interpretieren war[16]; die Frage dürfte zu verneinen sein. **Nicht** zu den Aufwendungen gehören zumindest beim unentgeltlichen Vertrag grundsätzlich der Einsatz der **Arbeitskraft** des Beauftragten (vgl. dazu Rn. 11) oder die allgemeinen **Geschäftsunkosten** des Beauftragten oder ein Anteil an diesen.[17] Nicht zu den Aufwendungen gehören auch Kosten, die dem Beauftragten aus **Tätigkeiten im eigenen Interesse** entstehen; so sind etwa Kosten zwecks Bestellung, Verwaltung, Freigabe oder Verwertung von Sicherheiten, wie Notarkosten, Lagergelder, oder Kosten der Bewachung von Sicherheitsgut keine Aufwendungen; daher darf sich eine Bank oder Sparkasse nicht durch AGB deren Inrechnungstellung vorbehalten, und die diesbezüglichen AGB-Banken bzw. AGB-Sparkassen sind nach § 307 Abs. 1 Satz 1, Abs. 2 Nr. 1, Abs. 3 Satz 1 BGB unwirksam.[18]

6.1 Die in der Fußnote erwähnte Entscheidung des **BGH vom 08.05.2012** zum Ausschluss des Aufwendungsersatzes in AGB von Banken und Sparkassen bei Tätigkeit im eigenen Interesse (BGH v. 08.05.2012 - XI ZR 61/11) ist inzwischen **veröffentlicht**, u.a. in NJW 2012, 2337-2342. Eine wichtige **Klarstellung** ist zwischenzeitlich für den **Bereich der Lastschriftverfahren** durch den **BGH** (v. 22.05.2012 - XI ZR 290/11 - juris Rn. 34 ff. - NJW 2012, 2571-2576) erfolgt. Das Urteil weist mit eingehender Begründung darauf hin, dass zwar nach § 675o Abs. 1 Satz 4 BGB der Zahlungsdienstleister für die Unterrichtung über eine berechtigte Ablehnung eines Zahlungsauftrags ein Entgelt erheben kann, dass diese Regelung angesichts des § 675f Abs. 4 Satz 2 BGB für die Bestimmung des gesetzlichen Leitbildes aber nicht für den gesamten Bereich des Lastschriftenverkehrs maßgebend ist, da insoweit zunächst die §§ 675 Abs. 1, 666 BGB gelten. Für das **Einzugsermächtigungsverfahren**, bei dem es ja an einem Auftrag fehlt, sei daher an der bisherigen Judikatur festzuhalten, wonach formularmäßig erhobene **Entgelte für die Benachrichtigung** des Schuldners über die Nichteinlösung einer Lastschrift nach § 307 BGB unwirksam seien (BGH v. 13.02.2001 - XI ZR 197/00 - BGHZ 146, 377, 380 ff.). Anders sei die Rechtslage aufgrund des § 675o Abs. 1 Satz 4 BGB für Abbuchungsauftragsverfahren sowie für SEPA-Lastschriften (vgl. hierzu jüngst *Omlor*, NJW 2012, 2150). Hier sei nunmehr die Erhebung eines angemessenen Entgelts möglich.

3. Gleichstellung übernommener Risiken

7 **Risiken**, die zur Ausführung des Auftrags faktisch **übernommen** werden, hat die Rechtsprechung den Aufwendungen **gleich gestellt**, so dass eine evtl. Realisierung des Risikos Grundlage eines Aufwendungsersatzanspruches nach § 670 BGB sein kann, was insbesondere im Rahmen der GoA (§ 677 BGB) eine Rolle spielt. In neuerer Zeit hat man dabei zur Begründung verstärkt auf den Aspekt der Risikozurechnung abgestellt,[19] ohne dass sich aber im Ergebnis Wesentliches geändert hätte. Die Übernahme eventueller **Verfahrenskosten** oder sogar von **Geldbußen** hängt letztlich davon ab, ob die Beteiligten zumindest im Innenverhältnis pflichtgemäß gehandelt haben;[20] Entsprechendes gilt für den **Verzicht auf interne Regressansprüche** seitens betroffener Unternehmen.[21]

a. Aufwendungen kraft Risikoübernahme

8 Insoweit kann es für tätigkeitsbezogene Risiken einen Ersatzanspruch geben, etwa (als Anspruch gegen die Versicherung) im Falle einer nächtlichen Hilfeleistung für einen verletzten Krankenversicherten, bei der der Helfer durch einen Geisteskranken verletzt wurde und einen Verdienstausfall erlitt[22] oder (als Anspruch gegen den Geretteten) im Falle der Selbstaufopferung eines Kfz-Fahrers, durch die ihm ärztliche Behandlungskosten entstanden sind[23] oder als Freistellungsanspruch (gegen den Verein) für

---

[16] Vgl. *Hoffmann/Petrick*, ZBB 2003, 343-349; differenziert hierzu *Casper* in: MünchKomm-BGB, § 676h Rn. 18 f., der die Risikoerhöhung durch den Fernabsatz nach allgemeinen Regeln bewältigen will.

[17] *Martinek* in: Staudinger, § 670 Rn. 10; *Beuthien* in: Soergel, § 670 Rn. 2; differenzierend *Seiler* in: MünchKomm-BGB, § 670 Rn. 8; vermittelnd *Ehmann* in: Erman, § 670 Rn. 5: bei unentgeltlichem Auftrag im Zweifel nicht.

[18] BGH v. 08.05.2012 - XI ZR 61/11 - Mitteilung der Pressestelle des BGH Nr. 060/2012 v. 08.05.2012.

[19] Vgl. *Canaris*, RdA 1966, 41-51; *Genius*, AcP 173, 481-526, 512; *Seiler* in: MünchKomm-BGB, § 670 Rn. 14.

[20] Näher hierzu *Krause*, BB-Spezial 2007, Nr. 8, 2-16, der auch eine weitgehende Übernahme von Geldstrafen befürwortet; insoweit zu Recht enger *Dietrich*, ZfgG 56, 200-206 (2006) vgl. auch Rn. 14.

[21] Vgl. hierzu *Zimmermann*, DB 2008, 687-691.

[22] BGH v. 07.11.1960 - VII ZR 82/59 - juris Rn. 32 - BGHZ 33, 251-259.

[23] BGH v. 27.11.1962 - VI ZR 217/61 - BGHZ 38, 270-281.

ein Vereinsmitglied für den Fall der Verletzung der Aufsichtspflicht bei einer Jugendveranstaltung[24] bzw. für ein tourenleitendes Vereinsmitglied bei schuldhafter Schädigung eines anderen Vereinsmitglieds.[25] Auf einen solchen Ersatzanspruch wenden BGH und BAG in ständiger Rechtsprechung § 254 BGB an.[26] Das RG[27] wollte ggf. die §§ 844 Abs. 2, 845 BGB analog zugunsten Unterhalts- und Dienstberechtigter heranziehen.[28] Hingegen bietet § 670 BGB auch nach Erlass des Gesetzes zur Neuregelung schadensersatzrechtlicher Vorschriften **keine** Grundlage für **Schmerzensgeldansprüche**[29]. Zum Eintritt der Sozialversicherung vgl. Rn. 4.

b. Fehlende Übernahme

Zu den Aufwendungen gehören freilich nur solche Aufwendungen, die aus der vom Beauftragten faktisch übernommenen **typischen Risikosituation** entstanden sind. Das wurde für GoA beispielsweise für den Fall verneint, dass sich ein Feuerwehrmann nach Beendigung der Löscharbeiten beim Aufrollen des Schlauches den Fuß verstauchte[30], und gilt ebenso für den Auftrag. **Allgemeine Lebensrisiken** verbleiben beim Beauftragten. Und besondere Risiken sind nur unter dem Blickwinkel des Aufwendungsersatzes vom Beauftragten **übernommen**, wenn sie ihn nicht ohnehin treffen. Wer eine gefährliche Bergtour unternimmt, kann bei einem Unfall nicht schon deshalb Ersatz verlangen, weil er einem Dritten zugesagt hatte, ihm eine kostenlose Fotoserie über die Bergwelt anzufertigen.

9

c. Abgegoltene Übernahme

Soweit Risiken wirksam vertraglich abgegolten sind, ist auch für § 670 BGB kein Raum. Bei der entgeltlichen Geschäftsbesorgung mag die **Übernahme des Risikos** schon mit der Gegenleistung abgegolten sein, so dass daneben ein Aufwendungsersatzanspruch bei einer Realisierung des Risikos ausscheidet. So trägt etwa beim gefälschten Überweisungsauftrag die Bank das **Fälschungsrisiko**, so dass sie ihrem Kunden und scheinbaren Auftraggeber nicht den Ersatz ihrer Aufwendungen in Rechnung stellen darf.[31] Soweit es um Aufwendungsersatz- und Freistellungsansprüche im **Arbeitsverhältnis** geht, ist zu beachten, dass der Große Senat des BAG die Haftungsbeschränkung der Arbeitnehmer nicht mehr von einer gefahrgeneigten Arbeit abhängig macht, sondern aus § 254 BGB herleitet,[32] womit letztlich der vom Arbeitgeber rechtlich zu tragende Risikobereich ausgedehnt wurde, der bei Realisierung des nicht abgegoltenen Risikos beim Arbeitnehmer den Arbeitgeber ersatzpflichtig macht. Der **Makler** hat nur im Erfolgsfall Anspruch auf Provision und kann daher Aufwendungen grundsätzlich nicht ersetzt verlangen; entsprechende Regelungen sind jedenfalls nicht durch AGB möglich.[33]

10

4. Problematik eingesetzter Arbeitskraft

Von dem **Grundsatz**, dass für den (unentgeltlich zu erledigenden) Auftrag über § 670 BGB **kein Ersatz** für die geleistete **Arbeit** bzw. die erbrachten Dienste verlangt werden kann, gibt es insoweit eine (scheinbare) **Ausnahme**, als derartige Leistungen dann Aufwendungen sein können, wenn sie **üblicherweise vergütet** werden **und** derartige Leistungen bei Vertragsschluss **nicht vorhersehbar** waren, etwa wenn ein Rechtsanwalt im Rahmen einer unentgeltlichen Vermögensverwaltung einen Prozess führen muss;[34] im Übrigen ist § 665 BGB zu beachten. Waren derartige Leistungen **vorhersehbar**, kann nach den §§ 612 Abs. 1, 631 Abs. 2, 675 BGB Dienstvertrag, Werkvertrag oder Geschäftsbesor-

11

---

[24] BGH v. 05.12.1983 - II ZR 252/82 - BGHZ 89, 153-161.
[25] BGH v. 13.12.2004 - II ZR 17/03 - NJW 2005, 981- 982.
[26] Vgl. BGH v. 13.12.2004 - II ZR 17/03 - juris Rn. 22; BAG v. 27.01.2000 - 8 AZR 876/98 - DB 2000, 1127-1128; noch offen gelassen von BGH v. 19.05.1969 - VII ZR 9/67 - BGHZ 52, 115-123.
[27] RG v. 07. 05. 1941 - VI 72/40 - RGZ 167, 85-92.
[28] Vgl. auch BGH v. 19.06.1952 - III ZR 295/51 - BGHZ 7, 30-53; OLG Tübingen v. 13.10.1949 - U 130/49 - MDR 1950, 160; *Beuthien* in: Soergel, § 670 Rn. 18; *Seiler* in: MünchKomm-BGB, § 683 Rn. 19, jeweils m.w.N.; a.A. *Canaris*, JZ 1963, 655-662, 661; krit. auch *Wollschläger*, Geschäftsführung ohne Auftrag, 1976, S. 284.
[29] Vgl. zum bisherigen Recht BGH v. 19.05.1969 - VII ZR 9/67 - juris Rn. 6 - BGHZ 52, 115-123.
[30] BGH v. 04.05.1993 - VI ZR 283/92 - juris Rn. 15 - LM BGB § 823 (C) Nr. 69 (9/1993).
[31] BGH v. 17.07.2001 - XI ZR 325/00 - juris Rn. 14 - LM BGB § 607 Nr. 180 (12/2001).
[32] BAG v. 27.09.1994 - GS 1/89 (A) - NJW 1995, 210-213.
[33] OLG Oldenburg v. 19.05.2005 - 8 U 10/05 - VuR 2005, 264-266.
[34] *Seiler* in: MünchKomm-BGB, § 670 Rn. 21.

gungsvertrag anzunehmen sein. Soweit § 670 BGB qua Verweisung gilt (vgl. § 27 Abs. 3 BGB), kann sich aus **Vertrag** oder **kraft Gesetzes** (vgl. § 1835 Abs. 3 BGB) ergeben, dass die Leistung zu vergüten ist.

5. Folgen eines fehlenden Aufwendungsersatzanspruchs

12 Hat der Beauftragte keinen Aufwendungsersatzanspruch, so muss er eventuell erhaltene Vorschüsse zurückzahlen. Führt eine unbefugt eingesetzte EC-Karte oder Kreditkarte zu einer Belastungsbuchung beim Karteninhaber, so hat die kontoführende Bank, weil es an der Grundlage für die Belastungsbuchung fehlt, gegen ihn keine Aufwendungsersatzanspruch, und der Karteninhaber kann daher die **Beseitigung dieser Belastungsbuchung** verlangen; diesen Anspruch kann der Karteninhaber auch im Wege der Leistungsklage geltend machen.[35]

6. Pflichtverletzung und Schadenersatz als Gegenrechte

13 Mangels wirksamer Beauftragung bzw. Weisung gegenüber dem Beauftragten erhält dieser zwar keinen Aufwendungsersatzanspruch, doch können sich bei der Verletzung von Neben- bzw. Schutzpflichten durch den Auftraggeber **Regressansprüche des Beauftragten** ergeben, die über eine Aufrechnung im praktischen Ergebnis den Auftraggeber doch wieder belasten.

7. Missbrauch von EC- und Kreditkarten und im Onlinebanking im Besonderen

14 Nach den seit dem 31.10.2009 geltenden neuen §§ 675l, 675v Abs. 1 BGB kann beim EC- bzw. Kreditkarten-Missbrauch der „Zahler" bei objektiver Pflichtverletzung gegenüber dem „Zahlungsdienstleister" **ohne Verschulden im Umfang von 150 € haften**.[36] Grobe Fahrlässigkeit des Karten-Nutzers kann sogar **volle Haftung** zur Folge haben[37], sofern der Karteninhaber den Zahlungsdienstleister nicht unverzüglich seit Kenntniserlangung von Verlust bzw. missbräuchlicher Verwendung informiert. Dies folgt heute aus § 675v Abs. 2, 3 BGB.[38] Entsprechendes gilt beim Missbrauch von PIN und TAN beim **Onlinebanking**.[39] Umgekehrt kann in der Verwendung eines bei anderen Banken nicht mehr eingesetzten **TAN**-Systems eine Sorgfaltspflichtverletzung der Bank zu sehen sein.[40]

15 Grob fahrlässig ist insoweit das Notieren der PIN auf der EC-Karte oder die gemeinsame Verwahrung von Karte und PIN; eine gemeinsame Verwahrung in diesem Sinne liegt nur dann vor, wenn ein Unbefugter EC-Karte und Geheimnummer in einem Zugriff erlangen kann und nicht nach dem Auffinden der einen Unterlage weiter nach der anderen suchen muss.[41] Der Verstoß gegen die einschlägigen AGB der Banken, wonach eine EC-Karte (auch ohne die heute nicht mehr gebräuchlichen Euro-Schecks) nicht unbeaufsichtigt in einem Kfz aufbewahrt werden darf, soll nach wie vor eine grob fahrlässige Pflichtverletzung sein.[42] Insbesondere bei gestohlenen Kreditkarten ist deren sofortige telefonische

---

[35] KG v. 29.11.2010 - 26 U 159/09 - WM 2011, 493-496 - juris Rn. 33.

[36] Vgl. die Kommentierung zu § 675v BGB; *Meckel*, jurisPR-BKR 2/2010, Anm. 1 Nr. 19; *Sprau* in: Palandt, § 675v; *Casper/Pfeifle*, WM 2009, 2343-2350.

[37] Vgl. BGH v. 17.10.2000 - XI ZR 42/00 - BGHZ 145, 337, 339, unter Hinweis auf Nr. A III 2,4 der Bedingungen der Sparkassen für die Verwendung der EC-Karte (Fassung 15.10.1997); zur groben Fahrlässigkeit bei Einschaltung Dritter bei defektem Geldautomat vgl. AG Frankfurt/M v. 20.02.2007 - 31 C 3049/06 - 10 - juris Rn. 16-18 - WM 2007, 1371-1372; zur Differenzierung zwischen leichter und grober Fahrlässigkeit nach den jeweiligen Bedingungen vgl. *Kümpel*, Bank- und Kapitalmarktrecht, 2. Aufl. 2000, Rn. 4.740 ff.; vgl. weiter die Kommentierung zu § 675v BGB.

[38] Vgl. die Kommentierung zu § 675v BGB; vgl. weiter *Meckel*, jurisPR-BKR 2/2010, Anm. 1 Nr. 19; *Sprau* in: Palandt, § 675v; *Casper/Pfeifle*, WM 2009, 2343-2350.

[39] Vgl. insoweit *Kind/Werner*, CR 2006, 353-360, die u.a. darauf hinweisen, dass es in den für Onlinebanking einschlägigen AGB keine Haftungsbeschränkung gibt.

[40] KG v. 29.11.2010 - 26 U 159/09 - WM 2011, 493-496.

[41] BGH v. 17.10.2000 - XI ZR 42/00 - BGHZ 145, 337-342, 341 f.: keine gemeinsame Verwahrung, wenn sich Karte und PIN an verschiedenen Stellen der Wohnung befinden und ein Unbefugter, der eine Unterlage gefunden hat, weiter suchen muss; keine grobe Fahrlässigkeit bei Verwahrung der Originalmitteilung der PIN in einer Plastiktüte verborgen unter Visitenkarten und sonstigen ungeordneten Unterlagen in unverschlossenem Schreibtisch; Überlassung der Hausschlüssel an Bekannte im Urlaub unschädlich; vgl. freilich auch OLG Frankfurt v. 15.07.2003 - 19 U 71/03 - NJW-RR 2004, 206-208: grobe Fahrlässigkeit trotz als Telefonnummer getarnter PIN im Notizbuch, das in einer Kolleg-Mappe mit der Karte auf einem Flughafen gestohlen wurde; vgl. zur getarnten PIN auch LG Duisburg v. 13.01.2006 - 7 S 176/05 - juris Rn. 25.

[42] OLG Düsseldorf v. 26.10.2007 - I-16 U 160/04 - juris Rn. 9 - MDR 2008, 95, 96.

Sperrung erforderlich; das OLG Frankfurt[43] hat es bereits als Verschulden[44] bewertet, dass eine EC- bzw. Kreditkarte erst 1½ Stunden nach dem Bemerken des Verlustes gesperrt wurde und der (im konkreten Fall geltenden) vertraglichen Haftungshöchstgrenze von 100 € beim Kreditkartenmissbrauch für den Verschuldensfall die Wirksamkeit versagt. Der BGH interpretiert **AGB** nutzerfreundlich; eine Klausel, wonach der Karteninhaber vor Anzeige des Kartenverlustes lediglich bis zu einem bestimmten Höchstbetrag haftet, gilt danach auch bei Verschulden des Karteninhabers[45]; und eine Klausel, die für Bargeldauszahlungen an Geldautomaten einen Höchstbetrag pro Tag vorsieht, wirkt auch zu Gunsten des Karteninhabers.[46] Eine Haftung setzt selbstverständlich Ursächlichkeit der Pflichtverletzung für den entstandenen Schaden voraus.[47] Zu **Beweisfragen**, insbesondere zum Beweis des ersten Anscheins, vgl. Rn. 21 f.

II. Erforderlichkeit

1. Grundsatz

Während § 669 BGB für die Vorschusspflicht auf die Erforderlichkeit der Aufwendungen abstellt, kommt es für den Aufwendungsersatzanspruch des § 670 BGB darauf an, dass der Beauftragte die Aufwendungen „**den Umständen nach für erforderlich halten darf**". Dieser „subjektiv-objektive Maßstab"[48] stellt einmal auf den **Beurteilungszeitpunkt ex ante** ab. Insoweit bedarf es einer Rekonstruktion der konkreten Entscheidungssituation.[49] Inhaltlich kommt es darauf an, was ein **sorgfältig** handelnder Beauftragter im Hinblick auf **Art und Umstände des Auftrags** für erforderlich halten durfte[50], wobei **Weisungen** des Auftraggebers und die Benachrichtigungspflicht des Beauftragten nach § 665 BGB grundsätzlich zu beachten sind. Das Risiko eines schuldlosen bzw. entschuldbaren Irrtums des Beauftragten über die Erforderlichkeit seiner Vermögensaufwendungen geht zu Lasten des Auftraggebers.[51] Auf das Merkmal der Erforderlichkeit von Auslagen, die etwa eine beauftragte Bank oder Sparkasse für Tätigkeiten im Interesse des Auftraggebers vornimmt, etwa für Ferngespräche, Porti oder die Bestellung kann daher durch die **AGB**-Banken bzw. AGB Sparkassen **nicht wirksam verzichtet** werden; es geht dabei nicht um eine Preisabrede, sondern um eine Regelung des Aufwendungsersatzes im Rahmen der Vorschriften über den Auftrag.[52]

16

2. Verbotene Geschäfte

Aufwendungen für **verbotene Geschäfte** oder der Einsatz von verbotenen Mitteln darf der Beauftragte nicht für erforderlich halten,[53] selbst wenn er diesbezügliche Weisungen erhält, etwa zu einem Verstoß gegen das bis zum 30.06.2008 geltende Rechtsberatungsgesetz.[54] **Schmiergelder** sind nicht erstattungsfähig.[55] Für Bestechungsgelder in einem Land, in dem staatliche Aufträge angeblich nur durch Bestechung der zuständigen Staatsorgane zu erlangen sind, hat der BGH 1985 eine Ausnahme von die-

17

---

[43] OLG Frankfurt v. 15.07.2003 - 19 U 71/03 - juris Rn. 12, 22 - NJW-RR 2004, 206-208; vgl. auch *Taupitz*, NJW 1996, 217, 219, zur Frage vertraglicher Beschränkung der Verschuldenshaftung des Kreditkarteninhabers.
[44] Nach den einschlägigen AGB ist das Unterlassen umgehender Meldung des Verlustes grobe Fahrlässigkeit; so OLG Düsseldorf v. 26.10.2007 - I-16 U 160/04 - juris Rn. 14 - MDR 2008, 95, 96.
[45] BGH v. 29.11.2011 - XI ZR 370/10 - juris Rn. 23 ff. - ZIP 2012, 217; anders noch OLG Frankfurt v. 15.07.2003 - 19 U 71/03 - juris Rn. 12, 22 - NJW-RR 2004, 206-208.
[46] BGH v. 29.11.2011 - XI ZR 370/10 - ZIP 2012, 217 - juris Rn. 27 f.
[47] OLG Düsseldorf v. 26.10.2007 - I-16 U 160/04 - juris Rn. 33 - MDR 2008, 95, 96.
[48] *Seiler* in: MünchKomm-BGB, § 670 Rn. 9; *Ehmann* in: Erman, § 670 Rn. 6.
[49] *Martinek* in: Staudinger, § 670 Rn. 16.
[50] Zu Einwendungen, die bei der Bürgschaft auf erstes Anfordern geltend zu machen sein können, vgl. OLG Düsseldorf v. 19.01.2005 - 15 U 35/04 - ZMR 2005, 784-787.
[51] OLG Sachsen-Anhalt v. 02.02.2007 - 10 U 36/06 (Hs) - juris Rn. 49; *Martinek* in: Staudinger § 670 Rn. 49.
[52] BGH v. 08.05.2012 - XI ZR 61/11 - Mitteilung der Pressestelle des BGH Nr. 060/2012 v. 08.05.2012.
[53] BGH v. 30.04.1992 - III ZR 151/91 - juris Rn. 30 - BGHZ 118, 142-150; BGH v. 25.06.1962 - VII ZR 120/61 - juris Rn. 32 - BGHZ 37, 258-264; BGH v. 17.02.2000 - IX ZR 50/98 - juris Rn. 28 - LM BGB § 134 Nr. 168 (6/2000) betr. Verstoß eines Steuerberaters gegen das frühere *Rechtsberatungsgesetz*.
[54] Zu Aufwendungen bei rechtswidriger Tätigkeit in Asylsachen für Rechtsanwaltskosten vgl. AG Mönchengladbach v. 21.11.2002 - 5 C 229/02 - NJW-RR 2003, 1643-1644.
[55] BGH v. 09.11.1964 - VII ZR 103/63 - AP Nr. 16 zu § 670 BGB.

§ 670

sem Grundsatz erwogen;[56] Erwägungen in eine solche Richtung sind freilich heute indiskutabel[57]. Wer **weisungswidrig** handelt, kann jedenfalls hinsichtlich der diesbezüglichen Aufwendungen keine Ansprüche aus § 670 BGB geltend machen. LKW-Fahrer, die gegen Straßenverkehrsvorschriften verstoßen, können keinen Ausgleich für eventuelle **Geldbußen** verlangen.[58] Entsprechendes gilt für Vorstandsmitgliedern persönlich auferlegte Bußgelder wegen Kartellverstößen.[59]

3. Einzelfälle

18 Einzelfälle zu § 670 BGB: Die Erfüllung einer Bürgschaft nach **Verjährung** der verbürgten Schuld ist i.d.R. keine erforderliche Aufwendung des Bürgen.[60] Kosten für eine vorprozessuale **Abmahnung,** vor allem wegen Verstößen gegen Wettbewerbs- oder Urheberrecht, konnten erforderlich i.S. der §§ 683, 670 BGB sein[61]; heute greift insoweit speziell § 12 Abs. 1 Satz 2 UWG bzw. § 97a Abs. 1 Satz 2 UrhG[62] ein; vgl. im Übrigen näher Rn. 26. Der **staatliche Verwalter** eines Grundstücks in der **früheren DDR** durfte Rechtsgeschäfte abschließen, die zur Erhaltung und Bewirtschaftung des Vermögenswerts erforderlich waren;[63] dabei sollte kein zu enger Maßstab gelten, sondern ein „Gebot wirtschaftlicher Denkungsart" maßgebend sein[64]. Wird einer Bank Auftrag zur Erteilung einer Bürgschaft gegeben und erteilt sie eine **Bürgschaft auf erstes Anfordern**, so geht dies im Verhältnis zum Auftraggeber zu ihren Lasten.[65]

III. Zweck

19 Die Aufwendungen müssen **zum Zwecke** der Ausführung des Auftrags vorgenommen worden sein. Dass dabei zugleich die eigene Pflicht aus dem Auftrag erfüllt wird, schadet selbstverständlich nicht. Soweit der Beauftragte noch weitere Zwecke verfolgt, kommt es darauf an, ob diese die Durchführung des Auftrags **beeinträchtigen** bzw. die erforderlichen Aufwendungen **erhöhen**. Schäden, die sich aus der Verknüpfung mit einem eigenen Geschäft des Beauftragten ergeben, braucht der Auftraggeber nicht zu ersetzen.[66] Versucht beispielsweise eine Bank, Forderungen gegen ihren Kunden im Wege der Lastschrift über Konten des Kunden bei einer anderen Bank einzuziehen und gibt diese Bank die Lastschrift zurück, so hat die erste Bank, wenn sie keine Einzugsermächtigung vom Kunden erhalten hatte, gegenüber diesem keinen Anspruch aus § 670 BGB auf Ersatz ihrer für die **Rücklastschrift** entstandenen **Kosten**[67]; vgl. auch Rn. 26. Stellen sich die Aufwendungen von vornherein im Hinblick auf den konkreten Auftrag als nutzlos oder entbehrlich dar, besteht überhaupt kein Anspruch. Bei wegen zusätzlicher Zwecke erhöhten Aufwendungen sind diese nur **anteilig** zu erstatten.[68]

D. Rechtsfolgen

20 Der Aufwendungsersatzanspruch entsteht von vornherein nur, soweit die Aufwendungen nicht qua Vorschuss abgedeckt sind. Die Pflicht zur Verzinsung der Aufwendungen nach § 256 BGB beginnt mit deren Entstehung. Zugleich tritt **Fälligkeit** des Anspruchs aus § 670 BGB ein;[69] aus dem Vertrag oder Treu und Glauben kann sich ergeben, dass der Anspruch erst bei Beendigung des Auftrags geltend ge-

---

[56] BGH v. 08.05.1985 - IVa ZR 138/83 - juris Rn. 23 - BGHZ 94, 268-275.
[57] Krit., vor allem auch zur steuerlichen Behandlung von derartigen Bestechungsgeldern, *Fikentscher/Waibl*, IPRax 1987, 86-90, 86.
[58] Vgl. BAG v. 25.01.2001 - 8 AZR 465/00 - NJW 2001, 1962-1964.
[59] Vgl. *Zimmermann*, DB 2008, 687-691.
[60] BGH v. 19.09.1985 - IX ZR 16/85 - juris Rn. 40 - BGHZ 95, 375-392.
[61] BGH v. 15.10.1969 - I ZR 3/68 - juris Rn. 13 - BGHZ 52, 393-400; zu der außerhalb des Wettbewerbsrechts nach wie vor bestehenden Problematik vgl. näher *Bornkamm* in: Hefermehl/Köhler/Bornkamm, UWG, 26. Aufl. 2008, UWG § 12 Rn. 1.90 f.
[62] Zur eventuellen Begrenzung der Höhe des Aufwendungsersatzanspruchs vgl. § 97a Abs. 2 UrhG.
[63] BGH v. 30.07.1997 - III ZR 157/96 - juris Rn. 3 - WM 1997, 1854-1855.
[64] BGH v. 06.04.2000 - III ZR 263/98 - juris Rn. 14 - NJ 2000, 321.
[65] BGH v. 10.02.2000 - IX ZR 397/98 - BGHZ 143, 381-388.
[66] BGH v. 30.05.1960 - II ZR 113/58 - NJW 1960, 1568-1569.
[67] BGH v. 09.04.2002 - XI ZR 245/01 - juris Rn. 20 - BGHZ 150, 269-277 eine entsprechende Klausel in AGB ist unwirksam.
[68] Ebenso *Ehmann* in: Erman, § 670 Rn. 10.
[69] Vgl. auch *Martinek* in: Staudinger, § 670 Rn. 35, der auf Ausführung oder Beendigung des Auftragsverhältnisses abstellt.

macht werden kann. Dabei wird der Auftraggeber häufig bis zur erfolgten **Rechenschaftslegung** nach § 666 BGB ein **Zurückbehaltungsrecht** nach § 273 BGB haben, weil und soweit die Rechenschaft für die Feststellung des Umfangs des Aufwendungsersatzanspruchs nötig ist. Umgekehrt hat der Beauftragte im Zweifel ein Zurückbehaltungsrecht nach § 273 BGB hinsichtlich des durch den Auftrag Erlangten bis zur Befriedigung seiner Ansprüche aus § 670 BGB, soweit nicht Treu und Glauben, eine vertragliche Abrede oder das Gesetz (vgl. § 369 Abs. 3 HGB) entgegenstehen. Der Beauftragte kann bei Gegenseitigkeit der Ansprüche grundsätzlich mit dem Anspruch gegen Forderungen des Auftraggebers aus § 667 BGB **aufrechnen**, soweit dies nicht vertraglich oder nach Treu und Glauben ausgeschlossen ist, weil der Auftraggeber etwa sofortige Herausgabe des Erlangten fordern kann.[70] Umgekehrt kann grundsätzlich auch der Auftraggeber gegen den Aufwendungsersatzanspruch aufrechnen. Im Übrigen ist der Anspruch aus § 670 BGB **abtretbar**, verpfändbar und pfändbar, wobei der Auftraggeber seine Aufrechnungsmöglichkeit behält (vgl. § 406 BGB). Hinsichtlich eines mit einem **Freistellungsanspruch** verbundenen Aufwendungsersatzanspruchs greift § 257 BGB ein; insoweit können sich besondere verjährungsrechtliche Probleme ergeben.[71]

E. Prozessuale Hinweise

Die **Beweislast** für Auftrag, Aufwendungen und Erforderlichkeit trägt der Beauftragte.[72] Entsprechendes gilt für den Nachweis der Authentifizierung nach dem seit dem 31.10.2009 geltenden § 675w BGB.[73] In diesem Sinne trägt das Kreditkartenunternehmen die Beweislast für die Echtheit der Unterschrift auf dem Belastungsbeleg.[74] Der Beauftragte ist überdies rechnungslegungspflichtig nach § 666 BGB. Behauptet der Auftraggeber, es sei ein Festpreis für den Auslagenersatz vereinbart, ist er hierfür beweispflichtig.[75] Ist eine EC-Karte nicht abhandengekommen und hat der Inhaber vor und sogar noch nach angeblichen Missbrauchsversuchen selbst mit der Karte am Automaten Geld abgehoben, spricht der Anscheinsbeweis für Abhebung durch den Inhaber oder eine durch ihn autorisierte Person.[76] Wird eine Karte einem Dritten mit PIN zur Barabhebung überlassen, kommt Anscheinsvollmacht in Betracht.[77]

Die Bank, die das Konto ihres Kunden mit dem am **Geldautomaten** ausgezahlten Betrag belastet, muss beweisen, dass der Kunde, also der Karteninhaber, tätig war; bestreitet der Kunde dies, muss die Bank meist von missbräuchlicher Verwendung ausgehen. Von beträchtlicher Bedeutung ist insoweit die Frage, ob den Inhaber einer missbräuchlich verwendeten **EC-Karte** ein Verschulden trifft, das ihn gegenüber der Bank ersatzpflichtig werden lässt, so dass er für einen missbräuchlichen Gebrauch haftet. Insoweit vertrat der **BGH**[78] mit der wohl bisher schon h.M. der Instanzgerichte jedenfalls für die ab 1998 mit einer Breite von 128 BIT verschlüsselten PIN die Auffassung, es sei mathematisch ausgeschlossen, die PIN einzelner Karten aus den auf den Karten vorhandenen Daten ohne Institutsschlüssel zu errechnen. Daher spreche der **Beweis des ersten Anscheins** bei missbräuchlicher Abhebung von Bargeld dafür, dass der Karteninhaber die PIN auf der EC-Karte notiert oder gemeinsam mit dieser ver-

---

[70] Vgl. *Ehmann* in: Erman, § 670 Rn. 37.
[71] BGH v. 12.11.2009 - III ZR 113/09 - juris Rn. 11 ff. - WM 2010, 72-72 weist darauf hin, dass der sofortige Beginn des Laufes der heute geltenden 3-jährigen Verjährungsfrist für den Freistellungsanspruch aus § 257 BGB bei einem erst später fällig werdenden Aufwendungsersatzanspruch aus § 670 BGB zu Unzuträglichkeiten und Wertungswidersprüchen führen kann, und erwägt deshalb, für den Beginn der Verjährungsfrist für den Freistellungsanspruch auf die Fälligkeit der Forderung abzustellen; im konkreten Fall kam es wegen spezieller Regelung im Vertrag nicht darauf an. OLG Karlsruhe v. 30.06.2009 - 17 U 401/08 - juris Rn. 25 ff. m.w.N. - WM 2009, 2076-2080 stellt in diesem Sinne auf die Fälligkeit der Verbindlichkeit ab.
[72] BGH v. 03.02.1988 - IVa ZR 196/86 - juris Rn. 11 - NJW-RR 1988, 1264-1265.
[73] *Casper/Pfeifle*, WM 2009, 2343-2350.
[74] BGH v. 17.05.1984 - II ZR 280/83.
[75] BGH v. 10.07.1969 - VII ZR 87/67 - LM Nr. 6 zu § 632 BGB.
[76] AG Frankfurt v. 13.04.2006 - 32 C 3051/05 - WM 2006, 1625-1627.
[77] Vgl. *Koch*, WuB I D 5 a Kreditkarte 2.06.
[78] BGH v. 05.10.2004 - XI ZR 210/03 - BGHZ 160, 308 = NJW 2004, 3623-3626; in der Judikatur wird das Urteil nach wie vor als nach derzeitigem Stand der Technik zutreffend angesehen; so OLG Frankfurt v. 30.03.2006 - 16 U 70/05 - NJW-RR 2007, 198-199; OLG Frankfurt v. 30.01.2008 - 23 U 38/05 - WM 2008, 534-537; OLG Karlsruhe v. 06.05.2008 - 17 U 170/07 - WM 2008, 1449-1451; OLG Frankfurt v. 17.06.2009 - 23 U 22/06 - WM 2009, 1602-1606; vgl. freilich insbesondere die Kritik von *Hofmann*, WM 2005, 441-450 und *Strube*, BKR 2004, 497-502; allgemein hierzu *Willershausen*, jurisPR-BKR 4/2008, Anm. 4.

§ 670

wahrt und insoweit grob fahrlässig gehandelt habe; dieser Beweis des ersten Anscheins greife aber nur, wenn andere Ursachen für den Missbrauch nach der Lebenserfahrung ausscheiden; mögliches Ausspähen durch einen unbekannten Dritten komme insoweit nur dann in Betracht, wenn die EC-Karte in einem näheren zeitlichen Zusammenhang mit der Eingabe der PIN durch den Karteninhaber an einem Geldautomaten oder einem POS-Terminal entwendet worden sei; die bloße Behauptung einer möglichen „Innentäterattacke" genüge nicht. Da der Karteninhaber verpflichtet ist, einen Verlust unverzüglich zu melden, entgehen im Ergebnis beim Einsatz der Originalkarte dem Beweis des ersten Anscheins für ein Verschulden in der Regel wohl nur Missbräuche im unmittelbaren zeitlichen Zusammenhang mit dem Kartendiebstahl oder beim Missbrauch mit einer Karte, die der Kontoinhaber noch gar nicht erhalten hat.[79]

23 Gleichwohl hält es der BGH für denkbar, dass der Beweis des ersten Anscheins durch einen Nachweis einer kurz vor dem Missbrauch erfolgten Ausspähung der PIN **erschüttert** sein könnte; es könne in einem solchen Fall Anlass bestehen, das Sicherheitssystem der Bank erneut zu überprüfen.[80] Wie der BGH zuletzt betont hat, gilt der Anscheinsbeweis nur unter der Voraussetzung, dass die **Originalkarte** verwendet wurde; beim Einsatz einer Doublette greift die Beweiserleichterung zu Gunsten der Bank nicht ein, und im Streitfall trifft die **Bank die Beweislast** für die Verwendung der Originalkarte.[81] Angesichts gleichwohl bestehender Möglichkeiten eines Missbrauchs durch Ausspähen der Geheimzahl seitens unbefugter Dritter und eines offenbar mit krimineller Energie betriebenen Missbrauch auch mittels der Originalkarte bestehen **Zweifel**, ob es nicht doch an einer hinreichenden Grundlage für den Anscheinsbeweis fehlt.[82] Wegen § 675w Satz 3 BGB, der inhaltlich Art. 59 RL 2007/64/EG entspricht, kann man Zweifel haben, ob der Beweis des ersten Anscheins künftig noch gerechtfertigt ist.[83]

24 Bei **Bargeldabhebung** am Schalter unter Vorlage von Karte und Personalausweis ist die Bank für die Pflichtverletzung des Karteninhabers beweispflichtig.[84] Die Beweislast für die Funktionsfähigkeit eines **Geldautomaten** trägt die Bank.[85] Die Beurteilung des Missbrauchs beim **Onlinebanking**[86] und der **Kreditkartennutzung**, insbesondere beim Telefon- und Mailorderverfahren[87], muss die Besonderheiten dieser Geschäftsformen berücksichtigen. Der Anscheinsbeweis, dass die Veranlassung der abgerechneten Umsätze durch den Karteninhaber erfolgt ist, greift nicht, wenn ein möglicher Missbrauch allein unter Verwendung der Kartennummer in Frage steht; der **Kartennummer** kommt auch nicht die gleiche Bedeutung wie die PIN zu.[88]

25 Die Geltendmachung von zedierten Ansprüchen durch einen **Verbraucherschutzverband** hat das OLG Frankfurt zugelassen.[89] Seit dem 31.10.2009 gilt generell für **Zahlungsdienste** die eingehende Regelung der **§§ 675c-676c BGB**.

F. Anwendungsfelder

26 Vgl. zunächst Rn. 3 und Rn. 4 sowie die Kommentierung zu § 662 BGB Rn. 13. Soweit durch **öffentlich-rechtliche** Vorschriften Aufwendungen oder Schäden Privater entstehen, greift § 670 BGB grundsätzlich **nicht** ein. Ggf. kommen öffentlich-rechtliche Entschädigungsregelungen (Polizeige-

---

[79] BVerfG v. 08.12.2009 - 1 BvR 2733/06 - NJW 2010, 1129, betreffend Verfassungsbeschwerde wegen Verweigerung der Prozesskostenhilfe.
[80] BGH. v. 06.07.2010 - XI ZR 224/09 - WM 2011, 924-925 (ein angetretener Beweis war übergangen worden); ablehnend *Meder* in: WuB I D 5 a Kreditkarte 1.11.; die mögliche Überprüfung des Sicherheitssystems hatte auch bereits BGH v. 14.11.2006 - XI ZR 294 - juris Rn. 31 - BGHZ 170, 18, angesprochen.
[81] BGH v. 29.11.2011 - XI ZR 370/10 - juris Rn. 16 - ZIP 2012, 217, unter Bezugnahme auf BGH v. 05.10.2004 - XI ZR 210/03 - BGHZ 160, 308, 314 ff.
[82] Eingehend hierzu *Schulte am Hülse/Welchering*, NJW 2012, 1262-1266.
[83] AG Berlin-Mitte v. 25.11.2009 - 21 C 442/08 - NJW-RR 2010, 407-410; *Fornasier* in: EWiR § 280 BGB 2/12, 171, 172, unter Bezugnahme auf *Franck/Massari*, WM 2009, 1117, 1127; *Scheibengruber*, BKR 2010, 15, 21; für Richtlinienkonformität der Judikatur aber *Maihold* in: Schimansky/Bunte/Lwowski, Bankrechts-Handbuch, 4. Aufl. 2011, § 54 Rn. 109 ff. m.N.; AG Frankfurt v. 10.11.2010 - 29 C 1461/10 - 85 - WM 2011, 496-497.
[84] LG Bonn v. 23.08.2005 - 3 O 126/05 - ZIP 2005, 2308-2311; kritisch dazu *Beesch/Meder*, EWiR 2006, 487-488.
[85] LG Stuttgart v. 07.10.2008 - 13 S 189/08 - MRD 2008, 1407.
[86] Vgl. hierzu eingehend *Erfurth*, WM 2006, 2198-2207.
[87] Hierzu *Hadding*, DRiZ 2006, 355-360; *Mühl/Zwade*, WM 2006, 1225-1233.
[88] OLG Celle v. 10.06.2009 - 3 U 2/09 - VuR 2009, 470-471; vgl. zur Beweislastverteilung bei Kreditkarten auch *Willershausen*, jurisPR-BKR 12/2009, Anm. 4.
[89] OLG Frankfurt v. 30.01.2008 - 23 U 38/05 - WM 2008, 534-537.

setze, Amtshaftung, allgemeiner Aufopferungsanspruch) in Betracht. Zu sozialrechtlichen Ansprüchen bei freiwilliger Hilfeleistung vgl. Rn. 4. Ein staatlicher Aufwendungsersatzanspruch nach erfolgter Befreiung **entführter Deutscher** im Ausland wird in der Literatur[90] mit negativem Ergebnis diskutiert.

Sondervorschriften gelten etwa für **Rechtsanwälte**, Handelsvertreter und Kommissionäre (§§ 46 RVG, §§ 87d, 396 Abs. 2 HGB). Die früher umstrittene Frage, ob ein Rechtsanwalt Aufwendungsersatzansprüche, insbesondere wegen verauslagter Gerichtskostenvorschüsse, im Verfahren nach dem seinerzeitigen § 19 BRAGO (heute § 55 RVG) geltend machen konnte, hat der BGH[91] dahingehend entschieden, dass die genannte Vorschrift als Ausnahmevorschrift eng auszulegen sei, dass der Anwalt insoweit mithin auf eine Klage nach § 670 BGB angewiesen ist. Der amtlich bestellte Vertreter eines Anwalts konnte seine Aufwendungen für einen bei ihm angestellten Anwalt nicht nach § 53 Abs. 9 BRAO in Verbindung mit § 670 BGB, sondern nur nach § 53 Abs. 10 BRAO abrechnen[92]; vgl. insoweit heute § 5 RVG. Umsatzsteuer fällt nicht an, soweit der Mandant Schuldner gerichtlicher Kosten ist.[93]   **27**

Für Aufwendungen eines **Wohnungseigentümers** aus GoA haftet heute die teilrechtsfähige Wohnungseigentümergemeinschaft.[94]   **28**

Soweit vor der Neufassung des UWG Aufwendungsersatzansprüche wegen Kosten einer **Abmahnung** auf § 670 BGB i.V. mit den Grundsätzen der GoA gestützt wurden, ist dies insofern weitgehend **überholt**, als nunmehr § 12 Abs. 1 Satz 2 UWG bei erforderlichen[95] Aufwendungen für eine berechtigte Abmahnung ausdrücklich einen Aufwendungsersatzanspruch gewährt. Für Abmahnungen, die nach Erlass einer (zunächst nicht zugestellten) sog. **Schubladenverfügung** erfolgen, besteht kein Aufwendungsersatzanspruch[96], ebenso wenig für eine zweite Abmahnung.[97] Bei ungerechtfertigter Abmahnung können aber die Kosten einer Gegenabmahnung ggf. über § 678 BGB verlangt werden.[98] Für **Abmahnschreiben und Abschlussschreiben** außerhalb des Bereichs des Wettbewerbsrechts hat der BGH bei grundsätzlicher Bejahung eines Kostenerstattungsanspruchs darauf hingewiesen, Kosten für die Einschaltung eines Anwalts bzw. für eine Selbstbeauftragung seien wie im Bereich des Wettbewerbsrechts insbesondere bei einfach gelagerten Schadensfällen nur unter besonderen Voraussetzungen zu erstatten; die Ersatzpflicht wurde in den konkreten Fällen verneint[99]. Für eine Abmahnung bei Namensanmaßung durch Domain-Registrierung wurde eine Erstattungspflicht bejaht[100], für eine Abmahnung bei Urheberrechtsverletzung wurde eine solche im Einzelfall mangels Wiederholungsgefahr verneint[101].   **29**

Bei **Urheberrechtsverletzung** folgt der Anspruch seit dem 01.09.2008 aus § 97a Abs. 1 Satz 2 UrhG.[102] Angesichts des Missstands, dass letztlich geringfügige und häufig unbeabsichtigte Urheberrechtsverletzungen, etwa bei der Einrichtung einer Homepage, zur Generierung hoher Anwaltsgebühren genutzt wurden[103], ist seit dem 01.09.2008 außerhalb des geschäftlichen Verkehrs ein Anspruch des   **30**

---

[90] *Göres*, NJW 2004, 1909; *Dahm*, NVwZ 2005, 172.
[91] BGH v. 16.07.2003 - XII ZB 193/02 - NJW 2003, 2834.
[92] OLG München v. 21.06.2006 - 27 U 438/05 - BRAK-Mitt. 2007, 91, 92.
[93] Vgl. *Schneider*, DStR 2008, 759-761.
[94] OLG Hamm v. 08.10.2007 - 15 W 385/06 - ZMR 2008, 228-231; OLG München v. 15.01.2008 - 32 Wx 129/07 - NZM 2008, 215-216; zu Besonderheiten bei zweigliedriger Gemeinschaft OLG Karlsruhe v. 20.07.2006 - 11 Wx 154/05 - ZMR 2007, 138-139.
[95] Nach BGH v. 08.05.2008 - I ZR 83/06 - WRP 2008, 1188-1189 darf auch ein Unternehmen mit eigener Rechtsabteilung einen Anwalt beauftragen.
[96] BGH v. 07.10.2009 - I ZR 216/07 - juris Rn. 8 ff., 13 ff.; zur missbräuchlichen Mehrfachabmahnung vgl. BGH v. 17.01.2002 - I ZR 241/99 - BGHZ 149, 371-380.
[97] BGH v. 21.01.2010 - I ZR 47/09 - BB 2010, 449 (nur LS)-
[98] OLG München v. 08.01.2008 - 29 W 2738/07 - WRP 2008, 1384-1387; zur Bedeutung für Vielfachabmahner *Hess*, jurisPR-WettbR 11/2008, Anm. 5.
[99] BGH v. 12.12.2006 - VI ZR 175/05 - WM 2007, 752-753 für Abmahnung auf der Grundlage der §§ 670, 683 Satz 1 BGB sowie § 823 Abs. 1 BGB; BGH v. 12.12.2006 - VI ZR 188/05 - juris Rn. 11 ff. - WM 2007, 753-755 für Abschlussschreiben auf der Grundlage von § 823 Abs. 1 BGB; ähnlich für Abschlussschreiben auch OLG Stuttgart v. 22.02.2007 - 2 U 173/06 - WRP 2007, 688 auf der Grundlage der §§ 670, 683 Satz 1 BGB.
[100] LG Düsseldorf v. 16.11.2005 - 2a O 210/05 - NJW-RR 2006, 1149.
[101] LG Flensburg v. 24.04.2007 - 7 S 89/06 - JurBüro 2008, 54.
[102] Noch zur vorherigen Rechtslage Anspruch bejaht von BGH v. 17.07.2008 - I ZR 219/05 - juris Rn. 34 - WRP 2008, 1449-1454.
[103] Vgl. etwa OLG Köln v. 23.12.2009 - 6 U 101/09 - K&R 2010, 131-133: 2.380 €.

§ 670

Verletzten auf Kostenerstattung von Anwaltsgebühren für eine erstmalige Abmahnung bei einfachen Fällen auf **höchstens 100 €** beschränkt (§ 97a Abs. 2 UrhG)[104]; Voraussetzung ist freilich auch hier die Erforderlichkeit einer solchen Abmahnung. Umgekehrt bleiben daneben eventuelle Ansprüche aus Schadensersatz wegen Urheberrechtsverletzung bestehen.[105] Kosten für anwaltliche Gegenvorstellungen bleiben aber weitgehend ersatzlos.[106]

31 Der BGH bejaht die Haftung eines **Internetanschlussinhabers** als Störer für den Fall, dass ein ungesicherter WLAN-Anschluss durch **außenstehende Dritte** unbefugt benutzt wird.[107] Nach einem Urteil des LG Köln[108], das insoweit einen Anspruch auf Ersatz der Abmahnkosten nach den §§ 683 Satz 1, 667 BGB wegen Internetnutzung durch den **volljährigen Sohn** des Anschlussinhabers bejaht hatte, war vom OLG Köln eine Anhörungsrüge im Hinblick auf eine Zulassung der Revision zurückgewiesen worden.[109] Der hiergegen erhobenen Verfassungsbeschwerde gab das **BVerfG** statt[110]; es stellte fest, der Umfang der Prüfungspflichten des Anschlussinhabers, insbesondere auch zur hier vorliegenden Konstellation des Anschlussinhabers sei vom BGH[111] noch nicht umfassend geklärt, so dass der Zugang zur Revision verfassungswidrig versperrt worden sei.

32 Im **Lastschriften**verkehr steht der Schuldnerbank erst nach Genehmigung der Lastschrift durch den Schuldner ein Aufwendungsersatzanspruch gegen den Schuldner zu.[112] Die Möglichkeit zum **Widerspruch** des vorläufigen Insolvenzverwalters gegen Belastungsbuchungen im **Einzugsermächtigungslastschriftverfahren** wurde vom **BGH** durch mehrere Urteile vom 20.07.2010 wesentlich **eingeschränkt**. Der 11. Zivilsenat eröffnet einer (schon vor Eintritt der Genehmigungsfiktion nach den AGB möglichen) **konkludenten Genehmigung** (vgl. § 684 Satz 2 BGB) seitens des Schuldners breiten Raum. Eine solche soll im unternehmerischen Geschäftsverkehr bei regelmäßig wiederkehrenden Zahlungen unter der Voraussetzung einer einmal erfolgten Genehmigung einer früheren Belastung bei Kenntnis weiterer Belastungen mangels Widerspruchs binnen angemessener Zeit in Betracht kommen.[113] Eine konkludente Genehmigung kann auch in Maßnahmen der Liquiditätsbeschaffung für vorausgegangene Abbuchungen zu sehen sein.[114] Nach Auffassung des 9. Zivilsenats hat der Insolvenzverwalter nicht das Recht, die Genehmigung zu versagen, wenn die Lastschrift unter Verwendung des unpfändbaren Schuldnervermögens eingelöst wurde, und der Insolvenzverwalter habe dies zu prüfen.[115]

33 Überdies hat der 11. Zivilsenat festgestellt, dass Zahlungen mittels des im **November 2009** neu eingeführten **SEPA-Lastschriftverfahrens insolvenzfest** sind, so dass ein Widerspruch des Insolvenzverwalters dann ausscheidet; das seit 31.10.2009 geltende neue Zahlungsdiensterecht (§§ 675c-676c BGB) führe dazu, dass der Schuldner mit der durch den Zahlungsempfänger als Erklärungsboten über die Gläubigerbank an die Schuldnerbank erteilten Einzugsermächtigung zugleich gemäß § 675f Abs. 3 Satz 2 BGB der Belastung seines Kontos zustimmt.[116] Das Recht des Zahlers, binnen 8 Wochen ab Belastungsbuchung von seiner Bank nach § 675x Abs. 1, 2, 4 BGB Erstattung verlangen zu können, än-

---

[104] Eingehend hierzu *Hoeren*, CR 2009, 378-381, der u.a. die Auffassung vertritt, dass das Anbieten von Werken im Rahmen einer P2P-Tauschbörse stets außerhalb des geschäftlichen Verkehrs erfolge und bei erstmaliger Verletzung im Sinne der Vorschrift unerheblich sei; generell kritisch zur Neuregelung *Ewert/von Hartz*, MMR 2009, 84-90.
[105] Vgl. Brandenburgisches OLG v. 03.02.2009 - 6 U 58/08 - juris Rn. 34 ff. - ZUM 2009, 412-414.
[106] BGH v. 06.12.2007 - I ZB 16/07 - NJW 2008, 2041-2041; dazu *Hess*, jurisPR-WettbR 6/2008, Anm. 5.
[107] BGH v. 12.05.2010 - I ZR 121/08 - BGHZ 185, 330-341; BGH v. 17.12.2010 - V ZR 44/10 - NJW 2011, 753-755: Einschränkung für Betreiber einer Internet-Plattform.
[108] LG Köln v. 24.11.2010 - 28 O 202/10 - ZUM-RD 2011, 111-115.
[109] OLG Köln v. 22.07.2011 - 6 U 208/10.
[110] BVerfG v. 21.03.2012 - 1 BvR 2365/11.
[111] BGHZ 185, 330-341.
[112] BGH v. 06.06.2000 - XI ZR 258/99 - juris Rn. 22 - BGHZ 144, 349-356.
[113] BGH v. 20.07.2010 - XI ZR 236/07 - juris Rn. 43 f., 48 - NJW 2010, 3510-3517; vgl. weiter die nachfolgenden Entscheidungen des 11. Zivilsenats: XI ZR 562/07, 373/08 und 171/09 sowie OLG München v. 20.12.2010 - 19 U 2126/09 - ZIP 2011, 43-47; zum Rückabwicklungsanspruch der Zahlstelle nach Widerspruch vgl. *Schnauder*, WM 2011, 1685-1689.
[114] BGH v. 23.11.2010 - XI ZR 370/08 - EWiR § 21 InsO 1/11, 119 - Ringstmeier.
[115] BGH v. 20.07.2010 - IX ZR 37/09 - juris Rn. 13, 18, 23 - NJW 2010, 3517-3520.
[116] BGH v. 20.07.2010 - XI ZR 236/07 - juris Rn. 15-18 - BGHZ 186, 269-295; zur Interpretation des Verhaltens des Schuldners im Sinne des objektiven Erklärungswertes der konkludenten Genehmigung vgl. zuletzt BGH v. 01.03.2011 - XI ZR 320/09 - juris Rn. 14 - WM 2011, 743-745.

dere daran nichts, weil darin kein Widerruf, sondern ein eigenständiges Gegenrecht liege, das nicht in die Insolvenzmasse falle.[117] Nach der **derzeitigen Ausgestaltung** der Sonderbedingungen für die Einzugsermächtigungslastschrift fehle es allerdings an der Vorabautorisierung; doch sei eine Parteivereinbarung, wonach der Schuldner mit der Einzugsermächtigung zugleich der Zahlstelle den Zahlungsauftrag erteilt, nach § 675j Abs. 1 BGB zulässig und auch durch AGB regelbar.[118] Macht die Bank nach Einlösung der Lastschrift einen **Bereicherungsanspruch** gegen den Gläubiger der Lastschrift mangels endgültig nicht erteilter Genehmigung durch den Schuldner geltend, so muss die Bank die fehlende Genehmigung beweisen.[119]

Rücklastschriften der ersten Inkassostelle gegenüber dem Einreicher einer Lastschrift nach Widerspruch rechtfertigen sich als Aufwendungsersatzanspruch[120]; doch sind pauschale Vergütungsklauseln für die Bearbeitung von Rücklastschriften mangels Deckung unzulässig.[121] Zu Regressansprüchen des **Kautionsversicherers** bei Insolvenz vgl. die Kommentierung zu § 675 BGB Rn. 44. 34

Ob **Vorstellungskosten** vom künftigen Arbeitgeber zu tragen sind, hängt weitgehend von den Umständen ab.[122] Vereinbarungen mit einem Arbeitgeber über die **Erstattung von Fahrtkosten** führen bei nachträglich eingeführter **Steuerpflicht** für diese Leistungen nicht ohne weiteres zu einem Aufwendungsersatzanspruch des Arbeitnehmers.[123] Der **Wunsch** des Arbeitgebers nach dem Besuch einer besonders guten Berufsschule genügt für die Pflicht zur Erstattung insoweit höherer Fahrtkosten.[124] Die Aufforderung des Arbeitgebers an den Arbeitnehmer, seinen **Privatwagen** dienstlich zu nutzen, verpflichtet ihn bei einem Unfall zu Aufwendungsersatz, wobei freilich ein Defekt oder Fehlverhalten nach § 254 BGB zu berücksichtigen ist.[125] Wird der Privatwagen des Arbeitnehmers mit Billigung des Arbeitgebers und ohne besondere Vergütung des Unfallrisikos dienstlich eingesetzt, so kann der Arbeitnehmer für den Unfallschaden vollen Aufwendungsersatz verlangen, wenn höchstens leichte Fahrlässigkeit vorliegt; dies hat der Arbeitnehmer zu beweisen.[126] Aufwendungen des Arbeitnehmers für eine **Einstellungsuntersuchung** sind nach Ausspruch einer Kündigung bzw. Information über eine beabsichtigte Kündigung nicht mehr erforderlich.[127] Hinsichtlich des häuslichen Arbeitszimmers eines Lehrers besteht in der Regel kein Aufwendungsanspruch.[128] Auch wenn Arbeitslose und von Arbeitslosigkeit bedrohte Arbeitnehmer von den Sozialämtern **Mobilitätsbeihilfen** erhalten, muss gleichwohl der Arbeitgeber die bei Einsatzwechseltätigkeit anfallenden Zusatzkosten zahlen.[129] Inwieweit **Leiharbeitnehmer** Anspruch auf Fahrtkostenerstattung haben, ist streitig.[130] 35

---

[117] BGH v. 20.07.2010 - XI ZR 236/07 - juris Rn. 20, 29 - BGHZ 186, 269-295.
[118] BGH v. 20.07.2010 - XI ZR 236/07 - juris Rn. 36 f. - BGHZ 186, 269-295; vgl. zur o.a. Judikatur umfassend *Eyber*, ZInsO 2010, 2363-2382; *Meckel*, jurisPR-BKR 12/2010, Anm. 1; *Schleich/Götz/Nübel*, DZWIR 2010, 409-413; *Tetzlaff*, jurisPR-InsR 19/2010, Anm. 3 und 17/2010, Anm. 2 sowie weitere juris-Praxisreporte.
[119] BGH v. 22.02.2011 - XI ZR 261/09 - WM 2011, 688-690; BGH v. 01.03.2011 - XI ZR 320/09 - WM 2011, 743-745; dazu *Hadding* in: WuB I D 2 Lastschriftverkehr 5.11.
[120] OLG Dresden v. 14.09.2005 - 8 U 1024/05 - WM 2007, 547-550; zustimmend *Hadding*, WuB I D 2 Lastschriftverkehr 1.07.
[121] OLG Celle v. 07.11.2007 - 3 U 152/07 - BB 2008, 229.
[122] Vgl. LArbG Nürnberg v. 25.07.1995 - 2 Sa 73/94 - Bibliothek BAG; ArbG Köln v. 20.05.2005 - 2 Ca 10220/04 - Bibliothek BAG; *Brune*, AR-Blattei SD 1770; speziell zum öffentlichen Dienst vgl. *Braun*, RiA 2005, 113-117.
[123] LArbG Kiel v. 16.01.2008 - 3 Sa 433/07; bestätigt durch BAG v. 21.07.2009 - 1 AZR 167/08 - NZA 2009, 1213-1215.
[124] LArbG Hamm v. 30.08.2007 - 17 Sa 969/07; Revision dagegen zurückgewiesen von BAG v. 22.12.2009 - 3 AZR 936/07.
[125] BAG v. 23.11.2006 - 8 AZR 701/05 - NJW 2007, 1486-1487.
[126] BAG v. 28.10.2010 - 8 AZR 647/09 - NZA 2011, 406-411.
[127] BAG v. 09.02.2006 - 6 AZR 283/05 - NZA 2006, 1207-1211.
[128] BAG v. 12.04.2011 - 9 AZR 14/10 - NZA 2012, 97-100.
[129] Sächsisches Landessozialgericht v. 07.06.2007 - L 3 AL 303/05.
[130] Verneinend LArbG Mainz v. 08.09.2009 - 1 Sa 331/09; hierzu *Dahl*, jurisPR-ArbR 14/2010, Anm. 6; bejahend LArbG Düsseldorf v. 30.07.2009 - 15 Sa 268/09; hierzu *Dahl*, jurisPR-ArbR 14/2010, Anm. 6.

§ 671 BGB Widerruf; Kündigung

(Fassung vom 02.01.2002, gültig ab 01.01.2002)

(1) Der Auftrag kann von dem Auftraggeber jederzeit widerrufen, von dem Beauftragten jederzeit gekündigt werden.

(2) ¹Der Beauftragte darf nur in der Art kündigen, dass der Auftraggeber für die Besorgung des Geschäfts anderweit Fürsorge treffen kann, es sei denn, dass ein wichtiger Grund für die unzeitige Kündigung vorliegt. ²Kündigt er ohne solchen Grund zur Unzeit, so hat er dem Auftraggeber den daraus entstehenden Schaden zu ersetzen.

(3) Liegt ein wichtiger Grund vor, so ist der Beauftragte zur Kündigung auch dann berechtigt, wenn er auf das Kündigungsrecht verzichtet hat.

Gliederung

A. Grundlagen 1	4. Kündigung zur Unzeit 10
B. Anwendungsvoraussetzungen 3	5. Außerordentliche Kündigung im Besonderen ... 11
I. Widerruf durch Auftraggeber 3	**C. Rechtsfolgen** 12
1. Widerruf des Auftrags 3	I. Bei Widerruf 12
2. Ausübung 4	II. Bei Kündigung 13
3. Mehrere Beteiligte 5	**D. Anwendungsfelder** 14
4. Außerordentliche Kündigung durch Auftraggeber im Besonderen 6	I. Entgeltlicher Geschäftsbesorgungsvertrag ... 14
II. Kündigung des Auftrages durch Beauftragten 7	1. Kündigung durch Geschäftsbesorger ... 14
1. Gesetzliches Kündigungsrecht 7	2. Widerruf und außerordentliche Kündigung durch Auftraggeber 15
2. Ausübung 8	II. Speziell geregelte Geschäftsbesorgungsverhältnisse 17
3. Mehrere Beteiligte 9	

A. Grundlagen

1 § 671 BGB ermöglicht es **beiden Vertragspartnern**, durch **einseitiges Rechtsgeschäft** das Auftragsverhältnis **jederzeit** mit Wirkung für die **Zukunft zu beenden**. Für die Erklärung des **Auftraggebers** verwendet das Gesetz den Begriff **„Widerruf"**; der innere Grund für die grundsätzlich zwingende jederzeitige Beendigungsmöglichkeit durch den Auftraggeber ist die **Besorgung seiner eigenen Angelegenheiten aufgrund eines Vertrauensverhältnisses**, und insoweit soll der Auftraggeber für die Zukunft nicht gebunden sein; soweit der Beauftragte zugleich eigene Interessen an der Durchführung des Auftrags hat, kann die Widerruflichkeit ausgeschlossen sein (vgl. Rn. 3). Die entsprechende Erklärung des **Beauftragten** heißt **„Kündigung"**, und der Grund für die im Zweifel bestehende jederzeitige Kündigungsmöglichkeit liegt in der **Unentgeltlichkeit** des Tätigwerdens des Beauftragten; eine Kündigung **zur Unzeit** macht allerdings den Beauftragten schadensersatzpflichtig, wenn nicht ein **wichtiger Grund** gerade für die Kündigung zu dem entsprechenden Zeitpunkt gegeben ist. Entsprechend allgemeinen Grundsätzen (vgl. § 314 BGB) besteht im Falle eines wichtigen Grundes auch dann das Recht zur (jederzeitigen) Kündigung, wenn der Beauftragte auf ein Kündigungsrecht verzichtet hatte. Auf entgeltliche **Geschäftsbesorgungsverhältnisse** ist § 671 BGB nur partiell anwendbar (§ 675 Abs. 1 BGB), was aber nicht ausschließt, den Grundgedanken der Vorschrift auch hier voll zum Tragen zu bringen; vgl. dazu Rn. 14 f. Die Vorschrift gilt nach § 675c Abs. 1 BGB nicht für Zahlungsdiensteverträge.

2 Durch Widerruf bzw. Kündigung wird der Auftrag ex nunc beendet. Insoweit stehen Widerruf und Kündigung neben der Beendigung des Auftrags durch Erfüllung, Unmöglichwerden oder Bedingungseintritt, Zweckerreichung,[1] bzw. ggf. durch Tod oder Geschäftsunfähigkeit einer der Parteien (vgl. die §§ 672, 673 BGB). Wird der Auftraggeber insolvent, so erlischt ein Auftrag, der sich auf das zur Insolvenzmasse gehörende Vermögen bezieht, durch die Eröffnung des Insolvenzverfahrens (§ 115 Abs. 1 InsO). Entsprechendes gilt für einen Geschäftsbesorgungsvertrag (§ 116 InsO). Mit dessen Erlöschen erlischt zugleich eine zu diesem erteilte Vollmacht nach § 168 Satz 1 BGB; Entsprechendes gilt für

---

[1] BGH v. 22.01.1964 - V ZR 37/62 - BGHZ 41, 23-30 betr. Testamentsvollstrecker.

eine Ermächtigung zur Prozessführung.[2] Ist mit dem insolvenzbedingten Erlöschen des Auftrags bzw. der Geschäftsbesorgung Gefahr für den Auftraggeber bzw. die Masse verbunden, hat der Beauftragte seine Tätigkeit u.U. fortzusetzen, und er ist insoweit Massegläubiger (§ 115 Abs. 2 InsO). Umgekehrt besteht zu seinen Gunsten Vertrauensschutz nach § 115 Abs. 3 InsO mit der Folge des Entstehens von Ansprüchen als Insolvenzgläubiger. Die Regelung gilt auch für Vergütungsansprüche des Geschäftsbesorgers.

B. Anwendungsvoraussetzungen

I. Widerruf durch Auftraggeber

1. Widerruf des Auftrags

Das Widerrufsrecht für den Auftrag besteht kraft Gesetzes; es ist zu unterscheiden vom Recht auf Widerruf einer Weisung i.S.v. § 665 BGB. Das Widerrufsrecht besteht nur bis zur Ausführung des Auftrags, beim Kreditauftrag gemäß § 778 BGB also bis zur Kreditgewährung.[3] Nach h.M. ist das Widerrufsrecht **unverzichtbar**, wenn der Auftrag ausschließlich dem Interesse des Auftraggebers dient;[4] nur dann, wenn der Auftrag auch im Interesse des Beauftragten oder eines Dritten erteilt ist und die diesbezüglichen Interessen gegenüber denen des Auftraggebers mindestens gleichwertig sind, soll der Verzicht auf das Widerrufsrecht zulässig sein[5]. An der **h.M.** ist **zu kritisieren**, dass sie letztlich die Möglichkeit zum Widerruf des Auftrags mit der häufig über § 139 BGB verbundenen Frage der Widerruflichkeit einer Vollmacht[6] vermengt; wie aber der BGH zu Recht betont hat, ist die sog. verdrängende unwiderrufliche Vollmacht nicht mit dinglicher Wirkung möglich[7], was aber eine weiter reichende **schuldrechtliche** Verpflichtung nicht ausschließt. Daher muss es generell möglich sein, auf der schuldrechtlichen Ebene im Rahmen der Grenzen des § 138 BGB auf den Widerruf zu verzichten und ggf. Schadensersatzansprüche wegen eines gleichwohl erfolgenden Widerrufs der Vollmacht zu gewähren bzw. bereits aus dem Verzicht aus dem Widerruf seitens des Auftraggebers auf ein eigenes Interesse des Beauftragten zurück zu schließen. Zum Übergang des Widerrufrechts auf den Erben vgl. die Kommentierung zu § 672 BGB Rn. 3.

3

2. Ausübung

Die Ausübung des Widerrufrechts erfolgt formlos durch zugangsbedürftige **Willenserklärung** des Auftraggebers, der den Begriff Widerruf natürlich nicht verwenden muss. Obwohl der Widerruf ein einseitiges Rechtsgeschäft darstellt, kann er unter aufschiebender **Bedingung** (etwa eines Todesfalles) erklärt werden,[8] eine auflösende Bedingung wird aber für unzulässig gehalten[9]. Der Zahlungsauftrag des Kreditkarteninhabers ist nach Angabe seiner Daten gegenüber dem Vertragsunternehmen unwiderruflich; vgl. zu Kreditkarten weiter die Kommentierung zu § 670 BGB Rn. 14 und die Kommentierung zu § 675 BGB Rn. 14.

4

3. Mehrere Beteiligte

Bei **mehreren Beteiligten** auf Auftraggeberseite ist bei einem **einheitlichen Auftrag** davon auszugehen, dass die Widerrufserklärung als Gestaltungserklärung einheitlich abzugeben ist (vgl. § 432 BGB); soweit Bindungen qua Gesellschaftsrecht bestehen, kommt es dann auf **Vertretungsmacht** an. Sind die Beteiligten nach den Regeln der Gemeinschaft verbunden, muss auf die einschlägigen Vorschriften hinsichtlich der **Geltendmachung der Rechte nach außen** abgestellt werden.[10] Im Übrigen kommt es

5

---

[2] Vgl. BGH v. 10.11.1999 - VIII ZR 78/98 - juris Rn. 22 - LM ZPO § 51 Nr. 37 (7/2000).
[3] RG v. 20.03.1902 - VI 409/01 - RGZ 51, 120-123.
[4] *Mugdan*, Bd. II, S. 544; Protokolle, Bd. II, S. 370; BGH v. 13.05.1971 - VII ZR 310/69 - JuS 1972, 48; *Beuthien* in: Soergel, § 671 Rn. 3.
[5] BGH v. 13.05.1971 - VII ZR 310/69 - JuS 1972, 48; RG v. 25.09.1926 - 33/26 V; BAG v. 21.02.2008 - 6 AZR 281/07 - juris Rn. 46; *Beuthien* in: Soergel, § 671 Rn. 3; ähnlich *Seiler* in: MünchKomm-BGB, § 671 Rn. 7; *Martinek* in: Staudinger, § 671 Rn. 8.
[6] Vgl. insoweit BGH v. 13.05.1971 - VII ZR 310/69 - JuS 1972, 48.
[7] BGH v. 19.06.1985 - IVa ZR 149/84.
[8] *Ehmann* in: Erman, § 671 Rn. 2.
[9] *Steffen* in: BGB-RGRK, § 671 Rn. 6.
[10] Vgl. die §§ 744, 745, 747 BGB.

auf die Auslegung des Auftrags im Hinblick auf die Beauftragtenseite an. Bei **mehreren** parallel vereinbarten **Aufträgen** kann grundsätzlich durch jeden Auftraggeber widerrufen werden. Wenn nach **früher h.M.** gesagt wurde, das Widerrufsrecht stehe jedem einzelnen Auftraggeber zu,[11] so dürfte heute unstreitig sein, dass bei einer Mehrzahl von Beteiligten auf Auftraggeberseite ein Einzelner allein den **gesamten** Auftrag **nicht** widerrufen kann[12], etwas anderes gilt für mehrere parallele Aufträge. Soweit es um die Möglichkeit des „anteiligen" Widerrufs geht, mag man überlegen, ob nicht in Wahrheit mehrere parallele Aufträge vorliegen. Bei mehreren Beteiligten auf der Beauftragtenseite bei einheitlichem Auftrag ist nur einheitlicher Widerruf möglich;[13] dieser muss jedem der Beauftragten zugehen.

4. Außerordentliche Kündigung durch Auftraggeber im Besonderen

6 Unbeschadet des Verzichts auf den Widerruf ist auch dem Auftraggeber die außerordentliche Kündigung des Auftrags bei Vorliegen eines wichtigen Grundes möglich.[14]

II. Kündigung des Auftrages durch Beauftragten

1. Gesetzliches Kündigungsrecht

7 **Das Recht zur Kündigung** besteht kraft Gesetzes im Hinblick auf die Unentgeltlichkeit, ist aber, wie aus § 671 Abs. 3 BGB folgt, **dispositiv**. Es kann etwa dadurch ausgeschlossen sein, dass ein Ehegatte während der Ehe die Aufnahme eines Bankkredits für den Ehegatten absichert.[15] Auf das Recht zur (ordentlichen, aber grundsätzlich jederzeitigen und unbefristeten) Kündigung kann also wirksam verzichtet werden; das Recht, aus wichtigem Grund die Kündigung auszusprechen, bleibt unberührt.

2. Ausübung

8 Die **Ausübung** des Kündigungsrechts erfolgt wiederum durch zugangsbedürftige **Willenserklärung**. Sie ist formlos, bedarf keiner Begründung und wirkt für die Zukunft. Eine **aufschiebende Bedingung** wird zu Recht für **möglich** gehalten, weil der Auftraggeber die sich daraus für ihn ergebende Unsicherheit durch Widerruf jederzeit beseitigen kann.[16]

3. Mehrere Beteiligte

9 Bei **mehreren** Beteiligten auf Beauftragtenseite (z.B. bei Teamarbeit) ist durch die Beteiligten nur gemeinschaftliche Kündigung möglich.[17] Bei mehreren Beteiligten auf Auftraggeberseite muss dann bei unteilbarem Auftrag die Kündigung des oder der Beauftragten jedem der Beteiligten auf der Auftraggeberseite zugehen.[18]

4. Kündigung zur Unzeit

10 Die Kündigung darf **nicht zur Unzeit** erfolgen. Dem Auftraggeber muss es also etwa im Hinblick auf Fristen oder Termine oder sonstige Dringlichkeit möglich sein, Ersatz für die wegfallende Verpflichtung des Beauftragten zu organisieren; insoweit kommt es auf die Umstände des Einzelfalles an. Von diesem Gebot der Rücksichtnahme darf der Beauftragte nur abweichen, wenn ein **wichtiger Grund** für die **unzeitige Kündigung** gegeben ist. Dies ist nicht gleich zu setzen mit einem wichtigen Grund i.S.v. § 314 Abs. 1 BGB, sondern bedeutet, dass es dem Beauftragten trotz der beim Auftraggeber zu erwartenden Nachteile oder Schäden infolge der unzeitigen Kündigung nicht zumutbar ist, weiterhin tätig zu sein. Bei Verstoß gegen § 671 Abs. 1 Satz 1 BGB haftet der Beauftragte auf **Schadensersatz** (Satz 2) woraus zugleich folgt, dass die **Kündigung** trotz des Verstoßes **wirksam** ist.[19]

---

[11] Vgl. die Nachweise bei *Martinek* in: Staudinger, § 671 Rn. 9; *Ehmann* in: Erman, § 671 Rn. 9; *Seiler* in: MünchKomm-BGB, § 671 Rn. 10; auch BGH v. 13.05.1964 - V ZR 90/62 - LM Nr. 6 zu § 239 ZPO hinsichtlich des Widerrufs eines auf eine Erbengemeinschaft übergegangenen Anwaltsvertrags durch einen Miterben, auf den § 671 BGB freilich gemäß § 675 Abs. 1 BGB nicht ohne weiteres anwendbar war; so zu Recht krit. *Seiler* in: MünchKomm-BGB, § 671 Rn. 10 Fn. 31.

[12] Vgl. *Wittmann* in: Staudinger, 1995, § 671 Rn. 10.

[13] Vgl. § 425 BGB sowie BAG v. 27.03.1981 - 7 AZR 523/78 - juris Rn. 48 - NJW 1984, 1703-1706.

[14] Vgl. *Beuthin* in: Soergel, § 671 Rn. 3; *Seiler* in: MünchKomm-BGB, § 671 Rn. 7.

[15] BGH v. 05.04.1989 - IVb ZR 35/88 - juris Rn. 18 - LM Nr. 3 zu § 257 BGB.

[16] *Seiler* in: MünchKomm-BGB, § 671 Rn. 4, m.N.; *Martinek* in: Staudinger, § 671 Rn. 6, 7.

[17] *Ehmann* in: Erman, § 671 Rn. 10; *Steffen* in: BGB-RGRK, § 671 Rn. 19.

[18] Vgl. *Wolf* in: Soergel, § 432 Rn. 12.

[19] So h.M.; a.A. nur *van Venrooy*, JZ 1981, 53-58, 53.

5. Außerordentliche Kündigung im Besonderen

Das Recht des Beauftragten zur Kündigung aus **wichtigem Grund** ist nach § 671 Abs. 3 BGB unverzichtbar; es besteht auch zugunsten des Auftraggebers, falls dessen Widerrufsrecht wirksam ausgeschlossen war. Die Kündigung aus wichtigem Grund ist seit dem Schuldrechtsmodernisierungsgesetz in § 314 Abs. 1 Satz 2 BGB ausdrücklich geregelt, was für § 671 Abs. 2 BGB heißt, dass es darauf ankommt, dass dem kündigenden Teil unter Berücksichtigung aller Umstände des Einzelfalles und unter Abwägung der beiderseitigen Interessen die Durchführung des Auftrags nicht zugemutet werden kann. Zu denken ist insoweit an Umstände in der Person des Beauftragten (etwa Krankheit), an ein unangemessenes (etwa beleidigendes) Verhalten des Auftraggebers gegen den Beauftragten oder an sonstige Umstände (nicht durch Aufwendungsersatz ausgleichbare Erschwerung des Auftrags durch geänderte Verhältnisse).[20] Für den Fall außerordentlicher Kündigung bei vertraglich ausgeschlossener Kündigung erscheint eine gute Begründung schon zu Vorbeugung gegenüber Ersatzpflichten besonders ratsam.[21]

11

C. Rechtsfolgen

I. Bei Widerruf

Bei wirksamem **Widerruf** des Auftrags durch den Auftraggeber erlischt der Auftrag mit Wirkung für die Zukunft. Soweit er schon ausgeführt ist, verbleibt es bei der Anwendung der §§ 662-670 BGB, und der Beauftragte hat insoweit Rechenschaft zu legen. Eine dem Beauftragten erteilte **Vollmacht erlischt** ebenfalls mit Wirkung für die Zukunft (§ 168 Satz 1 BGB), wobei ein Dritter ggf. nach § 170 BGB Vertrauensschutz genießt. Ist ein Widerruf ausgeschlossen, so wird bei Vorliegen eines wichtigen Grundes der Auftrag auch durch **Kündigung** des Auftraggebers analog § 671 Abs. 3 BGB beendet, und die Vollmacht erlischt hier ebenfalls. Lässt sich der Auftrag weder durch Widerruf noch durch Kündigung beenden, kommt gleichwohl ein **Widerruf der Vollmacht** in Betracht (§ 168 Satz 2 BGB); Unwiderruflichkeit der Vollmacht ist nur ausnahmsweise zulässig, etwa wenn eine inhaltlich beschränkte Vollmacht maßgeblich im Interesse des Bevollmächtigten (= Beauftragten) erteilt wurde.[22]

12

II. Bei Kündigung

Bei **Kündigung** des Auftrags durch den Beauftragten erlischt der Auftrag gleichermaßen mit Wirkung für die Zukunft. Dies gilt auch für die Kündigung zur Unzeit, da das Gesetz als Sanktion ausdrücklich Schadensersatz vorsieht (§ 671 Abs. 2 BGB); ist die Kündigung vertraglich ausgeschlossen, dann führt die außerordentliche Kündigung nach § 671 BGB nur dann zur Beendigung des Auftrags, wenn ein wichtiger Grund gegeben ist. Andernfalls bleibt der Beauftragte verpflichtet, und der Auftraggeber kann Erfüllung verlangen bzw. nach den §§ 280-286 BGB vorgehen. Bei der Kündigung eines Auftrags zur Leistung einer Sicherheit kann sich ein Aufwendungsersatzanspruch in Gestalt eines Freistellungsanspruchs nach den §§ 670, 257 BGB ergeben.[23]

13

D. Anwendungsfelder

I. Entgeltlicher Geschäftsbesorgungsvertrag

1. Kündigung durch Geschäftsbesorger

Auf den entgeltlichen **Geschäftsbesorgungsvertrag** ist § 671 BGB nicht generell, sondern nur hinsichtlich § 671 Abs. 2 BGB entsprechend anwendbar, **falls** dem **Geschäftsbesorger** das Recht zusteht, **ohne Einhaltung einer Kündigungsfrist** zu kündigen (§ 675 Abs. 1 BGB). Ein solches Recht des Geschäftsbesorgers folgt bei Vertrauensstellungen aus § 627 BGB,[24] doch enthält bereits § 627 Abs. 2

14

---

[20] Vgl. *Ehmann* in: Erman, § 671 Rn. 12.
[21] So zu Recht *Ehmann* in: Erman, § 671 Rn. 10.
[22] Vgl. BGH v. 13.05.1971 - VII ZR 310/69 - JuS 1972, 48; *Ellenberger* in: Palandt, § 168 Rn. 6.
[23] OLG Düsseldorf v. 01.07.2008 - I-3 U 15/08 - juris Rn. 26.
[24] Vgl. für Kündigung von Giro- und Depotverträgen durch Sparkasse BGH v. 11.12.1990 - XI ZR 54/90 - NJW 1991, 978-979; zu den Grenzen im Hinblick auf politische Parteien einerseits OLG Dresden v. 15.11.2001 - 7 U 1956/01 - NJW 2002, 757-760 (Kündigung unwirksam) und andererseits Brandenburgisches OLG v. 27.11.2000 - 13 W 69/00 - NJW 2001, 450-452 (Kündigung wirksam).

BGB eine dem § 671 Abs. 2 BGB entsprechende Regelung[25]. Ein Recht des Geschäftsbesorgers zur jederzeitigen Kündigung kann auch (eventuell konkludent) vertraglich vereinbart sein.[26] Umgekehrt kann nach der den Vertrag prägenden Interessenlage die **jederzeitige Kündigung ausgeschlossen sein, so etwa** wenn der Kfz-Händler, der ein Fahrzeug verkauft, den Gebrauchtwagen des Käufers in Zahlung nimmt und den insoweit abgeschlossenen zur Stundung führenden Agenturvertrag kündigen will.[27] Das Recht zur außerordentlichen Kündigung aus **wichtigem Grund** besteht ohnehin, **etwa** wenn der Käufer eines Neuwagens gegenüber dem Verkäufer, der über seinen Gebrauchtwagen einen Agenturvertrag schließt, verschweigt, dass der Wagen einen schweren Unfall hatte,[28] oder wenn der im Rahmen eines Scheidungsfolgenvergleichs zur Stellung einer dinglichen Sicherheit als Kredithilfe verpflichtete Ehegatte den Eintritt dinglicher Haftung konkret befürchten muss[29] oder wenn bei Absicherung eines Kredits für den Ehegatten die Ehe gescheitert ist[30].

2. Widerruf und außerordentliche Kündigung durch Auftraggeber

15 Auch wenn § 671 Abs. 1 BGB für den entgeltlichen Geschäftsbesorgungsvertrag nicht gilt, wird im Hinblick auf die zum Auftrag partiell gleichartige Interessenlage (eigene Angelegenheit des Auftraggebers, Vertrauen) ein **Widerrufsrecht** des Auftraggebers zu Recht bejaht.[31] Im Übrigen hat der Auftraggeber teilweise die im Wesentlichen gleichwertige Möglichkeit zur außerordentlichen Kündigung eines Geschäftsbesorgungsvertrages bei Vertrauensposition nach § 627 Abs. 1 BGB bzw. beim Werkvertrag nach § 649 BGB. Das Widerrufsrecht kann aber beim entgeltlichen Geschäftsbesorgungsvertrag schon im Hinblick auf die Entgeltlichkeit eher **ausgeschlossen werden**, weil und soweit der Beauftragte hier ein Eigeninteresse an der Durchführung der Geschäftsbesorgung hat; Entsprechendes gilt für die Beendigungsmöglichkeiten nach den §§ 627 Abs. 1, 649 BGB.

16 Der **Widerruf eines Überweisungsauftrags** wurde vor Einführung des § 676a BGB als Weisung gemäß § 665 BGB angesehen,[32] § 676a Abs. 4 BGB sah seit 1999 die vor Beginn der Ausführungsfrist (§ 676a Abs. 2 Satz 3 BGB: grundsätzlich Ablauf des Tages der Auftragserteilung) jederzeit (danach nur noch beschränkt) mögliche Kündigung des Überweisungs**vertrages** vor, neben der für einen Widerruf kein Platz war. Seit dem 31.10.2009 gelten insoweit die §§ 675c-676c BGB über den **Zahlungsdienstevertrag**, auf den § 671 BGB ausdrücklich für nicht anwendbar erklärt wurde (§ 675c Abs. 1 BGB). Für den **Übertragungsvertrag** (§ 676 BGB a.F.) besagt der seit dem 31.10.2009 geltende § 675b BGB, dass der Widerruf ab dem von den jeweiligen Regeln des Systems bestimmten Zeitpunkt an nicht mehr widerrufen werden kann.

II. Speziell geregelte Geschäftsbesorgungsverhältnisse

17 Ein **Ausschluss der freien Widerruflichkeit** eines erteilten Auftrags bzw. seiner jederzeitigen Kündigungsmöglichkeit durch den Auftraggeber ist überall dort vorgesehen, wo für den Beauftragten bzw. Geschäftsbesorger legitime Eigeninteressen oder öffentliche Interessen mit der Ausführung des Geschäfts verbunden sind. Das ist etwa der Fall bei der Geschäftsführungsbefugnis im **Gesellschaftsrecht** (§ 712 Abs. 1 BGB; § 117 HGB, AktG, GmbHG), bei der Vermögenssorge der **Eltern** für ihr Kind (§ 1667 BGB), beim Verhalten des **Vorerben** (§ 2128 BGB)[33]. Spezielle Regeln finden sich weiter für den Widerruf der **Vorstandsstellung** beim Verein (§ 27 Abs. 2 BGB), für die Entlassung des **Testamentsvollstreckers** (§ 2227 BGB) oder des **Vormunds** (§ 1896 BGB). Ein sich qua Widerruf ergebender Anspruch gegen den Betreiber des elektronischen Bundesanzeigers auf Löschung eines veröffentlichten Jahresabschlusses besteht im Hinblick auf die Regelungen der §§ 354 ff. HGB nicht.[34]

---

[25] Vgl. zur Kündigung eines Bankkredits insoweit OLG Düsseldorf v. 09.02.1989 - 6 U 90/88 - NJW-RR 1989, 1519-1521.

[26] *Ehmann* in: Erman, § 671 Rn. 13.

[27] So BGH v. 31.03.1982 - VIII ZR 65/81 - juris Rn. 31 - LM Nr. 59 zu § 433 BGB; vgl. auch KG Berlin v. 09.06.1983 - 12 U 6018/82 - NJW 1983, 2326-2327.

[28] BGH v. 05.04.1978 - VIII ZR 83/77 - juris Rn. 14 - LM Nr. 52 zu § 433 BGB.

[29] OLG Karlsruhe v. 29.11.1989 - 1 U 167/89 - WM 1991, 1161-1164.

[30] BGH v. 05.04.1989 - IVb ZR 35/88 - juris Rn. 18 - LM Nr. 3 zu § 257 BGB.

[31] *Ehmann* in: Erman, § 671 Rn. 6 unter Berufung auf *Isele*, Geschäftsbesorgung. Umrisse eines Systems, 1935, S. 52 sowie *Ehmann* am angegebenen Ort Rn. 8 im Nachw. zur RG-Rechtsprechung.

[32] *Canaris*, Bankvertragsrecht, 1. Teil, 4. Aufl. 1988, Rn. 352.

[33] *Ehmann* in: Erman, § 671 Rn. 7.

[34] LG Köln v. 08.10.2008 - 28 O 302/08 - BB 2008, 211.

Schranken für das Kündigungsrecht des Geschäftsbesorgers im weiteren Sinne, die auf § 671 Abs. 2 BGB verweisen oder sich an dieser Bestimmung orientieren, gelten etwa für **Geschäftsführer** im Gesellschaftsrecht (z.B. § 712 Abs. 2 BGB) und den Testamentsvollstrecker (§ 2226 Satz 3 BGB). Die Amtsniederlegung des ehrenamtlich tätigen Vorstands zur Unzeit ist entsprechend zu beurteilen.[35] Bei Vorhandensein eines Dienstvertrages greift ggf. § 627 Abs. 2 BGB ein. Für den **Bürgen** gilt die Sondervorschrift des § 775 BGB.

18

---

[35] *Ellenberger* in: Palandt, § 27 Rn. 3.

§ 672 BGB Tod oder Geschäftsunfähigkeit des Auftraggebers

(Fassung vom 02.01.2002, gültig ab 01.01.2002)

¹Der Auftrag erlischt im Zweifel nicht durch den Tod oder den Eintritt der Geschäftsunfähigkeit des Auftraggebers. ²Erlischt der Auftrag, so hat der Beauftragte, wenn mit dem Aufschub Gefahr verbunden ist, die Besorgung des übertragenen Geschäfts fortzusetzen, bis der Erbe oder der gesetzliche Vertreter des Auftraggebers anderweit Fürsorge treffen kann; der Auftrag gilt insoweit als fortbestehend.

Gliederung

A. Grundlagen 1	a. Rechtsprechung 8
B. Anwendungsvoraussetzungen 2	b. Literatur 9
C. Rechtsfolgen 5	III. Rechtsfolgen beim Erlöschen des Auftrags 10
I. Allgemein 5	1. Notgeschäftsführungspflicht 10
II. Rechtsfolgen beim Fortbestand des Auftrags 6	2. Vertrauensschutz 11
1. Weisungsbefugnis und Widerrufsrecht 6	3. Rechenschaft 12
2. Schenkungsbezogener Auftrag auf den Todesfall 7	D. Anwendungsfelder 13

A. Grundlagen

1 § 672 BGB **enthält die** Auslegungsregel, **wonach der Auftrag** im Zweifel **nicht** durch den **Tod** oder den Eintritt der Geschäftsunfähigkeit des **Auftraggebers erlischt**; die Bestimmung gilt über § 675 Abs. 1 BGB auch beim entgeltlichen Geschäftsbesorgungsvertrag und über § 675 Abs. 1 BGB beim Zahlungsvertrag. Die Auslegungsregel wird als problematisch angesehen, zumal sich häufig aus dem Inhalt des Auftrags klare Anhaltspunkte für die Frage des Fortbestandes (etwa bei Vermögensverwaltung) oder des Erlöschens im Todesfall (etwa beim Auftrag zur Anmietung einer Wohnung) ergeben; eine Altersvorsorgevollmacht im Hinblick auf Betreuungsbedürftigkeit, die auch die uneingeschränkte Vermögensverwaltung einschließt, soll beim Tod des Vollmachtgebers (§§ 168 Satz 1, 672 Satz 2 BGB) erlöschen.[1] In allen Zweifelsfällen empfiehlt sich jedenfalls eine klarstellende vertragliche Regelung. Für den Fall des **Todes des Beauftragten** gilt nach § 673 BGB die umgekehrte Auslegungsregel, wonach der Auftrag dann im Zweifel erlischt. Soweit der Auftrag nach § 672 Satz 1 BGB endet, verpflichtet § 672 Satz 2 BGB den Beauftragten ggf. zur Notgeschäftsführung. Eine eventuelle Vollmacht erlischt mit dem Auftrag gemäß § 168 BGB. Bei **Insolvenz** des Auftraggebers sehen die §§ 115 Abs. 1, 116 InsO **zwingend** das Erlöschen eines Auftrags vor, der sich auf das zur Insolvenzmasse gehörende Vermögen bezieht.[2] Die für den Fall des Erlöschens relevante Notgeschäftsführung ist in § 115 Abs. 2 InsO geregelt. **Vertrauensschutz** für den Beauftragten, dem das Erlöschen des Auftrags ohne Verschulden unbekannt ist, folgt aus § 674 BGB bzw. § 115 Abs. 3 InsO.

B. Anwendungsvoraussetzungen

2 Die Auslegungsregel des § 672 Satz 1 BGB gilt nur, wenn der Auftrag bzw. Geschäftsbesorgungsvertrag bereits vor dem Tode bzw. dem Verlust der Geschäftsfähigkeit **zustande gekommen** war,[3] andernfalls ist hinsichtlich des Zustandekommens des Vertrags auf die §§ 130, 131, 153 BGB unter Berücksichtigung der Interessenlage und des Willens der Beteiligten abzustellen.

3 Das Gesetz erwähnt lediglich **Tod** bzw. **Eintritt der Geschäftsunfähigkeit** des Auftraggebers. **Entsprechendes** muss gelten für den Eintritt der beschränkten Geschäftsfähigkeit (vgl. die §§ 112 Abs. 2, 113 BGB), der Anordnung der Betreuung mit Einwilligungsvorbehalt (§ 1903 BGB), der Beendigung der gesetzlichen Vertretung[4] oder beim Wechsel der Person des gesetzlichen Vertreters[5]. Beim Tode

---

[1] OLG Hamm v. 17.09.2002 - 15 W 338/02 - NJW-RR 2003, 800-801; krit. *Roth*, WuB IV A § 168 BGB 1.04.
[2] Vgl. zum Erlöschen eines Factoring-Vertrages OLG Koblenz v. 26.07.1988 - 3 U 1352/87 - WM 1988, 1355-1357.
[3] *Martinek* in: Staudinger, § 672 Rn. 6.
[4] BayObLG München v. 28.08.1959 - BReg 2 Z 114/59, BReg 2 Z 115/59 - NJW 1959, 2119.
[5] *Ehmann* in: Erman, § 672 Rn. 5.

des Auftraggebers geht sein Widerrufsrecht auf die Erben über. Soweit im Zuge einer **Verschmelzung** das Vermögen einer übertragenden **Gesellschaft** im Wege der Gesamtrechtsnachfolge auf die übernehmende Gesellschaft übergeht und die übertragende Gesellschaft erlischt (vgl. § 20 Abs. 1 Nr. 1 und 2 UmwG), gehen die Rechte des Auftraggebers auf die übernehmende Gesellschaft über. Eine Modifikation dieser Rechte aus Anlass des Übergangs sieht § 21 UmwG nur für gegenseitige Verträge unter engen Voraussetzungen vor, so dass es einer Heranziehung des § 672 Satz 1 BGB zur Begründung des Fortbestandes des Auftrags grundsätzlich nicht bedarf.[6] Bei der **Liquidation** einer juristischen Person ändern sich Auftrag und Vollmacht entsprechend dem Liquidationszweck.[7] Beendet werden Auftrag bzw. Geschäftsbesorgung beim Ende der Liquidation an sich entgegen § 672 BGB mit Zweckerreichung, so dass es der Heranziehung der Grundsätze über den Wegfall der Geschäftsgrundlage insoweit nicht bedarf.[8] Doch selbst bei **Löschung** der einen Auftrag erteilenden juristischen Person können Auftrag und Vollmacht fortbestehen, solange der Auftraggeber noch Vermögen besitzt und daher (nach h.M.) weiter existiert.[9] Die Vermutung des § 672 BGB gilt auch, wenn der **Fiskus** Erbe wird; zugunsten des Fiskus (vgl. § 1936 BGB).[10]

Nicht von der Vermutung **erfasst** sind **Aufträge**, die ausdrücklich auch oder sogar nur für die Zeit nach dem Tode des Auftraggebers erteilt sind; diese bleiben unabhängig von § 672 BGB wirksam. Insoweit geht die Stellung des Auftraggebers mit dessen Tod auf die Erben über (§ 1922 Abs. 1 BGB). Zu deren Recht auf Widerruf bzw. Kündigung und zur Problematik der Umgehung erbrechtlicher Vorschriften vgl. Rn. 6.

4

C. Rechtsfolgen

I. Allgemein

Besteht der Auftrag **fort**, rücken die **Erben** in die Position des **Auftraggebers** ein; diese können den Auftrag grundsätzlich widerrufen. Eine vom Auftraggeber erteilte **Vollmacht** wird zur rechtsgeschäftlichen Vertretungsmacht für die Erben,[11] die bis zum eventuellen Widerruf durch die Erben wirksam bleibt. Das gilt auch dann, wenn die Vollmacht nicht ausdrücklich über den Tod hinaus wirksam sein sollte. **Erlischt** der Auftrag mit dem Tode des Auftraggebers (oder durch Widerruf der Erben), so erlischt zugleich eine mit dem Auftrag erteilte Vollmacht (§ 168 BGB), und eine eventuell erforderliche Rückabwicklung mit den Erben des Auftraggebers nach den §§ 666-670 BGB ist vorzunehmen. Der Auftrag erlischt auch durch **Insolvenz** des Auftraggebers (§§ 115 Abs. 1, 116 InsO), und mit ihm erlischt die Vollmacht und eine eventuelle Ermächtigung zur Prozessführung.[12] Bei Übertragungs- und Zahlungsdiensteverträgen (früher Übertragungs-, Überweisungs-, Zahlungs- und Giroverträge der §§ 676, 676a, 676d und 676f BGB a.F.) der §§ 675b, 675c ff. BGB hat die Insolvenz des Auftraggebers nach § 116 Satz 3 InsO keinen Einfluss auf die Wirksamkeit des erteilten Auftrags.[13]

5

II. Rechtsfolgen beim Fortbestand des Auftrags

1. Weisungsbefugnis und Widerrufsrecht

Die Erben haben nunmehr die Weisungsbefugnis gemäß § 665 BGB und ein Widerrufsrecht nach § 671 Abs. 1 BGB. Muss der Beauftragte annehmen, dass die Erben in Unkenntnis des Fortbestands

6

---

[6] Anders für die Geschäftsbesorgungsverträge mit den Aufsichtsratsmitgliedern der im Wege einer Fusion aufgelösten AG RG v. 03.01.1913 - II 526/12 - RGZ 81, 153-157, 153, 154.
[7] *Schilken* in: Staudinger, BGB, 2004, § 168 Rn. 24.
[8] *Ehmann* in: Erman, § 672 Rn. 4.
[9] OLG Dresden v. 01.12.2008 - 3 W 1123/08 - DNotZ 2009, 305-306.
[10] *Wittmann* in: Staudinger, 1995, § 672 Rn. 7.
[11] *Ehmann* in: Erman, § 672 Rn. 9 m.w.N.; BGH v. 18.04.1969 - V ZR 179/65 - NJW 1969, 1245-1247, u.a. zu der Frage, inwieweit der Beauftragte gehalten ist rückzufragen.
[12] BGH v. 10.11.1999 - VIII ZR 78/98 - NJW 2000, 738-740.
[13] § 116 Satz 3 InsO a.F. verwies insoweit für die Zeit vor dem 31.10.2009 auf Überweisungsverträge sowie Zahlungs- und Übertragungsverträge im Sinne der §§ 676a, 676d, 676 BGB a.F.; danach hatte das Kreditinstitut beim Überweisungsvertrag ein Recht zur Kündigung nach dem § 676a Abs. 3 Satz 1 HS. 2 BGB a.F.; vgl. die Erl. zu InsO, Frankfurter Kommentar zur Insolvenzordnung, 3. Aufl. 2002, § 116 Rn. 53; nach heute geltendem Recht käme eine Kündigung aus wichtigem Grund in Betracht; vgl. *Meckel*, jurisPR-BKR 2/2010, Anm. 1 („22.2. Kündigung aus wichtigem Grund").

des Auftrags sind, muss er sie nach Maßgabe des § 242 BGB informieren.[14] Das Widerrufsrecht der Erben kann ohne Beachtung der für Verfügungen von Todes wegen erforderlichen Form (§§ 2231-2233, 2247 BGB) **nicht wirksam ausgeschlossen werden**,[15] und zwar schon gar nicht, wenn der Erblasser selbst sich noch den Widerruf vorbehalten hatte[16]. Handelt es sich, etwa bei der Beauftragung einer Bank um einen Geschäftsbesorgungsvertrag gemäß § 675 Abs. 1 BGB, so ergibt sich ein Recht der Erben zur jederzeitigen Kündigung zumindest nach den §§ 621 Nr. 5 bzw. 649 BGB;[17] jedenfalls kommt aus wichtigem Grund die außerordentliche Kündigung seitens des Auftraggebers analog § 671 Abs. 3 BGB in Betracht. Mit dem Wegfall des Auftrags erlischt zugleich die entsprechende Vollmacht (§ 168 BGB).

2. Schenkungsbezogener Auftrag auf den Todesfall

7 Bei Schenkungen auf den Todesfall kann der Beauftragte zur Übermittlung des Schenkungsversprechens eingeschaltet sein. Selbst wenn ein Erblasser freilich eine Bank **beauftragt, im Todesfall** einem Dritten eine Geldsumme auszuzahlen, und der Dritte im Wege des Vertrags zugunsten Dritter auf den Todesfall (§ 331 BGB) den entsprechenden Anspruch bereits unmittelbar mit dem Todesfall erworben hat, so dass der Formmangel eines Schenkungsversprechens nach § 518 Abs. 2 BGB geheilt wäre, muss der Dritte das Erhaltene wieder herausgeben, wenn es am Schenkungsvertrag fehlt. Wenn die Bank dem Dritten den Antrag des Erblassers auf Abschluss des Schenkungsvertrags erst nach dem Erbfall übermitteln soll (vgl. § 130 Abs. 1 BGB), dann **verhindert** der **Widerruf des Auftrags** durch den Erben gegenüber der Bank ggf. den Zugang eines noch der **Annahme fähigen Schenkungsangebots** an den Dritten.[18] Will der Erblasser hier sicher gehen, muss er dafür sorgen, dass schon zu seinen Lebzeiten der Schenkungsvertrag zustande kommt (zumindest dem zu Beschenkenden ein entsprechendes Angebot zugeht), dessen eventuelle Formnichtigkeit über die §§ 331 Abs. 1, 518 Abs. 2 BGB beim Tode des Erblassers geheilt würde und dem dann auch § 2301 BGB nicht entgegenstände. Entsprechende **Risiken** für den Dritten ergeben sich dort, wo die Zuwendung an ihn erst durch den insoweit **bevollmächtigten Beauftragten** nach dem Tode des Erblassers erfolgen soll.[19]

a. Rechtsprechung

8 Die **Rechtsprechung** sieht selbst, dass das unbeschränkte Widerrufsrecht des Erben für Auftrag (und Vollmacht) zu **zufälligen Ergebnissen** führen kann, je nachdem, ob der Dritte schneller ist als der Erbe.[20] Insoweit will die **Judikatur** offenbar den **Willen des Erblassers** besonders **schützen**, sei es durch strenge Anforderungen an das Erklärungsbewusstsein beim Widerruf,[21] sei es dadurch, dass etwa die Bank nicht berechtigt oder verpflichtet sein soll, die Zustimmung des Erben abzuwarten oder durch Zuwarten den Widerruf der postmortalen Vollmacht zu ermöglichen[22].

b. Literatur

9 Ein Teil der Literatur stimmt dieser Judikatur in den Grenzen der §§ 138, 242 BGB zu.[23] Teilweise hält man demgegenüber den Beauftragen für verpflichtet, den Auftraggeber gemäß § 666 BGB von der veränderten Sachlage zu unterrichten und abzuwarten, ob der neue Auftraggeber abweichende Weisungen

---

[14] KG Berlin v. 13.06.2003 - 25 U 214/02 - juris Rn. 12 - KGR Berlin 2004, 389-391; zurückhaltend aber BGH v. 25.10.1994 - XI ZR 239/93 - BGHZ 127, 239-245 für postmortale Vollmacht, wonach die Bank weder berechtigt noch verpflichtet ist, die Zustimmung des Erben abzuwarten oder durch Zuwarten den Widerruf zu ermöglichen.
[15] So BGH v. 30.10.1974 - IV ZR 172/73 - juris Rn. 34 - NJW 1975, 382.
[16] BGH v. 14.07.1976 - IV ZR 123/75 - WM 1976, 1130-1132.
[17] BGH v. 30.10.1974 - IV ZR 172/73 - juris Rn. 29 - NJW 1975, 382.
[18] BGH v. 30.10.1974 - IV ZR 172/73 - juris Rn. 36 - NJW 1975, 382; BGH v. 14.07.1976 - IV ZR 123/75 - WM 1976, 1130-1132.
[19] Vgl. BGH v. 29.11.1994 - XI ZR 175/93 - LM BGB § 116 Nr. 5 (6/1995) betr. Fragen des Widerrufs der dem Begünstigten erteilten Vollmacht.
[20] So BGH v. 30.10.1974 - IV ZR 172/73 - juris Rn. 35 - NJW 1975, 382.
[21] BGH v. 29.11.1994 - XI ZR 175/93 - LM BGB § 116 Nr. 5 (6/1995).
[22] BGH v. 25.10.1994 - XI ZR 239/93 - BGHZ 127, 239-245 für postmortale Vollmacht; BGH v. 18.04.1969 - V ZR 179/65.
[23] *Martinek* in: Staudinger, § 672 Rn. 7; *Steffen* in: BGB-RGRK, § 672 Rn. 4; *Seiler* in: MünchKomm-BGB, § 672 Rn. 5.

erteilt.²⁴ *Medicus/Petersen*²⁵ wollen § 2301 BGB umfassend anwenden, also die Begünstigung des Dritten an die Einhaltung erbrechtlicher Formen binden, was freilich auf Kosten des Willens des Erblassers geht. Vor diesem Hintergrund muss nochmals empfohlen werden, Schenkungsversprechen und Zuwendungen dem Dritten rechtzeitig zugänglich zu machen. Trotz der wohl unvermeidlichen Probleme verdient letztlich die Judikatur deshalb Zustimmung, weil sie versucht, dem Willen des Erblassers möglichst weitgehend gerecht zu werden; die sich letztlich ergebende Abschwächung der Formstrenge des § 2301 BGB dürfte tolerabel sein. Mit dem Erlöschen des Auftrags qua Widerruf bzw. Kündigung erlischt auch die Vollmacht (§ 168 BGB).

III. Rechtsfolgen beim Erlöschen des Auftrags

1. Notgeschäftsführungspflicht

Nach § 672 Satz 2 BGB bzw. den §§ 115 Abs. 2, 116 InsO tritt eine Notgeschäftsführungspflicht des früheren Beauftragten ein, wenn mit der sofortigen Beendigung der Auftragstätigkeit Gefahr für die Belange des Auftraggebers (bzw. seiner Erben) verbunden ist; der Beauftragte hat dann die Besorgung des übertragenen Geschäfts fortzusetzen, bis der Erbe oder der gesetzliche Vertreter des Auftraggebers bzw. der Insolvenzverwalter anderweitig Vorsorge treffen kann; der Auftrag gilt insoweit als fortbestehend. Der Beauftragte hat dabei insbesondere, soweit erforderlich, den Auftraggeber (also ggf. die Erben) nach § 665 BGB zu informieren. Eine eventuell erteilte Vollmacht bleibt bestehen (vgl. auch § 117 Abs. 2 InsO). Die Weiterführung des Auftrags gibt dem Beauftragten weiterhin die Rechte und Pflichten aus den §§ 664-671 BGB (vgl. auch § 115 Abs. 2 Satz 3 InsO). Der Beauftragte ist ggf. mit seinen Ersatz- und Vergütungsansprüchen aus der Fortsetzung der Tätigkeit nach den §§ 115 Abs. 2, 116 InsO Massegläubiger. Die Verletzung der Pflichten führt zum Schadensersatz nach § 280 BGB. Eine **analoge Anwendung** der Vorschrift wird für den Fall erwogen, dass der alleinvertretungsberechtigte und gegen den anderen Elternteil auf Unterhalt klagende Elternteil das Kind in die Obhut des anderen Elternteils geben muss und demzufolge die Erledigung des Rechtsstreits erklären möchte.²⁶

10

2. Vertrauensschutz

Hat der Beauftragte unverschuldet keine Kenntnis vom Erlöschen des Auftrags, so gilt zugunsten des Beauftragten gemäß § 674 BGB bzw. den §§ 115 Abs. 3, 116 InsO der Auftrag als fortbestehend. Wer also z.B. im eigenen Namen zur Anmietung einer Wohnung beauftragt ist und schuldlos in Unkenntnis vom Tod des Auftraggebers einen Mietvertrag schließt, hat Anspruch auf Aufwendungsersatz. Die Fiktion wirkt nur zugunsten des Beauftragten, nicht auch zu seinen Lasten. Für Ersatzansprüche und eventuelle Vergütungsansprüche ist der Beauftragte nach den §§ 115 Abs. 3, 116 InsO ggf. Insolvenzgläubiger.

11

3. Rechenschaft

Über den Auftrag ist nach seinem Erlöschen, soweit erforderlich, **Rechenschaft** zu legen; dies gilt nicht, falls die Rechenschaftspflicht ausdrücklich nur gegenüber dem Erblasser bestehen soll.²⁷ Überlassene Gegenstände sind herauszugeben. Eventuelle **Aufwendungen** sind zu **ersetzen**. An die Stelle des Auftraggebers tritt dabei ggf. sein **Erbe**.

12

D. Anwendungsfelder

Besondere Bedeutung besitzt die Norm wiederum vor allem im Rahmen von entgeltlichen **Geschäftsbesorgungsverträgen** nach § 675 Abs. 1 BGB, wo auf § 672 BGB verwiesen wird, woraus der **Fortbestand** des entsprechenden Rechtsverhältnisses und über § 168 Satz 1 BGB einer eventuellen Voll-

13

---

²⁴ *Ehmann* in: Erman, § 672 Rn. 7; *Beuthien* in: Soergel, § 672 Rn. 10; anders *Martinek* in: Staudinger, § 672 Rn. 7; *Schultz*, NJW 1995, 3345-3348.
²⁵ *Medicus/Petersen*, Bürgerliches Recht, 23. Aufl. 2011, Rn. 394-398.
²⁶ *Norpoth*, FamRZ 2007, 514-518, zu OLG Köln v. 06.06.2005 - 4 UF 88/05 - FamRZ 2005, 1999.
²⁷ BGH v. 19.09.1989 - XI ZR 103/88 - NJW-RR 1990, 131.

§ 672

macht **beim Tode** des Auftraggebers folgt.[28] Bedeutsam ist dies namentlich für **post- und transmortale Vollmachten**,[29] etwa hinsichtlich des mit der Bank vereinbarten **Girovertrags**, der an sich mit den Erben fortgesetzt wird[30]. Auch hier besteht die Gefahr eines Konflikts mit dem Erbrecht.

14   Mit Urteil v. 24.03.2009 hatte sich der **BGH**[31] eingehend mit der Reichweite der einem **Ehepartner erteilten transmortalen Kontovollmacht** für ein Girokonto und der sich dabei ergebenden Konfliktlage zu den Erben befasst. Entsprechend der früheren Judikatur zur Unzulässigkeit der Umwandlung eines sog. Oder-Kontos in ein sog. Und-Konto[32] berechtige diese weder zu Lebzeiten des Erblassers noch nach dessen Tod dazu, die Rechtsstellung des Kontoinhabers zu ändern oder aufzuheben, so dass eine Umschreibung des Kontos auf den Bevollmächtigten ausscheidet; den Einwand, dass der Kontoinhaber an sich auf das **gesamte Guthaben zugreifen** und dieses auf sein eigenes Konto überweisen könne, ohne dass Rechtsmissbrauch vorliege, will der BGH nicht akzeptieren[33]; allerdings betont er, dass bei der transmortalen Vollmacht die Absicherung des überlebenden Ehepartners nicht im Vordergrund stehe, weil es insoweit geeignetere erbrechtliche Möglichkeiten gebe, dass vielmehr der Bevollmächtigte gegenüber den nach dem Tode des Erblassers vertretenen Erben aus Treu und Glauben verpflichtet ist[34], womit sich trotz der Abstraktheit der Vollmacht gewisse Korrekturmöglichkeiten ergeben könnten.

15   Bedeutsam ist die Norm auch für die Gebühren eines **Rechtsanwalts**[35], etwa im Rahmen der Prozesskostenhilfe.[36] Beim Tod des Angeklagten erlischt die Vollmacht des Verteidigers nicht automatisch; vielmehr bleibt dieser für zu erstattende Auslagen ermächtigt.[37] Mit Hilfe des **schenkungsbezogenen Auftrags** über den Tod hinaus bzw. auf den Todesfall (vgl. Rn. 7) lassen sich in gewissem Rahmen Zuwendungen am Nachlass vorbei realisieren.[38] Dabei ist zu beachten, dass die meisten **ausländischen** Gesetze eine Vollmacht mit dem Tode des Vollmachtgebers erlöschen lassen[39], so dass häufig die Wahl eines deutschen Vollmachtstatuts oder Ersatzlösungen erforderlich sein können.[40] **Erbschaftsteuerrechtlich** ist der schenkungsbezogene Auftrag auf den Todesfall anerkannt.[41]

16   Wegen der an den Fortbestand des Auftrags gekoppelten **Vollmacht** ergeben sich überdies **Beweiserleichterungen**. So soll nach h.M. bei Beachtung der Form des § 29 GBO der **Grundbuchrichter** vom Vorliegen einer Vollmacht ausgehen dürfen, auch wenn diese nicht ausdrücklich zur Vertretung der Erben berechtigt.[42] Entsprechendes soll für das **Handelsregister** gemäß § 12 Abs. 1 und Abs. 2 Satz 1 HGB gelten.[43]

---

[28] Vgl. allgemein zur Vorsorgevollmacht bei Bankgeschäften *Tersteegen*, NJW 2007, 1717-1724; die allgemeine rechtliche Betreuung ist umfassend in den §§ 1896 ff. BGB geregelt; problematisch hinsichtlich der insoweit nur beschränkt anerkannten postmortalen Wirkung einer Altersvorsorgevollmacht OLG Hamm v. 17.09.2002 - 15 W 338/02 - NJW-RR 800-801; kritisch insoweit *Roth*, WuB IV A § 168 BGB 1.04; auch *Martinek* in: Staudinger, § 672 Rn. 5.

[29] Zusammenfassend *Kurze*, ZErb 2008, 399-410; speziell unter dem Blickwinkel von Vor- und Nacherbschaft *Keim*, DNotZ 2008, 175-186.

[30] Die Zahlung von Kindergeld an die Bank nach dem Tode der Empfangsberechtigten kann daher seitens der Familiengeldkasse dann nicht von der Bank zurückverlangt werden, wenn die Bank bei Zahlung noch Zahlstelle für die frühere Kontoinhaberin war; so FG München v. 17.04.2008 - 10 K 1362/07 - EFG 2008, 1598-1600.

[31] BGH v. 24.03.2009 - XI ZR 191/08 - juris Rn. 18 ff. - BGHZ 180, 191-199; dazu *Bartsch*, jurisPR-BKR 8/2009 Anm. 2; *Gziwotz*, FamRZ 2009, 1055-1056; *Petersen*, Jura 2010, 757-759; *Roglmeier*, jurisPR-FamR 22/2009, Anm. 5.

[32] BGH v. 30.10.1990 - XI ZR 352/89 - WM 1990, 2067, 2068.

[33] BGH v. 30.10.1990 - XI ZR 352/89 - juris Rn. 21 - WM 1990, 2067, 2068.

[34] BGH v. 30.10.1990 - XI ZR 352/89 - juris Rn. 20 - WM 1990, 2067, 2068.

[35] OLG Schleswig v. 29.01.1979 - 9 W 11/79 - SchlHA 1979, 132.

[36] OLG München v. 28.03.1961 - 11 W 8902/60 - MDR 1961, 699.

[37] OLG Celle v. 28.05.2002 - 1 Ws 132/02 - NJW 2002, 3720-3721, unter Aufgabe der bisherigen Judikatur.

[38] Hierzu, unter dem besonderen Blickwinkel von Deutschland und der Schweiz, *Pawlytta/Schmutz*, ZEV 2008, 59-64.

[39] Vgl. *Süß*, ZEV 2008, 69-73, 69 f., m.w.N.

[40] Hierzu eingehend *Süß*, ZEV 2008, 69-73.

[41] Hessisches Finanzgericht v. 09.12.2008 - 1 K 1709/06 - ZErb 2009, 249-252: Nachlassverbindlichkeit, die nach § 41 Abs. 1 Satz 1 AO zu versteuern ist.

[42] Vgl. RG v. 28.06.1906 - IV 197/06 - RGZ 64, 16-18; LG Kassel v. 27.03.1958 - 6 T 112/58 - DNotZ 1958, 429; KG v. 23.06.1969 - 1 W 2583/69 - DNotZ 1972, 18; LG Neuruppin v. 29.08.2003 - 5 T 217/03 - MittBayNot 2004, 46-47; vgl. auch OLG Karlsruhe v. 29.08.1991 - 11 W 32/91 - BWNotZ 1992, 102-103; *Sprau* in: Palandt, § 672 Rn. 1; *Martinek* in: Staudinger, § 672 Rn. 17; *Mansel* in: Jauernig, BGB-Kommentar, 12. Aufl. 2007, § 672 Rn. 2.

[43] OLG Hamburg v. 27.05.1966 - 2 W 14/66 - DNotZ 1967, 30; *Martinek* in: Staudinger, § 672 Rn. 17.

§ 673 BGB Tod des Beauftragten

(Fassung vom 02.01.2002, gültig ab 01.01.2002)

¹Der Auftrag erlischt im Zweifel durch den Tod des Beauftragten. ²Erlischt der Auftrag, so hat der Erbe des Beauftragten den Tod dem Auftraggeber unverzüglich anzuzeigen und, wenn mit dem Aufschub Gefahr verbunden ist, die Besorgung des übertragenen Geschäfts fortzusetzen, bis der Auftraggeber anderweit Fürsorge treffen kann; der Auftrag gilt insoweit als fortbestehend.

A. Grundlagen

Nach der **Auslegungsregel** des § 673 Satz 1 BGB **erlischt** der Auftrag – anders als nach § 672 Satz 1 BGB beim Tode des Auftraggebers – im Zweifel durch den **Tod des Beauftragten**. Grund hierfür ist das im Allgemeinen gegenüber dem Beauftragten bestehende persönliche Vertrauensverhältnis.

Die Auslegungsregel erfasst beim **unentgeltlichen** Auftrag **nicht die Insolvenz** des Beauftragten (arg. § 115 InsO), so dass in diesem Fall der Auftrag fortbesteht, soweit sich vertraglich nichts anderes ergibt; zur Ausführung ist nur der Beauftragte persönlich, nicht der Insolvenzverwalter verpflichtet,[1] so dass der Beauftragte trotz des Widerrufsrechts des Auftraggebers den Auftrag ausführen oder kündigen kann. § 673 BGB gilt für den Fall des Todes des Beauftragten nach § 675 Abs. 1 BGB auch beim entgeltlichen Geschäftsbesorgungsvertrag; soweit er auf dienstvertraglicher Grundlage aufbaut, greift bereits § 613 Satz 2 BGB ein, während es bei werkvertraglicher Grundlage darauf ankommt, ob die geschuldete Leistung ohne Inhaltsänderung durch den Rechtsnachfolger erbracht werden kann.[2] Auch auf den Zahlungsdienstevertrag ist die Vorschrift nach § 675c Abs. 1 BGB anwendbar. **Insolvenz** des Beauftragten beim **gegenseitigen Vertrag** lässt den Vertrag ebenfalls fortbestehen, da die §§ 115, 116 InsO auch insoweit kein Erlöschen vorsehen, und gibt dem Verwalter – anders Vorauflage – daher kein Wahlrecht nach § 103 InsO.[3]

Mit dem Auftrag bzw. Geschäftsbesorgungsvertrag erlischt zugleich eine zu dessen Durchführung erteilte **Vollmacht**. Der Erbe des Beauftragten hat den Auftraggeber im Falle des Erlöschens des Auftrags vom Tode des Beauftragten unverzüglich zu benachrichtigen; aber auch bei fortbestehendem Auftrag ergibt sich eine Informationspflicht aus § 666 BGB. Die eventuell erforderliche Rückabwicklung bei teilweise schon durchgeführtem Auftrag erfolgt gemäß den §§ 666-670 BGB zwischen Auftraggeber und Erben des Beauftragten.[4] Gemäß § 673 Satz 2 BGB trifft erforderlichenfalls den Erben eine **Notgeschäftsführungspflicht**; insoweit gilt der **Auftrag** und mit ihm eine **Vollmacht** als **fortbestehend**; für Pflichtverletzungen haftet der Erbe. Zugunsten des Beauftragten bzw. Erben sieht § 674 BGB Vertrauensschutz vor.

B. Anwendungsvoraussetzungen

Die Auslegungsvorschrift gilt wiederum nur für den Fall, dass beim Tode des Beauftragten der Vertrag bereits **geschlossen** ist. Andernfalls greifen die §§ 130, 153 BGB ein. Der **Wegfall der Geschäftsfähigkeit** ist im § 673 BGB **nicht** genannt, so dass der Auftrag im Zweifel fortbesteht; doch wird eine auf Abschluss eines Rechtsgeschäfts gerichtete Verpflichtung des Beauftragten dann i.S.v. § 275 BGB unmöglich sein; für Betreuung mit Einwilligungsvorbehalt i.S.v. § 1903 BGB gilt Entsprechendes. Für die Widerlegung der Auslegungsregel dürfte entscheidend sein, ob im konkreten Fall ein **Vertrauensverhältnis** gegenüber dem Beauftragten nicht bzw. ein solches mit dem Erben des Beauftragten eventuell in gleicher Weise besteht; dann kann die Stellung des Beauftragten möglicherweise nach § 1922 BGB auf den Erben übergehen, ohne dass der Auftrag erlischt.

---

[1] *Martinek* in: Staudinger, § 673 Rn. 15.
[2] *Heermann* in: MünchKomm-BGB § 675 Rn. 22; nach *Ehmann* in: Erman, § 673 Rn. 1.
[3] OLG Düsseldorf v. 18.12.2009 - I-16 U 160/09 - ZIP 2010, 194-195, zum Handelsvertretervertrag, unter Hinweis auf die §§ 108 Abs. 1 Satz 1, 116 InsO; kritisch *Krahm*, jurisPR-HaGesR 4/2010, Anm. 2, der auf die Möglichkeit einer fristlosen Kündigung des Vertrages nach § 89a HGB hinweist.
[4] Vgl. BGH v. 08.06.1988 - IVa ZR 57/87 - juris Rn. 8 - BGHZ 104, 369-374.

§ 673

5   **Streitig** war die Anwendbarkeit des § 673 BGB auf eine beauftragte **Gesellschaft**, deren Vermögen im Wege der **Gesamtrechtsnachfolge** auf eine andere Gesellschaft übergeht. Teilweise hat man hier den Auftrag als erloschen betrachtet, etwa im Falle einer zum **WEG-Verwalter** bestellten **KG**, deren Vermögen im Wege der Gesamtrechtsnachfolge auf ihren persönlich haftenden Gesellschafter, eine GmbH, übertragen worden war,[5] oder unter Betonung des Aspekts des besonderen persönlichen Vertrauens bei einer WEG-Verwalter-KG mit einer natürlichen Person als persönlich haftenden Gesellschafter beim Übergang des KG-Vermögens auf eine GmbH[6]. Das RG hatte im Falle der Verschmelzung einer zur Grundbuchvertreterin bestellten KGaA Auftrag und Vollmacht als auf die übernehmende Gesellschaft übergehend angesehen, weil hier das Vertrauen des Auftraggebers regelmäßig nicht berührt werde;[7] zugelassen wurde der Rechtsübergang für eine WEG-Verwaltung auch bei der auf eine GmbH umgewandelten einzelkaufmännische Firma[8]. *Karsten Schmidt* hat zu Recht betont, bei Verschmelzungsvorgängen im Dienstleistungsbereich ergebe sich der Rechtsübergang ausschließlich aus § 20 Abs. 1 Nr. 1 UmwG, und § 673 BGB sei hier regelmäßig nicht anwendbar;[9] Entsprechendes muss für die Spaltung von Gesellschaften nach § 131 Abs. 1 Nr. 1 UmwG (früher § 123 UmwG) gelten.[10] Dem ist grundsätzlich zuzustimmen.[11]

C. Anwendungsfelder

6   Mit dem Tode eines beauftragten **Rechtsanwalts** erlöschen Auftrag und Vollmacht; insbesondere ist der gemäß § 53 BRAO amtlich bestellte Vertreter des Rechtsanwalts weder Beauftragter noch Bevollmächtigter der Partei.[12] Das Amt des **Testamentsvollstreckers** erlischt mit dessen Tod kraft Gesetzes (§ 2225 BGB); doch trifft **dessen** Erben nach den §§ 2218 Abs. 1, 673 Satz 2 BGB die Pflicht, die Erben zu informieren und bei Gefahr und Verzug die Geschäfte fortzuführen; eine Anzeige an das Nachlassgericht ist zweckmäßig.[13]

7   Bei Auflösung eines Amtes im Zuge einer Gebietsreform wurde § 673 BGB im Kontext von § 11b des Gesetzes zur Regelung offener Vermögensfragen vom **VG Cottbus**[14] angewandt.

---

[5] BayObLG München v. 06.02.1987 - BReg 2 Z 6/87 - MDR 1987, 588-589; offen gelassen vom OLG Düsseldorf v. 28.05.1990 - 3 Wx 159/90 - juris Rn. 12 - NJW-RR 1990, 1299-1300.
[6] OLG Düsseldorf v. 28.05.1990 - 3 Wx 159/90 - juris Rn. 11 - NJW-RR 1990, 1299-1300.
[7] RG v. 19.02.1936 - V B 1/36 - RGZ 150, 289-293; ähnlich LG Koblenz v. 11.06.1997 - 2 T 319/97 - NJW-RR 1998, 38-40.
[8] AG Viechtach v. 22.03.2001 - 2 UR II 0001/01, 2 UR II 1/01 - ZfIR 2001, 752-754.
[9] *K. Schmidt*, DB 2001, 1019-1023.
[10] *K. Schmidt*, DB 2001, 1019-1023, 1020.
[11] *Seiler* in: MünchKomm-BGB, § 673 Rn. 2; *Martinek* in: Staudinger, § 673 Rn.6; a.A. unter Berufung auf § 26 WEG *Wicke/Menzel*, MittBayNot 2009, 203-208.
[12] BGH v. 10.11.1981 - VIII ZR 315/80 - LM Nr. 5 zu § 85 ZPO.
[13] *Weidlich* in: Palandt, § 2225 Rn. 2.
[14] VG Cottbus v. 10.02.2011 - 1 K 1174/06 - juris Rn. 68.

§ 674 BGB Fiktion des Fortbestehens

(Fassung vom 02.01.2002, gültig ab 01.01.2002)

Erlischt der Auftrag in anderer Weise als durch Widerruf, so gilt er zugunsten des Beauftragten gleichwohl als fortbestehend, bis der Beauftragte von dem Erlöschen Kenntnis erlangt oder das Erlöschen kennen muss.

Gliederung

A. Grundlagen 1
B. Anwendungsvoraussetzungen 2
C. Prozessuale Hinweise 3
D. Anwendungsfelder 4

A. Grundlagen

Zugunsten des Beauftragten **fingiert** die Vorschrift den Fortbestand des Auftrags (und damit der Vollmacht), wenn der Auftrag in anderer Weise als durch Widerruf erlischt, **solange** der Beauftragte das **Erlöschen weder kennt noch kennen muss**. Dem Beauftragten schadet insoweit bereits einfache Fahrlässigkeit (vgl. die §§ 122 Abs. 2, 176 Abs. 2 BGB). Die Vorschrift gilt **nur zugunsten** des Beauftragten, nicht auch zu seinen Lasten; er haftet also nicht, wenn er in Unkenntnis des Erlöschens untätig bleibt (und auch § 672 Satz 2 BGB nicht eingreift). Die Vorschrift ist vor allem wichtig für den Aufwendungsersatzanspruch aus § 670 BGB des gutgläubig weiterhin Tätigen. Sie gilt für entgeltliche Geschäftsbesorgungsverträge gemäß § 675 Abs. 1 BGB, speziell auch für Zahlungsdiensteverträge nach § 675c Abs. 1 BGB und nach § 2218 Abs. 1 BGB für den Testamentsvollstrecker. Die §§ 115 Abs. 3, 116 InsO beinhalten bei wegen **Insolvenz** des Auftraggebers erlöschenden Auftrags bzw. Geschäftsbesorgungsvertrags zugunsten des Beauftragten eine entsprechende Regelung. Nach § 116 Satz 3 InsO tritt allerdings kein Erlöschen ein durch Insolvenz des Auftraggebers bei Zahlungsaufträgen (§ 675f Abs. 3 Satz 2 BGB) sowie bei Aufträgen zwischen Zahlungsdienstleistern (§ 675f Abs. 1 BGB) oder zwischengeschalteten Stellen und Aufträgen zur Übertragung von Wertpapieren (vgl. § 675b BGB); diese bestehen mit Wirkung für die Masse fort.[1]

1

B. Anwendungsvoraussetzungen

Die Fiktion des Fortbestandes des Auftrags bei Gutgläubigkeit greift **nur** ein, wenn der Auftrag **nicht durch Widerruf** erlischt; denn beim Erlöschen durch Widerruf des Auftraggebers ist der Beauftragte im Hinblick auf § 130 Abs. 1 BGB nicht schutzbedürftig, weil er beim Zugang der Erklärung von ihrem Inhalt Kenntnis nehmen kann; entsprechendes gilt aber auch bei einer außerordentlichen Kündigung seitens des Auftraggebers. Bei abweichender Sachlage, die zu **entschuldbarer Unkenntnis** beim Beauftragten führt, etwa bei Kündigung seitens des Beauftragten, bei der dieser den Zugang und damit das Wirksamwerden der Kündigung nicht genau voraussehen kann, oder im Hinblick auf den Eintritt einer eventuellen Bedingung kann § 674 BGB **ebenfalls** eingreifen;[2] entsprechendes gilt, wenn etwa Erben schuldlos annehmen konnten, dass der Auftrag entgegen § 673 BGB fortbesteht[3], oder bei Zweckerledigung (Tod des zu Unterrichtenden). Obwohl die Fiktion an sich nur zugunsten des Beauftragten wirkt, **haftet** er bei Schlechtleistung gleichwohl.[4] Im Übrigen gelten bei Nichteingreifen der Fiktion die Vorschriften über die GoA; das kann etwa der Fall sein, wenn dem Beauftragten der Widerruf nach § 132 BGB zugestellt wurde.[5]

2

---

[1] § 116 Satz 3 InsO a.F. verwies insoweit für die Zeit vor dem 31.10.2009 auf Überweisungsverträge sowie Zahlungs- und Übertragungsverträge im Sinne der §§ 676a, 676d, 676 BGB a.F.; danach hatte das Kreditinstitut beim Überweisungsvertrag ein Recht zur Kündigung nach § 676a Abs. 3 Satz 1 HS. 2 BGB a.F.; nach heute geltendem Recht käme eine Kündigung aus wichtigem Grund in Betracht; vgl. *Meckel*, jurisPR-BKR 2/2010, Anm. 1 („22.2 Kündigung aus wichtigem Grund").
[2] Ebenso *Martinek* in: Staudinger, § 674 Rn. 5, 6, 8.
[3] *Martinek* in: Staudinger, § 674 Rn. 6.
[4] *Martinek* in: Staudinger, § 674 Rn. 11.
[5] So *Sprau* in: Palandt, § 674 Rn. 2.

§ 674

C. Prozessuale Hinweise

3 Im Streitfall muss der **Auftraggeber** beweisen, dass der Beauftragte Kenntnis vom Erlöschen des Auftrags hatte bzw. insoweit fahrlässig handelte.[6] Besondere Bedeutung hat die Vorschrift u.a. für die **Gebühren** von **Rechtsanwälten**, wenn diese in Unkenntnis der Rücknahme einer Klage oder eines Rechtsmittels bereits für die andere Partei tätig geworden sind.[7]

D. Anwendungsfelder

4 Beim Erlöschen eines Bankvertrages durch Insolvenzeröffnung über das Vermögen des **Bank**kunden gilt die Schutzwirkung der §§ 115 Abs. 3, 116 InsO auch dann, wenn der Kunde als **Handelsgesellschaft** durch die Insolvenz **aufgelöst** ist.[8] Nach Kenntniserlangung von der Insolvenz ist zwar das Stornorecht der Bank erloschen; doch darf die Bank irrtümliche Buchungen weiter durch Rück- bzw. Gegenbuchungen beseitigen.[9] Für das zwischen Bank und Kunden bestehende, mit dem Girovertrag verbundene **Kontokorrentverhältnis** ist die Fiktion des § 674 BGB zumindest hinsichtlich einer **antizipierten Verfügungs- und Verrechnungsvereinbarung** unanwendbar, weil eine solche Abrede mit Sinn und Zweck des Insolvenzverfahrens unvereinbar wäre;[10] eine nach Eröffnung des Insolvenzverfahrens eingehende Zahlung für den Kunden auf dessen Bankkonto darf daher die Bank auch dann nicht mit eigenen Ansprüchen verrechnen, wenn sie zu diesem Zeitpunkt von der Eröffnung nichts wusste.[11] Wenn im Rahmen durch Insolvenz beendeten Factoring-Vertrages **noch kurz nach Verfahrenseröffnung Beträge eingezogen wurden**, soll noch eine „im Kern" vor Eröffnung entstandene und der Aufrechnung durch den Faktor zugängliche (vgl. § 96 InsO) Forderung vorliegen können.[12] Für Zahlungen der Bank an den Schuldner nach Insolvenzeröffnung ist § 674 BGB anwendbar.[13] Vgl. im Übrigen für die seit dem 31.10.2009 geltende Rechtslage für Zahlungsdienste die Erläuterung zu den **§§ 675c ff. BGB**.

5 Bei auslegungsbedürftigem Testament hinsichtlich der Anordnung der Testamentsvollstreckung können die Kosten des Streits um das Bestehen des **Testamentsvollstreckeramtes** nicht aus § 674 BGB verlangt werden.[14]

6 Für die Höhe der **Gebührenforderungen von Rechtsanwälten** kann es auf § 674 BGB ankommen (vgl. Rn. 3).

---

[6] *Martinek* in: Staudinger, § 674 Rn. 13; *Sprau* in: Palandt, § 674 Rn. 1.
[7] Vgl. KG Berlin v. 21.03.2000 - 1 W 1750/99 - KGR Berlin 2001, 56: Zugang der Mitteilung von der Klagerücknahme im Büro des Anwalts vor Einreichung des Schriftsatzes führt zur Reduzierung der Gebühr nach § 32 Abs. 1 BRAGebO; aber volle Gebühr bei Unkenntnis von Klagerücknahme laut OLG Karlsruhe v. 10.03.1978 - 11 W 211/77 und OLG Nürnberg v. 18.11.1963 - 2 W 121/63; zur Abwehr des Verfügungsbegehrens bei e.V. nach Rücknahme des Antrags auf ihren Erlass OLG Köln v. 21.01.1991 - 17 W 36/91 - JurBüro 1991, 930-932; zu Unkenntnis von Rechtsmittelrücknahme OLG Stuttgart v. 25.10.1979 - 8 W 448/79 - Justiz 1980, 21 und OLG Saarbrücken v. 04.03.1966 - 5 W 132/65 - NJW 1966, 2066-2068, wonach es bei Kenntnis von der Einlegung der Berufung nicht auf die Zustellung der Berufungsschrift ankommt.
[8] Vgl. BGH v. 09.10.1974 - VIII ZR 190/73 - BGHZ 63, 87-93 zu § 23 KO und § 674 BGB.
[9] BGH v. 09.10.1974 - VIII ZR 190/73 - BGHZ 63, 87-93.
[10] So noch zur KO BGH v. 04.05.1979 - I ZR 127/77 - juris Rn. 7 - BGHZ 74, 253-258.
[11] Anders OLG Düsseldorf v. 25.03.1977 - 16 U 142/76 - DB 1977, 1548-1549.
[12] So zur KO OLG Koblenz v. 26.07.1988 - 3 U 1352/87 - WM 1988, 1355-1357; vgl. zur entsprechenden Argumentation BGH v. 28.01.1977 - II ZR 110/76 - juris Rn. 10 - LM Nr. 8 zu § 55 KO.
[13] LG Hannover v. 21.05.1986 - 1 S 38/86 - EWiR 1986, 913-914 und dazu *Johlke*, EWiR 1986, 913-914.
[14] BGH v. 06.07.1977 - IV ZR 17/76 - BGHZ 69, 235-243.

Untertitel 2 - Geschäftsbesorgungsvertrag *)

§ 675 BGB Entgeltliche Geschäftsbesorgung

(Fassung vom 02.01.2002, gültig ab 01.01.2002)

(1) Auf einen Dienstvertrag oder einen Werkvertrag, der eine Geschäftsbesorgung zum Gegenstand hat, finden, soweit in diesem Untertitel nichts Abweichendes bestimmt wird, die Vorschriften der §§ 663, 665 bis 670, 672 bis 674 und, wenn dem Verpflichteten das Recht zusteht, ohne Einhaltung einer Kündigungsfrist zu kündigen, auch die Vorschriften des § 671 Abs. 2 entsprechende Anwendung.

(2) Wer einem anderen einen Rat oder eine Empfehlung erteilt, ist, unbeschadet der sich aus einem Vertragsverhältnis, einer unerlaubten Handlung oder einer sonstigen gesetzlichen Bestimmung ergebenden Verantwortlichkeit, zum Ersatz des aus der Befolgung des Rates oder der Empfehlung entstehenden Schadens nicht verpflichtet.

*) *Amtlicher Hinweis:*

Dieser Untertitel dient der Umsetzung
1. der Richtlinie 97/5/EG des Europäischen Parlaments und des Rates vom 27. Januar 1997 über grenzüberschreitende Überweisungen (ABl. EG Nr. L 43 S. 25) und
2. Artikel 3 bis 5 der Richtlinie 98/26/EG des Europäischen Parlaments und des Rates über die Wirksamkeit von Abrechnungen in Zahlungs- und Wertpapierliefer- und -abrechnungssystemen vom 19. Mai 1998 (ABl. EG Nr. L 166 S. 45).

Gliederung

A. Grundlagen 1	5. Hausverwaltervertrag 41
I. Zusammenfassung zweier Regelungen 1	6. Inkassovertrag 42
II. Entgeltliche Geschäftsbesorgung 2	7. Insolvenzverwalter 43
III. Haftung aus Rat und Empfehlung 4	8. Kautionsversicherung 44
B. Entgeltliche Geschäftsbesorgung 5	9. Liquidatoren 45
I. Verträge mit Banken 9	10. Management-, Betriebs- und Unternehmensführungsvertrag 46
1. Allgemeiner Bankvertrag und Bankgeschäfte ... 10	11. Mietverwalter/Mietvermittler 47
2. Kreditgeschäft; Kreditkarte und EC-Karte 13	12. Notare 48
3. Effektengeschäft 15	13. Patentanwälte 49
4. Depotgeschäft 16	14. Rechtsanwälte 50
5. Überweisungs-, Giro- und Zahlungsdienstevertrag 17	a. Anwaltsvertrag 50
II. Auskunfts- Beratungs- und Vermittlungsverträge 18	b. Pflichten des Anwalts 52
1. Auskunftsvertrag 19	c. Vergütung 54
2. Anlageberatung 22	d. Regress 56
a. Vertragsschluss und genereller Pflichtenumfang 23	e. Regressprozess 60
b. Anleger- und objektgerechte Beratung der Bank 25	15. Schiedsrichter-/Schiedsgutachterverträge 61
c. Besonderheiten, u.a. Immobilien und geschlossene Fonds; Börsendienst 28	16. Steuerberater 63
d. Innenprovisionen und Rückvergütungen 29	17. Vorstandsmitglieder/Geschäftsführer und Aufsichtsratsmitglieder 67
e. Durchsetzbarkeit 30	18. Treuhandverträge 68
3. Anlagevermittlung 31	19. Vermögensverwalter 73
4. Unternehmensberatung 35	20. Wohnungseigentumsverwalter 74
III. Verwaltung/Geschäftsabwicklung 36	21. Wirtschaftsprüfer 76
1. Architektenvertrag 36	IV. Kooperationsverträge des Handelsrechts 77
2. Auktionator 37	1. Handelsvertreter 77
3. Baubetreuungsvertrag/Bauträgervertrag 38	2. Handelsmakler 79
4. Geschäftsbesorger 40	3. Kommissionär 80
	4. Vertragshändler 82
	5. Franchise-Vertrag 84
	6. Factoring-Vertrag 85

C. Auskunftshaftung und Absatz 2 87
I. Überblick 87
1. Regelungsgehalt 87
2. Verhältnis zum bisherigen Recht 88
3. Praktische Bedeutung der Kommentierung des Absatzes 2 89
II. Verantwortlichkeit aus Vertrag 90
1. Vertrag 90
2. Stillschweigender Vertragsschluss 91
 a. Bankauskunft 92
 b. Vertreter und Experten 93
 c. Einzelfragen 94
 d. Kritik der Literatur 97
3. Einbeziehung Dritter in den Schutz 98
4. Vertragliche Nebenpflichten 99
5. Inhalt der Auskunfts- und Beratungspflicht 100
 a. Relevanz der Umstände 100
 b. Anleger- und objektgerechte Beratung 103
III. Verantwortlichkeit aus vertragsähnlichem Verhältnis 104
1. Vertrauensverhältnis und geschäftliche Kontakte 104
2. Haftung aus Bescheinigungen 105
3. Verschulden bei Vertragsschluss – Prospekthaftung i.w.S. 106
4. Bürgerlich-rechtliche Prospekthaftung – „eigentliche" Prospekthaftung 107
5. Unerlaubte Handlung 108
IV. Sonderregeln 109

V. Schutzzweck und Zurechnungszusammenhang 110
VI. Prozessuale Hinweise 111
D. Anwendungsfelder 113
I. „Schrottimmobilien" 113
1. Problematik 113
2. Realkreditverträge 115
3. Finanzierter Beitritt zu Immobilienfonds 116
4. Aufklärungspflichten beim institutionalisiertes Zusammenwirken der Bank mit Verkäufer bzw. Fondsbetreiber und Vermittler 122
5. Rückforderungsdurchgriff 125
II. Innenprovisionen, Kick-Backs und Rückvergütungen 126
1. Problematik 126
2. Entwicklung der Judikatur zur Aufklärungspflicht 128
 a. Werthaltigkeit 128
 b. Interessenkonflikt 129
 c. Weitere Grenzen der Aufklärungspflicht 132
 d. Abgrenzung zwischen Innenprovisionen und Rückvergütungen 133
3. Kausalität und aufklärungsrichtiges Verhalten 136
4. Schaden 137
5. Verschulden und Verbotsirrtum 138
6. Beweislast für Verschulden 141
7. Verjährungsbeginn 142
8. Strafrechtliche Aspekte 143
E. Arbeitshilfen 144

A. Grundlagen

I. Zusammenfassung zweier Regelungen

1   Die Vorschrift hat ihre jetzige Fassung durch das **Überweisungsgesetz** vom 21.07.**1999**[1] erhalten, und zwar im Wege der **Zusammenfassung** des **zuvor geltenden § 675 BGB** über die entgeltliche **Geschäftsbesorgung** mit dem **früheren § 676 BGB** über die Haftung aus **Rat und Empfehlung**; insoweit besteht ein höchst heterogener Regelungsgehalt in Absatz 1 einerseits und Absatz 2 andererseits, dem gleichwohl die Haftungsrelevanz gemeinsam ist. § 675 Abs. 2 BGB wurde mit der Einfügung der Worte „oder einer sonstigen gesetzlichen Bestimmung" lediglich redaktionell verändert. Eine inhaltliche Veränderung hatte sich aber durch das Überweisungsgesetz für den Geschäftsbesorgungsvertrag insofern ergeben, als hinsichtlich der im „Untertitel 2 Geschäftsbesorgungsvertrag" speziell geregelten bankrechtlichen Verträge (Übertragungsvertrag, Überweisungsvertrag, Zahlungsvertrag, Girovertrag, Vertrag über Zahlungskarten) die allgemeine Regelung des **§ 675 Abs. 1 BGB** gegenüber den speziellen Regelungen der **§§ 675b-676h BGB zurücktrat**; nach seinem Wortlaut war § 675 Abs. 1 BGB unverändert geblieben. Durch das **Gesetz** zur Umsetzung der Verbraucherkreditrichtlinie, des zivilrechtlichen Teils der **Zahlungsdiensterichtlinie**[2] sowie zur Neuordnung der Vorschriften über das Widerrufs- und Rückgaberecht vom 29.07.2009[3] wurden mit Wirkung **vom 31.10.2009** § 675a BGB geändert und die bisherigen **§§ 676-676h BGB** durch die **§§ 675b-676c BGB** ersetzt. Die Erbringung von „Zahlungsdiensten" durch einen Geschäftsbesorgungsvertrag ist in diesen Vorschriften nunmehr zu-

---

[1] BGBl I 1999, 1642.
[2] RL 2007/64/EG vom 13.11.2007, ABl. L 319 v. 05.12.2007, S. 1.
[3] BGBl I 2009, 2355; zugleich ergeben sich ab 11.06.2010 wesentliche Änderungen bei der für § 675a BGB relevanten InfoV.

sammenfassend speziell geregelt. Auf die diesbezügliche Kommentierung von *Schwintowski* (unten) wird **verwiesen**. Durch den Begriff des Geschäftsbesorgungsvertrages bleibt die spezielle Regelung an § 675 Abs. 1 BGB gebunden.

II. Entgeltliche Geschäftsbesorgung

Der Geschäftsbesorgungsvertrag ist ein Dienst- oder Werkvertrag, der eine vermögensbezogene Geschäftsbesorgung zum Gegenstand hat und auf den § 675 Abs. 1 BGB weitgehend Auftragsrecht für anwendbar erklärt. Seit dem 31.10.2009 ist der Geschäftsbesorgungsvertrag, der die Erbringung von Zahlungsdiensten zum Gegenstand hat, in den §§ 675c-675z, 676-676c BGB unter weitgehender Bezugnahme auf die allgemeinen Auftragsvorschriften speziell geregelt; auf die diesbezügliche Kommentierung wird verwiesen.[4] Nachdem im ersten **Entwurf zum BGB** (§ 586 E I) die Unentgeltlichkeit als Begriffsmerkmal des Auftrags verneint wurde und in der Konsequenz die Auftragsvorschriften auch auf die entgeltliche Geschäftsbesorgung anwendbar sein sollten,[5] legte sich die zweite Kommission auf die Unentgeltlichkeit des Auftrags fest[6]. Um trotzdem die Anwendung der Auftragsvorschriften zu eröffnen, wurde mit § 675 BGB eine spezielle Norm geschaffen, die die meisten **Auftragsvorschriften** auch für die entgeltliche Geschäftsbesorgung für **anwendbar** erklärt.[7] **Nicht verwiesen** ist auf § 664 BGB, wonach der Auftrag nicht übertragbar ist, und nur teilweise auf § 671 BGB hinsichtlich der jederzeitigen Widerruflichkeit und der Kündigung, für die bei einem entgeltlichen Vertrag Besonderheiten bestehen; **gleichwohl** kommt beiden Bestimmungen auch für die Geschäftsbesorgung Bedeutung zu (vgl. insoweit die Kommentierung zu § 664 BGB Rn. 6 sowie die Kommentierung zu § 671 BGB Rn. 14).

Um Wiederholungen zu vermeiden, nimmt die nachfolgende **Kommentierung des § 675 Abs. 1 BGB** generell **Bezug** auf die vorausgehenden **Kommentierungen der §§ 662 ff. BGB**, die auf die Bedeutung der Auftragsvorschriften im Rahmen der Geschäftsbesorgung jeweils schon eingegangen sind, und beschränkt sich[8] im Wesentlichen auf eine eigenständige Kommentierung des § 675 Abs. 1 BGB unter dem Blickwinkel **praktisch relevanter spezifischer Anwendungsfälle** der Geschäftsbesorgung, stellt mithin **eine Art Besonderen Teil des Rechts der Geschäftsbesorgung** dar; die **Kommentierungen der §§ 662 ff. BGB sollten dabei stets im Auge behalten werden**. Im Übrigen wird bei der nachfolgenden Kommentierung der Versuch unternommen, eine gewisse Systematik mit alphabetischer Reihenfolge zu kombinieren (vgl. Rn. 5 ff.).

III. Haftung aus Rat und Empfehlung

§ 675 Abs. 2 BGB hat nur einen **geringen Regelungsgehalt**. Letztlich wird lediglich klargestellt, dass Rat und Empfehlung keine eigenständigen Verpflichtungs- bzw. Haftungstatbestände sind. Insoweit bleibt es dabei, dass Vertrag und Delikt, die §§ 241, 311 BGB und eventuelle Spezialvorschriften alleinige Haftungsgrundlage sind. Die Kommentierung der Vorschrift dient üblicherweise dazu, die Relevanz der diesbezüglichen allgemeinen und speziellen Vorschriften unter dem empirischen Blickwinkel von Rat und Empfehlung zu erörtern. Dies gilt auch für die in § 675 Abs. 1 BGB geregelten entgeltlichen Geschäftsbesorgungsverträge. Vgl. zur Haftung aus Rat und Empfehlung Rn. 87 ff.

---

[4] Vgl. auch *Meckel*, jurisPR-BKR 12/2009, Anm. 1; *Meckel*, jurisPR-BKR 1/2010, Anm. 1; *Meckel*, jurisPR-BKR 2/2010, Anm. 1.

[5] Motive, Bd. II, S. 527 f.

[6] Protokolle, Bd. II, S. 352, 376, 377.

[7] *Heermann* in: MünchKomm-BGB, § 675 Rn. 1; vgl. zum Überweisungsgesetz und zum Schuldrechtsmodernisierungsgesetz näher die Kommentierung zu § 662 BGB Rn. 2, 6.

[8] Vgl. demgegenüber *Martinek* in: Staudinger (2006), dessen Kommentierung zu § 675 mit einem Allgemeinen Teil des Rechts der entgeltlichen Geschäftsbesorgung beginnt (Rn. A 1 ff.) und der sich ein Besonderer Teil (mangels bislang allgemein anerkannter und überzeugender Systematik) in rein alphabetischer Ordnung anschließt (Rn. B 1 ff.); anders noch die Vorauflage von *Martinek* in: Staudinger (1994), § 675. Diesem „Alphabetismus" hat sich nunmehr ausdrücklich auch *Ehmann* in: Erman, 12. Aufl. 2008, § 675 Rn. 7 (mit einer erweiterten umfangreichen Liste von „Abwicklungsbeauftragter" bis „Zwangsverwalter") angeschlossen, wobei der von der schon bisher gesondert besprochenen Bankenhaftung nunmehr auch weitere wichtige Bereiche wie Anlageberatung und -vermittlung sowie Baubetreuung, sog. Schrottimmobilien und die Prospekthaftung nachfolgend eigenständig kommentiert werden.

B. Entgeltliche Geschäftsbesorgung

5 § 675 Abs. 1 BGB setzt die Erbringung einer entgeltlichen Geschäftsbesorgung im Rahmen eines Dienst- oder Werkvertrages voraus.

6 Geschäftsbesorgung ist jede selbstständige Tätigkeit wirtschaftlicher Art in fremdem Interesse.[9] Der Begriff der Geschäftsbesorgung in § 675 BGB ist enger als der des § 662 BGB; unter den Geschäftsbesorgungsbegriff des § 662 BGB fällt jede Tätigkeit in fremdem Interesse.[10]

7 Wegen der Einschränkung des Anwendungsbereichs auf die (entgeltlichen) Dienst- und Werkverträge trifft § 675 BGB nur Regelungen für entgeltliche Geschäftsbesorgungen. Für unentgeltliche Geschäftsbesorgungen ist Auftragsrecht (direkt) anwendbar. Zur Abgrenzung vgl. § 662 BGB.

8 § 675 Abs. 1 BGB ordnet für Geschäftsbesorgungsverträge in weitem Umfang die Geltung der Auftragsvorschriften an, „soweit in diesem Untertitel nichts Abweichendes bestimmt wird". Sowohl die für anwendbar erklärten Auftragsvorschriften als auch die in dem Untertitel enthaltenen Spezialvorschriften (§§ 675a, 675b BGB) sowie die §§ 675c ff. BGB sind jedoch im Rahmen der Dispositionsfreiheit durch Parteivereinbarung abdingbar. Es gelten somit in erster Linie Parteivereinbarungen, dann Vorschriften über spezielle Geschäftsbesorgungsverträge (auch außerhalb des BGB, z.B. HGB), dann die für anwendbar erklärten Auftragsvorschriften und schließlich die Vorschriften über Dienst- und Werkverträge. Darüber hinaus bringt § 675 Abs. 1 BGB durch die Verweisung auf das Auftragsrecht zum Ausdruck, dass der Geschäftsbesorger die dort typischen Pflichten zu sorgfältiger und sachkundiger Wahrnehmung des fremden Geschäfts sowie zur Loyalität zu erfüllen hat, soweit sich diese Pflichten nicht schon aus dem Dienst- und Werkvertragsrecht ergeben. Eine **analoge Anwendung des § 392 Abs. 2 HGB** in den Fällen mittelbarer Stellvertretung wird von der Judikatur und der h.M. in der Literatur **abgelehnt**; in neuerer Zeit wird mit beachtlichen Gründen die Gegenmeinung vertreten.[11] Hinsichtlich der Haftung für Auskunft, Rat oder Empfehlung gelten die Ausführungen zu § 675 Abs. 2 BGB jeweils ergänzend (vgl. Rn. 87 ff.). Für außergerichtliche Rechtsdienstleistungen ist seit dem 01.07.2008 das Rechtsdienstleistungsgesetz (RDG)[12] zu beachten.

I. Verträge mit Banken

9 **Literatur**: *Assmann/Schütze*, Handbuch des Kapitalanlagerechts, 3. Aufl. 2007; *Bunte*, AGB-Banken und Sonderbedingungen, 3. Aufl. 2011; *Canaris*, Bankvertragsrecht, 2. Aufl. 1981; *ders.*, Bankvertragsrecht, 3. Aufl., Erster Teil, 1988; *Claussen*, Bank- und Börsenrecht, 4. Aufl. 2008; *Hopt/Merkt*, HGB, 35. Aufl. 2012; *Kümpel*, Bank- und Kapitalmarktrecht, 4. Aufl. 2011; *Martinek* in: Staudinger, § 675 Rn. B 27 ff.; *Masch*, Die Dritthaftung von Banken bei fehlerhaften Eigenauskünften, 2005; speziell zur Erbringung von Zahlungsdiensten nach den §§ 675c ff. BGB vgl. *Meckel*, jurisPR-BKR 11/2009, Anm. 1; *Meckel*, jurisPR-BKR 12/2009, Anm. 1; *Meckel*, jurisPR-BKR 1/2010, Anm. 1; 2/2010 Anm. 1; *Schimansky/Bunte/Lwowski*, Bankrechts-Handbuch, 4. Aufl. 2011, 2 Bände; *Sprau* in: Palandt, Erl. zu den §§ 675 c ff. BGB; *Vortmann*, Aufklärungs- und Beratungspflichten der Banken, 9. Aufl. 2009.

1. Allgemeiner Bankvertrag und Bankgeschäfte

10 Wenn sich die Geschäftsbeziehung zwischen Kunde und Bank nicht nur auf ein einzelnes Geschäft beschränkt, ist der Abschluss eines Grund- oder Rahmenvertrages denkbar[13]; ein **Teil der Literatur** bejahte in diesem Sinne einen grundsätzlich vorliegenden allgemeinen Bankvertrag.[14] Bei einer solchen Rahmenvereinbarung handelt es sich dann um einen Dienstvertrag, der eine Geschäftsbesorgung im Sinne des § 675 BGB zum Gegenstand hat, über den die AGB der Banken in den Vertrag einbezogen,

---

[9] BGH v. 17.10.1991 - III ZR 352/89 - juris Rn.15 - WM 1992, 879-881 = LM BGB § 667 Nr. 41 (9/1992).
[10] *Sprau* in: Palandt, § 662 Rn. 6; näher zur unterschiedlichen Auslegung des Geschäftsbesorgungsbegriffs in § 662 BGB und § 675 BGB vgl. *Heermann* in: MünchKomm-BGB, § 675 Rn. 3 ff., 12, der letztlich der Trennungstheorie folgt; letztlich zur Einheitstheorie tendierend *Seiler* in: MünchKomm-BGB, § 662 Rn. 13 f.; vgl. auch die Kommentierung zu § 662 BGB Rn. 4 ff.; zur Rechtsvergleichung, u.a. zur Theorie des Relationalvertrages nach anglo-amerikanischem Verständnis vgl. *Martinek* in: Staudinger (1994), § 675 Rn. A 101 ff.
[11] *Martinek* in: Staudinger, § 675 Rn. A 57 ff., u.a. unter Hinweis auf *Musielak* in: BMJ (Hrsg.), Gutachten und Vorschläge zur Überarbeitung des Schuldrechts, Bd. II (1981), S. 1209, 1302 ff.
[12] Vom 12.12.2007, BGBl. I, 2840; zuvor galt das RBerG vom 13.12.1935, RGBl I, 1478.
[13] So wohl BGH v. 31.01.1957 - II ZR 41/56 - BGHZ 23, 222-227; *Sprau* in: Palandt, 61. Aufl. 2002, § 675 Rn. 9; *Seiler* in: MünchKomm-BGB, 3. Aufl., § 675 Rn. 36; anders aber *Heermann* in: MünchKomm, § 675 Rn. 52.
[14] Nachweise bei BGH v. 24.09.2002 - XI ZR 345/01 - juris Rn. 13 - BGHZ 152, 114-121.

allgemeine Rechte und Pflichten der Beteiligten (Bankgeheimnis, Informationspflichten) begründet und Vergütungsvereinbarungen für bestimmte, später zu erbringende Einzelleistungen getroffen werden können und die hinsichtlich der einzelnen Bankgeschäfte durch spezielle Geschäftsbesorgungsverträge ergänzt werden. Der **BGH** hat dieser Sichtweise grundlegend **widersprochen**. Allein aus der Existenz einer langjährigen Geschäftsverbindung zwischen Bank und Kunden im Zusammenhang mit einem Giro- oder Darlehensvertrag lässt sich der Abschluss eines allgemeinen Bankvertrages als Rahmenvertrag danach noch nicht herleiten, und zwar auch dann nicht, wenn die in Bezug genommenen Banken-AGB[15] sich zugleich auf weitere Geschäfte erstrecken;[16] dem BGH ist zuzugeben, dass der Wille der Bank, sich einem privatrechtlichen Kontrahierungszwang für vom Kunden gewünschte Einzelgeschäfte zu unterwerfen, nicht unterstellt werden kann. Gleichwohl ist es sinnvoll, ggf. einen allgemeinen Bankvertrag als Grundlage von Einzelgeschäften anzunehmen.[17] Aus langjähriger Geschäftsverbindung treffen die Bank aber jedenfalls die allgemeinen Schutzpflichten aus solchen Verbindungen, insbes. eventuelle Aufklärungspflichten, aber keine Leistungspflichten.[18]

Eine **Auflistung der Bankgeschäfte** findet sich in § 1 Abs. 1 Satz 2 Nr. 1-12 KWG. Zwar ist dieser Katalog nur Grundlage der öffentlich-rechtlichen Bankenaufsicht und daher für das Zivilrecht nicht generell verbindlich und abschließend.[19] Er enthält aber zumindest alle wichtigen Arten von Bankgeschäften. Mit diesen sind häufig Beratungs- und Auskunftsverträge bzw. diesbezügliche Vertragspflichten verbunden. Für Informationspflichten bei Standartgeschäften gilt § 675a BGB[20], und für Verträge zur Übertragung von Wertpapieren in Systemen ist im Hinblick auf den Widerruf gemäß § 675b BGB auf die jeweiligen System-Regeln verwiesen. Für Überweisungen, Lastschriften, (Kredit-)Kartenzahlungen sowie Ein- und Auszahlungen von Bargeld (auch an Geldautomaten) und die Ausgabe und Nutzung von elektronischem Geld gelten neben § 675 BGB seit dem 31.10.2009 die speziellen Vorschriften der §§ 675c-675z, 676-676c BGB. Mit § 675f Abs. 1, 2 BGB sieht das Gesetz dabei neuerdings ausdrücklich spezielle **Zahlungsdiensteverträge** in der Form von Einzelzahlungsvertrag und Zahlungsdiensterahmenvertrag vor. Die bisherigen Regelungen der §§ 676a-676h BGB über Überweisungs-, Zahlungs- und Girovertrag sind aufgehoben und durch die nicht sehr anschauliche neue Begrifflichkeit ersetzt.[21] Tätigt die Bank, insbesondere im Zusammenhang mit Bankgeschäften, **sonstige Geschäfte**, so gelten insoweit die **allgemeinen Regeln über den Geschäftsbesorgungsvertrag**, und es gelten die diesbezüglichen allgemeinen Pflichten, etwa hinsichtlich Treuhandgeschäften, Auskunft, **Aufklärung** bei Anlageberatung und Anlagevermittlung, insbesondere betreffend Rückvergütungen und hohe Innenprovisionen; vgl. insoweit Rn. 126 ff. Zur jüngsten Judikatur zum Aufwendungsersatz im Rahmen **AGB**-Banken und AGB-Sparkassen vgl. die Kommentierung zu § 670 BGB Rn. 6 und die Kommentierung zu § 670 BGB Rn. 16.

Zur erleichterten Durchsetzbarkeit von Ansprüchen im Falle einer Falschberatung sind Banken und Finanzdienstleister seit dem 01.01.2010 verpflichtet, über jede Anlageberatung bei Privatkunden ein **schriftliches Protokoll** zu erstellen, das dem Kunden unverzüglich nach Abschluss des Beratungsge-

---

[15] Vgl. *Bunte* in: Schimansky/Bunte/Lwowski, Bankrechtshandbuch Bd. 1., 4. Aufl. 2011, §§ 4-25 mit Anhängen.
[16] BGH v. 24.09.2002 - XI ZR 345/01 - BGHZ 152, 114-121 mit eingehenden Nachweisen zum Streitstand; zust. *Balzer*, BKR 2002, 1092-1094; *Kort*, EWiR 2003, 151-152; *Lang*, BKR 2003, 227-234; *Sprau* in: Palandt, § 675 Rn. 9; als praxisfern kritisiert *Claussen*, WuB I B 6 Sonstiges 1.03 das Urteil; fehl geht die Kritik von *Roth*, WM 2003, 480-482, weil der BGH die Möglichkeit zur ausdrücklichen Vereinbarung eines Rahmenvertrages nicht verneint hat.
[17] *Martinek* in: Staudinger, § 675 Rn. B 31 ff.
[18] *Lang*, BKR 2003, 227-234.
[19] Vgl. *Heermann* in: MünchKomm-BGB, § 675 Rn. 50; allerdings schreibt § 675c Abs. 3 BGB nunmehr vor, dass die Begriffsbestimmungen des KWG und des Zahlungsdiensteaufsichtsgesetzes v. 25.06.2009 (BGBl I 2009, 1506) für den Geschäftsbesorgungsvertrag, der die Erbringung von Zahlungsdiensten zum Gegenstand hat, anzuwenden sind.
[20] Vgl. weiter § 675d BGB für die Unterrichtung bei Zahlungsdiensten und umfassend in Art. 248 EGBGB bei der Erbringung von Zahlungsdienstleistungen.
[21] Kritisch *Meckel*, jurisPR-BKR 12/2009, Anm. 1, unter III. 3, 6.

spräches, jedenfalls aber vor Geschäftsabschluss auszuhändigen ist.[22] § 37a WpHG, der die allgemeine Verjährungsfrist auf drei Jahre ab Entstehung des Anspruchs verkürzt hatte, ist am 05.08.2009 entfallen.[23]

2. Kreditgeschäft; Kreditkarte und EC-Karte

13 Ein Geschäftsbesorgungsvertrag kann im Falle des sog. **Haftungskredits** (Gegensatz **Zahlungskredit**) vorliegen. Die Bank verpflichtet sich hierbei gegenüber ihrem Kunden zur Übernahme einer Haftung gegenüber einem Dritten in Form einer Bürgschaft[24], einer Garantie, durch Wechselakzept oder Akkreditiv[25]. Für **Darlehensverträge** sind die Besonderheiten der §§ 491 ff. BGB (Verbraucherdarlehensvertrag) zu beachten, u.a. das Widerrufsrecht des § 495 BGB. Zu beachten ist, dass die §§ 488 ff. BGB mit Wirkung ab dem 11.06.2010 neu gefasst worden sind.[26] Die unterlassene **Belehrung** über ein **Widerrufsrecht** nach dem früheren § 2 HWiG[27] ermöglicht nicht nur den an sich verspäteten Widerruf des Darlehens und des damit eventuell verbundenen Geschäfts, sondern ist nach der Judikatur aufgrund richtlinienkonformer Auslegung zugleich Pflichtverletzung, die bei schuldhaftem Verstoß Ersatzpflichten zur Folge hat[28]. Zur Entwicklung der Judikatur zur Problematik der **sog. Schrottimmobilien** vgl. näher Rn. 113 ff.[29] Zur Problematik der sog. **Kick-backs** vgl. Rn. 126 ff.

14 Für die Vertragsverhältnisse zwischen den Beteiligten bei der Verwendung von Kreditkarten gilt unbeschadet der Neuregelung ab 31.10.2009[30] Folgendes:[31] Der Zahlungsauftrag des Kreditkarteninhabers ist nach Angabe seiner Daten unwiderruflich. Das Kreditkartenunternehmen gibt gegenüber dem Vertragsunternehmen ein abstraktes Schuldversprechen ab; das Kreditkartenunternehmen hat nach Zahlung an das Vertragsunternehmen einen Aufwendungsersatzanspruch gegen den Karteninhaber aus einem Geschäftsbesorgungsvertrag mit werkvertraglichem Charakter (§§ 675 Abs. 1, 670 BGB). Sind die Vertragsunternehmen verpflichtet, vor der Akzeptanz einer Kreditkarte die Zustimmung des Kartenunternehmens einzuholen, so ist die Zustimmung notwendige, aber nicht hinreichende Bedingung für den Anspruch des Vertragsunternehmens.[32] Das Vertragsunternehmen ist aber für die Vollständigkeit des Leistungsbelegs verantwortlich; Klauseln in AGB, die das Vertragsunternehmen bei unvollständigem Leistungsbeleg zur Erstattung von Zahlungen an das Kartenunternehmen verpflichten, sind wirksam.[33] Das Fälschungsrisiko trägt vorbehaltlich einer Sorgfaltspflichtverletzung des Vertragsunternehmens das Kartenunternehmen. Soweit der Kreditkarteninhaber Zusatzkarten für eine persönlich oder geschäftlich verbundene Person erhalten hat, ergibt sich ein beträchtliches Haftungsrisiko insofern, als er bis zur Zurückgabe der Zusatzkreditkarte bei entsprechender (auch formularmäßig verein-

---

[22] §§ 34 Abs. 2a, b WpHG, 47 WpHG i.d.F. des Gesetzes zur Neuregelung der Rechtsverhältnisse bei Schuldverschreibungen aus Gesamtemissionen und zu verbesserten Durchsetzbarkeit von Ansprüchen von Anlegern aus Falschberatung vom 31.07.2009, BGBl I 2009, 2512.

[23] Art. 4 Nr. 5 des Gesetzes zur Neuregelung der Rechtsverhältnisse bei Schuldverschreibungen aus Gesamtemissionen und zu verbesserten Durchsetzbarkeit von Ansprüchen von Anlegern aus Falschberatung vom 31.07.2009, BGBl I 2009, 2512.

[24] Zur Abgrenzung zwischen Avalkredit und Darlehen vgl. BGH v. 06.07.2000 - IX ZR 206/99 - LM BGB § 196 Nr. 76 (6/2001).

[25] Zum Aufwendungsersatz beim Akkreditivauftrag vgl. BGH v. 23.06.1998 - XI ZR 294/97 - LM BGB § 670 Nr. 40 (3/1999).

[26] §§ 488-512 BGB i.d.F. von Art. 1 Nr. 16 ff. des Gesetzes zur Umsetzung der Verbraucherkreditrichtlinie ... v. 29.07.2009 (BGBl I 2009, 2355).

[27] Heute Art. 247 § 6 Abs. 2 EGBGB.

[28] BGH v. 19.09.2006 - XI ZR 204/04 - juris Rn. 41 ff. - BGHZ 169-122, zum früheren § 2 HWiG; zu Kausalitätsfragen vgl. *Geisler*, jurisPR-BGHZivilR 26/2007, Anm. 3.

[29] Zum neuesten Stand vgl. BGH v. 10.11.2009 - XI ZR 252/08 - ZIP 2009, 2430; *Möllers/Grassl*, VuR 2010, 3-16; *Schulte-Nölke*, ZGS 2010 Nr. 1 Editorial.

[30] Hierzu *Bitter*, WM 2010, 1735 ff., 1773 ff. sowie die Kommentierung zu § 675c BGB ff.

[31] BGH v. 16.04.2002 - XI ZR 375/00 - BGHZ 150, 286-299; bestätigt von BGH v. 13.01.2004 - XI ZR 479/02 - BGHZ 157, 256-269 = WM 2004, 426-430; der frühere Streit um die Rechtsnatur der Vertragsbeziehung zwischen Karten- und Vertragsunternehmen dürfte sich für die Praxis erledigt haben; vgl. auch die Kommentierung zu § 780 BGB.

[32] BGH v. 16.03.2004 - XI ZR 13/03 - WM 2004, 1031-1033.

[33] BGH v. 16.03.2004 - XI ZR 13/03 - WM 2004, 1031-1033.

barter) Regelung, abgesehen vom Abhandenkommen, das volle Risiko ihrer Nutzung trägt.[34] Für die **Haftung** bei missbräuchlicher Nutzung einer **Kredit- oder EC-Karte**[35] vgl. die Kommentierung zu § 670 BGB Rn. 13 ff. Kreditkarten und EC-Karten waren Zahlungskarten i.S.d. bisherigen § 676h BGB. Die Karten gehören **seit dem 31.10.2009** zu den sog. **Zahlungsauthentifizierungsinstrumenten**; Rechte und Pflichten der Beteiligten richten sich seitdem nach den **§§ 675j-675m, 675u, 675v BGB**; vgl. die Kommentierung zu § 675j BGB-Kommentierung zu § 675m BGB, Kommentierung zu § 675u BGB, Kommentierung zu § 675v BGB.

3. Effektengeschäft

Die Bank erwirbt und veräußert Wertpapiere für andere. Häufig werden solche Geschäfte als Kommissionsgeschäfte (vgl. näher hierzu Rn. 80 ff.) nach den §§ 383-406 HGB vorgenommen; subsidiär kommen die §§ 675, 611 BGB zur Anwendung.[36] Für die Kündigung von Übertragungsverträgen galt bis zum 31.10.2009 § 676 BGB, seither regelt **§ 675b BGB** den Widerruf derartiger Aufträge. Zur Anwendung kommt außerdem das Wertpapierhandelsgesetz (WpHG). Hat eine Bank mit dem Vermögensverwalter eines Kunden eine Vereinbarung über die Beteiligung des Verwalters an ihren Provisionen und Depotgebühren bei Wertpapiergeschäften geschlossen, so ist sie verpflichtet, dies gegenüber dem Kunden offen zu legen.[37] Eine Bank, die einen tagesgültigen Wertpapierverkaufsauftrag nach Ablauf seiner Geltungsdauer ausführt, handelt rechtswidrig; das gilt auch dann, wenn die rechtzeitige Auftragsausführung infolge eines Fehlers der Bank unterblieben war.[38] Bei der Verletzung der vertraglichen Verpflichtung der Bank, die Effekten des Kunden bei einem Kursrückgang um einen bestimmten Prozentsatz ohne besondere Aufforderung zu verkaufen, liegt in der unterlassenen Nachfrage des Kunden nur ein geringes Mitverschulden.[39] Eine Direktbank ist grundsätzlich verpflichtet, geeignete technische und organisatorische Vorkehrungen zu treffen, die sicherstellen, dass über Internet erteilte nicht plausible und offensichtlich irrtümliche Wertpapieraufträge als solche erkannt werden.[40] Sie ist aber nicht verpflichtet, im Online-Verfahren erteilte Aufträge, die nicht durch ein Guthaben des Auftraggebers gedeckt sind, zurückzuweisen.[41]

15

4. Depotgeschäft

Die Bank verwahrt und verwaltet Wertpapiere. Für das „geschlossene Depot" kommen die Vorschriften über den Verwahrungsvertrag zur Anwendung (§§ 688 ff. BGB.), für das „offene Depot" die Vorschriften über Verwahrungsvertrag und Geschäftsbesorgungsvertrag. Für das „offene Depot" sind außerdem die Vorschriften des Depotgesetzes zu beachten.[42] Eine Klausel in den AGB, die für die stückelose Übertragung von Wertpapieren auf ein anderes Depot und damit auch für die Auflösung des Depots ein Entgelt vorsieht, ist unzulässig.[43] Vgl. im Übrigen zu den Übertragungsverträgen § 676 BGB a.F. bzw. seit dem 01.11.2009 § 675b BGB.

16

5. Überweisungs-, Giro- und Zahlungsdienstevertrag

Überweisungsvertrag, Zahlungsvertrag und Girovertrag waren bis zum 31.10.2009 in den §§ 676a-676h BGB geregelt. Seit dem 31.10.2009 gilt insoweit die eingehende Regelung der zwecks Umsetzung der EU-Zahlungsdiensterichtlinie neu gefassten **§§ 675c-676c BGB über Zahlungsdienste**.[44] Der **Zahlungsdienstevertrag des § 675f BGB** ähnelt dem bisherigen Girovertrag (vgl. die

17

---

[34] OLG Koblenz v. 21.06.2004 - 12 U 786/03 - NJW 2004, 3563-3565; OLG Oldenburg v. 19.07.2004 - 15 U 37/04 - NJW 2004, 2907-2908; kritisch *Langenbucher*, NJW 2004, 3522-3524, der den Hauptkarteninhaber für befugt ansieht, die Zusatzkarte zu sperren; nach *Bellut*, EWiR 2004, 1173-1174 muss das Kartenunternehmen nach Erhalt der Kündigung das ihm Mögliche tun, z.B. die Möglichkeit zur Barabhebung am Geldautomaten sperren.
[35] Zu den Sorgfaltspflichten nach Beantragung einer EC-Karte im Hinblick auf deren Nichterhalt KG Berlin v. 31.10.2005 - 12 U 112/05 - NJW 2006, 381-382.
[36] Dazu näher *Heermann* in: MünchKomm-BGB, § 675 Rn. 81.
[37] BGH v. 19.12.2000 - XI ZR 349/99 - BGHZ 146, 235-241.
[38] BGH v. 24.07.2001 - XI ZR 164/00 - NJW 2001, 3257-3258.
[39] BGH v. 11.05.1981 - II ZR 32/80 - WM 1981, 712-714.
[40] OLG Nürnberg v. 24.09.2003 - 12 U 2572/02 - BuW 2004, 74-76.
[41] OLG Nürnberg v. 09.10.2002 - 12 U 1346/02 - NJW-RR 2003, 628-630.
[42] Näher *Heermann* in: MünchKomm-BGB, § 675 Rn. 2.
[43] OLG Köln v. 23.06.2004 - 13 U 224/03 - ZIP 2004, 1703-1706.
[44] Hierzu *Meckel*, jurisPR-BKR 11/2009, Anm. 1; *Meckel*, jurisPR-BKR 12/2009, Anm. 1; *Meckel*, jurisPR-BKR 1/2010, Anm. 1; *Meckel*, jurisPR-BKR 2/2010, Anm. 1; vgl. die Kommentierung zu § 675f BGB; *Sprau* in: Palandt, § 675c.

Kommentierung zu § 675c BGB Rn. 1). Soweit keine speziellere Regelung erfolgt ist, dürfte aber die bisherige Judikatur bedeutsam bleiben. Einem Kontrahierungszwang zur Einrichtung eines Girokontos unterliegt eine Bank vorbehaltlich § 826 BGB nicht[45]; politische Parteien können sich aber in besonderer Weise auf den Gleichheitssatz berufen.[46] Sparkassen können einen Antrag auf Kontoeröffnung nur aus Sachgründen ablehnen, etwa wegen des Verdachts betrügerischer Eintreibung von Forderungen.[47] Ein Kunde verletzt seine Pflichten aus dem Girovertrag, wenn er sieben Wochen nach Stellung eines Antrags auf Ausstellung einer EC-Karte, ohne sich über Ausstellung oder Versand der Karte zu vergewissern, einen größeren Geldbetrag auf sein Konto überweist und dann einen längeren Auslandsaufenthalt antritt.[48] Bei Pfändung der Ansprüche aus einem Girovertrag mit Kontokorrentabrede erstreckt sich die Beschlagnahme analog der §§ 412, 401 BGB auf Nebenrechte, insbesondere auf Auskunfts- und Rechnungslegungsansprüche[49], nicht hingegen auf Ansprüche auf die Erteilung von Kontoauszügen[50] und Rechnungsabschlüssen; diese können im Hinblick auf die Unzulässigkeit der Ausforschung auch nicht als selbständige Ansprüche gepfändet werden.[51] In Nachwirkung eines durch die Insolvenz beendeten Girovertrages ist die Bank befugt, noch eingehende Überweisungsbeträge für den Schuldner entgegenzunehmen; ihre Herausgabe kann der Insolvenzverwalter verlangen.[52] Zu **Lastschriften** vgl. die Kommentierung zu § 675x BGB sowie die Kommentierung zu § 670 BGB Rn. 33. Unter Aufgabe der bisherigen Judikatur hat der BGH entschieden, dass im bargeldlosen Zahlungsverkehr die Vertragsverhältnisse zwischen den beteiligten Banken **keine Schutzwirkung** zu Gunsten Dritter haben.[53]

II. Auskunfts- Beratungs- und Vermittlungsverträge

18 **Literatur**: *Assmann/Schütze*, Handbuch des Kapitalanlagerechts, 3. Aufl. 2007; *Behrendt*, Harzburger Protokoll 1983, 137; *Benedict*, ZIP 2005, 2129-2138; *Hadding*, Zur Abgrenzung von Unterrichtung, Aufklärung, Auskunft, Beratung und Empfehlung als Inhalt bankrechtlicher Pflichten, FS Schimansky, 1999, S. 67 ff.; *v. Heymann*, Bankenhaftung bei Immobilienanlagen, 18. Aufl. 2010; *Keil*, JA 1987, 441-443; *Schimansky/Bunte/Lwowski*, Bankrechtshandbuch, 4. Aufl. 2011; *Thiel*, Die Haftung der Anlageberater und Versicherungsvermittler, 2. Aufl. 2007; *Vortmann*, Aufklärungs- und Beratungspflichten der Banken, 9. Aufl. 2009; *Wüst*, DStZ Beilage 1980, Nr. 1, III, 2, III.

1. Auskunftsvertrag

19 Die Rechtsprechung stellt nur **geringe Anforderungen** an das Zustandekommen eines Auskunftsvertrages, für den es etwa genügen kann, dass ein Anleger den Anlagevermittler um einen Beratungstermin bittet, weil er seine Kenntnisse und Verbindungen in Anspruch nehmen will und der Vermittler dann die gewünschte Tätigkeit beginnt.[54] Ob zum Vertragsschluss aber bereits ein Telefonat eines Anlagenvermittlers mit dem Wirtschaftsprüfer, der das Anlageobjekt testiert hat und sich zur Herausgabe der Prüfberichte und Testate zwecks Anlegerinformation bereit erklärt, genügt, ist zweifelhaft.[55] Im Grundsatz geht es bei der Auskunft um Fakten, bei der Beratung um Wertung und bei der Vermittlung um Herstellung von Kontakten; gleichwohl wird die Grenze zwischen Anlagevermittlung, Anlageberatung und Auskunft durch die Bejahung stillschweigender Vertragsschlüsse letztlich fließend, wobei

---

[45] Anders LG Bremen v. 16.06.2005 - 2 O 408/05 - WM 2005, 2134-2139; LG Berlin v. 24.04.2003 - 21 S 1/03 - WM 2003, 1895-1896; LG Berlin v. 08.05.2008 - 21 S 1/08 - WM 2008, 1825-1828.
[46] Vgl. Saarländisches OVG v. 03.07.2008 - 8 U 39/08 - NJW-RR 2008, 1632; VG Göttingen v. 10.06.2009 - 1 A 91/08 - juris Rn. 14; BGH v. 11.03.2003 - XI ZR 403/01 - BGHZ 154, 146-154, für Sparkasse.
[47] VG Frankfurt v. 16.12.2010 - 1 K 1711/10.F; dazu *Neiseke*, jurisPR-BKR 5/2011, Anm. 6.
[48] KG Berlin v. 31.10.2005 - 12 U 112/05 - NJW 2006, 381-382.
[49] BGH v. 18.07.2003 - IXa ZB 148/03 - WM 2003, 1891-1892.
[50] Nach *Vollkommer*, WuB VI E § 829 ZPO 1.04 folgt aus einer weiten Auslegung des § 836 Abs. 3 Satz 3 ZPO ein prozessualer Anspruch des Gläubigers gegen den Vollstreckungsschuldner auf Herausgabe, was im Hinblick auf eine mögliche Ausforschung aber bedenklich erscheint.
[51] BGH v. 08.11.2005 - XI ZR 90/05 - juris Rn. 20 - NJW 2006, 217-218; krit. *Löhnig*, JR 2007, 75-76.
[52] Vgl. BGH v. 21.03.1995 - XI ZR 189/94 - NJW 1995, 1483-1484.
[53] BGH v. 06.05.2008 - XI ZR 56/07 - NJW 2008, 2245-2250.
[54] BGH v. 11.01.2007 - III ZR 193/05 - NJW 2007, 1362-1364; BGH v. 12.05.2005 - III ZR 413/04 - WM 2005, 1219-1221; BGH v. 11.09.2003 - III ZR 382/02 - BGH-Report 2003, 1399.1400.
[55] Ablehnend BGH v. 30.10.2008 - III ZR 307/07 - WM 2008, 2244-2246; erst recht liegt darin kein Vertrag mit Schutzwirkung für die Anleger.

überdies die Haftung über § 311 Abs. 2 und 3 BGB sowie § 826 BGB im Hintergrund stehen.[56] Ein Kreditinstitut, das einem Kunden durch Ausstellung einer unrichtigen **Bescheinigung** die Möglichkeit eröffnet, Dritte durch bestimmungsgemäße Vorlage der Bescheinigung zu einer Vermögensdisposition zu veranlassen, kann wegen schuldhafter Erteilung einer falschen Auskunft auf Schadensersatz haften; zwischen dem Kreditinstitut und dem Dritten kommt mit der Vorlage einer solchen Bescheinigung ein Auskunftsvertrag zustande, wenn die dem Kunden zur Verfügung gestellte Bescheinigung für den Dritten bestimmt und der Bank bewusst ist, dass sie für ihn von erheblicher Bedeutung sein und er sie unter Umständen zur Grundlage wesentlicher Vermögensverfügungen machen werde.[57] Insoweit kommt ein Auskunftsvertrag mit dem, den es angeht, in Betracht.

Eine Bankauskunft ist **korrekt**, wenn sie dem tatsächlichen Informationsstand der Bank entspricht und das vorhandene Wissen bei Formulierung der Auskunft zutreffend umgesetzt worden ist; eine ins Einzelne gehende Angabe der zur Verfügung stehenden und berücksichtigten Informationsquellen ist nicht erforderlich.[58] Eine Bank kann für die Kreditzusage eines **nicht zuständigen Mitarbeiters** haften, wenn dieser mit Wissen der Bank Auskünfte erteilt.[59] Eine persönliche Haftung des namens einer Bank handelnden Repräsentanten setzt nicht notwendig ein eigenes wirtschaftliches Interesse voraus.[60] Es besteht keine Pflicht, die Erfüllung von Beratungs- und Aufklärungspflichten zu dokumentieren.[61] Eine Bausparkasse kann sich gegenüber einer ein Darlehen gebenden Bank wegen Verletzung eines Auskunftsvertrages schadensersatzpflichtig machen, wenn sie auf eine Anfrage der Bank über eine vorrangige Verfügung eines zur Sicherheit abgetretenen Bausparvertrages falsche Angaben macht.[62] Vgl. auch die Erläuterungen zu Anlageberatung und Anlagevermittlung in Rn. 22 ff. sowie zur Auskunftshaftung nach § 675 Abs. 2 BGB in Rn. 87 ff. 20

Im Verhältnis **zwischen dem Hersteller und dem Endabnehmer einer Ware** kann die Herausgabe einer Gebrauchsanweisung ohne das Hinzukommen zusätzlicher Umstände **nicht** als Ausdruck des Willens des Herstellers gedeutet werden, mit dem ihm unbekannten Endabnehmer einen Auskunftsvertrag zu schließen; die Annahme eines stillschweigenden Vertragsabschlusses kommt insoweit nicht in Betracht.[63] Für die Haftung reicht es generell nicht aus, wenn Einschätzungen mit privatem Charakter abgegeben werden.[64] 21

2. Anlageberatung

Ersatzansprüche aus Anlageberatung, Anlagevermittlung, Auskunftsvertrag, Vermögensverwaltung sowie aus den §§ 311 Abs. 2 und 3 und 826 BGB liegen nahe beieinander,[65] vgl. auch Rn. 87 ff. Anlageberatung ist, soweit sie sog. Finanzinstrumente, also Wertpapiere (§ 2 Abs. 1, 2b WpHG), betrifft, nach § 2 Abs. 3 Nr. 9 WpHG in Verbindung mit § 32 KWG erlaubnispflichtig.[66] Das Anlegerschutz- und Funktionsverbesserungsgesetz vom 05.04.2011[67] hat unter dem Eindruck der Finanzmarktkrise und kapitalmarktbezogener Schadensfälle (Lehman Brothers) durch umfangreiche Änderungen kapitalmarktrechtlicher Vorschriften den Anlegerschutz verbessert.[68] Mit Wirkung vom 01.06.2012 stärkt das Gesetz zur Novellierung des Finanzanlagenvermittler- und Vermögensanlagenrechts vom 22

---

[56] Vgl. *Koller*, EWiR 2005, 665, der die Entwicklung im Kundenschutzinteresse begrüßt; eher kritisch *Benedict*, ZIP 2005, 2129-2138 sowie *Koch*, AcP 204, 59-80.
[57] BGH v. 05.12.2000 - XI ZR 340/99 - juris Rn. 24 - WM 2001, 134-136: „Nach gefestigter Rechtsprechung des Bundesgerichtshofs"; BGH v. 07.07.1998 - XI ZR 375/97 - LM BGB § 676 Nr. 53 (12/1998).
[58] BGH v. 05.12.2000 - XI ZR 340/99 - LM BGB § 676 Nr. 56 (12/2001); vgl. auch zur mittelbaren Auskunft LG Karlsruhe v. 16.11.2004 - 8 O 504/03.
[59] KG Berlin v. 28.10.2004 - 12 U 237/00 - KGR Berlin 2005, 511-514.
[60] BGH v. 11.01.2007 - III ZR 193/05 - NJW 2007, 1362-1364.
[61] BGH v. 24.01.2006 - XI ZR 320/04 - NJW 2006, 1429-1432.
[62] BGH v. 17.10.1989 - XI ZR 39/89 - LM Nr. 39 zu § 676 BGB.
[63] BGH v. 11.10.1988 - XI ZR 1/88 - LM Nr. 36 zu § 676 BGB.
[64] BGH v. 16.10.1990 - XI ZR 165/88 - juris Rn. 13 - LM Nr. 40 zu § 676 BGB.
[65] Vgl. hierzu etwa *Benedict*, ZIP 2005, 2129-2138; zur Abgrenzung zwischen Finanzierungsberatungsvertrag und Finanzierungsmaklervertrag vgl. OLG Koblenz v. 27. 07. 2006 - 5 U 1865/05 - juris Rn. 12, 13 - ZMR 2007, 125-126.
[66] Nicht erfasst sind der Bereich der Investmentfondanteile, das Versenden von Börsenbriefen sowie Baufinanzierungsberater, die zwecks Eigenkapitalaufbringung zum Wertpapierverkauf raten; vgl. *Holzborn/Israel*, NJW 2008, 791-796, 792 m.N.
[67] BGBl I 2011, 538.
[68] Vgl. hierzu BT-Drs. 17/3628; *Baur*, jurisPR-BKR 9/2011, Anm. 1.

06.12.2011[69] den Anlegerschutz auf dem sog. Grauen Kapitalmarkt durch eine Annäherung an kapitalmarktrechtliche Vorschriften, insbesondere durch eine verstärkte Prospektpflicht und gewerberechtliche Bestimmungen.[70] Anlageberatung wird allerdings nicht nur durch Banken durchgeführt. Anlageberatung kann im Rahmen eines speziellen Beratungsvertrages, aber auch – falls noch weitere Verpflichtungen bestehen – im Rahmen eines sonstigen Geschäftsbesorgungsvertrags oder eines Kaufvertrages geschuldet werden.[71]

a. Vertragsschluss und genereller Pflichtenumfang

23 Ein Beratungsvertrag kann **stillschweigend** zustande kommen; die Dauer der Beratung ist dabei irrelevant.[72] Tritt etwa ein Anlageinteressent an eine Bank oder der Anlageberater einer Bank an einen Kunden heran, um über die Anlage eines Geldbetrages beraten zu werden bzw. zu beraten, so wird das darin liegende Angebot zum Abschluss eines Beratungsvertrages stillschweigend durch die Aufnahme des Beratungsgesprächs angenommen; das gilt in besonderem Maße bei Berechnungsbeispielen.[73] Ein stillschweigend abgeschlossener Beratungsvertrag kann allgemein **nicht** angenommen werden, wenn ein Kunde seiner Bank gezielt den Auftrag zum Kauf bestimmter Wertpapiere gibt, die ihm von einem Dritten empfohlen worden sind.[74]

24 **Generell** gilt für den **Pflichtenumfang** des Anlageberaters: Ein Anlageberater muss die Wirtschaftspresse zeitnah zur Kenntnis nehmen[75], auf für die Kapitalanlage wichtige Gesetzesänderungen[76] und eventuelle gravierende strafrechtliche Ermittlungsverfahren gegenüber Fondsverantwortlichen[77] hinweisen. Im Übrigen ist der BGH der Auffassung, die für professionelle Geschäftsbesorgung im Bereich der Geldanlage bestehenden Pflichten seien bei **privater Beratung** im erweiterten Familienkreis nicht ohne weiteres und umfassend anzuwenden.[78]

b. Anleger- und objektgerechte Beratung der Bank

25 Die Bank ist zur anleger- und objektgerechten Beratung verpflichtet, wobei sich Inhalt und Umfang der Beratungspflicht aus den Umständen des Einzelfalles ergeben:[79] Maßgeblich sind einerseits der Wissensstand, die Risikobereitschaft und das Anlageziel des Kunden (**anlegergerechte** Beratung) und andererseits die allgemeinen Risiken wie etwa die Konjunkturlage und die Entwicklung des Kapitalmarktes, sowie die speziellen Risiken, die sich aus den Besonderheiten des Anlageobjekts ergeben (**objektgerechte** Beratung). Bezüglich des Anlageobjekts erfasst die Beratungspflicht diejenigen Eigenschaften und Risiken, die **für die jeweilige Anlageentscheidung wesentliche Bedeutung** haben oder haben können. Über diese Umstände hat die Bank **richtig, sorgfältig, zeitnah, vollständig und für den Kunden verständlich** zu unterrichten. Dabei muss die Bewertung und Empfehlung der Bank unter Berücksichtigung der genannten Gegebenheiten lediglich **ex ante vertretbar** sein; das Risiko, dass eine auf Grund anleger- und objektgerechter Beratung getroffene Anlageentscheidung sich im Nachhinein als falsch erweist, trägt der Kunde.[80] Falls auf sorgfältige Tatsachenermittlung gestützt, dürfen auch optimistische Erwartungen hinsichtlich der Entwicklung der Kapitalanlage angegeben werden.[81]

---

[69] BGBl I 2011, 2481; ab 01.06.2012 gilt insoweit für geschlossene Fonds § 4 Satz 1 Nr. 12 Vermögensanlagen-Verkaufsprospekt-VO (VermVerkProspV) vom 06.12.2011 (BGBl I 2011, 2481).

[70] Vgl. dazu BT-Drs. 17/6051; *Mattil*, DB 2011, 2533; § 34g Abs. 1 GewO enthält eine Verordnungsermächtigung zur Regelung der Informations-, Beratungs- und Dokumentationspflichten einschließlich der Offenlegung von Provisionen und anderen Zuwendungen.

[71] Zu neueren Vertragstypen zwischen klassischer Anlageberatung und Vermögensverwaltung (Vermögensbetreuung, graue Vermögensverwaltung, Zweitberatung) vgl. *Möllers*, WM 2008, 93-102.

[72] BGH v. 08.10.2004 - V ZR 18/04 - NJW 2005, 820-824.

[73] BGH v. 31.10.2003 - V ZR 423/02 - juris Rn. 7 - NJW 2004, 64-66.

[74] BGH v. 12.03.1996 - XI ZR 232/95 - LM BGB § 276 (Cc) Nr. 40 (7/1996).

[75] BGH v. 05.11.2009 - III ZR 302/08 - WM 2009, 2360-2363; BGH v. 05.03.2009 - III ZR 302/07 - ZIP 2009, 1332-1334; vgl. dazu *Buck-Heeb*, jurisPR-BKR 1/2010, Anm. 3.

[76] BGH v. 01.12.2011 - III ZR 56/11 - NZG 2012, 145-147, zugleich zu den Grenzen bei schwierigen Rechtsfragen.

[77] BGH v. 10.11.2011 - III ZR 81/11 - NZG 2012, 147-149.

[78] BGH v. 19.04.2007 - III ZR 75/06 - WM 2007, 1020-1021.

[79] Grundlegend BGH v. 06.07.1993 - juris Rn. 17 ff. - XI ZR 12/93 - BGHZ 123, 126, 128 f.

[80] BGH v. 21.03.2006 - XI ZR 63/05 - NJW 2006, 2041; BGH v. 27.09.2011 - XI ZR 182/10 - juris Rn. 22 - NJW 2012, 66, 68 - Leman Brothers, Lehman Brothers I.

[81] BGH v. 27.10.2009 - XI ZR 337/08 - WM 2009, 2303-2306.

Bei der Beratung hat die Bank den **Wissensstand** des Kunden über Anlagegeschäfte der vorgesehenen 26
Art und dessen **Risikobereitschaft** zu berücksichtigen. Bei Empfehlungen zur Kapitalanlage ist dabei
zu differenzieren zwischen dem begrenzt risikobereiten und renditeorientierten Kapitalanleger einerseits[82] und dem Anleger, der eine sichere Anlage zur Alterssicherung wünscht, andererseits[83]. Gegebenenfalls sind Wissenstand des Kunden und Risikobereitschaft zu erfragen.[84] Selbst bei Verfolgung einer „chancenorientierten" Anlagestrategie darf dabei auch ein Anleger mit grundlegenden Kenntnissen
erwarten, dass er über die Risiken einer ihm bislang unbekannten Anlageform (hier Medienfond bzw.
Zinsswap-Geschäft mit Kapitalverlust im „worst case") zutreffend unterrichtet wird.[85] Im Übrigen ist
der BGH der Auffassung, die für professionelle Geschäftsbesorgung im Bereich der Geldanlage bestehenden Pflichten seien bei **privater Beratung** im erweiterten Familienkreis nicht ohne weiteres und
umfassend anzuwenden.[86] Durch § 31a WpHG i.d.F. des Finanzrichtlinienumsetzungsgesetzes
vom 16.07.2007[87] erfolgte mit Wirkung vom 01.11.2007 **aufsichtsrechtlich** eine Unterscheidung nach
Kundenklassen (Privatkunden, professionelle Kunden) mit abgestuftem Schutzniveau.

Vor allem in zwei neueren Entscheidungen des BGH wurden die Anforderungen an anleger- und objektgerechte Beratung präzisiert. Im Urteil vom **22.03.2011** gegen die **Deutsche Bank**[88] zu **hoch spekulativen** sog. Zinsswap-Geschäften betont der **BGH** die Notwendigkeit, selbst bei einem der Bank 27
als risikobereit bekannten Anleger zu gewährleisten, dass dieser die Risiken riskanter Anlagepapiere
in jeder Hinsicht verstanden hat; der Hinweis auf ein „theoretisch unbegrenztes Verlustrisiko" genügt
insoweit nicht, insbesondere dann nicht, wenn dem Anleger nicht bewusst gemacht wird, dass sein Verlustrisiko, anders als das der Bank, der Höhe nach nicht begrenzt ist und durchaus nicht nur theoretisch
besteht. Auch die berufliche Qualifizierung als Diplom-Volkswirtin reicht insoweit bei Fehlen näherer
Kenntnisse über Finanztermingeschäfte nicht aus; erforderlich im Sinne **anlegergerechter** Beratung
sei bei hoch komplexen Anlageprodukten vielmehr ein im Wesentlichen gleicher Wissens- und Kenntnisstand im Verhältnis zur Bank. Hinsichtlich der **objektgerechten** Beratung braucht die Bank zwar
nicht über ihre (ohne weiteres erkennbare) generelle Gewinnerzielungsabsicht aufzuklären; hingegen
besteht nach der insoweit zu Recht strengen[89] Auffassung des BGH eine besondere Aufklärungspflicht
bei komplex strukturierten und riskanten Produkten (wie dem „CMS (= Constant-Maturity-Swap)-
Spread-Ladder-Swap"), bei denen das Verlustrisiko ruinös sein kann und bei denen das Chancen-Risiko-Profil zwischen den Teilnehmern der Zinswette unausgewogen ist. Ein bewusst zu Lasten des
Kunden strukturierter negativer Ausgangswert einer Zinswette führt zu einem besonders schwerwiegenden Interessenkonflikt zwischen Bank und Anleger, den letzterer ohne Aufklärung nicht erkennen
kann.[90] Den Vertrieb von **Indexzertifikaten** (Schuldverschreibungen) betraf das **BGH**-Urteil in Sachen **Lehman Brothers** vom **27.09.2011**[91], bei der eine pflichtgemäße[92] Aufklärung über das sog.
Emittentenrisiko, d.h. das Risiko, dass die Rückzahlung der Anleihe mangels Bonität des Schuldners

---

[82] Bei Spekulationsgeschäften umfasst die Haftung nur die Richtigkeit und Vollständigkeit der mitgeteilten Informationen, so BGH v. 04.02.1987 - IVa ZR 134/85 - NJW-RR 1987, 936-937.
[83] BGH v. 09.05.2000 - XI ZR 159/99 - LM BGB § 276 (Cc) Nr. 44 (3/2001).
[84] BGH v. 06.07.1993 - XI ZR 12/93 - BGHZ 123, 126-131; vgl. zu den Grenzen allgemein BGH v. 27.02.1996 - XI ZR 133/95 - LM BGB § 276 (Cc) Nr. 39 (7/1996); vgl. aus jüngerer Zeit OLG Jena v. 17.05.2005 - 5 U 693/04 - WM 2005, 1946-1948: einem Kunden, der Anlage zur Alterssicherung wünscht, darf keine spekulative Anlage verkauft werden; BGH v. 28.09.2004 - XI ZR 259/03 - ZIP 2004, 2178-2180: die allgemeine Berufserfahrung eines Rechtsanwalts und Notars reicht zur Verneinung seiner Aufklärungsbedürftigkeit in Bezug auf Börsentermingeschäfte nicht aus.
[85] BGH v. 06.03.2008 - III ZR 298/05 - WM 2008, 725-729, m.w.N.; zuletzt BGH v. 22.03.2011 - XI ZR 33/10 - ZIP 2011, 756 - Deutsche Bank – betreffend ein Zinsswap-Geschäft.
[86] BGH v. 19.04.2007 - III ZR 75/06 - WM 2007, 1020-1021.
[87] BGBl I 2007, 1330; vgl. hierzu *Holzborn/Israel*, NJW 2008, 791-796, 793.
[88] BGH v. 22.03.2011 - XI ZR 33/10 - juris Rn. 24 f. - ZIP 2011, 756 - Deutsche Bank.
[89] Anders die bisherige Judikatur mehrerer OLG; vgl. etwa OLG Hamm v. 10.11.2010 - 31 U 121/08 - juris Rn. 77, 90 ff. - BKR 2011, 68 ff.; weitere Nachweise bei *Klöhn*, ZIP 2011, 2244 ff. Fn. 6.
[90] BGH v. 22.03.2011 - XI ZR 33/10 - juris Rn. 28 ff. - ZIP 2011, 756 - Deutsche Bank, m. Anm. *Klöhn*, ZIP 2001, 762 ff.; dass eine Wette auf zuvor eigennützig und dem Partner insoweit nicht ohne weiteres erkennbar unausgewogen gestalteter Grundlage nicht als sittenwidrig angesehen wird, ist bemerkenswert.
[91] BGH v. 27.09.2011 - XI ZR 182/10 - NJW 2012, 66 ff.; umfassend dazu *Bausch*, NJW 2012, 354-358.
[92] BGH v. 27.09.2011 - XI ZR 182/10 - juris Rn. 27.

ausfällt[93], erfolgt war.[94] Zur **objektgerechten** Beratung gehört bei empfohlenen Zertifikaten die Überprüfung mit banküblichem kritischem Sachverstand, die sich auch auf die Bonität bzw. ein Insolvenzrisiko des Emittenten erstreckt.[95] Ist auf das Emittentenrisiko angemessen hingewiesen, so bedarf es daneben keines Hinweises, dass das **Einlagensicherungssystem** das Emittentenrisiko nicht abdeckt.[96] Ob einem Kunden, der eine „sichere" Anlage wünscht, eine Anlage empfohlen werden darf, für die keine Einlagensicherung besteht, ist allerdings zweifelhaft.[97] Zumindest ist in derartigen Fällen die Absicherung durch den Einlagensicherungsfonds des Bundesverbandes deutscher Banken anzusprechen.[98]

c. Besonderheiten, u.a. Immobilien und geschlossene Fonds; Börsendienst

28 Bei der Beratung durch den Verkäufer über den Erwerb und die Unterhaltung einer **Immobilie** darf die Möglichkeit gewinnbringenden Wiederverkaufs nicht erkennbar zu Unrecht vorgespiegelt werden.[99] Die Berechnung für den Aufwand des Käufers darf sich nicht auf das Anschaffungsjahr beschränken, wenn eine Veränderung abzusehen ist.[100] Es können für besondere Konstellationen besondere Aufklärungspflichten bestehen.[101] Rät ein Anlageberater einem Interessenten die Eingehung einer Kommanditbeteiligung an einem geschlossenen Immobilienfond, so muss er diesen grundsätzlich darauf hinweisen, dass die **Veräußerung** eines solchen Anteils mangels eines entsprechenden Marktes nur **eingeschränkt möglich** ist.[102] Eine Gesellschaft, welche die Tätigkeit einer Repräsentanz im Sinne des § 53a KWG ausübt, kann grundsätzlich zusätzlich auch Anlageberatung betreiben; bei fehlerhafter Beratung wird sie schadensersatzpflichtig.[103] Der Herausgeber eines periodisch erscheinenden **Börsendienstes** kann sich gegenüber einem Abonnenten schadensersatzpflichtig machen, wenn eine Anlageempfehlung ohne die gebotene Sorgfalt erstellt worden ist; obgleich es in einem solchen Fall wegen des Fehlens einer persönlichen Beziehung zwischen den Vertragsparteien zweifelhaft ist, ob ein Dienstvertrag mit Geschäftsbesorgungscharakter im Sinne der §§ 611, 675 BGB vorliegt, hat der Herausgeber doch jedenfalls im Rahmen der schuldrechtlichen Vertragsfreiheit eine entgeltliche Beratungspflicht übernommen, deren Verletzung Schadenersatzansprüche begründen kann.[104] Eine Gesellschaft, welche die Tätigkeit einer Repräsentanz im Sinne des § 53a KWG ausübt, kann grundsätzlich zusätzlich auch Anlageberatung betreiben; bei fehlerhafter Beratung wird sie schadensersatzpflichtig.[105]

d. Innenprovisionen und Rückvergütungen

29 Zur Beratungspflicht von Wertpapierdienstleistungsunternehmen, also insbesondere von Banken, im Hinblick auf Innenprovisionen und Rückvergütungen vgl. Rn. 126 ff.; auf ihre Gewinnmarge muss die Bank nicht hinweisen; vgl. Rn. 131.

---

[93] Vgl. BGH v. 27.09.2011 - XI ZR 182/10 - juris Rn. 26, mit Nachweisen.
[94] BGH v. 27.09.2011 - XI ZR 182/10 - juris Rn. 16, 29.
[95] BGH v. 27.09.2011 - XI ZR 182/10 - juris Rn. 24.
[96] BGH v. 27.09.2011 - XI ZR 182/10 - juris Rn. 30 ff.
[97] BGH v. 27.09.2011 - XI ZR 182/10 - juris Rn. 33.
[98] BGH v. 14.07.2009 - XI ZR 152/08 - NJW 2009, 3429-3433.
[99] BGH v. 15.10.2004 - V ZR 223/03 - ZIP 2005, 206-210.
[100] BGH v. 31.10.2003 - V ZR 423/02 - juris Rn. 12 - BGHZ 156, 371-379, 377 = NJW 2004, 64-66; vgl. auch OLG Celle v. 08.03.2005 - 16 U 193/04 - juris Rn. 52 ff. - OLGR Celle, 2005, 262-265.
[101] Bei vollfinanziertem Erwerb nach dem Dortmunder Modell etwa hinsichtlich der Unüblichkeit und Nachteile eines Beitritts zum Mietpool vgl. OLG Celle v. 26.04.2005 - 16 U 187/04 - ZIP 2006, 32- 35; OLG Karlsruhe v. 24.11.2004 - 15 U 4/01 - ZIP 2005, 698; *Hofmann*, ZIP 2005, 688, 691 ff. zum Mietausfallrisiko beim Mietpoolvertrag BGH v. 30.11.2007 - V ZR 284/06 - juris Rn. 6 - NJW 2008, 649-650; zu einer für den Anleger unbekannten Anlageform BGH v. 06.03.2008 - III ZR 298/05 - WM 2008, 725-729; zum Auseinanderfallen von Zinsbindungsfrist und Laufzeit des Vorausdarlehens BGH v. 17.01.2008 - V ZR 92/07; zum Erwerb von Wohnungseigentum im Hinblick auf das Kostenrisiko beim Sondereigentum BGH v. 25.06.2009 - III ZR 243/08 - WuM 2009, 474-475.
[102] BGH v. 18.01.2007 - III ZR 44/06 - BB 2007, 465-466; *Balzer*, ZfIR 2007, 411, 412, führt zu Recht aus, bei Anlagevermittlung könne man nicht ohne weiteres von einer entsprechenden Pflicht ausgehen.
[103] BGH v. 23.09.1999 - III ZR 214/98 - juris Rn. 11 - LM KWG Nr. 19 (4/2000).
[104] BGH v. 08.02.1978 - VIII ZR 20/77 - BGHZ 70, 356-365.
[105] BGH v. 23.09.1999 - III ZR 214/98 - juris Rn. 11 - LM KWG Nr. 19 (4/2000).

e. Durchsetzbarkeit

Zur Vermutung aufklärungsrichtigen Verhaltens vgl. Rn. 137. Zwecks erleichterter Durchsetzbarkeit von Ansprüchen im Falle einer Falschberatung sind Banken und Finanzdienstleister seit dem 01.01.2010 verpflichtet, über jede Anlageberatung bei Privatkunden ein **schriftliches Protokoll** zu erstellen, das dem Kunden unverzüglich nach Abschluss des Beratungsgespräches, jedenfalls aber vor Geschäftsabschluss auszuhändigen ist.[106] Erste Erfahrungen mit dieser Regelung deuten offenbar auf eine Reihe praktisch bedeutsamer Defizite dieser Regelung hin.[107] Ob und inwieweit dies eventuelle Haftungsfolgen auslöst, ist einstweilen ungeklärt. Obwohl Kapitalmarktinformationen betreffend den sog. Grauen Kapitalmarkt an sich Gegenstand eines Verfahrens nach dem **KapMuG** sein können[108], gilt dies nicht für Ansprüche wegen Streitigkeiten aus einem Anlageberatungsvertrag.[109] Die bisherige Regelung des § 37a WpHG, wonach der Beginn der 3-jährigen **Verjährungs**frist bei Ersatzansprüchen vom Zeitpunkt der Entstehung des Anspruchs war, ist mit Wirkung vom 05.08.2009 entfallen[110], so dass nunmehr insoweit § 199 Abs. 1 BGB relevant ist und es auf Kenntnis bzw. Kennenmüssen ankommt.

3. Anlagevermittlung

Anlagevermittlung von **Finanzinstrumenten** (§ 2 Abs. 2b WpHG) ist gemäß § 2 Abs. 3 Nr. 4 WpHG in Verbindung mit § 32 KWG **erlaubnispflichtig** und insoweit den aufsichtsrechtlichen Verhaltenspflichten der §§ 31 ff. WpHG unterworfen. Gewerbliche Finanzanlagevermittlung bei sonstigen Anlageformen, insbesondere bei sog. **geschlossenen Fonds**, bedarf nach § 34f GewO ebenfalls der Erlaubnis. Ein Anlagevermittler ist gegenüber dem Interessenten generell zu richtiger und vollständiger Information über diejenigen **tatsächlichen** Umstände, die für den Anlageentschluss des Interessenten von besonderer Bedeutung sind, verpflichtet.[111] Dazu bedarf er – jedenfalls grundsätzlich – vorab der eigenen Information hinsichtlich der Wirtschaftlichkeit der Kapitalanlage und der Bonität des Kapitalsuchenden. Denn ohne zutreffende Angaben über die hierfür maßgeblichen Umstände kann er das Engagement des Interessenten nicht zuverlässig beurteilen und dieser keine sachgerechte Anlageentscheidung treffen.[112] Je geringer das Risiko, desto geringer ist aber der Umfang der Aufklärungspflicht und umgekehrt.[113] Einen Anlagevermittler können beim Vertrieb eines Bauherrenmodells, auch wenn er an sich keine Beratung schuldet, **erweiterte Aufklärungspflichten** dann treffen, wenn er für den Käufer erkennbar in besonderer Weise in die Durchführung des Projekts eingebunden ist und für sich in Anspruch nimmt, erheblich mehr Informationen zu besitzen als üblicherweise ein Anlagevermittler.[114] Grundsätzlich muss aber der Vermittler nicht zusätzlich zu einem dem Interessenten überreichten Prospekt mit zutreffenden und verständlichen Informationen ergänzend auf Risiken hinweisen.[115]

---

[106] §§ 34 Abs. 2a, b; 47WpHG i.d.F. des Gesetzes zu Neuregelung der Rechtsverhältnisse bei Schuldverschreibungen aus Gesamtemissionen und zur verbesserten Durchsetzbarkeit von Ansprüchen von Anlegern aus Falschberatung vom 31.07.2009, BGBl I 2009, 2512.

[107] Nach einer Markterhebung der BAFIN vom Februar 2010 weisen die verwendeten Vordrucke häufig keinen Raum für individuelle Wünsche der Kunden auf, bzw. es würden derartige Wünsche praktisch nicht berücksichtigt; in der Praxis werde überdies häufig eine gesetzlich nicht vorgesehene und auch nicht wünschbare Unterschrift auch des Kunden verlangt; vgl. Pressemitteilung der BAFIN vom 04.05.2010, www.bafin.de/SharedDocs/Veroeffentlichungen/DE/Pressemitteilung/2010/pm_100504_beratungsprotokoll_ergebnisse.html?nn=2819248 (abgerufen am 01.10.2012).

[108] Zur Problematik kollektiver Durchsetzung aus dem Blickwinkel von Art. 1 § 1 RBerG vgl. BGH v. 12.04.2011 - II ZR 197/09 - ZIP 2011, 1202 und dazu *Mann*, ZIP 2011, 2393 ff.

[109] BGH v. 10.06.2008 - XI ZB 26/07 - juris Rn. 15 m.N. - BGHZ 177, 88-97; BGH v. 30.10.2008 - III ZB 92/07 - juris Rn. 11 - NJW 2009, 513-515.

[110] Art. 4 Nr. 5 des Gesetzes v. 21.07.2009, BGBl I 2009, 2512.

[111] Die Begründung der Haftung durch die Rspr., insbesondere des 3. ZS des BGH, bleibt weitgehend unklar, hierzu *Benedict*, ZIP 2005, 2129-2138, der auf eine grundsätzlich gesteigerte Verantwortung des Handelsmaklers hinweist, sowie auf EG-Recht zur Versicherungsvermittlung.

[112] BGH v. 13.05.1993 - III ZR 25/92 - juris Rn. 15 - LM BGB § 676 Nr. 44 (1/1994).

[113] OLG München v. 11.01.2006 - 7 U 3183/05 - OLGR München 2006, 232-233; zur Vermittlung eines Steuersparmodells an vermögenslosen Arbeiter mit geringem Einkommen KG Berlin v. 05.12.2003 - 7 U 278/01 - KGR Berlin 2004, 199-200.

[114] BGH v. 27.09.1988 - XI ZR 4/88 - juris Rn. 9 - LM Nr. 11 zu § 249 (E) BGB.

[115] BGH v. 12.07.2007 - III ZR 145/06 - WM 2007, 1608-1609.

§ 675

32 Zumindest für 15% überschreitende **Innenprovision** besteht im **prospektgestützten** Immobilienvertrieb eine Aufklärungspflicht.[116] Vgl. zur Entwicklung der Judikatur und zum aktuellen Stand Rn. 126 ff. Soweit aus dem Prospekt Innenprovisionen erkennbar sind, müssen eventuelle weitere Innenprovisionen unabhängig von ihrer Höhe angegeben werden, um eine Irreführungsgefahr auszuschließen.[117] Entsprechendes gilt für den mit der Durchführung der Investition beauftragten und bevollmächtigten Geschäftsbesorger, und zwar selbst bei Nichtigkeit des Geschäftsbesorgungsvertrags wegen Verstoß gegen das damalige RBerG[118] bzw. das Rechtsdienstleistungsgesetz. Hingegen ist die einen Kredit gebende Bank insoweit grundsätzlich nicht aufklärungspflichtig.[119]

33 Kapitalanlagevermittler sind, unabhängig davon, ob sie besonderes Vertrauen genießen, verpflichtet, das Anlagekonzept, bezüglich dessen sie Auskunft erteilen sollen, (wenigstens) auf **Plausibilität**, insbesondere auf wirtschaftliche Tragfähigkeit hin, zu prüfen, da sie sonst keine sachgerechten Auskünfte erteilen können.[120] Die Pflicht des Kapitalanlagevermittlers zur Prüfung der Plausibilität des Anlageprospekts erstreckt sich trotz ausdrücklichem Haftungsausschluss auch auf eine vom Fondsinitiator speziell **für den Anleger durchgeführte Modellrechnung**, wenn diese vom Vermittler in Auftrag gegeben und später zum Gesprächsgegenstand gemacht wurde.[121] Ein Berechnungsbeispiel ist aber insbesondere dann nicht plausibel in diesem Sinne, wenn die erwarteten Ertragssteigerungen nicht auf der Basis eines korrekten, sondern durch fehlenden Abzug der Kapitalbeschaffungskosten überhöhten Ausgangswertes ermittelt wurden.[122] **Fehlende Sachkunde** muss der Anlagevermittler dem Vertragspartner offen legen.[123]

34 Kommt zwischen einem Anlagevermittler und einem Interessenten zugleich ein Auskunftsvertrag (vgl. Rn. 19) zustande, so ist der Anlagevermittler zur **Richtigstellung** fehlerhafter Prospektangaben verpflichtet. Der Anlagevermittler schuldet als Auskunftsverpflichteter dem Interessenten in jeder Phase der Verhandlungen, also von Anfang an, zutreffende Informationen über alle Umstände, die für seine Anlageentscheidung wesentlich sind. Wenn im Zuge der Vermittlung der Verhandlungspartner des Interessenten wechselt, entbindet dies den Anlagevermittler nicht von der Pflicht, die dem Interessenten übermittelten Fehlinformationen richtig zu stellen.[124]

4. Unternehmensberatung

35 Praktisch höchst bedeutsam sind Unternehmensberatungsverträge. Man spricht auch von Consulting-Verträgen. Der Berater (Consultant) verpflichtet sich dabei gegenüber dem Auftraggeber (Klient) zu kaufmännisch-betriebswirtschaftlichen bzw. ingenieurwissenschaftlich-technischen Beratungsleistungen.[125] Verträge mit Unternehmensberatern und Unternehmenssanierern bergen unter dem Blickwinkel der Angemessenheit des Honorars nach der neueren Judikatur zunehmend ein gewisses Haftungsrisiko.[126] Bei der Beauftragung einer Rating-Agentur durch ein Unternehmen soll es sich nicht um einen Geschäftsbesorgungs-, sondern um einen reinen Werkvertrag handeln.[127]

---

[116] BGH v. 12.02.2004 - III ZR 359/02 - BGHZ 158, 110-122 = NJW 2004, 1732-1734; krit. *Oechsler*, LMK 2004, 122 und *Staudinger*, ZIP 2004, 1752, 1755, zugleich zu Beweisfragen; zuletzt BGH v. 22.03.2007 - III ZR 218/06 - juris Rn. 9 -ZIP 2007, 871-872.

[117] BGH v. 22.03.2007 - III ZR 218/06 - juris Rn. 8 -ZIP 2007, 871-872.

[118] BGH v. 28.07.2005 - III ZR 290/04 - ZIP 2005, 1599-1604, 1603.

[119] BGH v. 23.03.2005 - XI ZR 194/02 - juris Rn. 28 - NJW 2004, 2378-2381; nach OLG Celle v. 08.12.2004 - 3 U 175/04 - WM 2005, 877, 881 gilt etwas anderes erst dann, wenn die Bank mit einer sittenwidrigen Übervorteilung rechnen muss.

[120] BGH v. 05.03.2009 - III ZR 17/08 - WM 2009, 739-742.

[121] BGH v. 17.02.2011 - III ZR 144/10 - juris Rn. 10, 13, 17 (mit dem Hinweis auf die Verneinung einer Pflicht zur Plausibilitätskontrolle durch BGH v. 20.05.2010 - III ZR 129/09 für den Fall, dass der Vermittler bei Erstellung und Erläuterung einer solchen speziellen Modellrechnung keine Rolle spielte).

[122] BGH v. 17.02.2011 - III ZR 144/10 - juris Rn. 12.

[123] BGH v. 13.01.2000 - III ZR 62/99 - juris Rn. 13 - LM BGB § 675 Nr. 277 (9/2000).

[124] BGH v. 12.06.1997 - III ZR 278/95 - LM BGB § 675 Nr. 242a (3/1998).

[125] Hierzu eingehend *Martinek* in: Staudinger, § 675 Rn. 76 ff.

[126] Vgl. dazu kritisch *Kiethe*, BB 2005, 1801-1806, mit eingehenden Nachweisen.

[127] So *Arntz*, BKR 2012, 89-95.

III. Verwaltung/Geschäftsabwicklung

1. Architektenvertrag

Obliegt einem Architekten neben der Planung und Bauaufsicht auch die Ausschreibung, Vergabe und Schlussabrechnung mit den Handwerkern, so handelte es sich um einen üblichen Architektenvertrag, der als Werkvertrag[128] mit Geschäftsbesorgungscharakter anzusehen ist.

36

2. Auktionator

Zwischen Auktionator und Einlieferer sowie zwischen Auktionator und Ersteigerer kann ein Geschäftsbesorgungsvertrag vorliegen; der Auktionator kann aufgrund seiner Allgemeinen Geschäftsbedingungen einen Anspruch auf Courtage gegen den Käufer nicht geltend machen, wenn er gleichzeitig Geschäftsführer des Einlieferers des zu versteigernden Gegenstandes ist.[129]

37

3. Baubetreuungsvertrag/Bauträgervertrag

Für private Baubetreuer und Bauträger gilt die Makler- und Bauträgerverordnung (MaBV), Stand 24.03.2010.[130] Nach § 34c Abs. 1 Nr. 4a und b GewO kann eine Gewerbeerlaubnis erforderlich sein. Bei einem „**Baubetreuungsvertrag im engeren Sinne**" („echter Baubetreuungsvertrag"[131]) hat in der Regel der Baubetreuer im Namen, in Vollmacht und für Rechnung des Betreuten das Bauvorhaben – typischerweise auf einem Grundstück des Betreuten – durchzuführen und die Verträge mit den am Bau Beteiligten abzuschließen. Übernimmt er eine „Vollbetreuung", ist er verpflichtet, das Bauvorhaben in technischer Hinsicht entstehen zu lassen; daneben hat er wirtschaftliche Betreuungsleistungen zu erbringen. Insbesondere hat er so wirtschaftlich wie möglich zu bauen, die Finanzierung zu regeln und das Baugeld zu verwalten. Bei einem derartig umfassenden, das eigentliche Bauvorhaben mit einschließenden Aufgabenkreis ist die Bauerrichtung als Hauptzweck und die Rechtsbesorgung für den Bauherrn als Nebenzweck der Tätigkeit des Baubetreuers anzusehen. Für den Abschluss derartiger Verträge bedarf der Baubetreuer insofern keiner Genehmigung nach Art. 1 § 1 Abs. 1 Satz 1 RBerG[132] bzw. keiner Registrierung nach dem Rechtsdienstleistungsgesetz (RDG). Er wird für einen anderen Grundstückseigentümer und Bauherrn tätig. Er schuldet nicht selbst Bauleistungen, sondern vergibt im fremden Namen Aufträge.[133] Das Recht zur fristlosen Kündigung nach § 627 BGB[134] kann durch AGB nicht ausgeschlossen werden.

38

Hiervon unterscheidet sich die **Bauträgerschaft**[135] dadurch, dass auf einem Grundstück gebaut wird, das nicht dem Betreuten gehört. Dabei schließt der Bauträger die Verträge mit den am Bau Beteiligten im eigenen Namen und für eigene Rechnung. Freilich gibt es vielfältige Varianten, insbesondere mit umfassenden Bevollmächtigungen des Bauträgers zur Darlehensaufnahme und zur Sicherung des Darlehens. Bei solchen Verträgen steht die Rechtsbesorgung für den Auftraggeber nicht so im Hintergrund wie beim Baubetreuungsvertrag, so dass für eine Bauträgertätigkeit eine Genehmigung nach Art. 1 § 1 Abs. 1 Satz 1 RBerG erforderlich sein konnte;[136] ob sich durch das **Rechtsdienstleistungsgesetz** (RDG) hieran etwas geändert hat, ist zweifelhaft.[137] Bei einem Bauträger wird grundsätzlich eine Vollmacht, im Namen des Bauherrn Verträge abzuschließen, nicht erteilt. Denn der Bauträger wird üblicherweise im eigenen Namen für eigene oder fremde Rechnung tätig und verpflichtet sich deshalb ge-

39

---

[128] BGH v. 26.11.1959 - VII ZR 120/58 - BGHZ 31, 224-229; BGH v. 24.06.2004 - VII ZR 259/02 - juris Rn. 25 - BGHZ 159, 376 ff.; vgl. im Übrigen zur Rspr. *Jagenburg/Kesselring*, NJW 2001, 3302-3314.

[129] BGH v. 30.11.1995 - III ZR 240/94 - juris Rn. 19 - NJW 1996, 227-228; vgl. zuletzt: *Müller-Feldhammer*, Vertragserfüllung und Haftung des Unternehmensberaters, NJW 2008, 1777-1782.

[130] BGBl I 1990, 2479; BGBl I 2010, 264.

[131] *Martinek* in: Staudinger, § 675 Rn. B 57.

[132] BGH v. 28.09.2000 - IX ZR 279/99 - juris Rn. 37 - BGHZ 145, 265-278; BGH v. 22.05.2007 - XI ZR 338/05 - juris Rn. 13 - NotBZ 2008, 27-28.

[133] OLG Hamm v. 27.09.1991 - 26 U 31/91 - NJW-RR 1992, 153-154.

[134] BGH v. 09.06.2005 - III ZR 436/04 - WM 2005, 1667-1670.

[135] Zur aktuellen Entwicklung *Weber/Kesselring/Hennig*, NJW 2009, 3346-3352; *Weber/Kesselring/Hennig*, NJW 2008, 1713-1719; vgl. ferner *Basty*, Der Bauträgervertrag, 5. Aufl. 2005; *Martinek* in: Staudinger, § 675 Rn. B 66; speziell zur Problematik der Insolvenz des Bauträgers *Kesseler*, DNotZ 2004, 176-227.

[136] BGH v. 28.09.2000 - IX ZR 279/99 - juris Rn. 38 - BGHZ 145, 265-278; dazu *Nittel*, NJW 2002, 2599-2602, 2599-2602.

[137] *Henssler/Deckenbrock*, DB 2008, 41, 42.

genüber den Handwerkern selbst.[138] Der Bauträger baut regelmäßig selbst als Bauherr auf einem eigenen oder von ihm zu beschaffenden Grundstück. Er ist verpflichtet, dem Vertragspartner das Grundstück nach Fertigstellung des Bauwerks zu übereignen; der Bauträgervertrag ist damit wegen § 311b BGB formbedürftig.[139] Bei einem **Generalübernehmervertrag** vergibt der Auftragnehmer im eigenen Namen Bauaufträge für einen anderen als Bauherrn.[140]

4. Geschäftsbesorger

40 Soweit sich die Aufgaben aus einem Geschäftsbesorgungsvertrag **nicht** in eine der weitgehend üblichen, aber letztlich doch willkürlichen **speziellen Unterteilungen**[141] einfügen, mag man mit dem Gesetzeswortlaut, aber gleichwohl im Sinne einer Art Auffangtatbestand, hinsichtlich des Beauftragten von einem Geschäftsbesorger sprechen. Neben dem Anlagevermittler und dem Anlageberater (und grundsätzlich anders als die nur finanzierende Bank) kann etwa der mit der Abwicklung einer Transaktion beauftragte und insoweit dem Anleger nahe stehende Geschäftsbesorger zur Offenlegung von Rückvergütungen oder ihm bekannter überhöhter verdeckter **Innenprovisionen** (vgl. näher hierzu Rn. 126 ff.) verpflichtet sein und insoweit (auch bei Nichtigkeit des Geschäftsbesorgungsvertrages, dann über § 677 BGB) haften.[142] Die Annahme der Nichtigkeit des Geschäftsbesorgungsvertrags wegen Verstoß gegen das RBerG spielte hier seit etwa 2001 in der Judikatur eine problematische, weil letztlich in der Wertung widersprüchliche Rolle.[143] Die Nichtigkeit erstreckt sich danach einerseits auf eine gleichzeitig erteilte Vollmacht und eine vom Geschäftsbesorger erklärte Vollstreckungsunterwerfung.[144] Gleichwohl will der 11. ZS des BGH den Vollmachtgeber nach Rechtsscheingrundsätzen ggf. an der Verpflichtung zur Unterwerfung unter die Zwangsvollstreckung festhalten und ihm auf dieser Grundlage nach Treu und Glauben versagen, sich auf die (nicht schon nach Rechtsscheingrundsätzen wirksam werdende) Nichtigkeit der Unterwerfung zu berufen.[145] Die Problematik hat sich durch das zum 01.07.2008 in Kraft getretene **Rechtsdienstleistungsgesetz** (RDG) vom 12.12.2007[146], das für die große Zahl aktueller Streitfälle kaum rückwirkend angewandt werden kann[147], wohl nicht entscheidend geändert. Im Übrigen erlaubt § 5 Abs. 1 RDG ab 01.07.2008 generell Rechtsdienstleistungen im Zusammenhang mit einer anderen Tätigkeit, wenn sie als Nebenleistung zum Berufs- oder Tätigkeitsbild gehören, wobei dies nach Inhalt, Umfang und sachlichem Zusammenhang mit der Haupttätigkeit unter Berücksichtigung der für diese erforderlichen Rechtskenntnisse zu beurteilen ist.

5. Hausverwaltervertrag

41 Ein Hausverwaltervertrag ist ein Geschäftsbesorgungsvertrag, der eine Dienstleistung zum Gegenstand hat. Der Hausverwalter ist gemäß den §§ 675, 666 BGB verpflichtet, den Auftraggeber über Gebäudemängel grundlegender Art zu informieren.[148] Ein Hausverwalter kann auch für Schäden aus der Untätigkeit eines mit Schadensbeseitigung beauftragten Handwerkers haften, es sei denn, dass die Untätigkeit des Handwerkers ein so ungewöhnliches und grobes Fehlverhalten ist, dass der Hausverwalter da-

---

[138] Ist die Abnahme durch einen vom Verkäufer (Bauträger) bestimmten Sachverständigen vorgesehen, so will OLG Koblenz v. 17.10.2002 - 5 U 263/02 - ZfIR 2002, 897-901 hierin einen seitens des Käufers widerruflichen Auftrag sehen, wobei der Widerruf durch AGB nicht ausgeschlossen werden könne.

[139] Vgl. BGH v. 16.09.1988 - V ZR 77/87 - NJW-RR 1989, 198-199; nach OLG Hamburg v. 26.06.2002 - 4 U 217/98 - BauR 2003, 253-255 soll aber ein Aufwendungsersatzanspruch des Erwerbers aus § 670 BGB in Betracht kommen, wenn dieser im Einverständnis mit dem Bauträger Baumaßnahmen zur Fertigstellung veranlasst.

[140] OLG Hamm v. 27.09.1991 - 26 U 31/91 - NJW-RR 1992, 153-154; vgl. allgemein *Sprau* in: Palandt, § 631 Rn. 9 a.

[141] Vgl. etwa die umfangreiche Aufzählung bei *Ehmann* in: Erman, § 675 Rn. 7.

[142] BGH v. 28.07.2005 - III ZR 290/04 - WM 2005, 1998-2002.

[143] Vgl. in jüngerer Zeit umfassend m.N. *Reinelt*, jurisPR-BGHZivilR 34/2007, Anm. 4.

[144] BGH v. 29.10.2003 - IV ZR 122/02 - NJW 2004, 841-843; BGH v. 22.05.2007 - XI ZR 337/05 - juris Rn. 12 m.N.

[145] BGH v. 22.05.2007 - XI ZR 337/05 - juris Rn. 13; BGH v. 17.10.2006 - XI ZR 19/05 - juris Rn. 42 - ZfIR 2007, 487-491, m.N.; BGH v. 15.02.2005 - XI ZR 396/03 - ZIP 2005, 1361-1365; BGH v. 02.12.2003 - XI ZR 429/02 - ZfIR 2004, 562-563; harsche Kritik von *Reinelt*, jurisPR-BGHZivilR 34/2007, Anm. 4; *Himmelmann*, ZfIR 2007, 491-492; *Ulmer*, ZIP 2005, 1341-1346; vgl. zur Problematik eingehend *Altmeppen*, ZIP 2006, 1-9.

[146] BGBl I 2007, 2840; vgl. hierzu *Henssler/Deckenbrock*, DB 2008, 41-49; *Römermann*, NJW 2008, 1249-1254.

[147] Vgl. *Reinelt*, jurisPR-BGHZivilR 34/2007, Anm. 4.

[148] BGH v. 20.11.1997 - III ZR 310/95 - LM BGB § 675 Nr. 246 (4/1998).

mit nicht rechnen musste.¹⁴⁹ Die Veräußerung des verwalteten Grundstücks genügt noch nicht zur außerordentlichen Kündigung.¹⁵⁰ Versäumt der Verwalter, eine von ihm vorzunehmende Mieterhöhung zu veranlassen, so kann hierin eine zur Ersatzpflicht führende Pflichtverletzung liegen.¹⁵¹

6. Inkassovertrag

Der Vertrag mit einer Inkassostelle über die Einziehung einer Forderung ist ein Geschäftsbesorgungsvertrag dienstvertraglichen Charakters.¹⁵² Die Inkassotätigkeit ist nach § 2 Abs. 2 RDG vom 12.12.2007¹⁵³ Rechtsdienstleistung, die der Eignung und Registrierung des Rechtsdienstleisters bedarf; der Inkassovertrag kann andernfalls nichtig sein.¹⁵⁴ Der Auftrag an eine Bank, einen Orderscheck auf ein Girokonto einzuziehen, kann eine Weisung im Giroverhältnis zwischen Bank und Kontoinhaber sein; es kann aber, wenn der Auftrag nicht von dem Kontoinhaber erteilt wird, ein eigenständiger Inkassovertrag zwischen dem Dritten und der Bank zustande kommen, wenn dies für die Bank hinreichend erkennbar ist.¹⁵⁵ Traten zwei durch eine gemeinsame Muttergesellschaft verbundene Unternehmen sich gegenseitig ihre Außenstände still zum Inkasso bei Weiterbestehen der Einziehungsermächtigung ab und erweitern sie so die Aufrechnungsmöglichkeit, so konnte das im Falle des Konkurses eines Geschäftsgegners wegen Umgehung der Regelung des § 55 KO unwirksam sein (vgl. nunmehr § 96 InsO).¹⁵⁶ Eine durch AGB getroffene Regelung, wonach das mit dem Inkasso beauftragte Unternehmen Verzugszinsen als Erfolgsprovision behalten darf, wurde als wirksam angesehen.¹⁵⁷ Werden qua Inkasso eingezogene Beträge zweckwidrig verwendet und durch ein Vereinbarungsdarlehen mit dem Auftraggeber ersetzt, dann können die insoweit beim Beauftragten anfallenden Zinsen nicht als Betriebsausgaben geltend gemacht werden.¹⁵⁸ Der Einsatz privater Inkassoinstitute zur Realisierung kommunaler Forderungen wirft verwaltungs- und datenschutzrechtliche Fragen auf.¹⁵⁹ Zur sog. Inkassostelle beim Einziehungsermächtigungsverfahren vgl. die Kommentierung zu § 675c BGB ff.

7. Insolvenzverwalter

Bei freihändiger Veräußerung eines Grundstücks durch den Insolvenzverwalter können Grundpfandgläubiger und Grundstückseigentümer, vertreten durch den Insolvenzverwalter, im Rahmen eines Geschäftsbesorgungsvertrages vereinbaren, dass der Insolvenzverwalter das Grundstück im Namen des Eigentümers mit Zustimmung des Grundpfandberechtigten verkauft und den Erlös abzüglich eines vereinbarten Entgelts für die Tilgung der gesicherten Forderung herauszugeben hat; soweit dabei der Insolvenzverwalter zur Vereinnahmung eines Massekostenbeitrags berechtigt ist, liegt (neben der Leistung des Grundstücks an den Erwerber) eine **steuerpflichtige** entgeltliche Geschäftsbesorgungsleistung der Masse an den Grundpfandgläubiger vor.¹⁶⁰ Hinsichtlich der Interessenwahrungspflicht für die Beteiligten kommt eine analoge Anwendung der Auftragsvorschriften in Betracht.¹⁶¹

---

¹⁴⁹ BGH v. 11.11.1999 - III ZR 98/99 - juris Rn. 13 - LM BGB § 276 (Ci) Nr. 56 (4/2000).
¹⁵⁰ OLG Hamburg v. 15.10.2010 - 14 U 141/10 - juris Rn. 15 ff. - ZMR 2011, 223.
¹⁵¹ OLG Frankfurt v. 09.03.2010 - 14 U 52/09 - juris Rn. 73.
¹⁵² *Martinek* in: Staudinger § 675 Rn. B 117.
¹⁵³ BGBl I 2007, 2840.
¹⁵⁴ *Henssler/Deckenbrock*, DB 2008, 41, 46.
¹⁵⁵ BGH v. 09.05.2000 - XI ZR 220/99 - LM BGB § 166 Nr. 42 (1/2001).
¹⁵⁶ BGH v. 06.12.1990 - IX ZR 44/90 - LM Nr. 16 zu KO § 55.
¹⁵⁷ OLG Frankfurt v. 01.04.2009 - 19 U 228/08.
¹⁵⁸ BFH v. 15.05.2008 - IV R 25/07 - DB 2008, 1661-1663.
¹⁵⁹ Vgl. hierzu *Hagemann*, KKZ 2010, 169-171.
¹⁶⁰ BFH v. 28.07.2011 - V R 28/09 - BB 2011, 2789-2791; vgl. zur diesbezüglichen „kalten" Zwangsvollstreckung und Zwangsverwaltung durch den Insolvenzverwalter *Dahl*, NJW-Spezial 2011, 759; *Sajogo*, AnwZert InsR 22/2011, Anm. 3; ablehnend *Mitlehner*, EWiR 2011, 673-674.
¹⁶¹ Vgl. insoweit *Kumpan*, KTS 2010, 169-194.

§ 675

8. Kautionsversicherung

44 In mehreren neueren Entscheidungen hat der BGH[162] zum **Kautionsversicherungsvertrag**[163] Stellung genommen; er sieht den Vertrag als Geschäftsbesorgungsvertrag, der mit der Eröffnung des Insolvenzverfahrens beim Versicherungsnehmer ohne Wahlrecht des Verwalters erlischt, wobei Prämienansprüche nicht insolvenzfest vereinbart werden können. Eine bereits bei Insolvenzeröffnung verdiente Prämie muss aber nicht herausgegeben werden.[164] Regressansprüche des Kautionsversicherers (Bürgen) sind einfache Insolvenzforderungen.[165] Sie können durch Sicherungszession insolvenzfest abgesichert werden mit der Folge, dass der Insolvenzversicherer gegebenenfalls ein Absonderungsrecht geltend machen kann.[166]

9. Liquidatoren

45 Schadensersatzansprüche gegen einen behördlich bestellten Abwickler können auf der Grundlage einer entsprechenden Anwendung der Bestimmungen über die Geschäftsbesorgung oder auch nach den Vorschriften über unerlaubte Handlungen gegeben sein, wenn der Abwickler bei seiner Abwicklungstätigkeit die Sorgfalt eines ordentlichen Kaufmanns verletzt hat.[167] Der als Liquidator tätige Rechtsanwalt kann ein zusätzliches Honorar nach anwaltlichem Gebührenrecht für die Wahrnehmung solcher Aufgaben verlangen, zu deren sachgerechter Erledigung selbst ein als Liquidator erfahrener Nichtjurist einen Rechtsanwalt hinzuziehen müsste.[168]

10. Management-, Betriebs- und Unternehmensführungsvertrag

46 Es handelt sich um einen praktisch wichtigen Bereich von Geschäftsbesorgungsverträgen dienstvertraglichen Charakters, wobei die Aufgabenstellung einen höchst unterschiedlichen Umfang haben und sowohl im eigenen wie auch im fremden Namen erfolgen kann.[169] Der sog. **Projektsteuerungsvertrag** im Bereich des Baurechts kann höchst unterschiedliche Inhalte aufweisen; inwieweit er mit den Regelungen des § 5 RDG vereinbar ist, lässt sich nur im Einzelfall bestimmen.[170]

11. Mietverwalter/Mietvermittler

47 Es gehört zu den Pflichten eines Mietverwalters, gesetzlich zulässige und mögliche Mieterhöhungen vorzuschlagen und durchzusetzen.[171] Der Eigentümer und Vermieter hat das Recht auf Information

---

[162] BGH v. 06.07.2006 - IX ZR 121/05 - BB 2006, 2101-2103 = BGHZ 168, 276, fortgeführt von BGH v. 18.01.2007 - IX ZR 202/05 - WM 2007, 514-516; im Anschluss daran OLG München v. 25.11.2008 - 25 U 3731/08 - ZIP 2009, 1240-1242 (Beschwerde dagegen von BGB v. 28.03.2010 - IX ZR 228/08 zurückgewiesen); BGH v. 13.03.2008 - IX ZR 14/07 - juris Rn. 7; BGH v. 06.10.2011 - IX ZR 153/09 - NZI 2012, 82; zustimmend *Habersack*, BKR 2007, 77-79.

[163] Allgemein zum Kautionsversicherungsvertrag im System des Privatversicherungsrechts *Thomas/Dreher*, VersR 2007, 731-738.

[164] So LG Frankfurt v. 11.09.2008 - 2-10 O 486/07 - juris Rn. 39 ff. - ZInsO 2008, 1090-1092, in Abgrenzung zum BGH.

[165] *Habersack*, BKR 2007, 77-79, der darauf hinweist, dass der Regressanspruch des Bürgen bereits bei Abschluss des Geschäftsbesorgungsvertrags entsteht, so dass der Kautionsversicherer am Insolvenzverfahren gegen das Vermögen des Schuldners teilnimmt; ebenso *Hogrefe*, VersR 2007, 1489-1492; BGH v. 13.03.2008 - IX ZR 14/07 - juris Rn. 11.

[166] BGH v. 13.03.2008 - IX ZR 14/07 - juris Rn. 11 f. - WM 2008, 803-804; OLG Dresden v. 11.01.2007 - 13 U 2119/05 - ZIP 2007, 640-642; zust. *Stahlschmidt*, EWiR 2007, 309-310; *Tetzlaff*, jurisPR-InsR 17/2008, Anm. 3; *Vogel*, ZIP 2007, 2198-2201.

[167] BGH v. 18.03.1953 - VI ZR 15/52 - LM Nr. 6 zu § 675 BGB.

[168] BGH v. 17.09.1998 - IX ZR 237/97 - BGHZ 139, 309-319.

[169] Näher hierzu *Martinek* in: Staudinger, § 675 Rn. B 142 ff.; *Ehmann* in: Eman § 675 Rn. 7 unter Betriebsführungsvertrag und Managementvertrag; *Rieble*, Betriebsführungsvertrag als Gestaltungselement, NZA 2010, 1145-1150; *Wambach/Schielein/Forster*, Rechtsfragen des Facility-Managements, DB 2011 Heft 18 Beilage M 7 ff.; *Winter/Theisen*, Betriebsführungsverträge in der Konzernpraxis, AG 2011, 662-668;

[170] OLG Naumburg v. 14.03.2008 - 10 U 64/07 - NZ Bau 2009, 318-328, noch zum RBerG; dazu unter dem Blickwinkel des § 5 RDG *Eschenbruch*, NZBau 2009, 328-329; *Fischer*, AnwZert BauR 1/2011, Anm. 1.

[171] OLG Saarbrücken v. 08.03.2006 - 5 U 178/05 - NZM 2006, 878-880.

über Namen und Anschriften der Mieter.[172] Für Aufwendungsersatzansprüche von Vermietern und Mietern bestehen weitgehend Sonderregelungen.[173] Vgl. im Übrigen das spezielle Schrifttum.[174]

12. Notare

Notare werden bei ihrer Amtstätigkeit (vgl. § 24 BNotO) nicht im Rahmen eines Geschäftsbesorgungsvertrages, sondern im Rahmen eines öffentlich-rechtlichen Verhältnisses tätig; auf die Folgen von Pflichtverletzungen sind dann nicht die vertraglichen Schadenersatzvorschriften, sondern die entsprechenden Bestimmungen der BNotO anzuwenden.[175] Bei Anwaltsnotaren ist eine klare Abgrenzung der jeweiligen Tätigkeitsbereiche erforderlich.[176]

48

13. Patentanwälte

Hinsichtlich des Honorars für die Tätigkeit ist die früher angewandte Patentanwaltsgebührenordnung wegen kartellrechtlicher Bedenken entfallen; mangels besonderer Vereinbarung schuldet der Mandant eine vom Patentanwalt zu bestimmende angemessene Vergütung, die in Anlehnung an die frühere Gebührenordnung zu ermitteln ist.[177] Im Rahmen des ihm erteilten Auftrags treffen den Patentanwalt grundsätzlich die gleichen Aufklärungs- und Beratungspflichten, wie sie für einen Rechtsanwalt gelten.[178] Der Patentanwalt verletzt seine Pflichten aus dem Anwaltsvertrag, wenn er seinem Mandanten gegenüber erklärt, dessen Patent werde mit Sicherheit für nichtig erklärt werden, wenn eine solche Prognose objektiv zumindest zweifelhaft ist.[179] Ein Auslandsmandat darf ein Patentanwalt im Wege der Substitution weitergeben, ohne dass daraus eine Haftung aus § 278 BGB folgt.[180]

49

14. Rechtsanwälte

a. Anwaltsvertrag

Die Beauftragung eines Rechtsanwalts[181] stellt einen Geschäftsbesorgungsvertrag dar, und zwar je nach Sachlage auf dienstvertraglicher (Beratung, Prozessführung) oder werkvertraglicher (Vertragsentwurf, Gutachten) Grundlage. Sie ist vor dem Hintergrund der **BRAO** und des noch bis zum 30.06.2008 gültig gewesenen **Rechtsberatungsgesetzes (RBerG)** zu sehen; letzteres räumte Rechtsanwälten ein weitgehendes Monopol auch bei der außergerichtlichen geschäftsmäßigen Besorgung fremder Rechtsangelegenheiten ein. Am 01.07.2008 trat das **Rechtsdienstleistungsgesetz (RDG)** vom 12.12.2007[182] an dessen Stelle, das das bisherige weitgehende Anwaltsmonopol aber nur unwesentlich eingeschränkt hat: auch künftig ist die selbständige Erbringung außergerichtlicher

50

---

[172] Zu den Grenzen am Beispiel der Vermietung einer Ferienwohnung vgl. BGH v. 08.02.2007 - III ZR 148/06 - NJW 2007, 1528-1529; Fortführung durch BGH v. 03.11.2011 - III ZR 105/11 - NJW 2012, 58-61.
[173] Vgl. umfassend *Gsell*, NZM 2010, 71-78.
[174] *Drasdo*, NJW-Spezial 2012, 161-162; *Sauren*, ZMR 2011, 349-354; zur Auflösung des Mietverwaltungsvertrags bei Objektveräußerung vgl. *Drasdo*, NJW-Spezial 2011, 481.
[175] BGH v. 29.03.2001 - IX ZR 445/98 - juris Rn. 16 - NJW-RR 2001, 1639-1642; vgl. auch *Schlüter/Knippenkötter*, Die Haftung des Notars, 2004; *Becker*, AnwBl 2010, 618-620; zur (verneinten) Haftung eines österreichischen Notars mangels Aufklärung über Besonderheiten des österreichischen Rechts vgl. OLG München v. 15.04.2010 - 1 U 2639/09.
[176] Vgl. hierzu *Becker*, AnwBl 2010, 618-620.
[177] OLG Düsseldorf v. 14.11.2011 - 24 U 192/10 - GRUR-RR 2012, 181-183.
[178] BGH v. 30.11.1999 - X ZR 129/96 - LM BGB § 675 Nr. 271 (6/2000).
[179] BGH v. 30.11.1999 - X ZR 129/96 - LM BGB § 675 Nr. 271 (6/2000).
[180] LG Leipzig v. 12.10.2006 - 5 O 4444/04 - MittdtschPatAnw 2007, 84-89; LG München I v. 14.07.2011 - 7 O 9779/10.
[181] Beck'sches Rechtsanwalts-Handbuch, 10. Aufl. 2011; *Gaier/Wolf/Göcken*, Anwaltliches Berufsrecht, Kommentar, 2010; *Henssler/Prütting*, Bundesrechtsanwaltsordnung, 3. Aufl. 2010; *Wimmer/Dauernheim/Wagner/Gietl*, Handbuch des Fachanwalts – Insolvenzrecht, 5. Aufl. 2011; *Zugehör*, Grundsätze der zivilrechtlichen Haftung der Rechtsanwälte, Steuerberater und Wirtschaftsprüfer, 2009; *Heermann* in: MünchKomm, § 675 Rn. 26 ff.
[182] BGBl I 2007, 2840; *Zypries*, Vom Rechtsberatungsmissbrauchsgesetz zum Rechtsdienstleistungsgesetz, Sonderbeilage zum Rechtsdienstleistungsgesetz, Beilage zu NJW Heft 27/2008, mit Gesetzesbegründung und weiteren Beiträgen von *Albrecht, Grunewald, Degen, Dilchert* und *Salten*; vgl. weiter *Henssler/Deckenbrock*, DB 2008, 41-49; *Krenzler*, Rechtsdienstleistungsgesetz. Handkommentar, 2008; *Römermann*, NJW 2008, 1249-1254.

Rechtsdienstleistungen nach den §§ 3 ff. RDG gesetzlich nur beschränkt zugelassen.[183] Nichtigkeit des Mandatsvertrages tritt bei unzulässiger Mehrfachverteidigung ein.[184] Der Abschluss des Anwaltsvertrages ist im Übrigen **formlos** möglich; zu Vergütungsfragen vgl. Rn. 54. Bei Beauftragung eines einer **Sozietät** angehörenden Anwalts kommt der Geschäftsbesorgungsvertrag in der Regel mit der Sozietät zustande.[185] Auch anwaltsfremde Maßnahmen können vereinbart werden, z.B. Maklertätigkeit oder Abgabe einer Umsatzsteuererklärung.[186]

51 Art und Umfang der Geschäftsbesorgung richten sich nach dem jeweiligen Vertragsinhalt, dem **Mandat**, wobei stets im Auge zu behalten ist, dass der Mandant als meist Rechtsunkundiger auf das konstruktive Mitdenken des Rechtsanwalts angewiesen ist und vertraut. Kraft des Anwaltsvertrages ist der Rechtsanwalt daher verpflichtet, die Interessen seines Auftraggebers in den Grenzen des erteilten Mandats nach jeder Richtung **umfassend** wahrzunehmen.[187] Er muss sein Verhalten so einrichten, dass er Schädigungen seines Auftraggebers, mag deren Möglichkeit auch nur von einem Rechtskundigen vorausgesehen werden können, vermeidet. Welche konkreten Pflichten aus diesen allgemeinen Grundsätzen abzuleiten sind, richtet sich wiederum nach dem erteilten[188] Mandat und den Umständen des einzelnen Falles[189]. Insoweit braucht sich der Rechtsanwalt nicht um Aufklärung von Vorgängen zu bemühen, die weder nach der Information des Auftraggebers noch aus Rechtsgründen in innerem Zusammenhang mit dem geltend gemachten Anspruch stehen.[190] An **Weisungen** ist er grundsätzlich gebunden; doch gilt dies im Hinblick auf die gewünschte Übernahme von Schriftsatzentwürfen des Mandanten nur bedingt.[191] Ist der Anwalt wegen einer Interessenkollision von Anfang an nicht bereit, den Mandanten gegenüber dem Gegner auch gerichtlich zu vertreten, so hat er dies ungefragt zu **offenbaren**.[192] Bei der Einschaltung eines **Verkehrsanwalts** bestehen eigenständige Verantwortungsbereiche von Prozessbevollmächtigtem und Verkehrsanwalt gegenüber dem Mandanten.[193] Die Frage, inwieweit ein Rechtsberatungsvertrag **Schutzwirkung** für Dritte besitzt, hängt von der jeweiligen Sachlage ab, wobei aber auch die Judikatur des BGH hierzu uneinheitlich erscheint.[194] Bei Pflichtverletzung seitens eines vom Betriebsrat beauftragten Anwalts steht dem einzelnen Arbeitnehmer jedenfalls kein Ersatzanspruch zu.[195]

b. Pflichten des Anwalts

52 Aus der Rspr. zur **Beratungspflicht**[196] des Anwalts ist vor allem folgendes hervorzuheben: Der um Beratung ersuchte Rechtsanwalt ist zur umfassenden und erschöpfenden Belehrung seines Auftraggebers verpflichtet, sofern dieser nicht eindeutig zu erkennen gibt, dass er der Belehrung nur in bestimmter

---

[183] Ein Geschäftsbesorgungsvertrag mit einem nicht zugelassenen Berater ist nichtig und dürfte auch künftig nichtig sein, was Regressansprüche aber nicht ausschließt; vgl. BGH v. 25.06.1962 - VII ZR 120/61 - BGHZ 37, 262; zur künftigen Rechtslage *Henssler/Deckenbrock*, DB 2008, 41-49, 46.

[184] Generalstaatsanwalt beim OLG Zweibrücken v. 18.02.2004 - 4220 E - 1/04 - NStZ-RR 2004, 191-192.

[185] BGH v. 06.07.1971 - VI ZR 94/69 - BGHZ 56, 355, 359; BGH v. 07.04.2003 - II ZR 56/02 - NJW 2003, 1803-1805.

[186] *Heermann* in: MünchKomm-BGB, § 675 Rn. 26; insoweit kann ebenfalls Anwaltsberufsrecht anzuwenden sein; vgl. zur Verjährung von Schadenersatzansprüchen OLG Rostock v. 23.06.2004 - 6 U 72/03 - OLGR Rostock 2006, 42-44.

[187] Vgl. zuletzt *Zugehör*, Grundsätze der zivilrechtlichen Haftung der Rechtsanwälte, Steuerberater und Wirtschaftsprüfer, 2009; umfassend zur Judikatur zum Anwaltshaftungsrecht *Borgmann*, NJW 2008, 412-421; vgl. weiter Rn. 56 ff.

[188] BGH v. 12.12.2001 - XII ZB 219/01 - BGHReport 2002, 435: Annahme erforderlich, so dass Erteilung der Vollmacht nicht genügt.

[189] BGH v. 28.06.1990 - IX ZR 209/89 - LM Nr. 156 zu § 675 BGB; eingehend zu Anwaltsverschulden, Gerichtsfehlern und Anwaltshaftung *Zugehör*, NJW 2003, 3225-3232; zur Vertretung widerstreitender Interessen bei § 103 BetrVG LArbG Hannover v. 01.07.2003 - 13 TaBV 6/03 - DB 2004, 144.

[190] BGH v. 07.02.2002 - IX ZR 209/00 - NJW 2002, 1413-1414.

[191] LG Göttingen v. 22.01.2009 - 8 S 19/07 - MDR 2009, 1075-1076; hierzu auch *Ullrich*, MDR 2009, 1017-1022.

[192] BGH v. 08.11.2007 - IX ZR 5/06 - WM 2008, 371-373; kritisch *Kleine-Cosack*, AnwBl 2008, 278-281; eingehend zur berufsrechtlichen und praktischen Problematik *Henssler/Deckenbrock*, NJW 2008, 1275-1279.

[193] BGH v. 17.12.1987 - IX ZR 41/86 - WM 1988, 388-392.

[194] Eingehend hierzu *Zugehör*, NJW 2008, 1105-1110; vgl. neuerdings OLG Düsseldorf v. 21.04.2009 - 24 U 50/08 - MDR 2009, 1016 betr. Mieterschutzvereinigung.

[195] BAG v. 24.08.2006 - 8 AZR 414/05 - NJW 2007, 172-174.

[196] Vgl. aus neuerer Zeit BGH v. 01.03.2007 - IX ZR 261/03 - NJW 2007, 2485-2489; ferner BGH v. 06.02.1992 - IX ZR 95/91 - juris Rn. 10 - NJW 1992, 1159, 1160, jeweils m.N.; *Heermann* in: MünchKomm-BGB, § 675 Rn. 29.

Richtung bedarf; er muss den vorgetragenen Sachverhalt daraufhin prüfen, ob er den erstrebten Erfolg herbeiführen kann; er hat die Schritte anzuraten, die zum erstrebten Erfolg führen können und voraussehbare und vermeidbare Nachteile zu verhindern; er muss über Zweifel und Bedenken informieren und ein Risiko anführen und abschätzen; von mehreren in Betracht kommenden Maßnahmen hat der Rechtsanwalt regelmäßig diejenige zu treffen, welche drohende Nachteile am wahrscheinlichsten vermeidet; wenn mehrere Wege möglich sind, um den erstrebten Erfolg zu erreichen, hat er denjenigen zu wählen, auf dem dieser am sichersten und gefahrlosesten erreichbar ist (Prinzip des **sichersten Weges**).[197] Verzichtbar ist eine solche Belehrung allenfalls dann, wenn der Mandant sich der Risiken erkennbar bewusst ist und sie eingehen will.[198] Auf die Höhe der gesetzlichen Anwaltsgebühren muss er nicht ohne weiteres ungefragt hinweisen.[199]

Der Anwalt muss sich über die neueste Rspr. in Fachzeitschriften informieren und **gefestigte höchstrichterliche Rspr. kennen**.[200] Bei Vertragsgestaltung und Vergleich[201] muss der Anwalt für einen möglichst **eindeutigen Wortlaut** sorgen. Vergleichsbereitschaft des Gegners muss er nutzen, gerade wenn kein Anspruch besteht.[202] Besondere Sorgfalt hat er bei der Einhaltung von **Terminen** und der Wahrung von **Fristen** an den Tag zu legen; sein Büro muss er in entsprechender Weise **organisieren**. Grundsätzlich kann er erwarten, dass einem ersten Antrag auf Verlängerung der Berufungsbegründungsfrist entsprochen wird, wenn entsprechende Gründe i.S.v. § 520 Abs. 2 ZPO geltend gemacht wurden.[203] Von normalen Postlaufzeiten kann er grundsätzlich ausgehen.[204] Offenkundiges Versehen und Missverständnisse des Gerichts muss er ausräumen.[205] Ein Rechtsanwalt muss seinen Mitarbeitern grundsätzlich die allgemeine **Weisung** erteilen, bei der Telefaxübermittlung von fristwahrenden Schriftstücken einen Einzelnachweis über den Sendevorgang auszudrucken, diesen zu prüfen und erst dann die Frist im Fristenkalender zu löschen.[206] Ein Rechtsanwalt hat dafür zu sorgen, dass für den Fall seiner Erkrankung fristwahrende Schriftsätze rechtzeitig eingereicht werden können. Dies gilt auch für einen Einzelanwalt; er muss dies durch zumutbare Maßnahmen, etwa durch Absprache mit einem vertretungsbereiten Kollegen, sicherstellen.[207] Als Kaution gedachte Gelder darf der Anwalt nicht anderweit verwenden.[208]

c. Vergütung

Für die **Vergütung** der Tätigkeit des Rechtsanwalts gilt seit dem 01.02.2004 das Rechtsanwaltsvergütungsgesetz (**RVG**).[209] Höhere als die insoweit gesetzlich vorgeschriebenen Gebühren können nach § 3a RVG mit ausdrücklicher schriftlicher Erklärung (nicht auf Vollmachturkunde) vereinbart werden[210]; in außergerichtlichen Angelegenheiten sind nach § 4 RVG auch niedrigere Gebühren mög-

---

[197] BGH v. 19.03.2009 - IX ZR 214/07 - NJW 2009, 2949-2951;vgl. auch BGH v. 28.06.1990 - IX ZR 209/89 - juris Rn. 27 - LM Nr. 156 zu § 675 BGB; BGH v. 22.09.1958 - III ZR 16/58 - LM Nr. 8 zu § 276 (Ci) BGB.
[198] BGH v. 06.02.1992 - IX ZR 95/91 - juris Rn. 10 - NJW 1992, 1159, 1160 mit Nachweisen; *Heermann* in: Münch-Komm-BGB, § 675 Rn. 29.
[199] BGH v. 02.07.1998 - IX ZR 63/97 - juris Rn. 27 - NJW 1998, 3486, 3487.
[200] BGH v. 21.09.2000 - IX ZR 127/99 - juris Nr. 49 - NJW 2001, 675-679; BGH v. 10.12.1957 - VIII ZR 343/56 - BGHZ 85, 252, 259; vgl. zur neuesten BGH-Rspr. zum Anwaltshaftungsrecht *Borgmann*, NJW 2008, 412-421.
[201] BGH v. 17.01.2002 - IX ZR 182/00 - NJW 2002, 1048-1050.
[202] OLG Celle v. 16.09.2009 - 3 U 102/09.
[203] BGH v. 18.09.2001 - VI ZB 26/01 - MDR 2001, 1432; BGH v, 01.08.2001 - VIII ZB 24/01 - NJW 2001, 3552.
[204] BGH v. 05.07.2001 - VII ZB 2/00 - BRAK-Mitt 2001, 215.
[205] BGH v. 17.09.2009 - IX ZR 74/08 - NJW 2010, 73-75 betreffend die vom Gericht übersehene Einzahlung des Gerichtskostenvorschusses; kritisch dazu *Römermann*, NJW 2010, 21-23, weil dies letztlich zur alleinigen Anwaltshaftung bei einem Versehen des Gerichts führt; BVerfG (Nichtannahmebeschluss) v. 22.04.2009 - 1 BvR 386/09 - juris Rn. 16 - NJW 2009, 2945-2946 hält das prinzipiell für zulässig.
[206] BGH v. 02.07.2001 - II ZB 28/00 - NJW-RR 2002, 60.
[207] BGH v. 26.11.1998 - IX ZB 84/98 - AnwBl 1999, 227-228.
[208] BGH v. 08.01.2009 - IX ZR 229/07 - NJW 2009, 840-842.
[209] Vom 05.05.2005, BGBl I 2004, 718, 788; vgl. hierzu *Kroiß*, JuS 2005, 33-37; *Schons*, NJW 2005, 3089-3093 sowie die Kommentare zum RVG von *Gerold/Schmidt/v. Eicken/Madert/Müller-Rabe*, 20. Aufl. 2012 und von *Hartung*, 2010; *Hartung/Römermann*, 2004; für vor dem 01.07.2004 erteilte Aufträge an Anwälte gilt nach den §§ 60, 61 RVG noch die Bundesrechtsanwaltsgebührenordnung – BRAGO (BGBl III Nr. 368-1).
[210] Bei unangemessener Höhe sieht § 5 Abs. 2 RDG eine Herabsetzung vor; zum möglichen Nachweis der Angemessenheit einer 5-fachen Gebühr für den Strafverteidiger vgl. BGH v. 04.02.2010 - IX ZR 18/09; enger noch BGH v. 27.01.2005 - IX ZR 273/02 - BGHZ 162, 98-110.

§ 675

lich.²¹¹ Das Verbot anwaltlicher **Erfolgshonorare** (§ 49b Abs. 2 Satz 1 BRAO)²¹² hat das BVerfG mit Beschluss v. 12.12.2006²¹³ als mit Art. 12 Abs. 1 GG insoweit für unvereinbar erklärt, als es keine Verbotsausnahme für den Fall zulässt, dass der Rechtsanwalt mit der Vereinbarung einer erfolgsbasierten Vergütung besonderen Umständen in der Person des Auftraggebers Rechnung trägt, die diesen sonst davon abhielten, seine Rechte zu verfolgen. Im konkreten Fall ging es um die Geltendmachung eines Entschädigungsanspruches wegen im Dritten Reich enteigneten Grundstücken in Dresden durch in den USA lebende Erben durch eine Rechtsanwältin, mit der eine Vereinbarung über Streitanteilsvergütung getroffen worden war, und gegen die anwaltsgerichtliche Maßnahmen ergangen waren. Dem Gesetzgeber wurde zur Anpassung der Vorschrift eine Frist bis zum **30.06.2008** gesetzt; bis dahin war das **Verbot noch anwendbar.**²¹⁴ Mit Wirkung vom **01.07.2008** wurde § 4a RVG über die **Voraussetzungen zulässiger Erfolgshonorare** in das RVG eingefügt.²¹⁵ Eine Minutenpreisvereinbarung bei telefonischer Rechtsberatung durch eine **Telekanzlei** soll nicht unter dem Blickwinkel des Verbots der Gebührenunter- oder Gebührenüberschreitung zu beanstanden sein, soweit in der Werbung für die telefonische Rechtsberatung auf die Besonderheiten hingewiesen wird.²¹⁶ Die **Versteigerung** anwaltlicher Beratungsleistungen durch Internetauktion hat das BVerfG ausdrücklich für zulässig erklärt.²¹⁷

55 Im Falle anwaltlicher Schlechtleistung kommt eine Kürzung des Honorars nicht in Betracht,²¹⁸ wohl aber kann der Mandant mit Schadenersatzansprüchen aufrechnen. Nach § 628 Abs. 1 Satz 2 BGB kann aber der Honoraranspruch entfallen, wenn der Mandant wegen vertragswidrigen Verhaltens des Anwalts den Auftrag kündigt einen anderen Anwalt beauftragt, dem er nochmals Gebühren schuldet.²¹⁹ Die **Abtretung** der **Honorarforderung** ohne Zustimmung des Mandanten wurde früher wegen des sich über § 402 BGB ergebenden Verstoßes gegen die anwaltliche Schweigepflicht nach § 134 BGB, § 203 Abs. 1 Nr. 3 StGB generell für nichtig gehalten;²²⁰ doch sollte die Zession von Anwalt zu Anwalt jedenfalls dann wirksam sein, wenn und soweit dieser ihn zuvor vertreten hat und die Angelegenheit umfassend kennen gelernt hatte.²²¹ Inzwischen hält der BGH diese Abtretung auch ohne Zustimmung des Mandanten für wirksam.²²² § 49 Abs. 4 BRAO gestattet künftig ausdrücklich die Abtretung an Anwälte und ermöglicht das Geschäftsmodell anwaltlicher Verrechnungsstellen.²²³ Die Honorarforderung ist pfändbar und gehört ggf. zur Insolvenzmasse.²²⁴ Bei der gerichtlichen **Geltendmachung** der Honorarforderung ist zu beachten, dass der Sitz der Kanzlei regelmäßig nicht als Erfüllungsort in Betracht kommt.²²⁵ Gegen den Anspruch auf Auszahlung von Fremdgeldern ist **Aufrechnung** mit einer Honorarforderung aus auftragsfremden Angelegenheiten nur im Rahmen von Treu und Glauben zulässig.²²⁶ In der Insolvenz des Mandanten ist eine Aufrechnung mit Honoraransprüchen gegen Herausgabean-

---

²¹¹ Vgl. zu Anwaltsgebühren bei Selbstbeauftragung durch Insolvenzverwalter *Römermann*, ZInsO 2006, 284-290.
²¹² Hierzu bislang BGH v. 13.06.1996 - III ZR 113/95 - juris Rn. 14 - BGHZ 133, 90-97.
²¹³ BVerfG v. 12.01.2006 - 1 BvR 2576/04 - NJW 2007, 979-986 = BB 2007, 617-624.
²¹⁴ Vgl. näher *Kilian*, BB 2007, 1061-1069.
²¹⁵ Hierzu *Kilian*, NJW 2008, 1905-1910.
²¹⁶ BGH v. 30.09.2004 - I ZR 261/02 - NJW 2005, 1266-1268 im Anschluss an BGH v. 26.09.2002 - I ZR 44/00 - juris. Rn. 40 f. - BGHZ 152, 153-162.
²¹⁷ BVerfG v. 19.02.2008 - 1 BvR 1886/06 - NJW 2008, 1298-1300; zur Zulässigkeit der Werbung mit sog. Gegnerlisten vgl. BVerfG v. 12.12.2007 - 1 BvR 1625/06 - juris Rn. 21 - NJW 2008, 838-840.
²¹⁸ BGH v. 15.07.2004 - IX ZR 256/03 - NJW 2004, 2817-2818.
²¹⁹ BGH v. 30.03.1995 - IX ZR 182/94 - NJW 1995, 1954-1955 betreffend Untersuchungshaft wegen Veruntreuung.
²²⁰ BGH v. 25.03.1993 - IX ZR 192/92 - BGHZ 122, 115-122, 119.
²²¹ BGH v. 11.11.2004 - IX ZR 240/03 - juris Rn. 10 ff. - NJW 2005, 507-509; ob die „Weitergabe" der Schweigepflicht für die Abtretbarkeit genügt, bleibt offen; die Frage wird verneint von LG München I v. 09.12.2003 - 13 S 9710/03 - NJW 2004, 451-453.
²²² BGH v. 01.03.2007 - IX ZR 189/05 - NJW 2007, 1196-1198.
²²³ I.d.F. von Art. 4 des Gesetzes v. 12.12.2007, BGBl I 2007, 2840; dazu *Henssler/Deckenbrock*, DB 2008, 41-49, 48.
²²⁴ BGH v. 25.03.1999 - IX ZR 223/97 - juris Rn. 35 ff. - BGHZ 141, 173-179; BFH v. 01.02.2005 - VII B 198/04 - NJW 2005, 1308-1309.
²²⁵ BGH v. 11.11.2003 - X ARZ 91/03 - NJW 2004, 54-56, unter Aufgabe der früheren Rspr.; zum Gerichtsstand von Honorarklagen deutscher Rechtsanwälte gegen ausländische Mandanten vgl. *Neumann/Spangenberg*, BB 2004, 901-903.
²²⁶ OLG Düsseldorf v. 14.10.2008 - 24 U 146/07 - AnwBl 2009, 66-67.

sprüche des Mandanten nur begrenzt möglich.[227] Vgl. insoweit auch die Kommentierung zu § 667 BGB Rn. 17. Zur Geltendmachung von Aufwendungsersatzansprüchen gegen einen Mandanten vgl. die Kommentierung zu § 670 BGB Rn. 27.

d. Regress

Der Regress gegen einen Anwalt[228] findet seine Grundlage in **§ 280 BGB**, woraus zugleich folgt, dass bei objektiver Pflichtverletzung[229] der Anwalt beweisen muss, dass er diese nicht zu vertreten hat. Ersatz wird ab Eintritt des Schadens geschuldet, was für den Beginn des Laufes der Verjährungsfrist relevant ist.[230] Hinsichtlich des **Pflichtenumfangs** ist in Ergänzung des oben Gesagten auf folgendes hinzuweisen:[231] Schlüssigkeitsbedenken hat der Beklagtenvertreter schon in der Eingangsinstanz vorzubringen.[232] Das Zurückhalten von (in der Berufungsinstanz nachgeholtem und als **verspätet** zurückgewiesenem) Verteidigungsvorbringen zur Schadenshöhe in Erwartung der abgesonderten Verhandlung und möglicherweise Entscheidung über die Zuständigkeit des Gerichts und den Haftungsgrund kann eine Schadensersatzpflicht des Anwalts begründen.[233] Nach einer „Flucht in die Säumnis" ist der Anwalt grundsätzlich verpflichtet, auch ohne ausdrückliche Weisung des Mandanten **Einspruch** gegen das Versäumnisurteil einzulegen. Hält er jedoch nach eingehender Prüfung der Erfolgsaussichten eine Fortsetzung des Verfahrens für aussichtslos, hat er rechtzeitig vor Fristablauf mit dem Mandanten **Rücksprache** zu halten und dessen Entscheidung einzuholen.[234] Für Fehler des Gerichts muss der Rechtsanwalt nur dann einstehen, wenn er es unterlassen hat, den Mandanten auf die Möglichkeit einer Erfolg versprechenden Rechtsmitteleinlegung **aufzuklären**.[235]

56

Ein Rechtsanwalt, der seinem Mandanten durch falsche Beratung einen Schaden zugefügt hat, ist **verpflichtet**, ihn darauf **hinzuweisen**[236], wenn er dies bemerkt hat oder auch nur begründeten Anlass hat zu prüfen, ob ein solcher Sachverhalt gegeben sein könnte. Kommt er dieser Pflicht nicht nach, obwohl er auf diese Weise den Eintritt der Verjährung eines sich aus seiner Pflichtverletzung ergebenden Schadensersatzanspruchs und damit des Schadens selbst noch hätte verhindern können, dann muss er aufgrund dieses – neuen – pflichtwidrigen Verhaltens Schadensersatz leisten (sog. Sekundäranspruch);[237] konstruktiv ergibt sich der Schadensersatzanspruch des Mandanten aus der Verletzung der Beratungspflicht darüber, dass der Anwalt die Einrede der Verjährung gegenüber dem Regressanspruch (Primäranspruch) nicht erhebt.

57

Der **Zurechnungszusammenhang** wird nicht dadurch unterbrochen, dass nicht nur der Anwalt, sondern auch das Gericht eine die Klage stützende Entscheidung des BGH übersehen hat.[238] Eine Unterbrechung erfolgt aber dadurch, dass das Verhalten des Anwalts wegen eines Fehlers des Gerichts im Vorprozess den Schaden des Mandanten nicht zur Folge haben konnte, wenn beispielsweise bei einer zu Unrecht abgewiesenen Klage die vom Anwalt versäumte Klageerweiterung folgenlos blieb; inso-

58

---

[227] Vgl. OLG München v. 28.12.2007 - 25 U 3043/07 - juris Rn. 18; hierzu *Cranshaw*, jurisPR-InsR 22/2008, Anm. 3.

[228] Vgl. *Borgmann*/Jung/Grams, Anwaltshaftung, 4. Aufl. 2005; *Rinsche/Fahrendorf/Terbille*, Die Haftung des Rechtsanwalts, 8. Aufl. 2009; *Zugehör*, Handbuch der Anwaltshaftung, 2. Aufl. 2006; *Soffner*, Die Haftung des Rechtsanwalts für Rechtsberatung, Diss. Hannover 2011; *Zugehör*, Beraterhaftung nach der Schuldrechtsreform, 2002; vgl. weiter Rn. 145; nach BGH v. 09.07.2009 - IX ZR 88/08 - NJW 2009, 3025-3027, richtet sich die Haftung nicht auf Schmerzensgeld, sofern nicht Rechtsgüter des § 253 Abs. 2 BGB betroffen sind; dazu *Nassall*, jurisPR-BGHZivilR 9/2010, Anm. 4.

[229] Diese ist vom Geschädigten zu beweisen; so BGH v. 11.10.2007 - IX ZR 105/06 - NJW 2008, 371, im Hinblick auf § 49b Abs. 5 BRAO.

[230] BGH v. 15.12.2011 - IX ZR 85/10 - juris Rn. 13 - NJW 2012, 673, 674.

[231] Vgl. näher zum neuesten Stand der Rspr. *Borgmann*, NJW 2008, 412-421; *Borgmann*, NJW 2006, 415-420; mit kritischer Tendenz *Slobodenjuk*, NJW 2006, 113-117.

[232] BGH v. 24.05.2007 - IX ZR 142/05 - juris Rn. 14 - WM 2007, 1425-1429.

[233] BGH v. 28.06.1990 - IX ZR 209/89 - LM Nr. 156 zu § 675 BGB.

[234] BGH v. 25.10.2001 - IX ZR 19/99 - LM BGB § 675 Nr. 306 (7/2002).

[235] BVerfG v. 12.08.2002 - 1 BvR 399/02 - NJW 2002, 2937-2938.

[236] Vgl. zuletzt BGH v. 07.02.2008 - IX ZR 149/04 - juris Rn. 34.

[237] BGH v. 09.11.1992 - II ZR 141/91 - juris Rn. 10 - BGHZ 120, 157-161; zu den Grenzen der Pflicht bei Beauftragung eines anderen Anwalts BGH v. 12.12.2002 - IX ZR 99/02 - NJW 2003, 822-824.

[238] BGH v. 18.12.2008 - IX ZR 179/07 - NJW 2009, 987-989; kritisch *Reinelt*, jurisPR-BGHZivilR 3/2009, Anm. 1; zust. *Römermann*, EWiR 2009, 431, 432.

weit ist auf die Entscheidung des Gerichts im Vorprozess abzustellen.[239] Hat der Rechtsanwalt durch eine schuldhafte Vertragsverletzung verursacht, dass Ansprüche des Mandanten verjährt sind, wird der Zurechnungszusammenhang zwischen Pflichtverletzung und Schaden nicht bereits dadurch unterbrochen, dass der Mandant vor Ablauf der Verjährungsfrist einen anderen Rechtsanwalt mit der Prüfung von Schadenersatzansprüchen gegen den ersten Anwalt beauftragt.[240] Dagegen soll ein „beschleunigter Misserfolg" kein **Schaden** im Rechtssinne sein;[241] umgekehrt fehlt es vor Eintritt des Versorgungsfalles am bezifferbaren Rentenschaden.[242] Ein Vermögensschaden ist zu verneinen, wenn dem Mandanten die Absicht fehlte, einen Titel auch zu vollstrecken.[243] Bei Zweifeln über die Durchsetzbarkeit des infolge Anwaltsversehens verlorenen Anspruchs trägt der Mandant die Darlegungs- und Beweislast für die Durchsetzbarkeit.[244]

59 Nach der Rspr. zur BGBG **haftet** ein in eine Sozietät eintretender **Anwalt** auch für die vor seinem Eintritt entstandenen Verbindlichkeiten gemäß § 130 HGB analog, wobei der BGH zunächst noch offen ließ, ob dies auch für gemischte Sozietäten gelten sollte.[245] Inzwischen wird über § 31 BGB sogar die unbeschränkte persönliche Haftung der Sozien für das deliktische Verhalten eines Schein-Sozius angenommen.[246] Um diesbezügliche Haftungsrisiken auszuschließen kommt die Vereinbarung einer Partnerschaft nach dem PartGG oder eine vertragliche Haftungsbeschränkung mit dem Auftraggeber in Betracht.[247] Umgekehrt haftet beim Eintritt in eine **Sozietät** diese nicht für die im Betrieb des bisherigen Einzelanwalts entstandenen Verbindlichkeiten.[248] Im Hinblick auf die umfangreiche Judikatur zum Anwaltsregress muss im Übrigen auf das Spezialschrifttum verwiesen werden.[249] Zur Haftung des einzelnen Mitglieds im Rahmen einer Anwaltssozietät (als BGBG)[250] vgl. ferner die Kommentierung zu § 705 BGB ff.

e. Regressprozess

60 Im Regressprozess ist grundsätzlich die **Rechtsauffassung** des **Regressgerichts** zugrunde zu legen.[251] Hinsichtlich der **Kausalität** der Verletzung von Beratungspflichten für sein eigenes Verhalten kommt dem Kläger ein Grundsatz beratungsgemäßen Verhaltens zugute.[252] Für die Beurteilung der haftungs-

---

[239] BGH v. 15.11.2007 - IX ZR 44/04 - juris Rn. 19 f.
[240] BGH v. 29.11.2001 - IX ZR 278/00 - LM BGB § 675 Nr. 308 (7/2002).
[241] BGH v. 16.12.2004 - IX ZR 295/00 - NJW 2005, 1935-1937 betr. vorzeitiger Verlust einer Kassenarztzulassung.
[242] OLG Düsseldorf v. 09.05.2006 - 24 U 147/05 - juris Rn. 54 f. - FamRZ 2007, 397-400; möglich ist nur ein Feststellungsantrag.
[243] BGH v. 18.03.2004 - IX ZR 255/00 - NJW 2004, 1521-1523.
[244] BGH v. 29.06.2006 - IX ZR 76/04 - WM 2006, 2055.
[245] BGH v. 07.04.2003 - II ZR 56/02 - BGHZ 154, 370-378; für den Fall einer Neugründung einer BGBG gilt dies aber nicht für Altverbindlichkeiten eines Anwalts so BGH v. 22.01.2004 - IX ZR 65/01 - BGHZ 157, 361-370.
[246] BGH v. 03.05.2007 - IX ZR 218/05 - juris Rn. 13 ff. - NJW 2007, 2490-2493 (betraf Unterschlagung eingehenden Geldes durch Scheinsozius); eingehend hierzu *Reinelt*, jurisPR-BGHZivilR 32/2007, Anm. 2; BGH v. 16.04.2008 - VIII ZR 230/07 - WM 2008, 1136-1137, beschränkt die Rechtsscheinhaftung auf Forderungen aus anwaltstypischer Tätigkeit; BGH v. 26.06.2008 - IX ZR 145/05, verneint rückwirkende Haftung berufsfremder Mitglieder einer gemischten Sozietät.
[247] Eingehend zur Problematik *Heermann* in: MünchKomm-BGB, § 675 Rn. 36 f.
[248] BGH v. 17.11.2011 - IX ZR 161/09 - ZIP 2012, 28-31; daselbst auch zur Frage der Haftung für Rechtsschein.
[249] Vgl. etwa *Borgmann*, NJW 2008, 412-421; aus der neueren Judikatur BGH v. 08.01.2004 - IX ZR 30/03 - WM 2004, 481-483: Beantragung Mahnbescheid gegen insolventen Schuldner; BGH v. 06.10.2005 - IX ZR 111/02 - NJW 2006, 288-289: unzureichender Vortrag in erster Instanz; BGH v. 22.09.2005 - IX ZR 23/04 - WM 2005, 2197-2000: „Übersehen" einer Norm aus entlegenem Rechtsgebiet; OLG Koblenz v. 16.10.2003 - 5 U 197/03 - NJW 2004, 77-78: Vermieteranwalt verhindert nicht Austausch von Türschlössern zwecks Sicherung Vermieterpfandrecht, obwohl Mietverhältnis fortbesteht, mit der Folge, dass der Mieter nunmehr fristlos kündigt.
[250] Zum Ausschluss einer rückwirkenden Haftung bei einer sog. gemischten Sozietät BGH v. 26.06.2008 - IX ZR 145/05 - WM 2008, 1563-1565 m.N.; zum Ausschluss der Rechtsscheinhaftung für Forderungen, die nicht anwaltstypische Tätigkeiten betreffen, vgl. BGH v. 16.04.2008 - VIII ZR 230/07 - NJW 2008, 2330; zur Nachhaftung des ausgeschiedenen Rechtsanwalts vgl. *Schlinker/Hammerschmid*, NJW 2012, 657 f. (zugleich NJOZ 2012, 321).
[251] BGH v. 15.11.2007 - IX ZR 44/04 - BGHZ 174, 205-213, 208 f.; BGH v. 13.06.1996 - IX ZR 233/95 - juris Rn. 7 - BGHZ 133, 110-117; zulässig nach BVerfG (Nichtannahmebeschluss) v. 22.04.2009 - 1 BvR 386/09 - NJW 2009, 2945-2946.
[252] BGH v. 17.07.2008 - IX ZR 6/05 - juris Rn. 12 m.w.N.; BGH v. 30.09.1993 - IX ZR 73/93 - BGHZ 123, 311-320; hierzu weiter mit Nachweisen *Heermann* in: MünchKomm-BGB, § 675 Rn. 34.

ausfüllenden Kausalität, d.h. Entstehung und Umfang des Schadens, will der BGH aber auf die hypothetische Beurteilung durch das **Gericht des Vorprozesses** abstellen und einen Schaden bereits dann bejahen, wenn Ungewissheit besteht, ob der Vorprozess zum Nachteil des Klägers hätte ausgehen müssen, was auf eine gewisse Privilegierung des Klägers hinausläuft.[253] Soweit es um die Frage geht, ob ein Mandant bei korrekter Beratung einen Vergleich geschlossen hätte, kommt es auf die freie tatrichterliche Überzeugung an.[254] Die **Darlegungs- und Beweislast** für den Eintritt des Schadens trägt der Geschädigte, für fehlendes Verschulden sowie für eine eventuelle Vorteilsausgleichung der Schädiger.[255]

15. Schiedsrichter-/Schiedsgutachterverträge

Literatur: *Jesch/Geyer*, DStZ 2010, 252-257; *Lachmann*, Handbuch für die Schiedsgerichtspraxis, 3. Aufl. 2008; *Martinek* in: Staudinger, § 675 Rn. B 180 ff.; *Schütze*, Schiedsgericht und Schiedsverfahren, 5. Aufl. 2012; *Schwab/Walter*, Schiedsgerichtsbarkeit, 7. Aufl. 2005.

61

Der **Schiedsrichtervertrag** kommt mit beiden Schiedsparteien dadurch zustande, dass der von einer Partei ausgewählte oder von einer anderen dazu berufenen Stelle ernannte Schiedsrichter das Schiedsamt übernimmt.[256] Zu unterscheiden ist der Schiedsrichtervertrag von dem nur zwischen den Parteien geschlossenen Schiedsvertrag (Schiedsvereinbarung).[257] Der Schiedsrichtervertrag wird teilweise als Vertrag eigener Art, teilweise aber auch als Dienstvertrag und zugleich Prozessvertrag angesehen.[258] Der Schiedsrichter haftet nach vertraglichen Grundsätzen. Er haftet bei seiner Spruchtätigkeit nicht für Fahrlässigkeit; wobei die Haftungsbeschränkung des Schiedsrichters sich nicht aus einer analogen Anwendung des § 839 Abs. 2 BGB, sondern aus der dem Schiedsrichter vertraglich eingeräumten Stellung ergibt.[259] Der **Schiedsgutachtervertrag** ist ein dem Schiedsrichtervertrag ähnlicher Geschäftsbesorgungsvertrag.[260] Er ist aber nicht auf die Entscheidung eines Rechtsstreits, sondern auf die verbindliche Feststellung von für die Entscheidung relevanten Umständen gerichtet.[261] Parteien, die einen Schiedsgutachter bestellt haben, können gegen ihn aus Fehlern des Gutachtens nur dann Ansprüche herleiten, wenn das Gutachten offenbar unrichtig ist.[262] Das zur kurzfristig-vorläufigen Beilegung von Baukonflikten genutzte angelsächsische Modell eines Adjudication-Verfahren beruht auf einem modifizierten Schiedsgutachtervertrag.[263]

62

16. Steuerberater

Der Steuerberatervertrag[264] ist ein Dienstvertrag, der eine Geschäftsbesorgung zum Gegenstand hat.[265] Ist eine konkrete Einzelleistung Vertragsinhalt, so kann es sich auch um einen Werkvertrag handeln.[266] Ein auf unbefugte Hilfeleistung in Steuersachen gerichteter Vertrag ist nach § 5 StBerG in Verbindung mit § 134 BGB nichtig; entsprechendes gilt für eine Vollmacht, wobei freilich das Drittgeschäft nach Rechtsscheingrundsätzen bindend sein kann.[267] Auch ein zugelassener Steuerberater unterliegt den Vorschriften des RDG, darf also nicht allgemeine Rechtsdienstleistungen erbringen. Es bestehen um-

63

---

[253] BGH v. 16.06.2005 - IX ZR 27/04 - NJW 2005, 3071; vgl. hierzu *Stürner*, jurisPR-BGHZivilR 38/2005, Anm. 1, ablehnend *Mäsch*, JZ 2006, 201-204; *Gsell*, LMK 2005, II, 86-87.

[254] Vgl. hierzu BGH v. 21.07.2005 - IX ZR 49/02 - NJW 2005, 3275-3277.

[255] Vgl. zur Abgrenzung zwischen Schadensberechnung und Vorteilsausgleichung näher *Ganter*, NJW 2012, 801-806.

[256] BGH v. 29.11.1952 - II ZR 23/52 - LM Nr. 5 zu § 1025 ZPO.

[257] *Martinek* in: Staudinger, § 675 Rn. B 182.

[258] *Sprau* in: Palandt, § 675 Rn. 24.

[259] BGH v. 06.10.1954 - II ZR 149/53 - BGHZ 15, 12-17.

[260] Vgl. *Martinek* in: Staudinger, § 675 Rn. B 191; *Sprau* in: Palandt, § 675 Rn. 25; *Fischer*, AnwZert BauR 19/2010, Anm. 2.

[261] *Martinek* in: Staudinger, § 675 Rn. B 183.

[262] BGH v. 22.04.1965 - VII ZR 15/65 - BGHZ 43, 374-378.

[263] Hierzu *Lembcke*, ZfIR 2008, 36-40.

[264] Vgl. StBerG v. 04.11.1975 (BGBl I 1975, 2735), i.d.F. v. 16.07.2009, BGBl I 2009, 1959.

[265] BGH v. 04.06.1970 - VII ZR 187/68 - BGHZ 54, 106-115; BGH v. 06.12.1979 - VII ZR 19/79 - LM Nr. 73 zu § 675 BGB.

[266] *Sprau* in: Palandt, Einf. § 675 Rn. 26.

[267] Zum Verstoß gegen das RBerG BGH v. 17.06.2005 - V ZR 78/04 - NJW 2005, 2983-2985; BGH v. 25.03.2003 - XI ZR 227/02 - NJW 2003, 2091; in Abgrenzung zu BGH v. 14.06.2004 - II ZR 393/02 - NJW 2004, 2736.

§ 675

fassende **Beratungs-** und **Unterrichtungspflichten** mit eventuellen **Haftungsfolgen**.[268] Im Grundsatz treffen den Steuerberater für seinen Aufgabenbereich weitgehend dieselben Pflichten wie einen Anwalt (vgl. Rn. 52 f.). Dies gilt insbesondere für eine **hinlängliche Kenntnis** der gesetzlichen Vorschriften und einer aktuellen Kenntnisnahme von Gesetzgebung (einschließlich der in der Presse diskutierten eventuellen Änderungen) und Judikatur der obergerichtlichen Entscheidungen in Steuersachen durch fachbezogene Lektüre.[269] Bereits telefonische Mitteilungen können einen Auskunftsvertrag begründen.[270] Die Beratung ist an der höchstrichterlichen Rechtsprechung und am sichersten Weg[271] und natürlich am Interesse einer möglichst geringen Steuerzahlungspflicht[272] auszurichten. Ein Geschäftsführer kann als Dritter in den **Schutzbereich** des Umsatzsteuermandats einbezogen sein.[273]

64 Im Übrigen gilt Folgendes:[274] Ein Steuerberater, der bei Auftragserteilung den Güterstand seines Mandanten pflichtgemäß ermittelt hat, braucht die Möglichkeit, dass sein Auftraggeber ihn von einem seinen Güterstand ändernden Vertrage nicht unterrichten werde, nicht in Betracht zu ziehen.[275] Bei eingeschränktem Mandat besteht außerhalb des Mandats keine Warnpflicht, wenn der Steuerberater von anderweitiger fachkundiger Beratung ausgehen kann.[276] Über alternative Möglichkeiten von Steuervergünstigungen und deren Rechtsfolgen ist aber auch bei zunächst nicht erkennbarer Relevanz für den Mandanten zu belehren.[277] Entsprechendes gilt für die mögliche künftige Beeinträchtigung von Mandantenzielen bei erkennbaren Plänen zur Änderung des Steuerrechts[278] oder bei ungewisser Rechtslage.[279] Insbesondere bei Gestaltungen von existenzieller Bedeutung ist der Steuerberater gehalten, den Mandanten auf die Möglichkeit einer **verbindlichen Auskunft** des Finanzamts (§ 89 Abs. 2 AO) hinzuweisen.[280] Ist ein Steuerberater gehalten, „steuerliche Strategien zu entwickeln, nach denen eine Aufdeckung der stillen Reserven und eine Überführung der Immobilie aus dem Betriebsvermögen in das Privatvermögen zu vermeiden sei", so hat er seinen Mandanten umfassend zu beraten und ungefragt über alle bedeutsamen steuerlichen Einzelheiten und deren Folgen zu unterrichten; insbesondere muss der Steuerberater seinen Auftraggeber vor Schaden bewahren und den nach den Umständen sichersten Weg zu dem erstrebten steuerlichen Ziel aufzeigen und sachgerechte Vorschläge zu dessen Verwirklichung unterbreiten.[281]

---

[268] Vgl. *Debring*, Aktuelle Rechtsprechung zur Steuerberaterhaftung, StC 2010, Nr. 7, 27-28; zur zivilrechtlichen Haftung aus Steuerberatung findet sich auch eine aktuelle Zusammenfassung des ehemaligen Mitglieds des für Anwalts- und Steuerberaterhaftung zuständigen IX. Zivilsenats des BGH: *Zugehör*, DStR 2007, 673-684 und 2007, 723-728; vgl. auch *Bauerhaus/Krüger*, VersR 2007, 597-605.

[269] BGH v. 15.07.2004 - IX ZR 472/00 - juris Rn. 7 f. - NJW 2004, 3487-3488; zu den Grenzen BGH v. 23.09.2010 - IX ZR 26/09 - WM 2010, 2050-2055; vgl. ferner OLG Stuttgart v. 15.12.2009 - 12 U 110/09 - DStR 2010, 407-408 hinsichtlich einer bislang nicht diskutierten von einem Finanzgericht bejahten Europarechtswidrigkeit; OLG Hamm v. 17.04.2009 - 25 U 26/08 zur Pflichtlektüre des Steuerberaters; OLG Hamm v. 20.06.2008 - 25 U 20/08.

[270] BGH v. 18.12.2008 - IX ZR 12/05 - NJW 2009, 1141-1143.

[271] BGH v. 19.03.2009 - IX ZR 214/07 - NJW 2009, 2949-2951.

[272] Zur unterschiedlichen Auswirkung von Selbstanzeige und strafbefreiender Erklärung vgl. OLG Celle v. 11.02.2009 - 3 U 226/08 - DB 2009, 616-619.

[273] BGH v. 13.10.2011 - IX ZR 193/10 - WM 2011, 2334-2338.

[274] Vgl. auch *Gluth/Rund*, Fallstricke in der Steuerberatungspraxis, GmbH-StB StB Sonderheft 2012, 3-55.

[275] BGH v. 06.12.1979 - VII ZR 19/79 - LM Nr. 73 zu § 675 BGB.

[276] BGH v. 21.07.2005 - IX ZR 6/02 - WM 2005, 1904-1907; BGH v. 07.07.2005 - IX ZR 425/00 - WM 2005, 1813-1816.

[277] BGH v. 16.10.2003 - IX ZR 167/02 - WM 2004, 472-474 betr. § 7b EStG.

[278] BGH v. 15.07.2004 - IX ZR 472/00 - NJW 2004, 3487-3488.

[279] BGH v. 20.10.2005 - IX ZR 127/04 - WM 2005, 2345-2347; Hinweis auf die Möglichkeit des Einspruchs wegen Verfassungswidrigkeit eines Steuergesetzes nur dann erforderlich, wenn Vorlage eines Finanzgerichts an das BVerfG veröffentlicht ist oder ähnlich klare Hinweise bestehen; so BGH v. 06.11.2008 - IX ZR 140/07 - BGHZ 178, 258-270.

[280] BGH v. 15.11.2007 - IX ZR 34/04 - juris Rn. 10 - NJW 2008, 440-442 (hinsichtlich des „Ob" der Auskunft kommt es auf das Ermessen des Finanzamts an, hinsichtlich des Inhalts auf die Meinung des Regressgerichts); BGH v. 08.02.2007 - IX ZR 188/05 - juris Rn. 9 - WM 2007, 903-906; vgl. weiter *Waclawik*, DStR 2008, 321-322.

[281] BGH v. 19.07.2001 - IX ZR 246/00 - juris Rn. 22 - NJW 2001, 3477-3479.

Auf eventuelle **Interessenkonflikte** muss er seinen Mandanten aufmerksam machen; ein Steuerberater, der sich pflichtwidrig von einem Dritten eine Provision dafür gewähren lässt, dass er seinen Mandanten zu einem Vertragsschluss mit dem Dritten veranlasst, und die Zuwendung seinem Mandanten nicht offenbart, hat dem Mandanten einen durch die Anlageentscheidung eintretenden Schaden zu ersetzen, selbst wenn ihm kein weiteres Versehen, etwa eine falsche Beratung, anzulasten ist.[282] **Dritte** können in den Schutzbereich der Beratungspflicht einbezogen sein.[283]

65

Unterlagen sind vom Steuerberater bei **Beendigung** seiner Tätigkeit zurückzugeben.[284] Der Steuerberater ist verpflichtet, bei Beendigung des Mandats auf die Gefahr des Ablaufs der Frist für eine Antragstellung hinzuweisen, wenn für ihn erkennbar ist, dass der Mandant – unabhängig vom Umfang des Mandats – aufgrund von dessen früherem Verhalten darauf vertraut, dass er (der Berater) den Antrag von sich aus stellen werde.[285] Er ist – ebenso wie ein Rechtsanwalt – verpflichtet, den Auftraggeber auf die Möglichkeit einer eigenen **Regresshaftung** und die dafür geltende Verjährungsfrist nach § 68 StBerG hinzuweisen, wenn sich für ihn während des Mandats ein begründeter Anlass zur Überprüfung seiner Tätigkeit ergibt und er erkennt oder bei gehöriger Sorgfalt erkennen muss, dass er durch einen Fehler dem Mandanten einen Schaden zugefügt hat. Verletzt er diese Pflicht[286], dann beginnt mit Eintritt der Primärverjährung die dreijährige Verjährungsfrist von neuem zu laufen.[287] Generell genügt für den Beginn der Verjährungsfrist nach § 68 StBerG, dass dem Grunde nach ein Schaden entstanden ist, ohne dass es auf dessen Kenntnis ankommt.[288] Ein verjährungshemmendes Stillhalteabkommen kann auch konkludent zustande kommen.[289] Hinsichtlich der Kausalität der Pflichtverletzung für den Schaden gilt die Vermutung beratungskonformen Verhaltens.[290] Im **Regressprozess** kann der Mandant als Regresskläger hinsichtlich seines potentiellen Verhaltens bei vertragsgerechter Belehrung als Partei vernommen werden.[291]

66

17. Vorstandsmitglieder/Geschäftsführer und Aufsichtsratsmitglieder

Der zwischen GmbH und ihren Geschäftsführern abgeschlossene Anstellungsvertrag stellt einen Dienstvertrag mit Geschäftsbesorgungscharakter dar.[292] Geschäftsführer sind keine Arbeitnehmer, doch besteht die Tendenz zur Ausdehnung des arbeitsrechtlichen Sozialschutzes zumindest bei GmbH-Geschäftsführern, die keine Gesellschafter oder nur gering beteiligt sind.[293] Der Vertrag steht neben der organschaftlichen Bestellung von Geschäftsführer bzw. Vorstandsmitglied nach Gesellschaftsrecht und wird durch den Widerruf der Bestellung[294] nicht automatisch beendet.[295] Das BSG hat in einer höchst umstrittenen Entscheidung Geschäftsführer einer GmbH, die keine weiteren versicherungspflichtigen Arbeitnehmer beschäftigen, als rentenversicherungspflichtig angesehen.[296] Die Rechte und Pflichten der Geschäftsführer bzw. Vorstandsmitglieder bestimmen sich im Übrigen weitgehend nach den speziellen gesellschaftsrechtlichen Gesetzen (insbesondere AktG, GmbHG, HGB).[297]

67

---

[282] BGH v. 20.05.1987 - IVa ZR 36/86 - LM Nr. 127 zu § 675 BGB.

[283] Vgl. zur BGH-Rspr. eingehend *Zugehör*, NJW 2008, 1105-1110.

[284] Ein Zurückbehaltungsrecht kann bei streitigen Beraterhonorar nach Treu und Glauben ausgeschlossen sein, so OLG Düsseldorf v. 21.12.2004 - I-23 U 36/04 - NJW-RR 2005, 365-365; zum Anspruch des Mandanten auf Übertragung gespeicherter Daten auf einen anderen Steuerberater BGH v. 11.03.2004 - IX ZR 178/03 - WM 2004, 2216-2217vgl. auch *Olbing/Wollweber*, DStR 2009, 2700-2704..

[285] BGH v. 18.01.2001 - IX ZR 223/99 - LM BGB § 675 Nr. 295 (9/2001).

[286] Zum Umfang der Pflicht BGH v. 12.05.2011 - IX ZR 91/08.

[287] BGH v. 14.05.2009 - IX ZR 141/06 - HFR 2010, 78-79; BGH v. 14.12.2000 - IX ZR 332/99 - juris Rn. 20 - LM BGB § 675 Nr. 294 (9/2001).

[288] BGH v. 12.02.2004 - IX ZR 246/02 - juris Rn. 21 ff. - NJW-RR 2004, 1358-1361.

[289] Vgl. Hierzu BGH v. 15.07.2010 - IX ZR 180/09 - juris Rn. 14 ff. - WM 2010, 1620-1622.

[290] Zu den Einzelheiten BGH v. 05.02.2009 - IX ZR 6/06 - juris Rn. 9 - NJW 2009, 1591-1593.

[291] BGH v. 16.10.2003 - IX ZR 167/02 - WM 2004, 472-474.

[292] BGH v. 07.12.1987 - II ZR 206/87 - juris Rn. 9 - LM Nr. 87 zu § 611 BGB.

[293] Vgl. die weiter führenden Hinweise bei *Altmeppen* in: Roth/Altmeppen, GmbHG, 6. Aufl. 2009, § 6 Rn. 41 f.

[294] Zur Herausgabe der Geschäftsunterlagen seitens des abberufenen Aufsichtsratsmitglieds BGH v. 07.07.2008 - II ZR 71/07 - ZIP 2008, 1821-1828.

[295] Zu Fristfragen bei der Kündigung aus wichtigem Grund OLG München v. 25.03.2009 - 7 U 4835/08 - NZG 2009, 665-669.

[296] BSG v. 24.11.2005 - B 12 RA 1/04 R - NJW 2006, 1162-1166.

[297] Vgl. jüngst zur Geschäftsleiterpflicht zur Sicherstellung risikoadäquaten Versicherungsschutzes *Koch*, ZGR 2006, 184-212.

Die Zahlung einer über einen Aufwendungsersatz hinausgehenden Tätigkeitsvergütung für den Vorstand einer **gemeinnützigen Körperschaft** ist nur dann zulässig, wenn eine Vergütung in der Satzung vorgesehen ist; andernfalls droht ein Entzug der Gemeinnützigkeit.[298] Bei der Regelung der Vergütung für die Tätigkeit der **Aufsichtsratsmitglieder** ist § 113 AktG zu beachten; für eventuelle Aufwendungsersatzansprüche gelten die §§ 670, 675 BGB.[299] Einem Aufsichtsratsmitglied einer AG kann für Beratertätigkeit in seinem Aufgabenbereich als Aufsichtsratsmitglied kein Entgelt durch einen Beratungsvertrag zugebilligt werden; vielmehr sind die besonderen Regeln der §§ 113, 114 AktG einzuhalten.[300] Für den Aufsichtsrat einer GmbH gilt weitgehend Entsprechendes.[301]

18. Treuhandverträge

68 Bei Treuhandverträgen handelt es sich bei Entgeltlichkeit um Geschäftsbesorgungsverträge, bei Unentgeltlichkeit liegt i.d.R. ein Auftrag vor.[302] Den Treuhänder treffen dabei im Hinblick auf die ihm eingeräumte Rechtsmacht besondere **Treue-** und **Sorgfaltspflichten** gegenüber dem Treugeber. Das gilt etwa für die von ihm gewählte Anlagebank,[303] für Informationspflichten über ihm bekannte verdeckte Rückvergütungen oder Innenprovisionen selbst bei bloßer Abwicklung von Immobilieninvestitionen[304] oder bei der Abwicklung der besonders gefährlichen Börsentermingeschäfte.[305] Zur Sicherung des Zugangs zum Quellcode durch den Anwender von Software kommt eine Doppeltreuhand zwischen Softwarehaus und Hinterlegungsstelle sowie zum Anwender in Betracht, was bei Insolvenz des Softwarehauses bedeutsam ist.[306] Der Bautreuhänder muss alles in seiner Macht stehende tun, damit Kostenüberschreitungen verhindert werden und die abgerechneten Leistungen im Rahmen des kalkulierten Gesamtaufwands bleiben.[307] Darf ein Rechtsanwalt als Treuhänder nur unter bestimmten Bedingungen eine Bürgschaftserklärung weitergeben, haftet er, wenn er hiergegen verstößt.[308] Hat der Auftraggeber in Gläubigerbenachteiligungsabsicht Geld zur Verwahrung einem uneigennützigen Treuhänder übergeben, darf dieser gegenüber dem Anspruch auf Herausgabe des Erlangten hingegen auch mit Forderungen aufrechnen, die nicht auf dem Treuhandverhältnis beruhen.[309]

69 Ein Treuhandverhältnis mit **Gesellschaftern** bzw. Anlegern bei einer Publikumsgesellschaft kann, wenn der Geschäftsführer der Gesellschaft die Verträge unterzeichnet, ggf. auch ohne deren Mitwirkung beim Treuhandvertrag zustande kommen.[310] Der BGH sieht gegebenenfalls eine Publikums-KG mit dem Treuhänder als Kommanditisten, wobei der Treuhänder mit den Anlegern als Treugebern eine BGB-Innengesellschaft mit dem Kommanditisten als Geschäftsführer bilden kann; nach § 716 BGB kann insoweit jeder Anleger **Auskunft** vom Kommanditisten über weitere Anleger verlangen, selbst wenn nach der vertraglichen Vereinbarung eine Offenlegung der treuhänderischen Beteiligung gegenüber „Dritten" ausgeschlossen sein sollte.[311] Ein als Gesellschafter haftender Treuhänder kann gegen die Treugeber (an Gläubiger abtretbare) Aufwendungsersatz- bzw. **Freistellungsansprüche**, etwa wegen der Rückzahlung unzulässiger Ausschüttungen, haben[312]; dass diese nach Treu und Glauben so lange nicht durchsetzbar seien, wie die Treugeber mit einer unmittelbaren Inanspruchnahme nicht zu

---

[298] BFH v. 08.08.2001 - I B 40/01 - BFH/NV 2001, 1536.

[299] Zu Einzelheiten vgl. *Fonk*, NZG 2009, 761-771, der freilich eine Anknüpfung an § 104 Abs. 6 Satz 1 AktG befürwortet.

[300] OLG Düsseldorf v. 20.05.2008 - I-23 U 128/07; BGH v. 27.04.2009 - II ZR 160/08 - WM 2009, 1660-1661: auch Bereicherungsansprüche scheiden weitgehend aus; hierzu, auch mit Blick auf den GmbH-Aufsichtsrat, *Rohde*, GmbHR 2009, 1104-1106.

[301] *Scheuffele/Baumgartner*, GmbHR 2010, 400-407.

[302] Vgl. BGH v. 19.09.1995 - VI ZR 377/94 - juris Rn. 16 - LM BGB § 281 Nr. 12 (2/1996).

[303] BGH v. 21.12.2005 - III ZR 9/05 - NJW 2006, 986-988.

[304] BGH v. 28.07.2005 - III ZR 290/04 - WM 2005, 1998-2002.

[305] BGH v. 13.05.2004 - III ZR 368/03 - ZIP 2004, 1154-1157, u.a. zum Drittschutz.

[306] Hierzu *Roth*, ITRB 2005, 283-286.

[307] BGH v. 24.03.1988 - VII ZR 232/86 - NJW-RR 1988, 915-917.

[308] BGH v. 06.06.2002 - III ZR 206/01 - NJW 2002, 2459-2461; krit. *Borgmann*, EWiR 2002, 709-710, 709.

[309] BGH v. 04.03.1993 - IX ZR 151/92 - LM BGB § 242 (Cd) Nr. 330 (7/1993).

[310] BGH v. 29.07.2008 - XI ZR 297/06 - juris Rn. 14 (es ging um einen Ersatzanspruch wegen treuwidrige Mittelverwendung); im Ergebnis zustimmend *Podewils*, EWiR 2008, 647-648.

[311] BGH v. 11.01.2011 - II ZR 187/09 - NJW 2011, 921 ff.; vgl. hierzu *Salger*, jurisPR-BKR 7/2011 Anm. 5; *Canaris*, NZG 2011, 362 ff.

[312] BGH v. 22.03.2011 - II ZR 216/09 - juris Rn. 12; OLG Karlsruhe v. 06.08.2009 - 4 U 9/08 - ZIP 2009, 1810; vgl. auch *Wagner*, NZG 2009, 1215-1217.

rechnen habe[313], hat der BGH ausdrücklich verneint.[314] Die Anleger können nicht mit Ansprüchen gegen den Treuhänder aufrechnen.[315] Allerdings haften Treugeber grundsätzlich nicht persönlich nach § 128 HGB.[316]

Pflichten können bereits vor **Vertragsschluss** und auch gegenüber Dritten bestehen. Kündigungsbeschränkungen durch AGB können problematisch sein.[317] Ein als Mittelverwendungstreuhänder vorgesehener Treuhandkommanditist einer Publikums-KG haftet gegenüber Anlegern auch schon vor Abschluss eines Treuhandvertrages.[318] Bei ausdrücklichem Vertrag mit der Anlagegesellschaft kann ein stillschweigender Vertrag mit den Anlegern gegeben sein.[319] Bei treuhänderischer Beauftragung eines einer Sozietät angehörenden Anwalts ist der Vertrag jedenfalls dann mit der Sozietät geschlossen, wenn die Aufgaben des Treuhänders mit der eigentlichen juristischen Tätigkeit eines Anwalts in Zusammenhang stehen.[320] 70

Ein Treuhandvertrag, der den Treuhänder nicht primär zur Wahrnehmung wirtschaftlicher Belange des Treugebers verpflichtet, sondern ihm umfassende Befugnisse zur Vornahme und Änderung von Rechtsgeschäften im Zusammenhang mit dem Beitritt des Treugebers zu einem geschlossenen Immobilienfonds einräumt, ist auf die Besorgung fremder Rechtsangelegenheiten gerichtet und verstieß gegen § 1 Abs. 1 RBerG[321] mit der Folge der Nichtigkeit nach § 134 BGB; nach den §§ 3 ff. Rechtsdienstleistungsgesetz (**RDG**) vom 12.12.2007 dürfte sich hieran nichts geändert haben.[322] Im Hinblick auf eine gegebenenfalls gleichfalls nichtige Vollmacht können aber **Rechtsscheingesichtspunkte** zum Tragen kommen.[323] Nichtigkeit schützt im Übrigen nicht sicher vor **Haftung**, da eventuell § 677 BGB eingreift. **Erbschaftsrechtlich und schenkungssteuerrechtlich** kommt es bei der Treuhänderschaft grundsätzlich nicht auf die wirtschaftliche Zurechnung, sondern auf die Zivilrechtslage an, wobei der fremdnützigen und weisungsgemäßen Verwaltung sowie dem Herausgabeanspruch des Treugebers aus § 667 BGB eine entscheidende Rolle zufallen.[324] 71

Ein Treuhandvertrag hinsichtlich eines GmbH-Geschäftsanteils, der vor der Beurkundung des Gesellschaftsvertrags geschlossen wird, unterliegt nicht dem **Formzwang** des § 15 Abs. 4 GmbHG.[325] Setzt ein Grundstückskaufvertrag einen am selben Tag geschlossenen Treuhandvertrag (bezüglich der Renovierung des Kaufobjekts) inhaltlich voraus und nimmt er auf diesen Bezug, so stellen beide Verträge nach dem Willen der Parteien des Kaufvertrages eine rechtliche Einheit dar. Sind beide Verträge so voneinander abhängig, dass sie „miteinander stehen und fallen" sollen, bedürfen sie beide notarieller Beurkundung. Die Formunwirksamkeit des Treuhandvertrages hat dann die Unwirksamkeit auch des Kaufvertrages zur Folge.[326] Der Auftrag zur Ersteigerung eines Grundstücks kann unter dem Gesichtspunkt einer Erwerbspflicht des Auftragnehmers und dem einer Erwerbspflicht des Auftraggebers nach § 311b BGB formbedürftig sein. Doch wird der Mangel jedenfalls durch den Grundstückserwerb in der Zwangsversteigerung und Eintrag im Grundbuch geheilt; die Herausgabepflicht folgt direkt aus § 667 BGB und ist daher nicht formbedürftig. Die Berufung des Auftragnehmers auf den Formmangel wegen einer Erwerbspflicht des Auftraggebers kann gegen Treu und Glauben verstoßen.[327] 72

---

[313] OLG München v. 16.06.2009 - 7 U 4297/08 - WM 2009, 2309-2312.
[314] BGH v. 11.10.2011 - II ZR 242/09 - juris Rn. 34 ff. - WM 2011, 2327.
[315] BGH v. 22.03.2011 - II ZR 216/09 - juris Rn. 27.
[316] BGH v. 11.11.2008 - XI ZR 468/07 - juris Rn. 19 - BGHZ 178, 271-285; BGH v. 11.10.2011 - II ZR 248/09.
[317] BGH v. 12.03.2009 - III ZR 142/08 - NJW 2009, 1738-1740 betr. Zweckvermögen zur Grabpflege; BGH v. 29.07.2008 - XI ZR 297/06 - juris Rn. 18 betr. Verkürzung der Verjährungsfrist.
[318] BGH v. 24.07.2003 - III ZR 390/02 - NJW-RR 2003, 1342-1343.
[319] BGH v. 30.10.2003 - III ZR 344/02 - NJW-RR 2004, 121-122; *Hönn*, WuB I G 11 Sonstiges 1.04.
[320] BGH v. 10.03.1988 - III ZR 195/86 - NJW-RR 1988, 1299-1300.
[321] BGH v. 18.09.2001 - XI ZR 321/00 - LM BGB § 134 Nr. 176 (7/2002).
[322] BGBl I 2007, 2840 und hierzu *Henssler/Deckenbrock*, DB 2008, 41-49, 42.
[323] Vgl. BGH v. 25.03.2003 - XI ZR 227/02 - WM 2003, 1064, 1065.
[324] FG Hamburg v. 28.04.2009 - 3 K 185/07 - juris Rn. 44 ff. m.w.N.; BFH v. 25.01.2001 - II R 39/98 - BFH/NV 2001, 908.
[325] BGH v. 19.04.1999 - II ZR 365/97 - BGHZ 141, 208-214.
[326] BGH v. 09.07.1993 - V ZR 144/91 - NJW-RR 1993, 1421-1422.
[327] BGH v. 05.11.1982 - V ZR 228/80 - BGHZ 85, 245-252.

§ 675

19. Vermögensverwalter

73 Vermögensverwaltungsverträge mit Banken verpflichten zu entsprechender Beratung.[328] Eine Bank als langjähriger Vermögensverwalter können weitgehende Aufklärungspflichten hinsichtlich ihrer Provisionen und geldwerten Vorteile aus der Vermögensverwaltung treffen.[329] Verdeckte Rückvergütungen seitens der Bank an den Vermögensverwalter gefährden die Interessen des Bankkunden und sind daher unzulässig[330]; auch der Vermögensverwalter wäre insoweit zur Aufklärung seines Mandanten verpflichtet.[331] Im Übrigen kann die Bank als Vermögensverwalter etwa bei Verstoß gegen eine Kapitalerhaltungsabrede haften.[332] Für eine objektive Pflichtverletzung des Vermögensverwalters hat der Anspruchsteller die Darlegungs- und Beweislast; ein Kreditinstitut ist auch nach den Grundsätzen über die sekundäre Darlegungslast nicht gehalten, interne Berichte offen zu legen.[333] Vgl. auch Rn. 22 ff. zur Anlageberatung sowie Rn. 126 ff. zu Innenprovisionen und weiter Rn. 47 zu Mietverwaltung/Mietvermittlung.

20. Wohnungseigentumsverwalter

74 Wohnungseigentumsverwaltung[334] ist Geschäftsbesorgung mit Dienstleistungscharakter. Der Wohnungseigentumsverwalter ist insoweit Vertragspartner der Wohnungseigentümergemeinschaft[335]; nachdem diese seit 2005 zunächst von der Judikatur als teilrechtsfähig angesehen wurde[336], ergibt sich die Teilrechtsfähigkeit nunmehr aus § 10 Abs. 6, 7 WEG i.d.F. der 2007 ergangenen Novelle zum **WEG**.[337] Gegen diese Gemeinschaft muss der Verwalter seine Ansprüche geltend machen, während die einzelnen Wohnungseigentümer grundsätzlich nicht als Gesamtschuldner haften.[338] Der Verwalter vertritt die Gemeinschaft und hat Anspruch auf Ausstellung einer entsprechenden Urkunde durch die Wohnungseigentümer (§ 27 Abs. 3, 6 WEG); er hat Anspruch auf Aufwendungsersatz.[339] Eine BGBG ist kein geeigneter Verwalter.[340] Doch soll eine Übertragung übergeordneter Verwaltungsaufgaben durch den Verwalter auf Dritte möglich sein.[341]

75 Der Verwalter hat jedem Eigentümer vor der Beschlussfassung über die Jahresabrechnung umfassend **Einsicht** in die Abrechnungsunterlagen zu gewähren.[342] Er ist nach den §§ 2, 5 Abs. 2 RDG auch ohne besondere Registrierung in seinem Bereich zur Erbringung außergerichtlicher Rechtsdienstleistungen befugt. Ein Wohnungseigentumsverwalter ist ohne Bevollmächtigung grundsätzlich nicht berechtigt, im Namen der Wohnungseigentümergemeinschaft zum Zwecke der Finanzierung notwendiger In-

---

[328] Hierzu *Sprockhoff*, WM 2005, 1739-1747; zu neueren Vertragstypen zwischen klassischer Anlageberatung und Vermögensverwaltung (Vermögensbetreuung, graue Vermögensverwaltung, Zweitberatung) vgl. *Möllers*, WM 2008, 93-102; zuletzt *Mülbert*, WM 2009, 481-491.

[329] LG Karlsruhe v. 22.10.2010 - 5 O 229/10 - ZIP 2011, 611-612.

[330] BGH v. 19.10.2000 - XI ZR 349/99 - BGHZ 146, 235-251.

[331] Hierzu OLG Karlsruhe v. 23.07.2009 - 1 U 194/08 - ZIP 2009, 2288; nachgehend BGH v. 29.04.2010 - III ZR 227/09; dazu *Balzer*, EWiR 2010, 207-208.

[332] OLG Bremen v. 26.05.2004 - 1 U 5/04 (a) - NJW-RR 2005, 128-129; kritisch dazu *Balzer*, EWiR 2005, 659-660.

[333] BGH v. 23.10.2007 - XI ZR 423/06 - juris Rn. 18 ff. - WM 2008, 112-115.

[334] *Bärmann*, WEG, 10. Aufl. 2008; *Jennißen*, Der WEG-Verwalter. Handbuch für Verwalter und Beirat, 2. Aufl. 2010; *Jennißen* (Hrsg.), Wohnungseigentumsgesetz, 2. Aufl. 2010

[335] Zur Rechtsstellung des Verwalters zwischen Verband und Wohnungseigentümer vgl. *Hadding*, ZWE 2012, 61-65.

[336] BGH v. 02.06.2005 - V ZB 32/05 - BGHZ 163, 154-180, unter Aufgabe der bisherigen Judikatur; vgl. dazu *Bub*, NJW 2005, 2590-2592; *Häublein*, ZIP 2005, 1720-1721; *Schmidt*, jurisPR-MietR 18/2005, Anm. 6.

[337] BGBl I 2007, 370; vgl. dazu *Niederführ*, NJW 2007, 1841-1851; speziell zum neuen Verfahrensrecht *ders.*, NJW 2008, 1768-1773.

[338] OLG Hamburg v. 14.07.2008 - 2 Wx 31/02 - ZMR 2008, 899-902; anders noch OLG Köln v. 04.03.2005 - 16 Wx 14/05 - ZMR 2005, 573-574.

[339] Dazu *Elzer*, ZWE 2011, 207-209.

[340] BGH v. 26.01.2006 - V ZB 132/05 - WuM 2006, 166-168.

[341] BGH v. 09.02.2004 - II ZR 218/01 - NZM 2004, 466-467; ablehnend *Drasdo*, NJW 2004, 1988-1990; zur Auswirkung der Verschmelzung einer GmbH auf ihre Stellung als WEG-Verwalter vgl. *Zajonz/Nachtwey*, ZfIR 2008, 701 ff.; vgl. auch *Wicke/Menzel*, MittBayNot 2009 203 ff. zum Amtsübergang bei Umstrukturierung des WEG-Verwalters.

[342] OLG München v. 09.03.2007 - 32 Wx 177/06 - juris Rn. 21 f. - NJW-RR 2007, 1516; LG Karlsruhe v. 17.02.2009 - 11 S 13/07 - ZWE 2009, 325-326; zur Belegeinsicht vgl. *Greiner*, NZM 2011, 464-468; zur Frage des gemeinschaftlichen bzw. individuellen Anspruchs vgl. BGH v. 11.02.2011 - V ZR 66/10 - NJW 2011, 11137-1139.

standsetzungs- und Instandhaltungsarbeiten **Kredite** aufzunehmen, und deshalb sind solche Kreditgeschäfte schwebend unwirksam und bedürfen der Zustimmung der Wohnungseigentümergemeinschaft; wenn diese die Genehmigung der Kreditaufnahme verweigert, steht dem Verwalter allerdings gegen die Gemeinschaft ein Befreiungsanspruch und im Falle eigener Kreditrückzahlung ein Aufwendungsersatzanspruch nach den §§ 670, 675 BGB zu.[343] Gegen einen vom Verwalter geltend gemachten Wohngeldanspruch kann seitens eines Wohnungseigentümers grundsätzlich nicht mit Gegenforderungen **aufgerechnet** werden, wobei eine Ausnahme für Aufwendungsersatz wegen Notgeschäftsführung in Betracht kommt.[344] **Schlechterfüllung** der Verwalterpflichten hat nicht den Wegfall des Vergütungsanspruchs zur Folge, führt aber eventuell zu Ersatzansprüchen der Gemeinschaft[345], mit denen diese aufrechnen kann.[346] Bei **Beendigung** des Verwaltervertrages sind die Verwaltungsunterlagen herauszugeben,[347] wobei kein Zurückbehaltungsrecht[348] wegen eventueller Vergütungsansprüche besteht. Im Falle der Geltendmachung von Nachschussleistungen für einen neben der Wohnungseigentümergemeinschaft bestehenden und vom Verwalter verwalteten sog. **Mietpool** schließt das gegenüber dem Verwalter bestehende Auskunftsrecht des Wohnungseigentümers aus § 666 BGB es nicht aus, dass der Wohnungseigentümer seine Zahlungspflicht mit Nichtwissen bestreitet.[349]

21. Wirtschaftsprüfer

Bei einem mit einem Wirtschaftsprüfer geschlossenen Vertrag kann es sich um einen Werkvertrag mit Geschäftsbesorgungscharakter handeln.[350] Bei einem solchen Vertrag über die Erstellung eines Jahresabschlusses auf der Grundlage eines Stundenhonorars ist der Einwand des Bestellers beachtlich, der geltend gemachte Zeitaufwand sei überhöht.[351] Für fahrlässige Pflichtverletzungen bei der Pflichtprüfung nach den §§ 316 ff. HGB haftet der Wirtschaftsprüfer nach § 323 HGB nur bis zu einem Höchstbetrag; eine Einbeziehung Dritter in den Schutzbereich kommt in Betracht, folgt aber noch nicht aus der gesetzlich vorgeschriebenen Aufnahme des Bestätigungsvermerks in einen Prospekt.[352] Ein Wirtschaftsprüfer, der es im Rahmen eines Kapitalanlagemodells übernimmt, die Einzahlungen der Anleger und die Mittelverwendung regelmäßig zu überprüfen, diese Kontrolle tatsächlich jedoch nicht in dem den Anlegern versprochenen Umfang durchführt, in seinen Prüftestaten aber gleichwohl die Ordnungsgemäßheit des Geldflusses und der Mittelverwendung betätigt, haftet späteren Anlegern auf Schadensersatz aus Verschulden bei Vertragsschluss, wenn diese im Vertrauen auf die Richtigkeit früherer Testate Geldanlagen getätigt haben und der Wirtschaftsprüfer damit rechnen musste.[353] Bei Beratungsfehlern im Zusammenhang mit der Verschmelzung zweier Gesellschaften ist zu berücksichtigen, dass die Beratung primär gegenüber der Mitgliederversammlung erfolgt, so dass die Kenntnis des Geschäftsführers von dem Fehler nicht bereits analog § 166 Abs. 1 BGB zum Haftungsausschluss führt.[354] Eine durch AGB eingeführte Ausschlussfrist von 12 Monaten für die Geltendmachung von Schadensersatzansprüchen kann unwirksam sein.[355] Ob und inwieweit die Mandanten Anspruch auf Einblick in interne Arbeitspapiere oder gar einen Herausgabeanspruch haben, ist streitig.[356] Vgl. auch Rn. 93.

76

---

[343] BGH v. 28.04.1993 - VIII ZR 109/92 - NJW-RR 1993, 1227-1228; vgl. auch OLG München v. 15.01.2008 - 32Wx 129/07 - WuM 2008, 110-111; dazu *Krebs*, jurisPR-MietR 6/2008, Anm. 5.
[344] OLG Hamm v. 03.03.2009 - 15 Wx 298/08 - ZMR 2009, 937-939.
[345] Vgl. KG v. 07.07.2010 - 24W 25/09 - ZMR 2010, 974-975, betr. Umstellung von Öl auf Fernheizung.
[346] OLG Köln v. 04.03.2005 - 16 Wx 14/05 - ZMR 2005, 373-374; zur vorzeitigen Beendigung des Verwalterverhältnisses vgl. *Fritsch*, ZMR 2005, 829-835; zur Pflicht, bei Abberufung trotz Anfechtung Unterlagen herauszugeben, OLG Celle v. 14.06.2005 - 4 W 114/05 - NZM 2005, 748-749.
[347] Nach OLG Hamburg v. 20.08.2007 - 2 Wx 117/06 - ZMR 2008, 148-151 ist zur gerichtlichen Geltendmachung ein Beschluss der Wohnungseigentümer erforderlich.
[348] OLG Hamm v. 22.02.2007 - 15 W 181/06 - juris. Rn. 83 - ZMR 2007, 982.
[349] BGH v. 02.07.2009 - III ZR 333/08 - NZG 2009, 1143-1145.
[350] Zur Sonderprüfung nach den §§ 142 ff. AktG vgl. OLG Düsseldorf v. 25.03.2011 - 22 U 162/10.
[351] BGH v. 01.02.2000 - X ZR 198/97 - juris Rn. 4 - LM BGB § 632 Nr. 21 (6/2000).
[352] BGH v. 06.04.2006 - III ZR 256/04 - ZIP 2006, 954-957.
[353] BGH v. 26.09.2000 - X ZR 94/98 - BGHZ 145, 187-202.
[354] BGH v. 19.04.2012 - III ZR 224/10 - juris Rn. 23.
[355] OLG Düsseldorf v. 21.04.2009 - 24 U 27/08 - WM 2009, 1907-1010.
[356] Vgl. hierzu *Martinek*, Vertriebsrecht als Rechtsgebiet und Aufgabe, ZVertriebsR 2012, 2-16; *Gutman*, BB 2010, 171-175.

IV. Kooperationsverträge des Handelsrechts[357]

1. Handelsvertreter

77 Der Handelsvertretervertrag ist ein auf die Begründung eines Dauerschuldverhältnisses und auf kaufmännische Geschäftsbesorgung (Absatzmittlung und -förderung) gerichteter Dienstvertrag i.S.v. §§ 675, 611 BGB. Der Geschäftsherr ist gegenüber dem Handelsvertreter weisungsberechtigt, §§ 675, 665 BGB, § 86 HGB. In den §§ 84-92c HGB finden sich spezielle Regelungen für das Handelsvertreterrecht.

78 Sind in einem Handelsvertretervertrag die eine vorzeitige **Vertragsbeendigung** rechtfertigenden Gründe im Einzelnen benannt, so hängt die Berechtigung zu einer außerordentlichen Kündigung nicht davon ab, dass zusätzlich noch besondere Umstände vorliegen, die ein Festhalten am Vertrag unzumutbar machen. Dagegen können besondere Umstände eine Ausübung des an sich gegebenen Kündigungsrechts als gegen Treu und Glauben verstoßend erscheinen lassen.[358] Ein wichtiger Grund zur außerordentlichen Kündigung im Sinne des § 89a Abs. 1 Satz 1 HGB ist gegeben, wenn dem Kündigenden unter Berücksichtigung aller Umstände eine Fortsetzung des Vertragsverhältnisses auch nur bis zum Ablauf der Frist für eine ordentliche Kündigung nicht zugemutet werden kann. Eine vorherige Abmahnung ist nicht erforderlich, wenn das Fehlverhalten eines Vertragspartners die Vertrauensgrundlage in so schwerwiegender Weise erschüttert hat, dass sie auch durch eine erfolgreiche Abmahnung nicht wiederhergestellt werden könnte.[359] In der Regel ist eine Abmahnung jedoch erforderlich.[360] Mit **Insolvenz** des Unternehmers endet ein Handelsvertretervertrag; doch wird der Handelsvertreter bei Unkenntnis geschützt, und mit Einverständnis des Verwalters kommt eine Fortsetzung der Tätigkeit in Betracht.[361] Die Eröffnung des Insolvenzverfahrens über das Vermögen des Handelsvertreters (als Beauftragten) lässt aber den Handelsvertretervertrag mangels Eingreifens der §§ 115, 116 InsO unberührt, und dem Verwalter steht insoweit auch kein Wahlrecht nach § 103 InsO zu.[362] Bei Beendigung der Tätigkeit hat der Handelsvertreter, soweit es sich um Geschäftsgeheimnisse handelt, die **Kundenanschriften** herauszugeben.[363] Hat sich der Handelsvertreter verpflichtet, seine Vertragspflichten ausschließlich durch einen Dritten erbringen zu lassen, so steht der Entstehung eines Ausgleichsanspruchs nach § 89b Abs. 1 Satz 1 Nr. 2 HGB nicht entgegen, dass das Vertragsverhältnis mit dem Unternehmer wegen der Kündigung des Dritten beendet wurde.[364] Zur Haftung des **Reisebüros** vgl. die Kommentierung zu § 662 BGB Rn. 41.

2. Handelsmakler

79 Für den Handelsmaklervertrag gelten die §§ 652-655 BGB sowie § 354 HGB. Der Handelsmaklervertrag ist kein Geschäftsbesorgungsvertrag, da der Makler nicht zum Tätigwerden verpflichtet ist. Verpflichtet sich der Makler zur Durchführung des Auftrags, liegt ein sog. Maklerdienst-[365] oder Maklerwerkvertrag vor. Entsprechendes gilt bei Vereinbarung einer Aufwendungsersatzpauschale zugunsten des Maklers, die aber wegen des Leitbildes des Maklervertrages nicht durch AGB erfolgen kann.[366] Wegen des jedenfalls geschäftsbesorgungsähnlichen Charakters sind die §§ 664-674 BGB zumindest

---

[357] Vgl. allgemein *Martinek*, Handbuch des Vertriebsrechts, 3. Aufl. 2008; *Martinek* in: Staudinger, § 675 Rn. 216 ff.
[358] BGH v. 07.07.1988 - I ZR 78/87 - NJW-RR 1988, 1381-1382.
[359] BGH v. 17.01.2001 - VIII ZR 186/99 - LM HGB § 89a Nr. 37 (1/2002).
[360] BGH v. 16.12.1998 - VIII ZR 381/97 - NJW-RR 1999, 539-540.
[361] Zu Einzelheiten *Emde/Kelm*, ZIP 2005, 58-66.
[362] OLG Düsseldorf v. 18.12.2009 - I-16 U 160/09 - ZIP 2010, 194- 195, unter Hinweis auf die §§ 108 Abs. 1 Satz 1, 116 InsO; kritisch *Krahm*, jurisPR-HaGesR 4/2010, Anm. 2, der auf die Möglichkeit einer fristlosen Kündigung des Vertrags nach § 89a HGB hinweist.
[363] BGH v. 26.02.2009 - I ZR 28/06 - NJW 2009, 1420-1422 betr. Versicherungsvertreter hinsichtlich selbst geworbener Kunden; hierzu eingehend *Singer*, jurisPR-WettbR 5/2009, Anm. 4.
[364] BGH v. 10.12.1997 - VIII ZR 329/96 - LM HGB § 89b Nr. 115 (10/1998).
[365] BGH v. 13.01.2011 - III ZR 78/10 - NJW 2011, 1726-1728, für Vermittlungsvertrag mit gewerblichem Autohändler.
[366] OLG Oldenburg v. 19.05.2005 - 8 U 10/05 - VuR 2005, 264-266; vgl. auch BGH v. 13.01.2011 - III ZR 78/10 - NJW 2011, 1726-1728, für Vermittlungsvertrag mit gewerblichem Autohändler.

aber im Übrigen weitgehend entsprechend anwendbar.[367] Beratungspflichten können durch AGB nicht vollständig ausgeschlossen werden.[368] Für Zivilmakler nach den §§ 652 ff. BGB gilt Entsprechendes.

3. Kommissionär

Für den handelsrechtlichen Kommissionsvertrag gelten als spezielle Regelungen die §§ 383-406 HGB. Der handelsrechtliche Kommissionsvertrag ist kaufmännischer Geschäftsbesorgungsvertrag dienst- oder werkvertraglichen Charakters.[369] Die handelsrechtlichen Vorschriften verdrängen in ihrem Anwendungsbereich § 675 BGB und die dort in Bezug genommen Normen des BGB. Gleichwohl lässt sich ein Herausgabeanspruch des Kommittenten für an den Kommissionär gegangene Leistungen eines Dritten nicht nur auf § 384 Abs. 2 HS. 2 HGB stützen, sondern zugleich auch auf § 667 BGB.[370] Daneben gibt es auch den zivilrechtlichen Kommissionsvertrag. Es handelt sich ebenfalls um einen Geschäftsbesorgungsvertrag mit dienst- oder werkvertraglichem Charakter, für den aber nur die Vorschriften des BGB gelten.

80

Der Schuldner des Kommissionärs kann gegenüber dem Kommittenten, an den die Forderung aus dem Ausführungsgeschäft bestimmungsgemäß abgetreten worden ist, nicht einwenden, der Kommissionär habe dieselbe Forderung zuvor bereits an einen seiner Gläubiger abgetreten (§ 392 Abs. 2 HGB).[371] Auch bei Nichtigkeit des Provisionsversprechens kann dem Kommissionär als Vergütung für erlaubte Tätigkeit die Provision kraft Gesetzes (§ 354 HGB) zustehen.[372]

81

4. Vertragshändler

Der Vertragshändler ist ein Kaufmann, dessen Unternehmen in die Vertriebsorganisation eines Herstellers von Markenwaren in der Weise eingegliedert ist, dass er es durch Vertrag mit dem Hersteller oder einem von diesem eingesetzten Zwischenhändler ständig übernimmt, in eigenem Namen und auf eigene Rechnung die Vertragswaren im Vertragsgebiet zu vertreiben und ihren Absatz zu fördern, die Funktionen und Risiken seiner Handelstätigkeit hieran auszurichten und im Geschäftsverkehr das Herstellerzeichen neben der eigenen Firma herauszustellen; es handelt sich dabei um einen **gemischttypischen** Vertrag mit deutlich ausgeprägten **geschäftsbesorgungsrechtlichen** Elementen.[373] Praktisch wird er weitgehend durch AGB ausgestaltet, woraus sich zugleich im Hinblick auf typische Problemlagen und Interessendivergenzen bei Vertragsbeendigung Anforderungen in Bezug auf die **Rücknahme** von Vertragswaren ergeben.[374]

82

§ 89b HGB über den **Ausgleichsanspruch** bei Vertragsbeendigung findet auf Vertragshändler entsprechende Anwendung, wenn zum einen das Rechtsverhältnis zwischen dem Vertragshändler und dem Hersteller oder Lieferanten derart ausgestaltet ist, dass es sich nicht in einer bloßen Verkäufer-Käufer-Beziehung erschöpft, sondern den Vertragshändler so in die Absatzorganisation des Herstellers oder Lieferanten eingliedert, dass er wirtschaftlich in erheblichem Umfang einem Handelsvertreter vergleichbare Aufgaben zu erfüllen hat, und er zum anderen verpflichtet ist, dem Hersteller oder Lieferanten bei Vertragsende seinen Kundenstamm zu übertragen, so dass dieser sich die Vorteile des Kundenstamms sofort und ohne weiteres nutzbar machen kann.[375] Auch wenn der Hersteller oder Lieferant ein selbstständiges Drittunternehmen eingeschaltet hat, an das der Vertragshändler die Kundendaten zu übermitteln hat, kommt ein Ausgleichsanspruch des Vertragshändlers in analoger Anwendung des § 89b HGB in Betracht; als Voraussetzung genügt die rechtliche Möglichkeit des Herstellers oder Lieferanten, die Mitteilung von Kundendaten an sich selbst zu verlangen, wobei es unerheblich ist, ob er davon Gebrauch macht.[376] Eine Analogie scheidet hingegen aus, wenn (trotz bestimmter Beschränkun-

83

---

[367] *Ehmann* in: Erman, § 675 Rn. 7 zum Maklervertrag.
[368] BGH v. 20.01.2005 - III ZR 251/04 - BGHZ 162, 67-78 für Versicherungsmakler.
[369] *Martinek* in: Staudinger, § 675 Rn. B 120.
[370] *Kumpan* in: Perspektiven des Wirtschaftsrechts, Beiträge für Hopt, 2008, S. 33 ff.
[371] BGH v. 30.03.1988 - VIII ZR 79/87 - BGHZ 104, 123-128.
[372] BGH v. 28.09.1961 - II ZR 186/59 - LM Nr. 2 zu § 396 HGB.
[373] *Martinek* in: Staudinger, § 675 Rn. B 223.; vgl. auch *Sprau* in: Palandt, § 675 Rn. 31: Rahmenvertrag mit vorwiegend handelsvertreterrechtlichen Elementen oder Geschäftsbesorgungsvertrag.
[374] Vgl. insbesondere BGH v. 20.07.2005 - VIII ZR 121/04 - BGHZ 164, 11-31; kritisch hierzu *Kappus*, NJW 2006, 15-17 und *Kleinmann/Siegert*, BB 2006, 785-792.
[375] BGH v. 12.01.2000 - VIII ZR 19/99 - juris Rn. 9 - LM HGB § 89b Nr. 117 (9/2000); vgl. aus neuerer Zeit BGH v. 13.07.2011 - VIII ZR 17/09 - NJW 2011, 3438-3440.
[376] BGH v. 17.06.1998 - VIII ZR 102/97 - DStR 1998, 1763.

gen der unternehmerischen Freiheit des Vertragshändlers) für Vertragshändlerverhältnisse typische Regelungen, aus denen die Rechtsprechung eine Einbindung des Händlers in die Absatzorganisation des Herstellers hergeleitet hat, nicht vorliegen; dies gilt insbesondere dann, wenn es mangels eines schriftlichen Vertragshändlervertrages an einer Regelung vertraglicher Rechte und Pflichten fehlt und die vom Vertragshändler erbrachten Leistungen (Berichterstattung, Übermittlung von Kundendaten) keiner entsprechenden Vertragspflicht entsprachen.[377]

5. Franchise-Vertrag

84   Ein Franchise-Vertrag[378] liegt vor, wenn ein Franchisegeber einem Franchisenehmer für dessen Betriebsführung zur Nutzung gegen Entgelt und Übernahme bestimmter Pflichten Handelswaren oder eine Handelsmarke, Warenzeichen, Geschäftsform, Vertriebsmethoden und Erfahrungswissen sowie das Recht überlässt, bestimmte Waren oder Dienstleistungen zu vertreiben.[379] Der Franchise-Vertrag ist ein typengemischter Vertrag. Er enthält Elemente der Rechtspacht, des Kaufes, der Miete und der Geschäftsbesorgung. Für die wettbewerbswidrige **Werbung** seines Franchisenehmers haftet der Franchisegeber grundsätzlich nicht auf Schadenersatz; eine möglicherweise in Betracht kommende Störerhaftung kann nur Abwehransprüche begründen.[380] **Differenzrabatte** sind nur bei vertraglicher Verpflichtung an den Franchisenehmer weiter zu geben.[381] Weiterzugeben sind aber grundsätzlich **Werbekostenzuschüsse** von dritter Seite, die zur Werbung der Franchisenehmer dienen sollen.[382] Das Recht zur Kündigung eines Franchise-Vertrages aus wichtigem Grund kann nur innerhalb angemessener Zeit ausgeübt werden, nachdem der Berechtigte von dem Kündigungsgrund Kenntnis erlangt hat (vgl. nunmehr § 314 Abs. 3 BGB).[383] Vgl. zum Franchising weiter die Kommentierung zu § 667 BGB Rn. 8.

6. Factoring-Vertrag

85   Beim Factoring überträgt ein Unternehmer die Forderungen gegen seine Kunden durch Globalzession an den Factor. Beim echten Factoring trägt der Factor das Delkredererisiko. Es handelt sich um einen Forderungskauf.[384] Beim unechten Factoring hingegen trägt der Unternehmer das Risiko des Forderungsausfalls; im Falle der Uneinbringlichkeit hat er den vom Factor empfangenen Betrag zurückzuerstatten. Das unechte Factoring ist somit den Kreditgeschäften zuzuordnen.[385] Der Factoring-Vertrag weist außerdem ausgeprägte geschäftsbesorgungsvertragliche Elemente auf.[386]

86   Die globale Vorausabtretung aller künftigen Forderungen des Kunden gegen seine Abnehmer und Auftraggeber an die Factoring-Bank unter der aufschiebenden Bedingung, dass die Bank die jeweilige Forderung ankauft, ist bei echtem Factoring nicht sittenwidrig.[387] Für den Fall der **Kollision** einer globalen Vorausabtretung zugunsten eines Factors im Rahmen des unechten Factoring mit Zessionen zugunsten von Warenlieferanten aufgrund verlängerten Eigentumsvorbehalts gelten hingegen die gleichen Grundsätze wie in Kollisionsfällen zwischen der globalen Vorausabtretung zugunsten einer Geschäftsbank (Geldkreditgeberin) und Zessionen zugunsten von Warenkreditgebern.[388] Es kommt somit die Vertragsbruchtheorie zur Anwendung, wonach eine zur Sicherung eines Kredits vereinbarte Glo-

---

[377] BGH v. 25.03.1998 - VIII ZR 337/96 - WM 1998, 1256.

[378] Vgl. *Martinek/Habermeier* in: Martinek/Semler/Habermeier/Flohr (Hrsg.), Handbuch des Vertriebsrechts, 3. Aufl. 2010, §§ 26-29; *Metzlaff*, Praxishandbuch Franchising, 2003; *Martinek* in: Staudinger, § 675 Rn. B 227-242.

[379] So etwa die knappe Begründung bei *Weidenkaff* in: Palandt, Einf. § 581 Rn. 21 f.

[380] BGH v. 06.04.2000 - I ZR 67/98 - LM UWG § 3 Nr. 438 (2/2001).

[381] BGH v. 11.11.2008 - KVR 17/08 - WuW/E DE-R 2514 - Bau und Hobby; BGH v. 22.02.2006 - VIII ZR 40/04 - BB 2006, 1071-1073 (Hertz) m. zust. Anm. *Flohr*, BB 2006, 1074-1075; BGH v. 02.02.1999 - KZR 11/97 - BGHZ 140, 342-354; BGH v. 20.05.2003 - KZR 19/02 - NJW-RR 2003, 1635-1639; a.A. OLG München v. 27.02.1997 - U (K) 3297/96 - NJWE-WettbR 1997, 234-239 und hierzu krit. *Prasse*, MDR 2004, 256-258; vgl. zur BGH-Rspr. weiter *Giesler*, ZIP 2004, 744-747.

[382] OLG Düsseldorf v. 06.04.2011 - VI-U (Kart) 24/10.

[383] BGH v. 03.10.1984 - VIII ZR 118/83 - LM Nr. 31 zu § 305 BGB.

[384] BGH v. 19.09.1977 - VIII ZR 169/76 - BGHZ 69, 254-260.

[385] BGH v. 19.09.1977 - VIII ZR 169/76 - BGHZ 69, 254-260; eingehend zur Qualifizierung *Martinek* in: Staudinger, § 675 Rn. B 103 ff.

[386] *Martinek* in: Staudinger, § 675 Rn. B 91 ff.

[387] BGH v. 19.09.1977 - VIII ZR 169/76 - BGHZ 69, 254-260.

[388] BGH v. 14.10.1981 - VIII ZR 149/80 - BGHZ 82, 50-66.

balzession künftiger Kundenforderungen an eine Bank sittenwidrig und nichtig ist, soweit sie nach dem Willen der Vertragsparteien auch solche Forderungen umfassen soll, die der Schuldner seinen Lieferanten auf Grund verlängerten Eigentumsvorbehaltes künftig abtreten muss und abtritt.[389] In der Regel ist daher beim unechten Factoring eine Globalabtretung zugunsten des Factors sittenwidrig, wenn sie mit Zessionen zugunsten von Warenkreditgebern zusammentrifft. Zur Insolvenzanfechtung hat der BGH seine Judikatur in dem Sinne geändert, dass auch die Globalabtretung zukünftiger Forderungen den Voraussetzungen kongruenter Sicherungen entsprechen kann.[390]

C. Auskunftshaftung und Absatz 2

I. Überblick

1. Regelungsgehalt

Die Bestimmung hat nur einen **geringen Regelungsgehalt**. Sie stellt einerseits klar, dass aus der Erteilung eines **Rates** oder einer **Empfehlung** im Falle eines aus der Befolgung entstehenden Schadens **keine eigenständige Ersatzpflicht** folgt. Sie lässt andererseits **unberührt** eine eventuelle Verantwortlichkeit aus **Vertrag** (auch Auftrags- oder Auskunftsvertrag), aus **unerlaubter Handlung** oder aus einer **sonstigen** gesetzlichen Bestimmung, worunter insbesondere die Haftung aus culpa in contrahendo im weitesten Sinne, nach Schuldrechtsmodernisierung aus den §§ 280, 241, 311 Abs. 2 und 3 BGB, aber auch Sondertatbestände wie die Prospekthaftung (vgl. Rn. 106 f.) zu verstehen sind. Die Bestimmung hat also eine weitgehend deklaratorische Funktion.[391] In diesem Sinne sind in der nachfolgenden Kommentierung die einschlägigen Grundlagen einer eventuellen Verantwortlichkeit für Ratschlag oder Empfehlung teils verweisend, teils inhaltlich darstellend zu referieren. Die Rechtsentwicklung hat im Ergebnis dazu geführt, dass **Auskünfte** gleichermaßen als von der Norm erfasst gelten (was im Hinblick auf die deklaratorische Funktion der Norm unproblematisch ist) und dass im Bereich **erkennbar wirtschaftlich relevanter** Auskünfte und **Empfehlungen** weitgehend mit **Haftung** zu rechnen ist.

87

2. Verhältnis zum bisherigen Recht

Die Bestimmung wurde als § 675 Abs. 2 BGB durch das Überweisungsgesetz vom 21.07.1999[392] eingeführt. Sie entspricht fast wortgleich dem weggefallenen § 676 BGB a.F.; durch geringfügige Ergänzung („oder einer sonstigen gesetzlichen Bestimmung") wurde sie präzisiert, ohne dass darin eine sachliche Änderung zu sehen wäre.[393]

88

3. Praktische Bedeutung der Kommentierung des Absatzes 2

Die Kommentierung des § 675 Abs. 2 BGB ermöglicht einen **zusammenfassenden** Überblick über die nach **unterschiedlichen Rechtsgrundlagen** bestehende Haftung bei Rat und Empfehlung und liegt damit sozusagen quer zu den Einzelkommentierungen von Vertrags- und Deliktsrecht.[394] Im Überblick lässt sich insoweit folgendes sagen: **Erkennbar wirtschaftlich relevante** Ratschläge, Empfehlungen oder Auskünfte seitens **beruflicher oder gewerblicher Geschäftsbesorger**, insbes. seitens **Banken**,[395] dienen der Judikatur weitgehend als Grundlage für die Annahme eines **stillschweigend** geschlossenen Beratungs- und Auskunftsvertrages, aus dem ggf. Ansprüche wegen Vertragsverletzung

89

---

[389] BGH v. 08.12.1998 - XI ZR 302/97 - LM BGB § 138 (Bb) Nr. 92 (5/1999); BGH v. 30.04.1959 - VII ZR 19/58 - BGHZ 30, 149-154.
[390] BGH v. 29.11.2007 - IX ZR 30/07 - juris Rn. 17 - NJW 2008, 430-435; unter Aufgabe von BGH v. 07.03.2002 - IX ZR 223/01 - BGHZ 150, 122-133.
[391] *Heermann* in: MünchKomm-BGB, § 675 Rn. 112.
[392] BGBl I 1999, 1642.
[393] Eingehend zum auch historischen, Hintergrund *Martinek* in: Staudinger § 675 Rn. C 1 ff.
[394] Vgl. insoweit die Kommentierung zu § 241 BGB, die Kommentierung zu § 280 BGB, die Kommentierung zu § 311 BGB, die Kommentierung zu § 823 BGB und die Kommentierung zu § 826 BGB; speziell zu § 826 BGB unter dem Blickwinkel der Enttäuschung von Vertrauen *Hönn* in: Soergel, 13. Aufl. 2004/05, BGB § 826 Rn. 172 ff.
[395] Zum sog. Viererkanon (konkreter Wissensvorsprung, schwerwiegender Interessenkonflikt, Geschäftsbesorgungsfunktion und besonderer Gefährdungstatbestand) vgl. *Ehmann* in: Erman, § 675 Rn. 36-40 f., unter Berufung auf *Köndgen*, NJW 2000, 468, 470 und *Schnauder*, JZ 2007, 1009; vgl. auch *Hadding*, Zur Abgrenzung von Unterrichtung, Aufklärung, Auskunft, Beratung und Empfehlung als Inhalt bankrechtlicher Pflichten, FS Schimansky, 1999, S. 67 ff.

§ 675

ableitbar sind. Vertrauen in die Auskunft, sofern es kein „blindes" Vertrauen ist, stellt noch kein Mitverschulden i.S.v. § 254 BGB dar.[396] Auch **Dritte** werden in einen derartigen Schutz weitgehend einbezogen. Ansprüche aus **culpa in contrahendo** sowie der sog. **Sachwalterhaftung** (jetzt die §§ 280, 241 Abs. 2, 311 Abs. 2 und 3 BGB) können gleichfalls in Betracht kommen[397]; sie spielen vor allem im Bereich der sog. bürgerlich-rechtlichen Prospekthaftung eine Rolle und erlauben dort eine Inanspruchnahme etwa von Initiatoren und Gründern einer Publikums-KG. [398] Bei der **Prospekthaftung** nach Börsen- und Kapitalmarktrecht haften die Prospektverantwortlichen nach speziellen Vorschriften; seit dem 01.07.2005 besteht auch für den sog. grauen Kapitalmarkt (u.a. geschlossene Fonds in der Form von Personengesellschaften) eine Prospektpflicht[399]; die bürgerlich-rechtliche Prospekthaftung ist nach wie vor bedeutsam. Die Möglichkeit der Inanspruchnahme von Verantwortlichen ergibt sich darüber hinaus ggf. aus **Deliktsrecht** (vgl. Rn. 108), insbes. über § 826 BGB,[400] und spielt unter anderem bei der Empfehlung zum Kauf von Terminoptionen und bei falschen ad-hoc-Mitteilungen von Unternehmen bzw. durch Vorstandsmitglieder eine beträchtliche Rolle.[401] Schließlich kommt die Verletzung von **Nebenpflichten** von **beliebigen Verträgen**, u.a. nach § 666 BGB, als Grundlage eines Schadensersatzanspruchs wegen positiver Vertragsverletzung (§§ 280, 241 Abs. 2 BGB) in Betracht (vgl. die Kommentierung zu § 241 BGB). Alles in allem besitzt mithin die Haftung für Ratschläge, Empfehlungen und Auskünfte eine außerordentliche Bedeutung. Ohne Sanktion bleiben letztlich vor allem Ratschläge, Empfehlungen und Auskünfte im rechtlich nicht relevanten gesellschaftlichen und privaten Bereich sowie im Hinblick auf Dritte, deren Betroffenheit nicht erkennbar ist. Im Verhältnis zu der oben kommentierten **entgeltlichen Geschäftsbesorgung**, bei der Haftungsfragen bereits erörtert wurden (vgl. Rn. 5 ff.) sowie im Hinblick auf die soeben zitierten Vorschriften ist die nachfolgende **Kommentierung** als **zusammenfassender Überblick** zu sehen.

II. Verantwortlichkeit aus Vertrag

1. Vertrag

90 **Vertrag mit Hauptpflicht zur Beratung bzw. Erstattung einer Auskunft.** Gegenüber der Auskunft enthält die Beratung zusätzlich ein Element der Bewertung,[402] doch erscheint eine klare begriffliche Abgrenzung meist nicht erforderlich. Entscheidend ist das Bestehen einer entsprechenden **Vertragspflicht**, und diese kann Inhalt insbes. eines Auftrags oder Geschäftsbesorgungsvertrages auf dienst- oder auf werkvertraglicher Grundlage sein; die Judikatur spricht freilich häufig von einem Auskunftsvertrag oder (Anlage-)Beratungsvertrag (vgl. Rn. 19 sowie Rn. 22). Neben Inhalt und Reichweite der Vertragspflicht ist mithin zunächst das **Zustandekommen eines Vertrages** entscheidend.

2. Stillschweigender Vertragsschluss

91 Ist ein Vertrag nicht ausdrücklich geschlossen, so kann er durch Auskunftswunsch und dessen Erfüllung konkludent zustande kommen. Die **Unentgeltlichkeit** soll der Annahme eines stillschweigend geschlossenen Auskunftsvertrages nicht entgegenstehen[403], und auch durch **AGB** lässt sich das Zustandekommen eines stillschweigenden Vertragsschlusses hier nicht ohne weiteres ausschließen[404]. Insoweit nimmt die Judikatur in **ständiger Rechtsprechung** unter bestimmten Voraussetzungen einen stillschweigenden Auskunftsvertrag an.[405] Hiernach kommt etwa im Rahmen der **Anlagevermittlung** zwi-

---

[396] *Martinek* in: Staudinger, § 675 Rn. C 45, unter Hinweis auf BGH v. 13.06.2002 - III ZR 166/01 - juris Rn. 8 - WM 2002, 1456-1458.

[397] Vgl. die Kommentierung zu § 311 BGB; für § 311 Abs. 3 BGB als Alternative zum konkludenten Auskunftsvertrag *Koch*, AcP 204, 59-80.

[398] Vgl. BGH v. 24.04.1978 - II ZR 172/76 - BGHZ 71, 284-292.

[399] §§ 8f, 13, 13a VerkaufsprospektG i.d.F. von Art. 2 Nr. 1 AnlegerschutzverbesserungsG vom 28.10.2004, BGBl I 2004, 2630 und hierzu *Ziegler*, DStR 2005, 30-34; allgemein zur Haftung von Organmitgliedern für fehlerhafte Kapitalmarktinformationen, auch de lege ferenda, *Gottschalk*, Der Konzern 2005, 274-286.

[400] *Hönn* in: Soergel, 13. Aufl. 2004/2005, § 826 Rn. 184, 189 f.

[401] BGH v. 16.11.1993 - XI ZR 214/92 - BGHZ 124, 151-163 sowie die Kommentierung zu § 823 BGB und die Kommentierung zu § 826 BGB.

[402] Vgl. *Schur* in: Soergel, § 675 Rn. 104.

[403] BGH v. 23.01.1985 - IVa ZR 66/83 - LM Nr. 78 zu § 328 BGB.

[404] BGH v. 27.06.1984 - IVa ZR 231/82 - LM Nr. 29 zu § 676 BGB.

[405] Vgl. zusammenfassend für die hierzu relevanten Kriterien BGH v. 13.02.1992 - III ZR 28/90 - LM ZPO § 301 Nr. 46 (9/1992); BGH v. 12.05.2005 - III ZR 413/04 - WM 2005, 1219-1221; BGH v. 11.09.2003 - III ZR 382/02 - BGHReport 2003, 1399.1400.

schen dem Anlageinteressenten und dem Anlagevermittler ein Auskunftsvertrag mit Haftungsfolgen zustande, wenn der **Interessent deutlich macht**, dass er, auf eine bestimmte Anlageentscheidung bezogen, die **besonderen Kenntnisse** und Verbindungen des **Vermittlers in Anspruch nehmen** will und der Anlagevermittler die gewünschte **Tätigkeit beginnt**.[406] Soweit der Kunde insoweit zugleich Beratung wünscht, soll es zu einem konkludent geschlossenen **Beratungsvertrag** kommen,[407] an einem solchen **fehlt** es aber dann, wenn der Kunde einen **gezielten Auftrag** zum Erwerb bestimmter Wertpapiere erteilt[408]. Ein **Grenzfall** liegt dort vor, wo ein Unternehmen, das nicht als Vermittler tätig ist, von einer Fondsgesellschaft allgemein mit der gesamten Koordination des Eigenkapitalvertriebs betraut wurde und als Einzahlungstreuhänderin die Gelder der Anleger entgegennimmt; hier lehnt die Judikatur einen Auskunftsvertrag ab.[409] Bei einem Wirtschaftsprüfer wird durch den Hinweis auf die Pflichtprüfung nur ausnahmsweise ein Auskunftsvertrag zustande kommen.[410]

a. Bankauskunft

Mit der Erteilung einer Bankauskunft kann ein stillschweigender Auskunftsvertrag mit Haftung für Richtigkeit und Vollständigkeit zustande kommen, wenn die Auskunft für den Empfänger von **erheblicher Bedeutung** ist und er sie **erkennbar zur Grundlage wesentlicher Vermögensverfügungen machen will**,[411] eine Auskunft im Rahmen des gesellschaftlichen Verkehrs reicht aber nicht ohne weiteres[412]. Ein stillschweigender Beratungsvertrag kommt etwa dadurch zustande, dass die Bank einem Kreditnehmer Auskunft über das **Risiko der Kreditgewährung** an einen Dritten erteilt.[413] Hat ein Bankkunde eine Bescheinigung über seine Bonität erkennbar zur Vorlage gegenüber einem **Dritten** erbeten und ist der Bank bewusst, dass die Bescheinigung für diesen von erheblicher Bedeutung und eventuell Grundlage wesentlicher Vermögensverfügungen sein soll, so soll ein stillschweigender Auskunftsvertrag zwischen Bank und dem Dritten zustande kommen können,[414] dabei muss der Dritte nicht von vornherein individuell bestimmt sein, sondern es kann genügen, wenn der in Betracht kommende Kreis Dritter **bestimmbar** ist[415]. Der Stempelaufdruck „angenommen" auf der Durchschrift eines Überweisungsformulars reicht aber im Zweifel nicht für den Dritten im obigen Sinne eine bestimmte Erklärung aus.[416] Die im Rahmen einer laufenden Geschäftsverbindung von Bankkunden vorgenommene **Scheckabfrage** bei seiner Bank hat der BGH hingegen als Auftrag angesehen.[417] Bei **Bank-zu-Bank-Auskünften** für Bankkunden geht die Judikatur üblicherweise von einem Auskunftsvertrag zwischen den Banken aus.[418] Dass der die Auskunft erteilende **Bankmitarbeiter** keine hinreichende Kenntnis von der Relevanz der Auskunft für den Empfänger hatte, lässt die Haftung der Bank bei deren Kenntnis unberührt.[419]

92

b. Vertreter und Experten

Wer als Vertreter an Verhandlungen Dritter teilnimmt, haftet selbst nur unter den eingeschränkten Voraussetzungen des § 311 Abs. 3 BGB als **Sachwalter**; in entsprechender Weise will die Judikatur das Zustandekommen eines stillschweigenden Auftragsvertrags mit dem Dritten, der die Auskunft erteilt, nur dann erwägen, wenn der Dritte etwa als unabhängige **neutrale Person** aufgrund einer eigenständi-

93

---

[406] BGH v. 13.06.2002 - III ZR 166/01 - NJW 2002, 2641-2642.
[407] BGH v. 09.05.2000 - XI ZR 159/99 - LM BGB § 276 (Cc) Nr. 44 (3/2001) betr. Sparkasse.
[408] BGH v. 12.03.1996 - XI ZR 232/95 - LM BGB § 276 (Cc) Nr. 40 (7/1996).
[409] BGH v. 29.01.2009 - III ZR 99/08 - NZG 2009, 432-434; auch keine Haftung wegen Nichtinformation über falschen Prospekt nach BGH v. 29.01.2009 - III ZR 74/08 - WM 2009, 400-402.
[410] BGH v. 30.10.2008 - III ZR 307/07 - NJW 2009, 512-513.
[411] BGH v. 08.12.1998 - XI ZR 50/98 - juris Rn. 1 - ZIP 1999, 275-276.
[412] BGH v. 16.10.1990 - XI ZR 165/88 - LM Nr. 40 zu § 676 BGB.
[413] BGH v. 13.07.1989 - III ZR 290/88 - BGHR BGB vor § 1/Verschulden bei Vertragsschluss Aufklärungspflicht 26.
[414] BGH v. 05.12.2000 - XI ZR 340/99 - LM BGB § 676 Nr. 56 (12/2001).
[415] BGH v. 12.02.1979 - II ZR 177/77 - juris Rn. 22 - LM Nr. 19 zu § 676 BGB; deshalb Auskunftsvertrag durch Gebrauchsanweisung im Verhältnis Hersteller/Endverbraucher verneint durch BGH v. 11.10.1988 - XI ZR 1/88 - LM Nr. 36 zu § 676 BGB.
[416] BGH v. 27.01.1998 - XI ZR 145/97 - LM BGB § 662 Nr. 49 (9/1998).
[417] BGH v. 10.05.1994 - XI ZR 115/93 - LM BGB § 276 (Cc) Nr. 35 (2/1995); zur hiervon zu unterscheidenden Scheckeinlösungszusage s. BGH v. 20.02.1990 - XI ZR 47/89 - BGHZ 110, 263-267.
[418] BGH v. 18.06.1991 - XI ZR 282/90 - NJW-RR 1991, 1265.
[419] BGH v. 17.04.1958 - VII ZR 435/56 - BB 1958, 896.

gen **besonderen Expertenstellung** und nicht nur als Vertreter oder Beistand einer Partei auftritt.[420] In diesem Sinne kommt etwa zwischen **Bausparkasse** und Darlehen gebender Bank ein Auskunftsvertrag zustande bei der Anfrage der Bank nach vorrangigen Verfügungen.[421] Gleichermaßen wird ein Auskunftsvertrag etwa bejaht für die Auskunft eines Steuerberaters, der gegenüber der kreditgewährenden Bank ein Steuerguthaben seines Mandanten bestätigt,[422] oder wenn ein **Wirtschaftsprüfer** im Auftrag des Kreditnehmers der Bank eine Vermögensaufstellung vorlegt[423]. Für die Haftung eines Wirtschaftsprüfers gegenüber dem Kreditgeber seines Auftraggebers im Hinblick auf testierte Jahresabschlüsse hat man Entsprechendes unter der Voraussetzung erwogen, dass der Auftraggeber zusätzliche unterschriebene Bilanzabschriften erhalten und zur Krediterlangung genutzt hatte.[424] Und auch zwischen **Rechtsanwalt** und dem Gläubiger seines Mandanten, der im Hinblick auf positive Angaben zur Zahlungsfähigkeit auf Kreditsicherung verzichtet, kann ein Auskunftsvertrag gegeben sein[425]; wenn hingegen nur namens eines **Dritten** eine Auskunft erteilt wird, kommt kein stillschweigend geschlossener Auskunftsvertrag zustande, weil es am Vertrauenstatbestand fehlt.[426]

c. Einzelfragen

94 Während die Beratung des Käufers durch den Verkäufer in der Regel Nebenpflicht des Kaufvertrages ist (und die Haftung der Verjährung nach § 438 BGB unterliegt),[427] kommt es zwischen **Hersteller** eines Produkts und dessen **Endabnehmer** in der Regel nicht zu vertraglichen Beziehungen, also auch nicht zum Abschluss eines Auskunfts- oder Beratungsvertrages. Insbesondere erfolgt ein Abschluss nicht schon durch die der Ware vom Hersteller beigefügte Gebrauchsanweisung.[428] Wenn freilich der nicht mit dem Verkäufer identische Hersteller den Käufer berät[429] oder den Planer des späteren Käufers[430], ist ein selbständiger Beratungsvertrag möglich, dessen Ansprüche der regelmäßigen Verjährungsfrist des § 195 BGB unterliegen. Auch der Herausgeber eines periodisch erscheinenden **Börsendienstes** haftet seinen Abnehmern gegenüber nicht nach Kaufrecht, sondern aus einem entgeltlichen Beratungsvertrag.[431] **Projektplaner**, die eine Immobilienberechnung durchführen, die Grundlage für den **Erwerb von Wohnungseigentum** durch Dritte ist, schließen mit diesem Dritten einen Beratungsvertrag.[432]

95 Selbst zwischen einem **Aktionär** und einem Interessenten am Aktienerwerb soll es unter engen Voraussetzungen zu einem stillschweigenden Auskunftsvertrag kommen können.[433]

96 Letztlich soll es aber immer darauf ankommen, dass der Auskunft Erteilende der Sache nach Verantwortung übernimmt. Hat eine Bank etwa eine Forderung durch Abtretung erworben und bittet Sie den **Schuldner** um Auskunft über den Stand der Forderung, dann soll insoweit mangels Rechtsfolgewillens

---

[420] BGH v. 13.02.1992 - III ZR 28/90 - LM ZPO § 301 Nr. 46 (9/1992).
[421] BGH v. 17.10.1989 - XI ZR 39/89 - LM Nr. 39 zu § 676 BGB.
[422] BGH v. 01.12.1994 - IX ZR 53/94 - GI 1995, 130-131, Mitverschulden des Mandanten braucht sich die Bank nicht entgegenhalten zu lassen.
[423] BGH v. 19.03.1986 - IVa ZR 127/84 - NJW-RR 1986, 1307-1308.
[424] BGH v. 05.12.1972 - VI ZR 120/71 - juris Rn. 43 f. - LM Nr. 11 zu § 676 BGB; vgl. freilich Begrenzungen nach BGH v. 06.04.2006 - III ZR 256/04 - BGHZ 167, 155-166.
[425] BGH v. 18.01.1972 - VI ZR 184/70 - VersR 1972, 441.
[426] So hinsichtlich einer vom Steuerbevollmächtigten dem Vertragspartner des Auftraggebers erteilte Auskunft BGH v. 17.09.1985 - VI ZR 73/84 - juris Rn. 9 - LM Nr. 31 zu § 676 BGB; vgl. auch BGH v. 17.05.1990 - IX ZR 85/89 - NJW 1991, 32-33 betr. Auskunft eines Rechtsanwalt im Hinblick auf geplanten Vertragsschluss gegenüber dem potentiellen Vertragspartner des Mandanten.
[427] BGH v. 13.07.1983 - VIII ZR 112/82 - BGHZ 88, 130-143; anders aber etwa BGH v. 12.06.1985 - VIII ZR 176/84 - LM Nr. 78 zu § 459 BGB, soweit es nicht um die Beschaffenheit der Kaufsache geht.
[428] BGH v. 11.10.1988 - XI ZR 1/88 - LM Nr. 36 zu § 676 BGB.
[429] BGH v. 19.03.1992 - III ZR 170/90 - NJW-RR 1992, 1011-1012.
[430] BGH v. 27.06.2001 - VIII ZR 227/00 - BGHZ 148, 194-201; BGH v. 13.05.1998 - VIII ZR 292/97 - LM AGBG § 5 Nr. 28 (2/1999).
[431] BGH v. 08.02.1978 - VIII ZR 20/77 - juris Rn. 13 - BGHZ 70, 356-365.
[432] BGH v. 15.06.2000 - III ZR 305/98 - LM BGB § 675 Nr. 282 (1/2001); vgl. auch BGH v. 27.11.1998 - V ZR 344/97 - BGHZ 140, 111-117.
[433] BGH v. 22.06.1992 - II ZR 178/90 - juris Rn. 29 - LM AktG 1965 § 183 Nr. 4 (2/1993), Vertrag wurde im konkreten Fall verneint.

des Schuldners mit der Erteilung der Auskunft kein Vertrag zustande kommen, aus dem sich Haftungsfolgen ableiten ließen.[434]

d. Kritik der Literatur

Die **Literatur kritisiert** die Rechtsprechung zur Annahme eines stillschweigenden Vertragsschlusses wegen ihres weithin fiktiven Charakters.[435] Wenn ein stillschweigender Auskunftsvertrag nach dem BGH[436] selbst dann noch zustande kommt, wenn eindeutig klar war, dass die Beteiligten in keinerlei Vertragsbeziehungen treten wollten, dann ist in der Tat das Erfordernis eines Rechtsbindungswillens aufgegeben und die Grenze zur Vertragsfiktion überschritten. Der Befragte haftet nicht, weil er will, sondern weil er **soll**.[437] Die Literatur hält daher eine andere Begründung für die Haftung für erforderlich: Vertrauenshaftung[438], culpa in contrahendo und Sachwalterhaftung (heute die §§ 280, 241 Abs. 2, 311 Abs. 2 und 3 BGB) sowie Schutzwirkung eines quasivertraglichen Schuldverhältnisses für Dritte sind die verbreiteten alternativen Lösungswege.[439] Weniger anerkannt sind die Konzepte einer eigenständigen Berufshaftung[440] sowie der Selbstbindung ohne Vertrag[441]. Abgesehen davon, dass die Judikatur zur Auskunftshaftung partiell auch auf culpa in contrahendo bzw. Vertrauenshaftung abstellt[442] und dass natürlich ein stillschweigend geschlossener Auskunftsvertrag nicht stets Fiktion ist, geht es in der Kontroverse zwischen Judikatur und Literatur primär um die Begründung und weniger um abweichende Ergebnisse. Von einer weiteren Auseinandersetzung mit der Literatur wird daher an dieser Stelle abgesehen.

3. Einbeziehung Dritter in den Schutz

Soweit es am Auskunftsvertrag mit dem Auskunftsempfänger fehlt, kann dieser bei falscher Auskunft bzw. Beratung dadurch Ansprüche erwerben, dass er in den **Schutzbereich eines Vertrages** einbezogen ist. Angesichts der großzügigen Annahme stillschweigender Auskunftsvertragsschlüsse durch die Judikatur setzt dies aber i.d.R. einen ausdrücklichen sonstigen Vertragsschluss als Grundlage voraus. Erteilt eine Bank einer Immobiliengesellschaft eine günstige Auskunft, die diese in einem Emissionsprospekt abdruckt, so soll mangels Relevanz für wirtschaftliche Entscheidungen der Immobiliengesellschaft mit dieser gerade kein Vertrag zustande kommen, so dass es an einer Grundlage für einen Vertrag mit Schutzwirkung für den Anleger fehlt;[443] stattdessen könnte stillschweigend ein Auskunftsvertrag mit dem Dritten geschlossen worden sein[444]. Ein Vertrag mit Schutzwirkung für Dritte wäre aber stets dort zu sehen, wo bei einem ausdrücklichen Vertragsschluss hinsichtlich einer **Auskunft** oder einer Beratung (Gutachten) die **Einbeziehung des Dritten nach allgemeinen Grundsätzen** angenommen wird: Voraussetzung sind insoweit Leistungsnähe, d.h. Beeinträchtigung in gleicher Weise wie Vertragsgläubiger, Interesse des Gläubigers am Schutz des Dritten („Wohl und Wehe") – streitig –, Schutzbedürfnis des Dritten und Erkennbarkeit für den Schuldner.[445] Das kann etwa der Fall sein für **Sachverständigengutachten**,[446] für den **Mittelverwendungs-**

---

[434] BGH v. 25.09.1985 - IVa ZR 208/83 - WM 1985, 1446-1447.
[435] *Larenz*, Schuldrecht, Band I: Allgemeiner Teil, 14. Aufl. 1987, § 56 VI; *Canaris*, Bankvertragsrecht, 1. Teil, 4. Aufl. 1988, Rn. 88-90; *Köndgen*, Selbstbindung ohne Vertrag, 1981, S. 354; *Grunewald*, JZ 1982, 627-632; vgl. auch *Schur* in: Soergel, § 675 Rn. 110 f. m.w.N.
[436] BGH v. 29.10.1952 - II ZR 283/51 - BGHZ 7, 371-378.
[437] *Medicus/Petersen*, Bürgerliches Recht, 23. Aufl. 2011, Rn. 371.
[438] Insbesondere *Canaris*, Bankvertragsrecht, 1. Teil, 4. Aufl. 1988, Rn. 88-90.
[439] *Martinek* in: Staudinger, § 675 Rn. C 20 ff.; vgl. umfassend *Musielak*, Haftung für Rat, Auskunft und Gutachten, 1974.
[440] *Hopt*, AcP 183, 608-720, 608, 705; kritisch zur Berufshaftung *Martinek* in: Staudinger, § 675 Rn. C 13, 16, 21.
[441] *Köndgen*, Selbstbindung ohne Vertrag, 1981, S. 354.
[442] BGH v. 29.03.1990 - III ZR 337/89.
[443] BGH v. 05.12.2000 - XI ZR 340/99 - LM BGB § 676 Nr. 56 (12/2001).
[444] BGH v. 05.12.2000 - XI ZR 340/99 - LM BGB § 676 Nr. 56 (12/2001).
[445] Vgl. *Medicus/Petersen*, Bürgerliches Recht, 23. Aufl. 2011, Rn. 844-846a; *Grüneberg* in: Palandt, § 328 Rn. 16-18; *Martinek* in: Staudinger, § 675 Rn. C 30 f.; unter kollisionsrechtlichem Blickwinkel (Deutschland/England) im Lichte der „Rom II - Verordnung" zuletzt *Schinkels*, JZ 2008, 272-280.
[446] BGH v. 10.11.1994 - III ZR 50/94 - BGHZ 127, 378-387 in concreto freilich problematisch im Hinblick auf Interessendivergenz zwischen Gläubiger und Drittem; zu Recht daher krit. *Canaris*, JZ 1995, 441-446, der auf c.i.c. abstellen will; BGH v. 02.11.1983 - IVa ZR 20/82 - LM Nr. 75 zu § 328 BGB.

§ 675

kontrolleur[447], ausnahmsweise[448] für einen **Wirtschaftsprüfer**, der im Auftrag eines Kreditnehmers eine Vermögensübersicht erstellt und der Bank vorlegt,[449] oder der in einem Prospekt als Prüfer mit dem Hinweis auf mögliche Einsicht in den Prüfbericht ausdrücklich (nicht notwendig namentlich) genannt ist,[450] oder für einen **Steuerberater**, der im Auftrag eines Unternehmens eine Zwischenbilanz testiert und mit deren Verwendung gegenüber Dritten rechnen muss[451]. Im Einzelfall kann der, „den es angeht", geschützt sein.[452]

4. Vertragliche Nebenpflichten

99 **Vertragliche Nebenpflichten auf Auskunft bzw. Beratung** können sich bei beliebigen Verträgen und geschäftlichen Kontakten ergeben;[453] die Grundlage findet sich teils speziell im Gesetz (z.B. die §§ 402, 666, 713, 740 BGB), teils ergibt sie sich aus den allgemeinen Vorschriften der §§ 241 Abs. 2, 242, 311 BGB, etwa als Beratungspflicht des Verkäufers bei Kaufgegenständen, die besondere Sachkunde erfordern,[454] oder aus frei seitens des Verkäufers angebotener Beratung, auf die der Käufer vertraut. Eine Haftung für Pflichtverletzungen aus § 280 BGB unterliegt dabei primär den Regeln des jeweiligen Schuldverhältnisses.[455]

5. Inhalt der Auskunfts- und Beratungspflicht

a. Relevanz der Umstände

100 **Grundsätzlich** ist eine Auskunft richtig und vollständig, eine Beratung gewissenhaft zu erteilen.[456] Näheres hängt freilich von den jeweiligen Umständen ab. So ist eine **Bankauskunft** korrekt, wenn sie dem tatsächlichen Informationsstand der Bank entspricht und dieser bei der Auskunft zutreffend umgesetzt wird, wobei die Informationsquellen nicht angegeben werden müssen.[457] War eine Bank mit der Einholung einer Scheckbestätigung beauftragt, musste sie alle für den Auftraggeber erkennbar relevanten Zusatzinformationen an den Auftraggeber weitergeben, die sie erhalten hat,[458] eine sich nach Auskunftserteilung ändernde Sachlage musste i.d.R. nicht mitgeteilt werden[459]. Eine Beratung kann aber dadurch falsch werden, dass den Beratenen Tatsachen nicht offenbart wurden, die den Rat als bedenklich erscheinen lassen würden.[460] Ob ein Rechtsanwalt eine bereits durch einen ausländischen Anwalt vorgenommene **Prüfung** eines Vertrags nach ausländischem Recht **zugrunde legen** darf, ist eine Frage der Auslegung des Beratungsvertrags.[461] Soweit die Beratung **Informationen Dritter zugrunde** legt, dürfte dies offen zu legen sein, soweit nicht Gründe der Vertraulichkeit entgegenstehen, die aber zumindest einen allgemeinen Hinweis erlauben.[462] Entsprechendes gilt für Umstände, die die Grundlage der Beratung berühren, etwa eine erhaltene **Drittprovision** (vgl. näher zu Innenprovisionen Rn. 126 ff.)[463]

---

[447] OLG Stuttgart v. 21.06.2011 - 12 U 26/11.
[448] Es gelten strenge Anforderungen; BGH v. 30.10.2008 - III ZR 307/07 - NJW 2009, 512-513.
[449] BGH v. 19.03.1986 - IVa ZR 127/84 - NJW-RR 1986, 1307-1308.
[450] BGH v. 14.06.2007 - III ZR 185/05 - NJW-RR 2007, 1479-1481.
[451] BGH v. 26.11.1986 - IVa ZR 86/85 - LM Nr. 120 zu § 675 BGB.
[452] Vgl. *Martinek* in: Staudinger, § 675 Rn. C. 32-34.
[453] Vgl. *Martinek* in: Staudinger, § 675 Rn. C 17 ff.
[454] Hierzu etwa *Weidenkaff* in: Palandt, § 433 Rn. 24 ff.
[455] Ebenso *Schur* in: Soergel, § 675 Rn. 131; zur Verjährung nach kaufrechtlichem Gewährleistungsrecht, die freilich gemäß § 438 BGB nicht mehr so problematisch ist wie früher, s. BGH v. 13.07.1983 - VIII ZR 112/82 - BGHZ 88, 130-143.
[456] *Sprau* in: Palandt, § 675 Rn. 39.
[457] BGH v. 05.12.2000 - XI ZR 340/99 - LM BGB § 676 Nr. 56 (12/2001); zur Informationsbeschaffung über ein Wertpapier vgl. OLG Frankfurt v. 07.12.2001 - 24 U 191/99 - WM 2002, 956-957.
[458] BGH v. 10.05.1994 - XI ZR 115/93 - LM BGB § 276 (Cc) Nr. 35 (2/1995).
[459] BGH v. 25.06.1973 - II ZR 26/72 - BGHZ 61, 176-180.
[460] BGH v. 18.01.1973 - II ZR 82/71 - NJW 1973, 456-458.
[461] BGH v. 22.02.1972 - VI ZR 135/70 - VersR 1972, 564-566.
[462] BGH v. 11.09.2003 - III ZR 381/02 - NJW-RR 2003, 1690 für Anlagevermittler.
[463] BGH v. 20.05.1987 - IVa ZR 36/86 - LM Nr. 127 zu § 675 BGB betr. Steuerberater; BGH v. 14.03.2003 - V ZR 308/02 - NJW 2003, 1811-1814 betr. Innenprovision an Makler.

Eine Steuerberatungsgesellschaft muss ggf. auf die **Unsicherheit einer Umsatzsteueroption** im Rahmen eines Erwerbermodells aufmerksam machen,[464] und bei objektgebundener Beratung im Rahmen eines auf Steuerersparnis angelegten Immobilienverkaufs muss ggf. auf die Unsicherheit der **steuerlichen Rechtslage** aufmerksam gemacht werden[465]. Über ihre Gewinnmarge braucht die Bank keinesfalls aufzuklären; vgl. Rn. 131. 101

Wer im Rahmen des sog. **Bauherrenmodells** Immobilien vermittelt, hat über die Lage des Hauses und Vorsteuererstattungsmöglichkeiten zu informieren,[466] für die Richtigkeit einer persönlichen Immobilienberatung bei einem voll durch Kreditaufnahme zu finanzierenden Immobilienerwerb wird gehaftet[467]. 102

b. Anleger- und objektgerechte Beratung

Vgl. hierzu Rn. 25. 103

III. Verantwortlichkeit aus vertragsähnlichem Verhältnis

1. Vertrauensverhältnis und geschäftliche Kontakte

Wenn sich bei dauernden Geschäftsverbindungen ein **Vertrauensverhältnis** zwischen den Vertragsparteien gebildet hat, so kann dies auch ohne unmittelbare Relevanz für die Erfüllung einer Vertragsverpflichtung die Haftung für Auskünfte nach Vertragsgrundsätzen tragen,[468] so dass hier eine verschärfte Haftung in Betracht kommt. § 311 Abs. 2 BGB bietet heute eine gesetzliche Grundlage für die Haftung bei geschäftlichen Kontakten.[469] 104

2. Haftung aus Bescheinigungen

Eine Haftung aus Bescheinigungen hat der BGH zu Lasten des Ausstellers eines nachträglich grob unrichtig gewordenen **Dienstleistungszeugnisses** gegenüber einem geschädigten Dritten nach vertraglichen bzw. vertragsähnlichen Grundsätzen angenommen, was zur Folge hat, dass es im Gegensatz zu einer auf § 826 BGB gestützten Haftung nicht auf Vorsatz ankommt und Exkulpation gemäß § 831 BGB ausscheidet.[470] Doch wird dieser letztlich auf den Gedanken des „sozialen Kontakts"[471] zurückgehende Aspekt, soweit erkennbar, nicht weiter verfolgt.[472] 105

3. Verschulden bei Vertragsschluss – Prospekthaftung i.w.S.

Schließlich kommt Haftung aus culpa in contrahendo (nunmehr die §§ 280, 241 Abs. 2, 311 Abs. 2 BGB) in Betracht, eine Haftungsgrundlage, die anstelle des von der Judikatur häufig zu Grunde gelegten stillschweigenden Vertragsschlusses die Haftung kraft Gesetzes in den einschlägigen Fällen wohl meist tragen würde. In der Rechtsprechung wird diese Grundlage oft nur ergänzend angesprochen.[473] Die Judikatur spricht, soweit es um die Hervorrufung von Vertrauen im Zusammenhang mit Anlageentscheidungen geht, von „Prospekthaftung im weiteren Sinne".[474] Hier kommt es darauf an, dass **konkret persönliches Vertrauen** in Anspruch genommen wurde; haften kann insoweit, wer Vertragspartner ist oder werden soll oder wer als Sachwalter aufgetreten ist und für seine Person Vertrauen in Anspruch genommen und die Vertragsverhandlungen beeinflusst hat.[475] 106

---

[464] BGH v. 16.02.1995 - IX ZR 15/94 - LM BGB § 249 (Hd) Nr. 45 (7/1995).
[465] BGH v. 27.11.1998 - V ZR 344/97 - juris Rn. 8 - BGHZ 140, 111-117.
[466] BGH v. 27.09.1988 - XI ZR 4/88 - LM Nr. 11 zu § 249 (E) BGB.
[467] BGH v. 15.06.2000 - III ZR 305/98 - juris Rn. 6 - LM BGB § 675 Nr. 282 (1/2001).
[468] BGH v. 03.12.1968 - VI ZR 213/66 - BB 1969, 382-383 betr. Auskunft zwischen Geschäftspartnern über Bonität von Kunden.
[469] Eingehend *Martinek* in: Staudinger, Rn. 675 C 25 ff.
[470] BGH v. 15.05.1979 - VI ZR 230/76 - juris Rn. 31 - BGHZ 74, 281-293; eher kritisch zu einer eigenständigen Haftung aus Bescheinigung *von Bar*, JZ 1979, 728-730 und *Loewenheim*, JZ 1980, 469-473.
[471] Vgl. *Stoll*, AcP 135, 89.
[472] Vgl. freilich ansatzweise noch BGH v. 12.07.1990 - III ZR 340/89 betr. Ausfuhrbescheinigungen.
[473] BGH v. 29.03.1990 - III ZR 337/89; BGH v. 17.09.1985 - VI ZR 73/84 - juris Rn. 10 - LM Nr. 31 zu § 676 BGB; BGH v. 22.03.1979 - VII ZR 259/77 - BGHZ 74, 103-116.
[474] BGH v. 25.06.2009 - III ZR 223/08; BGH v. 29.01.2009 - III ZR 74/08 - juris Rn. 8 - ZIP 2009, 1577-1580.
[475] BGH v. 25.06.2009 - III ZR 223/08 - juris Rn. 8; BGH v. 29.01.2009 - III ZR 74/08 - juris Rn. 8 m.N. - ZIP 2009, 1577-1580.

4. Bürgerlich-rechtliche Prospekthaftung – „eigentliche" Prospekthaftung

107 Als Unterfall der culpa in contrahendo ist die in Anlehnung an das Kapitalmarktrecht entstandene sog. bürgerlich-rechtliche Prospekthaftung i.e.S. („eigentliche"[476] Prospekthaftung) zu betrachten. Während für die **kapitalmarktfähigen Papiere** die spezielle börsen- und kapitalmarktrechtliche Prospekthaftung eingreift (vgl. Rn. 109), hat die Judikatur für den sog. **Grauen Kapitalmarkt** (Publikums-KG, Bauherrenmodelle, Bauträgermodelle) insoweit unter Anknüpfung an typisiertes Vertrauen besondere Haftungsgrundsätze entwickelt. Dabei wird davon ausgegangen, dass Prospektfehler für eine Anlageentscheidung ursächlich sind.[477] Die Haftung trifft Gründer, Initiatoren, Gestalter und Hintermänner für Vollständigkeit und Richtigkeit der einschlägigen Prospekte.[478] Es kommt nicht darauf an, ob die Einflussnahme der Hintermänner nach außen in Erscheinung getreten ist oder nicht; in Betracht kommen in erster Linie Geschäftsführer oder Mehrheitsgesellschafter oder Personen mit ähnlichem Einfluss wie etwa Generalbevollmächtigte, aber auch alle sonstigen Personen der Leitungsgruppe mit Schlüsselfunktionen ohne Rücksicht auf gesellschaftsrechtliche oder sonstige Ausgestaltung.[479] Erzielte Steuervorteile sind im Wege des Ersatzanspruchs insoweit nicht herauszugeben, als die Ersatzleistung besteuert wird.[480] Die Ansprüche verjähren nach der Judikatur in entsprechender Anwendung u.a. des § 46 BörsG in einem Jahr seit Kenntnis des Prospektfehlers, spätestens in drei Jahren ab Beitritt zum Fonds.[481] Eine ins Einzelne gehende Darstellung ist hier nicht möglich.[482] Das Massenproblem der Rückabwicklung von Kapitalanlagen am grauen Kapitalmarkt bringt erhebliche hier ebenfalls nicht näher darstellbare Probleme mit sich.[483] Zur **Neuregelung** hinsichtlich des sog. Grauen Kapitalmarktes vgl. Rn. 22.

5. Unerlaubte Handlung

108 Deliktsrechtliche Ansprüche wegen falscher Ratschläge und Auskünfte ergeben sich zunächst aus § 823 Abs. 2 BGB in Verbindung mit einschlägigen Schutzgesetzen, insbes. § 263 StGB. Da § 823 Abs. 1 BGB keinen primären Vermögensschutz kennt, ist die Bedeutung dieser Norm für falsche Auskünfte eher gering; lediglich bei einer Verletzung der einschlägigen Rechtsgüter Leben, Körper, Gesundheit oder Eigentum durch falsche Auskünfte oder Beratung greift die Norm ein. Doch wird, soweit es um Körper und Gesundheit geht, zumeist ein ärztlicher Behandlungsvertrag Grundlage von Ersatzansprüchen sein,[484] und ohne vertragliche Grundlage wird eine Haftung für Auskünfte und Ratschläge auch hier nicht ohne weiteres eingreifen. Abgesehen davon können falsche Ratschläge des Herstellers zur Produzentenhaftung nach § 823 Abs. 1 BGB führen,[485] insbes. bei Instruktionsmängeln (vgl. die Kommentierung zu § 823 BGB). Beträchtliche Bedeutung besitzt § 826 BGB für falsche Auskünfte und Ratschläge, etwa für ein falsches Arbeitszeugnis.[486] Nach ständiger Rechtsprechung führt man-

---

[476] BGH v. 25.06.2009 - III ZR 223/08; BGH v. 14.06.2007 - III ZR 185/05 - NJW-RR 2007, 1332; BGH v. 14.06.2007 - III ZR 125/06 - NJW-RR 2007, 1332.

[477] BGH v. 14.07.2003 - II ZR 202/03 - ZIP 2003, 1651, 1653; speziell hinsichtlich mangelnder Information über Innenprovisionen BGH v. 12.05.2009 - XI ZR 586/07 - NJW 2009, 2298-2300; zu den Grenzen OLG Hamburg v. 15.05.2009 - 1 U 85/08 - WM 2009, 2036-2040.

[478] BGH v. 26.10.1977 - VIII ZR 172/76 - LM Nr. 8 zu § 950 BGB; BGH v. 24.04.1978 - II ZR 172/76 - BGHZ 71, 284-292; BGH v. 07.09.2000 - VII ZR 443/99 - BGHZ 145, 121-133; eingehend hierzu *Siol* in: Schimanski/Bunte/Lwowski, Bankrechts-Handbuch Bd. 1, 4. Aufl. 2011, § 45 Rn. 26 ff.; *Schur* in: Soergel, § 675 Rn. 135, hält die allgemeine bürgerlich-rechtliche Prospekthaftung heute nur noch für Altfälle für bedeutsam. Zur Neuregelung vgl. Rn. 23.

[479] BGH v. 14.06.2007 - III ZR 185/05 - juris Rn. 11-13 mit eingehenden Nachweisen - NJW 2007, 1479-1481.

[480] BGH v. 07.12.2009 - II ZR 15/08 - juris Rn. 31 - NJW 2010, 1077-1080; OLG Frankfurt v. 01.04.2009 - 23 U 121/06 - juris Rn. 37.

[481] BGH v. 07.12.2009 - II ZR 15/08 - juris Rn. 26 - NJW 2010, 1077-1080; OLG München v. 23.05.2007 - 20 U 5471/06 - juris Rn. 20.

[482] Vgl. näher dazu *Assmann/Schütze*, Handbuch des Kapitalanlagerechts, 3. Aufl. 2007; *Reinelt*, NJW 2009, 1-8.

[483] Vgl. zu Grundsatzproblemen im Anlegerschutzprozess *Stackmann*, NJW 2008, 1345-1348.

[484] Vgl. immerhin BGH v. 27.11.1990 - VI ZR 30/90 - LM Nr. 124 zu BGB § 823 (Aa), betr. Pflicht eines Arztes zur Beratung.

[485] Vgl. etwa BGH v. 16.03.1993 - VI ZR 84/92 - LM BGB § 823 (Ac) Nr. 58 (10/1993), betr. Korrosionsschäden durch säurehaltiges Reinigungsmittel.

[486] BGH v. 22.09.1970 - VI ZR 193/69 - NJW 1970, 2291; BGH v. 15.05.1979 - VI ZR 230/76 - juris Rn. 24 - BGHZ 74, 281-293.

gelnde Aufklärung bzw. Beratung bei der Vermittlung von **Börsentermingeschäften** (Optionsgeschäften) zur Haftung des Vermittlers wegen vorsätzlicher sittenwidriger Schädigung[487], aus der auch der hinter dem Vermittler stehende ausländische Broker vor deutschen Gerichten wegen Beihilfe in Anspruch genommen werden kann.[488] Und auch bei falschen **Kreditauskünften, Bilanztestaten** und **Gutachten** kann § 826 BGB eingreifen, wenn die Auskunft rücksichtslos unter Inkaufnahme der Schädigung Dritter erfolgt. Bedeutsam ist eine Haftung aus § 826 BGB vor allem für eine **persönliche Inanspruchnahme von Vertretern** oder Vorstandsmitgliedern.[489] Nachdem zunächst nur einzelne Instanzgerichte bei einer falschen, die Anleger **schädigenden Ad-hoc-Mitteilung** § 826 BGB als Grundlage eines gegen Vorstandsmitglieder gerichteten Ersatzanspruchs angesehen hatten,[490] hat der BGH mit den Infomatec-Urteilen vom 19.07.2004 diese Judikatur grundsätzlich gebilligt.[491] Soweit auch die AG selbst haftet, ist der auf Naturalrestitution gerichtete Anspruch nicht durch das Verbot der Einlagenrückgewähr (§§ 57, 71 AktG) begrenzt oder ausgeschlossen.[492]

IV. Sonderregeln

Falschauskünfte, unterbliebene Angaben bzw. Falschangaben im Zusammenhang mit Kapitalanlagen sind als **kapitalmarktrechtliche Prospekthaftung** in zahlreichen Sonderbestimmungen, insbes. des Finanzmarktrechts, geregelt und zum Teil durch das Finanzmarktrichtlinienumsetzungsgesetz vom 16.07.2007, mit Wirkung vom 01.11.2007, neu gefasst worden.[493] Bei unrichtigem **Börsenprospekt** sieht § 44 BörsG einen Anspruch des Erwerbers eines Wertpapiers gegen den für den Prospekt Verantwortlichen und gegen denjenigen, von dem der Erlass des Prospekts ausgeht, auf Übernahme des Wertpapiers vor. Für den Fall des Unterlassens der unverzüglichen Veröffentlichung von **Insiderinformationen** oder der Veröffentlichung unwahrer Insiderinformationen sehen die §§ 37b und 37c WpHG eine Schadensersatzpflicht des Emittenten vor;[494] der frühere § 37d WpHG über Konsequenzen eines Verstoßes gegen Informationspflichten im Zusammenhang mit Finanztermingeschäften ist weggefallen. Ob das im § 20a WpHG (früher § 88 BörsG) normierte Verbot von **Kurs- und Marktpreismanipulationen** Grundlage eines sich über § 823 Abs. 2 BGB ergebenden Ersatzanspruchs sein kann, war streitig;[495] der BGH hatte in vergleichbarem Kontext die Schutzgesetzeigenschaft des § 88 BörsG a.F. verneint.[496] Hinsichtlich der allgemeinen und besonderen Verhaltensregeln der §§ 31, 32 WpHG (in der früheren Fassung vom 09.09.1989), die in der Literatur verbreitet als Schutzgesetze angesehen wurden, hat der BGH für § 32 Abs. 2 Nr. 1 WpHG a.F. (Verbot bestimmter Empfehlungen) den **Schutzgesetzcharakter verneint** und zugleich die mögliche Haftung aus **§ 826 BGB** betont.[497] Die Ersatzansprüche richten sich zunächst nur an den Emittenten bzw. die verantwortliche Gesell-

---

[487] BGH v. 16.11.1993 - XI ZR 214/92 - BGHZ 124, 151-163; BGH v. 28.05.2002 - XI ZR 150/01 - NJW 2002, 2777-2778; BGH v. 22.11.2005 - XI ZR 76/05 - WM 2006, 84-87; zuletzt mit eingehenden Nachweisen BGH v. 09.03.2010 - XI ZR 93/09 - juris Rn. 23 ff.

[488] BGH v. 09.03.2010 - XI ZR 93/09 - juris Rn. 28 ff.

[489] Vgl. eingehend im Hinblick auf Produktmängel *Medicus*, GmbHR 2002, 809-821, 809.

[490] LG Augsburg v. 24.09.2001 - 3 O 4995/00 - NJW-RR 2001,1705-1707 (hatte mit BGHZ 160, 149-159 weitgehend Bestand); LG Frankfurt v. 28.04.2003 - 3-7 O 47/02, 3-07 O 47/02 - NJW-RR 2003, 1049-1050; a.A. OLG München v. 01.10.2002 - 30 U 855/01 - NJW 2003, 144-147.

[491] BGH v. 19.07.2004 - II ZR 402/02 - WM 2004, 1721-1726; BGH v. 19.07.2004 - II ZR 217/03 - NJW 2004, 2668-2671; BGH v. 19.07.2004 - II ZR 218/03 - BGHZ 160, 134-149 - NJW 2004, 2664-2668; vgl. (soweit erkennbar) zuletzt BGH v. 03.03.2008 - II ZR 310/06 - juris Rn.10 - WM 2008, 790-793 - ComROAD VIII; Hauptproblematik ist jeweils der Kausalitätsnachweis.

[492] BGH v. 09.05.2005 - II ZR 287/02 - NJW 2005, 2450-2454 (EM.TV); *Fleischer*, ZIP 2005, 1805-1812.

[493] Vgl. zum neuesten Stand *Fleischer*, AG 2008, 265-273; *Holzborn/Israel*, NJW 2008, 791-796; aus der Flut der früheren Literatur etwa *Armbrüster*, ZIP 2006, 406-415; *Casper*, Der Konzern 2006, 32-39; *Finckenstein/Wehlte*, BKR 2006, 123-124; *Fleischer*, ZIP 2006, 451-459; *Gottschalk*, Der Konzern 2005, 274-286.

[494] Hierzu *Fleischer*, AG 2008, 265-273, unter besonderer Berücksichtigung der Teilnehmer-Haftung nach deutschem und US-amerikanischen Recht; *Maier-Reimer/Webering*, WM 2002, 1857-1864, 1857; *Fleischer*, BB 2002, 1869-1874, 1869.

[495] Befürwortend in jüngster Zeit *Grüger*, BKR 2008, 101-109; *Kiethe*, WM 2007, 722-728.

[496] BGH v. 19.07.2004 - II ZR 218/03 - juris Rn. 20 - NJW 2004, 2664-2668; BGH v. 19.07.2004 - juris Rn. 21 - II ZR 217/03 - NJW 2004, 2668-2671; ebenso schon BVerfG v. 24.09.2002 - 2 BvR 742/02 - NJW 2003, 501-503; zum Streit vgl. insoweit *Fleischer*, NJW 2002, 2977-2983, 2977, 2979 m.w.N.; *Altenhain*, BB 2002, 1874-1879, 1874.

[497] BGH v. 19.02.2008 - XI ZR 170/07 - NJW 2008, 1734, 1735 f.

schaft. Eine **persönliche Inanspruchnahme von Organmitgliedern** im Außenverhältnis lässt sich vor allem über § 826 BGB erreichen. Ein geplantes Kapitalmarktinformationshaftungsgesetz,[498] das zu einer verstärkten Außenhaftung von Organmitgliedern schon bei grober Fahrlässigkeit hätte führen sollen, wurde nicht Gesetz; doch muss eventuell künftig mit Änderungen der Rechtslage gerechnet werden.[499] Der 64. DJT 2002 hatte sich mit den einschlägigen Fragen befasst und plädierte generell für Haftungsverschärfung, u.a. durch eine erweiterte persönliche Inanspruchnahme von Organmitgliedern.[500] Schließlich ist im Hinblick auf nicht zum Handel bei inländischen Börsen zugelassene Wertpapiere hinzuweisen auf § 13 VerkaufsprospektG.

109.1   Seit dem 01.06.2012 gilt für die **Prospekthaftung für außerbörslich gehandelte Wertpapiere § 22 WpHG**; die Vorschrift ist inhaltsgleich mit § 13 Verkaufsprospektgesetz, der zum gleichen Zeitpunkt außer Kraft trat. Noch zur letztgenannten Vorschrift hat sich der **BGH im Urteil v. 18.09.2012 - XI ZR 311/11 -** Pressemitteilung Nr. 151/2012 v. 18.09.2012 geäußert: Danach gehört zu den **wesentlichen Angaben i.S. der Vorschrift** auch der Hinweis auf konzernrechtliche Verbindungen, wonach der Emittent einer Kapitalanlage (hier Inhaberschuldverschreibung) ein abhängiges Unternehmen ist, dem gegenüber durch Gewinnabführungs- und Beherrschungsvertrag nachteilige Weisungen eines herrschenden Unternehmens mit der erhöhten Gefahr der Rückzahlung der Anlagegelder an Letzteres möglich sind. Im konkreten Fall war dies trotz sorgfältiger und eingehender Lektüre des Prospekts nicht zu erkennen. Das beklagte herrschende Unternehmen wurde als verantwortlicher Prospektveranlasser gemäß § 44 Abs. 1 Satz 1 Nr. 2 BörsG angesehen, weil es erhebliches wirtschaftliches **Eigeninteresse** an der Einwerbung der Anlagegelder hatte, Weisungen zu Zahlungsflüssen vorgenommen und Kenntnis vom Inverkehrbringen des Prospekts hatte. Der Kläger konnte daher von der Beklagten Rückabwicklung des Erwerbs der Papiere der mittlerweile insolventen Tochtergesellschaft verlangen. – Der BGH weist darauf hin, dass in den Instanzen zahlreiche gleich gelagerte Fälle anhängig sind, für die diese Entscheidung richtungweisend ist.

V. Schutzzweck und Zurechnungszusammenhang

110   Soweit die Haftung für einen durch Unrichtigkeit von Auskunft, Empfehlung oder Ratschlag entstandenen Schaden auf Vertragsverletzung, vertragsähnliche Haftung oder Delikt gestützt wird, ergibt sich der Umfang der Ersatzpflicht aus § 249 BGB. Der Geschädigte ist so zu stellen, als wäre pflichtgemäß gehandelt worden, als wären also Auskunft, Empfehlung oder Ratschlag nicht oder zutreffend erteilt worden. In der Regel richtet sich der Anspruch auf Ersatz des Vertrauensschadens. Dabei ist der **Schutzzweck** der zugrunde liegenden Auskunfts- oder Beratungspflicht zu beachten.[501] Wer etwa **Beratung** nur hinsichtlich eines **Einzelpunktes** eines größeren Vorhabens schuldet, muss nur für die Risiken einstehen, die sich in Bezug auf diesen Einzelpunkt ergeben;[502] und auch dies setzt, soweit nicht etwa eine Garantiehaftung für einen Einzelpunkt übernommen wurde, voraus, dass insgesamt ein Schaden entstanden ist[503]. Wenn etwa durch das Versehen eines Rentenberaters offenbar wird, dass sein Kunde eine Erwerbsunfähigkeitsrente teilweise zu Unrecht bezogen hat, und wenn daraufhin die Rentenbehörde die Rente von zukünftigen Rentenanpassungen ausnimmt, stellt der hierdurch in den Vermögensverhältnissen des Kunden eingetretene Nachteil keinen **Schaden im Rechtssinne** dar.[504] Nicht gehaftet wird, wenn es am **Zurechnungszusammenhang** fehlt, weil der Geschädigte den Schaden letztlich aus freiem Entschluss eigenständig herbeigeführt hat.[505] Eine schadensmindernde Anrechnung von **Steuervorteilen**, die sich beim darlehensfinanzierten Erwerb einer Eigentumswohnung ergibt,

---

[498] Vgl. NZG 2004, 1042.
[499] Vgl. *Casper*, Der Konzern 2006, 32 mit Nachweisen; *Fleischer*, NJW 2002, 2977-2983, 2977, 2983; *Mülbert*, WM 2001, 2085-2102; ob die Finanz- und Wirtschaftskrise der Jahre 2008/9 insoweit Folgen hat, erscheint bislang offen.
[500] Vgl. 64. DJT 2002 Abt. Wirtschaftsrecht, NJW 2002, 3073, 3082, 3083.
[501] So zum vorvertraglichen Schuldverhältnis BGH v. 03.12.1991 - XI ZR 300/90 - BGHZ 116, 209-215.
[502] LG Augsburg v. 24.09.2001 - 3 O 4995/00 - NJW-RR 2001,1705-1707.
[503] BGH v. 20.11.1997 - IX ZR 286/96 - juris Rn. 6 - LM BGB § 249 (E) Nr. 19 (6/1998); BGH v. 16.02.1995 - IX ZR 15/94 - LM BGB § 249 (Hd) Nr. 45 (7/1995) wegen einer Falschauskunft; BGH v. 03.12.1991 - XI ZR 300/90 - juris Rn. 20 - BGHZ 116, 209-215.
[504] BGH v. 26.01.1989 - IX ZR 81/88 - NJW-RR 1989, 530-531.
[505] Vgl. etwa für den Fall eines erkannt unrichtigen Gutachtens BGH v. 17.10.2000 - X ZR 169/99 - juris Rn. 14 - LM BGB § 249 (Bb) Nr. 72 (10/2001); *Sprau* in: Palandt, § 675 Rn. 41.

scheidet aus, wenn die Rückabwicklung des Erwerbs zu einer entsprechenden Besteuerung führt, sofern nicht außergewöhnliche Steuervorteile verbleiben.[506] Zum **Schaden** können grundsätzlich auch Aufwendungen gehören, die zur Abwehr drohender Steuernachteile erforderlich sind.[507]

VI. Prozessuale Hinweise

Der Hinweis auf telefonische Erklärungen des Beklagten kann zur **Substantiierung** einer für den Haftungsprozess relevanten Zeugenvernehmung genügen.[508] Die **Beweislast** für einen Beratungsvertrag sowie für die Unrichtigkeit der Auskunft und Beratung trägt der Geschädigte,[509] wobei eine sekundäre Darlegungspflicht einer Bank dahingehend besteht, das angebliche Beratungsgespräch nicht nur zeitlich und räumlich, sondern auch inhaltlich zu spezifizieren.[510] Desgleichen muss der Geschädigte den Schaden und seine kausale Verursachung beweisen,[511] wobei dem Geschädigten eine **Beweiserleichterung**,[512] ggf. die Beweislastumkehr nach dem Grundsatz aufklärungsrichtigen Verhaltens (vgl. Rn. 112), zugutekommt. Für eine eventuelle Vorteilsausgleichung trägt der Auskunftsgeber die Darlegungs- und Beweislast.[513] Die derzeit große Zahl von **Anlegerschutzprozessen** wirft eine Reihe praktischer Probleme auf, die hier nicht vertieft werden können.[514]

111

Für den **Schadensnachweis** ist der von der Judikatur angenommene Grundsatz des **aufklärungsrichtigen Verhaltens** bedeutsam: Hinsichtlich der den Geschädigten treffenden Beweislast für den kausal entstandenen Schaden kann der Geschädigte eine **Beweislastumkehr** mit der Begründung herbeiführen, bei zutreffender und vollständiger Auskunft hätte es **vernünftigerweise nur eine** bestimmte **Möglichkeit** der Reaktion gegeben und keinen Entscheidungskonflikt.[515] Wenn beispielsweise einem Verkäufer von seiner Bank eine Scheckbestätigung zu Unrecht erteilt wird, kann es im Hinblick auf einen anschließend ausgelieferten und letztlich nicht bezahlten Pkw an dieser Möglichkeit fehlen, wenn die Auslieferung des Pkws auch ohne Scheckbestätigung nicht ausgeschlossen gewesen wäre; der geschädigte Verkäufer muss dann vollen Beweis für seinen Schaden erbringen.[516] Der Grundsatz greift **nicht** für Anlageschäden bei falschen **ad-hoc-Mitteilungen**, bei denen der Kausalitätsnachweis ein zentrales Problem darstellt, das auch über den partiell diskutierten Aspekt einer eventuellen Anlagestimmung nur schwer in den Griff zu bekommen ist.[517]

112

---

[506] BGH v. 01.03.2011 - XI ZR 96/09 - ZIP 2011, 868, m.w.N.; eine zwischenzeitliche Senkung des Steuertarifs oder eine Verschlechterung der Einkommenssituation des Geschädigten bilden nach der Judikatur keine derartigen außergewöhnlichen Vorteile; so *Podewils* in: EwiR, § 249 BGB 2/11, 301, 302, unter Hinweis auf BGH v. 31.05.2010 - II ZR 30/09 - ZIP 2010, 1397, 1398 ff. sowie BGH v. 15.07.2010 - III ZR 336/08 - ZIP 2010, 1646, 1655.

[507] BGH v. 24.02.1982 - IVa ZR 296/80 - LM Nr. 17 zu StBerG.

[508] BGH v. 16.06.1988 - III ZR 182/87 - BGHR BGB § 676 Auskunftsvertrag 1.

[509] *Sprau* in: Palandt, § 675 Rn. 44.

[510] KG Berlin v. 03.05.2005 - 19 U 75/04 - KGR Berlin 2005, 785-787: dabei soll ein Anlageberater in besonderem Maße aufklärungspflichtig sein, wenn sich bereits aus den Aufklärungsunterlagen die Vermutung unvollständiger Aufklärung ergibt; vgl. auch BGH v. 24.01.2006 - XI ZR 320/04 - NJW 2005, 1429-1432, 1430, wo zugleich eine Pflicht der Kreditinstitute verneint wird, die Erfüllung von Beratungs- und Aufklärungspflichten schriftlich zu dokumentieren; vgl. aber Rn. 25.

[511] BGH v. 09.02.2006 - III ZR 20/05 - WM 2006, 668-672, betr. pflichtwidriges Unterlassen eines Hinweises auf verdeckte Innenprovisionen bzw. unterlassene Richtigstellung von Unrichtigkeiten im Prospekt.

[512] Zur (tatsächlichen) Vermutung, dass bei der Verletzung von Aufklärungspflichten der Vertragsschluss unterblieben wäre, vgl. im Hinblick auf Innenprovisionen bei der Vermittlung prospektierter Kapitalanlagen (geschlossener Fond) BGH v. 09.02.2006 - III ZR 20/05 - juris. Rn. 23 ff. - WM 2006, 668-672; die korrekte Erfüllung anderer sonstiger Aufklärungspflichten steht nach Auffassung des BGH dieser Vermutung nicht entgegen, und auch die unterlassene Lektüre eines Prospekts ist unschädlich; vgl. hierzu *Rohlfing*, BGHReport 2006, 652.

[513] BGH v. 23.06.1992 - XI ZR 247/91 - LM BGB § 676 Nr. 43 (3/1993).

[514] Dazu *Stackmann*, NJW 2008, 1345-1348.

[515] BGH v. 10.05.1994 - XI ZR 115/93 - juris Rn. 17 - LM BGB § 276 (Cc) Nr. 35 (2/1995); BGH v. 16.11.1993 - XI ZR 214/92 - BGHZ 124, 151-163; vgl. auch BGH v. 01.04.1993 - III ZR 193/91 - BGHR BGB § 676 Auskunftsvertrag 15.

[516] BGH v. 10.05.1994 - XI ZR 115/93 - LM BGB § 276 (Cc) Nr. 35 (2/1995).

[517] BGH v. 19.07.2004 - II ZR 218/03 - juris Rn. 42-45 - BGHZ 160, 134-149 sieht den Geschädigten als vollbeweispflichtig; vgl. zur Problematik weiter *Casper*, Der Konzern 2006, 32-39, 34.

D. Anwendungsfelder

I. „Schrottimmobilien"

1. Problematik

113 Zur Rückabwicklung früherer kreditfinanzierter Immobiliengeschäfte hat sich unter dem Stichwort **Schrottimmobilien** eine umfangreiche Judikatur entwickelt, die im Hinblick auf die damit verbundenen Fragen der **Aufklärungspflicht** hier in ihrem Gesamtzusammenhang skizziert werden soll.[518] Es geht dabei um meist länger zurückliegende häufig unseriöse Vermögensanlagen in Form von Immobilienerwerb oder Beteiligung an geschlossenen Immobilienfonds, zu denen Privatanleger unter Hinweis auf angebliche Steuerersparnisse oder besonders günstige Erträge verleitet wurden und die häufig infolge Geringwertigkeit der Immobilien sowie der Geltendmachung überhöhter Finanzierungskosten und Provisionen seitens der an dem Geschäft Beteiligten mit dem weitgehenden Verlust der Beteiligungswerte bei eventuellem Fortbestand der Darlehensrückzahlungsverpflichtung gegenüber der finanzierenden Bank endeten. Eine große Bedeutung hat dabei das Widerrufsrecht nach der Verbraucherschutzrichtlinie 85/577[519], das nach der EuGH-Rechtsprechung[520] mangels hinreichender Belehrung entgegen der Regelung des früheren HWiG fortbestand. Zahlreiche Fälle beschäftigen die Judikatur bis heute.[521] Dabei geht es einmal um das Verhältnis zwischen Anleger und Immobilienfonds[522], vor allem aber um das Verhältnis zwischen Anleger und Bank im Hinblick auf den zur Finanzierung geschlossenen Darlehensvertrag. Insoweit kommen nach *Ehmann*[523] im Wesentlichen fünf verschiedene Gründe für die Rückabwicklung der zahlreichen Altfälle in Betracht:

- **Widerruf** des Darlehensvertrages nach dem (bis 31.12.2001 geltenden) HWiG (heute § 312 BGB) mangels hinreichender Belehrung oder auch Widerruf des Anlagegeschäfts,
- **Nichtigkeit von Vollmachten** (wegen Verstoß gegen das RBerG, heute RDG) mit der möglichen Folge der Nichtigkeit der Verträge (vgl. zu Anscheinsvollmacht und Vollstreckungsunterwerfung Rn. 40),
- **arglistige Täuschung** des Anlegers, die den Darlehensvertrag erfasst,
- **Formmangel des Darlehensvertrages** (§§ 4, 6 VerbrKrG, heute §§ 492, 494 BGB),
- schuldhafte Verletzung von **Belehrungs-, Aufklärungs- und Beratungspflichten** gegenüber dem Anleger mit der Folge von Ersatzansprüchen gegen die Bank.

113.1 BGH v. 08.05.2012 - XI ZR 262/10 - ZIP 2012, 1335-1342 hat die von BGH v. 16.11.1993 - XI ZR 214/92 - BGHZ 124, 151 angenommene **Begrenzung der Beweislastumkehr** im Bereich der Kapitalanlagefälle, wonach es darauf ankommt, dass der Kapitalanleger vernünftigerweise nur eine Handlungsalternative gehabt hätte, er sich also nicht in einem Entscheidungskonflikt befunden hätte, **ausdrücklich aufgegeben**. Diese Einschränkung habe nur für die Arzthaftung bei unzureichender Aufklärung ihre Berechtigung. Ein Entscheidungskonflikt des Anlegers bestehe bei einer Aufklärungsverpflichtungsverletzung durch eine Bank, anders als bei Patienten, meist nicht. Im Hinblick auf den Schutzzweck müsse die **Beweislastumkehr bei Kapitalanlagen bereits bei einer feststehenden Verletzung der Aufklärungspflicht** eingreifen. Für die Behauptung einer **gleichwohl fehlenden Kausalität** der Pflichtverletzung für die Anlageentscheidung kann die Bank aber die **Vernehmung des Anlegers als Partei** beantragen; das Gericht hat dann dem Antrag zu folgen, ohne dass es auf die Wahrscheinlichkeit der unter Beweis gestellten Behauptung ankommt, sofern es Anhaltspunkte für die Be-

---

[518] Vgl. weiter insbesondere *Ehmann* in: Erman, § 675 Rn. 67 ff.; *Grüneberg* in: Palandt, Erl. Zu § 358 BGB; Kommentierung zu § 358 BGB Rn. 38 ff.; zur steuerlichen Behandlung bei der Rückabwicklung von „Schrottimmobilien"-Verträgen vgl. *Jäger*, DStR 2011, 155-159.

[519] Richtlinie 85/577/EWG des Rates vom 20.12.1985 betreffend den Verbraucherschutz im Falle von außerhalb von Geschäftsräumen geschlossenen Verträgen ABl. L 372 vom 31.12.1985, S. 31-33.

[520] EuGH v. 13.12.2001 - C-481/99 - NJW 2002, 281-283 - Heininger.

[521] Vgl. *Schulte-Nölke*, ZGS 2010 Nr. 1 Editorial.

[522] Vgl. insoweit Vorlagebeschluss des BGH v. 05.05.2008 - II ZR 292/06 - WM 2008, 1026-1030; erledigt durch EuGH v. 15.04.2010 - C-215/08, wonach nach dem Widerruf des Beitritts zum Immobilienfonds die Grundsätze über die Abwicklung der fehlerhaften Gesellschaft mit Wirkung für die Zukunft anwendbar sind und dies sogar noch Zahlungsansprüche zur Folge haben kann; zum Vorlagebeschluss vgl. *Hertel*, jurisPR-BKR 6/2008, Anm. 3; nicht gefolgt ist der EuGH dem Vorschlag der Generalanwältin *Trstenjak*, den Beitritt zu einem geschlossenen Immobilienfonds vom Anwendungsbereich der Richtlinie überhaupt auszunehmen.

[523] Hierzu und zum Folgenden ausführlich *Ehmann* in: Erman, § 675 Rn. 67 ff.

hauptung gibt (juris Rn. 39 ff.). Überdies muss vorgebrachten schlüssigen **Indizien** mit angetretenem Zeugenbeweis nachgegangen werden, wobei es grundsätzlich unerheblich ist, wie wahrscheinlich das Vorbringen ist (juris Rn. 42 ff.); vorangehendes (erfolgte Aufklärung über Rückvergütung bei früherer Anlage, Motiv des Anlegers unter Berücksichtigung sonstiger Anlageangebote) und nachfolgendes (Abwarten nach Kenntnis des Beratungsfehlers) Anlageverhalten kommt insoweit gleichermaßen in Betracht. Der BGH wies im konkreten Fall die Sache zur weiteren Aufklärung zurück.

Nach der heute insoweit praktisch maßgeblichen Judikatur des XI. Senats des BGH[524] sind die Vorschriften über verbundene Geschäfte bei durch Grundpfandrechte gesicherten Darlehen nicht anwendbar[525], so dass etwa ein Widerruf eines Darlehens wegen unterlassener Belehrung nach HWiG nie beim Erwerb von Immobilien, sondern nur beim Erwerb von Immobilienfondsanteilen Einfluss auf den Darlehensvertrag haben kann und letztlich generell **zu unterscheiden** ist, ob es um die Rückabwicklung eines Erwerbs mittels **Realkreditverträgen** einerseits oder um die Rückabwicklung des finanzierten Erwerbs von **Immobilienfondsanteilen** andererseits geht.[526] Die in jüngerer Zeit an Bedeutung gewinnende Frage der schuldhaften Verletzung von Belehrungs-, Aufklärungs- und Beratungspflichten kann dabei zusammenfassend skizziert werden (vgl. dazu Rn. 122). 114

2. Realkreditverträge

Bei Realkreditverträgen kommt der Anleger bei einem **Widerruf** des Kreditvertrages mangels einer (seinerzeit von der Praxis nicht für erforderlich gehaltenen und daher häufig fehlenden) Belehrung wegen eines objektiv vorliegenden Haustürgeschäfts (§ 1 HWiG) nach dem Heininger-Urteil[527] zwar vom Darlehensvertrag los, bleibt aber für die Rückzahlung des Darlehens ohne Einwendungen aus dem Anlagevertrag verpflichtet, was für ihn meist wenig hilfreich ist. Führt die **Nichtigkeit der Vollmacht** (wegen Verstoßes gegen das RBerG und weil auch keine Anscheinsvollmacht vorliegt), zur Nichtigkeit des Darlehensvertrages[528], so erfolgt zwischen Anleger bzw. Käufer und Bank eine Rückabwicklung des Darlehensvertrages nach Bereicherungsrecht. Danach ist der Anleger nicht zur Darlehensrückzahlung an die Bank verpflichtet, sondern hat umgekehrt Anspruch auf Rückzahlung seiner (möglicherweise allerdings schon verjährten[529]) Zins- und Tilgungsleistungen[530]; die Immobilie muss der Anleger bzw. Käufer an den Verkäufer, aber nicht an die Bank herausgeben[531], so dass es insoweit auf das Verhältnis zwischen Verkäufer und Anleger ankommt Bei **arglistiger Täuschung** des Anlegers durch den Vermittler des Anlageobjekts ist dieser für die Bank mangels Vorliegens eines verbundenen Geschäfts Dritter im Sinne von § 123 Abs. 2 BGB[532], so dass der Darlehensvertrag gegenüber der Bank nur angefochten werden kann, wenn diese die Täuschung kannte oder kennen musste. Nach erfolgreicher Anfechtung des Darlehensvertrages ist dieser wiederum nach Bereicherungsrecht abzuwickeln. Schließlich können auch **Formmängel** nach den §§ 4 und 6 VerbrKrG zur Nichtigkeit des Darlehensvertrages führen, wobei allerdings die Ausnahme des § 3 Abs. 2 Satz 2 VerbrKrG und die Heilung nach § 6 115

---

[524] Zur Kontroverse zwischen dem II. und XI. Senat des BGH, die letztlich im Sinne des XI. Senats beigelegt wurde, vgl. *Derleder*, NZM 2006, 449-452.

[525] BGH v.12.11.2002 - XI ZR 47/01 - BGHZ 152, 331-339, 337 unter Hinweis auf die §§ 3 Abs. 2 Nr. 2, 9 VerbrKrG, §§ 358 Abs. 3 Satz 3 BGB; BGH v. 26.09.2006 - XI ZR 283/03 - NJW 2007, 361-363.

[526] *Ehmann* in: Erman, § 675 Rn. 67, 78.

[527] EuGH v. 13.12.2001 - C-481/99 - NJW 2002, 281-283 - Heininger; vgl. hierzu auch *Wildemann* in: jurisPK-BGB, 4. Aufl. 2008, § 358 Rn. 36; auf Kenntnis des Gewerbetreibenden von der Haustürsituation kommt es nicht an; so EuGH v. 25.10.2005 - C-229/04 - NJW 2005, 3555 - Crailsheimer Volksbank; anders aber möglicherweise bei Finanzierung durch Hausbank; vgl. BGH v. 10.06.2008 - XI ZR 348/07 - juris Rn. 22 f. - WM 2008, 1953, 1955.

[528] Zur Nichtigkeit wegen Verstoßes gegen das RBerG, freilich unter Annahme einer Anscheinsvollmacht, BGH v. 25.04.2006 - XI ZR 29/05 - BGHZ 167, 223-238.

[529] Vgl. zur Verjährung des Anspruchs auf Rückzahlung von Raten an getäuschte Anleger BGH v. 10.11.2009 - XI ZR 252/08 - ZIP 2009, 2430-2436.

[530] BGH v. 27.02.2007 - XI ZR 56/06 - juris Rn. 20 ff. - NJW 2007, 3127-3130.

[531] BGH v. 27.02.2007 - XI ZR 56/06 - juris Rn. 33 ff. - NJW 2007, 3127-3130; a.A. offenbar *Ehmann* in: Erman, § 675 Rn. 74, 80.

[532] BGH v. 25.04.2006 - XI ZR 106/05 - Leitsatz 5 - BGHZ 167, 239-252.

Abs. 2 VerbrKrG zu beachten sind.[533] Gegebenenfalls kann der Anleger auch **Aufklärungsverschulden** der Bank geltend machen.[534] Zur Beweislastumkehr bei institutionalisiertem Zusammenwirken vgl. wiederum Rn. 122.

3. Finanzierter Beitritt zu Immobilienfonds

116 Beim **finanzierten Fondsbeitritt** konnte unter den Voraussetzungen des § 9 Abs. 1 Satz 2 VerbrKrG ein **verbundenes Geschäft** zwischen Fondsbeitritt und Darlehensvertrag gegeben sein[535]; entsprechendes gilt seit dem 01.01.2002 nach § 358 Abs. 3 Satz 2 BGB, wobei seit dem 01.08.2002 die Ergänzung durch § 358 Abs. 3 Satz 3 BGB zu beachten ist. Vorausgesetzt wird positive Kenntnis der Bank vom Vorliegen der gesetzlichen Voraussetzungen des verbundenen Geschäftes.[536]

117 Beim **Widerruf des Darlehens** mangels Belehrung nach dem damaligen § 1 HWiG ist auf der Grundlage des *Heininger*-Urteils[537] der Anleger an den Darlehensvertrag und im Falle eines verbundenen Geschäfts auch an den Anlagevertrag nicht mehr gebunden[538]; er braucht den von der Bank an den Fonds gegangenen bzw. für den Anteil überwiesenen Darlehensbetrag nicht an die Bank zurückzuzahlen, sondern kann gegen Übertragung des Fondsanteils bzw. des Abfindungsanspruchs an die Bank die gezahlten Zinsen und Tilgungsleistungen (nicht aber zur Tilgung verwendete Ausschüttungen[539]) von der Bank zurückverlangen, wobei die Bank sich dann ihrerseits an den Fondsbetreiber halten muss.[540] Die Bank tritt in diesem Fall nach § 358 Abs. 4 Satz 3 BGB anstelle des Fondsbetreibers bzw. des Verkäufers der Anlage in die Rechte und Pflichten aus dem verbundenen Vertrag ein und wird an dessen Stelle Gläubiger und Schuldner des Anlegers im Abwicklungsverhältnis.[541] Bei einem Wertverlust des Fonds geht die nach Maßgabe der Grundsätze über die **fehlerhafte Gesellschaft** erfolgende Reduzierung des Abfindungsanspruchs[542] zu Lasten des Anlegers; der Anleger muss sich die Entwertung des Fondsanteils entgegenhalten lassen, da er das Anlagerisiko trägt und die Finanzierung durch die Bank es nicht rechtfertigt, ihn besser zu behandeln als bei Finanzierung aus eigenen Mitteln.[543] Ansprüche gegen andere Beteiligte kann der Anleger auch bei verbundenen Geschäften nicht ohne weiteres gegenüber der

---

[533] *Ehmann* in: Erman, § 675 BGB Rn. 82; zur Heilung durch Auszahlung an den Treuhänder eines Fonds BGH v. 25.04.2006 - XI ZR 106/05 - juris Rn. 16 - BGHZ 167, 239-252.

[534] *Ehmann* in: Erman, § 675 Rn. 81 unter Hinweis auf BGH v. 21.11.2006 - XI ZR 347/05 - WM 2007, 200-203; zur Frage der Kausalität einer Verletzung der Widerrufsbelehrungspflicht hinsichtlich des Darlehensvertrags für den sich aus der Anlage ergebenden Schaden vgl. BGH v. 16.05.2006 - XI ZR 6/04 - juris Rn. 38 - BGHZ 168, 1-27.

[535] Zu den Voraussetzungen vgl. BGH v. 25.04.2006 - XI ZR 193/04 - juris Rn.13 ff. - BGHZ 167, 252-268; BGH v. 21.07.2003 - II ZR 387/02 - juris Rn. 16 - BGHZ 156, 46-57; *Ehmann* in: Erman, § 675 Rn. 68.

[536] BGH v. 19.06.2007 - XI ZR 142/05 - NJW 2007, 3200-3202.

[537] EuGH v. 13.12.2001 - C-481/99 - NJW 2002, 281-281; BGH v. 09.04.2002 - XI ZR 91/99 - NJW 2002, 1881-1884.

[538] Zum Erlöschen des Widerrufsrechts nach § 2 Abs. 1 Satz 4 HWiG bei Umschuldung vgl. BGH v. 10.11.2009 - XI ZR 252/08 - juris Rn. 19 - ZIP 2009, 2430-2436, 2431; dazu Anm. *Deblitz*, BKR 2010, 117-117; EuGH v. 10.04.2008 - C-412/06 - WM 2008, 869.

[539] BGH v. 25.04.2006 - XI ZR 193/04 - juris Rn. 41 - BGHZ 167, 252-268; kritisch insoweit *Ehmann* in: Erman, § 675 Rn. 70.

[540] *Ehmann* in: Erman, § 675 Rn. 70 f., unter Hinweis u.a. auf die Begründung mit dem Schutzzweck des HWiG nach BGH v. 25.04.2006 - XI ZR 193/04 - juris Rn. 12, 19 ff. - BGHZ 167, 252-268; BGH v. 24.04.2007 - XI ZR 17/06 - juris Rn. 22 - BGHZ 172, 147-157, sowie speziell juris Rn. 27 zur Berücksichtigung von Steuervorteilen; *Ehmann* selbst hält aber eine bereicherungsrechtliche Begründung dieses Ergebnisses für vorzugswürdig.

[541] BGH v. 10.03.2009 - XI ZR 33/08 - juris Rn. 26 m.w.N. - BGHZ 180, 952-955.

[542] Auf Vorlage von BGH v. 05.05.2008 - II ZR 292/06 - ZIP 2008, 1018-1022, dazu *Hertel*, jurisPR-BKR 6/2008, Anm. 3, hat EuGH v. 15.04.2010 - C-215/08 - NJW 2010, 1511 im Sinne der bisherigen Judikatur des BGH entschieden, dass beim nach HWiG erklärten Widerruf der Beteiligung an einem geschlossenen Fonds nach Maßgabe der Grundsätze der fehlerhaften Gesellschaft in der Abfindungsbilanz des Anlegers der Abzug zwischenzeitlich entstandener Verluste und sogar eine eventuelle Nachzahlungspflicht bei negativem Auseinandersetzungsguthaben zulässig sind; im Anschluss daran Hinweisbeschluss des BGH v. 12.07.2010 - II ZR 269/07 - WM 2010, 1589-1590, wonach er beabsichtigt, die Revision gegen KG v. 08.11.2007 - 23 U 19/07 zurückzuweisen.

[543] BGH v. 21.07.2003 - II ZR 387/02 - juris Rn. 29 - BGHZ 156, 46.

Bank geltend machen.[544] Freilich kann er insbesondere bei Arglist des Vermittlers Ansprüche gegen die Bank aus (zugerechnetem) Verschulden bei Vertragsschluss haben.[545]

Bei wegen Verstoßes gegen Art. 1 § 1 RBerG **nichtiger Vollmacht**[546] kam es darauf an, ob gleichwohl für den Fondsbeitritt bzw. den Darlehensvertrag eine Einzelbevollmächtigung[547] oder eine Anscheinsvollmacht[548] eingreift. Bei Nichtigkeit allein des Darlehensvertrags muss sich die Bank wegen der Darlehensrückzahlung an den Verkäufer bzw. Fonds halten; der Kreditnehmer kann von der Bank Rückzahlung seiner Zins- und Tilgungsleistungen gegen Rückgabe der Fondsbeteiligung[549] verlangen. Bei Nichtigkeit bzw. Kündbarkeit auch des Fondsbeitritts dürfte Entsprechendes gelten.[550]

118

Bei **arglistiger Täuschung** des Anlegers durch einen Vermittler kann sich die Bank beim Verbundgeschäft nicht auf eigene Unkenntnis nach § 123 Abs. 2 BGB berufen.[551] Soweit die Täuschung für den Abschluss des Erwerbs- bzw. des Darlehensvertrags kausal war, ist der entsprechende Vertrag nach Anfechtung nichtig, hinsichtlich einer Beteiligung am Fonds freilich nur qua außerordentlicher Kündigung ex nunc. Der Anleger kann bei Anfechtung des Anlagevertrages die weitere Rückzahlung des Darlehens einstellen, soweit ihm gegen den Fonds Abfindungsansprüche zustehen.[552] Bei Anfechtung von Anlage- und Darlehensvertrag[553] dürfte diese Einschränkung entfallen.[554] Daneben sind bei Arglist des Vermittlers jeweils Schadensersatzansprüche gegen die Bank wegen (zugerechneten) Verschuldens bei Vertragsschluss denkbar.[555] Doch verweigert der BGH[556] einen Rückzahlungsanspruch für bereits gezahlte Tilgungsbeträge und Zinsen qua (kleinem) Rückforderungsdurchgriff gegenüber der Bank mit der Begründung, es fehle angesichts der nur mit Wirkung für die Zukunft erfolgten Kündigung eines Fonds eine rechtshindernde Einwendung im Sinne des Bereicherungsrechts (§§ 813 Abs. 1 Satz 1, 812 Abs. 1 Satz 1 BGB) und hinsichtlich einer Analogie zum VerbrKrG an einer Rechtslücke.[557]

119

Ein **Formmangel** des Darlehensvertrags nach den §§ 4, 6 VerbrKrG führte an sich zwar zur Nichtigkeit, wird aber nach der Judikatur des XI. Senats des BGH durch Verwendung des Darlehens für den Fondserwerb geheilt.[558] Der Anleger kann sich daher in diesen Fällen nur auf ein Widerrufsrecht oder eventuelle sonstige Mängel berufen.

120

---

[544] BGH v. 25.04.2006 - XI ZR 106/05 - juris Rn. 28 - BGHZ 167, 239-252; BGH v. 21.11.2006 - XI ZR 347/05 - juris Rn. 22 - NJW 2007, 1127-1130; gegen BGH v. 14.06.2004 - II ZR 395/01 - juris Rn. 35 - BGHZ 159, 280-294.

[545] BGH v. 25.04.2006 - XI ZR 106/05 - juris Rn. 30 f. - BGHZ 167, 239-252; für Ausdehnung auf weitere Beteiligte BGH v. 10.11.2009 - XI ZR 252/08 - juris Rn. 24 ff., 29 ff. - ZIP 2009, 2430-2436.

[546] Im Hinblick auf das ganze Bündel von Verträgen mit umfassendem Beratungsbedarf; so BGH v. 24.10.2006 - XI ZR 216/05 - juris Rn. 16 m.N. - ZIP 2007, 16-18.

[547] BGH v. 24.10.2006 - XI ZR 216/05 - juris Rn. 15 ff. - ZIP 2007, 16-18 bejaht wirksame Vollmacht für Darlehensvertrag durch Vollmacht in formularmäßigem Zeichnungsschein.

[548] BGH v. 25.04.2006 - XI ZR 29/05 - juris Rn. 25 ff. m.N. - BGHZ 167, 223-238.

[549] Keine Haftung gegenüber der Bank aus § 128 HGB analog: OLG Karlsruhe v. 13.03.2007 - 17 U 289/06 - juris Rn. 22 - ZIP 2007, 1049-1053; im Ergebnis bestätigt durch BGH v.17.06.2008 - XI ZR 198/07 - juris Rn. 20 ff.

[550] *Ehmann* in: Erman, § 675 Rn. 74 f., auch unter dem Blickwinkel der faktischen Gesellschaft.

[551] BGH v. 25.04.2006 - XI ZR 106/05 - juris Rn. 29 - BGHZ 167, 239-252.

[552] BGH v. 25.04.2006 - XI ZR 106/05 - juris Rn. 27 f. - BGHZ 167, 239-252.

[553] BGH v. 25.04.2006 - XI ZR 106/05 - juris Rn. 29 - BGHZ 167, 239-252.

[554] Vgl. *Ehmann* in: Erman, § 675 Rn. 76.

[555] BGH v. 25.04.2006 - XI ZR 106/05 - juris Rn. 30 f. - BGHZ 167, 239-252; für Ausdehnung auf weitere Beteiligte BGH v. 10.11.2009 - XI ZR 252/08 - juris Rn. 24 ff., 29 ff. - ZIP 2009, 2430-2436.

[556] Im konkreten Fall war Widerruf nach HWiG nicht mehr möglich.

[557] BGH v. 07.12.2010 - XI ZR 53/08 - WM 2011, 261; BGH v. 10.11.2009 - XI ZR 252/08 - juris Rn. 49 ff. - ZIP 2009, 2430-2436, 2435 - BGHZ 183, 112; gegen BGH v. 21.07.2003 - II ZR 387/02 - juris Rn. 26 ff. - BGHZ 156, 46-57; für Berücksichtigung aber anscheinend *Ehmann* in: Erman, § 675 Rn. 76.

[558] BGH v. 25.04.2006 - XI ZR 193/04 - juris Rn. 30 ff. - BGHZ 167, 252-268; BGH v. 25.04.2006 - XI ZR 29/05 - juris Rn. 33, 36 ff. jeweils m.w.N. - NJW 2006, 1952-1955; der 2. Zivilsenat hat seine frühere abweichende Auffassung ausdrücklich aufgegeben; die Kritik von *Ehmann* in: Erman, § 675 Rn. 77, es sei widersprüchlich, Zahlung an den Fondsbetreiber anzunehmen und eine solche im Falle eines Widerrufs zu verneinen, erscheint insofern nicht begründet, als im letztgenannten Fall nicht die Zahlung verneint, sondern lediglich die Rechtsfolge des Wirksamwerdens des Darlehensvertrags durch den Widerruf, also aus einem anderen Rechtsgrund, ausgeschaltet wird.

121 Hinsichtlich allgemeiner **Belehrungs- Aufklärungs- und Beratungspflichten** vgl. zunächst Rn. 18 ff. sowie Rn. 100. Da sich beim Verbundgeschäft die Bank eine arglistige Täuschung des Vermittlers eines Anlageobjekts zurechnen lassen muss, kommen Schadensersatzansprüche des Anlegers gegen die Bank aus vorsätzlichem Verschulden bei Vertragsschluss mit den sich aus den §§ 249 ff. BGB ergebenden Rechtsfolgen in Betracht, und zwar nicht nur bei einer Täuschung seitens eines Vermittlers, sondern auch seitens der federführenden Vertriebsgesellschaft; deren Kenntnis, etwa über im Prospekt nicht ausgewiesene Innenprovisionen, muss sich die Bank insoweit zurechnen lassen, und entsprechendes gilt für eigenes Aufklärungsverschulden der Bank wegen eines vermuteten Wissensvorsprungs über eine evidente arglistige Täuschung.[559] Diese Judikatur wurde inzwischen ausgeweitet; vgl. dazu Rn. 122.

4. Aufklärungspflichten beim institutionalisiertes Zusammenwirken der Bank mit Verkäufer bzw. Fondsbetreiber und Vermittler

122 Vor allem im Hinblick auf **realkreditfinanzierte** Wohnungskäufe und Immobilienfondsbeteiligungen, die **nicht als verbundene Geschäfte** behandelt werden, und um den Entscheidungen des EuGH in Sachen Schulte und Crailsheimer Volksbank[560] Rechnung zu tragen, hat der BGH seine Rechtsprechung zum Bestehen von **Aufklärungspflichten** der kreditgebenden Bank mit Urteil vom 16.05.2006 **verschärft**[561] und damit die Begründung von **Schadensersatzansprüchen** wegen Verschuldens bei Vertragsschluss **erleichtert**. Es wird hiernach die **Kenntnis der Bank von einer solchen arglistigen Täuschung widerleglich vermutet**, wenn

- Verkäufer oder Fondsinitiatoren, die von ihnen beauftragten Vermittler und die finanzierende Bank in institutionalisierter Art und Weise zusammenwirken,
- auch die Finanzierung der Kapitalanlage vom Verkäufer oder Vermittler, sei es auch nur über einen von ihm benannten besonderen Finanzierungsvermittler, angeboten wurde **und**
- die Unrichtigkeit der Angaben des Verkäufers, Fondsinitiators oder der für sie tätigen Vermittler bzw. des Verkaufs- oder Fondsprospekts nach den Umständen des Falles evident ist, so dass sich aufdrängt, die Bank habe sich der Kenntnis der arglistigen Täuschung geradezu verschlossen.

123 Für das **institutionalisierte Zusammenwirken** ist es erforderlich, dass zwischen Verkäufer oder Fondsinitiator, den von ihnen beauftragten Vermittlern und der finanzierenden Bank ständige Geschäftsbeziehungen bestanden. Diese können etwa in Form einer Vertriebsvereinbarung, eines Rahmenvertrages oder konkreter Vertriebsabsprachen bestanden haben oder sich daraus ergeben, dass den vom Verkäufer oder Fondsinitiator eingeschalteten Vermittlern von der Bank Büroräume überlassen oder von ihnen – von der Bank unbeanstandet – Formulare des Kreditgebers benutzt wurden, oder etwa daraus, dass der Verkäufer oder die Vermittler dem finanzierenden Institut wiederholt Finanzierungen von Eigentumswohnungen oder Fondsbeteiligungen desselben Objektes vermittelt haben.[562] Dass die Finanzierung der Kapitalanlage **vom Verkäufer oder Vermittler angeboten** wurde, ist dann anzunehmen, wenn der Kreditvertrag nicht aufgrund eigener Initiative des Kreditnehmers zustande kommt, der von sich aus eine Bank zur Finanzierung seines Erwerbsgeschäfts sucht, sondern deshalb, weil der Vertriebsbeauftragte des Verkäufers oder Fondsinitiators dem Interessenten im Zusammenhang mit den Anlage- oder Verkaufsunterlagen, sei es auch nur über einen von ihm benannten besonderen Finanzierungsvermittler, einen Kreditantrag des Finanzierungsinstituts vorgelegt hat, das sich zuvor dem Verkäufer oder dem Fondsinitiator gegenüber zur Finanzierung bereit erklärt hatte.[563] Und von einer **evidenten Unrichtigkeit** der Angaben des Verkäufers, Fondsinitiators oder der für sie tätigen Vermittler bzw. des Verkaufs- oder Fondsprospekts ist dann auszugehen, wenn die Angaben sich objektiv als grob falsch dargestellt haben, so dass sich aufdrängt, die kreditgebende Bank habe sich der Kenntnis der Unrichtigkeit und der arglistigen Täuschung geradezu verschlossen.[564] In der inzwischen ergangenen Ju-

---

[559] BGH v. 10.11.2009 - XI ZR 252/08 - juris Rn. 24-41 - ZIP 2009, 2430-2436, 2435.
[560] EuGH v. 25.10.2005 - C-350/03 - WM 2005, 2079 - Schulte; EuGH v. 25.10.2005 - C-229/04 - WM 2005, 2086 - Crailsheimer Volksbank.
[561] BGH v. 16.05.2006 - XI ZR 6/04 - juris Rn. 51 ff., 59 - BGHZ 168, 1-27; BGH v. 27.05.2008 - XI ZR 132/07 - juris Rn. 18 - WM 2008, 1260-1266; Brandenburgisches OLG v. 28.09.2011 - 4 U 196/10 - juris Rn. 128.
[562] BGH v. 16.05.2006 - XI ZR 6/04 - juris Rn. 53 - BGHZ 168, 1-27.
[563] BGH v. 16.05.2006 - XI ZR 6/04 - juris Rn. 54 - BGHZ 168, 1-27.
[564] BGH v. 16.05.2006 - XI ZR 6/04 - juris Rn. 55 - BGHZ 168, 1-27.

dikatur hat der Gesichtspunkt des institutionellen Zusammenwirkens aber bislang offenbar nur eine beschränkte Bedeutung erlangt.[565]

Die Aufklärungspflicht der Bank setzt weiter **konkrete**, dem Beweis zugängliche unrichtige **Angaben** des Vermittlers über das Anlageobjekt voraus.[566] Die **sittenwidrige Übertuerung** des Kaufpreises eines finanzierten Objekts führt nach dem BGH für sich genommen auch im Falle einer institutionalisierten Zusammenarbeit zwischen finanzierender Bank und dem Verkäufer oder Vertreiber des Objekts nicht zu einer widerleglichen Vermutung, die finanzierende Bank habe von der sittenwidrigen Übertuerung Kenntnis gehabt; für eine solche Vermutung bedürfte es des Vorliegens einer **arglistigen Täuschung**.[567] Eine solche wäre etwa anzunehmen, wenn die Angaben zur Höhe des erzielbaren Mietzinses entgegen einer Mitteilung im Verkaufsprospekt ohne betriebswirtschaftliche Untersuchung zur Rentabilität und Vermietbarkeit des Objekts gemacht wurden.[568] 124

5. Rückforderungsdurchgriff

Im Rahmen der bereicherungsrechtlichen Rückabwicklung eines finanzierten Fondserwerbs hat der Rückforderungsdurchgriff gegen die Bank praktisch keine Bedeutung, weil wegen der Grundsätze der fehlerhaften Gesellschaft eine rückwirkende Abwicklung der Beteiligung am Fonds nicht in Betracht kommt; vgl. hierzu Rn. 119. 125

II. Innenprovisionen, Kick-Backs und Rückvergütungen

1. Problematik

Vgl. zur Anlageberatung und Anlagevermittlung zunächst die Erläuterungen in Rn. 22 ff. Unter den Schlagworten Innenprovision, Kick-Back[569], Rückvergütung oder Retrozession hat die Frage einer vertraglichen Pflicht zur Offenlegung (vgl. die §§ 675, 666, 667 BGB) von verdeckten Vermögensvorteilen im Rahmen von **Anlageberatungs- oder Anlagevermittlungsverträgen** erhebliche Bedeutung gewonnen. Derartige Verträge werden häufig neben dem eigentlichen Erwerbsvorgang, und damit zeitlich vor dem Kaufvertrag, **meist konkludent**, geschlossen. Anlageberatern bzw. Anlagevermittlern werden häufig seitens der Emittenten der Vermögensanlagen aus dem Anleger in Rechnung gestellten Ausgabeaufschlag oder aus Verwaltungsgebühren offen oder verdeckt als Provision gewährt. Sie dienen teilweise zugleich zur Finanzierung der diesbezüglichen Tätigkeit, so dass eine Heraugabe an den Anleger nach den §§ 667, 675 BGB bzw. § 484 Abs. 2 HGB nicht in Betracht kommen soll. Bei verdeckten Vermögensvorteilen liegt die Problematik in der Intransparenz für den Anleger mit der Folge möglicher Fehlvorstellungen über die **Werthaltigkeit** des Anlageobjekts, aber auch in für den Anleger nicht erkennbaren **Drittinteressen** auf Seiten seines Beraters bzw. Vermittlers.[570] 126

Die entscheidende Frage ist, ob und inwieweit hier **Aufklärungspflichten** bestehen. Soweit sich über deren Nichtbeachtung Ersatzansprüche ergeben, kann hierin insbesondere bei einer negativen Entwicklung der Vermögensanlage ein Instrument zur **Verlagerung des Schadens** auf den Anlageberater bzw. Anlagevermittler liegen. Die Problematik betrifft Banken wie Nicht-Banken, Finanzinstrumente im Sinne des WpHG wie auch geschlossene Fonds, verbundene Verträge[571], Kausalitäts-, Verschuldens- wie auch Verjährungsfragen. Für den **Verkauf einer Immobilie** gelten die Grundsätze **nicht**. So ist der Verkäufer ei- 127

---

[565] Unter dem Stichwort „Institutionelles Zusammenwirken" führt juris eine Reihe von Entscheidungen auf, für die der Gesichtspunkt meist nicht entscheidend war oder für die die Voraussetzungen nicht gegeben waren; Bejahung des Zusammenwirkens etwa durch OLG München v. 03.08.2009 - 19 U 4354/08 - juris Rn. 38 ff. - GWR 2009 402 (nachfolgend BGH - XI ZR 272/09); OLG Oldenburg v. 22.08.2008 - 6 U 167/06 - juris Rn. 29 - VuR 2008, 386-387; Brandenburgisches OLG v. 09.04.2008 - 4 U 204/06 - juris Rn. 32 ff.

[566] BGH v. 19.09.2006 - XI ZR 204/04 - BGHZ 169, 109-122.

[567] BGH v. 18.11.2008 - XI ZR 157/07 - juris Rn. 31; BGH v. 23.10.2007 - XI ZR 167/05 - juris Rn. 16 - WM 2008, 154, 156 f.

[568] BGH v. 06.11.2007 - XI ZR 322/03 - juris Rn. 45 ff. - NJW 2008, 644-649; dazu *Buck-Heeb*, jurisPR-BKR 5/2008, Anm. 3; BGH v. 19.12.2006 - XI ZR 374/04.

[569] *Fullenkamp*, Kick-Back – Haftung ohne Ende? NJW 2011, 421-426.

[570] Vgl. zu beiden Aspekten etwa *Assmann*, ZIP 2009, 2125, 2126 ff.

[571] Auch Darlehensvertrag und Restschuldversicherung können verbundene Verträge sein; so BGH v. 15.12.2009 - XI ZR 45/09 - juris Rn. 17 ff. - NJW 2010, 531-534; ebenso OLG Rostock v. 23.03.2005 - 1 W 63/03 - NJW-RR 2005, 1416-1417; *Reifner*, WM 2008, 2329-2339; dagegen OLG Oldenburg v. 15.01.2009 - 8 U 122/08 - juris Rn. 38 - WM 2009, 796-800; OLG Celle v. 17.06.2009 - 3 U 53/09 - WM 2009, 1600; *Mülbert/Wilhelm*, WM 2009, 2241-2255.

ner Immobilie zur Aufklärung über Innenprovisionen an den Vermittler (Makler) grundsätzlich nicht verpflichtet.[572] Dies gilt auch bei Bestehen eines Beratungsvertrags im Hinblick auf ein besonderes Entgelt für Projektentwicklung, insbesondere soweit der Käufer im Rahmen mündlicher Beratung keine diesbezüglichen Fragen stellt.[573] Außer den hier genannten vertraglichen Aufklärungspflichten bestehen weiter reichende öffentlich-rechtliche Pflichten auf der Grundlage des Kapitalmarktrechts, die hier nicht im Einzelnen angesprochen werden können; doch sei erwähnt, dass seit dem 01.07.2005 bei den sog. geschlossenen Fonds die Angabe der Höhe der Provision insoweit gesetzlich vorgeschrieben ist.[574]

2. Entwicklung der Judikatur zur Aufklärungspflicht

a. Werthaltigkeit

128 In einer gegen den Vermittler eines **geschlossenen Immobilienfonds** gerichteten Klage stellte der **3. Zivilsenat des BGH**[575] im Jahre **2004** fest, dass der Anleger bei der Einschaltung eines Vermittlers zwar in gewissem Umfang mit Innenprovisionen rechnen müsse, dass aber im Hinblick auf mögliche Rückschlüsse auf die **Werthaltigkeit** des Objekts **jedenfalls** bei Innenprovisionen von **mehr als 15%** eine Aufklärungspflicht des Vermittlers bestehe, bei deren schuldhafter Verletzung der Vermittler haften könne. Unzutreffende Angaben im Prospekt, etwa eine nur teilweise Angabe der Innenprovisionen, sind aber ohne Rücksicht auf eine derartige Grenze stets klarzustellen.[576] Den Anlagevermittler trifft insoweit eine Pflicht zur Plausibilitätskontrolle des Prospekts.[577] Diese Pflichten zur Vermeidung fehlsamer Rückschlüsse auf die Werthaltigkeit dürften **auch für andere Kapitalanlagen gelten;**[578] gegebenenfalls greift § 31d WpHG ein. Für den Verkauf einer Immobilie gilt dies aber nicht ohne weiteres;[579] unter dem Blickwinkel der Werthaltigkeit ist hier erst die Sittenwidrigkeit die Grenze des Zulässigen[580], und beim Verkauf unter Zugrundelegung eines Beratungsvertrages und konkreter Rechenbeispiele gelten nicht notwendig die unter dem Blickwinkel der Werthaltigkeit an einen Prospekt zu stellenden Anforderungen, etwa im Hinblick auf ein besonderes Entgelt für Projektentwicklung, vor allem soweit der Käufer im Rahmen mündlicher Beratung keine diesbezüglichen Fragen stellt.[581]

b. Interessenkonflikt

129 Bereits 2000 hatte der **11. Zivilsenat** in BGHZ 146, 235[582] eine Bank als verpflichtet angesehen, ihren Kunden darüber aufzuklären, dass sie mit seinem **Vermögensverwalter** einen Vertrag geschlossen hatte, wonach dieser an Provisionen und Depotgebühren beteiligt war; als maßgebende Gesichtspunkte genannt wurden dabei die Bedeutung der **Seriosität und der eventuellen Treuwidrigkeit** des Verwalters für den Kunden.[583] Die Höhe der Innenprovision spielt insoweit keine Rolle. Mit Urteil des gleichen Senats vom **19.12.2006**[584] zog dieser die Konsequenzen für die **Beratung** einer Bank über Kapi-

---

[572] BGH v. 14.03.2003 - V ZR 308/02 - NJW 2003, 1811-1814.
[573] BGH v. 08.10.2004 - V ZR 18/04 - NJW 2005, 820-824; in Abgrenzung zu BGH v. 12.02.2004 - III ZR 359/02 - BGHZ 158, 110-122 betr. Anlagevermittlung.
[574] Ab dem 01.07.2005 und bis 31.05.2012 galt für geschlossene Fonds § 8g VerkaufsprospektG i.V.m. § 4 Satz 1 Nr. 12 Vermögensanlagen-Verkaufsprospekt-VO (VermVerkProspV), wonach die Gesamthöhe der Provisionen anzugeben ist. Ab 01.06.2012 gilt insoweit für geschlossene Fonds § 4 Satz 1 Nr. 12 Vermögensanlagen-Verkaufsprospekt-VO (VermVerkProspV) vom 06.12.2011 (BGBl I 2011, 2481).
[575] BGH v. 12.02.2004 - III ZR 359/02 - juris Rn. 38 f. - BGHZ 158, 110-122; BGH v. 28.07.2005 - III ZR 290/04 - ZIP 2005, 1599-1604; BGH v. 22.03.2007 - III ZR 218/06 - juris Rn. 8 - ZIP 2007, 871-872; vgl. hierzu auch BVerfG v. 08.12.2011 - 1 BvR 2514/11 - juris Rn. 18 - ZIP 2012, 164-167, 165.
[576] BGH v. 12.02.2004 - III ZR 359/02 - juris Rn. 40 ff. - BGHZ 158, 110-122.
[577] BGH v. 22.03.2007 - III ZR 218/06 - juris Rn. 8 - ZIP 2007, 871-872; *Assmann*, ZIP 2009, 2125, 2127.
[578] Für gleiche Bewertung bei allen Kapitalanlagen *Assmann*, ZIP 2009, 2125, 2128.
[579] BGH v. 14.03.2003 - V ZR 308/02 - juris Rn. 10 - NJW 2003, 1811-1814; BGH v. 08.10.2004 - V ZR 18/04 - NJW 2005, 820-824.
[580] BGH v. 14.03.2003 - V ZR 308/02 - juris Rn. 13 - NJW 2003, 1811-1814.
[581] BGH v. 08.10.2004 - V ZR 18/04 - juris Rn. 16 - NJW 2005, 820-824; in Abgrenzung zu BGH v. 12.02.2004 - III ZR 359/02 - BGHZ 158, 110-122 betr. Anlagevermittlung.
[582] BGH v. 19.10.2000 - XI ZR 349/99 - BGHZ 146, 235-241.
[583] Zur korrespondierenden Pflicht des Vermögensverwalters vgl. *Assmann*, ZIP 2009, 2125, 2129 unter Hinweis auf *Schäfer*, FS Nobbe, 2009, S. 725, 730 f.
[584] BGH v. 19.12.2006 - XI ZR 56/05 - BGHZ 170, 226-235 = ZIP 2007, 518-521; vgl. dazu Anm. *Lang/Balzer*, ZIP 2007, 521-524.

talanlagen und Empfehlung zum Erwerb von Fondsanteilen eines **Aktienfonds** und führte unter Hinweis auf § 31 Abs. 1 Nr. 2 WpHG sowie auf BGHZ 146, 235 aus, der Kunde müsse über Rückvergütungen aufgeklärt werden, um beurteilen zu können, ob die Anlageempfehlung allein im Kundeninteresse nach den Kriterien anlegergerechter- und objektgerechter Beratung erfolgt ist, oder im Interesse der Bank an möglichst hohen Rückvergütungen. Durch Urteil vom **20.01.2009**[585] wurde die Judikatur auf die Beratung einer Bank über **geschlossene Fonds**, im konkreten Fall einen Medienfonds, ausgedehnt. Der Interessenkonflikt sei entscheidend, und § 31 Abs. 1 Nr. 2 WpHG sei nur die aufsichtsrechtliche Normierung des allgemeinen zivilrechtlichen Grundsatzes, der daher ohne Rücksicht auf die Höhe der Rückvergütungen auch für nicht unter das WpHG fallende Fonds gelten müsse.[586]

Dabei spielt es eine Rolle, ob **Banken oder freie und unabhängige Finanzintermediäre** tätig werden.[587] Wenn der Anleger weiß, dass sein Partner weder von ihm selbst ein Beratungsentgelt erhält noch seine Unkosten aus einem eigenen Geschäft anlässlich der Anlagevermittlung decken kann, muss er von einem entsprechenden Interessenkonflikt ausgehen, der bei einem Vermittlungsgeschäft auf der Hand liegt; nur bei Banken mag die Vorstellung nahe liegen, die Tätigkeit geschehe im Kundeninteresse ohne besondere Berechnung für den speziellen Service. In diesem Sinne vertritt der **BGH** trotz Widerspruchs des OLG Düsseldorf[588] und der Lit.[589] dezidiert die Auffassung, dass den **freien Anlageberater**, falls nicht § 31d WpHG eingreift, **keine Pflicht** trifft, ungefragt über eine aus den offen ausgewiesenen Kosten der Kapitalbeschaffung erwartete Provision aufzuklären.[590]

130

Auch beim – zweiseitigen – Anteilserwerb im Wege eines **Eigengeschäfts** aus dem Bestand des Veräußerers, also beim Fehlen eines – dreiseitigen – Kommissionsgeschäftes, besteht **keine Pflicht**, ungefragt über Provisionen Auskunft zu geben.[591] Die Empfehlung ausschließlich **hauseigener Fondsanteile** durch eine beratende Bank ist zulässig, solange der Kunde nicht ausdrücklich sein Interesse an fremden Fondsanteilen zum Ausdruck bringt[592]; denn der Kunde rechnet von vornherein damit. Über ihre **Gewinnmarge** braucht die Bank nicht aufzuklären.[593] Mangels Aufklärungspflicht hat der Erwerber grundsätzlich auch **keinen Auskunftsanspruch** hinsichtlich der Provision der Bank.[594]

131

c. Weitere Grenzen der Aufklärungspflicht

Zur Aufklärung über Innenprovisionen an den Vermittler (Makler) ist auch der **Verkäufer** einer Immobilie grundsätzlich nicht verpflichtet.[595] Dies gilt selbst beim Vorliegen eines Beratungsvertrags im Hinblick auf ein besonderes Entgelt für Projektentwicklung, insbesondere soweit der Käufer im Rahmen mündlicher Beratung keine diesbezüglichen Fragen stellt.[596] Ob bei Darlehensverträgen mit **Restschuldversicherung** hinsichtlich letzterer die Kick-back-Judikatur generell anwendbar ist, ist umstritten.[597]

132

---

[585] BGH v. 20.01.2009 - XI ZR 510/07 - ZIP 2009, 455-460.

[586] BGH v. 20.01.2009 - XI ZR 510/07 - juris Rn. 12 - ZIP 2009, 455-460.

[587] Hierzu und zum Folgenden *Assmann*, ZIP 2009, 2125, 2130 ff.; nach OLG Celle v. 11.06.2009 - 11 U 140/08 - ZIP 2009, 2149-2152 haben allgemeine Anlageberater keine Aufklärungspflicht über Rückvergütungen (nachgehend BGH v. 15.04.2010 - III ZR 196/09 - ZIP 2010, 919-921).

[588] OLG Düsseldorf v. 18.11.2010 - 6 U 36/10 - juris Rn. 20 - GWR 2011, 91 (und vorab bereits OLG Düsseldorf v. 08.07.2010 - 6 U 136/09 - juris Rn. 50 - WM 2010, 1934-1943).

[589] Vgl. *Buck-Heeb*, jurisPR-BKR 7/2010, Anm. 2.

[590] BGH v. 15.04.2010 - III ZR 196/09 - ZIP 2010, 919-921 = BGHZ 185, 185-191; BGH v. 03.03.2011 - III ZR 170/10 - ZIP 2011, 607; zuvor bereits OLG Celle v. 11.06.2009 - 11 U 140/08 - ZIP 2009, 2149.

[591] So (im Einklang mit der Judikatur der meisten OLG) BGH v. 27.09.2011 - XI ZR 182/10 - juris Rn. 37 ff. - NJW 2012, 66 ff. - Lehman Brothers, Lehman Brothers I; anders noch OLG Frankfurt v. 08.09.2010 - 17 U 90/10 - juris Rn. 18 ff. - ZIP 2010, 2019 ff.

[592] BGH v. 19.12.2006 - XI ZR 56/05 - juris Rn. 21 - juris Rn. 21 - BGHZ 170, 226-235.

[593] So nunmehr BGH v. 27.09.2011 - XI ZR 182/10 - juris Rn. 36 f. - NJW 2012, 66 ff. - Lehman Brothers, Lehman Brothers I mit eingehenden Nachweisen aus Rspr. und Schrifttum; früher sehr str.

[594] OLG Frankfurt v. 29.02.2012 - 19 U 188/11 - juris Rn. 20.

[595] BGH v. 14.03.2003 - V ZR 308/02 - NJW 2003, 1811-1814.

[596] BGH v. 08.10.2004 - V ZR 18/04 - NJW 2005, 820-824; in Abgrenzung zu BGH v. 12.02.2004 - III ZR 359/02 - BGHZ 158, 110-122 betr. Anlagevermittlung.

[597] Dafür *Reifner*, WM 2008, 2329-2339; *Geßner*, VuR 2009, 243-250; in engen Grenzen *Mülbert/Wilhelm*, WM 2009, 2241-2255.

§ 675

d. Abgrenzung zwischen Innenprovisionen und Rückvergütungen

133 Mit Urteil vom 27.10.2009 hat der 11. Senat des BGH[598] klargestellt, dass sog. Innenprovisionen nicht mit Rückvergütungen gleichzusetzen sind; wenn etwa Beiträge für die Kapitalbeschaffung in dem einem Anleger vor Vertragsschluss übergebenen Prospekt korrekt aufgeführt sind, sei es nicht aufklärungsbedürftig, dass ein Teil hiervon an die beratende Bank als Eigenkapitalbeschafferin[599] zurückfließe; entscheidend für die Aufklärungspflicht sei, dass Teile der Ausgabeaufschläge oder Verwaltungsgebühren, die der Anleger über die Bank an die Fondsgesellschaft zahlt, **hinter seinem Rücken** an die beratende Bank umsatzabhängig zurückfließen, so dass diese ein für den Kunden nicht erkennbares besonderes Interesse hat, gerade diese Beteiligung zu empfehlen. Ob umsatz**un**abhängige Rückvergütungen hinter dem Rücken des Kunden unproblematisch sind[600], erscheint freilich problematisch.[601] Die Streitfrage über den Umfang der Aufklärungspflicht bei Rückvergütungen ist, wie der BGH[602] unter ausführlicher Zusammenstellung von Rechtsprechung und Literatur betont, von einer missverstandenen Gleichsetzung von verdeckter Rückvergütung mit Innenprovision beeinflusst; für erstere gelte die besondere Aufklärungspflicht unabhängig von der Höhe der Provision, mit der nach der Judikatur **jedenfalls ab 1990 zu rechnen gewesen** sei.

134 Mit Hinweisbeschluss vom 09.03.2011 hat der BGH[603] sich dann ausführlich zur **Abgrenzung** von aufklärungspflichtigen Rückvergütungen zu reinen Innenprovisionen geäußert. **Innenprovisionen** sind danach nicht ausgewiesene Vertriebsprovisionen, die bei einem Fonds aus dem Anlagevermögen gezahlt werden; über sie muss bei einem Fonds unter Umständen aufgeklärt werden, weil sie Einfluss auf die Werthaltigkeit der vom Anleger erworbenen Anlage haben und deswegen bei diesem insoweit eine Fehlvorstellung herbeiführen können.[604] Aufklärungspflichtige **Rückvergütungen** liegen dagegen vor, wenn Teile der Ausgabeaufschläge oder Verwaltungsgebühren, die der Kunde über die Bank an die Gesellschaft zahlt, hinter seinem Rücken an die beratende Bank umsatzabhängig zurückfließen, so dass diese ein für den Kunden nicht erkennbares besonderes Interesse hat, gerade diese Beteiligung zu empfehlen.[605] Der Hinweis auf die Quelle der Ausgabeaufschläge und Verwaltungsvergütungen sei dabei nicht abschließend[606], sondern nur beispielhaft gemeint. Auch die **Höhe** der Rückvergütung müsse dabei ungefragt offengelegt werden.[607]

---

[598] BGH v. 27.10.2009 - XI ZR 338/08 - juris Rn. 31 - WM 2009, 2306-2307; vgl. hierzu *Dörfler/Pallasky*, EWiR 2010, 11, 12; *Varadinek/Röh*, ZIP 2009, 2383-2385.

[599] Nach LG München I v. 25.10.2010 - 22 O 1797/09 - juris Rn. 60 war in der BGH-Entscheidung die Bank im Prospekt zugleich als Eigenkapitalbeschafferin genannt.

[600] So erneut BGH v. 15.04.2010 - III ZR 196/09 - juris Rn. 10.

[601] Vgl. *Podewils*, jurisPR-HaGesR 2/2010, Anm. 6, unter C.

[602] BGH v. 29.06.2010 - XI ZR 308/09 - NJW 2010, 2339; nach *Buck-Heeb*, jurisPR-BKR 8/2010, Anm. 2 entsteht durch diese Differenzierung nicht nur hinsichtlich der Grundlagen, sondern zugleich hinsichtlich der Reichweite der Aufklärungspflicht beträchtliche Unsicherheit, weil der BGH für die Rückvergütungen dabei den Täuschungsaspekt in den Vordergrund stelle (vgl. BGH v. 27.10.2009 - XI ZR 338/08 - juris Rn. 31 - WM 2009, 2306-2307: „… hinter seinem Rücken …"), während in allen bisherigen einschlägigen sog. Kick-back-Entscheidungen (BGH v. 19.12.2000 - XI ZR 349/99 - Kick-back I; BGH v. 19.12.2006 - XI ZR 56/05 - Kick-back II; BGH v. 20.01.2009 - XI ZR 510/07 - Kick-back III; BGH v. 12.05.2009 - XI ZR 586/07 - Kick-back IV) der Interessenkonflikt als zentral angesehen worden sei.

[603] BGH v. 09.03.2011 - XI ZR 191/10 - ZIP 2011, 855; anschließende Zurückweisung der Revision durch Beschluss des BGH vom 19.07.2011 - XI ZR 191/10 - ZIP 2011, 1187.

[604] BGH v. 09.03.2011 - XI ZR 191/10 - ZIP 2011, 855 Rn. 22; von 15% ist hier nicht ausdrücklich die Rede; Hinweis auf st. Rspr., u.a. BGH v. 01.03.2004 - II ZR 88/02 - ZIP 2004, 1104.

[605] BGH v. 09.03.2011 - XI ZR 191/10 - ZIP 2011, 855 Rn. 23 unter Hinweis auf BGH v. 27.10.2009 - XI ZR 338/08 - juris Rn. 31 - ZIP 2009, 2380.

[606] BGH v. 09.03.2011 - XI ZR 191/10 - ZIP 2011, 855 Rn. 24; bei Innenprovisionen, die einen für den Anleger nicht erkennbaren Interessenkonflikt mit sich bringen, muss wohl auch künftig mit einer Bejahung der Aufklärungspflicht gerechnet werden, etwa bei einer nicht klar erkennbaren Kumulierung von Agio und ausgewiesenen Eigenkapitalbeschaffungskosten; vgl. OLG Stuttgart v. 28.07.2010 - 9 U 182/09 - juris Rn. 28 ff., 40; vgl. auch OLG Stuttgart v. 30.11.2010 - 6 U 2/10 - juris Rn. 23 ff., 26: schmiergeldartiger Charakter nicht erforderlich.

[607] BGH v. 09.03.2011 - XI ZR 191/10 - juris Rn. 27 - ZIP 2011, 855, 857; unter Hinweis auf BGH v. 19.12.2006 - BGHZ 170, 226 - juris Rn. 24.

Einen **Auskunftsanspruch** gegen die beratende Bank hinsichtlich erhaltener Provisionen bzw. Rückvergütungen hat der Erwerber nicht bereits generell nach den §§ 675, 666 BGB, sondern erst auf der Grundlage eines diesbezüglichen Herausgabeanspruchs aus § 667 BGB oder von § 242 BGB, und zwar nur dann, wenn eine Pflichtverletzung der Bank dargelegt wird, was nach dem OLG Frankfurt bei Rückvergütungen jedenfalls den Nachweis eines Kommissionsgeschäfts voraussetzt.[608] Die im konkreten Fall vorliegende Verletzung der Hinweispflicht auch dann noch zur Voraussetzung eines Auskunftsanspruchs zu machen, würde die Bedeutung des Auskunftsanspruchs freilich auf die Fälle einer nicht korrekten Angabe einer Rückvergütung beschränken und den Anleger damit weitgehend rechtlos stellen; insofern müssen für den Auskunftsanspruch reduzierte Anforderungen gelten, etwa im Sinne eines offenbarungspflichtigen Interessenkonflikts[609], der bei Kommissionsgeschäften grundsätzlich gegeben ist. Schon im Sinne einer sinnvollen Unternehmens-**Compliance** empfiehlt sich jedenfalls von vornherein eine **umfassende Aufklärung** über Rückvergütungen bei Kommissionsgeschäften.

135

3. Kausalität und aufklärungsrichtiges Verhalten

Für den Ersatzanspruch des Anlegers aus § 280 Abs. 1 BGB kommt es auf die Kausalität der Pflichtverletzung für den entstandenen Schaden an. Dies setzt zunächst voraus, dass der Anleger bei zutreffender Information die Anlageentscheidung so nicht getroffen hätte, was an sich der Anleger zu beweisen hätte. Nach der Judikatur kommt ihm hier der Grundsatz aufklärungsrichtigen Verhaltens zu Gute: steht eine Aufklärungspflichtverletzung fest, kann sich der Anleger hinsichtlich der von der Aufklärungspflichtverletzung betroffenen Anlageprodukte auf die Vermutung aufklärungsrichtigen Verhaltens stützen, das heißt, dass der Aufklärungspflichtige beweisen muss, dass der Anleger die Kapitalanlage auch bei richtiger Aufklärung erworben hätte, er also den unterlassenen Hinweis unbeachtet gelassen hätte.[610] Das BVerfG hat diese Judikatur als verfassungsmäßig akzeptiert.[611] Ein Nachweis, dass die mangelnde Information unbeachtlich war, dürfte wohl nur dort zu führen sein, wo derartige Rückvergütungen bzw. Provisionen sozusagen die normale Finanzierung der Anlageberatung bzw. Anlagevermittlung darstellen.[612] Auf die Gründe des Wertverlustes der Kapitalanlage, also des Schadens, soll es nach dem BGH[613] ausdrücklich nicht ankommen.

136

4. Schaden

Bei der Geltendmachung eines Schadensersatzanspruchs aus Verletzung eines Beratungsvertrags wegen mangelnder Aufklärung über Rückvergütungen/Innenprovisionen kann der Anleger nicht zugleich Herausgabe der Provision verlangen, da der Herausgabeanspruch ein auf seinen Ersatzanspruch anrechenbarer Vorteil des Anlegers wäre.[614] Unter dem Blickwinkel einer steueroptimierten Beteiligung des Anlegers ergeben sich spezielle Fragen.[615]

137

Obwohl BGH v. 08.05.2012 - XI ZR 262/10 - ZIP 2012, 1335-1342 die von BGH v. 16.11.1993 - XI ZR 214/92 - BGHZ 124, 151 angenommene **Begrenzung** der Beweislastumkehr im Bereich der Kapitalanlagefälle, wonach es darauf ankommt, dass der Kapitalanleger **vernünftigerweise** nur eine Handlungsalternative gehabt hätte, er sich also nicht in einem Entscheidungskonflikt befunden hätte,

137.1

---

[608] OLG Frankfurt v. 29.02.2012 - 19 U 188/11 - juris Rn. 22 ff.; dass beim Erwerb von börsengehandelten Wertpapieren im Zweifel von einem Kommissionsgeschäft auszugehen sei, verneint das OLG Frankfurt unter Auseinandersetzung mit BGH v. 25.06.2002 - XI ZR 239/01 - ZIP 2002, 1436 und BGH v. 27.09.2011 - XI ZR 182/10 - juris Rn. 48 - ZIP 2011, 2237; dagegen *Schröder*, jurisPR-BKR 1/2012, Anm. 2 unter C zu Gewinnmarge.

[609] Vgl. insoweit OLG Frankfurt v. 29.02.2012 - 19 U 188/11 - juris Rn. 28.

[610] BGH v. 12.05.2009 - XI ZR 586/07 - juris Rn. 22 - NJW 2009, 2298-2300; BGH v. 02.03.2009 - II ZR 266/07 - juris Rn. 6 m.w.N. - WM 2009, 789; gegen die Anwendung der Vermutung aufklärungsrichtigen Verhaltens auf Rückvergütungen *Casper*, ZIP 2009, 2409, 2415 ff. mit eingehender Begründung und weiteren Nachweisen, die allerdings auf die Entscheidung vom 12.05.2009 praktisch noch nicht eingeht; vgl. auch *Zingel/Rieck*, BKR 2009, 353-358; Verneinung der Kausalität durch OLG Hamburg v. 15.05.2009 - 1 U 85/08 - juris Rn. 110 - WM 2009, 2036-2040.

[611] BVerfG v. 08.12.2011 - 1 BvR 2514/11 - ZIP 2012, 164.

[612] Vgl. *Assmann*, ZIP 2009, 2125, 2132; gegen Aufklärungspflicht seitens eines allgemeinen Anlageberaters OLG Celle v. 11.06.2009 - 11 U 140/08; vgl. auch OLG Celle v. 17.11.2010 - 3 U 55/10 - juris - zu steuerrechtlichen Einflussfaktoren.

[613] BGH v. 12.05.2009 - XI ZR 586/07 - juris Rn. 22 - NJW 2009, 2298-2300.

[614] LG Itzehoe v. 16.07.2010 - 7 O 171/09 - juris Rn. 66 f.; zustimmend *Wittmann*, jurisPR-HaGesR 10/2010, Anm. 6.

[615] Vgl. OLG Celle v. 17.11.2010 - 3 U 55/10.

ausdrücklich aufgegeben hat (näher hierzu Rn. 113.1), dürften die vom BGH in der genannten Entscheidung betonten Möglichkeiten des Gegenbeweises durch Parteivernehmung und Indizien in einschlägigen Prozessen künftig wohl verstärkt eine Rolle spielen.

5. Verschulden und Verbotsirrtum

138 Fahrlässigkeit oder Vorsatz (relevant im Hinblick auf Verjährungsregeln[616]) knüpfen an die Kenntnis bzw. das Kennenmüssen der Aufklärungspflicht an, so dass es im Falle einer objektiven Verletzung der Aufklärungspflicht auf Verschulden zum entsprechenden Zeitpunkt ankommt. Insoweit vertrat die **heute insoweit überholte Literatur** teilweise einen recht weiten Spielraum für die Berufung auf einen entschuldbaren Verbotsirrtum:[617] Für Wertpapierdienstleistungsunternehmen habe zwar seit 1997 eine im Jahr 2000 neu gefasste aufsichtsrechtliche Regelung hinsichtlich einer Aufklärungspflicht über Rückvergütungen gegolten; diese sei aber offenbar weder praktisch durchgesetzt noch als Grundlage schuldrechtlicher Aufklärungspflichten betrachtet worden.[618] Die aufsichtsrechtliche Offenlegungspflicht des § 31d WpHG habe jedenfalls erst seit dem 01.11.2007 gegolten. Die vom 11. Senat angeführte aufsichtsrechtliche Pflicht aus § 31 Abs. 1 Nr. 2 WpHG zur Offenlegung von Interessenkonflikten[619] habe zwar auch bereits lange zuvor existiert, habe aber wiederum zunächst keine privatrechtlichen Konsequenzen gehabt. Hinsichtlich der generellen Aufklärungspflicht im Hinblick auf die Werthaltigkeit (15%-Grenze) habe der 3. Senat Vertrauen dahingehend geschaffen, dass unterhalb der 15%-Grenze keine individuelle Aufklärung unabhängig von der Höhe der Rückvergütung erforderlich sei[620], und der 11. Senat habe dieses Vertrauen bis Ende 2007 nicht in Frage gestellt.[621] Das Wissenmüssen von der generellen Pflicht zur Angabe von Rückvergütungen sei daher erst im Anschluss an die am 19.12.2006 ergangene Entscheidung[622] anzunehmen.[623] Und für geschlossene Fonds habe erst die Entscheidung vom 20.01.2009 Klarheit gebracht.[624] Dass die generelle Pflicht nicht nur für Banken, sondern auch für sonstige Finanzintermediäre gilt, sei zu Recht bezweifelt worden.[625]

139 Für **ohne weiteres erkennbare** Aufklärungspflichten in Fällen klarer Vertrauensverstöße, etwa hinsichtlich der am 19.12.2000 erfolgten BGH-Entscheidung über eine an den Vermögensverwalter gegangene verdeckte Doppelvergütung[626], konnte es freilich auf eine richterrechtliche Regelbildung kaum ankommen, und auch das Kennenmüssen der Pflicht zur Korrektur von dem Vertragsschluss zu Grunde liegenden falschen Prospektangaben konnte von einer solchen Regelbildung nicht abhängen. Wenn in BGHZ 158, 110 von einer Pflicht zur Aufklärung „jedenfalls" bei „mehr als 15%" Innenprovision die Rede war[627], konnte man sich nicht darauf verlassen, dass diese Pflicht (insbesondere bei Vorliegen besonderer weiterer Umstände) auch bereits bei geringeren Rückvergütungen greift. Und mit einer Ausdehnung der Judikatur auf geschlossene Fonds war nach der Begründung von BGHZ 170, 226 zu rechnen.[628] Die frühere **OLG-Rechtsprechung** war uneinheitlich, knüpfte aber

---

[616] § 37a WpHG, der mit Wirkung vom 01.04.1998 eingeführt (und mit Wirkung zum 05.08.2009 wieder aufgehoben) wurde, sah bei einschlägigen Ansprüchen für den Beginn einer 3-jährigen Verjährungsfrist das Entstehen eines Anspruchs (und nicht die Kenntniserlangung) vor, was entsprechend allgemeiner Meinung (vgl. BGH v. 08.03.2005 - XI ZR 170/04 - juris Rn. 11 - BGHZ 162, 306-313) nicht für die Vorsatztat gilt; vor BGH v. 19.12.2006 - XI ZR 56/05 - BGHZ 170, 226 entstandene einschlägige Ansprüche sind daher verjährt, sofern kein vorsätzlicher Verstoß vorlag; vgl. hierzu *Casper*, ZIP 2009, 2409, 2410.

[617] Hierzu *Casper*, ZIP 2009, 2409 ff.; *Harnos*, BKR 2009, 316 ff.; für engen Spielraum aber wohl *Schnauder*, jurisPR-BKR 2/2010, Anm. 2.

[618] Näher hierzu *Casper*, ZIP 2009, 2409, 2412.

[619] BGH v. 19.12.2006 - XI ZR 56/05 - BGHZ 170, 226.

[620] BGH v. 12.02.2004 - III ZR 359/02 - BGHZ 158, 110.

[621] *Casper*, ZIP 2009, 2409, 2415.

[622] BGH v. 19.12.2006 - XI ZR 56/05 - BGHZ 170, 226.

[623] *Casper*, ZIP 2009, 2409, 2414 f.; im Hinblick auf die erforderliche Transparenz und Umstellung sei erst ab Mitte Mai 2007 Fahrlässigkeit anzunehmen

[624] So offenbar *Casper*, ZIP 2009, 2409, 2415 unter Hinweis auf BGH v. 12.02.2004 - III ZR 359/02 - BGHZ 158, 110; soweit BGH v. 20.01.2009 - XI ZR 510/07 - juris Rn. 10 - ZIP 2009, 455-460 sich auf die Judikatur des 3. Senats bezieht, betraf dies im Übrigen nur Anlagevermittlung bzw. Auskunftsvertrag.

[625] Vgl. *Assmann*, ZIP 2009, 2125, 2133.

[626] BGH v. 19.12.2000 - XI ZR 349/99 - BGHZ 146, 235-241.

[627] BGH v. 12.02.2004 - III ZR 359/02 - BGHZ 158, 110.

[628] BGH v. 19.12.2006 - XI ZR 56/05 - BGHZ 170, 226.

teilweise an BGHZ 146, 235 vom 19.12.2000 an.[629] Während einzelne OLG mit der Annahme eines unverschuldeten Verbotsirrtums großzügig waren[630], vertraten das OLG Frankfurt[631] und das OLG Karlsruhe[632] eine strenge Auffassung.

Der **BGH** verfolgte und verfolgt eine **strenge Linie**. So will er das Verschulden für eine im Jahre 2001 unterlassene Aufklärung ohne weiteres bejahen.[633] In einem Urteil vom 29.06.2010 nimmt er insoweit für Rückvergütungen **Fahrlässigkeit schon für die Zeit ab 1989/1990 an**.[634] Er sieht darin ausdrücklich **keine rückwirkende Verschärfung der Judikatur**.[635] Das BVerfG hat diese Sichtweise akzeptiert; es sieht in der mit dem Urteil des BGH vom 19.12.2006 begründeten Rechtsprechung ebenfalls keine Rechtsprechungsänderung, die unter dem Gesichtspunkt rechtsstaatlich gebotenen Vertrauensschutzes bedenklich sein könnte.[636] 140

6. Beweislast für Verschulden

Ein Wertpapierdienstleistungsunternehmen trägt bei Verstoß gegen Aufklärungspflichten über Rückvergütungen nach Meinung des BGH die **Beweislast** für **nicht schuldhaftes Verhalten**.[637] Die betrifft insbesondere die Frage, inwieweit sich der Berater auf eine zum Zeitpunkt der Beratung unklare Rechtslage berufen kann, und rechtfertigt die strengen Anforderungen an einen entschuldbaren Verbotsirrtum. 141

7. Verjährungsbeginn

Für den Beginn der 3-jährigen Verjährungsfrist nach § 199 BGB kommt es darauf an, wann der Anleger ohne grobe Fahrlässigkeit von einem Anspruch aus § 280 BGB Kenntnis haben konnte und damit letztlich auf die diesbezügliche Bewertung der BGH-Judikatur zur Frage der Aufklärungspflichtverletzung.[638] Eine **grob fahrlässige** Unkenntnis des Beratungsfehlers ergibt sich nach Ansicht des 3. Zivilsenats des **BGH** entgegen einer bislang verbreiteten Auffassung mehrerer OLG **nicht** schon daraus, dass es der Anleger unterlassen hat, den ihm überreichten **Emissionsprospekt zu lesen** und auf diese Weise die Ratschläge und Auskünfte des Anlageberaters oder -vermittlers auf ihre Richtigkeit zu kontrollieren.[639] Das gilt auch, wenn es der Anleger nach Kenntniserlangung von Pflichtverletzungen unterlässt, den Prospekt nachträglich durchzulesen.[640] Es ist nicht unproblematisch, dass damit der Anleger privilegiert wird, der den Emissionsprospekt nicht liest.[641] Auch ein **Mitverschulden** dürfte unter den entsprechenden Umständen weitgehend ausscheiden.[642] 142

8. Strafrechtliche Aspekte

Kick-back-Zahlungen können schließlich auch von strafrechtlicher Relevanz sein.[643] 143

---

[629] BGH v. 19.12.2000 - XI ZR 349/99 - BGHZ 146, 235-241.

[630] OLG Dresden v. 24.07.2009 - 8 U 1240/08 - WM 2009, 1698-1695: im Jahre 2001 unvermeidlicher Rechtsirrtum bei unterlassener Aufklärung über weniger als 15% betragende Innenprovision außerhalb des Bereiches des WpHG; ähnlich OLG Oldenburg v. 11.09.2009 - 11 U 75/08 - juris Rn. 63 - NZG 2009, 1315-1317.

[631] OLG Frankfurt v. 20.10.2009 - 14 U 98/08 - juris Rn. 26 ff. - VuR 2010, 34-35; dazu *Podewils*, jurisPR-HaGesR 2/2010, Anm. 6 (nachgehend BGH XI ZR 316/09).

[632] OLG Karlsruhe v. 03.03.2009 - 17 U 371/08 - VuR 2009, 384-385; nachgehend Anerkenntnisurteil des BGH.

[633] Beschluss des BGH v. 16.03.2010 - XI ZR 258/09, betreffend OLG Dresden; zu OLG Oldenburg vgl. Anerkenntnisurteil des BGH v. 23.02.2010 - XI ZR 286/09.

[634] BGH v. 29.06.2010 - XI ZR 308/09 - juris Rn. 4 ff., unter Hinweis auf BGH v. 28.02.1989 - XI ZR 70/88 - WM 1989, 1047, 1051 und BGH v. 06.02.1990 - XI ZR 184/88 - WM 1990, 462, 464; jeweils Warentermingeschäfte betreffend.

[635] BGH v. 29.06.2010 - XI ZR 308/09 - juris Rn. 11.

[636] BVerfG v. 08.12.2011 - 1 BvR 2514/11 - juris Rn. 15 - ZIP 2012, 164.

[637] Vgl. BGH v. 12.05.2009 - XI ZR 586/07 - NJW 2009, 2289-2300.

[638] Vgl. *Schnauder*, jurisPR-BKR 2/2010, Anm. 2, unter C.

[639] BGH v. 08.07.2010 - III ZR 249/09 - juris Rn. 32 ff. - BGHZ 186, 152-164.

[640] BGH v. 22.07.2010 - III ZR 203/09 - ZIP 2010, 1760-1763.

[641] So *Einsele*, JZ 2011, 103-106.

[642] BGH v. 08.07.2010 - III ZR 249/09 - juris Rn. 21 - BGHZ 186, 152-164; *Derleder*, EWiR 2010, 665-666.

[643] Vgl. *Kraatz*, ZStW 122 (2010), 521-549; *Schlösser*, BKR 2011, 465-476.

E. Arbeitshilfen

144 Als **Formularbücher** kommen unter dem Blickwinkel des § 675 BGB insoweit namentlich die nachfolgend aufgeführten Werke in Betracht:
Beck'sches Formularbuch zum Bürgerlichen, Handels- und Wirtschaftsrecht, 10. Aufl. 2010; Beck'sches Formularbuch Zivil-, Wirtschafts- und Unternehmensrecht (Deutsch-Englisch), 2. Aufl. 2010; *Fingerhut/Kroh* (Hrsg.), Vertrags- und Formularbuch, 12. Aufl. 2009; *Hopt*, Vertrags- und Formularbuch zum Handels-, Gesellschafts- und Bankrecht, 4. Aufl. 2010; *Martinek/Semler/Habermeier/Flohr* (Hrsg.), Formularsammlung Vertriebsrecht, 2010; *Wurm/Götte*, Das Rechtsformularbuch, 16. Aufl. 2011.

145 Als einschlägige **Handbücher** seien erwähnt:
Banken- und Kapitalmarktrecht: *Assmann/Schütze*, Handbuch des Kapitalanlagerechts, 3. Aufl. 2007; *Bunte*, AGB-Banken und Sonderbedingungen, 3. Aufl. 2011; *Claussen*, Bank- und Börsenrecht, 4. Aufl. 2008; *Hopt*, Vertrags- und Formularbuch zum Handels-, Gesellschafts- und Bankrecht, 4. Aufl. 2012; *Kümpel*, Bank- und Kapitalmarktrecht, 4. Aufl. 2011; *Langenbucher/Bliesener/Spindler*, Bankrechts-Kommentar, 2012; Münchener Anwaltshandbuch Bank- und Kapitalmarktrecht, 2012; *Schimansky/Bunte/Lwowski*, Bankrechts-Handbuch (2 Bände), 4. Aufl. 2011; *Vortmann*, Aufklärungs- und Beratungspflichten der Banken, 9. Aufl. 2009.
Handelsrecht allgemein: *Martinek/Semler/Habermeier/Flohr*, Handbuch des Vertriebsrechts, 3. Aufl. 2010.
Insolvenzrecht: *Gottwald*, Insolvenzrechts-Handbuch, 4. Aufl. 2010; *Münchener Anwaltshandbuch* Insolvenz und Sanierung, 2. Aufl. 2012; *Wimmer/Dauernheim/Wagner/Gietl*, Handbuch des Fachanwalts – Insolvenzrecht, 5. Aufl. 2011.
Recht der Rechtsanwälte/Steuerberater/Wirtschaftsprüfer: Beck'sches Rechtsanwalts-Handbuch, 10. Aufl. 2011; *Gerold/Schmidt*, Rechtsanwaltsvergütungsgesetz (Kommentar), 20. Aufl. 2012; *Henssler/Prütting*, Bundesrechtsanwaltsordnung, 3. Aufl. 2010; *Henssler/Streck* (Hrsg.), Handbuch Sozietätsrecht, 2. Aufl. 2011; *Rinsche/Fahrendorf/Terbille*, Die Haftung des Rechtsanwalts, 8. Aufl. 2009; *Wimmer/Dauernheim/Wagner/Gietl*, Handbuch des Fachanwalts – Insolvenzrecht, 5. Aufl. 2011; *Zugehör*, Grundsätze der zivilrechtlichen Haftung der Rechtsanwälte, Steuerberater und Wirtschaftsprüfer, 2009; *Zugehör/Fischer/Sieg/Schlee*, Handbuch der Anwaltshaftung, 3. Aufl. 2011.
Vermögensverwaltung: Schäfer/Sethe/Lang, Handbuch der Vermögensverwaltung, 2012.
WEG: *Jennißen*, Der WEG-Verwalter. Handbuch für Verwalter und Beirat, 2. Aufl. 2010.
Wirtschaftsrecht: *Pelka/Balmes*, Beck'sches Wirtschaftsrechtshandbuch 2008/2009.
Vgl. **im Übrigen** die Literaturhinweise in Rn. 9 und Rn. 18 bzw. in den jeweiligen Kommentierungen der §§ 662 ff. BGB.

§ 675a BGB Informationspflichten

(Fassung vom 29.07.2009, gültig ab 31.10.2009)

Wer zur Besorgung von Geschäften öffentlich bestellt ist oder sich dazu öffentlich erboten hat, stellt für regelmäßig anfallende standardisierte Geschäftsvorgänge (Standardgeschäfte) schriftlich, in geeigneten Fällen auch elektronisch, unentgeltlich Informationen über Entgelte und Auslagen der Geschäftsbesorgung zur Verfügung, soweit nicht eine Preisfestsetzung nach § 315 erfolgt oder die Entgelte und Auslagen gesetzlich verbindlich geregelt sind.

A. Grundlagen

Durch die am 31.10.2009 in Kraft getretene Neuregelung des Zahlungsdiensterechts[1] ist § 675a BGB verkürzt worden – Absatz 2 ist ebenso weggefallen wie Satz 2 von Absatz 1. Beide Regelungsbereiche betrafen Zahlungsdienstleister. Da die Zahlungsdiensterichtlinie nunmehr abschließend die von ZDL bei der Erbringung von Zahlungsdiensten zu erbringenden Informationspflichten regelt (umgesetzt in den §§ 675c-676c BGB sowie Art. 247, 248 EGBGB), bleibt kein Raum für weitere gesetzliche Informationspflichten, die ebenfalls einen Zahlungsdienst betreffen.[2] Deshalb mussten die früheren Regelungen einschließlich der §§ 12 und 13 BGB-InfoV aufgehoben werden.[3] Damit ist der Anwendungsbereich des § 675a BGB auf öffentlich bestellte Geschäftsbesorger, die Standardgeschäfte anbieten, begrenzt. Kreditinstitute sind nicht erfasst, da die sie betreffenden Informationspflichten durch das neue Zahlungsdiensterecht vollständig erfasst sind.[4]

Der Wortlaut des § 675a BGB bringt nicht zum Ausdruck, wer **Inhaber** der in dieser Vorschrift geregelten Ansprüche ist. Der Entstehungsgeschichte und dem Regelungszweck ist aber zu entnehmen, dass der Anspruch nur Kunden und potentiellen Kunden des Auskunftpflichtigen im Rahmen der Geschäftsanbahnung zusteht. Zu diesem Personenkreis gehört ein Verbraucherschutzverband nicht.[5]

B. Anwendungsvoraussetzungen

§ 675a BGB begründet eine Informationspflicht für alle **Personen**, die zur **Besorgung von Geschäften (i.S.d. § 675 BGB) öffentlich bestellt** sind oder sich dazu **öffentlich erboten** haben. Gemeint ist eine öffentliche Bestellung i.S.d. § 663 BGB. Die Bestellung erfolgt im Wege öffentlicher Erklärung – es geht also nicht um eine öffentlich-rechtliche Erlaubniserteilung, etwa zur Tätigkeit als Gerichtsvollzieher oder Notar.[6] Auf Fälle der öffentlich-rechtlichen Erlaubniserteilung ist folglich § 663 BGB nicht anwendbar, weil kein privatrechtlicher Vertrag abzuschließen ist.[7] Beispiel für die öffentliche Bestellung zu **entgeltlicher** Geschäftsbesorgung ist die Gruppe der Beliehenen. Es handelt sich um Privatpersonen, denen schlicht-hoheitliche Kompetenzen übertragen sind, z.B. öffentlich bestellte Vermessungsingenieure oder Prüfingenieure für Baustatik.[8] Das in diese Personen durch die Bestellung gesetzte Vertrauen rechtfertigt es, sie mit der Mitteilungspflicht des § 663 BGB zu belasten.[9]

Erfasst sind auch die Fälle, in denen sich jemand zur Besorgung von Geschäften **öffentlich erboten** hat, z.B. durch Schild am Haus oder öffentliches Geschäftslokal, durch eine Zeitungsanzeige oder durch Prospekte.[10] Derjenige, der sich öffentlich erbietet, bestimmte Geschäfte zu besorgen, ist nicht verpflichtet, einen an ihn gerichteten Antrag anzunehmen. Allerdings muss er die Ablehnung dem Auftraggeber unverzüglich (also ohne schuldhaftes Zögern: § 121 BGB) anzeigen. § 663 BGB beinhaltet

---

[1] RL 2007/64/EG vom 13.11.2007 umgesetzt durch Gesetz vom 29.07.2009, BGBl 2009 Teil I Nr. 49 vom 03.08.2009 ab S. 2355.
[2] BT-Drs. 16/11643, S. 98.
[3] BT-Drs. 16/11643, S. 98.
[4] BT-Drs. 16/11643, S. 98.
[5] BGH v. 23.02.2010 - XI ZR 186/09 - WM 2010, 647.
[6] *Sprau* in: Palandt, § 663 Rn. 2.
[7] *Sprau* in: Palandt, § 663 Rn. 2.
[8] *Seiler* in: MünchKomm-BGB, § 663 Rn. 7.
[9] *Seiler* in: MünchKomm-BGB, § 663 Rn. 7.
[10] *Sprau* in: Palandt, § 663 Rn. 3.

§ 675a

folglich ein modifiziertes invitatio ad offerendum. Gemeint sind Makler im Sinne des BGB (§ 652 BGB) oder auch des HGB (§§ 93 ff. HGB); ferner Versicherungsvertreter (§ 92 HGB i.V.m. § 59 VVG); Honorarberater (§ 59 VVG), Rechtsberater, Patentanwälte, Schätzer, Versteigerer.[11]

5   Erfasst sind alle Personen, die ein Geschäft nach § 675 Abs. 1 BGB besorgen, also eine selbständige Tätigkeit wirtschaftlicher Art zur Wahrnehmung fremder Vermögensinteressen ausüben.[12] Selbständige Tätigkeiten, die nicht wirtschaftlicher Art sind, fallen folglich nicht unter § 663 BGB. So soll es bei Ärzten und Hebammen sein.[13] Zweifel sind angebracht, nicht nur mit Blick auf die privatversicherten Patienten, sondern auch mit Blick auf die immer stärkere Durchlöcherung des Sachleistungsprinzips im Bereich der gesetzlichen Krankenversicherung. Die immer stärkere Implementierung des Wettbewerbsgedankens in die GKV beruht auf wirtschaftlichen Erwägungen. Das gilt auch für die medizinischen Versorgungszentren (MVZ: § 95 SGB V) und den immer schärfer werdenden Qualitätswettbewerb zwischen Leistungserbringern (Krankenhäuser/Ärzte/Apotheken) in der GKV. Wieso Erzieher oder Vorleser keine wirtschaftliche Tätigkeit ausüben sollen[14], bleibt unerfindlich.

6   Für Kaufleute gilt die Spezialvorschrift in § 362 Abs. 1 HGB und die daraus entwickelte Lehre vom kaufmännischen Bestätigungsschreiben. Das Schweigen auf ein kaufmännisches Bestätigungsschreiben, also die nicht unverzügliche Ablehnung dieses Bestätigungsschreibens, gilt als Annahme des modifizierten Angebots. Demgegenüber verpflichtet § 663 BGB nur zur unverzüglichen Erklärung der Ablehnung.[15]

7   Die Verpflichtung besteht für alle natürlichen oder juristischen Personen.[16] Sie besteht nur für **Standardgeschäfte**; nach der gesetzlichen Definition sind dies regelmäßig anfallende, standardisierte Geschäftsvorgänge. Nach der gesetzlichen Regelung sind Fälle ausgenommen, in denen eine Preisfestsetzung nach § 315 BGB erfolgt oder die Entgelte und Auslagen gesetzlich verbindlich sind. Die Gesetzesbegründung[17] nennt als Ausnahme außerdem die Fälle, in denen das Entgelt gesondert ausgehandelt werden muss. In einem solchen Fall liegt kein Standardgeschäft vor.

8   Die Informationen müssen „**schriftlich**", in geeigneten Fällen können sie auch **elektronisch** zur Verfügung gestellt werden. Mit „schriftlich" ist nicht die strenge Schriftform des § 126 BGB gemeint.[18] Die verkörperten Schriftzeichen müssen folglich nicht nach § 126 BGB unterschrieben sein; dies ergibt sich aus dem Zweck der Vorschrift und der Übernahme des Begriffs aus der Überweisungsrichtlinie.[19] Eine schriftliche Mitteilung z.B. auf einem Kontoauszug ist möglich.[20] Auch Textform (§ 126b BGB) genügt dem Merkmal „schriftlich".[21]

9   In „geeigneten Fällen" genügt auch „elektronische" Information. Gemeint sind Geschäfte, die elektronisch vorgenommen werden, wie etwa Homebanking oder Teilnahme an Versteigerungen bei eBay.

10 Die Informationen müssen zur Verfügung stehen, d.h. der Kunde muss auch tatsächlich die Möglichkeit der Kenntnisnahme haben. Die Anforderungen an die Bekanntmachung ergeben sich insoweit aus § 5 PrAngV[22] (z.B. Aushang). Es genügt auch die Bereitstellung im Internet, bzw. die Mitteilung auf Anforderung oder die Bekanntgabe vor Abschluss des Geschäfts.[23] Demgegenüber ist die Übermittlung per E-Mail, Fax oder Briefpost von vornherein nicht geschuldet.[24]

---

[11] *Sprau* in: Palandt, § 663 Rn. 3. Mit Blick auf Rechtsanwälte gilt die BRAO (§ 44).
[12] BGH v. 25.04.1966 - VII ZR 120/65 - BGHZ 45, 223, 228; BGH v. 17.02.2004 - X ZR 108/02 - NJW-RR 2004, 989.
[13] *Luchs*, GesundheitsR 2004.
[14] So *Sprau* in: Palandt, § 675 Rn. 3.
[15] BGH v. 17.10.1983 - II ZR 146/82 - NJW 1984, 866.
[16] Vgl. BT-Drs. 14/745, S. 15.
[17] BT-Drs. 14/745, S. 15.
[18] *Sprau* in: Palandt, § 675a Rn. 4.
[19] BT-Drs. 14/1067, S. 2.
[20] *Sprau* in: Palandt, § 675a Rn. 4.
[21] *Sprau* in: Palandt, § 675a Rn. 4.
[22] Preisangabenverordnung in der Fassung der Bekanntmachung vom 18.10.2002 (BGBl I 2002, 4197).
[23] *Sprau* in: Palandt, § 675a Rn. 4.
[24] BGH v. 23.02.2010 - XI ZR 186/09 - WM 2010, 647.

Der Geschäftsbesorger stellt die Informationen für standardisierte Geschäfte „unentgeltlich" zur Verfügung, also ohne Erbringung einer Gegenleistung.[25] Das bedeutet, dass der Geschäftsbesorger für die Information oder die Übermittlung der Informationen (Porto) nichts verlangen kann. Etwas anderes gilt nur dann, wenn der Geschäftsbesorger auf Wunsch des Kunden Leistungen oberhalb der Pflichten des § 675a BGB erbringt – z.B. Briefe an den Kunden schickt.

C. Rechtsfolgen

Verstößt der Geschäftsbesorger gegen § 675a BGB, stellt er die Informationen über Entgelte und Auslagen für Standardgeschäfte nicht oder nur unzureichend oder entgeltlich zur Verfügung, so ist der daraus entstehende Schaden nach den §§ 280, 241 Abs. 2, 311 Abs. 2 BGB zu ersetzen. In Betracht kommt auch ein deliktischer Anspruch nach § 823 Abs. 2 BGB i.V.m. § 675a BGB als Schutzgesetz.[26] Geschuldet ist das positive Interesse, also nicht nur der Schaden, der im Vertrauen auf die Richtigkeit der Information entsteht, sondern auch ein etwaiger zusätzlicher Vermögensschaden, weil man eine günstigere Alternative versäumt hat oder verbleibendes Restgeld anderweitig besser hätte anlegen können.

---

[25] *Sprau* in: Palandt, § 675a Rn. 4.
[26] *Sprau* in: Palandt, § 675a Rn. 5.

§ 675b BGB Aufträge zur Übertragung von Wertpapieren in Systemen

(Fassung vom 29.07.2009, gültig ab 31.10.2009)

Der Teilnehmer an Wertpapierlieferungs- und Abrechnungssystemen kann einen Auftrag, der die Übertragung von Wertpapieren oder Ansprüchen auf Herausgabe von Wertpapieren im Wege der Verbuchung oder auf sonstige Weise zum Gegenstand hat, von dem in den Regeln des Systems bestimmten Zeitpunkt an nicht mehr widerrufen.

A. Grundlagen

1 § 675b BGB verkürzt seit 30.10.2009 den bisherigen § 676 BGB auf dessen Satz 3.[1] Die früheren Regelungen in § 676 Sätze 1 und 2 BGB waren mit der Zahlungsdiensterichtlinie nicht mehr in Einklang zu bringen und mussten deshalb aufgehoben werden.[2]

B. Anwendungsvoraussetzungen

2 Der Begriff Wertpapierlieferungs- und Abrechnungssystem entspricht demjenigen in § 1 Abs. 16 KWG.[3] Der Teilnehmer an einem solchen System kann einen Auftrag, der die Übertragung von Wertpapieren oder Ansprüche auf Herausgabe von Wertpapieren im Wege der Verbuchung oder auf sonstige Weise zum Gegenstand hat, von dem in den Regeln des Systems bestimmten Zeitpunkt an nicht mehr widerrufen. Dies bedeutet, die Beteiligten an einem solchen System können Regelungen treffen, wonach ein Auftrag, der auf die Übertragung von Wertpapieren oder Ansprüche auf Herausgabe von Wertpapieren gerichtet ist, nicht mehr widerrufen werden kann. Die Parteien können die Regeln des Systems bestimmen. Sie können sich an § 675t Abs. 1 BGB anlehnen. Dort ist geregelt, dass der Zahlungsauftrag im Überweisungsverkehr nach Zugang beim ZDL nicht mehr widerrufen werden kann.

3 Für die Übertragung von Wertpapieren gilt im Regelfall das DepotG. Die rechtsgeschäftliche Übertragung von Inhaberaktien richtet sich zwar grundsätzlich nach § 929 BGB, während Namensaktien normalerweise nach den §§ 398, 413 BGB bzw. durch Indossament und § 929 BGB übertragen werden. Allerdings finden diese eher sachenrechtlichen Übertragungsregeln bei girosammelverwahrten Wertpapieren nur in modifizierter Form Anwendung.[4] Die verwahrende Bank, bei der die einzelnen Wertpapiere durch die buchmäßige Erfassung der Miteigentumsanteile repräsentiert werden, kann den letzten für die Eigentumsübertragung (§ 929 Satz 1 BGB) noch notwendigen Akt der Übergabe durch Umbuchung im Verwahrungsbuch zwischen den Depots vollziehen.[5] Klauseln in AGB von Kreditinstituten, in denen ein Entgelt für die Übertragung von Wertpapieren in ein anderes Depot gefordert wird, verstoßen gegen § 307 Abs. 1 Satz 1, Abs. 2 Nr. 1 BGB. Dies gilt auch für Übertragungen im Rahmen der laufenden Geschäftsbeziehung.[6]

4 Der **Übertragungsvertrag** ist ein Geschäftsversorgungsvertrag, durch den sich ein Kreditinstitut verpflichtet, seinerseits für die Übertragung von Wertpapieren oder Ansprüchen auf Herausgabe von Wertpapieren zu sorgen.[7] Die Regelung findet nicht nur auf den Auftrag des übertragenden Depotkunden gegenüber seinem depotführenden Unternehmen, sondern grundsätzlich auch auf die im Rahmen des Effektengiro- und Treuhandgiroverkehrs erteilten Aufträge eines Giroteilnehmers Anwendung.[8] Satz 1 verdeutlicht, dass der Übertragungsauftrag nur dann wirksam widerrufen werden kann, wenn eine Verbuchung auf dem Depot des Endbegünstigten noch nicht erfolgt ist.[9] Durch die Insolvenz des Beauftragten Kreditinstitutes wird der Übertragungsauftrag nicht beendet.[10]

---

[1] BT-Drs. 16/11643, S. 98.
[2] BT-Drs. 16/11643, S. 98.
[3] BT-Drs. 16/11643, S. 98.
[4] Dazu *Mentz/Fröhling*, NZG 2002, 201, 202; *Eder*, NZG 2004, 107; *Heinsele*, WM 2001, 7.
[5] BGH v. 16.07.2004 - IXa ZB 24/04 - NJW 2004, 3340.
[6] BGH v. 30.11.2004 - XI ZR 200/03 - NJW 2005, 1275.
[7] *Sprau* in: Palandt, § 675b Rn. 3.
[8] BT-Drs. 14/745, S. 27.
[9] BT-Drs. 14/745, S. 27.
[10] *Keller*, WM 2000, 1269/77.

Untertitel 3 - Zahlungsdienste
Kapitel 1 - Allgemeine Vorschriften
§ 675c BGB Zahlungsdienste und elektronisches Geld
(Fassung vom 29.07.2009, gültig ab 31.10.2009)

(1) Auf einen Geschäftsbesorgungsvertrag, der die Erbringung von Zahlungsdiensten zum Gegenstand hat, sind die §§ 663, 665 bis 670 und 672 bis 674 entsprechend anzuwenden, soweit in diesem Untertitel nichts Abweichendes bestimmt ist.

(2) Die Vorschriften dieses Untertitels sind auch auf einen Vertrag über die Ausgabe und Nutzung von elektronischem Geld anzuwenden.

(3) Die Begriffsbestimmungen des Kreditwesengesetzes und des Zahlungsdiensteaufsichtsgesetzes sind anzuwenden.

A. Grundlagen

Das Zahlungsdiensterecht, geregelt in den §§ 675c-676c BGB, wurde durch Art. 1 Nr. 47 des Gesetzes zur Umsetzung der VKred-Rili vom 29.07.2009[1] in das BGB eingefügt. Ziel der Richtlinie war eine **Vollharmonisierung**. Zahlungsdienste sind die in § 1 Abs. 2 ZAG genannten Geschäfte. Erfasst sind alle Geschäfte zur Ausführung von Zahlungsvorgängen. Frühere Begriffe, wie der des Girovertrages, wurden aufgegeben.

B. Anwendungsvoraussetzungen

Mit § 675c BGB wird klargestellt, dass es sich auch bei Verträgen über die Erbringung von Zahlungsdiensten um Geschäftsbesorgungsverträge handelt, auf welche bei Fehlen vertraglicher Vereinbarungen der Parteien oder spezieller gesetzlicher Bestimmungen (§§ 675c-676c BGB) die Vorschriften des Auftrags- und Geschäftsbesorgungsrechts (§§ 663, 665-670, 672-674 BGB) entsprechende Anwendung finden.

Über § 675c Abs. 2 BGB wird verdeutlicht, dass die Vorschriften des Untertitels 3 (§§ 675c-676c BGB) auch auf einen Vertrag über die Ausgabe und Nutzung von E-Geld anzuwenden ist.[2] Die E-Geldinstitute sind folglich verpflichtet, die zivilrechtlichen Vorgaben der §§ 675d-676c BGB einzuhalten. Für Kleinstbeträge bestehen in § 675i Abs. 3 und Art. 248 § 11 EGBGB Erleichterungen.

In § 675c Abs. 3 BGB wird geklärt, dass die Begriffsbestimmungen des KWG und des ZAG anzuwenden sind. Der Verweis auf diese Gesetze ist erforderlich, da die Maßgeblichkeit der dortigen Definitionen teilweise nur auf diese Gesetze beschränkt ist.[3] Was genau ein Zahlungsdienst ist, ergibt sich aus der Zusammenschau von § 1 Abs. 2 und 10 ZAG, der die äußerst umständliche Begriffsbildung in der ZD-Rili (dort Artt. 3 und 4 Nr. 3 in Verbindung mit dem Anhang) wiedergibt.[4] Verkürzt und vereinfacht sind mit Zahlungsdiensten alle Zahlungsverfahren des bargeldlosen Zahlungsverkehrs wie Überweisungen, Lastschriften und (Kredit-)Kartenzahlungen gemeint.[5] Ist mit der Erbringung eines Zahlungsdienstes eine Kreditgewährung verbunden, bleiben die Regelungen zum Verbraucherkredit unberührt (vgl. auch Erwägungsgrund 13 der ZD-Rili).[6] Der Verweis auf die Begriffsbestimmungen des KWG und des ZAG sagt noch nichts darüber aus, ob gewisse aufsichtsrechtliche Normen drittschützende Wirkungen im Zivilrecht im Sinne des § 823 Abs. 2 BGB entfalten. Insoweit ist auf die allgemeinen Grundsätze zur Bestimmung eines Schutzgesetzes nach § 823 Abs. 2 BGB zu verweisen.

Aus § 1 ZAG ergibt sich auch, auf welche Zahlungsvorgänge das Zahlungsdiensterecht nicht Anwendung findet, etwa auf den Scheck, den Reisescheck oder den Wechsel (§ 1 Abs. 10 Nr. 6 ZAG) oder bestimmte Dienste im Zusammenhang mit Kundenkreditkarten (§ 1 Abs. 10 Nr. 10 ZAG).[7]

---

[1] BGBl I 2009, 2355.
[2] Zu den diffusen Vorgaben der ZD-Rili vgl. BT-Drs. 16/11643, S. 99.
[3] BT-Drs. 16/11643, S. 99.
[4] BT-Drs. 16/11643, S. 99.
[5] BT-Drs. 16/11643, S. 99.
[6] BT-Drs. 16/11643, S. 99.
[7] Zu den Einzelheiten der erfassten und nicht erfassten Zahlungsdienste und den Gründen hierzu vgl. BT-Drs. 16/11643, S. 32 ff.

§ 675d BGB Unterrichtung bei Zahlungsdiensten

(Fassung vom 29.07.2009, gültig ab 31.10.2009)

(1) ¹Zahlungsdienstleister haben Zahlungsdienstnutzer bei der Erbringung von Zahlungsdiensten über die in Artikel 248 §§ 1 bis 16 des Einführungsgesetzes zum Bürgerlichen Gesetzbuche bestimmten Umstände in der dort vorgesehenen Form zu unterrichten. ²Dies gilt nicht für die Erbringung von Zahlungsdiensten in der Währung eines Staates außerhalb des Europäischen Wirtschaftsraums oder die Erbringung von Zahlungsdiensten, bei denen der Zahlungsdienstleister des Zahlers oder des Zahlungsempfängers außerhalb des Europäischen Wirtschaftsraums belegen ist.

(2) Ist die ordnungsgemäße Unterrichtung streitig, so trifft die Beweislast den Zahlungsdienstleister.

(3) ¹Für die Unterrichtung darf der Zahlungsdienstleister mit dem Zahlungsdienstnutzer nur dann ein Entgelt vereinbaren, wenn die Information auf Verlangen des Zahlungsdienstnutzers erbracht wird und der Zahlungsdienstleister

1. diese Information häufiger erbringt, als in Artikel 248 §§ 1 bis 16 des Einführungsgesetzes zum Bürgerlichen Gesetzbuche vorgesehen,
2. eine Information erbringt, die über die in Artikel 248 §§ 1 bis 16 des Einführungsgesetzes zum Bürgerlichen Gesetzbuche vorgeschriebenen hinausgeht, oder
3. diese Information mithilfe anderer als der im Zahlungsdiensterahmenvertrag vereinbarten Kommunikationsmittel erbringt.

²Das Entgelt muss angemessen und an den tatsächlichen Kosten des Zahlungsdienstleisters ausgerichtet sein.

(4) Zahlungsempfänger und Dritte unterrichten über die in Artikel 248 §§ 17 und 18 des Einführungsgesetzes zum Bürgerlichen Gesetzbuche bestimmten Umstände.

Gliederung

A. Grundlagen 1	3. Unterrichten 5
B. Anwendungsvoraussetzungen 2	II. Anwendungsbereich 6
I. Informationspflicht 2	III. Beweislast 7
1. Mitteilen – Übermitteln 3	IV. Entgelt 8
2. Zugänglichmachen 4	V. Informationspflichten gegenüber anderen 9

A. Grundlagen

1   Mit § 675d BGB wird die Bank verpflichtet, den Kunden bei Zahlungsdienstleistungen über in Art. 248 §§ 1-16 EGBGB bestimmte Umstände zu informieren. Diese Informationspflicht besteht nur gegenüber Zahlungsdienstnutzern.[1]

B. Anwendungsvoraussetzungen

I. Informationspflicht

2   In § 675d BGB werden die bisherigen Anforderungen aus der BGB-InfoVO, die ersatzlos weggefallen sind, aufgenommen und in Verbindung mit Art. 248 §§ 1-16 EGBGB gebündelt umgesetzt. Zahlungsdienstleister (ZDL) haben Zahlungsdienstnutzer (ZDN) bei der Erbringung von Zahlungsdiensten (ZD) über die in Art. 248 §§ 1-16 EGBGB bestimmten Umstände in der dort vorgesehenen Form zu unterrichten (§ 675d Abs. 1 BGB). Dies gilt nur nicht für die Erbringung von ZD in der Währung eines Staates außerhalb des EWR oder für die Erbringung von ZD, bei denen der ZDL des Zahlers oder des ZDN außerhalb der EWR gelegen ist (§ 675d Abs. 1 Satz 2 BGB).

---

[1] BGH v. 23.02.2010 - XI ZR 186/09 - juris Rn. 36.

1. Mitteilen – Übermitteln

Die ZD-Rili bestimmt nicht nur genau, welche konkreten Informationen zu geben sind, sie sieht für einen Großteil der Informationen auch vor, auf welche Art und Weise sie zu geben sind.[2] Dabei sieht die ZD-Rili zwei Möglichkeiten vor: Entweder sind Informationen „mitzuteilen" oder „zugänglich zu machen".[3] Dadurch soll trotz umfangreicher Anforderungen an die Kundeninformation einerseits den Bedürfnissen des Nutzers, andererseits aber auch den technischen Aspekten und der Kosteneffizienz Rechnung getragen werden.[4] Mitteilen bzw. übermitteln soll dabei beinhalten, dass die erforderlichen Informationen vom ZDL zu dem in der Richtlinie geforderten Zeitpunkt von sich aus übermittelt werden, ohne dass der ZDN sie ausdrücklich anfordern muss.[5] Konkret bedeutet dies, dass die Information im Machtbereich des Kunden (Briefkasten/Fax/elektronisches Postfach) zur Verfügung steht. Die bloße Bereitstellung am Kontoauszugsdrucker genügt nur, wenn dies gesondert vereinbart wurde.[6]

2. Zugänglichmachen

Das „Zugänglichmachen" erfordert neben der Bereitstellung der Informationen durch den ZDL letztlich eine aktive Beteiligung des ZDN.[7] Dieser muss die Informationen beispielsweise ausdrücklich vom ZDL anfordern, sich in die Mailbox des online geführten Zahlungskontos einloggen oder eine Kontokarte in den Drucker für Kontoauszüge einführen (Erwägungsgrund 27 der ZD-Rili).[8] Denkbar ist auch die Anforderung eines Infoblattes oder der Abruf von der Homepage des ZDL.[9] Inhaltlich entspricht das „Zugänglichmachen" dem im BGB und der BGB-InfoVO verwendeten Begriff „Zurverfügungstellen". An diese Terminologie wird nunmehr angeknüpft.[10]

3. Unterrichten

Daneben wird „mitteilen" und „Übermittlung" ganz im Sinne der ZD-Rili sowie „unterrichten" als Oberbegriff verwendet.[11] Unter dem Begriff „unterrichten" ist zu verstehen, dass der ZDL dem ZDN die jeweils geforderte Information grundsätzlich mitzuteilen hat, es sei denn die Parteien haben im Rahmenvertrag etwas anderes, wie beispielsweise die „Zur-Verfügung-Stellung" vereinbart.[12]

II. Anwendungsbereich

Die Regelung in § 675d Abs. 1 Satz 2 BGB ist dem räumlich erweiterten Anwendungsbereich geschuldet. Wie auch bisher schon (§ 675a BGB a.F.) gelten die Informationspflichten nicht für Zahlungsvorgänge mit Drittstaatenbezug. Gemeint sind Zahlungen in der Währung eines Staates außerhalb des EWR (z.B. US-Dollar oder Schweizer Franken) oder Zahlungen an Empfänger außerhalb des EWR (z.B. auf ein Konto der Deutschen Bank AG, Filiale New York), auch wenn sie auf Euro lauten.[13] § 675d Abs. 1 Satz 2 BGB eröffnet bei Zahlungsdiensten mit Drittstaatenbezug außerhalb des EWR gewisse Abweichungen durch AGB zu Lasten der Nutzer.[14]

III. Beweislast

Ist die ordnungsgemäße Unterrichtung streitig, so trifft nach § 675d Abs. 2 BGB die **Beweislast** den ZDL – damit wird die Option aus Art. 33 der ZD-Rili ausgeübt.[15]

---

[2] BT-Drs. 16/11643, S. 100.
[3] BT-Drs. 16/11643, S. 100.
[4] BT-Drs. 16/11643, S. 100.
[5] BT-Drs. 16/11643, S. 100.
[6] *Sprau* in: Palandt, § 675d, 675e Rn. 2.
[7] BT-Drs. 16/11643, S. 100.
[8] BT-Drs. 16/11643, S. 100.
[9] BT-Drs. 16/11643, S. 100.
[10] BT-Drs. 16/11643, S. 100.
[11] BT-Drs. 16/11643, S. 100.
[12] Vgl. hierzu die vorvertragliche Informationspflicht in Art. 248 § 4 Abs. 1 Nr. 4b EGBGB - BT-Drs. 16/11643, S. 100.
[13] BT-Drs. 16/11643, S. 100.
[14] Zu den Einzelheiten vgl. *Scheibengruber*, NJOZ 2010, 1366, 1368.
[15] BT-Drs. 16/11643, S. 100.

IV. Entgelt

8   Nach § 675d Abs. 3 BGB hat ein ZDL nur unter bestimmten Voraussetzungen einen Anspruch auf ein **Entgelt** wegen der Unterrichtung des ZDN. Grundsätzlich hat der ZDL die ihm gesetzlich auferlegten Informations- und Aufklärungspflichten **unentgeltlich** zu erbringen.[16] Ein Entgelt darf nur vereinbart werden, wenn die Informationen ausdrücklich auf Verlangen des ZDN erbracht werden und wenn sie in ihrem Inhalt über die gesetzlichen Anforderungen hinausgehen, häufiger als gesetzlich vorgesehen oder in einer anderen als der im Zahlungsdienstevertrag (ZDV) vereinbarten Form angefordert werden.[17] Außerdem muss zwischen dem ZDL und dem ZDN hierüber eine **Entgeltvereinbarung** vorliegen.[18] Im bloßen Übersenden von Kontoauszügen liegt jedenfalls keine Entgeltvereinbarung.[19] Insgesamt muss das Entgelt „angemessen und an den tatsächlichen Kosten des ZDL ausgerichtet sein" – so der Wortlaut in § 675d Abs. 3 BGB.[20] Vergleichbare Regelungen, die an die tatsächlichen Kosten (meist der effektiven Leistungsbereitstellung) anknüpfen, gibt es etwa im TKG oder im EnWG. Da an die tatsächlichen **Kosten** angeknüpft wird, dürfen in den Entgelten keine Gewinnanteile, sondern nur solche Rechnungsposten enthalten sein, die den tatsächlichen Aufwand für die Zurverfügungstellung der vereinbarten Informationen widerspiegeln. Die Angemessenheit des Entgelts wird in entsprechender Anwendung von § 315 Abs. 3 BGB durch Urteil festgestellt.

V. Informationspflichten gegenüber anderen

9   In § 675d Abs. 4 BGB wird klargestellt, dass Informationspflichten auch **Zahlungsempfänger und Dritte** treffen können – der Hinweis auf die entsprechenden Vorschriften in Art. 248 EGBGB dient lediglich dem erleichterten Auffinden derselben.[21]

---

[16] Vgl. auch Art. 32 Abs. 1 ZD-Rili; BT-Drs. 16/11643, S. 100.
[17] BT-Drs. 16/11643, S. 100.
[18] BT-Drs. 16/11643, S. 100.
[19] LG Frankfurt a.M. v. 08.04.2011 - 2/25 O 260/10 - MDR 2011, 996
[20] Das entspricht der Vorgabe in Art. 32 Abs. 2 und 3 der ZD-Rili.
[21] BT-Drs. 16/11643, S. 100.

§ 675e BGB Abweichende Vereinbarungen

(Fassung vom 29.07.2009, gültig ab 31.10.2009)

(1) Soweit nichts anderes bestimmt ist, darf von den Vorschriften dieses Untertitels nicht zum Nachteil des Zahlungsdienstnutzers abgewichen werden.

(2) ¹Für Zahlungsdienste im Sinne des § 675d Abs. 1 Satz 2 sind § 675q Abs. 1 und 3, § 675s Abs. 1, § 675t Abs. 2, § 675x Abs. 1 und § 675y Abs. 1 und 2 sowie § 675z Satz 3 nicht anzuwenden; soweit solche Zahlungsdienste in der Währung eines Staates außerhalb des Europäischen Wirtschaftsraums erbracht werden, ist auch § 675t Abs. 1 nicht anzuwenden. ²Im Übrigen darf für Zahlungsdienste im Sinne des § 675d Abs. 1 Satz 2 zum Nachteil des Zahlungsdienstnutzers von den Vorschriften dieses Untertitels abgewichen werden; soweit solche Zahlungsdienste jedoch in Euro oder in der Währung eines Mitgliedstaats der Europäischen Union oder eines anderen Vertragsstaats des Abkommens über den Europäischen Wirtschaftsraum erbracht werden, gilt dies nicht für § 675t Abs. 1 Satz 1 und 2 sowie Abs. 3.

(3) Für Zahlungsvorgänge, die nicht in Euro erfolgen, können der Zahlungsdienstnutzer und sein Zahlungsdienstleister vereinbaren, dass § 675t Abs. 1 Satz 3 und Abs. 2 ganz oder teilweise nicht anzuwenden ist.

(4) Handelt es sich bei dem Zahlungsdienstnutzer nicht um einen Verbraucher, so können die Parteien vereinbaren, dass § 675d Abs. 1 Satz 1, Abs. 2 bis 4, § 675f Abs. 4 Satz 2, die §§ 675g, 675h, 675j Abs. 2 und § 675p sowie die §§ 675v bis 676 ganz oder teilweise nicht anzuwenden sind; sie können auch eine andere als die in § 676b vorgesehene Frist vereinbaren.

Gliederung

A. Grundlagen 1	II. Drittstaatensachverhalte 4
B. Anwendungsvoraussetzungen 2	III. Zahlungsvorgänge in Fremdwährung 7
I. Günstigere Regelungen 2	IV. Zahlungsdienste für Unternehmen 8

A. Grundlagen

Die Norm stellt klar, dass von den §§ 675c-676c BGB nicht zum Nachteil des ZDN abgewichen werden darf.   **1**

B. Anwendungsvoraussetzungen

I. Günstigere Regelungen

Nach § 675e Abs. 1 BGB darf – soweit nichts anderes bestimmt ist – von den Vorschriften dieses Untertitels nicht zum Nachteil des ZDN abgewichen werden. Das entspricht der Vorgabe in Art. 86 Abs. 3 ZD-Rili. Regelungen zum Nachteil des ZDN sind wegen Verstoßes gegen ein gesetzliches Verbot (§ 134 BGB) nichtig. Ob der Vertrag insgesamt nichtig ist, ergibt sich aus § 139 BGB.[1] Zurückgegriffen werden kann auf die Grundsätze in § 306 BGB, soweit diese das Schutzbedürfnis des ZDN abbilden. An die Stelle der nachteiligen Vereinbarung tritt – soweit vorhanden – die gesetzliche Regelung.   **2**

Der ZDL kann dem ZDN **günstigere Bedingungen**, als nach der Rili vorgeschrieben, einräumen. Die Zulässigkeit einer solchen günstigeren Vereinbarung ergibt sich bereits aus dem Gegenschluss zu § 675e Abs. 1 BGB und bedurfte deshalb keiner ausdrücklichen Regelung.[2]   **3**

II. Drittstaatensachverhalte

Für **Drittstaatensachverhalte und -währungen** enthält § 675d Abs. 2 BGB Sonderregelungen. Im Grundsatz sind die Vorschriften des neuen Untertitels auch hierauf anwendbar, es darf aber von ihnen   **4**

---
[1] *Sprau* in: Palandt, § 675e Rn. 1.
[2] BT-Drs. 16/11643, S. 100 unter Hinweis auf Art. 86 Abs. 3 Satz 2 ZD-Rili.

abgewichen werden. Hierdurch wird auch für diese Fälle ein gesetzliches Leitbild vorgegeben.³ Allerdings werden einige Vorschriften von vornherein für nicht anwendbar erklärt. Soweit dies der Fall ist, werden sachgerechtere Ergebnisse über das allgemeine Geschäftsbesorgungs- und Auftragsrecht, das nach § 675c BGB anwendbar bleibt, erzielt.⁴

5   Durch diese Gesetzgebungstechnik wird beispielsweise die kurze Ausführungsfrist des § 675s Abs. 1 BGB, die bei Drittstaatensachverhalten vielfach nicht eingehalten werden kann, vermieden.⁵ Auch die SHARE-Regel (§ 675q Abs. 3 BGB) für Entgelte ist im Drittstaatenverkehr nicht üblich; entsprechend erscheint eine verschuldensunabhängige Haftung des ZDL für einen Entgeltabzug durch zwischengeschaltete Institute (§ 675q Abs. 1 BGB) nicht gerechtfertigt.⁶ Ebenfalls erscheint die verschuldensunabhängige Haftung des ZDL für die fehlerhafte oder nicht erfolgte Ausführung von „Push"-Zahlungsvorgängen (§ 675y Abs. 1 BGB) vor dem Hintergrund, dass die Realisierung von Regressmöglichkeiten in Drittstaaten fraglich ist, unangemessen.⁷ Dies gilt auch für die Zurechnung eines Verschuldens zwischengeschalteter Institute bei Folgeansprüchen des Zahlungsdienstnutzers (§ 675z Satz 3 BGB).⁸ Regelmäßig fehlende Regressmöglichkeiten sind auch der Hintergrund der Herausnahme des Erstattungsanspruchs des Zahlers der autorisierten „Pull"-Zahlungen (§ 675x Abs. 1 BGB).⁹ Problematisch ist zudem die Pflicht des ZDL des Zahlungsempfängers, eingehende Zahlungsbeträge in Drittstaatenwährungen auf einem Euro-Konto unverzüglich verfügbar zu machen, da das vorgelagerte Devisengeschäft bereits eine gewisse Zeit, derzeit ca. zwei Tage, in Anspruch nimmt (§ 675t Abs. 1 BGB).¹⁰ Weiterhin ist der von § 675t Abs. 2 BGB erfasste Fall der Bareinzahlung auf ein Fremdwährungskonto, das in Deutschland nur für unbare Zahlungsvorgänge geführt wird, nicht denkbar.¹¹

6   Die Regelungen zur Wertstellung und Verfügbarkeit von Zahlungsbeträgen (§ 675t Abs. 1 und 3 BGB) sind hingegen nach der ZD-Rili auch für Drittstaatenzahlungsvorgänge zwingend, soweit diese in Euro oder der Währung eines EWR-Staates erfolgen.¹² Diese Vorgabe wird mit § 675e Abs. 2 Satz 2 HS. 2 BGB umgesetzt.¹³

III. Zahlungsvorgänge in Fremdwährung

7   Für Zahlungsvorgänge, die nicht in Euro erfolgen, können der ZDN und sein ZDL vereinbaren, dass § 675t Abs. 1 Satz 3 und Abs. 2 BGB ganz oder teilweise nicht anzuwenden ist (§ 675e Abs. 3 BGB).¹⁴ Ein Zahlungsvorgang erfolgt **„in Euro"**, auch dann, wenn bei einem grenzüberschreitenden Zahlungsvorgang mit nur einer Währungsumrechnung zwischen dem Euro und einer anderen EWR-Währung der grenzüberschreitende Transfer in Euro stattfindet und die Währungsumrechnung in dem EWR-Mitgliedstaat in die dortige Währung erfolgt.¹⁵ Für Zahlungen, die nicht in Euro erfolgen, kann von Art. 69 Abs. 1 ZD-Rili abgewichen werden – dies wird durch § 675s Abs. 1 Satz 2 BGB umgesetzt.¹⁶

IV. Zahlungsdienste für Unternehmen

8   Handelt es sich bei dem ZDN nicht um einen **Verbraucher**, so können die Parteien vereinbaren, dass bestimmte Regelungen ganz oder teilweise nicht anzuwenden sind (§ 675e Abs. 4 BGB). Insoweit fehlt es an einem Schutzbedürfnis der Marktteilnehmer.¹⁷ Die Möglichkeit der abweichenden Vereinbarung von § 675j Abs. 2 BGB (statt von § 675j Abs. 1 BGB) wird vom Gesetzgeber ausdrücklich eröffnet, um einen Fehlverweis in der ZD-Rili zu korrigieren.¹⁸ Voraussetzung soll in jedem Fall sein, dass je-

---

3   BT-Drs. 16/11643, S. 101.
4   BT-Drs. 16/11643, S. 101.
5   BT-Drs. 16/11643, S. 101.
6   BT-Drs. 16/11643, S. 101.
7   BT-Drs. 16/11643, S. 101.
8   BT-Drs. 16/11643, S. 101.
9   BT-Drs. 16/11643, S. 101.
10 BT-Drs. 16/11643, S. 101.
11 BT-Drs. 16/11643, S. 101.
12 Art. 2 Abs. 1 i.V.m. Abs. 2 und Art. 68 Abs. 2 ZD-Rili.
13 BT-Drs. 16/11643, S. 101.
14 Damit wird Art. 68 Abs. 2 ZD-Rili umgesetzt; BT-Drs. 16/11643, S. 101.
15 Art. 68 Abs. 1c ZD-Rili – BT-Drs. 16/11643, S. 101.
16 BT-Drs. 16/11643, S. 101.
17 BT-Drs. 16/11643, S. 101.
18 Art. 51 Abs. 1 der ZD-Rili müsste Art. 54 Abs. 3, aber nicht Art. 54 Abs. 2 erwähnen - BT-Drs. 16/11643, S. 101.

denfalls ein Zahlungsdienst für den Nutzer erbracht wird.[19] Bei einer nicht autorisierten Zahlung soll § 675e BGB nicht anwendbar sein, weil kein Zahlungsdienst erbracht wird. Der Zahlungsvorgang ist gegenüber dem Nutzer unwirksam (§ 675j Abs. 1 BGB).[20]

---

[19] *Scheibengruber*, BKR 2010, 15, 19.
[20] *Scheibengruber*, BKR 2010, 15, 19.

§ 675f

Kapitel 2 - Zahlungsdienstevertrag
§ 675f BGB Zahlungsdienstevertrag

(Fassung vom 29.07.2009, gültig ab 31.10.2009)

(1) Durch einen Einzelzahlungsvertrag wird der Zahlungsdienstleister verpflichtet, für die Person, die einen Zahlungsdienst als Zahler, Zahlungsempfänger oder in beiden Eigenschaften in Anspruch nimmt (Zahlungsdienstnutzer), einen Zahlungsvorgang auszuführen.

(2) ¹Durch einen Zahlungsdiensterahmenvertrag wird der Zahlungsdienstleister verpflichtet, für den Zahlungsdienstnutzer einzelne und aufeinander folgende Zahlungsvorgänge auszuführen sowie gegebenenfalls für den Zahlungsdienstnutzer ein auf dessen Namen oder die Namen mehrerer Zahlungsdienstnutzer lautendes Zahlungskonto zu führen. ²Ein Zahlungsdiensterahmenvertrag kann auch Bestandteil eines sonstigen Vertrags sein oder mit einem anderen Vertrag zusammenhängen.

(3) ¹Zahlungsvorgang ist jede Bereitstellung, Übermittlung oder Abhebung eines Geldbetrags, unabhängig von der zugrunde liegenden Rechtsbeziehung zwischen Zahler und Zahlungsempfänger. ²Zahlungsauftrag ist jeder Auftrag, den ein Zahler seinem Zahlungsdienstleister zur Ausführung eines Zahlungsvorgangs entweder unmittelbar oder mittelbar über den Zahlungsempfänger erteilt.

(4) ¹Der Zahlungsdienstnutzer ist verpflichtet, dem Zahlungsdienstleister das für die Erbringung eines Zahlungsdienstes vereinbarte Entgelt zu entrichten. ²Für die Erfüllung von Nebenpflichten nach diesem Untertitel hat der Zahlungsdienstleister nur dann einen Anspruch auf ein Entgelt, sofern dies zugelassen und zwischen dem Zahlungsdienstnutzer und dem Zahlungsdienstleister vereinbart worden ist; dieses Entgelt muss angemessen und an den tatsächlichen Kosten des Zahlungsdienstleisters ausgerichtet sein.

(5) In einem Zahlungsdiensterahmenvertrag zwischen dem Zahlungsempfänger und seinem Zahlungsdienstleister darf das Recht des Zahlungsempfängers, dem Zahler für die Nutzung eines bestimmten Zahlungsauthentifizierungsinstruments eine Ermäßigung anzubieten, nicht ausgeschlossen werden.

Gliederung

A. Grundlagen 1	III. Zahlungsvorgang – Zahlungsauftrag (Absatz 3) 7
B. Anwendungsvoraussetzungen 4	IV. Entgelt (Absatz 4) 9
I. Zahlungsdienstevertrag (Absatz 1) 4	V. Surcharging (Absatz 5) 14
II. Zahlungsdiensterahmenvertrag (Absatz 2) 5	

A. Grundlagen

1 Mit § 675f BGB wurde ein **neuer Vertragstypus**, nämlich der **Zahlungsdienstevertrag (ZDV)**, als Sonderform des Geschäftsbesorgungsvertrags ins Gesetz eingeführt.[1] Unterschieden wird zwischen dem Einzelzahlungsvertrag (Absatz 1) und dem Rahmenvertrag (Absatz 2). Der Rahmenvertrag bildet für die Überweisung die Grundlage und ähnelt deshalb dem klassischen **Girovertrag** der Vergangenheit.[2] Es handelt sich um einen gegenseitigen Vertrag und zugleich um ein Dauerschuldverhältnis mit dem Ziel der Abwicklung des bargeldlosen Zahlungsverkehrs.[3]

2 ZDV können von natürlichen oder juristischen Personen, aber auch von rechtsfähigen Personengesellschaften (§ 14 Abs. 2 BGB) geschlossen werden. Folglich kann auch eine OHG oder KG (§ 124 HGB

---

[1] BT-Drs. 16/11643, S. 102.
[2] *Grundmann*, WM 2009, 1109, 1113.
[3] *Klamt/Koch*, NJW 1999, 2776.

i.V.m. § 14 Abs. 2 BGB), aber auch die Außen-GbR[4] Vertragspartner sein. Für Minderjährige gelten die allgemeinen Zustimmungspflichten (§§ 107, 108 BGB). Der Vertragsschluss ist formfrei möglich, wird aber wegen der Einbeziehung der AGB/B regelmäßig schriftlich erfolgen. Ein Abschlusszwang ist aufgrund der Selbstverpflichtung der deutschen Kreditinstitute entbehrlich.[5]

Banktechnisch beruht der ZDV auf einem **Konto** – er kann mit einer Kontokorrentabrede verbunden sein (§ 675f Abs. 2 Satz 2 BGB). Weitere detaillierte Regelungen enthalten die §§ 675g-676c BGB. Dazu gehören das Zustimmungsrecht (Autorisierung: das entspricht der Weisung) des Zahlers (§ 675j BGB), die Unwiderruflichkeit eines Zahlungsauftrags nach dessen Zugang beim ZDL (§ 675p BGB – das entspricht den Wirkungen der Gutschrift). Daneben stehen Entgeltregelungen (§ 675q BGB), Ausführungsfristen (§ 675s BGB), Wertstellungsregelungen (§ 675t BGB) und Haftungsregelungen (§§ 675o-676c BGB).

B. Anwendungsvoraussetzungen

I. Zahlungsdienstevertrag (Absatz 1)

Durch einen **Einzelzahlungsvertrag** wird der ZDL verpflichtet, für die Person, die einen Zahlungsdienst als Zahler, Zahlungsempfänger oder in beiden Eigenschaften in Anspruch nimmt (Zahlungsdienstnutzer: ZDN), einen Zahlungsvorgang auszuführen (§ 675f Abs. 1 BGB). Damit ist klargestellt, dass das zugrunde liegende Konto sowohl der **Zahlung** (Überweisung) als auch der **Gutschrift** (§ 675q Abs. 2 BGB) dient. Primärpflicht des ZDL ist die Ausführung des **Zahlungsvorgangs**, unabhängig davon, ob ein Einzelzahlungsvertrag (Absatz 1) oder ein Rahmenvertrag (Absatz 2) vorliegt. Von Relevanz ist diese Unterscheidung in erster Linie für die unterschiedlichen Anforderungen an die Informationspflichten.[6] Vereinbarungen zur Zahlungsauthentifizierung (§§ 675k-m BGB) setzen ihrer Natur nach einen **Rahmenvertrag** (Absatz 2) voraus.[7] Einen Zahlungsvorgang in seiner Eigenschaft als Zahler und Zahlungsempfänger zugleich nimmt beispielsweise ein ZDN in Anspruch, der am Schalter seines ZDL oder am Geldautomaten Bargeld abhebt.[8] Eine Pflicht zum Abschluss eines ZDV enthält § 675f BGB nicht.[9] Etwas anderes gilt, wenn ein **Rahmenvertrag** (Absatz 2) besteht und das Konto ausreichende Deckung ausweist oder ein entsprechender Kredit eingeräumt ist. Wie der ZDL den Zahlungsvorgang auszuführen hat, ergibt sich aus § 675r BGB. Danach sind die beteiligten ZDL berechtigt, einen Zahlungsvorgang ausschließlich anhand der von dem ZDN angegebenen **Kundenkennung** auszuführen (§ 675r Abs. 1 BGB). In diesem Fall **gilt der Zahlungsauftrag** als ordnungsgemäß ausgeführt.[10]

II. Zahlungsdiensterahmenvertrag (Absatz 2)

Im Zentrum der Zahlungsdienste steht der Zahlungsdiensterahmenvertrag (ZDRV, § 675f Abs. 2 BGB). Durch ihn wird der ZDL verpflichtet, für den ZDN einzelne und aufeinander folgende Zahlungsvorgänge auszuführen sowie gegebenenfalls für den ZDN ein auf dessen Namen oder die Namen mehrerer ZDN lautendes Zahlungskonto zu führen. Ein ZDRV kann auch Bestandteil eines sonstigen Vertrags sein oder mit einem anderen Vertrag (z.B. Kontokorrentabrede) zusammenhängen (§ 675f Abs. 2 Satz 2 BGB).[11] Für den Begriff des Zahlungskontos ist § 1 Abs. 3 ZAG heranzuziehen. Auch **Girokonten** fallen unter den Begriff des Zahlungskontos.[12] In Bezug auf den ZDRV besteht innerhalb des gesetzlichen Rahmens weitgehend Gestaltungsfreiheit, wie Satz 2 zeigt.[13] Bestehende Girokontoverträge oder ähnliche Rahmenvereinbarungen, die die Ausführung von Zahlungsvorgängen zum Ge-

---

[4] Ihre Rechtsfähigkeit ist seit BGH v. 29.01.2001 - II ZR 331/00 - NJW 2001, 1056; BGH v. 16.07.2001 - II ZB 23/00 - BB 2001, 1966 anerkannt.
[5] Abgedruckt in: BT-Drs. 15/2500, S. 8.
[6] § 675d Abs. 1 Satz 1 BGB i.V.m. Art. 248 EGBGB, BT-Drs. 16/11643, S. 102.
[7] BT-Drs. 16/11643, S. 102.
[8] BT-Drs. 16/11643, S. 102.
[9] Das war auch früher so: *Bydlinski*, WM IV 1999, 1046, 1048.
[10] Kritisch hierzu: *Wolters*, VuR 2009, 16, 19; *Pauli*, NJW 2008, 2229, 2231 - beide mit Blick auf das (fehlerhafte) Urteil des AG München v. 18.06.2007 - 222 C 5471/07 - NJW 2008, 2275.
[11] Grundlage ist Art. 4 Nr. 12 ZD-Rili.
[12] BT-Drs. 16/11643, S. 102.
[13] BT-Drs. 16/11643, S. 102.

genstand haben, sind mit Inkrafttreten von § 675f Abs. 2 BGB als ZDRV einzuordnen.[14] Die Eröffnung eines Pfändungsschutzkontos ist rechtlich als Abschluss eines ZDRV zu bewerten.[15] Der Kreditkartenvertrag ist ebenfalls ZDRV nach § 675f Abs. 2 BGB.[16] Ausgehend von der bisherigen Geschäftspraxis in Deutschland bieten Kreditinstitute den ZDRV nicht in Reinform (ausschließlich zur Erbringung von Zahlungsdiensten) an, sondern in der Regel kombiniert mit anderen Bankdienstleistungen wie etwa dem Kreditgeschäft, dem Scheck- oder Wechselinkasso. Dass dies zulässig ist, wird durch § 675 Abs. 2 Satz 2 BGB ausdrücklich klargestellt.

6 Auch bei einem rechtlich erloschenen ZDRV ist eine Bank in dessen Nachwirkung noch befugt, auf den Namen des früheren Kunden unter Angabe der bisherigen Kontonummer eingehende Zahlungen weiterhin für ihn entgegenzunehmen, muss sie dann aber auf dem bisherigen – intern weitergeführten – Konto verbuchen und nach § 667 BGB herausgeben.[17]

III. Zahlungsvorgang – Zahlungsauftrag (Absatz 3)

7 In § 675f Abs. 3 BGB werden die Begriffe **Zahlungsvorgang** und **Zahlungsauftrag** definiert.[18] **Zahlungsvorgang** ist jede Bereitstellung, Übermittlung oder Abhebung eines Geldbetrags, unabhängig von der zugrunde liegenden Rechtsbeziehung zwischen Zahler und Zahlungsempfänger. Es handelt sich also um den tatsächlichen Geldfluss, die Bereitstellung, den Transfer oder die Abhebung von Buch- oder Bargeld.[19]

8 Ein **Zahlungsauftrag** ist jeder Auftrag, den ein Zahler seinem ZDL zur Ausführung eines Zahlungsvorgangs entweder unmittelbar oder mittelbar über den Zahlungsempfänger erteilt. Dabei ist der Zahlungsauftrag nur wirksam, wenn der Zahler diesem **zugestimmt** hat (Autorisierung: § 675j Abs. 1 BGB). Ein Zahlungsauftrag ist somit die Weisung des Zahlers an seinen ZDL.[20] Ein Zahlungsauftrag liegt auch dann vor, wenn sie vom Zahler angestoßen (Push) wird, wie etwa bei einer Überweisung oder einem Finanztransfer.[21] Ferner liegt ein Zahlungsauftrag vor, wenn der Auftrag vom Empfänger angestoßen wird (Pull-Zahlung), wie etwa bei Lastschriften oder Kreditkartenzahlungen.[22] Dagegen liegt bei einer Einzugsermächtigung, solange der Zahler eine Belastung nicht genehmigt, noch kein Zahlungsauftrag, sondern eine **unautorisierte Zahlung** vor.[23]

IV. Entgelt (Absatz 4)

9 Nach § 675f Abs. 4 BGB ist der ZDN verpflichtet, dem ZDL das für die Erbringung eines ZD vereinbarte Entgelt zu entrichten. Dies ist eine Hauptleistungspflicht des ZDL.[24] Dies schließt nicht aus, dass auch Unentgeltlichkeit vereinbart sein kann.[25] Bei der Höhe der vereinbarten Entgelte müssen die Vorgaben der VO (EG) 2560/2001 über grenzüberschreitende Zahlungen in Euro beachtet werden.[26]

10 Für die Erfüllung von Nebenpflichten hat der ZDL nur einen Anspruch auf ein Entgelt, sofern dies zugelassen und zwischen dem ZDN und dem ZDL vereinbart worden ist; dieses Entgelt muss angemessen und an den tatsächlichen Kosten des ZDL ausgerichtet sein (§ 675f Abs. 4 Satz 2 BGB).[27] Hierin kommt zum Ausdruck, dass der ZDL für die Erfüllung seiner gesetzlichen Nebenpflichten vom ZDN grundsätzlich **kein Entgelt** beanspruchen kann.[28] Ausnahmen hiervon sind vorgesehen bei der Unterrichtung über die berechtigte Ablehnung der Ausführung eines Zahlungsauftrags (§ 675o BGB), bei der Bearbeitung eines Widerrufs nach Ablauf der gesetzlichen Widerrufsfrist (§ 675p Abs. 4 BGB) und

---

[14] BT-Drs. 16/11643, S. 102.
[15] LG Erfurt v. 14.01.2001 - 9 O 1772/10; darauf verweisend LG Frankfurt a. M. v. 11.11.2011 - 2/10 O 192/11 - ZIP 2012, 114 Rn. 22; *Ahrends*, NJW-Spezial 2011, 85.
[16] LG Frankfurt a.M. v. 25.08.2011 - 2-05 O 192/11 - BeckRS 2011, 25852.
[17] BGH v. 05.12.2006 - XI ZR 21/06 - BGHZ 170, 121 = WM 2007, 348 = ZIP 2007, 319.
[18] Grundlage ist Art. 4 Nr. 65 ZD-Rili.
[19] BT-Drs. 16/11643, S. 102.
[20] BT-Drs. 16/11643, S. 102.
[21] BT-Drs. 16/11643, S. 102.
[22] BT-Drs. 16/11643, S. 102.
[23] BT-Drs. 16/11643, S. 102.
[24] BT-Drs. 16/11643, S. 102.
[25] BT-Drs. 16/11643, S. 102.
[26] BT-Drs. 16/11643, S. 102.
[27] Damit wird Art. 52 Abs. 1 ZD-Rili umgesetzt.
[28] BT-Drs. 16/11643, S. 102.

bei der Wiederbeschaffung eines Zahlungsbetrags nach einer fehlerhaften Ausführung eines Zahlungsvorgangs wegen vom Nutzer fehlerhaft angegebener Kundenkennung (§ 675y Abs. 3 BGB). Allerdings muss dies zuvor zwischen den Parteien im ZDRV vereinbart worden sein.[29] Ist eine solche Vereinbarung beabsichtigt, so ist der ZDN vorvertraglich über die Entgelthöhe zu unterrichten (Art. 248 § 4 Abs. 1 Nr. 3a EGBGB).

In der Eröffnung eines Pfändungsschutzkontos liegt rechtlich zunächst der Abschluss eines ZDRV verbunden mit einer Verpflichtung des ZDN, dem ZDL das vereinbarte Entgelt für dessen Dienste zu entrichten.[30]

Das vereinbarte Entgelt für die Erfüllung einer gesetzlichen Nebenpflicht des ZDL muss kostenbasiert sein, sich also an den gewöhnlich für die Erfüllung der spezifischen Nebenpflicht anfallenden **tatsächlichen Kosten** orientieren.[31] Insoweit ist kein Raum für neben diesem Entgelt geltend zu machende Fremdaufwendungen.[32] Diese müssten vom ZDL in die Berechnung des vereinbarten Entgelts für den Zahlungsdienst (Satz 1) oder die Erbringung der Nebenpflichten (Satz 2) einbezogen werden.[33] Abzustellen ist auf die **tatsächlichen Kosten** der Leistungsbereitstellung. Vergleichbare kostenbasierte Regelungen gibt es im TKG und im EnWG. Da auf die tatsächlichen Kosten der Dienstleistungen abgestellt wird, scheidet die Erhebung von Gewinnanteilen aus. Zu differenzieren ist regelmäßig zwischen Fixkostenanteilen und variablen Kosten.

Die zulässige Vereinbarung eines Entgelts kann auch durch AGB erfolgen.[34] Die Orientierung an den Kosten der gesetzlichen Nebenpflicht des ZDL bedeutet, dass allgemeine Personalkosten ebenso wenig einfließen dürfen wie Kosten, die durch die Prüfung entstehen, ob ein Überweisungsauftrag ausgeführt wird oder nicht; zu dieser Prüfung ist die Bank durch den ZDRV ohnehin verpflichtet.[35] Kostenorientiert und damit umlegbar sind Positionen wie „Bereitstellung/Ausdruck Kundeninformation" und „Versand Kundeninformation".[36]

V. Surcharging (Absatz 5)

Nach § 675f Abs. 5 BGB darf in einem ZDRV zwischen einem Zahlungsempfänger und dessen Zahlungsdienstleister nicht verboten werden, dass der Zahlungsempfänger gegenüber dem Zahler ein Entgelt für die Nutzung eines bestimmten Zahlungsauthentifizierungsinstruments (ZAuFI) verlangt (sog. „**Surcharging**") oder einen Rabatt anbietet.[37] Gedacht ist hier an Preisaufschläge bzw. Ermäßigungen von Händlerseite gegenüber ihren Kunden für die Bezahlung mit einem bestimmten ZAuFI (z.B. einer PIN-Nummer).[38] Der Gesetzgeber hat von dem den Mitgliedstaaten zugewiesenen Gestaltungsspielraum, Zahlungsempfängern diese Möglichkeit zu untersagen oder zu begrenzen, bewusst keinen Gebrauch gemacht.[39] Über erhobene Entgelte oder Ermäßigungen hat der Zahlungsempfänger vor Auslösung des Zahlungsvorgangs zu informieren (Art. 248 § 17 Abs. 2 EGBGB).

Der Begriff des ZAuFI wird in § 1 Abs. 5 ZAG definiert – die Definition entspricht Art. 4 Nr. 23 ZD-Rili. Er ist nicht zu verwechseln mit dem des Zahlungsmittels, wie beispielsweise Bargeld oder Schecks.[40] Auch Zahlungsverfahren wie die Nutzung einer Kreditkarte, Überweisung oder Lastschrift sind ebenfalls ZAuFI. Beispiele für Instrumente dieser Art sind Gegenstände wie die Debit-Karte mit PIN oder die Kreditkarte mit Unterschrift oder PIN.[41] Beispiele für ein Verfahren sind Online-Banking unter Nutzung von PIN und TAN oder das Telefon-Banking mit Passwort.[42] Kein Einsatz eines solchen Instruments liegt dagegen vor, wenn im elektronischen Lastschriftverfahren nur Kontodaten aus einer

---

[29] BT-Drs. 16/11643, S. 102/103.
[30] LG Frankfurt a.M. v. 11.11.2011 - 2/10 O 192/11 - ZIP 2012, 114 Rn. 22.
[31] BT-Drs. 16/11643, S. 103.
[32] BT-Drs. 16/11643, S. 103.
[33] BT-Drs. 16/11643, S. 103.
[34] OLG Bamberg 19.10.2011 - 3 U 53/11 - juris Rn. 46 - WM 2011, 2318.
[35] OLG Bamberg 19.10.2011 - 3 U 53/11 - juris Rn. 55, 56 - WM 2011, 2318.
[36] OLG Bamberg 19.10.2011 - 3 U 53/11 - juris Rn. 57 - WM 2011, 2318.
[37] BT-Drs. 16/11643, S. 103.
[38] BT-Drs. 16/11643, S. 103 – Umsetzung von Art. 51 Abs. 3 ZD-Rili.
[39] BT-Drs. 16/11643, S. 103.
[40] BT-Drs. 16/11643, S. 103.
[41] BT-Drs. 16/11643, S. 103.
[42] BT-Drs. 16/11643, S. 103.

§ 675f

Zahlungskarte ausgelesen und hieraus Ermächtigungslastschriften generiert werden.[43] Hierbei erteilt der Zahler nämlich keinen Zahlungsauftrag und setzt die Karte daher auch nicht als Authentifizierungsinstrument ein.[44]

---

[43] BT-Drs. 16/11643, S. 103.
[44] BT-Drs. 16/11643, S. 103.

§ 675g BGB Änderung des Zahlungsdiensterahmenvertrags

(Fassung vom 29.07.2009, gültig ab 31.10.2009)

(1) Eine Änderung des Zahlungsdiensterahmenvertrags auf Veranlassung des Zahlungsdienstleisters setzt voraus, dass dieser die beabsichtigte Änderung spätestens zwei Monate vor dem vorgeschlagenen Zeitpunkt ihres Wirksamwerdens dem Zahlungsdienstnutzer in der in Artikel 248 §§ 2 und 3 des Einführungsgesetzes zum Bürgerlichen Gesetzbuche vorgesehenen Form anbietet.

(2) ¹Der Zahlungsdienstleister und der Zahlungsdienstnutzer können vereinbaren, dass die Zustimmung des Zahlungsdienstnutzers zu einer Änderung nach Absatz 1 als erteilt gilt, wenn dieser dem Zahlungsdienstleister seine Ablehnung nicht vor dem vorgeschlagenen Zeitpunkt des Wirksamwerdens der Änderung angezeigt hat. ²Im Fall einer solchen Vereinbarung ist der Zahlungsdienstnutzer auch berechtigt, den Zahlungsdiensterahmenvertrag vor dem vorgeschlagenen Zeitpunkt des Wirksamwerdens der Änderung fristlos zu kündigen. ³Der Zahlungsdienstleister ist verpflichtet, den Zahlungsdienstnutzer mit dem Angebot zur Vertragsänderung auf die Folgen seines Schweigens sowie auf das Recht zur kostenfreien und fristlosen Kündigung hinzuweisen.

(3) ¹Änderungen von Zinssätzen oder Wechselkursen werden unmittelbar und ohne vorherige Benachrichtigung wirksam, soweit dies im Zahlungsdiensterahmenvertrag vereinbart wurde und die Änderungen auf den dort vereinbarten Referenzzinssätzen oder Referenzwechselkursen beruhen. ²Referenzzinssatz ist der Zinssatz, der bei der Zinsberechnung zugrunde gelegt wird und aus einer öffentlich zugänglichen und für beide Parteien eines Zahlungsdienstevertrags überprüfbaren Quelle stammt. ³Referenzwechselkurs ist der Wechselkurs, der bei jedem Währungsumtausch zugrunde gelegt und vom Zahlungsdienstleister zugänglich gemacht wird oder aus einer öffentlich zugänglichen Quelle stammt.

(4) Der Zahlungsdienstnutzer darf durch Vereinbarungen zur Berechnung nach Absatz 3 nicht benachteiligt werden.

Gliederung

A. Grundlagen 1	III. Änderungen von Zinssätzen oder Wechselkursen (Absatz 3) 7
B. Anwendungsvoraussetzungen 2	
I. Zustimmung (Absatz 1) 2	C. Benachteiligungsverbot (Absatz 4) 11
II. Zustimmungsfiktion (Absatz 2) 4	

A. Grundlagen

In § 675g BGB[1] wird geregelt, wie der ZDRV geändert werden kann. Grundsätzlich ist beiderseitige Zustimmung erforderlich (Absatz 1); Absatz 2 enthält eine Fiktion der Zustimmung und Absatz 3 erlaubt noch weitere Vereinfachungen für die Anpassung von Zinssätzen oder Wechselkursen.

B. Anwendungsvoraussetzungen

I. Zustimmung (Absatz 1)

Will die Bank den ZDRV ändern, so muss sie die Änderungen dem ZDN mindestens zwei Monate vor dem angestrebten Termin, zu dem sie wirksam werden sollen, vorschlagen.[2] Stimmt der ZDN den Änderungen zu, werden sie zu diesem Zeitpunkt wirksam, umgekehrt folgt daraus, dass Änderungen des ZDRV ohne Zustimmung nicht wirksam werden, es sei denn, eine Fiktion im Sinne von Absatz 2 ist

---

[1] Umsetzung von Art. 44 ZD-Rili.
[2] BT-Drs. 16/11643, S. 103.

§ 675g

im ZDRV vereinbart. Das Änderungsangebot muss der Form des Art. 248 §§ 2, 3 EGBGB entsprechen, also in „**Textform mitgeteilt**" werden. Damit ist auf § 126b BGB Bezug genommen.[3] **Mitteilen** bedeutet, dass der ZDL die erforderlichen Informationen zu dem geforderten Zeitpunkt von sich aus übermittelt.[4]

3   Die Norm betrifft alle Änderungen eines ZDRV und damit auch Änderungen eines Kreditkartenvertrags.[5] Das betrifft auch den Austausch der Kreditkartenorganisation – also der Wechsel von der VISA-Karte zur MasterCard.[6]

II. Zustimmungsfiktion (Absatz 2)

4   Abweichend zu dem in Absatz 1 genannten Grundsatz kann zwischen den Parteien bereits bei Abschluss des ZDRV vereinbart werden, dass das Schweigen des ZDN als Zustimmung gewertet wird, wenn der ZDN dem ZDL nicht seine Ablehnung des Vorschlags rechtzeitig mitteilt (Absatz 2 Satz 1).[7] Eine solche Vereinbarung wäre demnach nicht nach § 308 Nr. 5 BGB unwirksam.[8] Der Grund liegt darin, dass § 675g Abs. 2 BGB zum einen eine angemessene Frist zur Abgabe der Erklärung enthält (zwei Monate), zum anderen ein fristloses Kündigungsrecht statuiert und schließlich der ZDL verpflichtet ist, den ZDN auf die Folgen seines Schweigens und das Kündigungsrecht hinzuweisen – das heißt die Voraussetzungen des § 308 Nr. 5a und b BGB sind voll erfüllt.

5   Wird eine Zustimmungsfiktion vereinbart, so hat der ZDN nach Satz 2 das Recht, den ZDRV kostenlos fristlos zu kündigen.[9] Außerdem muss der ZDL den ZDN nicht nur bei jeder Vertragsänderung auf die Rechtsfolgen seines Schweigens, sondern auch auf dessen Kündigungsrecht hinweisen. Der ZDN hat also die Möglichkeit den Änderungen der Vertragsbedingungen durch Schweigen zuzustimmen, ihnen zu widersprechen oder gar das Vertragsverhältnis zu kündigen.[10] Lehnt der ZDN die Änderungen gegenüber dem ZDL ab, besteht das Vertragsverhältnis zu den ursprünglich vereinbarten Bedingungen weiter fort.[11] In diesem Fall kann der ZDL den ZDRV nach § 675h Abs. 2 BGB kündigen, wenn die ordentliche Kündigung für ihn vereinbart wurde.[12]

6   Ändern sich **vorvertragliche Informationen**, z.B. die Geschäftsadresse des ZDL oder die Registerkennung, so bedarf es insoweit keiner Zustimmung des ZDN. Es genügt eine Information durch den ZDL nach Art. 248 § 9 EGBGB.[13]

III. Änderungen von Zinssätzen oder Wechselkursen (Absatz 3)

7   Für die Änderungen von vertraglich vereinbarten Zinssätzen und Wechselkursen gelten erleichterte Voraussetzungen, soweit dies im ZDRV vereinbart wurde und die Änderungen auf den dort vereinbarten Referenzzinssätzen oder Referenzwechselkursen beruhen.[14] Referenzzinssatz ist der Zinssatz, der bei Zinsberechnung zugrunde gelegt wird und aus einer öffentlich zugänglichen und für beide Parteien eines ZDV überprüfbaren Quelle stammt (Absatz 3 Satz 2).[15]

8   Es muss sich also um einen in öffentlich zugänglichen Medien abgebildeten Referenzzins handeln, der von unabhängigen Stellen nach einem genau festgelegten Verfahren ermittelt wird und die Bank nicht einseitig begünstigt.[16] Dabei ist unter den Bezugsgrößen des Kapitalmarkts diejenige oder eine Kombination derjenigen auszuwählen, die dem konkreten Geschäft möglichst nahe kommen.[17] Im Rahmen eines Sparvertrags ist es allein interessengerecht, einen Referenzzins für langfristige Spareinlagen he-

---

[3] BT-Drs. 16/11643, S. 135.
[4] BT-Drs. 16/11643, S. 100 zu § 675d Abs. 1 BGB.
[5] LG Frankfurt a.M. v. 25.08.2011 - 2-05 O 192/11 - BeckRS 2011, 25852.
[6] LG Frankfurt a.M. v. 25.08.2011 - 2-05 O 192/11 - BeckRS 2011, 25852.
[7] BT-Drs. 16/11643, S. 103.
[8] BT-Drs. 16/11643, S. 103.
[9] BT-Drs. 16/11643, S. 103.
[10] BT-Drs. 16/11643, S. 103.
[11] BT-Drs. 16/11643, S. 103.
[12] BT-Drs. 16/11643, S. 103.
[13] Damit wird Art. 44 Abs. 1 ZD-Rili angemessen und hinreichend umgesetzt: BT-Drs. 16/11643, S. 103/104.
[14] BT-Drs. 16/11643, S. 104 - Umsetzung von Art. 44 Abs. 2 ZD-Rili.
[15] Der Begriff entspricht Art. 4 Nr. 18 ZD-Rili.
[16] BGH v. 13.04.2010 - XI ZR 197/09 - NJW 2010, 1742 Rn. 21 m.w.N.
[17] BGH v. 13.04.2010 - XI ZR 197/09 - NJW 2010, 1742 Rn. 21 m.w.N. unter Hinweis auf BGH v. 17.02.2004 - XI ZR 140/03 - BGHZ 158, 149, 158 = NJW 2004, 1588.

ranzuziehen.[18] Zurückzugreifen ist auf die in den Monatsberichten der Deutschen Bundesbank veröffentlichten Zinssätze für Spareinlagen mit einer Laufzeit von 20 Jahren.[19] Ferner sind die Anpassungsschwelle, ab der eine Zinsänderung vorzunehmen ist, und der Anpassungszeitraum, für den sie gelten soll, zu ermitteln.[20]

Referenzwechselkurs ist der Wechselkurs, der bei jedem Währungsumtausch zugrunde gelegt und vom ZDL zugänglich gemacht wird oder aus einer öffentlich zugänglichen Quelle stammt (Absatz 3 Satz 3).[21]   9

Solche Änderungen werden bei Vorliegen der Voraussetzungen unmittelbar wirksam, unabhängig davon, ob sie für den ZDN günstig oder ungünstig sind.[22] Über für den ZDN nachteilige Änderungen von Zinssätzen muss der ZDL allerdings unverzüglich unterrichten (Art. 248 § 9 Nr. 2 EGBGB). Eine Informationspflicht über für den ZDN günstige Änderungen ist von der Richtlinie nicht vorgeschrieben. Ebenso wurde von einer Unterrichtungspflicht über die Änderung von Wechselkursen abgesehen, da sich Referenzwechselkurse in kurzen Abständen, oftmals täglich, ändern und dies zu einer großen Belastung für die ZDL geführt hätte.[23]   10

C. Benachteiligungsverbot (Absatz 4)

Der ZDN darf durch Vereinbarungen zur Berechnung von Zinssätzen oder Wechselkursen (Absatz 3) nicht benachteiligt werden (Absatz 4). Mit dieser Regelung wird Art. 44 Abs. 3 ZD-Rili umgesetzt. Dieser bestimmt, dass Zinssatz- und Wechselkursänderungen so angewendet werden müssen, dass der ZDN nicht benachteiligt wird. Da der ZDN nicht durch die Berechnung von Zinssatz- und Wechselkursen als solche benachteiligt wird, sondern gegebenenfalls durch nachteilige Vereinbarungen über die Berechnung dieser Zinssätze oder Wechselkurse, konnte der Richtlinienwortlaut nicht wörtlich übernommen werden.[24] Wird also nach Absatz 3 eine unmittelbare Wirksamkeit für die Änderung von Zinssätzen oder Wechselkursen vereinbart, weil diese auf Referenzzinssätzen oder Referenzwechselkursen beruhen, sind diese Änderungen sowohl zu Gunsten als auch zu Lasten des ZDN unmittelbar wirksam.[25] Darin liegt also keine Benachteiligung des ZDN. Die Benachteiligung muss in der Vereinbarung zur Berechnung des Zinssatzes oder Wechselkurses liegen. Dies wäre denkbar, wenn zusätzlich zum Referenzzinssatz oder Wechselkurs ein prinzipieller Abzug (z.B. 5%) vorgenommen werden würde.   11

---

[18] BGH v. 13.04.2010 - XI ZR 197/09 - juris Rn. 23 - NJW 2010, 1742.
[19] BGH v. 13.04.2010 - XI ZR 197/09 - juris Rn. 23 - NJW 2010, 1742 unter Hinweis auf BGH v. 06.03.1986 - III ZR 195/84 - BGHZ 97, 212, 223 sowie auf BGH v. 30.11.2004 - XI ZR 285/03 - BGHZ 161, 196, 203 f.
[20] BGH v. 13.04.2010 - XI ZR 197/09 - juris Rn. 24 - NJW 2010, 1742.
[21] Der Begriff entspricht Art. 4 Nr. 20 ZD-Rili.
[22] BT-Drs. 16/11643, S. 104.
[23] BT-Drs. 16/11643, S. 104.
[24] BT-Drs. 16/11643, S. 104.
[25] BT-Drs. 16/11643, S. 104.

§ 675h BGB Ordentliche Kündigung eines Zahlungsdiensterahmenvertrags

(Fassung vom 29.07.2009, gültig ab 31.10.2009)

(1) ¹Der Zahlungsdienstnutzer kann den Zahlungsdiensterahmenvertrag, auch wenn dieser für einen bestimmten Zeitraum geschlossen ist, jederzeit ohne Einhaltung einer Kündigungsfrist kündigen, sofern nicht eine Kündigungsfrist vereinbart wurde. ²Die Vereinbarung einer Kündigungsfrist von mehr als einem Monat ist unwirksam.

(2) ¹Der Zahlungsdienstleister kann den Zahlungsdiensterahmenvertrag nur kündigen, wenn der Vertrag auf unbestimmte Zeit geschlossen wurde und das Kündigungsrecht vereinbart wurde. ²Die Kündigungsfrist darf zwei Monate nicht unterschreiten. ³Die Kündigung ist in der in Artikel 248 §§ 2 und 3 des Einführungsgesetzes zum Bürgerlichen Gesetzbuche vorgesehenen Form zu erklären.

(3) ¹Im Fall der Kündigung sind regelmäßig erhobene Entgelte nur anteilig bis zum Zeitpunkt der Beendigung des Vertrags zu entrichten. ²Im Voraus gezahlte Entgelte, die auf die Zeit nach Beendigung des Vertrags fallen, sind anteilig zu erstatten.

Gliederung

A. Grundlagen 1	II. Ordentliche Kündigung durch den ZDL 4
B. Anwendungsvoraussetzungen 2	C. Rechtsfolgen 6
I. Ordentliche Kündigung des ZDN (Absatz 1) 2	

A. Grundlagen

1 Mit § 675h BGB wird Art. 45 ZD-Rili umgesetzt. Die Rili bezweckt, dem Kunden den Wechsel von einem ZDL zum anderen zu erleichtern und damit den Wettbewerb auf den Märkten für Zahlungsdienste funktionsfähig zu machen.[1] Die Voraussetzungen für eine **außerordentliche Kündigung**, z.B. aus wichtigem Grund (§ 314 BGB), richten sich weiterhin nach den nationalen Vorschriften.[2]

B. Anwendungsvoraussetzungen

I. Ordentliche Kündigung des ZDN (Absatz 1)

2 Der ZDN kann den ZDRV, auch wenn dieser für einen bestimmten Zeitraum geschlossen ist, jederzeit ohne Einhaltung einer Kündigungsfrist kündigen. Hiervon abweichend kann vertraglich eine Kündigungsfrist von höchstens einem Monat vereinbart werden. Die Vereinbarung einer Kündigungsfrist von mehr als einem Monat ist unwirksam (Absatz 1 Satz 2). Die vom ZDN ausgeübte Kündigung ist **kostenlos** – die Ausübung eines gesetzlich gewährten Kündigungsrechts begründet keinen Entgeltanspruch.[3]

3 In der Literatur wird erwogen, ob ein ZDRV möglicherweise auch nur zum Teil gekündigt werden kann – für diesen Fall wird angenommen, dass eine Teilkündigung ohne vertragliche Gestattung nicht möglich sei.[4] Ein durch Kündigung beendeter ZDRV kann Nachwirkungen haben, etwa wenn noch Zahlungen auf den Namen des früheren Kunden unter der bisherigen Kontonummer eingehen.[5] Ein ZDRV kann nicht nur durch Kündigung, sondern auch durch Eröffnung des Insolvenzverfahrens gegen den ZDN beendet werden (§§ 115 Abs. 1, 116 Satz 1 InsO).[6]

---

[1] BT-Drs. 16/11643, S. 104.
[2] Art. 45 Abs. 5 sowie Erwägungsgrund ZD-Rili; BT-Drs. 16/11643, S. 104.
[3] BT-Drs. 16/11643- der Gesetzgeber hat ausdrücklich von der in Art. 45 Abs. 6 ZD-Rili vorgesehenen Umsetzungsoption im Sinne des Art. 45 Abs. 2 ZD-Rili abgesehen.
[4] *Sprau* in: Palandt, § 675h Rn. 2 unter Hinweis auf BGH v. 08.11.2005 - XI ZR 74/05 - NJW 2006, 430.
[5] BGH v. 05.12. 2006 - XI ZR 21/06 - NJW 2007, 914.
[6] BGH v. 26.06.2008 - IX ZR 47/05 - WM 2008, 1442 Rn. 11 m.w.N.

II. Ordentliche Kündigung durch den ZDL

Der ZDL kann den ZDRV nur kündigen, wenn der Vertrag auf unbestimmte Zeit geschlossen wurde und das Kündigungsrecht vereinbart wurde (Absatz 2 Satz 1). Die Kündigungsfrist darf zwei Monate nicht unterschreiten (Absatz 2 Satz 2). Ein ZDRV ohne entsprechende Vereinbarung kann vom ZDL nicht ordentlich gekündigt werden.[7] Die einvernehmliche Vertragsaufhebung ist immer möglich.[8] Die Kündigung ist dem ZDN in der vereinbarten Sprache und in Textform mitzuteilen (Art. 248 §§ 2, 3 EGBGB).[9]

Allerdings ist die Teilkündigung einzelner Leistungselemente (Lastschriften abzubuchen, Daueraufträge auszuführen oder in Bankbriefkästen eingeworfene Überweisungen zu bearbeiten) eines zu banküblichen Bedingungen geschlossenen ZDRV unzulässig, weil durch eine solche Kündigung der Inhalt des Vertrages einseitig verändert werden soll, ohne dass es sich bei den gekündigten Leistungen um abtrennbare Geschäftsbeziehungen im Sinne von Nr. 19 Abs. 1 Satz 1 AGB/B handelt.[10] Der gesondert zum Girovertrag abgeschlossene Bankkartenvertrag, der dem Bankkunden die Nutzung einer ec-Karte mit PIN ermöglicht, wird nicht durch den Ablauf des Gültigkeitsdatums der ausgegebenen Karte automatisch beendet; er kann aber unabhängig vom Girovertrag gekündigt werden.[11] Hierneben sind die Grundsätze der missbräuchlichen Kündigung zu beachten, etwa dann, wenn eine Kündigung gegen die §§ 134, 138 BGB verstößt.[12]

C. Rechtsfolgen

Im Falle der Kündigung sind regelmäßig erhobene Entgelte nur anteilig bis zum Zeitpunkt der Beendigung des Vertrags zu entrichten (Absatz 3 Satz 1).[13] Dies bedeutet eine taggenaue anteilige Entgeltberechnung (pro rata temporis), wie sie auch für Versicherungsverträge nach § 41 VVG geschuldet wird. Im Voraus gezahlte Entgelte, die auf die Zeit nach Beendigung des Vertrags fallen, sind anteilig zu erstatten (Absatz 3 Satz 2). Dies betrifft bspw. (anteilig) die pauschale Jahresgebühr für eine Kreditkarte.[14]

Auch bei einem rechtlich erloschenen ZDRV ist eine Bank befugt, auf den Namen des früheren Kunden unter Angabe der bisherigen Kontonummer eingehende Zahlungen weiterhin für ihn entgegenzunehmen, muss sie dann aber auf dem bisherigen – intern weitergeführten – Konto verbuchen und nach § 667 BGB herausgeben.[15] In der Insolvenz des Kunden ist in diesen Fällen das Aufrechnungsverbot des § 96 Abs. 1 Nr. 1 InsO zu beachten.[16]

---

[7] BT-Drs. 16/11643, S. 166.
[8] *Sprau* in: Palandt, § 675h Rn. 3.
[9] Damit wird Art. 45 Abs. 3 ZD-Rili umgesetzt.
[10] BGH v. 08.11.2005 - XI ZR 74/05 - WM 2006, 179 = ZIP 2006, 175 (Leitsatz 1).
[11] BGH v. 08.11.2005 - XI ZR 74/05 - WM 2006, 179 = ZIP 2006, 175 (Leitsatz 2).
[12] BGH v. 11.03.2003 - XI ZR 403/01 - NJW 2003, 1658; OLG Saarbrücken v. 03.07.2008 - 8 U 39/08 - NJW-RR 2008, 1632.
[13] Damit wird Art. 45 Abs. 4 ZD-Rili umgesetzt.
[14] BT-Drs. 16/11643, S. 104.
[15] BGH v. 05.12.2006 - XI ZR 21/06 - NJW 2007, 914.
[16] BGH v. 26.06.2008 - IX ZR 47/05 - juris Rn. 12 - WM 2008, 1442.

§ 675i BGB Ausnahmen für Kleinbetragsinstrumente und elektronisches Geld

(Fassung vom 29.07.2009, gültig ab 31.10.2009)

(1) ¹Ein Zahlungsdienstevertrag kann die Überlassung eines Kleinbetragsinstruments an den Zahlungsdienstnutzer vorsehen. ²Ein Kleinbetragsinstrument ist ein Mittel,

1. mit dem nur einzelne Zahlungsvorgänge bis höchstens 30 Euro ausgelöst werden können,
2. das eine Ausgabenobergrenze von 150 Euro hat oder
3. das Geldbeträge speichert, die zu keiner Zeit 150 Euro übersteigen.

³In den Fällen der Nummern 2 und 3 erhöht sich die Betragsgrenze auf 200 Euro, wenn das Kleinbetragsinstrument nur für inländische Zahlungsvorgänge genutzt werden kann.

(2) Im Fall des Absatzes 1 können die Parteien vereinbaren, dass

1. der Zahlungsdienstleister Änderungen der Vertragsbedingungen nicht in der in § 675g Abs. 1 vorgesehenen Form anbieten muss,
2. § 675l Satz 2, § 675m Abs. 1 Satz 1 Nr. 3, 4, Satz 2 und § 675v Abs. 3 nicht anzuwenden sind, wenn das Kleinbetragsinstrument nicht gesperrt oder eine weitere Nutzung nicht verhindert werden kann,
3. die §§ 675u, 675v Abs. 1 und 2, die §§ 675w und 676 nicht anzuwenden sind, wenn die Nutzung des Kleinbetragsinstruments keinem Zahlungsdienstnutzer zugeordnet werden kann oder der Zahlungsdienstleister aus anderen Gründen, die in dem Kleinbetragsinstrument selbst angelegt sind, nicht nachweisen kann, dass ein Zahlungsvorgang autorisiert war,
4. der Zahlungsdienstleister abweichend von § 675o Abs. 1 nicht verpflichtet ist, den Zahlungsdienstnutzer von einer Ablehnung des Zahlungsauftrags zu unterrichten, wenn die Nichtausführung aus dem Zusammenhang hervorgeht,
5. der Zahler abweichend von § 675p den Zahlungsauftrag nach dessen Übermittlung oder nachdem er dem Zahlungsempfänger seine Zustimmung zum Zahlungsauftrag erteilt hat, nicht widerrufen kann, oder
6. andere als die in § 675s bestimmten Ausführungsfristen gelten.

(3) ¹Die §§ 675u und 675v sind für elektronisches Geld nicht anzuwenden, wenn der Zahlungsdienstleister des Zahlers nicht die Möglichkeit hat, das Zahlungskonto oder das Kleinbetragsinstrument zu sperren. ²Satz 1 gilt nur für Zahlungskonten oder Kleinbetragsinstrumente mit einem Wert von höchstens 200 Euro.

Gliederung

A. Grundlagen 1	II. Zulässige Vereinbarungen für KBI (Absatz 2) 5
B. Anwendungsvoraussetzungen 2	III. Sonderregelungen für E-Geld 6
I. Kleinbetragsinstrument 2	

A. Grundlagen

§ 675i BGB enthält Sonderregelungen für so genannte Kleinbetragsinstrumente (z.B. Prepaid-Karte) und E-Geld.[1] Bei Geschäften im Zusammenhang mit Waren und Dienstleistungen im Niedrigpreissegment werden Kleinbetragsinstrumente als kostengünstige nutzerfreundliche Alternative im Vergleich zu den herkömmlichen Zahlungsverkehrsprodukten angesehen. Aus diesem Grund werden sie von bestimmten Anforderungen der ZD-Rili ausgenommen, um ihre Verwendung zu fördern bzw. zu ermöglichen.[2] Die daraus resultierende Schlechterstellung des ZDN im Vergleich zu Zahlungsverkehrsprodukten, die den Vorgaben der Richtlinie vollständig genügen müssen (z.B. Universalkreditkarten, Debitkarten), wurde bewusst in Kauf genommen.[3] Durch die Höchstgrenzen für Kleinbetragsinstrumente wird das Verlust- und Missbrauchsrisiko überschaubar gehalten.[4] Abweichungen zum Nachteil des ZDN scheitern an § 675i Abs. 1 BGB – Abweichungen zu seinen Gunsten sind unbeschränkt möglich.

B. Anwendungsvoraussetzungen

I. Kleinbetragsinstrument

Der ZDV kann die Überlassung eines Kleinbetragsinstruments (KBI) an den ZDN vorsehen. Ein KBI ist ein Mittel, mit dem einzelne Zahlungsvorgänge bis höchstens 30 € ausgelöst werden können (Absatz 1 Nr. 1), das eine Ausgabenobergrenze von 150 € hat (Absatz 1 Nr. 2), oder das Geldbeträge speichert, die zu keiner Zeit 150 € übersteigen (Absatz 1 Nr. 3). In den Fällen der Nr. 2 und 3 erhöht sich die Betragsgrenze auf 200 €, wenn das KBI nur für inländische Zahlungsvorgänge genutzt werden kann (Absatz 1 Satz 2). Innerhalb dieser Grenzen sind damit so genannte Pre- oder Postpaidprodukte sowie an ein Zahlungskonto gebundene als auch kontoungebundene Produkte erfasst.[5]

Auch E-Geld ist – innerhalb der Höchstgrenzen – ein KBI. Charakteristikum von E-Geld ist nämlich die Speicherung von Geldbeträgen.[6] Bei kartenbasiertem E-Geld gibt es einen maximalen Speicherbetrag wie in Nr. 3 genannt (150/200 €). Bei serverbasiertem E-Geld gibt es dagegen Ausgabenobergrenzen (Nr. 2: 150/200 €).[7]

Die ZD-Rili sieht für KBI eine Höchstgrenze von 150 € vor. Die in Deutschland verfügbaren E-Geldprodukte weisen einen Höchstspeicherbetrag von 200 € auf. Deshalb wurde von der Möglichkeit, die Betragsgrenzen zu erhöhen, moderat Gebrauch gemacht.[8] Voraussetzung für die Betragserhöhung ist, dass das KBI nur für inländische Zahlungsvorgänge genutzt werden kann. Die Rili stellt zwar darauf ab, ob mit dem KBI ein inländischer Zahlungsvorgang getätigt wird. Eine sinnvolle Unterscheidung zwischen innerstaatlichen und grenzüberschreitenden Zahlungsvorgängen kann aber nur an den Eigenschaften des KBI festgemacht werden.[9]

II. Zulässige Vereinbarungen für KBI (Absatz 2)

In § 675i Abs. 2 BGB werden unter den Nummern 1-6 die Möglichkeiten für abweichende Vereinbarungen bei der Überlassung eines KBI aufgezählt. Es geht im Einzelnen um Abweichungen bei Änderungen der Vertragsbedingungen (§ 675g Abs. 1 BGB), um Abweichungen bei Sperren (§§ 675l, 675m, 675v BGB), um Zuordnungs- oder Autorisierungsprobleme (§§ 675u, 675v, 675w, 676 BGB), um die Unterrichtung bei Ablehnung des Zahlungsauftrags (§ 675o BGB), die Einschränkung des Widerrufsrechts (§ 675p BGB) und um andere Ausführungsfristen (§ 675s BGB).

---

[1] Umsetzung eines Teils von Art. 34 sowie Art. 53 ZD-Rili - der andere Teil des Art. 34 ZD-Rili betrifft die Ausnahmen von den in Art. 248 EGBGB normierten Informationspflichten und wurde dort (§ 11) umgesetzt.
[2] BT-Drs. 16/11643, S. 104.
[3] BT-Drs. 16/11643, S. 105.
[4] BT-Drs. 16/11643, S. 105; vgl. auch Erwägungsgrund 30 der ZD-Rili.
[5] BT-Drs. 16/11643, S. 105.
[6] § 1 Abs. 14 KWG in Umsetzung von Art. 1 Abs. 3b Rili 2000/46/EG (E-Geld-Rili).
[7] BT-Drs. 16/11643, S. 105.
[8] Art. 53 Abs. 2 ZD-Rili; BT-Drs. 16/11643, S. 105.
[9] BT-Drs. 16/11643.

III. Sonderregelungen für E-Geld

6 Die §§ 675u und 675v BGB sind für E-Geld nicht anzuwenden, wenn der ZDL des Zahlers nicht die Möglichkeit hat, das Zahlungskonto oder das KBI zu sperren. Erfasst sind bspw. vorausgezahlte (Prepaid-)Produkte, mit denen ohne Unterschrift oder andere personalisierte Sicherheitsmerkmale Zahlungsvorgänge ausgelöst und autorisiert werden.[10] Gerade weil sie eine besonders ausgeprägte Bargeldersatzfunktion haben, wurde nach früherer Rechtslage (§ 676h BGB) diskutiert, ob diese Norm überhaupt auf Produkte wie die in Deutschland verbreitete Geldkarte anwendbar ist.[11] Diese Diskussion wurde mit der Neuregelung in § 675i Abs. 3 BGB beendet.[12] Für E-Geld-Produkte trägt der jeweilige Inhaber/Verwender genauso wie beim Einsatz von Bargeld das Verlust- und Missbrauchsrisiko. Allerdings wird von dem den Mitgliedstaaten gewährten Spielraum zur betragsmäßigen Begrenzung der Ausnahme von E-Geld-Produkten Gebrauch gemacht.[13] Um das Verlust- und Missbrauchsrisiko für den ZDN überschaubar zu halten, wird auch für E-Geldzahlungskonten und KBI eine Höchstgrenze vorgesehen, die sich an der bisherigen Aufladebegrenzung für die Geldkarte orientiert.[14] Die Begrenzung der Ausnahme auf 200 € soll gleichzeitig den Anreiz für E-Geldinstitute reduzieren, nur noch nicht sperrbare Produkte auszugeben.[15]

7 Die Regelungen in den Absätzen 2 und 3 gelten für E-Geld nebeneinander.[16] Lediglich Absatz 2 Nr. 3 wird durch Absatz 3 teilweise überlagert, wenn das Zahlungskonto oder das KBI nicht gesperrt werden kann.[17] In allen anderen Fällen, wenn also eine Sperrungsmöglichkeit besteht oder die Betragsgrenze von 200 € überschritten ist, bleiben die Haftungsvorschriften für nicht autorisierte Zahlungsvorgänge wie auch die anderen Vorschriften des Titels IV der ZD-Rili anwendbar, soweit sie nicht nach Absatz 2 abdingbar sind.[18]

---

[10] BT-Drs. 16/11643, S. 105.
[11] BT-Drs. 16/11643, S. 105.
[12] BT-Drs. 16/11643, S. 105.
[13] Art. 53 Abs. 3 ZD-Rili.
[14] BT-Drs. 16/11643, S. 105.
[15] BT-Drs. 16/11643, S. 105.
[16] BT-Drs. 16/11643, S. 105.
[17] BT-Drs. 16/11643, S. 105.
[18] BT-Drs. 16/11643, S. 105; vgl. Art. 60, 61 ZD-Rili umgesetzt in §§ 675u und 675v BGB.

Kapitel 3 - Erbringung und Nutzung von Zahlungsdiensten

Unterkapitel 1 - Autorisierung von Zahlungsvorgängen; Zahlungsauthentifizierungsinstrumente

§ 675j BGB Zustimmung und Widerruf der Zustimmung

(Fassung vom 29.07.2009, gültig ab 31.10.2009)

(1) ¹Ein Zahlungsvorgang ist gegenüber dem Zahler nur wirksam, wenn er diesem zugestimmt hat (Autorisierung). ²Die Zustimmung kann entweder als Einwilligung oder, sofern zwischen dem Zahler und seinem Zahlungsdienstleister zuvor vereinbart, als Genehmigung erteilt werden. ³Art und Weise der Zustimmung sind zwischen dem Zahler und seinem Zahlungsdienstleister zu vereinbaren. ⁴Insbesondere kann vereinbart werden, dass die Zustimmung mittels eines bestimmten Zahlungsauthentifizierungsinstruments erteilt werden kann.

(2) ¹Die Zustimmung kann vom Zahler durch Erklärung gegenüber dem Zahlungsdienstleister so lange widerrufen werden, wie der Zahlungsauftrag widerruflich ist (§ 675p). ²Auch die Zustimmung zur Ausführung mehrerer Zahlungsvorgänge kann mit der Folge widerrufen werden, dass jeder nachfolgende Zahlungsvorgang nicht mehr autorisiert ist.

Gliederung

A. Grundlagen	1	I. Zustimmung (Autorisierung) (Absatz 1)	2
B. Anwendungsvoraussetzungen	2	II. Widerruf (Absatz 2)	13

A. Grundlagen

Der Zahlungsvorgang ist nur wirksam, wenn der Zahlende (Kunde) diesem zugestimmt hat. In der Zustimmung liegt die **Autorisierung**. Diese Autorisierung war schon immer Voraussetzung für einen wirksamen Zahlungsvorgang – beispielsweise für eine wirksame Überweisung. Fehlte es an der Zustimmung des Zahlenden – versehentliche Doppelüberweisung durch die Bank –, so musste die Bank die Fehlüberweisung in Ermangelung der Zustimmung des Kunden (Weisung) rückgängig machen. Mit der **Autorisierung** wird an dieser rechtlichen Konzeption festgehalten.

B. Anwendungsvoraussetzungen

I. Zustimmung (Autorisierung) (Absatz 1)

Ein Zahlungsvorgang ist (§ 675j Abs. 1 BGB) gegenüber dem Zahler nur wirksam, wenn er diesem zugestimmt hat (Autorisierung). Die Zustimmung kann entweder als Einwilligung oder, sofern zwischen dem Zahler und seinem ZDL zuvor vereinbart, als Genehmigung erteilt werden. Art und Weise der Zustimmung sind zwischen dem Zahler und seinem ZDL zu vereinbaren. Insbesondere kann vereinbart werden, dass die Zustimmung mittels eines bestimmten ZAuFI (§ 675r BGB) erteilt werden kann (§ 675j Abs. 1 BGB).[1]

Mit Absatz 1 wird klargestellt, dass ein Zahlungsvorgang gegenüber dem Zahler nur wirksam wird, wenn dessen **Zustimmung** vorliegt.[2] Mit dem Begriff Zustimmung wird an § 182 BGB angeknüpft. Es handelt sich um den Oberbegriff, der die Einwilligung (§ 183 BGB: vorherige Zustimmung) und die Genehmigung (§ 184 BGB: nachträgliche Zustimmung) zusammenfasst. Nur dann, wenn die Zustimmung, also die **Autorisierung** des Zahlenden, vorliegt, ist der Zahlungsvorgang wirksam – folglich hat der ZDL auch nur in diesem Fall einen **Anspruch auf Aufwendungsersatz** (§ 675u BGB). Die Zustimmung (Autorisierung) ist eine besondere **Form der Weisung** im Sinne des § 665 BGB. Mit dieser

---

[1] Mit Absatz 1 wird Art. 54 Abs. 1, 2 und 4 sowie ein Teil von Art. 55 Abs. 1 der ZD-Rili umgesetzt.
[2] BT-Drs. 16/11643, S. 105.

Weisung konkretisiert der Kunde den zwischen ihm und seiner Bank geschlossenen ZDV/ZDRV.[3] Die Autorisierung im Sinne des § 675j BGB ist eine **rechtsgeschäftsähnliche Handlung**, auf die die Vorschriften über Willenserklärungen entsprechende Anwendung finden.[4] Die Bank ist kraft des ZDRV verpflichtet, einen autorisierten Zahlungsauftrag auszuführen (§ 675o Abs. 2 BGB). Einer **Annahme** des Zahlungsauftrags, der als solcher allerdings **zugangsbedürftig** ist, bedarf es folglich nicht.

4 Nach § 675j Abs. 1 Satz 2 BGB kann eine Zahlungsvorgang sowohl vor (**Einwilligung**) als auch nach seiner Ausführung (**Genehmigung**) vom Zahler autorisiert werden. Die nachträgliche Genehmigung ist allerdings nur möglich, wenn dies zuvor vereinbart wurde (§ 675j Abs. 1 Satz 2).[5] Die Zustimmung kann ausdrücklich oder stillschweigend/ konkludent erfolgen, je nachdem, was von den Parteien vereinbart wurde (Satz 3).[6] Auf diese Weise wird Telefon- oder Online-Banking möglich. Diese Gesetzestechnik ist dem Richtliniengeber geschuldet, der auf Basis der bisherigen Praxis der Kreditinstitute davon ausging, dass die Parteien immer eine **ausdrückliche** Vereinbarung über die Art und Weise der Zustimmung zu einem Zahlungsvorgang treffen würden.[7] Der frühere Vorschlag der Kommission[8], wonach die Zustimmung ausdrücklich zu erfolgen hatte[9], entfiel bereits zu Beginn der Ratsverhandlungen und in sämtlichen Berichten der beteiligten Ausschüsse des Europäischen Parlaments.[10] Dies erlaubt, dass auch bisher in einigen Mitgliedstaaten verbreitete Zahlungsverfahren, die ohne ausdrückliche im Voraus erteilte Zustimmung des Zahlers operieren, weiterhin bestehen bleiben können, sofern sie den übrigen Anforderungen des Gesetzes und der Richtlinie entsprechen.[11]

5 In Deutschland ist diese Möglichkeit für das **Lastschriftverfahren**, und zwar in Form der **Einzugsermächtigung**, von Bedeutung. Bei diesem Verfahren erfolgt die Zustimmung des Kunden regelmäßig erst im Nachhinein gegenüber dem ZDL, in der Regel dadurch, dass der Zahler dem Rechnungsabschluss nicht innerhalb einer Frist von sechs Wochen widerspricht.[12] Diese Praxis für Belastungsbuchungen aufgrund erteilter Einzugsermächtigungen wird durch die neuen Regelungen nicht geändert. Einen anderen Weg beschreitet das SEPA-Lastschriftverfahren. Hier erteilt der Zahler gleichzeitig dem Zahlungsempfänger eine Einzugsermächtigung und seinem ZDL einen Zahlungsauftrag (Doppelweisung).[13] Eine Zahlung im SEPA-Lastschriftverfahren ist insolvenzfest.[14]

6 Offen ist zurzeit die Frage, welche Regelungen dann zur Anwendung kommen, wenn die Art und Weise der Zustimmung zwischen Zahler und ZDL gar nicht vereinbart wurde oder aber die Parteien trotz einer vorliegenden Vereinbarung von dieser abweichen. Nach allgemeinen Grundsätzen können die Parteien ihre Willensbildung jederzeit, auch durch schlüssiges Verhalten, konkretisieren oder ändern. Haben die Parteien vereinbart, dass die Zustimmung **ausdrücklich zu erfolgen hat**, so kann diese Vereinbarung durch konkludentes Verhalten ersetzt oder ergänzt werden. Führt eine Bank eine Überweisung auf der Grundlage einer Einzugsermächtigung des Kunden aus, so liegt darin zugleich die Abänderung der **Ausdrücklichkeitsvereinbarung** nach § 675j Abs. 1 Satz 3 BGB. Zugleich liegt darin die Vereinbarung, die Zustimmung im Nachhinein als Genehmigung erteilen zu dürfen (§ 675j Abs. 1 Satz 2 BGB).

7 Diese Grundsätze hat der BGH am 20.07.2010 bestätigt.[15] Die Genehmigungsfiktion in den AGB schließe eine vorherige Genehmigung des Lastschriftschuldners durch schlüssiges Verhalten nicht aus. Bei regelmäßig wiederkehrenden Zahlungen, wie etwa aus Dauerschuldverhältnissen, ständigen Geschäftsbeziehungen oder zur Steuervorauszahlung, könne eine konkludente Genehmigung vorliegen,

---

[3] *Grundmann*, WM 2009, 1109, 1114.
[4] *Grundmann*, WM 2009, 1109, 1114; für § 665 BGB: *Meyer-Cording*, Das Recht der Banküberweisung (1951), S. 32 m.w.N.
[5] BT-Drs. 16/11643, S. 105.
[6] BT-Drs. 16/11643, S. 105.
[7] BT-Drs. 16/11643, S. 105.
[8] KOM (2005) 603 endg.
[9] Damals Art. 41 Satz 2.
[10] Vertiefend BT-Drs. 16/11643, S. 105.
[11] BT-Drs. 16/11643, S. 105.
[12] BT-Drs. 16/11643, S. 106.
[13] BT-Drs. 16/11643, S. 106.
[14] BGH v. 20.07.2010 - XI ZR 236/07 - WM 2010, 1546.
[15] XI ZR 236/07 - WM 2010, 1546 (Leitsatz 3).

wenn der Lastschriftschuldner in Kenntnis der Belastung dem Einzug nach Ablauf einer angemessenen Prüffrist nicht widerspreche und er einen früheren Einzug zuvor bereits genehmigt habe.[16]

Im Rahmen des **Lastschriftverfahrens** ist die Autorisierung durch drei verschiedene Verfahrensarten möglich: dem Abbuchungsauftragsverfahren, der SEPA-Lastschrift[17] sowie dem Einzugsermächtigungsverfahren. Die Frage, ob eine Lastschrift im Einzugsermächtigungsverfahren vom Kontoinhaber konkludent genehmigt worden ist, beantwortet sich nach dem objektiven Erklärungswert seines Verhaltens, für den die spätere Befolgung eines Widerspruchs des Insolvenzverwalters über das Vermögen des Kontoinhabers durch die Bank nicht maßgeblich ist.[18]

Ist der Zahlungsvorgang nicht autorisiert, hat der ZDL gegen den Zahler **keinen Anspruch** auf Erstattung seiner **Aufwendungen** (§ 675u BGB). Er ist umgekehrt verpflichtet, dem Zahler den Zahlungsbetrag unverzüglich zu erstatten und, sofern der Betrag einem Zahlungskonto belastet worden ist, dieses Zahlungskonto wieder auf den Stand zu bringen, auf dem es sich ohne die Belastung befunden hätte (§ 675u BGB). Damit erweist sich § 675u BGB als Spezialnorm zu den §§ 812, 818 BGB, wonach auch in der Vergangenheit bei fehlenden oder fehlerhaften Weisungen der Rechtsgrund für die Belastungsbuchung entfiel.[19] Das Gleiche gilt bei **Fälschung** des Überweisungsauftrags.[20] Mit § 675u BGB wird der schon immer geltende Grundsatz festgeschrieben, wonach das Fälschungsrisiko beim Überweisungsverkehr von der Bank zu tragen ist.[21]

Beruht ein nicht autorisierter Zahlungsvorgang auf der Nutzung eines verloren gegangenen oder gestohlenen ZAuFI, so kann der ZDL des Zahlers von diesem den Ersatz des hierdurch entstandenen Schadens bis zu einem Betrag von 150 € verlangen (§ 675v Abs. 1 BGB). Zum Ersatz des gesamten Schadens ist der Zahler dem ZDL nur dann verpflichtet, wenn er den nicht autorisierten Zahlungsvorgang in betrügerischer Absicht ermöglicht oder bestimmte Pflichten, die in § 675v Abs. 2 BGB genannt sind, vorsätzlich oder grob fahrlässig verletzt hat. Insoweit handelt es sich um Spezialregelungen im Vergleich zu § 280 Abs. 1 BGB, die folglich vorgehen.[22]

Nach § 675j Abs. 1 Satz 4 BGB kann vereinbart werden, dass die Zustimmung mittels eines bestimmten ZAuFI erteilt werden kann.[23] Auch dieser Teil der Norm entspricht der Vertragsfreiheit und ist deklaratorischer Natur.[24] Der Gesetzgeber will durch die Wiedergabe des Richtlinienwortlauts aber deutlich machen, dass solche Vereinbarungen auch grundsätzlich in den Allgemeinen Geschäftsbedingungen wirksam vereinbart werden können.[25] Eine Inhaltskontrolle der konkreten Vereinbarung ist dadurch nicht ausgeschlossen.[26] Auch mit Blick auf die Vereinbarung eines ZAuFI – etwa in den AGB – ist auf den Vorrang der Individualabrede (§ 305b BGB) hinzuweisen. Das bedeutet, dass die Parteien eine Ausdrücklichkeitsklausel in den AVB durch individuelle Vereinbarungen – auch in konkludenter Form – ändern oder ersetzen können.

Der Begriff des ZAuFI wird in § 1 Abs. 5 ZAG definiert – die Definition entspricht Art. 4 Nr. 23 ZD-Rili. Gemeint sind Zahlungsinstrumente wie die Kreditkarte, die Debitkarte oder das Telefonbanking mit Passwort, die Überweisung oder die Lastschrift. Anders ist es, wenn im elektronischen Lastschriftverfahren nur Kontodaten aus einer Zahlungskarte ausgelesen und hieraus Ermächtigungslast-

---

[16] BGH v. 20.07.2010 - XI ZR 236/07 - WM 2010, 1546 Rn. 43-48.
[17] Hierzu BGH v. 20.07.2010 - XI ZR 236/07 - WM 2010, 1546.
[18] BGH v. 26.07.2011 - XI ZR 197/10 - NJW 2011, 2715; zuvor bereits BGH v. 01.03.2011 - XI ZR 320/09 - WM 2011, 743 Rn. 14; die Arten des Lastschriftverfahrens einschließlich der Grenzen des Widerspruchsrechtes werden im Zusammenhang mit dem Erstattungsanspruch beim vom Zahlungsempfänger ausgelösten Zahlungsvorgängen – § 675x BGB – dargestellt.
[19] *Grundmann*, WM 2009, 1109, 1114; BGH v. 29.09.1989 - V ZR 1/88 - BGHZ 108, 380, 383 = WM 1990, 280; BGH v. 20.06.1990 - XII ZR 98/89 - BGHZ 111, 382 = WM 1990, 1531; BGH v. 21.06.2005 - XI ZR 152/04 - WM 2005, 1564.
[20] So bereits RGZ 56, 410, 411; 160, 310, 312; daran anschließend BGH v. 03.03.1966 - II ZR 18/64 - WM 1966, 397; BGH v. 14.05.1969 - VI R 174/68 - WM 1969, 1142; BGH v. 25.01.1985 - III ZR 138/84 - WM 1985, 511; BGH v. 31.05.1994 - VI ZR 12/94 - WM 1994, 1420.
[21] *Grundmann*, WM 2009, 1109, 1114.
[22] Zweifelnd *Grundmann*, WM 2009, 1109, 1114.
[23] Umsetzung eines Teils von Art. 55 Abs. 1 ZD-Rili.
[24] BT-Drs. 16/11643, S. 106.
[25] BT-Drs. 16/11643, S. 106; bestätigt durch BGH v. 20.07.2010 - XI ZR 236/07 - WM 2010, 1546 (Leitsatz 2).
[26] BT-Drs. 16/11643, S. 106.

schriften generiert werden.[27] Auch die personalisierten Sicherheitsmerkmale, wie etwa PIN oder TAN, elektronische Signaturen, Kenn- oder Passwörter, sind für sich allein genommen keine ZAuFI, sondern nur Hilfsmittel im Zusammenhang mit einem ZAuFI.[28] Entscheidend ist immer, ob das Instrument für die Erteilung eines Zahlungsauftrags genutzt wird.[29] Die bloße Kundenkennung (§ 675r Abs. 2 BGB) dient nicht der Authentifizierung, sondern nur der Kennzeichnung. Typische ZAuFI sind ec-Karten mit PIN-Funktion oder das Telefonbanking mit Kennwort beziehungsweise das Onlinebanking mit TAN; keine ZAuFI sind dagegen Bargeld, Scheck oder Wechsel.[30]

II. Widerruf (Absatz 2)

13 Die Zustimmung kann vom Zahler durch Erklärung gegenüber dem ZDL solange widerrufen werden, wie der Zahlungsauftrag widerruflich ist (§ 675p BGB).[31] Auch die Zustimmung zur Ausführung mehrerer Zahlungsvorgänge kann mit der Folge widerrufen werden, dass jeder nachfolgende Zahlungsvorgang nicht mehr autorisiert ist (§ 675j Abs. 2 Satz 2 BGB).

14 Der Widerruf des Überweisungsauftrags war auch nach früherem Recht (bis 01.01.2002) in Form einer Gegenweisung nach § 665 BGB anerkannt. Möglich war dies, solange die Weisung noch nicht endgültig ausgeführt war, das heißt solange die Bank den Betrag dem Empfänger noch nicht gutgeschrieben hatte.[32] Diese Grundsätze werden durch § 675p BGB nunmehr modifiziert. Grundsätzlich gilt, dass der Kunde den Zahlungsauftrag bereits dann nicht mehr widerrufen kann, wenn er den Auftrag oder seine Zustimmung an den Zahlungsempfänger übermittelt hat (§ 675p Abs. 2 BGB). Darüber hinaus enthält § 675p BGB weitere Sonderregelungen, die Vorrang haben.[33]

15 Die Regelung in § 675j Abs. 2 Satz 2 BGB erfasst die Fälle, in denen eine einzige Zustimmung die Ausführung mehrerer Zahlungsvorgänge erfasst, bspw. Daueraufträge oder SEPA-Lastschriftmandate für wiederkehrende Zahlungen (im Gegensatz zu Einmal-Lastschriften).[34] Bei diesen gilt der Widerruf für alle ihm zeitlich nachfolgenden Zahlungen.[35] Wird in diesen Fällen der Zahlungsvorgang trotz Widerrufs ausgelöst, fehlt es an der Autorisierung, d.h. der Zahlungsvorgang ist unwirksam und nach § 675u BGB rückgängig zu machen.

---

[27] BT-Drs. 16/11643, S. 103.
[28] *Sprau* in: Palandt, § 675j Rn. 7.
[29] *Casper/Pfeifle*, WM 2009, 2343, 2344; zur Chipkarte mit allgemeiner Signaturfunktion: *Scheibengruber*, BKR 2010, 15, 17.
[30] Vertiefend *Laitenberger*, NJW 2010, 192, 194; *Casper/Pfeifle*, WM 2009, 2343; *Oechsler*, WM 2010, 1381.
[31] Damit wird Art. 54 Abs. 3 der ZD-Rili umgesetzt.
[32] BGH v. 18.12.1951 - I ZR 94/50 - BGHZ 4, 244, 249: 103, 143, 146.
[33] Vgl. die Einzelheiten direkt bei § 675p BGB.
[34] BT-Drs. 16/11643, S. 106; vertiefend bei § 675x.
[35] BT-Drs. 16/11643, S. 106.

§ 675k BGB Nutzungsbegrenzung

(Fassung vom 29.07.2009, gültig ab 31.10.2009)

(1) In Fällen, in denen die Zustimmung mittels eines Zahlungsauthentifizierungsinstruments erteilt wird, können der Zahler und der Zahlungsdienstleister Betragsobergrenzen für die Nutzung dieses Zahlungsauthentifizierungsinstruments vereinbaren.

(2) ¹Zahler und Zahlungsdienstleister können vereinbaren, dass der Zahlungsdienstleister das Recht hat, ein Zahlungsauthentifizierungsinstrument zu sperren, wenn

1. sachliche Gründe im Zusammenhang mit der Sicherheit des Zahlungsauthentifizierungsinstruments dies rechtfertigen,
2. der Verdacht einer nicht autorisierten oder einer betrügerischen Verwendung des Zahlungsauthentifizierungsinstruments besteht oder
3. bei einem Zahlungsauthentifizierungsinstrument mit Kreditgewährung ein wesentlich erhöhtes Risiko besteht, dass der Zahler seiner Zahlungspflicht nicht nachkommen kann.

²In diesem Fall ist der Zahlungsdienstleister verpflichtet, den Zahler über die Sperrung des Zahlungsauthentifizierungsinstruments möglichst vor, spätestens jedoch unverzüglich nach der Sperrung zu unterrichten. ³In der Unterrichtung sind die Gründe für die Sperrung anzugeben. ⁴Die Angabe von Gründen darf unterbleiben, soweit der Zahlungsdienstleister hierdurch gegen gesetzliche Verpflichtungen verstoßen würde. ⁵Der Zahlungsdienstleister ist verpflichtet, das Zahlungsauthentifizierungsinstrument zu entsperren oder dieses durch ein neues Zahlungsauthentifizierungsinstrument zu ersetzen, wenn die Gründe für die Sperrung nicht mehr gegeben sind. ⁶Der Zahlungsdienstnutzer ist über eine Entsperrung unverzüglich zu unterrichten.

Gliederung

A. Grundlagen 1	I. Betragsobergrenzen 2
B. Anwendungsvoraussetzungen 2	II. Sperren 3

A. Grundlagen

Die Norm entwickelt Betragsobergrenzen für die Nutzung eines ZAuFI. Sie ist zu Lasten des ZDN nicht abdingbar (§ 675i BGB). Abweichungen zu Gunsten des ZDN sind möglich. **1**

B. Anwendungsvoraussetzungen

I. Betragsobergrenzen

Haben der Zahler und sein ZDL vereinbart, dass die Übermittlung der Zustimmung des Zahlers zu verschiedenen Zahlungsvorgängen durch ein ZAuFI erfolgen kann (wie in § 675j Abs. 1 Satz 4 BGB), können sie **Obergrenzen** für die Nutzung des ZAuFI festlegen.¹ Dies kann sich insbesondere zum Schutz vor einem Missbrauch eines ZAuFI durch unberechtigte Dritte anbieten, z.B. Tagesbegrenzung von Überweisungen im Online-Banking oder für Kartenbargeldabhebungen.² **2**

II. Sperren

ZDL und ZDN können vereinbaren, dass der ZDL das ZAuFI unter bestimmten Voraussetzungen sperren darf.³ „**Sperren**" bedeutet, dass das ZAuFI nicht mehr zur Auslösung eines Zahlungsvor- **3**

---

[1] BT-Drs. 16/11643, S. 106.
[2] BT-Drs. 16/11643, S. 106 – Umsetzung des Restteils von Art. 55 Abs. 1 ZD-Rili.
[3] BT-Drs. 16/11643, S. 106.

§ 675k

gangs verwendet werden kann.[4] Davon ist auch der Einzug eines ZAuFI, bspw. einer Zahlungskarte erfasst.[5] Die Vereinbarung einer Sperre ist in **drei Fällen** möglich, wenn
- sachliche Gründe im Zusammenhang mit der Sicherheit des ZAuFI dies rechtfertigen,
- der Verdacht einer nicht autorisierten oder betrügerischen Verwendung des ZAuFI besteht oder
- bei einem ZAuFI mit Kreditgewährung ein wesentlich erhöhtes Risiko besteht, dass der Zahler seiner Zahlungspflicht nicht nachkommen kann.

4 Im Falle einer Sperre ist der ZDL verpflichtet, den Zahler über die Sperrung unter Angabe der hierfür maßgeblichen Gründe möglichst vor, spätestens jedoch unverzüglich nach der Sperrung zu unterrichten. Unter „**unterrichten**" ist zu verstehen, dass der ZDL dem ZDN die Sperre mitzuteilen hat, es sein denn, die Parteien haben im ZDLR (ZDRV) vereinbart, dass die Information nur zur Verfügung gestellt werden muss.[6] In der Unterrichtung sind die Gründe für die Sperrung anzugeben (§ 675k Abs. 2 Satz 3 BGB). Die Angabe von Gründen darf unterbleiben, soweit der ZDL hierdurch gegen gesetzliche Verpflichtungen verstoßen würde (§ 675k Abs. 2 Satz 4 BGB). Der Richtliniengeber dachte hier insbesondere an Verdachtsfälle von Geldwäsche und Terrorismusfinanzierung.[7]

5 Der ZDL ist verpflichtet, das ZAuFI **zu entsperren** oder dieses durch ein neues ZAuFI zu ersetzen, wenn die Gründe für die Sperrung nicht mehr gegeben sind (§ 675k Abs. 2 Satz 5 BGB). Für die Entsperrung bzw. Neuausstellung eines ZAuFI kann der ZDL kein Entgelt verlangen (§ 675f Abs. 4 Satz 2 BGB).[8]

6 Der ZDN ist über eine Entsperrung unverzüglich zu unterrichten (§ 675k Abs. 2 Satz 6 BGB). Diese Pflicht ergibt sich nicht ausdrücklich aus der ZD-Rili. Es handelt sich aber um eine Annexpflicht des ZDL, die sich als Folge der Verpflichtung zur Unterrichtung über die Einrichtung der Sperre sowie zur Entsperrung des ZAuFI aus der ZD-Rili ergibt.[9]

---

[4] BT-Drs. 16/11643, S. 106.
[5] BT-Drs. 16/11643, S. 106.
[6] BT-Drs. 16/11643, S. 106 unter Hinweis auf Art. 248 § 4 Abs. 1 Nr. 4b EGBGB.
[7] BT-Drs. 16/11643, S. 106.
[8] BT-Drs. 16/11643, S. 106.
[9] BT-Drs. 16/11643, S. 106.

§ 675l BGB Pflichten des Zahlers in Bezug auf Zahlungsauthentifizierungsinstrumente

(Fassung vom 29.07.2009, gültig ab 31.10.2009)

¹Der Zahler ist verpflichtet, unmittelbar nach Erhalt eines Zahlungsauthentifizierungsinstruments alle zumutbaren Vorkehrungen zu treffen, um die personalisierten Sicherheitsmerkmale vor unbefugtem Zugriff zu schützen. ²Er hat dem Zahlungsdienstleister oder einer von diesem benannten Stelle den Verlust, den Diebstahl, die missbräuchliche Verwendung oder die sonstige nicht autorisierte Nutzung eines Zahlungsauthentifizierungsinstruments unverzüglich anzuzeigen, nachdem er hiervon Kenntnis erlangt hat.

Gliederung

A. Grundlagen 1	2. Haftung für Fahrlässigkeit 6
B. Anwendungsvoraussetzungen 2	3. Haftung für grobe Fahrlässigkeit 8
I. Objektive Sorgfaltspflichten 2	**C. Prozessuale Hinweise** 15
II. Rechtsfolgen bei Pflichtverletzungen 5	I. Anscheinsbeweis 15
1. Verschuldensunabhängige Haftung 5	II. Kein Abweichen zum Nachteil des ZDN .. 19

A. Grundlagen

Die Norm kodifiziert jene Sorgfaltspflichten, die sich vor Inkrafttreten des Zahlungsdiensterechts (31.10.2009)¹ aus dem allgemeinen Bankvertrag ergeben haben. Der Pflichtenstandard wird jetzt allerdings konkretisiert. Zum Nachteil des ZDN kann nicht abgewichen werden (§ 675e BGB); zu seinen Gunsten sind Abweichungen unbeschränkt möglich.

B. Anwendungsvoraussetzungen

I. Objektive Sorgfaltspflichten

Unmittelbar nach Erhalt eines Zahlungsauthentifizierungsinstruments (ZAuFI) ist der Zahler verpflichtet, alle zumutbaren Vorkehrungen zu treffen, um die personalisierten Sicherheitsmerkmale vor unbefugtem Zugriff zu schützen (§ 675l Satz 1 BGB). Gemeint sind nicht alle personenbezogenen Daten, wie etwa die Kontonummer oder die Kartennummer, sondern lediglich solche Merkmale, die eine Authentifizierung erlauben (z.B. PIN, TAN oder Passwort).² In der Preisgabe von Kartennummer und Ablaufdatum bei Bestellungen per Mailorder oder E-Commerce liegt folglich keine Pflichtverletzung, sondern eine bestimmungsgemäße Verwendung von Kartendaten, ebenso wie in der Hingabe der Karte, auf der diese Daten frei ablesbar sind, beim Präsenzgeschäft.³ Damit beschreibt § 675l BGB einen Teil der Pflichten des ZDN zum Schutze seines ZAuFI vor missbräuchlicher Verwendung.⁴ Ein anderer Teil der Pflichten des ZDN wird sich, nach der Vorstellung des Gesetzgebers, aus der **vertraglichen Vereinbarung** zwischen ihm und seinem ZDL ergeben, da nur diese naturgemäß die jeweiligen Besonderheiten des zu verwendenden ZAuFI gebührend berücksichtigen kann.⁵ Sowohl eine Verletzung der in § 675l BGB genannten als auch der sonstigen vertraglich vereinbarten Pflichten kann eine Haftung des Zahlers im Falle einer missbräuchlichen Nutzung des ZAuFI nach § 675v Abs. 2 BGB begründen.⁶ Die Schadensersatzpflicht in § 675v Abs. 2 BGB setzt voraus, dass der Zahler einen nicht autorisierten Zahlungsvorgang in betrügerischer Absicht oder durch Vorsatz oder grobe Fahrlässigkeit ermöglicht hat.

---

¹ BT-Drs. 16/13669, S. 125.
² BT-Drs. 16/11643, S. 106 – Umsetzung von Art. 56 ZD-Rili.
³ So auch früher schon BGH v. 16.04.2002 - XI ZR 375/00 - NJW 2002, 2234; dazu *Schnauder*, NJW 2003, 849; *Körber*, WM 2004, 563, 564.
⁴ BT-Drs. 16/11643, S. 106.
⁵ BT-Drs. 16/11643, S. 106.
⁶ BT-Drs. 16/11643, S. 107.

§ 675l

3   Der ZDN ist verpflichtet, unmittelbar nach Erhalt eines ZAuFI alle zumutbaren Vorkehrungen zu treffen, um die personalisierten Sicherheitsmerkmale vor unbefugtem Zugriff zu schützen (Satz 1). Diese Pflicht ergab sich früher aus § 241 Abs. 2 BGB. Der Kunde hatte Vorkehrungen zu treffen, um die ihm zugewiesene PIN und TAN zu schützen.[7] Im Rahmen der üblichen Standards ist gegen das Ausspähen von Daten (Phishing) Vorsorge zu treffen.[8] Gibt es Anhaltspunkte für einen objektiven Verdacht auf Phishing, so darf die TAN im Internet nicht eingegeben werden.[9] Zu den schwierigen Fragen, ob und in welchem Umfang Zahlungskarten und PIN getrennt aufzubewahren sind sowie zu den Grundsätzen des in diesem Zusammenhang entwickelten Anscheinsbeweises vgl. Rn. 15.

4   Satz 2 der Norm kodifiziert eine **Anzeigepflicht**, um dem ZDL die Möglichkeit der Sperrung zu eröffnen. Gemeint ist der Verlust und der Diebstahl des ZAuFI, die missbräuchliche Verwendung oder die sonstige nicht autorisierte Nutzung. Wird gegen die Anzeigepflicht verstoßen, so ergeben sich die Rechtsfolgen nicht aus § 675l BGB, sondern aus § 675v BGB. Dies bedeutet, dass der Kunde selbst dann, wenn er unverzüglich angezeigt hat, möglicherweise einen Teil des ihm entstandenen Schadens (bis 150 €) selbst zu tragen hat. Die Anzeige erfolgt **formfrei** – also schriftlich, mündlich, telefonisch, per E-Mail, Fax und sogar auch konkludent. Sie hat unverzüglich nach positiver Kenntnis vom Anzeigetatbestand zu erfolgen – 1,5 Stunden nach positiver Kenntnis dürfte noch unverzüglich sein.[10] Der bloße Verdacht löst die Anzeigepflicht noch nicht aus.[11] Legt der ZDL Wert darauf, dass eine ganz bestimmte Stelle (z.B. der zentrale Sperrannahmedienst) informiert wird, so muss er den Kunden auf diese Möglichkeit so hinweisen, dass dem Kunden die Anzeige wie selbstverständlich und nahe liegend bei dieser Stelle erscheint. Dafür genügen Hinweise in den AGB auf keinen Fall. Denkbar sind Plastikkarten, die im Portemonnaie mitgetragen werden können mit entsprechenden Telefonnummern zum Sperren.

II. Rechtsfolgen bei Pflichtverletzungen

1. Verschuldensunabhängige Haftung

5   Wird ein nicht autorisierter Zahlungsvorgang mit einem verloren gegangenen oder gestohlenen ZAuFI durchgeführt, so kann der ZDL des Zahlers von diesem den Ersatz des hierdurch entstandenen Schadens bis zu einem Betrag von 150 € verlangen (§ 675v Abs. 1 BGB). Dies gilt auch, wenn der Schaden infolge einer sonstigen missbräuchlichen Verwendung eines ZAuFI entstanden ist und der Zahler die personalisierten Sicherheitsmerkmale nicht sicher aufbewahrt hat (§ 675v Abs. 1 Satz 2 BGB). Daraus folgt zunächst einmal, dass der Kunde (ZDN) bei Nutzung eines verloren gegangenen oder gestohlenen ZAuFI oder bei seiner sonstigen missbräuchlichen Verwendung bis zu maximal 150 € in Anspruch genommen werden darf.[12] Bei der Variante „sonstige missbräuchliche Verwendung" ist zusätzlich erforderlich, dass der Zahler die personalisierten Sicherheitsmerkmale nicht sicher aufbewahrt hat. Durch dieses zusätzliche Erfordernis wird ein Verschuldenselement eingeführt, welches im Falle des Verlusts oder Diebstahls für eine Schadensbeteiligung nicht vorausgesetzt wird.[13] Die verschuldensunabhängige, der Höhe nach begrenzte Beteiligung bei Diebstahl oder Verlust wird dadurch gerechtfertigt, dass auch für den Nutzer (ZDN) ein Anreiz bestehen müsse, diese Fälle zu verhindern bzw. nach Verlust oder Diebstahl durch Anzeige so schnell wie möglich das Risiko nicht autorisierter Zahlungen zu verringern.[14]

2. Haftung für Fahrlässigkeit

6   Die Variante „sonstige missbräuchliche Verwendung" wurde eingeführt, um auch solchen ZAuFI Rechnung zu tragen, die kein körperlicher Gegenstand, wie bspw. eine Karte, sind, sondern ein Verfahren, in dem ein personalisiertes Sicherheitsmerkmal, wie die PIN oder TAN oder eine besondere Signatur eingesetzt wird.[15] Solche ZAuFI können nicht im traditionellen Sinne verloren gehen oder ge-

---

[7] *Kind/Werner*, CR 2006, 353.
[8] *Bender*, WM 2008, 2049; *Schulte am Hülse/Klabunde*, MMR 2010, 84.
[9] KG v. 29.11.2010 - 26 U 159/09 - WM 2011, 493.
[10] OLG Frankfurt a.M. v. 15.07.2003 - 19 U 71/03 - NJW-RR 2004, 206.
[11] *Sprau:* in Palandt, § 675l Rn. 8.
[12] BT-Drs. 16/11643, S. 113; Umsetzung von Art. 61 Abs. 1 ZD-Rili.
[13] BT-Drs. 16/11643, S. 113.
[14] BT-Drs. 16/11643, S. 113 unter Hinweis auf Erwägungsgrund 32 der ZD-Rili.
[15] BT-Drs. 16/11643, S. 113.

stohlen werden.[16] Dennoch tritt eine dem Verlust oder Diebstahl vergleichbare Situation ein, wenn der Zahler die Sicherheitsmerkmale nicht sicher aufbewahrt und dadurch eine Fremdnutzung ermöglicht.[17] Anderseits soll die Einschränkung bei der Variante „sonstige missbräuchliche Verwendung" auch verhindern, dass der Inhaber eines ZAuFI trotz sicherer Aufbewahrung bei reinen Drittmissbrauchsfällen eine Schadensbeteiligung tragen muss, bspw. bei der missbräuchlichen Verwendung von Kreditkartendaten, etwa durch Angabe der Nummer und des Gültigkeitsdatums oder sonstiger auf der Karte vermerkter Angaben, ohne dass die Kreditkarte als solche abhandengekommen war.[18] Die auf der Karte aufgedruckten Angaben sind für sich gesehen weder ein ZAuFI, noch stellen sie personalisierte Sicherheitsmerkmale dar.[19] Weitere vergleichbare Fälle, in denen eine Schadensbeteiligung nicht gerechtfertigt ist, sind die Erstellung einer Kartenkopie und die Fälschung einer Unterschrift.[20] In diesen Fällen wäre eine verschuldensunabhängige Haftung sachlich nicht zu begründen.[21]

Wird dem Nutzer aber die Verletzung seiner Pflicht zur sicheren Aufbewahrung der personalisierten Sicherheitsmerkmale nachgewiesen, hat dieser bei leichter Fahrlässigkeit eine Beteiligung von bis zu 150 € zu tragen (Absatz 1), im Falle grober Fahrlässigkeit und Vorsatz den kompletten Schaden, der bis zum Zeitpunkt der Missbrauchsanzeige entstanden ist (Absatz 2).[22] ZDL bleibt es unbenommen, ihren ZDN **günstigere** Nutzungsbedingungen einzuräumen.[23]

3. Haftung für grobe Fahrlässigkeit

Die Richtlinie überlässt dem einzelstaatlichen Recht die Ausgestaltung des Begriffs der Fahrlässigkeit.[24] Dementsprechend kann an die bisherige Rechtsprechung zur Ausdifferenzierung dieses Begriffs angeknüpft werden.[25] Danach ist nicht jedes unsachgemäße oder sorgfaltswidrige Verhalten des ZDN als grob fahrlässig anzusehen.[26] **Grobe Fahrlässigkeit** liegt nur vor, wenn die im Verkehr erforderliche Sorgfalt in ungewöhnlich hohem Maße verletzt wurde, wenn also ganz nahe liegende Überlegungen nicht angestellt oder beiseite geschoben wurden und somit dasjenige unbeachtet geblieben ist, was sich im gegebenen Falle jedem aufgedrängt hätte.[27] Der BGH hat grobe Fahrlässigkeit in einem Fall abgelehnt, in welchem Zahlungskarte und Geheimnummer an verschiedenen Stellen der Wohnung des Karteninhabers verwahrt wurden und ein Unbefugter beides nicht in einem Zugriff erlangen konnte, sondern nach dem Auffinden der einen Unterlage weiter nach der anderen suchen musste.[28]

Umgekehrt kann man aus der Entscheidung des BGH schlussfolgern, dass grobe Fahrlässigkeit immer dann vorliegt, wenn ein Unbefugter Zahlungskarte und Geheimnummer **in einem Zugriff erlangen** kann. Dies ist insbesondere dann der Fall, wenn die PIN auf der Karte vermerkt ist oder die Information der Bank über die PIN in unmittelbarer Nähe der Karte (z.B. im Portemonnaie) verwahrt wird. Dabei müssen die personalisierten Sicherheitsmerkmale (PIN/TAN/Passwort/Signatur) als solche erkennbar und der Karte zuordenbar sein. Wenn jemand z.B. auf seiner eigenen Kreditkarte oder einem schlichten Zettel eine oder mehrere Zahlen vermerkt, so kann das vieles bedeuten. Es können Hinweise auf Telefonnummern oder Nummern für Sicherheitsschlösser (etwa an Koffern) oder Hinweise auf Geburtstage oder Hinweise auf Daten sein, die man aus irgendeinem Grunde benötigt. Bei solchen undifferenzierten und nicht zuordenbaren Zahlen kann derjenige, der sie findet, nicht automatisch davon ausgehen, dass es sich um eine PIN oder TAN handelt, die einer bestimmten Zahlungskarte zugewiesen ist. Andererseits ist es nicht schwierig, die vermerkten Ziffernfolgen mit der ebenfalls gefundenen Karte auszuprobieren, jedenfalls dann, wenn nicht mehr als drei Ziffernfolgen vermerkt sind, weil bei drei fehlerhaften Eingaben die Karte automatisch gesperrt wird. In diesen Fällen wird man sagen können, dass fahrläs-

---

[16] BT-Drs. 16/11643, S. 113.
[17] BT-Drs. 16/11643, S. 113.
[18] BT-Drs. 16/11643, S. 113.
[19] BT-Drs. 16/11643, S. 113.
[20] BT-Drs. 16/11643, S. 113.
[21] BT-Drs. 16/11643, S. 114.
[22] BT-Drs. 16/11643, S. 114.
[23] BT-Drs. 16/11643, S. 114.
[24] Erwägungsgrund 33 ZD-Rili.
[25] BT-Drs. 16/11643, S. 114.
[26] BT-Drs. 16/11643, S. 114.
[27] *Grüneberg* in: Palandt, § 277 Rn. 5 m.w.N.; BT-Drs. 16/11643, S. 114.
[28] BGH v. 17.10.2000 - XI ZR 42/00 - WM 2000, 2421; BT-Drs. 16/11643, S. 114.

siges Verhalten des ZDN im Sinne des § 675v Abs. 1 BGB vorliegt – grob fahrlässiges aber nicht, weil sich der Nutzer immerhin bemüht hat, die Zuordenbarkeit der Ziffern zur Karte durch Neutralisierung des Zahlenvermerks zu verhindern.

10 Dies gilt erst recht, wenn der Karteninhaber die PIN in einer Telefonnummer verschlüsselt und diese zusammen mit der Karte in derselben Tasche verwahrt.[29] Es mag sein, dass das Notieren der PIN-Nummer, als Telefonnummer getarnt, weit verbreitet und nicht sonderlich originell ist. Es mag auch sein, dass sich dem Karteninhaber aufdrängen muss, dass sich der Dieb der Karte zunächst einmal in Notizbüchern, Kalendern o.Ä. auf die Suche nach einer PIN-Eintragung macht. Es ist aber – entgegen der Auffassung des OLG Frankfurt a.M. vom 15.07.2003[30] – nicht so, dass der Karteninhaber in diesem Fall ganz nahe liegende Überlegungen nicht angestellt oder beiseite geschoben hat und somit dasjenige unbeachtet geblieben ist, was sich im gegebenen Fall jedem aufgedrängt hätte. Dies kann schon deshalb nicht so sein, weil ansonsten die Verschlüsselung der PIN in einer Telefonnummer nicht „so weit verbreitet" sein könnte, wie es das OLG annimmt. Vor allem aber können die Nutzer einer Karte nicht wissen, wie andere Nutzer einer Karte mit der Verschlüsselung ihrer PIN umgehen. Den Überblick, den das OLG zu haben meint, hat jedenfalls der einzelne Kartennutzer nicht. Hinzu kommt, dass die Verschlüsselung in einer Telefonnummer immerhin der Versuch ist, die PIN-Nummer vor dem Zugriff unbefugter Dritter zu schützen. Dabei ist zu bedenken, dass Telefonnummern in der Regel 6- bis 8-stellig sind, PIN-Nummern hingegen nur 4-stellig. Das heißt, derjenige, der über die Frage nachdenkt, ob die PIN vielleicht in einer Telefonnummer verschlüsselt ist, muss zunächst einmal ausprobieren, da er nicht weiß, ob die PIN am Anfang oder am Ende oder in der Mitte der Nummer verschlüsselt ist. Es ist also nahe liegend, dass der Dieb am Geldautomaten scheitert, weil er nach drei Versuchen noch immer nicht die richtige PIN heraus hat, z.B. dann, wenn bei einer 8-stelligen Telefonnummer die PIN an fünfter Stelle beginnt.

11 Ganz grundsätzlich stellt sich die Frage, welche Vorkehrungen **zumutbar** sind, um personalisierte Sicherheitsmerkmale vor unbefugtem Zugriff zu schützen. Zumutbar ist es nach der Entscheidung des BGH vom 17.10.2000[31], die Karte und die Geheimnummer in der Wohnung des Karteninhabers so getrennt zu verwahren, dass ein Unbefugter beides nicht in einem Zugriff erlangen kann. Zumutbar ist es, die Geheimzahl nicht auf der Karte zu vermerken oder zusammen mit der Karte, etwa im Originalbrief, in dem sie dem Karteninhaber mitgeteilt wurde, zu verwahren. Zumutbar ist es, die persönliche Geheimzahl keiner anderen Person mitzuteilen und dadurch den Missbrauch auszulösen. Nach Auffassung des KG[32] ist es auch zumutbar, die Karte nicht zusammen mit der PIN in derselben Handtasche aufzubewahren. Damit überspannt das KG die Anforderungen an den ZDN, jedenfalls dann, wenn PIN und Karte in der Handtasche getrennt verwahrt sind, so dass derjenige, der die Karte entwendet (z.B. ein Taschendieb), noch nach der Geheimnummer suchen muss, beides zusammen also nicht in einem Zugriff erlangt. Verlangt man dagegen, dass Karte und Geheimnummer prinzipiell nicht in der Handtasche verwahrt werden dürfen, so bedeutet dies für viele ZDN, dass sie auf die Kartennutzung gerade dann verzichten müssen, wenn sie die Karte besonders dringend brauchen, nämlich beim Einkauf. Ähnlich wie in der Wohnung ist die gemeinsame Verwahrung von Karte und Geheimnummer in der Handtasche zwar unsachgemäß und damit fahrlässig, aber noch nicht grob fahrlässig, weil es nicht jedem einleuchten kann, gerade beim Einkauf auf die Geheimnummer zu verzichten, obwohl man nicht ausschließen kann, dass man diese vergisst.[33]

12 In diesem Sinne hat das AG Frankfurt am 26.05.2009 entschieden, dass jemand, der neben seinem Schreibtisch in seinem unverschlossenen Büro Portemonnaie und Debitkarte im Rucksack zurücklässt, noch nicht gegen die Pflicht zur besonders sorgfältigen Aufbewahrung der Debitkarte verstößt.[34] Wenn Arbeitnehmer, so das Gericht weiter, persönliche Gegenstände, auch wertvoller Art, zu ihrem Arbeitsplatz mitnähmen, welche sie erlaubterweise und typischerweise dorthin mitzunehmen pflegen, müssen sie nicht gegen jeden erdenklichen unbefugten Zugriff, sondern nur im Rahmen des Vorhersehbaren und Zumutbaren, Vorkehrungen treffen.[35] Das OLG Hamm hat am 17.03.1997 bereits das Verschulden eines Bankkunden gänzlich abgelehnt, der seine ec-Karte während des Aufenthaltes in einem anderen

---

[29] A.A. OLG Frankfurt a.M. v. 15.07.2003 - 19 U 71/03 - NJW-RR 2004, 206.
[30] OLG Frankfurt a.M. v. 15.07.2003 - 19 U 71/03 - NJW-RR 2004, 206, 207.
[31] BGH v. 17.10.2000 - XI ZR 42/00 - WM 2000, 2421.
[32] KG Berlin v. 10.01.1992 - 9 U 959/91 - WM 1992, 729.
[33] BGH v. 05.10.2004 - XI ZR 210/03 - BKR 2004, 493, 497.
[34] AG Frankfurt v. 26.05.2009 - 30 C 2223/08 - 45 - VuR 2009, 472-473 (juris zu § 676h BGB).
[35] Ähnlich LG Bonn v. 23.08.2005 - 3 O 126/05 - NJW-RR 2005, 1645.

Gebäudeteil an seinem Arbeitsplatz in einem Aktenkoffer in seinem Büro beließ.[36] Entscheidend war, dass in jenem Teil des Dienstgebäudes kein Publikumsverkehr herrschte und die ec-Karte auch nicht auf den ersten Blick sichtbar und damit einem sofortigen Zugriff ausgesetzt gewesen sei, da sie sich in einer gesonderten Handtasche im Aktenkoffer des Bankkunden befunden habe.

Nach § 675l BGB ist der Zahler verpflichtet, alle zumutbaren Vorkehrungen zu treffen, um die personalisierten Sicherheitsmerkmale vor unbefugtem Zugriff zu schützen, er ist nicht verpflichtet, die Karte selbst, die zwar bestimmte Daten, aber nicht personalisierte Sicherheitsmerkmale enthält, vor unbefugtem Zugriff zu schützen. Damit ist die vor Inkrafttreten von § 675l BGB streitige Frage, ob man die Karte als solche in besonderer Weise, z.B. am Körper,[37] zu verwahren habe, gelöst. Auch hatte der BGH bereits am 05.10.2004[38] festgestellt, dass es keinen allgemeinen Erfahrungssatz des Inhalts gebe, einer Person, der bei einem Straßenfest das Portemonnaie mit der darin befindlichen ec-Karte entwendet werde, sei womöglich von vornherein grob fahrlässige Aufbewahrung zu unterstellen. Fragen dieser Art stellen sich im Rahmen von § 675l und § 675v BGB nicht mehr, da es nur noch um die Frage geht, ob die personalisierten Sicherheitsmerkmale vor unbefugtem Zugriff hinreichend und zumutbar geschützt sind.

13

Dies bedeutet, dass ein Bankkunde – anders als früher – seine Kontroll- und Aufklärungspflichten nicht grob fahrlässig verletzt, wenn er sich nicht zeitnah, spätestens nach zwei bis drei Wochen nach Antragstellung, bei der Bank über den Verbleib der an ihn auf dem Postwege versandten Karte erkundigt.[39] Nach § 675l BGB muss der Kunde erst nach Erhalt eines ZAuFI – aber nicht schon davor – alle zumutbaren Vorkehrungen treffen, um die personalisierten Sicherheitsmerkmale vor unbefugtem Zugriff zu schützen. Erst dann, wenn er diese Merkmale in den Händen hält, hat er eine Schutzpflicht. Eine Verlagerung der Schutzpflicht auf die Übersendung der Karte als solcher würde gegen § 675e Abs. 1 BGB verstoßen, wonach von § 675l BGB nicht zum Nachteil des ZDN abgewichen werden darf.

14

C. Prozessuale Hinweise

I. Anscheinsbeweis

Wird zeitnah nach dem Diebstahl einer ec-Karte unter Verwendung dieser Karte und Eingabe der richtigen persönlichen Geheimzahl (PIN) an Geldausgabeautomaten Bargeld abgehoben, spricht grundsätzlich der Beweis des ersten Anscheins dafür, dass der Karteninhaber die PIN auf der ec-Karte notiert oder gemeinsam mit dieser verwahrt hat, wenn andere Ursachen für den Missbrauch nach der Lebenserfahrung außer Betracht bleiben.[40]

15

Der Beweis des ersten Anscheins kann durch den in Anspruch Genommenen durch Darlegung und Beweis von Tatsachen erschüttert werden, wenn diese die ernsthafte, ebenfalls in Betracht kommende Möglichkeit einer anderen Ursache nahe legen oder wenn feststeht, dass ein schädigendes Ereignis durch zwei verschiedenen Ursachen mit jeweils typischen Geschehensabläufen herbeigeführt worden ist und jede für sich allein den Schaden verursacht haben kann.[41] Dabei kommt es nicht darauf an, ob die eine oder andere Ursachenmöglichkeit nach den Erfahrungen des täglichen Lebens die wahrscheinlichere ist.[42] Der Anscheinsbeweis kann für den Zeitraum Dezember 1999 bis Februar 2003 jedenfalls nicht mit dem Hinweis auf Verletzung der Sicherheitserfordernisse bei Geldautomaten widerlegt werden, denn es bestehen keine Anhaltspunkte für Sicherheitsmängel des PIN-Verschlüsselungssystems bei Geldautomaten.[43]

16

Die Möglichkeit eines Ausspähens der persönlichen Geheimzahl (PIN) durch einen unbekannten Dritten kommt als andere Ursache grundsätzlich nur dann in Betracht, wenn die ec-Karte in einem näheren zeitlichen Zusammenhang mit der Eingabe der PIN durch den Karteninhaber an einem Geldausgabenautomaten oder einem POS-Terminal entwendet worden ist.[44] Der Inhaber einer ec-Karte kann den An-

17

---

[36] OLG Hamm v. 17.03.1997 - 31 U 72/96 - ZIP 1997, 878.
[37] Hinweise auf diese Diskussion von *Strube*, BKR 2004, 497, 501, Anm. zu BGH v. 05.10.2004 - XI ZR 210/03 - BKR 2004, 493.
[38] BGH v. 05.10.2004 - XI ZR 210/03 - BKR 2004, 493 ff.
[39] So aber für das frühere Recht KG Berlin v. 31.10.2005 - 12 U 112/05 - VuR 2006, 109.
[40] BGH v. 05.10.2004 - XI ZR 210/03 - BKR 2004, 493 (Leitsatz 1), dazu kritisch Anm. von *Strube*, BKR 2004, 497, 500 f.; bestätigt für § 675w BGB: AG Hamburg v. 28.09.2010 - 4 C 178/10 - WM 2011, 498.
[41] OLG Brandenburg v. 07.03.2007 - 13 U 69/06 - WM 2007, 2193.
[42] BGH v. 05.10.2004 - XI ZR 210/03 - BKR 2004, 493.
[43] OLG Frankfurt a.M. v. 30.01.2008 - 23 U 38/05 - WM 2008, 534 = ZIP 2008. 774.
[44] BGH v. 05.10.2004 - XI ZR 210/03 - BKR 2004, 493 (Leitsatz 2) = BGHZ 160, 308 = NJW 2004, 3623 = ZIP 2004, 2226 = WM 2004, 2309.

scheinsbeweis nicht erschüttern, wenn er sich auf die abstrakte Gefahr der unberechtigten Ausspähung von Daten und Herstellung von Kartendubletten beruft und gleichzeitig vorträgt, die ec-Karte zuvor ausschließlich in den Schalterräumen seiner Bank eingesetzt zu haben, in der Missbrauchsfälle bisher nie bekannt geworden sind.[45] Eine Bank darf sich im Falle des ec-Karten-Missbrauchs nicht auf den Anscheinsbeweis berufen, wenn sie ihren Kunden in der Möglichkeit beschneidet, diesen zu erschüttern.[46] Dies ist insbesondere dann der Fall, wenn die von der Bank wegen Diebstahls gesperrte Debitkarte bei dem Versuch weiteres Geld abzuheben am Geldautomaten eingezogen und vernichtet wird. Auf diese Weise vereitelt die Bank dem ZDN die Möglichkeit durch Vorlage der eingezogenen Karte zu beweisen, dass die PIN nicht auf der Karte notiert war. Durch eine Untersuchung der eingezogenen Karte hätte durch einen Sachverständigen auch festgestellt werden können, ob die Karte manipuliert wurde.[47] Ferner hätte man die eingezogene Debitkarte auch daktyloskopisch untersuchen lassen können, zumal wenn die Polizei an Hand der an der Geldausgabe gemachten Lichtbilder einen Tatverdächtigen ermittelt hat, dem die Karte aber allein durch ein eingeholtes Lichtbildvergleichsgutachten nicht nachgewiesen werden kann.[48] Dabei wird der Begriff der Beweisvereitelung allgemein in Fällen verwendet, in denen jemand seinem beweispflichtigen Gegner die Beweisführung schuldhaft erschwert oder unmöglich macht. Dies kann vorprozessual oder während des Prozesses durch gezielte oder fahrlässige Handlungen geschehen, mit denen bereits vorhandene Beweismittel vernichtet oder vorenthalten werden.[49]

18 Der Zahler hat dem ZDL oder einer von diesem benannten Stelle den Verlust, den Diebstahl, die missbräuchliche Verwendung oder die sonstige nicht autorisierte Nutzung eines ZAuFI unverzüglich anzuzeigen, nachdem er hiervon Kenntnis erlangt hat (§ 675l Satz 2 BGB). Nach Verlust – oder Missbrauchsanzeige – trägt der ZDN keinen Schaden aus der weiteren Verwendung des ZAuFI, es sei denn, er hat in betrügerischer Absicht zur Entstehung der unautorisierten Zahlung beigetragen (§ 675v Abs. 3 BGB).[50] Der Nutzer trägt ebenfalls keinerlei Schaden, wenn er keine Möglichkeit hatte, eine Verlust- oder Missbrauchsanzeige wirksam zu erstatten, weil der ZDL seiner Pflicht zur Einrichtung einer Stelle zur jederzeitigen Entgegennahme von Anzeigen oder zur Benennung einer solchen Stelle nicht nachgekommen ist.[51]

II. Kein Abweichen zum Nachteil des ZDN

19 Die dem ZDN vertraglich auferlegten Pflichten sind im Streitfall gegebenenfalls durch die Gerichte am Maßstab der gesetzlichen Bestimmungen (§§ 305ff.; 675c ff. BGB) zu überprüfen.[52] Bei einer solchen Inhaltskontrolle wird zu berücksichtigen sein, dass die in Umsetzung der ZD-Rili ergangenen detaillierten Regelungen der §§ 675u-w BGB für die Fälle einer nicht autorisierten, jedoch auf Nutzung eines ZAuFI beruhenden Zahlung, keinen Raum für eine wirksame Vereinbarung der Erhöhung der Beweislast für den Verbraucher oder Verringerung der Beweislast für die das ZAuFI ausgebende Stelle lassen (§ 675e Abs. 1 BGB).[53]

---

[45] OLG Karlsruhe v. 06.05.2008 - 17 U 170/07 - WM 2008, 1549.
[46] AG Frankfurt v. 26.05.2009 - 30 C 2223/08 - 45 - VuR 2009, 472.
[47] AG Frankfurt v. 26.05.2009 - 30 C 2223/08 - 45 - VuR 2009, 472 unter Hinweis auf *Lochter/Schindler*, MMR 2006, 292, 297.
[48] AG Frankfurt v. 26.05.2009 - 30 C 2223/08 - 45 - juris Rn. 87 - VuR 2009, 472 unter Hinweis auf die Urteile des BGH v. 05.10.2004 - XI ZR 210/03 - WM 2004, 2309 = ZIP 2004, 2226; sowie BGH v. 17.06.1997 - X ZR 119/94 - NJW 1998, 79.
[49] BGH v. 17.06.1997 - X ZR 119/94 - NJW 1998, 79.
[50] BT-Drs. 16/11643, S. 114.
[51] BT-Drs. 16/11643, S. 114.
[52] BT-Drs. 16/11643, S. 107.
[53] Erwägungsgrund 33 der ZD-Rili sowie BT-Drs. 16/11643, S. 107.

§ 675m BGB Pflichten des Zahlungsdienstleisters in Bezug auf Zahlungsauthentifizierungsinstrumente; Risiko der Versendung

(Fassung vom 29.07.2009, gültig ab 31.10.2009)

(1) ¹Der Zahlungsdienstleister, der ein Zahlungsauthentifizierungsinstrument ausgibt, ist verpflichtet,

1. unbeschadet der Pflichten des Zahlungsdienstnutzers gemäß § 675l sicherzustellen, dass die personalisierten Sicherheitsmerkmale des Zahlungsauthentifizierungsinstruments nur der zur Nutzung berechtigten Person zugänglich sind,
2. die unaufgeforderte Zusendung von Zahlungsauthentifizierungsinstrumenten an den Zahlungsdienstnutzer zu unterlassen, es sei denn, ein bereits an den Zahlungsdienstnutzer ausgegebenes Zahlungsauthentifizierungsinstrument muss ersetzt werden,
3. sicherzustellen, dass der Zahlungsdienstnutzer durch geeignete Mittel jederzeit die Möglichkeit hat, eine Anzeige gemäß § 675l Satz 2 vorzunehmen oder die Aufhebung der Sperrung gemäß § 675k Abs. 2 Satz 5 zu verlangen, und
4. jede Nutzung des Zahlungsauthentifizierungsinstruments zu verhindern, sobald eine Anzeige gemäß § 675l Satz 2 erfolgt ist.

²Hat der Zahlungsdienstnutzer den Verlust, den Diebstahl, die missbräuchliche Verwendung oder die sonstige nicht autorisierte Nutzung eines Zahlungsauthentifizierungsinstruments angezeigt, stellt sein Zahlungsdienstleister ihm auf Anfrage bis mindestens 18 Monate nach dieser Anzeige die Mittel zur Verfügung, mit denen der Zahlungsdienstnutzer beweisen kann, dass eine Anzeige erfolgt ist.

(2) Die Gefahr der Versendung eines Zahlungsauthentifizierungsinstruments und der Versendung personalisierter Sicherheitsmerkmale des Zahlungsauthentifizierungsinstruments an den Zahler trägt der Zahlungsdienstleister.

Gliederung

A. Grundlagen 1	I. Pflichten des ZDL 2
B. Anwendungsvoraussetzungen 2	II. Versendungsgefahr 8

A. Grundlagen

Korrespondierend zu den Pflichten des ZDN enthält § 675m Abs. 1 BGB die Pflichten des ZDL, der ein ZAuFI ausgibt.[1] Pflichten dieser Art ergaben sich auch schon früher aus dem allgemeinen Bankvertrag.[2] Die Erfüllung dieser Pflichten ergeben sich aus dem Schuldverhältnis zwischen Bank und Kunden – insoweit kann die Bank kein Entgelt verlangen.[3] 1

B. Anwendungsvoraussetzungen

I. Pflichten des ZDL

Der ZDL muss sicherstellen, dass die personalisierten Sicherheitsmerkmale des ZAuFI nur der zur Nutzung berechtigten Person, nicht aber Dritten, zugänglich sind (Nr. 1). Dies bedeutet, dass der ZDL vor allem so genannte **Innentäterattacken** ausschließen muss. Es handelt sich um Angriffe von Bankmitarbeitern, etwa zur Ausspähung des der Verschlüsselung dienenden Institutsschlüssels, oder um An- 2

---

[1] Umsetzung von Art. 57 der ZD-Rili.
[2] Vgl. LG Hamburg v. 04.05.2005 - 326 O 208/04 - WM 2006, 1623.
[3] *Scheibengruber*, BKR 2010, 15, 20.

griffe gegen die im Rechenzentrum des Kreditinstituts ablaufende Software und unbeabsichtigte Sicherheitslücken dieser Software.[4] Solange solche **Innentäterattacken** rein theoretischer Natur sind und bleiben, werden die personalisierten Sicherheitsmerkmale keiner anderen als der zur Nutzung berechtigten Person zugänglich gemacht. Erst dann, wenn es konkrete Hinweise darauf gibt, dass die personalisierten Sicherheitsmerkmale von Dritten möglicherweise ausgespäht werden, könnte ein Verstoß gegen die Ziffer 1 vorliegen. Insbesondere wird der ZDL dann Maßnahmen zur Gegensteuerung ergreifen müssen, wenn es in seinem Hause schon einmal zu einer Innentäterattacke gekommen sein sollte.[5]

3   Auch nicht berechtigten Dritten dürfen die personalisierten Sicherheitsmerkmale nicht zugänglich sein. Der ZDL hat technische Vorkehrungen zu treffen, damit die Merkmale – etwa bei Onlineübermittlung[6], aber auch bei Zusendung per Post oder per Einschreiben – gesichert bleiben. Der ZDL muss ein gegen den Zugriff unberechtigter Dritter abgesichertes PIN- und TAN-System benutzen.[7]

4   Ferner dürfen ZAuFI nicht unaufgefordert dem ZDN zugesandt werden (Nr. 2), weil die unaufgeforderte Zusendung dazu führen kann, dass PIN, TAN oder Signatur in die Hände Dritter (Kinder, Ehegatten, Partner) gelangen, die zufällig die Post öffnen. Die unaufgeforderte Zusendung soll zulässig sein, wenn ein an den ZDN ausgegebenes ZAuFI ersetzt werden muss (Nr. 2). Sinnvoll wäre es in einem solchen Falle den ZDN über den notwendigen Austausch zu unterrichten und mit ihm ein Verfahren der Übergabe zu vereinbaren, das den Missbrauch ausschließt. Unproblematisch ist es, wenn beispielsweise ein Karteninstitut eine Kreditkarte übermittelt, die noch kein ZAuFI – weil noch nicht freigeschaltet – ist. In diesen Fällen liegt keine unaufgeforderte Übersendung eines ZAuFI, sondern das Angebot auf Abschluss eines Kreditkartenvertrags vor. Erst dann, wenn der Kunde dieses Angebot annimmt und die Freischaltung der Karte beantragt, wird ihm gegenüber der Zugang zur PIN eröffnet – erst danach entsteht das ZAuFI.

5   Ferner muss der ZDL dem ZDN die Verlust- oder Missbrauchsanzeige für ein ZAuFI ermöglichen, die der ZDN nach § 675l Satz 2 BGB abgeben muss (Nr. 3). Für den Fall, dass der ZDN eine solche Anzeige gemacht hat, verpflichtet Satz 2 den ZDL, auf Verlangen des ZDN eine Bestätigung hierüber zu geben.[8] Diese muss es dem ZDN ermöglichen, dass er seine Pflichterfüllung beweisen kann. Eine solche Bestätigung kann der ZDN bis mindestens 18 Monate nach Anzeige verlangen.[9]

6   Nachdem eine Verlust- oder Missbrauchsanzeige nach § 675l Satz 2 BGB erfolgt ist, muss umgekehrt der ZDL jede Nutzung des ZAuFI verhindern (Nr. 4). Gelingt dem ZDL dies nicht, so ist der Zahler nicht zum Ersatz von Schäden verpflichtet, die aus der Nutzung des ZAuFI entstanden sin (§ 675v Abs. 3 BGB). Der Zahler ist auch nicht zum Ersatz von Schäden verpflichtet, wenn der ZDL seiner Pflicht, ein System für die Verlust- oder Missbrauchsanzeige bereitzustellen (§ 675m Abs. 1 Nr. 3 BGB), nicht nachgekommen ist (§ 675v Abs. 3 Satz 2 BGB). Etwas anderes gilt dann, wenn der Zahler in betrügerischer Absicht gehandelt hat (§ 675v Abs. 3 Satz 3 BGB).

7   Zur Sicherung des Nachweises für die Anzeige, die der ZDN gegenüber dem ZDL gemacht hat, ist der ZDL auf Anfrage verpflichtet, die Anzeige zu bestätigen (§ 675m Abs. 1 Satz 2 BGB).

II. Versendungsgefahr

8   Die Gefahr der Versendung eines ZAuFI und der Versendung personalisierter Sicherheitsmerkmale des ZAuFI an den Zahler trägt der ZDL (§ 675m Abs. 2 BGB). Dies bedeutet, dass der ZDL des Zahlers bis zu dem Zeitpunkt, zu welchem der Zahler das ZAuFI und die personalisierten Sicherheitsmerkmale erhält, für etwaige Folgen ihrer missbräuchlichen Verwendung einzustehen hat.[10] Erst nach Erhalt kann den ZDN die Pflicht zum Schutz vor unbefugtem Zugriff treffen (§ 675l BGB).

---

[4] BGH v. 05.10.2004 - XI ZR 210/03 - BKR 2004, 493, 496.
[5] BGH v. 05.10.2004 - XI ZR 210/03 - BKR 2004, 493, 496.
[6] Vertiefend *Schulte am Hülse/Klabunde*, MMR 2010, 84, 88.
[7] KG Berlin v. 29.11.2010 - 26 U 159/09 - WM 2011, 493, 496.
[8] BT-Drs. 16/11643, S. 114.
[9] BT-Drs. 16/11643, S. 114.
[10] BT-Drs. 16/11643, S. 114.

Unterkapitel 2 - Ausführung von Zahlungsvorgängen
§ 675n BGB Zugang von Zahlungsaufträgen

(Fassung vom 29.07.2009, gültig ab 31.10.2009)

(1) ¹Ein Zahlungsauftrag wird wirksam, wenn er dem Zahlungsdienstleister des Zahlers zugeht. ²Fällt der Zeitpunkt des Zugangs nicht auf einen Geschäftstag des Zahlungsdienstleisters des Zahlers, gilt der Zahlungsauftrag als am darauf folgenden Geschäftstag zugegangen. ³Der Zahlungsdienstleister kann festlegen, dass Zahlungsaufträge, die nach einem bestimmten Zeitpunkt nahe am Ende eines Geschäftstags zugehen, für die Zwecke des § 675s Abs. 1 als am darauf folgenden Geschäftstag zugegangen gelten. ⁴Geschäftstag ist jeder Tag, an dem der an der Ausführung eines Zahlungsvorgangs beteiligte Zahlungsdienstleister den für die Ausführung von Zahlungsvorgängen erforderlichen Geschäftsbetrieb unterhält.

(2) ¹Vereinbaren der Zahlungsdienstnutzer, der einen Zahlungsvorgang auslöst oder über den ein Zahlungsvorgang ausgelöst wird, und sein Zahlungsdienstleister, dass die Ausführung des Zahlungsauftrags an einem bestimmten Tag oder am Ende eines bestimmten Zeitraums oder an dem Tag, an dem der Zahler dem Zahlungsdienstleister den zur Ausführung erforderlichen Geldbetrag zur Verfügung gestellt hat, beginnen soll, so gilt der vereinbarte Termin für die Zwecke des § 675s Abs. 1 als Zeitpunkt des Zugangs. ²Fällt der vereinbarte Termin nicht auf einen Geschäftstag des Zahlungsdienstleisters des Zahlers, so gilt für die Zwecke des § 675s Abs. 1 der darauf folgende Geschäftstag als Zeitpunkt des Zugangs.

Gliederung

A. Grundlagen	1	I. Wirksamkeit des Zahlungsauftrags	2
B. Anwendungsvoraussetzungen	2	II. Zahlungsaufträge zum vereinbarten Termin	9

A. Grundlagen

Die Norm klärt, von welchem Zeitpunkt an der Zahlungsauftrag wirksam wird. Abweichungen zum Nachteil des ZDN sind nach § 675e BGB nicht möglich – zu seinen Gunsten unbeschränkt. 1

B. Anwendungsvoraussetzungen

I. Wirksamkeit des Zahlungsauftrags

Ein Zahlungsauftrag wird wirksam, wenn er dem ZDL des Zahlers zugeht (§ 675n Abs. 1 Satz 1 BGB). Der Zahlungsauftrag kann dem ZDL des Zahlers sowohl unmittelbar durch den Zahler als auch mittelbar über den Zahlungsempfänger zugehen (§ 675 Abs. 3 Satz 2 BGB).[1] Zugegangen ist der Zahlungsauftrag, wenn er so in den Bereich des Empfängers (ZDL) gelangt ist, dass dieser unter normalen Verhältnissen die Möglichkeit hat, vom Inhalt der Erklärung Kenntnis zu nehmen.[2] Zum Bereich des Empfängers gehören auch die von ihm zur Entgegennahme von Erklärungen bereitgehaltenen Einrichtungen, wie bspw. Bankbriefkasten, das Postfach, das E-Mailpostfach oder der Anrufbeantworter. Vollendet ist der Zugang erst, wenn die Kenntnisnahme durch den Empfänger möglich und nach der Verkehrsanschauung zu erwarten ist.[3] Nimmt der ZDL tatsächlich früher vom Zahlungsauftrag Kenntnis, so liegt darin zugleich der Zugang.[4] 2

Zur Bestimmung des Zugangs eines Zahlungsauftrags ist eine vorherige Beteiligung des ZDL an dem zur Erstellung und Übermittlung des Zahlungsauftrags führenden Prozess unerheblich.[5] Der ZDL muss 3

---

[1] Umsetzung von Art. 64 der ZD-Rili, vgl. BT-Drs. 16/11643, S. 114.
[2] BGH v. 03.11.1976 - VIII ZR 140/75 - BGHZ 67, 271; BGH v. 13.02.1980 - VIII ZR 5/79 - NJW 1980, 990; BGH v. 21.01.2004 - XII ZR 214/00 - NJW 2004, 1320.
[3] BGH v. 19.01.1955 - IV ZR 160/54 - LM § 130 Nr. 2.
[4] *Ellenberger* in: Palandt, § 130 Rn. 5 m.w.N.
[5] BT-Drs. 16/11643, S. 107.

§ 675n

also nicht an Sicherheits- oder Deckungsprüfungen, Informationen über die Nutzung der persönlichen Identifikationsnummer oder bei der Abgabe des Zahlungsversprechens beteiligt sein.[6] Ebenso unerheblich ist der Zeitpunkt, an dem der Zahlungsempfänger seinem ZDL Aufträge, z.B. für das Inkasso von Kartenzahlungen oder Lastschriften, übermittelt oder an dem er von seinem ZDL eine Vorfinanzierung der entsprechenden Beträge (Gutschrift unter Vorbehalt) erhält.[7] Inkassoaufträge sind von Zahlungsaufträgen zu unterscheiden, da sie nicht vom Zahler, unmittelbar oder mittelbar, an seinen ZDL, sondern vom Zahlungsempfänger an dessen ZDL erteilt werden.[8]

4   Fällt der Zeitpunkt des Zugangs nicht auf einen Geschäftstag des ZDL des Zahlers, gilt der Zahlungsauftrag als am darauffolgenden Geschäftstag zugegangen (§ 675n Abs. 1 Satz 2 BGB). Damit wird die schon bisher bestehende Rechtslage in Deutschland europaweit vereinheitlicht.[9]

5   Der ZDL kann festlegen, dass Zahlungsaufträge, die nach einem bestimmten Zeitpunkt nach dem Ende eines Geschäftstags zugehen, für die Zwecke des § 675s Abs. 1 BGB als am darauffolgenden Geschäftstag zugegangen gelten (§ 675n Abs. 1 Satz 3 BGB), Geschäftstag ist jeder Tag, an dem der an der Ausführung eines Zahlungsvorgangs beteiligte ZDL den für die Ausführung von Zahlungsvorgängen erforderlichen Geschäftsbetrieb unterhält (§ 675n Abs. 1 Satz 4 BGB).

6   Die Bestimmung eines Zeitpunkts vor Ende des Geschäftstages (Cut-off-Zeitpunkt genannt) festzulegen (Satz 3), ist erforderlich, um es ZDL zu ermöglichen, geschäftstäglich ihr Rechnungswesen abzuschließen und den Tagesausweis zu erstellen.[10] Auch beim Zahlungsverkehr über das Internet (z.B. Online-Banking) oder über Terminals in Automatenfilialen, die 24 Stunden geöffnet sind, ist eine solche Regelung teilweise erforderlich, weil es in diesem Falle dem Nutzer zwar möglich ist, rund um die Uhr Zahlungsaufträge „abzuschicken", wobei diese jedoch nicht notwendigerweise vom ZDL „rund um die Uhr" bearbeitet werden.[11] Auch in solchen Fällen muss der ZDL einen innertäglichen Zeitpunkt bestimmen können, zu dem er sein Rechnungswesen täglich abschließt.[12] „Ende des Geschäftstages" ist daher so zu verstehen, dass auf die üblichen Schließungszeiten für den physischen Publikumsverkehr abgestellt, d.h. die bisherige Praxis des „Cut-off" beibehalten werden kann.[13] Vor langen Wochenenden oder Feiertagen, zumal über den Monats- oder Jahresultimo übliche Cut-off-Zeiten sollen durch die Regelung ebenso wenig in Frage gestellt werden wie solche infolge reduzierter Öffnungszeiten ländlicher Filialen.[14]

7   In Satz 4 wird der Begriff „Geschäftstag" definiert.[15] Abzustellen ist auf die Unterhaltung des Geschäftsbetriebs bei der maßgeblichen kontoführenden Stelle des jeweils an der konkreten Ausführung beteiligten ZDL. Das entspricht dem Geschäftstag in den §§ 675d Abs. 1 Satz 2 und 675s BGB. Typische Geschäftstage sind Werktage, also weder Samstage noch Sonn- und Feiertage (§ 193 BGB). Keine Geschäftstage sind solche, an denen typischerweise nicht geöffnet ist, wie etwa Heiligabend, Ostern, Pfingsten oder Silvester. Für bestimmte Zahlungsdienste (Bankautomaten) sind alle Tage Geschäftstage, so dass insoweit keine Verzögerung eintritt.[16]

8   In dem Fall, in welchem keine Zahlung von oder auf ein Konto erfolgt, ist für die Bestimmung, ob ein Geschäftstag vorliegt, auf die Unterhaltung des Geschäftsbetriebs der tatsächlich mit dem Zahler oder dem Zahlungsempfänger in Kontakt tretenden Stelle eines ZDL abzustellen.[17] So werden beispielsweise für den Zeitpunkt einer Gutschrift (§ 675t Abs. 1 BGB) in der Regel die Geschäftszeiten des ZDL des Zahlungsempfängers zu beachten sein, unabhängig von denjenigen des ZDL des Zahlers.[18] Dagegen sind für die Bemessung der Ausführungsfrist (§ 675s BGB) in erster Linie die Geschäftszeiten des ZDL des Zahlers ausschlaggebend.[19] Sobald ein Zahlungsauftrag dem ZDL des Zahlers wirk-

---

[6] BT-Drs. 16/11643, S. 107.
[7] BT-Drs. 16/11643, S. 107.
[8] BT-Drs. 16/11643, S. 107.
[9] BT-Drs. 16/11643, S. 107.
[10] BT-Drs. 16/11643, S. 107.
[11] BT-Drs. 16/11643, S. 107.
[12] BT-Drs. 16/11643, S. 107/108.
[13] BT-Drs. 16/11643, S. 108.
[14] BT-Drs. 16/11643, S. 108.
[15] Umsetzung von Art. 4 Nr. 27 der ZD-Rili, BT-Drs. 16/11643, S. 108.
[16] *Grundmann*, WM 2009, 1109, 1115.
[17] BT-Drs. 16/11643, S. 108.
[18] BT-Drs. 16/11643, S. 108.
[19] BT-Drs. 16/11643, S. 108.

sam zugegangen ist, beginnt die Ausführungsfrist (§ 675s BGB) zu laufen, unabhängig von den Geschäftszeiten des ZDL des Zahlungsempfängers.[20] Soweit der Zugang nach dem hierfür definierten „Cut-off-Zeitpunkt" erfolgt, beginnt der Fristablauf erst am nächsten Geschäftstag.[21]

II. Zahlungsaufträge zum vereinbarten Termin

In § 675n Abs. 2 BGB wird der Zugangszeitpunkt für Zahlungsaufträge geregelt, die zu einem bestimmten Termin ausgeführt werden sollen. Es geht zum Beispiel um Daueraufträge oder Lastschriften. Abweichend von Absatz 1 ist für diesen nicht ihr tatsächlicher Zugang beim ZDL des Zahlers ausschlaggebend, sondern der vom ZDN bestimmte Termin. Dies bedeutet, dass die Ausführungsfrist (675s Abs. 1 BGB) erst an diesem Tag beginnt.[22] Hierfür muss der Zahlungsauftrag bereits vor dem Termin beim ZDL des Zahlers zugegangen sein.[23] Somit bleiben Terminüberweisungen auch weiterhin möglich.[24] Da Absatz 2 neutral auf den ZDN abstellt, kann eine solche Vereinbarung im Fall von Zahlungsvorgängen, die vom oder über den Zahlungsempfänger ausgelöst werden, auch vom Zahlungsempfänger mit seinem ZDL geschlossen werden.[25]

---

[20] BT-Drs. 16/11643, S. 108.
[21] BT-Drs. 16/11643, S. 108.
[22] *Sprau* in: Palandt, § 675n Rn. 6.
[23] BT-Drs. 16/11643, S. 108.
[24] BT-Drs. 16/11643, S. 108.
[25] BT-Drs. 16/11643, S. 108 – Art. 64 Abs. 2 ZD-Rili.

§ 675o BGB Ablehnung von Zahlungsaufträgen

(Fassung vom 29.07.2009, gültig ab 31.10.2009)

(1) ¹Lehnt der Zahlungsdienstleister die Ausführung eines Zahlungsauftrags ab, ist er verpflichtet, den Zahlungsdienstnutzer hierüber unverzüglich, auf jeden Fall aber innerhalb der Fristen gemäß § 675s Abs. 1 zu unterrichten. ²In der Unterrichtung sind, soweit möglich, die Gründe für die Ablehnung sowie die Möglichkeiten anzugeben, wie Fehler, die zur Ablehnung geführt haben, berichtigt werden können. ³Die Angabe von Gründen darf unterbleiben, soweit sie gegen sonstige Rechtsvorschriften verstoßen würde. ⁴Der Zahlungsdienstleister darf mit dem Zahlungsdienstnutzer im Zahlungsdiensterahmenvertrag für die Unterrichtung über eine berechtigte Ablehnung ein Entgelt vereinbaren.

(2) Der Zahlungsdienstleister des Zahlers ist nicht berechtigt, die Ausführung eines autorisierten Zahlungsauftrags abzulehnen, wenn die im Zahlungsdiensterahmenvertrag festgelegten Ausführungsbedingungen erfüllt sind und die Ausführung nicht gegen sonstige Rechtsvorschriften verstößt.

(3) Für die Zwecke der §§ 675s, 675y und 675z gilt ein Zahlungsauftrag, dessen Ausführung berechtigterweise abgelehnt wurde, als nicht zugegangen.

Gliederung

A. Grundlagen 1	II. Ausführungspflicht 6
B. Anwendungsvoraussetzungen 2	III. Keine Haftung für nicht erfolgte oder fehler-
I. Unterrichtung bei Ablehnung 2	hafte Ausführung 7

A. Grundlagen

1 Die Norm regelt den Fall, dass der ZDL die Ausführung eines Zahlungsauftrags ablehnt. Die Norm kann zu Lasten des ZDN nicht abbedungen werden (§ 675e BGB); zu Gunsten sind Abweichungen möglich.

B. Anwendungsvoraussetzungen

I. Unterrichtung bei Ablehnung

2 Lehnt der ZDL die Ausführung eines Zahlungsauftrags ab, ist er verpflichtet, den ZDN hierüber unverzüglich, auf jeden Fall aber innerhalb der Fristen nach § 675s Abs. 1 BGB, zu unterrichten (§ 675o Abs. 1 BGB).[1] „Unterrichten" bedeutet, dass der ZDL dem ZDN die Ablehnung grundsätzlich mitzuteilen hat.[2] Nur wenn die Parteien etwas anderes vereinbart haben, kann es ausreichen, dass der ZDL die Ablehnungsunterrichtung zur Verfügung stellt, beispielsweise über den Kontoauszugsdrucker oder über das Online-Banking-Postfach.[3] Für die Einhaltung der Frist (spätestens Ende des auf den Ablehnungszeitpunkt des Zahlungsauftrags folgenden Geschäftstags) soll es ausreichen, dass der ZDL innerhalb der Frist alles in seiner Macht Stehende unternommen hat, damit der ZDN schnellstmöglich unterrichtet wird.[4] Haben die Parteien keine anderweitigen Abreden über die gegenseitigen Kommunikationsmittel getroffen, bleibt, so die Gesetzesbegründung, nur die Zusendung der Information auf dem Postwege, mit der Folge, dass der ZDN aufgrund der Postlaufzeiten womöglich erst nach Ablauf der Frist des § 675s Abs. 1 BGB unterrichtet wird.[5]

3 Dieser Gedankengang des Gesetzgebers ist nicht wirklich überzeugend. Nach dem Wortlaut des Gesetzes kommt es nicht auf Parteivereinbarungen, sondern darauf an, dass die Ablehnung unverzüglich, spätestens innerhalb des folgenden Geschäftstages, den ZDN erreicht. Dem ZDL ist es also unbenom-

---

[1] Umsetzung von Art. 65 der ZD-Rili.
[2] BT-Drs. 16/11643, S. 109.
[3] BT-Drs. 16/11643, S. 109.
[4] BT-Drs. 16/11643, S. 109.
[5] BT-Drs. 16/11643, S. 109.

men, den ZDN anzurufen, eine Nachricht auf dem Anrufbeantworter zu hinterlassen, parallel dazu eine E-Mail zu schicken und evtl. auch noch ein Fax, jeweils verbunden mit der Bitte um Rückruf, damit für den ZDL klar ist, ob er den ZDN erreicht hat. Wenn alle bekannten und zur Verfügung stehenden Kommunikationsmittel den ZDN nicht (sicher) erreichen, muss der ZDL parallel hierzu (und zeitgleich) die Ablehnung auf dem Postwege mitteilen.

In der Unterrichtung hat der ZDL, soweit möglich, auch die Gründe für die Ablehnung sowie die Möglichkeiten anzugeben, wie Fehler, die zur Ablehnung geführt haben, berichtigt werden können (§ 675o Abs. 1 Satz 2 BGB). Die Angabe von Gründen darf unterbleiben, soweit sie gegen sonstige Rechtsvorschriften, wie beispielsweise gegen § 11 Abs. 5 GwG, verstoßen würde.[6] Für **berechtigte** Ablehnungen darf der ZDL mit dem ZDN im ZDRV ein Entgelt für die Unterrichtung vereinbaren (§ 675o Abs. 1 Satz 4 BGB). Die Ablehnung ist beispielsweise berechtigt, wenn das Konto keine Deckung aufweist und der Dispo ausgeschöpft ist. Für unberechtigte Ablehnungen darf kein Entgelt vereinbart werden (§ 675f Abs. 3 BGB). Für Lastschriften im Einzugsermächtigungsverfahren ist die Norm weder direkt noch analog anwendbar – insoweit ist auch bei berechtigten Ablehnungen die Vereinbarung eines Entgelts nicht möglich.[7]

Berechtigt ist das Ablehnen auch dann, wenn der **Widerruf einer Lastschrift** beim ZDL zugeht, bevor der Zahlungsvorgang vom Zahlungsempfänger aufgelöst wird.

II. Ausführungspflicht

Wenn die im ZDRV festgelegten Ausführungsbedingungen erfüllt sind und die Ausführung nicht gegen sonstige Rechtsvorschriften verstößt, so ist der ZDL des Zahlers nicht berechtigt, die Ausführung eines autorisierten Zahlungsauftrages abzulehnen (§ 675o Abs. 2 BGB).[8] Der ZDL ist somit innerhalb eines ZDRV in den Möglichkeiten zur Ablehnung der Ausführung von Zahlungsaufträgen auf die vereinbarten Fälle beschränkt.[9] Der Zahler soll sich in diesem Fall darauf verlassen können, dass ein von ihm erteilter Zahlungsauftrag grundsätzlich ausgeführt wird, und zwar unabhängig davon, ob der Zahlungsvorgang von ihm selbst oder über den Zahlungsempfänger ausgelöst wurde.[10] Hiervon kann der ZDL nur abweichen, wenn er aufgrund anderer Vorschriften, etwa zur Bekämpfung von Geldwäsche oder Terrorismus-Finanzierung, zur Ablehnung verpflichtet ist.[11] In diesen Fällen ist er auch daran gehindert, die Gründe für die Ablehnung des Zahlungsauftrags mitzuteilen.[12] Die Ausführung des Zahlungsauftrags kann gegen sonstige Rechtsvorschriften verstoßen, wenn konkrete Umstände für einen Missbrauch der Vertretungsmacht sprechen.[13] Ist z.B. der Verfügungsberechtigte nicht Kontoinhaber und ist der Kontoinhaber rechtlich oder tatsächlich nicht in der Lage, auf eine Nachfrage eigenverantwortlich einzugehen, weil er beispielsweise minderjährig ist, dann kann die Nachfragepflicht der Bank zur **Weigerungspflicht** erstarken.[14]

III. Keine Haftung für nicht erfolgte oder fehlerhafte Ausführung

Mit § 675o Abs. 3 BGB wird klargestellt, dass ein abgelehnter Zahlungsauftrag als nicht zugegangen gilt. Für eine solchen Zahlungsauftrag haften die ZDL folglich auch nicht für die nicht erfolgte oder fehlerhafte Ausführung (§§ 675y, 675z BGB).[15]

---

[6] BT-Drs. 16/11643, S. 109.
[7] LG Leipzig v. 06.12.2010 - 08 O 1140/10 - juris Rn. 30.
[8] Umsetzung von Art. 65 Abs. 2 ZD-Rili.
[9] BT-Drs. 16/11643, S. 108.
[10] BT-Drs. 16/11643, S. 108.
[11] BT-Drs. 16/11643, S. 108.
[12] BT-Drs. 16/11643, S. 108.
[13] OLG Frankfurt a.M. v. 09.05.2003 - 24 U 128/01 - WM 2003, 2092.
[14] OLG Frankfurt a.M. v. 09.05.2003 - 24 U 128/01 - juris Rn. 27 - WM 2003, 2092.
[15] BT-Drs. 16/11643, S. 109.

§ 675p BGB Unwiderruflichkeit eines Zahlungsauftrags

(Fassung vom 29.07.2009, gültig ab 31.10.2009)

(1) Der Zahlungsdienstnutzer kann einen Zahlungsauftrag vorbehaltlich der Absätze 2 bis 4 nach dessen Zugang beim Zahlungsdienstleister des Zahlers nicht mehr widerrufen.

(2) ¹Wurde der Zahlungsvorgang vom Zahlungsempfänger oder über diesen ausgelöst, so kann der Zahler den Zahlungsauftrag nicht mehr widerrufen, nachdem er den Zahlungsauftrag oder seine Zustimmung zur Ausführung des Zahlungsvorgangs an den Zahlungsempfänger übermittelt hat. ²Im Fall einer Lastschrift kann der Zahler den Zahlungsauftrag jedoch unbeschadet seiner Rechte gemäß § 675x bis zum Ende des Geschäftstags vor dem vereinbarten Fälligkeitstag widerrufen.

(3) Ist zwischen dem Zahlungsdienstnutzer und seinem Zahlungsdienstleister ein bestimmter Termin für die Ausführung eines Zahlungsauftrags (§ 675n Abs. 2) vereinbart worden, kann der Zahlungsdienstnutzer den Zahlungsauftrag bis zum Ende des Geschäftstags vor dem vereinbarten Tag widerrufen.

(4) ¹Nach den in den Absätzen 1 bis 3 genannten Zeitpunkten kann der Zahlungsauftrag nur widerrufen werden, wenn der Zahlungsdienstnutzer und sein Zahlungsdienstleister dies vereinbart haben. ²In den Fällen des Absatzes 2 ist zudem die Zustimmung des Zahlungsempfängers zum Widerruf erforderlich. ³Der Zahlungsdienstleister darf mit dem Zahlungsdienstnutzer im Zahlungsdiensterahmenvertrag für die Bearbeitung eines solchen Widerrufs ein Entgelt vereinbaren.

(5) Der Teilnehmer an Zahlungsverkehrssystemen kann einen Auftrag zugunsten eines anderen Teilnehmers von dem in den Regeln des Systems bestimmten Zeitpunkt an nicht mehr widerrufen.

Gliederung

A. Grundlagen 1	III. Widerruf bei Terminsbestimmung 6
B. Anwendungsvoraussetzungen 2	IV. Vereinbarung einer verlängerten Widerrufsfrist 7
I. Widerruf bis Zugang 2	V. Zahlungsdienstleister untereinander 9
II. Zahlungsvorgang vom Zahlungsempfänger ausgelöst 4	

A. Grundlagen

1 Die Norm klärt, bis zu welchem Zeitpunkt ein Zahlungsauftrag widerrufen werden kann. Dies ist auch für den Widerruf der Zustimmung zu einem Zahlungsvorgang von Bedeutung (§ 675j Abs. 2 BGB). Die Norm kann zu Lasten des Zahlungsdienstnutzers nicht abbedungen werden (§ 675e BGB); zu seinen Gunsten sind Abweichungen möglich.

B. Anwendungsvoraussetzungen

I. Widerruf bis Zugang

2 Grundsätzlich kann der ZDN einen Zahlungsauftrag nach dessen Zugang vom ZDL nicht mehr widerrufen (§ 675p Abs. 1 BGB).[1] Ausnahmen ergeben sich aus den Absätzen 2-4. Damit liegt der Zeitpunkt der Unwiderruflichkeit des Zahlungsauftrages erheblich früher als nach früherem Recht, wonach der Widerruf noch bis zu Erteilung einer Gutschrift beim Empfänger zulässig war.[2] Dies ist einerseits der stärkeren Automatisierung des Zahlungsverkehrs, andererseits den gegenüber der derzeitigen Rechts-

---

[1] Umsetzung von Art. 66 ZD-Rili, BT-Drs. 16/11643, S. 109.
[2] § 675a Abs. 4 BGB a.F.; BGH v. 05.12.2006 - XI ZR 21/06 - BGHZ 170, 121 = WM 2007, 348.

lage extrem verkürzten Ausführungsfristen (§ 675s BGB) geschuldet.[3] Unter diesen Umständen kann die Ausführung von Zahlungsaufträgen ab einem bestimmten Zeitpunkt nicht ohne kostspieligen manuellen Eingriff angehalten werden.[4]

Der Zahlungsauftrag wird allerdings nicht wirksam, wenn dem ZDL vorher oder gleichzeitig ein Widerruf zugeht (§ 130 Abs. 1 Satz 2 BGB). Entscheidend dabei ist allein der Zeitpunkt des Zugangs, nicht der Kenntnisnahme, d.h. der gleichzeitig zugegangene Widerruf ist auch dann wirksam, wenn der Empfänger zunächst von der Erklärung Kenntnis nimmt.[5] Umgekehrt bleibt der verspätet zugegangene Widerruf auch dann wirkungslos, wenn der Empfänger von ihm gleichzeitig mit oder sogar vor der Erklärung Kenntnis erhält.[6] Die Parteien können andere Widerrufsfristen vereinbaren, etwa den Widerruf – wie im früheren Recht – bis zu dem Zeitpunkt, in dem der Überweisungsbetrag dem Kreditinstitut des Begünstigten endgültig zur Gutschrift auf dem Konto des Begünstigten zur Verfügung gestellt wird. Dies kann auch durch AGB geschehen.[7] In diesem Falle sollen auch die Regeln über die Zulässigkeit/Unzulässigkeit eines Direktwiderrufs weiter anzuwenden sein.[8]

II. Zahlungsvorgang vom Zahlungsempfänger ausgelöst

In § 675p Abs. 2 BGB[9] geht es um die Besonderheiten von „Pull"-Zahlungen, also von Zahlungen, die vom oder über den Zahlungsempfänger ausgelöst werden.[10] Hiermit soll einerseits den Besonderheiten von garantierten Zahlungen, wie beispielsweise Kreditkartenzahlungen oder Point-off-Sale-Zahlungen (POS) durch eine noch frühere Unwiderruflichkeit Rechnung getragen werden.[11] Mit der Nutzung der Zahlungskarte am Terminal des Vertragsunternehmens erteilt der Kunde den Zahlungsauftrag – nun ist ein Widerruf nicht mehr möglich. Dies ist wegen der Bargeldersatzfunktion der Karten gerechtfertigt.[12] Andererseits soll auch der im Lastschriftverfahren deutlich länger mögliche Widerruf berücksichtigt werden (Satz 2).[13] Der Begriff Lastschrift wurde im § 1 Abs. 4 ZAG umgesetzt.[14]

Die auf den ersten Blick umständliche Formulierung „vom oder über den Zahlungsempfänger ausgelösten Zahlungsvorgängen" ist der Vielschichtigkeit von Zahlungsvorgängen, die von Empfängerseite angestoßen werden, geschuldet.[15] Während bei der Lastschrift der Zahlungsvorgang tatsächlich „vom" Zahlungsempfänger ausgelöst wird, löst bei Kartenzahlungen der Zahler den Zahlungsvorgang „über den Zahlungsempfänger" aus, da in diesen Fällen der Zahlungsauftrag dem ZDL des Zahlers erst „über den Zahlungsempfänger und dessen ZDL" übermittelt werden muss.[16] Für das Einzugsermächtigungsverfahren spielt diese Vorschrift allerdings keine Rolle, da in der Erteilung einer Einzugsermächtigung kein Zahlungsauftrag des Zahlers an seinen Zahlungsdienstleister liegt.[17] Die Rückgabe einer Lastschrift ist daher kein Widerruf eines Zahlungsauftrags.

III. Widerruf bei Terminsbestimmung

Bei Vereinbarung eines bestimmten Termins für die Ausführung eines Zahlungsauftrags (§ 675n Abs. 2 BGB) ist der Widerruf noch bis zum Ende des Geschäftstags vor dem vereinbarten Termin möglich.[18]

---

3 BT-Drs. 16/11643, S. 109.
4 BT-Drs. 16/11643, S. 109.
5 BGH v. 30.10.1974 - IV ZR 172/73 - NJW 1975, 382.
6 RG v. 25.10.1917 - VI 367/17 - RGZ 91, 63; *Ellenberger* in: Palandt, § 130 Rn. 11; *Einsele* in: MünchKomm-BGB, § 130 Rn. 40 str.
7 *Grundmann*, WM 2009, 1109, 1115.
8 *Grundmann*, WM 2009, 1109, 1115: Direktwiderruf seitens des Kunden an ein anderes als „sein" Institut grundsätzlich unzulässig; anders der Direktwiderruf eines Instituts, BGH v. 25.01.1988 - II ZR 320/87 - BGHZ 103, 143, 145 = WM 1988, 321 = WuB I D 1.-2.88 m. Anm. *Hadding/Häuser*.
9 Umsetzung von Art. 66 Abs. 2 und 3 ZD-Rili.
10 BT-Drs. 16/11643, S. 109.
11 BT-Drs. 16/11643, S. 109.
12 *Nobbe*, WM 2011, 961, 967.
13 BT-Drs. 16/11643, S. 109.
14 Vorgabe von Art. 4 Nr. 28 ZD-Rili.
15 BT-Drs. 16/11643, S. 109.
16 BT-Drs. 16/11643, S. 109.
17 BT-Drs. 16/11643, S. 109.
18 Umsetzung von Art. 66 Abs. 4 ZD-Rili.

IV. Vereinbarung einer verlängerten Widerrufsfrist

7 Nach Absatz 4 ist die Vereinbarung einer verlängerten Widerrufsfrist möglich. Da dies zum Vorteil des ZDN ist, können solche Vereinbarungen auch in Form von AGB getroffen werden. Bei „Pull"-Zahlungen muss einem solchen Widerruf jedoch außerdem der Zahlungsempfänger zustimmen (§ 675p Abs. 4 Satz 2 BGB).[19] Nach Sinn und Zweck dieser Regelung ist ein Widerruf bei „Pull"-Zahlungen jedenfalls dann ausgeschlossen, sobald die Ausführung des Zahlungsvorgangs beendet ist.[20] Eine Rückabwicklung des Zahlungsvorgangs wäre dann nur noch aufgrund von Erstattungsansprüchen des Zahlers möglich.[21]

8 Der ZDL darf mit den ZDN im ZDRV für die Bearbeitung eines solchen Widerrufs ein **Entgelt** vereinbaren (§ 675p Abs. 4 Satz 3 BGB). Das Entgelt muss nach § 675f Abs. 4 BGB angemessen und an den tatsächlichen Kosten des ZDL ausgerichtet sein.[22]

V. Zahlungsdienstleister untereinander

9 § 675p Abs. 5 BGB regelt das Verhältnis von ZDL untereinander. Der Teilnehmer an Zahlungsverkehrssystemen kann einen Auftrag zugunsten eines anderen Teilnehmers von dem in den Regeln des Systems bestimmten Zeitpunkt an nicht mehr widerrufen.[23] Terminologisch kehrt Absatz 5 („widerrufen") zum Wortlaut der Finalitätsrichtlinie zurück.[24] Der Begriff der Zahlungsverkehrssysteme ist in § 1 Abs. 16 des KWG definiert.

---

[19] BT-Drs. 16/11643, S. 109.
[20] BT-Drs. 16/11643, S. 109.
[21] Vgl. ZD-Rili Erwägungsgrund 39; BT-Drs. 16/11643, S. 109.
[22] Umsetzung von Art. 66 Abs. 5 ZD-Rili.
[23] Umsetzung von Art. 66 ZD-Rili.
[24] Art. 5 Finalitäts-Rili, BT-Drs. 16/11643, S. 109.

§ 675q BGB Entgelte bei Zahlungsvorgängen

(Fassung vom 29.07.2009, gültig ab 31.10.2009)

(1) Der Zahlungsdienstleister des Zahlers sowie sämtliche an dem Zahlungsvorgang beteiligte zwischengeschaltete Stellen sind verpflichtet, den Betrag, der Gegenstand des Zahlungsvorgangs ist (Zahlungsbetrag), ungekürzt an den Zahlungsdienstleister des Zahlungsempfängers zu übermitteln.

(2) ¹Der Zahlungsdienstleister des Zahlungsempfängers darf ihm zustehende Entgelte vor Erteilung der Gutschrift nur dann von dem übermittelten Betrag abziehen, wenn dies mit dem Zahlungsempfänger vereinbart wurde. ²In diesem Fall sind der vollständige Betrag des Zahlungsvorgangs und die Entgelte in den Informationen gemäß Artikel 248 §§ 8 und 15 des Einführungsgesetzes zum Bürgerlichen Gesetzbuche für den Zahlungsempfänger getrennt auszuweisen.

(3) Bei einem Zahlungsvorgang, der mit keiner Währungsumrechnung verbunden ist, tragen Zahlungsempfänger und Zahler jeweils die von ihrem Zahlungsdienstleister erhobenen Entgelte.

Gliederung

A. Grundlagen 1	II. Entgelte des ZDL des ZDN 3
B. Anwendungsvoraussetzungen 2	III. Entgelt-Sharing 4
I. Abzugsverbot 2	

A. Grundlagen

Die Norm regelt, dass Entgelte nur verlangt werden können, wenn dies vereinbart wurde. Ansonsten gilt ein striktes Abzugsverbot. Die Norm ist nicht zu Lasten, sondern nur zu Gunsten des ZDN abdingbar (§ 675e BGB).   1

B. Anwendungsvoraussetzungen

I. Abzugsverbot

Die Richtlinie sieht vor, dass im Interesse einer voll integrierten und voll automatisierten Abwicklung von Zahlungen und der Rechtssicherheit der vom Zahler transferierte Betrag dem Konto des ZDL des Zahlungsempfängers **in voller Höhe** gutgeschrieben wird.[1] Aus diesem Grunde darf weder der ZDL des Zahlers noch eine an der Ausführung des Zahlungsauftrags beteiligte zwischengeschaltete Stelle Abzüge vom transferierten Betrag vornehmen.[2] Dies sieht Absatz 1 in Umsetzung von Art. 67 Abs. 1 ZD-Rili vor.[3] Damit wird die frühere Regelung in § 676a Abs. 1 BGB, wonach die Möglichkeit bestand, einen Entgeltabzug zu vereinbaren, ersetzt.[4] Die Regelung in § 675q Abs. 1 BGB schließt nicht aus, für die Erbringung des Zahlungsdienstes im ZDRV ein Entgelt zu vereinbaren (§ 675f Abs. 4 BGB). Dieses Entgelt darf jedoch nicht von den Zahlungsbetrag abgezogen, sondern muss getrennt in Rechnung gestellt werden.[5] Absatz 1 ist nicht auf Zahlungsvorgänge mit Drittschadenbezug anzuwenden (§ 675e Abs. 2 BGB).[6] Das bedeutet, bei Auslandsüberweisungen können zwischen ZDL und ZDN Kürzungen vereinbart werden.   2

II. Entgelte des ZDL des ZDN

Grundsätzlich gilt das Abzugsverbot auch für den ZDL des ZDN.[7] Allerdings erlaubt Art. 67 Abs. 2 ZD-Rili dem ZDL des ZDN mit dem Zahlungsempfänger zu vereinbaren, dass Entgelte für den Ein-   3

---

[1] BT-Drs. 16/11643, S. 109.
[2] BT-Drs. 16/11643, S. 109/110.
[3] BT-Drs. 16/11643, S. 110.
[4] BT-Drs. 16/11643, S. 110.
[5] BT-Drs. 16/11643, S. 110.
[6] BT-Drs. 16/11643, S. 110.
[7] BT-Drs. 16/11643, S. 110.

gang von Zahlungen vor Erteilung der Gutschrift von dem transferierten Betrag abgezogen werden.[8] Wenn eine solche Vereinbarung getroffen ist (§ 675q Abs. 2 Satz 1 BGB), sind dann allerdings der vollständige Betrag des Zahlungsvorgangs und die Entgelte in den Informationen, die dem Zahlungsempfänger nach Eingang eines Geldbetrages zu geben sind, getrennt auszuweisen (Art. 248 § 8 EGBGB). Auf diese Weise können Geldbeträge, die zur Erfüllung einer bestehenden Schuld übermittelt werden, dieser konkreten Schuld zugeschrieben werden.[9] Hiermit reagiert die ZD-Rili insbesondere auf die im grenzüberschreitenden Zahlungsverkehr häufig aufgetretene Situation, wonach aufgrund einer Entgeltregelung zwischen den ZDN und seinem ZDL für Zahlungseingänge aus dem Ausland nur ein gekürzter Betrag gutgeschrieben wurde und der Zahlungsempfänger den Schuldner/Zahler in der Annahme mahnte, dass dieser seine Schuld nicht vollständig erfüllt habe.[10]

III. Entgelt-Sharing

4   Bei einem Zahlungsvorgang, mit dem keine Währungsumrechnung verbunden ist, tragen Zahlungsempfänger und Zahler jeweils die von ihren ZDL erhobenen Entgelte (§ 675q Abs. 3 BGB). Diese so genannte SHARE-Entgeltregelung bedeutet eine Aufteilung der Entgelte dergestalt, dass die beiden beteiligten Zahlungsdienstnutzer (Zahler und Zahlungsempfänger) die Entgelte ihrer jeweiligen ZDL tragen.[11] Bei „Push"-Zahlungen trägt deshalb der Zahler das Entgelt für die Ausführung des Zahlungsauftrages, der Zahlungsempfänger das Entgelt für den Zahlungseingang.[12] Für Zahlungen in Euro oder in den Währungen eines EWR-Staates ist diese Regelung nicht abdingbar (§ 675e Abs. 1 und 4 BGB).[13] Auf Zahlungsvorgänge mit Drittstaatenbezug ist Absatz 3 nicht anzuwenden (§ 675e Abs. 2 BGB). In diesen Fällen können andere Vereinbarungen getroffen werden.

5   Die SHARE-Entgeltregelung bedeutet nicht, dass künftig für die konkrete Ausführung einzelner Zahlungsaufträge Entgelte von ZDL erhoben werden **müssen**.[14] Die insbesondere im Retail-Kundengeschäft für innerdeutsche Zahlungsvorgänge verbreitete Praxis, eingehende Beträge **kostenlos** gutzuschreiben, kann somit aufrechterhalten werden.[15] Auch die VO (EG) Nr. 2560/2001 über grenzüberschreitende Zahlungen in Euro und die darin geregelte Preisgleichheit für innerstaatliche und grenzüberschreitende Zahlungen bleiben unberührt.[16]

---

[8] BT-Drs. 16/11643, S. 110.
[9] BT-Drs. 16/11643, S. 110.
[10] BT-Drs. 16/11643, S. 110.
[11] BT-Drs. 16/11643, S. 110.
[12] BT-Drs. 16/11643, S. 110.
[13] Umsetzung von Art. 52 Abs. 2 ZD-Rili.
[14] BT-Drs. 16/11643, S. 110.
[15] BT-Drs. 16/11643, S. 110.
[16] BT-Drs. 16/11643, S. 110.

§ 675r BGB Ausführung eines Zahlungsvorgangs anhand von Kundenkennungen

(Fassung vom 29.07.2009, gültig ab 31.10.2009)

(1) ¹Die beteiligten Zahlungsdienstleister sind berechtigt, einen Zahlungsvorgang ausschließlich anhand der von dem Zahlungsdienstnutzer angegebenen Kundenkennung auszuführen. ²Wird ein Zahlungsauftrag in Übereinstimmung mit dieser Kundenkennung ausgeführt, so gilt er im Hinblick auf den durch die Kundenkennung bezeichneten Zahlungsempfänger als ordnungsgemäß ausgeführt.

(2) Eine Kundenkennung ist eine Abfolge aus Buchstaben, Zahlen oder Symbolen, die dem Zahlungsdienstnutzer vom Zahlungsdienstleister mitgeteilt wird und die der Zahlungsdienstnutzer angeben muss, damit der andere am Zahlungsvorgang beteiligte Zahlungsdienstnutzer oder dessen Zahlungskonto zweifelsfrei ermittelt werden kann.

(3) Ist eine vom Zahler angegebene Kundenkennung für den Zahlungsdienstleister des Zahlers erkennbar keinem Zahlungsempfänger oder keinem Zahlungskonto zuzuordnen, ist dieser verpflichtet, den Zahler unverzüglich hierüber zu unterrichten und ihm gegebenenfalls den Zahlungsbetrag wieder herauszugeben.

Gliederung

A. Grundlagen 1	II. Kundenkennung 8
B. Anwendungsvoraussetzungen 2	III. Unterrichtung des Zahlers bei Zuordnungsproblemen 9
I. Ordnungsgemäße Ausführung mit Kundenkennung 2	

A. Grundlagen

Die Norm trägt dem massenhaften Zahlungsverkehr Rechnung. Der ZDL darf den Zahlungsvorgang ausschließlich anhand der **Kundenkennung** (eine Abfolge von Buchstaben oder Ziffern) durchführen.   1

B. Anwendungsvoraussetzungen

I. Ordnungsgemäße Ausführung mit Kundenkennung

Die beteiligten ZDL sind berechtigt, einen Zahlungsvorgang ausschließlich anhand der von dem ZDN angegebenen **Kundenkennung** auszuführen (§ 675r Abs. 1 Satz 1 BGB). Wird ein Zahlungsauftrag in Übereinstimmung mit dieser Kundenkennung ausgeführt, **so gilt er** im Hinblick auf den durch die Kundenkennung bezeichneten Zahlungsempfänger als **ordnungsgemäß ausgeführt** (§ 675r Abs. 1 Satz 2 BGB).[1]   2

Haben die an dem Zahlungsvorgang beteiligten ZDL ihn in Übereinstimmung mit der vom ZDN angegebenen Kundenkennung ausgeführt, so gilt der Vorgang im Hinblick auf den Zahlungsempfänger als ordnungsgemäß ausgeführt – eine Haftung des ZDL wegen mangelhafter Ausführung ist folglich ausgeschlossen (§ 675y Abs. 3 BGB).[2] Dies bedeutet, dass die beteiligten ZDL sowie die zwischengeschalteten Stellen zum Abgleich von Kontonummer bzw. Kundenkennung und Empfängername **nicht mehr verpflichtet sind**.[3] Damit ist der im früheren Recht geltende Grundsatz der **formalen Auftragsstrenge** aufgegeben worden.[4] Selbst wenn ein ZDN noch weitere Angaben gemacht haben sollte, aus denen man hätte erkennen können, dass er einen Fehler in der Angabe der Kundenkennung gemacht hat, darf sich der ZDL vollständig auf die Ausführung nach der angegebenen Kundenkennung be-   3

---

[1] Umsetzung eines Teils von Art. 74 ZD-Rili.
[2] BT-Drs. 16/11643, S. 110.
[3] BT-Drs. 16/11643, S. 110.
[4] Zum früheren Recht BGH v. 15.06.2004 - XI ZR 220/03 - NJW 2004, 2517; BGH v. 14.01.2003 - XI ZR 154/02 - NJW 2003, 1389.

§ 675r

schränken.[5] Dies ist, ebenso wie die kurzen Widerrufsfristen, erforderlich, um die verkürzten EWR-weiten Ausführungsfristen zu ermöglichen, die nur durch eine vollautomatisierte Bearbeitung ohne jegliche manuelle Intervention gewahrt werden können.[6]

4 Für den ZDN entstehen bei der Abwicklung von Zahlungsvorgängen ausschließlich über die Kundenkennung erhebliche Risiken. Deshalb ist er verpflichtet, „eine Struktur zu wählen, die eine wirksame automatische Vorabprüfung der Kundenkennung einschließlich der Zuordnung zu einem bestimmten Nutzer ermöglicht".[7] Dies kann durch die Einführung von Prüfziffern geschehen.[8]

5 Allerdings heißt es im Wortlaut des § 675r Abs. 1 BGB, dass die beteiligten ZDL **berechtigt**, aber nicht etwa **verpflichtet** sind, einen Zahlungsvorgang ausschließlich anhand der Kundenkennung auszuführen. Erkennt die ausführende Bank – aus welchen Gründen auch immer –, dass die vom ZDN angegebene Kundenkennung nur falsch sein kann, so ist der ZDL nach dem Rechtsgedanken des § 675r Abs. 3 BGB vor Ausführung des Zahlungsvorganges verpflichtet, den Zahler unverzüglich über den Fehler zu unterrichten (vertragliche Warnpflicht)[9] und ihm ggf. den Zahlungsbetrag wieder herauszugeben. Dies bedeutet, dass es für die beteiligten ZDL zwar keine Pflicht zum Abgleich zwischen Kontonummer und Empfängernamen mehr gibt, dass der ZDL dann aber, wenn er einen solchen Abgleich durchgeführt hat, ihm sonst Fehler des ZDN offenbar werden, den ZDN vor Zahlungsausführung über den Fehler zu informieren und auf Berichtigung zu drängen hat. Führt der ZDL trotz Kenntnis von der Fehlerhaftigkeit des Zahlungsauftrages diesen aus, so liegt kein autorisierter Zahlungsvorgang vor, d.h. der ZDL hat keinen Anspruch auf Erstattung seiner Aufwendungen (§ 675u BGB).

6 Wird der Zahlungsvorgang allerdings vollautomatisiert im Rahmen des beleglosen Überweisungsverkehrs ohne jegliche manuelle Intervention ausgeführt, so gilt er mit Blick auf den Zahlungsempfänger als ordnungsgemäß, wenn die ZDL mit der angegebenen Kundenkennung gearbeitet haben.[10] In diesem Falle hat der die fehlerhafte Kundenkennung benutzende ZDN in Ermangelung einer Leistungsbeziehung zum Empfänger gegen diesen einen Bereicherungsanspruch nach den Grundsätzen der Eingriffskondiktion (§§ 812, 818 Abs. 2 BGB).

7 Verfälscht dagegen ein ZDL die vom ZDN angegebene Kundenkennung und ersetzt diese beispielsweise durch eine andere, so ist die Ausführung des Zahlungsauftrages nicht mehr ordnungsgemäß und auch nicht autorisiert. In diesem Falle hat der ZDL des Zahlers gegen diesen keinen Anspruch auf Erstattung seiner Aufwendungen (§ 675u BGB). Er ist umgekehrt verpflichtet, dem Zahler den Zahlungsbetrag unverzüglich zu erstatten und, sofern der Betrag einem Zahlungskonto belastet worden ist, dieses Zahlungskonto wieder auf den Stand zu bringen, auf dem es sich ohne die Belastung durch den nicht autorisierten Zahlungsvorgang befunden hätte (§ 675u BGB). Außerdem ist in einem solchen Falle zu prüfen, ob der ZDN gegen den ZDL nach allgemeinen Grundsätzen (§§ 280 Abs. 1, 826 BGB) einen Anspruch auf Schadensersatz – z.B. wegen entgangener Zinsen – hat. Der ZDL, der die Kundenkennung verfälscht hat, erlangt durch die Ausführung des verfälschten Auftrags einen unmittelbaren Bereicherungsanspruch gegen den Zahlungsempfänger.[11]

II. Kundenkennung

8 Eine Kundenkennung ist eine Abfolge aus Buchstaben, Zahlen oder Symbolen, die dem ZDN vom ZDL mitgeteilt wird und der ZDN angeben muss, damit der andere am Zahlungsvorgang beteiligte ZDN oder dessen Zahlungskonto zweifelsfrei ermittelt werden kann (§ 675r Abs. 2 BGB).[12] Aus dieser Definition ergibt sich, dass es dem ZDL obliegt, die Kundenkennungen zu bestimmen, ggf. verschiedene für die jeweiligen Zahlungsverfahren.[13] Für SEPA-Überweisungen ist nach den bisherigen Vereinbarungen der europäischen Kreditwirtschaft die „IBAN", die „International Bank Account Num-

---

[5] So ausdrücklich Art. 74 Abs. 3 ZD-Rili, BT-Drs. 16/11643, S. 110.
[6] BT-Drs. 16/11643, S. 110.
[7] *Sprau:* in Palandt, § 675r Rn. 2.
[8] *Rauhut,* ZBB 2009, 32, 43; zur IBAN *Scheibengruber/Breidenstein,* WM 2009, 1393.
[9] BGH v. 06.05.2008 - XI ZR 56/07 - BGHZ 176, 281 (Rn. 14) = WM 2008, 1252 = ZIP 2008, 1222.
[10] So auch schon für das frühere Recht AG München v. 18.06.2007 - 222 C 5471/07 - NJW 2008, 2275 = WM 2008, 1451; dazu *Rauhut,* ZBB 2009, 32 ff.; *Wolters,* VuR 2009, 16 ff.; *Pauli,* NJW 2008, 2229.
[11] BGH v. 21.06.2005 - XI ZR 152/04 - WM 2005, 1564 = ZIP 2005, 1448.
[12] Umsetzung von Art. 4 Nr. 21 ZD-Rili.
[13] BT-Drs. 16/11643, S. 110.

ber", die festgelegte Kundenkennung.[14] Eine solche Festlegung und international standardisierte Struktur von Bank- und Kontodaten ermöglichen eine vollständige Automatisierung des Datenaustausches zwischen Banken verschiedener Staaten.[15]

III. Unterrichtung des Zahlers bei Zuordnungsproblemen

Nach § 675r Abs. 3 BGB ist der ZDL des Zahlers verpflichtet, diesen unverzüglich zu unterrichten, wenn die Kundenkennung erkennbar keinem Zahlungsempfänger oder keinem Zahlungskonto zuzuordnen ist.[16] Die Unmöglichkeit der Zuordnung einer Zahlung ist für den ZDL des Zahlers erkennbar, wenn sie das Ergebnis einer technisch möglichen, automatisierten Überprüfung ist.[17] Ein manuelles Eingreifen kann vom ZDL nicht verlangt werden.[18] Erkennt der ZDL aus anderen Gründen, dass die Kundenkennung keinem Zahlungsempfänger oder keinem Zahlungskonto zuzuordnen ist – z.B. weil man ausnahmsweise eine nicht automatisierte, manuelle Überprüfung von Kontonummer und Kontoempfänger im Vergleich zur Kundenkennung durchgeführt hat, so ist der ZDL auch in diesem Fall verpflichtet, den Zahler unverzüglich hierüber zu unterrichten.

9

Wurde der Zahler bereits mit dem Zahlungsbetrag belastet, ist ihm der Zahlungsbetrag unverzüglich wieder herauszugeben, also gutzuschreiben.[19] Da der Zahler die Ursache für die Belastung selbst gesetzt hat und sein ZDL den Zahlungsbetrag weitergeleitet hat, kommt nur eine unverzügliche Erstattung bzw. Wiedergutschrift in Betracht; eine valutarische Korrektur ist in diesem Fall nicht geboten.[20] Der ZDL kann unter Umständen gegen den ZDN wegen Verletzung der Pflicht, die ihm mitgeteilte ordnungsgemäße Kundenkennung zu verwenden, Anspruch auf Schadensersatz (Zinsverlust) nach den §§ 280 Abs. 1, 241 Abs. 2 BGB haben.

10

---

[14] BT-Drs. 16/11643, S. 110.
[15] BT-Drs. 16/11643, S. 110.
[16] Das entspricht Erwägungsgrund 48 der ZD-Rili, der den Mitgliedstaaten die Möglichkeit einräumt, dem ZDL eine solche Pflicht aufzuerlegen: BT-Drs. 16/11643, S. 111; hierzu *Bitter*, WM 2010, 1725, 1729.
[17] BT-Drs. 16/11643, S. 111.
[18] BT-Drs. 16/11643, S. 111.
[19] BT-Drs. 16/11643, S. 111.
[20] BT-Drs. 16/11643, S. 111.

§ 675s BGB Ausführungsfrist für Zahlungsvorgänge

(Fassung vom 29.07.2009, gültig ab 31.10.2009)

(1) ¹Der Zahlungsdienstleister des Zahlers ist verpflichtet sicherzustellen, dass der Zahlungsbetrag spätestens am Ende des auf den Zugangszeitpunkt des Zahlungsauftrags folgenden Geschäftstags beim Zahlungsdienstleister des Zahlungsempfängers eingeht; bis zum 1. Januar 2012 können ein Zahler und sein Zahlungsdienstleister eine Frist von bis zu drei Geschäftstagen vereinbaren. ²Für Zahlungsvorgänge innerhalb des Europäischen Wirtschaftsraums, die nicht in Euro erfolgen, können ein Zahler und sein Zahlungsdienstleister eine Frist von maximal vier Geschäftstagen vereinbaren. ³Für in Papierform ausgelöste Zahlungsvorgänge können die Fristen nach Satz 1 um einen weiteren Geschäftstag verlängert werden.

(2) ¹Bei einem vom oder über den Zahlungsempfänger ausgelösten Zahlungsvorgang ist der Zahlungsdienstleister des Zahlungsempfängers verpflichtet, den Zahlungsauftrag dem Zahlungsdienstleister des Zahlers innerhalb der zwischen dem Zahlungsempfänger und seinem Zahlungsdienstleister vereinbarten Fristen zu übermitteln. ²Im Fall einer Lastschrift ist der Zahlungsauftrag so rechtzeitig zu übermitteln, dass die Verrechnung an dem vom Zahlungsempfänger mitgeteilten Fälligkeitstag ermöglicht wird.

Gliederung

A. Grundlagen 1
B. Anwendungsvoraussetzungen 5
I. Auf den Zugangszeitpunkt folgender Geschäftstag 5
II. Vereinbarte Fristen 7

A. Grundlagen

1 Mit § 675s BGB werden maximale Ausführungszeiten für alle Zahlungsvorgänge vorgeschrieben, unabhängig davon, von wem sie angestoßen wurden.[1] Grundsätzlich muss der ZDL des Zahlers sicherstellen, dass der Zahlungsbetrag spätestens am Ende des auf den Zugangszeitpunkt des Zahlungsauftrages folgenden Geschäftstags beim ZDL des Zahlungsempfängers eingeht (§ 675s Abs. 1 Satz 1 BGB).[2] Für Zahlungsvorgänge innerhalb des EWR, die nicht in Euro erfolgen, kann eine Frist von max. **vier** Geschäftstagen vereinbart werden (§ 675s Abs. 1 Satz 2 BGB). Für in Papierform ausgelöste Zahlungsvorgänge können die Fristen nach Satz 1 um einen weiteren Geschäftstag verlängert werden (§ 675s Abs. 1 Satz 3 BGB).

2 Die Ausführungsfristen gelten für **alle Arten** von Zahlungsvorgängen, bei denen ein Zahlungsbetrag – ggf. auch über Zwischengeschaltete Institute – weitergeleitet wird, unabhängig davon, ob Zahler oder Zahlungsempfänger ein Zahlungskonto unterhalten.[3] Dies bedeutet, dass ZDL des Zahlungsempfängers so zu verstehen ist, dass auch der ZDL gemeint ist, bei dem ein Zahlungsempfänger Geldbeträge entgegennimmt, ohne dass er mit diesem in einer ZDRV-Beziehung steht.[4] Hintergrund ist das Geschäftsmodell von ZDL, die Finanztransfergeschäfte anbieten, bei denen einem Zahlungsempfänger, der kein Zahlungskonto hat, Geldbeträge verfügbar gemacht werden können.[5] Das Finanztransfergeschäft (§ 1 Abs. 1a Satz 2 Nr. 6 KWG) gleicht der Überweisung, da es die Entgegennahme von Geld des Auftraggebers an einem Ort und dessen Auszahlung an den Empfänger an einem anderen Ort zum Gegenstand hat.[6] Typischerweise erfolgen Ein- und Auszahlung in bar, können aber auch mittels Buch-

---

[1] Umsetzung von Artt. 68, 69 und teilweise Art. 70 ZD-Rili.
[2] So BPatG v. 17.02.2011 - 30 W (pat) 99/10.
[3] BT-Drs. 16/11643, S. 111.
[4] BT-Drs. 16/11643, S. 111; dies ergibt sich aus Art. 70 ZD-Rili.
[5] BT-Drs. 16/11643, S. 111.
[6] *Reimer/Wilhelm*, BKR 2008, 234.

geld erfolgen.[7] Es dient vorwiegend der Abwicklung von Zahlungsaufträgen aus Industrieländern in Schwellen- und Entwicklungsländern, die in Ermangelung eines funktionsfähigen Bankensystems keine herkömmlichen Kontoüberweisungen zulassen.[8] Dies ist der Grund, warum mit dem ZDL, bei dem der Zahlungsempfänger den Geldbetrag entgegennimmt, regelmäßig kein ZDRV besteht.[9]

Absatz 1 gilt sowohl für vom Zahler als auch für vom oder über den Zahlungsempfänger angestoßene Zahlungen.[10] Es geht um Zahlungsaufträge (§ 675f BGB), daher sind Lastschriften im Einzugsermächtigungsverfahren nicht erfasst.[11] Für vom oder über den Empfänger angestoßene Zahlungen regelt Absatz 2 außerdem die Frist zur Weiterleitung von Zahlungsaufträgen.[12] Im Gegensatz zu Absatz 1, wo es um den Geldfluss geht, betrifft die Frist hier nur den Weisungsfluss.[13]

Die Regelung zur Ausführungsfrist wird durch die Vorschriften über die Zeitpunkte der Wertstellung und Verfügbarkeit (§ 675t BGB) vervollständigt.[14] Bei **Filialüberweisungen**, bei denen nur ein ZDL beteiligt ist (Konto von Zahler und Empfänger im gleichen Hause), ist § 675t Abs. 1 BGB vorrangig anzuwenden.[15] In diesem Fall bedarf es keiner Ausführungsregelung, da der ZDL den Geldbetrag bereits mit der Entgegennahme durch den Zahler erhalten hat.[16] Dies ergibt sich auch aus dem Rechtsgedanken des § 675t Abs. 2 BGB, wenn ein Verbraucher Bargeld auf ein Zahlungskonto bei einem ZDL einzahlt.[17]

B. Anwendungsvoraussetzungen

I. Auf den Zugangszeitpunkt folgender Geschäftstag

Die Zahlungsvorgänge müssen bis zum Ende des folgenden Geschäftstages ausgeführt werden (§ 675s Abs. 1 Satz 1 BGB). Bis zum 01.01.2012 kann eine Ausführungsfrist von höchstens **drei** Geschäftstagen vereinbart werden.[18] Nur für beleggebundene und daher erst nach Umwandlung automatisiert zu verarbeitende Zahlungsvorgänge können diese Fristen nochmals um einen weiteren Geschäftstag verlängert werden (Satz 3). Von diesen Fristen kann aufgrund vertraglicher Vereinbarung nur für Zahlungen innerhalb des EWR in einer anderen EWR-Währung – also Euro – abgewichen werden.[19] Es kann also max. eine 4-tägige Ausführungsfrist vereinbart werden, allerdings ohne die Möglichkeit einer Verlängerung für beleggebundene Zahlungen.[20]

Die Ausführungsfrist beginnt mit dem Tag, an welchem der Zahlungsauftrag dem ZDL des Zahlers zugeht (§ 675n Abs. 1 BGB). Fällt der Zeitpunkt des Zugangs nicht auf einen Geschäftstag des ZDL des Zahlers, gilt der Zahlungsauftrag als am darauf folgenden Geschäftstag zugegangen (§ 675n Abs. 1 Satz 2 BGB). Der Zahlungsbetrag muss beim ZDL des Zahlungsempfängers innerhalb der Ausführungsfrist **eingehen**.[21] Für Drittstaatenzahlungen, also für die Erbringung von Zahlungsdiensten in der Währung eines Staates außerhalb des EWR (§ 675d Abs. 1 BGB) gilt Absatz 1 nicht (§ 675e Abs. 2 BGB).

II. Vereinbarte Fristen

Durch § 675s Abs. 2 BGB wird der ZDL des Zahlungsempfängers für Zahlungen, die vom oder über den Empfänger angestoßen werden (beispielsweise Lastschrift- oder Kreditkartenzahlungen) verpflichtet, den Zahlungsauftrag innerhalb der mit dem Zahlungsempfänger vereinbarten Frist weiterzu-

---

[7] Vgl. Merkblatt der BaFin zum Finanztransfergeschäft vom 01.08.2006 in der Fassung vom 15.12.2006 unter www.bafin.de (abgerufen am 16.10.2012).
[8] *Reimer/Wilhelm*, BKR 2008, 234.
[9] BT-Drs. 16/11643, S. 111.
[10] BT-Drs. 16/11643, S. 111.
[11] *Franck/Massari*, WM 2009, 1117, 1120.
[12] BT-Drs. 16/11643, S. 111.
[13] BT-Drs. 16/11643, S. 111.
[14] Umsetzung von Art. 73 ZD-Rili.
[15] BT-Drs. 16/11643, S. 111.
[16] BT-Drs. 16/11643, S. 111.
[17] BT-Drs. 16/11643, S. 111 – in Anlehnung an Art. 71 ZD-Rili.
[18] BT-Drs. 16/11643, S. 111.
[19] BT-Drs. 16/11643, S. 111.
[20] BT-Drs. 16/11643, S. 111 – Umsetzung von Art. 68 Abs. 2 ZD-Rili.
[21] BT-Drs. 16/11643, S. 111.

leiten.[22] Für Lastschriften muss die Weiterleitung jedenfalls so rechtzeitig erfolgen, dass die Verrechnung zwischen den beteiligten ZDL an dem zwischen Zahler und Empfänger vereinbarten Fälligkeitstag ermöglicht wird.[23]

8 Es ist erwogen worden, auf eine ausdrückliche Umsetzung von Art. 69 Abs. 3 ZD-Rili zu verzichten.[24] Denn wenn zwischen den Vertragsparteien bereits eine vertragliche Vereinbarung über die Frist zur Weiterreichung des Einzugsauftrags besteht, ist eine gesetzlich normierte Pflicht, die vertragliche Vereinbarung einzuhalten, entbehrlich.[25] Dennoch hat sich der Gesetzgeber entschlossen, diesen Absatz in das Gesetz aufzunehmen.[26] Es wurde befürchtet, dass ZDL auf der Zahlungsempfängerseite ohne eine vergleichbare Regelung womöglich Einzugsaufträge unbearbeitet liegen lassen.[27] Ferner wurde vorgetragen, dass die Festlegung einer konkreten Weitergabefrist für die Weiterleitung von Einzugs- oder Inkassoaufträgen den verschiedenen „Pull"-Zahlungsverfahren (z.B. Lastschriftverfahren, Kreditkartenzahlung) nicht ausreichend Rechnung hätte tragen können.[28] Letztlich verdeutlicht § 675s Abs. 2 BGB, dass zwischen Zahlungsempfänger und dessen ZDL die Vereinbarung über die Weiterleitungsfrist maßgeblich ist.[29] Bei Pull-Zahlungen ohne Zahlungsauftrag – gemeint sind Lastschriften im Einzugsermächtigungsverfahren – wird eine entsprechende vertragliche Verpflichtung des ZDL vorgeschlagen.[30]

---

[22] BT-Drs. 16/11643, S. 111.
[23] BT-Drs. 16/11643, S. 111 – Umsetzung von Art. 69 Abs. 3 ZD-Rili.
[24] BT-Drs. 16/11643, S. 111/112.
[25] BT-Drs. 16/11643, S. 112.
[26] BT-Drs. 16/11643, S. 112 „Zentrale Kompromissregelung".
[27] BT-Drs. 16/11643, S. 112.
[28] BT-Drs. 16/11643, S. 112.
[29] BT-Drs. 16/11643, S. 112.
[30] *Laitenberger*, NJW 2010, 192, 195.

§ 675t BGB Wertstellungsdatum und Verfügbarkeit von Geldbeträgen

(Fassung vom 29.07.2009, gültig ab 31.10.2009)

(1) ¹Der Zahlungsdienstleister des Zahlungsempfängers ist verpflichtet, dem Zahlungsempfänger den Zahlungsbetrag unverzüglich verfügbar zu machen, nachdem er auf dem Konto des Zahlungsdienstleisters eingegangen ist. ²Sofern der Zahlungsbetrag auf einem Zahlungskonto des Zahlungsempfängers gutgeschrieben werden soll, ist die Gutschrift, auch wenn sie nachträglich erfolgt, so vorzunehmen, dass der Zeitpunkt, den der Zahlungsdienstleister für die Berechnung der Zinsen bei Gutschrift oder Belastung eines Betrags auf einem Zahlungskonto zugrunde legt (Wertstellungsdatum), spätestens der Geschäftstag ist, an dem der Zahlungsbetrag auf dem Konto des Zahlungsdienstleisters des Zahlungsempfängers eingegangen ist. ³Satz 1 gilt auch dann, wenn der Zahlungsempfänger kein Zahlungskonto unterhält.

(2) ¹Zahlt ein Verbraucher Bargeld auf ein Zahlungskonto bei einem Zahlungsdienstleister in der Währung des betreffenden Zahlungskontos ein, so stellt dieser Zahlungsdienstleister sicher, dass der Betrag dem Zahlungsempfänger unverzüglich nach dem Zeitpunkt der Entgegennahme verfügbar gemacht und wertgestellt wird. ²Ist der Zahlungsdienstnutzer kein Verbraucher, so muss dem Zahlungsempfänger der Geldbetrag spätestens an dem auf die Entgegennahme folgenden Geschäftstag verfügbar gemacht und wertgestellt werden.

(3) Eine Belastung auf dem Zahlungskonto des Zahlers ist so vorzunehmen, dass das Wertstellungsdatum frühestens der Zeitpunkt ist, an dem dieses Zahlungskonto mit dem Zahlungsbetrag belastet wird.

Gliederung

A. Grundlagen 1	II. Verfügbarkeit und Wertstellung bei Bareinzahlungen 11
B. Anwendungsvoraussetzungen 2	
I. Wertstellungszeitpunkt bei Gutschriften 2	III. Wertstellung von Belastungen 12

A. Grundlagen

Die Norm verpflichtet den ZDL, den Zahlungsbetrag unverzüglich verfügbar zu machen (Wertstellung). Materiell wird an die frühere Wertstellungsrechtsprechung des BGH angeknüpft.[1]   1

B. Anwendungsvoraussetzungen

I. Wertstellungszeitpunkt bei Gutschriften

Der ZDL des Zahlungsempfängers ist verpflichtet, diesem den Zahlungsbetrag unverzüglich verfügbar zu machen, nachdem er auf dem Konto des ZDL eingegangen ist (§ 675t Abs. 1 Satz 1 BGB). Sofern der Zahlungsbetrag auf einem Zahlungskonto des Zahlungsempfängers **gutgeschrieben** werden soll, ist die Gutschrift, auch wenn sie nachträglich erfolgt, so vorzunehmen, dass der Zeitpunkt, den der ZDL für die Berechnung der Zinsen bei Gutschrift oder Belastung eines Betrages auf einem Zahlungskonto zugrunde legt (Wertstellungsdatum), spätestens der Geschäftstag ist, an dem der Zahlungsbetrag auf dem Konto des ZDL des Zahlungsempfängers eingegangen ist (§ 675t Abs. 1 Satz 2 BGB). Dies gilt auch dann, wenn der Zahlungsempfänger kein Zahlungskonto unterhält (§ 675t Abs. 1 Satz 3 BGB).   2

Mit diesen Regelungen werden der Wertstellungszeitpunkt bei Gutschriften und der Zeitpunkt festgelegt, ab welchem der Zahlungsempfänger über für ihn bestimmte, bei seinem ZDL eingegangene Zahlungsbeträge verfügen können muss.[2] Satz 1 regelt die Verfügbarkeit von Beträgen, die für den Zah-   3

---

[1] BGH v. 25.01.1988 - II ZR 320/87 - BGHZ 103, 143.
[2] Umsetzung von Art. 73 Abs. 1 ZD-Rili, BT-Drs. 16/11643, S. 113.

lungsempfänger eingegangen sind.³ Sie entspricht materiell dem aus der bisherigen Terminologie bekannten „Anspruch aus der Gutschrift", der dem Zahlungsempfänger unverzüglich nach Mittelzufluss an dessen ZDL zusteht.⁴ Dagegen ergibt sich der Anspruch **auf** die Gutschrift (Wertstellung) aus § 675t Abs. 1 Satz 2 BGB. „Verfügbarmachen bedeutet, dass der ZDL den Betrag für Verfügungen über das Konto (durch Abhebung, Überweisung, Lastschrift, etc) in dem rechtlichen Umfang zur Verfügung stellen muss, in dem er ihn selbst im Rahmen der Verrechnung in einem Zahlungssystem oder unmittelbar vom ZDL des Zahlers erhalten hat und der Verfügung keine rechtlichen Hindernisse entgegenstehen."⁵

4 Der Anspruch des Kunden **aus** der Gutschrift entsteht, sobald die Bank durch einen Organisationsakt die Daten der Gutschrift auf dem Konto mit nach außen erkennbarem Rechtsbindungswillen dem Kunden, z.B. bei Ausdruck oder Abruf eines Kontoauszuges, zugänglich macht.⁶ Wird eine Überweisung allein im elektronischen Datenverkehr durchgeführt und werden die Daten ohne vorherige Überprüfungsmöglichkeit der Bank in deren Datenbestand übertragen, steht die elektronische Gutschrift regelmäßig unter dem Vorbehalt der so genannten **Nachdisposition**.⁷ Wenn der ZDL dem Empfänger die Daten der Gutschrift durch Anzeige eines erhöhten Kontostandes am Bildschirm zugänglich macht, dies aber zugleich mit einer Stornierung der Gutschrift verbindet, weil man dem Überweisenden die gewährten Kredite gekündigt und ihm weitere Verfügungen untersagt hatte, so folgt hieraus, dass der ZDL nicht den Rechtsbindungswillen hatte, ein abstraktes Schuldversprechen oder -anerkenntnis abzugeben.⁸ Liegt dagegen ein Rechtsbindungswille des ZDL des Zahlungsempfängers vor, erkennbar etwa durch vorbehaltlose Absendung bzw. Bereitstellung der Kontoauszüge oder durch vorbehaltlose Zurverfügungstellung des Datenbestandes am Kontoauszugsdrucker, so liegt darin eine Gutschrift.⁹

5 Rechtlich ist diese Gutschrift ein abstraktes **Schuldversprechen** (§§ 780, 781 BGB).¹⁰ Wegen der abstrakten Natur der Gutschrift sind Einwendungen und Einreden sowohl aus dem Deckungs- als auch aus dem Valutaverhältnis unzulässig. Hat die Bank dem Empfänger den Überweisungsbetrag gutgeschrieben, kann sie sich grundsätzlich nicht mehr darauf berufen, dass sie selbst keine Deckung erhalten habe. Bei einer irrtümlichen Gutschrift kommt unter Umständen eine Stornierung nach den AGB/B, allerdings nur bis zum nächsten Rechnungsabschluss, in Betracht.¹¹ Danach hat die Bank nur noch Ansprüche oder Einreden aus den §§ 812, 821 BGB.¹² Der Kunde selbst kann die Gutschrift zurückweisen und Rücküberweisung an den Schuldner (Zahler) verlangen, wenn es sich um eine rechtsgrundlose Fehlüberweisung handelte, sodass er im Valutaverhältnis einem Bereicherungsanspruch ausgesetzt wäre.¹³

6 Der ZDL des Zahlungsempfängers kann den Geldbetrag allerdings nur in dem rechtlichen Umfang verfügbar machen, in dem er ihn seinerseits im Clearing oder vom ZDL des Zahlers erhalten hat. Muss der ZDL des Zahlungsempfängers – etwa im Falle des Einzugs einer Lastschrift – damit rechnen, dass er im Verhältnis der ZDL untereinander den Betrag wieder zu erstatten hat (z.B. wegen eines Erstattungsanspruchs des Zahlers: § 675x BGB), so kann er – wie auch nach früherem Recht – die Gutschrift unter einer entsprechenden Bedingung („Eingang vorbehalten: E.v.") erteilen.¹⁴ Ferner stehen die Sätze 1 und 2 weder der Vereinbarung von üblichen Pfand-, Zurückbehaltungs- und Aufrechnungsrechten an dem Betrag der Gutschrift noch seiner Einbringung in eine Kontokorrentabrede¹⁵ entgegen.¹⁶ Eine Verfügbarkeit im Sinne der Sätze 1 und 2 liegt auch vor, wenn ein Zahlungsbetrag auf einem debitorisch

---

[3] BT-Drs. 16/11643, S. 113.
[4] BT-Drs. 16/11643, S. 113.
[5] *Sprau* in: Palandt, § 675t Rn. 4.
[6] BGH v. 25.01.1988 - II ZR 320/87 - BGHZ 103, 143; OLG Nürnberg v. 18.04.1996 - 8 U 3213/95 - NJW-RR 1997, 45.
[7] BGH v. 15.03.2005 - XI ZR 338/03 - WM 2005, 1019 = ZIP 2005, 894.
[8] BGH v. 15.03.2005 - XI ZR 338/03 - WM 2005, 1019 = ZIP 2005, 894.
[9] BGH v. 23.11.1999 - XI ZR 98/99 - WM 2000, 25; BGH v. 15.03.2005 - XI ZR 338/03 - WM 2005, 1019; OLG Nürnberg v. 18.04.1996 - 8 U 3213/95 - WM 1997, 1524, 1526.
[10] BGH v. 16.04.1991 - XI ZR 68/90 - NJW 1991, 2140; WM 2005, 1019, Rn. 18.
[11] OLG Düsseldorf v. 18.04.1985 - 6 U 7/85 - NJW 1985, 2723.
[12] BGH v. 29.05.1978 - II ZR 166/77 - BGHZ 72, 9; BGH v. 09.05.2000 - XI ZR 220/99 - ZIP 2000, 1291.
[13] BGH v. 06.12.1994 - XI ZR 173/94 - BGHZ 128, 135; ablehnend *Häuser*, ZIP 1995, 89.
[14] BT-Drs. 16/11643, S. 113; vertiefend *Laitenberger*, NJW 2010, 192, 195.
[15] Dazu BGH v. 15.03.2005 - XI ZR 338/03 - juris Rn. 13 - WM 2005, 1019.
[16] BT-Drs. 16/11643, S. 113.

geführten Konto gutgeschrieben wird und sich dadurch die Höhe eines in Anspruch genommenen Überziehungskredites reduziert.[17] Das Gleiche gilt, wenn der Zahlbetrag bei Abtretung des zu tilgenden Anspruchs an den ZDL einbehalten wird.[18]

Der Zeitpunkt für die **Wertstellung** bei Gutschriften entspricht inhaltlich der früheren Regelung für Gutschriften aufgrund von Überweisungen im deutschen Recht (§ 676g Abs. 1 Satz 4 BGB a.F.). So hat die Wertstellung (Valutierung) von Gutschriften nach Satz 2 spätestens zu dem Geschäftstag zu erfolgen, an welchem dem ZDL des Zahlungsempfängers der Betrag gutgeschrieben wurde (Pflicht zur tagggleichen Wertstellung).[19] Von der Wertstellung ist die eigentliche Buchung der Gutschrift zu unterscheiden – die, wie in der früheren Praxis nach § 676g Abs. 1 Satz 4 BGB a.F. – auch noch am **folgenden** Geschäftstag erfolgen kann.[20] Damit kann die in Deutschland bestehende Praxis der **valutarischen Gutschrift** fortgeführt werden.[21]

Anders als im früheren Recht lässt die Richtlinie aber keinen Raum für ein vertragliches Abweichen, weder für Verträge von ZDL mit Unternehmern noch für Zahlungen in oder aus Drittstaaten in Euro oder EWR-Währung.[22] Nur für Zahlungen in Drittstaatenwährungen gilt Absatz 1 nicht.[23]

Nach Satz 3 ist die Regelung zur Verfügbarkeit auch auf Zahlungsvorgänge, bei denen der Zahlungsempfänger bei seinem ZDL kein Zahlungskonto unterhält, anwendbar.[24] Für ZDL auf der Zahlungsempfängerseite, die mit ihren ZDN einen ZDRV abgeschlossen haben, ist dieser Satz lediglich klarstellend, da sich dies bereits aus Satz 1 ergibt.[25] Für die Fälle, in denen ein Zahlungsempfänger keinen ZDRV mit dem ZDL, bei welchem er Geldbeträge entgegennimmt, abgeschlossen hat, und folglich bei diesem auch kein Zahlungskonto unterhält, dient Satz 3 der Umsetzung des Restteils von Art. 70 der ZD-Rili.[26] Diese Regelung ist für Zahlungsvorgänge innerhalb des EWR, die nicht in Euro erfolgen, abdingbar (§ 675e Abs. 3 BGB).

Die Kontoauszüge einer Bank können irreführend (§ 5 Abs. 1 UWG) sein, wenn zwar bei den einzelnen Gutschriften zutreffend zwischen den Daten der Buchung und der Wertstellung unterschieden, bei der optisch hervorgehobenen Angabe des Kontostands am Ende des Auszugs aber nicht deutlich darauf hingewiesen wird, dass darin auch noch nicht wertgestellte Beträge enthalten sein können, über die bis zur Wertstellung noch nicht ohne Belastung mit Sollzinsen verfügt werden kann.[27] Ein solches Verhalten stellt eine **Werbung** im Sinne von § 5 Abs. 1 UWG dar, weil Werbung „jede Äußerung bei der Ausübung eines Handels, Gewerbes, Handwerks oder freien Berufs mit dem Ziel ist, den Absatz von Waren oder die Erbringung von Dienstleistungen ... zu fördern".[28] Die Bank kann die Irreführung vermeiden, indem sie bei der Angabe des Kontostands deutlich darauf hinweist, dass darin auch Beträge mit späterer Wertstellung enthalten sein können, über die erst ab Wertstellung ohne Belastung mit Sollzinsen verfügt werden kann.[29]

II. Verfügbarkeit und Wertstellung bei Bareinzahlungen

§ 675t Abs. 2 BGB regelt den Zeitpunkt der Verfügbarkeit und Wertstellung bei Bareinzahlungen auf ein Zahlungskonto bei dem ZDL des Empfängers, wenn Bargeld in der Währung eingezahlt wird, in der auch das Konto geführt wird.[30] Zahlungsempfänger kann der Einzahlende selbst, aber auch eine dritte Person sein, die ein Konto bei dem ZDL, bei welchem eingezahlt wird, unterhält.[31] Bei Einzah-

---

[17] BT-Drs. 16/11643, S. 113.
[18] *Rühl*, DStR 2009, 2256, 2258.
[19] BT-Drs. 16/11643, S. 113.
[20] BT-Drs. 16/11643, S. 113.
[21] BT-Drs. 16/11643, S. 113.
[22] Vgl. § 675e Abs. 2 und Abs. 4 BGB sowie Art. 51 Abs. 1, Art. 2 Abs. 1 und Art. 68 Abs. 2 ZD-Rili, BT-Drs. 16/11643, S. 113.
[23] § 675e Abs. 2 Satz 1 BGB.
[24] BT-Drs. 16/11643, S. 113.
[25] BT-Drs. 16/11643, S. 113.
[26] BT-Drs. 16/11643, S. 113 sowie die Begründung zu § 675s BGB.
[27] BGH v. 11.01.2007 - I ZR 87/04 - WM 2007, 1554 = ZIP 2007, 1455; Fortführung von BGH v. 27.06.2002 - I ZR 86/00 - GRUR 2002, 1093 = WRP 2003, 975 - Kontostandsauskunft.
[28] BGH v. 09.06.2005 - I ZR 279/02 - GRUR 2005, 1061, 1063 - Telefonische Gewinnauskunft.
[29] BGH v. 11.01.2007 - I ZR 87/04 - juris Rn. 22 - WM 2007, 1554.
[30] BT-Drs. 16/11643, S. 113.
[31] BT-Drs. 16/11643, S. 113.

§ 675t

lungen durch Verbraucher gilt eine strengere Regel („unverzüglich") als bei Einzahlungen durch Unternehmer.[32] Diese Vorschrift statuiert für Kreditinstitute, die nur Zahlungskonten für die Abwicklung des unbaren Zahlungsverkehrs anbieten (z.B. Direktbanken), keine Verpflichtung, Bargeldbeträge entgegenzunehmen.[33] Absatz 2 gilt nicht für Zahlungsvorgänge mit Drittstaatenbezug und ist für Zahlungsvorgänge, die nicht in Euro erfolgen, abdingbar (§ 675e Abs. 2 und 3 BGB).

III. Wertstellung von Belastungen

12 § 675t Abs. 3 BGB regelt den Zeitpunkt für die Wertstellung von Belastungen. Dieser ist der Zeitpunkt, zu dem der tatsächliche Mittelabfluss vom Konto des Zahlers stattfindet, das Zahlungskonto also mit dem Zahlungsbetrag belastet wird.[34] Auch von dieser Regelung kann vertraglich nicht abgewichen werden.[35]

---

[32] Umsetzung von Art. 71 ZD-Rili, BT-Drs. 16/11643, S. 113.
[33] BT-Drs. 16/11643, S. 113/114.
[34] Umsetzung von Art. 73 Abs. 2 ZD-Rili; dazu *Bartels*, WM 2010, 1828, 1830.
[35] BT-Drs. 16/11643, S. 114.

Unterkapitel 3 - Haftung

§ 675u BGB Haftung des Zahlungsdienstleisters für nicht autorisierte Zahlungsvorgänge

(Fassung vom 29.07.2009, gültig ab 31.10.2009)

¹Im Fall eines nicht autorisierten Zahlungsvorgangs hat der Zahlungsdienstleister des Zahlers gegen diesen keinen Anspruch auf Erstattung seiner Aufwendungen. ²Er ist verpflichtet, dem Zahler den Zahlungsbetrag unverzüglich zu erstatten und, sofern der Betrag einem Zahlungskonto belastet worden ist, dieses Zahlungskonto wieder auf den Stand zu bringen, auf dem es sich ohne die Belastung durch den nicht autorisierten Zahlungsvorgang befunden hätte.

Gliederung

A. Grundlagen	1	II. Abschließender Charakter der Norm	4
B. Anwendungsvoraussetzungen	2	III. Erstattungsanspruch des ZDN	8
I. Das Grundkonzept	2	IV. Weitere Rechtsfolgen	11

A. Grundlagen

Die Norm klärt, dass der ZDL im Fall eines nichtautorisierten Zahlungsvorgangs keinen Anspruch auf Erstattung seiner Aufwendungen hat. Abweichende Vereinbarungen zum Nachteil des ZDN sind nach § 675e Abs. 1 BGB nichtig; Abweichungen zu seinen Gunsten sind möglich.   **1**

B. Anwendungsvoraussetzungen

I. Das Grundkonzept

Im Fall eines nicht autorisierten Zahlungsvorgangs hat der ZDL des Zahlers gegen diesen keinen Anspruch auf Erstattung seiner Aufwendungen (§ 675u Satz 1 BGB). Er ist verpflichtet, dem Zahler den Zahlungsbetrag unverzüglich zu erstatten und, sofern der Betrag auf einem Zahlungskonto belastet worden ist, dieses Zahlungskonto wieder auf den Stand zu bringen, auf dem es sich ohne die Belastung durch den nichtautorisierten Zahlungsvorgang befunden hätte (§ 675u Satz 2 BGB).[1]   **2**

Die Norm knüpft an § 675j Abs. 1 BGB an, wonach ein Zahlungsvorgang gegenüber dem Zahler nur wirksam ist, wenn er diesem zugestimmt hat (Autorisierung). In Ermangelung einer Zustimmung (Weisung: § 665 BGB) hat der ZDL keinen Anspruch auf Erstattung seiner Aufwendungen. Dies entspricht der auch früher in Deutschland geltenden Rechtslage, wonach im Falle einer Zahlung ohne wirksame Weisung oder ohne wirksamen Überweisungsvertrag kein Aufwendungsersatzanspruch des ZDL gegen seinen ZDN entstand.[2] Wurde das Konto des Zahlers dennoch belastet, hatte dieser gegen seinen ZDL einen Erstattungsanspruch.[3] Bei kontobezogenen Zahlungen führt der Erstattungsanspruch zur Kontoberichtigung.[4] Der Anspruch nach § 675u BGB ersetzt bei Zahlungskonten, die in Form eines Kontokorrents geführt werden, auch den Anspruch auf Berichtigung des Kontokorrents wegen unberechtigter Belastungen.[5]   **3**

II. Abschließender Charakter der Norm

Aufgrund des vollharmonisierenden Charakters der ZD-Rili ist der Anspruch nach § 675u BGB abschließend.[6] Ansprüche des ZDN, die auf dieselben Rechtsfolgen wie der Anspruch aus § 675u BGB gerichtet sind, wie etwa aus ungerechtfertigter Bereicherung (§§ 812, 818 BGB), bestehen daneben   **4**

---

[1] § 675u BGB setzt Art. 60 Abs. 1 ZD-Rili um; BT-Drs. 16/11643, S. 113.
[2] BT-Drs. 16/11643, S. 113.
[3] BT-Drs. 16/11643, S. 113.
[4] BT-Drs. 16/11643, S. 113.
[5] BT-Drs. 16/11643, S. 113.
[6] BT-Drs. 16/11643, S. 113.

nicht.[7] Das ergibt sich auch aus § 675z Satz 1 BGB, wonach die §§ 675u und 675y BGB hinsichtlich der dort geregelten Ansprüche eines ZDN abschließend sind. Darüber hinausgehende Ansprüche des Zahlers gegen seinen ZDL aus anderen Vorschriften, etwa verschuldensabhängige Schadensersatzansprüche, bestehen für die Fälle nicht autorisierter Zahlungsvorgänge nur nach Maßgabe des § 675z Satz 2 BGB.[8] Die ausdrückliche Umsetzung in § 675u BGB dient auch dazu, nach Aufhebung des bisherigen § 675h BGB a.F. (Missbrauch von Zahlungskarten) das Verständnis der §§ 675w, 675u und 675v BGB zu erleichtern.[9]

5 Hat der ZDN den Zahlungsvorgang nicht autorisiert, hat er also nicht zugestimmt, so dass es an einer wirksamen Weisung von ihm fehlt, so ist das Deckungsverhältnis zwischen der Bank und dem Überweisenden mangelhaft. Durch die Neuregelung in § 675u BGB werden die Fälle mangelhafter Anweisung nunmehr nicht mehr über das Bereicherungsrecht, sondern ausschließlich nach § 675u BGB abgewickelt (§ 675z Satz 1 BGB).[10] Gemeint sind Fälle, in denen es die Zustimmung gar nicht gibt oder die Bank versehentlich eine Doppelgutschrift erteilt, einen zu hohen Betrag überweist, an den falschen Empfänger leistet oder die Überweisung gefälscht ist.[11]

6 Durch § 675u BGB wird somit für alle Fälle der nichtautorisierten Überweisung eine klare – und für das Massengeschäft der Banküberweisungen praktikable – Regelung geschaffen, indem bestimmt wird, dass die entsprechende Belastungsbuchung unverzüglich zu stornieren ist.[12] Es besteht kein Anlass, die Rechtsfolgen dieser spezialgesetzlichen Regelung durch die Anwendung des allgemeinen Bereicherungsrechts wieder einzuschränken, indem dem Kontoinhaber die Stornierung versagt wird, wenn – auf der Grundlage der umfangreichen Kasuistik der bisherigen Rechtsprechung – die von ihm nichtautorisierte Zahlung im Einzelfall gleichwohl als eine Leistung anzusehen ist.[13] Dies bedeutet, dass die spezialgesetzliche Regelung des § 675u BGB einen nach früherer Rechtslage unter Umständen bestehenden bereicherungsrechtlichen Anspruch des ZDL gegen den ZDN sperrt.[14] Konkret heißt dies, dass ein vom ZDN nichtautorisierter Zahlungsvorgang generell nicht als Leistung des ZDN an den Zahlungsempfänger angesehen wird. Infolgedessen steht dem ZDL ein Anspruch aus Nichtleistungskondiktion gegen den Zahlungsempfänger zu.[15] Diese Lösung vermeidet, dass dem ZDN die durch § 675u BGB gewährte Rechtsposition im Wege des Bereicherungsrechts wieder genommen und dadurch der durch § 675u BGB bezweckte Schutz des ZDN entwertet wird.[16]

7 An einer Autorisierung des Zahlungsvorganges fehlt es auch dann, wenn die Zustimmung vom Zahler rechtzeitig widerrufen wurde (§§ 675j Abs. 2, 675p Abs. 1-4 BGB), die Überweisung versehentlich aber doch ausgeführt wurde. In diesen Fällen, in denen wegen der ursprünglich wirksamen Weisung ein Leistungswille des Kunden vorlag, hat die Rechtsprechung eine Rückabwicklung zwischen Empfänger und Überweisendem angenommen, weil der Empfänger der Leistung davon ausgehen durfte, dass diese vom Überweisenden selbst veranlasst sei.[17] Im Rahmen von § 675u BGB spielen solche Überlegungen keine Rolle mehr. Ist der Zahlungsvorgang nicht autorisiert, so findet der Zahlungsausgleich zwischen ZDL und ZDN (Bank und Kunde) statt. Das Gleiche gilt bei fehlerhafter Ausführung des Zahlungsauftrags (§ 675y Abs. 1 BGB).

III. Erstattungsanspruch des ZDN

8 Fehlt es an einer Autorisierung, so ist der ZDL (Bank) verpflichtet, dem Zahler (Kunde) den Zahlungsbetrag unverzüglich zu erstatten. Sofern der Betrag einem Zahlungskonto belastet worden ist, ist dieses Konto wieder auf den Stand zu bringen, auf dem es sich ohne die Belastung durch den nichtautorisier-

---

[7] BT-Drs. 16/11643, S. 113.
[8] BT-Drs. 16/11643, S. 113 (der Hinweis auf § 675z Satz 1 BGB ist offensichtlich ein redaktioneller Fehler).
[9] BT-Drs. 16/11643, S. 113.
[10] LG Hannover v. 21.12.2010 - 18 O 166/10 - ZIP 2011, 1406.
[11] BGH v. 20.06.1990 - XII ZR 98/89 - NJW 1990, 3194; BGH v. 20.06.1990 - XII ZR 93/89 - WM 1990, 1280 für das frühere Recht.
[12] LG Hannover v. 21.12.2010 - 18 O 166/10 - ZIP 2011, 1406 Rn. 25.
[13] LG Hannover v. 21.12.2010 - 18 O 166/10 - ZIP 2011, 1406.
[14] LG Hannover v. 21.12.2010 - 18 O 166/10 - ZIP 2011, 1406 Rn. 25 unter Hinweis auf *Sprau* in: Palandt, § 675u Rn. 3; *Bartels*, WM 2010, 1828, 1833; *Winkelhaus*, BKR 2010, 441; a.A. *Grundmann*, WM 2009, 1109, 1117; *Nobbe*, Komm zum Zahlungsverkehrsrecht, § 675u Rn. 20.
[15] LG Hannover v. 21.12.2010 - 18 O 166/10 - ZIP 2011, 1406 Rn. 27.
[16] LG Hannover v. 21.12.2010 - 18 O 166/10 - ZIP 2011, 1406 Rn. 27.
[17] BGH v. 19.01.1984 - VII ZR 110/83 - BGHZ 89, 376 = WM 1984, 423.

ten Zahlungsvorgang befunden hätte (Satz 2). Die Erstattung hat unverzüglich, also ohne schuldhaftes Zögern (§ 121 Abs. 1 BGB) zu erfolgen. Bei Kontobelastung muss die Wertstellung rückwirkend zum Zeitpunkt der Belastung erfolgen, d.h. auch etwaige vom ZDN gezahlte Sollzinsen oder ihm entgangene Habenzinsen sind zu erstatten.[18] Ist das Konto im Soll, so besteht kein Anspruch auf Auszahlung.[19]

Der BGH hat zur früheren Rechtslage entschieden, dass die Geltendmachung eines Anspruchs auf Rückgängigmachung von Kontobelastungen gegen Treu und Glauben (§ 242 BGB) verstoßen kann, wenn eine weisungswidrige Erledigung eines Überweisungsauftrags das Interesse des Überweisungsauftraggebers nicht verletzt, insbesondere wenn der mit der Überweisung verfolgte Zweck trotz der Fehlbuchung erreicht worden ist.[20] Ob diese Rechtsprechung aus der Perspektive des § 675u BGB noch weiter Bestand haben kann, erscheint fraglich, da es nach § 675u BGB nicht darauf ankommt, welchen Zweck eine Fehlbuchung verfolgt. Entscheidend ist allein, ob der Zahlungsvorgang autorisiert war – fehlt es an der Autorisierung, so ist die Fehlbuchung rückgängig zu machen – auf etwaige Gründe, Motive oder Zwecke kommt es dabei nicht an.

Etwas anderes kann dann gelten, wenn der Kunde die Bank autorisiert hat und das Geld zufällig trotz der Fehlbuchung auf dem richtigen Konto gelandet ist (Doppelfehler). In einem solchen Fall liegt im Verhältnis zum ZDN gar keine Fehlbuchung vor – das Geld ist auf dem Konto angekommen, auf das es ankommen sollte – es gelten die Grundsätze der falsa demonstratio non nocet, d.h. § 675 u BGB liegt tatbestandlich nicht vor.[21]

IV. Weitere Rechtsfolgen

Ist wegen nicht erfolgter oder fehlerhafter Ausführung eines Zahlungsauftrags ein Schaden entstanden, so ist dieser entweder von § 675y BGB erfasst oder kann nach § 675z BGB auf 12.500 € begrenzt werden. Der Erstattungsanspruch des ZDN gegen den ZDL kann an § 676b BGB scheitern, wenn der ZDN den ZDL nicht spätestens 13 Monate nach dem Tag der Belastung mit einem nicht autorisierten oder fehlerhaft ausgeführten Zahlungsvorgang hiervon unterrichtet hat.

Hat der ZDL einen nicht autorisierten Zahlungsvorgang ausgeführt, z.B. versehentlich eine Doppelgutschrift erteilt, so ist der Zahlungsempfänger **auf Kosten** der Zahlstelle (ZDL) bereichert, da diese sich nicht an den Kontoinhaber halten kann, sondern dessen Konto auszugleichen hat. Folglich findet der Bereicherungsausgleich im Verhältnis zwischen der Zahlstelle und dem Empfänger, und zwar nach den Grundsätzen der Eingriffskondiktion statt, da zwischen der Zahlstelle und dem Empfänger kein Leistungsverhältnis existiert. Der Empfänger hat der Zahlstelle in den Grenzen der §§ 818 Abs. 3, 819 Abs. 1 BGB die erlangte Bereicherung herauszugeben. Seine Kenntnis ist für die Direktkondiktion der Bank nur nach § 819 Abs. 1 BGB relevant.[22]

Auch eine Überweisungsbank, die einen Überweisungsauftrag verfälscht, z.B. indem sie das vom Auftraggeber angegebene Empfängerkonto durch ein anderes ersetzt, erlangt durch die Ausführung des verfälschten Auftrages keinen Anspruch auf Ersatz der Aufwendungen gegen den Zahler, sondern einen unmittelbaren Bereicherungsanspruch gegen den Zahlungsempfänger.[23]

---

[18] *Sprau* in: Palandt, § 675u Rn. 4.
[19] BGH v. 02.04.2009 - IX ZR 171/07 - WM 2009, 958 Rn. 13.
[20] BGH v. 11.10.2005 - XI ZR 85/04 - NJW 2006, 294, 296 unter Hinweis auf BGH v. 21.06.2005 - XI ZR 152/04 - NJW 2005, 3213; sowie BGH v. 27.09.2005 - XI ZR 216/04 - NJW-RR 2006, 61.
[21] Zu einem ähnlichen Fall vgl. BGH v. 17.09.1991 - XI ZR 256/90 - NJW 1992, 112.
[22] LG Hannover v. 21.12.2010 - 18 O 166/10 - ZIP 2011, 1406; OLG Köln v. 31.05.1996 - 2 U 18/96 - ZBB 1998, 109; *Langenbucher*, Die Risikozuordnung im bargeldlosen Zahlungsverkehr (2001), S. 177; Rademacher, NJW 2011, 2169; *Winkelhaus*, BKR 2010, 441.
[23] BGH v. 21.06.2005 - XI ZR 152/04 - WM 2005, 1564.

§ 675v BGB Haftung des Zahlers bei missbräuchlicher Nutzung eines Zahlungsauthentifizierungsinstruments

(Fassung vom 29.07.2009, gültig ab 31.10.2009)

(1) ¹Beruhen nicht autorisierte Zahlungsvorgänge auf der Nutzung eines verlorengegangenen, gestohlenen oder sonst abhanden gekommenen Zahlungsauthentifizierungsinstruments, so kann der Zahlungsdienstleister des Zahlers von diesem den Ersatz des hierdurch entstandenen Schadens bis zu einem Betrag von 150 Euro verlangen. ²Dies gilt auch, wenn der Schaden infolge einer sonstigen missbräuchlichen Verwendung eines Zahlungsauthentifizierungsinstruments entstanden ist und der Zahler die personalisierten Sicherheitsmerkmale nicht sicher aufbewahrt hat.

(2) Der Zahler ist seinem Zahlungsdienstleister zum Ersatz des gesamten Schadens verpflichtet, der infolge eines nicht autorisierten Zahlungsvorgangs entstanden ist, wenn er ihn in betrügerischer Absicht ermöglicht hat oder durch vorsätzliche oder grob fahrlässige Verletzung

1. einer oder mehrerer Pflichten gemäß § 675l oder
2. einer oder mehrerer vereinbarter Bedingungen für die Ausgabe und Nutzung des Zahlungsauthentifizierungsinstruments

herbeigeführt hat.

(3) ¹Abweichend von den Absätzen 1 und 2 ist der Zahler nicht zum Ersatz von Schäden verpflichtet, die aus der Nutzung eines nach der Anzeige gemäß § 675l Satz 2 verwendeten Zahlungsauthentifizierungsinstruments entstanden sind. ²Der Zahler ist auch nicht zum Ersatz von Schäden im Sinne des Absatzes 1 verpflichtet, wenn der Zahlungsdienstleister seiner Pflicht gemäß § 675m Abs. 1 Nr. 3 nicht nachgekommen ist. ³Die Sätze 1 und 2 sind nicht anzuwenden, wenn der Zahler in betrügerischer Absicht gehandelt hat.

Gliederung

A. Grundlagen 1	II. Grobe Fahrlässigkeit – Vorsatz (Absatz 2) 7
B. Anwendungsvoraussetzungen 3	III. Kein Schadensersatz nach Anzeige 23
I. Haftung des Zahlers vor Anzeige 3	

A. Grundlagen

1   Mit § 675v BGB¹ werden, in Fortschreibung des früheren § 676h BGB – in Deutschland weitgehend auch früher übliche Zahlungskartenvertragsbedingungen kodifiziert.² Allerdings werden von § 675v BGB alle Arten von ZAuFI erfasst, d.h. es findet keine Beschränkung auf Zahlungskarten statt.³ Nicht erfasst sind Fälle, in denen Karte und ZAuFI dem Bankkunden noch gar nicht ausgehändigt worden waren, z.B. weil sie auf dem Postwege zum Kunden verloren gingen.⁴ In einem solchen Fall ist der Kunde weder nach § 675l BGB noch nach § 675v BGB verantwortlich, weil seine Sorgfaltspflichten erst beginnen, nachdem ihm das ZAuFI ausgehändigt wurde. Entgegenstehende Regelungen würden gegen § 675e Abs. 1 BGB verstoßen, weil sie den ZDN benachteiligen würden. Vertragliche Regelungen, die den ZDN begünstigen, sind hingegen zulässig.⁵

2   Die Absätze 1 und 2 betreffen die Haftung des Zahlers für Schäden, die aufgrund der Nutzung eines verloren gegangenen, gestohlenen oder sonst missbräuchlich verwendeten ZAuFI **vor** Anzeige entstan-

---

¹ Umsetzung von Art. 61 ZD-Rili.
² BT-Drs. 16/11643, S. 113.
³ BT-Drs. 16/11643, S. 113.
⁴ So der Fall des KG Berlin v. 31.10.2005 - 12 U 112/05 - VuR 2006, 109.
⁵ *Sprau* in: Palandt, § 675v Rn. 2 unter Hinweis auf die Darstellung von *Scheibengruber*, BKR 2010, 15, 18; sowie NJOZ 2010, 1366.

den sind.⁶ Absatz 3 regelt dagegen die Fälle, in denen der Zahler nach der Anzeige von der Haftung frei wird. Die Haftung des Zahlers für die missbräuchliche Nutzung des ZAuFI ist von § 675v BGB **abschließend geregelt** (§ 675e Abs. 1 BGB). Daneben besteht kein Raum für einen weitergehenden Schadensersatzanspruch des ZDL, etwa nach § 280 BGB wegen leicht fahrlässiger Verletzung anderer Pflichten aus der sicheren Aufbewahrung personalisierter Sicherheitsmerkmale in sonstigen Missbrauchsfällen.⁷

B. Anwendungsvoraussetzungen

I. Haftung des Zahlers vor Anzeige

Grundsätzlich hat der ZDL im Falle **nichtautorisierter Zahlungsvorgänge** gegen den Zahler keinen Anspruch auf Erstattung seiner Aufwendungen (§ 675u BGB). Hiervon macht § 675v Abs. 1 BGB gewisse Ausnahmen, nämlich dann, wenn der Zahlungsvorgang auf der Nutzung eines verloren gegangenen oder gestohlenen ZAuFI beruht. In diesem Fall kann der ZDL des Zahlers von diesem den Ersatz des hierdurch entstandenen Schadens bis zu einem Betrag von 150 € verlangen (§ 675v Abs. 1 Satz 1 BGB).⁸

Dies gilt auch, wenn der Schaden infolge einer sonstigen **missbräuchlichen Verwendung** eines ZAuFI – nach Abhandenkommen (z.B. Verlust oder Diebstahl) – entstanden ist (§ 675v Abs. 1 Satz 2 BGB). In diesem Falle haftet der Zahler auf max. 150 € Schadensersatz allerdings nur dann, wenn er die personalisierten Sicherheitsmerkmale **nicht sicher aufbewahrt** hat (§ 675v Abs. 1 Satz 2 BGB). Durch dieses zusätzliche Erfordernis wird ein Verschuldenselement eingeführt, welches im Fall des Verlustes oder Diebstahls für eine Schadensbeteiligung nicht vorausgesetzt wird.⁹ Bei Verlust oder Diebstahl muss sich der Inhaber des ZAuFI folglich **vor Anzeige** verschuldensunabhängig am Schaden bis zur Höhe von 150 € beteiligen.¹⁰ Diese verschuldensunabhängige, der Höhe nach begrenzte, Beteiligung ist dadurch gerechtfertigt, dass auch für den Nutzer ein Anreiz bestehen muss, diese Fälle zu verhindern bzw. nach Verlust oder Diebstahl durch Anzeige so schnell wie möglich das Risiko nicht autorisierter Zahlungen zu verringern.¹¹

Die Variante „sonstige missbräuchliche Verwendung" wurde eingefügt, um auch solchen ZAuFI Rechnung zu tragen, die kein körperlicher Gegenstand, wie beispielsweise eine Karte, sind, sondern ein Verfahren, in dem ein personalisiertes Sicherheitsmerkmal, wie die PIN oder TAN oder eine besondere Signatur, eingesetzt wird.¹² Solche ZAuFI können nicht im traditionellen Sinne verloren gehen oder gestohlen werden.¹³ Dennoch tritt eine dem Verlust oder Diebstahl vergleichbare Situation ein, wenn der Zahler die Sicherheitsmerkmale nicht sicher aufbewahrt und dadurch eine Fremdnutzung ermöglicht.¹⁴ Andererseits soll die Einschränkung bei der Variante „sonstige missbräuchliche Verwendung" auch verhindern, dass der Inhaber eines ZAuFI trotz sicherer Aufbewahrung bei reinen Drittmissbrauchsfällen eine Schadensbeteiligung tragen muss, beispielsweise bei der missbräuchlichen Verwendung von Kreditkartendaten, etwa durch Angabe der Nummer und des Gültigkeitsdatums oder sonstiger auf der Karte vermerkter Angaben, ohne dass die Kreditkarte als solche abhandengekommen war.¹⁵ Die auf der Karte aufgedruckten Angaben sind nämlich für sich gesehen weder ein ZAuFI noch stellen sie personalisierte Sicherheitsmerkmale dar.¹⁶ Weitere vergleichbare Fälle, in denen eine Schadensbeteiligung nicht gerechtfertigt ist, wären die Erstellung einer Kartenkopie und Fälschung der Unterschrift.¹⁷

---

[6] BT-Drs. 16/11643, S. 113.
[7] BT-Drs. 16/11643, S. 113 - diese abschließende Regelung entspricht der ZD-Rili.
[8] Umsetzung von Art. 61 Abs. 1 ZD-Rili.
[9] BT-Drs. 16/11643, S. 113.
[10] Vgl. *Casper/Pfeifle*, WM 2009, 2343, 2346.
[11] Erwägungsgrund 32 ZD-Rili; BT-Drs. 16/11643, S. 113.
[12] BT-Drs. 16/11643, S. 113; dazu *Scheibengruber*, NJOZ 2010, 1366,1369.
[13] BT-Drs. 16/11643, S. 113.
[14] BT-Drs. 16/11643, S. 113.
[15] BT-Drs. 16/11643, S. 113.
[16] BT-Drs. 16/11643, S. 113.
[17] BT-Drs. 16/11643, S. 113/114.

Das Gleiche gilt bei Fälschung eines Leistungsbelegs oder bei Abgreifen von Daten beim Online-Banking.[18] In diesen Fällen wäre eine verschuldensunabhängige Haftung sachlich nicht zu begründen.[19]

6 Wird dem Nutzer aber die Verletzung seiner Pflicht zur sicheren Aufbewahrung der personalisierten Sicherheitsmerkmale nachgewiesen, hat dieser bei leichter Fahrlässigkeit eine Beteiligung von bis zu 150 € zu tragen (Absatz 1), im Falle grober Fahrlässigkeit und Vorsatz den kompletten Schaden, der bis zum Zeitpunkt der Missbrauchsanzeige entstanden ist (Absatz 2).[20] Den ZDL bleibt es unbenommen, ihren ZDN günstigere Nutzungsbedingungen einzuräumen.[21] Der Anspruch ist ausgeschlossen, wenn die Voraussetzungen für den Haftungsausschluss nach § 676c BGB vorliegen (ungewöhnliches/unvorhersehbares Ereignis/Beschlagnahme).

II. Grobe Fahrlässigkeit – Vorsatz (Absatz 2)

7 Abweichend von Absatz 1 ist der Zahler seinem ZDL zum Ersatz des gesamten Schadens verpflichtet, der Infolge eines nicht autorisierten Zahlungsvorgangs entstanden ist, wenn er ihn in betrügerischer Absicht ermöglicht hat oder durch vorsätzliche oder grob fahrlässige Verletzung einer oder mehrerer Pflichten gem. § 675l BGB (1) oder einer oder mehrerer vereinbarter Bedingungen für die Ausgabenutzung des ZAuFI (2) herbeigeführt hat. Ist der Verfügungsrahmen des ZAuFI begrenzt, so folgt daraus auch eine Höhenbegrenzung des Schadens. Verfügungen, die der ZDL oberhalb des Verfügungsrahmens ermöglicht, sind ihm nach § 254 Abs. 2 BGB zuzurechnen.[22]

8 Nach § 675l BGB muss der Zahler alle zumutbaren Vorkehrungen treffen, um die personalisierten Sicherheitsmerkmale (PIN, TAN, Signatur, Passwort) vor unbefugtem Zugriff zu schützen. Personalisierte Sicherheitsmerkmale sind dabei nicht personenbezogene Daten, wie etwa Kontonummer oder Kartennummer.[23] Weitere Pflichten des ZDN können sich aus der vertraglichen Vereinbarung zwischen ihm und seinem ZDL ergeben, da nur diese die jeweiligen Besonderheiten des zu verwendenden ZAuFI gebührend berücksichtigen können.[24] Diese, dem ZDN vertraglich auferlegten Pflichten, sind im Streitfall ggf. durch die Gerichte am Maßstab der gesetzlichen Bestimmungen (§§ 305 ff. BGB; §§ 675c ff. BGB) zu überprüfen.[25] Bei einer solchen Inhaltskontrolle ist zu berücksichtigen, dass die in Umsetzung der ZD-Rili ergangenen detaillierten Reglungen der §§ 675u-675w BGB für die Fälle einer nicht autorisierten, jedoch auf Nutzung eines ZAuFI beruhenden Zahlung keinen Raum für eine wirksame Vereinbarung der Erhöhung der Beweislast für den Verbraucher oder Verringerung der Beweislast für die das ZAuFI ausgebende Stelle lassen (§ 675e Abs. 1 BGB).[26] Die Richtlinie überlässt dem einzelstaatlichen Recht die Ausgestaltung des Begriffs der groben Fahrlässigkeit.[27]

9 Dementsprechend kann an die bisherige Rechtsprechung zur Ausdifferenzierung dieses Begriffs angeknüpft werden.[28] Danach ist nicht jedes unsachgemäße oder sorgfaltswidrige Verhalten des ZDN als grob fahrlässig anzusehen.[29] Grobe Fahrlässigkeit liegt nur vor, wenn die im Verkehr erforderliche Sorgfalt in besonders schwerem Maße verletzt wurde, wenn einfachste, ganz nahe liegende Überlegungen nicht angestellt wurden und das nicht beachtet wurde, was im gegebenen Fall jedem einleuchten musste.[30]

10 In diesem Zusammenhang ist zunächst einmal darauf hinzuweisen, dass der Zahler zwar verpflichtet ist, die **personalisierten Sicherheitsmerkmale** (PIN, TAN, Passwort, Signatur) vor unbefugtem Zugriff zu schützen, nicht hingegen die davon getrennt ausgegebene Kreditkarte, Geldkarte oder ec-Karte. Anders als im früheren Recht gibt es also keine Verpflichtung des Kunden mehr, die Karte selbst vor

---

[18] *Schulte am Hülse/Klabunde*, MMR 2010, 84.
[19] BT-Drs. 16/11643, S. 114.
[20] BT-Drs. 16/11643, S. 114.
[21] BT-Drs. 16/11643, S. 114.
[22] *Sprau* in: Palandt, § 675v Rn. 5.
[23] BT-Drs. 16/11643, S. 107.
[24] BT-Drs. 16/11643, S. 107.
[25] BT-Drs. 16/11643, S. 108.
[26] BT-Drs. 16/11643, S. 108 unter Hinweis auf Erwägungsgrund 33 der ZD-Rili.
[27] BT-Drs. 16/11643, S. 114, Erwägungsgrund 33 der ZD-Rili.
[28] BT-Drs. 16/11643, S. 114.
[29] BT-Drs. 16/11643, S. 114.
[30] BGH v. 11.05.1953 - IV ZR 170/52 - BGHZ 10, 16; BGH v. 05.12.1983 - II ZR 252/82 - BGHZ 89, 161; BGH v. 29.09.1992 - XI ZR 265/91 - NJW 1992, 3236; BGH v. 18.01.2005 - X ZR 264/02 - NJW 2005, 981; *Grüneberg* in: Palandt, § 277 Rn. 5; BT-Drs. 16/11643, S. 114.

unbefugtem Zugriff zu schützen. Solange die personalisierten Sicherheitsmerkmale nicht unmittelbar mit der Karte verbunden oder ihr ohne weiteres zuordenbar sind, bedarf die Karte keines weiteren Schutzes – der ZDN kann sie theoretisch offen herumliegen lassen, da ein Dieb in Ermangelung von PIN, TAN, Passwort oder Signatur die Karte ohnehin nicht missbrauchen kann.[31]

Anders ist es dann, wenn die personalisierten Sicherheitsmerkmale mit der Karte so verbunden sind, dass als Folge davon der Missbrauch der Karte für jeden vernünftigen Nutzer geradezu auf der Hand liegt. Das ist dann der Fall, wenn z.B. die PIN auf der Karte vermerkt ist oder die Mitteilung der Bank über die PIN direkt mit der Karte verbunden ist (z.B. mit Tesafilm) oder Karte und PIN in derart unmittelbarem räumlichen Zusammenhang verwahrt werden, dass derjenige, der die Karte findet, automatisch auch die dazugehörige Geheimnummer in den Händen hält. In diesem Sinne hat der BGH am 17.10.2000 entschieden, dass eine das Merkmal der **groben Fahrlässigkeit** erfüllende gemeinsame Verwahrung der ec-Karte nur vorliegt, wenn ein Unbefugter ec-Karte und Geheimnummer in **einem Zugriff** erlangen kann und nicht nach dem Auffinden der einen Unterlage weiter nach der anderen suchen muss.[32]

11

In jenem Fall befand sich die Inhaberin der Karte auf einer Auslandsreise und verwahrte während ihrer Abwesenheit die ec-Karten in ihrer Wohnung auf ihrem Schreibtisch in einem unverschlossenen Behältnis zwischen Briefen und Notizen. Die Originalmitteilung der Geheimnummer für das Privatkonto befand sich in einer Plastikhülle, zusammen mit zahlreichen anderen Papieren, insbesondere Visitenkarten, in einer unverschlossenen Schublade eines Sekretärs in einem anderen Raum ihrer Fünf-Zimmer-Wohnung. Die Geheimnummer für das Geschäftskonto war, in einer Telefonnummer verschlüsselt, in einem Adressbuch verzeichnet. Nach Rückkehr aus dem Urlaub waren die ec-Karten unauffindbar. Die Geheimnummern befanden sich noch am jeweiligen Ort. Während der Abwesenheit der Kundin waren von ihrem Geschäftskonto ca. 14.000 € und vom Privatkonto ca. 7.000 € am Geldausgabeautomaten abgehoben worden. Der BGH entschied, dass die ec-Karte und die Geheimnummer **nicht zusammen verwahrt** worden seien.[33] Eine gemeinsame Verwahrung liege nur vor, wenn ein Unbefugter ec-Karte und Geheimnummer in **einem Zugriff** erlangen könne und nicht nach dem Auffinden der Unterlage weiter nach der anderen suchen müsse. Folglich würden ec-Karte und Geheimnummer nicht zusammen verwahrt, wenn sie sich an verschiedenen Stellen der Wohnung des Kontoinhabers befinden und ein Unbefugter, der ec-Karte oder Geheimnummer gefunden hat, die Wohnung weiter nach der anderen Unterlage durchsuchen müsse.

12

Allerdings, so der BGH weiter, stelle die von der Kundin gewählte Art der Verwahrung der Geheimnummer eine einfache Fahrlässigkeit dar.[34] Dies bedeutet, dass der ZDL von der Kundin nach § 675v Abs. 1 BGB Ersatz des ihm entstandenen Schadens bis zu einem Betrag von 150 € verlangen könnte. Die Kundin hat auch sorgfaltswidrig gehandelt, weil sie die auf der Originalmitteilung der Geheimnummer befindliche Aufforderung, diese Mitteilung nach Kenntnisnahme der Geheimnummer zu vernichten, missachtet habe. Dieser Sorgfaltsverstoß erleichtere Unbefugten das Auffinden und Erkennen der Geheimnummer. Die hierdurch begründete Gefahr unbefugter Abhebungen erfülle aber nicht den Tatbestand der groben Fahrlässigkeit.[35]

13

Auch die Verwahrung der Originalmitteilung der Geheimnummer in einer Plastikhülle, verborgen unter zahlreichen Visitenkarten und sonstigen ungeordneten Papieren, in einer unverschlossenen Schublade eines Sekretärs stelle **keine** grobe Fahrlässigkeit dar.[36] Dasselbe gelte für die Verwahrung der ec-Karte in einem unverschlossenen Behältnis zwischen Briefen und Notizen.[37] Dass die Kundin während ihrer Urlaubsabwesenheit eine Freundin um Versorgung ihrer Katzen gebeten und ihr zu diesem Zweck den Zugang zu ihrer Wohnung ermöglicht habe, rechtfertige keine andere Beurteilung, weil die Kundin keinen Anlass gehabt habe, ihrer Freundin zu misstrauen.[38]

14

---

[31] *Oechsler*, WM 2010, 1381, 1384.
[32] BGH v. 17.10.2000 - XI ZR 42/00 - WM 2000, 2421 = ZIP 2000, 2196.
[33] BGH v. 17.10.2000 - XI ZR 42/00 - juris Rn. 22 - WM 2000, 2421.
[34] BGH v. 17.10.2000 - XI ZR 42/00 - juris Rn. 25 - WM 2000, 2421.
[35] BGH v. 17.10.2000 - XI ZR 42/00 - juris Rn. 25 - WM 2000, 2421.
[36] BGH v. 17.10.2000 - XI ZR 42/00 - juris Rn. 26 - WM 2000, 2421.
[37] BGH v. 17.10.2000 - XI ZR 42/00 - juris Rn. 26 - WM 2000, 2421.
[38] BGH v. 17.10.2000 - XI ZR 42/00 - juris Rn. 26 - WM 2000, 2421.

§ 675v

15 Steht fest, dass Karte und Geheimnummer nicht zusammen verwahrt wurden, so dass ein Unbefugter nach dem Auffinden der einen Unterlage zunächst einmal weiter nach der anderen suchen muss, spricht auch kein Beweis des ersten Anscheins dafür, dass entweder der Kunde selbst die Abhebungen am Geldautomaten vorgenommen hat oder ein Dritter von der Geheimnummer wegen ihrer unsachgemäßen Verwahrung Kenntnis erlangen konnte.[39]

16 Wird dagegen zeitnah nach dem Diebstahl einer ec-Karte unter Verwendung dieser Karte und Eingabe der richtigen persönlichen Geheimzahl (PIN) an Geldausgabeautomaten Bargeld abgehoben, spricht grundsätzlich der Beweis des ersten Anscheins dafür, dass der Karteninhaber die PIN auf der ec-Karte notiert oder gemeinsam mit dieser verwahrt hat, wenn andere Ursachen für den Missbrauch nach der Lebenserfahrung außer Betracht bleiben.[40]

17 Der BGH weist in diesem Zusammenhang zunächst darauf hin, dass kein allgemeiner Erfahrungssatz des Inhalts bestehe, dass eine Person, der bei einem Straßenfest das Portemonnaie mit der darin befindlichen ec-Karte entwendet werde, diesen Diebstahl in grob fahrlässiger Weise ermöglicht habe.[41] Dies würde für § 675l BGB bedeuten, dass die Verwahrung der personalisierten Sicherheitsmerkmale (PIN, TAN, Passwort, Signatur) im Portemonnaie den Vorwurf der groben Fahrlässigkeit jedenfalls dann nicht auslösen kann, wenn die Karte selbst nicht im Portemonnaie, sondern an einem anderen Ort, z.B. in der Hosen- oder Jackentasche des ZDN, verwahrt wird.

18 Nach Meinung des KG[42] handelt der ZDN bereits grob fahrlässig, wenn er seine ec-Karte zwar getrennt von der PIN, aber zusammen in derselben Handtasche aufbewahrt. Damit überspannt das KG die Anforderungen, denn grob fahrlässig handelt nur jemand, der einfachste, ganz nahe liegende Überlegungen nicht anstellt. Es ist aber nicht ganz nahe liegend, Karte und PIN in zwei verschiedenen Taschen (beim Spaziergang oder auf dem Straßenfest) aufzubewahren. Das gilt besonders dann, wenn man außer der Handtasche kein weiteres Behältnis hat, also nicht über eine Hosen- oder Jackentasche verfügt, weil man z.B. gerade ein Kleid trägt.

19 Das gilt auch für die Verwahrung der ec-Karte im verschlossenen Handschuhfach eines verschlossenen Pkws – wie soll jemand von außen erkennen, dass dort eine ec-Karte verwahrt ist?[43] Zu Recht hat deshalb das OLG Frankfurt grobe Fahrlässigkeit verneint beim Zurücklassen der Karte im Wohnmobil in Südfrankreich.[44] Auch an den Arbeitsplatz kann die ec-Karte mitgenommen werden, wenn man nur im Rahmen des Vorherseh- und Zumutbarem Vorkehrungen trifft.[45] Auf eine Überspannung deutet es hin, wenn man verlangt, dass man im verschlossenen Direktionstrakt einer Zentralbibliothek einen Rucksack mit Portemonnaie und ec-Karte während der Mittagspause nicht zurücklassen darf.[46] Von den Fällen der grob fahrlässigen Kartenverwahrung sind solche zu unterscheiden, bei denen es um das Phishing geht. Beim Phishing versuchen die Täter, an geheime Identitätskennzeichen (PIN/TAN) zu kommen, um diese im Rahmen betrügerischer Transaktionen einzusetzen.[47] Es handelt sich also um den Angriff auf Computersysteme, insbesondere im Rahmen von Online-Banking.[48]

20 Wird jedoch am Geldausgabeautomaten unter Verwendung der zutreffenden Geheimzahl Geld abgehoben, so spricht der Beweis des ersten Anscheins dafür, dass entweder der Kartenbesitzer als rechtmäßiger Kontoinhaber die Abhebung selbst vorgenommen hat oder dass ein Dritter nach Entwendung der ec-Karte von der Geheimnummer nur wegen ihrer Verwahrung gemeinsam mit der ec-Karte Kenntnis erlangen konnte.[49] Dies gilt jedenfalls, wenn andere Ursachen für den Missbrauch nach der Lebenserfahrung außer Betracht bleiben. Die Möglichkeit eines Ausspähens der persönlichen Geheimzahl

---

[39] BGH v. 17.10.2000 - XI ZR 42/00 - juris Rn. 27 - WM 2000, 2421.
[40] BGH v. 05.10.2004 - XI ZR 210/03 - BGHZ 160, 308 = WM 2004, 2309 = ZIP 2004, 2226.
[41] BGH v. 05.10.2004 - XI ZR 210/03 - juris Rn. 25 - WM 2004, 2309.
[42] KG Berlin v. 10.01.1992 - 9 U 959/91 - WM 1992, 729.
[43] LG Berlin v. 22.06.2010 - 10 S 10/09 - NJW-RR 2011, 352; ähnlich verfehlt LG Mainz v. 27.08.2002 - 4 O 129/02 - WM 2003, 1172.
[44] OLG Frankfurt v. 07.12.2001 - 24 U 188/99 - NJW-RR 2002, 692.
[45] LG Bonn v. 23.08.2005 - 3 O 126/05.
[46] So OLG Düsseldorf v. 26.10.2007 - I-16 U 160/04 - BKR 2008, 41.
[47] LG Landshut v. 14.07.2011 - 24 O 1129/11 - juris; sowie KG Berlin v. 29.11.2010 - 26 U 159/09 - WM 2011, 493; dazu *Willershausen*, jurisPR-BKR 10/2011, Anm. 4.
[48] Vertiefend *Kind/Werner*, CR 2006, 353; *Bender*, WM 2008, 2049; *Borges*, NJW 2005, 3313; *Schulte am Hülse/Klabunde*, MMR 2010, 84.
[49] BGH v. 17.10.2000 - XI ZR 42/00 - BGHZ 145, 337, 342; BGH v. 05.10.2004 - XI ZR 210/03 - juris Rn. 26 - WM 2004, 2309; mit umfassender Darstellung der kontroversen Rechtsprechung zu dieser Frage.

(PIN) durch einen unbekannten Dritten kommt als Ursache grundsätzlich in Betracht.[50] Allerdings muss dann die ec-Karte in einem näheren zeitlichen Zusammenhang mit der Eingabe der PIN durch den Karteninhaber an einem Geldausgabeautomaten oder einem POS-Terminal entwendet worden sein.[51] Vereitelt die Bank, z.B. durch Vernichten der am Geldautomaten eingezogenen Karte, dem Kunden die Möglichkeit der Entkräftung des Beweises des ersten Anscheins, so kann sie sich auf diese Beweiserleichterung nicht berufen.[52]

Auch so genannte **Innentäterattacken**, also Angriffe von Bankmitarbeitern, etwa zur Ausspähung des der Verschlüsselung dienenden Institutsschlüssels, Angriffe gegen die im Rechenzentrum des Kreditinstituts im Umfeld der Transaktionsautorisierung ablaufende Software und unbeabsichtigte Sicherheitslücken dieser Software entfalten keine dem Anscheinsbeweis zulasten des Kontoinhabers entgegenstehende Wahrscheinlichkeit.[53] Der BGH ist der Auffassung, dass solche Innentäterattacken rein theoretischer Natur und „als im Allgemeinen außerhalb der Lebenserfahrung liegend" anzusehen seien.[54]   21

Der Zahler ist zum Ersatz des gesamten Schadens auch dann verpflichtet, wenn er einen nicht autorisierten Zahlungsvorgang in **betrügerischer Absicht** ermöglicht hat. Ob der Gesetzgeber mit dem Begriff der betrügerischen Absicht an den Versuchsbegriff des Betrugs im strafrechtlichen Sinne anknüpfen will, bleibt in der Gesetzesbegründung offen. Gemeint dürfen Fälle sein, in denen der ZDN in kollusivem Zusammenwirken mit einem Dritten den Verlust der Karte nur vortäuscht, den Dritten mit der Geheimnummer versorgt und sich dann den Betrag, den der Dritte von seinem Konto abhebt, mit ihm irgendwie teilt.   22

III. Kein Schadensersatz nach Anzeige

Der ZDN trägt nach Verlust- oder Missbrauchsanzeige keinen Schaden aus der weiteren Verwendung des ZAuFI, es sei denn, er hat in betrügerischer Absicht zur Entstehung der unautorisierten Zahlung beigetragen.[55] Er trägt ebenfalls keinerlei Schaden, wenn er keine Möglichkeit hatte, eine Verlust- oder Missbrauchsanzeige wirksam zu erstatten, weil der ZDL seiner Pflicht zur Einrichtung einer Stelle zur jederzeitigen Entgegennahme von Anzeigen oder zur Benennung einer solchen Stelle nicht nachgekommen ist (Absatz 3).[56]   23

---

[50] BGH v. 05.10.2004 - XI ZR 210/03 - Leitsatz 2 - WM 2004, 2309; so auch OLG Karlsruhe v. 06.05.2008 - 17 U 170/07 - WM 2008, 1549; OLG Brandenburg v. 07.03.2007 - 13 U 69/06 - WM 2007, 2193; OLG Frankfurt a.M. v. 30.01.2008 - 23 U 38/05 - WM 2008, 534.
[51] BGH v. 05.10.2004 - XI ZR 210/03 - Leitsatz 2 sowie juris Rn. 31 - WM 2004, 2309.
[52] AG Frankfurt v. 26.05.2009 - 30 C 2223/08 - 45 - VuR 2009, 472-473 unter Hinweis auf die dazu grundlegende Rechtsprechung des BGH.
[53] BGH v. 05.10.2004 - XI ZR 210/03 - juris Rn. 33 - WM 2004, 2309.
[54] BGH v. 05.10.2004 - XI ZR 210/03 - juris Rn. 33 - WM 2004, 2309; krit. *Strube*, BKR 2004, 497, insbesondere zum 128-BIT-Schlüssel.
[55] BT-Drs. 16/11643, S. 114.
[56] BT-Drs. 16/11643, S. 114.

§ 675w BGB Nachweis der Authentifizierung

(Fassung vom 29.07.2009, gültig ab 31.10.2009)

¹Ist die Autorisierung eines ausgeführten Zahlungsvorgangs streitig, hat der Zahlungsdienstleister nachzuweisen, dass eine Authentifizierung erfolgt ist und der Zahlungsvorgang ordnungsgemäß aufgezeichnet, verbucht sowie nicht durch eine Störung beeinträchtigt wurde. ²Eine Authentifizierung ist erfolgt, wenn der Zahlungsdienstleister die Nutzung eines bestimmten Zahlungsauthentifizierungsinstruments, einschließlich seiner personalisierten Sicherheitsmerkmale, mit Hilfe eines Verfahrens überprüft hat. ³Wurde der Zahlungsvorgang mittels eines Zahlungsauthentifizierungsinstruments ausgelöst, reicht die Aufzeichnung der Nutzung des Zahlungsauthentifizierungsinstruments einschließlich der Authentifizierung durch den Zahlungsdienstleister allein nicht notwendigerweise aus, um nachzuweisen, dass der Zahler

1. den Zahlungsvorgang autorisiert,
2. in betrügerischer Absicht gehandelt,
3. eine oder mehrere Pflichten gemäß § 675l verletzt oder
4. vorsätzlich oder grob fahrlässig gegen eine oder mehrere Bedingungen für die Ausgabe und Nutzung des Zahlungsauthentifizierungsinstruments verstoßen

hat.

Gliederung

A. Grundlagen	1	II. Authentifizierung	3
B. Anwendungsvoraussetzungen	2	III. Beweisanforderungen	4
I. Grundkonzept	2		

A. Grundlagen

1   Die Norm legt Mindestanforderungen für die Beweislast fest, wenn die Autorisierung eines Zahlungsvorgangs streitig ist. Abweichungen zum Nachteil des ZDN sind nach § 675e BGB nicht möglich – zu seinen Gunsten kann abgewichen werden.

B. Anwendungsvoraussetzungen

I. Grundkonzept

2   Ist die Autorisierung eines ausgeführten Zahlungsvorgangs streitig, hat der ZDL nachzuweisen, dass eine Authentifizierung erfolgt ist und der Zahlungsvorgang ordnungsgemäß aufgezeichnet, verbucht sowie nicht durch eine Störung beeinträchtigt wurde (§ 675w Satz 1 BGB). In diesem Fall liegt also die Darlegungs- und Beweislast beim ZDL, der nur dann einen Anspruch auf Erstattung seiner Aufwendungen hat, wenn eine autorisierte Zahlung vorliegt (§§ 675c, 670 BGB und Umkehrschluss aus § 675u BGB).[1] Liegt demgegenüber eine **nicht** autorisierte Zahlung vor, hat der ZDL (§ 675u BGB) dem Zahler den Zahlungsbetrag zu erstatten, sofern dieser damit belastet wurde.[2] Allerdings kann der ZDL in diesem Falle einen Schadensersatzanspruch gegen den ZDN haben (§ 675v BGB), der bei Fahrlässigkeit in der Höhe begrenzt ist (§ 675v Abs. 1 BGB) und bei grober Fahrlässigkeit und Vorsatz den gesamten Schaden umfasst (§ 675v Abs. 2 BGB).[3]

II. Authentifizierung

3   Zum Nachweis der Autorisierung eines bereits ausgeführten Zahlungsvorgangs muss der ZDL zumindest darlegen und beweisen, dass eine Authentifizierung stattgefunden hat und der Zahlungsvorgang

---

[1] BT-Drs. 16/11643, S. 114; hierzu *Franck/Massari*, WM 2009, 1117.
[2] BT-Drs. 16/11643, S. 114.
[3] BT-Drs. 16/11643, S. 114.

technisch einwandfrei abgelaufen ist (Satz 1).[4] Satz 2 definiert den Begriff der Authentifizierung.[5] Gemeint ist die formalisierte Überprüfung, ob die für die Ausführung eines Zahlungsvorgangs vereinbarten Besitz- und Wissenskomponenten (z.B. Kreditkarte und PIN) vorgelegen haben.[6] Konkret geht es um die Überprüfung der Kundenkennung und der PIN bei der Abhebung am Geldautomaten oder um die Überprüfung von PIN und TAN beim Online-Banking – auch um Kundenkennung und Kennwort im Telefonbanking.

III. Beweisanforderungen

In den Fällen, in denen der Zahlungsvorgang durch ein ZAuFI ausgelöst wurde, soll allein dieser Nachweis nicht in jedem Fall ausreichen, um entweder die Autorisierung eines Zahlungsvorgangs, eine Sorgfaltspflichtverletzung oder ein betrügerisches Handeln des ZDN nachzuweisen.[7] Durch Satz 3 soll verhindert werden, dass ohne Ansehung des Einzelfalls allein die Aufzeichnung des Einsatzes eines ZAuFI einschließlich der Authentifizierung ausreicht, um den Aufwendungsersatzanspruch oder einen Schadensersatzanspruch des ZDL zu begründen.[8] Der ZDN sollte die Möglichkeit haben, mit einem substantiierten und glaubhaften Vortrag über den Geschehensablauf darzulegen, dass ein Diebstahl oder eine missbräuchliche Verwendung des ZAuFI vorgelegen hat und ggf. wie der Dieb oder der missbräuchliche Verwender Zugang zu den personalisierten Sicherheitsmerkmalen bekommen haben kann.[9] Die Würdigung, ob die Voraussetzungen für einen Anscheinsbeweis vorliegen und ob ggf. der Vortrag des ZDN den Anschein einer Autorisierung oder einer Sorgfaltspflichtverletzung erschüttert, obliegt allein den Gerichten (§ 286 ZPO).[10] Mit Blick auf die Rechtsprechung des BGH und der Obergerichte zum Anscheinsbeweis und seiner Entkräftung bei Abhebungen mit einer ec-Karte unter Verwendung der PIN an einem Geldautomaten, ist auf die oben (§ 675v BGB) im Einzelnen dargestellte Rechtsprechung zu verweisen.[11]

Die Regelungen in § 675w BGB betreffen die Beweislast bei nichtautorisierten Zahlungen. Eine vergleichbare Regelung enthält § 676 BGB für den Fall, dass streitig ist, ob der Zahlungsvorgang ordnungsgemäß aufgezeichnet und verbucht sowie nicht durch eine Störung beeinträchtigt wurde.[12] Im Ergebnis spiegelt die gesetzliche Regelung in § 675w BGB die frühere Praxis der Gerichte im Falle von Kartenmissbräuchen mittels Eingabe einer PIN wider, sodass diese Norm keine grundlegenden Änderungen mit sich bringt.[13]

---

[4] BT-Drs. 16/11643, S. 114.
[5] Wie von Art. 4 Nr. 19 ZD-Rili vorgegeben.
[6] BT-Drs. 16/11643, S. 114.
[7] BT-Drs. 16/11643, S. 114.
[8] BT-Drs. 16/11643, S. 114.
[9] BT-Drs. 16/11643, S. 114.
[10] BT-Drs. 16/11643, S. 114.
[11] BGH v. 05.10.2004 - XI ZR 210/03 - BKR 2004, 493 = WM 2004, 2309 = ZIP 2004, 2226; OLG Brandenburg v. 07.03.2007 - 13 U 69/06 - WM 2007, 2193; OLG Frankfurt a.M. v. 30.01.2008 - 23 U 38/05 - WM 2008, 534 = ZIP 2008, 774; OLG Karlsruhe v. 06.05.2008 - 17 U 170/07 - WM 2008, 1549; AG Frankfurt v. 26.05.2009 - 30 C 2223/08 - 45 - VuR 2009, 472-473; vertiefend *Casper/Pfeifle*, WM 2009, 2343, 2347; *Scheibengruber*, BKR 2010, 15, 20; *Zwade/Mühl*, WM 2006, 1225, 1231; *Hoppe*, VuR 2005, 76; *Schulte am Hülse/Klabunde*, MMR 2010, 84; *Oechsler*, WM 2010, 1381, 1382.
[12] Umsetzung von Art. 59 ZD-Rili, die sich teilweise auf § 675w BGB und teilweise auf § 676 BGB bezieht – BT-Drs. 16/11643, S. 114 – dort auch der Hinweis, dass die ursprünglich sehr detaillierten Beweislastregelungen nicht auf die Zustimmung der Mitgliedstaaten und des Europäischen Parlaments stießen.
[13] BT-Drs. 16/11643, S. 115.

§ 675x BGB Erstattungsanspruch bei einem vom oder über den Zahlungsempfänger ausgelösten autorisierten Zahlungsvorgang

(Fassung vom 29.07.2009, gültig ab 31.10.2009)

(1) ¹Der Zahler hat gegen seinen Zahlungsdienstleister einen Anspruch auf Erstattung eines belasteten Zahlungsbetrags, der auf einem autorisierten, vom oder über den Zahlungsempfänger ausgelösten Zahlungsvorgang beruht, wenn

1. bei der Autorisierung der genaue Betrag nicht angegeben wurde und
2. der Zahlungsbetrag den Betrag übersteigt, den der Zahler entsprechend seinem bisherigen Ausgabeverhalten, den Bedingungen des Zahlungsdiensterahmenvertrags und den jeweiligen Umständen des Einzelfalls hätte erwarten können; mit einem etwaigen Währungsumtausch zusammenhängende Gründe bleiben außer Betracht, wenn der zwischen den Parteien vereinbarte Referenzwechselkurs zugrunde gelegt wurde.

²Der Zahler ist auf Verlangen seines Zahlungsdienstleisters verpflichtet, die Sachumstände darzulegen, aus denen er sein Erstattungsverlangen herleitet.

(2) Im Fall von Lastschriften können der Zahler und sein Zahlungsdienstleister vereinbaren, dass der Zahler auch dann einen Anspruch auf Erstattung gegen seinen Zahlungsdienstleister hat, wenn die Voraussetzungen für eine Erstattung nach Absatz 1 nicht erfüllt sind.

(3) Der Zahler kann mit seinem Zahlungsdienstleister vereinbaren, dass er keinen Anspruch auf Erstattung hat, wenn er seine Zustimmung zur Durchführung des Zahlungsvorgangs unmittelbar seinem Zahlungsdienstleister erteilt hat und er, sofern vereinbart, über den anstehenden Zahlungsvorgang mindestens vier Wochen vor dem Fälligkeitstermin vom Zahlungsdienstleister oder vom Zahlungsempfänger unterrichtet wurde.

(4) Ein Anspruch des Zahlers auf Erstattung ist ausgeschlossen, wenn er ihn nicht innerhalb von acht Wochen ab dem Zeitpunkt der Belastung des betreffenden Zahlungsbetrags gegenüber seinem Zahlungsdienstleister geltend macht.

(5) ¹Der Zahlungsdienstleister ist verpflichtet, innerhalb von zehn Geschäftstagen nach Zugang eines Erstattungsverlangens entweder den vollständigen Betrag des Zahlungsvorgangs zu erstatten oder dem Zahler die Gründe für die Ablehnung der Erstattung mitzuteilen. ²Im Fall der Ablehnung hat der Zahlungsdienstleister auf die Beschwerdemöglichkeit gemäß § 28 des Zahlungsdiensteaufsichtsgesetzes und auf die Möglichkeit, eine Schlichtungsstelle gemäß § 14 des Unterlassungsklagengesetzes anzurufen, hinzuweisen. ³Das Recht des Zahlungsdienstleisters, eine innerhalb der Frist nach Absatz 4 geltend gemachte Erstattung abzulehnen, erstreckt sich nicht auf den Fall nach Absatz 2.

(6) Absatz 1 ist nicht anzuwenden auf Lastschriften, sobald diese durch eine Genehmigung des Zahlers unmittelbar gegenüber seinem Zahlungsdienstleister autorisiert worden sind.

Gliederung

A. Grundlagen 1	II. Erstattungsrecht bei Lastschriften 6
B. Anwendungsvoraussetzungen 4	III. Abbuchungsauftragsverfahren 8
I. Erstattungsanspruch für bestimmte Fälle 4	IV. Ausschlussfrist von acht Wochen 10

V. Erstattung – Angabe von Gründen 11	VIII. Das Widerspruchsrecht im EEV –
VI. Nachträglich autorisierte Lastschriften 12	Grenzen 24
VII. Das Einzugsermächtigungsverfahren (EEV) 13	IX. Entgelt für die Lastschriftrückgabe 33

A. Grundlagen

§ 675x BGB findet nur Anwendung auf vom oder über den ZDN angestoßene, **autorisierte** Zahlungsvorgänge.[1] Für diese Fälle gewähren die Absätze 1 und 2 dem Zahler trotz Autorisierung unter bestimmten Voraussetzungen einen Erstattungsanspruch. Für den Fall, dass der Zahler ein Zahlungskonto unterhält, hat er Anspruch auf Wiedergutschrift.[2] Die Norm betrifft nur das **Deckungsverhältnis** zwischen ZDN und ZDL, nicht hingegen das Valutaverhältnis zwischen ZDN und Zahlungsempfänger.

1

Da der Zahler mit seiner Autorisierung die Ursache für den von ihm in Frage gestellten Zahlungsvorgang selbst gesetzt hat, kommt eine valutarische Gutschrift nicht in Frage.[3] § 675x BGB ist nur auf **autorisierte** Zahlungen anwendbar; er gilt daher nicht für die herkömmliche **Einzugsermächtigungslastschrift**.[4] Denn diese ist nach herrschender Literaturmeinung[5] und der so genannten **Genehmigungstheorie** des BGH[6] – bis zu dem Zeitpunkt ihrer Genehmigung (§ 185 Abs. 1 BGB) – **keine** autorisierte Zahlung.[7] Das Einzugsermächtigungsverfahren verdankt seine weite Verbreitung der Tatsache, dass die Gläubiger für die Erteilung von formularmäßigen Einzugsermächtigungen mit dem Hinweis auf die Risikofreiheit werben und dabei die fehlende Verpflichtung zur Einlösung und die **freie Widerruflichkeit** der „Ermächtigung" in den Vordergrund stellen.[8] Ohne die freie Widerrufsmöglichkeit ginge der Schuldner das Risiko einer gerichtlichen Auseinandersetzung über die **Berechtigung** der eingelösten Lastschrift ein.[9] Dies bedeutet, der Kunde kann einer Belastungsbuchung, die auf einer Einzugsermächtigung beruht, widersprechen, solange er sie nicht genehmigt hat. Erst die Genehmigung enthält die **Autorisierung** – dies ist der Grund, warum die Lastschrift im Rahmen des Einzugsermächtigungsverfahrens (EEV) nicht unter § 675x BGB fällt.

2

Dagegen fallen grundsätzlich Kreditkartenzahlungen, das Abbuchungsauftragsverfahren (AAV) sowie die SEPA-Lastschriftverfahren in den Anwendungsbereich von § 675x BGB.[10] Der Erstattungsanspruch ist abdingbar (§ 675e Abs. 4 BGB), sofern es sich bei dem Zahler um einen Unternehmer handelt. Ob der Zahlungsempfänger ein Unternehmer ist, spielt dagegen keine Rolle.[11]

3

B. Anwendungsvoraussetzungen

I. Erstattungsanspruch für bestimmte Fälle

Der Zahler hat trotz Vorliegens eines **autorisierten** Zahlungsvorgangs in bestimmten Fällen nach § 675x Abs. 1 BGB einen Erstattungsanspruch gegen seinen ZDL.[12] Voraussetzung für den Erstattungsanspruch ist, dass bei der Autorisierung der **genaue Betrag** nicht angegeben wurde (Absatz 1 Nr. 1). Darüber hinaus hat der Zahler einen Erstattungsanspruch, wenn der **Zahlungsbetrag** höher ist

4

---

[1] Umsetzung von Artt. 62 und 63 ZD-Rili; BT-Drs. 16/11643, S. 115.
[2] BT-Drs. 16/11643, S. 115.
[3] BT-Drs. 16/11643, S. 115.
[4] BT-Drs. 16/11643, S. 115.
[5] *Ellenberger* in: Bankrechts-Handbuch, § 58 Rn. 53; *Hadding* in: FS für Bärmann 1975, 375, 385; *Schlegelberger/Hefermehl*, Anh. § 365 Rn. 135; *Bundschuh* in: FS für Stimpel, S. 1045; *Denck*, ZHR 144 (1980), 171, 175; *Klinger*, Die Rückabwicklung unberechtigter Lastschriften im Einzugsermächtigungsverfahren - unter besonderer Berücksichtigung des Lastschriftabkommens und der Rechtsnatur der Einzugsermächtigung (1989), S. 115-211.
[6] BGH v. 28.02.1977 - II ZR 52/75 - BGHZ 69, 82, 85; BGH v. 21.12.1977 - VIII ZR 255/76 - BGHZ 70, 177, 180; BGH v. 28.05.1979 - II ZR 85/78 - BGHZ 74, 300, 303; BGH v. 24.06.1985 - II ZR 277/84 - BGHZ 95, 103, 108; BGH v. 14.02.1989 - XI ZR 141/88 - NJW 1989, 1672 f. m.w.N.; BGH v. 26.07.2011 - XI ZR 197/10 - NJW 2011, 2715.
[7] BT-Drs. 16/11643, S. 115.
[8] BGH v. 14.02.1989 - XI ZR 141/88 - NJW 1989, 1672 f.
[9] BGH v. 06.06.2000 - XI ZR 258/99 - WM 2000, 1577, dazu *van Gelder*, FS Kümpel 2003, 133.
[10] BT-Drs. 16/11643, S. 115.
[11] BT-Drs. 16/11643, S. 115.
[12] Umsetzung von Art. 62 Abs. 1 und 2 ZD-Rili; BT-Drs. 16/11643, S. 115.

als der Betrag, „den der Zahler vernünftigerweise hätte erwarten können".[13] Die Bestimmung des Erwartungshorizonts des Zahlers hat entsprechend den Richtlinienvorgaben[14] anhand des bisherigen Ausgabeverhaltens des Zahlers, den Bedingungen des ZDRV und der jeweiligen Umstände des Einzelfalls zu erfolgen.[15] Der Europäischen Kommission, die den Richtlinienvorschlag unterbreitete, schwebten dabei insbesondere folgende Fälle bei Hotelbuchungen und Autovermietungen vor: Bereits zu oder noch vor Beginn des Vertragsverhältnisses wird ein (Kredit-)Kartenabdruck blanco erstellt, ohne dass ein vollständig ausgefüllter Kartenbeleg vorliegt, oder die Kartennummer wird telefonisch angegeben.[16] Der Zahler hat auf Verlangen seines ZDL die Sachumstände darzulegen, aus denen er sein Erstattungsverlangen herleitet (§ 675x Abs. 1 Satz 2 BGB). Er hat die Umstände darzulegen, wegen derer er sich auf das Vorliegen der Voraussetzungen in Satz 1 beruft.[17]

5 Der Zahler hat, wenn die Voraussetzungen des § 675x Abs. 1 BGB vorliegen, Anspruch auf Erstattung des vollständigen Betrags, d.h. nicht nur des Anteils, um den die Belastung nach seiner Vorstellung zu hoch ist.[18] Sein Anspruch nach § 675x BGB lässt Ansprüche aus dem Grundgeschäft (Valutaverhältnis) unberührt.[19] Für die Erbringung von Zahlungsdiensten in der Währung eines Staates außerhalb des EWR (§ 675d Abs. 1 Satz 2 BGB) gilt Absatz 1 nicht (§ 675e Abs. 2 Satz 1 BGB).[20]

II. Erstattungsrecht bei Lastschriften

6 Nach § 675x Abs. 2 BGB ist es möglich, dass der ZDL mit dem Zahler ein noch weitergehendes Erstattungsrecht für Lastschriften vereinbart. Denkbar ist ein schlichtes Widerspruchsrecht gegen die Belastung ohne weitere Begründung.[21] Dies ist bei der SEPA-Lastschrift möglich.[22] Diese beruht auf einer vom Zahler sowohl an den Zahlungsempfänger als auch an den ZDL des Zahlers gerichteten Weisung („Doppelweisung") und ist damit ein autorisierter Vorgang, wodurch sich die SEPA-Lastschrift von der in Deutschland bislang praktizierten Einziehungsermächtigung unterscheidet.[23] Ungeachtet der Tatsache, dass die Zahlung vom Zahler autorisiert ist, gewährt der ZDL des Zahlers diesem dennoch ein auf acht Wochen zeitlich befristetes (Absatz 4) Erstattungsrecht ohne weitere Begründungserfordernisse.[24] Der ZDL des Zahlers ist seinerseits durch die SEPA-Interbanken-Regeln abgesichert, indem diese ihm für den Fall des Widerspruchs einen Anspruch auf Rückvergütung (und technische Rückabwicklung) gegen den ZDL des Zahlungsempfängers gewähren.[25] Der ZDL des Zahlungsempfängers wird sich deshalb in der Inkasso-Vereinbarung ein **Rückbelastungsrecht** gegen den Zahlungsempfänger ausdrücklich vorbehalten.[26] Die Möglichkeit einer vertraglichen Erstattungspflicht trotz Autorisierung der Zahlung begünstigt den Zahler des ZDL und müsste deshalb (Gegenschluss aus § 675e Abs. 1 BGB)[27] nicht unbedingt kodifiziert werden.[28] Allerdings ist diese Vereinbarung für den Zahlungsempfänger nachteilig, denn diesem wird im Falle eines Erstattungsverlangens des Zahlers der Zahlungsbetrag entweder bereits nicht gutgeschrieben oder wieder belastet.[29] Wegen dieser Belastungen des Zahlungsempfängers erweist sich die Regelung in § 675x Abs. 2 BGB nicht als nur deklaratorisch.[30]

---

[13] BT-Drs. 16/11643, S. 115.
[14] Art. 62 ZD-Rili.
[15] BT-Drs. 16/11643, S. 115.
[16] BT-Drs. 16/11643, S. 115.
[17] BT-Drs. 16/11643, S. 115.
[18] BT-Drs. 16/11643, S. 115.
[19] Erwägungsgrund 36 ZD-Rili; BT-Drs. 16/11643, S. 115.
[20] BT-Drs. 16/11643, S. 115.
[21] BT-Drs. 16/11643, S. 115.
[22] BT-Drs. 16/11643, S. 115, dazu *Nobbe*, WM 2011, 961, 964.
[23] BT-Drs. 16/11643, S. 115.
[24] BT-Drs. 16/11643, S. 115; Nr. 2.5 SEPA-Basislastschriftbedingungen.
[25] BT-Drs. 16/11643, S. 115; *Nobbe*, WM 2011, 961, 964; zur Insolvenz während der Rückrufrist: *Obermüller/Küder*, ZIP 2010, 349.
[26] BT-Drs. 16/11643, S. 115.
[27] Art. 86 Abs. 3 Satz 2 ZD-Rili.
[28] BT-Drs. 16/11643, S. 115.
[29] BT-Drs. 16/11643, S. 115.
[30] Ebenso Art. 62 Abs. 1 Satz 4 ZD-Rili - BT-Drs. 16/11643, S. 115.

Eine Zahlung, die mittels des im November 2009 eingeführten SEPA-Lastschriftverfahrens bewirkt wird, ist insolvenzfest.[31] Da die SEPA-Basislastschrift eine Generalweisung an die Zahlstelle enthält, wird der Anspruch auf Aufwendungsersatz durch einen nach der Belastungsbuchung gestellten Antrag auf Eröffnung des Insolvenzverfahrens über das Vermögen des Zahlungspflichtigen nicht mehr berührt.[32] Das SEPA-Lastschriftverfahren kann rechtswirksam in den AGB der Kreditwirtschaft vereinbart werden.[33]

III. Abbuchungsauftragsverfahren

Nach § 675x Abs. 3 BGB[34] können der Zahler und sein ZDL abweichend vom Grundsatz des Absatzes 1 für vom Zahlungsempfänger angestoßene Zahlungen vereinbaren, dass dem Zahler kein Erstattungsanspruch zusteht, wenn dieser seinem ZDL unmittelbar die Zustimmung erteilt hat. Diese Ausnahmeregelung zielt insbesondere auf das deutsche Abbuchungsauftragsverfahren ab.[35] Dieses fällt grundsätzlich unter die Regelung des § 675 Abs. 1 und 4 BGB, wenn sie dem Verfahren seinen Vorteil für den Zahlungsempfänger nehmen würde, wonach der Zahlungsvorgang zu einem früheren Zeitpunkt endgültig wird.[36]

Zwar wird das Abbuchungsauftragsverfahren heute überwiegend unter Unternehmern genutzt, die nach § 675e Abs. 4 BGB in Verträgen mit ihren ZDL von § 675x BGB abweichen können, jedoch wäre ohne eine Absatz 3 vergleichbare Regelung dieses Verfahren gänzlich für Verbraucher ausgeschlossen und die (Weiter-)Entwicklung vergleichbarer europäischer Lastschrift-Modelle behindert.[37] Die Parteien können darüber hinaus vereinbaren, dass die Wirkung einer Vereinbarung nach dem ersten Halbsatz davon abhängig gemacht werden kann, dass der Zahler über den anstehenden Zahlungsvorgang mindestens vier Wochen vor dem Fälligkeitstermin durch seinen ZDL oder den Zahlungsempfänger unterrichtet wird.[38]

IV. Ausschlussfrist von acht Wochen

Nach § 675x Abs. 4 BGB ist ein Anspruch des Zahlers auf Erstattung (nach Absatz 1) ausgeschlossen, wenn er ihn nicht innerhalb von acht Wochen ab dem Zeitpunkt der Belastung des betreffenden Zahlungsbetrages gegenüber seinem ZDL geltend macht.[39]

V. Erstattung – Angabe von Gründen

Nach § 675x Abs. 5 BGB hat der ZDL des Zahlers entweder den **vollständigen** Betrag zu erstatten oder ihm Gründe für die Ablehnung mitzuteilen.[40] Dies hat innerhalb von zehn Geschäftstagen nach Zugang eines Erstattungsverlangens zu geschehen. Im Falle der Ablehnung hat der ZDL auf die Beschwerdemöglichkeit nach § 28 ZAG und auf die Möglichkeit, eine Schlichtungsstelle anzurufen (§ 14 UKlaG), hinzuweisen. Mit Satz 3 wird klargestellt, dass sich das Recht zur Ablehnung innerhalb von acht Wochen nicht auf Lastschriften bezieht, für die der Zahler mit seinem ZDL Sondervereinbarungen nach Absatz 2 getroffen hat.

VI. Nachträglich autorisierte Lastschriften

§ 675x Abs. 6 BGB dient der Klarstellung. Genehmigt der Zahler eine Lastschrift unmittelbar gegenüber seinem ZDL, so hat er keinen Erstattungsanspruch mehr nach Absatz 1. Der Erstattungsanspruch bezieht sich also nur auf solche Fälle, in denen die Autorisierung **vor Ausführung** des Zahlungsvorgangs erteilt wurde.[41] Lastschriften, die erst nach ihrer Ausführung autorisiert worden sind (wie etwa

---

[31] BGH v. 20.07.2010 - XI ZR 236/07 - WM 2010, 1546; dazu *Langen/Lang*, NJW 2010, 3484; *Meckel*, jurisPR-BKR 12/2010 Anm. 1; *Nobbe*, WM 2011, 961, 965.
[32] *Nobbe*, WM 2011, 961, 965.
[33] BGH v. 20.07.2010 - XI ZR 236/07 - WM 2010,1546 (Leitsatz 2).
[34] Umsetzung von Art. 62 Abs. 3 ZD-Rili.
[35] BT-Drs. 16/11643, S. 115.
[36] BT-Drs. 16/11643, S. 115.
[37] BT-Drs. 16/11643, S. 115.
[38] BT-Drs. 16/11643, S. 115.
[39] Umsetzung von Art. 63 Abs. 1 ZD-Rili.
[40] Umsetzung von Art. 62 Abs. 1 Satz 3 sowie Art. 63 Abs. 2 ZD-Rili.
[41] BT-Drs. 16/11643, S. 116.

VII. Das Einzugsermächtigungsverfahren (EEV)

13 Bei dem in Deutschland weit verbreiteten EEV erfolgt die Zustimmung des Zahlers zum Zahlungsvorgang regelmäßig erst im Nachhinein gegenüber seinem ZDL in der Regel dadurch, dass der Zahler dem Rechnungsabschluss nicht innerhalb einer Frist von sechs Wochen widerspricht.[43] Diese Praxis für Belastungsbuchungen aufgrund erteilter Einzugsermächtigungen wird durch die Neuregelungen nicht geändert.[44] Einen anderen Weg beschreitet das von der europäischen Kreditwirtschaft 2009 eingeführte SEPA-Lastschriftverfahren.[45] Hierbei erteilt der Zahler gleichzeitig dem Zahlungsempfänger eine Einzugsermächtigung und seinem Zahlungsdienstleister einen Zahlungsauftrag (Doppelweisung) erteilen.[46]

14 Veranlasst der Zahlungsempfänger eine Abbuchung vom Konto des Zahlers im Rahmen des EEV, so fehlt es folglich sowohl an einer Einwilligung als auch an einer Genehmigung und damit an einem autorisierten Zahlungsvorgang im Sinne des § 675j Abs. 1 BGB seitens des Zahlers. Es fehlt, anders als beim Abbuchungsauftragsverfahren (AAV), an einer Generalweisung des Schuldners gegenüber seiner Bank.[47] Die Lastschriftabrede kommt zustande, indem der Schuldner den Gläubiger ermächtigt, die Forderung im EEV einzuziehen. Diese Ermächtigung kann sich aus den AGB ergeben. Da der Schuldner der Lastschrift widersprechen kann, liegt darin kein Verstoß gegen § 307 BGB.[48]

15 Die in formularmäßigen Mitgliedsverträgen eines Sportstudios enthaltene Lastschriftklausel: „Das Mitglied erteilt dem Studio ... soweit keine Überweisung vereinbart ist, bis auf Widerruf die Berechtigung, den Beitrag per Bankeinzug monatlich abzubuchen" ist lediglich als grundsätzlich zulässige Vereinbarung einer Einziehungsermächtigung zu verstehen.[49] Eine solche Klausel enthält dagegen nicht die Verpflichtung des Verbrauchers, an dem ihn regelmäßig unangemessen benachteiligenden Abbuchungsauftragsverfahren (AAV) teilzunehmen.[50] Der Schuldner kann die Genehmigung ausdrücklich, aber auch konkludent erteilen.[51]

16 Beim Einzug im Lastschriftverfahren wird die Geldschuld zur Holschuld.[52] Bei einer solchen Fallgestaltung ist der Gläubiger verpflichtet, von der Ermächtigung zum Einzug rechtzeitig Gebrauch zu machen.[53] Der Schuldner hat das seinerseits für die Leistung Erforderliche getan, wenn er für eine entsprechende Kontodeckung sorgt.[54] Lehnt der ZDL die Ausführung der Lastschrift ab, z.B. weil kurz zuvor eine Kontosperre veranlasst wurde, so ist der ZDL des Zahlers verpflichtet, den Kontoinhaber unverzüglich über die Nichteinlösung der Lastschrift zu unterrichten, um ihn in die Lage zu versetzen, anderweitig für die rechtzeitige Erfüllung seiner Zahlungsverpflichtungen zu sorgen.[55] § 675o Abs. 1 BGB ist in diesen Fällen nicht unmittelbar anwendbar, weil das EEV nicht in den Anwendungsbereich der Regelungen über die Zahlungsdienst fällt – allerdings kommt eine analoge Anwendung in Betracht. Eine solche Analogie zu § 675o Abs. 1 BGB entspricht der Rechtsprechung des BGH zur Benachrichtigungspflicht der Schuldnerbank.

---

[42] BT-Drs. 16/11643, S. 116.
[43] BT-Drs. 16/11643, S. 106.
[44] BT-Drs. 16/11643, S. 106.
[45] BT-Drs. 16/11643, S. 106.
[46] BT-Drs. 16/11643, S. 106; vertiefend *Nobbe*, WM 2011, 961, 964.
[47] Zur Entwicklung der Formen des Lastschriftverfahrens, das seit dem 01.01.1964 praktiziert wird, vgl. die Darstellung in der 2. Aufl. ab S. 226.
[48] BGH v. 23.01.2003 - III ZR 54/02 - WM 2003, 425 = ZIP 2003, 350; OLG Nürnberg v. 04.04.1995 - 3 U 4115/94 - WM 1995, 1307; OLG Sachsen-Anhalt v. 21.07.1994 - 4 U 276/93 - VuR 1995, 42; *Bunte* in: Bankrechts-Handbuch, § 12 Rn. 31a.
[49] BGH v. 29.05.2008 - III ZR 330/07 - WM 2008, 1391 = NJW 2008, 2495.
[50] BGH v. 29.05.2008 - III ZR 330/07 - WM 2008, 1391 = NJW 2008, 2495.
[51] BGH v. 24.06.1985 - II ZR 277/84 - BGHZ 95, 103, 108.
[52] BGH v. 07.12.1983 - VIII ZR 257/82 - WM 1984, 163 f.; BGH v. 19.10.1977 - IV ZR 149/76 - BGHZ 69, 361, 366.
[53] BGH v. 19.10.1977 - IV ZR 149/76 - BGHZ 69, 361 = NJW 1978, 215.
[54] BGH v. 30.01.1985 - IVa ZR 91/83 - WM 1985, 461, 462.
[55] BGH v. 28.02.1989 - XI ZR 80/88 - WM 1989, 625.

Der BGH und ein großer Teil der Lehre gehen davon aus, dass beim EEV das Konto des Zahlungspflichtigen unter der auflösenden Bedingung des prinzipiell möglichen Widerspruchs belastet wird, d.h. dass der Schuldner die Belastungsbuchung **genehmigen** muss.[56] Das Verfahren verdanke, so der BGH, seine weite Verbreitung der Tatsache, dass die Gläubiger für die Erteilung von formularmäßigen Einzugsermächtigungen mit dem Hinweise auf die Risikofreiheit werben und dabei die fehlende Verpflichtung zur Einlösung und die **freie Widerruflichkeit** der „Ermächtigung" in den Vordergrund stellen. Dies spreche bereits gegen die Annahme, der „erklärte Parteiwille" sei auf eine **echte Ermächtigung** im Sinne des § 185 BGB gerichtet.[57] Dieser rechtlichen Bedeutung entspreche die Widerrufsmöglichkeit für den Schuldner, von der das Abkommen über den Lastschriftverkehr ausgehe. Der hierdurch gewährleistete Schutz des Schuldners bilde im Übrigen die innere Rechtfertigung für die Abwicklung des Lastschriftverfahrens als ein Massengeschäft, ohne Prüfung der Ermächtigung.[58]

17

Der Schutz des Schuldners werde, entgegen der Ansicht von *Canaris*[59] nicht schon durch die Tatsache gewährleistet, dass die Ermächtigung nur „berechtigte" Lastschriften decke. Ohne die freie Widerspruchsmöglichkeit ginge der Schuldner nämlich das Risiko einer gerichtlichen Auseinandersetzung über die „Berechtigung" der eingelösten Lastschrift ein.[60] Zutreffend ist auch, dass jemand Belastungen seines Kontos durch die Erklärung seines Einverständnisses von vornherein rechtfertigt, obwohl die Berechtigung der einzelnen Buchungen von niemandem geprüft worden ist.[61] So kann es beispielsweise passieren, dass ein Versicherer, dem man Einzugsermächtigung erteilt hat, im Laufe der Jahre eine viel höhere Prämie abbucht, als dies in der Police noch vereinbart war – Hintergrund kann eine Prämienanpassungsklausel sein. In solchen Fällen muss der Schuldner die Möglichkeit haben, die Berechtigung der Abbuchung durch Einlegung des Widerspruchs zu überprüfen. In den AGB/B sollte – um etwaige Missverständnis und Zweifel auszuräumen – vereinbart sein: „Der Kunde kann einer Belastungsbuchung, die auf einer Einziehungsermächtigung beruht, widersprechen, solange er sie nicht genehmigt hat."

18

Nach Nr. 7 Abs. 2 AGB/B hat der Kunde Einwendungen, z.B. gegen unrichtige Lastschriften auf seinem Konto, innerhalb eines Monats nach Zugang eines Rechnungsabschlusses zu erheben. Das Unterlassen rechtzeitiger Einwendungen, so heißt es weiter, gilt als Genehmigung. Der BGH hat zu einer ähnlich gestalteten fingierten formularmäßigen Genehmigung in Sparkassenbedingungen allerdings bereits am 29.1.1979 entschieden, dass diese lediglich „die Bedeutung einer rein tatsächlichen Erklärung des Kunden" habe, wonach „er gegen die aus dem Tageskontoauszug ersichtliche Belastung nichts einzuwenden habe. Eine rechtsgeschäftliche Genehmigung könne darin nicht gesehen werden".[62] Widerspricht also der Zahlungspflichtige trotz Kenntnis einer Kontobelastung nicht, so liegt darin i.d.R. keine stillschweigende Genehmigung.[63] Diesen Grundsätzen widerspricht Nr. 7 Abs. 2 AGB/B im Ergebnis nicht, denn im letzten Satz heißt es: „Der Kunde kann auch nach Fristablauf eine Berichtigung des Rechnungsabschlusses verlangen, muss dann aber beweisen, dass sein Konto zu Unrecht belastet ... wurde." Mangels Genehmigung kann der Schuldner folglich die Rückgängigmachung der Belastungsbuchung auch noch nach Ablauf der Monatsfrist verlangen.

19

---

[56] BGH v. 28.02.1977 - II ZR 52/75 - BGHZ 69, 82, 85; BGH v. 21.12.1977 - VIII ZR 255/76 - BGHZ 70, 177, 180; BGH v. 28.05.1979 - II ZR 85/78 - BGHZ 74, 300, 303; BGH v. 24.06.1985 - II ZR 277/84 - BGHZ 95, 103, 108; BGH v. 14.02.1989 - XI ZR 141/88 - NJW 1989, 1672 f.; im Anschluss an *Hadding* in: FS für Bärmann 1975, S. 375, 385; ders., WM 1978, 1366 f.; *Schlegelberger/Hefermehl*, Anh. § 365 Rn. 135; *Hadding/Häuser* in: MünchKomm-BGB, § 783 Rn. 124; *Bundschuh* in: FS Stimpel, S. 1045; *Denck*, ZHR 144 (1980), 175; *Bunte* in: Bankrechts-Handbuch, § 12 Rn. 31a; *Heermann*, Geld und Geldgeschäfte (2003), S. 247; *Ott*, JA 1992, 170; *Rinze*, JuS 1991, 202; *Klinger*, Die Rückabwicklung unberechtigter Lastschriften im Einzugsermächtigungsverfahren – unter besonderer Berücksichtigung des Lastschriftabkommens und der Rechtsnatur der Einzugsermächtigung (1989), S. 115-211; a.A. *Canaris* in: Großkomm. HGB, Bankvertragsrecht I, Rn. 532, m.w.N.; *Langenbucher*, Die Risikozuordnung im bargeldlosen Zahlungsverkehr (2001), S. 188 ff.
[57] BGH v. 14.02.1989 - XI ZR 141/88 - NJW 1989, 1672 f.
[58] BGH v. 14.02.1989 - XI ZR 141/88 - NJW 1989, 1672, f.
[59] *Canaris* in: Großkomm. HGB, Bankvertragsrecht I, Rn. 535.
[60] So inzwischen erneut BGH v. 06.06.2000 - XI ZR 258/99 - WM 2000, 1577; dazu *van Gelder*, FS Kümpel 2003, S. 133 ff.
[61] So ähnlich auch *Heymann/Horn*, Anh. § 372 Rn. 49 ff.
[62] BGH v. 29.01.1979 - II ZR 148/77 - BGHZ 73, 207.
[63] BGH v. 24.06.1985 - II ZR 277/84 - BGHZ 95, 103, 108.

20 Dies kann zu Schwierigkeiten führen, weil zwischen den am Lastschriftverfahren beteiligten Banken die Rückgabe und Rückrechnung ausgeschlossen ist, wenn der Zahlungspflichtige nicht binnen sechs Wochen nach Belastung widerspricht (Abschnitt III Nr. 2 LSA). Eine rechtliche Bindungswirkung für den Schuldner liegt in dieser Sechswochenfrist aber nicht, denn das Lastschriftabkommen bindet nur die an ihm beteiligten Banken. Grundsätzlich ist also die Verweigerung der Genehmigung auch nach Ablauf der Sechswochenfrist möglich.[64]

21 Allerdings kann eine Genehmigung darin liegen, dass der Schuldner der Belastungsbuchung nicht innerhalb der in Nr. 7 Abs. 3 AGB/B vorgesehenen 6-Wochen-Frist nach Zugang des Rechnungsabschlusses erhebt.[65] Der BGH hat mit Urteil vom 10.06.2008[66] entschieden, dass diese Klausel, die in den Girovertrag zwischen der Schuldnerbank und der Schuldnerin einbezogen war, wirksam ist. Ein Verstoß gegen § 308 Nr. 5 BGB, der auch im kaufmännischen Verkehr gelte, liege nicht vor.[67] Die vorgesehene Frist von 6 Wochen sei angemessen und der Bankkunde werde durch die besonderen Hinweise auf die Folge seines Schweigens bei Erteilung des Rechnungsabschlusses hinreichend geschützt.[68]

22 Dabei ist Nr. 7 Abs. 3 AGB/B im Valutaverhältnis zwischen Schuldner und einziehender Bank zu berücksichtigen, obwohl es sich um eine schuldrechtliche Vereinbarung im Deckungsverhältnis zwischen Schuldner und Schuldnerbank handelt, an der die einziehende Bank nicht beteiligt ist.[69] Zwar werden, so der BGH, durch ein Schuldverhältnis grundsätzlich nur die an ihm Beteiligten berechtigt und verpflichtet. Dies gilt, so der BGH, aber nicht uneingeschränkt für die Bestimmung der Leistungsverhältnisse in Fällen der Leistung kraft Anweisung. In diesen Fällen, wie etwa bei Zahlung durch Überweisung, sei für das Vorliegen einer Leistung des Anweisenden an den Anweisungsempfänger maßgeblich, ob im Verhältnis zwischen Anweisendem und Angewiesenem eine wirksame Anweisung oder jedenfalls der zurechenbare Rechtsschein einer solchen bestand.[70] Dementsprechend könne sich im EEV die zurechenbare Anweisung des Zahlungspflichtigen an die Zahlstelle nicht nur aus einer tatsächlich erklärten, sondern auch aus einer nach Nr. 7 Abs. 3 Satz 3 AGB/B fingierten Genehmigung ergeben.[71] Dabei bindet Nr. 7 Abs. 3 AGB/B auch den vorläufigen Insolvenzverwalter mit Zustimmungsvorbehalt.[72]

23 Die Genehmigungsfiktion in Nr. 7 Abs. 3 AGB/B schließt eine Genehmigung durch **konkludentes Verhalten** nicht aus.[73] Bei regelmäßig wiederkehrenden Zahlungen, wie etwa aus Dauerschuldverhältnissen, ständigen Geschäftsbeziehungen oder zur Steuervorauszahlung, kann jedenfalls im unternehmerischen Geschäftsverkehr eine konkludente Genehmigung vorliegen, wenn der Lastschriftschuldner in Kenntnis der Belastung dem Einzug nach Ablauf einer angemessenen Prüffrist nicht widerspricht und er einen früheren Einzug zuvor bereits genehmigt hatte.[74] Die Frage, ob eine Lastschrift im EEV vom Kontoinhaber konkludent genehmigt worden ist, beantwortet sich nach dem objektiven Erklärungswert seines Verhaltens, für den die spätere Befolgung eines Widerspruchs des Insolvenzverwalters über das Vermögen des Kontoinhabers durch die Bank nicht maßgeblich ist.[75]

---

[64] *Denck*, ZHR 144 (1980), 171, 179; *Bundschuh* in: FS für Stimpel, S. 1046 f.
[65] BGH v. 10.06.2008 - XI ZR 283/07 - NJW 2008, 3348.
[66] BGH v. 10.06.2008 - XI ZR 283/07 - juris Rn. 28 - NJW 2008, 3348.
[67] Ähnlich OLG Karlsruhe v. 18.01.2007 - 12 U 185/06 - ZIP 2007, 286, 287; OLG München v. 26.10.2006 - 19 U 2327/06 - ZIP 2006, 2122 sowie weitere Nachweise aus der Literatur.
[68] BGH v. 10.06.2008 - XI ZR 283/07 - juris Rn. 28 - NJW 2008, 3348; zuvor bereits BGH v. 26.01.1999 - XI ZR 93/98 - WM 1999, 539.
[69] BGH v. 10.06.2008 - XI ZR 283/07 - juris Rn. 29 - NJW 2008, 3348.
[70] BGH v. 20.03.2001 - XI ZR 157/00 - BGHZ 147, 145, 149 = NJW 2001, 1855; BGH v. 03.02.2004 - XI ZR 125/03 - BGHZ 158, 1, 5, 7 = NJW 2004, 1315; BGH v. 11.04.2006 - XI ZR 220/05 - BGHZ 167, 171, 172 f. = NJW 2006, 1965; BGH v. 21.06.2005 - XI ZR 152/04 - WM 2005, 1564, 1565; BGH v. 10.06.2008 - XI ZR 283/07 - juris Rn. 29 - NJW 2008, 3348; dazu Burghardt, WM 2006, 1892.
[71] BGH v. 10.06.2008 - XI ZR 283/07 - juris Rn. 29 - NJW 2008, 3348 unter Hinweis auf BGH v. 11.04.2006 - XI ZR 220/05 - juris Rn. 18 - BGHZ 167, 171, 176 = NJW 2006, 1965.
[72] BGH v. 10.06.2008 - XI ZR 283/07 - juris Rn. 32 - NJW 2008, 3348.
[73] BGH v. 20.07.2010 - XI ZR 236/07 - WM 2010, 1546.
[74] BGH v. 20.07.2010 - XI ZR 236/07 - WM 2010, 1546 Rn. 43, 44, 48.
[75] BGH. V. 26.07.2011 - XI ZR 197/10 - NJW 2011, 2715 (Leitsatz 2); im Anschluss an BGH v. 01.03.2011 - XI ZR 320/09 - WM 2011, 743 Rn. 14.

VIII. Das Widerspruchsrecht im EEV – Grenzen

Beim EEV ist der Widerspruch des Zahlungspflichtigen für seine Bank auch dann verbindlich, wenn er den belasteten Betrag seinem Gläubiger schuldet.[76] Die Bank muss selbst dann den Betrag wieder gutschreiben, wenn sie damit rechnet, dass ihr Kunde gegenüber dem Gläubiger missbräuchlich handelt.[77] Das ist systemgerecht, denn die Schuldnerbank (Zahlstelle) belastet „ohne entsprechenden Auftrag des Zahlungspflichtigen dessen Konto".[78] Außerdem ist es nicht Sache der Zahlstelle zu prüfen, ob der Zahlungspflichtige durch den Widerspruch im Valutaverhältnis zum Zahlungsempfänger „berechtigt" handelt oder nicht.[79]

24

Eines soll der Schuldner jedoch nicht dürfen: Hat er einmal der Lastschriftbuchung widersprochen, so kann er diesen Widerspruch nun nicht mehr widerrufen.[80] So recht überzeugt das nicht, denn der Widerruf des Widerspruchs bewirkt die Genehmigung i.S.d. § 684 Satz 2 BGB.[81] Hat die Schuldnerbank den Einlösungsbetrag nach dem LSA bereits zurückgefordert, so ist die nunmehr erteilte Genehmigung nach § 140 BGB in einen Überweisungsauftrag umzudeuten, der von der Schuldnerbank in Form der Neuvornahme des Rechtsgeschäfts (§ 141 BGB) jedenfalls dann auszuführen ist, wenn das Konto gedeckt ist.[82]

25

Das Widerspruchsrecht schützt den Schuldner, der keinen Abbuchungsauftrag erteilt hat, vor missbräuchlicher Inanspruchnahme. Der Widerspruch gegen eine Buchung im Einzugsermächtigungsverfahren ist auch dann zulässig, wenn dem Gläubiger tatsächlich ein Zahlungsanspruch zusteht. Ein Rechtsmissbrauch kommt dann nur gegenüber dem Gläubiger, nicht aber gegenüber dem Kreditinstitut in Betracht.[83] Allerdings kann der Schuldner dieses Recht seinerseits missbräuchlich ausüben, indem er z.B. auch dann widerspricht, wenn er in Wirklichkeit zur Zahlung verpflichtet ist. Auf diese Weise kann der Schuldner zum Nachteil der Gläubigerbank und/oder des Gläubigers selbst handeln.

26

Aus diesem Grund hat die Rechtsprechung eine Reihe von Fallgruppen entwickelt, in denen die Ausübung des Widerspruchsrechts seitens des Schuldners **sittenwidrig** ist. In diesen Fällen haftet der Schuldner für sein Verhalten aus § 826 BGB auf Schadensersatz. Allerdings müssen die Grenzen vorsichtig gezogen werden. Die Tatsache, dass die Gläubigerbank als Folge eines Widerspruchs möglicherweise einen Schaden erleidet, z.B. weil der Kunde der Gläubigerbank das unter Vorbehalt gutgeschriebene Geld bereits verbraucht hat und insolvent ist, genügt für sich allein nicht, um den Widerspruch des Schuldners sittenwidrig werden zu lassen. Der Schuldner handelt grundsätzlich nicht sittenwidrig, wenn er der Belastung seines Kontos widerspricht, weil er keine Einzugsermächtigung erteilt hat, oder den eingezogenen Betrag nicht schuldet, oder weil er ein Leistungsverweigerungs-, Zurückbehaltungs- oder Aufrechnungsrecht gegenüber dem Gläubiger ausüben will, auch wenn die Gläubigerbank auf diese Weise Schaden erleidet.[84]

27

Entscheidend komme es letztlich darauf an, welchen Zweck der Widerspruch im EEV erfüllt.[85] Dabei ist zu beachten, dass das EEV in hohem Maße missbrauchsanfällig sei, weil die Belastung eines Kontos schon erreicht werden kann, wenn nur auf dem von der Gläubigerbank übersandten Einzugspapier der Vermerk steht: „Einzugsermächtigung des Zahlungspflichtigen liegt dem Zahlungsempfänger vor." Deshalb muss der in der Lastschrift als zahlungspflichtig Bezeichnete in jedem Fall in der Lage sein, die Einziehung zu verhindern, wenn er überhaupt keine Ermächtigung erteilt oder den Gläubiger zwar generell ermächtigt hat, aber den zum Einzug gegebenen Lastschriftbetrag in Wirklichkeit nicht schuldet. Der Widerspruch gegen unberechtigte Lastschriften ist daher grundsätzlich nicht missbräuchlich, auch wenn dabei die Gläubigerbank Schaden erleide, weil sie den Zahlungsempfänger über die gutge-

28

---

[76] BGH v. 28.05.1979 - II ZR 219/77 - BGHZ 74, 309, 312/313 = WM 1979, 828.
[77] BGH v. 24.06.1985 - II ZR 277/84 - WM 1985, 905 dazu *Hadding/Häuser*, WuB I D 2.-6.85.
[78] BGH v. 28.05.1979 - II ZR 85/78 - BGHZ 74, 300, 304 = WM 1979, 689.
[79] BGH v. 24.06.1985 - II ZR 277/84 - BGHZ 95, 103 = NJW 1985, 2326 = WM 1985, 905; mit weiterführenden Hinweisen *Hadding/Häuser*, WuB I D 2.-6.85; *Ellenberger* in: Bankrechts-Handbuch, § 58 Rn. 57.
[80] BGH v. 14.02.1989 - XI ZR 141/88 - WM 1989, 520.
[81] So *Hadding/Häuser*, WuB I D 2.-3.89.
[82] Wie hier *Hadding/Häuser*, WuB I D 2.-3.89; ähnlich *Ellenberger* in: Bankrechts-Handbuch, § 58 Rn. 63.
[83] OLG Dresden v. 28.06.1999 - 17 U 3963/98 - ZIP 1999, 1626 = EWiR 2000, 15 m. Anm. *Eckert* = WUB I D 2.-2.00 m. Anm. *Häuser*.
[84] BGH v. 28.05.1979 - II ZR 85/78 - BGHZ 74, 300; BGH v. 27.11.1984 - II ZR 294/83 - NJW 1985, 847; *Ellenberger* in: Bankrechts-Handbuch, Bd. 1, § 58 Rn. 88 m.w.N.
[85] So schon BGH v. 28.05.1979 - II ZR 85/78 - BGHZ 74, 300; BGH v. 27.11.1984 - II ZR 294/83 - NJW 1985, 847.

§ 675x

schriebenen Lastschriftbeträge vor Eingang der Deckung hat verfügen lassen und sie nun das Geld (wegen Insolvenz) nicht mehr zurückbekommen kann. Hier verwirklicht sich das Risiko, in dessen Kenntnis das Kreditgewerbe das Einziehungsermächtigungsverfahren eingerichtet hat.[86]

29 Jedoch darf die Ausgestaltung des Lastschriftverfahrens nicht dazu ausgenutzt werden, das Risiko der Zahlungsunfähigkeit des Gläubigers auf dessen Bank zu verlagern.[87] Dies ist beispielsweise dann anzunehmen, wenn Gläubiger und/oder Schuldner die Widerspruchsmöglichkeit als Sicherungsinstrument einsetzen, um eine risikolose Darlehensgewährung des Lastschriftschuldners an den Lastschriftgläubiger zu ermöglichen.[88] Ein solches Vorgehen, bei dem der Gläubigerbank faktisch die Rolle einer Bürgin aufgezwungen wird, ist mit dem Sinn und Zweck des Lastschriftverfahrens nicht zu vereinbaren.[89] Es erhöht die Wahrscheinlichkeit eines Widerspruchs erheblich, was für die beteiligten Kreditinstitute mit besonderen, deutlich über das mit dem Lastschriftverfahren zwangsläufig verbundene Risiko hinausgehenden Gefahren verbunden ist.[90] Ein solches Vorgehen ist jedenfalls dann in aller Regel sittenwidrig, wenn es der Erlangung von Vorteilen, wie der Kreditbeschaffung des Lastschriftgläubigers und der Erzielung von Zinseinnahmen des Lastschriftschuldners, dient.[91]

30 Diese Grundsätze, so der XI. Senat, im Urteil vom 10.06.2008,[92] gelten auch für den **vorläufigen Insolvenzverwalter**. Insoweit widersprach die Rechtsprechung des IX. Senats.[93] Mit Urteil vom 20.07.2010 haben der IX. und der XI. Zivilsenat des BGH ihre Differenzen in einem gemeinsam verhandelten Verfahren überwunden.[94] Danach kann der Insolvenzverwalter nicht mehr pauschal allen Lastschriften, die noch nicht genehmigt sind, widersprechen. Er muss vielmehr prüfen, ob das pfändungsfreie „Schonvermögen" des Schuldners betroffen ist. Widersprechen könne der Verwalter auch, wenn bereits aus der Höhe einer einzelnen Lastschrift klar ersichtlich sei, dass der fragliche Betrag nicht aus dem „Schonvermögen", sondern nur aus der Masse aufgebracht werden könne.[95]

31 Der Widerspruch kann auch im **Verhältnis zum Zahlungsempfänger** sittenwidrig sein. Allerdings handelt der widersprechende Schuldner auch insoweit keinesfalls sittenwidrig, wenn er keine Einzugsermächtigung erteilt hat, den eingezogenen Betrag nicht schuldete oder sonstige „anerkennenswerte Gründe" hat, z.B. Leistungsverweigerungs-, Zurückbehaltungs- oder Aufrechnungsrechte gegen den Gläubiger geltend machen will.[96] Sittenwidrig ist der Widerspruch jedoch dann, wenn der Schuldner ihn nur deshalb ausübt, um das Ausfallrisiko dem Gläubiger zuzuschieben oder einen anderen Gläubiger zu begünstigen.[97] Probleme dieser Art stellen sich besonders leicht im Konkurs des Schuldners. Seine Bank, die ihm vor Konkurs eine Kreditlinie eingeräumt hatte, muss fürchten, mit ihrer Forderung im Konkurs auszufallen. Sie ist deshalb daran interessiert, das Debet auf dem Konto des Schuldners wenigstens teilweise zurückzuführen. Was liegt näher, als den Schuldner in dieser Situation zu bitten, den in den letzten sechs Wochen für ihn ausgeführten Lastschriften zu widersprechen. Als Folge davon erhält die Schuldnerbank das Geld von der Empfängerbank zurück. Diese wiederum belastet das Konto

---

[86] Weiterführend *Ellenberger* in: Bankrechts-Handbuch, § 58 Rn. 89; *Hadding/Häuser*, WuB I D 2.-1.85; vgl. auch den ähnlichen Fall BGH v. 28.05.1979 - II ZR 219/77 - WM 1979, 828, wo es um eine „Lastschriftreiterei" ging. Der BGH wies zu Recht darauf hin, dass es für die Wirksamkeit des Widerspruchs im Lastschriftverfahren nicht darauf ankommt, ob die Lastschriften selbst auf einer sittenwidrigen Lastschriftreiterei beruhen.

[87] BGH v. 28.05.1979 - II ZR 85/78 - BGHZ 74, 300, 308; BGH v. 28.05.1979 - II ZR 85/78 - BGHZ 74, 309, 313 f.; BGH v. 25.06.1979 - II ZR 253/78 - NJW 1979, 2146, 2147; BGH v. 27.11.1984 - II ZR 294/83 - NJW 1985, 847; BGH v. 21.04.2009 - VI ZR 304/07 - NSW BGB § 826 B (BGH-intern).

[88] BGH v. 21.04.2009 - VI ZR 304/07 - juris Rn. 11 - NSW BGB § 826 B (BGH-intern).

[89] BGH v. 21.04.2009 - VI ZR 304/07 - juris Rn. 11 - NSW BGB § 826 B (BGH-intern) m.w.N.

[90] BGH v. 21.04.2009 - VI ZR 304/07 - juris Rn. 11 - NSW BGB § 826 B (BGH-intern) m.w.N.

[91] BGH v. 21.04.2009 - VI ZR 304/07 - juris Rn. 11 - NSW BGB § 826 B (BGH-intern), unter Hinweis auf BGH v. 28.05.1979 - II ZR 85/78 - BGHZ 74, 300, 308 sowie BGH v. 25.06.1979 - II ZR 253/78 - NJW 1979, 2146.

[92] BGH v. 10.06.2008 - XI ZR 283/07 - juris Rn. 19 - NJW 2008, 3348.

[93] Vgl. die Urteile des IX. Senats v. 04.11.2004 - IX ZR 22/03 - BGHZ 161, 49 = ZIP 2004, 2442 = WM 2004, 2482 (gleichlautend die Urteile vom selben Tag, BGH v. 04.11.2004 - IX ZR 82/03 - ZInsO 2005, 40-42 und BGH v. 04.11.2004 - IX ZR 28/04 - EWiR 2005, 227) sowie BGH vom 25.10.2007 - IX ZR 217/06 - BGHZ 174, 84 = ZIP 2007, 2273 = WM 2007, 2246.

[94] BGH v. 20.07.2010 - IX ZR 37/09 - ZIP 2010, 1552.

[95] BGH v. 20.07.2010 - IX ZR 37/09 - ZIP 2010, 1552 Rn. 24.

[96] BGH v. 28.05.1979 - II ZR 85/78 - BGHZ 74, 300, 305; BGH v. 28.05.1979 - II ZR 85/78 - BGHZ 74, 300, 305 = WM 1979, 831 f.; BGH v. 06.12.1984 - IX ZR 115/83 - NJW 1985, 848.

[97] BGH v. 28.05.1979 - II ZR 85/78 - BGHZ 74, 300; BGH v. 15.06.1987 - II ZR 301/86 - BGHZ 101, 153; vgl. auch BGH v. 28.05.1979 - II ZR 219/77 - WM 1979, 830.

des Gläubigers, der nun seinerseits den schwarzen Peter hat, nämlich eine offene Forderung gegen den in Konkurs gefallenen Gemeinschuldner. Es ist klar, dass in diesen Fällen der Widerruf nur dazu dient, das konkursbedingte Ausfallrisiko von der Schuldnerbank auf den Gläubiger zu verlagern. Hier handeln sowohl der Schuldner als auch seine Bank sittenwidrig und vorsätzlich zum Nachteil des Gläubigers (§ 826 BGB).[98]

Unterstützt eine Bank den Schuldner bei dem missbräuchlichen Widerspruch gegen eine berechtigte Lastschrift psychisch, haftet sie dem Gläubiger wegen Beihilfe zu einer sittenwidrigen Schädigung gemäß §§ 826, 830 Abs. 2 BGB.[99] 32

IX. Entgelt für die Lastschriftrückgabe

Weist das Konto für die vorgesehene Lastschrift keine ausreichende Deckung aus, so ist die Schuldnerbank nicht zur Einlösung verpflichtet. Sie gibt die Lastschrift an die Gläubigerbank zurück und erhebt dieser gegenüber ein Rückgabeentgelt nach Anl. I Nr. 2 zum LSA.[100] Die Gläubigerbank stellt ihre Aufwendungen, die das Rücklastschriftentgelt umfassen, dem Gläubiger nach Nr. 8 bzw. Nr. 9 der Inkassovereinbarung in Rechnung. Der Gläubiger nimmt seinerseits, falls er zum Lastschrifteinzug berechtigt war, den Schuldner auf Ersatz in Anspruch. Denn der Schuldner war wegen der Lastschriftabrede im Valutaverhältnis gegenüber dem Gläubiger verpflichtet, für berechtigt eingereichte Lastschriften ausreichend Deckung auf seinem Konto vorzuhalten.[101] 33

Diese Lösung entspricht den schuldrechtlichen Beziehungen aller Beteiligten zueinander und den daraus resultierenden Rechtspflichten. Hierneben haben die Schuldnerbanken in der Vergangenheit versucht, das Entgelt für die Lastschriftrückgabe nicht nur bei der Gläubigerbank, sondern darüber hinaus auch beim Schuldner (ihrem Kunden) zu liquidieren. Sie haben sich dabei auf entsprechende Klauseln in den Allgemeinen Geschäftsbedingungen gestützt. Der BGH hat am 21.10.1997 klargestellt, dass diese Bestimmungen für die Nichtausführung eines Dauerauftrages oder einer Überweisung wie für die Rückgabe eines Schecks oder einer Lastschrift wegen fehlender Deckung gegen § 9 AGBG (heute: § 307 BGB) verstoßen.[102] Der BGH hat ergänzend klargestellt, dass diese Klauseln auch im Hinblick auf § 11 Nr. 5b AGBG (heute: § 309 Nr. 5 BGB) keine wirksame Schadenspauschalisierung darstellen. In ähnlicher Weise hat das Gericht am 18.05.1999 entschieden, dass Klauseln in Allgemeinen Geschäftsbedingungen von Kreditinstituten unwirksam sind, in denen für die Bearbeitung und Überwachung von Pfändungsmaßnahmen gegen Kunden von diesen ein Entgelt gefordert wird.[103] 34

Rechtlich entscheidend für diese Einschätzung ist, dass eine Bank, die sich bei mangelnder Kontodeckung berechtigterweise weigert, die Lastschrift einzulösen, keine Leistung gegenüber ihrem Kunden erbringt.[104] Die Schuldnerbank weiß bei Nichteinlösung der Lastschrift mangels Kontodeckung regelmäßig nicht, ob der Schuldner überhaupt eine Einzugsermächtigung erteilt hat. Sie kann auch nicht beurteilen, ob er aufgrund des Valutaverhältnisses gegenüber dem Gläubiger zu der von diesem geforderten Leistung verpflichtet ist. Sie kann daher mit der Rückgabe der Lastschrift nicht im mutmaßlichen Interesse (auch ihres Kunden) handeln, sondern erfüllt ausschließlich ihre eigenen Rechtspflichten im Rahmen des zwischen ihr und der Gläubigerbank bestehenden Lastschriftabkommens.[105] 35

---

[98] So bereits OLG Düsseldorf v. 22.07.1976 - BReg 2 Z 76/75 - WM 1976, 935; später BGH v. 15.06.1987 - II ZR 301/86 - BGHZ 101, 153.
[99] BGH v. 15.06.1987 - II ZR 301/86 - BGHZ 101, 153 = ZIP 1987, 900 = EwiR 1987, 779 m. Anm. *Hüffer*; OLG Frankfurt a.M. v. 16.09.1996 - 18 U 92/94 - WM 1997, 211 = WUB I D 2.-1.97 m. Anm. *Pönisch* = ZIP 1996, 1824 = EwiR 1996, 1023 m. Anm. *Hartung/Endell*.
[100] LSA 2002 Anl. I Nr. 3 regelt den Zinsausgleich.
[101] Wie hier *Ellenberger* in: Bankrechts-Handbuch, § 58 Rn. 126-130.
[102] BGH v. 21.10.1997 - XI ZR 296/96 - ZIP 1997, 2153 = EwiR 1998, 339, bestätigt von BGH v. 09.04.2002 - XI ZR 245/01 - BGHZ 150, 269 = WM 2002, 1006 = ZIP 2002, 884; BGH v. 21.10.1997 - XI ZR 296/96 - EWiR 1998, 339-340 m. Anm. *Reifner/Tiffe* = WM 1997, 2298 = WuB IV C. § 9 AGBG 3.98 m. Anm. *Grundmann/Burg*.
[103] BGH v. 18.05.1999 - XI ZR 219/98 - VuR 1999, 303.
[104] *Ellenberger* in: Bankrechts-Handbuch, § 58 Rn. 127.
[105] Wie hier *Nobbe*, Aktuelle Judikatur, S. 90 f.; *Krüger*, MDR 2000, 745; *Strube*, VUR 2000, 91.

36 Der Schuldner ist mit seiner Bank durch den ZDRV verbunden. Im Rahmen dieses ZDRV besteht gegenüber der Schuldnerbank keine Rechtspflicht des Kunden, für eine bestimmte, etwaige Lastschriften abdeckende Kontodeckung zu sorgen.[106] Eine solche Pflicht kann auch deshalb nicht bestehen, weil sich der Kunde vor unberechtigten Lastschriften nicht schützen und somit nicht wissen kann, in welchem Umfang er gerade Deckung für solche unberechtigten Lastschriften bräuchte. Die entgegenstehenden Entscheidungen einiger Gerichte sind deshalb nicht zu halten.[107]

37 Teilweise wird versucht, das Entgelt für die Lastschriftrückgabe für die Kundenmitteilung als **Kundenmitteilungsgebühr** oder **Retourprovision** zu erheben.[108] Richtig ist, dass der BGH eine Benachrichtigungspflicht über die Nichteinlösung einer Lastschrift bejaht hat.[109] Begründet hat das Gericht diese Pflicht, weil der Schuldner häufig nicht wisse, wann eine ihn betreffende Lastschrift bei einer Bank eingehen werde. Die Nichteinlösung könne aber – es ging um Leistungsfreiheit wegen Nichtzahlung der Erstprämie bei einer Lebensversicherung – für den Kunden einschneidende Folgen haben. Deshalb sei die Schuldnerbank in aller Regel verpflichtet, den Kontoinhaber unverzüglich über die Nichteinlösung einer Lastschrift zu unterrichten, um ihn in die Lage zu versetzen, anderweitig für rechtzeitige Erfüllung seiner Zahlungsverpflichtungen zu sorgen.

38 Die Benachrichtigungspflicht ist somit eine Rechtspflicht der Schuldnerbank gegenüber ihrem Kunden, die aus der Natur des Lastschriftverfahrens herrührt. Der Kunde wird durch die Benachrichtigung so gestellt, wie er stünde, hätte er Barzahlung, Zahlung per Überweisung oder Scheck gewählt. In diesen Fällen wäre er zuvor zur Zahlung aufgefordert worden. Diese für ihn wichtige Information fehlt ihm im Lastschriftverfahren. Die daraus resultierenden Gefahren ergeben also nicht aus der Sphäre des Kontoinhabers, sondern aus derjenigen der das System tragenden Kreditinstitute. Es ist deshalb folgerichtig, dass die Kreditinstitute dafür zu sorgen haben, dass sich solche Gefahren nicht verwirklichen können.

39 Mit der Benachrichtigung über die Nichteinlösung erfüllt die Schuldnerbank also eine zahlungsvertragliche Nebenpflicht zur Vermeidung von Ersatzansprüchen. Für die Erfüllung dieser eigenen Rechtspflicht kann die Schuldnerbank kein Entgelt vom Kunden verlangen. Sie würde sonst vom Vertragspartner für jene Pflichten liquidieren, die ihr selbst aus dem Vertragsverhältnis obliegen (vgl. § 675f Abs. 4 BGB). Eine entgegenstehende AGB-Klausel hält deshalb der Inhaltskontrolle nach § 307 Abs. 1 BGB nicht stand.[110] In diesem Sinne hat der BGH am 13.2.2001 entschieden und klargestellt, dass Bestimmungen in Allgemeinen Geschäftsbedingungen, nach denen die Bank für die Benachrichtigung des Kontoinhabers über die Nichteinlösung von Schecks mit Lastschriften sowie über die Nichtausführung von Überweisungen mit Daueraufträgen wegen fehlender Deckung ein Entgelt fordert, gegen § 9 AGBG (heute: § 307 BGB) verstoßen.[111]

40 Diese Grundsätze hat der BGH mit Urteil vom 08.03.2005 auch mit Blick auf Umgehungsversuche (§ 306a BGB) bekräftigt.[112] Danach finden die Vorschriften des AGB-Rechts auch dann Anwendung, wenn sie durch **anderweitige Gestaltungen** umgangen werden (§ 306a BGB). Eine solche Umgehung liegt vor, wenn die Bank bei Rückgabe einer Lastschrift mangels Deckung im EEV gegen ihren Kunden eine als (Teil-)Schadensersatz deklarierte Gebühr in Höhe von 6 € erhebt.[113] Mit dieser Vorgehensweise wird die vom BGH in seinem Urteil vom 21.10.1997 für unzulässig und unwirksam erklärte Ent-

---

[106] BGH v. 08.03.2005 - XI ZR 154/04 - BGHZ 162, 294 = WM 2005, 874 = ZIP 2005, 798; *van Gelder* in: Bankrechts-Handbuch, § 58 Rn. 106c.
[107] AG Neuss v. 20.07.1998 - 33 C 2916/98 - WM 1998, 2021; LG München I v. 03.02.1999 - 14 S 15355/98 - WM 1999, 640 = WuB I A 2. Nr. 12 AGB Banken 1993 3.99 m. Anm. *Sonnenhol*; AG München v. 21.10.1999 - 272 C 20929/99 - WM 2000, 355; AG Buxtehude v. 07.09.1998 - 31 C 682/98 - WM 1999, 270; AG Haßfurt v. 12.11.1998 - 1 C 452/98 - WM 1999, 271; dagegen: AG Lennestadt v. 07.01.1999 - 3 C 561/98 - WM 1999, 641 - EWiR 1999, 977 m. Anm. *Metz/Strube*; LG Düsseldorf v. 27.10.1999 - 12 O 168/99 - WuB I D 2.-1-00 m. Anm. *Richrath*; AG Frankfurt a.M. v. 25.02.1999 - 31 C 1677/98 - 17, 31 C 1677/98 - WM 1999, 2405; AG Erkelenz v. 23.03.1999 - 15 C 553/98 - WM 1999, 2403.
[108] Zustimmend LG Düsseldorf v. 14.07.1999 - 12 O 215/99 - ZIP 1999, 1796 = EWiR 2000, 313 m. Anm. *Siller*; AG Aue v. 03.11.1998 - 3 C 0745/98, 3 C 745/98- WM 1999, 640; AG Tempelhof-Kreuzberg v. 19.10.1999 - 14 C 291/99 - WM 2000, 357.
[109] BGH v. 28.02.1989 - XI ZR 80/88 - NJW 1989, 1671 = WM 1989, 625.
[110] *Nobbe*, Aktuelle Judikatur, S. 91; *Ellenberger* in: Bankrechts-Handbuch, § 58 Rn. 127.
[111] BGH v. 13.02.2001 - XI ZR 197/00 - WM 2001, 563 = DB 2001, 754; dazu *van Gelder*, FS Kümpel, 2003, 143 ff.
[112] BGH v. 03.03.2005 - IX ZB 153/04 - BGHZ 162, 284 = WM 2005, 874 = ZIP 2005, 798.
[113] BGH v. 03.03.2005 - IX ZB 153/04 - juris Leitsatz 3/Rn. 26 ff. - WM 2005, 874.

geltklausel bei der Rückgabe von Lastschriften mangels Deckung unter dem rechtlichen Deckmantel pauschalierten Schadensersatzes wirtschaftlich wirkungsgleich weitergeführt (§ 309 Nr. 5 BGB).[114] Dieser Verstoß gegen das Umgehungsverbot des § 306a BGB eröffnet die Inhaltskontrolle nach den §§ 307-309 BGB.[115] Insoweit stellt der BGH erneut klar, dass ein Bankkunde gegenüber seiner Zahlstelle nicht verpflichtet ist, für die Einlösung von Lastschriften im EEV Deckung vorzuhalten.[116] Die Bank muss folglich die Belastung rückgängig machen, ohne dafür Schadensersatz oder eine Vergütung beanspruchen zu können.[117] Es fehlt an einer schuldhaften zahlungsvertraglichen Pflichtverletzung, da sich eine Kontodeckungspflicht auch nicht als Nebenpflicht aus § 241 Abs. 2 BGB ergebe.[118] Außerdem werde der Bankkunde unangemessen benachteiligt, weil die Bank Kosten auf ihn abwälze, die sie in erster Linie von der Gläubigerbank aus dem LSA erstattet verlangen könne.[119]

---

[114] BGH v. 03.03.2005 - IX ZB 153/04 - juris Rn. 26 - WM 2005, 874.
[115] BGH v. 03.03.2005 - IX ZB 153/04 - juris Rn. 28 - WM 2005, 874.
[116] BGH v. 03.03.2005 - IX ZB 153/04 - juris Rn. 33 - WM 2005, 874 m.w.N.
[117] BGH v. 03.03.2005 - IX ZB 153/04 - juris Rn. 33 - WM 2005, 874.
[118] BGH v. 03.03.2005 - IX ZB 153/04 - juris Rn. 36 - WM 2005, 874.
[119] BGH v. 03.03.2005 - IX ZB 153/04 - juris Rn. 38 - WM 2005, 874; *van Gelder*, WM 2000, 101, 111.

§ 675y BGB Haftung der Zahlungsdienstleister bei nicht erfolgter oder fehlerhafter Ausführung eines Zahlungsauftrags; Nachforschungspflicht

(Fassung vom 29.07.2009, gültig ab 31.10.2009)

(1) ¹Wird ein Zahlungsvorgang vom Zahler ausgelöst, kann dieser von seinem Zahlungsdienstleister im Fall einer nicht erfolgten oder fehlerhaften Ausführung des Zahlungsauftrags die unverzügliche und ungekürzte Erstattung des Zahlungsbetrags verlangen. ²Wurde der Betrag einem Zahlungskonto des Zahlers belastet, ist dieses Zahlungskonto wieder auf den Stand zu bringen, auf dem es sich ohne den fehlerhaft ausgeführten Zahlungsvorgang befunden hätte. ³Soweit vom Zahlungsbetrag entgegen § 675q Abs. 1 Entgelte abgezogen wurden, hat der Zahlungsdienstleister des Zahlers den abgezogenen Betrag dem Zahlungsempfänger unverzüglich zu übermitteln. ⁴Weist der Zahlungsdienstleister des Zahlers nach, dass der Zahlungsbetrag rechtzeitig und ungekürzt beim Zahlungsdienstleister des Zahlungsempfängers eingegangen ist, entfällt die Haftung nach diesem Absatz.

(2) ¹Wird ein Zahlungsvorgang vom oder über den Zahlungsempfänger ausgelöst, kann dieser im Fall einer nicht erfolgten oder fehlerhaften Ausführung des Zahlungsauftrags verlangen, dass sein Zahlungsdienstleister diesen Zahlungsauftrag unverzüglich, gegebenenfalls erneut, an den Zahlungsdienstleister des Zahlers übermittelt. ²Weist der Zahlungsdienstleister des Zahlungsempfängers nach, dass er die ihm bei der Ausführung des Zahlungsvorgangs obliegenden Pflichten erfüllt hat, hat der Zahlungsdienstleister des Zahlers dem Zahler gegebenenfalls unverzüglich den ungekürzten Zahlungsbetrag entsprechend Absatz 1 Satz 1 und 2 zu erstatten. ³Soweit vom Zahlungsbetrag entgegen § 675q Abs. 1 und 2 Entgelte abgezogen wurden, hat der Zahlungsdienstleister des Zahlungsempfängers den abgezogenen Betrag dem Zahlungsempfänger unverzüglich verfügbar zu machen.

(3) ¹Ansprüche des Zahlungsdienstnutzers gegen seinen Zahlungsdienstleister nach Absatz 1 Satz 1 und 2 sowie Absatz 2 Satz 2 bestehen nicht, soweit der Zahlungsauftrag in Übereinstimmung mit der vom Zahlungsdienstnutzer angegebenen fehlerhaften Kundenkennung ausgeführt wurde. ²In diesem Fall kann der Zahler von seinem Zahlungsdienstleister jedoch verlangen, dass dieser sich im Rahmen seiner Möglichkeiten darum bemüht, den Zahlungsbetrag wiederzuerlangen. ³Der Zahlungsdienstleister darf mit dem Zahlungsdienstnutzer im Zahlungsdiensterahmenvertrag für diese Wiederbeschaffung ein Entgelt vereinbaren.

(4) Ein Zahlungsdienstnutzer kann von seinem Zahlungsdienstleister über die Ansprüche nach den Absätzen 1 und 2 hinaus die Erstattung der Entgelte und Zinsen verlangen, die der Zahlungsdienstleister ihm im Zusammenhang mit der nicht erfolgten oder fehlerhaften Ausführung des Zahlungsvorgangs in Rechnung gestellt oder mit denen er dessen Zahlungskonto belastet hat.

(5) Wurde ein Zahlungsauftrag nicht oder fehlerhaft ausgeführt, hat der Zahlungsdienstleister desjenigen Zahlungsdienstnutzers, der einen Zahlungsvorgang ausgelöst hat oder über den ein Zahlungsvorgang ausgelöst wurde, auf Verlangen seines Zahlungsdienstnutzers den Zahlungsvorgang nachzuvollziehen und seinen Zahlungsdienstnutzer über das Ergebnis zu unterrichten.

Gliederung

A. Grundlagen 1	I. Vom Zahler ausgelöster Zahlungsvorgang
B. Anwendungsvoraussetzungen 2	(Absatz 1) 2

II. Vom Zahlungsempfänger ausgelöster Zahlungsvorgang (Absatz 2) 7	IV. Erstattung der Entgelte und Zinsen (Absatz 4) 12
III. Keine Haftung bei fehlerhafter Kundenkennung 10	V. Nachforschungspflicht (Absatz 5) 13

A. Grundlagen

Mit § 675y BGB[1] werden die verschuldensunabhängigen Ansprüche des Nutzers gegen seinen ZDL[2] im Falle von Leistungsstörungen bei der Ausführung von Zahlungsvorgängen geregelt.[3] Mögliche Leistungsstörungen sind dabei die fehlerhafte Ausführung (gekürzte Weiterleitung des Zahlungsbetrages, die verspätete oder fehlgeleitete Ausführung), die nicht erfolgte oder die gescheiterte Ausführung (kein Versuch einer Ausführung) oder der gänzliche Verlust des Zahlungsbetrages bei der Ausführung.[4] Mit § 675y BGB werden eigenständige Anspruchsgrundlagen des ZDN gegenüber seinem ZDL statuiert.[5] Abweichungen zum Nachteil des ZDN scheitern an § 675e BGB – Abweichungen zu seinen Gunsten sind unbeschränkt möglich.

1

B. Anwendungsvoraussetzungen

I. Vom Zahler ausgelöster Zahlungsvorgang (Absatz 1)

Wird ein Zahlungsvorgang vom Zahler ausgelöst, kann dieser von seinem ZDL bei nicht erfolgter oder fehlerhafter Ausführung unverzügliche und ungekürzte Erstattung des Zahlungsbetrages verlangen.[6] Für Zahlungsvorgänge mit Drittstaatenbezug gilt Absatz 1 nicht (§ 675e Abs. 2 BGB).

2

Voraussetzung ist, dass der Zahlungsbetrag beim ZDL des ZDN nicht eingegangen, beim Zahler jedoch abgeflossen ist. In diesem Falle muss sein ZDL ihm diesen Betrag erstatten (Satz 1).[7] Würde der Betrag einem Zahlungskonto des Zahlers belastet, ist dieses Zahlungskonto wieder auf den Stand zu bringen, auf dem es sich ohne den fehlerhaft ausgeführten Zahlungsvorgang befunden hätte (Satz 2). Zu erstatten sind auch etwaige gezahlte Sollzinsen oder dem Zahler entgangene Habenzinsen (valutamäßige Buchung).[8]

3

Für den Fall, dass nur ein Teil des Zahlungsbetrags beim Empfänger angekommen ist, weil es sich um einen gesetzeswidrigen Abzug von Entgelten durch den ZDL des Zahlers oder eine zwischengeschaltete Stelle handelt (§ 675q Abs. 1 BGB), stellt Satz 3 klar, dass der ZDL des Zahlers diese Entgelte dem Zahlungsempfänger zu übermitteln hat.[9] Es handelt sich hierbei um eine Spezialregelung der Haftung des ZDL des Zahlers für den Fall der gekürzten Übermittlung des Zahlungsbetrags.[10] Eine Wahl des Zahlers zwischen der Erstattung der abgezogenen Entgelte entweder an ihn selbst oder an den Zahlungsempfänger, wie sie früher in § 676b Abs. 2 BGB a.F. vorgesehen war, ist nicht mehr gegeben.[11] Jedoch kommt die Regelung in § 675y Abs. 1 Satz 3 BGB auch den Interessen des Zahlers entgegen. Dieser hat im Regelfall eine Schuld zu begleichen und er hat ein Interesse daran, seine Pflicht vollständig zu erfüllen, statt den abgezogenen Betrag erstattet zu bekommen.[12]

4

Im Falle eines fehlerhaft ausgeführten Zahlungsauftrags, bei dem der Zahlungsbetrag beim ZDL des Zahlungsempfängers verspätet eingegangen ist, und demzufolge dem Zahlungsempfänger auch erst verspätet verfügbar gemacht werden konnte, ist der Übermittlungserfolg – wenn auch verspätet – eingetreten.[13] Eine Erstattung des Zahlbetrages durch den ZDL des Zahlers erscheint nicht gerechtfertigt, da der Zahlungsempfänger den Betrag erhalten hat und der Zahlungsvorgang durch die beteiligten ZDL

5

---

[1] Umsetzung von Art. 75 und 67 Abs. 3 ZD-Rili.
[2] Erwägungsgrund 46 ZD-Rili.
[3] BT-Drs. 16/11643, S. 116.
[4] BT-Drs. 16/11643, S. 116.
[5] BT-Drs. 16/11643, S. 116.
[6] Umsetzung von Art. 75 Abs. 1 und Art. 67 Abs. 3 Satz 1 ZD-Rili.
[7] BT-Drs. 16/11643, S. 116.
[8] BT-Drs. 16/11643, S. 116.
[9] BT-Drs. 16/11643, S. 116; Umsetzung von Art. 67 Abs. 3 ZD-Rili.
[10] BT-Drs. 16/11643, S. 116.
[11] BT-Drs. 16/11643, S. 116.
[12] BT-Drs. 16/11643, S. 116/117.
[13] BT-Drs. 16/11643, S. 117.

nicht mehr rückabgewickelt werden kann.[14] Der für diesen Fall früher vorgesehene pauschalierte Verzinsungsanspruch für verspätete Überweisungen (§ 676b Abs. 1 BGB a.F.) entfällt nunmehr.[15] Die ZD-Rili sieht für diesen Fall keine Rechtsfolge vor.[16] Im Falle verspäteter Zahlungsvorgänge ist daher nur noch ein verschuldensabhängiger Schadensersatzanspruch nach § 280 Abs. 1 BGB i.V.m. § 675z BGB möglich.[17]

6 Erbringt der ZDL des Zahlers den Nachweis, dass der Zahlungsbetrag rechtzeitig und ungekürzt beim ZDL des Empfängers eingegangen ist, ist er von seiner Haftung befreit (Satz 4).[18] In diesem Fall ist der Zahlungsbetrag nachweislich beim ZDL des Zahlungsempfängers vorhanden.[19] Dieser ist seinem Vertragspartner gegenüber, dem Zahlungsempfänger, bereits nach § 675t BGB zur Verfügbarmachung des Geldbetrags und zur Wertstellung verpflichtet.[20] Mit dem Erstattungsverlangen des Zahlers und der Erstattung durch den ZDL gilt der Zahlungsauftrag als aufgehoben.[21]

II. Vom Zahlungsempfänger ausgelöster Zahlungsvorgang (Absatz 2)

7 Absatz 2 bestimmt den Haftungsumfang von ZDL bei vom Zahlungsempfänger angestoßenen Zahlungen.[22] Ist der angeforderte Zahlungsbetrag nicht eingegangen, muss der ZDL des Zahlungsempfängers den fraglichen Zahlungsauftrag unverzüglich an den ZDL des Zahlers übermitteln.[23] Hat er diese Pflicht bereits erfüllt, ist aber dennoch kein Eingang des Zahlungsbetrags zu verzeichnen und ist die Ausführung des Zahlungsauftrags nicht von dem ZDL des Zahlers abgelehnt worden, muss er den Zahlungsauftrag erneut übermitteln (Satz 1). Mit Satz 2 wird klargestellt, dass in den Fällen, in denen der ZDL des Zahlungsempfängers seine Pflichten bei der Ausführung des Zahlungsvorgangs nachweislich erfüllt hat, nunmehr der ZDL des Zahlers gegenüber dem Zahler für die (ordnungsgemäße) Ausführung des Zahlungsvorgangs haftet.[24] In diesem Fall hat der ZDL des Zahlers, sofern der Zahler mit dem Zahlungsbetrag belastet wurde, diesem den ungekürzten Betrag unverzüglich zu erstatten (entsprechend Absatz 1 Sätze 1 und 2).[25]

8 Die Haftung für die Ordnungsmäßigkeit des Geldflusses ab Eingang des Zahlungsauftrags trifft damit den ZDL des Zahlers, der hiermit dem Zahler haftbar ist.[26] Da der ZDL des Zahlungsempfängers bei Beginn seiner Dienstleistung kein Geld „in Händen hält", sondern dieses erst vom ZDL des Zahlers erhalten muss, erschien es dem Richtliniengeber angemessen, die Haftung des ZDL des Zahlungsempfängers auf die Übermittlung des Inkassoauftrags zu begrenzen bzw. diesen nur auf Herausgabe des Inkassogegenwerts haften zu lassen, wenn er diesen seinerseits bei der Abrechnung (Clearing) erhalten hat.[27]

9 Abweichend von diesem Grundsatz hat der ZDL des Zahlungsempfängers nach Satz 3[28] den gesetzeswidrigen Abzug von Entgelten vom Zahlungsbetrag gegenüber dem Zahlungsempfänger zu verantworten, unabhängig davon, wer den Abzug vorgenommen hat.[29] Er haftet in diesem Fall also auch für Abzüge durch den ZDL des Zahlers und von zwischengeschalteten Stellen und hat die abgezogenen Beträge dem Zahlungsempfänger verfügbar zu machen (§ 675t Abs. 1 BGB), obwohl er seinerseits keinen

---

[14] BT-Drs. 16/11643, S. 117.
[15] BT-Drs. 16/11643, S. 117.
[16] BT-Drs. 16/11643, S. 117.
[17] BT-Drs. 16/11643, S. 117; vertiefend *Franck/Massari*, WM 2009, 1117, 1121; *Grundmann*, WM 2009, 1109, 1116.
[18] BT-Drs. 16/11643, S. 117.
[19] BT-Drs. 16/11643, S. 117.
[20] BT-Drs. 16/11643, S. 117.
[21] BT-Drs. 16/11643, S. 117.
[22] Umsetzung von Art. 75 Abs. 2 ZD-Rili; BT-Drs. 16/11643, S. 117.
[23] BT-Drs. 16/11643, S. 117.
[24] Art. 75 Abs. 2 ZD-Rili; BT-Drs. 16/11643, S. 117.
[25] BT-Drs. 16/11643, S. 117.
[26] BT-Drs. 16/11643, S. 117.
[27] BT-Drs. 16/11643, S. 117.
[28] Entsprechend Art. 67 Abs. 3 ZD-Rili.
[29] BT-Drs. 16/11643, S. 117.

Gegenwert beim Clearing dafür erhalten hat.[30] In diesem Fall steht dem ZDL des Zahlungsempfängers ein Ausgleichsanspruch nach § 676a BGB gegen die Stelle (ZDL des Zahlers oder zwischengeschaltete Stelle) zu, die den unerlaubten Abzug vorgenommen hat.

III. Keine Haftung bei fehlerhafter Kundenkennung

Mit Absatz 3 wird klargestellt, dass die beteiligten ZDL nicht für eine nicht erfolgte oder fehlerhafte Ausführung haften, soweit diese durch eine vom ZDN fehlerhaft angegebene Kundenkennung verursacht wurde.[31] Dies steht im Einklang mit § 675r Abs. 1 Satz 2 BGB, wonach der Zahlungsauftrag insoweit als korrekt ausgeführt gilt, als er in Übereinstimmung mit dieser Kundenkennung ausgeführt wird.[32] Etwas anderes gilt, wenn der ZDN die fehlerhafte Kundenkennung erkannt hat. In diesem Fall ergibt sich aus dem ZDRV die Schutzpflicht, die Interessen des Kunden zu wahren.[33] Allerdings genügt bloßes Erkennenkönnen mit Blick auf die Fiktion in § 675r Abs. 1 BGB („so gilt") nicht, da Kreditinstitute im bargeldlosen Zahlungsverkehr nur zum Zwecke der technisch einwandfreien, einfachen und schnellen Abwicklung tätig werden und sich schon wegen dieses begrenzten Geschäftszwecks und der Massenhaftigkeit der Geschäftsvorgänge grundsätzlich nicht um die berechtigten Interessen ihrer Kunden kümmern müssen.[34] Satz 2 verpflichtet den ZDL des Zahlers allerdings, sich bei fehlerhafter Kundenkennung „im Rahmen seiner Möglichkeiten" darum zu bemühen, den Zahlungsbetrag wiederzuerlangen.[35] Die ZD-Rili verwendet hier die Einschränkung „soweit es (dem ZDL) vernünftigerweise zugemutet werden kann".[36] Von der Verwendung des Begriffs der „Zumutbarkeit" ist in der Umsetzung abgesehen worden.[37] Für die „Unzumutbarkeit" bzw. „Zumutbarkeit" besteht im BGB eine verhältnismäßig hohe Schwelle (z.B. die §§ 275, 282, 313, 324, 440, 543, 626 BGB).[38] Hier sollte sich die Zumutbarkeit nach der ZD-Rili nicht einreihen.[39] Denn spätestens, wenn der unberechtigte Empfänger das Geld erhalten hat, kann vom ZDL des Zahlers und dem ZDL des Zahlungsempfängers keine Erstattung des Zahlungsbetrages verlangt werden.[40] Dies schließt jedoch nicht aus, dass der ZDL des Zahlers sich um eine Mitteilung an den ZDL des Zahlungsempfängers bemüht.[41] Dieser könnte dann noch Stornobuchungen oder Ähnliches durchführen, vorausgesetzt, die rechtlichen Voraussetzungen sind dafür gegeben oder der Zahlungsempfänger stimmt der Belastung zu.[42] Ein Bereicherungsanspruch des ZDL des Zahlers gegen den Empfänger scheidet aus, da der ZDL als Zahlstelle des Zahlers fungierte und dieser die fehlerhafte Kundenkennung benutzte. Dies bedeutet, dass der Empfänger durch eine Leistung des Zahlers ungerechtfertigt bereichert ist und somit der Zahler die fehlerhafte Überweisung im Wege der Leistungskondiktion rückabwickeln muss.

Satz 3 ermöglicht es dem ZDL, für seine Leistungen nach Satz 2 in Abweichung vom Grundsatz des § 675f Abs. 4 Satz 2 BGB ein entsprechendes Entgelt vom ZDN zu verlangen, wenn dies vereinbart wurde.[43]

IV. Erstattung der Entgelte und Zinsen (Absatz 4)

Nach Absatz 4 können ZDN von ihrem jeweiligen ZDL in Fällen nicht erfolgter oder fehlerhafter Ausführung von Zahlungsaufträgen alle Entgelte und Zinsen erstattet bekommen, die dieser ihnen gegenüber im Zusammenhang mit der – letztlich mangelhaften – Ausführung erhoben hat.[44] Hierunter fallen

---

[30] BT-Drs. 16/11643, S. 117.
[31] BT-Drs. 16/11643, S. 117.
[32] BT-Drs. 16/11643, S. 117.
[33] BGH v. 06.05.2008 - XI ZR 56/07 - BGHZ 176, 281 = WM 2008, 1252 = ZIP 2008, 1222; zuvor bereits BGH v. 17.11.1975 - II ZR 70/74 - WM 1976, 474.
[34] BGH v. 06.05.2008 - XI ZR 56/07 - BGHZ 176, 281, Rn. 14; zuvor bereits BGH v. 22.06.2004 - XI ZR 90/03 - WM 2004, 1625, 1626.
[35] BT-Drs. 16/11643, S. 117.
[36] BT-Drs. 16/11643, S. 117.
[37] BT-Drs. 16/11643, S. 117.
[38] BT-Drs. 16/11643, S. 117.
[39] BT-Drs. 16/11643, S. 117.
[40] BT-Drs. 16/11643, S. 117.
[41] BT-Drs. 16/11643, S. 117.
[42] BT-Drs. 16/11643, S. 117.
[43] Umsetzung des Restteils von Art. 74 ZD-Rili, BT-Drs. 16/11643, S. 117.
[44] BT-Drs. 16/11643, S. 118.

§ 675y

beispielsweise die Entgelte des ZDL zur Durchführung oder Entgegennahme eines Zahlungsauftrags (§ 675f Abs. 4 S. 1 BGB).[45] Absatz 4 betrifft nur Zinsen und Entgelte, die im Rahmen der Vertragsbeziehung zwischen ZDN und ZDL angefallen sind.[46] (Verzugs-)Zinsen und Entgelte, die möglicherweise aufgrund der mangelhaften Ausführung des Zahlungsauftrags im Grundverhältnis zwischen Zahlungsempfänger und Zahler geschuldet sind, sind im Rahmen der (verschuldensabhängigen) Folgeschadenshaftung (§ 675z BGB) i.V.m. § 280 Abs. 1 BGB ersatzfähig.[47]

V. Nachforschungspflicht (Absatz 5)

13 Mit Absatz 5 entsteht eine **Nachforschungspflicht** der ZDL bei fehlerhafter oder nicht erfolgter Ausführung eines Zahlungsauftrags.[48] Der ZDL, dessen ZDN eine Zahlung angestoßen hat, hat seinem Nutzer gegenüber auf Verlangen darüber Auskunft zu erteilen, wie der Zahlungsvorgang abgelaufen ist.[49] Auf diese Weise wird der ZDN in den Stand versetzt, den Zahlungsvorgang nachzuvollziehen, Fehler im Zahlungsvorgang zu erkennen, nachzuprüfen, ob jemand ihm gegenüber für die Fehler haftet und gegenüber dem Empfänger den fehlerhaft erhaltenen Betrag zu kondizieren.

---

[45] BT-Drs. 16/11643, S. 118.
[46] BT-Drs. 16/11643, S. 118.
[47] Umsetzung von Art. 75 Abs. 3 ZD-Rili; BT-Drs. 16/11643, S. 118.
[48] Umsetzung von Art. 75 Abs. 1 und 2 (Unterabsatz 4) der ZD-Rili; BT-Drs. 16/11643, S. 118.
[49] BT-Drs. 16/11643, S. 118.

§ 675z BGB Sonstige Ansprüche bei nicht erfolgter oder fehlerhafter Ausführung eines Zahlungsauftrags oder bei einem nicht autorisierten Zahlungsvorgang

(Fassung vom 29.07.2009, gültig ab 31.10.2009)

[1]Die §§ 675u und 675y sind hinsichtlich der dort geregelten Ansprüche eines Zahlungsdienstnutzers abschließend. [2]Die Haftung eines Zahlungsdienstleisters gegenüber seinem Zahlungsdienstnutzer für einen wegen nicht erfolgter oder fehlerhafter Ausführung eines Zahlungsauftrags entstandenen Schaden, der nicht bereits von § 675y erfasst ist, kann auf 12 500 Euro begrenzt werden; dies gilt nicht für Vorsatz und grobe Fahrlässigkeit, den Zinsschaden und für Gefahren, die der Zahlungsdienstleister besonders übernommen hat. [3]Zahlungsdienstleister haben hierbei ein Verschulden, das einer zwischengeschalteten Stelle zur Last fällt, wie eigenes Verschulden zu vertreten, es sei denn, dass die wesentliche Ursache bei einer zwischengeschalteten Stelle liegt, die der Zahlungsdienstnutzer vorgegeben hat. [4]In den Fällen von Satz 3 zweiter Halbsatz haftet die von dem Zahlungsdienstnutzer vorgegebene zwischengeschaltete Stelle anstelle des Zahlungsdienstleisters des Zahlungsdienstnutzers. [5]§ 675y Abs. 3 Satz 1 ist auf die Haftung eines Zahlungsdienstleisters nach den Sätzen 2 bis 4 entsprechend anzuwenden.

Gliederung

A. Grundlagen 1	II. Haftungsbegrenzung 4
B. Anwendungsvoraussetzungen 2	III. Zwischengeschaltete Stellen 5
I. Abschließende Regelung 2	IV. Fehlerhafte Kundenkennung 7

A. Grundlagen

Hinsichtlich der Ansprüche wegen nicht autorisierter oder mangelhafter Ausführung des Zahlungsauftrags sind die Vorschriften der ZD-Rili grundsätzlich abschließend.[1] Allerdings erlauben die Art. 60 Abs. 2 und 76 ZD-Rili für diese Fälle eine über die Vorgabe der ZD-Rili hinausgehende finanzielle Entschädigung des ZDN nach dem jeweiligen nationalen Recht.[2] Dies soll durch § 675z BGB verdeutlicht werden.[3]

B. Anwendungsvoraussetzungen

I. Abschließende Regelung

Satz 1 normiert folgenden Grundsatz: Hat ein ZDN gegen seinen ZDL wegen einer nicht autorisierten Zahlung oder einer mangelhaften Ausführung eines Zahlungsauftrags einen Anspruch nach den §§ 675u oder 675y BGB, soll er sich zusätzlich nicht auf andere, auf dieselben Rechtsfolgen gerichtete Ansprüche aufgrund anderer Vorschriften berufen können.[4] Ansprüche etwa auf Erstattung des Zahlungsbetrags oder von Zinsen und Entgelten nach anderen Vorschriften sind damit **ausgeschlossen**, auch wenn die jeweilige Anspruchsgrundlage – anders als die §§ 675u, 675y BGB –, ein Verschulden voraussetzt.[5]

Dies gilt jedoch nicht für den Ersatz von Schäden, die nicht von den §§ 675u, 675y BGB erfasst sind, z.B. Folgeschäden eines nicht autorisierten oder mangelhaften Zahlungsvorgangs, die nicht im Verhältnis zwischen ZDN und ZDL entstanden sind (z.B. Verzugsschäden oder entgangener Gewinn).[6]

---

[1] Art. 86 Abs. 1 ZD-Rili; BT-Drs. 16/11643, S. 118.
[2] BT-Drs. 16/11643, S. 118.
[3] BT-Drs. 16/11643, S. 118.
[4] BT-Drs. 16/11643, S. 118.
[5] BT-Drs. 16/11643, S. 118.
[6] BT-Drs. 16/11643, S. 118.

Die Anspruchsgrundlage für den Ersatz solcher Schäden – regelmäßig wohl § 280 Abs. 1 BGB – bleibt somit anwendbar.[7]

II. Haftungsbegrenzung

4 Hinsichtlich dieser Ansprüche wird – soweit es sich um die fehlerhafte oder nicht erfolgte Ausführung eines Zahlungsauftrages handelt – eine vertragliche Haftungsbegrenzung von 12.500 € vorgesehen (Satz 2; so früher: § 676c Abs. 1 Satz 5 BGB a.F.).[8] Für Folgeschäden eines nicht autorisierten Zahlungsvorgangs wird die Möglichkeit einer Haftungsbegrenzung nicht für sinnvoll gehalten, da es sich um einen qualitativ anderen Sachverhalt handelt.[9] Anders als bei der fehlerhaften oder nicht erfolgten Ausführung, hat der Zahler in der Regel **keine Ursache** für einen nicht autorisierten Zahlungsvorgang gesetzt, sodass insoweit eine Haftungsbegrenzung nicht gerechtfertigt wäre.[10] Die Möglichkeit der Haftungsbegrenzung gilt nicht für Vorsatz und grobe Fahrlässigkeit, den Zinsschaden und für Gefahren, die der ZDL besonders übernommen hat (§ 675z Satz 2 BGB).

III. Zwischengeschaltete Stellen

5 Satz 3 stellt klar, dass zwischengeschaltete Stellen als **Erfüllungsgehilfen** des ZDL desjenigen ZDN anzusehen sind, der die Zahlung angestoßen hat (wie früher: § 676c Abs. 1 Satz 3 BGB a.F.).[11] Dies gilt nicht für die Fälle, in denen der ZDN die Einschaltung einer bestimmten zwischengeschalteten Stelle vorgegeben hat und die wesentliche Ursache für den Fehler bei dieser Stelle liegt.[12] Die Verschuldenszurechnung erfolgt nicht für Drittland-Zahlungsvorgänge (Fälle des § 675d Abs. 1-2 BGB), für welche Satz 3 nicht gilt (§ 675e Abs. 2 BGB).[13]

6 Für den Fall einer Haftung der vom ZDN vorgegebenen zwischengeschalteten Stelle ergibt sich aus Satz 4 ein eigenständiger Anspruch gegen die zwischengeschaltete Stelle.[14] Dies entspricht der früheren Regelung für Überweisungen nach den §§ 676b Abs. 3 Satz 7 und 676c Abs. 2 BGB a.F.[15]

IV. Fehlerhafte Kundenkennung

7 Nach Satz 5 bestehen Ansprüche auf Ersatz von Folgeschäden des ZDN wegen nicht erfolgter oder fehlerhafter Ausführung gegen seinen ZDL nicht, wenn es zu einer mangelhaften Ausführung aufgrund der vom ZDN fehlerhaft angegebenen Kundenkennung kam.[16] Dies gilt nicht, wenn der ZDL die fehlerhafte Kundenkennung erkannt, seinen Kunden aber darauf nicht hingewiesen hat.[17]

---

[7] BT-Drs. 16/11643, S. 118.
[8] BT-Drs. 16/11643, S. 118.
[9] BT-Drs. 16/11643, S. 118.
[10] BT-Drs. 16/11643, S. 118.
[11] BT-Drs. 16/11643, S. 118.
[12] BT-Drs. 16/11643, S. 118.
[13] BT-Drs. 16/11643, S. 118.
[14] BT-Drs. 16/11643, S. 118.
[15] BT-Drs. 16/11643, S. 118.
[16] BT-Drs. 16/11643, S. 118.
[17] BGH v. 06.05.2008 - XI ZR 56/07 - BGHZ 176, 281, Rn. 14 = WM 2008, 1252 = ZIP 2008, 1222.

§ 676 BGB Nachweis der Ausführung von Zahlungsvorgängen

(Fassung vom 29.07.2009, gültig ab 31.10.2009)

Ist zwischen dem Zahlungsdienstnutzer und seinem Zahlungsdienstleister streitig, ob der Zahlungsvorgang ordnungsgemäß ausgeführt wurde, muss der Zahlungsdienstleister nachweisen, dass der Zahlungsvorgang ordnungsgemäß aufgezeichnet und verbucht sowie nicht durch eine Störung beeinträchtigt wurde.

A. Grundlagen

In § 676 BGB werden Mindestanforderungen an die Beweislast für die nicht ordnungsgemäße Ausführung von Zahlungsvorgängen geregelt.[1] 1

B. Anwendungsvoraussetzungen

Ist streitig, ob ein Zahlungsvorgang korrekt ausgeführt wurde, hat der ZDL zumindest nachzuweisen, dass dieser ordnungsgemäß aufgezeichnet und verbucht wurde.[2] Auf diese Weise wird die Haftungsregelung in § 675y BGB vervollständigt. Beweisprobleme im Zusammenhang mit der Autorisierung eines Zahlungsvorganges werden über § 675w BGB geregelt. 2

---

[1] Umsetzung des 2. Teils von Art. 59 Abs. 1 ZD-Rili; BT-Drs. 16/11643, S. 118.
[2] BT-Drs. 16/11643, S. 118.

§ 676a BGB Ausgleichsanspruch

(Fassung vom 29.07.2009, gültig ab 31.10.2009)

Liegt die Ursache für die Haftung eines Zahlungsdienstleisters gemäß den §§ 675y und 675z im Verantwortungsbereich eines anderen Zahlungsdienstleisters oder einer zwischengeschaltete Stelle, so kann er vom anderen Zahlungsdienstleister oder der zwischengeschalteten Stelle den Ersatz des Schadens verlangen, der ihm aus der Erfüllung der Ansprüche eines Zahlungsdienstnutzers gemäß den §§ 675y und 675z entsteht.

A. Grundlagen

1   Mit § 676a BGB wird eine – das Verhältnis von ZDL untereinander betreffende – Regressregelung normiert.[1]

B. Anwendungsvoraussetzungen

2   Die an einem Zahlungsvorgang beteiligten ZDL und zwischengeschalteten Stellen sollen sich darauf verlassen können, dass sie ihrerseits Regressansprüche haben, wenn sie gegenüber ihrem Nutzer für Leistungsstörungen bei der Ausführung von Zahlungsvorgängen haften, obwohl die Ursache für die Leistungsstörung im Verantwortungsbereich eines anderen ZDL oder einer zwischengeschalteten Stelle lag.[2] Der (verschuldensunabhängige) Regressanspruch besteht gegenüber nachgeschalteten ZDL auch dann, wenn der ZDL des Zahlers selbst in keiner vertraglichen Beziehung zu diesem stand, etwa weil ein anderer ZDL dazwischengeschaltet war.[3]

3   Auch wenn die Haftungsvorschriften der ZD-Rili grundsätzlich abschließende Regelungen enthalten[4], so gilt dies nicht für die Haftung der ZDL untereinander.[5] Andere Ansprüche der ZDL untereinander auf „weitere finanzielle Entschädigung" können sich entweder aus dem jeweiligen anwendbaren Recht oder den vertraglichen Vereinbarungen der ZDL untereinander ergeben.[6] Der ZDRV entfaltet allerdings **keine** Schutzwirkung für Dritte und damit auch nicht für die ZDL untereinander.[7]

---

[1] Art. 77 ZD-Rili; Erwägungsgrund 47; BT-Drs. 16/11643, S. 118 unter Hinweis auf den früheren § 676e BGB a.F.
[2] BT-Drs. 16/11643, S. 119.
[3] BT-Drs. 16/11643, S. 119.
[4] Vgl. Art. 86 ZD-Rili – vollständige Harmonisierung.
[5] BT-Drs. 16/11643, S. 117.
[6] BT-Drs. 16/11643, S. 119 unter Hinweis auf Art. 77 Abs. 2 ZD-Rili.
[7] BGH v. 06.05.2008 - XI ZR 56/07 - BGHZ 176, 281, Rn. 26 ff. = WM 2008, 1252 = ZIP 2008, 1222.

§ 676b BGB Anzeige nicht autorisierter oder fehlerhaft ausgeführter Zahlungsvorgänge

(Fassung vom 29.07.2009, gültig ab 31.10.2009)

(1) Der Zahlungsdienstnutzer hat seinen Zahlungsdienstleister unverzüglich nach Feststellung eines nicht autorisierten oder fehlerhaft ausgeführten Zahlungsvorgangs zu unterrichten.

(2) ¹Ansprüche und Einwendungen des Zahlungsdienstnutzers gegen den Zahlungsdienstleister nach diesem Unterkapitel sind ausgeschlossen, wenn dieser seinen Zahlungsdienstleister nicht spätestens 13 Monate nach dem Tag der Belastung mit einem nicht autorisierten oder fehlerhaft ausgeführten Zahlungsvorgang hiervon unterrichtet hat. ²Der Lauf der Frist beginnt nur, wenn der Zahlungsdienstleister den Zahlungsdienstnutzer über die den Zahlungsvorgang betreffenden Angaben gemäß Artikel 248 §§ 7, 10 oder § 14 des Einführungsgesetzes zum Bürgerlichen Gesetzbuche unterrichtet hat; anderenfalls ist für den Fristbeginn der Tag der Unterrichtung maßgeblich.

(3) Für andere als die in § 675z Satz 1 genannten Ansprüche des Zahlungsdienstnutzers gegen seinen Zahlungsdienstleister wegen eines nicht autorisierten oder fehlerhaft ausgeführten Zahlungsvorgangs gilt Absatz 2 mit der Maßgabe, dass der Zahlungsdienstnutzer diese Ansprüche auch nach Ablauf der Frist geltend machen kann, wenn er ohne Verschulden an der Einhaltung der Frist verhindert war.

Gliederung

A. Grundlagen 1
B. Anwendungsvoraussetzungen 2
I. Anzeigepflicht (Absatz 1) 2
II. Ausschlussfrist (Absatz 2) 3
III. Ersatz von Folgeschäden (Absatz 3) 5

A. Grundlagen

Die Norm verpflichtet den ZDN, innerhalb einer bestimmten Zeit über nichtautorisierte oder fehlerhaft ausgeführte Zahlungsvorgänge zu unterrichten. 1

B. Anwendungsvoraussetzungen

I. Anzeigepflicht (Absatz 1)

Nach § 676b Abs. 1 BGB ist ein ZDN verpflichtet, seinem ZDL gegenüber die Feststellung eines nicht autorisierten oder fehlerhaft ausgeführten Zahlungsvorgangs unverzüglich anzuzeigen.[1] 2

II. Ausschlussfrist (Absatz 2)

Nach Absatz 2 kann der ZDN Ansprüche und Einwendungen gegen seinen ZDL wegen nicht autorisierter oder fehlerhaft ausgeführter Zahlungsvorgänge dann nicht mehr geltend machen, wenn er diese Vorgänge nicht innerhalb von **13 Monaten** ab Belastung angezeigt hat.[2] Durch den Ausschluss auch von Einwendungen kommt zum Ausdruck, dass der ZDN nach Ablauf der Frist keine „Korrektur" mehr durch den ZDL erwirken kann.[3] In der Sache werden damit Buchungen, soweit der ZDN sie nicht bereits im Rahmen des vierteljährlichen Rechnungsabschlusses genehmigt hat, mit Ablauf der Ausschlussfrist als genehmigt behandelt.[4] In Betracht kommt allenfalls noch eine bereicherungsrechtliche Rückabwicklung. 3

---

[1] BT-Drs. 16/11643, S. 119.
[2] BT-Drs. 16/11643, S. 119.
[3] Wortlaut von Art. 58 ZD-Rili und Erwägungsgrund 31; BT-Drs. 16/11643, S. 119.
[4] BT-Drs. 16/11643, S. 119.

§ 676b

4   Der Beginn des Laufs der Anzeigepflicht und der Ausschlussfrist von 13 Monaten ist – zumindest für Verbraucher – nicht an die Belastung, sondern an die Unterrichtung des ZDN über die Belastung gekoppelt,[5] wenn der ZDL den ZDN nicht fristgerecht informiert hat.[6]

III. Ersatz von Folgeschäden (Absatz 3)

5   Absatz 3 sieht vor, dass die Ausschlussfrist (Absatz 2) grundsätzlich auch für Ansprüche auf Ersatz von **Folgeschäden** eines nicht autorisierten oder fehlerhaft ausgeführten Zahlungsvorgangs gilt, es sei denn, der ZDN war ohne Verschulden an der Einhaltung dieser Frist gehindert, beispielsweise weil der Schaden ihm gegenüber erst nach Ablauf der 13 Monate geltend gemacht wurde.[7]

---

[5] Art. 248 § 7 Nr. 2 und § 7 Nr. 2 EGBGB.
[6] BT-Drs. 16/11643, S. 119.
[7] BT-Drs. 16/11643, S. 119.

§ 676c BGB Haftungsausschluss

(Fassung vom 29.07.2009, gültig ab 31.10.2009)

Ansprüche nach diesem Kapitel sind ausgeschlossen, wenn die einen Anspruch begründenden Umstände

1. **auf einem ungewöhnlichen und unvorhersehbaren Ereignis beruhen, auf das diejenige Partei, die sich auf dieses Ereignis beruft, keinen Einfluss hat, und dessen Folgen trotz Anwendung der gebotenen Sorgfalt nicht hätten vermieden werden können, oder**
2. **vom Zahlungsdienstleister auf Grund einer gesetzlichen Verpflichtung herbeigeführt wurden.**

A. Grundlagen

Die Norm begründet einen Haftungsausschluss vor allem für Fälle höherer Gewalt. 1

B. Anwendungsvoraussetzungen

Ansprüche nach Kap. 3 (§§ 675j-676b BGB) sind ausgeschlossen, wenn die sie begründenden Umstände auf höherer Gewalt beruhen oder vom ZDL herbeigeführt wurden, weil er hierzu aufgrund anderer als der in Untertitel 3 enthaltenen Rechtsvorschriften verpflichtet war.[1] Anders als im früheren § 676b Abs. 4 BGB a.F. wird nicht nur an den Begriff der „höheren Gewalt" angeknüpft, weil dieser in den Rechtsordnungen der Mitgliedstaaten der Gemeinschaft sehr unterschiedlich ist.[2] Deshalb gibt § 676c den Wortlaut von Art. 78 ZD-Rili wieder.[3] 2

Voraussetzung ist ein Ereignis, das ungewöhnlich und unvorhersehbar ist, mit dem also die betroffene Partei nicht rechnen konnte. Außerdem muss sie dieses Ereignis nicht beeinflussen können. Schließlich muss die Partei die Folgen trotz Anwendung der gebotenen (nicht der größtmöglichen) Sorgfalt nicht vermeiden können.[4] 3

In Nr. 2 sind alle den ZDN belastenden Zahlungsvorgänge, die aufgrund gesetzlicher Verpflichtung herbeigeführt wurden, gemeint. Das sind vor allem Zahlungen von einem gepfändeten Konto an den Pfändungsgläubiger. Gemeint ist daneben die Kontobeschlagnahme aufgrund hoheitlicher Anordnung. 4

---

[1] BT-Drs. 16/11643, S. 119; Umsetzung von Art. 78 ZD-Rili.
[2] BT-Drs. 16/11643, S. 119.
[3] BT-Drs. 16/11643, S. 119.
[4] Wie hier *Sprau* in: Palandt, § 676c Rn. 2.

§ 677 BGB Pflichten des Geschäftsführers

Titel 13 - Geschäftsführung ohne Auftrag

(Fassung vom 02.01.2002, gültig ab 01.01.2002)

Wer ein Geschäft für einen anderen besorgt, ohne von ihm beauftragt oder ihm gegenüber sonst dazu berechtigt zu sein, hat das Geschäft so zu führen, wie das Interesse des Geschäftsherrn mit Rücksicht auf dessen wirklichen oder mutmaßlichen Willen es erfordert.

Gliederung

A. Grundlagen 1	3. Nachweis des Fremdgeschäftsführungswillens 19
I. Kurzcharakteristik 1	III. Ohne Auftrag oder sonstige Berechtigung 29
II. Regelungsprinzipien 3	D. Rechtsfolgen 34
B. Praktische Bedeutung 7	E. Prozessuale Hinweise 39
C. Anwendungsvoraussetzungen 9	F. Anwendungsfelder 41
I. Geschäftsbesorgung 9	I. Verhältnis zu anderen Schuldverhältnissen 41
II. Fremdgeschäftsführungswille 11	II. Die öffentlich-rechtliche GoA 47
1. Fremdheit des Geschäfts und Fremdgeschäftsführungswillen 11	1. Anwendbarkeit 47
2. Begriff des Fremdgeschäftsführungswillens 12	2. Fallgruppen 53

A. Grundlagen

I. Kurzcharakteristik

1 Der Tatbestand des § 677 BGB setzt voraus, dass jemand (Geschäftsführer) ein Geschäft für einen anderen (Geschäftsherrn) besorgt, ohne dass dafür ein Auftrag oder eine sonstige Berechtigung vorliegt. Kennzeichnend für das Vorliegen einer Geschäftsführung ohne Auftrag (GoA) ist das **Fehlen jedweden vertraglichen oder gesetzlichen Rechtsverhältnisses** - und nicht nur eines Auftrags - zwischen Geschäftsführer und Geschäftsherr. Die Vorschrift bestimmt damit, was unter einer GoA zu verstehen ist. § 683 Satz 1 BGB legt fest, unter welchen Voraussetzungen das gesetzliche Schuldverhältnis einer berechtigten GoA vorliegt. Liegen die Vorgaben des § 683 Satz 1 BGB nicht vor, kann der Geschäftsherr die Geschäftsführung nach § 684 Satz 2 BGB genehmigen. Aus § 687 Abs. 1 BGB ist zudem zu folgern, dass das Geschäft i.S.d. § 677 BGB mit Fremdgeschäftsführungswillen zu besorgen ist. Vor Übernahme der Geschäftsführung fehlt es zwischen den Parteien an jeder auf eine Geschäftsbesorgung gerichteten Rechtsbeziehung.

2 Da die **Sorgfaltspflicht des Geschäftsführers** bei einer GoA nicht aus einer vertraglichen oder sonstigen Rechtsbeziehung abgeleitet werden kann, enthält § 677 BGB den zu beachtenden gesetzlichen Sorgfaltsmaßstab. Dabei wird von der Vorschrift vorausgesetzt, dass das gesetzliche Schuldverhältnis bereits zustande gekommen ist. Der Sorgfaltsmaßstab ist daher lediglich für die Durchführung der berechtigten Geschäftsführung zu beachten.[1] Anders als bei § 683 BGB wird im Rahmen von § 677 BGB also auf die Erledigung und nicht auf die Übernahme der Geschäftsführung abgestellt. Die Pflicht zur willens- bzw. interessengemäßen Geschäftsführung wird als Grund- oder Hauptpflicht des Geschäftsführers bezeichnet. Ein schuldhafter (§§ 276, 278 BGB) Verstoß gegen diese Pflicht löst einen Schadensersatzanspruch aus, § 280 Abs. 1 BGB. Der Haftungsmaßstab kann nach den §§ 680, 682 BGB gemildert sein.

II. Regelungsprinzipien

3 Innerhalb der Systematik der Vorschriften über die GoA wird zwischen zwei großen Gruppen differenziert, die ihrerseits in zwei Untergruppen unterfallen.[2] Die sog. **echte GoA** unterscheidet sich von der **unechten GoA** dadurch, dass es dem Geschäftsführer bei der unechten GoA entweder am Fremdge-

---

[1] A.A. jedoch *Bergmann* in: Staudinger, Vorbem. zu den §§ 677 ff. Rn. 13, der bereits das Vorliegen einer berechtigten Geschäftsführung als Tatbestandsvoraussetzung der GoA ablehnt.

[2] *Martinek/Theobald*, JuS 1997, 612-619.

schäftsführungswillen mangelt (§ 687 Abs. 1 BGB) oder er weiß, dass ihm eine Berechtigung für ein fremdes Geschäft fehlt (§ 687 Abs. 2 BGB). Ist sich der Geschäftsführer nicht bewusst, dass er das Geschäft eines anderen führt, weil er irrtümlich davon ausgeht, ein eigenes Geschäft zu führen, liegt gem. § 687 Abs. 1 BGB ein Fall der irrtümlichen Eigengeschäftsführung und keine GoA vor. Fehlt es ihm an der Absicht, das Geschäft als fremdes zu führen, liegt ein Fall der angemaßten Eigengeschäftsführung vor (§ 687 Abs. 2 BGB). Der Geschäftsführer handelt zum eigenen Vorteil und führt das Geschäft als eigenes.

Die sog. **echte GoA** unterscheidet ihrerseits zwei Erscheinungsformen: die berechtigte und die unberechtigte GoA.

Die GoA ist **berechtigt**, wenn die Übernahme der Geschäftsführung dem wirklichen oder dem mutmaßlichen Willen des Geschäftsherrn entspricht (§ 683 Satz 1 BGB). Sie ist ebenfalls berechtigt, wenn der Geschäftsherr die Geschäftsführung genehmigt (§ 684 Satz 2 BGB) oder sein entgegenstehender Wille ausnahmsweise unbeachtlich ist (§§ 683 Satz 2, 679 BGB). Der Geschäftsführer handelt in diesen Fällen rechtmäßig. Er ist bei einer berechtigten GoA aufgrund der entsprechenden Anwendung der Vorschriften über das Auftragsrecht (vgl. die §§ 681 Satz 2, 683 Satz 1 BGB) weitgehend einem Beauftragten gleichgestellt. Durch die berechtigte GoA entsteht ein gesetzliches Schuldverhältnis, aus dem der Geschäftsführer keine Vertretungsmacht erlangt.[3] Das gesetzliche Schuldverhältnis der berechtigten GoA will fremdnütziges Handeln fördern.[4] Der mit Fremdgeschäftsführungswillen handelnde Geschäftsführer soll daher begünstigt werden. Dieses Ziel wird erreicht, indem der Geschäftsführer die Möglichkeit erhält, sich am Geschäftsherrn schadlos zu halten (Aufwendungsersatz). Der Geschäftsführer soll durch die berechtigte Geschäftsführung nichts verlieren (§§ 683 Satz 1, 670 BGB), er soll jedoch auch nichts gewinnen (§§ 681 Satz 2, 667 BGB). Umgekehrt ist aber der Geschäftsherr vor unerwünschter und unbefugter Einmischung in seine Angelegenheiten zu schützen.

Von einer **unberechtigten GoA** wird gesprochen, wenn die Übernahme der Geschäftsführung nicht dem wirklichen oder mutmaßlichen Willen des Geschäftsherrn entspricht und weder die Voraussetzungen des § 679 BGB vorliegen noch eine Genehmigung (§ 684 Satz 2 BGB) vorhanden ist. Alle weiteren Voraussetzungen der berechtigten GoA müssen jedoch vorliegen. Die irrtümliche Annahme des Geschäftsführers, seine Geschäftsführung sei berechtigt, reicht allein für die Begründung einer berechtigten GoA ebenso wenig aus wie die Tatsache, dass die Übernahme der Geschäftsführung für den Geschäftsherrn objektiv nützlich ist. Das Gesetz missbilligt bei einer solchen Konstellation die Geschäftsführung als unzulässigen Eingriff in die Angelegenheiten des Geschäftsherrn. Der Geschäftsführer ist verpflichtet, die Einwirkung auf den Rechtskreis des Geschäftsherrn zu unterlassen. Maßgeblich für die rechtlichen Beziehungen der Beteiligten bei der unberechtigten GoA sind die Vorschriften des Deliktsrechts (§§ 823-853 BGB) und über die ungerechtfertigte Bereicherung (§§ 812-822 BGB). Der Geschäftsherr erhält zudem einen eigenen Schadensersatzanspruch gegen den unberechtigten Geschäftsführer (§ 678 BGB). Zugleich ist der Geschäftsführer verpflichtet, das durch die Geschäftsführung Erlangte nach den Vorschriften über die ungerechtfertigte Bereicherung herauszugeben (§ 684 Satz 1 BGB). Jedoch kommt das gesetzliche Schuldverhältnis der berechtigten GoA nicht zustande. Wie § 681 BGB zeigt, der auf die unberechtigte GoA (vgl. die Kommentierung zu § 681 BGB Rn. 3) anzuwenden ist, ist der Geschäftsführer verpflichtet, die Ausführungen des Geschäfts entsprechend dem wirklichen oder mutmaßlichen Willen des Geschäftsherrn vorzunehmen.

B. Praktische Bedeutung

Die Vorschrift des § 677 BGB enthält wichtige Voraussetzungen der GoA und bestimmt zugleich die Hauptpflicht des Geschäftsführers. Sie definiert aber weder den Begriff der Geschäftsführung, noch legt sie fest, unter welchen Voraussetzungen die berechtigte GoA gegeben ist. Beides wird vielmehr vorausgesetzt. § 677 BGB dient dazu, die **Pflichten des Geschäftsführers inhaltlich zu konkretisieren**.

Nach einer früher verbreiteten Meinung soll § 677 BGB nicht für den unberechtigten Geschäftsführer gelten. Entspricht die Geschäftsführung nicht dem Willen bzw. dem Interesse des Geschäftsherrn, habe sie eben zu unterbleiben. Der Geschäftsführer sei dann nicht verpflichtet, das Geschäft so zu führen,

---

[3] BGH v. 04.10.1977 - VI ZR 5/77 - BGHZ 69, 323; *Bergmann* in: Staudinger, Vorbem. zu den §§ 677 ff. Rn. 28, 218.
[4] Ausführlich zum Grundgedanken der GoA *Seiler* in: MünchKomm-BGB, vor § 677 Rn. 1-6.

wie es das Interesse und der Wille des Geschäftsherrn erforderten.[5] Für diese Auffassung spricht zunächst, dass der Geschäftsführer sich der Geschäftsführung zu enthalten hat, wenn die Geschäftsführung nicht gerechtfertigt ist, um der Haftung aus § 678 BGB zu entgehen.[6] Die Frage, ob eine **berechtigte oder eine unberechtigte GoA** vorliegt, wird jedoch nicht von § 677 BGB, sondern von § 683 BGB beantwortet; § 677 BGB enthält vielmehr Grundvoraussetzungen für beide Formen der GoA. Die Begrenzung des Anwendungsbereichs des § 677 BGB auf die berechtigte GoA ist zudem mit dem Zweck der Vorschriften über die GoA nicht vereinbar, die den Geschäftsherrn vor Eingriffen in seine Angelegenheiten schützen sollen. Mit dieser Funktion wäre es nur schwer in Einklang zu bringen, wenn der unberechtigte gegenüber dem berechtigten Geschäftsführer besser gestellt würde.[7] Auch bei der unberechtigten Geschäftsführung ist der Geschäftsführer folglich verpflichtet, das Geschäft mit Rücksicht auf den mutmaßlichen oder tatsächlichen Willen bzw. das Interesse des Geschäftsherrn zu führen.[8] Folgt man jedoch der Gegenmeinung, richten sich die Rechtsbeziehungen zwischen den Parteien allein nach Bereicherungs- und nach Deliktsrecht.

C. Anwendungsvoraussetzungen

I. Geschäftsbesorgung

9 Wie im Auftragsrecht (§ 662 BGB) ist der Begriff der Geschäftsbesorgung auch bei § 677 BGB weit auszulegen. Er erfasst alle Handlungen rechtlicher oder tatsächlicher, wirtschaftlicher oder nicht wirtschaftlicher Art, die für einen anderen erledigt werden können. Damit ist die Geschäftsbesorgung nicht auf rechtsgeschäftliches Handeln beschränkt, sondern erfasst auch rein tatsächliches, wie etwa das Ausweichmanöver im Straßenverkehr.[9] Selbst das bloße Geben ist als Tätigkeit zu qualifizieren und fällt unter den weiten Begriff der Geschäftsbesorgung.[10] Damit von einer Geschäftsbesorgung gesprochen werden kann, muss der Geschäftsführer gehandelt haben, weshalb ein bloßes Dulden, Gewährenlassen oder gar nur ein Unterlassen nicht genügt.[11] Zumeist wird es sich bei der Geschäftsbesorgung um ein einmaliges Tätigwerden handeln, aber auch lang andauernde Aktivitäten sind denkbar. Anders als in § 675 BGB setzt die Geschäftsbesorgung bei § 677 BGB ein Handeln in Vermögensangelegenheiten nicht voraus. Das Geschäft kann einen öffentlich-rechtlichen Bezug (vgl. Rn. 47) haben. Die Geschäftsbesorgung ist kein höchstpersönliches Geschäft. Der Geschäftsführer kann daher das Geschäft durch Dritte oder eigene Leute (Geschäftsführungsgehilfen) ausführen lassen und muss nicht selbst tätig werden.[12]

10 Aus der Vorschrift des § 682 BGB ist nicht zu schließen, dass die §§ 677-687 BGB lediglich für voll **geschäftsfähige Geschäftsführer** gelten. Auch in ihrer Geschäftsfähigkeit beschränkte oder gar geschäftsunfähige Personen können Geschäftsführer sein; sie bedürfen dabei allerdings des besonderen Schutzes (vgl. die Kommentierung zu § 682 BGB Rn. 1).

II. Fremdgeschäftsführungswille

1. Fremdheit des Geschäfts und Fremdgeschäftsführungswillen

11 Anders als § 687 Abs. 1 BGB und § 687 Abs. 2 BGB verlangt der Wortlaut des § 677 BGB nicht, dass das Geschäft „fremd" ist. Vielmehr soll es ausreichen, wenn das Geschäft für einen anderen besorgt wird. Dieser Unterschied ist darauf zurückzuführen, dass der Geschäftsführer bei der Geschäftsführung i.S.v. § 687 Abs. 1 und Abs. 2 BGB irrtümlich bzw. angemaßt unerlaubt in einen fremden Rechts- oder Interessenkreis eingreift. Um einen solchen Eingriff feststellen zu können, muss das Geschäft nach Inhalt und Gegenstand einer anderen Person zugeordnet werden können. Eine solche Konstellation wird von der GoA (§§ 677-687 BGB) nicht vorausgesetzt. Der Geschäftsführer kann vielmehr im Rahmen

---

[5] *Mansel* in: Jauernig, vor § 677 Rn. 5 und § 677 Rn. 1.
[6] So noch *Ehmann* in: Erman, § 677 Rn. 16 (12. Aufl.).
[7] *Gehrlein* in: Bamberger/Roth, § 677 Rn. 7.
[8] Ebenso *Seiler* in: MünchKomm-BGB, § 677 Rn. 50.
[9] BGH v. 27.11.1962 - VI ZR 217/61 - juris Rn. 12 - BGHZ 38, 270; BGH v. 15.12.1977 - III ZR 159/75 - LM Nr. 35 zu § 683 BGB; BGH v. 05.12.1983 - II ZR 56/82 - LM Nr. 5 zu § 37 GmbHG; *Bergmann* in: Staudinger, Vorbem. zu den §§ 677 ff. Rn. 107; *Beuthien* in: Soergel, § 677 Rn. 2.
[10] *Mansel* in: Jauernig, § 677 Rn. 2; *Seiler* in: MünchKomm-BGB, § 677 Rn. 2.
[11] *Gehrlein* in: Bamberger/Roth, § 677 Rn. 10.
[12] BGH v. 15.12.1975 - II ZR 54/74 - BGHZ 65, 384; BGH v. 25.11.1976 - II ZR 201/74 - BGHZ 67, 368.

dieser Vorschriften auch solche Geschäfte für einen anderen tätigen, die nicht in einen fremden Rechts- oder Interessenkreis eingreifen, sondern erst durch den **Fremdgeschäftsführungswillen** des Geschäftsführers ihr Gepräge als Geschäfte „für einen anderen" erhalten. Entscheidend ist daher der Fremdgeschäftsführungswille und nicht die Fremdheit des Geschäfts.[13] Ein Geschäft für einen anderen besorgt somit derjenige, der ein Geschäft mit Fremdgeschäftsführungswillen tätigt.

2. Begriff des Fremdgeschäftsführungswillens

Das Geschäft wird i.S.v. § 677 BGB „für einen anderen" geführt, wenn der Geschäftsführer dabei mit sog. Fremdgeschäftsführungswillen tätig wird (vgl. § 687 Abs. 1 BGB). Hierzu muss der Geschäftsführer mit dem Willen handeln (**voluntatives Element**), in einen fremden Rechtskreis einzugreifen, und sich bewusst sein, dass er das Geschäft nicht für sich selbst, sondern für Rechnung eines anderen vornimmt (**kognitives Element**).[14] Es ist zu prüfen, ob der Geschäftsführer den Erfolg des Geschäfts dem Geschäftsherrn zukommen lassen möchte. Der Irrtum des Geschäftsführers über die Person des Geschäftsherrn ist nach § 686 BGB unbeachtlich. Berechtigt und verpflichtet wird in einem solchen Fall der wirkliche Geschäftsherr.[15] Damit ist eine Geschäftsführung für denjenigen möglich, den es angeht (vgl. die Kommentierung zu § 686 BGB Rn. 6). Der Irrtum über die Fremdheit des Geschäfts hingegen ist stets beachtlich (§ 687 Abs. 1 BGB). Ist der Geschäftsführer eine juristische Person, ist zur Ermittlung des Fremdgeschäftsführungswillens auf den Willen der Mitglieder des geschäftsführenden Organs abzustellen.[16]

12

An den Fremdgeschäftsführungswillen werden nur geringe Anforderungen gestellt. Selbst bei einer reflexartigen Handlung, wie etwa bei spontanem Herumreißen des Lenkrades im Straßenverkehr, kann nach der Rechtsprechung Fremdgeschäftsführungswille vorliegen.[17]

13

Der Geschäftsführer handelt auch dann noch mit Fremdgeschäftsführungswillen, wenn er nicht ausschließlich fremdnützig tätig werden will. Es ist unschädlich und zugleich eigene Interessen verfolgt, also beispielsweise der Nachbar den Brand löscht, um zugleich ein Ausbreiten der Flammen auf die eigene Doppelhaushälfte zu verhindern (**Handeln im Doppelinteresse**). Völlige Uneigennützigkeit zu fordern würde am Normzweck der §§ 677-687 BGB vorbeigehen und den Anwendungsbereich der GoA zu sehr einengen. Ist der Geschäftsführer jedoch kraft Vertrages mit einem Dritten oder aufgrund öffentlich-rechtlicher Vorschriften zum Tätigwerden verpflichtet (**pflichtgebundener Geschäftsführer**), liegt nach einer im Vordringen befindlichen Auffassung kein Fremdgeschäftsführungswille mehr vor.[18] Durch diese Restriktion soll verhindert werden, dass das Institut der GoA immer weiter ausufert, was u.a. zu Konflikten mit den vertraglichen und bereicherungsrechtlichen Ausgleichssystemen führt.[19] Auch wenn man der noch h.M. folgt, wonach die GoA nicht daran scheitert, dass der Geschäftsführer zugleich ihn treffende Verpflichtungen erfüllt,[20] ist jedenfalls zu verlangen, dass der Geschäftsführer nicht lediglich in Erfüllung dieser Pflicht, sondern darüber hinausgehend auch im Hinblick auf den Geschäftsherrn gehandelt hat. Ohne diesen ausdrücklichen Willen, den man – entgegen der Rechtsprechung des BGH (vgl. Rn. 26) – in einer solchen Konstellation nicht vermuten darf, scheidet GoA aus, wenn der Geschäftsführer zur Besorgung verpflichtet ist.[21] Problematisch wird die Auffassung der h.M. schließlich insbesondere dann, wenn die Tätigkeit der öffentlichen Hand zur Gefahrenabwehr in den Anwendungsbereich der GoA einbezogen wird (Hilfsmaßnahmen von Polizei,

14

---

[13] *Beuthien* in: Soergel, § 677 Rn. 3; *Gursky*, AcP 185, 13-45.
[14] *Beuthien* in: Soergel, § 677 Rn. 4; *Seiler* in: MünchKomm-BGB, § 677 Rn. 4.
[15] Der Geschäftsherr braucht noch nicht zu existieren, OLG Nürnberg v. 13.11.1985 - 9 U 856/85 - NJW-RR 1987, 405.
[16] BGH v. 04.06.1959 - VII ZR 217/58 - BGHZ 30, 162.
[17] Vgl. BGH v. 27.11.1962 - VI ZR 217/61 - BGHZ 38, 270; *Dornis* in: Erman, § 677 Rn. 8.
[18] LG München I v. 28.09.1977 - 15 S 2733/77 - NJW 1978, 48; OLG Koblenz v. 20.06.1991 - 5 U 75/91 - NJW 1992, 2367; LG Landau (Pfalz) v. 26.10.1999 - 1 S 118/99 - NJW 2000, 1046; *Dornis* in: Erman, § 677 Rn. 14 f.; *Schubert*, AcP 178, 425-455; *Schubert*, NJW 1978, 687-689; AG Idar-Oberstein v. 13.04.2010 - 312 C 873/09 mit Anmerkungen *Schwab*, DAR 2010, S. 587-588; *Walz*, ZIP 1991, 1405-1413; *Weishaupt*, NJW 2000, 1002-1003; differenzierend *Seiler* in: MünchKomm-BGB, § 677 Rn. 20 f.
[19] *Weishaupt*, NJW 2000, 1002-1003.
[20] Vgl. nur BGH v. 20.06.1963 - VII ZR 263/61 - BGHZ 40, 28; BGH v. 21.10.1999 - III ZR 319/98 - juris Rn. 15 - BGHZ 143, 9.
[21] OLG Saarbrücken v. 07.05.1997 - 1 U 771/96 - 127, 1 U 771/96 - NJW 1998, 828; *Beuthien* in: Soergel, § 677 Rn. 10; *Gehrlein* in: Bamberger/Roth, § 677 Rn. 16.

Feuerwehr etc. im Rahmen ihrer Pflichtaufgaben).[22] Auf diese Weise werden nämlich die Kosten einer hoheitlichen Maßnahme auf privatrechtlichem Wege beigetrieben, die an sich als Verwaltungskosten den Vorschriften über die Verwaltungsvollstreckung unterliegen.[23]

15 Der Geschäftsführer kann für **mehrere Geschäftsherren** tätig sein.[24] Der BGH hat die Formel geprägt, wonach insbesondere bei der Gefahrenbeseitigung zum Kreis der betroffenen Geschäftsherren „alle gehören können, die durch die Fortdauer der Gefahr Schaden erleiden würden".[25] So kann beispielsweise die Unfallhilfe als Geschäftsführungsmaßnahme dem Verletzten, dem für ihn Unterhaltspflichtigen, dem Schädiger sowie der Krankenversicherung dienen.[26] Allerdings ist außer dem unmittelbar Begünstigten nicht schon jeder an der Geschäftsführung bloß mittelbar Interessierte auch als Geschäftsherr anzusehen.[27] **Mehrere Geschäftsführer** haften als Gesamtschuldner nach den allgemeinen Vorschriften (§§ 421-426 BGB).

16 Ein Fremdgeschäftsführungswille besteht in der Regel bei der Erfüllung fremder Verbindlichkeiten (§ 267 Abs. 1 BGB), mit der Folge, dass GoA anzunehmen ist.[28] Beispielsweise erfüllt der Bürge mit der Leistung an den Gläubiger zwar eine eigene Verbindlichkeit, er führt aber zugleich auch ein Geschäft des Hauptschuldners. Aus der Möglichkeit des Bürgenregresses ist zu folgern, dass der Hauptschuldner der letztlich Verpflichtete ist.[29] Regelmäßig ist dagegen kein Fremdgeschäftsführungswille anzunehmen, wenn der Mieter in Unkenntnis der Rechtslage nicht geschuldete Schönheitsreparaturen vornimmt.[30][31] So geht der Mieter bei der Durchführung der Arbeiten davon aus, einer eigenen Verpflichtung nachzukommen und will nicht fremdnützig tätig werden. Es ist ihm darüber hinaus nicht bewusst, dass er das Geschäft nicht für sich selbst, sondern für Rechnung eines anderen vornimmt. Er hält sich im Gegenteil selbst für schuldrechtlich verpflichtet, die entsprechenden Arbeiten vorzunehmen oder auf eigene Kosten durchführen zu lassen. Damit scheitert die Annahme, der Mieter habe mit Fremdgeschäftsführungswillen gehandelt, jedenfalls am Fehlen des kognitiven Elements auf Seiten des Mieters.[32]

17 Daran hält auch der BGH in seinen neueren Urteilen über die Ersatzfähigkeit der durch eigenmächtige Mängelbeseitigung verursachten Kosten fest.[33] Der 8. Zivilsenat verneinte dementsprechend einen Anspruch aus GoA. In diesem Zusammenhang bediente sich der BGH der gesetzlichen Wertung des § 536a BGB. Im Falle einer eigenmächtigen Mängelbeseitigung durch den Mieter ist ein Ersatz der sich ergebenden Aufwendungen nur unter den Voraussetzungen des § 536a BGB denkbar, d.h. entweder muss sich der Vermieter mit der Mängelbeseitigung im Verzug befinden (§ 536a Abs. 2 Nr. 1 BGB) oder es muss eine sog. Notmaßnahme i.S.d. § 536a Abs. 2 Nr. 2 BGB vorliegen.[34] Der BGH entnimmt obigen Ausführungen einen Vorrang des Vermieters bei der Beseitigung des Mangels. Dieser sei schüt-

---

[22] Vgl. etwa BGH v. 20.06.1963 - VII ZR 263/61 - BGHZ 40, 28; BGH v. 08.03.1990 - III ZR 81/88 - BGHZ 110, 313; Vgl. auch BGH v. 12.12.1989 - XI ZR 117/89 - juris Rn. 12 - BGHZ 109, 354. Die Aufwendungen des Trägers einer Justizvollzugsanstalt zur Wiederherstellung des Gesundheitszustandes eines Untersuchungsgefangenen nach einem Selbstmordversuch fallen nicht unter § 679 Var. 1 BGB, da insoweit keine fremde, sondern eine eigene Rechtspflicht verfolgt wird. Allerdings hat sich der BGH der im Vordringen befindlichen Auffassung bislang nicht ausdrücklich angeschlossen.

[23] Ebenso *Bergmann* in: Staudinger, Vorbem. zu den §§ 677 ff. Rn. 140.

[24] BGH v. 07.11.1960 - VII ZR 82/59 - BGHZ 33, 251; BGH v. 21.01.1971 - VII ZR 97/69 - BGHZ 55, 207; BGH v. 25.11.1976 - II ZR 201/74 - BGHZ 67, 368.

[25] BGH v. 20.06.1963 - VII ZR 263/61 - juris Rn. 15 - BGHZ 40, 28; BGH v. 24.10.1974 - VII ZR 223/72 - juris Rn. 6 - BGHZ 63, 167.

[26] *Gehrlein* in: Bamberger/Roth, § 677 Rn. 17.

[27] BGH v. 22.05.1970 - IV ZR 1008/68 - JZ 1971, 187; BGH v. 04.07.1978 - VI ZR 95/77 - BGHZ 72, 151; BGH v. 25.11.1981 - VIII ZR 299/80 - BGHZ 82, 323.

[28] BGH v. 23.02.1978 - VII ZR 11/76 - BGHZ 70, 389.

[29] *Seiler* in: MünchKomm-BGB, § 677 Rn. 26.

[30] AG München v. 14.05.2001 - 453 C 17448/00 - NZM 2001, 1030; LG Berlin v. 23.10.2006 - 62 S 187/06 -

[31] Grundeigentum 2007, 517-519; *Dornis* in: Erman, § 677 Rn. 29; *Lange*, NZM 2007, 785-788; nicht überzeugend hingegen LG Karlsruhe v. 28.04.2006 - 9 S 479/05 - NJW 2006, 1983; der Fremdgeschäftsführungswille des Mieters fehlt auch, wenn dieser aufgrund des Mietvertrages verpflichtet ist, bauliche Veränderungen auf eigene Kosten vorzunehmen, vgl. dazu OLG Düsseldorf v. 19.10.2009 - I-24 U 58/09, 24 U 58/09.

[32] Vgl. *Lange*, NZM 2007, 785-788, 787.

[33] Vgl. BGH v. 16.01.2008 - VIII ZR 222/06 - NJW 20081216 = ZMR 2008, 821; BGH v. 27.05.2009 - VIII ZR 302/07; zustimmend *Blank*, NZM 2010, 97-103; kritisch *Gsell*, NZM 2010, 71-78.

[34] Vgl. BGH v. 16.01.2008 - VIII ZR 222/06 - NJW 2008, 1216 f.

zenswert, weil er mittels Durchführung der Reparaturarbeiten die Minderung der Miete (§ 536 BGB) sowie den Schadensersatzanspruch des Mieters (§ 536a Abs. 1 BGB) abwehren könne. Der Vermieter bekomme damit die Gelegenheit, das Vorliegen des Mangels, dessen Ursachen, aber auch effektive Möglichkeiten der Beseitigung zu eruieren. Überdies diene die Möglichkeit der eigenhändigen Mängelbegutachtung und -beseitigung der Beweissicherung. Ginge man hingegen von einer Anwendbarkeit des § 539 Abs. 1 BGB i.V.m. den Regeln über die GoA aus, würde der Vermieter vor vollendete Tatsachen gestellt und damit ungerechtfertigterweise seiner Verteidigungsmöglichkeiten beraubt.[35]

Die GoA ist mangels Fremdgeschäftsführungswillens dann nicht anzuwenden, wenn **ausdrückliche gesetzliche Sonderregeln** bestehen, die das Verhältnis zwischen Geschäftsführer und Geschäftsherrn abschließend regeln. Dies gilt insbesondere, wenn durch die Anwendung der Vorschriften über die GoA die Vorschriften über die bürgerliche oder die öffentlich-rechtliche Risikoverteilung unterlaufen würden.[36] Hierzu zählen etwa Fälle, in denen der Geschäftsführer zum unentgeltlichen Handeln verpflichtet ist[37] oder in denen eine Vergütung nach den allgemeinen Grundsätzen lediglich auf vertraglicher Grundlage gezahlt werden soll. Darüber hinaus kommt eine Inanspruchnahme des Geschäftsherrn auch dann nicht in Betracht, wenn die Verpflichtung des Geschäftsführers auf einem wirksamen Vertrag mit einem Dritten beruht, der die vertraglichen Rechte und Pflichten und hier insbesondere die Entgeltfrage umfassend regelt.[38] Werden Aufwendungen im Vorfeld eines Vertragsschlusses im Hinblick auf den künftigen Vertrag getätigt und kommt der Vertrag nicht zustande, liegt kein Fall des § 677 BGB vor. Aufgrund der Privatautonomie hat vielmehr jede Partei das Risiko des Scheiterns von Vertragsverhandlungen grundsätzlich selbst zu tragen.[39]

3. Nachweis des Fremdgeschäftsführungswillens

Das Geschäft für einen anderen liegt vor, wenn die betreffenden Angelegenheiten zumindest auch dem Interessenbereich eines anderen angehören und zumindest auch von diesem zu besorgen wären. Ein fremdes Geschäft für einen anderen besorgt, wer mit Fremdgeschäftsführungswillen tätig wird. Dieser Fremdgeschäftsführungswille tritt in den meisten Fällen nicht immer klar erkennbar zu Tage und ist damit nur schwer nachweisbar. Die Rechtsprechung hat vor diesem Hintergrund **Beweisregeln** entwickelt, die auf der Unterscheidung zwischen einem objektiv fremden, einem lediglich subjektiv fremden (neutralen) und einem auch fremden Geschäft basieren.[40] Dabei fallen die an den Nachweis des Fremdgeschäftsführungswillens zu stellenden Anforderungen unterschiedlich aus und sind insgesamt als gering einzustufen.

Ein Geschäft ist objektiv fremd, wenn es an und für sich der Sorge eines anderen obliegt.[41] Ein solches Geschäft liegt vor, wenn es seinem Gegenstand, seinem Inhalt oder dem Erscheinungsbild nach für jedermann erkennbar nicht zum Rechtskreis des Handelnden, sondern zu dem eines anderen gehört.[42] Erforderlich für das Vorliegen eines objektiv fremden Geschäfts ist der objektiv unmittelbare Bezug zum fremden Rechts- und Interessenkreis, ein bloß mittelbarer Bezug reicht nicht.[43] Typisches Beispiel für ein objektiv fremdes Geschäft ist die Verfügung über einen fremden Gegenstand. Weitere Fallgruppen sind die Hilfeleistung bzw. Rettungshandlung in Notsituationen,[44] das Warnen vor Gefahren bzw. Maßnahmen der Gefahrenabwehr, das Instandsetzen fremder Sachen, die Veräußerung oder

---

[35] Vgl. zum Gesamten *Lange*, ZGS 2009, 442 f.
[36] BGH v. 23.09.1999 - III ZR 322/98 - LM BGB § 677 Nr. 40 (4/2000); OLG Düsseldorf v. 23.03.2007 - I-16 U 93/06.
[37] BGH v. 18.09.1986 - III ZR 227/84 - BGHZ 98, 235.
[38] BGH v. 21.10.2003 - X ZR 66/01 - NJW-RR 2004, 81; zu dieser Fallgruppe ausführlich auch *Wendlandt*, NJW 2004, 985-988.
[39] BGH v. 23.09.1999 - III ZR 322/98 - LM BGB § 677 Nr. 40 (4/2000).
[40] Kritisch hierzu *Seiler* in: MünchKomm-BGB, § 677 Rn. 5, 13 ff.
[41] RG v. 29.10.1919 - I 125/19 - RGZ 97, 61.
[42] BGH v. 07.11.1960 - VII ZR 82/59 - BGHZ 33, 251; BGH v. 16.03.1965 - VI ZR 210/64 - BGHZ 43, 188.
[43] BGH v. 22.05.1970 - IV ZR 1008/68 - JZ 1971, 187.
[44] BGH v. 07.11.1960 - VII ZR 82/59 - BGHZ 33, 251.

§ 677

Verwaltung fremder Gegenstände[45] oder die Tilgung fremder Schulden.[46] Bei der unberechtigten Untervermietung handelt es sich nicht um ein objektiv fremdes Geschäft, sondern um einen Fall vertragswidrigen Gebrauchs.[47]

21 Bei Vorliegen eines objektiv fremden Geschäfts wird allein aufgrund der Vornahme des Geschäfts widerlegbar vermutet, dass der Geschäftsführer mit Fremdgeschäftsführungswillen gehandelt hat, wenn er weiß, dass das Geschäft seinem Gegenstand nach fremd ist.[48] Fehlt es an dieser Kenntnis, liegt irrtümliche Eigengeschäftsführung vor (§ 687 Abs. 1 BGB). Begründet wird diese Vermutung mit der These, dass der Mensch sich grundsätzlich nur um seine eigenen Angelegenheiten kümmert und sich in der Regel nicht anmaßt, fremde Geschäfte für eigene Rechnung zu tätigen.[49] Das objektiv fremde Geschäft wird nicht durch das Auftreten des Geschäftsführers im eigenen Namen zu einem eigenen Geschäft.

22 Neben dem objektiv fremden Geschäft sind Fälle denkbar, in denen das Geschäft keinen objektiven Bezug zu einem fremden Rechts- oder Interessenkreis hat, aber nach der erkennbaren Bestimmung durch den Geschäftsführer für einen anderen vorgenommen wird, sog. **subjektiv fremdes oder neutrales Geschäft**. Diese Geschäfte sind inhaltlich neutral und erhalten durch den Willen des Geschäftsführers, sie für jemand anderen zu führen, ihr Gepräge als Geschäfte für einen anderen.[50] Voraussetzung hierfür ist jedoch, dass der Fremdgeschäftsführungswille nach außen in irgendeiner Weise erkennbar geworden ist.[51] Mangels tatsächlicher Anhaltspunkte kann es daher beim subjektiv fremden Geschäft keine Vermutung dafür geben, dass der Geschäftsführer mit Fremdgeschäftsführungswillen tätig gewesen ist.[52] Die Beweislast für seinen Fremdgeschäftsführungswillen trägt der Geschäftsführer.[53] Beispiele für subjektiv fremde Geschäfte sind etwa der Erwerb einer Sache, das Löschen eines Brandes durch die Feuerwehr anstelle der den Brand verursachenden Bahn[54] oder der Umbau einer Mietsache durch den Vermieter zwecks Weitervermietung nach Auszug des zahlungsunfähigen Mieters bei Vorliegen einer Mietausfallbürgschaft.[55]

23 Die dritte Fallgruppe bilden die sog. **auch fremden Geschäfte**.[56] Mit diesem Begriff werden Geschäfte bezeichnet, bei denen der Geschäftsführer mit der Angelegenheit eines anderen zugleich auch eine eigene Angelegenheit wahrnimmt. Dafür reicht es aus, dass das Geschäft nach seinem äußeren Erscheinungsbild nicht nur dem Handelnden, sondern auch dem anderen zugutekommt. Die Wahrung auch eigener Interessen schließt die Anwendung der Regeln über die GoA nicht grundsätzlich aus.[57] Vielmehr bedarf die Annahme eines auch fremden Geschäfts einer Würdigung des Einzelfalls.[58] Ein auch fremdes Geschäft liegt etwa bei der Bergung eines verunglückten Pkws durch die Polizei für den Eigentümer des Fahrzeugs vor,[59] ebenso bei Tilgung einer Schuld durch Drittleistung in Vorgriff auf einen noch abzuschließenden Finanzierungskreditvertrag.[60] Ein auch fremdes Geschäft im Rahmen einer Schadensbeseitigung führt ferner ein Heizöllieferant, der sofort Maßnahmen zur Verhinderung einer

---

[45] BGH v. 23.09.1999 - III ZR 322/98 - LM BGB § 677 Nr. 40 (4/2000).
[46] OLG Koblenz v. 23.10.1997 - 11 U 1279/96 - NJW-RR 1998, 1516; BGH v. 04.06.2003 - VIII ZR 91/02 - NJW-RR 2003, 1192; vgl. dazu auch BGH v. 02.11.2006 - III ZR 274/05 - NJW 2007, 63.
[47] BGH v. 13.12.1995 - XII ZR 194/93 - juris Rn. 49 - BGHZ 131, 297.
[48] BGH v. 20.06.1963 - VII ZR 263/61 - juris Rn. 14 - BGHZ 40, 28; BGH v. 04.06.2003 - VIII ZR 91/02 - NJW-RR 2003, 1192; ablehnend *Bergmann* in: Staudinger, Vorbem. zu den §§ 677 ff. Rn. 131.
[49] *Beuthien* in: Soergel, § 677 Rn. 7.
[50] *Gehrlein* in: Bamberger/Roth, § 677 Rn. 14.
[51] BGH v. 21.10.2003 - X ZR 66/01 - NJW-RR 2004, 81.
[52] BGH v. 25.11.1981 - VIII ZR 299/80 - BGHZ 82, 323; BGH v. 02.04.1998 - III ZR 251/96 - juris Rn. 27 - BGHZ 138, 281.
[53] BGH v. 20.06.1963 - VII ZR 263/61 - juris Rn. 14 - BGHZ 40, 28.
[54] BGH v. 20.06.1963 - VII ZR 263/61 - BGHZ 40, 28.
[55] BGH v. 25.11.1981 - VIII ZR 299/80 - BGHZ 82, 323.
[56] *Martinek/Theobald*, JuS 1997, 805-811, 807 f.
[57] BGH v. 24.10.1974 - VII ZR 223/72 - BGHZ 63, 167; BGH v. 08.03.1990 - III ZR 81/88 - BGHZ 110, 313; BGH v. 02.11.2006 - III ZR 274/05 - NJW 2007, 63. Sehr kritisch hierzu *Seiler* in: MünchKomm-BGB, § 677 Rn. 13 ff.; ferner *Stamm*, Jura 2002, 730-734, 733 f., nach dem es für die Fallgruppe der sog. auch fremden Geschäfte eines Rückgriffs auf das Recht der GoA überhaupt nicht bedarf, ein sachgerechter Ausgleich vielmehr nach den Regeln über die Gesamtschuld bewirkt werden kann.
[58] So BGH v. 08.11.2001 - III ZR 294/00 - LM BGB § 677 Nr. 41 (9/2002).
[59] BGH v. 04.12.1975 - VII ZR 218/73 - BGHZ 65, 354.
[60] OLG Zweibrücken v. 27.05.2002 - 7 U 176/01 - OLGR Zweibrücken 2002, 409.

Schadensausbreitung, insbesondere einer Grundwasserverunreinigung, einleitet, wobei er die dabei entstandenen Kosten, die nach § 89 WHG als sog. Rettungskosten ersatzfähig seien, vom Anlagenbetreiber (Grundstückseigentümer) ersetzt verlangen kann.[61] Ob es sich hingegen bei der durch einen der Straßenanlieger vorgenommenen Erschließung, durch die zugleich Grundstückszufahrten für weitere Anlieger geschaffen werden, um ein auch fremdes Geschäft handelt, ist von den Umständen des Einzelfalles abhängig.[62]

Das auch fremde Geschäft fällt in den Anwendungsbereich des § 677 BGB, da sich die Begriffe „fremdes" und „eigenes Geschäft" nicht gegenseitig ausschließen. Da es nämlich darauf ankommt, in wessen Rechts- und Interessenkreis das Geschäft unmittelbar fällt, sind Überschneidungen denkbar.[63] 24

Die Frage, ob dem öffentlich-rechtlich in Anspruch genommenen (Zustands-)**Störer** gegen den (Handlungs-)Störer ein **Ausgleichsanspruch** nach den §§ 677, 683, 670 BGB zusteht, ist nach wie vor nicht ganz geklärt. Das Problem tritt etwa auf, wenn der Käufer eines kontaminierten Grundstücks von der zuständigen Behörde zur Sanierung herangezogen wird. Es stellt sich dann die Frage, ob er den Verursacher der Bodenverunreinigung unter dem Gesichtspunkt der berechtigten GoA auf Aufwendungsersatz in Anspruch nehmen kann. Zum Teil wird die Auffassung vertreten, die Beseitigung einer Bodenkontamination durch den Eigentümer sei (auch) das Geschäft des früheren Verursachers. Zudem sei es letztlich eine Sache des Handlungsstörers, die Störung zu beseitigen, so dass der Eigentümer bei der Sanierung mit Fremdgeschäftsführungswillen tätig werde.[64] Andere Stimmen verneinen das Vorliegen eines solchen Anspruchs, da der Adressat wegen der Tatbestandswirkung der Ordnungsverfügung nur ein eigenes Geschäft betreibe.[65] Für den Fall der Altlasten enthält § 24 Abs. 2 BBodSchG einen Ausgleichsanspruch.[66] 25

Der BGH und ihm folgend ein Teil der wissenschaftlichen Literatur **vermutet** beim auch fremden Geschäft den **Fremdgeschäftsführungswillen**. Erst das Vorliegen besonderer Umstände kann ausnahmsweise die Vermutung widerlegen mit der Folge, dass dann lediglich der Wille zur Führung des eigenen Geschäfts vorhanden ist. Insoweit besteht hinsichtlich der geringen Anforderungen an den subjektiven Tatbestand eine Parallele zum objektiv fremden Geschäft.[67] 26

Durch diese Vermutungswirkung hat sich der Anwendungsbereich der §§ 677-687 BGB, und hier insbesondere des Aufwendungsersatzes nach den §§ 683 Satz 1, 670 BGB, bedenklich ausgeweitet. Dies ist vor allem problematisch, wenn es sich um einen **pflichtengebundenen Geschäftsführer** (vgl. Rn. 14) handelt. In den meisten dieser Fälle will der Geschäftsführer nur seinen vertraglichen oder gesetzlichen Verpflichtungen nachkommen. Er handelt mit Rechtsbindungs- und nicht mit Fremdgeschäftsführungswillen. Wer aber an seinen Vertragspartner leistet, hat gegenüber Dritten keinen Geschäftsführungswillen. In den Fällen des sog. auch fremden Geschäfts sollten daher strenge Anforderungen an den Fremdgeschäftsführungswillen gestellt werden. Daher ist zu prüfen, ob besondere Umstände vorliegen, die in der gebotenen Eindeutigkeit den Schluss auf einen fremd gerichteten Geschäftsführungswillen zulassen.[68] 27

Bedeutung für die **Ermittlung des Fremdgeschäftsführungswillens** hat schließlich die **Anzeige nach** § 681 Satz 1 BGB. Zeigt der Geschäftsführer dem Geschäftsherrn die Übernahme der Geschäftsführung an, kann hieraus regelmäßig auf das Vorliegen eines Fremdgeschäftsführungswillens geschlossen 28

---

[61] OLG Zweibrücken v. 09.03.2004 - 7 U 205/03 - SVR 2004, 279.
[62] BGH v. 08.11.2001 - III ZR 294/00 - LM BGB § 677 Nr. 41 (9/2002).
[63] A.A. jedoch *Schreiber*, DB 1979, 1397-1401, 1399; *Schubert*, NJW 1978, 687-689; *Schubert*, AcP 178, 425-455, 435, 441; *Weishaupt*, NJW 2000, 1002-1003, die auf das auch fremde Geschäft die Regeln über die GoA nicht anwenden wollen.
[64] *Beckhaus*, ZUR 2010, 418-422, 421; *Harms*, NJW 1999, 3668-3674, 3670 m.w.N.
[65] BGH v. 11.06.1981 - III ZR 39/80 - LM Nr. 8 zu § 276 (Cd) BGB; OLG Stuttgart v. 10.08.1994 - 4 U 75/94 - NJW-RR 1996, 850; a.A. BGH v. 18.09.1986 - III ZR 227/84 - BGHZ 98, 235.
[66] Vgl. dazu *Pützenbacher*, NJW 1999, 1137-1142.
[67] BGH v. 04.12.1975 - VII ZR 218/73 - BGHZ 65, 354; BGH v. 18.09.1986 - III ZR 227/84 - BGHZ 98, 235; BGH v. 08.03.1990 - III ZR 81/88 - juris Rn. 10 - BGHZ 110, 313; OLG Hamm v. 10.01.1992 - 26 U 82/91 - NJW-RR 1992, 849; BGH v. 23.09.1999 - III ZR 322/98 - LM BGB § 677 Nr. 40 (4/2000); *Gehrlein* in: Bamberger/Roth, § 677 Rn. 15; *Mansel* in: Jauernig, § 677 Rn. 4.
[68] *Beuthien* in: Soergel, § 677 Rn. 10; *Schwark*, JuS 1984, 321-328; *Seiler* in: MünchKomm-BGB, § 677 Rn. 21; vgl. auch *Thole*, NJW 2010, 1243-1248, der das Institut des „auch fremden" Geschäfts für einige Fallgruppen als untauglich ansieht.

werden. Umgekehrt lässt das Unterlassen der Anzeige nicht ohne weiteres den Schluss zu, dem Geschäftsführer fehle es am Fremdgeschäftsführungswillen, da hierfür auch andere Ursachen denkbar sind.[69]

III. Ohne Auftrag oder sonstige Berechtigung

29 Die Geschäftsführung hat ohne Auftrag oder sonstige Berechtigung zu erfolgen. Wie bereits angesprochen darf bei dieser **negativen Voraussetzung** der Geschäftsführer nur nicht gegenüber dem Geschäftsherrn anderweitig zur Geschäftsbesorgung legitimiert oder gar verpflichtet sein. Ausgehend vom Wortlaut des § 677 BGB ist ein entsprechendes Rechtsverhältnis gegenüber einem Dritten unbeachtlich.[70] Die Tatsache, dass der Geschäftsführer gegenüber einem Dritten zu einer Handlung vertraglich verpflichtet ist, begründet gegenüber dem Geschäftsherrn keine Berechtigung i.S.v. § 677 BGB.

30 Der Begriff des Auftrags meint ein Rechtsverhältnis i.S.d. §§ 662-674 BGB. Eine sonstige Berechtigung, die zur Unanwendbarkeit des § 677 BGB führt, ergibt sich aus anderen Rechtsverhältnissen, wie etwa aus einem Dienst-, einem Werkvertrag, einer Kommission, einem Benutzungsverhältnis[71] oder einer Geschäftsbesorgung. Auch fehlerhafte, aber wirksame Vertragsverhältnisse fallen unter diesen Begriff.[72] Denkbar sind ferner die Stellung als Amtswalter (Testamentsvollstrecker, Insolvenzverwalter), eine Organ- oder Amtsstellung oder familienrechtliche Rechtsbeziehungen, die zur entsprechenden Geschäftsführung berechtigten können. Auch ein öffentlich-rechtliches Gewaltverhältnis kann eine sonstige Berechtigung begründen.[73] Da in den genannten Fällen für die Geschäftsbesorgung spezielle Regelungen existieren, ist die Anwendung der §§ 677-687 BGB ausgeschlossen. Der Rechtfertigungsgrund der Notwehr (§ 227 BGB) hingegen stellt kein Recht zur Geschäftsbesorgung dar, sondern berechtigt nur zum Handeln (Eingriff in ein fremdes Recht). Damit liegt keine Ausschlusswirkung vor.[74] Entsprechendes gilt für die allgemeine Pflicht zur Hilfeleistung bei Unglücksfällen oder gemeiner Gefahr (§ 323c StGB), da es insoweit an Ausgleichsregelungen fehlt.[75]

31 Ist der Geschäftsführer dem Geschäftsherrn gegenüber aufgrund Vertrages oder kraft Gesetzes zum Handeln verpflichtet, scheitert die Anwendung der Vorschriften über die GoA (§§ 677-687 BGB) an der bestehenden Berechtigung zur Geschäftsführung.[76] Umstritten ist die Rechtslage jedoch bei Geschäftsbesorgungen, denen ein **bereits beendeter oder gar nichtiger Vertrag** zugrunde liegt. So soll eine Geschäftsfortführung nach Auftragsende u.U. anhand der Regeln über die Geschäftsführung ohne Auftrag beurteilt werden können.[77] Nach Ansicht der Rechtsprechung kommt bei einem (unerkannt) **nichtigen Vertrag** und der irrtümlichen Annahme einer Verpflichtung das gesetzliche Schuldverhältnis der GoA in Betracht.[78] Der Wille (auch) im Interesse des anderen zu handeln, sei dabei aus der tatsächlichen Willensrichtung der Vertragsparteien abzuleiten.[79] Tätigkeiten, die gegen ein gesetzliches Verbot verstoßen, soll der Geschäftsführer allerdings nicht für erforderlich halten dürfen, so dass ein Aufwendungsersatzanspruch nach den §§ 683, 670 BGB entfällt.[80] Diese Auffassung lässt jedoch die Beweggründe des Geschäftsführers weitgehend außer Acht. Er handelt nicht etwa fremdnützig, wie dies für die §§ 677-687 BGB typisch wäre, sondern wird tätig, um die vermeintlich bestehende eigene Verbindlichkeit zu erfüllen. Ein Fremdgeschäftsführungswille liegt nicht vor.[81] Auch ist nicht einsehbar, weshalb der Gläubiger stets, also ohne Rücksicht auf den Grund der Nichtigkeit des Vertrages, das Risiko nutzloser Aufwendungen tragen soll. Bei einem wirksamen Vertrag hätte dieses der Schuldner

---

[69] BGH v. 04.12.1975 - VII ZR 218/73 - BGHZ 65, 354; *Beuthien* in: Soergel, § 681 Rn. 2.
[70] BGH v. 21.10.1999 - III ZR 319/98 - BGHZ 143, 9; offenlassend BGH v. 26.11.1998 - III ZR 223/97 - BGHZ 140, 102.
[71] BGH v. 24.10.1974 - VII ZR 80/73 - BGHZ 63, 119.
[72] *Beuthien* in: Soergel, § 677 Rn. 15; *Seiler* in: MünchKomm-BGB, § 677 Rn. 43.
[73] Vgl. BGH v. 12.12.1989 - XI ZR 117/89 - BGHZ 109, 354.
[74] *Seiler* in: MünchKomm-BGB, § 677 Rn. 43.
[75] *Gehrlein* in: Bamberger/Roth, § 677 Rn. 18.
[76] Zur gesetzlichen Verpflichtung BSG v. 20.12.2001 - B 4 RA 126/00 R - WM 2002, 2144.
[77] *Budzikiewicz*, ZGS 2002, 276-280.
[78] BGH v. 31.05.1990 - VII ZR 336/89 - juris Rn. 11 - BGHZ 111, 308; BGH v. 28.10.1992 - VIII ZR 210/91 - LM BGB § 677 Nr. 31 (5/1993); BGH v. 30.09.1993 - VII ZR 178/91 - LM BGB § 677 Nr. 32 (2/1994); BGH v. 17.02.2000 - IX ZR 344/98 - WM 2000, 973.
[79] BGH v. 23.09.1999 - III ZR 322/98 - LM BGB § 677 Nr. 40 (4/2000).
[80] BGH v. 31.05.1990 - VII ZR 336/89 - BGHZ 111, 308; BGH v. 30.04.1992 - III ZR 151/91 - BGHZ 118, 142.
[81] Ebenso *Beuthien* in: Soergel, § 677 Rn. 16.

zu tragen. Darüber hinaus wird durch die Rechtsprechung das gesetzliche Rückabwicklungsverhältnis des Bereicherungsrechts mit seinen Einschränkungen in den §§ 814, 817 Satz 2, 818 Abs. 3 BGB umgangen. Bei Vorliegen eines nichtigen Vertrages sind die §§ 677-687 BGB daher nicht anzuwenden.[82] Eine Ausnahme ist nur für den Fall zuzulassen, dass der Geschäftsführer die Nichtigkeit der Verpflichtung kennt und trotzdem handelt.[83]

Auch im Falle der Nichtigkeit eines kommunalrechtlichen Vertrages zwischen einer Baufirma und der beauftragenden Kommune ist von der Unanwendbarkeit der §§ 677 ff. BGB auszugehen.[84] Trotz des Ausschlusses vertraglicher wie auch GoA-basierter Ansprüche schuldet die Kommune als „Geschäftsherr" aber das übliche Entgelt.[85] Eine „Schenkungsvermutung" für erbrachte Leistungen existiert damit auch für die öffentliche Hand nicht.[86] Die Missachtung kommunalrechtlicher Formvorschriften hat somit häufig nur geringe wirtschaftliche Konsequenzen. Dennoch besteht ein nicht unerhebliches Risiko, ergeben sich doch auch in diesem Bereich die für das gesetzliche Rückabwicklungsverhältnis des Bereicherungsrechts typischen Folgen.[87]

32

Die **Überschreitung vertraglich eingeräumter Befugnisse** begründet im Verhältnis zum Vertragspartner keine GoA, sondern stellt eine Pflichtverletzung dar. Überschreitet etwa der Geschäftsführer einer Gesellschaft seine vertraglich festgelegten Befugnisse, handelt er nicht ohne Auftrag. Er verletzt vielmehr seine Pflichten aus dem Gesellschafts- oder Anstellungsvertrag.[88] Bei schuldhafter Pflichtverletzung haftet er aus § 280 Abs. 1 BGB auf Schadensersatz.

33

D. Rechtsfolgen

Rechtsfolge der berechtigten GoA ist das Entstehen eines auftragsähnlichen (§§ 662-674 BGB) gesetzlichen Schuldverhältnisses zwischen dem Geschäftsführer und dem Geschäftsherrn. Es handelt sich um ein unvollkommenes zweiseitiges gesetzliches Schuldverhältnis. Die **Pflichten des Geschäftsherrn** richten sich auf Aufwendungs- und Schadensersatz (§ 683 Satz 1 BGB).

34

Aus § 677 BGB folgt die (Grund-)**Pflicht des Geschäftsführers**, das Geschäft so auszuführen, wie das Interesse des Geschäftsherrn mit Rücksicht auf dessen wirklichen oder mutmaßlichen Willen es erfordert. Während unter dem Interesse der objektive Nutzen des Geschäftsherrn zu verstehen ist, stellt der Begriff des Willens auf die subjektiven Vorstellungen des Geschäftsherrn ab.[89] Die Geschäftsführung liegt im Interesse des Geschäftsherrn, wenn sie nach der Verkehrsauffassung **objektiv nützlich**, also sachlich vorteilhaft ist. Der **wirkliche Wille** des Geschäftsherrn muss stets beachtet werden, wenn er zumindest konkludent geäußert und damit erkennbar geworden ist. Ist der tatsächliche Wille nicht feststellbar oder wegen Gesetzes- oder Sittenwidrigkeit unbeachtlich, muss der **mutmaßliche Wille** ermittelt werden. Dazu ist zu fragen, ob der Geschäftsherr bei objektiver Berücksichtigung aller Umstände - aber auch seiner Vorlieben - der Geschäftsführung zugestimmt hätte. Wie bei der Übernahme der Geschäftsführung (§§ 678, 683 BGB, vgl. die Kommentierung zu § 678 BGB und die Kommentierung zu § 683 BGB) ist auch bei der Art und Weise der Ausführung (§ 677 BGB) vor allem der **wirkliche Wille des Geschäftsherrn maßgeblich**. Der Wille des Geschäftsherrn geht sogar dem Interesse vor („unvernünftige Geschäftsführung"). Das Interesse ist also nicht mehr zu prüfen, wenn der wirkliche Wille des Geschäftsherrn feststeht und beachtlich ist. Auf das Interesse kann es daher nur in den Fällen ankommen, in denen der tatsächliche Wille nicht feststellbar ist. Und auch hier kommt dem Interesse lediglich die Funktion zu, den mutmaßlichen Willen des Geschäftsherrn zu ermitteln.[90] Andere Stimmen in der Literatur hingegen schließen aus dem Wortlaut des § 677 BGB auf einen **Vorrang des objektiven In-**

35

---

[82] *Canaris*, NJW 1985, 2403-2405; *Dornis* in: Erman, § 677 Rn. 43; *Lorenz*, NJW 1996, 883-887; *Mansel* in: Jauernig, § 677 Rn. 6; *Seiler* in: MünchKomm-BGB, § 677 Rn. 48. Ebenso OLG Koblenz v. 16.12.1998 - 7 U 124/98 - NJW 1999, 2904.

[83] *Martinek/Theobald*, JuS 1997, 992-998.

[84] Vgl. jedoch die anders lautende Entscheidung des OLG Rostock v. 19.06.2008 - 3 U 12/08; vgl. ferner zur Zurückweisung der Nichtzulassungsbeschwerde BGH v. 12.02.2009 - VII ZR 148/08.

[85] Vgl. dazu *Rohrmüller*, IBR 2009, 194.

[86] Vgl. *Englert*, IBR 2004, 123.

[87] Hinsichtlich der Folgen der Nichtigkeit kommunalrechtlicher Verträge vgl. wiederum bei *Rohrmüller*, IBR 2009, 194.

[88] BGH v. 12.06.1989 - II ZR 334/87 - LM Nr. 16 zu § 43 GmbHG.

[89] *Beuthien* in: Soergel, § 677 Rn. 19.

[90] *Beuthien* in: Soergel, § 677 Rn. 19.

teresses vor den subjektiven Wünschen und Vorstellungen des Geschäftsherrn.[91] Danach wären die Pflichten des Geschäftsführers bei der Durchführung objektiv nach der Verkehrsauffassung zu ermitteln. Diese Interpretation widerspricht jedoch dem Zweck der §§ 677-687 BGB, die das Selbstbestimmungsrecht des Geschäftsherrn schützen sollen. Mit dieser Zielrichtung ist es unvereinbar, eine nützliche und gut gemeinte Geschäftsbesorgung zuzulassen, die aber vom Geschäftsherrn nicht gewünscht ist.[92] Ist der **Geschäftsherr geschäftsunfähig** oder in seiner Geschäftsfähigkeit beschränkt, ist auf den Willen seines gesetzlichen Vertreters abzustellen.

36 Die Hauptpflicht des § 677 BGB bei der Ausführung wird durch die Nebenpflichten (vgl. die Kommentierung zu § 681 BGB Rn. 4) des § 681 BGB konkretisiert.

37 Für die Berechtigung der Geschäftsführung ohne Auftrag ist allein entscheidend, dass die **Übernahme der Geschäftsführung** interessen- und willensgemäß ist. Aus § 677 BGB ist grundsätzlich keine Pflicht des Geschäftsführers abzuleiten, ein einmal **begonnenes Geschäft weiterzuführen**, oder gar erfolgreich abzuschließen.[93] Anders als beim Auftrag besteht eine rechtsgeschäftliche Ausführungspflicht gerade nicht. In der Beendigung der Geschäftsführung kann lediglich eine Obliegenheitsverletzung liegen, die Schadensersatzansprüche auslöst. Ausnahmsweise kann jedoch aus § 242 BGB eine Pflicht zur Fortführung abgeleitet werden, wenn die Weiterführung dem Geschäftsführer zumutbar ist und dem Geschäftsherrn hierdurch Nachteile erspart bleiben, die auch ohne den Beginn der Geschäftsführung vermieden worden wären.[94] Andere wollen § 671 Abs. 2 BGB analog anwenden.[95] In einem solchen Falle der Annahme einer Fortführungspflicht ist nach dem Tod des Geschäftsführers außerdem § 673 BGB analog anwendbar.[96]

38 Aus der Tatsache, dass der Geschäftsführer nur die sorgfältige Durchführung des übernommenen Geschäfts, jedoch keinen Erfolg seiner Tätigkeit schuldet, folgt, dass Nachteile, die aufgrund sachgerechter, aber erfolgloser berechtigter Geschäftsführung entstehen, vom Geschäftsführer nicht zu ersetzen sind. Handelt der Geschäftsführer bei der Ausführung einer berechtigten GoA gegen den wirklichen oder mutmaßlichen Willen des Geschäftsherrn bzw. gegen dessen Interessen, liegt ein Fall des sog. **Ausführungsverschuldens** vor. Er ist dem Geschäftsherrn gegenüber nach allgemeinem Leistungsstörungsrecht (§ 280 Abs. 1 BGB) zum Schadensersatz verpflichtet, wobei hinsichtlich des Verschuldensmaßstabs die §§ 276-278 BGB gelten.[97] Fällt dem Geschäftsführer ein Verschulden nicht zur Last, ist er nicht verantwortlich. Er behält im Gegenzug seine Ansprüche gegen den Geschäftsherrn. Eine Haftungsmilderung ist nach § 680 BGB bzw. § 682 BGB möglich.[98] Bei unberechtigter Übernahme der Geschäftsführung sieht § 678 BGB eine Haftungsverschärfung vor. Die Haftung entfällt, wenn sich die Genehmigung des Geschäftsherrn (vgl. die Kommentierung zu § 684 BGB Rn. 20) ausnahmsweise nach § 684 Satz 2 BGB auch auf die Art der Ausführung erstreckt.

E. Prozessuale Hinweise

39 Hinsichtlich der **Beweislast** gelten die allgemeinen Regeln. Macht also beispielsweise der Geschäftsherr einen Schadensersatzanspruch wegen Verletzung der Sorgfaltspflicht aus § 677 BGB geltend, hat er das Vorliegen der Voraussetzungen der berechtigten GoA zu beweisen. Beruft sich der Geschäftsführer auf den mutmaßlichen Willen des Geschäftsherrn, wird es vielfach schon ausreichen, wenn eine Übereinstimmung der Geschäftsführung mit dem Interesse des Geschäftsherrn dargelegt wird.

40 Ansprüche aus GoA **verjähren** grundsätzlich nach drei Jahren (§ 195 BGB). Vor In-Kraft-Treten der Schuldrechtsreform hatte der BGH entschieden, dass diese Verjährungsregel bei berechtigter GoA in der Regel auch dann galt, wenn der Geschäftsführer den Geschäftsherrn von einer Verbindlichkeit befreite, die ihrerseits einer kürzeren Verjährung unterlag.[99]

---

[91] *Mansel* in: Jauernig, § 677 Rn. 9; *Seiler* in: MünchKomm-BGB, § 677 Rn. 52; so nun auch *Dornis* in: Erman, § 677 Rn. 47.
[92] *Beuthien* in: Soergel, § 677 Rn. 19 („keine rechtliche Zwangsbeglückung").
[93] RG v. 10.05.1906 - VI 344/05 - RGZ 63, 280; *Dornis* in: Erman, § 677 Rn. 49; *Seiler* in: MünchKomm-BGB, § 677 Rn. 53.
[94] *Bergmann* in: Staudinger, § 677 Rn. 22, 23; *Köhler*, JZ 1990, 466-472, 471; *Martinek/Theobald*, JuS 1997, 612-619, 617.
[95] So *Mansel* in: Jauernig, § 677 Rn. 9.
[96] *Gehrlein* in: Bamberger/Roth, § 677 Rn. 19.
[97] BGH v. 30.11.1971 - VI ZR 100/70 - NJW 1972, 475; BGH v. 24.10.1974 - VII ZR 223/72 - BGHZ 63, 167.
[98] BGH v. 30.11.1971 - VI ZR 100/70 - NJW 1972, 475.
[99] BGH v. 14.04.1965 - IV ZR 130/64 - BGHZ 43, 368; BGH v. 26.09.1991 - I ZR 149/89 - BGHZ 115, 210.

F. Anwendungsfelder

I. Verhältnis zu anderen Schuldverhältnissen

Die GoA stellt ein auftragsähnliches gesetzliches Schuldverhältnis dar. Die Vorschriften über die GoA sind ausgeschlossen bei **abschließenden gesetzlichen Sonderregeln**. Da § 426 BGB das Innenverhältnis zwischen Gesamtschuldnern abschließend regelt,[100] ist für die Anwendung der §§ 677-687 BGB ebenso wenig Raum, wie neben den schuldrechtlichen Leistungsstörungsvorschriften im Verhältnis der Vertragsparteien.[101] Die Regeln über den Fund (§§ 965-984 BGB) sind im Verhältnis Finder-Eigentümer abschließend. § 89 ZPO stellt für den vollmachtlosen Prozessbevollmächtigten eine abschließende Regelung dar. Neben § 179 BGB hingegen können Ansprüche aus GoA bestehen.[102] 41

Ausgeschlossen ist die Anwendung sämtlicher Ansprüche aus GoA im Anwendungsbereich des § 241a BGB. Die **Lieferung unbestellter Waren oder die Erbringung unbestellter sonstiger Leistungen** durch einen Unternehmer, § 14 BGB, an einen Verbraucher, § 13 BGB, begründet keinen vertraglichen Anspruch gegen den Letzteren. Darüber hinaus sind gesetzliche Ansprüche grundsätzlich ausgeschlossen, argumentum e contrario § 241a Abs. 2 BGB (vgl. ausführlich hierzu die Kommentierung zu § 683 BGB Rn. 6). Neben den Vorschriften über die berechtigte GoA finden diejenigen über die **ungerechtfertigte Bereicherung** (§§ 812-822 BGB) keine Anwendung. Für Leistungen und Eingriffe enthalten die §§ 677-687 BGB einen rechtlichen Grund, so dass § 812 Abs. 1 BGB ausgeschlossen ist.[103] In § 684 Satz 1 BGB findet sich für die unberechtigte GoA ein Verweis auf das Bereicherungsrecht. 42

Liegt in der unberechtigten GoA zugleich eine **unerlaubte Handlung**, kann zwischen dem Schadensersatzanspruch nach § 678 BGB und den §§ 823-853 BGB Anspruchskonkurrenz bestehen. Die berechtigte GoA hingegen stellt einen Rechtfertigungsgrund dar.[104] Bei Verletzung der Sorgfaltspflicht aus § 677 BGB durch den Geschäftsführer kommen neben Ansprüchen aus Pflichtverletzung (§§ 280-283 BGB) auch solche aus Deliktsrecht in Betracht.[105] 43

Hinsichtlich des Verhältnisses zwischen den Vorschriften über die GoA und denjenigen über das **Eigentümer-Besitzer-Verhältnis** ist die Rechtslage unklar. Die berechtigte GoA gibt zumindest dann ein Recht zum Besitz, wenn die Inbesitznahme und die Übernahme der Geschäftsführung zusammenfallen.[106] Dies gilt bis zum berechtigten Herausgabeverlangen des Eigentümers.[107] Bei berechtigter GoA scheiden daher Ansprüche des Eigentümers aus dem Eigentümer-Besitzer-Verhältnis (§§ 987-1007 BGB, vgl. aber § 994 Abs. 2 BGB) aus. Bei unberechtigter GoA werden die §§ 987-1003 BGB von der Rechtsprechung als Sonderregeln angesehen, die andere gesetzliche Vorschriften verdrängen.[108] Im Falle einer angemaßten GoA schließlich bleiben neben den §§ 987-1007 BGB die Ansprüche aus § 687 Abs. 2 BGB erhalten.[109] 44

Keine GoA liegt vor, wenn ein **Versicherungsnehmer** Verwendungen gemacht hat, um seine schadenversicherte Sache vor Schäden zu bewahren. Das Tätigwerden des Versicherungsnehmers ist in § 62 Abs. 1 VVG ebenso spezialgesetzlich geregelt, wie seine Ersatzansprüche in § 63 Abs. 1 VVG. 45

Das Vorliegen gesetzlicher Sonderregeln ist nicht zuletzt auch bei **Verwendungen auf fremde Sachen** zu beachten. Zwar können sie grundsätzlich das gesetzliche Schuldverhältnis der GoA erfüllen, allerdings greifen bei diesen Konstellationen meist vielfältige Sonderregeln ein, so etwa wenn die Sachnutzung dem Verwendenden zusteht. 46

---

[100] BGH v. 04.07.1963 - VII ZR 41/62 - LM Nr. 21 zu § 426 BGB.
[101] *Ricker*, MDR 2000, 446-447.
[102] BGH v. 07.03.1989 - XI ZR 25/88 - NJW-RR 1989, 970; BGH v. 21.10.2003 - X ZR 66/01 - NJW-RR 2004, 81.
[103] BGH v. 30.09.1993 - VII ZR 178/91 - LM BGB § 677 Nr. 32 (2/1994), *Pfeifer*, JA 2008, 17-21, 19.
[104] *Beuthien* in: Soergel, vor § 677 Rn. 9; a.A. *Bergmann* in: Staudinger, Vorbem. zu den §§ 677 ff. Rn. 99, 243 ff.; *Seiler* in: MünchKomm-BGB, vor § 677 Rn. 16 f., der vorschlägt, die Notstandsregeln heranzuziehen.
[105] Zur Anwendung der Vorschriften über die Gefährdungshaftung vgl. BGH v. 22.07.1999 - III ZR 198/98 - BGHZ 142, 227.
[106] *Gehrlein* in: Bamberger/Roth, § 677 Rn. 21.
[107] BGH v. 29.10.1959 - VII ZR 197/58 - BGHZ 31, 129.
[108] BGH v. 26.02.1964 - V ZR 105/61 - BGHZ 41, 157.
[109] *Gehrlein* in: Bamberger/Roth, § 677 Rn. 21.

II. Die öffentlich-rechtliche GoA

1. Anwendbarkeit

47 In entsprechender Anwendung können nach h.M. die Vorschriften über die bürgerlich-rechtliche GoA im Einzelfall auch im Geltungsbereich des öffentlichen Rechts angewandt werden.[110] Der Begriff der öffentlich-rechtlichen GoA meint eine öffentlich-rechtliche Rechtsbeziehung, die durch die Merkmale der bürgerlich-rechtlichen GoA gekennzeichnet ist. Dies wiederum bedeutet, dass an dem Rechtsverhältnis, im Rahmen dessen Aufwendungsersatz begehrt wird, zwingend mindestens ein Verwaltungsträger beteiligt sein muss.[111] Durch die Zunahme von Spezialregeln und die Ausdehnung des öffentlich-rechtlichen Erstattungsanspruchs hat die öffentlich-rechtliche GoA jedoch an praktischer Bedeutung verloren.[112]

47.1 So sind insbesondere das Tätigwerden einer Behörde auf dem Gebiet der Gefahrenabwehr und die Frage der Kostentragung häufig erschöpfend spezialgesetzlich geregelt (vgl. BGH v. 13.11.2003 - III ZR 70/03 - NJW 2004, 513-516; VGH München v. 31.08.2011 - 8 ZB 11.549 - BayVBl 2012, 177-178). Ferner muss die Behörde mit Fremdgeschäftsführungswillen die Aufgabe geführt haben, was regelmäßig zu verneinen ist, wenn sie die Ausführung zunächst als eine von ihr zu leistende Tätigkeit ansieht (sehr weitgehend daher OVG Rheinland-Pfalz v. 13.12.2010 - 2 A 11003/10 - DVBl 2011, 251-252).

48 Weitere Schwierigkeiten entstehen bei der **Zuordnung der GoA zum privaten oder zum öffentlichen Recht**. Die wohl h.M. stellt darauf ab, welchen Charakter das Geschäft gehabt hätte, wenn es vom Geschäftsherrn vorgenommen worden wäre (hypothetische Betrachtung).[113] Von einer öffentlich-rechtlichen GoA ist danach auszugehen, wenn der Geschäftsführer ein öffentlich-rechtliches Geschäft des Geschäftsherrn besorgt, ohne von diesem dazu beauftragt oder sonst berechtigt zu sein.[114] Das Abgrenzungskriterium der h.M. ist jedoch angesichts der Rechtsformwahlfreiheit der öffentlichen Hand wenig hilfreich. Der BGH erkennt daher sog. „Sowohl-als-auch-Geschäfte" an und bejaht damit eine privatrechtliche GoA, wenn die Behörde zumindest auch im privaten Interesse handelt.[115] Damit wird das Problem aber nur verschoben. Es wird nämlich ein einheitlicher Lebenssachverhalt auseinandergerissen. Richtigerweise ist deshalb nicht auf den hypothetischen, sondern auf den tatsächlichen Charakter des vorgenommenen Geschäfts abzustellen.[116]

49 Die öffentlich-rechtliche GoA lässt sich in den meisten Fällen nur bejahen, wenn die Anforderungen an den **Fremdgeschäftsführungswillen** sehr niedrig angesetzt werden. Wie in den Fällen des vertraglich verpflichteten Geschäftsführers, so ist auch beim öffentlich-rechtlich pflichtgebundenen Geschäftsführer ein Fremdgeschäftsführungswille zumeist nicht vorhanden.[117] Mit der öffentlich-rechtlichen Verpflichtung, die hoheitliche Aufgabe durchzuführen, ist es nicht vereinbar, zusätzlich mit Fremdgeschäftsführungswillen für einen anderen, insbesondere einen Privaten, tätig zu werden.[118] Darüber hinaus passt das Instrumentarium der GoA auf die meisten dieser Sachverhalte nicht, da der Geschäftsführer dem Geschäftsherrn gegenüber weisungsgebunden ist und dem Geschäftsherrn ein Recht zur Selbstvornahme zusteht.[119]

50 Die Anwendung der §§ 677-687 BGB auf die Abwicklung einer nach öffentlich-rechtlichen Vorschriften zulässigen GoA bereitet zumeist wenige Schwierigkeiten. Zu Problemen kommt es hingegen häufig bei der Anwendung der weit gefassten Vorschriften der §§ 677-687 BGB hinsichtlich der **Zulässigkeit**.

---

[110] Vgl. nur BVerfG v. 31.03.1965 - 2 BvL 17/63 - NJW 1965, 1267; BVerwG v. 06.09.1988 - 4 C 5/86 - NJW 1989, 922; *Seiler* in: MünchKomm-BGB, vor § 677 Rn. 23 m.w.N.

[111] *Habermehl*, Jura 1987, 199-205, 200.

[112] *Gehrlein* in: Bamberger/Roth, § 677 Rn. 24.

[113] *Bamberger*, JuS 1998, 706-711, 706; *Gehrlein* in: Bamberger/Roth, § 677 Rn. 24; *Habermehl*, Jura 1987, 199-205, 201.

[114] *Beuthien* in: Soergel, vor § 677 Rn. 15.

[115] BGH v. 04.05.1993 - VI ZR 283/92 - LM BGB § 823 (C) Nr. 69 (9/1993); BGH v. 21.10.1999 - III ZR 319/98 - BGHZ 143, 9.

[116] So *Bamberger*, JuS 1998, 706-711, 707.

[117] Gleichwohl bejaht etwa VG Gelsenkirchen v. 30.07.2001 - 4 K 4627/00 - NJW 2002, 1818, einen Anspruch des Schulträgers auf Erstattung der vorausgezahlten Kosten für die vom Schüler nicht angetretene Klassenfahrt nach GoA-Grundsätzen.

[118] *Schoch*, Jura 1994, 241-249, 248.

[119] *Martinek/Theobald*, JuS 1997, 992-998, 997 f.

Bürgerlich-rechtliche Vorschriften gehen von der Privatautonomie des Einzelnen aus. Das Handeln der Verwaltung hingegen ist entsprechend dem Grundsatz der Gesetzmäßigkeit durch Gesetze geregelt (Art. 20 Abs. 3 GG).[120] Die Zuständigkeiten der einzelnen Verwaltungsträger müssen gesetzlich festgelegt sein. Zudem bedürfen Eingriffe der Verwaltung in Rechte des Bürgers einer gesetzlichen Grundlage. Handelt eine Behörde aufgrund einer gesetzlichen Ermächtigung, wird sie nicht „ohne Auftrag" tätig. Die uneingeschränkte Anwendung der Vorschriften über die GoA ist daher abzulehnen. Dies gilt vor allem für die Fälle, in denen besondere öffentlich-rechtliche Vorschriften bestehen (etwa § 87 BGB, § 116 Abs. 1 SGB X, § 72 SGB III, §§ 93, 94 SGB XII, § 87a BBG, § 37 BAföG, § 72 Abs. 3 TKG).[121]

So sind Ansprüche im öffentlichen Recht etwa aufgrund § 135 SGB V bei **Krankentransportleistungen** regelmäßig ausgeschlossen. Ein Vergütungsanspruch eines Rettungsdienstes bzw. sonstigen Krankentransportunternehmens gegen die Krankenkasse bei Fehlen einer vertraglichen Vereinbarung ist auch dann ausgeschlossen, wenn für die Krankentransporte satzungsmäßig festgelegte Gebühren gelten. Auch bei einem Notfalltransport kann nicht auf die Grundsätze der GoA zurückgegriffen werden, sodass für eine Krankenkasse keine Verpflichtung besteht, die üblichen, d.h. mit den Landesverbänden der Krankenkassen vereinbarten Vergütungssätze zu bezahlen.[122] Fehlen Verträge zwischen Krankentransportunternehmen und einer Krankenkasse, kann der Leistungserbringer seinen Vergütungsanspruch nicht gegen die Krankenkasse, sondern allenfalls gegen die Versicherten selbst geltend machen, auch wenn für die erbrachte konkrete Leistung das Sachleistungsprinzip gilt.[123] 51

Trotz des Vorliegens einer Spezialregel kann die öffentlich-rechtliche GoA allerdings im Einzelfall Anwendung finden. So hat das OLG Jena angenommen, dass bei einem Großbrand auf einem Betriebsgelände, zu dessen Bekämpfung auch Feuerwehren von umliegenden Gemeinden zur Unterstützung hinzugezogen wurden, der Gemeinde des Belegenheitsortes gegen den Eigentümer des Betriebsgeländes ein Anspruch aus GoA auf Freistellung der entstandenen Kosten zustehen kann. In diesem Fall hat die Gemeinde durch die Bekämpfung des Brandes zumindest auch ein Geschäft im Interesse des Eigentümers des Betriebsgeländes in dessen wirklichen - aber mindestens mutmaßlichen - Willen geführt. Obwohl die Feuerwehr einer ihr obliegenden öffentlich-rechtlichen Verpflichtung nachkommt, besorgt sie zugleich das privatrechtliche Geschäft eines Dritten. Grundsätzlich müsste hier die Gemeinde nach § 44 Abs. 2 Nr. 1 ThBKG die **Kosten des Feuerwehreinsatzes** ohne Differenzierung nach eigenen oder fremden Kosten tragen. Die Vorschriften der GoA würden somit verdrängt. Allerdings soll im vorliegenden Fall trotz Fehlens einer ausdrücklichen Ermächtigungsgrundlage die Erstattung der Kosten für den Feuerwehreinsatz vom Eigentümer des Betriebsgeländes gefordert werden können, da wegen einer Lagerung von ölgetränkten Eisenbahnschwellen eine erhöhte Brandgefahr bestand und eine diesbezüglich notwendige Anzeige nach § 44 Abs. 3 ThBKG unterlassen wurde. Diese hätte eine Anordnung der Gemeinde gegenüber dem Eigentümer des Betriebsgeländes zur Folge gehabt, auf eigene Kosten Lösch- sowie Sonderlöschmittel vorzuhalten und separate Brandabschnitte einzurichten. Für die Kostentragungspflicht im Nachhinein könne nichts anderes gelten. Eine ausdrückliche allgemeine Regelung, durch die anderweitige Ersatzansprüche ausgeschlossen werden, ist zudem im ThBKG nicht zu finden. Andere landesrechtliche Spezialregeln zur Brandbekämpfung – wie beispielsweise Art. 28 BayFwG – schließen eine Anwendung der Grundsätze der öffentlich-rechtlichen GoA jedoch aus.[124] 52

2. Fallgruppen

Auf der Grundlage der h.M. lassen sich drei Fallgruppen unterscheiden: Das Tätigwerden eines Privaten für eine Behörde, das Handeln einer Behörde für einen Privaten und schließlich das Tätigwerden einer Behörde für eine andere.[125] Im Verhältnis zwischen zwei Privaten kommt eine öffentlich-rechtli- 53

---

[120] *Habermehl*, Jura 1987, 199-205, 202 f.; *Schoch*, Jura 1994, 241-249, 242.
[121] BSG v. 02.03.2000 - B 7 AL 36/99 R - NJW-RR 2001, 1282; BVerwG v. 28.03.2003 - 6 B 22/03 - TMR 2003, 285; zu den Vorschriften der §§ 123 ff. BauGB vgl. OVG Berlin-Brandenburg v. 19.03.2012 – OVG 10 N 33.10.
[122] BSG v. 03.11.1999 - B 3 KR 4/99 R - SozR 3-2500 § 60 Nr. 4; SG Düsseldorf v. 04.05.2007 - S 34 (4) KR 321/04; *Klückmann*, Anmerkung zu BSG v. 04.10.2004 - B 3 KR 16/04 B - jurisPR-SozR 2/2005, Anm. 4.
[123] LSG Darmstadt v. 29.04.2004 - L 14 KR 1370/00; bestätigend SG Duisburg v. 11.05.2006 - S 7 KR 11/05.
[124] OLG Jena v. 16.11.2005 - 7 U 1006/04 - OLG-NL 2006, 79, basierend auf BGH v. 20.06.1963 - VII ZR 263/61 - BGHZ 40, 28.
[125] Anders *Staake*, JA 2004, 800-804, der die Annahme einer öffentlich-rechtlichen GoA nur für gerechtfertigt hält, wenn ein Verwaltungsträger für einen anderen Verwaltungsträger, nicht dagegen ein Hoheitsträger aufgrund einer ihm obliegenden Pflicht für den Bürger, handelt.

che GoA nicht in Betracht. Erfüllt ein Privater die öffentlich-rechtliche Verpflichtung eines anderen, liegt eine privatrechtliche Leistung vor.[126]

54 Wird **ein Privater für eine juristische Person des öffentlichen Rechts** tätig, liegen häufig besondere Vorschriften des öffentlichen Rechts vor, die die Anwendung der §§ 677-687 BGB ausschließen (vgl. § 25 SGB XII). Darüber hinaus kann ein Privater, der Leistungen erbringt, für die an sich ein Verwaltungsträger kraft öffentlich-rechtlicher Vorschriften zuständig ist, Aufwendungsersatz nach den Vorschriften über die GoA verlangen, wenn - wie bei Not- oder Dringlichkeitsfällen - Eile geboten ist.[127] So kann beispielsweise aus öffentlich-rechtlicher GoA Ersatz seiner Aufwendungen verlangen, wer - ohne dazu verpflichtet zu sein - Impfungen an Tieren vornimmt, um vorbeugend eine Tierseuche zu bekämpfen.[128] Stets ist in diesem Zusammenhang zu beachten, dass durch die Geschäftsführung Privater die behördlichen (Ermessens-)Spielräume nicht eingeschränkt werden dürfen.

55 Wird umgekehrt ein **Träger der öffentlichen Verwaltung für einen Privaten** tätig, wurde in der Vergangenheit sehr häufig ein sog. auch fremdes Geschäft (vgl. Rn. 23) angenommen. Der Träger der öffentlichen Verwaltung, so die Begründung, werde bei der Erfüllung seiner öffentlich-rechtlichen Pflicht zugleich im Interesse des Privaten tätig.[129] In neueren Entscheidungen wird der Fremdgeschäftsführungswille in solchen Konstellationen jedoch nicht mehr ohne weiteres angenommen.[130] So soll es einer Behörde verwehrt sein, die für die Bestattungskosten in Vorlage getreten ist, diese vom Bestattungspflichtigen auf dem Zivilrechtsweg zurückzuverlangen, obwohl es dafür im Landesrecht keine gesetzliche Regelung gibt.[131]

56 Überdies schließt das **Vorliegen spezieller landesrechtlicher Eingriffs- und Kostenersatznormen** einen Anspruch aus Geschäftsführung ohne Auftrag bei Tätigwerden eines Verwaltungsträgers zur Gefahrenabwehr aus. So lehnte der BGH einen Erstattungsanspruch des Freistaates Bayern aus § 683 Satz 1 i.V.m. § 670 BGB insoweit ab, als die Vorschriften des bayerischen Polizeirechts über die Erhebung von Kosten für den Fall der unmittelbaren Ausführung einer Maßnahme (Art. 9 PAG) und der Ersatzvornahme (Art. 55 PAG) eine abschließende Sonderregelung enthalten. Dadurch sei eine lückenlose Normierung des Rückgriffs der Polizei auf den Störer gewährleistet, die einen Anspruch des Trägers der Polizei aus GoA ausschließe. Die Annahme einer privatrechtlichen GoA scheitere zudem bereits daran, dass das hoheitliche Handeln eines Verwaltungsträgers in seiner dienstlichen Eigenschaft nicht zugleich ein privatrechtliches Geschäft desselben für einen Dritten darstellen könne. In seinem Urteil knüpft der BGH dabei ausdrücklich nicht an die Tatbestandsmerkmale des fremden Geschäfts oder des Fremdgeschäftsführungswillens an.[132] Zusätzlich stellt das BVerfG hohe verfassungsrechtliche Anforderungen an ein Abweichen von dieser höchstrichterlichen Rechtsprechung. Insbesondere die Annahme, dass zwischen der Privatperson und dem Verwaltungsträger eine GoA besteht, sich die Höhe des Erstattungsanspruchs jedoch aus der öffentlich-rechtlichen Gebührenordnung ergeben soll, sei in sich widersprüchlich und nicht nachvollziehbar.[133]

57 Wird ein **Verwaltungsträger** (juristische Person des öffentlichen Rechts) **für einen anderen Verwaltungsträger** (juristische Person des öffentlichen Rechts) tätig, kann der Handelnde, wenn er eine Eilkompetenz beansprucht, vom eigentlich Zuständigen auf der Grundlage der öffentlich-rechtlichen GoA den Ersatz der entstandenen Kosten verlangen.[134] Im Sozialversicherungsrecht kommt diese Fallgruppe zur Anwendung, wenn der Geschäftsführer kein Leistungsträger i.S.d. § 102 SGB X ist, da dann ein

---

[126] *Bamberger*, JuS 1998, 706-711, 710; *Beuthien* in: Soergel, vor § 677 Rn. 19; *Dornis* in: Erman, Vor § 677 Rn. 35.
[127] Zu den Voraussetzungen vgl. OLG Koblenz v. 16.06.2010 - 1 U 645/09 - DVBl 2011, 60; BVerwG v. 06.09.1988 - 4 C 5/86 - NJW 1989, 922, 933 ff.; OVG Lüneburg v. 31.05.1990 - 9 L 93/89 - NVwZ 1991, 81, 81 f.; BGH v. 30.01.1997 - III ZB 110/96 - LM BGB § 677 Nr. 34 (7/1997); *Seiler* in: MünchKomm-BGB, vor § 677 Rn. 25.
[128] VG Koblenz v. 26.05.2004 - 8 K 2000/03.KO - Jagdrechtliche Entscheidungen I Nr. 104.
[129] BGH v. 20.06.1963 - VII ZR 263/61 - BGHZ 40, 28; BGH v. 24.10.1974 - VII ZR 223/72 - juris Rn. 6 - BGHZ 63, 167; BGH v. 04.12.1975 - VII ZR 218/73 - BGHZ 65, 354; VGH Mannheim v. 17.02.2004 - 5 S 1460/03 - VBlBW 2004, 268. Vgl. ferner die Nachweise bei *Seiler* in: MünchKomm-BGB, vor § 677 Rn. 31.
[130] BGH v. 12.12.1989 - XI ZR 117/89 - BGHZ 109, 354; VG Oldenburg v. 20.09.2007 - 2 A 16/05; VG München v. 20.07.2010 - M 1 K 09.6140.
[131] So *Stern*, ZAP Fach 19, 635-640.
[132] BGH v. 13.11.2003 - III ZR 70/03 - NJW 2004, 513; im Ergebnis zustimmend *Thole*, NJW 2010, 1243, 1246 f.; a.A. OLG München v. 11.10.2010 - 21 U 5525/09 - aufgehoben durch BVerfG v. 30.06.2011 - 1 BvR 367/11 - NJW 2011, 3217 - wegen Verstoßes gegen das in Art. 3 I GG verankerte Willkürverbot.
[133] BVerfG v. 30.06.2011 - 1 BvR 367/11 - NJW 2011, 3217.
[134] BGH v. 22.02.1971 - III ZR 205/67 - NJW 1971, 1218; BVerwG v. 22.11.1985 - 4 A 1/83 - NJW 1986, 2524.

Erstattungsanspruch nach sozialrechtlichen Bestimmungen regelmäßig ausscheidet.[135] Häufig stellt sich bei der Konstellation des Handelns einer Behörde für eine andere das Problem des Rückgriffsanspruchs auf Grundlage der GoA aber nicht, da eine Vielzahl spezieller öffentlich-rechtlicher und sozialrechtlicher Ausgleichsnormen besteht.[136] Fehlt es einmal an einer spezialgesetzlichen Regelung, wird zunehmend dem öffentlich-rechtlichen Erstattungsanspruch der Vorzug gegenüber der öffentlich-rechtlichen GoA eingeräumt.[137]

---

[135] BSG v. 12.01.2010 - B 2 U 28/08 R; BSG v. 27.06.1990 - 5 RJ 39/89 - NJW 1991, 2373; OLG Köln v. 20.01.1994 - 7 U 127/93 - NJW-RR 1995, 570.
[136] *Dornis* in: Erman, vor § 677 Rn. 32.
[137] *Dornis* in: Erman, vor § 677 Rn. 32; *Seiler* in: MünchKomm-BGB, vor § 677 Rn. 24.

§ 678 BGB Geschäftsführung gegen den Willen des Geschäftsherrn

(Fassung vom 02.01.2002, gültig ab 01.01.2002)

Steht die Übernahme der Geschäftsführung mit dem wirklichen oder dem mutmaßlichen Willen des Geschäftsherrn in Widerspruch und musste der Geschäftsführer dies erkennen, so ist er dem Geschäftsherrn zum Ersatz des aus der Geschäftsführung entstehenden Schadens auch dann verpflichtet, wenn ihm ein sonstiges Verschulden nicht zur Last fällt.

Gliederung

A. Grundlagen 1
B. Praktische Bedeutung 2
C. Voraussetzungen für den Schadensersatzanspruch 6
I. Übernahme der Geschäftsbesorgung 6
II. Widerspruch zum wirklichen oder mutmaßlichen Willen des Geschäftsherrn 7
III. Übernahmeverschulden 9
D. Rechtsfolgen 12
E. Prozessuale Hinweise 14

A. Grundlagen

1   Das gesetzliche Schuldverhältnis der berechtigten GoA liegt nur vor, wenn die Übernahme der Geschäftsführung dem wirklichen oder mutmaßlichen Willen bzw. dem Interesse des Geschäftsherrn entspricht, vgl. § 683 Satz 1 BGB. Fehlt es an diesem Erfordernis, ist die Geschäftsführung unberechtigt, § 684 Satz 1 BGB. Steht die Übernahme der Geschäftsführung bei der unberechtigten GoA im Widerspruch zum Willen des Geschäftsherrn, können ihm nach § 678 BGB Schadensersatzansprüche zustehen. Die Vorschrift dient dem Schutz des Geschäftsherrn vor einer ungewollten Einmischung in seine Angelegenheiten.[1] Eine seinem Willen widersprechende Übernahme der Geschäftsführung löst eine strenge Haftung des Geschäftsführers für alle aus der Geschäftsführung resultierenden Schäden aus. Bei § 678 BGB handelt es sich um eine **eigene Anspruchsgrundlage** für Übernahmeverschulden des Geschäftsführers.[2] Damit ist zugleich deutlich gemacht, dass die Vorschrift keine Abkehr vom Verschuldensprinzip bedeutet. Der Geschäftsführer haftet, weil er mindestens fahrlässig den Willen des Geschäftsherrn bei der Übernahme des Geschäfts missachtet hat. Dies gilt selbst dann, wenn er das Geschäft sorgfältig ausgeführt hat.[3]

B. Praktische Bedeutung

2   § 678 BGB regelt den Schadensersatzanspruch des Geschäftsherrn gegen den Geschäftsführer wegen **Übernahmeverschuldens** bei unberechtigter GoA. Da die aufdringliche Einmischung des Geschäftsführers vom Gesetz missbilligt wird, geht der Schadensersatzanspruch aus § 678 BGB über die Ersatzansprüche wegen schuldhafter pflichtwidriger Ausführung der berechtigten GoA hinaus. Letztere betreffen nämlich nur das sog. Ausführungsverschulden. Für die Haftung nach § 678 BGB spielt es hingegen keine Rolle, ob der Geschäftsführer bei der Ausführung des Geschäfts sorgfältig und sachgemäß gehandelt hat. Er muss für den Erfolg einstehen.[4]

3   Besondere Bedeutung kommt der Vorschrift zudem hinsichtlich ihres Schutzbereiches zu: Anders als in § 823 Abs. 1 BGB werden bei § 678 BGB Vermögenswerte des Geschäftsherrn geschützt. Zudem haftet der Geschäftsführer nach den Maßstäben des § 276 BGB und nicht nach § 831 BGB.

4   Bei einer entsprechenden Ausübung des Wahlrechts durch den Geschäftsherrn findet die Vorschrift darüber hinaus im Rahmen der angemaßten Eigengeschäftsführung (§ 687 Abs. 2 BGB) Anwendung.

5   § 678 BGB gilt nicht im Fall des § 684 Satz 2 BGB, da durch die Genehmigung die unberechtigte GoA rückwirkend zu einer berechtigten wird.[5] Ist der Wille des Geschäftsherrn nach § 679 BGB unbeacht-

---

[1] *Gehrlein* in: Bamberger/Roth, § 678 Rn. 1.
[2] *Batsch*, AcP 171, 219-233, 230; *Beuthien* in: Soergel, § 678 Rn. 1; *Dornis* in: Erman, § 678 Rn. 1; *Mansel* in: Jauernig, § 678 Rn. 1 f.; a.A. *Seiler* in: MünchKomm-BGB, § 678 Rn. 1.
[3] BGH v. 30.11.1971 - VI ZR 100/70 - NJW 1972, 475.
[4] Vgl. *Bergmann* in: Staudinger, § 678 Rn. 17; zum Ausführungsverschulden vgl. auch *Beuthien* in: Soergel, § 677 Rn. 20.
[5] *Dornis* in: Erman, § 678 Rn. 3.

lich, greift § 678 BGB ebenfalls nicht ein.[6] § 678 BGB ist auch nicht auf die irrtümliche Eigengeschäftsführung (§ 687 Abs. 1 BGB) anzuwenden, selbst wenn der Irrtum auf Fahrlässigkeit beruhen sollte.[7]

C. Voraussetzungen für den Schadensersatzanspruch

I. Übernahme der Geschäftsbesorgung

Der Geschäftsführer muss zunächst die Besorgung eines Geschäfts übernommen haben. Von einer Übernahme kann gesprochen werden, wenn der Geschäftsführer sich dazu entschlossen hat, eine fremde Angelegenheit zu erledigen oder zu fördern. Dieser Entschluss muss zudem nach außen erkennbar geworden sein. Regelmäßig kann hierzu auf den Beginn der Ausführungshandlung abgestellt werden. Es muss sich dabei um eine Angelegenheit handeln, die mit Geschäftsführungswillen ohne Auftrag oder ohne sonstige Berechtigung ausgeführt wird.[8]

II. Widerspruch zum wirklichen oder mutmaßlichen Willen des Geschäftsherrn

Im Rahmen des § 678 BGB kommt es auf die Übernahme, nicht auf die Ausführung des Geschäfts an. Die Übernahme der Geschäftsbesorgung muss im Widerspruch zum wirklichen oder mutmaßlichen Willen des Geschäftsherrn stehen. Der wirkliche Wille des Geschäftsherrn ist stets zu beachten, wenn er zumindest konkludent geäußert und damit erkennbar geworden ist. Es ist nicht erforderlich, dass der Wille dem Geschäftsführer gegenüber erklärt worden ist, oder dass der Geschäftsführer von diesem Willen Kenntnis hat. Ist der wirkliche Wille (vgl. die Kommentierung zu § 683 BGB Rn. 20) nicht festzustellen, muss der mutmaßliche Wille (vgl. die Kommentierung zu § 683 BGB Rn. 23) ermittelt werden.

Für die Anwendung des § 678 BGB spielt es keine Rolle, worauf sich der Widerspruch des Geschäftsherrn bezieht. Denkbar ist daher der Widerspruch gegen die Übernahme als solche, deren Umfang, die Art und Weise, die Person des Geschäftsführers oder den Zeitpunkt der Ausführung.[9] Ausschlaggebend ist der Wille des Geschäftsherrn. Das Interesse des Geschäftsherrn ist nicht zu prüfen, wenn sein wirklicher Wille feststeht. Auf das Interesse kommt es daher nur an, wenn der tatsächliche Wille nicht feststellbar ist. In solchen Konstellationen kommt dem Interesse die Funktion zu, den mutmaßlichen Willen des Geschäftsherrn zu ermitteln. § 678 BGB ist daher anzuwenden, wenn die Übernahme der Geschäftsführung zwar interessen-, aber nicht willensgemäß war, da der Widerspruch zum Willen die haftungsbegründende Pflichtverletzung bildet.[10]

III. Übernahmeverschulden

Für den Schadensersatzanspruch nach § 678 BGB reicht die Übernahme einer objektiv im Widerspruch zum Willen des Geschäftsherrn stehenden Geschäftsbesorgung allein nicht aus. Der Geschäftsführer muss zudem schuldhaft gehandelt haben. Das Übernahmeverschulden richtet sich nach dem **Maßstab** der §§ 276, 122 Abs. 2 BGB.[11] Der Geschäftsführer hätte danach bei der Übernahme der Geschäftsführung unter Beachtung der im Verkehr erforderlichen Sorgfalt erkennen müssen, dass die Übernahme der Geschäftsführung dem Willen des Geschäftsherrn nicht entspricht. Die damit verbundene Prüfungspflicht wird durch Äußerungen, die Vermögensverhältnisse, Gewohnheiten oder Vorlieben des Geschäftsherrn bestimmt.[12] Über den Gesetzeswortlaut hinaus handelt der Geschäftsführer auch schuldhaft, wenn ihm der entgegenstehende Wille des Geschäftsherrn bekannt ist. Im Anwendungsbereich des auch hier geltenden § 680 BGB haftet der Nothelfer nur, wenn er den entgegenstehenden Wil-

---

[6] BGH v. 16.12.1994 - V ZR 177/93 - BGHZ 128, 210.
[7] *Bergmann* in: Staudinger, § 678 Rn. 6.
[8] Auf Handlungen, die der Geschäftsführer nur im Eigeninteresse durchführt, ist § 678 BGB nicht anwendbar, *Seiler* in: MünchKomm-BGB, § 678 Rn. 3; vgl. zur Anwendbarkeit des § 678 hinsichtlich der Haftung des Verwalters einer Wohnungseigentümergemeinschaft *Skauradszun*, ZWE 2008, 419, 420.
[9] *Beuthien* in: Soergel, § 679 Rn. 2; *Seiler* in: MünchKomm-BGB, § 678 Rn. 4.
[10] A.A. RG v. 23.11.1920 - III 239/20 - RGZ 101, 18; *Dornis* in: Erman, § 678 Rn. 3; *Seiler* in: MünchKomm-BGB, § 678 Rn. 5.
[11] *Gehrlein* in: Bamberger/Roth, § 678 Rn. 3.
[12] *Seiler* in: MünchKomm-BGB, § 678 Rn. 6.

len des Geschäftsherrn kannte oder grob fahrlässig nicht kannte und die Geschäftsführung übernimmt.[13] Die Haftungsmilderung nach § 682 BGB ist ebenfalls zu beachten.

10 Bei der Anwendung des § 678 BGB im Rahmen des § 687 Abs. 2 BGB wird das Verschulden des Geschäftsführers vermutet.

11 Fehlt es an einem Übernahmeverschulden, haftet der unberechtigte Geschäftsführer nur für Ausführungsverschulden nach den Vorschriften über die unerlaubte Handlung. Eine Haftung nach § 280 BGB entfällt, da das gesetzliche Schuldverhältnis der berechtigten GoA nicht besteht.

D. Rechtsfolgen

12 Der Geschäftsführer ist zum Ersatz desjenigen Schadens verpflichtet, der adäquat-kausal durch die Übernahme der Geschäftsführung verursacht worden ist. Der Geschäftsherr ist so zu stellen, wie er ohne die Übernahme des Geschäfts stünde. Dies gilt selbst dann, wenn trotz einer interessengerechten Übernahme der Geschäftsführung ein Übernahmeverschulden zu bejahen ist. Da es auf ein Verschulden bei der Ausführung nicht ankommt, haftet der Geschäftsführer auch für Schäden, die trotz sorgfältiger und sachgemäßer Ausführung der Geschäftsführung entstanden sind (Zufallsschäden). Dies gilt solange, bis festgestellt werden kann, dass die Schäden auch entstanden wären, wenn der Geschäftsführer den entgegenstehenden Willen des Geschäftsherrn beachtet hätte.[14]

13 Hinsichtlich der Art und des Umfangs des Schadensersatzes ist auf die §§ 249-255 BGB abzustellen. Die Vorteile, die der Geschäftsherr aus der unberechtigten GoA gezogen hat, sind im Wege der Vorteilsausgleichung zu berücksichtigen.[15]

E. Prozessuale Hinweise

14 Die Beweislast für alle Anspruchsvoraussetzungen trägt der Geschäftsherr. Hierzu gehört auch der Nachweis, dass die Geschäftsführung seinem Willen widersprach und die Übernahme schuldhaft erfolgte. Ferner muss der Geschäftsherr nachweisen, dass der Schaden in dem behaupteten Umfang entstanden und dass er auf die Geschäftsführung zurückzuführen ist. Der Geschäftsführer ist über dasjenige aufklärungs- und rechenschaftspflichtig, was er aus der unberechtigten Geschäftsführung erlangt hat, falls der Geschäftsherr hierüber nicht unterrichtet ist. Hierzu gehören auch Auskünfte über den Verbleib etwaiger Vorteile.[16]

15 Solange die unberechtigte GoA andauert, kann sich der Geschäftsherr hiergegen mit der Unterlassungsklage wehren.

16 Der Anspruch verjährt nach der regelmäßigen Verjährungsfrist in drei Jahren, § 195 BGB.

---

[13] BGH v. 16.03.1965 - VI ZR 210/64 - juris Rn. 13 - BGHZ 43, 188; BGH v. 30.11.1971 - VI ZR 100/70 - NJW 1972, 475; *Bergmann* in: Staudinger, § 678 Rn. 13.

[14] BGH v. 30.11.1971 - VI ZR 100/70 - NJW 1972, 475.

[15] *Bergmann* in: Staudinger, § 678 Rn. 18; *Beuthien* in: Soergel, § 678 Rn. 3; *Seiler* in: MünchKomm-BGB, § 678 Rn. 7.

[16] BGH v. 05.12.1983 - II ZR 56/82 - LM Nr. 5 zu § 37 GmbHG; *Gehrlein* in: Bamberger/Roth, § 678 Rn. 4.

§ 679 BGB Unbeachtlichkeit des entgegenstehenden Willens des Geschäftsherrn

(Fassung vom 02.01.2002, gültig ab 01.01.2002)

Ein der Geschäftsführung entgegenstehender Wille des Geschäftsherrn kommt nicht in Betracht, wenn ohne die Geschäftsführung eine Pflicht des Geschäftsherrn, deren Erfüllung im öffentlichen Interesse liegt, oder eine gesetzliche Unterhaltspflicht des Geschäftsherrn nicht rechtzeitig erfüllt werden würde.

Gliederung

A. Grundlagen 1	III. Alternative 2 18
B. Praktische Bedeutung 2	IV. Analogie zu § 679 BGB 22
C. Anwendungsvoraussetzungen 5	D. Rechtsfolgen 23
I. Pflicht nicht rechtzeitig erfüllt 5	E. Prozessuale Hinweise 24
II. Alternative 1 7	

A. Grundlagen

Das Gesetz schützt den Geschäftsherrn davor, dass sich jemand ungefragt in seine Angelegenheiten einmischt. Zu diesem Zweck wird regelmäßig auf den Willen des Geschäftsherrn abgestellt (vgl. die §§ 677, 678, 683 BGB), den der Geschäftsführer bei Übernahme und Durchführung der Geschäftsführung zu beachten hat. Dies gilt, wie § 679 BGB deutlich macht, unter dem Vorbehalt, dass dieser Wille nicht von Rechts wegen unbeachtlich ist. Wenn nämlich die Geschäftsführung eine gesetzliche **Unterhaltspflicht** erfüllt oder der **Erfüllung einer Pflicht** dient, die im öffentlichen Interesse liegt, kann sich der Geschäftsherr nicht gegen die Einmischung in seine Angelegenheiten wehren. In diesen beiden Fällen ist die Willensbekundung des Geschäftsherrn unbeachtlich, da das öffentliche Interesse an der rechtzeitigen Erfüllung bestimmter Rechts- oder Unterhaltspflichten dem Selbstbestimmungsrecht des Geschäftsherrn übergeordnet ist. Dies gilt selbst dann, wenn der Geschäftsherr der Geschäftsführung ausdrücklich widersprochen hat. Im Anwendungsbereich des § 679 BGB wird die sonst unberechtigte Übernahme der Geschäftsführung entgegen § 678 BGB zu einer berechtigten. Sowohl die Übernahme als auch die Ausführung sind trotz entgegenstehenden Willens des Geschäftsherrn gerechtfertigt, wenn die Erfüllung der Pflicht i.S.v. § 679 BGB dies erfordert.

1

B. Praktische Bedeutung

§ 679 BGB stellt eine **Ausnahme vom Prinzip der Beachtlichkeit des Willens** des Geschäftsherrn dar. Die Vorschrift ermöglicht eine berechtigte GoA wider den Willen des Geschäftsherrn.[1]

2

Liegen die Voraussetzungen des § 679 BGB vor, haftet der Geschäftsführer nicht nach § 678 BGB. Regelmäßig wird die Geschäftsbesorgung in den Fällen des § 679 BGB im objektiven Interesse des Geschäftsherrn liegen, so dass der Geschäftsführer nach § 683 Satz 2 BGB Aufwendungsersatz für seine Geschäftsführung geltend machen kann.[2] Im Anwendungsbereich des § 679 BGB wird der Wille des Geschäftsherrn dem öffentlichen Interesse untergeordnet. Alle übrigen Voraussetzungen der berechtigten GoA hingegen bleiben unberührt.

3

§ 679 BGB ist nicht einschlägig, wenn der Geschäftsführer dessen Voraussetzungen nur irrtümlich als gegeben ansieht.[3]

4

C. Anwendungsvoraussetzungen

I. Pflicht nicht rechtzeitig erfüllt

§ 679 BGB verlangt, dass die Geschäftsführung zu erfolgen hat, weil ansonsten die Pflicht **nicht rechtzeitig erfüllt** werden würde. Die Pflicht muss daher erstens fällig sein; Verzug muss hingegen noch

5

---

[1] *Beuthien* in: Soergel, § 679 Rn. 2.
[2] BGH v. 15.12.1954 - II ZR 277/53 - BGHZ 16, 12.
[3] RG v. 06.03.1923 - III 308/22 - RGZ 106, 350; RG v. 13.11.1935 - V 99/35 - RGZ 149, 205.

nicht eingetreten sein.[4] § 679 BGB ist anwendbar, wenn zweitens ohne das Hinzutreten des Geschäftsführers die Pflicht überhaupt nicht oder so spät erfüllt würde, dass das öffentliche Interesse gefährdet worden wäre. Zahlt beispielsweise ein Dritter einem unverheirateten Kind Unterhalt, obwohl die Eltern bereit sind, Naturalunterhalt zu gewähren, fehlt es an dieser Voraussetzung. Die Eltern können die Art des Unterhalts selbst bestimmen, § 1612 Abs. 2 Satz 1 BGB.[5] Eine nicht rechtzeitige Erfüllung liegt jedoch vor, wenn der Geschäftsherr zur Erfüllung außer Stande ist, wie etwa nach einem Verkehrsunfall, oder er ein Tätigwerden ablehnt, etwa weil er sich für unzuständig hält. Wird eine öffentlich-rechtliche Pflicht erfüllt, muss sichergestellt werden, dass der Verpflichtete nicht schlechter gestellt wird, als er bei einem pflichtgemäßen, ermessensfehlerfreien Handeln der zuständigen Behörde stehen würde. Die Geschäftsbesorgung darf daher nur erfolgen, wenn auch die unmittelbare Ausführung der Maßnahme zulässig wäre.

6 Der Tatbestand des § 679 BGB kennt **zwei Varianten**, bei denen der Wille des Geschäftsherrn unbeachtlich ist: erstens die Pflicht, deren Erfüllung im öffentlichen Interesse liegt, und zweitens die Erfüllung einer gesetzlichen Unterhaltspflicht. Von der h.L. wird § 679 BGB darüber hinaus angewandt (vgl. Rn. 22), wenn der Wille des Geschäftsherrn gegen ein gesetzliches Verbot oder gegen die guten Sitten verstößt.[6]

II. Alternative 1

7 Bei der in § 679 Alt. 1 BGB genannten **Pflicht** muss es sich um eine Rechtspflicht handeln, wobei es keine Rolle spielt, ob sie privat- oder öffentlich-rechtlicher Natur ist,[7] auf Vertrag, hoheitlichem Akt oder Gesetz beruht:[8] Praktische Bedeutung erlangen jedoch zumeist öffentlich-rechtliche Pflichten, da an deren Erfüllung oft, aber nicht immer ein öffentliches Interesse (vgl. Rn. 9) besteht. Die Erfüllung einer vertraglichen Pflicht hingegen wird nicht häufig im öffentlichen Interesse liegen. Ein solches öffentliches Interesse besteht aber etwa in der Beachtung der in § 908 BGB formulierten gesetzlichen Verpflichtung zur Abwendung der Gefahr bei drohendem Einsturz, der sich aus § 836 BGB ergebenden Pflichten des Grundstücksbesitzers, der Verkehrssicherungspflichten[9] oder der sich aus § 1004 BGB ergebenden Pflichten.[10] Nicht ausreichend sind abstrakte Gemeinschaftsinteressen oder sittliche Pflichten, da sie sonst mittelbar zu erzwingbaren Rechtspflichten erhoben würden.[11]

8 Stets ist zu prüfen, ob gerade den **Geschäftsherrn diese Rechtspflicht trifft**; fehlt es hieran, kann § 679 BGB selbst dann nicht angewandt werden, wenn die Geschäftsführung im öffentlichen Interesse liegt.[12] Dies gilt nicht zuletzt auch für Verkehrssicherungspflichten.[13]

9 Die Erfüllung der so definierten Rechtspflicht muss **im öffentlichen Interesse** liegen. Das allgemeine Interesse an der Beachtung der Rechtsordnung, also daran, dass bestehende Rechtspflichten auch erfüllt werden, genügt hierfür nicht.[14] Erforderlich ist vielmehr ein durch die konkreten Umstände gegebenes gesteigertes Interesse an der Erfüllung gerade der betroffenen Rechtspflicht, wie dies etwa beim Schutz von Leben, Körper, Gesundheit oder wichtigen Sachgütern regelmäßig der Fall ist[15]. Insofern wird es sich zumeist um sog. Polizeipflichten handeln. Darüber hinaus muss gerade auch das Eingrei-

---

[4] *Gehrlein* in: Bamberger/Roth, § 679 Rn. 2.
[5] OLG Hamm v. 17.12.1982 - 11 U 202/82 - NJW 1983, 2203.
[6] Statt vieler *Seiler* in: MünchKomm-BGB, § 679 Rn. 13.
[7] BGH v. 15.12.1954 - II ZR 277/53 - BGHZ 16, 12; BGH v. 19.06.1963 - V ZR 226/62 - BGHZ 40, 18; *Seiler* in: MünchKomm-BGB, § 679 Rn. 3.
[8] BGH v. 21.09.1955 - VI ZR 118/54 - BB 1955, 1107.
[9] BGH v. 22.02.1971 - III ZR 205/67 - NJW 1971, 1218.
[10] BGH v. 20.06.1963 - VII ZR 263/61 - BGHZ 40, 28.
[11] *Seiler* in: MünchKomm-BGB, § 679 Rn. 4; *Bergmann* in: Staudinger, § 679 Rn. 16, 33.
[12] Vgl. *Bergmann* in: Staudinger, § 679 Rn. 15.
[13] Vgl. BGH v. 20.06.1963 - VII ZR 85/62 - LM Nr. 17 zu § 683 BGB: keine Pflicht der Bahn, ihr Streckennetz gegen weidendes Vieh zu sichern.
[14] *Beuthien* in: Soergel, § 679 Rn. 6; *Seiler* in: MünchKomm-BGB, § 679 Rn. 5.
[15] So wurde ein derart gesteigertes öffentliches Interesse vom VG Gießen für den Fall der Versorgung und Unterbringung herrenloser Tiere durch einen privaten Tierschutzverein verneint. Eine Gefahr für die öffentliche Sicherheit und Ordnung, hinsichtlich derer die Beklagte einstandspflichtig ist, konnte nicht festgestellt zu werden. Eine Pflicht zur Aufnahme und Unterbringung der Tiere seitens der Ordnungsbehörden ist demnach abzulehnen; so VG Gießen v. 05.09.2001 - 10 E 2160/01 - NuR 2002, 113 ff. - NVwZ-RR 2002, 95 ff.

fen des Geschäftsführers im öffentlichen Interesse liegen,[16] da nur so die Geschäftsführung legitimiert werden kann. Die Tilgung einer fremden Geldstrafe liegt dementsprechend nicht im öffentlichen Interesse. Hier besteht das öffentliche Interesse im Erziehungs- und Strafcharakter, dem nur angemessen Rechnung getragen werden kann, wenn der Geschäftsherr selbst die Strafe trägt.[17] Steht die Frage nach dem Ob und der Art und Weise der Durchführung einer Maßnahme im Ermessen der zuständigen Stelle, muss sehr genau geprüft werden, ob das Eingreifen des Geschäftsführers im öffentlichen Interesse erfolgt.[18]

Umstritten ist, ob auch die **Tilgung fremder Steuerschulden** grundsätzlich im öffentlichen Interesse i.S.d. § 679 Alt. 1 BGB liegt. Dies wird überwiegend mit dem Hinweis darauf bejaht, dass das öffentliche Interesse durch die Vielzahl der Fälle, in denen Steuern nicht rechtzeitig gezahlt werden, erheblich beeinträchtigt wird.[19] Dies erscheint jedoch konstruiert, da weder eine Nichterfüllung von Staatsaufgaben durch die Steuerausfälle zu befürchten ist, noch zu ihrer Kompensation Steuern erhöht werden müssen. Da zudem die Erfüllung nicht jeder öffentlich-rechtlichen Pflicht zugleich auch im öffentlichen Interesse i.S.v. § 679 Alt. 1 BGB liegt, ist der h.M. nicht zu folgen.[20] Entsprechendes gilt für die Erbringung von Sozialleistungen durch Private anstelle der zuständigen öffentlichen Leistungsträger, denn für ein öffentliches Interesse i.S.v. § 679 Alt. 1 BGB kann nicht das abstrakte Interesse der Gemeinschaft an der Erfüllung jeder Zahlungsverpflichtung genügen.[21]

10

Die Aufwendungen des Trägers einer Justizvollzugsanstalt zur Wiederherstellung des Gesundheitszustandes eines Untersuchungsgefangenen nach einem Selbstmordversuch fallen nicht unter § 679 Alt. 1 BGB, da insoweit keine fremde, sondern eine eigene Rechtspflicht verfolgt wird.[22]

11

Typische Fallkonstellationen: Die **Gefahrenabwehr** und die **Verkehrssicherung** anstelle des privat- oder öffentlich-rechtlich Verpflichteten stellen typische Fallkonstellationen des § 679 Alt. 1 BGB dar. Hierzu zählen etwa die Brandbekämpfung vor dem Eintreffen der Feuerwehr,[23] Maßnahmen zur Abwendung eines drohenden Gebäudeeinsturzes,[24] der Abriss einer einsturzgefährdeten baulichen Anlage,[25] die Kennzeichnung einer Gefahrenstelle,[26] die Beseitigung von Verkehrshindernissen[27], das Streuen bei Glatteis bzw. das Schneeräumen. Ebenso fallen Tätigkeiten in den Anwendungsbereich der Vorschrift, mit denen Gefahren abgewandt werden, die von verunfallten, unbeleuchteten oder führerlosen Fahrzeugen ausgehen.[28] Aber auch das Beseitigen verdorbenen Milchpulvers[29] oder angeschwemmter Abfälle, von denen Gefahren ausgehen, ist zu nennen.

12

Bei der Abwendung eines drohenden Gebäudeeinsturzes können im Zusammenhang mit einer **Wohnungseigentümergemeinschaft** Besonderheiten bestehen. So hatte das OLG München[30] über Ansprüche eines Miteigentümers aus Notgeschäftsführung bzw. Geschäftsführung ohne Auftrag zu entscheiden und verweigerte, selbst im Fall der drohenden Einsturzgefahr, einen direkten anteilsmäßigen Rückgriff bei den Miteigentümern. Anzunehmen sei vielmehr ein Anspruch gegen den Verband der Wohnungseigentümergemeinschaft bzw. eine Pfändung des Rücklagenkontos derselben. Kritisch in Bezug auf die Grundlage dieses Anspruchs gegen die Wohnungseigentümergemeinschaft äußert sich *Häub-*

13

---

[16] BGH v. 16.02.1956 - II ZR 258/54 - KH 1956, 322; BGH v. 20.06.1963 - VII ZR 85/62 - LM Nr. 17 zu § 683 BGB; *Bergmann* in: Staudinger, § 679 Rn. 19.

[17] *Beuthien* in: Soergel, § 679 Rn. 7.

[18] Vgl. BGH v. 20.06.1963 - VII ZR 85/62 - LM Nr. 17 zu § 683 BGB; BGH v. 02.04.1998 - III ZR 251/96 - BGHZ 138, 281.

[19] BGH v. 24.10.1952 - V ZR 119/51 - BGHZ 7, 346; BGH v. 22.01.1964 - V ZR 25/62 - BGHZ 41, 30; OLG München v. 26.03.1991 - 18 U 6302/90 - WM 1991, 1415; *Bergmann* in: Staudinger, § 679 Rn. 24; *Gehrlein* in: Bamberger/Roth, § 679 Rn. 4; *Peters*, WM 1992, 597-598.

[20] Ebenso *Seiler* in: MünchKomm-BGB, § 679 Rn. 9.

[21] BSG v. 02.03.2000 - B 7 AL 36/99 R - juris Rn. 6, 26 - NJW-RR 2001, 1282.

[22] BGH v. 12.12.1989 - XI ZR 117/89 - juris Rn. 12 - BGHZ 109, 354.

[23] RG v. 19.02.1920 - VI 184/19 - RGZ 98, 143.

[24] RG v. 13.11.1935 - V 99/35 - RGZ 149, 205.

[25] BGH v. 15.12.1954 - II ZR 277/53 - BGHZ 16, 12.

[26] BGH v. 15.12.1975 - II ZR 54/74 - BGHZ 65, 384.

[27] BGH v. 04.12.1975 - VII ZR 218/73 - BGHZ 65, 354.

[28] BGH v. 16.03.1965 - VI ZR 210/64 - BGHZ 43, 188.

[29] BGH v. 08.03.1990 - III ZR 81/88 - BGHZ 110, 313.

[30] OLG München vom 15.01.2008 - 32 Wx 129/07 mit zustimmender Anm. von *Drabek*, ZWE 2008, 386-386.

lein.[31] Er will den Erstattungsanspruch aus einer Gesamtanalogie zu § 110 HGB, §§ 713, 670 BGB herleiten, die angesichts der Nähe der Wohnungseigentümergemeinschaft zur OHG bzw. BGB-Gesellschaft die spezielleren Normen darstellten.

14 Besonderheiten ergeben sich ferner für den Fall der Durchführung von Arbeiten, die lediglich das Sondereigentum eines der Wohnungseigentümer betreffen. Die Berechtigung des Verwalters zum Tätigwerden ergibt sich dabei bereits aus dem bloßen Anfangsverdacht einer möglichen Gefahr für das gemeinschaftliche Eigentum. Hat die Schadensbeseitigung wenigstens dem mutmaßlichen Willen des Wohnungseigentümers entsprochen, besteht ein Aufwendungsersatzanspruch der Wohnungseigentümergemeinschaft bzw. der Verwalterin gemäß §§ 683, 677 f. BGB. Einer Anwendbarkeit der §§ 683, 677 f. BGB neben § 21 Abs. 2 WEG stehen insoweit keine Bedenken entgegen.[32] Auch für den Fall der Instandsetzung des Gemeinschaftseigentums durch einen einzelnen Wohnungseigentümer kann ein Aufwendungsersatzanspruch gem. § 683 BGB i.V.m. § 21 Abs. 4 WEG gegeben sein, wenn die durchgeführte Maßnahme den Grundsätzen ordnungsgemäßer Verwaltung entspricht.[33]

15 Ist der zuständige Sozialversicherungsträger nicht rechtzeitig zur Stelle, zählen auch die Krankenhilfe und der Krankentransport zu typischen Fallgruppen des § 679 Alt. 1 BGB.[34]

16 Ein weiterer typischer Anwendungsfall des § 679 Alt. 1 BGB ist das Bestreiten der dem Geschäftsherrn obliegenden Beerdigungskosten (vgl. die §§ 844 Abs. 1, 1615 Abs. 2, 1615m, 1615n, 1968 BGB).[35]

17 Nur in Ausnahmefällen wird beim Abschleppen verbotswidrig geparkter Pkws durch Private ein öffentliches Interesse i.S.v. § 679 Alt. 1 BGB zu bejahen sein. Fehlt es an einer behördlichen Anordnung, wird man das Abschleppen nur dann als im öffentlichen Interesse stehend ansehen können, wenn eine Gefahren- oder Notlage gegeben ist (vgl. die Kommentierung zu § 683 BGB Rn. 48 ff.).[36]

III. Alternative 2

18 Die Erfüllung einer gesetzlichen Unterhaltspflicht stellt die zweite Variante des Tatbestands des § 679 BGB dar, bei der der Wille des Geschäftsherrn unbeachtlich ist. Gesetzliche Unterhaltspflichten i.S.d. Vorschrift beruhen auf **familien- oder erbrechtlichen Vorschriften**. Hierzu zählen: §§ 1360-1361 BGB, §§ 1569-1586b BGB (Ehegatten/Geschiedene), §§ 1601-1615 BGB (Verwandte), §§ 1615a-1615o BGB (Vater gegenüber nichtehelichem Kind und dessen Mutter), § 1963 BGB (werdende Mutter eines Erben), § 1969 BGB (sog. Dreißigster) und § 1371 Abs. 4 BGB (Ausbildungsunterhalt für Stiefkinder). Nach § 5 LPartG sind die Lebenspartner einander zum angemessenen Unterhalt verpflichtet.[37] Diese Ansprüche verlieren ihren Charakter als „gesetzliche" Unterhaltsansprüche nicht dadurch, dass sie vertraglich oder in einem Prozessvergleich anerkannt oder näher geregelt sind.[38] Die gesetzlich begründete Unterhaltspflicht erstreckt sich auch auf die Verschaffung einer Heilbehandlung.[39] Die ärztliche Behandlung fällt jedoch regelmäßig in den Anwendungsbereich des § 1357 Abs. 1 BGB. Die Geschäfte zur Deckung des Lebensbedarfs wirken für und gegen beide Ehegatten, so dass der Partner aus dem Behandlungsvertrag ebenfalls verpflichtet wird. Entsprechendes gilt nach § 8 Abs. 2 LPartG für Lebenspartner. Ein Rückgriff auf die Vorschriften der GoA scheidet daher zumeist aus.

19 Von § 679 Alt. 2 BGB werden weder Unterhaltspflichten, die auf **Rechtsgeschäft** basieren, noch **deliktische Ansprüche** (§§ 843, 844 BGB) erfasst.[40] Bei ihnen kann allenfalls § 679 Alt. 1 BGB eingreifen.

---

[31] *Häublein*, ZWE 2008, 410, 413.
[32] Vgl. zum Gesamten LG Hamburg v. 10.07.2006 - 318 T 37/06.
[33] Vgl. dazu AG Hamburg v. 21.09.2010 - 102D C 126/09 - ZMR 2011, 168.
[34] BGH v. 16.02.1956 - II ZR 258/54 - KH 1956, 322; BGH v. 07.11.1960 - VII ZR 82/59 - BGHZ 33, 251; OLG Koblenz v. 21.01.1986 - 3 U 978/84 - NJW-RR 1986, 703; OLG München v. 10.12.1987 - 19 U 6312/86 - NJW-RR 1988, 1013.
[35] *Seiler* in: MünchKomm-BGB, § 679 Rn. 7 m.w.N. Vgl. zur Übernahme der Beerdigungskosten bei Vor- und Nacherbschaft *Woitkewitsch*, MDR 2010, 57-59.
[36] AG Berlin-Schöneberg v. 09.07.1984 - 7 C 340/84 - NJW 1984, 2954; AG Frankfurt v. 05.01.1990 - 31 C 4029/89 - 16 - NJW-RR 1990, 730; *Beuthien* in: Soergel, § 679 Rn. 10.
[37] *Beuthien* in: Soergel, § 679 Rn. 11; *Seiler* in: MünchKomm-BGB, § 679 Rn. 10.
[38] RG v. 18.05.1940 - IV 707/39 - RGZ 164, 65.
[39] BGH v. 07.11.1960 - VII ZR 82/59 - BGHZ 33, 251.
[40] BGH v. 10.12.1951 - GSZ 3/51 - BGHZ 4, 153; *Dornis* in: Erman, § 679 Rn. 6.

Bei der Erfüllung einer gesetzlichen Unterhaltpflicht wird das Vorliegen eines besonderen öffentlichen Interesses aufgrund legitimer gesetzlicher Typisierung unwiderlegbar vermutet.[41]

Wie bei der Pflicht, deren Erfüllung im öffentlichen Interesse liegt, verlangt auch § 679 Alt. 2 BGB, dass die Geschäftsführung zu erfolgen hat, weil ansonsten die Unterhaltspflicht **nicht rechtzeitig erfüllt** (vgl. Rn. 5) werden würde. Eine solche nicht „rechtzeitig erfüllte" Unterhaltspflicht ist auch im Falle eines zur Adoption freigegebenen Kindes anzunehmen, wenn dieses aufgrund der später versagten Einwilligung der leiblichen Eltern wieder zurückgeführt wird.[42] Dem Kind steht während der Zeit der Pflege durch die Adoptiveltern ein Anspruch auf Unterhalt gegen seine leiblichen Eltern gemäß den §§ 1601 ff. BGB zu; diese Verpflichtung wurde von den Unterhaltsverpflichteten tatsächlich aber nicht erfüllt. Bei der durch die Adoptivbewerber durchgeführten Gewährung von Naturalunterhalt handelt es sich dementsprechend um ein Geschäft der leiblichen Eltern. Da ohne die Deckung des Kindesbedarfs eine gesetzliche Unterhaltspflicht „nicht rechtzeitig" erfüllt worden wäre, besteht ein Aufwendungsersatzanspruch unabhängig vom Willen bzw. Einverständnis der Eltern. Etwaig durch die Adoptiveltern bezogenes Elterngeld steht dem genannten Anspruch nicht entgegen. Das Elterngeld dient als Sozialleistung ausschließlich der Kompensation des Einkommensverlusts eines der Elternteile und nicht zur Deckung des Bedarfs des Kindes.[43]

IV. Analogie zu § 679 BGB

Nach wohl h.L. soll der Wille des Geschäftsherrn auch dann unbeachtlich sein, wenn seine Beachtung gegen ein gesetzliches Verbot oder gegen die guten Sitten verstößt.[44] § 679 BGB ist danach entsprechend anzuwenden, wenn dieser Wille der öffentlichen Ordnung oder den Grundsätzen eines sozialen Zusammenlebens widerspricht. Zum Teil wird dieses Ergebnis auf die Wertung der §§ 134, 138 BGB gestützt,[45] zum Teil wird eine Analogie zu § 679 BGB gebildet.[46] Unabhängig von ihrer dogmatischen Verankerung verstößt diese Auffassung gegen das oben dargelegte Prinzip der Irrelevanz sittlicher Pflichten (vgl. Rn. 7) für § 679 BGB. Darüber hinaus ist sie nicht erforderlich. Der bislang einzige praktisch relevante Anwendungsfall der Analogie zu § 679 BGB ist derjenige der **Rettung eines Selbstmörders**. Doch auch dieser Sachverhalt lässt sich ohne eine Erweiterung des § 679 BGB angemessen lösen. Erfolgt der Entschluss zur Selbsttötung in einem Zustand gesteigerter geistiger Störung, unter Einfluss von Drogen oder Alkohol, ist der einer Rettung entgegenstehende Wille des Selbstmörders unbeachtlich, arg. ex §§ 104 Abs. 2, 105 BGB.[47] Hat der Selbstmordversuch hingegen Appellcharakter, da der Lebensmüde mit seiner Tat auf seine verzweifelte Situation aufmerksam machen und Hilfe einfordern möchte, zielt sein Wille auf Rettung und steht damit einer GoA nicht entgegen (ggf. Genehmigung nach § 684 Satz 2 BGB). Dem Rettenden stehen die Ansprüche nach § 683 BGB zu. Zudem kommt eine Haftung des Lebensmüden aus § 823 Abs. 1 BGB in Betracht, wenn er durch die Schaffung einer besonderen Gefahrenlage eine gefährliche Rettungshandlung herausgefordert hat. Liegt jedoch ein nach außen erkennbarer freier Willensentschluss vor, das Leben zu beenden, sollte diese Entscheidung von der Rechtsordnung respektiert werden. Die h.L. hält hingegen den Willen zur Selbsttötung aus allgemeinen Rechtsgrundsätzen (§ 138 BGB) für unbeachtlich und befürwortet eine Anwendung des § 679 BGB. Schließlich ist darauf hinzuweisen, dass der Helfende durch sozialversicherungsrechtliche Ansprüche geschützt ist (§§ 2 Abs. 1 Nr. 13a, c, 26-55, 13 SGB VII).[48]

D. Rechtsfolgen

Ein der Übernahme und der Durchführung der Geschäftsführung entgegenstehender Wille des Geschäftsherrn ist unbeachtlich. Die Geschäftsführung ist gerechtfertigt. Der Geschäftsführer haftet nicht

---

[41] *Sprau* in: Palandt, § 679 Rn.4.
[42] Vgl. die entsprechende Sachverhaltsschilderung in JAmt 2009, 176.
[43] Vgl. zur gesamten Problematik DIJuF-Rechtsgutachten vom 23.04.2009, Ad 4.000 An; JAmt 2009, 176 f.
[44] A.A. *Bergmann* in: Staudinger, § 679 Rn. 33, da die These gegen die Wertungen des Gesetzgebers verstoßen soll; *Seiler* in: MünchKomm-BGB, § 679 Rn. 13.
[45] Nachweise bei *Bergmann* in: Staudinger, § 679 Rn. 32.
[46] *Berg*, JuS 1975, 681-689, 686.
[47] Ebenso *Dornis* in: Erman, § 679 Rn. 3; *Seiler* in: MünchKomm-BGB, § 679 Rn. 13; wohl auch *Beuthien* in: Soergel, § 679 Rn. 15.
[48] Darauf stellen auch *Martinek/Theobald*, JuS 1998, 27-33, 31 f., ab. Sie wollen aber die daraus nicht kompensierten Nachteile nach GoA-Grundsätzen vom Geschäftsherrn ausgeglichen wissen.

auf Schadensersatz nach § 678 BGB wegen Übernahmeverschulden.[49] Bei der Durchführung ist jedoch das objektive Interesse des Geschäftsherrn zu beachten. Für Aufwendungen, die er für erforderlich halten durfte, erhält der Geschäftsführer nach den §§ 683, 670 BGB vom Geschäftsherrn Ersatz. § 683 Satz 2 BGB stellt insoweit klar, dass die Geschäftsführung nur interessengerecht (vgl. die Kommentierung zu § 683 BGB Rn. 1) zu sein hat.

E. Prozessuale Hinweise

24 Die Beweislast für die Voraussetzungen des § 679 BGB trägt der Geschäftsführer.

---

[49] *Seiler* in: MünchKomm-BGB, § 679 Rn. 14.

§ 680 BGB Geschäftsführung zur Gefahrenabwehr

(Fassung vom 02.01.2002, gültig ab 01.01.2002)

Bezweckt die Geschäftsführung die Abwendung einer dem Geschäftsherrn drohenden dringenden Gefahr, so hat der Geschäftsführer nur Vorsatz und grobe Fahrlässigkeit zu vertreten.

Gliederung

A. Grundlagen 1
B. Praktische Bedeutung 2
C. Anwendungsvoraussetzungen 3
I. Anwendungsbereich 3
1. Sachlicher Anwendungsbereich 3
2. Persönlicher Anwendungsbereich 6
II. Abwendung einer dem Geschäftsherrn drohenden dringenden Gefahr 8
D. Rechtsfolgen 12
E. Prozessuale Hinweise 15

A. Grundlagen

Das Eingreifen Dritter liegt in Fällen einer drohenden und dringenden Gefahr im Interesse der Allgemeinheit und ist daher besonders wünschenswert. Die **Privilegierung** des § 680 BGB soll zur Hilfeleistung in Notlagen ermutigen und die allgemeine Bereitschaft zur Nothilfe fördern. Die Haftungsprivilegierung des bei dringender Gefahr Helfenden in § 680 BGB ist zudem deshalb zu rechtfertigen, weil sich der Geschäftsführer aufgrund der erforderlichen Schnelligkeit der Hilfeleistung nicht selten in seinen Mitteln vergreifen kann oder ihm wegen der Eilbedürftigkeit sonstige Fehler unterlaufen können.[1] Aus diesem Grund ist der allgemeine Haftungsmaßstab des § 276 Abs. 1 BGB durch § 680 BGB modifiziert. Der zur Gefahrenabwehr handelnde Geschäftsführer haftet nur für Vorsatz und grobe Fahrlässigkeit. 1

B. Praktische Bedeutung

Über seinen konkreten Anwendungsbereich hinaus kommt § 680 BGB auch hinsichtlich der **deliktischen Ansprüche** (§§ 823-853 BGB) des Geschäftsherrn praktische Bedeutung zu. Die Rechtsprechung wendet die Haftungsprivilegierung als „Ausdruck eines allgemeinen Rechtsgedankens" entsprechend auf diese Ansprüche an, damit die Haftungsbegrenzung der GoA nicht über das Deliktsrecht ausgehebelt werden kann.[2] Bei leichter Fahrlässigkeit des Geschäftsführers trägt daher der Geschäftsherr den vollen Schaden. 2

C. Anwendungsvoraussetzungen

I. Anwendungsbereich

1. Sachlicher Anwendungsbereich

Die Haftungsprivilegierung des § 680 BGB gilt sowohl für die Übernahme (§ 678 BGB) als auch für die Ausführung (§ 677 BGB) der Geschäftsbesorgung, wenn sie darauf abzielt, eine Gefahr abzuwehren. Die Haftungsmilderung des § 680 BGB greift nicht ein, wenn der Geschäftsführer dem bekannten **entgegenstehenden Willen** des Geschäftsherrn zuwiderhandelt.[3] Insofern entspricht § 680 BGB der Regelung des § 679 BGB nicht. Dies gilt selbst dann, wenn öffentliche Interessen berührt sind. Nur in den Fällen des § 679 BGB ist ein entgegenstehender Wille des Geschäftsherrn unbeachtlich. Dieser Unterschied ist auf die verschiedenen Schutzrichtungen der Vorschriften zurückzuführen. § 679 BGB schützt die Allgemeinheit, § 680 BGB den Geschäftsführer.[4] 3

§ 680 BGB ist auf die begleitenden Ansprüche des Geschäftsherrn aus **unerlaubter Handlung** (vgl. Rn. 2) entsprechend anwendbar. Bei einem Zusammentreffen mit der Amtshaftung aus § 839 BGB, 4

---

[1] BGH v. 16.03.1965 - VI ZR 210/64 - juris Rn. 16 - BGHZ 43, 188; BGH v. 17.02.1972 - II ZR 46/70 - LM Nr. 14 zu § 677 BGB; BGH v. 24.10.1974 - VII ZR 223/72 - BGHZ 63, 167.
[2] BGH v. 30.11.1971 - VI ZR 100/70 - NJW 1972, 475; OLG Hamburg v. 05.01.1984 - 6 U 207/83 - VersR 1984, 758; *Beuthien* in: Soergel, § 680 Rn. 2.
[3] A.A. *Bergmann* in: Staudinger, § 680 Rn. 6.
[4] RG v. 23.11.1920 - III 239/20 - RGZ 101, 18; *Bergmann* in: Staudinger, § 680 Rn 22.

Art. 34 GG ist eine weitere Einschränkung der Haftung des Geschäftsführers über § 839 Abs. 1 Satz 2 BGB hinaus nicht möglich.[5]

Über seinen Wortlaut hinaus wird § 680 BGB auch auf Ersatzansprüche des Geschäftsführers wegen der durch die Geschäftsbesorgung entstandenen **Begleitschäden** angewandt, wenn diese nach § 683 BGB ersetzbar sind. Begründet wird diese Erweiterung des sachlichen Anwendungsbereichs mit dem Normzweck des § 680 BGB. Eine Geschäftsführung in Gefahrenlagen ist häufig mit Risiken und Gefahren verbunden und daher besonders schadengeneigt. Die Hilfeleistung soll nicht deshalb unterbleiben, weil der Geschäftsführer fürchten muss, die dabei erlittenen Schäden an eigenen Rechten bzw. Rechtsgütern nicht ersetzt zu bekommen. Er kann daher nach § 683 Satz 1 BGB auch den Ersatz solcher Schäden verlangen, die er sich während der Hilfeleistung leicht fahrlässig selbst zugefügt hat.[6] Entsprechendes gilt für eine Kürzung des Anspruchs nach § 254 BGB. Der Vorwurf des sog. Mitverschuldens kann erst ab der Schwelle der groben Fahrlässigkeit erhoben werden.[7]

2. Persönlicher Anwendungsbereich

Die Haftungsbeschränkung auf Vorsatz und grobe Fahrlässigkeit in § 680 BGB gilt nur im sog. **Innenverhältnis** zwischen Geschäftsführer und Geschäftsherr. Erleidet ein Dritter durch die Geschäftsführung Schäden (sog. Außenverhältnis) ist § 680 BGB auf seine Ersatzansprüche gegen den Geschäftsführer nicht anwendbar. Dies ist darauf zurückzuführen, dass die Haftungsprivilegierung allein gegenüber dem Geschäftsherrn gerechtfertigt ist, da nur er in den Genuss der Geschäftsführung kommt.[8] Allerdings kann der vom Dritten in Anspruch genommene Geschäftsführer von seinem Geschäftsherrn Freistellung nach den §§ 683 Satz 1, 670, 257 BGB verlangen, wenn ihm gegenüber die Voraussetzungen des § 680 BGB vorlagen.

Keine Anwendung findet die Vorschrift auf **berufliche Nothelfer**, also auf solche Personen, die beruflich, gewerbsmäßig oder kraft öffentlichen Amts in der Gefahrenabwehr tätig sind (Notarzt, Rettungssanitäter, Feuerwehr, Abschleppunternehmer etc.).[9] Bei ihnen ist im Rahmen des anzuwendenden Fahrlässigkeitsmaßstabs auf die konkreten Berufs- und Tätigkeitsfelder abzustellen.[10] Wird ein beruflicher Nothelfer aufgrund eines Vertrages mit einem Dritten tätig, liegt ein Fall des sog. Doppelinteresses (vgl. die Kommentierung zu § 677 BGB Rn. 14) vor, auf den die Regelung des § 680 BGB nicht zugeschnitten ist. Der von der Polizei beauftragte Abschleppunternehmer, der die zugeparkte Feuerwehrzufahrt freiräumt, soll beispielsweise für die Beschädigung des abgeschleppten Pkws nicht privilegiert haften. Ansonsten könnte er sein gewöhnliches Geschäftsrisiko auf den Geschäftsherrn abwälzen, obwohl Letzterer nicht Vertragspartei ist. Handelt der berufliche Nothelfer nicht aufgrund eines Vertrages mit einem Dritten, kann er sich zumindest in den Fällen ebenfalls nicht auf § 680 BGB berufen, in denen er nach § 683 BGB einen Aufwendungsersatzanspruch geltend machen kann, der wirtschaftlich seiner Vergütung (vgl. die Kommentierung zu § 683 BGB Rn. 36) entspricht. Wollte man die Haftungsprivilegierung in einer solchen Konstellation anwenden, entstünden nicht aufzulösende Wertungswidersprüche, da der zur Gefahrenabwehr handelnde Geschäftsführer einen vertragsüblichen Ersatz für seine Arbeitsleistung erhielte, ohne zugleich dem allgemeinen vertraglichen Haftungsmaßstab des § 276 Abs. 1 BGB zu unterliegen. Schließlich kann auch die Schutzbedürftigkeit des beruflichen Nothelfers bezweifelt werden. Aufgrund seiner höheren Sachkunde und besseren Ausbildung werden ihm in Notlagen weniger Fehler unterlaufen als dem zur Hilfe eilenden Laien. Eine Haftungsmilderung ist nicht erforderlich.[11]

---

[5] BGH v. 24.10.1974 - VII ZR 223/72 - juris Rn. 18 - BGHZ 63, 167.
[6] BGH v. 17.02.1972 - II ZR 46/70 - LM Nr. 14 zu § 677 BGB; *Bergmann* in: Staudinger, § 680 Rn. 21.
[7] BGH v. 16.03.1965 - VI ZR 210/64 - BGHZ 43, 188; *Dornis* in: Erman, § 680 Rn. 2.
[8] BGH v. 30.11.1971 - VI ZR 100/70 - NJW 1972, 475.
[9] Str., wie hier *Beuthien* in: Soergel, § 680 Rn. 5; *Mansel* in: Jauernig, § 680 Rn. 1. A.A. *Lippert*, NJW 1982, 2089-2094, 2093. Nach OLG München v. 06.04.2006 - 1 U 4142/05 - juris Rn. 27 f. und 46 f. - NJW 2006, 1883 ist ein zufällig zu einer Notsituation herbeieilender Arzt, der sowohl keine Erfahrungen im Notfalldienst vorweisen kann als auch in der konkreten Situation über keine medizinisch-technischen Hilfsmittel verfügt, nicht als professioneller Nothelfer zu betrachten. Das Haftungsprivileg des § 680 BGB kommt ihm somit zugute. Zustimmend *Roth*, NJW 2006, 2814-2817.
[10] So auch *Seiler* in: MünchKomm-BGB, § 680 Rn. 6, der allerdings das Problem insgesamt auf der Ebene der Fahrlässigkeitsprüfung lösen möchte und die Haftungsprivilegierung auch auf professionelle Nothelfer ausdehnt; a.A. *Bergmann* in: Staudinger, § 680 Rn. 15, der eine Anwendung von § 276 BGB favorisiert.
[11] *Beuthien* in: Soergel, § 680 Rn. 5.

II. Abwendung einer dem Geschäftsherrn drohenden dringenden Gefahr

Die Geschäftsführung muss die Abwendung einer dem Geschäftsherrn drohenden dringenden Gefahr bezwecken. Eine Gefahr besteht, wenn der Eintritt eines Schadens an der Person des Geschäftsherrn oder an seinem Vermögen[12] mit großer Wahrscheinlichkeit unmittelbar bevorsteht und die Hilfeleistung keinen Aufschub duldet. Von der h.M. wird der **Gefahrenbegriff** auf die Angehörigen des Geschäftsherrn und sonstige ihm nahe stehende Personen ausgedehnt. § 680 BGB ist danach auch anwendbar, wenn die Gefahr diesem Personenkreis oder deren Vermögen droht.[13] Begründet wird diese weite Auslegung mit dem allgemeinen Interesse an einer schnellen Entscheidung zur Hilfeleistung bei dringender Gefahr. Eine solche Ausdehnung des Gefahrenbegriffs ist nicht notwendig und mit Unbestimmtheit verbunden. Der Personenkreis ist nicht genau abgrenzbar. Zudem ist der unmittelbar Gefährdete selbst Geschäftsherr der ihn betreffenden Hilfeleistung. Der h.M. ist daher nur in den Fällen zu folgen, in denen der Geschäftsherr dem Gefährdeten gegenüber selbst zur Hilfeleistung verpflichtet gewesen ist oder aufgrund einer gegenüber dem Gefährdeten bestehenden Unterhaltspflicht in seinem Vermögen betroffen ist. Nur dann ist der Geschäftsherr selbst nach den Vorschriften über die Geschäftsführung ohne Auftrag berechtigt und verpflichtet. In allen übrigen Konstellationen fehlt es an einer Geschäftsführung zugunsten des Geschäftsherrn.[14]

§ 680 BGB verlangt das Vorliegen einer **dringenden Gefahr** d.h. die hohe Wahrscheinlichkeit eines unmittelbar bevorstehenden Schadenseintritts.[15] Solche Gefahrenlagen sind insbesondere im Straßenverkehr anzutreffen.[16]

Die Geschäftsführung muss den Zweck verfolgen, eine dringende Gefahr für den Geschäftsherrn abzuwenden. Das Handeln des Geschäftsführers muss **zweckbestimmt** sein und darf nicht nur bei Gelegenheit erfolgen. Unerheblich ist, ob die Gefahr durch die Geschäftsführung tatsächlich abgewendet wurde, ob also die Geschäftsführung erfolgreich gewesen ist.[17]

Die Frage, ob § 680 BGB auch bei einer vom Geschäftsführer **irrtümlich angenommenen drohenden Gefahr** anzuwenden ist, wird in Literatur und Rechtsprechung uneinheitlich beantwortet. Zum Teil wird das Interesse des Geschäftsherrn besonders betont und gefolgert, dass § 680 BGB nur anzuwenden ist, wenn die Gefahr tatsächlich besteht.[18] Andere Stimmen stellen auf den Zweck der Geschäftsführung ab und lassen es ausreichend, wenn der Geschäftsführer die Gefahrenlage irrtümlich angenommen hat.[19] Die Ausdehnung der Haftungsprivilegierung des § 680 BGB auf Fälle der Scheingefahr muss die Interessen der Beteiligten und den Gesetzeszweck hinreichend berücksichtigen. Für eine weite Auslegung der Vorschrift spricht zunächst der Zweck des § 680 BGB, zur Hilfeleistung in Notlagen zu ermutigen und die Bereitschaft zur Nothilfe zu fördern. Gerade wenn schnelles Handeln gefordert ist, kommt es immer wieder zu Fehlern bei der Beurteilung der Gefahrensituation und der Bewertung ihrer Dringlichkeit. Würde man der Geschäftsführer die Privilegierung versagen, hätte dies zur Folge, dass er verschärft haften würde (vgl. § 678 BGB). Umgekehrt ist der Geschäftsherr vor einer zu weitgehenden Inanspruchnahme zu bewahren. Im Ergebnis ist daher der Auffassung zu folgen, die § 680 BGB auch dann anwendet, wenn der Geschäftsführer die Gefahrenlage unverschuldet[20] verkennt. Zum Teil wird es sogar als ausreichend angesehen, wenn er die Situation nicht grob fahrlässig falsch einschätzt.[21] In einer solchen Konstellation haftet der Geschäftsführer dem vermeintlich Gefähr-

---

[12] BGH v. 07.04.1970 - VI ZR 217/68 - VersR 1970, 620.
[13] *Gehrlein* in: Bamberger/Roth, § 680 Rn. 1; a.A. *Bergmann* in: Staudinger, § 680 Rn. 10.
[14] Ebenso *Beuthien* in: Soergel, § 680 Rn. 6; *Seiler* in: MünchKomm-BGB, § 680 Rn. 3.
[15] OLG München v. 19.05.1998 - 5 U 6051/97 - WM 1999, 1878.
[16] Vgl. BGH v. 30.11.1971 - VI ZR 100/70 - NJW 1972, 475; BGH v. 17.02.1972 - II ZR 46/70 - LM Nr. 14 zu § 677 BGB; BGH v. 24.10.1974 - VII ZR 223/72 - BGHZ 63, 167.
[17] BGH v. 16.03.1965 - VI ZR 210/64 - BGHZ 43, 188; BGH v. 07.04.1970 - VI ZR 217/68 - VersR 1970, 620; *Bergmann* in: Staudinger, § 680 Rn. 7.
[18] OLG Bamberg v. 28.10.1975 - 5 U 98/73 - VersR 1976, 997; OLG Frankfurt v. 06.04.1976 - 8 U 195/75 - MDR 1976, 1021; mit abl. Anm. *Fricke*, MDR 1977, 315-315; *Seiler* in: MünchKomm-BGB, § 680 Rn. 4; nunmehr auch *Dornis* in: Erman, § 680 Rn. 4.
[19] *Gehrlein* in: Bamberger/Roth, § 680 Rn. 1; *Martinek/Theobald*, JuS 1997, 612-619, 618.
[20] BAG v. 11.09.1975 - 3 AZR 561/74 - NJW 1976, 1229; *Batsch*, AcP 171, 219-233, 230; *Dietrich*, JZ 1974, 535-540, 539.
[21] *Beuthien* in: Soergel, § 680 Rn. 8; *Mansel* in: Jauernig, § 680 Rn. 2. Vgl. zur Entwicklung dieser Fragestellung im Arbeitsrecht *Ehmann* in: Erman, § 680 Rn. 4 (12. Aufl.).

§ 680

deten weder nach § 678 BGB noch aus den konkurrierenden Vorschriften. Einen Aufwendungsersatzanspruch nach den §§ 683, 670 BGB kann der irrende Geschäftsführer nur geltend machen, wenn der Geschäftsherr zumindest fahrlässig den Eindruck des Bestehens einer Notsituation hervorgerufen hat.[22]

D. Rechtsfolgen

12 Wenn die Voraussetzungen des § 680 BGB vorliegen, hat der Geschäftsführer gegenüber dem Geschäftsherrn nur **Vorsatz und grobe Fahrlässigkeit** zu vertreten. Bei der Beurteilung, ob der hilfeleistende Geschäftsführer schuldhaft gehandelt hat, hat nach Auffassung des BGH die von ihm angetroffene Gefahrenlage in der Regel außer Betracht zu bleiben, da ihre Existenz schon die Haftungsmilderung begründet hat. Eine erneute Berücksichtigung bei der Abwägung der Schuldschwere würde den Geschäftsführer zu sehr begünstigen.[23] Eine Ausnahme wird nur für den Fall gemacht, dass es sich um eine extreme, über § 680 BGB hinausgehende Notlage handelt, die dem Helfer keine Zeit zum Überlegen lässt, weil er überraschend sofort handeln muss. Diese Rechtsprechung ist vereinzelt auf Kritik gestoßen. Die Lösung des BGH weiche vom Prinzip des § 276 Abs. 1 BGB ab, in dessen Rahmen stets auf die Besonderheiten der Situation abgestellt werde. Auch sei die einschränkende Auslegung in § 680 BGB nicht angelegt.[24]

13 Wird der Geschäftsherr durch den Geschäftsführer vorsätzlich geschädigt, ist dieser zum **Ersatz des gesamten** dem Geschäftsherrn erwachsenen **Schadens** verpflichtet. Hat der Geschäftsführer den Schaden grob fahrlässig verursacht, ist der Wert der aus drohender dringender Gefahr geretteten Vermögensgegenstände und die Bedeutung der Rettung von Personen für den Geschäftsherrn zu berücksichtigen (Vorteilsausgleich).[25] Der mit hoher Wahrscheinlichkeit drohende Schaden ist dabei als potentielle Vermögensminderung anzusehen.

14 Bei berechtigter GoA beschränkt § 680 BGB die Haftung für Ausführungsfehler. Die Vorschrift schließt bei unberechtigter GoA die strenge Haftung für Übernahmeverschulden nach § 678 BGB aus, falls der helfende Geschäftsführer den entgegenstehenden Willen des Geschäftsherrn fahrlässig verkannt hat. Eine grob fahrlässige Fehleinschätzung ist insbesondere dann anzunehmen, wenn die Rettungshandlung mit einem unverhältnismäßig hohen Schadensrisiko verbunden ist.

E. Prozessuale Hinweise

15 Möchte sich der Geschäftsführer auf die Haftungserleichterung des § 680 BGB berufen, trägt er die Beweislast dafür, dass die Voraussetzungen der Vorschrift vorliegen.[26]

---

[22] *Beuthien* in: Soergel, § 680 Rn. 8.
[23] BGH v. 30.11.1971 - VI ZR 100/70 - NJW 1972, 475-477; *Bergmann* in: Staudinger, § 680 Rn. 23.
[24] *Beuthien* in: Soergel, § 680 Rn. 9; *Seiler* in: MünchKomm-BGB, § 680 Rn. 9.
[25] *Bergmann* in: Staudinger, § 680 Rn. 26; *Beuthien* in: Soergel, § 680 Rn. 12; *Dietrich*, JZ 1974, 535-540, 537.
[26] *Gehrlein* in: Bamberger/Roth, § 680 Rn. 2.

§ 681 BGB Nebenpflichten des Geschäftsführers

(Fassung vom 02.01.2002, gültig ab 01.01.2002)

¹Der Geschäftsführer hat die Übernahme der Geschäftsführung, sobald es tunlich ist, dem Geschäftsherrn anzuzeigen und, wenn nicht mit dem Aufschub Gefahr verbunden ist, dessen Entschließung abzuwarten. ²Im Übrigen finden auf die Verpflichtungen des Geschäftsführers die für einen Beauftragten geltenden Vorschriften der §§ 666 bis 668 entsprechende Anwendung.

Gliederung

A. Grundlagen 1	2. Auskunftspflicht und Pflicht zur Rechnungslegung 7
B. Praktische Bedeutung 2	3. Herausgabepflicht 8
C. Anwendungsbereich 3	4. Verzinsungspflicht 9
I. Nebenpflichten des Geschäftsführers 4	II. Verstoß gegen die Nebenpflichten 10
1. Anzeige- und Wartepflicht 4	D. Prozessuale Hinweise 11

A. Grundlagen

§ 681 BGB konkretisiert die **Nebenpflichten des Geschäftsführers** und ergänzt so zugleich die in § 677 BGB geregelte Hauptpflicht. Auf diese Weise wird die Rechtsstellung des Geschäftsführers ohne Auftrag der treuhänderischen Position des Beauftragten angenähert. Nur die in § 665 Satz 2 BGB geregelte Anzeigepflicht musste in § 681 Satz 1 BGB an die GoA angepasst werden. Neben der Pflicht zur Rechnungslegung dient vor allem die Herausgabepflicht der Abwicklung der Geschäftsführung, §§ 681 Satz 2, 666, 667 BGB.

B. Praktische Bedeutung

Die in § 681 BGB geregelten Nebenpflichten **ergänzen die in § 677 BGB enthaltene Sorgfaltspflicht** des Geschäftsführers. Der Anzeige durch den Geschäftsführer kommt darüber hinaus bei der Ermittlung des Fremdgeschäftsführungswillens (vgl. Rn. 5) Bedeutung zu. Vor allem in Fällen, in denen die Berechtigung der GoA zweifelhaft ist, ist die Anzeige zur Vermeidung der Haftung aus § 678 BGB wichtig. Die praktische Bedeutung der Wartepflicht des § 681 Satz 1 BGB ist gering, da es zumeist um Einzelgeschäftsführungen geht, die sich zeitlich nicht in die Übernahme und die anschließende Durchführung aufspalten lassen.[1] Über § 687 Abs. 2 Satz 1 BGB ist die Vorschrift auch auf die sog. angemaßte Eigengeschäftsführung anzuwenden. In diesem Zusammenhang kommt der Pflicht zur Herausgabe des erzielten Gewinns praktische Relevanz zu.

C. Anwendungsbereich

Damit § 681 BGB einschlägig ist, muss ein Geschäftsführer ein Geschäft für einen anderen besorgen, ohne von ihm hierzu beauftragt oder berechtigt zu sein. Der Anwendungsbereich des § 681 BGB ist darüber hinaus in der Literatur umstritten. Während die eine Ansicht die Vorschrift sowohl bei **berechtigter als auch bei unberechtigter GoA** anwenden will,[2] möchten andere ihren Anwendungsbereich auf die **berechtigte und die nachträglich genehmigte GoA** begrenzt wissen.[3] Die zweite Auffassung überzeugt nicht. Für die erste Ansicht sprechen neben dem Gesetzeswortlaut, der nicht zwischen berechtigter und unberechtigter GoA differenziert, systematische Erwägungen, wie die Stellung der Vorschrift innerhalb der §§ 677-686 BGB.[4] Wird § 681 BGB restriktiv interpretiert, bliebe die unberechtigte GoA ungeregelt. Es ist wenig einsichtig, weshalb diese Fallgruppe nicht von § 681 BGB erfasst werden soll, obwohl der Geschäftsführer bei angemaßter Eigengeschäftsführung nach § 687 Abs. 2

---

[1] *Seiler* in: MünchKomm-BGB, § 681 Rn. 5.
[2] BayObLG München v. 26.08.1999 - 2Z BR 53/99 - NJW-RR 2000, 155; *Beuthien* in: Soergel, § 681 Rn. 1; *Dornis* in: Erman, § 681 Rn. 2; *Seiler* in: MünchKomm-BGB, § 681 Rn. 2-4; im Ergebnis auch BGH v. 19.09.1989 - XI ZR 179/88 - NJW-RR 1990, 109; BGH v. 05.12.1983 - II ZR 56/82 - LM Nr. 5 zu § 37 GmbHG.
[3] *Fikentscher/Heinemann*, Schuldrecht, Rn. 1281; *Steffen* in: BGB-RGRK, § 681 Rn. 1.
[4] Vgl. dazu ausführlich *Beuthien* in: Soergel, § 681 Rn. 1.

BGB aufgrund der dortigen Verweisung bei entsprechender Wahl des Geschäftsherrn den Pflichten des § 681 BGB unterliegt. Der Geschäftsherr steht nach der Auffassung, die eine einschränkende Auslegung des § 681 BGB vertritt, bei der unberechtigten GoA schlechter als bei der angemaßten Eigengeschäftsführung. Der Geschäftsführer ist bei einer angemaßten Eigengeschäftsführung nach § 687 Abs. 2 BGB aber von der berechtigten GoA weiter entfernt als von derjenigen der unberechtigten GoA, so dass in letzterem Fall eine Ausklammerung von den Pflichten des § 681 BGB nicht überzeugt.[5] Es ist zudem nicht einzusehen, weshalb der unberechtigte Geschäftsführer ohne Auftrag bei der Geschäftsausführung der Hauptpflicht nach § 677 BGB unterliegt, von den Nebenpflichten aber befreit sein soll. Die restriktive Interpretation des § 681 BGB führt darüber hinaus zu erheblichen Regelungslücken, die nicht zu rechtfertigen sind, da der Geschäftsherr bei der unberechtigten GoA besonders schutzbedürftig ist. Der Anzeigepflicht des § 681 Satz 1 BGB kommt gerade in diesen Fällen eine praktische Bedeutung zu.[6] Für eine Freistellung des unberechtigten Geschäftsführers von den Pflichten der Auskunft und der Rechnungslegung gibt es somit keinen sachlichen Grund. Schließlich würde auch § 667 BGB nicht gelten, so dass der Geschäftsherr hinsichtlich der Herausgabe auf die allgemeinen Vorschriften des Bereicherungsrechts zurückgreifen müsste.

I. Nebenpflichten des Geschäftsführers

1. Anzeige- und Wartepflicht

4 § 681 Satz 1 BGB enthält eine dem § 665 Satz 2 BGB entsprechende **Anzeige- und Wartepflicht**. Danach hat der Geschäftsführer die Übernahme der Geschäftsführung dem Geschäftsherrn anzuzeigen, sobald dies tunlich ist.[7] Kann der Geschäftsführer den Geschäftsherrn ohne Schwierigkeiten erreichen, hat die Anzeige regelmäßig sofort zu erfolgen. Im Übrigen ist nach den Umständen des Einzelfalles und der Bedeutung des zu besorgenden Geschäfts zu beurteilen, wann die Umstände eine Anzeige erlauben.[8] Hat der Geschäftsführer seiner Anzeigepflicht entsprochen, muss er die Entscheidung des Geschäftsherrn abwarten, damit der für die Weiterführung des Geschäfts entscheidende wirkliche Wille des Geschäftsherrn festgestellt werden kann. Zugleich wird der Geschäftsherr in die Lage versetzt zu entscheiden, ob er das Geschäft selbst weiterführen will.[9] Hiervon ist nur abzusehen, wenn der Aufschub mit Gefahr verbunden ist, § 681 Satz 1 BGB. Die Pflicht zur Anzeige entfällt auch in den Fällen des § 679 BGB nicht. Zwar ist hier der entgegenstehende Wille des Geschäftsherrn unbeachtlich, allerdings kann die Anzeige bewirken, dass der Geschäftsherr das Geschäft nunmehr selbst durchführen möchte.[10]

5 Bedeutung hat die Anzeige auch für die **Ermittlung des Fremdgeschäftsführungswillens**. Zeigt der Geschäftsführer dem Geschäftsherrn die Übernahme der Geschäftsführung an, kann hieraus regelmäßig auf das Vorliegen eines Fremdgeschäftsführungswillens geschlossen werden. Das Unterlassen der Anzeige lässt umgekehrt nicht ohne weiteres den Schluss zu, dem Geschäftsführer fehle es am Fremdgeschäftsführungswillen, da hierfür auch andere Ursachen denkbar sind.[11]

6 Die Erfüllung der Anzeigepflicht kann **nicht eingeklagt** werden. Allerdings löst deren schuldhafte Nichterfüllung einen Schadensersatzanspruch (vgl. Rn. 10) aus, § 280 Abs. 1 BGB.

2. Auskunftspflicht und Pflicht zur Rechnungslegung

7 § 681 Satz 2 BGB enthält eine Verweisung auf das Auftragsrecht. § 681 Satz 2 BGB verweist auf § 666 BGB und damit auf die Pflicht zur **Auskunft und zur Rechnungslegung** über die Geschäftsführung.[12] Der BGH hat obiter dicta entschieden, dass der Geschäftsführer die mit der Auskunftserteilung und Rechnungslegung verbundenen Kosten nach den §§ 683, 670 BGB ersetzt verlangen kann.[13]

---

[5] Ebenso *Seiler* in: MünchKomm-BGB, § 681 Rn. 2.
[6] *Beuthien* in: Soergel, § 681 Rn. 1; dem nunmehr folgend *Dornis* in: Erman, § 681 Rn. 2.
[7] Hierzu BGH v. 26.01.2005 - VIII ZR 66/04 - NJW-RR 2005, 639; BGH v. 27.04.2005 - VIII ZR 140/04 - NJW-RR 2005, 1426.
[8] *Gehrlein* in: Bamberger/Roth, § 681 Rn. 2.
[9] *Bergmann* in: Staudinger, § 681 Rn. 3; *Dornis* in: Erman, § 681 Rn. 4.
[10] BGH v. 04.12.1975 - VII ZR 218/73 - BGHZ 65, 354; *Seiler* in: MünchKomm-BGB, § 681 Rn. 5.
[11] BGH v. 04.12.1975 - VII ZR 218/73 - BGHZ 65, 354; *Beuthien* in: Soergel, § 681 Rn. 2.
[12] Vgl. BGH v. 07.12.1995 - III ZR 81/95 - LM BGB § 666 Nr. 18 (4/1996). Der Auskunftsanspruch begründet dabei eine aus dem Auftragsverhältnis folgende unselbstständige Nebenpflicht und verjährt grundsätzlich nicht vor dessen Beendigung, vgl. dazu BGH v. 01.12.2011 - III ZR 71/11 - WM 2012, 25.
[13] BGH v. 07.12.1995 - III ZR 81/95 - juris Rn. 11 - LM BGB § 666 Nr. 18 (4/1996).

3. Herausgabepflicht

Mit dem Verweis auf § 667 BGB in § 681 Satz 2 BGB wird der Geschäftsführer verpflichtet, das aus der Geschäftsführung **Erlangte herauszugeben**. Hierzu zählt insbesondere der entgangene Gewinn,[14] was vor allem bei der angemaßten Eigengeschäftsführung nach § 687 Abs. 2 BGB eine Rolle spielt.

4. Verzinsungspflicht

§ 681 Satz 2 BGB verweist schließlich auf die Pflicht des Geschäftsführers, Geld, das er dem Geschäftsherrn herauszugeben oder für ihn zu verwenden hat, zu **verzinsen**, § 668 BGB.

II. Verstoß gegen die Nebenpflichten

Bei einem Verstoß gegen die Nebenpflichten aus § 681 BGB macht sich der Geschäftsführer aus § 280 Abs. 1 BGB **schadensersatzpflichtig**. Bei verzögerter Pflichterfüllung sind darüber hinaus die allgemeinen Vorschriften über den Verzug einschlägig. Der Geschäftsherr ist so zu stellen, als habe der Geschäftsführer die Nebenpflicht erfüllt.[15] Die Haftungserleichterungen der §§ 680, 682 BGB sind zu beachten.[16] Verletzt der Geschäftsführer eine Nebenpflicht, führt dies nicht dazu, dass er seinen Anspruch aus den §§ 683, 670 BGB verliert, da die GoA dadurch nicht zu einer unberechtigten wird.[17]

D. Prozessuale Hinweise

Macht der Geschäftsherr wegen Verletzung einer Nebenpflicht Ansprüche geltend, hat er das Bestehen der Nebenpflicht und deren Verletzung zu beweisen. Der Geschäftsführer muss beweisen, dass mit dem Aufschub der Geschäftsführung Gefahren verbunden waren.

---

[14] *Bergmann* in: Staudinger, § 681 Rn. 10; *Seiler* in: MünchKomm-BGB, § 681 Rn. 7 f.
[15] BGH v. 04.12.1975 - VII ZR 218/73 - BGHZ 65, 354.
[16] *Gehrlein* in: Bamberger/Roth, § 681 Rn. 2.
[17] BGH v. 04.12.1975 - VII ZR 218/73 - BGHZ 65, 354; *Beuthien* in: Soergel, § 681 Rn. 5.

§ 682 BGB Fehlende Geschäftsfähigkeit des Geschäftsführers

(Fassung vom 02.01.2002, gültig ab 01.01.2002)

Ist der Geschäftsführer geschäftsunfähig oder in der Geschäftsfähigkeit beschränkt, so ist er nur nach den Vorschriften über den Schadensersatz wegen unerlaubter Handlungen und über die Herausgabe einer ungerechtfertigten Bereicherung verantwortlich.

Gliederung

A. Grundlagen 1	I. GoA und die Geltung der §§ 104 ff. BGB 4
B. Praktische Bedeutung 2	II. Geschäftsfähigkeit des Geschäftsherrn 7
C. Anwendungsvoraussetzungen 4	D. Rechtsfolgen 8

A. Grundlagen

1 Ist der Geschäftsführer in seiner Geschäftsfähigkeit beschränkt oder ist er gar geschäftsunfähig, bedarf er in gesteigertem Maße des gesetzlichen Schutzes. Zu diesem Zweck ist seine **Haftung** durch § 682 BGB **beschränkt**; insbesondere haftet er nicht nach § 678 BGB für Zufallsschäden. Bei der Verweisung auf die deliktsrechtlichen Vorschriften und das Bereicherungsrecht handelt es sich um einen Rechtsgrundverweis.[1] Die Vorschrift gilt nur im Verhältnis zwischen dem Geschäftsführer und seinem Geschäftsherrn. Gegenüber Dritten kann sich der in seiner Geschäftsfähigkeit beschränkte oder geschäftsunfähige Geschäftsführer nicht auf die beschränkte Haftung des § 682 BGB berufen.

B. Praktische Bedeutung

2 Die Vorschrift bestimmt, dass der in seiner **Geschäftsfähigkeit beschränkte Geschäftsführer** nicht nach den Vorschriften der GoA haftet, sondern nur nach Bereicherungs- oder Deliktsrecht. Das Gleiche gilt für den geschäftsunfähigen Geschäftsführer.

3 Aus § 682 BGB kann nicht geschlossen werden, dass die §§ 677-687 BGB nur für Geschäftsführer gelten, die voll geschäftsfähig sind. Auch in ihrer Geschäftsfähigkeit beschränkte oder gar geschäftsunfähige Personen können Geschäftsführer sein; sie bedürfen dabei allerdings des besonderen Schutzes.[2] Dieser wird dergestalt sichergestellt, dass ihre Haftung beschränkt wird. Dieser Personenkreis soll als auftragsloser Geschäftsführer nicht strenger haften, als dies nach den allgemeinen Vorschriften (ohnehin) der Fall ist.[3]

C. Anwendungsvoraussetzungen

I. GoA und die Geltung der §§ 104 ff. BGB

4 Früher wurde die Auffassung vertreten, bei der GoA habe eine rechtsgeschäftsähnliche Handlung vorgelegen, auf die die §§ 104-113 BGB **entsprechend angewendet** wurden.[4] Bei konsequenter Anwendung dieser Auffassung gelangte man zu dem Ergebnis, dass die §§ 677-687 BGB den geschäftsunfähigen und den beschränkt geschäftsfähigen Geschäftsführer nicht erfassten. Vor allem bei Hilfeleistungen durch diese Personen wurden die damit verbundenen Konsequenzen kritisiert, da mangels wirksamer GoA kein Aufwendungsersatzanspruch nach den §§ 683, 670 BGB entstehen konnte. Zudem wurde bemängelt, dass nur der beschränkt geschäftsfähige Geschäftsführer auf eine Genehmigung der Geschäftsführung hoffen konnte, nicht jedoch auch der geschäftsunfähige Geschäftsführer.[5]

---

[1] *Hassold*, JR 1989, 358-363, 361; *Mansel* in: Jauernig, § 682 Rn. 1; a.A. *Bergmann* in: Staudinger, § 682 Rn. 3, der im Hinblick auf den Herausgabeanspruch von einer Rechtsfolgenverweisung ausgeht.
[2] *Gehrlein* in: Bamberger/Roth, § 682 Rn. 1.
[3] *Beuthien* in: Soergel, § 682 Rn. 1; *Dornis* in: Erman, § 682 Rn. 1.
[4] LG Aachen v. 25.04.1963 - 6 S 17/63 - NJW 1963, 1252.
[5] *Seiler* in: MünchKomm-BGB, § 682 Rn. 3.

Die heute h.M. geht davon aus, dass die Geschäftsfähigkeit des Geschäftsführers keine Voraussetzung für das Entstehen des gesetzlichen Schuldverhältnisses der GoA darstellt.[6] Im Verhältnis zum Geschäftsherrn entsteht die GoA allein durch **tatsächliches Tun**. Nur bei Geschäftsbesorgungen rechtsgeschäftlicher Art ist eine Anwendung der §§ 104-113 BGB sinnvoll und erforderlich, nicht jedoch bei Handlungen tatsächlicher Art. Auf der einen Seite birgt das gesetzliche Schuldverhältnis wegen § 682 BGB für in ihrer Geschäftsfähigkeit beschränkte Geschäftsführer keine Gefahren. Auf der anderen Seite stehen ihnen die Rechte aus dem Schuldverhältnis zu, sie können insbesondere die Ansprüche nach den §§ 683, 670 BGB (Aufwendungsersatz und ggf. Schadensersatz) geltend machen.[7] Der Geschäftsherr benötigt keinen Schutz vor Geschäftsführern, die in ihrer Geschäftsfähigkeit beschränkt sind, da er durch die Vorschrift des § 683 BGB hinreichend abgesichert ist.

§ 682 BGB unterscheidet nicht zwischen berechtigter und unberechtigter GoA.

II. Geschäftsfähigkeit des Geschäftsherrn

Auf die Entstehung des gesetzlichen Schuldverhältnisses der GoA und auf die daraus resultierenden Rechte und Pflichten hat die **Geschäftsfähigkeit des Geschäftsherrn** keinen Einfluss. Besonderheiten gelten jedoch, wenn es auf dessen Willen (§§ 677-679, 683 BGB), Entschließung (§ 681 Satz 1 BGB) oder Genehmigung (§ 684 Satz 2 BGB) ankommt. Bei fehlender oder beschränkter Geschäftsfähigkeit ist auf den Willen des gesetzlichen Vertreters des Geschäftsherrn abzustellen.[8] Entsprechendes gilt für den Zugang von Willenserklärungen. Bei einem nur vorübergehend geschäftsunfähigen Geschäftsherrn ist dessen mutmaßlicher Wille zu ermitteln.[9] Nimmt der Geschäftsführer höchstpersönliche Interessen des beschränkt oder nicht geschäftsfähigen Geschäftsherrn wahr, soll es auf den Willen des Geschäftsherrn ankommen, wobei die Voraussetzungen des § 828 Abs. 3 BGB anzuwenden sind.[10]

D. Rechtsfolgen

Bei § 682 BGB handelt es sich um einen **Rechtsgrundverweis** auf die deliktsrechtlichen Vorschriften und auf das Bereicherungsrecht. Bei der Herausgabepflicht nach den §§ 812-822 BGB (statt der §§ 681 Satz 2, 667, 668 BGB) ist § 818 Abs. 3 BGB zu beachten. Für die Haftung auf Schadensersatz aus den §§ 823-853 BGB (statt der §§ 677, 678, 681 Satz 1 BGB) ist erforderlich, dass die Pflichtverletzung des Geschäftsführers den Tatbestand einer unerlaubten Handlung erfüllt. Die §§ 827-829 BGB regeln die Verantwortung des Geschäftsführers. Die Haftungsmilderung des § 680 BGB gilt auch im Rahmen der deliktischen Haftung.

---

[6] Allerdings werden hieraus unterschiedliche Konsequenzen gezogen; zum Streitstand vgl. *Seiler* in: MünchKomm-BGB, § 682 Rn. 3 u. 4.
[7] *Dornis* in: Erman, § 682 Rn. 4; *Giesen*, Jura 1996, 288-293, 290.
[8] BGH v. 07.01.1971 - VII ZR 9/70 - BGHZ 55, 128.
[9] *Beuthien* in: Soergel, § 682 Rn. 5; *Gehrlein* in: Bamberger/Roth, § 682 Rn. 2.
[10] BGH v. 05.12.1958 - VI ZR 266/57 - BGHZ 29, 33.

§ 683 BGB Ersatz von Aufwendungen

(Fassung vom 02.01.2002, gültig ab 01.01.2002)

¹Entspricht die Übernahme der Geschäftsführung dem Interesse und dem wirklichen oder dem mutmaßlichen Willen des Geschäftsherrn, so kann der Geschäftsführer wie ein Beauftragter Ersatz seiner Aufwendungen verlangen. ²In den Fällen des § 679 steht dieser Anspruch dem Geschäftsführer zu, auch wenn die Übernahme der Geschäftsführung mit dem Willen des Geschäftsherrn in Widerspruch steht.

Gliederung

A. Grundlagen 1	IV. Wirklicher Wille des Geschäftsherrn 20
B. Praktische Bedeutung 3	V. Mutmaßlicher Wille des Geschäftsherrn 23
C. Voraussetzungen für den Ersatzanspruch des Geschäftsführers 7	VI. Verhältnis von Wille und Interesse 26
	VII. Unbeachtlichkeit des Willens (Satz 2) 27
I. Übernahme der Geschäftsführung 7	D. Rechtsfolgen 28
II. Übereinstimmung mit dem Willen und Interesse des Geschäftsherrn (Satz 1) 8	I. Grundsatz 28
	II. Einzelfragen 36
III. Interesse des Geschäftsherrn 10	E. Prozessuale Hinweise 57

A. Grundlagen

1 Entspricht die Übernahme der Geschäftsführung dem Interesse bzw. dem wirklichen oder dem mutmaßlichen Willen des Geschäftsherrn, hat er die damit verbundenen Kosten zu tragen. Denn eine solche Geschäftsführung kommt dem Geschäftsherrn zugute und ihm steht deren Ertrag zu (§§ 681, 667 BGB). Im Gegenzug steht dem Geschäftsführer deshalb nach § 683 BGB i.V.m. § 670 BGB ein Anspruch auf Aufwendungsersatz bzw. Schadensersatz gegen den Geschäftsherrn zu. Damit sorgt § 683 BGB für einen **interessengerechten schuldrechtlichen Ausgleich** zwischen Geschäftsführer und Geschäftsherrn. Durch die Gleichstellung des Geschäftsführers mit einem Beauftragten weist § 683 BGB das Aufwendungsrisiko weitgehend dem Geschäftsherrn zu. Dieser hat nach § 670 BGB sogar dann Ersatz zu leisten, wenn die Geschäftsführung erfolglos geblieben ist. Lediglich Aufwendungen, die außerhalb eines vernünftigen Ermessens liegen, muss er nicht erstatten.

2 Dieser interessengerechte schuldrechtliche Ausgleich kann im Falle einer unerwünschten oder aufgedrängten Geschäftsführung für den Geschäftsherrn höchst unangenehme Folgen haben. Er ist somit davor zu schützen, dass ein Dritter sich in seine Angelegenheiten einmischt. Anders als bei § 677 BGB wird im Rahmen von § 683 BGB daher auf die **Übernahme** und nicht auf die Erledigung der Geschäftsführung abgestellt. Die Übernahme muss von Anfang an dem wirklichen oder mutmaßlichen Willen des Geschäftsherrn entsprechen. Eine Ausnahme besteht nur im Fall des § 683 Satz 2 BGB i.V.m. § 679 BGB. Auf die Einschätzung durch den Geschäftsführer kommt es nicht an. Selbst dessen schuldloser Irrtum über die Nützlichkeit der Geschäftsführung ist ohne Bedeutung.

B. Praktische Bedeutung

3 Die Vorschrift setzt voraus, dass eine Geschäftsführung i.S.v. § 677 BGB vorliegt. Ferner muss die Übernahme der Geschäftsführung dem wirklichen oder mutmaßlichen Willen des Geschäftsherrn entsprechen. Liegt die zweite Voraussetzung nicht vor, kann der Geschäftsherr die Geschäftsführung nach § 684 Satz 2 BGB genehmigen. Die **Genehmigung** tritt dann an die Stelle des Erfordernisses der Übereinstimmung mit dem Interesse bzw. Willen des Geschäftsherrn. Die Genehmigung kann jedoch das Fehlen einer Geschäftsführung i.S.v. § 677 BGB nicht ersetzen. Für den Fall, dass der Geschäftsführer für den Geschäftsherrn auf eigene Kosten tätig werden wollte, enthält § 685 Abs. 1 BGB einen Ausschlussgrund.

4 Über ihren eigenen Regelungsgehalt hinaus ist die Vorschrift des § 683 BGB für die berechtigte GoA von **grundsätzlicher Bedeutung**. § 677 BGB legt fest, was unter einer Geschäftsführung ohne Auftrag zu verstehen ist; § 683 Satz 1 BGB bestimmt, unter welchen Voraussetzungen eine berechtigte GoA vorliegt und das gesetzliche Schuldverhältnis entsteht. Nur wenn die Geschäftsführung dem Interesse bzw. dem wirklichen oder mutmaßlichen Willen des Geschäftsherrn entspricht, ist, abgesehen von den

Ausnahmen der §§ 679, 684 Satz 2 BGB, der Eingriff in den fremden Rechtsbereich rechtmäßig. Für diesen Fall gewährt § 683 Satz 1 BGB als Anspruchsgrundlage den schuldrechtlichen Ausgleich für die Belastungen des Geschäftsführers.

§ 683 BGB schützt den Geschäftsherrn und weist dem Geschäftsführer ein **erhebliches Risiko** zu. Oft wird er trotz sorgfältiger Prüfung nicht in der Lage sein, das Interesse bzw. den Willen des Geschäftsherrn zu erkennen. Selbst ein schuldloses Verkennen der Lage hat aber zur Folge, dass er den Anspruch auf Ersatz seiner Aufwendungen verliert. Er haftet dann jedoch nicht nach § 678 BGB.

Nach § 241a BGB sind Ansprüche desjenigen Unternehmers ausgeschlossen, der einem Verbraucher **unbestellt eine Sache liefert** oder eine sonstige Leistung erbringt. Da die Geschäftsbesorgung grundsätzlich jede Tätigkeit erfassen kann, ist prinzipiell auch eine sonstige Leistung im Sinne von § 241a BGB betroffen. Ferner kann „ohne Auftrag" in vielen Fällen auch „unbestellt" bedeuten. Damit sind zahlreiche Überschneidungen zwischen der GoA und § 241a BGB unvermeidlich. Dies ist vor allem deshalb problematisch, da die Rechtsfolgen unterschiedlich sind. Zur Lösung des damit verbundenen Konfliktes werden in der Literatur verschiedene Ansätze diskutiert. Teilweise wird die Abgrenzung anhand der Motivation des Unternehmers vorgenommen. Danach sollen von den Rechtsfolgen des § 241a BGB diejenigen Fälle ausgenommen werden, bei denen der Unternehmer aus altruistischen Motiven heraus tätig wird.[1] § 241a BGB soll nur gelten, wenn die Handlung von einer Absicht des Unternehmers zur Vertragsanbahnung getragen wird.[2] Andere Stimmen wollen § 241a BGB im Ergebnis durch die berechtigte GoA verdrängt wissen. Dabei gehen die dogmatischen Begründungen auseinander. Manche meinen, dies ergäbe sich aus einer teleologischen Auslegung.[3] Andere wiederum sehen in der GoA die spezielleren Wertungen.[4] Letztlich muss beachtet werden, dass § 241a BGB seinerzeit auf der Fernabsatzrichtlinie[5] beruht. Gegenstand dieser Richtlinie ist die Angleichung der Rechts- und Verwaltungsvorschriften der Mitgliedstaaten über Vertragsabschlüsse im Fernabsatz zwischen Verbrauchern und Lieferanten. Dies legt den Schluss nahe, die Anwendung der Vorschrift auf solche Fälle zu beschränken, in denen ein „Fernabsatz" vorliegt, also Leistungen über eine räumliche Distanz hinweg erbracht werden.[6] Die Auswirkungen auf die GoA sind dann gering, da § 241a BGB nicht anzuwenden ist, wenn kein Distanzgeschäft vorliegt.

C. Voraussetzungen für den Ersatzanspruch des Geschäftsführers

I. Übernahme der Geschäftsführung

Der Geschäftsführer muss eine Geschäftsführung übernommen haben. Hierunter ist ein **Verweis auf die drei Erfordernisse des** § 677 BGB (vgl. die Kommentierung zu § 677 BGB Rn. 1) zu verstehen: Der Geschäftsführer muss ein Geschäft für einen anderen besorgt haben, ohne dazu von ihm beauftragt oder sonst berechtigt zu sein. Diese Voraussetzungen müssen objektiv vorliegen, die schuldlos irrige Annahme des Geschäftsführers reicht nicht aus. Er muss zudem grundsätzlich mit einem sog. Fremdgeschäftsführungswillen tätig geworden sein.[7]

II. Übereinstimmung mit dem Willen und Interesse des Geschäftsherrn (Satz 1)

Nach § 683 Satz 1 BGB muss die Übernahme der Geschäftsführung dem Interesse und dem wirklichen oder mutmaßlichen **Willen** des Geschäftsherrn entsprechen. Lediglich unter den Voraussetzungen der §§ 683 Satz 2, 679 BGB ist der Wille des Geschäftsherrn ohne Bedeutung (vgl. Rn. 27). **Maßgeblicher Zeitpunkt** für die Feststellung von Interesse bzw. Wille ist der Beginn der Geschäftsführung.[8] Existiert der Geschäftsherr zu diesem Zeitpunkt noch nicht, ist auf den Zeitpunkt seiner Entstehung abzustellen

---

[1] *Casper*, ZIP 2000, 1602-1609, 1605.
[2] *Hau*, NJW 2001, 2863-2865, 2865.
[3] *Grünberg* in: Bamberger/Roth, § 241a Rn. 19.
[4] *Toussaint* in: NK-BGB, § 241a Rn. 15.
[5] Richtlinie 97/7/EG des Europäischen Parlaments und des Rates v. 20.05.1997 über den Verbraucherschutz bei Vertragsabschlüssen im Fernabsatz, ABl. Nr. L 144, S. 19.
[6] *Tachau*, Jura 2006, 889-894, 893 f.
[7] BGH v. 23.09.1999 - III ZR 322/98 - LM BGB § 677 Nr. 40 (4/2000).
[8] OLG München v. 10.12.1987 - 19 U 6312/86 - NJW-RR 1988, 1013; OLG Frankfurt v. 10.01.1995 - 22 U 198/93 - NJW-RR 1996, 1337; LArbG Düsseldorf v. 26.03.2003 - 12 Sa 1314/02 - Bibliothek BAG; BGH v. 25.06.2003 - IV ZR 285/02 - NJW 2003, 3268; *Seiler* in: MünchKomm-BGB, § 683 Rn. 11.

(Gesellschaftsgründung).⁹ Äußerungen des Geschäftsherrn während oder nach der Durchführung des Geschäfts sind für § 683 BGB unbeachtlich. Wegen des Abstellens auf den Zeitpunkt der Übernahme ist es unerheblich, ob die Geschäftsführung erfolgreich war.¹⁰ Eine spätere interessen- oder willenswidrige Ausführung lässt die Berechtigung der Übernahme und damit den Anspruch aus den §§ 683, 670 BGB unberührt.

9   Nach den Vorstellungen des Gesetzgebers soll die Übereinstimmung sowohl anhand objektiver (Interesse) als auch anhand subjektiver (Wille) Kriterien ermittelt werden. Obwohl nach dem Schutzzweck des § 683 Satz 1 BGB in erster Linie auf den wirklichen Willen abzustellen ist, kommt in der Praxis dem Gesichtspunkt des **Interesses** größere Bedeutung zu, da der Wille des Geschäftsherrn – noch dazu ex post – vielfach nicht feststellbar ist. Zudem ist der mutmaßliche Wille regelmäßig mit dem Interesse identisch. Auf die Vorstellungen und Absichten des Geschäftsführers kommt es nicht an.

III. Interesse des Geschäftsherrn

10 Die Geschäftsführung liegt im Interesse des Geschäftsherrn, wenn sie **objektiv nützlich**, also sachlich vorteilhaft ist.¹¹ In diesem Zusammenhang sind auch nichtvermögensrechtliche Vorteile zu berücksichtigen,¹² nicht jedoch rein gesellschaftliche.¹³ Liegt die Geschäftsführung im Interesse des Geschäftsherrn, ist ein daneben bestehendes Eigeninteresse des Geschäftsführers unschädlich. Zur **Ermittlung des Vorteils** ist die Geschäftsführung stets unter Berücksichtigung der gesamten persönlichen Situation beim Geschäftsherrn und nicht etwa als abstrakter, isolierter Vorgang zu betrachten.¹⁴ Hierdurch wird zwar der objektive Maßstab des Interesses mit subjektiven Elementen vermischt. Nur so kann aber etwa auf die Vermögensverhältnisse oder den Familienstand des Geschäftsherrn angemessen Rücksicht genommen werden. Die Berücksichtigung der gesamten persönlichen wie wirtschaftlichen Situation des Geschäftsherrn hat zur Folge, dass ein bei abstrakter, isolierter Betrachtung vorteilhaftes Geschäft, wie etwa der günstige Kauf eines Gegenstandes, bei Berücksichtigung der gesamten persönlichen Situation nicht interessengerecht sein kann, etwa weil der Geschäftsherr unter akutem Geldmangel leidet. Gleiches gilt, wenn der preiswert erworbene Gegenstand vom Geschäftsherrn nicht benötigt wird. Umgekehrt kann ein bei isolierter Betrachtung nachteiliges Geschäft für den Geschäftsherrn aufgrund der konkreten Umstände günstig sein, so etwa der Verkauf des Pkws unter Listenpreis bei dringendem Geldbedarf.¹⁵ Grundsätzlich wird bei wirtschaftlichen Dispositionen nur dann von einem Interesse des Geschäftsherrn auszugehen sein, wenn sofortiges Zugreifen notwendig ist. Dasjenige, was der Geschäftsherr für vorteilhaft hält und wünscht, wird nicht im Rahmen des Interesses, sondern beim Willen berücksichtigt.

11 Die **objektive Nützlichkeit ist zu verneinen** bei **überflüssigen oder unsachlichen Maßnahmen**, was u.a. bei Hilfsmaßnahmen zur Beseitigung einer nur vermeintlich bestehenden Gefahr eine Rolle spielen kann. Lebensrettende Maßnahmen beim Geschäftsherrn sind nur dann nützlich, wenn noch eine realistische Chance zur Rettung besteht. Insbesondere bei einem Einsatz zur Rettung von Personen oder Sachen ist zumeist eine Abwägung zwischen dem eingegangenen Risiko und dem drohenden Verlust vorzunehmen.¹⁶

12 Die objektive Nützlichkeit ist ebenso zu verneinen, wenn Maßnahmen ergriffen werden, die das Maß des Nötigen übersteigen. So auch bei Präventivmaßnahmen, wenn etwa ein von der Behörde Verpflichteter bei einem Straßenfest eigenmächtig Sicherungsmaßnahmen an einem Brunnen durchführt, die vom Veranstalter nicht in der durchgeführten Form genehmigt worden sind, und die zudem hätten weitaus kostengünstiger realisiert werden können.¹⁷

---

[9] OLG Nürnberg v. 13.11.1985 - 9 U 856/85 - NJW-RR 1987, 405.
[10] OLG Frankfurt v. 10.01.1995 - 22 U 198/93 - NJW-RR 1996, 1337.
[11] BGH v. 28.10.1992 - VIII ZR 210/91 - LM BGB § 677 Nr. 31 (5/1993); BGH v. 20.01.1993 - VIII ZR 22/92 - juris Rn. 14 - NJW-RR 1993, 522; OLG Köln v. 30.11.1994 - 13 U 110/94 - OLGR Köln 1995, 278; OLG Frankfurt v. 10.01.1995 - 22 U 198/93 - NJW-RR 1996, 1337.
[12] BGH v. 07.11.1960 - VII ZR 82/59 - BGHZ 33, 251.
[13] BGH v. 07.11.1960 - VII ZR 82/59 - BGHZ 33, 251.
[14] BGH v. 07.11.1960 - VII ZR 82/59 - BGHZ 33, 251.
[15] *Gehrlein* in: Bamberger/Roth, § 683 Rn. 2; *Seiler* in: MünchKomm-BGB, § 683 Rn. 4.
[16] OLG Düsseldorf v. 15.06.1972 - 12 U 226/71 - VersR 1973, 826; OLG Karlsruhe v. 23.03.1977 - 7 U 269/75 - VersR 1977, 936; BGH v. 20.11.1980 - III ZR 122/79 - BGHZ 79, 26.
[17] LG Berlin v. 15.07.2004 - 9 O 126/04 - NJW-RR 2005, 63.

Die **Tilgung einer einredefreien Schuld** durch den Geschäftsführer kommt einer Stundung gleich, ist für den Geschäftsherrn damit in den meisten Fällen vorteilhaft und entspricht seinem Interesse,[18] wobei die Schuld auch in einer Unterhaltspflicht oder in einer Schadensersatzhaftung des Geschäftsherrn bestehen kann. Allerdings sind auch andere Konstellationen denkbar. So kann der Geschäftsherr durch die Schuldtilgung schlechter gestellt werden, was insbesondere dann der Fall ist, wenn die vom Geschäftsführer getilgte Forderung einredebehaftet war,[19] oder die Tilgung dem Geschäftsherrn die Möglichkeit zur Aufrechnung genommen hat.[20] 13

Tilgt ein Dritter die Schuld, nur um Regress nehmen zu können, wird man schon das Vorliegen eines fremden Geschäfts verneinen müssen.[21] Vergleichbares muss gelten, wenn der Dritte nur aus Eigennutz tätig wird.[22] 14

Verwendungen auf fremde Sachen sind interessengemäß, wenn der Eigentümer sie bei eigener Handlungsmöglichkeit selbst vorgenommen hätte, so etwa in Gefahrensituationen oder bei Unfällen. Auch andere notwendige Maßnahmen, wie etwa eine sachgerechte Lagerung oder gar Bewachung von Sachen, die Fütterung von Tieren, aber auch die Versicherung gelagerter Waren oder die Begutachtung beschädigter Fracht kann als interessengemäß eingestuft werden.[23] Übersteigen die Kosten für die Aufwendungen den Wert der Sache oder handelt es sich um kostspielige Reparaturen, die nicht dringend sind, ist die Maßnahme hingegen nicht interessengemäß.[24] 15

Bei einem **internationalen Kaufvertrag** entspricht die Grenzabfertigung mit Vorlage der MwSt. durch den Frachtführer nicht dem Interesse des Empfängers, wenn er noch keine Verfügungsbefugnis über das Transportgut erlangt hat.[25] 16

Die Durchführung einer **Rückrufaktion** durch den Hersteller des Endprodukts soll für den Lieferanten interessengemäß sein, wenn der Lieferant in seinem Zulieferteil brandgefährliches Material verwendet hat.[26] 17

Die Frage der Reichweite des **Regressanspruches** des Herstellers gegen seinen Zulieferer hat durch die Entscheidung des BGH im sog. „Pflegebetten-Urteil" erneut Bedeutung erlangt.[27] Wenngleich sich der BGH vordergründig mit dem Verhältnis zwischen Hersteller und Verwender auseinandergesetzt hat, können doch auch relevante Rückschlüsse für die Beziehung zwischen Hersteller und Zulieferer gezogen werden.[28] Zunächst führt der BGH aus, dass der Hersteller „alles zu tun [habe], was ihm nach den Umständen zumutbar ist, um Gefahren abzuwenden, die sein Produkt erzeugen kann".[29] Allerdings werde dieser Verpflichtung regelmäßig bereits durch eine Warnung vor den bekannten Nutzungsgefahren genügt.[30] Sollte die Produktgefahr jedoch einzig durch Austausch oder Reparatur des gefährlichen Produkts beseitigt werden können, sei eine andere Beurteilung erforderlich; der Hersteller wäre aufgrund seiner Sicherungspflichten aus § 823 Abs. 1 BGB verpflichtet, die gefährlichen Waren aus dem Verkehr zu ziehen.[31] Da für den Zulieferer keine andere Beurteilung als für den Hersteller gelten kann, orientieren sich die Pflichten des Lieferanten weitestgehend an denjenigen des Herstellers des Endprodukts.[32] Sollte daher z.B. der Hersteller hochwertiger Markenprodukte seinen Kunden eine unkomplizierte Reparatur oder Ersatzlieferung anbieten, ist der Ersatzanspruch gegen den Zulieferer dennoch 18

---

[18] BGH v. 20.04.1967 - VII ZR 326/64 - BGHZ 47, 370; OLG Hamm v. 10.01.1992 - 26 U 82/91 - NJW-RR 1992, 849; BGH v. 08.07.1999 - III ZR 162/98 - LM BGB § 677 Nr. 38 (4/2000); *Seiler* in: MünchKomm-BGB, § 683 Rn. 6.
[19] OLG Frankfurt v. 24.06.1986 - 5 U 158/85 - NJW-RR 1987, 1072; BGH v. 18.09.1986 - III ZR 227/84 - juris Rn. 31 - BGHZ 98, 235.
[20] BGH v. 20.04.1967 - VII ZR 326/64 - BGHZ 47, 370.
[21] *Ehmann* in: Erman, § 683 Rn. 3 (12. Aufl.); a.A. *Seiler* in: MünchKomm-BGB, § 677 Rn. 19; *Schwab* in: NK-BGB, § 683 Rn. 7.
[22] *Martinek/Theobald*, JuS 1997, 805-811.
[23] *Seiler* in: MünchKomm-BGB, § 683 Rn. 7.
[24] BGH v. 21.10.1976 - VII ZR 193/75 - juris Rn. 32 - BGHZ 67, 232.
[25] BGH v. 25.04.1991 - III ZR 74/90 - juris Rn. 24 - BGHZ 114, 248.
[26] OLG München v. 18.02.1998 - 7 U 6173/95 - NJW-RR 1999, 1657.
[27] BGH v. 16.12.2008 - VI ZR 170/07.
[28] Vgl. dazu *Wagner*, BB 2009, 2050 ff.
[29] BGH v. 16.12.2008 - VI ZR 170/07 - BB 2009, 627 f., Rn. 10.
[30] Zu den Ausnahmen BGH v. 16.12.2008 - VI ZR 170/07 - BB 2009, 627 f., Rn. 11.
[31] Zum Gesamten *Wagner*, BB 2009, 2050, 2052.
[32] Vgl. dazu *Wagner*, BB 2009, 2050, 2052; *Thürmann*, NVersZ 1999, 145, 147.

auf die Aufwendungen beschränkt, die durch eine Verwarnung der Verwender entstanden wären. Darüber hinausgehende Aufwendungen sind – vorbehaltlich der o.g. Ausnahme – mangels Vorliegens eines fremden Geschäfts nicht von den Grundsätzen der GoA umfasst.[33]

19 Bei einer **öffentlich-rechtlichen GoA** muss die Geschäftsübernahme dem öffentlichen Interesse entsprechen. Ein öffentliches Interesse liegt in der Regel vor, wenn die auf Aufwendungsersatz in Anspruch genommene Behörde zur Vornahme des Geschäfts zuständig und verpflichtet gewesen wäre oder sie es üblicherweise wie der Geschäftsführer vorgenommen hätte.[34]

IV. Wirklicher Wille des Geschäftsherrn

20 Der **wirkliche Wille** des Geschäftsherrn muss stets beachtet werden, wenn er zumindest konkludent geäußert und damit erkennbar geworden ist. Es ist weder notwendig, dass der Wille dem Geschäftsführer gegenüber geäußert worden ist, noch dass der Geschäftsführer von dem Willen Kenntnis hat.[35] Der Wille muss sich auf die Geschäftsbesorgung beziehen, also darauf, dass der Geschäftsführer gerade für ihn tätig wird und auf die damit verbundenen Kosten. Es reicht also nicht aus, wenn der Geschäftsherr lediglich dem zu erlangenden eigenen Vorteil bzw. dem Ergebnis der Geschäftsbesorgung zugestimmt hat.[36] Auch der unvernünftige, nicht vom objektiven Interesse gedeckte Wille ist zu beachten.[37] Die Tilgung einer Schuld durch den Geschäftsführer ist daher nicht mehr vom Willen des Geschäftsherrn gedeckt, wenn dieser der Tilgung widersprochen hat, etwa durch das Bestreiten der Schuld. Gleiches gilt, wenn ein Kredit ohne die dazu erforderliche Weisung ausgezahlt wird[38] oder bei einem Notverkauf von Waren, den der Geschäftsherr verboten hat.[39] Der Wille des Geschäftsherrn steht der Erbringung von Bauleistungen entgegen, wenn die Bauleistungen aus seiner Sicht von einem Dritten zu erbringen sind.[40] Auch die Erbringung von Leistungen ist vom wirklichen Willen des Geschäftsherrn nicht gedeckt, für die er einen Vertragsschluss ausdrücklich abgelehnt hat oder die nach seinem Willen nicht vergütet werden sollten.[41]

21 Der Geschäftsführer hat dem Geschäftsherrn die Übernahme der Geschäftsführung **anzuzeigen**, sobald die Möglichkeit dazu besteht (§ 681 BGB). Ist mit dem Aufschub der Geschäfte keine Gefahr verbunden, hat er dessen Willensentschließung abzuwarten. Vor Eingang der Willensäußerung darf er zu Lasten des Geschäftsherrn nur unaufschiebbare Handlungen vornehmen.[42] Auch hierin zeigt sich, dass der Wille des Geschäftsherrn maßgeblich ist. Lediglich in den Fällen des § 684 Satz 2 BGB und des § 679 BGB ist er unbeachtlich.

22 Ist der Geschäftsherr **geschäftsunfähig** oder in seiner Geschäftsfähigkeit beschränkt, muss auf den Willen des gesetzlichen Vertreters abgestellt werden.[43]

V. Mutmaßlicher Wille des Geschäftsherrn

23 In erster Linie ist der wirkliche und geäußerte Wille des Geschäftsherrn beachtlich.[44] In den meisten Fällen wird der tatsächliche Wille aber nicht feststellbar sein. Dann, oder wenn der Wille wegen Gesetzes- oder Sittenwidrigkeit unbeachtlich ist, muss der **mutmaßliche Wille** ermittelt werden, indem man fragt, ob der Geschäftsherr bei objektiver Berücksichtigung aller Umstände der Geschäftsführung zugestimmt hätte.[45] Hierbei ist – wie bei der Ermittlung des Interesses – auf sämtliche Gesamtumstände

---

[33] Vgl. wiederum bei *Wagner*, BB 2009, 2050, 2052.
[34] OVG Münster v. 21.03.1995 - 11 A 1089/91 - BauR 1995, 814.
[35] BGH v. 12.01.1955 - VI ZR 273/53 - LM Nr. 3 zu § 683 BGB.
[36] BGH v. 25.11.1981 - VIII ZR 299/80 - BGHZ 82, 323; BGH v. 12.12.1991 - IX ZR 178/91 - BGHZ 116, 319; *Gursky*, AcP 185, 13-45, 21, 45.
[37] BGH v. 02.04.1998 - III ZR 251/96 - juris Rn. 29 - BGHZ 138, 281; *Dornis* in: Erman, § 683 Rn. 6.
[38] OLG Frankfurt v. 28.11.1974 - 9 U 65/74 - VersR 1976, 172; *Beuthien* in: Soergel, § 683 Rn. 5; ebenso ist bei Widerruf der einem Kreditinstitut erteilten Abbuchungsermächtigung der entgegenstehende Wille des Geschäftsherrn der Bank bekannt und von dieser zu beachten, OLG Schleswig v. 21.03.2002 - 5 U 156/01 - WM 2003, 20.
[39] Zur Frage, ob und wann die Tilgung einer Schuld im Interesse des Geschäftsherrn liegt, auch OLG Zweibrücken v. 27.05.2002 - 7 U 176/01 - OLGR Zweibrücken 2002, 409.
[40] OLG Hamm v. 28.05.1991 - 26 U 162/90 - NJW-RR 1991, 1303.
[41] BGH v. 28.10.1992 - VIII ZR 210/91 - LM BGB § 677 Nr. 31 (5/1993).
[42] BGH v. 25.05.1983 - IVa ZR 199/81 - WM 1983, 679.
[43] BGH v. 07.01.1971 - VII ZR 9/70 - BGHZ 55, 128.
[44] OLG Koblenz v. 04.11.1993 - 5 U 1714/92 - NJW-RR 1995, 15; *Beuthien* in: Soergel, § 683 Rn. 4.
[45] *Gehrlein* in: Bamberger/Roth, § 683 Rn. 3.

(vgl. Rn. 10), Pläne, Neigungen, persönliche Vorlieben etc. abzustellen. Dies hat zur Folge, dass sich der mutmaßliche Wille regelmäßig aus dem Interesse ergibt, also anzunehmen ist, **wenn das Geschäft objektiv nützlich ist**.[46]

Gleiches gilt für den Fall einer polizeilichen Sicherstellung zur Eigentumssicherung, da es sich bei dieser um einen Sonderfall der GoA handelt.[47] 24

Bei der Ermittlung des mutmaßlichen Willens kommt es nicht darauf an, was der Geschäftsführer – und sei es schuldlos irrtümlich – angenommen hat. § 683 BGB greift nicht ein, wenn die Übernahme der Geschäftsführung dem mutmaßlichen Willen des Geschäftsherrn – selbst wenn dieser unvernünftig sein sollte – widerspricht. 25

VI. Verhältnis von Wille und Interesse

Gelegentlich wird formuliert, die Geschäftsführung müsse Interesse und Willen des Geschäftsherrn entsprechen; nur im Rahmen von § 679 BGB käme es allein auf das Interesse des Geschäftsherrn an.[48] Eine solche **Kumulation** der Anforderungen ist jedoch missverständlich. Ausschlaggebend ist zunächst allein der Wille des Geschäftsherrn; dieser geht sogar dem Interesse vor („unvernünftige Geschäftsführung").[49] Das Interesse ist also gar nicht mehr zu prüfen, wenn der wirkliche Wille des Geschäftsherrn feststeht und zu beachten ist. Auf das Interesse kann es daher nur in den Fällen ankommen, in denen der tatsächliche Wille nicht feststellbar ist. Und auch hier kommt dem Interesse lediglich die Funktion zu, den mutmaßlichen Willen zu ermitteln.[50] 26

VII. Unbeachtlichkeit des Willens (Satz 2)

§ 683 Satz 2 BGB bestimmt, dass es in den Fällen des § 679 BGB auf den Willen des Geschäftsherrn nicht ankommt. Der entgegenstehende tatsächliche oder mutmaßliche Wille ist bedeutungslos, wenn ohne die Geschäftsführung eine Pflicht des Geschäftsherrn, deren Erfüllung im öffentlichen Interesse lag, oder eine gesetzliche Unterhaltspflicht des Geschäftsherrn nicht rechtzeitig erfüllt worden wäre. 27

D. Rechtsfolgen

I. Grundsatz

Mit dem Verweis auf § 670 BGB stellt § 683 BGB den Geschäftsführer dem **Beauftragten** gleich. Der Geschäftsführer hat einen Anspruch auf Ersatz der Aufwendungen, die er den Umständen nach für erforderlich halten durfte. Alle freiwilligen Vermögensopfer, auch erfolglose, sind ersatzpflichtig, sofern der Geschäftsführer sie im Hinblick auf den zu erzielenden Erfolg als angemessen ansehen durfte, da es auf den Erfolg der Aufwendungen nicht ankommt.[51] Anders als im Auftragsrecht, wo der Beauftrage den Auftragszweck und die Weisungen des Auftraggebers zu berücksichtigen hat, tritt im Rahmen der GoA die Erforderlichkeit nach § 677 BGB zurück. Der Geschäftsführer hat daher im Rahmen der erforderlichen Sorgfalt das Interesse bzw. den Willen des Geschäftsherrn zu beachten.[52] 28

Die vom Geschäftsführer aufgewendeten **Geldbeträge** sind nach § 256 BGB zu **verzinsen**. Der Geschäftsführer kann vom Geschäftsherrn zudem die **Befreiung von den Verbindlichkeiten** verlangen, die er im Zuge der Geschäftsführung eingegangen ist (§§ 683, 670 BGB i.V.m. § 257 BGB).[53] Schließt der Geschäftsführer in pflichtgemäßem Ermessen als **Vertreter ohne Vertretungsmacht** im Namen des Geschäftsherrn einen Vertrag, kann er aus den §§ 683, 670 BGB keinen Anspruch auf Genehmi- 29

---

[46] BGH v. 07.01.1971 - VII ZR 9/70 - BGHZ 55, 128; BGH v. 07.03.1989 - XI ZR 25/88 - NJW-RR 1989, 970. Völlig unsachgemäße Maßnahmen eines Nothelfers, die in Bezug auf das gefährdete Rechtsgut unverhältnismäßig sind, entsprechen daher nicht dem mutmaßlichen Willen des Geschäftsherrn, vgl. OLG Stuttgart v. 20.11.2001 - 12 U 86/2001, 12 U 86/01 - VRS 103, 326 (2002).

[47] VG Berlin v. 16.05.2001 - 1 A 441.98 - LKV 2002, 293.

[48] BGH v. 25.11.1981 - VIII ZR 299/80 - juris Rn. 44 - BGHZ 82, 323; *Mansel* in: Jauernig, § 683 Rn. 5.

[49] BGH v. 02.04.1998 - III ZR 251/96 - juris Rn. 29 - BGHZ 138, 281; *Beuthien* in: Soergel, § 683 Rn. 5; wohl auch *Martinek/Theobald*, JuS 1998, 27-33, 28; zweifelnd *Seiler* in: MünchKomm-BGB, § 683 Rn. 14.

[50] *Beuthien* in: Soergel, § 683 Rn. 5.

[51] *Gehrlein* in: Bamberger/Roth, § 683 Rn. 4; zum Begriff der Aufwendungen vgl. die Kommentierung zu § 670 BGB.

[52] *Bergmann* in: Staudinger, § 683 Rn. 47.

[53] *Gehrlein* in: Bamberger/Roth, § 683 Rn. 4.

gung des schwebend unwirksamen Vertrages (§ 177 BGB) ableiten.[54] Dies gilt auch in den Fällen des § 679 BGB.[55] Der Geschäftsführer kann in solchen Fällen aber vom Geschäftsherrn verlangen, von den ihn nach § 179 BGB treffenden Verpflichtungen freigestellt zu werden.

30　Zu den **erstattungsfähigen Aufwendungen** zählen vor allem diejenigen freiwilligen Vermögensopfer, die der Geschäftsführer zum Zweck der Ausführung des Geschäfts erbracht hat, wie etwa Auslagen für Reisen, Telefonate, Porto, Prozesskosten,[56] Beerdigungskosten[57] oder die Tilgung von Schulden des Geschäftsherrn. Ferner kann er Ersatz für die Kosten des eingesetzten Personals und für die Maschinen verlangen.[58] Auch die Besuchskosten naher Angehöriger eines Unfallverletzten sind zu ersetzen, wenn sie sich in einem angemessenen Umfang bewegen.[59] **Nicht zu ersetzen** sind die Aufwendungen, die aus Anlass von verbotenen oder sittenwidrigen Tätigkeiten entstanden sind,[60] oder bei denen Vorschriften nicht beachtet wurden, die den Schutz des Geschäftsherrn bezwecken.[61]

30.1　Zu den **erstattungsfähigen Aufwendungen** zählen vor allem diejenigen freiwilligen Vermögensopfer, die der Geschäftsführer zum Zweck der Ausführung des Geschäfts erbracht hat, wie etwa Auslagen für Reisen, Telefonate, Porto, Prozesskosten (vgl. BGH v. 25.10.1989 - VIII ZR 105/88 - BGHZ 109, 39; BGH v. 10.11.1993 - VIII ZR 119/92 - juris Rn. 30 - LM BGB § 535 Nr. 141/142 (4/1994)), oder die Tilgung von Schulden des Geschäftsherrn. Ferner kann er Ersatz für die Kosten des eingesetzten Personals und für die Maschinen verlangen (vgl. BGH v. 15.12.1975 - II ZR 54/74 - juris Rn. 13 - BGHZ 65, 384).

30.2　Auch Beerdigungskosten können im Wege der GoA erstattet werden. Problematisch ist dabei jedoch die Frage nach der Person des Geschäftsherrn. Nach dem III. Senat des BGH ist nicht derjenige als Geschäftsherr anzusehen, der letztlich die Beerdigungskosten zu tragen hat – also i.d.R. der Erbe gem. § 1968 BGB – sondern derjenige, der nach Maßgabe des jeweils anwendbaren Landesbestattungsgesetzes bestattungspflichtig ist (vgl. BGH v. 17.11.2011 - III ZR 53/11 - FamRZ 2012, 220 mit Anm. *Fehrenbacher*, LMK 2012, 328636; zur Bestattung durch öffentlich-rechtliche Verpflichtete, *Ruschmeier*, NDV 2010, S. 46). Somit ist die Durchführung der Bestattung kein Geschäft des Erben. Ein entgegenstehender Wille des Geschäftsherrn ist zudem nach § 679 BGB unbeachtlich, da an der alsbaldigen Beerdigung des Verstorbenen ein dringendes öffentliches Interesse besteht. Ob das Totenfürsorgerecht eine Rechtspflicht oder lediglich eine Berechtigung darstellt und die Bestattungspflicht daher eine öffentlich-rechtliche Verpflichtung ist, hat der BGH dabei ausdrücklich offen gelassen. Der IV. Senat des BGH geht in einem Hinweisbeschluss hingegen ausdrücklich von einer solchen Pflicht aus und billigt demjenigen, der die Beerdigung eines Verstorbenen veranlasst hat, einen Anspruch gegen den totenfürsorgeberechtigten und -verpflichteten Angehörigen zu, selbst wenn dieser nicht Erbe geworden ist; § 1968 BGB entfalte auch hier keine Sperrwirkung (vgl. BGH v. 14.12.2011 - IV ZR 132/11; kritisch *Gutzeit/Vrban*, NJW 2012, 1630, 1633).

---

[54] BGH v. 09.02.1951 - I ZR 35/50 - LM Nr. 1 zu § 285 BGB.

[55] *Berg*, NJW 1972, 1117-1119, 1118; *Bergmann* in: Staudinger, § 683 Rn. 49; *Beuthien* in: Soergel, § 683 Rn. 7; anders aber BGH v. 09.02.1951 - I ZR 35/50 - LM Nr. 1 zu § 285 BGB, allerdings ohne Begründung.

[56] BGH v. 25.10.1989 - VIII ZR 105/88 - BGHZ 109, 39; BGH v. 10.11.1993 - VIII ZR 119/92 - juris Rn. 30 - LM BGB § 535 Nr. 141/142 (4/1994).

[57] Als Geschäftsherr ist nicht derjenige anzusehen, der letztlich die Beerdigungskosten zu tragen hat – also i.d.R. der Erbe – sondern derjenige, der nach Maßgabe des jeweils anwendbaren Landesbestattungsgesetzes bestattungspflichtig ist, vgl. BGH v. 17.11.2011 - III ZR 53/11 - FamRZ 2012, 220 mit Anm. *Fehrenbacher*, LMK 2012, 328636; *Ruschmeier*, NDV 2010, 46. Die Bestattungskosten können auch vom totenfürsorgeberechtigten und -verpflichteten Angehörigen verlangt werden, selbst wenn dieser nicht für die Bestattung gesorgt hat und zudem nicht Erbe geworden ist; § 1968 BGB entfaltet dabei keine Sperrwirkung, vgl. dazu BGH v. 14.12.2011 - IV ZR 132/11. *Roth*, NJW-Spezial 2011, 103; für den Fall, dass ein Familienteil die Erbschaft ausschlägt, besteht kein Anspruch der Erben gegen diesen aus GoA, AG Bremen v. 09.07.2009 - 5 C 21/09 - *Mleczko*, jurisPR-FamR 3/2010, Anm. 6; zustimmend *Reetz*, FamFR 2010, 79-81; Bestattung durch öffentlichrechtlich Verpflichtete.

[58] BGH v. 15.12.1975 - II ZR 54/74 - juris Rn. 13 - BGHZ 65, 384.

[59] BGH v. 21.12.1978 - VII ZR 91/77 - LM Nr. 37 zu § 683 BGB; so auch das KG v. 12.03.2009 - 22 U 39/06; dazu *Kaubisch/Legradi*, StudZR 2009, 565, 571 f.

[60] BGH v. 31.05.1990 - VII ZR 336/89 - juris Rn. 11 - BGHZ 111, 308; BGH v. 30.04.1992 - III ZR 151/91 - juris Rn. 27 - BGHZ 118, 142.

[61] BGH v. 31.05.1990 - VII ZR 336/89 - BGHZ 111, 308; OLG Düsseldorf v. 30.10.1992 - 22 U 73/92 - NJW-RR 1993, 476; OLG Hamm v. 13.05.1993 - 17 U 45/92 - NJW-RR 1993, 1175 (§ 5 HOAI).

Besuchskosten naher Angehöriger eines Unfallverletzten sind zu ersetzen, wenn sie sich in einem angemessenen Umfang bewegen (vgl. BGH v. 21.12.1978 - VII ZR 91/77 - LM Nr. 37 zu § 683 BGB; so auch kürzlich das KG v. 12.03.2009 - 22 U 39/06; dazu auch *Kaubisch/Legradi*, StudZR 2009, 565, 571 f). **Nicht zu ersetzen** sind die Aufwendungen, die aus Anlass von verbotenen oder sittenwidrigen Tätigkeiten entstanden sind (vgl. BGH v. 31.05.1990 - VII ZR 336/89 - juris Rn. 11 - BGHZ 111, 308; BGH v. 30.04.1992 - III ZR 151/91 - juris Rn. 27 - BGHZ 118, 142), oder bei denen Vorschriften nicht beachtet wurden, die den Schutz des Geschäftsherrn bezwecken (vgl. BGH v. 31.05.1990 - VII ZR 336/89 - BGHZ 111, 308; OLG Düsseldorf v. 30.10.1992 - 22 U 73/92 - NJW-RR 1993, 476; OLG Hamm v. 13.05.1993 - 17 U 45/92 - NJW-RR 1993, 1175 (§ 5 HOAI)). 30.3

Treffen Fremd- und Eigengeschäftsführung zusammen (**Handeln im Doppelinteresse**), muss geprüft werden, ob sich die Aufwendungen gegenständlich voneinander abgrenzen lassen. Der Geschäftsführer hat nämlich nur Anspruch auf Ersatz derjenigen Aufwendungen, die er mit Fremdgeschäftsführungswillen getätigt hat. Bei gleichgewichtigen Interessen führt dies zu einer hälftigen Teilung.[62] Sind die Aufwendungen aufzuteilen, ist auf das Gewicht der Verantwortlichkeit, die Interessen und die Vorteile abzustellen.[63] Liegt der unmittelbare, wesentliche Vorteil beim Geschäftsherrn, hat er die Aufwendungen vollständig zu ersetzen. 31

Mehrere Geschäftsherrn haften als Gesamtschuldner nach den allgemeinen Vorschriften der §§ 421-431 BGB. Jedoch besteht im Hinblick auf den Anspruch auf Aufwendungsersatz für die Geschäftsherren keine Gesamtschuldnerhaftung, wenn mehrere Autohäuser wettbewerbswidrig in einer Gemeinschaftsanzeige werben und deshalb einzeln abgemahnt werden.[64] Bei teilbarer Geschäftsbesorgung haften mehrere Geschäftsherren daher anteilig, bei Unteilbarkeit liegt Gesamtschuldnerschaft vor (§ 431 BGB).[65] 32

Auf Ansprüche des Geschäftsführers gegen den Geschäftsherrn auf Aufwendungsersatz ist § 817 Satz 2 BGB nicht anzuwenden.[66] 33

Im Anwendungsbereich des § 1613 BGB gelten die dortigen Schranken auch für einen Anspruch nach den §§ 683, 670 BGB.[67] Leistet also ein Elternteil an Stelle des anderen Unterhalts an ein eheliches Kind, unterliegt der Ausgleichsanspruch aus GoA familienrechtlichen Beschränkungen. 34

Neben seinen Aufwendungen erhält der Geschäftsführer aus den §§ 683, 670 BGB die erlittenen **tätigkeitsspezifischen bzw. risikotypischen Begleitschäden** ersetzt. Hierzu zählen die Schäden, die dadurch entstehen, dass sich eine in der Art der Geschäftsbesorgung liegende Gefahr realisiert hat, nicht jedoch diejenigen Schäden, die auf das allgemeine Lebensrisiko zurückzuführen sind.[68] Den Hinterbliebenen eines tödlich verunglückten Lebensretters steht gegen den Geretteten ein Entschädigungsanspruch nach den §§ 683, 670 BGB i.V.m. den §§ 844, 845 BGB analog zu. Die Beschränkung auf risikotypische Begleitschäden führt bei der Rettung von in Not geratenen Menschen oder von gefährdeten Sachen zum Ersatz der sog. Nothilfeschäden (vgl. Rn. 54) des Geschäftsführers. 35

II. Einzelfragen

Es ist nicht die Aufgabe des gesetzlichen Schuldverhältnisses der GoA, dem Geschäftsführer vertragsgleiche Gewinnchancen zu verschaffen. Der Aufwendungsersatzanspruch nach den §§ 683, 670 BGB gewährt dem Geschäftsführer grundsätzlich keinen **Anspruch auf Vergütung**.[69] Dies gilt auch dann, wenn er Aufwendungen ersetzt verlangen könnte, weil er einen anderen mit der entgeltlichen Geschäftsbesorgung im Interesse des Geschäftsherrn beauftragt hatte. Aufwendungsersatz für eigene Ar- 36

---

[62] BGH v. 15.12.1954 - II ZR 277/53 - juris Rn. 8 - BGHZ 16, 12.
[63] BGH v. 15.12.1954 - II ZR 277/53 - juris Rn. 8 - BGHZ 16, 12; BGH v. 18.09.1986 - III ZR 227/84 - juris Rn. 38 - BGHZ 98, 235; BGH v. 08.03.1990 - III ZR 81/88 - BGHZ 110, 313.
[64] AG Kassel v. 28.04.2004 - 415 C 7031/03 - WRP 2004, 1404.
[65] *Seiler* in: MünchKomm-BGB, § 683 Rn. 25a.
[66] BGH v. 31.01.1963 - VII ZR 284/61 - BGHZ 39, 87.
[67] OLG Düsseldorf v. 06.08.1980 - 5 UF 83/80 - NJW 1981, 1379; BGH v. 09.05.1984 - IVb ZR 84/82 - LM Nr. 19 zu § 1606 BGB.
[68] BGH v. 07.11.1960 - VII ZR 82/59 - BGHZ 33, 251; BGH v. 04.05.1993 - VI ZR 283/92 - LM BGB § 823 (C) Nr. 69 (9/1993); *Bergmann* in: Staudinger, § 683 Rn. 62; zur dogmatischen Herleitung vgl. *Seiler* in: MünchKomm-BGB, § 683 Rn. 19 m.w.N.; ablehnend *Müller*, ZGS 2010, 538, 540 f.; vgl. ferner die Kommentierung zu § 670 BGB.
[69] A.A. *Seiler* in: MünchKomm-BGB, § 683 Rn. 24, 25; differenzierend *Köhler*, JZ 1985, 359-365, 361; *Bergmann* in: Staudinger, § 683 Rn 60.

§ 683

beit steht dem Geschäftsführer daher nur zu, wenn er anderweitigen Erwerb aufopfert und diesen Erwerbsausfall beziffern kann (§ 252 Satz 2 BGB). In entsprechender Anwendung des § 1835 Abs. 3 BGB wird eine Vergütung jedoch in den Fällen anerkannt, bei denen sich die Geschäftsführung im Rahmen der beruflichen oder gewerblichen Tätigkeit des Geschäftsführers bewegt.[70] Dann werden neben der üblichen Vergütung auch die sog. Geschäftskosten ersetzt (Gemeinkostenzuschlag), denn anders als beim Auftrag liegt bei der GoA keine Unentgeltlichkeit vor. Allerdings ist § 241a BGB zu beachten (vgl. Rn. 6).

37 Im Rahmen von **Verstößen gegen das Wettbewerbsrecht** (UWG) kam früher dem Anspruch nach den §§ 683 Satz 1, 677, 670 BGB eine erhebliche Bedeutung zu. Der Abmahner konnte unter bestimmten Voraussetzungen Ersatz seiner vorprozessualen Abmahnkosten auf der Grundlage dieses gesetzlichen Schuldverhältnisses verlangen.[71] Die Rechtsprechung stützte sich darauf, dass vom Gesetzgeber in § 13 Abs. 5 UWG a.F. der „Anspruch auf Ersatz von Aufwendungen" anerkannt worden war. Dabei stieß die Rechtsprechung auf Kritik in der Literatur, die vor allem dogmatische Bedenken geltend machte.[72] Es wurde den Gerichten vorgeworfen, diese würden die Anwendungsgrundsätze der GoA überdehnen und die geltenden Prinzipien des Ersatzes vor- und außerprozessualer Kosten missachten.

38 Mittlerweile hat durch die **Normierung der Kostentragungspflicht** in § 12 Abs. 1 Satz 2 UWG der schuldrechtliche Anspruch seine Bedeutung verloren. Der Gesetzgeber hat so die Ansicht der Rechtsprechung gestützt, die seit jeher versucht hatte, die mit dem Kostenerstattungsanspruch verbundene Missbrauchsgefahr einzudämmen.[73] Die Kosten für eine wettbewerbsrechtliche Abmahnung sind nur noch nach dieser Vorschrift erstattungsfähig. Der Umfang des Anspruchs ist auf die erforderlichen Aufwendungen begrenzt, die im Zusammenhang mit der Abmahnung stehen und ist mit dem des § 670 BGB identisch.[74]

39 Mit § 97a UrhG wurde am 01.09.2008 für Abmahnungen i.R.v. **Urheberrechtsverletzungen** eine spezialgesetzliche Regelung eingeführt.[75] Seither ist ein Rückgriff auf die allgemeinen Regeln der GoA nicht länger möglich. Handelt es sich jedoch um einen Anspruch aus Marken-, Patent- oder Presserechtsverletzung, findet weder § 12 Abs. 1 Satz 2 UWG noch § 97a UrhG Anwendung; diese Vorschriften sind auch nicht analogiefähig. Mangels spezialgesetzlicher Sonderregelungen erfolgt hier die Erstattung der Abmahnkosten weiterhin unter Rückgriff auf die Grundsätze der GoA.[76] Dies setzt voraus, dass dem Abmahnenden gegenüber dem Abgemahnten zum Zeitpunkt der Abmahnung der geltend gemachte Anspruch zustand und die Abmahnung dem Abgemahnten die Möglichkeit bot, eine gerichtliche Auseinandersetzung auf kostengünstigere Weise abzuwenden.[77]

40 Für eine Abmahnung, die erst nach Erlass einer einstweiligen Verfügung ausgesprochen worden ist, verwehrt der BGH einen Aufwendungsersatzanspruch aus GoA. Eine solche Abmahnung würde nicht im Interesse des Abgemahnten liegen, da dieser den Rechtsstreit selbst durch eine Unterwerfungserklä-

---

[70] BGH v. 15.12.1975 - II ZR 54/74 - juris Rn. 13 - BGHZ 65, 384; BGH v. 29.04.1977 - V ZR 236/74 - BGHZ 69, 34; BGH v. 30.09.1993 - VII ZR 178/91 - LM BGB § 677 Nr. 32 (2/1994); BGH v. 21.10.1999 - III ZR 319/98 - juris Rn. 21 - BGHZ 143, 9; *Beuthien* in: Soergel, § 683 Rn. 11; weitgehend *Dornis* in: Erman, § 683 Rn. 13, der auch für nicht gewerblich oder beruflich Tätige eine Entlohnung in Höhe des Marktwertes ihrer Leistung in Erwägung zieht.

[71] BGH v. 15.10.1969 - I ZR 3/68 - juris Rn. 13 - BGHZ 52, 393.

[72] Nach *Einsiedler*, WRP 2003, 354-356, 354, kann Ersatz von Abmahnkosten nicht nach dem Recht der GoA verlangt werden, weil es sich bei der Abmahnung schon nicht um ein Geschäft des Verletzers handele und die Abmahnung auch nicht im Interesse des Verletzers liege.

[73] *Bornkamm* in: Köhler/Bornkamm, § 12 Rn. 1.77; *Ottofülling* in: MünchKomm-UWG, § 12 Rn. 134 ff.

[74] *Loschelder* in: Gloy/Loschelder/Erdmann, § 92 Rn. 4.

[75] Vgl. dazu *Dreier* in: Dreier/Schulze, § 97a Rn. 1 f. sowie *Kefferpütz* in: Wandtke/Bullinger, § 97a Rn. 1 f.; zur alten Rechtslage: BGH v. 17.07.2008 - I ZR 219/05; OLG Köln v. 23.12.2009 - 6 U 101/09 - K&R 2010, 131-133; LG Düsseldorf v. 19.01.2011 - 23 S 359/ 09 mit Anm. *Schröder*, MMR 2011, 328.

[76] *Ottofülling* in: MünchKomm-UWG, § 12 Rn. 145; OLG Hamm v. 26.05.2009 - 4 U 223/08; OLG Hamburg v. 19.07.2007 - 3 U 241/06; die durch die zusätzliche Mitwirkung eines Patentanwalts entstandenen Kosten werden nur ersetzt, wenn diese erforderlich sind, d.h. Aufgaben übernommen werden, die zum typischen Arbeitsgebiet eines Patentanwalts gehören, vgl. dazu BGH v. 24.02.2011 - I ZR 181/09 - GRUR 2011, 754-757; kritisch dazu *Möller*, MittdtschPatAnw 2011, 399-404.

[77] M.w.N. BGH v. 09.11.2011 - I ZR 150/09 - GRUR 2012, 304-309.

rung nicht mehr vermeiden könne. Zweck der Abmahnung sei es aber gerade, dem Schuldner, der sich nicht streitig stellt, eine Möglichkeit zu geben, den Streit kostengünstig beizulegen. Dies ermögliche eine nachgeschaltete Mahnung aber gerade nicht.[78]

Bedeutung erlangt die Frage nach Anwendung der GoA-Vorschriften zunehmend im Falle der sog. **Gegenabmahnung**.[79] So wird demjenigen, der zu Unrecht abgemahnt wird, ein Anspruch gegen den Abmahnenden gem. § 678 BGB auf Ersatz seiner (Rechtsanwalts-) Kosten für eine Gegenabmahnung zugestanden, wenn ein Übernahmeverschulden vorliegt. Ein derartiges Übernahmeverschulden kann angenommen werden, wenn der Geschäftsführer bei der Übernahme des Geschäfts den entgegenstehenden Willen des Geschäftsherrn erkannt oder infolge Fahrlässigkeit nicht erkannt hat (§ 122 Abs. 2 BGB). Im Hinblick auf die im Verkehr erforderliche Sorgfalt ist das Maß an Umsicht und Sorgfalt erforderlich, welches nach dem Urteil besonnener und gewissenhafter Angehöriger des betreffenden Verkehrskreises von dem in seinen Angelegenheiten Handelnden zu verlangen ist.[80] 41

Im Wege einer Gegenabmahnung ist das Handeln des Abgemahnten ausnahmsweise dann vom Abmahnenden **veranlasst worden**, wenn die ausgesprochene Abmahnung in rechtlicher und tatsächlicher Hinsicht auf nicht zutreffenden Annahmen beruht und durch eine Richtigstellung derselben die ausgesprochene Abmahnung zurückgenommen werden kann, oder wenn der Abmahnende trotz Ankündigung seine Forderung während eines längeren Zeitraums nicht gerichtlich geltend macht.[81] 42

Anwaltskosten sind dann zu ersetzen, wenn das Einschalten eines Rechtsanwalts erforderlich war. Auszugehen ist dabei von dem mutmaßlichen Willen (§ 683 BGB) des Abgemahnten, die Aufwendungen für eine Abmahnung möglichst gering zu halten. Eine Erstattung entfällt aber, wenn ein Rechtsanwalt sich selbst ein Mandat zu einer Abmahnung erteilt, um wettbewerbsrechtliche Ansprüche aufgrund eines typischen und unschwer zu erkennenden Verstoßes gegen das Wettbewerbsverbot geltend zu machen.[82] Ebenso wenig kann ein Unterlassungsgläubiger Aufwendungen für Anwaltskosten einer Abmahnung verlangen, wenn die Rechtsabteilung seines Unternehmens die einfach gelagerte Sache hätte auch selbst bearbeiten können.[83] In der Literatur ist dieser Ansatz auf Kritik gestoßen. So wird vorgebracht, dass die Begriffe „typisch" und „unschwer" zu unbestimmt seien. Ferner lägen unterschiedliche Interessenlagen zwischen Unternehmen mit eigener Rechtsabteilung und Anwälten vor, eine objektive Vergleichsmöglichkeit zwischen diesen beiden Gruppen existiere zudem nicht.[84] Der BGH lehnt überdies auch eine Erstattung der außergerichtlichen Rechtsanwaltskosten des zu Unrecht in Anspruch Genommenen über den bei berechtigten Abmahnungen anerkannten Aufwendungsersatzanspruch ab.[85] Ein mutmaßlicher Wille bzw. das Interesse der Gegenseite, die durch die Hinzuziehung des Rechtsanwalts entstehenden Kosten zu tragen, könne nicht angenommen werden.[86] Ebenso wird eine Erstattung der sog. fiktiven, d.h. nicht tatsächlich angefallenen Abmahnkosten abgelehnt. Ein etwaiger Ersatz der Mahngebühren kann nicht pauschal in gesetzlicher Höhe erfolgen, sondern nur soweit Anwaltskosten de facto entstanden sind.[87] Eine Abrechnung auf Grundlage des RVG scheidet damit jedenfalls aus, sofern tatsächlich eine Vergütungsvereinbarung auf Stundenhonorarbasis getroffen wurde, die hinsichtlich der berechneten (Anwalts-)Kosten unterhalb des RVG-Satzes liegt. Ein Ersatz 43

---

[78] BGH v. 07.10.2009 - I ZR 216/07; zustimmend *Teplitzky*, LMK 2010, 298094
[79] Vgl. hierzu OLG München v. 08.01.2008 - 29 W 2738/08 - WRP 2008, 1384-1387.
[80] Vgl. hierzu LG Hamburg v. 21.11.2008 - 310 S 1/08; zur Kostenerstattung für eine Gegenabmahnung nach unberechtigter Abmahnung OLG Hamm v. 03.12.2009 - 4 U 149/09 sowie Urt. v. 18.02.2010 - 4 U 158/09.
[81] AG Bad Homburg v. 11.01.2005 - 2 C 1939/05 (18), 2 C 1939/05.
[82] BGH v. 06.05.2004 - I ZR 2/03 - WRP 2004, 903; BGH v. 12.12.2006 - VI ZR 175/05 - BB 2007, 351.
[83] AG Kaiserslautern v. 16.04.2004 - 3 C 2565/03 - GRUR-RR 2005, 39; zum Ersatz für ein Abschlussschreiben vgl. LG München v. 23.06.2010 - 33 O 24335/09 - MDR 2011, 573-574.
[84] *Schneider*, AGS 2004, 314; anders *Beyerlein*, EWiR 2004, 841-842 und *Weidert*, AnwBL 2004, 595-596, wobei Letzterer darauf aufmerksam macht, dass die Entscheidung des BGH nur die außergerichtliche Verfolgung von Rechtsverstößen betrifft, und dass in der Neufassung des § 12 Abs. 1 Satz 2 UWG die Kostenerstattungspflicht nunmehr ausdrücklich geregelt ist.
[85] Hierzu BGH v. 12.12.2006 - VI ZR 224/05 - JurBüro 5/2007, 249 ff.; vgl. hingegen zur Ersatzfähigkeit der Verteidigungskosten aus § 678 BGB im Falle einer unberechtigten Schutzrechtsverwarnung die Ausführungen bei *Steinberg/Jaeckl*, MarkenR 2008, 365, 370 f.
[86] Vgl. hierzu *Wolf*, JurBüro 2008, 396, 398 f.
[87] OLG Hamburg v. 12.11.2008 - 5 U 245/07; ebenso OLG München v. 05.10.2006 - 29 U 3143/06.

§ 683

44 der darüber hinausgehenden (RVG-)Gebühren käme einer unzulässigen Erstattung fiktiver Aufwendungen gleich und ist daher zu untersagen.[88]

44 Im Gegensatz zu den Mitbewerbern müssen Wettbewerbsvereine und Fachverbände nach § 8 Abs. 3 Nr. 2 UWG sachlich und personell zur **selbstständigen Bearbeitung** durchschnittlich schwieriger Abmahnungen in der Lage sein, um ihren Satzungszweck erfüllen zu können.[89] Diesen Grundsatz, dessen Zweck die Unterbindung einer durch Kosteninteressen begründeten Abmahntätigkeit eines mit einem Verband zusammenarbeitenden Rechtsanwalts ist, festigte der BGH in seinem Kräuterteeurteil. Im zugrunde liegenden Fall wurde dem Schuldner zuerst eine Abmahnung vom Wettbewerbsverband ausgesprochen. Der ohne Reaktion gebliebenen ersten Mahnung folgte eine zweite vom Rechtsanwalt des Klägers. Zweimal auf denselben Rechtsverstoß hingewiesen zu werden, entspreche aber nicht dem Interesse und mutmaßlichen Willen des Schuldners, weshalb ein Anspruch auf Erstattung der Anwaltskosten nach Ansicht des 1. Zivilsenats ausscheidet.[90]

45 Aufwendungsersatzansprüche können bei **Selbsthilfemaßnahmen** entstehen, die Eigentumsstörungen beseitigen sollen. Dem unmittelbaren Grundstücksbesitzer, der ein auf seinem Privatgrundstück **unbefugt abgestelltes Fahrzeug abschleppen lässt**, steht gegen den Fahrzeugführer ein Schadensersatzanspruch auf Zahlung der Abschleppkosten aus § 823 Abs. 2 BGB i.V.m. § 858 Abs. 1 BGB zu.[91] Das unbefugte Abstellen des Fahrzeuges stellt verbotene Eigenmacht i.S.v. § 858 Abs. 1 BGB dar. Die Frage, ob es sich dabei um eine Besitzstörung oder Besitzentziehung handelt, hat der BGH ausdrücklich offen gelassen. Somit bleibt auch ungewiss, ob sich das Selbsthilferecht des unmittelbaren Grundstücksbesitzers zur Beseitigung der Besitzbeeinträchtigung aus § 859 Abs. 1 BGB oder § 859 Abs. 3 BGB ergibt. Ausdrücklich hat der BGH hingegen klargestellt, dass das Selbsthilferecht dem Verhältnismäßigkeitsgrundsatz sowie dem Grundsatz von Treu und Glauben unterliegt. Dass im konkreten Fall das Fahrzeug nicht behindernd geparkt wurde und zudem andere freie Parkplätze vorhanden waren, ist für die Zulässigkeit der Maßnahme allerdings nicht von Relevanz. Auch die Delegation des Abschleppens an ein externes Abschleppunternehmen steht der Rechtmäßigkeit der Selbsthilfe nicht entgegen. Diese Entscheidung des BGH hat in der Literatur Kritik hervorgebracht.[92] Insbesondere mag die fehlende Differenzierung zwischen Besitzstörung und Besitzentziehung nicht zu überzeugen, da die Absätze 1 und 3 des § 859 BGB unterschiedliche Anforderungen an die Ausübung der Gewaltrechte stellen.

46 Derartige Selbsthilfemaßnahmen werden von der Rechtsprechung zudem grundsätzlich auch als eine gegenüber dem Störer berechtigte GoA angesehen.[93] Bei der Beantwortung der Frage, ob die durch das Abschleppen verbotswidrig abgestellter Fahrzeuge entstehenden Kosten nach der GoA ersetzt werden können, ist zwischen drei Fallgruppen zu trennen: Zunächst ist zu unterscheiden, ob der PKW ausschließlich entgegen einer privatrechtlichen Nutzung abgestellt wurde oder ob das Parken des Fahrzeugs darüber hinaus gegen öffentlich-rechtliche Vorschriften verstößt. Schließlich sind Fälle anzutreffen, in denen es um die Ersatzfähigkeit der Kosten eines zwischengeschalteten Dienstleistungsunternehmens geht.

47 Steht das Parken eines Fahrzeugs im **Widerspruch zu einem privatrechtlichen Interesse**, kommt ein Anspruch des Abschleppunternehmens für die Kosten des Entfernens nur nach § 683 BGB in Betracht.[94] Zwar verfolgt der Eigentümer, der den PKW selbst entfernt, ein fremdes Geschäft mit Fremdgeschäftsführungswillen.[95] Hinsichtlich der eigenen Ansprüche des Abschleppunternehmers ist hingegen umstritten, ob er in dem Bewusstsein handelt, für den Fahrzeugführer oder -halter zu handeln. Aufgrund seiner Tätigkeit macht er regelmäßig seine eigenen Forderungen gegen den Falschparker in

---

[88] Vgl. OLG München v. 05.10.2006 - 29 U 3143/06.
[89] *Loschelder* in: Gloy/Loschelder/Erdmann, § 92 Rn. 9; *Bornkamm* in: Köhler/Bornkamm, § 12 Rn. 1.97; *Ottofülling* in: MünchKomm-UWG, § 8 Rn. 349 ff.
[90] BGH v. 21.01.2010 - I ZR 47/09 - NSW BGB § 683; zustimmend *Hess* in: jurisPR-WettbR 5/2010, Anm. 4; kritisch *Möller* in: AnwBl 2010, 351 f.
[91] BGH v. 05.06.2009 - V ZR 144/08 - BGHZ 181, 233-242. Zur Erstattung von Kosten, die im Zusammenhang mit der Abschleppmaßnahme stehen, vgl. BGH v. 02.12.2011 - V ZR 30/11 - JuS 2012, 358-359.
[92] Vgl. dazu *Toussaint* in: jurisPR-BGHZivilR 16/2009, Anm. 1; *Wilhelm*, LMK 2009, 291008.
[93] BGH v. 15.12.1977 - III ZR 159/75 - NJW 1978, 1258.
[94] Vgl. hierzu AG Wedding v. 06.12.2007 - 17 C 357/07 - MM 2008, S. 298; ferner *Allmannsberger*, DAR 2007, 393; *Stöber*, DAR 2006, 486-490, 488; AG Essen v. 06.12.2001 - 136 C 159/01 - DAR 2002, 131; zur Möglichkeit der Abwehr beim Abschleppen von privaten Parkplätzen *Petzoldt*, SchAZtg 2010, 129-132.
[95] *Sprau* in: Palandt, BGB, § 677 Rn. 6.

Form des Inkassos geltend. Der eigentliche Auftraggeber soll von Anfang an von sämtlichen Kosten freigestellt werden. Die Tätigkeit geht letztlich ausschließlich den Geschäftsführer an, weshalb kaum anzunehmen ist, dieser handele in dem Bewusstsein, ein auch fremdes Geschäft zu führen. Vielmehr überwiegt die Gewinnerzielungsabsicht gegenüber den Interessen des Fahrzeugführers bzw. -halters derart, dass der Fremdgeschäftsführungswille vollständig zurücktritt. Fraglich ist zudem, ob seine Geschäftsführung dem mutmaßlichen Interesse und Willen des Führers des parkenden Fahrzeugs entspricht. In der Literatur wird zum Teil mit Blick auf die entstehenden Kosten argumentiert, es entspräche weder dem mutmaßlichen Willen noch dem Interesse (§ 683 Satz 1 BGB) des Verkehrssünders, das Fahrzeug zu entfernen.[96] Die Voraussetzungen des § 679 BGB dürften zudem regelmäßig nicht vorliegen. Das abstrakte Interesse der Gemeinschaft an der Erfüllung jeder Verpflichtung reiche dafür nicht aus.[97] Von den Gerichten wird daher teilweise der Nachweis eines konkreten Schadens für den Nutzungsberechtigten gefordert, wie etwa bei der Behinderung einer Ladezone.[98] Andere Gerichte verlangen, dass durch die Abschleppmaßnahme ein Schaden verhindert wird, der aller Voraussicht nach höher ist als die Kosten der Abschleppmaßnahme, und dass der Falschparker dafür materiell ersatzpflichtig wäre. Ansonsten fehlen das Interesse und der mutmaßliche Wille.[99]

Verstößt das Parken des Fahrzeugs darüber hinaus **gegen öffentlich-rechtliche Vorschriften** (Feuerwehrzufahrt), steht das Interesse des Nutzungsberechtigten im Vordergrund, die Fläche von Verstößen gegen die öffentliche Sicherheit frei zu halten. In dieser Konstellation werden weder eine größere Wartepflicht noch eine Angemessenheitsprüfung gefordert. Es wird zudem regelmäßig dem mutmaßlichen Interesse und dem Willen des Geschäftsherrn entsprechen, ihn von drohenden Gefahren für die öffentliche Sicherheit zu befreien. Ein entgegenstehender Wille des Falschparkers ist daher nach § 679 BGB unbeachtlich.[100]   48

In jüngster Zeit wird schließlich über die **Ersatzfähigkeit der Kosten eines zwischengeschalteten Dienstleistungsunternehmens** diskutiert. Dem liegt zumeist folgende Geschäftspraxis zugrunde: Das vom Grundstückseigentümer beauftragte Dienstleistungsunternehmen wacht über das Objekt mit eigenem Personal. Dieses beauftragt ein Abschleppunternehmen, das dem Dienstleister die Kosten für die Abschleppmaßnahme berechnet. Dem Falschparker werden sodann neben den Kosten für die Abschleppmaßnahme auch die Kosten des Dienstleistungsunternehmens berechnet, die durch die ständige Bewachung des Parkplatzes entstehen. Diese Kosten (etwa Personaleinsatz, Zuschläge, Beweissicherungskosten, Ermittlungskosten oder Mahnpauschalen) der Mühewaltung sind von den erforderlichen Abschleppkosten zu trennen. Sie sind nicht nach den Grundsätzen der GoA ersetzbar. Es fehlt am Interesse des Fahrzeugführers bzw. -halters.[101]   49

Teilweise wird jedoch die Auffassung vertreten, das fehlende (subjektive) Interesse an der Entstehung der Kosten sei ohne Belang. Die Kostentragungspflicht sei lediglich die Rechtsfolge, nicht aber stelle sie eine Anspruchsvoraussetzung dar.[102] Als problematisch erweist sich dann aber eine andere Anspruchsvoraussetzung: die Übereinstimmung der Berechtigung der Geschäftsführung mit dem wirklichen oder mutmaßlichen Willen des Geschäftsherrn. Mangels Feststellbarkeit des wirklichen Willens kann in vorliegenden Fallkonstellationen allenfalls ein Rückschluss vom objektiven Interesse auf den mutmaßlichen Willen erfolgen. Der mutmaßliche Wille des Fahrzeugführers bzw. -halters wird allerdings schwerlich ein kostenpflichtiges Entfernen seines Kfz umfassen.[103] Eine Ersatzpflicht könnte dennoch angenommen werden, wenn der entgegenstehende Wille ausnahmsweise unbeachtlich wäre.   50

---

[96] A.A. AG Halle (Saale) v. 30.01.2008 - 93 C 3227/07, welches in der Beseitigung der Besitzstörung i.S.d. § 1004 BGB den mutmaßlichen Willen des KFZ-Führers sieht.

[97] Vgl. etwa *Dornis* in: Erman, § 683 Rn. 4; *Martinek/Theobald*, JuS 1997, 805-811, 808 f.; dieser Ansicht folgend AG Hamburg-Altona v. 06.06.2006 - 316 C 43/05 - DAR 2008, 92-95; a.A. *Koch*, NZV 2010, 336-340, 339 f.

[98] Vgl. AG Berlin-Wedding v. 01.10.1990 - 6 C 443/90 - NJW-RR 1991, 353; *Woitkewitsch*, MDR 2005, 1023-1027, 1024, 1026.

[99] AG Frankfurt v. 05.01.1990 - 31 C 4029/89-16 - NJW-RR 1990, 731; AG Hamburg-Altona v. 06.06.2006 - 316 C 43/05 - DAR 2008, 92-95; *Baldringer/Jordans*, NZV 2005, 75-81, 75.

[100] *Allmannsberger*, DAR 2007, 393, 394; LG München v. 17.03.2005 - 6 S 21870/04 - DAR 2006, 217.

[101] AG München v. 08.03.2007 - 141 C 22154/06 - DAR 2007, 392; ebenso LG Mühlhausen v. 23.11.2006 - 1 S 119/06 - das bereits den Zusammenhang zwischen Entstehung der Kosten und dem Tätigwerden des Dienstleistungsunternehmens verneint; umfassend zur gesamten Problematik *Stöber*, DAR 2008, 72-77.

[102] AG Frankfurt a.M. v. 06.10.1989 - 30 C 1949/89-81 - NJW 1990, 917; vgl. *Janssen*, NJW 1995, 624; *Lorenz*, NJW 2009, 1025, 1027.

[103] Vgl. wiederum bei *Lorenz*, NJW 2009, 1025, 1027.

§ 683

Eine Unbeachtlichkeit des (mutmaßlichen) Willens kommt in Betracht, wenn ohne die Erfüllung der Geschäftsführung eine Pflicht unerfüllt bliebe, die im öffentlichen Interesse liegt, vgl. § 679 BGB. Dies kann beispielsweise für den Fall des Parkens im Bereich von Feuerwehranfahrtszonen angenommen werden. Laut *Lorenz* müsse ein derartiges öffentliches Interesse aber auch für das Abstellen von Kfz im Bereich von Kundenparkplätzen bzw. sonstigen Stellplätzen auf Privatgrund anzunehmen sein. Der maßgebliche Verstoß gegen die öffentliche Sicherheit und Ordnung sei dabei in der planmäßigen und bewussten Nutzung von fremdem Eigentum bzw. fremdem Besitz zum Zwecke des Abstellens von Kfz zu sehen. Für die Annahme eines dahingehenden öffentlichen Interesses spreche nicht zuletzt die baurechtliche Verpflichtung der Verbrauchermärkte, Kundenparkplätze einzurichten.[104] Im Übrigen stellten die in Rede stehenden Verhaltensweisen einen Verstoß gegen § 1 Abs. 2 StVO dar.

51 Hinsichtlich des sich aus § 683 Satz 2 BGB i.V.m. § 683 Satz 1 BGB ergebenden Anspruchsinhalts stellt sich darüber hinaus die Frage nach der **Erforderlichkeit der getätigten Aufwendungen**. Der Beauftragung eines spezialisierten Unternehmens zu angemessenen Tarifen stehen dabei keine grundsätzlichen Bedenken entgegen. Etwaige Ansprüche des Fahrers/Halters des Kfz beschränken sich auf die durch den Versetzungsvorgang erlangte Kenntnis über den Verbringungsort des Kfz, vgl. §§ 681 Satz 2, 667 Var. 2 BGB. Anspruchsgegner sind insoweit sowohl der Grundstücksbesitzer als Geschäftsherr als auch der Unternehmer des Dienstleistungsunternehmens selbst.[105]

52 Im Falle des **vorzeitigen**, d.h. vor Eintreffen des beauftragten Abschleppunternehmens erfolgenden Entfernens des Kraftfahrzeugs durch den Halter ist ein Ersatz der angefallenen Kosten abzulehnen.[106] Auf ein fehlendes Interesse des Fahrzeughalters bzw. -führers am Abschleppvorgang ist insoweit nicht einzugehen. Da es in besagten Fällen bereits am bloßen Tätigwerden des Abschleppunternehmens mangelt, d.h. das Fahrzeug tatsächlich nicht abgeschleppt wurde, fehlt es aus diesem Grund schon an einem etwaigen Geschäft des Halters gemäß der §§ 667, 683 BGB.[107]

53 Die Verweisung in § 994 Abs. 2 BGB greift die Unterscheidung zwischen den §§ 679, 683, 684 Satz 2 BGB auf der einen und § 684 Satz 1 BGB auf der anderen Seite auf. Soweit der **Fremdbesitzer** in berechtigter Geschäftsführung ohne Auftrag handelt, hat er ein Recht zum Besitz, so dass die §§ 994-1007 BGB ausscheiden. Der Eigenbesitzer, der sich für den Eigentümer hält, handelt nicht mit Fremdbesitzerwillen.

54 Besonderheiten sind in den sog. **Nothilfefällen** aufgrund der Vorschriften des SGB VII zu beachten. Nach den §§ 2 Abs. 1 Nr. 13a, 26-103 SGB VII besteht gesetzlicher Unfallversicherungsschutz für Personen, die bei Unglücksfällen, gemeiner Gefahr oder Not Hilfe leisten oder einen anderen aus erheblicher gegenwärtiger Gefahr für seine Gesundheit retten. Der Versicherungsschutz erstreckt sich nach § 13 Satz 1 SGB VII auf Sachschäden und auf die Aufwendungen, die diese Personen den Umständen nach für erforderlich halten durften. Die damit verbundenen Ansprüche des Geschäftsführers aus den §§ 683, 670 BGB gehen nach § 13 Satz 2 SGB VII i.V.m. § 116 SGB X kraft Gesetzes auf den Versicherungsträger über.[108] Dies gilt jedoch nicht für diejenigen Ansprüche, die auf den Ersatz der Körperschäden gerichtet sind. Dies folgt daraus, dass für die nach den §§ 26-103 SGB VII von der Unfallversicherung zu ersetzenden Körperschäden eine entsprechende Anwendung des § 116 SGB X nicht vorgesehen ist.[109] Die direkte Anwendung der Vorschrift scheitert daran, dass der Anspruch aus § 683 BGB kein echter Schadensersatzanspruch ist. Erhält der Geschäftsführer Versicherungsleistun-

---

[104] Zum Gesamten *Lorenz*, NJW 2009, 1025, 1027; ferner LG München I v. 17.03.2005 - 6 S 21870/04 - DAR 2006, 217.
[105] Zur Ausgestaltung des Inhalts der Ansprüche des Grundstücksbesitzers einerseits und derjenigen des Fahrers bzw. Halters andererseits ausführlich bei *Lorenz*, NJW 2009, 1025, 1027 ff.
[106] Hierzu LG Hamburg v. 06.02.2006 - 318 S 111/05.
[107] LG Hamburg v. 06.02.2006 - 318 S 111/05 - NJW 2006, 1601.
[108] Vgl. weiterführend zu einer möglichen Herleitung von Rückgriffs- bzw. Aufwendungsersatzansprüchen eines privaten Krankenversicherers gegen einen Träger der gesetzlichen Unfallversicherung gemäß der Grundsätze der GoA bei zeitgleichem Vorliegen eines GUV-Versicherungsfalles, vgl. dazu *Kural*, VersR 2009, 752 ff.; ferner LG München I v. 13.08.2008 - 10 O 10652/07.
[109] BGH v. 10.10.1984 - IVa ZR 167/82 - BGHZ 92, 270.

gen wegen erlittener Körperschäden nach den §§ 2 Abs. 1 Nr. 13a, 26-103 SGB VII, wird sein Anspruch auf Ersatz dieser Schäden aus den §§ 683, 670 BGB im Wege des Vorteilsausgleichs gekürzt.[110]

Wurde der Nothelfer von demjenigen, der eine Gefahrenlage durch eine rechtswidrige und schuldhafte Handlung herbeigeführt hat, zur Hilfeleistung „**herausgefordert**", kann er die erlittenen Schäden nach den Vorschriften über die unerlaubte Handlung ersetzt verlangen.[111] 55

Bei einer Nothilfe durch den Staat für den Fall, dass deutsche Staatsbürger im Ausland Opfer einer Geiselnahme werden und diese durch Lösegeldzahlung der Bundesrepublik Deutschland befreit werden sollten, soll sich für den Staat eine mögliche Anspruchsgrundlage gegenüber dem Befreiten auf Rückerstattung der geleisteten Lösegeldzahlung aus den §§ 683 Satz 1, 670 BGB ergeben.[112] 56

E. Prozessuale Hinweise

Der Geschäftsführer muss die Voraussetzungen des § 683 BGB beweisen. Meist wird es ausreichen, wenn der Geschäftsführer nachweist, dass die Geschäftsführung im Interesse des Geschäftsherrn liegt. Ein entsprechender Wille wird in einem solchen Fall vermutet. Beruft sich der Geschäftsherr dann auf einen abweichenden Willen, muss er diesen nachweisen.[113] 57

Richten sich Ansprüche aus § 683 BGB gegen ausländische Beklagte, ist zu prüfen, ob die internationale Zuständigkeit sich nach der EuGVVO bestimmt. Nach Auffassung des Oberlandesgerichts Köln besteht die internationale Zuständigkeit nach Art. 5 Nr. 1 und Nr. 3 EuGVVO nicht für Ansprüche aus den §§ 683, 677, 670 BGB. Ansprüche aus GoA gegen den Geschäftsherrn auf Erstattung von Aufwendungsersatz sind weder vertraglicher noch deliktischer Natur. Damit verneint das Oberlandesgericht eine weite Auslegung des Begriffs „Ansprüche aus Vertrag". Ansprüche aus GoA sind danach nicht als vertraglich oder vertragsähnlich anzusehen, weil sie nur in Betracht kommen, wenn ein Auftrag gerade nicht erteilt worden ist, mithin ein Vertrag oder auch eine vertragsähnliche Vereinbarung nicht zustande gekommen ist.[114] 58

---

[110] *Beuthien* in: Soergel, § 683 Rn. 9.
[111] BGH v. 30.06.1987 - VI ZR 257/86 - BGHZ 101, 215; vgl. ferner *Gehrlein*, VersR 1998, 1330-1334.
[112] So *Dahm*, NVwZ 2005, 172-174, der für den Erstattungsanspruch aber verfassungsrechtliche Grenzen annimmt. Wird die finanzielle Leistungsfähigkeit des Befreiten erreicht, soll eine Begrenzung der Erstattungspflicht im Sozialstaatsprinzip nach Art. 20 Abs. 1 GG liegen. Anders *Göres*, NJW 2004, 1909-1913, der für einen solchen Fall sämtliche Ansprüche des Staates – gerade im Hinblick auf das Konsulargesetz (KonsG) – gegen den Befreiten verneint.
[113] *Gehrlein* in: Bamberger/Roth, § 684 Rn. 4.
[114] OLG Köln v. 13.05.2009 - 6 U 217/08 - Magazindienst 2010, 210-212.

§ 684 BGB Herausgabe der Bereicherung

(Fassung vom 02.01.2002, gültig ab 01.01.2002)

¹Liegen die Voraussetzungen des § 683 nicht vor, so ist der Geschäftsherr verpflichtet, dem Geschäftsführer alles, was er durch die Geschäftsführung erlangt, nach den Vorschriften über die Herausgabe einer ungerechtfertigten Bereicherung herauszugeben. ²Genehmigt der Geschäftsherr die Geschäftsführung, so steht dem Geschäftsführer der im § 683 bestimmte Anspruch zu.

Gliederung

A. Grundlagen 1	2. Abdingbarkeit 12
B. Praktische Bedeutung 3	II. Haftung des unberechtigten Geschäfts-
C. Anwendungsvoraussetzungen 4	führers 13
I. Haftung des Geschäftsherrn nach Be-	III. Genehmigung durch den Geschäftsherrn
reicherungsrecht (Satz 1) 4	(Satz 2) 15
1. Typische Fallkonstellationen 10	D. Prozessuale Hinweise 22

A. Grundlagen

1 § 684 BGB verdeutlicht einen wesentlichen Unterschied zwischen der berechtigten und der unberechtigten GoA. Hat der Geschäftsführer mit Fremdgeschäftsführungswillen gehandelt, entspricht seine Geschäftsbesorgung aber nicht dem Interesse und/oder dem Willen des Geschäftsherrn und liegt auch kein Fall der Unbeachtlichkeit des Willens des Geschäftsherrn vor (§ 679 BGB), sind die Voraussetzungen des § 683 BGB nicht gegeben. Dem unberechtigten Geschäftsführer steht kein Anspruch auf Aufwendungsersatz zu. Nach § 684 Satz 1 BGB haftet der Geschäftsherr dem Geschäftsführer lediglich nach **Bereicherungsgrundsätzen auf Herausgabe** desjenigen, was er durch die Geschäftsführung erlangt hat. Für den Geschäftsführer ist diese Rechtsfolge erheblich ungünstiger als bei der berechtigten GoA. Zum einen kann er bei der berechtigten Geschäftsführung nach § 683 BGB Ersatz derjenigen Aufwendungen verlangen, die er für erforderlich halten durfte. Zum anderen besteht dieser Anspruch unabhängig vom Erfolg der Geschäftsführung.

2 Der Geschäftsherr kann die Geschäftsführung nach § 684 Satz 2 BGB **genehmigen** mit der Folge, dass dem Geschäftsführer der Aufwendungsersatz nach den §§ 683, 670 BGB zusteht. § 684 BGB setzt stets voraus, dass der Geschäftsführer mit Fremdgeschäftsführungswillen tätig geworden ist. Ansonsten würde es nicht erst an den Voraussetzungen des § 683 BGB, sondern bereits an denjenigen der Geschäftsführung i.S.d. § 677 BGB fehlen. Bei fehlendem Fremdgeschäftsführungswillen finden nach § 687 Abs. 1 BGB die Vorschriften über die ungerechtfertigte Bereicherung unmittelbar Anwendung.

B. Praktische Bedeutung

3 Die Bedeutung des Verweises in § 684 Satz 1 BGB auf die bereicherungsrechtlichen Vorschriften ist umstritten. Auf der einen Seite wird die Ansicht vertreten, es seien die allgemeinen Vorschriften und damit auch die §§ 812-822 BGB anzuwenden, mit der Folge, dass ein **Rechtsgrundverweis** anzunehmen sei.[1] Auf der anderen Seite wird argumentiert, die anspruchsbegründenden Tatsachen seien in § 684 Satz 1 BGB bereits enthalten, so dass der **Rechtsfolgenverweis** nur dazu diene, den Umfang der bereits angenommenen Herausgabepflicht festzulegen.[2] Über die dogmatische Einordnung hinaus kommt der Qualität der Verweisung vor allem bei den anspruchshindernden Vorschriften der §§ 814, 815, 817 Satz 2 BGB Bedeutung zu. Vor allem bei der sog. **aufgedrängten Bereicherung** kann dies eine Rolle spielen, allerdings hat auch hier der Meinungsstreit bislang keine wesentliche praktische Bedeutung erlangt. Eine Lösung des Problems der aufgedrängten Bereicherung auf der Grundlage des

---

[1] *Batsch*, AcP 179, 404-409, 218, 227; *Gursky*, AcP 185, 13-45; *Schindler*, AcP 165, 499-519, 508 f.; *Seiler* in: MünchKomm-BGB, § 684 Rn. 4.

[2] BGH v. 14.06.1976 - III ZR 81/74 - WM 1976, 1056; OLG Stuttgart v. 30.01.1974 - 13 U 125/73 - NJW 1974, 951; OLG Hamm v. 28.05.1991 - 26 U 162/90 - NJW-RR 1991, 1303; *Bergmann* in: Staudinger, § 684 Rn. 5; *Beuthien* in: Soergel, § 684 Rn. 2; *Dornis* in: Erman, § 684 Rn. 2; *Hadding*, Festschrift für Mühl, 1981, 225, 241 f.

Rechtsfolgenverweises soll darin liegen, dass bei der Anwendung des § 818 Abs. 2 BGB oder des § 818 Abs. 3 BGB eine Wertbemessung vorgenommen wird, die sich auch am subjektiven Interesse des Empfängers orientiert.[3]

C. Anwendungsvoraussetzungen

I. Haftung des Geschäftsherrn nach Bereicherungsrecht (Satz 1)

Die Bereicherungshaftung des Geschäftsherrn kennt **drei Voraussetzungen**: Der Geschäftsherr muss erstens etwas aus der Geschäftsbesorgung des Geschäftsführers i.S.v. § 677 BGB erlangt haben. Die Geschäftsbesorgung darf zweitens nicht dem Interesse oder dem Willen des Geschäftsherrn entsprochen haben. Dieser Wille darf drittens nicht unbeachtlich sein (§ 679 BGB). Vertritt man die Auffassung, es handele sich bei § 684 Satz 1 BGB um einen Rechtsgrundverweis dürfen darüber hinaus die anspruchshindernden Einwendungen aus den §§ 814, 815, 817 Satz 2 BGB nicht gegeben sein.[4] Der Anspruch entfällt im Fall des § 685 BGB (vgl. die Kommentierung zu § 685 BGB Rn. 1)[5] oder einer widersprechenden gesetzlichen Risikoverteilung.[6]

4

Einer Ehefrau, die gemeinsam mit ihrem Ehemann einen Anbau am Hausgrundstück der Schwiegereltern finanziert hat, der von den Eheleuten dauerhaft und unentgeltlich als Ehewohnung genutzt werden sollte, steht nach dem Scheitern der Ehe und ihrem Auszug kein Ausgleichsanspruch gegen die Schwiegermutter unter dem Gesichtspunkt der GoA zu. Die Ehefrau hat kein Geschäft der Schwiegermutter geführt. Es könnte sich allenfalls um ein auch fremdes Geschäft (vgl. die Kommentierung zu § 677 BGB Rn. 23) handeln.[7] Allerdings dürfte die Ehefrau mit der Errichtung des Anbaues ausschließlich eigene Interessen und nicht diejenigen der Schwiegereltern verfolgt haben. Zudem ergibt sich der Anspruchsausschluss aus § 685 BGB, der ausdrücklich bestimmt, dass dem Geschäftsführer ein Anspruch nicht zusteht, wenn er im maßgeblichen Zeitpunkt der Investitionen nicht die Absicht hatte, von dem Geschäftsherrn Kostenersatz zu verlangen.[8] Auch den Schwiegereltern stehen nach der Scheidung wegen Zahlungen auf das Darlehenskonto ihres Sohnes und seiner Ehefrau, die mit dem Erwerb eines Grundstücks und der Errichtung eines Familienheims zusammenhängen, keine Ansprüche gegen die Schwiegertochter zu. Die Überweisungen entsprachen nicht dem wirklichen oder mutmaßlichen Willen der Schwiegertochter für den Fall, dass sie mit ihrem Ehemann vereinbart hatte, kein Nutzungsentgelt zu fordern, während er die Kreditverpflichtungen bedient. Überdies wollten die Schwiegereltern hierdurch ausschließlich ihren Sohn unterstützen, um ihm und dem Enkelkind das weitere Bewohnen des Hauses zu ermöglichen. Somit handelt es sich um eine berechtigte Geschäftsführung ohne Auftrag lediglich für das eigene Kind und gerade nicht für die Schwiegertochter. Eine Haftung scheidet demnach auch insoweit aus.[9]

5

Der Geschäftsherr kann nur in Höhe der ihm zugutegekommenen Vermögensvermehrung vom unberechtigten Geschäftsführer in Anspruch genommen werden.[10] Der **Vermögenszuwachs** ist auf Grundlage des § 818 BGB herauszugeben. Sind Aufwendungen erfolglos geblieben, liegt keine Bereicherung des Geschäftsherrn vor. Damit trägt der unberechtigte Geschäftsführer das wirtschaftliche Risiko einer dem Geschäftsherrn unwillkommenen Tätigkeit, zumal sich der Geschäftsherr auf den Einwand der

6

---

[3] *Dornis* in: Erman, § 684 Rn. 2; kritisch zur subjektiven Werttheorie *Schwab* in: MünchKomm-BGB, § 818 Rn. 75.
[4] *Seiler* in: MünchKomm-BGB, § 684 Rn. 7.
[5] BGH v. 10.10.1984 - VIII ZR 152/83 - LM Nr. 5 zu § 598 BGB.
[6] Zum Vergütungsanspruch eines „Erbensuchers" vgl. BGH v. 23.09.1999 - III ZR 322/98 - LM BGB § 677 Nr. 40 (4/2000) sowie ausführlich *Falk*, JuS 2003, 833-839.
[7] OLG Karlsruhe v. 18.05.2004 - 12 U 66/04 - FamRZ 2004, 1870.
[8] OLG Düsseldorf v. 07.01.2010 - I-24 U 108/09, 24 U 108/09 - FamRZ 2010, 1849-1851.
[9] BGH v. 20.07.2011 - XII ZR 149/09 - NJW 2012, 523-526.
[10] Beispielsweise hat der BGH so bezüglich der dem Nachvermächtnisnehmer verbleibenden Bereicherung bei zukünftigen Verwendungen durch den Vorvermächtnisnehmer entschieden. Er wendet im Verhältnis Vorvermächtnis- zu Nachvermächtnisnehmer entsprechend § 2185 BGB die Vorschriften des Eigentümer-Besitzer-Verhältnisses an und gelangt über das Kriterium der Bösgläubigkeit zu einer Anwendung der §§ 2185, 994 Abs. 2, 684 Satz BGB, vgl. dazu BGH v. 06.03.1991 - IV ZR 114/89 - BGHZ 114, 16 = JZ 1991, 986 m. Anm. *Leipold*, JZ 1991, 990; kritisch zu einer Heranziehung des § 684 Satz 1 BGB äußert sich *Muscheler*, AcP 208, 69, 99 f., der jedenfalls vor Anfall des Nachvermächtnisses eine Bösgläubigkeit des Vorvermächtnisnehmers nicht zu erkennen vermag.

Entreicherung berufen kann (§ 818 Abs. 3 BGB). Anders als bei § 683 BGB erhält der Geschäftsführer eine Vergütung für berufliche oder gewerbliche Dienste nur, wenn der Geschäftsherr insoweit Aufwendungen erspart hat. Dies kann beispielsweise der Fall sein, wenn Verwendungen zwar nicht werterhöhend waren, aber später unausweichliche Aufwendungen ersparen.[11]

7   Bei der unberechtigten GoA entspricht die Geschäftsführung nicht dem Interesse und/oder dem Willen des Geschäftsherrn. Es kann vor diesem Hintergrund durchaus vorkommen, dass die damit verbundene Vermögensvermehrung ebenfalls nicht in seinem Interesse liegt und so eine **aufgedrängte Bereicherung** darstellt.

8   Sollte der Bereicherungsanspruch ausnahmsweise höher sein als der Aufwendungsanspruch, bleibt dem Geschäftsherrn der Weg nach § 684 Satz 2 BGB. Er kann durch die Genehmigung den Anspruch auf Aufwendungsersatz beschränken.

9   In der wissenschaftlichen Literatur wird die Auffassung vertreten, der Anspruch aus § 684 Satz 1 BGB sei in seiner **Höhe** auf den Betrag des nach den §§ 683, 670 BGB geschuldeten Aufwendungsersatzes **zu begrenzen**.[12] Begründet wird dies mit dem Hinweis, der unberechtigte Geschäftsführer dürfe nicht besser gestellt werden, als der berechtigte.[13] Diese Meinung ebnet den systematischen Unterschied zwischen Aufwendungsersatz und Bereicherungsausgleich ein. Die Differenzierung ist aber notwendig, da beide Ansprüche unterschiedliche Wertungen enthalten. Zudem verfolgt § 684 Satz 1 BGB keinen Strafzweck. Eine Begrenzung der Höhe des Anspruchs ist daher nicht vorzunehmen.[14]

1. Typische Fallkonstellationen

10 Wird im Rahmen der Geschäftsbesorgung eine **fremde Schuld getilgt**, sind in der gerichtlichen Praxis die Rechtsfolgen des § 684 Satz 1 BGB mit denjenigen des § 683 BGB praktisch identisch, stellt doch die Tilgung einer Schuld für den Schuldner regelmäßig eine Bereicherung dar.[15] Vielfach unterbleibt daher in der Praxis die Feststellung der subjektiven Voraussetzungen des § 683 BGB.[16] Hat der unberechtigte Geschäftsführer einem Dritten kraft vertraglicher Verpflichtung eine Leistung erbracht, durch die der Geschäftsherr bereichert ist, kann der Geschäftsführer vom Geschäftsherrn den Ausgleich nach Bereicherungsgrundsätzen nicht verlangen.[17]

11 Bei erfolgreichen **notwendigen Verwendungen** auf eine fremde Sache liegt eine Bereicherung des Geschäftsherrn dann vor, wenn er hierdurch Aufwendungen erspart hat, die er später mit Sicherheit selbst hätte erbringen müssen. Bei nützlichen Verwendungen kann nur hinsichtlich des Restwertes der Verwendungen eine Bereicherung vorliegen. Ihren Ertragswert hat der Geschäftsherr zu ersetzen.[18]

2. Abdingbarkeit

12 Der Anspruch auf Herausgabe der Bereicherung ist abdingbar.[19]

II. Haftung des unberechtigten Geschäftsführers

13 Ist umgekehrt der unberechtigte Geschäftsführer durch das Geschäft auf Kosten des Geschäftsherrn bereichert, kann der Geschäftsherr direkt aus § 812 Abs. 1 S. 2 BGB (**Eingriffskondiktion**) Herausgabe der Bereicherung verlangen. Daneben stehen ihm auch die Ansprüche aus den §§ 681 Satz 2, 667 BGB zu (str.).[20] Der Geschäftsführer hat danach alles herauszugeben, was er durch die Geschäftsbesorgung

---

[11] OLG Düsseldorf v. 20.11.1995 - 3 Wx 447/93 - NJW-RR 1996, 913; *Gehrlein* in: Bamberger/Roth, § 684 Rn. 1.
[12] *Gehrlein* in: Bamberger/Roth, § 684 Rn. 1.
[13] *Mansel* in: Jauernig, § 684 Rn. 1; *Wolf*, JZ 1966, 467-473, 469 f.
[14] *Beuthien* in: Soergel, § 684 Rn. 2; *Dornis* in: Erman, § 684 Rn. 4; *Koller*, DB 1974, 2385-2389 und 2458-2459, 2388; *Seiler* in: MünchKomm-BGB, § 684 Rn. 9.
[15] Dazu BGH v. 19.04.2002 - V ZR 3/01 - LM BGB § 241 Nr. 17 (9/2002).
[16] Vgl. etwa BGH v. 10.12.1951 - GSZ 3/51 - BGHZ 4, 153; BGH v. 02.05.1963 - VII ZR 171/61 - BGHZ 39, 261; *Peters*, WM 1992, 597-598; (zur Begleichung von Steuerschulden); *Walz*, ZIP 1991, 1405-1413, 1405, 1409; anders jedoch BGH v. 23.02.1978 - VII ZR 11/76 - BGHZ 70, 389.
[17] OLG Hamm v. 09.01.1974 - 11 U 198/73 - NJW 1974, 951; sind Beratungsleistungen bereits i.R.d. Organtätigkeit geschuldet, führen sie zu keiner zusätzlichen Bereicherung der Gesellschaft, *Knapp*, DStR 2010, 56, 59.
[18] BGH v. 10.07.1968 - VIII ZR 119/66 - WM 1968, 1147; BGH v. 20.05.1987 - IVa ZR 42/86 - LM Nr. 14 zu § 2038 BGB; entspricht eine Bauleistung der Planung und wird sie auch genutzt, so ist als Wertersatz dasjenige zu leisten, was bei eigener Vergabe für die Arbeiten hätte aufgewandt werden müssen, BGH v. 26.04.2001 - VII ZR 222/99 - LM BGB § 276 (Hb) Nr. 85 (5/2002).
[19] BGH v. 13.10.1959 - VIII ZR 193/58 - LM Nr. 6 zu § 547 BGB.
[20] Wie hier *Beuthien* in: Soergel, § 684 Rn. 3; *Seiler* in: MünchKomm-BGB, § 684 Rn. 3.

erlangt hat, also auch den Geschäftserlös oder die gezogenen Nutzungen. Andernfalls stünde der unberechtigte Geschäftsführer besser als der berechtigte. Ist dem Geschäftsführer durch die unberechtigte GoA ein Schaden entstanden, stehen ihm Schadensersatzansprüche aus den §§ 823-853 BGB zu, wobei allerdings die Einschränkungen der Haftung durch § 680 BGB zu beachten sind.

Hat der Geschäftsherr einen fälligen Anspruch gegen den Geschäftsführer, steht ihm gegenüber dem Bereicherungsanspruch des Geschäftsführers ein **Zurückbehaltungsrecht** nach den §§ 273, 274 BGB zu. 14

III. Genehmigung durch den Geschäftsherrn (Satz 2)

Genehmigt der Geschäftsherr die Geschäftsführung, kann der Geschäftsführer nach § 684 Satz 2 BGB den Anspruch nach § 683 Satz 1 BGB geltend machen. Genehmigungsfähig ist nur eine unberechtigte GoA, nicht jedoch die irrtümliche Eigengeschäftsführung nach § 687 Abs. 1 BGB oder die angemaßte Eigengeschäftsführung nach § 687 Abs. 2 BGB. Da eine Pflicht zur Genehmigung nicht besteht, hat der Geschäftsführer keinen Anspruch auf Genehmigung. Die Genehmigung stellt eine **einseitige empfangsbedürftige Willenserklärung** dar, die sowohl ausdrücklich als auch stillschweigend erfolgen kann.[21] Sie setzt voraus, dass der Geschäftsherr Kenntnis von der unberechtigten Geschäftsführung hat. Die Genehmigung ist nicht an eine bestimmte Form gebunden.[22] Sie erfordert Geschäftsfähigkeit des Geschäftsherrn (§§ 104-113 BGB) oder seine wirksame Vertretung. Die Vorschriften über die Willensmängel sind anwendbar (§§ 116-144 BGB). Die Genehmigung ist unwiderruflich. 15

Bei einer **stillschweigenden Genehmigung** muss der entsprechende Wille des Geschäftsherrn zweifelsfrei erkennbar sein. Eine solche Form der Genehmigung kann beispielsweise vorliegen, wenn der Geschäftsherr die Herausgabe des durch die Geschäftsführung Erlangten fordert.[23] Auch aus der Geltendmachung der übrigen Rechte aus § 681 BGB (Auskunft und Rechnungslegung) kann u.U. auf eine stillschweigende Genehmigung geschlossen werden. Allerdings ist § 681 BGB auch auf die unberechtigte GoA anwendbar, so dass die Bitte um Auskunft der Vorbereitung der Entscheidung über die Genehmigung dienen kann. Lässt es der Geschäftsherr ohne Widerspruch geschehen, dass seine Geschäfte in seiner Gegenwart von einem anderen besorgt werden, wird dies ebenfalls als eine stillschweigende Genehmigung anzusehen sein.[24] Mitunter kann auch eine stillschweigende Genehmigung anzunehmen sein, wenn der nicht anwesende Geschäftsherr widerspruchslos über einen längeren Zeitraum durch Fortsetzung des Zahlungsverkehrs Lastschriften von seinem Bankkonto zulässt.[25] Die §§ 182-185 BGB geltend entsprechend.[26] 16

Bei regelmäßig wiederkehrenden Zahlungen, wie etwa aus Dauerschuldverhältnissen, ständigen Geschäftsbeziehungen oder zur Steuervorauszahlung, kann nach den Umständen des Einzelfalls – jedenfalls im unternehmerischen Geschäftsverkehr – eine konkludente Genehmigung vorliegen, wenn der Lastschriftschuldner in Kenntnis der Belastung dem Einzug nach Ablauf einer angemessenen Prüffrist nicht widerspricht[27] und er einen früheren Einzug zuvor bereits genehmigt hatte.[28] Insbesondere die Erhöhung des Kontostandes durch Bareinzahlungen und Überweisungen, damit weiter Lastschriften eingelöst werden können, kann für deren konkludente Genehmigung sprechen.[29] Dabei genügt es, dass sich die abgebuchten Beträge innerhalb der Schwankungsbreite bereits zuvor genehmigter Lastschriften bewegen oder diese nicht wesentlich über- oder unterschritten haben.[30] Maßgeblich für die Frage nach einer konkludenten Genehmigung ist die objektive Sicht der Bank als Erklärungsempfängerin.[31] 17

---

[21] OLG München v. 19.05.1998 - 5 U 6051/97 - WM 1999, 1878.
[22] RG v. 18.03.1921 - II 320/20 - RGZ 102, 17.
[23] BGH v. 20.12.1978 - VIII ZR 236/77 - LM Nr. 2 zu § 326 BGB.
[24] *Beuthien* in: Soergel, § 684 Rn. 4; a.A. *Bergmann* in: Staudinger, § 684 Rn. 23.
[25] So *Schulz*, WuB I D 2 Lastschriftverkehr 3.05 zustimmend zu LG Hannover v. 29.12.2004 - 23 O 7/04 - WM 2005, 1319.
[26] BGH v. 14.02.1989 - XI ZR 141/88 - LM Nr. 5 zu § 684 BGB; *Seiler* in: MünchKomm-BGB, § 684 Rn. 13.
[27] Vgl. zur Überlegungsfrist bei Sozialversicherungsbeiträgen BGH v. 01.12.2011 - IX ZR 58/11.
[28] Zur Insolvenzfestigkeit von Zahlungen mittels SEPA-Lastschriftverfahrens, BGH v. 20.07.2010 - XI ZR 236/07 - WM 2010, 1546.
[29] BGH v. 27.09.2011 - XI ZR 215/10 - WM 2011, 2041 Rn. 13.
[30] BGH v. 03.05.2011 - XI ZR 152/09 - WM 2011, 1267 Rn. 11.
[31] BGH v. 26.07.2011 - XI ZR 197/10 - WM 2011, 1553 Rn. 14. Auch die ausdrückliche Genehmigung einer Lastschrift im Einzugsermächtigungsverfahren kann nicht gegenüber dem Gläubiger erfolgen; richtiger Adressat ist vielmehr die Schuldnerbank, vgl. dazu BGH v. 13.10.2011 - IX ZR 115/10 - WM 2011, 2130 Rn. 12.

Liegt eine solche vor und ist die Genehmigungsfiktion dadurch eingetreten, bleibt auch der spätere Widerruf eines mittlerweile bestellten Insolvenzverwalters wirkungslos.[32] Hingegen kann die kontoführende Bank bei einem Verbraucher anders als bei einem Unternehmer nicht ohne weiteres davon ausgehen, dass die Kontobewegungen zeitnah nachvollzogen und überprüft werden. Erst wenn anhand konkreter Anhaltspunkte für die Bank erkennbar ist, dass der Kontoinhaber die Überprüfung vorgenommen hat, kann sie nach Ablauf einer angemessenen Überlegungsfrist annehmen, dass der Verbraucher keine Einwendungen gegen die aus dem Kontoauszug ersichtlichen Buchungen erhebt. Dies soll in Bezug auf Abbuchungen, die mindestens zwei Monate zurückliegen, jedenfalls dann der Fall sein, wenn der Verbraucher bei monatlichen und im Wesentlichen gleich hohen Lastschriftabbuchungen bereits Mitteilung von zwei Folgeabbuchungen erhalten hat.[33]

18 Die Genehmigung der Geschäftsführung durch den Geschäftsherrn nach § 684 Satz 2 BGB betrifft nur das **Innenverhältnis** gegenüber dem Geschäftsführer. Hiervon ist die Genehmigung im Außenverhältnis gegenüber dem Dritten nach den §§ 177, 185 Abs. 2 BGB zu unterscheiden. Aufgrund der unterschiedlichen Zweckrichtungen der Vorschriften kann aus einer Genehmigung der Geschäftsführung nicht ohne weiteres auch auf die Genehmigung des vom Geschäftsführer mit einem Dritten geschlossenen Vertrages gefolgert werden. Es ist vielmehr durch Auslegung der Erklärung des Geschäftsherrn zu ermitteln, ob er die Geschäftsführung, den geschlossenen Vertrag oder beides genehmigen wollte.[34] In den meisten Fällen dürfte jedoch letzteres anzunehmen sein.[35]

19 Die **Genehmigung** der Geschäftsführung **wirkt zurück** (§ 184 Abs. 1 BGB). Wie aus der Verweisung auf § 683 BGB hervorgeht, bezieht sich die Genehmigung nach § 684 Satz 2 BGB grundsätzlich auf die Übernahme der Geschäftsführung. Eine Geschäftsführung wird durch die Genehmigung also nicht zum Auftrag (§ 662 BGB). Der Geschäftsführer soll so gestellt werden, als habe von Anfang an eine berechtigte GoA vorgelegen, so dass nicht mehr zu prüfen ist, ob ihre Übernahme dem Willen und dem Interesse des Geschäftsherrn entsprach. Es entsteht das gleiche Schuldverhältnis wie bei § 683 BGB, wobei die Genehmigung die Voraussetzungen des § 683 BGB, nicht jedoch auch diejenigen des § 677 BGB ersetzt.[36] Der Geschäftsführer kann Erstattung seiner Aufwendungen verlangen, und der Geschäftsherr hat einen Anspruch auf Herausgabe des durch die Geschäftsführung Erlangten.

20 Die **Genehmigung schließt alle Folgen der unberechtigten GoA aus**, so auch die Ansprüche aus § 678 BGB. Die Begründung hierfür fällt jedoch unterschiedlich aus. Zum Teil wird das Fehlen von Interesse und Wille des Geschäftsherrn nach der Genehmigung für bedeutungslos gehalten;[37] andere lassen die Rechtswidrigkeit der Schadensverursachung entfallen.[38] Es ist im Einzelfall zu klären, ob sich die Genehmigung nur auf die Übernahme oder auch auf die Durchführung der Geschäftsbesorgung im Einzelnen bezieht. Diese Differenzierung hat zur Folge, dass der Geschäftsherr zwar die Übernahme der Geschäftsführung billigen kann, nicht zugleich aber mit der Art und Weise der Geschäftsführung einverstanden sein muss. Genehmigt er jedoch auch die Ausführung, ist ein Schadensersatzanspruch wegen pflichtwidriger Durchführung der Geschäftsbesorgung ausgeschlossen.

21 **Abdingbarkeit**: Die Wirkungen der Genehmigung nach § 684 Satz 2 BGB sind abdingbar.[39]

D. Prozessuale Hinweise

22 Im Rahmen der Bereicherungshaftung nach § 684 Satz 1 BGB hat der Geschäftsführer sowohl die Anspruchsvoraussetzungen zu beweisen, also auch, dass eine Geschäftsbesorgung i.S.v. § 677 BGB vorliegt und dass dabei dem Geschäftsherrn ein Vermögensvorteil zufiel.[40] Der Geschäftsherr hat seinerseits zu beweisen, dass und in welcher Höhe die Bereicherung weggefallen ist. Die **Beweislast** für das Vorliegen der Voraussetzungen der Genehmigung nach § 684 Satz 2 BGB trägt schließlich der Geschäftsführer.

---

[32] BGH v. 23.11.2010 - XI ZR 370/08 - WM 2011, 63 Rn. 20.
[33] BGH v. 03.05.2011 - XI ZR 152/09 - WM 2011, 1267 Rn. 12.
[34] Vgl. *Bergmann* in: Staudinger, § 684 Rn. 27.
[35] *Gehrlein* in: Bamberger/Roth, § 684 Rn. 2.
[36] BGH v. 16.12.1994 - V ZR 177/93 - BGHZ 128, 210.
[37] Vgl. *Bergmann* in: Staudinger, § 684 Rn. 25 m.w.N.
[38] *Seiler* in: MünchKomm-BGB, § 684 Rn. 15.
[39] BGH v. 13.10.1959 - VIII ZR 193/58 - LM Nr. 6 zu § 547 BGB.
[40] *Gehrlein* in: Bamberger/Roth, § 684 Rn. 1.

§ 685 BGB Schenkungsabsicht

(Fassung vom 02.01.2002, gültig ab 01.01.2002)

(1) Dem Geschäftsführer steht ein Anspruch nicht zu, wenn er nicht die Absicht hatte, von dem Geschäftsherrn Ersatz zu verlangen.

(2) Gewähren Eltern oder Voreltern ihren Abkömmlingen oder diese jenen Unterhalt, so ist im Zweifel anzunehmen, dass die Absicht fehlt, von dem Empfänger Ersatz zu verlangen.

Gliederung

A. Grundlagen 1	I. Der Ausschlussgrund (Absatz 1) 5
B. Praktische Bedeutung 4	II. Die Auslegungsregel (Absatz 2) 8
C. Anwendungsvoraussetzungen 5	D. Prozessuale Hinweise 12

A. Grundlagen

Der zur Geschäftsführung berechtigte Geschäftsführer kann vom Geschäftsherrn Ersatz für seine Aufwendungen verlangen. Ein solcher Anspruch setzt voraus, dass der Geschäftsführer mit Fremdgeschäftsführungswillen, also für einen anderen tätig wird. Will er darüber hinaus in freigiebiger Absicht handeln, steht ihm kein Anspruch auf Aufwendungsersatz zu. § 685 BGB ergänzt die Voraussetzungen der Ersatzansprüche des Geschäftsführers nach § 683 BGB und § 684 BGB um ein negatives Erfordernis in Form einer rechtshindernden Einwendung.[1] Bei § 685 BGB handelt es sich also um einen Ausschlussgrund für den Aufwendungsersatzanspruch nach § 683 BGB bzw. bei unberechtigter GoA für den Bereicherungsanspruch nach § 684 Satz 1 BGB.[2]   1

§ 685 BGB ist nur anzuwenden, wenn der Geschäftsführer das Geschäft für einen anderen führt, wobei gleichgültig ist, ob er hierzu berechtigt ist oder nicht. Fehlt es dagegen an einem Fremdgeschäftsführungswillen, ist die **freigiebige Absicht** nicht denkbar.   2

§ 685 Abs. 2 BGB enthält eine Auslegungsregel. Danach wird das Fehlen der Absicht, Ersatz zu verlangen, zu Lasten des Geschäftsführers vermutet, wenn Eltern oder Voreltern ihren Abkömmlingen oder diese jenen Unterhalt gewähren.   3

B. Praktische Bedeutung

Der Geschäftsherr hat den Beweis zu führen, dass der Geschäftsführer nicht die Absicht hatte, Ersatz zu verlangen. Wegen dieser Beweislastverteilung (vgl. Rn. 12) kommt § 685 Abs. 1 BGB nur geringe praktische Bedeutung zu. Die Ansprüche des Geschäftsherrn werden durch § 685 BGB nicht berührt.   4

C. Anwendungsvoraussetzungen

I. Der Ausschlussgrund (Absatz 1)

Das Gesetz geht von der nahe liegenden und in den allermeisten Fällen auch zutreffenden Annahme aus, dass der Geschäftsführer zwar im Interesse des Geschäftsherrn tätig sein möchte, dabei aber keine Vermögensopfer erbringen will. Er möchte im Gegenteil später vom Geschäftsherrn seine Aufwendungen ersetzt bekommen. Von diesem Grundsatz wird auch in den Fällen ausgegangen, in denen der Geschäftsführer bei der Geschäftsbesorgung nicht daran denkt, ob er später Ersatzansprüche geltend macht.[3] Die Absicht, Ersatz zu verlangen, gehört, wie sich aus der Formulierung in Form einer doppelten Verneinung ergibt, nicht zum Geschäftsführungsbegriff.   5

Eine Ausnahme wird durch § 685 Abs. 1 BGB nur für den Fall gemacht, dass der Geschäftsführer in **freigiebiger Absicht** handelt.[4] Der damit verbundene Verzichtswille ist nur dann beachtlich, wenn er   6

---

[1] § 685 BGB bezieht sich auf beide Ansprüche, BGH v. 10.10.1984 - VIII ZR 152/83 - juris Rn. 18 - LM Nr. 5 zu § 598 BGB.
[2] BGH v. 10.10.1984 - VIII ZR 152/83 - juris Rn. 18 - LM Nr. 5 zu § 598 BGB.
[3] *Gehrlein* in: Bamberger/Roth, § 685 Rn. 2.
[4] Vgl. für den Fall der Schenkungsabsicht: OLG Brandenburg v. 05.08.2009 - 3 U 110/08.

nach außen – und sei es unvollkommen – zum Ausdruck gekommen ist.[5] Da eine ausdrückliche Erklärung nicht erforderlich ist, kann sich der Verzichtswille auch aus den Umständen des Einzelfalles ergeben, wie etwa aus dem Vorliegen einer persönlichen Nähebeziehung der Beteiligten. Der Verzichtswille ist jedoch nicht zu vermuten, auch nicht bei Hilfeleistung in einer Gefahrenlage. Selbst bei einer Hilfeleistung unter nahen Verwandten lässt sich außerhalb des Anwendungsbereichs des § 685 Abs. 2 BGB keine Vermutung dergestalt aufstellen, dass auf den Ersatz regelmäßig verzichtet werde.[6] Entscheidend sind hier vielmehr das vom Helfer übernommene Risiko und die dem Geschäftsherrn drohende Gefahr. Abzustellen ist stets auf den Zeitpunkt der Übernahme der Geschäftsführung.

7 Da von der Äußerung der Verzichtsabsicht i.S.v. § 685 BGB Rechtsfolgen abhängen – Ausschluss des Aufwendungsersatzanspruchs nach § 683 BGB bzw. des Bereicherungsanspruchs nach § 684 Satz 1 BGB – steht sie einer **Willenserklärung** nahe. Im Falle eines minderjährigen Geschäftsführers (vgl. die Kommentierung zu § 682 BGB Rn. 4) bedarf es daher für den Verzicht nach § 685 BGB der Einwilligung des gesetzlichen Vertreters (§§ 106, 107, 111 BGB).[7]

II. Die Auslegungsregel (Absatz 2)

8 Den Beweis für das Vorliegen des Ausschlussgrundes nach § 685 Abs. 1 BGB, also für die freigiebige Absicht des Geschäftsführers, trägt der Geschäftsherr. Hiervon wird in § 685 Abs. 2 BGB eine Ausnahme gemacht. Nach der dortigen **Auslegungsregel** („im Zweifel") wird das Fehlen der Absicht, Ersatz zu verlangen, zu Lasten des Geschäftsführers vermutet. Dies ist dann der Fall, wenn Eltern oder Voreltern ihren Abkömmlingen oder diese ihren Eltern oder Voreltern Unterhalt gewähren. In einer solchen Konstellation wird vermutet, dass die Leistung in freigiebiger Absicht erfolgt ist.[8]

9 Die Auslegungsregel bezieht sich nur auf Unterhaltsleistungen, die ohne das Bestehen einer Rechtspflicht oder einer sonstigen Pflicht geleistet worden sind.[9] Unterhaltsleistungen sind Aufwendungen für den Lebensbedarf i.S.d. §§ 1610, 1615l BGB. Wegen ihres Ausnahmecharakters ist die Vorschrift nicht auf die Gewährung einer Ausstattung nach § 1624 BGB oder auf die Aufwendungen für den elterlichen Hausstand nach § 1620 BGB anzuwenden. Dienstleistungen fallen ebenfalls nicht in den Anwendungsbereich der Auslegungsregel.

10 Voreltern im Sinne der Auslegungsregel des § 685 Abs. 2 BGB sind alle Aszendenten und nicht nur die Großeltern. Unter Abkömmlingen sind alle Kinder, eheliche wie nichteheliche, zu verstehen. Ferner zählen hierzu angenommene Kinder, § 1754 BGB. Die Vorschrift ist eng auszulegen und nicht auf andere Personen, wie etwa Geschwister[10] oder Schwiegersohn und Schwiegertochter auszuweiten.[11]

11 Die Auslegungsregel des § 685 Abs. 2 BGB greift nur ein, wenn die Voraussetzungen der GoA vorliegen. Wird Unterhalt aufgrund einer bestehenden rechtlichen Verpflichtung geleistet, liegt kein Fall der GoA vor. § 685 Abs. 2 BGB gilt also nur im Verhältnis des nicht primär verpflichtet Leistenden zum Empfänger. Besteht eine Pflicht zur Unterhaltsleistung, kann § 1648 HS. 2 BGB in Betracht kommen.[12]

D. Prozessuale Hinweise

12 Bei § 685 Abs. 1 BGB handelt es sich um eine rechtshindernde Einwendung. Der **Beweis** für den Verzichtswillen, also die fehlende Absicht des Geschäftsführers, Ersatz zu verlangen, obliegt dem Geschäftsherrn,[13] der hieran in der Praxis zumeist scheitern dürfte. Diese Beweislastverteilung wird im

---

[5] A.A. *Bergmann* in: Staudinger, § 685 Rn. 6.
[6] *Beuthien* in: Soergel, § 685 Rn. 2; *Seiler* in: MünchKomm-BGB, § 686 Rn. 4. Die Entscheidung BGH v. 06.12.1962 - VII ZR 164/61 - BGHZ 38, 302 ist überwiegend abgelehnt worden. Darin wurde einem Vater, der seinen Sohn in einem Familienstreit gegen dessen Bruder verteidigt hatte, der Ersatz für die erlittenen Verletzungen unter Berufung auf § 685 BGB („Kindesliebe") versagt. Wie der BGH jedoch *Bergmann* in: Staudinger, § 685 Rn. 8.
[7] *Gehrlein* in: Bamberger/Roth, § 685 Rn. 2.
[8] BGH v. 06.12.1962 - VII ZR 164/61 - BGHZ 38, 302; BGH v. 05.11.1997 - XII ZR 20/96 - juris Rn. 19 - LM BGB § 685 Nr. 2 (4/1998).
[9] *Gehrlein* in: Bamberger/Roth, § 685 Rn. 3.
[10] RG v. 30.06.1910 - VI 400/09 - RGZ 74, 139.
[11] *Beuthien* in: Soergel, § 685 Rn. 2; *Dornis* in: Erman, § 685 Rn. 6.
[12] BGH v. 05.11.1997 - XII ZR 20/96 - juris Rn. 20 - LM BGB § 685 Nr. 2 (4/1998).
[13] *Beuthien* in: Soergel, § 685 Rn. 1.

Anwendungsbereich des § 685 Abs. 2 BGB umgekehrt. Der Geschäftsführer hat dann zu beweisen, dass die Absicht bestand, Ersatz zu verlangen, was die Geltendmachung seiner Ersatzansprüche erschwert.[14]

---

[14] OLG Düsseldorf v. 06.08.1980 - 5 UF 83/80 - NJW 1981, 1379.

§ 686 BGB Irrtum über Person des Geschäftsherrn

(Fassung vom 02.01.2002, gültig ab 01.01.2002)

Ist der Geschäftsführer über die Person des Geschäftsherrn im Irrtum, so wird der wirkliche Geschäftsherr aus der Geschäftsführung berechtigt und verpflichtet.

Gliederung

A. Grundlagen 1	I. Irrtum über die Person des Geschäftsherrn 5
B. Praktische Bedeutung 3	II. Wirklicher Geschäftsherr 8
C. Anwendungsvoraussetzungen 5	D. Rechtsfolgen 10

A. Grundlagen

1 Das gesetzliche Schuldverhältnis der GoA erfordert neben dem objektiven Kriterium des Vorliegens eines fremden Geschäfts, dass der Geschäftsführer bei seiner Geschäftsbesorgung subjektiv mit Fremdgeschäftsführungswillen (vgl. die Kommentierung zu § 677 BGB Rn.) gehandelt hat. Hierfür muss der Geschäftsführer wissen, dass er in eine fremde Zuständigkeit eingreift, also ein fremdes Geschäft besorgt, sog. kognitives Element. In diesem Zusammenhang senkt § 686 BGB die **Anforderungen**, da nicht verlangt wird, dass der Geschäftsführer den Geschäftsherrn persönlich oder wenigstens dem Namen nach kennt. Weil die Zugehörigkeit des Geschäfts zu einem konkreten und vom Geschäftsführer identifizierten Geschäftsherrn gerade nicht vorausgesetzt wird, kann das Geschäft sogar für denjenigen geführt werden, den es angeht.[1] Die Anwendbarkeit der §§ 677-685 BGB wird zudem nicht dadurch ausgeschlossen, dass sich der Geschäftsführer über die Person des Geschäftsherrn irrt. Geschäftsherr ist in einer solchen Konstellation nicht derjenige, der vom Geschäftsführer irrtümlich dafür gehalten wurde, sondern der tatsächliche Geschäftsherr, in dessen Rechts- und Interessenkreis das Geschäft fällt.

2 Der von § 686 BGB vorausgesetzte Fremdgeschäftsführungswille verlangt das Wissen und Wollen, für einen anderen tätig zu werden. Der Geschäftsführer muss dabei aber nicht notwendig eine bestimmte Person im Auge haben. Personenverwechslungen, irrige oder fehlende Vorstellungen über die Identität des Geschäftsherrn sind unerheblich.[2]

B. Praktische Bedeutung

3 § 686 BGB senkt die **Anforderungen an das Fremdgeschäftsführungsbewusstsein**. Auf die Voraussetzung, dass das Geschäft einem konkreten Geschäftsherrn zuzurechnen ist und dieser vom Geschäftsführer erkannt wird, wird ausdrücklich verzichtet.[3] Durch die damit mögliche Geschäftsführung für denjenigen, den es angeht, erweitert sich der Anwendungsbereich der GoA - etwa zugunsten von Versicherungen - erheblich.

4 Da § 686 BGB den Fremdgeschäftsführungswillen als solchen voraussetzt, kann die Vermutung dieses Willens beim objektiv fremden Geschäft nicht auf § 686 BGB gestützt werden.[4] Ebenfalls nicht von § 686 BGB wird die Frage beantwortet, ob trotz irriger Annahme einer Rechtspflicht Fremdgeschäftsführung möglich ist.

C. Anwendungsvoraussetzungen

I. Irrtum über die Person des Geschäftsherrn

5 Der Irrtum über die Person des Geschäftsherrn berechtigt nicht zur Anfechtung wegen Irrtums nach § 119 Abs. 2 BGB. Vielmehr besagt § 686 BGB, dass der wirkliche und nicht etwa der vermeintliche Geschäftsherr berechtigt und verpflichtet wird. Der Wille des Geschäftsführers, das **Geschäft für eine bestimmte andere Person** zu führen, ist unbeachtlich. Der Fremdgeschäftsführungswille wird objek-

---

[1] BGH v. 16.03.1965 - VI ZR 210/64 - juris Rn. 11 - BGHZ 43, 188.
[2] *Gehrlein* in: Bamberger/Roth, § 686 Rn. 1.
[3] *Seiler* in: MünchKomm-BGB, § 686 Rn. 1.
[4] *Bergmann* in: Staudinger, § 686 Rn. 7.

tiv, also unabhängig von den Vorstellungen des Geschäftsführers, auf denjenigen übergeleitet, den das Geschäft sachlich betrifft.[5] Die Willensrichtung des Geschäftsführers muss nur wenig konkret sein; es reicht das Bewusstsein aus, ein Geschäft zu führen, das nicht in die eigene Zuständigkeit fällt.

Da der Geschäftsführer das Geschäft nicht für eine ihm bekannte oder für eine bestimmte Person ausgeführt haben muss,[6] ist auch eine Geschäftsführung für eine unbekannte Person möglich. Mangels Vorstellungen über Existenz oder Identität des Geschäftsherrn kann auch eine **GoA für denjenigen, den es angeht**, in Betracht kommen. Das Geschäft kann zudem für eine noch nicht rechtsfähige Person, einen Nasciturus oder eine in Gründung befindliche juristische Person besorgt werden.[7] Das gesetzliche Schuldverhältnis beginnt aufschiebend bedingt durch die Entstehung der Person.[8]

Hatte der Geschäftsführer gegenüber dem vermeintlichen Geschäftsherrn nicht die Absicht, Ersatz zu verlangen, da er (nur) ihm gegenüber **freigiebig** handeln wollte (§ 685 Abs. 1 BGB), kann sich der wirkliche Geschäftsherr hierauf nicht berufen. Gleiches gilt bei mehreren Geschäftsherren.

II. Wirklicher Geschäftsherr

Derjenige ist wirklicher Geschäftsherr, in dessen Rechts- und Interessenkreis das Geschäft von seinem Gegenstand her fällt. Auf dessen Wille und Interesse ist also abzustellen, wenn es darum geht, ob berechtigte oder unberechtigte GoA vorliegt (§ 683 Satz 1 BGB). Nur der wirkliche Geschäftsherr kann eine zunächst unberechtigte Geschäftsführung nach § 684 Satz 2 BGB genehmigen.

Typische Fallkonstellationen: Wird eine fremde Schuld erfüllt, ist der wirkliche Geschäftsherr der Schuldner.[9] Die Rettung des Lebens der Ehefrau ist Geschäftsführung auch für den Ehemann.[10]

D. Rechtsfolgen

Das **gesetzliche Schuldverhältnis** der berechtigten GoA kommt mit dem wirklichen Geschäftsherrn zustande. Die sich aus § 681 BGB ergebenden Pflichten sind ihm gegenüber zu erfüllen.

War die Übernahme der Geschäftsführung dem wirklichen Geschäftsherrn unerwünscht und hätte der Geschäftsführer dies bei Anwendung der erforderlichen Sorgfalt erkennen können, haftet er dem wirklichen Geschäftsherrn nach § 678 BGB auf **Schadensersatz**. Richtet sich der Geschäftsführer bei der Durchführung seiner Geschäftsführung nach dem Interesse und dem Willen des vermeintlichen Geschäftsherrn, so haftet er, solange er nicht schuldlos irrt.

---

[5] *Beuthien* in: Soergel, § 686 Rn. 2.
[6] BGH v. 16.03.1965 - VI ZR 210/64 - juris Rn. 11 - BGHZ 43, 188; BGH v. 22.03.1966 - V ZR 126/63 - juris Rn. 12 - LM Nr. 10 zu § 677 BGB.
[7] *Beuthien* in: Soergel, § 686 Rn. 2; *Bergmann* in: Staudinger, § 686 Rn. 2.
[8] *Gehrlein* in: Bamberger/Roth, § 686 Rn. 2.
[9] BGH v. 22.03.1966 - V ZR 126/63 - juris Rn. 12 - LM Nr. 10 zu § 677 BGB.
[10] RG v. 07.05.1941 - VI 72/40 - RGZ 167, 85.

§ 687 BGB Unechte Geschäftsführung

(Fassung vom 02.01.2002, gültig ab 01.01.2002)

(1) Die Vorschriften der §§ 677 bis 686 finden keine Anwendung, wenn jemand ein fremdes Geschäft in der Meinung besorgt, dass es sein eigenes sei.

(2) ¹Behandelt jemand ein fremdes Geschäft als sein eigenes, obwohl er weiß, dass er nicht dazu berechtigt ist, so kann der Geschäftsherr die sich aus den §§ 677, 678, 681, 682 ergebenden Ansprüche geltend machen. ²Macht er sie geltend, so ist er dem Geschäftsführer nach § 684 Satz 1 verpflichtet.

Gliederung

A. Kommentierung zu Absatz 1 1	V. Prozessuale Hinweise 33
I. Grundlagen 1	**B. Kommentierung zu Absatz 2** 35
II. Praktische Bedeutung 2	I. Grundlagen 35
III. Anwendungsvoraussetzungen 4	II. Praktische Bedeutung 38
IV. Rechtsfolgen 11	III. Anwendungsvoraussetzungen 41
1. Grundsätze 11	1. Geschäftsbesorgung ohne Auftrag oder sonstige Berechtigung 42
2. Haftung des Geschäftsführers 12	
3. Haftung des Geschäftsherrn 17	2. Objektiv fremdes Geschäft 46
4. Besonderheiten bei Ausschließlichkeitsrechten 18	3. Kenntnis und Absicht des Geschäftsführers 53
	IV. Rechtsfolgen 58
a. Schuldloser Eingriff 19	1. Haftung des Geschäftsführers 58
b. Verschuldeter Eingriff 23	2. Haftung des Geschäftsherrn 70
c. Dreifache Berechnungsmethode 27	3. Konkurrenzen 74
d. Konkurrenzen 31	V. Prozessuale Hinweise 78

A. Kommentierung zu Absatz 1

I. Grundlagen

1 § 687 Abs. 1 BGB bringt zum Ausdruck, dass als Grundvoraussetzung für die GoA der Wille des Geschäftsführers erforderlich ist, ein fremdes Geschäft zu besorgen. Fehlt es an diesem subjektiven Merkmal, weil der Geschäftsführer irrtümlich davon ausgeht, dass er ein eigenes Geschäft führt, so liegt gem. § 687 Abs. 1 BGB ein Fall der **irrtümlichen Eigengeschäftsführung** vor (missverständlich auch als „unechte GoA" bezeichnet). Ohne Fremdgeschäftsführungswillen entsteht das gesetzliche Schuldverhältnis der GoA nicht, so dass die Vorschriften der §§ 677-686 BGB nicht einschlägig sind. Deren Anwendbarkeit kann auch nicht durch Genehmigung seitens des Geschäftsherrn herbeigeführt werden; vielmehr gelten die allgemeinen Vorschriften (§§ 812-853 BGB).

II. Praktische Bedeutung

2 Der Vorschrift des § 687 Abs. 1 BGB kommt in erster Linie eine Klarstellungsfunktion zu. Es liegt keine GoA vor, wenn jemand irrtümlich davon ausgeht, ein eigenes – tatsächlich jedoch fremdes – Geschäft zu führen. In diesem Fall fehlt es dem Geschäftsführer an dem Bewusstsein, sich fremdnützig zu betätigen; er will vielmehr für sich handeln und das Geschäft für und gegen sich gelten lassen.

3 Da der Geschäftsführer nicht das subjektive Tatbestandsmerkmal des Fremdgeschäftsführungswillens aufweist, liegt eine der Grundvoraussetzungen der GoA nicht vor. Es handelt sich um einen Fall der Nichtgeschäftsführung, weshalb die Haftung des Geschäftsführers und gegebenenfalls diejenige des Geschäftsherrn sich auch nicht aus den §§ 677-686 BGB, sondern nur aus den allgemeinen Vorschriften ergeben kann.[1]

III. Anwendungsvoraussetzungen

4 Auch im Rahmen des § 687 Abs. 1 BGB muss der Geschäftsführer zunächst gewisse Tatbestandsmerkmale der GoA erfüllen; so muss er ein Geschäft besorgen, ohne dazu beauftragt oder sonst berechtigt zu sein. Im Unterschied zu den §§ 677-686 BGB verwendet § 687 Abs. 1 BGB für den Fall der irrtüm-

---

[1] *Martinek/Theobald*, JuS 1997, 612-619, 616.

lichen Eigengeschäftsführung den Begriff des **fremden Geschäfts**. Entsprechend dieser Anforderung muss der Geschäftsführer zwingend in ein fremdes Recht eingreifen. Für den berechtigten Geschäftsführer hingegen ist dies nicht erforderlich, da dort auch Fälle denkbar sind, in denen es gar nicht zum Eingriff in einen fremden Rechtskreis kommt, gleichwohl jedoch eine GoA anzunehmen ist, vgl. z.B. den Fall der Warnung vor Gefahr.[2]

§ 687 Abs. 1 BGB setzt ein **objektiv** fremdes Geschäft voraus, da ein objektiv neutrales Geschäft erst durch den fremdnützigen Willen des Geschäftsführers zu einem fremden Geschäft wird. Die Situation des § 687 Abs. 1 BGB ist jedoch durch das Fehlen des Fremdgeschäftsführungswillens gekennzeichnet, so dass nur ein objektiv fremdes Geschäft in Betracht kommen kann. Denn gerade die Voraussetzung des fehlenden Fremdgeschäftsführungswillens unterscheidet die irrtümliche Eigengeschäftsführung von der GoA. Fehlt der Fremdgeschäftsführungswille und liegt ein objektiv neutrales Geschäft vor, handelt es sich um eine erlaubte Besorgung eines eigenen Geschäfts, die keines Ausgleichs bedarf.

Die instanzgerichtliche Rechtsprechung bejaht neuerdings vereinzelt das Bestehen eines Fremdgeschäftsführungswillens und damit die Anwendbarkeit der §§ 677-686 BGB, wenn der Geschäftsführer irrig von seiner Verpflichtung zur Leistung ausgeht.[3] Es ist aber darauf hinzuweisen, dass der Wille des Geschäftsführers, ein fremdes Geschäft zu besorgen, Grundvoraussetzung für die Anwendbarkeit der GoA ist. Fehlt dieses subjektive Merkmal, insbesondere weil der Geschäftsführer fälschlich davon ausgeht, ein eigenes Geschäft zu führen, so liegt gem. § 687 Abs. 1 BGB ein Fall der irrtümlichen Eigengeschäftsführung vor. Dem Geschäftsführer fehlt es bereits an dem Bewusstsein, sich fremdnützig zu betätigen. Vielmehr will er für sich handeln und das Geschäft auch für und gegen sich gelten lassen. Eine Anwendbarkeit der §§ 677-686 BGB muss demnach für solche Konstellationen ausscheiden.[4]

Zwar wird bei Vorliegen eines objektiv fremden Geschäfts (vgl. die Kommentierung zu § 677 BGB Rn. 20) der Fremdgeschäftsführungswille grundsätzlich vermutet.[5] Diese Vermutung greift jedoch nur dann, wenn der Geschäftsführer das Geschäft als objektiv fremdes Geschäft erkannt hat. Die Situation des § 687 Abs. 1 BGB stellt sich jedoch so dar, dass der Geschäftsführer in eine fremde Zuständigkeit eingreift, indem er Verfügungen über ein fremdes Recht bzw. eine fremde Sache trifft oder Nutzungen zieht. Die Maßnahmen erfolgen in dem irrtümlichen Glauben, Verfügungs- oder Nutzungsberechtigter zu sein. Somit handelt es sich beim Geschäftsführer gerade nicht an dem Bewusstsein, ein fremdes Geschäft zu führen; er hat das Geschäft nicht als objektiv fremdes erkannt, so dass die Vermutung nicht eingreift.

Für den **Irrtum** ist es unerheblich, ob dieser **verschuldet ist oder nicht**; auch bei grober Fahrlässigkeit tritt die Wirkung des § 687 Abs. 1 BGB ein.[6] Die Differenzierung zwischen schuldlosem und verschuldetem Irrtum wird erst im Rahmen der Rechtsfolgen (vgl. Rn. 11) relevant. Verschulden kann sich dort haftungsverschärfend auswirken.

Da es dem Geschäftsführer an dem die GoA kennzeichnenden Fremdgeschäftsführungswillen fehlt und somit das gesetzliche Schuldverhältnis nicht zustande kommt, erklärt § 687 Abs. 1 BGB die die GoA betreffenden Vorschriften auch nicht für anwendbar. An der Bestimmung des § 687 Abs. 1 BGB vermag eine Genehmigung seitens des Geschäftsherrn - anders als im Fall des § 684 Satz 2 BGB - nichts zu ändern.

Typische Fallkonstellationen: Veräußert der gutgläubige Erwerber eine vom Dieb zuvor gestohlene Sache an einen Dritten weiter, liegt ein Fall der irrtümlichen Eigengeschäftsführung vor. Ebenso verhält es sich, wenn von einem gutgläubigen Eigenbesitzer Verwendungen auf eine fremde Sache gemacht werden. Auch der vermeintliche Erbe, der eine Nachlassverbindlichkeit erfüllt oder eine Nachlassforderung einzieht, meint (irrtümlich) ein eigenes Geschäft zu führen. Eine irrtümliche Eigengeschäftsführung liegt schließlich auch bei einem schuldlosen bzw. fahrlässigen Eingriff in fremde Ausschließlichkeitsrechte, insbesondere Immaterialgüterrechte, vor.[7]

---

[2] BGH v. 16.03.1965 - VI ZR 210/64 - BGHZ 43, 188, vgl. die Kommentierung zu § 670 BGB.

[3] LG Karlsruhe v. 28.04.2006 - 9 S 479/05 - NZM 2006, 508; LG Wuppertal v. 23.08.2007 - 9 S 478/06 - WuM 2007, 567-568.

[4] Vgl. *Lange*, NZM 2007, 785-788, 787.

[5] BGH v. 20.06.1963 - VII ZR 263/61 - BGHZ 40, 28; BGH v. 04.12.1975 - VII ZR 218/73 - BGHZ 65, 354; *Dornis* in: Erman, § 677 Rn. 9.

[6] *Gehrlein* in: Bamberger/Roth, § 687 Rn. 2.

[7] Vgl. z.B. BGH v. 08.05.1956 - I ZR 62/54 - BGHZ 20, 345 (Verletzung des Rechts am eigenen Bild); BGH v. 02.07.1971 - I ZR 58/70 - BGHZ 56, 317 (Urheberrechtsverletzung); BGH v. 30.11.1976 - X ZR 81/72 - BGHZ 68, 90; BGH v. 13.06.1985 - I ZR 35/83 - BGHZ 95, 285; BGH v. 18.12.1986 - I ZR 111/84 - BGHZ 99, 244 (Verletzung eines Patent-, Gebrauchsmuster- und sonstigen gewerblichen Schutzrechts).

IV. Rechtsfolgen

1. Grundsätze

11 § 687 Abs. 1 BGB bestimmt, dass die Vorschriften der §§ 677-686 BGB nicht zur Anwendung gelangen. Das bedeutet jedoch nicht, dass eine irrtümliche Eigengeschäftsführung ohne rechtliche Folgen bliebe. Weil in den Rechts- und Geschäftskreis des Geschäftsherrn eingegriffen worden ist, besteht auch hier ein Bedürfnis für einen Ausgleich zwischen Geschäftsherrn und Geschäftsführer. Deren (ggf. wechselseitige) Haftung kann sich vor allem aus den allgemeinen Vorschriften ergeben. Denn anders als § 687 Abs. 2 BGB enthält § 687 Abs. 1 BGB keine Rechtsfolgenverweisung auf einzelne GoA-Vorschriften. Dies macht deutlich, dass der Gesetzgeber eine hinreichende **Haftung nach den allgemeinen Vorschriften** sichergestellt sieht.

2. Haftung des Geschäftsführers

12 Dementsprechend haftet der Geschäftsführer dem Geschäftsherrn grundsätzlich nach **bereicherungsrechtlichen Vorschriften** und hat ihm das aus der Geschäftsführung Erlangte herauszugeben. Für den Geschäftsherrn besteht bei Weiterveräußerung einer ihm abhanden gekommenen Sache durch den Geschäftsführer die Möglichkeit, die Verfügung zu genehmigen, um so seine Ansprüche gegen den Geschäftsführer nach § 687 Abs. 1 Satz 1 BGB geltend zu machen. Dies empfiehlt sich vor allem dann, wenn der Geschäftsführer bei der Weiterveräußerung einen Gewinn erzielt hat.[8]

13 Eine Haftung des Geschäftsführers kann sich ferner aus den §§ 985-1007 BGB ergeben, wenn ein **Eigentümer-Besitzer-Verhältnis** vorliegt. Nimmt der Geschäftsführer Veränderungen im Sinne der §§ 946-950 BGB vor, so kann auch eine Haftung aus § 951 BGB in Betracht kommen.

14 Bei Vorliegen eines Eigentümer-Besitzer-Verhältnisses ist dessen Sperrwirkung gegenüber einer Haftung aus Bereicherungsrecht zu beachten, vgl. § 993 Abs. 1 BGB a.E. Dieser Ausschluss gilt jedoch nicht bei Verarbeitung, Verbrauch und Veräußerung, da die §§ 987-1007 BGB für diese Fälle keine Regelung treffen.[9]

15 Darüber hinaus ist bei verschuldetem Irrtum (einfache und grobe Fahrlässigkeit) eine **Haftung aus unerlaubter Handlung** denkbar.[10] Die Ansprüche des Geschäftsherrn aus Delikt können jedoch durch das Eigentümer-Besitzer-Verhältnis gesperrt sein. Das ist dann der Fall, wenn sich die Geschäftsbesorgung auf eine Sache bezieht, die der Geschäftsführer in Besitz hat und zu deren Besitz er sich als berechtigt ansieht. Dabei ist zu beachten, dass die Normen nicht deckungsgleich sind. So wird von § 687 Abs. 1 BGB z.B. an sich auch der Fall erfasst, dass der Besitzerwerb unter leicht fahrlässiger Verkennung der Umstände erfolgt ist. § 990 Abs. 1 BGB hingegen begründet für diesen Fall keine Haftung. Aufgrund der in § 993 Abs. 1 BGB a.E. zum Ausdruck kommenden Sperrwirkung des Eigentümer-Besitzer-Verhältnisses ist jedoch auch im Fall einfacher Fahrlässigkeit ein Anspruch aus § 687 Abs. 1 BGB gesperrt. Andernfalls würde ein vom Eigentümer-Besitzer-Verhältnis an sich als redlich eingestufter Besitzer genauso haften wie ein deliktischer Besitzer (vgl. § 992 BGB).

16 Der in den GoA-Vorschriften vorgesehene Anspruch auf Auskunft und Rechenschaftspflicht (vgl. die §§ 681 Satz 2, 666 BGB) besteht nach allgemeinen Rechtsgrundsätzen auch im Fall der irrtümlichen Eigengeschäftsführung. Die Rechtsprechung gewährt dem Geschäftsherrn diese Ansprüche, wenn „der Berechtigte in entschuldbarer Weise über Bestehen und Umfang seines Rechts im Ungewissen, der Verpflichtete hingegen in der Lage ist, unschwer solche Auskunft zu erteilen".[11]

3. Haftung des Geschäftsherrn

17 Der Geschäftsherr haftet dem Geschäftsführer auf Herausgabe der Bereicherung, die er infolge der Geschäftsführung erlangt hat. Neben seiner bereicherungsrechtlichen Haftung kommt für den Fall, dass der Geschäftsführer Verwendungen getätigt hat, eine Haftung aus den §§ 994-1007 BGB in Betracht.

---

[8] BGH v. 08.01.1959 - VII ZR 26/58 - BGHZ 30, 157. Zu der in der Literatur vertretenen Ansicht, dass über § 816 Abs. 1 BGB keine Gewinnherausgabe zu erzielen sei, vgl. die Kommentierung zu § 816 BGB.
[9] *Gursky* in: Staudinger, Vorbem. zu den §§ 987 ff. Rn. 32.
[10] *Gehrlein* in: Bamberger/Roth, § 687 Rn. 2.
[11] BGH v. 28.10.1953 - II ZR 149/52 - BGHZ 10, 385.

4. Besonderheiten bei Ausschließlichkeitsrechten

Eine Besonderheit ergibt sich bei der Verletzung fremder Ausschließlichkeitsrechte durch den Geschäftsführer (vor allem Urheberrechte, gewerbliche Schutzrechte). Dabei ist zwischen einem schuldlosen und einem verschuldeten Eingriff zu unterscheiden.

a. Schuldloser Eingriff

Bei einem **schuldlosen** Irrtum hinsichtlich der Fremdheit des Geschäfts hat der Geschäftsherr aus Sondervorschriften einen Beseitigungsanspruch und/oder bei Wiederholungsgefahr einen Unterlassungsanspruch (vgl. § 97 UrhG, § 139 Abs. 1 PatG, § 24 Abs. 1 GebrMG, § 42 Abs. 1 GeschmMG, §§ 14 Abs. 5, 15 Abs. 4, 18 MarkenG).

Neben diesen spezialgesetzlichen Ansprüchen können auch solche aus Bereicherungsrecht geltend gemacht werden. Die allgemeinen Vorschriften werden durch die Existenz der Sondervorschriften nicht ausgeschlossen, zumal in diesen Normen zumindest zum Teil explizit auf eine **Anspruchskonkurrenz** hingewiesen wird (vgl. § 42 Abs. 1 GeschmMG).[12] Der schuldlose Verletzer ist jedoch nicht zur Herausgabe des erzielten Gewinns, sondern grundsätzlich nur zur Zahlung einer **angemessenen Benutzungsgebühr** verpflichtet.[13] Dies ergibt sich aus der Wertung des § 687 Abs. 2 BGB. In analoger Anwendung des § 687 Abs. 2 BGB gewährt die Rechtsprechung dem Verletzten in den Fällen eines fahrlässigen Eingriffs die Herausgabe des Verletzergewinns (vgl. Rn. 25). Zugleich folgt hieraus, dass bei einem schuldlosen Eingriff ein solcher Verletzergewinn gerade nicht herausgegeben werden muss und dass der Verletzer demnach nur der Bereicherungshaftung unterliegt. Der Umfang der Herausgabe bemisst sich nach dem Betrag, um den der Verletzer bereichert ist, indem er für die Nutzung eines fremden Rechts kein Entgelt entrichtet hat. Deshalb geht der Bereicherungsanspruch in der Regel auf Zahlung einer angemessenen Gebühr.[14] Ein Anspruch auf Auskunft und Rechnungslegung wird wegen fehlender Normierung auf der Grundlage von Treu und Glauben gewährt.[15]

Infolge der **Umsetzung der Richtlinie 2004/48/EG** (Enforcement-RL) über die Durchsetzung der Rechte des geistigen Eigentums wurden die Formulierungen des § 97 Abs. 1 Satz 2 UrhG, des § 139 Abs. 2 Satz 2 PatG sowie des § 42 Abs. 1 Satz 2 GeschmMG und des § 24 Abs. 2 Satz 2 GebrMG geändert. Seither kann „bei der Bemessung des Schadensersatzes [...] auch der Gewinn, den der Verletzer durch die Verletzung des Rechtes erzielt hat, berücksichtigt werden." Trotz der sprachlichen Neuerung o.g. Vorschriften wollte der Umsetzungsgesetzgeber an der bisherigen Rechtsprechung ausdrücklich nichts ändern.[16] Die gewählte Formulierung macht lediglich deutlich, dass es sich bei der Herausgabe des Verletzergewinns nicht um einen eigenständigen Gewinnabschöpfungsanspruch handelt, sondern um eine Methode zur Schadensberechnung.[17]

Hinsichtlich der Geltendmachung von Schadensersatz im Zusammenhang mit sog. **Verletzerketten** hat der BGH in seinem Tripp-Trapp-Urteil[18] entschieden, dass, wenn innerhalb einer Lieferkette mehrere Lieferanten nacheinander urheberrechtliche Nutzungsrechte verletzen, der Verletzte grundsätzlich berechtigt sei, von jedem Verletzer die Herausgabe des von diesem erzielten Gewinns als Schadensersatz zu fordern. Lediglich Ersatzzahlungen, die der Hersteller seinen Abnehmern wegen der Inanspruchnahme durch den Verletzten erbringt, müssen gewinn- und daher auch anspruchsmindernd berücksichtigt werden. Zudem verbiete sich eine entsprechende Anwendung des Erschöpfungsgrundsatzes auf Rechtsverletzungen, da allein in der Geltendmachung und Entgegennahme von Schadensersatz wegen einer Verletzung des Verbreitungsrechts grundsätzlich keine Genehmigung des unbefugten Inverkehrbringens zu sehen sei. Auch unter dem Gesichtspunkt der Gesamtschuld i.S.d. §§ 421 ff. BGB können nach Ansicht des BGH Schadensersatzleistungen eines Verletzers andere Verletzer nicht von ihrer Schadensersatzpflicht befreien. Für die gesamtschuldnerische Haftung mehrerer Verletzer komme es nämlich nicht darauf an, ob die Verletzungshandlungen gleichartig oder gleichgerichtet sind,

---

[12] *Bergmann* in: Staudinger, § 687 Rn. 67; *Seiler* in: MünchKomm-BGB, § 687 Rn. 30.
[13] BGH v. 12.02.1952 - I ZR 115/51 - BGHZ 5, 116; BGH v. 24.11.1981 - X ZR 7/80 - BGHZ 82, 299; *Schwab* in: NK-BGB, § 687 Rn 35.
[14] BGH v. 08.05.1956 - I ZR 62/54 - juris Rn. 13 - BGHZ 20, 345; BGH v. 24.11.1981 - X ZR 7/80 - juris Rn. 49 - BGHZ 82, 299; BGH v. 13.06.1985 - I ZR 35/83 - BGHZ 95, 285.
[15] St. Rspr. BGH v. 13.06.1985 - I ZR 35/83 - juris Rn. 15 - BGHZ 95, 285.
[16] Vgl. hierzu die amtl. Begr., BT-Drs. 16/5048, S. 33 und 48; dazu ferner *Gärtner/Bosse*, Mitt. Heft 11/2008, 492, 493.
[17] U.a. bei *Wandtke/Bullinger*, Urheberrecht, 3. Aufl. 2009, Rn. 66.
[18] BGH v. 14.05.2009 - I ZR 98/06 - NJW 2009, 3722 ff.

sondern allein darauf, ob sie durch deliktisch zurechenbares Verhalten für denselben Schaden verantwortlich sind. Jeder Verletzer innerhalb einer Verletzerkette greife aber gerade durch das unbefugte Inverkehrbringen des Schutzgegenstandes erneut in das ausschließlich dem Rechtsinhaber zugewiesene Verbreitungsrecht ein und verursache damit einen von den anderen Schädigern getrennten Schaden.

b. Verschuldeter Eingriff

23 Für den Fall eines verschuldeten Eingriffs in fremde Ausschließlichkeitsrechte ergibt sich eine Haftung des Geschäftsführers zunächst aus den bereits erwähnten Sondervorschriften. Er kann folglich dazu verpflichtet sein, die Beeinträchtigung zu beseitigen und/oder bei Wiederholungsgefahr zu unterlassen (vgl. § 97 Abs. 1 Satz 1 UrhG, § 139 Abs. 1 PatG, § 24 Abs. 1 GebrMG, § 42 Abs. 1 Satz 1 GeschmMG, §§ 14 Abs. 5, 15 Abs. 4, 18 MarkenG). Im Unterschied zum schuldlosen Eingriff besteht nach diesen spezialgesetzlichen Regelungen zusätzlich eine **Schadensersatzpflicht** (vgl. § 97 Abs. 1 UrhG, § 139 Abs. 2 PatG, § 24 Abs. 2 GebrMG, § 42 Abs. 1 GeschmMG, §§ 14 Abs. 6, 15 Abs. 5 MarkenG).

24 Einige Vorschriften gewähren dem Geschäftsherrn „statt des Schadensersatzes" bei leichter Fahrlässigkeit eine Entschädigung, die in den Grenzen zwischen dem Schaden des Verletzten und dem Vorteil bleibt, der dem Verletzer erwachsen ist (§ 139 Abs. 2 Satz 2 PatG, § 24 Abs. 2 Satz 2 GebrMG, § 42 Abs. 1 Satz 3 GeschmMG). Die konkrete Höhe dieser Entschädigung wird durch das Gericht festgesetzt. Nach wiederum anderen Vorschriften kann der Geschäftsherr „an Stelle des Schadensersatzes" auch den **Verletzergewinn** herausverlangen. Dies gilt für Urheberrechtsverletzungen[19] (§ 97 Abs. 1 Satz 2 UrhG) sowie für Geschmacksmusterverletzungen (§ 42 Abs. 1 Satz 2 GeschmMG). In diesem Zusammenhang wird dem Geschäftsherrn auch ein Anspruch auf Rechnungslegung gewährt, der es ihm in der Regel erst ermöglicht, den Gewinn genau zu beziffern. Dabei ist jedoch zu beachten, dass diese positivrechtliche Ausformung eines Rechnungslegungsanspruchs mit dem darin auch zugleich enthaltenen Auskunftsanspruch nicht bedeutet, dass Auskunftsansprüche im Übrigen ausgeschlossen sind. Vielmehr gilt auch hier, dass der Schadensersatzanspruch von einem Anspruch auf Auskunft und Rechnungslegung begleitet wird, der sich aus den Grundsätzen von Treu und Glauben ergibt.[20]

25 Die Regelung bzgl. der Herausgabe des Verletzergewinns und des damit verbundenen Rechnungslegungsanspruchs hat nicht in allen Sondervorschriften Niederschlag gefunden; diese Rechtsfolge ergibt sich auch nicht aus § 687 Abs. 1 BGB. Deshalb greift die Rechtsprechung in den übrigen Fällen auf eine inzwischen gewohnheitsrechtlich anerkannte sinngemäße Anwendung des § 687 Abs. 2 BGB zurück. Dabei handelt es sich um **eine Erweiterung des** § 687 Abs. 2 BGB, nach der auch im Fall eines fahrlässigen Eingriffs ein Anspruch auf Herausgabe des Verletzergewinns zuerkannt wird.[21] Begleitet wird dieser Anspruch von den Nebenrechten auf Auskunft und Rechnungslegung.[22] Diese Analogie führt jedoch zugleich zu einer Einschränkung des § 687 Abs. 1 BGB. Denn obgleich die allgemeinen Vorschriften für einen Ausgleich grundsätzlich als ausreichend erachtet werden, wird bei der Verletzung von Ausschließlichkeitsrechten ein Bedürfnis für eine verschärfte Haftung gesehen.

26 Begründet wird die sinngemäße Anwendung des § 687 Abs. 2 BGB mit dem besonderen Schutzbedürfnis des Inhabers von Immaterialgüterrechten. Diese Rechte können leicht verletzt werden, da Eingriffe im Vergleich zu körperlichen Gegenständen für den Rechtsinhaber nicht ohne weiteres erkennbar sind und folglich nur schwer verhindert werden können. Auch der vom Verletzten zu führende Nachweis einer Verletzung sowie des von ihm wahrscheinlich erzielten Gewinns erschweren die Rechtsverfolgung für den Rechtsinhaber.[23] Deshalb sprechen die Gerichte dem Verletzten eine inzwischen gewohnheitsrechtlich anerkannte Entschädigung in Form des Verletzergewinns zu.[24] Diese Rechtsprechung ist jedoch mittlerweile für die Bereiche überholt, in denen durch Sondergesetze eine explizite Anspruchsgrundlage für eine derartige Entschädigung geschaffen wurde. Sie bleibt gleichwohl in den übrigen Be-

---

[19] Zur Urheberrechtsverletzung OLG Köln v. 08.04.2005 - 6 U 107/04, 6 W 33/05 - GRUR-RR 2005, 247.
[20] St. Rspr. BGH v. 13.06.1985 - I ZR 35/83 - BGHZ 95, 285.
[21] BGH v. 06.10.2005 - I ZR 322/02 - NJW-RR 2006, 834-836; BGH v. 02.11.2000 - I ZR 246/98 - BGHZ 145, 366-376; vgl. *Meier-Beck*, GRUR 2005, 617-623, 617 ff.; *Melullis*, GRUR Int 2008, 679-685, 680; *von der Osten*, GRUR 1998, 284-288, 285 f.
[22] Vgl. nur BGH v. 03.07.1984 - X ZR 34/83 - juris Rn. 11 - BGHZ 92, 62; BGH v. 13.06.1985 - I ZR 35/83 - juris Rn. 15 - BGHZ 95, 285.
[23] BGH v. 08.10.1971 - I ZR 12/70 - BGHZ 57, 116.
[24] BGH v. 02.11.2000 - I ZR 246/98 - BGHZ 145, 366-376; vgl. zur Begründung und Herleitung dieses Anspruchs *Melullis*, GRUR Int 2008, 679-685, 680 ff.

reichen bedeutsam, also für Warenzeichen-,[25] Geschmacksmuster-,[26] Markenrechts-[27] sowie Firmen- und Namensrechtverletzungen,[28] ferner im Fall wettbewerbswidriger sklavischer Nachahmung[29] und unter besonderen Umständen auch bei einer Verletzung des Rechts am eigenen Bild[30]. Darüber hinaus sollen diese Grundsätze auch für den Anspruch auf Rechnungslegung bei Patent- und Gebrauchsmusterverletzungen gelten. Ein Bedürfnis kann hier jedoch in Frage gestellt werden, da ein Auskunfts- und Rechnungslegungsanspruch in ständiger Rechtsprechung nach den Grundsätzen von Treu und Glauben angenommen wird.[31]

c. Dreifache Berechnungsmethode

Für den Fall eines Schadensersatzanspruchs bei Verletzung von Ausschließlichkeitsrechten (das sind im Folgenden: Urheber-, Patent-, Gebrauchsmuster-, Geschmacksmuster-, Persönlichkeits- und Markenrechte) hat die Rechtsprechung eine **dreifache Berechnungsmethode** entwickelt: Der Verletzte hat ein Wahlrecht zwischen der Geltendmachung des **Schadens einschließlich des Gewinns,** den der Verletzte erwarten konnte (§§ 249-252 BGB), der Zahlung einer **angemessenen Lizenzgebühr** unter Fiktion eines Lizenzvertrages und der Herausgabe des **Verletzergewinns** jeweils gekoppelt mit den Hilfsansprüchen auf Auskunftserteilung und Rechnungslegung.[32] Der Grund für diese drei Berechnungsmöglichkeiten ist auch hier in der besonderen Schutzbedürftigkeit von Immaterialgüterrechten zu sehen. Diese Rechtsprechung ist dogmatisch bedenklich. So ist nicht einsichtig, weshalb die Herausgabe des Verletzergewinns als Schaden angesehen wird.[33] Denn wer zur Leistung von Schadensersatz verpflichtet ist, hat nur die entstandene Vermögensminderung auszugleichen.[34]

27

Der Anspruch auf Auskunft und Rechnungslegung dient dazu, den dem Grunde nach gewährten Schadensersatzanspruch zu verwirklichen. Der Verletzte soll so die Informationen erhalten, die er braucht, um den Schaden nach jeder der drei genannten Methoden berechnen zu können. Anhand der erzielten Ergebnisse kann er dann die für ihn günstigste Berechnungsmethode ermitteln und schließlich gegenüber dem Verletzer klageweise geltend machen.[35] Das **Wahlrecht** kann bis zum Schluss der letzten mündlichen Verhandlung ausgeübt werden. Hierzu zählt auch das Recht, grundsätzlich von der einen zur anderen Berechnungsmethode während des Prozesses zu wechseln,[36] solange der Verletzer den Ersatzanspruch noch nicht nach einer der Methoden erfüllt hat.[37] Das bedeutet, dass der Verletzte grundsätzlich nicht an das einmal ausgeübte Wahlrecht hinsichtlich der Berechnungsmethode gebunden ist. Denn bei diesen verschiedenen Arten der Berechnung handelt es sich lediglich um eine Ergänzung des allgemeinen Schadensersatzrechts (§§ 249-255 BGB) und nicht um selbstständige Anspruchsgrundlagen.[38] Eine Bindung tritt dann ein, wenn der Verletzte nicht nur die Verurteilung zur Auskunftserteilung und zur Feststellung der Schadensersatzpflicht beantragt hat, sondern der Schadensersatzantrag bereits konkret auf die Zahlung einer einmaligen Pauschalsumme gerichtet ist.[39] In diesem Fall ist er aufgrund seines Antrags an die von ihm getroffene Wahl gebunden.[40]

28

Von besonderer praktischer Relevanz ist der **Ersatz in Form der Lizenzgebühr**. Denn der Nachweis eines konkreten eigenen Schadens dürfte in der Regel nur schwer zu führen sein, ebenso wie der Ver-

29

---

[25] BGH v. 24.02.1961 - I ZR 83/59 - BGHZ 34, 320.
[26] BGH v. 27.02.1963 - IIb ZR 131/61 - GRUR 1963, 640.
[27] BGH v. 18.12.1986 - I ZR 111/84 - BGHZ 99, 244.
[28] BGH v. 16.02.1973 - I ZR 74/71 - juris Rn. 11 - BGHZ 60, 206.
[29] BGH v. 08.10.1971 - I ZR 12/70 - BGHZ 57, 116.
[30] BGH v. 08.05.1956 - I ZR 62/54 - juris Rn. 12 - BGHZ 20, 345.
[31] BGH v. 13.03.1962 - I ZR 108/60 - LM Nr. 15 zu § 47 PatG.
[32] BGH v. 13.07.1973 - I ZR 101/72 - LM Nr. 16 zu § 249 (Hd) BGB.
[33] Dazu *Melullis*, GRUR Int 2008, 679-685, 683 f.
[34] Ausführlich dazu *Beuthien/Wasmann*, GRUR 1997, 255-261.
[35] BGH v. 02.04.1957 - I ZR 58/56 - LM Nr. 5 zu § 47 PatG; BGH v. 13.07.1973 - I ZR 101/72 - LM Nr. 16 zu § 249 (Hd) BGB.
[36] BGH v. 12.01.1966 - Ib ZR 5/64 - BGHZ 44, 372; BGH v. 13.07.1973 - I ZR 101/72 - LM Nr. 16 zu § 249 (Hd) BGB.
[37] BGH v. 13.07.1973 - I ZR 101/72 - LM Nr. 16 zu § 249 (Hd) BGB.
[38] BGH v. 08.10.1971 - I ZR 12/70 - BGHZ 57, 116; BGH v. 18.02.1977 - I ZR 112/75 - LM Nr. 8 zu § 17 UWG.
[39] BGH v. 08.02.1977 - I ZR 112/75 - LM Nr. 8 zu § 17 UWG.
[40] BGH v. 18.02.1977 - I ZR 112/75 - LM Nr. 8 zu § 17 UWG.

letzergewinn nur unter größerem Aufwand zu ermitteln ist.[41] Der Vorteil der Lizenzgebühr besteht für den Verletzten darin, dass ihm dieser Anspruch unabhängig davon gewährt wird, ob er überhaupt dem Verletzer eine Lizenz erteilt hätte. Ersetzt wird folglich ein objektiver Schaden in Form einer angemessenen Lizenzgebühr.[42] Dabei handelt es sich um die Gebühr, die der Verletzer hätte an den Verletzten zahlen müssen, wenn ein Lizenzvertrag abgeschlossen worden wäre.[43] Die Höhe dieser Lizenzgebühr entspricht in der Regel der Tarifgebühr,[44] eine Ausnahme wird insoweit nur für die GEMA gemacht, als ihr ein 100-prozentiger Zuschlag zum Ausgleich ihrer Überwachungskosten gewährt wird.[45]

30 Die dreifache Berechnungsmethode ist auch bei der **Verletzung von Firmen- und Namensrechten**[46] sowie bei einem Eingriff in wettbewerbsrechtlich geschützte Positionen[47] anwendbar. Die Berechnung des Schadens unter dem Gesichtspunkt der angemessenen Lizenzgebühr wird immer dann für möglich erachtet, wenn eine entgeltliche Übertragung oder Überlassung von Rechten zur Benutzung durch Dritte rechtlich möglich ist. Sie scheidet hingegen aus, wenn üblicherweise auch gegen Entgelt ein solcher Rechtseingriff nicht gestattet ist.[48]

d. Konkurrenzen

31 Im Rahmen des verschuldeten Eingriffs in Ausschließlichkeitsrechte kommt neben der spezialgesetzlichen Haftung eine Haftung des Geschäftsführers (vgl. Rn. 12) aus Delikt und Bereicherungsrecht in Betracht.[49] Die Schadensberechnung im Rahmen des § 823 BGB richtet sich jedoch allein nach den §§ 249-255 BGB. Die von der Rechtsprechung entwickelte dreifache Berechnungsmethode ist nicht auf andere Anspruchsgrundlagen übertragbar.

32 Wie sich aus § 97 Abs. 3 UrhG, § 42 Abs. 2 GeschmMG ergibt, handelt es sich bei den Sondervorschriften zu den Immaterialgüterrechten nicht um Spezialgesetze, die andere Anspruchsgrundlagen ausschließen sollen. Vielmehr besteht mit diesen **Anspruchskonkurrenz**. Die vor der Schuldrechtsreform dagegen vorgetragenen Bedenken[50] wegen der unterschiedlichen Verjährungsfristen sind durch die Neuregelung der regelmäßigen Verjährung obsolet. Diese beträgt nach § 195 BGB nunmehr auch drei Jahre, so dass hier eine Angleichung mit den Sondervorschriften erfolgt ist (vgl. § 102 Satz 1 UrhG, § 49 Satz 1 GeschmMG, § 20 Satz 1 MarkenG, § 141 Satz 1 PatG, § 24c Satz 1 GebrMG).

V. Prozessuale Hinweise

33 Im Fall eines schuldhaften Eingriffs in ein Ausschließlichkeitsrecht des Geschäftsherrn kann dieser seinen Anspruch auf Auskunft und Rechnungslegung sowie auf Schadensersatz im Wege der **Stufenklage** nach § 254 ZPO geltend machen. Da der Rechtsinhaber noch während des Schadensersatzprozesses von einer Berechnungsmethode zur anderen wechseln kann, kann er seinen Sachvortrag zunächst auf eine Methode stützen und gegebenenfalls auf eine andere übergehen. Ferner hat er die Möglichkeit, die beiden anderen Berechnungsmethoden hilfsweise geltend zu machen, wenn er sich primär auf eine Methode konzentrieren will. Es ist jedoch zu beachten, dass ein mehrfaches Ausüben des Wahlrechts nur dann möglich ist, wenn der Geschäftsherr seinen Antrag zunächst nur (allgemein) auf Feststellung der Schadensersatzpflicht formuliert.

34 Die von der Rechtsprechung gewährte Lizenzgebühr als Schadensersatz hat für den Verletzten den Vorteil, dass ihm der Anspruch unabhängig davon gewährt wird, ob er dem Verletzer überhaupt eine Lizenz erteilt hätte. Das bedeutet, dass es sich dabei nicht lediglich um eine Beweiserleichterung han-

---

[41] Vgl. zur entsprechenden Problematik im Rahmen des § 687 Abs. 2 BGB analog *von der Osten*, GRUR 1998, 284-288, 285 f.

[42] Vgl. zur Schadensbemessung im Schweizer Recht Schweizerisches Bundesgericht v. 19.12.2005 - 4C.337/2005 - GRUR Int 2006, 956-959, 957 ff. - Milchschäumer.

[43] BGH v. 12.01.1966 - Ib ZR 5/64 - juris Rn. 18 - BGHZ 44, 372; BGH v. 22.03.1990 - I ZR 59/88 - LM Nr. 28 zu § 97 UrhG; BGH v. 17.06.1992 - I ZR 107/90 - juris Rn. 21 - BGHZ 119, 20.

[44] BGH v. 23.05.1975 - I ZR 51/74 - BB 1975, 1276.

[45] BGH v. 24.06.1955 - I ZR 178/53 - BGHZ 17, 376; BGH v. 10.03.1972 - I ZR 160/70 - BGHZ 59, 286; *Bergmann* in: Staudinger, § 687 Rn. 68.

[46] BGH v. 16.02.1973 - I ZR 74/71 - juris Rn. 11 - BGHZ 60, 206.

[47] BGH v. 08.10.1971 - I ZR 12/70 - BGHZ 57, 116; BGH v. 19.01.1973 - I ZR 39/71 - BGHZ 60, 168; BGH v. 18.02.1977 - I ZR 112/75 - LM Nr. 8 zu § 17 UWG.

[48] BGH v. 12.01.1966 - Ib ZR 5/64 - BGHZ 44, 372.

[49] *Dornis* in: Erman, § 687 Rn. 15.

[50] *Seiler* in: MünchKomm-BGB, § 687 Rn. 26.

delt, wie zum Beispiel im Fall der konkreten Berechnung des entgangenen Gewinns nach § 252 Satz 2 BGB. Vielmehr bleibt der Einwand des Verletzers, dass der Verletzte ihm gar keine Lizenz erteilt hätte, unberücksichtigt.[51]

B. Kommentierung zu Absatz 2

I. Grundlagen

Im Gegensatz zu § 687 Abs. 1 BGB weist der Geschäftsführer i.S.d. § 687 Abs. 2 BGB zwar ein Fremdgeschäftsführungsbewusstsein auf. Neben dem **Bewusstsein**, ein fremdes Geschäft zu führen (kognitives Element), bedarf es zur Annahme eines Fremdgeschäftsführungswillens jedoch ferner der **Absicht**, dieses Geschäft als fremdes zu führen (finales Element).[52] An dieser Absicht fehlt es dem Geschäftsführer des § 687 Abs. 2 BGB, da er gerade zum eigenen Vorteil handelt und das Geschäft als eigenes führt, sog. angemaßte Eigengeschäftsführung (missverständlich auch als „unechte GoA" bezeichnet). Deshalb ist auch im Fall des § 687 Abs. 2 BGB ein Fremdgeschäftsführungswille im Ergebnis zu verneinen, so dass – wie auch bei der irrtümlichen Eigengeschäftsführung nach § 687 Abs. 1 BGB – ein Fall der Nichtgeschäftsführung vorliegt. 35

Obwohl zwar eine Grundvoraussetzung für die Entstehung des gesetzlichen Schuldverhältnisses fehlt und somit kein Fall einer GoA vorliegt, gewährt § 687 Abs. 2 Satz 1 BGB als selbstständige **Anspruchsgrundlage** dem Geschäftsherrn bestimmte, sich aus der GoA ergebende Ansprüche (§§ 677, 678, 681, 682 BGB). Mit diesen zusätzlichen Anspruchsgrundlagen soll die Rechtsstellung des Geschäftsherrn verbessert werden, damit er sich gegen den bewusst in seine Rechtssphäre unbefugt eingreifenden Geschäftsführer angemessen zur Wehr setzen kann.[53] Vor allem soll der Geschäftsherr in die Lage versetzt werden, den vom angemaßten Geschäftsführer erzielten Gewinn herauszuverlangen.[54] 36

Aus der Formulierung des § 687 Abs. 2 BGB ergibt sich, dass der Geschäftsherr nicht zwingend auf die dort erwähnten Ansprüche verwiesen bleibt. Vielmehr gewährt ihm die Vorschrift ein Wahlrecht.[55] Das bedeutet, dass er es in der Hand hat, den angemaßten Geschäftsführer der verschärften Haftung nach den Vorschriften der GoA zu unterwerfen. Beruft sich der Geschäftsherr auf die in § 687 Abs. 2 Satz 1 BGB genannten Rechte, so ist darin jedoch nicht zugleich eine Genehmigung der Geschäftsführung zu sehen.[56] 37

II. Praktische Bedeutung

Die angemaßte Eigengeschäftsführung ist von **einem eigennützigen Verhalten** des Geschäftsführers geprägt und stellt somit den Gegensatz zu einem typischen Wesensmerkmal der GoA dar, dem fremdnützigen Handeln. 38

Der Verweis in § 687 Abs. 2 Satz 1 BGB auf einzelne GoA-Vorschriften ist als **Rechtsfolgenverweis** zu verstehen.[57] Danach wird der angemaßte Geschäftsführer so behandelt, als habe er das Geschäft für den Geschäftsherrn – also für dessen Rechnung – getätigt mit der Folge, dass er dem Geschäftsherrn auch für die von ihm verursachten Schäden verschärft haftet.[58] 39

Der Grund für diese partielle Geltung der GoA-Vorschriften und der damit verbundenen, zum Teil **verschärften Haftung** ist zum einen darin zu sehen, dass der vorsätzlich in fremde Rechte Eingreifende für sich einen Gewinn nicht soll erzielen und behalten dürfen.[59] Denn im Gegensatz zu den allgemeinen Vorschriften ist der Geschäftsführer nach den §§ 687 Abs. 2 Satz 1, 681 Satz 2, 667 BGB zum Beispiel zur Herausgabe eines Verletzergewinns verpflichtet.[60] Zum anderen würde andernfalls der angemaßte 40

---

[51] BGH v. 14.02.1958 - I ZR 151/56 - juris Rn. 11 - BGHZ 26, 349; BGH v. 12.01.1966 - Ib ZR 5/64 - juris Rn. 16 - BGHZ 44, 372.
[52] *Gehrlein* in: Bamberger/Roth, § 687 Rn. 1.
[53] *Schulze* in: Hk-BGB, § 687 Rn. 1.
[54] Vgl. *Bergmann* in: Staudinger, § 687 Rn. 46.
[55] *Martinek/Theobald*, JuS 1997, 612-619, 617.
[56] *Bergmann* in: Staudinger, § 687 Rn. 49.
[57] *Bergmann* in: Staudinger, § 687 Rn. 42; *Gehrlein* in: Bamberger/Roth, § 687 Rn. 1.
[58] Vgl. *Bergmann* in: Staudinger, § 687 Rn. 42.
[59] *Beuthien* in: Soergel, § 687 Rn. 4.
[60] Die Rechtsprechung gewährt auch im Rahmen des § 816 Abs. 1 BGB einen Anspruch auf Gewinnherausgabe, vgl. die Kommentierung zu § 816 BGB.

Geschäftsführer gegenüber dem Geschäftsführer, der zumindest auch im Fremdinteresse tätig wird, privilegiert. Ein Schutzbedürfnis, das eine solche Privilegierung rechtfertigen würde, besteht jedoch gerade zu Gunsten desjenigen nicht, der vorsätzlich in ein fremdes Recht eingreift. Vielmehr ist es der Geschäftsherr, der Schutz verdient und dessen Rechtsstellung verbessert werden muss. Denn er wird durch das vom angemaßten Geschäftsführer durchgeführte Geschäft gegenständlich betroffen.[61] Durch § 687 Abs. 2 BGB wird seine Position gegenüber der nach allgemeinen Vorschriften (vgl. §§ 252 Satz 2, 818 Abs. 2 BGB) gestärkt. Deshalb wird dem angemaßten Geschäftsführer konsequenterweise bei einer Geltendmachung der in § 687 Abs. 2 Satz 1 BGB genannten Rechte durch den Geschäftsherrn auch nur der Bereicherungsersatz nach § 684 Satz 1 BGB und nicht der Aufwendungsersatz nach § 683 BGB gewährt. Dadurch verbleibt das **Aufwandserfolgsrisiko** beim angemaßten Geschäftsführer.

III. Anwendungsvoraussetzungen

41 Anders als im Fall der irrtümlichen Eigengeschäftsführung (§ 687 Abs. 1 BGB) ist § 687 Abs. 2 BGB eine eigene Anspruchsgrundlage und stellt die Voraussetzungen der angemaßten Eigengeschäftsführung selber auf.

1. Geschäftsbesorgung ohne Auftrag oder sonstige Berechtigung

42 Auch im Rahmen des § 687 Abs. 2 BGB muss der Geschäftsführer ein Geschäft besorgen (vgl. die Kommentierung zu § 677 BGB Rn. 9); ebenso wie bei § 677 BGB ist eine weite Auslegung dieses Begriffs geboten.

43 Ferner darf kein Auftrag oder eine sonstige Berechtigung (vgl. die Kommentierung zu § 677 BGB Rn. 29) zum Tätigwerden des Geschäftsführers vorliegen. Denn die Verletzung vertraglicher Pflichten ist nach dem allgemeinen Leistungsstörungsrecht bzw. nach speziellen Haftungsgrundlagen zu behandeln und geht somit einer Haftung nach § 687 Abs. 2 BGB vor.[62] Deshalb hat die Rechtsprechung auch im Fall eines Geschäftsführers einer GmbH, der seine Geschäftsführungsbefugnis bewusst überschritten hatte, eine Anwendung des § 687 Abs. 2 BGB abgelehnt. Begründet wurde dies mit dem Fehlen des Merkmals „ohne Auftrag", da der Geschäftsführer nicht gänzlich von einer vertraglichen Grundlage losgelöst tätig geworden sei.[63]

44 Anders verhält es sich jedoch dann, wenn die vertragliche Vereinbarung, die zwischen dem Berechtigten und einem Dritten besteht, verletzt wird.[64] Maßgeblich für die Berechtigung ist, ob zwischen dem Geschäftsherrn und dem Geschäftsführer ein Rechtsverhältnis besteht, ein solches zu einem Dritten ist unerheblich.

45 Für die angemaßte Eigengeschäftsführung genügt somit grundsätzlich jede Art unbefugter Tätigkeit.

2. Objektiv fremdes Geschäft

46 Der angemaßte Geschäftsführer muss ein **objektiv fremdes Geschäft** führen, er muss folglich in ein fremdes Recht eingreifen. Dabei kommt vor allem ein **Eingriff in absolute Rechte** i.S.d. § 823 BGB in Betracht, wenn es um die Veräußerung oder Nutzung fremder Sachen geht. Genannt sei hier vor allem die Verletzung fremder gesetzlicher Monopolrechte[65] sowie fremder Immaterialgüterrechte.[66] Sofern es sich nur um einen schuldrechtlich begründeten Interessenbereich handelt und kein absolutes Recht oder eine diesem gleichgestellte Rechtsposition betroffen ist, ist eine angemaßte Eigengeschäftsführung in der Regel zu verneinen.[67] Anders verhält es sich nach der Rechtsprechung jedoch, wenn das Rechtsgeschäft äußerlich als fremdes in Erscheinung tritt.[68] In der Literatur wird gelegentlich darauf abgestellt, ob der Geschäftsführer einen zwischen dem vertraglich Berechtigten und einem Dritten abgesicherten Interessenbereich verletzt.

---

[61] *Mansel* in: Jauernig, § 687 Rn. 5; *Sprau* in: Palandt, § 687 Rn. 2.
[62] *Seiler* in: MünchKomm-BGB, § 687 Rn. 24; a.A. *Bergmann* in: Staudinger, § 687 Rn. 39 der das Recht der Geschäftsanmaßung neben den Vorschriften des Vertrags- und Gesellschaftsrechts anwenden will.
[63] BGH v. 12.06.1989 - II ZR 334/87 - LM Nr. 16 zu § 43 GmbHG; kritisch *Seiler* in: MünchKomm-BGB, § 687 Rn. 24.
[64] BGH v. 12.06.1989 - II ZR 334/87 - LM Nr. 16 zu § 43 GmbHG.
[65] RG v. 17.09.1920 - III 92/20 - RGZ 100, 42; RG v. 21.01.1922 - V 228/21 - RGZ 103, 409.
[66] *Beuthien* in: Soergel, § 687 Rn. 16.
[67] *Seiler* in: MünchKomm-BGB, § 687 Rn. 19.
[68] BGH v. 12.06.1989 - II ZR 334/87 - juris Rn. 22 - LM Nr. 16 zu § 43 GmbHG.

Auch die **unberechtigte Gebrauchsüberlassung** an Dritte stellt ein objektiv fremdes Geschäft dar.[69] 47
Es ist jedoch zu beachten, dass allein der Abschluss des Rechtsgeschäfts, das zur Übereignung bzw. Gebrauchsüberlassung verpflichtet, noch kein fremdes Geschäft darstellt, sondern zunächst nur eine eigene Verpflichtung begründet. Geht der Geschäftsführer im Namen des Geschäftsherrn ein Verpflichtungsgeschäft ein, so sind in diesem Stadium die Vertretungsvorschriften, insbesondere die §§ 177, 178 BGB, anzuwenden. Erst die Durchführung des entsprechenden Verfügungsgeschäfts macht das Geschäft zu einem fremden und lässt § 687 Abs. 2 BGB einschlägig werden.[70]

Entgegen einer in der Literatur vertretenen Ansicht[71] stellt die **unberechtigte Untervermietung** keinen Fall des § 687 Abs. 2 BGB dar.[72] Denn dem Eigentümer steht das Gebrauchsrecht nach Abschluss des Mietvertrages nicht mehr zu. Der Vermieter kann von sich aus das Mietobjekt nicht untervermieten, da allein dem Mieter das entsprechende Nutzungsrecht übertragen wurde. Somit stellt die Untervermietung kein fremdes Geschäft dar. Darüber hinaus fehlt es auch an der Voraussetzung „ohne Auftrag". Denn der Mieter überschreitet durch eine vertragswidrige Untervermietung die Grenzen seines Mietvertrages. Für Vertragsverletzungen (vgl. Rn. 43) treffen die §§ 540, 541, 543, 553 BGB hinreichende Regelungen, über die eine Lösung des Konflikts zu erzielen ist, so dass es des Instituts der angemaßten Eigengeschäftsführung nicht bedarf. 48

Ebenso wenig greift § 687 Abs. 2 BGB in den Fällen der Verwertung einer schuldnerfremden Sache gegenüber deren Ersteigerer. Denn für diesen stellt der Erwerb des Eigentums kein fremdes Geschäft dar. Möglich, wenn auch mangels positiven Wissens seitens des Gläubigers selten durchgreifend, ist hingegen in solchen Fällen ein Anspruch des ursprünglichen Eigentümers aus § 687 Abs. 2 BGB gegen den Gläubiger. 49

Sofern es sich nur um **schuldrechtlich begründete Interessenbereiche** handelt und kein absolutes Recht oder eine diesem gleichgestellte Rechtsposition betroffen ist, ist eine angemaßte Eigengeschäftsführung zu verneinen.[73] So liegt im Fall der Verletzung eines vertraglich vereinbarten Alleinvertriebsrechts oder Wettbewerbsverbots kein fremdes Geschäft vor, auch wenn ein Eingriff in eine vertraglich begründete ausschließliche Rechtsstellung zu bejahen ist.[74] Denn das von dem zur Unterlassung verpflichteten Vertragspartner vertragswidrig getätigte Geschäft bleibt für ihn ein eigenes Geschäft. Anders verhält es sich jedoch dann, wenn das Rechtsgeschäft äußerlich als fremdes in Erscheinung tritt. 50

Die Entgegennahme von Schmiergeldern stellt kein objektiv fremdes Geschäft dar.[75] Eine Pflicht zur Herausgabe ergibt sich vielmehr aus § 667 BGB direkt oder analog.[76] 51

Auch ein zunächst eigenes Geschäft des Geschäftsführers kann zu einem fremden werden. Dies ist der Fall, wenn bei Weiterveräußerung das Verpflichtungsgeschäft zwischen ursprünglichem Eigentümer und Erwerber durch **Anfechtung** rückwirkend unwirksam wird. Bei Kenntnis des Erwerbers von der Anfechtbarkeit greift § 142 Abs. 2 Alt. 1 BGB ein mit der Folge, dass eine Haftung nach § 687 Abs. 2 BGB in Betracht kommt. 52

3. Kenntnis und Absicht des Geschäftsführers

In subjektiver Hinsicht weist der Geschäftsführer i.S.d. § 687 Abs. 2 BGB - anders als der irrtümliche Eigengeschäftsführer - zwar ein Fremdgeschäftsführungsbewusstsein auf und handelt somit in **Kenntnis der Fremdheit**. Der Fremdgeschäftsführungswille scheitert jedoch an dem fehlenden finalen Element, da er das Geschäft in eigennütziger Absicht führt. 53

§ 687 Abs. 2 BGB setzt somit voraus, dass der Geschäftsführer sowohl um die Fremdheit des Geschäfts als auch um die fehlende Berechtigung weiß. Der Geschäftsführer muss somit vorsätzlich in den fremden Rechtskreis eingreifen. Anders als im Fall des § 122 Abs. 2 BGB genügt ein Kennenmüssen nicht. 54

---

[69] RG v. 08.07.1922 - VI 801/21 - RGZ 105, 107.
[70] *Beuthien* in: Soergel, § 687 Rn. 10.
[71] Ein fremdes Geschäft sei deshalb anzunehmen, weil dem Eigentümer nach § 903 grundsätzlich der Gebrauch der Mietsache zustehe und diese Befugnis auf den Mieter nur in den Grenzen seines Mietvertrages übertragen werde, vgl. *Berg*, JuS 1975, 681-689; *Herschel*, JuS 1968, 562.
[72] Vgl. BGH v. 12.08.2009 - XII ZR 76/08 - NZM 2009, 701; vgl. ferner bei *Eichel*, ZJS 2009, 702 f.; BGH v. 13.12.1995 - XII ZR 194/93 - BGHZ 131, 297; *Gehrlein* in: Bamberger/Roth, § 687 Rn. 5.
[73] *Seiler* in: MünchKomm-BGB, § 687 Rn. 19.
[74] *Bergmann* in: Staudinger, § 687 Rn. 30; *Beuthien* in: Soergel, § 687 Rn. 12.
[75] *Gehrlein* in: Bamberger/Roth, § 687 Rn. 5; a.A. BAG v. 14.07.1961 - 1 AZR 288/60 - NJW 1961, 2036.
[76] Vgl. hierzu Hessisches Landesarbeitsgericht v. 25.01.2008 - 10 Sa 1195/06; BGH v. 31.03.2008 - 5 StR 631/07 (LG Braunschweig) - wistra 2008, 263 f. sowie PStR 2008, 129; LAG Hamm v. 13.10.2010 - 3 Sa 527/10.

Der Geschäftsführer muss vielmehr den Mangel seiner Berechtigung positiv kennen. Allerdings soll für § 687 Abs. 2 BGB die Kenntnis der Anfechtbarkeit des Rechtsgeschäfts genügen, das zur Geschäftsführung berechtigt, vgl. § 142 Abs. 2 Alt. 1 BGB.[77] Erlangt er diese Kenntnis erst nachträglich, so ist der Zeitpunkt der Kenntniserlangung für eine Haftung nach § 687 Abs. 2 BGB maßgeblich. Bei bloßer Fahrlässigkeit befindet man sich im Anwendungsbereich des § 687 Abs. 1 BGB.

55 Über den Wortlaut des § 687 Abs. 2 BGB hinaus ist **die Absicht erforderlich, das Geschäft als eigenes zu führen**. Das bedeutet, dass der Geschäftsführer zum eigenen Vorteil tätig werden will. Dieses eigennützige Verhalten ist das Wesensmerkmal des angemaßten Geschäftsführers und führt zu einer Verneinung des Fremdgeschäftsführungswillens. Eigennützigkeit liegt regelmäßig vor, wenn die unberechtigte Verfügung über einen fremden Gegenstand im eigenen Namen des Geschäftsführers erfolgt. Aber auch ein Handeln im Namen des Geschäftsherrn kann eine angemaßte Eigengeschäftsführung darstellen, wenn der wirtschaftliche Erfolg dem Geschäftsführer zugutekommen soll.[78]

56 **Typische Fallkonstellationen**: Hauptanwendungsfälle der angemaßten Eigengeschäftsführung sind die Veräußerung und Gebrauchsüberlassung fremder Sachen an Dritte. Auch die Verletzung gesetzlicher Monopolrechte lässt bei Vorliegen der weiteren Voraussetzungen § 687 Abs. 2 BGB eingreifen.[79] Ein Fall der angemaßten Eigengeschäftsführung liegt vor allem bei der Ausnutzung fremder Immaterialgüterrechte vor, für die jedoch inzwischen zahlreiche Sondervorschriften geschaffen wurden. Die Vorschrift des § 687 Abs. 2 BGB findet auch Anwendung, wenn das Kennzeichenrecht eines anderen durch einen Domain-Namen verletzt wird.[80] Jedoch scheidet nach höchstrichterlicher Rspr. § 687 Abs. 2 BGB als Anspruchsgrundlage für das Verlangen auf Übertragung eines Domainnamens aus, weil dieser nicht wie ein absolutes Recht einer bestimmten Person zugewiesen sei.[81]

57 Nicht von § 687 Abs. 2 BGB erfasst ist jedoch die Verletzung lediglich vertraglich vereinbarter ausschließlicher Interessensphären, wie z.B. einer Alleinvertriebsabrede oder eines Wettbewerbsverbotes.[82] Ebenso liegt kein Fall einer angemaßten Eigengeschäftsführung vor, wenn vertraglich eingeräumte Befugnisse überschritten werden, wie zum Beispiel bei unberechtigter Untervermietung (vgl. Rn. 48).[83]

IV. Rechtsfolgen

1. Haftung des Geschäftsführers

58 Das Gesetz gewährt dem **Geschäftsherrn ein Wahlrecht**: Er kann den Geschäftsführer aus den allgemeinen Vorschriften (§§ 812-822, 823-853 BGB) in Anspruch nehmen oder seine Rechte aus den §§ 677, 678, 681, 682 BGB geltend machen, auf die § 687 Abs. 2 Satz 1 BGB verweist. Die letztgenannten Vorschriften kann der Geschäftsherr explizit zur Anwendung bringen, indem er sich konkret auf § 687 Abs. 2 Satz 1 BGB beruft. Er kann das Geschäft jedoch auch konkludent an sich ziehen, indem er die Rechte aus den §§ 677, 678, 681, 682 BGB geltend macht. In der Geltendmachung der Rechte aus § 687 Abs. 2 Satz 1 BGB ist jedoch nicht zugleich eine Genehmigung der Geschäftsführung durch den Geschäftsherrn zu sehen. Der Geschäftsherr kann die angemaßte Eigengeschäftsführung dadurch im **Innenverhältnis** nicht zu einer berechtigten GoA machen,[84] da es an einer dem § 684 Satz 2 BGB entsprechenden Regelung fehlt.

---

[77] RG v. 11.10.1932 - II 58/32 - RGZ 138, 45; *Sprau* in: Palandt, § 687 Rn. 2.
[78] Vgl. *Bergmann* in: Staudinger, § 687 Rn. 32.
[79] RG v. 17.09.1920 - III 92/20 - RGZ 100, 42; RG v. 21.01.1922 - V 228/21 - RGZ 103, 409.
[80] Nachweise bei *Viefhues*, NJW 2000, 3239-3243, 3242, der selbst die Anwendung des § 687 Abs. 2 BGB jedoch ablehnt, weil bei mehreren Geschäftsherren ein Rückgriff auf das Recht der GoA scheitern soll.
[81] BGH v. 22.11.2001 - I ZR 138/99 - BGHZ 149, 191 („shell.de"). Hiergegen *Kieser*, K&R 2002, 537-543, 539, 543, mit der Begründung, der BGH formuliere mit dem Kriterium der überragenden Bekanntheit die Voraussetzung, welche an eine Zuordnung als quasi absolutes Recht zu stellen sei. Zurückhaltend *Pahlow*, WRP 2002, 1228-1236, 1234.
[82] *Beuthien* in: Soergel, § 687 Rn. 12.
[83] BGH v. 13.12.1995 - XII ZR 194/93 - BGHZ 131, 297; *Beuthien* in: Soergel, § 687 Rn. 11.
[84] *Bergmann* in: Staudinger, § 687 Rn. 48.

Indem der Geschäftsherr das Geschäft nach § 687 Abs. 2 Satz 1 BGB an sich zieht und den Erlös herausverlangt, genehmigt er jedoch im **Außenverhältnis** das von dem angemaßten Geschäftsführer mit dem Dritten geführte Geschäft. Dadurch wird die Wirksamkeit der vom angemaßten Geschäftsführer getroffenen Verfügung herbeigeführt (§ 185 Abs. 2 Satz 1 Alt. 1 BGB), sofern diese nicht bereits aus Rechtsscheingesichtspunkten besteht.

59

Das Herausgabeverlangen ebenso wie die Geltendmachung des Schadensersatzanspruchs lassen den in § 687 Abs. 2 Satz 2 BGB genannten Anspruch des angemaßten Geschäftsführers gegen den Geschäftsherrn entstehen.

60

Dem Geschäftsherrn stehen nach § 687 Abs. 2 Satz 1 BGB vor allem folgende Rechte zur Verfügung: Herausgabeanspruch, §§ 687 Abs. 2, 681 Satz 2, 667 BGB, Schadensersatzanspruch, §§ 687 Abs. 2, 678 BGB sowie Auskunfts- und Rechenschaftslegungsanspruch, §§ 687 Abs. 2, 666 BGB.[85]

61

Von besonderer praktischer Relevanz ist der Herausgabeanspruch nach den §§ 681 Satz 2, 667 BGB. Danach kann der Geschäftsherr das durch den Eingriff Erlangte herausverlangen. Dies schließt auch den **Verletzergewinn** mit ein. Dabei ist es unerheblich, ob der Geschäftsherr diesen Gewinn selbst erzielt hätte und ob ein über den Wert des Geschäftsführungsgegenstandes hinausgehender Veräußerungsgewinn erzielt wurde.[86] Da hier unstreitig der Gewinn herauszugeben ist, wird dies als Vorteil gegenüber den allgemeinen Vorschriften - insbesondere § 816 BGB - angesehen, da dort ein Teil der Literatur die Auffassung vertritt, dass eine Gewinnherausgabe nicht verlangt werden könne (vgl. die Kommentierung zu § 816 BGB). Im Unterschied zum Herausgabeanspruch nach Bereicherungsrecht steht dem angemaßten Geschäftsführer keine **Entreicherungseinrede** zur Verfügung. Der Anspruch auf Herausgabe des Erlangten nach § 687 Abs. 2 Satz 2 BGB i.V.m. den §§ 681 Satz 2, 667 BGB entsteht folglich unabhängig davon, ob das Erlangte noch vorhanden ist.[87] Mit diesem Anspruch eng verbunden ist derjenige auf die Zahlung von Zinsen, vgl. die §§ 681 Satz 2, 668 BGB.[88]

62

Ferner kann der Geschäftsherr einen **Schadensersatzanspruch nach** § 678 BGB geltend machen. Dieser besteht sogar bei einem zufällig eintretenden Ausführungsschaden, solange ein Übernahmeverschulden (vgl. die Kommentierung zu § 678 BGB Rn. 9) des Geschäftsführers zu bejahen ist. Der Vorteil des Verweises auf § 678 BGB besteht vor allem darin, dass er anders als § 823 Abs. 1 BGB auch den Vermögensschaden ersetzt.[89]

63

Der **Verweis auf** § 677 BGB ist wenig einleuchtend, denn der Geschäftsführer i.S.d. § 687 Abs. 2 BGB hat eine Geschäftsführung gänzlich zu unterlassen, so dass es nicht auf eine Geschäftsführung entsprechend dem wirklichen oder mutmaßlichen Willen des Geschäftsherrn ankommt.[90]

64

Um seinen Herausgabe- oder Schadensersatzanspruch vorzubereiten, kann der Geschäftsherr nach den §§ 681 Satz 2, 666 BGB die erforderlichen Informationen, vor allem Auskunft und Rechenschaftslegung, verlangen. Nach § 681 Satz 1 BGB ist der Geschäftsführer zur Anzeige der Übernahme verpflichtet. Im Rahmen der angemaßten Eigengeschäftsführung ist dieser Verweis jedoch wenig einsichtig. Der Geschäftsführer will das Geschäft als eigenes führen, so dass bereits aus diesem Gesichtspunkt eine Übernahmeanzeige ausscheidet. Darüber hinaus dient diese Pflicht dazu, den wahren Willen des Geschäftsherrn zu ermitteln. Auf diesen kommt es dem angemaßten Geschäftsführer jedoch gerade gar nicht an.[91]

65

Um den besonderen Schutz Geschäftsunfähiger bzw. in der Geschäftsfähigkeit Beschränkter zu wahren, gilt die Einschränkung des § 682 BGB auch zugunsten des angemaßten Geschäftsführers.

66

Handelt es sich bei dem **Geschäftsführer um einen Verbraucher** i.S.d. § 13 BGB, der von einem Unternehmer (§ 14 BGB) mit unbestellter Ware beliefert wird, ist ein Anspruch aus § 687 Abs. 2 BGB

67

---

[85] Vgl. zum Anspruch auf Rechenschaftslegung bei angemaßter Eigengeschäftsführung VG Saarland v. 15.12.2009 - 2 K 2108/09.
[86] BGH v. 24.11.1981 - X ZR 7/80 - BGHZ 82, 299; *Seiler* in: MünchKomm-BGB, § 687 Rn. 25.
[87] *Schulze* in: Hk-BGB, § 687 Rn. 5.
[88] *Beuthien* in: Soergel, § 687 Rn. 6.
[89] *Martinek/Theobald*, JuS 1997, 612-619, 618.
[90] *Beuthien* in: Soergel, § 687 Rn. 6; a.A. *Bergmann* in: Staudinger, § 687 Rn. 45.
[91] *Beuthien* in: Soergel, § 687 Rn. 6; a.A. *Bergmann* in: Staudinger, § 687 Rn. 47.

gegen den Verbraucher ausgeschlossen. Dies ergibt sich aus der Regelung des § 241a BGB, sofern nicht eine der in § 241a Abs. 2 BGB genannten Ausnahmen eingreift.[92]

68 Eine kumulative Geltendmachung von Schadensersatz und Herausgabe des Erlangten ist ausgeschlossen; sofern es sich jedoch um einen weitergehenden Begleitschaden handelt, kann der Geschäftsherr diesen neben der Gewinnherausgabe verlangen.[93]

69 Für den Fall, dass der angemaßte Geschäftsführer in **Ausschließlichkeitsrechte des Geschäftsherrn eingreift**, gewähren ihm Sondervorschriften zusätzliche Anspruchsgrundlagen. Er kann den Geschäftsführer auf Beseitigung der Beeinträchtigung und/oder Unterlassung in Anspruch nehmen (§ 97 UrhG, § 139 Abs. 1 PatG, § 24 Abs. 1 GebrMG, § 42 Abs. 1 GeschmMG, §§ 14 Abs. 5, 15 Abs. 4, 18 MarkenG). Ferner kann er Schadensersatzansprüche geltend machen (vgl. § 97 Abs. 1 UrhG, § 139 Abs. 2 PatG, § 24 Abs. 2 GebrMG, § 42 Abs. 1 GeschmMG, §§ 14 Abs. 6, 15 Abs. 5 MarkenG).

2. Haftung des Geschäftsherrn

70 Die Rechte des Geschäftsführers gegen den Geschäftsherrn hängen davon ab, welche Wahl dieser hinsichtlich seiner Rechte getroffen hat. Nur wenn der Geschäftsherr sich für die Geltendmachung seiner Rechte aus § 687 Abs. 2 Satz 1 BGB entschieden hat, steht auch dem Geschäftsführer ein Anspruch aus § 687 Abs. 2 Satz 2 BGB zu. Dabei ist jedoch zu beachten, dass ein Auskunfts- und Rechenschaftsverlangen noch keine Geltendmachung i.S.d. § 687 Abs. 2 Satz 2 BGB darstellt, sondern lediglich vorbereitend zu verstehen ist. Eine solche Geltendmachung ist erst dann anzunehmen, wenn der Geschäftsherr Herausgabe nach §§ 681 Satz 1, 667 BGB oder Schadensersatz nach § 678 BGB verlangt.[94]

71 § 687 Abs. 2 Satz 2 BGB gewährt dem Geschäftsführer einen auf die **Bereicherung des Geschäftsherrn** gerichteten Herausgabeanspruch. Die Verweisung auf § 684 Satz 1 BGB sowie dessen Wortlaut und der Verweis auf die §§ 681 Satz 1, 667 BGB wirken widersprüchlich. Denn zum einen kann danach der Geschäftsherr über die §§ 687 Abs. 2 Satz 1, 681 Satz 2, 667 BGB vom Geschäftsführer die Herausgabe des Erlangten verlangen. Zum anderen ist jedoch auch er umgekehrt nach § 684 Satz 1 BGB verpflichtet, dem Geschäftsführer das Erlangte herauszugeben. Nach allgemeiner Ansicht ist dies nicht so zu verstehen, dass die gegeneinander gerichteten Ansprüche deckungsgleich sind und der Geschäftsherr damit seines ihm zunächst gewährten Anspruchs nun wieder verlustig ginge. Dies würde der intendierten Verbesserung der Rechtsstellung des Geschäftsherrn zuwiderlaufen. Der Geschäftsherr soll das aus der Geschäftsbesorgung Erlangte gerade behalten dürfen. Deshalb ist das Verhältnis der beiden zunächst widerstreitend erscheinenden Herausgabeansprüche so zu verstehen, dass der Geschäftsführer über die §§ 687 Abs. 2 Satz 2, 684 Satz 1, 818-820 BGB nur seine Aufwendungen ersetzt verlangen und der Geschäftsherr die im Zusammenhang mit der Geschäftsführung erlangten Vorteile nach den §§ 687 Abs. 2 Satz 1, 681 Satz 2, 667 BGB herausverlangen kann. Konsequenz ist, dass der angemaßte Geschäftsführer das **Aufwandserfolgsrisiko** trägt. Denn die sich als nutzlos erweisenden Aufwendungen sowie Aufwendungen, die den Gewinn übersteigen, erhält er nicht erstattet.[95]

72 Die Regelung des § 687 Abs. 2 Satz 2 BGB **ist abschließend** zu verstehen, so dass dem Geschäftsführer daneben grundsätzlich keine weiteren Ansprüche zustehen. Damit kommt der Rechtsfolge des § 687 Abs. 2 Satz 2 BGB ein Sanktionscharakter für die Bösgläubigkeit des Geschäftsführers zu.[96]

73 Das bedeutet aber auch, dass für den Fall, dass sich der Geschäftsherr auf die allgemeinen Vorschriften stützt und sich nicht für die Rechte aus § 687 Abs. 2 Satz 1 BGB entscheidet, der angemaßte Geschäftsführer nicht unmittelbar aus den §§ 812-822 BGB vorgehen kann.[97] Denn nach § 687 Abs. 2 Satz 1 BGB soll es der Geschäftsherr in der Hand haben, ob er sich mit dem gegen ihn gerichteten Aufwendungsersatzanspruch der §§ 687 Abs. 2 Satz 2, 684 Satz 1 BGB belasten will oder nicht. Andernfalls würde der Gesetzeszweck umgangen.[98]

---

[92] *Schwarz*, NJW 2001, 1449-1454, 1453; *Sprau* in: Palandt, § 687 Rn. 2.
[93] *Dornis* in: Erman, § 687 Rn. 10; *Mansel* in: Jauernig, § 687 Rn. 8.
[94] *Seiler* in: MünchKomm-BGB, § 687 Rn. 17.
[95] *Beuthien* in: Soergel, § 687 Rn. 8; *Seiler* in: MünchKomm-BGB, § 687 Rn. 15.
[96] *Martinek/Theobald*, JuS 1997, 612-619, 616.
[97] BGH v. 25.03.1963 - VII ZR 270/61 - BGHZ 39, 186; differenzierend mit Verweis auf das römische Recht *Bergmann* in: Staudinger, § 687 Rn. 55.
[98] BGH v. 25.03.1963 - VII ZR 270/61 - BGHZ 39, 186.

3. Konkurrenzen

Die Ansprüche des Geschäftsherrn aus den §§ 987-1007 BGB und aus § 687 Abs. 2 BGB sind nebeneinander anwendbar.[99] Ebenso besteht zwischen den Ansprüchen aus **Delikt** sowie aus **Bereicherung** und aus § 687 Abs. 2 BGB grundsätzlich Anspruchskonkurrenz. Dies gilt auch im Verhältnis des § 687 Abs. 2 BGB zu den Sondervorschriften für Immaterialgüterrechte. 74

Bei Vorliegen eines **Eigentümer-Besitzer-Verhältnisses** ist jedoch zu prüfen, ob die bereicherungsrechtlichen Vorschriften durch die §§ 987-1007 BGB ausgeschlossen sind. Ein solcher Ausschluss kann sich grundsätzlich auch für das Deliktsrecht ergeben, sofern der angemaßte Geschäftsführer nicht zugleich deliktischer Besitzer i.S.d. § 992 BGB ist. 75

Die Regelung des § 687 Abs. 2 Satz 2 BGB **ist abschließend** zu verstehen. Das bedeutet, dass der Geschäftsführer seinen Aufwendungsersatzanspruch aus § 687 Abs. 2 Satz 2 BGB nur geltend machen kann, wenn der Geschäftsherr das Geschäft nach § 687 Abs. 2 Satz 1 BGB an sich zieht. Andernfalls sind Ansprüche aus den §§ 812-822 BGB sowie aus den §§ 994-1007 BGB gesperrt. Geht jedoch der Geschäftsherr bei Vorliegen eines Eigentümer-Besitzer-Verhältnisses aus den §§ 987-1007 BGB gegen den angemaßten Geschäftsführer vor, so kann auch dieser seine Verwendungen unter den Voraussetzungen des § 994 Abs. 2 BGB ersetzt verlangen.[100] Bei einem besonderen Rechtsverhältnis wie dem Eigentümer-Besitzer-Verhältnis, bei dem beiden Seiten Rechte zuerkannt werden und der Geschäftsherr sich auf die seinen beruft, erfolgt keine Sperrung durch § 687 Abs. 2 BGB. Gesperrt ist § 994 BGB nur, wenn der Geschäftsherr seine Rechte zum Beispiel aus § 823 BGB geltend macht und der Geschäftsführer versucht, seine Verwendungen ersetzt zu bekommen. 76

Handelt es sich bei dem angemaßten Geschäftsführer um einen **böswilligen Eigenbesitzer**, so geht die Regelung des § 996 BGB hinsichtlich des Ersatzes derjenigen des § 687 Abs. 2 Satz 2 BGB vor. Dadurch wird verhindert, dass die verschärfte Haftung des Eigentümer-Besitzer-Verhältnisses umgangen wird. 77

V. Prozessuale Hinweise

Den **Geschäftsherrn** trifft die Darlegungs- und Beweislast hinsichtlich aller anspruchsbegründenden Tatsachen der angemaßten Eigengeschäftsführung. Im Gegenzug hat der **Geschäftsführer** die von ihm gemachten Aufwendungen und die daraus resultierende Bereicherung des Geschäftsherrn darzulegen und zu beweisen. Eine etwaige Entreicherung des Geschäftsherrn ist als rechtsvernichtende Einwendung von diesem zu beweisen.[101] Über den Anspruch aus § 687 Abs. 2 BGB kann im Gerichtsstand der unerlaubten Handlung mitentschieden werden.[102] 78

Sofern der Gebrauch oder die Nutzung eines Gegenstandes einem anderen schuldrechtlich überlassen wurde und in Bezug auf diesen Gegenstand die angemaßte Eigengeschäftsführung eines Dritten vorliegt, wird die Frage aufgeworfen, wer aktivlegitimiert ist. Es kann der Inhaber der absoluten Rechtsposition sein oder aber der schuldrechtlich Berechtigte. Dies richtet sich danach, wer letztendlich die Kosten zu tragen hat.[103] 79

---

[99] BGH v. 23.06.1956 - IV ZR 20/56 - WM 1956, 1279; BGH v. 25.03.1963 - VII ZR 270/61 - BGHZ 39, 186; *Beuthien* in: Soergel, vor § 677 Rn. 10; *Seiler* in: MünchKomm-BGB, vor § 677 Rn. 18.
[100] *Gursky* in: Staudinger, Vorbem. zu den §§ 994 ff. Rn. 48.
[101] *Beuthien* in: Soergel, § 687 Rn. 18.
[102] OLG Hamm v. 10.10.2002 - 22 U 46/02 - OLGR Hamm 2003, 82.
[103] *Seiler* in: MünchKomm-BGB, § 687 Rn. 22.

§ 688

Titel 14 - Verwahrung

§ 688 BGB Vertragstypische Pflichten bei der Verwahrung

(Fassung vom 02.01.2002, gültig ab 01.01.2002)

Durch den Verwahrungsvertrag wird der Verwahrer verpflichtet, eine ihm von dem Hinterleger übergebene bewegliche Sache aufzubewahren.

Gliederung

A. Grundlagen 1	3. Dienst- und Werkvertrag 22
B. Praktische Bedeutung 3	4. Gefälligkeitsverhältnis 23
C. Anwendungsvoraussetzungen 4	**D. Rechtswirkungen** 28
I. Einigung 4	I. Pflichten des Verwahrers 28
II. Bewegliche Sache 6	II. Pflichten des Hinterlegers 31
III. Übergabe der Sache und Obhut 9	**E. Anwendungsfelder** 32
IV. Abgrenzungsfragen 17	I. Lagervertrag (Lagergeschäft) 32
1. Leihe und Miete 18	II. Verwahrung von Wertpapieren 34
2. (Hinterlegungs-)Darlehen (uneigentliche Verwahrung) 21	III. Öffentlich-rechtliche Verwahrung 40

A. Grundlagen

1 Die Verwahrung ist ein Institut, mit dem die Vertragsparteien den Verbleib einer beweglichen Sache für eine gewisse Zeit regeln können. Inhalt des Vertrages ist nicht nur die Gewährung von Raum, vielmehr übergibt der Hinterleger die **bewegliche Sache** gleichzeitig in die Obhut des Verwahrers.[1] Ein Verwahrungsvertrag kann **unentgeltlich** sein und in diesem Fall einseitig verpflichtend (§ 690 BGB); er kann aber auch **entgeltlich** und damit als gegenseitiger Vertrag im Sinne der §§ 320-326 BGB vereinbart werden. Welche Variante jeweils vorliegt, ist Auslegungsfrage. Das OLG Braunschweig hat für den § 689 BGB (vgl. die Kommentierung zu § 689 BGB) eine Regel konkretisiert.[2]

2 Durch die besondere Nähe im Wesen des Verwahrungsvertrages ergeben sich zwangsläufig zahlreiche Abgrenzungsfragen (vgl. Rn. 17) zu weiteren Rechtsgeschäften (etwa der Leihe, dem Mietvertrag, dem Darlehensvertrag, dem Depotgeschäft bei Wertpapieren oder der öffentlich-rechtlichen Verwahrung).

B. Praktische Bedeutung

3 Verwahrungsverhältnisse, die den Verwahrer verpflichten, eine ihm von einem anderen oder für einen anderen anvertraute Sache vorübergehend in Obhut zu nehmen, spielen im Rechtsleben eine erhebliche Rolle. Herauszuheben ist hierbei etwa die sog. Sequestration (Gemeinschaftsverwahrung), das kaufmännische Lagergeschäft, die Gepäckverwahrung im Bahn- und Flugverkehr, die Wertpapierverwahrung und das Hinterlegungsdarlehen. Bei Letzterem handelt es sich um eine besondere Art des Verwahrungsvertrages, bei dem die Interessenlage zwischen Darlehen und Verwahrung steht. Näheres hierzu regelt § 700 BGB (vgl. die Kommentierung zu § 700 BGB). Von großer Bedeutung sind auch Verwahrungsverhältnisse des öffentlichen Rechts, die durch Übernahme privaten Eigentums in obrigkeitliche Obhut begründet werden können.

C. Anwendungsvoraussetzungen

I. Einigung

4 Zwischen Hinterleger und Verwahrer muss ein Vertrag geschlossen sein. Probleme im Hinblick auf die Einigung der Parteien können sich durch die abgegebenen Willenserklärungen ergeben. So kann es im Einzelfall darauf ankommen, ob ein rechtsgeschäftlicher Bindungswille oder aber nur bloße Gefälligkeit vorliegt. Das OLG Köln geht von einer bloßen Gefälligkeit etwa für den Fall aus, wenn ein Kfz-Händler dem Käufer gestattet, ohne Bezahlung zwei Pkws auf seinem Betriebsgrundstück abzustellen.[3]

---

[1] BGH v. 05.10.1951 - I ZR 92/50 - BGHZ 3, 200-203.
[2] OLG Braunschweig v. 14.10.1947 - 1 U 43/47 - MDR 1948, 112.
[3] OLG Köln v. 05.10.1971 - 15 U 78/71 - OLGZ 1972, 213-215.

Neben ausdrücklicher Vereinbarung kommt auch ein Abschluss durch stillschweigendes Angebot und konkludente Annahme in Betracht.[4] Hierbei geht es um die Frage der Verwahrung abgelegter Garderobe in Speisegaststätten. Näheres hierzu vgl. Rn. 12.

II. Bewegliche Sache

Eine Verwahrung i.S.d. § 688 BGB liegt nur dann vor, wenn Gegenstand des Vertrages eine bewegliche Sache ist. Grundsätzlich hat der Verwahrer kein Recht auf Gebrauch der hinterlegten Sache. Dagegen kann den Verwahrer im Einzelfall die Verpflichtung zum Gebrauch der Sache treffen, wenn es zum Erhalt der Sache notwendig ist.

Nach allgemeinen Grundsätzen ist nicht erforderlich, dass der Hinterleger Eigentümer der verwahrten Sache ist, da sich die schuldrechtliche Einigung in der Begründung einer Verwahrverpflichtung und der Hingabe durch den Hinterleger erschöpft.[5]

Für die **Betreuung von Tieren in Tierpensionen** vgl. hierzu etwa das OLG Hamm.[6] Das OLG Köln[7] sieht dies ähnlich, wenngleich es dort um eine vertraglich übernommene **Führungsaufsicht** über ein Pferd geht, welche u.U. nach § 834 BGB (vgl. die Kommentierung zu § 834 BGB) eine Haftung des Tieraufsehers begründen kann.

III. Übergabe der Sache und Obhut

Eine große Bedeutung hat das ungeschriebene Merkmal der Obhut für die Annahme eines Verwahrungsvertrages. Die Obhut über die hinterlegte Sache ist zugleich Hauptpflicht. Wie genau diese **Fürsorgepflicht** ausgeübt werden muss, richtet sich nach der Beschaffenheit der hinterlegten Sache. Für die Fälle des **Abstellens von Kraftfahrzeugen auf Parkplätzen** oder in **Sammelgaragen** etwa kann die Obhut in einer besonderen Bewachung liegen;[8] Gleiches gilt für die Aufnahme eines Tieres.[9] Entscheidend dabei ist aber, dass der Verwahrer die **tatsächliche Verfügungsgewalt** erlangt. Überwiegend wird daher davon ausgegangen, dass es sich beim Abstellen von Kfz in Sammelgaragen um einen Verwahrungsvertrag handelt, da der Parkkunde hierbei dem Unternehmer üblicherweise die Kfz-Schlüssel übergibt und diesem bereits deshalb jede weitere Einwirkungsmöglichkeit in Bezug auf Diebstahlsicherung oder Beschädigung genommen ist.[10]

Demgegenüber hat das OLG Karlsruhe[11] die **Haftung eines Parkplatzbetreibers** bejaht, weil an der Einfahrt ein gut lesbares **Schild** mit dem Hinweis angebracht war, dass die Parkplätze überwacht wurden. Das Gericht hat darin nach allgemeinen Auslegungsgrundsätzen der §§ 133, 157 BGB den Willen des Betreibers erblickt, den Parkkunden durch geeignete Kontrollmaßnahmen vor rechtswidrigen Zugriffen Dritter schützen zu wollen. Unterlässt der Parkplatzbetreiber dennoch jegliche Kontrollaufgaben, so hat er diese Pflichtverletzung auch zu vertreten. Offen gelassen wurde die Frage, ob durch die so übernommene Obhutsverpflichtung ein reiner Verwahrungsvertrag oder ein gemischter Vertrag mit Miet- und Verwahrungselementen entstanden ist.

Keine Obhut hingegen wird übernommen, wenn das Fahrzeug auf Parkplätzen oder -häusern gegen Entgelt abgestellt wird und es nach der **Interessenlage** hauptsächlich auf das **Zurverfügungstellen eines Abstellplatzes** ankommt. *Güllemann* vertritt daher die Auffassung, dass in solchen Fällen die Vorschriften für den Mietvertrag anzuwenden sind.[12] Der BGH geht jedenfalls davon aus, dass keine Obhutspflicht besteht, wenn der Parkhausbetreiber für ausreichenden Sachversicherungsschutz selbst sorgt.[13]

In **Speisegaststätten** wird vom **Gastwirt** nur ausnahmsweise eine Obhuts- und Verwahrungspflicht an den von Gästen eingebrachten Sachen angenommen. So verhält es sich etwa dann, wenn eine Mitarbeiterin in einer Gaststätte den Mantel eines Gastes mit der Bemerkung entgegennimmt, sie bringe ihn

---

[4] Vgl. hierzu OLG Karlsruhe v. 05.10.1955 - 1 U 37/55 - VersR 1956, 212 und LG Braunschweig v. 15.10.1957 - 6 S 265/57 - juris Rn. 19.
[5] Zutreffend daher auch LG Dessau-Roßlau v. 18.07.2011 - 2 O 337/11 - juris Leitsatz.
[6] OLG Hamm v. 28.10.1974 - 13 U 156/73 - VersR 1975, 865.
[7] OLG Köln v. 13.03.1998 - 20 U 100/97 - juris Rn. 6 - OLGR Köln 1999, 253-254.
[8] OLG Hamburg v. 15.09.1989 - 1 U 56/89 - ZfSch 1989, 370-371.
[9] OLG Sachsen-Anhalt v. 04.08.2005 - 4 W 18/05 - juris Rn. 8.
[10] Vgl. insoweit OLG Köln v. 29.05.1962 - 9 U 180/61 - VersR 1963, 642.
[11] OLG Karlsruhe v. 14.07.2004 - 1 U 46/04 - NZV 2004, 521-522.
[12] *Güllemann*, NJW 1972, 889-893, 889.
[13] BGH v. 15.11.1971 - VIII ZR 62/70 - juris Rn. 13 - NJW 1972, 150.

„in Sicherheit".[14] Geht der Mantel später verloren, so hat der Gastwirt Schadensersatz zu leisten. In der Begründung führt das Gericht aus, dass durch diese Erklärung ein gesonderter Verwahrungsvertrag zu Stande gekommen ist. In dieser Äußerung ist eine Verpflichtung zur Übernahme der Obhut über fremdes Eigentum zu sehen.

13 Den Speisewirt trifft eine Verwahrungspflicht nicht dadurch, dass ein Kellner einen Pelzmantel aus der unmittelbaren Reichweite der Hand des Eigentümers entfernt und ihn an den im Sichtbereich befindlichen Garderobehaken hängt.[15] Entscheidend hierbei ist, dass mit dem Aufhängen des **Kleidungsstücks am Garderobehaken** lediglich eine **Lockerung des Gewahrsams** eintritt – die Möglichkeit, die Kleidung zu beaufsichtigen, behält indes der Gast. Daneben wäre die Annahme eines entsprechenden Verwahrungswillens beim Gastwirt eine unzulässige Fiktion, da dieser keine Verwahrungsgeschäfte in seine wirtschaftliche Geschäftskalkulation einbinden und daher auch kein Verlustrisiko absichern bzw. tragen will.

14 Für den Fall, dass der Gastwirt zur Ablage der Garderobe außerhalb des Gastraums auffordert, wird eine Obhutspflicht begründet.[16] Wenn Gäste dagegen freiwillig ihre Garderobe außerhalb des Gastraums ablegen, wird eine Obhutspflicht des Gastwirts verneint.

15 Der Betreiber einer Sauna haftet dem Besucher, der seine Wertsachen in einem in der Umkleidekabine befindlichen Spind aufbewahrt, bei Verlust nicht aus den Vorschriften des Verwahrungsvertrages. Durch das Einschließen der Wertgegenstände in den Spind tritt nur eine Gewahrsamslockerung ein, wenn der Saunabesucher den Schlüssel behält.[17]

16 Mit **Übergabe der Sache** wird der **Verwahrer unmittelbarer Besitzer** i.S.d. § 854 Abs. 1 BGB. Dagegen erhält der Hinterleger mittelbaren Besitz im Sinne des § 868 BGB, der die Verwahrung als Anwendungsfall ausdrücklich nennt. Diese Konstellation der Besitzverhältnisse erlaubt es, im Verwahrungsvertrag ein Besitzkonstitut gemäß § 930 BGB zu sehen, das insbesondere bei der Sicherungsübereignung als Übergabesurrogat eingesetzt wird.

IV. Abgrenzungsfragen

17 Die Abgrenzung der Verwahrung von anderen Vertragstypen bereitet teilweise Schwierigkeiten. Bislang verzichtet die Rechtsprechung häufig auf eine genaue Bestimmung des Vertragstyps. Oftmals ist eine solche auch aus haftungstechnischen Gründen ohne Bedeutung, jedoch kann eine genaue Bestimmung des Vertragstyps in Einzelfällen unter dem Gesichtspunkt der **Verjährung** von Wichtigkeit sein. Man beachte die Änderungen, die sich in Bezug auf die Neugestaltung des Verjährungsrechts ergeben haben.[18] Ausführlicher hierzu unter § 695 BGB (zum Rückforderungsrecht des Hinterlegers vgl. die Kommentierung zu § 695 BGB) und § 696 BGB (zum Rücknahmeanspruch des Verwahrers vgl. die Kommentierung zu § 696 BGB).

1. Leihe und Miete

18 Da sich die Vertragsgestaltung und die Besitzlage bei der Verwahrung mit der Leihe oder Miete sehr ähnlich sind, ist die Einordnung in gewissen Einzelfällen durch Auslegung zu ermitteln; allen Vertragstypen wohnt nämlich ein Element der Fremdnützigkeit inne. Maßgebendes Kriterium hierfür ist die **Interessenlage**. Im Gegensatz zur Leihe oder der Miete erfolgt die **Übergabe** der Sache bei der Verwahrung **grundsätzlich ohne jegliche Gebrauchsberechtigung** durch den Verwahrer. Ein anderes kann sich nur ergeben, wenn ein Gebrauch zur Erhaltung der Sachsubstanz notwendig ist. Vgl. hierzu auch die Ausführungen zu den Pflichten des Verwahrers (vgl. Rn. 28).

---

[14] AG Dortmund v. 30.08.2004 - 126 C 478/04 - NJW-RR 2005, 65.

[15] BGH v. 13.02.1980 - VIII ZR 33/79 - juris Rn. 11 - LM Nr. 13 zu § 688 BGB; so auch AG Dortmund v. 30.08.2004 - 126 C 478/04 - NJW-RR 2005, 65 für den Fall eines kommentarlos entgegengenommenen Kleidungsstückes; vgl. auch *Henssler* in: MünchKomm-BGB, § 688 Rn. 46, der auf den entgegenstehenden Willen des Gastwirts abstellt.

[16] RG v. 29.09.1922 - VII 684/21 - RGZ 105, 202-205; so auch OLG Hamburg v. 12.05.1970 - 2 U 109/69 - MDR 1970, 842-843.

[17] OLG Hamm v. 20.06.2005 - 8 U 234/04 - NJW-RR 2005, 1334, 1335.

[18] Dazu BT-Drs. 14/6040, S. 269.

Während die übernommene Obhut bei der Verwahrung Hauptpflicht ist, so ist sie bei der Leihe oder der Miete lediglich eine Nebenpflicht. Im Zentrum steht das Interesse des Hinterlegers an einer sicheren und pfleglichen Aufbewahrung der Sache durch den Verwahrer.[19] Der BGH geht daher davon aus, dass bei einer bloßen **Raumgewährung**, soweit eine Obhutspflicht nicht übernommen wurde, **Raummiete oder Raumleihe** vorliegt.[20]

Ebenso liegt Raummiete vor, wenn ein Flughafenunternehmen einem Fluggast gegen Entgelt einen Parkplatz für dessen Pkw zur Verfügung stellt. Insoweit fehlt es auch an einer besonderen Bewachungs- oder Obhutspflicht.[21]

2. (Hinterlegungs-)Darlehen (uneigentliche Verwahrung)

Von einem Hinterlegungsdarlehen, uneigentlicher oder unregelmäßiger Verwahrung oder Summenverwahrung spricht man, wenn vertretbare Sachen, insbesondere auch Geldbeträge, in der Art hinterlegt werden, dass das **Eigentum auf den Verwahrer übergehen** und dieser verpflichtet sein soll, Sachen gleicher Art, Güte und Menge zurückzugewähren. Die uneigentliche Verwahrung unterscheidet sich vom Darlehen wesentlich darin, dass sie nicht überwiegend den Belangen des Empfängers (Verwahrers), sondern denen des Hinterlegers dient. Auf Verträge solcher Art kommt § 700 BGB zur Anwendung.

3. Dienst- und Werkvertrag

Die Verwahrung unterscheidet sich vom Dienst- und Werkvertrag dadurch, dass sich die Pflicht des Verwahrers in der Aufbewahrungspflicht erschöpft. Bei Werk- und Dienstverträgen sind Obhutspflichten meist Nebenpflichten des Hauptvertrages. So etwa bei der Reparatur von Kfz, bei der die Verwahrung ohne gesonderte Berechnung durch den Unternehmer erfolgt.[22]

4. Gefälligkeitsverhältnis

Die Abgrenzung der unentgeltlichen Verwahrung zu den Gefälligkeitsverhältnissen ist problematisch. Ob ein unentgeltlicher Verwahrungsvertrag oder nur bloße Gefälligkeit anzunehmen ist, hängt vom Vorliegen eines entsprechenden **Verpflichtungswillens** ab. Bei der Auslegung kommt es auf die **gesamten Einzelumstände** an, wobei insbesondere der Wert der Sache eine entscheidende Rolle spielt.

Demnach kann aus einer Gestattung eines Kraftfahrzeughändlers gegenüber einem Dritten zum Abstellen seines Kfz auf dem Betriebsgelände zum Zwecke des Verkaufs noch kein Verpflichtungswille i.S.d. §§ 688, 690 BGB hergeleitet werden, wenn die **Gestattung uneigennützig** erfolgt ist.[23]

Eine **bloße Gefälligkeit** stellt auch die höfliche Frage eines Bediensteten in einem guten Hotel dar, der einem Gast anbietet, dessen Jacke für die Dauer des Frühstücksbüfetts an die Garderobe zu hängen.[24] Eine Haftung für die Entwendung einer Geldbörse aus Verwahrungsrecht kommt nicht in Betracht. Zur Frage der Hoteliershaftung im Einzelnen vgl. auch die Kommentierung zu § 701 BGB.

In der Hausbetreuung durch den Nachbarn während der eigenen Urlaubszeit wird ebenfalls regelmäßig nicht das Zustandekommen eines Verwahrungsvertrags zu sehen sein, da es an einem entsprechenden Verpflichtungswillen des Nachbarn fehlt.

Liegt demnach in den oben genannten Fällen lediglich eine Gefälligkeit vor, so ist die Haftung des Gefälligen auf Deliktsrecht und die dort entscheidende Frage einer **Rechtsanalogie** zu § 690 BGB beschränkt.

D. Rechtswirkungen

I. Pflichten des Verwahrers

Der Verwahrer wird mit Übergabe der Sache zur Aufbewahrung verpflichtet. Sie endet erst mit Rückgabe oder dem Untergang der Sache. Der wesentliche Inhalt der **Aufbewahrungspflicht** ist die Obhut über die hinterlegte Sache. Dabei kommt es jeweils auf die Umstände des Einzelfalls oder der Beschaffenheit der Sache an, welche Erwartungen an den Verwahrer gestellt werden können. Soweit erforder-

---

[19] BGH v. 05.10.1951 - I ZR 92/50 - BGHZ 3, 200-203; *Sprau* in: Palandt, § 688 Rn. 2.
[20] BGH v. 05.10.1951 - I ZR 92/50 - BGHZ 3, 200-203.
[21] LG Leipzig v. 20.02.2003 - 3 O 7158/02 - RRa 2003, 192.
[22] BGH v. 18.01.1956 - VI ZR 75/55 - BB 1956, 222; *Reuter* in: Staudinger, Vorbem. § 688 Rn. 30.
[23] OLG Köln v. 05.10.1971 - 15 U 78/71 - juris Rn. 18 - OLGZ 1972, 213-215.
[24] AG Miesbach v. 21.11.2002 - 2 C 920/02 - ZfSch 2003, 280-281.

lich, hat der Verwahrer geeignete Schutzmaßnahmen gegen Verlust, Verderb oder Beschädigung zu treffen. Tiere sind indes zu füttern, u.U. auch zu bewegen (Turnierpferde). Für den Ersatz der hierfür gemachten Aufwendungen vgl. § 693 BGB (vgl. die Kommentierung zu § 693 BGB).

29 Eine **Rettungspflicht** ergibt sich für den Verwahrer kraft seiner ausgeübten Obhut nur für den Fall, dass der Sache unmittelbare Gefahr droht. Eine über die Obhut hinausgehende Pflicht zur Schadensvorbeugung besteht grundsätzlich nicht. Steht der Eintritt eines unmittelbaren Schadens kurz bevor, so ist der Verwahrer gehalten, geeignete Maßnahmen zu ergreifen, wobei generell § 276 Abs. 2 BGB (vgl. die Kommentierung zu § 276 BGB) als Maßstab heranzuziehen ist. Problematisch ist die Frage, wie sich der Verwahrer in Bezug auf seine Rettungspflicht für den Fall zu verhalten hat, wenn gleichzeitig Gefahr für seine eigenen Sachen als auch für bei ihm hinterlegte Sachen droht. § 688 BGB lässt sich dazu nicht aus, jedoch wird man grundsätzlich darauf abzustellen haben, wie sich ein vernünftiger Verwahrer unter Berücksichtigung des Wertes einer Sache, des Grades der Gefährdung und der Abwägung der Wahrscheinlichkeit einer Rettungsmaßnahme verhalten hätte.[25] Hierbei kommt es jedoch auch darauf an, ob es sich um eine entgeltliche oder unentgeltliche Verwahrung handelt, denn jemand, der eine Sache gegen Entgelt verwahren lässt, wird regelmäßig mehr erwarten können als bei unentgeltlicher Tätigkeit.[26] Bei entgeltlicher Verwahrung sind die hinterlegten Sachen als schutzwürdigere Güter anzusehen, wenn Wert, Gefährdung und Erfolgsaussichten etwa gleich zu beurteilen sind. Kommt er seiner derart bestehenden Rettungspflicht unter Verlust seiner eigenen Sachen nach, so kann er nach dem OLG Braunschweig Aufwendungsersatz nach § 693 BGB (vgl. die Kommentierung zu § 693 BGB) verlangen.[27]

30 Der **Verwahrer ist zur Rückgabe der Sache verpflichtet**, spätestens wenn das Verwahrungsverhältnis durch Ablauf der vereinbarten Zeit beendet ist. Nach Ansicht des Reichsgerichts gehört diese **Rückgabepflicht** zum „Wesen des Verwahrungsvertrages".[28] Näheres zur Rückgabepflicht unter § 696 BGB (vgl. die Kommentierung zu § 696 BGB).

II. Pflichten des Hinterlegers

31 Der Vertragsschluss begründet nicht nur Pflichten des Verwahrers, sondern auch solche des Hinterlegers. Der Hinterleger schuldet bei entgeltlicher wie bei unentgeltlicher Verwahrung **Aufwendungsersatz nach** § 693 BGB (vgl. die Kommentierung zu § 693 BGB). Des Weiteren ist der Hinterleger unter den Voraussetzungen des § 696 BGB (vgl. die Kommentierung zu § 696 BGB) verpflichtet, die Sache zurückzunehmen.

E. Anwendungsfelder

I. Lagervertrag (Lagergeschäft)

32 Wenn die Lagerung und Aufbewahrung zum Betrieb eines gewerblichen Unternehmens gehören, gelten die Vorschriften für den Lagervertrag, § 467 Abs. 3 HGB. Im Gegensatz zum Verwahrungsvertrag des bürgerlichen Rechts erfordert ein Lagergeschäft eine der fortlaufenden Gewinnerzielung dienende, nicht vereinzelte Übernahme der Verwahrung, sei es auch nur als Nebengeschäft eines auf ein anderes Geschäftsziel ausgerichteten Handelsgewerbes.[29]

33 Der **Lagerhalter** hat wegen der Lagerkosten ein Pfandrecht an dem Lagergut, solange er es in Besitz hat, bzw. mittels Konnossements, Ladescheins oder Lagerscheins darüber verfügen kann, § 475b Abs. 1-3 HGB. Dieses Pfandrecht erstreckt sich nicht auf Ansprüche für Werkleistungen, die außerhalb der eigentlichen Lagerhaltertätigkeit liegen.[30] Dafür erstreckt es sich auch auf Gegenstände, die nicht im Eigentum des Einlagerers stehen, soweit der Lagerhalter hinsichtlich des Eigentums oder der Verfügungsbefugnis des Einlagerers in gutem Glauben war.[31]

---

[25] *Henssler* in: MünchKomm-BGB, § 688 Rn. 12.
[26] *Henssler* in: MünchKomm-BGB, § 688 Rn. 12.
[27] OLG Braunschweig v. 14.10.1947 - 1 U 43/47 - MDR 1948, 112.
[28] RG v. 10.11.1927 - IV 118/27 - RGZ 119, 57-58.
[29] BGH v. 05.10.1951 - I ZR 92/50 - BGHZ 3, 200-203; vgl. insoweit auch § 467 Abs. 3 Satz 1 HGB.
[30] BGH v. 30.06.1960 - II ZR 264/58 - BB 1960, 837.
[31] BGH v. 21.12.1960 - VIII ZR 146/59 - BGHZ 34, 153-158.

II. Verwahrung von Wertpapieren

Die Verwahrung von Wertpapieren regelt sich, sofern sie durch einen Kaufmann im Betriebe seines Handelsgewerbes vorgenommen wird, neben den §§ 688-700 BGB zugleich nach den Sondervorschriften des Gesetzes über die Verwahrung und Anschaffung von Wertpapieren (DepotG) vom 04.02.1937. Wertpapiere im Sinne des DepotG sind Aktien, Kuxe, Zwischenscheine, Zins-, Gewinnanteil- und Erneuerungsscheine sowie auf den Inhaber lautende oder durch Indossament übertragbare Schuldverschreibungen (§ 1 Abs. 1 DepotG).

Das Depotgeschäft kann in verschiedenen Varianten auftreten. Daher ist das bankmäßige Depotgeschäft (offenes Depot) von verschiedenen ähnlichen Geschäften, wie der BGB-Verwahrung nach § 688 BGB, der Stückeverwahrung (verschlossenes Depot) oder der Schrankfachvermietung abzugrenzen.

Während die Verwahrung nach den §§ 688-699 BGB davon ausgeht, dass das Eigentum des Hinterlegers bei der Verwahrung nicht berührt wird, kann sich das Alleineigentum des Hinterlegers in ein Miteigentum am Sammelbestand umwandeln,[32] da die Wertpapiere beim Depotgeschäft in der gesetzlichen Regel in **Sammelverwahrung** genommen werden (§ 5 DepotG). Darüber hinaus kann der Hinterleger bei bestimmten Verwahrarten des Depotgeschäfts, wie der Tauschverwahrung (§ 10 DepotG) oder der unregelmäßigen Verwahrung (§ 15 DepotG), das Eigentum an den Wertpapieren ganz verlieren.

Schließlich lässt das Depotgeschäft die Drittverwahrung durch eine Wertpapiersammelbank zu, während das BGB dem Verwahrer eine Hinterlegung bei Dritten (§ 691 BGB – vgl. die Kommentierung zu § 691 BGB) aufgrund des besonderen Vertrauensverhältnisses zwischen Hinterleger und Verwahrer nicht erlaubt.[33]

Beim Wertpapierdepot müssen die Wertpapiere dem Verwahrer unverschlossen zur Verwahrung übergeben werden. Es handelt sich daher um ein sog. „offenes Depot".[34] Im Gegensatz dazu steht die Annahme von Verwahrstücken („verschlossenes Depot"), die nicht den Vorschriften des Depotgesetzes unterliegt; es gelten nur die verwahrungsrechtlichen Bestimmungen der §§ 688-699 BGB. Bei diesem verschlossenen Depot werden dem Verwahrer Wertsachen in einer verschlossenen und versiegelten Hülle übergeben.[35] Die Bank erlangt nur an dem Behältnis des Verwahrobjekts unmittelbaren Besitz, der Inhalt des Verwahrstücks bleibt im unmittelbaren Besitz des Hinterlegers.

Auch das Schrank- oder Schließfach (Safe) ist vom Depot zu unterscheiden. Hierbei stellt die Bank dem Kunden mietweise ein verschließbares Fach zur Verfügung, in dem der Kunde Wertsachen und -papiere entgeltlich aufbewahren kann.[36] Es wird folglich ein reiner Mietvertrag zwischen Bank und Kunde über eine ausschließlich dem Kunden zugängliche Räumlichkeit geschlossen.[37] Es gelten dementsprechend die Vorschriften über die Miete (§§ 535-548 BGB) und nicht das Depotgesetz. Die Bank erlangt keinen Besitz am Inhalt des Schließfachs und hat dadurch keine Verwahrungs- oder Verwaltungspflichten.[38]

III. Öffentlich-rechtliche Verwahrung

Neben bestimmten Sonderfällen der amtlichen Aufbewahrung, für die Spezialvorschriften gelten, so z.B. für das umfangreiche Gebiet der Hinterlegung bei öffentlichen Stellen und **Behörden** die Hinterlegungsordnung vom 10.03.1937, kennt das Rechtsleben zahlreiche Fälle der öffentlichen Fürsorge für Privatvermögen, die, soweit nicht öffentlich-rechtliche Geschäftsführung oder ein öffentlich-rechtliches Treuhandverhältnis vorliegen, unter den Begriff der öffentlich-rechtlichen Verwahrung zusammengefasst werden. Begründet werden kann dieses Rechtsverhältnis in unterschiedlicher Weise, nämlich durch **verwaltungsrechtlichen Vertrag**, durch **Verwaltungsakt und Inbesitznahme**, also etwa Beschlagnahme und Sicherstellung einer Sache und schließlich durch die **bloße Inbesitznahme** eines Gegenstandes.

---

[32] *Klanten* in: Bunte/Lwowski/Schimansky, Bankrechts-Handbuch, 4. Aufl. 2011, § 72 Rn. 1.
[33] *Sprau* in: Palandt, § 688 Rn. 10.
[34] *Wolter/Meyer*, Das Effektengeschäft, 4. Aufl. 1985, S. 90 Rn. 42.
[35] *Dirksen*, Rechtsfragen beim Depot, 4. Aufl. 1971, S. 10.
[36] RG v. 25.10.1918 - VII 200/18 - RGZ 94, 74-76 und RG v. 16.05.1933 - VII 50/33 - RGZ 141, 99-104; vgl. auch *Schlegelberger/Hefermehl*, HGB, Anh. § 406 Rn. 212.
[37] *Schwintowski/Schäfer*, Bankrecht, § 11 Rn. 105.
[38] *Schlegelberger/Hefermehl*, HGB, Anh. § 406 Rn. 212.

41 Hierher gehören vor allem die Fälle der Entfernung und Sicherstellung von Hausrat aus einer beschlagnahmten Wohnung[39] und die Aufbewahrung von polizeilich abgeschleppten Kfz auf dem Polizeihof[40].

42 Das Finanzamt haftet für Schäden an einem im Rahmen eines Steuerstrafverfahrens wegen offener Steuerschulden gepfändeten Kraftfahrzeug nicht nach Amtshaftungsgrundsätzen gem. § 839 Abs. 1 Satz 1 BGB, Art. 34 Satz 1 GG, sondern aus positiver Forderungsverletzung.[41]

43 Ein öffentlich-rechtliches Verwahrungsverhältnis kann auch durch Sicherstellung eines Gegenstandes begründet werden. So etwa, wenn die Polizei ein in einem Parkhaus abgestelltes Kraftfahrzeug in den Polizeihof abschleppen lässt, weil ein Fenster an der Fahrertür geöffnet war. Die Abschleppmaßnahme **zum Zwecke der Eigentumssicherung** erfolgt ausschließlich zugunsten des Eigentümers. Entscheidend ist, ob das Abschleppen dem mutmaßlichen Willen des Berechtigten entspricht. Unerheblich dabei ist, ob der Berechtigte die Abschleppmaßnahme später tatsächlich billigt.[42] Rechtsgrundlage für die **Sicherstellung zum Schutz des Eigentümers** vor Verlust oder Beschädigung bilden etwa die landesrechtlichen Polizeigesetze.[43]

44 Hat eine Behörde in Erfüllung ihrer hoheitlichen Aufgaben Gegenstände von Privatpersonen in Besitz genommen[44], so steht der Annahme eines öffentlich-rechtlichen Verwahrungsverhältnisses auch der Umstand nicht entgegen, dass die Behörde zur Veräußerung der Gegenstände berechtigt ist.[45]

45 Legt ein Flugpassagier zwecks Durchführung der Luftsicherheitskontrolle einen Gegenstand zwecks Durchleuchtung auf ein dafür vorgesehenes Transportbehältnis, kommt hierdurch kein öffentlich-rechtliches Verwahrverhältnis mit dem zur Durchführung der Kontrolle berufenen Verwaltungsträger zustande, da es an einem Besitzbegründungswillen der Kontrolleure fehlt.[46]

46 Auf die Rechtsverhältnisse der öffentlich-rechtlichen Verwahrung finden die Vorschriften der §§ 688-699 BGB entsprechende Anwendung. Hierbei ist allerdings kein Raum für die Haftungsmilderung nach § 690 BGB (= Haftung nur für diligentia quam in suis), so insbesondere dann nicht, wenn die Verwahrung in Erfüllung einer hoheitlichen Pflicht und in öffentlichem Interesse erfolgt ist.[47] Zur Verfolgung von Ansprüchen aus der Verletzung von Pflichten aus öffentlich-rechtlicher Verwahrung ist der ordentliche Rechtsweg (§ 13 GVG, § 40 Abs. 2 VwGO) zulässig,[48] wobei die Aktivlegitimation des Eigentümers auch dann besteht, wenn eine der Verwahrung zugrunde liegende Beschlagnahmeverfügung sich nicht gegen ihn gerichtet hat[49]. Ausgeschlossen ist der Rechtsweg vor den Zivilgerichten jedoch dann, wenn der von der Klagepartei genannte Klagegrund des öffentlich-rechtlichen Verwahrungsverhältnisses und auch die ebenfalls herangezogenen Klagegründe der Enteignung und Amtspflichtverletzung fern liegen und das rechtliche Bild des Sachverhalts nicht entscheidend formen, während sich als bestimmende Grundlagen des Klagebegehrens die Rechtssätze der öffentlich-rechtlichen Geschäftsführung und des öffentlich-rechtlichen Treuhandverhältnisses darbieten.[50]

47 Es sind aber auch Fälle denkbar, in denen eine öffentlich-rechtliche Verwahrung angenommen wird, etwa dann, wenn ein **Staatsbürger kraft öffentlichrechtlicher Verpflichtung Staatseigentum** für den späteren Gebrauch in Empfang genommen hat. So etwa das Aufbewahren der sog. Grundausstattung bei der Bundeswehr durch einen Reservisten, der die Gegenstände bei seiner Entlassung erhält. Gem. § 3 Abs. 1 Satz 2 WPflG sind Soldaten verpflichtet, zum Gebrauch im Wehrdienst bestimmte Bekleidungs- und Ausrüstungsstücke, die im Eigentum der Bundeswehr stehen, zu übernehmen und aufzubewahren. Der Umfang der Aufbewahrungspflicht ergibt sich aus § 24 Abs. 6 Nr. 4 WPflG. Das VG Arnsberg geht – ohne nähere Begründung – davon aus, dass durch die Übergabe der Bekleidungs-

---

[39] BGH v. 27.09.1951 - IV ZR 155/50 - juris Rn. 17 - BGHZ 3, 162-178.
[40] Hierzu eingehend: *Fischer*, JuS 2002, 446-450, 447.
[41] OLG Saarbrücken v. 18.06.2002 - 4 U 270/01 - 67, 4 U 270/01- OLGR Saarbrücken 2003, 39-43.
[42] VGH München v. 16.01.2001 - 2 B 99.1571 - NJW 2001, 1960-1961; zur Verhältnismäßigkeit polizeilicher Abschleppmaßnahmen vgl. auch *Fischer*, JuS 2002, 446-450, 447.
[43] Für das Saarland §§ 21, 22 SPolG.
[44] Vgl. VG Neustadt (Weinstraße) v. 26.10.2011 - 5 K 1198/10.NW - juris Rn. 23 für Waffen.
[45] BGH v. 03.04.1952 - III ZR 32/51 - BGHZ 5, 299-302.
[46] OLG Frankfurt v. 07.07.2011 - 1 U 260/10 - juris Rn. 6.
[47] BGH v. 13.12.1951 - IV ZR 123/51 - BGHZ 4, 192-197.
[48] BGH v. 12.04.1951 - III ZR 87/50 - BGHZ 1, 369-383.
[49] Vgl. RG v. 10.03.1941 - V 35/40 - RGZ 166, 218-240.
[50] BGH v. 16.04.1962 - III ZR 205/60 - LM Nr. 84 zu § 13 GVG.

und Ausrüstungsgegenstände an den Reservisten ein öffentlich-rechtliches Verwahrungsverhältnis entsteht, auf das die §§ 688-700 BGB analoge Anwendung finden, soweit nicht die Zweck- und Interessenausrichtung der öffentlich-rechtlichen Verwahrung entgegensteht.[51]

---

[51] VG Arnsberg v. 09.10.1974 - 2 K 37/74 - MDR 1975, 255.

§ 689 BGB Vergütung

(Fassung vom 02.01.2002, gültig ab 01.01.2002)

Eine Vergütung für die Aufbewahrung gilt als stillschweigend vereinbart, wenn die Aufbewahrung den Umständen nach nur gegen eine Vergütung zu erwarten ist.

Gliederung

A. Grundlagen 1	III. Grenzen der Vergütungspflicht 5
B. Anwendungsvoraussetzungen 2	IV. Öffentlich-rechtliche Verwahrung 6
I. Vertragsauslegung 2	C. Prozessuale Besonderheiten 7
II. Umfang der Vergütung 3	

A. Grundlagen

1 Die Vorschrift stellt klar, dass Unentgeltlichkeit kein notwendiges Merkmal der Verwahrung ist; sie ähnelt den §§ 612, 632 BGB. Zugleich enthält die Norm eine **Auslegungsregel** im Hinblick auf die Annahme einer Vergütungspflicht, vgl. also § 157 BGB. Der Wortlaut des Gesetzes spricht allerdings für eine Fiktion. Es besteht aber kein Sachgrund, eine Vergütungspflicht auch gegen den wirklichen Willen der Beteiligten anzunehmen, und es ist nicht einsichtig, warum das Gesetz gerade eine „stillschweigende" Vereinbarung fingieren sollte;[1] insoweit unterscheidet sich die Verwahrung gerade vom Dienst- und Werkvertragsrecht, da hier die Vergütungspflicht des Bestellers generell der Üblichkeit entspricht; hiervon kann bei der Verwahrung nicht „üblicherweise" ausgegangen werden.

B. Anwendungsvoraussetzungen

I. Vertragsauslegung

2 Ist für die Aufbewahrung der Sache eine Vergütung nicht ausdrücklich vereinbart worden, so gilt es im Wege der Vertragsauslegung nach § 157 BGB den **wirklichen Willen der Vertragsparteien** zu ermitteln. Hierbei kommt es auf die gesamten Umstände des Einzelfalls an.

II. Umfang der Vergütung

3 Zur Höhe der Vergütung schweigt § 689 BGB. Lässt sich eine genaue Höhe der Vergütung nicht ermitteln, so können etwaige **Taxen** zur Anwendung kommen. Erst bei Fehlen solcher Taxen ist auf die übliche Vergütung zurückzugreifen. Soweit sich auch eine übliche Vergütung nicht feststellen lässt, kann auf die §§ 315, 316 BGB zurückgegriffen werden. Unstreitig ist daher, dass die Höhe der Vergütung den Umständen des Einzelfalls folgt und diese angemessen sein muss.[2]

4 Die **Sondervorschriften für das Lagergeschäft**, wie die §§ 354, 467 HGB hinsichtlich des Anspruchs des Lagerhalters auf das **Lagergeld**, bleiben hiervon unberührt.

III. Grenzen der Vergütungspflicht

5 Wird dem Verwahrer die Rückgabe der Sache unmöglich, so entfällt eine Vergütungspflicht des Hinterlegers grundsätzlich nicht, da Vergütung und Rückgabe nicht im Synallagma stehen. § 326 Abs. 1 BGB greift daher nicht ein. Dogmatisch vorzugswürdig ist eine analoge Anwendung von § 726 BGB, wonach das Verwahrungsverhältnis mit der Unmöglichkeit der Aufbewahrung endet; die Vergütung richtet sich dann nach § 699 Abs. 2 BGB.[3] Ebenso ist keine Vergütung geschuldet, wenn es an einer Willenseinigung zwischen Gläubiger und Schuldner fehlt; dies folgt bereits aus den allgemeinen Regeln der Rechtsgeschäftslehre und den §§ 145 ff. BGB. Daher schuldet der Eigentümer, dessen Pkw von einem Unbekannten ohne Wissen des Eigentümers in ein Parkhaus gestellt wird, keine Vergütung gegenüber dem Betreiber.[4]

---

[1] So auch *Reuter* in: Staudinger, § 689 Rn. 1.
[2] *Sprau* in: Palandt, § 689 Rn. 1 f.; *Henssler* in: MünchKomm-BGB, § 689 Rn. 5.
[3] *Reuter* in: Staudinger, § 689 Rn. 3.
[4] LG Karlsruhe, Die Justiz 1970, 235.

IV. Öffentlich-rechtliche Verwahrung

§ 689 BGB kann nicht analog angewendet werden, um einen Anspruch einer Gemeinde oder eines anderen Trägers der Straßenbaulast auf Zahlung einer Vergütung gegen einen Bürger zu begründen, dessen abgeschlepptes Fahrzeug in Obhut genommen wurde, da sie die Möglichkeit hat, durch Satzung entsprechende Gebühren einzuführen.[5]

C. Prozessuale Besonderheiten

Klagt der Verwahrer auf Zahlung der üblichen Vergütung, so obliegt es ihm, die „Üblichkeit" und die damit verbundene Höhe anhand einer Taxe nachzuweisen; bestreitet der Hinterleger unter Hinweis auf eine vereinbarte Unentgeltlichkeit, so trifft den klagenden Verwahrer die Beweislast.[6]

Verteidigt sich der beklagte Hinterleger mit der Behauptung einer niedrigeren als der üblichen Vergütung, so muss der Verwahrer das Fehlen einer solchen Vereinbarung beweisen. Dabei sind an diesen negativen Beweis des Verwahrers keine allzu hohen Anforderungen zu stellen; insbesondere trifft den Hinterleger aus Gründen der materiellen Beweislast- und Risikoverteilung eine erhöhte Substantiierungslast, die ihm die Darlegung der genauen Umstände und Inhalte der Vereinbarung auferlegt; der Verwahrer muss dann diesen Vortrag ausräumen, um seiner Beweisbelastung gerecht zu werden.

---

[5] VGH Baden-Württemberg v. 28.08.2006 - 5 S 2497/05 - juris Rn. 37 - NJW 2007, 1375-1377.
[6] Zur Parallele im Werkvertragsrecht *Sprau* in: Palandt, § 632 Rn. 18.

§ 690 BGB Haftung bei unentgeltlicher Verwahrung

(Fassung vom 02.01.2002, gültig ab 01.01.2002)

Wird die Aufbewahrung unentgeltlich übernommen, so hat der Verwahrer nur für diejenige Sorgfalt einzustehen, welche er in eigenen Angelegenheiten anzuwenden pflegt.

Gliederung

A. Anwendungsvoraussetzung – Haftungsprivileg 1
   I. Unentgeltliche Aufbewahrung 2
   II. Bei Verwahrungsnebenpflichten 5
   III. Bei öffentlich-rechtlicher Verwahrung ... 8
B. Rechtsfolgen 9

A. Anwendungsvoraussetzung – Haftungsprivileg

1   Die Norm stellt klar, dass den Verwahrer, der unentgeltlich aufbewahrt, nicht der hohe Haftungsmaßstab der verkehrsüblichen Sorgfalt nach § 276 Abs. 1 Satz 2 BGB treffen soll. Stattdessen schuldet er **nur die eigenübliche Sorgfalt** (diligentia quam in suis), vgl. auch § 277 BGB. Begründet wird diese Haftungsprivilegierung damit, dass der **Verwahrer ausschließlich fremdnützig handelt**. Die unentgeltliche Verwahrung wird somit in einen logischen Zusammenhang mit Gefälligkeitsverhältnissen gerückt, bei denen stellenweise ebenfalls von zumindest konkludent verabredeten Haftungsprivilegierungen des etwaigen Schädigers gesprochen wird (vgl. die Kommentierung zu § 688 BGB Rn. 4).

I. Unentgeltliche Aufbewahrung

2   Voraussetzung für das Haftungsprivileg ist zunächst das Bestehen eines Verwahrungsvertrags gem. § 688 BGB. Zur Abgrenzung der unentgeltlichen Verwahrung und zu den außerrechtsgeschäftlichen Gefälligkeitsverhältnissen, bei denen die Haftung und der für sie anzulegende Maßstab in der Regel anders zu beurteilen ist, vgl. auch die Ausführungen unter § 688 BGB (vgl. die Kommentierung zu § 688 BGB Rn. 23).

3   Unentgeltlichkeit bedeutet hierbei das **Fehlen einer Gegenleistung** für die Aufbewahrung. Bei Vorliegen einer Gegenleistung wäre es nicht sachgerecht, demjenigen in § 690 BGB eine Haftungsmilderung einzuräumen, wenn dieser die Aufbewahrung übernimmt und er nur so die Gegenleistung des anderen Teils erhalten kann.[1]

4   **Keine Unentgeltlichkeit** liegt ebenfalls vor, wenn mit der Verwahrung ein **außerhalb des Vertrags liegender wirtschaftlicher Vorteil** angestrebt werden soll.[2] So etwa, wenn der Vermieter den Hausrat eines Mieters nach dessen Auszug aufbewahrt, um einen vorzeitigen Abbruch des Hauses zu ermöglichen.

II. Bei Verwahrungsnebenpflichten

5   Ist die Verwahrung nur Nebenpflicht aus einem anderen Vertrag (so z.B. das Zurücklegenlassen von bereits bezahlter Ware an der Kasse beim Kaufvertrag), so scheidet die Anwendung des § 690 BGB aus, weil kein Verwahrungsvertrag vorliegt.[3] Vielmehr sind hierbei die Vorschriften des gesamten Hauptvertrags maßgebend. Die verwahrungsrechtlichen Vorschriften werden lediglich ergänzend herangezogen.

6   Auch eine analoge Anwendung des § 690 BGB beim Auftrag (§ 662 BGB) kommt nicht in Betracht, da das Auftragsrecht selbst keine Haftungsmilderung kennt und der Gesetzgeber bewusst die in der Aufbewahrung bestehende Nebentätigkeit dem Auftragsrecht unterstellen wollte.[4]

7   Dagegen ist eine analoge Anwendung der Haftungsmilderung im Rahmen der deliktischen Haftung des Verwahrers aus den §§ 823 ff. BGB zu bejahen, um den Schutz des unentgeltlichen Verwahrers nicht leerlaufen zu lassen.[5]

---

[1] Klarstellend daher auch AG Tiergarten v. 07.10.2010 - 3 C 103/10 - juris Rn. 27.
[2] OLG Düsseldorf v. 29.04.1976 - 18 U 215/75 - MDR 1976, 842.
[3] Vgl. LG Kiel v. 14.02.2005 - 1 S 194/04 - juris Rn. 16.
[4] *Henssler* in: MünchKomm-BGB, § 690 Rn. 5.
[5] *Sprau* in: Palandt, § 690 Rn. 1.

III. Bei öffentlich-rechtlicher Verwahrung

Wie bereits ausgeführt, sind die Vorschriften der §§ 688-699 BGB zwar grundsätzlich anwendbar (weiter hierzu: Anwendungsfelder, vgl. die Kommentierung zu § 688 BGB Rn. 40), jedoch nimmt der Verwaltungsträger die Verwahrung im öffentlichen Interesse wahr, er handelt insoweit gerade nicht fremdnützig[6], sondern erfüllt allgemeine öffentliche Aufträge, die das Recht an ihn stellt. Eine Anwendung des § 690 BGB scheidet daher aus.

B. Rechtsfolgen

§ 690 BGB kommt nur dem unentgeltlich Verwahrenden als Haftungserleichterung zugute, der in eigenen Angelegenheiten selbst keine besondere Sorgfalt anzuwenden pflegt. Dem insoweit sorgfältigen Verwahrer hilft § 690 BGB daher nicht. Der Verwahrer haftet in jedem Fall bei grober Fahrlässigkeit.

Bei Verlust oder Beschädigung der hinterlegten Sache haftet der Verwahrer, soweit er innerhalb des Vertrags tätig geworden ist, nur aus § 690 BGB.[7]

Es fragt sich, ob § 690 BGB auch in den Fällen anwendbar ist, in denen sich die Nachlässigkeit des Verwahrers nicht auf die Aufbewahrung der Sache, sondern auf die Erfüllung von Schutzpflichten gegenüber dem Hinterleger bezieht. So etwa, wenn der Hinterleger die unversehrte Sache abholen will, dabei aber auf dem stets unaufgeräumten Lagerraum zu Fall kommt und sich verletzt.[8] Mit der h.M.[9] ist davon auszugehen, dass § 690 BGB hier nicht eingreift, da die Fremdnützigkeit des Verwahrungshandelns die Haftungsprivilegierung nur rechtfertigt, soweit der Schuldner gerade im **spezifischen Tätigkeitsbereich** tätig wird.

---

[6] Vgl. BGH v. 13.12.1951 - IV ZR 123/51 - BGHZ 4, 192-197.
[7] *Henssler* in: MünchKomm-BGB, § 690 Rn. 7.
[8] *Gerhardt*, JuS 1970, 597-603, 600.
[9] *Henssler* in: MünchKomm-BGB, § 690 Rn. 9; *Schwerdtner*, NJW 1971, 1673-1678, 1675; *Gerhardt*, JuS 1970, 597-603, 600; *Thiele*, JZ 1967, 649-657, 654.

§ 691 BGB Hinterlegung bei Dritten

(Fassung vom 02.01.2002, gültig ab 01.01.2002)

¹Der Verwahrer ist im Zweifel nicht berechtigt, die hinterlegte Sache bei einem Dritten zu hinterlegen. ²Ist die Hinterlegung bei einem Dritten gestattet, so hat der Verwahrer nur ein ihm bei dieser Hinterlegung zur Last fallendes Verschulden zu vertreten. ³Für das Verschulden eines Gehilfen ist er nach § 278 verantwortlich.

Gliederung

A. Grundlagen 1	C. Rechtsfolgen 8
B. Anwendungsvoraussetzungen 4	I. Bei befugter Drittverwahrung 8
I. Hinterlegung bei Dritten 4	II. Bei unbefugter Drittverwahrung 10
II. Befugnis 7	

A. Grundlagen

1 § 691 Satz 1 BGB geht davon aus, dass eine Drittverwahrung im Zweifel nicht zulässig ist. Dieser Grundsatz gründet in dem persönlichen Vertrauensverhältnis des Hinterlegers zum Verwahrer und dessen Zuverlässigkeit; aufgrund der Fremdnützigkeit der Verwahrung wird sich der Hinterleger bemühen, einen vertrauensvollen Verwahrer als Vertragspartner auszuwählen. Fehlt eine dahin gehende Vereinbarung, dass dem Verwahrer gestattet sein soll, die Sache auch bei einem Dritten aufzubewahren, so darf er sich auch grundsätzlich nicht der vertraglich übernommenen Verantwortung entziehen. Dies gilt insbesondere bei einer entgeltlichen Verwahrung, bei der die Höhe des Entgelts durchaus an die Zuverlässigkeit des Verwahrers geknüpft sein kann und regelmäßig auch sein wird. § 690 BGB betont hierdurch eine gewisse Höchstpersönlichkeit des Verwahrers, die das Gesetz auch in anderen allgemeinen Bereichen ebenfalls kennt, beispielsweise im Recht der Stellvertretung.

2 Wie sich aus § 691 Satz 3 BGB ergibt, ist die Hinzuziehung eines Gehilfen möglich. Damit ist ein Gehilfe nicht Dritter i.S.d. § 691 BGB. Die Drittverwahrung ist eine Änderung der vereinbarten Aufbewahrungsart i.S.d. § 692 BGB.

3 Für die Drittverwahrung von Wertpapieren (vgl. die Kommentierung zu § 688 BGB Rn. 34) gelten die Sonderregelungen der §§ 3, 4 DepotG.

B. Anwendungsvoraussetzungen

I. Hinterlegung bei Dritten

4 § 691 Satz 1 BGB betrifft die sog. **Substitution**. Sie liegt vor, wenn der Verwahrer die Aufbewahrung der Sache einem Dritten zu dessen eigener Verantwortung überträgt und sie damit aus dem eigenen Verantwortungsbereich entlässt. Behält der Verwahrer dagegen einen seiner Verantwortung entsprechenden Einfluss, so handelt es sich um den **Einsatz eines Gehilfen** (vgl. dazu Rn. 8) und nicht um Substitution.

5 Die Abgrenzung von unerlaubter Substitution und Gehilfeneinsatz kann auch anhand der Besitzlage vorgenommen werden. Erlangt ein Dritter durch Weitergabe unmittelbaren Besitz an der Sache, so wird i.d.R. eine Substitution angenommen.[1] Keine Substitution liegt vor, wenn der Verwahrer aus organisatorischen Gründen lediglich den Lagerort verändert.[2]

6 Für die Drittverwahrung ohne Belang ist es, ob der erste Verwahrer in unmittelbarer oder mittelbarer Stellvertretung des Hinterlegers tätig wird.[3]

---

[1] *Henssler* in: MünchKomm-BGB, § 691 Rn. 3; a.A. *Reuter* in: Staudinger, § 691 Rn. 2.
[2] Vgl. RG v. 12.11.1921 - I 150/21 - RGZ 103, 171-174.
[3] BGH v. 14.11.1957 - II ZR 268/56 - DB 1958, 133; RG v. 02.03.1912 - I 147/11 - RGZ 78, 310-316; RG v. 04.07.1939 - VII 4/39 - RGZ 161, 68-76.

II. Befugnis

Hat der Hinterleger eine Drittverwahrung nicht ausdrücklich gestattet, so erfolgt sie grundsätzlich ohne seine Befugnis. Eine **Ausnahme** hiervon ist unter den in § 692 BGB genannten Voraussetzungen zu machen, nämlich dann, wenn der hinterlegten Sache Gefahr droht und der Erstverwahrer von einer Genehmigung durch den Hinterleger ausgehen darf (= **mutmaßliche Einwilligung**). Gebietet die Sachlage eine Änderung der Verwahrung, so hat der Verwahrer diese grundsätzlich vorher dem Hinterleger anzuzeigen und dessen Entschließung abzuwarten, § 692 Satz 2 BGB.

C. Rechtsfolgen

I. Bei befugter Drittverwahrung

Hat der Hinterleger eine Verwahrung bei einem Dritten gestattet, so beschränkt sich die Verantwortung des Verwahrers auf die ordnungsgemäße Auswahl des Dritten, die sachgerechte Einweisung und die einwandfreie Übergabe;[4] ihm obliegt damit eine vergleichbare Pflicht wie im Rahmen des § 823 Abs. 1 BGB hinsichtlich der Auswahl und Überwachung von Dritten, wobei auch Sphärenaspekte eine Rolle spielen und sich haftungsbegründend auswirken können.

Bei befugter Gehilfenzuziehung haftet der Verwahrer nach § 691 Satz 3 BGB für Gehilfenverschulden.[5]

II. Bei unbefugter Drittverwahrung

Ist die Drittverwahrung nicht gestattet, so haftet der Verwahrer im Falle der Hinterlegung bei einem Dritten nicht nur entgegen § 690 BGB für jeden infolge der Drittverwahrung adäquat verursachten Schaden, sondern analog § 287 Satz 2 BGB (vgl. die Kommentierung zu § 287 BGB) auch für „zufällige", d.h. generell unwahrscheinliche Schadensfolgen der unerlaubten Drittverwahrung, da er mit seiner Pflicht zur ordnungsgemäßen Verwahrung in Verzug geraten ist.

Der Hinterleger kann jederzeit die Rückgabe der Sache analog §§ 546 Abs. 2, 604 Abs. 4 BGB vom Drittverwahrer verlangen; Gleiches gilt im Rahmen des § 985 BGB, da der vertragsbrüchige Verwahrer nicht Herausgabe an sich nach Maßgabe des § 986 BGB verlangen kann, denn ein Recht zur Weitergabe bestand gerade nicht.

---

[4] *Reuter* in: Staudinger, § 691 Rn. 4.
[5] RG v. 13.01.1920 - VII 438/19 - RGZ 98, 31-36 und RG v. 19.02.1921 - I 282/20 - RGZ 101, 348-350.

§ 692 BGB Änderung der Aufbewahrung

(Fassung vom 02.01.2002, gültig ab 01.01.2002)

¹Der Verwahrer ist berechtigt, die vereinbarte Art der Aufbewahrung zu ändern, wenn er den Umständen nach annehmen darf, dass der Hinterleger bei Kenntnis der Sachlage die Änderung billigen würde. ²Der Verwahrer hat vor der Änderung dem Hinterleger Anzeige zu machen und dessen Entschließung abzuwarten, wenn nicht mit dem Aufschub Gefahr verbunden ist.

Gliederung

A. Anwendungsvoraussetzungen 1	2. Ohne Zustimmung des Hinterlegers 4
I. Änderungsbefugnis des Verwahrers 1	II. Weisungen des Hinterlegers 6
1. Mit Zustimmung des Hinterlegers 2	**B. Rechtsfolgen bei unbefugter Änderung**............ 7

A. Anwendungsvoraussetzungen

I. Änderungsbefugnis des Verwahrers

1 Der Gesetzgeber geht in § 692 BGB davon aus, dass nur dem Verwahrer eine Befugnis zur Änderung der Aufbewahrung zusteht. Eine solche Änderung, etwa die des Aufbewahrungsortes, stellt eine Vertragsänderung gem. § 311 BGB (vgl. die Kommentierung zu § 311 BGB) dar. Zu einer Änderung ist der Verwahrer immer dann befugt, wenn eine spezielle Aufbewahrungsart nicht vereinbart worden oder aus den Umständen entsprechend zu entnehmen ist.

1. Mit Zustimmung des Hinterlegers

2 Der Regelfall, wie ihn § 692 Satz 1 BGB beschreibt, ist, dass der Verwahrer dem Hinterleger seine Absicht, die Aufbewahrung zu ändern, anzeigt und er dessen zustimmenden Entschluss abwartet.

3 Beide Parteien können das Vertragsverhältnis frei gestalten, insoweit kann auch vereinbart werden, dass sich der Verwahrer bestimmten Weisungen des Hinterlegers zu unterwerfen hat. Im Gegensatz zum Auftrag (§ 665 BGB) besteht bei der Verwahrung jedoch regelmäßig Weisungsfreiheit, die auch durch Parteiabrede deklaratorisch festgesetzt oder gar konkret beschrieben werden kann. Die Art der Aufbewahrung steht dann, sofern keine anderslautenden Vereinbarungen getroffen wurden, im Ermessen des Verwahrers, das er im Rahmen seiner Obhutspflicht ausübt. Dies gilt nicht für die Aufbewahrung bei Dritten. Für die Aufbewahrung bei Dritten gilt die entgegengesetzte Auslegungsregel des § 691 Satz 1 BGB.

2. Ohne Zustimmung des Hinterlegers

4 Der Verwahrer ist zur Änderung über die Aufbewahrungsart ohne ausdrückliche Zustimmung des Hinterlegers nur befugt, wenn er den Umständen nach annehmen darf, dass der Hinterleger bei Kenntnis der Sachlage die Änderung billigen würde. Dies gilt jedoch nur, wenn sich der Hinterleger nicht binnen angemessener Frist zur Änderungsabsicht äußert. Hat sich nach Ablauf der Frist der Hinterleger nicht zur Änderungsabsicht geäußert, erhält der Verwahrer eine einseitige Änderungsbefugnis.[1]

5 Droht der hinterlegten Sache Gefahr, so ist der Verwahrer unter Umständen bereits aus seiner übernommenen Obhut verpflichtet, die Art der Aufbewahrung eigenmächtig zu ändern (zu den Pflichten des Verwahrers vgl. die Kommentierung zu § 688 BGB Rn. 28). Ansonsten riskiert er sogar, sich durch die unterlassene Änderung schadensersatzpflichtig zu machen.[2]

II. Weisungen des Hinterlegers

6 Der Verwahrer muss nachträgliche Weisungen des Hinterlegers in Bezug auf die Art der Aufbewahrung nicht ohne weiteres befolgen; dies unterscheidet ihn vom Beauftragten, der nach § 665 BGB den Weisungen des Auftraggebers unterliegt.[3] Jedoch ist der Verwahrer an Weisungen, die ihn nicht in un-

---

[1] *Herrmann* in: Erman, § 692 Rn. 2; *Henssler* in: MünchKomm-BGB, § 692 Rn. 5.
[2] *Reuter* in: Staudinger, § 692 Rn. 8.
[3] *Herrmann* in: Erman, § 692 Rn. 1.

verhältnismäßigem Maße belasten oder solche, die an sich vernünftig und billig erscheinen, gebunden, vgl. § 242 BGB.[4]

B. Rechtsfolgen bei unbefugter Änderung

§ 692 BGB sagt zunächst nichts zu den Rechtsfolgen bei einer unbefugten Änderung. Unbefugt ist die Änderung dann, wenn sie weder mit ausdrücklicher Zustimmung noch mit gemutmaßter Zustimmung des Hinterlegers erfolgt. Da der Verwahrer durch die unbefugte Änderung einen dem Schuldnerverzug vergleichbaren vertragswidrigen Zustand herstellt, da er mit seiner Pflicht zur vertrags- und ordnungsgemäßen Aufbewahrungspflicht in Verzug gerät, ist § 287 Satz 2 BGB entsprechend anzuwenden.[5] Demgemäß haftet der Verwahrer auch für Schäden aus Zufall, sofern er die in der Änderung liegende Pflichtverletzung zu vertreten hat.[6]

7

---

[4] *Reuter* in: Staudinger, § 692 Rn. 2.
[5] OLG Dresden v. 24.09.1903 - I ZS - OLGRspr. 9, 24; *Herrmann* in: Erman, § 692 Rn. 3.
[6] *Henssler* in: MünchKomm-BGB, § 692 Rn. 6.

§ 693 BGB Ersatz von Aufwendungen

(Fassung vom 02.01.2002, gültig ab 01.01.2002)

Macht der Verwahrer zum Zwecke der Aufbewahrung Aufwendungen, die er den Umständen nach für erforderlich halten darf, so ist der Hinterleger zum Ersatz verpflichtet.

Gliederung

A. Anwendungsvoraussetzungen 1
   I. Aufwendungen 1
   II. Zum Zweck der Aufbewahrung 5
   III. Erforderlichkeit der Aufwendung 8
B. Rechtsfolgen 9

A. Anwendungsvoraussetzungen

I. Aufwendungen

1 Als Aufwendungen sind **freiwillige Vermögensopfer** zu verstehen. Unerheblich ist, ob es sich um eine entgeltliche oder unentgeltliche Verwahrung handelt. Ein Anspruch auf Ersatz von Aufwendungen besteht auch bei der entgeltlichen Verwahrung, soweit diese nicht bereits mit der Vergütung abgegolten sind. Insoweit ähnelt die Norm der Vorschrift in § 670 BGB.

2 Unter den Begriff Aufwendungen fallen die Kosten, die etwa durch Bewachung entstehen. Bei der Betreuung von Tieren können **Auslagen für Futtermittel** ebenfalls geltend gemacht werden. Hierbei entsteht aber kein gesetzliches Pfandrecht des Verwahrers, das seinen Anspruch aus den §§ 689, 693 BGB sichert.[1]

3 Ferner kann der Verwahrer **Ersatz** verlangen, wenn er **infolge einer Gefahrenlage** für die hinterlegte Sache auch eigene Rechtsgüter verliert.[2] Voraussetzung hierfür ist allerdings, dass diese Einbuße unmittelbare Folge der gebotenen Rettungshandlung ist. Vgl. hierzu auch die Ausführungen zur Rettungspflicht des Verwahrers in der Kommentierung zu § 688 BGB Rn. 29; dies ist Ausdruck der überwiegenden Fremdnützigkeit der Verwahrung und belastet den schuldenden Hinterleger angesichts der für ihn mit der Verwahrung einhergehenden Vorteile nicht stärker als den Auftraggeber.

4 **Nicht** zu den Aufwendungen zählt der **Einsatz von Arbeitskraft**, die erforderlich ist, um die vertragstypische Leistung zu erbringen.[3] Hierbei spielt es keine Rolle, ob es sich um entgeltliche oder unentgeltliche Verwahrung handelt. Während bei entgeltlicher Verwahrung die Arbeitsleistung durch die Vergütung abgegolten sein soll, wird diese bei unentgeltlicher Verwahrung gerade ohne Bezahlung versprochen; auch die im Rahmen der Geschäftsbesorgung ohne Auftrag diskutierte Rechtsanalogie zu § 1835 Abs. 3 BGB verbietet sich aus den gleichen Gründen und unabhängig davon, ob der entgeltliche Verwahrer beruflich bzw. gewerbsmäßig auftritt.

II. Zum Zweck der Aufbewahrung

5 Vorausgesetzt wird, dass die Aufwendungen zum Zweck der Aufbewahrung gemacht worden sind. Dementsprechend sind alle angefallenen **Kosten**, welche die **Aufbewahrung erst ermöglichen, nicht ersatzfähig,** beispielsweise die Anmietung von Räumen oder Aufbewahrungsvorrichtungen. Aufwendungen müssen also der Durchführung der Aufbewahrung dienen, andernfalls fallen sie in den unternehmerischen Risikobereich des Verwahrers und sind bei Entgeltlichkeit des Geschäfts ggf. mit Hilfe der Vergütung beizutreiben und zu amortisieren.

6 Kosten, die erst nach Beendigung des Verwahrungsvertrags angefallen sind, können nicht nach § 693 BGB, sondern allenfalls nach § 304 BGB oder §§ 280, 286 BGB (vgl. die Kommentierung zu § 304 BGB) geltend gemacht werden, wenn sich der Hinterleger mit der Rücknahme der verwahrten Sache im Gläubiger- bzw. Schuldnerverzug befindet (vgl. die Kommentierung zu § 696 BGB).

7 Zum Ersatz von **risikotypischen Begleitschäden** vgl. die Ausführungen zu § 694 BGB (vgl. die Kommentierung zu § 694 BGB).

---

[1] OLG Brandenburg v. 28.06.2006 - 13 U 138/05 - juris Rn. 18 - NJW-RR 2006, 1558-1559.
[2] OLG Braunschweig v. 14.10.1947 - 1 U 43/47 - MDR 1948, 112.
[3] *Reuter* in: Staudinger, § 693 Rn. 2.

III. Erforderlichkeit der Aufwendung

Der Verwahrer muss die Aufwendung den Umständen entsprechend für erforderlich halten. Maßgebend ist die Sicht eines verständigen Verwahrers im Zeitpunkt der Aufwendung. Eine Aufwendung ist insbesondere dann erforderlich, wenn sie zum Wert der hinterlegten Sache in einem vernünftigen Verhältnis steht. Als **Obergrenze** hierfür ist grundsätzlich der **Wert der Sache** selbst anzusetzen,[4] da das Wirtschaftlichkeitspostulat auch im Rahmen der Verwahrung Anwendung finden muss. Eine Ausnahme hiervon sind etwa **Tierarztkosten**, die auch dann erstattungsfähig sind, wenn sie deutlich höher als der Wert des Tieres selbst sind;[5] wegen eines ähnlichen Affektionsinteresses des Hinterlegers, beispielsweise an Liebhaberstücken, kann sich je nach Einzelfall Ähnliches ergeben.

B. Rechtsfolgen

Wegen der Aufwendungen steht dem Verwahrer ein **Zurückbehaltungsrecht** nach § 273 BGB zu, welches er gegenüber dem Rückgabeanspruch des Hinterlegers aus § 695 BGB geltend machen kann.[6] Dem Verwahrer wird so ein Recht zum Besitz über den Zeitpunkt des Verwahrungsverhältnisses hinaus eingeräumt;[7] dieses muss auch im Rahmen des Vindikationsanspruchs des Eigentümers aus § 985 BGB Berücksichtigung finden.

Der Aufwendungsersatzanspruch besteht grundsätzlich im **Wertersatz in Geld**;[8] eine Aufrechnung gegen Ansprüche des Hinterlegers ist unter den weiteren Voraussetzungen des § 387 BGB denkbar. Bei Aufwendungen eigener Sachen und unter anormalen Währungsverhältnissen kann ausnahmsweise auch Ersatz durch Sachleistung in Betracht kommen.[9]

§ 693 BGB ist darüber hinaus aufgrund der vergleichbaren Interessenlage analog auf einen Bewachungsvertrag anwendbar und gewährt dem Bewachenden auch hier einen Aufwendungsersatzanspruch.[10]

---

[4] Vgl. auch OLG Karlsruhe v. 26.11.1968 - 8 U 18/68 - MDR 1969, 219.
[5] *Henssler* in: MünchKomm-BGB, § 693 Rn. 5.
[6] *Herrmann* in: Erman, § 693 Rn. 1.
[7] BGH v. 17.03.1975 - VIII ZR 245/73 - BGHZ 64, 122-128.
[8] *Bruns*, MDR 1948, 114-115, 114.
[9] OLG Braunschweig v. 14.10.1947 - 1 U 43/47 - MDR 1948, 112.
[10] Mit Recht *Reuter* in: Staudinger, § 693 Rn. 9.

§ 694 BGB Schadensersatzpflicht des Hinterlegers

(Fassung vom 02.01.2002, gültig ab 01.01.2002)

Der Hinterleger hat den durch die Beschaffenheit der hinterlegten Sache dem Verwahrer entstehenden Schaden zu ersetzen, es sei denn, dass er die gefahrdrohende Beschaffenheit der Sache bei der Hinterlegung weder kennt noch kennen muss oder dass er sie dem Verwahrer angezeigt oder dieser sie ohne Anzeige gekannt hat.

Gliederung

A. Grundlagen 1	2. Anzeige der Beschaffenheit 8
B. Anwendungsvoraussetzungen 2	3. Kenntnis des Verwahrers 10
I. Gefahrdrohende Beschaffenheit der Sache 2	**C. Umfang des Schadensersatzes** 12
II. Fehlen der Exkulpation des Hinterlegers 6	**D. Prozessuale Hinweise** 13
1. Unkenntnis des Hinterlegers 6	

A. Grundlagen

1   Im Gegensatz zu § 693 BGB (vgl. die Kommentierung zu § 693 BGB) behandelt § 694 BGB nicht den Ersatz von Aufwendungen, sondern den **Ersatz von Schäden**, die dem Verwahrer bei der Aufbewahrung entstehen. Die Natur des Ersatzanspruchs ist umstritten. Nach der Theorie des Konsensualvertrags war er ein gesetzlich geregelter Fall der **positiven Forderungsverletzung**, die nunmehr in § 280 Abs. 1 BGB (vgl. die Kommentierung zu § 280 BGB) geregelt ist.[1] Die ältere Rechtsprechung ging davon aus,[2] dass es sich bei § 694 BGB um einen gesetzlich geregelten Fall der **culpa in contrahendo** handelte, die nunmehr in § 311 Abs. 2 BGB (vgl. die Kommentierung zu § 311 BGB) i.V.m. § 280 Abs. 1 BGB (vgl. die Kommentierung zu § 280 BGB) geregelt ist. Bisweilen wird sogar die Meinung vertreten, § 694 BGB passe nicht mehr in das Normgefüge seit der Schuldrechtsmodernisierung.[3]

B. Anwendungsvoraussetzungen

I. Gefahrdrohende Beschaffenheit der Sache

2   Der Hinterleger ist dann ersatzpflichtig, wenn die Sache eine gefahrdrohende Beschaffenheit aufweist und der Schaden gerade auf diese Sacheigenschaft zurückzuführen ist. Es wird also ein **Kausalzusammenhang** zwischen Beschaffenheit der Sache und dem Schadenseintritt gefordert. Eine Schadensersatzpflicht besteht etwa dann, wenn ein Kraftfahrzeug mit einer undichten Ölwanne untergestellt wird, wovon zwar der Hinterleger Kenntnis hat, er den Verwahrer aber darüber nicht informiert, es demzufolge zu einer Verunreinigung des Erdreichs kommt und der Verwahrer den Boden fachmännisch dekontaminieren lassen muss.

3   Dagegen wird ein Schadensersatzanspruch dann verneint, wenn bei einem Brand das Löschwasser durch eingelagerte Schmierstoffe kontaminiert wird, in das Erdreich eindringt und der Verwahrer deshalb Sicherungsmaßnahmen bezahlen muss.[4] Hier ist der **Schaden außerhalb des Schutzbereichs** des § 694 BGB entstanden.[5]

4   Bejaht wird ein Anspruch auch, wenn ein Kater längere Zeit in Pflege genommen wird und der Tierhalter den Verwahrer nicht über das Risiko von Verhaltensstörungen und daraus resultierenden Schädigungen durch das Tier aufklärt.[6]

5   Anerkannt ist auch eine analoge Anwendung des § 694 BGB, wenn jemand außerhalb des Verwahrungsverhältnisses durch eine ihm anvertraute Sache geschädigt wird.[7]

---

[1] So etwa *Herrmann* in: Erman, § 694 Rn. 1; dem zustimmend: *Reuter* in: Staudinger, § 694 Rn. 1 und *Henssler* in: MünchKomm-BGB, § 694 Rn. 2.
[2] RG v. 28.11.1923 - V 802/22 - RGZ 107, 357-365.
[3] *Henssler* in: MünchKomm-BGB, § 694 Rn. 3.
[4] LG München I v. 06.02.1991 - 25 O 18756/90 - BB 1991, 1667-1668.
[5] *Sprau* in: Palandt, § 694 Rn. 1 und *Henssler* in: MünchKomm-BGB, § 694 Rn. 3.
[6] AG Berlin-Schöneberg v. 04.06.1985 - 12 C 264/84 - NJW-RR 1986, 113-114.
[7] *Reuter* in: Staudinger, § 694 Rn. 6.

II. Fehlen der Exkulpation des Hinterlegers

1. Unkenntnis des Hinterlegers

Die Schadensersatzpflicht greift nur dann, wenn sich der Hinterleger nicht erfolgreich frei zeichnen kann; § 694 BGB vermutet das Verschulden. Der Hinterleger haftet zunächst dann nicht, wenn er von der gefahrdrohenden Beschaffenheit der Sache selbst **im Zeitpunkt der Übergabe keine Kenntnis** hat und ihm diesbezüglich **auch kein Fahrlässigkeitsvorwurf** gemacht werden kann.

Erlangt der Hinterleger **nach Hinterlegung Kenntnis** von der gefahrdrohenden Beschaffenheit, so muss er dies **dem Verwahrer unverzüglich anzeigen**. Es wäre nämlich unzumutbar, wenn sich der Hinterleger auf seine unverschuldete Unkenntnis im Hinterlegungszeitpunkt berufen könnte. Für diesen Fall gilt § 694 BGB nicht, doch wird eine Ersatzpflicht aus § 280 Abs. 1 BGB (vgl. die Kommentierung zu § 280 BGB) begründet; der Bezugspunkt des Verschuldens wandelt sich, Gleiches gilt demnach auch für die Exkulpationsmöglichkeiten des Hinterlegers.

2. Anzeige der Beschaffenheit

Der Hinterleger wird ebenfalls von der Schadensersatzpflicht frei, wenn er die gefahrdrohende Beschaffenheit der Sache dem Verwahrer angezeigt hat. Hat der Hinterleger diesen Umstand bereits im Zeitpunkt der Hinterlegung angezeigt, so läge es ganz im Ermessen des Verwahrers, der Aufbewahrung von vornherein zu widersprechen. Ansonsten folgt die Anzeige den allgemeinen Regeln über den **Zugang von Willenserklärungen**. Hierbei gilt § 130 BGB (vgl. die Kommentierung zu § 130 BGB) analog. Demnach ist es unerheblich, ob der Verwahrer tatsächlich von der Anzeige Kenntnis genommen hat, die Möglichkeit zur Kenntnisnahme reicht vielmehr aus.

Beim **Lagergeschäft** hat der Einlagerer dem Lagerhalter Mitteilung über die Gefährlichkeit des Guts zu machen. Unterlässt er diese Mitteilung, so haftet der Einlagerer gem. § 468 Abs. 3 Nr. 2 HGB auch, wenn ihn kein Verschulden trifft.

3. Kenntnis des Verwahrers

Die positive Kenntnis des Verwahrers von der gefahrdrohenden Beschaffenheit der Sache lässt die Schadensersatzpflicht des Hinterlegers ebenfalls entfallen. Ein Kennenmüssen um diesen Umstand reicht nicht aus; ein Vorwurf grober Fahrlässigkeit scheidet aus.[8]

Die Frage, ob bei schuldhafter Unkenntnis des Verwahrers § 254 BGB (vgl. die Kommentierung zu § 254 BGB) Anwendung findet, wird bejaht.[9] Es gilt hierbei allerdings zu differenzieren, ob es sich um eine entgeltliche oder unentgeltliche Verwahrung handelt, da andernfalls der Rechtsgedanke des § 690 BGB (vgl. die Kommentierung zu § 690 BGB) und die damit verbundene Privilegierung des unentgeltlich Verwahrenden unterlaufen würde. Ansonsten bietet die durch § 254 BGB eröffnete Quotelung ein adäquates Ersatzsystem.

C. Umfang des Schadensersatzes

Der Hinterleger hat den gesamten Schaden zu ersetzen, der bei pflichtgemäßer Anzeige nicht eingetreten wäre. Insoweit gelten die §§ 249, 250, 251 BGB (vgl. die Kommentierung zu § 249 BGB).

D. Prozessuale Hinweise

Der Verwahrer hat den Umstand zu beweisen, dass der Schaden gerade durch die Beschaffenheit der Sache entstanden ist. Insoweit enthält § 694 BGB eine **Beweislastumkehr** und ähnelt § 280 Abs. 1 Satz 2 BGB. Ist der Beweis für die Kausalität zum Schadenseintritt durch die Beschaffenheit der Sache geführt, so ist es Sache des Hinterlegers, den Entlastungsbeweis zu führen.[10]

---

[8] Vgl. *Reuter* in: Staudinger, § 694 Rn. 5; so auch *Henssler* in: MünchKomm-BGB, § 694 Rn. 10.
[9] Vgl. etwa AG Berlin-Schöneberg v. 04.06.1985 - 12 C 264/84 - NJW-RR 1986, 113-114.
[10] *Hüffer* in: MünchKomm-BGB, § 694 Rn. 8.

§ 695 BGB Rückforderungsrecht des Hinterlegers

(Fassung vom 02.01.2002, gültig ab 01.01.2002)

¹**Der Hinterleger kann die hinterlegte Sache jederzeit zurückfordern, auch wenn für die Aufbewahrung eine Zeit bestimmt ist.** ²**Die Verjährung des Anspruchs auf Rückgabe der Sache beginnt mit der Rückforderung.**

Gliederung

A. Rückgabe der hinterlegten Sache 1	C. Einwendungen und Einreden 8
I. Rückforderung 1	I. Zurückbehaltungsrecht des Verwahrers 8
II. Schuldner 4	II. Eigentum 10
III. Umfang 6	D. Prozessuale Rechte des Hinterlegers 13
B. Unmöglichkeit der Rückgabe 7	E. Verjährung des Anspruchs 14

A. Rückgabe der hinterlegten Sache

I. Rückforderung

1 Mit der Rückgabeforderung wird der **Verwahrungsvertrag** nach h.M.[1] **konkludent gekündigt**.

2 Der Anspruch aus § 695 BGB tritt dann neben den Vindikationsanspruch aus § 985 BGB, sofern der Hinterleger Eigentümer der Sache geblieben ist.

3 Die Rückforderung darf **nicht zu einer unangemessenen Zeit** erfolgen. Die Ausübung des Rückforderungsrechts steht insoweit unter dem Vorbehalt des § 242 BGB. Unter Umständen hat der Hinterleger dem Verwahrer eine **angemessene Frist** zu setzen. Wenn die Verwahrung ein Handelsgeschäft ist, dann kann gem. § 358 HGB die Rückforderung nur in den gewöhnlichen Geschäftszeiten erfolgen.

II. Schuldner

4 Das Rückgabeverlangen richtet sich zunächst **gegen den Verwahrer** selbst. Der Anspruch aus § 695 BGB kann aber auch gegen **jeden Dritten** geltend gemacht werden, so etwa wenn sich der Verwahrer befugt oder unbefugt eines solchen bedient hat. Insoweit finden die §§ 546 Abs. 2, 604 Abs. 4 BGB analoge Anwendung.[2]

5 Der Rückforderungsanspruch ist ein persönliches Recht des Hinterlegers i.S.d. § 47 InsO. Daher kann er im Falle der Insolvenz des Verwahrers **Aussonderung** aus der Insolvenzmasse verlangen;[3] wirtschaftlich weist § 695 BGB das verwahrte Gut nämlich nach wie vor dem Vermögen des Hinterlegers zu.

III. Umfang

6 Dem Umfang nach bezieht sich der Anspruch zunächst auf die hinterlegte Sache. Nach überwiegender Auffassung umfasst er aber auch die gezogenen **Früchte** nach § 99 BGB.[4] Umstritten ist dagegen, ob sich der Anspruch auch auf Nutzungen gem. § 100 BGB erstreckt. *Reuter* geht davon aus,[5] dass Nutzungen aus der verwahrten Sache nicht vom Rückforderungsrecht des Hinterlegers umfasst sind, da es dem Wortsinn des § 695 BGB widersprechen würde. Stattdessen befürwortet er einen Anspruch wegen Verfügung eines Nichtberechtigten nach § 816 Abs. 1 Satz 1 BGB analog. Demgegenüber geht z.B. *Henssler* mit einem Verweis auf die Entstehungsgeschichte zutreffend davon aus,[6] dass der Anspruch aus § 695 BGB auch **Nutzungen** mit einschließt. Der Gesetzgeber hat die Nutzungen in einem Entwurf (§ 619 Satz 1 Entwurf I) noch ausdrücklich genannt und erst später wegen ihres selbstverständlichen Inhalts gestrichen. Damit bleibt kein Raum für einen Anspruch aus Geschäftsführung ohne Auftrag oder ungerechtfertigter Bereicherung.

---

[1] *Henssler* in: MünchKomm-BGB, § 695 Rn. 3; *Reuter* in: Staudinger, § 695 Rn. 3; *Sprau* in: Palandt, § 695 Rn. 1.
[2] *Reuter* in: Staudinger, § 695 Rn. 4; vgl. auch die Ausführungen zur Drittverwahrung in der Kommentierung zu § 691 BGB Rn. 1.
[3] Vgl. RG v. 19.02.1914 - VII 448/13 - RGZ 84, 214-219.
[4] *Henssler* in: MünchKomm-BGB, § 695 Rn. 6.
[5] *Reuter* in: Staudinger, § 695 Rn. 5.
[6] *Henssler* in: MünchKomm-BGB, § 695 Rn. 6; so auch *Herrmann* in: Erman, § 695 Rn. 1.

B. Unmöglichkeit der Rückgabe

Ist die Rückgabe der Sache nicht möglich, weil sie durch einen Umstand, den der Verwahrer nicht zu vertreten hat, untergegangen ist, so wird er von seiner Leistungspflicht nach § 275 BGB (vgl. die Kommentierung zu § 275 BGB) befreit. Trifft den Verwahrer dagegen ein Verschulden wegen Verletzung seiner Obhutspflicht, so hat er nach den §§ 280, 283 BGB (vgl. die Kommentierung zu § 280 BGB) Schadensersatz zu leisten.[7] Gibt der Verwahrer die Sache also einem Dritten heraus, so wird er gegenüber dem Eigentümer nach § 275 Abs. 1 BGB frei, dessen Sekundärrecht aus den §§ 280, 283 BGB ist abhängig vom Verschulden des Verwahrers. Für den Fall der unentgeltlichen Verwahrung ist die Sorgfalt als Maßstab heranzuziehen, die der Verwahrer in eigenen Dingen anzuwenden pflegt. Dies gilt auch, wenn sich der Verwahrer Gehilfen bedient hat. Insoweit bleibt § 690 BGB anwendbar. Die **Beweislast** für das Vertretenmüssen der Unmöglichkeit richtet sich grundsätzlich nach § 280 BGB. Die Beweislastregel des § 282 BGB a.F. geht in § 280 BGB in allgemeiner Form auf und gilt nun hinsichtlich aller Pflichtverletzungen.[8] Zum Fall in dem die Sache infolge ihrer gefahrdrohenden Beschaffenheit untergegangen ist, vgl. die Kommentierung zu § 694 BGB Rn. 13.

7

C. Einwendungen und Einreden

I. Zurückbehaltungsrecht des Verwahrers

Dem Verwahrer steht ein Zurückbehaltungsrecht nach den §§ 273, 274 BGB zu; insbesondere wegen seiner Gegenansprüche auf Vergütung (§ 689 BGB), Aufwendungs- (§ 693 BGB) und Schadensersatz (§ 694 BGB). Weil die Vergütungs- oder Ersatzpflicht zur Rückgabepflicht nicht im Synallagma steht, scheidet die Anwendung des § 320 BGB aus. Ebenso bleibt kein Raum für die Aufrechnung, da die Ansprüche in ihrem Gegenstand nicht gleichartig i.S.d. § 387 BGB sind. Eine Gleichartigkeit kann sich indes mit einem Schadensersatzanspruch des Hinterlegers ergeben; hier erlaubt § 387 BGB die Aufrechnung mit Gegenansprüchen des Verwahrers.

8

Das Recht des Hinterlegers zur sofortigen Rückforderung der Sache aus § 695 BGB steht darüber hinaus aufgrund der Fremdnützigkeit der Verwahrung einem Eigentümer-Besitzer-Verhältnis zwischen Hinterleger und Verwahrer nicht entgegen, sodass letzterer Ansprüche aus den §§ 994, 996 BGB erlangen kann.

9

II. Eigentum

Gegenstand der Verwahrung kann auch eine im **Eigentum des Verwahrers** stehende Sache sein. Erwirbt der Verwahrer nach Abschluss des Verwahrungsvertrags das Eigentum vom Hinterleger, so steckt darin im Zweifel die konkludente Aufhebung des Verwahrungsvertrags;[9] es fehlt in der Folgezeit nämlich an der Fremdnützigkeit der Verwahrung bzw. einem der Sicherungsübereignung ähnlichen fiduziarischen Rechtsverhältnis.

10

Die Fähigkeit des Verwahrers, sich zur Verwahrung und späteren Rückgabe der Sache zu verpflichten, wird nicht dadurch beseitigt, dass er mit Rücksicht auf sein Eigentum derartige Verpflichtungen nicht einzugehen braucht. Auf verwahrungsvertragliche Ansprüche kann sich der Hinterleger nicht berufen, da der Verwahrer das Verwahrungsverhältnis nach Kenntniserwerb von der Eigentumslage gem. § 696 BGB kündigen kann. Das Eigentum entbindet ihn also nur, wenn er seinerseits im Rahmen des § 242 BGB („**dolo facit**") die sofortige Rückgabe fordern dürfte.[10]

11

Verwahrt werden kann auch eine Sache, die im **Eigentum eines Dritten** steht. Umstritten ist daher die Frage, ob sich der Verwahrer der Rückgabeverpflichtung entziehen kann, wenn er darauf verweist, dass der Hinterleger nicht Eigentümer ist oder dieser kein Recht auf Besitz gegenüber dem Eigentümer hat. Teile der Literatur gehen davon aus, dass die Rückgabepflicht hiervon unberührt bleibt, mithin der Rückforderungsanspruch des Hinterlegers (§ 695 BGB) und der Herausgabeanspruch des Eigentümers (§§ 985, 986 BGB) grundsätzlich nebeneinander bestehen.[11] Den Herausgabeanspruch des Dritten auf-

12

---

[7] Vgl. insoweit: BGH v. 17.04.1952 - IV ZR 168/51 - LM Nr. 5 zu § 282 BGB und für Beschädigungen: BGH v. 27.09.1951 - IV ZR 155/50 - BGHZ 3, 162-178.
[8] Vgl. OLG Oldenburg v. 31.10.1989 - 12 U 48/89 - MDR 1990, 820-821.
[9] RG v. 23.03.1886 - III 344/85 - RGZ 15, 208-212.
[10] Vgl. *Sprau* in: Palandt, § 695 Rn. 1; und *Reuter* in: Staudinger, § 695 Rn. 7; im Ergebnis ebenso allerdings ohne Verweis auf § 242 BGB: *Henssler* in: MünchKomm-BGB, § 695 Rn. 7.
[11] *Sprau* in: Palandt, § 695 Rn. 1; *Henssler* in: MünchKomm-BGB, § 695 Rn. 9.

grund Eigentums darf der Verwahrer erfüllen, wenn der Hinterleger kein Besitzrecht aus § 986 Abs. 1 Satz 2 BGB gegenüber dem Eigentümer hat. Eine Rückgabepflicht nach § 695 BGB entfällt. Eine andere Meinung vertritt dagegen *Reuter*,[12] der differenziert, ob der Hinterleger die Sache dem Eigentümer ohne weiteres zurückgeben müsste oder ob er ein Zurückbehaltungsrecht wegen seiner Verwendungen gem. § 1000 BGB geltend machen könnte.

D. Prozessuale Rechte des Hinterlegers

13 Der Hinterleger kann bei Pfändung der verwahrten Sache durch einen Gläubiger des Verwahrers unter Hinweis auf § 695 BGB im Grundsatz erfolgreich Drittwiderspruchsklage nach § 771 ZPO erheben;[13] denn § 695 BGB weist dem Hinterleger die wirtschaftliche Dispositionsbefugnis über die verwahrte Sache zu und gewährt einen Verschaffungsanspruch, der dem des Vermieters (§ 546 BGB) und des Verleihers (§ 604 BGB) entspricht.

E. Verjährung des Anspruchs

14 § 695 Satz 2 BGB regelt den Beginn der Verjährungsfrist. Durch die Neugestaltung des Verjährungsrechts wurde Satz 2 im Zuge der Schuldrechtsmodernisierung eingefügt.[14] Danach entsteht der Rückforderungsanspruch bereits im Zeitpunkt der Hinterlegung. Nach den allgemeinen Grundsätzen des § 199 Abs. 1 BGB (vgl. die Kommentierung zu § 199 BGB) würde die Frist von drei Jahren bereits mit Ende des Jahres der Hinterlegung beginnen. Dies hätte zur Folge, dass der Verwahrer nach Ablauf von drei Jahren die Herausgabe der Sache verweigern könnte. Um dieses Ergebnis zu vermeiden, lässt Satz 2 die Verjährung erst mit dem Rückgabeverlangen beginnen.[15]

---

[12] *Reuter* in: Staudinger, § 695 Rn. 6.
[13] Vgl. *Herget* in: Zöller, § 771 Rn. 14, freilich ohne Nennung des § 695 BGB.
[14] Dazu BT-Drs. 14/6040, S. 269.
[15] Zur analogen Anwendung des § 685 Satz 2 BGB in der Sonderkonstellation einer Vormerkung für einen einzutragenden Nießbrauch vgl. LG München I v. 22.02.2011 - 13 T 2375/11.

§ 696 BGB Rücknahmeanspruch des Verwahrers

(Fassung vom 02.01.2002, gültig ab 01.01.2002)

¹Der Verwahrer kann, wenn eine Zeit für die Aufbewahrung nicht bestimmt ist, jederzeit die Rücknahme der hinterlegten Sache verlangen. ²Ist eine Zeit bestimmt, so kann er die vorzeitige Rücknahme nur verlangen, wenn ein wichtiger Grund vorliegt. ³Die Verjährung des Anspruchs beginnt mit dem Verlangen auf Rücknahme.

Gliederung

A. Grundlagen 1	2. Aufbewahrungszeit ist bestimmt 5
B. Anwendungsvoraussetzungen 2	3. Abdingbarkeit 8
I. Das Rücknahmeverlangen 2	II. Verjährung des Anspruchs 10
1. Aufbewahrungszeit ist unbestimmt 3	C. Rechtsfolgen 11

A. Grundlagen

§ 696 BGB entspricht in weiten Teilen der in § 695 BGB getroffenen Regelung. Jedoch setzt § 696 Satz 2 BGB einen wichtigen Grund zur vorzeitigen Rücknahme voraus, während der Hinterleger die Sache jederzeit herausverlangen kann. Da der Verwahrer gerade eine fremdnützige Tätigkeit verspricht, ist diese Einschränkung zu seinem Schutz interessengerecht.[1]   **1**

B. Anwendungsvoraussetzungen

I. Das Rücknahmeverlangen

Nach heute h.M.[2] ist in dem geäußerten Rücknahmeverlangen die konkludent erklärte Kündigung des Verwahrungsvertrags zu sehen. Das Vertragsverhältnis endet mit Zugang der Erklärung oder mit Ablauf der darin gesetzten Frist.   **2**

1. Aufbewahrungszeit ist unbestimmt

Ist eine Zeit der Aufbewahrung nicht bestimmt, kann der Verwahrer jederzeit verlangen, dass der Hinterleger die Sache zurücknimmt. Wie bei § 695 BGB kann die Rücknahme nur zu einer angemessenen Tageszeit verlangt werden.[3]   **3**

Für das **Lagergeschäft** trifft § 473 Abs. 2 HGB eine besondere Regelung. Danach kann der Lagerhalter unter Einhaltung einer Kündigungsfrist von einem Monat die Rücknahme des Guts verlangen. Dies gilt sowohl für die Einlagerung auf unbestimmte Zeit als auch für den Fall einer vereinbarten Lagerzeit.   **4**

2. Aufbewahrungszeit ist bestimmt

Die vorzeitige Rücknahme kann der Verwahrer nur verlangen, wenn ein **wichtiger Grund** vorliegt. Ein wichtiger Grund ist z.B. anzunehmen, wenn der Verwahrer den bereitgestellten **Raum aus unvorhergesehenen Gründen anderweitig benötigt** oder wenn die **Sache** eine **gefahrdrohende Beschaffenheit** annimmt.   **5**

Kein wichtiger Grund ist gegeben, wenn sich der Hinterleger mit der Zahlung der vereinbarten Vergütung in Verzug befindet. Befindet sich der Hinterleger mit der Zahlung der Vergütung in Verzug, greift hinsichtlich der Vergütung § 281 BGB ein. Dagegen stehen der Rücknahmeanspruch und die Vergütung nicht im Synallagma, eine Anwendung des § 281 BGB (vgl. die Kommentierung zu § 281 BGB) auf den Rücknahmeanspruch scheidet folglich aus.   **6**

Zum Lagergeschäft vgl. Rn. 3.   **7**

3. Abdingbarkeit

Die Vertragsparteien können nur begrenzt abweichende individualrechtliche Vereinbarungen von § 696 BGB treffen. Dies gilt insbesondere für Satz 2. So kann das **Recht der vorzeitigen Rücknahme**   **8**

---

[1] *Henssler* in: MünchKomm-BGB, § 696 Rn. 1.
[2] *Henssler* in: MünchKomm-BGB, § 696 Rn. 5; *Reuter* in: Staudinger, § 696 Rn. 1; *Sprau* in: Palandt, § 696 Rn. 1; a.A. *Krampe*, NJW 1992, 1264-1270, 1269.
[3] Vgl. LG Berlin v. 05.02.1990 - 9 O 176/89 - NJW 1992, 1327-1328.

aus wichtigem Grund **nur erweitert**, nicht aber ausgeschlossen oder in sonstiger Form beschränkt werden.[4]

9   § 696 Satz 1 BGB ist dagegen dispositiv zu verstehen und damit einer individualrechtlichen Gestaltung zugänglich.[5]

II. Verjährung des Anspruchs

10 Durch die Neugestaltung des Verjährungsrechts wurde im Zuge der Schuldrechtsmodernisierung Satz 3 eingefügt.[6] Zur Verjährung des Rücknahmeanspruchs gelten die Ausführungen zu § 695 BGB (vgl. die Kommentierung zu § 695 BGB Rn. 14) sinngemäß.

C. Rechtsfolgen

11 Nimmt der Hinterleger die Sache nicht zurück, so gerät er nach den §§ 695, 293 BGB in **Gläubigerverzug**. Des Weiteren kommt er mit Geltendmachung des Rücknahmeanspruchs des Verwahrers aus § 696 BGB in **Schuldnerverzug** gemäß § 286 BGB; ihn treffen die damit verbundenen Rechtsnachteile, insbesondere § 300 BGB und die Pflicht zur Entrichtung der Verzugsschäden des Verwahrers aus den §§ 280, 286 BGB, beispielsweise Mehrkosten durch die längere Lagerzeit.

12 Keine Anwendung finden die §§ 281, 323 BGB, da die Rücknahme nicht Gegenstand einer synallagmatischen Leistungspflicht ist und die Kündigung an die Stelle des Rücktritts tritt.[7]

13 Der Verwahrer bleibt auch nach der Kündigung zu einer nachvertraglichen Sorgfalt verpflichtet und darf sich der Sache daher nicht beliebig entledigen;[8] freilich kann § 300 Abs. 1 BGB seine Haftung auf Vorsatz und grobe Fahrlässigkeit beschränken, wenn sich der Hinterleger nach Kündigung im Annahmeverzug befindet.

14 Für Aufwendungen, die dem Verwahrer nach Kündigung entstehen, weil der Hinterleger seiner Rücknahmepflicht nicht nachkommt, kann er gem. § 304 BGB verschuldensunabhängig Ersatz verlangen, während ein Anspruch aus Verzug nach § 280 Abs. 1 Satz 2 BGB dem Hinterleger eine Exkulpation gestattet. Dies gilt sowohl für die entgeltliche als auch für die unentgeltliche Verwahrung.

---

[4] Vgl. *Reuter* in: Staudinger, § 696 Rn. 3 und *Henssler* in: MünchKomm-BGB, § 696 Rn. 2.
[5] *Henssler* in: MünchKomm-BGB, § 696 Rn. 2 mit dem Verweis auf den Rechtsgedanken des § 671 Abs. 3 BGB; a.A. nur in punkto Zeitbestimmung: *Sprau* in: Palandt, § 696 Rn. 1; so auch: *Reuter* in: Staudinger, § 696 Rn. 3.
[6] Dazu BT-Drs. 14/6040, S. 269.
[7] *Henssler* in: MünchKomm-BGB, § 696 Rn. 7.
[8] *Krampe*, NJW 1992, 1264-1270, 1269.

§ 697 BGB Rückgabeort

(Fassung vom 02.01.2002, gültig ab 01.01.2002)

Die Rückgabe der hinterlegten Sache hat an dem Ort zu erfolgen, an welchem die Sache aufzubewahren war; der Verwahrer ist nicht verpflichtet, die Sache dem Hinterleger zu bringen.

Gliederung

A. Grundlagen 1
B. Anwendungsvoraussetzungen 3
I. Erfüllungsort 3
II. Erfüllungsort bei öffentlich-rechtlicher Verwahrung 6
C. Rechtsfolgen 7

A. Grundlagen

§ 697 BGB bestimmt die Rückgabepflicht als **Holschuld**. Er stellt damit grundsätzlich die Gefahr- und Kostenverteilung bei Rückgabe der Sache heraus. An die Stelle des Wohnsitzes des Schuldners i.S.d. §§ 269 Abs. 1, 270 Abs. 1 BGB tritt generell der Ort der vertragsgemäßen Aufbewahrung; § 697 BGB ist insoweit **lex specialis**. 1

Die Norm will hierdurch den Verwahrer, der seine Dienste regelmäßig den Interessen des Hinterlegers unterordnet und anpasst, privilegieren. 2

B. Anwendungsvoraussetzungen

I. Erfüllungsort

§ 697 BGB ist auf jede Art der Verwahrung anzuwenden. Dies gilt auch für die Verwahrung von Geld. Ist **Geld** Gegenstand der Verwahrung, so kommt § 270 Abs. 1 BGB **nicht zum Tragen**. Nach § 270 Abs. 1 BGB hat der Schuldner Geld im Zweifel auf seine Gefahr und seine Kosten dem Gläubiger an dessen Wohnsitz zu übermitteln.[1] Von einer Holschuld i.S.d. § 697 BGB ist also im Zweifelsfall auch bei Aufbewahrung von Geld im Rahmen des § 700 Abs. 1 Satz 3 BGB auszugehen.[2] 3

Auch für **gezogene Früchte** gilt § 697 BGB (zum Umfang des Rückforderungsanspruchs vgl. § 695 BGB und die Kommentierung zu § 695 BGB Rn. 6). Für alle weiteren Ansprüche des Verwahrers oder Hinterlegers findet § 697 BGB keine Anwendung. 4

§ 697 BGB ist dispositiv und kann von den Parteien abbedungen werden; möglich ist daneben auch, dass aufgrund der Interessenlage eine ergänzende Vertragsauslegung der Anwendung des § 697 BGB entgegensteht.[3] 5

II. Erfüllungsort bei öffentlich-rechtlicher Verwahrung

Für das öffentlich-rechtliche Verwahrungsverhältnis ist § 697 BGB entsprechend anwendbar. Bei Beschlagnahmung ist die Behörde nach Freigabe grundsätzlich nicht dazu verpflichtet, die beschlagnahmten Sachen an den Wohnort des Betroffenen zurückzusenden.[4] Dem folgt auch der BGH,[5] der eine Bringschuld der Staatsanwaltschaft verneint, wenn der Beschuldigte seinen Wohnsitz zwischenzeitlich ins Ausland verlegt hat. Damit bestätigt der BGH auch das vorinstanzliche Urteil des LG Hamburg.[6] 6

C. Rechtsfolgen

Rückgabeort ist grundsätzlich der Ort der vertragsgemäßen Aufbewahrung. Wurde die Aufbewahrung im Zuge der §§ 691, 692 BGB in berechtigter Weise geändert, so ist der neue Aufbewahrungsort maßgeblich. 7

---

[1] Für andere Rechtsgeschäfte vgl. RG v. 12.12.1888 - I 278/88 - RGZ 23, 95-109 und für den internationalen Bankenverkehr RG v. 20.12.1924 - I 11/24 - RGZ 109, 357-363.
[2] *Sprau* in: Palandt, § 697 Rn. 1; vgl. auch *Henssler* in: MünchKomm-BGB, § 697 Rn. 3, 5.
[3] *Reuter* in: Staudinger, § 697 Rn. 2.
[4] *Reuter* in: Staudinger, § 697 Rn. 5.
[5] BGH v. 03.02.2005 - III ZR 271/04 - juris Rn. 5, 9 - NJW 2005, 988; differenzierend nur in Bezug auf die Beschlagnahmung bei Nichtbeschuldigten etwa *Kemper*, NJW 2005, 3679, 3682.
[6] LG Hamburg v. 20.02.2004 - 303 S 16/03 - NJW 2004, 2455-2456.

8 Kosten, die dem Hinterleger zur Rücknahme entstehen, hat er selbst zu tragen. Bereits aus der Bestimmung des Aufbewahrungsortes als Erfüllungsort ist zu folgern, dass der **Verlust** oder die **Beschädigung in den Risikobereich des Hinterlegers** fallen. Dies gilt auch, wenn der Verwahrer die **Rücksendung auf Verlangen** des Hinterlegers veranlasst, wozu freilich keine Verpflichtung des Verwahrers besteht, es sei denn, die Parteien haben entsprechende Vereinbarungen getroffen;[7] § 697 BGB enthält demnach auch eine Aussage zur Gefahrtragung, die dem Normzweck des § 447 BGB entspricht (vgl. die Kommentierung zu § 447 BGB), dies unabhängig von der Rechtsstellung des Hinterlegers als Verbraucher oder Unternehmer im Sinne der §§ 13, 14 BGB. Daraus folgt auch die grundsätzliche Anwendbarkeit der Grundsätze der Drittschadensliquidation, wenn die verwahrte Sache auf Verlangen des Hinterlegers versendet und dabei durch schuldhaftes Verhalten eines Dritten zerstört wird.

---

[7] *Henssler* in: MünchKomm-BGB, § 697 Rn. 6.

§ 698 BGB Verzinsung des verwendeten Geldes

(Fassung vom 02.01.2002, gültig ab 01.01.2002)

Verwendet der Verwahrer hinterlegtes Geld für sich, so ist er verpflichtet, es von der Zeit der Verwendung an zu verzinsen.

Gliederung

A. Anwendungsvoraussetzungen	1	II. Unbefugtes Verwenden	4
I. Verwenden von Geld	1	B. Rechtsfolgen	5

A. Anwendungsvoraussetzungen

I. Verwenden von Geld

Es muss sich um Geld, also **Geldscheine oder -münzen**, handeln. Im Gegensatz zum Auftragsrecht kommt § 698 BGB bei Buchgeld, also Guthaben auf Sichtkonten wie Bank- oder Postscheckkonten, nicht in Betracht, da diese selbst keine beweglichen Sachen sind. [1]

Der Verwahrer muss das Geld für sich verwenden. Als **Verwendung** ist auf jeden Fall der **Verbrauch des Geldes** zu verstehen, aber auch die **Verpfändung**. Eine Vermischung ist noch keine Verwendung,[1] auch wenn hier dinglich in das Eigentum des Hinterlegers eingegriffen wird. [2]

Die Vorschrift ist Ausdruck der wirtschaftlichen Zugehörigkeit des verwahrten Guts zum Vermögen des Hinterlegers und beschränkt gleichzeitig die Rechte des Verwahrers am verwahrten Gegenstand. [3]

II. Unbefugtes Verwenden

Wie sich bereits aus dem Wesen des Verwahrungsvertrags ergibt, hat der Verwahrer kein Recht auf den **Gebrauch oder Verbrauch** der hinterlegten Sache. Dies gilt auch für hinterlegtes Geld. Daher erfolgt die Verwendung unbefugt, wenn diese **nicht vertraglich gestattet** ist. Sieht der Vertrag dagegen eine Gestattung vor, so greift § 700 Abs. 1 BGB (vgl. die Kommentierung zu § 700 BGB). [4]

B. Rechtsfolgen

Für die **Höhe des unbefugt verwendeten Geldbetrags** schuldet der Verwahrer dem Hinterleger Zinsen nach § 246 BGB (vgl. die Kommentierung zu § 246 BGB). Danach beträgt der **Zinssatz 4%** und für das beiderseitige Handelsgeschäft nach § 352 HGB fünf v.H. [5]

Der Hinterleger ist beweispflichtig für den Anspruch aus § 698 BGB, wobei die Beweislast nicht den Nachweis einer konkreten Nutzung umfasst; begehrt der Hinterleger indes einen weitergehenden Schaden, so bleibt er für diesen beweisbelastet.[2] [6]

Weitere Ansprüche aus Geschäftsführung ohne Auftrag, ungerechtfertigter Bereicherung und vertraglicher Pflichtverletzung bleiben von § 698 BGB unberührt. [7]

---

[1] Vgl. *Herrmann* in: Erman, § 698 Rn. 1.
[2] *Reuter* in: Staudinger, § 698 Rn. 4.

§ 699 BGB Fälligkeit der Vergütung

(Fassung vom 02.01.2002, gültig ab 01.01.2002)

(1) ¹Der Hinterleger hat die vereinbarte Vergütung bei der Beendigung der Aufbewahrung zu entrichten. ²Ist die Vergütung nach Zeitabschnitten bemessen, so ist sie nach dem Ablauf der einzelnen Zeitabschnitte zu entrichten.

(2) Endet die Aufbewahrung vor dem Ablauf der für sie bestimmten Zeit, so kann der Verwahrer einen seinen bisherigen Leistungen entsprechenden Teil der Vergütung verlangen, sofern nicht aus der Vereinbarung über die Vergütung sich ein anderes ergibt.

Gliederung

A. Grundlagen 1	II. Nach Zeitabschnitten (Absatz 1 Satz 2) 4
B. Anwendungsvoraussetzungen 2	III. Vorzeitige Beendigung der Aufbewahrung
I. Bei Beendigung der Aufbewahrung (Absatz 1 Satz 1) 2	(Absatz 2) 5
	IV. Umfang des Teilvergütungsanspruchs 6

A. Grundlagen

1   Während durch Absatz 1 die Fälligkeit des Vergütungsanspruchs nach Beendigung der Aufbewahrung festgesetzt wird, regelt Absatz 2 dessen Höhe bei vorzeitigem Aufbewahrungsende. Damit ist § 699 BGB eine **Sonderregelung gegenüber** § 271 Abs. 1 BGB, wonach der Gläubiger die Leistung sofort verlangen kann. Zweck der Vorschrift ist die **Begründung der Vorleistungspflicht** des Verwahrers.[1] Abweichende Regelungen können die Parteien für beide Absätze treffen.

B. Anwendungsvoraussetzungen

I. Bei Beendigung der Aufbewahrung (Absatz 1 Satz 1)

2   Die Vergütung ist bei **Beendigung der Aufbewahrung** fällig. Maßgebend hierfür ist der **Zeitpunkt**, in dem der **Hinterleger die Sache zurücknimmt**.

3   Dem Verwahrer steht wegen seines Vergütungsanspruchs ein Zurückbehaltungsrecht nach § 273 BGB zu. Rücknahmeanspruch und Vergütungsanspruch sind demzufolge Zug um Zug zu erfüllen, § 274 BGB.

II. Nach Zeitabschnitten (Absatz 1 Satz 2)

4   Ist die Bemessungsgrundlage der Vergütung nach Tagen, Wochen, Monaten oder Jahren bestimmt, so ist das Ende des Zeitabschnitts maßgebend.

III. Vorzeitige Beendigung der Aufbewahrung (Absatz 2)

5   § 699 Abs. 2 BGB regelt den Fall der vorzeitigen Beendigung der Aufbewahrung, etwa durch **Kündigung**[2] oder durch **Unmöglichkeit** infolge Verlustes der Sache. Für die Entstehung des **Anspruchs auf** eine **Teilvergütung** ist es unerheblich, auf welche Art und aus welchem Grund die Aufbewahrung vorzeitig beendet wurde.

IV. Umfang des Teilvergütungsanspruchs

6   Grundsätzlich richtet sich die **Höhe des Teilvergütungsanspruchs nach** den **bisher erbrachten Leistungen**. Hierbei ist nicht auf die Dauer der ursprünglich beabsichtigten Aufbewahrungszeit, sondern auf den **konkreten Leistungsumfang** abzustellen. Dies folgt bereits daraus, dass die Aufbewahrung sich bei den einzelnen Zeitabschnitten durch äußere Umstände als unterschiedlich schwierig gestalten kann.[3] Die Parteien können aber auch vereinbaren, dass bei vorzeitigem Aufbewahrungsende eine Vergütungspflicht nicht besteht.

---

[1] *Henssler* in: MünchKomm-BGB, § 699 Rn. 1.
[2] Für das Rückforderungsrecht des Hinterlegers vgl. § 695 BGB und die Kommentierung zu § 695 BGB Rn. 1; für das Rücknahmeverlangen des Verwahrers vgl. § 696 BGB und die Kommentierung zu § 696 BGB Rn. 2.
[3] Vgl. *Reuter* in: Staudinger, § 699 Rn. 2.

§ 700 BGB Unregelmäßiger Verwahrungsvertrag

(Fassung vom 02.01.2002, gültig ab 01.01.2002)

(1) ¹Werden vertretbare Sachen in der Art hinterlegt, dass das Eigentum auf den Verwahrer übergehen und dieser verpflichtet sein soll, Sachen von gleicher Art, Güte und Menge zurückzugewähren, so finden bei Geld die Vorschriften über den Darlehensvertrag, bei anderen Sachen die Vorschriften über den Sachdarlehensvertrag Anwendung. ²Gestattet der Hinterleger dem Verwahrer, hinterlegte vertretbare Sachen zu verbrauchen, so finden bei Geld die Vorschriften über den Darlehensvertrag, bei anderen Sachen die Vorschriften über den Sachdarlehensvertrag von dem Zeitpunkt an Anwendung, in welchem der Verwahrer sich die Sachen aneignet. ³In beiden Fällen bestimmen sich jedoch Zeit und Ort der Rückgabe im Zweifel nach den Vorschriften über den Verwahrungsvertrag.

(2) Bei der Hinterlegung von Wertpapieren ist eine Vereinbarung der im Absatz 1 bezeichneten Art nur gültig, wenn sie ausdrücklich getroffen wird.

Gliederung

A. Grundlagen 1	II. Hinterlegung 9
I. Gesetzgebungsmaterialien 3	1. Von vertretbaren Sachen (Absatz 1 Satz 1) 9
II. Begriffsbestimmung 4	2. Von Wertpapieren (Absatz 2) 10
B. Praktische Bedeutung 5	III. Erforderlichkeit des Eigentumsübergangs 11
C. Anwendungsvoraussetzungen 8	**D. Rechtsfolgen** 14
I. Vertragsschluss 8	**E. Anwendungsfelder** 18

A. Grundlagen

Die unregelmäßige Verwahrung ist ein eigenständiger Vertragstyp, den der Gesetzgeber in § 700 BGB gesondert geregelt hat, da eine wesensmäßige Zuordnung wegen zahlreicher Unterschiede weder dem Verwahrungsvertrag nach § 688 BGB noch dem Darlehensvertrag möglich war. Geht es bei dem Verwahrungsvertrag i.S.d. § 688 BGB um die Aufbewahrung einer Sache, die im Eigentum des Hinterlegers verbleibt und demgemäß an diesen zurückgegeben wird, so findet bei der unregelmäßigen Verwahrung ein **Eigentumserwerb des Verwahrers** statt. Da der Verwahrer als Eigentümer nach § 903 BGB über die hinterlegte Sache frei verfügen kann, bezieht sich der Rückgewähranspruch folglich auf Sachen gleicher Art, Güte und Menge; aus diesem Umstand folgt die adjektivisch formulierte Bezeichnung „unregelmäßig". Daher wird die unregelmäßige Verwahrung teilweise als „Tausch des Eigentums gegen eine Forderung" bezeichnet.[1]

1

Mit Ausnahme des § 695 BGB und im Falle des § 700 Abs. 1 Satz 3 BGB sind die übrigen Bestimmungen zum Verwahrungsvertrag nicht anwendbar.

2

I. Gesetzgebungsmaterialien

Durch Art. 1 Nr. 54 des Schuldrechtsmodernisierungsgesetzes[2] wurden Absatz 1 Sätze 1 und 2 im Zuge der Neugestaltung des Darlehensrechts geändert. Eine sachliche Änderung ist damit nicht verbunden.

3

II. Begriffsbestimmung

Für die offizielle Bezeichnung „**unregelmäßige Verwahrung**" sind mehrere Begriffe gebräuchlich.[3] Teilweise wird auch der Begriff „**Hinterlegungsdarlehen**" oder auch „**depositum irregulare**" ver-

4

---

[1] BGH v. 14.07.1966 - III ZR 216/64 - LM Nr. 41 zu § 242 (A) BGB; RG v. 11.12.1925 - VI 305/25 - RGZ 112, 221-226.
[2] Dazu: BT-Drs. 14/6040, S. 26.
[3] *Herrmann* in: Erman, § 694 Rn. 1, § 700 Rn. 1 und *Reuter* in: Staudinger, § 700 Rn. 1, 5 sprechen von „unregelmäßiger Verwahrung"; von „uneigentlicher Verwahrung" dagegen *Pikart*, WM 1962, 862-868, 862.

wendet.[4] Im Bankenverkehr als dem praktischen Hauptanwendungsfall des § 700 BGB[5] wird die unregelmäßige Verwahrung auch als **„Depositengeschäft"** bezeichnet.

B. Praktische Bedeutung

5 Von besonderer Bedeutung ist § 700 BGB bei der **Unterhaltung von Bankguthaben auf Girokonten**, bei der es dem Hinterleger auf eine sichere Verwahrung bei jederzeitiger Verfügbarkeit ankommt; gleichzeitig spielt es keine Rolle, welche konkreten Barmittel er zurückerhält.

6 Daneben werden teilweise auch konzerninterne Zahlungsströme zwischen verflochtenen Gesellschaften im Rahmen einer internen und zentralen Konzernfinanzierung – Cash Pooling – als unregelmäßige Verwahrung eingeordnet.[6] Allerdings dient die konzerninterne Liquiditätsabführung allein finanzwirtschaftlich motivierten Zielen der Konzernspitze, nicht aber hauptsächlich dem Interesse des Hinterlegers, sodass eine Qualifizierung als Gelddarlehen gemäß § 488 BGB ungleich sachgerechter ist,[7] da allein die zentrale Steuerung im Konzern nicht wesensbestimmend für die rechtliche Einordnung der Zahlungsvorgänge sein kann[8].

7 Das Kreditinstitut hat den Nachweis zu führen, dass der Karteninhaber einer gestohlenen Sparkassen-Card seine Pflicht zur sorgfältigen Aufbewahrung verletzt hat. Dabei kann nicht bereits beim Abhandenkommen der Geldkarte auf eine unsorgfältige Verwahrung geschlossen werden, da ein absoluter Diebstahlschutz vom Karteninhaber nicht gefordert werden kann. Werden von einem Girokonto mittels einer gestohlenen Geldkarte am selben Tag in unterschiedlichen Filialen am Bankschalter Bargeldabhebungen von einem unbekannten Dritten ohne nähere Identitätsüberprüfung vorgenommen, so muss es die belasteten Beträge dem Konto etwa gem. den §§ 700 Abs. 1, 488 BGB wiedergutschreiben.[9]

C. Anwendungsvoraussetzungen

I. Vertragsschluss

8 Die **Vereinbarung** über die unregelmäßige Verwahrung kann grundsätzlich **formlos** erfolgen. Der Vertrag kann also auch **konkludent** geschlossen werden. Lediglich für die **bankmäßige Hinterlegung von Wertpapieren** gelten zusätzlich die **besonderen Vorschriften** der §§ 13, 15 DepotG.

II. Hinterlegung

1. Von vertretbaren Sachen (Absatz 1 Satz 1)

9 Wie bei § 688 BGB muss es sich um vertretbare Sachen i.S.d. § 90 BGB handeln, dementsprechend also um **körperliche Gegenstände**, die sich nach **Maß, Gewicht oder Anzahl** bestimmen lassen. Es finden die **Vorschriften für das Sachdarlehen** gem. den §§ 607-609 BGB Anwendung. Bei der Hinterlegung von **Geld** finden die Vorschriften der §§ 488-507 BGB Anwendung.

2. Von Wertpapieren (Absatz 2)

10 Für die Hinterlegung von Wertpapieren bestimmt § 700 Abs. 2 BGB, dass eine **ausdrückliche Vereinbarung** nach Absatz 1 vorliegen muss. Aus dem Wortlaut „Vereinbarung" könnte gefolgert werden, dass zum Vertragsschluss von beiden Parteien korrespondierende ausdrücklich abgegebene Willenserklärungen notwendig sind. § 700 Abs. 2 BGB bezweckt vornehmlich den Schutz des Hinterlegers, um Missbräuchen beim Depotgeschäft begegnen zu können. Da sich die zusätzlichen Formerfordernisse auch aus den spezielleren Vorschriften der §§ 13, 15 DepotG ergeben, reduziert sich die Bedeutung des § 700 Abs. 2 BGB auf die unregelmäßige Verwahrung durch Nichtbanken.[10]

---

[4] So etwa: *Larenz*, Schuldrecht, Band I: Allgemeiner Teil, 14. Aufl. 1987, S. 329.
[5] Vgl. zuletzt OLG Düsseldorf v. 04.02.2009 - I-15 U 84/08, 15 U 84/08 - WM 2009, 1560-1563.
[6] So *Schäfer*, GmbHR 2005, 133- 138, 135; *Ulmer*, ZHR 169 (2005), 1-5, 4 f.
[7] Herrschende Meinung – vgl. etwa BGH v. 25.04.2006 - XI ZR 193/04 - juris Rn. 31 - NJW 2006, 1788-1792; BGH v. 07.03.1985 - III ZR 211/83 - juris Rn. 8 f. - NJW-RR 1986, 140-142; umfassend zum Streitstand *Jülch*, Wechselwirkung von Kapital- und Existenzschutz, S. 40 ff.
[8] *Jülch*, Wechselwirkung von Kapital- und Existenzschutz, S. 44 ff.
[9] LG Bonn v. 23.08.2005 - 3 O 126/05 - NJW-RR 2005, 1645-1649.
[10] Vgl. *Henssler* in: MünchKomm-BGB, § 700 Rn. 21.

III. Erforderlichkeit des Eigentumsübergangs

Im Unterschied zur regelmäßigen Verwahrung wird für § 700 BGB ein Eigentumswechsel vorausgesetzt, da sich gerade nur aus diesem eine Rückgewährpflicht ergeben kann. Denn nur wer etwas als Eigentum erlangt hat, kann verpflichtet sein, eine Sache gleicher Art und Güte zurückzugewähren.

Diskutiert wird die Frage, inwieweit sich jemand zur Hinterlegung unter Übereignung verpflichten kann, ohne diese nach den §§ 929-936 BGB vorzunehmen.[11]

Fehlt im Zeitpunkt der Hinterlegung die Vereinbarung über den Eigentumsübergang oder die Gestattung des Verbrauchs nach § 700 Abs. 1 Satz 2 BGB, so liegt zunächst eine regelmäßige Verwahrung nach § 688 BGB vor. Erst im Zeitpunkt, in dem sich der Verwahrer die Sache aneignet, wird das Rechtsgeschäft kraft Gesetzes zur unregelmäßigen Verwahrung umgewandelt.[12] In sachenrechtlicher Hinsicht ist in der Gestattung zum Verbrauch der Sache ein Antrag auf Übereignung i.S.d. § 929 Satz 2 BGB zu sehen.[13]

D. Rechtsfolgen

In beiden Fällen des § 700 Abs. 1 Sätze und 2 BGB finden die Darlehensvorschriften in dem Zeitpunkt Anwendung, in dem der Eigentumswechsel vollzogen wurde.

Bei Hinterlegung von vertretbaren Sachen (§ 700 Abs. 1 Satz 1 BGB) erhält der Hinterleger einen Rückerstattungsanspruch nach § 607 Abs. 1 BGB (vgl. die Kommentierung zu § 607 BGB). Dagegen entsteht der Rückerstattungsanspruch bei Hinterlegung von Geld (§ 700 Abs. 1 Satz 1 BGB) aus § 488 Abs. 1 BGB (vgl. die Kommentierung zu § 488 BGB).

Nicht anzuwenden ist § 488 Abs. 3 BGB, da Zeit und Ort der Rückerstattung gem. § 700 Abs. 1 Satz 3 BGB nach den Vorschriften der regelmäßigen Verwahrung (§ 695 BGB (vgl. die Kommentierung zu § 695 BGB) und § 697 BGB (vgl. die Kommentierung zu § 697 BGB)) zu bestimmen sind.

Auf sachenrechtlicher Seite geht das Risiko des Untergangs oder der zufälligen Verschlechterung der Sache auf den Verwahrer über. Dementsprechend wird er von seiner Pflicht zur Rückerstattung in gleicher Art und Güte nicht befreit; es zeigt sich die Besonderheit der **unregelmäßigen** Verwahrung allzu deutlich, die Parallelen zur Differenzierung zwischen Stück- und Gattungsschuld im allgemeinen Leistungsstörungsrecht aufweist und dem Verwahrer eine Art Beschaffungsrisiko aufbürdet, wenn er weder die konkrete Sache herausgewähren noch eine Sache gleicher Art und Güte – vgl. insoweit § 243 Abs. 1 BGB (vgl. die Kommentierung zu § 243 BGB) – herausgeben kann.

E. Anwendungsfelder

Den wichtigsten Anwendungsfall der unregelmäßigen Verwahrung bildet **das Unterhalten von Bankguthaben** in Form von Sicht- und Kontokorrenteinlagen, also **auf Girokonten**.

§ 700 BGB setzt das Vorliegen eines privatrechtlichen Vertrags voraus. Daher findet er bei der **öffentlich-rechtlichen Hinterlegung keine Anwendung**. Dies gilt auch, wenn der Hinterlegungsgegenstand wie bei gesetzlichen Zahlungsmitteln gem. § 7 Abs. 1 HintO in das Eigentum des Landes übergeht.

Die Aufbewahrung von Geld, Wertpapieren oder Kostbarkeiten durch einen **Notar** nach § 23 BNotO ist **keine unregelmäßige Verwahrung**, da diese im Rahmen der Amtstätigkeit ausgeübt wird.[14]

---

[11] Vgl. bei *Henssler* in: MünchKomm-BGB, § 700 Rn. 8, der auf der Grundlage des Konsensualvertrags zutreffend davon ausgeht, dass eine derartige Verpflichtung möglich ist.
[12] *Herrmann* in: Erman, § 700 Rn. 3.
[13] RG v. 26.09.1902 - II 232/02 - RGZ 52, 202-206.
[14] Vgl. *Zimmermann*, DNotZ 1980, 451-475, 451.

§ 701

Titel 15 - Einbringung von Sachen bei Gastwirten

§ 701 BGB Haftung des Gastwirts

(Fassung vom 02.01.2002, gültig ab 01.01.2002)

(1) Ein Gastwirt, der gewerbsmäßig Fremde zur Beherbergung aufnimmt, hat den Schaden zu ersetzen, der durch den Verlust, die Zerstörung oder die Beschädigung von Sachen entsteht, die ein im Betrieb dieses Gewerbes aufgenommener Gast eingebracht hat.

(2) [1]Als eingebracht gelten

1. Sachen, welche in der Zeit, in der der Gast zur Beherbergung aufgenommen ist, in die Gastwirtschaft oder an einen von dem Gastwirt oder dessen Leuten angewiesenen oder von dem Gastwirt allgemein hierzu bestimmten Ort außerhalb der Gastwirtschaft gebracht oder sonst außerhalb der Gastwirtschaft von dem Gastwirt oder dessen Leuten in Obhut genommen sind,
2. Sachen, welche innerhalb einer angemessenen Frist vor oder nach der Zeit, in der der Gast zur Beherbergung aufgenommen war, von dem Gastwirt oder seinen Leuten in Obhut genommen sind.

[2]Im Falle einer Anweisung oder einer Übernahme der Obhut durch Leute des Gastwirts gilt dies jedoch nur, wenn sie dazu bestellt oder nach den Umständen als dazu bestellt anzusehen waren.

(3) Die Ersatzpflicht tritt nicht ein, wenn der Verlust, die Zerstörung oder die Beschädigung von dem Gast, einem Begleiter des Gastes oder einer Person, die der Gast bei sich aufgenommen hat, oder durch die Beschaffenheit der Sachen oder durch höhere Gewalt verursacht wird.

(4) Die Ersatzpflicht erstreckt sich nicht auf Fahrzeuge, auf Sachen, die in einem Fahrzeug belassen worden sind, und auf lebende Tiere.

Gliederung

A. Grundlagen 1	IV. Eingebrachte Sachen 18
I. Kurzcharakteristik 1	V. Leute des Gastwirts 22
II. Europäischer Hintergrund 2	VI. Gast als Anspruchsinhaber 24
B. Anwendungsvoraussetzungen 5	VII. Drittschadensliquidation 25
I. Gastwirt und Gewerbsmäßigkeit 5	VIII. Fahrzeuge und lebende Tiere 29
II. Beherbergung 11	**C. Rechtsfolgen** 32
III. Gastaufnahme 15	

A. Grundlagen

I. Kurzcharakteristik

1 Die Haftung des gewerbsmäßig tätigen Gastwirts begründet eine Erfolgshaftung aus gesetzlichem Schuldverhältnis.[1] Auf ein Verschulden des Gastwirts kommt es nicht an, vielmehr werden **Schäden** erfasst, die durch Handlungen anderer Gäste oder anderer Personen **zufällig verursacht** werden. Der Beherbergungsvertrag ist ein gemischter Vertrag, der im Wesentlichen Elemente des Miet-, Kauf-, Dienst-, Verwahrungsvertrags und des Auftrags enthält.[2] Die gesetzliche Regelung des § 701 BGB soll den Gast innerhalb bestimmter Grenzen davor bewahren, dass er das Schadensrisiko tragen muss, das

---

[1] BGH v. 11.07.1974 - III ZR 114/72 - BGHZ 63, 65-73.
[2] RG v. 30.03.1942 - V 120/41 - RGZ 169, 84-98 und BGH v. 15.11.1963 - Ib ZR 209/62 - LM Nr. 2 zu § 701 BGB.

mit den Besonderheiten des für ihn unübersichtlichen Beherbergungsbetriebs verbunden ist. Er soll insoweit insbesondere von dem Risiko entlastet werden, das dem ständigen Wechsel der Gäste und der sonstigen Besucher und einer etwaigen Unzuverlässigkeit des Hotelpersonals entspringt.[3]

II. Europäischer Hintergrund

Die Wurzeln der Gastwirtshaftung finden sich im **römischen Recht**, wo es Sitte war, dass der Wirt entweder mündlich oder per Anschlag erklärte, dass er für die Unversehrtheit der eingebrachten Gegenstände einstehen werde. Der Grund für die Einführung dieser Garantiehaftung lag vornehmlich in der **Unzuverlässigkeit der Gastwirte** einerseits und dem **Schutz des Reisenden** andererseits. Ein Reisender sollte sich gerade auf die Redlichkeit des Gastwirtes und seines Personals verlassen können.

Der Rechtsgedanke dafür, dass ein Gastgeber für das Eigentum eines Fremden haften sollte, hielt auch im **altgermanischen Rechtskreis** seinen Einzug, wo er auf die **sittliche Pflicht zur Gastfreundschaft** zurückzuführen ist.[4] Das Wort „Wirt" leitet sich ursprünglich vom Stamm „weren" (für Gewähr leisten oder „bewahren") ab. Der Gastgeber hatte schon damals für jegliche Verletzung des Gastes einzustehen, die er oder seine Sippe diesem zufügten.[5] Durch die wachsende Bedeutung des Reiseverkehrs im 14. und 15. Jahrhundert fanden diese Grundsätze schließlich ihren Niederschlag in den Stadt- und Landrechtsbüchern.[6]

Diese Motive waren nicht nur maßgebend für die Schaffung des BGB, sondern auch für weitere Bestrebungen zur Vereinheitlichung des europäischen Privatrechts. Die heute geltende Fassung des Titels im BGB[7] beruht auf dem **Übereinkommen des Europarates** vom 17.12.1962 in Paris[8]. Die Neugestaltung war gleichzeitig eine Abkehr von einer bis dahin unbeschränkten, aber abdingbaren, hin zu einer summenmäßig beschränkten, aber innerhalb dieser Grenzen zwingenden Haftung.[9]

B. Anwendungsvoraussetzungen

I. Gastwirt und Gewerbsmäßigkeit

Gastwirt i.S.d. §§ 701-704 BGB ist nur, wer die **Beherbergung von Gästen gewerbsmäßig**, d.h. in dauerhafter Gewinnerzielungsabsicht betreibt.[10]

Gastwirt ist auch der **Inhaber oder Pächter einer Familienpension.**[11]

Der **Schank- und Speisewirt** ist kein Gastwirt i.S.d. §§ 701-704 BGB, da er grundsätzlich für die vom Gast eingebrachten Sachen keine Obhut übernimmt.[12]

Der **Inhaber eines Campingplatzes** haftet regelmäßig nicht nach den §§ 701-704 BGB, sondern nur nach allgemeinen Verschuldensgrundsätzen.[13]

Die Vorschriften der §§ 701-704 BGB sind weder unmittelbar noch entsprechend auf einen **Reiseveranstalter** anwendbar, weil er im Gegensatz zum Gastwirt auf die Obhut der eingebrachten Sachen keinerlei Einfluss nehmen kann.[14]

Grundsätzlich können auch **Privatpersonen** Gastwirte i.S.d. § 701 BGB sein, wenn sie regelmäßig andere Personen in ihrer Wohnung aufnehmen und die Beköstigung übernehmen. Für die von § 701 BGB geforderte Gewerbsmäßigkeit genügt insoweit die **Tätigkeit als Nebengewerbe**.[15]

---

[3] BGH v. 11.07.1974 - III ZR 114/72 - BGHZ 63, 65-73.
[4] *Koch*, VersR 1966, 705-713, 706 m.w.N.
[5] Vgl. *Conrad*, Deutsche Rechtsgeschichte Bd. 1, 2. Aufl. 1962, S. 15.
[6] *Koch*, VersR 1966, 705-713, 706 m.w.N.
[7] Änderungsgesetz vom 24.03.1966, BGBl I 1966, 121.
[8] BGBl II 1962, 269, 270.
[9] *Henssler* in: MünchKomm-BGB, § 701 Rn. 2.
[10] BGH v. 22.04.1982 - VII ZR 191/81 - BGHZ 83, 382-391 und LG Koblenz v. 29.03.1988 - 6 S 325/87 - NJW-RR 1988, 1056.
[11] Vgl. *Werner* in: Staudinger, § 701 Rn. 2 und *Sprau* in: Palandt, § 701 Rn. 2.
[12] BGH v. 13.02.1980 - VIII ZR 33/79 - juris Rn. 10 - LM Nr. 13 zu § 688 BGB.
[13] OLG Koblenz v. 24.05.1966 - 6 U 702/65 - NJW 1966, 2017-2018.
[14] LG Berlin v. 12.04.1984 - 13 O 94/84 - NJW 1985, 144-146; ebenso: LG Frankfurt v. 09.05.1994 - 2/24 S 394/93 - NJW-RR 1994, 1477-1478; a.A. dagegen: LG Frankfurt v. 06.06.1983 - 2/24 S 326/82 - NJW 1983, 2263-2264.
[15] Vgl. bei *Werner* in: Staudinger, § 701 Rn. 3 mit näherer Beschreibung.

II. Beherbergung

11 Beherbergung ist die **Gewährung von Unterkunft** als Ersatz für die eigene Wohnung und Erbringung der damit verbundenen Serviceleistungen.[16] Des Weiteren muss die **Beherbergung** als **tatsächliche Hauptleistung** erbracht werden. Demnach kommen die §§ 701-704 BGB bei **Personenschifffahrts- und Schlafwagengesellschaften** nicht in Betracht, da die Hauptleistung in der Beförderung besteht und die Beherbergung lediglich eine Nebenleistung dieser ist.[17]

12 Nur wenn die Schlafwagengesellschaft nicht nur den Bettplatz betreut, sondern auch für die Bedienung, Verpflegungsbereitschaft, Verköstigung, Erleichterungen im Zollverkehr u.Ä. sorgt, kommt zwischen ihr und dem Reisenden ein besonderer, sog. **Schlafwagenvertrag**, konkludent zustande, aus dessen Verletzung die Schlafwagengesellschaft ggf. haftet.[18]

13 Unerheblich ist, ob dem Gast bei seinem Aufenthalt Verpflegung gewährt wird.[19]

14 Für eine Beherbergung ebenso nicht erforderlich ist, dass der Gast in dem Zimmer übernachtet. Es genügt, wenn dem Gast das Zimmer zur Mittagsruhe zur Verfügung gestellt wird, er dieses nur tagsüber oder stundenweise benutzt.[20]

III. Gastaufnahme

15 Ansprüche aus der Gastwirtshaftung kann nur ein Gast geltend machen, der im Rahmen des Beherbergungsgewerbes aufgenommen wurde. Aufnahme ist der **einseitig tatsächliche Akt des Wirtes**, mit dem der Gast in den von ihm organisierten **Unternehmensbereich eingegliedert** wird. So liegt die Aufnahme etwa beim **Betreten der Herberge**, der **Übergabe des Gepäcks** an den Wirt oder dessen Personal vor.[21]

16 Der genaue Zeitpunkt, in dem die Aufnahme stattfindet, ist Frage des Einzelfalls. Wenn der Gast etwa am **Bahnhof oder Flughafen** von dem Wirt oder dessen Personal **in Empfang genommen** wird, ist die Aufnahme bereits zu dem Zeitpunkt erfolgt.

17 Der Gastwirt kann über die Aufnahme eines Gastes eigenständig entscheiden, da ihm keine potentiellen Gläubiger aufgedrängt werden dürfen.[22]

IV. Eingebrachte Sachen

18 Unmittelbar **in die Räumlichkeiten der Gastwirtschaft** gebrachte Sachen gelten innerhalb der zeitlichen Grenzen stets als eingebracht. Dies gilt vornehmlich für alle Gegenstände, die der Gast beim Betreten der Gastwirtschaft mit sich führt (also Handgepäck, Koffer, Armbanduhren, Schmuck etc.). Zu den Räumlichkeiten der Gastwirtschaft zählen neben dem vermieteten Zimmer selbst und der Empfangshalle in einem Hotel auch weitere **Nebengebäude**, wenn sie dem **Betriebszweck** dienen. So gelten auch solche Sachen als eingebracht, die in einem unentgeltlich zur Verfügung gestellten Tagungsraum abhandenkommen.[23]

19 Eine Übergabe wie beim Verwahrungsvertrag (§ 688 BGB) an den Wirt oder das Personal ist nicht erforderlich. Ob sich das Einbringen der Sachen in **Kenntnis des Gastwirts** vollzieht, ist **unerheblich**.

20 Für Sachen, die an einem anderen Ort außerhalb der Gastwirtschaft gebracht werden, ist eine **Anweisung des Gastwirts über den Aufbewahrungsort** oder **die Übernahme der Obhut** notwendig.

21 Nach § 701 Abs. 2 Satz 1 Nr. 1 BGB sind Sachen nur als eingebracht anzusehen, **solange die Beherbergung tatsächlich erfolgt**. Hat der Gast nach Beendigung der Aufnahme Sachen zurückgelassen, gelten diese nicht mehr als eingebracht.[24] Über den Zeitpunkt **nach Beendigung der Aufnahme** hinaus werden Sachen gem. § 701 Abs. 2 Satz 1 Nr. 2 BGB **nur** von der Haftung mitumfasst, **soweit** sie durch den Gastwirt oder durch sein Personal **in Obhut genommen** wurden. So etwa, wenn der Gast eine Sache dem Gastwirt zur Aufbewahrung in einem Schließfach überlassen und er diese bei seiner Abreise vergessen hat.

---

[16] *Henssler* in: MünchKomm-BGB, § 701 Rn. 11.
[17] *Sprau* in: Palandt, § 701 Rn. 2; *Lindemeyer*, BB 1983, 1504-1510, 1504.
[18] LG Frankfurt v. 23.03.2000 - 2/23 O 414/99, 2-23 O 414/99- RRa 2003, 185-187.
[19] RG v. 07.10.1921 - VII 106/21 - RGZ 103, 9-11.
[20] *Werner* in: Staudinger, § 701 Rn. 4.
[21] *Werner* in: Staudinger, § 701 Rn. 23.
[22] *Henssler* in: MünchKomm-BGB, § 701 Rn. 17.
[23] LG Koblenz v. 26.11.1982 - 14 S 187/82 - NJW 1983, 760-761.
[24] *Henssler* in: MünchKomm-BGB, § 701 Rn. 24 f.

V. Leute des Gastwirts

„Leute" i.S.d. § 701 BGB sind zunächst **Angestellte**, die im Herbergsbetrieb eingebunden sind. Darüber hinaus werden aber auch Personen erfasst, die ohne festen Anstellungsvertrag mit dem Einverständnis des Gastwirts in dessen Betrieb tätig sind. Dies können insbesondere auch **Freunde oder Familienangehörige** sein, oder jene, die nur aushilfsweise beschäftigt sind.[25] Insoweit ist der Begriff „Leute" weiter zu fassen als der Erfüllungsgehilfe gem. § 278 BGB, denn die Haftung wird nicht durch die Erfüllung des Beherbergungsvertrags begründet.

Durch § 700 Abs. 2 Satz 2 BGB wird der Personenkreis näher eingeschränkt. Danach bedarf es für solche Personen im Falle der Anweisung eines Aufbewahrungsortes oder der Obhutsübernahme einer **Bestellung des Gastwirts**. Ausreichend ist danach aber auch, dass der Hotelgast nach dem Auftreten und den Erklärungen des Personals darauf vertrauen darf, dass diese die Sachen im Interesse der Hotelleitung in Obhut genommen haben.[26]

VI. Gast als Anspruchsinhaber

Inhaber des Schadensersatzanspruchs ist zunächst der Gast selbst. Aus dem Wortlaut des § 701 Abs. 1 BGB ergibt sich, dass der Gastwirt gegenüber jedem einzelnen Gast haftet, also nicht nur je belegtem Zimmer. Teilen sich mehrere Reisende ein Mehrbettzimmer, so ist **jedem Gast** ein eigenständiger Schadensersatzanspruch zuzugestehen. Zum Umfang und der Höhe des Ersatzanspruchs vgl. § 702 BGB und die Kommentierung zu § 702 BGB Rn. 2.

VII. Drittschadensliquidation

Durch § 701 BGB wird nicht vorausgesetzt, dass der Schaden im Vermögen des Gastes selbst eintritt.[27] Die Geltendmachung des Schadensersatzanspruchs ist damit nicht davon abhängig, ob die betroffenen Sachen im Eigentum des Gastes stehen.[28]

Aus der Regelung des § 701 BGB ist nicht eindeutig zu entnehmen, wer Inhaber des Schadensersatzanspruchs ist, wenn der Schaden an eingebrachten Sachen, die nicht in das Vermögen des Gastes fallen, eingetreten ist. Insoweit wird unmittelbar **kein eigenständiger Anspruch des Eigentümers** gegen den Gastwirt **im Falle der Drittschädigung** geschaffen.[29]

Der Eigentümer kann somit gegen den Gastwirt grundsätzlich nur nach § 823 BGB vorgehen, wobei er allerdings zivilprozessual den hierfür erforderlichen Verschuldensnachweis zu führen hat und die Gefahr eines non liquet zu seinen Lasten geht. Ansonsten ist eine **Abtretung des Ersatzanspruchs des Gastes** aus § 701 BGB an den Eigentümer zulässig; Gleiches gilt für eine gewillkürte Prozessstandschaft als „Minus" zur Übertragung des materiellen Rechts.

Der Gast kann demgemäß den Ersatzanspruch, der sich auf den Schaden des Eigentümers bezieht, im Wege der hier **gesetzlich geregelten Drittschadensliquidation** im eigenen Namen geltend machen. Unerheblich dafür ist, ob der Eigentümer den Gast für den Verlust oder die Beschädigung der Sache ersatzpflichtig macht. Nach den Regeln der Drittschadensliquidation darf die Geltendmachung des Ersatzanspruchs nicht zu einer Bereicherung des Liquidierenden führen. Demnach kann der Gast den Drittschaden nicht geltend machen, wenn der Eigentümer als Geschädigter zur Entlastung des Schädigers auf den Ersatz verzichtet hat, denn wirtschaftlich gebührt ihm allein der Ersatzanspruch, der somit seiner Disposition unterliegt.[30] Dies gilt jedoch nur, wenn sich Anhaltspunkte für den Verzicht des Eigentümers ergeben.

---

[25] *Sprau* in: Palandt, § 701 Rn. 10.
[26] BGH v. 07.05.1965 - Ib ZR 108/63 - LM Nr. 3 zu § 701 BGB.
[27] BT-Drs. V/147, S. 3.
[28] *Henssler* in: MünchKomm-BGB, § 701 Rn. 27; *Koch*, VersR 1966, 705-713, 711.
[29] Ganz h.M. *Werner* in: Staudinger, § 701 Rn. 59; *Henssler* in: MünchKomm-BGB, § 701 Rn. 27; *Koch*, VersR 1966, 705-713, 711.
[30] *Werner* in: Staudinger, § 701 Rn. 60.

VIII. Fahrzeuge und lebende Tiere

29 Nach § 701 Abs. 4 BGB sind Fahrzeuge, Sachen, die sich in einem Fahrzeug befinden, und lebende Tiere nicht von der Haftung mitumfasst.[31] Dabei hatte die ältere Rechtsprechung bis zur Neuregelung des § 701 BGB im Jahre 1966 auch Kraftwagen und das darin befindliche Gepäck unter Umständen zu den eingebrachten Sachen gerechnet.[32] So etwa dann, wenn ein Geschäftsreisender schwer zu transportierendes Gepäck im verschlossenen Kofferraum mit sich führte.[33]

30 Die bewusste Streichung von Fahrzeugen und darin befindlichen Sachen aus der Gastwirtshaftung begründet sich in den Überlegungen, dass ein Gast insofern nicht schutzlos ist, weil er das Kfz und das darin befindliche Gepäck durch **Abschluss einer Kasko- und Gepäckversicherung** selbst versichern kann;[34] es besteht keine Notwendigkeit für eine Haftung des Gastwirts, die für diesen zudem eine starke Belastung und zumindest einen wirtschaftlich faktischen Zwang zu einer eigenen Versicherung begründet.

31 Da die Regelung der Gastwirtshaftung nach allgemeiner Meinung keinen abschließenden Charakter besitzt,[35] ist eine Haftung nach allgemeinen Grundsätzen gem. §§ 276, 280 Abs. 1 BGB oder aus § 823 BGB bei Vorliegen der entsprechenden Voraussetzungen denkbar. So kommt es etwa auf die **Umstände des Einzelfalles** an, wenn der Betreiber eines Parkplatzes oder des Hotels (stillschweigend) die **Verpflichtung übernommen** hat, die **Stellplätze** (zumindest) nachts **überwachen zu lassen**.[36]

C. Rechtsfolgen

32 Der Gastwirt haftet gem. § 703 Abs. 3 BGB nicht für **Schäden**, die ein **Gast** oder dessen Begleiter **allein verursacht** hat.[37] Entscheidend ist allein das Verursachen, nicht das Verschulden.

33 Bei Mitverursachung richtet sich der Umfang der Ersatzpflicht nach § 254 BGB.[38] Demgemäß kann eine Haftung auch ganz ausgeschlossen sein, wenn sich im Rahmen des § 254 BGB ergibt, dass der Gast grob fahrlässig gehandelt und somit ein Diebstahl ermöglicht oder erheblich erleichtert wurde.[39] Lässt der Hotelgast etwa Gegenstände von beträchtlichem Wert in seinem Zimmer zurück, obwohl es ihm zuzumuten war, diese im Hotelsafe zu deponieren, so tritt die Haftung des Gastwirts hinter der Verursachung des Gastes zurück.[40]

34 Der Gastwirt haftet nicht, wenn ein Gast einen auf dem Zimmer vom Hotel kostenlos zur Verfügung gestellten Safe nicht benutzt und stattdessen Schmuck offen auf dem Zimmertisch liegen lässt. Hier wiegt das **Fehlverhalten des Gastes** so schwer, dass selbst eine **unterlassene Aufklärung durch den Gastwirt** über die Einfachheit des Zimmerschlosses, welches nur unzureichende Sicherheit gegen nächtliches Eindringen bietet, die Haftung gänzlich aufhebt.[41]

35 Ein Zimmertresor, der nicht einmal einfachsten Sicherheitsanforderungen genügt, kann die Haftung des Gastwirts begründen. In dem vom OLG Karlsruhe entschiedenen Fall konnte der Zimmertresor mit einem Hebelwerkzeug aus einem mit Holz verblendeten Wandregal herausgehoben werden. Der Gast wurde nicht darauf hingewiesen, dass der Tresor auf der Rückseite nur auf einem Spanplattenstück mit einer Holzschraube gesichert war. Ohne einen Hinweis auf die fehlende Verankerung im Mauerwerk war es für den Hotelgast nicht erkennbar, dass der Tresor nicht zur Aufbewahrung von Wertgegenständen gesichert ist.[42]

---

[31] Bestätigt durch LG Düsseldorf v. 19.12.2008 - 22 S 306/08 - juris Rn. 7 - Schaden-Praxis 2009, 394-395.
[32] BGH v. 03.03.1958 - III ZR 151/56 - LM Nr. 1 zu § 701 BGB; LG Wiesbaden v. 30.11.1954 - 1 S 544/54 - NJW 1955, 464.
[33] *Kording*, VersR 1952, 30, 30.
[34] *Koch*, VersR 1966, 705-713, 711.
[35] BGH v. 18.12.1974 - VIII ZR 187/73 - BGHZ 63, 333-338; OLG Hamburg v. 15.09.1989 - 1 U 56/89 - ZfSch 1989, 370-371; *Henssler* in: MünchKomm-BGB, § 701 Rn. 5.
[36] OLG Hamburg v. 15.09.1989 - 1 U 56/89 - ZfSch 1989, 370-371; vgl. *Henssler* in: MünchKomm-BGB, § 688 Rn. 47 f.
[37] RG v. 28.02.1911 - III 44/10 - RGZ 75, 386-397.
[38] BGH v. 04.04.1960 - III ZR 91/59 - BGHZ 32, 149-151.
[39] Vgl. LG Lindau v. 20.01.1955 - S 22/54 - VersR 1955, 335.
[40] OLG München v. 03.03.1989 - 23 U 5883/88 - ZfSch 1990, 118; *Koch*, VersR 1966, 705-713, 711.
[41] OLG Köln v. 28.07.2004 - 16 U 36/04 - StBT 2005, Nr. 4, 20.
[42] OLG Karlsruhe v. 27.01.2005 - 12 U 142/04 - NJW-RR 2005, 462-463.

Dem Eigenverschulden des Gastes steht die **Verursachung durch** dessen **Begleiter** oder einer von ihm aufgenommenen Person gleich. Begleiter des Gastes sind seine Angehörigen, Pflegepersonen, Bedienstete oder andere, die der Gastwirt mit Rücksicht auf die Beherbergung des Gastes bei sich aufgenommen hat.[43] Dagegen sind vom Gast selbst aufgenommene Personen solche, denen er Zutritt zu seinem Zimmer oder zu eingebrachten Sachen gewährt, also beispielsweise Besucher. 36

Ebenfalls bei Vorliegen **höherer Gewalt** scheidet eine Haftung gem. § 701 Abs. 3 BGB aus. Höhere Gewalt ist anzunehmen, wenn der Schaden durch ein Ereignis verursacht wird, das selbst unter Berücksichtigung vernünftiger Vorsichtsmaßregeln nicht abzuwenden ist.[44] 37

---

[43] *Henssler* in: MünchKomm-BGB, § 701 Rn. 32.
[44] RG v. 28.02.1911 - III 44/10 - RGZ 75, 386-397.

§ 702 BGB Beschränkung der Haftung; Wertsachen

(Fassung vom 02.01.2002, gültig ab 01.01.2002)

(1) Der Gastwirt haftet auf Grund des § 701 nur bis zu einem Betrag, der dem Hundertfachen des Beherbergungspreises für einen Tag entspricht, jedoch mindestens bis zu dem Betrag von 600 Euro und höchstens bis zu dem Betrag von 3.500 Euro; für Geld, Wertpapiere und Kostbarkeiten tritt an die Stelle von 3.500 Euro der Betrag von 800 Euro.

(2) Die Haftung des Gastwirts ist unbeschränkt,

1. wenn der Verlust, die Zerstörung oder die Beschädigung von ihm oder seinen Leuten verschuldet ist,
2. wenn es sich um eingebrachte Sachen handelt, die er zur Aufbewahrung übernommen oder deren Übernahme zur Aufbewahrung er entgegen der Vorschrift des Absatzes 3 abgelehnt hat.

(3) ¹Der Gastwirt ist verpflichtet, Geld, Wertpapiere, Kostbarkeiten und andere Wertsachen zur Aufbewahrung zu übernehmen, es sei denn, dass sie im Hinblick auf die Größe oder den Rang der Gastwirtschaft von übermäßigem Wert oder Umfang oder dass sie gefährlich sind. ²Er kann verlangen, dass sie in einem verschlossenen oder versiegelten Behältnis übergeben werden.

Gliederung

A. Anwendungsvoraussetzungen ... 1	2. Bei Übernahme zur Aufbewahrung (Absatz 2 Nr. 2) ... 12
I. Summenmäßig beschränkte Haftung (Absatz 1) ... 1	3. Bei Ablehnung der Aufbewahrung (Absatz 2 Nr. 2, Absatz 3) ... 14
1. Gesetzgebungsgeschichte ... 1	B. Arbeitshilfen ... 16
2. Berechnungsgrundlagen ... 2	I. Veranschaulichungshilfen ... 16
II. Unbeschränkte Haftung ... 9	II. Checklisten ... 21
1. Bei Verschulden des Gastwirts (Absatz 2 Nr. 1) ... 10	III. Was man nicht vergessen darf ... 22

A. Anwendungsvoraussetzungen

I. Summenmäßig beschränkte Haftung (Absatz 1)

1. Gesetzgebungsgeschichte

1   Eine summenmäßig beschränkte Haftung kannte das BGB bis zur Neuregelung der Gastwirtshaftung im Jahre 1966 nicht. Nach § 702 BGB a.F. gab es lediglich eine Haftungshöchstgrenze für Geld, Wertpapiere und Kostbarkeiten. Die Vorschrift wurde mit Gesetz zu dem „Übereinkommen v. 17.12.1962 über die Haftung der Gastwirte für die von ihren Gästen eingebrachten Sachen" v. 16.05.1966[1] mit Bekanntmachung über das In-Kraft-Treten v. 05.12.1966[2] geändert. Auch wurden die Beträge im Rahmen der Währungsumstellung auf Euro durch Gesetz v. 27.06.2000[3] geringfügig erhöht.

2. Berechnungsgrundlagen

2   Die Grundlage für die Berechnung der Haftungshöchstsumme bildet der **Beherbergungspreis für einen Tag**. Ganz bewusst hat der Gesetzgeber auf eine starre Regelung des Berechnungssystems verzichtet, lässt sich doch gerade durch das flexible Element des Beherbergungspreises ein gewisser Bezug zur Qualität des Hotels und der Art des dem Gast zur Verfügung gestellten Zimmers herstellen.[4]

---

[1] BGBl II 1966, 269.
[2] BGBl II 1966, 1565.
[3] BGBl I 2000, 900.
[4] *Koch*, VersR 1966, 705-713, 711; *Sprau* in: Palandt, § 702 Rn. 2.

Beherbergungspreis ist nur der Nettopreis, den ein Gast für eine Übernachtung zu entrichten hat. Zusätzliche Leistungen wie Frühstück, Trinkgeld oder sonstige Zuschläge, die mit der Beherbergung selbst nichts zu tun haben, sind gegebenenfalls abzuziehen.[5] Die auf den Übernachtungspreis entfallende Mehrwertsteuer ist anzurechnen.[6]

Bei einer **Mehrfachbelegung eines Zimmers** gilt der Haftungshöchstbetrag für jede einzelne aufgenommene Person. Einem Ehepaar, das gemeinsam ein Hotelzimmer belegt und beiden Teilen Sachen aus dem Zimmer entwendet werden, kann der Gastwirt nicht entgegnen, dass er nur einmal pro Zimmer bis zur gesetzlichen Haftungshöchstgrenze einzustehen habe.[7] Der Gastwirt haftet daher **jeder Person** bis zum 100-fachen des auf **sie anteilig entfallenen täglichen Bettenpreises**. Unerheblich ist, ob und mit wem der Beherbergungsvertrag geschlossen wurde. Entsprechend ist auch im Falle der Aufnahme einer Personengruppe (so etwa einer Reisegesellschaft oder einer Sportmannschaft) zu verfahren, bei dem die **Beherbergung zu einem Pauschalpreis** erfolgt.[8] Der jeweilige Beherbergungspreis für den einzelnen Teilnehmer berechnet sich dann aus der Division des vereinbarten Pauschalpreises durch die Anzahl der Teilnehmer.

Die flexible Haftungsgrenze in Höhe des Hundertfachen des Beherbergungspreises wird durch bestimmte Mindest- und Höchstbeträge fixiert. Der Gastwirt haftet mindestens bis zu einer Schadenssumme von **600 €**. Die absolute Haftungshöchstgrenze beträgt **3.500 €** und bei **Geld, Wertpapieren und Kostbarkeiten** maximal **800 €**. Bei Geld, Wertpapieren oder Kostbarkeiten bleibt es auch bei einem Haftungshöchstbetrag von 800 €, wenn der Beherbergungspreis acht Euro pro Tag übersteigt. Für den Fall, dass dem Gast ein Schaden an Sachen und zugleich an Geld, Wertpapieren oder Kostbarkeiten entstanden ist, verbleibt es ebenfalls bei einem Haftungshöchstbetrag von 3.500 €. Wird dem Gast z.B. ein tragbarer Computer (Laptop) im Werte von 2.500 € und ein Geldbetrag von 1.000 € entwendet, so reduziert sich die Haftung um 200 € wegen des Geldes auf 3.300 €. Der Gast hätte folglich einen Anspruch in Höhe von 2.500 € wegen des Laptops und 800 € wegen des Geldes.

In diesem Zusammenhang stellt sich die Frage, was als Wertpapier oder als Kostbarkeit i.S.d. §§ 701, 702 Abs. 1, 3 BGB zu verstehen ist. Wertpapiere sind Urkunden, bei denen der Besitz des Papiers Voraussetzung für die Ausübung des Rechts ist.[9] Neben **Aktien**, **Schuldverschreibungen** und **Wechseln** sind auch **Sparbücher** oder **Reiseschecks** Wertpapiere i.S.d. §§ 701, 702 BGB. Ein Teil der Literatur erblickt darüber hinaus auch in einem Gepäckaufbewahrungsschein ein Wertpapier.[10] Dies ist schon deshalb nicht sachgerecht, da der Gepäckaufbewahrungsschein ein Legitimationspapier ist, durch den der Inhaber zum Empfang berechtigt wird. Da der Verlust eines Gepäckaufbewahrungsscheins insoweit nicht schwerer wiegt als der Verlust der Sache selbst, kann man ihn nicht mit den übrigen Wertpapieren gleichstellen. Legitimationspapiere sind demzufolge keine Wertpapiere i.S.d. § 702 BGB.[11]

Bei Kostbarkeiten handelt es sich nach der Definition des § 372 BGB um Gegenstände, deren Wert im Vergleich zu ihrem Umfang und ihrem Gewicht besonders hoch ist.[12] Als Kostbarkeiten gelten etwa Schmuckstücke,[13] Luxusuhren,[14] Edelsteine und Edelmetalle, Briefmarken und Münzen mit hohem Sammlerwert.[15] **Kleidungsstücke**, die ein Gast als Garderobe mit sich führt, sind **keine Kostbarkeiten**. Dies gilt auch für einen Pelzmantel.[16] Jedoch kommt eine unbeschränkte Haftung (vgl. Rn. 9) für wertvolle Kleidungsstücke unter den Voraussetzungen des § 702 Abs. 2 Nr. 1, 2 BGB in Betracht.[17]

---

[5] BT-Drs. V/147, S. 4 und die Begründung zu § 702 Abs. 1 Satz 1 BGB, BT-Drs. IV/3327, S. 4.
[6] *Henssler* in: MünchKomm-BGB, § 702 Rn. 3.
[7] BGH v. 11.07.1974 - III ZR 114/72 - juris Rn. 9 - BGHZ 63, 65-73.
[8] *Sprau* in: Palandt, § 702 Rn. 4.
[9] *Grüneberg* in: Palandt, § 372 Rn. 2.
[10] *Werner* in: Staudinger, § 702 Rn. 7; *Weimar*, NJW 1966, 1155-1156, 1155.
[11] Zutreffend deshalb: *Grüneberg* in: Palandt, § 372 Rn. 2 und *Henssler* in: MünchKomm-BGB, § 702 Rn. 8.
[12] Vgl. *Grüneberg* in: Palandt, § 372 Rn. 2.
[13] BGH v. 04.04.1960 - III ZR 91/59 - BGHZ 32, 149-151.
[14] AG Frankfurt v. 10.08.1984 - 31 C 10688/83 - RuS 1985, 37-38.
[15] *Henssler* in: MünchKomm-BGB, § 702 Rn. 9.
[16] So für einen Ozelotmantel: RG v. 29.09.1922 - VII 684/21 - RGZ 105, 202-205; so auch OLG Hamm v. 26.06.1981 - 11 U 29/81 - VersR 1982, 1081; für einen Zobelmantel: RG v. 18.01.1911 - I 57/10 - RGZ 75, 190-199.
[17] *Koch*, VersR 1966, 705-713, 712.

8 Bei einer **Mitverursachung** des Schadens durch den Gast oder einen seiner Begleiter ist die **Schadenssumme**, nicht aber der Haftungshöchstbetrag, um das dem Verschulden entsprechende Maß gem. § 254 BGB zu **mindern**.[18]

II. Unbeschränkte Haftung

9 In zwei Ausnahmefällen ist die Haftung nicht eingeschränkt, namentlich bei der **Schadensverursachung durch den Gastwirt** oder seines Personals (§ 702 Abs. 2 Nr. 1 BGB) und bei **Sachen**, die ihm **zur Aufbewahrung übergeben** wurden (§ 702 Abs. 2 Nr. 2 BGB) bzw. wenn er die Aufbewahrung von Geld, Wertpapieren, Kostbarkeiten und anderen Wertsachen entgegen § 702 Abs. 3 BGB verweigert.

1. Bei Verschulden des Gastwirts (Absatz 2 Nr. 1)

10 Das Verhalten des Gastwirts muss (mit-)ursächlich für den Schadenseintritt gewesen sein. Ein Verschulden des Gastwirts wird von der Rechtsprechung etwa dann angenommen, wenn er eine vertragliche Sorgfaltspflicht verletzt.[19] Für das Verschulden reicht jede Form der Fahrlässigkeit aus. Bei der Auslegung des Begriffs der Sorgfalt im konkreten Einzelfall ist insbesondere der Rang des Hotels heranzuziehen. Ein Gast kann somit ein **höheres Maß an Sorgfalt** einfordern, wenn er in einem **Luxushotel** absteigt; dementsprechend weniger etwa in einer **Familienpension**.[20] Der Gastwirt verstößt etwa gegen seine Schutz- und Obhutspflicht, wenn er es unterlässt, seine Gäste, die **erhebliche Wertgegenstände** mit sich führen, darüber zu **informieren**, dass sich vor kurzem im Hotel ein **Diebstahl** ereignet hat und daher **erhöhte Vorsicht angebracht** ist.[21] Ebenso muss ein Hotelbetreiber einen Gast auf Sicherheitsmängel eines Zimmersafes hinweisen, insbesondere wenn dies der Sachlage entsprechend nicht erkennbar ist.[22]

11 Der **Verlust des Generalschlüssels** eines Hotels kann zwar eine mögliche Pflichtverletzung darstellen, jedoch besteht hierbei kein Kausalzusammenhang zu einem Zimmerdiebstahl.[23] Ein Sorgfaltspflichtverstoß ist auch nicht anzunehmen, wenn der Gastwirt den Zimmerschlüssel zwar nicht am Schlüsselbrett, aber doch in einem gegen unbefugten Zutritt geschützten Bereich der Rezeption aufbewahrt.[24] Auch hat der Gastwirt keinen Einfluss darauf, ob sich ein früherer Hotelgast einen **Nachschlüssel** gefertigt hat. Daher ist noch kein Anscheinsbeweis darin zu sehen, wenn sich weder an der Zimmertür noch an den Fenstern Einbruchsspuren feststellen lassen.[25] Ein Mitverschulden des Gastes schließt die Anwendung des § 702 Abs. 2 Nr. 1 BGB noch nicht aus. Dieses ist aber im Rahmen des § 254 BGB bei der Höhe des Ersatzanspruchs in Form der Haftungsquote zu berücksichtigen. Für das Mitverschulden des Gastes hat der Gastwirt, für das Verschulden des Gastwirts der Gast den Beweis zu führen.[26]

2. Bei Übernahme zur Aufbewahrung (Absatz 2 Nr. 2)

12 Nach § 702 Abs. 2 Nr. 2 BGB ist der Gastwirt unbeschränkt haftbar, wenn Sachen, die ihm zur Aufbewahrung übergeben wurden, verloren gehen oder an ihnen ein Schaden eintritt. Auf ein **Verschulden** des Gastwirts **kommt es nicht an**. Unerheblich ist, ob der Gastwirt im Rahmen des § 702 Abs. 3 BGB zur Aufbewahrung verpflichtet gewesen ist.

13 Die Übernahme zur Aufbewahrung setzt die **Übergabe der Sache an den Gastwirt** oder an dessen dazu bestellten Vertreter voraus[27] (zur Übernahme durch Leute vgl. § 701 BGB und die Kommentierung zu § 701 BGB Rn. 22). Ein **Zimmersafe** ist mit einem an der Hotelkasse befindlichen Safe nicht gleichzustellen. Der Gastwirt haftet daher nach § 702 Abs. 2 BGB nicht uneingeschränkt für Sachen und Wertgegenstände, die ein Hotelgast in einem auf seinem Zimmer befindlichen Safe deponiert.[28]

---

[18] BGH v. 04.04.1960 - III ZR 91/59 - juris Rn. 8 - BGHZ 32, 149-151.
[19] LG Berlin v. 06.06.1985 - 7 O 48/85 - RuS 1985, 271-272.
[20] LG Berlin v. 29.01.1991 - 19 O 372/90 - ZfSch 1991, 404-405.
[21] OLG München v. 03.03.1989 - 23 U 5883/88 - ZfSch 1990, 118; RG v. 28.02.1911 - III 44/10 - RGZ 75, 386-397.
[22] OLG Karlsruhe v. 27.01.2005 - 12 U 142/04 - NJW-RR 2005, 462-463.
[23] AG Berlin-Charlottenburg v. 02.12.1985 - 7 C 1066/85 - ZfSch 1986, 98-99.
[24] LG Berlin v. 06.06.1985 - 7 O 48/85 - RuS 1985, 271-272.
[25] OLG München v. 03.03.1989 - 23 U 5883/88 - juris Rn. 23 - ZfSch 1990, 118.
[26] *Henssler* in: MünchKomm-BGB, § 702 Rn. 10; LG Berlin v. 06.06.1985 - 7 O 48/85 - RuS 1985, 271-272.
[27] LG Landshut v. 27.11.1996 - 12 S 1588/96 - VersR 1997, 1284-1285.
[28] LG Landshut v. 27.11.1996 - 12 S 1588/96 - VersR 1997, 1284-1285; so auch RG v. 18.10.1911 - III 482/10 - RGZ 77, 336 und RG v. 16.05.1933 - VII 50/33 - RGZ 141, 99.

Für die Übernahme der Aufbewahrung wird vorausgesetzt, dass der Gastwirt die Sorge für die Sachen tatsächlich übernimmt und dem Gast somit jegliche Einwirkungsmöglichkeit in Bezug auf eine weitere Diebstahlsicherung oder Beschädigung genommen ist (vgl. die Ausführungen zur Obhut bei § 688 BGB und die Kommentierung zu § 688 BGB Rn. 9).[29] Es ist also eine **Nebenabrede mit einer Einigung** der Parteien **wie beim Verwahrungsvertrag** notwendig.[30]

3. Bei Ablehnung der Aufbewahrung (Absatz 2 Nr. 2, Absatz 3)

Die Haftung ist auch dann uneingeschränkt, wenn sich der Gastwirt geweigert hat, Sachen in Aufbewahrung zu nehmen, zu der er nach § 702 Abs. 2 Nr. 2, Abs. 3 BGB verpflichtet gewesen ist. Der Gastwirt kann die Aufbewahrung nur unter den in § 702 Abs. 3 BGB genannten Einschränkungen ablehnen, nicht aber durch Aushang oder durch ausdrückliche Ablehnung im Einzelfall. Die **Pflicht zur Aufbewahrung** richtet sich nach den Umständen des Einzelfalls, insbesondere im Hinblick auf die **Größe und den Rang der Gastwirtschaft**.[31] Grundsätzlich kann der Gastwirt die Aufbewahrung bei Geld, Wertpapieren, Kostbarkeiten und anderen Wertgegenständen nicht ablehnen, da er sich sonst seiner Haftung nach § 702 Abs. 2 Nr. 2 BGB entziehen könnte. 14

Ausnahmsweise ist die Ablehnung gestattet, wenn von der aufzubewahrenden Sache eine immanente **Gefahr** ausgeht, sodass sie im Falle der Aufbewahrung andere Sachen beschädigen könnte. Des Weiteren ist die Ablehnung zulässig, wenn die Sache einen **übermäßig hohen Sachwert** besitzt, der außer Verhältnis zum Rang der Gastwirtschaft steht, oder eine Aufbewahrung der Sache wegen ihres **großen Umfangs unzumutbar** ist. Ferner kann er die Aufbewahrung verweigern, wenn der Gast **dem Verlangen des Gastwirts**, die Sache in einem verschlossenen Behältnis zu übergeben, nicht nachkommt.[32] 15

B. Arbeitshilfen

I. Veranschaulichungshilfen

Beispiel 1: 16
Einem Hotelgast wird aus seinem Hotelzimmer Schmuck im Werte von 1.500 € gestohlen. Ein Mitverschulden liegt nicht vor. Der Beherbergungspreis pro Tag beträgt netto 90 €.

Flexibler **Haftungshöchstbetrag** (Beherbergungspreis x 100)		9.000 €
	Schadenssumme	1.500 €
–	Mitverschulden (§ 254 BGB)	0 €
=	angerechnete Schadenssumme	1.500 €
Gesetzliche **Haftungshöchstgrenze** für Schmuck (§ 702 Abs. 1 Satz 2 BGB)		800 €

Der Gast hat gegen den Gastwirt einen **Schadensersatzanspruch in Höhe von 800 €**.

Beispiel 2: 17
Einem Hotelgast wird aus seinem Hotelzimmer Schmuck im Werte von 1.500 € gestohlen. Den Gast trifft ein Mitverschulden von 50%, da er das Schmuckstück offen auf dem Tisch liegengelassen hat. Der Beherbergungspreis pro Tag beträgt netto 80 €.

Flexibler **Haftungshöchstbetrag** (Beherbergungspreis x 100)		8.000 €
	Schadenssumme	1.500 €
–	Mitverschulden (§ 254 BGB); hier 50% v. 1.500 €	750 €
=	angerechnete Schadenssumme	750 €
Gesetzliche **Haftungshöchstgrenze** für Schmuck (§ 702 Abs. 1 Satz 2 BGB)		800 €

Der Gast hat gegen den Gastwirt einen **Schadensersatzanspruch in Höhe von 750 €**.

---

[29] *Henssler* in: MünchKomm-BGB, § 702 Rn. 11.
[30] So auch *Werner* in: Staudinger, § 702 Rn. 19 und *Sprau* in: Palandt, § 702 Rn. 6; einschränkend aber *Henssler* in: MünchKomm-BGB, § 702 Rn. 11.
[31] *Sprau* in: Palandt, § 702 Rn. 7.
[32] *Werner* in: Staudinger, § 702 Rn. 28; *Henssler* in: MünchKomm-BGB, § 702 Rn. 14.

18 **Beispiel 3**:
Ein Ehepaar belegt gemeinsam ein Hotelzimmer. Der Ehefrau werden Schmuck im Werte von 1.500 €, dem Ehemann ein Laptop im Werte von 2.500 € und seine Brieftasche mit 600 € aus dem Zimmer gestohlen. Der Beherbergungspreis für das Doppelzimmer beträgt 100 €.

Flexibler **Haftungshöchstbetrag** (Beherbergungspreis x 100)	10.000 €
- anteilig für die **Ehefrau** (50%)	5.000 €
- anteilig für den **Ehemann** (50%)	5.000 €

Anspruch der Ehefrau:

	Schadenssumme	1.500 €
–	Mitverschulden (§ 254 BGB)	0 €
=	angerechnete Schadenssumme	**1.500 €**
	Gesetzliche **Haftungshöchstgrenze** für Schmuck (§ 702 Abs. 1 Satz 2 BGB)	**800 €**

Anspruch des Ehemanns:

	Schadenssumme	
	Laptop	2.500 €
+	Brieftasche	600 €
=	Summe	3.100 €
	Mitverschulden (§ 254 BGB)	
–	Verlust des Laptops	0 €
–	Verlust der Brieftasche	0 €
=	angerechnete Schadenssumme	**3.100 €**
	Gesetzliche **Haftungshöchstgrenze** (§ 702 Abs. 1 Satz 1 BGB)	3.500 €
–	angerechnete Schadenssumme für die Brieftasche (max. 800 € für Wertsachen)	600 €
=	reduzierte Haftungshöchstgrenze	2.900 €
–	angerechnete Schadenssumme für den Laptop	2.500 €
=	**verbleibende Haftungsgrenze** für weitere Schadensfälle bei fortwährendem Aufenthalt	**400 €**

Die Ehefrau hat gegen den Gastwirt einen Schadensersatzanspruch in Höhe von 800 €. Der Ehemann hat einen Anspruch auf Ersatz des Laptops in Höhe von 2.500 € und wegen der Brieftasche in Höhe von 600 €.

19 **Beispiel 4**:
Eine 15-köpfige Personengruppe belegt 5 Zimmer mit je 3 Betten. Der Pauschalpreis für 3 Übernachtungen beträgt insgesamt 2.250 €. Gast A, B und C, die sich gemeinsam ein Zimmer teilen, werden jeweils um ihre Brieftasche erleichtert. A vermisst einen Geldbetrag von 100 €, der B einen von 150 € und der C einen von 2.200 €. Da der A beim Verlassen des Zimmers vergessen hat, die Hotel-Balkontür zu schließen, ist ein Mitverschulden von 75% anzunehmen. Der Gastwirt hat es unterlassen, die Gruppe auf eine erhöhte Diebstahlgefahr wegen eines vorhergehenden Hoteldiebstahls hinzuweisen.

Pauschalpreis/Übernachtung (2.250 € : 3)	750 €
Beherbergungspreis/Person ((Pauschalpreis : Übernachtung = 750 €) : 15)	50 €
Flexible Haftungshöchstgrenze pro Person ((Beherbergungspreis : Person = 50 €) x 100)	5.000 €
Gesetzliche **Haftungsuntergrenze**	600 €
Gesetzliche **Haftungshöchstgrenze** bei Wertsachen	800 €

Hier: unbeschränkte Haftung nach § 702 Abs. 2 Nr. 1 BGB wegen Verschuldens des Gastwirts durch Unterlassen des Hinweises auf erhöhte Diebstahlgefahr möglich; Mitverschulden der Gäste findet dennoch Berücksichtigung.

Anspruch des A:

	Schadenssumme	100 €
–	Mitverschulden (§ 254 BGB); hier 75% v. 100 €	75 €
=	angerechnete Schadenssumme	**25 €**

Anspruch des B:

	Schadenssumme	150 €
−	Mitverschulden (§ 254 BGB); hier 75% v. 150 €	112,50 €
=	angerechnete Schadenssumme	**37,50 €**

Anspruch des C:

	Schadenssumme	2.200 €
−	Mitverschulden (§ 254 BGB); hier 75% v. 2.200 €	1.650 €
=	angerechnete Schadenssumme	**550 €**

Der A hat gegen den Gastwirt einen Anspruch i.H.v. 25 €, der B i.H.v. 37,50 € und der C i.H.v. 550 €.

Beispiel 5:
Ein Ehepaar belegt gemeinsam ein Hotelzimmer. Der Ehefrau wird Schmuck im Werte von 40.000 €, dem Ehemann ein Geldbetrag von 10.000 € aus dem verschlossenen Zimmer gestohlen. Der Beherbergungspreis für das Doppelzimmer beträgt 200 €.

Anspruch der Ehefrau:

	Schadenssumme	40.000 €
−	Mitverschulden (§ 254 BGB); hier 100%	40.000 €
=	angerechnete Schadenssumme	**0 €**

Anspruch des Ehemanns:

	Schadenssumme	10.000 €
−	Mitverschulden (§ 254 BGB); hier 100%	10.000 €
=	angerechnete Schadenssumme	**0 €**

Zur Begründung siehe die Entscheidung des OLG München.[33]

II. Checklisten

(1) War die Beherbergung Hauptzweck oder Nebenzweck?
(2) Gehören die Räumlichkeiten, in denen der Schaden entstanden ist, zum gewerblichen Betrieb (Nebengebäude)?
(3) Trifft den Gast ein Mitverschulden nach § 254 BGB?
(4) War die Pflichtverletzung des Gastwirts für den Schaden ursächlich?
(5) Handelt es sich bei den Gegenständen um Kostbarkeiten oder Wertsachen?
(6) Kommt bei Fahrzeugen in einer Sammelgarage auch ein eigenständiger Verwahrungsvertrag nach § 688 BGB in Betracht?
(7) Wurden die Gegenstände dem Gastwirt zur Aufbewahrung übergeben?
(8) Trifft den Gastwirt eine Pflicht zur Aufbewahrung nach § 702 Abs. 3 BGB?
(9) Wurde der Gast während seines Aufenthalts mehrfach geschädigt?

III. Was man nicht vergessen darf

Erleidet ein Gast **mehrere** zeitlich voneinander getrennte **Schädigungen**, so sind diese **für die Dauer seines Aufenthalts** insgesamt **nur einmal** innerhalb der Haftungshöchstgrenze des § 702 Abs. 1 BGB ersatzfähig.

---

[33] Vgl. OLG München v. 03.03.1989 - 23 U 5883/88 - ZfSch 1990, 118.

§ 702a BGB Erlass der Haftung

(Fassung vom 02.01.2002, gültig ab 01.01.2002)

(1) ¹Die Haftung des Gastwirts kann im Voraus nur erlassen werden, soweit sie den nach § 702 Abs. 1 maßgeblichen Höchstbetrag übersteigt. ²Auch insoweit kann sie nicht erlassen werden für den Fall, dass der Verlust, die Zerstörung oder die Beschädigung von dem Gastwirt oder von Leuten des Gastwirts vorsätzlich oder grob fahrlässig verursacht wird oder dass es sich um Sachen handelt, deren Übernahme zur Aufbewahrung der Gastwirt entgegen der Vorschrift des § 702 Abs. 3 abgelehnt hat.

(2) Der Erlass ist nur wirksam, wenn die Erklärung des Gastes schriftlich erteilt ist und wenn sie keine anderen Bestimmungen enthält.

Gliederung

A. Grundlagen 1	II. Begrenzte Abdingbarkeit bei unbeschränkter Haftung 3
B. Anwendungsvoraussetzungen 2	
I. Unabdingbarkeit der beschränkten Haftung 2	III. Erklärung des Gastes 5

A. Grundlagen

1   **Gesetzgebungsgeschichte**: Bis zur Neuregelung der Gastwirtshaftung durch Gesetz v. 24.03.1966[1] bestand die Möglichkeit einer vertraglichen Abbedingung oder Beschränkung der Haftung. Zu diesem Zweck wurden im Laufe der Zeit verschiedene so genannte **Haftpflichtreverse** als formularmäßige Freizeichnungsvereinbarungen geschaffen. Nach der Neufassung des Gesetzes ist die **Gastwirtshaftung nunmehr grundsätzlich unabdingbar**, wie es Art. 6 der Anlage zum Straßburger Abkommen vorsieht. Die Konvention sieht allerdings in Art. 2d eine Möglichkeit der Freizeichnung innerhalb bestimmter Grenzen vor. Die Ausgestaltung des § 702a BGB macht hiervon Gebrauch.

B. Anwendungsvoraussetzungen

I. Unabdingbarkeit der beschränkten Haftung

2   Nach § 702a Abs. 1 Satz 1 BGB kann die Haftung des Gastwirts insoweit nicht im Voraus erlassen werden, als sie den nach § 702 Abs. 1 BGB maßgebenden **Höchstbetrag nicht übersteigt**. Gleichgültig ist, ob es sich um einen Fall der summenmäßig beschränkten (§ 702 Abs. 1 BGB) oder der unbeschränkten Haftung (§ 702 Abs. 2 BGB) handelt. Eine **Freizeichnungsvereinbarung**, die sich auf die beschränkte Gastwirtshaftung bezieht, ist in jedem Falle **nichtig**, gleichgültig, ob sie ausdrücklich oder konkludent erfolgt ist, ob sie Individualabrede ist oder in den Allgemeinen Geschäftsbedingungen enthalten ist.[2]

II. Begrenzte Abdingbarkeit bei unbeschränkter Haftung

3   Bei der unbeschränkten Haftung gilt der Grundsatz der Unabdingbarkeit nur für den Fall, dass sich der Schaden innerhalb der Haftungshöchstgrenzen des § 702 Abs. 1 BGB hält. Die ein Verschulden des Gastwirts voraussetzende **unbeschränkte Haftung** kann dementsprechend **im Voraus** für den **über der Haftungshöchstgrenze liegenden Betrag erlassen** werden. Diese Möglichkeit erfährt durch § 702a Abs. 1 Satz 2 BGB eine weitere Einschränkung. Der Gastwirt kann sich für einen über der Haftungshöchstgrenze liegenden Betrag nur freizeichnen, falls der entstandene Schaden an den eingebrachten Sachen des Gastes **nicht durch Vorsatz** oder **grobe Fahrlässigkeit des Gastwirts** selbst oder seiner Leute verursacht wird; Gleiches gilt, falls der Gastwirt die Aufbewahrung entgegen § 702 Abs. 3 BGB abgelehnt hat.

4   Daneben kann auch ein an sich zulässiger Erlassvertrag nach § 138 BGB sittenwidrig und damit nichtig sein, wenn eine Gaststätte eine Monopolstellung ausnutzt und Gäste nur gegen Abgabe einer entspre-

---

[1] BGBl I 1966, 121.
[2] *Henssler* in: MünchKomm-BGB, § 702a Rn. 2; *Werner* in: Staudinger, § 702a Rn. 6.

chenden Erklärung aufnimmt; dies gilt auch bei einer Absprache mehrerer Herbergen untereinander, die die Privatautonomie der Gäste einschränken.[3]

III. Erklärung des Gastes

Nach § 702a Abs. 2 BGB ist **eine schriftliche Erklärung** des Gastes erforderlich. Dieses Formerfordernis ist eine Schutzvorschrift zu Gunsten des Gastes, um ihm die Auswirkungen seines Verzichts warnend vor Augen zu führen und ihn vor einer voreiligen Entscheidung zu bewahren.[4] Damit soll auch die Freizeichnungsmöglichkeit des Gastwirts durch Anschlag und konkludenter Zustimmung des Gastes unterbunden werden;[5] daneben wird der Schutz des Gastes bewusst präventiv ausgestaltet und nicht nur durch eine spätere Anfechtungsmöglichkeit, etwa nach § 119 Abs. 1 BGB, kompensiert. Das Schriftformerfordernis entspricht damit der ratio legis, die auch bei § 305c BGB offenbar wird und will den Gast vor überraschender Freizeichnung durch den Wirt bewahren.

Die Erklärung darf neben dem Haftungsverzicht keine weiteren Bestimmungen beinhalten. Das soll verhindern, dass der Gast von der Stelle des Haftungsverzichts nicht von weiteren Textpassagen mit anderem Regelungsinhalt abgelenkt wird und der maßgeblichen Rechtsbeschränkung in eigener Sache volle Aufmerksamkeit widmet.[6] Sie darf insbesondere **nicht Bestandteil des Aufnahmeformulars sein**.[7]

§ 702a BGB zieht den vertraglichen Haftungsausschlussmöglichkeiten engere Grenzen, als es durch § 276 Abs. 3 BGB bestimmt wird; die Vorschrift ist damit lex specialis. Ein erklärter **Haftungsausschluss** über § 702a BGB **betrifft** daher **nur die Gastwirtshaftung** nach den §§ 701, 702 BGB und ist hinsichtlich weiterer Ersatzansprüche aus allgemeinen Grundsätzen nicht anwendbar. Dies folgt bereits aus der Tatsache, dass der Gast durch einen erklärten Haftungsausschluss Ansprüche aus allgemeiner Verschuldenshaftung und aus unerlaubter Handlung (§ 823 BGB) verlieren würde, für die es summenmäßig keine Beschränkung gibt.[8] Daher müssen für einen derart weitgehenden Verzicht klare und zweifelsfreie Anhaltspunkte vorliegen; insbesondere lässt sich ohne weitere Indizien kein allgemeiner Verzichtswillen des Gastes bejahen. Der Gast bleibt vielmehr schützenswert, er muss sich ggf. auf deliktische Ansprüche nach den §§ 823 ff. BGB verweisen lassen und trägt nach allgemeinen prozessualen Grundsätzen für deren anspruchsbegründende Voraussetzungen die Beweislast.

---

[3] *Werner* in: Staudinger, § 702a Rn. 5.
[4] *Sprau* in: Palandt, § 702a Rn. 4.
[5] *Henssler* in: MünchKomm-BGB, § 702a Rn. 2.
[6] *Werner* in: Staudinger, § 702a Rn. 6.
[7] *Koch*, VersR 1966, 705-713, 713.
[8] *Henssler* in: MünchKomm-BGB, § 702a Rn. 6; *Werner* in: Staudinger, § 702a Rn. 7.

§ 703 BGB Erlöschen des Schadensersatzanspruchs

(Fassung vom 02.01.2002, gültig ab 01.01.2002)

¹Der dem Gast auf Grund der §§ 701, 702 zustehende Anspruch erlischt, wenn nicht der Gast unverzüglich, nachdem er von dem Verlust, der Zerstörung oder der Beschädigung Kenntnis erlangt hat, dem Gastwirt Anzeige macht. ²Dies gilt nicht, wenn die Sachen von dem Gastwirt zur Aufbewahrung übernommen waren oder wenn der Verlust, die Zerstörung oder die Beschädigung von ihm oder seinen Leuten verschuldet ist.

Gliederung

A. Anwendungsvoraussetzungen 1	1. Bei Aufbewahrung durch den Gastwirt (Satz 2 Alternative 1) 9
I. Unverzüglichkeit der Schadensanzeige (Satz 1) 1	2. Bei Verschulden des Gastwirts (Satz 2 Alternative 2) 11
1. Erklärungsinhalt der Anzeige 4	B. Rechtsfolgen 12
2. Erklärungsempfänger und Zugang 7	C. Prozessuale Hinweise 13
II. Entbehrlichkeit der Schadensanzeige (Satz 2) 9	

A. Anwendungsvoraussetzungen

I. Unverzüglichkeit der Schadensanzeige (Satz 1)

1   Der Gast hat gem. § 703 Satz 1 BGB dem Gastwirt den Schadensfall unverzüglich anzuzeigen, will er den Ersatzanspruch aus den §§ 701, 702 BGB nicht verlieren. Dass der Gast den Gastwirt generell über den Schadenseintritt zu informieren hat, versteht sich selbstredend, wenn es sich nicht um Gegenstände handelt, die der Gastwirt zur Aufbewahrung übernommen hat. Unverzüglich bedeutet, dass die Anzeige ohne schuldhaftes Zögern erfolgen muss, vgl. auch die anerkannte Begriffsbestimmung in § 121 BGB. Die unverzügliche Anzeige schützt den Gastwirt und den geschädigten Gast gleichermaßen, da sie der Beweisnot aller Beteiligten Rechnung trägt. Der Gastwirt wird vor einer späteren Inanspruchnahme geschützt, weil ihm eine Überprüfung und Berechnung des Schadens nur möglich ist, wenn er bereits zu einem Zeitpunkt davon in Kenntnis gesetzt wird, der möglichst nahe an dem des Schadenseintritts liegt. Insbesondere ist die unverzügliche Anzeige beim Gastwirt notwendig, damit er seinen **Schutz- und Obhutspflichten gegenüber anderen Hotelgästen** nachkommen und er insoweit evtl. **notwendige Sicherheitsvorkehrungen** treffen kann.[1]

2   Die Anzeige ist unmittelbar nach Erlangen der Kenntnis vom Schadenseintritt abzugeben. Mit Kenntnis ist das **positive Wissen** um den Schadensfall gemeint, das jeden vernünftigen Zweifel ausschließt.[2]

3   Rechtlich stellt die Anzeige eine Obliegenheit des Gastes in eigener Sache dar, da er die Nachteile seiner Säumnis zu tragen hat.

1. Erklärungsinhalt der Anzeige

4   Die Anzeige ist eine **einseitige empfangsbedürftige Willenserklärung**, deren Zugang sich nach § 130 BGB richtet. Da mit ihr keine rechtlichen Nachteile oder weiteren Verpflichtungen verbunden sind, genügt auf der Seite des Erklärenden **beschränkte Geschäftsfähigkeit** nach den §§ 106, 107 BGB.[3]

5   Die Erklärung kann mangels abweichender gesetzlicher Regelung nach allgemeinen Grundsätzen **formlos**, also auch mündlich erfolgen. Der Gastwirt kann in seinen **allgemeinen Geschäftsbedingungen** jedoch auch die **Schriftform** vorsehen; die formularvertragliche Vereinbarung einer strengeren Form scheitert hingegen an § 309 Nr. 13 BGB.[4]

6   Die Anzeige muss nach h.M. den **entstandenen Schaden** und die **geltend gemachte Schadenshöhe konkret beinhalten**, da andernfalls eine Nachprüfung unmöglich ist.[5] Die Forderung nach Angabe der Schadenshöhe überzeugt freilich nicht, da es allein um die Prüfungspflicht der Ersatzpflicht des Gast-

---

[1] Vgl. *Sprau* in: Palandt, § 703 Rn. 1.
[2] *Henssler* in: MünchKomm-BGB, § 703 Rn. 4.
[3] *Werner* in: Staudinger, § 703 Rn. 2.
[4] *Henssler* in: MünchKomm-BGB, § 703 Rn. 2.
[5] *Werner* in: Staudinger, § 703 Rn. 2; *Sprau* in: Palandt, § 703 Rn. 1; a.M. *Henssler* in: MünchKomm-BGB, § 703 Rn. 2, der die Angabe der Schadenshöhe zu diesem Zeitpunkt für entbehrlich hält.

wirts dem Grunde nach geht, ähnlich einem Grundurteil im Zivilprozess, bei welchem erst dem sich anschließenden Betragsverfahren die genaue Schadensbezifferung vorbehalten bleibt. **Pauschale Angaben bei Sachgesamtheiten** sind allerdings auch nach h.M. **ausreichend** (so z.B. beim Verlust eines Aktenkoffers samt Inhalt).

2. Erklärungsempfänger und Zugang

Der Schadensfall muss gegenüber **dem Gastwirt**, seinem **bevollmächtigten Vertreter** oder weiteren Personen gegenüber angezeigt werden, die nach der Organisation der Gastwirtschaft als vertretungsberechtigt erscheinen.[6] Wird die Erklärung gegenüber einer anderen Person abgegeben, so erfolgt der Zugang erst zu dem Zeitpunkt, in dem sie dem Gastwirt übermittelt wird. Als vom Gastwirt bevollmächtigte Vertreter sind der **Geschäftsführer** und das an der **Rezeption beschäftigte Personal** anzusehen.[7]

Nicht vertretungsberechtigt sind in der Regel der **Hotelportier** und das **Zimmermädchen**, sodass der Zugang erst bei rechtzeitiger Übermittlung an den Gastwirt erfolgt; es gelten die Grundsätze der Botenschaft. Wird die Erklärung nicht rechtzeitig an den Gastwirt weitergeleitet, so verliert der Gast seinen Anspruch aus den §§ 701, 702 BGB;[8] er trägt insoweit das Verzögerungsrisiko.

II. Entbehrlichkeit der Schadensanzeige (Satz 2)

1. Bei Aufbewahrung durch den Gastwirt (Satz 2 Alternative 1)

Nach § 703 Satz 2 Alt. 1 BGB kann auf eine Anzeige ausnahmsweise verzichtet werden, wenn der Gastwirt die vom Schaden betroffenen Sachen zur Aufbewahrung übernommen hatte. Eine Nachprüfung des vom Gast geltend gemachten Schadens ist ihm in diesem Falle noch über einen längeren Zeitraum möglich. Die **Übergabe an den Gastwirt** steht der an seine **bevollmächtigten Vertreter** gleich, sodass eine Anzeige auch hier nicht zu erfolgen braucht.

Hingegen kann auf die Anzeige **nicht verzichtet** werden, wenn die **Sachen an Leute des Gastwirts übergeben** wurden, da die unverzügliche Anzeige insoweit auch eine Überprüfung des Personals ermöglichen soll (zum Begriff „Leute des Gastwirts" vgl. die Kommentierung zu § 701 BGB Rn. 22).[9]

2. Bei Verschulden des Gastwirts (Satz 2 Alternative 2)

Auf eine unverzügliche Anzeige kann auch im Falle des § 703 Satz 2 Alt. 2 BGB verzichtet werden, also wenn **der Gastwirt oder seine Leute** den Verlust, die Zerstörung oder Beschädigung **verschuldet** haben. Bereits das Vorliegen **leichter Fahrlässigkeit** seitens des Gastwirts oder seiner Leute bewahrt den geschädigten Gast vor dem Verlust seines Ersatzanspruchs.[10]

B. Rechtsfolgen

Der Anspruch auf Schadensersatz aus den §§ 701, 702 BGB erlischt, wenn nach Maßgabe des § 703 Satz 1 BGB keine unverzügliche Anzeige erfolgt ist oder auf sie ausnahmsweise unter den Voraussetzungen des § 703 Satz 2 BGB verzichtet werden konnte. Ansprüche wegen Pflichtverletzung aus dem Beherbergungsvertrag (§ 280 Abs. 1 BGB) oder aus unerlaubter Handlung (§ 823 BGB) bleiben von der Regelung des § 703 BGB unberührt, bereits der Wortlaut schließt eine Analogie aus.

C. Prozessuale Hinweise

Der **Gastwirt** trägt nach allgemeinen zivilprozessualen Grundsätzen die Beweislast dafür, dass die **Anzeige unterblieben** oder ihm **verspätet zugegangen** ist. Dagegen hat der **Gast** zu beweisen, dass er die **Anzeige rechtzeitig erstattet** hat oder auf sie nach § 703 Satz 2 BGB **ausnahmsweise verzichtet** werden konnte.[11]

---

[6] *Henssler* in: MünchKomm-BGB, § 703 Rn. 3 mit Verweis auf den Rechtsgedanken des § 56 HGB.
[7] Vgl. *Werner* in: Staudinger, § 703 Rn. 3.
[8] Vgl. OLG Stettin v. 06.03.1903 - III ZS - OLGRspr. 6, 442; *Werner* in: Staudinger, § 703 Rn. 3.
[9] *Werner* in: Staudinger, § 703 Rn. 4; *Henssler* in: MünchKomm-BGB, § 703 Rn. 5.
[10] *Sprau* in: Palandt, § 703 Rn. 2; *Henssler* in: MünchKomm-BGB, § 703 Rn. 6.
[11] *Henssler* in: MünchKomm-BGB, § 703 Rn. 7; *Werner* in: Staudinger, § 703 Rn. 6.

§ 704 BGB Pfandrecht des Gastwirts

(Fassung vom 02.01.2002, gültig ab 01.01.2002)

¹Der Gastwirt hat für seine Forderungen für Wohnung und andere dem Gast zur Befriedigung seiner Bedürfnisse gewährte Leistungen, mit Einschluss der Auslagen, ein Pfandrecht an den eingebrachten Sachen des Gastes. ²Die für das Pfandrecht des Vermieters geltenden Vorschriften des § 562 Abs. 1 Satz 2 und der §§ 562a bis 562d finden entsprechende Anwendung.

Gliederung

A. Grundlagen 1	II. Gegenstand und Umfang des Pfandrechts 3
B. Anwendungsvoraussetzungen 2	III. Erlöschen des Pfandrechts 5
I. Pfandgläubiger 2	

A. Grundlagen

1 Die Vorschrift des § 704 BGB normiert ein besitzloses gesetzliches Pfandrecht zugunsten des Gastwirts und bildet damit das Gegenstück zu dem Vermieterpfandrecht, welches aus § 562 BGB folgt. § 704 BGB ist zu dem Vermieterpfandrecht lex specialis. Das Vermieterpfandrecht nach den §§ 562-562d BGB steht dem Gastwirt also dann nicht neben § 704 BGB zu, wenn ein Beherbergungsvertrag geschlossen wurde.[1]

B. Anwendungsvoraussetzungen

I. Pfandgläubiger

2 Inhaber des Pfandrechts ist nur der Gastwirt, der gewerbsmäßig Fremde zur Beherbergung aufnimmt.[2] Zum Begriff des Gastwirts vgl. die Kommentierung zu § 701 BGB Rn. 5. Nicht vorausgesetzt ist das Bestehen eines wirksamen Beherbergungsvertrags.

II. Gegenstand und Umfang des Pfandrechts

3 Der Gastwirt erwirbt das Pfandrecht nur an den vom Gast nach § 701 BGB eingebrachten Sachen. Voraussetzung für das Entstehen des Pfandrechts ist, dass die Sachen im Eigentum des Gastes stehen. Auf Sachen eines Begleiters erstreckt sich das Pfandrecht nur, soweit dem Gastwirt ebenfalls Forderungen gegen diesen zustehen.[3] Das Pfandrecht besteht auch an einer Anwartschaft, wenn die weiteren Voraussetzungen gegeben sind. Aus dem entsprechend anzuwendenden § 562 Abs. 1 Satz 2 BGB ergibt sich, dass sich das Pfandrecht nicht auf Sachen erstreckt, die der Pfändung (§ 811 ZPO) nicht unterliegen. Die Vorschriften über das Vertragspfandrecht finden gem. § 1257 BGB Anwendung, soweit sich aus den §§ 562a-562d BGB keine weitere Regelung ergibt.[4] Daraus folgt, dass ein gutgläubiger Erwerb des Pfandrechts an gastfremden Sachen nicht möglich ist.

4 Bei einem unwirksamen Vertrag sichert das Pfandrecht die Ansprüche des Gastwirts aus ungerechtfertigter Bereicherung und weitere Ersatzansprüche;[5] Gleiches gilt für Schadensersatzansprüche, insbesondere wegen schuldhafter Verletzung des Gastraums. Nicht erfasst sind hingegen Ansprüche des Gastwirts, die nicht in unmittelbarem Bezug zur Beherbergungsleistung stehen, etwa die Rückzahlung eines dem Gast gewährten Darlehens.

---

[1] *Henssler* in: MünchKomm-BGB, § 704 Rn. 1.
[2] *Werner* in: Staudinger, § 704 Rn. 2; *Henssler* in: MünchKomm-BGB, § 704 Rn. 2.
[3] *Schwerdtner*, Jura 1988, 251-257, 257; *Werner* in: Staudinger, § 704 Rn. 4.
[4] *Henssler* in: MünchKomm-BGB, § 704 Rn. 6 mit zutreffendem Hinweis auf BGH v. 21.12.1960 - VIII ZR 146/59 - BGHZ 34, 153.
[5] *Werner* in: Staudinger, § 704 Rn. 7.

III. Erlöschen des Pfandrechts

Das **Pfandrecht erlischt** erst, wenn der Gast mit Wissen des Gastwirts die **Sachen aus dem Hotelbetrieb dauerhaft entfernt**; dies ergibt sich aus der entsprechenden Anwendung der §§ 562a-562d BGB.[6] Entfernt der Gast die Sachen hingegen ohne Wissen des Gastwirts oder unter seinem Widerspruch, so bleibt das Pfandrecht erhalten.

Werden **Sachen nur vorübergehend** aus den Räumlichkeiten des Beherbergungsbetriebes **entfernt** und entspricht dies den **gewöhnlichen Lebensverhältnissen**, so darf der Gastwirt der **Herausgabe nicht widersprechen**. Demnach darf der Gastwirt die Herausgabe des eingebrachten Pelzmantels nicht verweigern, wenn der Gast diesen lediglich für den Besuch in der Oper benötigt; hier bedarf es stets einer Einzelfallabwägung.

Ein Widerspruch des Gastwirts ist gem. § 562a Satz 2 BGB auch nicht gestattet, wenn die zurückbleibenden Sachen zur Sicherung seiner Forderung ausreichen; dies ergibt sich nicht zuletzt auch aus dem Rechtsgedanken der Überpfändung.

Daneben erlischt das Pfandrecht aufgrund seiner strengen Akzessorietät nach § 1252 BGB, wenn die gesicherte Forderung erlischt.

---

[6] *Henssler* in: MünchKomm-BGB, § 704 Rn. 7.

§ 705

Titel 16 - Gesellschaft

§ 705 BGB Inhalt des Gesellschaftsvertrags

(Fassung vom 02.01.2002, gültig ab 01.01.2002)

Durch den Gesellschaftsvertrag verpflichten sich die Gesellschafter gegenseitig, die Erreichung eines gemeinsamen Zweckes in der durch den Vertrag bestimmten Weise zu fördern, insbesondere die vereinbarten Beiträge zu leisten.

Gliederung

A. Grundlagen 1	IV. Abgrenzung 33
B. Praktische Bedeutung 2	**D. Rechtsfolgen** 42
C. Anwendungsvoraussetzungen 3	I. Rechtsfähigkeit 43
I. Normstruktur 3	II. Grundbuchfähigkeit 45
II. (Gesellschafts-)Vertrag 4	III. Die BGB-Gesellschaft als juristische Person 47
1. Vertragsschluss 4	IV. Innengesellschaft 48
2. Abänderung des Gesellschaftsvertrags 6	V. Treuepflicht 51
3. Vertragspartner (Gesellschafter) 7	VI. Sozial- und Individualansprüche, Drittverhältnisse 54
4. Gegenseitiger Vertrag 11	VII. Name der Gesellschaft 57
5. Auslegung; Inhaltskontrolle 12	**E. Prozessuale Hinweise** 58
6. Abschlussmängel: die fehlerhafte Gesellschaft 14	**F. Anwendungsfelder** 59
7. Musterklauseln 29	I. Subsidiäre Anwendbarkeit 59
III. Gemeinsamer Zweck 30	II. Internationales Gesellschaftsrecht 61

A. Grundlagen

1   Die Gesellschaft entsteht durch den Abschluss eines Vertrags, der nicht auf den Austausch von Leistungen, sondern auf die Erreichung eines gemeinsamen Zwecks gerichtet ist, und der die Beteiligten gegenseitig zur Förderung dieses Zwecks verpflichtet. Die konstitutiven Elemente der Gesellschaft sind der **gemeinsame Zweck** und die hierauf gerichtete **Förderungspflicht** der Gesellschafter. Liegen diese Merkmale vor und werden sie nicht nach Art der gemischten Verträge von Austausch- und Interessenwahrungselementen überlagert, so handelt es sich stets um eine Gesellschaft, unabhängig davon, wie eng die persönliche Bindung der Gesellschafter ist oder welche Bezeichnung sie ihrem Rechtsverhältnis gegeben haben. Dagegen kommt es nicht auf die körperschaftliche oder personalistische Struktur des jeweiligen Zusammenschlusses an (anders aber die h.M.). Denn der nicht eingetragene Verein ist nichts anderes als eine körperschaftlich verfasste (BGB-)Gesellschaft[1]; vgl. dazu Rn. 41. Ebenso wenig ist für die Einordnung als BGB-Gesellschaft von Bedeutung, ob ein wirtschaftlicher oder ein ideeller Zweck verfolgt wird. Die Frage nach der personalistischen oder körperschaftlichen Organisationsstruktur und der Art des verfolgten Zwecks kommt erst dann ins Spiel, wenn es um die Beantwortung der Frage geht, welche Normen auf den konkreten Verband anzuwenden sind. So spricht der körperschaftliche Charakter eines Verbandes bei idealer Zwecksetzung dafür, Normen des Vereinsrechts heranzuziehen, während eine wirtschaftliche Zweckverfolgung für die Anwendung der §§ 705-740 BGB, die auf einen wirtschaftlichen Verband zugeschnitten sind, streitet. Einen kurzen **Überblick** über die **Entwicklung des Personengesellschaftsrechts** in den letzten Jahren 2003/2004 gibt Hirte[2].

B. Praktische Bedeutung

2   Die praktische Bedeutung der BGB-Gesellschaft ist immens. Sie stellt die Grundform aller Verbände dar, deren Regelungen stets zum Zuge kommen, wenn die besonderen Voraussetzungen des Eingreifens anderer Rechtsformen nicht vorliegen oder weggefallen sind.

---

[1] *Bergmann*, Die fremdorganschaftlich verfasste Offene Handelsgesellschaft, Kommanditgesellschaft und BGB-Gesellschaft als Problem des allgemeinen Verbandsrechts, 2002, § 17 A = S. 348.

[2] *Hirte*, NJW 2005, 718-721.

C. Anwendungsvoraussetzungen

I. Normstruktur

Das Vorliegen einer BGB-Gesellschaft setzt das Vorhandensein mehrerer Tatbestandsmerkmale voraus. Es muss ein **Vertrag**, d.h. eine vertragliche Verpflichtung, vorliegen, in dem sich die Vertragspartner zur **gegenseitigen Förderung** eines **gemeinsamen Zwecks verabreden**, sei es durch Beitragsleistung oder in sonstiger Weise. Als negative Tatbestandsvoraussetzungen kommen hinzu, dass weder ein Handelsgewerbe i.S.d. §§ 1-7 HGB betrieben wird (§ 105 Abs. 1 HGB) noch eine konstitutive Eintragung als Partnerschaftsgesellschaft vorliegt (§ 7 Abs. 1 PartGG). Nicht zum Tatbestand gehört – wie sich am Beispiel der Innengesellschaften zeigt – die Bildung eines Gesellschaftsvermögens. Erfüllen die Beteiligten objektiv die tatbestandlichen Voraussetzungen einer Gesellschaftsgründung, so entsteht die Gesellschaft als gesetzliche Folge unabhängig davon, ob die Beteiligten sich der Rechtsfolgen ihres Handelns bewusst sind. Das gilt namentlich auch für die Außenhaftung.[3]

II. (Gesellschafts-)Vertrag

1. Vertragsschluss

Die Vorschriften der §§ 145-157 BGB gelten grundsätzlich auch für das Zustandekommen des Gesellschaftsvertrags. Sie verlangen allerdings Modifizierungen für den Fall, dass mehr als zwei Gesellschafter vorhanden sind, also das normale System von Angebot und Annahme durchbrochen wird. Ein solcher Vertrag kommt erst dann zustande, wenn die einander entsprechenden Beitrittserklärungen sämtlicher als Gesellschafter gewollter Personen vorliegen. Die Beitrittserklärungen müssen nicht gleichzeitig abgegeben werden, aber grundsätzlich jedem (künftigen) Gesellschafter zugehen (§ 130 BGB); § 151 BGB ist anwendbar. Eine **Vertretung** bei Abgabe der auf Gründung der Gesellschaft gerichteten Willenserklärung ist zulässig. Die einem Steuerberater (auch) zum Zwecke der Änderung oder Ergänzung des Gesellschaftsvertrag erteilte Vollmacht war bisher gem. § 134 BGB, Art. 1 § 1 RBerG nichtig.[4]

Der Abschluss des Gesellschaftsvertrags unterliegt **grundsätzlich keiner Form**; Ausnahmen können sich allerdings insbesondere aus § 311b Abs. 1 BGB (vgl. die Kommentierung zu § 311b BGB) und § 518 BGB (vgl. die Kommentierung zu § 518 BGB) ergeben. Von der Formbedürftigkeit des Gesellschaftsvertrages ist die Frage zu unterscheiden, ob die Verpflichtung zur Übertragung des Anteils an einer BGB-Gesellschaft, die etwa einen GmbH-Geschäftsanteil (§ 15 Abs. 3, Abs. 4 GmbHG) oder das Eigentum an einem Grundstück (§ 311b Abs. 1 BGB) hält, formbedürftig ist (vgl. dazu die Kommentierung zu § 719 BGB Rn. 11)[5].

2. Abänderung des Gesellschaftsvertrags

Vgl. dazu die Kommentierung zu § 709 BGB Rn. 16.

3. Vertragspartner (Gesellschafter)

Hinsichtlich der Beteiligung **voll geschäftsfähiger** natürlicher Personen bestehen keine Besonderheiten gegenüber sonstigen Rechtsgeschäften. Auf Seiten **nicht voll geschäftsfähiger** Personen ist grundsätzlich die Mitwirkung des gesetzlichen Vertreters und – falls dieser oder sein Ehegatte selber Gesellschafter ist – die Bestellung eines **Ergänzungspflegers** notwendig, §§ 1629 Abs. 2, 1795 Abs. 2, 181 BGB. Zusätzlich bedarf es der Genehmigung durch das **Vormundschaftsgericht**, sofern der Zweck der Gesellschaft auf den Betrieb eines Erwerbsgeschäfts gerichtet ist, §§ 1822 Nr. 3, 1643 Abs. 1 BGB. Das Erfordernis der Genehmigung gilt sowohl für den Beitritt als auch für das Ausscheiden aus der Erwerbsgesellschaft, nicht dagegen für sonstige Vertragsänderungen (Ein- und Austritt anderer Gesellschafter, Beitragserhöhung, etc.), mögen sie auch noch so einschneidend sein.[6] Die Teilhabe an einer am Erwerbsgeschäft eines Gesellschafters ausgerichteten **Innengesellschaft** soll nach einer verbreiteten Auffassung allerdings nur dann unter § 1822 Nr. 3 BGB fallen, wenn der nicht voll Geschäftsfähige

---

[3] BAG v. 02.02.1994 - 10 AZR 673/92 - juris Rn. 23 - NJW 1994, 2973-2974; ob die Gesellschafter intern durch Freistellungs- und Erstattungsregelungen eine andere Lastenzuordnung vorsehen, ist für die rechtliche Einordnung als Gesellschaft bürgerlichen Rechts ohne Belang.
[4] BGH v. 18.04.2005 - II ZR 55/03 - WM 2005, 1410-1411.
[5] BGH v. 10.03.2008 - II ZR 312/06 - ZIP 2008, 876-878; BGH v. 31.01.1983 - II ZR 288/81 - BGHZ 86, 367-372.
[6] BGH v. 30.04.1955 - II ZR 202/53 - juris Rn. 9 - BGHZ 17, 160-168.

dadurch im Innenverhältnis ein der Beteiligung an einer offenen Erwerbsgesellschaft vergleichbares Risiko übernimmt.[7] Für Beschlüsse in laufenden Angelegenheiten bedarf es keiner Pflegerbestellung, wenn der gesetzliche Vertreter für den nicht voll Geschäftsfähigen abstimmt; auch wenn der gesetzliche Vertreter selbst an der Gesellschaft beteiligt ist, greift § 181 BGB nicht ein: Das Verbot des Selbstkontrahierens hindert den Gesellschafter grundsätzlich nicht daran, bei Gesellschafterbeschlüssen über Maßnahmen der Geschäftsführung und sonstigen gemeinsamen Gesellschaftsangelegenheiten im Rahmen des bestehenden Gesellschaftsvertrags als Vertreter eines anderen Gesellschafters und zugleich im eigenen Namen mitzuwirken. Deshalb kann z.B. die Tatsache, dass ein Minderjähriger als Kommanditist und sein gesetzlicher Vertreter als persönlich Haftender an derselben Gesellschaft beteiligt sind, die Anordnung einer Ergänzungspflicht allein nicht rechtfertigen;[8] vgl. hierzu: Vertretung bei der Stimmabgabe (vgl. die Kommentierung zu § 709 BGB Rn. 38). Bei **beschränkt Geschäftsfähigen** kann § 107 BGB greifen, der tatbestandlich aber allenfalls bei Unterbeteiligungen oder reinen Innengesellschaft vorliegen kann.[9]

8 Nicht ein Problem des Abschlusses des Gesellschaftsvertrags, sondern ein Problem der Verpflichtungs- und Verfügungsbefugnis der BGB-Gesellschaft stellt es dar, wenn eine BGB-Gesellschaft, an der nicht voll geschäftsfähige Personen beteiligt sind, über Grundstücke oder Grundstücksrecht verfügt. Nach einer Entscheidung des OLG Koblenz bedarf die **Veräußerung von Grundstücken** durch eine Gesellschaft bürgerlichen Rechts, deren Zweck auf eine rein verwaltende Tätigkeit und **nicht auf Erwerbstätigkeit** gerichtet ist und an der Minderjährige beteiligt sind, einer familiengerichtlichen Genehmigung nach § 1821 Abs. 1 Nr. 1 BGB und § 1821 Abs. 1 Nr. 4 BGB. Die Rechtsfähigkeit der BGB-Gesellschaft stehe dem nicht entgegen. Dies soll nach dem OLG Koblenz auch dann gelten, wenn der Beitritt des Minderjährigen bereits familiengerichtlich genehmigt worden war.[10] Dies erscheint angesichts der Rechtsfähigkeit der BGB-Gesellschaft nicht unproblematisch, man wird diesem Ergebnis aber von der Wertung her zustimmen können. Anders ist die Rechtslage bei OHG und KG. Hier wird unter Hinweis auf die Rechtsfähigkeit dieser Gesellschaften ein gesondertes Genehmigungserfordernis gem. § 1821 BGB verneint; auch solle das Familiengericht nicht mit kaufmännischen Zweckmäßigkeitsprüfungen belastet werden, was praktisch schwerlich tragbar wäre.[11] Dieser Gedankengang ist auf die **gewerblich tätigen** BGB-Gesellschaften zu übertragen.[12] Es kommt demnach darauf an, ob eine verwaltende oder auch gewerblich tätige BGB-Gesellschaft vorliegt.

9 Gesellschafter einer BGB-Gesellschaft können die klassischen **juristischen Personen** (Aktiengesellschaft, GmbH, eingetragener Verein, eingetragene Genossenschaft; Kommanditgesellschaft auf Aktien), selbst solche des öffentlichen Rechts, sein.[13] Das Gleiche gilt für die Offene Handelsgesellschaft und die Kommanditgesellschaft;[14] auch eine **BGB-Gesellschaft** kann Gesellschafter einer BGB-Gesellschaft sein.[15] Das ist mit der Anerkennung der Rechtsfähigkeit der BGB-Gesellschaft[16] eine Selbstverständlichkeit. Eine **Erbengemeinschaft** kann hingegen nicht Gesellschafter einer werbenden Gesellschaft sein (anders in der aufgelösten Gesellschaft, vgl. die Kommentierung zu § 727 BGB Rn. 4).[17] Der **Treuhänder** oder Strohmann ist rechtlich Gesellschafter.[18] Er verliert diese Stellung erst mit der Übertragung seiner Beteiligung, z.B. auf den Treugeber.[19] Allerdings können einem **Treugeber**, der nicht selbst Gesellschafter ist, für den aber ein Gesellschafter treuhänderisch Anteile hält, durch Vereinbarung mit allen Gesellschaftern unmittelbare gesellschaftsrechtliche Rechte und Ansprüche eingeräumt werden. Das Innenverhältnis kann so gestaltet werden, als ob der Treugeber selbst Gesellschafter

---

[7] BGH v. 28.01.1957 - III ZR 155/55 - LM Nr. 2 zu § 1643 BGB.
[8] BGH v. 18.09.1975 - II ZB 6/74 - BGHZ 65, 93-102.
[9] *Westermann* in: Erman, § 705 Rn. 18.
[10] OLG Koblenz v. 22.08.2002 - 9 UF 397/02 - NJW 2003, 1401-1402.
[11] RG v. 14.04.1903 - VII 458/02 - RGZ 54, 278-282.
[12] *Engler* in: Staudinger, § 1821 Rn. 816.
[13] BAG v. 06.07.1989 - 6 AZR 771/87 - NJW 1989, 3034-3035.
[14] BGH v. 27.11.1958 - II ZR 99/57 - WM 1958, 288.
[15] BGH v. 02.10.1997 - II ZR 249/96 - juris Rn. 9 - LM BGB § 705 Nr. 67 (7/1998).
[16] BGH v. 29.01.2001 - II ZR 331/00 - BGHZ 146, 341-361.
[17] Vgl. *Westermann* in: Erman, § 705 Rn. 22.
[18] Die Tätigkeit als Treuhandgesellschafter ist keine Rechtsbesorgung i.S.d. Art. 1 § 1 RBerG (BGH v. 08.05.2006 - II ZR 123/05 - ZIP 2006, 1201-1203).
[19] *Sprau* in: Palandt, § 705 Rn. 10.

geworden wäre (**Quasi-Gesellschafter**).[20] Das gilt aber nur im Innenverhältnis und ist keinesfalls auf das Außenverhältnis zu übertragen. Da der Treugeber (nach außen) nicht selbst Gesellschafter wird, haftet er für Gesellschaftsschulden auch **nicht analog §§ 128, 130 HGB** persönlich; das gilt auch bei nach außen „offener" Ausgestaltung der Treuhand; die gesellschaftsrechtliche Außenhaftung entsprechend § 128 HGB trifft ausschließlich den Treuhänder-Gesellschafter.[21] Dem Gläubiger bleibt es aber unbenommen, **mittelbar auf das Vermögen des Treugebers** zurückzugreifen, indem er sich den Freistellungsanspruch des Treuhänders gegen den Treugeber (§§ 675, 670 BGB) abtreten lässt. § 399 Alt. 1 BGB steht der Abtretung des Freistellungsanspruchs an den Gläubiger nicht entgegen.[22] Wirtschaftlich ist damit auch der Treuhänder der Außenhaftung ausgesetzt.

Die (Außen-)Gesellschaft bürgerlichen Rechts kann auch (persönlich haftender) Gesellschafter von OHG und KG sein. Selbst eine personengleiche GbR & Co. OHG (KG) ist zulässig. Die Fähigkeit der BGB-Gesellschaft, ihrerseits **Kommanditistin** einer Kommanditgesellschaft zu sein, ist nicht nur vom BGH anerkannt,[23] sondern vom Gesetzgeber in § 162 Abs. 1 Satz 2 HGB sogleich rezipiert worden. Neben der BGB-Gesellschaft als solcher sind auch die ihr zum Zeitpunkt ihres Beitritts zu der Kommanditgesellschaft angehörenden Gesellschafter entsprechend § 106 Abs. 2 HGB und spätere Änderungen in der Zusammensetzung der Gesellschaft zur Eintragung in das Handelsregister anzumelden. Aber auch die **Komplementärfähigkeit** der BGB-Gesellschaft ist anzuerkennen.[24] Ist eine BGB-Gesellschaft als Komplementär beteiligt, gilt Folgendes: Die Gesellschafter der Beteiligungs-GbR haften entsprechend § 128 HGB kraft Gesetzes für alle Verbindlichkeiten der Hauptgesellschaft. Bei gesetzestypischer Organisation vertreten die BGB-Gesellschafter die GbR & Co. OHG (KG) nach außen und führen ihre Geschäfte (Zurechnungskette: BGB-Gesellschafter – BGB-Gesellschaft – OHG). Der Umfang ihrer Vertretungsmacht richtet sich zwingend nach § 126 HGB. Mangels abweichender Regelung sind nur alle BGB-Gesellschafter zusammen zur Vertretung der OHG (KG) berechtigt (§ 709 BGB). Auf formalrechtlicher Ebene bleibt festzuhalten. Neben der als persönlich haftender Gesellschafter beteiligten BGB-Gesellschaft sind die BGB-Gesellschafter in das Handelsregister einzutragen. Ebenso sind Veränderungen in der personellen Zusammensetzung der BGB-Gesellschaft einzutragen. Auch die Vertretungsverhältnisse in der BGB-Gesellschaft sind in das Handelsregister einzutragen, auch für den Fall, dass die Handlungsverfassung der BGB-Gesellschaft entsprechend den §§ 709, 714 HGB gesetzestypisch organisiert oder die BGB-Gesellschaft von der Vertretung der OHG (KG) ausgeschlossen ist. Selbstredend sind Änderungen in der Handlungsorganisation der BGB-Gesellschaft einzutragen. Alle diese Eintragungen sind – für § 15 HGB bedeutsam – eintragungspflichtig. An den Eintragungen müssen alle Gesellschafter der OHG (KG) mitwirken. Für die Mitwirkung der Beteiligungs-GbR an Eintragungen genügt es, wenn sie durch Gesellschafter in vertretungsberechtigter Zahl vertreten wird. Der Nachweis der Vertretungsmacht erfolgt entsprechend § 12 HGB; bei Folgeeintragungen kann die Bezugnahme auf die Registereintragung der BGB-Gesellschaft als Gesellschafter der OHG (KG) genügen.

4. Gegenseitiger Vertrag

Der Gesellschaftsvertrag ist nach ständiger Rechtsprechung ein **gegenseitiger Vertrag**.[25] Jedoch sind die Vorschriften über gegenseitige Verträge (§§ 320-326 BGB) allenfalls sehr eingeschränkt auf den Gesellschaftsvertrag anwendbar, insbesondere bei Gesellschaften mit mehr als zwei Beteiligten sind sie grundsätzlich unanwendbar.[26]

---

[20] BGH v. 11.10.2011 - II ZR 242/09 - ZIP 2011, 2299-2304; BGH v. 23.06.2003 - II ZR 46/02 - NJW-RR 2003, 1392-1393; BGH v. 11.11.2008 - XI ZR 468/07 - BGHZ 178, 271-285; OLG München v. 16.09.2009 - 7 U 4297/08 - ZIP 2010, 182-185.

[21] BGH v. 11.11.2008 - XI ZR 468/07 - BGHZ 178, 271-285; BGH v. 19.07.2011 - II ZR 300/08 - ZIP 2011, 1657-1664; BGH v. 22.03.2011 - II ZR 271/08 - ZIP 2011, 906-908; BGH v. 12.02.2009 - III ZR 90/08 - NJW-RR 2009, 613-618.

[22] BGH v. 11.10.2011 - II ZR 242/09 - ZIP 2011, 2299-2304; BGH v. 22.03.2011 - II ZR 271/08 - ZIP 2011, 906-908.

[23] BGH v. 16.07.2001 - II ZB 23/00 - BGHZ 148, 291-297.

[24] OLG Celle v. 27.03.2012 - 9 W 37/12 - ZIP 2012, 766-766; LG Berlin Kammer für Handelssachen v. 08.04.2003 - 102 T 6/03 - ZIP 2003, 1201-1203; ausführlich *Bergmann*, ZIP 2003, 2231-2242.

[25] BGH v. 29.01.1951 - IV ZR 171/50 - NJW 1951, 308-309.

[26] OLG München v. 28.07.2000 - 23 U 4359/99 - ZIP 2000, 2255-2257.

§ 705

- Ein **Leistungsverweigerungsrecht** nach § 320 BGB im Falle der Nichtleistung eines Gesellschafters besteht nur in der Zweimanngesellschaft oder bei Säumnis aller Mitgesellschafter; ansonsten käme es zu einer Lähmung der Gesellschaft, wenn alle Gesellschafter in Hinblick auf die Säumnis eines Gesellschafters ihre Leistung verweigern könnten.[27]
- Die Gesellschafter haben kein **Rücktrittsrecht** nach § 323 BGB, sobald die Gesellschaft nach außen tätig geworden (Invollzugsetzung) ist; sie können vielmehr nur noch die Gesellschaft nach § 723 Abs. 1 BGB kündigen,[28] da eine Rückabwicklung des Gesellschaftsverhältnisses ab diesem Zeitpunkt mit den Mitteln des einfachen Vertragsrechts nicht mehr möglich ist.
- Eine **Störung der Geschäftsgrundlage** führt ebenfalls nur zu einem Kündigungsrecht nach § 723 BGB, sofern der Gesellschaftsvertrag keine Anpassungsklauseln bereithält:[29]

Vgl. dazu auch die Kommentierung zu § 706 BGB Rn. 6.

5. Auslegung; Inhaltskontrolle

12 Für die Auslegung von Gesellschaftsverträgen gelten grundsätzlich die §§ 133, 157 BGB. Soweit irgend möglich, sind Lücken von Gesellschaftsverträgen im Wege der ergänzenden Vertragsauslegung in der Weise auszufüllen, dass die Grundzüge des konkreten Vertrags „zu Ende gedacht" werden. Ein Rückgriff auf das **dispositive Gesetzesrecht** kommt, wie der BGH immer wieder betont, nur als letzter Notbehelf in Betracht.[30] Bei nach dem Wortlaut (scheinbar) **widersprüchlichen Bestimmungen** des **Gesellschaftsvertrages** ist einer **Auslegung** der Vorzug zu geben, bei welcher jeder Vertragsnorm eine tatsächliche Bedeutung zukommt, wenn sich die Regelungen ansonsten als ganz oder teilweise sinnlos erweisen würden.[31] Gesellschaftsverträge von **Publikumsgesellschaften** sind nach ihrem objektiven Erklärungsbefund auszulegen.[32] Die Vorstellungen und der Wille der Gründungsgesellschafter sind nicht zu berücksichtigen, wenn sie nicht in dem Gesellschaftsvertrag ihren Niederschlag gefunden haben.[33]

13 Die Gesellschaftsverträge von so genannten Publikumsgesellschaften unterliegen der Inhaltskontrolle nach § 242 BGB,[34] denn die in der Regel öffentlich geworbenen Gesellschafter solcher Publikumsgesellschaften haben, wenn sie beitreten, auf die Ausgestaltung des Gesellschaftsverhältnisses keinen ihre Interessen wahrenden Einfluss mehr, sondern können nur einen fertig vorformulierten Gesellschaftsvertrag unterzeichnen. Es fehlt der Vertragskompromiss als Gewähr einer angemessenen Berücksichtigung der Interessen aller Beteiligten. Deshalb besteht zum Schutze der Anlagegesellschafter ein Bedürfnis, dem unter solchen Umständen möglichen Missbrauch der Vertragsfreiheit mit Hilfe einer an den Maßstäben von Treu und Glauben ausgerichteten Inhaltskontrolle zu begegnen.[35]

6. Abschlussmängel: die fehlerhafte Gesellschaft

14 Die **Lehre von der fehlerhaften Gesellschaft** besagt, dass ein ins Leben getretener Verband auch dann rechtswirksam entstanden ist, wenn der Gesellschaftsvertrag an einem Mangel leidet, der zur Nichtigkeit oder Unwirksamkeit des Gesellschaftsvertrags führen müsste (§§ 104-113, 134, 138, 142 BGB; zur Frage der Anwendbarkeit des HTürGG bzw. des § 312 BGB vgl. Rn. 26). Es kann dann weder nach außen hin geltend gemacht werden, die Gesellschaft sei niemals entstanden, noch ist die Gesellschaft im Innenverhältnis als Rechtsverhältnis auf nichtiger Grundlage nach den §§ 812-822 BGB

---

[27] BGH v. 28.11.1955 - II ZR 16/54 - BB 1956, 92.

[28] BGH v. 22.02.1967 - VIII ZR 255/64 - NJW 1967, 1231; OLG München v. 28.07.2000 - 23 U 4359/99 - ZIP 2000, 2255-2257.

[29] *Sprau* in: Palandt, § 705 Rn. 13 a.E.

[30] BGH v. 20.09.1993 - II ZR 104/92 - juris Rn. 13 - BGHZ 123, 281-289.

[31] BGH v. 07.03.2005 - II ZR 194/03 - WM 2005, 1031-1033.

[32] BGH v. 09.03.2009 - II ZR 131/08 - ZIP 2009, 1008-1009; BGH v. 23.01.2006 - II ZR 126/04 - ZIP 2006, 754-756.

[33] OLG Hamburg v. 24.11.1995 - 11 U 174/93 - NJW-RR 1996, 1436-1439; dieser Auslegungsgrundsatz gilt auch für Verträge einer Publikums-KG mit einem stillen Gesellschafter oder zur Errichtung einer BGB-Innengesellschaft, wenn die Auslegung dieser Verträge von Einfluss auf die Rechtsstellung der Kommanditisten ist und wenn die Verträge den anlagewilligen Kommanditisten vor Zeichnung ihrer Anteile als Entscheidungsgrundlage zugänglich gemacht worden sind.

[34] BGH v. 14.04.1975 - II ZR 147/73 - BGHZ 64, 238-245; BGH v. 09.03.2009 - II ZR 131/08 - ZIP 2009, 1008-1009.

[35] BGH v. 22.03.1982 - II ZR 74/81 - juris Rn. 7 - LM Nr. 1 zu § 712 BGB.

abzuwickeln. Etwaige grundlegende Mängel können den einzelnen Gesellschafter nur zur **außerordentlichen Kündigung** berechtigen.[36] Die Lehre von der fehlerhaften Gesellschaft ist im Laufe ihrer jahrzehntelangen Entwicklung in Rechtsprechung und Rechtswissenschaft anhand von recht unterschiedlich gelagerten Einzelfällen mit zum Teil verschiedenen Begründungen schrittweise zu **allgemeiner Anerkennung** gelangt. Diese Begründungen lassen sich, soweit sie heute noch Geltung beanspruchen können, dahin zusammenfassen, dass die Nichtigkeits- und Anfechtungsfolgen des bürgerlichen Rechts wegen ihrer Rückwirkung auf den Abschluss des Rechtsgeschäfts für Gesellschaftsverhältnisse im Allgemeinen nicht passen; denn sie würde zu unerträglichen Ergebnissen führen und mit dem recht verstandenen Zweck jener Vorschriften nicht vereinbar sein, eine derart auf Dauer angelegte und tatsächlich vollzogene Leistungsgemeinschaft, für die die Beteiligten Beiträge erbracht und Werte geschaffen, die Gewinnchancen genutzt und vor allem gemeinschaftlich das Risiko getragen haben, ohne weiteres mit rückwirkender Kraft aus dem Rechtsleben zu streichen und damit so zu behandeln, als ob sie niemals bestanden hätte. Ein solches Rechtsverhältnis, beurteilt an seinen typischen Erscheinungsformen, verdient daher bis zu dem Zeitpunkt, in dem der Anfechtungs- oder Nichtigkeitsgrund geltend gemacht wird, im Interesse der Gesellschafter Bestandsschutz, sofern nicht **ausnahmsweise** die rechtliche Anerkennung des von den Parteien gewollten und tatsächlich vorhandenen Zustands aus gewichtigen Belangen der Allgemeinheit oder bestimmter besonders schutzwürdiger Personen unvertretbar ist (vgl. Rn. 22). In diesem Sinn gehört der Grundsatz, dass eine fehlerhafte Gesellschaft regelmäßig nicht von Anfang an nichtig, sondern wegen des Nichtigkeits- und Anfechtungsgrundes nur mit Wirkung für die Zukunft vernichtbar ist, heute zum gesicherten Bestandteil des Gesellschaftsrechts, ohne dass es in dem inzwischen erreichten Rechtszustand noch geboten oder aus Gründen der Rechtssicherheit auch nur möglich wäre, die Anwendung jener Grundsätze von der individuellen Gestaltung des Einzelfalls abhängig zu machen und zu prüfen, ob die Abweichung von den bürgerlich-rechtlichen Regeln jeweils mehr oder weniger dringend geboten erscheint.[37]

Einen **gesetzlichen Anknüpfungspunkt** findet die Lehre von der fehlerhaften Gesellschaft in den Vorschriften über die Nichtigkeitsklage im Aktien-, Genossenschafts- und GmbH-Recht, §§ 275-277 AktG, § 77 GmbHG, § 97 GenG. Mit Klage können hier die gesetzlich festgelegten Nichtigkeitsgründe geltend gemacht werden. Das Urteil wirkt nur für die Zukunft und löst die Gesellschaft auf. In Wahrheit handelt es sich daher bei der Nichtigkeitsklage um eine **Auflösungsklage**. 15

Von der fehlerhaften Gesellschaft ist die **Teilnichtigkeit von Gesellschaftsverträgen** zu unterscheiden. Hier geht es nicht um die unwirksame Konstituierung des Verbandes als solchem, sondern um die Unwirksamkeit einzelner Regelungen. Die Nichtigkeit der einzelnen Klausel führt zunächst zur Geltung des dispositiven Rechts bzw. zur Geltung einer – im Wege der ergänzenden Vertragsauslegung zu findenden – angemessenen Regelung.[38] Nur wenn gem. § 139 BGB der gesamte Vertrag nichtig wäre, greifen die Grundsätze der fehlerhaften Gesellschaft.[39] Im Gesellschaftsrecht aber führt die Nichtigkeit einzelner Vertragsklauseln grundsätzlich nicht zur Nichtigkeit des Vertrags; denn die Aufrechterhaltung des Vertrags im Übrigen entspricht dem regelmäßigen Parteiwillen.[40] Die meisten Verträge enthalten sogar ausdrückliche **salvatorische Klauseln**: das schließt eine Gesamtnichtigkeit zwar nicht aus, führt aber zu einer Umkehrung der Vermutung des § 139 BGB in ihr Gegenteil. Die Nichtigkeit des gesamten Vertrages tritt nur dann ein, wenn die Aufrechterhaltung des Rechtsgeschäfts trotz der salvatorischen Klausel im Einzelfall durch den durch Vertragsauslegung zu ermittelnden Parteiwillen nicht mehr getragen wird.[41] 16

Die Grundsätze der fehlerhaften Gesellschaft finden nach heute allgemeiner Auffassung für die in Vollzug gesetzte Außengesellschaft bürgerlichen Rechts Anwendung. Umstritten ist die Anwendung der Grundsätze über die fehlerhafte Gesellschaft auf **Innengesellschaften**.[42] Der Bundesgerichtshof wendet auf alle (typischen oder atypischen) Formen der Innengesellschaften (auch nach der Auflösung 17

---

[36] BGH v. 16.11.1981 - II ZR 213/80 - juris Rn. 22 - LM Nr. 9 zu § 709 BGB.
[37] Zusammenfassend: BGH v. 29.06.1970 - II ZR 158/69 - BGHZ 55, 5-10; vgl. auch *Schmidt*, Gesellschaftsrecht, 4. Aufl. 2002, § 6 I 3 = S. 140-141.
[38] BGH v. 30.03.1967 - II ZR 102/65 - juris Rn. 92 - BGHZ 47, 293-302.
[39] BGH v. 16.11.1981 - II ZR 213/80 - juris Rn. 21 - LM Nr. 9 zu § 709 BGB.
[40] BGH v. 05.02.1968 - II ZR 85/67 - juris Rn. 11 - BGHZ 49, 364-368.
[41] BGH v. 15.03.2010 - II ZR 84/09 - NJW 2010, 1660-1661.
[42] Dazu: *Schmidt*, Gesellschaftsrecht, 4. Aufl. 2002, § 6 II 3 = S. 144-147.

§ 705 jurisPK-BGB / Bergmann

und Beendigung der Gesellschaft) die Grundsätze der fehlerhaften Gesellschaft generell an;[43] auf die Bildung von Gesamthandsvermögen kommt es dabei nicht an, so dass die Grundsätze der fehlerhaften Gesellschaft auch auf eine Innengesellschaft anwendbar sind, die im Wesentlichen ihren beteiligten Gesellschaftern ausschließlich schuldrechtliche Beschränkungen auferlegt.[44] Dementsprechend sind auch auf einen nichtigen oder anfechtbaren Vertrag über die Gründung einer **stillen Gesellschaft** die Grundsätze über die fehlerhafte Gesellschaft anwendbar. Das gilt auch bei einem Widerruf nach dem Haustürwiderrufsgesetz.[45] Allerdings stehen die Grundsätze über die fehlerhafte Gesellschaft einem Anspruch des stillen Gesellschafters auf Rückgewähr der Einlage dann nicht entgegen, wenn der Vertragspartner des stillen Gesellschafters – der Inhaber des Handelsgeschäfts im Sinne des § 230 HGB – verpflichtet ist, den stillen Gesellschafter im Wege des **Schadensersatzes** so zu stellen, als hätte er den Gesellschaftsvertrag nicht geschlossen.[46] Entscheidend ist mithin, ob sich im Einzelfall eine Verletzung von **Aufklärungspflichten** begründen lässt (§§ 280, 282, 311, 241 BGB).

18 Die Anwendung der Regeln über die fehlerhafte Gesellschaft steht unter drei **Voraussetzungen**:
- Es muss ein Vertrag geschlossen sein, der nach allgemeinen Grundsätzen anfänglich unwirksam oder anfechtbar ist;
- die Gesellschaft muss tatsächlich in Vollzug gesetzt worden sein;
- die Durchführung des fehlerhaften Rechtsverhältnisses darf nicht mit vorrangigen Schutzanliegen unvereinbar sein.

19 Eine fehlerhafte Gesellschaft setzt wie jede Gesellschaft einen **Gesellschaftsvertrag** voraus, es genügt aber bei ihr das Vorliegen eines mangelhaften Vertrags, der von dem tatsächlichen, wenn auch rechtlich fehlerhaften Willen der Vertragschließenden getragen ist.[47] Grundlegende Voraussetzung für die Annahme einer fehlerhaften Gesellschaft ist mithin das Vorliegen von – wenn auch fehlerhaften – auf den Abschluss eines Gesellschaftsvertrags gerichteten Willenserklärungen zwischen den Beteiligten. An einem rechtsgeschäftlichen Handeln der Gesellschafter fehlt es z.B., wenn ein Mitgesellschafter die ihm erteilte **Vollmacht überschreitet**; etwas anderes gilt dann nur, wenn die übrigen Gesellschafter die Erklärung für wirksam gehalten haben, weil sie etwa davon ausgingen, der Mitgesellschafter sei wirksam vertreten worden und seine Zustimmung liege vor, oder wenn der Vertreter zwar ohne Vollmacht gehandelt hat, der Abschluss des Gesellschaftsvertrags aber vom Auftrag des Gesellschafters umfasst war und damit auf seinen Willen zurückzuführen ist.[48] Bei einem **versteckten Einigungsmangel** ist die Annahme einer fehlerhaften Gesellschaft nicht von vornherein ausgeschlossen. Die Willensübereinstimmung der Parteien muss sich nicht auf alle Punkte beziehen, die der Gesellschaftsvertrag regeln soll. Der übereinstimmende Wille der Parteien, ihre Rechtsbeziehungen nach gesellschaftsrechtlichen Gesichtspunkten zu regeln, reicht aus.[49] Ist dagegen ein Gesellschaftsvertrag nur **zum Schein** geschlossen (§ 117 BGB), so finden, auch wenn die Beteiligten den Eindruck eines Gesellschaftsverhältnisses erweckt haben, auf die Beziehungen unter den Vertragschließenden die Grundsätze der faktischen Gesellschaft keine Anwendung.[50] Haben die Gesellschafter hingegen eine **Strohmanngesellschaft** gegründet, so ist diese Gründung ernsthaft gewollt.[51]

---

[43] BGH v. 22.10.1990 - II ZR 247/89 - juris Rn. 21 - NJW-RR 1991, 613-615; BGH v. 29.06.1992 - II ZR 284/91 - juris Rn. 14 - LM HGB § 230 Nr. 3 (3/1993). In der Lehre ist die Auffassung verbreitet, dass die Grundsätze der fehlerhaften Gesellschaft nur auf die atypische, verbandsrechtlich verfasste – also mitgliedschaftlich organisierte – Innengesellschaft Anwendung finden können. Diese Auffassung ist konsequent, wenn man die Grundsätze der fehlerhaften Gesellschaft als verbandsrechtliches Institut deutet.

[44] BGH v. 21.09.2009 - II ZR 250/07 - ZIP 2009, 2155-2156.

[45] BGH v. 29.11.2004 - II ZR 6/03 - WM 2005, 278-281; BGH v. 26.09.2005 - II ZR 314/03 - ZIP 2005, 2060-2064.

[46] BGH v. 26.09.2005 - II ZR 314/03 - ZIP 2005, 2060-2064; BGH v. 29.11.2004 - II ZR 6/03 - WM 2005, 278-281; BGH v. 19.07.2004 - II ZR 354/02 - NJW-RR 2004, 1407-1408; vgl. auch BGH v. 21.03.2005 - II ZR 140/03 - WM 2005, 833-838; BGH v. 21.03.2005 - II ZR 310/03 - NJW 2005, 1784-1788; BGH v. 21.03.2005 - II ZR 149/03 - WM 2005, 838-841; BGH v. 21.03.2005 - II ZR 124/03 - WM 2005, 841-843.

[47] BGH v. 28.11.1953 - II ZR 188/52 - BGHZ 11, 190-192.

[48] BGH v. 13.09.2011 - VI ZR 229/09 - ZIP 2011, 2205-2207.

[49] BGH v. 14.10.1991 - II ZR 212/90 - juris Rn. 14 - LM BGB § 705 Nr. 58 (6/1992).

[50] BGH v. 13.09.2011 - VI ZR 229/09 - ZIP 2011, 2205-2207; BGH v. 01.06.2010 - XI ZR 389/09 - ZIP 2010, 1283; BGH v. 27.05.1953 - II ZR 171/52 - LM Nr. 4 zu § 105 HGB; BGH v. 28.11.1953 - II ZR 188/52 - BGHZ 11, 190-192, str.

[51] Schmidt, Gesellschaftsrecht, 4. Aufl. 2002, § 6 III 1 a = S. 147-148.

Des Weiteren muss die Gesellschaft **in Vollzug gesetzt** sein, d.h. es müssen Rechtstatsachen geschaffen worden sein, an denen die Rechtsordnung nicht vorbei gehen kann.[52] Zum Vollzug eines mangelhaft zustande gekommenen Gesellschaftsvertrags reicht es aus, wenn das durch die Gesellschaftsgründung geschaffene Organisationsgefüge „in Gang gesetzt" worden ist, also zu leben begonnen hat.[53] Ein mit einer Aktiengesellschaft als Unternehmensträger geschlossener Vertrag über eine stille Gesellschaft ist bereits dann im Sinne dieser Grundsätze vollzogen, wenn der stille Gesellschafter seine Einlageschuld erfüllt hat; die Zustimmung der Hauptversammlung oder die Eintragung des Vertrages in das Handelsregister nach den §§ 293 Abs. 1 Satz 1, 294 Abs. 2, 292 Abs. 1 Nr. 2 AktG ist dafür nicht erforderlich.

20

Die **Rechtsfolge** ist, dass die fehlerhafte Gesellschaft wirksam begründet ist. Die fehlerhaft gegründete Gesellschaft ist nicht von Anfang an unwirksam, sondern wegen des Nichtigkeits- oder Anfechtungsgrundes **nur mit Wirkung für die Zukunft vernichtbar**. Bis zur Geltendmachung des Fehlers ist die in Vollzug gesetzte Gesellschaft grundsätzlich voll wirksam. Es gelten die Vereinbarungen über Geschäftsführung und Vertretung; die Rechte und Pflichten der Gesellschafter richten sich nach dem Gesellschaftsvertrag und die Gesellschafter haften nach außen für die Gesellschaftsschulden.[54] Da die rechtliche Anerkennung einer fehlerhaften Gesellschaft weder Ausfluss eines irgendwie gearteten Vertrauens- oder Gutglaubensschutzes einzelner oder aller Gesellschafter ist noch auf einer rechtsgeschäftlichen Willensübereinstimmung beruht, sondern sich auf die Berücksichtigung des gemeinsam geschaffenen Zustands stützt, kommt es nicht darauf an, ob ein einzelner oder alle Gesellschafter oder ein Dritter den rechtlichen Mangel des Gesellschaftsvertrags kennen oder nicht.[55] Das Rechtsverhältnis kann nur durch Auflösung der Gesellschaft oder durch Austritt des Gesellschafters beendet werden, §§ 723 Abs. 1, 736 Abs. 1 BGB. Dies setzt einen **wichtigen Grund** voraus. Nach der Auffassung der Rechtsprechung ist bereits die Fehlerhaftigkeit der Gesellschaft ein wichtiger Grund,[56] der zur Kündigung gem. § 723 BGB berechtigt und damit zur Auseinandersetzung (§§ 730-735 BGB) oder zum Ausscheiden aus der Gesellschaft (§§ 736, 737 BGB) führt.[57]

21

Nach ständiger Rechtsprechung **endet der Geltungsbereich** der Regeln über die fehlerhafte Gesellschaft dort, wo gewichtige Interessen der Allgemeinheit oder einzelner schutzwürdiger Personen entgegenstehen.[58] Unter diesem Gesichtspunkt können insbesondere **nicht voll geschäftsfähige** Personen nicht an einem von ihnen geschlossenen Gesellschaftsvertrag festgehalten werden.[59] Hat sich ein Minderjähriger in rechtsgeschäftlich unwirksamer Weise am Abschluss eines Gesellschaftsvertrags beteiligt und ist diese Gesellschaft in Vollzug gesetzt worden, so kann ein solches Gesellschaftsverhältnis nicht unter Einschluss des Minderjährigen als faktische Gesellschaft angesehen werden, weil sonst der Sinn und Zweck des mit der Vorschrift des § 1822 Nr. 3 BGB beabsichtigten Schutzes der Minderjährigen in rechtlich nicht tragbarer Weise verletzt würde.[60] Für die bei Gründung einer solchen Gesellschaft schon geschäftsfähigen Gesellschafter verbleibt es jedoch bei den Regeln der fehlerhaften Gesellschaft; insoweit besteht kein besonderes, der rechtlichen Anerkennung des tatsächlich geschaffenen Zustands gegenüber vorrangiges Schutzbedürfnis. Daher hat der BGH entschieden: Ein bei Gründung einer Gesellschaft bürgerlichen Rechts unter Einschluss Minderjähriger bereits volljähriger Gesellschafter haftet, wenn die Gesellschaft in Vollzug gesetzt ist, für ein von dem geschäftsführenden Gesellschafter aufgenommenes Darlehen grundsätzlich auch dann in vollem Umfang nach den Regeln

22

---

[52] BGH v. 21.09.2009 - II ZR 250/07 - ZIP 2009, 2155-2156; BGH v. 14.10.1991 - II ZR 212/90 - juris Rn. 20 - LM BGB § 705 Nr. 58 (6/1992).

[53] BGH v. 11.11.1991 - II ZR 287/90 - juris Rn. 6 - BGHZ 116, 37-47. Das ist beispielsweise schon dann der Fall, wenn etwas auf die im Gesellschaftsvertrag vorgesehenen Einlagen geleistet worden ist (BGH v. 12.05.1954 - II ZR 167/53 - juris Rn. 4 - BGHZ 13, 320-324) oder die Gesellschaft Rechtsbeziehungen zu Dritten aufgenommen hat.

[54] BGH v. 14.10.1991 - II ZR 212/90 - juris Rn. 13 - LM BGB § 705 Nr. 58 (6/1992).

[55] BGH v. 30.09.1982 - III ZR 58/81 - juris Rn. 17 - LM Nr. 40 zu § 705 BGB.

[56] BGH v. 24.10.1951 - II ZR 18/51 - juris Rn. 9 - BGHZ 3, 285-292; str.; differenzierend: *Schmidt*, Gesellschaftsrecht, 4. Aufl. 2002, § 6 III 2 = S. 148-149.

[57] BGH v. 16.11.1981 - II ZR 213/80 - juris Rn. 21 - LM Nr. 9 zu § 709 BGB.

[58] BGH v. 24.10.1951 - II ZR 18/51 - juris Rn. 7 - BGHZ 3, 285-292; ablehnend: *Schmidt*, Gesellschaftsrecht, 4. Aufl. 2002, § 6 III 3 = S. 149-154.

[59] BGH v. 17.02.1992 - II ZR 100/91 - juris Rn. 7 - LM BGB § 705 Nr. 59 (8/1992).

[60] BGH v. 30.09.1982 - III ZR 58/81 - juris Rn. 14 - LM Nr. 40 zu § 705 BGB; BGH v. 30.04.1955 - II ZR 202/53 - juris Rn. 16 - BGHZ 17, 160-168.

§ 705

über die fehlerhafte Gesellschaft, wenn der Gesellschaftsvertrag wegen des Fehlens einer erforderlichen vormundschaftsgerichtlichen Genehmigung nichtig ist.[61] Ungeklärt ist noch die Frage, welche Rechte der Minderjährige gegen die Gesellschaft und einzelne Gesellschafter hat, und zwar vor allem in den Fällen, in denen die Gesellschaft unter der tätigen oder finanziellen Mitwirkung des Minderjährigen Gewinne erzielt.[62] Nicht durchgesetzt hat sich in der Literatur die Auffassung, der Minderjährige sei zwar an den Gewinnen, nicht aber an den Verlusten zu beteiligen;[63] denn Gewinn- und Verlustbeteiligung lassen sich nicht trennen. Gleiches gilt für den Fall des § 105 Abs. 2 BGB.[64] Der Fall, dass ein Gesellschafter durch arglistige **Täuschung oder widerrechtliche Drohung** zur Beteiligung veranlasst worden ist, ist grundsätzlich nach den Regeln über die fehlerhafte Gesellschaft zu behandeln.[65] Der Gesellschafter kann die Erfüllung seiner übernommenen Einlage nach Berufung auf Treu und Glauben verweigern, weil nämlich in einem solchen Fall die Erfüllung auch seiner Einlage dazu dient, die eingetretenen Vermögensverluste auf die Opfer des Betrügers (die übrigen Gesellschafter) nach Maßgabe ihrer Einlagezusagen einheitlich zu verteilen.[66] Eine Ausnahme gilt aber für die zweigliedrige Gesellschaft.[67] Wer durch widerrechtliche Drohung oder arglistige Täuschung zum Abschluss eines Gesellschaftsvertrags veranlasst worden ist, kann berechtigt sein, durch rechtsgestaltende Erklärung das Geschäft ohne Liquidation mit Aktiven und Passiven zu übernehmen.[68] Ausgeschlossen sind die Grundsätze der fehlerhaften Gesellschaft nach den Grundsätzen der Rechtsprechung weiterhin dann, wenn der Gesellschaftsvertrag **wegen § 134 BGB nichtig** ist. Beispiel: Die Berufsordnung für die öffentlich bestellten Vermessungsingenieure (in Nordrhein-Westfalen) verbietet dem öffentlich bestellten Vermessungsingenieur, sich mit einem nicht öffentlich bestellten Vermessungsingenieur zu einer Gesellschaft zum Zwecke der gemeinsamen Berufsausübung zusammenzuschließen. Haben die Parteien gegen das gesetzliche Verbot eines Zusammenschlusses verstoßen, so finden die Rechtsgrundsätze für die fehlerhafte Gesellschaft keine Anwendung, sondern der Mangel führt nach § 134 BGB zur Nichtigkeit des Gesellschaftsvertrags; denn die Rechtsordnung kann die fehlerhafte Gesellschaft nicht anerkennen, wenn dem wichtige Gemeinschaftsinteressen entgegenstehen. Die beiderseitigen Leistungen der Parteien sind dann nach den Grundsätzen des Bereicherungsrechts zurückzugewähren. Die §§ 814 und 817 Satz 2 BGB müssen dem Rückgewährverlangen nicht entgegenstehen.[69] Eine typische stille Beteiligung eines Nichtapothekers an einer Apotheke verstößt dann gegen das **Bundesapothekengesetz** und ist deshalb nach § 134 BGB nichtig, wenn der Erlaubnisinhaber durch unangemessene wirtschaftliche Bedingungen in eine persönliche und wirtschaftliche Abhängigkeit gebracht wird. In einem solchen Fall finden die Grundsätze über die fehlerhafte Gesellschaft keine Anwendung.[70] Das Gleiche gilt, wenn der Gesellschaftsvertrag gegen das **Rechtsberatungsgesetz** verstößt und gem. § 134 BGB nichtig ist.[71] Umgekehrt ist ein stiller Gesellschaftsvertrag nicht schon deshalb gem. § 134 BGB i.V.m. § 32 Abs. 1 Satz 1 KWG, § 1 Abs. 1 Satz 2 Nr. 1 KWG nichtig, weil in den Vertragsbedingungen vorgesehen ist, dass bei einem Liquiditätsengpass das Auseinandersetzungsguthaben ratenweise ausgezahlt werden darf.[72] Bei **Sittenverstößen** (§ 138 BGB) ist die Anwendung der Grundsätze über die fehlerhafte Gesellschaft ausgeschlossen, soweit es um den Schutz der Belange der Allgemeinheit geht, was bei besonders grober Sittenwidrigkeit anzunehmen sein kann.[73] Ob ohne Ein-

---

[61] BGH v. 30.09.1982 - III ZR 58/81 - LM Nr. 40 zu § 705 BGB.
[62] BGH v. 30.04.1955 - II ZR 202/53 - juris Rn. 16 - BGHZ 17, 160-168 hat die Frage offen gelassen.
[63] *Schmidt*, Gesellschaftsrecht, 4. Aufl. 2002, § 6 III 3 c cc = S. 152-154.
[64] BGH v. 17.02.1992 - II ZR 100/91 - juris Rn. 7 - LM BGB § 705 Nr. 59 (8/1992).
[65] BGH v. 05.05.2008 - II ZR 292/06 - ZIP 2008, 1018-1022; BGH v. 12.05.1954 - II ZR 167/53 - juris Rn. 6 - BGHZ 13, 320-324.
[66] BGH v. 06.02.1958 - II ZR 210/56 - BGHZ 26, 330-337; BGH v. 19.12.1974 - II ZR 27/73 - juris Rn. 20 - BGHZ 63, 338-348; BGH v. 05.05.2008 - II ZR 292/06 - ZIP 2008, 1018-1022.
[67] BGH v. 12.05.1954 - II ZR 167/53 - juris Rn. 6 - BGHZ 13, 320-324.
[68] BGH v. 30.03.1967 - II ZR 102/65 - BGHZ 47, 293-302.
[69] BGH v. 20.03.1986 - II ZR 75/85 - juris Rn. 25 - BGHZ 97, 243-251.
[70] BGH v. 24.09.1979 - II ZR 95/78 - juris Rn. 20 - BGHZ 75, 214-218.
[71] BGH v. 25.03.1974 - II ZR 63/72 - juris Rn. 51 - BGHZ 62, 234-243. Zum Verstoß gegen § 1 GWB vgl. OLG Hamm v. 13.03.1986 - 4 W 43/86 - NJW-RR 1986, 1487-1488.
[72] BGH v. 08.05.2006 - II ZR 123/05 - ZIP 2006, 1201-1203. Die bloße Möglichkeit, dass wegen eines Liquiditätsengpasses die Auseinandersetzungsguthaben nur verzögert ausgezahlt werden könnten, reicht für die Annahme eines Bankgeschäfts nicht aus.
[73] Vgl. OLG Braunschweig v. 03.09.2003 - 3 U 231/02 - ZIP 2004, 28-32.

schränkung an der Auffassung der h.M. festgehalten werden kann, dass das Interesse der Allgemeinheit insbesondere bei Gesetzes- und Sittenwidrigkeit (§§ 134, 138 BGB) die Nichtanerkennung der fehlerhaften Gesellschaft verlangt, erscheint doch – zumindest im Außenverhältnis zu Dritten – zweifelhaft. Mit dem Allgemeininteresse ist es geradezu unvereinbar, dass eine solche tätig gewordene Gesellschaft kein Vermögen hat, ihren Lieferanten nichts schuldet und von ihnen nicht verklagt werden kann oder dass ihre Mitarbeiter keinen Arbeitgeber haben.[74]

Die Grundsätze über die fehlerhafte Gesellschaft sind nach Auffassung der Rechtsprechung auf nichtige oder anfechtbare **Änderungen eines Gesellschaftsvertrags** nicht ohne weiteres anzuwenden.[75] Auf eine Vertragsänderung, die die Nachfolge regelt, sind sie jedenfalls nicht anwendbar.[76]

Nach ständiger Rechtsprechung gelten die zur fehlerhaften Gesellschaft entwickelten Grundsätze auch für den **fehlerhaften Beitritt** zu einer Gesellschaft.[77] Der fehlerhaft vollzogene Beitritt zu einer Gesellschaft ist damit regelmäßig nicht von Anfang an unwirksam, sondern wegen des Nichtigkeits- oder Anfechtungsgrundes nur mit Wirkung für die Zukunft vernichtbar. Bis zur Geltendmachung des Fehlers ist der vollzogene Beitritt grundsätzlich voll wirksam; insbesondere haftet der Gesellschafter nach außen für die Gesellschaftsschulden.[78] Damit die Grundsätze über die fehlerhafte Gesellschaft auf den fehlerhaften Beitritt zu einer Gesellschaft angewendet werden können, ist es erforderlich, dass der Beitritt tatsächlich vollzogen worden ist. Ein Teil des Schrifttums sieht den Vollzug bereits als gegeben an, wenn die Gesellschaft selber – vor oder nach dem Beitritt – in Vollzug gesetzt worden ist. Andere unterscheiden zwischen dem nichtigen oder schwebend unwirksamen Beitrittsvertrag einerseits, bei dem der Beitritt erst mit der Leistung der Einlage durch den Beitretenden oder mit dessen Teilnahme an Geschäftsführungsmaßnahmen vollzogen sein soll, und anfechtbaren Beitrittserklärungen andererseits, bei denen wegen ihrer vorläufigen Wirksamkeit schon der Beitritt als Vollzug anzusehen sei. Der BGH hält daran fest, dass der Beitritt erst vollzogen worden ist, wenn Rechtstatsachen geschaffen worden sind, an denen die Rechtsordnung nicht vorbeigehen kann. Das ist der Fall, wenn der Beitretende Beiträge geleistet oder gesellschaftsvertragliche Rechte ausgeübt hat. Dazu genügt es, dass er den Geschäftsführer der Gesellschaft monatelang für die Gesellschaft und damit auch für sich handeln lässt, ohne sich darauf zu berufen, dass sein Beitritt fehlerhaft sei.[79] Diese Grundsätze kommen nach der Rechtsprechung des BGH **nicht** zum Zuge, wenn der rechtlichen Anerkennung der fehlerhaften Gesellschaft oder dem fehlerhaften Beitritt gewichtige Interessen der Allgemeinheit oder bestimmter schutzwürdiger Personen entgegenstehen, also z.B., wenn der Gesellschaftsvertrag wegen § 134 BGB nichtig ist. Allerdings bleibt es auch dann bei der Wirksamkeit des Beitritts, wenn der Beitretende sich beim Beitritt zu der Gesellschaft von einem Treuhänder vertreten ließ und sowohl Treuhandsvertrag wie erteilte Vollmacht wegen Verstoßes gegen Art. 1 § 1 Abs. 1 RBerG (§ 3 RDG) i.V.m. § 134 BGB nichtig sind, solange die Gesellschaft ihrerseits nicht wegen Verstoßes gegen Art. 1 § 1 Abs. 1 RBerG (§ 3 RDG) nichtig ist.[80] Ebenfalls anwendbar sind die Grundsätze der fehlerhaften Gesellschaft auf die fehlerhafte **Übertragung von Gesellschaftsanteilen**. Zwar vollzieht sich die Antragsübertragung als zweiseitiges Rechtsgeschäft zwischen dem Veräußerer und dem Erwerber außerhalb des Gesellschaftsverhältnisses und lässt die Mitgliedschaft als solche unberührt, aber die Personengesellschaft und ihre Gläubiger müssen sich darauf verlassen können, dass ein bei ihr eingeführter Neugesellschafter als solcher zu behandeln ist. Insoweit unterscheiden sich vollzogener Gesellschaftsbeitritt und vollzogene Anteilsübertragung nicht. Dies gilt gerade auch mit Blick auf Publikumsgesellschaften.[81]

---

[74] Vgl. *Schmidt*, Gesellschaftsrecht, 4. Aufl. 2002, § 6 III 3 c aa = S. 151.
[75] BGH v. 10.12.1973 - II ZR 53/72 - juris Rn. 33 - BGHZ 62, 20-29; wohl zu Recht a.A.: *Schmidt*, Gesellschaftsrecht, 4. Aufl. 2002, § 6 IV 2 = S. 155-156.
[76] BGH v. 07.10.1991 - II ZR 194/90 - juris Rn. 27 - LM BGB § 123 Nr. 72 (6/1992).
[77] BGH v. 16.12.2002 - II ZR 109/01 - BGHZ 153, 214-223.
[78] BGH v. 14.10.1991 - II ZR 212/90 - juris Rn. 13 - LM BGB § 705 Nr. 58 (6/1992).
[79] BGH v. 14.10.1991 - II ZR 212/90 - juris Rn. 20 - LM BGB § 705 Nr. 58 (6/1992).
[80] BGH v. 16.12.2002 - II ZR 109/01 - BGHZ 153, 214-223; vgl. auch OLG München v. 31.07.2003 - 6 U 2230/03 - NJW-RR 2003, 1682-1684.
[81] BGH v. 26.02.2010 - II ZR 465/07 - ZIP 2010, 1590-1594. Dem steht die abweichende Rechtsprechung zur Übertragung eines GmbH-Anteils aufgrund arglistiger Täuschung oder widerrechtlicher Drohung nicht entgegen: dass die Regeln über die fehlerhafte Gesellschaft in diesem Fall keine Berücksichtigung fänden, beruht in erster Linie auf den speziellen Regeln des § 16 Abs. 1 GmbHG.

25 Die Grundsätze der fehlerhaften Gesellschaft sind nicht nur auf den Beitritt zu einer schon bestehenden Gesellschaft, sondern auch auf das **Ausscheiden** aus der Gesellschaft anzuwenden.[82] Denn das Ausscheiden aufgrund fehlerhaften Vertrags ist nur das Spiegelbild eines fehlerhaften Eintritts in die Gesellschaft oder einer fehlerhaften Gesellschaftsgründung. Es schaffe ebenfalls vollendete Tatsachen und kann nicht einfach ungeschehen gemacht werden.[83] Andererseits endet auch hier nach h.M. der Geltungsbereich der Regeln über die fehlerhafte Gesellschaft dort, wo gewichtige Interessen der Allgemeinheit oder einzelner schutzwürdiger Personen entgegenstehen. Ein fehlerhaft vollzogenes Ausscheiden setzt ein – wenn auch fehlerhaftes – rechtsgeschäftliches Handeln aller Gesellschafter voraus, so dass die entscheidende Voraussetzung fehlt, wenn der Mangel gerade darauf beruht, dass ein Teil der Gesellschafter an der Vereinbarung nicht mitgewirkt oder ein Mitgesellschafter die von ihnen erteilte Vollmacht zum Abschluss der Vereinbarung überschritten hat. Etwas anderes gilt jedoch, wenn der betroffene Gesellschafter und die für sein Ausscheiden stimmenden Gesellschafter das Ausscheiden für wirksam gehalten haben.[84]

26 Nach ständiger Rechtsprechung finden auf den Beitritt zu einem geschlossenen Immobilienfonds in Form einer Personengesellschaft, zu dem ein Verbraucher durch mündliche Verhandlungen im Bereich seiner Privatwohnung bestimmt worden ist, die Vorschriften über den **Widerruf von Haustürgeschäften (§ 312 BGB)** Anwendung.[85] Zwar verlangt § 312 Abs. 1 BGB eine auf den Abschluss eines Vertrages über eine entgeltliche Leistung gerichtete Willenserklärung; eine Voraussetzung, die bei dem Beitritt zu einer Gesellschaft grundsätzlich nicht erfüllt ist, da darin ein auf die Begründung der Mitgliedschaft gerichtetes organisationsrechtliches Geschäft liege. Und doch begründete die h.M. die Anwendbarkeit der genannten Regelung mit der Erwägung, dass der Zweck des Beitritts zu einem geschlossenen Immobilienfonds vorrangig in der Anlage von Kapital und eben nicht darin bestehe, Mitglied der Gesellschaft zu werden.[86] Als Rechtsfolge des Widerrufs sieht die Rechtsprechung des BGH aber – abweichend von den allgemeinen verbraucherprivatrechtlichen Vorschriften §§ 355, 357, 346 BGB – keinen ex tunc wirkenden Rücktritt von dem Gesellschaftsbeitritt, sondern Anwendung der **Grundsätze über die fehlerhafte Gesellschaft bzw. über den fehlerhaften Gesellschaftsbeitritt** – die Widerrufserklärung als außerordentliche Kündigung. Dementsprechend wird der widerrufende Gesellschafter bis zum Zeitpunkt des Wirksamwerdens der Kündigung wie ein Gesellschafter mit allen damit verbundenen Rechten und Pflichten behandelt: er ist zur Leistung seiner Einlage, soweit sie noch nicht vollständig erbracht ist, verpflichtet und nimmt bis zum Zeitpunkt seines Ausscheidens an den Gewinnen und Verlusten der Gesellschaft teil. Mit dem Wirksamwerden des Ausscheidens tritt an die Stelle der Mitgliedschaft der Anspruch auf Zahlung des dem Verkehrswert des Anteils im Zeitpunkt des Ausscheidens entsprechenden Auseinandersetzungsguthabens. Die Anwendung der Grundsätze über den fehlerhaften Beitritt kann daher für den widerrufenden Gesellschafter dazu führen, dass sein Abfindungsguthaben – wegen während seiner Mitgliedschaft eingetretener, von ihm mitzutragender Verluste der Gesellschaft – geringer ist als seine Einlageleistung; das Abfindungsguthaben kann sogar negativ sein, was bedeutet, dass der widerrufende Gesellschafter nicht nur seine Einlage nicht (vollständig) zurückerhält, sondern seinerseits zu Zahlungen (§§ 735, 739 BGB) an die Gesellschaft verpflichtet ist;[87] im Übrigen gilt der widerrufende Gesellschafter auch im Außenverhältnis als Gesellschafter und ist damit der Gesellschafterhaftung unterworfen. All das liegt auf der Linie der Rechtsprechung, die auch den arglistig getäuschten Gesellschafter den Grundsätzen der fehlerhaften Gesellschaft unterwirft (vgl. Rn. 22). Allerdings sind dem BGH angesichts der Entscheidung des EuGH in der Sache Schulte[88] Zweifel gekommen, ob die Lehre von der fehlerhaften Gesellschaft mit der **Richtlinie 85/577/EWG** (des Rates vom 20.12.1985 **betreffend den Verbraucherschutz im**

---

[82] BGH v. 13.01.2003 - II ZR 58/00 - NJW-RR 2003, 533-534; BGH v. 17.02.1992 - II ZR 100/91 - juris Rn. 7 - LM BGB § 705 Nr. 59 (8/1992).

[83] BGH v. 14.04.1969 - II ZR 142/67 - LM Nr. 11 zu § 138 HGB.

[84] BGH v. 13.01.2003 - II ZR 58/00 - NJW-RR 2003, 533-534.

[85] Auch auf ein Geschäft, durch welches sich ein Anleger in einer Haustürsituation über einen Treuhänder mittelbar an einer Fondsgesellschaft beteiligt, findet das Haustürwiderrufsgesetz Anwendung; Schuldnerin des Rückgewähranspruchs ist in diesem Fall die Fondsgesellschaft selbst (BGH v. 02.07.2001 - II ZR 304/00 - BGHZ 148, 201-209).

[86] BGH v. 18.10.2004 - II ZR 352/02 - WM 2004, 2491-2494.

[87] BGH v. 27.06.2006 - II ZR 218/04 - ZIP 2006, 1388; BGH v. 18.10.2004 - II ZR 352/02 - WM 2004, 2491-2494; BGH v. 02.07.2001 - II ZR 304/00 - BGHZ 148, 201-209.

[88] EuGH v. 25.10.2005 - C-350/03 - Slg. 2005, I-9215-9272.

Falle von **außerhalb von Geschäftsräumen geschlossenen Verträgen**) vereinbar ist: denn nach Art. 5 Abs. 2 der Richtlinie bewirkt der Widerruf des Verbrauchers, dass der Verbraucher aus allen aus dem widerrufenen Vertrag erwachsenden Verpflichtungen entlassen ist. Der BGH ersuchte daher den EuGH um Vorabentscheidung.[89] In der nachfolgenden Friz-Entscheidung stellte aber der EuGH klar, dass wegen der gesellschaftsrechtlichen Besonderheiten die Lehre von der fehlerhaften Gesellschaft mit der Richtlinie 85/577/EWG vereinbar ist.[90] Der **BGH** greift daher nach wie vor auch in solchen Fällen auf die Grundsätze über die fehlerhafte Gesellschaft zurück, in denen ein Verbraucher einer BGB-Gesellschaft in einer „Haustürsituation" beigetreten ist.[91]

Ein letztlich nicht durchgreifender **Widerruf nach dem Haustürwiderrufsrecht** – etwa wegen Fristablauf nach ordnungsgemäßer Belehrung – kann **nicht** nachträglich in einen Widerruf oder eine Kündigung aus anderem Grund **umgedeutet** werden.[92] Beispiel: Ein mit einer Aktiengesellschaft geschlossener stiller Gesellschaftsvertrag ist ein Teilgewinnabführungsvertrag i.S.d. § 292 Abs. 1 Nr. 2 AktG und wird deshalb grundsätzlich erst mit der Genehmigung der Hauptversammlung und der Eintragung in das Handelsregister wirksam. Will sich der andere Vertragsteil mangels Vorliegens dieser Voraussetzungen von dem Vertrag lösen, muss er deutlich machen, dass der Widerruf oder die Kündigung gerade auf diesen Grund gestützt wird. Eine Umdeutung eines Widerrufs nach § 312 BGB in eine Lösung wegen Fehlens der Voraussetzungen der §§ 293 f. AktG ist nicht möglich. 27

Zu erheblichen Problemen und Spannungen innerhalb des BGH führte in jüngerer Zeit die rechtliche Beurteilung der **kreditfinanzierten Beteiligung an geschlossenen Immobilienfonds**. Allerdings scheinen die Spannungen zwischen dem II. Senat (zuständig für Gesellschaftsrecht) und dem XI. Senat (Zuständigkeit für Darlehens- und Verbraucherkreditrecht) nunmehr beigelegt. Soweit gesellschaftsrechtliche Fragen berührt sind, gilt:[93] der Erwerb eines Anteils an einer Anlagegesellschaft (geschlossener Immobilienfonds) und das finanzierende Darlehen sind ein verbundenes Geschäft i.S.d. § 9 Abs. 1 VerbrKrG (§ 358 Abs. 3 BGB), sofern zwischen beiden Verträgen eine wirtschaftliche Einheit besteht. Im Falle des Widerrufs des Kreditvertrages zeitigen sich folgende Rechtsfolgen[94]: in einem ersten Denkschritt erfasst der Widerruf des Darlehensvertrages im Wege des Widerrufsdurchgriffs den verbundenen Fondsbeitritt (vgl. § 358 Abs. 2 Satz 1, Abs. 4 Satz 1 BGB). In einem zweiten Schritt kann der Verbraucher seine Zins- und Tilgungsleistungen von der Bank zurückfordern; entsprechend dem Gedanken des Rückforderungsdurchgriffs (§ 358 Abs. 4 Satz 3 BGB) hat er der Bank lediglich seinen Fondsanteil bzw. seine Rechte aus dem fehlerhaften Gesellschafterbeitritt abzutreten ohne weiteren Zahlungsansprüchen ausgesetzt zu sein. Für die ausstehenden **darlehens- und verbraucherkreditrechtlichen Probleme** ist nunmehr primär der **XI. Senat zuständig**.[95] 28

7. Musterklauseln

In Gesellschaftsverträgen findet sich oft folgende **salvatorische Klausel**, um die Anwendung des § 139 BGB zu vermeiden: „Sollten einzelne Bestimmungen dieses Vertrags ganz oder teilweise unwirksam sein oder sollte sich in dem Vertrag eine Lücke befinden, so wird hierdurch die Gültigkeit des Vertrags nicht berührt. An die Stelle der unwirksamen Bestimmung oder Lücke soll eine angemessene Regelung treten, die dem am nächsten kommt, was die Gesellschafter bei Kenntnis der Unwirksamkeit oder Lücke redlicherweise nach dem Sinn und Zweck des Vertrags vereinbart hätten." 29

---

[89] BGH v. 05.05.2008 - II ZR 292/06 - ZIP 2008, 1018-1022.
[90] EuGH v. 15.04.2010 - C 215/08 - ZIP 2010, 772-775.
[91] BGH v. 12.07.2010 - II ZR 292/06 - ZIP 2010, 1540-1541; BGH v. 12.07.2010 - II ZR 269/07 - ZIP 2010, 1689-1690; BGH v. 12.07.2010 - II ZR 160/09 - ZIP 2010, 2497-2497; BGH v. 07.06.2011 - II ZR 186/08 - ZIP 2011, 1358-1359.
[92] BGH v. 08.05.2006 - II ZR 123/05 - ZIP 2006, 1201-1203.
[93] BGH v. 21.07.2003 - II ZR 387/02 - BGHZ 156, 46-57.
[94] BGH v. 14.06.2004 - II ZR 395/01 - BGHZ 159, 280, 287 ff. für einen mit einem Fondsbeitritt verbundenen Personalkredit; vgl. *Doehner/Hoffmann*, ZIP 2004, 1884, 1890. BGH v. 24.04.2007 - XI ZR 17/06 - juris Rn. 21 - BGHZ 172, 147; BGH v. 25.04.2006 - XI ZR 193/04 - juris Rn. 12 ff. - BGHZ 167, 252; BGH v. 17.09.1996 - XI ZR 164/95 - BGHZ 133, 254, 259 ff.; BGH v. 10.03.2009 - XI ZR 33/08 - juris Rn. 25 f. - ZIP 2009, 952.
[95] Vgl. BGH v. 25.04.2006 - XI ZR 106/05 - ZIP 2006, 1084; BGH v. 25.04.2006 - XI ZR 219/04 - ZIP 2006, 1088; BGH v. 25.04.2006 - XI ZR 193/04 - ZIP 2006, 940; BGH v. 25.04.2006 - XI ZR 29/05 - ZIP 2006, 987.

III. Gemeinsamer Zweck

30 Konstitutive Merkmale des Gesellschaftsvertrags sind der vereinbarte gemeinsame Zweck und die entsprechenden Förderungspflichten aller Vertragspartner. Es handelt sich um den **ausschlaggebenden Unterschied** zwischen einem Gesellschafts- und einem sonstigen Schuldvertrag. Die Förderung muss allerdings nicht unbedingt in einem bestimmten Beitrag bestehen, sie kann z.B. bei einem angesehenen und kreditwürdigen Partner schon in der bloßen Beteiligung liegen (vgl. die Kommentierung zu § 706 BGB). Ob die übernommenen Förderungspflichten im Ergebnis tauglich sind und unter allen Umständen ausreichen, den gesellschaftlichen Endzweck zu erreichen, ist für ihre Einordnung als gesellschaftsbegründend im Sinne des § 705 BGB nicht maßgeblich. Es genügt, dass sie für die Erreichung des gewählten Zwecks nicht von vornherein ungeeignet sind.[96] Hinsichtlich der **Arten** des gemeinsamen Zwecks unterscheidet § 705 BGB nicht. Jeder erlaubte, auch ein ideeller Zweck kann Gegenstand einer Gesellschaft sein.[97] Keinen Unterschied macht es, ob der Zweck in gemeinsam zu erbringenden oder zu erlangenden Leistungen liegt, in der Herstellung einer Sache, der Herbeiführung eines Erfolges oder auch nur in gemeinsamer Tätigkeit. Grundsätzlich zulässig ist auch der von einer Aktionärsvereinigung (als Innengesellschaft bürgerlichen Rechts) verfolgte Zweck, das (mittelbare) Eindringen unerwünschter Dritter in den Aktionärskreis zu verhindern.[98]

31 Auch der Erwerb von Gegenständen, dessen Halten, Verwalten und Bewohnen kann Zweck einer BGB-Gesellschaft sein (vgl. Rn. 35):
- z.B. können sich Ehegatten zum Zweck des Erwerbs und Haltens eines Familienheimes in der Rechtsform einer Gesellschaft bürgerlichen Rechts zusammenschließen[99];
- tauglicher Gesellschaftszweck i.S.v. § 705 BGB kann auch das Anschaffen und Halten eines Zuchthengstes zur Gewinnerzielung durch Deckprämien sein[100].

32 Der Zweck muss allen Vertragsschließenden **gemeinsam** sein, d.h. jeder Gesellschafter kann dessen Förderung von den anderen beanspruchen.[101] Durch das Zusammenwirken der Gesellschafter muss der Zweck erreicht werden.

IV. Abgrenzung

33 Entgegen verbreiteter Auffassung bilden **Bruchteilsgemeinschaft** (§§ 741-758 BGB) und Gesellschaft keine Gegensätze.[102] Zwar setzt die Bruchteilsgemeinschaft anders als die Gesellschaft keinen **gemeinschaftlichen Zweck** voraus, aber beide Rechtsinstitute beschäftigen sich mit verschiedenen Rechtsproblemen. Der Gesellschaftsvertrag schafft eine Zweckförderungsgemeinschaft, das Gemeinschaftsverhältnis besteht in der gemeinschaftlichen Innehabung eines Rechts. Unter den Gesellschaftern kann im Rahmen des Gesellschaftsverhältnisses durchaus Bruchteilseigentum bestehen.[103] Gesellschafterbeitrag ist in diesem Falle die Überlassung des Gegenstands zum Gebrauch;[104] quoad usum (vgl. die Kommentierung zu § 706 BGB Rn. 12).[105] Auch können Bruchteilsberechtigte über die bloße Rechtsinhaberschaft hinaus ein Gesellschaftsverhältnis eingehen, um den gemeinsamen, in Bruchteilsgemeinschaft stehenden Gegenstand (insbesondere Bruchteilseigentum) dauerhaft im Interesse aller zu nutzen. Bruchteilsgemeinschaft und Gesellschaft können nebeneinander stehen und bestehen. Der wahre Gegensatz lautet daher mit *K. Schmidt* nicht Gemeinschaft oder Gesellschaft, sondern Gemein-

---

[96] BAG v. 02.02.1994 - 10 AZR 673/92 - juris Rn. 35 - NJW 1994, 2973-2974.
[97] BGH v. 02.06.1997 - II ZR 81/96 - juris Rn. 7 - BGHZ 135, 387-393.
[98] BGH v. 21.09.2009 - II ZR 250/07 - ZIP 2009, 2155-2156.
[99] BGH v. 20.05.1981 - V ZB 25/79 - juris Rn. 13 - LM Nr. 21 zu § 1353 BGB; vgl. auch: BGH v. 15.10.1990 - II ZR 25/90 - NJW-RR 1991, 422-423.
[100] OLG Oldenburg v. 14.06.1999 - 11 U 84/98 - NZG 1999, 998.
[101] BGH v. 06.04.1964 - II ZR 75/62 - BGHZ 41, 282-291.
[102] *Schmidt* in: MünchKomm-BGB, § 741 Rn. 4.
[103] OLG Düsseldorf v. 26.01.2001 - 17 U 76/00 - NZG 2001, 746-747.
[104] Rechtsinhaber, also z.B. Miteigentümer, bleiben die Gesellschafter.
[105] OLG Düsseldorf v. 26.01.2001 - 17 U 76/00 - NZG 2001, 746-747. Dient eine im Bruchteilseigentum der Gesellschafter stehende Sache der Förderung des Gesellschaftszwecks (gemeinsame Berufsausübung), so kann ein Teilhaber, der aus der Gesellschaft ausgeschieden ist und nunmehr die Aufhebung der Gemeinschaft betreibt, verpflichtet sein, seinen Gemeinschaftsanteil gegen Zahlung des Marktwertes auf die die (gesellschaftsrechtliche) Zusammenarbeit fortsetzenden Teilhaber zu übertragen (BGH v. 25.10.2004 - II ZR 171/02 - NJW-RR 2005, 308-309).

schaft oder Gesellschaftsvermögen.[106] Die Bruchteilsgemeinschaft ist die mehrheitliche Rechtszuständigkeit an einem Gegenstand. Wird dagegen ein Gegenstand zur vollen Rechtsinhaberschaft in das Gesellschaftsvermögen überführt (quoad dominum, vgl. die Kommentierung zu § 706 BGB Rn. 10), also Bestandteil des Gesellschaftsvermögens, so besteht keine Bruchteilszuständigkeit der Gesellschafter an diesem Gegenstand mehr, sondern die rechtsfähige Gesellschaft als eigenständiger Träger von Rechten und Pflichten ist dann ausschließlicher Inhaber des Gegenstandes. Aus diesem Blickwinkel ist die Unterscheidung zwischen Gesellschaftsvermögen und Gemeinschaft ein **Problem der Vermögenszuordnung**: Sind die Gesellschafter in Bruchteilsgemeinschaft Inhaber des Gegenstandes geblieben, den sie der Gesellschaft nur zum Gebrauch überlassen haben, oder wurde der Gegenstand auf die Gesellschaft übertragen, mit der Folge, dass die von der Rechtspersönlichkeit ihrer Gesellschafter zu trennende Gesellschaft Inhaber des fraglichen Gegenstandes geworden ist? Allerdings kehrt an dieser Stelle die Frage Gemeinschaft oder Gesellschaft zurück: Denn besteht unter mehreren Personen eine Gesellschaft, kann im Einzelfall zweifelhaft sein, ob der Gegenstand auf die Gesellschaft übergegangen ist oder den Gesellschaftern in Bruchteilsgemeinschaft zusteht. Hierüber entscheiden die Gesellschafter. Sie können den Gegenstand unmittelbar (im Namen und mit Vertretungsmacht) für die Gesellschaft erwerben oder in das Gesellschaftsvermögen überführen; sie können aber auch (Ausnahme!) neben dem Gesellschaftsvermögen eine Bruchteilsgemeinschaft bilden. Beschränkt sich der Zusammenschluss auf den in Frage stehenden Gegenstand, so ist zu prüfen, ob das Halten des Gegenstandes ausreicht, eine Gesellschaft anzunehmen (falls Gesellschaft, dann Rechtszuständigkeit der Gesellschaft; falls Gemeinschaft: Bruchteilszuständigkeit jedes Einzelnen). Für die Abgrenzung sind die Merkmale der Gesellschaft zu bemühen:
- Vertrag,
- gemeinsamer Zweck,
- Förderungspflicht.

Auch das **Halten und Verwalten eines einzigen Gegenstandes** (insbesondere eines Grundstücks) kann ein für die Annahme eines Gesellschaftsverhältnisses tauglicher gemeinsamer Zweck sein.[107] Daher kann selbst ein einziges Grundstück mehreren Personen in Gesellschaft bürgerlichen Rechts aufgelassen und als Gesellschaftseigentum in das Grundbuch eingetragen werden. Nicht das Gesetz, sondern der Parteiwille entscheidet, ob eine Gesellschaft oder eine Gemeinschaft vorliegt.[108] Aber in diesen Fällen des Haltens eines einzigen Gegenstandes muss die Bildung einer Gesellschaft gewollt und erklärt sein, denn die Rechtsfolgen sind erheblich: Abweichend von § 747 Satz 1 BGB können die Gesellschafter nicht über ihre Bruchteile am Gegenstand, der nunmehr der Gesellschaft gehört, verfügen. Wirtschaftlich kann dies nunmehr allenfalls durch Gesellschafterwechsel (vgl. die Kommentierung zu § 736 BGB Rn. 27) erreicht werden. Regelmäßig begründet daher der gemeinschaftliche Erwerb Miteigentum, selbst wenn Verwaltungs- und Nutzungsregelungen nach den §§ 745-746 BGB getroffen sind.[109]

34

Beim **partiarischen Vertrag** besteht das Entgelt eines Teils in der Beteiligung an dem Gewinn, den der andere Teil mit Hilfe der gewährten Leistung erzielt (z.B. partiarisches Darlehen). Es fehlt am gemeinsamen Zweck, da nur das **beiderseitige Eigeninteresse** die vertragliche Verbindung bestimmt. Die Abgrenzung der Innengesellschaft vom partiarischen Rechtsgeschäft hat unter umfassender Berücksichtigung des Vertragszwecks und der wirtschaftlichen Ziele der Vertragsparteien zu erfolgen. Entscheidend ist, ob die Parteien sich durch den Vertrag zur Erreichung eines gemeinsamen Zwecks verbunden haben und ihre schuldrechtlichen Beziehungen ein gesellschaftliches Element in sich tragen oder ob die Parteien ohne jeden gemeinsamen Zweck lediglich ihre eigenen Interessen verfolgen und ihre Beziehungen zueinander ausschließlich durch die Verschiedenheit ihrer eigenen Interessen bestimmt werden.[110] Gegen die Annahme eines partiarischen Darlehens sprechen dem Geldgeber eingeräumte Mitwirkungsrechte in der Gesellschaft; sie sind charakteristisch für die atypische stille Gesellschaft.[111] Allerdings kann die Einräumung von Kontrollrechten und Überwachungsrechten sowohl Ausfluss eines Gemeinschaftsverhältnisses zwischen den Vertragschließenden als auch Ausdruck ei-

35

---

[106] *Schmidt* in: MünchKomm-BGB, § 741 Rn. 4.
[107] BGH v. 20.05.1981 - V ZB 25/79 - juris Rn. 13 - LM Nr. 21 zu § 1353 BGB; vgl. auch OLG Oldenburg v. 14.06.1999 - 11 U 84/98 - NZG 1999, 998; *Schmidt* in: MünchKomm-BGB, § 741 Rn. 5.
[108] *Schmidt* in: MünchKomm-BGB, § 741 Rn. 5.
[109] *Schmidt* in: MünchKomm-BGB, § 741 Rn. 5.
[110] BGH v. 26.06.1989 - II ZR 128/88 - juris Rn. 10 - NJW 1990, 573-575.
[111] BGH v. 29.06.1992 - II ZR 284/91 - LM HGB § 230 Nr. 3 (3/1993).

§ 705

nes einseitigen Sicherungsbedürfnisses des Geldgebers sein.[112] Von einer BGB-Innengesellschaft und nicht von einem partiarischen Rechtsverhältnis ist auszugehen, wenn ein Beteiligter auch am Verlust beteiligt sein soll. Wer nicht nur am Gewinn, sondern auch am Verlust beteiligt ist, kann nämlich nur Gesellschafter sein.[113]

36 Abgrenzung zur **Offenen Handelsgesellschaft** und **Kommanditgesellschaft**: Die BGB-Gesellschaft ist die Grundform des deutschen Gesellschaftsrechts. Ihr Recht ist subsidiär anwendbar auf die Offene Handelsgesellschaft, die Kommanditgesellschaft und die stille Gesellschaft (§§ 105 Abs. 3, 161 Abs. 2 HGB). Die Offene Handelsgesellschaft und die Kommanditgesellschaft sind Gesellschaften i.S.d. §§ 705-740 BGB. Im Unterschied zur BGB-Gesellschaft ist ihr Zweck auf den **Betrieb eines Handelsgewerbes** gerichtet (§ 105 Abs. 1 HGB). Eine Gesellschaft, deren Gewerbe nicht bereits nach § 1 Abs. 2 HGB Handelsgewerbe ist, sondern nur ein Kleingewerbe, wird zur Offenen Handelsgesellschaft oder Kommanditgesellschaft, wenn die Firma des Unternehmens ins Handelsregister eingetragen ist (§§ 105 Abs. 2, 2 HGB). Eine Gesellschaft, die nur **eigenes Vermögen verwaltet**, betreibt nach h.M. kein Gewerbe, kann daher nicht bereits nach § 105 Abs. 1 HGB zur Offenen Handelsgesellschaft oder Kommanditgesellschaft werden. Auch eine solche Gesellschaft kann durch Eintragung ins Handelsregister zur Offenen Handelsgesellschaft oder Kommanditgesellschaft werden (§ 105 Abs. 2 HGB). Auf diese Weise werden kleingewerblichen Unternehmen und Vermögensverwaltungsgesellschaften die in der Praxis besonders wichtigen Haftungsbeschränkungsmöglichkeiten der Rechtsform der Kommanditgesellschaft eröffnet (vgl. § 171 HGB), die ihnen andernfalls verschlossen blieben (für die im Namen einer Gesellschaft bürgerlichen Rechts begründeten Verpflichtungen haften die Gesellschafter kraft Gesetzes auch persönlich; diese Haftung kann nicht durch einen Namenszusatz oder einen anderen, den Willen, nur beschränkt für diese Verpflichtungen einzustehen, verdeutlichenden Hinweis beschränkt werden, sondern nur durch eine individualvertragliche Vereinbarung ausgeschlossen werden; vgl. zur Gesellschafterhaftung die Kommentierung zu § 714 BGB Rn. 16); denn es gibt keine zivilistische Kommanditgesellschaft.[114] Ein aktueller Brennpunkt der Abgrenzung zwischen BGB-Gesellschaft und OHG ist die rechtliche Einordnung der **ARGE**. Bei der ARGE wird es sich regelmäßig um eine BGB-Gesellschaft handeln. Der Annahme einer OHG steht typischerweise das Fehlen einer auf Dauer angelegten Geschäftstätigkeit entgegen, da die ARGE nur einen auf ein bestimmtes Bauvorhaben begrenzten Zweck verfolgt.[115]

37 Die Umwandlung zwischen Offener Handelsgesellschaft, Kommanditgesellschaft und BGB-Gesellschaft erfolgt kraft Gesetzes. Liegt eine Gesellschaft i.S.d. § 705 BGB vor, ist ihre Rechtsform der Privatautonomie der Gesellschafter entzogen.[116] Sie bestimmt sich nach dem Gesetz; nur mittelbar, indem die Gesellschafter auf die Verwirklichung oder Nichtverwirklichung der gesetzlichen Tatbestandsmerkmale hinwirken, können sie Einfluss auf die Rechtsform der Gesellschaft gewinnen. Aber eine Gesellschaft wird nicht deswegen zu einer BGB-Gesellschaft oder einer Offenen Handelsgesellschaft, weil die Gesellschafter das wollen, sondern nur dann, wenn die objektiven gesetzlichen Tatbestandsmerkmale der einen oder anderen Rechtsform erfüllt sind (sog. **Rechtsformautomatik**). Betreibt die Gesellschaft ein Handelsgewerbe, so ist sie eine Offene Handelsgesellschaft oder Kommanditgesellschaft, betreibt sie keines, dann eine BGB-Gesellschaft.[117] Sinkt das Unternehmen auf kleingewerbliches Niveau ab, so wandelt sich die OHG oder Kommanditgesellschaft, wenn sie nicht in das Handelsregister eingetragen ist (§§ 161 Abs. 2, 105 Abs. 2, 2 HGB), kraft Gesetzes in eine BGB-Gesellschaft, weil die Gesellschaft nunmehr kein Handelsgewerbe betreibt und damit die gesetzlichen Voraussetzungen der Handelsgesellschaften (OHG, KG) nicht mehr erfüllt sind. Wächst das Kleingewerbe auf kaufmännisches Niveau, wandelt sich die GbR kraft Gesetzes in eine OHG, da nunmehr deren gesetzliche Merkmale „Betreiben eines Handelsgewerbes" erfüllt sind, §§ 105 Abs. 1, 1 Abs. 2 HGB. Dieser

---

[112] BGH v. 26.01.1987 - II ZR 50/86 - juris Rn. 17 - FamRZ 1987, 676-679.

[113] OLG Hamm v. 10.01.1994 - 8 U 106/93 - NJW-RR 1994, 1382-1383.

[114] Vgl. dazu *Bergmann*, Die fremdorganschaftlich verfasste Offene Handelsgesellschaft, Kommanditgesellschaft und BGB-Gesellschaft als Problem des allgemeinen Verbandsrechts, 2002, § 4 C I = S. 161.

[115] KG v. 08.06.2010 - 1 W 250-255/10 - NJW-RR 2010, 1602; vgl. auch OLG Frankfurt v. 10.12.2004 - 21 AR 138/04 - OLGR Frankfurt 2005, 257-258. Abweichend: LG Bonn v. 09.09.2003 - 13 O 194/03 - ZIP 2003, 2160-2161.

[116] Zum Folgenden umfassend: *Bergmann*, Die fremdorganschaftlich verfasste Offene Handelsgesellschaft, Kommanditgesellschaft und BGB-Gesellschaft als Problem des allgemeinen Verbandsrechts, 2002, § 4 C I = S. 159-162.

[117] BGH v. 19.05.1960 - II ZR 72/59 - BGHZ 32, 307-318.

„Rechtsformwechsel" kraft Gesetzes ist der Disposition der Gesellschaft und der Gesellschafter entzogen und vollzieht sich unter voller **Wahrung der Identität**.[118] Einfluss nehmen auf die Rechtsform können die Gesellschafter nur, wenn die Gesellschaft ein Gewerbe betreibt, dass nicht schon gem. § 1 Abs. 2 HGB Handelsgewerbe ist, oder die Gesellschaft nur eigenes Vermögen verwaltet. Tun die Gesellschafter hier nichts, bleibt die Gesellschaft kraft Gesetzes BGB-Gesellschaft. Führen die Gesellschafter die Eintragung herbei, wird die Gesellschaft in die Rechtsform der Offenen Handelsgesellschaft oder gegebenenfalls der Kommanditgesellschaft übergeführt. Mit Löschung der Eintragung sinkt die OHG oder die Kommanditgesellschaft wieder zur BGB-Gesellschaft ab, §§ 105 Abs. 2, 2 HGB. Durch die teilweise Neuregelung des Rechts von OHG und KG im Gefolge der Neufassung des Kaufmannsbegriffs durch das HRefG hat der gesetzliche Rechtsformwechsel an praktischer Bedeutung verloren.[119] Unter Geltung der §§ 1 ff. HGB a.F. konnte die Offene Handelsgesellschaft oder die Kommanditgesellschaft nur eine Gesellschaft sein, die ein vollkaufmännisches Gewerbe betrieb (§ 4 Abs. 2 HGB a.F.); tat sie das nicht, war sie GbR. Sank der Geschäftsbetrieb der Gesellschaft unter diese Grenze, wandelte sich selbst die eingetragene OHG zur GbR. Zwar hatte § 5 HGB die Fortdauer der Qualifikation als Offene Handelsgesellschaft oder Kommanditgesellschaft zur Folge, doch galt dies nur für den zivilrechtlichen Geschäftsverkehr, nicht aber für den reinen Unrechtsverkehr. Daneben war gem. § 4 HGB a.F., §§ 14, 31 HGB die Löschung der Firma zu betreiben. Mit Erlöschen der Eintragung fiel auch die Vermutung des § 5 HGB weg. Zudem griff die Vorschrift des § 5 HGB nur ein, solange ein Gewerbe betrieben wurde. Hatte die Gesellschaft ihr Unternehmen verpachtet, sank sie nicht nur augenblicklich zur BGB-Gesellschaft herunter, sondern auch die Vorschrift des § 5 HGB kam der Gesellschaft nicht zugute. Dies konnte insbesondere bei der Kommanditgesellschaft unangenehme Folgen haben. War diese eingetragen, hafteten die Kommanditisten nur beschränkt; wurde nun das Unternehmen der Kommanditgesellschaft verpachtet, sank sie zur BGB-Gesellschaft herab, mit der Folge einer grundsätzlich unbeschränkten Außenhaftung der Gesellschafter: Es gibt keine zivilistische Kommanditgesellschaft. Wurde der Geschäftsbetrieb der Kommanditgesellschaft nur minderkaufmännisch, sank die KG zwar ebenfalls zur BGB-Gesellschaft herab, aber § 5 HGB rettete ihr bis zur Herbeiführung der Löschung der Eintragung zumindest im Geschäftsverkehr die Qualifikation als Kommanditgesellschaft und damit den Kommanditisten das Privileg der beschränkten Haftung, § 171 HGB. Mit der Neuregelung der §§ 1-7 HGB und des § 105 HGB hat sich die Rechtslage im Vergleich zu damals erheblich gewandelt. Davon abgesehen, dass die überholte Unterscheidung zwischen Muss- und Soll-Kaufmann aufgegeben wurde, ist nunmehr jede Gesellschaft, die ein vollkaufmännisches Gewerbe betreibt, unabhängig von der Eintragung eine Offene Handelsgesellschaft oder eine Kommanditgesellschaft, §§ 161 Abs. 2, 105 Abs. 1, 1 Abs. 2 HGB. Und auch ein „minderkaufmännischer" Gewerbebetrieb kann zur OHG oder KG aufsteigen, wenn er die Eintragung herbeiführt, §§ 161 Abs. 2, 105 Abs. 2, 2 HGB. Sinkt nun der kaufmännische Betrieb auf kleingewerblichen Umfang zurück, dann wandelt sich die OHG nur dann zur GbR zurück, wenn sie vorher (pflichtwidrig) nicht im Handelsregister eingetragen war. War die OHG oder KG eingetragen, dann ist nunmehr die „minderkaufmännische" OHG oder KG gem. §§ 161 Abs. 2, 105 Abs. 2 HGB immer noch „echte" OHG oder KG, und bedarf nicht der Regel des § 5 HGB. Ja, aufgrund des § 105 Abs. 2 Satz 1 Alt. 2 HGB führt nicht einmal mehr die Verpachtung des Gewerbebetriebs zum unaufhaltsamen Sturz in das Recht der BGB-Gesellschaft. Die abstrakte Handlungsverfassung des Verbandes bleibt von dem gesetzlichen Rechtsformwechsel zwischen BGB-Gesellschaft und Offener Handelsgesellschaft und Kommanditgesellschaft unberührt[120], d.h. die bisherigen Geschäftsführungs- und Vertretungsregelungen gelten in der neuen Rechtsform fort (Kontinuität der Handlungsverfassung, vgl. die Kommentierung zu § 709 BGB Rn. 7)[121]. Wird z.B. eine Kommanditgesellschaft zur BGB-Gesellschaft, bleiben die ehemaligen Kommanditisten – obwohl sie nunmehr unbeschränkt haften – von der Geschäftsführung ausgeschlossen. Allerdings stehen ihnen Vertragsanpassungsansprüche zu. Das Gleiche gilt hinsichtlich der Beitrags-

---

[118] BGH v. 12.01.2010 - LwZR 15/09 - ZIP 2010, 377-380.

[119] Dazu *Bergmann*, Die fremdorganschaftlich verfasste Offene Handelsgesellschaft, Kommanditgesellschaft und BGB-Gesellschaft als Problem des allgemeinen Verbandsrechts, 2002, § 4 C I = S. 161-162.

[120] BGH v. 10.05.1971 - II ZR 177/68 - LM Nr. 6 zu § 709 BGB; BGH v. 29.11.1971 - II ZR 181/68 - BB 1972, 61; BGH v. 19.05.1960 - II ZR 72/59 - BGHZ 32, 307-318.

[121] Umfassend zur sog. Kontinuität der Handlungsverfassung: *Bergmann*, Die fremdorganschaftlich verfasste Offene Handelsgesellschaft, Kommanditgesellschaft und BGB-Gesellschaft als Problem des allgemeinen Verbandsrechts, 2002, § 4 C II = S. 162-166.

§ 705

verfassung. Ebenso gilt für eine als Kommanditgesellschaft gegründete, aber kraft Gesetzes lediglich als bürgerlich-rechtliche Gesellschaft entstandene Gesellschaft die für die Kommanditgesellschaft gewollte Geschäftsführungs- und Vertretungsregelung.[122]

38 Die **Vorgesellschaften** im Kapital- und Genossenschaftsrecht sind weder nicht eingetragener Verein noch BGB-Gesellschaft, sondern **Organisationsformen** eigener Art (**sui generis**), die einem Sonderrecht unterstehen, das aus den im Gesetz oder im Gesellschaftsvertrag gegebenen Gründungsvorschriften und dem Recht der rechtsfähigen Gesellschaft, soweit es nicht die Eintragung voraussetzt, besteht[123]; früher wurden diese Gesellschaften als BGB-Gesellschaften oder als nicht eingetragene Vereine eingeordnet[124]. Dagegen ist die **nicht eingetragene Dauergenossenschaft**, also eine Genossenschaft, die nicht die Absicht ihrer Eintragung verfolgt, ein Fall des wirtschaftlichen, nicht konzessionierten Vereins bzw. einer körperschaftlich organisierten BGB-Gesellschaft.[125] Für die Verbindlichkeiten der nicht eingetragenen Dauergenossenschaft haften die Genossen entweder entsprechend oder unmittelbar gem. § 128 HGB. Das ist Folge der wirtschaftlichen Tätigkeit des Verbandes; die körperschaftliche Verfassung des Verbandes ist insoweit ohne Bedeutung. Betreibt sie ein Handelsgewerbe, so ist sie OHG (§ 54 Satz 1 HGB, §§ 705, 105 BGB).[126] Erhalten geblieben ist dem Recht der §§ 705-740 BGB, §§ 105-160 HGB auch die **unechte Vorgesellschaft**. Als unechte oder fehlgeschlagene Vorgesellschaft bezeichnet man solche Gesellschaften, die trotz formgerechter Errichtung von Satzung oder Gesellschaftsvertrag die Eintragung der Gesellschaft von vorneherein nicht beabsichtigen oder später aufgeben. Diese Verbände unterliegen nach dem Wegfall der Eintragungsabsicht nach allgemeiner Auffassung je nachdem, ob ein Handelsgewerbe betrieben wird oder nicht, unter Wahrung ihrer Identität dem Recht der BGB-Gesellschaft oder dem Recht der Offenen Handelsgesellschaft.[127] Das ist Folge des Rechtsformzwanges, der einen werbenden Verband, sofern er sich nicht durch Eintragung den Rechtsstatus als GmbH oder Aktiengesellschaft verdient hat oder doch zumindest diese Eintragung anstrebt (dann: echte Vorgesellschaft), auf die §§ 105-160 HGB oder die §§ 705-740 BGB verweist.[128] Wie die nicht eingetragene Dauergenossenschaft ist die nicht eingetragene Dauerkapitalgesellschaft, sofern sie keine Eintragungsabsicht verfolgt, OHG oder BGB-Gesellschaft und als solche rechts- und parteifähig. Die wichtigste Folge der Zuweisung der unechten Vorgesellschaft in das Recht von OHG und BGB-Gesellschaft ist die unbeschränkte Haftung der Gesellschafter der unechten Vorgesellschaft unmittelbar oder entsprechend § 128 HGB[129]; die Vornahme nur eines einzigen Geschäfts nach Scheitern der Eintragung führt zur (unbeschränkten) Außenhaftung entsprechend § 128 HGB auch hinsichtlich der Altschulden[130]. Der im Vorlageverfahren an den gemeinsamen Senat der obersten Gerichtshöfe des Bundes aufgekommene Gedanke des 2. Senats des Bundesgerichtshofs, auch in den Fällen der unechten Vorgesellschaft wegen der Schwierigkeiten, verlässliche tatsächliche Feststellungen über die Aufgabe der Eintragungsabsicht zu treffen, und im Hinblick auf den drohenden „Systembruch" mit der Konzeption der unbeschränkten, aber grundsätzlich als Innenhaftung ausgestalteten Haftung der Gründer in der Vorgesellschaft, nur einen als Innenhaftung ausgestalteten Verlustdeckungsanspruch zu gewähren[131], hat sich nicht durchgesetzt[132]. Nachdem sich das Vorlageverfahren er-

---

[122] BGH v. 29.11.1971 - II ZR 181/68 - BB 1972, 61.
[123] BGH v. 23.04.1956 - II ZR 116/55 - BGHZ 20, 281-290; BGH v. 12.07.1956 - II ZR 218/54 - BGHZ 21, 242-247; BGH v. 18.01.2000 - XI ZR 71/99 - juris Rn. 16 - BGHZ 143, 327-334.
[124] Vgl. dazu: *Bergmann*, Die fremdorganschaftlich verfasste Offene Handelsgesellschaft, Kommanditgesellschaft und BGB-Gesellschaft als Problem des allgemeinen Verbandsrechts, 2002, § 17 D I 2 = S. 396-397.
[125] Dazu: *Bergmann*, Die fremdorganschaftlich verfasste Offene Handelsgesellschaft, Kommanditgesellschaft und BGB-Gesellschaft als Problem des allgemeinen Verbandsrechts, 2002, § 17 D II 2 = S. 398-400.
[126] *Bergmann*, Die fremdorganschaftlich verfasste Offene Handelsgesellschaft, Kommanditgesellschaft und BGB-Gesellschaft als Problem des allgemeinen Verbandsrechts, 2002, § 17 D II 2 = S. 399.
[127] BGH v. 31.03.2008 - II ZR 308/06 - ZIP 2008, 1025-1026; BGH v. 18.01.2000 - XI ZR 71/99 - juris Rn. 18 - BGHZ 143, 327-334.
[128] Vgl. *Bergmann*, Die fremdorganschaftlich verfasste Offene Handelsgesellschaft, Kommanditgesellschaft und BGB-Gesellschaft als Problem des allgemeinen Verbandsrechts, 2002, § 17 D III 2 a = S. 402-403.
[129] BFH v. 07.04.1998 - VII R 82/97 - juris Rn. 23 - NJW 1998, 2926-2928; BSG v. 08.12.1999 - B 12 KR 10/98 R - juris Rn. 26 - NJW-RR 2000, 1125-1128.
[130] BGH v. 09.03.1981 - II ZR 54/80 - juris Rn. 21 - BGHZ 80, 129-146.
[131] BGH v. 04.03.1996 - II ZR 123/94 - LM GmbHG § 11 Nr. 37 (6/1996).
[132] Dazu ausführlich *Bergmann*, Die fremdorganschaftlich verfasste Offene Handelsgesellschaft, Kommanditgesellschaft und BGB-Gesellschaft als Problem des allgemeinen Verbandsrechts, 2002, § 17 D III 2 b = S. 404-409.

ledigt hatte, ließ der Zweite Senat in seiner sodann getroffenen abschließenden Grundsatzentscheidung die von ihm aufgeworfene Frage nach der Haftung in der unechten Vorgesellschaft dahinstehen[133]: „Ob eine unmittelbare Inanspruchnahme der Gesellschafter nach den Grundsätzen der Haftung in der OHG in Betracht kommt, wenn die Gesellschafter ihre Eintragungsabsicht aufgeben, den Geschäftsbetrieb aber fortführen, kann im vorliegenden Falle dahingestellt bleiben". In der Folge hat es zunächst das Bundesarbeitsgericht abgelehnt[134], den Bedenken des Vorlagebeschlusses zu folgen, und es in Übereinstimmung mit der bisherigen Rechtsprechung des Bundesgerichtshofs für die Haftung in der unechten Vorgesellschaft bei der Anwendung des § 128 HGB zu belassen. Dem Beispiel des Bundesarbeitsgerichts sind der Bundesfinanzhof[135] und das Bundessozialgericht[136] gefolgt und haben am Prinzip der unbeschränkten Außenhaftung festgehalten.[137] Die Handlungsverfassung des Verbandes wird durch den gesetzlichen Rechtsformwechsel einer (echten) Vorgesellschaft zur Offenen Handelsgesellschaft oder BGB-Gesellschaft nicht tangiert.[138] D.h. die Handlungsorganisation der unechten Vorgesellschaft bestimmt sich weiterhin nach den Regeln der eingetragenen Gesellschaft. Handlungsorgan einer unechten Vor-GmbH ist damit weiterhin ihr bestellter Geschäftsführer; das gilt selbst dann, wenn es sich um einen Gesellschaftsfremden handelt. Entsprechendes gilt für den Fall der **anfänglichen Rechtsformverfehlung**.[139] Betreiben die Gesellschafter einen Verband als GmbH, ohne je die Absicht gehabt zu haben, die Eintragung herbeizuführen, so ist ein solcher Verband entweder – je nachdem ob ein Handelsgewerbe betrieben wird – Offene Handelsgesellschaft oder BGB-Gesellschaft.[140] Ebenso wie die unechte Vorgesellschaft ist ein solcher Verband nach dem Vorbild der von den Gesellschaftern angestrebten Gesellschaftsform körperschaftlich verfasst. Handlungsorgan ist damit der bestellte (Fremd-)Geschäftsführer.[141] Aus der **Auffangfunktion** (Absorptionsfunktion) des Rechts der BGB-Gesellschaft und der Offenen Handelsgesellschaft folgt, dass diese Rechtsformen in der Lage sind, die unterschiedlichst verfassten Organisationen aufzunehmen und zu beherbergen, vom personalistischen Zusammenschluss entsprechend den Grundsätzen der originären Mitgliederselbstverwaltung (Selbstorganschaft) bis hin zur körperschaftlich, nach den Grundsätzen der abstrakten Organverwaltung (Fremdorganschaft) verfassten Vereinigung, innerhalb derer die Handlungskompetenzen nicht den Gesellschaftern, sondern abstrakten Organen wie einem Vorstand oder einer Geschäftsführung zugewiesen sind. Dass das Recht der §§ 705-740 BGB, §§ 105-160 HGB dazu in der Lage ist, zeigt die Vorschrift des § 54 Satz 1 BGB: Der Gesetzgeber hat das Recht des nicht eingetragenen ideellen oder nicht konzessionierten wirtschaftlichen Vereins im vollen Bewusstsein um dessen Dehnbarkeit auf das Recht der §§ 705-740 BGB, §§ 105-160 HGB verwiesen.[142] Es ist diese Allroundfähigkeit des Rechts von BGB-Gesellschaft und Offener Handelsgesellschaft, die es z.B. der frühen Lehre und Rechtsprechung ermöglicht hat, die Problematik der Vorgesellschaften im Kapitalgesellschafts- und Genossenschaftsrecht über die Rechtsformen der BGB-Gesellschaft oder des nicht rechtsfähigen Vereins i.S.d. § 54 Satz 1 BGB in den Griff zu bekommen.

---

[133] BGH v. 27.01.1997 - II ZR 123/94 - BGHZ 134, 333-342.
[134] BAG v. 27.05.1997 - 9 AZR 483/96 - juris Rn. 16 - NJW 1998, 628-630.
[135] BFH v. 07.04.1998 - VII R 82/97 - juris Rn. 26 - NJW 1998, 2926-2928.
[136] BSG v. 08.12.1999 - B 12 KR 10/98 R - juris Rn. 26 - NJW-RR 2000, 1125-1128.
[137] Anders das OLG Bremen v. 08.06.2000 - 5 U 2/2000 a, 5 U 2/2000, 5 U 2/00 a, 5 U 2/00 - ZIP 2000, 2201-2205: Die Gesellschafter einer Vor-GmbH haften für Verbindlichkeiten der Gesellschaft unbeschränkt, aber nur im Innenverhältnis in Form einer bis zur Eintragung der Gesellschaft andauernden Verlustdeckungshaftung und einer an die Eintragung geknüpften Vorbelastungshaftung (Unterbilanzhaftung); diese Haftungsverfassung gelte gleichermaßen für die echte und die unechte Vor-GmbH, also auch dann, wenn die Gesellschafter eine Eintragungsabsicht gar nicht hatten oder später aufgegeben haben, obwohl sie den Geschäftsbetrieb aufgenommen und fortgesetzt hatten; der 11. Senat scheint die Frage offen gelassen zu haben: BGH v. 18.01.2000 - XI ZR 71/99 - juris Rn. 20 - BGHZ 143, 327-334.
[138] Ausführlich: *Bergmann*, Die fremdorganschaftlich verfasste Offene Handelsgesellschaft, Kommanditgesellschaft und BGB-Gesellschaft als Problem des allgemeinen Verbandsrechts, 2002, § 17 D III 3 = S. 409-412.
[139] Dazu: *Bergmann*, Die fremdorganschaftlich verfasste Offene Handelsgesellschaft, Kommanditgesellschaft und BGB-Gesellschaft als Problem des allgemeinen Verbandsrechts, 2002, § 17 D III 1 = S. 400-402.
[140] BGH v. 29.11.1956 - II ZR 282/55 - BGHZ 22, 240-246.
[141] A.A. BGH v. 31.03.2008 - II ZR 308/06 - ZIP 2008, 1025-1026: der Wandel in eine oHG oder BGB-Gesellschaft bewirke einen Wechsel in der organschaftlichen Vertretung, weg vom Geschäftsführer hin zu den Gesellschaftern (Selbstorganschaft).
[142] *Mugdan*, Bd. 1, S. 460.

§ 705

39 Die Vorgesellschaft entsteht erst mit Gründung der Kapitalgesellschaft oder Genossenschaft, also mit Abschluss des notariellen Gesellschaftsvertrags (Vor-GmbH) oder der Feststellung der Satzung (Vor-AG). Vor Abschluss des Gründungsvertrags besteht die Vorgesellschaft noch nicht. Eine dann schon bestehende, die spätere GmbH-Tätigkeit vorbereitende Personenvereinigung (**Vorgründungsgesellschaft**) hat mit der in Aussicht genommenen GmbH im Rechtssinne noch nichts zu tun. Bei der Vorgründungsgesellschaft handelt es sich um eine eigenständige Gesellschaft bürgerlichen Rechts oder, wenn bereits ein Handelsgeschäft betrieben wird, um eine Offene Handelsgesellschaft. Für die Schulden haften alle Beteiligten unbeschränkt persönlich, unmittelbar oder entsprechend § 128 HGB (Sonderfall: es wird ausdrücklich vereinbart, dass erst die zu gründende, noch nicht existente GmbH verpflichtet werden soll);[143] Rechte und Verbindlichkeiten gehen, da GmbH-Recht noch nicht gilt, mit der GmbH-Gründung nicht automatisch auf die Vorgesellschaft oder später auf die GmbH über, sondern müssen, wenn sie in die GmbH eingebracht werden sollen, durch besonderes Rechtsgeschäft übertragen werden. Zwischen der Vorgründungs-Gesellschaft und der Vor-GmbH besteht keine Kontinuität und auch das GmbH-Recht greift auf die Zeit vor dem Gründungsvertrag nicht über.[144]

40 Nach Schaffung des Partnerschaftsgesellschaftsgesetzes ist eine formwechselnde, identitätswahrende Umwandlung einer BGB-Gesellschaft in eine **Partnerschaft** möglich[145], vgl. § 2 Abs. 2 HS. 2 PartGG. Allen Gesellschaften mit einer anderen Rechtsform als der Partnerschaft, die nach dem In-Kraft-Treten des Partnerschaftsgesellschaftsgesetzes gegründet oder umbenannt werden, ist die Bezeichnung „und Partner" verwehrt; das gilt auch für die Zusätze „+ Partner" oder „& Partner".[146] Nach § 11 Abs. 1 PartGG ist dieser Zusatz seit dem 01.07.1997 darüber hinaus auch für bestehende Gesellschaften unzulässig, sofern kein Hinweis auf die andere Rechtsform beigefügt ist.

41 Auf den **nicht eingetragenen Verein** finden gem. § 54 Satz 1 BGB die Vorschriften über die BGB-Gesellschaft Anwendung. Dieser Verweis ist entgegen der h.M. kein Fehlgriff; denn der nicht eingetragene Verein ist nichts anderes als eine körperschaftlich organisierte BGB-Gesellschaft.[147] Eine Abgrenzung des nicht eingetragenen Vereins (vgl. die Kommentierung zu § 54 BGB) von der BGB-Gesellschaft der §§ 705-740 BGB ist nicht möglich. Die verschiedenen Versuche des Schrifttums, ein entscheidendes Kriterium herauszufinden, haben immer wieder zu einem Fehlschlag geführt, da alle Merkmale, die den Verein charakterisieren sollen, sich auch bei der Gesellschaft entweder positivrechtlich finden oder doch durch den Gesellschaftsvertrag geschaffen werden können.[148] Grund für diesen Befund ist die Privatautonomie, die es den Mitgliedern ermöglicht, Verbände zu erschaffen, die Elemente sowohl des Vereins als auch der Gesellschaft zu kombinieren, also – gesetzlich nicht fixierte – Mischformen zu erschaffen. Der Bundesgerichtshof hat es auf den Punkt gebracht: Es „kann aber nicht unberücksichtigt bleiben, dass im Bereich der bürgerlich-rechtlichen Gesellschaft und des nichtrechtsfähigen Vereins ein beträchtlicher Freiraum zur beliebigen Gestaltung der Rechtsverhältnisse offen steht ... Es sind daher Vereinigungen mit sowohl körperschaftlichen als auch personalistischen Elementen und mit fließenden Übergängen von mehr vereinsmäßigen zu mehr gesellschaftsähnlichen Formen möglich."[149] BGB-Gesellschaft und nicht eingetragener Verein beschreiben zwei Extreme auf der Ebene der nicht eingetragenen Verbände. Der Verein steht für die körperschaftliche Verfassung, worunter insbesondere das Organisationsprinzip der abstrakten Organverwaltung (Fremdorganschaft) fällt; die Gesellschaft steht für die personalistische Organisation, die sich insbesondere im Organisationsprinzip der originären Mitgliederselbstverwaltung (Selbstorganschaft) verwirklicht. Beide Organi-

---

[143] BGH v. 07.02.1996 - IV ZR 335/94 - WM 1996, 722-723.

[144] BGH v. 07.05.1984 - II ZR 276/83 - juris Rn. 6 - BGHZ 91, 148-153; BGH v. 09.03.1998 - II ZR 366/96 - LM GmbHG § 11 Nr. 40 (8/1998).

[145] BayObLG München v. 26.11.1997 - 3Z BR 279/97 - juris Rn. 10 - NJW 1998, 1158-1160.

[146] BGH v. 21.04.1997 - II ZB 14/96 - BGHZ 135, 257-260. Verfassungsrechtliche oder europarechtliche Bedenken bestehen gegen § 11 Abs. 1 Satz 1 PartGG nicht (KG Berlin v. 27.04.2004 - 1 W 180/02 - NJW-RR 2004, 976-978). Das Verbot des § 11 Abs. 1 Satz 1 PartGG erfasst auch die Verwendung des Begriffs „Partner" ohne Beifügung der Verknüpfung „und" oder eines entsprechenden Zeichens; auch in der englischen Version ist die Verwendung des Zusatzes „& Partners" unzulässig (OLG Frankfurt v. 11.11.2004 - 20 W 321/04 - DB 2005, 99; KG Berlin v. 27.04.2004 - 1 W 180/02 - NJW-RR 2004, 976-978).

[147] Vgl. *Bergmann*, Die fremdorganschaftlich verfasste Offene Handelsgesellschaft, Kommanditgesellschaft und BGB-Gesellschaft als Problem des allgemeinen Verbandsrechts, 2002, § 17 A = S. 343-349.

[148] Dazu *Bergmann*, Die fremdorganschaftlich verfasste Offene Handelsgesellschaft, Kommanditgesellschaft und BGB-Gesellschaft als Problem des allgemeinen Verbandsrechts, 2002, § 17 A = S. 343-349.

[149] BGH v. 02.04.1979 - II ZR 141/78 - juris Rn. 12 - LM Nr. 11 zu § 39 BGB.

sationsformen stellen auf einer gedachten Skala möglicher Organisationsverfassungen aber nur konträre Extrempositionen zunehmender Abstrahierung, aber keine unüberwindbaren Hindernisse dar. Wie zwischen Schwarz und Weiß unendlich viele Sorten Grau denkbar sind, so unendlich viele Spielarten gibt es zwischen dem körperschaftlichsten Verein und der personalistischsten Gesellschaft. Sie sind die gesetzlich fixierten Maximal- und Minimalstellen auf der Kurve möglicher Verfassungsgestaltungen von Verbänden, deren Strukturelemente im Wege einer beliebigen Typenkombination und Typenvermischung zu den unendlich vielen Stufen Grau kombiniert werden können.[150] Als Konsequenz dieser wohl unangefochtenen Überlegung sollte nicht der zum Scheitern verurteilte Versuch stehen, einen nicht eingetragenen Verband aufgrund irgendwelcher, notwendig willkürlich gewählter Merkmale in die eine oder andere Ecke zu stellen: Mit dem Etikett „personalistischer Verein" oder „körperschaftlich strukturierte Gesellschaft" ist für die konkrete Rechtsanwendung nichts gewonnen. Es kann vielmehr nur darum gehen, bei Vereinigungen mit körperschaftlichen und personalistischen Elementen – unter Berücksichtigung der ideellen oder wirtschaftlichen Zweckverfolgung – die passenden und interessengerechten Normen anzuwenden. Man muss – zunächst auf der Ebene der nicht eingetragenen Verbände des bürgerlichen Rechts – von einer Zuweisung in die Richtung nicht eingetragener Verein oder (nicht eingetragene) BGB-Gesellschaft Abstand nehmen; anzuwenden sind auf einen solchen Verband unmittelbar die passenden Rechtssätze: Ist der Verband körperschaftlich organisiert und verfolgt er einen idealen Zweck, dann streitet vieles für eine weitgehende Anwendung der §§ 25-53 BGB, die auf solche Verbände zugeschnitten sind. Ist der Verband personalistisch und verfolgt er einen wirtschaftlichen Zweck, werden sich die passenden Normen im Recht der §§ 705-740 BGB, die die wirtschaftlich tätige societas-nahe Gesellschaft vor Augen haben, finden. Ist der Verband körperschaftlich organisiert und verfolgt er einen wirtschaftlichen Zweck, so werden die vereinsrechtlichen Vorschriften um die passenden Vorschriften des Gesellschaftsrechts ergänzt, die dem wirtschaftlichen Charakter von Verband und Mitgliedschaft gerecht werden. Der richtige Ansatz kann daher nur lauten, die Differenzierung zwischen nicht eingetragenem Verein und Gesellschaft aufzugeben. Den Weg dazu weist § 54 Satz 1 BGB, der ausdrücklich den nicht eingetragenen Verein auf das Gesellschaftsrecht verweist. Nicht eingetragener Verein und BGB-Gesellschaft sind dieselbe „Rechtsform", nur dass der Verein körperschaftlicher organisiert ist: Der nicht eingetragene Verein ist eine **körperschaftlich organisierte Gesellschaft**.[151] Folge ist, dass die Differenzierung zwischen BGB-Gesellschaft und nicht eingetragenem Verein obsolet ist. Es handelt sich beide Male um dieselbe Rechtsform. So ist z.B. der **nicht konzessionierte Verein**, der ein Handelsgewerbe betreibt, eine Offene Handelsgesellschaft.[152] Dies muss nicht kompliziert über § 22 BGB begründet werden, sondern folgt unmittelbar aus § 105 Abs. 1 HGB, der an den Begriff der Gesellschaft der §§ 705-740 BGB anknüpft. Nichts anderes aber als eine (körperschaftlich) organisierte Gesellschaft ist der nicht eingetragene oder konzessionierte Verein.[153] Ausführlich zum nicht eingetragenen Verein vgl. die Kommentierung zu § 54 BGB.

D. Rechtsfolgen

Mit Abschluss des Gesellschaftsvertrags entsteht die Gesellschaft. 42

I. Rechtsfähigkeit

Diese kann zum einen **Außengesellschaft** sein. Die Frage nach der Rechtsfähigkeit der BGB-Gesellschaft war seit Erlass des BGB heftig umstritten.[154] Lange Zeit ging man davon aus, dass die BGB-Gesellschaft eine Personengemeinschaft ohne eigene Rechtsfähigkeit sei (sog. tradierte **Gesamthandslehre** oder individualistische Auffassung; anders die moderne Gesamthandslehre, die die BGB-Gesellschaft als Rechtssubjekt begreift: Träger des Gesellschaftsvermögens ist die Gesellschaft als ein von den Gesellschaftern zu trennendes Rechtssubjekt, und nicht die Gesellschafter). Rechtsträger sei nicht die Gesellschaft, sondern die Gesellschafter in ihrer gesamthänderischen Verbundenheit; das Gesell- 43

---

[150] Bergmann, Die fremdorganschaftlich verfasste Offene Handelsgesellschaft, Kommanditgesellschaft und BGB-Gesellschaft als Problem des allgemeinen Verbandsrechts, 2002, § 17 A = S. 346-347.
[151] Bergmann, Die fremdorganschaftlich verfasste Offene Handelsgesellschaft, Kommanditgesellschaft und BGB-Gesellschaft als Problem des allgemeinen Verbandsrechts, 2002, § 17 A = S. 346-349.
[152] BGH v. 29.11.1956 - II ZR 282/55 - juris Rn. 14 - BGHZ 22, 240-246.
[153] Bergmann, Die fremdorganschaftlich verfasste Offene Handelsgesellschaft, Kommanditgesellschaft und BGB-Gesellschaft als Problem des allgemeinen Verbandsrechts, 2002, § 17 C = S. 366-394.
[154] Vgl. Schmidt, Gesellschaftsrecht, 4. Aufl. 2002, § 8 III = S. 196-206.

schaftsvermögen sei nur ein den Gesellschaftern zustehendes Sondervermögen.[155] Entsprechend wurde die Parteifähigkeit der BGB-Gesellschaft abgelehnt; Partei seien vielmehr die Gesellschafter.[156] Eine so verstandene BGB-Gesellschaft war weder konkurs- noch wechselfähig[157] und konnte auch nicht Verwalter nach dem WoEigG sein.[158] Neuere Entwicklungen (moderne Gesamthandslehre) hingegen betonten zunehmend die rechtliche Verselbstständigung der BGB-Gesellschaft. Nach Anerkennung der Rechtsfähigkeit im Steuerrecht[159], der Anerkennung der Insolvenzfähigkeit durch den Gesetzgeber in § 11 Abs. 2 Nr. 1 InsO und Anerkennung der Wechsel- und Scheckfähigkeit unter Aufgabe der früheren Rechtsprechung[160] steht am Ende dieser Entwicklung die umfassende Anerkennung der **Rechtsfähigkeit** der BGB-Gesellschaft durch das Grundsatzurteil des BGH vom 29.01.2001: Die (Außen-)Gesellschaft bürgerlichen Rechts besitzt Rechtsfähigkeit, soweit sie durch Teilnahme am Rechtsverkehr eigene Rechte und Pflichten begründet.[161] In diesem Rahmen ist sie zugleich im Zivilprozess aktiv und passiv **parteifähig**.[162] Durchgesetzt hat sich damit die moderne Gesamthandslehre. Die (Außen-)Gesellschaft bürgerlichen Rechts kann nach heutiger Auffassung als Teilnehmer am Rechtsverkehr jede Rechtsposition einnehmen, soweit nicht spezielle rechtliche Gesichtspunkte entgegenstehen. Damit dürfte die kurz vor dem Grundsatzurteil vom 29.01.2001 noch durch den 1. Senat abgelehnte Markenrechtsfähigkeit der BGB-Gesellschaft zu bejahen sein.[163] Seitdem hat der BGH unter Aufgabe seiner früheren Rechtsprechung entschieden, dass die Gesellschaft bürgerlichen Rechts Kommanditistin einer Kommanditgesellschaft sein kann[164]; ebenso ist ihre Komplementärfähigkeit anzuerkennen.[165] Die grundsätzliche Fähigkeit, Gesellschafter einer Aktiengesellschaft[166], einer GmbH[167], einer Genossenschaft[168] zu sein, war schon seit langem anerkannt, ebenso wie die Fähigkeit einer Gesellschaft bürgerlichen Rechts, Gesellschafterin einer anderen Gesellschaft bürgerlichen Rechts zu sein[169]. Einer Gesellschaft bürgerlichen Rechts steht ebenso, da sie rechtsfähig ist, wie den Personenhandelsgesellschaften das **Grundrecht auf Eigentum** (Art. 14 GG) zu, und sie ist demzufolge auch zur Geltendmachung des Grundrechts im Rahmen einer Verfassungsbeschwerde befugt. Gleiches gilt für die **Verfahrensgrundrechte** aus Art. 101 Abs. 1 Satz 2 GG, Art. 103 Abs. 1 GG.[170] Im Rahmen des Erschließungsbeitragsrecht ist die BGB-Gesellschaft selbst **Beitragspflichtige** (§ 134 BauGB).[171] Allerdings soll die Rechtsfähigkeit der BGB-Gesellschaft nach einer Entscheidung des 5. Zivilsenats nicht dazu führen, dass eine BGB-Gesellschaft **Verwalter nach dem Wohnungseigentümergesetz** (§ 26 WEG) sein kann.[172] Nach einer Entscheidung des 11. Senats ist auf einen Kreditvertrag einer BGB-Gesellschaft, zu der sich mehrere natürliche Personen zusammengeschlossen haben, das Verbraucherkreditgesetz (jetzt: §§ 491-498 BGB) anwendbar; eine BGB-Gesellschaft kann mithin **Verbraucher** (§ 13 BGB) sein.[173] Die Rechtsfähigkeit der BGB-Gesellschaft steht nicht einer Auslegung des § 1 Abs. 1a Satz 2

---

[155] Z.B.: BGH v. 26.03.1981 - VII ZR 160/80 - juris Rn. 21 - BGHZ 80, 222-228.
[156] BGH v. 26.03.1981 - VII ZR 160/80 - juris Rn. 21 - BGHZ 80, 222-228.
[157] BGH v. 13.07.1972 - II ZR 111/70 - juris Rn. 19 - BGHZ 59, 179-187.
[158] BGH v. 18.05.1989 - V ZB 4/89 - BGHZ 107, 268-273.
[159] BFH v. 11.02.1987 - II R 103/84 - NJW 1987, 1720.
[160] BGH v. 15.07.1997 - XI ZR 154/96 - BGHZ 136, 254-261.
[161] BGH v. 29.01.2001 - II ZR 331/00 - BGHZ 146, 341-361; dazu: Schmidt, NJW 2001, 993-1003.
[162] BGH v. 29.01.2001 - II ZR 331/00 - BGHZ 146, 341-361; vgl. auch BAG v. 01.12.2004 - 5 AZR 597/03 - AP Nr. 14 zu § 50 ZPO: BGB-Gesellschaft ist im Arbeitsgerichtsverfahren aktiv und passiv parteifähig.
[163] BGH v. 24.02.2000 - I ZR 168/97 - LM MarkenG § 7 Nr. 1 (3/2001); vgl. nunmehr auch BPatG München v. 20.08.2004 - 25 W (pat) 232/03 - MittdtschPatAnw 2004, 522-525.
[164] BGH v. 16.07.2001 - II ZB 23/00 - BGHZ 148, 291-297.
[165] *Bergmann*, ZIP 2003, 2231.
[166] BGH v. 13.04.1992 - II ZR 277/90 - juris Rn. 36 - BGHZ 118, 83-106.
[167] BGH v. 03.11.1980 - II ZB 1/79 - BGHZ 78, 311-317.
[168] BGH v. 04.11.1991 - II ZB 10/91 - BGHZ 116, 86-94; OLG Brandenburg v. 04.04.2006 - 6 U 86/05 - ZIP 2006, 1733.
[169] BGH v. 02.10.1997 - II ZR 249/96 - juris Rn. 8 - LM BGB § 705 Nr. 67 (7/1998).
[170] BVerfG v. 02.09.2002 - 1 BvR 1103/02 - NJW 2002, 3533.
[171] VGH Mannheim v. 20.09.2006 - 2 S 1755/06 - NJW 2007, 105.
[172] BGH v. 26.01.2006 - V ZB 132/05 - ZIP 2006, 560; BGH v. 28.05.2009 - VII ZR 206/07 - ZIP 2009, 1419-1420; vgl. schon BGH v. 18.05.1989 - V ZB 4/89 - BGHZ 107, 268. Ein etwaiger Beschluss der Wohnungseigentümergemeinschaft, durch den eine BGB-Gesellschaft (unwirksam) zum Verwalter bestellt wird, ist dahin auszulegen, dass die BGB-Gesellschaft ermächtigt wird.
[173] BGH v. 17.10.2006 - XI ZR 19/05 - ZIP 2007, 64-69; BGH v. 23.10.2001 - XI ZR 63/01 - BGHZ 149, 80-89; zw.

Nr. 3 KWG dahin entgegen, dass der Geschäftsführer einer BGB-Gesellschaft, die das Ziel der gemeinsamen privaten Kapitalanlage in Devisen-, Aktien(Index-), Zins- und Terminmärkten verfolgt, die Verwaltung des Vermögens „für andere" übernimmt und damit erlaubnispflichtige Finanzportfolioverwaltung betreibt.[174]

Die Anerkennung der Rechtsfähigkeit der BGB-Gesellschaft (sowie die gesetzliche Fixierung der Insolvenzfähigkeit der BGB-Gesellschaft) zwingt auch zu einer stringenten **Trennung der Vermögensmassen** von Gesellschaft und Gesellschaftern. Wird z.B. über das Vermögen eines Gesellschafters einer BGB-Gesellschaft das Insolvenzverfahren eröffnet, kann ein Insolvenzvermerk gem. § 32 Abs. 1 Nr. 1 InsO für ein Grundstück der BGB-Gesellschaft nicht eingetragen werden. Denn dieses Grundstück ist nicht Schuldnereigentum und gehört damit nicht zur Insolvenzmasse, deren Schutz § 32 InsO bezweckt. Zur Insolvenzmasse gehört lediglich das Anteilsrecht des Schuldners an der Gesellschaft. Gem. § 728 Abs. 2 BGB führt die Insolvenzeröffnung zur Auflösung der Gesellschaft. Die Auseinandersetzung findet nach den allgemeinen Regeln des Gesellschaftsrechts außerhalb des Insolvenzverfahrens statt (§ 84 Abs. 1 InsO). Der Auseinandersetzungsanspruch gehört zur Insolvenzmasse. Die Massezugehörigkeit dieses Anspruchs kann nicht durch Eintragung eines Insolvenzvermerks nach § 32 InsO kenntlich gemacht werden.[175]

II. Grundbuchfähigkeit

Seit der Ankerkennung der Rechts- und Parteifähigkeit der BGB-Gesellschaft war die Diskussion um die **Grundbuchfähigkeit** der BGB-Gesellschaft neu entflammt.[176] Die Frage der Grundbuchfähigkeit ist nicht zu verwechseln mit der Frage, ob eine BGB-Gesellschaft Eigentum an Grundstücken oder Rechte an Grundstücken erwerben kann. Diese Frage ist mit Blick auf die Rechtsfähigkeit der BGB-Gesellschaft eindeutig zu bejahen.[177] Bei der Frage der Grundbuchfähigkeit geht es also nicht mehr um das „Ob", sondern um das „Wie" des Eigentumserwerbs durch eine BGB-Gesellschaft. Anerkannte man die Grundbuchfähigkeit der BGB-Gesellschaft (Mindermeinung), so wäre die Gesellschaft unter ihrem Namen in das Grundbuch einzutragen gewesen.[178] Anders verfuhr dagegen die tradierte herrschende Anschauung, die gem. § 47 GBO a.F. – der allerdings auf die tradierte Gesamthandslehre zugeschnitten war – eine Eintragung aller Gesellschafter mit Zusatz „als Gesellschaft bürgerlichen Rechts" vornahm[179]. Zur Begründung verwies die h.M. auf die besondere Publizitätsfunktion des Grundbuchs und das Fehlen einer Registerpublizität der BGB-Gesellschaft. Zunehmend kam die tradierte Auffassung in die Kritik. Während einige Obergerichte an der tradierten Lehre festhielten,[180] sprachen sich zunehmend Obergerichte für die Grundbuchfähigkeit der BGB-Gesellschaft aus.[181] Nachdem der **BGH** die Frage der Grundbuchfähigkeit wiederholt offen lassen konnte,[182] entschied der V. Senat mit Beschluss vom 04.12.2008 auf Vorlagebeschluss des Kammergerichts,[183] dass eine BGB-Gesellschaft auch alleine unter der Bezeichnung in das Grundbuch eingetragen werden könne,

---

[174] BVerfG v. 05.04.2006 - 1 BvR 2780/04 - ZIP 2006, 1484-1485.

[175] OLG Rostock v. 11.09.2003 - 7 W 54/03 - NJW-RR 2004, 260-261.

[176] Vgl. dazu: *Heil*, NJW 2002, 2158-2160, 2158; *Steffek/Ulmer*, NJW 2002, 330-338; *Habermeier* in: Staudinger, Vorbem. zu §§ 705-740 Rn. 25 ff.; *Ulmer/Schäfer*, Gesellschaft bürgerlichen Rechts und Partnerschaftsgesellschaft, 5. Aufl. 2009, § 705 Rn. 312 ff.

[177] Die BGB-Gesellschaft kann kein Eigentümer von Grundstücken sein: BGH v. 04.12.2008 – V ZB 74/08 – BGHZ 179, 102-114; BGH v. 25.01.2008 - V ZR 63/07 - ZIP 2008, 501-503; BGH v. 25.09.2006 - II ZR 218/05 - ZIP 2006, 2128-2130; BayObLG München v. 07.05.2002 - 3Z BR 55/02 - NJW-RR 2002, 1363-1364. A.A.: BayObLG München v. 31.10.2002 - 2Z BR 70/02 - NJW 2003, 70-72; vgl. auch: BayObLG München v. 04.09.2003 - 2Z BR 162/03 - ZNotP 2004, 25-26.

[178] *Steffek/Ulmer*, NJW 2002, 330-338.

[179] So OLG Celle v. 13.03.2006 - 4 W 47/06 - OLGR Celle 2006, 309; BayObLG München v. 31.10.2002 - 2Z BR 70/02 - NJW 2003, 70-72; BayObLG München v. 04.09.2003 - 2Z BR 162/03 - ZNotP 2004, 25-26; BayObLG München v. 08.09.2004 - 2Z BR 139/04 - ZIP 2004, 2375-2376: dies gilt auch dann, wenn der in einem Vollstreckungstitel ausgewiesene Gläubiger eine BGB-Gesellschaft ist.

[180] BayObLG München v. 08.09.2004 -2Z BR 139/04 - ZIP 2004, 2375-2376; OLG Celle v. 13.03.2006 - 4 W 47/06 - NJW 2006, 2194; OLG Schleswig v. 29.10.2007 - 2 W 212/07 - DB 2007, 2766-2767.

[181] OLG Stuttgart v. 09.01.2007 - 8 W 223/06 - ZIP 2007, 419-421; OLG Dresden v. 26.05.2008 - 3 W 55/08 - ZIP 2008, 2361.

[182] BGH v. 25.01.2008 - V ZR 63/07 - ZIP 2008, 501-503; BGH v. 25.09.2006 - II ZR 218/05 - ZIP 2006, 2128-2130; BGH v. 16.07.2004 - IXa ZB 288/03 - NJW 2004, 3632-3635.

[183] KG v. 06.05.2008 - 1 W 319/06 - ZIP 2008, 1178-1180.

die ihre Gesellschafter im Gesellschaftsvertrag für sie vorgesehen hätten.[184] Der Gesetzgeber reagierte auf diese Anerkennung der formellen Grundbuchfähigkeit mit dem Gesetz zur Einführung des elektronischen Rechtsverkehrs und der elektronischen Akte im Grundbuchverfahren sowie zur Änderung weiterer grundbuch-, register- und kostenrechtlicher Vorschriften (**ERVGBG**) v. 11.08.2009[185]. Das Gesetz sieht in Abweichung zur neueren BGH-Rechtsprechung vor, dass beim Grundstückserwerb durch eine BGB-Gesellschaft (wieder) auch immer deren Gesellschafter im Grundbuch einzutragen sind (**§ 47 Abs. 2 GBO n.F.**).[186] Wenig Klarheit bestand zunächst in der obergerichtlichen Rechtsprechung über die Anforderungen an den zu führenden **Nachweis von Existenz, Identität und Vertretung der BGB-Gesellschaft** beim Erwerb von Grundeigentum. Mittlerweile hat der BGH die Frage im Grundsatz geklärt: erwirbt eine BGB-Gesellschaft Grundeigentum, so reicht es für die Eintragung des Eigentumswechsels in das Grundbuch aus, wenn die Gesellschaft und ihre Gesellschafter in der notariellen Auflassungsverhandlung benannt sind und die für die Gesellschaft Handelnden erklären, dass sie deren alleinige Gesellschafter sind. Eines weiteren (in der Form des § 29 GBO zu erbringenden) Nachweises der Existenz, der Identität und der Vertretungsverhältnisse bedarf es gegenüber dem Grundbuchamt nicht.[187] Das OLG München handhabt die neuen Grundsätze restriktiv: soll die BGB-Gesellschaft im Grundbuchverkehr abweichend von der gesetzlichen Regelung (Gesamtvertretung durch alle Gesellschafter gem. §§ 709, 714 BGB) vertreten werden, sei ein grundbuchtauglicher Vertretungsnachweis in der Form des § 29 Abs. 1 GBO unerlässlich. Die Vorlage eines – auch notariell beurkundeten – Gesellschaftsvertrags, der die **Einzelvertretungsbefugnis** des handelnden Gesellschafters ausweist, genüge hierfür nicht[188]. Leitet die BGB-Gesellschaft ihr Recht aus einer Gerichtsentscheidung ab, genügt deren Rubrum als Nachweis der Vertretungsbefugnis der handelnden Gesellschafter.[189]

46 Wiederholt hatten sich Obergerichte mit der Problematik der **Eintragung von Verfügungsbeschränkungen an Gesellschaftsanteilen** von BGB-Gesellschaftern zu beschäftigen. Ein **Insolvenzvermerk** beim (gem. § 47 Abs. 2 GBO eingetragenen) Gesellschafter wird für eintragungsfähig gehalten: denn einzutragen sei, was sich unmittelbar auf die eingetragenen Rechte oder auf die Verfügungsbefugnis hinsichtlich dieser Rechte auswirke. Im Insolvenzfall sei nun einmal die Verfügungsbefugnis (der Gesellschaft) berührt, weil das Recht des Gesellschafters beeinträchtigt sei, als Vertreter der BGB-Gesellschaft nach außen zu handeln. Dem kann man nicht ohne weiteres entgegenhalten, dass Eigentümer des Grundstücks nicht der überschuldete Gesellschafter, sondern die Gesellschaft ist: denn ohne die Eintragung des Insolvenzvermerks beim Anteil des Gesellschafters wäre ein gutgläubiger Erwerb von diesem als Vertreter der GbR möglich (§§ 899a Satz 2, 892 Abs. 1 Satz 2 BGB).[190] Dagegen soll die Eintragung eines **Nacherbenvermerks** nicht möglich sein.[191] Auch dem wird man zustimmen können. Denn entscheidend ist letztendlich, ob die konkrete Verfügungsbeschränkung das Recht des Gesellschafters beeinträchtige, als Vertreter der BGB-Gesellschaft nach außen zu handeln. Dies ist bei Verfügungsbeschränkungen, denen nur Bedeutung für die Verfügungsbefugnis im Hinblick auf das Eigenvermögen des Gesellschafters zukomme, aber nicht der Fall. Zwar zählt der Gesellschaftsanteil zum Eigenvermögen des Gesellschafters, der Gesellschaftsanteil ist aber mit dem Vermögen der rechtsfähigen BGB-Gesellschaft nicht identisch. Entsprechend diesen Grundsätzen hat das OLG München unlängst die Eintragung eines **Nießbrauchs am Gesellschaftsanteil** (§ 1068 BGB) abgelehnt: denn der Nießbrauch laste nur am Gesellschaftsanteil, nicht an den einzelnen Gegenständen des Gesellschafts-

---

[184] BGH v. 04.12.2008 - V ZB 74/08 - BGHZ 179, 102-114.
[185] BGBl I 2009, 2713.
[186] Sind auch die Gesellschafter in das Grundbuch einzutragen, so ist doch die Höhe des Anteils eines Gesellschafters an der Gesellschaft nicht eintragungsfähig (OLG München v. 09.06.2005 - 32 Wx 052/05, 32 Wx 52/05 - NJW-RR 2005, 1609).
[187] BGH v. 28.04.2011 - V ZB 194/10 - ZIP 2011, 1003-1007; BGH v. 12.08.2011 - V ZB 113/11 - NJW-RR 2012, 86-87; OLG München v. 15.06.2011 - 34 Wx 158/10; OLG München v. 28.07.2011 - 34 Wx 90/10 - ZIP 2011, 1960-1961.
[188] OLG München v. 20.07.2011 - 34 Wx 131/10 - ZIP 2011, 2107-2108.
[189] BGH v. 04.12.2008 - V ZB 74/08 - BGHZ 179, 102-114; BGH v. 13.10.2011 - V ZB 90/11 - ZIP 2011, 2355-2357.
[190] OLG München v. 02.07.2010 - 34 Wx 62/10 - ZIP 2011, 375-376. Auch der Testamentsvollstreckervermerk soll eintragungsfähig sein (LG Hamburg v. 15.09.2008 - 321 T 55/08 - ZIP 2008, 2125-2126).
[191] OLG München v. 28.11.2010 - 34 Wx 96/10 - nicht veröffentlicht (obiter dicta).

vermögens. Der Gesellschafter selbst werde durch den Nießbrauch am Gesellschaftsanteil in seiner „Verfügungsbefugnis" über das Grundstück der Gesellschaft nicht eingeschränkt.[192]

III. Die BGB-Gesellschaft als juristische Person

Der Bundesgerichtshof erkennt zwar nunmehr die Rechtsfähigkeit der BGB-Gesellschaft an, betont aber zugleich, dass die BGB-Gesellschaft keine **juristische Person** sei, ohne dies allerdings näher zu begründen.[193] An dieser Stelle allerdings greift der BGH zu kurz.[194] Die juristische Person ist im sozialen Leben als eigenständige Einheit auftretender handlungsfähiger Verband und Organisation, den das geltende Recht gleich natürlichen Personen als uneingeschränkt rechts- und handlungsfähig anerkennt[195]. Die BGB-Gesellschaft erfüllt alle Anforderungen, die an den Begriff der juristischen Person gestellt werden. Auf vorrechtlicher Ebene kann kein Unterschied gefunden werden. Die BGB-Gesellschaft kann im sozialen Leben weitgehend genauso als als eigenständige Einheit auftretender handlungsfähiger Verband und Organisation wahrgenommen werden wie die klassischen juristischen Personen. Der Organisationsgrad eines nicht eingetragenen Vereins oder einer Publikumsgesellschaft in der Rechtsform einer BGB-Gesellschaft oder Kommanditgesellschaft oder einer Offenen Handelsgesellschaft muss nicht hinter dem einer – vielleicht personalistischen – Kapitalgesellschaft oder einem eingetragenen Verein mit nur wenigen Mitgliedern zurückbleiben. Eine Personengesellschaft kann – in Anleihe an *Reuter* – ebenso Satzungsgesellschaft sein, also von den Interessen der Mitglieder losgelöste, überindividuelle Interessen verfolgen, wie eine Kapitalgesellschaft Vertragsgesellschaft sein kann, also die individuelle Interessenverfolgung der Gesellschafter in den Mittelpunkt stellt.[196] Auf der rechtlichen Ebene wird der Begriff der juristischen Person durch die Rechtsfähigkeit (und Handlungsfähigkeit) umschrieben. Die Rechtsfähigkeit der Gesamthandsgesellschaften ist aber seit der Grundsatzentscheidung des BGH vom 29.01.2001 geklärt. Dann ist es inkonsequent und widersprüchlich, die Gesamthandsgesellschaften aus dem Begriff der juristischen Person auszuklammern, obwohl sie dessen Merkmale erfüllen. Die herrschende Lehre des **gesellschaftsrechtlichen Dualismus** (Trennung des Gesellschaftsrechts in Gesamthandsgesellschaften und juristische Personen) setzt die Unterscheidung zwischen Gesamthandsgesellschaft und juristischer Person als gegeben voraus und verpackt sie mit dem schönen Begriff vom Gegensatz zwischen Personenverband (Gruppe) und Verbandsperson (Organisation). Wenn man aber die juristische Person als eine mit Rechtsfähigkeit versehene Wirkungs- oder Organisationseinheit definiert und gleichermaßen den Gesamthandsgesellschaften Rechtsfähigkeit zuspricht, muss man sich die Inkonsequenz vorhalten lassen, die Gesamthandsgesellschaften dem Begriff der juristischen Person zu entziehen, obwohl sie dessen Merkmale erfüllen. Es gibt nur die Alternative, entweder den Begriff der juristischen Person allein durch die Rechtsfähigkeit zu definieren und dann konsequent alle rechtsfähigen Verbände als juristische Personen einzuordnen oder als zusätzliches Begriffsmerkmal ein bestimmtes Strukturmerkmal zu verlangen, woraus zwingend folgt, dass es zwei Arten von rechtsfähigen Personenvereinigungen gibt, juristische Personen und andere (Gesamthandsgesellschaften), in denen sich dieses Merkmal nicht findet. Die dualistische Betrachtungsweise kann nur richtig sein, wenn sich ein solches Element finden lässt. Aber ein solches Element fehlt.[197] In der unbeschränkten Gesellschafterhaftung lässt sich ein Unterschied nicht finden: Es gibt Gesamthandsgesellschaften, in denen kein Gesellschafter haftet (nicht eingetragener Idealverein, Idealgesellschaft des bürgerlichen Rechts), andererseits finden sich juristische Personen mit unbeschränkter Haftung (KGaA, eingetragene Genossenschaft mit unbeschränkter Nachschusspflicht). Auch innerhalb der Organisationsstruktur lässt sich kein Unterschied finden: Eine Gesamthandsgesellschaft lässt sich ebenso körperschaftlich verfassen (Publikumsgesellschaft) wie sich eine juristische Person personalis-

---

[192] OLG München v. 25.1.2011 - 34 Wx 148/10 - ZIP 2011, 276-277; ebenso: OLG Celle v. 25.05.2011 - 4 W 39/11 - ZIP 2011, 1510-1511.

[193] BGH v. 29.01.2001 - II ZR 331/00 - juris Rn. 5 - BGHZ 146, 341-361; BGH v. 23.10.2001 - XI ZR 63/01 - juris Rn. 16 - BGHZ 149, 80-89.

[194] Zum Folgenden ausführlich *Bergmann*, Die fremdorganschaftlich verfasste Offene Handelsgesellschaft, Kommanditgesellschaft und BGB-Gesellschaft als Problem des allgemeinen Verbandsrechts, 2002, § 2 B III = S. 51-56.

[195] *Raiser*, AcP 199, 104-144, 137.

[196] *Reuter*, Privatrechtliche Schranken der Perpetuierung von Unternehmen, 1973, S. 62.

[197] *Bergmann*, Die fremdorganschaftlich verfasste Offene Handelsgesellschaft, Kommanditgesellschaft und BGB-Gesellschaft als Problem des allgemeinen Verbandsrechts, 2002, § 2 B III = S. 54-46; *Raiser*, AcP 194, 495-512, 503.

tisch organisieren lässt (personalistische GmbH). Mit der EWIV und der Partenreederei sind zwei Gesamthandsgesellschaften fremdorganschaftlich verfasst, mit der KGaA ist eine juristische Person selbstorganschaftlich organisiert (vgl. auch § 9 GenG). Und auch aus der Unzulässigkeit der Einmannpersonengesellschaft kann nichts gefolgert werden, da die Einmann-KGaA ohne Komplementär ebenso unzulässig ist. Die Unterscheidung zwischen juristischer Person und (rechtsfähiger) Gesamthandsgesellschaft kann nicht länger aufrechterhalten werden. Alle Außengesellschaften, auch die Vorgesellschaften, sind als juristische Person einzuordnen; die Rechtsfigur der Gesamthand ist im Gesellschaftsrecht am Ende. Mit diesem Verständnis der juristischen Person hat man die Basis gelegt zur Überwindung des überkommenen gesellschaftsrechtlichen Dualismus. An die Stelle des überholten Dualismus muss eine **allgemeine Verbandslehre** treten.[198] Die dualistische Lehre hat sich, indem sie die verschiedenen Arten der Gesellschaften unter entgegengesetzte Denkformen subsumierte und diese zu leitenden Prinzipien der rechtlichen Beurteilung erhob, die Möglichkeit zu einem umfassenden Systemverständnis selbst verbaut. An die Stelle des Dualismus ist folgende Aussage zu stellen: Von der „losen" BGB-Gesellschaft bis hinauf zur Aktiengesellschaft baut sich eine ununterbrochene, durch keine Zäsur zu trennende Stufenfolge gesellschaftlicher Gebilde auf; es zeigt sich ein Bild allmählicher Abstufungen, von den sehr weit abstrahierten Organisationsformen der Aktiengesellschaft und Publikumsgesellschaft bis hin zur ursprünglichen Mitgliederselbstverwaltung in der personalistisch verfassten BGB-Gesellschaft (daher kann der tradierte Dualismus auch nicht damit aufrechterhalten werden, die wahren Gegensätze in Verein und Gesellschaft zu sehen). Die Folge dieses weiten Begriffs der juristischen Person kann man als **freie Körperschaftsbildung** betrachten. Die Erkenntnis, dass jede überindividuelle Wirkungseinheit durch Zuweisung der Rechts- und Geschäftsfähigkeit zur juristischen Person aufsteigt, führt zusammen mit dem Rechtsformzwang, der jeden Verband, sofern er nicht die Voraussetzung einer besonderen Rechtsform erfüllt, als (rechtsfähige) Offene Handelsgesellschaft oder (rechtsfähige) BGB-Gesellschaft einordnet, dazu, dass jede Außengesellschaft rechtsfähig und damit juristische Person ist. Allerdings muss man sich von der Vorstellung lösen, der Einordnung eines Verbandes als juristische Person außer der Erkenntnis seiner Rechts- und Handlungsfähigkeit besondere Rechtsfolgen entnehmen zu können. Z.B. die Frage der Haftung der Gesellschafter hängt nicht von der Frage ab, ob der Verband juristische Person ist, sondern ob der Verband in einer Rechtsform eingetragen ist, die zumindest für einen Teil der Gesellschafter eine Haftungsbeschränkung kennt (Kommanditgesellschaft, GmbH).

IV. Innengesellschaft

48   Die BGB-Gesellschaft kann auch als bloße **Innengesellschaft** entstehen. Das kennzeichnende Merkmal einer Innengesellschaft besteht darin, dass bei ihr die Gesellschaft nicht nach außen auftritt, dass bei ihr eine organschaftliche Vertretung der Gesellschaft als solcher fehlt. Die Geschäfte der Innengesellschaft werden durch einen Gesellschafter oder auch durch einen beauftragten Dritten im eigenen Namen, wenn auch im Innenverhältnis für Rechnung der Gesellschaft, geführt.[199] In dieser Besonderheit besteht das Wesen der Innengesellschaft, während sie im Übrigen als eine besondere Form der Gesellschaft naturgemäß das entscheidende gesellschaftsrechtliche Merkmal, nämlich einen vertraglichen Zusammenschluss zur Erreichung eines gemeinsamen Zwecks, aufweist.[200] Der verfolgte Zweck kann etwa darin liegen, das mittelbare Eindringen unerwünschter Dritter in den Aktionärskreis zu verhindern: von daher kann eine Aktionärsvereinbarung als Innengesellschaft zu qualifizieren sein.[201] Die Innengesellschaft kann auch stillschweigend begründet werden.[202] Ein auf den Abschluss eines Gesellschaftsvertrags gerichteter Rechtsbindungswille ist anhand der gesamten äußeren Umstände festzustellen und darf nicht lediglich fiktiv unterstellt werden; insbesondere ein tatsächliches Miteinander erlaubt noch keinen Schluss auf einen Gesellschaftsvertrag, ebenso wenig wie tatsächliche Einflussmöglichkeiten.[203] Die Innengesellschaft als solche tritt im Rechtsverkehr **nicht nach außen** auf.[204] Typischerweise bleibt der im eigenen Namen nach außen auftretende Gesellschafter Inhaber aller Rechte, so dass

---

[198] Dazu: *Bergmann*, Die fremdorganschaftlich verfasste Offene Handelsgesellschaft, Kommanditgesellschaft und BGB-Gesellschaft als Problem des allgemeinen Verbandsrechts, 2002, § 2 B IV = S. 56-58.
[199] BGH v. 24.02.1954 - II ZR 3/53 - juris Rn. 9 - BGHZ 12, 308-321.
[200] BGH v. 20.10.2008 - II ZR 207/08 - ZIP 2008, 2311-2313.
[201] BGH v. 21.09.2009 - II ZR 250/07 - ZIP 2009, 2155-2156.
[202] BGH v. 11.04.1990 - XII ZR 44/89 - juris Rn. 12 - NJW-RR 1990, 1090-1092.
[203] BFH v. 01.08.1996 - VIII R 12/94 - juris Rn. 30 - NJW 1997, 2702-2704.
[204] BGH v. 23.06.1960 - II ZR 172/59 - NJW 1960, 1851-1852.

kein Gesellschaftsvermögen entsteht;[205] zwingende Voraussetzung soll dies allerdings nicht sein.[206] Der Innengesellschafter ist nicht dinglich mitberechtigt am Vermögen des Mitgesellschafters, hat aber einen schuldrechtlichen Anspruch gegen ihn, im Rahmen des rechtlich Möglichen so gestellt zu werden, als ob er gesamthänderisch an dem zum Gegenstand der Innengesellschaft gehörenden Vermögen des Mitgesellschafters beteiligt wäre.[207] Kein Merkmal der Innengesellschaft ist, dass sie gegenüber Dritten **geheim gehalten** wird; kennzeichnend für die Innengesellschaft ist lediglich, dass sie im Rechtsverkehr nicht selbst in Erscheinung tritt, dass also die für ihre Rechnung abgeschlossenen Geschäfte nur im Namen eines Gesellschafters abgeschlossen werden.[208] Da im Innenverhältnis eine Gesellschaft besteht, sind die §§ 705-740 BGB sowie die zivilrechtlichen Spezialvorschriften, die an das Vorliegen eines Gesellschaftsverhältnisses anknüpfen, grundsätzlich anzuwenden (Geschäftsführungsregeln, Kontrollrechte, Beitragspflicht, Gewinn- und Verlustbeteiligung). Ausgenommen sind jedoch die Vertretungs- und Vermögensvorschriften (§§ 714, 715, 718-720 BGB), da bei einer Innengesellschaft notwendigerweise keine Außenrechtsbeziehungen der Gesellschaft gegeben sind. Bei der Regelung des Innenverhältnisses, insbesondere der Geschäftsführungsbefugnis herrscht Gestaltungsfreiheit. Die Gesellschafter einer Innengesellschaft besitzen bei der Gestaltung ihrer internen Beziehung weitgehende Freiheit. Danach haben sie insbesondere die Möglichkeit, einem (stillen) Gesellschafter im Innenverhältnis eine gesellschaftsrechtliche (keine organschaftliche!) Geschäftsführungsbefugnis einzuräumen; ihm kann das Recht und die Pflicht zur Geschäftsführung im gleichen Rahmen und Umfang eingeräumt oder auferlegt werden, in welchem der Geschäftsinhaber zur Geschäftsführung berechtigt und verpflichtet ist.[209] In diesem Fall liegt der Unterschied zur Außengesellschaft darin, dass der geschäftsführungsberechtigte Gesellschafter nach außen immer im Namen des anderen Gesellschafters auftreten muss und nicht in der Lage ist, im Namen der Gesellschaft zu handeln.[210] Zudem wird die Innengesellschaft nicht nach den §§ 730-735 BGB liquidiert; da bei einer Innengesellschaft kein gesamthänderisch gebundenes Gesellschaftsvermögen vorhanden ist, kommt nach ihrer Auflösung eine Liquidation nicht in Betracht. Jedoch steht dem Innengesellschafter nach Auflösung der Gesellschaft ein schuldrechtlicher **Auseinandersetzungs**anspruch auf Abrechnung und Auszahlung zu; seine Einzelansprüche aus dem Gesellschaftsverhältnis werden unselbstständige Rechnungsposten der Auseinandersetzungsrechnung und können daher grundsätzlich nicht mehr selbstständig geltend gemacht werden; nur ausnahmsweise ist u.a. eine Gesamtabrechnung entbehrlich, wenn sich etwa der endgültige Anspruch des Gesellschafters ohne besondere Abrechnung ermitteln lässt.[211] Für die Bewertung ist der Zeitpunkt der Auflösung maßgebend.[212] Aus dem Gesellschaftsvertrag erwachsen den Gesellschaftern **gegenseitige** Treuepflichten (vgl. Rn. 51); sie dürfen dem gemeinsamen Gesellschaftszweck nicht zuwiderhandeln. So hat z.B. der stille Gesellschafter einen Anspruch darauf, dass das Unternehmen, an dem er sich beteiligt hat, fortgeführt wird und in seinen wesentlichen Grundlagen keine Änderung gegen seinen Willen erfährt. Das Ergebnis von Geschäften, zu denen der Inhaber nicht berechtigt war, braucht der stille Gesellschafter nicht gegen sich gelten zu lassen. Verwendet der Inhaber die Einlage des stillen Gesellschafters nicht bestimmungsgemäß oder entzieht er dem Unternehmen bestimmungswidrig Vermögen, verletzt er seine vertraglichen Pflichten und macht sich schadensersatzpflichtig. Der stille Gesellschafter hat in diesen Fällen einen Anspruch darauf, so gestellt zu werden, als seien die schädigenden Handlungen nicht vorgenommen worden.[213] Seit Anerkennung der Rechtsfähigkeit der Außengesellschaft hat die Unterscheidung Innen- und Außengesellschaft eine neue Bedeutung erlangt. Bei Vorliegen eines Gesellschaftsverhältnisses besteht **keine Vermutung für** das

---

[205] BGH v. 01.04.1965 - II ZR 182/62 - WM 1965, 793.
[206] *Ulmer/Schäfer*, Gesellschaft bürgerlichen Rechts und Partnerschaftsgesellschaft, 5. Aufl. 2009, § 705 Rn. 280; offen gelassen BGH v. 24.02.1954 - II ZR 3/53 - juris Rn. 10 - BGHZ 12, 308-321.
[207] BGH v. 21.12.1972 - II ZR 13/71 - WM 1973, 296.
[208] BGH v. 23.06.1960 - II ZR 172/59 - NJW 1960, 1851-1852.
[209] BGH v. 27.03.1961 - II ZR 256/59 - BB 1961, 583.
[210] BGH v. 23.06.1960 - II ZR 172/59 - NJW 1960, 1851-1852.
[211] BGH v. 26.06.1989 - II ZR 128/88 - juris Rn. 13 - NJW 1990, 573-575; vgl. zur Schlussabrechnung: BGH v. 23.06.1986 - II ZR 130/85 - NJW-RR 1986, 1419.
[212] BGH v. 30.06.1999 - XII ZR 230/96 - juris Rn. 34 - BGHZ 142, 137-157.
[213] BGH v. 29.06.1987 - II ZR 173/86 - NJW 1988, 413-415.

§ 705

Vorliegen einer **Außengesellschaft**.[214] Will ein Gläubiger die neben dem Hauptgesellschafter beteiligten Partner in Anspruch nehmen, muss er ein Auftreten im Namen der Gesellschaft, also das Betreiben einer Außengesellschaft, behaupten und beweisen.

49 Eine besondere Art der Innengesellschaft ist die **stille BGB-Gesellschaft**. Bei ihr verpflichtet sich der stille Gesellschafter, seine Einlage in das Vermögen des Hauptgesellschafters zu leisten und erhält als Gegenleistung eine Gewinnbeteiligung. Von der stillen Gesellschaft des Handelsrechts unterscheidet sie sich darin, dass die Hauptgesellschaft kein Handelsgewerbe (§§ 1-7 HGB) betreibt; wegen der weitgehenden Parallelen sind die §§ 230-236 HGB entsprechend anzuwenden;[215] das gilt insbesondere für die Gewinn- und Verlustbeteiligung, §§ 231 Abs. 1, 232 Abs. 2 HGB. Da der Stille seine Einlage in das Vermögen des Hauptgesellschafters leistet, entsteht **kein Gesellschaftsvermögen**. Ihm fehlt nicht nur die Vertretungsmacht, er ist in der typischen stillen Gesellschaft auch nicht an der Geschäftsführung beteiligt; für die Anwendung der §§ 709, 711, 712, 714, 715, 718, 719 BGB ist daher kein Raum.[216] **Atypische** stille Gesellschaften mit Geschäftsführungsbefugnissen (Widerspruchs-, Zustimmungs- oder Weisungsrechte; auch Wahrnehmung echter Geschäftsführungsfunktionen) des stillen Gesellschafters sind aber zulässig; der stille Gesellschafter kann sich auch in schuldrechtlicher Form an dem Vermögen des Geschäftsinhabers beteiligen.[217] Dem stillen Gesellschafter können auch Vertretungsbefugnisse eingeräumt werden, allerdings nicht als organschaftliche Vertretung der stillen Gesellschaft, sondern nur in Gestalt einer Vollmacht zur Vertretung des Geschäftsinhabers.[218] Auch in der atypischen stillen Gesellschaft haftet der Stille **nicht entsprechend § 128 HGB** kraft Gesetzes nach außen.[219] In einer stillen Gesellschaft, die auf unbestimmte Zeit oder auf Lebenszeit eines Gesellschafters eingegangen ist, kann das ordentliche Kündigungsrecht nicht durch eine gesellschaftsvertragliche Regelung ausgeschlossen werden.[220] Die typische stille Gesellschaft ist **zweigliedrig** (ein Unternehmensträger und ein stiller Gesellschafter). Beteiligen sich mehrere stille Gesellschafter an demselben Unternehmen, so liegen so viele stille Gesellschaften vor, wie es stille Gesellschafter gibt, ohne dass die Stillen untereinander rechtlich verbunden sein müssen. Aber auch die atypische **mehrgliedrige** stille Gesellschaft ist möglich, einmal in dem Sinne, dass mehrere still Beteiligte mit dem Inhaber in einem einzigen Gesellschaftsverhältnis stehen[221] oder unter sich in einer BGB-Gesellschaft verbunden sind, die ihrerseits in stiller Gesellschaft mit dem Inhaber steht, oder es tritt für mehrere still Beteiligte (die untereinander eine BGB-Gesellschaft bilden) einer von ihnen oder ein Dritter als Treuhänder in stille Gesellschaft mit dem Inhaber, während die Unterbeteiligten oder Treugeber ohne unmittelbares Rechtsverhältnis zum Inhaber bleiben.[222] Für die Abgrenzung der stillen Gesellschaft vom **partiarischen Darlehen** (vgl. Rn. 35) ist entscheidend darauf abzustellen, ob die Vertragspartner einen gemeinsamen Zweck verfolgen oder ob sie lediglich ihre eigenen Interessen wahrnehmen und ihre Beziehungen zueinander ausschließlich durch die Verschiedenheit ihrer eigenen Interessen bestimmt werden. Anhaltspunkte für die Absicht einer gemeinsamen Zweckverfolgung liegen in der Bezeichnung der Vereinbarung als stiller Gesellschaftsvertrag, in der Einräumung der in § 233 HGB vorgesehenen oder weitergehender Informations- und Kontrollrechte; auch das Fehlen jeder Kreditsicherung, die lange Dauer einer festen vertraglichen Bindung, die Einschränkung der Kündigungsmöglichkeit bei Fortsetzung des Vertrags nach Ablauf der Bindungsfrist und die Beschränkung der Beteiligungsübertragung auf Ehegatten und Abkömmlinge sind Umstände, die mehr für eine stille Beteiligung und weniger für einen partiarischen Darlehensvertrag sprechen.[223]

50 Die **Unterbeteiligung**[224] ist die stille Beteiligung an einem Gesellschaftsanteil. Eine Unterbeteiligung ist vorhanden, wenn aufgrund des zwischen dem Gesellschafter einer Kapital- oder Personengesellschaft (dem Hauptbeteiligten) und einem Unterbeteiligten zur Erreichung eines gemeinsamen Zweckes

---

[214] BGH v. 23.06.1960 - II ZR 172/59 - NJW 1960, 1851-1852; BGH v. 24.02.1954 - II ZR 3/53 - juris Rn. 9 - BGHZ 12, 308-321.
[215] *Ulmer/Schäfer*, Gesellschaft bürgerlichen Rechts und Partnerschaftsgesellschaft, 5. Aufl. 2009, § 705 Rn. 287.
[216] *Ulmer/Schäfer*, Gesellschaft bürgerlichen Rechts und Partnerschaftsgesellschaft, 5. Aufl. 2009, § 705 Rn. 286.
[217] BGH v. 24.09.1952 - II ZR 136/51 - BGHZ 7, 174-184.
[218] *Schmidt*, Gesellschaftsrecht, 4. Aufl. 2002, § 62 II 2 c bb = S. 1847.
[219] BGH v. 01.03.2010 - II ZR 249/08 - ZIP 2010, 1341-1342.
[220] BGH v. 20.12.1956 - II ZR 166/55 - BGHZ 23, 10-17.
[221] Vgl. *Schmidt*, Gesellschaftsrecht, 4. Aufl. 2002, § 62 II 2 c cc = S. 1847-1848.
[222] *Hopt* in: Baumbach/Hopt, Handelsgesetzbuch, 31. Aufl. 2003, § 230, Rn. 7.
[223] BGH v. 10.10.1994 - II ZR 32/94 - juris Rn. 8 - BGHZ 127, 176-186.
[224] Dazu: *Schmidt*, Gesellschaftsrecht, 4. Aufl. 2002, § 63.

geschlossenen Gesellschaftsvertrags der Unterbeteiligte ohne Bildung eines Gesellschaftsvermögens mit einer Einlage an dem Gesellschaftsanteil beteiligt ist und eine Gewinnbeteiligung erhält. Von der stillen Gesellschaft unterscheidet sich die Unterbeteiligung in der Person des Vertragspartners und im Gegenstand der Beteiligung. Der stille Gesellschafter steht in einem Gesellschaftsverhältnis zum Träger des Unternehmens, der Unterbeteiligte hingegen zu einem Gesellschafter; Gegenstand der Beteiligung ist bei der stillen Gesellschaft das Unternehmen, bei der Unterbeteiligung dagegen die Hauptbeteiligung, also eine Mitgliedschaft (Anteil). Die Unterbeteiligung ist eine **BGB-Innengesellschaft**.[225] Der Unterbeteiligte steht in der Regel zu der Hauptgesellschaft in keinen Rechtsbeziehungen; er schuldet ihr weder Verschwiegenheit noch Gesellschaftertreue und ist auch vom Wettbewerb nicht ausgeschlossen.[226] **Treuhand** und Unterbeteiligung an Gesellschaftsanteilen sind nicht einander ausschließende, zur Anwendung entweder des Auftrags- oder des Gesellschaftsrechts führende Rechtsinstitute. Entscheidend für die Einordnung ist die inhaltliche Gestaltung des Vertragsverhältnisses, wobei für eine gesellschaftsvertragliche Beziehung spricht, dass der hauptbeteiligte Gesellschafter nur einen Teil seines Anteils für den anderen Vertragsbeteiligten hält, im Übrigen aber eigene Interessen in der Gesellschaft verfolgt.[227] Treuhand und Unterbeteiligung treffen insbesondere zusammen, wenn ein Gesellschafter seine Mitgliedschaft teils für eigene Rechnung, teils dagegen für die Rechnung eines Dritten hält. Ist dagegen im Innenverhältnis nur der Dritte Gesellschafter, so liegt keine Unterbeteiligung vor, sondern ein reines Treuhandverhältnis. Eine für die Dauer der Hauptgesellschaft abgeschlossene gesellschaftsrechtliche Unterbeteiligung an einem Gesellschaftsanteil kann wie eine für unbestimmte Zeit vereinbarte Unterbeteiligung gekündigt werden, wenn die Dauer der Hauptgesellschaft weder zeitlich noch durch ihren Zweck begrenzt und deshalb ungewiss ist (§ 723 BGB). Dementsprechend ist es möglich, das ordentliche Kündigungsrecht für eine Unterbeteiligung auf die Dauer des Bestandes der Hauptgesellschaft auszuschließen, wenn deren Ende zeitlich festgelegt oder von der Erreichung eines bestimmten Gesellschaftszwecks abhängig ist.[228] Fraglich ist, ob sich das **ordentliche Kündigungsrecht** des Unterbeteiligten nach § 723 Abs. 1 BGB richtet, also zur sofortigen Auflösung der Gesellschaft führt, oder die Sechsmonatsfrist der §§ 234 Abs. 1 Satz 1, 132 HGB einschlägig ist. Die h.M. geht bei der Unterbeteiligung dahin, statt § 723 Abs. 1 Satz 1 BGB die §§ 234, 132 HGB entsprechend anzuwenden.[229] Der h.M. ist beizupflichten. Hinter der Regelung der §§ 234, 132 HGB findet sich nämlich der auf die Unterbeteiligung übertragbare, und damit eine analoge Anwendung rechtfertigende Gedanke, dass es gilt, im Interesse des Gesellschaftsverhältnisses einen schnellen Kapitalabzug zu vermeiden. Bei der Unterbeteiligung stehen häufig Kapitalbeschaffungsinteressen im Vordergrund. Der Hauptbeteiligte braucht das Geld, um sich bei einer Gründung oder einer Kapitalerhöhung beteiligen zu können. Diesem Interesse wird die undifferenzierte Regelung des § 723 Abs. 1 Satz 1 BGB nicht gerecht. Demnach sind die für die ordentliche Kündigung anwendbaren Vorschriften die §§ 234, 132 HGB. Die Informationspflichten des Hauptgesellschafters bestimmen sich entsprechend § 233 Abs. 1 HGB.[230] Die Vertragschließenden haben es indessen in der Hand, die Informationsrechte des Unterbeteiligten abweichend von § 233 HGB zu regeln.[231] Der Unterbeteiligte kann von dem Hauptgesellschafter die Mitteilung der Bilanzen und sonstiger Unterlagen der Hauptgesellschaft nur verlangen, wenn diese ihrem Gesellschafter die Bekanntgabe gestattet hat und der Unterbeteiligungsvertrag dem Unterbeteiligten ein Recht auf Bekanntgabe einräumt.[232] Die Abtretung des Gesellschaftsanteils, an dem Unterbeteiligung besteht, führt ohne besondere Vertragsregelung zur **Zweckerreichung** und damit zur Auflösung des Unterbeteiligungsverhältnisses, weil die Unterbeteiligung ohne ihren Gegenstand nicht denkbar ist; die Regelung des § 726 BGB ist jedoch dispositiv und kann im Vertrag über eine Unterbeteiligung dadurch ersetzt werden, dass eine offene Direktbeteiligung an die Stelle des bisherigen Rechtsverhältnisses tritt.[233] § 235 HGB ist entsprechend anzuwenden.[234]

---

[225] BGH v. 11.07.1968 - II ZR 179/66 - juris Rn. 22 - BGHZ 50, 316-325.
[226] BGH v. 11.07.1968 - II ZR 179/66 - juris Rn. 27 - BGHZ 50, 316-325.
[227] BGH v. 13.06.1994 - II ZR 259/92 - LM BGB § 662 Nr. 45 (12/1994).
[228] BGH v. 11.07.1968 - II ZR 179/66 - juris Rn. 23 - BGHZ 50, 316-325.
[229] Vgl. *Esch*, NJW 1964, 902-907, 905; *Schmidt* in: Schlegelberger, HGB, (§ 234 n.F.) § 339 Rn. 67 m.w.N.; nicht eindeutig: BGH v. 11.07.1968 - II ZR 179/66 - juris Rn. 22 - BGHZ 50, 316-325.
[230] BGH v. 11.07.1968 - II ZR 179/66 - juris Rn. 26 - BGHZ 50, 316-325.
[231] BGH v. 10.10.1994 - II ZR 285/93 - juris Rn. 5 - NJW-RR 1995, 165-166.
[232] BGH v. 11.07.1968 - II ZR 179/66 - juris Rn. 27 - BGHZ 50, 316-325.
[233] OLG Hamm v. 06.12.1993 - 8 U 5/93 - NJW-RR 1994, 999-1001.
[234] OLG Hamm v. 06.12.1993 - 8 U 5/93 - NJW-RR 1994, 999-1001.

V. Treuepflicht

51 Durch den Abschluss des Gesellschaftsvertrags entstehen rechtliche Beziehungen sowohl zwischen den Gesellschaftern untereinander als auch zwischen den Gesellschaftern und der Gesellschaft. Diese Beziehungen werden im großen Umfange durch die gesellschaftsrechtliche **Treuepflicht** bestimmt. Die Treuepflicht besteht einmal **gegenüber der Gesellschaft**. Die Gesellschafter haben bei der Ausübung von Befugnissen, die ihnen im Interesse der Gesellschaft verliehen sind (z.B. Geschäftsführungsbefugnis[235]), vorrangig die Interessen der Gesellschaft zu verfolgen; bei der Wahrnehmung von Mitgliedschaftsrechten, die ihnen im eigenen Interesse zustehen (Gewinnentnahmerechte; auch Kontrollrechte), haben sie auf die Belange der Gesellschaft Rücksicht zu nehmen. Die **organschaftliche Treuepflicht** ist von der mitgliedschaftlichen Treuepflicht zu unterscheiden.[236] Die organschaftliche Treuepflicht folgt aus der Stellung als Organperson, während die mitgliedschaftliche Treuepflicht an der Mitgliedschaft im Verband anknüpft. Beide Pflichten können ein und dieselbe Person treffen, so Gesellschafter bei der gesetzestypisch verfassten BGB-Gesellschaft, da die Organstellung institutionell an die Mitgliedschaft anknüpft, oder bei der eingetragenen Genossenschaft, da Mitglied des Vorstandes nur sein kann, wer zugleich Genosse ist, § 9 Abs. 2 GenG. Aber dem muss nicht so sein: Lässt man es entgegen der h.M. zu, dass sich eine BGB-Gesellschaft fremdorganschaftlich verfasst (vgl. die Kommentierung zu § 709 BGB Rn. 8), trifft den Organwalter nur die organschaftliche, hingegen keine mitgliedschaftliche Treuepflicht. Daher ist zu unterscheiden. Die Pflichten können einen verschiedenen Inhalt aufweisen: Ein Verstoß gegen eine organschaftliche Treuepflicht muss nicht gleichbedeutend sein mit einem Verstoß gegen die mitgliedschaftliche Treuebindung. Auch hinsichtlich der Rechtsfolgen können sich wichtige Unterschiede ergeben. So hat der BGH z.B. für die GmbH entschieden, dass die Verjährungsvorschrift des § 43 Abs. 4 GmbHG, wonach Ansprüche aus der Verletzung von Geschäftsführerpflichten in fünf Jahren verjähren, nicht für die Verletzung gesellschaftlicher Treuepflichten gilt, die der regelmäßigen Verjährungsfrist unterliegen.[237] Verstößt also ein Gesellschafter/Geschäftsführer sowohl gegen organschaftliche als auch mitgliedschaftliche Treuepflichten, kommt ihm § 43 Abs. 4 GmbHG nur teilweise zugute. Auch **gegenüber den Mitgesellschaftern** besteht eine Treuepflicht. Im Verhältnis zu den anderen Gesellschaftern verpflichtet sie zur Unterlassung willkürlicher Schädigungen und zur Wahl des schonendsten Mittels bei der Ausübung eigener Rechte. Es ist dabei aber zu beachten, dass der einzelne Gesellschafter sich im Gesellschaftsvertrag nicht etwa verpflichtet hat, auch die Interessen seiner Mitgesellschafter zu wahren und deren persönliche Ziele zu unterstützen. Sein Interesse braucht nicht hinter das Interesse der übrigen Gesellschafter zurücktreten. Entscheidend bleibt die Verpflichtung des Gesellschafters, den gemeinsamen Zweck zu fördern[238]. Die Treuepflicht gegenüber den anderen Gesellschaftern besteht daher nur soweit, als das aus dem Gesellschaftszweck und der Zusammenarbeit der Gesellschafter zu folgern ist.[239] Im Einzelfall kann die gesellschafterliche Treuepflicht etwa gebieten, dass ein Gesellschafter seinen Anspruch auf die Auszahlung seiner Gewinnanteile nicht geltend machen kann, wenn die Gesellschaft durch die Auszahlung insolvent würde;[240] insoweit müssen die Individualinteressen des Gesellschafters dem Interesse an der Erhaltung der Gesellschaft weichen. Die gesellschaftsrechtliche Treuepflicht besteht auch im **Abwicklungsverhältnis** und überdauert auch das Gesellschaftsverhältnis. Ihre Verletzung kann Schadensersatzpflichten nach sich ziehen oder wichtiger Grund im Rahmen der §§ 723, 737 BGB sein. Aus der Treuepflicht

---

[235] Zur organschaftlichen Treuepflicht *Bergmann*, Die fremdorganschaftlich verfasste Offene Handelsgesellschaft, Kommanditgesellschaft und BGB-Gesellschaft als Problem des allgemeinen Verbandsrechts, 2002, § 5 = S. 171-181.

[236] *Bergmann*, Die fremdorganschaftlich verfasste Offene Handelsgesellschaft, Kommanditgesellschaft und BGB-Gesellschaft als Problem des allgemeinen Verbandsrechts, 2002, § 5 B III = S. 175-176.

[237] BGH v. 28.06.1982 - II ZR 121/81 - juris Rn. 12 - LM Nr. 10 zu § 43 GmbHG.

[238] So hat etwa ein Rechtsanwalt bei Abschluss eines Sozietätsvertrages auf Krankheiten hinzuweisen, die zu einer vorzeitigen Berufsunfähigkeit führen können (OLG Frankfurt v. 10.06.2005 - 2 U 208/03 - NJW-RR 2005, 1437).

[239] BGH v. 08.02.1962 - II ZR 205/60 - LM Nr. 12 zu § 705 BGB. Hängt die Höhe der einer Komplementär-GmbH u.a. für die Haftungsübernahme zu zahlenden Vergütung nach dem Gesellschaftsvertrag einer Kommanditgesellschaft von der Höhe des Stammkapitals der GmbH ab, dürfen deren Gesellschafter das Stammkapital nicht ohne Wahrung der gesellschafterlichen Treuepflichten gegenüber der Kommanditgesellschaft in erheblichem Umfang erhöhen. Im konkreten Einzelfall (Renovierung sanierungsbedürftiger Wohnungen) sah der BGH eine Erhöhung um das 42-fache als gerechtfertigt an (BGH v. 05.12.2005 - II ZR 13/04 - ZIP 2006, 230).

[240] OLG Bamberg v. 17.06.2005 - 6 U 56/04 - OLGR Bamberg 2005, 628.

können insbesondere eine Pflicht zur Verschwiegenheit, zur Stimmenthaltung bei Interessenkonflikten sowie eine Beschränkung bei der Geltendmachung von Ansprüchen folgen. Die Treuepflicht kann auch die Mitwirkung bei Vertragsänderungen oder bestimmten Geschäftsführungsmaßnahmen gebieten.

Ein **Konkurrenzverbot** ist für die BGB-Gesellschaft nicht ausdrücklich normiert, wird sich jedoch für die wirtschaftlich tätige BGB-Gesellschaft entsprechend § 112 HGB ergeben, da die diese Vorschrift tragenden Erwägungen typischerweise auch auf die wirtschaftliche BGB-Gesellschaft passen.[241] **Nachvertragliche Wettbewerbsverbote** sind nach der ständigen Rechtsprechung des BGH mit Rücksicht auf die grundgesetzlich geschützte Berufsausübungsfreiheit nur dann gerechtfertigt und nicht gemäß § 138 BGB sittenwidrig, wenn und soweit sie notwendig sind, um die Partner des ausgeschiedenen Gesellschafters vor einer illoyalen Verwertung der Erfolge der gemeinsamen Arbeit zu schützen; sie dürfen insbesondere nicht dazu eingesetzt werden, den früheren Mitgesellschafter als Wettbewerber auszuschalten oder ihn einer besonderen Sanktion zu unterwerfen. Die Wirksamkeit des nachvertraglichen Wettbewerbsverbots hängt davon ab, dass es in räumlicher, gegenständlicher und zeitlicher Hinsicht das notwendige Maß nicht überschreitet. Auf zeitlicher Ebene legt der BGH einen Zeitraum von höchstens zwei Jahren zugrunde.[242] Verstößt eine solche Wettbewerbsklausel allein gegen diese zeitliche Grenze, ohne dass weitere Gründe vorliegen, derentwegen die Beschränkungen der Berufsausübungsfreiheit als sittenwidrig zu qualifizieren sind, lässt der BGH eine **geltungserhaltende Reduktion** auf das zeitlich tolerable Maß zu; die Missachtung der gegenständlichen und räumlichen Grenzen dagegen hat die Nichtigkeit des Verbots zur Folge. Zulässig sind daher z.B. **Mandantenschutzklauseln**, die gegenüber einem allgemeinen nachvertraglichen Wettbewerbsverbot noch insofern eingeschränkt sind, als sich die Vereinbarung nur auf die bisherigen Mandanten der Sozietät beschränkt, die der ausscheidende Partner nicht mitnehmen darf.[243] Bei der Beurteilung des Wettbewerbsverbots macht es auch keinen Unterschied, ob das Wettbewerbsverbot bei Gründung, während des Bestehens der Sozietät oder erst in einem Vertrag vereinbart wurde, mit dem die Parteien ihre Gesellschaft auseinandergesetzt haben.[244] Es kann auch stillschweigend vereinbart werden.[245]

Die **nachvertragliche Treuepflicht** schließt den ausgeschiedenen Gesellschafter vom Wettbewerb mit der Gesellschaft nicht aus. Denn nach seinem Ausscheiden ist der Gesellschafter nicht gehalten, durch eigene geschäftliche Zurückhaltung die Gesellschaft oder seine früheren Mitgesellschafter vor wirtschaftlichen Nachteilen zu bewahren. Hierzu bedarf es einer ausdrücklichen oder sich aus den Umständen ergebenden Vereinbarung.[246] Ferner besteht der **Grundsatz der Gleichbehandlung** (vgl. § 53a AktG), der als allgemeiner Grundsatz des Verbandsrechts auch im Recht der BGB-Gesellschaft anzuwenden ist. Er ist im Recht der BGB-Gesellschaft teilweise kodifiziert (§§ 706 Abs. 1, 722, 734, 735 BGB). Wesentlicher Bestandteil des Gleichbehandlungsgrundsatzes ist das Diskriminierungsverbot: Gesellschafter sind unter gleichen Bedingungen gleich zu behandeln; eine ungleiche Behandlung setzt einen sachlichen, gesellschaftsbezogenen Grund voraus. Besondere Bedeutung erlangt das Mehrheitsprinzip bei der Inhaltskontrolle von Mehrheitsbeschlüssen. Der Gleichbehandlungsgrundsatz steht dem nicht entgegen, einzelnen Gesellschaftern im Gesellschaftsvertrag Sonderrechte (§ 35 BGB) einzuräumen.

---

[241] Str., vgl. dazu *Ulmer/Schäfer*, Gesellschaft bürgerlichen Rechts und Partnerschaftsgesellschaft, 5. Aufl. 2009, § 705 Rn. 235-238; auch BGH v. 05.12.1983 - II ZR 242/82 - BGHZ 89, 162-172: entsprechende Anwendung des § 112 HGB auf an der Geschäftsführung partizipierende (atypische) stille Gesellschafter und Kommanditisten.

[242] BGH v. 18.07.2005 - II ZR 159/03 - WM 2005, 1752-1754; BGH v. 29.09.2003 - II ZR 59/02 - NJW 2004, 66-67; BGH v. 08.05.2000 - II ZR 308/98 - LM BGB § 705 Nr. 76 (2/2001).

[243] BGH v. 08.05.2000 - II ZR 308/98 - LM BGB § 705 Nr. 76 (2/2001).

[244] BGH v. 29.09.2003 - II ZR 59/02 - NJW 2004, 66-67.

[245] BGH v. 08.05.2000 - II ZR 308/98 - LM BGB § 705 Nr. 76 (2/2001): Scheidet ein Gesellschafter aus einer Freiberuflersozietät gegen Zahlung einer Abfindung aus, welche auch den Wert des Mandantenstamms abgelten soll, hat dies mangels abweichender Abreden zur Folge, dass der ausscheidende Gesellschafter die Mandanten der Sozietät nicht mitnehmen darf, sondern sie – längstens für zwei Jahre – seinen bisherigen Partnern belassen muss.

[246] BGH v. 29.10.1990 - II ZR 241/89 - juris Rn. 17 - LM Nr. 5 zu § 112 HGB.

VI. Sozial- und Individualansprüche, Drittverhältnisse

54 **Sozialansprüche** nennt man die Ansprüche der Gesellschaft gegen den einzelnen Gesellschafter aus dem Gesellschaftsverhältnis.[247] Inhaber des Anspruchs ist die rechtsfähige Gesellschaft. Zu den Sozialansprüchen gehören insbesondere die Ansprüche auf Beitragsleistung (§§ 705-707 BGB), die Nachschusspflicht (§ 735 BGB), die Ansprüche aus der Geschäftsführung (§ 713 BGB i.V.m. § 666 BGB (Rechnungslegung) i.V.m. § 667 BGB (Herausgabepflicht)), Schadensersatzansprüche aus der Verletzung organschaftlicher und mitgliedschaftlicher Treuepflichten. Das Gegenstück zu den Sozialansprüchen bilden die **Sozialpflichten**. Sozialpflichten meinen die Ansprüche des einzelnen Gesellschafters gegen die Gesellschaft aus dem Gesellschaftsvertrag. Berechtigt ist der einzelne Gesellschafter, verpflichtet die rechtsfähige Gesellschaft. Hierzu zählen insbesondere die Feststellung und die Auszahlung des Gewinnanteils (§ 721 BGB), die Verpflichtung zum Aufwendungsersatz aus der Geschäftsführung (§§ 713, 669, 670 BGB), der Anspruch auf Auseinandersetzung und Zahlung des Auseinandersetzungsguthabens (§§ 733, 734 BGB), der Abfindungsanspruch (§ 738 BGB), sowie Schadensersatzansprüche wegen Verletzung des Gesellschaftsvertrags durch die Gesellschaft. Diese Ansprüche sind weitgehend übertragbar (vgl. die Kommentierung zu § 717 BGB Rn. 13), vgl. § 717 Satz 2 BGB.

55 Von den Sozialansprüchen und -pflichten streng zu unterscheiden sind die gegenseitigen Ansprüche von Gesellschaft und Gesellschaftern aus einem **Drittverhältnis**. Darunter versteht man ein vom Gesellschaftsverhältnis verschiedenes Rechtsverhältnis zwischen Gesellschaft und Gesellschafter, das ebenso gut zwischen der Gesellschaft und einem Dritten bestehen könnte und nicht auf Grundlage einer gesellschaftsvertraglichen Pflicht des Gesellschafters abgeschlossen wurde; sonst Beitrag i.S.d. § 706 BGB (zur Haftung der Gesellschaft vgl. die Kommentierung zu § 707 BGB Rn. 4 und zu derjenigen der Gesellschafter vgl. die Kommentierung zu § 714 BGB Rn. 32) für Sozialpflichten der Gesellschaft und Ansprüchen aus Drittverhältnissen). Die aus Drittverhältnissen stammenden Ansprüche eines Gesellschafters unterliegen in der Auseinandersetzung einer Gesellschaft keiner Durchsetzungssperre.[248]

56 Den Gesellschaftern stehen darüber hinaus Rechte bei der Verwaltung der Gesellschaft zu (**Verwaltungsrechte**). Dazu gehören insbesondere die Teilhabe an der Willensbildung der Gesellschaft (§ 709 BGB), das Recht zur organschaftlichen Vertretung (§ 714 BGB), das Informationsrecht nach § 716 BGB, das Kündigungsrecht (§ 723 BGB) und die Mitwirkung bei der Auseinandersetzung. Diese Verwaltungsrechte sind grundsätzlich nach § 717 Satz 1 BGB nicht übertragbar (vgl. die Kommentierung zu § 717 BGB Rn. 6) (h.M.), können aber unter Umständen Dritten zur Ausübung überlassen werden. **Individualansprüche** und **Individualpflichten** sind mitgliedschaftliche Ansprüche und Pflichten der Gesellschafter untereinander. Hierher gehören Ansprüche aus der Verletzung des Gesellschaftsvertrags durch einzelne (auch geschäftsführende) Gesellschafter, bei denen die Handlung des Gesellschafters nicht die Gesellschaft insgesamt, sondern nur einen anderen Gesellschafter schädigt. Schädigt ein Gesellschafter, auch ein geschäftsführender Gesellschafter, durch Verletzung seiner Gesellschafterpflichten einen Mitgesellschafter, so kann dieser den Schädiger unmittelbar auf Leistung von Schadensersatz an sich in Anspruch nehmen.[249] Soweit allerdings durch die Handlung der Gesellschaft ein Schaden entstanden ist, der sich über die Gewinnbeteiligung oder bei der Auseinandersetzung auch auf die übrigen Gesellschafter auswirkt, besteht kein Anspruch des mittelbar geschädigten einzelnen Gesellschafters auf Schadensersatz an ihn. Ein solcher Anspruch wäre mit der Rechtsfähigkeit der BGB-Gesellschaft unvereinbar. Soweit aber durch eine Handlung eines Gesellschafters den Mitgesellschaftern allein, ohne gleichzeitige Schädigung der Gesellschaft, ein Schaden entsteht, stehen ihnen Ansprüche auf Leistung von Schadensersatz an sich zu.[250] Ein solcher Anspruch gegen einen anderen Gesellschafter kann z.B. entstehen durch die **Veranlassung des rechtswidrigen Ausschlusses** eines Gesellschafters; allerdings soll der Schadensersatzanspruch ausschließlich gegen die Gesellschafter bestehen, die dem Ausschluss zugestimmt haben.[251] Meist wird aber die Gesellschaft geschädigt sein, so dass ein Sozialanspruch der Gesellschaft gegen den schädigenden Gesellschafter vorliegt. Auch bei der Inanspruchnahme eines Gesellschafters für die Verbindlichkeiten der Gesellschaft können sich Re-

---

[247] Zur Terminologie: *Schmidt*, Gesellschaftsrecht, 4. Aufl. 2002, § 19 III 2 b = S. 556.
[248] BGH v. 12.11.2007 - II ZR 183/06 - ZIP 2008, 24-26.
[249] BGH v. 08.02.1962 - II ZR 205/60 - LM Nr. 12 zu § 705 BGB.
[250] BGH v. 08.02.1962 - II ZR 205/60 - LM Nr. 12 zu § 705 BGB.
[251] OLG Düsseldorf v. 22.03.1984 - U (Kart) 2/82 - DB 1984, 1087-1088.

gressansprüche unmittelbar gegen die einzelnen anderen Gesellschafter ergeben (zum Rückgriff gegen Gesellschaft vgl. die Kommentierung zu § 707 BGB Rn. 4 und zu dem gegen die Gesellschafter vgl. die Kommentierung zu § 714 BGB Rn. 32).

VII. Name der Gesellschaft

Die BGB-Gesellschaft ist im Rechtsverkehr zur **Führung eines Namens** berechtigt. Dieser Name kann sich aus den Namen mehrerer oder aller Gesellschafter ergeben, aber auch eine Geschäftsbezeichnung darstellen. Die Wahlfreiheit der Gesellschafter wird lediglich durch das handelsrechtliche (und partnerschaftsrechtliche) Firmenrecht, insbesondere durch das Verbot der Verwechslungsgefahr mit einer kaufmännischen Firma, eingeschränkt;[252] zu § 11 PartGG und der Bezeichnung „und Partner" vgl. Rn. 40. Die Bezeichnung als „GbR mbH" ist unzulässig;[253] in solchen Fällen kann das Registergericht auch gegen eine BGB-Gesellschaft von Freiberuflern nach § 37 HGB einschreiten.[254] Bei einer unternehmerisch tätigen BGB-Gesellschaft kann bei Übernahme des Unternehmens durch einen Gesellschafter dieser das ursprünglich gemeinsame Unternehmen entsprechend § 24 Abs. 1 HGB unter dem alten Firmennamen fortführen.[255] Das von den verbleibenden Gesellschaftern einer Anwaltssozietät von einem ausgeschiedenen Gesellschafter erworbene Recht auf Fortführung der Gesellschaft unter Beibehaltung des Namens des ausgeschiedenen Gesellschafters wird durch die Umwandlung der Sozietät in eine Partnerschaft nicht berührt. Ein Recht des ausgeschiedenen Gesellschafters zum Widerruf der Gestattungserklärung oder zur Kündigung des entsprechenden Vertrags besteht nicht; unberührt bleibt natürlich die Möglichkeit zur Kündigung bei Vorliegen eines wichtigen Grundes. Die Benutzung seines Namens als Internet-Adresse einer anderen, später gegründeten Kanzlei, verstößt gegen die Namensrechte der früheren Sozietät (§ 12 BGB), wenn der Name als Domain-Name ohne jeden, insbesondere ohne jeden unterscheidungskräftigen Zusatz, benutzt wird.[256]

57

E. Prozessuale Hinweise

Der Gesellschaftsvertrag kann vorsehen, dass bei Streitigkeiten unter den Gesellschaftern aus dem Gesellschaftsverhältnis der Klage vor den ordentlichen Gerichten ein **Schlichtungsversuch** vor einem Gesellschaftsorgan vorauszugehen hat. Eine vorher erhobene Klage ist dann grundsätzlich unzulässig. **Schiedsgutachtenvereinbarungen** sind möglich.[257] **Schiedsvereinbarungen** bedürfen der Form des § 1031 ZPO.

58

F. Anwendungsfelder

I. Subsidiäre Anwendbarkeit

In den §§ 705-740 BGB ist die Grundform der personalistisch verfassten Gesellschaft für das gesamte deutsche Privatrecht geregelt. Diese Vorschriften gelten kraft Verweises auch für die **Offene Handelsgesellschaft** und die **Kommanditgesellschaft** (§ 105 Abs. 3 HGB, § 161 Abs. 2 HGB), für die **Partnerschaftsgesellschaft** (§ 1 Abs. 4 PartGG) und für die **Europäische Wirtschaftliche Interessenvereinigung** (§ 1 EWIVAG).

59

Gem. § 54 Satz 1 BGB sind die Vorschriften der §§ 705-740 BGB auch auf den **nicht eingetragenen Verein** anwendbar. Allerdings ist dies nur die halbe Wahrheit. Wegen des dispositiven Charakters der §§ 705-740 BGB sind diese Vorschriften regelmäßig im Sinne einer körperschaftlichen Verfassung abbedungen, so dass auf den nicht eingetragenen Verein weitgehend die Vorschriften der §§ 26-53 BGB Anwendung finden.[258]

60

---

[252] OLG Nürnberg v. 04.02.1999 - 8 U 3465/98 - NJW-RR 2000, 700-701.
[253] OLG München v. 27.08.1998 - 29 W 2437/98 - NJW-RR 1998, 1728; BayObLG München v. 24.09.1998 - 3Z BR 58/98 - juris Rn. 15 - NJW 1999, 297-298.
[254] BayObLG München v. 24.09.1998 - 3Z BR 58/98 - juris Rn. 12 - NJW 1999, 297-298.
[255] OLG Nürnberg v. 04.02.1999 - 8 U 3465/98 - NJW-RR 2000, 700-701.
[256] OLG München v. 16.09.1999 - 6 U 6228/98 - BB 1999, 2422-2424.
[257] OLG Hamm v. 22.01.2001 - 8 U 66/00 - NZG 2001, 652-653.
[258] *Bergmann*, Die fremdorganschaftlich verfasste Offene Handelsgesellschaft, Kommanditgesellschaft und BGB-Gesellschaft als Problem des allgemeinen Verbandsrechts, 2002, § 17 B = S. 350-366; BGH v. 11.07.1968 - VII ZR 63/66 - juris Rn. 13 - BGHZ 50, 325-335.

II. Internationales Gesellschaftsrecht

61 Aufgrund ihres Charakters als Auffangrechtsform kann die BGB-Gesellschaft ebenso wie die OHG im **internationalen Gesellschaftsrecht** weiterhin eine Rolle spielen.[259] Ausgangspunkt ist die Rechtsprechung des II. Senats, wonach eine ausländische (Kapital-)Gesellschaft, die ihren Verwaltungssitz nach Deutschland verlegt, nach deutschem Recht jedenfalls eine rechtsfähige Personengesellschaft sei (und damit vor den deutschen Gerichten aktiv und passiv parteifähig).[260] Im Bereich der im EG-Vertrag garantierten Niederlassungsfreiheit freilich gehen die vom EuGH in der Überseering-Entscheidung[261] und dem Inspire-Art-Urteil[262] weiter konkretisierten Grundsätze zur **Niederlassungsfreiheit von Gesellschaften** vor. So hat nach der auf einem Vorlagebeschluss ergangenen **Überseering-Entscheidung** des EuGH[263] der BGH (VII. Senat) entschieden, dass eine Gesellschaft, die unter dem Schutz der im EG-Vertrag garantierten Niederlassungsfreiheit (Art. 43, 48 EG) steht, berechtigt ist, ihre vertraglichen Rechte in jedem Mitgliedstaat geltend zu machen, wenn sie nach der Rechtsordnung des Staates, in dem sie gegründet worden ist und in dem sie nach einer eventuellen Verlegung ihres Verwaltungssitzes in einen anderen Mitgliedstaat weiterhin ihren satzungsmäßigen Sitz hat, hinsichtlich des geltend gemachten Rechts rechtsfähig ist.[264] Hätte man noch versuchen können, die Grundsätze des Überseering-Urteils und der Auffassung des VII. Senats mit der Auffassung des II. Senats (ausländische Kapitalgesellschaft als rechtsfähige Personengesellschaft) zu vereinbaren, ist einem solchen Ansatz seit dem **Inspire-Art-Urteil**[265] endgültig der Boden entzogen. Auch wenn vom EuGH ausdrücklich nur die Vorschriften über das Mindestkapital und über die Haftung der Geschäftsführer angesprochen werden, lässt sich der Entscheidung wohl entnehmen, dass das **Gesellschaftsrecht des Gründungsstaates**, in dem die Gesellschaft ihren satzungsmäßigen Sitz hat, insgesamt (d.h. insbesondere auch die Regeln über Kapitalschutz, Gesellschafterhaftung und Organisation) auf die Gesellschaft **anzuwenden** bleibt, auch wenn sie ihren Verwaltungssitz im Ausland hat und (ausschließlich) dort tätig ist. Damit ist die oben genannte Rechtsprechung des 2. Senats des BGH (ausländische Kapitalgesellschaft als rechtsfähige Personengesellschaft) im Geltungsbereich des EG-Vertrages überholt. Zutreffend hat der 2. Senat daher nunmehr entschieden, dass sich die Haftung des Geschäftsführers einer gemäß Companies Act 1985 in England gegründeten private limited company mit tatsächlichem Verwaltungssitz in der Bundesrepublik Deutschland für rechtsgeschäftliche Verbindlichkeiten nach dem am Ort ihrer Gründung geltenden beurteilt.[266] Diese zu Art. 43, 48 EG entwickelte Rechtsprechung ist auf die in einem **Mitgliedstaat des EWR-Abkommens** gegründeten Kapitalgesellschaften zu erstrecken (Art. 31 EWRAbk).[267] Allerdings ist darauf hinzuweisen, dass die Anerkennung des Gesellschaftsrechts des Gründungsstaates, in dem die Gesellschaft ihren satzungsmäßigen Sitz hat, nur im Geltungsbereich des EG-Vertrages und des EWR-Abkommens Platz greift. Für Gesellschaften aus anderen Teilen der Welt behält die erstgenannte Rechtsprechung des II. Senats (ausländische Kapitalgesellschaft als rechtsfähige Personengesellschaft) durchaus weiterhin Gültigkeit. Eine „außereuropäische" Kapitalgesellschaft, die ihren Verwaltungssitz nach Deutschland verlegt, ist demnach – je nachdem ob ein Handelsgewerbe betrieben wird oder nicht – als BGB-Gesellschaft oder OHG anzusehen.[268] Eine in der **Schweiz** gegründete Aktiengesellschaft mit Verwaltungssitz in Deutschland ist in Deutschland daher „lediglich" als rechtsfähige Personengesellschaft zu behandeln, denn die Schweiz ist zwar Mitglied der

---

[259] Vgl. OLG Hamburg v. 30.03.2007 - 11 U 231/04 - ZIP 2007, 1108-1114.
[260] BGH v. 01.07.2002 - II ZR 380/00 - BGHZ 151, 204-209.
[261] EuGH v. 05.11.2002 - C-208/00 - NJW 2002, 3614-3617.
[262] EuGH v. 30.09.2003 - C-167/01 - NJW 2003, 3331-3335.
[263] EuGH v. 05.11.2002 - C-208/00 - NJW 2002, 3614-3617.
[264] BGH v. 13.03.2003 - VII ZR 370/98 - BGHZ 154, 185-190.
[265] EuGH v. 30.09.2003 - C-167/01 - NJW 2003, 3331-3335.
[266] BGH v. 14.03.2005 - II ZR 5/03 - NJW 2005, 1648-1650; insbesondere kommt keine Haftung analog § 11 Abs. 2 GmbHG wegen fehlender Eintragung in ein deutsches Handelsregister in Betracht.
[267] BGH v. 27.10.2008 - II ZR 158/06 - BGHZ 178, 192-203; BGH v. 08.10.2009 - IX ZR 227/06 - ZIP 2009, 2385-2386; BGH v. 19.09.2005 - II ZR 372/03 - BGHZ 164, 148-153. Art. 31 des von Deutschland ratifizierten EWRAbk regelt die Niederlassungsfreiheit in vergleichbarer Weise, wie dies in Art. 43 EG geschehen ist.
[268] BGH v. 27.10.2008 - II ZR 158/06 - BGHZ 178, 192-203; BGH v. 08.10.2009 - IX ZR 227/06 - ZIP 2009, 2385-2386; OLG Hamburg v. 30.03.2007 - 11 U 231/04 - ZIP 2007, 1108-1114. Die Gesellschaft wird dann grundsätzlich durch ihre Gesellschafter gesetzlich vertreten (§§ 709, 714 BGB). Die Wirksamkeit von Vertretungshandlungen, die von – unter dem vermeintlich geltenden ausländischen Recht bestellten – „Organen" vorgenommen wurden, wird dadurch nicht berührt. Sofern man sie nicht in Abweichung vom Grundsatz der Selbstorganschaft als organschaftliche Vertreter der Gesellschaft ansieht (mit der Folge, dass die Gesellschafter von der organschaftlichen Vertretung der Gesellschaft ausgeschlossen sind), handelt es sich um rechtsgeschäftlich Bevollmächtigte.

Europäischen Freihandelsassoziation (EFTA), aber eben nicht auch Partei des von den übrigen EFTA-Staaten mit der Europäischen Union geschlossenen EWR-Abkommens. Besonderheiten gelten im Geltungsbereich des deutsch-amerikanischen Freundschaftsvertrages (vgl. Rn. 62). Das BMJ hat Anfang 2008 den **Referentenentwurf eines Gesetzes zum Internationalen Privatrecht der Gesellschaften, Vereine und juristischen Personen** vorgelegt. Der Entwurf ergänzt das Einführungsgesetz zum Bürgerlichen Gesetzbuch (EGBGB) um Vorschriften zum Recht für grenzüberschreitend tätige Gesellschaften, Vereine und juristische Personen.[269] Der Entwurf sieht eine grundsätzliche Anwendung des Gründungsrechts vor. Der Entwurf beruht ganz wesentlich auf Vorarbeiten der Spezialkommission „Internationales Gesellschaftsrecht" des Deutschen Rates für Internationales Privatrecht, die vom Bundesministerium der Justiz eingesetzt wurde, um Regelungen zum Internationalen Privatrecht der Gesellschaften und juristischen Personen auszuarbeiten.[270]

Im Geltungsbereich des **deutsch-amerikanischen Freundschaftsvertrages** knüpft das **Personalstatut** einer Gesellschaft grundsätzlich nicht an das Recht ihres Verwaltungssitzes, sondern an das am **Ort ihrer Gründung geltende Recht** an. Das gilt sowohl hinsichtlich der Frage der Rechts- und Parteifähigkeit der Gesellschaft als auch in Bezug auf die ebenfalls nach dem Personalstatut zu entscheidende Frage einer Haftung der Gesellschafter für die Gesellschaftsverbindlichkeiten[271]. Insofern gilt hier Ähnliches wie im Geltungsbereich der Niederlassungsfreiheit gemäß Art. 43 EGV und Art. 48 EGV. Ob für den Anwendungsbereich des deutsch-amerikanischen Vertrages etwas anderes dann gilt, wenn es sich um eine nur zur Umgehung der strengeren Vorschriften des deutschen Rechts in den USA gegründete „Briefkastenfirma" handelt, die über keinerlei tatsächliche, effektive Beziehungen (sog. „**genuine link**") zum Gründungsstaat verfügt und sämtliche Aktivitäten ausschließlich in der Bundesrepublik Deutschland entfaltet, konnte der BGH in den bisher entschiedenen Fällen dahinstehen lassen.[272] Richtet sich demnach das Personalstatut einer Inc. nach amerikanischem Recht, scheidet eine Haftung der Gesellschafter nach § 128 HGB aus. Nach **US-amerikanischem Recht haftet** der **Gesellschafter einer „Inc."** (Kapitalgesellschaft) grundsätzlich **nicht** für die Gesellschaftsverbindlichkeiten, solange nicht einer der Ausnahmefälle vorliegt, in denen nach US-amerikanischem Recht ein „Durchgriff" auf die Gesellschafter in Betracht kommt (sog. „**piercing the corporate veil**").

62

---

[269] Der Entwurf kann auf der Seite des BMJ abgerufen werden: http://gesmat.bundesgerichtshof.de/gesetzesmaterialien/16_wp/int_gesr/refe.pdf (abgerufen am 18.10.2012).

[270] Vgl. *Sonnenberger* (Hrsg.), Vorschläge und Berichte zur Reform des europäischen und deutschen internationalen Gesellschaftsrechts, 2007, sowie *Sonnenberger/Bauer*, RIW Beilage 1 zu Heft 4, April 2006.

[271] BGH v. 05.07.2004 - II ZR 389/02 - WM 2004, 1683-1684; BGH v. 13.10.2004 - I ZR 245/01 - ZIP 2004, 2230-2232; auch BGH v. 29.01.2003 - VIII ZR 155/02 - BGHZ 153, 353-358.

[272] Denn das fragliche Erfordernis eines „genuine link" wird auch von seinen Befürwortern nicht dahin verstanden, dass der tatsächliche Verwaltungssitz der Gesellschaft sich im Gründungsstaat befinden muss. Ausreichend ist vielmehr, dass die Gesellschaft irgendwelche, wenn auch nur geringe, geschäftlichen Aktivitäten in den USA – nicht notwendig im Gründungsbundesstaat – entwickelt. Diese Voraussetzungen sah der BGH für den Fall als erfüllt an, dass die Gesellschaft einen Telefonanschluss in den USA unterhielt und zudem in San Francisco unter Vereinbarung des amerikanischen Rechts einen Lizenzvertrag nicht nur über eine deutsche Marke, sondern auch über eine in den Vereinigten Staaten von Amerika geschützte Software für ein Datenbankenentwicklungstool abgeschlossen hatte (BGH v. 13.10.2004 - I ZR 245/01 - ZIP 2004, 2230-2232).

§ 706 BGB Beiträge der Gesellschafter

(Fassung vom 02.01.2002, gültig ab 01.01.2002)

(1) Die Gesellschafter haben in Ermangelung einer anderen Vereinbarung gleiche Beiträge zu leisten.

(2) [1]**Sind vertretbare oder verbrauchbare Sachen beizutragen, so ist im Zweifel anzunehmen, dass sie gemeinschaftliches Eigentum der Gesellschafter werden sollen.** [2]**Das Gleiche gilt von nicht vertretbaren und nicht verbrauchbaren Sachen, wenn sie nach einer Schätzung beizutragen sind, die nicht bloß für die Gewinnverteilung bestimmt ist.**

(3) Der Beitrag eines Gesellschafters kann auch in der Leistung von Diensten bestehen.

Gliederung

A. Grundlagen 1	2. Beitragshöhe 5
B. Anwendungsvoraussetzungen 2	3. Leistungsstörungen 6
I. Normstruktur 2	4. Einbringungsarten 10
II. Beitragspflicht 3	III. Die beitragslose Beteiligung 15
1. Anspruchsinhaber 4	

A. Grundlagen

1   **Beiträge** sind die nach dem Gesellschaftsvertrag zur Förderung des Gesellschaftszwecks noch zu bewirkende Leistungen der Gesellschafter. **Einlagen** sind die bereits geleisteten Leistungen des Gesellschafters an die Gesellschaft. Der Anspruch auf die Beitragsleistung ist Sozialanspruch (vgl. die Kommentierung zu § 705 BGB Rn. 54). Nicht hierzu gehören Leistungen, die ein Gesellschafter aufgrund eines Drittverhältnisses (vgl. die Kommentierung zu § 705 BGB Rn. 55) an die Gesellschaft erbringt. Ob im Einzelfalle eine gesellschaftliche oder aber eine allgemeine schuldrechtliche Verpflichtung angenommen werden muss, ist im Wege der Auslegung der getroffenen Vereinbarungen unter Berücksichtigung der bei Vertragsschluss vorliegenden Gesamtumstände festzustellen. Hierbei kann allerdings nicht davon ausgegangen werden, dass alles, was im Gesellschaftsvertrag steht, echter Bestandteil des Gesellschaftsvertrags ist und gesellschaftliche Rechte und Pflichten begründet. Wenn jedoch der Gesellschaftsvertrag einer Massengesellschaft die Verpflichtung zur Erbringung von Kapitalleistungen begründet, so ist im Zweifel anzunehmen, dass sie dann gesellschaftlicher Art seien und den Bedingungen des Gesellschaftsverhältnisses unterliegen sollen.[1]

B. Anwendungsvoraussetzungen

I. Normstruktur

2   Die Beitragspflicht der Gesellschafter beruht auf dem Gesellschaftsvertrag und wird in erster Linie durch diesen nach Art und Umfang bestimmt. Soweit die Gesellschafter im Gesellschaftsvertrag keine Regelung getroffen haben, ergeben sich **subsidiär** aus § 706 BGB Regeln für die Höhe der Beiträge und die Art der Erbringung.

II. Beitragspflicht

3   Die Beitragspflicht ergibt sich aus § 705 BGB, kann aber bei einzelnen Gesellschaftern **abbedungen** werden. Die Pflicht zur Förderung des Gesellschaftszwecks, insbesondere der mitgliedschaftlichen Treuepflicht, besteht als Folge des Gesellschaftsverhältnisses aber auch für sie.

1. Anspruchsinhaber

4   Anspruchsinhaber ist die rechtsfähige **BGB-Gesellschaft**.

---

[1] BGH v. 28.11.1977 - II ZR 235/75 - juris Rn. 18 - BGHZ 70, 61-67.

2. Beitragshöhe

Die Beitragshöhe bestimmt sich nach dem **Gesellschaftsvertrag**; sie kann gegebenenfalls auch stillschweigend getroffen werden.[2] Die Regel des § 706 Abs. 1 BGB gilt nur **subsidiär**. Die Gesellschafter haben in dem gesetzlich zulässigen Rahmen (§ 138 BGB) freie Hand, wie sie die von den einzelnen Gesellschaftern zu erbringenden Leistungen **bewerten**. Sie können daher im allseitigen Einverständnis bei Bareinlagen den Wert höher oder niedriger als den Nominalwert der Einlage, bei Sacheinlagen den Wert höher oder niedriger als den Verkehrswert der Einlage ansetzen.[3] Die Bewertung der Einlage ist nur für das Verhältnis der Gesellschafter untereinander von Bedeutung (Gewinnbeteiligung; Anteil am Liquidationserlös), da gegenüber den Gläubigern eine unbeschränkte persönliche Haftung (vgl. die Kommentierung zu § 714 BGB Rn. 16) besteht.[4]

3. Leistungsstörungen

Gesetzlich nicht geregelt und dementsprechend außerordentlich umstritten sind die Rechtsfolgen von Leistungsstörungen bei der Erbringung von Beiträgen. Der Gesetzgeber hat die Frage offen gelassen und sie Wissenschaft und Praxis zur Klärung überlassen (Mugdan II, S. 334). Eine zufriedenstellende Klärung hat bis heute nicht stattgefunden.[5] Nicht ganz zu Unrecht wird von einer gewissen **Konzeptlosigkeit** gesprochen.[6] Der BGH hat sich bis heute nicht grundlegend zu diesen Problemen geäußert; seine wenigen Entscheidungen betreffen meist Einzelfälle. Überwiegend geht man davon aus, dass die allgemeinen Vorschriften über die Leistungsstörungen auf die Erbringung der Beitragspflicht allenfalls modifiziert anwendbar seien; die §§ 320-326 BGB seien auf Gesellschaftsverträge sogar grundsätzlich unanwendbar.[7]

Ein Leistungsverweigerungsrecht entsprechend § 320 BGB besteht nach h.M. nur in der Zweimanngesellschaft oder bei Säumnis aller Mitgesellschafter.[8] Denn die Zubilligung eines **Leistungsverweigerungsrechts** gem. § 320 BGB würde ganz allgemein mit dem Sinn und Zweck des Gesellschaftsvertrags in Widerspruch stehen und zur Folge haben, dass jeder Gesellschafter angesichts einer Verletzung der Verpflichtung durch einen anderen Gesellschafter den gemeinsamen Betrieb des Geschäftsbetriebs unter Berufung auf sein Leistungsverweigerungsrecht praktisch lahm legen könnte. Es würden damit die individuellen Belange des einzelnen Gesellschafters in einem Maße in den Vordergrund gerückt werden, das mit dem gemeinsamen Zweck der Gesellschaft, dem gemeinsamen Betrieb des Gesellschaftsunternehmens, nicht vereinbart werden kann. Denn es gehört gerade zum Wesen der Gesellschaft, dass die Gesellschafter ihre individuellen Belange dem gemeinsamen Zweck unterordnen, dass also ihre allseitigen Verpflichtungen auf diesen Zweck ausgerichtet sind und in ihrem Verpflichtungsgehalt nicht von einem strengen Abhängigkeitsverhältnis zueinander vollkommen bestimmt werden.[9] Der BGH hat noch nicht abschließend zu der Frage Stellung bezogen, ob dem **arglistig getäuschten Gesellschafter** mit Rücksicht auf Treu und Glauben ein Leistungsverweigerungsrecht zugestanden werden könne (vgl. auch die Lehre von der fehlerhaften Gesellschaft, vgl. die Kommentierung zu § 705 BGB Rn. 14). Dies würde aber auf jeden Fall voraussetzen, dass die Erfüllung der Einlageverpflichtung mit Rücksicht auf eine begangene Täuschung zu einem rechtlich unerträglichen Ergebnis führen würde, indem praktisch diese Erfüllung im Wesentlichen oder ausschließlich (zunächst) dem Täuschenden selbst zugute komme. Das könnte etwa der Fall sein, wenn jemand zum Eintritt in eine Gesellschaft oder in ein Unternehmen durch eine schwere arglistige Täuschung seiner Vertragspartner veranlasst würde und diese nunmehr von dem Opfer ihres arglistigen Verhaltens die Erfüllung seiner Bareinlage verlangen, ehe dieser im Wege der Klage die Auflösung der Gesellschaft herbeiführen und damit die rechtlichen Grundlagen seiner Einlageverpflichtung beseitigen kann. Die Dinge liegen aber auf jeden Fall anders, wenn noch weitere gutgläubige Gesellschafter vorhanden sind und die Gesellschaft abgewickelt wird. Die Einforderung der Einlage von dem Getäuschten dient dann nicht dazu, das Gesellschaftsunternehmen fortzuführen. Sie hat vielmehr den Zweck, die eingetretenen Vermögensverluste auf die Opfer des Betrügers nach Maßgabe ihrer Einlagezusagen einheitlich zu verteilen,

---

[2] BGH v. 28.06.1982 - II ZR 226/81 - juris Rn. 7 - LM Nr. 1 zu § 722 BGB.
[3] BGH v. 21.04.1955 - II ZR 227/53 - BGHZ 17, 130-137.
[4] *Hadding/Kießling* in: Soergel, § 706 Rn. 10.
[5] *Ulmer/Schäfer*, Gesellschaft bürgerlichen Rechts und Partnerschaftsgesellschaft, 5. Aufl. 2009, § 706 Rn. 21-29.
[6] *Schmidt*, Gesellschaftsrecht, 4. Aufl. 2002, § 20 III 2 a = S. 580.
[7] OLG München v. 28.07.2000 - 23 U 4359/99 - ZIP 2000, 2255-2257.
[8] *Sprau* in: Palandt, § 705 Rn. 13.
[9] BGH v. 28.11.1955 - II ZR 16/54 - BB 1956, 92.

diese Opfer also im Verhältnis zueinander gleichzustellen. Ein solcher Zweck und ein solcher Erfolg führen zu keinem rechtlich unerträglichen Ergebnis und sind mit den Grundsätzen von Treu und Glauben vereinbar. Das gilt auch dann, wenn man dabei berücksichtigt, dass die zu leistende Einlage in das Vermögen der Gesellschaft fließt, und dass an diesem Vermögen der Betrüger unter Umständen noch partizipiert. Denn selbst wenn das der Fall sein sollte, würde diese Beteiligung für den Betrüger wirtschaftlich ohne Bedeutung sein, weil er bei der Ausschüttung eines etwaigen Restvermögens der Gesellschaft an die Gesellschafter mit Rücksicht auf sein betrügerisches Verhalten ohnehin keine Berücksichtigung finden kann.[10] Anstelle des Leistungsverweigerungsrechts wegen Vermögensverschlechterung (§ 321 BGB) sind die Vermögensverhältnisse der Mitgesellschafter oder Gesellschaft im Rahmen einer Kündigung (§ 723 BGB), einer Ausschließung (§ 737 BGB) oder der Auflösung wegen Erreichung oder Unmöglichkeit des Gesellschaftszwecks (§ 726 BGB) zu berücksichtigen.[11]

8 Macht die (unverschuldete) **Unmöglichkeit** der Beitragsleistung eines Gesellschafters die Erreichung des Gesellschaftszwecks nicht unerreichbar und findet auch eine Kündigung nicht statt, so bleibt der Gesellschafter Mitglied der Gesellschaft. Die im Einzelfall vorzunehmende Vertragsauslegung entscheidet darüber, ob gegebenenfalls an die Stelle der ausgefallenen Beitragsleistung eine entsprechende Leistung in Geld tritt; vermag die Geldleistung den Gesellschaftszweck nicht in der mit der originär geschuldeten Beitragsleistung vergleichbaren Weise zu fördern, so kann die Vertragsauslegung ebenfalls ergeben, dass sich der Gewinnanteil dieses Gesellschafters mindert.[12] Die anderen Gesellschafter werden nicht gem. § 326 BGB von ihren Verpflichtungen frei[13] (**str**.). Verschuldete (§ 708 BGB) Unmöglichkeit oder **Verzug** begründen einen Anspruch der Gesellschaft auf Schadensersatz (§ 280 BGB). Ist die Gesellschaft bereits in Vollzug gesetzt, ist ein Rücktritt gem. §§ 323, 326 BGB ausgeschlossen. Die anderen Gesellschafter können die Gesellschaft mithin nur noch durch Kündigung auflösen, §§ 723, 737 BGB.[14] Der Grund dafür besteht – wie bei der fehlerhaften Gesellschaft (vgl. die Kommentierung zu § 705 BGB Rn. 14) – darin, dass die von den Gesellschaftern durch ihr gemeinsames Auftreten geschaffenen Tatsachen auch im Verhältnis der Gesellschafter zueinander rechtliche Anerkennung verlangen. Das gilt entsprechend für die noch nicht in Vollzug gesetzte Gesellschaft.[15]

9 Unklar ist auch die Haftung für **Rechts- und Sachmängel**. Diese Frage stellt sich nur bei **Sacheinlagen** (quoad dominum, vgl. Rn. 10; quoad usum, vgl. Rn. 12), nicht bei Bareinlagen.

4. Einbringungsarten

10 **Übertragung zur vollen Rechtsinhaberschaft (quoad dominum).** Die **Auslegungsregel** des § 706 Abs. 2 Satz 1 BGB stellt die Vermutung auf, dass vertretbare (§ 91 BGB) und verbrauchbare (§ 92 BGB) Sachen in das Gesellschaftsvermögen (der rechtsfähigen Gesellschaft) zu Eigentum eingebracht werden. Das gilt nach § 706 Satz 2 BGB auch für nicht vertretbare und nicht verbrauchbare Sachen, die nach einer nicht bloß für die Gewinnverteilung bestimmten Schätzung eingebracht werden. Der überlassene Gesellschafter muss also beweisen, dass die Schätzung nur für die Gewinnverteilung (§ 722 BGB) bestimmt war, soweit er behauptet, dass sein Beitrag nur zur Gebrauchsüberlassung vorgesehen war. Ehe die Auslegungsregel des § 707 Abs. 2 BGB angewandt wird, ist freilich zunächst zu prüfen, ob sich aus Sinn und Zweck der Beitragsverpflichtung im Gesellschaftsvertrag die Art und Weise der Einbringung ermitteln lässt, sofern über die Einbringungsart nichts vereinbart ist. Die Auslegungsregel lässt sich nicht dahin umkehren, dass bei nicht vertretbaren und verbrauchbaren Sachen eine Vermutung gegen die Einbringung zu Eigentum spricht.[16] Bei der Einbringung von Grundstücken sind die §§ 311b, 925 BGB zu beachten. Die Verpflichtung eines Gesellschafters, der Gesellschaft ein Grundstück für ihren Betrieb zu übereignen, bedarf der Form des § 311b Abs. 1 BGB. Aus der Nichteinhaltung dieser Form ergibt sich aber nicht zwingend, dass der Gesellschafter das Grundstück der Gesellschaft nur zur Nutzung (vgl. Rn. 12) und als Kreditanlage zur Verfügung stellen muss. Es kann dann vielmehr auch eine Einbringung des Grundstücks quoad sortem (vgl. Rn. 11) vorliegen oder eine Umdeutung der formnichtigen Abrede dahin möglich sein, dass das Grundstück wenigstens dem Werte

---

[10] BGH v. 06.02.1958 - II ZR 210/56 - juris Rn. 15 - BGHZ 26, 330-337.
[11] *Hadding/Kießling* in: Soergel, § 705 Rn. 45.
[12] BGH v. 25.09.1972 - III ZR 97/70 - LM Nr. 9 zu § 842 BGB.
[13] So: *Hadding/Kießling* in: Soergel, § 705 Rn. 45.
[14] BGH v. 16.02.1967 - II ZR 161/65 - WM 1967, 419.
[15] *Hadding/Kießling* in: Soergel, § 705 Rn. 45.
[16] *Hadding/Kießling* in: Soergel, § 706 Rn. 13.

nach in die Gesellschaft einzubringen ist.[17] Gutgläubiger Erwerb setzt die Gutgläubigkeit aller Gesellschafter, auch des einbringenden Gesellschafters voraus.[18] Die Vorschriften über die **Mängelhaftung** der §§ 434, 437 BGB finden entsprechende Anwendung; manche Autoren wollen nach der Schuldrechtsreform auch (ohne den Umweg der §§ 434, 437 BGB) unmittelbar auf die §§ 280-283 BGB zugreifen.[19] an die Stelle des Rücktrittsrechts tritt die Kündigung nach den §§ 723, 737 BGB. Bei der Minderung hat der Gesellschafter den Minderwert durch Zahlung an die Gesellschaft auszugleichen[20]. Sofern ein Gesellschafter sein **Unternehmen** in die Gesellschaft einbringt, hat er die einzelnen zum Unternehmen gehörenden Gegenstände nach den §§ 873, 925, 929-931, 398, 413 BGB auf die Gesellschaft zu übertragen. Handelt es sich um ein vollkaufmännisches Unternehmen, ist § 28 HGB zu beachten. Für die BGB-Gesellschaft dagegen soll § 28 HGB nicht gelten.[21]

Einbringung dem Werte nach (quoad sortem). Die Einbringung einer Sache dem Werte nach (quoad sortem) begründet **nur** die **schuldrechtliche Verpflichtung** des Gesellschafters, die Sache der Gesellschaft so zur Verfügung zu stellen, als ob sie Gesellschaftsvermögen wäre. Sie lässt jedoch die dingliche Rechtsstellung des Gesellschafters und seine Verfügungsbefugnis im Außenverhältnis unberührt. Die Einbringung einer Sache quoad sortem entfaltet demnach keine Rechtswirkungen gegenüber einem Dritten, der nur das Eigentum des Gesellschafters an der Sache erworben hat, ohne zugleich dessen Gesellschafterstellung zu übernehmen.[22] Aus der Nichteinhaltung der Form des § 311b Abs. 1 BGB für die gesellschaftsvertragliche Verpflichtung eines Gesellschafters, sein Grundstück der Gesellschaft zu übertragen, kann im Wege der Auslegung oder Umdeutung der formnichtigen Abrede auf die Pflicht zur Einbringung quoad sortem geschlossen werden.[23] Der Gesellschaft fließen die Nutzungen zu; sie hat aber auch die Lasten und die Gefahr des Verlustes zu tragen, sodass bei einer Auseinandersetzung der Wert nach § 733 Abs. 2 Satz 2 BGB zu ersetzen und in die Liquidationsschlussbilanz auch eine inzwischen eingetretene Wertsteigerung einzustellen ist.[24] 11

Einbringung zum Gebrauch (quoad usum). Insoweit gelten die §§ 535-548 BGB entsprechend. Neben die Ansprüche aus den §§ 536, 536a BGB können Ansprüche auf Wertersatz oder ein Kündigungsrecht treten (§ 723 BGB). Die §§ 535 Abs. 1 Satz 2, 538 BGB sind grundsätzlich nicht anwendbar.[25] 12

Beitrag durch Dienstleistung. Besteht der Beitrag in der Leistung von Diensten (§ 706 Abs. 3 BGB), ist eine vorsichtige Anwendung der §§ 611-630 BGB geboten.[26] Wird die gesellschaftsvertragliche Dienstleistungspflicht schlecht erfüllt, kann sich ein Anspruch der Gesellschaft aus § 280 BGB ergeben:[27] Zur Haftung eines Gesellschafters gegenüber der Gesellschaft aus positiver Vertragsverletzung bei schuldhafter Verletzung vertraglich vereinbarter Dienstleistungspflichten). Soweit erfinderische Tätigkeit zur Dienstleistung des Gesellschafters gehört, kann ein Anspruch der Gesellschaft auf Übertragung des in der Person des Erfinders entstandenen Patents (§ 6 PatG) bestehen.[28] 13

Leistung an Erfüllungs statt. Befriedigt ein Gesellschafter einen Gläubiger seiner Gesellschaft oder geschieht das durch einen Dritten für Rechnung des Gesellschafters, so ist das zwar grundsätzlich keine Erfüllung der Verpflichtung zur Leistung der Pflichteinlage. Dem Gesellschafter kann daraus aber ein Erstattungsanspruch gegen die Gesellschaft erwachsen, mit dem er gegen die Einlageforderung aufrechnen kann. Unter besonderen Umständen, insbesondere wenn das mit der Gesellschaft so vereinbart worden ist, stellt sich die Leistung an den Gesellschaftsgläubiger auch als Leistung an Erfüllungs statt dar, durch die er von der Einlageverpflichtung befreit wird.[29] 14

---

[17] BGH v. 01.06.1967 - II ZR 198/65.
[18] BGH v. 11.12.1958 - II ZR 148/57 - WM 1959, 348; auch BGH v. 16.02.1961 - III ZR 71/60 - BGHZ 34, 293-299.
[19] *Hadding/Kießling* in: Soergel, § 706 Rn. 19.
[20] A.A. *Schmidt*, Gesellschaftsrecht, 4. Aufl. 2002, § 20 III 3 d = S. 583-584.
[21] BGH v. 29.11.1971 - II ZR 181/68 - BB 1972, 61.
[22] BGH v. 15.06.2009 - II ZR 242/08 - ZIP 2009, 1809.
[23] BGH v. 01.06.1967 - II ZR 198/65.
[24] *Hadding/Kießling* in: Soergel, § 706 Rn. 23.
[25] Vgl. *Hadding/Kießling* in: Soergel, § 706 Rn. 24-29.
[26] *Hadding/Kießling* in: Soergel, § 706 Rn. 30.
[27] Vgl. BGH v. 04.03.1982 - I ZR 107/80 - juris Rn. 31 - LM Nr. 33 zu § 276 (Hb) BGB.
[28] BGH v. 16.11.1954 - I ZR 40/53 - LM Nr. 1 zu § 3 PatG.
[29] BGH v. 30.04.1984 - II ZR 132/83 - NJW 1984, 2290-2291.

III. Die beitragslose Beteiligung

15 Die beitragslose Beteiligung eines Gesellschafters an einer **Außengesellschaft** ist im Regelfalle **keine Schenkung**. Der BGH hat in seiner bisherigen Rechtsprechung das Merkmal der unentgeltlichen Zuwendung für die Fälle verneint, in denen jemand in eine bestehende Offene Handelsgesellschaft oder in das Geschäft eines Einzelkaufmanns als persönlich haftender Gesellschafter aufgenommen wird, ohne selbst eine Einlage leisten zu müssen; er hat darin, dass der neu eintretende Gesellschafter die persönliche Haftung sowie die Beteiligung an einem etwaigen Verlust übernimmt und im Regelfall zum Einsatz seiner vollen Arbeitskraft verpflichtet ist, eine Gegenleistung gesehen, die grundsätzlich die Annahme einer – sei es auch nur gemischten – Schenkung verbietet. Die Aufnahme unter besonders günstigen Bedingungen für den neuen Gesellschafter mag für ihn wirtschaftlich vorteilhaft sein, ist aber im Normalen noch keine unentgeltliche Zuwendung an diesen.[30] Bei der Zuwendung eines **Kommanditanteils** liegen die Dinge wesentlich anders. Der Kommanditist haftet, wenn die Einlage erbracht ist, nicht persönlich. Er ist jedenfalls im vom Gesetz vorausgesetzten Regelfall nicht zur Geschäftsführung verpflichtet. Die kapitalmäßige Beteiligung steht bei ihm ganz im Vordergrund. Auf die Zuwendung eines Kommanditanteils ist deshalb, wenn der Kommanditist nichts für seinen Erwerb aufzuwenden, insbesondere keine Gegenleistung zu erbringen hat und die Parteien über die Unentgeltlichkeit einig sind, Schenkungsrecht anzuwenden. Bleibt eine etwaige Gegenleistung hinter dem Anteilswert zurück, kann es sich um eine gemischte Schenkung handeln.[31] Das Gleiche gilt für die unentgeltliche Zuwendung einer **Unterbeteiligung** an einem Gesellschaftsanteil bzw. die unentgeltlichen Einräumung einer **stillen Beteiligung** an einer Gesellschaft.[32] Ist danach die Beteiligung als formbedürftige Schenkung zu beurteilen, so führt die Nichteinhaltung der notariellen Form zu der Frage, unter welchen Voraussetzungen nach §§ 2301 Abs. 2, 518 Abs. 2 BGB dieser Mangel wegen **Vollzugs der Schenkung** geheilt wird. Hinsichtlich der Außengesellschaft ist die Schenkung mit gesellschaftsvertraglicher Beteiligung der Gesellschaft an der Schenkung vollzogen.[33] Bei der Innengesellschaft soll hingegen nach der tradierten Rechtsprechung des BGH nicht schon mit Abschluss des Vertrags und der Einbuchung des Anteils die Schenkung vollzogen sein.[34] Dies begründet der BGH im Ansatz recht einsichtig mit dem Wesen der Innengesellschaft. Denn das Wesen der Innengesellschaft besteht darin, dass nur ein Gesellschafter das Vermögen des betriebenen Geschäfts inne hat und dass er dem anderen nach Maßgabe des Gesellschaftsvertrags lediglich schuldrechtlich verpflichtet ist. Zu einer Vermögensübertragung soll es gerade nicht kommen. Der Stille wird nun nicht dadurch stärker (als schuldrechtlich) am Vermögen des Geschäftsinhabers beteiligt, dass der Geschäftsinhaber den vereinbarten Anteil buchmäßig, steuerlich oder sonst wie als Vermögen des anderen führt. Allerdings könnte ein Umdenken bevorstehen. Denn der BGH hat jüngst offen gelassen, ob an seiner Rechtsprechung festzuhalten ist. Jedenfalls für den Fall der unentgeltlichen Zuwendung einer durch den Abschluss eines Gesellschaftsvertrages entstehenden **Unterbeteiligung**, mit der dem Unterbeteiligten über eine schuldrechtliche Mitberechtigung an den Vermögensrechten des dem Hauptbeteiligten zustehenden Gesellschaftsanteils hinaus mitgliedschaftliche Rechte in der Unterbeteiligungsgesellschaft eingeräumt werden, sei die Schenkung mit dem Abschluss des Gesellschaftsvertrages vollzogen.[35]

---

[30] BGH v. 11.05.1959 - II ZR 2/58 - NJW 1959, 1433; BGH v. 25.01.1965 - II ZR 233/62 - BB 1965, 472; BGH v. 02.07.1990 - II ZR 243/89 - juris Rn. 15 - BGHZ 112, 40-53.

[31] BGH v. 02.07.1990 - II ZR 243/89 - juris Rn. 15 - BGHZ 112, 40-53.

[32] BGH v. 29.11.2011 - II ZR 306/09 - ZIP 2012, 326-330.

[33] *Ulmer/Schäfer*, Gesellschaft bürgerlichen Rechts und Partnerschaftsgesellschaft, 5. Aufl. 2009, § 705 Rn. 44.

[34] BGH v. 29.10.1952 - II ZR 16/52 - BGHZ 7, 378-383; BGH v. 24.09.1952 - II ZR 136/51 - BGHZ 7, 174-184; offen gelassen in: BGH v. 02.07.1990 - II ZR 243/89 - juris Rn. 16 - BGHZ 112, 40-53; BGH v. 29.11.2011 - II ZR 306/09 - ZIP 2012, 326-330; a.A.: *Ulmer/Schäfer*, Gesellschaft bürgerlichen Rechts und Partnerschaftsgesellschaft, 5. Aufl. 2009, § 705 Rn. 45-46.

[35] BGH v. 29.11.2011 - II ZR 306/09 - ZIP 2012, 326-330.

§ 707 BGB Erhöhung des vereinbarten Beitrags

(Fassung vom 02.01.2002, gültig ab 01.01.2002)

Zur Erhöhung des vereinbarten Beitrags oder zur Ergänzung der durch Verlust verminderten Einlage ist ein Gesellschafter nicht verpflichtet.

Gliederung

A. Grundlagen 1
B. Anwendungsvoraussetzungen 2
  I. Anwendungsbereich 2
    1. Innenverhältnis 2
    2. Zeitlicher Rahmen 3
    3. Ausgleichsansprüche und Aufwendungsersatzansprüche gegen Gesellschaft und Haftung der Gesellschafter 4
  II. Inhalt 6
    1. Vertraglich vereinbarte Beitragshöhe 6
    2. Beitragserhöhung aufgrund Mehrheitsbeschlusses 7
    3. Leistungsgefahr 10
    4. Freiwillige Erhöhung 11

A. Grundlagen

Die Beitragspflicht wird durch die Gesellschaftervereinbarung begrenzt, um die Gesellschafter vor unüberschaubaren Risiken zu schützen. Dieser in § 707 BGB zum Ausdruck kommende Grundgedanke gilt im gesamten Gesellschaftsrecht. Verweigern die Gesellschafter trotz finanzieller Notlage der Gesellschaft eine Erhöhung ihrer Beiträge oder eine Ergänzung ihrer Einlagen, bleibt nur die Auflösung der Gesellschaft, § 726 BGB.[1]

B. Anwendungsvoraussetzungen

I. Anwendungsbereich

1. Innenverhältnis

Die Vorschrift des § 707 BGB betrifft **alleine das Innenverhältnis**, nicht aber das Verhältnis zu den Gläubigern der Gesellschaft. Diesen gegenüber besteht eine grundsätzlich unbeschränkte Außenhaftung (vgl. die Kommentierung zu § 714 BGB Rn. 16).

2. Zeitlicher Rahmen

§ 707 BGB gilt nur für die bestehende Gesellschaft. Nach **Auflösung** der Gesellschaft (§ 735 BGB) oder bei **Ausscheiden** eines Gesellschafters (§ 739 BGB) kann sehr wohl eine Nachschusspflicht entstehen.[2]

3. Ausgleichsansprüche und Aufwendungsersatzansprüche gegen Gesellschaft und Haftung der Gesellschafter

Wegen zugunsten der Gesellschaft gemachter **Aufwendungen** können dem Gesellschafter gem. den §§ 713, 670 BGB Ersatzansprüche gegen die Gesellschaft zustehen, wenn er die Aufwendungen nach den Umständen für erforderlich halten durfte (vgl. § 110 HGB). Während des Bestehens der Gesellschaft können solche Ansprüche aber nur gegen die Gesellschaft, nicht aber auch – entsprechend § 128 HGB – gegen den einzelnen Gesellschafter geltend gemacht werden. Das gilt auch dann, wenn der berechtigte Gesellschafter keine Befriedigung aus dem Gesellschaftsvermögen zu erlangen vermag. Für solche Gesellschaftsverbindlichkeiten haften die Gesellschafter auch nicht entsprechend § 128 HGB. Dies deshalb, weil sonst durch eine solche Haftung die Vorschrift des § 707 BGB im weiten Umfang gegenstandslos würde. Das geht aber nicht an, denn kein Gesellschafter kann während des Bestehens der Gesellschaft gegen seinen Willen gezwungen werden, über seine versprochene Einlage hinaus weitere Beiträge in die Gesellschaft zu leisten.[3] Die Gesellschafter gehen bei Abschluss des Gesellschaftsvertrags mit dem Versprechen ihrer jeweiligen Verträge **begrenzte Verpflichtungen** ein, die die Ge-

---

[1] Vgl. BGH v. 07.11.1960 - II ZR 216/59 - BB 1961, 7.
[2] Vgl. BGH v. 20.12.1956 - II ZR 177/55 - juris Rn. 39 - BGHZ 23, 17-30.
[3] BGH v. 02.07.1962 - II ZR 204/60 - juris Rn. 8 - BGHZ 37, 299-305.

schäftsführer nicht einseitig erweitern können. Allerdings können die Gesellschafter durch abweichende Vereinbarung einen besonderen Verpflichtungsgrund schaffen.[4] Dieser kann sich auch schlüssig aus den Umständen ergeben, etwa wenn sich mehrere Personen zur Verwirklichung eines sachlich und wirtschaftlich begrenzten Projekts zusammenschließen und keine der Höhe nach bestimmten Beiträge versprechen, sondern sich ausdrücklich oder stillschweigend verpflichten, entsprechend ihrer Beteiligung an der Gesellschaft das zur Erreichung dieses Zwecks Erforderliche beizutragen. Von dieser überkommenen und richtigen Rechtsprechung scheint der BGH Abschied zu nehmen, wenn es dort in allgemeiner Formulierung heißt, dass ein Gesellschafter seinen Aufwendungsersatzanspruch gegen die Gesellschaft (bei deren Vermögenslosigkeit) unmittelbar auch gegen die Gesellschafter geltend machen kann.[5] Aber im konkreten Fall ging es um den Sonderfall des Rückgriff eines Gesellschafters wegen der Begleichung von Gesellschaftsschulden. Und hierfür gelten andere Grundsätze:

5   Anders stellt sich die Rechtslage dar, wenn ein Gesellschafter aufgrund seiner persönlichen Haftung (entsprechend § 128 HGB; vgl. hierzu die Kommentierung zu § 714 BGB Rn. 16) einen **Gesellschaftsgläubiger befriedigt** hat. Zwar richtet sich auch dann sein Erstattungsanspruch in erster Linie gegen die Gesellschaft, aber in diesem Fall ist es nicht gerechtfertigt, dem betreffenden Gesellschafter den Rückgriff gegen seine Mitgesellschafter zu versagen (§ 426 BGB bzw. §§ 713, 670 BGB, 128 HGB analog), wenn er von der Gesellschaft keine Befriedigung erlangen kann. Denn jeder seiner Mitgesellschafter hätte – wie er – den Gesellschaftsgläubiger befriedigen müssen. Der Zufall, welcher der Gesellschafter – dieser oder jener – in Anspruch genommen wird, rechtfertigt es nicht, dass der in Anspruch Genommene nunmehr zunächst eine Erstattung von den Mitgesellschaftern nicht verlangen kann. Vielmehr erfordert es die Gerechtigkeit, dass jeder seiner Mitgesellschafter den Teil des verauslagten Betrages zu erstatten hat, der nach dem Gesellschaftsvertrag auf den einzelnen Gesellschafter entfällt (pro rata, § 735 BGB). Dem steht § 707 BGB nicht entgegen, da die persönliche Haftung des Gesellschafters für die Gesellschaftsverbindlichkeiten neben der gesellschaftsvertraglich festgelegten Beitragspflicht steht und die Erstattungspflicht im Verhältnis unter den Gesellschaftern die mittelbare Folge dieser persönlichen Haftung gegenüber den Gesellschaftsgläubigern darstellt. Allerdings ist die **Haftung** der **Mitgesellschafter subsidiär**. Die Mitgesellschafter sind dem Gesellschafter, der eine Gesellschaftsverbindlichkeit bezahlt hat, nur erstattungspflichtig, sofern dieser keine Befriedigung aus dem Gesellschaftsvermögen erlangen kann. Nur wenn eine solche Befriedigung nicht möglich ist, ist ein Erstattungsanspruch gerechtfertigt. Im Verhältnis unter den Gesellschaftern ist es in erster Linie von Bedeutung, dass die Gesellschaftsverbindlichkeiten grundsätzlich aus der Gesellschaftskasse zu begleichen sind und dass sich deshalb der einzelne Gesellschafter zunächst an die Gesellschaftskasse halten muss.[6] Das heißt aber nicht, dass die subsidiäre Haftung der Mitgesellschafter erst eingreift, wenn selbst eine Zwangsvollstreckung in das Gesellschaftsvermögen aussichtslos wäre. Ausreichend ist, dass die **Gesellschaft keine frei verfügbaren Mittel** zur Erstattung hat.[7] Der anteilige Ausgleichsanspruch des Gesellschafters gegen seine Mitgesellschafter (§ 426 BGB) ist unabhängig davon, ob der Gesellschafter von sich aus die fälligen Gesellschaftsschulden bezahlt hat oder ob er von dem Gesellschaftsgläubiger in Anspruch genommen wurde. Denn auch eine solche freiwillige Zahlung beruht auf einer rechtlichen Verpflichtung, die alle Gesellschafter in gleicher Weise trifft. Vgl. dazu auch die Kommentierung zu § 714 BGB Rn. 32. Umgekehrt entsteht der Ausgleichsanspruch des § 426 Abs. 1 Satz 1 BGB nicht erst mit der Befriedigung des Gläubigers, sondern er besteht als **Befreiungsanspruch** bereits mit der Entstehung des Gesamtschuldverhältnisses. Muss ein Gesellschafter mit der ernsthaften Möglichkeit rechnen, von einem Gesellschaftsgläubiger in Anspruch genommen zu werden, so kann er z.B. von einem im Innenverhältnis allein verpflichteten Mitgesellschafter Befreiung verlangen, wenn der Gesellschaft frei verfügbare Mittel zur Erfüllung der Gesellschaftsschuld nicht zur Verfügung stehen. Die Pflicht zur Freistellung umfasst auch die Verpflichtung, unbegründete Ansprüche von dem Freistellungsgläubiger abzuwehren[8]. Unter Umständen kann einem Gesellschafter der Rückgriff auf seine Mitgesellschafter versagt sein: hat etwa der Gesellschafter schuldhaft verursacht, dass die Gesellschaft auf Schadensersatz in Anspruch genommen werden konnte, kann dies im Rahmen

---

[4] BGH v. 02.07.1979 - II ZR 132/78 - NJW 1980, 339-340.
[5] BGH v. 22.02.2011 - II ZR 158/09 - ZIP 2011, 809-811.
[6] BGH v. 02.07.1962 - II ZR 204/60 - juris Rn. 9 - BGHZ 37, 299-305.
[7] BGH v. 22.02.2011 - II ZR 158/09 - ZIP 2011, 809-811; BGH v. 02.07.1979 - II ZR 132/78 - NJW 1980, 339-340.
[8] BGH v. 15.10.2007 - II ZR 136/06 - ZIP 2007, 2313-2316; BGH v. 16.12.2009 - XII ZR 146/07 - ZIP 2010, 270-274.

des Gesamtschuldner-Innenausgleichs unter den Gesellschaftern in Heranziehung des Gedankens des § 254 BGB zu einer Alleinhaftung des schuldhaft handelnden Gesellschafters im Verhältnis zu seinen Mitgesellschaftern führen.[9]

II. Inhalt

1. Vertraglich vereinbarte Beitragshöhe

Die – dispositives Recht enthaltende – Regelung des § 707 BGB greift dann nicht ein, wenn die Höhe der Beiträge im Gesellschaftsvertrag **nicht ziffernmäßig fixiert** ist, sondern in objektiv bestimmbarer, künftigen Entwicklungsmöglichkeiten Rechnung tragender Weise ausgestaltet ist. Dies ist etwa anzunehmen, wenn sich die Gesellschafter keine der Höhe nach festgelegten Beiträge versprochen, sondern sich verpflichtet haben, entsprechend ihrer Beteiligung an der Gesellschaft das zur Erreichung des Gesellschaftszweckes Erforderliche beizutragen.[10] In einem solchen Fall bedürfen die Festlegung der Höhe und die Einforderung der Beiträge im Zweifel keines Gesellschafterbeschlusses, sondern sind Sache der Geschäftsführer.[11] § 707 BGB ist auch dann nicht berührt, wenn sich die Gesellschafter im Gesellschaftsvertrag zum einen eine betragsmäßig festgelegte Einlage, zum anderen laufende Beiträge versprochen haben (**Aufspaltung der Beitragspflicht**). Allerdings ist die in § 707 BGB getroffene Grundentscheidung, dass ein Gesellschafter während des Bestehens der Gesellschaft grundsätzlich nicht zu Nachschüssen verpflichtet ist, bei der **Auslegung des Gesellschaftsvertrags** zu beachten. Danach muss aus dem Gesellschaftsvertrag eindeutig hervorgehen, dass über die eigentliche Einlageschuld hinausgehende Beitragspflichten begründet werden sollen. Zudem muss auch im Falle einer derartigen Aufspaltung der Beitragspflicht die Höhe der laufenden Beiträge im Gesellschaftsvertrag zumindest in **objektiv bestimmbarer** Weise ausgestaltet sein.[12] Eine gesellschaftsvertragliche Bestimmung, die den einzelnen Gesellschafter zu Nachschusszahlungen verpflichtet, „soweit bei der laufenden Bewirtschaftung der Grundstücke Unterdeckungen auftreten", genügt diesen Anforderungen nicht und kann deshalb nicht Grundlage einer Nachschussverpflichtung sein.[13] Umgekehrt hat der BGH eine Vertragsgestaltung ausreichen lassen, nach der sich aus dem Gesellschaftsvertrag und der zugehörigen Beitrittserklärung die maximale Höhe der den Gesellschafter treffenden Beitragspflicht ergab.[14] Haben die Gesellschafter die Höhe ihrer Beiträge in einem Finanzierungsplan endgültig festgelegt, so stellt es keine Vertragsverletzung dar, wenn sich ein Gesellschafter weigert, über seine ursprüngliche Verpflichtung hinaus Nachschüsse zu leisten. Kann der Gesellschaftszweck nicht erreicht werden, weil die vereinbarten Einlagen nicht ausreichen, so bleibt nur die Möglichkeit der Auflösung der Gesellschaft.[15]

2. Beitragserhöhung aufgrund Mehrheitsbeschlusses

Nachträgliche Beitragspflichten können mit einer jeden einzelnen Gesellschafter bindenden Wirkung nur mit der – auch antizipiert erteilbaren – Zustimmung der Betroffenen eingeführt werden.[16] § 707 BGB ist daher durch Gesellschafterübereinkunft **abdingbar**, sowohl schon im Gesellschaftsvertrag, wie durch späteren (gesellschaftsvertragsändernden) Beschluss (vgl. die Kommentierung zu § 709 BGB Rn. 16).[17] Soll ein Gesellschafter entgegen § 707 BGB zum Verlustausgleich verpflichtet sein, so muss dies aus dem Gesellschaftsvertrag in verständlicher, nicht nur versteckter Weise hervorgehen.[18] Für eine Beitragserhö-

---

[9] BGH v. 09.06.2008 - II ZR 268/07 - ZIP 2008, 1915-1916.
[10] BGH v. 07.11.1960 - II ZR 216/59 - BB 1961, 7; BGH v. 04.07.2005 - II ZR 354/03 - NSW BGB § 707; BGH v. 23.01.2006 - II ZR 306/04 - ZIP 2006, 562-564; BGH v. 23.01.2006 - II ZR 126/04 - ZIP 2006, 754-756; BGH v. 05.11.2007 - II ZR 230/06 - ZIP 2007, 2413-2415.
[11] BGH v. 04.07.2005 - II ZR 354/03 - NSW BGB § 707; BGH v. 23.01.2006 - II ZR 306/04 - ZIP 2006, 562-564; BGH v. 23.01.2006 - II ZR 126/04 - ZIP 2006, 754-756; BGH v. 19.03.2007 - II ZR 73/06 - ZIP 2007, 812-814; BGH v. 05.11.2007 - II ZR 230/06 - ZIP 2007, 2413-2415.
[12] BGH v. 23.01.2006 - II ZR 126/04 - ZIP 2006, 754-756; BGH v. 19.03.2007 - II ZR 73/06 - ZIP 2007, 812-814; BGH v. 05.11.2007 - II ZR 230/06 - ZIP 2007, 2413-2415; BGH v. 03.12.2007 - II ZR 304/06 - ZIP 2008, 695-697; BGH v. 03.12.2007 - II ZR 36/07 - ZIP 2008, 697.
[13] BGH v. 19.03.2007 - II ZR 73/06 - ZIP 2007, 812-814.
[14] BGH v. 03.12.2007 - II ZR 304/06 - ZIP 2008, 695-697; BGH v. 05.11.2007 - II ZR 230/06 - ZIP 2007, 2413-2415.
[15] BGH v. 07.11.1960 - II ZR 216/59 - BB 1961, 7.
[16] BGH v. 21.05.2007 - II ZR 96/06 - ZIP 2007, 1458-1460.
[17] *Hadding/Kießling* in: Soergel, § 707 Rn. 3.
[18] BGH v. 27.09.1982 - II ZR 241/81 - LM Nr. 3 zu § 707 BGB.

hung aufgrund eines Beschlusses ist grundsätzlich Einstimmigkeit notwendig; unter engen Voraussetzungen ist jedoch auch eine Beitragserhöhung durch Mehrheitsbeschluss (vgl. die Kommentierung zu § 709 BGB Rn. 19) zulässig. Im Gesellschaftsvertrag muss sich dann eine **hinreichend bestimmte Mehrheitsklausel** finden, aus der sich zweifelsfrei ergeben muss, dass über eine Beitragserhöhung mehrheitlich entschieden werden kann.[19] Die Ermächtigung muss eindeutig sein. Eine allgemeine Klausel, dass der Gesellschaftsvertrag durch Mehrheitsbeschluss geändert werden kann, reicht nicht. Eine solche allgemeine Mehrheitsklausel enthält eine den Anforderungen des § 707 BGB entsprechende **antizipierte Zustimmung** schon deswegen nicht, weil sie Ausmaß und Umfang einer möglichen zusätzlichen Belastung nicht erkennen lässt, nämlich weder eine Obergrenze noch sonstige Kriterien festlegt, die das Erhöhungsrisiko eingrenzen. In einem solchen Fall bedarf es zur Bindung des Betroffenen seiner (aktuellen) Zustimmung zur nachträglichen Vermehrung seiner Beitragspflichten.[20] Insbesondere in der Stimmabgabe für eine Erhöhung der Pflichteinlage bei der Beschlussfassung kann die erforderliche Zustimmung liegen; dabei ist die Zustimmung – sofern nicht eine entsprechende Bedingung vereinbart wurde – grundsätzlich auch dann wirksam, wenn nicht alle anderen Gesellschafter der Beitragserhöhung auf der Gesellschafterversammlung zugestimmt haben und von daher nicht an der Einlagenerhöhung teilnehmen, sofern der Beschluss im Übrigen von der nach dem Gesellschaftsvertrag erforderlichen Mehrheit gefasst wurde.[21] Andererseits ist eine ausdrückliche Bestimmung nicht erforderlich, sofern sich im Wege der Auslegung mit hinreichender Deutlichkeit ergibt, dass der fragliche Beschlussgegenstand von der Mehrheitsklausel gedeckt ist (sog. Bestimmtheitsgrundsatz, vgl. die Kommentierung zu § 709 BGB Rn. 19; antizipierte Zustimmung (Kernbereichslehre), vgl. die Kommentierung zu § 709 BGB Rn. 23). Zudem muss eine entsprechende Mehrheitsklausel, die die Erhöhung der Beitragspflicht umfasst, eine **Obergrenze** für die Beitragserhöhung oder doch zumindest eindeutige Kriterien für die Beitragserhöhung ergeben.[22] Das gilt auch für **Publikumsgesellschaften** (vgl. auch die Kommentierung zu § 709 BGB Rn. 24).[23] Eine gesellschaftsvertragliche Bestimmung, die den einzelnen Gesellschafter zu Nachschusszahlungen verpflichtet, „soweit die laufenden Einnahmen die laufenden Ausgaben nicht decken", genügt diesen Anforderungen nicht.[24] Eine zu Beitragserhöhungen ermächtigende Mehrheitsklausel ist bei Publikumsgesellschaften allerdings dann ohne Festsetzung einer Obergrenze für die Kapitalerhöhung zulässig, wenn der Beschluss nur das Recht zur erhöhten Kapitalbeteiligung begründet und dieses Recht jedem Gesellschafter entsprechend der Höhe seiner bisherigen Beteiligung eingeräumt wird.[25] Die Bestimmung im Gesellschaftsvertrag einer Publikumsgesellschaft, nach der die Gesellschafter unter bestimmten Voraussetzungen zur Erhöhung ihrer Einlagen verpflichtet sind, ist im Zweifel dahin auszulegen, dass die Erhöhung nur gefordert werden kann, solange das zusätzliche Kapital dem Gesellschaftszweck zu dienen bestimmt ist.[26]

8 Bei Fehlen eines antizipierten Einverständnisses im Gesellschaftsvertrag kann die **gesellschaftliche Treuepflicht** in Ausnahmefällen eine Zustimmung der Gesellschafter zu Beitragserhöhungen gebieten mit der Folge, dass § 707 BGB der Nachforderung nicht entgegensteht. Ein Gesellschafter ist zur Hinnahme von Eingriffen in seine Mitgliedschaftsrechte aber nur dann verpflichtet, wenn diese im Gesellschaftsinteresse geboten und ihm unter Berücksichtigung seiner eigenen schutzwürdigen Belange zumutbar sind. Dabei sind an die aus der Treuepflicht abgeleitete Verpflichtung, einer Beitragserhöhung zuzustimmen, besonders hohe Anforderungen zu stellen, da ein Gesellschafter grundsätzlich nicht zu neuen Vermögensopfern gezwungen werden kann.[27] Keinesfalls liegen solche rechtfertigenden besonderen Umstände darin, dass die Mehrheit der Gesellschafter die geforderten Nachschüsse leistet und

---

[19] BGH v. 25.05.2009 - II ZR 259/07 - NJW-RR 2009, 1264-1267.
[20] BGH v. 25.05.2009 - II ZR 259/07 - NJW-RR 2009, 1264-1267; BGH v. 03.12.2007 - II ZR 36/07 - ZIP 2008, 697; BGH v. 21.05.2007 - II ZR 96/06 - ZIP 2007, 1458-1460. Das durch § 707 BGB geschützte mitgliedschaftliche Grundrecht kann nicht berührt sein, wenn der Gesellschafter dem Gesellschafterbeschluss, auch wenn er zu im Gesellschaftsvertrag nicht vorgesehenen weiteren Beitragspflichten führt, selbst zustimmt.
[21] BGH v. 25.05.2009 - II ZR 259/07 - NJW-RR 2009, 1264-1267.
[22] RG v. 23.11.1917 - II 242/17 - RGZ 91, 166-170.
[23] BGH v. 04.07.2005 - II ZR 354/03 - ZIP 2005, 1455-1457; BGH v. 23.01.2006 - II ZR 306/04 - ZIP 2006, 562-564; BGH v. 23.01.2006 - II ZR 126/04 - ZIP 2006, 754-756; vgl. auch OLG Celle v. 21.12.2005 - 9 U 96/05 - NJW-RR 2006, 539-541.
[24] BGH v. 23.01.2006 - II ZR 306/04 - ZIP 2006, 562-564; BGH v. 23.01.2006 - II ZR 126/04 - ZIP 2006, 754-756.
[25] BGH v. 24.11.1975 - II ZR 89/74 - BGHZ 66, 82-88.
[26] BGH v. 28.09.1978 - II ZR 218/77 - LM Nr. 19 zu § 119 HGB.
[27] BGH v. 04.07.2005 - II ZR 354/03 - ZIP 2005, 1455-1457; BGH v. 23.01.2006 - II ZR 306/04 - ZIP 2006, 562-564; BGH v. 23.01.2006 - II ZR 126/04 - ZIP 2006, 754-756; vgl. auch OLG Celle v. 21.12.2005 - 9 U 96/05 - NJW-RR 2006, 539-541.

auch der aufbegehrende Gesellschafter in der Vergangenheit so verfahren ist; selbst die Gefahr, dass die Gesellschaft ohne weitere Beitragsleistungen der Gesellschafter aufgelöst werden müsste oder in Insolvenz zu geraten droht, kann im Allgemeinen keine Zustimmungspflicht begründen.[28] Beschließen aber etwa die Gesellschafter einer überschuldeten Publikumspersonengesellschaft mehrheitlich die Gesellschaft in der Weise zu sanieren, dass das Kapital „herabgesetzt" und jedem Gesellschafter freigestellt wird, eine neue Beitragspflicht einzugehen („Kapitalerhöhung") oder aus der Gesellschaft auszuscheiden (**Sanieren oder Ausscheiden**), so sind die nicht zahlungsbereiten Gesellschafter aus gesellschaftlicher Treuepflicht dann verpflichtet, diesem Gesellschafterbeschluss zuzustimmen, wenn sie infolge ihrer mit dem Ausscheiden verbundenen Pflicht, den auf sie entfallenden Auseinandersetzungsfehlbetrag zu leisten (§ 739 BGB), finanziell nicht schlechter stehen als im Falle der sofortigen Liquidation (§ 735 BGB).[29] Allerdings kann die Treuepflicht nicht weiter reichen, als es die berechtigte Erwartungshaltung der übrigen Gesellschafter zwingend verlangt. So ist ein Gesellschafter umgekehrt nicht mehr verpflichtet, einer seine Gesellschafterstellung aufhebenden Änderung des Gesellschaftsvertrages zuzustimmen, wenn sich aus dem Gesellschaftsvertrag eindeutig ergibt, dass die einer notwendigen Kapitalerhöhung zustimmenden Gesellschafter zwar berechtigt sind, ihre Einlagen zu erhöhen, gleichzeitig die nicht zustimmenden Gesellschafter aber unter Verringerung ihres Beteiligungsverhältnisses in der Gesellschaft verbleiben dürfen.[30]

Der Gesellschafterbeschluss einer Personengesellschaft, durch den eine Nachschussverpflichtung begründet wird, die im Gesellschaftsvertrag keine Grundlage hat, ist **dem dissentierenden Gesellschafter gegenüber unwirksam**. Der dissentierende Gesellschafter kann die Unwirksamkeit im Wege der allgemeinen, nicht fristgebundenen Feststellungsklage nach § 256 ZPO sowohl gegenüber seinen Mitgesellschaftern – und zwar gegenüber jedem einzelnen – als auch gegenüber der Gesellschaft geltend machen.[31] Zwar wird es bei Publikumsgesellschaften grundsätzlich als wirksam angesehen, das kapitalgesellschaftsrechtliche Beschlussmängelrecht zu adaptieren. Beschlüsse, die zu ihrer Wirksamkeit jedoch – aufgrund der Kernbereichslehre (mehrheitsfester Kernbereich) – der Zustimmung des betroffenen Gesellschafters bedürfen, unterfallen jedoch nicht den Anfechtungs- und Nichtigkeitsgründen im Sinne des Kapitalgesellschaftsrechts. Vielmehr stellt die fehlende Zustimmung eine „dritte Kategorie" von Mängeln des Beschlusses dar, die im Wege der allgemeinen, nicht fristgebundenen Feststellungsklage gemäß § 256 ZPO bzw. durch Einwendung im Prozess geltend gemacht werden kann.[32] Das Versäumnis einer gesellschaftsvertraglich vorgesehenen Anfechtungsfrist ersetzt die Zustimmung nicht. Der dissentierende Gesellschafter kann die ihm bestehende Unwirksamkeit des Beschlusses auch als Einwendung gegenüber einer auf den Beschluss gestützten Zahlungsklage der Gesellschaft geltend machen, und zwar auch dann noch, wenn nach dem Gesellschaftsvertrag Beschlussmängelstreitigkeiten binnen einer bestimmten Frist eingeleitet werden müssen und diese Frist abgelaufen ist,[33] denn durch eine verfahrensrechtliche Regelung im Gesellschaftsvertrag wie etwa einer **Ausschlussfrist** für die Beschlussanfechtung darf das mitgliedschaftliche Recht eines Gesellschafters, ohne seine Zustimmung nicht mit weiteren Beitragspflichten beschwert zu werden, nicht ausgehebelt werden.[34] Dies gilt allerdings nicht mit Blick auf die nach **Auflösung der Gesellschaft** bestehende Verlustausgleichspflicht gem. § 735 BGB. Denn diese Verlustausgleichspflicht folgt unmittelbar aus dem Gesetz: sie ist – anders als die nachträgliche Begründung einer Nachschusspflicht in einer werbenden Gesellschaft (§ 707 BGB) – nicht von der Zustimmung jedes einzelnen Gesellschafters abhängig. Vielmehr sind sowohl der Beschluss über die Auflösung als auch der Beschluss über die Feststellung der Liquidationseröffnungsbilanz bei entsprechender gesellschaftsvertraglicher Vorsorge einer Mehrheitsentscheidung zu-

---

[28] BGH v. 19.03.2007 - II ZR 73/06 - ZIP 2007, 812-814; OLG München v. 16.06.2004 - 7 U 5669/03 - OLGR München 2004, 340-342.
[29] BGH v. 19.10.2009 – II ZR 240/08 – BGHZ 183, 1.
[30] BGH v. 25.01.2011 – II ZR 122/09 – ZIP 2011, 768-772.
[31] BGH v. 05.03.2007 - II ZR 282/05 - ZIP 2007, 766-768; BGH v. 26.03.2007 - II ZR 22/06 - ZIP 2007, 1368-1370.
[32] BGH v. 19.10.2009 - II ZR 240/08 - NJW 2010, 65-69.
[33] BGH v. 09.02.2009 - II ZR 231/07 - ZIP 2009, 864-866; BGH v. 26.03.2007 - II ZR 22/06 - ZIP 2007, 1368-1370.
[34] BGH v. 25.05.2009 - II ZR 259/07 - NJW-RR 2009, 1264-1267; BGH v. 19.10.2009 - II ZR 240/08 - NJW 2010, 65-69.

gänglich. Die Unwirksamkeit der Mehrheitsentscheidung kann nur mit der Klage auf Feststellung der Nichtigkeit innerhalb einer im Gesellschaftsvertrag gegebenenfalls festgelegten Frist geltend gemacht werden.[35]

3. Leistungsgefahr

10 Die **Gefahr des Einlageverlustes** trifft die Gesellschaft, so dass nach ihrer Erbringung keine Ergänzung verlangt werden kann.[36]

4. Freiwillige Erhöhung

11 Der einzelne Gesellschafter kann freiwillig seine Leistung an die Gesellschaft erhöhen. Damit diese erhöhte Leistung aber als Beitrag anerkannt wird, bedarf es der **Zustimmung** der übrigen Gesellschafter, weil deren Rückerstattungspflicht und die Gewinn- und Verlustquote dadurch berührt werden; ohne Zustimmung hat er nur einen Anspruch aus ungerechtfertigter Bereicherung. Die Verweigerung der Zustimmung kann aber gegen die gesellschaftsrechtliche Treuepflicht verstoßen.[37]

---

[35] BGH v. 11.10.2011 - II ZR 242/09 - ZIP 2011, 2299-2304.
[36] *Hadding/Kießling* in: Soergel, § 706 Rn. 28.
[37] *Hadding/Kießling* in: Soergel, § 707 Rn. 4.

§ 708 BGB Haftung der Gesellschafter

(Fassung vom 02.01.2002, gültig ab 01.01.2002)

Ein Gesellschafter hat bei der Erfüllung der ihm obliegenden Verpflichtungen nur für diejenige Sorgfalt einzustehen, welche er in eigenen Angelegenheiten anzuwenden pflegt.

Gliederung

A. Grundlagen 1	2. Eingetragener Verein 20
I. Kurzcharakteristik 1	3. Gemeinschaft (§ 741 BGB) 21
II. Gesetzgebungsmaterialien 4	4. Partiarische Rechtsverhältnisse 22
III. Regelungsprinzipien (Lehre) 7	5. Publikumsgesellschaften 23
IV. Regelungsprinzip (Rechtsprechung) 10	6. GmbH & Co 26
V. Die Erklärung der beschränkten Diligenzpflicht aus der Handlungsverfassung heraus 11	7. Abdingbarkeit 35
	III. Gesellschafterpflichten 36
VI. Die Abschaffung de lege ferenda 15	1. Allgemein 36
B. Praktische Bedeutung 16	2. Im Besonderen: Überschreitung der Geschäftsführungsbefugnis 37
C. Anwendungsvoraussetzungen 17	
I. Normstruktur 17	D. Rechtsfolgen 38
II. Gesetzestypisch verfasste BGB-Gesellschaft (OHG, KG) 18	E. Prozessuale Hinweise 39
1. Nicht eingetragener Verein (§ 54 Satz 1 BGB) ... 19	F. Anwendungsfelder 40

A. Grundlagen

I. Kurzcharakteristik

Jeder **geschäftsführende** Gesellschafter einer BGB-Gesellschaft, Offenen Handelsgesellschaft oder Kommanditgesellschaft haftet der Gesellschaft für schuldhafte Schlechterfüllung seiner Geschäftsführungspflicht auf Schadensersatz. Das ist im Gesetz, anders als im Recht der Aktiengesellschaft (§ 93 AktG) und der GmbH (§ 43 GmbHG), nicht ausdrücklich gesagt, folgt aber aus seiner organschaftlichen Stellung. Als Korrelat organschaftlicher Kompetenzen trifft das Handlungsorgan eine organschaftliche Verantwortlichkeit. Insofern kann man entsprechend der § 93 Abs. 2 AktG, § 43 Abs. 2 GmbHG, § 34 Abs. 2 GenG, § 5 Abs. 2 EWIVAG formulieren: Ein geschäftsführender Gesellschafter, der seine organschaftlichen Obliegenheiten verletzt, haftet der Gesellschaft für den entstandenen Schaden. Haben mehrere Gesellschafter einen Schaden durch Verletzung organschaftlicher Pflichten verursacht, so haften sie solidarisch. Insoweit gilt der Sache nach nichts anderes als für die übrigen Verbände.[1]

1

Eine Besonderheit aber gibt es im Recht der Organhaftung bei OHG, Kommanditgesellschaft und BGB-Gesellschaft: Abweichend vom allgemeinen organschaftlichen Sorgfaltsmaßstab des ordentlichen und gewissenhaften Geschäftsleiters der § 93 Abs. 1 AktG, § 43 Abs. 1 GmbHG, § 34 Abs. 1 GenG gewährt § 708 BGB eine Haftungserleichterung. Aufgrund der Verweisung der §§ 161 Abs. 2, 105 Abs. 3 HGB gelten die §§ 708, 277 BGB über den Bereich der GbR hinaus auch für die OHG und die Kommanditgesellschaft. Danach hat der Gesellschafter bis zur Grenze der groben Fahrlässigkeit nur für die diligentia, quam suis rebus adhibere solet, einzustehen. Aber der Anwendungsbereich des § 708 BGB ist **nicht** auf den Bereich der **Geschäftsführer beschränkt**; die Haftungsbeschränkung kommt vielmehr auch den sonstigen Gesellschaftern zugute, soweit diese aufgrund des Gesellschaftsvertrags tätig werden.

2

Die Regelung entstammt dem römischen Recht und ist von hier aus in die „moderne" Gesetzgebung übergegangen (z.B.: Art. 94 ADHGB, § 211 ALR PR I, 17).[2] Heute wird sie als „**rechtspolitisch**

3

---

[1] *Bergmann*, Die fremdorganschaftlich verfasste Offene Handelsgesellschaft, Kommanditgesellschaft und BGB-Gesellschaft als Problem des allgemeinen Verbandsrechts, 2002, § 6 A = S. 182.

[2] Ausführlich zur römischrechtlichen Entstehungsgeschichte: *Bergmann*, Die fremdorganschaftlich verfasste Offene Handelsgesellschaft, Kommanditgesellschaft und BGB-Gesellschaft als Problem des allgemeinen Verbandsrechts, 2002, § 6 C = S. 187-189.

höchst **fragwürdig**" empfunden und ihre Streichung de lege ferenda gefordert, was auf den ersten Blick einzuleuchten scheint: Mit der Beschränkung auf die diligentia quam in suis geht bis zur Schmerzgrenze des § 277 BGB eine Prämierung von Faulheit und Nachlässigkeit einher.

II. Gesetzgebungsmaterialien

4   Die **Motive**[3] **zum ersten Entwurf** des BGB stellten zur Begründung des späteren § 708 BGB – ohne dies weiter auszuführen – auf die Besonderheiten des Gesellschaftsverhältnisses ab und verwiesen auf die damals in einigen Staaten bestehende Rechtslage, insbesondere auf die Art. 94 ADHGB, § 211 ALR PR I, 17, § 212 ALR PR I, 17, Art. 538 SchweizOR. Unter den Tisch fallen ließ man, dass anderen Rechtsordnungen entsprechende Haftungsmilderungen für den Gesellschafter unbekannt sind oder sie bereits abgeschafft hatten. Die schon bestehenden Regelungen nahm man recht undifferenziert zum Vorbild, man orientierte sich maßgeblich – wie die Protokolle der Verhandlungen der zweiten Kommission zeigen – an der Regelung des ADHGB.

5   In der **zweiten Kommission** gab es Bestrebungen, den § 708 BGB aus dem Gesetzeswerk zu kippen.[4] In den Verhandlungen wurde der Antrag gestellt, den späteren § 708 BGB zu streichen, um somit die Gesellschafter der Haftung für jedes Verschulden zu unterwerfen. Die Beschränkung der Haftpflicht passe nicht auf Erwerbsgemeinschaften. Der Gesellschafter, der die Geschäfte der Gesellschaft besorge, handle in gemeinsamen Angelegenheiten, also nicht ausschließlich in seinen eigenen, sondern auch in fremden. Dies gelte erst recht, wenn die Geschäftsführung einzelnen Gesellschaftern übertragen sei, wobei die Minderansicht explizit auf die Rechtslage im Verein abstellt, dessen Vorstandsmitglieder – selbst wenn sie sich aus Verbandsmitgliedern rekrutierten – für jedes Verschulden einzustehen hätten. Wer sich aus freien Stücken an einer Gesellschaft beteilige, übernehme hinsichtlich der Erfüllung der ihm obliegenden Pflichten die Verpflichtung, dasjenige Maß an Sorgfalt anzuwenden, das ein gewissenhafter Schuldner zu beobachten hätte. Fände sich der Satz der beschränkten Haftung nicht im römischen Recht, wäre er nicht in die Gesetzgebung übernommen worden. Er gehöre zu denjenigen Rechtssätzen, die sich erhalten hätten, obwohl ihre Zeit längst abgelaufen sei. Die Mehrheit entschied sich für § 708 BGB. Abgestellt wurde maßgeblich darauf, dass die beschränkte Diligenzpflicht der Gesellschafter fast durchweg im (damals) geltenden Recht, insbesondere dem ADHGB, anerkannt sei, wodurch die Richtung, in welche das BGB zu gehen habe, vorgezeichnet sei.[5] Läge allerdings nicht diese Übereinstimmung mit der geltenden Rechtslage vor, könnte man der Gegenauffassung bis zu einem gewissen Grade die Berechtigung nicht absprechen. Da es sich aber um einen überkommenen Rechtssatz handele, der sich bewährt habe und zu Zweifeln und Beanstandungen keinen Anlass gegeben habe, fehle es an einem hinreichenden Grund, um vom geltenden Recht abzuweichen. Der Grundsatz, dass Gesellschafter nur für ihre Sorgfalt in eigenen Angelegenheiten haften, sei tief im Volksbewusstsein verhaftet. In der maßgebenden Begründungssentenz heißt es, dass „Personen, die miteinander einen Gesellschaftsvertrag einzugehen beabsichtigen, sich gegenseitig so nehmen wollen, wie sie einmal seien, dass jeder Teil von vornherein die Individualität des anderen ins Auge fasse und daher nur verlange, dass er in den gemeinschaftlichen Angelegenheiten dieselbe Sorgfalt übe, wie in den eigenen".

6   Zwei Begründungsansätze bietet also die zweite Kommission an: Einmal der Hinweis auf das gewachsene Volksbewusstsein und eine lange Rechtstradition, die an der begrenzten Diligenzpflicht festhalten; zum anderen der klassische Hinweis darauf, dass die Gesellschafter einander so nehmen wollten, wie sie einmal sind.

---

[3] Motive, Bd. II, S. 601-602; zu den Gesetzgebungsmaterialien ausführlich: *Bergmann*, Die fremdorganschaftlich verfasste Offene Handelsgesellschaft, Kommanditgesellschaft und BGB-Gesellschaft als Problem des allgemeinen Verbandsrechts, 2002, § 6 B, C = S. 184-189.

[4] Protokolle, Bd. II, S. 418 ff.

[5] Insbesondere Art. 94 ADHGB musste in der zweiten Kommission zur Begründung des § 708 aus der jüngeren Rechtsgeschichte heraus herhalten. Schon Art. 94 ADHGB war eine im Gesetzgebungsverfahren umstrittene Vorschrift. Der preußische Entwurf von 1857 verlangte in seinem Art. 99 Abs. 2 von den Gesellschaftern noch die Sorgfalt eines ordentlichen Kaufmanns. Vgl. dazu: *Bergmann*, Die fremdorganschaftlich verfasste Offene Handelsgesellschaft, Kommanditgesellschaft und BGB-Gesellschaft als Problem des allgemeinen Verbandsrechts, 2002, § 6 B = S. 187.

III. Regelungsprinzipien (Lehre)

Bis heute ist es nicht gelungen, die Norm des § 708 BGB befriedigend zu erklären. Hauptsächlich zwei Gesichtspunkte werden für die Haftungsbeschränkung ins Spiel gebracht.[6] Der eine – auf ihn stützte sich insbesondere die zweite Kommission – besteht darin, dass sich die Gesellschafter **so nehmen müssten, wie sie sind**, bzw. ins Positive gewendet, dass die Gesellschafter sich im Hinblick auf die individuelle Persönlichkeit, namentlich die besondere Sachkunde des einzelnen Partners, miteinander verbinden und darauf vertrauen, dass jeder Partner mit dem in seinen Angelegenheiten bewährten Eigenschaften hinreichende Bürgschaft für ordnungsgemäßes Verhalten auch in den Gesellschaftsangelegenheiten, an denen er selbst beteiligt ist, biete. Dabei handelt es sich um den zeitgemäßen Aufguss der Erklärung, die schon *Gajus* (D. 17, 2, 72) liefert: quia qui parum dilegentium sibi socium adquirit, de se queri sibique hoc imputare debet. Und auch der Grund, warum dieser Gedanke nicht weiter hilft, ist schon lange bekannt. Denn dieselbe Erwägung müsste für jeden Vertrag zutreffen. Man sucht sich seinen Vertragspartner aus und trotzdem kommt niemand auf die Idee, den allgemeinen Sorgfaltsmaßstab des § 276 BGB nur noch auf den außervertraglichen Verkehr zu erstrecken.[7] Auch auf ein besonderes Vertrauens- und Freundschaftsverhältnis abzustellen, führt nicht weiter. Allgemein bewirkt ein **Freundschafts-** und/oder **Vertrauensverhältnis** – z.B. im Auftragsrecht – keine Herabsetzung des Haftungsmaßstabs, sondern eher das krasse Gegenteil. Ein besonderes Vertrauensverhältnis ist unter bestimmten zusätzlichen Bedingungen geeignet, eine Haftung zu begründen, die ansonsten nicht bestünde (vgl. z.B.: Haftung des GmbH-Geschäftsführers aus culpa in contrahendo). Eine besondere Haftungsbeschränkung macht es jedenfalls nicht plausibel. Z.B. in der personalistischen GmbH bewirken enge persönliche Beziehungen der Gesellschafter per se keine Herabsetzung des Sorgfaltsmaßstabs des § 43 GmbHG.[8]

Der andere – neuerdings wieder von *Ulmer* herausgestellte – Gedanke besteht darin, dass die Angelegenheiten der Gesellschaft zugleich **auch eigene Angelegenheiten** des Gesellschafters seien.[9] Dem widerspricht aber schon die Tatsache, dass der Gesellschafter nicht alleine ist. Seine Gesellschaftsangelegenheiten sind zugleich fremde Angelegenheiten.[10] Gleich, wie man zur modernen Gesamthandslehre oder der Theorie der juristischen Person steht, stets sind die Angelegenheiten der Gesellschaft auch die Angelegenheiten der Mitgesellschafter. Folgt man der modernen Gesamthandslehre oder der hier vertretenen Einordnung der BGB-Gesellschaft der juristischen Person (vgl. die Kommentierung zu § 705 BGB Rn. 47), dann sind Gesellschaftsangelegenheiten per se fremde – und ausschließlich fremde – Angelegenheiten, nämlich solche der Gesellschaft. Allenfalls mittelbar, vermittelt über die Mitgliedschaft, sind die Gesellschaftsangelegenheiten auch eigene Angelegenheiten des Gesellschafters.

---

[6] Dazu ausführlich m.w.N.: *Bergmann*, Die fremdorganschaftlich verfasste Offene Handelsgesellschaft, Kommanditgesellschaft und BGB-Gesellschaft als Problem des allgemeinen Verbandsrechts, 2002, § 6 E = S. 196-198.

[7] *Bergmann*, Die fremdorganschaftlich verfasste Offene Handelsgesellschaft, Kommanditgesellschaft und BGB-Gesellschaft als Problem des allgemeinen Verbandsrechts, 2002, § 6 E = S. 196.

[8] *Bergmann*, Die fremdorganschaftlich verfasste Offene Handelsgesellschaft, Kommanditgesellschaft und BGB-Gesellschaft als Problem des allgemeinen Verbandsrechts, 2002, § 6 E = S. 196-197; *Müller-Graff*, AcP 191, 475-494, 480-481.

[9] *Ulmer/Schäfer*, Gesellschaft bürgerlichen Rechts und Partnerschaftsgesellschaft, 5. Aufl. 2009, § 708 Rn. 1. Erfolgversprechend ist aber ein weiterer Hinweis *Ulmers* darauf, dass gem. § 709 BGB jeder Gesellschafter an der Führung der gemeinschaftlichen Geschäfte beteiligt ist. Das deutet auf den richtigen Gedanken, § 708 BGB aus der Verbandsverfassung heraus zu rechtfertigen ist: der einzelne Gesellschafter hat es in kleinen Gesellschaften nicht nur in der Hand die Tätigkeit des anderen zu kontrollieren, sondern auch Nachlässigkeiten und Versehen teils selbst gut zu machen, teils für die Zukunft dadurch zu verhüten, dass er entweder selbst handelnd eingreift oder aber dem unfähigen Gesellschafter aufsagt. Deshalb kann man in kleinen Gesellschaften damit leben, den Gesellschafter zwar nicht von Vorsatz und grober Fahrlässigkeit freizustellen, ihn aber doch nicht für mehr verantwortlich zu machen, als für die diligentia quam suis rebus adhibere solet (zur Erklärung der beschränkten Diligenzpflicht aus der Handlungsverfassung heraus: *Bergmann*, Die fremdorganschaftlich verfasste Offene Handelsgesellschaft, Kommanditgesellschaft und BGB-Gesellschaft als Problem des allgemeinen Verbandsrechts, 2002, § 6 H = S. 204-208).

[10] *Bergmann*, Die fremdorganschaftlich verfasste Offene Handelsgesellschaft, Kommanditgesellschaft und BGB-Gesellschaft als Problem des allgemeinen Verbandsrechts, 2002, § 6 E = S. 197-198.

9 Auf einen scheinbar zutreffenden weiteren Gesichtspunkt macht *Westermann* aufmerksam:[11] Für die Verhaltenssteuerung reiche es aus, dass wegen der Haftungs- und Vermögensrisiken alle „in einem Boot" sitzen. Ein Gedanke, der auch bei der Diskussion um den zwingenden Charakter des Organisationsprinzips der Selbstorganschaft eine bedeutende Rolle spielt.[12] Dahinter steht der früher oftmals bemühte Gedanke einer **Handlungslenkung** durch das unmittelbare persönliche Interesse der Handlungsorgane an der Wohlfahrt der Gesellschaft mitsamt dem damit korrespondierendem Risiko der **eigenen unbegrenzten persönlichen Haftung**, § 128 HGB. Angesichts des heutigen Kenntnisstandes ist dieser Gedanke nicht mehr tragfähig.[13] Zum einen ist heute in der Betriebswirtschaftslehre die Vorstellung überholt, dass Fremdverwalter potentiell unsichere oder schlechtere Unternehmensführer seien. Und auch die eigene persönliche Haftung des Unternehmensleiters gem. § 128 HGB, die sich zudem nur bei Insolvenz der Gesellschaft realisiert, hat in den heutigen Augen nicht mehr die beruhigende Wirkung, die ihr früher beigemessen wurde. Die Existenz einer Außenhaftung mit weitgehender Rückgriffsoption gegen Gesellschaft und Mitgesellschafter kann die beschränkte Diligenzpflicht nicht erklären. Entsprechendes hat der Bundesgerichtshof ausgeführt: „Die Erwartung, ein für die Gesellschaftsverbindlichkeiten persönlich haftender Geschäftsleiter werde im Hinblick auf die – angesichts der üblichen Haftungsfreistellungen nur im Insolvenzfall wirklich relevante – Gefahr des Verlustes seiner eigenen wirtschaftlichen Existenz die Geschäfte der Gesellschaft mit größerer Sorgfalt, Vorsicht und Umsicht führen als ein Fremdgeschäftsführer, geht jedenfalls als generalisierende Annahme weitgehend an den Realitäten des modernen Wirtschaftslebens vorbei. Die Sorge vor persönlicher Haftung kann, wie in der gegenwärtigen Diskussion um eine Verschärfung der Haftung von Vorstand und Aufsichtsrat zu Recht geltend gemacht worden ist,[14] den Unternehmensleiter auch zu einem übertrieben defensiven Verhalten veranlassen, das zum Schaden der Gesellschafter und Gläubiger der Gesellschaft dazu führt, dass neue risikobehaftete Geschäftschancen nicht wahrgenommen werden, mit der Folge, dass das Unternehmen im schlimmsten Falle den Anschluss an die wirtschaftliche Entwicklung verpasst. Zudem wird die vor allem im modernen Wirtschaftsleben unumgängliche Bereitschaft, auch wirtschaftliche Wagnisse einzugehen, und die Fähigkeit, die mit geschäftlichen Unternehmen verbundenen Chancen und Risiken zutreffend einzuschätzen, weit mehr durch die Persönlichkeit des individuellen Unternehmensleiters und seine unternehmerische Kompetenz bestimmt als durch Erwägungen haftungsrechtlicher Art. Einem in dieser Beziehung nicht ausreichend befähigten Geschäftsführer sind die Kommanditaktionäre bei Führung des Unternehmens durch eine natürliche Person als Komplementär sogar in höherem Maße ausgesetzt als bei Führung durch den Geschäftsführer einer Komplementär-GmbH, der durch entsprechenden Beschluss der GmbH-Gesellschafter jederzeit gegen eine geeignetere Persönlichkeit ausgetauscht werden kann."[15]

IV. Regelungsprinzip (Rechtsprechung)

10 Nach der Auffassung der Rechtsprechung liegt § 708 BGB der Gedanke zugrunde, dass Personen, die miteinander einen Gesellschaftsvertrag eingehen und damit ein **persönliches Vertrauensverhältnis** begründeten, sich gegenseitig so nehmen wollten, wie sie allgemein sind.[16] Tragender Grund für die Vorschrift sei das zwischen Gesellschaftern typischerweise bestehende persönliche Verhältnis.[17]

V. Die Erklärung der beschränkten Diligenzpflicht aus der Handlungsverfassung heraus

11 Der Vorzug gebührt der Erklärung der begrenzten Diligenzpflicht aus der Handlungsverfassung der BGB-Gesellschaft (sowie der Offenen Handelsgesellschaft und der Kommanditgesellschaft) heraus,

---

[11] *Westermann* in: Erman, § 708 Rn. 1.
[12] Zur Verbindung der beschränkten Diligenzpflicht zum Grundsatz der Selbstorganschaft und der fehlenden Kapitalgarantie: *Bergmann*, Die fremdorganschaftlich verfasste Offene Handelsgesellschaft, Kommanditgesellschaft und BGB-Gesellschaft als Problem des allgemeinen Verbandsrechts, 2002, § 6 G = S. 199-203.
[13] Dazu: *Bergmann*, Die fremdorganschaftlich verfasste Offene Handelsgesellschaft, Kommanditgesellschaft und BGB-Gesellschaft als Problem des allgemeinen Verbandsrechts, 2002, § 6 G II = S. 202-203, auch: § 15, § 16 = S. 332-342.
[14] *Hopt*, Festschrift für Mestmäcker, 1996, S. 909, 914.
[15] BGH v. 24.02.1997 - II ZB 11/96 - juris Rn. 20 - BGHZ 134, 392-401.
[16] BGH v. 04.07.1977 - II ZR 150/75 - juris Rn. 16 - BGHZ 69, 207-223.
[17] BGH v. 28.10.1987 - VIII ZR 383/86 - juris Rn. 25 - LM Nr. 13 zu § 276 (H) BGB.

die von *Bergmann* entwickelt wurde.[18] Die bisherigen Erklärungsversuche können die begrenzte Diligenzpflicht nicht befriedigend erklären. Man hat auch an den falschen Stellen nach dem Grund gesucht. Diesen kann man, seitdem die römischrechtliche societas ihren familiären Kinderschuhen entwachsen ist, nicht mehr in personenrechtlichen Beziehungen der Sozien oder in einer Metaphysik des Besonderen einer Verbindung zur Haftungs- und Arbeitsgemeinschaft finden, in der jeder den anderen so zu nehmen hat, wie er nun mal ist. Die beschränkte Diligenzpflicht hat sich aus Tradition erhalten und von Gesellschaftsform auf Gesellschaftsform vererbt. Der Grund, warum sich lange Zeit Stimmen, die die Abschaffung der Haftungsbegrenzung auf die Sorgfalt in eigenen Angelegenheiten verlangen, kaum Gehör verschaffen konnten, liegt in der Handlungsorganisation der BGB-Gesellschaft begründet. Leichtere unternehmerische Fehler des einen oder anderen Gesellschafters werden von den selbstorganschaftlich verfassten Systemen der originären Mitgliederselbstverwaltung in einem selbstregulativen Puffersystem auf der Ebene der abstrakten Handlungsverfassung kompensiert. Auf das zusätzliche Steuerungsmittel und Korrelat organschaftlicher Machtbefugnisse in Form der organschaftlichen Verantwortlichkeit kann, ohne dass es zum Schaden der Gesellschaft gereicht, bis zur Grenze der §§ 708, 277 BGB verzichtet werden. Die gesetzestypisch verfasste BGB-Gesellschaft oder Offene Handelsgesellschaft kann ein unternehmerisches Defizit in der Persönlichkeit eines Kompagnons schadlos verkraften. Der einzelne Sozius hat es idealtypisch nicht nur in der Hand, das organschaftliche Handeln des anderen Sozius für die Gesellschaft zu kontrollieren, er hat zudem die Handlungsmöglichkeiten, Nachlässigkeiten und Fehler des anderen teils selbst zu reparieren, teils für die Zukunft dadurch zu verhüten, dass er entweder selbst handelnd eingreift oder darauf hinwirkt, dass ein unfähiger Gesellschafter durch Entzug der Geschäftsführungsbefugnis kaltgestellt wird, damit dieser kein Unheil mehr anrichten kann, vgl. § 715 BGB, § 117 HGB. In einer solchen Situation, in der schon die typische Gewaltenteilung unter den geschäftsführenden Gesellschaftern eine hinreichend sichere Gewähr dafür bietet, dass die Geschicke des Verbandes ordentlich gesteuert werden, kann das Schwert der Haftung für Verletzung der Pflicht zur ordentlichen Geschäftsführung bis zur Grenze der §§ 708, 277 BGB in seiner Scheide verbleiben. Das bestätigt der Blick auf die gesetzestypische Handlungsverfassung der BGB-Gesellschaft. Gem. § 709 BGB sind nur alle Gesellschafter gemeinschaftlich zur Vertretung der Gesellschaft befugt. Jeder Gesellschafter kann darauf hinwirken, dass die richtige Entscheidung getroffen wird, falsche Entscheidungen unterbleiben. Das gilt auch für den Fall, dass alle Gesellschafter in Einzelgeschäftsführung und Einzelvertretung für den Verband auftreten können, wie das in der gesetzestypisch organisierten OHG der Fall ist, §§ 114, 115, 125 HGB. Es bestehen nicht nur gegenseitige Informations- und Kontrollrechte, sondern auch Widerspruchsrechte (§ 711 Satz 1 BGB, § 115 Abs. 1 HS. 2 HGB). Die gesetzestypische Handlungsorganisation bietet genug aktive Handlungsmöglichkeiten, um die beschränkte Diligenzpflicht auszugleichen. Gerade diese aktiven Einwirkungsmöglichkeiten eines jeden Gesellschafters sind es, die die Haftungsbegrenzung auf die diligentia quam in suis im Unterschied z.B. zum unentgeltlichen Auftrag rechtfertigen. Im Auftragsrecht kann zwar der Auftraggeber über Weisungen (§ 665 BGB) und Informationsrechte (§ 666 BGB) einen mittelbaren Einfluss auf die Ausführungen erlangen, aber die Ausführung als solche obliegt doch dem Beauftragten. Das Entscheidende sind nicht die Informations-, Kontroll- und Weisungsrechte, sondern **die unmittelbaren aktiven Einwirkungsrechte**, die es ermöglichen, die Sache notfalls selbst in die Hand zu nehmen, wenn der andere gerade nicht kann oder will. Kontroll- und Informationsrechte, ja selbst Weisungsrechte reichen dafür nicht aus, wie das Beispiel der EWIV zeigt. Dies rechtfertigt es alleine, dass der Geschäftsführer einer GmbH oder die Vorstandsmitglieder des Vereinsvorstands trotz prinzipieller Weisungsabhängigkeit und Informationspflicht dem Mitgliederorgan gegenüber für jedes Verschulden nach dem allgemeinen organschaftlichen Sorgfaltsbegriff einzustehen haben.

Es besteht zudem ein Zusammenhang zwischen § 708 BGB und der Finanzverfassung.[19] Die beschränkte Diligenzpflicht ist nur vertretbar in Verbänden, in denen keine Kapitalgarantien bestehen. Die unternehmerische Aufgabe der Aufbringung und Erhaltung eines garantierten Stammkapitals und begrenzte Diligenzpflicht sind schon im Sinne des Gläubiger- und Verkehrsschutzes unvereinbar.[20] Im

12

---

[18] *Bergmann*, Die fremdorganschaftlich verfasste Offene Handelsgesellschaft, Kommanditgesellschaft und BGB-Gesellschaft als Problem des allgemeinen Verbandsrechts, 2002, § 6 H = S. 204-208.

[19] *Bergmann*, Die fremdorganschaftlich verfasste Offene Handelsgesellschaft, Kommanditgesellschaft und BGB-Gesellschaft als Problem des allgemeinen Verbandsrechts, 2002, § 6 G = S. 199-203.

[20] Das ist der Grund, warum in der KGaA § 708 BGB keine Anwendung findet, sondern der Sorgfaltsmaßstab des § 93 AktG (i.V.m. § 283 Nr. 3 AktG); vgl. dazu: *Bergmann*, Die fremdorganschaftlich verfasste Offene Handelsgesellschaft, Kommanditgesellschaft und BGB-Gesellschaft als Problem des allgemeinen Verbandsrechts, 2002, § 6 G I = S. 200-202.

§ 708

Recht der BGB-Gesellschaft, der Offenen Handelsgesellschaft und der Kommanditgesellschaft muss nicht unter allen Umständen das Gesellschaftsvermögen bis zur Höhe des Garantiekapitals geschützt werden, weil die Gesellschafter für die Verbindlichkeiten einzustehen haben, also neben dem Gesellschaftsvermögen zusätzliche Haftungsmassen vorhanden sind. Der Grund ist aber nur, dass kein Stammkapital geschützt werden muss, nicht weil persönliche Haftung eine heilsame und warme Wirkung auf den unternehmerischen Geist der Gesellschaftsorgane ausüben würde.

13 Schwierig begründbar erscheint vor diesem Hintergrund die Geltung der diligentia quam in suis im Recht der **Kommanditgesellschaft**, sind doch die Kommanditisten von der Geschäftsführung und Vertretung ausgeschlossen, §§ 164, 170 HGB und ganz auf Kontrollrechte (§ 166 HGB) beschränkt.[21] Das hat einen geschichtlichen Hintergrund. Die heutige Kommanditgesellschaft hat sich aus dem Recht der Stillen Gesellschaft heraus entwickelt. Erst im Verlaufe der Verhandlungen der Nürnberger Kommission wurde sie von der Stillen Gesellschaft getrennt. Aber selbst dann stand noch die ausschließlich kapitalistische Beteiligung der Kommanditisten an einem „fremden" Handelsunternehmen im Vordergrund, vgl. Art. 150 Abs. 1 ADHGB. Zwischen den persönlich haftenden Gesellschaftern kommt natürlich das selbstregulative System zur Geltung, sodass insoweit die begrenzte Diligenzpflicht wie in der Offenen Handelsgesellschaft gerechtfertigt ist, vgl. Art. 150 Abs. 2 ADHGB.

14 Aber doch zeigt das Beispiel der Kommanditgesellschaft die Grenzen des Systems auf. Außerhalb der gesetzestypisch als System der Mitgliederselbstverwaltung verfassten selbstregulierenden Handlungsorganisation der „Selbstorganschaft" ist für eine beschränkte Diligenzpflicht **kein Raum**. Überall da, wo die Handlungsverfassung abstrakte Organe institutionalisiert (z.B.: Vorstand des Vereins; Geschäftsführer der GmbH), ist für einen herab gemilderten Sorgfaltsmaßstab kein Raum, da es an unmittelbaren aktiven Handlungsmöglichkeiten der anderen Gesellschafter als rechtfertigendes Korrektiv fehlt. Hält man es für zulässig, dass eine Offene Handelsgesellschaft oder eine BGB-Gesellschaft vom Organisationsprinzip der Selbstorganschaft abweicht und sich fremdorganschaftlich nach dem Vorbild der GmbH verfasst, ist für eine Berufung der konkreten Organwalter auf § 708 BGB kein Raum.[22] Aber auch schon dann, wenn die typische Handlungsverfassung der Offenen Handelsgesellschaft und der BGB-Gesellschaft dergestalt verformt wird, dass das **Regulativ der gegenseitigen aktiven Einwirkungsmöglichkeiten** beeinträchtigt wird (z.B. durch den Ausschluss einzelner Gesellschafter von Geschäftsführung), besteht für eine Begrenzung des Sorgfaltsmaßstabs keine Rechtfertigung mehr. Das wird durch die Rechtsentwicklung bestätigt, Publikumsgesellschaften von der Anwendung des § 708 BGB auszunehmen. Doch liegt der Grund nicht unmittelbar darin, dass solche Verbände kapitalistisch strukturiert sind, sondern dass bei kapitalistisch strukturierten Verbänden die Regulative der gegenseitigen aktiven Einwirkungsmöglichkeiten, mit denen § 708 BGB einhergeht, weggefallen sind. Wo die genaue Grenze zu ziehen ist, hängt vom Einzelfall ab. Ob schon dann § 708 BGB unanwendbar ist, wenn ein einzelner Gesellschafter von der Geschäftsführung ausgeschlossen wird, oder erst mehrere, wird von den Verhältnissen des Einzelfalles abhängen. Jedenfalls dann, wenn – unabhängig vom personalistischen oder kapitalistischen Gesamtcharakter der Gesellschaft – einem **einzigen Gesellschafter** unter Ausschluss der übrigen die organschaftlichen Kompetenzen ausschließlich zugewiesen werden, also das Regulativ der gegenseitigen aktiven Einwirkungsmöglichkeiten nicht mehr eingreifen kann, ist für eine Anwendung des § 708 BGB kein Raum mehr. Mit zunehmender Machtkonzentration auf den einzelnen Gesellschafter mit schwindenden aktiven Korrekturmöglichkeiten der anderen Gesellschafter schwindet die Legitimation des § 708 BGB. Zur Anwendung des § 708 BGB im Recht der GmbH & Co. vgl. Rn. 26.

VI. Die Abschaffung de lege ferenda

15 In den Gutachten und Vorschlägen zur Überarbeitung des Schuldrechts plädieren *Schmidt*[23] und *Schlechtriem*[24] für eine Streichung der Vorschrift. Eine solche Vorschrift passe nicht mehr ins moderne

---

[21] Dazu: *Bergmann*, Die fremdorganschaftlich verfasste Offene Handelsgesellschaft, Kommanditgesellschaft und BGB-Gesellschaft als Problem des allgemeinen Verbandsrechts, 2002, § 6 H = S. 205-206.

[22] Dementsprechend gilt auch für den Korrespondentreeder der Partenreederei der allgemeine Sorgfaltsmaßstab und nicht die begrenzte Diligenzpflicht, § 497 HGB (*Bergmann*, Die fremdorganschaftlich verfasste Offene Handelsgesellschaft, Kommanditgesellschaft und BGB-Gesellschaft als Problem des allgemeinen Verbandsrechts, 2002, § 13 B III 5= S. 290-291).

[23] Bundesminister der Justiz, Gutachten und Vorschläge zur Überarbeitung des Schuldrechts, 1981, Band III, S. 528.

[24] Bundesminister der Justiz, Gutachten und Vorschläge zur Überarbeitung des Schuldrechts, 1981, Band II, S. 1622.

Geschäftsleben. De lege ferenda lasse sich nichts für eine Beibehaltung der Vorschrift anführen; vielmehr bestünden an ihrem Gerechtigkeitswert erhebliche Zweifel, da der Nachlässige begünstigt werde; § 708 BGB torpediere die Präventionswirkung der Haftung für fahrlässiges Verhalten, weil er dazu verleite, nachlässiger zu werden, als es der eigenen Natur entspräche. Es gebe zwar Fälle, in denen eine Haftungsbeschränkung objektiv angemessen sei und allen Beteiligten auch einleuchte. Für diese Fälle bedürfe es aber nicht des § 708 BGB; eine interessengerechte Lösung lasse sich mit Hilfe der allgemeinen Rechtsgeschäfts- und Schuldrechtslehren erreichen. In den Fällen, in denen sich die Gesellschafter wirklich so nehmen wollten, wie sie einmal sind, lasse sich im Wege der ergänzenden Vertragsauslegung eine stillschweigende Haftungsbeschränkung bejahen. De lege lata will *Schmidt* dieses Ergebnis erreichen, indem er im Wege der teleologischen Reduktion § 708 BGB als Auslegungsregel begreift.[25]

B. Praktische Bedeutung

Die Vorschrift des § 708 BGB ist nicht sonderlich beliebt. Deshalb bemüht sich die Rechtsprechung unter wohlwollender Kenntnisnahme der Lehre um eine restriktive Handhabung des § 708 BGB. *Westermann* bringt das Hauptproblem von Lehre und Praxis im Umgang mit dieser Vorschrift auf den Punkt: Wie kann die in der rechtspolitischen Diskussion geforderte Abschaffung der Vorschrift durch eine Einschränkung des Anwendungsbereichs möglichst vorweggenommen werden?[26]   16

C. Anwendungsvoraussetzungen

I. Normstruktur

Der Tatbestand verlangt das Vorliegen einer gesetzestypisch entsprechend dem Organisationsprinzip der Selbstorganschaft verfassten Gesellschaft, bei der alle oder doch überwiegend alle Gesellschafter an der Geschäftsführung des Verbandes – sei es im Wege der Einzel- oder Gesamtgeschäftsführung – mitwirken, und das Vorliegen einer Gesellschafterpflicht (vgl. Rn. 36).   17

II. Gesetzestypisch verfasste BGB-Gesellschaft (OHG, KG)

Entsprechend ihrer Rechtfertigung aus der Handlungsverfassung heraus (vgl. Rn. 11) verlangt § 708 BGB das Vorliegen einer gesetzestypisch selbstorganschaftlich verfassten BGB-Gesellschaft, bei der alle, oder doch überwiegend alle Gesellschafter an der Geschäftsführung teilhaben; ob es sich um Einzel- oder Gesamtgeschäftsführung handelt, ist dann egal. Im Rahmen von Gesellschaftsverfassungen, in denen dies nicht gewährleistet ist, ist für eine Anwendung des § 708 BGB kein Raum.   18

1. Nicht eingetragener Verein (§ 54 Satz 1 BGB)

Trotz der Verweisung des § 54 Satz 1 BGB auf das Gesellschaftsrecht findet der § 708 BGB auf den nicht eingetragenen Verein keine Anwendung.[27] Zur Begründung verweist das Reichsgericht auf den in den Protokollen zum Ausdruck gekommenen Willen des Gesetzgebers, dass die mildere Haftung des Gesellschafters dem persönlichen Charakter des Gesellschaftsverhältnisses entspreche. Dieses persönliche Verhältnis, das unter den Gesellschaftern einer Gesellschaft zu bestehen pflege, werde dagegen beim nicht eingetragenen Verein meistens fehlen, schon weil er per definitionem auf einen wechselnden Mitgliederbestand angelegt sei. Der Entscheidung des Reichsgerichts ist im Ergebnis zutreffend: Wegen der andersartigen Struktur des Vereins, die keine Regulative für eine beschränkte Diligenzpflicht in ihrer Handlungsverfassung (vgl. Rn. 11) bereit hält, kann § 708 BGB trotz der pauschalen Verweisung in § 54 Satz 1 BGB nicht angewandt werden.   19

2. Eingetragener Verein

Für den eingetragenen Verein gilt wegen der Verweisung des § 27 Abs. 3 BGB der allgemeine Verschuldensmaßstab des § 276 BGB. § 708 BGB findet keine Anwendung.[28]   20

---
[25] *Schmidt*, Gesellschaftsrecht, 4. Aufl. 2002, § 59 III 2 c = S. 1745.
[26] *Westermann* in: Erman, § 708 Rn. 1.
[27] RG v. 18.01.1934 - IV 369/33 - RGZ 143, 212-216.
[28] BGH v. 26.11.1985 - VI ZR 9/85 - juris Rn. 18 - LM Nr. 77 zu § 249 (A) BGB.

3. Gemeinschaft (§ 741 BGB)

21 Auf die Gemeinschaft (§§ 741-758 BGB) findet § 708 BGB keine entsprechende Anwendung.[29] Der BGH führt zur Begründung aus: „Das ergibt sich schon aus dem Gesetz und entspricht der, soweit ersichtlich, einhelligen Meinung. Die Einfügung einer dem § 708 BGB entsprechenden Vorschrift ist bei der Beratung des Bürgerlichen Gesetzbuches ausdrücklich abgelehnt worden.[30] Eine entsprechende Anwendung des § 708 BGB verbietet sich, weil die lose, oft zufällige Verbindung der Gemeinschafter nicht vergleichbar ist mit der selbstgewählten Verbindung von Gesellschaftern, die sich deshalb „so nehmen sollen, wie sie sind".[31]

4. Partiarische Rechtsverhältnisse

22 § 708 BGB kann nicht schon deshalb entsprechend angewendet werden, weil es sich um die Verletzung von Pflichten aus einem partiarischen Vertragsverhältnis handelt.[32]

5. Publikumsgesellschaften

23 Der Bundesgerichtshof hat die Anwendung des § 708 BGB auf die Organpersonen einer Publikumsgesellschaft abgelehnt.[33] Der Vorschrift liege eben der Gedanke zugrunde, dass Personen, die miteinander einen Gesellschaftsvertrag eingehen und damit ein persönliches Vertrauensverhältnis begründen, sich gegenseitig so nehmen wollten, wie sie allgemein sind. Jeder Teil dürfe deshalb vom anderen nur erwarten, dass er in gemeinschaftlichen Angelegenheiten die gleiche Sorgfalt übe wie in seinen eigenen. Mit Sinn und Zweck des § 708 BGB sei es nicht zu vereinbaren, der Organperson einer Publikumsgesellschaft – also eines Gesellschaftstyps, bei dem anders als in der gesetzestypischen Personengesellschaft zwischen den Gesellschaftern kein persönliches Vertrauensverhältnis bestehe – die Haftungsbeschränkung auf die diligentia quam in suis rebus zugutekommen zu lassen. Eine solche Anwendung würde die schützenswerten Interessen der Mitgesellschafter außer Acht lassen. Das trifft sich mit der hier vertretenen Auffassung: Wo keine gegenseitige aktive Kontrolle der Gesellschafter mehr möglich ist und den Gesellschaftern nur geringe Mitwirkungsrechte zustehen,[34] sie also auf den Gang der Gesellschaft kaum Einfluss nehmen können, ist für die Anwendbarkeit des § 708 BGB kein Raum.

24 Alsbald wurde die Rechtsprechung, dass § 708 BGB innerhalb einer Publikumsgesellschaft nicht anwendbar ist, durch den BGH[35] auf Publikumsgesellschaften in Form der **GmbH & Co. KG** ausgedehnt, mit der Folge, dass sich weder die Komplementär-GmbH noch ihr Geschäftsführer auf die Haftungsprivilegierung des § 708 BGB berufen kann. Die Nichtanwendbarkeit des § 708 BGB hat der BGH[36] mittlerweile auf die Publikumsgesellschaft in der Form einer **GmbH & Still** ausgedehnt.

25 Im Ergebnis ist der Rechtsprechung ohne Vorbehalte zu folgen. Der Grund liegt allerdings nicht im typischerweise fehlenden Vertrauensverhältnis innerhalb einer Publikumsgesellschaft, sondern ist wiederum in der Handlungsverfassung des Verbandes begründet. Wegen der andersartigen Organisationsstruktur einer Publikumsgesellschaft, die keine Regulative für eine beschränkte Diligenzpflicht in ihrer Handlungsverfassung (vgl. Rn. 11) bereit hält, kann § 708 BGB trotz der pauschalen Verweisung in § 54 Satz 1 BGB nicht angewandt werden: Wo keine gegenseitige aktive Kontrolle der Gesellschafter mehr möglich ist und den Gesellschaftern nur geringe Mitwirkungsrechte zustehen, sie also auf den Gang der Gesellschaft kaum Einfluss nehmen können, ist für die Anwendbarkeit des § 708 BGB kein Raum.

6. GmbH & Co.

26 Noch nicht in allen Facetten abschließend geklärt, ist die Anwendung des Sorgfaltsmaßstabs des § 708 BGB auf den Geschäftsführer der Komplementär-GmbH einer GmbH & Co. KG. Soll für ihn der Haf-

---

[29] BGH v. 26.03.1974 - VI ZR 103/72 - juris Rn. 7 - BGHZ 62, 243-250.
[30] Prot. 2, 768.
[31] RG v. 18.01.1934 - IV 369/33 - RGZ 143, 215.
[32] BGH v. 28.10.1987 - VIII ZR 383/86 - juris Rn. 25 - LM Nr. 13 zu § 276 (H) BGB.
[33] BGH v. 04.07.1977 - II ZR 150/75 - juris Rn. 15 - BGHZ 69, 207-223.
[34] Vgl. BGH v. 14.11.1994 - II ZR 160/93 - juris Rn. 28 - LM HGB § 230 Nr. 6 (8/1995).
[35] BGH v. 12.11.1979 - II ZR 174/77 - BGHZ 75, 321-328.
[36] BGH v. 14.11.1994 - II ZR 160/93 - juris Rn. 28 - LM HGB § 230 Nr. 6 (8/1995).

tungsmaßstab des § 43 Abs. 1 GmbHG gelten oder die Haftungserleichterung des § 708 BGB. Die Meinungen in der Literatur sind gespalten.[37]

Erschwert wird die Situation dadurch, dass die zwischen dem GmbH-Geschäftsführer und der Kommanditgesellschaft bestehende organisationsrechtliche Verbindung in Analogie zu § 309 AktG, § 317 AktG, § 323 AktG nicht erkannt wird,[38] also § 708 BGB direkt von der herrschenden Meinung nur im Verhältnis zwischen Komplementär-GmbH und Kommanditgesellschaft angewendet werden kann. Und was ist schon eigenübliche Sorgfalt einer GmbH? Die Probleme der Haftung des Geschäftsführers der Komplementär-GmbH gegenüber der Kommanditgesellschaft spielen danach für die herrschende Meinung auf zwei Ebenen. Einmal die Frage, ob sich ein Anspruch der Kommanditgesellschaft gegen den Geschäftsführer konstruieren lässt, oder ob sie auf einen Anspruch gegen die GmbH beschränkt bleibt; zum anderen die Frage, ob und wenn wie § 708 BGB zum Zuge kommt. 27

Noch 1955 lehnte der sechste Senat des Bundesgerichtshofs einen unmittelbaren (vertraglichen) Anspruch der Kommanditgesellschaft gegen den Geschäftsführer der Komplementär-GmbH ab.[39] Das Anstellungsverhältnis bestehe ausschließlich zwischen der GmbH und dem Geschäftsführer; der Kommanditgesellschaft würden dadurch keine unmittelbaren Ansprüche gegen den Geschäftsführer erwachsen. Allerdings könne die GmbH einen Anspruch gegen ihren Geschäftsführer aus § 43 GmbHG haben, wenn sie (die GmbH) aus ihrer Tätigkeit als geschäftsführender Gesellschafter der Kommanditgesellschaft gegenüber hafte. Soweit die GmbH als persönlich haftender Gesellschafter der Kommanditgesellschaft deren Geschäfte führe, habe sie nach § 708 BGB nur für diejenige Sorgfalt einzustehen, die sie in eigenen Angelegenheiten anzuwenden pflegt. Im konkreten Fall bejahte der BGH die Einhaltung der eigenüblichen Sorgfalt.[40] 28

Dem Geschäftsführer der Komplementär-GmbH kam nach diesem Ansatz der § 708 BGB mittelbar zugute, weil er der GmbH nur insoweit Ersatz schuldet, als die GmbH durch ihre Ersatzpflicht gegenüber der Kommanditgesellschaft geschädigt ist. Denn die GmbH haftet der Kommanditgesellschaft nur für die eigenübliche Sorgfalt (§ 708 BGB). Da die GmbH aber nur durch ihren konkreten Geschäftsführer handeln kann, dessen Handlungen rechtlich als Handlungen der GmbH gelten, wird seine eigenübliche Sorgfalt zur Sorgfalt der GmbH. Haftet die GmbH nun ihrerseits nicht gegenüber der Kommanditgesellschaft, weil sie sich im Rahmen ihrer eigenüblichen Sorgfalt gehalten hat, die der Sorgfalt ihres Geschäftsführers entspricht, fehlt es der GmbH an einem Schaden, so dass ein Anspruch aus § 43 GmbHG mangels Schaden ausscheidet. Da es sich bei der fraglichen GmbH & Co. KG um eine Familiengesellschaft gehandelt hatte, bei der alle Mitglieder der Kommanditgesellschaft zugleich Mitglieder der Komplementär-GmbH waren, steht die Entscheidung im Ergebnis im besten Einklang mit der Lehrmeinung, die dem Geschäftsführer einer **personalistisch** organisierten **GmbH & Co. KG** trotz des § 43 GmbHG positivierten allgemeinen organschaftlichen Sorgfaltsmaßstabs die Berufung auf das zwischen der Kommanditgesellschaft und GmbH bestehende, inhaltlich durch die eigenübliche Sorgfalt des GmbH-Geschäftsführers ausgefüllte, Haftungsprivileg des § 708 BGB gestatten will.[41] Warum ein Haftungsprivileg bei der kapitalistischen GmbH & Co. KG – nach allgemeiner Auffassung – nicht in Frage kommt, wird sofort klar. Weil nunmehr schon im Grundverhältnis zwischen Kommanditgesellschaft und GmbH wegen der kapitalistischen Struktur § 708 BGB keine Anwendung findet, kann diese Vorschrift dem Geschäftsführer nicht mehr (mittelbar) zugutekommen. 29

---

[37] Dazu umfassend: *Bergmann*, Die fremdorganschaftlich verfasste Offene Handelsgesellschaft, Kommanditgesellschaft und BGB-Gesellschaft als Problem des allgemeinen Verbandsrechts, 2002, § 6 D III 2 = S. 191-194.

[38] So: BGH v. 12.11.1979 - II ZR 174/77 - BGHZ 75, 321-328: Da die organisationsrechtliche Beziehung nicht erkannt wird, muss der BGH auf die Grundsätze des Vertrags mit Schutzwirkung zugunsten Dritter zurückgreifen. Zutreffend dagegen: *Bergmann*, Die fremdorganschaftlich verfasste Offene Handelsgesellschaft, Kommanditgesellschaft und BGB-Gesellschaft als Problem des allgemeinen Verbandsrechts, 2002, § 6 D III 2 = S. 191-194, § 12 B I 2 = S. 265-267.

[39] BGH v. 28.09.1955 - VI ZR 28/53 - WM 1956, 61-65.

[40] Im konkreten Fall bejahte BGH v. 28.09.1955 - VI ZR 28/53 - WM 1956, 61-65 die Einhaltung der eigenüblichen Sorgfalt mit – zunächst eigenwillig wirkender – Argumentation. Die Argumentation wird aber vor dem Hintergrund verständlich, dass in der Gerichtspraxis kurzerhand eine allgemein nachlässige Verhaltensweise des Betreffenden als bewiesen gilt, wenn der Schädiger durch sein fahrlässiges Verhalten zugleich sich oder sein Eigentum schädigt (vgl. dazu: *Bergmann*, Die fremdorganschaftlich verfasste Offene Handelsgesellschaft, Kommanditgesellschaft und BGB-Gesellschaft als Problem des allgemeinen Verbandsrechts, 2002, § 6 D III 2 = S. 192-193; *Rother*, Haftungsbeschränkung im Schadensrecht, 1965, S. 188).

[41] *Ulmer/Schäfer*, Gesellschaft bürgerlichen Rechts und Partnerschaftsgesellschaft, 5. Aufl. 2009, § 708 Rn. 5.

§ 708

30 Alsbald wurde die Rechtsprechung, dass § 708 BGB innerhalb einer **Publikumsgesellschaft** nicht anwendbar ist, durch den BGH[42] auf Publikumsgesellschaften in Form der GmbH & Co. KG ausgedehnt, mit der Folge, dass sich weder die Komplementär-GmbH noch ihr Geschäftsführer auf die Haftungsprivilegierung des § 708 BGB berufen kann. Zunächst begründete der Zweite Senat des BGH in dem Grundsatzurteil – in Abweichung zu der Entscheidung des Sechsten Senats aus dem Jahre 1955 – mit Hilfe der Regeln über den Vertrag mit Schutzwirkung zugunsten Dritter eine unmittelbare Haftung des Geschäftsführers der GmbH gegenüber der Kommanditgesellschaft entsprechend § 43 Abs. 2 GmbHG und stellte dann fest, dass sich in einer Publikumsgesellschaft weder die Komplementär-GmbH noch deren Geschäftsführer auf das Haftungsprivileg des § 708 BGB berufen könnte.[43] Die Nichtanwendbarkeit des § 708 BGB hat der BGH[44] mittlerweile auf die Publikumsgesellschaft in der Form einer GmbH & Still ausgedehnt: Die GmbH muss die Geschäfte mit der Sorgfalt eines ordentlichen Kaufmanns führen. Kommt der Geschäftsführer der GmbH seiner Pflicht zur ordentlichen Geschäftsführung nicht nach, haben die stillen Gesellschafter einen unmittelbaren Anspruch gegen ihn. Zutreffend hat der BGH zur Begründung der Nichtanwendbarkeit des § 708 BGB auf die geringen Mitwirkungsrechte, d.h. auch Kontrollmöglichkeiten der stillen Gesellschafter abgestellt, was eine pflichtgemäße und ordentliche Geschäftsführung durch die GmbH in besonderem Maße erforderlich mache: Wo kaum Kontroll- und keine Mitwirkungsmöglichkeit für die anderen Gesellschafter bestehen, ist für § 708 BGB kein Raum.

31 Noch nicht höchstrichterlich geklärt und dementsprechend umstritten ist in der Literatur die Frage, ob sich der Geschäftsführer der Komplementär-GmbH einer **personalistisch verfassten** GmbH & Co. auf die Haftungsprivilegierung des § 708 BGB berufen kann:[45] Die Lehre begrüßt, dass der BGH die Vorschrift des § 708 BGB nicht auf Publikumsgesellschaften anwendet, da diese strukturell dem Verein vergleichbar seien. Dasselbe müsse für kapitalistisch strukturierte, nicht auf engen persönlichen Bindungen und gegenseitigem Vertrauen beruhenden Personengesellschaften gelten. Das Eingreifen von § 708 BGB richte sich vielmehr nach personalistischer oder kapitalistischer Struktur der Gesellschaft. Insoweit besteht in der Literatur breiter Konsens. Die Einigkeit hört bei der Frage auf, ob dies auch für die GmbH und Co. KG zu gelten habe. Soll also dem Geschäftsführer einer personalistischen GmbH & Co. KG die Wohltat des § 708 BGB (mittelbar) zugutekommen, weil ja seine eigenübliche Sorgfalt in der Amtsführung auch das Verhalten der GmbH ist, oder determiniert der allgemeine organschaftliche Sorgfaltsmaßstab des § 43 Abs. 1 GmbHG die eigenübliche Sorgfalt der GmbH auf die Sorgfalt eines ordentlichen Geschäftsmanns. Die Grenze zwischen Anwendung und Nichtanwendung des § 708 BGB verliefe demnach zwischen personalistischer und kapitalistischer Verbandsstruktur.

32 Viele Autoren können dieser Differenzierung etwas abgewinnen[46]; z.B. für *Ulmer* bedeutet das, dass für die typische GmbH & Co. KG, in der die Kommanditisten zugleich an der GmbH beteiligt seien und deren Geschäfte führten, gegen das Eingreifen von § 708 BGB im Verhältnis GmbH und KG und gegen die Berufung der GmbH-Geschäftsführer auf die daraus etwa resultierende Haftungsmilderung trotz § 43 GmbHG keine Bedenken bestehen, während der andere Teil der Lehre dies gegenteilig sieht und in der GmbH & Co. auch im Verhältnis GmbH zur KG – unabhängig davon, ob es sich um eine Publikums- oder Individualgesellschaft handelt – den Sorgfaltsmaßstab des § 43 GmbHG anwendet. Auch wenn der BGH[47] die Frage letztlich offen gelassen hat, scheint er doch in Abweichung zu der

---

[42] BGH v. 12.11.1979 - II ZR 174/77 - BGHZ 75, 321-328.

[43] In der Entscheidung zieht der BGH die einst vom sechsten Senat begründete Auffassung in Zweifel, die Vorschrift des § 708 BGB komme (mittelbar) auch dem wegen der Schädigung der Kommanditgesellschaft in Anspruch genommenen Geschäftsführer der Komplementär-GmbH zugute, weil die GmbH ihn nur insoweit auf Schadensersatz in Anspruch nehmen könne, als sie selbst der Kommanditgesellschaft Ersatz schulde. Denn dagegen erhebe sich allgemein die Frage, ob nicht der Maßstab für die Sorgfalt in eigenen Angelegenheiten bei einer GmbH, die nur durch ihr Vertretungsorgan handeln kann, in jedem Fall durch den für ihre Geschäftsführung maßgeblichen § 43 GmbHG bestimmt werde und schon deshalb für sie stets die Sorgfalt eines ordentlichen Geschäftsmannes auch die nach § 708 BGB geltende Richtschnur sei. Letztlich konnte der BGH die Frage offen lassen, da im konkreten Fall § 708 BGB nicht anzuwenden war, da es sich um eine Publikumsgesellschaft handelte.

[44] BGH v. 12.11.1979 - II ZR 174/77 - BGHZ 75, 321-328.

[45] Dazu: *Bergmann*, Die fremdorganschaftlich verfasste Offene Handelsgesellschaft, Kommanditgesellschaft und BGB-Gesellschaft als Problem des allgemeinen Verbandsrechts, 2002, § 6 D III = S. 191-196, § 6 H = S. 207.

[46] *Ulmer/Schäfer*, Gesellschaft bürgerlichen Rechts und Partnerschaftsgesellschaft, 5. Aufl. 2009, § 708 Rn. 5; *Westermann* in: Erman, § 708 Rn. 3.

[47] BGH v. 12.11.1979 - II ZR 174/77 - BGHZ 75, 321-328.

älteren Entscheidung des 6. Senats in die Richtung zu tendieren, dass der Geschäftsführer der Komplementär-GmbH in der GmbH & Co. unabhängig von ihrer personalistischen oder kapitalistischen Struktur für jedes Verschulden einzustehen hat.

Nach der hier vertretenen Deutung (vgl. Rn. 11) des § 708 BGB ist für eine Anwendung dieser Vorschrift auf die GmbH & Co. kein Raum. Erkennt man, dass eine unmittelbare organisatorische Beziehung zwischen dem Geschäftsführer der Komplementär-GmbH und der Kommanditgesellschaft besteht (materielle Fremdorganschaft),[48] ist der allgemeine organschaftliche Haftungsmaßstab des § 43 Abs. 1 GmbHG eine Selbstverständlichkeit. Das materielle Fremdorgan ist nicht so weit in die Handlungsverfassung eingebunden, als dass dies die beschränkte Diligenzpflicht rechtfertigen würde; es fehlt am Regulativ der aktiven Einwirkungsmöglichkeiten auf Geschäftsführungsebene. 33

Aber auch auf dem Boden der herrschenden Lehre, die eine unmittelbare organisatorische Verbindung zwischen GmbH-Geschäftsführer und Kommanditgesellschaft nicht annimmt, wird das Ergebnis nicht anders ausfallen können. Innerhalb der GmbH ist für § 708 BGB kein Raum, da die sich selbst regulierende Handlungsverfassung fehlt; für den Geschäftsführer gilt der Sorgfaltsmaßstab des § 43 Abs. 1 GmbHG. Obwohl natürlich das Innenverhältnis der GmbH und das Gesellschaftsverhältnis innerhalb der KG zu unterscheiden sind, wird man doch mit gutem Gewissen sagen können, dass die eigentypische Sorgfalt der GmbH grundsätzlich die Sorgfalt eines ordentlichen Geschäftsmannes ist.[49] Auf die Struktur der GmbH & Co. KG und damit auf die Frage, ob § 708 BGB innerhalb der Kommanditgesellschaft zur Anwendung gelangen kann, kommt es dann gar nicht mehr an. 34

7. Abdingbarkeit

§ 708 BGB ist abdingbar in zweierlei Hinsicht: Einmal lässt sich die Haftung auf grobe Fahrlässigkeit begrenzen, zum anderen lässt sich die Haftung durch Anwendung des allgemeinen Haftungsmaßstabs verschärfen. Hierfür müssen aber konkrete Anhaltspunkte im Gesellschaftsvertrag bestehen. 35

III. Gesellschafterpflichten

1. Allgemein

Anwendbar ist § 708 BGB nur auf Gesellschafterpflichten. § 708 BGB gilt auch und gerade für den **geschäftsführenden Gesellschafter**,[50] aber eine Beschränkung auf die geschäftsführende Tätigkeit besteht nicht. Die Haftungsbeschränkung kommt vielmehr auch den sonstigen Gesellschaftern zugute, soweit diese aufgrund des Gesellschaftsvertrags tätig werden. Allerdings gilt das nicht für solche Leistungen, die nicht Beitrag sind, sondern auf einem Individualvertrag (Drittverhältnis) beruhen, denn hier befindet sich der Gesellschafter gerade außerhalb seiner gesetzlichen Pflichten und tritt der Gesellschaft gleich einem Dritten gegenüber.[51] In seinem Anwendungsbereich erfasst die Vorschrift sowohl vertragliche, organschaftliche wie deliktische Ansprüche.[52] Die Beschränkung des § 708 BGB gilt auch, insoweit eine Haftung des Gesellschafters für das **Verschulden Dritter** in Frage steht. So kann er für das Fehlverhalten von Erfüllungsgehilfen (§ 278 BGB) nicht weitergehend in Anspruch genommen werden, als wenn er selbst gehandelt hätte; zu beachten ist, dass ihn für das Handeln von Angestellten der Gesellschaft, zu deren Einstellung er befugt war, keine Haftung nach § 278 BGB trifft. Im Unterschied zu privat bestellten Gehilfen sind sie nicht Erfüllungsgehilfen des einzelnen Gesellschafters, sondern der Gesellschaft. Insoweit haftet er dieser gegenüber nur für eigenes Verschulden bei Auswahl, Anleitung und Überwachung.[53] Keine Anwendung findet § 708 BGB beim **Führen eines** 36

---

[48] So: *Bergmann*, Die fremdorganschaftlich verfasste Offene Handelsgesellschaft, Kommanditgesellschaft und BGB-Gesellschaft als Problem des allgemeinen Verbandsrechts, 2002, § 6 H = S. 207, § 12 B I 2 = S. 265-267.
[49] Ob das GmbH-Recht eine Herabsetzung der Sorgfaltsanforderungen an den Geschäftsführer zulässt, ist umstritten.
[50] *Bergmann*, Die fremdorganschaftlich verfasste Offene Handelsgesellschaft, Kommanditgesellschaft und BGB-Gesellschaft als Problem des allgemeinen Verbandsrechts, 2002, § 6 A = S. 182.
[51] *Sprau* in: Palandt, § 708 Rn. 2.
[52] BGH v. 20.12.1966 - VI ZR 53/65 - juris Rn. 10 - BGHZ 46, 313-319.
[53] *Ulmer/Schäfer*, Gesellschaft bürgerlichen Rechts und Partnerschaftsgesellschaft, 5. Aufl. 2009, § 708 Rn. 17.

Kfz im Straßenverkehr:[54] Im Straßenverkehr ist für individuelle Sorglosigkeit kein Raum. Diese Rechtsprechung soll aber nicht ohne weiteres auf einen Unfall im Luftverkehr übertragbar sein.[55]

2. Im Besonderen: Überschreitung der Geschäftsführungsbefugnis

37 Überschreitet der geschäftsführende Gesellschafter seine ihm eingeräumten Geschäftsführungsbefugnisse (Vornahme außergewöhnlicher Geschäfte ohne die ggf. erforderliche Zustimmung der Mitgesellschafter; Verletzung von wirksamen, auf Gesellschafterbeschluss oder Gesellschaftsvertrag beruhenden Schranken der Geschäftsführung, z.B. durch den Gesellschaftszweck; Hinwegsetzen über einen wirksamen Widerspruch eines Mitgesellschafters, § 711 BGB), haftet er der Gesellschaft bei schuldhafter Verletzung seiner organschaftlichen Pflichten auf Schadensersatz.[56] Dabei bestimmt sich der Verschuldensmaßstab grundsätzlich nach § 708 BGB.[57] Entscheidend für die Ersatzpflicht ist alleine, ob dem Gesellschafter der Kompetenzverstoß vorgeworfen werden kann; dagegen ist unerheblich, ob ihm auch bei der Durchführung der kompetenzwidrigen Geschäftsführungsmaßnahme selbst ein Verschulden zur Last fällt.[58] Unbenommen bleibt es dem seine Kompetenzen überschreitenden Gesellschafter natürlich, darzutun und gegebenenfalls zu beweisen, dass die Missachtung der gesellschaftlichen Kompetenzordnung zu keinem Schaden auf Seiten der betroffenen Gesellschaft geführt hat.[59]

D. Rechtsfolgen

38 Schadensersatzansprüche gegen Gesellschafter oder Geschäftsführer stehen der Gesellschaft zu, soweit sich der Schaden auf das Gesellschaftsvermögen auswirkt. Sie sind von den Geschäftsführern, gegebenenfalls von den Gesellschaftern im Wege der actio pro socio geltend zu machen. Ist über den der Gesellschaft entstandenen Schaden einem Gesellschafter ein Schaden erwachsen, so hat dieser einen eigenen Schadensersatzanspruch gegen den Schädiger. Beruht das Handeln auf einem wirksamen und bindenden Gesellschafterbeschluss oder wurde das Handeln nachträglich **genehmigt**, so ist für einen Ersatzanspruch grundsätzlich kein Raum.

E. Prozessuale Hinweise

39 Die Darlegungs- und Beweislast – auch im Blick auf das Fehlverhalten von Erfüllungsgehilfen – für den abgemilderten Sorgfaltsmaßstab liegt bei dem in Anspruch genommenen Gesellschafter. Ihn trifft also die Beweislast dafür, dass er – für den Anspruchsgegner erkennbar – in eigenen Angelegenheiten eine geringere als die im Verkehr erforderliche Sorgfalt anzuwenden pflegt. An diesen Beweis sind strenge Anforderungen zu stellen. Der Umstand, dass der in Anspruch genommene Gesellschafter sich durch die schadensbegründende Handlung zugleich selber geschädigt hat, reicht zum Nachweis der nicht auf den konkreten Schädigungsfall, sondern auf das generelle Verhalten des Schädigers in dem entsprechenden Pflichtenkreis abstellenden Entlastungsvoraussetzungen des § 708 BGB nicht aus.[60] Im Prozess führt § 708 BGB zu einer komischen Situation: Der Beklagte muss vor Gericht bemüht sein, sich als nachlässigen und unzuverlässigen Menschen darzustellen, während ihn sein Gegner als durchaus ordentlichen und verständigen Mann schildern muss, der nur in der betreffenden Schadenssituation einmal verkehrt gehandelt habe.[61]

---

[54] BGH v. 20.12.1966 - VI ZR 53/65 - juris Rn. 12 - BGHZ 46, 313-319.
[55] BGH v. 25.05.1971 - VI ZR 248/69 - LM Nr. 1a zu § 708 BGB. Allerdings betraf die Entscheidung einen Einzelfall, da es sich um keinen Unfall im allgemeinen Luftverkehr handelte, sondern um einen Unfall des Gesellschafters in der Gesellschaftermaschine in Ausübung des Gesellschaftszwecks, nämlich der gemeinsamen Sportfliegerei. Letztlich waren die Ausführungen zu § 708 BGB auch nicht entscheidungstragend, da dem unfallverursachenden Gesellschafter bereits keine Fahrlässigkeit i.S.d. § 276 BGB nachgewiesen werden konnte.
[56] BGH v. 02.06.2008 - II ZR 67/07 - NJW-RR 2008, 1252-1253; BGH v. 11.01.1988 - II ZR 192/87 - juris Rn. 18 - NJW-RR 1988, 995-996.
[57] BGH v. 04.11.1996 - II ZR 48/95 - juris Rn. 7 - LM BGB § 708 Nr. 5 (2/1997); bei BGH v. 11.01.1988 - II ZR 192/87 - juris Rn. 19 - NJW-RR 1988, 995-996 war § 708 BGB abbedungen.
[58] BGH v. 04.11.1996 - II ZR 48/95 - juris Rn. 7 - LM BGB § 708 Nr. 5 (2/1997).
[59] BGH v. 02.06.2008 - II ZR 67/07 - NJW-RR 2008, 1252-1253.
[60] BGH v. 26.06.1989 - II ZR 128/88 - juris Rn. 28 - NJW 1990, 573-575.
[61] *Bergmann*, Die fremdorganschaftlich verfasste Offene Handelsgesellschaft, Kommanditgesellschaft und BGB-Gesellschaft als Problem des allgemeinen Verbandsrechts, 2002, § 6 A, B, C = S. 183-189; *Rother*, Haftungsbeschränkung im Schadensrecht, 1965, S. 188.

F. Anwendungsfelder

Aufgrund der Verweisung der §§ 161 Abs. 2, 105 Abs. 3 HGB gelten die §§ 708, 277 BGB über den Bereich der GbR hinaus auch für die Offene Handelsgesellschaft und die Kommanditgesellschaft. 40

§ 709 BGB Gemeinschaftliche Geschäftsführung

(Fassung vom 02.01.2002, gültig ab 01.01.2002)

(1) Die Führung der Geschäfte der Gesellschaft steht den Gesellschaftern gemeinschaftlich zu; für jedes Geschäft ist die Zustimmung aller Gesellschafter erforderlich.

(2) Hat nach dem Gesellschaftsvertrag die Mehrheit der Stimmen zu entscheiden, so ist die Mehrheit im Zweifel nach der Zahl der Gesellschafter zu berechnen.

Gliederung

A. Grundlagen 1	II. Grundlagengeschäfte 16
I. Organschaftliches Handeln 1	1. Einstimmigkeitsprinzip 18
II. Das Organisationsprinzip der originären Mitgliederselbstverwaltung (Selbstorganschaft) und das Organisationsprinzip der abstrakten Organverwaltung (Fremdorganschaft) 4	2. Änderung des Gesellschaftsvertrags durch Mehrheitsbeschlüsse 19
	3. Pflicht zur Zustimmung zu Vertragsänderungen 25
III. Geschäftsführungsbefugnis 5	III. Die Befugnis zur Geltendmachung von Ansprüchen 27
IV. Gesellschaftsvertragliche Gestaltungen 6	1. Ansprüche der Gesellschaft gegen Dritte (insbesondere § 432 BGB) 28
V. Grundsatz der Selbstorganschaft 8	
VI. Wegfall des geschäftsführenden Gesellschafters 10	2. Ansprüche aus dem Gesellschaftsverhältnis (actio pro socio) 30
B. Anwendungsvoraussetzungen 11	3. Ansprüche von Gesellschafter gegen Gesellschafter 31
I. Formen der Geschäftsführung 11	
1. Gesamtgeschäftsführung 11	IV. Grundregeln für Gesellschafterbeschlüsse 32
2. § 744 Abs. 2 BGB in entsprechender Anwendung 12	1. Rechtsnatur des Beschlusses 32
	2. Anwendungsbereich 33
3. Mehrheitsprinzip 13	3. Unwirksamkeit des Beschlusses 34
4. Gesamtgeschäftsführungsbefugnis mehrerer Gesellschafter 14	4. Stimmabgabe 36
5. Einzelgeschäftsführung 15	

A. Grundlagen

I. Organschaftliches Handeln

1 Die BGB-Gesellschaft ist rechtsfähig und handlungsfähig. Die rechtsfähigen Verbände handeln durch ihre Organe, bzw. anders gewendet, das Handeln der Organe ist das Handeln der Gesellschaft. Die Handlungsfähigkeit der Verbände wird hergestellt durch ihre Handlungsorganisation, also durch die Zuweisung organschaftlicher Befugnisse. Das Gesellschaftsorgan ist der Zuordnungsendpunkt organschaftlicher Befugnisse.[1] Die Schwierigkeiten, die die Zivilrechtswissenschaften mit dem Organbegriff haben,[2] liegen darin begründet, dass nicht erkannt wurde, dass das Verbandsrecht keinem einheitlichen Organbegriff folgt.[3] Es ist zu unterscheiden zwischen einem **zweigliedrigen** und einem **eingliedrigen Organbegriff**. Einmal ist das primäre Zuordnungsobjekt von organschaftlichen Rechten und Pflichten eine abstrakte Institution, z.B. der Vorstand der Aktiengesellschaft, der Genossenschaft oder des Vereins, ein anderes Mal werden die organschaftlichen Kompetenzen unmittelbar bestimmten Gesellschaftern zugeordnet (eingliedriger Organbegriff), so bei den persönlich haftenden Gesellschaftern der Offenen Handelsgesellschaft und der Kommanditgesellschaft auf Aktien oder in der BGB-Gesellschaft. Innerhalb des zweigliedrigen Organbegriffs ist weiter zu differenzieren zwischen dem **(abstrakten) Organ**, als dem von der Organisation errichteten Kompetenzkomplex, und den konkreten **Or-**

---

[1] Umfassend: *Bergmann*, Die fremdorganschaftlich verfasste Offene Handelsgesellschaft, Kommanditgesellschaft und BGB-Gesellschaft als Problem des allgemeinen Verbandsrechts, 2002, § 3 A = S. 62-65; vgl. dort auch § 2 = S. 38-62.

[2] Vgl. *Ulmer/Schäfer*, Gesellschaft bürgerlichen Rechts und Partnerschaftsgesellschaft, 5. Aufl. 2009, § 705 Rn. 256-256a; nunmehr eingehend: *Schürnbrand*, Organschaft im Recht der privaten Verbände, 2007, S. 7-118.

[3] Zum Folgenden: *Bergmann*, Die fremdorganschaftlich verfasste Offene Handelsgesellschaft, Kommanditgesellschaft und BGB-Gesellschaft als Problem des allgemeinen Verbandsrechts, 2002, § 3 = S. 62-101.

ganwaltern, als denjenigen physischen Personen, die jene Kompetenzen wahrnehmen. So unterscheidet z.B. § 76 AktG zwischen dem abstrakten Verbandsorgan Vorstand (§ 76 Abs. 1 und 2 AktG) und den zu bestellenden Organwaltern, den Vorstandsmitgliedern (§ 76 Abs. 3 AktG). Innerhalb des eingliedrigen Organbegriffs gibt es keine Differenzierung zwischen Organ und Organwalter. Für das Recht der Handlungsorganisation ist daher zu unterscheiden zwischen dem eingliedrigen Organbegriff bei der BGB-Gesellschaft, der Offenen Handelsgesellschaft, der Kommanditgesellschaft und der Kommanditgesellschaft auf Aktien und dem zweigliedrigen Organbegriff bei Aktiengesellschaft, Verein, Genossenschaft und GmbH.

Ob jemand, der Angelegenheiten eines Verbandes wahrnimmt, als Organ oder Organwalter (vgl. Rn. 1) am Prozess des Eigenhandelns des Verbandes beteiligt ist, oder nur als ein im Außenverhältnis durch den Verband **Bevollmächtigter** in Erscheinung tritt, bestimmt sich danach, ob er seine Befugnisse durch die Organisationsverfassung oder durch organschaftlichen Bestellungsakt zugewiesen erhält oder durch allgemeinen rechtsgeschäftlichen Einzelakt des Verbandes berufen wurde, wie jede natürliche Person einem Dritten Vollmacht einräumen kann. Dem persönlich haftenden Gesellschafter der offenen Handelsgesellschaft oder BGB-Gesellschaft werden unmittelbar durch die mit Gesellschaftsvertrag errichtete Handlungsverfassung der Gesellschaft die organschaftlichen Befugnisse zugewiesen. Er ist Verbandsorgan. Der Vorstand als abstraktes Organ in der Handlungsorganisation einer Aktiengesellschaft, Genossenschaft oder Vereins wird mit Feststellung der Satzung errichtet. Durch den verbandsinternen organschaftlichen Bestellungsakt des zuständigen Organs wird das künftige Vorstandsmitglied zum Organwalter. Der rechtsgeschäftlich Bevollmächtigte wird dagegen durch eine nach außen gerichtete Willenserklärung der selbst handelnden Gesellschaft berufen. Die Gesellschaft erteilt dem Dritten durch ihr Handlungsorgan gem. § 167 BGB Vollmacht. Dabei kann die rechtsgeschäftliche Bevollmächtigung eines Dritten formell im Gesellschaftsvertrag erfolgen.[4] Insofern handelt es sich dann um eine unechte bzw. **nicht korporative Satzungsbestimmung**, die nicht Bestandteil der Handlungsverfassung des Verbandes ist.

Lange Zeit hatte man Schwierigkeiten, die **organschaftliche Verfassung der BGB-Gesellschaft**, aber auch von OHG und Kommanditgesellschaft zu erkennen.[5] Insbesondere in der frühen Lehre wurde gefordert, man solle im Rahmen der gesamthänderischen Personengesellschaften die irreführenden Bezeichnungen der organschaftlichen Vertretung oder organschaftlichen Geschäftsführung vermeiden, weil die Personengesellschaften eben nicht mittelbar durch Organe, sondern durch die Gesamthänder selbst handelten. Die offene Handelsgesellschaft, die Kommanditgesellschaft und BGB-Gesellschaft, aber auch der nicht eingetragene Verein, könnten mangels Rechtsfähigkeit überhaupt nicht vertreten werden. Bei ihnen werde niemand anderes vertreten als die Gesellschafter selbst; von organmäßiger Vertretung weit und breit keine Spur. Erst ein Verband als voll ausgeprägtes Subjekt von Rechten und Pflichten benötige Subjekte, die seine Rechte wahrnähmen und als Organe bezeichnet würden. Dieses Denken entspringt voll und ganz der heute überholten Gesamthandslehre, die die Rechtsfähigkeit der althergebrachten Personengesellschaften noch nicht erkannt hat. Aber die heutige Dogmatik ist weiter. Bereits die moderne Gesamthandslehre, die die rechtliche Verselbstständigung der Gesamthand entdeckt hat, kam nicht umhin, die Organqualität der Vertreter und Geschäftsführer anzuerkennen.[6] Dies gilt erst recht, wenn die tradierten „Personengesellschaften" – wie hier – als juristische Person anerkannt (vgl. die Kommentierung zu § 705 BGB Rn. 47) werden: Sie sind rechtsfähige, handlungsfähige Verbände; und als solche handeln sie durch ihre Organe.

II. Das Organisationsprinzip der originären Mitgliederselbstverwaltung (Selbstorganschaft) und das Organisationsprinzip der abstrakten Organverwaltung (Fremdorganschaft)

Die gesetzestypische Handlungsorganisation der BGB-Gesellschaft folgt einem anderen Organisationsprinzip als das Verfassungssystem etwa der Aktiengesellschaft oder der Genossenschaft.[7] Anders als bei Aktiengesellschaft und Verein sind die „organschaftlichen" Befugnisse keiner abstrakten Insti-

---

[4] BGH v. 22.03.1982 - II ZR 74/81 - juris Rn. 5 - LM Nr. 1 zu § 712 BGB.
[5] Vgl. zum Folgenden: *Bergmann*, Die fremdorganschaftlich verfasste Offene Handelsgesellschaft, Kommanditgesellschaft und BGB-Gesellschaft als Problem des allgemeinen Verbandsrechts, 2002, § 3 B = S. 66-67.
[6] *Schmidt*, Gesellschaftsrecht, 4. Aufl. 2002, § 10 I 3 = S. 253-254.
[7] Zum Folgenden ausführlich: *Bergmann*, Die fremdorganschaftlich verfasste Offene Handelsgesellschaft, Kommanditgesellschaft und BGB-Gesellschaft als Problem des allgemeinen Verbandsrechts, 2002, § 3 B II = S. 68-72.

tution als Zuständigkeitskomplex (Vorstand) zugewiesen, sondern bestimmten oder auch allen Gesellschaftern (sog. eingliedriger Organbegriff). Die Zweiteilung in Organ und Organwalter passt hier nicht, weil es die Gesellschafter sind, denen bestimmte Verwaltungsrechte zugeordnet werden, und eben kein abstraktes Organ. Die gesetzestypische BGB-Gesellschaft kennt nur geschäftsführungsbefugte und vertretungsberechtigte Gesellschafter, sie hat aber in ihrer gesetzlichen Ausgestaltung kein abstraktes Leitungsorgan, vergleichbar der Institution „Vorstand" bei der Aktiengesellschaft. Auf diese Verbände zugeschnitten ist der eingliedrige Organbegriff: Organe sind diejenigen Personen, die einzeln oder gemeinsam nach der Verbandsverfassung befugt sind, den Willen eines Verbandes zu bilden oder in die Tat umzusetzen. Hinter dem eingliedrigen und zweigliedrigen Organbegriff verbergen sich Strukturunterschiede. Einmal gilt das **Prinzip der originären Mitgliederselbstverwaltung (Selbstorganschaft)**, das den Mitgliedern unmittelbar die organschaftlichen Befugnisse zuweist, zum anderen der **Grundsatz der abstrakten Organverwaltung (Fremdorganschaft)**, bei denen die organschaftlichen Befugnisse auf ein abstraktes Organ fokussiert werden. Der Grundsatz der Selbstorganschaft ist ein Organisationsprinzip (vgl. zum Begriffsverständnis der h.M. Rn. 8). Demnach kann ein **selbstorganschaftlich verfasster Verband** als ein solcher definiert werden, dessen organschaftliche Handlungsbefugnisse unmittelbar einzelnen, mehreren oder allen Gesellschaftern zugewiesen werden. Ob dieses Prinzip zwingend ist, steht auf einem anderen Blatt (vgl. Rn. 8). Die Prinzipien der originären Mitgliederselbstverwaltung und der abstrakten Organverwaltung dürfen nicht als unüberbrückbare Unterschiede verstanden werden. Mit zunehmender Abstrahierung, d.h. der Kulminierung der organschaftlichen Befugnisse in der Person eines Gesellschafters unter Ausschluss der übrigen Gesellschafter von der organschaftlichen Leitung, wird das Prinzip der originären Mitgliederselbstverwaltung in Richtung abstrakte Organverwaltung verschoben. Veranschaulichen lassen sich die Unterschiede zwischen Selbst- und Fremdorganschaft mit dem Begriff der Zurechnung: Beim eingliedrigen Organbegriff wird das Handeln des Gesellschafters als Organ des Verbandes der Rechtsperson unmittelbar zugerechnet. Beim zweigliedrigen Organbegriff wird das Handeln des Organwalters zunächst dem Organ als Organhandeln zugerechnet. Erst in einem zweiten Schritt wird dann das Handeln des Organs dem Verband als Eigenhandeln zugerechnet.

III. Geschäftsführungsbefugnis

5   Gegenstand der **Geschäftsführung** sind alle Maßnahmen rechtsgeschäftlicher oder tatsächlicher Art, die vom Gesellschaftszweck gedeckt sind. Nicht zur Geschäftsführung zählen die sog. Grundlagengeschäfte.[8] Von der Frage der Geschäftsführung zu unterscheiden ist die Frage nach der **Geschäftsführungsbefugnis**, also die Frage, ob der einzelne handelnde Gesellschafter für die einzelnen Geschäftsführungstätigkeiten überhaupt zuständig ist. Inhalt und Umfang der Geschäftsführungsbefugnis ergeben sich meist aus dem Gesellschaftsvertrag; ergänzend aus den §§ 709-715 BGB. Anders als bei der OHG oder der Kommanditgesellschaft findet sich im Gesetz keine Differenzierung danach, ob es sich um eine gewöhnliche oder außergewöhnliche Maßnahme handelt, vgl. § 116 Abs. 2 HGB. Wohl aber kann der Gesellschaftsvertrag bei Ausschluss einiger Gesellschafter von der Geschäftsführung eine § 116 Abs. 2 HGB entsprechende Regelung treffen, also einen Vorhalt der Entscheidung über ungewöhnliche Maßnahmen zugunsten aller – also auch der von der Geschäftsführung ausgeschlossenen – Gesellschafter. Eine **Überschreitung der Geschäftsführungsbefugnis** liegt vor, wenn eine ergriffene Maßnahme außerhalb des Gesellschaftszwecks liegt oder wenn das handelnde Gesellschaftsorgan sich außerhalb seines Kompetenzbereiches bewegte, z.B. weil für die von ihm ergriffene Maßnahme entsprechend § 116 Abs. 2 HGB ein Vorbehalt für die übrigen Gesellschafter bestand. Zu den Folgen einer Überschreitung der Geschäftsführungsbefugnis, vgl. die Kommentierung zu § 708 BGB Rn. 37. Die **organschaftliche Vertretung** betrifft die Frage, ob und inwieweit ein Gesellschaftsorgan, insbesondere im rechtsgeschäftlichen Verkehr, mit unmittelbarer Wirkung für die Gesellschaft handeln kann.

IV. Gesellschaftsvertragliche Gestaltungen

6   Grundsätzlich geht die Regelung des BGB-Gesellschaftsrechts vom Prinzip der **Gesamtgeschäftsführung** durch alle Gesellschafter in einem selbstorganschaftlich verfassten Verband aus (§ 709 Abs. 1 BGB); für jedes Geschäft ist die Zustimmung aller Gesellschafter erforderlich. Allerdings kann von dieser dem Gesetz zugrunde gelegten Ordnung der organschaftlichen Geschäftsführung abgewichen werden. Das Gesetz selber regelt drei Möglichkeiten einer abweichenden Organisation der Geschäftsführung, wobei der Grundsatz der Selbstorganschaft stets gewahrt bleibt. Einmal kann abweichend

---

[8] *Hadding/Kießling* in: Soergel, § 709 Rn. 11.

vom Einstimmigkeitsprinzip der Gesamtgeschäftsführung das **Mehrheitsprinzip** verankert werden (§ 709 Abs. 2 BGB). Möglich ist auch, dass einzelne Gesellschafter von der organschaftlichen Geschäftsführung **ausgeschlossen** werden (§ 710 Satz 1 BGB), wobei unter den geschäftsführenden Gesellschaftern grundsätzlich wieder Gesamtgeschäftsführung besteht, wenn nicht die Geltung des Mehrheitsprinzips in der Verbandsverfassung festgeschrieben wurde (§ 710 Satz 2 BGB i.V.m. § 709 BGB. Als dritte Möglichkeit sieht das Gesetz die Möglichkeit der **Einzelgeschäftsführung** vor (§ 711 BGB). Aufgrund der Organisationsautonomie der Gesellschafter können sie auch andere Formen der organschaftlichen Geschäftsführung im Gesellschaftsvertrag institutionalisieren, wobei die h.M. allerdings eine **Beschränkung der Gestaltungsfreiheit** im Grundsatz der Selbstorganschaft (vgl. Rn. 8) sieht.

Aus dem Grundsatz der **Kontinuität der Handlungsverfassung** folgt, dass die Handlungsverfassung von einem gesetzlichen Rechtsformwechsel (sog. Rechtsformautomatik, vgl. die Kommentierung zu § 705 BGB Rn. 37) einer BGB-Gesellschaft in eine Offene Handelsgesellschaft oder einer Offenen Handelsgesellschaft, bzw. einer Kommanditgesellschaft in eine BGB-Gesellschaft nicht verändert wird. Wandelt sich **kraft Gesetzes** eine (gesetzestypisch verfasste) Kommanditgesellschaft in eine BGB-Gesellschaft, so wird dadurch die Handlungsorganisation nicht tangiert. Die Handlungsorgane bleiben die vormaligen Komplementäre; die Kommanditisten bleiben – obwohl sie nunmehr als Gesellschafter einer BGB-Gesellschaft unbeschränkt entsprechend § 128 HGB haften – von der Geschäftsführung ausgeschlossen. Keinesfalls tritt nunmehr Gesamtgeschäftsführung an die Stelle der vormaligen Organisation der organschaftlichen Geschäftsführung und Vertretung. Allerdings haben die vormaligen Kommanditisten einen Anspruch auf Anpassung des Gesellschaftsvertrags an die neuen Verhältnisse. Dies kann so aussehen, dass z.B. Gesamtgeschäftsführung vereinbart wird oder aber die Kommanditisten aus der Gesellschaft ausscheiden und sich nunmehr als (atypische) stille Gesellschafter beteiligen, um dem Haftungsrisiko zu entgehen. Das gilt entsprechend, wenn eine als Kommanditgesellschaft geplante Gesellschaft in der Rechtsform der BGB-Gesellschaft entsteht.[9]

V. Grundsatz der Selbstorganschaft

Grundsätzlich steht es den Gesellschaftern frei, wie sie die organschaftliche Geschäftsführung und Vertretung im Verband regeln. Eine **Schranke dieser Gestaltungsfreiheit** will die h.M. in dem Grundsatz der Selbstorganschaft erkennen.[10] Das Prinzip der Selbstorganschaft wird heute überwiegend als der zwingende Ausschluss externer Personen von den „organschaftlichen" Befugnissen verstanden. Es gilt als eines der Grundprinzipien des Personengesellschaftsrechts, das dem umfassenden Dispositionsspielraum bei Abfassung von Personengesellschaftsverträgen eine – zumindest nominale – Grenze setzt. Die Rechtsprechung arbeitet heute durchgehend mit folgender vom BGH entwickelten Formel: Der Grundsatz der Selbstorganschaft verbiete nur, dass sämtliche Gesellschafter von der Geschäftsführung und Vertretung ausgeschlossen und diese auf Dritte übertragen werden. Damit vereinbar sei es jedoch, dass ein Dritter in weitem Umfange mit Geschäftsführungsaufgaben betraut und mit einer umfassenden Vollmacht (auch über den Umfang der Prokura hinaus) ausgestattet wird:[11] eine BGB-Gesellschaft, deren Geschäfte ein nicht zum Kreis der Gesellschafter zählender Dritter führt, entspreche zwar nicht dem gesetzlichen Regeltyp, sei aber rechtlich zulässig und bei Publikumsgesellschaften allgemein üblich.[12] Diese Formel wird von der Rechtsprechung extensiv gehandhabt, sodass in der Lehre schon von einer **faktischen Aufgabe** des Grundsatzes der Selbstorganschaft die Rede ist. Die Praxis der Gerichte geht dahin, jede organisatorische Gestaltung, die Dritte in die Handlungsverfassung der Gesellschaft integriert, (stillschweigend) umzudeuten in einen schuldrechtlichen Geschäftsbesorgungsvertrag: Der Dritte erhalte lediglich ein abgeleitetes Geschäftsführungs- und Vertretungsrecht und keine organschaftlichen Befugnisse. Die organschaftlichen Befugnisse bleiben bei dieser Deutung

---

[9] BGH v. 10.05.1971 - II ZR 177/68 - LM Nr. 6 zu § 709 BGB; BGH v. 29.11.1971 - II ZR 181/68 - BB 1972, 61; vgl. dazu umfassend mit zahlreichen Nachweisen zur Rechtsprechung: *Bergmann*, Die fremdorganschaftlich verfasste Offene Handelsgesellschaft, Kommanditgesellschaft und BGB-Gesellschaft als Problem des allgemeinen Verbandsrechts, 2002, § 4 C II = S. 162-166.

[10] Vgl. dazu grundlegend: *Bergmann*, Die fremdorganschaftlich verfasste Offene Handelsgesellschaft, Kommanditgesellschaft und BGB-Gesellschaft als Problem des allgemeinen Verbandsrechts, 2002.

[11] BGH v. 05.10.1981 - II ZR 203/80 - juris Rn. 66 - LM Nr. 7 zu § 114 HGB; BGH v. 16.11.1981 - II ZR 213/80 - juris Rn. 13 - LM Nr. 9 zu § 709 BGB; BGH v. 22.03.1982 - II ZR 74/81 - juris Rn. 5 - LM Nr. 1 zu § 712 BGB; BGH v. 20.09.1993 - II ZR 204/92 - juris Rn. 8 - WM 1994, 237-239; KG Berlin v. 22.12.1998 - 27 U 429/98 - BauR 2000, 114-118; BGH v. 18.07.2006 - XI ZR 143/05 - ZIP 2006, 1622-1626.

[12] BGH v. 18.07.2006 - XI ZR 143/05 - ZIP 2006, 1622-1626.

bei den Gesellschaftern, der Grundsatz der Selbstorganschaft wird demnach formal nicht tangiert.[13] Der Bundesgerichtshof[14] hat unter Hinweis auf die – organisationsrechtlichen – Bestimmungen der § 38 Abs. 2 GmbHG, § 84 Abs. 3 Satz 1 AktG eine Regelung akzeptiert, nach der einem „Verwalter" einer Publikumsgesellschaft seine – um in der Terminologie der Bundesgerichtshofs zu bleiben: abgeleitete – Geschäftsführungs- und Vertretungsbefugnis nur bei Vorliegen eines wichtigen Grundes entzogen werden darf. Damit wird die materielle Stellung des Fremdverwalters ausgebaut und der Stellung eines grundsätzlich unwiderruflich bestellten Organwalters angeglichen. Selbst die umfassende Übertragung von Geschäftsführungsaufgaben auf Dritte und die Ausstattung mit entsprechenden Vollmachten fällt grundsätzlich **nicht in den Anwendungsbereich des Art. 1 § 1 RBerG (§ 3 RDG)**;[15] erst recht unterfällt natürlich die Tätigkeit der geschäftsführenden Gesellschafter als der „geborenen" Organe der BGB-Gesellschaft nicht dem Anwendungsbereich des Rechtsberatungsgesetzes.[16] Der von den Gesellschaftern einer kreditnehmenden BGB-Gesellschaft dem Geschäftsbesorger oder dem geschäftsführenden Gesellschafter **außerhalb des Gesellschaftsvertrages erteilte** weitreichende Auftrag mit **Vollmacht**, sie unter anderem bei der Abgabe vollstreckbarer Schuldanerkenntnisse gegenüber der kreditgebenden Bank zu vertreten, sollte allerdings gegen Art. 1 § 1 RBerG verstoßen.[17] Sofern aber die Gesellschafter aufgrund des Gesellschaftsvertrages (und des Darlehensvertrages) zur Abgabe vollstreckbarer Schuldversprechen in Höhe ihrer kapitalmäßigen Gesellschaftsbeteiligung verpflichtet sind, so ist auch der Drittgeschäftsführer (oder der geschäftsführende Gründungsgesellschafter) der BGB-Gesellschaft zur Abgabe der vollstreckbaren Schuldversprechen für die Gesellschafter berechtigt.[18]

9   Allerdings kennt der Grundsatz der Selbstorganschaft auch echte Durchbrechungen. Die bekannteste ist wohl § 146 Abs. 1 HGB, der die Möglichkeit anerkennt, im Rahmen der Liquidation Dritte in die Handlungsverfassung zu integrieren. Mit Rekurs auf **„liquidationsähnliche Sonderlagen"** hat der BGH weitere Durchbrechungen des Grundsatzes der Selbstorganschaft zugelassen. So können die Gesellschafter einer Personengesellschaft zum Zwecke der **Durchsetzung von Ersatzansprüchen** gegen ihren organschaftlichen Vertreter in entsprechender Anwendung des § 46 Nr. 8 HS. 2 GmbHG, § 147 Abs. 2 Satz 1 AktG **einen besonderen Vertreter** bestellen, der keinesfalls Gesellschafter sein muss. Allerdings verlangen neuere Erkenntnisse in der Literatur nach einer noch weiteren Um- und Neuorientierung in der Theorie um die Selbstorganschaft[19]: Hinter dem Prinzip der Selbstorganschaft verbirgt sich das **Prinzip der originären Mitgliederselbstverwaltung**, d.h. die organschaftlichen Befugnisse sind unmittelbar den einzelnen Gesellschaftern als den Handlungsorganen der Gesellschaft zugewiesen (vgl. Rn. 4). Doch dieses Organisationsprinzip ist **nicht zwingend**. Den Gesellschaftern steht die Rechtsmacht zu, durch Änderung des Gesellschaftsvertrags von diesem Organisationsprinzip abzuweichen und sich entsprechend den Grundsätzen der abstrakten Organverwaltung zu verfassen (Fremdorganschaft). D.h. sie errichten ein abstraktes Gesellschaftsorgan (z.B. Vorstand), zu dessen Organwaltern auch Dritte bestellt werden können. Dem steht die unbeschränkte Haftung der Gesellschafter nicht entgegen, wie das Beispiel der Partnerreederei zeigt: diese Gesellschaftsform kennt trotz unbeschränkter Außenhaftung der Gesellschafter (pro rata) die Möglichkeit, einen Dritten zum Korrespondentreeder zu bestellen (§ 492 Abs. 1 HGB). Und dass auch die tradierten „Personengesellschaften" im Sinne der abstrakten Organverwaltung modifiziert werden können, zeigen der Blick auf den bereits erwähnten § 146 Abs. 1 HGB und die Existenz des nicht eingetragenen Vereins (vgl. die Kommentierung zu

---

[13] Z.B. BGH v. 16.11.1981 - II ZR 213/80 - juris Rn. 13 - LM Nr. 9 zu § 709 BGB.
[14] BGH v. 22.03.1982 - II ZR 74/81 - juris Rn. 8 - LM Nr. 1 zu § 712 BGB.
[15] BGH v. 12.01.2010 - XI ZR 37/09 - ZIP 2010, 319-324; BGH v. 17.10.2006 - XI ZR 19/05 - ZIP 2007, 64-69; BGH v. 18.07.2006 - XI ZR 143/05 - ZIP 2006, 1622-1626; BGH v. 15.02.2005 - XI ZR 396/03 - EWiR 2005, 417.
[16] BGH v. 12.01.2010 - XI ZR 37/09 - ZIP 2010, 319-324.
[17] BGH v. 17.10.2006 - XI ZR 185/05 - ZIP 2007, 169-173; BGH v. 17.10.2006 - XI ZR 19/05 - ZIP 2007, 64-69.
[18] BGH v. 17.10.2006 - XI ZR 19/05 - ZIP 2007, 64-69.
[19] *Bergmann*, Die fremdorganschaftlich verfasste Offene Handelsgesellschaft, Kommanditgesellschaft und BGB-Gesellschaft als Problem des allgemeinen Verbandsrechts, 2002.

§ 705 BGB Rn. 41), der ausweislich § 54 Satz 1 BGB nichts anderes als eine körperschaftlich und fremdorganschaftlich verfasste BGB-Gesellschaft ist.[20]

VI. Wegfall des geschäftsführenden Gesellschafters

§ 29 BGB, § 85 AktG sind auf die gesetzestypisch, entsprechend dem Grundsatz der Selbstorganschaft verfassten BGB-Gesellschaft **nicht** anzuwenden.[21] Das Organisationsrecht der gesetzestypisch verfassten BGB-Gesellschaft ist vielmehr ein **selbstregeneratives System**. Die Handlungsorganisation passt sich – selbstständig – den veränderten Verhältnissen an. Fällt in einer BGB-Gesellschaft der einzig vertretungsberechtigte Gesellschafter und damit das einzige Handlungsorgan weg, führt dies nicht zur Handlungsunfähigkeit der Gesellschaft, sondern die Vertretungsmacht der verbleibenden Gesellschafter lebt wieder auf.[22] Wohl aber entsprechend anzuwenden sind die §§ 146 Abs. 1, 492 Abs. 1 HGB. D.h. den Gesellschaftern steht die Rechtsmacht zu, durch Änderung des Gesellschaftsvertrags vom Organisationsprinzip der Selbstorganschaft abzuweichen und sie entsprechend dem Organisationsprinzip der abstrakten Organverwaltung fremdorganschaftlich zu verfassen[23]; der Grundsatz der Selbstorganschaft ist nicht zwingend (vgl. Rn. 8).

B. Anwendungsvoraussetzungen

I. Formen der Geschäftsführung

1. Gesamtgeschäftsführung

Die Geschäftsführung steht nach § 709 Abs. 1 BGB grundsätzlich allen Gesellschaftern gemeinschaftlich zu; für jedes Geschäft ist die Zustimmung aller Gesellschafter notwendig. Weigert sich in einer BGB-Gesellschaft ein zur Gesamtgeschäftsführung und Gesamtvertretung berufener Gesellschafter, an einem Rechtsgeschäft namens der Gesellschaft mitzuwirken, so kann und muss er von den übrigen Gesellschaftern **auf Zustimmung verklagt** werden, falls seine Weigerung eine Pflichtwidrigkeit darstellt; die anderen Gesellschafter sind grundsätzlich nicht ermächtigt, die den Gesellschaftsinteressen entsprechende Handlung für die Gesellschaft ohne ihn vorzunehmen.[24] Eine **Zustimmungspflicht** zu den von den übrigen Geschäftsführern gewünschten Geschäftsführungsmaßnahmen besteht im Allgemeinen aber nicht. Sie wird nur dann anzunehmen sein, wenn es sich um eine notwendige Geschäftsführungsmaßnahme (vgl. Rn. 12) i.S.d. § 744 Abs. 2 BGB handelt oder sich der Betroffene ohne vertretbaren Grund weigert, zuzustimmen, obgleich der Gesellschaftszweck und das Interesse der Gesellschaft dies erfordern.[25] Anders verhält es sich bei **Zweckmäßigkeitsfragen**. Zweckmäßigkeitsfragen der Geschäftsführung können im Wege der Zustimmungsklage der richterlichen Klärung nicht zugeführt werden. Die Gesellschafter müssen sich vielmehr grundsätzlich damit abfinden, dass die Maßnahme unterbleibt, wenn sich einer von ihnen nach eigener Beurteilung hierzu nicht anschließen zu können glaubt. Wer sich bei einstimmiger Geschäftsführung in einer BGB-Gesellschaft aus sachfremden Gründen beharrlich weigert, sich an der Geschäftsführung zu beteiligen, verwirkt unter bestimmten Voraussetzungen sein Recht, aus Zweckmäßigkeitsgründen seine Zustimmung zu einem von den übrigen Gesellschaftern beschlossenen Geschäft zu verweigern und kann, auf Zustimmung verklagt, nur noch einwenden, die Maßnahme sei pflichtwidrig.[26] Denn bei der Geschäftsführungsbefugnis handelt

---

[20] Vgl. dazu umfassend: *Bergmann*, Die fremdorganschaftlich verfasste Offene Handelsgesellschaft, Kommanditgesellschaft und BGB-Gesellschaft als Problem des allgemeinen Verbandsrechts, 2002; hier auch zum Abspaltungsverbot, zum Grundsatz der Verbandssouveränität und zum angeblichen Zusammenhang von Herrschaft und Haftung.

[21] BGH v. 09.12.1968 - II ZR 33/67 - juris Rn. 7 - BGHZ 51, 198-203; vgl. *Bergmann*, Die fremdorganschaftlich verfasste Offene Handelsgesellschaft, Kommanditgesellschaft und BGB-Gesellschaft als Problem des allgemeinen Verbandsrechts, 2002, § 3 D III 2 = S. 85-89 mit umfangreichen Nachweisen zur teilweise abweichenden Rechtsprechung des Reichsgerichts.

[22] BGH v. 11.07.1960 - II ZR 260/59 - juris Rn. 12 - BGHZ 33, 105-112; vgl. auch BGH v. 25.05.1964 - II ZR 42/62 - BGHZ 41, 367-369.

[23] Dazu umfassend: *Bergmann*, Die fremdorganschaftlich verfasste Offene Handelsgesellschaft, Kommanditgesellschaft und BGB-Gesellschaft als Problem des allgemeinen Verbandsrechts, 2002; hier auch zum Abspaltungsverbot, zum Grundsatz der Verbandssouveränität und zum angeblichen Zusammenhang von Herrschaft und Haftung.

[24] BGH v. 12.10.1959 - II ZR 237/57 - NJW 1960, 91.

[25] BGH v. 24.01.1972 - II ZR 3/69 - LM Nr. 7 zu § 709 BGB.

[26] BGH v. 24.01.1972 - II ZR 3/69 - LM Nr. 7 zu § 709 BGB.

es sich um ein **uneigennütziges Recht**, dass nicht zur Wahrung individueller Belange eingeräumt ist, sondern dazu bestimmt ist, den Interessen der Gesellschaft zu dienen. Dem Recht, die Geschäfte der Gesellschaft zu führen, entspricht eine Pflicht zur Mitwirkung bei der Geschäftsführung. Eine Blockierung der Geschäftsführung der Gesellschaft aus gesellschaftsfremden Motiven berechtigt die übrigen Gesellschafter, nach § 712 BGB vorzugehen. Gehen sie nicht soweit, so hat doch zumindest der sich beharrlich sachfremd verhaltende Gesellschafter sein Recht verloren, seine Zustimmung nach eigenem Ermessen aus Zweckmäßigkeitsgründen zu versagen, wie es ihm bei gebotener Mitwirkung an der Geschäftsführung noch zugestanden hätte.

2. § 744 Abs. 2 BGB in entsprechender Anwendung

12   Die Vorschrift des § 744 Abs. 2 BGB findet auf die BGB-Gesellschaft entsprechend Anwendung.[27] Diese Vorschrift gibt dem Gesellschafter das Recht, **notwendige Maßnahmen** auch ohne die Zustimmung oder gegen den Widerspruch der übrigen Gesellschafter vorzunehmen; die sich aus der Anwendung des § 744 Abs. 2 BGB ergebende Befugnis steht auch dem von der **Geschäftsführungsbefugnis ausgeschlossenen Gesellschafter** zu. Das Widerspruchsrecht des § 711 BGB ist ausgeschlossen, wenn es sich um ein Geschäft handelt, das zur Erhaltung eines zum Gesellschaftsvermögen gehörigen Gegenstandes oder der Gesellschaft selbst notwendig ist.[28] Jedoch begründet die Vorschrift **kein Recht** des einzelnen Gesellschafters, ohne Zustimmung der vertretungsberechtigten Gesellschafter **im Namen der Gesellschaft** Rechtsgeschäfte vorzunehmen oder Klage zu erheben. Die Außenvertretung der rechtsfähigen BGB-Gesellschaft ist in § 714 BGB in Verbindung mit Gesellschaftsvertrag abschließend geregelt.[29] Ohne Zustimmung der vertretungsberechtigten Gesellschafter als den Handlungsorganen der BGB-Gesellschaft kann daher Klage namens der Gesellschaft nicht erhoben werden. Allerdings steht dem einzelnen Gesellschafter ein klagbarer **Anspruch auf Zustimmung** zu, § 744 Abs. 2 HS. 2 BGB. Abzulehnen ist eine Entscheidung des OLG Düsseldorf, in der unter den Voraussetzungen, in denen es der BGH zulässt, dass ein Gesellschafter im Wege der Prozessstandschaft gem. § 432 BGB eine Gesellschaftsforderung gegen einen Dritten geltend macht (vgl. Rn. 28), eine ordnungsgemäße organschaftliche Vertretung der Gesellschaft durch den klagenden – aber nicht allein vertretungsberechtigte – Gesellschafter gesehen wurde.[30] Vgl. die Abgrenzung (vgl. Rn. 29) der Notgeschäftsführung gem. § 744 Abs. 2 BGB von der ausnahmsweisen Anwendung des § 432 BGB.

3. Mehrheitsprinzip

13   Das Mehrheitsprinzip gilt nur, wenn es – auch stillschweigend – vereinbart ist. Ist im Gesellschaftsvertrag lediglich vereinbart, dass das Mehrheitsprinzip gelten soll, so bezieht sich diese Regel nur auf die Geschäftsführung, nicht auf Änderungen des Gesellschaftsvertrags.[31] § 709 Abs. 2 BGB enthält eine Auslegungsregel dahin, dass grundsätzlich alle Gesellschafter ein gleiches Stimmrecht haben. In der Praxis häufig ist jedoch ein Stimmrecht nach der Kapitalbeteiligung. Eine Regelung im Gesellschaftsvertrag einer als Innen-GbR ausgestalteten Schutzgemeinschaft, nach der die Konsortialmitglieder ihr Stimmrecht aus den von ihnen gehaltenen Aktien oder sonstigen Beteiligungen an bestimmten Kapitalgesellschaften auch bei dort einer qualifizierten Mehrheit bedürftigen Beschlüssen so auszuüben haben, wie das jeweils zuvor in dem **Konsortium** mit **einfacher Mehrheit** beschlossen wurde, ist wirksam und verstößt nicht gegen zwingende Vorschriften des Kapitalgesellschaftsrechts.[32]

4. Gesamtgeschäftsführungsbefugnis mehrerer Gesellschafter

14   Vgl. dazu § 710 BGB: Geschäftsführung durch mehrere Gesellschafter (vgl. die Kommentierung zu § 710 BGB).

5. Einzelgeschäftsführung

15   Vgl. dazu § 711 BGB: Widerspruchsrecht bei Einzelgeschäftsführung (vgl. die Kommentierung zu § 710 BGB).

---

[27] BGH v. 19.06.2008 - III ZR 46/06 - ZIP 2008, 1582-1587.
[28] BGH v. 04.05.1955 - IV ZR 185/54 - juris Rn. 20 - BGHZ 17, 181-188.
[29] BGH v. 04.05.1955 - IV ZR 185/54 - juris Rn. 21 - BGHZ 17, 181-188; vgl. aber auch OLG Düsseldorf v. 13.02.2003 - 10 U 216/01 - NJW-RR 2003, 513-515.
[30] OLG Düsseldorf v. 13.02.2003 - 10 U 216/01 - NJW-RR 2003, 513-515.
[31] BGH v. 14.11.1960 - II ZR 55/59 - BB 1961, 347-348.
[32] BGH v. 24.11.2008 - II ZR 116/08 - BGHZ 179, 13-27.

II. Grundlagengeschäfte

Außerhalb der Geschäftsführung stehen alle Akte, die nicht der Förderung des Gesellschaftszwecks dienen oder die Grundlagen der Gesellschaft berühren können. Zu den **Grundlagengeschäften**, durch die das Gesellschaftsverhältnis geändert wird, gehören z.B.: Änderungen des Gesellschaftszwecks, des Gesellschaftsnamens, der Verbandsorganisation (z.B.: Änderung der Geschäftsführungs- und Vertretungsregeln), Neuaufnahme oder Ausschluss eines Gesellschafters, Fragen des Bestandes, Gewinnverteilung, Erhöhung der Beiträge (vgl. die Kommentierung zu § 707 BGB Rn. 7), Auflösung, Ausschließung. Für eine solche Änderung der Gesellschaftsgrundlagen ist grundsätzlich die Zustimmung aller Gesellschafter notwendig. Es gilt das **Einstimmigkeitsprinzip**, es sei denn, die Gesellschafter haben im Gesellschaftsvertrag für (bestimmte) Änderungen der Verbandsverfassung einen **Mehrheitsbeschluss** für zulässig erklärt.

16

Im Einzelfall kann eine **langjährige Übung** einer bestimmten Gesellschafterpraxis zu einer **stillschweigenden Änderung** des **Gesellschaftsvertrages** führen. Doch ist in jedem Fall genau zu prüfen: Unterliegt etwa die Entscheidung über die jährliche Entnahmepraxis nach dem Gesellschaftsvertrag der Beschlussfassung durch die Gesellschafter, so liegt in einer für den Einzelfall verabredeten und danach über Jahre geübten Praxis keine Änderung des Gesellschaftsvertrages, sondern nur eine bis auf Widerruf geltende stillschweigende Beschlussfassung der Gesellschafter entsprechend der vertraglichen Kompetenzzuweisung.[33]

17

1. Einstimmigkeitsprinzip

Für Grundlagengeschäfte (vgl. Rn. 16) gilt der Grundsatz der Einstimmigkeit, weil durch sie der von den Gesellschaftern als Vertragspartner geschlossene Gesellschaftsvertrag geändert wird. **Ausnahmen** von diesem Grundsatz gibt es **für Publikumsgesellschaften**. Sieht der Gesellschaftsvertrag einer Publikumspersonengesellschaft vor, dass der (Gesellschafter-)Geschäftsführer nur mit Zustimmung aller Gesellschafter abberufen werden kann, so ist dieses Erfordernis aufgrund einer Inhaltskontrolle nach § 242 BGB nichtig; es genügt die einfache Mehrheit.[34] Ebenso ist eine gesellschaftsvertragliche Bestimmung unwirksam, die den Gründergesellschaftern eine Sperrminorität sichert, wenn der von ihnen bestellte Geschäftsführer ersetzt und der den Geschäftsführer kontrollierende Aufsichtsrat gewählt werden soll.[35] Der BGH[36] hat die Möglichkeit erwogen, für Publikumsgesellschaften, in denen der Gesellschaftsvertrag keine Mehrheitsklausel für Vertragsänderungen vorsieht, in Anlehnung an § 179 Abs. 2 AktG für Vertragsänderungen allgemein das Mehrheitsprinzip gelten zu lassen. Das Gesellschafts- und ein enges Verwandtschaftsverhältnis können die Pflicht des die Änderung betreibenden Gesellschafters begründen, seine Mitgesellschafter auf mit der Vertragsänderung für sie möglicherweise verbundene Nachteile hinzuweisen, wenn diese in jugendlichem Alter und in Fragen des Gesellschaftsrechts erkennbar unerfahren als Erben und Abkömmlinge des verstorbenen Mitgesellschafters in dessen Rechtsnachfolge in die Gesellschafterstellung eingetreten sind. Die Verletzung dieser Pflicht kann, je nach Verschuldensgrad, die **Anfechtung** wegen arglistiger Täuschung oder eine Vertragsanpassung wegen Verschuldens bei Vertragsschluss entsprechend der früheren Rechtslage rechtfertigen. Die Grundsätze der fehlerhaften Gesellschaft (vgl. die Kommentierung zu § 705 BGB Rn. 14) sind auf eine Vertragsänderung nicht ohne weiteres anwendbar (vgl. die Kommentierung zu § 705 BGB Rn. 23).[37]

18

2. Änderung des Gesellschaftsvertrags durch Mehrheitsbeschlüsse

Der Gesellschaftsvertrag einer BGB-Gesellschaft kann **Mehrheitsentscheidungen** vorsehen.[38] Gesellschaftsvertragliche Abweichungen vom Einstimmigkeitsprinzip hin zum Mehrheitsprinzip finden sich nicht nur bei großen Publikumsgesellschaften oder körperschaftlich verfassten BGB-Gesellschaften, sondern auch bei kleinen, personalistisch organisierten Gesellschaften. Selbst Änderungen des Gesell-

19

---

[33] BGH v. 18.04.2005 - II ZR 55/03 - WM 2005, 1410-1411.
[34] BGH v. 09.11.1987 - II ZR 100/87 - BGHZ 102, 172-180; vgl. auch: BGH v. 22.03.1982 - II ZR 74/81 - LM Nr. 1 zu § 712 BGB: Die im Gesellschaftsvertrag einer Publikumsgesellschaft enthaltene Regelung, dass der zur Geschäftsführung und Vertretung bestellte, nicht zum Kreis der Gesellschafter gehörende Verwalter aus wichtigem Grunde nur mit qualifizierter Mehrheit abberufen werden kann, ist unwirksam; es genügt die einfache Mehrheit.
[35] BGH v. 10.10.1983 - II ZR 213/82 - juris Rn. 8 - LM Nr. 252 zu § 242 (Cd) BGB.
[36] BGH v. 13.03.1978 - II ZR 63/77 - juris Rn. 24 - BGHZ 71, 53-61.
[37] BGH v. 07.10.1991 - II ZR 194/90 - LM BGB § 123 Nr. 72 (6/1992).
[38] BGH v. 25.05.2009 - II ZR 259/07 - NJW-RR 2009, 1264-1267.

§ 709

schaftsvertrags können der Mehrheitsentscheidung unterworfen werden.[39] Zum Schutze der Minderheitsgesellschafter entwickelte die Rechtsprechung zunächst den sog. Bestimmtheitsgrundsatz, der in seiner ursprünglichen Handhabe weitgehende Anforderungen an Mehrheitsklauseln stellte.[40] Es galt ein **Schrankentrias**:
- Enthielt der Gesellschaftsvertrag lediglich die pauschale Bestimmung, dass die Gesellschafter mit Mehrheit entscheiden, so deckte eine solche Klausel im Zweifel nur Beschlüsse über die **laufende Geschäftsführung**, nicht aber eine Änderung des Gesellschaftsvertrags[41];
- sah der Gesellschaftsvertrag ausdrücklich vor, dass auch Vertragsänderungen mehrheitlich beschlossen werden können, so erfasste diese Bestimmung im Zweifel nur **übliche Vertragsänderungen**;
- sollte nach dem Willen der Gesellschafter auch für **ungewöhnliche Vertragsänderungen** ein Mehrheitsbeschluss ausreichen, so muss sich dies für jeden einzelnen Beschlussgegenstand unzweideutig ergeben[42]. Die ältere Kautelarpraxis reagierte hierauf mit sog. Beschlusskatalogen.

20   Allerdings wurden mittlerweile vom BGH in der OTTO-Entscheidung die „Bestimmtheitsanforderungen" an Mehrheitsklauseln auch im sensiblen Bereich der Grundlagengeschäfte **abgesenkt**: keinesfalls verlange ein richtig verstandener Bestimmtheitsgrundsatz, dass eine Mehrheitsklausel die betroffenen Beschlussgegenstände – auch wenn es sich um Grundlagengeschäfte handele – minutiös auflistet; es genüge vielmehr, dass sich durch Auslegung des Gesellschaftsvertrages eindeutig ergebe, dass der betroffene Beschlussgegenstand einer Mehrheitsentscheidung unterworfen sei. Und eine Klausel, die sämtliche Beschlüsse der Mehrheitsmacht unterwirft, erfasst grundsätzlich eben auch alle Beschlussgegenstände.[43] In Umsetzung dieser neuen Grundsätze hat der BGH in der OTTO-Entscheidung unter Aufgabe seiner früheren Rechtsprechung eine einfache Mehrheitsklausel für die Feststellung des Jahresabschlusses genügen lassen.[44] Jüngst hat der BGH den eingeschlagenen Weg für die Feststellung der Auseinandersetzungsbilanz als Grundlage der Verlustausgleichspflicht gem. § 735 BGB konsequent fortgesetzt.[45]

21   Doch mit der Feststellung, dass ein Beschlussgegenstand **formell** von der Mehrheitsklausel gedeckt ist, ist das letzte Wort über die Wirksamkeit eines Mehrheitsbeschlusses noch nicht gesprochen. Seit der OTTO-Entscheidung hat sich endgültig ein **mehrstufiges Kontrollverfahren** etabliert: denn auf einer zweiten Stufe bleibt zu prüfen, ob sich der Beschluss als eine treuwidrige Ausübung der Mehrheitsmacht gegenüber der Minderheit darstellt. Diese materielle Beschlusskontrolle findet in allen Fällen statt. Sie ist nicht auf Beschlüsse beschränkt, die die Grundlagen der Gesellschaft betreffen oder in den Kernbereich der Mitgliedschaftsrechte eingreifen. Grundsätzlich ist also jeder Beschluss der Mehrheit darauf zu überprüfen, ob er das Ergebnis einer **Verletzung der gesellschafterlichen Treuepflicht** der Mehrheitsgesellschafter gegenüber der Minderheit darstellt (zur Kernbereichslehre, vgl. Rn. 23). Allenfalls lässt sich sagen, dass in den Fällen des Eingriffs in den Kernbereich der mitgliedschaftlichen Rechte ein Treupflichtverstoß gewöhnlich vorliegt, während dies für Maßnahmen außerhalb dieses Bereichs von der Minderheit besonders dargelegt werden muss.[46]

22   Die ursprüngliche Bedeutung des Bestimmtheitsgrundsatzes lag auf der dritten Stufe der ungewöhnlichen Vertragsänderungen. Hierin zählten etwa: Ausschließung einzelner Gesellschafter, Bestimmungen über die Art der Auseinandersetzung, Änderungen des Gesellschaftszwecks, Fortsetzung der Gesellschaft nach Auflösung, Änderung der Folgen einer vertragsmäßig ausgesprochenen Kündigung, Bildung nicht notwendiger Rücklagen, Änderung der Gewinnbeteiligung, Aufnahme eines neuen Gesellschafters, Umwandlung einer Kommanditgesellschaft in eine GmbH & Co. KG, Ausschluss der ac-

---

[39] BGH v. 15.11.1982 - II ZR 62/82 - juris Rn. 15 - BGHZ 85, 350-361.
[40] BGH v. 15.01.2007 - II ZR 245/05 - BGHZ 170, 283-299.
[41] BGH v. 14.11.1960 - II ZR 55/59 - BB 1961, 347-348.
[42] BGH v. 12.11.1952 - II ZR 260/51 - BGHZ 8, 35-47; BGH v. 13.07.1967 - II ZR 72/67 - juris Rn. 14 - BGHZ 48, 251-256 ; BGH v. 23.10.1972 - II ZR 35/70 - WM 1973, 100.
[43] BGH v. 15.01.2007 - II ZR 245/05 - BGHZ 170, 283-299; BGH v. 24.11.2008 - II ZR 116/08 - BGHZ 179, 13-27.
[44] BGH v. 15.01.2007 - II ZR 245/05 - BGHZ 170, 283-299.
[45] BGH v. 15.11.2011 - II ZR 266/09 - ZIP 2012, 515-520; BGH v. 15.11.2011 - II ZR 272/09 - ZIP 2012, 520-524.
[46] BGH v. 24.11.2008 - II ZR 116/08 - BGHZ 179, 13-27; BGH v. 15.01.2007 - II ZR 245/05 - BGHZ 170, 283-299; BGH v. 19.10.2009 - II ZR 240/08 - NJW 2010, 65-69; BGH v. 15.11.2011 - II ZR 266/09 - ZIP 2012, 515-520; BGH v. 15.11.2011 - II ZR 272/09 - ZIP 2012, 520-524.

tio pro socio.⁴⁷ Dies hat sich erledigt. Eine Ausnahme bilden **Beitragserhöhungen** in der werbenden Gesellschaft. Im Sinne einer **Über**bestimmtheitsgrundsatzes fordert der BGH hier nach wie vor eine eindeutige gesellschaftsvertragliche Legitimationsgrundlage, die Ausmaß und Umfang einer möglichen zusätzlichen Belastung erkennen lässt. Für **Publikumsgesellschaften** und mitgliederstarke Familiengesellschaften hatte der BGH den Bestimmtheitsgrundsatz schon frühzeitig aufgegeben.⁴⁸ Die Frage muss hier in der Tat eher lauten, ob sich die Rechtsprechung nicht bei den Publikumsgesellschaften entschließen sollte, das Mehrheitsprinzip selbst dann, wenn der Gesellschaftsvertrag schweigt, bei Vertragsänderungen in Anlehnung an § 179 Abs. 2 AktG gelten zu lassen.

Auch wenn der Beschlussgegenstand vom Bestimmtheitsgrundsatz gedeckt ist, ist jeder Mehrheitsbeschluss darauf zu überprüfen, ob er das Ergebnis einer Verletzung der gesellschafterlichen Treuepflicht der Mehrheitsgesellschafter gegenüber der Minderheit darstellt. Eine besondere Rolle spielen hier nach wie vor Eingriffe in den Kernbereich der mitgliedschaftlichen Rechte: denn hier liegt ein Treupflichtverstoß typischerweise vor. Trotz Mehrheitsklausel muss dem einzelnen Gesellschafter ein **Kernbereich** von Rechten verbleiben, der nicht zur beliebigen Disposition der Mehrheit steht. Jedem Gesellschafter (auch in der Publikumsgesellschaft oder bei Gruppenvertretung)⁴⁹ steht ein unentziehbarer Kern von Mitgliedschaftsrechten zu. In diese Rechtspositionen kann teils überhaupt nicht (**zwingender Kernbereich**), teils jedenfalls nur ohne die (ggf. antizipierte) Zustimmung des betroffenen Gesellschafters (**mehrheitsfester Kernbereich**) eingegriffen werden.⁵⁰ In letzterem Bereich kann der betroffene Gesellschafter selbst entscheiden, ob ein Eingriff in den Kernbereich zuzurechnenden Rechte erfolgen kann, unabhängig davon, wie die Mehrheit der übrigen Gesellschafter entscheidet. Auch für Publikumsgesellschaften gilt daher, dass vertragsändernde Mehrheitsentscheidungen unzulässig sind, soweit sie in die Rechtsstellung der Gesellschafter – in ihre rechtliche und vermögenswerte Position in der Gesellschaft – eingreifen; den Gesellschaftern steht insoweit ein unverfügbarer Kernbereich von Mitgliedschaftsrechten zu. So kann die Mehrheit einen Gesellschafter nicht ohne seine Zustimmung gegenüber anderen zu seinem Nachteil ungleich behandeln oder ihm erhöhte Pflichten auferlegen oder durch zwangsweises Ausscheiden die Gesellschafterstellung entziehen.⁵¹ Grundsätzlich zustimmungsbedürftig sind daher Gesellschafterbeschlüsse, die in unentziehbare Rechte (in den Kernbereich der gesellschaftsrechtlichen Position) eines Gesellschafters eingreifen.⁵² Allerdings steht der Kernbereich unter dem **Vorbehalt der gesellschaftsrechtlichen Treuebindung**.⁵³ Die Treuepflicht bestimmt nicht nur Inhalt und Grenzen der Rechte eines Gesellschafters; sie kann ihm auch gebieten, Maßnahmen zuzustimmen, die mit Rücksicht auf das Gesellschaftsverhältnis, insbesondere zur Erhaltung des Geschaffenen, dringend geboten und den Gesellschaftern unter Berücksichtigung ihrer eigenen schutzwerten Belangen zumutbar sind.⁵⁴ Soweit es um den mehrheitsfesten Kernbereich geht, kann sich bereits im Gesellschaftsvertrag eine **antizipierte Zustimmung** zu bestimmten Vertragsänderungen finden.⁵⁵ Eine gesellschaftsvertragliche Mehrheitsklausel muss besonderen Anforderungen genügen, um als antizipierte Zustimmung zu einem Eingriff in den mehrheitsfesten Kernbereich angesehen werden zu können. Sie muss sich eindeutig auf mehrheitliche Eingriffe in die zum Kernbereich gehö-

---

⁴⁷ Vgl. *Marburger*, NJW 1984, 2252-2258, 2253-2254.
⁴⁸ BGH v. 13.03.1978 - II ZR 63/77 - BGHZ 71, 53-61; BGH v. 15.11.1982 - II ZR 62/82 - BGHZ 85, 350-361; BGH v. 19.11.1984 - II ZR 102/84 - LM Nr. 91 zu § 161 HGB; BGH v. 19.11.1984 - II ZR 102/84 - LM Nr. 91 zu § 161 HGB; BGH v. 05.11.1984 - II ZR 111/84 - juris Rn. 6 - LM Nr. 89 zu § 161 HGB; BGH v. 24.09.1990 - II ZR 167/89 - juris Rn. 7 - BGHZ 112, 339-345.
⁴⁹ Auch im Falle der Gruppenvertretung gilt der Grundsatz, dass durch Mehrheitsbeschluss in die Rechte eines Gesellschafters (konkret: Mitarbeitsrecht) nur bei Vorliegen eines wichtigen Grundes eingegriffen werden darf (BGH v. 04.10.2004 - II ZR 356/02 - WM 2004, 2390-2392).
⁵⁰ BGH v. 15.01.2007 - II ZR 245/05 - BGHZ 170, 283-299.
⁵¹ BGH v. 19.10.2009 - II ZR 240/08 - NJW 2010, 65-69.
⁵² BGH v. 19.11.1984 - II ZR 102/84 - LM Nr. 91 zu § 161 HGB; BGH v. 05.11.1984 - II ZR 111/84 - juris Rn. 9 - LM Nr. 89 zu § 161 HGB.
⁵³ BGH v. 19.11.1984 - II ZR 102/84 - LM Nr. 91 zu § 161 HGB; BGH v. 05.11.1984 - II ZR 111/84 - juris Rn. 9 - LM Nr. 89 zu § 161 HGB; BGH v. 10.10.1994 - II ZR 18/94 - juris Rn. 10 - LM HGB § 119 Nr. 32 (3/1995).
⁵⁴ BGH v. 19.11.1984 - II ZR 102/84 - LM Nr. 91 zu § 161 HGB; BGH v. 05.11.1984 - II ZR 111/84 - juris Rn. 11 - LM Nr. 89 zu § 161 HGB.
⁵⁵ BGH v. 10.10.1994 - II ZR 18/94 - juris Rn. 7 - LM HGB § 119 Nr. 32 (3/1995), den Grad der erforderlichen Konkretisierung hat der BGH offen gelassen.

renden Rechte beziehen und muss Ausmaß und Umfang des zulässigen Eingriffs erkennen lassen.[56] Unklar und wenig griffig ist der **Inhalt des Kernbereichs**. Der Kreis, der nicht ohne weiteres durch Mehrheitsbeschluss entziehbaren Rechte lässt sich nicht abstrakt und ohne Berücksichtigung der konkreten Struktur der jeweiligen Gesellschaft und der besonderen Stellung des betroffenen Gesellschafters umschreiben. Abgesehen von den wenigen, überhaupt unverzichtbaren und schon deshalb unentziehbaren Rechten (zwingender oder verzichtsfester Kernbereich), müssen dazu grundsätzlich auch die individuellen, dem Gesellschafter nach Gesetz und Gesellschaftsvertrag zustehenden wesentlichen Gesellschafterrechte, die seine Stellung in der Gesellschaft maßgeblich prägen, gezählt werden (mehrheitsfester Kernbereich).[57] Eine weitere Grenze findet die Mehrheitsherrschaft im **Grundsatz der Gleichbehandlung**, vgl. § 53a AktG[58] und in den §§ 138, 134 BGB.

24 Besondere Bedeutung hat die Frage der Zulässigkeit von nachträglichen **Beitragserhöhungen** insbesondere in Publikumsgesellschaften erlangt. Beitragserhöhungen können nur mit **Zustimmung** eines jeden Gesellschafters beschlossen werden, die, wie dies bei Publikumsgesellschaften häufig anzutreffen ist, auch **antizipiert** erteilt werden kann. Wegen des damit verbundenen Eingriffs in den Kernbereich der Gesellschafterrechte hängt die Wirksamkeit einer solchen gesellschaftsvertraglichen Bestimmung dann aber davon ab, ob sie eindeutig ist und Ausmaß und Umfang der möglichen zusätzlichen Belastung erkennen lässt. Das erfordert bei Beitragserhöhungen die Angabe einer Obergrenze oder die Festlegung sonstiger Kriterien, die das Erhöhungsrisiko eingrenzen. Eine gesellschaftsvertragliche Bestimmung, die den einzelnen Gesellschafter zu Nachschusszahlungen verpflichtet, „soweit die laufenden Einnahmen die laufenden Ausgaben nicht decken", genügt diesen Anforderungen nicht und kann deshalb nicht Grundlage einer Nachschussverpflichtung sein.[59] Auch eine allgemeine Mehrheitsklausel genügt nicht[60]. Bei Fehlen eines antizipierten Einverständnisses im Gesellschaftsvertrag kann die gesellschafterliche **Treuepflicht** in Ausnahmefällen eine Zustimmung der Gesellschafter zu Beitragserhöhungen mit der Folge gebieten, dass § 707 BGB der Nachforderung nicht entgegensteht. Dabei sind an die aus der Treuepflicht abgeleitete Verpflichtung, einer Beitragserhöhung zuzustimmen, allerdings besonders hohe Anforderungen zu stellen, da ein Gesellschafter grundsätzlich nicht zu neuen Vermögensopfern gezwungen werden kann.[61] Auch bei **Sanierungsbedarf** der Personengesellschaft besteht im Allgemeinen keine Verpflichtung der Gesellschafter, einem Nachschusspflichten (§ 707 BGB) begründenden Beschluss zuzustimmen.[62] Für die Einzelheiten ist auf die Kommentierung zu § 707 BGB zu verweisen. Der Gesellschafterbeschluss, durch den eine Nachschussverpflichtung begründet wird, die im Gesellschaftsvertrag keine Grundlage hat, ist dem dissentierenden Gesellschafter gegenüber unwirksam. Der dissentierende Gesellschafter kann die Unwirksamkeit im Wege der allgemeinen, nicht fristgebundenen Feststellungsklage nach § 256 ZPO sowohl gegenüber seinen Mitgesellschaftern – und zwar gegenüber jedem einzelnen – als auch gegenüber der Gesellschaft geltend machen.[63] Zwar wird es bei Publikumsgesellschaften grundsätzlich als wirksam angesehen, das kapitalgesellschaftsrechtliche Beschlussmängelrecht zu adaptieren. Beschlüsse, die zu ihrer Wirksamkeit – aufgrund der Kernbereichslehre (mehrheitsfester Kernbereich) – der Zustimmung des betroffenen Gesellschafters bedürfen, unterfallen jedoch nicht den Anfechtungs- und Nichtigkeitsgründen im Sinne des Kapitalgesellschaftsrechts. Vielmehr stellt die fehlende Zustimmung eine „dritte Kategorie" von Mängeln des Beschlusses dar, die im Wege der allgemeinen, nicht fristgebunden Feststellungsklage gemäß § 256 ZPO bzw. durch Einwendung im Prozess geltend gemacht werden kann.[64] Die Versäumnis der gesellschaftsvertraglich vorgesehenen Anfechtungsfrist ersetzt die Zustimmung nicht. Der Gesellschafter

---

[56] BGH v. 29.03.1996 - II ZR 263/94 - juris Rn. 9 - BGHZ 132, 263-278; OLG Hamm v. 26.10.1988 - 8 U 21/88 - GmbHR 1989, 295-297.
[57] BGH v. 10.10.1994 - II ZR 18/94 - juris Rn. 8 - LM HGB § 119 Nr. 32 (3/1995).
[58] BGH v. 05.11.1984 - II ZR 111/84 - juris Rn. 9 - LM Nr. 89 zu § 161 HGB.
[59] BGH v. 21.05.2007 - II ZR 96/06 - ZIP 2007, 1458-1460; BGH v. 23.01.2006 - II ZR 306/04 - ZIP 2006, 562-564; BGH v. 23.01.2006 - II ZR 126/04 - ZIP 2006, 754-756; BGH v. 04.07.2005 - II ZR 354/03 - ZIP 2005, 1455-1457; OLG München v. 16.06.2004 - 7 U 5669/03 - OLGR München 2004, 340-342.
[60] BGH v. 21.05.2007 - II ZR 96/06 - ZIP 2007, 1458-1460.
[61] BGH v. 04.07.2005 - II ZR 354/03 - NSW BGB § 707; BGH v. 23.01.2006 - II ZR 306/04 - ZIP 2006, 562-564.
[62] BGH v. 23.01.2006 - II ZR 126/04 - ZIP 2006, 754-756; OLG München v. 16.06.2004 - 7 U 5669/03 - DB 2004, 1878-1880; vgl. OLG Celle v. 21.12.2005 - 9 U 96/05 - ZIP 2006, 807-810.
[63] BGH v. 05.03.2007 - II ZR 282/05 - ZIP 2007, 766-768; BGH v. 26.03.2007 - II ZR 22/06 - ZIP 2007, 1368-1370.
[64] BGH v. 19.10.2009 - II ZR 240/08 - NJW 2010, 65-69.

kann die ihm gegenüber mangels Erteilung der nach § 707 BGB erforderlichen Zustimmung bestehende Unwirksamkeit des Beschlusses auch als Einwendung gegenüber einer auf den Beschluss gestützten Zahlungsklage der Gesellschaft geltend machen, und zwar auch dann noch, wenn nach dem Gesellschaftsvertrag Beschlussmängelstreitigkeiten binnen einer bestimmten Frist eingeleitet werden müssen und diese Frist abgelaufen ist.[65] Dies gilt allerdings nicht mit Blick auf die nach **Auflösung der Gesellschaft** bestehende Verlustausgleichspflicht gem. § 735 BGB.[66]

3. Pflicht zur Zustimmung zu Vertragsänderungen

Die **Treuepflicht** bestimmt nicht nur Inhalt und Grenzen der Rechte eines Gesellschafters; sie kann ihm auch gebieten, Maßnahmen bis hin zu Änderungen des Gesellschaftsvertrags zuzustimmen,[67] die mit Rücksicht auf das Gesellschaftsverhältnis, insbesondere zur Erhaltung des Geschaffenen, dringend geboten und den Gesellschaftern unter Berücksichtigung ihrer eigenen schutzwerten Belangen zumutbar sind.[68] In besonders gelagerten Fällen kann ein Gesellschafter sogar gehalten sein, einer seine Gesellschafterstellung aufhebenden Änderung des Gesellschaftsvertrages zuzustimmen. Beschließen die Gesellschafter einer überschuldeten Publikumspersonengesellschaft mit notwendiger Mehrheit die Gesellschaft in der Weise zu sanieren, dass das Kapital „herabgesetzt" und jedem Gesellschafter freigestellt wird, eine neue Beitragspflicht einzugehen („Kapitalerhöhung") oder aus der Gesellschaft auszuscheiden (**Sanieren oder Ausscheiden**), so sind die nicht zahlungsbereiten Gesellschafter verpflichtet, diesem Gesellschafterbeschluss zuzustimmen, wenn sie infolge ihrer mit dem Ausscheiden verbundenen gesetzlichen Pflicht, den auf sie entfallenden Auseinandersetzungsfehlbetrag zu leisten (§ 739 BGB), finanziell nicht schlechter stehen als im Falle einer sofortigen Liquidation (§ 735 BGB).[69] Allerdings ist zu beachten: die Grundlage solcher Treuepflichten ist die auf dem konkreten Gesellschaftsverhältnis beruhende **berechtigte Erwartungshaltung der übrigen Gesellschafter**. Bestimmt etwa der Gesellschaftsvertrag, dass die einer notwendigen Kapitalerhöhung zustimmenden Gesellschafter zwar berechtigt sind, ihre Einlagen zu erhöhen, während die nicht zustimmenden Gesellschafter unter Verringerung ihres Beteiligungsverhältnisses in der Gesellschaft verbleiben können, dann lässt sich eine Pflicht der dissentierenden Gesellschafter, dem eigenen Ausschluss aus der Gesellschaft zuzustimmen, nicht mehr begründen.[70] Bei Vorliegen eines **Ausschließungsgrundes** in der Person eines Gesellschafters können die übrigen Gesellschafter verpflichtet sein, zu einer Ausschließungsklage ihre Zustimmung zu geben.[71] Ebenso kann ein Gesellschafter unter dem Gesichtspunkt der Treuepflicht in besonderen Ausnahmefällen gehalten sein, einer Erhöhung der einem geschäftsführenden Gesellschafter gesellschaftsvertraglich zugesagten Tätigkeitsvergütung zuzustimmen.[72] Auch kann eine Gesellschaft gehalten sein, der von einem Mitgesellschafter aus Alters- und Gesundheitsgründen gewünschten Vorwegnahme einer im Gesellschaftsvertrag für den Fall seines Todes getroffenen Nachfolgeregelung zuzustimmen, wenn die Vorsorge für die Zukunft des Gesellschaftsunternehmens dies erfordert.[73] Zu Zustimmungspflichten bei Beitragserhöhungen vgl. Rn. 24.

Lehnt es ein Gesellschafter pflichtwidrig ab, einem Gesellschafterbeschluss zuzustimmen, so wird er grundsätzlich nicht so behandelt, als ob er entsprechend seiner gesellschaftlichen Verpflichtung seine Zustimmung gegeben hätte; vielmehr sind die übrigen Gesellschafter gehalten, seine **Zustimmung im Wege der Leistungsklage** über § 894 ZPO zu erzwingen.[74] Von diesem Grundsatz anerkennt die Rechtsprechung aber **Ausnahmen**:

---

[65] BGH v. 26.03.2007 - II ZR 22/06 - ZIP 2007, 1368-1370.
[66] BGH v. 11.10.2011 - II ZR 242/09 - ZIP 2011, 2299-2304.
[67] BGH v. 28.04.1975 - II ZR 16/73 - juris Rn. 30 - BGHZ 64, 253-259.
[68] BGH v. 19.10.2009 - II ZR 240/08 - NJW 2010, 65-69; BGH v. 23.01.2006 - II ZR 306/04 - ZIP 2006, 562-564; BGH v. 04.07.2005 - II ZR 354/03 - NSW BGB § 707; BGH v. 08.11.2004 - II ZR 350/02 - WM 2005, 39-41; BGH v. 19.11.1984 - II ZR 102/84 - LM Nr. 91 zu § 161 HGB; BGH v. 05.11.1984 - II ZR 111/84 - juris Rn. 11 - LM Nr. 89 zu § 161 HGB: Erhaltung der Liquidität.
[69] BGH v. 19.10.2009 - II ZR 240/08 - NJW 2010, 65-69.
[70] BGH v. 25.01.2011 - II ZR 122/09 - ZIP 2011, 768-772.
[71] BGH v. 28.04.1975 - II ZR 16/73 - juris Rn. 30 - BGHZ 64, 253-259.
[72] BGH v. 10.06.1965 - II ZR 6/63 - BGHZ 44, 40-42.
[73] BGH v. 08.11.2004 - II ZR 350/02 - WM 2005, 39-41; vgl. weiter: Zustimmungspflicht des Mitgesellschafters zu vom Gesellschaftsvertrag abweichender Nachfolgeregelung BGH v. 20.10.1986 - II ZR 86/85 - NJW 1987, 952-954.
[74] BGH v. 29.09.1986 - II ZR 285/85 - juris Rn. 14 - WM 1986, 1556-1557.

- In Fällen, in denen es um die Erhaltung der Funktionsfähigkeit einer **Publikumsgesellschaft** geht, gilt etwas anderes: Der Beschluss ist, ohne dass die Minderheit auf Zustimmung verklagt werden müsste, wirksam, wenn alle überstimmten oder an der Abstimmung nicht beteiligten Gesellschafter aufgrund ihrer gesellschaftlichen Treuepflicht zur Zustimmung verpflichtet sind. Die Besonderheiten der Publikumsgesellschaften, die den BGH wiederholt zur Herausbildung besonderer Rechtsgrundsätze veranlasst haben, verlangen auch hier Berücksichtigung. Das Interesse an der Erhaltung der Funktionsfähigkeit der Gesellschaft spricht nicht nur gegen die Anwendung des Einstimmigkeits- und damit des Bestimmtheitsgrundsatzes, sondern nötigt in Fällen, in denen die Treuepflicht eine allgemeine Zustimmungspflicht begründet, auch zur Aufgabe des Grundsatzes, dass der Gesellschafterbeschluss erst mit der Rechtskraft eines der Zustimmungsklage stattgebenden Urteils als wirksam zu erachten ist. Die aus dem Treuegebot erwachsende Verpflichtung der Gesellschafter, einem bestimmten Gesellschafterbeschluss zuzustimmen, führt in der Publikumsgesellschaft vielmehr dazu, die nicht oder pflichtwidrig abgegebene Stimme so zu behandeln, als ob sie entsprechend der bestehenden Verpflichtung abgegeben worden wäre.[75]
- Das Gleiche gilt (für alle Gesellschaften), wenn es sich um einen Gesellschafterbeschluss handelt, der für die Gesellschaft von existentieller Bedeutung ist.[76]

Beachte auch die Zustimmungspflicht im Rahmen der Geschäftsführung (vgl. Rn. 11).

III. Die Befugnis zur Geltendmachung von Ansprüchen

27 Die Außengesellschaft bürgerlichen Rechts ist rechtsfähig. Die Sozial- und Drittforderungen stehen der Gesellschaft als von den Gesellschaftern zu trennendem Rechtssubjekt zu. Die Durchsetzung dieser Rechte steht dementsprechend der Gesellschaft zu. Dabei handelt die Gesellschaft durch ihre Handlungsorganisation, d.h. durch ihre gesellschaftsvertraglich institutionalisierte Ordnung der organschaftlichen Geschäftsführung und Vertretung. Dementsprechend erfolgt die Geltendmachung ihrer Rechte durch ihre Vertretungsorgane, also in der gesetzestypisch verfassten BGB-Gesellschaft durch alle Gesellschafter im Rahmen der Gesamtvertretung (§§ 709, 714 BGB), bei Einzelvertretung durch den vertretungsberechtigten Gesellschafter (§§ 710, 714 BGB). Vor Gericht klagt der rechts- und parteifähige Verband, vertreten durch sein Handlungsorgan. In bestimmten Ausnahmesituationen wird aber eine **Rechtsverfolgung außerhalb der Handlungsverfassung** der Gesellschaft durch einzelne Gesellschafter für zulässig gehalten. Dies sowohl im Verhältnis zu Dritten (Drittforderungen) bzw. aus Drittverhältnissen mit einem Gesellschafter, als auch bei Geltendmachung von Sozialforderungen gegen Gesellschafter (actio pro socio).

1. Ansprüche der Gesellschaft gegen Dritte (insbesondere § 432 BGB)

28 Inhaber der Gesellschaftsforderungen ist die Gesellschaft. Die Geltendmachung erfolgt grundsätzlich durch die Gesellschaft, die mittels ihrer Vertretungsorgane unmittelbar selbst im eigenen Namen handelt und klagt. Ein Handeln des oder der vertretungsberechtigten Gesellschafter(s) (oder eines sonstigen Vertretungsorgans) ist das Eigenhandeln der Gesellschaft. In bestimmten Fällen kann allerdings die Rechtsdurchsetzung einzelnen Gesellschaftern obliegen. So kann im Wege der **gewillkürten Prozessstandschaft** auch ein Gesellschafter ermächtigt werden, einen Anspruch der Gesellschaft im eigenen Namen und auf eigene Rechnung geltend zu machen, sofern der Prozessstandschafter ein eigenes, schutzwürdiges Interesse an der Durchsetzung des fremden Rechts hat; das gilt selbst dann, wenn der im Wege der Prozessstandschaft im eigenen Namen klagende Kläger aufgrund der ihm nach dem Gesellschaftsvertrag zustehenden Vertretungsmacht ohne weiteres in der Lage wäre, den Rechtsstreit gegen den Gesellschaftsschuldner im Namen der Gesellschaft zu führen.[77] Im Allgemeinen ist ein Gesellschafter **nicht befugt**, eine Geschäftsforderung gegen einen Dritten im eigenen Namen gemäß § 432 BGB geltend zu machen. Eine solche Befugnis wird durch die in § 709 Abs. 1 BGB getroffene Regelung oder eine im Gesellschaftsvertrag enthaltene abweichende Bestimmung über die Geschäftsführungsbefugnis ausgeschlossen. In **besonders gelagerten Fällen** ist aber die **Prozessführungsbefugnis** einzelner Gesellschafter zu bejahen. So hat der Bundesgerichtshof die Prozessführungsbefugnis u.a. dann zugelassen, wenn der andere Gesellschafter sich unter Zurückstellung der Gesellschafterinteressen im bewussten Zusammenwirken mit dem Beklagten weigert, an der Geltendmachung einer Gesell-

---

[75] BGH v. 05.11.1984 - II ZR 111/84 - juris Rn. 9 - LM Nr. 89 zu § 161 HGB; BGH v. 29.09.1986 - II ZR 285/85 - juris Rn. 14 - WM 1986, 1556-1557.

[76] BGH v. 29.09.1986 - II ZR 285/85 - juris Rn. 14 - WM 1986, 1556-1557.

[77] BGH v. 12.10.1987 - II ZR 21/87 - NJW 1988, 1585-1588.

schaftsforderung mitzuwirken. Einzelne Gesellschafter können immer dann eine Gesellschaftsforderung einklagen, wenn sie an der Geltendmachung ein berechtigtes Interesse haben, die anderen Gesellschafter die Einziehung der Forderung aus gesellschaftswidrigen Gründen verweigern und zudem der verklagte Gesellschaftsschuldner an dem gesellschaftswidrigen Verhalten beteiligt ist. Den klagenden Gesellschafter auf den umständlichen Weg zu verweisen, zunächst die anderen Gesellschafter auf Mitwirkung an der Geltendmachung der Forderung zu verklagen, wäre bei Beteiligung des Dritten am gesellschaftswidrigen Verhalten ein unnötiger Umweg.[78] Beruft sich ein Gesellschafter auf diese Grundsätze, so müssen deren Voraussetzungen positiv feststehen. Lediglich ernsthafte Anhaltspunkte genügen nicht; die Klage wäre dann durch Prozessurteil abzuweisen.[79] **Kein Raum** ist für eine Anwendung des § 432 BGB aber bei der **OHG** und der **Kommanditgesellschaft**.[80] Abzulehnen ist eine Entscheidung des OLG Düsseldorf, in der die zu § 432 BGB entwickelten Grundsätze auf die organschaftliche Vertretung der Gesellschaft ausgedehnt werden.[81]

Wie gesehen kann einem Gesellschafter entsprechend § 744 Abs. 2 BGB ein Notgeschäftsführungsrecht (vgl. Rn. 12) zustehen. Dadurch erhält der Gesellschafter aber nur das Recht, den Anspruch im eigenen Namen geltend zu machen. Ein Vertretungsrecht für die Gesellschaft bekommt er nicht.[82] Die Vorschriften des § 432 BGB und des § 744 Abs. 2 BGB sind auseinander zu halten. In den Fällen des § 432 BGB kann das Recht des Gesellschafters, die Forderung einzuklagen, in der Regel nicht auf eine sinngemäße Anwendung des § 744 Abs. 2 BGB gestützt werden. Diese Bestimmung berechtigt zwar unter Umständen einen Teilhaber, eine zur Gemeinschaft gehörende Forderung im eigenen Namen einzuklagen. Dem Teilhaber steht dieses Recht aber nur zu, wenn die Einklagung der Forderung eine Maßnahme ist, die zur Erhaltung eines zur Gemeinschaft gehörenden Gegenstandes erforderlich ist. Sie deckt also nicht die Fälle, in denen es ausschließlich darum geht, ob ein Gesellschafter eine Forderung wegen seines eigenen Interesses einklagen kann, wenn die anderen Gesellschafter sich aus gesellschaftswidrigen Gründen weigern, hieran mitzuwirken und der Gesellschaftsschuldner an dem gesellschaftswidrigen Verhalten der anderen Gesellschafter beteiligt ist. In diesen Fällen braucht die Einklagung der Forderung keine Maßnahme darzustellen, die notwendig ist, um einen Gegenstand des Gesellschaftsvermögens zu erhalten. § 744 Abs. 2 BGB ermöglicht es daher einem Gesellschafter in Fällen dieser Art grundsätzlich nicht, eine Forderung selbstständig einzuklagen.[83]

2. Ansprüche aus dem Gesellschaftsverhältnis (actio pro socio)

Die Sozialansprüche (vgl. die Kommentierung zu § 705 BGB Rn. 54) stehen der Gesellschaft zu. Sie werden von der Gesellschaft geltend gemacht, wobei die Gesellschaft durch ihre Handlungsorganisation handelt. Sie werden von den vertretungsberechtigten Gesellschaftern als dem Vertretungsorgan der Gesellschaft im Namen der Gesellschaft geltend gemacht. Die Ansprüche gehen auf Leistung an die Gesellschaft. Darüber hinaus kann sie in bestimmten Fällen jeder Gesellschafter allein im eigenen Namen in Prozessstandschaft für die Gesellschaft zur Leistung an die Gesellschaft einklagen,[84] sog. **actio pro socio**.[85] Allerdings handelt es sich bei der actio pro socio um eine Hilfszuständigkeit. Der Gesellschafter ist nicht Inhaber des geltend gemachten Rechts; dieses steht vielmehr der rechtsfähigen Gesellschaft zu. Daher kommt nur eine **Prozessstandschaft** in Frage. Auch ist der Gesellschafter nur, wenn die primär für die Geltendmachung der Forderung zuständigen Organe nicht tätig werden, zur Geltendmachung im eigenen Namen berufen. Daher handelt es sich um eine **subsidiäre Zuständigkeit**. Dann ist es dem einzelnen Gesellschafter aber nicht zuzumuten, gegen die Vertretungsorgane auf

---

[78] BGH v. 06.06.1955 - II ZR 233/53 - BGHZ 17, 340-348; BGH v. 10.01.1963 - II ZR 95/61 - BGHZ 39, 14-21; BGH v. 30.10.1987 - V ZR 174/86 - juris Rn. 10 - BGHZ 102, 152-162; BGH v. 19.06.2008 - III ZR 46/06 - ZIP 2008, 1582-1587.
[79] BGH v. 19.06.2008 - III ZR 46/06 - ZIP 2008, 1582-1587.
[80] BGH v. 02.07.1973 - II ZR 94/71 - LM Nr. 31 zu § 105 HGB.
[81] OLG Düsseldorf v. 13.02.2003 - 10 U 216/01 - NJW-RR 2003, 513-515: weigert sich einer von zwei Gesellschaftern aus gesellschaftswidrigen Gründen an der gerichtlichen Geltendmachung einer Gesellschaftsforderung durch die Gesellschaft gegen einen Dritten mitzuwirken und ist zudem der verklagte Gesellschaftsschuldner an dem gesellschaftswidrigen Verhalten beteiligt, ist die Gesellschaft durch den verbleibenden Gesellschafter ordnungsgemäß gesetzlich vertreten.
[82] BGH v. 04.05.1955 - IV ZR 185/54 - BGHZ 17, 181-188.
[83] BGH v. 10.01.1963 - II ZR 95/61 - juris Rn. 20 - BGHZ 39, 14-21.
[84] *Schmidt*, Gesellschaftsrecht, 4. Aufl. 2002, § 21 IV 4 a = S. 636-637.
[85] BGH v. 13.05.1985 - II ZR 170/84 - juris Rn. 9 - LM Nr. 21 zu § 109 HGB.

pflichtgemäße Geltendmachung der Forderung zu klagen.[86] Die Klagebefugnis ist nicht an die Zustimmung der übrigen Gesellschafter gebunden; vielmehr kann der Klage eines Gesellschafters im Wege der actio pro socio nur durch einen wirksamen Gesellschafterbeschluss der Boden entzogen werden, in dem die Gesellschaft auf den Anspruch verzichtet oder ihn stundet[87]; auch die **Treuepflicht** kann der actio pro socio in besonderen Ausnahmefällen entgegenstehen, wenn die Geltendmachung gegen überwiegende Interessen der Gesellschaft verstößt.[88] Eine Mehrheitsentscheidung, die auf einer einfachen Mehrheitsklausel beruht, reicht für einen Ausschluss der actio pro socio nicht, da es sich beim Verzicht auf einen Sozialanspruch um keinen Akt der Geschäftsführung handelt.[89] Der BGH konnte bisher die Frage offen lassen, ob und unter welchen Voraussetzungen der Gesellschaftsvertrag der Gesellschaftermehrheit überhaupt die Befugnis einräumen kann, auf Schadensersatzansprüche wegen Verletzung der gesellschaftsvertraglich festgelegten Pflichten mit der Folge zu verzichten, dass die Klagebefugnis des einzelnen Gesellschafters entfällt; die actio pro socio – soweit sie in ihrem Kern beeinträchtigt wird – würde insbesondere dann nicht zur Disposition der Gesellschafter stehen, wenn ihr die Bedeutung eines unentziehbaren und unverzichtbaren Minderheiten- und Kontrollrechts zukäme.[90] Dem persönlich haftenden Gesellschafter einer Kommanditgesellschaft, dessen rechtliche Stellung der eines Fremdgeschäftsführers angeglichen ist, kann jedenfalls dann durch Mehrheitsbeschluss der Gesellschafterversammlung Entlastung erteilt und damit einer Gesellschafterklage einzelner Gesellschafter wegen Schadensersatzansprüchen der Gesellschaft („actio pro socio") der Boden entzogen werden, wenn der Gesellschaftsvertrag eine entsprechende Regelung enthält und die Beschlussfassung über die Entlastung im Einzelfall nicht rechtsmissbräuchlich ist.[91] Diese Grundsätze gelten grundsätzlich auch im Stadium der **Auseinandersetzung**. Hier kann ein Gesellschafter im Wege der actio pro socio auch ausnahmsweise Leistung an sich verlangen, wenn es sich bei diesem Anspruch um den letzten Vermögenswert der Gesellschaft handelt und der Vermögenswert nach dem Auseinandersetzungsverfahren diesem Gesellschafter allein zukommt.[92] Bei der **Innengesellschaft** stehen die Ansprüche den einzelnen Gesellschaftern zu. Hier ist die actio pro socio nichts anderes als die Durchsetzung von Ansprüchen unter den Gesellschaftern. Grundlage dieser actio pro socio ist hier der Gesellschaftsvertrag; es handelt sich um **keine Prozessstandschaft**.[93]

3. Ansprüche von Gesellschafter gegen Gesellschafter

31 Vgl. dazu die Kommentierung zu § 705 BGB Rn. 56.

IV. Grundregeln für Gesellschafterbeschlüsse

1. Rechtsnatur des Beschlusses

32 Die innere Willensbildung der Verbände erfolgt durch ihre **Willensbildungsorgane**. Soweit diese Organe Kollektivorgane sind – und dies ist die Regel – erfolgt die Willensbildung durch Beschluss. Der **Beschluss** ist die Entscheidung eines Kollektivorgans über einen Antrag. Beim Beschluss handelt es sich um keinen Vertragsabschluss oder ein sonstiges Rechtsgeschäft der Gesellschafter untereinander, sondern um einen **Sozialakt der körperschaftlichen Willensbildung**, bei dem jeder Gesellschafter sein Recht auf Mitverwaltung wahrnimmt.[94] Gesellschafterbeschlüsse können auch mit einer auflösenden oder aufschiebenden **Bedingung** verknüpft werden (§ 158 BGB), solange keine schutzwürdigen Interessen der Beteiligten oder Dritter berührt sind.[95] Sofern der Gesellschaftsvertrag keine abweichenden Bestimmungen trifft, müssen die Gesellschafterbeschlüsse einstimmig gefasst werden (§ 709 BGB). Der Gesellschafterbeschluss ist als Sozialakt der körperschaftlichen Willensbildung ein verbandsinterner Vorgang und bedarf daher in der Regel im Verhältnis zu Dritten der **Umsetzung**, etwa

---

[86] *Schmidt*, Gesellschaftsrecht, 4. Aufl. 2002, § 21 IV 4 = S. 637-637.
[87] BGH v. 27.06.1957 - II ZR 15/56 - BGHZ 25, 47-55.
[88] BGH v. 26.04.2010 - II ZR 69/09 - NJW-RR 2010, 1123.
[89] BGH v. 13.05.1985 - II ZR 170/84 - juris Rn. 11 - LM Nr. 21 zu § 109 HGB.
[90] BGH v. 13.05.1985 - II ZR 170/84 - juris Rn. 12 - LM Nr. 21 zu § 109 HGB.
[91] Vgl. auch KG Berlin v. 19.10.1990 - 14 U 7875/89 - DStR 1991, 1355-1356.
[92] BGH v. 17.06.1953 - II ZR 205/52 - BGHZ 10, 91-104.
[93] *Schmidt*, Gesellschaftsrecht, 4. Aufl. 2002, § 21 IV 2 = S. 633.
[94] BGH v. 22.09.1969 - II ZR 144/68 - juris Rn. 8 - BGHZ 52, 316-321; vgl. *Schmidt*, Gesellschaftsrecht, 4. Aufl. 2002, § 15 I 2 = S. 436-438.
[95] BGH v. 25.05.2009 - II ZR 259/07 - NJW-RR 2009, 1264-1267.

durch Abschluss eines Rechtsgeschäfts durch das Vertretungsorgan der Gesellschaft; vgl. auch § 737 Satz 3 BGB. Der durch Anteilsübertragung (vgl. die Kommentierung zu § 719 BGB Rn. 7) in eine Gesellschaft **eingetretene Gesellschafter** ist an einen „unwiderruflichen" **Beschluss**, durch den die gesellschaftsinterne Willensbildung abgeschlossen wird (Geltendmachung von Sonderabschreibungen), **gebunden**; das gilt selbst dann, wenn der gefasste Beschluss noch durch Bekanntgabe der Wahlrechtsausübung (bzgl. des Begünstigungszeitraums der Sonderabschreibung) gegenüber der Finanzbehörde umgesetzt werden muss.[96]

2. Anwendungsbereich

Z.B. die §§ 709, 710 Satz 2, 712, 715, 737 BGB. Gesellschafterbeschlüsse sind nicht nur im Rahmen der Geschäftsführung erforderlich, sondern auch für Grundlagengeschäfte (vgl. Rn. 16; Ausschluss eines Gesellschafters, Entziehung der Geschäftsführungs- und Vertretungsbefugnis) oder einmalige Überschreitungen des Gesellschaftszwecks. Der Gesellschaftsvertrag kann weitere Fälle der Beschlussfassung vorsehen.[97] Der Gesellschaftsvertrag kann sogar vorsehen, dass der Gesellschaftsvertrag durch Mehrheitsbeschluss geändert (vgl. Rn. 19) werden kann.

33

3. Unwirksamkeit des Beschlusses

Ist im Gesellschaftsvertrag einer Publikumsgesellschaft geregelt, dass über bestimmte Beschlussgegenstände nicht die Mehrheit der abgegebenen, sondern die Mehrheit der anwesenden Stimmen entscheidet, und ergibt die Auslegung des Gesellschaftsvertrags, dass die Mehrheit der anwesenden Stimmen als Mehrheit aller teilnehmenden und nicht als Mehrheit der mit Ja oder Nein stimmenden Gesellschafter zu verstehen ist, sind bei **schriftlicher Beschlussfassung** mit den „anwesenden" Gesellschaftern im Regelfall nicht alle, sondern nur die Gesellschafter gemeint, die sich an der schriftlichen Abstimmung beteiligen.[98] Eine versehentlich **unterbliebene Ladung** führt, da Gesellschafter nur im Rahmen von Gesetz und Satzung an Mehrheitsentscheidungen gebunden sind, grundsätzlich zur **Nichtigkeit des Beschlusses**. Dieser Grundsatz gilt aber nicht ausnahmslos. Der BGH hat schon für das Vereinsrecht ausgeführt, dass die Willensbildung und -betätigung innerhalb des Vereins, aber auch dessen Rechtsbeziehungen nach außen mit unerträglichen Unsicherheiten belastet wären, wenn jedes Vereinsmitglied, ja sogar jeder Fremde wegen irgendeines Gesetzes- oder Satzungsverstoßes ohne Rücksicht auf dessen Schwere und die Bedeutung der betreffenden Angelegenheit die Nichtigkeit eines Beschlusses unbeschränkt geltend machen könnte. Für die – ähnlich wie ein Verein – auf eine unbegrenzte Vielzahl von Mitgliedern angelegte **Publikumsgesellschaft** gilt nichts anderes. Auch bei ihr ist eine Abstimmung nicht wirkungslos, wenn zwar ein Gesellschafter versehentlich nicht eingeladen worden ist, aber zugleich feststeht, dass dieser Fehler das Abstimmungsergebnis unter keinen Umständen beeinflusst haben kann.[99] Wird bei einer Publikumsgesellschaft ein Gesellschafter versehentlich nicht geladen, führt das nicht ohne weiteres zur Nichtigkeit aller Beschlüsse. Es ist stets der Frage nachzugehen, ob das Fehlen des Gesellschafters das Abstimmungsergebnis unter keinen Umständen beeinflusst haben kann oder ob der Gesellschafter aufgrund seiner gesellschaftlichen Treuepflicht zur Zustimmung verpflichtet gewesen wäre.[100] Bei der BGB-Gesellschaft ist die Einhaltung bestimmter Förmlichkeiten bei der Beschlussfassung nicht vorgeschrieben. § 32 Abs. 1 Satz 2 BGB findet hier jedenfalls dann keine Anwendung, wenn das Einstimmigkeitsprinzip im Gesellschaftsvertrag nicht abbedungen ist.[101] Im Recht der Gesellschaft bürgerlichen Rechts ist es vom BGH mitgetragene herrschende Meinung, dass derjenige, der sich auf die Nichtigkeit eines Gesellschafterbeschlusses oder die Unrichtigkeit des festgestellten Beschlussergebnisses beruft, **Feststellungsklage** erheben kann. Beschlüsse der Gesellschafter sind Rechtsverhältnisse im Sinne des § 256 Abs. 1 ZPO. Der Streit über die Wirksamkeit von Beschlüssen schafft Rechtsunsicherheit. Über ihre Rechtmäßigkeit oder Unwirksamkeit muss daher möglichst bald Klarheit geschaffen werden. Das rechtliche Interesse eines Gesellschafters an der Feststellung der Unwirksamkeit eines Gesellschafterbeschlusses ergibt sich regelmäßig aus seiner Zugehö-

34

---

[96] BGH v. 02.12.2002 - II ZR 194/00 - WM 2003, 442-443.
[97] *Hadding/Kießling* in: Soergel, § 709 Rn. 25.
[98] BGH v. 19.07.2011 - II ZR 153/09 - ZIP 2011, 1906-1909.
[99] BGH v. 10.10.1983 - II ZR 213/82 - juris Rn. 12 - LM Nr. 252 zu § 242 (Cd) BGB.
[100] BGH v. 19.01.1987 - II ZR 158/86 - juris Rn. 6 - LM Nr. 27 zu § 119 HGB; BGH v. 16.03.1987 - II ZR 179/86 - juris Rn. 15 - NJW 1987, 3121-3123: dort auch zur Darlegungs- und Beweislast.
[101] BGH v. 20.06.1994 - II ZR 103/93 - LM BGB § 705 Nr. 61 (2/1995).

rigkeit zur Gesellschaft.[102] Die Klage auf Feststellung der Nichtigkeit eines Gesellschafterbeschlusses muss bei einer BGB-Gesellschaft – auch einer Publikumsgesellschaft – im Grundsatz **gegen die Mitgesellschafter** erhoben werden. Allerdings kann der Gesellschaftsvertrag bestimmen, dass ein Streit über die Wirksamkeit eines Gesellschafterbeschlusses **mit der Gesellschaft** selbst und nicht unter den Gesellschaftern auszutragen ist[103]. Die Übernahme dieses „kapitalgesellschaftsähnlichen" Klagesystems auf Personengesellschaften ist nicht auf Publikumsgesellschaften oder Personengesellschaften mit zahlreichen Gesellschaftern beschränkt. Ob es ausnahmsweise übernommen ist, hängt von der Auslegung des Gesellschaftsvertrags im Einzelfall ab.[104] Enthält der Gesellschaftsvertrag eine entsprechende Vorschrift, dann ist für die Austragung entsprechender Streitigkeiten mit den einzelnen Gesellschaftern kein Raum mehr. Bedenken wegen der Bindungswirkung der ergehenden gerichtlichen Entscheidung bestehen nicht. Aufgrund der ständigen Rechtsprechung des BGH hat nach Sinn und Zweck einer solchen Vertragsbestimmung ein zwischen dem klagenden Gesellschafter und der Gesellschaft ergangenes Urteil die Folge, dass die übrigen Gesellschafter schuldrechtlich verpflichtet sind, sich an die in diesem Rechtsstreit getroffene Entscheidung zu halten.[105] Der Gesellschaftsvertrag einer Publikumsgesellschaft kann vorhalten, dass die Unwirksamkeit von Gesellschafterbeschlüssen innerhalb einer **Ausschlussfrist** von acht Wochen nach Zugang des Protokolls oder Mitteilung des schriftlichen Abstimmungsergebnisses durch Klage geltend zu machen ist.[106] Der BGB-Gesellschaft kommt ein **allgemeiner Gerichtsstand** zu (§ 17 ZPO), der durch den Sitz der Gesellschaft bestimmt wird (sofern es einen solchen gibt). Dieser Gerichtsstand ist gem. § 22 ZPO für Streitigkeiten der Gesellschafter gegen die Gesellschaft oder der Gesellschafter untereinander maßgeblich.[107]

35 **Darlegungs- und Beweislast** fallen auseinander; es ist Sache desjenigen, der sich auf die Nichtigkeit des Beschlusses beruft, die Gründe dafür im Einzelnen darzulegen. Dieser Darlegungslast genügt er nicht schon dadurch, dass er die Wirksamkeit des Beschlusses bestreitet oder – mehr oder weniger ins Blaue hinein – das Vorliegen denkbarer Nichtigkeitsgründe behauptet; vielmehr hat er im Einzelnen die Umstände darzulegen, aus denen sich im konkreten Falle die Nichtigkeit oder zumindest ein begründeter Zweifel an der Wirksamkeit des Beschlusses ergibt. Beispielsweise reicht es nicht aus, nur zu behaupten, es seien nicht alle Gesellschafter zur Versammlung eingeladen worden; kann nicht konkret gesagt werden, welche Gesellschafter nicht geladen worden sind, so sind wenigstens Tatsachen vorzutragen, die Zweifel an einer ordnungsgemäßen Einladung rechtfertigen. Die übrigen Gesellschafter müssen dann beweisen, dass diese Umstände nicht vorgelegen haben.[108]

4. Stimmabgabe

36 Die Stimmabgabe ist eine **Willenserklärung**. Die bürgerlich-rechtlichen Vorschriften über die **Anfechtbarkeit** und Nichtigkeit von Willenserklärungen sind darum grundsätzlich anzuwenden.[109] Sowohl bei Abschluss eines Gesellschaftsvertrags als auch bei Gesellschafterbeschlüssen und bei diesen wiederum unabhängig davon, ob sie Geschäftsführungsmaßnahmen oder Gesellschaftsvertragsänderungen zum Gegenstand haben, können die Erklärungen der einzelnen Gesellschafter nacheinander und auch außerhalb einer Gesellschafterversammlung abgegeben werden, solange die Abstimmung nicht abgeschlossen ist.[110] Nach einer verbreiteten Meinung werden Gesellschafterbeschlüsse, die nicht in einem einzigen Akt gefasst werden, nur unter der Voraussetzung wirksam, dass bei Zustimmung des letzten Gesellschafters die anderen noch an der Stimmabgabe festhalten.[111] Ob das so allgemein richtig ist, hat der BGH bisher dahinstehen lassen. Auch wenn man davon ausgeht, dass die Gesellschafter, die einem Beschluss bereits zugestimmt haben, grundsätzlich daran nicht gebunden sind, solange der Be-

---

[102] BGH v. 21.10.1991 - II ZR 211/90 - NJW-RR 1992, 227. Den Klagen von Kommanditisten einer Publikums-KG auf Feststellung der Nichtigkeit von Ausschließungen anderer Kommanditisten aus der Gesellschaft fehlt in der Regel das Feststellungsinteresse (BGH v. 17.07.2006 - II ZR 242/04 - ZIP 2006, 1579-1581, 1581).

[103] BGH v. 17.07.2006 - II ZR 242/04 - ZIP 2006, 1579-1581, 1581.

[104] BGH v. 01.03.2011 - II ZR 83/09 - ZIP 2011, 806-809; BGH v. 24.03.2003 - II ZR 4/01 - NJW 2003, 1729-1730.

[105] BGH v. 17.07.2006 - II ZR 242/04 - ZIP 2006, 1579-1581, 1581.

[106] BGH v. 11.10.2011 - II ZR 242/09 - ZIP 2011, 2299-2304.

[107] OLG Köln v. 28.05.2003 - 5 W 54/03 - MDR 2003, 1374-1375.

[108] BGH v. 19.01.1987 - II ZR 158/86 - juris Rn. 6 - LM Nr. 27 zu § 119 HGB.

[109] BGH v. 14.07.1954 - II ZR 342/53 - BGHZ 14, 264-274.

[110] BGH v. 19.02.1990 - II ZR 42/89 - juris Rn. 18 - LM Nr. 55 zu § 705 BGB.

[111] RG v. 04.03.1930 - II 207/29 - RGZ 128, 172-183; offen gelassen in RG v. 13.04.1940 - II 143/39 - RGZ 163, 385-396.

schluss mangels der erforderlichen Stimmenzahl nicht zustande gekommen ist, kann das im Einzelfall anders sein, wenn die zustimmenden Gesellschafter ausdrücklich oder stillschweigend einen solchen **Bindungswillen** erklären.[112] Hat daher in einer Gesellschafterversammlung einer BGB-Gesellschaft nur ein Teil der Gesellschafter einer Satzungsänderung zugestimmt, die Einstimmigkeit erfordert, und sollen die übrigen Gesellschafter später zustimmen, sind die zustimmenden Gesellschafter grundsätzlich an ihre Erklärung gebunden, sofern ein solcher Bindungswille ausdrücklich oder stillschweigend erklärt ist. Die Bindung endet jedoch, wenn die Erklärungen (z.B. Unterschriften unter den geänderten Gesellschaftsvertrag) nachhaltig nicht eingeholt werden konnten.[113]

Die isolierte **Abtretung des Stimmrechts** für den Anteil eines Gesellschafters ist wegen Verstoßes gegen das Abtretungsverbot (vgl. die Kommentierung zu § 717 BGB Rn. 8) des § 717 Satz 1 BGB nichtig; die Erteilung einer **unwiderruflichen Stimmrechtsvollmacht** unter gleichzeitigem Stimmrechtsverzicht seitens des Gesellschafters gegenüber dem Bevollmächtigten ist ebenfalls nichtig (vgl. dazu die Kommentierung zu § 717 BGB Rn. 8), und zwar auch dann, wenn die Erteilung einer Stimmrechtsvollmacht im Gesellschaftsvertrag ausdrücklich zugelassen ist.[114] Das Stimmrecht kann aber durch den Gesellschaftsvertrag **ausgeschlossen** werden, jedoch nur insoweit, als es sich nicht um Gesellschafterbeschlüsse handelt, die in die Rechtsstellung des Gesellschafters als solche eingreifen.[115] Die Kernbereichslehre (vgl. Rn. 23) verlangt in ihrer heutigen Ausgestaltung sogar die Zustimmung des Gesellschafters zu Beschlüssen, die seine Rechtsstellung tangieren. Inwieweit eine **obligatorische Gruppenvertretung** durch eine Vertreterklausel zulässig ist (z.B.: „Werden mehrere Erben oder Vermächtnisnehmer Nachfolger eines Gesellschafters, so können sie ihr Stimmrecht nur einheitlich durch einen gemeinsamen Vertreter ausüben"), ist für die BGB-Gesellschaft noch weitgehend ungeklärt.[116] 37

Das **Verbot des Selbstkontrahierens** (§ 181 BGB) hindert den Gesellschafter einer BGB-Gesellschaft grundsätzlich nicht daran, bei Gesellschafterbeschlüssen über **Maßnahmen der Geschäftsführung** und sonstige gemeinsame Gesellschaftsangelegenheiten im Rahmen des bestehenden Gesellschaftsvertrags als Vertreter eines anderen Gesellschafters und zugleich im eigenen Namen mitzuwirken (deshalb kann die Tatsache, dass ein Minderjähriger als Kommanditist und sein gesetzlicher Vertreter als persönlich Haftender an derselben Gesellschaft beteiligt sind, die Anordnung einer Ergänzungspflicht allein nicht rechtfertigen); allerdings ist ein Gesellschafter durch § 181 BGB gehindert, an einer **Änderung des Gesellschaftsvertrags** im eigenen Namen und zugleich als Vertreter eines anderen Gesellschafters mitzuwirken, soweit er damit nicht ausschließlich einer Rechtspflicht nachkommt.[117] Denn für die Auslegung des § 181 BGB sind nicht allein formalrechtliche oder konstruktive Überlegungen, sondern auch wertende Gesichtspunkte maßgebend. Bei einem Rechtsgeschäft der in § 181 BGB gemeinten Art stehen zwei oder mehr Personen typischerweise in der Rolle von Geschäftsgegnern, von denen jeder zu Lasten des anderen seine eigene Rechtsposition zu verschieben oder zu stärken trachtet, auf jeweils verschiedenen Seiten. So liegt es auch beim Abschluss oder der Änderung eines Gesellschaftsvertrags. Auch hier geht es zunächst nicht um die Zusammenarbeit im Rahmen einer vorhandenen Vertragsregelung, sondern darum, erst einmal unter Ausgleich der wechselseitigen Einzelinteressen eine Grundlage für diese Zusammenarbeit zu finden oder sie neu zu bestimmen, wobei sich jeder Beteiligte regelmäßig innerhalb der so zu schaffenden Vertragsordnung eine möglichst starke Rechtsstellung zu sichern sucht. Demgegenüber ist bei einem gewöhnlichen Gesellschafterbeschluss das Ziel der verbandsinternen Willensbildung nach dem gesetzlichen Leitbild des § 705 BGB nicht in der Austragung individueller Interessengegensätze zu sehen, deren Zusammentreffen in derselben Person § 181 BGB verhindern will, sondern in der Verfolgung des gemeinsamen Gesellschaftszwecks auf dem Boden der bestehenden Vertragsordnung. Darüber, wie das vom Gesellschaftszweck geprägte gleichgerichtete Interesse am Gedeihen der Gesellschaft am besten zu verwirklichen ist, mögen unterschiedliche Meinungen bestehen. Das beruht aber nicht typischerweise auf einem Widerstreit zwischen dem persönlichen Interesse des einzelnen und dem der anderen oder aller Gesellschafter, der mit einem In- 38

---

[112] BGH v. 19.02.1990 - II ZR 42/89 - juris Rn. 20 - LM Nr. 55 zu § 705 BGB.
[113] OLG Köln v. 16.04.1997 - 13 U 228/94 - NZG 1998, 767-770.
[114] BGH v. 10.11.1951 - II ZR 111/50 - BGHZ 3, 354-360; für den schuldrechtlichen Verzicht auf Ausübung des Stimmrechts gegen den Willen des unwiderruflich zur Ausübung des Stimmrechts Bevollmächtigten BGH v. 15.12.1969 - II ZR 69/67 - LM Nr. 27 zu § 105 HGB.
[115] BGH v. 14.05.1956 - II ZR 229/54 - BGHZ 20, 363-371 für den Kommanditisten.
[116] Dazu *Schmidt*, ZHR 146, 525-554, 525; *Schmidt*, Gesellschaftsrecht, 4. Aufl. 2002, § 21 II 5 = S. 621-624; vgl. für die Kommanditgesellschaft BGH v. 12.12.1966 - II ZR 41/65 - BGHZ 46, 291-300.
[117] BGH v. 18.09.1975 - II ZB 6/74 - BGHZ 65, 93-102.

§ 709

teressenkonflikt von der Art des in § 181 BGB vorausgesetzten vergleichbar wäre. Im Vordergrund steht vielmehr auch bei Uneinigkeit über den einzuschlagenden Weg das Zusammenwirken aller Gesellschafter zum gemeinschaftlichen Nutzen, zu dem sie sich im Gesellschaftsvertrag verbunden haben. § 181 BGB findet dementsprechend Anwendung, wenn sich ein Gesellschafter, der von anderen Gesellschaftern zu ihrer Vertretung in Gesellschafterversammlungen bevollmächtigt ist, mit den Stimmen seiner Vollmachtgeber **zum Geschäftsführer der Gesellschaft bestellt**, da es sich hier um keine Geschäftsführungsmaßnahme handelt.[118]

39 Das Recht zur Stimmabgabe kann bei **Interessenkollision** entfallen, eine gleichwohl abgegebene Stimme ist dann nicht zu berücksichtigen.[119] Dies ist gesetzlich bestimmt für den Entzug der Geschäftsführungs- und Vertretungsbefugnis aus wichtigem Grund in den §§ 712, 715 BGB, wenn dort vom Beschluss der „übrigen" Gesellschafter die Rede ist[120]; vgl. auch § 737 Satz 2 BGB. Die Vorschriften der § 34 BGB (vgl. die Kommentierung zu § 34 BGB), § 136 Abs. 1 AktG, § 47 Abs. 4 GmbHG, § 43 Abs. 6 GenG sind entsprechend anzuwenden.[121]

39.1 Auch in der BGB-Gesellschaft gilt der allgemein geltende Grundsatz, dass **niemand Richter in eigener Sache** sein darf (§§ 712 Abs. 1, 715, 737 Satz 2 BGB; vgl. § 34 BGB, **§ 47 Abs. 4 Satz 1 GmbHG**, § 43 Abs. 6 GenG, § 136 Abs. 1 Satz 1 AktG). Bei Beschlussfassungen der Gesellschafter über die Entlastung eines Gesellschafters, die Einleitung eines Rechtsstreits oder die außergerichtliche Geltendmachung von Ansprüchen gegen einen Gesellschafter sowie die Befreiung eines Gesellschafters von einer Verbindlichkeit unterliegt der betroffene Gesellschafter daher einem Stimmverbot. Ein Gesellschafter der BGB-Gesellschaft (konkret: Kommanditgesellschaft) kann bei Beschlussfassung über die Verfolgung von Ansprüchen gegen einen der eigenen Gesellschafter (konkret: Kommanditist) ausgeschlossen werden, wenn eben dieser „**Gesellschafter-Gesellschafter**" über maßgebenden Einfluss in der Gesellschaft verfügt: dies war im zur Entscheidung stehenden Fall mit Blick auf die §§ 164, 116 Abs. 2 HGB nicht der Fall, da der Kommanditist bei gewöhnlichen Geschäften – wozu die Stimmabgabe in der BGB-Gesellschaft gehörte – von der Geschäftsführung in der Kommanditgesellschaft ausgeschlossen war (BGH v. 07.02.2012 - II ZR 230/09 - ZIP 2012, 917-921).

39.2 Auch in der BGB-Gesellschaft gilt der allgemein geltende Grundsatz, dass **niemand Richter in eigener Sache** sein darf (§§ 712 Abs. 1, 715, 737 Satz 2 BGB; vgl. § 34 BGB, **§ 47 Abs. 4 Satz 1 GmbHG**, § 43 Abs. 6 GenG, § 136 Abs. 1 Satz 1 AktG). Bei Beschlussfassungen der Gesellschafter über die Entlastung eines Gesellschafters, die Einleitung eines Rechtsstreits oder die außergerichtliche Geltendmachung von Ansprüchen gegen einen Gesellschafter sowie die Befreiung eines Gesellschafters von einer Verbindlichkeit unterliegt der betroffene Gesellschafter daher einem Stimmverbot. Ein Gesellschafter ist auch dann von der Abstimmung ausgeschlossen, wenn Beschlussgegenstand eine **Verfehlung** eines anderen Gesellschafters ist, die der Gesellschafter **gemeinsam** mit diesem begangen haben soll: denn auch hier kann der Gesellschafter nicht mehr unbefangen urteilen (BGH v. 07.02.2012 - II ZR 230/09 - ZIP 2012, 917-921).

39.3 Der BGH konnte offen lassen, ob **§ 47 Abs. 4 Satz 2 GmbHG** auf eine BGB-Gesellschaft entsprechende Anwendung findet in dem Sinne, dass das Stimmrecht eines Gesellschafters für Rechtsgeschäfte der Gesellschaft mit diesem Gesellschafter ausgeschlossen ist. Denn eine entsprechende Anwendung kommt jedenfalls dann nicht mehr in Betracht, wenn der fragliche Gesellschafter der BGB-Gesellschaft lediglich **Prokurist oder Fremdgeschäftsführer** des Vertragspartners ist (BGH v. 07.02.2012 - II ZR 230/09 - ZIP 2012, 917-921).

40 Eine **Zustimmungspflicht** besteht nur ausnahmsweise (vgl. Zustimmungspflicht zu Vertragsänderungen (Rn. 25) und Zustimmungspflicht im Rahmen der Geschäftsführung, Rn. 11).

41 Eine **Stimmrechtsbindung**, d.h. die Vereinbarung, dass Stimmrecht in bestimmter Weise auszuüben, ist grundsätzlich wirksam.[122] Sie wirkt **rein schuldrechtlich**. Es besteht ein klagbarer Erfüllungsan-

---

[118] BGH v. 24.09.1990 - II ZR 167/89 - juris Rn. 12 - BGHZ 112, 339-345.
[119] BGH v. 09.11.1987 - II ZR 100/87 - juris Rn. 14 - BGHZ 102, 172-180.
[120] Vgl. BGH v. 21.04.1969 - II ZR 200/67 - LM Nr. 5 zu § 38 GmbHG; auch BGH v. 09.11.1987 - II ZR 100/87 - juris Rn. 14 - BGHZ 102, 172-180.
[121] RG v. 20.12.1939 - II 88/39 - RGZ 162, 370-377.
[122] *Sprau* in: Palandt, Vorbem. v. 709 Rn. 14; enger *Ulmer/Schäfer*, Gesellschaft bürgerlichen Rechts und Partnerschaftsgesellschaft, 5. Aufl. 2009, § 717 Rn. 25: zulässig nur gegenüber Mitgesellschaftern; dagegen sollen Stimmbindungsverträge mit Nichtgesellschaftern wegen Verstoßes gegen das Abspaltungsverbot gem. § 717 Satz 1 BGB unwirksam sein; *Hadding/Kießling* in: Soergel, § 709 Rn. 36.

spruch, der gem. § 894 ZPO zu vollstrecken ist.[123] Sehr umstritten ist, ob diesbezüglich der Erlass einer einstweiligen Verfügung möglich ist.[124]

Eine Vereinbarung, durch die die Gesellschafter einem **Dritten** zusätzlich das **Stimmrecht** einräumen, hält der BGH für rechtlich zulässig;[125] vgl. die Kommentierung zu § 717 BGB Rn. 11.

42

---

[123] BGH v. 29.05.1967 - II ZR 105/66 - BGHZ 48, 163-174.
[124] In diese Richtung OLG Hamburg v. 28.06.1991 - 11 U 65/91 - NJW 1992, 186-187; OLG Koblenz v. 27.02.1986 - 6 U 261/86 - NJW 1986, 1692-1693; auch OLG Stuttgart v. 20.02.1987 - 2 U 202/86 - NJW 1987, 2449-2450; a.A. OLG Frankfurt v. 15.12.1981 - 5 W 9/81 - WM 1982, 282-283; vgl. auch OLG Koblenz v. 25.10.1990 - 6 U 238/90 - NJW 1991, 1119-1120.
[125] BGH v. 22.02.1960 - VII ZR 83/59 - LM Nr. 6 zu § 109 HGB, zweifelhaft; vgl. dazu: *Bergmann*, Die fremdorganschaftlich verfasste Offene Handelsgesellschaft, Kommanditgesellschaft und BGB-Gesellschaft als Problem des allgemeinen Verbandsrechts, 2002, § 22 A = S. 546-547.

§ 710 BGB Übertragung der Geschäftsführung

(Fassung vom 02.01.2002, gültig ab 01.01.2002)

¹Ist in dem Gesellschaftsvertrag die Führung der Geschäfte einem Gesellschafter oder mehreren Gesellschaftern übertragen, so sind die übrigen Gesellschafter von der Geschäftsführung ausgeschlossen. ²Ist die Geschäftsführung mehreren Gesellschaftern übertragen, so finden die Vorschriften des § 709 entsprechende Anwendung.

A. Gesellschaftsvertragliche Übertragung der Geschäftsführung

1   § 710 BGB regelt für die gesetzestypisch (selbstorganschaftlich) verfasste BGB-Gesellschaft die Möglichkeit, dass einzelne Gesellschafter **von der organschaftlichen Geschäftsführung ausgeschlossen** werden können. Die organschaftliche Geschäftsführung steht dann ausschließlich den geschäftsführenden Gesellschaftern zu. Unter den geschäftsführenden Gesellschaftern gilt mangels abweichender Regelung im Gesellschaftsvertrag gem. den §§ 710 Satz 2, 709 BGB Gesamtgeschäftsführung. Andere gesellschaftsvertragliche Gestaltungen der Organisationsverfassung (vgl. die Kommentierung zu § 709 BGB Rn. 6) sind aber möglich. Bei der Übertragung der Geschäftsführung auf einige Gesellschafter handelt es sich um eine Maßnahme auf der Ebene des Gesellschaftsvertrags. Soll daher nach Entstehung der Gesellschaft von der gesetzestypischen Geschäftsführung durch alle Gesellschafter (§ 709 Abs. 1 BGB) abgewichen werden, ist eine **Änderung des Gesellschaftsvertrags** notwendig. Den von der Geschäftsführung ausgeschlossenen Gesellschaftern verbleiben aber die Kontrollbefugnisse des § 716 BGB, zudem können sie bei der Entziehung der Geschäftsführungsbefugnis gem. § 712 BGB mitwirken. Das Notgeschäftsführungsrecht (vgl. die Kommentierung zu § 709 BGB Rn. 12) entsprechend § 744 Abs. 2 BGB steht auch den von der Geschäftsführung ausgeschlossenen Gesellschaftern zu; ebenso sind sie zur actio pro socio (vgl. die Kommentierung zu § 709 BGB Rn. 30) berechtigt sowie in Ausnahmesituationen zur Geltendmachung von Drittansprüchen (vgl. die Kommentierung zu § 709 BGB Rn. 28) der Gesellschaft entsprechend § 432 BGB.

2   **Nach Auflösung der Gesellschaft** lebt nach der gesetzlichen Regel des § 730 Abs. 2 Satz 2 BGB die Gesamtgeschäftsführung aller Gesellschafter wieder auf, soweit sich aus dem Gesellschaftsvertrag nicht ein anderes ergibt. Die Norm wird aber so auszulegen sein, dass es grundsätzlich bei der **Kontinuität der Handlungsverfassung** verbleibt, also die Handlungsorganisation der werbenden Gesellschaft grundsätzlich auch für die abzuwickelnde Gesellschaft gilt (vgl. die Kommentierung zu § 729 BGB Rn. 1).¹ Bei mitgliederstarken Gesellschaften wird sich dieses Ergebnis auch zwanglos im Wege der ergänzenden Vertragsauslegung aus dem Gesellschaftsvertrag (vgl. die Kommentierung zu § 705 BGB Rn. 12) ergeben. Gerade bei der mitgliederstarken BGB-Gesellschaft würde der Wegfall einer organisierten Handlungsverfassung hin zur archaischen Gesamtvertretung zur faktischen Handlungsunfähigkeit der Gesellschaft führen.

B. Organschaftliche Geschäftsführung

3   § 710 BGB regelt nur die Übertragung der **organschaftlichen Geschäftsführung** im Rahmen des Organisationsprinzips der Selbstorganschaft auf einzelne Gesellschafter. Natürlich bleibt es der Gesellschaft unbenommen, im Außenverhältnis **Dritte** rechtsgeschäftlich mit „Geschäftsführungsaufgaben" zu beauftragen und ihnen Vollmacht zu erteilen. Allerdings geht es dabei grundsätzlich nicht um die Übertragung organschaftlicher Befugnisse (vgl. die Kommentierung zu § 709 BGB Rn. 2); die Dritten werden nicht in die Handlungsorganisation integriert. Nach der h.M. ist der **Grundsatz der Selbstorganschaft** zwingend und eine Übertragung organschaftlicher Befugnisse an Dritte nicht möglich. Allerdings wird man an dem zwingenden Charakter dieses Organisationsprinzips (vgl. die Kommentierung zu § 709 BGB Rn. 8) angesichts neuer Erkenntnisse in der Literatur nicht länger festhalten können. Auch die Einbindung Gesellschaftsfremder in die Handlungsorganisation ist möglich. Die Gesellschafter haben die Rechtsmacht, sich entsprechend den §§ 146 Abs. 1, 492 Abs. 1 HGB entsprechend

---

[1] Vgl. so für die §§ 146, 150 HGB: *Bergmann*, Die fremdorganschaftlich verfasste Offene Handelsgesellschaft, Kommanditgesellschaft und BGB-Gesellschaft als Problem des allgemeinen Verbandsrechts, 2002, § 4 B = S. 149-159; die Motive verweisen bzgl. § 730 Abs. 1 Satz 2 BGB auf die entsprechenden Vorschriften des Handelsrecht: Mugdan II, S. 350.

der Prinzipien der abstrakten Organverwaltung (vgl. die Kommentierung zu § 709 BGB Rn. 4) zu verfassen. Dies geschieht dadurch, dass durch Änderung des Gesellschaftsvertrags ein abstraktes Geschäftsführungsorgan (z.B. ein Vorstand) errichtet wird, und ein Dritter zum Organwalter dieses Organs durch einfachen (nicht vertragsändernden) Beschluss bestellt wird. Das ist nichts wirklich Neues, sondern aus dem Recht des nicht eingetragenen Vereins gem. § 54 Satz 1 BGB bekannt. Denn der nicht eingetragene Verein (vgl. die Kommentierung zu § 705 BGB Rn. 41) ist nichts anderes als eine körperschaftlich und insbesondere fremdorganschaftlich, d.h. entsprechend der Grundsätze der abstrakten Organverwaltung, verfasste Gesellschaft: Handlungsorgan des nicht eingetragenen Vereins ist der Vorstand. Die Gesellschafter sind allesamt von der organschaftlichen Geschäftsführung und Vertretung ausgeschlossen. Selbst wenn alle Vereinsmitglieder zusammen handeln, ist dies kein Handeln des Vereins. Der nicht eingetragene Verein handelt ausschließlich durch seinen Vorstand.[2]

---

[2] Dazu grundlegend: *Bergmann*, Die fremdorganschaftlich verfasste Offene Handelsgesellschaft, Kommanditgesellschaft und BGB-Gesellschaft als Problem des allgemeinen Verbandsrechts, 2002, insbesondere: § 17 = S. 343-412.

§ 711 BGB Widerspruchsrecht

(Fassung vom 02.01.2002, gültig ab 01.01.2002)

¹Steht nach dem Gesellschaftsvertrag die Führung der Geschäfte allen oder mehreren Gesellschaftern in der Art zu, dass jeder allein zu handeln berechtigt ist, so kann jeder der Vornahme eines Geschäfts durch den anderen widersprechen. ²Im Falle des Widerspruchs muss das Geschäft unterbleiben.

Gliederung

A. Grundlagen 1	II. Unwirksamer Widerspruch 3
B. Anwendungsvoraussetzungen 2	III. Außenwirkung 4
I. Gegenstand des Widerspruchs 2	IV. Widerspruchsberechtigter 5

A. Grundlagen

1   Bei **mehreren einzelgeschäftsführungsbefugten** Gesellschaftern kann jeder der geschäftsführenden (vgl. die Kommentierung zu § 709 BGB Rn. 11) Gesellschafter der Vornahme eines Geschäfts durch einen der anderen widersprechen. Hinter der Regelung steht der Zweck, eine **Selbstkontrolle** der geschäftsführungsberechtigten Gesellschafter zu institutionalisieren.

B. Anwendungsvoraussetzungen

I. Gegenstand des Widerspruchs

2   Der Widerspruch kann sich nur gegen geplante Geschäftsführungsmaßnahmen richten, nicht allerdings gegen Notmaßnahmen (vgl. die Kommentierung zu § 709 BGB Rn. 12) eines Gesellschafters entsprechend § 744 Abs. 2 BGB.[1] Er kann sich nicht erstrecken auf die gesamte Tätigkeit eines Mitgeschäftsführers, sondern **nur auf einzelne Geschäfte** oder eine bestimmte Art von Geschäften. Denn durch den Widerspruch darf dem anderen Gesellschafter nicht dessen Geschäftsführungsbefugnis genommen werden; die Wirkung eines Beschlusses gem. § 712 BGB darf nicht vorweggenommen werden. Ein **Widerspruch gegen einen Widerspruch** ist unzulässig.[2] Widerspricht ein zur Einzelgeschäftsführung berechtigter Gesellschafter einer Handlung eines anderen geschäftsführenden Gesellschafters, so muss diese unterbleiben (§ 711 Satz 2 BGB).

II. Unwirksamer Widerspruch

3   Das Widerspruchsrecht steht dem einzelnen Gesellschafter als Bestandteil seines Geschäftsführungsrechts zu. Es ist ausschließlich dem **Interesse der Gesellschaft** zu dienen bestimmt und darf deshalb nicht zur Durchsetzung individueller Belange benutzt werden. Der Gesellschafter hat daher bei Ausübung des Widerspruchsrechts die Interessen der Gesellschaft pflichtgemäß zu berücksichtigen. Ein willkürlich erklärter, offensichtlich gegen die (organschaftliche) Treuepflicht (vgl. die Kommentierung zu § 705 BGB Rn. 51) verstoßender Widerspruch ist **unwirksam**; bei Ermessensentscheidungen bleibt dem widersprechenden Gesellschafter allerdings ein Beurteilungsspielraum, der gerichtlich nur beschränkt überprüfbar ist.[3] Der pflichtwidrige Widerspruch braucht nicht beachtet zu werden.

III. Außenwirkung

4   Unmittelbare Außenwirkung kommt dem Widerspruch **nicht** zu; dies gilt selbst dann, wenn der widersprechende Gesellschafter durch die Vornahme gegenläufiger Rechtsgeschäfte umgehend die vorherigen Erklärungen des anderen Gesellschafters konterkarieren könnte[4] „Mittelbare" Außenwirkung kann dem Widerspruch jedoch insoweit zukommen, als die Grundsätze des Missbrauchs der Vertretungsmacht eingreifen.

---

[1] BGH v. 04.05.1955 - IV ZR 185/54 - juris Rn. 20 - BGHZ 17, 181-188.
[2] *Hadding/Kießling* in: Soergel, § 711 Rn. 3.
[3] BGH v. 08.07.1985 - II ZR 4/85 - LM Nr. 4 zu § 115 HGB.
[4] BGH v. 10.03.1955 - II ZR 309/53 - BGHZ 16, 394-400; BGH v. 19.06.2008 - III ZR 46/06 - ZIP 2008, 1582-1587.

IV. Widerspruchsberechtigter

Der Widerspruch kann nur von **geschäftsführungsberechtigten** Gesellschaftern ausgesprochen werden. Ein Geschäftsführer, der nur zusammen mit anderen handeln kann (Gesamtgeschäftsführungsbefugnis), kann auch nur mit dem anderen zusammen Widerspruch erklären.[5]

---

[5] *Hadding/Kießling* in: Soergel, § 711 Rn. 1.

§ 712 BGB Entziehung und Kündigung der Geschäftsführung

(Fassung vom 02.01.2002, gültig ab 01.01.2002)

(1) Die einem Gesellschafter durch den Gesellschaftsvertrag übertragene Befugnis zur Geschäftsführung kann ihm durch einstimmigen Beschluss oder, falls nach dem Gesellschaftsvertrag die Mehrheit der Stimmen entscheidet, durch Mehrheitsbeschluss der übrigen Gesellschafter entzogen werden, wenn ein wichtiger Grund vorliegt; ein solcher Grund ist insbesondere grobe Pflichtverletzung oder Unfähigkeit zur ordnungsmäßigen Geschäftsführung.

(2) Der Gesellschafter kann auch seinerseits die Geschäftsführung kündigen, wenn ein wichtiger Grund vorliegt; die für den Auftrag geltende Vorschrift des § 671 Abs. 2, 3 findet entsprechende Anwendung.

Gliederung

A. Grundlagen 1	2. Verfahren 4
B. Anwendungsvoraussetzungen 3	3. Wirkung 5
I. Entziehung der Geschäftsführung 3	4. Vertraglicher Ausschluss 6
1. Entziehungsgrund 3	II. Kündigung der Geschäftsführung 7

A. Grundlagen

1 § 712 BGB regelt zwei Fälle der Änderung der Organisation der organschaftlichen Geschäftsführung in der BGB-Gesellschaft:
- § 712 Abs. 1 BGB regelt die **Entziehung** oder organschaftlichen Geschäftsführung,
- § 712 Abs. 2 BGB regelt die Möglichkeit einer **Kündigung** der Geschäftsführung durch den geschäftsführenden Gesellschafter.

2 Nach h.M. betrifft § 712 BGB **nur die Fälle der** gem. §§ 710, 711 BGB **übertragenen Geschäftsführung,** nicht also den Fall des § 709 Abs. 1 BGB der Gesamtgeschäftsführung durch alle Gesellschafter.[1] Der Weg, einen Gesellschafter bei vereinbarter Gesamtgeschäftsführung von der Geschäftsführung auszuschließen, ist recht mühsam. Der untragbar gewordene Gesellschafter muss auf treuepflichtbedingte Zustimmung (vgl. die Kommentierung zu § 709 BGB Rn. 25) zur Änderung des Gesellschaftsvertrags (vgl. die Kommentierung zu § 709 BGB Rn. 16) i.S.d. § 710 BGB verklagt werden.

B. Anwendungsvoraussetzungen

I. Entziehung der Geschäftsführung

1. Entziehungsgrund

3 Dem geschäftsführenden Gesellschafter kann die durch den Gesellschaftsvertrag übertragene Geschäftsführungsbefugnis bei Vorliegen eines wichtigen Grundes entzogen werden. Ein wichtiger Grund liegt vor, wenn das Verhältnis zum geschäftsführenden Gesellschafter nachhaltig zerstört und es den übrigen Gesellschaftern nicht zumutbar ist, dass der geschäftsführende Gesellschafter weiterhin für die Gesellschaft Geschäftsführerbefugnisse besitzt und damit auf die alle Gesellschafter betreffenden Belange der Gesellschaft Einfluss nehmen kann.[2] Bei der Prüfung, ob ein **wichtiger Grund** gegeben ist, d.h. ein solcher Sachverhalt vorliegt, der die Fortsetzung des bestehenden Zustandes für die Gesellschaft unzumutbar macht, bedarf es einer **sorgfältigen Abwägung aller Umstände** und Gesichtspunkte, da die Entziehung der Geschäftsführungsbefugnis – auch wenn sie nicht so schwer wiegt wie ein Ausschluss – in der Regel einen empfindlichen Eingriff in den wirtschaftlichen, beruflichen und persönlichen Lebensbereich eines Gesellschafters bedeutet, zumal wenn es sich um eine Familiengesellschaft handelt[3]; vgl. zum Vorliegen eines wichtigen Grundes auch die Kommentierung zu § 723

---

[1] OLG Braunschweig v. 07.04.2010 - 3 U 26/09 - ZIP 2010, 2402-2404; a.A.: *Ulmer/Schäfer*, Gesellschaft bürgerlichen Rechts und Partnerschaftsgesellschaft, 5. Aufl. 2009, § 712 Rn. 4-6, 27.
[2] BGH v. 11.02.2008 - II ZR 67/06 - ZIP 2008, 597-599.
[3] BGH v. 06.02.1967 - II ZR 75/65 - WM 1967, 417.

BGB Rn. 10. Bei **langjährigen Beziehungen** ist eine besonders sorgfältige Abwägung erforderlich. Zu beachten ist in diesem Zusammenhang auch, ob die Geschäftsführungsbefugnisse ausschließlich dem zu entmachtenden Gesellschafter zustehen, oder ob auch andere Gesellschafter an der Geschäftsführung partizipieren. Ist der zu entmachtende Gesellschafter **allein für die Geschäftsführung zuständig**, ist eher ein wichtiger Grund anzunehmen, als wenn auch andere Gesellschafter an der Geschäftsführung teilnehmen. Denn im letzteren Falle haben diese die Möglichkeit, notfalls weitgehend korrigierend in die Geschäftsführung des anderen Gesellschafters einzugreifen, sei es bei Einzelgeschäftsführung (durch mehrere Gesellschafter) durch Ausübung des Widerspruchrechts (§ 711 BGB – Kommentierung zu § 711 BGB), sei es bei der Gesamtvertretung durch Verweigerung der Zustimmung; im erstgenannten Fall ist die Gesellschaft dagegen weitgehend schutzlos einem unter Umständen unfähigen Geschäftsführer ausgeliefert.[4] Auch der begründete **Verdacht eines unredlichen Verhaltens** kann dazu führen, dass das erforderliche Vertrauensverhältnis unrettbar zerstört ist. Steht fest, dass sich der geschäftsführende Gesellschafter in seiner Eigenschaft als Geschäftsführer anderer Gesellschaften finanzielle Unregelmäßigkeiten zu Lasten des jeweiligen Gesellschaftsvermögens hat zuschulden kommen lassen, rechtfertigt dies die Entziehung der Geschäftsführungsbefugnis, ohne dass erforderlich wäre, dass derartige Unregelmäßigkeiten bei der (entziehenden) Gesellschaft selbst bereits festgestellt worden sind.[5]

2. Verfahren

Die Entziehung der Geschäftsführung geschieht durch gesellschaftsvertragsändernden (vgl. die Kommentierung zu § 709 BGB Rn. 16) **Beschluss der übrigen Gesellschafter**.[6] An dem Beschluss müssen auch die von der Geschäftsführung ausgeschlossenen Gesellschafter mitwirken, da es sich hierbei um keine Geschäftsführungsmaßnahme, sondern um einen gesellschaftsvertragsändernden Beschluss handelt. Dass der betroffene Gesellschafter an der Beschlussfassung nicht mitwirkt, folgt aus dem Gedanken der Interessenkollision (vgl. die Kommentierung zu § 709 BGB Rn. 39). Bei der Zweimanngesellschaft erfolgt die Entziehung durch einseitige Erklärung des anderen Gesellschafters.[7] Ist im Gesellschaftsvertrag allgemein das Mehrheitsprinzip für die Beschlussfassung festgeschrieben, erfolgt auch die Beschlussfassung über die Entziehung der Geschäftsführungsbefugnis durch Mehrheitsbeschluss (vgl. die Kommentierung zu § 709 BGB Rn. 19). Für dissidierende Gesellschafter können Zustimmungspflichten (vgl. die Kommentierung zu § 709 BGB Rn. 25) bestehen.

3. Wirkung

Die Wirkung des Entziehungsbeschlusses ist nach h.M. nicht etwa der Wegfall jeglicher Geschäftsführung für den Betroffenen, sondern es soll im Zweifel der gesetzliche Regelfall der **Gesamtgeschäftsführung durch alle Gesellschafter** nach § 709 BGB eintreten.[8]

4. Vertraglicher Ausschluss

Nach h.M. ist § 712 BGB **abdingbar**; die Gesellschafter seien dadurch nicht sittenwidrig gebunden, weil ihnen das – gesetzlich als unentziehbar ausgestaltete – Kündigungsrecht gem. § 723 BGB verbleibe.[9]

---

[4] Vgl. *Bergmann*, Die fremdorganschaftlich verfasste Offene Handelsgesellschaft, Kommanditgesellschaft und BGB-Gesellschaft als Problem des allgemeinen Verbandsrechts, 2002, § 16 = S. 340-341.

[5] BGH v. 11.02.2008 - II ZR 67/06 - ZIP 2008, 597-599.

[6] *Bergmann*, Die fremdorganschaftlich verfasste Offene Handelsgesellschaft, Kommanditgesellschaft und BGB-Gesellschaft als Problem des allgemeinen Verbandsrechts, 2002, § 10 A I 4 = S. 242.

[7] Str., so: RG v. 01.11.1939 - II 91/39 - RGZ 162, 78-84; OLG München v. 10.08.1949 - 3 W 394/49 - DRZ 1950, 280.

[8] BGH v. 11.02.2008 - II ZR 67/06 - ZIP 2008, 597-599; OLG München v. 10.08.1949 - 3 W 394/49 - DRZ 1950, 280; vgl. auch BGH v. 11.07.1960 - II ZR 260/59 - juris Rn. 12 - BGHZ 33, 105-112; a.A.: *Ulmer/Schäfer*, Gesellschaft bürgerlichen Rechts und Partnerschaftsgesellschaft, 5. Aufl. 2009, § 712 Rn. 20; *Hadding/Kießling* in: Soergel, § 712 Rn. 4.

[9] *Hadding/Kießling* in: Soergel, § 712 Rn. 6.

II. Kündigung der Geschäftsführung

7 Ein wichtiger Grund zur Kündigung der Geschäftsführung liegt vor, wenn die Fortführung der Geschäfte der Gesellschaft in dem übertragenen Umfange für den Geschäftsführer unter Abwägung aller Umstände des Einzelfalles **unzumutbar** ist. Es wird auf die §§ 671 Abs. 2, 671 Abs. 3 BGB verwiesen: Die Kündigung ist nicht fristgebunden, darf aber, will sich der Geschäftsführer nicht schadensersatzpflichtig machen, nicht zur Unzeit erfolgen (§ 671 Abs. 2 BGB), insbesondere muss eine Ersatzregelung möglich sein. Von dieser Schadensersatzpflicht wird er nur befreit, wenn er einen wichtigen Grund auch für die unzeitige Kündigung hat. Die Kündigung als Amtsniederlegung (h.M.) wird wirksam, wenn sie allen Mitgesellschaftern zugeht. Nach h.M. tritt dann gem. § 709 BGB **Gesamtgeschäftsführung** durch alle Gesellschafter ein.[10]

---

[10] *Hadding/Kießling* in: Soergel, § 712 Rn. 7.

§ 713 BGB Rechte und Pflichten der geschäftsführenden Gesellschafter

(Fassung vom 02.01.2002, gültig ab 01.01.2002)

Die Rechte und Verpflichtungen der geschäftsführenden Gesellschafter bestimmen sich nach den für den Auftrag geltenden Vorschriften der §§ 664 bis 670, soweit sich nicht aus dem Gesellschaftsverhältnis ein anderes ergibt.

Gliederung

A. Grundlagen 1	III. Subsidiäre Geltung von Auftragsrecht 5
B. Anwendungsvoraussetzungen 2	1. Kollektives Informationsrecht (§§ 713, 666 BGB) 5
I. Normstruktur 2	2. Herausgabeanspruch (§§ 713, 667 BGB) 6
II. Primäre Geltung des Gesellschaftsrecht 3	3. Aufwendungsersatz (§§ 713, 670 BGB) 7
1. Verletzung organschaftlicher Pflichten 3	4. Entgeltlichkeit der Geschäftsführung 8
2. Unterlassungsklage der nichtgeschäftsführungsberechtigten Gesellschafter gegen Geschäftsführungsmaßnahmen 4	

A. Grundlagen

§ 713 BGB betrifft das **Rechtsverhältnis zwischen Geschäftsführer und Gesellschaft**. § 713 BGB gilt in allen Fällen, in denen ein Gesellschafter in Ausübung seiner Geschäftsführungsbefugnisse befugt für die Gesellschaft tätig wird, d.h. nicht nur im Rahmen der §§ 709-711 BGB, sondern auch in den Sonderfällen außerhalb der organschaftlichen Geschäftsführung (Notgeschäftsführung, vgl. die Kommentierung zu § 709 BGB Rn. 12 entsprechend § 744 Abs. 2 BGB, actio pro socio, vgl. die Kommentierung zu § 709 BGB Rn. 30; Geltendmachung von Drittansprüchen, vgl. die Kommentierung zu § 709 BGB Rn. 28 entsprechend § 423 BGB). 1

B. Anwendungsvoraussetzungen

I. Normstruktur

Die Rechtsbeziehungen zwischen Geschäftsführer und Gesellschaft bestimmen sich primär nach Gesellschaftsrecht; nur **subsidiär sind Normen des Auftragsrechts** heranzuziehen. 2

II. Primäre Geltung des Gesellschaftsrecht

1. Verletzung organschaftlicher Pflichten

Der geschäftsführende Gesellschafter nimmt organschaftliche Aufgaben war. Insbesondere trifft ihn die **organschaftliche Treuepflicht** (duty of loyality) und die **organschaftliche Sorgfaltspflicht** (duty of care), wobei aber abweichend vom allgemeinen organschaftlichen Sorgfaltsmaßstab (vgl. die §§ 43 Abs. 1, 93 Abs. 1 AktG: Sorgfalt eines ordentlichen Geschäftsleiters) grundsätzlich eine auf die diligentia quam in suis rebus begrenzte Diligenzpflicht (vgl. die Kommentierung zu § 708 BGB Rn. 2) besteht. Entsprechend § 43 Abs. 1 GmbHG, § 93 Abs. 1 AktG haftet das Gesellschaftsorgan bei Verletzung seiner organschaftlichen Pflichten auf Schadensersatz[1], insbesondere bei Überschreitung der Geschäftsführungsbefugnis (vgl. die Kommentierung zu § 708 BGB Rn. 37). Entzieht der geschäftsführende Gesellschafter einer Kommanditgesellschaft der Gesellschaft einen nicht unerheblichen Teil seiner Arbeitskraft dadurch, dass er das Amt eines Bundestagsabgeordneten übernimmt und ausübt, so stehen der Gesellschaft Schadensersatzansprüche gegen ihn auch dann nicht zu, wenn er nach dem Gesellschaftsvertrag verpflichtet ist, seine Arbeitskraft ausschließlich der Geschäftsführung zu widmen.[2] 3

---

[1] *Bergmann*, Die fremdorganschaftlich verfasste Offene Handelsgesellschaft, Kommanditgesellschaft und BGB-Gesellschaft als Problem des allgemeinen Verbandsrechts, 2002, § 5 = S. 171-181.

[2] BGH v. 06.05.1965 - II ZR 82/63 - BGHZ 43, 384-388.

2. Unterlassungsklage der nichtgeschäftsführungsberechtigten Gesellschafter gegen Geschäftsführungsmaßnahmen

4 Die nichtgeschäftsführungsberechtigten Gesellschafter können die Unterlassung von Geschäftsführungsmaßnahmen nicht mit der Behauptung verlangen, dass der geschäftsführungsberechtigte Gesellschafter mit der Vornahme der beanstandeten Handlung seine Pflicht zur ordnungsmäßigen Geschäftsführung verletzen würde.[3] Ein entsprechendes Urteil würde unmittelbar in das Geschäftsführungsrecht eingreifen und überwiegende Interessen der Gesellschaft, insbesondere die gesellschaftsvertraglich festgelegte Zuständigkeitsverteilung verletzen. Es würde damit das sachgerechte Funktionieren der Geschäftsführung beeinträchtigen und die Verantwortung und Verantwortlichkeit für die Führung der Gesellschaftsgeschäfte, die grundsätzlich beim geschäftsführenden Gesellschafter liegt, verwischen. In Fällen dieser Art gebietet die gesellschaftsvertraglich festgelegte Organisationsordnung dem einzelnen Gesellschafter, sein Einzelinteresse zurückzustellen, auf die Unterlassungsklage zu verzichten und sich auf die Geltendmachung von Schadensersatzansprüchen (gegebenenfalls im Wege der actio pro socio, vgl. die Kommentierung zu § 709 BGB Rn. 30) zu beschränken.

III. Subsidiäre Geltung von Auftragsrecht

1. Kollektives Informationsrecht (§§ 713, 666 BGB)

5 Neben dem (individuellen) Informationsrecht (vgl. die Kommentierung zu § 716 BGB) des Gesellschafters gegenüber der Gesellschaft (§ 716 BGB) besteht ein **Informationsanspruch der Gesellschaft** gegen den geschäftsführenden Gesellschafter, §§ 713, 666 BGB. Dieses ist von der Gesellschaft geltend zu machen. Über die Geltendmachung entscheiden die Mitgesellschafter, die hierbei wegen § 709 Abs. 1 BGB grundsätzlich einstimmig zu entscheiden haben.[4] Der Geschäftsführer hat von sich aus der Gesellschaft die erforderlichen Informationen zu geben. Auf besonderes Verlangen hat er Auskunft über den Stand der Geschäfte zu erteilen. Für die Vorlage eines Bestandsverzeichnisses besteht wegen der jährlichen Rechnungslegungspflicht gem. § 721 Abs. 2 BGB für den Regelfall kein Bedürfnis.[5] Die Entbindung des geschäftsführenden Gesellschafters von der Pflicht zur Rechnungslegung schlechthin, einer der wichtigsten Pflichten des geschäftsführenden Gesellschafters, kann gegen § 138 BGB verstoßen und daher in diesem Umfange nichtig sein.[6] Daher wird der geschäftsführende Gesellschafter nicht rechtswirksam von der Pflicht befreit werden können, zumindest in angemessenen Abständen und in angemessener Form, insbesondere jeweils bei Vorliegen eines besonderen Interesses seiner Mitgesellschafter, über seine Tätigkeit als Geschäftsführer Rechnung zu legen. Andernfalls wären die Gesellschafter kaum in der Lage, unverzichtbare Gesellschafterrechte, wie etwa das Recht zur Kündigung der Gesellschaft, auszuüben, weil sie gar nicht in der Lage wären, die tatsächlichen Voraussetzungen hierfür zuverlässig festzustellen. Die **Rechenschaftspflicht** entsteht erst mit der Beendigung der Geschäftsführungstätigkeit. Ihr Inhalt bestimmt sich nach § 259 BGB. Der Pflicht zur Rechenschaftslegung korrespondiert ein **Anspruch des Geschäftsführers auf Entlastung**.[7]

2. Herausgabeanspruch (§§ 713, 667 BGB)

6 Nur wenn der Geschäftsführer **im eigenen Namen** handelt, finden die §§ 713, 667 BGB Anwendung. Handelt der Geschäftsführer in offener Stellvertretung für die Gesellschaft, findet ein **Direkterwerb** der Gesellschaft statt. Gläubiger des Herausgabeanspruchs gem. den §§ 713, 667 BGB ist die Gesellschaft. Soweit erfinderische Tätigkeit zur Dienstleistung des geschäftsführenden Gesellschafters gehört, kann ein Anspruch der Gesellschaft auf Übertragung des in der Person des Erfinders entstandenen Patents (§ 6 PatG) bestehen.[8]

---

[3] BGH v. 11.02.1980 - II ZR 41/79 - BGHZ 76, 160-168.
[4] Zur Möglichkeit der Geltendmachung im Wege der actio pro socio: BGH v. 23.03.1992 - II ZR 128/91 - LM HGB § 161 Nr. 113 (10/1992).
[5] *Hadding/Kießling* in: Soergel, § 713 Rn. 8.
[6] BGH v. 18.03.1965 - II ZR 179/63 - WM 1965, 709-711.
[7] *Hadding/Kießling* in: Soergel, § 713 Rn. 8.
[8] BGH v. 16.11.1954 - I ZR 40/53 - LM Nr. 1 zu § 3 PatG.

3. Aufwendungsersatz (§§ 713, 670 BGB)

Der Geschäftsführer kann Erstattung seiner Aufwendungen in Gesellschaftsangelegenheiten verlangen, sofern er sie nach den Umständen für erforderlich halten durfte. Zu den Aufwendungen (freiwillige Vermögensopfer) zählt auch das von einem Gesellschafter zur Erfüllung von Gesellschaftsverbindlichkeiten Geleistete (vgl. die Kommentierung zu § 707 BGB Rn. 4). Für objektiv notwendige Aufwendungen kann er gem. §§ 713, 669 BGB einen **Vorschuss** verlangen. Diese Ansprüche richten sich **gegen die Gesellschaft**; bei der Auseinandersetzung sind sie vorweg zu berichtigen.[9] Die Mitgesellschafter haften für den Aufwendungsersatzanspruch wegen der Wertung des § 707 BGB grundsätzlich nicht; eine enge Ausnahme gilt nur insoweit, als der Geschäftsführer aus seinem Vermögen Gesellschaftsverbindlichkeiten beglichen hat (vgl. die Kommentierung zu § 707 BGB Rn. 4). Der Anspruch nach den §§ 713, 670 BGB erfasst über seinen Wortlaut hinaus auch den Ersatz von Verlusten, d.h. zufälligen Schäden des Geschäftsführers an Person und Sachwerten, die er als **risikotypische Begleitschäden** erlitten hat (vgl. auch § 110 Abs. 1 HGB). Zu ersetzen sind damit Schäden aus Gefahren, die mit der Art der Geschäftsführung im konkreten Fall verbunden sind. Kein Ersatzanspruch besteht dagegen für Schäden, in denen sich das allgemeine Lebensrisiko verwirklicht.[10] Entsteht einem geschäftsführenden Gesellschafter anlässlich der Ausführung eines Auftrags ein Schaden dadurch, dass er mit der Ausführung des Auftrags des ihm übertragenen fremden Geschäfts ein eigenes Geschäft verknüpft, so kann er keinen Ersatz dieses Schadens verlangen.[11] Die Pflicht zum Aufwendungsersatz entspricht dem allgemeinen Rechtsgedanken, dass die Kosten für die Ausführung eines Geschäfts von demjenigen zu tragen sind, in dessen Interesse das Geschäft vorgenommen wurde. Ist der Schaden dagegen dadurch entstanden, dass mit der Ausführung des Geschäfts eigene Geschäfte verknüpft werden, oder entstand der Schaden aus einer von dem Beauftragten im eigenen Interesse geschaffenen sonstigen Gefahrenlage, so entfällt die Rechtfertigung für einen Ersatzanspruch.

4. Entgeltlichkeit der Geschäftsführung

Die Geschäftsführertätigkeit ist als Ausfluss der Gesellschafterstellung **keine entgeltliche Dienstleistung**. Ein Anspruch auf Vergütung aus § 612 BGB scheidet daher aus. Der Geschäftsführer, der ja auch im eigenen Interesse die Gesellschaftergeschäfte besorgt, erfüllt nur die sich aus seiner Zugehörigkeit zur Gesellschaft ergebenden Pflichten und findet seine Belohnung in der Beteiligung an den Ergebnissen der Gesellschaft.[12] Die Arbeitsleistung des Geschäftsführers ist auch **keine erstattungsfähige Aufwendung** i.S.d. § 670 BGB. Ein Vergütungsanspruch des geschäftsführenden Gesellschafters kann nur anerkannt werden, wenn er **im Gesellschaftsvertrag vereinbart** oder durch Gesellschafterbeschluss bestimmt worden ist.[13] Eine solche Vereinbarung oder Bestimmung kann allerdings auch stillschweigend vorgenommen werden.[14] Stillschweigend kann dies gerade bei außergewöhnlichen Dienstleistungen geschehen, die eine besondere Fähigkeit erfordern. In keinem Falle kann aber eine stillschweigende Vereinbarung oder Bestimmung alleine daraus gefolgert werden, dass nur einer oder einzelne Gesellschafter Geschäftsführer sind. Im Einzelfall kann der Abschluss einer stillschweigenden Vereinbarung oder Bestimmung nur aus dem besonderen Verhalten und den besonderen Vorstellungen der Beteiligten entnommen werden, ohne dass die Verkehrsüblichkeit den Abschluss einer solchen Vereinbarung oder Bestimmung ersetzen kann. Auch kann das Gericht nicht rechtsgestaltend eingreifen und etwa aus Billigkeitserwägungen eine Vergütung zubilligen.[15] Die (Neu-)Festsetzung einer Tätigkeitsvergütung ist keine Geschäftsführungsmaßnahme, sondern eine Änderung des Gesellschaftsvertrags. Eine solche Änderung bedarf, wenn im Gesellschaftsvertrag nicht ausdrücklich etwas anderes vorgeschrieben ist, eines einstimmigen Beschlusses (vgl. die Kommentierung zu § 709 BGB Rn. 16) aller Gesellschafter.[16] Ein Gesellschafter kann unter dem rechtlichen Gesichtspunkt der gesellschaftlichen Treuepflicht in besonderen Ausnahmefällen gehalten sein, einer Erhöhung der einem geschäftsführen-

---

[9] *Hadding/Kießling* in: Soergel, § 713 Rn. 10.
[10] *Hadding/Kießling* in: Soergel, § 713 Rn. 11.
[11] BGH v. 27.06.1960 - VII ZR 101/59 - NJW 1960, 1568.
[12] OLG Koblenz v. 14.02.1986 - 2 U 1603/84 - NJW-RR 1987, 24.
[13] BGH v. 05.12.2005 - II ZR 13/04 - ZIP 2006, 230-232.
[14] OLG Koblenz v. 14.02.1986 - 2 U 1603/84 - NJW-RR 1987, 24.
[15] OLG Koblenz v. 14.02.1986 - 2 U 1603/84 - NJW-RR 1987, 24.
[16] BGH v. 12.12.1966 - II ZR 41/65 - BGHZ 46, 291-300.

§ 713

den Gesellschafter gesellschaftsvertraglich zugesagten Tätigkeitsvergütung zuzustimmen;[17] Zustimmungspflicht (vgl. die Kommentierung zu § 709 BGB Rn. 25).

9 Ist die Vergütung – auch der Höhe nach – im Gesellschaftsvertrag bereits abschließend geregelt, bedarf es zur Auszahlung keines zusätzlichen Beschlusses. Die **Entnahme** ist dann eine einfache **Geschäftsführungsmaßnahme**. Die Entnahme der Vergütung stellt die Ausübung eines eigennützigen Mitgliedschaftsrechts dar. Ein Vorrang des Gesellschaftsinteresses besteht bei der Ausübung derartiger Rechte nicht. Nach der von ihm zu wahrenden gesellschafterlichen Treuepflicht ist der Gesellschafter aber gehalten, von seinen Rechten nicht willkürlich und ohne Rücksicht auf die Interessen der Gesellschaft Gebrauch zu machen.[18]

10 Die genaue rechtliche Einordnung der Geschäftsführervergütung ist umstritten. Die h.M. geht von einer **entsprechenden Anwendung der** §§ 611-630 BGB aus, da die Geschäftsführung dienstvertragsähnlich sei.[19] Grundsätzlich kann der Anspruch auf die Vergütung, die einem Gesellschafter für seine Tätigkeit als Geschäftsführer zugesagt ist – abgesehen von einer zeitlich unbedeutenden Verhinderung durch Krankheit oder sonstige unverschuldete Umstände – im Allgemeinen nur für die Zeit begründet sein, in der der Gesellschafter auch die Geschäftsführertätigkeit ausgeübt hat. Das gilt vor allem dann, wenn an Stelle des verhinderten Gesellschafter-Geschäftsführers ein anderer mit der Aufgabe betraut werden musste und die Gesellschaft an diesen ebenfalls eine Geschäftsführervergütung zu zahlen hat.[20] Sofern gem. § 616 BGB die **Vergütung bei unfallbedingter Krankheit** fortbezahlt wird, kann sich der Schädiger im Verhältnis zum geschäftsführenden Gesellschafter darauf nicht berufen.[21] Anders liegen die Dinge, wenn der geschäftsführende Gesellschafter nur am Gewinn beteiligt ist: Hier besteht der Schaden des Geschäftsführers nur in der ausfallbedingten Schmälerung des Gewinns und damit seines Anteils,[22] **str**.

---

[17] BGH v. 10.06.1965 - II ZR 6/63 - BGHZ 44, 40-42.
[18] BGH v. 05.12.2005 - II ZR 13/04 - ZIP 2006, 230-232.
[19] BGH v. 05.02.1963 - VI ZR 33/62 - LM Nr. 11 zu § 249 (Cb) BGB; a.A. *Ulmer/Schäfer*, Gesellschaft bürgerlichen Rechts und Partnerschaftsgesellschaft, 5. Aufl. 2009, § 709 Rn. 33: Die Geschäftsführervergütung sei entweder eine Erhöhung des prozentualen Gewinnanteils oder als Gewinnvoraus einzuordnen.
[20] BGH v. 13.05.1953 - II ZR 157/52 - juris Rn. 20 - BGHZ 10, 44-55.
[21] BGH v. 05.02.1963 - VI ZR 33/62 - LM Nr. 11 zu § 249 (Cb) BGB; BGH v. 05.02.1963 - VI ZR 33/62 - LM Nr. 11 zu § 249 (Cb) BGB; BGH v. 06.10.1964 - VI ZR 156/63 - LM Nr. 12a zu § 249 (Bb) BGB.
[22] BGH v. 06.10.1964 - VI ZR 156/63 - LM Nr. 12a zu § 249 (Bb) BGB.

§ 714 BGB Vertretungsmacht

(Fassung vom 02.01.2002, gültig ab 01.01.2002)

Soweit einem Gesellschafter nach dem Gesellschaftsvertrag die Befugnis zur Geschäftsführung zusteht, ist er im Zweifel auch ermächtigt, die anderen Gesellschafter Dritten gegenüber zu vertreten.

Gliederung

A. Grundlagen 1	d. Verhältnis von Gesellschafts- und Gesellschafterschuld 20
B. Anwendungsvoraussetzungen 2	e. Einwendungen 21
I. Organschaftliche Stellvertretung 2	f. Gesamtschuldnerische Haftung 22
1. Ordnung und Umfang der organschaftlichen Vertretungsmacht 2	g. Haftung des eintretenden und ausscheidenden Gesellschaftes 23
2. Wirkung der organschaftlichen Vertretung 10	h. Rechtschein 24
3. Typische Fallkonstellationen 11	2. Die Möglichkeit der Haftungsbeschränkung (Grundsatz) 25
II. Zurechnung sonstigen Gesellschafterhandelns 13	a. Individualvertrag mit dem Gläubiger 25
1. Zurechnung deliktischen Handelns 13	b. Quotale Haftungsbeschränkung 26
2. Vertragsschluss und Vertragsdurchführung 14	c. Allgemeine Geschäftsbedingungen 27
3. Willensmängel und Wissenszurechnung 15	d. Immobilienfonds 28
III. Die Haftung der Gesellschafter 16	e. Bauherrengemeinschaft 29
1. Die unbeschränkte, akzessorische Gesellschafterhaftung 17	f. Altfälle 30
a. Grundsatz 17	3. Haftung für die Ansprüche eines Gesellschafters 31
b. Ausnahmen für bestimmte Schulden 18	4. Haftung in der Idealgesellschaft 36
c. Willenserklärung der Gesellschaft; vertretbare Handlungen 19	C. Prozessuale Hinweise 39

A. Grundlagen

§ 714 BGB regelt die **organschaftliche Vertretung der BGB-Gesellschaft**. Die BGB-Gesellschaft ist ein rechtsfähiger Verband. Ihre Handlungsfähigkeit wird hergestellt über ihre Handlungsorganisation (vgl. die Kommentierung zu § 709 BGB Rn. 1). Am Rechtsverkehr nimmt die BGB-Gesellschaft durch ihre Vertretungsorgane teil. Handelt ein **Vertretungsorgan** im Rahmen seiner organschaftlichen Vertretungsmacht im Namen der Gesellschaft, wird die Gesellschaft verpflichtet. Auch im gesetzestypischen Fall der organschaftlichen Gesamtvertretung der Gesellschaft durch alle Gesellschafter (§§ 709, 714 BGB) wird allein die Gesellschaft unmittelbar rechtsgeschäftlich berechtigt und verpflichtet. Vertragspartner wird die rechtsfähige BGB-Gesellschaft (vgl. die Kommentierung zu § 705 BGB Rn. 43) und nicht die Gesellschafter. Die Rechtspersönlichkeit der Gesellschaft ist zu trennen von der Rechtspersönlichkeit ihrer Gesellschafter. Selbst die Gesamtheit aller Gesellschafter ist nicht identisch mit der BGB-Gesellschaft. Nur vermittelt über die Vorschriften ihrer Handlungsorganisation ist das Handeln aller (Gesamtvertretung) oder einiger Gesellschafter (Einzelvertretung) das Handeln der Gesellschaft. Ist die organschaftliche Vertretung einem abstrakten Handlungsorgan übertragen und ein Dritter zum Organwalter bestellt (das **Organisationsprinzip der Selbstorganschaft** ist entgegen der h.M. nicht zwingend (vgl. die Kommentierung zu § 709 BGB Rn. 8) und kann im Sinne der abstrakten Organverwaltung (vgl. die Kommentierung zu § 709 BGB Rn. 4) abgeändert und ein Dritter zum Organwalter bestellt werden), ist selbst das Handeln aller Gesellschafter nicht das Eigenhandeln der Gesellschaft. Nach h.M. verbietet allerdings der Rechtsgrundsatz der Selbstorganschaft (vgl. die Kommentierung zu § 709 BGB Rn. 8), dass sämtliche Gesellschafter der Gesellschaft bürgerlichen Rechts von der Geschäftsführung und Vertretung ausgeschlossen und diese auf Dritte übertragen werden. Damit vereinbar soll es jedoch auch nach der h.M. sein, dass die Gesellschafter durch Gesellschafterbeschluss oder von vornherein im Gesellschaftsvertrag einen Dritten im weiten Umfange mit Geschäftsführungsaufgaben betrauen und mit einer umfassenden Vollmacht ausstatten.[1] Allerdings ist diese Auffassung auf-

1

---

[1] BGH v. 16.11.1981 - II ZR 213/80 - juris Rn. 13 - LM Nr. 9 zu § 709 BGB.

grund neuerer Erkenntnisse in der Literatur (vgl. die Kommentierung zu § 709 BGB Rn. 8) überholt. Die **Haftung der Gesellschafter** in der wirtschaftlich tätigen BGB-Gesellschaft mit ihrem Privatvermögen ergibt sich aus deren Einstehenmüssen für die Verbindlichkeiten der Gesellschaft.

B. Anwendungsvoraussetzungen

I. Organschaftliche Stellvertretung

1. Ordnung und Umfang der organschaftlichen Vertretungsmacht

2   § 714 BGB ist eine **Zweifelsregelung**, die erst greift, wenn der Gesellschaftsvertrag über die Organisation der Vertretung der Gesellschaft keine Bestimmungen enthält. Primär obliegt die Ordnung der organschaftlichen Vertretung dem Gesellschaftsvertrag:

- Der **Gesellschaftsvertrag kann unmittelbar die organschaftliche Vertretungsmacht** regeln. Dabei können die Gesellschafter Einzelvertretungsmacht eines, einiger oder aller Gesellschafter vereinbaren, aber auch Gesamtvertretungsmacht aller oder jeweils mehrerer Gesellschafter vorsehen. Auch können Gesellschafter ganz von der organschaftlichen Vertretung ausgeschlossen werden. Auch kann ohne weiteres die organschaftliche Geschäftsführung von der organschaftlichen Außenvertretung abgekoppelt werden, so kann z.B. organschaftliche Vertretungsbefugnis ohne eine korrespondierende Geschäftsführungsbefugnis oder umgekehrt festgelegt werden. Ohne weiteres zulässig ist auch die Vereinbarung von Gesamtgeschäftsführung und Einzelvertretung. Enthält der Gesellschaftsvertrag Beschränkungen der Geschäftsführungsbefugnis, so gelten diese im Zweifel auch auf Ebene der Vertretungsmacht; § 714 BGB.[2]

- Selbst wenn der Gesellschaftsvertrag nicht unmittelbar die organschaftliche Vertretung regelt, so können doch **Bestimmungen über die organschaftliche Geschäftsführung** getroffen sein. Dann greift die Auslegungsregel des § 714 BGB, nach der die Organisation der Vertretung der Ordnung der organschaftlichen Geschäftsführung im Verband folgt. Ist im Gesellschaftsvertrag z.B. einzelnen Gesellschaftern Einzelgeschäftsführungsbefugnis übertragen (§§ 710, 711 BGB), so sind diese im Zweifel auch zur organschaftlichen Einzelvertretung berechtigt.

3   **Schweigt der Gesellschaftsvertrag** überhaupt, so besteht gem. den §§ 709 Abs. 1, 114 BGB Gesamtvertretung und Gesamtgeschäftsführung durch alle Gesellschafter. D.h. ein rechtsgeschäftliches Handeln der Gesellschaft nach außen liegt nur dann vor, wenn alle Gesellschafter gemeinschaftlich handeln.[3] Im Prozess können die gesamtvertretungsberechtigten Gesellschafter einer rechts- und parteifähigen Gesellschaft bürgerlichen Rechts nur einheitliche Anträge stellen.[4]

4   Sieht der Gesellschaftsvertrag Gesamtvertretung durch zwei (oder mehrere) Gesellschafter vor, und **fällt ein gesamtvertretungsberechtigter Gesellschafter weg**, so erhält nicht etwa der andere Gesellschafter, der mit ihm zusammen vertretungsberechtigt war, Alleinvertretungsmacht; denn ein solcher Zuwachs an Vertretungsmacht läge im Zweifel gerade nicht im Sinne des Gesellschaftsvertrags, der die Einzelvertretung gerade ausgeschlossen hat.[5] Vielmehr lebt gem. den §§ 709, 714 BGB die Gesamtvertretungsmacht der verbleibenden Gesellschafter auf.[6] Selbst wenn der Gesellschaftsvertrag Einzelvertretung durch einen Gesellschafter vorsieht: soll ein Vertrag der Gesellschaft für den Gegner erkennbar (ausnahmsweise) auf Seite der Gesellschaft **von mehreren Gesellschaftern geschlossen** werden, kommt der Vertrag im Zweifel erst dann zustande, wenn alle diese Gesellschafter die notwendige Willenserklärung abgegeben haben; dies gilt auch, wenn bereits vorher ein einzelvertretungsbefugter Gesellschafter dem Vertragsschluss zugestimmt hat.[7]

---

[2] BGH v. 23.11.1962 - IV ZR 134/62 - BGHZ 38, 266-270.
[3] Eine Heilung eines Mangels der prozessualen Vertretung ist dadurch möglich, dass die gesetzlichen Vertreter der Gesellschaft als solche in den Prozess eintreten und die Prozessführung des vollmachtlosen Vertreters genehmigen (BGH v. 19.07.2010 - II ZR 56/09 - ZIP 2010, 1639-1640).
[4] BGH v. 23.10.2003 - IX ZR 324/01 - NJW-RR 2004, 275-279.
[5] BGH v. 25.05.1964 - II ZR 42/62 - juris Rn. 9 - BGHZ 41, 367-369.
[6] *Ulmer/Schäfer*, Gesellschaft bürgerlichen Rechts und Partnerschaftsgesellschaft, 5. Aufl. 2009, § 714 Rn. 19.
[7] BGH v. 19.06.2008 - III ZR 46/06 - ZIP 2008, 1582-1587.

Gem. § 714 BGB decken sich im Zweifel Umfang der Geschäftsführungsbefugnis und der Vertretungsmacht. Diese Auslegungsregel des § 714 BGB soll zum Ausdruck bringen, dass nach der allgemeinen Lebenserfahrung Beschränkungen der Geschäftsführungsbefugnis, soweit das möglich ist, zugleich auch **Beschränkungen der Vertretungsmacht** sein sollen.[8] Daraus folgt, dass die vertretungsberechtigten Gesellschafter bei der Begründung vertraglicher Beziehungen die ihnen im Gesellschaftsvertrag auferlegten Beschränkungen ihrer Geschäftsführungsbefugnis einzuhalten haben. Tun sie das nicht, so überschreiten sie ihre Befugnis, auch ihre Vertretungsbefugnis. Sie können daher in einem solchen Falle die Gesellschaft nicht verpflichten, weil sie ohne Vertretungsmacht handeln; sie sind in einem solchen Falle Vertreter ohne Vertretungsmacht.[9] Nach § 714 BGB geht daher in der BGB-Gesellschaft die Vertretungsmacht eines allein geschäftsführenden Gesellschafters nicht weiter, als ihm die Gesellschafter Geschäftsführungsbefugnis eingeräumt haben. Das gilt ebenso für die Vertretungsmacht eines zur Geschäftsführung bestellten Dritten.[10] Eine Regelung im Gesellschaftsvertrag einer BGB-Gesellschaft, wonach „die Geschäftsführer zur Vertretung nach Maßgabe der folgenden Bestimmungen berechtigt" sind, beinhaltet daher nicht lediglich die Festlegung der inneren Geschäftsführung, sondern hat vielmehr (auch) die nach außen wirkende Vertretungsberechtigung der Geschäftsführer zum Gegenstand.[11] Der Dritte, der mit einer BGB-Gesellschaft in rechtsgeschäftlichen Kontakt tritt, hat daher stets sorgfältig die Vertretungsberechtigung des handelnden Organs zu prüfen; allerdings kann sich die Gesellschaft nicht auf die fehlende Vertretungsmacht berufen, wenn sie schuldhaft den Rechtsschein einer bestehenden Vertretungsmacht begründet hat.[12] Seine frühere Rechtsprechung, dass durch eine entsprechende Beschränkung der Geschäftsführungs- und Vertretungsmacht des geschäftsführenden Gesellschafters die **Haftung der Gesellschafter** für die Gesellschaftsschulden ausgeschlossen werden konnte, sofern dies dem anderen nur erkennbar war,[13] hat der BGH mittlerweile **aufgegeben**;[14] die unbeschränkte Haftung kann nur durch Individualabrede ausgeschlossen (vgl. Rn. 25) werden. Einem **Widerspruch** gem. § 711 BGB kommt grundsätzlich keine Außenwirkung (vgl. die Kommentierung zu § 711 BGB Rn. 4) zu.[15]

Liegt eine rechtsgeschäftliche Handlung **außerhalb des Gesellschaftszwecks**, so wird sie von der Geschäftsführungsbefugnis nicht umfasst und damit in den meisten Fällen auch nicht von der in der Regel parallelen (§ 714 BGB), organschaftlichen Vertretungsmacht. Besteht jedoch die organschaftliche Vertretungsmacht nach dem Gesellschaftsvertrag unabhängig von der Geschäftsführungsbefugnis und ohne Beschränkung in ihrem Umfange, scheitert die Wirksamkeit eines solchen Rechtsgeschäfts allerdings nicht: Es ist von der Vertretungsmacht gedeckt; es gibt im deutschen Privatrecht **keine ultra-vires Lehre**.[16] Für Rechtshandlungen, die die Grundlagen der Gesellschaft betreffen (**Grundlagengeschäfte**) besteht keine Vertretungsbefugnis der Vertretungsorgane.[17] Der von den Gesellschaftern einer kreditnehmenden BGB-Gesellschaft dem geschäftsführenden Gesellschafter (oder einem Geschäftsbesorger) **außerhalb des Gesellschaftsvertrages erteilte weitreichende Auftrag mit Vollmacht**, sie unter anderem bei der Abgabe vollstreckbarer Schuldanerkenntnisse gegenüber der kreditgebenden Bank zu vertreten, **verstößt gegen Art. 1 § 1 RBerG bzw. § 3 RDG** (vgl. die Kommentierung zu § 709 BGB Rn. 8).[18]

Gesamtvertreter können einzelne von ihnen zur Vornahme bestimmter Geschäfte oder bestimmter Arten von Geschäften **ermächtigen**. Ein gesamtvertretungsberechtigter Geschäftsführer darf seine Vertretungsmacht jedoch nicht in vollem Umfange einem anderen Geschäftsführer übertragen oder diesen bevollmächtigen, ihn in seiner Eigenschaft als Mitgeschäftsführer allgemein zu vertreten, weil dadurch

---

[8] BGH v. 14.02.2005 - II ZR 11/03 - ZIP 2005, 524-525.
[9] BGH v. 20.09.1962 - II ZR 209/61 - BGHZ 38, 26-36.
[10] BGH v. 27.06.1983 - II ZR 230/82 - juris Rn. 12 - LM Nr. 7 zu § 714 BGB.
[11] BGH v. 06.02.1996 - XI ZR 121/95 - juris Rn. 7 - NJW-RR 1996, 673-674; BGH v. 06.04.2006 - V ZB 158/05 - ZIP 2006, 1318-1320; BGH v. 13.05.2004 - VII ZR 301/02 - NJW-RR 2004, 1265-1266.
[12] BGH v. 06.02.1996 - XI ZR 121/95 - juris Rn. 9 - NJW-RR 1996, 673-674.
[13] BGH v. 12.03.1990 - II ZR 312/88 - juris Rn. 7 - NJW-RR 1990, 867-868.
[14] BGH v. 27.09.1999 - II ZR 371/98 - BGHZ 142, 315-323; BGH v. 29.01.2001 - II ZR 331/00 - juris Rn. 39 - BGHZ 146, 341-361; BGH v. 21.01.2002 - II ZR 2/00 - juris Rn. 8 - BGHZ 150, 1-6.
[15] BGH v. 10.03.1955 - II ZR 309/53 - BGHZ 16, 394-400.
[16] *Hadding/Kießling* in: Soergel, § 714 Rn. 17.
[17] *Ulmer/Schäfer*, Gesellschaft bürgerlichen Rechts und Partnerschaftsgesellschaft, 5. Aufl. 2009, § 714 Rn. 25.
[18] BGH v. 17.10.2006 - XI ZR 185/05 - ZIP 2007, 169-173.

der Zweck der Gesamtvertretung vereitelt würde.[19] Eine solche Ermächtigung kann auch schlüssig erteilt werden.[20] Soweit nicht der Gesellschaftsvertrag oder ein Beschluss der Gesellschafter allgemein oder bestimmte **Insichgeschäfte** bei der Geschäftsführung gestattet, gilt das Verbot des § 181 BGB, sodass ein vertretungsberechtigter Gesellschafter der Gesellschaft nicht namens der BGB-Gesellschaft mit sich im eigenen Namen oder als Vertreter eines Dritten rechtsgeschäftlich handeln kann. In einem solchen Fall kann aber nach der BGH-Rechtsprechung der mit der BGB-Gesellschaft kontrahierende gesamtvertretungsberechtigte Gesellschafter den anderen gesamtvertretungsberechtigten Gesellschafter wirksam **zum alleinigen Handeln (Alleinvertretung) für die Gesellschaft ermächtigen**.[21] Geben zwei Gesamtvertreter gemeinsam eine Vertragserklärung ab und verstößt dabei die Mitwirkung des einen gegen § 181 BGB, so kann seine Erklärung nicht in eine zulässige Ermächtigung des anderen zur Alleinvertretung umgedeutet werden.[22]

8   Nicht ein Problem des Abschlusses des Gesellschaftsvertrags, sondern ein Problem der Verpflichtungs- und Verfügungsbefugnis der BGB-Gesellschaft stellt es dar, wenn eine BGB-Gesellschaft, an der **nicht voll geschäftsfähige Personen beteiligt** sind, über Grundstücke oder Grundstücksrecht verfügt. Nach einer Entscheidung des OLG Koblenz bedarf die **Veräußerung von Grundstücken** durch eine Gesellschaft bürgerlichen Rechts, deren Zweck auf eine rein verwaltende Tätigkeit und **nicht auf Erwerbstätigkeit** gerichtet ist, und an der Minderjährige beteiligt sind, einer familiengerichtlichen Genehmigung nach § 1821 Abs. 1 Nr. 1 BGB und § 1821 Abs. 1 Nr. 4 BGB. Die Rechtsfähigkeit der BGB-Gesellschaft stehe dem nicht entgegen. Dies soll nach dem OLG Koblenz auch dann gelten, wenn der Beitritt des Minderjährigen bereits familiengerichtlich genehmigt worden war.[23] Dies erscheint angesichts der Rechtsfähigkeit der BGB-Gesellschaft nicht unproblematisch, man wird diesem Ergebnis aber von der Wertung her zustimmen können. Anders ist die Rechtslage bei OHG und KG. Hier wird unter Hinweis auf die Rechtsfähigkeit dieser Gesellschaften ein gesondertes Genehmigungserfordernis gem. § 1821 BGB verneint; auch solle das Familiengericht nicht mit kaufmännischen Zweckmäßigkeitsprüfungen belastet werden, was praktisch schwerlich tragbar wäre.[24] Dieser Gedankengang wird auf die **gewerblich tätigen** BGB-Gesellschaften übertragen.[25] Es kommt demnach darauf an, ob eine verwaltende oder auch gewerblich tätige BGB-Gesellschaft vorliegt.

9   In einer zweifelhaften Entscheidung überträgt das OLG Düsseldorf die vom BGH zu § 432 BGB entwickelten Grundsätze,[26] nach denen in Ausnahmefällen die Geltendmachung einer Forderung der Gesellschaft gegen einen Dritten im Wege der Prozessstandschaft eines Gesellschafter (vgl. die Kommentierung zu § 709 BGB Rn. 28, Vorgehen im eigenen Namen) zulässig ist, auf die Frage der **gesetzlichen Vertretung** der **BGB-Gesellschaft**: Weigere sich einer von zwei Gesellschaftern aus gesellschaftswidrigen Gründen, an der gerichtlichen Geltendmachung einer Gesellschaftsforderung durch die Gesellschaft gegen einen Dritten mitzuwirken und ist zudem der verklagte Gesellschaftsschuldner an dem gesellschaftswidrigen Verhalten beteiligt, ist die Gesellschaft durch den verbleibenden Gesellschafter ordnungsgemäß gesetzlich vertreten. Dem wird man sich nicht anschließen können. Die Möglichkeit, eine Gesellschaftsforderung ausnahmsweise geltend machen zu können, kann nicht auf die Außenvertretung der BGB-Gesellschaft übertragen werden.

---

[19] BGH v. 25.11.1985 - II ZR 115/85 - NJW-RR 1986, 778-779.
[20] BGH v. 14.02.2005 - II ZR 11/03 - ZIP 2005, 524-525 (konkludente Bevollmächtigung des einen Gesamtvertreters durch den anderen, die Gesellschaft alleine zu vertreten). Das rechtsgeschäftliche Handeln für eine BGB-Gesellschaft vollziehe sich insbesondere dann auf der Grundlage einer konkludent erteilten Vollmacht, wenn ein geschäftsführender Gesellschafter, indem er etwa seinen Wirkungskreis auf die internen Verhältnisse der Gesellschaft beschränkt, dem anderen geschäftsführenden Gesellschafter bei der Vertretung der Gesellschaft im Außenverhältnis freie Hand gewähre. Vor diesem Hintergrund hat der BGH entschieden, dass ein Gesellschafter kraft einer konkludent erteilten Vollmacht zur Vertretung einer Gesellschaft bürgerlichen Rechts ermächtigt sei, wenn der andere Gesellschafter ihm gestattet, nahezu sämtliche Verträge (im konkreten Fall: 95%) allein namens der Gesellschaft abzuschließen.
[21] BGH v. 06.03.1975 - II ZR 80/73 - BGHZ 64, 72-78, str.; vgl. *Hadding/Kießling* in: Soergel, § 714 Rn. 27.
[22] BGH v. 08.10.1991 - XI ZR 64/90 - juris Rn. 12 - LM EGBGB Art. 7ff Nr. 61 (3/1992).
[23] OLG Koblenz v. 22.08.2002 - 9 UF 397/02 - NJW 2003, 1401-1402.
[24] RG v. 14.04.1903 - VII 458/02 - RGZ 54, 278-282.
[25] *Engler* in: Staudinger, § 1821 Rn. 816.
[26] OLG Düsseldorf v. 13.02.2003 - 10 U 216/01 - NJW-RR 2003, 513-515.

2. Wirkung der organschaftlichen Vertretung

Tritt der vertretungsberechtigte Gesellschafter innerhalb des Rahmens seiner Vertretungsmacht erkennbar im Namen der **Gesellschaft** auf, wird diese als eigenständiges Rechtssubjekt aus dem Rechtsgeschäft **unmittelbar berechtigt und verpflichtet**. Bei unternehmensbezogenen Geschäften geht der Wille der Beteiligten im Zweifel dahin, dass der wahre Betriebsinhaber verpflichtet werden soll; dies gilt auch dann, wenn der Geschäftspartner den Vertreter für den Betriebsinhaber hält. Der Anwendung der Grundsätze über unternehmensbezogene Geschäfte steht nicht entgegen, dass der Betriebsinhaber eine BGB-Gesellschaft ist.[27] Unter Umständen kann eine unmittelbare persönliche Haftung des (organschaftlichen) Vertreters der Gesellschaft aus § 280 BGB i.V.m. den §§ 241 Abs. 2, 311 Abs. 3 BGB (**culpa in contrahendo**) begründet sein, wenn er am Vertragsschluss ein unmittelbares eigenes wirtschaftliches Interesse hat oder wenn er ein besonderes persönliches Vertrauen in Anspruch genommen hat und hierdurch die Vertragsverhandlungen oder den Vertragsschluss erheblich beeinflusst hat;[28] vgl. dazu die Kommentierung zu § 311 BGB.

10

3. Typische Fallkonstellationen

Wer einen einer **Anwaltssozietät** angehörenden Rechtsanwalt beauftragt, schließt den Anwaltsvertrag im Zweifel nicht nur mit dem Rechtsanwalt ab, der seine Sache bearbeitet, sondern mit der Sozietät.[29] Sie alle haften ihm entsprechend §§ 31 BGB, 128 HGB auf Schadensersatz, auch wenn nur der Anwalt, der seine Sache bearbeitet, den Schaden verschuldet hat (vgl. Rn. 13 f.).[30] Der Anwaltssozietät ist das Mandat in der Regel auch erteilt, wenn dem Mandanten eine Vollmacht zur Unterschrift vorgelegt wird, in der nur ein Anwalt angegeben ist. Im Zweifel wird der Mandant diesen nur als sachbearbeitenden Rechtsanwalt ansehen und die Rechtsanwaltssozietät insgesamt als seinen Vertragspartner. Soll gleichwohl der Auftrag nicht für die Sozietät angenommen werden, sondern nur für einen bestimmten Anwalt, dann ist dies dem Mandanten sofort und ausdrücklich zu erklären.[31] Das einer Anwaltssozietät erteilte Mandat erstreckt sich im Zweifel auch auf später eintretende Sozietätsmitglieder.[32] Der aus einer Sozietät ausgeschiedene Rechtsanwalt haftet neuen Mandanten nach den Grundsätzen der Anscheinsvollmacht, wenn sein Name weiterhin auf dem Praxisschild und den Briefbögen der Kanzlei erscheint und er nicht alle ihm zumutbaren Maßnahmen zur Beseitigung des Rechtsscheins ergriffen hat.[33] Die für die Haftung eines einer Anwaltssozietät angehörenden Rechtsanwalts geltenden Rechtsgrundsätze sind auch dann anzuwenden, wenn die Anwälte nur nach außen hin den Anschein erweckt haben, zwischen ihnen bestehe eine Sozietät (sog. **Scheinsozietät**).[34] Nach der tradierten Rechtsprechung des Bundesgerichtshofs kommt bei einer **gemischten Sozietät** von Berufsangehörigen verschiedener Fachrichtungen der Beratungsvertrag nur mit denjenigen Sozien zustande, die auf dem zu bearbeitenden Rechtsgebiet berufsrechtlich tätig werden dürfen.[35] Diese rechtliche Bewertung beruhte auf der Erwägung, dass einem Steuerberater oder Wirtschaftsprüfer eine reine Besorgung fremder Rechtsangelegenheit im Sinne des Art. 1 § 1 RBerG (nunmehr: § 3 RDG) verwehrt und ein auf einen solchen Gegenstand gerichteter Vertrag gemäß § 134 BGB nichtig ist. Bei einer gemischten Sozietät wird der Vertrag mithin dahin ausgelegt, dass seine Erfüllung nur diejenigen Mitglieder der Sozietät übernehmen sollen, die berufsrechtlich und fachlich dazu befugt sind. Diese Würdigung entsprach dem früheren Verständnis (tradierte Gesamthandslehre, vgl. die Kommentierung zu § 705 BGB Rn. 43), wonach

11

---

[27] OLG Zweibrücken v. 04.06.1998 - 4 U 96/97 - NZG 1998, 939; OLG Düsseldorf v. 09.11.1999 - 24 U 219/98 - ZIP 2000, 580-584.
[28] BGH v. 03.04.1990 - XI ZR 206/88 - juris Rn. 18 - LM Nr. 110 zu BGB § 276 (Fa).
[29] BGH v. 06.07.1971 - VI ZR 94/69 - BGHZ 56, 355-364; BGH v. 10.03.1988 - III ZR 195/86 - NJW-RR 1988, 1299-1300.
[30] BGH v. 03.05.2007 - IX ZR 218/05 - ZIP 2007, 1460-1462: BGH v. 06.07.1971 - VI ZR 94/69 - BGHZ 56, 355-364.
[31] OLG Koblenz v. 18.02.1997 - 3 U 286/96 - NJW-RR 1997, 952-954.
[32] BGH v. 05.11.1993 - V ZR 1/93 - BGHZ 124, 47-52.
[33] BGH v. 24.01.1991 - IX ZR 121/90 - LM Nr. 162 zu § 675 BGB; BGH v. 10.03.1988 - III ZR 195/86 - juris Rn. 11 - NJW-RR 1988, 1299-1300.
[34] BGH v. 24.01.1978 - VI ZR 264/76 - BGHZ 70, 247-252; zur ärztlichen Gemeinschaftspraxis vgl. BGH v. 25.03.1986 - VI ZR 90/85 - BGHZ 97, 273-280.
[35] Ein Rechtsanwalt, der mit Steuerberatern und/oder Wirtschaftsprüfern in einem Sozietätsverhältnis steht, wird durch ein Mandat, das die Erledigung von steuerlichen Angelegenheiten zum Gegenstand hat und der Sozietät als solcher erteilt wird, mitverpflichtet (BGH v. 21.04.1982 - IVa ZR 291/80 - BGHZ 83, 328-334).

ein Vertrag ausschließlich mit den Gesellschaftern und mangels einer rechtlichen Verselbständigung nicht mit der Gesellschaft bürgerlichen Rechts geschlossen wurde. Danach war nicht die Sozietät als solche der dem Mandanten gegenüberstehende Vertragspartner. Der BGH hat bisher offen gelassen, ob diese rechtlichen Maßstäbe über den **Vertragsschluss** mit einer interprofessionellen Sozietät nach Anerkennung der Rechtsfähigkeit der BGB-Gesellschaft, die nunmehr selbst Partner eines Beratungsvertrages werden kann, aufrechtzuerhalten sind. Aus Gründen des **Vertrauensschutzes** bleibt es jedenfalls bei der bisherigen Rechtslage, wenn der Vertrag vor Erlass der Grundsatzentscheidung zur Rechtsfähigkeit der BGH-Gesellschaft (29.01.2001) über die Anerkennung der Rechtsfähigkeit einer Gesellschaft bürgerlichen Rechts verabredet wurde[36]. Gleiches gilt für die Haftungsproblematik: Seit Anerkennung der Rechtsfähigkeit auch der in der Rechtsform einer BGB-Gesellschaft geführten Sozietät und der hieraus folgenden akzessorischen Haftung ihrer Gesellschafter scheint es naheliegend, die neuen **Haftungsgrundsätze** (§ 128 HGB analog) auch auf gemischte (rechtsfähige) Sozietäten anzuwenden (vgl. Rn. 16 ff.).[37] Der BGH (XI. Senat) konnte auch hier bisher die Fragen dahinstehen lassen, da er eine Anwendung der neuen Grundsätze zur Rechtsfähigkeit und Haftung innerhalb der BGB-Gesellschaft auf **Altfälle ablehnt**.[38]

12 Für die Einhaltung der **Schriftform** eines **Mietvertrags** gem. § 550 BGB bei Beteiligung einer BGB-Gesellschaft ist Folgendes zu beachten: Für die Einhaltung der **Schriftform** ist es erforderlich, dass alle Vertragsparteien die Vertragsurkunde unterzeichnen. Unterzeichnet für eine Vertragspartei ein Vertreter den Mietvertrag, muss dies in der Urkunde durch einen das Vertretungsverhältnis anzeigenden Zusatz hinreichend deutlich zum Ausdruck kommen. Dem genügt es – selbst bei gesellschaftsvertraglich bestimmter **Einzelvertretung** – nicht, wenn es im Kopf der Urkunde heißt, die Gesellschaft werde vertreten durch B und H, die Urkunde aber alleine durch den H ohne einen die Vertretung erläuternde Zusatz unterschrieben wird. Denn aus diesen Formulierungen ergebe sich nicht, dass B oder H einzelvertretungsberechtigt seien, sodass nach dem Text der Urkunde nicht auszuschließen ist, auch B solle für die Gesellschaft unterschreiben und seine Unterschrift fehle noch (Gesamtvertretung).[39]

II. Zurechnung sonstigen Gesellschafterhandelns

1. Zurechnung deliktischen Handelns

13 Die deliktische Verantwortung trifft zunächst den handelnden Gesellschafter (§ 823 BGB). Die tradierte Rechtsprechung lehnte für die BGB-Gesellschaft zunächst eine Zurechnung gem. § 31 BGB ab; in Betracht kam allenfalls eine Zurechnung über § 831 BGB, der aber wegen der fehlenden Abhängigkeitsverhältnisse der Gesellschafter untereinander regelmäßig nicht eingriff.[40] Anders wurde dies seit jeher für die OHG gesehen.[41] Die Nichtanwendung des § 31 BGB, die eine Konsequenz der tradierten Gesamthandslehre war, ist seit Anerkennung der Rechtsfähigkeit der BGB-Gesellschaft (vgl. die Kommentierung zu § 705 BGB Rn. 43) **überholt**. Denn als Träger von Rechten und Pflichten kann die BGB-Gesellschaft nur mittels ihrer Handlungsorganisation, also mittels ihrer Handlungsorgane – und das sind nun mal bei gesetzestypischer Verfassung ihre geschäftsführungs- und vertretungsberechtigten Gesellschafter –, am Rechtsverkehr, d.h. aber auch am Unrechtsverkehr, teilnehmen. Das Handeln, aber auch das deliktische Handeln ihrer Organe, ist das Handeln der Gesellschaft. Dann aber muss sie auch – wie es in § 31 BGB zum Ausdruck kommt – für das deliktische Handeln ihrer Organe einstehen (vgl. die Kommentierung zu § 31 BGB). Die **Zurechnung deliktischen Verhaltens** der geschäftsführenden Gesellschafter an die Gesellschaft **entsprechend** § 31 BGB anerkennt nunmehr auch der

---

[36] BGH v. 05.02.2009 - IX ZR 18/07 - NJW 2009, 1597-1598: Kam der Vertrag über eine Rechtsberatung wegen der Beschränkungen des Rechtsberatungsgesetzes – unter Geltung der alten Rechtslage – allein mit dem einer gemischten Sozietät angehörenden Rechtsanwalt zustande, wird nach Auffassung des BGH auch nach Anerkennung der Rechtsfähigkeit der BGB-Gesellschaft ein durch die frühere Beratung ausgelöster Folgeauftrag ausschließlich mit ihm geschlossen, sofern er nicht erkennbar zum Ausdruck bringt, nunmehr namens der Sozietät zu handeln

[37] Dabei ist aber immer für den Einzelfall zu prüfen ist, ob sich durch Auslegung des konkreten Vertrages vielleicht ergibt, dass nur diejenigen Mitglieder der Sozietät die Haftung für die Vertragserfüllung übernehmen sollen, die berufsrechtlich und fachlich dazu befugt seien.

[38] BGH v. 26.06.2008 - IX ZR 145/05 - ZIP 2008, 1432-1435.

[39] BGH v. 16.07.2003 - XII ZR 65/02 - NJW 2003, 3053-3054; OLG Naumburg v. 07.09.2004 - 9 U 3/04 - NZM 2004, 825-826. Für die Schriftform bei Kündigung eines Arbeitsverhältnisses: BAG v. 21.04.2005 - 2 AZR 162/04 - ArbN 2005, Nr. 4, 35.

[40] BGH v. 30.06.1966 - VII ZR 23/65 - juris Rn. 8 - BGHZ 45, 311-313.

[41] BGH v. 08.02.1952 - I ZR 92/51 - LM Nr. 1 zu § 126 HGB.

BGH.⁴² Die BGB-Gesellschaft haftet demnach für das deliktische Handeln ihrer geschäftsführenden Gesellschafter. Für diese – gesetzlich begründeten – Verbindlichkeiten der Gesellschaft haften nun ihrerseits wieder deren Gesellschafter entsprechend § 128 HGB (vgl. Rn. 16) persönlich und als Gesamtschuldner.⁴³ Dies gilt auch für Sozietäten von Freiberuflern in der Rechtsform der Gesellschaft bürgerlichen Rechts. In Ermangelung einer gegenteiligen Regelung ist bei einer Anwaltssozietät jeder Sozius „verfassungsmäßig berufener Vertreter" im Sinne des § 31 BGB; auch für das Handeln eines Scheinsozius haben Gesellschaft und Gesellschafter einzustehen.⁴⁴ Noch nicht geklärt ist die Frage, wie sich eine **Haftungsprivilegierung eines Gesellschafters** auf die Haftung der Gesellschaft auswirkt. Der BGH konnte die Frage jüngst dahinstehen lassen, ob die in den §§ 160 Abs. 3 Alt. 3, 104 Abs. 1 SGB VII normierte Haftungsbefreiung auch der Gesellschaft zugutekommt, da im zu entscheidenden Fall eine Inanspruchnahme der Gesellschaft bereits nach den Grundsätzen des **gestörten Gesamtschuldnerausgleichs** ausgeschlossen war.⁴⁵

2. Vertragsschluss und Vertragsdurchführung

Innerhalb bestehender Schuldverhältnisse kam man schon bisher bequem zu einer Zurechnung des Verschuldens geschäftsführender Gesellschafter gem. § 278 BGB. Allerdings sollte man auch hier – gerade nach Anerkennung der Rechtsfähigkeit der BGB-Gesellschaft – erkennen, dass hinter § 31 BGB ein allgemeines Prinzip der Zurechnung von Organverschulden steht, also auch hier die Zurechnung eines Organverschuldens über § 31 BGB vornehmen.⁴⁶ Dazu die Kommentierung zu § 31 BGB.

3. Willensmängel und Wissenszurechnung

Zu den Grundsätzen der Zurechnung von Willensmängel und der Wissenszurechnung: vgl. die Kommentierung zu § 166 BGB. Das von einem **Gesamtvertreter** in **Überschreitung** seiner Vertretungsmacht vorgenommene Rechtsgeschäft wird wirksam, wenn es von dem anderen Gesamtvertreter entsprechend § 177 BGB genehmigt wird. Insoweit ist nicht auf den Kenntnisstand der BGB-Gesellschaft, sondern ausschließlich auf den des anderen Gesamtvertreters abzustellen.⁴⁷

III. Die Haftung der Gesellschafter

Zunächst und immer haftet die Gesellschaft als solche mit dem gesamten Gesellschaftsvermögen für die Gesellschaftsschulden. Daneben besteht für die Verbindlichkeiten der **wirtschaftlich tätigen BGB-Gesellschaft** eine unbeschränkte akzessorische Haftung der Gesellschafter entsprechend § 128 HGB.⁴⁸ In der **Idealgesellschaft**, also einer Gesellschaft, die ideale, nicht wirtschaftliche Zwecke verfolgt, haften die Gesellschafter nicht (vgl. Rn. 36). Die Abgrenzung wirtschaftliche Gesellschaft – Idealgesellschaft bestimmt sich nach den zur Abgrenzung des wirtschaftlichen Vereins (§ 22 BGB) zum Idealverein (§ 21 BGB) entwickelten Kriterien (vgl. die Kommentierung zu § 21 BGB). Ist das **Insolvenzverfahren über das Vermögen der Gesellschaft** eröffnet, so kann die persönliche Haftung eines Gesellschafters für die Verbindlichkeiten der Gesellschaft während der Dauer des Insolvenzverfahrens nur vom Insolvenzverwalter geltend gemacht werden (§ 93 InsO)⁴⁹.

---

⁴² BGH v. 24.02.2003 - II ZR 385/99 - BGHZ 154, 88-95; BGH v. 24.06.2003 - VI ZR 434/01 - BGHZ 155, 205-214; BGH v. 03.05.2007 - IX ZR 218/05 - ZIP 2007, 1460-1462.
⁴³ BGH v. 30.06.1966 - VII ZR 23/65 - BGHZ 45, 311-313.
⁴⁴ BGH v. 03.05.2007 - IX ZR 218/05 - ZIP 2007, 1460-1462.
⁴⁵ BGH v. 24.06.2003 - VI ZR 434/01 - BGHZ 155, 205-214.
⁴⁶ *Schmidt*, Gesellschaftsrecht, 4. Aufl. 2002, § 10 IV 3 = S. 276-278.
⁴⁷ BGH v. 16.12.2009 - XII ZR 146/07 - ZIP 2010, 270-274.
⁴⁸ § 93 InsO ist keine eigenständige Anspruchsgrundlage zugunsten des Insolvenzverwalters. Dieser wird, wenn er auf der Grundlage des § 93 InsO die persönliche Haftung eines Gesellschafters geltend macht, in treuhänderischer Einziehungsbefugnis als gesetzlicher Prozessstandschafter der einzelnen Gesellschaftsgläubiger tätig. Nimmt der Insolvenzverwalter einen Gesellschafter in Anspruch, so hat er daher die mit Hilfe des § 93 InsO geltend gemachten Einzelforderungen substantiiert darzulegen (BGH v. 09.10.2006 - II ZR 193/05 - ZIP 2007, 79-80).
⁴⁹ Wird über das Vermögen einer BGB-Gesellschaft das Insolvenzverfahren eröffnet, so ist der Insolvenzantrag eines Gläubigers der Gesellschaft gegen den haftenden Gesellschafter, der auf die Haftungsforderung gestützt ist, mangels Rechtsschutzbedürfnis unzulässig. Dies ist Folge der Sperrwirkung des § 93 InsO. Alleine der Insolvenzverwalter ist im Verhältnis zu den Gesellschaftsgläubigern zur Insolvenzantragstellung gegen einen haftenden Gesellschafter berechtigt (AG Dresden v. 31.07.2009 - 532 IN 2215/08 - ZIP 2010, 243-246).

§ 714

1. Die unbeschränkte, akzessorische Gesellschafterhaftung

a. Grundsatz

17 Für die im Namen einer **wirtschaftlich tätigen** Gesellschaft bürgerlichen Rechts begründeten Verpflichtungen haften die Gesellschafter kraft Gesetzes auch persönlich. Dies folgt aus dem allgemeinen Grundsatz des bürgerlichen Rechts und des Handelsrechts, dass derjenige, der als Einzelperson oder in Gemeinschaft mit anderen Geschäfte betreibt, für die daraus entstehenden Verpflichtungen mit seinem gesamten Vermögen haftet, solange sich aus dem Gesetz nichts anderes ergibt oder mit dem Vertragspartner keine Haftungsbeschränkung vereinbart wird. Diese Haftung kann nicht durch einen Namenszusatz oder einen anderen, den Willen nur beschränkt für diese Verpflichtungen einzustehen verdeutlichenden Hinweis beschränkt werden, sondern nur durch eine individualvertragliche Vereinbarung ausgeschlossen werden.[50] Soweit der Gesellschafter für die Verbindlichkeiten der Gesellschaft persönlich haftet, ist der jeweilige Bestand der Gesellschaftsschuld für die persönliche Haftung maßgebend. Insoweit entspricht das Verhältnis zwischen Gesellschafts- und Gesellschafterhaftung damit der Rechtslage in den Fällen der akzessorischen Gesellschafterhaftung gemäß den §§ 128, 129 HGB bei der Offenen Handelsgesellschaft, sog. **Akzessorietätstheorie**.[51] Auch für **gesetzlich begründete Verbindlichkeiten** ihrer Gesellschaft haben die Gesellschafter persönlich und als Gesamtschuldner einzustehen, wie nunmehr in der Rechtsprechung des BGH auch ausdrücklich anerkannt ist.[52] Die gebotene Orientierung an § 128 HGB verlangt eine unbeschränkte Haftung des Gesellschafters für alle Verbindlichkeiten der Gesellschaft, gleich aus welchem Rechtsgrund. Denn § 128 HGB ist die Positivierung des Grundsatzes, wonach die Gesellschafter einer – wirtschaftlich – tätigen Gesellschaft unbeschränkt haften, sofern sie sich nicht besonderer Rechtsformen (z.B. GmbH) für die Haftungsbeschränkung bedienen. Die unbeschränkte Haftung ist eine **gesetzliche Haftung**, unabhängig davon, ob die Gesellschaftsschuld auf Rechtsgeschäft oder dem Gesetz beruht. Sie setzt nur voraus, dass eine wirtschaftlich tätige BGB-Gesellschaft vorliegt, weil derjenige, um dessen Haftung es geht, Gesellschafter ist. Diese Haftung braucht nicht durch Abrede mit den einzelnen Gläubiger begründet zu werden, vielmehr kann sie nur durch Abrede mit den einzelnen Gläubigern ausgeschlossen werden. Die entsprechende Anwendung des § 128 HGB bedeutet: Der Gesellschafter einer wirtschaftlichen BGB-Gesellschaft haftet für alle Verbindlichkeiten, **gleich aus welchem Rechtsgrund**, z.B. aus Vertrag,[53] ungerechtfertigter Bereicherung, Delikt, Gefährdungshaftung, arbeitsrechtlichen Pensionszusagen,[54] sonstigem privatem und öffentlichem Recht,[55] etwa auch Steuerschulden[56]. Die persönliche Haftung der Gesellschafter tritt selbst dann ein, wenn der Gläubiger bei Begründung der Gesellschaftsverbindlichkeit nicht an sie denkt, sondern meint, dazu einer besonderen Verpflichtungserklärung der Gesellschafter zu bedürfen.[57] Beachte die Haftung für Verbindlichkeiten der Gesellschaft gegenüber Gesellschaftern (vgl. Rn. 32). Eine (entsprechende) **Anwendung** des § 4 VerbrKrG oder des § 9 VerbrKrG auf die Haftung des Gesellschafters einer gewerblich handelnden Gesellschaft kommt nicht in Betracht.[58] Die Haftung trifft nur den unmittelbaren Gesellschafter. Ein **Treugeber**, der nicht selbst Gesellschafter wird, sondern für den ein Gesellschafter den Geschäftsanteil treuhänderisch hält, haftet für Gesell-

---

[50] BGH v. 27.09.1999 - II ZR 371/98 - BGHZ 142, 315-323; BGH v. 23.07.2003 - XII ZR 16/00 - WM 2003, 2194-2197.
[51] BGH v. 29.01.2001 - II ZR 331/00 - juris Rn. 39 - BGHZ 146, 341-361.
[52] BGH v. 24.02.2003 - II ZR 385/99 - BGHZ 154, 88-95.
[53] Z.B. Mietvertrag: BGH v. 24.11.2004 - XII ZR 113/01 - WM 2005, 284-286.
[54] BGH v. 19.05.1983 - II ZR 50/82 - juris Rn. 9 - BGHZ 87, 286-296.
[55] Wegen der insoweit abschließenden Regelung im BBodSchG kann der entsprechend § 128 HGB persönlich haftende Gesellschafter nicht unmittelbar zu Sanierungsmaßnahmen herangezogen werden (VGH München v. 29.11.2004 - 22 CS 04.2701 - NJW-RR 2005, 829-831).
[56] BFH v. 09.05.2006 - VII R 50/05 - ZIP 2006, 1860-1862. Wer gegenüber dem FA den Rechtsschein erweckt, Gesellschafter einer BGB-Gesellschaft zu sein, haftet für Steuerschulden der Schein-BGB-Gesellschaft, wenn das FA nach Treu und Glauben auf den gesetzten Rechtsschein vertrauen durfte. Das ist nicht der Fall, wenn das aktive Handeln des in Anspruch Genommenen weder unmittelbar gegenüber dem FA noch zur Erfüllung steuerlicher Pflichten oder zur Verwirklichung steuerlicher Sachverhalte veranlasst war und ihm im Übrigen bloß passives Verhalten gegenüber dem FA vorzuhalten ist.
[57] BGH v. 11.10.1971 - II ZR 68/68 - BB 1971, 1530-1531.
[58] BGH v. 18.07.2006 - XI ZR 143/05 - ZIP 2006, 1622-1626, 1626; BGH v. 17.10.2006 - XI ZR 19/05 - ZIP 2007, 64-69.

schaftsschulden **nicht analog §§ 128, 130 HGB** persönlich; das gilt auch bei nach außen „offener" Ausgestaltung der Treuhand. Es haftet ausschließlich der Treuhänder-Gesellschafter analog § 128 HGB. Unbenommen bleibt es natürlich für Gläubiger, mittelbar auf das Vermögen des Treugebers zurückzugreifen, indem sie den für die Gesellschaftsschuld persönlich haftenden Treuhänder in Anspruch nehmen und aus einem Titel gegebenenfalls in dessen Anspruch aus den §§ 675, 670 BGB gegen den Treugeber vollstrecken.[59]

b. Ausnahmen für bestimmte Schulden

Allerdings gibt es vom Grundsatz der gesetzlichen unbeschränkten Gesellschafterhaftung nach dem Vorbild des § 128 HGB für bestimmte Schulden **Ausnahmen**: In teleologischer Reduktion des § 128 HGB (analog) haften die Gesellschafter in der Insolvenz nicht für vom **Insolvenzverwalter begründete Neuverbindlichkeiten** und **die Kosten des Insolvenzverfahrens** über das Vermögen der Gesellschaft. Dies folgt aus den Gedanken der Fremdverwaltung, der Einflusslosigkeit der Gesellschafter und der Verwaltung im Fremdinteresse.[60] Ein Kreditinstitut, das aufgrund eines wegen Verstoßes gegen Art. 1 § 1 RBerG (§ 3 RDG) unwirksamen Darlehensvertrages die Immobilienfondsbeteiligung eines Kapitalanlegers finanziert und die Darlehensvaluta unmittelbar an den als BGB-Gesellschaft betriebenen Fonds ausgezahlt hat, kann den Kapitalanleger für die Bereicherungsschuld der BGB-Gesellschaft gemäß § 812 Abs. 1 Satz 1 Alt. 2 BGB nicht in entsprechender Anwendung des § 128 HGB persönlich in Anspruch nehmen. Dies begründet der XI. Senat mit § 242 BGB und dem Hinweis auf den **Schutzzweck des Rechtsberatungsgesetzes**. Die Frage, ob für **Bauherrengemeinschaften** (vgl. Rn. 29) und **Immobilienfonds** (vgl. Rn. 28) mit einer Vielzahl kapitalistisch beteiligter Gesellschafter **generell** eine Einschränkung des Grundsatzes akzessorischer Haftung geboten ist, hat der BGH bisher dahinstehen lassen.[61]

c. Willenserklärung der Gesellschaft; vertretbare Handlungen

Schuldet die **BGB-Gesellschaft** die Abgabe einer **Willenserklärung**, dann ermöglicht es die Haftung der Gesellschafter entsprechend § 128 HGB nicht, die Gesellschafter zur Abgabe der von der Gesellschaft geschuldeten Willenserklärung zu verurteilen.[62] Eine Erklärung der Gesellschaft kann durch eine entsprechende Erklärung der Gesellschafter nicht ersetzt werden. Selbst der Umstand, dass die Gesellschafter gemeinsam zur Vertretung der Gesellschaft berechtigt sind (§§ 709, 714 BGB), führt nicht dazu, dass eine durch die Rechtskraft eines Urteils fingierte Erklärung der Gesellschafter (§ 894 ZPO) namens der Gesellschaft abgegeben wäre und damit gegen diese wirkte. Hierzu bedarf es einer Verurteilung der Gesellschaft. Aus § 736 ZPO folgt nichts anderes. Für das Gericht ist in einer solchen Situation im Wege der Auslegung der Klage sorgfältig zu prüfen, ob die Klage tatsächlich gegen die Gesellschafter oder vielleicht doch in Wirklichkeit gegen die Gesellschaft gerichtet ist.[63] Anders ist es bei vertretbaren Handlungen (**§ 887 ZPO**): hier können entsprechend der Erfüllungstheorie[64] auch die Gesellschafter entsprechend § 128 HGB auf Vornahme der Handlung in Anspruch genommen werden. So kann etwa der (geschäftsführende) Gesellschafter auf Erstellung einer **Auseinandersetzungsbilanz** in Anspruch genommen werden.[65] Im Einzelnen ist für den Haftungsinhalt auf die einschlägigen Kommentierungen zu § 128 HGB zu verweisen.

---

[59] BGH v. 11.11.2008 - XI ZR 468/07 - BGHZ 178, 271-285; BGH v. 21.04.2009 - XI ZR 148/08 - ZIP 2009, 1266-1270; BGH v. 12.02.2009 - III ZR 90/08 - NJW-RR 2009, 613-618.
[60] BGH v. 24.09.2009 - IX ZR 234/07 - ZIP 2009, 2204-2208.
[61] BGH v. 17.06.2008 - XI ZR 112/07 - BGHZ 177, 108-119. Ein Gesellschafter kann sich aber nicht auf die Nichtigkeit einer einem Geschäftsbesorger erteilten Vollmacht zur Abgabe einer notariellen Unterwerfungserklärung berufen, wenn er entsprechend § 128 HGB aufgrund eines zwischen der BGB-Gesellschaft und einer Bank geschlossenen Darlehensvertrages nach Treu und Glauben (§ 242 BGB) verpflichtet ist, die Darlehensschuld in Höhe seiner Beteiligung anzuerkennen und sich insoweit der sofortigen Zwangsvollstreckung in sein gesamtes privates Vermögen zu unterwerfen (BGH v. 15.02.2005 - XI ZR 396/03 - EWiR 2005, 417).
[62] BGH v. 25.01.2008 - V ZR 63/07 - ZIP 2008, 501-503.
[63] BGH v. 25.01.2008 - V ZR 63/07 - ZIP 2008, 501-503.
[64] Dazu etwa: *Oetker/Boesche*, HGB, 2. Aufl. 2011, § 128 Rn. 26, 29.
[65] BGH v. 22.09.2008 - II ZR 257/07 - ZIP 2008, 2359-2361.

d. Verhältnis von Gesellschafts- und Gesellschafterschuld

20 Das **Verhältnis zwischen Gesellschafts- und Gesellschafterhaftung** entspricht der Rechtslage der akzessorischen Gesellschafterhaftung gemäß den §§ 128, 129 HGB bei der OHG. Danach ist eine unmittelbare Anwendung der §§ 420-432 BGB nicht möglich, weil **kein echtes Gesamtschuldverhältnis** besteht; es ist aber zu prüfen, ob unter Berücksichtigung der jeweils verschiedenartigen Interessen der Beteiligten der Rechtsgedanke der §§ 420-426 BGB im Einzelfall zur Anwendung kommt oder nicht.[66] Für die Gesellschaft als originär Verpflichtete ist die entsprechende Anwendung der Gesamtschuldregeln im Verhältnis zur Gesellschafterhaftung grundsätzlich angebracht. Stehen den Gesellschaftern beispielsweise individuelle Einreden im Sinne des § 425 BGB gegen ihre persönliche Inanspruchnahme zu, wäre es nicht gerechtfertigt, dass sich auch die Gesellschaft darauf berufen könnte.[67]

e. Einwendungen

21 Der Gesellschafter kann **Einwendungen der Gesellschaft** in dem Umfange geltend machen, in dem sie auch von der Gesellschaft erhoben werden können (§ 129 Abs. 1 HGB analog). Der Gesellschafter kann die gegen die Gesellschaft bestehende Forderung nur anfechten oder dagegen mit einer Gesellschaftsforderung aufrechnen, wenn er vertretungsbefugt ist; ansonsten steht ihm das Leistungsverweigerungsrecht des § 129 Abs. 2, 3 HGB zu. **Persönliche Einwendungen** (Stundung, Entlassung aus der Haftung) kann der Gesellschafter jederzeit geltend machen; die Gesellschaft kann sich nicht darauf berufen.[68] Zahlt der Gesellschafter einer Publikumspersonengesellschaft gemäß § 128 HGB auf eine durch die Gesellschaft besicherte Gesellschaftsschuld, hat er jedenfalls bei **nicht akzessorischen Sicherheiten** keinen gesetzlichen Anspruch auf anteilige Übertragung der Sicherheit, den er dem Gläubiger als Einrede entgegenhalten kann. Ein solcher Anspruch folgt nicht schon aus § 426 Abs. 2 BGB, da Gesellschafter und Gesellschaft zueinander nicht Gesamtschuldner sind. Auch eine analoge Anwendung des § 774 BGB scheidet aus: denn der Rückgriff des zahlenden Gesellschafters gegen die Gesellschaft ist abschließend in § 110 HGB geregelt, der lediglich einen Erstattungsanspruch vorsieht.[69] Die Haftungsverbindlichkeit des Gesellschafters aus § 128 HGB (analog) folgt nicht per se der dreijährigen Regelverjährung des § 195 BGB, sondern unterliegt derselben **Verjährung** wie die Schuld der BGB-Gesellschaft.[70]

f. Gesamtschuldnerische Haftung

22 Die **Gesellschafter haften als Gesamtschuldner**. Es gelten daher die §§ 422-426 BGB. Beachte den Ausgleichsanspruch (vgl. Rn. 36) des vom Gesellschaftsgläubiger in Anspruch genommenen Gesellschafters.

g. Haftung des eintretenden und ausscheidenden Gesellschaftes

23 Beachte auch die **Haftung des eintretenden** (vgl. die Kommentierung zu § 736 BGB Rn. 19) **und des ausgeschiedenen Gesellschafters** (vgl. die Kommentierung zu § 736 BGB Rn. 12).

h. Rechtschein

24 Soweit ein Dritter in zurechenbarer Weise den Eindruck erweckt, er sei an der BGB-Gesellschaft beteiligt und damit unbeschränkt haftender Gesellschafter, kann er aus der **Rechtsscheinhaftung** in Anspruch genommen werden.[71]

2. Die Möglichkeit der Haftungsbeschränkung (Grundsatz)

a. Individualvertrag mit dem Gläubiger

25 Für die Gesellschaftsverbindlichkeiten haften alle Gesellschafter **kraft Gesetzes** entsprechend § 128 HGB. Diese Haftung kann nicht durch einen Namenszusatz oder einen anderen, den Willen nur beschränkt für diese Verpflichtungen einzustehen verdeutlichenden Hinweis beschränkt werden, sondern

---

[66] BGH v. 29.01.2001 - II ZR 331/00 - juris Rn. 39 - BGHZ 146, 341-361.
[67] BGH v. 29.01.2001 - II ZR 331/00 - juris Rn. 39 - BGHZ 146, 341-361.
[68] BGH v. 29.01.2001 - II ZR 331/00 - juris Rn. 39 - BGHZ 146, 341-361.
[69] BGH v. 19.07.2011 - II ZR 300/08 - ZIP 2011, 1657-1664.
[70] BGH v. 12.01.2010 - XI ZR 37/09 - ZIP 2010, 319-324.
[71] BGH v. 29.01.2001 - II ZR 331/00 - juris Rn. 40 - BGHZ 146, 341-361.

nur durch eine individualvertragliche Vereinbarung ausgeschlossen werden.[72] Ein einseitiger Ausschluss oder eine Beschränkung dieser gesetzlichen Haftung durch eine dahingehende Bestimmung des Gesellschaftsvertrags ist – auch wenn sie mit einer entsprechenden Beschränkung der Vertretungsmacht des Geschäftsführers der Gesellschaft verbunden ist – grundsätzlich ausgeschlossen; die persönlich unbeschränkte Haftung der Gesellschafter kann grundsätzlich nur durch individualvertragliche Vereinbarung mit den Gläubigern eingeschränkt oder ausgeschlossen werden.[73] Damit ist die frühere Rechtsprechung, die die Möglichkeit einer satzungsmäßigen Begrenzung der Haftung der Gesellschafter (durch Beschränkung der Geschäftsführungs- und Vertretungsbefugnis des Geschäftsführers) anerkannte, soweit sie dem Vertragspartner mindestens erkennbar war, überholt.[74] Verpflichtet der (Gesellschafter-)Geschäftsführer einer kreditnehmenden Fonds-BGB-Gesellschaft die Anleger (Gesellschafter) wirksam zur Abgabe eines Schuldanerkenntnisses oder Schuldversprechens im Sinne der §§ 780, 781 BGB in Höhe des auf ihre Beteiligung am Gesellschaftsvermögen entfallenden Anteils an der Darlehensverbindlichkeit mitsamt einer entsprechenden Vollstreckungsunterwerfungserklärung, so dient eine solche Verpflichtung nicht nur Sicherungszwecken, sondern auch dazu, die darlehensvertragliche Haftung der Gesellschafter zu beschränken.[75]

b. Quotale Haftungsbeschränkung

Ist die Haftung der Gesellschafter einer Gesellschaft bürgerlichen Rechts für eine vertragliche Verbindlichkeit der Gesellschaft in dem Vertrag zwischen der Gesellschaft und ihrem Vertragspartner auf den ihrer Beteiligungsquote entsprechenden Anteil der Gesellschaftsschuld beschränkt worden (sog. **quotale Haftung**), so sind Zahlungen oder sonstige Erlöse aus dem Gesellschaftsvermögen nicht (schon) kraft Gesetzes (entsprechend § 422 BGB) auf die quotalen Haftungsanteile der einzelnen Gesellschafter anzurechnen. Entsprechend § 129 HGB bildet der verbleibende Bestand der Gesellschaftsschuld lediglich die Obergrenze der (quotalen) Haftung des einzelnen Gesellschafters. Auch für eine entsprechende Anwendung des § 366 Abs. 2 BGB ist kein Raum. Zwischen den Gesellschaftern und dem Gesellschaftsgläubiger kann aber abweichendes vereinbart werden. Es ist daher im Einzelfall durch Auslegung der die Gesellschaftsschuld begründenden Vereinbarung zu ermitteln, ob doch und dann in welchem Umfang **Tilgungen aus dem Gesellschaftsvermögen** oder Erlöse aus dessen Verwertung nicht nur die Schuld der Gesellschaft, sondern anteilig den **Haftungsbetrag jedes einzelnen Gesellschafters mindern** sollen. Dies muss aber angesichts des Grundsatzes des § 128 HGB (unbeschränkte akzessorische Haftung) eindeutig vereinbart sein.[76]

26

c. Allgemeine Geschäftsbedingungen

Da ein Ausschluss der Haftung nur durch individualvertragliche Vereinbarung in Betracht kommt, ist grundsätzlich eine Beschränkung der Haftung durch formularmäßigen **Ausschluss in Allgemeinen Geschäftsbedingungen nicht möglich**. Das OLG Stuttgart entschied, dass eine solche Klausel gem. § 307 Abs. 2 Nr. 1 BGB unwirksam sei, da sie mit dem Wesen der Gesellschaft bürgerlichen Rechts und damit mit wesentlichen Grundgedanken der geltenden Rechtsordnung nicht vereinbar sei.[77] Der Bundesgerichtshof hat die dagegen eingelegte Revision nicht zugelassen; zur Begründung hieß es: „Der BGH hat ... die vorliegenden Fragen, möglicherweise dort ohne zwingendes Gebot des Sachverhalts, entschieden und dies erst vor kurzem und eingerückt in die Amtliche Sammlung. Damit besteht kein Anlass, den BGH zur erneuten Antwort, zumal so zeitnah, aufzufordern" (abgedruckt in NZG 2002, 84, 85 als Anmerkung der Schriftleitung). Allerdings hat der BGH mittlerweile Ausnah-

27

---

[72] BGH v. 27.09.1999 - II ZR 371/98 - BGHZ 142, 315-323; BGH v. 23.07.2003 - XII ZR 16/00 - WM 2003, 2194-2197; BGH v. 24.11.2004 - XII ZR 113/01 - WM 2005, 284-286; OLG Stuttgart v. 09.11.2001 - 2 U 138/01 - WM 2002, 667-668. Die Bitte der Gesellschafter an den Vermieter, den auf „F-GbR" ausgestellten Mietvertrag hinsichtlich der Bezeichnung der Parteien in „F-GbR mit beschränkter Haftung" zu ändern, begründet keine entsprechende individualvertragliche Vereinbarung (KG Berlin v. 03.06.2004 - 12 U 51/03 - Grundeigentum 2004, 888).

[73] BGH v. 21.01.2002 - II ZR 2/00 - juris Rn. 8 - BGHZ 150, 1-6.

[74] BGH v. 12.03.1990 - II ZR 312/88 - juris Rn. 7 - NJW-RR 1990, 867-868; obsolet BGH v. 21.01.2002 - II ZR 2/00 - juris Rn. 8 - BGHZ 150, 1-6.

[75] BGH v. 25.10.2005 - XI ZR 402/03 - ZIP 2006, 120-123.

[76] BGH v. 08.02.2011 - II ZR 263/09 - BGHZ 188, 233-248; BGH v. 08.02.2011 - II ZR 243/09 - ZIP 2011, 914-918; BGH v. 19.07.2011 - II ZR 300/08 - ZIP 2011, 1657-1664.

[77] OLG Stuttgart v. 09.11.2001 - 2 U 138/01 - WM 2002, 667-668.

men zur unbeschränkten, nur individualvertraglich einschränkbaren Gesellschafterhaftung zugelassen (vgl. Rn. 28). Insbesondere kann ein geschlossener Immobilienfond durch AGB seine Haftung auf das Gesellschaftsvermögen begrenzen.[78] Eine **Ausnahme** von diesem Grundsatz (kein Ausschluss der Haftung in Allgemeinen Geschäftsbedingungen) gilt aber kraft gesetzlicher Sonderregelung des § 51a Abs. 2 Sätze 2 und 3 BRAO für **Anwaltssozietäten**. Nach dieser Vorschrift kann die persönliche Haftung auf Schadensersatz auch durch vorformulierte Vertragsbedingungen beschränkt werden auf einzelne Mitglieder einer Sozietät, die das Mandat im Rahmen ihrer eigenen beruflichen Befugnisse bearbeiten und namentlich bezeichnet sind. Allerdings werden an eine entsprechende Zustimmungserklärung strenge Anforderungen gestellt: die Zustimmungserklärung zu einer solchen Beschränkung darf keine anderen Erklärungen enthalten und muss vom Auftraggeber unterschrieben sein. Entsprechende Vorschriften bestehen für Patentanwälte (§ 45a PatAO), Steuerberater (§ 67a Abs. 3 StBerG) und Wirtschaftsprüfer (§ 54a Abs. 2 WPO).[79]

d. Immobilienfonds

28   Der BGH lässt Ausnahmen zur unbeschränkten, nur individualvertraglich einschränkbaren Gesellschafterhaftung zugelassen. Dies gilt im besonderen Maße für **Immobilienfonds**:

- Aus Gründen des Vertrauensschutzes dürfen sich Anlagegesellschafter **bereits existierender** geschlossener Immobilienfonds, die als BGB-Gesellschaften ausgestaltet sind, auch nach der durch die Entscheidungen des BGH[80] eingetretenen Änderungen der Rechtsprechung **für die davor abgeschlossenen Verträge** weiterhin auf eine im Gesellschaftsvertrag vorgesehene Haftungsbeschränkung unter der nach der früheren Rechtsprechung maßgebenden Voraussetzung berufen, dass die Haftungsbeschränkung dem Vertragspartner mindestens erkennbar war.[81] Geschlossene Immobilienfonds sind Kapitalanlagegesellschaften, deren Gesellschaftszweck auf die Errichtung, den Erwerb und die Verwaltung einer oder mehrerer Immobilienobjekte mit einem im Voraus feststehenden Investitionsvolumen ausgerichtet ist, und die, sobald das Eigenkapital platziert ist, mit einem festen Kreis von Anlegern geschlossen werden.

- Für **nach Änderung der Rechtsprechung abgeschlossene Verträge** von geschlossenen Immobilienfonds in der Form einer BGB-Gesellschaft gilt als Ausnahme von den nunmehr geltenden Grundsätzen einer unbeschränkten, nur individualvertraglich ausschließbaren akzessorischen Gesellschafterhaftung,[82] dass die persönliche Haftung der Anlagegesellschafter für rechtsgeschäftlich begründete Verbindlichkeiten des Immobilienfonds wegen der Eigenart derartiger Fonds als reine Kapitalanlagegesellschaften auch durch wirksam in den Vertrag einbezogene formularmäßige Vereinbarungen eingeschränkt oder ausgeschlossen werden kann, ohne dass darin grundsätzlich eine unangemessene Benachteiligung des Vertragspartners i.S.d. § 307 Abs. 1 BGB gesehen werden kann.[83] Die Beschränkung der persönlichen Haftung kann, da durch die Eigenart des Immobilienfonds als Kapitalanlagegesellschaft gerechtfertigt, grundsätzlich nicht als Treu und Glauben widersprechende unangemessene Benachteiligung des Vertragspartners angesehen werden.

e. Bauherrengemeinschaft

29   Künftige Wohnungseigentümer, die gemeinschaftlich eine Wohnungseigentumsanlage errichten (sog. **Bauherrengemeinschaft**), haften für die Herstellungskosten (sog. **Aufbauschulden**) auch weiterhin grundsätzlich nur anteilig nach den bisherigen Rechtsprechungsgrundsätzen,[84] auch wenn sie im Rechtsverkehr als Außengesellschaft bürgerlichen Rechts auftreten.[85]

---

[78] BGH v. 21.01.2002 - II ZR 2/00 - BGHZ 150, 1-6.
[79] Vgl. *Schmidt*, NJW 2005, 2801-2810, 2805 f.
[80] BGH v. 27.09.1999 - II ZR 371/98 - BGHZ 142, 315-323 und BGH v. 29.01.2001 - II ZR 331/00 - BGHZ 146, 341-361.
[81] BGH v. 21.01.2002 - II ZR 2/00 - juris Rn. 12 - BGHZ 150, 1-6; BGH v. 25.09.2006 - II ZR 218/05 - ZIP 2006, 2128-2130, 2129; BGH v. 19.07.2011 - II ZR 300/08 - ZIP 2011, 1657-1664.
[82] BGH v. 27.09.1999 - II ZR 371/98 - BGHZ 142, 315-323; BGH v. 29.01.2001 - II ZR 331/00 - BGHZ 146, 341-361.
[83] BGH v. 21.01.2002 - II ZR 2/00 - juris Rn. 13 - BGHZ 150, 1-6.
[84] BGH v. 18.06.1979 - VII ZR 187/78 - BGHZ 75, 26-32.
[85] BGH v. 21.01.2002 - II ZR 2/00 - juris Rn. 14 - BGHZ 150, 1-6.

f. Altfälle

Bei der Frage, ob sich die Gesellschafter nach der Änderung der höchstrichterlichen Rechtsprechung[86] für die davor abgeschlossenen Verträge (**Altfälle**) weiterhin auf eine im Gesellschaftsvertrag vorgesehene, dem Vertragspartner erkennbare Haftungsbeschränkung berufen können, ist außerhalb der vom BGH anerkannten Fallgruppen (vgl. Rn. 28 (Immobilienfonds); Rn. 29 (Bauherrengemeinschaft)) im Einzelfall abzuwägen, ob den Interessen des auf die Fortgeltung der Rechtslage vertrauenden Gesellschafters Vorrang einzuräumen ist gegenüber der materiellen Gerechtigkeit. Das ist nur dann der Fall, wenn die materiell richtige Entscheidung zu unbilligen, nicht zumutbaren Härten führt.[87] 30

3. Haftung für die Ansprüche eines Gesellschafters

Hinsichtlich der Haftung der Gesellschafter für Ansprüche eines Gesellschafters gegen die Gesellschaft ist zu differenzieren zwischen: 31
- Ansprüchen des Gesellschafter-Gläubigers aus Drittforderungen (vgl. Rn. 33);
- Ansprüchen aus dem Gesellschaftsverhältnis (vgl. Rn. 33);
- Erstattungsanspruch desjenigen Gesellschafters, der einen Gesellschaftsgläubiger befriedigt hat (Rn. 36).

Der Gläubiger, der zugleich Gesellschafter ist (sog. **Gesellschafter-Gläubiger**), kann eine Forderung aus einem vom Gesellschaftsverhältnis verschiedenen Rechtsverhältnis (sog. **Drittverhältnissen**, vgl. die Kommentierung zu § 705 BGB Rn. 55) sowohl der Gesellschaft als auch einzelnen Gesellschaftern gegenüber geltend machen. Die einzelnen Gesellschafter haften ihm als Gesamtschuldner.[88] Der Gesellschafter-Gläubiger, der seine Mitgesellschafter in Anspruch nimmt, muss sich aber seinen eigenen Verlustanteil anrechnen lassen. Dies ist deswegen gerechtfertigt, weil der in Anspruch genommene Gesellschafter unter Umständen wieder Ausgleichung von dem Gesellschafter-Gläubiger verlangen könnte und dieser deshalb dann, wenn er seinen eigenen Verlustanteil nicht berücksichtigt, etwas fordert, was er aufgrund seines Beteiligungsverhältnisses möglicherweise zurückgeben müsste. Der Forderung des Teils, der seinem Verlustanteil entspricht, steht deshalb wegen der Möglichkeit einer Rückforderung die Einrede der Arglist entgegen.[89] Diese Beschränkung des Anspruchs muss sich im Falle der Abtretung der Forderung auch der Zessionar, der nicht Mitgesellschafter ist, gem. § 404 BGB entgegenhalten lassen.[90] **Str.** ist die Frage, ob sich der nicht ausgeschiedene Gesellschafter-Gläubiger zuerst an die Gesellschaft halten muss, die Gesellschafterhaftung also **subsidiär** ist. 32

Für **Ansprüche aus dem Gesellschaftsverhältnis**: Wegen zugunsten der Gesellschaft gemachter **Aufwendungen** können dem Gesellschafter gem. den §§ 713, 670 BGB Ersatzansprüche gegen die Gesellschaft (vgl. die Kommentierung zu § 713 BGB Rn. 7) zustehen, wenn er die Aufwendungen nach den Umständen für erforderlich halten durfte (vgl. § 110 HGB). **Während des Bestehens** der Gesellschaft können solche Ansprüche aber nur gegen die Gesellschaft, nicht auch gegen den einzelnen Gesellschafter geltend gemacht werden. Das gilt auch dann, wenn der berechtigte Gesellschafter keine Befriedigung aus dem Gesellschaftsvermögen zu erlangen vermag. Für solche Gesellschaftsverbindlichkeiten haften die Gesellschafter auch nicht entsprechend § 128 HGB. Dies deshalb, weil sonst durch eine solche Haftung die Vorschrift des § 707 BGB im weiten Umfang gegenstandslos würde. Das geht aber nicht, denn kein Gesellschafter kann während des Bestehens der Gesellschaft gegen seinen Willen gezwungen werden, über seine versprochene Einlage hinaus weitere Beiträge in die Gesellschaft zu leisten.[91] Die Gesellschafter gehen bei Abschluss des Gesellschaftsvertrags eine begrenzte Verpflichtung ein, die die Geschäftsführer nicht einseitig erweitern können. Allerdings können die Gesellschafter durch abweichende Vereinbarung einen besonderen Verpflichtungsgrund schaffen.[92] Dieser kann sich auch schlüssig aus den Umständen ergeben, etwa wenn sich mehrere Personen zur Verwirklichung eines sachlich und wirtschaftlich begrenzten Projekts zusammenschließen und keine der Höhe nach bestimmten Beiträge versprechen, sondern sich ausdrücklich oder stillschweigend verpflichten, entsprechend ihrer Beteiligung an der Gesellschaft das zur Erreichung dieses Zwecks Erforderliche beizutragen. Von dieser überkommenen und richtigen Rechtsprechung scheint der BGH Abschied zu nehmen, 33

---

[86] BGH v. 27.09.1999 - II ZR 371/98 - BGHZ 142, 315.
[87] OLG Karlsruhe v. 20.01.2009 - 17 U 173/07 - NZG 2009, 503-505.
[88] BGH v. 01.12.1982 - VIII ZR 206/81 - juris Rn. 31 - LM Nr. 39 zu § 705 BGB.
[89] BGH v. 01.12.1982 - VIII ZR 206/81 - juris Rn. 31 - LM Nr. 39 zu § 705 BGB.
[90] BGH v. 01.12.1982 - VIII ZR 206/81 - juris Rn. 34 - LM Nr. 39 zu § 705 BGB.
[91] BGH v. 02.07.1962 - II ZR 204/60 - juris Rn. 8 - BGHZ 37, 299-305.
[92] BGH v. 02.07.1979 - II ZR 132/78 - NJW 1980, 339-340.

wenn es dort in allgemeiner Formulierung heißt, dass ein Gesellschafter seinen Aufwendungsersatzanspruch gegen die Gesellschaft (bei deren Vermögenslosigkeit) unmittelbar auch gegen die Gesellschafter geltend machen kann.[93] Aber im konkreten Fall ging es um den Sonderfall des Rückgriffs eines Gesellschafters wegen der Begleichung von Gesellschaftsschulden. Hierfür gelten andere Grundsätze.

34 Anders stellt sich die Rechtslage, wenn ein Gesellschafter aufgrund seiner persönlichen Haftung (vgl. Rn. 16) entsprechend § 128 HGB einen **Gesellschaftsgläubiger befriedigt** hat. Zwar richtet sich auch dann sein Erstattungsanspruch in erster Linie gegen die Gesellschaft, aber in diesem Fall ist es nicht gerechtfertigt, dem betreffenden Gesellschafter den Rückgriff gegen seine Mitgesellschafter zu versagen (§ 426 BGB bzw. §§ 713, 670 BGB, § 128 HGB analog), wenn er von der Gesellschaft keine Befriedigung erlangen kann. Denn jeder seiner Mitgesellschafter hätte – wie er – den Gesellschaftsgläubiger befriedigen müssen. Der Zufall, welcher der Gesellschafter in Anspruch genommen wird, rechtfertigt es nicht, dass der in Anspruch Genommene nunmehr zunächst keine Erstattung von den Mitgesellschaftern verlangen kann. Vielmehr erfordert es die Gerechtigkeit, dass jeder seiner Mitgesellschafter den Teil des verauslagten Betrages zu erstatten hat, der nach dem Gesellschaftsvertrag auf den einzelnen Gesellschafter entfällt (pro rata, § 735 BGB). Dem steht § 707 BGB nicht entgegen, da die persönliche Haftung des Gesellschafters für die Gesellschaftsverbindlichkeiten neben der gesellschaftsvertraglich festgelegten Beitragspflicht steht und die Erstattungspflicht im Verhältnis unter den Gesellschaftern die mittelbare Folge dieser persönlichen Haftung gegenüber den Gesellschaftsgläubigern darstellt. Allerdings ist die **Haftung** der **Mitgesellschafter subsidiär**. Die Mitgesellschafter sind dem Gesellschafter, der eine Gesellschaftsverbindlichkeit bezahlt hat, nur erstattungspflichtig, sofern dieser keine Befriedigung aus dem Gesellschaftsvermögen erlangen kann. Nur wenn eine solche Befriedigung nicht möglich ist, ist ein Erstattungsanspruch gerechtfertigt. Im Verhältnis unter den Gesellschaftern ist es in erster Linie von Bedeutung, dass die Gesellschaftsverbindlichkeiten grundsätzlich aus der Gesellschaftskasse zu begleichen sind und dass sich deshalb der einzelne Gesellschafter zunächst an die Gesellschaftskasse halten muss.[94] Das heißt aber nicht, dass die subsidiäre Haftung der Mitgesellschafter erst eingreift, wenn selbst eine Zwangsvollstreckung in das Gesellschaftsvermögen aussichtslos wäre. Ausreichend ist, dass die **Gesellschaft keine frei verfügbaren Mittel** zur Erstattung hat.[95] Der anteilige Ausgleichsanspruch des Gesellschafters gegen seine Mitgesellschafter (§ 426 BGB) ist unabhängig davon, ob der Gesellschafter von sich aus die fälligen Gesellschaftsschulden bezahlt hat oder ob er von dem Gesellschaftsgläubiger in Anspruch genommen wurde. Denn auch die freiwillige Zahlung beruht auf einer rechtlichen Verpflichtung, die alle Gesellschafter in gleicher Weise trifft. Umgekehrt entsteht der Ausgleichsanspruch nach § 426 Abs. 1 Satz 1 BGB nicht erst mit der Befriedigung des Gläubigers, sondern er besteht als **Befreiungsanspruch** bereits mit der Entstehung des Gesamtschuldverhältnisses. Muss ein Gesellschafter mit der ernsthaften Möglichkeit rechnen, von einem Gesellschaftsgläubiger in Anspruch genommen zu werden, so kann er z.B. von einem im Innenverhältnis allein verpflichteten Mitgesellschafter Befreiung verlangen, wenn der Gesellschaft frei verfügbare Mittel zur Erfüllung der Gesellschaftsschuld nicht zur Verfügung stehen. Die Pflicht zur Freistellung umfasst auch die Verpflichtung, unbegründete Ansprüche von dem Freistellungsgläubiger abzuwehren[96]. Unter Umständen kann einem Gesellschafter der Rückgriff auf seine Mitgesellschafter versagt sein: hat etwa der Gesellschafter schuldhaft verursacht, dass die Gesellschaft auf Schadensersatz in Anspruch genommen wurde, kann dies im Rahmen des Gesamtschuldner-Innenausgleichs unter den Gesellschaftern in Heranziehung des Gedankens des **§ 254 BGB** zu einer Alleinhaftung des schuldhaft handelnden Gesellschafters im Verhältnis zu seinen Mitgesellschaftern führen.[97]

35 Für den **Abfindungsanspruch** eines **ausscheidenden Gesellschafters** haften neben der Gesellschaft auch die verbliebenen Gesellschafter persönlich entsprechend § 128 HGB.[98] Etwas anderes folgt nicht aus dem Grundsatz, dass Ansprüche eines Gesellschafters wegen Aufwendungsersatzes während des Bestehens der Gesellschaft (vgl. Rn. 33) nur gegen diese, nicht aber gegen die einzelnen Gesellschafter

---

[93] BGH v. 22.02.2011 - II ZR 158/09 - ZIP 2011, 809-811.
[94] BGH v. 02.07.1962 - II ZR 204/60 - juris Rn. 9 - BGHZ 37, 299-305.
[95] BGH v. 22.02.2011 - II ZR 158/09 - ZIP 2011, 809-811; BGH v. 02.07.1979 - II ZR 132/78 - NJW 1980, 339-340.
[96] BGH v. 15.10.2007 - II ZR 136/06 - ZIP 2007, 2313-2316; BGH v. 16.12.2009 - XII ZR 146/07 - ZIP 2010, 270-274.
[97] BGH v. 09.06.2008 - II ZR 268/07 - ZIP 2008, 1915-1916.
[98] BGH v. 02.07.2001 - II ZR 304/00 - BGHZ 148, 201-209; BGH v. 11.10.1971 - II ZR 68/68 - BB 1971, 1530-1531.

geltend gemacht werden können. Denn diese Grundsätze gelten nicht für den ausgeschiedenen Gesellschafter, der den innergesellschaftlichen Regelungen nicht mehr unterliegt. Hinsichtlich seines Abfindungsanspruchs ist seine Rechtsstellung gegenüber der Gesellschaft und seinen früheren Mitgesellschaftern grundsätzlich nicht anders als die jedes anderen Gläubigers.

4. Haftung in der Idealgesellschaft

Die Gesellschafter der Idealgesellschaft **haften** für die Schulden der Gesellschaft grundsätzlich **nicht**.[99] Die BGB-Gesellschaft ist rechtsfähig. Schuldner der Gesellschaftsverbindlichkeiten ist die Gesellschaft. Besonders zu begründen ist und bleibt daher die Haftung der Verbandsmitglieder für die Gesellschaftsschulden. Diese Begründung ist für die wirtschaftlich tätige Gesellschaft offenkundig, nicht aber für die Idealgesellschaft. Für die wirtschaftliche Gesellschaft folgt die Haftung aus dem allgemeinen Grundsatz des bürgerlichen Rechts und des Handelsrechts, wonach wirtschaftliche Tätigkeit grundsätzlich eine unbeschränkte Haftung nach sich zieht, soweit sich nicht durch das Gesetz ein anderes ergibt oder eine Haftungsbeschränkung mit dem Vertragspartner vereinbart wurde. Solange die Gesellschaft also nicht in einer Rechtsform mit Haftungsbeschränkung eingetragen ist, haften alle Gesellschafter entsprechend § 128 HGB unbeschränkt. Anders ist die Lage in der Idealgesellschaft. Für sie kann grundsätzlich nichts anderes gelten als für den nicht eingetragenen Idealverein (vgl. die Kommentierung zu § 54 BGB).[100] Die Gesellschaft haftet für ihre Verbindlichkeiten. Ohne einen besonderen, zusätzlichen (rechtsgeschäftlichen) Verpflichtungsgrund haften die Gesellschafter einer ideal tätigen Gesellschaft aber nicht. Dabei handelt es sich wie beim Idealverein um eine institutionelle Haftungsbeschränkung auf das Gesellschaftsvermögen und nicht um eine irgendwie geartete rechtsgeschäftliche Haftungsbeschränkung. Dementsprechend findet man noch heute in der Literatur im Anschluss an die „Brunnenbau-Komitee"-Entscheidung des OLG Breslau vom 18.02.1916[101] die Feststellung: „Personen, die sich zur Erreichung eines gemeinnützigen Zweckes zusammengetan haben, haften nicht persönlich:"[102] Das OLG führte aus: „Das (Anm.: die persönliche Verpflichtung der Gesellschafter) ist ohne weiteres zu verneinen. Denn für den Kläger musste es wie für jeden anderen klar sein, dass die Personen, die ihre Bemühungen dem erwähnten gemeinnützigen Zwecke widmeten, das nur unter der Voraussetzung taten, dass sie ausreichende Mittel zusammenbrachten. Niemand kann unter solchen Umständen damit rechnen, dass die vereinigten Personen auf eigene Kosten handeln wollen, es müsste denn für die Annahme eines dahingehenden Willens ein ganz besonderer Anhalt gegeben sein, was hier nicht behauptet wird. Wer mit einer derartigen Vereinigung sich auf Rechtsgeschäfte einlässt, kann also nur damit rechnen, dass die Personen nicht für sich selbst, sondern nur für die von ihnen repräsentierten Mittel Verpflichtungen eingehen:"[103]

36

Die Entscheidung sagt, was für den nicht eingetragenen Idealverein (vgl. die Kommentierung zu § 54 BGB) heute Allgemeingut ist. Weil es an einem (rechtspolitischen) Grund für die Haftung der Mitglieder eines Idealverbandes fehlt, müssen die Gesellschafter einer Idealgesellschaft, sofern es an einem besonderen Verpflichtungsgrund fehlt, für die Verbindlichkeiten der Gesellschaft nicht haften. Zusammenfassend ist daher zu sagen: Die Mitglieder eines nicht eingetragenen Idealverbandes des bürgerlichen Rechts haften grundsätzlich für die Verbandsverbindlichkeiten nicht, während umgekehrt bei wirtschaftlicher Tätigkeit des Verbandes die Mitglieder entsprechend § 128 HGB mit ihrem Vermögen für die Verbandsverbindlichkeiten einzustehen haben. Diese Haftung oder eben auch Nichthaftung tritt unabhängig davon ein, ob es sich um einen Verein oder eine Gesellschaft handelt. Es wäre auch kaum zu rechtfertigen, dass bei einem Verband, dessen Organisation irgendwo zwischen Vereins- und Gesellschaftsverfassung steht, die Haftung davon abhängen soll, ob er mehr körperschaftlich oder mehr personalistisch organisiert ist. *Flume* hat noch Bedenken, dass einer institutionellen Haftungsbeschrän-

37

---

[99] *Bergmann*, Die fremdorganschaftlich verfasste Offene Handelsgesellschaft, Kommanditgesellschaft und BGB-Gesellschaft als Problem des allgemeinen Verbandsrechts, 2002, § 17 B IV 2 = S. 359-361; für den nicht eingetragenen Idealverein: BGH v. 30.06.2003 - II ZR 153/02 - NJW-RR 2003, 1265.

[100] *Flume*, BGB AT, Bd. 1/1, 1977, § 16 IV 5 = S. 331.

[101] OLG Breslau v. 18.02.1917 - unbekannt (7. Zivilsenat) - OLGRspr. 32, 362: Vier Personen hatten sich zu einem Komitee (Idealgesellschaft) zusammengeschlossen, um für die Allgemeinheit einen Brunnen zu bohren.

[102] *Westermann*, Personengesellschaftsrecht, 4. Aufl. 1979, Rn. 379; *Bergmann*, Die fremdorganschaftlich verfasste Offene Handelsgesellschaft, Kommanditgesellschaft und BGB-Gesellschaft als Problem des allgemeinen Verbandsrechts, 2002, § 17 B IV 2 = S. 360 m.w.N.

[103] OLG Breslau v. 18.02.1917 - unbekannt (7. Zivilsenat) - OLGRspr. 32, 362; vgl. auch OLG Brandenburg v. 09.03.2004 - 6 U 150/02 - OLGR Brandenburg 2004, 407-410.

kung der Idealgesellschaft entgegenstehen kann, dass es – anders als regelmäßig beim Verein – zu keiner deutlichen Trennung zwischen Gesellschafts- und Gesellschaftervermögen kommt und sich im Hinblick darauf eine Haftungsbeschränkung verbieten könnte.[104] Dazu ist zu bemerken: Die Gesellschaft ist rechtsfähig, also Träger ihres eigenen Vermögens. Kommt es nun wirklich zu einer Vermischung zwischen Gesellschafts- und Gesellschaftervermögen, dann handelt es sich hierbei nicht um eine Besonderheit des Rechts der BGB-Gesellschaft, sondern um ein allgemeines verbandsrechtliches Problem der Durchgriffshaftung unter dem Gesichtspunkt der Sphärenvermischung. Die Gesellschafter einer Idealgesellschaft können die haftungsrechtliche Trennung der Vermögensmassen (Gesellschafts- und Gesellschaftervermögen) nur insoweit zu ihrem Vorteil in Anspruch nehmen, als sie auch die Voraussetzungen dieser Vermögenstrennung wahren.[105] Aber das ist kein Sonderrecht der Idealgesellschaft des bürgerlichen Rechts, sondern Anwendung allgemeiner Grundsätze des Verbandsrechts.

38 Den Gleichlauf der Haftung in Verein und Gesellschaft hatte schon der Gesetzgeber selbst mit seiner Verweisung auf das Gesellschaftsrecht angelegt. In den Beratungsprotokollen der zweiten Kommission heißt es insoweit: „Ob die Vereinsmitglieder neben den für sie handelnden Personen selbstständig dem Dritten haftbar seien, sei nach den Vorschriften des Gesellschaftsrechts zu beurteilen."[106]

C. Prozessuale Hinweise

39 Zum **Gesellschaftsprozess** (Partei ist die Gesellschaft): Die (Außen-)Gesellschaft bürgerlichen Rechts besitzt Rechtsfähigkeit (vgl. die Kommentierung zu § 705 BGB Rn. 43). Sie ist zugleich im Zivilprozess **aktiv und passiv parteifähig**.[107] Die Parteifähigkeit der Gesellschaft bürgerlichen Rechts ist die notwendige prozessrechtliche Konsequenz der Anerkennung der Rechtssubjektivität der Gesellschaft. Im Zivilprozess ist aktiv legitimiert, das heißt „richtige" Partei, wer Inhaber des geltend gemachten Rechts ist; derjenige ist passiv legitimiert, also „richtiger" Beklagter, der Verpflichteter aus dem geltend gemachten Recht ist. Dieser Sachbefugnis entspricht – von den Fällen der Prozessstandschaft abgesehen – grundsätzlich auch die Prozessführungsbefugnis. Da nicht die einzelnen Gesellschafter, sondern die Gesellschaft materiell Rechtsinhaberin oder Verpflichtete ist, ist diese „richtige" Partei eines Rechtsstreits um eine Gesellschaftsforderung oder -verpflichtung und insoweit parteifähig und prozessführungsbefugt. Die Vertretung der Gesellschaft im Prozess erfolgt durch ihre organschaftlichen Vertreter; **gesamtvertretungsberechtigte Gesellschafter** einer rechts- und parteifähigen Gesellschaft bürgerlichen Rechts können im Prozess **nur einheitliche Anträge** stellen.[108] Die Gesellschafter sind allenfalls zur Identifizierung der Gesellschaft namentlich zu bezeichnen; allerdings sollte dann klargestellt werden, dass die Gesellschaft Partei sein soll, z.B.: „(…) GbR, bestehend aus den Gesellschaftern (…), vertreten durch den geschäftsführenden Gesellschafter".[109] Auf die ausdrückliche Bezeichnung zumindest eines gesetzlichen Vertreters sollte geachtet werden, denn dessen Angabe gehört zu vorgeschriebenen Bestandteilen des Urteils (§ 313 Abs. 1 Nr. 1 ZPO, vgl. die §§ 130 Nr. 1, 253 Abs. 4 ZPO). Sofern man mit der tradierten Lehre vom zwingenden Charakter des Prinzips der Selbstorganschaft ausgeht, ist die Bezeichnung des gesetzlichen Vertreters einer BGB-Gesellschaft mit dem Begriff „**Geschäftsführer**" ungenau. Die Angabe „gesetzlich vertreten durch den Geschäftsführer" im Rubrum eines Vollstreckungsbescheids ist aber dahin auszulegen, dass sie den **geschäftsführenden Gesellschafter** bezeichnet.[110]

40 Ein **Vollstreckungstitel**, aufgrund dessen die Zwangsvollstreckung in das Vermögen einer BGB-Gesellschaft erfolgen soll, muss an ihren Geschäftsführer, oder wenn ein solcher nicht bestellt ist, an einen ihrer Gesellschafter **zugestellt** werden. Denn nach § 750 Abs. 1 Satz 1 ZPO darf die Zwangsvollstreckung nur beginnen, wenn der Vollstreckungstitel dem Schuldner bereits zugestellt ist oder gleichzeitig zugestellt wird. Schuldnerin ist die rechts- und parteifähige BGB-Gesellschaft. Zur Entgegennahme der Zustellung ist nach § 170 Abs. 1 ZPO der gesetzliche Vertreter der BGB-Gesellschaft (Schuldne-

---

[104] *Flume*, BGB AT, Bd. 1/1, 1977, § 16 IV 5 = S. 331.
[105] Vgl. *Schmidt*, Gesellschaftsrecht, 4. Aufl. 2002, § 9 IV 2 = S. 234-237.
[106] *Mugdan*, Bd. I, S. 641.
[107] BGH v. 29.01.2001 - II ZR 331/00 - BGHZ 146, 341-361; BGH v. 06.04.2006 - V ZB 158/05 - ZIP 2006, 1318-1320; ebenso im Arbeitsgerichtsverfahren: BAG v. 01.12.2004 - 5 AZR 597/03.
[108] BGH v. 23.10.2003 - IX ZR 324/01 - NJW-RR 2004, 275-279.
[109] *Kemke*, NJW 2002, 2218-2219, 2218; vgl. auch *Wertenbruch*, NJW 2002, 324-329, 324.
[110] BGH v. 16.07.2004 - IXa ZB 307/03 - NJW-RR 2005, 119: zur Auslegung eines Vollstreckungsbescheids und den Anforderungen des § 750 ZPO.

rin) berufen.[111] Der gesetzliche Vertreter bestimmt sich originär nach dem Gesellschaftsvertrag. Ist darin ein Geschäftsführer bestimmt, so ist er der alleinige gesetzlicher Vertreter der Gesellschaft. Fehlt es an einer entsprechenden Bestimmung, sind gem. §§ 709, 714 BGB alle Gesellschafter gesetzlicher Vertreter der BGB-Gesellschaft: in diesem Fall reichte nach § 170 Abs. 3 ZPO die Zustellung an einen Gesellschafter.[112] Auf jeden Fall wird eine wirksame Zustellung erreicht, wenn die Zustellung nicht nur an einzelne, sondern **an alle Gesellschafter** erfolgt: denn hier erfolgt die Zustellung zwangsläufig auch an einen zur Geschäftsführung berufenen Gesellschafter.[113]

Die Klage der **Gesellschafter im eigenen Namen als notwendige Streitgenossen** auf Erfüllung einer Forderung der Gesellschaft wird nunmehr von der Literatur überwiegend – zutreffend – als unzulässig erachtet; das Recht steht der Gesellschaft als solcher zu, die Gesellschafter sind nicht aktiv legitimiert und auch nicht prozessführungsbefugt; sie können das Recht nur als Gesamtvertreter der Gesellschaft geltend machen.[114] In **anhängigen Verfahren**, in denen die Gesellschafter einer BGB-Gesellschaft eine Gesellschaftsforderung entsprechend der früheren Rechtsprechung als notwendige Streitgenossen eingeklagt haben, ist nach der Änderung dieser Rechtsprechung **kein Parteiwechsel** dahin erforderlich,[115] dass Klägerin nun die BGB-Gesellschaft ist. Vielmehr ist eine **Rubrumsberichtigung** der zulässige und richtige Weg.[116] Das Rubrum ist dahin zu berichtigen, dass nicht die Gesellschafter der BGB-Gesellschaft, sondern die Gesellschaft selbst Klägerin ist. Die Rubrumsberichtigung kann auch noch in der Revisionsinstanz erfolgen.

41

Vom Gesellschaftsprozess ist der **Gesellschafterprozess** (Partei ist der Gesellschafter, insbesondere wenn er im Rahmen seiner akzessorischen Haftung entsprechend § 128 HGB unmittelbar persönlich in Anspruch genommen wird) streng zu unterscheiden. Nimmt ein Gesellschaftsgläubiger in einem Rechtsstreit die Gesellschafter aus ihrer persönlichen Haftung für eine Gesellschaftsschuld in Anspruch, entfaltet die **Rechtskraft** eines in diesem Prozess ergangenen Urteils keine Wirkung in einem weiteren Prozess, in dem er nunmehr den Anspruch gegen die Gesellschaft verfolgt. Dies gilt auch dann, wenn alle Gesellschafter am Vorprozess beteiligt waren. Weder aus § 129 HGB noch § 736 ZPO folgt etwas Abweichendes.[117] Im Prozess gegen die Gesellschaft ist es wegen der persönlichen Gesellschafterhaftung für den Kläger immer ratsam, neben der Gesellschaft auch die Gesellschafter persönlich zu verklagen; Gesellschaft und Gesellschafter sind dann einfache Streitgenossen.[118] Das kommt insbesondere dann in Betracht, wenn nicht sicher ist, ob eine wirkliche Außengesellschaft mit eigenem Gesellschaftsvermögen existiert. Stellt sich während des Prozesses heraus, dass die Gesellschafter nicht als „BGB-Gesellschaft" verpflichtet sind, sondern nur einzeln als Gesamtschuldner aus einer gemeinschaftlichen Verpflichtung schulden (§ 427 BGB), wird nur die Klage gegen die Gesellschaft – nicht aber die gegen die Gesellschafter persönlich – abgewiesen. Stellt sich erst während der Zwangsvollstreckung heraus, dass überhaupt kein Gesellschaftsvermögen vorhanden ist, bleiben dem Gläubiger noch die Titel gegen die einzelnen Gesellschafter.[119]

42

Die **Tenorierung eines Urteils gegen Gesellschaft und Gesellschafter** ist bis heute unklar;[120] angeboten wird:

43

- . als Gesamtschuldner,
- . wie Gesamtschuldner,
- . als wären sie Gesamtschuldner,

---

[111] BGH v. 02.12.2010 - V ZB 84/10 - BGHZ 187, 334.

[112] BGH v. 06.04.2006 - V ZB 158/05 - ZIP 2006, 1318-1320; BGH v. 07.12.2006 - V ZB 166/05 - ZIP 2007, 248-249.

[113] BGH v. 02.12.2010 - V ZB 84/10 - BGHZ 187, 334.

[114] *Wertenbruch*, NJW 2002, 324-329, 324; *Ulmer*, ZIP 2001, 585-599; anders sieht dies freilich das OLG Dresden v. 16.08.2001 - 23 W 916/01 - NJW-RR 2002, 544: Auch nach Anerkennung der Rechts- und Parteifähigkeit der BGB-Gesellschaft durch den BGH sei es weiterhin möglich, dass die Gesellschafter im Wege der Streitgenossenschaft gemeinschaftlich klagen.

[115] BGH v. 29.01.2001 - II ZR 331/00 - BGHZ 146, 341-361.

[116] BGH v. 15.01.2003 - XII ZR 300/99 - NJW 2003, 1043-1044; BGH v. 23.10.2003 - IX ZR 324/01 - NJW-RR 2004, 275-279; BGH v. 14.09.2005 - VIII ZR 117/04 - NJW-RR 2006, 42.

[117] BGH v. 22.03.2011 - II ZR 249/09 - ZIP 2011, 1143-1145.

[118] BGH v. 10.03.1988 - IX ZR 194/87 - juris Rn. 10 - NJW 1988, 2113-2114; KG v. 09.07.2007 - 20 U 179/05 - ZIP 2008, 18-21.

[119] Vgl. BGH v. 29.01.2001 - II ZR 331/00 - juris Rn. 37 - BGHZ 146, 341-361.

[120] Vgl. *Hopt* in: Baumbach/Hopt, Handelsgesetzbuch, 35. Aufl. 2012, § 128 Rn. 39.

•. wohl **nicht**: als unechte Gesamtschuldner.

44 Ein Urteil zugunsten der Gesellschaft wirkt wegen der gesetzlichen Akzessorietät der Gesellschafterhaftung auch zugunsten des Gesellschafters; ein Urteil gegen die Gesellschaft schneidet dem Gesellschafter die Einwendungen der Gesellschaft gegen den Anspruch ab,[121] § 129 Abs. 1 HGB. Der **Übergang vom Gesellschaftsprozess zum Gesellschafterprozess** ist entgegen der Rechtsprechung des Reichsgerichts als **gewillkürter Parteiwechsel** zu beurteilen.[122]

45 Streitigkeiten, die die Stellung des Gesellschafters in der Gesellschaft betreffen (**sog. Gesellschafterstreitigkeiten**), z.B. über das Bestehen von Mitgliedschaftsrechten oder die Wirksamkeit von Beschlüssen, sind grundsätzlich unter den Gesellschaftern auszutragen. Allerdings kann der Gesellschaftsvertrag bestimmen, dass ein Streit über die Wirksamkeit eines Gesellschafterbeschlusses **mit der Gesellschaft** selbst und nicht unter den Gesellschaftern auszutragen ist. Ob der Gesellschaftsvertrag eine entsprechende Vorschrift vorhält, ist im Wege der Auslegung des Gesellschaftsvertrags zu klären.[123]

46 Der BGB-Gesellschaft kommt ein allgemeiner Gerichtsstand zu (§ 17 ZPO), der durch den Sitz der Gesellschaft bestimmt wird (sofern es einen solchen gibt). Dieser Gerichtsstand ist sodann gem. § 22 ZPO für **Streitigkeiten** der **Gesellschafter gegen** die **Gesellschaft** oder der **Gesellschafter untereinander** maßgeblich.[124]

---

[121] Dazu *Hopt* in: Baumbach/Hopt, Handelsgesetzbuch, 35. Aufl. 2012, § 129 Rn. 7-8.
[122] BGH v. 13.02.1974 - VIII ZR 147/72 - BGHZ 62, 131-133.
[123] Vgl. BGH v. 24.03.2003 - II ZR 4/01 - NJW 2003, 1729-1730.
[124] OLG Köln v. 28.05.2003 - 5 W 54/03 - MDR 2003, 1374-1375.

§ 715 BGB Entziehung der Vertretungsmacht

(Fassung vom 02.01.2002, gültig ab 01.01.2002)

Ist im Gesellschaftsvertrag ein Gesellschafter ermächtigt, die anderen Gesellschafter Dritten gegenüber zu vertreten, so kann die Vertretungsmacht nur nach Maßgabe des § 712 Abs. 1 und, wenn sie in Verbindung mit der Befugnis zur Geschäftsführung erteilt worden ist, nur mit dieser entzogen werden.

Gliederung

A. Grundlagen 1	2. Verfahren 4
B. Anwendungsvoraussetzungen 2	3. Wirkung 5
I. Entziehung der organschaftlichen Vertretungsmacht 2	4. Vertraglicher Ausschluss 6
1. Entziehungsgrund 3	II. Kündigung der organschaftlichen Vertretung 7

A. Grundlagen

§ 715 BGB bezieht sich auf die **organschaftliche Vertretungsmacht** in der selbstorganschaftlich verfassten BGB-Gesellschaft. Nach **h.M.** betrifft § 715 BGB – ebenso wie § 712 BGB (vgl. die Kommentierung zu § 712 BGB) – nur die Fälle der gesellschaftsvertraglichen Organisation der organschaftlichen Vertretung, bei denen durch den Gesellschaftsvertrag – unmittelbar oder mittelbar über die Regelung der Geschäftsführung (§ 714 BGB) – die organschaftliche Vertretung **abweichend von den** §§ 709, 714 BGB (Gesamtvertretung durch alle Gesellschafter) geregelt ist.[1] Nicht erfasst werden von § 715 BGB sog. **Sondervollmachten** für einen oder mehrere Gesellschafter, die außerhalb der Organisationsverfassung stehen, und sich als einfache rechtsgeschäftliche Vollmacht (vgl. die Kommentierung zu § 709 BGB Rn. 1) darstellen.[2]   1

B. Anwendungsvoraussetzungen

I. Entziehung der organschaftlichen Vertretungsmacht

Die organschaftliche Vertretungsmacht kann ebenso wie die organschaftliche Geschäftsführungsbefugnis nur bei Vorliegen eines **wichtigen Grundes** durch **gesellschaftsvertragsänderden Beschluss** der übrigen Gesellschafter entzogen werden.[3] Ein Beschluss über die Entziehung der organschaftlichen Geschäftsführung ist im Zweifel (§ 714 BGB) dahin auszulegen, dass auch die organschaftliche Vertretungsbefugnis entzogen sein soll. Der Beschluss über die Entziehung der organschaftlichen Vertretungsmacht kann bei Vorhandensein entsprechender organschaftlicher Geschäftsführungsbefugnis nur wirksam gefasst werden, wenn zugleich mit der organschaftlichen Vertretungsmacht auch die Geschäftsführungsbefugnis entzogen wird.   2

1. Entziehungsgrund

Es muss ein wichtiger Grund (vgl. die Kommentierung zu § 712 BGB Rn. 3) vorliegen.   3

2. Verfahren

Das Entziehungsverfahren (vgl. die Kommentierung zu § 712 BGB Rn. 4) entspricht der Regelung des § 712 BGB.   4

3. Wirkung

Wird die organschaftliche Vertretungsmacht entzogen, hat dies entsprechende Wirkungen wie die Entziehung der organschaftlichen Geschäftsführungsbefugnis (vgl. die Kommentierung zu § 712 BGB Rn. 5).   5

---

[1] Abw. *Hadding/Kießling* in: Soergel, § 715 Rn. 1.
[2] Vgl. *Hadding/Kießling* in: Soergel, § 715 Rn. 2.
[3] *Bergmann*, Die fremdorganschaftlich verfasste Offene Handelsgesellschaft, Kommanditgesellschaft und BGB-Gesellschaft als Problem des allgemeinen Verbandsrechts, 2002, § 10 A I 4 = S. 242.

§ 715

4. Vertraglicher Ausschluss

6 § 715 BGB ist ebenso wie § 712 BGB abdingbar (vgl. die Kommentierung zu § 712 BGB Rn. 6).[4]

II. Kündigung der organschaftlichen Vertretung

7 Über die Frage, ob der Gesellschafter die organschaftliche Vertretung aus wichtigem Grunde kündigen kann, gibt das Gesetz keine Auskunft.[5] Die erste Kommission zum BGB lehnte noch sowohl die Möglichkeit einer Kündigung der Geschäftsführung als auch der Vertretung ab (§§ 638 Abs. 2, 640 Abs. 2 Satz 2 EntwBGB (1. Lesung)). Dies wurde damit begründet, dass die Einräumung dieser Befugnisse Bestandteil des Gesellschaftsvertrages sei und nicht etwa durch einen (isolierten) Auftrag übernommen worden sei.[6] Erst im Rahmen der zweiten Kommission wurde eine dem heutigen § 712 Abs. 2 BGB entsprechende Kündigungsmöglichkeit für die Geschäftsführung in das Gesetz eingefügt.[7] Hinsichtlich des heutigen § 715 BGB fand zunächst nur eine redaktionelle Änderung dahin statt, die Vorschrift wie folgt zu fassen: „Auf die Entziehung der Vertretungsmacht findet die Vorschrift des § 683 BGB (Anm.: entspricht § 712 BGB) mit der Maßgabe entsprechende Anwendung, dass die Vertretungsmacht, wenn sie in Verbindung mit der Befugnis zur Geschäftsführung erteilt war, nur zusammen mit dieser entzogen werden kann".[8] Allerdings hatte der Gesetzentwurf nach zweiter Lesung die gleiche Fassung wie der heutige § 715 BGB. Doch scheint es sich dabei um eine unglückliche redaktionelle Fehlleistung gehandelt zu haben, sind doch die Verhandlungen der ersten und zweiten Kommissionen von einer Gleichbehandlung der Geschäftsführungs- und der Vertretungsbefugnis bei Entziehung und Kündigung ausgegangen. Dies spricht dafür, über den Wortlaut des § 715 BGB hinaus in **entsprechender Anwendung** des § 712 BGB eine Kündigung durch den vertretungsberechtigten Gesellschafter zuzulassen. Ob dies praktische Relevanz hat, steht auf einem anderen Blatt. Denn die Kündigung der Geschäftsführung wird im Zweifel wegen § 714 BGB auch ein Entfallen der organschaftlichen Vertretungsmacht zur Folge haben. Zum Schwur wird es nur kommen, wenn ein Gesellschafter nur Vertretungsmacht, aber keine interne Geschäftsführungsbefugnis hat. Aber gerade ihm die Kündigung zu versagen, ist nicht sonderlich einsichtig, so dass kein Wertungsargument gegen die Zulassung einer Kündigung der Vertretung besteht. Der rechtsdogmatischen Schwierigkeiten – die Kündigung der Vertretung ist wie die Kündigung der Geschäftsführung eine Änderung des Gesellschaftsvertrags – hat sich der Gesetzgeber mit Anerkennung der Kündigung der Geschäftsführung in § 712 BGB angenommen.

---

[4] *Hadding/Kießling* in: Soergel, § 715 Rn. 3.
[5] Vgl. *Hadding/Kießling* in: Soergel, § 715 Rn. 6.
[6] *Mugdan*, Bd. II, S. 338, 341.
[7] *Mugdan*, Bd. II, S. 986.
[8] *Mugdan*, Bd. II, S. 987.

§ 716 BGB Kontrollrecht der Gesellschafter

(Fassung vom 02.01.2002, gültig ab 01.01.2002)

(1) Ein Gesellschafter kann, auch wenn er von der Geschäftsführung ausgeschlossen ist, sich von den Angelegenheiten der Gesellschaft persönlich unterrichten, die Geschäftsbücher und die Papiere der Gesellschaft einsehen und sich aus ihnen eine Übersicht über den Stand des Gesellschaftsvermögens anfertigen.

(2) Eine dieses Recht ausschließende oder beschränkende Vereinbarung steht der Geltendmachung des Rechtes nicht entgegen, wenn Grund zu der Annahme unredlicher Geschäftsführung besteht.

Gliederung

A. Grundlagen 1	2. Geltendmachung 3
B. Anwendungsvoraussetzungen 2	3. Ausübung des Informationsrechts 4
I. Das individuelle Kontrollrecht 2	4. Der ausgeschiedene Gesellschafter 6
1. Inhalt 2	II. Abweichende Vereinbarung (Absatz 2) 7

A. Grundlagen

§ 716 BGB regelt das **individuelle Kontrollrecht** des einzelnen Gesellschafters; das kollektive Informationsrecht der Gesellschaft folgt aus den §§ 713, 666 BGB (vgl. die Kommentierung zu § 713 BGB Rn. 5). Das Informationsrecht des Gesellschafters ist Ausfluss seiner Mitgliedschaft und richtet sich in erster Linie **gegen die Gesellschaft**. Diese hat durch ihren geschäftsführenden Gesellschafter dem Informationsverlangen zu genügen. Daneben kann der Anspruch auch gegen **die einzelnen Gesellschafter** persönlich verfolgt werden, wofür im Einzelfall sachliche Gründe sprechen können.[1] Das Informationsrecht des Gesellschafters ist ein **eigennütziges Recht**, das dem Gesellschafter zur Wahrung seiner Rechte in der Gesellschaft zusteht. Aber selbst wenn das individuelle Informationsrecht gem. § 716 BGB primär dem Gesellschafter im eigenen Interesse zugewiesen ist, kommt es mittelbar auch der Gesellschaft zugute, da so eine effektive – alleine schon aus dem egoistischen Eigennutz an der Wohlfahrt der Gesellschaft motivierte – Kontrolle der Geschäftsführung der Gesellschaft institutionalisiert wird.[2] Die Auskunftspflicht aus § 716 Abs. 1 BGB ist – anders als ein aus § 242 BGB hergeleiteter Auskunftsanspruch – nur durch das **Verbot der unzulässigen** Rechtsausübung (§ 242 BGB) und das Schikaneverbot gem. § 226 BGB begrenzt. Die Auskunft darf danach nur verweigert werden, wenn an ihrer Erteilung kein vernünftiges Interesse besteht oder das Interesse so unbedeutend ist, dass es in keinem Verhältnis zu dem für die Erteilung erforderlichen Aufwand steht.[3]

1

B. Anwendungsvoraussetzungen

I. Das individuelle Kontrollrecht

1. Inhalt

§ 716 Abs. 1 BGB gibt **grundsätzlich keinen Anspruch auf Auskunftserteilung**, sondern ist vielmehr darauf gerichtet, dass die Geschäftsführung eigene Maßnahmen des Gesellschafters zur Wahrnehmung und Kenntniserlangung zu **dulden** hat. Bei den **Namen und Anschriften der Gesellschafter** einer BGB-Gesellschaft handelt es sich um eine „Angelegenheit" der Gesellschaft.[4] Zum positiven Handeln ist die Geschäftsführung nur insoweit verpflichtet, als sie dem Gesellschafter Zugang zu Räumen oder verschlossenen Unterlagen zu gewähren hat; sind die Informationen, hinsichtlich derer der Gesellschafter sich grundsätzlich durch Einsicht in die Bücher unterrichten darf, bei der Gesellschaft in einer **Datenverarbeitungsanlage** gespeichert, kann der Gesellschafter zum Zwecke der Unterrich-

2

---

[1] BGH v. 28.05.1962 - II ZR 156/61 - BB 1962, 899-900.
[2] Dazu *Bergmann*, Die fremdorganschaftlich verfasste Offene Handelsgesellschaft, Kommanditgesellschaft und BGB-Gesellschaft als Problem des allgemeinen Verbandsrechts, 2002, § 11 A III 2 = S. 251.
[3] BGH v. 11.01.2011 - II ZR 187/09 - ZIP 2011, 322-326.
[4] BGH v. 21.09.2009 - II ZR 264/08 - BeckRS 2009, 88497.

tung einen Ausdruck über die geforderten Informationen verlangen.[5] Ein Recht auf Auskunft besteht aber **ausnahmsweise** dann, wenn die Angelegenheiten der Gesellschaft oder die Geschäftsbücher und die Papiere derart unvollständig, undurchsichtig oder schlecht geführt sind, dass die eigenen Maßnahmen der Wahrnehmung und Kenntniserlangung unzulänglich bleiben müssen und daher die eigene Unterrichtung und Einsicht des Gesellschafters als Grundlage einer Kontrolle nicht mehr ausreichen:[6] Ein Auskunftsrecht ist dann zuzubilligen, wenn die erforderlichen Angaben nicht aus den Büchern und Papieren der Gesellschaft ersichtlich sind und sich demgemäß der Berechtigte nicht ohne die Auskunft Klarheit über die Angelegenheiten der Gesellschaft verschaffen kann. Fehlt dem Gesellschafter der notwendige Sachverstand, so kann ein **Sachverständiger** hinzugezogen werden (vgl. Rn. 5).

2. Geltendmachung

3 Das Informationsrecht ist grundsätzlich gegen die Gesellschaft (vgl. Rn. 1), ausnahmsweise gegen einzelne Gesellschafter (vgl. Rn. 1) geltend zu machen.

3. Ausübung des Informationsrechts

4 Es besteht weitgehende Übereinstimmung, dass die individuellen Informationsrechte des Gesellschafters zu den sog. Verwaltungsrechten (vgl. die Kommentierung zu § 717 BGB Rn. 5) i.S.d. § 717 Satz 1 BGB gehören, die **höchstpersönlicher Art** sind und grundsätzlich auch nur von dem Gesellschafter selbst ausgeübt werden können. Die Gesellschaft braucht es sich im Allgemeinen nicht gefallen zu lassen, dass ein Gesellschafter einen Bevollmächtigten mit der Wahrnehmung seines Informationsrechtes betraut.[7] Es ist daher grundsätzlich unzulässig, ohne Zustimmung der übrigen Gesellschafter einen **Dritten mit der Ausübung des Einsichtsrechts zu beauftragen** und damit das Aufsichtsrecht durch diesen ausüben zu lassen. Denn es ist mit den Interessen der Gesellschaft im Allgemeinen nicht vereinbar, dass sie ohne triftigen Grund genötigt sein soll, einem Dritten die Geschäftsunterlagen, und zwar auch die geheim zu haltenden, offen zu legen. Das kann **nur in besonderen Ausnahmefällen** in Betracht kommen, wenn nämlich der Gesellschafter durch irgendwelche Umstände (längere Krankheit; längere Abwesenheit) gehindert ist, sein Prüfungsrecht in sachgerechter Weise auszuüben, und wenn es bei objektiver Abwägung der sich hier widerstreitenden Interessen für die Gesellschaft zumutbar ist, einem vertrauenswürdigen Dritten die Einsicht im Auftrag des verhinderten Gesellschafters zu gewähren. Ein solcher Ausnahmefall, in dem die Einsichtnahme in die Geschäftsunterlagen durch einen Dritten (Rechtsanwalt oder Wirtschaftsprüfer) zulässig ist, liegt z.B. vor, wenn – wie im Falle einer Publikums-KG und Massengesellschaft – der Kommanditist von seinem Einsichtsrecht keinen sachgerechten Gebrauch machen kann und seine persönliche Anwesenheit überflüssig wäre und außerdem einen unangemessenen Reiseaufwand erfordern würde.[8] In allen anderen Fällen ist es aber Aufgabe des Gesellschafters, sein Einsichtsrecht selbst unter eigener Verantwortung auszuüben.[9] Die Wahrnehmung durch einen **gesetzlichen Vertreter oder Pfleger** ist jederzeit möglich.[10]

5 Es ist grundsätzlich **zulässig,** dass der Gesellschafter bei Ausübung seines Aufsichtsrechts einen geeigneten **Sachverständigen hinzuzieht**, um von seinem Aufsichtsrecht überhaupt einen sachgerechten Gebrauch machen zu können. Das ist mit Rücksicht auf die gesellschaftliche Treuepflicht gerechtfertigt, die auch die Gesellschaft gegenüber dem einzelnen Gesellschafter zu wahren hat. Denn in den meisten Fällen wird eine sachgerechte Ausübung des Informationsrechts für den einzelnen Gesellschafter nur möglich sein, wenn er dabei den Rat, die Sachkunde und die Unterstützung eines Buchsachverständigen zur Hand hat.[11] Nur wo das in einem Ausnahmefall nach Lage der Dinge – und die Gesellschaft hat das Vorliegen eines solchen Ausnahmefalls zu beweisen – einmal nicht notwendig ist, entfällt das Recht eines Gesellschafters auf Hinziehung eines Sachverständigen bei Ausübung seines Informationsrechts. Der Gesellschafter darf nur einen **geeigneten Sachverständigen** zuziehen. Das

---

[5] BGH v. 11.01.2011 - II ZR 187/09 - ZIP 2011, 322-326; BGH v. 21.09.2009 - II ZR 264/08 - BeckRS 2009, 88497.

[6] Vgl. BGH v. 20.06.1983 - II ZR 85/82 - juris Rn. 12 - LM Nr. 3 zu § 118 HGB.

[7] BGH v. 28.05.1962 - II ZR 156/61 - BB 1962, 899-900.

[8] OLG Celle v. 11.05.1983 - 9 U 160/82 - WM 1983, 741-743.

[9] BGH v. 08.07.1957 - II ZR 54/56 - juris Rn. 28 - BGHZ 25, 115-124.

[10] BGH v. 21.06.1965 - II ZR 68/63 - BGHZ 44, 98-103.

[11] BGH v. 28.05.1962 - II ZR 156/61 - BB 1962, 899-900; BGH v. 08.07.1957 - II ZR 54/56 - juris Rn. 28 - BGHZ 25, 115-124; für den Innengesellschafter eines Metageschäfts: BGH v. 11.10.1982 - II ZR 125/81 - WM 1982, 1403-1404.

wird im Allgemeinen ein Wirtschaftsprüfer, ein vereidigter Buchprüfer oder ein Steuerberater sein, die zur beruflichen Verschwiegenheit verpflichtet sind. Im Einzelfall können sich jedoch aus der Person eines ausgewählten Buchsachverständigen, auch wenn er einem der genannten Berufsstände angehört, Gründe ergeben, die die Gesellschaft gerade zur Ablehnung dieses Sachverständigen berechtigen. Denn bei der Ausübung seiner Rechte ist auch der einzelne Gesellschafter an die gesellschaftsrechtliche Treuepflicht gebunden und darf sich dementsprechend bei der Auswahl des Sachverständigen nicht über die berechtigten Belange der Gesellschaft hinwegsetzen. Im Einzelfall kann die Frage, ob ein ausgewählter Sachverständiger aus Gründen in seiner Person von der Gesellschaft abgelehnt werden kann, nur unter sorgfältiger Abwägung der beiderseitigen widerstreitenden Interessen beantwortet werden. So wird die Ablehnung eines Sachverständigen nicht darauf gestützt werden können, dass dieser mit dem einsichtsberechtigten Gesellschafter eng verbunden ist und von diesem auch in anderen Dingen zur Beratung und Interessenvertretung hinzugezogen wird. Denn das Informationsrecht des Gesellschafters ist ein eigennütziges Recht, das dem Gesellschafter zur Wahrung seiner Rechte in der Gesellschaft zusteht. Es kann daher nicht beanstandet werden, wenn der Gesellschafter bei Ausübung dieses Rechts einen Sachverständigen hinzuzieht, der auch in anderer Hinsicht den Gesellschafter bei der Wahrnehmung seiner Interessen gegenüber der Gesellschaft unterstützt. Es ist aber ein berechtigtes und schutzwürdiges Interesse der Gesellschaft, Einflüsse von außen abzuwenden, die geeignet sind, die persönlichen Beziehungen der Gesellschafter untereinander zu vergiften. Liegt eine solche Einflussnahme durch den Sachverständigen vor, so kann die Gesellschaft ihn ablehnen.[12]

4. Der ausgeschiedene Gesellschafter

Kein Recht auf Unterrichtung nach § 716 BGB hat der ausgeschiedene Gesellschafter; er kann aber nach § 810 BGB Einsicht in die Geschäftsbücher und die Papiere der Gesellschaft verlangen.[13]

II. Abweichende Vereinbarung (Absatz 2)

Die Vorschrift des § 716 Abs. 1 BGB ist grundsätzlich **dispositiv**. Die individuellen Kontroll- und Informationsrechte können im Gesellschaftsvertrag, durch vertragsändernden Beschluss der Gesellschafter **erweitert** (z.B. im Sinne einer Auskunftspflicht), **beschränkt** oder gar ganz **ausgeschlossen** werden. Es gehört aber zum unverzichtbaren Kernbereich der Gesellschafterrechte in der Personengesellschaft – auch in Form einer Publikumsgesellschaft –, die **Vertragspartner zu kennen**; eine Einschränkung des Auskunftsanspruchs entsprechend § 67 Abs. 6 AktG kommt grundsätzlich nicht in Betracht.[14] Individuelle Informationsrechte sollen auch für andere Personen begründet werden können, z.B. für einen Unterbeteiligten oder einen ausgeschiedenen Gesellschafter.[15]

Die Wirksamkeit von Beschränkungen oder ausschließenden Vereinbarungen findet eine Grenze, wenn „Grund zu der Annahme unredlicher Geschäftsführung" besteht. Auf **unsubstantiierte Vermutungen** kann eine solche Annahme nicht gestützt werden. Es müssen vielmehr konkrete Tatsachen glaubhaft behauptet werden, die den Schluss auf eine pflichtwidrige Geschäftsführung erlauben. Es reicht die Glaubhaftmachung. Den Vollbeweis kann der Gesellschafter ja gerade nicht erbringen: erst die Ausübung der Rechte nach § 716 Abs. 1 BGB versetzen ihn in die Lage, seinen Verdacht zu untermauern oder davon abzulassen.[16]

---

[12] BGH v. 28.05.1962 - II ZR 156/61 - BB 1962, 899-900.
[13] *Hadding/Kießling* in: Soergel, § 716 Rn. 2.
[14] BGH v. 11.01.2011 - II ZR 187/09 - ZIP 2011, 322-326; BGH v. 21.09.2009 - II ZR 264/08 - BeckRS 2009, 88497.
[15] *Hadding/Kießling* in: Soergel, § 716 Rn. 12.
[16] *Hadding/Kießling* in: Soergel, § 716 Rn. 13.

§ 717 BGB Nichtübertragbarkeit der Gesellschafterrechte

(Fassung vom 02.01.2002, gültig ab 01.01.2002)

¹Die Ansprüche, die den Gesellschaftern aus dem Gesellschaftsverhältnis gegeneinander zustehen, sind nicht übertragbar. ²Ausgenommen sind die einem Gesellschafter aus seiner Geschäftsführung zustehenden Ansprüche, soweit deren Befriedigung vor der Auseinandersetzung verlangt werden kann, sowie die Ansprüche auf einen Gewinnanteil oder auf dasjenige, was dem Gesellschafter bei der Auseinandersetzung zukommt.

Gliederung

A. Grundlagen 1	3. Zwingender Charakter des Abspaltungsverbots 12
I. Kurzcharakteristik 1	III. Die übertragbaren Vermögensrechte (Satz 2) 13
II. Einheitlichkeit der Mitgliedschaft 2	1. Allgemeines 13
B. Anwendungsvoraussetzungen 4	2. Übertragbare Ansprüche 14
I. Reichweite des § 717 BGB 4	3. Rechtsstellung des Abtretungsempfängers ... 15
1. Die erfassten Ansprüche (i.S.d. § 194 BGB) ... 4	4. (Isolierte) Pfändung von Ansprüchen des Gesellschafters gegen die Gesellschaft 16
2. Mitverwaltungsrechte 5	
II. Das Abspaltungsverbot (Satz 1) 6	
1. Das Abspaltungsverbot 6	
2. Einzelfälle des Abspaltungsverbots 8	

A. Grundlagen

I. Kurzcharakteristik

1 Die **Mitgliedschaft** des einzelnen Gesellschafters bezeichnet seine Stellung in der Gesellschaft. Sie ist der Inbegriff all seiner persönlichen, vermögensrechtlichen und korporativen Rechte und Pflichten. Die Regelung des § 717 BGB betrifft nur die **Einzelrechte** des Gesellschafters, die seiner Mitgliedschaft entfließen. § 717 BGB regelt nicht die Übertragung der Mitgliedschaft (vgl. die Kommentierung zu § 719 BGB Rn. 7) als solche, ebenso wenig die Verfügung über den Anteil am Gesellschaftsvermögen noch über den Anteil an einzelnen Gegenständen des Gesellschaftsvermögens (vgl. die Kommentierung zu § 719 BGB Rn. 2), § 719 Abs. 1 BGB. Der Anteil am Gesellschaftsvermögen oder einzelnen Gegenständen des Gesellschaftsvermögens ist die vermögensrechtliche Seite der Mitgliedschaft und von dieser nicht trennbar, daher auch nicht selbstständig übertragbar.

II. Einheitlichkeit der Mitgliedschaft

2 Das Recht der Mitgliedschaft in OHG, KG und BGB-Gesellschaft wird nach h.M. beherrscht vom **Prinzip der Einheitlichkeit der Mitgliedschaft**. Dieses Prinzip besagt, dass eine mehrfache Beteiligung an einer Personengesellschaft und – als letzte Konsequenz – ein Fortbestand der Gesellschaft in der Person des letzten Gesellschafters (Ein-Mann-Personengesellschaft) grundsätzlich nicht möglich ist.[1] Die Mitgliedschaft eines Personengesellschafters wird als unteilbar angesehen.[2] Insbesondere kann ein Gesellschafter keine ungleichartigen Beteiligungen halten, er kann also z.B. nach h.M. nicht gleichzeitig Komplementär und Kommanditist sein. Hieran soll auch die mittlerweile erfolgte Rechtsentwicklung im Bereich der Anteilsübertragung und der Rechtsfähigkeit der Außen-BGB-Gesellschaft nichts ändern. Nur in seltenen Ausnahmefällen sollen Gesellschaftsanteile, nachdem sie in der Hand eines Mitgesellschafters zusammengefallen sind, selbständig erhalten bleiben: nämlich dann, wenn trotz des Zusammentreffens eine unterschiedliche Zuordnung geboten ist. Eine solche **Sonderzuordnung** wird einmal im Falle einer Testamentsvollstreckung (§§ 2197-2228 BGB) am Gesamthandsanteil angenommen. Sterbe bei einer zweigliedrigen Gesellschaft ein Mitgesellschafter und werde er von dem anderen Gesellschafter beerbt, so gelte in Ansehung einer angeordneten Testamentsvollstreckung die Gesellschaft als fortbestehend. Zum anderen könne ein Fortbestehen der Gesellschaft nach dem

---

[1] Z.B. OLG Schleswig v. 02.12.2005 - 2 W 141/05 - ZIP 2006, 615-618.
[2] Allerdings werden im rechtswissenschaftlichen Schrifttum in jüngerer Zeit zunehmend Ausnahmen diskutiert; vgl. die Übersicht bei *Schmidt*, Gesellschaftsrecht, 4. Aufl. 2002, § 45 I 2 b bb = S. 1313.

Tod des vorletzten Mitgesellschafters und dem Erwerb seiner Anteile durch den letzten verbleibenden Gesellschafter und Alleinerben für die Zwecke des Nachlasskonkurses befürwortet werden. Zunehmend mehren sich auch Stimmen, die eine getrennte Zuordnung von Gesamthandsanteilen auch dann befürworten, wenn der hinzuerworbene Anteil mit dem dinglichen Recht eines Dritten (z.B. Nießbrauch oder Pfandrecht) belastet ist.[3]

Vor diesem Hintergrund ist auch neuerer Zeit auch eine Entscheidung des OLG München von Interesse, weil sie die Möglichkeit anerkennt, dass sich die Mitgliedschaft eines Gesellschafters in einen **gekündigten** und einen **ungekündigten Anteil** aufspaltet, dass also ein Gesellschafter, der seinen Gesellschaftsanteil (für einen späteren Zeitpunkt) gekündigt hat, einen ungekündigten Gesellschaftsanteil hinzuerwerben kann und insoweit nach dem Kündigungszeitpunkt in der Gesellschaft verbleibt.[4] Das Ganze stehe allerdings unter der Voraussetzung, dass der infolge seiner Kündigung ausscheidende Gesellschafter ohnehin sofort danach durch Erwerb eines neuen Anteils ohne Mitwirkung der übrigen Gesellschafter wieder in die Gesellschaft eintreten könnte.[5] Letztlich kommt es dann in der Quote der gekündigten Mitgliedschaft zu einem Teilausscheiden.

B. Anwendungsvoraussetzungen

I. Reichweite des § 717 BGB

1. Die erfassten Ansprüche (i.S.d. § 194 BGB)

In den Anwendungsbereich des § 717 BGB fallen in erster Linie die Ansprüche des einzelnen Gesellschafters gegen die Gesellschaft (sog. **Sozialpflichten**; vgl. die Kommentierung zu § 705 BGB Rn. 54) oder gegen einen oder mehrere Mitgesellschafter (**Individualansprüche**; vgl. die Kommentierung zu § 705 BGB Rn. 56); Sozialansprüche der Gesellschaft gegen den Gesellschafter (vgl. die Kommentierung zu § 705 BGB Rn. 54) fallen nicht unter § 717 BGB, sondern gehören zum Gesellschaftsvermögen, § 718 BGB. Zu den Ansprüche des Gesellschafters gegen die Gesellschaft gehören in erster Linie die in § 717 Satz 2 BGB genannten **vermögensrechtlichen Ansprüche** des Gesellschafters, die nach der Regelung des § 717 Satz 2 BGB grundsätzlich auf einen Dritten übertragen werden können. § 717 Satz 2 BGB entsprechend anwendbar, soweit neben diesen Ansprüchen noch andere vermögensrechtliche Ansprüche des Gesellschafters gegen die Gesellschaft bestehen.[6] Unmittelbar unter § 717 Satz 1 BGB fallen nun wenige **nichtvermögensrechtliche Ansprüche** i.S.d. § 194 BGB des Gesellschafters gegen die Gesellschaft. Hierher gehören der Anspruch auf Duldung von Maßnahmen der eigenen Unterrichtung (§ 716 BGB; vgl. die Kommentierung zu § 716 BGB Rn. 2) und der Anspruch auf Rechnungsabschluss (vgl. die Kommentierung zu § 721 BGB Rn. 4) und Gewinnverteilung (vgl. die Kommentierung zu § 721 BGB Rn. 8), § 721 BGB. Hinzukommen können nichtvermögensrechtliche Ansprüche des Gesellschafters gegen einzelne Mitgesellschafter (**Individualansprüche**; vgl. die Kommentierung zu § 705 BGB Rn. 56).

2. Mitverwaltungsrechte

Über den eigentlichen Wortlaut hinaus (Ansprüche, § 194 BGB; vgl. die Kommentierung zu § 194 BGB) wird § 717 Satz 1 BGB auf die **Mitverwaltungsrechte des Gesellschafters** erstreckt.[7] Solche Mitverwaltungsrechte sind etwa das Stimmrecht, die organschaftliche Geschäftsführungs- und Vertretungsbefugnis, die actio pro socio. Dies ist aus dem Regelungszweck des § 717 Satz 1 BGB ohne weiteres gedeckt. Die Vorschrift will – als Ausfluss des allgemeinen verbandsrechtlichen Prinzips der Verbandssouveränität – eine mögliche Einflussnahme Dritter, aber auch eine Gewichtsverlagerung unter den Gesellschaftern verhindern. Dies trifft aber nicht nur bei nichtvermögensrechtlichen Ansprüchen, sondern erst recht auch bei Mitverwaltungsrechten zu.

---

[3] Offen gelassen OLG Schleswig v. 02.12.2005 - 2 W 141/05 - ZIP 2006, 615-618: jedenfalls die Belastung des Anteils vor seiner Übertragung mit einem Eigennießbrauch könne eine Durchbrechung des Grundsatzes der Einheitlichkeit der Gesamthandsbeteiligung nicht rechtfertigen.
[4] OLG München v. 24.09.2003 - 7 U 2469/03 - DB 2004, 479-480.
[5] Vgl. schon BGH v. 22.05.1989 - II ZR 211/88 - LM Nr. 5 zu § 719 BGB.
[6] *Hadding/Kießling* in: Soergel, § 717 Rn. 3.
[7] Vgl. dazu *Hadding/Kießling* in: Soergel, § 717 Rn. 5.

II. Das Abspaltungsverbot (Satz 1)

1. Das Abspaltungsverbot

6   Das **Abspaltungsverbot**, das sich positiviert in § 717 Satz 1 BGB findet, besagt, dass die Verwaltungsrechte (vgl. Rn. 5) und nicht vermögensrechtlichen Ansprüche (vgl. Rn. 4) des Gesellschafters mit dem Gesellschafteranteil notwendig verbunden sind und von ihm nicht losgelöst und selbstständig übertragen werden können. Insbesondere fallen unter § 717 Satz 1 BGB:
- individuelle Informations- und Kontrollrechte (§ 716 BGB),[8] vgl. die Kommentierung zu § 716 BGB Rn. 1;
- Anspruch auf Rechnungsabschluss (§ 721 BGB), vgl. die Kommentierung zu § 721 BGB Rn. 4;
- Anspruch auf Gewinnverteilung (§ 721 BGB), vgl. die Kommentierung zu § 721 BGB Rn. 8;
- Stimmrecht, vgl. die Kommentierung zu § 709 BGB Rn. 36;
- organschaftliche Geschäftsführungs- und Vertretungsbefugnis (§§ 709, 714 BGB), vgl. die Kommentierung zu § 709 BGB Rn. 1;
- actio pro socio, vgl. die Kommentierung zu § 709 BGB Rn. 30;
- Recht, die Auseinandersetzung herbeizuführen.

7   Materiell steht hinter dem Prinzip des Abspaltungsverbots, wenn man es nicht auf ein **rechtstechnisches Konstruktionsprinzip** reduzieren will, der **Grundsatz der Verbandssouveränität**: Der Verband kann und darf sich nicht der durch die Mitgliedschaftsrechte gewährleisteten Selbstbestimmung begeben. Das Schicksal der Gesellschaft darf nicht Dritten überlassen werden, die nicht hinreichend in die Handlungsorganisation der Gesellschaft integriert sind. Die gesellschaftlichen Entscheidungen sollen von Personen beherrscht werden, die sich als Mitglieder mit den Belangen der Gesellschaft identifizieren und nicht von Personen abhängen, die nicht die gleichen Interessen verfolgen und deren Rechtsausübung deshalb nicht ausreichend beschränkt werden kann. Das Abspaltungsverbot ist mehr als ein rechtliches Konstruktionsprinzip. Reduzierte man das Abspaltungsverbot auf ein Konstruktionsprinzip, das ausschließlich die formale Unteilbarkeit der Mitgliedschaft festlegt, wäre zwar die unmittelbare, isolierte Übertragung eines Verwaltungsrechts unzulässig; Umgehungsstrategien, um das anvisierte Ergebnis auf anderem Wege zu erreichen, blieben dagegen zulässig, so etwa durch die Kombination von originärer Rechtsbegründung mit originärem Rechtsausschluss im Gesellschaftsvertrag. Dies bestätigt der Blick auf die Rechtsprechung (vgl. Rn. 8): Ein Verstoß gegen das Abspaltungsverbot wurde stets, aber auch nur in den Fällen angenommen, in denen der Grundsatz der Verbandssouveränität verletzt ist.[9]

2. Einzelfälle des Abspaltungsverbots

8   In der Entscheidung vom 10.11.1951 hat der Bundesgerichtshof[10] die **Abspaltung des Stimmrechts** für unwirksam erklärt. Dem gleichgestellt hat der Bundesgerichtshof die Erteilung einer unwiderruflichen **Stimmrechtsvollmacht** unter gleichzeitigem Verzicht des Gesellschafters, von seinem Stimmrecht Gebrauch zu machen. Das Ergebnis ist zutreffend. Nur ist dies nicht, wie es der BGH annimmt, Folge des Wesens der Gesamthandsgesellschaft, sondern aus dem Grundsatz der Verbandssouveränität heraus geboten: Durch die Vollmacht wird eine außenstehende Person an der Willensbildung des Verbandes beteiligt, die nicht die gleichen Interessen verfolgt wie die Gesellschafter.

9   Dagegen können aber einem **Treugeber**, der nicht selbst Gesellschafter ist, für den aber ein Gesellschafter treuhänderisch Anteile hält, durch Vereinbarung mit allen Gesellschaftern **unmittelbare gesellschaftsrechtliche Rechte und Ansprüche** eingeräumt werden.[11] Das Institut der offenen Treuhand legitimiert die Durchbrechung des Abspaltungsverbots. Aus dem Gesichtspunkt der Verbandssouveränität ist nichts dagegen einzuwenden, wenn die Rechtsbeziehungen der „wirklichen Sachlage" angepasst werden.

---

[8] Vgl. BGH v. 28.05.1962 - II ZR 156/61 - BB 1962, 899-900.
[9] *Bergmann*, Die fremdorganschaftlich verfasste Offene Handelsgesellschaft, Kommanditgesellschaft und BGB-Gesellschaft als Problem des allgemeinen Verbandsrechts, 2002, § 22 A = S. 544-545.
[10] BGH v. 10.11.1951 - II ZR 111/50 - BGHZ 3, 354-360.
[11] BGH v. 23.06.2003 - II ZR 46/02 - NJW-RR 2003, 1392-1393; BGH v. 13.05.1953 - II ZR 157/52 - BGHZ 10, 44-55.

In der Entscheidung vom 14.05.1956[12] hatten die Kommanditisten den persönlich haftenden **Gesellschaftern eine unwiderrufliche Stimmrechtsvollmacht** unter gleichzeitigem Stimmrechtsverzicht der Kommanditisten erteilt. Dieser Fall war in der Entscheidung vom 10.11.1951[13] der unwirksamen Stimmrechtsabspaltung (vgl. Rn. 8) gleichgestellt worden. Der Bundesgerichtshof deutete gem. § 140 BGB die im Gesellschaftsvertrag enthaltene Regelung in einen zulässigen **satzungsmäßigen Ausschluss** der Kommanditisten **vom Stimmrecht** und eine Ausstattung der Geschäftsanteile der Komplementäre mit einem entsprechend höheren Stimmrecht um. Das gewünschte Ergebnis wird rechtskonstruktiv (vgl. Rn. 7) abgesichert: Der Stimmrechtserwerb der Komplementäre ist formal kein derivativer mehr; der Stimmrechtsausschluss und das erweiterte Stimmrecht folgen originär aus dem Gesellschaftsvertrag und nicht aus einer Abtretung.

In der Entscheidung vom 22.02.1960[14] bestimmte der Gesellschaftsvertrag einer Offenen Handelsgesellschaft, für die Dauer von jeweils 5 Jahren mit einem Jahr Kündigungsfrist, einen **Wirtschaftsberater als Aufsichtsorgan** zu bestellen. Bedeutsame Geschäfte bedurften seiner Genehmigung und ihm war in der Gesellschafterversammlung ein **Stimmrecht zugewiesen**, das in Pattsituationen den Ausgleich geben sollte. Nach einigen Jahren kündigte die Gesellschaft den zum Wirtschaftsberater bestellten Kläger. Dieser klagte – letztlich mit Erfolg – auf Fortzahlung seines Gehalts, da er die Kündigung für unberechtigt hielt. Die Gesellschafter machten die Unwirksamkeit der Vereinbarung geltend: Dem Wirtschaftsberater seien in unzulässiger Weise Befugnisse der Gesellschaft, insbesondere das Stimmrecht, übertragen worden. Der Bundesgerichtshof verneinte einen Verstoß der Vertragsbestimmung gegen das Abspaltungsverbot. Diese Regelung erschöpfe sich im Wesentlichen darin, dem Berater ein **Widerspruchsrecht** i.S.d. § 115 Abs. 1 HS. 2 HGB einzuräumen, das nach allgemeiner Auffassung auch einem Dritten zugewiesen werden könne. Und auch die **Einräumung eines Stimmrechts** verstoße nicht gegen das Abspaltungsverbot. Denn von einer Abspaltung könne nur gesprochen werden, wenn das Stimmrecht einem Mitglied genommen und einer anderen Person zugeteilt werde. Hier werde aber dem Wirtschaftsberater ein zusätzliches Stimmrecht geschaffen. Wegen der Möglichkeit zur befristeten Kündigung und wegen des Rechts zur jederzeitigen fristlosen Kündigung aus wichtigem Grund sei eine solche Regelung auch insgesamt nicht unwirksam.[15]

3. Zwingender Charakter des Abspaltungsverbots

Das Abspaltungsverbot, das sich positiviert in § 717 Satz 1 BGB findet, wird von der heute herrschenden Meinung als **zwingende Schranke der Privatautonomie** anerkannt.[16] Allerdings ist immer auf den hinter dem Prinzip stehenden Grundsatz der Verbandssouveränität zu achten. Denn in der Übertragung organschaftlicher Befugnisse auf einen Dritten muss nicht stets ein Verstoß gegen die Verbandssouveränität liegen. Meistens wird durch die Übertragung organschaftlicher Befugnisse auf einen Dritten ein neues Gesellschaftsorgan (vgl. die Kommentierung zu § 709 BGB Rn. 1) geschaffen. Rechtlich stellt sich das so dar, dass organschaftliche Befugnisse einem abstrakten Organ zugewiesen werden und der Dritte durch Beschluss der Gesellschafter zum Organwalter dieses Organs bestellt wird. Ist der Dritte aber in die Handlungsorganisation der Gesellschaft als Organwalter integriert, treffen ihn insbesondere die organschaftliche Treue- und Sorgfaltspflicht (vgl. die Kommentierung zu § 705 BGB Rn. 51). Er wird in all seinem Tun auch auf das Interesse der Gesellschaft verpflichtet. Zudem ist seine Stellung grundsätzlich durch Beschluss der Gesellschafter widerruflich. Sind diese Voraussetzungen gegeben, liegt kein Verstoß gegen den Grundsatz der Verbandssouveränität vor. Solche Gestaltungen bestehen daher auch vor dem Abspaltungsverbot.[17]

---

[12] BGH v. 14.05.1956 - II ZR 229/54 - BGHZ 20, 363-371.
[13] BGH v. 10.11.1951 - II ZR 111/50 - BGHZ 3, 354-360.
[14] BGH v. 22.02.1960 - VII ZR 83/59 - LM Nr. 6 zu § 109 HGB.
[15] Zu dieser Entscheidung *Bergmann*, Die fremdorganschaftlich verfasste Offene Handelsgesellschaft, Kommanditgesellschaft und BGB-Gesellschaft als Problem des allgemeinen Verbandsrechts, 2002, § 22 A = S. 546-547.
[16] *Ulmer/Schäfer*, Gesellschaft bürgerlichen Rechts und Partnerschaftsgesellschaft, 5. Aufl. 2009, § 717 Rn. 7.
[17] Vgl. *Bergmann*, Die fremdorganschaftlich verfasste Offene Handelsgesellschaft, Kommanditgesellschaft und BGB-Gesellschaft als Problem des allgemeinen Verbandsrechts, 2002, § 22 A, insbesondere S. 547-549.

III. Die übertragbaren Vermögensrechte (Satz 2)

1. Allgemeines

13 Bei den in § 717 Satz 2 BGB für abtretbar erklärten Ansprüchen handelt es sich um **vermögensrechtliche Ansprüche** eines Gesellschafters, die ihm aus dem Gesellschaftsverhältnis entweder gegen die Gesellschaft (vgl. die Kommentierung zu § 705 BGB Rn. 54) oder gegen einzelne Gesellschafter (vgl. die Kommentierung zu § 705 BGB Rn. 56) zustehen. Als Ansprüche aus dem Gesellschaftsverhältnis unterliegen diese Vermögensrechte allen dadurch bedingten Entstehungsvoraussetzungen sowie Einwendungen und Einreden; insbesondere ihre Durchsetzbarkeit kann durch die Treuepflicht eingeschränkt sein. Die Übertragung dieser Ansprüche findet durch **Abtretung** (§ 398 BGB) statt. Der Gesellschafter als Gläubiger bedarf hierzu nicht der Zustimmung des Schuldners, also der Gesellschaft oder des ihm verpflichteten Gesellschafters. Möglich ist auch eine Abtretung **künftiger oder bedingter Ansprüche**. Die Vorausabtretung geht aber ins Leere, wenn vor Entstehung der Ansprüche der **Gesellschaftsanteil (Mitgliedschaft) auf einen Dritten übertragen** wird (vgl. auch noch Rn. 14 a.E.),[18] denn einen Erwerb der (künftigen) Forderung durch den Abtretungsempfänger kann die Vorausabtretung erst dann bewirken, wenn alle gesetzlichen und gesellschaftsvertraglichen Voraussetzungen für das Entstehen dieser Forderung in der Person des Zedenten erfüllt sind. Überträgt der Zedent seine Beteiligung einem Dritten, kann der Auseinandersetzungsanspruch nur noch in dessen Person entstehen. Die Vorausabtretung ist damit ins Leere gegangen, weil der Zedent über eine Forderung verfügt hat, die im Zeitpunkt der Verfügung noch nicht entstanden war und die später in seiner Person nicht mehr entstehen konnte. Der Abtretungsempfänger erwirbt die später entstehende Forderung in diesem Falle ebenso wenig wie in dem Fall, in dem ihm eine bereits entstandene Forderung von einem Nichtberechtigten abgetreten worden wäre.[19]

2. Übertragbare Ansprüche

14 Insbesondere folgende Ansprüche sind gem. § 717 Satz 2 BGB übertragbar:
- Abtretbar ist der Anspruch des geschäftsführenden Gesellschafters auf Aufwendungsersatz (vgl. die Kommentierung zu § 713 BGB Rn. 7) gem. den §§ 713, 670 BGB. Dagegen ist der Anspruch auf **Vorschuss** für solche Aufwendungen gem. den §§ 713, 669 BGB **nicht** abtretbar, weil der Vorschuss nur zur Durchführung von Geschäftsführungsmaßnahmen beansprucht werden kann, also zweckgebunden ist.
- Übertragbar sind Ansprüche auf den Gewinnanteil (vgl. die Kommentierung zu § 721 BGB Rn. 11), §§ 721, 722 BGB.[20]
- Ansprüche auf das Auseinandersetzungs- oder Abfindungsguthaben (vgl. die Kommentierung zu § 738 BGB Rn. 11), §§ 734, 738 BGB; vgl. auch die Kommentierung zu § 734 BGB.

Vor Auflösung der Gesellschaft handelt es sich beim dem Anspruch des Gesellschafters auf die **Abfindung** oder auf das **Auseinandersetzungsguthaben** nicht um einen bereits bestehenden, nur noch nicht fälligen, also betagten, sondern um einen **künftigen Anspruch**, der erst mit dem Ausscheiden des Gesellschafters oder der Auflösung der Gesellschaft entsteht. Nicht anders verhält es sich bei dem Anspruch auf **periodisch entstehende Gewinnbezugsrechte**. Das bedeutet: Verpfändet ein Gesellschafter diese Ansprüche, so erwirbt der Pfandgläubiger an den nach einer Insolvenzeröffnung entstehenden Forderungen kein Pfandrecht; und zwar selbst dann nicht, wenn außerdem der Gesellschaftsanteil selbst verpfändet wurde.[21]

3. Rechtsstellung des Abtretungsempfängers

15 Sofern der Gesellschafter einen vermögensrechtlichen Anspruch überträgt, erwirbt der Empfänger nur diesen Anspruch. Dagegen erwirbt der Abtretungsempfänger **kein** Mitverwaltungsrecht (vgl. Rn. 5), mit dem er die künftige Entstehung, den Inhalt oder den Umfang des übertragenen Anspruchs beein-

---

[18] *Hadding/Kießling* in: Soergel, § 717 Rn. 8.
[19] Für die stille Gesellschaft BGH v. 14.07.1997 - II ZR 122/96 - juris Rn. 9 - LM BGB § 398 Nr. 97 (2/1998); bei nachträglicher Pfändung BGH v. 25.05.1987 - II ZR 195/86 - juris Rn. 9 - NJW-RR 1987, 989-990. Etwas anderes gilt jedoch, wenn die Gesellschaftsbeteiligung im Wege der Gesamtrechtsnachfolge auf den Erben eines Gesellschafters übergeht, der im Voraus über den künftigen Auseinandersetzungsanspruch verfügt hat (BGH v. 14.07.1997 - II ZR 122/96 - juris Rn. 10 - LM BGB § 398 Nr. 97).
[20] Vgl. BGH v. 20.05.1985 - II ZR 259/84 - WM 1985, 1343-1344.
[21] BGH v. 14.01.2010 - IX ZR 78/09 - ZIP 2010, 335-339.

flussen kann.²² Der Abtretungsempfänger künftiger Ansprüche auf Gewinnanteile hat demnach weder Einsichtsrecht noch kann er den Rechnungsabschluss (vgl. die Kommentierung zu § 721 BGB Rn. 4) und die Gewinnverteilung (vgl. die Kommentierung zu § 721 BGB Rn. 8) verlangen; erst recht kann er nicht an Maßnahmen der Gewinnfeststellung in irgendeiner Weise mitwirken. Der Abtretungsempfänger erwirbt den Anspruch auf den Gewinnanteil nur in dem Umfange, in dem er in der Person des Gesellschafters entstehen würde. Wenn dem Empfänger auch kein allgemeines Informations- und Überwachungsrecht übertragen werden kann, kann doch nicht an der Tatsache vorbeigegangen werden, dass er durch die Abtretung das Recht auf Auszahlung erworben hat. Hierbei handelt es sich um einen Zahlungsanspruch, der seinem Inhalt nach unbestimmt ist. Er entsteht nur dann und soweit, als ein Gewinn festgestellt wird. In einem solchen Fall enthält die Verpflichtung, den jeweils festgestellten Gewinnanteil auszuzahlen, nach Treu und Glauben auch das Gebot, diesem den errechneten Gewinnanteil der Höhe nach mitzuteilen.²³ Ein Übergang der Mitgliedschaft auf einen anderen verhindert, dass zuvor abgetretene künftige Ansprüche auf Gewinnanteile in der Person des Abtretungsempfängers entstehen (vgl. Rn. 13). Es empfiehlt sich daher, sich **zusätzlich die Mitgliedschaft verpfänden oder sicherungshalber übertragen** zu lassen.²⁴

4. (Isolierte) Pfändung von Ansprüchen des Gesellschafters gegen die Gesellschaft

Die gem. § 717 Satz 2 BGB übertragbaren Ansprüche des Gesellschafters sind pfändbar (**isolierte Pfändung**). § 717 Satz 2 BGB lässt die Übertragung und damit gem. § 851 ZPO die Pfändung folgender Einzelansprüche zu: 16

- Fortlaufende **Zahlung des Gewinnanteils,**
- **Zahlung des Auseinandersetzungsguthabens,** allerdings per futuro, d.h. ohne gegenwärtige Realisierungsmöglichkeit,
- Zahlung der dem Gesellschafter als Geschäftsführer zustehenden **Vergütung** oder des **Aufwendungsersatzes** (eventuell über die §§ 850-850k ZPO geschützt).

Die Pfändung setzt einen in das private Vermögen des Gesellschafters vollstreckbaren Titel voraus. Die Pfändung kann auch auf künftige oder bedingte Ansprüche i.S.d. § 717 Satz 2 BGB erstreckt werden. Die Mitverwaltungsrechte sind dagegen unübertragbar und auch **nicht pfändbar** (§ 717 Satz 1 BGB). Der Pfändungsgläubiger erhält daher durch die Pfändung von Ansprüchen i.S.d. § 717 Satz 2 BGB keinerlei Mitverwaltungsrechte, mit denen er Entstehung oder Inhalt der gepfändeten künftigen Ansprüche beeinflussen kann. Die Pfändung künftiger Ansprüche kann durch eine zwischenzeitliche Übertragung der Mitgliedschaft vor Entstehung dieser Ansprüche vereitelt werden (vgl. Rn. 13).²⁵ Es empfiehlt sich daher, sich **zusätzlich** den Anteil am Gesellschaftsvermögen (vgl. die Kommentierung zu § 725 BGB Rn. 1) **pfänden** zu lassen, § 859 ZPO, um gegebenenfalls den Weg einer Kündigung (vgl. die Kommentierung zu § 725 BGB Rn. 10) der Gesellschaft beschreiten zu können, § 725 BGB. 17

Zur **Verpfändung** von Gesellschaftsanteil und Gewinnbezugsrecht: vgl. die Kommentierung zu § 719 BGB Rn. 16. 18

---

²² BGH v. 03.11.1975 - II ZR 98/74 - BB 1976, 11; *Hadding/Kießling* in: Soergel, § 717 Rn. 13.
²³ BGH v. 03.11.1975 - II ZR 98/74 - BB 1976, 11.
²⁴ *Hadding/Kießling* in: Soergel, § 717 Rn. 14.
²⁵ Diese Rechtsfolge, dass nämlich die Vorausabtretung des künftigen Abfindungsanspruchs ins Leere geht, ist nicht auf den Fall beschränkt, dass der Gesellschafter selbst später seinen Geschäftsanteil einem Dritten abtritt. Sie tritt auch dann ein, wenn ein Gläubiger des Gesellschafters dessen Geschäftsanteil nach § 857 ZPO pfänden und dann auf gerichtliche Anordnung (§§ 857 Abs. 5, 844 Abs. 1 ZPO) hin entweder versteigern oder freihändig verkaufen lässt (BGH v. 16.05.1988 - II ZR 375/87 - BGHZ 104, 351).

§ 718 BGB Gesellschaftsvermögen

(Fassung vom 02.01.2002, gültig ab 01.01.2002)

(1) Die Beiträge der Gesellschafter und die durch die Geschäftsführung für die Gesellschaft erworbenen Gegenstände werden gemeinschaftliches Vermögen der Gesellschafter (Gesellschaftsvermögen).

(2) Zu dem Gesellschaftsvermögen gehört auch, was auf Grund eines zu dem Gesellschaftsvermögen gehörenden Rechts oder als Ersatz für die Zerstörung, Beschädigung oder Entziehung eines zu dem Gesellschaftsvermögen gehörenden Gegenstands erworben wird.

Gliederung

A. Grundlagen 1
B. Anwendungsvoraussetzungen 2
I. Bestandteile des Gesellschaftsvermögens 2
1. Aktive 2
2. Passive 3
3. Besitz 4
II. Vollstreckung in das Gesellschaftsvermögen 5

A. Grundlagen

1 § 718 BGB ist die grundlegende Vorschrift für das Gesellschaftsvermögen und kennzeichnet Beiträge, Erwerbungen und Surrogate als dessen Bestandteile. Das **Gesellschaftsvermögen** ist ein dem Gesellschaftszweck gewidmetes Sondervermögen, das vom Vermögen der Gesellschafter, deren Privatvermögen, streng zu unterscheiden ist.[1] Die **tradierte Gesamthandslehre**, nach der Träger des Gesellschaftsvermögens die Gesellschafter in ihrer gesamthänderischen Gebundenheit waren, ist heute überwunden.[2] Die Außengesellschaft bürgerlichen Rechts ist rechtsfähig (vgl. die Kommentierung zu § 705 BGB Rn. 43).[3] Rechtsträger des Gesellschaftsvermögens ist damit die rechtsfähige **Gesellschaft als selbständiges Rechtssubjekt** und nicht die Gesellschafter. Das Gesellschaftsvermögen ist vom Gesellschaftsvermögen streng zu unterscheiden.[4] Das Eigentum der BGB-Gesellschaft wird von einem Wechsel im Bestand der Gesellschafter nicht berührt. An dieser Rechtslage hat die Änderung von **§ 47 GBO** und § 15 GBV durch das Gesetz zur Einführung des elektronischen Rechtsverkehrs und der elektronischen Akte im Grundbuchverfahren sowie zur Änderung weiterer grundbuch-, register- und kostenrechtlicher Vorschriften (vom 11.08.2009[5]) nichts geändert: zwar ist eine BGB-Gesellschaft unter Nennung sämtlicher Gesellschafter einzutragen; Eigentümer bleibt aber die Gesellschaft als Verband. Deshalb begründet die gleichzeitig eingeführte Vorschrift des **§ 899a BGB** öffentlichen Glauben nicht für das Eigentum der Gesellschafter an dem Gesellschaftsvermögen, sondern nur dafür, dass sie Gesellschafter der GbR sind.[6]

B. Anwendungsvoraussetzungen

I. Bestandteile des Gesellschaftsvermögens

1. Aktive

2 Aktive Bestandteile des Gesellschaftsvermögens sind die bereits erbrachten Einlagen (vgl. die Kommentierung zu § 706 BGB Rn. 1) der Gesellschafter und der Anspruch der Gesellschaft auf Erbringung der Beiträge (vgl. die Kommentierung zu § 706 BGB Rn. 1), vgl. § 706 BGB. Für die Einbringung von Gegenständen in das Gesellschaftsvermögen ist, soweit diese zur vollen Rechtsinhaberschaft zu erfolgen hat (quoad dominum, vgl. die Kommentierung zu § 706 BGB Rn. 10), Übereignung oder Übertra-

---

[1] BGH v. 25.02.1999 - III ZR 53/98 - juris Rn. 10 - LM ZPO § 561 Nr. 70 (9/1999).
[2] Zur tradierten und modernen Gesamthandslehre: *Schmidt*, Gesellschaftsrecht, 4. Aufl. 2002, § 8 III = S. 196-207.
[3] BGH v. 29.01.2001 - II ZR 331/00 - BGHZ 146, 341-361.
[4] Z.B. in der Insolvenz kommt der Trennung Gesellschaftsvermögen – Gesellschaftervermögen (vgl. die Kommentierung zu § 728 BGB Rn. 7) Bedeutung zu.
[5] BGBl I 2009, 2713.
[6] BGH v. 02.12.2010 - V ZB 84/10 - BGHZ 187, 334.

gung an die Gesellschaft notwendig. Das Gesellschaftsvermögen wird weiterhin vermehrt durch **Erwerbungen durch die Geschäftsführung**. Soweit die organschaftlichen Vertreter der Gesellschaft im Rahmen ihrer Vertretungsmacht (§ 714 BGB) und im Namen der Gesellschaft handeln, erfolgt ein rechtsgeschäftlicher Erwerb unmittelbar durch die Gesellschaft. Handelt der Geschäftsführer im eigenen Namen, besteht für ihn die Pflicht, das Erworbene in das Gesellschaftsvermögen einzubringen (vgl. die Kommentierung zu § 713 BGB Rn. 6), §§ 713, 667 BGB. Auch der **Goodwill** der von einer Sozietät gemeinschaftlich betriebenen Praxis gehört zum Gesellschaftsvermögen. Nach § 718 Abs. 2 BGB wird der Bestand des Gesellschaftsvermögens durch **gesetzliche Surrogation** geschützt. Zum Gesellschaftsvermögen gehört einmal, was aufgrund eines zu dem Gesellschaftsvermögen gehörenden Rechts erworben wird, d.h. alle **Nutzungen** eines Rechts (§ 100 BGB, vgl. die Kommentierung zu § 100 BGB), insbesondere die **Früchte** (§ 99 Abs. 2, Abs. 3 BGB, vgl. die Kommentierung zu § 99 BGB). Zum Gesellschaftsvermögen gehört ferner, was als Ersatz für die Zerstörung, Beschädigung oder Entziehung eines zum Gesellschaftsvermögen gehörenden Gegenstands erworben wird, z.B. **Ansprüche auf Schadensersatz, Versicherungsleistung** oder **Herausgabe**.

2. Passive

Gesellschaftsschulden sind die Verbindlichkeiten der rechtsfähigen Gesellschaft, sei es aus Drittverhältnissen (auch mit Gesellschaftern; vgl. die Kommentierung zu § 705 BGB Rn. 55), sei es gegenüber Gesellschaftern aus dem Gesellschaftsverhältnis (Sozialpflichten, vgl. die Kommentierung zu § 705 BGB Rn. 54). **Schuldner ist die rechtsfähige** Gesellschaft als eigenständiges Rechtssubjekt, nicht die Gesellschafter. Zur **Haftung der Gesellschafter** für die Gesellschaftsschulden vgl. die Kommentierung zu § 714 BGB Rn. 16. Die Gesellschaftsverbindlichkeiten sind zu unterscheiden von Ansprüchen, die Dritte gegen Gesellschafter oder die Gesellschafter untereinander haben. Dies ist im Insolvenzverfahren der Gesellschaft (§ 728 BGB; vgl. die Kommentierung zu § 728 BGB Rn. 2) und in der Einzelvollstreckung (vgl. Rn. 5) von Bedeutung. Vor allem gilt dies aber für das Innenverhältnis der Gesellschaft. Denn Gesellschaftsschulden sind bei der Gewinn- und Verlustrechnung (vgl. die Kommentierung zu § 721 BGB Rn. 4) einzustellen (§ 721 BGB), bei der Auseinandersetzung sind zunächst die Gesellschaftsschulden aus dem Gesellschaftsvermögen heraus zu decken (§ 733 BGB; vgl. die Kommentierung zu § 733 BGB). Gesellschaftsschulden können durch Rechtsgeschäft oder Gesetz entstehen; insbesondere zählen hierher: 3

- **Verbindlichkeiten aus Rechtsgeschäften** (inklusive Sekundäransprüche auf Schadensersatz, wobei sich die Gesellschaft das Verschulden ihrer Organe (vgl. die Kommentierung zu § 714 BGB Rn. 13) gem. § 31 BGB, das ihrer Angestellten gem. § 278 BGB zurechnen lassen muss),
- Verbindlichkeiten aus **gesetzlichen Schuldverhältnissen**, inklusive Ansprüchen aus unerlaubter Handlung (das Handeln der Gesellschaftsorgane (vgl. die Kommentierung zu § 714 BGB Rn. 13) wird gem. § 31 BGB zugerechnet (**str.**); für das Handeln von Angestellten haftet die Gesellschaft gem. § 831 BGB),
- Sozialverpflichtungen (vgl. die Kommentierung zu § 705 BGB Rn. 54) der Gesellschaft gegenüber einzelnen Gesellschaftern.

3. Besitz

Nach Anerkennung ihrer Rechtsfähigkeit kann die BGB-Gesellschaft im Wege des Organbesitzes auch **Besitzer** einzelner Sachen sein. Die Lehre vom gesamthänderischen Mitbesitz der Gesellschafter ist heute überholt.[7] 4

II. Vollstreckung in das Gesellschaftsvermögen

Die BGB-Gesellschaft ist rechts- und parteifähig (vgl. die Kommentierung zu § 705 BGB Rn. 43).[8] Die BGB-Gesellschaft kann daher als solche verklagt werden. Ein **gegen die Gesellschaft als Partei erlangtes Urteil** genügt zur Zwangsvollstreckung in das Gesellschaftsvermögen: Ein gegen die Gesellschaft erlangtes Urteil ist ein Urteil „gegen alle Gesellschafter" i.S.d. § 736 ZPO[9]; zur Zustellung des 5

---

[7] Vgl. *Schmidt*, Gesellschaftsrecht, 4. Aufl. 2002, § 60 II 3 = S. 1779-1782; vgl. zur überholten Anschauung: BGH v. 24.01.1983 - VIII ZR 353/81 - juris Rn. 22 - BGHZ 86, 300-313: Der Besitz an einer der BGB-Gesellschaft zur Benutzung überlassenen beweglichen Sache wird von allen Gesellschaftern als unmittelbaren Mitbesitzern gemeinschaftlich ausgeübt; auch BGH v. 26.01.1983 - VIII ZR 257/81 - juris Rn. 24 - BGHZ 86, 340-348.
[8] BGH v. 29.01.2001 - II ZR 331/00 - BGHZ 146, 341-361.
[9] BGH v. 29.01.2001 - II ZR 331/00 - juris Rn. 23 - BGHZ 146, 341-361.

Vollstreckungstitels an die BGB-Gesellschaft: vgl. die Kommentierung zu § 705 BGB Rn. 43. Die Bestimmung des § 736 ZPO ist durch die Anerkennung der Parteifähigkeit der Gesellschaft nicht überflüssig geworden. Die Bestimmung ist so zu verstehen, dass der Gläubiger nicht nur mit einem Titel gegen die Gesellschaft als Partei in das Gesellschaftsvermögen vollstrecken kann, sondern auch mit einem **Titel gegen alle einzelnen Gesellschafter** aus ihrer persönlichen Mithaftung.[10] Die Rechtslage bei der Gesellschaft bürgerlichen Rechts ist insoweit anders als bei der OHG, wo gemäß § 124 Abs. 2 HGB eine Vollstreckung in das Gesellschaftsvermögen ausschließlich mit einem gegen die Gesellschaft lautenden Titel möglich ist.[11] Ob Titel gegen alle Gesellschafter ohne Bezug zur Gesellschaft (z.B. für Privatschulden) für eine Vollstreckung in das Gesellschaftsvermögen ausreichen, ist in der Literatur umstritten, aber mit Blick auf die Gesetzgebungsgeschichte wohl anzunehmen.[12] Aus einem **Titel gegen einen einzigen Gesellschafter** kann nicht unmittelbar in das Gesellschaftsvermögen vollstreckt werden. Ein solcher Gläubiger wird gem. § 725 BGB, § 859 ZPO auf die Anteilspfändung (vgl. die Kommentierung zu § 725 BGB Rn. 1) verwiesen.

---

[10] BGH v. 02.12.2010 - V ZB 84/10 - BGHZ 187, 334; BGH v. 17.10.2006 - XI ZR 19/05 - ZIP 2007, 64-69. Ausreichend ist ein Titel gegen alle Gesellschafter als Gesamtschuldner, nicht dagegen ein solcher gegen alle Gesellschafter als Teilschuldner der Verbindlichkeit der BGB-Gesellschaft.

[11] BGH v. 29.01.2001 - II ZR 331/00 - juris Rn. 34 - BGHZ 146, 341-361; BGH v. 16.07.2004 - IXa ZB 288/03 - NJW 2004, 3632-3635: Aus einer wirksam in eine Grundschuldurkunde aufgenommenen und im Grundbuch eingetragenen Unterwerfungserklärung der Gesellschafter einer Gesellschaft bürgerlichen Rechts gemäß § 800 Abs. 1 ZPO kann die Zwangsvollstreckung in ein Grundstück des Gesellschaftsvermögens betrieben werden; a.A.: *Ulmer/Schäfer*, Gesellschaft bürgerlichen Rechts und Partnerschaftsgesellschaft, 5. Aufl. 2009, § 705 Rn. 321.

[12] Dazu: *Wertenbruch*, NJW 2002, 324-329, 328; in der Tendenz wohl anders: BGH v. 25.01.2008 - V ZR 63/07 - ZIP 2008, 501-503.

§ 719 BGB Gesamthänderische Bindung

(Fassung vom 02.01.2002, gültig ab 01.01.2002)

(1) Ein Gesellschafter kann nicht über seinen Anteil an dem Gesellschaftsvermögen und an den einzelnen dazu gehörenden Gegenständen verfügen; er ist nicht berechtigt, Teilung zu verlangen.

(2) Gegen eine Forderung, die zum Gesellschaftsvermögen gehört, kann der Schuldner nicht eine ihm gegen einen einzelnen Gesellschafter zustehende Forderung aufrechnen.

Gliederung

A. Grundlagen 1	III. Aufrechnung gegen eine Gesellschafts-
B. Anwendungsvoraussetzungen 2	forderung (Absatz 2) 5
I. Anteil am Gesellschaftsvermögen (Absatz 1	IV. Verfügung über die Mitgliedschaft 6
Halbsatz 1) 2	1. Übertragung der Mitgliedschaft 7
II. Kein Anspruch auf Teilung (Absatz 1	2. Sonstige Verfügungen über den Gesellschafts-
Halbsatz 2) 4	anteil, insbesondere die Verpfändung 15

A. Grundlagen

§ 719 BGB galt der **tradierten Gesamthandslehre** lange Zeit als Beleg der dinglichen Mitberechtigung jedes Gesellschafters am Gesellschaftsvermögen und der fehlenden Rechtsfähigkeit der BGB-Gesellschaft. Nach der tradierten Gesamthandslehre war das Gesamthandsvermögen nur das (gesamthänderisch gebundene) Sondervermögen der Gesellschafter; die wahren Rechtsträger des Gesellschaftsvermögens waren die Gesellschafter. Seit BGH v. 29.01.2001[1] ist die Rechtsfähigkeit der BGB-Gesellschaft (vgl. die Kommentierung zu § 705 BGB Rn. 43) anerkannt. Die tradierte Gesamthandslehre ist überholt. **Ausschließlicher Träger des Gesellschaftsvermögens ist die BGB-Gesellschaft**: D.h., das Zuordnungssubjekt des Gesellschaftsvermögens sind nicht die Gesellschafter, sondern ausschließlich die Gesellschaft. Die einzelnen Gesellschafter verfügen über keinerlei dingliche Berechtigung am Gesellschaftsvermögen (vgl. Rn. 2). An der Gesellschaft steht den Gesellschaftern ein Mitgliedschaftsrecht (Gesellschaftsanteil) zu, das übertragbar (vgl. Rn. 7) gestellt werden kann. Streng zu unterscheiden vom Gesellschaftsvermögen ist das Gesellschaftervermögen.[2]

1

B. Anwendungsvoraussetzungen

I. Anteil am Gesellschaftsvermögen (Absatz 1 Halbsatz 1)

Der Gesellschafter kann über seinen **Anteil am Gesellschaftsvermögen** schon deshalb nicht verfügen, weil ihm ein solcher Anteil gar nicht zusteht. Verfügt ein Gesellschafter dennoch über seinen – nicht existierenden – Anteil am Gesellschaftsvermögen, ist dieses Geschäft nichtig (anders die frühere h.M.: Das Verbot nach § 719 Abs. 1 BGB führe nur zur schwebenden Unwirksamkeit der gleichwohl vorgenommenen Verfügung; die übrigen Gesellschafter könnten genehmigen[3]). Scharf zu trennen von der rechtlich unmöglichen Übertragung des Anteils am Gesellschaftsvermögen ist die mögliche Verfügung eines Gesellschafters über seine Mitgliedschaft (vgl. Rn. 7), den Gesellschaftsanteil.

2

Eine Umdeutung einer nichtigen Verfügung über den Anteil am Gesellschaftsvermögen in einer solche über die nach § 717 Satz 2 BGB selbstständig abtretbaren Vermögensrechte (vgl. die Kommentierung zu § 717 BGB Rn. 13), gegebenenfalls auch in die Einräumung einer Unterbeteiligung am Gesellschaftsanteil (vgl. die Kommentierung zu § 705 BGB Rn. 50), ist möglich; demgegenüber kann von der Verfügung über Vermögensrechte im Allgemeinen nicht auf den Willen der Beteiligten geschlossen werden, die Mitgliedschaft im Ganzen zu übertragen (vgl. Rn. 7).[4] Ebenso wenig kann der Gesellschafter über **einzelne zum Gesellschaftsvermögen gehörende Gegenstände verfügen**. Gleichwohl

3

---

[1] BGH v. 29.01.2001- II ZR 331/00 - BGHZ 146, 341-361.
[2] Z.B. in der Insolvenz kommt der Trennung Gesellschaftsvermögen – Gesellschaftervermögen (vgl. die Kommentierung zu § 728 BGB Rn. 7) Bedeutung zu.
[3] Vgl. dazu mit Nachweisen *Sprau* in: Palandt, § 719 Rn. 2.
[4] *Ulmer/Schäfer*, Gesellschaft bürgerlichen Rechts und Partnerschaftsgesellschaft, 5. Aufl. 2009, § 719 Rn. 6.

kann sich bei der Verfügung über einen einzelnen Vermögensgegenstand nach den §§ 932-936 BGB bzw. über § 185 BGB ein Eigentumserwerb des Verfügungsempfängers ergeben. Streng zu unterscheiden ist eine gem. § 719 Abs. 1 BGB unwirksame Verfügung eines Gesellschafters über einzelne Gegenstände des Gesellschaftsvermögens von einer Verfügung des Vertretungsorgans im Namen der Gesellschaft gem. § 714 BGB. Hier handelt die Gesellschaft als verfügungsberechtigte Rechtsinhaberin durch ihr Vertretungsorgan. Eine solche Verfügung ist ohne weiteres wirksam.

II. Kein Anspruch auf Teilung (Absatz 1 Halbsatz 2)

4 Kein Gesellschafter kann während der Dauer der BGB-Gesellschaft als werbende Gesellschaft „Teilung" des Gesellschaftsvermögens verlangen. Der Gesellschafter muss die Gesellschaft entweder einseitig kündigen (§ 723 BGB) oder einvernehmlich ausscheiden. Je nach Gesellschaftsvertrag kommt es dann zur Abwicklung der ganzen Gesellschaft (§§ 730-735 BGB) oder zur Auseinandersetzung mit der fortbestehenden Gesellschaft kommt (§§ 738-740 BGB). Anders als der Teilhaber einer Bruchteilsgemeinschaft (vgl. die Kommentierung zu § 749 BGB) kann der Gesellschafter aber nicht kraft Gesetzes jederzeit die Aufhebung der Gemeinschaft verlangen. Es bleibt den Gesellschaftern aber natürlich unbenommen, einverständlich ohne eine Auflösung der Gesellschaft eine **Teilauseinandersetzung** hinsichtlich des Gesellschaftsvermögens oder einzelner dazu gehörender Gegenstände vorzunehmen.[5]

III. Aufrechnung gegen eine Gesellschaftsforderung (Absatz 2)

5 § 719 Abs. 2 BGB stellt klar, dass der Schuldner einer Gesellschaftsforderung **mangels Gegenseitigkeit** nicht mit einer Forderung, die ihm gegen einen Gesellschafter zusteht, aufrechnen kann.[6] In einer Entscheidung, die noch auf dem Boden der tradierten Gesamthandslehre erging, sprach der BGH aus:[7] Klagen die Gesellschafter einer BGB-Gesellschaft eine zum Gesellschaftsvermögen gehörende Forderung ein und rechnet der Beklagte im Prozess dagegen mit einer ihm gegen einen der Gesellschafter zustehenden Forderung auf, so wird dadurch – trotz fehlender Gegenseitigkeit der sich gegenüberstehenden Forderungen (§ 719 Abs. 2 BGB) – die Verjährung der zur Aufrechnung gestellten Forderung unterbrochen (nunmehr **Hemmung der Verjährung** gem. § 204 Abs. 1 Nr. 5 BGB). Wird ein Gesellschafter aufgrund der Gesellschafterhaftung (vgl. die Kommentierung zu § 714 BGB Rn. 16) wegen einer Verbindlichkeit der Gesellschaft in Anspruch genommen, kann er die Befriedigung des Gläubigers verweigern, solange sich der Gläubiger durch Aufrechnung gegen eine fällige Forderung der Gesellschaft befriedigen kann (§ 129 Abs. 3 HGB **entsprechend**; für die Erbengemeinschaft anerkannt[8]).

IV. Verfügung über die Mitgliedschaft

6 Unbeschadet des Veräußerungsverbots nach § 719 Abs. 1 BGB ist heute nach allgemeiner Meinung die Verfügung über die Mitgliedschaft (Gesellschaftsanteil) als solche grundsätzlich möglich. Die **Übertragung der Mitgliedschaft** ist zu unterscheiden von der Möglichkeit des (aufeinander abgestimmten) Ein- und Austritts (vgl. die Kommentierung zu § 736 BGB Rn. 27) in eine Gesellschaft. Das Letztere ist ein Problem der An- und Abwachsung (§ 738 BGB); Ersteres ein Problem der Rechtsnachfolge in die Mitgliedschaft.

1. Übertragung der Mitgliedschaft

7 Über die Mitgliedschaft (Gesellschaftsanteil) insgesamt kann der Gesellschafter **mit Zustimmung der übrigen Gesellschafter** verfügen.[9] Gegenstand der Verfügung ist nicht etwa der Anteil am Gesellschaftsvermögen, sondern die Mitgliedschaft in der Gesellschaft als solche. Veräußern daher Gesellschafter einer BGB-Gesellschaft, die fälschlich als Eigentümer im Grundbuch eingetragen ist, ihre Gesellschaftsanteile an einen Dritten, so kann dieser das Eigentum an dem Grundstück nicht aufgrund des öffentlichen Glaubens des Grundbuchs erwerben.[10] Die Abtretung eines Gesellschaftsanteils ohne die erforderliche Zustimmung der übrigen Gesellschafter ist schwebend unwirksam. Wird die Genehmi-

---

[5] *Hadding/Kießling* in: Soergel, § 719 Rn. 8.
[6] *Hadding/Kießling* in: Soergel, § 719 Rn. 9.
[7] BGH v. 26.03.1981 - VII ZR 160/80 - BGHZ 80, 222-228.
[8] BGH v. 24.10.1962 - V ZR 1/61 - BGHZ 38, 122-130.
[9] Vgl. zur Abgrenzung zwischen der Übertragung der Vermögensrechte des verstorbenen Gesellschafters einer Gesellschaft bürgerlichen Rechts durch dessen Erben an einen Dritten und der Übernahme eines Anteils einer Gesellschaft bürgerlichen Rechts: OLG Oldenburg v. 12.12.2002 - 8 U 140/02 - OLGR Oldenburg 2003, 237-239.
[10] BGH v. 22.11.1996 - V ZR 234/95 - juris Rn. 21 - LM BGB § 719 Nr. 7 (3/1997).

gung der Abtretung durch einen Gesellschafter verweigert, so ist die Abtretung endgültig unwirksam;[11] zur Problematik, wenn der zunächst widersprechende Gesellschafter seine Zustimmung später doch noch erteilt: vgl. die Kommentierung zu § 184 BGB.[12] Die erforderliche Zustimmungserklärung der übrigen Gesellschafter kann **bereits im Gesellschaftsvertrag** mit der Maßgabe erklärt werden, dass sie nur aus wichtigem Grund widerrufen werden kann. Es kann dem übertragenen Gesellschafter auch ein (klagbarer) **Anspruch auf Erteilung der Zustimmung** eingeräumt werden, es sei denn, die anderen Gesellschafter können das Vorliegen eines wichtigen Versagungsgrundes nachweisen.[13] Zur Übertragung eines Gesellschaftsanteils bedarf es grundsätzlich der Zustimmung aller Gesellschafter. Soll die Übertragung von der Zustimmung der Mehrheit der Gesellschafter abhängig sein, so muss dies im Gesellschaftsvertrag deutlich zum Ausdruck kommen. Ist im Gesellschaftsvertrag lediglich vereinbart, dass das Mehrheitsprinzip (vgl. die Kommentierung zu § 709 BGB Rn. 19) gelten soll, so bezieht sich dies in der Regel nur auf die Geschäftsführung, nicht aber auf die Zustimmung zur Übertragung eines Gesellschaftsanteils.[14] Ist die Möglichkeit eines Gesellschafterwechsels von vorneherein im Gesellschaftsvertrag vorgesehen und lediglich davon abhängig gemacht, dass der ausscheidende Gesellschafter die damit verbundenen Kosten übernimmt und dass gegen die Aufnahme des neuen Gesellschafters keine wichtigen Gründe sprechen, so kann keine Rede davon sein, dass die übrigen Gesellschafter einem Gesellschafterwechsel nur ausnahmsweise zustimmen brauchten. Sie müssen ihm vielmehr immer dann zustimmen, wenn die genannten Voraussetzungen gegeben sind.[15] Bei der Prüfung, ob ein wichtiger Grund gegen die Aufnahme eines neuen Gesellschafters vorliegt, reichen alle Gesichtspunkte aus, die die Ausschließung (vgl. die Kommentierung zu § 736 BGB) eines Gesellschafters rechtfertigen würden. Brauchten die Gesellschafter das Gesellschaftsverhältnis mit einem Bewerber nicht fortzusetzen, wenn er Gesellschafter wäre, so dürfen sie ihn von vorneherein ablehnen. Die Aufnahme eines neuen Gesellschafters kann aber schon dann abgelehnt werden, wenn der Ablehnungsgrund nicht so schwerwiegend ist, dass er zum Ausschluss eines Gesellschafters aus der Gesellschaft führen könnte; denn die Schutzwürdigkeit des Interesses, in eine Gesellschaft aufgenommen zu werden, ist geringer als das Interesse eines Gesellschafters, in der Gesellschaft zu verbleiben. Insbesondere ist es nicht erforderlich, dass dem Aufzunehmenden ein Verschulden vorgeworfen werden kann, es genügen vielmehr objektive Gründe.[16] In jedem Falle muss eine umfassende Würdigung aller Besonderheiten des Einzelfalles erfolgen. Eine Verweigerung der Zustimmung aus wichtigem Grund kommt etwa bei einer Kommanditgesellschaft dann in Betracht, wenn die aus der Übernahme der Anteile durch einen neuen Kommanditisten drohende Gefährdung für das Wohl der Gesellschaft und deren Gesellschafter über den Bereich bloß abstrakter Gefährdungen hinausgeht, was sich aber bei einer bloßen kapitalmäßigen Verflechtung mit einem Wettbewerber über einen Gesellschafter der Erwerberin nicht von vornherein bejahen lässt.[17]

Je nach Inhalt der **Vereinbarung im Gesellschaftsvertrag** oder der von den übrigen Gesellschaftern erteilten Zustimmung kann die Übertragung von bestimmten Voraussetzungen abhängig gemacht werden. 8

- So kann die Übertragbarkeit des Gesellschaftsanteils **auf einen bestimmten Personenkreis beschränkt** werden. Sind in einer Personengesellschaft die Beteiligungen – innerhalb eines bestimmten Kreises von Personen, die als Gesellschafter zugelassen sind – frei übertragbar, so kann gleich-

---

[11] BGH v. 28.04.1954 - II ZR 8/53 - BGHZ 13, 179-188.
[12] Vgl. auch BGH v. 28.04.1954 - II ZR 8/53 - juris Rn. 15 - BGHZ 13, 179-188.
[13] BGH v. 14.11.1960 - II ZR 55/59 - BB 1961, 347-348; OLG Bremen v. 07.06.2007 - 2 U 1/07 - ZIP 2007, 1502-1505.
[14] BGH v. 14.11.1960 - II ZR 55/59 - BB 1961, 347-348.
[15] Sieht der Gesellschaftsvertrag (konkret einer Kommanditgesellschaft) vor, dass die Zustimmung zur Übertragung von Gesellschaftsanteilen (konkret: Kommanditanteile) nur verweigert werden darf, wenn ein wichtiger Grund vorliegt, so ist diese Regelung so zu verstehen, dass grundsätzlich eine Verpflichtung zur Zustimmung besteht, wenn nicht ein Ausnahmefall (wichtiger Grund) vorliegt; eine entsprechende Anwendung des § 68 Abs. 2 AktG kommt deshalb nicht Betracht. Bei der Entscheidung über die Zustimmung handelt es sich um eine gebundene Entscheidung, die der gerichtlichen Überprüfung zugänglich ist (OLG Bremen v. 07.06.2007 - 2 U 1/07 - ZIP 2007, 1502-1505).
[16] BGH v. 14.11.1960 - II ZR 55/59 - BB 1961, 347-348.
[17] OLG Bremen v. 07.06.2007 - 2 U 1/07 - ZIP 2007, 1502-1505.

§ 719

wohl mangels einer anderweitigen Regelung im Gesellschaftsvertrag grundsätzlich ein Anteil nicht wirksam auf jemanden übertragen werden, der bereits Gesellschafter ist, seine Beteiligung jedoch vorher auf einen nach der Anteilsübertragung liegenden Zeitpunkt gekündigt hat.[18]

- Der Gesellschaftsvertrag kann bestimmen, dass bei der Übertragung anderen Gesellschaftern ein **Übernahmerecht** zusteht. Bestimmt der Gesellschaftsvertrag etwa, dass einem Gesellschafter bei jeder Übertragung des Geschäftsanteils durch einen anderen Gesellschafter zu Lebzeiten oder Todes wegen ein Übernahmerecht zusteht, umfasst dies auch eine Übertragung durch gewillkürte Erbeinsetzung.[19]

9 Überträgt ein Gesellschafter mit Zustimmung der übrigen Gesellschafter seinen Gesellschaftsanteil, so tritt der Erwerber als neuer Gesellschafter an seiner Stelle in das Rechtsverhältnis zu den übrigen Gesellschaftern ein.[20] Er setzt das Gesellschaftsverhältnis fort und rückt in die Rechtsstellung des bisherigen Gesellschafters ein. Davon umfasst werden grundsätzlich sämtliche gesellschaftsbezogenen Ansprüche und Vermögensrechte. Hat der Veräußerer schon vor dem Zeitpunkt der Anteilsübertragung Verfügungen hinsichtlich eines bestimmten Anspruchs oder Rechts getroffen, so sind diese auch dem Erwerber gegenüber wirksam. Etwas anderes kann nur dann gelten, wenn der Gesellschaftsvertrag oder – im Rahmen des rechtlich Zulässigen – der Übertragungsvertrag abweichende Bestimmungen enthalten oder sich aus den Umständen bestimmte Ausnahmen ergeben.[21] Haben die übrigen Gesellschafter der Übertragung des Gesellschaftsanteils ohne Vorbehalt zugestimmt, so steht den Vertragschließenden bei der Übertragung frei zu vereinbaren, welche Sozialansprüche und Sozialverbindlichkeiten (vgl. die Kommentierung zu § 705 BGB Rn. 54) der Gesellschaft gegenüber dem Veräußerer auf den Erwerber übergehen sollen.[22] Haben sie nichts darüber bestimmt, dann gehen **im Zweifel** nur diejenigen Ansprüche und Verbindlichkeiten über, die im Zeitpunkt des Vertragsabschlusses aus dem Rechenwerk der Gesellschaft ersichtlich sind.[23] Aus dem Grundsatz, dass auf dem Gesellschaftsvertrag beruhende Forderungsrechte gegen die Gesellschaft, die im Zeitpunkt des Vertragsschlusses über die Übertragung des Gesellschaftsanteils im Rechenwerk der Gesellschaft ihren Niederschlag gefunden haben, im Zweifel auf den neuen Gesellschafter übergehen, folgt, dass die Vertragspartei, die das Gegenteil behauptet, hierfür **beweispflichtig** ist.[24]

10 Die Stellung der BGB-Gesellschaft im Rechtsverkehr wird durch den Mitgliederwechsel nicht berührt. Vertragspartei bestehender Rechtsgeschäfte bleibt die rechtsfähige BGB-Gesellschaft, deren **Identität durch den Mitgliederwechsel nicht tangiert** wird.[25]

11 Allein die Begründung der **schuldrechtlichen Verpflichtung** zur Übertragung oder Erwerb der Mitgliedschaft bedarf keiner Zustimmung der übrigen Gesellschafter. Eine besondere **Form** für die Anteilsübertragung ist nicht vorgeschrieben. Die Verpflichtung, Mitgliedschaftsrechte an einer Personengesellschaft zu übertragen oder zu erwerben, ist grundsätzlich auch dann **nicht formbedürftig**, wenn zum Gesellschaftsvermögen Gegenstände (etwa Grundeigentum; GmbH-Anteile) gehören, deren Übertragung einem Formzwang unterliegen; das gilt selbst dann, wenn das Halten und Verwalten des Grundstücks oder des GmbH-Geschäftsanteils Haupt- oder alleiniger Zweck der Gesellschaft ist.[26] Anders liegt es bei der unentgeltlichen Übertragung (**Schenkung**; vgl. die Kommentierung zu § 706 BGB Rn. 15) eines Gesellschaftsanteils mit Blick auf § 518 Abs. 1 BGB. Allerdings wird regelmäßig das Merkmal der unentgeltlichen Zuwendung fehlen, da der eintretende Gesellschafter in die unbeschränkte Gesellschafterhaftung eintritt und im Regelfall zum Einsatz seiner vollen Arbeitskraft ver-

---

[18] BGH v. 22.05.1989 - II ZR 211/88 - LM Nr. 5 zu § 719 BGB.
[19] OLG Hamm v. 21.01.1999 - 27 U 179/98 - NJW-RR 2000, 1701-1704.
[20] BGH v. 05.05.1986 - II ZR 163/85 - WM 1986, 1314-1315; BGH v. 07.12.1972 - II ZR 98/70 - LM Nr. 29 zu § 105 HGB; BGH v. 02.12.2002 - II ZR 194/00 - WM 2003, 442-443.
[21] BGH v. 05.05.1986 - II ZR 163/85 - WM 1986, 1314-1315.
[22] BGH v. 09.02.2009 - II ZR 231/07 - ZIP 2009, 864-866 (offen gelassen).
[23] BGH v. 25.04.1966 - II ZR 120/64 - BGHZ 45, 221-223; vgl. auch: BGH v. 07.12.1972 - II ZR 98/70 - LM Nr. 29 zu § 105 HGB: Das gilt auch, soweit die Ansprüche aus dem Gesellschaftsverhältnis auf dem Privatkonto verbucht sind und die Entnahme gestattet ist.
[24] BGH v. 02.11.1987 - II ZR 50/87 - LM Nr. 57 zu § 105 HGB.
[25] Z.B. für den Mietvertrag auf Boden der tradierten Gesamthandslehre: BGH v. 18.02.1998 - XII ZR 39/96 - BGHZ 138, 82-86; OLG Düsseldorf v. 13.02.2003 - 10 U 216/01 - NJW-RR 2003, 513-515; vgl. für gewerbliche Mietverträge *Kraemer*, NZM 2002, 465-473.
[26] BGH v. 10.03.2008 - II ZR 312/06 - ZIP 2008, 876-878; BGH v. 31.01.1983 - II ZR 288/81 - BGHZ 86, 367-372; OLG Frankfurt v. 04.10.2006 - 4 U 32/06 - ZIP 2007, 2167-2169; OLG Frankfurt v. 15.04.1996 - 20 W 516/94 - NJW-RR 1996, 1123-1125.

pflichtet ist, worin eine Gegenleistung gesehen wird.[27] Anders kann dies nur bei der Kommanditgesellschaft und der **Innengesellschaft** sein.[28] Wäre demnach ausnahmsweise die Anteilsübertragung als formbedürftige Schenkung zu beurteilen, so führt die Nichteinhaltung der notariellen Form zu der Frage, unter welchen Voraussetzungen nach § 518 Abs. 2 BGB dieser Mangel wegen Vollzugs der Schenkung geheilt wird. Hinsichtlich der Außengesellschaft ist die Schenkung mit gesellschaftsvertraglicher Beteiligung an der Gesellschaft an der Schenkung vollzogen. Bei der Innengesellschaft soll hingegen nach der stark umstrittenen Rechtsprechung des BGH die Schenkung nicht schon mit dem „Beitritt" vollzogen sein (vgl. auch die Kommentierung zu § 706 BGB Rn. 15).[29]

Eine **gleichzeitige Auswechselung aller Gesellschafter** einer Personenhandelsgesellschaft ist in der Weise möglich, dass jeder bisherige Gesellschafter seinen Gesellschaftsanteil mit Zustimmung der anderen auf einen Rechtsnachfolger überträgt.[30] Werden **sämtliche Gesellschaftsanteile auf einen einzigen Erwerber** übertragen, so erlischt die Gesellschaft. In diesem Falle geht das Gesellschaftsvermögen ohne Liquidation im Wege der Gesamtrechtsnachfolge auf den Erwerber über.[31] Das Vermögen einer Offenen Handelsgesellschaft oder Kommanditgesellschaft kann im Wege der Gesamtrechtsnachfolge in der Weise auf eine bis dahin als Gesellschaft bürgerlichen Rechts bestehende Personengesellschaft überführt werden, dass alle Gesellschafter der Offenen Handelsgesellschaft oder Kommanditgesellschaft ihre Beteiligungen gleichzeitig auf die BGB-Gesellschaft übertragen. Diese wird dadurch zur Inhaberin des Geschäftsbetriebs der übertragenden Gesellschaft und damit zur Handelsgesellschaft.[32] 12

Zur **Haftung des Erwerbers** vgl. die Kommentierung zu § 736 BGB Rn. 19 und **zur Haftung des Veräußerers** vgl. die Kommentierung zu § 736 BGB Rn. 12. Ein **Vollstreckungstitel gegen den Gesellschafter** einer BGB-Gesellschaft kann, was dessen persönliche Haftung angeht, nach Übernahme seines Gesellschaftsanteils **nicht** auf den neuen Gesellschafter **umgeschrieben** werden.[33] 13

Zum Verhältnis der **Vorausabtretung** künftiger vermögensrechtlicher Ansprüche aus dem Gesellschaftsverhältnis (§ 717 Satz 2 BGB) zur Anteilsübertragung vgl. die Kommentierung zu § 717 BGB Rn. 13. 14

2. Sonstige Verfügungen über den Gesellschaftsanteil, insbesondere die Verpfändung

Auch die Belastung des Gesellschaftsanteils ist möglich, soweit die **Zustimmung der übrigen Gesellschafter** vorliegt.[34] Ein **Nießbrauch** (§ 1068 BGB; vgl. die Kommentierung zu § 1068 BGB) an dem Anteil einer Personengesellschaft ist rechtlich möglich.[35] Die mit ihm verbundene dingliche Berechtigung kommt im Falle des Anteilsnießbrauchs darin zum Ausdruck, dass dem Nießbraucher die Rechte aus dem Nießbrauch nicht nur gegen den Besteller, sondern auch gegen die Mitgesellschafter des Bestellers zustehen. Umgekehrt kann der einzelne Gesellschafter seine Gesellschafterrechte gegen den Nießbraucher geltend machen, ohne dass es dazu der Zustimmung der übrigen Gesellschafter bedürfte.[36] Die Kompetenz des Gesellschafters, bei Beschlüssen, welche die Grundlagen der Gesellschaft betreffen, selbst abzustimmen, wird ihm durch die Einräumung eines Nießbrauchs an seinem Gesellschaftsanteil grundsätzlich nicht genommen.[37] 15

Die Mitgliedschaft kann auch **verpfändet** werden (§ 1273 BGB; vgl. die Kommentierung zu § 1273 BGB), soweit die anderen Gesellschafter zustimmen; eine Anzeige der Verpfändung des Gesellschaftsanteils gegenüber den Gesellschaftern oder der Gesellschaft (§ 1280 BGB) ist entbehrlich, weil es sich nicht um die Verpfändung einer Forderung handelt.[38] Einer Entscheidung des OLG Düsseldorf zufolge 16

---

[27] Vgl. OLG Frankfurt v. 15.04.1996 - 20 W 516/94 - NJW-RR 1996, 1123-1125.
[28] OLG Frankfurt v. 15.04.1996 - 20 W 516/94 - NJW-RR 1996, 1123-1125.
[29] OLG Frankfurt v. 15.04.1996 - 20 W 516/94 - NJW-RR 1996, 1123-1125.
[30] BGH v. 08.11.1965 - II ZR 223/64 - BGHZ 44, 229-234.
[31] OLG Düsseldorf v. 14.09.1998 - 3 Wx 209/98 - juris Rn. 9 - NJW-RR 1999, 619-620; LG Essen v. 01.09.2004 - 7 T 508/04 - EWiR 2005, 403 für eine Partnerschaftsgesellschaft.
[32] BGH v. 19.02.1990 - II ZR 42/89 - LM Nr. 55 zu § 705 BGB.
[33] BGH v. 17.10.2006 - XI ZR 19/05 - ZIP 2007, 64-69.
[34] OLG Hamm v. 27.12.1976 - 15 W 72/76 - DB 1977, 579-581.
[35] BGH v. 09.11.1998 - II ZR 213/97 - juris Rn. 7 - LM BGB § 705 Nr. 72 (7/1999).
[36] BGH v. 09.11.1998 - II ZR 213/97 - juris Rn. 7 - LM BGB § 705 Nr. 72 (7/1999).
[37] BGH v. 09.11.1998 - II ZR 213/97 - LM BGB § 705 Nr. 72 (7/1999); hinsichtlich der laufenden Geschäftsführung str.
[38] BGH v. 14.1.2010 - IX ZR 78/09 - ZIP 2010, 335-339. Gestattet der Gesellschaftsvertrag lediglich eine Übertragung des Gesellschaftsanteils, so wird bezweifelt, ob die Regelung zugleich als Billigung auch einer Verpfändung zu verstehen ist.

§ 719

kann die mit einer rechtsgeschäftlichen Verpfändung eines Gesellschaftsanteils (§ 1273 BGB) verbundene Verfügungsbeschränkung – für den Fall, dass Grundstücke zum Gesellschaftsvermögen gehören – die Eintragung des **Verpfändungsvermerks im Grundbuch** rechtfertigen.[39] Von der Verpfändung eines Gesellschaftsanteils ist die Verpfändung des mit ihm verbundenen **Gewinnbezugsrechts** zu unterscheiden. Die Verpfändung des Gesellschaftsanteils erstreckt sich bis zur Vollstreckung nicht auf das Gewinnbezugsrecht, weil insoweit § 1289 BGB nicht analog anwendbar ist. Erst die Vollstreckung aus dem Pfandrecht an dem Gesellschaftsanteil erfasst alle danach entstehenden Ansprüche aus der Mitgliedschaft, mithin Gewinnanteile (vgl. § 725 Abs. 2 BGB) ebenso wie ein Auseinandersetzungsguthaben. Die Verpfändung des Gewinnbezugsrechts erfolgt durch den Abschluss eines eigenständigen Rechtsgeschäfts. Die Verpfändung des Gewinnbezugsrechts ist im Unterschied zur Verpfändung des Gesellschaftsanteils wegen seiner Rechtsnatur als Forderung gemäß § 1280 BGB an die zusätzliche Voraussetzung einer Anzeige an die Gesellschaft geknüpft. Die Verpfändung der Gewinnansprüche verleiht dem Pfandgläubiger nach den §§ 1282, 1228 Abs. 2 BGB die Befugnis, die Forderung nach Pfandreife einzuziehen.[40]

17 Die **Befriedigung** aus dem Gesellschaftsanteil erfolgt gem. § 1277 BGB im Wege der Zwangsvollstreckung berechtigt. Auf der Grundlage eines mindestens vorläufig vollstreckbaren Duldungstitels gegen den Anteilsinhaber kann der Pfandgläubiger den Gesellschaftsanteil nach § 859 Abs. 1 ZPO pfänden. Die Verwertung geschieht dann gemäß §§ 857 Abs. 5, 844 ZPO durch öffentliche Versteigerung oder freihändigen Verkauf des Gesellschaftsanteils. Als Alternative kann der Pfandgläubiger nach § 725 Abs. 1 BGB die Gesellschaft kündigen, um sich nach den §§ 835 Abs. 1, 857 Abs. 1 ZPO das Abfindungsguthaben zur Einziehung überweisen zu lassen. Diese Art der Verwertung setzt nach § 725 Abs. 1 BGB die Anteilspfändung sowie einen rechtskräftigen, nicht nur vorläufig vollstreckbaren Titel voraus.[41]

---

[39] OLG Düsseldorf v. 27.01.2004 - I-3 Wx 376/03, 3 Wx 376/03 - NJW-RR 2004, 1111; vgl. aber auch *Ulmer/Schäfer*, Gesellschaft bürgerlichen Rechts und Partnerschaftsgesellschaft, 5. Aufl. 2009, § 719 Rn. 56.
[40] BGH v. 14.01.2010 - IX ZR 78/09 - ZIP 2010, 335-339.
[41] BGH v. 14.01.2010 - IX ZR 78/09 - ZIP 2010, 335-339.

§ 720 BGB Schutz des gutgläubigen Schuldners

(Fassung vom 02.01.2002, gültig ab 01.01.2002)

Die Zugehörigkeit einer nach § 718 Abs. 1 erworbenen Forderung zum Gesellschaftsvermögen hat der Schuldner erst dann gegen sich gelten zu lassen, wenn er von der Zugehörigkeit Kenntnis erlangt; die Vorschriften der §§ 406 bis 408 finden entsprechende Anwendung.

Gliederung

A. Grundlagen 1	2. Kenntnis des Schuldners 3
B. Anwendungsvoraussetzungen 2	II. Forderungen im Gesellschaftsvermögen
I. Erwerb einer Forderung zum Gesellschafts-	nach § 718 Abs. 2 BGB 4
vermögen gem. § 718 Abs. 1 BGB 2	III. Verhältnis zu § 851 BGB 5
1. Erwerb nach § 718 Abs. 1 BGB 2	

A. Grundlagen

§ 720 BGB schützt den Schuldner einer nach § 718 Abs. 1 BGB zum Gesellschaftsvermögen (vgl. die Kommentierung zu § 718 BGB Rn. 2) erworbenen Forderung der BGB-Gesellschaft, solange er die Zugehörigkeit der Forderung zum Gesellschaftsvermögen nicht kennt (vgl. § 719 BGB). 1

B. Anwendungsvoraussetzungen

I. Erwerb einer Forderung zum Gesellschaftsvermögen gem. § 718 Abs. 1 BGB

1. Erwerb nach § 718 Abs. 1 BGB

Nach § 718 Abs. 1 BGB wird eine Forderung zum Gesellschaftsvermögen erworben, wenn ein Gesellschafter sie als Beitrag **durch Abtretung** (§ 398 BGB) in die Gesellschaft eingebracht hat, oder die Gesellschaft sie **durch Geschäftsführung** für die Gesellschaft erworben hat. Dabei kann sich ein Forderungserwerb durch Geschäftsführung auf mehrere Arten abspielen. Einmal kann die Forderung durch Abschluss eines Rechtsgeschäfts namens der Gesellschaft (unternehmensbezogenes Geschäft, vgl. die Kommentierung zu § 164 BGB) **originär** für die (rechtsfähige) Gesellschaft entstehen. Zum anderen kommt auch hier ein **derivativer** Erwerb durch Abtretung einer bereits bestehenden Forderung an die BGB-Gesellschaft in Betracht, wenn ein (geschäftsführender) Gesellschafter – z.B. im Wege mittelbarer Stellvertretung – eine Forderung im eigenen Namen erworben hat. Hier erfolgt die Zugehörigkeit dieser Forderung zum Gesellschaftsvermögen nicht unmittelbar durch die Geschäftsführung für die Gesellschaft, sondern erst durch Abtretung der Forderung durch den geschäftsführenden Gesellschafter an die Gesellschaft (vgl. die §§ 713, 667 BGB). Ob auch diese Fälle des derivativen Erwerbs unter § 720 BGB subsumiert werden können, ist umstritten.[1] Allerdings kommt dieser Frage keine praktische Bedeutung zu. Soweit die BGB-Gesellschaft nämlich eine Forderung durch Abtretung erwirbt, sind zugunsten des Schuldners dem neuen Gläubiger gegenüber auch so die §§ 404-413 BGB, und damit auch die §§ 406-408 BGB, auf die § 720 BGB verweist, unmittelbar anwendbar. 2

2. Kenntnis des Schuldners

Wird unmittelbar im Namen der Außengesellschaft gehandelt, so wird der Schuldner regelmäßig auch wissen, dass die Forderung zum Gesellschaftsvermögen gehört. Damit verbleibt für den Anwendungsbereich des § 720 BGB der Fall, dass sich jemand gegenüber **mehreren Personen** verpflichtet, ohne das Bestehen einer (rechtsfähigen) Außengesellschaft zu erkennen, etwa weil er die bestehenden Verhältnisse unter ihnen falsch einschätzt. Mit Blick auf die Vermutung des § 420 BGB wird der Schuldner bei gleichzeitiger Unkenntnis von der Existenz der Gesellschaft **Teilleistungen an einzelne Gesellschafter** erbringen. Führen die Gesellschafter die Teilleistungen nicht an die Gesellschaft ab, müsste der Schuldner nun ein weiteres Mal an die Gesellschaft leisten; bei unsicherer Rückgriffsmög- 3

---

[1] *Hadding/Kießling* in: Soergel, § 720 Rn. 1.

lichkeit gegen die Gesellschafter. § 720 BGB stellt jedoch die §§ 406-408 BGB entsprechend anwendbar: solange der Schuldner die Zugehörigkeit der Forderung zum Gesellschaftsvermögen nicht kennt, kann er wirksam an einen Gesellschafter leisten oder ihm gegenüber aufrechnen[2].

II. Forderungen im Gesellschaftsvermögen nach § 718 Abs. 2 BGB

4 Von der h.M. wird § 720 BGB **entsprechend** angewandt auf Forderungen, die nach § 718 Abs. 2 BGB aufgrund eines Rechts oder als Ersatz für einen zerstörten, beschädigten oder entzogenen Gegenstand der Gesellschaft zum Gesellschaftsvermögen erworben worden sind.[3] Über den Bereich des § 718 Abs. 2 BGB hinaus will *Hadding* § 720 BGB entsprechend anwenden auf Forderungen,[4] die weder als Beitrag noch durch Geschäftsführung oder im Rahmen des § 718 Abs. 2 BGB, sondern **kraft Gesetzes** abgeleitet zum Gesellschaftsvermögen erworben werden (z.B.: die §§ 774, 1922 BGB).

III. Verhältnis zu § 851 BGB

5 Bei Ansprüchen der BGB-Gesellschaft gegen Dritte aus unerlaubter Handlung ist § 851 BGB **lex specialis**.

---

[2] *Hadding/Kießling* in: Soergel, § 720 Rn. 2.
[3] *Hadding/Kießling* in: Soergel, § 720 Rn. 3.
[4] *Hadding/Kießling* in: Soergel, § 720 Rn. 4.

§ 721 BGB Gewinn- und Verlustverteilung

(Fassung vom 02.01.2002, gültig ab 01.01.2002)

(1) Ein Gesellschafter kann den Rechnungsabschluss und die Verteilung des Gewinns und Verlustes erst nach der Auflösung der Gesellschaft verlangen.

(2) Ist die Gesellschaft von längerer Dauer, so hat der Rechnungsabschluss und die Gewinnverteilung im Zweifel am Schluss jedes Geschäftsjahrs zu erfolgen.

Gliederung

A. Grundlagen 1	1. Inhalt des Anspruchs 8
I. Kurzcharakteristik 1	2. Entstehung 9
II. Gewinn 2	3. Parteien, Übertragbarkeit und Ausübung 10
III. Verlust 3	III. Anspruch auf den Gewinnanteil 11
B. Anwendungsvoraussetzungen 4	1. Inhalt 11
I. Anspruch auf Rechnungsabschluss 4	2. Entstehung 13
1. Inhalt des Anspruchs 4	3. Übertragbarkeit 14
2. Entstehung 5	4. Nicht beanspruchter Gewinn 15
3. Parteien, Übertragbarkeit und Ausübung 6	IV. Verlusttragungspflicht 16
4. Abgrenzung zu anderen Ansprüchen 7	C. Prozessuale Hinweise 17
II. Anspruch auf Gewinnverteilung 8	

A. Grundlagen

I. Kurzcharakteristik

Aufgrund der Tätigkeit der Gesellschaft kann ein Gewinn oder ein Verlust entstehen. Die §§ 721, 722 BGB regeln: **1**
- den Anspruch des Gesellschafters auf den Rechnungsabschluss (vgl. Rn. 4), § 721 BGB,
- den Anspruch auf die Verteilung des Gewinns (vgl. Rn. 8), § 721 BGB, sowie
- den Anspruch, einen ihm zustehenden Anteil am Gewinn (vgl. Rn. 11) ausgezahlt zu bekommen, oder die Pflicht, einen auf ihn entfallenden Anteil am Verlust (vgl. Rn. 16), § 722 BGB, zu tragen.

II. Gewinn

Gewinn ist ein Überschuss des Gesellschaftsvermögens über die Gesellschaftsschulden und die Einlagen (vgl. die Kommentierung zu § 706 BGB Rn. 1). **2**

III. Verlust

Ein **Verlust** liegt vor, wenn das Gesellschaftsvermögen nicht ausreicht, die Gesellschaftsschulden zu tilgen und die Einlagen (vgl. die Kommentierung zu § 706 BGB Rn. 1) zurückzuerstatten, vgl. die Kommentierung zu § 735 BGB. **3**

B. Anwendungsvoraussetzungen

I. Anspruch auf Rechnungsabschluss

1. Inhalt des Anspruchs

Der Anspruch eines Gesellschafters gegen die Gesellschaft auf Rechnungslegung ist **Hilfs- und Vorbereitungsanspruch**, um festzustellen, ob und in welchem Umfang ein Anspruch auf einen ihm auszuzahlenden Gewinnanteil oder auf einen Anteil am Abwicklungsüberschuss (vgl. die Kommentierung zu § 734 BGB) oder auf ein Auseinandersetzungsguthaben (vgl. die Kommentierung zu § 738 BGB Rn. 11) besteht, oder ob und in welchem Umfang ein Gesellschafter verpflichtet ist, einen auf ihn entfallenden Verlustanteil zu tragen. Der Anspruch geht auf **Rechnungslegung** (vgl. die Kommentierung zu § 259 BGB), bei wirtschaftlichem Gesellschaftszweck auf die **Errichtung einer Bilanz** entsprechend den Vorschriften für Handelsgesellschaften. **4**

2. Entstehung

5 Der Anspruch auf Rechnungsabschluss entsteht bei einer **kurzfristig angelegten BGB-Gesellschaft**, sofern keine Gewinnverteilung vor dem Ende der Gesellschaft vereinbart ist, mit der Auflösung der Gesellschaft (§ 721 Abs. 1 BGB); bei einer Gesellschaft **von längerer Dauer**, die mindestens das Ende des Gründungsjahrs überdauert haben muss, im Zweifel am Schluss eines jeden Geschäftsjahres (§ 721 Abs. 2 BGB), das in der Regel vereinbarungsgemäß mit dem Kalenderjahr übereinstimmt.

3. Parteien, Übertragbarkeit und Ausübung

6 Der Anspruch auf den Rechnungsabschluss folgt aus dem Gesellschaftsverhältnis und richtet sich **gegen die Gesellschaft** (Sozialverpflichtung, vgl. die Kommentierung zu § 705 BGB Rn. 54).[1] Der Anspruch ist wegen § 717 Satz 1 BGB **nicht übertragbar**, kann aber mit Zustimmung der übrigen Gesellschafter von einem Dritten ausgeübt werden.[2]

4. Abgrenzung zu anderen Ansprüchen

7 Der Anspruch aus § 721 BGB ist zu **unterscheiden** vom:
- Anspruch des Gesellschafters auf eigene Unterrichtung (vgl. die Kommentierung zu § 716 BGB Rn. 2) gem. § 716 BGB (individuelles Informationsrecht, vgl. die Kommentierung zu § 716 BGB Rn. 1);
- Anspruch der Gesellschaft gem. den §§ 713, 666 BGB gegen den geschäftsführenden Gesellschafter oder ein sonstiges Geschäftsführungsorgan auf Auskunft und Rechenschaft (kollektives Informationsrecht, vgl. die Kommentierung zu § 713 BGB Rn. 5).

II. Anspruch auf Gewinnverteilung

1. Inhalt des Anspruchs

8 Der Anspruch des Gesellschafters auf Gewinnverteilung ist ein **vorbereitender Anspruch** und deutlich zu unterscheiden von dem Anspruch des Gesellschafters, einen ihm zustehenden Gewinn ausgezahlt (vgl. Rn. 11) zu bekommen (§ 722 BGB). Der aufgrund des Rechnungsabschlusses ermittelte Gewinn wird dadurch verteilt, dass vom zuständigen geschäftsführenden Gesellschafter festgestellt wird, welcher Anteil am Gewinn jedem Gesellschafter zusteht. Der Gewinnanteil des einzelnen Gesellschafters bestimmt sich in erster Linie nach dem Gesellschaftsvertrag. Ist im Gesellschaftervertrag nur der Anteil am Verlust bestimmt, gilt diese Bestimmung im Zweifel auch für den Gewinn, § 722 Abs. 2 BGB. Mangels Regelung im Gesellschaftsvertrag gilt Gewinnverteilung nach Kopfanteilen, nicht nach Kapitalanteilen. Wird vorbehaltlos und widerspruchslos über zwanzig Jahre lang der Gewinn nach einem bestimmten, vom Gesellschaftsvertrag abweichenden Schlüssel verteilt, so besteht eine **tatsächliche Vermutung**, dass die Gesellschafter insoweit den Gesellschaftsvertrag abgeändert haben. Deshalb muss ein Gesellschafter, der sich auf den im ursprünglichen Gesellschaftsvertrag bestimmten Gewinnverteilungsschlüssel beruft, Tatsachen dartun und beweisen, aus denen sich ergibt, dass die Gesellschafter trotz der langjährigen anderweitigen Handhabung den Vertrag nicht abändern wollten.[3] Dieser für Personenhandelsgesellschaften entwickelte Grundsatz, dass eine tatsächliche Vermutung dafür spricht, dass die Gesellschafter den Gesellschaftsvertrag auch mit Wirkung für die Zukunft abgeändert haben, wenn sie vorbehalt- und widerspruchslos eine von dem Gesellschaftsvertrag abweichende Praxis längere Zeit hingenommen haben, lässt sich auf eine **Publikumsgesellschaft nicht** übertragen. Wird der schriftlich vorliegende Gesellschaftsvertrag nicht abgeändert, so liegt ein gewichtiges Indiz dafür vor, dass sich die Gesellschafter für die Zukunft nicht binden, sondern den Vertrag nur im konkreten Einzelfall „durchbrechen" wollten.[4]

---

[1] *Hadding/Kießling* in: Soergel, § 721 Rn. 9.
[2] *Hadding/Kießling* in: Soergel, § 721 Rn. 9.
[3] BGH v. 17.01.1966 - II ZR 8/64 - LM Nr. 22 zu § 105 HGB.
[4] BGH v. 05.02.1990 - II ZR 94/89 - juris Rn. 7 - LM Nr. 2 zu § 230 HGB.

2. Entstehung

Der Anspruch auf Gewinnverteilung entsteht bei einer **kurzfristig angelegten BGB-Gesellschaft**, sofern keine Gewinnverteilung vor dem Ende der Gesellschaft vereinbart ist, mit der Auflösung der Gesellschaft (§ 721 Abs. 1 BGB). Bei einer Gesellschaft **von längerer Dauer**, die mindestens das Ende des Gründungsjahrs überdauert haben muss, im Zweifel am Schluss eines jeden Geschäftsjahres (§ 721 Abs. 2 BGB), das in der Regel vereinbarungsgemäß mit dem Kalenderjahr übereinstimmt.

3. Parteien, Übertragbarkeit und Ausübung

Der Anspruch des Gesellschafters auf Verteilung des Gewinns richtet sich gegen die Gesellschaft. Gem. § 717 Satz 1 BGB ist der Anspruch nicht übertragbar, kann aber mit Zustimmung der anderen Gesellschafter von einem Dritten ausgeübt werden.

III. Anspruch auf den Gewinnanteil

1. Inhalt

Der Anspruch des Gesellschafters auf Auszahlung des ihm zustehenden Anteils am Gewinn (**Anspruch auf den Gewinnanteil**) ist auf eine Geldleistung aus dem Gesellschaftsvermögen gerichtet. Der Anspruch richtet sich gegen die Gesellschaft, und nicht gegen die Mitgesellschafter persönlich.[5] Der BGH hat aber zugelassen, dass der Anspruch auf Gewinn während des Bestehens der Gesellschaft auch **unmittelbar gegen** deren **geschäftsführenden Gesellschafter** geltend gemacht werden kann.[6] Statt des Anspruchs auf Gewinnauszahlung kann ein Recht des Gesellschafters vereinbart werden, Geld aus dem Gesellschaftsvermögen bis zur Höhe des festgestellten Gewinnanteils zu entnehmen.

Hiervon zu **unterscheiden** ist ein **nicht übertragbares, gewinnunabhängiges Entnahmerecht**, das im Gesellschaftsvertrag vorgesehen sein muss. Ein solches Entnahmerecht ist als Anspruch nur auf Duldung gerichtet, nicht auf Geldleistung der Gesellschaft und fällt daher nicht unter § 717 Satz 2 BGB.[7]

2. Entstehung

Der Anspruch auf den Gewinnanteil **entsteht** im Zweifel, sobald durch die Verteilung des Gewinns (vgl. Rn. 8) der dem Gesellschafter zustehende Anteil festgestellt worden ist, d.h. mangels abweichender Abrede entweder erst in der Auseinandersetzung (§§ 721 Abs. 1, 734 BGB) oder mit der Feststellung des Rechnungsabschlusses. Ist eine **Bilanzierung** notwendig, entsteht der Anspruch auf den Gewinnanteil erst mit der Feststellung der Bilanz.[8]

3. Übertragbarkeit

Als vermögensrechtlicher, gegen die Gesellschaft gerichteter Anspruch (Sozialverpflichtung) ist der gegenwärtige oder künftige Anspruch auf einen Gewinnanteil **übertragbar** (§ 717 Satz 2 BGB, vgl. die Kommentierung zu § 717 BGB).

4. Nicht beanspruchter Gewinn

Nicht beanspruchter Gewinn besteht als Gesellschaftsschuld fort. Sie erhöht grundsätzlich **nicht** die Einlage (vgl. die Kommentierung zu § 706 BGB Rn. 1) des Gesellschafters.[9]

IV. Verlusttragungspflicht

Die Pflicht des Gesellschafters, einen auf ihn entfallenden Anteil am Verlust (§ 722 BGB) zu tragen, setzt voraus, dass aufgrund des Rechnungsabschlusses (vgl. Rn. 4) ein **Verlust der Gesellschaft ermittelt** und durch die Verteilung des Verlustes der **auf den Gesellschafter entfallende Anteil festgestellt** worden ist. Mangels abweichender Vereinbarung entsteht der Anspruch auf Verteilung des Verlustes erst **mit der Auflösung der Gesellschaft**, § 721 Abs. 1 BGB. Ob die Gesellschaft von kürzerer oder längerer Dauer ist, ist für die Verlustverteilung grundsätzlich unerheblich. Die Pflicht, seinen Verlustanteil zu tragen, entsteht erst in der Auseinandersetzung (vgl. die Kommentierung zu § 735 BGB).

---

[5] *Ulmer/Schäfer*, Gesellschaft bürgerlichen Rechts und Partnerschaftsgesellschaft, 5. Aufl. 2009, § 721 Rn. 4, 13.
[6] BGH v. 23.06.2003 - II ZR 46/02 - juris Rn. 13 - NJW-RR 2003, 1392-1393.
[7] *Hadding/Kießling* in: Soergel, § 717 Rn. 18.
[8] BGH v. 06.04.1981 - II ZR 186/80 - BGHZ 80, 357-360.
[9] *Hadding/Kießling* in: Soergel, § 721 Rn. 16.

§ 721

Der auf den Gesellschafter entfallende Verlustanteil richtet sich primär nach der gesellschaftsvertraglichen Abrede, sekundär nach dem festgelegten Gewinnanteil (§ 722 Abs. 2 BGB), ansonsten nach Kopf-, nicht nach Kapitalanteilen (§ 722 Abs. 1 BGB).

C. Prozessuale Hinweise

17 Ein Gesellschafter, der **selbstständig Entnahmen aus der Gesellschaftskasse** getätigt hat, muss seine Berechtigung hierzu – die sich bei der BGB-Gesellschaft nur aus einer Vereinbarung der Gesellschafter ergeben kann – darlegen und gegebenenfalls beweisen. Diese Beweislastregelung setzt jedoch voraus, dass überhaupt eine „Entnahme" durch den Gesellschafter unstreitig oder bewiesen ist. Die Darlegungs- und Beweislast hinsichtlich der Entnahme unterliegt den allgemeinen Regeln.[10]

18 Der BGH hat zugelassen, dass der Anspruch auf Gewinn während des Bestehens der Gesellschaft auch **unmittelbar gegen** deren **geschäftsführenden Gesellschafter** geltend gemacht werden kann.[11]

---

[10] BGH v. 30.05.1994 - II ZR 205/93 - NJW-RR 1994, 996.
[11] BGH v. 23.06.2003 - II ZR 46/02 - NJW-RR 2003, 1392-1393.

§ 722 BGB Anteile am Gewinn und Verlust

(Fassung vom 02.01.2002, gültig ab 01.01.2002)

(1) Sind die Anteile der Gesellschafter am Gewinn und Verlust nicht bestimmt, so hat jeder Gesellschafter ohne Rücksicht auf die Art und die Größe seines Beitrags einen gleichen Anteil am Gewinn und Verlust.

(2) Ist nur der Anteil am Gewinn oder am Verlust bestimmt, so gilt die Bestimmung im Zweifel für Gewinn und Verlust.

Gliederung

A. Grundlagen 1	III. Abweichende vertragliche Vereinbarungen 6
B. Anwendungsvoraussetzungen 2	1. Ergänzende Vertragsauslegung 6
I. Der Verteilungsmaßstab des § 722 BGB 2	2. Ausschluss der Gewinn- oder Verlustbeteiligung 7
1. Absatz 1 3	
2. Absatz 2 4	3. Änderung der Gewinn- und Verlustbeteiligung 8
II. Innengesellschaften 5	C. Prozessuale Hinweise 9

A. Grundlagen

§ 722 BGB enthält keine eigene Anspruchsgrundlage, sondern regelt nur den **subsidiären** – primär maßgebend ist der Gesellschaftsvertrag – Maßstab für die Verteilung von Gewinn und Verlust (vgl. die Kommentierung zu § 721 BGB Rn. 4).   1

B. Anwendungsvoraussetzungen

I. Der Verteilungsmaßstab des § 722 BGB

Der Anteil an Gewinn und Verlust bestimmt sich primär nach dem Gesellschaftsvertrag. Ist nur ein Anteil am Gewinn oder am Verlust bestimmt, so gilt dieser Anteil **im Zweifel** auch für die Verteilung des Verlustes, bzw. für die Verteilung des Gewinns. Schweigt der Gesellschaftsvertrag, so findet eine Verteilung von Verlust und Gewinn **nach Köpfen**, nicht nach Kapitalanteilen statt.   2

1. Absatz 1

Die Verteilung von Gewinn und Verlust bestimmt sich im Zweifel nicht im Hinblick auf die Art und Größe der geschuldeten Beiträge, sondern für jeden Gesellschafter ist ein gleicher Anteil an Gewinn und Verlust gegeben. Die Gewinn- und Verlustverteilung bestimmt sich also **nach Köpfen, nicht nach Kapitalanteilen**.   3

2. Absatz 2

Ist nur ein Anteil am Gewinn oder am Verlust bestimmt, so gilt dieser Anteil im Zweifel auch für die Verteilung des Verlustes, bzw. für die Verteilung des Gewinns.   4

II. Innengesellschaften

§ 722 BGB gilt auch für bloße Innengesellschaften.[1] Für stille Gesellschaften bürgerlichen Rechts und Unterbeteiligungen gilt § 722 BGB **allerdings nur subsidiär**. Vorrangig gilt § 231 HGB **analog**. So ist § 722 Abs. 2 BGB erst anzuwenden, wenn nur der Anteil an Gewinn oder Verlust bestimmt ist.[2]   5

III. Abweichende vertragliche Vereinbarungen

1. Ergänzende Vertragsauslegung

Aus dem Umstand, dass die Gesellschafter gegenüber Dritten (§§ 421-426 BGB) als Gesamtschuldner haften (vgl. die Kommentierung zu § 714 BGB Rn. 16), lässt sich keine Regelung der Frage entnehmen, mit welchem Anteil sie jeweils am Gewinn und Verlust der Gesellschaft teilnehmen. Diese Frage   6

---

[1] Vgl. BGH v. 30.06.1999 - XII ZR 230/96 - juris Rn. 28 - BGHZ 142, 137-157.
[2] *Hadding/Kießling* in: Soergel, § 722 Rn. 2.

ist vielmehr in erster Linie danach zu beantworten, was die Gesellschafter im Gesellschaftsvertrag vereinbart haben. Erst wenn dem Vertrag weder eine ausdrückliche noch eine schlüssige Vereinbarung entnommen werden kann und auch eine ergänzende Auslegung des Vertrags keine abweichende Gewinnverteilung ergibt, greift ergänzend die gesetzliche Regelung des § 722 Abs. 1 BGB ein, nach der jeder Gesellschafter ohne Rücksicht auf die Art und die Größe seines Beitrages einen gleichen Anteil am Gewinn und Verlust hat.[3] Haben Ehegatten stillschweigend eine Innengesellschaft vereinbart, sodass ausdrückliche Absprachen zur Verteilung von Gewinn und Verlust fehlen, muss geprüft werden, ob sich aus den festgestellten tatsächlichen Umständen ausreichende Anhaltspunkte für eine vom Grundsatz gleich hoher Anteile abweichende Willensübereinstimmung ergeben oder ob die Regelung des § 722 Abs. 1 BGB doch jedenfalls durch eine ergänzende Vertragsauslegung verdrängt wird.[4] Als ein wesentliches **Indiz für eine vom Grundsatz gleicher Gewinn- und Verlustanteile abweichende Regelung** kommt in Betracht, wenn die Gesellschafter unterschiedlich hohe Beiträge leisten.[5] Zwar rechtfertigen **verschieden hohe Beiträge der Gesellschafter** in der bürgerlich-rechtlichen Gesellschaft allein nicht ohne weiteres, von der Gewinnverteilung gemäß § 722 Abs. 1 BGB abzugehen.[6] Handelt es sich aber um eine **Zusammenarbeit gewerblicher Unternehmer** und wird der Beitragsumfang der tatsächlichen Vertragsabwicklung überlassen, dann wird die für Gesellschaften höchst unterschiedlicher Art konzipierte Regelung des § 722 Abs. 1 BGB dem zu vermutenden Willen solcher Vertragspartner im Allgemeinen nicht gerecht, sondern von dem Erfahrungssatz verdrängt, dass es unter Kaufleuten regelmäßig als sachgerecht empfunden wird, den Chancen- und Risikoanteil eines jeden Beteiligten am Geschäftsergebnis nach dem Verhältnis der für den gemeinschaftlichen Zweck eingesetzten Vermögenswerte zu bestimmen. Die (abdingbare) Gesetzesvorschrift des § 722 Abs. 1 BGB tritt daher hinter einer in jenem Sinne vorzunehmenden **ergänzenden Vertragsauslegung** zurück.[7] In ähnlicher Weise können gravierend ungleiche Beiträge auch bei einer **Innengesellschaft zwischen Ehegatten** Bedeutung erlangen; es sind keine Gründe erkennbar, die es rechtfertigen, Parteien bei einer gemeinsamen gewerblichen Betätigung nur deshalb anders zu behandeln, weil sie miteinander verheiratet sind.[8]

2. Ausschluss der Gewinn- oder Verlustbeteiligung

7 Die **Verlustbeteiligung kann ganz ausgeschlossen werden**. Ist in einem Gesellschaftsvertrag die Verlustbeteiligung eines Gesellschafters ausgeschlossen worden, so gilt dies auch für einen Auseinandersetzungsverlust.[9] Hat ein Gesellschafter Anspruch auf Rückzahlung seiner Einlagen, unabhängig von der Höhe eines etwaigen Verlustes, so braucht er die Begleichung der Gesellschaftsschulden nicht abzuwarten, weil sein Anspruch dann nicht unselbständiger Rechnungsposten der Auseinandersetzungsrechnung ist.[10] Ebenso wie die Verlustbeteiligung soll die **Gewinnbeteiligung ausgeschlossen werden können**.[11]

3. Änderung der Gewinn- und Verlustbeteiligung

8 Die Änderung der Gewinn und Verlustbeteiligung ist ein Grundlagengeschäft (vgl. die Kommentierung zu § 709 BGB Rn. 16), mithin eine Änderung des Gesellschaftsvertrags. Eine ursprüngliche gesellschaftsvertragliche Regelung kann **durch jahrelange Übung** verdrängt werden.[12] In einem solchen Fall muss ein Gesellschafter, der sich auf den im ursprünglichen Gesellschaftsvertrag bestimmten Gewinnverteilungsschlüssel beruft, Tatsachen dartun und beweisen, aus denen sich ergibt, dass die Gesellschafter trotz der langjährigen anderweitigen Handhabung den Vertrag nicht abändern wollten.[13] Bestimmt der Gewinnverteilungsschlüssel im Sozietätsvertrag einer Anwaltssozietät eine quotale Bemessung der Gewinnanteile dergestalt, dass sich der Gewinnanteil über ein Punktesystem ausschließ-

---

[3] BGH v. 14.03.1990 - XII ZR 98/88 - juris Rn. 14 - NJW-RR 1990, 736-737.
[4] BGH v. 14.03.1990 - XII ZR 98/88 - juris Rn. 14 - NJW-RR 1990, 736-737.
[5] BGH v. 14.03.1990 - XII ZR 98/88 - juris Rn. 15 - NJW-RR 1990, 736-737.
[6] Zur restriktiven früheren Rechtsprechung: *Hadding/Kießling* in: Soergel, § 722 Rn. 5.
[7] BGH v. 28.06.1982 - II ZR 226/81 - juris Rn. 5 - LM Nr. 1 zu § 722 BGB.
[8] BGH v. 14.03.1990 - XII ZR 98/88 - juris Rn. 15 - NJW-RR 1990, 736-737.
[9] BGH v. 26.01.1967 - II ZR 127/65 - WM 1967, 346.
[10] BGH v. 26.01.1967 - II ZR 127/65 - WM 1967, 346.
[11] *Hadding/Kießling* in: Soergel, § 722 Rn. 4.
[12] BGH v. 17.01.1966 - II ZR 8/64 - LM Nr. 22 zu § 105 HGB.
[13] BGH v. 17.01.1966 - II ZR 8/64 - LM Nr. 22 zu § 105 HGB.

lich in Abhängigkeit von der Dauer der Sozietätszugehörigkeit erhöht (sog. **Lockstep-System**), kann ein Partner keine Erhöhung seines Gewinnanteils nach den Grundsätzen über die Änderung der Geschäftsgrundlage oder die gesellschafterliche Treuepflicht mit der Begründung verlangen, er erwirtschafte mit den von ihm bearbeiteten Mandaten einen im Vergleich zu seiner Gewinnbeteiligungsquote erheblich überproportionalen Anteil am Umsatz und Gewinn der Sozietät.[14]

C. Prozessuale Hinweise

Wer eine **vorrangige gesellschaftsvertragliche Regelung** behauptet, die von § 722 BGB abweicht, trägt hierfür die Beweislast.[15] Eine ursprüngliche gesellschaftsvertragliche Regelung kann durch jahrelange Übung verdrängt werden. In einem solchen Fall muss ein Gesellschafter, der sich auf den im ursprünglichen Gesellschaftsvertrag bestimmten Gewinnverteilungsschlüssel beruft, Tatsachen dartun und beweisen, aus denen sich ergibt, dass die Gesellschafter **trotz der langjährigen anderweitigen Handhabung den Vertrag nicht abändern wollten**.[16]

---

[14] OLG Stuttgart v. 16.05.2007 - 14 U 9/06 - NZG 2007, 745-748.
[15] *Hadding/Kießling* in: Soergel, § 722 Rn. 4.
[16] BGH v. 17.01.1966 - II ZR 8/64 - LM Nr. 22 zu § 105 HGB.

§ 723 BGB Kündigung durch Gesellschafter

(Fassung vom 02.01.2002, gültig ab 01.01.2002)

(1) ¹Ist die Gesellschaft nicht für eine bestimmte Zeit eingegangen, so kann jeder Gesellschafter sie jederzeit kündigen. ²Ist eine Zeitdauer bestimmt, so ist die Kündigung vor dem Ablauf der Zeit zulässig, wenn ein wichtiger Grund vorliegt. ³Ein wichtiger Grund liegt insbesondere vor,

1. wenn ein anderer Gesellschafter eine ihm nach dem Gesellschaftsvertrag obliegende wesentliche Verpflichtung vorsätzlich oder aus grober Fahrlässigkeit verletzt hat oder wenn die Erfüllung einer solchen Verpflichtung unmöglich wird,
2. wenn der Gesellschafter das 18. Lebensjahr vollendet hat.

⁴Der volljährig Gewordene kann die Kündigung nach Nummer 2 nur binnen drei Monaten von dem Zeitpunkt an erklären, in welchem er von seiner Gesellschafterstellung Kenntnis hatte oder haben musste. ⁵Das Kündigungsrecht besteht nicht, wenn der Gesellschafter bezüglich des Gegenstands der Gesellschaft zum selbständigen Betrieb eines Erwerbsgeschäfts gemäß § 112 ermächtigt war oder der Zweck der Gesellschaft allein der Befriedigung seiner persönlichen Bedürfnisse diente. ⁶Unter den gleichen Voraussetzungen ist, wenn eine Kündigungsfrist bestimmt ist, die Kündigung ohne Einhaltung der Frist zulässig.

(2) ¹Die Kündigung darf nicht zur Unzeit geschehen, es sei denn, dass ein wichtiger Grund für die unzeitige Kündigung vorliegt. ²Kündigt ein Gesellschafter ohne solchen Grund zur Unzeit, so hat er den übrigen Gesellschaftern den daraus entstehenden Schaden zu ersetzen.

(3) Eine Vereinbarung, durch welche das Kündigungsrecht ausgeschlossen oder diesen Vorschriften zuwider beschränkt wird, ist nichtig.

Gliederung

A. Grundlagen 1	1. Der Zusammenhang des Absatzes 1 Satz 3 Nr. 2 mit § 1629a BGB 22
I. Die Auflösung als Änderung des Gesellschaftszwecks 1	2. Die Regelung des Absatzes 1 Sätze 4 und 5 23
II. Rückwandlung in eine werbende Gesellschaft ... 2	V. Die Kündigung zur Unzeit (Absatz 2) und die rechtsmissbräuchliche Kündigung 24
III. Abwicklungsgesellschaft und Ausscheiden 3	1. Die Kündigung zur Unzeit (Absatz 2 Satz 1) 25
IV. Vereinigung aller Gesellschaftsanteile in einer Hand 4	2. Folgen der unzeitigen Kündigung (Absatz 2 Satz 2) 26
V. Weitere Auflösungsgründe kraft vertraglicher Vereinbarung 5	3. Abgrenzung der unzeitigen Kündigung zum Rechtsmissbrauch 27
B. Anwendungsvoraussetzungen 6	VI. Verbot des Ausschlusses und der Beschränkung der Kündigung (Absatz 3) 29
I. Kündigung durch einen Gesellschafter 6	1. Ausschlussverbot bei der ordentlichen Kündigung 30
II. Ordentliche Kündigung gem. Absatz 1 Satz 1 ... 7	
1. Gesellschaft auf unbestimmte Zeit (Absatz 1 Satz 1) 7	2. Verbot hinsichtlich unzulässiger Beschränkungen 32
2. Kündigungsfrist und Ausschluss der Kündigung 8	3. Zulässige Beschränkungen der ordentlichen Kündigung 33
III. Die außerordentliche Kündigung (Absatz 1 Satz 2) 9	4. Ausschluss der außerordentlichen Kündigung 34
1. Der wichtige Grund 10	**C. Prozessuale Hinweise** 35
2. Einzelfälle 11	**D. Anwendungsfelder** 37
3. Maßgebende Gründe 19	
4. Verzicht und Verwirkung 20	
IV. Die Kündigung nach Eintritt der Volljährigkeit 22	

A. Grundlagen

I. Die Auflösung als Änderung des Gesellschaftszwecks

Die §§ 723-728 BGB nennen die gesetzlichen Auflösungsgründe, die allerdings durch vertragliche Auflösungsgründe ergänzt werden können. Durch das Vorliegen eines Auflösungsgrundes wird die Gesellschaft nicht sofort beendet. Die Gesellschaft tritt vielmehr in das Stadium der Abwicklung. An die Stelle des vereinbarten Gesellschaftszwecks tritt der **Abwicklungszweck**. Die verschiedenen Rechtsbeziehungen, die aufgrund der gesellschaftlichen Betätigung zwischen den Gesellschaftern, zwischen Gesellschaft und Gesellschaftern und zwischen Gesellschaft und Dritten entstanden sind, müssen abgewickelt werden (§§ 729-735 BGB). Aus der werbenden Gesellschaft wird eine **Abwicklungs- oder Auseinandersetzungsgesellschaft**. Einzelheiten der Wirkung der Auflösung gehören in das Recht der Abwicklungsgesellschaft: vgl. die Kommentierung zu § 730 BGB. **Streitigkeiten** darüber, ob eine Personengesellschaft aufgelöst ist, sind **unter den Gesellschaftern auszutragen**, wobei weder auf der Aktiv- noch auf der Passivseite eine notwendige Streitgenossenschaft besteht.[1]

1

II. Rückwandlung in eine werbende Gesellschaft

Durch **einstimmigen Fortsetzungsbeschluss** kann die Gesellschaft fortgeführt werden. Ein solcher Fortsetzungsbeschluss wird allgemein für zulässig erachtet, soweit eine fortsetzungsfähige, also noch nicht voll beendete Gesellschaft vorhanden, der Auflösungsgrund behoben ist und die Gesellschafter einstimmig die Fortsetzung beschließen.[2] Auch eine **konkludente Beschlussfassung** ist möglich. Auf eine stillschweigende Fortführung der Gesellschaft kann es hindeuten, wenn die Gesellschafter in Kenntnis des Auflösungsgrundes von Liquidationsmaßnahmen absehen und den Geschäftsbetrieb unverändert fortsetzen, etwa indem sie gemeinsam längerfristige Verträge abschließen oder Personal einstellen. Ein Rückschluss vom äußeren Anschein auf einen entsprechenden Rechtsfolgewillen scheidet aber aus, wenn dem Verhalten der Beteiligten und ihren ausdrücklichen Erklärungen zu entnehmen ist, dass sie dies gerade nicht als einverständliche Fortsetzung der Gesellschaft ansehen. Führen die Gesellschafter einer durch Zeitablauf aufgelösten Gesellschaft bürgerlichen Rechts den Geschäftsbetrieb zunächst nach außen unverändert fort, weil einer der Gesellschafter seine Mitwirkung an der Liquidation verweigert und die anderen deshalb mit ihm ergebnislos über den Abschluss eines neuen Gesellschaftsvertrags verhandeln, so liegt darin allein noch keine konkludente Beschlussfassung über die Fortsetzung der Gesellschaft; ein derartiges Verhalten lässt regelmäßig nur den Schluss zu, dass die Gesellschafter die Abwicklung bis zur Beendigung ihrer Verhandlungen aufschieben wollen.[3] Die **Abwicklung einer aufgelösten Gesellschaft kann im Einverständnis aller Gesellschafter für eine absehbare Zeit aufgeschoben werden,** wenn für den Aufschub ein verständiger Grund gegeben ist. Die aufgelöste Gesellschaft kann während dieser Zeit ihre werbenden Geschäfte fortführen.[4] Eine solche Fortführung der werbenden Tätigkeit der Gesellschaft steht mit der Tatsache der Auflösung der Gesellschaft nicht in Widerspruch, da werbende Geschäfte auch von einer aufgelösten Gesellschaft durchgeführt werden können. Eine andere Auffassung würde rein begrifflichen Erwägungen gegenüber den wirtschaftlichen Gegebenheiten und Erfordernissen eine Bedeutung einräumen, die ihnen nicht zukommt. Ein aus solchen Gründen stillgelegtes Unternehmen würde unter Berücksichtigung wirtschaftlicher Gesichtspunkte möglicherweise außerordentlich schnell seinen Wert verlieren. Es würden damit den Gesellschaftern Verluste aufgebürdet werden, für die eine sinnvolle Rechtfertigung nicht zu finden ist und die im Ergebnis den verständigen Zweck für eine Aufschiebung der Abwicklung vereiteln würden. Es muss daher als zulässig angesehen werden, dass eine aufgelöste Gesellschaft für die Zeit, in der sie die Durchführung der Abwicklung aus verständigem Grund aufschiebt, ihre werbende Tätigkeit fortführen kann, ohne dass darin eine Fortsetzung der Gesellschaft zu erblicken ist.[5]

2

---

[1] BGH v. 07.04.2008 - II ZR 181/04 - ZIP 2008, 1277-1281.
[2] BGH v. 19.06.1995 - II ZR 255/93 - juris Rn. 7 - LM BGB § 705 Nr. 62 (1/1996).
[3] BGH v. 19.06.1995 - II ZR 255/93 - juris Rn. 9 - LM BGB § 705 Nr. 62 (1/1996).
[4] BGH v. 04.04.1951 - II ZR 10/50 - BGHZ 1, 324-334; BGH v. 19.06.1995 - II ZR 255/93 - juris Rn. 12 - LM BGB § 705 Nr. 62 (1/1996).
[5] BGH v. 04.04.1951 - II ZR 10/50 - juris Rn. 7 - BGHZ 1, 324-334.

III. Abwicklungsgesellschaft und Ausscheiden

3 Die primäre Wirkung der Auflösung liegt in der Änderung des Gesellschaftszwecks, der nunmehr in der Abwicklung und Auseinandersetzung gem. den §§ 730-735 BGB besteht. Dagegen befassen sich die §§ 736-740 BGB mit der Fortsetzung der Gesellschaft (vgl. die Kommentierung zu § 736 BGB), obwohl ein Auflösungsgrund vorliegt: das Vorliegen eines Auflösungsgrundes führt dann nur zum Ausscheiden eines Gesellschafters (vgl. die Kommentierung zu § 736 BGB) unter Vermeidung der Auflösung der Gesellschaft.

IV. Vereinigung aller Gesellschaftsanteile in einer Hand

4 Die Vereinigung aller Gesellschaftsanteile in einer Hand ist nach h.M. ein **zwingender Beendigungsgrund**; das Personengesellschaftsrecht soll – im Gegensatz zum Kapitalgesellschaftsrecht – nach h.M. **keine Einmanngesellschaft** kennen.[6] Daher ist das Herabsinken der Gesellschafterzahl auf nur einen stets ein Beendigungsgrund. Dies kann eintreten durch den Tod des vorletzten Gesellschafters, wenn er alleine **von dem verbleibenden Gesellschafter beerbt** wird[7] oder eine Eintrittsklausel (vgl. die Kommentierung zu § 727 BGB Rn. 19) oder eine Fortsetzungsklausel (vgl. die Kommentierung zu § 727 BGB Rn. 10) zugunsten des verbleibenden Gesellschafters vereinbart ist. Ferner kann dies geschehen, wenn der verbleibende Gesellschafter ein **Übernahmerecht** ausübt oder die **Mitgliedschaft auf ihn übertragen** wird.[8] Die Vereinigung aller Gesellschaftsanteile in einer Hand führt zum Erlöschen, d.h. zur sofortigen Beendigung der Gesellschaft (vgl. auch die Kommentierung zu § 736 BGB Rn. 6). Die Gesellschaft wird gerade nicht aufgelöst, denn eine Auflösung bedeutet das Weiterbestehen der Gesellschaft zur Abwicklung: Eine Gesellschaft kann aber nach h.M. grundsätzlich nur dann fortbestehen, wenn mindestens zwei Gesellschafter vorhanden sind.[9]

V. Weitere Auflösungsgründe kraft vertraglicher Vereinbarung

5 Das Gesetz trifft in den §§ 723-728 BGB keine abschließende Aufzählung der Auflösungsgründe. Insbesondere folgende weitere Auflösungsgründe kommen in Betracht:

- **Zeitablauf:** Dieser Auflösungsgrund wird in § 723 Abs. 1 Satz 1 BGB erwähnt. Der Zeitablauf als vertraglicher Auflösungsgrund kann kalendermäßig festgelegt sein oder an ein bestimmtes Ereignis anknüpfen. Er kann sich aus dem Vertrag ausdrücklich ergeben, aber auch aus den Umständen oder dem Gesellschaftszweck (z.B. bei einer Gesellschaft zur Verwertung eines Patents, die grundsätzlich bis zum Erlöschen des Patents geschlossen ist; Zusammenschluss mehrerer Bauunternehmer für ein größeres Bauvorhaben). Die Dauer der Bindung muss jedoch bei Abschluss des Gesellschaftsvertrags überschaubar sein. Das folgt aus dem Zweck des § 723 Abs. 1 Satz 1, Abs. 3 BGB, (nur) solchen Vereinbarungen über die Beschränkung des ordentlichen Kündigungsrechts die Wirksamkeit zu versagen, bei denen die Bindung der Gesellschafter an die Gesellschaft zeitlich ganz **unüberschaubar** und ihre persönliche und wirtschaftliche Betätigungsfreiheit infolgedessen unvertretbar eingeengt sein würde. Dementsprechend ist es z.B. möglich, das ordentliche Kündigungsrecht für eine Unterbeteiligung (vgl. die Kommentierung zu § 705 BGB Rn. 50) für die Dauer des Bestands der Hauptgesellschaft auszuschließen, wenn deren Ende zeitlich festgelegt oder von der Erreichung eines bestimmten Gesellschaftszwecks abhängig ist. Anders liegt es, wenn die Dauer der Hauptgesellschaft nach den Bestimmungen ihres Gesellschaftsvertrags von vornherein in keiner Weise begrenzt, sondern von den Entschließungen ihrer Gesellschafter abhängig und damit ihrerseits aus der Sicht der Unterbeteiligungsgesellschaft zeitlich weder bestimmt noch bestimmbar ist. Das Ende der Unterbeteiligung wäre damit zwar rechtlich festgelegt, zeitlich aber so völlig ungewiss, dass von einer bestimmten Zeitdauer im Sinne des § 723 Abs. 1 Satz 2 BGB nicht mehr gesprochen werden kann.[10] Die vorgesehene Zeit ist in der Regel zugleich Höchst- und Mindestzeit, d.h. eine **ordentliche Kündigung** ist **bis zum Zeitablauf unzulässig**. Ist eine Zeitbestimmung als **Mindestdauer** auszulegen, dann besteht die Gesellschaft nach Ablauf der Zeit als eine auf unbestimmte Zeit geschlos-

---

[6] BGH v. 26.03.1981 - IVa ZR 154/80 - juris Rn. 9 - LM Nr. 14 zu § 516 BGB; BGH v. 10.07.1975 - II ZR 154/72 - BGHZ 65, 79-86. A.A. z.B. *Baumann*, BB 1998, 225-232.
[7] Vgl. BGH v. 26.03.1981 - IVa ZR 154/80 - juris Rn. 9 - LM Nr. 14 zu § 516 BGB.
[8] Vgl. *Hadding/Kießling* in: Soergel, Vor § 723 Rn. 14.
[9] KG v. 03.04.2007 - 1 W 305/06 - ZIP 2007, 1505-1507.
[10] BGH v. 11.07.1968 - II ZR 179/66 - juris Rn. 23 - BGHZ 50, 316-325.

sene mit ordentlicher Kündigungsmöglichkeit fort; ist die Zeitbestimmung als **Höchstdauer** auszulegen, kann bis zu diesem Zeitpunkt ordentlich gekündigt werden. Für die Auslegung ist der Parteiwille maßgebend.[11]

- **Gesellschafterbeschluss**: Eine Auflösung der Gesellschaft durch Gesellschafterbeschluss ist jederzeit möglich, grundsätzlich nur als einstimmiger Beschluss. Ein Mehrheitsbeschluss (vgl. die Kommentierung zu § 709 BGB Rn. 19) ist möglich, wenn der Gesellschaftsvertrag dies vorsieht. In einem das ganze Unternehmen der Gesellschaft erfassenden **Veräußerungsbeschluss** liegt in der Regel zugleich ein Auflösungsbeschluss.[12]

B. Anwendungsvoraussetzungen

I. Kündigung durch einen Gesellschafter

Rechtsnatur: Die Kündigung ist eine einseitige **empfangsbedürftige Willenserklärung** gegenüber den Mitgesellschaftern. Da sie die gesellschaftsvertraglichen Grundlagen betrifft, kann der geschäftsführende Gesellschafter, sofern der Gesellschaftsvertrag ihn nicht entsprechend ermächtigt, die Erklärung nicht für die übrigen Gesellschafter entgegennehmen; sie ist daher **an alle Gesellschafter** zu richten und muss allen Gesellschaftern zugehen. Geht die Kündigung doch nur dem nicht entsprechend ermächtigten Geschäftsführer zu, so wird die ihm gegenüber ausgesprochene Kündigung doch noch wirksam, wenn sie noch fristgemäß allen Gesellschaftern mitgeteilt wurde.[13] Da die Kündigungserklärung vom Beginn der Kündigungsfrist an eindeutige, für die Mitgesellschafter berechenbare Verhältnisse schaffen muss, **verbietet** sich grundsätzlich jede **Bedingung**.[14] Allerdings ist die Kündigung nicht schon wegen ihrer Rechtsnatur als Gestaltungsrecht schlechthin bedingungsfeindlich. Jedoch wird nur eine bedingte Kündigung zulässig sein, wenn der Eintritt der Bedingung nur vom Willen des Empfängers abhängt (sog. **Potestativbedingung**, vgl. die Kommentierung zu § 158 BGB), was insbesondere in der Zweimanngesellschaft in Betracht kommen kann; das Gleiche kann gelten, wenn sich die Bedingung auf ein bevorstehendes, wahrscheinliches Ereignis bezieht, sodass deshalb für die Mitgesellschafter keine unsichere Rechtslage entsteht.[15] Die Kündigung eines Gesellschafters soll nach h.M. nur einheitlich für den **gesamten Anteil** eines Gesellschafters erfolgen können.[16] Dies wird unter Hinweis auf BGH v. 11.04.1957[17] damit begründet, dass bei einer Personalgesellschaft der Gesellschaftsanteil eines einzelnen Gesellschafters notwendig ein einheitlicher ist. Ob dieses Argument angesichts der Überwindung der Unterscheidung zwischen Personengesellschaften und Körperschaften (vgl. die Kommentierung zu § 705 BGB Rn. 62) noch überzeugen kann, ist mehr als nur fraglich. Jedenfalls erscheint es nahe liegend, ein Teilausscheiden zumindest bei solchen gesellschaftsvertraglichen Gestaltungen zuzulassen, in denen der infolge seiner Kündigung ausscheidende Gesellschafter ohnehin sofort danach durch Erwerb eines neuen Anteils ohne Mitwirkung der übrigen Gesellschafter wieder in die Gesellschaft eintreten kann.

II. Ordentliche Kündigung gem. Absatz 1 Satz 1

1. Gesellschaft auf unbestimmte Zeit (Absatz 1 Satz 1)

Eine auf unbestimmte Zeit (§ 723 Abs. 1 Satz 1 BGB) eingegangene Gesellschaft liegt vor, wenn das Gesellschaftsende weder kalendermäßig noch durch ein Ereignis ausdrücklich oder stillschweigend feststeht (vgl. oben zur Auflösung durch Zeitablauf, Rn. 5). Ist im Gesellschaftsvertrag über die Gesellschaftsdauer nichts bestimmt, gilt die Gesellschaft grundsätzlich auf unbestimmte Zeit geschlossen. Da bei Schweigen des Gesellschaftsvertrags der Abschluss für unbestimmte Zeit die Regel ist, ist das Gegenteil zu beweisen.[18]

---

[11] *Hadding/Kießling* in: Soergel, Vor § 723 Rn. 9.
[12] *Hadding/Kießling* in: Soergel, Vor § 723 Rn. 12.
[13] *Hadding/Kießling* in: Soergel, § 723 Rn. 1.
[14] *Hadding/Kießling* in: Soergel, § 723 Rn. 17.
[15] *Ulmer/Schäfer*, Gesellschaft bürgerlichen Rechts und Partnerschaftsgesellschaft, 5. Aufl. 2009, § 723 Rn. 16.
[16] Offen gelassen BGH v. 22.05.1989 - II ZR 211/88 - juris Rn. 14 - LM Nr. 5 zu § 719 BGB.
[17] BGH v. 11.04.1957 - II ZR 182/55 - juris Rn. 5 - BGHZ 24, 106-115.
[18] *Hadding/Kießling* in: Soergel, § 723 Rn. 25.

2. Kündigungsfrist und Ausschluss der Kündigung

8 Die Möglichkeit der ordentlichen Kündigung gem. § 723 Abs. 1 BGB kann bei der auf Lebenszeit oder einer auf unbestimmte Zeit eingegangenen Gesellschaft zwar nicht ausgeschlossen,[19] so aber doch **für bestimmte Zeit ausgeschlossen** oder durch die **Vereinbarung von Kündigungsfristen** modifiziert werden.[20] In diesem Zeitraum ist sodann nur noch die außerordentliche fristlose Kündigung aus wichtigem Grund möglich (§ 723 Abs. 1 Satz 6 BGB).[21] Der Möglichkeit, auch bei einer auf unbestimmte Zeit geschlossenen Gesellschaft die ordentliche Kündigung für eine bestimmte Zeit auszuschließen, steht grundsätzlich nicht im Widerspruch zu der Vorschrift des § 723 Abs. 3 BGB, da sich diese Vorschrift nicht auf zeitliche Beschränkungen, sondern nur auf andere Erschwerungen oder den völligen Ausschluss des ordentlichen Kündigungsrechts bezieht. Allerdings ist dieser Satz (§ 723 Abs. 3 BGB bezieht sich nicht auf zeitliche Beschränkungen, sondern nur auf andere Erschwerungen oder den völligen Ausschluss des Kündigungsrechts), zu relativieren: auch der überlange Ausschluss des ordentlichen Kündigungsrechts kann gegen § 723 Abs. 3 BGB verstoßen (vgl. Rn. 30). So stellt etwa der Ausschluss des Rechts zur ordentlichen Kündigung für einen Zeitraum von 30 Jahren in einem Rechtsanwalts-Sozietätsvertrag grundsätzlich eine unzulässige Kündigungsbeschränkung i.S.d. § 723 Abs. 3 BGB dar; und dies selbst dann, wenn sie Teil der Alterssicherung der Seniorpartner ist.[22]

III. Die außerordentliche Kündigung (Absatz 1 Satz 2)

9 Die Gesellschaft, die **auf bestimmte Zeit** geschlossen ist, kennt nur die außerordentliche fristlose Kündigung, § 723 Abs. 1 Satz 1 BGB. Auch bei Gesellschaften, die **auf unbestimmte Zeit** eingegangen sind, kann die außerordentliche Kündigung zum Zuge kommen, wenn die Kündigung – was zulässig ist – für eine bestimmte Zeit ausgeschlossen (Rn. 8) oder von einer Kündigungsfrist (vgl. Rn. 8) abhängig gemacht ist, vgl. § 723 Abs. 1 Satz 6 BGB.

1. Der wichtige Grund

10 Die außerordentliche Kündigung ist Kündigung aus wichtigem Grund. Ihr liegt der in § 314 BGB positivierte Rechtsgedanke zugrunde, dass Dauerschuldverhältnisse bei Vorliegen eines wichtigen Grundes mit sofortiger Wirkung gekündigt werden können. Ob ein wichtiger Grund vorliegt, ist das Ergebnis einer **Gesamtabwägung** zwischen dem Individualinteresse des kündigenden Gesellschafters an der Auflösung der Gesellschaft und dem Interesse der übrigen Gesellschafter an der Aufrechterhaltung der Gesellschaft. Im einzelnen Fall sind die aus der besonderen Gesellschaftsart, aus dem Gesellschaftszweck, der Stellung und den persönlichen Beziehungen der Gesellschafter sich ergebenden Umstände und alle sonstigen Begleitumstände zu würdigen. Ein wichtiger Grund ist anzunehmen, wenn dem kündigenden Gesellschafter nach Treu und Glauben eine Fortsetzung der Gesellschaft – gegebenenfalls bis zum nächsten ordentlichen Kündigungstermin – **nicht zugemutet werden kann**.[23] § 723 Abs. 1 Satz 3 Nr. 1 BGB nennt nur Beispiele. Ein wichtiger Grund wird daher nur dann vorliegen, wenn das **Vertrauensverhältnis** zwischen den Gesellschaftern **nachhaltig gestört** ist oder die gemeinschaftliche Verfolgung des Gesellschaftszwecks aus ande-

---

[19] Für die stille Gesellschaft BGH v. 20.12.1956 - II ZR 166/55 - BGHZ 23, 10-17; für die Unterbeteiligung BGH v. 11.07.1968 - II ZR 179/66 - juris Rn. 22 - BGHZ 50, 316-325; BGH v. 14.11.1953 - II ZR 232/52 - LM Nr. 2 zu § 132 HGB.

[20] BGH v. 13.03.2006 - II ZR 295/04 - ZIP 2006, 851-852; BGH v. 17.06.1953 - II ZR 205/52 - juris Rn. 12 - BGHZ 10, 91-104.

[21] Bei dem Ausschluss des ordentlichen Kündigungsrechts, der bei einer Gesellschaft auf unbestimmte Zeit für eine bestimmte Zeit vereinbart ist, ist es nicht notwendig, dass der fragliche Zeitraum oder Zeitpunkt kalendermäßig bestimmt ist. Es genügt auch jede andere – auch konkludente – Festlegung dieses Zeitraums oder Zeitpunkts, wenn sie nur im einzelnen Fall genügend bestimmbar ist. Dabei kann sich eine solche Festlegung nach der Art des Gesellschaftszwecks richten (BGH v. 17.06.1953 - II ZR 205/52 - juris Rn. 12 - BGHZ 10, 91-104).

[22] BGH v. 18.09.2006 - II ZR 137/04 - ZIP 2006, 2316-2318; OLG Stuttgart v. 16.05.2007 - 14 U 53/06 - NZG 2007, 786-788. Den berechtigten Interessen der Altgesellschafter ist dadurch Rechnung zu tragen, dass im Rahmen der finanziellen Auseinandersetzung zwischen dem ausscheidenden und den verbliebenen Gesellschaftern der Gegenwert der übernommenen Pensionsverpflichtungen wertmäßig in angemessenem Rahmen zu Lasten des ausscheidenden Gesellschafters zu berücksichtigen ist.

[23] BGH v. 10.06.1996 - II ZR 102/95 - juris Rn. 6 - LM BGB § 723 Nr. 19 (10/1996); BGH v. 18.07.2005 - II ZR 159/03 - WM 2005, 1752-1754; BGH v. 21.11.2005 - II ZR 367/03 - ZIP 2006, 127-129 für eine zweigliedrige BGB-Gesellschaft.

ren Gründen nicht mehr möglich erscheint.[24] Die Gesellschaft fußt auf der vertrauensvollen Zusammenarbeit der Gesellschafter. Das gedeihliche Zusammenwirken der Gesellschafter zur gemeinsamen Erreichung des Gesellschaftszwecks ist ein wesentliches und notwendiges Erfordernis der BGB-Gesellschaft. Die **Zerstörung des gegenseitigen Vertrauens** beseitigt die Grundlage, auf der die Gesellschaft gegründet ist; selbst dann, wenn die Gesellschaft im Geschäftsverkehr erfolgreich agiert. Es ist nicht möglich, für die Frage nach dem weiteren Bestand einer BGB-Gesellschaft z.B. allein auf den – durchaus vorliegenden – Geschäftserfolg der Gesellschaft abzustellen. Im gesellschaftlichen Alltag spielt bei der gemeinsamen Verfolgung des Gesellschaftszwecks die ersprießliche Zusammenarbeit und die in jedem Zusammenleben und Zusammenwirken gebotene persönliche Rücksichtnahme und persönliche Achtung vor dem anderen eine gewiss ebenso entscheidende Rolle. Das Fehlen einer solchen Zusammenarbeit vermag in ähnlicher Weise wie das Ausbleiben eines Geschäftserfolges den Fortbestand der Gesellschaft zu gefährden und in Frage zu stellen. Der Bestand einer BGB-Gesellschaft wird demgemäß nicht nur von den gemeinsamen wirtschaftlichen Zielsetzungen, sondern ebenso auch von den persönlichen Voraussetzungen und dem persönlichen Verhalten der Gesellschafter zueinander bestimmt.[25]

2. Einzelfälle

Die folgenden Einzelfälle können nur Anhaltspunkte für die zu beachtenden Gesichtspunkte bei der Würdigung aller Umstände bieten; sie ermöglichen eine erste Annäherung, sind **als Präjudizien** aber nur beschränkt tauglich. **11**

In der Person eines Gesellschafters liegende Umstände können einen wichtigen Grund zur fristlosen Kündigung der Gesellschaft ergeben. Das Gesetz nennt in § 723 Abs. 1 Satz 3 Nr. 1 BGB beispielhaft die **vorsätzliche oder grobfahrlässige Verletzung wesentlicher gesellschaftsvertraglicher Pflichten**. Schon aus dem Gesetzeswortlaut folgt, dass es sich um die Verletzung wesentlicher Pflichten handeln muss, nicht jede schuldhafte Pflichtverletzung rechtfertigt das Vorliegen eines wichtigen Grundes (vgl. auch § 708 BGB). Hierher gehört z.B. der **kollusive** Missbrauch der organschaftlichen Vertretungsmacht;[26] darin wird grundsätzlich ein massiver Verstoß gegen die mitgliedschaftliche und organschaftliche Treuepflicht (vgl. die Kommentierung zu § 705 BGB Rn. 50) liegen, der zu einer irreparablen Zerstörung des Vertrauensverhältnisses unter den Gesellschaftern führt. Will ein Gesellschafter eine **verspätete Erstellung von Jahresabschlüssen** durch die Gesellschaft zur Grundlage einer außerordentlichen Kündigung der Beteiligung nach § 723 Abs. 1 Satz 2 BGB nehmen, ist es erforderlich, dass der Gesellschafter die Gesellschaft zuvor ergebnislos zur **rechtzeitigen Vorlage dieser Abschlüsse aufgefordert** hat.[27] **12**

Unter Umständen kann bei einer Änderung des organschaftlichen Geschäftsführungs- und Vertretungsverhältnisses dem Kündigenden eine Fortführung der Gesellschaft zugemutet werden; denn bei Gründen in der Person eines Gesellschafters ist jeweils auch zu prüfen, ob nicht bereits die Entziehung der organschaftlichen Befugnisse als **das mildere Mittel** ausreicht, um die gemeinsame Fortführung der Gesellschaft als zumutbar erscheinen zu lassen.[28] Auch ist in Rechnung zu stellen, ob dem Kündigenden nicht ein **Zuwarten auf die nächste ordentliche Kündigungsmöglichkeit** zuzumuten ist.[29] **13**

Die **irreparable Zerstörung des Vertrauensverhältnisses** zwischen Gesellschaftern kann ein wichtiger Grund zur außerordentlichen Kündigung des Gesellschaftsvertrags sein; dass die Gesellschaft noch Gewinn abwirft, steht dem nicht entgegen.[30] Eine außerordentliche Kündigung kann trotz Vorliegens eines wichtigen Grundes wegen Rechtsmissbrauchs als unwirksam zu behandeln sein, etwa, wenn der Kündigende die Kündigungslage arglistig herbeigeführt hat.[31] Die **Ursache** der Zerrüttung und die **beiderseitigen Verhaltensweisen** von Kündigenden und Mitgesellschaftern sind zu berücksichtigen:[32] **14**

---

[24] *Hadding/Kießling* in: Soergel, § 723 Rn. 34.
[25] BGH v. 30.11.1951 - II ZR 109/51 - juris Rn. 9 - BGHZ 4, 108-123.
[26] BGH v. 25.02.1985 - II ZR 99/84 - WM 1985, 997-999.
[27] OLG Braunschweig v. 03.09.2003 - 3 U 231/02 - ZIP 2004, 28-32 für den Fall einer atypisch stillen Beteiligung.
[28] *Ulmer/Schäfer*, Gesellschaft bürgerlichen Rechts und Partnerschaftsgesellschaft, 5. Aufl. 2009, § 723 Rn. 29.
[29] BGH v. 10.06.1996 - II ZR 102/95 - LM BGB § 723 Nr. 19 (10/1996).
[30] BGH v. 30.11.1951 - II ZR 109/51 - juris Rn. 9 - BGHZ 4, 108-123.
[31] BGH v. 24.07.2000 - II ZR 320/98 - juris Nr. 7 - LM BGB § 723 Nr. 21 (6/2001).
[32] BGH v. 18.07.2005 - II ZR 159/03 - WM 2005, 1752-1754; BGH v. 21.11.2005 - II ZR 367/03 - ZIP 2006, 127-129: Die unwirksame fristlose Kündigung eines Gesellschafters kann nicht als wichtiger Grund für die Kündigung des anderen Gesellschafters bewertet werden, ohne dass dessen vorangegangenes Fehlverhalten in die Gesamtabwägung einbezogen wird.

Wer allein, oder auch nur objektiv vertragswidrig den **Streit veranlasst** hat, kann in der Regel nicht aus wichtigem Grund kündigen. Allerdings muss das eigene Verhalten des Kündigenden, insbesondere seine Ursächlichkeit für den eingetretenen Vertrauensschwund, die Berufung auf den Auflösungsgrund nicht ausschließen. Sogar die schuldhafte Verursachung des Auflösungsgrundes in erster Linie durch den Kündigenden selbst hindert seine Anerkennung nicht per se, wenn in ihrer Folge das für die Erreichung des Gesellschaftszwecks erforderliche Zusammenwirken unmöglich geworden ist.[33] § 254 BGB ist nicht anwendbar; selbst beiderseitiges schweres Verschulden schließt die Kündigung aus wichtigem Grund nicht aus, wenn natürlich auch das eigene Verhalten des Kündigenden bei der Abwägung stets zu berücksichtigen ist.[34] Eine irreparable Zerstörung des Vertrauensverhältnisses der Gesellschafter kann z.B. vorliegen, wenn der kündigende Gesellschafter von einem anderen Gesellschafter durch ein Rundschreiben an die Mandanten **herabgewürdigt** wurde; dem muss nicht entgegenstehen, dass sich der kündigende Gesellschafter in der Vorzeit selbst vertragswidrig verhalten hat.[35] Ebenso kann die erforderliche Vertrauensgrundlage nachhaltig erschüttert werden, wenn ein Gesellschafter die Bauaufsichtsbehörde veranlasst, gegen seinen Mitgesellschafter einzuschreiten, der auf dem Gesellschaftsgrundstück ein genehmigtes Bauvorhaben ausführt, obgleich die Baugenehmigung wenige Wochen zuvor infolge Zeitablaufs erloschen war. Ein solches Vorgehen (Anzeige) ist nicht etwa deswegen gerechtfertigt, weil das dadurch initiierte Verwaltungshandeln rechtmäßig ist; es stellt vielmehr eine schwerwiegende Verletzung gesellschaftsrechtlicher Pflichten dar.[36]

15 Ein **Verschulden ist allerdings nicht Voraussetzung** für das Vorliegen eines wichtigen Grundes. Ein Kündigungsgrund kann daher auch in einer schweren körperlichen oder geistigen Krankheit oder dem hohen Alter eines Gesellschafters liegen, wenn diese Umstände für die Mitgesellschafter die Fortführung der Zusammenarbeit in der Gesellschaft unmöglich machen.[37] Auch der von einem Mitgesellschafter schuldhaft erweckte und **begründete (d.h. bei objektiver Beurteilung berechtigte) Verdacht unredlichen Verhaltens** seinerseits kann einen wichtigen Grund darstellen.[38] Die Lebenswirklichkeit lehrt, dass ein bestehendes Vertrauen zwischen verschiedenen Personen nicht nur dadurch zerstört werden kann, dass sich eine von ihnen nachweisbar eines unredlichen Verhaltens gegenüber den anderen schuldig macht, sondern auch dadurch, dass sie schuldhaft den begründeten Verdacht eines solchen Verhaltens erweckt. An dieser Lebenstatsache kann die richterliche Beurteilung bei der Ausschließung eines Gesellschafters nicht vorbeigehen. Denn entscheidend ist in diesem Zusammenhang immer, ob das gegenseitige Vertrauen von einem Gesellschafter zerstört ist. Dabei muss freilich, wie sonst auch hier, immer die Frage aufgeworfen werden, ob bei verständiger Abwägung der in Betracht kommenden Umstände der Verdacht unredlichen Verhaltens ausreichend ist, um die Fortsetzung des Gesellschaftsverhältnisses mit diesem Gesellschafter für die übrigen Gesellschafter unzumutbar zu machen. Das wird im Allgemeinen nur bei einem begründeten Verdacht, den auch ein objektiver Beurteiler für angebracht hält, bejaht werden können. Auch muss es sich in einem solchen Fall um ein unredliches Verhalten schwerwiegender Art handeln, da nur unter diesen Umständen die Fortsetzung des Gesellschaftsverhältnisses für die übrigen Gesellschafter bei verständiger Würdigung unzumutbar wird. Insbesondere die **arglistige Täuschung** eines Mitgesellschafters kann einen wichtigen Grund darstellen; ein solches Kündigungsrecht ist innerhalb einer angemessenen Frist geltend zu machen.[39]

16 Auch das **Verhalten außerhalb der Gesellschaft im persönlichen Lebensbereich** kann bei unmittelbaren Rückwirkungen auf das Gesellschaftsverhältnis einen zur Kündigung berechtigenden wichtigen Grund darstellen; allerdings werden Verfehlungen eines Gesellschafters, die sich ihrem Wesen nach in dem persönlichen Lebensbereich eines Gesellschafters ereignen, im Allgemeinen als gesellschaftswidrig nur dann betrachtet werden können, wenn sie sich – wie etwa bei ehebrecherischen Beziehungen zu der Ehefrau eines Mitgesellschafters – unmittelbar gegen den persönlichen Lebensbereich des anderen Gesellschafters richten und daher eine schwere Verletzung der gebotenen Achtung des anderen Gesellschafters darstellen, oder wenn sie sich sonst auf den geschäftlichen Bereich der Gesellschaft unmittelbar auswirken und zu einer feststellbaren Schädigung der Gesellschaft führen.[40]

---

[33] *Ulmer/Schäfer*, Gesellschaft bürgerlichen Rechts und Partnerschaftsgesellschaft, 5. Aufl. 2009, § 723 Rn. 34.
[34] *Hadding/Kießling* in: Soergel, § 723 Rn. 42.
[35] OLG München v. 19.03.2001 - 17 U 4522/00 - NZG 2002, 85-87.
[36] BGH v. 21.11.2005 - II ZR 367/03 - ZIP 2006, 127-129.
[37] *Ulmer/Schäfer*, Gesellschaft bürgerlichen Rechts und Partnerschaftsgesellschaft, 5. Aufl. 2009, § 723 Rn. 33.
[38] BGH v. 17.12.1959 - II ZR 32/59 - juris Rn. 23 - BGHZ 31, 295-308.
[39] OLG München v. 26.10.2000 - 24 U 368/99 - juris Rn. 80 - ZIP 2000, 2295-2302.
[40] BGH v. 30.11.1951 - II ZR 109/51 - juris Rn. 11 - BGHZ 4, 108-123.

Der wichtige, zur Kündigung berechtigende Grund braucht nicht in der Person eines Gesellschafters zu liegen. Auch aus den **objektiven Umständen** kann ein wichtiger Grund zu folgern sein: 17
- Die Fortsetzung der Gesellschaft kann für einen Gesellschafter unzumutbar sein, wenn die Gesellschaft **unrentabel** geworden ist und **Verluste** einfährt; nicht ausreichend ist es dagegen, wenn der Gesellschaft nur **momentan** der Wind ins Gesicht bläst.[41]
- **Tiefgreifende Strukturänderungen durch Mehrheitsbeschluss**, insbesondere bei Publikumsgesellschaften,[42] können einen wichtigen Grund darstellen; wobei eine Kündigung hier aber nur zum Ausscheiden (vgl. die Kommentierung zu § 736 BGB) des Gesellschafters gem. § 736 BGB führt. Es ist eben die Tatsache anzuerkennen, dass die Mitgesellschafter nur unter den im Gesellschaftsvertrag vorgesehenen Bedingungen beigetreten sind und ohne ihre Zustimmung an ein tiefgreifend umgestaltetes Gesellschaftsverhältnis nicht gebunden bleiben können. Die Neuordnung z.B. des Unternehmensgegenstandes und des Managements sind wichtige Veränderungen, die für überstimmte Gesellschafter ein Austrittsrecht begründen. **Zumutbare Strukturänderungen** werden dagegen wohl nicht reichen.
- Die Auflösung der unternehmenstragenden Gesellschaft kann für den **stillen Gesellschafter** einen wichtigen Grund bilden.[43]

Unter Umständen kann die **gesellschaftliche Treuepflicht** gebieten, insbesondere bei langjährig bestehenden Gesellschaften, dass der einzelne Gesellschafter Opfer auf sich nehmen muss; die **Opfergrenze** ist auf alle Fälle dort erreicht, wo dies mit einer Existenzbedrohung einhergeht. 18

3. Maßgebende Gründe

Maßgebend für die Wirksamkeit der außerordentlichen Kündigung sind die (wichtigen) Gründe, die im **Zeitpunkt der Abgabe der Kündigungserklärung** bestanden. **Nachgeschoben** werden können **zunächst nicht benannte Gründe**, sofern sie im Zeitpunkt der Erklärung bereits vorhanden waren; erst später eingetretene, **neue Gründe** können dagegen nicht nachgeschoben werden.[44] Erst nach Zugang der Kündigung entstandene wichtige Gründe wirken nicht zurück, sondern führen allenfalls zur Auflösung der Gesellschaft vom Augenblick ihres Eintritts an.[45] Sehr wohl können ältere Gründe, selbst wenn die Streitigkeiten bereits aus der Welt geräumt waren, zur Erhärtung des neuen Auflösungsgrundes herangezogen werden.[46] Daher kann bei einem Gesellschaftsverhältnis, das ständiges gegenseitiges Vertrauen erfordert, für den Fall, dass ein Gesellschafter die Vertrauensgrundlage wiederholt erschüttert, der kündigende Gesellschafter bei einer erneuten Erschütterung der Vertrauensgrundlage die Kündigung des Gesellschaftsvertrags aus wichtigem Grund auch auf die früheren Vertrauensbrüche stützen, selbst dann, wenn die Gesellschafter sich in Bezug auf frühere Vertrauensbrüche geeinigt haben, bevor der neue letzte Vertrauensbruch erfolgt ist. Ein Widerruf nach Haustürwiderrufsrecht (§ 312 BGB) kann nicht nachträglich in eine Lösung aus anderem Grunde umgedeutet werden.[47] 19

4. Verzicht und Verwirkung

Das Recht auf die außerordentliche Kündigung **als solches ist unverzichtbar**, § 723 Abs. 3 BGB. Dadurch wird aber gerade nicht ausgeschlossen, dass ein Gesellschafter auf die **Geltendmachung bestimmter Tatsachen**, aus denen an sich ein wichtiger Grund folgen würde, auch durch konkludentes Verhalten **verzichtet**. Ein solcher Verzicht ist insbesondere dann anzunehmen, wenn der kündigungsberechtigte Gesellschafter trotz Kenntnis von den eine Kündigung rechtfertigenden Tatsachen **längere Zeit widerspruchslos am Vertrag festhält und die Geschäfte fortführt**.[48] Allerdings ist dem kündigungsberechtigten Gesellschafter eine gewisse **Bedenkzeit** zuzugestehen. Lässt er sie aber ungenutzt verstreichen, bringt er damit regelmäßig zum Ausdruck, dass er das Gesellschaftsverhältnis fortsetzen will. Macht ein Gesellschafter von dem Recht, die Gesellschaft aus wichtigem Grunde zu kündigen, längere Zeit[49] keinen Gebrauch, dann besteht eine tatsächliche Vermutung dafür, dass der Kündigungs- 20

---

[41] *Hadding/Kießling* in: Soergel, § 723 Rn. 41.
[42] BGH v. 21.04.1980 - II ZR 144/79 - WM 1980, 868-869; BGH v. 13.03.1978 - II ZR 63/77 - juris Rn. 28 - BGHZ 71, 53-61.
[43] BGH v. 12.07.1982 - II ZR 157/81 - BGHZ 84, 379-383.
[44] BGH v. 05.05.1958 - II ZR 245/56 - BGHZ 27, 220-227.
[45] BGH v. 05.05.1958 - II ZR 245/56 - juris Rn. 8 - BGHZ 27, 220-227.
[46] BGH v. 26.11.1954 - I ZR 244/52 - LM Nr. 4 zu § 9 PatG.
[47] BGH v. 08.05.2006 - II ZR 123/05 - ZIP 2006, 1201-1203.
[48] *Hadding/Kießling* in: Soergel, § 723 Rn. 32.
[49] Z.B.: BGH v. 11.07.1966 - II ZR 215/64 - LM Nr. 11 zu § 140 HGB: 1 1/4 Jahr lang.

grund nachträglich durch die spätere Entwicklung der gesellschaftlichen Beziehungen weggefallen ist. Sache des Kündigungsberechtigten ist es dann, den Wegfall des Kündigungsgrundes zu widerlegen; dazu muss er Tatsachen darlegen und beweisen, aus denen sich ergibt, dass die lang dauernde Fortsetzung der Gesellschaft nichts mit einer Wiederherstellung der gesellschaftlichen Vertrauensgrundlage zu tun hatte, sondern anerkennenswerte gesellschaftliche oder persönliche Gesichtspunkte die Gründe dafür waren, dass es erst verspätet zur Kündigung kam. Solche Gründe müssen auch dann dargetan und bewiesen werden, wenn sich der Berechtigte die Kündigung vorbehalten hat.[50]

21 Schließlich kommt auch eine **Verwirkung** in Betracht, wenn ein Gesellschafter längere Zeit trotz Kenntnis der eine Kündigung rechtfertigenden Tatsachen sein Kündigungsrecht nicht ausübt, wenn die verspätete Geltendmachung **rechtsmissbräuchlich** erscheint; vgl. die Kommentierung zu § 242 BGB.[51] Vgl. auch die rechtsmissbräuchliche Kündigung (vgl. Rn. 24).

IV. Die Kündigung nach Eintritt der Volljährigkeit

1. Der Zusammenhang des Absatzes 1 Satz 3 Nr. 2 mit § 1629a BGB

22 Das BVerfG hat die unbegrenzte Verschuldung Minderjähriger durch ihre Eltern für verfassungswidrig erklärt.[52] Dies sei mit dem allgemeinen Persönlichkeitsrecht des Kindes nicht zu vereinbaren. Dementsprechend gestattet nunmehr § 1629a BGB dem volljährig Gewordenen, sich entsprechend den §§ 1990, 1991 BGB auf eine **Beschränkung der Haftung auf das bei Eintritt in die Volljährigkeit vorhandene Vermögen** zu berufen. Hat der volljährig Gewordene nicht binnen drei Monaten nach Eintritt der Volljährigkeit die Gesellschaft gekündigt, wird gem. § 1629a Abs. 4 BGB vermutet, dass aus dem Gesellschaftsverhältnis herrührende Verbindlichkeiten nach dem Eintritt der Volljährigkeit entstanden sind und dass das gegenwärtige Vermögen des volljährig Gewordenen bereits bei Eintritt der Volljährigkeit vorhanden war. Dementsprechend gibt § 723 Abs. 1 Satz 3 Nr. 2 BGB dem Minderjährigen bei Eintritt in die Volljährigkeit ein dreimonatiges (§ 723 Abs. 1 Satz 4 BGB) Kündigungsrecht.

2. Die Regelung des Absatzes 1 Sätze 4 und 5

23 Für die **außerordentliche Kündigung des volljährig Gewordenen** wegen Vollendung des 18. Lebensjahres bestimmt § 723 Abs. 1 Satz 4 BGB eine Dreimonatsfrist ab Vollendung des 18. Lebensjahres. War den Gesellschaftern zu diesem Zeitpunkt seine Gesellschafterstellung nicht bekannt, beginnt die Dreimonatsfrist erst mit tatsächlicher Kenntniserlangung. Die fahrlässige Unkenntnis wird der Kenntnis gleichgestellt. Das Kündigungsrecht besteht nach § 723 Abs. 1 Satz 5 BGB nicht, wenn der Gesellschafter als Minderjähriger gem. § 112 BGB (vgl. die Kommentierung zu § 112 BGB) zum Betrieb eines Erwerbsgeschäfts ermächtigt war oder der Zweck der Gesellschaft ausschließlich der Befriedigung seiner persönlichen Bedürfnisse diente. Andere wichtige Kündigungsgründe werden durch die Ausschlussgründe der § 723 Abs. 1 Satz 4 BGB und § 723 Abs. 1 Satz 5 BGB nicht berührt.

V. Die Kündigung zur Unzeit (Absatz 2) und die rechtsmissbräuchliche Kündigung

24 Die Kündigung zur Unzeit ist ein **Unterfall der rechtsmissbräuchlichen Kündigung**.[53] Dennoch ist die Kündigung zur Unzeit von der rechtsmissbräuchlichen Kündigung **zu unterscheiden**: Während die unzeitige Kündigung wirksam ist und nur Schadensersatzfolgen hat (§ 723 Abs. 2 Satz 2 BGB), ist die missbräuchliche Kündigung unwirksam.

1. Die Kündigung zur Unzeit (Absatz 2 Satz 1)

25 § 723 Abs. 1 Satz 1 BGB bestimmt **für alle Arten von Kündigungen** (also ordentliche wie außerordentliche), dass sie nicht zur Unzeit erfolgen dürfen. Eine **unzeitige Kündigung** liegt vor, wenn zwar zu dem gewählten Zeitpunkt ein Kündigungsgrund vorlag, aber ohne wichtigen Grund der Zeitpunkt so gewählt wurde, dass gerade dadurch die Gesellschaft geschädigt wurde. **Nicht unzeitig** ist eine Kündigung jedoch dann, wenn die entgegenstehenden Interessen der anderen Gesellschafter auch zu anderen Zeitpunkten bestehen würden und daher jederzeit der Einwand der Unzeitigkeit möglich wäre. Denn dieses käme einem unzulässigen Ausschluss der Kündigung gleich, da der Kündigende in einem

---

[50] BGH v. 11.07.1966 - II ZR 215/64 - LM Nr. 11 zu § 140 HGB.
[51] BGH v. 27.06.1957 - II ZR 15/56 - BGHZ 25, 47-55.
[52] BVerfG v. 13.05.1986 - 1 BvR 1542/84 - NJW 1986, 1859-1861.
[53] BGH v. 14.11.1953 - II ZR 232/52 - LM Nr. 2 zu § 132 HGB.

solchen Fall immer mit Schadensersatzforderungen rechnen müsste. Eine unzeitige Kündigung liegt daher nicht schon dann vor, wenn die Auflösung der Gesellschaft (bzw. das Ausscheiden des Kündigenden) für die verbleibenden Gesellschafter nachteilig ist, sondern erst dann, wenn von mehreren zur Verfügung stehenden Kündigungszeitpunkten schuldhaft (vgl. Rn. 26) einer ausgewählt wurde, durch dessen Wirksamkeit die Interessen der anderen Gesellschafter verletzt werden. Verschiebt sich durch die Wahl des Kündigungszeitpunkts das Verhältnis von Nachteilen für die verbleibenden und Vorteilen für die kündigenden Gesellschafter nicht, so greift der **Unzeiteinwand** nicht ein. Allerdings kann auch für die unzeitige Kündigung ein **wichtiger Grund** bestehen. Das ist der Fall, wenn das Interesse des kündigenden Gesellschafters an der Auflösung der Gesellschafter schutzwürdiger erscheint als das Interesse der Mitgesellschafter an der Wahl eines schonenderen Zeitpunkts. Der wichtige Grund für die unzeitige Kündigung braucht sich nur auf den Kündigungszeitpunkt zu beziehen. Bei der außerordentlichen Kündigung tritt demnach der wichtige Grund für den wahrgenommenen Kündigungszeitpunkt neben den wichtigen Grund für die Kündigung überhaupt.[54]

2. Folgen der unzeitigen Kündigung (Absatz 2 Satz 2)

Die zur Unzeit erfolgte Kündigung ist **wirksam**. Allerdings ist der Kündigende bei Verschulden (vgl. die Kommentierung zu § 708 BGB) zum **Schadensersatz** verpflichtet. Der Schadensersatz steht den einzelnen Mitgesellschaftern persönlich zu.[55] Der Anspruch umfasst natürlich nicht den gesamten durch die Auflösung verursachten Schaden, sondern nur die Nachteile, die den Gesellschaftern gerade durch die Wahl des unzeitigen Kündigungszeitpunktes entstanden sind.[56] Der Schadensersatzanspruch besteht nicht, wenn (auch) für die unzeitige Kündigung ein wichtiger Grund gegeben war.

26

3. Abgrenzung der unzeitigen Kündigung zum Rechtsmissbrauch

Die **Abgrenzung ist schwierig**, da auch eine Kündigung zur Unzeit ohne wichtigen Grund einen Verstoß gegen Treu und Glauben enthält und einen Missbrauch des den Gesellschaftern gegebenen Kündigungsrechts darstellt.[57] Wegen der unterschiedlichen Rechtsfolgen – die unzeitige Kündigung ist wirksam, wenn sich auch eine Verpflichtung zum Schadensersatz daran anknüpft, die rechtsmissbräuchliche Kündigung ist nichtig – ist die Abgrenzung aber notwendig. Die Abgrenzung sollte sich aus den verschiedenen Rechtsfolgen ableiten: Wo Schadensersatz ausreicht, einen billigen Ausgleich zu gewähren, gilt § 723 Abs. 2 BGB, ansonsten führt der Rechtsmissbrauch zur ultima ratio der Unwirksamkeit.[58] Die Nichtigkeit der Kündigung wird demnach nur in besonders schwerwiegenden Fällen anzunehmen sein. Bei der Abgrenzung ist von § 723 Abs. 2 BGB **als Regel** auszugehen.

27

Die Annahme einer rechtsmissbräuchliche Kündigung darf aber niemals dazu führen, dass auf diesem Wege in einer auf unbestimmte Zeit eingegangenen Gesellschaft praktisch ein Ausschluss des ordentlichen Kündigungsrechts herbeigeführt und damit der zwingende Charakter des § 723 Abs. 3 BGB aufgegeben wird. Z.B. kann unter bestimmten Gesichtspunkten (Kündigung einer durch Vergleich eingeräumten Gesellschafterstellung) eine Kündigung eines Gesellschafters in den ersten Jahren einer Gesellschaft als Rechtsmissbrauch zu brandmarken sein. Diese Gesichtspunkte können aber nicht dazu führen, dass die Gesellschaft aus diesem Grunde für immer daran gehindert ist, das Gesellschaftsverhältnis durch eine ordentliche Kündigung zur Auflösung zu bringen. Denn das würde im **Widerspruch** zu der Vorschrift des § 723 Abs. 3 BGB und vor allem im Widerspruch zu dem Grundgedanken dieser Vorschrift stehen.[59]

28

VI. Verbot des Ausschlusses und der Beschränkung der Kündigung (Absatz 3)

Das Verbot des § 723 Abs. 3 BGB ist sowohl für die ordentliche wie für die außerordentliche Kündigung **zwingend**.

29

---

[54] *Hadding/Kießling* in: Soergel, § 723 Rn. 51.
[55] *Ulmer/Schäfer*, Gesellschaft bürgerlichen Rechts und Partnerschaftsgesellschaft, 5. Aufl. 2009, § 723 Rn. 55.
[56] *Hadding/Kießling* in: Soergel, § 723 Rn. 52.
[57] BGH v. 14.11.1953 - II ZR 232/52 - LM Nr. 2 zu § 132 HGB.
[58] *Hadding/Kießling* in: Soergel, § 723 Rn. 53.
[59] BGH v. 20.12.1956 - II ZR 166/55 - juris Rn. 16 - BGHZ 23, 10-17.

1. Ausschlussverbot bei der ordentlichen Kündigung

30 Allerdings ist es – auch bei der auf unbestimmte Zeit geschlossenen Gesellschaft – zulässig, dass die ordentliche Kündigung für bestimmte Zeit ausgeschlossen (vgl. Rn. 8) wird. In diesem Zeitraum ist sodann nur die außerordentliche fristlose Kündigung aus wichtigem Grund möglich. Nicht möglich ist aber, bei der auf unbestimmte Zeit geschlossenen Gesellschaft das ordentliche Kündigungsrecht auf Dauer auszuschließen.[60] Dahinter steht der allgemeine Rechtsgedanke, dass eine Bindung ohne zeitliche Begrenzung und ohne Kündigungsmöglichkeit mit der persönlichen Freiheit der Gesellschafter unvereinbar ist, selbst dann, wenn sich die Vertragsschließenden damit einverstanden erklärt haben (§ 138 Abs. 1 BGB).

31 Der **überlange Ausschluss** des ordentlichen Kündigungsrechts kann gegen § 723 Abs. 3 BGB verstoßen (z.B.: der Ausschluss des Rechts zur ordentlichen Kündigung für einen Zeitraum von 30 Jahren in einem Rechtsanwalts-Sozietätsvertrag stellt grundsätzlich eine unzulässige Kündigungsbeschränkung dar).[61] Die Frage, wo die Grenze zulässiger Zeitbestimmungen verläuft, lässt sich nicht generell abstrakt, sondern nur anhand des Einzelfalls unter Abwägung aller Umstände beantworten. Hierbei sind einerseits die schutzwürdigen Interessen des einzelnen Gesellschafters an einer absehbaren, einseitigen Lösungsmöglichkeit, andererseits die Struktur der Gesellschaft, die Art und das Ausmaß der für die Beteiligten aus dem Gesellschaftsvertrag folgenden Pflichten sowie das durch den Gesellschaftsvertrag begründete Interesse an einem möglichst langfristigen Bestand der Gesellschaft in den Blick zu nehmen. Ein Wandel der tatsächlichen Verhältnisse kann dazu führen, dass eine ursprünglich bei Vertragsschluss wirksame Vertragsbestimmung sich zu einer unzulässigen Kündigungsbeschränkung entwickelt. Eine überlange Bindung an den Vertrag führt nur zur Unwirksamkeit der Laufzeitklauseln, nicht zur (Gesamt-)Nichtigkeit des Gesellschaftsvertrages. An die Stelle der nach den genannten Maßstäben unzulässigen Kündigungsbeschränkung tritt grundsätzlich das dispositive Recht, sofern nicht aus dem Gesellschaftsvertrag deutlich wird, dass die Parteien übereinstimmend eine lang anhaltende Bindung (z.B. Alterssicherung) gewollt und mit der Nichtigkeit aus § 723 Abs. 3 BGB bzw. der Behandlung der Gesellschaft als unbefristete entsprechend § 724 BGB nicht gerechnet haben. Dann ist der Vertrag anzupassen. Der Schutzzweck des § 723 Abs. 3 BGB steht dem nicht entgegen, weil er nur eine zeitlich unbegrenzte und deshalb unüberschaubare Bindung verhindern will.[62]

2. Verbot hinsichtlich unzulässiger Beschränkungen

32 Das Verbot des § 723 Abs. 3 BGB erstreckt sich auch auf **unzulässige Beschränkungen** des ordentlichen Kündigungsrechts. Ein unzulässige Beschränkung des ordentlichen Kündigungsrechts liegt vor, wenn an eine Kündigung derart schwerwiegende Nachteile geknüpft werden, dass ein Gesellschafter vernünftigerweise von dem ihm formal zustehenden Kündigungsrecht keinen Gebrauch machen, sondern an der gesellschaftlichen Bindung festhalten wird. Eine solche Sachlage kommt faktisch einem Ausschluss des Kündigungsrechts gleich.[63] Alleine das Bestehen einer Fortsetzungsklausel (vgl. die Kommentierung zu § 736 BGB Rn. 2) reicht hierfür nicht aus.[64] Sicherlich unzulässig ist eine gesellschaftsvertragliche Bestimmung, die die Kündigung an die Zustimmung mehrerer oder aller Mitglieder bindet, vom Vorliegen bestimmter Kündigungsgründe abhängig macht oder vom Kündigenden einen Geldbetrag als Austrittsgeld oder Vertragsstrafe fordert. Ebenso sind unzulässig Vereinbarungen, die dem Kündigenden den bei Fortsetzung der Gesellschaft durch die übrigen Gesellschafter bestehenden Abfindungsanspruch (vgl. die Kommentierung zu § 738 BGB Rn. 11, §§ 736, 738 BGB) **nehmen** (was allerdings nicht bei Idealgesellschaften, vgl. die Kommentierung zu § 738 BGB Rn. 15, und bei bloßer

---

[60] BGH v. 13.03.2006 - II ZR 295/04 - ZIP 2006, 851-852; BGH v. 14.11.1953 - II ZR 232/52 - LM Nr. 2 zu § 132 HGB.

[61] BGH v. 18.09.2006 - II ZR 137/04 - ZIP 2006, 2316-2318; OLG Stuttgart v. 16.05.2007 - 14 U 53/06 - NZG 2007, 786-788. Den berechtigten Interessen der Altgesellschafter ist dadurch Rechnung zu tragen, dass im Rahmen der finanziellen Auseinandersetzung zwischen dem ausscheidenden und den verbliebenen Gesellschaftern der Gegenwert der übernommenen Pensionsverpflichtungen wertmäßig in angemessenem Rahmen zu Lasten des ausscheidenden Gesellschafters zu berücksichtigen ist.

[62] BGH v. 18.09.2006 - II ZR 137/04 - ZIP 2006, 2316-2318.

[63] BGH v. 13.03.2006 - II ZR 295/04 - ZIP 2006, 851-852; BGH v. 13.06.1994 - II ZR 38/93 - BGHZ 126, 226-245.

[64] BGH v. 07.04.2008 - II ZR 3/06 - ZIP 2008, 1075-1078; BGH v. 07.04.2008 - II ZR 181/04 - ZIP 2008, 1277-1281. Fortsetzungsklausel ist auch nicht deshalb unwirksam, weil die vertragliche Abfindungsregelung die ausscheidenden Gesellschafter unangemessen benachteiligt. In diesem Fall ist allerdings die vertragliche Abfindungsregelung unwirksam.

Gewinnbeteiligung ohne vermögenswerte Einlage gilt)[65] oder diesen Abfindungsanspruch durch Abfindungsklauseln (vgl. die Kommentierung zu § 738 BGB Rn. 16) **unzumutbar beschränken** oder in seiner Abwicklung erschweren.[66] Eine unzulässige und damit nichtige Beschränkung kann gerade in einer unangemessen niedrigen Abfindung bei Ausscheiden liegen. So hat der BGH die Vereinbarung einer Abfindung für den ausscheidenden BGB-Gesellschafter auf der Grundlage des Ertragswerts des Gesellschaftsunternehmens für den Fall als unwirksam erachtet, in dem der Liquidationswert des Unternehmens den Ertragswert erheblich übersteigt und deshalb ein vernünftiger Gesellschafter auf der Grundlage einer Abfindung nach dem Ertragswert von dem ihm an sich zustehenden Kündigungsrecht keinen Gebrauch machen würde.[67] Entsprechendes gilt bei sog. **Buchwertklauseln**, wenn zwischen Buch- und wirklichem Wert ein erhebliches Missverhältnis besteht bzw. wenn der Gesellschafter durch die Art der Abfindung einen unverhältnismäßigen Vermögensnachteil erleidet.[68] Auch in der durch die Abfindungsklausel bestimmten **Art der Abwicklung** (Fälligkeit, Verzinsung, Ratenzahlung, Sicherheiten) können unzulässige Beschränkungen des Kündigungsrechts liegen. Eine unzulässige Kündigungsbeeinträchtigung liegt z.B. in der Vereinbarung, dass das Auseinandersetzungsguthaben in so kleinen Tranchen ausgezahlt wird, dass sich die Auszahlung über viele Jahrzehnte erstreckt.[69] Im Einzelfall ist nicht leicht zu entscheiden und noch nicht abschließend geklärt, wann eine die Rechtsfolgen des § 723 Abs. 3 BGB herbeiführende unzumutbare Beschränkung des Abfindungsanspruchs (erhebliches Missverhältnis) vorliegt, zumal ja mit Abfindungsklauseln im Kern legitime Zwecke (praktikabler Berechnungsmaßstab, Kapitalsicherung) verfolgt werden können. Entscheidend ist der normative Gesichtspunkt, ob durch die Beschränkung des Abfindungsanspruchs die Entschließungsfreiheit des Gesellschafters im Zeitpunkt der beabsichtigten Kündigung unvertretbar eingeengt wird.[70] Eine ursprünglich wirksame, zunächst weder nach § 138 BGB noch nach § 723 Abs. 3 BGB zu beanstandende Abfindungsklausel wird nicht dadurch nichtig, dass sich – insbesondere bei wirtschaftlich erfolgreichen Unternehmen – Abfindungsanspruch und tatsächlicher Anteilswert im Laufe der Jahre immer weiter voneinander entfernen. Die vertragliche Regelung bleibt vielmehr als solche wirksam. Der Inhalt der vertraglichen Abfindungsregelung ist jedoch in einem solchen Fall durch **ergänzende Vertragsauslegung** nach den Grundsätzen von Treu und Glauben unter angemessener Abwägung der Interessen der Gesellschaft und des ausscheidenden Gesellschafters und unter Berücksichtigung aller Umstände des konkreten Falles entsprechend den veränderten Verhältnissen neu zu ermitteln.[71] Unwirksam ist auch die Regelung im Gesellschaftsvertrag, wonach jeder Gesellschafter, auch wenn er aus der Gesellschaft **ausgeschieden** ist, persönlich für die **Versorgungsansprüche** der **Altgesellschafter** einzustehen hat. Eine solche Regelung führt zu einer Art „lebenslanger Schuldknechtschaft".[72]

3. Zulässige Beschränkungen der ordentlichen Kündigung

Zulässig ist grundsätzlich die Vereinbarung von **Kündigungsfristen und Kündigungsterminen**, sofern sie keine übermäßig lange Bindung der Gesellschafter verursachen.[73] Auch kann die ordentliche Kündigung für bestimmte Zeit ausgeschlossen (vgl. Rn. 8) werden.[74] Auch Buchwertklauseln (vgl. die Kommentierung zu § 738 BGB Rn. 18) sind grundsätzlich zulässig; sie sind erst dann als unzulässig zu erachten, wenn sie aufgrund wirtschaftlich nachteiliger Folgen, insbesondere wegen eines erheblichen Missverhältnisses zwischen Buchwert und wirklichem Wert, die Freiheit des Gesellschafters, sich zu einer Kündigung zu entschließen, unvertretbar einengen.[75]

33

---

[65] *Hadding/Kießling* in: Soergel, § 723 Rn. 62.
[66] BGH v. 13.03.2006 - II ZR 295/04 - ZIP 2006, 851-852.
[67] BGH v. 13.03.2006 - II ZR 295/04 - ZIP 2006, 851-852.
[68] Vgl. BGH v. 13.06.1994 - II ZR 38/93 - BGHZ 126, 226-245.
[69] *Hadding/Kießling* in: Soergel, § 723 Rn. 62.
[70] *Ulmer/Schäfer*, Gesellschaft bürgerlichen Rechts und Partnerschaftsgesellschaft, 5. Aufl. 2009, § 738 Rn. 51, 52; vgl. BGH v. 13.06.1994 - II ZR 38/93 - BGHZ 126, 226-245.
[71] BGH v. 20.09.1993 - II ZR 104/92 - BGHZ 123, 281-289; OLG München v. 01.09.2004 - 7 U 6152/99 - DB 2004, 2207-2209.
[72] BGH v. 18.02.2008 - II ZR 88/07 - ZIP 2008, 967.
[73] *Hadding/Kießling* in: Soergel, § 723 Rn. 60.
[74] BGH v. 13.03.2006 - II ZR 295/04 - ZIP 2006, 851-852.
[75] BGH v. 24.09.1984 - II ZR 256/83 - juris Rn. 9 - NJW 1985, 192-193.

§ 723

4. Ausschluss der außerordentlichen Kündigung

34 Ebenso wie die ordentliche Kündigung kann die außerordentliche Kündigung **nicht ausgeschlossen** werden. Bei der außerordentlichen Kündigung ist insbesondere **eine zeitliche Einschränkung unzulässig**.[76] Es wird aber als zulässig angesehen, dass der Gesellschaftsvertrag oder ein Beschluss **bestimmte Sachverhalte allgemein als wichtige Gründe ausschließt**, die Vereinbarung kann dann bei der auf den einzelnen Fall bezogenen Beurteilung der Zumutbarkeit als Anzeichen gegen das Vorliegen eines wichtigen Grundes berücksichtigt werden.

C. Prozessuale Hinweise

35 Da bei **Schweigen des Gesellschaftsvertrags** das Eingehen der Gesellschaft für unbestimmte Zeit die Regel ist, ist das Gegenteil zu beweisen.

36 Ob ein **wichtiger Grund vorliegt, ist vom Revisionsgericht daraufhin überprüfbar**, ob der Rechtsbegriff verkannt worden ist. Die Prüfung erfolgt objektiviert in die Richtung, ob eine umfassende Würdigung aller Umstände erfolgt ist und sich daraus ergebende Gesichtspunkte im Rahmen der rechtlichen Bewertung beachtet worden sind.

D. Anwendungsfelder

37 § 723 BGB kann auch in der **körperschaftlich strukturierten Gesellschaft** („nicht eingetragener Verein", vgl. die Kommentierung zu § 705 BGB Rn. 41) Anwendung finden. Maßgebend ist nicht die – unmögliche – Unterscheidung, ob der Verband als Gesellschaft oder nicht eingetragener Verein einzuordnen ist, sondern die jeweils vorliegende Interessenlage. Sind bei einer länger befristeten Mitgliedschaft die Folgen einer längeren Selbstbindung wegen eines weitgehend geschlossenen Mitgliederkreises und eines begrenzten wirtschaftlichen Zwecks überschaubar, ist ein in der Verbandsverfassung enthaltener Ausschluss der ordentlichen Kündigung nicht an § 39 BGB, sondern an § 723 BGB zu messen und deshalb als zulässig zu erachten.[77] Eine Einordnung als Verein oder Gesellschaft gibt für die Frage, ob auf den Austritt eines Mitglieds aus einem nicht eingetragenen Verband § 39 BGB **oder** § 723 BGB **anwendbar** ist, allein nichts her. Die Unterschiede der in den beiden Vorschriften getroffenen Regelungen sind damit zu erklären, dass die längerfristige Bindung eines Mitglieds nur dann tragbar erscheint, wenn seine Entscheidung zum Beitritt eine Beurteilungsgrundlage hat, die diese Selbstbindung in ihren möglichen künftigen Auswirkungen zu einem einigermaßen übersehbaren Risiko macht. Diese Voraussetzung erscheint dem Gesetzgeber, wie die gesellschaftsrechtliche Regelung zeigt, umso mehr erfüllt, als mit einem geschlossenen, von künftigen Veränderungen ohne sein Einverständnis nicht oder nur in engen Grenzen betroffenen Mitgliederkreis gerechnet werden kann; dagegen erscheint das Mitglied hinsichtlich der Austrittsmöglichkeiten umso schutzbedürftiger, je offener der Mitgliederkreis und je größer deshalb die Gefahr ist, dass sich eine in ihrer Zusammensetzung nicht vorhersehbar veränderte Mehrheit bei Entscheidungen auch in grundlegenden Fragen durchsetzen kann.

---

[76] A.A. *Hadding/Kießling* in: Soergel, § 723 Rn. 60.
[77] BGH v. 02.04.1979 - II ZR 141/78 - juris Rn. 17 - LM Nr. 11 zu § 39 BGB.

§ 724 BGB Kündigung bei Gesellschaft auf Lebenszeit oder fortgesetzter Gesellschaft

(Fassung vom 02.01.2002, gültig ab 01.01.2002)

¹Ist eine Gesellschaft für die Lebenszeit eines Gesellschafters eingegangen, so kann sie in gleicher Weise gekündigt werden wie eine für unbestimmte Zeit eingegangene Gesellschaft. ²Dasselbe gilt, wenn eine Gesellschaft nach dem Ablauf der bestimmten Zeit stillschweigend fortgesetzt wird.

Gliederung

A. Grundlagen 1	2. Anwendungsfälle des Satzes 1 5
B. Anwendungsvoraussetzungen 2	II. Die Auslegungsregel des Satzes 2 6
I. Gesellschaft auf Lebenszeit (Satz 1) 2	C. Anwendungsfelder 7
1. Keine Anwendungsfälle des Satzes 1 4	

A. Grundlagen

Ähnlich wie § 723 Abs. 3 BGB schützt § 724 BGB die Gesellschafter vor übermäßiger Bindung. Die gesetzliche Regelung des § 724 BGB rechtfertigt sich aus dem Gedanken, dass ein Gesellschafter in seiner persönlichen und wirtschaftlichen Bewegungsfreiheit unerträglich beschränkt sein könnte, wenn er auf unabsehbare Zeit an die Gesellschaft gefesselt wäre.[1] Eine unkündbare lebenslängliche Bindung widerspricht dem Grundsatz der freien Entfaltung der Persönlichkeit. Das Gesetz stellt die auf Lebenszeit geschlossene Gesellschaft der auf unbestimmte Zeit geschlossenen Gesellschaft gleich, sodass sie grundsätzlich jederzeit kündbar (vgl. die Kommentierung zu § 723 BGB Rn. 7) ist (§ 723 Abs. 1 Satz 1 BGB). § 724 Satz 1 BGB ist **zwingendes Recht** (h.M.). Die Vorschrift gilt **auch für Innengesellschaften** nach Art der stillen Gesellschaft.[2] § 724 Satz 2 BGB enthält lediglich eine **Auslegungsregel** für den Fall, dass die Gesellschafter bei Fortsetzung einer befristeten Gesellschaft keine neue Befristung getroffen haben.

1

B. Anwendungsvoraussetzungen

I. Gesellschaft auf Lebenszeit (Satz 1)

Nach § 724 Satz 1 BGB steht eine auf Lebenszeit eines Gesellschafters geschlossene Gesellschaft einer für unbestimmte Zeit eingegangenen Gesellschaft i.S.d. § 723 Abs. 1 Satz 1 BGB gleich. Bei einer solchen Gesellschaft kann die ordentliche Kündigung nach der zwingenden Vorschrift des § 723 Abs. 3 BGB nicht wirksam ausgeschlossen werden. Dadurch wird die Wirksamkeit des Gesellschaftsvertrags aber nicht tangiert. Das Gesetz behandelt einen auf Lebenszeit geschlossenen Gesellschaftsvertrag für wirksam; es knüpft an ihn lediglich die Rechtsfolge, dass die Gesellschaft ebenso gekündigt werden kann wie eine auf unbestimmte Zeit eingegangene Gesellschaft. Diese gesetzliche Umdeutung der vereinbarten lebenslangen Dauer in eine unbestimmte Vertragszeit mit der Folge des ordentlichen Kündigungsrechts schließt es grundsätzlich aus, auf einen solchen Gesellschaftsvertrag die allgemeinen Regeln über die Teilnichtigkeit anzuwenden.[3]

2

Unter Umständen kann es angebracht sein, bei einer auf Lebenszeit eingegangenen Gesellschaft mittels **der Grundsätze über die Störung der Geschäftsgrundlage** (vgl. die Kommentierung zu § 313 BGB) eine Anpassung dahin gehend vorzunehmen, dass eine auf bestimmte Zeit eingegangene Gesellschaft angenommen wird. Es kann sich nämlich erweisen, dass eine freie Kündbarkeit der Gesellschaft gem. §§ 724 Satz 1, 723 Abs. 1 Satz 1 BGB unvereinbar mit dem Zweck des Gesellschaftsvertrags und den gemeinsamen Vorstellungen der Vertragsschließenden ist (z.B.: Gesellschaftsbeteiligung mit Versorgungscharakter). Dann muss eine andere Lösung gesucht werden, die Treu und Glauben, dem verständigen Willen der Gesellschafter und dem Gesellschaftszweck besser entspricht, ohne jedoch gegen zwingende Gesetzesvorschriften zu verstoßen. Diese Lösung kann dann darin zu finden sein, dass die

3

---

[1] BGH v. 19.01.1967 - II ZR 27/65 - LM Nr. 2 zu § 339 HGB.
[2] BGH v. 19.01.1967 - II ZR 27/65 - LM Nr. 2 zu § 339 HGB.
[3] BGH v. 19.01.1967 - II ZR 27/65 - LM Nr. 2 zu § 339 HGB.

Gesellschaft **auf bestimmte Zeit eingegangen und für diese Zeit die ordentliche Kündigung ausgeschlossen** sein soll, wobei für die Bemessung des Zeitraums dem Gesellschaftszweck eine wesentliche Bedeutung zukommt. Die gesetzliche Regelung des § 724 Satz 1 BGB steht dem deshalb nicht entgegen, weil sie nur eine zeitlich unbegrenzte und deshalb unübersehbare Bindung eines Gesellschafters verhindern will. So entschied der BGH:[4] Haben die Gesellschafter einer Offenen Handelsgesellschaft die Beteiligung eines Gesellschafters in der rechtsirrigen Vorstellung, sie könnten diesem durch die Vereinbarung einer auf Lebenszeit unkündbaren Gesellschaft eine Versorgung sichern, in eine stille Gesellschaft umgewandelt, so kann nach den Grundsätzen über das Fehlen der Geschäftsgrundlage eine Anpassung des Vertrags an die wirkliche Rechtslage in der Weise geboten sein, dass eine auf bestimmte Zeit eingegangene Gesellschaft angenommen wird.

1. Keine Anwendungsfälle des Satzes 1

4   § 724 Satz 1 BGB wird **eng ausgelegt**.[5] Kein Fall des § 724 Satz 1 BGB liegt vor,
- wenn der gebundene Gesellschafter nach dem Gesellschaftsvertrag die **Umwandlung in eine Kapitalgesellschaft** verlangen kann;
- wenn der gebundene Gesellschafter nach dem Gesellschaftsvertrag seinen **Gesellschaftsanteil übertragen** kann;
- wenn der Gesellschaftsvertrag zeitlich begrenzt ist, aber die **zeitliche Begrenzung die Lebenserwartung eines Gesellschafters mit Sicherheit übersteigt**;
- wenn der Gesellschafter noch **zu Lebzeiten durch Kündigung** nach § 723 BGB ausscheiden kann;
- wenn die Gesellschaft **für die Dauer des Bestehens einer juristischen Person** (z.B.: GmbH, Aktiengesellschaft, Offene Handelsgesellschaft oder Kommanditgesellschaft) abgeschlossen wird.[6] Gerade bei der GmbH & Co. zeigt sich das berechtigte Interesse an der gleichen Dauer beider Gesellschaften.

2. Anwendungsfälle des Satzes 1

5   Die Anwendungsvoraussetzungen des § 724 Satz 1 BGB sind aber erfüllt, wenn
- ein Gesellschafter bis an sein Lebensende gebunden ist, weil für diesen Gesellschafter die ordentliche **Kündigung auf Lebenszeit ausgeschlossen** ist;
- die Gesellschaft **mit dem Tod des erstversterbenden Gesellschafters aufgelöst** werden soll.

II. Die Auslegungsregel des Satzes 2

6   § 724 Satz 2 BGB enthält eine Auslegungsregel für die Fälle, in denen die Gesellschafter vor oder nach der **durch Zeitablauf** eingetretenen Auflösung der Gesellschaft schlüssig ohne neue Zeitbestimmung die Fortsetzung der Gesellschaft beschließen. Danach gilt die Gesellschaft als **auf unbestimmte Zeit eingegangen** und unterliegt damit der **ordentlichen Kündigung**, § 723 Abs. 1 Satz 1 BGB.[7] Allerdings ist § 724 Satz 2 BGB **nur eine Auslegungsregel**, sodass ein festgestellter anderer Wille der Gesellschaft vorgeht. In folgenden Fällen kommt eine entsprechende Anwendung in Betracht:
- **ausdrücklicher** Fortsetzungsbeschluss,
- stillschweigende Fortsetzung bei Vorliegen **eines anderen Auflösungsgrundes (str.)**.[8]

C. Anwendungsfelder

7   § 724 BGB wird für anwendbar gehalten auf **kapitalistische Publikumsgesellschaften**; dagegen soll die Vorschrift auf den nicht eingetragenen Verein (vgl. die Kommentierung zu § 705 BGB Rn. 41) **keine Anwendung** finden, für den die zwingende Vorschrift des § 39 BGB entsprechend gelte.[9] Allerdings sollte die Vorschrift nicht von der nicht durchführbaren Einordnung Verein oder Gesellschaft abhängig gemacht werden. Denn auch der nicht eingetragene Verein ist nur eine körperschaftlich verfasste Gesellschaft. Vielmehr ist stets auf den konkreten Verband zu schauen, wobei § 724 BGB eher

---

[4] BGH v. 19.01.1967 - II ZR 27/65 - LM Nr. 2 zu § 339 HGB.
[5] *Hadding/Kießling* in: Soergel, § 724 Rn. 3.
[6] H.M., z.B. *Hadding/Kießling* in: Soergel, § 724 Rn. 6; *Ulmer/Schäfer*, Gesellschaft bürgerlichen Rechts und Partnerschaftsgesellschaft, 5. Aufl. 2009, § 724 Rn. 8.
[7] *Hadding/Kießling* in: Soergel, § 724 Rn. 8.
[8] So *Hadding/Kießling* in: Soergel, § 724 Rn. 8; a.A.: *Ulmer/Schäfer*, Gesellschaft bürgerlichen Rechts und Partnerschaftsgesellschaft, 5. Aufl. 2009, § 724 Rn. 13.
[9] *Hadding/Kießling* in: Soergel, § 724 Rn. 3.

auf den wirtschaftlich tätigen Verband zugeschnitten ist, während § 39 BGB auf den Idealverband passt.[10] So ist auf den nicht konzessionierten **wirtschaftlichen** Verein grundsätzlich die Vorschrift des § 723 BGB und nicht § 39 BGB anzuwenden, da wegen des Abfindungsanspruchs und des Wegfalls der von dem Mitglied zu erbringenden Beitragsleistungen auch die vermögensmäßigen Interessen des Vereins erheblich betroffen sind. Dieser Gedanke kommt deutlich in § 65 Abs. 2 Satz 3 GenG zum Ausdruck. Durch die Novelle von 1973 wurde die höchstzulässige Kündigungsfrist von zwei Jahren auf fünf Jahre erhöht. Dadurch sollte der wirtschaftlichen Abhängigkeit der Genossenschaft von ihren Mitgliedern Rechnung getragen werden. Trotz körperschaftlicher Organisation kann demnach der wirtschaftliche Zweck eine weitergehende (über § 39 BGB hinaus) Bindung verlangen.

---

[10] *Bergmann*, Die fremdorganschaftlich verfasste Offene Handelsgesellschaft, Kommanditgesellschaft und BGB-Gesellschaft als Problem des allgemeinen Verbandsrechts, 2002, § 17 C I = S. 367.

§ 725 BGB Kündigung durch Pfändungspfandgläubiger

(Fassung vom 02.01.2002, gültig ab 01.01.2002)

(1) Hat ein Gläubiger eines Gesellschafters die Pfändung des Anteils des Gesellschafters an dem Gesellschaftsvermögen erwirkt, so kann er die Gesellschaft ohne Einhaltung einer Kündigungsfrist kündigen, sofern der Schuldtitel nicht bloß vorläufig vollstreckbar ist.

(2) Solange die Gesellschaft besteht, kann der Gläubiger die sich aus dem Gesellschaftsverhältnis ergebenden Rechte des Gesellschafters, mit Ausnahme des Anspruchs auf einen Gewinnanteil, nicht geltend machen.

Gliederung

A. Grundlagen 1
   I. Pfändung des Gesellschaftsanteils (§ 859 ZPO) 1
   II. Gegenstand der Anteilspfändung 2
   III. Realisierung der Anteilpfändung durch Kündigung der Gesellschaft (Absatz 1) 3
B. Anwendungsvoraussetzungen 4
   I. Gläubiger 4
   II. Pfändung des Gesellschaftsanteils 5
   III. Wirkungen der Pfändung 6
   1. Kein Verfügungsverbot hinsichtlich des Gesellschaftsvermögens 7
   2. Vollstreckungstitel 8
   3. Geltendmachung des Gewinnanspruchs (Absatz 2) 9
   4. Kündigung der Gesellschaft durch den Gläubiger (Absatz 1) 10
   5. Ablösungsrecht der Gesellschafter 12

A. Grundlagen

I. Pfändung des Gesellschaftsanteils (§ 859 ZPO)

1 In das **Gesellschaftsvermögen** kann ein Gläubiger vollstrecken, wenn er einen Titel gegen die Gesellschaft oder einen Titel gegen alle Gesellschafter in den Händen hält.[1] Der **Privatgläubiger eines Gesellschafters** kann dagegen nicht unmittelbar in das Gesellschaftsvermögen vollstrecken; denn beim Gesellschaftsvermögen handelt es sich, da die BGB-Gesellschaft rechtsfähig ist, um eine vom Schuldnervermögen verschiedene Vermögensmasse, die einem anderen Rechtsträger, nämlich der Gesellschaft, zugeordnet ist. Soweit aber von einem Privatgläubiger eines Gesellschafters die Befriedigung aus den in der Gesellschaft steckenden Vermögenswerten begehrt wird, kommt neben einer isolierten Pfändung von Einzelansprüchen (vgl. die Kommentierung zu § 717 BGB Rn. 16) des Gesellschafters gegen die Gesellschaft (insbesondere Gewinnanteil, Aufwendungsersatz, Auseinandersetzungsguthaben) die **Pfändung des Gesellschaftsanteils** in Betracht. Die Anteilspfändung wird vom Gesetz in § 859 ZPO ausdrücklich zugelassen. Da nicht die Pfändung einer Geldforderung vorliegt, handelt es sich um die Pfändung eines sonstigen Vermögensrechts i.S.d. § 857 ZPO. Die Pfändung des Gesellschaftsanteils schließt die Ansprüche des Gesellschafters auf den Gewinnanteil und das Auseinandersetzungsguthaben mit ein. Einer ausdrücklichen Mitpfändung dieser Ansprüche bedarf es nicht; allerdings ist unter Umständen **eine isolierte Pfändung der Geschäftsführervergütung** notwendig.[2] Der Sinn der Anteilspfändung liegt gerade in der Befriedigung aus dem Auseinandersetzungsguthaben und der gegenwärtigen, noch nicht abgerufenen oder künftigen Gewinnbeteiligung. **Drittschuldner** ist die Gesellschaft.

II. Gegenstand der Anteilspfändung

2 Gegenstand der Anteilspfändung gem. § 859 ZPO ist aus heutiger Sicht **die Mitgliedschaft** als Inbegriff aller Rechte und Pflichten des Gesellschafters aus dem Gesellschaftsverhältnis,[3] nicht dagegen ein (diffuses) Wertrecht, das die zum Gesellschaftsanteil gehörenden Vermögensrechte repräsentiert;[4] erst

---

[1] BGH v. 29.01.2001 - II ZR 331/00 - juris Rn. 34 - BGHZ 146, 341-361.
[2] *Behr*, NJW 2000, 1137-1144, 1139.
[3] *Musielak*, ZPO, § 859 Rn. 2.
[4] So BGH v. 21.04.1986 - II ZR 198/85 - juris Rn. 10 - BGHZ 97, 392-397.

recht überholt ist die Vorstellung, dass es sich bei der Pfändung des Gesellschaftsanteils um nichts anderes als die globale Pfändung der abtretbaren Forderungen aus dem Gesellschaftsverhältnis handele.[5]

III. Realisierung der Anteilspfändung durch Kündigung der Gesellschaft (Absatz 1)

Die Vollstreckung in den Anteil wird realisiert durch Auflösung der Gesellschaft, die durch **Kündigung aus eigenem Recht seitens des Gläubigers** erreicht wird (§ 725 Abs. 1 BGB). Diese Kündigung kann weder durch den Gesellschaftsvertrag noch durch Beschluss der Gesellschafter ausgeschlossen werden.

B. Anwendungsvoraussetzungen

I. Gläubiger

Als Gläubiger im Rahmen des § 725 BGB wird nur der **Privatgläubiger eines Gesellschafters** zugelassen. Für reine Privatgläubiger, die nicht zugleich Gesellschaftsgläubiger sind, wird die Anteilspfändung uneingeschränkt bejaht. Für **Gesellschaftsgläubiger, die zugleich Privatgläubiger** sind, wird die Anteilspfändung allenfalls mit der Einschränkung zugelassen, dass die zur baldigen Realisierung der Forderung notwendige Kündigung gem. § 725 Abs. 1 BGB nicht möglich ist; teilweise wird sogar die Anteilspfändung als solche mangels Rechtsschutzbedürfnisses abgelehnt. Diese Auffassung wird damit begründet, dass der Gesellschaftsgläubiger direkt in das Gesellschaftsvermögen vollstrecken könne, daher das Kündigungsrecht gem. § 725 Abs. 1 BGB zur Forderungsrealisierung gar nicht benötige. Zudem sei eine Gleichbehandlung mit § 135 HGB anzustreben. Zum Teil aber wird dem Gläubiger die Möglichkeit der Anteilspfändung – allerdings ohne Kündigungsmöglichkeit gem. § 725 Abs. 1 BGB – zugestanden, um dem Gläubiger wenigstens einen Zugriff auf den Gewinnanspruch zu gestatten.[6] Allerdings ist der Gewinnanspruch bereits mit einer isolierten Pfändung gem. § 717 Satz 2 BGB greifbar; doch empfiehlt (vgl. die Kommentierung zu § 717 BGB Rn. 16) sich insoweit immer eine Anteilspfändung. Ein **Gesellschafter**, der einen außergesellschaftsrechtlichen Anspruch gegen einen Mitgesellschafter hat, kann unter den Voraussetzungen des § 725 BGB wie ein anderer Privatgläubiger die Gesellschaft kündigen, sofern er nicht nach den Umständen des Einzelfalles wegen der gesellschaftlichen Treupflicht insoweit seine privaten Interessen zurückstellen muss.[7]

II. Pfändung des Gesellschaftsanteils

Die Durchführung der Pfändung des Gesellschaftsanteils richtet sich nach den §§ 859, 857 ZPO. **Drittschuldner** ist die **Gesellschaft**. Für die Wirksamkeit der Pfändung reicht die Zustellung des Pfändungsbeschlusses an den oder die **vertretungsbefugten Geschäftsführer** der Gesellschaft.[8] Bei mehreren Geschäftsführern reicht die Zustellung an einen von ihnen, vgl. § 170 Abs. 3 ZPO. Bei der Entgegennahme des Pfändungsbeschlusses handelt es sich um eine **Geschäftsführungsmaßnahme**, zumal nur der Geschäftsführer als Adressat für das an den Drittschuldner nach den §§ 857, 829 Abs. 1 Satz 1 ZPO zu erlassende Zahlungsverbot in Betracht kommt. Die Pfändung als solche berührt noch nicht die Grundlagen der Gesellschaft. Erst die Kündigung durch den Gesellschaftsgläubiger nach § 725 Abs. 1 BGB stellt den entscheidenden Eingriff in das Gesellschaftsgefüge dar. Die Pfändung ist letzten Endes lediglich Voraussetzung der Kündigung, ohne dass diese der Pfändung des Gesellschaftsanteils notwendigerweise nachfolgen müsste. Dadurch, dass jedenfalls die Kündigung gegenüber allen Gesellschaftern zu erklären ist, werden auch die Rechte der nicht geschäftsführungsbefugten Gesellschafter ausreichend geschützt. Zur Klarstellung sei angeführt, dass die Zustellung an alle Gesellschafter in jedem Falle eine wirksame Pfändung bewirkt. Auch Gründe der Praktikabilität sprechen für diese vom BGH vertretene Auffassung. Wollte man die Zustellung des Pfändungsbeschlusses an alle Gesellschafter verlangen, so würde dies bei Gesellschaften bürgerlichen Rechts mit zahlreichen Gesellschaftern nicht nur zu nicht unbeträchtlichen Kosten für den pfändenden Gläubiger führen; die Pfändung könnte – z.B. durch die Zustellung des Beschlusses an einen im Ausland lebenden Gesellschafter – auch stark verzögert werden. Gerade dadurch könnten dem Gläubiger erhebliche Nachteile entstehen. Denn die Pfändung wäre erst mit der Zustellung an den letzten Gesellschafter bewirkt.

---

[5] So: *Thomas/Putzo*, ZPO-Kommentar, § 859 Rn. 1.
[6] Vgl. *Behr*, NJW 2000, 1137-1144, 1138 f.
[7] BGH v. 25.11.1968 - II ZR 78/68 - juris Rn. 20 - BGHZ 51, 84-91.
[8] BGH v. 21.04.1986 - II ZR 198/85 - BGHZ 97, 392-397.

III. Wirkungen der Pfändung

6 Die Pfändung und Überweisung des Gesellschaftsanteils berechtigt den Gläubiger zur **Geltendmachung des Gewinnanteils** (§ 725 Abs. 2 BGB) und zur **Kündigung** der Gesellschaft (§ 725 Abs. 1 BGB). Die in der Mitgliedschaft enthaltenen Verwaltungsrechte bleiben hingegen von der Pfändung unberührt. Dem Gläubiger wachsen auch **keine Mitverwaltungsrechte** zu.[9]

1. Kein Verfügungsverbot hinsichtlich des Gesellschaftsvermögens

7 Die Pfändung des Anteils eines BGB-Gesellschafters bewirkt keine Verfügungsbeschränkung hinsichtlich einzelner Gegenstände des Gesellschaftsvermögens und kann daher auch nicht berichtigend in das Grundbuch eingetragen werden;[10] die Gesellschaft kann weiterhin darüber verfügen.

2. Vollstreckungstitel

8 Zur Geltendmachung des Gewinnanspruchs reicht ein für **vorläufig vollstreckbar** erklärter Titel aus. Will der Gläubiger die Gesellschaft dagegen gem. § 725 Abs. 1 BGB kündigen, muss der Titel **rechtskräftig** sein. Auch unanfechtbare, aber auflösend bedingte Endurteile (Vorbehaltsurteil) sind nur „vorläufig vollstreckbar".[11] Ein Arrest scheidet als Vollstreckungstitel aus, da er nicht zur Verwertung berechtigt. Rechtskräftigen Urteilen i.S.d. § 725 Abs. 1 BGB stehen gleich: Vergleiche, rechtskräftige Vollstreckungsbescheide, notarielle Urkunden.

3. Geltendmachung des Gewinnanspruchs (Absatz 2)

9 **Während des Bestehens der Gesellschaft** kann der Gläubiger nur den schuldrechtlichen Anspruch auf den Gewinnanteil geltend machen; nach Überweisung des Gesellschaftsanteils kann er Zahlung fordern. Irgendwelche Mitverwaltungsrechte des Schuldners erhält der Gläubiger dadurch nicht.

4. Kündigung der Gesellschaft durch den Gläubiger (Absatz 1)

10 Die erfolgversprechende Verwertung des gepfändeten Gesellschaftsanteils ist die fristlose Kündigung der Gesellschaft durch den Gläubiger gem. § 725 Abs. 1 BGB. Ziel der Kündigung ist es, die **vorzeitige Auseinandersetzung** herbeizuführen. Der Gläubiger kann aufgrund eines vollstreckbaren Urteils (Rn. 8) die Gesellschaft ohne Einhaltung einer Kündigungsfrist kündigen. Dem Wortlaut des § 725 Abs. 1 BGB entsprechend wird von der h.M. für die Ausübung des Kündigungsrechts die **bloße Pfändung** des Gesellschaftsanteils für ausreichend erachtet; die **Überweisung** sei **nicht nötig**.[12]

11 Da die Kündigung die Grundlagen der Gesellschaft berührt, muss sie grundsätzlich **allen Gesellschaftern zugehen**. Die einem oder mehreren (geschäftsführenden) Gesellschaftern gegenüber erklärte Kündigung des Gesellschaftsverhältnisses durch einen Privatgläubiger wird aber wirksam, sobald auch die darüber hinaus vorhandenen Gesellschafter von ihr Kenntnis erhalten haben.[13] Durch die Kündigung wird die **Gesellschaft aufgelöst**, sofern nicht der Gesellschaftsvertrag bestimmt, dass der Schuldner infolge der Kündigung aus der Gesellschaft ausscheidet, die Gesellschaft aber unter den übrigen Gesellschaftern fortbesteht, § 736 BGB. Diese Abrede wirkt auch gegen den Gläubiger, ist aber schadlos, da dem ausscheidenden Gesellschafter das **fiktive Auseinandersetzungsguthaben** auszuzahlen ist,[14] d.h. es ist zu zahlen, was er erhielte, würde die Gesellschaft aufgelöst; gegebenenfalls besteht ein Einziehungsrecht durch Drittschuldnerklage. Das Pfandrecht am Anteil erstreckt sich auf das gesamte Auseinandersetzungsguthaben, also auch auf einen vertraglichen Abfindungsanspruch und auf noch offene Gewinnansprüche;[15] es ist anerkannt, dass sich die Pfändung des Gesellschaftsanteils auch auf zuvor im Voraus abgetretene Gewinnbezugsrechte erstreckt, weil sich die Pfändung des Geschäftsanteils bereits vor der Entstehung des Gewinnbezugsrechts verwirklicht (vgl. die Kommentierung zu § 717 BGB Rn. 17).[16] Nach Kündigung und Überweisung des Anteils kann der Gläubiger an Stelle des

---

[9] *Behr*, NJW 2000, 1137-1144, 1139.
[10] OLG Hamm v. 22.12.1986 - 15 W 425/86 - BB 1987, 569-570.
[11] OLG Stuttgart v. 28.02.1986 - 2 U 148/85 - NJW-RR 1986, 836; ebenso für ein rechtskräftiges Wechsel-Vorbehaltsurteil: LG Lübeck v. 06.03.1986 - 7 T 162/86 - NJW-RR 1986, 836-837, str.
[12] Z.B. *Sprau* in: Palandt, § 725 Rn. 3; a.A.: *Behr*, NJW 2000, 1137-1144, 1140.
[13] BGH v. 11.01.1993 - II ZR 227/91 - LM BGB § 725 Nr. 4 (8/1993).
[14] *Behr*, NJW 2000, 1137-1144, 1140.
[15] BGH v. 14.01.2010 - IX ZR 78/09 - ZIP 2010, 335-339; BGH v. 08.12.1971 - VIII ZR 113/70 - LM Nr. 5 zu § 859 ZPO.
[16] BGH v. 14.01.2010 - IX ZR 78/09 - ZIP 2010, 335-339.

Schuldners die Auseinandersetzung betreiben.[17] Verwaltet eine BGB-Gesellschaft nur einen einzigen Vermögensgegenstand, so kann der pfändende und kündigende Gläubiger eines Gesellschafters unmittelbar auf Duldung der öffentlichen Veräußerung des Gegenstands und Auszahlung des dem Gesellschafter-Schuldner nach Berichtigung der Gesellschaftsschulden gebührenden Anteils am Reinerlös klagen, wenn die übrigen Gesellschafter ihrerseits keine bessere Art der Verwertung anbieten oder sich jeder Auseinandersetzung widersetzen.[18] Ob der Gläubiger in diesen Fällen selbst den Antrag gem. § 180 ZVG auf Teilungsversteigerung stellen kann, ist umstritten.[19] Der Gläubiger erhält dadurch aber **keine Auskunfts- oder Verwaltungsrechte**.[20] Ist der Gläubiger nicht in der Lage, allein aufgrund der Auskünfte des Schuldners (§ 836 Abs. 3 ZPO), ohne Mithilfe der anderen Gesellschafter, eine der sachlichen Rechtslage entsprechende Auseinandersetzung zu fordern, kann er gegen die Gesellschaft Klage auf Durchführung der Auseinandersetzung erheben, bei schuldhafter Verzögerung vom Schuldner Schadensersatz verlangen und dessen Ansprüche gegen die Mitgesellschafter pfänden.[21]

5. Ablösungsrecht der Gesellschafter

Die Mitgesellschafter können die **Auflösung der Gesellschaft abwenden**, indem sie den Gläubiger gem. § 268 BGB (i.V.m. den §§ 1273, 1249 BGB) abfinden. Gem. § 268 Abs. 3 BGB geht der Anspruch des Privatgläubigers gegen den Gesellschafter mitsamt Pfandrecht auf sie über. Die Gesellschafter sind nach Befriedigung des Gläubigers auch ohne dessen Zustimmung nicht gehindert, die Fortsetzung der Gesellschaft mit dem Gesellschafter zu vereinbaren oder ihn wieder aufzunehmen.[22] Die Gesellschafter können sogar unter dem Gesichtspunkt der gesellschaftlichen Treuepflicht verpflichtet sein, die Gesellschaft mit dem Gesellschafter-Schuldner fortzusetzen.[23]

12

---

[17] BGH v. 05.12.1991 - IX ZR 270/90 - juris Rn. 22 - BGHZ 116, 222-232.
[18] BGH v. 05.12.1991 - IX ZR 270/90 - BGHZ 116, 222-232.
[19] So: LG Konstanz v. 05.05.1987 - 1 T 68/87 - NJW-RR 1987, 1023-1024; anders: LG Hamburg v. 03.07.1989 - 76 T 60/89 - Rpfleger 1989, 519; vgl. auch BGH v. 05.12.1991 - IX ZR 270/90 - juris Rn. 18 - BGHZ 116, 222-232.
[20] BGH v. 05.12.1991 - IX ZR 270/90 - BGHZ 116, 222-232.
[21] *Musielak*, ZPO, § 859 Rn. 4.
[22] *Sprau* in: Palandt, § 725 Rn. 4.
[23] BGH v. 15.06.1959 - II ZR 44/58 - juris Rn. 35 - BGHZ 30, 195-203.

§ 726 BGB Auflösung wegen Erreichens oder Unmöglichwerdens des Zweckes

(Fassung vom 02.01.2002, gültig ab 01.01.2002)

Die Gesellschaft endigt, wenn der vereinbarte Zweck erreicht oder dessen Erreichung unmöglich geworden ist.

Gliederung

A. Grundlagen 1
B. Anwendungsvoraussetzungen 2
  I. Zweckerreichung (Alternative 1) 2
  II. Unmöglichkeit der Zweckerreichung (Alternative 2) 3
III. Zwingender Charakter 5
C. Anwendungsfelder 6

A. Grundlagen

1   § 726 BGB behandelt zwei Fälle, in denen das **Ende der Gesellschaft von selbst ohne Kündigung** eintritt:
- Zweckerreichung (vgl. Rn. 2);
- Unmöglichkeit der Zweckerreichung (vgl. Rn. 3).

B. Anwendungsvoraussetzungen

I. Zweckerreichung (Alternative 1)

2   Die Zweckerreichung führt zur Auflösung der Gesellschaft. Das gilt insbesondere für **Gelegenheitsgesellschaften** und für die Vorgründungsgesellschaften mit Gründung der GmbH oder AG. Der Zweck muss allerdings vollständig erreicht sein. Bei der Bauherrengemeinschaft ist der Gesellschaftszweck, selbst wenn dies im Gesellschaftsvertrag vereinbart ist, mit der Bezugsfertigkeit noch nicht erreicht, solange noch nicht alle Gesellschafter das geschuldete Kapital erbracht haben.[1] Das gemeinsame Interesse hieran erlischt nicht schon deshalb, weil für den Anteil an den Gesamtkosten, der auf einen Gesellschafter fällt, allein dieser – und nicht auch die Mitgesellschafter – den Gläubigern haftet (zu den Besonderheiten der Haftung in der Bauherrengemeinschaft vgl. die Kommentierung zu § 714 BGB Rn. 29).

II. Unmöglichkeit der Zweckerreichung (Alternative 2)

3   Weiterhin wird die Gesellschaft aufgelöst durch die Unmöglichkeit der Zweckerreichung. Der Begriff der Unmöglichkeit im Rahmen des § 726 BGB ist umstritten, doch hat sich in der Rechtsprechung die Ansicht durchgesetzt, dass es sich um eine **dauernde und ganz offenbare Unmöglichkeit** handeln muss.[2] Eine vorübergehende Unmöglichkeit würde nicht ausreichen, um den mit der Anwendung des § 726 BGB verbundenen schweren Eingriff in die Gesellschaftsstruktur zu rechtfertigen. Die **zeitweilige Unmöglichkeit** der Zweckerreichung hat für die Dauer der Unmöglichkeit das Ruhen der BGB-Gesellschaft zur Folge.[3]

4   Einzelfälle:[4]
- Unmöglichkeit der Zweckerreichung liegt nicht bereits vor, wenn der Zweck mit den nach dem Vertrag **zur Verfügung stehenden Mitteln nicht erreicht** werden kann, aber dann, wenn endgültig feststeht, dass die Gesellschafter zu den erforderlichen weiteren Einlagen nicht bereit sind.
- Bei der stillen Gesellschaft führt die **Auflösung der unternehmenstragenden Gesellschaft** nicht ohne weiteres zur dauernden Unmöglichkeit der Zweckerreichung.[5]

---

[1] BGH v. 02.11.1987 - II ZR 10/87 - juris Rn. 11 - WM 1988, 661-662.
[2] BGH v. 12.07.1982 - II ZR 157/81 - juris Rn. 9 - BGHZ 84, 379-383; BGH v. 23.05.1957 - II ZR 250/55 - juris Rn. 39 - BGHZ 24, 279-297.
[3] BGH v. 23.05.1957 - II ZR 250/55 - juris Rn. 46 - BGHZ 24, 279-297.
[4] *Hadding/Kießling* in: Soergel, § 726 Rn. 6.
[5] BGH v. 12.07.1982 - II ZR 157/81 - juris Rn. 9 - BGHZ 84, 379-383.

- Jüngst hat der BGH die Frage offen gelassen, ob eine **Anwaltssozietät** von zwei Rechtsanwälten, von denen einer eine Mehrfachqualifikation (Rechtsanwalt und Steuerberater) aufweist, mit dem **Verzicht** des Mehrfachqualifizierten auf seine **Anwaltszulassung** gem. § 726 BGB aufgelöst wird; im konkreten Fall war von einer Fortsetzung der Gesellschaft mit geänderter Zweckbestimmung (vgl. Rn. 5) auszugehen.[6]
- **Unrentabilität** wird allenfalls in Ausnahmefällen zur Auflösung gem. § 726 BGB führen.
- Keine Unmöglichkeit bedeutet der **Wegfall des Interesses der Gesellschafter** am Gesellschaftszweck.

III. Zwingender Charakter

§ 726 BGB ist **zwingend**, als er den Fortbestand der werbenden Gesellschaft trotz erreichten oder unmöglich gewordenen Gesellschaftszwecks ausschließt. Gesellschaftsvertragliche Bestimmungen, die eine Auflösung nach § 726 BGB erschweren sollen, sind daher unwirksam. Der Gesellschaftsvertrag kann daher nicht bestimmen, dass die Gesellschaft trotz Zweckerreichung fortbestehen soll.[7] Wohl aber kann bereits im Gesellschaftsvertrag ein **Eventualzweck** vorgesehen werden. Auch können die Gesellschafter nach Eintritt eines Auflösungsgrundes i.S.d. § 726 BGB die **Fortsetzung der Gesellschaft** mit einem anderen Zweck **beschließen**;[8] ein solcher Beschluss bedarf der Zustimmung aller Gesellschafter.[9] Zulässig sind aber **Erleichterungen der Auflösung** durch gesellschaftsvertragliche Vereinbarungen über Umstände, die als Auflösungsgrund i.S.d. § 726 BGB gelten sollen.[10]

C. Anwendungsfelder

§ 726 BGB gilt auch für **den nicht eingetragenen Verein**, der nach richtiger Auffassung nichts anderes ist als eine körperschaftlich verfasste Gesellschaft (vgl. die Kommentierung zu § 705 BGB Rn. 41).

---

[6] BGH v. 15.12.2003 - II ZR 358/01 - WM 2004, 329-331.
[7] BGH v. 20.12.1962 - VII ZR 264/60 - WM 1963, 728.
[8] BGH v. 15.12.2003 - II ZR 358/01 - WM 2004, 329-331.
[9] BGH v. 20.12.1962 - VII ZR 264/60 - WM 1963, 728.
[10] *Ulmer/Schäfer*, Gesellschaft bürgerlichen Rechts und Partnerschaftsgesellschaft, 5. Aufl. 2009, § 726 Rn. 9.

§ 727 BGB Auflösung durch Tod eines Gesellschafters

(Fassung vom 02.01.2002, gültig ab 01.01.2002)

(1) Die Gesellschaft wird durch den Tod eines der Gesellschafter aufgelöst, sofern nicht aus dem Gesellschaftsvertrag sich ein anderes ergibt.

(2) ¹Im Falle der Auflösung hat der Erbe des verstorbenen Gesellschafters den Übrigen Gesellschaftern den Tod unverzüglich anzuzeigen und, wenn mit dem Aufschub Gefahr verbunden ist, die seinem Erblasser durch den Gesellschaftsvertrag übertragenen Geschäfte fortzuführen, bis die übrigen Gesellschafter in Gemeinschaft mit ihm anderweit Fürsorge treffen können. ²Die übrigen Gesellschafter sind in gleicher Weise zur einstweiligen Fortführung der ihnen übertragenen Geschäfte verpflichtet. ³Die Gesellschaft gilt insoweit als fortbestehend.

Gliederung

A. Grundlagen 1
B. Anwendungsvoraussetzungen 2
  I. Die gesetzliche Regelung 2
    1. Dem Tod eines Gesellschafters gleichzustellende Fälle 3
    2. Stellung der Erben nach der gesetzlichen Regelung (Absatz 2) 4
    3. Fortsetzungsbeschluss 8
  II. Abweichende gesellschaftsvertragliche Gestaltungen (Absatz 2 Alternative 2) 9
    1. Fortsetzungsklausel (§ 736 Abs. 1 BGB) 10
    2. Erbrechtliche Nachfolgeklausel 12
    3. Qualifizierte Nachfolgeklausel 16
    4. Eintrittsklausel 19
    5. Gesellschaftsvertragliche Nachfolgeklausel 21
    6. Testamentsvollstreckung 24
C. Arbeitshilfen – Musterklauseln 25

A. Grundlagen

1 **Die gesetzliche Regelung**: Der Tod eines Gesellschafters löst die Gesellschaft auf (§ 727 Abs. 1 BGB). Der Erbe bzw. die Erbengemeinschaft tritt in der Abwicklungsgesellschaft an die Stelle des Erblassers. § 727 Abs. 2 BGB enthält Übergangsregelungen bis zur Beendigung, nämlich die Pflicht zur Anzeige, Fortsetzung der Geschäftsführung und die Fiktion des Weiterbestehens. **Abweichende gesellschaftsvertragliche Regelungen** sind zulässig, § 727 Abs. 1 HS. 2 BGB.

B. Anwendungsvoraussetzungen

I. Die gesetzliche Regelung

2 Der Tod eines Gesellschafters ist Auflösungsgrund. Die Gesellschaft wird zur **Abwicklungsgesellschaft**, für die Auseinandersetzung gelten die §§ 730-735 BGB. An dieser nehmen die Erben des Erblassers teil. Steht der Gesellschaft ein Grundstück zu, so kann der Erbe im Wege der Grundbuchberichtigung als Gesellschafter eingetragen werden.[1] Fällt in einer **zweigliedrigen Gesellschaft** der eine der beiden Gesellschafter ersatzlos weg, dann wird hierdurch die Gesellschaft nicht nur aufgelöst, sondern gleichzeitig beendet; der verbleibende Gesellschafter wird Alleininhaber des Unternehmens.[2]

1. Dem Tod eines Gesellschafters gleichzustellende Fälle

3 Der Eintritt der **Geschäftsunfähigkeit** eines Gesellschafters löst die Gesellschaft nicht auf, kann aber zur Kündigung berechtigen.[3] Die **Auflösung einer Aktiengesellschaft, GmbH, OHG oder KG** kann dem Tode des Geschäftsinhabers nicht gleichgestellt werden kann. Diese Gesellschaften scheiden mit ihrer Auflösung nicht aus dem Geschäftsverkehr aus; sie bestehen auch im Liquidationsstadium mit allen Rechten und Pflichten fort. Schließlich können deren Gesellschafter beschließen, die aufgelöste

---

[1] OLG München v. 07.09.2010 - 34 Wx 100/10 - ZIP 2011, 32-33.
[2] BGH v. 10.12.1990 - II ZR 256/89 - juris Rn. 6 - BGHZ 113, 132-139; vgl. aber auch: *Baumann*, BB 1998, 225-232.
[3] *Hadding/Kießling* in: Soergel, § 727 Rn. 3.

(noch nicht zu Ende geführte) Gesellschaft fortzusetzen, d.h. sie wieder in eine werbende Gesellschaft umzuwandeln.[4] Erst die **Vollbeendigung** der Gesellschaft kann dem Tod eines Gesellschafters gleichgestellt werden.[5]

2. Stellung der Erben nach der gesetzlichen Regelung (Absatz 2)

Die Erben treten in die Abwicklungsgesellschaft mit allen Rechten **an die Stelle des Erblassers**,[6] die dieser ansonsten in der Abwicklungsgesellschaft eingenommen hätte; das gilt auch für die Verwaltungsrechte, wie das Geschäftsführungs-, Vertretungs-, Informations-, Kontroll- und Stimmrecht.[7] Handelt es sich um mehrere Erben, so tritt die **Erbengemeinschaft** an die Stelle des Erblassers.[8] Die in der Erbengemeinschaft verbundenen Erben müssen ihre Rechte, insbesondere das Stimmrecht, grundsätzlich gemeinschaftlich ausüben, § 2038 Abs. 1 BGB. Für die Ausübung der Gesellschafterrechte gilt, soweit es sich um Maßnahmen der ordentlichen Geschäftsführung handelt, das Mehrheitsprinzip gem. den §§ 2038 Abs. 2, 745 BGB; ansonsten bleibt es beim Grundsatz der Einstimmigkeit.[9] Die Erben können einen gemeinsamen Vertreter wählen; insoweit gilt gem. den §§ 2038 Abs. 2, 745 BGB das Mehrheitsprinzip.

Die **Erben treffen die besonderen Pflichten** nach § 727 Abs. 2 BGB; es handelt sich um Mitverwaltungspflichten, die aus der Mitgliedschaft folgen. Die Erstreckung auf den Erben ist insoweit konsequent: Der Erbe des Verstorbenen wird mit dem Erbfall Mitglied der Gesellschaft. Die Pflichten entstehen vom Zeitpunkt des Erbfalls an; die Annahme der Erbschaft ist keine Voraussetzung. Allerdings führt die Ausschlagung der Erbschaft zum rückwirkenden Wegfall der Pflichten, § 1953 Abs. 1 BGB. Bei den Pflichten geht es um:

- **Anzeigepflicht**: Der Erbe hat unverzüglich (§ 121 BGB) den Tod des Verstorbenen allen Gesellschaftern anzuzeigen; die Pflicht ist erfüllt, wenn ein Erbe der Pflicht genügt. Überhaupt entfällt die Anzeigepflicht, wenn den übrigen Gesellschaftern der Tod bereits bekannt ist.[10]
- **Notgeschäftsführungspflicht des Erben**: War der Erblasser mit der Geschäftsführung in irgendeiner Weise betraut, ist der Erbe verpflichtet, die Geschäftsführung des Verstorbenen fortzusetzen. Dies gilt aber nur insoweit, wie der Gesellschaft bei späterer Vornahme des Geschäfts ein Schaden droht. Insoweit hat der Erbe gem. § 714 BGB Vertretungsmacht. Sinn und Zweck der Notgeschäftsführungspflicht ist es nur, drängende Situationen zu überbrücken. Die Pflicht besteht nur so lange, bis die Gesellschafter Maßnahmen im Rahmen der gemeinschaftlichen Geschäftsführung nach § 730 Abs. 2 Satz 2 HS. 2 BGB treffen können.[11] Für besondere Aufträge: § 673 BGB. Bei einer Fortsetzung der Gesellschaft gem. § 736 BGB, d.h. bei einer Fortsetzung der Gesellschaft unter den übrigen Gesellschaftern ohne die Erben (**Fortsetzungsklausel**), trifft die Erben die Pflicht aus § 727 Abs. 2 Satz 1 BGB **nicht**: Sie sind weder zur Notgeschäftsführung noch zur Anzeige des Todesfalls verpflichtet.[12]

Die **anderen Gesellschafter** trifft nach § 727 Abs. 2 Satz 2 BGB **ebenfalls** eine **Notgeschäftsführungspflicht**. Insoweit gilt gem. § 727 Abs. 2 Satz 3 BGB die Gesellschaft als fortbestehend, d.h. die bisherige Regelung der organschaftlichen Geschäftsführung und Vertretung bleibt bestehen; § 730 Abs. 2 BGB gilt nicht.

Der **Verschuldensmaßstab** für die Haftung des Erben, auch für die Sonderpflichten nach § 727 Abs. 2 Satz 1 BGB, bestimmt sich nach § 708 BGB. Maßgebend ist die Person des Erben, nicht die des Erblassers. Die Pflichten aus § 727 Abs. 2 Satz 2 BGB sind gesellschaftsrechtlicher Natur; sie treffen den Erben kraft seiner Mitgliedschaft in der Abwicklungsgesellschaft. Da der Anteil zum Nachlass gehört, sind auch etwaige Schadensersatzpflichten gegenüber den Mitgesellschaftern wegen Verletzung der Anzeigepflicht oder bei der Notgeschäftsführung Nachlassverbindlichkeiten. Dem Erben steht insoweit das Recht zu, die **Haftung auf den Nachlass zu begrenzen** (§§ 1975-1922, 2059 BGB).

---

[4] BGH v. 12.07.1982 - II ZR 157/81 - juris Rn. 7 - BGHZ 84, 379-383.
[5] *Hadding/Kießling* in: Soergel, § 727 Rn. 3.
[6] OLG Frankfurt v. 17.08.1987 - 20 W 262/87 - NJW-RR 1988, 225.
[7] *Hadding/Kießling* in: Soergel, § 727 Rn. 4.
[8] BGH v. 20.05.1981 - V ZB 25/79 - juris Rn. 16 - LM Nr. 21 zu § 1353 BGB.
[9] *Hadding/Kießling* in: Soergel, § 727 Rn. 5.
[10] *Hadding/Kießling* in: Soergel, § 727 Rn. 9.
[11] *Hadding/Kießling* in: Soergel, § 727 Rn. 10.
[12] *Ulmer/Schäfer*, Gesellschaft bürgerlichen Rechts und Partnerschaftsgesellschaft, 5. Aufl. 2009, § 727 Rn. 24-25.

3. Fortsetzungsbeschluss

8   Die nach dem Tod eines Gesellschafters als Abwicklungsgesellschaft mit den Erben des Verstorbenen fortbestehende Gesellschaft kann, solange die Abwicklung noch nicht voll durchgeführt ist, durch **einstimmigen Beschluss aller Gesellschafter** in eine werbende Gesellschaft zurückverwandelt werden.[13] Der Fortsetzungsbeschluss kann so lange nicht gefasst werden, wie sich die Erben des Verstorbenen (zunächst Erbengemeinschaft) über dessen Gesellschaftsanteil nicht auseinandergesetzt haben. Im Fortsetzungsbeschluss wird aber – zumindest hinsichtlich des Gesellschaftsanteils – eine Teilauseinandersetzung liegen. Durch die Zustimmung der Miterben wird jeder von ihnen einzeln Gesellschafter der werbenden Gesellschaft.[14]

II. Abweichende gesellschaftsvertragliche Gestaltungen (Absatz 2 Alternative 2)

9   Nach der gesetzlichen Regel führt der Tod eines Gesellschafters dazu, dass die Gesellschaft aufgelöst wird. Der Erbe tritt an die Stelle des Gesellschafters. Sind mehrere Erben vorhanden, so sind nicht die einzelnen Erben als Gesellschafter in die aufgelöste Gesellschaft aufzunehmen, sondern Gesellschafterin ist die Erbengemeinschaft. Die Gesellschafter haben sich nach allgemeinen Regeln auseinanderzusetzen.

1. Fortsetzungsklausel (§ 736 Abs. 1 BGB)

10 Eine andere Möglichkeit ist die Fortsetzung der Gesellschaft bei Tod des Gesellschafters ohne dessen Erben. Diese Lösung ist für die OHG (§ 131 Abs. 3 Nr. 1 HGB) die gesetzliche. Eine solche **Fortsetzungsklausel** kann auch bei der BGB-Gesellschaft vorgesehen werden; das Gesetz hat sie in § 736 Abs. 1 BGB ausdrücklich zugelassen: Bestimmt der Gesellschaftsvertrag, dass die Gesellschaft unter den übrigen Gesellschaftern fortgesetzt werden soll, wenn ein Gesellschafter stirbt, so scheidet der Gesellschafter mit seinem Tod aus der Gesellschaft aus. Der Erbe wird nicht mehr Gesellschafter. Folge der Fortsetzungsklausel ist die **Anwachsung und Abfindung** nach § 738 BGB: Der Gesellschaftsanteil des Verstorbenen fällt den übrigen Gesellschaftern zu (§ 738 Abs. 1 Satz 1 BGB); der Abfindungsanspruch (§ 738 Abs. 1 Satz 2 BGB) fällt in den Nachlass. Es ist in der Rechtsprechung und im Schrifttum die Möglichkeit anerkannt, dass im Gesellschaftsvertrag für den Fall des Todes eines Gesellschafters der **Abfindungsanspruch** für die Erben des verstorbenen Gesellschafters **ausgeschlossen** werden kann. Eine solche Regelung kann nicht als ein unzulässiger Eingriff in die Bestimmungen des Erbrechts angesehen werden, denn sie führt nicht zu einer Änderung der Bestimmungen über die Erbfolge, sondern hat lediglich zur Folge, dass beim Tode eines Gesellschafters ein Abfindungsanspruch gegen die Gesellschaft nicht zur Entstehung gelangt. Die Befugnis, eine solche Regelung im Gesellschaftsvertrag im Interesse des Gesellschaftsunternehmens zu treffen, muss den Gesellschaftern zugebilligt werden.[15]

11 Bei einer Fortsetzung der Gesellschaft gem. § 736 BGB, d.h. bei einer Fortsetzung der Gesellschaft bei Tod des Gesellschafters unter den übrigen Gesellschaftern ohne die Erben (**Fortsetzungsklausel**), **trifft die Erben die Pflicht** aus § 727 Abs. 2 Satz 1 BGB **nicht**: Sie sind weder zur Notgeschäftsführung (vgl. Rn. 5) noch zur Anzeige des Todesfalls (vgl. Rn. 5) verpflichtet.[16]

2. Erbrechtliche Nachfolgeklausel

12 Der Gesellschaftsvertrag kann eine sog. **Nachfolgeklausel** vorsehen, die etwa lauten kann: „Beim Tod eines Gesellschafters geht der Anteil auf dessen Erben über."

13 Rechtsfolge einer solchen Klausel ist: Die Gesellschaft wird **nicht aufgelöst**, sondern automatisch **mit den nachrückenden Erben fortgeführt**. Ist ein bestimmter Erbe als Nachfolger benannt, handelt es sich um eine qualifizierte Nachfolgeklausel (vgl. Rn. 16).

14 Sind mehrere Erben vorhanden, so wird nicht die Erbengemeinschaft Gesellschafter der werbenden Gesellschaft, sondern vielmehr jeder Miterbe mit einem seinem Erbteil entsprechenden Gesellschaftsanteil; die Mitgliedschaft gelangt beim Tode ihres Inhabers im Wege der Sondererbfolge (**Singular-

---

[13] OLG Frankfurt v. 17.08.1987 - 20 W 262/87 - NJW-RR 1988, 225; BGH v. 04.04.1951 - II ZR 10/50 - juris Rn. 6 - BGHZ 1, 324-334.

[14] *Hadding/Kießling* in: Soergel, § 727 Rn. 6.

[15] BGH v. 22.11.1956 - II ZR 222/51 - juris Rn. 20 - BGHZ 22, 186-197; vgl. BGH v. 14.07.1971 - III ZR 91/70 - WM 1971, 1338-1341; *Schmidt*, Gesellschaftsrecht, 4. Aufl. 2002, § 45 V 3 b = S. 1336-1337.

[16] *Ulmer/Schäfer*, Gesellschaft bürgerlichen Rechts und Partnerschaftsgesellschaft, 5. Aufl. 2009, § 727 Rn. 24-25.

sukzession) unmittelbar und geteilt, ohne weiteres Dazutun, an die mehreren Nachfolger-Erben.[17] Man spricht insoweit von einer Sonderzuordnung des vererbten Anteils; es kommt zu einem automatischen Splitting der vererbten Mitgliedschaft. Der Anteil des Erblassers fällt nicht ungeteilt in den Nachlass, denn eine **Erbengemeinschaft** kann **nicht Gesellschafter** einer **werbenden Gesellschaft** sein.[18] Einen positivierten Ansatzpunkt findet die h.M., wonach mehrere Erben nicht als Erbengemeinschaft, sondern als einzelne Gesellschafter Mitglieder der Gesellschaft werden, in § 139 HGB. Diese Vorschrift bringt zum Ausdruck, dass jeder Erbe als einzelner Mitglied der Gesellschaft wird, denn nach dieser Bestimmung kann jeder Erbe (!) sein (!) Verbleiben in der Gesellschaft davon abhängig machen, dass ihm eine Kommanditistenstellung eingeräumt wird. Die Sonderzuordnung steht nicht im Widerspruch zum Prinzip der erbrechtlichen Universalsukzession, sondern beruht alleine darauf, dass das Gesetz jeden Miterben als Einzelgesellschafter ansieht. Das automatische Splitting ist nichts anderes als eine kraft Gesetzes vollzogene Teilauseinandersetzung der Erbengemeinschaft.[19] Nach h.M. handelt es sich beim Erwerb der Mitgliedschaft bei Nachfolgeklausel um einen **erbrechtlichen Erwerb**, also eine Nachfolge von Todes wegen.[20] Der Gesellschaftsanteil fällt dem Erben ohne sein Zutun und unabhängig von seinem Willen an. Im Unterschied zur Eintrittsklausel (vgl. Rn. 19) muss der Erbe die Erbschaft ausschlagen, wenn er die Gesellschafterstellung nicht wünscht (§ 1953 BGB). Trotz Sondererbfolge gehört die Mitgliedschaft, auch wenn sie nicht in die Erbengemeinschaft fällt, **zum Nachlass**.[21]

Soll beim Anfall an mehrere Miterben eine Zersplitterung der Zuständigkeiten vermieden werden, so werden die Gesellschafterrechte zweckmäßigerweise durch eine sog. **Vertreterklausel** gebündelt.[22] Die Gesellschaftererben dürfen dann nur gemeinschaftlich oder durch einen gemeinsamen Vertreter ihre Gesellschafterrechte wahrnehmen.[23]

3. Qualifizierte Nachfolgeklausel

Eine **qualifizierte Nachfolgeklausel** liegt vor, wenn nicht alle Erben, sondern nur einer oder einige von ihnen in die Gesellschafterstellung einrücken sollen. Sie könnte z.B. lauten: „Beim Tod eines Gesellschafters wird die Gesellschaft immer nur mit dem ältesten leiblichen Abkömmling des Verstorbenen als Nachfolger fortgesetzt."

Der Sinn einer solchen qualifizierten Nachfolgeklausel besteht darin, dass dem oder den in der Nachfolgeklausel Genannten unmittelbar die Mitgliedschaft zufällt.[24] Lässt der Gesellschaftsvertrag die Nachfolge in den Anteil eines Gesellschafters nur für einen von mehreren Miterben zu, so erwirbt dieser den Anteil beim Tode des Gesellschafters **unmittelbar** im Ganzen.[25] Eine qualifizierte Nachfolgeklausel in den Gesellschaftsanteil ist auch in der Weise zulässig, dass nur einige von mehreren Miterben gesellschaftsvertraglich Nachfolger des Erblassers werden können (Nachfolgeklausel bestimmt, dass der Gesellschafter das Recht hat, seinen Gesellschaftsanteil auf zwei seiner Kinder zu übertragen). Die zu Nachfolgern bestimmten Miterben (d.h. die später namentlich benannten Kinder) erwerben dann den Gesellschaftsanteil – unabhängig von ihrer allgemeinen Erbquote – unmittelbar im Wege der Einzelrechtsnachfolge zu gleichen Teilen.[26] Auch bei der qualifizierten Nachfolgeklausel findet eine **erbrechtliche Nachfolge** statt. Die qualifizierte Nachfolgeklausel funktioniert wie eine **dinglich wir-**

---

[17] BGH v. 14.05.1986 - IVa ZR 155/84 - juris Rn. 16 - BGHZ 98, 48-59.
[18] BGH v. 10.02.1977 - II ZR 120/75 - juris Rn. 26 - BGHZ 68, 225-241; BGH v. 22.11.1956 - II ZR 222/55 - juris Rn. 16 - BGHZ 22, 186-197; ander ist dies bei der aufgelösten Gesellschaft (vgl. Rn. 4).
[19] *Schmidt*, Gesellschaftsrecht, 4. Aufl. 2002, § 45 V 4 a = S. 1339-1341.
[20] *Schmidt*, Gesellschaftsrecht, 4. Aufl. 2002, § 45 V 4 b = S.1341-1342.
[21] BGH v. 14.05.1986 - IVa ZR 155/84 - BGHZ 98, 48-59; *Schmidt*, Gesellschaftsrecht, 4. Aufl. 2002, § 45 V 4 c = S. 1342-1343.
[22] Für die Kommanditgesellschaft: BGH v. 12.12.1966 - II ZR 41/65 - BGHZ 46, 291-300.
[23] Für die BGB-Gesellschaft nicht unproblematisch; dazu: *Schmidt*, Gesellschaftsrecht, 4. Aufl. 2002, § 21 II 5 = S. 621-624.
[24] Der andere Gesellschafter kann aufgrund seiner gesellschaftlichen Treuepflicht gehalten sein, der von einem Mitgesellschafter aus Alters- und Gesundheitsgründen gewünschten Vorwegnahme der im Gesellschaftsvertrag für den Fall seines Todes getroffenen Nachfolgeregelung zuzustimmen (BGH v. 08.11.2004 - II ZR 350/02 - WM 2005, 39-41).
[25] BGH v. 10.02.1977 - II ZR 120/75 - juris Rn. 27 - BGHZ 68, 225-241.
[26] OLG München v. 25.03.1980 - 5 U 3711/79 - MDR 1981, 587.

kende Teilungsanordnung.[27] Auch bei der qualifizierten Nachfolgeklausel fällt die Mitgliedschaft den Nachfolge-Erben als **Nachlassgegenstand** an, und zwar so, als wäre sie im Wege der Teilauseinandersetzung aus der Erbengemeinschaft übertragen worden.

18 Den nicht zugelassenen Erben kann gegen den Nachfolger ein **erbrechtlicher Ausgleichsanspruch** zustehen.[28] Dies kann in der letztwilligen Verfügung geregelt werden. Fehlt eine letztwillige Regelung, werden teilweise die §§ 2050-2057a BGB in entsprechender Anwendung herangezogen; auch § 242 BGB wird genannt. *Schmidt* empfiehlt auch noch die Besinnung darauf, dass die qualifizierte Nachfolgeklausel wie eine mit dem Erbfall vollzogene Teilungsanordnung funktioniert; fehlt eine entgegenstehende Anordnung, so ist der Wert des Gesellschaftsanteils bei der Erbauseinandersetzung in Anschlag zu bringen. Die nicht zu Nachfolgern bestimmten Erben erhalten einen Ausgleich. Will der Erblasser den Nachfolgererben bevorzugen, ihm also die vererbte Mitgliedschaft vorab zukommen lassen, so muss er dies im Wege eines Vorabvermächtnisses im Testament zum Ausdruck bringen. Verweist ein vorhandenes Testament auf die Klausel des Gesellschaftsvertrags, so ist es eine Auslegungsfrage, ob der Erblasser damit zum Ausdruck bringen wollte, dass der Nachfolgererbe die Beteiligung vorab ohne Ausgleichspflicht erhalten sollte.[29] **Gesellschaftsrechtliche Abfindungsansprüche** gegen die Gesellschaft (§ 738 BGB) bestehen nicht, denn in gesellschaftsrechtlicher Hinsicht ändert sich nur die Person des Gesellschafters, es findet aber keine Anwachsung statt.

4. Eintrittsklausel

19 Als Eintrittsklausel bezeichnet man eine Vertragsklausel, die einzelnen Erben oder Nichterben ein **Recht zum Beitritt** zur Gesellschaft gibt. Die Vereinbarung einer Eintrittsklausel ist ein **echter Vertrag zugunsten Dritter** (§ 328 BGB): Der Begünstigte kann von den Mitgesellschaftern Aufnahme in die Gesellschaft verlangen. Daher enthält eine Eintrittsklausel eine stillschweigend vereinbarte Fortsetzungsklausel (vgl. Rn. 10). Die Hauptschwierigkeit der Eintrittsklausel liegt in der Abfindungsfrage, denn es kann passieren, dass sich die Gesellschafter beim Tod des Mitgesellschafters sowohl den **Eintrittsansprüchen des Dritten** als auch zugleich den **Abfindungsansprüchen der Erben** ausgesetzt sehen:[30]

- Ist der Eintrittsberechtigte zugleich **Miterbe** und war dies auch so in Aussicht genommen, ist zu prüfen, ob die Klausel für diesen Fall als qualifizierte Nachfolgeklausel ausgelegt werden kann. Selbst wenn das nicht der Fall sein sollte, wird im Zweifel immer noch dasselbe wirtschaftliche Ergebnis gewollt sein wie bei einer qualifizierten Nachfolgeklausel: Die Gesellschaft muss die anderen Erben nicht abfinden, wohl aber muss sich der nachfolgende Erbe den Vorteil bei der Erbauseinandersetzung anrechnen lassen. Durch ein Vorausvermächtnis kann der Nachfolger-Erbe vor den Ausgleichsansprüchen seiner Miterben geschützt werden.

- Ist der Eintrittsberechtigte ein **Dritter**, so steht ihm im Zweifel ein Eintrittsrecht nur zu, wenn er eine Einlage leistet, die dem Abfindungsanspruch der Erben entspricht; anders, wenn die Klausel so ausgelegt werden kann, dass der Abfindungsanspruch der Erben gegen die Gesellschaft ausgeschlossen (vgl. Rn. 10) ist.

20 **Vermächtnisse** sind möglich. Das Vermächtnis ist dann auf Übertragung eines vorhandenen und vererbten Anteils gerichtet. Beschwert wird durch das Vermächtnis der Erbe: Nur wer einen Anteil geerbt hat, kann durch Vermächtnis zur Übertragung der Beteiligung verpflichtet werden. Das Vermächtnis setzt daher eine Nachfolgeklausel (vgl. Rn. 12) voraus.

5. Gesellschaftsvertragliche Nachfolgeklausel

21 Sehr umstritten ist, ob es **rein gesellschaftsrechtliche Nachfolgeklauseln** geben kann. Darauf kommt es an, wenn bei einer qualifizierten Nachfolgeklausel der bestimmte Nachfolger nicht Erbe ist. Ein erbrechtlicher Erwerb kann dann jedenfalls nicht vorliegen. Eine solche rechtsgeschäftliche Nachfolgeklausel ist **wirksam**,

- wenn der Nachfolger selbst **Gesellschafter** und damit am Rechtsgeschäft beteiligt ist;[31]

---

[27] *Schmidt*, Gesellschaftsrecht, 4. Aufl. 2002, § 45 V 5 b = S. 1344-1345.
[28] BGH v. 22.11.1956 - II ZR 222/55 - juris Rn. 22 - BGHZ 22, 186-197.
[29] Vgl. *Schmidt*, Gesellschaftsrecht, 4. Aufl. 2002, § 45 V 5 c = S. 1345-1346.
[30] *Schmidt*, Gesellschaftsrecht, 4. Aufl. 2002, § 45 V 6 a = S. 1346-1347.
[31] BGH v. 10.02.1977 - II ZR 120/75 - juris Rn. 22 - BGHZ 68, 225-241.

- wenn der Nachfolger zwar **nicht Gesellschafter** ist, aber der gesellschaftsrechtlichen Nachfolgeklausel als Vertragspartner beigetreten ist; zwischen dem Gesellschafter und ihm wirkt die Klausel als aufschiebend bedingte Anteilsübertragung.

Allerdings spricht eine Vermutung dafür, dass eine gesellschaftsvertragliche Nachfolgeklausel im Zweifel als erbrechtliche Nachfolgeklausel auszulegen ist.[32]

Liegt eine gesellschaftsrechtliche Nachfolgeklausel vor, ist der Begünstigte aber weder Gesellschafter noch an der Vertragsregelung beteiligt, so ist die Klausel **unwirksam**: Hinsichtlich der Mitgliedschaftsrechte würde es sich um eine Verfügung zugunsten Dritter, hinsichtlich der Mitgliedschaftspflichten um eine Verfügung zulasten Dritter handeln; jedenfalls letztere gibt es nicht.[33] Da eine Einbeziehung Dritter durch eine gesellschaftsrechtliche Nachfolgeklausel nicht möglich ist, geht eine solche Nachfolgeklausel ins Leere, wenn der durch die Klausel Berufene nicht Erbe wird. In einem solchen Fall kann aber eine **Umdeutung** in eine Eintrittsklausel (vgl. Rn. 19) in Betracht kommen.[34]

6. Testamentsvollstreckung

Vgl. dazu: BGH v. 03.07.1989 - II ZB 1/89 - BGHZ 108, 187-199; *Schmidt*, Gesellschaftsrecht, 4. Aufl. 2002, § 45 V 8 = S. 1350-1354.

C. Arbeitshilfen – Musterklauseln

Beispiel für eine **Nachfolgeklausel**: „Beim Tod eines Gesellschafters geht der Anteil auf dessen Erben über."

Beispiel für eine **qualifizierte Nachfolgeklausel**: „Beim Tod eines Gesellschafters wird die Gesellschaft immer nur mit dem ältesten leiblichen Abkömmling des Verstorbenen als Nachfolger fortgesetzt."

---

[32] BayObLG München v. 27.06.1980 - BReg 1 Z 47/80 - DB 1980, 2028-2029.
[33] BGH v. 10.02.1977 - II ZR 120/75 - juris Rn. 20 - BGHZ 68, 225-241.
[34] BGH v. 29.09.1977 - II ZR 214/75 - NJW 1978, 264-267.

§ 728 BGB Auflösung durch Insolvenz der Gesellschaft oder eines Gesellschafters

(Fassung vom 02.01.2002, gültig ab 01.01.2002)

(1) ¹Die Gesellschaft wird durch die Eröffnung des Insolvenzverfahrens über das Vermögen der Gesellschaft aufgelöst. ²Wird das Verfahren auf Antrag des Schuldners eingestellt oder nach der Bestätigung eines Insolvenzplans, der den Fortbestand der Gesellschaft vorsieht, aufgehoben, so können die Gesellschafter die Fortsetzung der Gesellschaft beschließen.

(2) ¹Die Gesellschaft wird durch die Eröffnung des Insolvenzverfahrens über das Vermögen eines Gesellschafters aufgelöst. ²Die Vorschrift des § 727 Abs. 2 Satz 2, 3 findet Anwendung.

Gliederung

A. Grundlagen 1	4. Fortsetzung der Gesellschaft (Absatz 1 Satz 2) 5
B. Anwendungsvoraussetzungen 2	II. Die Insolvenz des Gesellschafters (Absatz 2) 6
I. Die Insolvenz der Gesellschaft (Absatz 1) 2	1. Auflösung oder Ausscheiden des insolventen Gesellschafters (Absatz 2 Satz 1) 6
1. Insolvenzantrag 2	
2. Eröffnungsgründe 3	
3. Auflösung durch Eröffnung des Insolvenzverfahrens 4	2. Geschäftsführung (Absatz 2 Satz 2) 8

A. Grundlagen

1   **Absatz 1** regelt die Folgen der **Insolvenz der Gesellschaft**. Seit dem In-Kraft-Treten des § 11 Abs. 2 Nr. 1 InsO ist die Insolvenzfähigkeit der BGB-Gesellschaft anerkannt. Mit dem Beschluss über die Eröffnung des Insolvenzverfahrens wird die Gesellschaft **aufgelöst**. **Absatz 2** betrifft die Folgen der **Insolvenz eines Gesellschafters**. Da gem. § 80 Abs. 1 InsO mit der Eröffnung des Insolvenzverfahrens das Recht des Gesellschafters zur Verwaltung seines Vermögens auf den Insolvenzverwalter übergeht, könnte er ab diesem Zeitpunkt seine Verwaltungsrechte innerhalb der Gesellschaft nicht mehr ausüben; mit Blick auf § 717 Satz 1 BGB können sie aber auch nicht auf den Insolvenzverwalter übergehen. Daher sieht § 728 Abs. 2 BGB die Auflösung der Gesellschaft vor. D.h., die Gesellschaft ist grundsätzlich zu liquidieren, wenn nicht der Gesellschaftsvertrag für diesen Fall eine Fortsetzungsklausel vorsieht, § 736 Abs. 1 BGB. In diesem Fall hat sich die Gesellschaft mit dem ausscheidenden Gesellschafter auseinanderzusetzen. Dessen Abfindungsanspruch gem. § 738 BGB fällt dann in die Insolvenzmasse.

B. Anwendungsvoraussetzungen

I. Die Insolvenz der Gesellschaft (Absatz 1)

1. Insolvenzantrag

2   Die **Insolvenzfähigkeit** der BGB-Gesellschaft ist seit In-Kraft-Treten des § 11 Abs. 2 Nr. 1 InsO anerkannt. **Insolvenzantragsberechtigt** ist außer den Gläubigern und den vertretungsberechtigten Gesellschaftern – sowie bei Zulassung einer fremdorganschaftlichen Handlungsverfassung (vgl. die Kommentierung zu § 709 BGB Rn. 4) jeder Organwalter des abstrakten Geschäftsführungsorgans (vgl. die Kommentierung zu § 709 BGB Rn. 8) – auch jeder andere Gesellschafter, § 15 Abs. 1 InsO.

2. Eröffnungsgründe

3   Eröffnungsgründe (§ 16 InsO) sind:
- **Zahlungsunfähigkeit** (§ 17 InsO),
- bei Antrag der Gesellschaft auch **drohende Zahlungsunfähigkeit** (§ 18 InsO),
- **Überschuldung** (§ 19 Abs. 3 InsO), sofern kein Gesellschafter eine natürliche Person ist; das gilt allerdings nicht, wenn an der BGB-Gesellschaft eine andere Gesellschaft beteiligt ist, bei der ein persönlich haftender Gesellschafter eine natürliche Person ist.

3. Auflösung durch Eröffnung des Insolvenzverfahrens

Mit dem **Beschluss über die Eröffnung des Insolvenzverfahrens** gem. § 27 InsO wird die Gesellschaft **zwingend aufgelöst**. Wird dagegen der Antrag auf Eröffnung des Insolvenzverfahrens **mangels Masse abgelehnt** (§ 26 InsO), kommt es zu keiner Auflösung der Gesellschaft.[1] Wird das Insolvenzverfahren eröffnet, tritt an die Stelle der Auseinandersetzung das **Insolvenzverfahren** (vgl. die Kommentierung zu § 730 BGB). Während des Insolvenzverfahrens können die Ansprüche der Gesellschaft gegen die Gesellschafter aus dem Gesellschaftsverhältnis (Sozialansprüche, vgl. die Kommentierung zu § 705 BGB Rn. 54) nur durch den Insolvenzverwalter geltend gemacht werden. Ebenso kann gem. § 93 InsO während der Dauer des Insolvenzverfahrens die persönliche Haftung der Gesellschafter (vgl. die Kommentierung zu § 714 BGB Rn. 16) für die Gesellschaftsschulden nur vom Insolvenzverwalter geltend gemacht werden; das gilt auch für die Haftung von ausgeschiedenen Gesellschaftern für Altschulden (vgl. die Kommentierung zu § 736 BGB Rn. 12).[2] Hinsichtlich der Haftung dürfen nur Beträge eingefordert werden, die unter Berücksichtigung der vorhandenen Insolvenzmasse zur Befriedigung aller Insolvenzgläubiger erforderlich sind. Für nach Eröffnung des Insolvenzverfahrens entstehende **neue Verbindlichkeiten** haftet nur das Gesellschaftsvermögen. Gem. § 201 Abs. 1 InsO kann nach Aufhebung des Insolvenzverfahrens die persönliche Haftung der Gesellschafter wieder unbeschränkt geltend gemacht werden; soweit aufgrund eines Insolvenzplans die Gesellschaftsgläubiger befriedigt wurden, erlischt auch die persönliche Haftung der Gesellschafter (§ 227 InsO).

4. Fortsetzung der Gesellschaft (Absatz 1 Satz 2)

Die Gesellschafter können den Fortbestand der Gesellschaft beschließen, wenn (alternativ)
- das Verfahren auf Antrag der Gesellschaft eingestellt (§§ 212, 213 InsO) wurde,
- das Verfahren nach Bestätigung des Insolvenzplans (§§ 248-253 InsO), der den Fortbestand der Gesellschaft vorsieht (§ 221 InsO), aufgehoben wurde.

II. Die Insolvenz des Gesellschafters (Absatz 2)

1. Auflösung oder Ausscheiden des insolventen Gesellschafters (Absatz 2 Satz 1)

Mit der Eröffnung des Insolvenzverfahrens über das Vermögen des Gesellschafters wird die **Gesellschaft aufgelöst**. Der Gesellschaftsvertrag kann für diesen Fall vorsehen, dass die Gesellschaft **unter den übrigen Gesellschaftern fortgeführt** werden soll (§ 736 Abs. 1 BGB). Fehlt es an einer entsprechenden gesellschaftsvertraglichen Vorkehrung für den Fall der Insolvenz eines Gesellschafters, so ist die Fortsetzung durch die übrigen Gesellschafter nur mit **Zustimmung des Insolvenzverwalters** möglich.[3] Der Gemeinschuldner, der gem. § 738 BGB abzufinden ist, scheidet dann aus der Gesellschaft aus. § 728 Abs. 2 BGB ist insoweit zwingend, als die Gesellschaft mit dem Gemeinschuldner nicht fortbestehen kann.[4] Der Anteil des Gemeinschuldners, bei Ausscheiden sein Abfindungsanspruch, fallen in die Masse. Die **Auseinandersetzung** findet **außerhalb des Insolvenzverfahrens** statt (§ 84 Abs. 1 Satz 1 InsO).[5] Die Rechte des Gemeinschuldners im Rahmen der Auseinandersetzung werden durch den Insolvenzverwalter wahrgenommen.[6] Die Mitgesellschafter können für Ansprüche aus dem Gesellschaftsverhältnis aus dem dabei ermittelten Anteil **abgesonderte Befriedigung** verlangen (§ 84 Abs. 1 Satz 2 InsO). Die Masse hat Anspruch auf den Überschuss.

Die **Trennung der Vermögensmassen** von rechtfähiger **BGB-Gesellschaft** und **Gesellschafter** sind gerade auch in der Insolvenz zu beachten. Wird z.B. über das Vermögen eines Gesellschafters einer BGB-Gesellschaft das Insolvenzverfahren eröffnet, kann ein Insolvenzvermerk gem. § 32 Abs. 1 Nr. 1 InsO für ein Grundstück der BGB-Gesellschaft nicht eingetragen werden. Das Grundstück ist eben nicht Schuldnereigentum und gehört damit nicht zur Insolvenzmasse, deren Schutz § 32 InsO bezweckt. Zur Insolvenzmasse gehört lediglich das Anteilsrecht, bzw. der Auseinandersetzungs- oder Abfindungsanspruch des Gesellschafters. Die Massezugehörigkeit dieses Anspruchs kann aber nicht durch Eintragung eines Insolvenzvermerks nach § 32 InsO kenntlich gemacht werden.[7]

---

[1] BGH v. 08.10.1979 - II ZR 257/78 - BGHZ 75, 178-183.
[2] *Sprau* in: Palandt, § 728 Rn. 1.
[3] *Ulmer/Schäfer*, Gesellschaft bürgerlichen Rechts und Partnerschaftsgesellschaft, 5. Aufl. 2009, § 728 Rn. 43.
[4] *Hadding/Kießling* in: Soergel, § 728 Rn. 17.
[5] Z.B.: OLG Rostock v. 11.09.2003 - 7 W 54/03 - NJW-RR 2004, 260-261.
[6] OLG Zweibrücken v. 30.05.2001 - 3 W 3/01 - ZIP 2001, 1207-1209.
[7] OLG Rostock v. 11.09.2003 - 7 W 54/03 - NJW-RR 2004, 260-261.

2. Geschäftsführung (Absatz 2 Satz 2)

8   Bei der Auflösung der Gesellschaft durch Insolvenz sind gem. §§ 728 Abs. 2 Satz 2, 727 Abs. 2 Satz 2 BGB die **übrigen Gesellschafter** zur **einstweiligen Fortführung** der ihnen übertragenen Geschäfte (wie im Falle des Todes eines Gesellschafters) verpflichtet, sofern mit einem Aufschub **Gefahr** verbunden ist. Im Rahmen dieser Tätigkeit sind die geschäftsführende Gesellschafter gem. § 118 Satz 1 InsO Massegläubiger. Die in § 729 BGB begründete Fiktion des Fortbestands der Geschäftsführungsbefugnis greift auch im Falle der insolvenzbedingten Auflösung ein. Mit den Ansprüchen aus der Fortführung der Geschäfte während der Zeit, in der er die Eröffnung des Insolvenzverfahrens ohne sein Verschulden nicht kannte, ist er Insolvenzgläubiger; allerdings kann weiterhin zu seinen Gunsten § 84 Abs. 1 InsO greifen (§ 118 Satz 2 InsO). Dem **Insolvenzverwalter** steht die Befugnis zur Notgeschäftsführung nicht zu; selbst dann nicht, wenn die Geschäftsführung im Gesellschaftsvertrag dem Gemeinschuldner übertragen wurde.[8] Das folgt im Gegenschluss aus § 728 Abs. 2 Satz 2 BGB i.V.m. § 727 Abs. 2 Satz 2 BGB. Zur **weiteren Geschäftsführung** ist aber nunmehr die Mitwirkung des Insolvenzverwalters erforderlich: denn mit der Auflösung der Gesellschaft steht die Geschäftsführung nunmehr allen Gesellschaftern gemeinschaftlich zu (§ 730 Abs. 2 Satz 2 HS. 2 BGB); im Rahmen der Gesamtgeschäftsführungsbefugnis nimmt der Insolvenzverwalter die Funktionen des Schuldners als Geschäftsführer wahr (§ 80 InsO). Vermittels der Vorschrift des § 714 BGB wird so von der Eröffnung des Insolvenzverfahrens über das Vermögen eines Gesellschafters auch die **Vertretung** der Gesellschaft betroffen; die Befugnis der Gesellschaft als solcher, über ein Grundstück zu **verfügen**, als dessen Eigentümerin sie im Grundbuch eingetragen ist, bleibt aber von der Eröffnung des Insolvenzverfahrens über das Vermögen eines Gesellschafters unberührt.[9]

---

[8] *Ulmer/Schäfer*, Gesellschaft bürgerlichen Rechts und Partnerschaftsgesellschaft, 5. Aufl. 2009, § 728 Rn. 39.
[9] KG v. 28.12.2010 - 1 W 409/10 - ZIP 2011, 370-372.

§ 729 BGB Fortdauer der Geschäftsführungsbefugnis

(Fassung vom 02.01.2002, gültig ab 01.01.2002)

¹Wird die Gesellschaft aufgelöst, so gilt die Befugnis eines Gesellschafters zur Geschäftsführung zu seinen Gunsten gleichwohl als fortbestehend, bis er von der Auflösung Kenntnis erlangt oder die Auflösung kennen muss. ²Das Gleiche gilt bei Fortbestand der Gesellschaft für die Befugnis zur Geschäftsführung eines aus der Gesellschaft ausscheidenden Gesellschafters oder für ihren Verlust in sonstiger Weise.

Gliederung

A. Grundlagen	1	III. Gutgläubigkeit	6
B. Anwendungsvoraussetzungen	3	C. Rechtsfolgen	7
I. Auflösung der Gesellschaft (Satz 1)	4	D. Prozessuale Hinweise	8
II. Sonstige Fälle des Verlusts der Geschäftsführungsbefugnis (Satz 2)	5		

A. Grundlagen

Nach der gesetzlichen Regel des § 730 Abs. 2 Satz 2 BGB steht nach der **Auflösung** der Gesellschaft die **Geschäftsführungs-** und damit auch die **Vertretungsbefugnis allen Gesellschaftern gemeinschaftlich** zu. Nach Ansicht des historischen Gesetzgebers verliert die Verteilung der Geschäftsführung im Abwicklungsstadium ihre Gültigkeit; immerhin ist seit langem anerkannt, dass im Gesellschaftsvertrag die Geschäftsführung abweichend von der Regelung des § 730 Abs. 2 Satz 2 BGB geordnet werden kann.[1] Doch ist der heutige Rechtslehre schon teilweise weiter. Der dogmatische Ausgangspunkt des historischen Gesetzgebers ist heute überholt: Die Gesellschaft endet nicht mit ihrer Auflösung, sondern besteht in der Abwicklung als vollrechtsfähiges Rechtssubjekt fort. Für die frühere Lehre war § 730 Abs. 2 Satz 2 BGB konsequent: Mit der Auflösung der Gesellschaft fiel der Gesellschaftsvertrag und damit die gesellschaftsvertragliche Ordnung der Geschäftsführung weg. Auf der Grundlage des heute erreichten Standes der Gesellschaftsrechtswissenschaften gebietet der **Grundsatz der Kontinuität der Handlungsverfassung**, dass die Regelung der abstrakten Handlungsverfassung auch im Abwicklungsstadium gilt, d.h., dass die Ordnung der organschaftlichen Geschäftsführung und Vertretung in der werbenden Gesellschaft auch für die Abwicklungsgesellschaft gilt.[2] Rechtsdogmatisch lässt sich dieses Ergebnis damit begründen, dass eben aufgrund des Gesellschaftsvertrags etwas Abweichendes zu § 730 Abs. 2 Satz 2 BGB vereinbart ist, nämlich dass entsprechend dem Grundsatz der Kontinuität der Handlungsverfassung die Ordnung der organschaftlichen Geschäftsführung in der Abwicklungsgesellschaft derjenigen in der werbenden Gesellschaft entspricht.

1

Im Hinblick auf die gesetzliche Ausgangslage würde allerdings ein alleingeschäftsführungs- und alleinvertretungsberechtigter Gesellschafter bei ihm unbekannt gebliebener Auflösung der Gesellschaft **Gefahr** laufen, mit der Haftungsfolge des § 179 BGB seine (organschaftlichen) **Vertretungsbefugnisse zu überschreiten**. Hier greift zugunsten des geschäftsführenden Gesellschafters § 729 Satz 1 BGB. Nach dieser Vorschrift gilt zugunsten des hinsichtlich der Auflösung gutgläubigen Geschäftsführers seine Geschäftsführungs- und Vertretungsbefugnis als fortbestehend. Über die Vorschrift des § 169 BGB (vgl. die Kommentierung zu § 169 BGB) wird der gutgläubige Vertragspartner geschützt.

2

B. Anwendungsvoraussetzungen

Im Übrigen kann auf die Kommentierung zu § 674 BGB verwiesen werden.

3

I. Auflösung der Gesellschaft (Satz 1)

Die **dispositive** Vorschrift des § 729 BGB gilt für **alle Auflösungsfälle**.

4

---

[1] OLG Köln v. 31.05.1995 - 2 U 1/95 - NJW-RR 1996, 277-278.

[2] Vgl. dazu ausführlich: *Bergmann*, Die fremdorganschaftlich verfasste Offene Handelsgesellschaft, Kommanditgesellschaft und BGB-Gesellschaft als Problem des allgemeinen Verbandsrechts, 2002, § 4 B = S. 149-159 für die §§ 146, 150 HGB.

II. Sonstige Fälle des Verlusts der Geschäftsführungsbefugnis (Satz 2)

5 Die Vorschrift des § 729 BGB gilt für alle sonstigen Fälle, in denen ein Gesellschafter seine Geschäftsführungsbefugnis verliert. Dazu zählen insbesondere:
- Ausscheiden des handelnden Gesellschafters (vgl. die Kommentierung zu § 736 BGB),
- Entziehung der Geschäftsführungsbefugnis (vgl. die Kommentierung zu § 712 BGB).

III. Gutgläubigkeit

6 Beim **Kennenmüssen** richtet sich der Sorgfaltsmaßstab nach § 708 BGB.

C. Rechtsfolgen

7 Rechtsfolge ist, dass die **Geschäftsführungsbefugnis** und damit korrespondierend gem. § 714 BGB die **Vertretungsmacht** als **fortbestehend** gilt. Sofern die Geschäftsführungsbefugnis als fortbestehend gilt, kommt der **Sorgfaltsmaßstab** des § 708 BGB zur Anwendung. Der gutgläubige Geschäftsführer, der vom Wegfall seiner Geschäftsführungs- und Vertretungsbefugnis nichts weiß, **haftet nicht** gem. § 179 BGB. Es wird vielmehr in vollem Umfang die **Gesellschaft verpflichtet**, woraus natürlich eine Haftung des Gesellschafters (vgl. die Kommentierung zu § 714 BGB Rn. 16) entsprechend § 128 HGB folgen kann. Der **gutgläubige Vertragspartner** wird über § 169 BGB geschützt.

D. Prozessuale Hinweise

8 Die **Beweislast** für die Bösgläubigkeit trägt derjenige, der sie behauptet.[3]

---

[3] *Sprau* in: Palandt, § 729 Rn. 1.

§ 730 BGB Auseinandersetzung; Geschäftsführung

(Fassung vom 02.01.2002, gültig ab 01.01.2002)

(1) Nach der Auflösung der Gesellschaft findet in Ansehung des Gesellschaftsvermögens die Auseinandersetzung unter den Gesellschaftern statt, sofern nicht über das Vermögen der Gesellschaft das Insolvenzverfahren eröffnet ist.

(2) [1]Für die Beendigung der schwebenden Geschäfte, für die dazu erforderliche Eingehung neuer Geschäfte sowie für die Erhaltung und Verwaltung des Gesellschaftsvermögens gilt die Gesellschaft als fortbestehend, soweit der Zweck der Auseinandersetzung es erfordert. [2]Die einem Gesellschafter nach dem Gesellschaftsvertrag zustehende Befugnis zur Geschäftsführung erlischt jedoch, wenn nicht aus dem Vertrag sich ein anderes ergibt, mit der Auflösung der Gesellschaft; die Geschäftsführung steht von der Auflösung an allen Gesellschaftern gemeinschaftlich zu.

Gliederung

A. Grundlagen 1	III. Geschäftsführung und Vertretung 42
I. Kurzcharakteristik 1	1. Art der Geschäftsführung und Vertretung 42
II. Übergreifendes zu den §§ 730-735 BGB 5	2. Aufgabenkreis der Abwickler 47
B. Praktische Bedeutung 7	3. Umfang der Vertretungsmacht 48
I. Normstruktur 10	4. Abdingbarkeit 49
II. Auseinandersetzung der Gesellschaft (Absatz 1) 11	IV. Stellung der Gläubiger 50
1. Definition 11	**D. Prozessuale Hinweise/Verfahrenshinweise** 52
2. Abdingbarkeit 14	I. Zur Auseinandersetzungsklage 52
III. Fortbestehen als Abwicklungsgesellschaft (Absatz 2) 16	II. Zum Anspruch auf Zahlung des Auseinandersetzungsguthabens 64
C. Rechtsfolgen 20	III. Zu verschiedenen Einzelansprüchen 66
I. Pflichten der Gesellschafter 20	1. Ansprüche der Gesellschaft gegen Gesellschafter 66
1. Pflicht zur Mitwirkung an der Auseinandersetzung 20	2. Ansprüche der Gesellschafter gegen die Gesellschaft oder einzelne Mitgesellschafter 69
2. Gesellschaftsrechtliche Treuepflicht 21	IV. Konkurrenzen 71
3. Pflicht zur Zahlung rückständiger Beiträge und zur Erfüllung von Schadensersatzansprüchen ... 23	**E. Anwendungsfelder** 72
II. Rechte der Gesellschafter 24	I. Allgemein 72
1. Anspruch des Gesellschafters auf Auseinandersetzung 24	II. Gesamthands-Außengesellschaft 73
2. Einzelansprüche des Gesellschafters gegen die Gesellschaft oder die Mitgesellschafter ... 27	III. Innengesellschaft 74
3. Drittgläubigerforderungen eines Gesellschafters 31	1. Grundsätze und anwendbare Vorschriften 74
4. Anspruch auf Auszahlung des Auseinandersetzungsguthabens 35	2. Praxisrelevanz bei den Ehegatteninnengesellschaften 80
	IV. Nichteheliche Lebensgemeinschaften 84
	V. Stille Gesellschaft 93
	VI. Fehlerhafte Gesellschaft 94

A. Grundlagen

I. Kurzcharakteristik

§ 730 BGB ist die **Ausgangsvorschrift** zu den in den §§ 730-735 BGB niedergelegten Bestimmungen über die Auseinandersetzung der Gesellschaft. Normzweck der Vorschrift ist die Regelung der Kompetenzen für die Abwicklung, die einzelnen Schritte der Abwicklung werden in den §§ 731-735 BGB näher erfasst.[1] **1**

In § 730 Abs. 2 Satz 1 BGB ist als **wesentlicher Grundsatz der Liquidationsregelungen** bestimmt, dass eine **Gesellschaft nach Eintritt eines sie auflösenden Ereignisses nicht einfach erlischt**, sondern fortbesteht und sich **in eine Abwicklungsgesellschaft umwandelt**.[2] **2**

---

[1] *Schöne* in: Bamberger/Roth, § 730 Rn. 1; *Westermann* in: Erman, § 730 Rn. 1; *Kilian* in: Hensler/Strohn, § 730 Rn. 1.
[2] *Saenger* in: Hk-BGB, § 730 Rn. 1; *Habermeier* in: Staudinger, § 730 Rn. 1; *Kilian* in: Hensler/Strohn, § 730 Rn. 2.

§ 730

3 Die Erklärung hierfür ergibt sich aus den organisationsrechtlichen Elementen der GbR, insbesondere der Zuordnung des Gesellschaftsvermögens. Das Gesellschaftsvermögen würde im Falle der sofortigen Vollbeendigung der Gesellschaft herrenlos oder müsste sich zu Miteigentum der Gesellschafter umwandeln. Durch den Untergang der Gesellschaft fiele den Gesellschaftsgläubigern ein Schuldner weg und zugleich die Möglichkeit, auf das Gesellschaftsvermögen als ein von den Vermögen der Gesellschafter getrenntes Sondervermögen zurückzugreifen.[3] Um diese Folgen zu vermeiden ordnet das Gesetz nach Auflösung der Gesellschaft ihre Auseinandersetzung in Ansehung des Gesellschaftsvermögens an, § 730 Abs. 1 HS. 2 BGB.

4 Bei Auflösung einer Gesellschaft durch ein Insolvenzverfahren tritt dieses an die Stelle der Auseinandersetzung, § 730 Abs. 1 HS. 2 BGB. Die Ansprüche der Gesellschafter bestimmen sich dann nicht nach den §§ 730-735 BGB, sondern nach § 199 Satz 2 InsO.[4] Nur wenn nach Abschluss des Insolvenzverfahrens ausnahmsweise ein Überschuss verbleibt, wird dieser im Wege der Auseinandersetzung nach den §§ 730-735 BGB an die Gesellschaft verteilt.[5]

II. Übergreifendes zu den §§ 730-735 BGB

5 Die Vorschriften der §§ 730-735 BGB sind **allesamt dispositiv**. Nur soweit die Gesellschafter im Gesellschaftsvertrag oder nachträglich nichts anderes vereinbart haben, richtet sich das Verfahren der Auseinandersetzung nach den §§ 730-735 BGB.[6]

6 Die gesetzlichen Vorschriften über die Liquidation sind **keine Gläubigerschutzbestimmungen**. Bei der Auseinandersetzung handelt es sich vielmehr um eine interne Tätigkeit, auf deren Ausführung in einer bestimmten Art und Weise nur die Gesellschafter, nicht aber die Gläubiger einen Anspruch haben.[7] Dies ist auch nicht anders erforderlich, weil die Gläubiger auch nach der Auflösung durch die persönliche und unbeschränkte Haftung der Gesellschafter gesichert sind.[8]

B. Praktische Bedeutung

7 Die Auseinandersetzung in Form einer Abwicklung ist stets erforderlich, wenn und solange Gesellschaftsvermögen vorhanden ist[9] und keine andere Art der Auseinandersetzung im oben beschriebenen Sinne vereinbart ist.

8 Ist dagegen kein Gesellschaftsvermögen (mehr) vorhanden,[10] dann entfällt die Berechtigung für die Annahme einer fortbestehenden Abwicklungsgesellschaft. Die Gesellschaft ist vollbeendet, für eine Abwicklung ist kein Raum.[11] In diesen Fällen findet lediglich ein interner Ausgleich zwischen den Gesellschaftern über die schuldrechtlichen Ausgleichansprüche statt.[12] Hierzu besteht eine Verpflichtung im Rahmen der nachvertraglichen Pflichten.[13] Anwendungsvoraussetzungen.

9 Das Fortbestehen von Gesellschaftsverbindlichkeiten steht einer Vollbeendigung nicht zwingend entgegen. Allerdings besteht bei nicht durch Gesellschaftsvermögen gedeckten Verbindlichkeiten in der Regel ein Anspruch der Gesellschaft gegen die Gesellschafter auf Ausgleich des Fehlbetrages.[14] Dieser Anspruch gehört zum Gesellschaftsvermögen.[15]

---

[3] So *Habermeier* in: Staudinger, § 730 Rn. 1.
[4] *Saenger* in: Hk-BGB, § 730 Rn. 2.
[5] BGH v. 10.12.1984 - II ZR 28/84 - juris Rn. 16 - BGHZ 93, 159-164; *Westermann* in: Erman, § 730 Rn. 1; *Sprau* in: Palandt, § 730 Rn. 1.
[6] Allgemeine Ansicht, vgl. statt vieler *Habermeier* in: Staudinger, § 730 Rn. 2.
[7] *Sprau* in: Palandt, § 730 Rn. 2; *Schöne* in: Bamberger/Roth, § 730 Rn. 3.
[8] *Sprau* in: Palandt, § 730 Rn. 2; *Habermeier* in: Staudinger, § 730 Rn. 2; *v. Gamm* in: BGB-RGRK, 12. Aufl. 1978, § 730 Rn. 1.
[9] *Sprau* in: Palandt, § 730 Rn. 1.
[10] So z.B. wenn das Vermögen anderweit veräußert wurde, sich in einer Hand vereint oder generell bei Innengesellschaften: *Westermann* in: Erman, § 730 Rn. 2.
[11] *Ulmer/Schäfer* in: MünchKomm-BGB, § 730 Rn. 11; *Westermann* in: Erman, § 730 Rn. 2; *Kilian* in: Henssler/Strohn, § 730 Rn. 3.
[12] *Westermann* in: Erman, § 730 Rn. 2; *Schöne* in: Bamberger/Roth, § 730 Rn. 6; *Kilian* in: Henssler/Strohn, § 730 Rn. 4.
[13] *Ulmer/Schäfer* in: MünchKomm-BGB, § 730 Rn. 12.
[14] *Hadding/Kießling* in: Soergel, 13. Aufl., Vorbemerkungen vor § 730 Rn. 2.
[15] *Hadding/Kießling* in: Soergel, 13. Aufl., Vorbemerkungen vor § 730 Rn. 2.

I. Normstruktur

Absatz 1 regelt den Grundsatz, dass nach der Auflösung die Auseinandersetzung der Gesellschaft stattzufinden hat. **Absatz 2** regelt das Fortbestehen der Gesellschaft mit deren Auflösung als Abwicklungsgesellschaft.

10

II. Auseinandersetzung der Gesellschaft (Absatz 1)

1. Definition

Infolge der Auflösung tritt **automatisch** die **Umwandlung in eine Abwicklungsgesellschaft** (vgl. hierzu Rn. 16) und damit die Auseinandersetzung ein.[16] Die Auseinandersetzung ist die letzte Phase im Leben der Gesellschaft. Ihr **Zweck** ist es, das verbleibende Gesellschaftsvermögen unter den Gesellschaftsgläubigern und den Gesellschaftern zu verteilen, weil dies nicht automatisch im Moment der Auflösung geschieht.[17]

11

Definieren lässt sich die Auseinandersetzung als die Summe der Rechtsakte und Rechtsvorgänge, die zur Erreichung der Vermögensverteilung erforderlich sind.[18]

12

Die Auseinandersetzung hat stets den Eintritt eines Auflösungstatbestandes zur Voraussetzung.[19]

13

2. Abdingbarkeit

Die Auseinandersetzung nach den §§ 730-735 BGB ist abdingbar (vgl. Rn. 5). Die Gesellschafter können im Gesellschaftsvertrag oder durch eine spätere Vereinbarung ein ganz anderes Vorgehen als eine Auseinandersetzung wählen.[20] Die Vertragsfreiheit der Gesellschafter ist nur insoweit begrenzt, als die Gesellschafter für den Fall der Auflösung nicht die Abwicklung ausschließen können, ohne stattdessen eine andere Form der Auseinandersetzung zu vereinbaren.[21] Eine abweichende Regelung in diesem Sinne muss nicht ausdrücklich, sondern kann auch stillschweigend getroffen werden, sie kann insbesondere dem Verhalten der Gesellschafter nach der Auflösung entnommen werden.[22]

14

Folgende Erscheinungsformen können beispielsweise als Alternativen zur Auseinandersetzung nach den §§ 730-735 BGB auftreten:

15

- Anstatt des Auseinandersetzungsverfahrens können die Gesellschafter auch bestimmen, **dass bei Auflösung eine Bruchteilsgemeinschaft entstehen soll**.[23]
- Weiter kann bestimmt werden, dass **einer der Gesellschafter das Unternehmen fortführt** und die anderen Gesellschafter abgefunden werden.[24] Die Vereinbarung kann im Zusammenhang mit der Auflösung, aber auch schon im Gesellschaftsvertrag getroffen werden.[25] Fehlt für das Übernahmerecht eine darauf gerichtete spezielle rechtsgeschäftliche Grundlage, kann nach den Umständen des Einzelfalls ein gesetzliches Übernahmerecht in Analogie zu § 737 BGB begründet werden.[26] Die Übernahme geschieht – egal ob vereinbart oder in Ausübung eines gesetzlichen Übernahmerechts durchgeführt – im Zweifel durch Gestaltungserklärung.[27] Der Vollzug findet im Wege der Gesamtrechtsnachfolge statt.[28]

---

[16] *Saenger* in: Hk-BGB, § 730 Rn. 1; *Schöne* in: Bamberger/Roth, § 730 Rn. 1.
[17] *Saenger* in: Hk-BGB, § 730 Rn. 1.
[18] *Hadding/Kießling* in: Soergel, 13. Aufl., Vorbemerkungen vor § 730 Rn. 1.
[19] *Kilian* in: Henssler/Strohn, § 730 Rn. 6.
[20] *Ulmer/Schäfer* in: MünchKomm-BGB, § 730 Rn. 10, 63-92; *Schöne* in: Bamberger/Roth, § 730 Rn. 36-44.
[21] *Kilian* in: Henssler/Strohn, § 730 Rn. 19; *Hadding/Kießling* in: Soergel, 13. Aufl., Vorbemerkungen vor § 730 Rn. 4.
[22] *v. Gamm* in: BGB-RGRK, 12. Aufl. 1978, § 730 Rn. 1.
[23] *Sprau* in: Palandt, § 731 Rn. 1.
[24] OLG Schleswig v. 29.01.2004 - 5 U 46/97 - juris Rn. 3 - MedR 2004, 215, 216; BGH v. 09.10.1974 - IV ZR 164/73 - juris Rn. 30 - NJW 1974, 2278-2279; *Ulmer/Schäfer* in: MünchKomm-BGB, § 730 Rn. 65-67; *Westermann* in: Erman, § 730 Rn. 17-18; *Sprau* in: Palandt, § 731 Rn. 1; *Schöne* in: Bamberger/Roth, § 730 Rn. 37-42.
[25] *Westermann* in: Erman, § 730 Rn. 17.
[26] *Schöne* in: Bamberger/Roth, § 730 Rn. 39.
[27] *Westermann* in: Erman, § 730 Rn. 18; *Schöne* in: Bamberger/Roth, § 730 Rn. 40.
[28] *Schöne* in: Bamberger/Roth, § 730 Rn. 41; *Westermann* in: Erman, § 730 Rn. 18.

- Auch kann die **Übertragung des Gesellschaftsunternehmens** mit allen Aktiven und Passiven **auf einen Dritten** bestimmt werden.[29] Ein entsprechender Beschluss erfordert die Zustimmung sämtlicher Gesellschafter.[30] Der Vollzug der Übertragung erfolgt anders als im oben genannten Fall der Fortführung des Unternehmens durch einen Gesellschafter nicht im Wege der Gesamtrechtsnachfolge, sondern es ist erforderlich, dass die zum Gesellschaftsvermögen gehörenden Gegenstände nach den für sie jeweils geltenden sachenrechtlichen Grundsätzen auf den Dritten übertragen werden.[31]
- Ebenfalls kann das **Gesellschaftsvermögen in eine neu gegründete GmbH oder AG eingebracht** werden.[32]
- Ferner kommt an Stelle der Abwicklung eine **Fortsetzung der Gesellschaft** in Betracht.[33] Hier anzusiedeln ist die häufige Vereinbarung, dass **beim Tod eines Gesellschafters die Gesellschaft von den übrigen Gesellschaftern fortgeführt wird** und die Erben abgefunden werden.[34]
- Möglich ist es letztlich, anstatt eines gänzlich abweichenden Vorgehens die Auseinandersetzung **nur in einzelnen Punkten abweichend von den gesetzlichen Bestimmungen zu gestalten**.[35]

III. Fortbestehen als Abwicklungsgesellschaft (Absatz 2)

16 **Definition**: Durch die Auflösung der Gesellschaft wird die **Identität** der Gesellschaft nicht verändert.[36] Die Gesellschaft lebt vielmehr mit geändertem Zweck als Abwicklungsgesellschaft weiter, wobei es sich – anders als der Gesetzeswortlaut vermuten lässt – hierbei nicht nur um eine gesetzliche Fiktion handelt.[37]

17 Dies gilt auch für das Verhältnis zu Dritten. Auch hier treten, abgesehen von den Auswirkungen auf die Geschäftsführung und die Vertretung (vgl. hierzu Rn. 42), grundsätzlich keine Änderungen durch die Auflösung ein.[38] Die aufgelöste Gesellschaft bleibt für die Rechtswelt ein rechtsfähiges Gebilde. Daraus folgt, dass sie auch in einem Rechtsstreit weiterhin parteifähig ist.[39]

18 Alleiniger **Zweck** dieser Abwicklungsgesellschaft ist es, das verbleibende Gesellschaftsvermögen unter den Gesellschaftsgläubigern und den Gesellschaftern zu verteilen.[40]

19 Erst wenn das Gesamthandsvermögen vollständig abgewickelt ist, also nachdem die Verbindlichkeiten beglichen worden sind, die Gesellschafter ihren Anteil an einem etwaigen Überschuss erhalten haben bzw. die Einforderung und Verteilung der Nachschüsse abgeschlossen ist, ist die **Gesellschaft beendet**.[41]

C. Rechtsfolgen

I. Pflichten der Gesellschafter

1. Pflicht zur Mitwirkung an der Auseinandersetzung

20 Gemessen an dem auf Auseinandersetzung gerichteten Zweck der Abwicklungsgesellschaft ändern sich die Pflichten der Gesellschafter nach der Auflösung.[42] Im Vordergrund steht die **Verpflichtung**,

---

[29] *Ulmer/Schäfer* in: MünchKomm-BGB, § 730 Rn. 86; *Westermann* in: Erman, § 730 Rn. 16; *Schöne* in: Bamberger/Roth, § 730 Rn. 43.
[30] *Schöne* in: Bamberger/Roth, § 730 Rn. 43; *Westermann* in: Erman, § 730 Rn. 16.
[31] *Schöne* in: Bamberger/Roth, § 730 Rn. 43.
[32] *Sprau* in: Palandt, § 731 Rn. 1; *Ulmer/Schäfer* in: MünchKomm-BGB, § 730 Rn. 89 - 91; *Schöne* in: Bamberger/Roth, § 730 Rn. 44.
[33] *Schöne* in: Bamberger/Roth, § 730 Rn. 17.
[34] *Habermeier* in: Staudinger, § 730 Rn. 2.
[35] *Schöne* in: Bamberger/Roth, § 730 Rn. 36.
[36] Allgemeine Ansicht, statt vieler *Habermeier* in: Staudinger, § 730 Rn. 9 und *Schöne* in: Bamberger/Roth, § 730 Rn. 1.
[37] *Ulmer/Schäfer* in: MünchKomm-BGB, § 730 Rn. 24; *Saenger* in: Hk-BGB, § 730 Rn. 1; LG Krefeld v. 08.12.2006 - 5 O 491/04 - ZMR 2007, 311-313; OLG Dresden v. 04.11.2008 - 9 U 870/08 - juris Rn. 14.
[38] *Ulmer/Schäfer* in: MünchKomm-BGB, § 730 Rn. 24, 36.
[39] Brandenburgisches Oberlandesgericht v. 28.04.2008 - 3 W 59/07 - juris Rn. 11.
[40] *Saenger* in: Hk-BGB, § 730 Rn. 1; *Ulmer/Schäfer* in: MünchKomm-BGB, § 730 Rn. 26.
[41] *Saenger* in: Hk-BGB, § 730 Rn. 1; *Ulmer/Schäfer* in: MünchKomm-BGB, § 730 Rn. 38; *Schöne* in: Bamberger/Roth, § 730 Rn. 1.
[42] *Schöne* in: Bamberger/Roth, § 730 Rn. 18.

die Abwicklung zügig und sachgemäß durchzuführen, insbesondere entsprechende Auskünfte zu erteilen und die Schlussabrechnung, die eine Bestandsaufnahme und eine Vermögensbewertung vornimmt sowie – falls vorhanden – die wechselseitigen Ansprüche zusammenzieht, gegeneinander verrechnet und in ein Schlusssaldo überführt,[43] zu erstellen.[44] Diese Verpflichtung trifft alle Gesellschafter, da die Durchführung der Abwicklung gemäß § 730 Abs. 2 Satz 2 BGB grundsätzlich auch ihnen allen gemeinschaftlich obliegt. Aus diesem Grund ist auch ein Austritt aus der Gesellschaft durch Kündigung im Abwicklungsstadium ausgeschlossen, ebenso ein Zurückbehaltungsrecht gegen einen Anspruch auf eine zur Abrechnung erforderliche Auskunft.[45] Nicht ausgeschlossen, sondern möglich ist ein Ausscheiden, wenn insoweit eine einvernehmliche Vereinbarung mit allen übrigen Gesellschaftern getroffen wird.[46] Ferner können neue Gesellschafter aufgenommen werden oder Anteile der Gesellschafter untereinander übertragen werden.[47]

2. Gesellschaftsrechtliche Treuepflicht

Die **gesellschaftsrechtliche Treuepflicht** besteht auch noch während der Abwicklung,[48] wobei sie sich am Abwicklungszweck orientiert[49] und mit fortschreitender Abwicklung gelockert wird.[50] Aufgrund der Treuepflicht ist dem Gesellschafter zwar nicht jeder Wettbewerb auf dem Gebiet der in Liquidation befindlichen GbR verboten, denn der Gesellschafter muss sich hinsichtlich seiner außergesellschaftlichen Tätigkeit anderweitig orientieren können.[51] Er darf sich jedoch nicht immaterielle Vermögenspositionen wie Geschäftsbeziehungen ohne Ausgleich zunutze machen.[52] Ferner darf er durch seine außergesellschaftliche Tätigkeit nicht die Abwicklung der schwebenden Geschäfte behindern und der Gesellschaft hierdurch Verluste zufügen.[53]

21

Die im Innenverhältnis zwischen Gesellschaftern einer Gesellschaft bürgerlichen Rechts bestehende Treupflicht führt zu einem Anspruch auf Auskunft über die mitgliedschaftliche Vermögensinteressen betreffenden Umstände. Rechtsgrundlage für diesen Auskunftsanspruch ist § 242 BGB.[54]

22

3. Pflicht zur Zahlung rückständiger Beiträge und zur Erfüllung von Schadensersatzansprüchen

Als Folge der so genannten **Durchsetzungssperre** (vgl. dazu Rn. 27) kann die Gesellschaft **rückständige Beiträge oder Schadensersatzansprüche** von den Gesellschaftern nur noch insoweit geltend machen, als sie für den Abwicklungszweck benötigt werden.[55] Ob ein Beitrag noch für die Abwicklung benötigt wird oder nicht, ist grundsätzlich von den Abwicklern zu entscheiden.[56] Im Übrigen ist die Nichterbringung der Beiträge bzw. sind offene Schadensersatzansprüche nur in der **Schlussabrech-**

23

---

[43] *Hadding/Kießling* in: Soergel, 13. Aufl., Vorbemerkungen vor § 730 Rn. 10.
[44] BGH v. 17.02.1969 - II ZR 137/67 - WM 1969, 591; *Ulmer/Schäfer* in: MünchKomm-BGB, § 730 Rn. 28; *v. Gamm* in: BGB-RGRK, 12. Aufl. 1978, § 730 Rn. 5; *Schöne* in: Bamberger/Roth, § 730 Rn. 18; die Verpflichtung zur gegenseitigen Auskunftserteilung offen lassend: OLG Frankfurt v. 28.05.2009 - 22 U 57/07 - juris Rn. 24.
[45] BGH v. 20.12.1962 - VII ZR 264/60 - WM 1963, 728, *Sprau* in: Palandt, § 730 Rn. 4; *Habermeier* in: Staudinger, § 730 Rn. 10.
[46] *Schöne* in: Bamberger/Roth, § 730 Rn. 21.
[47] *Schöne* in: Bamberger/Roth, § 730 Rn. 21.
[48] BGH v. 11.01.1971 - II ZR 143/68 - juris Rn. 21 - LM Nr. 2 zu § 156 HGB; BGH v. 09.09.2002 - II ZR 198/00 - juris Rn. 13 - NJW-RR 2003, 169-170.
[49] *Kilian* in: Henssler/Strohn, § 730 Rn. 7.
[50] BGH v. 11.01.1971 - II ZR 143/68 - juris Rn. 21 - LM Nr. 2 zu § 156 HGB; *Ulmer/Schäfer* in: MünchKomm-BGB, § 730 Rn. 29; *Schöne* in: Bamberger/Roth, § 730 Rn. 19.
[51] *Westermann* in: Erman, § 730 Rn. 6; *Schöne* in: Bamberger/Roth, § 730 Rn. 19.
[52] BGH v. 14.01.1980 - II ZR 218/78 - juris Rn. 24 - LM Nr. 6 zu § 145 HGB; BGH v. 11.01.1971 - II ZR 143/68 - juris Rn. 21 - LM Nr. 2 zu § 156 HGB.
[53] *Schöne* in: Bamberger/Roth, § 730 Rn. 19; *Kilian* in: Henssler/Strohn, § 730 Rn. 7.
[54] Brandenburgisches Oberlandesgericht v. 06.06.2007 - 7 U 166/06 - juris Rn. 18, 19; OLG Hamm v. 31.01.2007 - 8 U 168/05 - juris Rn. 91.
[55] BGH v. 03.02.1977 - II ZR 201/75 - WM 1977, 617-618; LG Saarbrücken v. 08.05.2006 - 12 O 288/03 - nicht veröffentlicht; *Ulmer/Schäfer* in: MünchKomm-BGB, § 730 Rn. 30, 32; *Sprau* in: Palandt, § 730 Rn. 6.
[56] *Schöne* in: Bamberger/Roth, § 730 Rn. 28, mit weiteren Nachweisen.

nung zu berücksichtigen und führen zu einer entsprechenden Minderung des Auseinandersetzungsguthabens.[57]

II. Rechte der Gesellschafter

1. Anspruch des Gesellschafters auf Auseinandersetzung

24 Jeder Gesellschafter hat grundsätzlich – soweit nichts anderes bestimmt wurde – einen **Anspruch auf Auseinandersetzung**.[58] Gegen die widerstrebenden Mitgesellschafter kann Klage auf Auseinandersetzung erhoben werden (zur Auseinandersetzungsklage vgl. Rn. 64).[59]

25 Der Auseinandersetzungsanspruch aus § 730 BGB ist nicht übertragbar.[60]

26 Er unterfällt der dreijährigen Verjährungsfrist des § 195 BGB, die regelmäßig mit dem Ende des Jahres, in dem es zur Auflösung kommt, beginnt.[61]

2. Einzelansprüche des Gesellschafters gegen die Gesellschaft oder die Mitgesellschafter

27 Im Übrigen ist das Schicksal einzelner Ansprüche der Gesellschafter gegen die Gesellschaft oder Mitgesellschafter geprägt durch die so genannte Durchsetzungssperre.[62] Diese besagt, dass einzelne Ansprüche des Gesellschafters aus dem Gesellschaftsverhältnis gegen die Gesellschaft oder einzelne Mitgesellschafter nach Eintritt eines Auflösungsgrundes grundsätzlich nicht mehr isoliert geltend gemacht werden können. Vielmehr bilden sie einen unselbständigen Rechnungsposten in der Auseinandersetzungsbilanz.[63] Die Durchsetzungssperre dient der erleichterten, nicht auf Hin- und Herzahlen hinauslaufenden, Abrechnung.[64]

28 Von der grundsätzlichen Durchsetzungssperre sind nicht nur solche Ansprüche betroffen, die die Schlussabrechnung voraussetzen, wie Ansprüche auf Rückerstattung der Einlage oder auf Gewinnauszahlung, sondern auch Vergütungs- und Aufwendungsersatzansprüche eines Gesellschafters gegen die Gesellschaft.[65] Desgleichen erfasst sind Ansprüche eines Gesellschafters auf Ausgleich aus § 426 Abs. 1 BGB und der übergegangene Anspruch des Gläubigers der Gesellschaft.[66] Ferner werden unzulässige Entnahmen hierher gerechnet,[67] ebenso ein Anspruch auf Erstattung des „Goodwill".[68] Erfasst sind ebenfalls Ansprüche für oder gegen einen insolventen Gesellschafter.[69]

---

[57] *Ulmer/Schäfer* in: MünchKomm-BGB, § 730 Rn. 30; *Habermeier* in: Staudinger, § 730 Rn. 17, 18; *Schöne* in: Bamberger/Roth, § 730 Rn. 28.

[58] *Schöne* in: Bamberger/Roth, § 730 Rn. 3; *Sprau* in: Palandt, § 730 Rn. 2.

[59] *Sprau* in: Palandt, § 730 Rn. 4.

[60] *Sprau* in: Palandt, § 730 Rn. 2.

[61] *Freund*, MDR 2011, 577, 578.

[62] Ständige Rechtsprechung, vgl. nur BGH v. 03.02.1977 - II ZR 201/75 - WM 1977, 617-618; BGH v. 09.03.1992 - II ZR 195/90 - DStR 1992, 724; BGH v. 10.05.1993 - II ZR 111/92 - ZIP 1993, 919; BGH v. 24.10.1994 - II ZR 231/93 - ZIP 1994, 1846; BGH v. 04.11.2002 - II ZR 210/00 - DStR 2003, 518; BGH v. 23.10.2006 - II ZR 192/05 - NJW-RR 2007, 245-246; OLG Koblenz v. 12.07.2006 - 1 U 1322/05 - NZG 2007, 458 - juris Rn. 17-20.

[63] BGH v. 04.11.2002 - II ZR 210/00 - juris Rn. 6 - NZG 2003, 215, 216; BGH v. 07.03.2005 - II ZR 194/03 - juris Rn. 29 - NJW 2005, 2618-2620; OLG Frankfurt v. 21.07.2006 - 19 U 9/06 - juris Rn. 22; OLG Koblenz v. 20.02.2008 - 1 U 638/07 - juris Rn. 23; *Sprau* in: Palandt, § 730 Rn. 7; *Kilian* in: Henssler/Strohn, § 730 Rn. 13; *Freund*, MDR 2011, 577.

[64] BGH v. 02.07.1962 - II ZR 204/60 - juris Rn. 15 - BGHZ 37, 299-305; BGH v. 06.02.1984 - II ZR 88/83 - juris Rn. 3 - LM Nr. 10 zu § 730 BGB; BGH v. 24.10.1994 - II ZR 231/93 - juris Rn. 5 - LM BGB § 730 Nr. 14 (3/1995); OLG Celle v. 13.12.2006 - 9 U 58/06 - juris Rn. 26; *Sprau* in: Palandt, § 730 Rn. 6; *Habermeier* in: Staudinger, § 730 Rn. 21; *Ulmer/Schäfer* in: MünchKomm-BGB, § 730 Rn. 49; *Kilian* in: Henssler/Strohn, § 730 Rn. 13; *Schöne* in: Bamberger/Roth, § 730 Rn. 20, alle mit weiteren Nachweisen.

[65] BGH v. 03.05.1976 - II ZR 92/75 - WM 1976, 789-791; BGH v. 02.10.1997 - II ZR 249/96 - juris Rn. 11 - LM BGB § 705 Nr. 67 (7/1998); *Sprau* in: Palandt, § 730 Rn. 7; *Ulmer* in: MünchKomm-BGB, § 730 Rn. 52; *Schöne* in: Bamberger/Roth, § 730 Rn. 30.

[66] BGH v. 15.01.1988 - V ZR 183/86 - BGHZ 103, 72-83; OLG Koblenz v. 20.02.2008 - 1 U 638/07 - juris Rn. 23; *Sprau* in: Palandt, § 730 Rn. 7; kritisierend *Westermann* in: Erman, § 730 Rn. 11.

[67] *Westermann* in: Erman, § 730 Rn. 11.

[68] OLG Karlsruhe v. 16.11.2000 - 19 U 34/99 - NZG 2001, 654-656; OLG Schleswig v. 29.01.2004 - 5 U 46/97 - juris Rn. 52 - MedR 2004, 215-223.

[69] BGH v. 14.12.2006 - IX ZR 194/05 - BGHZ 170, 206-215.

In Bezug auf Schadensersatzansprüche wendet die Rechtsprechung hingegen eine differenzierte Betrachtungsweise an. Sie unterscheidet, ob es sich um Ansprüche eines Gesellschafters gegen die Gesellschaft handelt, oder um Ansprüche eines Gesellschafters bzw. der Gesellschaft gegen einen Mitgesellschafter. Erstere unterliegen der Durchsetzungssperre,[70] Letztere dagegen nicht[71]. Letztere können trotz Liquidation selbstständig gegen einen Mitgesellschafter durchgesetzt werden,[72] es sei denn, die Erfüllung des Schadensersatzanspruchs ist zur Befriedigung der Gläubiger nicht mehr erforderlich[73].

29

Neben dieser Ausnahme von der Durchsetzungssperre bei Schadensersatzansprüchen gegenüber Gesellschaftern hat die Rechtsprechung noch weitere **zahlreiche Ausnahmen von der Durchsetzungssperre** anerkannt. Beispielsweise kann ein Anspruch gegen die Gesellschaft oder einen Mitgesellschafter selbstständig eingeklagt werden, wenn im Zeitpunkt der Geltendmachung feststeht, dass dem Gesellschafter ein Mindestbetrag aus dem Gesellschaftsvermögen in der geltend gemachten Höhe in jedem Fall zusteht[74] oder auch dann, wenn sich aus Sinn und Zweck der gesellschaftsvertraglichen Bestimmungen ergibt, dass die Forderung im Falle der Auflösung der Gesellschaft ihre Selbstständigkeit behalten soll.[75] So hat die Rechtsprechung eine isolierte Geltendmachung für zulässig erachtet, wenn der Gesellschafter von der Verlustteilnahme freigestellt war.[76] Als weiteres Beispiel hat die Rechtsprechung eine Durchbrechung der Durchsetzungssperre für Ansprüche auf Aufwendungsersatz oder auf Geschäftsführervergütung gegenüber den Mitgesellschaftern anerkannt, soweit diese Ansprüche bei der Gesellschaft nicht einzutreiben sind und wenn der Gesellschafter zumindest Ausgleich in dieser Höhe verlangen kann.[77] Gleiches gilt für den Fall, in dem ein Gesellschafter sich den wesentlichen Teil des Gesellschaftsvermögens eigenmächtig und ohne Gegenleistung zunutze macht.[78] Eine isolierte Geltendmachung eines Abfindungsanspruchs hinsichtlich des „Goodwill" soll zulässig sein, wenn der insoweit geltend gemachte Erstattungsanspruch dem Anspruchsteller in jedem Fall zustehe. So liege es gerade auch dann, wenn die Auseinandersetzung im Übrigen durch Erteilung und Akzeptieren der Schlussabrechnung bereits abgeschlossen sei.[79] Ferner kommt eine Ausnahme von der Durchsetzungssperre in Betracht, wenn ein Gesellschafter aufgrund einer vorläufigen Auseinandersetzungsrechnung auf Zahlung eines Fehlbetrages in Anspruch genommen wird.[80]

30

3. Drittgläubigerforderungen eines Gesellschafters

Nach der **älteren BGH-Rechtsprechung** sollen vertragliche **Ansprüche** eines Gesellschafters **aus** einem mit der Gesellschaft abgeschlossenem **Drittgeschäft**[81] **der Durchsetzungssperre** unterfallen.[82] Solange nicht durch eine abgeschlossene Auseinandersetzungsabrechnung feststehe, ob und in welcher Höhe einem Gesellschafter im Endergebnis gegen einen Mitgesellschafter etwas zustehe, solle er im Vorgriff weder von der Gesellschaft noch von einem Mitgesellschafter etwas verlangen können, was

31

---

[70] BGH v. 13.06.1957 - II ZR 133/56 - BB 1957, 837; BGH v. 04.07.1968 - II ZR 47/68 - juris Rn. 5 - LM Nr. 5 zu § 145 HGB; *Westermann* in: Erman, § 730 Rn. 11.
[71] BGH v. 19.12.1966 - II ZR 83/65 - WM 1967, 275; OLG Hamm v. 16.01.2003 - 27 U 208/01 - OLGR Hamm 2003, 209-212; zustimmend *Freund*, MDR 2011, 577; a.A.: *Westermann* in: Erman, § 730 Rn. 11.
[72] BGH v. 19.12.1966 - II ZR 83/65 - WM 1967, 275; OLG Hamm v. 16.01.2003 - 27 U 208/01 - juris Rn. 40 - OLGR Hamm 2003, 209-212.
[73] BGH v. 15.01.1988 - V ZR 183/86 - BGHZ 103, 72-83; bestätigend BGH v. 04.11.2002 - II ZR 210/00 - juris Rn. 7 - NZG 2003, 215-216.
[74] BGH v. 02.07.1962 - II ZR 204/60 - juris Rn. 15 - BGHZ 37, 299-305; BGH v. 14.01.1980 - II ZR 218/78 - juris Rn. 17 - LM Nr. 6 zu § 145 HGB; BGH v. 10.05.1993 - II ZR 111/92 - juris Rn. 3 - LM BGB § 730 Nr. 12 (1/1994); OLG Koblenz v. 20.02.2008 - 1 U 638/07 - juris Rn. 23, 25; *Sprau* in: Palandt, § 730 Rn. 7.
[75] BGH v. 24.10.1994 - II ZR 231/93 - juris Rn. 5 - LM BGB § 730 Nr. 14 (3/1995).
[76] BGH v. 26.01.1967 - II ZR 127/65 - WM 1967, 346; *Ulmer/Schäfer* in: MünchKomm-BGB, § 730 Rn. 54.
[77] BGH v. 02.07.1962 - II ZR 204/60 - BGHZ 37, 299-305.
[78] BGH v. 27.03.1995 - II ZR 3/94 - NJW-RR 1995, 1182-1183.
[79] OLG Schleswig v. 29.01.2004 - 5 U 46/97 - juris Rn. 52 - MedR 2004, 215-223; ebenso zuletzt Saarländisches Oberlandesgericht v. 06.05.2010 - 8 U 163/09-41 - juris Rn. 23 - DStR 2010, 1759-1760.
[80] BGH v. 12.11.1990 - II ZR 232/89 - juris Rn. 4 - NJW-RR 1991, 549; ähnlich OLG Hamm v. 02.12.2002 - 8 U 132/01 - juris Rn. 15 - DB 2003, 937; *Ulmer/Schäfer* in: MünchKomm-BGB, § 730 Rn. 55.
[81] Drittgeschäft meint einen Anspruch, der seine Grundlage nicht im Gesellschaftsvertrag, sondern in einem unabhängig davon mit der Gesellschaft abgeschlossenen Rechtsgeschäft hat.
[82] BGH v. 11.01.1971 - II ZR 143/68 - LM Nr. 2 zu § 156 HGB; BGH v. 20.10.1977 - II ZR 92/76 - WM 1978, 89.

er möglicherweise zurückzahlen müsse. Eine Ausnahme sei nur dann anzuerkennen, wenn bereits mit Sicherheit feststehe, dass der klagende Gesellschafter jedenfalls einen bestimmten Betrag von dem in Anspruch genommenem Mitgesellschafter verlangen könne.[83]

32 Das **Schrifttum** plädiert demgegenüber seit längerem dafür, **Drittgläubigeransprüche** von Gesellschaftern generell von der Durchsetzungssperre auszunehmen.[84] Als Argument hierfür wird vorgebracht, dass es nicht einzusehen sei, warum bezüglich dieser Ansprüche ein Gesellschafter schlechter stehen solle als ein anderer Drittgläubiger.[85]

33 In seinem Urteil vom 03.04.2006 hat der BGH seine ältere Rechtsprechung mittlerweile allerdings ausdrücklich aufgegeben und sich der Ansicht der Literatur angeschlossen.[86] Begründet hat der BGH diese Entscheidung wie folgt: Gesellschaftsrechtliche Beschränkungen könnten Ansprüchen eines Gesellschafters nur entgegengehalten werden, wenn und soweit die Ansprüche auf dem gesellschaftsrechtlichen Verhältnis beruhen. Dies habe der Senat bereits mit Urteil vom 17.12.2001 für den Fall des an einen Gesellschafter abgetretenen Drittgläubigeranspruchs[87] sowie für Ansprüche zwischen zwei Gesellschaftern entschieden, die auf einem anderen Rechtsverhältnis als der Gesellschaft beruhen.[88] Auch die Durchsetzungssperre finde ihre Rechtfertigung allein in den gesellschaftsrechtlichen Bindungen. Stehe der Gesellschafter der Gesellschaft – wie im zu entscheidenden Fall aufgrund eines Dienstvertrages über Beratungsleistungen – in Bezug auf die geltend gemachte Forderung wie jeder dritte Gläubiger gegenüber, sei es nicht einzusehen, weshalb er anders als jeder außenstehende Gläubiger auf die Erfüllung seiner Forderung warten sollen müsse, bis die Schlussabrechnung feststehe.[89]

34 Eine Anwendung dieser neuen Rechtsprechung auch auf außervertragliche Ansprüche (Geschäftsführung ohne Auftrag, Deliktsrecht) des Gesellschafters ist zwar noch nicht entschieden, aber anzunehmen.

4. Anspruch auf Auszahlung des Auseinandersetzungsguthabens

35 Der Anspruch auf Zahlung des Auseinandersetzungsguthabens ist in der Mitgliedschaft des Gesellschafters angelegt, er entsteht aber erst wenn alle gesetzlichen und gesellschaftsvertraglichen Voraussetzungen hierfür erfüllt sind, d.h. konkret mit der Auflösung der Gesellschaft oder mit Ausscheiden des Gesellschafters in seiner Person.[90] Dann ist der Anspruch jedoch noch der Höhe nach unbestimmt und von der konkreten Ermittlung durch die Gesellschafter – bei Auflösung gemäß den §§ 730-734 BGB und bei Ausscheiden gemäß den §§ 738-740 BGB – abhängig.[91]

36 Der Anspruch richtet sich gegen die Gesellschaft, oder, wenn das Vermögen bereits verteilt ist, gegen den ausgleichpflichtigen Gesellschafter.[92]

37 **Inhalt und Umfang** des Auseinandersetzungsguthabens bestimmen sich danach, welche Ansprüche dem einzelnen Gesellschafter im Zuge der Auseinandersetzung zustehen und in der Schlussabrechnung gutzuschreiben sind (zurückzuerstattende Einlagen, der anteilige Überschuss, sonstige zum Zeitpunkt der Auflösung zu unselbstständigen Rechnungsposten gewordene Ansprüche des Gesellschafters gegen die Gesellschaft aus dem Gesellschaftsverhältnis).[93] Grundsätzlich ist bei Fehlen abweichender vertraglicher Vereinbarungen bei der Berechnung des Auseinandersetzungsanspruchs auch der Verkehrswert der gesellschaftsrechtlichen Beteiligung zu berücksichtigen, der die stillen Reserven und den Goodwill des lebenden Unternehmens umfasst.[94] Bei einer freiberuflich tätigen Rechtsanwaltssozietät wird der Anspruch auf eine Ausgleichszahlung in Bezug auf den ideellen Wert der Kanzlei auch nicht

---

[83] BGH v. 24.05.1971 - VII ZR 155/70 - LM Nr. 46 zu VOB Teil B.
[84] *Westermann* in: Erman, § 730 Rn. 12; *Ulmer/Schäfer* in: MünchKomm-BGB, § 730 Rn. 53; *Habermeier* in: Staudinger, § 730 Rn. 22; ; *Schöne* in: Bamberger/Roth, § 730 Rn. 30.
[85] *Westermann* in Erman, § 730 Rn. 12.
[86] BGH v. 03.04.2006 - II ZR 40/05 - ZIP 2006, 994-996; bestätigend: BGH v. 12.11.2007 - II ZR 183/06 - juris Rn. 14; dem sich ebenfalls – abweichend im Vergleich zu früher – anschließend: *Sprau* in: Palandt, § 730 Rn. 7.
[87] BGH v. 17.12.2001 - II ZR 382/99 - ZIP 2002, 394, 395.
[88] BGH v. 16.09.1985 - II ZR 41/85 - WM 1986, 68.
[89] BGH v. 03.04.2006 - II ZR 40/05 - juris Rn. 19, 20 - ZIP 2006, 994-996; bestätigend BGH v. 12.11.2007 - II ZR 183/06 - NJW-RR 2008, 287-289.
[90] BGH v. 14.07.1997 - II ZR 122/96 - juris Rn. 9 - NJW 1997, 3370; *Sprau* in: Palandt, § 730 Rn. 5.
[91] *Sprau* in: Palandt, § 730 Rn. 5.
[92] BGH v. 21.11.2005 - II ZR 17/04 - juris Rn. 10 - NJW-RR 2006, 468; *Kilian* in: Henssler/Strohn, § 730 Rn. 18.
[93] *Ulmer/Schäfer* in: MünchKomm-BGB, § 734 Rn. 8.
[94] Saarländisches Oberlandesgericht v. 06.05.2010 - 8 U 163/09-41 - juris Rn. 23 - DStR 2010, 1759-1760, m.w.N.

zwingend dadurch ausgeschlossen, dass jeder der Freiberufler die Möglichkeit erhält, seine Mandate mitzunehmen. Jedenfalls dann, wenn aufgrund der konkreten Ausgestaltung der Gesellschaft dies dazu führt, dass sich einer der Gesellschafter den gemeinsam erarbeiteten wirtschaftlichen Wert der Gesellschaft alleine zunutze macht, und wenn dies von vorneherein absehbar war, kommt eine Ausgleichszahlung desjenigen Gesellschafters, der den Mandantenstamm übernommen hat, gemäß §§ 733, 734 BGB in Betracht.[95]

Der Anspruch wird **fällig, wenn alle Gesellschafter die Schlussabrechnung festgestellt** haben und dadurch über ihren Inhalt Einigkeit erzielt haben.[96] Dann erst, also **nach Erstellung der Schlussabrechnung**, kann **die Auszahlung** des Auseinandersetzungsguthabens verlangt werden.[97] Der Beschluss zur Feststellung der Schlussabrechnung ist ein Grundlagengeschäft,[98] der grundsätzlich einstimmig gefasst werden muss.[99] Ob und inwieweit dieser auf der Grundlage einer allgemeinen Mehrheitsklausel in einem Gesellschaftsvertrag ohne Zustimmung aller Gesellschafter und – bei einer Publikumsgesellschaft – im Rahmen eines Umlaufverfahrens getroffen werden kann, ist in der obergerichtlichen Rechtsprechung zurzeit umstritten.[100] 38

Einer zuvor von allen Gesellschaftern festgestellten Schlussrechnung bedarf es zur Geltendmachung des Auseinandersetzungsguthabens nach der Rechtsprechung des BGH jedenfalls dann nicht, wenn kein zu liquidierendes Gesellschaftsvermögen mehr vorhanden ist.[101] 39

Weiterhin kann auch dann schon vor Durchführung der Auseinandersetzung auf Zahlung geklagt werden, wenn dadurch die Auseinandersetzung in zulässiger Weise vorweggenommen wird und eine weitere Auseinandersetzung vermieden wird.[102] 40

Der Anspruch auf das Auseinandersetzungsguthaben unterfällt der Regelverjährungsfrist der §§ 195, 199 BGB. Die Verjährungsfrist kann aber nicht vor Fälligkeit des Anspruchs zu laufen beginnen, d.h. der Beginn des Laufs der Verjährungsfrist setzt die gemeinsame Feststellung der Schlussabrechnung voraus.[103] 41

III. Geschäftsführung und Vertretung

1. Art der Geschäftsführung und Vertretung

Die Umwandlung der werbenden Gesellschaft in eine Auseinandersetzungsgesellschaft hat zur Folge, dass die einem Gesellschafter nach dem Gesellschaftsvertrag zustehende Geschäftsführungsbefugnis erlischt, sofern und soweit nicht die Fiktion fortbestehender Geschäftsführung bei unverschuldeter Unkenntnis von der Auflösung nach § 729 BGB eingreift.[104] Die **Geschäftsführung und Vertretung** steht stattdessen ab dem Zeitpunkt der Umwandlung grundsätzlich allen Gesellschaftern **gemeinschaftlich** zu, § 730 Abs. 2 Satz 2 BGB. Dies gilt auch dann, wenn für die werbende Gesellschaft Einzelgeschäftsführung vereinbart war. Im Falle des § 727 BGB nehmen die Erben durch einen gemeinsamen Vertreter, im Falle des § 728 Abs. 2 Satz 1 BGB nimmt der Insolvenzverwalter an der Abwicklung teil.[105] 42

Durch § 730 Abs. 2 Satz 2 BGB wird dem Umstand Rechnung getragen, dass die für eine werbende Gesellschaft vereinbarte, von § 709 Satz 1 BGB abweichende Kompetenzverteilung auf die Erreichung des Gesellschaftszwecks abgestellt war und für die gemeinsame Abwicklung der Geschäfte nicht mehr 43

---

[95] Saarländisches Oberlandesgericht v. 06.05.2010 - 8 U 163/09-41 - juris Rn. 24, 26 - DStR 2010, 1759-1760.
[96] *Westermann* in: Erman, § 730 Rn. 15; *Ulmer/Schäfer* in: MünchKomm-BGB, § 734 Rn. 61; *Schöne* in: Bamberger/Roth, § 730 Rn. 33; Brandenburgisches Oberlandesgericht v. 06.06.2007 - 7 U 166/06 - juris Rn. 18, 19.
[97] *Sprau* in: Palandt, § 730 Rn. 5.
[98] Brandenburgisches Oberlandesgericht v. 23.06.2010 - 7 U 167/09 - juris Rn. 39; KG v. 03.05.2010 - 23 U 69/09 - juris Rn. 22.
[99] *Hadding/Kießling* in: Soergel, 13. Aufl., § 730 Rn. 27.
[100] Vgl. einerseits KG v. 12.11.1009 - 19 U 25/09 - NZG 2010, 223 und Brandenburgisches Oberlandesgericht v. 23.06.2010 - 7 U 167/09 mit andererseits KG v. 03.05.2010 – 23 U 69/09.
[101] BGH v. 23.10.2006 - II ZR 192/05 - NJW-RR 2007, 245-246 mit weiteren Nachweisen; ebenfalls OLG Koblenz v. 20.02.2008 - 1 U 638/07 - juris Rn. 23.
[102] BGH v. 23.10.2006 - II ZR 192/05 - NJW-RR 2007, 245-246; BGH v. 17.06.1953 - II ZR 205/52 - juris Rn. 16 - BGHZ 10, 91-104; *Sprau* in: Palandt, § 730 Rn. 5.
[103] Brandenburgisches Oberlandesgericht v. 06.06.2007 - 7 U 166/06 - juris Rn. 30.
[104] *Schöne* in: Bamberger/Roth, § 730 Rn. 23.
[105] *Schöne* in: Bamberger/Roth, § 730 Rn. 24.

ohne weiteres passt.[106] Für das Abwicklungsstadium geht der Wille der Beteiligten im Zweifelsfall dahin, die Auseinandersetzung gemeinsam vorzunehmen und sich dabei gegenseitig zu kontrollieren.[107]

44 Durch Gesellschaftsvertrag oder durch einstimmigen nachträglichen Gesellschafterbeschluss – der sich auch konkludent aus dem Verhalten der Gesellschafter nach der Auflösung ergeben kann – kann eine von der gesetzlichen Regelung abweichende Vereinbarung getroffen werden. Die Übertragung der Abwicklung an einen bestimmten Gesellschafter ist möglich.[108]

45 § 730 Abs. 2 Satz 2 BGB greift grundsätzlich auch bei einer Publikumsgesellschaft ein. Für eine analoge Anwendung von § 265 Abs. 1 AktG, § 66 Abs. 1 GmbHG fehlt es an einer Regelungslücke, denn die Gesellschafter können auch ohne Übertragung der Regelungen aus dem Kapitalgesellschaftsrecht die Handlungsfähigkeit der Gesellschaft in der Liquidation entweder durch einen von § 730 Abs. 2 Satz 2 BGB abweichenden Gesellschafterbeschluss, oder aber durch einen Antrag eines Gesellschafters analog § 146 Abs. 2 HGB und eine anschließende Bestellung eines Liquidators durch das Gericht sicherstellen.[109] Eine analoge Anwendung der § 265 Abs. 1 AktG, § 66 Abs. 1 GmbHG liefe zudem den objektiven und in § 730 Abs. 2 Satz 2 BGB zum Ausdruck kommenden Interessen der Gesellschafter zuwider.[110] Eine andere Beurteilung kommt allenfalls dann in Betracht, wenn der zu beurteilende Gesellschaftsvertrag in vielfältiger Weise kapitalgesellschaftsrechtliche Regelungen enthält.[111]

46 § 730 Abs. 2 Satz 2 BGB hat zur Folge, dass Rechtsbehelfe grundsätzlich durch alle Gesellschafter gemeinschaftlich erhoben werden müssen.[112] Deshalb kann beispielsweise auch ein Antrag auf Anordnung der Teilungsversteigerung von Grundbesitz der Gesellschaft, der zulässig ist, sobald die Gesellschaft aufgelöst ist, nur gemeinsam von sämtlichen Liquidatoren (Gesellschaftern) und nur im Namen der aufgelösten Gesellschaft gestellt werden.[113]

2. Aufgabenkreis der Abwickler

47 § 730 Abs. 2 Satz 1 BGB umschreibt als **Aufgabenkreis** der Abwickler die **Beendigung aller schwebenden Geschäfte**, d.h. solcher, die abgeschlossen oder vorbereitet, aber noch nicht durchgeführt sind.[114] **Neue Geschäfte** dürfen nur dann eingegangen werden, wenn sie zur Abwicklung erforderlich sind.[115] Sonstige Aufgaben der Abwickler sind die **Feststellung des Vermögens**, die **Aussonderung fremder Vermögensbestandteile** (§ 732 BGB), **Schuldentilgung** (§ 733 Abs. 1 BGB), **Rückerstattung der Einlagen** (§ 733 Abs. 2 BGB), **Gewinnverteilung** oder **Verlustausgleich** (§§ 734, 735 BGB)[116] und **Erstellung der Schlussabrechnung**.[117]

3. Umfang der Vertretungsmacht

48 Der **Umfang** der organschaftlichen Vertretungsmacht richtet sich nach § 714 BGB, er wird allerdings **durch den Abwicklungszweck begrenzt**.[118] Für Geschäfte, die über den Abwicklungszweck hinausgehen, haftet die Gesellschaft allerdings nach Rechtsscheingrundsätzen.[119]

---

[106] *Westermann* in: Erman, § 730 Rn. 7; *Schöne* in: Bamberger/Roth, § 730 Rn. 23.
[107] BGH v. 05.07.2011 - II ZR 208/10 - juris Rn. 17 - GWR 2011, 445; *Ulmer/Schäfer* in: MünchKomm-BGB, § 730 Rn. 40; *Saenger* in: Hk-BGB, § 730 Rn. 3.
[108] Brandenburgisches Oberlandesgericht v. 28.04.2008 - 3 W 59/07 - juris Rn. 11, m.w.N.
[109] BGH v. 05.07.2011 - II ZR 208/10 - juris Rn. 19 - GWR 2011, 445.
[110] BGH v. 05.07.2011 - II ZR 208/10 - juris Rn. 20 - GWR 2011, 445.
[111] BGH v. 05.07.2011 - II ZR 208/10 - juris Rn. 21 - GWR 2011, 445.
[112] *Kilian* in: Henssler/Strohn, § 730 Rn. 9.
[113] AG Dortmund v. 15.09.2011 - 273 K 033/11 - juris Rn. 11 und 16.
[114] *Westermann* in: Erman, § 730 Rn. 7; *Schöne* in: Bamberger/Roth, § 730 Rn. 25.
[115] BGH v. 01.12.1983 - III ZR 149/82 - LM Nr. 157 zu § 13 GVG; *Ulmer/Schäfer* in: MünchKomm-BGB, § 730 Rn. 45; *Schöne* in: Bamberger/Roth, § 730 Rn. 25.
[116] *Ulmer/Schäfer* in: MünchKomm-BGB, § 730 Rn. 45; *Westermann* in: Erman, § 730 Rn. 7.
[117] *Habermeier* in: Staudinger, § 730 Rn. 25.
[118] BGH v. 01.12.1983 - III ZR 149/82 - juris Rn. 45 - LM Nr. 157 zu § 13 GVG; *Ulmer/Schäfer* in: MünchKomm-BGB, § 730 Rn. 43; *Habermeier* in: Staudinger, § 730 Rn. 16; kritisch *Westermann* in: Erman, § 730 Rn. 8; sogar a.A. *Schmidt*, AcP 174, 55-77, 68 ff., 76.
[119] *Westermann* in: Erman, § 730 Rn. 8; *Ulmer/Schäfer* in: MünchKomm-BGB, § 730 Rn. 43; *Habermeier* in: Staudinger, § 730 Rn. 16; *Schöne* in: Bamberger/Roth, § 730 Rn. 27.

4. Abdingbarkeit

Die Regelung des § 730 Abs. 2 BGB ist nicht zwingend (vgl. hierzu auch Rn. 5). Von der Regelung können entweder im Gesellschaftsvertrag oder später durch einstimmigen Gesellschafterbeschluss abweichende Vereinbarungen getroffen werden.[120]

49

IV. Stellung der Gläubiger

Durch die Auseinandersetzung wird die rechtliche Stellung der Gläubiger nicht berührt, sie können sich frei an das Gesellschaftsvermögen oder jeden Gesellschafter halten.[121] Ob und inwieweit die Auflösung der Gesellschaft das Recht gibt, Dauerschuldverhältnisse mit Dritten vorzeitig durch Kündigung aus wichtigem Grund zu beenden, ist nach dem auf das jeweilige Schuldverhältnis anwendbaren Recht zu beurteilen.[122] Das Brandenburgische Oberlandesgericht hat in diesem Zusammenhang mit Beschluss vom 02.04.2008 entschieden, dass die Auflösung einer Gesellschaft regelmäßig kein außerordentliches Lösungs- oder Umgestaltungsrecht in Bezug auf bestehende Schuldverhältnisse gibt.[123]

50

Die Gesellschaftsgläubiger können unmittelbar aus den §§ 730-735 BGB keine Rechte herleiten, insbesondere kein Recht auf Vorabbefriedigung nach § 733 BGB, da die **Vorschriften über die Liquidation nur im Innenverhältnis gelten.**[124]

51

D. Prozessuale Hinweise/Verfahrenshinweise

I. Zur Auseinandersetzungsklage

Auf die Mitwirkung der anderen bei der Auseinandersetzung hat jeder Gesellschafter einen Anspruch.[125] Bei Weigerung eines oder mehrerer Gesellschafter zur Mitwirkung an der Auseinandersetzung ist **Klage auf Auseinandersetzung** gegen die Widerstrebenden zu erheben.[126]

52

Sachlich zuständig sind die Amtsgerichte oder die Landgerichte, je nach Streitwert (§§ 23 Nr. 1, 71 Abs. 1 GVG). Der Streitwert bemisst sich nicht nach dem Wert des Gesellschaftsvermögens, sondern nach dem Wert des klägerischen Anteils.[127]

53

Die Klage ist – um den Anforderungen des § 253 Abs. 2 Nr. 2 ZPO gerecht zu werden – möglichst auf Vornahme bestimmter Auseinandersetzungshandlungen oder auf Mitwirkung an den zur Aufstellung der Schlussabrechnung erforderlichen Handlungen zu richten.[128] Im Einzelfall kann insoweit aber schon der schlichte Antrag auf Mitwirkung bei der Aufstellung der Schlussabrechnung zulässig sein[129].

54

---

[120] *Westermann* in: Erman, § 730 Rn. 10.
[121] *Habermeier* in: Staudinger, § 730 Rn. 20; *Schöne* in: Bamberger/Roth, § 730 Rn. 34.
[122] *Schöne* in: Bamberger/Roth, § 730 Rn. 34.
[123] Brandenburgisches Oberlandesgericht v. 03.04.2008 - 3 U 103/07- juris Rn. 45.
[124] *Sprau* in: Palandt, § 730 Rn. 2.
[125] *Sprau* in: Palandt, § 730 Rn. 4; *Ulmer/Schäfer* in: MünchKomm-BGB, § 730 Rn. 59.
[126] *Sprau* in: Palandt, § 730 Rn. 4; *v. Gamm* in: BGB-RGRK, 12. Aufl. 1978, § 730 Rn. 12; *Westermann* in: Erman, § 730 Rn. 15.
[127] *Wieser* in: Prozessrechts-Kommentar zum BGB, 2. Aufl. 2002, § 730 Rn. 2.
[128] *Habermeier* in: Staudinger, § 730 Rn. 25; *Sprau* in: Palandt, § 730 Rn. 4; *Kilian* in: Henssler/Strohn, § 730 Rn. 8.
[129] OLG Koblenz v. 07.02.2002 - 5 U 1170/01 - NJW-RR 2002, 827-828; OLG Bremen v. 06.07.2009 - 3 U 30/07 - juris Rn. 33; Aber Achtung: Das Landgericht Saarbrücken hat durch rechtskräftiges Urteil (LG Saarbrücken v. 08.05.2006 - 12 O 288/03 nicht veröffentlicht) entschieden, dass eine Verurteilung allgemein zur Mitwirkung an der Auseinandersetzungsbilanz unter Bezugnahme auf das Urteil des OLG Koblenz nicht in Betracht kommen soll, wenn zwischen den Parteien außer Streit ist, dass sie gegenseitig an der Auseinandersetzung mitzuwirken haben und der Streit vielmehr darum geht, wie die Auseinandersetzung vorzunehmen ist. Bei dieser Sachlage bringe eine Verurteilung zur Mitwirkung ohne konkrete Vorgabe die Parteien nicht weiter. Wäre sie zulässig, könnten beide Parteien aus einem solchen Ausspruch verlangen und der Streit würde im Vollstreckungsverfahren zu entscheiden sein, was nicht angehe. Deshalb hat das Landgericht Saarbrücken in der o.a. Entscheidung einen solch allgemein gehaltenen Antrag als unzulässig abgewiesen. Ebenfalls strenger als das OLG Koblenz und das OLG Bremen: OLG Hamm v. 31.01.2007 - 8 U 168/05 - juris Rn. 81. Nicht hinreichend bestimmt ist jedenfalls ein Antrag auf Durchführung der Auseinandersetzung (BGH v. 24.11.1980 - II ZR 194/79 - juris Rn. 1 - NJW 1981, 749-750).

§ 730

55 Bei der Klagebegründung ist darauf zu achten, dass sorgsam zwischen den Ansprüchen der aufgelösten Gesellschaft und dem einzelnen Gesellschafter unterschieden wird. Die Gesellschaft verliert durch die Auflösung nicht ihre Aktivlegitimation, da sie sich zwar von einer werbenden Gesellschaft in eine Abwicklungsgesellschaft umwandelt, gleichwohl ihre Identität in personen- und vermögensrechtlicher Hinsicht aber bewahrt.[130]

56 **Formulierungsbeispiele**:
- Die Beklagten zu 1) und zu 2) werden verurteilt ihre Einwilligung dazu abzugeben, dass das Gesellschaftsvermögen der aufgelösten „XY-GbR" auf den beiden Konten mit den Nr. 14065000 und Nr. 12066007 bei der Sparkasse Hintertupf zur Tilgung der Verbindlichkeit der GbR gegenüber der Red Eye Finance Deutschland GmbH i.H.v. 7493,42 € aus einer Abrechnung für Leasingfahrzeuge, nebst 753,65 € Anwalts-/Gerichtskosten, 18 € Mahngebühren und 20,60 € Zinsen, zusammen 8285,67 € verwendet wird.
- Die Beklagte Z wird verurteilt, die zum Gesellschaftsvermögen der aufgelösten „AZ – GbR" gehörenden und in ihrem Besitz befindlichen 3 Video-CD-Roms „Fit im Büro mit AZ-Training" zur Berichtigung der Gesellschaftsschulden und etwaigen Rückerstattung der Einlagen in Geld an die GbR herauszugeben und darin einzuwilligen, dass die CD-Roms zum vorgenannten Zweck in Geld umgesetzt werden.[131]
- Der Beklagte wird verurteilt darin einzuwilligen, dass der Kläger die in seinem Besitz befindlichen, zum Gesellschaftsvermögen gehörenden Inventarstücke, namentlich ein ISDN Anschluss Eumex 504 PC plus Telefonanlage T-Sinus, ein Faxgerät Smith Corona und einen Laptop Fujitsu Siemens Amilo 2004 zur Berichtigung der Gesellschaftsschulden und etwaigen Rückerstattung der Einlagen in Geld umsetzt.
- Der Beklagte wird verurteilt, eine Auseinandersetzungsbilanz (Schlussabrechnung) über die Vermögenssituation der aufgelösten „Z-GbR" bezogen auf den 31.06.2005 vorzulegen.[132]
- Der Beklagte wird verurteilt, an der Erstellung einer Auseinandersetzungsbilanz durch die Herausgabe sämtlicher Buchungs- und Kontounterlagen, Abtretungserklärungen, Zahlungsbelege, Schuldanerkenntnisse usw. der „K…GbR" für den Zeitraum vom 01.03.1994-31.12.1995 an den Kläger mitzuwirken.[133]

57 Das Urteil spricht nur die Verpflichtung zur Mitwirkung an bestimmten Auseinandersetzungshandlungen aus, nimmt diese aber nicht selbst vor.[134] Die Vollstreckung erfolgt nach § 887 ZPO.[135]

58 Ist ein Gesellschafter allein in der Lage, die Schlussabrechnung aufzustellen, weil er z.B. der geschäftsführende Gesellschafter war, dann kann er die anderen auch bloß **auf Zustimmung zu der von ihm aufgestellten Schlussabrechnung verklagen**. Der Zustimmungsanspruch ist gegen alle übrigen Gesellschafter als gemeinschaftliche Schuldner zu richten, da die Auseinandersetzung über das gemein-

---

[130] LG Krefeld v. 08.12.2006 - 5 O 491/04 - ZMR 2007, 311-313.
[131] Vgl. in diesem Zusammenhang OLG Frankfurt v. 19.09.2007 - 4 U 55/07 - juris Rn. 24: Für die Begründung einer Pflicht zur Rückgabe zum Zwecke der Auseinandersetzung ist grundsätzlich, da nach § 730 Abs. 2 HS. 2 BGB im Abwicklungsstadium gemeinschaftliche Geschäftsführungsbefugnis aller Gesellschafter besteht, ein Beschluss aller Gesellschafter erforderlich. Eine Rückgabeplicht kraft Gesetzes ist in § 732 BGB nur im umgekehrten Fall für Gegenstände vorgesehen, die ein Gesellschafter der Gesellschaft zur Benutzung überlassen hat. Ein Beschluss der Abwicklungsgeschäftsführer fehlt hier. Allerdings könnte möglicherweise nach § 242 BGB auch bei fehlendem Beschluss ein unmittelbarer Rückgabeanspruch gegen die Beklagten bestehen, wenn die Rückgabe der Pkw und des Inventars wegen der Notwendigkeit der Umsetzung in Geld zur Berichtigung von Schulden der Gesellschaft (§ 730 Abs. 3 BGB) objektiv erforderlich ist und die Beklagten sich entgegen ihrer Mitwirkungspflicht weigern, einen solchen Beschluss herbeizuführen.
[132] Dieser Antrag dürfte z.B. bei der Klage eines Innengesellschafters gegen den Außengesellschafter in Betracht kommen, denn letzterer ist im Regelfall nach der Geschäftsverteilung in der Innengesellschaft mit der Wahrung der Vermögensinteressen betraut und muss deshalb auch zur Ermittlung des Auseinandersetzungsanspruchs des Innengesellschafters die Schlussabrechnung erstellen, näher hierzu vgl. Rn. 75. Bei einer Außengesellschaft kann ein solcher Antrag aussichtsreich sein, wenn der anspruchstellende Gesellschafter von dem oder den anderen Gesellschaftern eigenmächtig und faktisch ausgeschlossen wurde durch Zutritt- und Einsichtsverweigerung, Kontensperre, etc., vgl. LG Koblenz v. 24.05.2007 - 10 U 805/06 - juris Rn. 4. In einer solchen Konstellation kann sich im Übrigen eine Stufenklage anbieten, wenn der Antrag auf Rechnungslegung mit dem Leistungsanspruch, gegebenenfalls mit einem Antrag auf eidesstattliche Versicherung verbunden wird.
[133] OLG Celle v. 13.12.2006 - 9 U 58/06 - juris Rn. 60.
[134] *Sprau* in: Palandt, § 730 Rn. 4.
[135] *Ulmer/Schäfer* in: MünchKomm-BGB, § 730 Rn. 60.

schaftliche Vermögen nur von allen gemeinsam geführt werden kann.[136] Die Vollstreckung erfolgt in diesem Fall nach § 894 ZPO.[137] Die Beweislast für das Vorhandensein von Gesellschaftsvermögen trägt im Streitfall der Kläger.[138]

Nicht möglich ist es, die Aufstellung einer **Schlussabrechnung durch das Gericht** zu erreichen.[139] Die Aufstellung einer Schlussabrechnung ist nicht dessen Aufgabe. Sie obliegt im Rechtsstreit einem Wirtschaftsprüfer oder einem anderen Sachkundigen; eine Partei kann daher mit einer Feststellungsklage nicht die Erstellung einer Bilanz verlangen.[140] Allerdings kann Feststellungsklage auf Feststellung einzelner Rechnungsposten erhoben werden.[141] Das erforderliche Feststellungsinteresse ist mit dem Argument zu bejahen, dass nach der höchstrichterlichen Rechtsprechung jeder Gesellschafter während des Auseinandersetzungsverfahrens auf Feststellung klagen kann, dass eine bestimmte, derzeit nicht isoliert einklagbare Forderung zu seinen Gunsten in die zu erstellende Auseinandersetzungsrechnung eingestellt wird.[142] 59

Formulierungsbeispiel: Es wird festgestellt, dass in die noch zu erstellende Auseinandersetzungsbilanz ein Aktivposten zugunsten der Klägerin in Höhe von derzeit 1437, 11 € einzustellen ist. 60

Wegen Verzögerungen der Gesellschafter bei der Mitwirkung an der Auseinandersetzung können **Schadensersatzansprüche** in Betracht kommen.[143] 61

Zu der praxisrelevanten Fragestellung nach Herausgabeansprüchen auf Geschäfts- und Buchhaltungsunterlagen nach Kündigung einer Rechtsanwaltsgesellschaft hat im September 2007 das OLG Frankfurt eine sehr lesenswerte Entscheidung getroffen.[144] 62

Die dreijährige Verjährungsfrist für den Anspruch auf Mitwirkung an den zur Aufstellung der Schlussabrechnung erforderlichen Handlungen und deren Ablauf muss zur Vermeidung einer etwaigen Verjährungsfalle im Auge behalten werden.[145] 63

II. Zum Anspruch auf Zahlung des Auseinandersetzungsguthabens

Aus obigen (vgl. Rn. 35) Ausführungen ergibt sich, dass die **Klage auf Zahlung des Auseinandersetzungsguthabens** mit Aussicht auf Erfolg im Regelfall erst nach Veräußerung des Gesellschaftsvermögens und Berichtigung der Schulden und nach Fälligkeit, d.h. nach Erstellung der Schlussabrechnung hinsichtlich des abschließenden Saldos erhoben werden kann.[146] Allerdings geht der Bundesgerichtshof für den Abwicklungsanspruch nach § 738 Abs. 1 Satz 2 BGB mittlerweile davon aus, dass alternativ bei einer Verzögerung der Schlussabrechnung über einen objektiv angemessenen Zeitraum hinaus auch mit Erfolg auf Zahlung eines selbst berechneten Auseinandersetzungsguthabens geklagt werden 64

---

[136] *Wieser* in: Prozessrechts-Kommentar zum BGB, 2. Aufl. 2002, § 730 Rn. 2.

[137] *Sprau* in: Palandt, § 730 Rn. 4; *Wieser* in: Prozessrechts-Kommentar zum BGB, 2. Aufl. 2002, § 730 Rn. 3.

[138] *Sprau* in: Palandt, § 730 Rn. 4.

[139] OLG Zweibrücken v. 09.12.2004 - 4 U 192/03 - juris Rn. 33 - OLGR Zweibrücken 2005, 358; *Ulmer/Schäfer* in: MünchKomm-BGB, § 730 Rn. 60.

[140] OLG Zweibrücken v. 09.12.2004 - 4 U 192/03 - juris Rn. 33 - OLGR Zweibrücken 2005.

[141] OLG Zweibrücken v. 09.12.2004 - 4 U 192/03 - juris Rn. 33 - OLGR Zweibrücken 2005, 358; *Ulmer/Schäfer* in: MünchKomm-BGB, § 730 Rn. 60; *v. Gamm* in: BGB-RGRK, 12. Aufl. 1978, § 730 Rn. 12; *Kilian* in: Henssler/Strohn, § 730 Rn. 16.

[142] BGH v. 24.10.1994 - II ZR 231/93 - ZIP 1994, 1846-1847; Brandenburgisches Oberlandesgericht v. 06.06.2007 - 7 U 166/06 - juris Rn. 20.

[143] BGH v. 04.07.1968 - II ZR 47/68 - LM Nr. 5 zu § 145 HGB; *Westermann* in: Erman, § 730 Rn. 6; *Ulmer/Schäfer* in: MünchKomm-BGB, § 730 Rn. 28.

[144] OLG Frankfurt v. 19.09.2007 - 4 U 55/07.

[145] Beispiel hierzu bei *Freund*, MDR 2011, 577, 578.

[146] Vgl. zum Ganzen: *Sprau* in: Palandt, § 730 Rn. 5. Eine Ausnahme von dem Grundsatz, dass die Klage auf das Auseinandersetzungsguthaben erst nach Erstellung der Schlussabrechnung hinsichtlich des abschließenden Saldos zulässig ist, wird gemacht, wenn durch die Klage das Ergebnis der Auseinandersetzung in zulässiger Weise vorweggenommen wird, so wenn sich das Guthaben jedes Gesellschafters ohne besonderes Abrechnungsverfahren ermitteln lässt, z.B. weil keine Gesellschaftsverbindlichkeit mehr vorhanden ist und es nur noch um die Verteilung des letzten Vermögensgegenstandes der Gesellschaft geht (BGH v. 12.07.1999 - II ZR 4/98 - juris Rn. 8 - LM BGB § 738 Nr. 23 (3/2000)), wenn die Gesellschafter über eine bestimmte Art der Auseinandersetzung einig sind, z.B. dass einer das Gesellschaftsvermögen übernimmt und der andere abgefunden wird, oder der Zahlungsanspruch gegen einen Dritten als letzter Vermögenswert aufgeteilt wird (BGH v. 07.03.2005 - II ZR 144/03 - juris Rn. 12 - NJW-RR 2005, 1008). Bei einer 2-Personengesellschaft ist dann Klage unmittelbar gegen den Gesellschafter zulässig (BGH v. 14.12.1998 - II ZR 360/97 - juris Rn. 19 - NJW 1999, 1180).

kann, die Höhe ist dabei im Gerichtsverfahren zu klären.[147] Es spricht einiges dafür, dass diese Entscheidung auch für den Anspruch auf das Auseinandersetzungsguthaben nach § 730 BGB fruchtbar gemacht werden kann.[148]

65 Die Klage ist gegen die Gesellschaft zu richten. Wenn kein Gesellschaftsvermögen mehr vorhanden ist, kann der Anspruch auf Zahlung des Auseinandersetzungsguthabens auch unmittelbar gegenüber den ausgleichspflichtigen Gesellschaftern durchgesetzt werden.[149]

III. Zu verschiedenen Einzelansprüchen

1. Ansprüche der Gesellschaft gegen Gesellschafter

66 **Schadensersatzansprüche der Gesellschaft gegen den Einzelnen** aus dem Gesellschaftsverhältnis kann jeder Mitgesellschafter im Wege der **actio socio** geltend machen.[150] Entsprechend dem Prinzip der Durchsetzungssperre, welches auch für die Ansprüche der Gesellschaft gegen die Gesellschafter gilt,[151] steht die Einforderung der Ansprüche unter dem Vorbehalt, dass sie zur Abwicklung nötig ist.[152]

67 Ob auch sonstige **Sozialansprüche der Gesellschaft** gegen den einzelnen Gesellschafter, z.B. auf rückständige Beiträge oder Nachschüsse oder auf Rückzahlung unberechtigter Entnahmen, im Wege der **actio pro socio** geltend gemacht werden können, ist **umstritten**. Nach älterer Rechtsprechung soll die Geltendmachung den Liquidatoren vorbehalten sein.[153] Das Schrifttum,[154] dem sich mittlerweile auch die neuere Rechtsprechung anschließen zu wollen scheint,[155] spricht sich demgegenüber seit längerem auch hinsichtlich dieser Ansprüche für eine Anwendung der actio pro socio aus. Der letztgenannten Ansicht ist zu folgen, denn für die Einschränkung der älteren Rechtsprechung besteht kein sachlicher Grund. Der Gesichtspunkt der nur eingeschränkten Einziehbarkeit von Forderungen im Liquidationsstadium, soweit sie zur Abwicklung erforderlich sind, rechtfertigt sie jedenfalls nicht, denn der klagende Liquidator ist diesem Einwand genauso ausgesetzt.[156] Wenn die Liquidatoren den Anspruch nicht verfolgen, ist daher die actio pro socio zuzulassen. Der Einwand, dass die Geltendmachung des Anspruches für die Abwicklung nicht mehr erforderlich ist, wirkt sich dann nicht auf die Zulässigkeit, sondern nur auf die Begründetheit der Klage aus.[157]

68 **Streitig** ist insoweit auch, wer die **Beweislast für die „Erforderlichkeit"** trägt. Der BGH hat in seiner Entscheidung vom 05.11.1979 dem in Anspruch genommenen Gesellschafter die Beweislast auferlegt.[158] In einer früheren Entscheidung hat er dagegen die Beweislast auf Seiten der Gesellschaft gesehen,[159] was auch von der Literatur befürwortet wird.[160]

2. Ansprüche der Gesellschafter gegen die Gesellschaft oder einzelne Mitgesellschafter

69 Entsprechend den oben (vgl. Rn. 27) dargestellten Grundsätzen zur Durchsetzungssperre können **Leistungsklagen** während der Liquidation nur insoweit erhoben werden, als einer der oben geschilderten Ausnahmefälle vorliegt bzw. als es sich um eine Drittgläubigerforderung handelt. Im Übrigen können Einzelansprüche nicht im Wege der Leistungsklage geltend gemacht werden.[161] Die Durchsetzungs-

---

[147] BGH v. 07.06.2011 - II ZR 186/08 - juris Leitsatz - ZIP 2011, 1358-1359.
[148] So ebenfalls: *Hadding/Kießling* in: Soergel, 13. Aufl., § 730 Rn. 29.
[149] BGH v. 14.04.1966 - II ZR 34/64 - juris Rn. 9 - BB 1966, 844; BGH v. 05.07.1993 - II ZR 234/92 - juris Rn. 14 - ZIP 1993, 1307-1310; *Westermann* in: Erman, § 730 Rn. 11; *Ulmer/Schäfer* in: MünchKomm-BGB, § 730 Rn. 62; *Sprau* in: Palandt, § 730 Rn. 5.
[150] BGH v. 22.02.1971 - II ZR 100/68 - WM 1971, 723, 725.
[151] Brandenburgisches Oberlandesgericht v. 30.03.2007 - 7 U 177/05 - juris Rn. 17, 20.
[152] *Sprau* in: Palandt, § 730 Rn. 8; BGH v. 03.02.1977 - II ZR 201/75 - juris Rn. - WM 1977, 617-618.
[153] BGH v. 30.11.1959 - II ZR 145/58 - juris Rn. 16 - LM Nr. 3 zu § 149 HGB.
[154] *Habermeier* in: Staudinger, § 735 Rn. 4; *Westermann* in: Erman, § 730 Rn. 9; *Ulmer/Schäfer* in: MünchKomm-BGB, § 730 Rn. 34, 35.
[155] BGH v. 04.11.2002 - II ZR 210/00 - NZG 2003, 215-216; LG Saarbrücken v. 08.05.2006 - 12 O 288/03 - nicht veröffentlicht; LArbG Berlin-Brandenburg v. 12.11.2009 - 25 Sa 29/09 - juris Rn. 99.
[156] So zu Recht *Westermann* in: Erman, § 730 Rn. 9.
[157] *Westermann* in: Erman, § 730 Rn. 9; *Ulmer/Schäfer* in: MünchKomm-BGB, § 730 Rn. 34.
[158] BGH v. 05.11.1979 - II ZR 145/78 - juris Rn. 14 - LM Nr. 61 zu § 161 HGB.
[159] BGH v. 03.02.1977 - II ZR 201/75 - juris Rn. 17 - WM 1977, 617-618.
[160] *Westermann* in: Erman, § 730 Rn. 6; *Ulmer/Schäfer* in: MünchKomm-BGB, § 730 Rn. 31.
[161] *Sprau* in: Palandt, § 730 Rn. 7.

sperre steht wegen der hierdurch bestehenden „gesellschaftsrechtlichen Bindung" auch einer Abtretung derartiger gegen die Gesellschaft oder die Mitgesellschafter bestehender Ansprüche entgegen.[162] Möglich ist allerdings die Erhebung einer **Feststellungsklage** über das Bestehen von Ansprüchen oder Verbindlichkeiten aus dem Gesellschaftsverhältnis.[163] Die Rechtsprechung nimmt sogar an, dass ein zurzeit unbegründeter Leistungsanspruch in einen Feststellungsanspruch, den betreffenden Betrag in die Auseinandersetzungsrechnung einzustellen, umgedeutet werden kann.[164]

70

IV. Konkurrenzen

Die Regelungen der §§ 730-735 BGB schließen, soweit sie eingreifen, Ausgleichsansprüche nach anderen Rechtsgrundlagen, insbesondere nach den Grundsätzen des Wegfalls der Geschäftsgrundlage oder nach Bereicherungsrecht, aus.[165]

71

E. Anwendungsfelder

I. Allgemein

Die Umwandlung der Gesellschaft in eine Auseinandersetzungsgesellschaft erfolgt in allen Auflösungsfällen stets, wenn die Gesellschaft Gesellschaftsvermögen hat. Das bedeutet umgekehrt, dass eine Auseinandersetzung nicht stattfindet, wenn kein Gesamthandsvermögen (mehr) vorhanden ist.[166]

72

II. Gesamthands-Außengesellschaft

Die Vorschriften der §§ 730-735 BGB gehen von der Gesamthands-Außengesellschaft aus.

73

III. Innengesellschaft

1. Grundsätze und anwendbare Vorschriften

Bei Innengesellschaften ist im Regelfall kein gesamthänderisch gebundenes Gesellschaftsvermögen vorhanden. Mangels Gesellschaftsvermögens ist für eine Abwicklung nach den §§ 730-735 BGB daher auch kein Raum.[167] Die Gesellschaft ist mit der Auflösung automatisch voll beendet.[168]

74

Unbeschadet hiervon besteht eine **Verpflichtung zum internen Ausgleich** im Rahmen der nachvertraglichen Pflichten.[169] Dem Innengesellschafter steht nach Auflösung der Gesellschaft ein schuldrechtlicher Auseinandersetzungsanspruch auf Abrechnung und Auszahlung gegen den Außengesellschafter zu.[170] Dass der Außengesellschafter zur Erstellung der Schlussabrechnung verpflichtet ist, folgt daraus, dass er nach der Geschäftsverteilung in der Innengesellschaft mit der Wahrung der Vermögensinteressen betraut ist und die Erstellung der Schlussabrechnung auch nach der Vollbeendigung als solche Vermögensangelegenheit einzuordnen ist.[171] Der Anspruch auf Rechnungslegung kann mit dem noch zu beziffernden Abfindungsanspruch im Wege der Stufenklage geltend gemacht werden.[172] Ausnahmsweise ist eine Gesamtabrechnung entbehrlich, wenn sich der endgültige Anspruch

75

---

[162] OLG Köln v. 08.11.2007 - 18 U 71/05 - juris Rn. 101.
[163] BGH v. 06.02.1984 - II ZR 88/83 - juris Rn. 3 - LM Nr. 10 zu § 730 BGB; *Ulmer/Schäfer* in: MünchKomm-BGB, § 730 Rn. 51; *Sprau* in: Palandt, § 730 Rn. 7.
[164] BGH v. 10.05.1993 - II ZR 111/92 - LM BGB § 730 Nr. 12 (1/1994); BGH v. 24.10.1994 - II ZR 231/93 - LM BGB § 730 Nr. 14 (3/1995); BGH v. 15.05.2000 - II ZR 6/99 - LM HGB § 161 Nr. 128 (2/2001); BGH v. 24.09.2001 - II ZR 69/00 - DStR 2002, 228; OLG Celle v. 13.12.2006 - 9 U 58/06 - juris Rn. 25, 28.
[165] *Hadding/Kießling* in: Soergel, 13. Aufl., Vorbemerkungen vor § 730 Rn. 6.
[166] *Schöne* in: Bamberger/Roth, § 730 Rn. 4.
[167] H.M. OLG Düsseldorf v. 20.10.2004 - I-19 U 2/04 - juris Rn. 10; OLG Düsseldorf v. 15.12.2003 - I - 9 U 148/03 - OLR 2004, 484-485; OLG Schleswig v. 30.12.1997 - 5 U 98/97 - juris Rn. 39 - NZG 1999, 493-495; BGH v. 26.06.1989 - II ZR 128/88 - juris Rn. 13 - NJW 1990, 573-575; *Ulmer/Schäfer* in: MünchKomm-BGB, § 730 Rn. 11; *Westermann* in: Erman, § 730 Rn. 2; *Schöne* in: Bamberger/Roth, § 730 Rn. 6.
[168] BGH v. 23.06.1986 - II ZR 130/85 - juris Rn. 16 - NJW-RR 1986, 1419.
[169] BGH v. 23.06.1986 - II ZR 130/85 - juris Rn. 16 - NJW-RR 1986, 1419; *Ulmer/Schäfer* in: MünchKomm-BGB, § 730 Rn. 12; *Schöne* in: Bamberger/Roth, § 730 Rn. 6.
[170] Allgemeine Ansicht: BGH v. 23.06.1986 - II ZR 130/85 - juris Rn. 9 - NJW-RR 1986, 1419; OLG Frankfurt v. 09.04.1998 - 15 U 58/97 - RIW/AWD 1998, 807-809; OLG Düsseldorf v. 20.10.2004 - I-19 U 2/04 - juris Rn. 10; *Ulmer/Schäfer* in: MünchKomm-BGB, § 730 Rn. 12.
[171] *Ulmer/Schäfer* in: MünchKomm-BGB, § 730 Rn. 16; *Schöne* in: Bamberger/Roth, § 730 Rn. 6.
[172] *Büte*, Familienrecht kompakt 2006, 96-97.

§ 730

des Gesellschafters ohne besondere Abrechnung ermitteln lässt.[173] Die Beteiligungsquote ist aus dem Verhältnis der geleisteten Beiträge zu errechnen, wobei im Zweifel eine hälftige Quote gilt, § 722 Abs. 1 BGB. Eine abweichende Verteilungsquote kann sich aus unterschiedlichen Beiträgen der Gesellschafter ergeben. Derjenige, der eine höhere oder niedrigere Quote als die hälftige geltend macht, trägt dafür die Beweislast.[174]

76 Je nach Einzelfall kann für den internen Ausgleich eine entsprechende Anwendung einzelner Vorschriften der §§ 730-735 BGB in Betracht kommen, wobei aber Modifikationen in der Anwendung zu beachten sind.[175] So findet die Vorschrift des § 730 Abs. 2 Satz 2 BGB, nach der während der Abwicklung alle Gesellschafter zur Geschäftsführung berechtigt sind, wegen der besonderen Struktur der Innengesellschaften keine Anwendung.[176]

77 Wie bei der Außengesellschaft werden auch bei der Innengesellschaft **Einzelansprüche** aus dem Gesellschaftsverhältnis grundsätzlich **unselbstständige Rechnungsposten der Auseinandersetzungsabrechnung** und können daher nicht mehr selbstständig geltend gemacht werden (vgl. hierzu auch Rn. 27).[177] Hat der Innengesellschafter eine Sacheinlage in das Vermögen des Außengesellschafters geleistet, so ist diese im Zweifel nicht in Natur, sondern nur dem Werte nach zurückzuerstatten, § 733 Abs. 2 Satz 2 BGB. Etwas anderes gilt, wenn die Einlage in der bloßen Gebrauchsüberlassung bestand. Dann sind die Gegenstände selbst entsprechend den §§ 738 Abs. 1 Satz 2, 732 BGB zurückzugeben.[178]

78 Der Innengesellschafter hat keinen Anspruch auf Liquidation der im Alleineigentum des Außengesellschafters stehender Vermögensteile analog § 733 Abs. 3 BGB oder auf Auskehrung des dem Innengesellschafter zustehenden wirtschaftlichen Anteils durch Teilung in Natur analog den §§ 731 Satz 2, 752 BGB.[179] Der Außengesellschafter braucht den Innengesellschafter in der Regel nur entsprechend § 738 Abs. 1 Satz 2 BGB in Geld abzufinden.[180] Indes kann sich im Einzelfall aus der Auslegung des Gesellschaftsvertrags ergeben, dass der Außengesellschafter dem Innengesellschafter in Höhe des diesem wirtschaftlich zustehenden Anteils Miteigentum an den der Innengesellschaft gewidmeten Vermögensgegenständen einzuräumen hat.[181]

79 Schwebende Geschäfte werden entsprechend § 740 BGB abgewickelt. Insoweit ist der Außengesellschafter zur Rechenschaft und zur Auskunft verpflichtet.[182] Dem Innengesellschafter stehen die Informationsrechte nach den §§ 740 Abs. 2, 810 BGB zu.[183]

2. Praxisrelevanz bei den Ehegatteninnengesellschaften

80 Eine große praktische Bedeutung haben die Auseinandersetzungsansprüche bei Innengesellschaften bei den so genannten **Ehegatteninnengesellschaften**.

81 Eine Ehegatteninnengesellschaft wird angenommen, wenn
- die Ehegatten absprachegemäß durch beiderseitige Leistungen und durch planvolle und zielstrebige Zusammenarbeit erhebliche Vermögenswerte ansammeln, wobei als Ziel nicht die bloße Verwirkli-

---

[173] BGH v. 28.01.1991 - II ZR 48/90 - juris Rn. 6 - NJW-RR 1991, 1049-1050; OLG Schleswig v. 30.12.1997 - 5 U 98/97 - NZG 1999, 493-495.
[174] *Büte*, Familienrecht kompakt 2006, 96-97.
[175] *Ulmer/Schäfer* in: MünchKomm-BGB, § 730 Rn. 12; *Westermann* in: Erman, § 730 Rn. 3; *Schöne* in: Bamberger/Roth, § 730 Rn. 6.
[176] So *Ulmer/Schäfer* in: MünchKomm-BGB, § 730 Rn. 12; *v. Gamm* in: BGB-RGRK, 12. Aufl. 1978, § 730 Rn. 3 und 8; differenzierend *Westermann* in: Erman, § 730 Rn. 2: Anwendbarkeit auf die Feststellung der Ansprüche untereinander, nicht dagegen auf eine etwa notwendige Liquidation der im Außenverhältnis allein den Außengesellschafter treffenden Rechte und Pflichten.
[177] BGH v. 28.01.1991 - II ZR 48/90 - juris Rn. 5 - NJW-RR 1991, 1049-1050; OLG Düsseldorf v. 20.10.2004 - I-19 U 2/04 - juris Rn. 32; *Ulmer/Schäfer* in: MünchKomm-BGB, § 730 Rn. 14.
[178] *Ulmer/Schäfer* in: MünchKomm-BGB, § 730 Rn. 14; *Schöne* in: Bamberger/Roth, § 730 Rn. 6.
[179] *Schöne* in: Bamberger/Roth, § 730 Rn. 6;
[180] BGH v. 02.05.1983 - II ZR 148/82 - NJW 1983, 2375-2376; *Ulmer/Schäfer* in: MünchKomm-BGB, § 730 Rn. 13.
[181] BGH v. 02.05.1983 - II ZR 148/82 - juris Rn. 12 - NJW 1983, 2375-2376.
[182] BGH v. 23.06.1986 - II ZR 130/85 - juris Rn. 16 - NJW-RR 1986, 1419.
[183] *Ulmer/Schäfer* in: MünchKomm-BGB, § 730 Rn. 17.

chung der ehelichen Lebensgemeinschaft im Vordergrund steht,[184] sondern ein eheübergreifender Zweck, nämlich die Vermögensbildung, verfolgt wird,[185]
- eine Tätigkeit des mitarbeitenden Ehegatten gegeben ist, die von der Funktion her als gleichberechtigte Mitarbeit anzusehen ist,
- zumindest ein schlüssig zustande gekommener Gesellschaftsvertrag vorliegt, wobei insoweit das erkennbare Interesse der Ehegatten genügt, ihrer Zusammenarbeit über die bloßen Ehewirkungen hinaus einen dauerhaften, auch die Vermögensfolgen umfassenden Rahmen zu geben.[186]

In der jüngeren Rechtsprechung zeichnet sich eine starke Tendenz zum vermehrten Rückgriff auf die Ehegatteninnengesellschaft – unter Zurückdrängung der Grundsätze über die ehebezogenen Zuwendungen – ab.[187] Richtungsweisend insoweit hat der Bundesgerichtshof im Jahr 2005 entschieden, dass ein Ausgleichsanspruch eines Ehegatten bei einer Ehegatteninnengesellschaft nicht nur dann in Betracht kommt, wenn der Zugewinnausgleich nicht zu einem angemessenen Ergebnis führt. Ein gesellschaftsrechtlicher Ausgleichanspruch bestehe vielmehr neben einem Anspruch auf Zugewinnausgleich.[188] **82**

Bevor jedoch vor dem Zivilgericht Ausgleichansprüche aus einer Ehegatteninnengesellschaft verfolgt werden, sollte bei Bestehen des gesetzlichen Güterstands stets die Zweckmäßigkeit dieses Vorgehens überprüft werden.[189] **83**

IV. Nichteheliche Lebensgemeinschaften

Im Bereich der nichtehelichen Lebensgemeinschaften ging die Rechtsprechung als Ausgangspunkt lange Zeit vom Grundsatz der Nichtausgleichung aus. Wenn die Partner nicht etwas Besonderes unter sich geregelt hatten, wurden persönliche und wirtschaftliche Leistungen nicht gegeneinander aufgerechnet.[190] **84**

Die Geltung dieses Grundsatzes ist unbestritten, soweit es um die laufenden Beiträge zur Aufrechterhaltung der Gemeinschaft geht. Problematisch wird es jedoch, wenn ein Partner während der Lebensgemeinschaft zu Gunsten des anderen Leistungen erbracht hat, die deutlich über das hinausgehen, was **85**

---

[184] Abzugrenzen ist die Ehegatteninnengesellschaft insofern von der so genannten ehebezogenen Zuwendung. Eine ehebezogene Zuwendung ist anzunehmen, wenn ein Ehegatte dem anderen einen Vermögenswert um der Ehe wegen und als Beitrag zur Verwirklichung, Ausgestaltung, Erhaltung oder Sicherung der ehelichen Lebensgemeinschaft zukommen lässt. Er hegt dabei die Vorstellung oder Erwartung, dass die eheliche Lebensgemeinschaft Bestand haben und er innerhalb dieser Gemeinschaft am Vermögenswert und dessen Früchten weiter teilhaben werde. In dieser Vorstellung liegt zugleich die Geschäftsgrundlage der Zuwendung (st. Rspr. BGH, statt aller: BGH v. 30.06.1999 - XII ZR 230/96 - BGHZ 142, 148). Aus diesem ehebezogenen Rechtsgeschäft eigener Art können sich nach Scheitern der Ehe entsprechend der Regelung über den Wegfall der Geschäftsgrundlage Ausgleichsansprüche ergeben, wenn die Beibehaltung der durch die Zuwendung herbeigeführten Vermögenslage dem benachteiligten Ehegatten nicht zumutbar ist (BGH v. 13.07.1994 - XII ZR 1/93 - BGHZ 127, 48, 50). Dies gilt gerade im Fall der Gütertrennung, da die angemessene Beteiligung beider Ehegatten an dem gemeinsam erarbeiteten Vermögen dem Charakter der ehelichen Lebensgemeinschaft als einer Schicksals- und Risikogemeinschaft entspricht (BGH v. 30.06.1999 - XII ZR 230/96 - BGHZ 142, 148; Saarländisches Oberlandesgericht v. 13.03.2007 - 4 U 72/06 - 20, 4 U 72/06 - OLGR Saarbrücken 2007, 493-497).

[185] OLG Düsseldorf v. 18.02.2009 - I-3 U 29/08, 3 U 29/08 - juris Rn. 13; BGH v. 30.06.1999 - XII ZR 230/96 - BGHZ 142, 148.

[186] Zum Ganzen: *Hahne*, Vermögensrechtliche Auseinandersetzung zwischen Ehegatten außerhalb des Güterrechts und aktuelle Rechtsprechung des BGH, 2003, S. 12–18; *Büte*, Familienrecht kompakt 2006, 96-97; letzterer verlangt als weitere Voraussetzung für eine Ehegatteninnengesellschaft noch, dass die Annahme einer durch schlüssiges Verhalten zustande gekommenen Innengesellschaft nicht zu den von den Ehegatten ausdrücklich getroffenen Vereinbarungen in Widerspruch stehen darf. Diese Bedingung kann m.E. jedoch im Rahmen der Prüfung „schlüssiger Gesellschaftsvertrag" abgehandelt werden.

[187] BGH v. 30.06.1999 - XII ZR 230/96 - juris Rn. 14 - BGHZ 142, 137-157; BGH v. 02.05.1983 - II ZR 148/82 - NJW 1983, 2375-2376; BGH v. 25.06.2003 - XII ZR 161/01 - juris Rn. 14 - BGHZ 155, 249-257; BGH v. 13.08.2003 - XII ZR 95/01 - juris Rn. 2 - FamRZ 2003, 1648; BGH v. 28.09.2005 - XII ZR 189/02 - FamRZ 2006, 607-610; Saarländisches Oberlandesgericht v. 13.03.2007 - 4 U 72/06 - 20, 4 U 72/06- OLGR Saarbrücken 2007, 493-497; *Büte*, Familienrecht kompakt 2006, 97.

[188] BGH v. 28.09.2005 - XII ZR 189/02 - juris Rn. 21 - FamRZ 2006, 607-610.

[189] Vgl. hierzu *Wall*, FamRB 2010, 348-356, mit Rechenbeispielen zur Veranschaulichung.

[190] BGH v. 24.03.1980 - II ZR 191/79 - juris Rn. 8 - BGHZ 77, 55-60; BGH v. 06.10.2003 - II ZR 63/02 - juris Rn. 8 - NJW 2004, 58-59; BGH v. 13.04.2005 - XII ZR 296/00 - juris Rn. 23 - NJW-RR 2005, 1089-1092.

§ 730

zum Zusammenleben erforderlich ist, seien es größere Zuwendungen von Geld, seien es Dienstleistungen, sei es die Übertragung großer Sachwerte, etc. Die endgültige Belassung solcher Vermögensverschiebungen bei einem der Partner auch im Falle einer Trennung kann zu großen Ungerechtigkeiten führen.

86 Gleichwohl ließ die Rechtsprechung des Bundesgerichtshofs lange Zeit Ausgleichsansprüche zwischen getrennten Partnern einer nichtehelichen Lebensgemeinschaft nur dann zu, wenn es im Rahmen der nichtehelichen Lebensgemeinschaft ausdrücklich oder konkludent zum Abschluss eines Gesellschaftsvertrags zwischen den Partnern kam oder wenn zwar die Voraussetzungen für eine Innengesellschaft nicht vorlagen, die Partner allerdings während des Bestehens der Lebensgemeinschaft Leistungen zur Anschaffung von Gegenständen erbracht hatten, die nach der beiderseitigen Zweckbestimmung ungeachtet der formalen Eigentumsverhältnisse nicht nur von beiden genutzt werden, sondern auch beiden gehören sollten.[191] In diesen Fällen wurden Ausgleichsansprüche über eine analoge Anwendung der gesellschaftsrechtlichen Vorschriften entsprechend der in Rn. 75 genannten Grundsätze für die Innengesellschaft in Betracht gezogen. Demgegenüber wurden parallele Rückforderungsansprüche unter dem Gesichtspunkt des Wegfalls der Geschäftsgrundlage gemäß § 313 BGB oder auch Ansprüche auf Rückgabe wegen ungerechtfertigter Bereicherung unter dem Gesichtspunkt eines Wegfalls des mit der Leistung verfolgten Zwecks gemäß § 812 Abs. 1 Satz 2 Alt. 2 BGB stets abgelehnt.[192]

87 Diese lange Zeit geltende, ohnehin schon restriktive Rechtsprechung erfuhr sodann im Jahr 2005 durch den eine weitere Einschränkung dahingehend, als dass die bis dahin für möglich gehaltene Anwendung gesellschaftsrechtlicher Vorschriften auch ohne zumindest schlüssig zustande gekommenen Gesellschaftsvertrag ab diesem Zeitpunkt abgelehnt wurde. In seiner Entscheidung vom 28.09.2005 führte der XII. Zivilsenat des Bundesgerichtshofs diesbezüglich Folgendes aus: „Nach der Rechtsprechung des II. Zivilsenats des Bundesgerichtshofs kann selbst dann, wenn die Partner einer eheähnlichen Lebensgemeinschaft kein Gesellschaftsrechtsverhältnis begründet haben, eine Auseinandersetzung nach gesellschaftsrechtlichen Regeln in entsprechender Anwendung der §§ 730 ff. BGB in Betracht kommen, u.a. wenn die Partner durch beiderseitige Arbeit, finanzielle Aufwendungen und sonstige Leistungen zusammen ein Unternehmen aufbauen, betreiben und als gemeinsamen Wert betrachten und behandeln. An dieser Beurteilung hält der (nach der Geschäftsverteilung inzwischen zuständige) Senat allerdings nicht uneingeschränkt fest. Er vertritt vielmehr die Auffassung, dass eine nach gesellschaftsrechtlichen Grundsätzen zu beurteilende Zusammenarbeit auch im Rahmen einer eheähnlichen Lebensgemeinschaft einen zumindest schlüssig zustande gekommenen Vertrag voraussetzt, eine rein faktische Willensübereinstimmung mithin nicht als ausreichend erachtet werden kann. Gerade weil die nichteheliche Lebensgemeinschaft vom Ansatz her eine Verbindung ohne Rechtsbindungswillen ist, erscheint ein solcher für die Annahme einer nach gesellschaftsrechtlichen Grundsätzen zu bewertenden Zusammenarbeit der Partner erforderlich. Indizien hierfür können sich – ebenso wie für die Beurteilung, ob eine Ehegatteninnengesellschaft vorliegt – etwa aus Planung, Umfang und Dauer der Zusammenarbeit ergeben".[193]

88 Durch zwei weitere Urteile des XII. Zivilsenats des Bundesgerichtshofs vom 09.07.2008[194] hat diese Rechtsprechung sodann allerdings eine direkte Kehrtwende erfahren[195]. In Aufgabe der bisherigen Rechtsprechung hat der Bundesgerichtshof in diesen beiden Fällen, in denen jeweils gesellschaftsrechtliche Ausgleichsansprüche nach den für die Innengesellschaft geltenden Grundsätzen nicht in Betracht kamen, Raum auch für Anspruchsgrundlagen jenseits des Ausgleichs nach den Regeln der Innengesellschaft des bürgerlichen Rechts gesehen. Im Falle XII ZR 39/06 sind dies die Grundsätze über

---

[191] Ständige Rechtsprechung: so BGH v. 24.03.1980 - II ZR 191/79 - juris Rn. 8 - BGHZ 77, 55-60; BGH v. 02.10.1991 - XII ZR 145/90 - juris Rn. 8 - BGHZ 115, 261-267; BGH v. 13.04.2005 - XII ZR 296/00 - juris Rn. 23 - NJW-RR 2005, 1089-1092; OLG Schleswig v. 12.01.2001 - 14 U 120/00 - SchlHA 2001, 170; zustimmend *Ulmer/Schäfer* in: MünchKomm-BGB, § 730 Rn. 22 und *Habermeier* in: Staudinger, § 735 Rn. 8, beide mit weiteren Nachweisen; anders aber OLG Stuttgart v. 25.02.1992 - 6 U 32/91 - NJW-RR 1993, 1475-1478.

[192] BGH v. 24.03.1980 - II ZR 191/79 - juris Rn. 12 - BGHZ 77, 55-60; BGH v. 06.10.2003 - II ZR 63/02 - juris Rn. 9 - NJW 2004, 58-59; BGH v. 13.4.2005 - XII ZR 296/00 - juris Rn. 23 - NJW-RR 2005, 1089-1092.

[193] BGH v. 28.09.2005 - XII ZR 189/02 - juris Rn. 27 - BGHZ 165, 1-11; ausdrücklich bestätigt von: BGH v. 09.07.2008 - XII ZR 39/06 - NJW 2008, 3282-3283; BGH v. 09.07.2008 - XII ZR 179/05 - BGHZ 177, 193-211.

[194] BGH v. 09.07.2008 - XII ZR 39/06 - NJW 2008, 3282-3283; BGH v. 09.07.2008 - XII ZR 179/05 - BGHZ 177, 193-211.

[195] Ebenso auch *Schulz*, FPR 2010, 373 und *Stein*, FamFR 2011, 409-412.

den Wegfall der Geschäftsgrundlage gemäß § 313 BGB[196]; im Falle XII ZR 179/05 ist dies der Anspruch aus § 812 Abs. 1 Satz 2 Alt. 2 BGB unter dem Gesichtspunkt eines Wegfalls des mit der Leistung verfolgten Zwecks.[197] Durch diese beiden Urteile sind die rechtlichen Möglichkeiten, bei nichtehelichen Lebensgemeinschaften im Einzelfall zu einem interessengerechten Ausgleich zu gelangen, im Ansatz erheblich ausgeweitet worden[198].

Diese durch die beiden Urteile vom 09.07.2008 eingeschlagene Richtung hat der Bundesgerichtshof nunmehr in weiteren Urteilen vom 25.11.2009, vom 03.02.2010 und 06.07.2011 fortgeführt und vertieft. 89

In seinem Grundsatzurteil vom 25.11.2009 hatte sich der Bundesgerichtshof – anders als in den Urteilen vom 09.07.2008, in denen es um den Vermögensausgleich der nichtehelichen Lebensgemeinschaft im Trennungsfall ging – mit den Folgen einer Auflösung einer nichtehelichen Lebensgemeinschaft durch den Tod eines Partners – im konkreten Fall des Zuwendenden – zu befassen. Der Bundesgerichtshof lehnte im konkreten Fall sämtliche in Betracht kommenden Ansprüche der Erben des Zuwendenden aus Gesamtschuldnerausgleich gemäß § 426 Abs. 1 Satz 1 BGB, aus Gesellschaftsrecht gemäß § 738 Abs. 1 Satz 2 BGB analog, aus Wegfall der Geschäftsgrundlage gemäß 313 BGB sowie aus Bereicherungsrecht gemäß § 812 Abs. 1 Satz 2 Alt. 2 BGB ab,[199] so dass als Fazit festgehalten werden kann, dass die gesetzlichen Erben gegen die Lebensgefährtin des Erblassers regelmäßig keine schuldrechtlichen Ansprüche auf Rückforderung oder sonstigen Ausgleich von lebzeitigen Zuwendungen des Erblassers an die Lebensgefährtin haben.[200] 90

In der Entscheidung vom 03.02.2010 ging es sodann anders als in den früheren Entscheidungen vom 09.07.2008 nicht um die Schaffung eines Vermögenswertes, sondern um die Kosten der gemeinsamen Lebensführung, nämlich die rückständige Miete für die gemeinsame Wohnung. Danach bleiben hinsichtlich der Leistungen, die das Zusammenleben erst ermöglicht haben und auf das gerichtet sind, was die Gemeinschaft „Tag für Tag benötigt", Ausgleichsansprüche ausgeschlossen.[201] Für die Praxis folgt aus dieser Entscheidung, dass bei der Rückabwicklung von Leistungen in faktischen Lebensgemeinschaften immer zu prüfen ist, ob es sich um eine gemeinsame Vermögensbildung oder lediglich um den täglichen Lebensbedarf gehandelt hat. Für Geld- und Dienstleistungen, die im Rahmen der Haushalts- und Lebensführung zur Deckung der insoweit anfallenden Kosten erbracht werden, können die Lebenspartner, wenn sie sich trennen, keinen Ausgleich verlangen.[202] Demgegenüber kommen bei Zuwendungen oder Arbeitsleistungen innerhalb einer nichtehelichen Lebensgemeinschaft, die deutlich über das hinausgehen, was die Gemeinschaft Tag für Tag benötigt, Ansprüche nach den Grundsätzen über den Wegfall der Geschäftsgrundlage, § 313 BGB, aus ungerechtfertigter Bereicherung, § 812 Abs. 1 Satz 2 Alt. 2 BGB, oder nach gesellschaftsrechtlichen Regeln, §§ 730 ff., 738 BGB, in Betracht.[203] 91

Mit der Entscheidung vom 06.07.2011, in der es um einen geradezu typischen Trennungsstreit, nämlich den Ausgleich gemeinschaftsbezogener Zuwendungen wegen Leistungen für ein Wohnhaus ging, hat der Bundesgerichtshof seine neue Rechtsprechung erneut bekräftigt und im konkreten Fall sowohl Ausgleichsansprüche aus Wegfall der Geschäftsgrundlage als auch aus Bereicherungsrecht für möglich erachtet.[204] Angesichts des vom Bundesgerichtshof für Ausgleichsansprüche aus Wegfall der Geschäftsgrundlage ausgegebenen Postulats, es müsse stets eine Gesamtabwägung im Einzelfall unter Berücksichtigung aller Umstände erfolgen[205], ist für die zukünftige Praxis zu prognostizieren, dass die Abgrenzungsschwierigkeiten, wo denn ein Ausgleich stattfindet und wo nicht, groß bleiben werden.[206] 92

---

[196] BGH v. 09.07.2008 - XII ZR 39/06 - juris Rn. 28 - NJW 2008, 3282-3283.
[197] BGH v. 09.07.2008 - XII ZR 179/05 - juris Rn. 33, 34 - BGHZ 177, 193-211.
[198] Ebenso *Schulz*, FPR 2010, 373.
[199] BGH v. 25.11.2009 - XII ZR 92/06 - juris Rn. 15-17, 21-23, 24-26 und 32-35, BGHZ 183, 242-258.
[200] *Freiherr von Proff*, NJW 2010, 980-983; *Wellenhofer*, LMK 2010, 299438; *Probst*, JR 2011 72-73; *Grziwotz*, FamRZ 2011, 697-701.
[201] BGH v. 03.02.2010 - XII ZR 53/08 - juris Rn. 11 - NJW 2010, 868-870.
[202] BGH v. 03.02.2010 - XII ZR 53/08 - juris Rn. 11 - NJW 2010, 868-870; *Schulz*, FPR 2010, 373.
[203] *Schulz*, FPR 2010, 373; ebenso *Podewils*, jurisPR-FamR 10/2010, Anm. 4.
[204] BGH v. 06.07.2011 - XII ZR 190/08 - juris Rn. 18-41 - NJW 2011, 2880-2883.
[205] BGH v. 06.07.2011 - XII ZR 190/08 - juris Rn. 23 - NJW 2011, 2880-2883.
[206] *Stein*, FamFR 2011, 409-412.

V. Stille Gesellschaft

93 Auf die typische **stille Gesellschaft** finden die Vorschriften der §§ 730-735 BGB keine Anwendung. Die Auseinandersetzung erfolgt vielmehr analog § 235 HGB.

VI. Fehlerhafte Gesellschaft

94 Die Vorschriften der §§ 730-735 BGB finden grundsätzlich auch auf die **fehlerhafte Gesellschaft** Anwendung.[207] Das bedeutet, dass die Abwicklung einer fehlerhaften Gesellschaft nicht nach Bereicherungsrecht vonstattengeht, sondern vielmehr die allgemeinen Liquidationsvorschriften zu beachten sind. Darum kann der Gesellschafter keine Einzelansprüche, sondern nur den ihm nach einer Gesamtabrechnung zustehenden Abfindungsanspruch geltend machen. Schadensersatzansprüche des getäuschten Gesellschafters sind Bestandteil der Auseinandersetzungsrechnung.[208] Ausnahmsweise kann der Gesellschafter schon vor Beendigung der Auseinandersetzung Zahlung verlangen, soweit bereits feststeht, dass ihm die geltend gemachte Forderung als Mindestbetrag zusteht.[209]

95 Allerdings hat sich der Bundesgerichtshof von vorstehendem Grundsatz gelöst, sofern Anleger durch Täuschung zum Beitritt in eine stille Gesellschaft veranlasst wurden.[210] Anleger sollen danach – außerhalb der Auseinandersetzung – ihren auf Rückabwicklung der Einlage gerichteten Schadensersatzanspruch geltend machen können.[211]

---

[207] BGH v. 24.10.1951 - II ZR 18/51 - juris Rn. 8 - BGHZ 3, 285-292; OLG Düsseldorf v. 03.05.2006 - I-15 U 86/05, 15 U 86/05- MedR 2007, 428-433; *v. Gamm* in: BGB-RGRK, 12. Aufl. 1978, § 730 Rn. 3; *Gehrlein*, WM 2005, 1489-1496.

[208] OLG Düsseldorf v. 03.05.2006 - I-15 U 86/05, 15 U 86/05 - MedR 2007, 428-433 - juris Rn. 44.

[209] *Gehrlein*, WM 2005, 1489-1496.

[210] BGH v. 19.07.2004 - II ZR 354/02 - ZIP 2004, 1707-1708; BGH v. 29.11.2004 - II ZR 6/03 - ZIP 2005, 254-257; BGH v. 21.03.2005 - II ZR 310/03 - NJW 2005, 1784-1788; BGH v. 18.04. 2005 - II ZR 224/04 - ZIP 2005, 1124-1127.

[211] BGH v. 19.07.2004 - II ZR 354/02 - WM 2004, 1823-1824; zu dieser Rechtsprechung vgl. auch *Gehrlein*, WM 2005, 1489-1536, mit eigenem Lösungsansatz.

§ 731 BGB Verfahren bei Auseinandersetzung

(Fassung vom 02.01.2002, gültig ab 01.01.2002)

Die Auseinandersetzung erfolgt in Ermangelung einer anderen Vereinbarung in Gemäßheit der §§ 732 bis 735. Im Übrigen gelten für die Teilung die Vorschriften über die Gemeinschaft.

Gliederung

A. Grundlagen 1
B. Anwendungsvoraussetzungen 2
   I. Normstruktur 2
   II. Keine andere Vereinbarung (Satz 1) 3
   III. Auseinandersetzung erfolgt in Gemäßheit der §§ 732-735 BGB (Satz 1) 4
     1. Ablauf des Verfahrens nach den §§ 732-735 BGB 4
     2. Abdingbarkeit 5
   IV. Im Übrigen Geltung der Teilungsvorschriften (Satz 2) 6
C. Anwendungsfelder 7

A. Grundlagen

§ 731 BGB hat die Funktion einer Klarstellungs- und Verweisungsnorm.[1]   **1**

B. Anwendungsvoraussetzungen

I. Normstruktur

Satz 1 verweist für die gesetzliche Regelung der Auseinandersetzung auf die §§ 732-735 BGB und stellt den Vorrang vertraglicher Vereinbarungen vor den gesetzlichen Auseinandersetzungsbestimmungen klar. **Satz 2** ordnet die subsidiäre Geltung der Vorschriften über die Gemeinschaft an, §§ 752-754, 756-758 BGB.   **2**

II. Keine andere Vereinbarung (Satz 1)

Durch die Formulierung „in Ermangelung einer anderen Vereinbarung" wird klargestellt, dass das gesetzliche Verfahren der §§ 732-735 BGB nicht nur ganz oder teilweise abdingbar ist[2], sondern dass eine gesellschaftsvertragliche Vereinbarung gegenüber der gesetzlichen Regelung vorrangig ist[3].   **3**

III. Auseinandersetzung erfolgt in Gemäßheit der §§ 732-735 BGB (Satz 1)

1. Ablauf des Verfahrens nach den §§ 732-735 BGB

Vorbehaltlich vorrangiger abweichender gesellschaftsvertraglicher Vereinbarungen (vgl. hierzu die Kommentierung zu § 730 BGB) läuft das Verfahren der Auseinandersetzung im Regelfall wie folgt ab: **4**

- Die Auseinandersetzung zwischen den Gesellschaftern hat zur Voraussetzung, dass ein **Auflösungstatbestand** gegeben ist. Mit der Auflösung wandelt sich die Gesellschaft automatisch in eine Liquidationsgesellschaft um. Diese ist dadurch gekennzeichnet, dass statt dem ursprünglichen werbenden Zweck der Gesellschaftszweck nunmehr auf die Abwicklung gerichtet ist.
- Mit der **Umwandlung in eine Liquidationsgesellschaft** geht die **Geschäftsführung** auf alle Gesellschafter über, § 730 Abs. 2 Satz 2 BGB. Entsprechend dem **geänderten Zweck** ist es ihre Aufgabe, die schwebenden Geschäfte zu beenden und die zur Erhaltung und Verwaltung des Gesellschaftsvermögens bis zu dessen Abwicklung notwendigen Maßnahmen zu treffen, § 730 Abs. 2 Satz 1 BGB.
- Erster Schritt der Abwicklung ist sodann die **Rückgabe der** von den Gesellschaftern der Gesellschaft **zur Benutzung überlassenen Gegenstände**, sofern sie nicht für die Abwicklung benötigt werden, § 732 BGB.
- Im Anschluss daran sind zunächst die bestehenden **Gesellschaftsschulden zu berichtigen** sowie für noch nicht fällige oder streitige Verbindlichkeiten Rücklagen zu schaffen, § 733 Abs. 1 BGB.

---

[1] *Schöne* in: Bamberger/Roth, § 731 Rn. 1; *Hadding/Kießling* in: Soergel, 13. Aufl., § 731 Rn. 2.
[2] *Saenger* in: Hk-BGB, § 731 BGB Rn. 1.
[3] *Sprau* in: Palandt, § 731 Rn. 1; *Westermann* in: Erman, § 731 Rn. 1; vgl. hierzu auch KG v. 25.05.2005 - 24 W 100/04 - NZM 2005, 830.

§ 731

- Sodann sind aus dem noch verbliebenen Gesellschaftsvermögen die **Einlagen zurückzuerstatten**, § 733 Abs. 2 BGB.
- Soweit erforderlich ist hierzu das **Gesellschaftsvermögen zu liquidieren**, d.h. in Geld umzusetzen, § 733 Abs. 3 BGB.[4] Zu beachten ist, dass der Anspruch auf Rückzahlung der Einlagen der Bindung an die Schlussabrechnung unterfällt, d.h. der Anspruch zunächst unbar lediglich als unselbstständiger Rechnungsposten in die Schlussabrechnung eingebracht wird.
- Verbleibt nach der „Rückzahlung der Einlagen" ein **Überschuss**, so ist dieser unter den Gesellschaftern nach dem Verhältnis ihrer Anteile **zu verteilen**, § 734 BGB. Die Verteilung ist nach der gesetzlichen Regelung in Natur vorzunehmen (§ 731 Satz 2 i.V.m. § 752 BGB), hiervon kann jedoch eine abweichende Regelung getroffen und stattdessen einer finanziellen Verteilung der Vorrang eingeräumt werden.[5] Auch der Anspruch auf Ausschüttung des Überschusses unterfällt der Bindung an die Schlussabrechnung.
- Reicht dagegen das Gesellschaftsvermögen zur Berichtigung der Schulden und zur Rückerstattung der Einlagen nicht aus, so haben die Gesellschafter entsprechend ihrer Verlustbeteiligung **Nachschüsse** zu leisten, § 735 BGB.
- Die **Schlussabrechnung (Auseinandersetzungsbilanz)**, die von den Abwicklern zu erstellen ist, steht als Grundlage der Auseinandersetzung am Ende der Abwicklung. In sie werden der jedem Gesellschafter gebührende Überschuss beziehungsweise der von ihm zu leistende Nachschuss, als auch die sonstigen Ansprüche der Gesellschafter gegen die Gesellschaft (z.B. der Anspruch auf die Rückgewähr von Einlagen oder Aufwendungsersatzansprüche) sowie die Ansprüche der Gesellschafter untereinander, soweit sie aus dem Gesellschaftsverhältnis resultieren, eingestellt. Die Aufstellung einer Auseinandersetzungseröffnungsbilanz ist in Abweichung zu § 154 HGB allerdings nicht erforderlich.[6]
- Auf der Grundlage dieser Schlussabrechnung ist sodann nach vorheriger Einziehung etwaiger Nachschüsse das jeweilige Auseinandersetzungsguthaben (§§ 733 Abs. 2, 734 BGB) an die Gesellschafter auszukehren.[7]

Damit ist zugleich die **Gesellschaft beendet**.[8]

2. Abdingbarkeit

5   Wie sich schon aus dem Wortlaut „in Ermangelung einer anderen Vereinbarung" ergibt, ist das gesetzliche Verfahren der §§ 732-735 BGB ganz oder teilweise abdingbar (vgl. Rn. 3).

IV. Im Übrigen Geltung der Teilungsvorschriften (Satz 2)

6   Die in Satz 2 angeordnete **Geltung der Teilungsvorschriften** des Rechts der Bruchteilsgemeinschaft „im Übrigen" ist als **subsidiäre** Geltung zu verstehen.[9]

C. Anwendungsfelder

7   Die Verweisung auf die §§ 732-735 BGB in § 731 Satz 1 BGB greift nur ein, wenn und soweit die Gesellschafter im Gesellschaftsvertrag oder auch nachträglich durch Beschluss, den die Gesellschafter auch erst nach Auflösung fassen können, **keine abweichende Regelung** getroffen haben.[10]

---

[4] Nach OLG Hamm v. 28.06.2004 - 8 U 175/03 - NZG 2004, 1106-1107 können sich – im Anschluss an *Ulmer/Schäfer* in: MünchKomm-BGB, § 733 Rn. 22 – insoweit Einschränkungen aus dem Grundsatz des wirtschaftlichen Handelns ergeben. An diesem Grundsatz – so das OLG Hamm in der o.a. Entscheidung – müsse sich die konkrete Gestaltung der Auseinandersetzung stets orientieren. Dies könne dazu führen, dass ein Gesellschafter, wenn das Vermögen einer zweigliedrigen Gesellschaft nur noch in einem Miteigentumsanteil an einer Wegeparzelle bestehe, deren Veräußerung keinen nennenswerten Ertrag verspreche, von dem anderen Gesellschafter die Überführung des gesamthänderisch gebundenen Miteigentumsanteils in Bruchteilseigentum verlangen könne. Der andere Gesellschafter könne dann nicht einwenden, dass § 733 Abs. 3 BGB vorsehe, dass das Gesellschaftsvermögen in Geld umzusetzen sei.

[5] *Ulmer/Schäfer* in: MünchKomm-BGB, § 730 Rn. 9.

[6] *Sprau* in: Palandt, § 731 Rn. 1.

[7] *Ulmer/Schäfer* in: MünchKomm-BGB, § 730 Rn. 45.

[8] *Ulmer/Schäfer* in: MünchKomm-BGB, § 730 Rn. 9.

[9] Allgemeine Ansicht, statt vieler *Westermann* in: Erman, § 731 BGB Rn. 2; *Sprau* in: Palandt, § 731 Rn. 1.

[10] BGH v. 14.07.1960 - II ZR 188/58 - juris Rn. 18 - WM 1960, 1121; OLG Hamm v. 22.08.2005 - 8 U 189/04 - NJW-RR 2006, 928.

Der Anwendungsbereich der Verweisung in § 731 Satz 2 BGB ist überhaupt nur dann eröffnet, wenn **teilungsfähiges Vermögen** vorhanden ist.[11] Doch auch wenn diese Voraussetzung erfüllt ist, ist der **Anwendungsbereich der Vorschriften eingeschränkt**: Die in § 752 BGB angeordnete Teilung scheidet aus, wenn die Gesellschafter sich darauf verständigt haben, die Gegenstände vollständig in Geld umzusetzen (vgl. hierzu auch Rn. 4).[12] Unanwendbar ist § 755 BGB, da § 733 Abs. 1 und 3 BGB hierzu eine vorrangige Regelung treffen.[13] Beschränkt anwendbar ist § 756 BGB, nach dem der fordernde Gesellschafter wegen einer Forderung gegen einen anderen Gesellschafter ein Befriedigungsvorrecht aus dem Anteil des schuldnerischen Gesellschafters am Gesellschaftsvermögen (Gewinnanteil, aber auch Einlagen und Ansprüche des schuldnerischen Gesellschafters gegen die Gesellschaft) hat. Er ist anwendbar auf Individualansprüche des Gesellschafters gegen einen anderen, die aus dem Gesellschaftsverhältnis herrühren (z.B. Regressanspruch aus bezahlter Gesellschaftsschuld oder Schadensersatzanspruch wegen Beschädigung einer eingebrachten Sache), nicht dagegen auf solche Ansprüche, für die als Gesellschaftsschulden alle Gesellschafter haften.[14]

8

---

[11] *Ulmer/Schäfer* in: MünchKomm-BGB, § 731 BGB Rn. 4; *Schöne* in: Bamberger/Roth, § 731 Rn. 4.
[12] *Westermann* in: Erman, § 731 Rn. 2; *Schöne* in: Bamberger/Roth, § 731 Rn. 4.
[13] *Westermann* in: Erman, § 731 Rn. 2; *Sprau* in: Palandt, § 731 Rn. 1.
[14] Streitig, wie hier *Keßler* in: Staudinger, 12. Aufl. 1991, § 734 Rn. 10; für eine beschränkte Anwendbarkeit ebenfalls – wenngleich anders differenzierend – *Hadding/Kießling* in: Soergel, 13. Aufl., § 731 Rn. 5; gegen eine Anwendbarkeit: *Ulmer/Schäfer* in: MünchKomm-BGB, § 731 Rn. 4; *Westermann* in: Erman, § 731 Rn. 2; *Habermeier* in: Staudinger, § 731 Rn. 4.

§ 732 BGB Rückgabe von Gegenständen

(Fassung vom 02.01.2002, gültig ab 01.01.2002)

¹Gegenstände, die ein Gesellschafter der Gesellschaft zur Benutzung überlassen hat, sind ihm zurückzugeben. ²Für einen durch Zufall in Abgang gekommenen oder verschlechterten Gegenstand kann er nicht Ersatz verlangen.

Gliederung

A. Grundlagen ... 1	I. Anspruchsgegner ... 10
B. Anwendungsvoraussetzungen ... 3	II. Darlegungs- und Beweislast ... 11
I. Zum Gebrauch überlassener Gegenstand ... 3	E. Anwendungsfelder ... 13
II. Sache darf nicht mehr zur Abwicklung benötigt werden ... 5	I. Anwendung auf zum Gebrauch eingebrachte Sachen ... 13
C. Rechtsfolgen ... 6	II. Anwendung auf dem Wert nach eingebrachte Sachen ... 14
I. Rückgabeanspruch (Satz 1) ... 6	III. Anwendung auf zu Eigentum eingebrachte Sachen ... 15
II. Durchsetzbarkeit des Rückgabeanspruchs ... 7	
III. Ersatzanspruch (Satz 2) ... 9	
D. Prozessuale Hinweise/Verfahrenshinweise ... 10	IV. Anwendung auf durch Miet- und Pachtvertrag eingebrachte Sachen ... 16

A. Grundlagen

1 § 732 BGB regelt den ersten Schritt im dispositiven Auseinandersetzungsverfahren der aufgelösten Gesellschaft.[1]

2 Satz 1 der Vorschrift gibt dem Gesellschafter einen speziellen **Anspruch auf Rückgabe der** der Gesellschaft **beitragsweise zur Benutzung überlassenen Gegenstände**. Satz 2 regelt hinsichtlich dieses Rückgabeanspruchs die **Gefahrtragung** zwischen dem Gesellschafter als Gläubiger und der Gesellschaft als Schuldnerin für die zum Gebrauch eingebrachten Sachen, beinhaltet also eine Auslegungsregel für den Ersatzanspruch des Gesellschafters.

B. Anwendungsvoraussetzungen

I. Zum Gebrauch überlassener Gegenstand

3 Der Rückgabeanspruch eines Gesellschafters setzt voraus, dass er die betreffenden Gegenstände (Sachen und Rechte) im Rahmen seiner Beitragspflicht **zum Gebrauch eingebracht** hat.[2] **Davon abzugrenzen** sind einerseits die Fälle, in denen der Gesellschafter **die Sache dem Wert nach** und andererseits die Fälle, in denen der Gesellschafter **die Sache zu Eigentum eingebracht hat**.

4 Bei der Einbringung zur Nutzung beziehungsweise zum Gebrauch (quoad usum) besteht die Beitragsleistung in einer bloßen Gebrauchsüberlassung. Der Gesellschafter bleibt Eigentümer. Bei der Einbringung dem Werte nach (quoad sortem) bleibt das Eigentum zwar ebenfalls beim Gesellschafter. Die Gesellschaft wird aber so gestellt, als gehöre der Sachwert in das Gesellschaftsvermögen.[3] Bei der Einbringung zu Eigentum (quoad dominum) wird demgegenüber das Eigentum an der Sache auf die Gesellschaft übertragen.

II. Sache darf nicht mehr zur Abwicklung benötigt werden

5 Der Rückgabeanspruch entsteht mit Eintritt des Auflösungsgrundes und kann vor der Durchführung der Auseinandersetzung geltend gemacht werden.[4] Die Gesellschaft kann sich jedoch gegenüber dem Rückgabeanspruch auf ein Zurückbehaltungsrecht berufen, wenn und solange die Sache noch zur Ab-

---

[1] *Sprau* in: Palandt, § 732 Rn. 1; *Schöne* in: Bamberger/Roth, § 732 Rn. 1.
[2] *Schöne* in: Bamberger/Roth, § 732 Rn. 1.
[3] Die Einbringung einer Sache dem Werte nach (quoad sortem) begründet nur die schuldrechtliche Verpflichtung des Gesellschafters, die Sache der Gesellschaft so zur Verfügung zu stellen, als ob sie Gesellschaftsvermögen wäre. Sie lässt jedoch die dingliche Rechtsstellung des Gesellschafters und seine Verfügungsbefugnis im Außenverhältnis unberührt (BGH v. 15.06.2009 - II ZR 242/08 - juris Rn. 4).
[4] *Sprau* in: Palandt, § 732 Rn. 1; *Schöne* in: Bamberger/Roth, § 732 Rn. 2.

wicklung benötigt wird, was z.B. bei der Überlassung eines Raumes der Fall sein kann.[5] Dies folgt aus der Pflicht der Gesellschafter an der Auseinandersetzung mitzuwirken (vgl. hierzu die Kommentierung zu § 730 BGB). Da die Darlegungs- und Beweislast für den Umstand, dass der Gegenstand nicht mehr für die Abwicklung benötigt wird nach der Rechtsprechung beim Gesellschafter liegen soll,[6] ist konsequenterweise die fehlende Notwendigkeit zur Abwicklung als negative Anspruchsvoraussetzung und nicht als Einwendung einzuordnen. Allerdings wird dem Umstand, dass die Abwickler regelmäßig eine bessere Kenntnis der Gesellschaftsinterna haben werden als der nicht selbst an der Abwicklung beteiligte Gesellschafter dadurch Rechnung getragen, dass den Abwicklern die sekundäre Darlegungslast obliegt.[7] Die Abwickler müssen folglich die Verhältnisse der Gesellschaft darlegen, soweit nur sie dazu imstande sind. Erst danach greift die primäre Darlegungs- und Beweislast des Gesellschafters ein. Wird die erforderliche Aufklärung verweigert, so gilt der Beweis, dass die Gesellschaft den Gegenstand zur Abwicklung nicht mehr benötigt, als geführt.[8]

C. Rechtsfolgen

I. Rückgabeanspruch (Satz 1)

Der überlassene Gegenstand ist dem Gesellschafter zurückzugeben. Handelt es sich nicht um eine körperliche Sache ist hinsichtlich der Rückgabeverpflichtung zu differenzieren. Ist beispielsweise ein dingliches Recht als Einlage bestellt worden, so kann sich aus dem Gesellschaftsvertrag ergeben, dass es nach § 732 BGB zurückzuübertragen ist.[9] Bei Patentrechten demgegenüber bedarf es keiner Rückgabe. Sie fallen ipso iure in die freie Verfügungsgewalt des Inhabers zurück.[10]

II. Durchsetzbarkeit des Rückgabeanspruchs

Die Rückgabe kann nach herrschender Meinung sofort, d.h. mit Eintritt des Auflösungsgrundes schon vor und außerhalb der eigentlichen Auseinandersetzung verlangt werden.[11] Von anderer Seite wird die Entstehung des Rückgabeanspruchs mit der Auflösung indes in Zweifel gezogen. Die Vertragspflichten, einschließlich derjenigen auf die Beitragsleistung, entfielen durch die Auflösung nicht einfach, sondern bestünden so lange fort, als die Beiträge im Rahmen des geänderten, auf Abwicklung gerichteten Gesellschaftszwecks noch benötigt würden.[12] Zwischen den beiden Positionen ergeben sich jedoch regelmäßig keine Unterschiede, weil auch nach der h.M. das Rückgabeverlangen so lange ausgeschlossen ist, wie die Sache noch zur Abwicklung benötigt wird.[13]

Der Durchsetzbarkeit des Rückgabeanspruches soll nach der Rechtsprechung des BGH ein Zurückbehaltungsrecht nach § 273 BGB entgegenstehen,[14] wenn mit hoher Wahrscheinlichkeit feststeht, dass der Gesellschafter nach § 735 BGB nachschusspflichtig sein wird. Dem ist im Ergebnis zuzustimmen. Mangels Fälligkeit des Anspruchs auf den Nachschuss (vgl. näher hierzu die Kommentierung zu § 735 BGB) ist das Zurückbehaltungsrecht vor der Erstellung der Schlussabrechnung jedoch nicht aus § 273 BGB, sondern aus dem für die Liquidationsgesellschaft allgemein geltenden Grundsatz abzuleiten, dass die Gesellschafter im Liquidationsstadium Leistungen von der Gesellschaft nur dann verlangen können, wenn und soweit feststeht, dass ihnen Ansprüche in diesem Umfang mindestens zustehen (vgl. hierzu die Kommentierung zu § 730 BGB).

---

[5] *Sprau* in: Palandt, § 732 Rn. 1; *Westermann* in: Erman, § 732 Rn. 2; *Kilian* in: Henssler/Strohn, § 732 Rn. 2.
[6] So BGH v. 05.11.1979 - II ZR 145/78 - juris Rn. 14 - LM Nr. 61 zu § 161 HGB und BGH v. 03.07.1978 - II ZR 54/77 - juris Rn. 13 - LM Nr. 6 zu § 149 HGB entgegen BGH v. 03.02.1977 - II ZR 201/75 - juris Rn. 17 - WM 1977, 617-618; anderer Ansicht *Ulmer/Schäfer* in: MünchKomm-BGB, § 730 Rn. 31 und § 732 Rn. 3; *Schöne* in: Bamberger/Roth, § 732 Rn. 2; zweifelnd auch *Westermann* in: Erman, § 730 Rn. 6.
[7] So auch BGH v. 03.07.1978 - II ZR 54/77 - juris Rn. 16 - LM Nr. 6 zu § 149 HGB.
[8] BGH v. 03.07.1978 - II ZR 54/77 - juris Rn. 16 - LM Nr. 6 zu § 149 HGB.
[9] Noch weitergehend differenzierend: *Hadding/Kießling* in: Soergel, 13. Auflage, § 732 Rn. 3.
[10] *Keßler* in: Staudinger, 12. Aufl. 1991, § 732 Rn. 6.
[11] BGH v. 29.06.1981 - II ZR 165/80 - juris Rn. 8 - LM Nr. 9 zu § 738 BGB; *Saenger* in: Hk-BGB, § 732 Rn. 1; *Sprau* in: Palandt, § 732 Rn. 1; *Schöne* in: Bamberger/Roth, § 732 Rn. 2; *Kilian* in: Henssler/Strohn, § 730 Rn. 2.
[12] *Ulmer/Schäfer* in: MünchKomm-BGB, § 732 Rn. 3; *Keßler* in: Staudinger, 12. Aufl. 1991, § 732 Rn. 4.
[13] Vgl. nur Rn. 5 sowie BGH v. 03.07.1978 - II ZR 54/77 - juris Rn. 12 - LM Nr. 6 zu § 149 HGB; *Saenger* in: Hk-BGB, § 732 Rn. 1.
[14] BGH v. 29.06.1981 - II ZR 165/80 - juris Rn. 9 - LM Nr. 9 zu § 738 BGB; bestätigend BGH v. 12.01.1998 - II ZR 98/96 - juris Rn. 19 - LM BGB § 140 Nr. 25 (9/1998); *Kilian* in: Henssler/Strohn, § 730 Rn. 2.

III. Ersatzanspruch (Satz 2)

9 Der Rückgabeanspruch ist nach allgemeinen Regeln der Unmöglichkeit ausgeschlossen, wenn die Sache untergegangen ist. **Satz 2 bestimmt insoweit als spezielle Gefahrtragungsregel**, dass der Gesellschafter das Risiko des zufälligen, also nicht verschuldeten Untergangs der Sache trägt. Ebenso trägt er das Risiko der entsprechenden Verschlechterung. Zur zufälligen Verschlechterung der Sache ist insbesondere auch die Benutzung durch den bestimmungsgemäßen Gebrauch zu rechnen. Anderes gilt für die Nachteile aus der entgangenen Benutzungsmöglichkeit durch den Untergang oder die Verschlechterung der Sache (Benutzungsgefahr). Die Benutzungsgefahr trägt die Gesellschaft.[15] Daraus folgt: Ist die Sache zufällig untergegangen oder verschlechtert, kann der Gesellschafter als Gläubiger des Rückgabeanspruchs von der Gesellschaft keinen Schadensersatz verlangen (wohl aber ist ein Anspruch auf das stellvertretende commodum möglich). Bei einem schuldhaften Verhalten der Organe oder der verfassungsmäßigen Vertreter haftet die Gesellschaft für eigenes Verschulden nach § 31 BGB;[16] für sonstige Vertreter erfolgt eine Verschuldenszurechnung nach § 278 BGB.[17] Für die Abnutzung oder den Untergang der Sache und die dadurch entgangene Benutzungsmöglichkeit muss der Gesellschafter keinen Ersatz besorgen.

D. Prozessuale Hinweise/Verfahrenshinweise

I. Anspruchsgegner

10 Der Anspruch ist gegenüber der Gesellschaft geltend zu machen. Bei verschuldeter Verschlechterung oder Untergang der Sache kann neben der Gesellschaft auch der Gesellschafter oder der Dritte in Anspruch genommen werden.

II. Darlegungs- und Beweislast

11 Zur Darlegungs- und Beweislast hinsichtlich der Frage, ob der Gegenstand noch zur Abwicklung benötigt wird, was zum (vorübergehenden) Ausschluss des Rückgabeanspruchs führt, vgl. Rn. 5.

12 Im Übrigen, d.h. insbesondere für die Frage, ob der Gegenstand zur Nutzung oder dem Werte nach oder sogar zu Eigentum eingebracht ist, gelten für die allgemeinen Regeln zur Darlegungs- und Beweislast.

E. Anwendungsfelder

I. Anwendung auf zum Gebrauch eingebrachte Sachen

13 Die Anwendung von § 732 BGB auf zum Gebrauch eingebrachte Sachen stellt den Regelfall dar.

II. Anwendung auf dem Wert nach eingebrachte Sachen

14 Bei dem Wert nach eingebrachten Sachen ist streitig, ob die Auseinandersetzung entsprechend § 733 Abs. 2 Satz 2 BGB nur durch Wertersatz in Geld erfolgt,[18] oder ob in Analogie zu § 732 Satz 1 BGB dem Gesellschafter die Sache selbst zurückzugeben ist und der Gesellschaft nur der Wert der Sache im Rückgabezeitpunkt verbleibt, und zwar dadurch, dass er als Negativposten dem Kapitalkonto des Gesellschafters abgezogen wird.[19] Der Bundesgerichtshof hat diese Frage jüngst in seiner Entscheidung vom 15.06.2009 zwar angesprochen, musste allerdings mangels Entscheidungserheblichkeit im konkreten Fall nicht darüber entscheiden.[20] Aus dem Gesetz selbst ist die Lösung nicht zu finden, weil der Sonderfall der Einbringung der Sache „quoad sortem" nicht erfasst wird. Vorzugswürdig erscheint die mittlerweile überwiegende Meinung, jedenfalls wenn man mit dem Unterschied zwischen Einbringung

---

[15] *Ulmer/Schäfer* in: MünchKomm-BGB, § 732 Rn. 5.
[16] *Schöne* in: Bamberger/Roth, § 732 Rn. 7.
[17] *Ulmer/Schäfer* in: MünchKomm-BGB, § 732 Rn. 6.
[18] BFH v. 20.01.1988 - I R 395/83 - BStBl II 1988 453, 454; *Keßler* in: Staudinger, 12. Aufl. 1991, § 732 Rn. 2; nicht ganz eindeutig: BGH v. 25.03.1965 - II ZR 203/62 - juris Rn. 12 - WM 1965, 744-746; offen lassend: *Saenger* in: Hk-BGB, § 732 Rn. 1.
[19] So die mittlerweile überwiegende Meinung: FG Kiel v. 09.11.1987 - V 584/87; *Sprau* in: Palandt, § 733 Rn. 9; *Habermeier* in: Staudinger, § 732 Rn. 2; *Westermann* in: Erman, § 732 Rn. 1; *Ulmer/Schäfer* in: MünchKomm-BGB, § 732 Rn. 10; *Hadding/Kießling* in: Soergel, 13. Auflage, § 732 Rn. 1 und *Berninger*, DStR 2010, 874-878 jeweils mit weiteren Nachweisen.
[20] BGH v. 15.06.2009 - II ZR 242/08 - juris Rn. 3.

"quoad usum" gegenüber derjenigen "quoad dominum" Ernst macht. Die Gegenansicht, die davon ausgeht, dass dem Werte nach eingebrachte Sachen im Zuge der Liquidation den zu Eigentum eingebrachten Sachen gleichzustellen sind, berücksichtigt diesen Unterschied gerade nicht zureichend. Denn wenn sich die Gesellschafter in der Beitragsvereinbarung dafür entschieden haben, nur schuldrechtlich den Wert der Sache einschließlich seiner Wertveränderungen zukommen zu lassen, die Sache aber selbst im Eigentum des Gesellschafters zu belassen, dann ist nicht ersichtlich, warum gerade in der Liquidation Abweichendes gelten soll.[21] Dies spricht dafür, auf dem Werte nach eingebrachte Sachen § 732 Satz 1 BGB analog anzuwenden. Der Gesellschafter erhält die Sache zurück, der Wert der Sache wird als Negativposten seinem Kapitalkonto abgezogen. Übersteigt der Wert der Sache das übrige Auseinandersetzungsguthaben des Gesellschafters, so hat die Gesellschaft in Höhe der Differenz einen Ausgleichsanspruch gegen den Gesellschafter.[22]

III. Anwendung auf zu Eigentum eingebrachte Sachen

§ 732 Satz 1 BGB findet grundsätzlich keine Anwendung auf Gegenstände, die ein Gesellschafter in Erfüllung seiner gesellschaftsrechtlichen Beitragspflicht zu Eigentum eingebracht hat. Für diese Gegenstände gilt § 733 Abs. 2 Satz 2 BGB; der Gesellschafter hat lediglich einen Anspruch auf Wertersatz, eine Rückübereignung des eingebrachten Vermögensgegenstandes von der Gesellschaft auf den Gesellschafter schließt das Gesetz demnach aus.[23] Es kann jedoch abweichend hiervon zwischen Gesellschafter und Gesellschaft die Rückgabe vereinbart werden. In diesem Fall gilt dann im Zweifel § 732 Satz 1 BGB entsprechend.[24] Neben der Herausgabe bedarf es zusätzlich der Rückübereignung an den Gesellschafter.

15

IV. Anwendung auf durch Miet- und Pachtvertrag eingebrachte Sachen

Gegenstände, die ein Gesellschafter durch Miet- oder Pachtvertrag der Gesellschaft zum Gebrauch überlassen hat fallen nicht unter § 732 BGB. Hier regelt sich die Rückgabepflicht nach Maßgabe dieses Vertrags und den für ihn geltenden Kündigungsbestimmungen.[25]

16

---

[21] So zu Recht *Ulmer/Schäfer* in: MünchKomm-BGB, § 732 Rn. 10.
[22] *Ulmer/Schäfer* in: MünchKomm-BGB, § 732 Rn. 9; *Berninger*, DStR 2010, 874 – 878.
[23] *Berninger*, DStR 2010, 874-878; *Schöne* in: Bamberger/Roth, § 732 Rn. 3; zu erstatten ist der objektive Wert der Einlage zum Zeitpunkt der Einbringung (*v. Gamm* in: BGB-RGRK, 12. Aufl. 1978, § 733 Rn. 8).
[24] *Ulmer/Schäfer* in: MünchKomm-BGB, § 732 Rn. 7.
[25] *v. Gamm* in: BGB-RGRK, 12. Aufl. 1978, § 732 Rn. 1; *Schöne* in: Bamberger/Roth, § 732 Rn. 4.

§ 733 BGB Berichtigung der Gesellschaftsschulden; Erstattung der Einlagen

(Fassung vom 02.01.2002, gültig ab 01.01.2002)

(1) ¹Aus dem Gesellschaftsvermögen sind zunächst die gemeinschaftlichen Schulden mit Einschluss derjenigen zu berichtigen, welche den Gläubigern gegenüber unter den Gesellschaftern geteilt sind oder für welche einem Gesellschafter die übrigen Gesellschafter als Schuldner haften. ²Ist eine Schuld noch nicht fällig oder ist sie streitig, so ist das zur Berichtigung Erforderliche zurückzubehalten.

(2) ¹Aus dem nach der Berichtigung der Schulden übrig bleibenden Gesellschaftsvermögen sind die Einlagen zurückzuerstatten. ²Für Einlagen, die nicht in Geld bestanden haben, ist der Wert zu ersetzen, den sie zur Zeit der Einbringung gehabt haben. ³Für Einlagen, die in der Leistung von Diensten oder in der Überlassung der Benutzung eines Gegenstands bestanden haben, kann nicht Ersatz verlangt werden.

(3) Zur Berichtigung der Schulden und zur Rückerstattung der Einlagen ist das Gesellschaftsvermögen, soweit erforderlich, in Geld umzusetzen.

Gliederung

A. Grundlagen 1	2. Typische Fälle 14
B. Praktische Bedeutung 3	3. Abdingbarkeit 19
C. Anwendungsvoraussetzungen ... 5	4. Praktische Hinweise 20
I. Normstruktur 5	IV. Umsetzung in Geld (Absatz 3) .. 21
II. Berichtigung der gemeinschaftlichen Schulden (Absatz 1) 6	1. Definition 21
1. Definition 7	2. Einschränkung 23
2. Typische Fälle 9	3. Keine eigene Anspruchsgrundlage auf Herausgabe bestimmter Gegenstände ... 24
3. Abdingbarkeit 10	**D. Prozessuale Hinweise/Verfahrenshinweise** 25
III. Rückerstattung der Einlagen (Absatz 2) 11	
1. Definition 12	**E. Anwendungsfelder** 28

A. Grundlagen

1 Die Vorschrift bestimmt, dass als nächste Abwicklungsschritte nach der Rückgabe der zur Benutzung überlassenen Gegenstände die **Gesellschaftsschulden zu tilgen** (Absatz 1) und sodann die **Einlagen rückzuerstatten** sind (Absatz 2); die zur Schuldentilgung und Einlagenrückerstattung erforderlichen Mittel müssen durch **Umsetzung des Gesellschaftsvermögens in Geld** beschafft werden (Absatz 3).

2 Die Durchführung dieser Maßnahmen ist Sache der Liquidatoren.[1]

B. Praktische Bedeutung

3 § 733 BGB wirkt nur im **Innenverhältnis**. Das heißt, einen **Anspruch** auf Einhaltung der durch § 733 BGB bestimmten gesetzlichen Reihenfolge der Abwicklungsschritte **haben nur die Gesellschafter untereinander**, nicht jedoch die Gläubiger.[2] Die Gläubiger können demzufolge nicht verlangen, dass die Rückerstattung der Einlagen erst nach Berichtigung der Gesellschaftsverbindlichkeiten vorgenommen wird.[3] Zum Ausgleich hierfür haben die Gesellschaftsgläubiger indes unter den Voraussetzungen des § 736 ZPO die Möglichkeit, wegen der Befriedigung ihrer Ansprüche in das Gesellschaftsvermögen zu vollstrecken und auf das Privatvermögen der Gesellschafter zuzugreifen.[4]

---

[1] *Schöne* in: Bamberger/Roth, § 733 Rn. 1.
[2] *Westermann* in: Erman, § 733 Rn. 1; *Schöne* in: Bamberger/Roth, § 733 Rn. 2.
[3] *Schöne* in: Bamberger/Roth, § 733 Rn. 2; *Hadding/Kießling* in Soergel, 13. Aufl., § 733 Rn. 1.
[4] *Schöne* in: Bamberger/Roth, § 733 Rn. 2; *Ulmer/Schäfer* in: MünchKomm-BGB, § 733 Rn. 11.

§ 733 BGB ist nur anwendbar, wenn überhaupt **Gesellschaftsvermögen vorhanden** ist, aus dem die Verbindlichkeiten getilgt und die Einlagen zurückerstattet werden können und wenn zudem die Gesellschafter **keine vorrangige anderweitige vertragliche Regelung** getroffen haben.[5]

C. Anwendungsvoraussetzungen

I. Normstruktur

Absatz 1: Berichtigung der gemeinschaftlichen Schulden (Satz 1); Zurückbehaltung des zur Berichtigung erforderlichen Betrages bei fehlender Fälligkeit (Satz 2). **Absatz 2**: Rückerstattung der Einlagen. **Absatz 3**: Umsetzung in Geld.

II. Berichtigung der gemeinschaftlichen Schulden (Absatz 1)

Die **Berichtigung der gemeinschaftlichen Schulden** ist nach der Rückgabe der zur Benutzung überlassenen Gegenstände der nächste Schritt der Auseinandersetzung. Sie geht der Rückerstattung der Einlagen und der Gewinnverteilung vor.[6] Die gemeinschaftlichen Schulden sind – soweit fällig und unstreitig – zu berichtigen, § 733 Abs. 1 Satz 1 BGB. Im Übrigen ist der zur Berichtigung erforderliche Betrag zurückzubehalten, § 733 Abs. 1 Satz 2 BGB.

1. Definition

Unter gemeinschaftliche Schulden fallen alle Schulden, deren Erfüllung nach der Vereinbarung der Gesellschafter Sache der Gesamthand ist.[7] Die Schulden können gegenüber einem Dritten oder gegenüber einem Gesellschafter bestehen.[8] Erfasst werden alle vertraglichen und gesetzlichen Gesellschaftsverbindlichkeiten.[9]

Berichtigung einer Schuld bedeutet grundsätzlich die tatsächliche Erfüllung des Anspruches. Eine wichtige Modifikation ergibt sich insoweit jedoch aus dem Prinzip der Durchsetzungssperre. Sozialverbindlichkeiten der Gesellschafter sind im Regelfall erst im Rahmen der Schlussabrechnung zum Ausgleich zu bringen.[10] Vor Feststellung der Schlussabrechnung gehen diese Ansprüche im Regelfall nur als unselbständige Rechnungsposten in die Auseinandersetzungsbilanz ein. Zahlung vor Abschluss der Schlussabrechnung kann ein Gesellschafter von der Gesamthand oder den Mitgesellschaftern nur dann verlangen, wenn feststeht, dass ihm die fraglichen Beträge endgültig verbleiben oder wenn sich aus Sinn und Zweck der gesellschaftsvertraglichen Bestimmungen ergibt, dass sie im Falle der Auflösung der Gesellschaft ihre Selbständigkeit behalten sollen.[11]

2. Typische Fälle

Für die Berichtigung fälliger und unstreitiger gemeinschaftlicher Schulden gilt es folgende Fälle zu unterscheiden:

- Zu den gemeinschaftlichen Schulden gehören zunächst die durch den Gesellschaftsbetrieb entstandenen **Schulden gegenüber einem Dritten.** Das sind in der Regel Gesellschaftsschulden, allerdings ist die Schuldnerstellung der Gesellschaft nicht zwingend. Zu den nach **Abs. 1** zu berichtigenden Schulden gehören auch solche Verbindlichkeiten, die in der Betätigung der Gesellschaft begründet sind und für die die Gesellschafter anteilig haften oder die ein Gesellschafter im eigenen Namen auf

---

[5] *Westermann* in: Erman, § 733 Rn. 1; *Schöne* in: Bamberger/Roth, § 733 Rn. 3; vgl. hierzu die Kommentierung zu § 731 BGB Rn. 3.
[6] *Schöne* in: Bamberger/Roth, § 733 Rn. 1; *Sprau* in: Palandt, § 733 Rn. 1.
[7] *Sprau* in: Palandt, § 733 Rn. 1; *Ulmer/Schäfer in:* MünchKomm-BGB, § 733 Rn. 6.
[8] *Saenger* in: Hk-BGB, § 733 Rn. 2; *Sprau* in: Palandt, § 733 Rn. 2 und 3.
[9] *Schöne* in: Bamberger/Roth, § 733 Rn. 4.
[10] Nach älterer Rechtsprechung galt die Durchsetzungssperre auch für Drittgläubigerforderungen der Gesellschafter. Diese Rechtsprechung wurde nunmehr aber durch BGH v. 03.04.2006 - II ZR 40/05 - ZIP 2006, 994-996 aufgegeben; vgl. hierzu auch die Kommentierung zu § 730 BGB.
[11] Allgemeine Ansicht; statt vieler BGH v. 24.10.1994 - II ZR 231/93 - juris Rn. 5 - LM BGB § 730 Nr. 14 (3/1995); *Ulmer/Schäfer* in: MünchKomm-BGB, § 733 Rn. 2; vgl. hierzu auch die Kommentierung zu § 730 BGB.

Rechnung der Gesellschafter eingegangen ist.[12] Die gegenüber einem Dritten bestehenden Schulden unterfallen nicht der Durchsetzungssperre. Das heißt, diese Ansprüche sind bereits vor Abschluss der Schlussabrechnung auszugleichen.

- Die **Schulden der Gesellschaft gegenüber einem Gesellschafter aus dem Gesellschaftsverhältnis (Sozialverbindlichkeiten)** sind nach der gesetzlichen Regel ebenfalls vorab aus dem Gesellschaftsvermögen zu befriedigen. Bei diesen Schulden wirkt sich jedoch regelmäßig die Durchsetzungssperre aus, mit der Folge, dass im Ergebnis ein Ausgleich der Ansprüche erst in der Schlussabrechnung verlangt werden kann und die Ansprüche vorher lediglich einzelne Rechnungsposten derselben sind. Eine Ausnahme gilt nur für solche Ansprüche, bei denen schon vor der Schlussabrechnung feststeht, dass der Gesellschafter jedenfalls in dieser Höhe Zahlung verlangen kann.[13]
- Zu den gemeinschaftlichen Schulden gehören auch die **Schulden gegenüber einem Gesellschafter, die außerhalb des Gesellschaftsverhältnisses entstanden sind (Drittgläubigerforderungen**, z.B. aus Miete, Darlehen, Geschäftsführung ohne Auftrag, unerlaubte Handlung). Die Durchsetzungssperre gilt für diese Ansprüche nach der neueren Rechtsprechung des BGH nicht.[14]
- Nicht zu den gemeinschaftlichen Schulden zu zählen sind dagegen **Einzelansprüche eines Gesellschafters gegen einen anderen Mitgesellschafter**, selbst wenn sie ihre Grundlage im Gesellschaftsvertrag bzw. seiner Verletzung haben.[15] Eine Erfüllung aus dem Gesellschaftsvermögen kann hier nicht verlangt werden.[16] Der Gesellschafter hat allerdings gemäß den §§ 731 Satz 2, 756 BGB einen Anspruch auf Begleichung seiner Forderung aus dem Auseinandersetzungsguthaben seines Schuldners.[17] Auch diese Ansprüche sind im Rahmen der Schlussabrechnung mit zu berücksichtigen[18] und können der Durchsetzungssperre unterfallen.[19]

Für noch nicht fällige oder streitige gemeinschaftliche Schulden ist der zur Berichtigung erforderliche Betrag zurückzubehalten, § 733 Abs. 1 Satz 2 BGB. Hinsichtlich dieses Betrages bleibt dann die Gesellschaft zunächst bestehen.[20]

3. Abdingbarkeit

10 Die Vorschrift ist abdingbar.[21] Sind sich die Gesellschafter einig, so kann das Vermögen auch ohne vorherige Deckung aller Schulden verteilt werden. Die Einigung kann sowohl im Gesellschaftsvertrag als auch nachträglich, sogar noch während der Auseinandersetzung, durch einstimmigen Beschluss getroffen werden.[22]

III. Rückerstattung der Einlagen (Absatz 2)

11 Nach der Berichtigung der gemeinschaftlichen Schulden sind als nächster Schritt die von den Gesellschaftern geleisteten Einlagen zurückzuerstatten.

---

[12] BGH v. 03.05.1999 - II ZR 32/98 - juris Rn. 8 - LM BGB § 739 Nr. 2 (2/2000); *Ulmer/Schäfer* in: MünchKomm-BGB, § 733 Rn. 6; *Saenger* in: Hk-BGB, § 730 Rn. 2; *Sprau* in: Palandt, § 733 Rn. 2.

[13] BGH v. 24.10.1994 - II ZR 231/93 - juris Rn. 5 - LM BGB § 730 Nr. 14 (3/1995); BGH v. 02.10.1997 - II ZR 249/96 - LM BGB § 705 Nr. 67 (7/1998); ebenso *Ulmer/Schäfer* in: MünchKomm-BGB, § 733 Rn. 7; vgl. hierzu auch die Kommentierung zu § 730 BGB Rn. 28.

[14] BGH v. 03.04.2006 - II ZR 40/05 - ZIP 2006, 994-996, *Westermann* in: Erman, § 733 Rn. 2; *Ulmer/Schäfer* in: MünchKomm-BGB, § 733 Rn. 7; *Habermeier* in: Staudinger, § 733 Rn. 6; *Schöne* in: Bamberger/Roth, § 733 Rn. 5; vgl. hierzu auch die Kommentierung zu § 730 BGB Rn. 31.

[15] Allgemeine Ansicht, z.B. *Ulmer/Schäfer* in: MünchKomm-BGB, § 733 Rn. 8; *Westermann* in: Erman, § 733 Rn. 2.

[16] *Ulmer/Schäfer* in: MünchKomm-BGB, § 733 Rn. 8; *Sprau* in: Palandt, § 733 Rn. 6.

[17] *Sprau* in: Palandt, § 733 Rn. 6.

[18] *Ulmer/Schäfer* in: MünchKomm-BGB, § 733 Rn. 8; *Sprau* in: Palandt, § 733 Rn. 6; *Westermann* in: Erman, § 733 Rn. 2, § 730 Rn. 12.

[19] *Ulmer/Schäfer* in: MünchKomm-BGB, § 733 Rn. 8; *Sprau* in: Palandt, § 733 Rn. 6, § 730 Rn. 6; siehe aber auch BGH v. 19.12.1966 - II ZR 83/65 - WM 1967, 275; BGH v. 04.07.1968 - II ZR 47/68 - LM Nr. 5 zu § 145 HGB; BGH v. 02.07.1962 - II ZR 204/60 - BGHZ 37, 299-305 als Beispiele für zulässige isolierte Geltendmachung.

[20] *Westermann* in: Erman, § 733 Rn. 3.

[21] Statt vieler *Westermann* in: Erman, § 733 Rn. 8.

[22] *Ulmer/Schäfer* in: MünchKomm-BGB, § 733 Rn. 5.

1. Definition

Einlagen der Gesellschafter, die nach § 733 BGB zurückzuerstatten sind, sind die von ihnen geleisteten vermögenswerten Beiträge,[23] seien es Geld- oder zu Eigentum eingebrachte Sacheinlagen, **Satz 1, 2**. Ausgenommen von der Rückerstattungspflicht sind Dienstleistungen und nur zur Nutzung überlassene Sachen, **Satz 3**, sowie lediglich dem Werte nach eingebrachte Sachen. 12

Rückerstattung bedeutet grundsätzlich bei einer eingebrachten Sache die Leistung von Wertersatz, bei einer Geldeinlage die Rückgewähr des eingebrachten Geldbetrages. Eine wichtige Modifikation ergibt sich jedoch – genau wie bei dem Merkmal der Berichtigung in § 733 Abs. 1 BGB – aus dem Prinzip der Durchsetzungssperre (vgl. hierzu die Kommentierung zu § 730 BGB). Im Regelfall sind nämlich die Ansprüche der Gesellschafter auf Rückgewähr ihrer Einlage erst im Rahmen der Schlussabrechnung zum Ausgleich zu bringen. Vor Feststellung der Schlussabrechnung gehen diese Ansprüche im Regelfall nur als unselbständige Rechnungsposten in die Auseinandersetzungsbilanz ein. Rückgewähr der Einlage vor Abschluss der Schlussabrechnung kann ein Gesellschafter von der Gesamthand oder den Mitgesellschaftern nur dann verlangen, wenn feststeht, dass ihm der fragliche Betrag endgültig verbleibt.[24] 13

2. Typische Fälle

Ob und auf welche Weise eine Einlage zurückzuerstatten ist, richtet sich nach der Art der Einlage. Es ist zwischen Geldeinlagen, Sacheinlagen und geleisteten Diensten zu differenzieren. 14

Geldeinlagen sind in Geld zurückzuerstatten.[25] Die Durchsetzung des Anspruchs steht bis zum Abschluss der Schlussabrechnung unter dem Vorbehalt der Durchsetzungssperre. 15

Bei **Sacheinlagen** ist zu unterscheiden, ob sie der Gesellschaft nur zur Nutzung überlassen wurde, oder ob sie zu Eigentum oder dem Werte nach eingebracht wurde. 16

- Nur **zur Benutzung überlassene Gegenstände** fallen nicht unter § 733 BGB. Sie sind nach § 732 BGB sofort zurückzugeben. Für die Benutzung wird kein Wertersatz geschuldet, § 733 Abs. 2 Satz 3 BGB, außer bei Vereinbarung.[26]
- Ebenfalls nicht von § 733 BGB erfasst werden **Gegenstände, die lediglich dem Wert nach in die Gesellschaft eingebracht sind** (streitig; so aber die mittlerweile überwiegende Meinung; vgl. hierzu ausführlich die Kommentierung zu § 732 BGB).
- Dagegen sind zu **Eigentum in die Gesellschaft eingebrachte Gegenstände** der eigentliche Anwendungsfall des § 733 BGB. Gemäß § 733 Abs. 2 Satz 2 BGB ist für sie Wertersatz in Geld zu leisten, falls nichts anderes vereinbart ist. Auf Rückerstattung in Natur besteht ebenso wenig ein Anspruch wie eine Pflicht zur Rücknahme besteht.[27] Maßgeblich für die Höhe des Wertersatzes ist der Zeitpunkt der Einbringung.[28] Damit trägt die Gesellschaft einerseits das Risiko des Wertverlustes. Andererseits kommt ihr aber auch eine Wertsteigerung zugute.[29] Die Durchsetzung des Anspruches auf Rückerstattung ist im Regelfall bis zur Fertigstellung der Schlussabrechnung wegen der Durchsetzungssperre ausgeschlossen (es gelten die Ausführungen in Rn. 13 entsprechend).

§ 733 Abs. 2 Satz 3 BGB geht davon aus, dass **Dienstleistungen** in der Regel nicht zu einem fest umrissenen und messbaren Vermögenswert im Gesellschaftsvermögen führen und ihre Einbeziehung in die Rückerstattung zudem zu erheblichen Bewertungsschwierigkeiten führen würde.[30] Deshalb nimmt § 733 Abs. 2 Satz 3 BGB Dienstleistungen eines Gesellschafters aus der Erstattung nach **Satz 2** aus. Für Dienstleistungen, die ein Gesellschafter als Beitrag erbracht hat, gibt es nur dann Wertersatz, wenn 17

---

[23] *Ulmer/Schäfer* in: MünchKomm-BGB, § 733 Rn. 13.
[24] Allgemeine Ansicht; statt vieler BGH v. 24.10.1994 - II ZR 231/93 - juris Rn. 5 - LM BGB § 730 Nr. 14 (3/1995); BGH v. 02.10.1997 - II ZR 249/96 - LM BGB § 705 Nr. 67 (7/1998); *Ulmer/Schäfer* in: MünchKomm-BGB, § 733 Rn. 2.
[25] *Sprau* in: Palandt, § 733 Rn. 8; *Schöne* in: Bamberger/Roth, § 733 Rn. 11.
[26] *Sprau* in: Palandt, § 733 Rn. 7; *Schöne* in: Bamberger/Roth, § 733 Rn. 10; vgl. auch die Kommentierung zu § 732 BGB.
[27] *Sprau* in: Palandt, § 733 Rn. 9; *Schöne* in: Bamberger/Roth, § 733 Rn. 11.
[28] *Westermann* in: Erman, § 733 Rn. 5.
[29] *Sprau* in: Palandt, § 733 Rn. 9.
[30] BGH v. 26.11.1979 - II ZR 87/79 - juris Rn. 5 - LM Nr. 3 zu § 733 BGB; *Ulmer/Schäfer* in: MünchKomm-BGB, § 733 Rn. 17; *Westermann* in: Erman, § 733 Rn. 6.

dies besonders vereinbart ist[31] oder wenn sich die Dienste als bleibender Wert im Gesellschaftsvermögen niedergeschlagen haben.[32] Zu berücksichtigen ist der tatsächliche Wert zum Zeitpunkt der Einbringung (unter Berücksichtigung etwaiger Mängel).[33]

18 Für **Werkleistungen** gilt das zu Dienstleistungen Ausgeführte entsprechend.[34]

3. Abdingbarkeit

19 Da § 733 BGB insgesamt abdingbar ist, können von der Rückerstattung der Einlagen nach § 733 Abs. 2 BGB im Ganzen oder in Teilen abweichende Vereinbarungen getroffen werden.[35]

4. Praktische Hinweise

20 Die Rückerstattung der Einlagen vor der Auszahlung des Gewinnanteils stellt einen **wesentlichen Unterschied zur Rechtslage bei den Handelsgesellschaften** dar, wo überhaupt keine gesonderte Einlagenrückerstattung erfolgt. Bei der OHG und KG wird vielmehr das gesamte, nach der Schuldenberichtigung verbleibende Vermögen nach dem Verhältnis der Kapitalanteile, wie sie sich aus der Schlussbilanz ergeben, unter den Gesellschaftern verteilt. Zwischen Einlagen und Gewinnanteilen wird hierbei nicht unterschieden.[36]

IV. Umsetzung in Geld (Absatz 3)

1. Definition

21 Mit der Umsetzung des Gesellschaftsvermögens in Geld ist allgemein die Versilberung des Gesellschaftsvermögens in Geld gemeint. Sie geschieht, soweit nicht ausdrücklich etwas anderes vereinbart oder aus der Verkehrssitte auf eine andere Vereinbarung zu schließen ist, gemäß den §§ 731 Satz 2, 753 BGB i.V.m. den §§ 1235-1247 BGB **durch Verkauf nach den Regeln des Pfandverkaufs**[37] beziehungsweise bei Forderungen gemäß § 754 BGB durch Einziehung.[38]

22 Die Umsetzung des Gesellschaftsvermögens soll nach der gesetzlichen Regelung nur insoweit erfolgen, als es zur Befriedigung der Gläubiger und zur Erstattung der Einlagen erforderlich ist.[39] Allerdings können sich die Gesellschafter auch darauf verständigen, das gesamte Vermögen in Geld umzusetzen, wenn sie die danach folgende Verteilung des Überschusses nicht – wie gesetzlich nach den §§ 731 Satz 2, 752 BGB vorgesehen – in Natur, sondern in Geld vornehmen wollen oder sogar müssen, weil Teilung in Natur nicht möglich ist.[40]

2. Einschränkung

23 Nach Urteil des OLG Hamm vom 28.06.2004 kann sich eine Einschränkung von § 733 Abs. 3 BGB im Einzelfall aus dem Grundsatz des wirtschaftlichen Handelns ergeben. Das OLG Hamm hat in der angegebenen Entscheidung die Ansicht vertreten, dass sich die konkrete Gestaltung der Auseinandersetzung jeweils wesentlich an dem Grundsatz des wirtschaftlichen Handelns orientieren muss. Deshalb hat das OLG Hamm in dem konkreten Fall entschieden, dass ein Gesellschafter, wenn das Vermögen einer zweigliedrigen Gesellschaft nur noch in einem Miteigentumsanteil an einer Wegeparzelle besteht, deren Veräußerung keinen nennenswerten Ertrag verspricht, von dem anderen die Überführung des gesamthänderisch gebundenen Miteigentumsanteils in Bruchteilseigentum verlangen kann. Der

---

[31] *Sprau* in: Palandt, § 733 Rn. 10.
[32] BGH v. 24.06.1985 - II ZR 255/84 - juris Rn. 12 - NJW 1986, 51-52; BGH v. 26.11.1979 - II ZR 87/79 - juris Rn. 5 - LM Nr. 3 zu § 733 BGB; *Sprau* in: Palandt, § 733 Rn. 10; *Saenger* in: Hk-BGB, § 733 Rn. 4.
[33] *Saenger* in: Hk-BGB, § 733 Rn. 4.
[34] *Sprau* in: Palandt, § 733 Rn. 10; *Saenger* in: Hk-BGB, § 733 Rn. 4.
[35] Allgemeine Ansicht, statt vieler *Westermann* in: Erman, § 733 Rn. 8; *Schöne* in: Bamberger/Roth, § 733 Rn. 16.
[36] *Keßler* in: Staudinger, 12. Aufl. 1991, § 733 Rn. 10.
[37] Heute wohl herrschende Meinung *Sprau* in: Palandt, § 733 Rn. 11; *Westermann* in: Erman, § 733 Rn. 7; *Hadding/Kießling* in Soergel, 13. Aufl., § 733 Rn. 16; a.A. noch *Keßler* in: Staudinger, 12. Aufl. 1991, § 733 Rn. 19 und *v. Gamm* in BGB-RGRK, 12. Aufl. 1978, § 733 Rn. 12; unentschieden BGH v. 05.12.1991 - IX ZR 270/90 - juris Rn. 18 - BGHZ 116, 222-232.
[38] *Sprau* in: Palandt, § 733 Rn. 11.
[39] *Westermann* in: Erman, § 733 Rn. 7; *Habermeier* in: Staudinger, § 733 Rn. 12.
[40] *Westermann* in: Erman, § 733 Rn. 7.

andere Gesellschafter wurde in diesem Fall nicht mit der Einwendung gehört, dass diese Art der Auseinandersetzung wegen Verstoß gegen § 733 Abs. 3 BGB unzulässig sei.[41]

3. Keine eigene Anspruchsgrundlage auf Herausgabe bestimmter Gegenstände

Zu § 733 Abs. 3 BGB ist zu beachten, dass sich aus dieser Vorschrift kein unmittelbarer Anspruch der Gesellschaft auf Herausgabe bestimmter Gegenstände gegen einen Gesellschafter ergibt. Die Vorschrift regelt lediglich, in welcher Weise die Geschäftsführer der Abwicklungsgesellschaft vorzugehen und Beschlüsse zu fassen haben. Die Gesellschafter müssen zunächst beschließen, dass diese Gegenstände in Geld umgesetzt werden. Bei fehlender Mitwirkung muss der sich weigernde Gesellschafter auf Zustimmung oder Mitwirkung verklagt werden. Erst danach entsteht aufgrund des Beschlusses die Herausgabepflicht, Anspruchsgrundlage ist dann § 985 BGB.[42]

D. Prozessuale Hinweise/Verfahrenshinweise

Die **Verpflichtung zur Schuldenberichtigung** vor der Verteilung des Gesellschaftsvermögens unter den Gesellschaftern (Absatz 1) kann **klageweise durchgesetzt** werden. Ist die Klage erfolgreich, so wird der Kläger durch das Urteil ermächtigt, ohne Mitwirkung der sich nach wie vor Weigernden die erforderlichen Schritte zu tun, wie z.B. Gegenstände zum Zweck der Schuldentilgung zu veräußern. Dies gilt selbst dann, wenn ihm kraft Gesellschaftsvertrags im Liquidationsstadium nicht die alleinige Geschäftsführung zusteht, denn die etwaig erforderliche Zustimmung der geschäftsführenden Mitgesellschafter wird nach § 894 ZPO durch das Urteil ersetzt.[43]

Weiterhin kann sich der Gesellschafter auch **klageweise gegen eine Verteilung des Vermögens vor Schuldenberichtigung** wehren. Der einzelne Gesellschafter hat ein Recht auf Widerspruch gegen die vor der Schuldentilgung erfolgende Vermögensverteilung. Hieraus folgt ein Recht auf Unterlassungsklage. Voraussetzung ist ein aktives Tun der Mitgesellschafter, d.h. sie müssen mit Teilungshandlungen begonnen haben, obwohl noch nicht alle gemeinschaftliche Schulden berichtigt sind. Zugleich besteht die Möglichkeit, den Erlass einer einstweiligen Verfügung zu erwirken.[44]

Für die **Klage auf Rückerstattung der Einlagen** ist die Durchsetzungssperre zu beachten. Vor Fertigstellung der Schlussabrechnung scheidet eine Leistungsklage im Regelfall aus.[45] Möglich ist jedoch die Erhebung einer Feststellungsklage, wobei die Rechtsprechung insoweit annimmt, dass eine zurzeit unbegründete Leistungsklage in eine Feststellungsklage umgedeutet werden kann.[46]

E. Anwendungsfelder

§ 733 BGB setzt das Vorhandensein von Gesellschaftsvermögen voraus.[47] Hauptanwendungsfall der Vorschrift ist daher die BGB-Außengesellschaft. Für die Innengesellschaft gilt sie demgegenüber nur sehr begrenzt.[48] In Betracht kommt eine analoge Anwendung des § 733 Abs. 2 BGB über die Rückerstattung der Einlagen.[49]

Das Brandenburgische Oberlandesgericht bejaht in einer jüngeren Entscheidung vom 24.10.2007 die grundsätzliche Anwendbarkeit von § 733 Abs. 2 BGB im Verhältnis Gesellschafter/Gesellschafter, wenn es sich um eine zweigliedrige Gesellschaft handelt und kein zu liquidierendes Gesellschaftsvermögen mehr vorhanden ist.[50]

---

[41] OLG Hamm v. 28.06.2004 - 8 U 175/03 - NZG 2004, 1106-1107 unter Berufung auf *Ulmer/Schäfer* in: MünchKomm-BGB, § 733 Rn. 22.
[42] OLG Frankfurt v. 19.09.2007 - 4 U 55/07 – juris Rn. 27.
[43] *Keßler* in: Staudinger, 12. Aufl. 1991, § 733 Rn. 7; vgl. hierzu auch die Kommentierung zu § 730 BGB Rn. 54.
[44] *Keßler* in: Staudinger, 12. Aufl. 1991, § 733 Rn. 7.
[45] BGH v. 10.05.1993 - II ZR 111/92 - juris Rn. 3 - LM BGB § 730 Nr. 12 (1/1994).
[46] BGH v. 10.05.1993 - II ZR 111/92 - LM BGB § 730 Nr. 12 (1/1994); BGH v. 24.10.1994 - II ZR 231/93 - juris Rn. 8 - LM BGB § 730 Nr. 14 (3/1995).
[47] *Ulmer/Schäfer* in: MünchKomm-BGB, § 733 Rn. 3; *Westermann* in: Erman, § 733 Rn. 1; vgl. schon Rn. 4.
[48] *Westermann* in: Erman, § 733 Rn. 1; vgl. hierzu auch die Kommentierung zu § 730 BGB.
[49] *Ulmer/Schäfer* in: MünchKomm-BGB, § 733 Rn. 4.
[50] Brandenburgisches Oberlandesgericht v. 24.10.2007 - 7 U 28/07 - juris Rn. 21-25.

§ 734 BGB Verteilung des Überschusses

(Fassung vom 02.01.2002, gültig ab 01.01.2002)

Verbleibt nach der Berichtigung der gemeinschaftlichen Schulden und der Rückerstattung der Einlagen ein Überschuss, so gebührt er den Gesellschaftern nach dem Verhältnis ihrer Anteile am Gewinn.

Gliederung

A. Grundlagen 1	1. Verteilungsmaßstab 4
B. Praktische Bedeutung 2	2. Verteilungsverfahren 5
C. Anwendungsvoraussetzungen 3	3. Abdingbarkeit 7
I. Überschuss 3	D. Prozessuale Hinweise/Verfahrenshinweise 8
II. Verteilung des Überschusses 4	

A. Grundlagen

1 Die in § 734 BGB geregelte Verteilung des Überschusses oder anders ausgedrückt des Gesellschaftsgewinns ist der Schlusspunkt in der Auseinandersetzung der Gesellschaft nach deren Auflösung.[1]

B. Praktische Bedeutung

2 Wenn im Laufe der Gesellschaftsdauer bereits eine regelmäßige Gewinnverteilung stattgefunden hat, betrifft die Überschussverteilung nur noch den **Abwicklungsgewinn**. Wenn die Gesellschafter dagegen während der Gesellschaftsdauer auf eine Gewinnverteilung verzichtet haben, dann deckt sich der Überschuss mit dem **Gewinn der Gesellschaft überhaupt**.[2] Die Überschussverteilung hat dann zugleich die Funktion der Gewinnverteilung nach § 721 Abs. 1 BGB.[3]

C. Anwendungsvoraussetzungen

I. Überschuss

3 **Definition**: Überschuss ist der Bestand, um den das Aktivvermögen die Gesamthandsverbindlichkeiten und den Wert der zurückzuerstattenden Einlagen übersteigt.[4] Als Passivposten sind insbesondere auch Gesellschafterforderungen zu berücksichtigen, auf der Aktivseite dagegen Sozialansprüche gegen Gesellschafter sowie mit Rücksicht auf die Abwicklungssituation noch nicht eingeforderte rückständige Beiträge.[5] Ein Überschuss liegt vor, wenn in der Schlussabrechnung das nach Berichtigung der Gesellschaftsverbindlichkeiten und der Hinterlegung der für betagte und streitige Forderungen benötigten Beträge verbleibende Aktivvermögen der Gesellschaft die Passivposten übersteigt.[6]

II. Verteilung des Überschusses

1. Verteilungsmaßstab

4 Der Überschuss ist grundsätzlich nach dem für den **laufenden Gewinn geltenden vertraglichen Verteilungsschlüssel** zu verteilen, es sei denn, für das Liquidationsstadium ist eine Sonderregel getroffen. Ist nichts vereinbart, ist gemäß § 722 BGB eine **Verteilung nach Kopfteilen** vorzunehmen.[7]

2. Verteilungsverfahren

5 Da gemäß § 733 Abs. 3 BGB eine Versilberung des Gesellschaftsvermögens nur insoweit zu erfolgen hat, wie das zur Berichtigung der Gesellschaftsschulden und zur Einlagenrückgewähr erforderlich ist, gelten grundsätzlich für das Verfahren bei der Verteilung des Überschusses gemäß § 731 Satz 2 BGB

---

[1] *Schöne* in: Bamberger/Roth, § 734 Rn. 1; *Ulmer/Schäfer* in: MünchKomm-BGB, § 734 Rn. 1.
[2] *Sprau* in: Palandt, § 734 Rn. 1; *Ulmer/Schäfer* in: MünchKomm-BGB, § 734 Rn. 2.
[3] *Ulmer/Schäfer* in: MünchKomm-BGB, § 734 Rn. 2.
[4] *Sprau* in: Palandt, § 734 Rn. 1.
[5] *Westermann* in: Erman, § 734 Rn. 1.
[6] *Schöne* in: Bamberger/Roth, § 734 Rn. 2.
[7] *Westermann* in: Erman, § 734 Rn. 2.

die Vorschriften die §§ 752-757 BGB ergänzend.[8] Danach sind teilbare Gegenstände **in Natur zu teilen**, § 752 BGB, und unteilbare Gegenstände durch Pfandverkauf und Teilung des Erlöses, § 753 BGB. Ob der Gesellschafter bei einem Anspruch gegen einen Gesellschafter ein **Befriedigungsvorrecht** nach § 756 BGB hat, ist umstritten.[9]

Wenn, was nicht selten der Fall sein wird, abweichend von § 733 Abs. 3 BGB die Versilberung des ganzen Vermögens vereinbart ist (vgl. hierzu die Kommentierung zu § 733 BGB), finden die §§ 752-757 BGB keine Anwendung.[10]

3. Abdingbarkeit

§ 734 BGB ist ebenso wie die anderen Auseinandersetzungsvorschriften **nicht zwingend**.[11]

D. Prozessuale Hinweise/Verfahrenshinweise

Die Auszahlung des Überschusses setzt in der Regel eine durch die Abwickler aufgestellte **Schlussabrechnung** voraus. Diese ist nur dann entbehrlich, wenn die finanziellen Verhältnisse der Gesellschaft ohne weiteres überschaubar sind und eine Auseinandersetzung unter Berechnung der auf die einzelnen Gesellschafter entfallenden Guthaben und Nachschüsse nicht zu Unsicherheiten führen würde oder wenn kein Gesellschaftsvermögen, sondern nur noch Verbindlichkeiten vorhanden sind.[12]

Der **Anspruch auf Auszahlung des Überschusses** ist ein Teil des Auseinandersetzungsguthabens.[13] Er wird im Regelfall erst fällig, wenn alle Gesellschafter die Schlussabrechnung festgestellt haben und dadurch über ihren Inhalt Einigkeit erzielt haben.[14] Geschieht die Erstellung der Schlussabrechnung einvernehmlich durch alle Gesellschafter, so liegt darin regelmäßig zugleich die Feststellung der Schlussabrechnung.[15] Anderenfalls können streitige Posten durch eine Feststellungsklage geklärt werden.[16]

---

[8] *Sprau* in: Palandt, § 734 Rn. 2; *Schöne* in: Bamberger/Roth, § 734 Rn. 4.
[9] Dafür: *Keßler* in: Staudinger, 12. Aufl. 1991, § 734 Rn. 10; *Sprau* in: Palandt, § 733 Rn. 6; dagegen *Westermann* in: Erman, § 731 Rn. 2; *Ulmer/Schäfer* in: MünchKomm-BGB, § 731 Rn. 4; vgl. hierzu auch die Kommentierung zu § 731 BGB.
[10] *Westermann* in: Erman, § 731 Rn. 2.
[11] *Westermann* in: Erman, § 734 Rn. 1.
[12] *Sprau* in: Palandt, § 734 Rn. 1.
[13] *Sprau* in: Palandt, § 734 Rn. 2; vgl. hierzu die Kommentierung zu § 730 BGB.
[14] BGH v. 03.07.1978 - II ZR 180/76 - WM 1978, 1205; *Ulmer/Schäfer* in: MünchKomm-BGB, § 730 Rn. 61.
[15] *Ulmer/Schäfer* in: MünchKomm-BGB, § 734 Rn. 1; *Sprau* in: Palandt, § 734 Rn. 1.
[16] *Sprau* in: Palandt, § 734 Rn. 1; zur Beweislastverteilung beim Streit um die Höhe des Gewinns einer aufgelösten GbR vgl. BGH v. 17.05.1999 - II ZR 139/98 - NZG 1999, 937-938.

§ 735 BGB Nachschusspflicht bei Verlust

(Fassung vom 02.01.2002, gültig ab 01.01.2002)

¹Reicht das Gesellschaftsvermögen zur Berichtigung der gemeinschaftlichen Schulden und zur Rückerstattung der Einlagen nicht aus, so haben die Gesellschafter für den Fehlbetrag nach dem Verhältnis aufzukommen, nach welchem sie den Verlust zu tragen haben. ²Kann von einem Gesellschafter der auf ihn entfallende Beitrag nicht erlangt werden, so haben die übrigen Gesellschafter den Ausfall nach dem gleichen Verhältnis zu tragen.

Gliederung

A. Grundlagen 1	1. Kreis der nachschusspflichtigen Gesellschafter 7
B. Praktische Bedeutung 2	2. Verteilungsmaßstab 8
C. Anwendungsvoraussetzungen 5	IV. Ausfallhaftung (Satz 2) 9
I. Normstruktur 5	D. Prozessuale Hinweise/Verfahrenshinweise 11
II. Fehlbetrag (Satz 1) 6	
III. Nachschusspflicht (Satz 1) 7	E. Anwendungsfelder 17

A. Grundlagen

1 § 735 Satz 1 BGB ist ähnlich aufgebaut wie § 734 BGB. Spiegelbildlich zur Überschussverteilung in § 734 BGB ordnet § 735 Satz 1 BGB an, dass ein sich im Zuge der Schlussabrechnung ergebender **Fehlbetrag von den Gesellschaftern im Verhältnis ihrer Verlustbeteiligung auszugleichen** ist. Für den Fall, dass von einem ausgleichspflichtigen Gesellschafter der auf ihn treffende Betrag nicht zu erlangen ist, müssen die übrigen Gesellschafter diesen Betrag quotenmäßig abdecken, § 735 Satz 2 BGB.

B. Praktische Bedeutung

2 § 735 BGB wirkt nur im **Innenverhältnis**. Er begründet einen Sozialanspruch der aufgelösten Gesellschaft gegen den ausgleichspflichtigen Gesellschafter.[1]

3 **Gläubiger** können **daher** aus § 735 BGB **keine Rechte** gegen die ausgleichspflichtigen Gesellschafter herleiten.[2] Die Gläubiger sind jedoch sowohl über die gesamtschuldnerische akzessorische Haftung der Gesellschafter für die Gesellschaftsschulden[3] als auch über die Möglichkeit, einen der Gesellschaft zustehenden Nachschussanspruch zu pfänden und sich zur Einziehung überweisen zu lassen,[4] hinreichend geschützt.

4 Ein Gesellschafter, der von einem Gläubiger persönlich in Anspruch genommen worden ist, kann unter den Voraussetzungen des § 426 BGB gegenüber den mithaftenden Gesellschaftern Regress nehmen.[5]

C. Anwendungsvoraussetzungen

I. Normstruktur

5 **Satz 1**: Nachschusspflicht bei Fehlbetrag. **Satz 2**: Subsidiäre Ausfallhaftung.

II. Fehlbetrag (Satz 1)

6 **Definition**: Im Unterschied zu § 734 BGB setzt § 735 BGB statt eines Überschusses einen Fehlbetrag voraus. Fehlbetrag ist die Summe, um den das Passivvermögen (Gesamthandsverbindlichkeiten einschließlich derjenigen gegenüber Gesellschaftern, Wert der zurückzuerstattenden Einlagen) das Aktivvermögen übersteigt.[6]

---

[1] *Ulmer/Schäfer* in: MünchKomm-BGB, § 735 Rn. 2, 5; *Schöne* in: Bamberger/Roth, § 735 Rn. 5.
[2] *Sprau* in: Palandt, § 735 Rn. 1; *Ulmer/Schäfer* in: MünchKomm-BGB, § 735 Rn. 2; *Habermeier* in: Staudinger, § 735 Rn. 1.
[3] *Habermeier* in: Staudinger, § 735 Rn. 1; *Sprau* in: Palandt, § 735 Rn. 1; vgl. auch die Kommentierung zu § 730 BGB Rn. 6.
[4] *Schöne* in: Bamberger/Roth, § 735 Rn. 7.
[5] *Schöne* in: Bamberger/Roth, § 735 Rn. 8.
[6] *Schöne* in: Bamberger/Roth, § 735 Rn. 2.

III. Nachschusspflicht (Satz 1)

1. Kreis der nachschusspflichtigen Gesellschafter

Eine Nachschusspflicht des Einzelnen kommt nur in Betracht, wenn er auch **am Verlust der Gesellschaft beteiligt** ist.[7] Daher besteht keine Nachschusspflicht für den Gesellschafter, dessen Verlustbeteiligung gesellschaftsvertraglich ausgeschlossen ist.[8] In erster Linie sind solche Gesellschafter nachschusspflichtig, die ihrerseits ausgleichspflichtig sind, nicht aber solche, denen selbst ein Guthaben zusteht.[9]

2. Verteilungsmaßstab

Steht der Kreis der nachschusspflichtigen Gesellschafter fest, dann ist die Höhe grundsätzlich **nach Maßgabe des für den laufenden Verlust geltenden vertraglichen Verteilungsschlüssels** zu bestimmen, es sei denn, für das Liquidationsstadium ist eine Sonderregel getroffen. Ist nichts vereinbart, ist gemäß § 722 BGB eine Verteilung nach Kopfteilen vorzunehmen.[10]

IV. Ausfallhaftung (Satz 2)

Für den Ausfall eines Mitgesellschafters müssen die anderen anteilig einspringen. Die **Ausfallhaftung** erstreckt sich auf alle gegen einen Gesellschafter gerichteten Ansprüche auch Sozialansprüche oder den Ausgleich eines negativen Kapitalkontos.[11]

Abdingbarkeit: § 735 BGB ist **abdingbar**.[12]

D. Prozessuale Hinweise/Verfahrenshinweise

Der Anspruch auf den Nachschuss steht als **Sozialanspruch** der Gesellschaft zu.[13]

Da für die Inanspruchnahme eines Gesellschafters die Höhe des Verlustes und die genaue Verteilung feststehen muss, setzt die Einforderung der Nachschüsse wie die Verteilung der Überschüsse in der Regel eine **Schlussabrechnung** voraus.[14] Sie ist entbehrlich, wenn die Verhältnisse so einfach liegen, dass sich eine Nachschusspflicht ohne weiteres ergibt.[15]

Der Anspruch auf Nachschuss wird wie der Anspruch auf den Überschuss **fällig mit einvernehmlicher Feststellung** der Schlussabrechnung durch die Gesellschafter[16]. Der Lauf der Verjährungsfrist, der sich nach den §§ 195, 199 BGB richtet, setzt indes nicht zwingend das Vorliegen einer Schlussabrechnung voraus.[17]

Der Anspruch ist grundsätzlich von den Liquidatoren geltend zu machen[18], eine actio pro socio ist aber möglich.[19]

---

[7] *Schöne* in: Bamberger/Roth, § 735 Rn. 3, 8.
[8] BGH v. 26.01.1967 - II ZR 180/76 - WM 1967, 346; *Sprau* in: Palandt, § 735 Rn. 2.
[9] BGH v. 24.10.1974 - II ZR 146/72 - WM 1975, 268; *Sprau* in: Palandt, § 735 Rn. 2; *Westermann* in: Erman, § 735 Rn. 1.
[10] *Ulmer/Schäfer* in: MünchKomm-BGB, § 735 Rn. 4; *Sprau* in: Palandt, § 735 Rn. 2.
[11] BGH v. 24.10.1974 - II ZR 146/72 - WM 1975, 268; *Westermann* in: Erman, § 735 Rn. 2.
[12] *Sprau* in: Palandt, § 735 Rn. 1; *Westermann* in: Erman, § 735 Rn. 2; *Schöne* in: Bamberger/Roth, § 735 Rn. 8.
[13] *Sprau* in: Palandt, § 735 Rn. 2; *Ulmer/Schäfer* in: MünchKomm-BGB, § 735 Rn. 5; OLG München v. 02.07.2009 - 23 U 4240/08 - juris Rn. 31.
[14] BGH v. 12.05.1977 - III ZR 91/75 - juris Rn. 23 - WM 1977, 973-974; KG Berlin v. 12.11.2009 - 19 U 25/09 - juris Rn. 5; *Westermann* in: Erman, § 735 Rn. 1; *Sprau* in: Palandt, § 735 Rn. 2.
[15] *Ulmer/Schäfer* in: MünchKomm-BGB, § 735 Rn. 6.
[16] *Ulmer/Schäfer* in: MünchKomm-BGB, § 735 Rn. 5; *Sprau* in: Palandt, § 735 Rn. 2; vgl. auch die Kommentierung zu § 734 BGB.
[17] BGH v. 19.07.2010 - II ZR 57/09 - juris Rn. 7, 8 - NJW-RR 2010, 1401-1402.
[18] *Sprau* in: Palandt, § 735 Rn. 2; OLG München v. 02.07.2009 - 23 U 4240/08 - juris Rn. 31.
[19] *Westermann* in: Erman, § 735 Rn. 1; *Ulmer/Schäfer* in: MünchKomm-BGB, § 735 Rn. 5; *Schöne* in: Bamberger/Roth, § 735 Rn. 5; zur Geltendmachung von Sozialansprüchen im Wege der actio pro socio näher in der Kommentierung zu § 730 BGB.

15 Eine **Besonderheit** gilt für den Fall, in dem der Nachschuss nur noch zum Ausgleich unter Gesellschaftern benötigt wird. Hier kann der **Anspruch unmittelbar von Gesellschafter zu Gesellschafter** geltend gemacht werden.[20]

16 Auf den Nachschussanspruch nach § 735 BGB gegen den ausgeschiedenen Gesellschafter ist der **Ausschlusstatbestand des § 160 HGB**, wonach die Haftung eines ausgeschiedenen Gesellschafters für Verbindlichkeiten der Gesellschaft auf fünf Jahre begrenzt ist, entsprechend anwendbar.[21]

E. Anwendungsfelder

17 § 735 BGB gilt nicht für die stille Gesellschaft.[22]

---

[20] OLG Köln v. 16.09.1998 - 2 U 25/98 - NZG 1999, 152-154; *Ulmer/Schäfer* in: MünchKomm-BGB, § 735 Rn. 6; *Sprau* in: Palandt, § 735 Rn. 2.
[21] OLG Koblenz v. 14.09.2009 - 12 U 1496/07 - juris Rn. 13, 14.
[22] BGH v. 12.05.1977 - III ZR 91/75 - juris Rn. 27 - WM 1977, 973-974; *Sprau* in: Palandt, § 735 Rn. 1.

§ 736 BGB Ausscheiden eines Gesellschafters, Nachhaftung

(Fassung vom 02.01.2002, gültig ab 01.01.2002)

(1) Ist im Gesellschaftsvertrag bestimmt, dass, wenn ein Gesellschafter kündigt oder stirbt oder wenn das Insolvenzverfahren über sein Vermögen eröffnet wird, die Gesellschaft unter den übrigen Gesellschaftern fortbestehen soll, so scheidet bei dem Eintritt eines solchen Ereignisses der Gesellschafter, in dessen Person es eintritt, aus der Gesellschaft aus.

(2) Die für Personenhandelsgesellschaften geltenden Regelungen über die Begrenzung der Nachhaftung gelten sinngemäß.

Gliederung

A. Grundlagen 1	1. Vertragsschluss 17
B. Anwendungsvoraussetzungen 2	2. Wirkung 18
I. Fortbestehen der Gesellschaft bei Ausscheiden eines Gesellschafters (Absatz 1) 2	IV. Die Haftung des eintretenden Gesellschafters für die vor seinem Eintritt begründeten Gesellschaftsverbindlichkeiten 19
1. Fälle des Fortbestehens 3	1. Die tradierte Rechtsprechung 20
2. Voraussetzung des Fortbestehens 5	2. Die neue Rechtsprechung des BGH: § 130 HGB analog 21
3. Übernahme des Gesellschaftsvermögens durch einen Gesellschafter 6	3. Eintritt in das Geschäft eines Einzelunternehmers (§ 28 HGB analog) 25
4. Fortsetzung nach Kündigung 8	V. Der Gesellschafterwechsel 27
5. Wirkung 11	VI. Vereinigung zweier Personengesellschaften 28
II. Die Nachhaftung des ausgeschiedenen Gesellschafters (Absatz 2, § 160 HGB) 12	
III. Eintritt eines neuen Gesellschafters 16	

A. Grundlagen

Nach dem Grundgedanken des Gesetzes ist die Existenz der BGB-Gesellschaft abhängig vom identischen Gesellschafterbestand. Die in den §§ 723, 724, 727, 728 BGB genannten Fälle führen alle **grundsätzlich** zur **Auflösung der Gesellschaft**. Allerdings ist diese Folge nicht zwingend. § 736 Abs. 1 BGB positiviert die bestehende gesellschaftsvertragliche Gestaltungsfreiheit, von der gesetzestypischen Ordnung abzuweichen. Die Gesellschafter haben demnach die Rechtsmacht, trotz Veränderung im Gesellschafterbestand, abweichend von der gesetzlichen Regel der Auflösung der Gesellschaft den Fortbestand der Gesellschaft anzuordnen. Hinter § 736 BGB findet sich daher der Rechtsgedanke, dass Änderungen im Gesellschafterbestand einer BGB-Gesellschaft durch Ausscheiden bisheriger Gesellschafter oder Eintritt neuer Gesellschafter auf entsprechender gesellschaftsvertraglicher Grundlage zulässig und möglich sind. Die Identität der Gesellschaft als eigenständiger Rechtsträger wird durch den Wechsel im Mitgliederbestand nicht berührt. Der Bestand der Gesellschaft wird von der Persönlichkeit der Gesellschafter zunehmend abstrahiert.[1]

1

B. Anwendungsvoraussetzungen

I. Fortbestehen der Gesellschaft bei Ausscheiden eines Gesellschafters (Absatz 1)

§ 736 BGB sieht das **Fortbestehen der werbenden Gesellschaft** vor, wenn für die Fälle der Kündigung, des Todes und der Insolvenz eines Gesellschafters die Fortsetzung der Gesellschaft unter den übrigen Gesellschaftern vereinbart ist (sog. **Fortsetzungsklausel**). Eine allgemeine Fortsetzungsklausel, die bestimmt, dass bei Kündigung „eines" Gesellschafters die Gesellschaft nicht aufgelöst, sondern – bei Ausscheiden „des" Kündigenden – unter den verbleibenden Gesellschaftern fortgesetzt wird, kommt auch dann zur Anwendung, wenn mehrere Gesellschafter kündigen.[2]

2

---

[1] *Hadding/Kießling* in: Soergel, § 736 Rn. 2.
[2] BGH v. 07.04.2008 - II ZR 3/06 - ZIP 2008, 1075-1078; BGH v. 07.04.2008 - II ZR 181/04 - ZIP 2008, 1277-1281.

§ 736

1. Fälle des Fortbestehens

3 Ausdrücklich sieht das Gesetz in folgenden Fällen bei Bestehen einer Fortsetzungsklausel das Fortbestehen der Gesellschaft unter Ausscheiden eines Gesellschafters vor:
- Kündigung durch den Gesellschafter (§ 723 BGB),
- Tod des Gesellschafters (§ 727 BGB),
- Insolvenz des Gesellschafters (§ 728 BGB).

4 Das Gesetz regelt in § 736 Abs. 1 BGB die Fälle des Fortbestehens der Gesellschaft aber **nicht abschließend**. Der Gesellschaftsvertrag kann auch in anderen Fällen das Ausscheiden eines Gesellschafters bei Fortbestand der Gesellschaft vorsehen. § 736 BGB ist entsprechend anwendbar auf die Fälle der **Kündigung** der Gesellschaft **durch einen Pfändungsgläubiger** (§ 725 BGB). Darüber hinaus findet er in allen Fällen Anwendung, in denen der Gesellschaftsvertrag – in zulässiger Weise (§ 138 BGB) – das Ausscheiden eines Gesellschafters vorsieht, z.B. Erreichen einer Altersgrenze, Wiederverheiratung.

2. Voraussetzung des Fortbestehens

5 Voraussetzung des Fortbestehens der Gesellschaft in allen genannten Fällen (vgl. Rn. 3) ist, dass die Fortsetzung entweder **gesellschaftsvertraglich** festgelegt oder durch einstimmigen **Beschluss vor Eintritt des Auflösungsgrundes** bestimmt ist; es kann ein Mehrheitsbeschluss (vgl. die Kommentierung zu § 709 BGB Rn. 19) genügen, wenn dies im Gesellschaftsvertrag vorgesehen ist. Beschließen die Gesellschafter erst **nach Eintritt des Auflösungstatbestandes** die Fortsetzung der Gesellschaft, so muss auch der Betroffene der Fortsetzung zustimmen.[3] Ist z.B. eine Auflösung der Gesellschaft durch Kündigung eingetreten, können die übrigen Gesellschafter nur mit Zustimmung des kündigenden Gesellschafters die Fortsetzung der Gesellschaft beschließen.[4] Allerdings ist eine gesellschaftsvertragliche Klausel zulässig, nach der im Kündigungsfall die übrigen Gesellschafter zu entscheiden haben, ob es zu einer Fortsetzung der Gesellschaft kommen soll. Die Rückumwandlung in eine werbende Gesellschaft kann noch nach Jahren erfolgen, sofern die Liquidation noch nicht ganz beendet ist. Zum Ausscheiden eines Gesellschafters kann es auch noch im Stadium der Liquidation kommen. Zur **Auflösung trotz Fortsetzungsklausel**: vgl. Rn. 8.

3. Übernahme des Gesellschaftsvermögens durch einen Gesellschafter

6 Die Fortsetzung der Gesellschaft setzt zwingend voraus, dass **mindestens zwei Gesellschafter** verbleiben, da nach h.M. eine Einmanngesellschaft bürgerlichen Rechts nicht bestehen kann.[5] Scheidet der vorletzte Gesellschafter aus einer BGB-Gesellschaft aus, für die im Gesellschaftsvertrag bestimmt ist, dass die Gesellschaft unter den verbleibenden Gesellschaftern fortgesetzt wird, führt dies – soweit nichts Abweichendes geregelt ist – zur **liquidationslosen Vollbeendigung** der Gesellschaft und zur Anwachsung des Gesellschaftsvermögens bei dem letzten verbliebenen Gesellschafter (vgl. die Kommentierung zu § 723 BGB Rn. 4).[6] Der verbleibende Gesellschafter erwirbt **Alleineigentum** an den Gegenständen des Gesellschaftsvermögens.[7]

7 Bei Vorliegen der Voraussetzungen des § 737 BGB hat der ausschließungsberechtigte Gesellschafter das **Recht zur Übernahme** des Gesellschaftsvermögens ohne Liquidation mit Aktiven und Passiven.[8] Dies lässt sich einmal durch eine entsprechende Anwendung des § 738 BGB auf die zweigliedrige Ge-

---

[3] *Hadding/Kießling* in: Soergel, § 736 Rn. 8; BGH v. 13.07.1967 - II ZR 72/67 - BGHZ 48, 251-256.
[4] BGH v. 13.07.1967 - II ZR 72/67 - BGHZ 48, 251-256.
[5] Z.B. BGH v. 26.03.1981 - IVa ZR 154/80 - juris Rn. 9 - LM Nr. 14 zu § 516 BGB; KG v. 03.04.2007 - 1 W 305/06 - ZIP 2007, 1505-1507; a.A. *Baumann*, BB 1998, 225-232.
[6] BGH v. 07.07.2008 - II ZR 37/07 - ZIP 2008, 1677-1678; KG Berlin v. 03.04.2007 - 1 W 305/06 - ZIP 2007, 1505-1507. Ergibt sich im Berufungsverfahren, dass die in erster Instanz sachlich unterlegene BGB-Gesellschaft schon seit dem Zeitpunkt der Klageerhebung aufgrund liquidationsloser Vollbeendigung der Gesellschaft durch Anwachsung des Gesellschaftsvermögens bei dem letzten verbliebenen Gesellschafter nicht mehr existiert, so ist die Berufung wegen des nicht behebbaren Mangels der Parteifähigkeit als unzulässig zu verwerfen, auch wenn hierdurch das gegen die BGB-Gesellschaft als Klägerin abweisende Sachurteil in Rechtskraft erwächst (KG v. 02.04.2009 - 4 U 184/07 - ZIP 2009, 2123-2124).
[7] BGH v. 22.09.1993 - IV ZR 183/92 - juris Rn. 9 - NJW-RR 1993, 1443-1444; BGH v. 09.03.1992 - II ZR 195/90 - juris Rn. 7 - NJW 1992, 2757-2758; BGH v. 13.12.1965 - II ZR 10/64 - LM Nr. 15 zu § 142 HGB; BGH v. 19.05.1960 - II ZR 72/59 - juris Rn. 29 - BGHZ 32, 307-318.
[8] BGH v. 19.05.1960 - II ZR 72/59 - juris Rn. 29 - BGHZ 32, 307-318.

sellschaft rechtfertigen,[9] folgt aber auch aus § 140 Abs. 1 Satz 2 HGB[10]. Ist im Gesellschaftsvertrag einer mehrgliedrigen Gesellschaft bestimmt, dass bei Kündigung eines Gesellschafters die Gesellschaft unter den übrigen Gesellschaftern fortgesetzt werden soll, so ist diese Bestimmung als die Vereinbarung eines vertraglichen Übernahmerechts anzusehen, falls die Gesellschaft im Laufe der Zeit zu einer zweigliedrigen Gesellschaft geworden ist.[11] Eine gesellschaftsvertragliche Fortsetzungs- oder Übernahmeklausel ist in der Regel dahin auszulegen, dass dem verbleibenden Gesellschafter einer Zwei-Personen-Gesellschaft ein Übernahmerecht zusteht, er aber nicht verpflichtet ist, das Unternehmen fortzuführen.[12]

4. Fortsetzung nach Kündigung

Eine Klausel, die die Fortsetzung der Gesellschaft nach Kündigung vorsieht, kann in solchen Fällen einschränkend auszulegen sein, in denen **Kündigung aus wichtigem Grund** erfolgt. Das Berufen auf die Fortsetzungsklausel kann als unzulässige Rechtsausübung gegen die gesellschaftsrechtliche Treuepflicht (vgl. die Kommentierung zu § 705 BGB Rn. 50) verstoßen; so etwa, wenn der Gesellschafter die Voraussetzungen der Fortsetzungsklausel **treuwidrig** herbeiführt.[13] Entscheidend ist, ob der wichtige Grund zur Kündigung das **Bestandsinteresse** der **verbleibenden Gesellschafter übersteigt**. Das wird insbesondere der Fall sein, wenn der kündigende Gesellschafter durch schuldhaftes gesellschaftswidriges Verhalten seiner Mitgesellschafter quasi zur Kündigung gezwungen wurde (Straftat gegenüber dem kündigenden Gesellschafter). Bei **Publikumsgesellschaften** kann § 736 BGB der einschränkenden Auslegung bedürfen. Eine gesellschaftsvertragliche Fortsetzungsklausel als solche schränkt einen ausscheidenden Gesellschafter nicht in unzulässiger Weise in seinem Kündigungsrecht ein (§ 723 Abs. 3 BGB); eine Fortsetzungsklausel ist auch nicht deshalb unwirksam, weil die vertragliche Abfindungsregelung die ausscheidenden Gesellschafter unangemessen benachteiligt (vgl. die Kommentierung zu § 723 BGB Rn. 33). In diesem Fall ist allerdings die vertragliche Abfindungsregelung unwirksam.[14]

8

Eine Fortsetzungsklausel in einem Gesellschaftsvertrag ist mangels anderweitiger gesellschaftsvertraglicher Regelung grundsätzlich auch dann anwendbar, wenn die **Mehrheit der Gesellschafter** die Mitgliedschaft **kündigt**.[15]

9

Hat ein Gesellschafter den Privatgläubiger eines anderen Gesellschafters in arglistiger Weise erst veranlasst, gegen diesen einen Pfändungs- und Überweisungsbeschluss gemäß § 859 ZPO, § 725 BGB zu erwirken und die Gesellschaft zu kündigen, so stellt es einen Rechtsmissbrauch dar, wenn sich der Gesellschafter auf den Ausschluss des betroffenen Gesellschafters bei der vertraglich vorgesehenen Fortsetzung der Gesellschaft beruft, obwohl der Privatgläubiger inzwischen anderweitig befriedigt und der Pfändungs- und Überweisungsbeschluss damit gegenstandslos geworden ist.[16]

10

5. Wirkung

Der Gesellschafter **verliert** seine **Gesellschafterstellung**. Ihm steht nunmehr nur noch der Abfindungsanspruch (vgl. die Kommentierung zu § 738 BGB Rn. 11) des § 738 BGB zu. Der Gesellschafterbestand der Gesellschaft verringert sich, wodurch die Identität der rechtsfähigen Gesellschaft als Trägerin des Gesellschaftsvermögens nicht tangiert wird. Die Teilhaberschaft des ausscheidenden Gesellschafters wächst den übrigen Gesellschaftern kraft Gesetzes an, § 738 Abs. 1 Satz 1 BGB. Die An-

11

---

[9] OLG Köln v. 10.03.1995 - 3 U 74/94 - NJW 1995, 2232-2233.
[10] Zur Anwendbarkeit des § 142 HGB a.F. auf die BGB-Gesellschaft: BGH v. 19.05.1960 - II ZR 72/59 - BGHZ 32, 307-318.
[11] OLG München v. 25.03.1981 - 27 U 699/80 - BB 1981, 1117-1118.
[12] OLG Karlsruhe v. 25.10.2006 - 7 U 11/06 - ZIP 2007, 1908-1911. Das gilt auch im Falle einer außerordentlichen Kündigung.
[13] BGH v. 07.04.2008 - II ZR 3/06 - ZIP 2008, 1075-1078.
[14] BGH v. 07.04.2008 - II ZR 3/06 - ZIP 2008, 1075-1078; BGH v. 07.04.2008 - II ZR 181/04 - ZIP 2008, 1277-1281.
[15] BGH v. 07.04.2008 - II ZR 3/06 - ZIP 2008, 1075-1078; BGH v. 07.04.2008 - II ZR 181/04 - ZIP 2008, 1277-1281 (konkret: sechs von zehn Gesellschaftern). Beim Massenaustritt (93% der Gesellschafter) kann eine Fortsetzungsklausel aber unanwendbar sein (OLG Stuttgart v. 24.05.1982 - 5 U 187/81 - JZ 1982, 766-768).
[16] BGH v. 15.06.1959 - II ZR 44/58 - BGHZ 30, 195-203.

wachsung vollzieht sich kraft Gesetzes mit dem Ausscheiden und nicht erst mit dessen Abfindung. Zur **Haftung des ausgeschiedenen Gesellschafters**: vgl. Rn. 12. Im Übrigen gilt § 738 BGB (vgl. die Kommentierung zu § 738 BGB).

II. Die Nachhaftung des ausgeschiedenen Gesellschafters (Absatz 2, § 160 HGB)

12 Den ausgeschiedenen Gesellschafter trifft für die Gesellschaftsverbindlichkeiten eine **Nachhaftung** (entsprechend § 128 HGB) und zwar gem. § 736 Abs. 2 BGB in den Grenzen, die für die offene Handelsgesellschaft und die Kommanditgesellschaft vorgesehen sind. Der Gesellschafter haftet daher gem. § 160 HGB mit einer zeitlichen Begrenzung von fünf Jahren für die Verbindlichkeiten der Gesellschaft, soweit sie vor seinem Ausscheiden begründet worden sind.[17] Mit Ablauf der Frist von fünf Jahren ist grundsätzlich die Nachhaftung erloschen (**Enthaftung**). Für Gesellschaftsschulden, die nach seinem Ausscheiden begründet wurden, haftet der Gesellschafter nicht.[18] Rechtsgeschäftliche Verbindlichkeiten sind dann **begründet**, wenn das Rechtsgeschäft abgeschlossen ist und sich ohne Hinzutreten weiterer rechtsgeschäftlicher Akte die konkrete, einzelne Verbindlichkeit ergibt. Daraus folgt für **Dauerschuldverhältnisse**, dass es für die Begründung der hieraus resultierenden Forderungen auf den Abschluss des Dauerschuldvertrages und nicht auf die daraus hervorgehenden Einzelverbindlichkeiten ankommt.[19] Erbringt der Vertragspartner einer Gesellschaft versehentlich eine weitere Zahlung auf seine gegenüber einer BGB-Gesellschaft begründete Schuld, obwohl er diese bereits durch eine frühere Zahlung getilgt hat, so haftet ein Gesellschafter, der nach dem Abschluss des die Zahlungspflicht begründenden Vertrages, aber vor der **versehentlichen Doppelzahlung** aus der Gesellschaft ausgeschieden ist, grundsätzlich nicht für die Bereicherungsschuld der Gesellschaft.[20]

13 Die **Kündigungstheorie**[21] hat der BGH **aufgegeben**.[22] Die tradierte Kündigungstheorie besagte: Scheidet ein Gesellschafter aus einer Gesellschaft aus, so beschränkt sich seine Haftung für Verbindlichkeiten aus einem vor seinem Ausscheiden begründeten Dauerschuldverhältnis auf den Zeitraum bis zum ersten auf das Ausscheiden folgenden Kündigungstermin; für Verpflichtungen, die auf erst danach erbrachten Teilleistungen beruhen, haftet er nicht. Der BGH hat die Kündigungstheorie vor dem Hintergrund der alten Rechtslage entwickelt. § 159 HGB a.F. führte nicht zuletzt durch die Anknüpfung an die Verjährung dazu, dass bei langfristigen Schuldverhältnissen ein ausscheidender Gesellschafter unter Umständen zeitlich unbegrenzt weiter haften musste. Dies bedeutete für den betroffenen Gesellschafter ein unüberschaubares und damit nicht zumutbares Risiko. Deshalb musste die Rechtsprechung korrigierend eingreifen und die Haftung des ausgeschiedenen Gesellschafters in den jeweils zur Entscheidung anstehenden Fällen unabhängig von der Verjährungsfrage in vernünftiger Weise begrenzen. Für ein solches Korrektiv besteht nach In-Kraft-Treten des Nachhaftungsbegrenzungsgesetzes keine Veranlassung mehr. Der Gesetzgeber hat mit § 160 HGB nicht lediglich eine zeitliche Obergrenze festgelegt, die eine kürzere Nachhaftung aus anderen Gründen und damit insbesondere die Anwendbarkeit der Kündigungstheorie unberührt lässt. Der Gesetzgeber hat vielmehr mit dieser Vorschrift eine umfassende Regelung des Problems der Nachhaftungsbegrenzung vorgenommen. Er hat dabei die Rechtsprechung zu dem alten Recht gesehen sowie berücksichtigt und wollte dabei auch die Dauerschuldverhältnisse einbezogen wissen. Damit hat der Gesetzgeber im Interesse der Rechtssicherheit für alle Verbindlichkeiten einheitlich den Weg einer **klar festgelegten Ausschlussfrist** gewählt. Mit diesem Weg hat er zugleich die Interessen der Beteiligten in einer Weise berücksichtigt und ausgeglichen, die zwar fraglos gewisse Härten mit sich bringt, aber letztlich für keinen der jeweils Beteiligten als unzu-

---

[17] Sinn und Zweck von § 160 Abs. 1 HGB ist es in erster Linie zu vermeiden, dass ein ausgeschiedener Gesellschafter zu lange Zeit mit einer Haftung für Verbindlichkeiten belastet wird, obwohl er wegen seines Ausscheidens weder weiteren Einfluss auf die Gesellschaft nehmen noch von den Gegenleistungen und sonstigen Erträgen profitieren kann. Daneben will § 160 HGB aber auch einen Ausgleich schaffen zwischen diesem Anliegen und den Interessen der Gesellschaftsgläubiger.

[18] OLG Dresden v. 02.10.1996 - 7 U 981/96 - NJW-RR 1997, 162-164.

[19] BGH v. 12.12.2005 - II ZR 283/03 - ZIP 2006, 82-84; BGH v. 27.09.1999 - II ZR 356/98 - juris Rn. 15 - BGHZ 142, 324-332; OLG Dresden v. 02.10.1996 - 7 U 981/96 - NJW-RR 1997, 162-164.

[20] BGH v. 17.01.2012 - II ZR 197/10 - ZIP 2012, 369-371.

[21] BGH v. 19.12.1977 - II ZR 202/76 - BGHZ 70, 132-142.

[22] BGH v. 27.09.1999 - II ZR 356/98 - juris Rn. 20 - BGHZ 142, 324-332; BGH v. 29.04.2002 - II ZR 330/00 - juris Rn. 12 - BGHZ 150, 373-377; BAG v. 19.05.2004 - 5 AZR 405/03 - DB 2004, 1889-1890.

mutbar anzusehen ist.²³ Die Aufgabe der Kündigungstheorie wurde vom BGH für den Fall eines befristeten Schuldverhältnisses mit Verlängerungsoption bestätigt.²⁴

Für **zweigliedrige BGB-Gesellschaften**, deren Betrieb von einem Gesellschafter nach Übernahme (vgl. Rn. 6) der Gesellschaftsanteile des anderen Gesellschafters als Alleininhaber fortgeführt wird, gelten keine Besonderheiten. Die Interessen des ausscheidenden Gesellschafters einerseits und der Gläubiger andererseits sind der Interessenlage bei Ausscheiden eines Gesellschafters aus einer mehrgliedrigen Gesellschaft vergleichbar. Hier wie dort hat der betroffene Gläubiger ein Interesse an der Nachhaftung, der ausscheidende Gesellschafter ein Interesse an Nachhaftungsbegrenzung.²⁵ 14

Da § 160 Abs. 1 Satz 1 HGB für den Beginn der Enthaftungsfrist auf die Eintragung des Ausscheidens im Handelsregister abstellt, bleibt der entsprechende Zeitpunkt für die BGB-Gesellschaft unklar. Die h.M. stellt auf den Zeitpunkt der positiven Kenntniserlangung des Gläubigers vom Ausscheiden des Gesellschafters aus der Gesellschaft ab.²⁶ 15

III. Eintritt eines neuen Gesellschafters

Für den Eintritt eines neuen Gesellschafters hält das Gesetz keine besondere Regelung vor. Die Möglichkeit der Fortsetzung einer Gesellschaft unter verändertem Gesellschafterbestand ist aber seit langem anerkannt.²⁷ 16

1. Vertragsschluss

Es bedarf stets eines Vertragsschlusses zwischen dem neu eintretenden und den bisherigen Gesellschaftern.²⁸ Die Geschäftsführer der Gesellschaft können demnach einen neu Eintretenden grundsätzlich nicht aus eigener Machtvollkommenheit aufnehmen. Handeln sie ohne Vertretungsmacht, wird der Aufnahmevertrag erst mit Zustimmung aller Gesellschafter wirksam, wobei die Zustimmung allerdings auch in schlüssigem Verhalten liegen kann. Der Gesellschaftsvertrag kann jedoch die Aufnahme neuer Gesellschafter **erleichtern**, insbesondere: 17

- Ein Gesellschafter kann **ermächtigt** werden, nach seiner Wahl mit weiteren Gesellschaftern deren Beitritt zur Gesellschaft zu vereinbaren. Das erforderliche Einverständnis der übrigen Gesellschafter mit dem Eintritt neuer Gesellschafter ist in einem solchen Falle – in zulässiger Weise – im Voraus erteilt worden. Der Abschluss des Aufnahmevertrags mit den übrigen Gesellschaftern kommt dann im Regelfall dadurch zustande, dass sich der ermächtigte Gesellschafter im Rahmen der gesellschaftsvertraglichen Bestimmungen mit dem neu eintretenden Gesellschafter auch im Namen der übrigen Gesellschafter über die Aufnahme einigt.²⁹
- Die bisherigen Gesellschafter können sich im Gesellschaftsvertrag der Aufnahmeentscheidung der **Mehrheit** unterwerfen.
- Auch ein Nichtgesellschafter – selbst wenn er nicht in die organschaftliche Handlungsorganisation der Gesellschaft eingebunden ist – kann rechtsgeschäftlich zum Vertragsschluss mit eintrittswilligen Gesellschaftern **bevollmächtigt** werden.³⁰ Die Aufnahme eines Gesellschafters in eine Gesellschaft bürgerlichen Rechts erfolgt zwar durch Vertrag der Gesellschafter untereinander. Es ist jedoch nicht notwendig, dass die Gesellschafter den Aufnahmevertrag selbst abschließen. Sie können jemanden bevollmächtigen, Aufnahmeverträge im Namen und mit Wirkung für alle Gesellschafter abzuschließen.

---

[23] BGH v. 27.09.1999 - II ZR 356/98 - juris Rn. 20 - BGHZ 142, 324-332.
[24] BGH v. 29.04.2002 - II ZR 330/00 - BGHZ 150, 373-377.
[25] BGH v. 27.09.1999 - II ZR 356/98 - juris Rn. 21 - BGHZ 142, 324-332; KG Berlin v. 24.05.2004 - 8 U 96/03 - KGR Berlin 2004, 490-491.
[26] BGH v. 24.09.2007 - II ZR 284/05 - ZIP 2007, 2262-2264; BGH v. 10.02.1992 - II ZR 54/91 - BGHZ 117, 168-182; OLG Dresden v. 02.10.1996 - 7 U 981/96 - NJW-RR 1997, 162-164.
[27] *Hadding/Kießling* in: Soergel, § 736 Rn. 8.
[28] BGH v. 01.03.2011 - II ZR 16/10 - ZIP 2011, 957-959.
[29] BGH v. 01.03.2011 - II ZR 16/10 - ZIP 2011, 957-959; BGH v. 14.11.1977 - II ZR 95/76 - NJW 1978, 1000-1001.
[30] Vgl. BGH v. 16.11.1981 - II ZR 213/80 - juris Rn. 25 - LM Nr. 9 zu § 709 BGB.

§ 736

Dem Dritten kann auch ein Eintrittsrecht (vgl. die Kommentierung zu § 727 BGB Rn. 19) in der Weise eingeräumt werden, dass dieser einen Rechtsanspruch auf Aufnahme in die Gesellschaft erhält. In einem solchen Fall schließen die Gesellschafter im Gesellschaftsvertrag einen (echten) Vertrag zugunsten Dritter (§ 328 BGB). Die Verpflichtung muss dann aber noch durch einen gesonderten Aufnahmevertrag umgesetzt werden.

2. Wirkung

18   Mit dem Abschluss des Aufnahmevertrags erwirbt der neue Gesellschafter die **Mitgliedschaft** im Verband. Es tritt bei den bisherigen Gesellschaftern eine **Abwachsung**, beim neuen Gesellschafter eine **Anwachsung** ein. Die Identität der Gesellschaft wird durch die Änderung im Gesellschafterbestand nicht tangiert. Rechtsträger des Gesellschaftsvermögens bleibt die rechtsfähige Gesellschaft, an der die Gesellschafter mitgliedschaftlich beteiligt sind. Noch nicht geklärt ist die Haftung des eintretenden Gesellschafters (vgl. Rn. 20).

IV. Die Haftung des eintretenden Gesellschafters für die vor seinem Eintritt begründeten Gesellschaftsverbindlichkeiten

19   Für die nach seinem Eintritt begründeten Verbindlichkeiten haftet der Gesellschafter auf alle Fälle entsprechend § 128 HGB. Bei der Frage, ob der eintretende Gesellschafter für die vor seinem Eintritt begründeten Verbindlichkeiten haftet, geht es darum, ob auf die BGB-Gesellschaft § 130 HGB **entsprechende Anwendung** findet.

1. Die tradierte Rechtsprechung

20   Nach der früheren Rechtsprechung haftete der eintretende Gesellschafter für die vor seinem Beitritt begründeten Gesellschaftsverbindlichkeiten nur kraft besonderer Vereinbarung mit dem Gläubiger.[31] Nach der tradierten Rechtsprechung konnte eine persönliche Gesellschafterhaftung mit dem Privatvermögen in der Gesellschaft bürgerlichen Rechts – wenn man von der Möglichkeit eines Schuldbeitritts mal absah – nur durch Mitwirkung des Gesellschafters am Vertragsschluss oder dadurch begründet werden, dass der geschäftsführende Gesellschafter bei Vertragsschluss für ihn handelt und dazu eine entsprechende Vertretungsmacht besaß. Dies kam aber in der hier interessierenden Fallkonstellation nicht in Betracht, weil der Gesellschafter der Gesellschaft zu dem früheren Zeitpunkt noch gar nicht angehörte, er also weder am Vertragsschluss beteiligt war noch der geschäftsführende und vertretungsberechtigte Gesellschafter für ihn handeln konnte. Die heute anerkannte akzessorische Haftung der Gesellschafter (vgl. die Kommentierung zu § 714 BGB Rn. 16) entsprechend § 128 HGB lehnte der BGH zu diesem Zeitpunkt noch ab; dementsprechend verwarf er eine entsprechende Anwendung des § 130 HGB, die er damals schon als „wohl folgerichtig" bezeichnete.[32] Der tradierten Auffassung des BGH lag der Ansatz zugrunde, dass in der bürgerlich-rechtlichen Gesellschaft die persönliche Haftung des Gesellschafters für vertragliche Gesamthandsverpflichtungen nur durch Rechtsgeschäft begründet werden konnte (sog. **Doppelverpflichtungslehre**). Da in der Rechtsprechung[33] nunmehr anerkannt ist, dass die Haftung des Gesellschafters (vgl. die Kommentierung zu § 714 BGB Rn. 16) für die Gesellschaftsschulden eine **gesetzliche Haftung** entsprechend § 128 HGB ist, war der tradierte Ansatz des BGH überholt.

2. Die neue Rechtsprechung des BGH: § 130 HGB analog

21   Mit dem Umschwung der Rechtsprechung auf die Akzessorietätstheorie (vgl. die Kommentierung zu § 714 BGB Rn. 16) in Analogie zu § 128 HGB wurde der Streit um die entsprechende Anwendung des § 130 HGB im Recht der BGB-Gesellschaft neu belebt. Zwischen den Instanzgerichten und der Lehre wurde die Frage zunächst unterschiedlich beurteilt.[34] Nunmehr hat der **BGH** den Streit in konsequenter Fortführung seines neuen Haftungsmodells (vgl. die Kommentierung zu § 714 BGB Rn. 16) und voll-

---

[31] BGH v. 30.04.1979 - II ZR 137/78 - BGHZ 74, 240-244.
[32] BGH v. 30.04.1979 - II ZR 137/78 - juris Rn. 5 - BGHZ 74, 240-244.
[33] BGH v. 27.09.1999 - II ZR 371/98 - BGHZ 142, 315-323 und BGH v. 29.01.2001 - II ZR 331/00 - BGHZ 146, 341-361.
[34] Gegen eine entsprechende Anwendung OLG Düsseldorf v. 20.12.2001 - 23 U 49/01 - ZIP 2002, 616-621; *Lange*, NJW 2002, 2002-2003, 2002; *Baumann/Rößler*, NZG 2002, 793-797; für eine entsprechende Anwendung OLG Hamm v. 22.11.2001 - 28 U 16/01 - NJW-RR 2002, 495-496; OLG München v. 21.01.2000 - 23 U 2732/99 - NZG 2000, 477-478; *Schmidt*, NJW 2001, 993-1003, 999.

kommen zu Recht **zugunsten einer entsprechenden Anwendung** des § 130 HGB entschieden.[35] Der in eine Gesellschaft bürgerlichen Rechts eintretende Gesellschafter hat für **vor seinem Eintritt begründete Verbindlichkeiten** der Gesellschaft grundsätzlich persönlich und als Gesamtschuldner mit den Altgesellschaftern **einzustehen**. Die Haftung umfasste alle vertraglichen, quasivertraglichen und gesetzlichen Verbindlichkeiten der Gesellschaft. Damit entspricht die Haftung in der wirtschaftlichen BGB-Gesellschaft dem gesetzlichen Haftungsmodell der OHG (§§ 128-130 HGB); eine (entsprechende) Anwendung des § 4 VerbrKrG oder des § 9 VerbrKrG auf die Haftung des Gesellschafters einer gewerblich handelnden Gesellschaft kommt nicht in Betracht.[36] Wann eine Verbindlichkeit im Rahmen des § 130 HGB begründet ist, bestimmt sich nach den gleichen Grundsätzen wie bei § 160 HGB. Dies bedeutet, dass rechtsgeschäftliche Verbindlichkeiten bereits dann begründet sind, wenn das Rechtsgeschäft abgeschlossen ist und sich ohne Hinzutreten weiterer rechtsgeschäftlicher Akte die konkrete, einzelne Verbindlichkeit ergibt. Daraus folgt im Hinblick auf Dauerschuldverhältnisse, dass es für die Begründung der hieraus resultierenden Forderungen auf den Abschluss des Dauerschuldvertrages und nicht auf die daraus hervorgehenden Einzelverbindlichkeiten ankommt.[37]

Zunächst bestand der Eindruck, dass der BGH aus Erwägungen des Vertrauensschutzes heraus die Anwendung der neuen Haftungsregeln für Altschulden prinzipiell auf künftige Beitrittsfälle beschränken und es für **alte Beitrittsfälle** bei der Anwendung der tradierten Rechtsprechungsgrundsätze (vgl. Rn. 20) belassen wollte.[38] Mittlerweile hat der BGH diese Aussage stark relativiert.[39] Es sei in jedem Fall zu prüfen, ob den Interessen des auf die Fortgeltung der Rechtslage Vertrauenden Vorrang einzuräumen sei gegenüber der materiellen Gerechtigkeit. Insbesondere dann, wenn der Neugesellschafter die bestehende Altverbindlichkeit der Gesellschaft im Beitrittszeitpunkt kenne oder wenn er sie bei auch nur geringer Aufmerksamkeit hätte erkennen können, falle die Abwägung zu Lasten des Neugesellschafters aus.[40] Dies hat insbesondere praktische Auswirkungen, wenn etwa ein Insolvenzverwalter aufgrund des § 93 InsO gegen einen Neugesellschafter vorgeht: Nimmt der Insolvenzverwalter einen nachträglich der Gesellschaft bürgerlichen Rechts beigetretenen Gesellschafter wegen einer Vielzahl von Gesellschaftsverbindlichkeiten in Anspruch, so hat er die einzelnen Verbindlichkeiten nach Entstehungszeitpunkt und Schuldgrund darzulegen, weil eben der Gesellschafter zwar für Neuverbindlichkeiten uneingeschränkt, aber nur für solche Altverbindlichkeiten haftet, die er kannte oder die für ihn erkennbar waren.[41]

22

Die Haftung für Altverbindlichkeiten gilt selbstverständlich auch für BGB-Gesellschaften, in denen sich Angehörige freier Berufe zu gemeinsamer Berufsausübung zusammengeschlossen haben. Eine **Ausnahme** kann dem BGH zufolge u.U. bei Verbindlichkeiten aus beruflichen Haftungsfällen in Betracht kommen, da diese, wie die Bestimmung des § 8 Abs. 2 PartGG zeige, eine Sonderstellung einnähmen.[42] Die Instanzgerichtsbarkeit hat solche Bedenken nicht und lässt den eintretenden Gesellschafter ohne weiteres auch für Altverbindlichkeiten aus beruflichen Haftungsfällen einstehen.[43] Der IX. Zivilsenat des BGH hat jüngst klargestellt, dass für berufshaftungsrechtliche Verbindlichkeiten der Gesellschaft keine Ausnahme bei der Anwendung des § 31 BGB und des § 128 HGB zu machen sei.[44] Die Frage der Haftung entsprechend § 130 HGB analog für berufshaftungsrechtliche Verbindlichkeiten wurde nicht aufgeworfen.

23

---

[35] BGH v. 07.04.2003 - II ZR 56/02 - BGHZ 154, 370-378. Vgl. aber auch OLG Saarbrücken v. 22.12.2005 - 8 U 91/05 - ZIP 2006, 1952-1954: eine Haftung des Scheingesellschafters entsprechend § 130 HGB komme für solche Verbindlichkeiten, die vor Setzung des Rechtsscheins seiner Gesellschafterstellung entstanden sind, nicht in Betracht.

[36] BGH v. 17.10.2006 - XI ZR 19/05 - ZIP 2007, 64-69.

[37] BGH v. 12.12.2005 - II ZR 283/03 - ZIP 2006, 82-84.

[38] BGH v. 07.04.2003 - II ZR 56/02 - juris Rn. 20 - BGHZ 154, 370-378.

[39] BGH v. 12.12.2005 - II ZR 283/03 - ZIP 2006, 82-84.

[40] BGH v. 19.07.2011 - II ZR 300/08 - ZIP 2011, 1657-1664; BGH v. 09.10.2006 - II ZR 193/05 - ZIP 2007, 79-80; BGH v. 18.07.2006 - XI ZR 143/05 - ZIP 2006, 1622-1626. AA: KG v.09.07.2007 - 20 U 179/05 - ZIP 2008, 18-21. Vgl. auch OLG Dresden v. 22.12.2004 - 8 U 1432/04 - DB 2005, 277-279; KG Berlin v. 24.11.2004 - 26 U 38/04 - WM 2005, 553-557.

[41] BGH v. 09.10.2006 - II ZR 193/05 - ZIP 2007, 79-80.

[42] BGH v. 07.04.2003 - II ZR 56/02 - BGHZ 154, 370-378.

[43] LG Frankenthal v. 21.07.2004 - 2 S 75/04 - NJW 2004, 3190-3191; LG Hamburg v. 11.05.2004 - 321 O 433/03 - NJW 2004, 3492-3496.

[44] BGH v. 03.05.2007 - IX ZR 218/05 - ZIP 2007, 1460-1462. Das gelte auch für den Scheinsozius.

24 Anders liegen natürlich die Verhältnisse, wenn es sich um eine Idealgesellschaft (vgl. die Kommentierung zu § 714 BGB Rn. 46) handelt: Hier haftet nur die Gesellschaft für die Verbandsverbindlichkeiten; eine gesetzliche Haftung der Gesellschafter, dementsprechend auch des eintretenden Gesellschafters, besteht grundsätzlich nicht, sondern kann allenfalls durch besondere rechtsgeschäftliche Verabredung begründet werden.

3. Eintritt in das Geschäft eines Einzelunternehmers (§ 28 HGB analog)

25 Immer noch nicht endgültig entschieden ist die grundsätzliche Frage nach einer **erweiterten entsprechenden Anwendung** des § 28 HGB. Der II. Senat[45], der IX. Senat[46] und der XI. Senat[47] haben die Frage in jüngster Zeit **ausdrücklich dahinstehen** lassen. Es geht um folgende Fragestellung, die wegen der Annäherung des Haftungsrechts der Gesellschaft bürgerlichen Rechts an dasjenige der offenen Handelsgesellschaft durch die jüngere Rechtsprechung des II. Zivilsenats an Bedeutung erheblich gewonnen hat: Nach seinem Wortlaut und der tradierten Rechtsprechung des Bundesgerichtshofs setzt § 28 Abs. 1 Satz 1 HGB voraus,[48] dass jemand in das Geschäft eines Einzelkaufmanns eintritt. Im Schrifttum wird nun allerdings die Ansicht vertreten, **jeder Unternehmensträger**, nicht bloß der Kaufmann nach den §§ 1-5 HGB, sei Einzelkaufmann im Sinne des § 28 Abs. 1 HGB; ebenso soll es genügen, wenn durch den Eintritt in das Geschäft des bisherigen Einzelunternehmers eine (das Unternehmen tragende) Gesellschaft bürgerlichen Rechts entsteht.[49] Zur Begründung wird angeführt, bei § 28 Abs. 1 HGB handele es sich nicht um eine spezielle kaufmännische Regelung, sondern um einen Ausdruck des Gedankens der Unternehmenskontinuität.

26 Der **IX. Zivilsenat** des BGH hat entschieden, dass ein **Rechtsanwalt**, der sich mit einem bisher als Einzelanwalt tätigen anderen Rechtsanwalt zur gemeinsamen Berufsausübung in einer Sozietät in der Form einer Gesellschaft bürgerlichen Rechts zusammenschließt, **nicht entsprechend** § 28 Abs. 1 Satz 1 HGB i.V.m. § 128 Satz 1 HGB für die im Betrieb des bisherigen Einzelanwalts begründeten Verbindlichkeiten **haftet**. Zur Begründung beruft sich der IX. Senat auf die besondere Ausgestaltung des zwischen einem Einzelanwalt und seinen Mandanten bestehenden Rechtsverhältnisses.[50] In Abgrenzung zu dieser Entscheidung hat das OLG Naumburg entschieden, dass der eintretende Gesellschafter aber sehr wohl entsprechend §§ 28, 128 HGB für Altverbindlichkeiten gegenüber dem Vermieter hafte.[51]

V. Der Gesellschafterwechsel

27 Ein Gesellschafterwechsel lässt sich auf **zwei Arten** vollziehen:
- Einmal kann der ausscheidende Gesellschafter seine **Mitgliedschaft** (mit Zustimmung der übrigen Gesellschafter) auf den neuen Gesellschafter übertragen (vgl. die Kommentierung zu § 719 BGB Rn. 7). Der Erwerber rückt durch die Verfügung über die Mitgliedschaft in die Gesellschafterstellung seines Vorgängers ein. Der Gesellschafterwechsel vollzieht sich **in einem Rechtsakt**, nämlich der Verfügung über die Mitgliedschaft zwischen ausscheidendem und eintretendem Gesellschafter. Überträgt ein Gesellschafter seinen Anteil auf einen anderen Gesellschafter der Gesellschaft, so ist das Prinzip der Einheitlichkeit der Mitgliedschaft (vgl. die Kommentierung zu § 717 BGB Rn. 2) zu beachten. Dieses Prinzip besagt, dass eine mehrfache Beteiligung an einer Personengesellschaft und – als letzte Konsequenz – ein Fortbestand der Gesellschaft in der Person des letzten Gesellschafters (Ein-Mann-Personengesellschaft) grundsätzlich nicht möglich ist. Überträgt ein Gesellschafter seinen Anteil auf den letzten verbliebenen Mitgesellschafter, so erfolgt eine Vereinigung beider Anteile in dessen Hand. Das führt zum Erlöschen der BGB-Gesellschaft.[52]
- Der Gesellschafterwechsel kann sich aber auch durch Ausscheiden (vgl. Rn. 11) des alten und dem Eintritt (vgl. Rn. 18) des neuen Gesellschafters vollziehen. In diesem Fall sind, wenn auch möglicherweise in einem einheitlichen Rechtsgeschäft zusammengefasst, **zwei Verträge** notwendig: Einmal der Vertrag des ausscheidenden Gesellschafters mit den übrigen Gesellschaftern über sein Aus-

---

[45] BGH v. 23.11.2011 - II ZR 7/09 - ZIP 2010, 2042-2043.
[46] BGH v. 22.01.2004 - IX ZR 65/01 - WM 2004, 483-486.
[47] BGH v. 18.01.2000 - XI ZR 71/99 - BGHZ 143, 327-334.
[48] BGH v. 07.01.1960 - II ZR 228/59 - BGHZ 31, 398-401.
[49] *Schmidt*, NJW 2003, 1897-1904, 1903.
[50] BGH v. 17.11.2011 - IX ZR 161/09 - ZIP 2012, 28-31; BGH v. 22.01.2004 - IX ZR 65/01 - WM 2004, 483-486.
[51] OLG Naumburg v. 17.01.2006 - 9 U 86/05 - OLGR Naumburg 2006, 461-462.
[52] Z.B. OLG Schleswig v. 02.12.2005 - 2 W 141/05 - ZIP 2006, 615-618.

scheiden, zum anderen der Vertrag des eintretenden Gesellschafters mit den anderen Gesellschaftern über sein Eintreten. In diesem Fall wächst der Anteil des ausscheidenden Gesellschafters zunächst den verbleibenden Gesellschaftern an (vgl. § 738 BGB), um alsdann an den eintretenden Gesellschafter abzuwachsen (dem seinerseits der Anteil natürlich zuwächst). Der Gesellschafterwechsel vollzieht sich also hier durch eine im wirtschaftlichen Zusammenhang stehende Abfolge von **An- und Abwachsung**. Die schuldrechtlichen Beziehungen des Ausscheidenden (sein Abfindungsanspruch (vgl. die Kommentierung zu § 738 BGB Rn. 11) gem. § 738 BGB) und des Eintretenden (Beitragspflicht (vgl. die Kommentierung zu § 706 BGB Rn. 3), § 706 BGB) zur Gesellschaft sind streng zu trennen. Der neue Gesellschafter ist nicht der Rechtsnachfolger des ausgeschiedenen Gesellschafters. Zwischen den beiden bestehen keinerlei gesellschaftsrechtliche Beziehungen, insbesondere findet § 738 BGB im Verhältnis zwischen austretendem und eintretendem Gesellschafter keine Anwendung.[53] Allerdings besteht die Möglichkeit, dass beide Parteien besondere vertragliche Absprachen treffen. Bei einer **zweigliedrigen Gesellschaft** erlischt mit dem Austritt des ausscheidenden Gesellschafters die Gesellschaft (nach h.M. gibt es keine Einmanngesellschaft, vgl. Rn. 6). Mit dem Neueintretenden wird ein neuer Gesellschaftsvertrag geschlossen. Der Ausscheidende wird abgefunden; der Eintretende kann die Abfindungssumme wieder einbringen.

VI. Vereinigung zweier Personengesellschaften

Die Vereinigung zweier Personenhandelsgesellschaften kann neben der **Verschmelzung nach dem Umwandlungsgesetz** auch dadurch erreicht werden, dass die Gesellschafter der übertragenden Personenhandelsgesellschaft ihre Anteile in die übernehmende Personenhandelsgesellschaft einbringen und im Gegenzug an der übernehmenden Personenhandelsgesellschaft neu oder höher als bisher beteiligt werden. Dies geschieht nach den allgemeinen Regeln des Gesellschaftsrechts durch **Anwachsung**, verbunden mit dem Ein- und Austritt von Gesellschaftern im Wege der Änderung der Gesellschaftsverträge beider Gesellschaften, an denen die Gesellschafter beider Personenhandelsgesellschaften beteiligt sein müssen. Die Zulässigkeit einer derartigen rechtlichen Konstruktion zur Vereinigung von zwei Personenhandelsgesellschaften war bereits vor In-Kraft-Treten des Umwandlungsgesetzes anerkannt. Auch nach In-Kraft-Treten des Umwandlungsgesetzes ist sie neben der dort spezialgesetzlich geregelten Verschmelzung weiterhin zulässig und wird insbesondere durch § 1 Abs. 2 UmwG nicht ausgeschlossen.[54]

28

---

[53] Vgl. *Hadding/Kießling* in: Soergel, § 736 Rn. 17.
[54] OLG Frankfurt v. 25.08.2003 - 20 W 354/02 - ZIP 2004, 1458-1460.

§ 737 BGB Ausschluss eines Gesellschafters

(Fassung vom 02.01.2002, gültig ab 01.01.2002)

¹Ist im Gesellschaftsvertrag bestimmt, dass, wenn ein Gesellschafter kündigt, die Gesellschaft unter den übrigen Gesellschaftern fortbestehen soll, so kann ein Gesellschafter, in dessen Person ein die übrigen Gesellschafter nach § 723 Abs. 1 Satz 2 zur Kündigung berechtigender Umstand eintritt, aus der Gesellschaft ausgeschlossen werden. ²Das Ausschließungsrecht steht den übrigen Gesellschaftern gemeinschaftlich zu. ³Die Ausschließung erfolgt durch Erklärung gegenüber dem auszuschließenden Gesellschafter.

Gliederung

A. Grundlagen 1	2. Erleichterungen 11
B. Anwendungsvoraussetzungen 3	III. Verfahren 15
I. Gesetzliche Voraussetzungen 3	1. Einstimmigkeitsprinzip (Satz 2) 15
1. Fortsetzungsklausel 4	2. Wirksamwerden des Ausschlusses (Satz 3);
2. Wichtiger Grund 5	rechtliches Gehör 16
3. Nach Auflösung der Gesellschaft 7	3. Richterliche Kontrolle 17
II. Besondere vertragliche Voraussetzungen ... 8	IV. Zweimanngesellschaft 19
1. Erschwerungen 10	

A. Grundlagen

1 Spiegelbildlich zu § 723 Abs. 1 Satz 2 BGB ermöglicht § 737 BGB den Ausschluss eines Gesellschafters aus **wichtigem Grund**. Der Ausschluss ist nur möglich, wenn zwischen den Gesellschaftern eine **Fortsetzungsklausel** vereinbart worden ist. Eine solche Klausel verkörpert den Willen der Gesellschafter, den Bestand der Gesellschaft unabhängig von der Mitgliedschaft der originären Gesellschafter festzuschreiben und notfalls auch einen Störenfried auszuschließen.

2 Ein rechtswidrig veranlasster Ausschluss kann Schadensersatzpflichten (vgl. die Kommentierung zu § 705 BGB Rn. 56) zur Folge haben, wie umgekehrt die **Verweigerung** eines Gesellschafters zur Mitwirkung an der Ausschließung unter besonderen Umständen eine zum Schadensersatz verpflichtende Treuepflichtverletzung (vgl. Rn. 15) darstellen kann.

B. Anwendungsvoraussetzungen

I. Gesetzliche Voraussetzungen

3 Der Ausschluss eines Gesellschafters kann nach dem Gesetz erfolgen, wenn folgende zwei Voraussetzungen vorliegen:

1. Fortsetzungsklausel

4 Im Gesellschaftsvertrag muss die Fortsetzung der Gesellschaft bei Kündigung durch einen Gesellschafter vereinbart sein. Eine solche Fortsetzungsklausel (vgl. die Kommentierung zu § 736 BGB Rn. 5) kann entweder von Anfang an im Gesellschaftsvertrag enthalten sein oder später durch grundsätzlich einstimmigen Gesellschafterbeschluss hinzugefügt werden, auch noch im Abwicklungsstadium.[1] Besondere Voraussetzungen sind an die Fortsetzungsklausel nicht zu stellen; insbesondere ist eine ausdrückliche Regelung im Gesellschaftsvertrag nicht notwendig, dass ein wichtiger, die Kündigung rechtfertigender Grund zugleich auch die Möglichkeit zum Ausschluss eines Gesellschafters eröffnen solle. Einer derartigen Vertragsbestimmung bedarf es in Anbetracht von § 737 BGB gerade nicht. Nach dieser Vorschrift kann ein Gesellschafter, in dessen Person ein die übrigen Gesellschafter nach § 723 Abs. 1 Satz 2 BGB zur Kündigung berechtigender Umstand eintritt, aus der Gesellschaft ausgeschlossen werden, wenn der Gesellschaftsvertrag für den Kündigungsfall eine Fortsetzungsklausel enthält.[2]

---

[1] *Sprau* in: Palandt, § 737 Rn. 2.
[2] BGH v. 25.02.1985 - II ZR 99/84 - juris Rn. 17 - WM 1985, 997-999.

2. Wichtiger Grund

In der Person des auszuschließenden Gesellschafters muss ein wichtiger Grund (vgl. die Kommentierung zu § 723 BGB Rn. 10) zur Kündigung liegen. Ein wichtiger Grund zur Ausschließung eines Gesellschafters ist immer dann gegeben, wenn in der Person dieses Gesellschafters Umstände vorliegen, die die Fortsetzung der Gesellschaft mit dem Auszuschließenden für die übrigen Gesellschafter unzumutbar machen. Eine Entscheidung hierüber erfordert eine umfassende Würdigung aller in Betracht kommenden Umstände des Einzelfalles im Rahmen einer beiden Seiten gerecht werdenden **Gesamtabwägung**. Bei der Abwägung (vgl. die Kommentierung zu § 723 BGB Rn. 10), ob ein wichtiger Grund vorliegt, sind vor allem Art und Schwere des Fehlverhaltens des Auszuschließenden sowie auch ein etwaiges Fehlverhalten des den Ausschluss betreibenden Gesellschafters zu berücksichtigen.[3] Objektive Gründe in der Person des auszuschließenden Gesellschafters reichen bei entsprechender Schwere aus; ein **Verschulden ist nicht erforderlich**. Es muss sich bei der Anwendung des § 737 BGB um Gründe in der Person des auszuschließenden Gesellschafters handeln, die schwerwiegender Art sind und bei objektiver Würdigung in entscheidender Form den Fortbestand der Gesellschaften berühren. In diesem Zusammenhang sind die gesamten Umstände des einzelnen Falles umfassend zu berücksichtigen, weil nur auf diese Weise eine billige und gerechte Abwägung nach Lage der Sache möglich ist. Es ist daher im Rahmen des Gesellschaftsverhältnisses auch das Verhalten und die Persönlichkeit der Gesellschafter zu prüfen, die die Ausschließung aussprechen. Haben sich diese ebenfalls gesellschaftswidrig verhalten, so werden sie sich in der Regel eher einen Verstoß ihres Mitgesellschafters gefallen lassen müssen als jemand, der seine Gesellschaftspflichten treu und sorgfältig erfüllt hat. Ist das **Verhalten der den Ausschluss eines Mitgesellschafters betreibenden Gesellschafter** neben dem Verhalten des Auszuschließenden für die Zerstörung des gesellschaftsinternen Vertrauensverhältnisses ursächlich, kommt eine Ausschließung nur bei überwiegender Verursachung des Zerwürfnisses durch den Auszuschließenden in Betracht.[4] Dabei ist es im Wesentlichen eine Frage des tatrichterlichen Ermessens, welches Gewicht etwaigen Verstößen der die Ausschließung betreibenden Gesellschaftern gegenüber den Verstößen des anderen Gesellschafters beizumessen ist. Es kann dabei durchaus der Schluss gerechtfertigt sein, dass diese gegenüber den Verstößen des anderen Gesellschafters völlig in den Hintergrund treten und deshalb die Zubilligung des Ausschließungsrechts nicht ausschließen. Auf Seiten des auszuschließenden Gesellschafters kann bei der billigen und gerechten Abwägung der gesamten Umstände zu seinen Gunsten nicht unberücksichtigt bleiben, in welchem Umfange er für den Aufbau und die Fortführung der Gesellschaft Geld und Arbeit aufgewendet hat. Dabei ist auch der gegebenenfalls vorliegende Charakter als Familienunternehmen gebührend zu beachten.[5]

An den wichtigen Grund im Rahmen des § 737 BGB sind **besonders strenge Anforderungen** zu stellen; der Begriff des wichtigen Grundes ist daher enger auszulegen als im Rahmen des § 723 BGB.[6] Die Ausschließung ist **das äußerste Mittel**, um den Bestand der Gesellschaft bedrohenden Spannungen zu überwinden, das nur dann angewandt werden darf, wenn auf andere Art und Weise – z.B. Ausschluss des Gesellschafters von der Geschäftsführung, Umwandlung der Gesellschaft in eine „stille" Gesellschaft oder sonstige vertragliche Änderungen – eine befriedigende Regelung nicht zu erreichen ist.[7]

3. Nach Auflösung der Gesellschaft

Die Ausschließung kann auch noch nach Auflösung der Gesellschaft **im Auseinandersetzungsstadium** erfolgen, da dadurch schutzwürdige Interessen der übrigen Gesellschafter an der ordnungsgemäßen Durchführung der Abwicklung gesichert werden.[8]

---

[3] BGH v. 01.03.2011 - II ZR 83/09 - ZIP 2011, 806-809; BGH v. 18.07.2005 - II ZR 159/03 - WM 2005, 1752-1754; BGH v. 31.03.2003 - II ZR 8/01 - WM 2003, 1084-1086; BGH v. 17.12.1959 - II ZR 32/59 - juris Rn. 23 - BGHZ 31, 295-308.
[4] BGH v. 31.03.2003 - II ZR 8/01 - WM 2003, 1084-1086.
[5] BGH v. 30.11.1951 - II ZR 109/51 - juris Rn. 6 - BGHZ 4, 108-123.
[6] *Hadding/Kießling* in: Soergel, § 737 Rn. 7.
[7] BGH v. 01.03.2011 - II ZR 83/09 - ZIP 2011, 806-809; BGH v. 31.03.2003 - II ZR 8/01 - WM 2003, 1084-1086; OLG München v. 24.06.1998 - 15 U 1625/98 - NZG 1998, 937-938; BGH v. 30.11.1951 - II ZR 109/51 - juris Rn. 6 - BGHZ 4, 108-123.
[8] *Hadding/Kießling* in: Soergel, § 737 Rn. 2, 9.

II. Besondere vertragliche Voraussetzungen

8 Durch besondere gesellschaftsvertragliche Vereinbarungen können Erschwerungen oder Erleichterungen der Ausschließung vorgesehen werden.

9 Auch ein **automatisches Ausscheiden** kann in Betracht kommen. Bestimmt z.B. der Gesellschaftsvertrag, dass Gesellschafter nur sein kann, wer zugleich Eigentümer einer von der Gesellschaft bewirtschafteten Eigentumswohnung ist, führt der Verkauf der Wohnung zum automatischen Ausscheiden des Gesellschafters aus der Gesellschaft mit der Folge, dass der Gesellschafter nach Maßgabe des Gesellschaftsvertrags bzw. des Gesetzes abzufinden ist.[9]

1. Erschwerungen

10 § 737 BGB ist **nicht zwingend**. Die Ausschließung kann im Gesellschaftsvertrag an noch strengere Bedingungen gebunden werden, z.B.:
- das Ausschließungsrecht kann im Gesellschaftsvertrag **ganz ausgeschlossen** werden,
- die Ausschließung kann an das **Vorliegen besonderer**, genau beschriebener wichtiger **Gründe** gebunden werden, z.B. nur bei schuldhafter Schädigung der Gesellschaft, wobei sich der Verschuldensmaßstab dann grundsätzlich nach § 708 BGB bestimmt.

2. Erleichterungen

11 Es kann aber auch der Ausschluss **ohne wichtigen Grund** für zulässig erklärt werden (Hinauskündigungsklausel). Allerdings muss eine solche Regelung **durch außergewöhnliche Umstände sachlich gerechtfertigt** sein und sich unzweideutig aus dem Gesellschaftsvertrag ergeben;[10] selbst eine gesellschaftsvertragliche Bestimmung, die Gesellschaftern das Recht einräumt, Mitgesellschafter nach freiem Ermessen aus der Gesellschaft auszuschließen, kann im Einzelfall wegen außergewöhnlicher Umstände sachlich gerechtfertigt sein.[11] Grundsatz bleibt aber, dass eine gesellschaftsvertragliche Regelung, durch die der Gesellschaftermehrheit, einer bestimmten Gesellschaftergruppe oder einem einzelnen Gesellschafter das Recht eingeräumt wird, einen Mitgesellschafter ohne Vorliegen eines sachlichen Grundes aus der Personengesellschaft auszuschließen, über den Rahmen des rechtlich und sittlich Erlaubten (§ 138 Abs. 1 BGB) hinausgeht.[12] Ausschlaggebend ist hierfür, dass nach einer derartigen Vereinbarung die das gemeinsame Unternehmen mittragenden Gesellschafter aus sachfremden – eventuell nur emotional bedingten – Gründen ausgeschlossen werden können, und damit einer Willkürherrschaft in der Gesellschaft insgesamt Vorschub geleistet werden kann. Die Macht, Mitgesellschafter nach Gutdünken auszuschließen, setzt diese einem ihre Entscheidungsfreiheit beeinflussenden Druck aus, der die Gefahr begründet, dass sie unter dem Eindruck, der Willkür des ausschließungsberechtigten Gesellschafters ausgeliefert zu sein, von den ihnen nach Gesetz oder Gesellschaftsvertrag zustehenden Rechten keinen Gebrauch machen und ihren Gesellschafterpflichten nicht nachkommen, sich vielmehr den Wünschen des Gesellschafters oder der berechtigten Gesellschafter beugen. Diesem Umstand ist besondere Bedeutung beizumessen, weil das Gesellschaftsverhältnis im Unterschied zum reinen Austauschvertrag auf ein gedeihliches Zusammenwirken der Gesellschafter zur Erreichung eines gemeinsamen Ziels angelegt ist. Zwar schließt dies nicht aus, dass Fallgestaltungen denkbar sind, die die Aufnahme einer gesellschaftsvertraglichen Regelung über die Hinauskündigung nach freiem Ermessen als gerechtfertigt erscheinen lassen. Da das Kündigungsrecht die nach dem Gesellschaftsvertrag erforderliche Zusammenarbeit im Kern trifft, können aber nur außergewöhnliche Umstände eine andere Beurteilung der Sittenwidrigkeit rechtfertigen.

12 Das Recht, einen Mitgesellschafter ohne Vorhandensein eines sachlichen Grundes aus einer Gesellschaft ausschließen zu dürfen, ist z.B. dann ausnahmsweise als nicht sittenwidrig anzusehen, wenn ein neuer Gesellschafter in eine seit langer Zeit bestehende Sozietät von Freiberuflern aufgenommen wird und das Ausschließungsrecht allein dazu dient, dem Aufnehmenden binnen einer angemessenen Frist

---

[9] Bezogen auf den Fall einer (Publikums-)Kommanditgesellschaft BGH v. 24.03.2003 - II ZR 4/01 - NJW 2003, 1729-1730.

[10] BGH v. 20.01.1977 - II ZR 217/75 - BGHZ 68, 212-217; BGH v. 19.03.2007 - II ZR 300/05 - ZIP 2007, 862-864.

[11] BGH v. 08.03.2004 - II ZR 165/02 - NJW 2004, 2013-2015; BGH v. 13.07.1981 - II ZR 56/80 - BGHZ 81, 263-270; BGH v. 03.05.1982 - II ZR 78/81 - BGHZ 84, 11-16.

[12] BGH v. 19.09.1988 - II ZR 329/87 - juris Rn. 12 - BGHZ 105, 213-222; BGH v. 05.06.1989 - II ZR 227/88 - BGHZ 107, 351-359; BGH v. 07.02.1994 - II ZR 191/92 - BGHZ 125, 74-83; BGH v. 11.10.1995 - XII ZR 62/94 - juris Rn. 19 - NJW-RR 1996, 234-235; BGH v. 19.09.2005 - II ZR 173/04 - NSW BGB § 138 Aa; BGH v. 19.09.2005 - II ZR 342/03 - NSW BGB § 138 Aa.

die Prüfung zu ermöglichen, ob zu dem neuen Partner das notwendige Vertrauen hergestellt werden kann und ob die Gesellschafter auf Dauer in der für die gemeinsame Berufsausübung erforderlichen Weise harmonieren können. Eine Prüfungsfrist von zehn Jahren überschreitet den anzuerkennenden Rahmen bei Weitem. Bei einer im Jahr 2000 nach dem zu dieser Zeit gültigen Zulassungsrecht gegründeten ärztlichen Gemeinschaftspraxis beträgt die höchstzulässige Frist, innerhalb derer der aufnehmende Vertragsarzt prüfen kann, ob eine vertrauensvolle Zusammenarbeit mit dem eintretenden Vertragsarzt auf Dauer möglich ist, drei Jahre. Eine geltungserhaltende Reduktion der Herauskündigungsklausel auf drei Jahre ist grundsätzlich möglich.[13] Ist eine entsprechende Klausel des Gesellschaftsvertrags unter diesen Voraussetzungen auch wirksam, so kann sich doch im Wege der **Ausübungskontrolle** die Ausschließungsentscheidung als unwirksam darstellen, wenn die ausschließungsberechtigten Gesellschafter von der Klausel in einer gegen § 242 BGB verstoßenden Weise Gebrauch machen. Das ist insbesondere der Fall, wenn die Ausschließung nicht auf den Besonderheiten der Aufnahme eines jungen Partners in eine seit langem bestehende, von den Altgesellschaftern aufgebaute Gesellschaft veranlasst ist, sondern der Durchsetzung eigennütziger Interessen der Altgesellschafter dient.[14] Ebenso kann das Recht, einen Mitgesellschafter ohne Vorliegen eines sachlichen Grundes aus einer Gesellschaft auszuschließen, gerechtfertigt sein, wenn als Grund für die Ausschließung in der Satzung die **ordentliche Beendigung eines Kooperationsvertrages** bestimmt ist und die gesellschaftsrechtliche Bindung von gänzlich untergeordneter Bedeutung ist, weil mit ihr keine Chancen verbunden sind, die nicht bereits aufgrund des Kooperationsvertrages bestehen.[15] Eine an keine Voraussetzungen geknüpfte Hinauskündigungsklausel ist auch dann wirksam, wenn einem Geschäftsführer im Hinblick auf seine Geschäftsführerstellung eine Minderheitsbeteiligung eingeräumt wird, für die er nur ein Entgelt in Höhe des Nennwerts zu zahlen hat und die er bei Beendigung seines Geschäftsführeramts gegen eine der Höhe nach begrenzte Abfindung zurückzuübertragen hat (sog. **Managermodell**).[16] Die regelmäßige Unwirksamkeit von Herauskündigungsklauseln steht auch dem sog. **Mitarbeitermodell** nicht entgegen, bei dem einem verdienten Mitarbeiter des Gesellschaftsunternehmens unentgeltlich oder gegen Zahlung eines Betrages in Höhe nur des Nennwerts eine Minderheitsbeteiligung eingeräumt wird, die er bei seinem Ausscheiden aus dem Unternehmen zurückzuübertragen hat. Auch eine Beschränkung der dem Mitarbeiter bei der Rückübertragung des Gesellschaftsanteils zu zahlenden Abfindung auf den Betrag, den er für den Erwerb des Anteils gezahlt hat, und damit sein Ausschluss von etwaigen zwischenzeitlichen Wertsteigerungen ist grundsätzlich zulässig.[17] Vererbt der Inhaber sein einzelkaufmännisches Unternehmen in der Weise an seine beiden Kinder, dass er ihnen dessen Einbringung in eine von ihnen zu gründende Kommanditgesellschaft und den Abschluss eines Gesellschaftsvertrages auferlegt, der dem einen Kind auch im Falle einer an keine Gründe geknüpften Eigenkündigung das Recht zur Übernahme des Geschäftsbetriebs einräumt, so ist das damit verbundene freie Hinauskündigungsrecht sachlich gerechtfertigt, weil es auf der **Testierfreiheit** des Erblassers beruht, der durch diese Gestaltung dem anderen Kind eine bereits **mit dem Kündigungsrecht belastete Beteiligung vermacht** hat.[18]

Dem ausgeschlossenen Gesellschafter muss aber ein angemessener Abfindungsanspruch zugebilligt sein. Nach der Rechtsprechung des BGH sind Vereinbarungen, die von der Vorschrift des § 738 Abs. 1 Satz 2 BGB abweichen – insbesondere Klauseln, die dem ausscheidenden Gesellschafter den Firmenwert und die stillen Reserven vorenthalten –, grundsätzlich als zulässig anzusehen. Dies kann jedoch nicht ohne weiteres für den Fall gelten, dass ein Gesellschafter ohne wichtigen Grund – nach freiem Ermessen der Gesellschaftermehrheit oder gar eines einzelnen Gesellschafters (durch „Kündigung") – ausgeschlossen wird. Insoweit sind an gesellschaftsvertragliche Abfindungsklauseln (vgl. die Kommentierung zu § 738 BGB Rn. 16) strengere Anforderungen zu stellen. Ein rechtlich vertretbarer Interessenausgleich zwischen dem Ausscheidenden und den in der Gesellschaft Verbleibenden kann unter solchen Umständen im Regelfalle nur dann als gegeben angesehen werden, wenn dem ausscheidenden Gesellschafter eine angemessene Abfindung zugebilligt wird.[19] Ob gesellschaftsvertragliche Regelun-

13

---

[13] BGH v. 07.05.2007 - II ZR 281/05 - ZIP 2007, 1309-1314; BGH v. 08.03.2004 - II ZR 165/02 - NJW 2004, 2013-2015.
[14] BGH v. 08.03.2004 - II ZR 165/02 - NJW 2004, 2013-2015.
[15] BGH v. 14.03.2005 - II ZR 153/03 - WM 2005, 802-804.
[16] BGH v. 19.09.2005 - II ZR 173/04 - NSW BGB § 138 Aa.
[17] BGH v. 19.09.2005 - II ZR 342/03 - NSW BGB § 138 Aa.
[18] BGH v. 19.03.2007 - II ZR 300/05 - ZIP 2007, 862-864.
[19] BGH v. 29.05.1978 - II ZR 52/77 - juris Rn. 19 - LM Nr. 8 zu § 738 BGB.

gen, die die Beteiligung frei entziehbar gestalten, in Fällen, in denen die Mitgliedschaft in einer Personengesellschaft die Voraussetzung für die **Berufsausübung** bildet, grundsätzlich nichtig sind, hat der BGH bisher offen gelassen.[20] Zulässig ist aber ein nach freiem Ermessen handhabbares Kündigungsrecht, das an ein **festes Tatbestandsmerkmal** – z.B. den Tod eines Gesellschafters – anknüpft.[21]

14 Eine gesellschaftsvertragliche Bestimmung, die einem Gesellschafter das Recht einräumt, einen oder mehrere Mitgesellschafter nach freiem Ermessen aus der Gesellschaft auszuschließen, und wegen dieses Inhalts grundsätzlich nichtig ist, kann in entsprechender Anwendung des § 139 BGB insoweit wirksam sein, als sie die Ausschließung aus wichtigem Grund zulässt.[22]

III. Verfahren

1. Einstimmigkeitsprinzip (Satz 2)

15 Zur Ausschließung ist grundsätzlich Einstimmigkeit der anderen Gesellschafter erforderlich. Der Gesellschaftsvertrag kann aber auch das **Mehrheitsprinzip** oder ein besonderes Verfahren vorsehen.[23] Die Verweigerung eines Gesellschafters zur Mitwirkung an der Ausschließung kann unter besonderen Umständen eine zum **Schadensersatz verpflichtende** Treupflichtverletzung (vgl. die Kommentierung zu § 705 BGB Rn. 51) darstellen; wie umgekehrt allerdings auch die Mitwirkung an einer treuwidrigen Ausschließung (vgl. die Kommentierung zu § 705 BGB Rn. 56) zum Schadensersatz verpflichten kann, ja die willkürliche Weigerung kann sogar ihrerseits einen wichtigen Grund zur Ausschließung darstellen.

2. Wirksamwerden des Ausschlusses (Satz 3); rechtliches Gehör

16 § 737 Satz 3 BGB ist **zwingend**. Der Ausschließungsbeschluss wird mit Mitteilung an den Auszuschließenden wirksam.[24] Ob dem Auszuschließenden vor dem Ausschluss **rechtliches Gehör** einzuräumen ist, wird unterschiedlich beurteilt.[25]

3. Richterliche Kontrolle

17 Die Richtigkeit der Ausschließung ist **im vollen Umfange** der richterlichen Kontrolle unterworfen.[26] Denn die Ausschließung eines Gesellschafters ist nichts anderes als eine Kündigung durch die übrigen Gesellschafter, die nur beim Vorliegen eines wichtigen Grundes wirksam ist. Die Wirksamkeit einer solchen Ausschließung kann also wie die einer Kündigung nur anerkannt werden, wenn ein wichtiger Grund gegeben ist, wobei das Vorliegen des wichtigen Grundes bei der Ausschließung eines Gesellschafters ebenso wie bei der Kündigung aus wichtigem Grund durch das ordentliche Gericht selbstständig festzustellen ist. Dies soll für den nicht **eingetragenen** Verein nicht gelten.[27]

18 Der Betreffende kann **Feststellungsklage**, die gegen die übrigen Gesellschafter zu richten ist, **auf Unwirksamkeit der Ausschließung** erheben.[28] Abweichend von diesem Grundsatz ist es rechtlich möglich, durch Gesellschaftsvertrag zu bestimmen, dass ein derartiger Prozess mit der Gesellschaft ausgefochten wird (vgl. die Kommentierung zu § 709 BGB Rn. 34).[29]

---

[20] BGH v. 25.03.1985 - II ZR 240/84 - juris Rn. 13 - LM Nr. 19 zu § 140 HGB.
[21] BGH v. 19.09.1988 - II ZR 329/87 - BGHZ 105, 213-222.
[22] BGH v. 05.06.1989 - II ZR 227/88 - BGHZ 107, 351-359.
[23] *Hadding/Kießling* in: Soergel, § 737 Rn. 11.
[24] BGH v. 17.12.1959 - II ZR 32/59 - BGHZ 31, 295-308.
[25] Pro *Sprau* in: Palandt, § 737 Rn. 3; contra *Ulmer/Schäfer*, Gesellschaft bürgerlichen Rechts und Partnerschaftsgesellschaft, 5. Aufl. 2009, § 737 Rn. 15.
[26] BGH v. 27.02.1954 - II ZR 17/53 - juris Rn. 14 - BGHZ 13, 5-17.
[27] BGH v. 27.02.1954 - II ZR 17/53 - juris Rn. 15 - BGHZ 13, 5-17.
[28] *Hadding/Kießling* in: Soergel, § 737 Rn. 15. Den Klagen von Kommanditisten einer Publikums-KG, die auf Feststellung der Nichtigkeit von Ausschließungen anderer Kommanditisten aus der Gesellschaft gerichtet sind, fehlt in der Regel das Feststellungsinteresse i.S.d. § 256 Abs. 1 ZPO (BGH v. 17.07.2006 - II ZR 242/04 - ZIP 2006, 1579-1581, 1581).
[29] BGH v. 06.11.1989 - II ZR 302/88 - WM 1990, 309-310; BGH v. 11.12.1989 - II ZR 61/89 - NJW-RR 1990, 474-475.

IV. Zweimanngesellschaft

Besteht eine BGB-Gesellschaft nur aus zwei Personen, so ist die Ausschließung eines Gesellschafters unter Fortbestand der Gesellschaft nicht möglich; nach h.M. gibt es keine Einmanngesellschaft bürgerlichen Rechts. Das wäre aber die Folge der Ausschließung eines Gesellschafters in der Zweimanngesellschaft. Die Vorschrift des § 737 BGB ist daher nicht unmittelbar anwendbar. Dem Mitgesellschafter steht jedoch in entsprechender Anwendung des § 737 BGB ein durch einseitige Kündigungserklärung auszuübendes **Übernahmerecht** gegenüber dem Störer zu, wenn der Gesellschaftsvertrag für den Fall der Kündigung eine Übernahme- oder Fortsetzungsklausel enthält.[30] Ein Gesellschafterbeschluss ist nicht notwendig, selbst dann nicht, wenn der auf eine Zweipersonengesellschaft bürgerlichen Rechts nicht passende Gesellschaftsvertrag dergleichen vorsieht.[31] Die Übernahme des Anteils erfolgt durch **Gestaltungserklärung** gegenüber dem anderen Gesellschafter.

---

[30] OLG München v. 24.06.1998 - 15 U 1625/98 - NZG 1998, 937-938; OLG Hamm v. 08.06.1999 - 27 U 18/99 - NJW-RR 2000, 482-483; vgl. auch BGH v. 19.05.1960 - II ZR 72/59 - juris Rn. 29 - BGHZ 32, 307-318.

[31] OLG Hamm v. 08.06.1999 - 27 U 18/99 - NJW-RR 2000, 482-483.

§ 738 BGB Auseinandersetzung beim Ausscheiden

(Fassung vom 02.01.2002, gültig ab 01.01.2002)

(1) [1]Scheidet ein Gesellschafter aus der Gesellschaft aus, so wächst sein Anteil am Gesellschaftsvermögen den übrigen Gesellschaftern zu. [2]Diese sind verpflichtet, dem Ausscheidenden die Gegenstände, die er der Gesellschaft zur Benutzung überlassen hat, nach Maßgabe des § 732 zurückzugeben, ihn von den gemeinschaftlichen Schulden zu befreien und ihm dasjenige zu zahlen, was er bei der Auseinandersetzung erhalten würde, wenn die Gesellschaft zur Zeit seines Ausscheidens aufgelöst worden wäre. [3]Sind gemeinschaftliche Schulden noch nicht fällig, so können die übrigen Gesellschafter dem Ausscheidenden, statt ihn zu befreien, Sicherheit leisten.

(2) Der Wert des Gesellschaftsvermögens ist, soweit erforderlich, im Wege der Schätzung zu ermitteln.

Gliederung

A. Grundlagen 1	3. Sicherheitsleistung (Absatz 1 Satz 3) 10
B. Anwendungsvoraussetzungen 3	IV. Abfindungsanspruch (Absatz 1 Satz 2 Alternative 3) 11
I. Ausscheiden eines Gesellschafters 3	V. Abweichende Abfindungsvereinbarungen 15
II. Anwachsung 4	1. Allgemeines 15
III. Rückgabe, Freistellung, Sicherheitsleitung (Absatz 1 Sätze 2, 3) 5	2. Abfindungsklauseln 16
1. Rückgabe (Absatz 1 Satz 2 Alternative 1) 6	3. Änderung der Verhältnisse 21
2. Schuldbefreiung (Absatz 1 Satz 2 Alternative 2, Satz 3) 7	C. Prozessuale Hinweise 22

A. Grundlagen

1 Durch das Ausscheiden des Gesellschafters wird dessen Gesellschafterbestellung beendet und die Gesellschaft unter den übrigen Gesellschaftern fortgesetzt. Die §§ 738-740 BGB regeln die Folgen des Ausscheidens eines Gesellschafters. § 738 BGB enthält den Grundsatz und die Hauptregelungen, § 739 BGB betrifft die Nachschusspflicht bei einem Fehlbetrag und § 740 BGB enthält Vorschriften zu schwebenden Geschäften. **Zwingend** ist einzig die Regelung des § 738 Abs. 1 Satz 1 BGB, sodass die Abwicklung im Innenverhältnis ansonsten der **Gestaltungsfreiheit** der Beteiligten unterworfen ist **(str.)**.[1] Nach dem Grundgedanken der §§ 738-740 BGB soll die Stellung des ausscheidenden Gesellschafters weitgehend derjenigen entsprechen, die im Falle der Auflösung der Gesellschaft bestehen würde; er soll also nicht dadurch schlechter stehen, dass die Gesellschaft entgegen dem gesetzlichen Regelfall nicht aufgelöst wurde. Die verbleibenden Gesellschafter haben sich daher mit dem Ausscheidenden **auseinanderzusetzen**.

2 **Keine Anwendung** finden die §§ 738, 739 BGB auf die Fälle der Anteilsübertragung (vgl. die Kommentierung zu § 719 BGB Rn. 7). Die vermögensrechtliche Abwicklung des Ausscheidens findet grundsätzlich nicht zwischen allen Gesellschaftern, sondern nur zwischen Veräußerer und Erwerber des Gesellschaftsanteils statt.[2]

B. Anwendungsvoraussetzungen

I. Ausscheiden eines Gesellschafters

3 § 738 BGB setzt das Ausscheiden eines Gesellschafters voraus. Durch das Ausscheiden des Gesellschafters wird dessen Gesellschafterstellung beendet, und die Gesellschaft mit den übrigen Gesellschaftern fortgesetzt. § 738 BGB gilt für **alle Formen des Ausscheidens**: Gleichgültig, ob sie auf Gesetz oder Gesellschaftsvertrag beruhen, ob eine Kündigung oder ein Ausschluss voranging. Auch auf die zweigliedrige Gesellschaft (vgl. die Kommentierung zu § 736 BGB Rn. 6) sind die §§ 738-740 BGB

---

[1] *Hadding/Kießling* in: Soergel, § 738 Rn. 1.
[2] BGH v. 20.10.1980 - II ZR 257/79 - LM Nr. 54 zu § 426 BGB.

anwendbar.³ Die **Teilauseinandersetzung** im Rahmen des § 738 BGB **entfällt** nur, wenn der Anteil des Ausscheidenden nicht den anderen Gesellschaftern zuwächst, etwa weil der Gesellschaftsanteil auf einen Dritten rechtsgeschäftlich übertragen (vgl. die Kommentierung zu § 719 BGB Rn. 7) wurde; das gilt entsprechend bei der Nachfolge von Todes wegen (vgl. die Kommentierung zu § 727 BGB).

II. Anwachsung

Aufgrund der zwingenden Vorschrift des § 738 Abs. 1 Satz 1 BGB tritt Ab- und **Anwachsung** ein: Der Gesellschaftsanteil des ausscheidenden Gesellschafters wächst diesem ab und unmittelbar den verbleibenden Gesellschaftern zu. Dabei meint Anwachsung den unmittelbaren Übergang des Gesellschaftsanteils des Ausscheidenden auf die verbleibenden Gesellschafter. Hierbei ist zu beachten, dass dem Gesellschafter kein Anteil am Gesellschaftsvermögen im Sinn einer dinglichen Mitberechtigung zusteht. Durch die An- und Abwachsung erfolgt **keine dingliche Rechtsänderung**. Träger des Gesellschaftsvermögens ist und bleibt die rechtsfähige BGB-Gesellschaft (vgl. die Kommentierung zu § 705 BGB Rn. 43); eine Änderung im Gesellschafterbestand tangiert die Identität der Gesellschaft nicht und hat damit auch keinen Einfluss auf die dingliche Zuordnung des Gesellschaftsvermögens. Durch das Ausscheiden des Gesellschafters erhöht sich vielmehr der in der Mitgliedschaft verkörperte **Kapitalanteil** der verbleibenden Gesellschafter.⁴ Mit Blick auf § 47 Abs. 2 GBO, § 899a BGB ist die **Grundbucheintragung** über die Liegenschaftsrechte der Gesamthand zu **berichtigen**, ohne dass damit eine Änderung in der dinglichen Zuordnung verbunden wäre: Träger der Liegenschaftsrechte ist die Gesellschaft.

4

III. Rückgabe, Freistellung, Sicherheitsleitung (Absatz 1 Sätze 2, 3)

Durch sein Ausscheiden verliert der Gesellschafter seine aus der Mitgliedschaft folgenden Gesellschafterrechte. Ihm stehen nunmehr ausschließlich die in § 738 BGB festgelegten Rechte zu.

5

1. Rückgabe (Absatz 1 Satz 2 Alternative 1)

Gem. § 738 Abs. 1 Satz 2 Alt. 1 BGB sind dem Gesellschafter die zum Gebrauch überlassenen Gegenstände zurückzugeben (vgl. die Kommentierung zu § 732 BGB). Bei zeitweiliger Unentbehrlichkeit kann im Einzelfall Rückgabe nicht verlangt werden. Der ausgeschiedene Gesellschafter kann Gegenstände, die er der Gesellschaft zur Benutzung überlassen hat, im Allgemeinen sofort zurückverlangen. Die Gesellschaft hat jedoch schon dann ein – vorübergehendes – Zurückbehaltungsrecht, wenn nur eine hohe Wahrscheinlichkeit für einen von ihr behaupteten Ausgleichsanspruch gegen den Ausgeschiedenen nach § 739 BGB spricht und sie lediglich noch Zeit zu dessen genauer Feststellung durch die Abschichtungsbilanz benötigt.⁵

6

2. Schuldbefreiung (Absatz 1 Satz 2 Alternative 2, Satz 3)

Der Anspruch auf Schuldbefreiung bezieht sich auf die bis zum Ausscheiden des Gesellschafters begründeten Gesellschaftsverbindlichkeiten, für die der ausscheidende Gesellschafter weiterhin persönlich haftet (vgl. die Kommentierung zu § 736 BGB Rn. 12). Der Anspruch richtet sich **gegen die Gesellschaft**; ihm korrespondiert die Verpflichtung der Gesellschaft, den Ausgeschiedenen von der Gesellschaftsschuld zu befreien.⁶ Als Gläubiger des Schuldbefreiungsanspruchs ist der Ausgeschiedene für das Bestehen von Gesellschaftsschulden, soweit er Befreiung von ihnen verlangt, darlegungs- und beweispflichtig.⁷ Für den Anspruch auf Schuldbefreiung ist die Fälligkeit der Gesellschaftsschuld, nicht dagegen ihre Geltendmachung gegenüber dem Ausgeschiedenen von Seiten des Gläubigers notwendig. Die Schuldbefreiung kann durch Schuldentlassung seitens des Gläubigers oder durch Befriedigung des Gläubigers durch die Gesellschaft erreicht werden; dagegen ist eine interne Vereinbarung zwischen Gesellschaft und Ausgeschiedenem nicht ausreichend, weil der Gläubiger nicht ohne seine Zustimmung einen Schuldner verlieren kann. Überhaupt aber kann der ausgeschiedene Gesellschafter Freistellung nach § 738 Abs. 1 Satz 2 HS. 2 BGB nur von gemeinschaftlichen Schulden, d.h. von Verbindlichkeiten der Gesellschaft verlangen, für die er **analog § 128 HGB** haftet. Da für Sozialansprüche keine Haftung analog § 128 HGB besteht (vgl. die Kommentierung zu § 714 BGB Rn. 32), steht dem

7

---

3 *Sprau* in: Palandt, § 738 Rn. 1.
4 *Saenger* in: Hk-BGB, § 738 Rn. 1.
5 BGH v. 29.06.1981 - II ZR 165/80 - LM Nr. 9 zu § 738 BGB.
6 *Hadding/Kießling* in: Soergel, § 738 Rn. 15.
7 BGH v. 09.03.2009 - II ZR 131/08 - ZIP 2009, 1008-1009.

ausgeschiedenen Gesellschafter daher gegenüber dem Anspruch der Gesellschaft auf Ausgleich eines negativen Auseinandersetzungsguthabens auch kein Freistellungsanspruch und damit kein darauf gestütztes Zurückbehaltungsrecht hinsichtlich **in der Auseinandersetzungsbilanz passivierter Sozialansprüche** einzelner Gesellschafter gegen die Gesellschaft zu.[8]

8 Die Schuldbefreiung erfährt durch § 739 BGB eine Einschränkung, wenn der Wert des Gesellschaftsvermögens zur Deckung der Gesellschaftsverbindlichkeiten nicht ausreicht, weil dann der Ausscheidende den übrigen Gesellschaftern in Höhe seiner Verlustbeteiligung für den Verlust aufzukommen hat.[9] Hier haben die übrigen Gesellschafter die Möglichkeit, die Schuldbefreiung bis zur Ausgleichszahlung zu **verweigern**.[10]

9 Der ausgeschiedene Gesellschafter hat, wenn nichts anderes vereinbart ist, gegen die Gesellschaft, bei Beendigung einer Zweimanngesellschaft gegen den Geschäftsübernehmer, einen Anspruch auf **Ablösung der Sicherheiten**, die er aus seinem Privatvermögen einem Gläubiger für Gesellschaftsverbindlichkeiten eingeräumt hat.[11] **Keine Anwendung** findet § 738 BGB auf die Fälle der Anteilsübertragung (vgl. die Kommentierung zu § 719 BGB Rn. 7).[12] Ein Schuldbefreiungsanspruch bedarf einer gesonderten Vereinbarung mit dem Anteilserwerber.

3. Sicherheitsleistung (Absatz 1 Satz 3)

10 Sind die Gesellschaftsschulden noch nicht fällig, können die übrigen Gesellschafter dem ausgeschiedenen Gesellschafter anstelle der Schuldbefreiung Sicherheit leisten. Auch für streitige Gesellschaftsschulden soll Freistellung verlangt werden könnn.[13]

IV. Abfindungsanspruch (Absatz 1 Satz 2 Alternative 3)

11 Der Abfindungsanspruch entsteht mit dem Ausscheiden (h.M.) und richtet sich gegen die Gesellschaft. Die Höhe des Abfindungsanspruchs bestimmt sich nach der Abschichtungsbilanz. Ergibt sich ein Verlust, so kann auch eine Zahlungspflicht des Ausgeschiedenen gegenüber der Gesellschaft entstehen (§ 739 BGB). Obwohl das Erfordernis der Abfindungsbilanz entwickelt wurde, als noch die Vorstellung einer **Abfindung zu Substanzwerten** das Meinungsbild prägte,[14] soll nach richtiger Auffassung die Abschichtungsbilanz ihre Bedeutung auch bei der heute vorherrschenden Ermittlung des Abfindungsguthabens nach der **Ertragswertmethode** behalten haben.[15] Der ausgeschiedene Gesellschafter kann die Richtigkeit der Bilanz anhand der Geschäftsbücher und Unterlagen (§ 810 BGB) prüfen; notfalls kann er einen Sachverständigen hinzuziehen.[16] Nach dem Ertragswertverfahren erfolgt die Unternehmensbewertung aufgrund einer Schätzung der voraussichtlichen künftigen Jahreserträge (auf der Basis der ordentlichen Erträge und Aufwendungen der letzten Geschäftsjahre) und ihrer Abzinsung auf den Bewertungszeitpunkt unter Zugrundelegung des hierfür geeigneten Kapitalzinsfußes.[17] Auf den Substanzwert kommt es nur noch in folgenden Fällen an:[18]

- die Abfindungsregeln des Gesellschaftsvertrages stellen hierauf ausdrücklich ab,
- gesonderte Bewertung des nicht betriebsnotwendigen Vermögens,
- der Ertragswert liegt unter dem Substanzwert.[19]

---

[8] BGH v. 18.01.2010 - II ZR 31/09 - ZIP 2010, 515-516.
[9] BGH v. 22.02.1967 - IV ZR 331/65 - juris Rn. 30 - BGHZ 47, 157-168.
[10] BGH v. 14.02.1974 - II ZR 83/72 - LM Nr. 1 zu § 739 BGB.
[11] BGH v. 14.02.1974 - II ZR 83/72 - LM Nr. 1 zu § 739 BGB.
[12] BGH v. 20.10.1980 - II ZR 257/79 - LM Nr. 54 zu § 426 BGB.
[13] *Hadding/Kießling* in: Soergel, § 738 Rn. 18.
[14] Nach diesem Bewertungsansatz sind die Gegenstände des Gesellschaftsvermögens mit ihren Substanzwerten auf der Basis der Fortsetzung der Gesellschaft anzusetzen, bei gewerblicher oder freiberuflicher Tätigkeit zuzüglich des good will (Firmen- oder Geschäftswert).
[15] *Habermeier* in: Staudinger, § 738 Rn. 15; *Ulmer/Schäfer*, Gesellschaft bürgerlichen Rechts und Partnerschaftsgesellschaft, 5. Aufl. 2009, § 738 Rn. 25. Wird das Abfindungsguthaben nach der Ertragswertmethode berechnet, ist – da schwebende Geschäfte schon insoweit berücksichtigt werden – für eine Anwendung des § 740 BGB kein Raum (vgl. OLG Hamm v. 03.06.2004 - 27 U 224/03 - OLGR Hamm 2004, 355-358).
[16] BGH v. 08.07.1957 - II ZR 54/56 - juris Rn. 28 - BGHZ 25, 115-124.
[17] *Ulmer/Schäfer*, Gesellschaft bürgerlichen Rechts und Partnerschaftsgesellschaft, 5. Aufl. 2009, § 738 Rn. 24; *Habermeier* in: Staudinger, § 738 Rn. 18.
[18] *Habermeier* in: Staudinger, § 738 Rn. 18.
[19] Vgl. BGH v. 13.03.2006 - II ZR 295/04 - ZIP 2006, 851-852.

Aus dem Ertragswert des Unternehmens ist sodann im Rahmen der **Abfindungsbilanz** der Abfindungsanspruch herzuleiten. Dabei geht es nicht nur um die Verteilung des fiktiven Auseinandersetzungsgewinns auf die jeweiligen Gesellschafterkonten; hier sind gerade diejenigen Posten anzusetzen, die im Rahmen der Ertragswertermittlung außer Betracht bleiben, aber den Wert der Gesellschaftsanteile modifizieren: dazu zählen neben den nicht betriebsnotwendigen (neutralen) Aktiva vor allem Ansprüche der Gesellschafter auf Rückgewähr der der Gesellschaft zur Benutzung überlassenen oder dem Werte nach eingebrachten Gegenstände sowie sonstige im Rahmen der Abfindung zu berücksichtigende Sozialverbindlichkeiten und -ansprüche.[20] Soweit eine Auseinandersetzungsbilanz aufzustellen ist, sind Gesellschaftsverbindlichkeiten grundsätzlich in der vollen, zum Stichtag des Ausscheidens geschuldeten Höhe zu passivieren. Selbst wenn der ausgeschiedene Gesellschafter mit einem von mehreren Gesellschaftsgläubigern im Außenverhältnis eine Haftungsbeschränkung vereinbart hat (z.B. quotale Haftung), so kann er sich doch im Innenverhältnis gegenüber dem Anspruch der Gesellschaft auf Ausgleich des negativen Auseinandersetzungsguthabens auf diese im Außenverhältnis mit dem Gläubiger vereinbarte Haftungsbeschränkung grundsätzlich nicht berufen. Anders nur, wenn eine entsprechende Vereinbarung auch im Innenverhältnis zur Gesellschaft Verbindlichkeit entfaltet.[21] Nachschusszahlungen der Gesellschafter in das Gesellschaftsvermögen sind in der Auseinandersetzungsrechnung gegenüber dem ausgeschiedenen Gesellschafter unabhängig davon zu passivieren, ob sie aufgrund eines wirksamen oder eines unwirksamen Gesellschafterbeschlusses geleistet worden sind, oder ob sich die Gesellschaft gegenüber dem Rückzahlungsverlangen eines Gesellschafters auf Verjährung berufen kann. Denn haben die Gesellschafter mit Rechtsgrund geleistet oder kann sich die Gesellschaft gegenüber Rückzahlungsforderungen der Gesellschafter auf Verjährung berufen, handelt es sich bei den Zahlungen in das Gesellschaftsvermögen um zu passivierende Einlagen der Gesellschafter. Sind die Zahlungen ohne Rechtsgrund geleistet worden und in unverjährter Zeit seitens der Gesellschafter rückforderbar, handelt es sich um Verbindlichkeiten der Gesellschaft gegenüber den Gesellschaftern, die ebenfalls zu passivieren sind.[22]

12

Das Ausscheiden eines Gesellschafters führt ebenso wie die Auflösung einer Gesellschaft grundsätzlich dazu, dass ein Gesellschafter die ihm gegen die Gesellschaft und die Mitgesellschafter zustehenden Ansprüche nicht mehr selbständig im Wege der Leistungsklage durchsetzen kann (**Durchsetzungssperre**). Diese sind vielmehr als unselbständige Rechnungsposten in die Auseinandersetzungsbilanz (Schlussrechnung) aufzunehmen, deren Saldo ergibt, wer von wem noch etwas zu fordern hat.[23] In Durchbrechung diese Grundsatzes kann der ausgeschiedene Gesellschafter ausnahmsweise dann einen Einzelposten vor abgeschlossener Auseinandersetzungsrechnung **isoliert geltend machen**, wenn aufgrund besonderer Umstände feststeht, dass er einen auf diese Weise erlangten Betrag keinesfalls zurückzahlen muss.[24] Überdies können Einzelansprüche auch dann abweichend von dem Grundsatz der Durchsetzungssperre gesondert verfolgt werden, wenn sich aus dem Sinn und Zweck der **gesellschaftsvertraglichen Bestimmungen** ergibt, dass sie im Falle der Auflösung der Gesellschaft oder des Ausscheidens eines Gesellschafters ihre Selbständigkeit behalten sollen. Alleine der Umstand, dass der Gesellschaftsvertrag die Fälligkeit der Abfindungsraten zu bestimmten Zeitpunkten vorsieht, führt aber nicht dazu, dass der Abfindungsanspruch, der mit dem Ausscheiden des Gesellschafters entsteht, von der Durchsetzungssperre ausgenommen ist. Die vertragliche Vereinbarung bestimmter Fälligkeitszeitpunkte hat lediglich zur Folge, dass der ausgeschiedene Gesellschafter, der die Höhe seines Anspruchs schlüssig begründen kann, im Regelfall nach dem Verstreichen der vertraglich vereinbarten Fälligkeit auf Leistung klagen kann und im Rahmen dieser Zahlungsklage der Streit darüber auszutragen ist, ob und in welcher Höhe bestimmte Aktiv- oder Passivposten bei der Berechnung des Abfindungsguthabens zu berücksichtigen sind.[25]

13

---

[20] *Ulmer/Schäfer*, Gesellschaft bürgerlichen Rechts und Partnerschaftsgesellschaft, 5. Aufl. 2009, § 738 Rn. 25; *Habermeier* in: Staudinger, § 738 Rn. 15.

[21] BGH v. 09.03.2009 - II ZR 131/08 - ZIP 2009, 1008-1009.

[22] BGH v. 09.03.2009 - II ZR 131/08 - ZIP 2009, 1008-1009.

[23] BGH v. 07.03.2005 - II ZR 194/03 - WM 2005, 1031-1033.

[24] BGH v. 04.07.1988 - II ZR 312/87 - NJW-RR 1988, 1249-1250; OLG Hamm v. 03.06.2004 - 27 U 224/03 - OLGR Hamm 2004, 355-358.

[25] BGH v. 17.05.2011 - II ZR 285/09 - ZIP 2011, 1359-1362.

14 Schuldnerin des Abfindungsanspruchs nach § 738 Abs. 1 Satz 2 BGB ist in erster Linie die **Gesellschaft**. Natürlich sind auch die **Gesellschafter** betroffen: denn zu den Verbindlichkeiten einer BGB-Gesellschaft, für die die Gesellschafter analog § 128 HGB einzustehen haben, gehört auch der Abfindungsanspruch des ausgeschiedenen Gesellschafters;[26] vgl. die Kommentierung zu § 714 BGB Rn. 33.

V. Abweichende Abfindungsvereinbarungen

1. Allgemeines

15 Da § 738 Abs. 1 Satz 2, Abs. 1 Satz 3, Abs. 2 BGB **abdingbar** ist, können die Gesellschafter von § 738 BGB abweichende Regelungen treffen. Sie sind empfehlenswert zur Vereinfachung der Wertermittlung[27] oder zur Erhaltung der Lebensfähigkeit der Gesellschaft durch Kapitalsicherung mittels **Beschränkung des Abfindungsanspruchs**. Während solche Vereinbarungen bei Idealgesellschaften bis hin zum völligen Ausschluss des Abfindungsanspruchs zulässig sind,[28] unterliegen sie bei wirtschaftlichen Verbänden den Grenzen der §§ 138, 723 Abs. 3 BGB: Der einzelne Gesellschafter darf durch die gesellschaftsvertragliche Regelung nicht sittenwidrig geknebelt oder in seinem Kündigungsrecht beschränkt werden. Grundsätzlich **unzulässig** ist hier der **Ausschluss des Abfindungsanspruchs**. Eine Ausnahme ist für den Fall zu machen, dass er für den Tod des Gesellschafters vereinbart ist, denn dabei handelt es sich um eine auf den Todesfall bezogene gesellschaftsvertragliche Verfügung über den Anteilswert.[29] An die Stelle einer **unwirksamen Abfindungsregelung** treten die **allgemeinen Regeln**; danach steht etwa bei einer Freiberuflersozietät den ausgeschiedenen Gesellschaftern das uneingeschränkte Recht zu, um die Mandanten der Sozietät zu werben; sie haben auch Anteil am Gesellschaftsvermögen und sind – bei der Berechnung nach der Substanzwertmethode – an den schwebenden Geschäften (§ 740 BGB) zu beteiligen (vgl. Rn. 11; vgl. die Kommentierung zu § 740 BGB Rn. 1 f.).[30]

2. Abfindungsklauseln

16 Bei Gesellschaften mit **idealer Zwecksetzung** sind Beschränkungen des Abfindungsausschlusses bis hin zum völligen Ausschluss zulässig. Bei **wirtschaftlich tätigen** Gesellschaften unterliegen die Abfindung beschränkende Klauseln einer mehrfachen Kontrolle (vgl. auch die Kommentierung zu § 723 BGB Rn. 33):
- Zum einen findet eine Kontrolle durch § 138 BGB statt, insbesondere unter den Gesichtspunkten der **Knebelung** und der **Gläubigergefährdung**. Eine Beschränkung der Abfindung ist dann nichtig, wenn die mit ihr verbundene Einschränkung des Abflusses von Gesellschaftskapital vollkommen außer Verhältnis zu der Beschränkung steht, die erforderlich ist, um im Interesse der verbleibenden Gesellschafter den Fortbestand der Gesellschaft und die Fortführung des Unternehmens zu sichern.[31] Ein **Ausschluss** der Abfindung ist wegen der erheblichen Beschränkungswirkungen auf die persönliche und wirtschaftliche Freiheit des Ausgeschiedenen beim Fehlen besonderer Umstände grundsätzlich unwirksam.[32] Bereits eine vertraglich vereinbarte Kürzung des Abfindungsanspruchs auf die Hälfte des buchmäßigen Kapitalanteils stellt grundsätzlich eine sittenwidrige Benachteiligung des ausscheidenden Gesellschafters dar.[33]
- Zum anderen darf die Abfindungsklausel nicht in unzulässiger Weise das Kündigungsrecht beeinträchtigen (vgl. die Kommentierung zu § 723 BGB Rn. 33); § 723 Abs. 3 BGB. Entsteht durch die im Gesellschaftsvertrag enthaltene Abfindungsbeschränkung **ein grobes Missverhältnis** zwischen dem **vertraglichen Abfindungsanspruch** und dem nach dem vollen **wirtschaftlichen Wert** zu bemessenden Anspruch, liegt darin ein Umstand, durch den das Recht des austrittswilligen Gesell-

---

[26] BGH v. 17.05.2011 - II ZR 285/09 - ZIP 2011, 1359-1362; BGH v. 02.07.2001 - II ZR 304/00 - BGHZ 148, 201-209.
[27] Vgl. auch BGH v. 14.02.2005 - II ZR 365/02 - ZIP 2005, 614-615: verbindliche Feststellung des Auseinandersetzungsguthabens durch einen Gutachter für den Fall, dass sich die Gesellschafter nicht einigen können.
[28] BGH v. 02.06.1997 - II ZR 81/96 - juris Rn. 9 - BGHZ 135, 387-393.
[29] *Hadding/Kießling* in: Soergel, § 737 Rn. 52-53.
[30] BGH v. 07.04.2008 - II ZR 181/04 - ZIP 2008, 1277-1281.
[31] Für die GmbH BGH v. 16.12.1991 - II ZR 58/91 - BGHZ 116, 359-376.
[32] *Ulmer/Schäfer*, Gesellschaft bürgerlichen Rechts und Partnerschaftsgesellschaft, 5. Aufl. 2009, § 738 Rn. 45.
[33] BGH v. 09.01.1989 - II ZR 83/88 - juris Rn. 20 - LM Nr. 14 zu § 738 BGB.

schafters, sich zum Austritt zu entschließen, in unvertretbarer Weise eingeengt wird.[34] Maßgebend ist eine Gesamtwürdigung der Verhältnisse im Zeitpunkt der Vereinbarung unter Berücksichtigung aller Beschränkungen. So kann etwa die Vereinbarung einer Abfindung auf der Grundlage des Ertragswerts des Gesellschaftsunternehmens unwirksam sein, wenn der Liquidationswert des Unternehmens den Ertragswert erheblich übersteigt und deshalb ein vernünftiger Gesellschafter auf der Grundlage einer Abfindung nach dem Ertragswert von dem ihm an sich zustehenden Kündigungsrecht keinen Gebrauch machen würde.[35] Ist eine Klausel von Anfang unwirksam, gilt die gesetzliche Regelung.[36] Zur Anpassung einer ursprünglich wirksamen Klausel vgl. Rn. 21.

Als sachlich naheliegende und angemessene Art der Auseinandersetzung einer als BGB-Gesellschaft betriebenen Sozietät von Anwälten oder einer Gemeinschaftspraxis von Ärzten anerkennt der BGH etwa eine Regelung, die eine Teilung der Sachwerte und die rechtlich nicht beschränkte Möglichkeit vorsieht, **um die bisherigen Mandanten oder Patienten zu werben**. Das gilt selbst dann, wenn ein Wettbewerb um die von anderen Gesellschaftern betreuten Mandanten/Patienten wegen ihrer starken Bindung an die Person des jeweiligen Sozius/Arztes nicht erfolgsversprechend ist.[37] 17

Nach der Rechtsprechung des BGH sind **Buchwertklauseln** – insbesondere auch dann, wenn sie dem ausscheidenden Gesellschafter den Firmenwert und die stillen Reserven vorenthalten – grundsätzlich als **zulässig** anzusehen.[38] Doch können Buchwertklauseln, auch wenn sie grundsätzlich zulässig sind, im Einzelfall unwirksam sein, wenn infolge eines erheblichen **Missverhältnisses** zwischen **Buchwert** und **wirklichem Wert** die Freiheit des Gesellschafters, sich zu einer Kündigung zu entschließen, entgegen dem in § 723 Abs. 3 BGB zum Ausdruck gekommenen Rechtsgedanken unvertretbar eingeengt wird;[39] dabei kommt es nicht darauf an, ob im konkreten Fall der Gesellschafter tatsächlich wegen der ungünstigen Abfindungsregelung von einer Kündigung abgesehen hat. Entscheidend ist, ob die Abfindungsklausel typischerweise geeignet ist, den kündigungswilligen Gesellschafter in seiner Entschlussfreiheit zu beeinträchtigen. Eine deutlich unter dem Buchwert liegende Abfindung bedarf der **sachlichen Rechtfertigung**.[40] Eine weitere Ausnahme von dem Grundsatz, dass Buchwertklauseln grundsätzlich als zulässig anzusehen sind, ist für den Fall zu machen, dass ein Gesellschafter ohne wichtigen Grund – nach freiem Ermessen der Gesellschaftermehrheit oder gar eines einzelnen Gesellschafters (durch „Kündigung") – ausgeschlossen (vgl. die Kommentierung zu § 737 BGB Rn. 11) werden kann. Insoweit sind an gesellschaftsvertragliche Abfindungsklauseln **strengere Anforderungen** zu stellen. Ein rechtlich vertretbarer Interessenausgleich zwischen dem Ausscheidenden und den in der Gesellschaft Verbleibenden kann unter solchen Umständen im Regelfalle nur dann als gegeben angesehen werden, wenn dem ausscheidenden Gesellschafter eine angemessene Abfindung zugebilligt wird.[41] 18

Ratenzahlungsvereinbarungen und **hinausgeschobene Fälligkeitstermine** sind grundsätzlich nicht zu beanstanden.[42] Hierfür spricht nicht nur, dass es für die Gesellschaft eine erhebliche Belastung bilden kann, wenn größere Abfindungsbeträge innerhalb einer kurzen Frist bereitgestellt werden müssen. Vielmehr kommt hinzu, dass sich die für den ausscheidenden Gesellschafter ergebenden Nachteile durch eine angemessene Verzinsung des Abfindungsguthabens zumindest teilweise wieder ausgleichen lassen. Dennoch ist nicht in Abrede zu stellen, dass sich eine längerfristige Ratenzahlungsvereinbarung für den ausscheidenden Gesellschafter durchaus ähnlich auswirken kann wie eine Abfindungsbeschränkung. Das Interesse der Unternehmenserhaltung darf daher nicht einseitig über das Abfindungsinteresse gestellt werden. Auf diesen Interessenkonflikt muss eine Vertragsgestaltung angemessen Rücksicht nehmen.[43] Im neueren gesellschaftsrechtlichen Schrifttum wird eine zehn Jahre übersteigende Abfindungszeit stets für rechtlich unzulässig gehalten und lediglich darüber gestritten, ob eine Laufzeit der Abfindungsraten bis zu zehn Jahren sittengemäß und unter dem Blickwinkel der Kündigungsfreiheit i.S.d. § 723 BGB nicht zu beanstanden ist, solange die Auszahlungsmodalitäten im Gan- 19

---

[34] BGH v. 16.12.1991 - II ZR 58/91 - juris Rn. 27 - BGHZ 116, 359-376.
[35] BGH v. 13.03.2006 - II ZR 295/04 - ZIP 2006, 851-852.
[36] BGH v. 07.04.2008 - II ZR 181/04 - ZIP 2008, 1277-1281.
[37] BGH v. 31.05.2010 - II ZR 29/09 - ZIP 2010, 1594-1295.
[38] BGH v. 29.05.1978 - II ZR 52/77 - juris Rn. 19 - LM Nr. 8 zu § 738 BGB.
[39] BGH v. 17.04.1989 - II ZR 258/88 - juris Rn. 10 - LM Nr. 13 zu § 810 BGB; BGH v. 13.03.2006 - II ZR 295/04 - ZIP 2006, 851-852.
[40] BGH v. 09.01.1989 - II ZR 83/88 - juris Rn. 20 - LM Nr. 14 zu § 738 BGB.
[41] BGH v. 29.05.1978 - II ZR 52/77 - juris Rn. 19 - LM Nr. 8 zu § 738 BGB.
[42] BGH v. 09.01.1989 - II ZR 83/88 - juris Rn. 24 - LM Nr. 14 zu § 738 BGB.
[43] BGH v. 09.01.1989 - II ZR 83/88 - juris Rn. 24 - LM Nr. 14 zu § 738 BGB.

§ 738

20 zen noch als sachgemäß anerkannt werden können, oder allein eine erheblich kürzer bemessene Auszahlungsdauer den schutzwürdigen Interessen des abzufindenden Gesellschafters hinreichend Rechnung trägt.[44]

20 Abweichend vom gesetzlichen Modell des § 738 BGB (eine nach dem Wert zu bemessende Abfindung) kann im Gesellschaftsvertrag zugunsten altersbedingt ausscheidender Partner eine an den Jahresgewinn der aktiven Gesellschaft anknüpfende **Versorgungsregelung** vorgesehen werden.[45]

3. Änderung der Verhältnisse

21 Eine ursprünglich wirksame, zunächst weder nach § 138 BGB zu beanstandende noch das Kündigungsrecht der Gesellschafter entgegen § 723 Abs. 3 BGB faktisch beeinträchtigende Abfindungsklausel wird jedoch nicht dadurch nichtig, dass sich – insbesondere bei wirtschaftlich erfolgreichen Unternehmen – Abfindungsanspruch und tatsächlicher Anteilswert im Laufe der Jahre immer weiter voneinander entfernen. Die vertragliche Regelung bleibt vielmehr als solche wirksam. Der Inhalt der vertraglichen Abfindungsregelung ist jedoch in einem solchen Fall durch **ergänzende Vertragsauslegung** nach den Grundsätzen von Treu und Glauben unter angemessener Abwägung der Interessen der Gesellschaft und des ausscheidenden Gesellschafters und unter Berücksichtigung aller Umstände des konkreten Falles entsprechend den veränderten Verhältnissen neu zu ermitteln.[46]

C. Prozessuale Hinweise

22 In prozessualer Hinsicht kann der ausscheidende Gesellschafter **Stufenklage** (§ 254 ZPO) gegen die Gesellschaft erheben, um zunächst seinen **Anspruch auf Bilanzerstellung** durchzusetzen; die Entscheidung über den **Zahlungsanspruch** schließt sich an.

23 Die Richtigkeit einer erstellten Abschlussbilanz unterliegt ebenfalls der gerichtlichen Nachprüfung im Wege einer besonderen Feststellungsklage.

24 Wegen des Abfindungsanspruchs kann sich insbesondere in der Zwei-Mann-Gesellschaft der übernehmende Teil durch **notarielle Urkunde** (§ 794 Abs. 1 Nr. 5 ZPO) grundsätzlich der **Zwangsvollstreckung unterwerfen**. Ist der zu vollstreckende Anspruch **nicht hinreichend bestimmt**, so fehlt der notariellen Urkunde die **Vollstreckungsfähigkeit**. Dieser formal-rechtliche Einwand kann in analoger Anwendung des § 767 ZPO geltend gemacht werden. Fehlende Bestimmtheit nahm der BGH in einem Fall an, in dem bei Beendigung einer (Zwei-Mann-)Sozietät der eine Gesellschafter die Praxis allein fortführen und an den ausscheidenden Gesellschafter einen „Kaufpreis" zahlen sollte „in Höhe von 50% des durchschnittlichen Jahresumsatzes der letzten vier Jahre zuzüglich des anteiligen Gewinns aus dem laufenden Jahr" und sich wegen dieses Anspruchs des ausscheidenden Gesellschafters der sofortigen Zwangsvollstreckung in sein gesamtes Vermögen unterwarf.[47]

---

[44] Dazu BGH v. 09.01.1989 - II ZR 83/88 - juris Rn. 24 - LM Nr. 14 zu § 738 BGB.

[45] BGH v. 17.05.2004 - II ZR 261/01 - NJW 2004, 2449-2450. Eine solche Versorgungsregelung wird aber undurchführbar, wenn die aktiven Partner die Praxis veräußern. Haben die Parteien bei Vertragsschluss die Möglichkeit eines künftigen Praxisverkaufs nicht bedacht und in ihrem Vertrag deshalb auch keine die dann entfallende Partnerversorgung ersetzende Regelung getroffen, liegt eine planwidrige Regelungslücke vor. Diese kann im Wege der ergänzenden Vertragsauslegung dahin zu schließen sein, dass den in der Vergangenheit ausgeschiedenen Partnern ein Anspruch auf Abfindung nach dem Wert ihrer Beteiligung zum Zeitpunkt des Ausscheidens zuzuerkennen ist.

[46] BGH v. 20.09.1993 - II ZR 104/92 - BGHZ 123, 281-289; BGH v. 17.05.2004 - II ZR 261/01 - NJW 2004, 2449-2450; OLG München v. 01.09.2004 - 7 U 6152/99 - DB 2004, 2207-2209.

[47] BGH v. 15.12.2003 - II ZR 358/01 - WM 2004, 329-331.

§ 739 BGB Haftung für Fehlbetrag

(Fassung vom 02.01.2002, gültig ab 01.01.2002)

Reicht der Wert des Gesellschaftsvermögens zur Deckung der gemeinschaftlichen Schulden und der Einlagen nicht aus, so hat der Ausscheidende den übrigen Gesellschaftern für den Fehlbetrag nach dem Verhältnis seines Anteils am Verlust aufzukommen.

Gliederung

A. Grundlagen 1	II. Berechnung und Ausfallhaftung 3
B. Anwendungsvoraussetzungen 2	III. Zurückbehaltungsrecht 4
I. Nachschusspflicht 2	

A. Grundlagen

§ 739 BGB entspricht in seinem Regelungsgehalt § 735 BGB (vgl. die Kommentierung zu § 735 BGB) für den Fall der Fortführung der Gesellschaft. Der ausscheidende Gesellschafter hat mangels einer abweichenden Bestimmung des Gesellschaftsvertrags einen durch die Abschichtungsbilanz (vgl. die Kommentierung zu § 738 BGB Rn. 11) ermittelten Verlust entsprechend seiner Beteiligungsquote auszugleichen. Der Anspruch steht der rechtsfähigen Gesellschaft zu. Für den Fall des Ausscheidens des vorletzten Gesellschafters steht der Anspruch dem letzten Gesellschafter, der das Gesellschaftsvermögen übernimmt, zu.[1]

1

B. Anwendungsvoraussetzungen

I. Nachschusspflicht

Den ausscheidenden Gesellschafter trifft ebenso wie sonst die anderen Gesellschafter nach § 735 BGB zur Deckung eines bei seinem Ausscheiden mittels der Abschichtungsbilanz (vgl. die Kommentierung zu § 738 BGB Rn. 11) ermittelten Fehlbetrags eine Nachschusspflicht; das gilt bei Vorhandensein einer Fortsetzungs- oder Übernahmeklausel auch in der zweigliedrigen BGB-Gesellschaft.[2] Den Verlustanteil hat die Gesellschaft durch eine auf den Tag des Ausscheidens bezogene (ggf. vorläufige) Abschichtungsbilanz nachzuweisen. Inhaber des Anspruchs ist die rechtsfähige BGB-Gesellschaft. Der Anspruch auf Zahlung des Verlustanteils besteht auch dann, wenn der ausgeschiedene Gesellschafter seine Einlage geleistet hat. Für den Anspruch der Gesellschaft nach § 739 BGB gegen den ausgeschiedenen Gesellschafter gilt die kenntnisabhängige dreijährige **Verjährungsfrist des § 195 BGB**. Eine entsprechende Anwendung der §§ 159, 160 HGB kommt nicht in Betracht.[3] Hat der ausgeschiedene Gesellschafter mit einem (von mehreren) **Gesellschaftsgläubiger** eine **Haftungsbeschränkung** vereinbart (konkret: quotale und auf einen Teil der Darlehenssumme beschränkte persönliche Haftung), kann er sich im Innenverhältnis gegenüber dem Anspruch der Gesellschaft auf Ausgleich seines negativen Auseinandersetzungsguthabens auf diese im Außenverhältnis mit dem Gläubiger vereinbarte Haftungsbeschränkung nicht berufen. Die Gesellschaft ist berechtigt, ihre Verbindlichkeit gegenüber dem Gläubiger in der vollen, von ihr zum Stichtag des Ausscheidens geschuldeten Höhe grundsätzlich in die Auseinandersetzungsrechnung einzustellen.[4]

2

II. Berechnung und Ausfallhaftung

Die **Berechnung des Verlustanteils** bestimmt sich nach § 722 BGB. Die **Ausfallhaftung** des § 735 Satz 2 BGB (vgl. die Kommentierung zu § 735 BGB) gilt auch hier.

3

---

[1] OLG Hamm v. 03.06.2004 - 27 U 224/03 - OLGR Hamm 2004, 355-358.
[2] BGH v. 10.05.2011 - II ZR 227/09 - ZIP 2011, 1362-1364.
[3] BGH v. 10.05.2011 - II ZR 227/09 - ZIP 2011, 1362-1364. Das Fehlen einer Abfindungsbilanz hindert den Eintritt der Fälligkeit des Verlustausgleichsanspruchs der BGB-Gesellschaft nicht (BGH v. 19.07.2010 - II ZR 57/09 - ZIP 2010, 1637-1639).
[4] BGH v. 09.03.2009 - II ZR 131/08 - ZIP 2009, 1008-1009.

III. Zurückbehaltungsrecht

4 Die Gesellschaft kann die Befreiung von der Haftung für die Gesellschaftsverbindlichkeiten (§ 738 Abs. 1 Satz 2 Alt. 2 BGB) so lange verweigern, bzw. an den Ausscheidenden herauszugebende Gegenstände (§ 738 Abs. 1 Satz 2 Alt. 2 BGB; vgl. die Kommentierung zu § 738 BGB Rn. 6) so lange **zurückbehalten**, bis er seine Geldschuld zur Begleichung des Passivsaldos erfüllt hat. Entsprechend kann der ausgeschiedene Gesellschafter die Zahlung verweigern, bis die Gesellschaft ihren Verpflichtungen nach § 738 Abs. 1 Satz 2 BGB nachgekommen ist.

§ 740 BGB Beteiligung am Ergebnis schwebender Geschäfte

(Fassung vom 02.01.2002, gültig ab 01.01.2002)

(1) ¹Der Ausgeschiedene nimmt an dem Gewinn und dem Verlust teil, welcher sich aus den zur Zeit seines Ausscheidens schwebenden Geschäften ergibt. ²Die übrigen Gesellschafter sind berechtigt, diese Geschäfte so zu beendigen, wie es ihnen am vorteilhaftesten erscheint.

(2) Der Ausgeschiedene kann am Schluss jedes Geschäftsjahrs Rechenschaft über die inzwischen beendigten Geschäfte, Auszahlung des ihm gebührenden Betrags und Auskunft über den Stand der noch schwebenden Geschäfte verlangen.

Gliederung

A. Grundlagen 1	III. Rechnungslegung 7
B. Anwendungsvoraussetzungen 3	IV. Abdingbarkeit 8
I. Schwebende Geschäfte 3	C. Rechtsfolgen 9
II. Mitwirkung 6	

A. Grundlagen

§ 740 BGB fußt auf der sog. **Substanzwertmethode**, die davon ausgeht, dass schwebende Geschäfte bei der Berechnung des Unternehmenswertes nicht miteinfließen und dementsprechend nicht als Rechnungsposten in der Abschichtungsbilanz berücksichtigt werden. Da der ausscheidende Gesellschafter gleichwohl grundsätzlich an den schwebenden Geschäften mit Gewinn und Verlust zu beteiligen ist,[1] werden diese Ansprüche (§ 738 BGB einerseits, § 740 BGB andererseits) durch das Gesetz getrennt. Der Gesellschafter wird unabhängig von seinem Abfindungsanspruch an diesen Geschäften beteiligt.

Da die allerdings mittlerweile zur Ermittlung des Abfindungsguthabens (vgl. die Kommentierung zu § 738 BGB Rn. 11) vorherrschend gewordene **Ertragswertmethode** schwebende Geschäfte bereits in die Unternehmensbewertung miteinbezieht, ist § 740 BGB faktisch gegenstandslos geworden. § 740 BGB ist damit **grundsätzlich unanwendbar**, selbst wenn er nicht ausdrücklich oder konkludent abbedungen wurde.[2]

B. Anwendungsvoraussetzungen

I. Schwebende Geschäfte

Schwebende Geschäfte im Sinne des § 740 BGB sind unternehmensbezogene Rechtsgeschäfte, an die im Zeitpunkt des Ausscheidens des Gesellschafters die Gesellschaft schon gebunden war, die aber beide Vertragspartner bis dahin noch nicht voll erfüllt haben.[3]

§ 740 BGB ist in dem Sinne eng auszulegen, dass **Dauerschuldverhältnisse** grundsätzlich nicht zu den schwebenden Geschäften zählen. Denn ihre Einbeziehung würde dazu führen, dass der Ausgeschiedene am Erfolg oder Misserfolg der Gesellschaft über Jahre weiterhin so beteiligt ist, als gehöre er der Gesellschaft nach wie vor an, womit die Bindung an die Gesellschaft, die durch das Ausscheiden ihr Ende finden sollte, in einer Weise aufrechterhalten würde, die mit der Beteiligung am Ergebnis schwebender Geschäfte im Sinne des § 740 BGB nicht bezweckt ist. Deshalb sind nur Geschäfte als schwebend anzusehen, die ihrer Art nach bereits am Abfindungstage Zug um Zug hätten abgewickelt sein

---

[1] Dem ausscheidenden Gesellschafter steht hinsichtlich der Durchführung des schwebenden Geschäfts kein Mitspracherecht zu (§ 740 Abs. 1 Satz 2 BGB); er kann von der Gesellschaft nur Rechenschaft verlangen.

[2] Zu einem Ausnahmefall OLG Hamm v. 03.06.2004 - 27 U 224/03 - OLGR Hamm 2004, 355-358: Wird ein Unternehmen nach dem Ausscheiden des vorletzten Gesellschafters von dem verbleibenden Gesellschafter einer GbR allein zu dem Zwecke fortgeführt, einen einzelnen, zeitlich befristeten Auftrag abzuwickeln und zu Ende zu führen, so findet das Ertragswertverfahren bei der Bewertung des Unternehmens zur Ermittlung des Abfindungsanspruchs des Ausgeschiedenen keine Anwendung. Der Ausgeschiedene ist in diesem Fall unabhängig von der stichtagsbezogen zu ermittelnden Abfindung gem. § 740 BGB an dem noch schwebenden Geschäft zu beteiligen.

[3] BGH v. 07.12.1992 - II ZR 248/91 - juris Rn. 20 - LM BGB § 740 Nr. 5 (8/1993).

können und nur nach konkreter Lage der Dinge noch nicht abgewickelt waren; Dauerschuldverhältnisse, die ihrer Art nach schweben, rechnen regelmäßig nicht dazu.[4] Sie sind deshalb mit dem Wert, den sie am Bilanzstichtag hatten, in die Abfindungsbilanz einzusetzen.[5]

5 Dagegen dürfen **Teilleistungen** aus schwebenden Geschäften, die vor dem Ausscheiden des Gesellschafters bereits erbracht worden sind, nicht in die Abfindungsbilanz aufgenommen werden. Diese Teilleistungen sind vielmehr in die Gewinn-Verlustrechnung nach § 740 Abs. 1 BGB einzubringen, die zu erstellen ist, wenn das schwebende Geschäft voll erfüllt worden ist.[6]

II. Mitwirkung

6 Der ausgeschiedene Gesellschafter ist zur Mitwirkung weder berechtigt noch verpflichtet. Die Behandlung der schwebenden Geschäfte ist Sache der Gesellschaft. Dritten gegenüber wird der ausgeschiedene Gesellschafter durch Abwicklungshandlungen im Rahmen der schwebenden Geschäfte weder berechtigt noch verpflichtet.[7] Nach h.M. sollen dem ausgeschiedenen Gesellschafter die übrigen Gesellschafter nach Maßgabe des § 708 BGB haften.[8] Dies ist aber abzulehnen. Die Ausführung der Geschäfte obliegt der Gesellschaft; diese haftet als solche bei schuldhaftem Handeln ihrer geschäftsführenden Gesellschafter gegenüber dem ausgeschiedenen Gesellschafter. Für eine Anwendung des § 708 BGB im gesellschaftsrechtlichen **Außen**verhältnis Ausgeschiedener-Gesellschaft ist kein Raum: Es stellt sich bereits die Frage, was die eigenübliche Sorgfalt einer BGB-Gesellschaft ist; jedenfalls ist die Anwendung des § 708 BGB schon deshalb nicht gerechtfertigt, weil dem ausgeschiedenen Gesellschafter jede Möglichkeit zur aktiven Einwirkung oder Kontrolle – § 716 BGB ist nicht mehr anwendbar – fehlt, also der Geltungsgrund des beschränkten Diligenzpflicht (vgl. die Kommentierung zu § 708 BGB Rn. 11) keine Anwendung mehr beanspruchen kann.

III. Rechnungslegung

7 Das Kontrollrecht des § 716 BGB steht dem ausgeschiedenen Gesellschafter nicht mehr zu; allerdings kann er gem. § 740 Abs. 2 BGB Rechenschaft verlangen. Auf die Rechnungslegung findet § 256 BGB Anwendung.[9]

IV. Abdingbarkeit

8 § 740 BGB ist **nicht zwingend**, sondern kann abbedungen werden. Die Beweislast liegt bei dem, der den Ausschluss behauptet.

C. Rechtsfolgen

9 Über die Beteiligung an schwebenden Geschäften ist unabhängig vom Abfindungsanspruch (§ 738 BGB) bzw. dem Anspruch auf Verlustbeteiligung (§ 739 BGB) gesondert abzurechnen.[10]

---

[4] BGH v. 09.06.1986 - II ZR 229/85 - juris Rn. 6 - LM Nr. 4 zu § 740 BGB.
[5] BGH v. 16.12.1985 - II ZR 38/85 - juris Rn. 10 - LM Nr. 2/3 zu § 740 BGB.
[6] BGH v. 07.12.1992 - II ZR 248/91 - LM BGB § 740 Nr. 5 (8/1993).
[7] *Hadding/Kießling* in: Soergel, § 740 Rn. 6.
[8] *Sprau* in: Palandt, § 740 Rn. 1.
[9] BGH v. 09.07.1959 - II ZR 252/58 - LM Nr. 1 zu § 740 BGB.
[10] BGH v. 09.07.1959 - II ZR 252/58 - LM Nr. 1 zu § 740 BGB.

Titel 17 - Gemeinschaft

§ 741 BGB Gemeinschaft nach Bruchteilen

(Fassung vom 02.01.2002, gültig ab 01.01.2002)

Steht ein Recht mehreren gemeinschaftlich zu, so finden, sofern sich nicht aus dem Gesetz ein anderes ergibt, die Vorschriften der §§ 742 bis 758 Anwendung (Gemeinschaft nach Bruchteilen).

Gliederung

A. Grundlagen 1	III. Gegenstand der Gemeinschaft 5
B. Anwendungsvoraussetzungen 2	IV. Bruchteilsberechtigung 6
I. Gemeinschaft 2	C. Rechtsfolgen 7
II. Entstehungsgründe 3	D. Anwendungsfelder 9

A. Grundlagen

Die Vorschrift ordnet für ein Recht, das mehreren gemeinschaftlich zusteht, die Anwendung der Regelungen über die Gemeinschaft an, sofern keine Sonderregelungen eingreifen. Dabei stellt die Gemeinschaft für sich allein betrachtet kein gesetzliches Schuldverhältnis dar, d.h. es besteht keine allgemeine schuldrechtliche Pflicht der Teilhaber dergestalt, den anderen Teilhaber bei der Ausübung des gemeinschaftlichen Rechts nicht zu schädigen oder den gemeinschaftlichen Gegenstand nicht zu beschädigen. Lediglich die schuldhafte Verletzung der einzelnen, nachfolgenden Rechte und Pflichten kann Grundlage eines Schadensersatzanspruchs wegen Vertragsverletzung nach § 280 Abs. 1 BGB sein.[1]

1

B. Anwendungsvoraussetzungen

I. Gemeinschaft

Die Gemeinschaft ist dadurch gekennzeichnet, dass die Rechtszuständigkeit am gemeinschaftlichen Gegenstand geteilt ist. Dabei hat jeder Teilhaber ein durch die Mitberechtigung der anderen beschränktes Recht an dem ganzen ungeteilten Gegenstand.[2] Dieses Teilrecht bildet einen selbständigen Vermögensgegenstand, das dem Vollrecht wesensgleich ist.[3] Im Unterschied zur Gesamthandsgemeinschaft gibt es keine ungeteilte Rechtszuständigkeit und kein Sondervermögen der Gemeinschaft. Die Gemeinschaft bezieht sich stets auf einen konkreten Gegenstand. Die Bruchteile an der Gemeinschaft stehen allein den Teilhabern zu. Die Anteile können übertragen und gepfändet werden. Die Gemeinschaft selbst kann nicht Träger von Rechten und Pflichten sein und nimmt nicht am Rechtsverkehr teil.[4] Daran ändert sich selbst dann nichts, wenn die Teilhaber im Innenverhältnis ihre Rechte und Pflichten regeln.[5] Voraussetzung für eine Gemeinschaft ist das Vorhandensein mehrerer Teilhaber. Bei den Teilhabern kann es sich um natürliche Personen, juristische Personen oder Gesamthandsgemeinschaften handeln.

2

II. Entstehungsgründe

Die Gemeinschaft kann auf einem rechtsgeschäftlichen oder einem gesetzlichen Entstehungsgrund beruhen. Die Gemeinschaft ist allerdings stets die gesetzliche Folge einer Bruchteilsberechtigung. Daher unterscheidet sich die rechtsgeschäftliche von der gesetzlichen Entstehung dadurch, dass die Bruchteile bei ihr durch Rechtsgeschäft und nicht kraft Gesetzes entstanden sind.[6]

3

---

[1] OLG Brandenburg v. 12.11.2002 - 9 W 17/02 - FPR 2003, 133-134.
[2] *Hadding* in: Soergel, vor § 741 Rn. 4, 5.
[3] *Langhein* in: Staudinger, § 741 Rn. 60.
[4] *Schmidt* in: MünchKomm-BGB, § 741 Rn. 3.
[5] *Hadding* in: Soergel, vor § 741 Rn. 3.
[6] *Schmidt* in: MünchKomm-BGB, § 741 Rn. 28.

4   Ein gesetzlicher Entstehungsgrund liegt vor, wenn das Recht als gemeinschaftliches entsteht[7] oder die Rechtsteilung auf einem Gesetz beruht[8]. Zu einer rechtsgeschäftlichen Entstehung kommt es, wenn ein Recht gemeinschaftlich begründet wird oder es durch Übertragung geteilt wird.[9]

III. Gegenstand der Gemeinschaft

5   Gegenstand der Gemeinschaft ist stets ein Recht. In Betracht kommt eine Bruchteilsgemeinschaft u.a. beim Miteigentum (§§ 1008-1011 BGB), bei Forderungen,[10] bei Hypotheken (§§ 1113-1190 BGB),[11] bei Grundschulden (§§ 1191-1198 BGB),[12] beim Nießbrauch (§§ 1030-1089 BGB),[13] bei Dienstbarkeiten (§§ 1090-1093 BGB),[14] beim Vorkaufsrecht (§§ 1094-1104 BGB)[15] und an Vermögenswerten öffentlich-subjektiven Rechten.[16] Eine Bruchteilsgemeinschaft an Gesellschaftsanteilen stellt sich als Gemeinschaft dar, wenn die Rechtsträgerschaft nicht durch das Eigentum am Wertpapier bestimmt wird.[17] Bei der GmbH und der AG braucht die Gesellschaft dabei Erklärungen gegenüber dem Anteilseigner nur einmal abzugeben (§ 69 Abs. 3 AktG, § 18 Abs. 3 GmbHG). An einem Erbteil entsteht eine Bruchteilsgemeinschaft durch Teilung des Erbanteils, wenn ein Miterbe seinen Erbteil nur zum Teil veräußert oder die Veräußerung in Bruchteilen an mehrere Erwerber erfolgt.[18] Gegenstand einer Gemeinschaft kann auch der Besitz sein.[19] Keine Bruchteilsgemeinschaft stellt hingegen die Erbes-Erbengemeinschaft dar, bei der ein Miterbe stirbt und mehrere Erbeserben hinterlässt. Auch eine Bruchteilsgemeinschaft am Bruchteil gibt es nicht.[20] Stattdessen nimmt die Anzahl der Bruchteile zu, wenn ein Bruchteil eines Bruchteils übertragen wird oder ein Bruchteil auf mehrere Erwerber übertragen wird. Zur Bildung von Untergemeinschaften kommt es dabei nicht.[21]

IV. Bruchteilsberechtigung

6   Die Berechtigung zu ideellen Bruchteilen ist Voraussetzung der Gemeinschaft. Ist diese Voraussetzung erfüllt, liegt eine Gemeinschaft vor. Sobald es an einer Berechtigung zu ideellen Bruchteilen fehlt, endet die Gemeinschaft. Daher entsteht die Gemeinschaft kraft Gesetzes, auch wenn sie auf einem rechtsgeschäftlichen Erwerb beruht. Daraus folgt, dass auf Grund des Fehlens eines gemeinschaftlichen Innehabens eines Rechts das nachbarschaftliche Gemeinschaftsverhältnis,[22] die Innengesellschaft,[23] das Metageschäft,[24] die Akkordkolonne und die Zählergemeinschaft[25] keine Gemeinschaft darstellen. Eine Gemeinschaft i.S.d. §§ 741-758 BGB besteht ebenfalls nicht, wenn an einem Gegenstand keine Bruchteilsberechtigung besteht. Daher handelt es sich bei der Gesamthand, bei der Realteilung und beim Verhältnis von Teilgläubigern (§ 420 BGB) untereinander nicht um eine Gemeinschaft.[26]

---

[7] So z.B. bei der Gemeinschaftserfindung, vgl. BGH v. 21.12.2005 - X ZR 165/04 - GRUR 2006, 401-405; und bei der Miturheberschaft.
[8] So z.B. bei Verbindung und Vermischung (§ 947, 948, 963 BGB) und beim Schatzfund (§ 984 BGB).
[9] So z.B. bei der Entstehung von Miteigentum durch gemeinschaftlichen Erwerb und bei der rechtsgeschäftlichen Begründung gemeinschaftlicher Forderungen; vgl. auch *Schmidt* in: MünchKomm-BGB, § 741 Rn. 30.
[10] *Weber* in: BGB-RGRK, vor § 420 Rn. 8.
[11] *Schmidt* in: MünchKomm-BGB, § 741 Rn. 12.
[12] *Hadding* in: Soergel, § 741 Rn. 8.
[13] *Schmidt* in: MünchKomm-BGB, § 741 Rn. 12.
[14] Ob dies auch für das dingliche Wohnrecht gilt ist umstritten; dafür *Langhein* in: Staudinger, § 741 Rn. 128; a.A. *Aderhold* in: Erman, Handkommentar BGB, 10. Aufl. 2000, § 741 Rn. 6.
[15] *Langhein* in: Staudinger, § 741 Rn. 128.
[16] Zum Familiengrab vgl. beispielsweise *Hadding* in: Soergel, § 741 Rn. 14.
[17] Dies ist bei der Namens- und der Inhaberaktie der Fall.
[18] *Edenhofer* in: Palandt, § 2033 Rn. 1.
[19] BGH v. 12.11.2004 - V ZR 42/04 - NJW 2005, 894-898; *Gehrlein* in: Bamberger/Roth-BGB, § 741 Rn. 8.
[20] *Aderhold* in: Erman, Handkommentar BGB, 10. Aufl. 2000, § 741 Rn. 11.
[21] *Schmidt* in: MünchKomm-BGB, § 741 Rn. 16.
[22] BGH v. 25.11.1965 - V ZR 185/62 - juris Rn. 12 - BGHZ 42, 374-380.
[23] *Schmidt* in: MünchKomm-BGB, § 741 Rn. 26.
[24] Es liegt eine Geschäftsverbindung a conto metà vor, wenn die Verbindung auf hälftige Rechnung erfolgt. Dabei handelt es sich um eine Gesellschaft bürgerlichen Rechts.
[25] *Schmidt* in: MünchKomm-BGB, § 741 Rn. 26.
[26] *Schmidt* in: MünchKomm-BGB, § 741 Rn. 27.

C. Rechtsfolgen

Die Bruchteilsberechtigung des Teilhabers beschränkt sich stets auf den gemeinschaftlichen Gegenstand. Dies ist auch dann der Fall, wenn eine zusammengefasste Gemeinschaft an mehreren Gegenständen besteht. Daher muss die Rechtszuständigkeit für jeden Gegenstand gesondert beurteilt werden.[27] Allerdings können sich die schuldrechtlichen Rechtsfolgen auch auf sämtliche gemeinschaftliche Gegenstände erstrecken.[28] Dies ist beispielsweise bei der Teilung in Natur (§ 752 BGB) der Fall. Sie greift auch ein, wenn ein gemeinschaftlicher Vorrat an Gegenständen teilbar ist, obwohl der einzelne Gegenstand an sich unteilbar ist.[29]

In der Bruchteilsgemeinschaft gilt der Gleichbehandlungsgrundsatz. Dieser kommt in den Regelungen über die Verteilung von Nutzungen, Rechtsmacht und Lasten (§§ 743, 745 Abs. 1 Satz 2, 748 BGB) und in den Beschränkungen der Verwaltungs- und Verfügungsmacht zum Ausdruck (§§ 744, 747 BGB). Ein ausdrücklicher Minderheitenschutz bei Mehrheitsentscheidungen ist im Gesetz nicht vorgesehen. Allerdings ist eine Korrektur von Mehrheitsentscheidungen über § 745 Abs. 2 BGB möglich.

D. Anwendungsfelder

Entsprechende Anwendung der Gemeinschaftsregeln: Eine entsprechende Anwendung der Regelungen für die Gemeinschaft (§§ 742-758 BGB) erfolgt durch ausdrückliche gesetzliche Verweisungen (§§ 731 Satz 2, 922 Satz 4, 1477 Abs. 1, 2038 Abs. 2, 2042 Abs. 2, 2044 Abs. 1 BGB). Daneben ist von einer entsprechenden Anwendung nur vorsichtig Gebrauch zu machen.[30]

---

[27] *Schmidt* in: MünchKomm-BGB, § 741 Rn. 33.
[28] *Langhein* in: Staudinger, § 741 Rn. 157.
[29] *Schmidt* in: MünchKomm-BGB, § 741 Rn. 33.
[30] Möglich ist dies teilweise bei sog. Risikogemeinschaften beispielsweise bei der gemeinschaftlichen Verwahrung von Eigentum und bei Nutzungsgemeinschaften. Bei Lebensgemeinschaften und Zweckverbänden passt die entsprechende Anwendung hingegen nicht; vgl. *Schmidt* in: MünchKomm-BGB, § 741 Rn. 62-68.

§ 742 BGB Gleiche Anteile

(Fassung vom 02.01.2002, gültig ab 01.01.2002)

Im Zweifel ist anzunehmen, dass den Teilhabern gleiche Anteile zustehen.

A. Grundlagen

1 Die Regelung statuiert die gesetzliche Vermutung, dass im Zweifel allen Teilhabern gleiche Anteile zustehen. Bei rechtsgeschäftlicher Begründung der Gemeinschaft stellt sie zugleich eine Auslegungsregel dar.[1]

B. Anwendungsvoraussetzungen – Zweifelsregelung bei der Gemeinschaft

2 Die Regelung begründet die gesetzliche Vermutung, dass im Zweifel den Teilhabern gleiche Anteile zustehen. Bei rechtsgeschäftlicher Begründung stellt sie zugleich eine Auslegungsregel dar. Die Vorschrift setzt das Bestehen einer Bruchteilsgemeinschaft voraus.[2] Dabei erfasst sie jede Bruchteilsgemeinschaft, auch das Miteigentum an Grundstücken und die Bruchteilsgemeinschaft an Grundstücksrechten.[3]

3 Sofern spezielle Vorschriften die Anteile bestimmen, sind diese vorrangig. Dazu gehören die Vermischung und Vermengung (§ 948 BGB), das Miteigentum am Sammelband bei Wertpapieren (§ 6 Abs. 1 Satz 2 DepotG), die Eigentümergesamthypothek (§ 1172 Abs. 2 BGB) und die Reallast bei der Grundstücksteilung (§ 1109 Abs. 1 BGB). Bei rechtsgeschäftlicher Begründung der Bruchteilsgemeinschaft ist eine abweichende Vereinbarung vorrangig. So ist bei der Umwandlung einer Erbengemeinschaft in eine Bruchteilsgemeinschaft im Zweifel davon auszugehen, dass die vorherigen Quoten sich bei der Anteilsverteilung fortsetzen.[4] Teilweise wird die Anwendung der Vorschrift schon dann abgelehnt, wenn die Umstände der Sachlage gegen eine gleichmäßige Anteilsaufteilung sprechen. Dabei spricht die unterschiedliche Verteilung der Kosten und Nutzungen nicht automatisch für eine ungleiche Anteilsaufteilung.[5]

4 Bei Gemeinschaftserfindungen (§ 6 Satz 2 PatG, § 13 Abs. 3 GebrMG) erhalten die Miterfinder im Zweifel gleiche Anteile am gemeinschaftlichen Patent. Voraussetzung für eine Gemeinschaftserfindung ist, dass mehrere Personen gemeinsam eine Erfindung gemacht haben (§ 6 Satz 2 PatG). Dabei muss der Beitrag jedes Miterfinders nicht für sich allein patentwürdig sein. Die Anteile bestimmen sich aber vorrangig nach dem Beitrag der einzelnen Miterfinder am Patent. Nur wenn auf diesem Wege keine Feststellung der Anteile zu erhalten ist, erfolgt die Anwendung der Zweifelsregelung.

5 Für das Gemeinschaftskonto stellt die Regelung im Verhältnis zu § 430 BGB die speziellere Regelung dar. Die Vermutung der gleichen Anteilsaufteilung wird nicht schon dadurch widerlegt, dass das Guthaben auf dem Gemeinschaftskonto nur aus den Mittel eines Kontoinhabers stammt.[6]

6 Die Regelung kann hingegen nicht Grundlage der Eintragung im Grundbuch sein, da hierbei stets eine genaue Bruchteilsangabe erforderlich ist.[7] Erfolgte die Eintragung ohne Angabe der Quoten, so ist die Eintragung zwar wirksam, aber hinsichtlich der Quoten unvollständig und unrichtig.[8] Es besteht die Möglichkeit der jederzeitigen Berichtigung. In der Zwischenzeit kann nicht davon ausgegangen werden, dass die Aufteilung zu gleichen Anteilen erfolgen müsste. Daher scheitert auch ein gutgläubiger Erwerb in dieser Zeitspanne über den tatsächlichen Anteil hinaus an der Unvollständigkeit der Eintragung.

7 **Praktische Hinweise**: Die Vorschrift wird überwiegend nicht als echte Beweislastregel angesehen.[9] Die Regelung erfasst alle Konstellationen, in denen das Anteilsverhältnis der Teilhaber in rechtlicher Hinsicht zweifelhaft ist. Anders ist dies hingegen bei Fällen zu beurteilen, in denen es für die Auftei-

---

[1] *Langhein* in: Staudinger, § 742 Rn. 3.
[2] BGH v. 23.02.1981 - II ZR 124/80 - juris Rn. 6 - LM Nr. 32 zu § 705 BGB.
[3] *Schmidt* in: MünchKomm-BGB, § 742 Rn. 2.
[4] *Schmidt* in: MünchKomm-BGB, § 742 Rn. 3.
[5] *Schmidt* in: MünchKomm-BGB, § 742 Rn. 3.
[6] *Schmidt* in: MünchKomm-BGB, § 742 Rn. 5.
[7] *Aderhold* in: Erman, Handkommentar BGB, 10. Aufl. 2000, § 742 Rn. 6.
[8] *Schmidt* in: MünchKomm-BGB, § 742 Rn. 6.
[9] *Laumen* in: Baumgärtel/Laumen, Handbuch der Beweislast im Privatrecht, § 742 Rn. 1.

lung der Anteile an den dafür erforderlichen tatsächlichen Beweisen fehlt. So setzt die Vorschrift das Bestehen einer Bruchteilsgemeinschaft bereits voraus und ihr Vorhandensein kann gerade nicht auf die Vermutungsregelung gestützt werden.[10] Die Beweislast für die Anteilsaufteilung trägt derjenige Teilhaber, der für das Entstehen der Bruchteilsgemeinschaft beweispflichtig war. Beschränkt sich die Beweispflicht nicht auf einen Teilhaber, so trägt die Beweislast derjenige Teilhaber, der eine von der gleichmäßigen Quotenverteilung abweichende Anteilsaufteilung behauptet. Bei der Beweisführung bedarf es des strikten Beweises nur bezüglich des Bestehens der Gemeinschaft, da die Quoten entsprechend § 287 ZPO geschätzt werden können.[11] Trägt der Beweispflichtige auch für eine Schätzung nicht genug vor, so kommt der Rückgriff auf die Zweifelsregelung in Betracht.[12] Dieser Rückgriff ist insbesondere sachgerecht, wenn sämtliche Teilhaber beweispflichtig sind.[13] Beim allein beweispflichtigen Teilhaber kommt der Rückgriff auf die Zweifelsregelung nur in Betracht, wenn feststeht, dass ihm wenigstens ein gleich großer Anteil zusteht. Ist sein Anteil aber insgesamt strittig und kann er nicht einmal die für eine Schätzung erforderlichen Tatsachen darlegen, so ist er so zu stellen, als ob er den Bestand der Gemeinschaft überhaupt nicht hätte nachweisen können.[14]

---

[10] *Schmidt* in: MünchKomm-BGB, § 742 Rn. 7.
[11] *Langhein* in: Staudinger, § 742 Rn. 20.
[12] *Bassenge* in: Palandt, § 948 Rn. 3; a.A. *Mühl* in: Soergel, § 948 Rn. 4.
[13] *Langhein* in: Staudinger, § 742 Rn. 23.
[14] *Schmidt* in: MünchKomm-BGB, § 742 Rn. 11.

§ 743 BGB Früchteanteil; Gebrauchsbefugnis

(Fassung vom 02.01.2002, gültig ab 01.01.2002)

(1) Jedem Teilhaber gebührt ein seinem Anteil entsprechender Bruchteil der Früchte.

(2) Jeder Teilhaber ist zum Gebrauch des gemeinschaftlichen Gegenstands insoweit befugt, als nicht der Mitgebrauch der übrigen Teilhaber beeinträchtigt wird.

Gliederung

A. Kommentierung zu Absatz 1 1	B. Kommentierung zu Absatz 2 10
I. Grundlagen 1	I. Grundlagen 10
II. Anwendungsvoraussetzungen – Anspruch auf die Früchte 2	II. Anwendungsvoraussetzungen – Gebrauchsrecht 11
III. Rechtsfolgen 5	III. Rechtsfolgen 15
IV. Prozessuale Hinweise/Verfahrenshinweise 7	IV. Prozessuale Hinweise/Verfahrenshinweise 16
V. Anwendungsfelder 9	V. Anwendungsfelder 17

A. Kommentierung zu Absatz 1

I. Grundlagen

1 Grundgedanke der Regelung ist, dass die Vorteile des gemeinschaftlichen Gegenstandes den Teilhabern entsprechend ihres Anteils zugute kommen sollen. Daher gewährt die Vorschrift einen anteiligen Leistungsanspruch des Teilhabers auf die Früchte. Gegenstand des Anspruchs ist nur das Verhältnis der Teilhaber untereinander.

II. Anwendungsvoraussetzungen – Anspruch auf die Früchte

2 Die Regelung gewährt jedem Teilhaber einen anteiligen Anspruch auf die Früchte. Der Begriff der Früchte ist in § 99 BGB definiert. Daneben sind hier auch die Nutzungen (§ 100 BGB) und somit auch die Gebrauchsvorteile erfasst.[1] Die Gebrauchsvorteile sind allerdings durch das ausgeübte Gebrauchsrecht der anderen Teilhaber begrenzt (§ 743 Abs. 2 BGB). Sofern der Teilhaber dieses Gebrauchsrecht nicht nutzt, kann er für die Vergangenheit daraus keinen Ausgleichsanspruch herleiten.[2] Zu den Nutzungen gehören beispielsweise die Mieteinnahmen aus einer Sache,[3] Lizenzeinnahmen bei einem Gemeinschaftspatent,[4] die Gewinnbeteiligung aus einem gemeinschaftlichen Gesellschaftsanteil und die Dividende aus einem Papier[5].

3 Die Vorschrift erfasst nur das **Verhältnis der Teilhaber untereinander**. Sofern der Gegenstand an eine dritte Person vermietet oder verpachtet ist, besteht kein anteiliger Anspruch des Teilhabers auf den Zins gegenüber dem Dritten.[6] Die Gläubigereigenschaft gegenüber dem Mieter oder Pächter bestimmt sich dagegen allein nach dem Außenverhältnis.

4 Der Anspruch kommt nicht zum Tragen bei Bruchteilsgemeinschaften, bei denen eine gemeinschaftliche Nutzung und Benutzung nicht in Betracht kommen. So ist die Vorschrift beim Sammeldepot entbehrlich.[7] Bei der Miturheberschaft stellt § 8 Abs. 3 UrhG eine Spezialvorschrift dar. Danach bestimmt sich die Verteilung der Erträge aus dem Werk nach dem Umfang der Mitwirkung an dessen Schöpfung, sofern nichts Abweichendes vereinbart wurde. Für die Früchte eines Grenzbaumes greift die Sonderregelung des § 923 Abs. 1 BGB.

---

[1] *Aderhold* in: Erman, Handkommentar BGB, 10. Aufl. 2000, § 758 Rn. 2.
[2] *Schmidt* in: MünchKomm-BGB, § 743 Rn. 3.
[3] BFH v. 21.02.2006 - IX B 119/05 - (nicht amtlich veröffentlicht); *Langhein* in: Staudinger, § 743 Rn. 2.
[4] *Schmidt* in: MünchKomm-BGB, § 743 Rn. 3.
[5] *Langhein* in: Staudinger, § 743 Rn. 4.
[6] *Aderhold* in: Erman, Handkommentar BGB, 10. Aufl. 2000, § 743 Rn. 3.
[7] *Schmidt* in: MünchKomm-BGB, § 743 Rn. 2.

III. Rechtsfolgen

Jeder Teilhaber erhält einen **anteiligen Leistungsanspruch auf die Erträge**, der aber nur auf den Anteil am Nettoertrag gerichtet ist. Der Anspruch beinhaltet die alsbaldige Aufteilung der Erträge. Ohne das Einverständnis sämtlicher Teilhaber ist eine Rückstellung für spätere Instandsetzungsarbeiten grundsätzlich nicht möglich.[8] Der Anteil am Erlös richtet sich nach dem Bruchteil am gemeinschaftlichen Gegenstand, es sei denn, die Teilhaber haben eine andere Verteilung vereinbart. Arbeitsleistungen eines Teilhabers werden dagegen auf Grundlage eines Dienst- oder Geschäftsbesorgungsvertrages vergütet.[9]

Der Leistungsanspruch steht dem einzelnen Teilhaber zu und kann ihm auch nicht durch Mehrheitsbeschluss der übrigen Teilhaber ohne seine Zustimmung genommen werden. Allerdings ist nur der Anspruch selbst mehrheitsfest, nicht aber die Art und Weise der Fruchtziehung.

IV. Prozessuale Hinweise/Verfahrenshinweise

Der Anspruch unterliegt nicht der **Verjährung**. Dies ergibt sich aus der Regelung des § 758 BGB, da der Anspruch auf Aufhebung der Gemeinschaft jeder auf Teilung gerichtete Anspruch ist.[10]

Bei der Klage eines Teilhabers auf Herausgabe seines Nutzungsanteils umfasst die **Darlegungs- und Beweislast** den Anfall der Nutzungen bei den beklagten Teilhabern. Die beklagten Teilhaber müssen hingegen darlegen, wo die angefallenen Nutzungen verblieben sind und dass der bei ihnen verbliebene Anteil ihrem Bruchteil am gemeinschaftlichen Gegenstand entspricht.[11]

V. Anwendungsfelder

Erbengemeinschaft: Die Vorschrift findet auch bei der Erbengemeinschaft Anwendung (§ 2038 Abs. 2 BGB).

B. Kommentierung zu Absatz 2

I. Grundlagen

Grundgedanke der Regelung ist, dass die Vorteile des gemeinschaftlichen Gegenstandes den Teilhabern entsprechend ihres Anteils zugute kommen sollen. Daher gewährt die Vorschrift ein Gebrauchsrecht und damit einen Anspruch auf Duldung des Gebrauchs. Der Anspruch betrifft nur das Verhältnis der Teilhaber untereinander.

II. Anwendungsvoraussetzungen – Gebrauchsrecht

Die Vorschrift gewährt dem Teilhaber einen **Anspruch auf den Gebrauch** des gemeinschaftlichen Gegenstandes, der durch den Mitgebrauch der anderen Teilhaber beschränkt ist. Dabei erfasst die Regelung nur das Maß des Gebrauchs, nicht aber die Art der Benutzung.[12] Diese wird durch Vereinbarung, Beschluss oder Gerichtsentscheidung festgelegt. Allerdings bestimmt die Art der Nutzung die Grenzen, innerhalb derer der Teilhaber von seinem Nutzungsrecht Gebrauch machen kann.

Im Gegensatz zum Leistungsanspruch aus § 743 Abs. 1 BGB ist das Gebrauchsrecht den **Mehrheitsentscheidungen** der Teilhaber unterworfen. Eine Einschränkung dieses Rechts ist daher auch ohne Zustimmung des betroffenen Teilhabers möglich. Innerhalb der gewährten Benutzungsart und unter Beachtung des Mitgebrauchs der anderen Teilhaber sind auch Eingriffe in den gemeinschaftlichen Gegenstand zulässig.[13]

Die Beschränkung des Gebrauchsrechts durch den **Mitgebrauch** der anderen Teilhaber erfolgt nur durch deren tatsächlichen Gebrauch und nicht durch den abstrakt möglichen.[14] Daher ist auch ein überwiegender oder alleiniger Gebrauch eines Teilhabers möglich, solange die anderen von ihrem Recht keinen Gebrauch machen. Innerhalb dieser Vorgaben ist der besitzende Teilhaber zum Besitz berech-

---

[8] Eine Ausnahme davon stellen insbesondere Maßnahmen nach § 744 Abs. 2 BGB dar; vgl. *Schmidt* in: MünchKomm-BGB, § 743 Rn. 7.
[9] *Schmidt* in: MünchKomm-BGB, § 743 Rn. 7.
[10] *Hadding* in: Soergel, § 758 Rn. 1.
[11] *Sprau* in: Palandt, § 743 Rn. 3.
[12] *Aderhold* in: Erman, Handkommentar BGB, 10. Aufl. 2000, § 743 Rn. 6.
[13] BGH v. 27.10.1972 - V ZR 41/70 - WM 1973, 82.
[14] *Schmidt* in: MünchKomm-BGB, § 743 Rn. 11.

tigt (§ 986 BGB). Dabei unterliegt das Recht, dem einseitigen Gebrauch durch einen Teilhaber zu widersprechen, der Verwirkung.[15] Ein Mitgebrauch eines Teilhabers liegt vor, wenn er an der vorhandenen Benutzung teilhaben will. Dafür ist es ausreichend, wenn er dies eindeutig für sich reklamiert. Wird ihm das zustehende Nutzungsrecht verweigert, so stellt dies einen Eingriff in eine ihm zugewiesene Rechtsposition dar und begründet einen bereicherungsrechtlichen Anspruch (§ 812 Abs. 1 Satz 1 Alt. 2 BGB). Beabsichtigt der Teilhaber hingegen eine entgeltliche Nutzung des Gegenstandes, so ist dafür neben der vertraglichen Vereinbarung ein Beschluss, eine Vereinbarung oder ein Urteil (§ 745 Abs. 2 BGB) für diese Art der Benutzung erforderlich. Ersatzansprüche des Teilhabers entstehen dabei nur, wenn eine Klage zur Geltendmachung des Rechts aus § 745 BGB erhoben wurde oder anderen Teilhabern das Recht an der Nutzung nachhaltig vorenthalten wurde.[16] Eine nur unwesentliche Beeinträchtigung des Mitgebrauchs der anderen Teilhaber stellt keine Überschreitung des Gebrauchsrechts dar.

14 **Abdingbarkeit**: Die Regelung ist **dispositiv**. Daher können die Teilhaber von ihr durch Vereinbarung[17] oder Beschluss[18] abweichen. Beispielhaft kommen u.a. folgende Abreden in Betracht: Ausschluss aller Teilhaber vom Mitgebrauch, unentgeltliche Einräumung des Alleingebrauchs für einen Teilhaber, Alleingebrauch eines Teilhabers als Mieter und Einräumung von Gebrauchsvorteilen gegen Geldausgleich.[19] Beim Ausschluss einzelner Teilhaber vom Gebrauchsrecht ist ohne deren Zustimmung stets eine Ausgleichsregelung zu treffen.

III. Rechtsfolgen

15 Der Teilhaber erhält ein Gebrauchsrecht, dass durch den Mitgebrauch der übrigen Teilhaber beschränkt ist. Dieses Gebrauchsrecht gewährt einen **Anspruch auf Duldung gegenwärtiger und künftiger Benutzung**.[20] Dabei stellt die Regelung für die bereits erfolgte Benutzung einen Rechtsgrund i.S.d. § 812 BGB dar.[21] Ein Ausgleich in Geld auf Grund des ungleich verteilten Gebrauchs kommt daher nur in Betracht, wenn eine entsprechende Benutzungsvereinbarung vorliegt,[22] ein Antrag auf gerichtliche Entscheidung gestellt wurde (§ 745 Abs. 2 BGB)[23] oder dem Mitgebrauch den übrigen Teilhabern nachhaltig verweigert wurde[24]. Soweit der Teilhaber innerhalb der zulässigen Grenzen den Gegenstand nutzt, braucht er gezogene Früchte nicht herauszugeben, sofern nichts Abweichendes vereinbart wurde.[25] Eine stillschweigende Vereinbarung kann dabei schon dadurch zu Stande kommen, dass ein Teilhaber den gemeinschaftlichen Gegenstand gegen Verrechnung nutzt.[26] Eine Verfügung über das Nutzungsrecht ist für den Teilhaber durch Einräumung eines Nießbrauchrechtes an seinem Recht zu Gunsten eines Nießbrauchers möglich. Der Nießbraucher hat dann zwar das Nutzungsrecht inne, ihn trifft aber keine Last- und Kostentragungspflicht (§ 748 BGB).

IV. Prozessuale Hinweise/Verfahrenshinweise

16 Beeinträchtigungen seines Gebrauchsrechts kann der Teilhaber durch Geltendmachung eines **Unterlassungsanspruchs** abwehren. Dieser folgt gegenüber den anderen Teilhabern mittelbar aus dieser Vorschrift, gegenüber Dritten aus § 1004 BGB.

V. Anwendungsfelder

17 **Entgeltliche Überlassung/Gemeinschaftserfindung**: Sofern eine **entgeltliche Überlassung** an nur einen Teilhaber vereinbart wurde, kann es sich dabei um eine einfache Nutzungsregelung oder einen Mietvertrag handeln.[27] Die Einordnung ist vom Willen der Parteien abhängig. Vielfach wird dabei da-

---

[15] *Schmidt* in: MünchKomm-BGB, § 743 Rn. 11.
[16] *Schmidt* in: MünchKomm-BGB, § 743 Rn. 11.
[17] *Langhein* in: Staudinger, § 743 Rn. 30.
[18] *Aderhold* in: Erman, Handkommentar BGB, 10. Aufl. 2000, § 743 Rn. 9.
[19] *Schmidt* in: MünchKomm-BGB, § 743 Rn. 14.
[20] *Schmidt* in: MünchKomm-BGB, § 743 Rn. 10.
[21] *Langhein* in: Staudinger, § 743 Rn. 36.
[22] BGH v. 11.12.1985 - IVb ZR 83/84 - juris Rn. 10 - LM Nr. 11 zu § 741 BGB.
[23] *Schmidt* in: MünchKomm-BGB, § 743 Rn. 10.
[24] *Aderhold* in: Erman, Handkommentar BGB, 10. Aufl. 2000, § 743 Rn. 8.
[25] BGH v. 02.02.1965 - V ZR 247/62 - BGHZ 43, 127-135.
[26] BGH v. 11.12.1985 - IVb ZR 83/84 - juris Rn. 10 - LM Nr. 11 zu § 741 BGB.
[27] *Emmerich* in: Staudinger, 13. Aufl. 2003, vor § 535 Rn. 56.

von ausgegangen, dass i.d.R. ein Mietvertrag vorliegt.[28] Ein Mietverhältnis liegt jedenfalls nicht vor, wenn die Überlassung nicht nur an einen Teilhaber erfolgt und die Entgeltlichkeit nur einen Ausgleich für die ungleichen Gebrauchsvorteile darstellt.

Ein Gebrauchsrecht eines einzelnen Teilhabers beim Miturheberrecht erscheint praktisch kaum möglich.[29] Schwieriger hingegen ist die Beurteilung der Anwendung bei der **Gemeinschaftserfindung**. So ist die Regelung nicht auf Immaterialgüterrechte zugeschnitten, da deren Gebrauch meist auch eine Art des Verbrauchs beinhaltet. Daher müssen hier das Fruchtziehungs- und das Gebrauchsrecht aufeinander abgestimmt werden. Dies geschieht in der Praxis meist durch Lizenzerteilung an einen Teilhaber. Fehlt es an einer solchen Vereinbarung zwischen den Teilhabern, so ist jeder Teilhaber, der die in Abs. 2 genannte Grenze nicht überschreitet, gleichermaßen zum Gebrauch des gemeinsamen Patents befugt.[30] Solange es für den anderen Teil nicht unzumutbar ist, ist auch ein nur einseitiges Gebrauchen möglich. Allerdings erfolgt dieser Gebrauch nur gegen finanziellen Ausgleich.[31]

18

---

[28] *Aderhold* in: Erman, Handkommentar BGB, 10. Aufl. 2000, § 743 Rn. 9.
[29] *Schmidt* in: MünchKomm-BGB, § 743 Rn. 17.
[30] BGH v. 22.03.2005 - X ZR 152/03 - BGHZ 162, 342-349.
[31] *Schmidt* in: MünchKomm-BGB, § 743 Rn. 18.

§ 744 BGB Gemeinschaftliche Verwaltung

(Fassung vom 02.01.2002, gültig ab 01.01.2002)

(1) Die Verwaltung des gemeinschaftlichen Gegenstands steht den Teilhabern gemeinschaftlich zu.

(2) Jeder Teilhaber ist berechtigt, die zur Erhaltung des Gegenstands notwendigen Maßregeln ohne Zustimmung der anderen Teilhaber zu treffen; er kann verlangen, dass diese ihre Einwilligung zu einer solchen Maßregel im Voraus erteilen.

Gliederung

A. Grundlagen 1	III. Einwilligungsverlangen 6
B. Anwendungsvoraussetzungen 2	C. Rechtsfolgen 9
I. Gemeinschaftliche Verwaltung 2	D. Prozessuale Hinweise/Verfahrenshin-
II. Notwendige Erhaltungsmaßregeln 3	weise 10

A. Grundlagen

1   Die Vorschrift statuiert den in der Gemeinschaft geltenden Grundsatz, dass die Verwaltung des gemeinschaftlichen Gegenstandes den Teilhabern gemeinschaftlich zusteht. Dieser Grundsatz wird dadurch durchbrochen, dass jeder Teilhaber die zur Erhaltung des Gegenstandes notwendigen Maßregeln selbst treffen kann. Dadurch soll jeder Teilhaber die Möglichkeit haben, eine Werterhaltung des Gegenstandes und damit seines Anteils zu bewirken.

B. Anwendungsvoraussetzungen

I. Gemeinschaftliche Verwaltung

2   Die Verwaltung des Gegenstandes steht den Teilhabern gemeinschaftlich zu. Verwaltung ist jede Maßnahme, die der Erhaltung oder Verbesserung des gemeinschaftlichen Gegenstandes oder der Ziehung und Verwertung der Früchte und sonstigen Vorteile der Sache dienen soll, soweit sie nicht im unmittelbaren Gebrauch oder Verbrauch der Sache besteht.[1] Die gemeinsame Verwaltung der Teilhaber erfolgt durch Vereinbarung oder schlichtes gemeinschaftliches Handeln. Die Teilhaber können die Verwaltung einstimmig an einen Dritten oder einen einzelnen Teilhaber übertragen. Eine einstimmig getroffene Regelung hat für die Teilhaber grundsätzlich Bindungswirkung. Diese endet, wenn ein Festhalten für den einzelnen Teilhaber nicht mehr zumutbar ist, weil sich die tatsächlichen Verhältnisse geändert haben.[2] Sofern die Verwaltung an nur einen Teilhaber übertragen worden ist, kann die Übertragung auch aus wichtigem Grund durch einen Mehrheitsbeschluss (§ 745 Abs. 1 BGB) gekündigt werden. Kommt dieser nicht zustande, so besteht die Möglichkeit, die übrigen Teilhaber auf Mitwirkung zu verklagen (§ 745 Abs. 2 BGB). Aus der getroffenen Vereinbarung ergibt sich für die Teilhaber eine Mitwirkungspflicht bei der Durchführung der Vereinbarung.

II. Notwendige Erhaltungsmaßregeln

3   Jeder Teilhaber kann notwendige Erhaltungsmaßregeln selbst treffen. Notwendig sind Maßnahmen, die die Substanz und den Wert des Gegenstandes erhalten.[3] Die Maßnahme kann sowohl Tathandlungen als auch Rechtsgeschäfte umfassen.[4] Die Beurteilung der Notwendigkeit erfolgt dabei aus der Sicht eines vernünftigen Eigentümers.[5] Lediglich nützliche Maßnahmen sind dagegen von der Regelung nicht erfasst.[6] Dieses Recht kann im Voraus nicht durch Vertrag oder Beschluss ausgeschlossen werden.[7] Eine Organisationsabrede zur Vermeidung von Konflikten bei Werterhaltungsmaßnahmen ist

---

[1] *Langhein* in: Staudinger, § 744 Rn. 7.
[2] *Langhein* in: Staudinger, § 744 Rn. 16.
[3] Vgl. zum Begriff der Notwendigkeit auch die §§ 536a Abs. 2 Nr. 2, 994, 2381 Abs. 1 BGB.
[4] *Schmidt* in: MünchKomm-BGB, §§ 744, 745 Rn. 35, 36.
[5] *Hadding* in: Soergel, § 744 Rn. 4.
[6] *Hadding* in: Soergel, § 744 Rn. 4.
[7] *Sprau* in: Palandt, § 744 Rn. 3.

hingegen zulässig.[8] Auch eine berechtigte Geschäftsführung ohne Auftrag ist daneben noch denkbar.[9] Eine Pflicht zum Ergreifen der werterhaltenden Maßnahme begründet die Regelung nicht. Eine solche kann sich nur aus den Vereinbarungen der Teilhaber untereinander ergeben.[10]

Im **Innenverhältnis** sind die übrigen Teilhaber im Verhältnis ihrer Anteile verpflichtet, die angefallenen Kosten zu ersetzen (§ 748 BGB). Der handelnde Teilhaber ist auch berechtigt, einen Vorschuss zu verlangen.[11] Sofern der Teilhaber bei der Vornahme der notwendigen Handlung etwas erlangt, muss er dieses an die Gemeinschaft herausgeben (§ 667 BGB). Bei Überschreitung der Befugnisse oder nicht zweckentsprechender Durchführung der Maßnahme durch den Teilhaber macht sich dieser gegenüber den anderen Teilhabern schadensersatzpflichtig (§§ 241 Abs. 2, 285 Abs. 1 BGB).[12]

Im **Außenverhältnis** verleiht die Regelung dem handelnden Teilhaber keine Vertretungsmacht, um Verpflichtungen für die übrigen Teilhaber einzugehen, da es sich um ein Individualrecht des Teilhabers handelt, das dieser im Eigenen Interesse wahrnimmt.[13] Der Teilhaber kann aber den Anspruch auf Lasten- und Kostentragung (§ 748 BGB) gegenüber den anderen Teilhabern geltend machen. Die Vorschrift beinhaltet aber eine Verfügungsbefugnis für den Teilhaber, damit er sein Interesse an der Werterhaltung auch effektiv wahrnehmen kann.[14] Verfügungen über Grundstückrechte werden dagegen meist schon am formellen Grundstückrecht scheitern, da es dem Teilhaber nicht möglich ist, eine Vertretungsmacht durch öffentliche Urkunde nachzuweisen (§ 29 GBO).

III. Einwilligungsverlangen

Der Teilhaber kann die Einwilligung zu **notwendigen Erhaltungsmaßnahmen** im Voraus verlangen. Dadurch kann schon vor Durchführung geklärt werden, dass tatsächlich eine notwendige Erhaltungsmaßnahme vorliegt.[15] Die Einwilligung stellt eine Zustimmung (§ 182 BGB) dar, die mit der Leistungsklage verfolgt und durch das rechtskräftige Urteil fingiert wird (§ 894 ZPO).[16]

Eine entsprechende Anwendung der Regelung auf **Gesellschaftsverhältnisse** wird überwiegend angenommen.[17] Sie dient dort als Anknüpfungspunkt für die actio pro socio bei der Personengesellschaft. Gegen eine solche Auffassung wird eingewandt, dass die Regelung vom Fehlen einer die Geschäftsführung regelnden Organisation ausgeht und eine entsprechende Anwendung nur ausnahmsweise in Betracht komme.[18]

Praktische Hinweise: Die praktische Bedeutung des Einwilligungsanspruchs ist gering. Für den Teilhaber ist es in der Regel zweckmäßiger, sein Mitwirkungsbegehren gegenüber den übrigen Teilhabern über § 745 Abs. 2 BGB durchzusetzen, da dessen Regelungsinhalt deutlich weiter ist.

C. Rechtsfolgen

Das Recht zur Vornahme von Erhaltungsmaßnahmen bewirkt im Innenverhältnis eine **Handlungsbefugnis** für den Teilhaber und gewährt ihm zugleich einen **Duldungsanspruch** gegenüber den übrigen Teilhabern. Der Teilhaber kann seine Aufwendungen (§ 748 BGB) und ggf. Zinsen (§ 288 BGB) verlangen.[19] Er hat auch einen Anspruch auf Vorschuss.[20] Ist zur Werterhaltung die Vornahme eines Rechtsgeschäfts erforderlich, so kann der Teilhaber nicht nur Einwilligung, sondern auch Genehmigung des Geschäftes verlangen.[21] Im Außenverhältnis erhält der Teilhaber, soweit dies für die notwen-

---

[8] *Schmidt* in: MünchKomm-BGB, §§ 744, 745 Rn. 41.
[9] *Aderhold* in: Erman, Handkommentar BGB, 10. Aufl. 2000, § 744 Rn. 9.
[10] *v. Gamm* in: BGB-RGRK, § 744 Rn. 14.
[11] *Schmidt* in: MünchKomm-BGB, §§ 744, 745 Rn. 44.
[12] *Aderhold* in: Erman, Handkommentar BGB, 10. Aufl. 2000, § 744 Rn. 6.
[13] *v. Gamm* in: BGB-RGRK, § 744 Rn. 13.
[14] *Sprau* in: Palandt, § 744 Rn. 3.
[15] *Hadding* in: Soergel, § 744 Rn. 6.
[16] *Huber* in: *Langhein* in: Staudinger, § 744 Rn. 27; differenzierend zwischen Rechtsgeschäften und sonstigen Handlungen, *Schmidt* in: MünchKomm-BGB, §§ 744, 745 Rn. 40.
[17] Vgl. beispielsweise *Hadding* in: Soergel, § 744 Rn. 7.
[18] *Schmidt* in: MünchKomm-BGB, §§ 744, 745 Rn. 50.
[19] *v. Gamm* in: BGB-RGRK, § 744 Rn. 13.
[20] *Hadding* in: Soergel, § 744 Rn. 6.
[21] *Schmidt* in: MünchKomm-BGB, §§ 744, 745 Rn. 44.

dige Erhaltungsmaßnahme erforderlich ist, Verfügungsmacht. Im Einzelfall kann dies auch eine Notveräußerung des gemeinschaftlichen Gegenstandes sein. Darüber hinaus beinhaltet die notwendige Erhaltungsmaßnahme auch eine Prozessführungsbefugnis, sofern diese erforderlich ist.

D. Prozessuale Hinweise/Verfahrenshinweise

10 Die Gemeinschaft ist grundsätzlich **nicht parteifähig**. Der BGH hat dies ausnahmsweise nur angenommen, wenn die Teilhaber sich eine korporative Verfassung gegeben haben.[22] Daher sind die einzelnen Teilhaber ansonsten selbst Prozesspartei. Der Teilhaber ist berechtigt, bei notwendigen Maßnahmen zur Erhaltung des Gegenstandes gemeinschaftliche Ansprüche vor Gericht einzuklagen oder zu verteidigen.[23] Der Teilhaber führt den Prozess im eigenen Namen in Prozessstandschaft für die übrigen Teilhaber.

---

[22] BGH v. 10.10.1957 - II ZR 101/56 - BGHZ 25, 311-318.
[23] *Sprau* in: Palandt, § 744 Rn. 3.

§ 745 BGB Verwaltung und Benutzung durch Beschluss

(Fassung vom 02.01.2002, gültig ab 01.01.2002)

(1) ¹Durch Stimmenmehrheit kann eine der Beschaffenheit des gemeinschaftlichen Gegenstands entsprechende ordnungsmäßige Verwaltung und Benutzung beschlossen werden. ²Die Stimmenmehrheit ist nach der Größe der Anteile zu berechnen.

(2) Jeder Teilhaber kann, sofern nicht die Verwaltung und Benutzung durch Vereinbarung oder durch Mehrheitsbeschluss geregelt ist, eine dem Interesse aller Teilhaber nach billigem Ermessen entsprechende Verwaltung und Benutzung verlangen.

(3) ¹Eine wesentliche Veränderung des Gegenstands kann nicht beschlossen oder verlangt werden. ²Das Recht des einzelnen Teilhabers auf einen seinem Anteil entsprechenden Bruchteil der Nutzungen kann nicht ohne seine Zustimmung beeinträchtigt werden.

Gliederung

A. Grundlagen 1	III. Grenzen des Mehrheitsbeschlusses 7
B. Anwendungsvoraussetzungen 2	C. Prozessuale Hinweise/Verfahrenshinweise 8
I. Mehrheitsbeschluss 2	
II. Fehlende Regelung 4	D. Anwendungsfelder 9

A. Grundlagen

Die Vorschrift modifiziert den Grundsatz der gemeinschaftlichen Verwaltung aus § 744 Abs. 1 BGB dahin gehend, dass eine ordnungsgemäße Verwaltung und Benutzung innerhalb der Beschaffenheit des Gegenstandes mit Stimmenmehrheit beschlossen werden kann. Dagegen wird der Grundsatz bei wesentlichen Veränderungen des Gegenstandes, die nur bei Einstimmigkeit möglich sind, wieder bestätigt. Auch das Recht des Teilhabers auf einem seinen Anteil entsprechenden Bruchteil der Nutzungen kann nicht ohne seine Zustimmung beeinträchtigt werden. 1

B. Anwendungsvoraussetzungen

I. Mehrheitsbeschluss

Über die Verwaltung und Benutzung des gemeinschaftlichen Gegenstandes bestimmen die Teilhaber, sofern sie keine abweichende Vereinbarung getroffen haben,[1] durch **Mehrheitsbeschluss**. Die Stimmenmehrheit bestimmt sich nach der Größe der Anteile. Inhalt dieser Verwaltungsentscheidung können beispielsweise die Art der Benutzung,[2] die Bestreitung von Kosten,[3] die Anlage von Geld, die Art der Bewirtschaftung,[4] die Bestellung eines Verwalters,[5] die Verwaltung durch einen Teilhaber, die Kündigung des Verwalters,[6] der Abschluss eines Treuhandvertrages, die Entscheidung über die Fremdnutzung[7] und die Vornahme von Erhaltungsmaßnahmen[8] sein. Dagegen gehören Organisationsakte, durch die sich die Teilhaber für ihre Gemeinschaft eine Verfassung geben, nicht dazu.[9] 2

Zum **Beschlussverfahren** trifft die Regelung keine Vorgaben. Deren Ausgestaltung obliegt daher den Teilhabern. Es ist sowohl mündliche wie auch schriftliche Beschlussfassung zulässig.[10] Bei konkluden- 3

---

[1] BFH v. 02.12.2004 - III R 77/03 - DStR 2005, 366-368.
[2] BGH v. 13.04.1994 - XII ZR 3/93 - juris Rn. 7 - LM BGB § 745 Nr. 23 (8/1994).
[3] *Langhein* in: Staudinger, § 744 Rn. 8.
[4] *Schmidt* in: MünchKomm-BGB, §§ 744, 745 Rn. 5.
[5] BGH v. 12.07.1982 - II ZR 130/81 - LM Nr. 5 zu § 744 BGB.
[6] BGH v. 12.07.1982 - II ZR 130/81 - LM Nr. 5 zu § 744 BGB.
[7] *Langhein* in: Staudinger, § 744 Rn. 8.
[8] *Schmidt* in: MünchKomm-BGB, §§ 744, 745 Rn. 5.
[9] *Schmidt* in: MünchKomm-BGB, §§ 744, 745 Rn. 6.
[10] *Sprau* in: Palandt, § 745 Rn. 1.

ter Beschlussfassung sind dagegen nur einstimmige Beschlüsse denkbar.[11] Für den einzelnen Teilhaber muss eine angemessene Teilnahme an der Willensbildung möglich sein und ihm ist rechtliches Gehör zu gewähren.[12] Dazu gehören die Ausübung der Teilnahme, das Stimmrecht und sein Informationsrecht.[13] Die Verletzung dieser Teilhaberrechte führt zur Rechtswidrigkeit des Beschlusses.[14] Auf Grund von Interessenkollisionen kann sich ein Stimmrechtsausschluss ergeben (§§ 181, 34 BGB, § 47 Abs. 4 GmbHG, § 136 AktG, § 43 Abs. 6 GenG).

II. Fehlende Regelung

4   Fehlt es an einer Regelung für die Verwaltung und Benutzung, so hat jeder Teilhaber das Recht, eine dem Interesse aller Teilhaber nach **billigem Ermessen** entsprechende Verwaltung und Benutzung zu verlangen. Voraussetzung des Anspruchs ist, dass eine Verwaltungs- und Benutzungsregelung nicht besteht oder die bestehende Regelung lückenhaft ist. Auch bei nachträglicher Änderung der tatsächlichen Verhältnisse kann eine Änderung der Regelungen in Betracht kommen, sofern eine Neuregelung durch Vertrag oder Beschluss misslingt.[15] Auch die Abänderung von Mehrheitsbeschlüssen kann ggf. verlangt werden, wenn der Teilhaber dem Beschluss nicht zugestimmt hat und eine Regelung durch Vertrag oder Beschluss nicht gelingt.[16] Ein solcher Anspruch besteht aber nur, wenn die beschlossene Regelung nach billigem Ermessen dem Interesse aller Teilhaber nicht entspricht. Dies ist vor allem der Fall, wenn die beschlossene Änderung einen wichtigen aber behebbaren Aufhebungsgrund darstellt. Ein genereller Anspruch auf die zweckmäßigste Regelung besteht hingegen nicht.[17]

5   **Gegenstand des Anspruchs** ist die vom Teilhaber verlangte Regelung und nicht die Wahrung der allgemeinen Billigkeit.[18] Damit richtet sich der Anspruch auf Abgabe einer Willenserklärung der übrigen Teilhaber, mit der diese einer interessengerechter Regelung zustimmen. Richtet sich die beanspruchte Regelung auf eine Zahlungsregelung, so kann der Anspruch auch auf Zahlung des entsprechenden Geldbetrages gerichtet sein.[19] Dieser Anspruch besteht ab dem Zeitpunkt, zu dem Zahlung verlangt wurde.[20]

6   Inhaltlich muss die verlangte Regelung von den Teilhabern beschlossen werden können, nach billigem Ermessen dem Interesse sämtlicher Teilhaber entsprechen und darf keine wesentliche Veränderung des Gegenstandes darstellen.[21]

III. Grenzen des Mehrheitsbeschlusses

7   Die Entscheidung erfolgt durch Mehrheitsbeschluss. Allerdings sind den Beschlüssen der Mehrheit auch Grenzen gesetzt. So schließt die Vorschrift wesentliche Veränderungen des Gegenstandes aus. Eine solche liegt vor, wenn es zu gravierenden Änderungen der Gestalt oder der Zweckbestimmung des Gegenstandes kommt.[22] Die Beschaffenheit des Gegenstandes zählt ausdrücklich nicht dazu. Erfasst sind aber alle Regelungen, die die wirtschaftliche Grundlage der Gemeinschaft berühren,[23] wie etwa die Veräußerung des Gegenstandes selbst.[24] Eine Beeinträchtigung der auf den Anteil des Teilha-

---

[11] *Schmidt* in: MünchKomm-BGB, §§ 744, 745 Rn. 16; a.A. *Aderhold* in: Erman, Handkommentar BGB, 10. Aufl. 2000, § 745 Rn. 2.
[12] *Aderhold* in: Erman, Handkommentar BGB, 10. Aufl. 2000, § 745 Rn. 2.
[13] *Schmidt* in: MünchKomm-BGB, §§ 744, 745 Rn. 19.
[14] *Schmidt* in: MünchKomm-BGB, §§ 744, 745 Rn. 19; nach a.A. führt dies nur zu einem Schadensersatzanspruch, vgl. z.B. *Langhein* in: Staudinger, § 745 Rn. 16.
[15] *v. Gamm* in: BGB-RGRK § 745 Rn. 3.
[16] *v. Gamm* in: BGB-RGRK § 745 Rn. 12.
[17] *Schmidt* in: MünchKomm-BGB, §§ 744, 745 Rn. 29.
[18] *Schmidt* in: MünchKomm-BGB, §§ 744, 745 Rn. 36.
[19] BGH v. 06.07.1983 - IVa ZR 118/82 - LM Nr. 13 zu § 2038 BGB.
[20] BGH v. 11.12.1985 - IVb ZR 83/84 - juris Rn. 2 - LM Nr. 11 zu § 741 BGB.
[21] *Schmidt* in: MünchKomm-BGB, §§ 744, 745 Rn. 37.
[22] BGH v. 08.03.2004 - II ZR 5/02 - NJW-RR 2004, 809-810; OLG Frankfurt/M. v. 25.03.2004 - 16 U 131/03 - NJW-RR 2004, 1518-1520; *Aderhold* in: Erman, Handkommentar BGB, 10. Aufl. 2000, § 745 Rn. 8.
[23] OLG Frankfurt/M. v. 25.03.2004 - 16 U 131/03 - NJW-RR 2004, 1518-1520; *Karsten Schmidt* in: MünchKomm-BGB, §§ 744, 745 Rn. 25.
[24] OLG Frankfurt/M. v. 25.03.2004 - 16 U 131/03 – NJW-RR 2004, 1518-1520.

bers entfallenden Nutzungen ist mit Zustimmung des Betroffenen indessen möglich.[25] Insbesondere dem Erfordernis zur Mittelaufbringung kommt entscheidendes Gewicht zu.[26]

C. Prozessuale Hinweise/Verfahrenshinweise

Die Klage auf eine Verwaltungs- und Benutzungsregelung ist eine **Leistungsklage**.[27] Die Klage ist auf eine bestimmte Art von Verwaltungs- bzw. Benutzungsregelung zu richten. Das Gericht ist an diesen Antrag gebunden.[28] Die Beweislast für das Vorliegen der Voraussetzungen trägt der Kläger.[29] Der Beklagte kann seinerseits eine andere Verwaltungs- und Benutzungsregelung mit einer Widerklage anstreben.[30] Richtet sich die Klage gegen mehrere Teilhaber, so bilden diese eine **notwendige Streitgenossenschaft** (§ 62 ZPO).[31] Das Gericht hat unter Beachtung der Verhältnisse des Einzelfalles zu klären, ob die beanstandete Regelung dem Interesse der Teilhaber nach billigem Ermessen zuwiderläuft und die begehrte Neuregelung diesem gerecht wird. Entspricht die gewünschte Neuregelung diesem Interesse nicht, so nimmt das Gericht keine eigene interessengerechte Neuregelung vor, sondern weist die Klage ab.[32] Die Vollstreckung eines stattgebenden Urteils richtet sich nach § 894 ZPO, sofern die Klage nicht unmittelbar auf Zahlung gerichtet war. Die Regelung gilt als vereinbart, sofern alle widerstrebenden Teilhaber rechtskräftig verurteilt sind. Für Rechtsnachfolger kommt es zu einer Rechtskrafterstreckung (§ 746 BGB).

8

D. Anwendungsfelder

Erbengemeinschaft: Die Vorschrift findet bei der Erbengemeinschaft Anwendung (§ 2038 Abs. 2 Satz 1 BGB)[33].

9

---

[25] BGH v. 21.12.2005 - X ZR 165/04 - GRUR 2006, 401-405.
[26] *Hadding* in: Soergel, § 745 Rn. 3; für konkrete Beispiele vgl. *Schmidt* in: MünchKomm-BGB, §§ 744, 745 Rn. 25.
[27] *Sprau* in: Palandt, § 745 Rn. 5.
[28] *Schmidt* in: MünchKomm-BGB, §§ 744, 745 Rn. 39.
[29] *Schmidt* in: MünchKomm-BGB, §§ 744, 745 Rn. 39.
[30] *Aderhold* in: Erman, Handkommentar BGB, 10. Aufl. 2000, § 745 Rn. 7.
[31] *Langhein* in: Staudinger, § 745 Rn. 57.
[32] BGH v. 29.09.1993 - XII ZR 43/92 - LM BGB § 745 Nr. 22 (2/1994).
[33] Vgl. z. B. BGH v. 11.11.2009 - XII ZR 210/05.

§ 746 BGB Wirkung gegen Sondernachfolger

(Fassung vom 02.01.2002, gültig ab 01.01.2002)

Haben die Teilhaber die Verwaltung und Benutzung des gemeinschaftlichen Gegenstands geregelt, so wirkt die getroffene Bestimmung auch für und gegen die Sondernachfolger.

Gliederung

A. Grundlagen 1	II. Verwaltungs- und Benutzungsregelung 3
B. Anwendungsvoraussetzungen 2	C. Rechtsfolgen 4
I. Sondernachfolger 2	D. Anwendungsfelder 5

A. Grundlagen

1　Die Regelung bewirkt, dass neben den Gesamtrechtsnachfolgern[1] auch Sondernachfolger an die getroffenen Vereinbarungen der Teilhaber gebunden sind. Dadurch soll der von den Teilhabern durch Verwaltungs- und Benutzungsregelungen geschaffene Charakter der Gemeinschaft aufrechterhalten werden.

B. Anwendungsvoraussetzungen

I. Sondernachfolger

2　Die getroffenen Vereinbarungen der Teilhaber wirken gegenüber jedem Sondernachfolger. Sondernachfolge ist jeder Rechtserwerb, der auf der rechtsgeschäftlichen Verfügung des Anteils beruht. Daher ist Sondernachfolger jeder Erwerber eines Bruchteils an der Gemeinschaft. Bei der Aufteilung eines Bruchteils oder der Veräußerung nur eines Teils des Bruchteils bleibt es bei einer Bruchteilsgemeinschaft und es kommt nicht zur Bildung einer Untergemeinschaft.[2] Daneben stellt auch der Erwerb eines dinglichen Rechts am Bruchteil eine Sondernachfolge dar.[3]

II. Verwaltungs- und Benutzungsregelung

3　Die Vorschrift erfasst sämtliche Verwaltungs- und Benutzungsregelungen der Teilhaber. Dabei ist es unerheblich, ob die Regelungen gemeinschaftlich (§ 744 Abs. 1 BGB), mehrheitlich (§ 745 Abs. 1 BGB) oder auf Grund eines Leistungsurteils (§ 745 Abs. 2 BGB) zustande gekommen sind.[4]

C. Rechtsfolgen

4　Mit der Sondernachfolge gelten die vereinbarten Verwaltungs- und Benutzungsregelungen auch für und gegen den Sondernachfolger. Der gute Glaube des Rechtsnachfolgers ist irrelevant, da ein gutgläubiger lastenfreier Erwerb des Bruchteils nicht möglich ist.[5]

D. Anwendungsfelder

5　**Umwandlungsgesetz**: Beim Formwechsel nach den §§ 190-213 UmwG und bei der Gesamtrechtsnachfolge (§ 1922 BGB bzw. §§ 20, 131 UmwG) liegt keine Sondernachfolge vor. Allerdings tritt die Bindung an die vereinbarten Verwaltungs- und Benutzungsregelungen bereits durch die Gesamtrechtsnachfolge ein.

---

[1]　Diese sind grundsätzlich an die getroffenen Vereinbarungen gebunden, außer die Teilhaber haben im Falle der Gesamtrechtsnachfolge etwas Abweichendes vereinbart.

[2]　*Schmidt* in: MünchKomm-BGB, § 746 Rn. 4.

[3]　Dies können z.B. der Nießbrauch oder das Pfandrecht am Bruchteil sein. Aber auch das Pfändungspfandrecht am Bruchteil wird als Sondernachfolge behandelt; *Sprau* in: Palandt, § 746 Rn. 1.

[4]　*Hadding* in: Soergel, § 746 Rn. 1; *Sprau* in: Palandt, § 746 Rn. 1.

[5]　*Schmidt* in: MünchKomm-BGB, § 746 Rn. 5.

§ 747 BGB Verfügung über Anteil und gemeinschaftliche Gegenstände

(Fassung vom 02.01.2002, gültig ab 01.01.2002)

¹Jeder Teilhaber kann über seinen Anteil verfügen. ²Über den gemeinschaftlichen Gegenstand im Ganzen können die Teilhaber nur gemeinschaftlich verfügen.

Gliederung

A. Grundlagen 1
B. Anwendungsvoraussetzungen 2
   I. Verfügung über den Anteil 2
   II. Verfügung über den gemeinschaftlichen Gegenstand 7
C. Prozessuale Hinweise/Verfahrenshinweise 10
D. Anwendungsfelder 12

A. Grundlagen

Die Vorschrift gewährt jedem Teilhaber die Möglichkeit, über seinen Anteil rechtsgeschäftlich zu verfügen. Über den gemeinschaftlichen Gegenstand können die Teilhaber nur gemeinschaftlich verfügen. Die Regelung ist somit Ausdruck der geteilten Rechtszuständigkeit der Teilhaber am gemeinschaftlichen Gegenstand.   **1**

B. Anwendungsvoraussetzungen

I. Verfügung über den Anteil

Der Teilhaber kann über seinen Anteil rechtsgeschäftlich frei verfügen. Eine Verfügung ist ein Rechtsgeschäft, das unmittelbar darauf gerichtet ist, ein bestehendes Recht zu verändern, zu übertragen oder aufzuheben.[1] Darunter fallen die Veräußerung und die Teilveräußerung. Durch die Teilveräußerung wird der Bruchteil in kleinere Bruchteile aufgeteilt. Zur Bildung von sog. Untergemeinschaften kommt es dabei nicht.[2] Erwirbt ein Teilhaber sämtliche Anteile der Gemeinschaft, so endet diese. Ebenfalls erfasst sind Belastungen, die den Anteil als solchen belasten. Dazu gehören das Pfandrecht (§ 1258 BGB), die Grundpfandrechte (§§ 1114, 1192, 1200 BGB, § 8 Abs. 3 SchiffsRG), der Nießbrauch (§ 1066 BGB) und das dingliche Vorkaufsrecht (§ 1095 BGB). Die Vermietung und Verpachtung des Gegenstandes stellen dagegen keine Verfügung dar.[3]   **2**

Ein **vereinbartes Verfügungsverbot** der Teilhaber hat nur schuldrechtliche Wirkung.[4] Das Verbot kann ausdrücklich vereinbart werden oder sich aus den internen Bindungen der Teilhaber ergeben. Eine dingliche Wirkung kommt auch bei Grundstücken nicht in Betracht, da eine Eintragung (§ 1010 BGB) des Verbots unzulässig ist.   **3**

Den übrigen Teilhabern steht bei der Verfügung eines Teilhabers über seinen Anteil weder ein Widerspruchsrecht noch ein gesetzliches Vorkaufsrecht zu. Allerdings kann ein Vorkaufsrecht vereinbart werden (§§ 463-473 BGB), das bei einem Grundstück auch dinglich ausgestaltet sein kann (§ 1095 BGB). Empfehlenswert ist dabei eine Bestellung zu Gunsten der jeweils anderen Bruchteilsinhaber (§ 1094 Abs. 2 BGB) für alle Verkaufsfälle (§ 1097 BGB).[5]   **4**

Gesetzliche Ausnahmen gibt es beim Wohnungseigentum (§ 12 WEG) und für das Urheberrecht von Miturhebern (§ 8 Abs. 2 Satz 1 UrhG). Bei Investmentanteilen gibt es eine speziellere Regelung (§ 18 Abs. 3 KAGG).   **5**

Abdingbarkeit: Abreden der Teilhaber untereinander haben **nur schuldrechtliche Wirkung**. Die Verfügungsbefugnis wird dadurch nicht beeinträchtigt. Dagegen kommt der Bevollmächtigung und der   **6**

---

[1] *Heinrichs* in: Palandt, § 185 Rn. 2.
[2] *Schmidt* in: MünchKomm-BGB, § 747 Rn. 13.
[3] *Schmidt* in: MünchKomm-BGB, § 747 Rn. 2; sofern ein Teilhaber den Gegenstand eigenständig vermietet oder verpachtet, müssen die übrigen Teilhaber dies nur gegen sich gelten lassen, wenn sie dem Rechtsgeschäft zugestimmt haben.
[4] *Aderhold* in: Erman, Handkommentar BGB, 10. Aufl. 2000, § 747 Rn. 2.
[5] *Schmidt* in: MünchKomm-BGB, § 747 Rn. 12.

Ermächtigung zur Mitwirkung bei der Verfügung über den gemeinschaftlichen Gegenstand Außenwirkung zu (§§ 164, 185 Abs. 1 BGB).[6]

II. Verfügung über den gemeinschaftlichen Gegenstand

7 Die **Verfügung über den gemeinschaftlichen Gegenstand im Ganzen** ist den Teilhabern nur gemeinschaftlich möglich. Sobald eine Verfügung über den Zuständigkeitsbereich des einzelnen Teilhabers hinausgeht, ist eine gemeinschaftliche Verfügung erforderlich. Dies ist bei Verfügungen, die schon ihrer Natur nach den ganzen Gegenstand erfassen, stets der Fall.[7] Dazu gehören die Lizenzvergabe beim Gemeinschaftspatent, die Aufrechnung und der Verzicht bei einer gemeinschaftlichen Forderung und häufig auch die Ausübung von Gestaltungsrechten. Die allseitige Rechtszuständigkeit kann nicht durch Mehrheitsbeschluss (§ 745 BGB) beseitigt werden. Die wirksame Verfügung durch nur einen Teilhaber ist möglich, sofern die anderen Teilhaber ihn bevollmächtigen (§ 164 BGB) oder die Verfügung genehmigen (§ 177 BGB). Verfügt der Teilhaber im Eigenen Namen, so hängt die Wirksamkeit von der Zustimmung der übrigen Teilhaber (§ 185 BGB) ab. Eine Zustimmungspflicht der Teilhaber kann sich aus einer Vereinbarung oder der Regelung des § 744 Abs. 2 BGB ergeben. Bei Grundstücken muss die schuldrechtliche Vereinbarung die Formerfordernisse des § 311b BGB erfüllen.

8 Bei der Verfügung über den gemeinschaftlichen Gegenstand verfügt jeder Teilhaber koordiniert mit den übrigen über seinen Bruchteil.[8] Daher ist es möglich, dass nur ein Verfügungsgeschäft eines Teilhabers unwirksam ist. Ob diese Unwirksamkeit auch die übrigen Verfügungsgeschäfte betrifft, ist nach dem hypothetischen Parteiwillen durch die Teilnichtigkeitsregel[9] (§ 139 BGB) oder die Umdeutung[10] (§ 140 BGB) zu entscheiden. Wird der Gegenstand vollständig an einen Teilhaber veräußert, so geschieht dies durch Übertragung der übrigen Bruchteile an ihn.[11] Auch für den Fall, dass aus der Gemeinschaft eine Gesamthand entstehen soll, müssen sämtliche Bruchteile in die Gemeinschaft eingebracht werden. Bei Belastungen des gemeinschaftlichen Gegenstandes ist es ebenfalls erforderlich, dass über sämtliche Anteile verfügt wird.

9 **Gesetzliche Ausnahmen** gibt es beim Lagerhalter (§ 469 Abs. 3 HGB, § 23 Abs. 3 OlSchVO) und für den Verwahrer (§ 6 Abs. 2 DepotG). Dabei können beide ohne Genehmigung der übrigen Teilhaber über einzelne Stücke aus dem Gesamtbestand zu Gunsten eines Teilhabers verfügen. Dieser Rechtsgedanke wird auch auf den unmittelbaren Besitzer beim Miteigentum an Geld übertragen, so dass diesem ein Verfügungs- und Teilungsrecht zuerkannt wird.[12] Bei Investmentanteilen gibt es eine speziellere Regelung (§ 9 Abs. 1 Satz 1 KAGG).

C. Prozessuale Hinweise/Verfahrenshinweise

10 Die **gerichtliche Geltendmachung** eines gemeinschaftlichen Rechts steht den Teilhabern gemeinschaftlich zu.[13] Die Befugnis zur Geltendmachung von gemeinschaftlichen Rechten im Eigenen Namen kann sich aus den §§ 432, 1011, 744 Abs. 2 BGB ergeben. Durch einen Aktivprozess der Teilhaber wird grundsätzlich eine **notwendige Streitgenossenschaft** § 62 Abs. 1 ZPO begründet.[14] In den Fällen der §§ 432, 1011 BGB ist die Streitgenossenschaft dagegen nicht notwendig.[15] Bei Passivprozessen handelt es sich um eine notwendige Streitgenossenschaft, soweit die Klage auf eine Verfügung über den Gegenstand im Ganzen gerichtet ist.[16] Ist eine solche Klage nicht gegen sämtliche Teilhaber

---

[6] *Schmidt* in: MünchKomm-BGB, § 747 Rn. 8.
[7] *Langhein* in: Staudinger, § 750 Rn. 13.
[8] *Sprau* in: Palandt, § 747 Rn. 4.
[9] So u.a. *Schmidt* in: MünchKomm-BGB, § 747 Rn. 25.
[10] So u.a. *Schmidt* in: MünchKomm-BGB, § 747 Rn. 22.
[11] *Schmidt* in: MünchKomm-BGB, § 747 Rn. 26.
[12] *Schmidt* in: MünchKomm-BGB, § 747 Rn. 10.
[13] *v. Gamm* in: BGB-RGRK § 747 Rn. 6.
[14] *Hadding* in: Soergel, § 749 Rn. 7.
[15] *Schmidt* in: MünchKomm-BGB, § 747 Rn. 34.
[16] *Aderhold* in: Erman, Handkommentar BGB, 10. Aufl. 2000, § 747 Rn. 32; *Sprau* in: Palandt, § 747 Rn. 6; a.A. *Langhein* in: Staudinger, § 747 Rn. 71.

gerichtet, so erfolgt die Abweisung dieser durch Prozessurteil.[17] Soll dagegen nur die gesamtschuldnerische Haftung der Teilhaber durchgesetzt werden, so begründet dies keine notwendige Streitgenossenschaft.

In der Zwangsvollstreckung kann auf den gemeinschaftlichen Gegenstand zugegriffen werden, sofern ein Gesamtschuldtitel gegen alle Teilhaber vorliegt.[18] Die **Vollstreckung in den Anteil** eines Teilhabers ist dagegen möglich, wenn ein Titel gegen ihn vorliegt. Versucht der Gläubiger mit einem solchen Titel auf den gemeinschaftlichen Gegenstand zuzugreifen, so können die übrigen Teilhaber eine Drittwiderspruchsklage (§ 771 ZPO) erheben.[19] Die Vollstreckungsdurchführung in den Anteil des einzelnen Teilhabers richtet sich nach § 857 Abs. 1 ZPO. Der Schuldneranteil unterliegt der Rechtspfändung, selbst wenn der gemeinschaftliche Gegenstand eine bewegliche Sache ist.[20] Gegen eine Pfändung nach § 808 ZPO könnten die übrigen Teilhaber nach den §§ 771 und 766 ZPO vorgehen.[21] Der Gläubiger kann den Anteil durch Anteilsveräußerung oder durch Teilung der Gemeinschaft herbeiführen. Erfolgt die Teilung der Gemeinschaft durch Verkauf (§ 753 BGB), so setzt sich das Pfändungspfandrecht des Gläubigers am Erlös fort. Der Miteigentumsanteil an Grundstücken, grundstücksgleichen Rechten, Schiffen, Schiffsbauwerken oder Luftfahrzeugen richtet sich nach der Immobiliarvollstreckung.[22]

11

D. Anwendungsfelder

Anwendungshinweise: Bei der Verfügung eines im Güterstand der **Zugewinngemeinschaft** lebenden Ehegatten sind die Beschränkungen der §§ 1365, 1369 BGB zu beachten. Auf **gesetzliche Pfandrechte** ist die Vorschrift entsprechend anzuwenden.

12

---

[17] BGH v. 29.11.1961 - V ZR 181/60 - BGHZ 36, 187-193.
[18] *Schmidt* in: MünchKomm-BGB, § 747 Rn. 36.
[19] *Aderhold* in: Erman, Handkommentar BGB, 10. Aufl. 2000, § 747 Rn. 4.
[20] *Schmidt* in: MünchKomm-BGB, § 747 Rn. 37.
[21] *Schmidt* in: MünchKomm-ZPO, § 771 Rn. 19.
[22] *Schmidt* in: MünchKomm-BGB, § 747 Rn. 37.

§ 748 BGB Lasten- und Kostentragung

(Fassung vom 02.01.2002, gültig ab 01.01.2002)

Jeder Teilhaber ist den anderen Teilhabern gegenüber verpflichtet, die Lasten des gemeinschaftlichen Gegenstands sowie die Kosten der Erhaltung, der Verwaltung und einer gemeinschaftlichen Benutzung nach dem Verhältnis seines Anteils zu tragen.

Gliederung

A. Grundlagen 1	C. Rechtsfolgen 9
B. Anwendungsvoraussetzungen 2	D. Prozessuale Hinweise/Verfahrenshinweise 12
I. Teilhaber 2	
II. Lasten 3	E. Anwendungsfelder 13
III. Kosten 5	

A. Grundlagen

1 Die Regelung bestimmt eine Lasten- und Kostentragung der Teilhaber in Höhe ihres Bruchteils, wie er sich bei ungeteilter Rechtszuständigkeit für den Gegenstand ergeben würde. Die Vorschrift ist daher eine Bestätigung der allgemeinen Regelung aus den §§ 683, 812 BGB.

B. Anwendungsvoraussetzungen

I. Teilhaber

2 Die Verpflichtung zur Tragung der Lasten und Kosten besteht nur zwischen den Teilhabern. Dritte, die in einem besonderen Rechtsverhältnis zu Teilhabern stehen, können daher nicht Gläubiger oder Schuldner des Ausgleichsverhältnisses sein.[1]

II. Lasten

3 Es besteht die Pflicht, die Lasten des gemeinschaftlichen Gegenstandes zu tragen. Lasten sind Leistungen, die aus dem belasteten Gegenstand zu entrichten sind und seinen Nutzwert mindern.[2] Dazu zählen beispielsweise öffentliche Abgaben, Hypotheken- und Grundschuldzinsen, die aus einem Grundstück zu entrichten sind.[3] Dagegen stellen das dingliche Recht selbst[4] und eine ordnungsbehördliche Auflage, Bedingung oder sonstige tatsächliche Leistung[5] keine Last dar. Die sich dabei ergebenden Aufwendungen können aber Verwaltungskosten (vgl. Rn. 5) darstellen. Auch die Bildung von Rücklagen zur späteren Begleichung von anfallenden Kosten fällt nicht unter den Kostenbegriff. Zu ihrer Bildung bedarf es einer vertraglichen Abrede sämtlicher Teilhaber.[6]

4 **Abdingbarkeit**: Die Regelung ist **dispositiv**. Individuelle Vereinbarungen der Teilhaber sind somit vorrangig. Dies ist insbesondere bei Innengesellschaften zwischen den Gesellschaften der Fall.[7] Sofern der Gebrauch und die Fruchtziehung abweichend von § 743 BGB nur einem Teilhaber zugesprochen sind, so gilt im Zweifel, dass auch die Lasten- und Kostentragung nur ihn trifft.[8]

III. Kosten

5 Die Teilhaber sind verpflichtet, gegenüber den anderen die Kosten der Erhaltung, der Verwaltung und einer gemeinschaftlichen Benutzung zu tragen. Die Kosten sind im Gegensatz zu den Lasten (vgl. Rn. 3) gegenstanderhaltende Aufwendungen, Verwendungen und sonstige Aufwendungen, die gerechtfertigt sind.[9] Die Kosten sind gerechtfertigt, wenn die Teilhaber die Zustimmung erklärt haben

---

[1] *Schmidt* in: MünchKomm-BGB, § 748 Rn. 4.
[2] *Hadding* in: Soergel, § 748 Rn. 3.
[3] *Schmidt* in: MünchKomm-BGB, § 748 Rn. 6.
[4] *Schmidt* in: MünchKomm-BGB, § 748 Rn. 6; a.A. *Langhein* in: Staudinger, § 748 Rn. 3, 18.
[5] Zu den sonstigen tatsächlichen Leistungen gehören beispielsweise die Streupflicht und die Straßenreinigung.
[6] *Schmidt* in: MünchKomm-BGB, § 748 Rn. 7.
[7] *Schmidt* in: MünchKomm-BGB, § 748 Rn. 5.
[8] *Schmidt* in: MünchKomm-BGB, § 748 Rn. 5.
[9] *Langhein* in: Staudinger, § 748 Rn. 6; *Schmidt* in: MünchKomm-BGB, § 748 Rn. 7.

oder die Maßnahme notwendig war (§ 744 Abs. 2 BGB). Im Falle des § 745 BGB sind auch Mehrheitsentscheidungen zulässig. Der überstimmte Teilhaber bleibt an die Kostentragungspflicht gebunden. Dabei sind aber Mehrheitsentscheidungen, die die Teilhaber mit einer solchen Kostentragungspflicht belasten, nur zulässig, wenn sie notwendig sind.[10]

Nicht zu den Kosten im Sinne der Vorschrift zählen **wertsteigernde Maßnahmen** und eine Erweiterung der bisherigen Nutzungsmöglichkeiten der Sache. Erfolgt eine solche Maßnahme durch einen Teilhaber im Einverständnis mit allen sonstigen Teilhabern, so erfolgt die Kostentragungspflicht nicht aus dieser Vorschrift, sondern aus der getroffenen Vereinbarung der Teilhaber, die freilich der normierten Kostentragungspflicht weitgehend entspricht.[11] 6

Ebenfalls keine Kosten stellen die **Arbeitskraft** und der Zeitaufwand eines Teilhabers dar.[12] Eine Vergütung des Teilhabers ist nur möglich, sofern darüber eine gesonderte Vereinbarung getroffen wurde. Nur in dem Falle, dass eine entgeltliche Inanspruchnahme Dritter üblich war und zu erwarten gewesen wäre, kann der durchführende Teilhaber einen Anspruch aus § 683 BGB geltend machen. 7

Abdingbarkeit: Die Regelung ist dispositiv. Individuelle Vereinbarungen der Teilhaber sind somit vorrangig. 8

C. Rechtsfolgen

Die Regelung betrifft nur das Innenverhältnis.[13] Das Außenverhältnis bestimmt aber den Anspruchsinhalt. Wird ein Teilhaber im Außenverhältnis mit einer Verbindlichkeit belastet, die über das Verhältnis seines Anteils hinausgeht, so kann er insoweit Befreiung verlangen. Nach bereits erfolgter Zahlung ist er zum Regress berechtigt. Die anderen Teilhaber haften ihm gegenüber als Teilschuldner.[14] Sofern es sich im Außenverhältnis um eine Gesamtschuld handelt, bleibt es aber bei der Anwendung des § 426 Abs. 2 BGB. Die Forderung geht auf den zahlenden Teilhaber mit den akzessorischen Sicherheiten über (§§ 412, 401 BGB). 9

Der Anspruch wird mit der Entstehung fällig, es sei denn die Parteien haben etwas Abweichendes vereinbart. Im Falle der vorherigen Zustimmung (§ 744 Abs. 2 BGB) zu einem Rechtsgeschäft, hat der Teilhaber einen Anspruch auf Vorschuss.[15] 10

Die Geltendmachung eines Zurückbehaltungsrechts (§ 273 BGB) oder die Aufrechnung (§ 387 BGB) gegen einen Anspruch auf Lasten- oder Kostentragung ist nur im Verhältnis zum jeweiligen Teilhaber möglich.[16] Eine allseitige Verrechnung der Forderungen unter sämtlichen Teilhabern erfordert außerhalb des Auflösungsverfahrens (§ 755 BGB) eine besondere Vereinbarung der Teilhaber. 11

D. Prozessuale Hinweise/Verfahrenshinweise

Die Beweislast für das Bestehen der Bruchteilsgemeinschaft, die entstandenen Lasten oder Kosten im Sinne der Vorschrift trägt der Teilhaber, der den Anspruch auf Lasten- oder Kostentragung geltend macht.[17] Eine erwiesene Einwilligung (§ 744 Abs. 2 BGB) kann eine Beweisführung insoweit entbehrlich machen. 12

E. Anwendungsfelder

Geltungsbereich: Die Vorschrift findet auch bei der Erbengemeinschaft Anwendung (§ 2038 Abs. 2 BGB). Eine entsprechende Anwendung der Vorschrift ist bei schlichten Interessengemeinschaften möglich.[18] 13

---

[10] *Schmidt* in: MünchKomm-BGB, §§ 744, 745 Rn. 28.
[11] *Aderhold* in: Erman, Handkommentar BGB, 10. Aufl. 2000, § 748 Rn. 4.
[12] *Langhein* in: Staudinger, § 748 Rn. 5.
[13] Die Art und Weise der Verpflichtung im Außenverhältnis hängt vom Auftreten der Teilhaber ab. Häufig wird sie sich nach § 427 BGB richten.
[14] *Schmidt* in: MünchKomm-BGB, § 748 Rn. 11.
[15] *Schmidt* in: MünchKomm-BGB, §§ 744, 745 Rn. 44.
[16] *Aderhold* in: Erman, Handkommentar BGB, 10. Aufl. 2000, § 748 Rn. 3.
[17] *Laumen* in: Baumgärtel/Laumen, Handbuch der Beweislast im Privatrecht, §§ 746-748 Rn. 1.
[18] Angenommen wurde dies für die Kosten eines Schleppereinsatzes bei der Probefahrt, wobei die Gefahr durch die Werft für den Schiffrumpf und die Reederei für Maschinen und Inventar anteilig zu tragen war; vgl. dazu auch *Langhein* in: Staudinger, § 748 Rn. 26.

14 Spezialvorschriften zu der Regelung befinden sich in den §§ 753 Abs. 2, 922 BGB. Der § 753 Abs. 2 BGB besagt, dass der Teilhaber, der nach erfolglosem Verkaufsversuch eine Wiederholung verlangt, die Kosten bei Erfolglosigkeit tragen muss. In § 922 Satz 2 BGB wird angeordnet, dass die Unterhaltungskosten einer Grenzeinrichtung von den Nachbarn zu gleichen Teilen zu tragen sind. Für Ehegatten enthalten die §§ 1360-1360b BGB Spezialvorschriften. Soweit diese nicht mehr eingreifen, kommt die Anwendung des Gemeinschaftsrechts wieder in Betracht.[19]

15 Sofern ein Teilhaber zugleich Mieter der gemeinschaftlichen Sache ist, muss die Konkurrenz zum Mietrecht beachtet werden. Nur wenn auch die Voraussetzungen für den Erstattungsanspruch nach Gemeinschaftsrecht vorliegen, besteht Anspruchskonkurrenz.[20] Dabei unterliegt der Anspruch auf Lasten- und Kostentragung aus dem Gemeinschaftsrecht nicht der kurzen Verjährung des § 548 BGB.[21]

---

[19] Dies ist bei getrennt lebenden und nach der Scheidung der Fall; vgl. dazu *Schmidt* in: MünchKomm-BGB, § 748 Rn. 16.
[20] *Aderhold* in: Erman, Handkommentar BGB, 10. Aufl. 2000, § 748 Rn. 4.
[21] *Schmidt* in: MünchKomm-BGB, § 748 Rn. 18.

§ 749 BGB Aufhebungsanspruch

(Fassung vom 02.01.2002, gültig ab 01.01.2002)

(1) Jeder Teilhaber kann jederzeit die Aufhebung der Gemeinschaft verlangen.

(2) ¹Wird das Recht, die Aufhebung zu verlangen, durch Vereinbarung für immer oder auf Zeit ausgeschlossen, so kann die Aufhebung gleichwohl verlangt werden, wenn ein wichtiger Grund vorliegt. ²Unter der gleichen Voraussetzung kann, wenn eine Kündigungsfrist bestimmt wird, die Aufhebung ohne Einhaltung der Frist verlangt werden.

(3) Eine Vereinbarung, durch welche das Recht, die Aufhebung zu verlangen, diesen Vorschriften zuwider ausgeschlossen oder beschränkt wird, ist nichtig.

Gliederung

A. Grundlagen 1	II. Vollzug der Aufhebung 14
B. Anwendungsvoraussetzungen 2	C. Prozessuale Hinweise/Verfahrenshinweise 21
I. Aufhebungsanspruch 2	D. Anwendungsfelder 25

A. Grundlagen

Die Vorschrift gewährt jedem Teilhaber ein Recht zur Aufhebung der Gemeinschaft. Die Aufhebung der Gesellschaft beinhaltet nur die Beendigung der Bruchteilszuständigkeit durch Rechtsgeschäft. Eine Abwicklung sämtlicher Rechtsbeziehungen findet dagegen grundsätzlich nicht statt.[1] Die Voraussetzungen für den Aufhebungsanspruch sind in den §§ 749-751 BGB und der Inhalt in den §§ 752-754 BGB statuiert.   1

B. Anwendungsvoraussetzungen

I. Aufhebungsanspruch

Die Regelung gewährt jedem Teilhaber einen **Anspruch auf Aufhebung der Gemeinschaft**. Der Inhalt dieses Aufhebungsanspruchs richtet sich nach den §§ 752-754 BGB. Der jederzeitige Aufhebungsanspruch ist aber nur gegeben, sofern nicht eine Aufhebungsvereinbarung, ein rechtsgeschäftliches Teilungsverbot oder eine gesetzliche Sonderregelung eingreift.   2

Gesetzliche Sonderregelungen bestehen bei Grenzanlagen (§ 922 BGB), bei den sog. Familienbriefen (§ 2047 Abs. 2 BGB), bei der Wohnungseigentümergemeinschaft (§ 11 Abs. 1 WEG)[2] und bei Kapitalanlagegesellschaften (§ 11 Abs. 1 KAGG).[3] Sofern der Teilhaber ein im gesetzlichen Güterstand lebender Ehegatte ist, bedarf die Aufhebung der Gemeinschaft der Zustimmung des anderen Ehegatten, sofern die Regelungen der §§ 1365, 1369 BGB eingreifen.[4]   3

Liegt ein **wichtiger Grund** vor, so gewährt die Vorschrift auch bei Ausschluss der Teilung die Möglichkeit, Aufhebung der Gemeinschaft zu verlangen. Damit wird der bei allen Dauerschuldverhältnissen geltende Grundsatz, dass eine Kündigung aus wichtigem Grund stets möglich ist, bestätigt. Eine Vereinbarung, die dieses Recht ausschließt, ist dagegen nichtig. Dieses schließt aber Vereinbarungen über die Art und Weise der Teilung nicht aus.[5] Die Nichtigkeitswirkung trifft grundsätzlich nur die Vereinbarung über den Teilungsausschluss bei Vorliegen eines wichtigen Grundes. Die übrige Regelung bleibt ansonsten wirksam.[6] Die Frage, ob ein wichtiger Grund vorliegt, ist von den Gegebenheiten   4

---

[1] Eine Ausnahme dazu stellen die Regelungen in den §§ 755, 756 BGB dar.
[2] Die Anteilsversteigerung nach den §§ 18, 19, 53-58 WEG ist eine freiwillige Versteigerung, die freilich im Wege der Entziehung des Wohnungseigentums (§ 18 WEG) erzwungen werden kann.
[3] Dabei kann weder der Anteilinhaber, dessen Pfandgläubiger oder der Insolvenzverwalter die Aufhebung der Gemeinschaft verlangen.
[4] *Langhein* in: Staudinger, § 749 Rn. 65, 66.
[5] *Sprau* in: Palandt, § 749 Rn. 7.
[6] Nur wenn die Wirksamkeit des Teilungsverbotes von dessen uneingeschränkter Geltung abhängig gemacht wurde, ist es insgesamt nichtig.

des Einzelfalles abhängig.[7] Dabei ist zu beachten, dass sich die Gemeinschaft auf die gemeinsame Rechtszuständigkeit für einen Gegenstand beschränkt. Daher sind hinsichtlich des Vorliegens eines wichtigen Grundes, der im Fehlverhalten eines Teilhabers begründet ist, hohe Anforderungen zu stellen. Daher liegt ein solcher nur vor, wenn die Fortsetzung der Gemeinschaft auf Grund des Verhaltens eines Teilhabers für die übrigen Teilhaber nicht mehr zumutbar ist.[8] Der wichtige Grund kann aber auch auf den objektiven Gegebenheiten oder den persönlichen Verhältnissen des Teilhabers beruhen, der die Aufhebung der Gemeinschaft anstrebt. In Betracht kommt dabei eine wesentliche Änderung der Umstände für die Gemeinschaft.[9] Der allgemeine Finanzbedarf eines Teilhabers genügt hingegen grundsätzlich nicht.[10] Die übrigen Teilhaber haben für diesen Fall aber die Möglichkeit das Aufhebungsrecht des Teilhabers durch ein entsprechendes Entgelt abzulösen.[11] Auch die Möglichkeit einer guten Verwertung des gemeinschaftlichen Gegenstandes stellt keinen wichtigen Grund dar, sofern die Gemeinschaft nicht gerade zu diesem Zwecke besteht.[12] Die Einzelrechtsnachfolge stellt ebenfalls keinen wichtigen Grund zur Aufhebung der Gemeinschaft dar, weil ansonsten die Regelung des § 751 BGB unterlaufen würde.[13]

5 Auch beim Vorliegen eines wichtigen Grundes ist auf die Interessen der anderen Teilhaber Rücksicht zu nehmen. Die fristlose Aufhebung der Gemeinschaft zur Unzeit kann daher unzulässig sein[14] und zur Schadensersatzhaftung führen[15].

6 Die Aufhebung der Gemeinschaft kann im Einzelfall eine unzulässige Rechtsausübung nach § 242 BGB darstellen.[16] Dabei ist es aber nicht ausreichend, dass die Teilung für den betroffenen Teilhaber eine unbillige Härte darstellt, vielmehr muss die Unzumutbarkeit derart groß sein, dass ausnahmsweise von der gesetzlich vorgesehenen Fälligkeit des Teilungsanspruchs abgesehen werden kann.[17] Dies kommt in Betracht, wenn eine existentielle Gefährdung[18] oder ein schikanöses Aufhebungsverlangen[19] des Teilhabers vorliegt.

7 Jeder Teilhaber ist berechtigt, die Aufhebung zu verlangen. Beim Nießbrauch (§ 1066 Abs. 2 BGB) und beim Pfandrecht am Bruchteil (§ 1258 Abs. 2 BGB) gibt es Ausnahmen. Unerheblich ist, ob es sich bei dem Teilhaber um eine natürliche Person oder eine juristische Person handelt.

8 Anspruchsgegner sind die übrigen Teilhaber. Geschuldet ist aber nur die dem jeweiligen Teilhaber zukommende Teilung. Die übrigen Teilhaber haben die Möglichkeit, die Gemeinschaft auch ohne den die Teilung betreibenden Teilhaber fortzusetzen.[20]

9 Umstritten ist, ob das **Recht auf Teilung ein Anspruch**[21] oder ein Gestaltungsrecht[22] ist. Dabei ist richtigerweise zwischen den Voraussetzungen und dem Inhalt des Anspruchs zu differenzieren.[23] Ist der Anspruch auf Aufhebung der Gemeinschaft nach Ablauf einer Frist oder jederzeit fällig, so bedarf es keines Gestaltungsaktes. Sofern die Fälligkeit von einer Vereinbarung oder einer Kündigung abhängig ist, handelt es sich dabei um Voraussetzungen und nicht um den Inhalt des Anspruchs.[24]

---

[7] LG Braunschweig v. 13.06.2002 - 4 O 3210/01 (321), 4 O 3210/01.
[8] *Aderhold* in: Erman, Handkommentar BGB, 10. Aufl. 2000, § 749 Rn. 9.
[9] So beispielsweise bei der Zweckentfremdung eines gemeinschaftlichen Weges durch wegerechtliche Maßnahmen; s. *v. Gamm* in: BGB-RGRK, § 749 Rn. 6.
[10] *Langhein* in: Staudinger, § 749 Rn. 79.
[11] *Schmidt* in: MünchKomm-BGB, § 749 Rn. 12; a.A. *Huber* in: Staudinger, § 749 Rn. 81.
[12] *Schmidt* in: MünchKomm-BGB, § 749 Rn. 12.
[13] *Schmidt* in: MünchKomm-BGB, § 749 Rn. 12.
[14] *Langhein* in: Staudinger, § 749 Rn. 80.
[15] *Hadding* in: Soergel, § 749 Rn. 12.
[16] BGH v. 25.10.2004 - II ZR 171/02 - NJW-RR 2005, 308-309.
[17] *Schmidt* in: MünchKomm-BGB, § 749 Rn. 14.
[18] BGH v. 05.12.1994 - II ZR 268/93 - juris Rn. 12 - LM BGB § 749 Nr. 4 (5/1995).
[19] LG München II v. 10.01.1990 - 4 O 5923/89 - NJW-RR 1991, 67-68.
[20] *Schmidt* in: MünchKomm-BGB, § 749 Rn. 18.
[21] *Sprau* in: Palandt, § 749 Rn. 1.
[22] *Schmidt* in: Esser/Schmidt, Schuldrecht AT, Teilband 2, 8. Aufl. 2000, § 38 IV 2.
[23] *Schmidt* in: MünchKomm-BGB, § 749 Rn. 19.
[24] *Schmidt* in: MünchKomm-BGB, § 749 Rn. 19.

Inhalt des Anspruchs ist die zur Aufhebung der Gemeinschaft im konkreten Fall erforderliche Leistung. Im Falle der Teilung in Natur (§ 752 BGB) ist dies die Mitwirkung bei der Teilung. Bei der Teilung durch Verkauf (§ 753 BGB) gehören die Duldung des Zwangsverkaufs und die Mitwirkung bei der Erlösteilung dazu.[25] Im Falle der Undurchführbarkeit der Teilung wurde bisher zwischen dem Anspruch auf Aufhebung und dem Anspruch auf Durchführung der Aufhebung unterschieden und angenommen, dass diese in einem Stufenverhältnis stünden.[26] Der Aufhebungsanspruch richtet sich demnach auf die Zustimmung zur Aufhebung der Gemeinschaft, der durch eine Zustimmungserklärung zu erfüllen ist. Im Streitfalle müsste daher auch auf diese Zustimmung geklagt werden[27] und im Falle des Obsiegens wäre aber nicht mehr gewonnen, als mit einer Kündigung[28]. Daher besteht bei Undurchführbarkeit der Teilung[29] auch kein Aufhebungsanspruch.[30] Ausnahmen können sich aber aus dem Grundsatz von Treu und Glauben (§ 242 BGB) ergeben.[31]

10

Einen Anspruch auf personelle oder sachliche **Teilaufhebung** gibt es grundsätzlich nicht.[32] Die Teilhaber können eine solche aber vereinbaren.[33]

11

Abdingbarkeit: Die Regelung ist **dispositiv** und daher durch ein rechtsgeschäftliches Aufhebungsverbot abdingbar. Ein solches kann rechtsgeschäftlich zwischen den Teilhabern vereinbart sein oder auf einer Anordnung des Erblassers beruhen (§ 2044 BGB). Rechtsgeschäftliche Teilungsverbote können ausdrücklich oder stillschweigend vereinbart werden.[34] Ein Mehrheitsbeschluss der Teilhaber (§ 745 Abs. 1 BGB) ist aber nicht ausreichend. Eine zeitliche Grenze für den Aufhebungsausschluss gibt es nicht.[35] Eine Überschreitung einer zumutbaren Zeitdauer kann aber einen wichtigen Grund darstellen, der eine Aufhebung der Gemeinschaft nach angemessener Zeit ermöglicht.[36]

12

Die **Aufhebung** kann insgesamt **ausgeschlossen** sein oder in zeitlicher oder persönlicher Hinsicht auf einzelne Teilhaber beschränkt sein. Auch eine Vereinbarung, dass der Ausschluss nur bestimmte gemeinschaftliche Gegenstände erfasst, eine bestimmte Art der Teilung zu erfolgen hat oder im Falle der Teilung durch Verkauf ein bestimmter Mindesterlös erzielt werden muss, ist zulässig.[37] Ein bestehendes Teilungsverbot kann durch rechtsgeschäftliche Vereinbarung sämtlicher Teilhaber, durch Zeitablauf oder bei Vorliegen eines wichtigen Grundes aufgehoben werden.

13

II. Vollzug der Aufhebung

Der **Vollzug der Aufhebung** richtet sich vorrangig nach vertraglichen Vereinbarungen der Teilhaber. Nur soweit diese nicht bestehen, ist die gesetzliche Regelung anwendbar. Dabei lassen sich Aufhebungsvereinbarungen, Teilungsvereinbarungen, Verteilungsvereinbarungen und Vollzugsvereinbarungen unterscheiden.[38] Eine Kombination der unterschiedlichen Abreden ist auf Grund der Privatautonomie selbstverständlich möglich.

14

Eine **Aufhebungsvereinbarung** regelt die Voraussetzungen des Aufhebungsanspruchs. Sie trifft Aussagen darüber, wann der Teilungsanspruch entsteht und fällig wird. Über die Folgen der Aufhebung enthält sie hingegen keine Aussagen.

15

Die **Teilungsvereinbarung** regelt hingegen die Art und Weise der Teilung. Über die Voraussetzungen für eine Teilung enthält sie hingegen keine Angaben. In der Praxis fallen Aufhebungs- und Teilungsvereinbarung freilich oft zusammen.[39] Inhaltlich regelt sie häufig den Verkauf oder die Teilung des gemeinschaftlichen Gegenstandes, unabhängig von den gesetzlichen Regelungen. Die Teilungsvereinba-

16

---

[25] *Sprau* in: Palandt, vor § 749 Rn. 1; *Langhein* in: Staudinger, § 749 Rn. 19; *Schmidt* in: MünchKomm-BGB, § 749 Rn. 20.
[26] *Enneccerus/Lehmann*, Recht der Schuldverhältnisse, 15. Bearb. 1958, § 186 II.
[27] Die Abgabe der Willenserklärung wird durch das rechtskräftige Urteil fingiert (§ 894 ZPO).
[28] *Schmidt* in: MünchKomm-BGB, § 749 Rn. 20.
[29] So z.B. beim Urheberrecht.
[30] *Schmidt* in: MünchKomm-BGB, § 749 Rn. 20.
[31] *Schmidt* in: MünchKomm-BGB, § 749 Rn. 20.
[32] *Langhein* in: Staudinger, § 749 Rn. 51.
[33] *v. Gamm* in: BGB-RGRK, 749 Rn. 3.
[34] *Schmidt* in: MünchKomm-BGB, § 749 Rn. 8.
[35] Anders im Falle des § 2044 Abs. 1 Satz 1 BGB.
[36] *Schmidt* in: MünchKomm-BGB, § 749 Rn. 8.
[37] Zu weiteren Einzelheiten vgl. *Langhein* in: Staudinger, § 749 Rn. 60.
[38] *Schmidt* in: MünchKomm-BGB, § 749 Rn. 29.
[39] *Aderhold* in: Erman, Handkommentar BGB, 10. Aufl. 2000, § 752 Rn. 10.

§ 749

rung bedarf einer Vereinbarung sämtlicher Teilhaber. Ein Mehrheitsbeschluss (§ 745 Abs. 1 BGB) ist nicht ausreichend. Gegenüber Sonderrechtsnachfolgern wirkt die Teilungsvereinbarung nicht.[40] Eine Eintragung in das Grundbuch nach § 1010 BGB ist ebenfalls nicht möglich.[41]

17 Durch eine **Verteilungsvereinbarung** wird die Quote zwischen den einzelnen Teilhabern bei der Verteilung festgelegt. Dabei können auch noch weitere Verteilungsmodalitäten geregelt werden. In der Praxis wird sie häufig mit der Teilungsvereinbarung kombiniert.

18 Die **Vollzugsvereinbarung** trifft Regelungen über Verfügungsgeschäfte, die zur Durchführung der Teilung vorgenommen werden sollen. Dies können insbesondere Abreden über die Übereignung von gemeinschaftlichen Gegenständen oder die Abtretung von gemeinschaftlichen Ansprüchen sein. In einer solchen Vereinbarung liegt meist auch eine stillschweigende Teilungs- und Verteilungsvereinbarung, falls diese nicht ausdrücklich geregelt sind.[42]

19 Der Vollzug der Aufhebung der Gemeinschaft erfolgt durch ein **Verfügungsgeschäft**. Obwohl dieses von der schuldrechtlichen Vereinbarung oder dem gesetzlichen Anspruch auf Aufhebung der Gemeinschaft unterschieden werden muss, bestimmen diese die Art des Verfügungsgeschäfts. Eine Mitwirkung sämtlicher Teilnehmer ist beim Verfügungsgeschäft nur bei der Teilung in Natur erforderlich (§ 747 Satz 2 BGB). Die Abwicklung des Verfügungsgeschäfts richtet sich nach den für den Gegenstand einschlägigen Regelungen.[43] Sofern es beim Vollzug der Gemeinschaftsaufhebung zur Entstehung von Einzelrechten der bisherigen Teilhaber am bisher gemeinschaftlichen Gegenstand[44] oder seinem Erlös[45] kommt, so tritt **dingliche Surrogation** ein. Dadurch setzen sich auch die dinglichen Belastungen, die bisher am Bruchteil bestanden, am Surrogat unter Wahrung des Ranges fort und lasten auf den Einzelgegenständen der bisherigen Teilhaber.[46]

20 Fehlt es bei der Aufhebung der Gemeinschaft an einem Aufhebungsanspruch, so kann dies nur geltend gemacht werden, wenn sich die Aufhebungsvereinbarung oder das Aufhebungsurteil noch beseitigen lassen.[47] Eine erzwungene (§ 894 ZPO) oder vereinbarte Naturalteilung ist auf Grund der Regelung des § 747 Satz 2 BGB unwirksam, wenn ein Teilhaber dabei unberücksichtigt bleibt.[48] Die fehlende Mitwirkung des Teilhabers kann auch nicht durch ein rechtskräftiges Urteil gegen die bekannten Teilhaber ersetzt werden.[49] Ist der gemeinschaftliche Gegenstand durch einen Dritten gutgläubig erworben worden, so bleibt nur noch ein Bereicherungs- oder ein Schadensersatzanspruch.[50] Ist bei der Gemeinschaftsaufhebung ein Gegenstand versehentlich unberücksichtigt geblieben, so besteht der Aufhebungsanspruch an diesem fort.[51]

C. Prozessuale Hinweise/Verfahrenshinweise

21 Der Aufhebungsanspruch wird mit einer Leistungsklage gerichtlich geltend gemacht.[52] Der Streitgegenstand wird durch den Inhalt des Aufhebungsanspruchs bestimmt, da die Klage auf eine bestimmte Art der Aufhebung zu richten ist.[53] Der Inhalt des Aufhebungsanspruchs richtet sich vorrangig nach der Teilungsvereinbarung und ansonsten nach den §§ 752, 753 BGB. Der Klageantrag geht im Falle des § 752 BGB auf Mitwirkung bei der Teilung und muss die Quote benennen. Im Falle des § 753 BGB kann auf Mitwirkung bei der Erlösteilung unter Angabe der Quote geklagt werden.[54] Ob dabei im Wege der Klagehäufung auch eine Klage auf Duldung des Verkaufs zulässig ist, ist umstritten. So wird teilweise angenommen, dass für eine solche Klage das Rechtsschutzbedürfnis fehle, da der Teilungsver-

---

[40] *Hadding* in: Soergel, § 752 Rn. 2.
[41] OLG Frankfurt v. 03.08.1976 - 20 W 547/76 - Rpfleger 1976, 397.
[42] *Schmidt* in: MünchKomm-BGB, § 749 Rn. 36.
[43] So z.B. §§ 873, 925, 929-931 BGB, §§ 11-19 WEG.
[44] Im Falle des § 752 BGB.
[45] Im Falle des § 753 BGB.
[46] *Küchenhoff* in: Erman, Handkommentar BGB, 10. Aufl. 2000, § 1258 Rn. 3; a.A. *Bassenge* in: Palandt, § 1258 Rn. 4.
[47] *Schmidt* in: MünchKomm-BGB, § 749 Rn. 39.
[48] *Hadding* in: Soergel, § 749 Rn. 6.
[49] *Schmidt* in: MünchKomm-BGB, § 749 Rn. 39.
[50] *v. Gamm* in: BGB-RGRK, 749 Rn. 6.
[51] *Hadding* in: Soergel, § 749 Rn. 6.
[52] *Sprau* in: Palandt, § 749 Rn. 2.
[53] *Aderhold* in: Erman, Handkommentar BGB, 10. Aufl. 2000, § 749 Rn. 2.
[54] *Schmidt* in: MünchKomm-BGB, § 749 Rn. 41.

kauf grundsätzlich keinen Titel erfordert. Daher ist die Duldungsklage in Fällen in denen eine nicht bestrittene Teilungsvereinbarung vorliegt, unzulässig. In den übrigen Fällen bleibt sie aber zulässig, weil sie die Rechtmäßigkeit des Verkaufs außer Streit stellt.[55] Beim Verkauf gemeinschaftlicher Forderungen (§ 754 BGB) kann der Teilhaber auf Duldung des Verkaufs oder auf Mitwirkung bei der Einziehung klagen, wobei eine Verbindung mit dem Antrag auf Mitwirkung an der Erlösteilung unter Benennung der Quote ebenfalls zulässig ist.[56] Erfüllt der Klageantrag die Bestimmtheitserfordernisse nicht, so ist er unzulässig.

Der Teilhaber, der die Aufhebung der Gemeinschaft verlangt, trägt auch die Beweislast für deren Bestand. Ist der Zeitpunkt der möglichen Aufhebung umstritten, so trägt derjenige Teilhaber die Beweislast, der eine Abweichung von der gesetzlichen Regelung behauptet.[57] Wer sich auf einen wichtigen Grund zur Aufhebung der Gemeinschaft beruft, trägt die Beweislast für dessen Vorliegen.[58] 22

Der Anspruch auf Aufhebung der Gemeinschaft ist unabtretbar, da es sich nur um ein unselbständiges Hilfsrecht handelt, das mit dem Bruchteil untrennbar verbunden ist. Es kann daher nur in Verbindung mit dem Bruchteil selbst abgetreten werden. Abtretbar ist hingegen der Anspruch aus der Aufhebung der Gemeinschaft.[59] 23

Streit herrscht hingegen bei der Frage, ob der Anspruch auf Gemeinschaftsaufhebung pfändbar ist. So wird wohl überwiegend angenommen, dass dieser Anspruch pfändbar ist.[60] Dies wird auf § 857 Abs. 3 ZPO gestützt und soll den Zugriff auch auf das Surrogat des Bruchteils ermöglichen.[61] Dagegen spricht aber die Unselbständigkeit dieses Anspruchs und aus der Unabtretbarkeit des Anspruchs folgt auch dessen Unpfändbarkeit (§ 851 Abs. 1 ZPO).[62] Soweit die Pfändung des Bruchteils ebenfalls Rechtspfändung ist, bleibt der Streit folgenlos. Bedeutung hat er beim Miteigentum an Grundstücken. Das durch die Pfändbarkeit des Aufhebungsanspruchs verfolgte Ziel, den Zugriff auf das gemeinschaftliche Grundstück insgesamt zu ermöglichen, kann aber auch durch Pfändung des künftigen Anspruchs aus der Aufhebung der Gemeinschaft, der dem Schuldner als Teilhaber zusteht, erreicht werden. Dabei hat er auch in diesem Falle die Möglichkeit, die Aufhebung der Gemeinschaft über § 751 Satz 2 BGB zu erreichen.[63] 24

D. Anwendungsfelder

Erbengemeinschaft: Die Regelung findet auch bei der Erbengemeinschaft Anwendung (§§ 2042 Abs. 2, 2044 Abs. 1 BGB). Dabei kann aber die sofortige Auseinandersetzung aufgeschoben werden (§§ 2043, 2045 BGB). Eine sachliche Teilaufhebung der Erbengemeinschaft ist zulässig, sofern besondere Gründe des Einzelfalles dies rechtfertigen und es nicht zu einer Beeinträchtigung der Miterben kommt.[64] 25

---

[55] *Schmidt* in: MünchKomm-BGB, § 749 Rn. 41.
[56] *Schmidt* in: MünchKomm-BGB, § 749 Rn. 41.
[57] *v. Gamm* in: BGB-RGRK, § 749 Rn. 4.
[58] *Aderhold* in: Erman, Handkommentar BGB, 10. Aufl. 2000, § 749 Rn. 6.
[59] *Schmidt* in: MünchKomm-BGB, § 749 Rn. 23.
[60] *Sprau* in: Palandt, § 749 Rn. 2.
[61] *Bassenge* in: Palandt, § 1008 Rn. 6.
[62] *Schmidt* in: MünchKomm-BGB, § 749 Rn. 24.
[63] *Schmidt* in: MünchKomm-BGB, § 749 Rn. 25.
[64] *Karsten Schmidt* in: MünchKomm-BGB, § 749 Rn. 28.

§ 750 BGB Ausschluss der Aufhebung im Todesfall

(Fassung vom 02.01.2002, gültig ab 01.01.2002)

Haben die Teilhaber das Recht, die Aufhebung der Gemeinschaft zu verlangen, auf Zeit ausgeschlossen, so tritt die Vereinbarung im Zweifel mit dem Tod eines Teilhabers außer Kraft.

A. Grundlagen

1 Die Vorschrift statuiert eine Auslegungsregel beim Tode eines Teilhabers für Gemeinschaften, bei denen das Recht zur Aufhebung nur befristet besteht.

B. Anwendungsvoraussetzungen – Ausschluss der Aufhebung im Todesfall

2 Nach der aufgeführten Auslegungsregel tritt die vereinbarte Befristung der Aufhebungsvereinbarung bei einer Gemeinschaft mit dem Tode eines Teilhabers außer Kraft. Damit entfällt auch nach dem vereinbarten Fristablauf im Zweifel der Aufhebungsausschluss. Da es sich nur um eine Auslegungsregelung handelt, geht sie dem erforderlichenfalls durch Auslegung zu gewinnenden Parteiwillen nach. Die Beweislast trägt dabei derjenige, der eine Abweichung von der Zweifelsregelung geltend macht.[1] Sofern der Ausschluss der Aufhebung auch über den Tod hinaus vereinbart ist, stellt der Tod eines Teilhabers grundsätzlich auch keinen wichtigen Kündigungsgrund dar. Dabei steht die Regelung des § 749 Abs. 2 BGB einer solchen Vereinbarung nicht im Wege, im Einzelfall kann der Tod aber einen wichtigen Grund für die Erben oder die anderen Teilhaber bedeuten.[2] Die Vorschrift findet auch bei der Erbengemeinschaft Anwendung (§§ 2042 Abs. 2, 2044 Abs. 1 BGB).

---

[1] *Schmidt* in: MünchKomm-BGB, § 750 Rn. 1.
[2] *Langhein* in: Staudinger, § 750 Rn. 2.

§ 751 BGB Ausschluss der Aufhebung und Sondernachfolger

(Fassung vom 02.01.2002, gültig ab 01.01.2002)

¹Haben die Teilhaber das Recht, die Aufhebung der Gemeinschaft zu verlangen, für immer oder auf Zeit ausgeschlossen oder eine Kündigungsfrist bestimmt, so wirkt die Vereinbarung auch für und gegen die Sondernachfolger. ²Hat ein Gläubiger die Pfändung des Anteils eines Teilhabers erwirkt, so kann er ohne Rücksicht auf die Vereinbarung die Aufhebung der Gemeinschaft verlangen, sofern der Schuldtitel nicht bloß vorläufig vollstreckbar ist.

Gliederung

A. Grundlagen 1	III. Überwindung des Aufhebungsverbots bei der Pfändung 4
B. Anwendungsvoraussetzungen 2	C. Anwendungsfelder 9
I. Ausschluss der Aufhebung 2	
II. Sondernachfolger 3	

A. Grundlagen

Durch die Bindung des Sondernachfolgers an die Vereinbarungen der Teilhaber hinsichtlich der Einschränkung der Aufhebung der Gemeinschaft soll der Bestand der Gemeinschaft geschützt werden. Es handelt sich dabei um eine Parallelnorm zu § 746 BGB. Dagegen schützt die Beschränkung des Aufhebungsverbotes die Gemeinschaft nicht vor der Pfändung durch Gläubiger.   1

B. Anwendungsvoraussetzungen

I. Ausschluss der Aufhebung

Haben die Teilhaber die **Aufhebung der Gemeinschaft ausgeschlossen** oder eine **Kündigungsfrist** vorgesehen, so gilt diese Vereinbarung auch für den Sondernachfolger. Damit muss der Sondernachfolger neben den Verwaltungs- und Benutzungsregelungen (§ 746 BGB) auch den Aufhebungsausschluss gegen sich gelten lassen. Bei Grundstücken gelten diese Belastungen nur, wenn die Belastung im Grundbuch eingetragen ist (§ 1010 BGB).   2

II. Sondernachfolger

Die getroffenen Vereinbarungen der Teilhaber wirken gegenüber jedem Sondernachfolger. Sondernachfolge ist jeder Rechtserwerb, der auf der rechtsgeschäftlichen Verfügung des Anteils beruht. Daher ist Sondernachfolger jeder Erwerber eines Bruchteils an der Gemeinschaft. Der gute Glaube des Sondernachfolgers, unbeschränktes Bruchteilseigentum zu erwerben, ist unbeachtlich.[1] Dabei stellt auch der Erwerb in keinem Fall einen wichtigen Grund (§ 749 Abs. 2 BGB) dar, der zur Aufhebung der Gemeinschaft berechtigt.[2]   3

III. Überwindung des Aufhebungsverbots bei der Pfändung

Ein Gläubiger, der die **Pfändung eines Bruchteils** bewirkt hat, ist an den Aufhebungsausschluss nicht gebunden. Streit herrscht dagegen bei der Frage, ob der Gläubiger statt des Bruchteils selbst, den Anspruch eines Teilhabers auf den Erlös des Teilungsverkaufs pfänden kann oder ob hierbei der Anspruch auf Teilung gepfändet wird. Der Anspruch auf den Erlös aus dem Teilungsverkauf stellt lediglich das Surrogat des Bruchteils dar.[3] Daher kann es im Ergebnis keinen Unterschied machen, ob nun der Bruchteil selbst oder dessen Surrogat gepfändet wird.[4] Bedeutung bekommt dieser Streit bei der Gemeinschaft an Grundstücken, da der Miteigentumsbruchteil hier der Immobiliarvollstreckung unterliegt.   4

---

[1] *Hadding* in: Soergel, § 751 Rn. 1; *Langhein* in: Staudinger, § 751 Rn. 2; *Sprau* in: Palandt, § 751 Rn. 1.
[2] *Langhein* in: Staudinger, § 751 Rn. 1.
[3] *Schmidt* in: MünchKomm-BGB, § 751 Rn. 3.
[4] Dies ergibt sich auch aus einem Vergleich zu dem Parallelproblem aus § 725 BGB, § 135 HGB; vgl. dazu auch *Schmidt* in: MünchKomm-BGB, § 751 Rn. 3.

5 Der Ausschluss der Aufhebung der Gemeinschaft entfaltet auf Grund der entsprechenden Anwendung der Regelung auch beim **rechtsgeschäftlich bestellten Pfandrecht** keine Wirkung.[5] Ebenso verhält es sich beim gesetzlichen Pfandrecht und bei der Sicherungsübereignung am Bruchteil.[6] Hierbei bedarf es aber keiner entsprechenden Anwendung der Vorschrift, da der Gläubiger den Anteil nicht zusätzlich pfänden muss und es keines rechtskräftigen Titels gegen den Teilhabe-Schuldner bedarf. Vielmehr kann der Gläubiger sein Recht gegen den Schuldner durch Duldungsklage und gegen sonstige Teilhaber im Wege der Aufhebungsklage durchsetzen.[7]

6 Der **Gläubigerschutz** gilt auch für Gläubiger, die zugleich Teilhaber sind.[8] Allerdings ist die Berufung auf den Gläubigerschutz für den Teilhaber ausgeschlossen, wenn sich der Anspruch auf die Gemeinschaft stützt oder wenn der Gläubiger auf anderes pfändbares Vermögen des Schuldners zugreifen könnte.[9] Bei der Nichterfüllung eines Anspruchs aus Lasten- oder Kostentragung (§ 748 BGB) kann der Gläubiger, der zugleich Teilhaber ist, nicht ohne Rücksicht auf die Gegebenheiten des Einzelfalles, die Aufhebung der Gemeinschaft gem. §§ 751 Satz 2, 755 BGB betreiben. Allerdings dürfte die Nichttragung der Lasten und Kosten regelmäßig einen wichtigen Grund i.S.d. § 749 Abs. 2 BGB darstellen.[10]

7 Die Regelung gefährdet die Interessen der anderen Teilhaber, da sie durch die Aufhebung der Gemeinschaft ihr Recht am gemeinschaftlichen Gegenstand verlieren. Daher sind sie berechtigt, den Gläubiger zu befriedigen (§ 268 BGB). Durch die Befriedigung geht der Anspruch auf den leistenden Teilhaber über (§ 268 Abs. 3 BGB). Allerdings kann sich der zahlende Teilhaber beim Regress nicht auf § 751 Satz 2 BGB berufen, da er diesen Anspruch ja gerade abwehren wollte.[11] Den übergegangenen Anspruch kann der zahlende Teilhaber dafür im Wege des Teilhaberregresses geltend machen. Sollte dieser nicht gelingen und weiteres pfändbares Vermögen nicht vorhanden sein, so ist der zahlende Teilhaber zur Kündigung berechtigt (§ 749 Abs. 2 BGB).

8 Im **Insolvenzverfahren** ist eine Vereinbarung, durch die die Aufhebung der Gemeinschaft ausgeschlossen oder erschwert ist, unwirksam (§ 84 Abs. 2 Satz 1 InsO). Dies gilt auch für die Auseinandersetzungsanordnung eines Erblassers bei der Erbengemeinschaft (§ 84 Abs. 2 Satz 2 InsO).

C. Anwendungsfelder

9 **Erbengemeinschaft/Gesamtrechtsnachfolge**: Für die Erbengemeinschaft ist die Vorschrift über § 2044 Abs. 1 Satz 2 BGB entsprechend anwendbar. Für Vereinbarungen der Miterben untereinander findet sie über § 2042 Abs. 2 BGB Anwendung. Die Bindung der Gesamtrechtsnachfolger an die Vereinbarungen entfallen nur, wenn die Teilhaber dies für den Fall der Gesamtrechtsnachfolge bewusst ausgeschlossen haben.

---

[5] *Sprau* in: Palandt, § 751 Rn. 2.
[6] *Langhein* in: Staudinger, § 747 Rn. 34, 39.
[7] *Schmidt* in: MünchKomm-BGB, § 751 Rn. 4.
[8] *Langhein* in: Staudinger, § 751 Rn. 12.
[9] *Schmidt* in: MünchKomm-BGB, § 751 Rn. 5.
[10] *Schmidt* in: MünchKomm-BGB, § 751 Rn. 5.
[11] *Schmidt* in: MünchKomm-BGB, § 751 Rn. 6; a.A. *Langhein* in: Staudinger, § 751 Rn. 12.

§ 752 BGB Teilung in Natur

(Fassung vom 02.01.2002, gültig ab 01.01.2002)

¹Die Aufhebung der Gemeinschaft erfolgt durch Teilung in Natur, wenn der gemeinschaftliche Gegenstand oder, falls mehrere Gegenstände gemeinschaftlich sind, diese sich ohne Verminderung des Wertes in gleichartige, den Anteilen der Teilhaber entsprechende Teile zerlegen lassen. ²Die Verteilung gleicher Teile unter die Teilhaber geschieht durch das Los.

Gliederung

A. Grundlagen 1	II. Teilbarkeit des Gegenstandes 7
B. Praktische Bedeutung 2	III. Verteilung durch Los 14
C. Anwendungsvoraussetzungen 3	D. Prozessuale Hinweise/Verfahrenshinweise 15
I. Teilung in Natur 3	E. Anwendungsfelder 18

A. Grundlagen

Die Vorschrift regelt die Vollziehung der Aufhebung der Gemeinschaft durch Teilung in Natur. Dadurch erhält der Teilhaber der Gemeinschaft statt des bisherigen ideellen Bruchteils seinen realen Anteil.   **1**

B. Praktische Bedeutung

Zwar sind die Teilung in Natur und die Teilung durch Verkauf (§ 753 BGB) gleichrangige Möglichkeiten zur Aufhebung der Gemeinschaft, doch dominiert in der Praxis die Teilung durch Verkauf, weil viele Gegenstände unteilbar sind.   **2**

C. Anwendungsvoraussetzungen

I. Teilung in Natur

Durch die Teilung in Natur erfolgt eine **Realteilung des gemeinschaftlichen Gegenstandes**. Dadurch wandelt sich der ideelle Anteil des Teilhabers in einen realen Anteil. Daher stellt die Begründung von Wohnungseigentum keine Teilung in Natur dar, weil dabei neue Rechte begründet werden und es nicht zur Teilung eines gemeinschaftlichen Rechtes kommt.[1]   **3**

Die Teilung bezieht sich nur auf den gemeinschaftlichen Gegenstand und nicht auf die Gemeinschaft selbst. Sofern ein **Vorrat** von mehreren gleichartigen gemeinschaftlichen Gegenständen besteht, ist die Teilung in Natur gleichwohl möglich, obwohl der einzelne Gegenstand an sich unteilbar ist.[2]   **4**

Die Vorschrift regelt nur die **Verpflichtung zur Teilung in Natur**. Der Vollzug ist selbstverständlich davon zu trennen und richtet sich stets nach den für den jeweiligen Gegenstand maßgebenden Verfügungsvorschriften. Die Teilung in Natur ist ein Rechtsgeschäft, da dem Teilhaber die alleinige Rechtszuständigkeit an dem ihm zugewiesenen Teil des Gegenstandes verschafft werden soll. Dabei ist stets die Mitwirkung sämtlicher Teilhaber erforderlich (§ 747 Satz 2 BGB), die aber auch erzwungen werden kann (§ 894 ZPO). Ein gutgläubiger, lastenfreier Erwerb durch den bisherigen Teilhaber ist ausgeschlossen.[3]   **5**

Abdingbarkeit: Die Regelung ist **dispositiv**. Sofern die Teilhaber eine Teilungsvereinbarung getroffen haben, ist diese vorrangig.[4]   **6**

---

[1] *Schmidt* in: MünchKomm-BGB, § 752 Rn. 3.
[2] *Schmidt* in: MünchKomm-BGB, § 752 Rn. 4.
[3] *Langhein* in: Staudinger, § 752 Rn. 23; dafür fehlt es an dem für den gutgläubigen Erwerb erforderlichen Rechtsgeschäft im Sinne eines Verkehrsgeschäftes. Teilweise wird auch angeführt, dass es an der Schutzbedürftigkeit fehle, da der Erwerber bereits vor dem Erwerb mit dem Mangel belastet sei; so *Schmidt* in: MünchKomm-BGB, § 752 Rn. 5.
[4] *Schmidt* in: MünchKomm-BGB, § 752 Rn. 2.

II. Teilbarkeit des Gegenstandes

7 Voraussetzung der Teilung in Natur ist, dass der Gegenstand auch tatsächlich teilbar ist. Teilbar ist ein Gegenstand, wenn er sich ohne Wertminderung in gleichartige, den Anteilen der Teilhaber entsprechende Teile zerlegen lässt.[5]

8 Damit ist die Teilbarkeit vor allem auch wirtschaftlich zu betrachten. Führt die Summe der neuen Einzelwerte im Vergleich zum vorherigen Gesamtwert zu einem **Wertverlust**, so liegt Unteilbarkeit vor. Ob die Teilhaber dagegen eine Wertminderung durch eine spätere Eigennutzung ausgleichen können, ist unerheblich.[6] Allerdings wird die Teilung nicht schon dadurch ausgeschlossen, dass ein Verkauf wirtschaftlich zweckmäßiger wäre.[7] Ebenfalls unbeachtlich sind die mit der Teilung des Gegenstandes verbundenen Kosten.[8]

9 Die Teilbarkeit ist auch ausgeschlossen, wenn eine Aufteilung auf die Teilhaber nach ihrem Anteil nicht möglich ist. Die Möglichkeit der Teilung mit Wertausgleich stellt dabei eine Ausnahme dar,[9] sofern sie nicht durch die Teilhaber im Wege einer Teilungsvereinbarung getroffen wird.

10 Die Regelung erfasst ausdrücklich auch die Fälle, in denen es um **mehrere gemeinschaftliche Gegenstände** geht. Voraussetzung für deren Teilbarkeit ist zusätzlich noch die Gleichartigkeit der Gegenstände. Die Gleichartigkeit der Gegenstände bestimmt sich nach der Verkehrsanschauung, wobei eine absolute Gleichartigkeit nicht erforderlich ist.[10]

11 Daher sind **Geld** und **vertretbare Sachen** stets teilbar.[11] **Wertpapiere** sind teilbar, sofern eine Stückelung möglich ist. Dabei wird deren Teilbarkeit nicht dadurch beeinträchtigt, dass sie später ungleichartig werden können, wie es bei Anleihen, deren Rückzahlung später ausgelost wird, der Fall ist.[12] **Anteile an Personengesellschaften** sind nur mit entsprechender gesellschaftsvertraglicher Vereinbarung teilbar.[13] **Unbebaubare Grundstücke** sind teilbar, wenn der Wert der einzelnen Grundstücke den Gesamtwert des gesamten Grundstücks erreicht und die einzelnen Grundstücke wertmäßig ungefähr gleich sind. Bei **bebaubaren Grundstücken** müssen die einzelnen Grundstücke zusätzlich noch bebaubar bleiben. **Briefhypothek und Grundschuld** sind unter der Maßgabe des § 1152 BGB teilbar. **Forderungen** sind teilbar, soweit eine Teilabtretung zulässig ist. Dies ist unproblematisch der Fall, wenn der Schuldner zustimmt. Soweit es an der Zustimmung fehlt, ist eine Teilabtretung zulässig, wenn sie für den Schuldner keine unzumutbare Belastung darstellt.[14] Lebende **Tiere** sind teilbar, sofern die Aufteilung aus einem Vorrat gleichartiger Tiere möglich ist. Für die Naturalteilung durch Verwalter gibt es Spezialvorschriften.[15]

12 Unteilbar sind **Erbteile**,[16] **Erfindungen** und deren Schutzrechte,[17] ein einheitliches **Kunstwerk**,[18] und **Lebensversicherungsverträge** bei der Versicherung über verbundene Leben[19]. Die Unteilbarkeit kann sich auch aus der Funktionseinheit ergeben. Solche sind beispielsweise bei einer Einfahrt, einem Hauseingang oder einem Betriebshof denkbar.[20] Dagegen sind bereits **bebaute Grundstücke** in der Regel nicht teilbar, da es praktisch meist nicht möglich ist, den Anteilen der Teilhaber entsprechende Teile zu bilden.[21]

---

[5] *Langhein* in: Staudinger, § 752 Rn. 11.
[6] *Schmidt* in: MünchKomm-BGB, § 752 Rn. 9.
[7] *Langhein* in: Staudinger, § 752 Rn. 12.
[8] *Hadding* in: Soergel, § 752 Rn. 5.
[9] *Langhein* in: Staudinger, § 752 Rn. 9.
[10] *Aderhold* in: Erman, Handkommentar BGB, 10. Aufl. 2000, § 752 Rn. 2.
[11] *Schmidt* in: MünchKomm-BGB, § 752 Rn. 12.
[12] *Schmidt* in: MünchKomm-BGB, § 752 Rn. 12.
[13] *Schmidt* in: MünchKomm-BGB, § 752 Rn. 20; für GmbH-Anteile ergibt sich die Genehmigungspflicht für die Teilung aus § 17 Abs. 1 GmbHG.
[14] *Schmidt* in: MünchKomm-BGB, § 752 Rn. 19.
[15] Zu den wichtigsten gehören der Lagerverwalter § 419 Abs. 2 HGB, §§ 23 Abs. 3, 31 OLSchVO, der Sammelverwahrer § 6 Abs. 2 DepotG und die Wertpapiersammelbank § 9a Abs. 2, 3 DepotG.
[16] Zwar kann ein Erbteil in Bruchteile zerlegt werden, in Natur ist er aber nicht teilbar.
[17] Erfindungen und Patente sind nicht in Natur teilbar; *Schmidt* in: MünchKomm-BGB, § 752 Rn. 18.
[18] *Schmidt* in: MünchKomm-BGB, § 752 Rn. 23.
[19] *Schmidt* in: MünchKomm-BGB, § 752 Rn. 24.
[20] *Aderhold* in: Erman, Handkommentar BGB, 10. Aufl. 2000, § 752 Rn. 13.
[21] *Langhein* in: Staudinger, § 752 Rn. 18.

Es ist auch möglich, dass nur ein Teil einer Gesamtheit von gemeinschaftlichen Gegenständen teilbar ist. In diesem Falle erfolgt eine Teilung, soweit sie möglich ist.[22] Im Übrigen erfolgt die Teilung durch Verkauf (§ 753 BGB).[23]

III. Verteilung durch Los

Die Verteilung gleicher Anteile unter den Teilhabern erfolgt durch Los. Voraussetzung dafür ist, dass die gemeinschaftlichen Gegenstände gleichwertig und gleichartig sind.[24] Dafür müssen die Anteile gleich groß sein oder bei einem Vorrat gleichwertige und gleichartige Gegenstände zu verteilen sein.[25]

D. Prozessuale Hinweise/Verfahrenshinweise

Die Teilung kann durch eine Leistungsklage auf eine bestimmte Art der Teilung verfolgt werden.[26] Dabei ist es nicht erforderlich, den Gegenstand zu individualisieren. Allerdings ist es nicht ausreichend, nur auf eine sachgemäße Teilung zu klagen.[27] Die Vollstreckung des Leistungsurteils erfolgt gem. § 894 ZPO und falls erforderlich nach den §§ 883, 887, 888 ZPO.

Bei einer Losentscheidung gilt für die Durchsetzung des Anspruchs auf Durchführung der Verlosung § 887 ZPO.[28] Für Durchsetzung des Anspruchs aus der Verlosung gelten hingegen die §§ 883, 894 ZPO. Sinnvoll ist diese Differenzierung nur, sofern die Teile zwar gleichartig sind, einander aber nicht gleichen. Daher kann bei vollständig identischen Gegenständen einfach auf die Zuweisung eines dem Bruchteil entsprechenden Teils geklagt werden und die Vollstreckung richtet sich nach den §§ 887, 883, 884, 894 ZPO.

Die **Teilungskosten** tragen die Beteiligten im Verhältnis ihrer Anteile, sofern sie darüber keine andere Abrede getroffen haben. Dies ergibt sich aus einer entsprechenden Anwendung des § 748 BGB.[29]

E. Anwendungsfelder

Gesamthandsgemeinschaften: Die Vorschrift findet auch bei Gesamthandsgemeinschaften Anwendung (§§ 731, 1477 Abs. 1, 2042 Abs. 2 BGB). Dabei sind Unternehmen aber unteilbar.[30] Sofern zur Gesamthandsgemeinschaft ein Bruchteil zählt, ist dieser ebenfalls teilbar und bewirkt, dass die Gesamthänder in der Gemeinschaft aufgehen.[31] Dagegen sind gemeinschaftliche Besitz- und Nutzungsverhältnisse unteilbar, solange der Vertragspartner einer Teilung nicht zugestimmt hat.[32]

---

[22] *Sprau* in: Palandt, § 752 Rn. 2.
[23] *Schmidt* in: MünchKomm-BGB, § 752 Rn. 14; a.A. *Langhein* in: Staudinger, § 752 Rn. 6, 7.
[24] *Hadding* in: Soergel, § 752 Rn. 9.
[25] *Schmidt* in: MünchKomm-BGB, § 752 Rn. 34.
[26] *Aderhold* in: Erman, Handkommentar BGB, 10. Aufl. 2000, § 752 Rn. 6.
[27] *Schmidt* in: MünchKomm-BGB, § 752 Rn. 32.
[28] *Hadding* in: Soergel, § 752 Rn. 9.
[29] *Langhein* in: Staudinger, § 752 Rn. 26.
[30] *Sprau* in: Palandt, § 752 Rn. 3; dies gilt grundsätzlich auch für landwirtschaftliche Betriebe.
[31] *Schmidt* in: MünchKomm-BGB, § 752 Rn. 16.
[32] *Schmidt* in: MünchKomm-BGB, § 752 Rn. 15.

§ 753 BGB Teilung durch Verkauf

(Fassung vom 02.01.2002, gültig ab 01.01.2002)

(1) ¹Ist die Teilung in Natur ausgeschlossen, so erfolgt die Aufhebung der Gemeinschaft durch Verkauf des gemeinschaftlichen Gegenstands nach den Vorschriften über den Pfandverkauf, bei Grundstücken durch Zwangsversteigerung, und durch Teilung des Erlöses. ²Ist die Veräußerung an einen Dritten unstatthaft, so ist der Gegenstand unter den Teilhabern zu versteigern.

(2) Hat der Versuch, den Gegenstand zu verkaufen, keinen Erfolg, so kann jeder Teilhaber die Wiederholung verlangen; er hat jedoch die Kosten zu tragen, wenn der wiederholte Versuch misslingt.

Gliederung

A. Grundlagen 1	III. Erfolglosigkeit der Veräußerung 19
B. Praktische Bedeutung 2	D. Prozessuale Hinweise/Verfahrenshinweise 21
C. Anwendungsvoraussetzungen 3	
I. Teilung durch Veräußerung 3	E. Anwendungsfelder – Gesamthandsgemeinschaften 22
II. Zwangsversteigerung 9	

A. Grundlagen

1   Die Regelung dient der Aufhebung von Gemeinschaften an unteilbaren Gegenständen. Die Aufhebung erfolgt durch Verkauf und Erlösverteilung.

B. Praktische Bedeutung

2   Zwar sind die Teilung in Natur (§ 752 BGB) und die Teilung durch Verkauf gleichrangige Möglichkeiten zur Aufhebung der Gemeinschaft, doch dominiert in der Praxis die Teilung durch Verkauf, weil viele Gegenstände unteilbar sind.

C. Anwendungsvoraussetzungen

I. Teilung durch Veräußerung

3   Die Teilung der Gemeinschaft durch Verkauf setzt dem Wortlaut nach voraus, dass der Gegenstand veräußerungsfähig und nicht teilbar ist. Ist umstritten, ob eine Teilung durch Verkauf oder in Natur erfolgen soll, so muss auf Grund der praktisch meist nicht durchführbaren Teilung derjenige Teilhaber, der Teilung in Natur wünscht, die Teilbarkeit des Gegenstandes nachweisen.[1] Die Geltendmachung des Teilungsbegehrens erfolgt durch Klage nach § 771 ZPO. Eine Abweichung vom Grundsatz der Teilung durch Verkauf bei unteilbaren Gegenständen erfolgt grundsätzlich nur, sofern die Teilhaber eine entsprechende Teilungsvereinbarung geschlossen haben. Die mit einem Verkauf ggf. entstehenden Härten und Unbilligkeiten sind von den Teilhabern hinzunehmen.[2] Nur wenn im Einzelfall besondere Umstände eine Teilung durch Verkauf als völlig ungeeignet erscheinen lassen, kann durch den Richter eine andere Regelung getroffen werden.[3]

4   Zu den **unteilbaren und nicht veräußerbaren Gegenständen** gehören gemeinschaftliche Gesellschaftsanteile. Dagegen erfasst die Regelung die unteilbaren aber veräußerlichen Anteile.[4] Sofern die Anteile vinkuliert sind, ist eine Veräußerung nur mit entsprechender Genehmigung möglich. Allerdings kann sich aus der Auslegung der Vinkulierungsbestimmungen ergeben, dass nur ein Verkauf an Dritte genehmigungsbedürftig sein soll, während die Veräußerung an andere Teilhaber keiner Geneh-

---

[1]   *Baumgärtel/Laumen*, Handbuch der Beweislast im Privatrecht, § 753 Rn. 1.
[2]   *Langhein* in: Staudinger, § 749 Rn. 34.
[3]   Zu solchen Ausnahmen vgl. *Schmidt* in: MünchKomm-BGB, § 753 Rn. 7; kritisch *Langhein* in: Staudinger, § 749 Rn. 36.
[4]   Dazu zählen insbesondere die börsengängigen Anteile, wie z.B. Aktien.

migung bedarf.[5] Die Anteile einer GmbH sind frei veräußerlich (§ 15 Abs. 1 GmbHG). Allerdings kann die Übertragbarkeit der Anteile durch Gesellschaftsvertrag beschränkt, insbesondere von der Genehmigung der Gesellschaft abhängig gemacht werden (§ 15 Abs. 5 GmbHG).

Die Veräußerung richtet sich nach den **Vorschriften über den Pfandverkauf**. Der Verkauf beweglicher Sachen richtet sich nach den §§ 1233-1240 BGB. Ein Titel ist dabei nur erforderlich, wenn der Verkauf nach den Regeln über die Verwertung gepfändeter Sachen bewirkt werden soll. Dadurch soll dem Eigentümer beim Pfandverkauf die Möglichkeit gegeben werden, von seinem Ablösungsrecht Gebrauch zu machen. Beim Teilungsverkauf spielt sie daher keine Rolle.[6] Der Zuschlag in der Versteigerung erfolgt zum Meistgebot.[7] Beim Erwerb ist grundsätzlich Barzahlung erforderlich (§ 1238 BGB), ansonsten kann das Gebot zurückgewiesen werden (§ 1239 BGB). Sofern für die Veräußerung abweichende Regelungen vereinbart worden sind, haben diese Vorrang (§ 1245 BGB). Jeder Teilhaber kann eine solche abweichende Regelung verlangen, wenn eine abweichende Art des Verkaufs den Interessen der Beteiligten entspricht. Kann darüber keine Einigung erzielt werden, so entscheidet das Gericht (§ 1246 Abs. 2 BGB). Es handelt sich um ein Verfahren der freiwilligen Gerichtsbarkeit, für das eine ausschließliche sachliche und örtliche Zuständigkeit des Amtsgerichtes, an dem der Gegenstand aufbewahrt wird (§ 166 Abs. 1 FGG), besteht. Das Gericht entscheidet dann über die Art des Pfandverkaufs.[8]

Werden bei der Veräußerung die Voraussetzungen dieser Vorschrift nicht eingehalten, so ist die Veräußerung im Sinne des § 1243 BGB unrechtmäßig. Ein gutgläubiger Erwerb ist dabei möglich (§§ 1244, 932-934 BGB).

Der **Verkauf von Rechten** richtet sich nach § 1277 BGB.[9] Allerdings gibt es in vielen Fällen speziellere Regelungen. Diese existieren bei Forderungen (§§ 754, 1282 BGB), Grund- und Rentenschulden (§ 1291 BGB) und Inhaber- und Orderpapieren (§§ 1293-1296 BGB).

Ist die **Veräußerung an Dritte** unstatthaft, so erfolgt die Versteigerung des Gegenstandes unter den Teilhabern. Die Veräußerung ist unstatthaft, wenn ein Veräußerungsverbot an Dritte besteht. Dieses kann auf einer Vereinbarung der Teilhaber, einer Vereinbarung mit dem Schuldner (§ 399 BGB), auf Gesetz oder einer letztwilligen Anordnung beruhen. Für die Annahme eines Veräußerungsverbots sind besondere Anhaltspunkte erforderlich. Dabei reicht es nicht aus, dass der Gegenstand einem Teilhaber zuvor gehörte. Auch die Gefahr, dass bei einer Versteigerung ein Konkurrenzunternehmen ein Patent der bisherigen Patentgemeinschaft ersteigert, reicht zur Annahme eines Veräußerungsverbotes nicht aus.[10] Die Beweislast für ein bestehendes Veräußerungsverbot trägt der Teilhaber, der ein solches behauptet.[11]

II. Zwangsversteigerung

Der Verkauf von Grundstücken, grundstücksgleichen Rechten[12], Schiffen, Schiffsbauwerken und Luftfahrzeugen erfolgt im Wege der **Zwangsversteigerung**. Dafür müssen die allgemeinen Voraussetzungen eines Zwangsversteigerungsverfahrens erfüllt sein. Die Eintragung sämtlicher Teilhaber im Grundbuch ist erforderlich (§ 17 ZVG). Falls es daran fehlt, ist eine Grundbuchberichtigung vorzunehmen.[13] Ein vollstreckbarer Titel ist hingegen entbehrlich (§ 181 Abs. 1 ZVG). Die Antragsberechtigung steht jedem Teilhaber zu, der die Voraussetzungen des § 181 Abs. 2 ZVG erfüllt.[14] Im Verfahren schlüpft der Antragsteller in die Rolle des betreibenden Gläubigers. Ihm obliegt es nachzuweisen, dass das Gemeinschaftsverhältnis besteht und die Voraussetzungen für eine Zwangsversteigerung vorliegen. Antragsgegner sind alle vom Antragsteller personenverschiedenen Teilhaber. Diese haben aber die Möglichkeit, dem Teilungsverfahren beizutreten (§§ 27, 180 Abs. 1 ZVG),[15] wodurch sie Antrag-

---

[5] *Schmidt* in: MünchKomm-BGB, § 753 Rn. 11.
[6] *Langhein* in: Staudinger, § 753 Rn. 9.
[7] Bei Gold- und Silbersachen muss wenigstens der Edelmetallwert erreicht werden (§ 1240 BGB).
[8] *Schmidt* in: MünchKomm-BGB, § 753 Rn. 13.
[9] *Langhein* in: Staudinger, § 753 Rn. 9.
[10] *Schmidt* in: MünchKomm-BGB, § 753 Rn. 11.
[11] *Hadding* in: Soergel, § 753 Rn. 10.
[12] Dazu gehören insbesondere die Erbbaurechte.
[13] *Langhein* in: Staudinger, § 753 Rn. 5.
[14] Sofern der Bruchteil das gesamte Vermögen des Teilhabers darstellt, wird teilweise eine entsprechende Anwendung des § 1365 BGB befürwortet; vgl. dazu *Brudermüller* in: Palandt, § 1365 Rn. 8.
[15] Die Wirkungen treten aber erst ex nunc ein.

§ 753

steller und Antragsgegner sind. Die Verfahren bleiben aber rechtlich getrennt.[16] Einwendungen berücksichtigt das Vollstreckungsgericht nur, wenn sie sich aus dem Grundbuch ergeben (§ 28 ZVG) oder mit einer Drittwiderspruchsklage (§ 771 ZPO) geltend gemacht wurden. Mit der Beschwerde (§§ 180, 95 ZVG) wird die verfahrensrechtliche Unzulässigkeit geltend gemacht und mit der Erinnerung (§ 766 ZPO) werden sonstige Einwendungen gegen die verfahrensrechtliche Zulässigkeit der Versteigerung erhoben. Sofern ein Teilhaber bereits im Vorfeld mögliche Einwendungen entgegentreten will, so kann er gegen die übrigen Teilhaber auf Teilung, gegen Dritte auf Feststellung der Zulässigkeit der Versteigerung klagen.

10 Ein **Beitritt von Vollstreckungsgläubigern** zum Verfahren ist möglich, soweit sie auf das gesamte Grundstück zugreifen wollen. Daher sind trotz der unterschiedlichen Funktionen von Teilungsversteigerung und Vollstreckungsversteigerung keine unterschiedlichen Verfahren erforderlich.[17] Die Teilungsversteigerung wird durch die Eröffnung des Insolvenzverfahrens über das Vermögen eines Teilhabers nicht beeinträchtigt (§ 84 InsO).

11 Das Verfahren wird durch den **Anordnungsbeschluss** als Teilungsverfahren gekennzeichnet. Die Beschlagnahme wird mit Zustellung des Anordnungsbeschlusses beim Antragsteller wirksam. Spätere Anteilsveräußerungen berühren das Verfahren nur, wenn die Veräußerung die Bruchteilsgemeinschaft aufhebt (§ 26 ZVG).[18]

12 Mit Bewilligung des antragstellenden Gläubigers ist eine **einstweilige Einstellung des Verfahrens** möglich (§ 30 ZVG). Eine einstweilige Einstellung des Verfahrens ist auf Antrag eines Miteigentümers für die Dauer von bis zu sechs Monaten möglich, wenn dies bei Abwägung der widerstreitenden Interessen der Miteigentümer angemessen ist (§ 180 Abs. 2 ZVG). Dies kann beispielsweise angemessen sein, wenn Mittel zur Barabfindung des Antragstellers aufgebracht werden sollen. Der Antrag ist binnen einer Notfrist von zwei Wochen zu stellen (§§ 180 Abs. 2, 30b ZVG).[19] Betreibt der Insolvenzverwalter oder ein Pfandgläubiger die Versteigerung, so sind die Interessen eines Teilhabers bei der Abwägung nur nachrangig zu berücksichtigen.[20] Die Vorschrift über den Vollstreckungsschutz (§ 765a ZPO) findet keine Anwendung. Im Falle der Vermietung oder Verpachtung des Grundstücks bleiben die Vorschriften über das Kündigungsrecht des Erstehers (§ 57a ZVG) und die Vorausverfügungen über Miet- und Pachtzins außer Betracht (§ 183 ZVG). Eine Sicherheitsleistung für ein Gebot eines Teilhabers ist nicht erforderlich, wenn ihm durch das Gebot eine ganz oder teilweise gedeckte Hypothek, Grundschuld oder Rentenschuld zusteht (§ 184 ZVG).

13 Kommt es bei der Versteigerung nur zu einem **unverhältnismäßig niedrigen Gebot**, so ist gegenüber dem Antragsteller das Fragerecht auszuüben.[21] Lehnt dieser einen Zuschlag ab, so kann dies eine Rücknahme des Versteigerungsantrags (§ 30 ZVG) oder eine Bewilligung der einstweiligen Verfahrenseinstellung (§ 20 ZVG) sein.[22]

14 Bei der Feststellung des **geringsten Gebots** sind die den Anteil des Antragstellers belastenden oder mitbelastenden Rechte an dem Grundstücke, sowie alle Rechte zu berücksichtigen, die einem dieser Rechte vorgehen oder gleichstehen (§ 182 Abs. 1 ZVG). Sofern dabei bei einem Anteil ein größerer Betrag zu berücksichtigen ist, als bei einem anderen Anteile, so erhöht sich das geringste Gebot um den Betrag, der zum Ausgleich unter den Miteigentümern erforderlich ist (§ 182 Abs. 2 ZVG).

15 Durch den **Zuschlag** wird der Ersteher Eigentümer der versteigerten Sache (§ 90 ZVG). Die bisherigen Eigentumsverhältnisse bleiben dabei unberücksichtigt. Nach dem Zuschlag tritt der Erlös im Wege der dinglichen Surrogation an die Stelle des gemeinschaftlichen Gegenstandes.[23] Dingliche Belastungen am gemeinschaftlichen Gegenstand setzen sich ebenfalls am Erlös fort.

---

[16] *Schmidt* in: MünchKomm-BGB, § 753 Rn. 18.
[17] So die h.M; Bedenken äußert *Schmidt* in: MünchKomm-BGB, § 753 Rn. 20.
[18] Dies kann durch die Veräußerung aller Teilhaber an einen Dritten oder durch den Alleinerwerb eines Teilhabers geschehen.
[19] Diese Frist gilt bereits für den ersten Einstellungsantrag und nicht nur für eventuelle Folgeanträge; vgl. BGH v. 23.01.1981 - V ZR 200/79 - BGHZ 79, 249-258.
[20] *Schmidt* in: MünchKomm-BGB, § 753 Rn. 22.
[21] BVerfG v. 24.03.1976 - 2 BvR 804/75 - NJW 1976, 1391-1394.
[22] *Schmidt* in: MünchKomm-BGB, § 753 Rn. 23.
[23] *Sprau* in: Palandt, § 753 Rn. 5.

Die **Verfahrenskosten** sind vorweg aus dem Versteigerungserlös zu entnehmen (§ 109 Abs. 1 ZVG). 16
Zu den Kosten zählen bei einer Teilungsversteigerung die Gerichtskosten. Die außergerichtlichen Kosten, die einem Teilhaber ggf. entstanden sind, fallen dagegen nicht darunter. Für diese Kosten kann sich ein Erstattungsanspruch aus der Lasten- und Kostentragungspflicht (§ 748 BGB) oder aus § 753 Abs. 2 BGB ergeben.

Da das Versteigerungsverfahren die Teilung der Gemeinschaft lediglich vorbereitet, findet die Fortsetzung der Teilung außerhalb des Zwangsversteigerungsverfahrens statt. Dessen ungeachtet findet ein Verteilungsverfahren statt, in dem das Vollstreckungsgericht die Pflicht hat, den Teilhabern bei der Erlösverteilung zu helfen (§§ 105-145 ZVG). 17

Praktische Hinweise: Soweit die Teilhaber nichts anderes vereinbart haben, tragen sie die Kosten des 18
Verkaufs gemeinschaftlich.[24] Die Aufteilung richtet sich nach den Anteilen der Teilhaber. Die Begleichung der Kosten erfolgt vorab aus dem Erlös nach den §§ 755, 756 BGB.[25]

III. Erfolglosigkeit der Veräußerung

Scheitert die Veräußerung, so kann jeder Teilhaber die Wiederholung verlangen. Bei Scheitern des 19
Wiederholungsversuchs hat der Teilhaber jedoch die Kosten dieses Wiederholungsversuches zu tragen. Als Verkauf gilt auch die Zwangsversteigerung.[26] Die Kostentragungspflicht trifft den Teilhaber nur, sofern die erste Veräußerung nicht mit zusätzlichen Bedingungen z.B. mit einem Mindestgebot versehen worden ist oder an sonstigen Gründen scheiterte, die nicht im Fehlen eines Erwerbers bestanden.[27]

Bei **Unveräußerlichkeit des Gegenstandes** besteht ein Aufhebungshindernis. Sie stellt keinen Grund 20
dar, den Gegenstand einem einzelnen Teilhaber zuzuweisen. Aber es ist unter Berücksichtigung von Treu und Glauben (§ 242 BGB) eine billige Lösung zu finden.[28] Dabei sind aber eine Gestaltungsklage und ein nach Billigkeitserwägungen des Richters gefälltes Gestaltungsurteil nicht vorgesehen.[29]

D. Prozessuale Hinweise/Verfahrenshinweise

Die gerichtliche Geltendmachung des Anspruchs erfolgt durch **Leistungsklage**. Die Klage ist auf die 21
Duldung des Verkaufs zu richten und wird zweckmäßigerweise mit der Klage auf Erlösteilung verbunden.[30] Bei einer Klage auf Einwilligung in den Verkauf lässt sich diese in eine Duldungsklage umdeuten. Sofern der Gegenstand unteilbar und nicht veräußerbar ist, kommt ausnahmsweise eine richterliche Gestaltung in Betracht.[31]

E. Anwendungsfelder – Gesamthandsgemeinschaften

Die Vorschrift findet auch bei Gesamthandsgemeinschaften Anwendung (§§ 731, 1477, 2042 Abs. 2 22
BGB).

---

[24] *Aderhold* in: Erman, Handkommentar BGB, 10. Aufl. 2000, § 753 Rn. 6.
[25] *Langhein* in: Staudinger, § 753 Rn. 44.
[26] *Schmidt* in: MünchKomm-BGB, § 753 Rn. 33.
[27] *Schmidt* in: MünchKomm-BGB, § 753 Rn. 33.
[28] *Hadding* in: Soergel, § 753 Rn. 7.
[29] *Langhein* in: Staudinger, § 753 Rn. 48; *Schmidt* in: MünchKomm-BGB, § 753 Rn. 34; a.A. *Hadding* in: Soergel, § 753 Rn. 4.
[30] *Schmidt* in: MünchKomm-BGB, § 753 Rn. 4.
[31] Diese ergibt sich aus dem Rechtsgedanken aus den §§ 242, 315 Abs. 3 Satz 2 BGB.

§ 754 BGB Verkauf gemeinschaftlicher Forderungen

(Fassung vom 02.01.2002, gültig ab 01.01.2002)

¹Der Verkauf einer gemeinschaftlichen Forderung ist nur zulässig, wenn sie noch nicht eingezogen werden kann. ²Ist die Einziehung möglich, so kann jeder Teilhaber gemeinschaftliche Einziehung verlangen.

Gliederung

A. Praktische Bedeutung 1	C. Prozessuale Hinweise/Verfahrenshinweise 6
B. Anwendungsvoraussetzungen – Gemeinschaftliche Forderung 2	D. Anwendungsfelder 7

A. Praktische Bedeutung

1   Die praktische Bedeutung der Vorschrift für Bruchteilsgemeinschaften ist gering. Zwar kommen derartige Bruchteilsgemeinschaften vor, wenn Dritte gemeinschaftliche Gegenstände nutzen oder beschädigen. Dabei versteht es sich von selbst, dass, solange die Einziehung noch nicht möglich ist, nur ein Verkauf der Forderung in Betracht kommt. Die mögliche Einziehung wird aber auf Grund der Regelung des § 432 Abs. 2 BGB weitgehend überflüssig. Als eigenständiger Anwendungsbereich verbleibt noch die Möglichkeit, Mitwirkungshandlungen zu verlangen, die zur eigenen Geltendmachung der Forderung notwendig sind.[1]

B. Anwendungsvoraussetzungen – Gemeinschaftliche Forderung

2   Der Verkauf einer gemeinschaftlichen Forderung ist nur zulässig, wenn sie noch nicht eingezogen werden kann. Sobald die Einziehung möglich ist, kann jeder Teilhaber die gemeinschaftliche Einziehung verlangen. Die Regelung nennt nur die Aufhebung einer Gemeinschaft an einer Forderung, aber sie gilt darüber hinaus auch für verbriefte und hypothekarisch gesicherte Forderungen.[2] Dagegen unterfällt eine durch Auseinandersetzung entstandene Forderung eines Teilhabers gegen den anderen nicht der Regelung.[3] Auch für Fälle des § 420 BGB ist sie nicht anwendbar, da hier die Forderung tatsächlich bereits geteilt ist.[4]

3   **Abweichende Vereinbarungen** haben vor der Regelung Vorrang. Dies gilt insbesondere für die getroffene Teilungsvereinbarung, weil sie häufig die einzige Möglichkeit einer sinnvollen Teilung ist. Ein Mehrheitsbeschluss (§ 745 Abs. 1 BGB) stellt noch keine abweichende Vereinbarung von der Vorschrift dar.[5]

4   Im Verhältnis zum Verkauf (§ 753 BGB) hat die Einziehung Vorrang, während die Einziehung der Teilung in Natur (§ 752 BGB) nachgeht.[6] Sofern aber die Teilbarkeit zweifelhaft ist, kann bei einer fälligen Forderung bis zu deren Vollzug jeder Teilhaber auch Einziehung verlangen.[7]

5   **Praktische Hinweise**: Die Einziehung einer gemeinschaftlichen Forderung gehört zu den **Verwaltungskosten**. Die anfallenden Kosten sind dabei im Innenverhältnis anteilig zu tragen, unabhängig davon, welcher Teilhaber den Anspruch geltend gemacht hat.[8] Für die Berichtigung des Erstattungsanspruchs ist § 756 BGB zu beachten.

C. Prozessuale Hinweise/Verfahrenshinweise

6   Sofern die Teilbarkeit der Forderung ausnahmsweise Tatfrage ist, trägt die **Beweislast** derjenige, der die Teilung verlangt.[9] Sofern der Verkauf gewollt ist, muss der Nachweis erbracht werden, dass die Forderung noch nicht eingezogen werden kann.[10]

---

[1] *Schmidt* in: MünchKomm-BGB, § 754 Rn. 4.
[2] *Langhein* in: Staudinger, § 754 Rn. 1.
[3] *Hadding* in: Soergel, § 754 Rn. 2.
[4] *Schmidt* in: MünchKomm-BGB, § 754 Rn. 1.
[5] *Schmidt* in: MünchKomm-BGB, § 754 Rn. 2.
[6] *Langhein* in: Staudinger, § 754 Rn. 3.
[7] *Schmidt* in: MünchKomm-BGB, § 754 Rn. 3.
[8] *Schmidt* in: MünchKomm-BGB, § 754 Rn. 5.
[9] *Langhein* in: Staudinger, § 754 Rn. 7.
[10] *Langhein* in: Staudinger, § 754 Rn. 7.

D. Anwendungsfelder

Gesamthandsgemeinschaften: Bei der **Auseinandersetzung von Gesamthandsgemeinschaften** wird auf die Vorschrift verwiesen (§§ 731 Satz 2, 1477 Abs. 1, 2042 Abs. 2 BGB). Dabei geht die Teilung in Natur (§ 752 BGB) der Einziehung und dem Verkauf (§ 753 BGB) vor. Während die Einziehung wiederum dem Verkauf vorgeht.[11] Soweit die Einziehung möglich ist, kann jeder Gesamthänder von den anderen Mitwirkung dazu verlangen.

---

[11] *Hadding* in: Soergel, § 754 Rn. 1.

§ 755 BGB Berichtigung einer Gesamtschuld

(Fassung vom 02.01.2002, gültig ab 01.01.2002)

(1) Haften die Teilhaber als Gesamtschuldner für eine Verbindlichkeit, die sie in Gemäßheit des § 748 nach dem Verhältnis ihrer Anteile zu erfüllen haben oder die sie zum Zwecke der Erfüllung einer solchen Verbindlichkeit eingegangen sind, so kann jeder Teilhaber bei der Aufhebung der Gemeinschaft verlangen, dass die Schuld aus dem gemeinschaftlichen Gegenstand berichtigt wird.

(2) Der Anspruch kann auch gegen die Sondernachfolger geltend gemacht werden.

(3) Soweit zur Berichtigung der Schuld der Verkauf des gemeinschaftlichen Gegenstands erforderlich ist, hat der Verkauf nach § 753 zu erfolgen.

Gliederung

A. Grundlagen 1	III. Lasten- und Kostentragung 4
B. Anwendungsvoraussetzungen 2	C. Rechtsfolgen 6
I. Verbindlichkeit 2	D. Anwendungsfelder 8
II. Haftung als Gesamtschuldner 3	

A. Grundlagen

1 Die Regelung statuiert einen Befreiungsanspruch bei der Berichtigung von Forderungen. Dabei geht die Anwendung über die vom Wortlaut geforderte Voraussetzung der Gesamtschuld weit hinaus. Dieser gilt auch gegenüber Sondernachfolgern und wird im Falle der Aufhebung der Gemeinschaft von einem Anspruch auf Mitwirkung an der Gläubigerbefriedigung aus dem gemeinschaftlichen Gegenstand flankiert. Daher spricht man auch von einer sog. Verdinglichung von Ansprüchen unter den Teilhabern.[1]

B. Anwendungsvoraussetzungen

I. Verbindlichkeit

2 Es muss sich um eine **Verbindlichkeit** handeln, die im Zusammenhang mit § 748 BGB steht. Sie muss also aus den Lasten des gemeinschaftlichen Gegenstandes, den Kosten der Erhaltung, der Verwaltung oder einer gemeinschaftlichen Benutzung herrühren. Dabei reicht es aus, wenn die Verbindlichkeit zum Zwecke der Erfüllung oder Sicherung einer Schuld aus § 748 BGB eingegangen wurde.[2]

II. Haftung als Gesamtschuldner

3 Weiterhin wird eine Haftung der Teilhaber als **Gesamtschuldner** vorausgesetzt. Dabei ist es unerheblich, ob die Gesamtschuld von Anfang an bestand oder erst durch Schuldübernahme entstanden ist.[3] Es ist auch nicht erforderlich, dass es sich um eine Gesamtschuld im technischen Sinne handelt. Bloße Mithaftung ist ausreichend. Daher fällt auch eine Bürgschaft in den Anwendungsbereich der Regelung.[4] Darüber hinaus reicht es sogar aus, wenn nur einzelne oder nur ein einziger Teilhaber im Außenverhältnis unbeschränkt haftet, im Innenverhältnis aber einen Befreiungsanspruch hat. Entscheidende Voraussetzung für die Anwendung ist daher, dass **im Innenverhältnis ein Ausgleichsanspruch** besteht, unabhängig davon, ob im Außenverhältnis tatsächlich eine Gesamtschuld vorliegt. Dagegen greift die Regelung bei einer Teilschuld (§ 420 BGB) nicht ein,[5] weil dabei die bezweckte Risikoverteilung nicht erforderlich ist.

---

[1] Vgl. u.a. *Schmidt* in: MünchKomm-BGB, §§ 755, 756 Rn. 1.
[2] *Schmidt* in: MünchKomm-BGB, §§ 755, 756 Rn. 5.
[3] *Hadding* in: Soergel, § 755 Rn. 2.
[4] *Schmidt* in: MünchKomm-BGB, §§ 755, 756 Rn. 6.
[5] *Hadding* in: Soergel, § 755 Rn. 4.

III. Lasten- und Kostentragung

Die **Lasten- und Kostentragung** muss **im Verhältnis der Anteile** der Teilhaber erfolgen (§ 748 BGB). Dadurch soll gewährleistet werden, dass die anteilige Verteilung auch bei Berichtigung der Schuld gewährleistet wird. Allerdings hat auch derjenige Teilhaber einen Ausgleichsanspruch, der im Außenverhältnis unbeschränkt haftet und im Innenverhältnis vollen Regress verlangen kann. Daher muss die Anwendung der Regelung ausgeweitet werden.[6] Sie findet somit immer Anwendung, wenn der den Gläubiger befriedigende Teilhaber zum Regress berechtigt ist.[7]

Der Befreiungsanspruch besteht schon vor Fälligkeit der im Außenverhältnis bestehenden Verbindlichkeit. Daher kann der zahlende Teilhaber verlangen, dass das zur Berichtigung der Verbindlichkeit Erforderliche zurückbehalten wird (entsprechend den §§ 733 Abs. 1 Satz 2, 1475 Abs. 1 Satz 2 BGB).[8]

C. Rechtsfolgen

Die **Berichtigung der Forderung** unter den Teilhabern erfolgt aus dem gemeinschaftlichen Bestand. Sofern dieser nicht ausreicht, ist der Verkauf des Bestandes (§ 753 BGB) erforderlich, um die Forderungsberichtigung zu ermöglichen. Sollte der gemeinsame Bestand die Forderung übersteigen, ist hinsichtlich dieses überschießenden Teils die Teilung in Natur (§ 752 BGB) vorrangig.

Der Anspruch besteht auch **gegenüber Sondernachfolgern**. Dabei ist es unbeachtlich, ob dem Erwerber der Regressanspruch bekannt war.[9] Im Falle des Miteigentums an einem Grundstück ist hingegen die Eintragung Voraussetzung für die Wirkung gegenüber dem Sondernachfolger (§ 1010 Abs. 2 BGB). Gesamtrechtsnachfolger müssen den Anspruch stets gegen sich gelten lassen.[10]

D. Anwendungsfelder

Insolvenzverfahren: Im Insolvenzfalle eines Teilhabers besteht ein Recht auf abgesonderte Befriedigung (§ 84 Abs. 1 Satz 2 InsO).

---

[6] *Hadding* in: Soergel, § 755 Rn. 7.
[7] *Schmidt* in: MünchKomm-BGB, §§ 755, 756 Rn. 7.
[8] *Langhein* in: Staudinger, § 755 Rn. 9; *Hadding* in: Soergel, § 759 Rn. 1.
[9] *Langhein* in: Staudinger, § 755 Rn. 10.
[10] *Schmidt* in: MünchKomm-BGB, §§ 755, 756 Rn. 10.

§ 756 BGB Berichtigung einer Teilhaberschuld

(Fassung vom 02.01.2002, gültig ab 01.01.2002)

¹Hat ein Teilhaber gegen einen anderen Teilhaber eine Forderung, die sich auf die Gemeinschaft gründet, so kann er bei der Aufhebung der Gemeinschaft die Berichtigung seiner Forderung aus dem auf den Schuldner entfallenden Teil des gemeinschaftlichen Gegenstands verlangen. ²Die Vorschriften des § 755 Abs. 2, 3 finden Anwendung.

Gliederung

A. Grundlagen 1	C. Rechtsfolgen 5
B. Anwendungsvoraussetzungen 2	D. Prozessuale Hinweise/Verfahrenshinweise 6
I. Forderung 2	
II. Gläubiger und Schuldner 4	E. Anwendungsfelder 7

A. Grundlagen

1   Die Regelung bewirkt, dass bei der Teilung neben den Verbindlichkeiten gegenüber Dritten (§ 755 BGB) auch andere Forderungen eines Teilhabers gegen die Übrigen berücksichtigt werden.

B. Anwendungsvoraussetzungen

I. Forderung

2   Voraussetzung ist, dass die Forderung sich auf die Gemeinschaft begründet. Dafür muss der Anspruch des Teilhabers auf der **Zugehörigkeit zur Gemeinschaft** beruhen.[1] Der wichtigste Fall ist dabei der Anspruch auf Lasten- und Kostentragung (§ 748 BGB).[2] Daneben werden aber auch die Teilungskosten erfasst.[3] Es ist unschädlich, wenn neben dem Gemeinschaftsverhältnis noch weitere Rechtsgrundlagen bestehen.[4] Die Regelung erfasst auch Abreden über das Innenverhältnis, soweit sich diese auf die Nutzung oder Verwaltung beziehen. Dazu gehören beispielsweise die Vereinbarung über die interne Lastentragung bei der Veräußerung eines Miteigentumsanteils durch den bisherigen Alleineigentümer[5] und die Abrede, dass ein Miteigentümer bei Belastung eines Grundstücks mit einem Grundpfandrecht diese intern allein zu tragen hat.[6] Dagegen scheidet eine Anwendung aus, sofern die Forderung auf Vereinbarungen der Teilhaber zum Zwecke der Auseinandersetzung der Gemeinschaft beruht,[7] da es sich nicht mehr um einen Anspruch aus der bestehenden Gemeinschaft handelt. Nicht erfasst von § 756 BGB sind ebenso Schadensersatzforderungen eines Teilhabers gegen den anderen wegen Pflichtverletzung oder unerlaubter Handlung oder Ansprüche aus ungerechtfertigter Bereicherung.[8]

3   **Inhalt der Forderung** können ein Geldanspruch, ein Befreiungsanspruch (§ 257 BGB), sofern es sich um die Lasten- oder Kostentragung (§ 748 BGB) gegenüber einem Dritten aus dem Gemeinschaftsverhältnis handelt oder ausnahmsweise ein Anspruch auf Naturalleistung sein.[9] Dabei erfasst die Regelung auch Zinsen und sonstige Nebenrechte. Die gesicherte Forderung muss aber noch nicht fällig sein. Daher kann schon vor Fälligkeit oder bei Streitigkeit über die Forderung verlangt werden, dass das zur Berichtigung der Verbindlichkeit erforderliche zurückbehalten wird (entsprechend §§ 733 Abs. 1 Satz 2, 1475 Abs. 1 Satz 2 BGB).[10]

---

[1] OLG Celle v. 07.07.2005 - 4 W 119/05 (nicht amtlich veröffentlicht); *Schmidt* in: MünchKomm-BGB, §§ 755, 756 Rn. 13.

[2] OLG Celle v. 07.07.2005 - 4 W 119/05 (nicht amtlich veröffentlicht); *Sprau* in: Palandt, § 756 Rn. 2.

[3] *Langhein* in: Staudinger, § 750 Rn. 3.

[4] OLG Celle v. 07.07.2005 - 4 W 119/05 (nicht amtlich veröffentlicht); *Schmidt* in: MünchKomm-BGB, §§ 755, 756 Rn. 13.

[5] *Sprau* in: Palandt, § 756 Rn. 2.

[6] *Langhein* in: Staudinger, § 756 Rn. 4.

[7] *Hadding* in: Soergel, § 756 Rn. 3.

[8] OLG Celle v. 07.07.2005 - 4 W 119/05 (nicht amtlich veröffentlicht); *Schmidt* in: MünchKomm-BGB, §§ 755, 756 Rn. 14; *Sprau* in: Palandt, § 756 Rn. 2.

[9] *Schmidt* in: MünchKomm-BGB, §§ 755, 756 Rn. 16.

[10] *Langhein* in: Staudinger, § 755 Rn. 9; *Hadding* in: Soergel, § 759 Rn. 1.

II. Gläubiger und Schuldner

Die Vorschrift verlangt, dass **Gläubiger und Schuldner Teilhaber** sein müssen. Auf Grund der Verweisung auf § 755 Abs. 2 BGB erfasst sie auch den Sondernachfolger. Für den Miteigentümer eines Grundstücks ist dabei die Eintragung im Grundbuch erforderlich (§ 1010 Abs. 2 BGB).

C. Rechtsfolgen

Die Regelung bewirkt, dass die betroffene Forderung in die Teilung mit aufgenommen wird. Dabei geht der Anspruch gegen sämtliche Teilhaber, richtet sich aber nur auf die Berichtigung der Forderung aus dem Anteil des Teilhabers. Die Berichtigung der Forderung unter den Teilhabern erfolgt aus dem gemeinschaftlichen Bestand. Sofern dieser nicht ausreicht, ist der Verkauf des Bestandes (§ 753 BGB) erforderlich, um die Forderungsberichtigung zu ermöglichen. Sollte der gemeinsame Bestand die Forderung übersteigen, ist hinsichtlich dieses überschießenden Teils die Teilung in Natur (§ 752 BGB) vorrangig. Bei der Naturalteilung einer Geldforderung gibt es keinen Anspruch auf Zuweisung eines zusätzlichen Naturanteils.[11] Umgekehrt kann dem Geldleistungsgläubiger kein Naturalanteil aufgedrängt werden. Dabei muss in diesem Fall so viel veräußert werden, dass der Gläubiger aus dem Erlös befriedigt werden kann (§ 755 Abs. 3 BGB). Eine Ausnahme besteht nur, wenn die teilbare Menge selbst in Geld besteht. Dann kann der Anteil des Gläubigers erhöht und der des Schuldners vermindert werden.[12]

D. Prozessuale Hinweise/Verfahrenshinweise

Gegenüber dem Anspruch auf Aufhebung der Gemeinschaft besteht, neben dem Anspruch auf Berichtigung, kein Zurückbehaltungsrecht. Dies war aber nicht immer ganz unumstritten. So wurde teilweise angenommen, dass Forderungen, die auf dem Gemeinschaftsverhältnis beruhen, auch durch das Zurückbehaltungsrecht aus § 273 BGB geschützt sind.[13] Damit könnte der Gläubiger erreichen, dass er nur Zug um Zug gegen Erfüllung seines Ausgleichsanspruchs zur Teilungsmitwirkung verurteilt wird und wäre insbesondere geschützt, wenn die Deckung seiner Forderung aus dem Erlös zweifelhaft ist. Neuerdings geht man überwiegend davon aus, dass ein Zurückbehaltungsrecht mit dem Aufhebungsanspruch (§ 749 BGB) nicht zu vereinbaren ist.[14] So benötigt der Gläubiger lediglich zur Geltendmachung seiner Forderung bei Vollzug der Teilung kein Zurückbehaltungsrecht. Allerdings kann im Einzelfall auch ohne ein Zurückbehaltungsrecht die Aufhebung der Gemeinschaft eine unzulässige Rechtsausübung darstellen.[15] Die Anwendung des § 273 BGB ist aber nur soweit ausgeschlossen, wie es die Regelung des § 749 BGB unterlaufen würde.[16]

E. Anwendungsfelder

Insolvenzverfahren: Im Insolvenzfalle eines Teilhabers besteht ein Recht auf abgesonderte Befriedigung (§ 84 Abs. 1 Satz 2 InsO).

---

[11] *Hadding* in: Soergel, § 756 Rn. 4.
[12] *Schmidt* in: MünchKomm-BGB, §§ 755, 756 Rn. 19.
[13] *Sprau* in: Palandt, § 758 Rn. 1.
[14] *Schmidt* in: MünchKomm-BGB, §§ 755, 756 Rn. 21; *Sprau* in: Palandt, § 756 Rn. 2; *Hadding* in: Soergel, § 756 Rn. 6; *Huber* in: *Langhein* in: Staudinger, § 749 Rn. 50.
[15] *Schmidt* in: MünchKomm-BGB, §§ 755, 756 Rn. 21.
[16] *Schmidt* in: MünchKomm-BGB, §§ 755, 756 Rn. 21.

§ 757 BGB Gewährleistung bei Zuteilung an einen Teilhaber

(Fassung vom 02.01.2002, gültig ab 01.01.2002)

Wird bei der Aufhebung der Gemeinschaft ein gemeinschaftlicher Gegenstand einem der Teilhaber zugeteilt, so hat wegen eines Mangels im Recht oder wegen eines Mangels der Sache jeder der übrigen Teilhaber zu seinem Anteil in gleicher Weise wie ein Verkäufer Gewähr zu leisten.

Gliederung

A. Grundlagen 1	II. Gewährleistung 3
B. Anwendungsvoraussetzungen 2	C. Rechtsfolgen 5
I. Zuteilung an einen Teilhaber 2	D. Anwendungsfelder 6

A. Grundlagen

1 Die Vorschrift schützt bei der Aufhebung der Gemeinschaft den Teilhaber, dem ein gemeinschaftlicher Gegenstand zugeteilt wird. Dadurch gelten die Gewährleistungsvorschriften auch im Falle der Zuteilung eines gemeinschaftlichen Gegenstandes. Die Regelung macht im Hinblick auf die Rechtsfolgen auch die Abgrenzung zwischen einer Teilung in Natur (§ 752 BGB) und der Teilung durch Verkauf (§ 753 BGB), für die die Gewährleistungsvorschriften ohnehin gelten würden,[1] überflüssig.

B. Anwendungsvoraussetzungen

I. Zuteilung an einen Teilhaber

2 Die Regelung kommt nur bei der **Zuteilung eines gemeinschaftlichen Gegenstandes an einen Teilhaber** zum Zwecke der Aufhebung der Gemeinschaft zum Tragen. Erfolgt die Übertragung nicht zum Zwecke der Aufhebung, so findet die Vorschrift keine Anwendung.[2] Bei einer solchen Bruchteilsveräußerung von Teilhaber zu Teilhaber, kommen aber die Gewährleistungsvorschriften des zu Grunde liegenden Rechtsverhältnisses zum Tragen.[3]

II. Gewährleistung

3 Die Bestimmung greift nur bei **Mangelhaftigkeit der Sache** ein, während sie bei Äquivalenzstörungen keine Anwendung findet. In Betracht kommt in einem solchen Fall nur die Anwendung des Instituts über die Störung der Geschäftsgrundlage (§ 313 BGB).[4]

4 Auch für den Fall, dass sämtliche Teilhaber gleichartig, mangelhafte, gemeinschaftliche Gegenstände nach Bruchteilen erhalten, scheidet die Anwendung der Norm aus.[5] Hintergrund für diese Betrachtung ist der **Normzweck der Regelung**. So will sie nur verhindern, dass bei der Aufhebung der Gemeinschaft ein Teilhaber durch Zuteilung des Gegenstandes einseitig einen Schaden erleidet. Dagegen ist der Schutz vor Folgerisiken der einzelnen Teilhaber nicht beabsichtigt. Daher bleibt dem einzelnen Teilhaber der Schutz der Norm in diesem Fall auch dann versagt, wenn der Mangel nur bei ihm zur Realisierung eines Schadens geführt hat.[6]

C. Rechtsfolgen

5 Im Kaufrecht ist der Sachmangel in § 434 BGB und der Rechtsmangel jetzt in § 435 BGB geregelt. Die möglichen Rechtsfolgen sind jetzt einheitlich in § 437 BGB aufgeführt. Dabei kommt insbesondere die Möglichkeit der Minderung in Betracht, durch die ein anteiliger Ausgleich von den nicht oder nicht gleichartig betroffenen Teilhabern verlangt werden kann. Einen Schadensersatz kann der betroffene Teilhaber nur von denjenigen verlangen, der die Mangelhaftigkeit zu vertreten haben. Sofern er den

---

[1] *Sprau* in: Palandt, § 757 Rn. 1.
[2] *Langhein* in: Staudinger, § 757 Rn. 3.
[3] Dabei kann es sich um einen Kauf, Schenkung etc. handeln.
[4] Vgl. *Schmidt* in: MünchKomm-BGB, § 758 Rn. 3.
[5] *Langhein* in: Staudinger, § 757 Rn. 2; *Hadding* in: Soergel, § 757 Rn. 1.
[6] *Schmidt* in: MünchKomm-BGB, § 757 Rn. 4.

Rücktritt wählt, so betrifft dieser nur die ihm zugeteilte Sache und nicht die gesamte Auseinandersetzung, es sei denn aus der Vereinbarung der Teilhaber ergibt sich, dass entsprechend § 139 BGB die gesamte Teilungsvereinbarung betroffen sein soll. Eine Nacherfüllung (§§ 437 Nr. 1, 439 BGB) dürfte dagegen meist ausscheiden, da es ja gerade um die Aufhebung der Gemeinschaft am konkreten Gegenstand geht. Für die Anwendung der Rügelast aus § 377 HGB besteht unter Kaufleuten kein Bedarf, da es sich nicht um ein Umsatzgeschäft handelt, dass eine zügige Abwicklung erfordert.[7] Für die Gewährleistungsansprüche haftet jeder Teilhaber nur im Verhältnis seines Anteils.[8]

D. Anwendungsfelder

Gesamthandsgemeinschaften: Die Regelung findet auf die Auseinandersetzung von Gesamthandsgemeinschaften entsprechende Anwendung (§§ 731 Satz 2, 1477 Abs. 1, 2042 Abs. 2 BGB). 6

---

[7] *Schmidt* in: MünchKomm-BGB, § 757 Rn. 6.
[8] Es handelt sich um eine pro-rata-Haftung. Es findet keine gesamtschuldnerische Haftung oder Ausfallhaftung statt.

§ 758 BGB Unverjährbarkeit des Aufhebungsanspruchs

(Fassung vom 02.01.2002, gültig ab 01.01.2002)
Der Anspruch auf Aufhebung der Gemeinschaft unterliegt nicht der Verjährung.

A. Grundlagen

1   Der Anspruch auf Aufhebung der Gemeinschaft soll der Verjährung nicht unterliegen, da er nicht an ein bestimmtes Ereignis, sondern an das Bestehen der Gemeinschaft anknüpft und der Bestand der Gemeinschaft permanent fortgesetzt wird.

B. Anwendungsvoraussetzungen – Anspruch auf Aufhebung der Gemeinschaft

2   Der Anspruch auf Aufhebung der Gemeinschaft unterliegt nicht der Verjährung. Voraussetzung für die Entstehung des Anspruchs ist ein auf die Teilung der Gemeinschaft gerichtetes Begehren.[1] Dies sind der Anspruch aus § 743 BGB,[2] der Anspruch aus § 752 BGB, soweit er auf die Teilung des noch in Bruchteilsgemeinschaft stehenden Erlöses im Falle des § 753 BGB gerichtet ist[3] und der Anspruch aus einer Teilungs- oder Zuteilungsabrede. Auch Vereinbarungen zwischen den Teilhabern, die von der gesetzlich vorgesehenen Teilung abweichen, unterfallen der Regelung des § 758 BGB.[4] Die sonstigen Ansprüche aus der Gemeinschaft sind den Regeln der Verjährung unterworfen. Darunter fallen insbesondere der Anspruch auf Lasten- und Kostentragung (§ 748 BGB)[5] und Einzelansprüche, die nur bei Gelegenheit der Teilung der Gemeinschaft vereinbart wurden[6].

---

[1] *Schmidt* in: MünchKomm-BGB, § 758 Rn. 2.
[2] *Hadding* in: Soergel, § 758 Rn. 1; *Langhein* in: Staudinger, § 758 Rn. 2.
[3] *Langhein* in: Staudinger, § 758 Rn. 2.
[4] *Langhein* in: Staudinger, § 758 Rn. 3.
[5] *Langhein* in: Staudinger, § 758 Rn. 4; *Sprau* in: Palandt, § 758 Rn. 1.
[6] *Schmidt* in: MünchKomm-BGB, § 758 Rn. 2.

Titel 18 - Leibrente

§ 759 BGB Dauer und Betrag der Rente

(Fassung vom 02.01.2002, gültig ab 01.01.2002)

(1) Wer zur Gewährung einer Leibrente verpflichtet ist, hat die Rente im Zweifel für die Lebensdauer des Gläubigers zu entrichten.

(2) Der für die Rente bestimmte Betrag ist im Zweifel der Jahresbetrag der Rente.

Gliederung

A. Grundlagen	1
I. Kurzcharakteristik	1
II. Praktische Bedeutung	2
B. Anwendungsvoraussetzungen	6
I. Definition	6
II. Normstruktur	8
III. Einheitliches nutzbares Recht (sog. Einheitstheorie)	11
IV. Unabhängig und losgelöst von sonstigen Beziehungen der Parteien (sog. Isolierungstheorie)	16
V. Dem Berechtigten für die Lebensdauer eines Menschen eingeräumt (Absatz 1)	17
VI. Fortlaufend wiederkehrende gleichmäßige Leistungen	20
1. Variable Tatbestandsmerkmale	21
2. Unabhängige Bezugsgröße	24
VII. In Geld oder andere vertretbare Sachen	28
VIII. Verpflichtungsgeschäft	30
IX. Dritte als Berechtigte	32
X. Mehrere Berechtigte	35
XI. Schenkung	36
XII. Abtretung	37
XIII. Aufrechnung	40
XIV. Absicherung	42
1. Unterwerfung unter die sofortige Zwangsvollstreckung	43
2. Reallast	44
3. Zwangsversteigerung	49
4. Zwangsvollstreckung	51
5. Insolvenz	59
XV. Steuerrecht	61
1. Unterhaltsrente	63
2. Versorgungsleistungen	65
a. Dauernde Last	66
b. Leibrente	69
c. Veräußerungsrente (Rente als Gegenleistung für Vermögensübertragung)	72
C. Leistungsstörungen	87
I. Zahlungsverzug einzelner Raten	87
II. Gewährleistung	92
III. Wegfall der Geschäftsgrundlage	94
IV. Sittenwidrigkeit	100
V. Verjährung und Verwirkung	103
D. Prozessuale Hinweise/Verfahrenshinweise	106
I. Zuständigkeit	106
II. Beweislast	109

A. Grundlagen

I. Kurzcharakteristik

Der Gesetzgeber definiert den Begriff der Leibrente nicht und regelt diese auch im Übrigen nur lückenhaft. Vorgegeben werden nur Auslegungsregeln zu Dauer und Höhe (§ 759 BGB), dispositive Bestimmungen zur Zahlungsweise (§ 760 BGB) und zur Schriftform (§ 761 BGB). An anderer Stelle wird die Gläubigerstellung geregelt für den Leibrentenvertrag zu Gunsten eines Dritten (§ 330 BGB) und den Nießbrauch an einer Leibrente (§ 1073 BGB). 1

II. Praktische Bedeutung

Die Leibrente hat eine erhebliche wirtschaftliche Bedeutung im Rechtsverkehr. Neben steuerrechtlicher Privilegierung von Verträgen auf Rentenbasis liegen die ökonomischen Vorteile für die Vertragsparteien darin, dass der Gläubiger für seine Lebensdauer einen Zahlungsanspruch erhält, während der Schuldner seine Leistung nur ratenweise erbringen muss. Überwiegend wird eine Leibrente vereinbart bei der Übergabe von Grundstückskaufverträgen und Vermögensübertragungen, um dem Übertragenden für die Dauer seines Lebens gleichmäßige Geldbezüge zu sichern. In Kaufverträgen wird selten eine Leibrente vereinbart, weil diese einer Kaufpreisstundung gleich kommt und die Risiken wegen des unbestimmten Todeszeitpunktes nicht absehbar sind. 2

Die Unterscheidung zwischen Leibrente und einer sonstigen wiederkehrenden Leistung ist bedeutsam, weil für die Leibrente Schriftform (§ 761 BGB) vorgeschrieben und die Leibrente steuerlich begünstigt ist. 3

4   Erfolgt das Leibrentenversprechen mit einer schenkungsweisen Vermögensübertragung, dann ist die Verpflichtung des Grundstücksübernehmers zur Zahlung einer Leibrente sowohl bei der Berechnung des Zugewinns[1] als auch bei der Feststellung des Nachlasses[2] wertmindernd zu berücksichtigen.

5   Im Sozialrecht stellt sich bei der Bemessung der Grundsicherung die Frage, ob Leibrenten, die als Gegenleistung für den Erwerb eines Hausgrundstückes zu entrichten sind, ebenso wie Erbpacht oder Eigenheimzulage zu den laufenden Kosten für Unterkunft gehören. Dies ist abzulehnen, weil die Leibrente den Kaufpreis für das Hausgrundstück darstellt und der Vermögensbildung dient.[3]

B. Anwendungsvoraussetzungen

I. Definition

6   Der Vertrag auf Zahlung einer Leibrente begründet ein Dauerschuldverhältnis, bei dem aus einem selbstständigen (Isolierungstheorie) einheitlichen (Einheitstheorie) Rechtsverhältnis (Stammrecht) dem Berechtigten für die Lebensdauer eines Menschen regelmäßig wiederkehrende, in gleichmäßigen und gleichen Zeitabständen zu gewährende Leistungen in Geld oder anderen vertretbaren Sachen zu erbringen sind.[4]

7   Verbundene Leibrenten (Verbindungsrenten) sind Leibrenten, die vom Leben mehrerer Personen abhängen. Typisch hierfür sind Rentenzahlungen an ein Ehepaar bis zum Tod des zuletzt versterbenden Partners. Es ist aber auch möglich andere Varianten zu vereinbaren, wie z.B. Zahlung bis zum Tod des ersten Partners oder Rente ab dem Tod des ersten Partners oder Herabsetzung der Rentenhöhe ab dem Tod des Erstversterbenden. Verbundene Leibrenten können nicht nur auf das Leben von Ehepaaren bezogen werden, sondern können auch vom Leben von Geschwistern, vom Leben eines Elternteils und des Kindes oder von einer anderen Personenmehrheit abhängen.

II. Normstruktur

8   Die §§ 759 ff. BGB finden nicht schon dann Anwendung, wenn sich eine Rentenvereinbarung äußerlich als Leibrentenvertrag darstellt, sondern nur, wenn auch die Verkehrsauffassung darin einen solchen Vertrag erblickt. Dabei sind insbesondere der Sinn und Zweck des Vertrages zu berücksichtigen sowie das Bedürfnis, den Anwendungsbereich der für das Leibrentenversprechen geltenden Vorschriften, vor allem des Formzwanges nach § 761 BGB, vernünftig zu begrenzen.[5]

9   Zur **Auslegung** und Anwendung des Begriffs der Leibrente sind neben der Verkehrsauffassung auch Sprachgebrauch und Vertragszweck heranzuziehen.[6]

10 In aller Regel wird der Leibrentenvertrag auf Grund einer anderen Leistung geschlossen. Die Gegenleistung für eine Leibrente kann auch in der Veräußerung eines Unternehmens bestehen.[7] Trotzdem ist die Leibrente als einheitliches Stammrecht bestellt, also unabhängig von dem Bestand der anderen Leistung.[8]

III. Einheitliches nutzbares Recht (sog. Einheitstheorie)

11 Nach der vom **Reichsgericht** entwickelten herrschenden Einheitstheorie besteht die Leibrente nicht aus einer Mehrheit aufschiebend bedingter Einzelforderungen, sondern bildet von vornherein einen einheitlichen Gesamtanspruch (Stammrecht), aus dem die einzelnen Leistungen als Nutzungen (§§ 100, 99 Abs. 2 BGB) hervorgehen. Demnach sind die einzelnen Rentenzahlungen Ausfluss dieses

---

[1] BGH v. 07.09.2005 - XII ZR 209/02 - NJW 2005, 3710-3715.
[2] OLG Schleswig v. 25.11.2008 - 3 U 11/08 - OLGR Schleswig 2009, 97-99.
[3] H.M.; BVerwG v. 24.04.1975 - V C 61.73 - BVerwGE 48, 182; LSG Nordrhein-Westfalen v. 20.02.2008 - L 12 AS 20/07; BSG v. 20.08.2009 - B 14 AS 34/08 R - ZFE 2010, 115-116, wenn Leibrente nicht selbst, sondern von einem Dritten gezahlt wird.
[4] RG v. 12.12.1907 - IV 221/07 - RGZ 67, 204-214; BGH v. 16.12.1965 - II ZR 274/63 - BB 1966, 305; BGH v. 13.03.1980 - III ZR 179/78 - WM 1980, 593-597; BGH v. 25.04.1991 - III ZR 159/90 - LM Nr. 2 zu § 759 BGB.
[5] BGH v. 16.12.1965 - II ZR 274/63 - BB 1966, 305.
[6] RG v. 12.10.1912 - IV 75/12 - RGZ 80, 208-212; RG v. 19.12.1916 - VII 349/16 - RGZ 89, 259-263; RG v. 29.11.1918 - III 277/18 - RGZ 94, 157-159; BGH v. 10.04.1989 - II ZR 158/88 - NJW-RR 1989, 866-867.
[7] BGH v. 13.03.1980 - III ZR 179/78 - WM 1980, 593-597.
[8] BFH v. 14.11.2001 - X R 90/98 - BFH/NV 2002, 426-429.

Stammrechts.[9] Somit erfolgt das Leibrentenversprechen in drei Stufen. Im Verpflichtungsgeschäft (Leibrentenvertrag) wird die Verpflichtung zur Bestellung des Leibrentenstammrechts durch den abstrakten und einseitigen Bestellungsvertrag begründet (§ 761 BGB). Die einzelnen Rentenleistungen erfolgen in Erfüllung einseitiger Rentenansprüche, die vom Rechtsgrund nur noch mittelbar abhängig sind und unabhängig von Gegenleistungen als Nutzungen oder Rechtsfrüchte entstehen.[10]

Deshalb handelt es sich nicht um eine Leibrente, wenn die einzelnen Rentenzahlungen im Rahmen eines gegenseitigen Vertrags die Gegenleistung für die vom Rentenberechtigten übernommenen Verpflichtungen (z.B. Kaufpreis für die Übereignung eines Hausgrundstücks)[11] bilden. Auch sind Ruhegehaltszusagen wegen ihres engen Zusammenhangs mit Dienstverträgen nicht als Leibrentenversprechen anzusehen.[12]

12

Diese Meinung wird in der **Literatur** als begriffsjuristisch abgelehnt.[13] Die Konstruktion eines abstrakt bestehenden und in Erfüllung eines Kausalschuldverhältnisses begründeten Leibrentenstammrechts sei entbehrlich. Die Leibrente sei den für Dauerschuldverhältnisse geltenden Regeln zu unterstellen und führe so zu angemessenen Ergebnissen. Nach dieser Auffassung handelt es sich bei der Rentenzahlung typischerweise um eine Gegenleistung für die Übergabe eines Unternehmens, Grundstücks etc. Die Besonderheit besteht lediglich darin, dass die Gesamthöhe der Gegenleistung noch nicht feststeht (Lebensdauer des Gläubigers ist ungewiss) und dass sie in Teilbeträgen zu erbringen ist.

13

Praktische Konsequenzen ergeben sich zwischen beiden Auffassungen im Wesentlichen bei Nichtleistung einzelner Rentenzahlungen. Da nach der herrschenden Einheitstheorie bereits mit der Bestellung des Stammrechts das Verpflichtungsgeschäft erfüllt ist, ermöglicht Verzug oder Nichtleistung einzelner Renten kein Recht zum Rücktritt vom Grundgeschäft aus § 323 BGB oder pVV.[14] Es kann nur Schadensersatz wegen Verzögerung einzelner Raten (§ 280 Abs. 2 BGB) geltend gemacht werden, unter Umständen auch Rückforderung aus Bereicherung (§ 812 Abs. 1 Satz 2 Alt. 2 BGB) wegen Verfehlung des bezweckten Erfolges. Die abweichende Auffassung geht von einer teilweisen Nichtleistung aus, die einen Schadensersatzanspruch nach den §§ 280 Abs. 2, 286 BGB auslöst und gegebenenfalls zum Rücktritt nach § 323 BGB berechtigt.

14

Der Rechtsprechung ist zuzustimmen, auch wenn das Erfordernis eines geschlossenen einheitlichen Rechtes eine wesentliche Einschränkung des Begriffs der Leibrente darstellt und sich damit von sonstigen Verpflichtungen zur Erbringung wiederkehrender Leistungen unterscheidet. Entsprechend ihrer systematischen Stellung im Gesetz ist die Leibrente ein besonderes Schuldverhältnis eigener Art, dessen Charakter nur bei Unterscheidung zwischen dem Stammrecht und den Einzelansprüchen aufrechterhalten werden kann.[15]

15

IV. Unabhängig und losgelöst von sonstigen Beziehungen der Parteien (sog. Isolierungstheorie)

Das abstrakte Leibrentenstammrecht wird als Erfüllung eines kausalen Schuldverhältnisses begründet. Durch die Loslösung vom Grundgeschäft unterscheidet sich die Leibrente von ähnlichen wiederkehrenden Leistungen. Wegen des engen Zusammenhangs mit dem Grundgeschäft fallen **nicht** unter den Leibrentenbegriff Entgelte von Dienstleistungen[16], lebenslängliche Ruhegehälter[17], Rentenzahlungen im Rahmen eines vereinbarten Wettbewerbsverbots[18], Schadensersatzrenten[19], Rentenzahlungen nach

16

---

[9] RG v. 19.12.1916 - VII 349/16 - RGZ 89, 259-263; RG v. 20.12.1922 - V 202/22 - RGZ 106, 93-99; BGH v. 16.12.1965 - II ZR 274/63 - BB 1966, 305.
[10] RG v. 12.10.1912 - IV 75/12 - RGZ 80, 208-212; RG v. 20.12.1922 - V 202/22 - RGZ 106, 93-99; BGH v. 25.04.1991 - III ZR 159/90 - LM Nr. 2 zu § 759 BGB.
[11] BGH v. 25.04.1991 - III ZR 159/90 - LM Nr. 2 zu § 759 BGB.
[12] BGH v. 16.12.1965 - II ZR 274/63 - BB 1966, 305.
[13] *Habersack* in: MünchKomm-BGB, § 759 Rn. 4; *Terlau* in: Erman, § 759 Rn. 9 m.w.N.
[14] RG v. 20.12.1922 - V 202/22 - RGZ 106, 93-99; offen gelassen BGH v. 25.04.1991 - III ZR 159/90 - LM Nr. 2 zu § 759 BGB.
[15] RG v. 12.12.1907 - IV 221/07 - RGZ 67, 204-214.
[16] RG v. 02.11.1937 - II 76/37 - JW 1938, 370; RG v. 02.11.1937 - III 76/37 - HRR 1938 Nr. 138.
[17] RG v. 12.10.1912 - IV 75/12 - RGZ 80, 208-212; RG v. 29.11.1918 - III 277/18 - RGZ 94, 157-159; BGH v. 16.12.1965 - II ZR 274/63 - BB 1966, 305.
[18] BFH v. 11.03.1975 - VIII R 1/74 - BFHE 115, 452.
[19] BFH v. 05.04.1965 - VI 330/63 U - BB 1965, 736; RG v. 09.07.1908 - VI 490/07 - RGZ 69, 296-298.

§ 759

Vergleichsvereinbarung wie Schadensersatzansprüche[20], über eine gesellschaftsrechtliche Abfindung[21] oder über Unterhaltsansprüche.[22] Auch die in einem Gesellschaftsvertrag vorgesehene laufende Zahlung eines „Vorweggewinns" stellt sich nach der Verkehrsauffassung grundsätzlich nicht als Leibrentenvertrag dar.[23]

V. Dem Berechtigten für die Lebensdauer eines Menschen eingeräumt (Absatz 1)

17 Die Rente muss auf Lebenszeit eines Menschen zugesagt sein, des Berechtigten („im Zweifel"), des Schuldners oder eines Dritten. Die Dauer der Leibrente ist nicht auf die statistische Lebenserwartung der Bezugsperson begrenzt[24] oder verlängert.

18 Eine Leibrente kann auch in der Weise versprochen werden, dass sie unter bestimmten Voraussetzungen schon früher endet.[25] Eine zeitliche Begrenzung durch Nebenbestimmungen ist möglich, soweit der Zweck der Lebensversorgung des Berechtigten gewahrt bleibt[26], z.B. durch Höchstlaufzeiten bis zur Wiederheirat, höchstens 40 Jahre bis zum 70. Lebensjahr, längstens 20 Jahre etc. Wer vor der Scheidung dem Ehegatten eine Rente freiwillig verspricht, muss sie auch bei dessen Wiederheirat zahlen; es entfällt zwar die gesetzliche Unterhaltspflicht, eine Leibrente jedoch nur, wenn dies ausdrücklich vereinbart wurde.[27]

19 Vereinbarte Mindest- oder Höchstlaufzeiten bewahren den Leibrentencharakter aber dann nicht mehr, je stärker bei hohem Alter der Bezugsperson die Leibrente verlängert und bei geringem Alter der Bezugsperson die Leibrente abgekürzt wird. Wird eine Mindest- oder Höchstlaufzeit so vereinbart, dass die durchschnittliche Lebensdauer der Bezugsperson für das Rentenende äußerst unwahrscheinlich ist, liegt nur noch eine Zeitrente vor. Unzulässig ist es, eine einheitliche Rente in eine Zeitrente und in eine durch den Ablauf der Mindestlaufzeit aufschiebend bedingte Leibrente aufzuspalten.[28]

VI. Fortlaufend wiederkehrende gleichmäßige Leistungen

20 Die Einzelleistungen müssen zeitlich und inhaltlich genau bestimmt sein.[29] Dies ist bei nominal gleich bleibenden Leistungen der Fall.[30]

1. Variable Tatbestandsmerkmale

21 Rentenverpflichtungen mit variablen Tatbestandsmerkmalen sind keine Leibrenten, wie etwa Schadensersatzrenten, Unterhaltsvertrag von Geschwistern zu Gunsten der Mutter, wegen Alimentenzahlung,[31] allgemeines Versorgungsversprechen,[32] Ausstattung der Tochter,[33] Leistungshöhe abhängig vom Überschuss eines Landguts,[34] Leistung abhängig von der Einhaltung eines Wettbewerbsverbots,[35] abgekürzte Leibrente.[36]

22 Mangels gleichmäßiger Höhe der Leistungen liegt keine Leibrente vor, wenn die Leistungen abhängen sollen vom künftigen Ertrag oder Umsatz eines Wirtschaftsunternehmens,[37] den Bedürfnissen des Berechtigten[38] oder der Leistungsfähigkeit des Verpflichteten[39] oder unter dem Vorbehalt gleich bleiben-

---

[20] RG v. 19.12.1916 - VII 349/16 - RGZ 89, 259-263.
[21] BGH v. 16.12.1965 - II ZR 274/63 - BB 1966, 305.
[22] RG v. 05.07.1934 - IV 25/34 - RGZ 145, 119-121; BGH v. 03.04.1952 - IV ZR 136/51 - BGHZ 5, 302-314.
[23] BGH v. 26.10.1965 - V ZR 87/63 - NJW 1966, 200.
[24] Vgl. OLG München v. 16.05.1997 - 10 U 5806/96 - OLGR München 1997, 147-148.
[25] BGH v. 13.03.1980 - III ZR 179/78 - WM 1980, 593-597.
[26] RG v. 12.12.1907 - IV 221/07 - RGZ 67, 204-214.
[27] OLG Koblenz v. 01.10.2001 - 13 UF 97/01 - NJW-RR 2002, 797-798.
[28] BFH v. 19.08.2008 - IX R 56/07 - DB 2009, 31.
[29] RG v. 23.09.1932 - VII 94/32 - RGZ 137, 259-263.
[30] *Meyering*, StuB 2008, 432-435 und 675-679.
[31] BGH v. 03.04.1952 - IV ZR 136/51 - BGHZ 5, 302-314.
[32] RG v. 08.03.1928 - IV 518/27 - RG JW 1928, 1287.
[33] RG v. 17.09.1925 - IV 159/25 - RGZ 111, 286-288.
[34] RG v. 23.09.1932 - VII 94/32 - RGZ 137, 259-263.
[35] BFH v. 11.03.1975 - VIII R 1/74 - BFHE 115, 452.
[36] BFH v. 12.11.1985 - IX R 2/82 - NJW 1986, 2456-2458.
[37] RG v. 12.12.1907 - IV 221/07 - RGZ 67, 204-214; RG v. 23.09.1932 - VII 94/32 - RGZ 137, 259-263; BGH v. 10.04.1989 - II ZR 158/88 - NJW-RR 1989, 866-867.
[38] BayObLG v. 18.05.1993 - 2Z BR 23/93 - NJW-RR 1993, 1171-1173.
[39] LG Memmingen v. 14.05.1981 - 4 T 637/81 - MDR 1981, 766.

der Verhältnisse stehen oder einer Anpassung gemäß § 323 ZPO unterliegen.[40] Die Leibrente ist ein eigenständiges Leistungsversprechen losgelöst von den gesetzlichen Voraussetzungen des Unterhaltsanspruchs.[41] Deshalb erfüllen Unterhaltsverträge die Voraussetzungen einer Leibrente in der Regel nicht, weil die Unterhaltszahlung von der Leistungsfähigkeit des Schuldners und der Bedürftigkeit des Gläubigers abhängig ist[42] oder bei einer Vermögensübergabe gegen Versorgungsleistung die Versorgungsleistung deshalb abänderbar ist, weil sie sich nach der (Pflege-)Bedürftigkeit des Versorgungsempfängers richtet.[43]

Eine Unterhaltsverpflichtung als Leibrente liegt jedoch vor, wenn auf das Recht der Abänderung nach § 323 ZPO verzichtet wird[44] oder bei einer Unterhaltsregelung im Ehevertrag bei Scheidung ohne Rücksicht auf die Bedürftigkeit oder Leistungsfähigkeit.[45] Nach Finanzgericht Münster[46] sind Versorgungsleistungen in Geld auch dann keine Leibrente, wenn eine ausdrückliche Abänderungsklausel (§ 323 ZPO) zwar im Vertrag fehlt, sich die Abänderbarkeit aber in anderer Weise aus dem Vertrag ergibt. 23

2. Unabhängige Bezugsgröße

Für einen Leibrentenvertrag ist nicht erforderlich, dass die Höhe der wiederkehrenden Leistungen während der gesamten Laufzeit der Leibrente unverändert bleiben muss.[47] Die Höhe der Leistungen ist auch gleichmäßig, wenn sie sich nach dem gleichen Maßstab richtet, der nicht vom individuellen Verhältnis, sondern von einer objektiven Bewertungsgröße abhängt, wie etwa Lebenshaltungskostenindex[48], Besoldungstabelle[49], Durchschnittsrenteneinkommen[50], Sozialversicherungsrenten, Tarifvertrag[51] etc. Deshalb ist eine Leibrente nicht ausgeschlossen, wenn eine Wertversicherungsklausel[52] oder die Anrechnung einer Sozialversicherungsrente vereinbart wird.[53] 24

Bei Rentenansprüchen von langer Dauer ist die Vereinbarung von Wertsicherungsklauseln üblich um Kaufkraftschwankungen des Geldes auszugleichen. Zum Schutz der Geldwertstabilität stehen bestimmte Wertsicherungsklauseln unter einem Verbot mit Erlaubnisvorbehalt (§ 2 Abs. 1 Satz 1, Abs. 2 Nr. 1 PaPkG). Im Einzelfall sind nicht genehmigungsbedürftig sie so genannte Gleitklauseln. Sie führen auf Grund einer außerhalb des Schuldverhältnisses liegenden Bezugsgröße zu einer automatischen Schuldanpassung.[54] Als Bezugsgrößen kommen in Betracht Lebenshaltungskostenindex, Kaufkraft des Euro, Mietspiegel oder Beamtengehalt. Zuständig für die Erteilung der Genehmigung ist gem. § 2 Abs. 1 Nr. 3 PaPkG i.V.m. § 7 Preisklauselverordnung das Bundesamt für Wirtschaft. Bis zur Erteilung der Genehmigung ist die Wertsicherungsklausel schwebend unwirksam.[55] Hiervon ist in der Regel nur die betreffende Klausel betroffen, aber nicht auch der gesamte Vertrag.[56] 25

Der BFH[57] beurteilt die Verpflichtung zu wiederkehrenden Barleistungen in einem Vermögensübergabevertrag als Leibrente, wenn die Vertragsparteien eine Abänderbarkeit der Höhe der Rentenleistungen materiell-rechtlich von Voraussetzungen abhängig gemacht haben, die einer Wertsicherungsklausel 26

---

[40] Allg. M., vgl. OLG Schleswig v. 04.03.1991 - 15 UF 114/90 - FamRZ 1991, 1203-1205.
[41] OLG Frankfurt v. 29.07.2009 - 2 UF 208/08.
[42] RG v. 05.07.1934 - IV 25/34 - RGZ 145, 119-121; BGH v. 03.04.1952 - IV ZR 136/51 - BGHZ 5, 302-314.
[43] FG Köln v. 18.03.2009 - 7 K 4902/07.
[44] RG v. 19.03.1936 - IV 277/35 - RGZ 150, 385-391; BFH v. 25.05.1973 - VI R 375/69 - BB 1973, 1014.
[45] OLG Schleswig v. 04.03.1991 - 15 UF 114/90 - FamRZ 1991, 1203-1205; OLG Nürnberg v. 12.07.1995 - 7 UF 1798/95 - FamRZ 1996, 296-297.
[46] FG Münster v. 22.06.2001 - 11 K 3677/00 E - EFG 2001, 1194-1195; bestätigt von BFH v. 21.07.2004 - X R 44/01 - NJW-RR 2005, 41-43.
[47] BGH v. 13.03.1980 - III ZR 179/78 - WM 1980, 593-597.
[48] BGH v. 22.06.1995 - III ZR 18/95 - NJW 1995, 2790-2791.
[49] BFH v. 12.11.1985 - IX R 2/82 - NJW 1986, 2456-2458; OLG Hamm v. 27.01.1975 - 5 U 197/74 - BB 1975, 344-345.
[50] BGH v. 26.10.1965 - V ZR 87/63 - NJW 1966, 200.
[51] LG Marburg, BB 1959, 207.
[52] BGH v. 13.03.1980 - III ZR 179/78 - WM 1980, 593-597.
[53] BFH v. 05.12.1980 - VI R 118/79 - BB 1981, 287-288.
[54] BGH v. 30.10.1974 - VIII ZR 69/73 - BGHZ 63, 132-140.
[55] BGH v. 13.07.1987 - II ZR 280/86 - BGHZ 101, 296-307.
[56] BGH v. 30.10.1974 - VIII ZR 69/73 - BGHZ 63, 132-140; BGH v. 02.02.1983 - VIII ZR 13/82 - LM Nr. 41 zu § 3 WährG.
[57] BFH v. 09.05.2007 - X B 162/06 - BFH/NV 2007, 1501-1502.

entsprechen. Dies soll selbst dann gelten, wenn in diesem Zusammenhang auf § 323 ZPO Bezug genommen wird. Die wiederkehrenden Leistungen sind dann als Leibrente anzusehen, wenn die Abänderbarkeit bei wesentlich veränderten Lebensbedürfnissen (Heimunterbringung, Pflegebedürftigkeit) ausgeschlossen wird. Eine einheitliche Versorgungsleistung liegt auch vor, wenn eine „Grundrente" und eine erhöhte „Pflegerente" einheitlich zur „Sicherung des Alterseinkommens" des Empfängers vereinbart werden. Durch die Vereinbarung zur „Absicherung der Pflegebedürftigkeit" erhält der Empfänger eine Anpassungsmöglichkeit entsprechend § 323 ZPO.[58]

27 Eine Leibrente ist nicht ausreichend bestimmt vereinbart, wenn diese außer mit der üblichen Wertsicherungsklausel mit der Vereinbarung versehen ist „jeder Vertragsteil könne bei Änderung seiner wirtschaftlichen Verhältnisse eine Abänderung des vereinbarten Betrags verlangen" (§ 323 ZPO).[59]

VII. In Geld oder andere vertretbare Sachen

28 Gegenstand der Leistung können nur Geld oder vertretbare Sachen (§ 91 BGB) sein, jedoch nicht Dienst- oder Werkleistungen oder Kost und Wohnung[60], wie beim Altenteilsrecht (Art. 96 EGBGB).

29 Die laufenden Bezüge einer mittels Veräußerung von Vermögen erlangten Leibrente des Unterhaltspflichtigen sind in vollem Umfang – einschließlich des in ihnen enthaltenen Tilgungsanteils – zur Unterhaltsbemessung heranzuziehen.[61] Durch einen Leibrentenvertrag als Gegenleistung für eine Vermögensveräußerung wird der Vermögensstamm in ein Rentenstammrecht umgewandelt, aus dem die einzelnen Rentenleistungen als wiederkehrende Leistungen fließen; damit sind diese von vornherein nicht als Vermögensstamm i.S.v. § 1581 Satz 2 BGB anzusehen. Eine Verwertung des Vermögensstammes i.S.v. § 1581 Satz 2 BGB würde nur dann vorliegen, wenn das Rentenstammrecht selbst – etwa durch eine Rekapitalisierung – angegriffen würde. Eine unterhaltsrechtliche Inanspruchnahme der laufenden Leibrentenzahlungen in voller Höhe ist dagegen, auch wenn darin wirtschaftlich gesehen ein Tilgungsanteil enthalten ist, im unterhaltsrechtlichen Sinne nicht als Verwertung des Vermögensstammes anzusehen.[62]

VIII. Verpflichtungsgeschäft

30 Die Verpflichtung zur Bestellung der Leibrente (Verpflichtungsgeschäft) kann erfolgen durch einseitiges Rechtsgeschäft wie Auslobung, letztwillige Verfügung oder Vertrag zu Gunsten Dritter[63] oder Vertrag sowohl entgeltlicher (gegenseitiger z.B. Rentenkauf; Veräußerung von Grundvermögen gegen Verpflichtung zur Rentenbestellung) als auch unentgeltlicher Vertrag (z.B. Schenkungsversprechen einer Leibrente, Ausstattungsversprechen für Tochter).[64] Auch ist ein Vertrag zu Gunsten Dritter möglich (§ 330 BGB) ebenso wie die Verpflichtung in einem Vergleich.[65]

31 In allen Fällen müssen die Rentenleistungen Hauptgegenstand der Verpflichtung aus dem Leibrentenversprechen sein, welches die alleinige Grundlage für die einzelnen Rentenansprüche bildet. Das ist nicht der Fall, wenn die einzelnen Rentenleistungen in ihrer Gesamtheit den Gegenwert des übertragenen Gegenstandes bildet und vom ursprünglichen Schuldgrund nicht gelöst ist, sondern die Verpflichtung zur Zahlung der laufenden Rente Bestandteil eines gegenseitigen Vertrages sein soll.[66]

IX. Dritte als Berechtigte

32 Die Auslegungsregel des § 330 BGB begründet eine widerlegbare Vermutung, dass bei Zahlung an einen anderen als den Vertragspartner ein Vertrag zu Gunsten Dritter vorliegt. Im Todesfall gehört die Leibrente wie ein Lebensversicherungsanspruch nicht zum Nachlass des Versprechensempfängers.[67]

---

[58] FG Köln v. 18.03.2009 - 7 K 4902/07 - StE 2009, 418-419.
[59] BayObLG München v. 11.10.1979 - BReg 2 Z 39/79 - MDR 1980, 238; OLG Frankfurt v. 18.12.1987 - 20 W 420/87 - Rpfleger 1988, 247-247.
[60] RG v. 05.04.1922 - V 591/21 - RGZ 104, 272-275; BGH v. 11.12.1981 - V ZR 247/80 - BGHZ 82, 354-360.
[61] OLG München v. 27.05.1992 - 12 UF 1354/91 - FuR 1992, 302; OLG Köln v. 02.11.1982 - 21 UF 104/82 - FamRZ 1983, 643-645.
[62] BGH v. 24.11.1993 - XII ZR 136/92 - LM BGB § 1578 Nr. .61 (4/1994).
[63] RG v. 17.09.1925 - IV 159/25 - RGZ 111, 286-288; RG v. 27.01.1936 - IV 246/35 - RGZ 150, 129-134.
[64] RG v. 17.09.1925 - IV 159/25 - RGZ 111, 286-288.
[65] RG v. 19.12.1916 - VII 349/16 - RGZ 89, 259-263; RG v. 08.10.1917 - IV 228/17 - RGZ 91, 6-9; OLG Hamburg v. 04.03.1916 - OLGZ 34, 140.
[66] BGH v. 25.04.1991 - III ZR 159/90 - LM Nr. 2 zu § 759 BGB.
[67] *Hadding* in: Soergel, § 330 Rn. 21; *Kaduk* in: MünchKomm-BGB, § 330 Rn. 48.

Die Bestellung der Reallast zu Gunsten eines an dem Rechtsgeschäft nicht beteiligten Dritten ist unwirksam, weil § 328 BGB auf dingliche Rechte nicht anwendbar ist. Die Nichtigkeit einer Reallastbestellung zu Gunsten eines Dritten hat nicht die Nichtigkeit des gesamten Geschäfts zur Folge (§ 139 BGB). Der schuldrechtliche Rentenanspruch bleibt bestehen. Es wäre mit Treu und Glauben nicht vereinbar, wenn der Schuldner aus der Unwirksamkeit der Leibrente auch die Unwirksamkeit einer an sich rechtlich bedenkenfrei vereinbarten Rentenverpflichtung herleiten könnte.[68]

33

Nach § 1073 BGB gebühren dem Nießbraucher einer Leibrente die einzelnen Leistungen, die auf Grund des Rechts gefordert werden können. Der Nießbrauch an einer Leibrente ist ein einheitliches Recht, so dass der Nießbraucher selbst Gläubiger und nicht nur Nießbraucher an einer fremden Forderung ist. Daher kann der Nießbraucher die Leibrente auch im eigenen Namen einklagen.

34

X. Mehrere Berechtigte

Steht eine Leibrente mehreren Personen (z.B. Eheleuten) zu, so ist im Zweifel jeder Leibrentengläubiger nur zu einem gleichen Anteil berechtigt (§ 420 BGB), seine Forderung ist also ohne Rücksicht auf den Mitberechtigten pfändbar. Sind die mehreren Leibrentengläubiger berechtigt, die Leibrente in der Weise zu fordern, dass jeder die ganze Leistung fordern kann, der Schuldner die Leistung aber nur einmal zu bewirken verpflichtet ist, so sind sie Gesamtgläubiger, und der Leibrentenschuldner kann nach seinem Belieben an jeden von ihnen leisten (§ 428 BGB). Das wird man häufig annehmen müssen, wenn im Leibrentenversprechen bestimmt ist, dass die Leistungen auch nach dem Tod eines der Berechtigten in gleicher Höhe an den Überlebenden weiterzuzahlen sind. Den Gesamtgläubigern steht aber nicht nur eine einzige Forderung zu, vielmehr besteht für jeden von ihnen eine selbstständige, allein abtretbare und daher allein pfändbare Forderung.[69]

35

XI. Schenkung

Die schenkweise bestellte Leibrente erlischt nicht nur beim Tod des Beschenkten (§ 759 Abs. 1 BGB), sondern auch beim Tod des Schenkers (§ 520 BGB). Nach der herrschenden Einheitstheorie beginnt die Zehnjahresfrist des § 2325 BGB für Pflichtteilsergänzungsansprüche ebenso die Frist für eine Gläubigeranfechtung mit der Bestellung des Leibrentenstammrechts.

36

XII. Abtretung

Falls die Parteien die Abtretung nicht gem. § 399 BGB vertraglich ausgeschlossen haben, sind nach § 398 BGB der gesamte Leibrentenanspruch (Stammrecht) als auch die einzelnen Ratenzahlungsverpflichtungen übertragbar. In Betracht kommt vor allem die Überleitung auf Sozialhilfeträger.[70]

37

Der Abtretbarkeit steht nicht die Unvererblichkeit wegen der Verpflichtung nur bis zum Tod des Gläubigers (§ 759 Abs. 1 BGB) entgegen. Die Abtretbarkeit lässt sich mittelbar herleiten aus § 1073 BGB, der sonst wegen § 1069 Abs. 2 BGB gegenstandslos wäre. Nur besondere Umstände[71], wie die Unentgeltlichkeit der Leibrente, können zur Unabtretbarkeit führen.

38

Beachte: Wie bei gesetzlichen Unterhaltsansprüchen bewirkt die Überleitung bei einem Leibrentenanspruch zwar nicht den Übergang des Stammrechts selbst.[72] Das schließt jedoch nicht den Übergang von Nebenrechten aus, die sich nicht auf das Rechtsverhältnis als ganzes, sondern auf die einzelnen Leistungspflichten beziehen. Die Rechtsstellung des Zessionars als des (neuen) Forderungsgläubigers (§ 398 Satz 2 BGB) umfasst somit das Recht, den Schuldner mit allen gesetzlichen Mitteln zur vertragsgemäßen Leistung anzuhalten. Hierzu gehört zum Beispiel die Befugnis, den Schuldner zur Leistung aufzufordern, ihn zu mahnen und auf Leistung zu verklagen sowie ihm unter Ablehnungsandrohung eine Nachfrist zu setzen.[73] Nichts anderes gilt für die Befugnis, ein vertraglich vorgesehenes Erhöhungsverlangen zu stellen. Deshalb steht dem Träger der Sozialhilfe, der einen vertraglichen Leibrentenanspruch nach § 90 BSHG auf sich übergeleitet hat, auch die dem Berechtigten im Leibrenten-

39

---

[68] BGH v. 08.07.1993 - IX ZR 222/92 - BGHZ 123, 178-182.
[69] BGH v. 04.03.1959 - V ZR 181/57 - BGHZ 29, 363-366.
[70] BGH v. 10.01.1992 - V ZR 44/90 - NJW-RR 1992, 566-567; BGH v. 22.06.1995 - III ZR 18/95 - NJW 1995, 2790-2791.
[71] RG v. 25.02.1933 - V 417/32 - RGZ 140, 60-65.
[72] BVerwG v. 26.11.1969 - V C 54.69 - BVerwGE 34, 219.
[73] BGH v. 21.06.1985 - V ZR 134/84 - WM 1985, 1106.

vertrag eingeräumte Befugnis zu, im Falle einer Steigerung des Lebenshaltungskostenindexes eine Erhöhung der Rentenzahlungen zu verlangen.[74]

XIII. Aufrechnung

40 Der Leibrentenschuldner kann mit einer fälligen Forderung gegen den Leibrentenanspruch grundsätzlich unbegrenzt aufrechnen, soweit nicht die nach § 394 BGB durch die Pfändungsfreigrenzen (§ 850b ZPO) gesetzte Schranke besteht. Handelt es sich jedoch um eine der laufenden Versorgung dienende Leibrente, so überwiegt der Fürsorgezweck gegenüber dem rein vermögensrechtlichen Interessenausgleich. Der Gläubiger ist deshalb entgegen § 271 Abs. 2 ZPO nur begrenzt zur vorzeitigen Entgegennahme von Zahlungen gehalten; der Schuldner kann demnach – abgesehen von einem gesetzlichen Aufrechnungsverbot – nur mit bereits fälligen und in den nächsten 6 Monaten fällig werdenden Raten aufrechnen.[75]

41 Der Rentengläubiger kann nur mit den fälligen Raten aufrechnen, nach einer Kapitalisierung des Rentenanspruchs in der Insolvenz des Schuldners auch mit dem vollen Betrag.[76]

XIV. Absicherung

42 Besondere Bedeutung hat die Absicherung des Leibrentengläubigers vor verspäteten Leistungen oder Zahlungsunfähigkeit des Schuldners.

1. Unterwerfung unter die sofortige Zwangsvollstreckung

43 Eine Unterwerfung des Rentenschuldners unter die sofortige Zwangsvollstreckung (§ 794 Abs. 1 Nr. 5 ZPO) ist auch bei Vereinbarung künftiger Erhöhungsbeträge als hinreichend bestimmt anzusehen, wenn sie eine Wertsicherungsklausel enthält, die einen vom Statistischen Bundesamt erstellten Preisindex für die Lebenshaltungskosten in Bezug nimmt.[77]

2. Reallast

44 Neben der in der Praxis unbedeutenden Leibrentenversicherung[78] wird bei Grundstücksveräußerungen üblicherweise der schuldrechtliche Rentenanspruch mit einer Reallast (§§ 1105 ff. BGB) abgesichert. Zulässiger Inhalt einer Rentenreallast kann eine Wertsicherungsklausel auch dann sein, wenn eine Erhöhung der Renten in dem sich aus der Klausel ergebenden Umfang nur auf Verlangen des Gläubigers eintritt.[79] Die zur Sicherung einer unter dem Vorbehalt des § 323 ZPO vereinbarten Leibrente bestellte Reallast ist mangels Bestimmtheit jedoch nicht eintragungsfähig.

45 Die persönliche Haftung des jeweiligen Grundstückseigentümers nach § 1108 Abs. 1 BGB zur Erbringung der Leistungen, auf welche die Reallast nach § 1105 BGB gerichtet ist (gesetzliches Schuldverhältnis), ist zu unterscheiden von der mit der Reallast nicht notwendig, aber regelmäßig durch eine Sicherungsabrede verbundenen schuldrechtlichen Verpflichtung des Bestellers der Reallast zur Erbringung einer wiederkehrenden Leistung. In diesem Fall dient die Reallast der Sicherung der schuldrechtlichen Verpflichtung (Sicherungsreallast). Sie ist in ihrer Entstehung und ihrem Bestand von der schuldrechtlichen Verpflichtung unabhängig und in diesem Sinne abstrakt. Das Verhältnis von Reallast und zugrunde liegender schuldrechtlicher Verpflichtung weist starke Ähnlichkeit mit der Sicherungsgrundschuld auf. Ist sonach der Bestand der Reallast einschließlich der persönlichen Haftung für die einzelnen Leistungen (vgl. § 1108 Abs. 1 BGB) von dem Bestand der zugrunde liegenden schuldrechtlichen Verpflichtung rechtlich unabhängig, kann der von dem Schuldner personenverschiedene Eigentümer des Grundstücks aus der Reallast selbst dann in Anspruch genommen werden, wenn keine Zahlungsrückstände bestehen.[80]

46 Im Zusammenhang mit der Bestellung einer Reallast zur Sicherung einer Rentenzahlungsverpflichtung kann vereinbart und im Grundbuch eingetragen werden, dass die Zahlungen aus der schuldrechtlichen Rentenverpflichtung und den dinglichen Ansprüchen aus der Reallast jeweils gegeneinander anzurech-

---

[74] BGH v. 22.06.1995 - III ZR 18/95 - NJW 1995, 2790-2791.
[75] BGH, v. 15.03.2006 - VIII ZR 120/04 - NJW-RR 2006, 1185-1188 für Pensionsbezüge.
[76] RG v. 08.05.1908 - II 538/07 - RGZ 68, 340-343.
[77] BGH v. 10.12.2004 - IXa ZB 73/04 - NJW-RR 2005, 366-367.
[78] BGH v. 08.07.2009 - IV ZR 102/06 - NJW-RR 2009, 1476-1478; BGH v. 07.11.2007 - IV ZR 116/04 - NJW-RR 2008, 193-194.
[79] BGH v. 01.06.1990 - V ZR 84/89 - BGHZ 111, 324-329.
[80] OLG Hamm v. 22.09.1997 - 15 W 207/97 - FGPrax 1998, 9.

nen sind. Somit kann auch bei Personenverschiedenheit sowohl dem Rentenzahlungsverpflichteten als auch dem Grundstückseigentümer ein Leistungsverweigerungsrecht als Einrede zustehen, wenn der Rentenbetrag aus einer dieser Verpflichtungen geleistet wird.[81]

Der Rentenschuldner wird bei einer Grundstücksveräußerung nur unter den Voraussetzungen der §§ 414 f. BGB befreit.[82] Der Erwerber des mit einer Reallast belasteten Grundstücks hat für die der Reallast zugrunde liegende Forderung nicht zu haften, sondern nur nach Maßgabe des eingetragenen Rechts.[83]

47

Zur Aufgabe einer Reallast genügen die einseitige Erklärung des Berechtigten gegenüber dem Verpflichteten und die nachfolgende Löschung der Reallast. Der Abschluss eines Erlassvertrages ist im Allgemeinen formfrei und auch durch schlüssiges Verhalten möglich.[84]

48

3. Zwangsversteigerung

Bei einer Zwangsversteigerung des Grundstücks fällt die Reallast in das geringste Gebot und bleibt bestehen (§ 52 Abs. 1 ZVG). Der Ersteher haftet dann dem Rentengläubiger dinglich (§ 1105 BGB) und persönlich (§ 1108 Abs. 1 BGB). Im Außenverhältnis ist der Schuldner der ursprünglichen Leibrentenverpflichtung zwar weiterhin verpflichtet, jedoch müssen im Innenverhältnis der Ersteher als Mit-Gesamtschuldner die weiteren Lasten allein tragen.[85] Insoweit enthält § 56 Satz 2 ZVG eine „abweichende Bestimmung" i.S.d. § 426 Abs. 1 BGB.

49

Anderes gilt, wenn Versteigerungsschuldner und Schuldner der Rentenverpflichtung nicht identisch sind. Dann kann der Ersteher eines mit einer Reallast belasteten Grundstücks von dem persönlichen Schuldner der Rentenschuld hälftigen Ausgleich der gezahlten Renten verlangen, wenn dieser das Grundstück weiter veräußert hat und die Übernahme der Rentenverpflichtung durch den Erwerber aber von dem Rentenberechtigten nicht genehmigt wurde.[86] Zwischen dem Verpflichteten und dem Grundstückserwerber besteht ein Gesamtschuldverhältnis (§ 421 BGB) hinsichtlich der Rentenansprüche, obwohl der persönliche Anspruch gegen den Eigentümer auf § 1108 Abs. 1 BGB, der gegen den schuldrechtlich Verpflichteten auf dessen Rentenversprechen beruht. Es ist nicht notwendig, dass sich die beiden Forderungen aus demselben Rechtsgrund herleiten.[87]

50

4. Zwangsvollstreckung

In der Zwangsvollstreckung geht es darum, ob die Leibrente – einzelne Renten oder das Stammrecht – pfändbar ist. Diese Frage korrespondiert mit dem Problem der Abtretbarkeit, da eine unpfändbare Forderung grundsätzlich nicht abtretbar (§ 400 BGB) und als solche auch nicht pfändbar ist (§ 851 Abs. 1 ZPO).

51

Da die Leibrentenforderung in der Regel abtretbar ist, kann sie nach den allgemeinen Regeln als Forderung (§ 829 ZPO) gepfändet werden und zwar nach § 832 ZPO auch mit Wirkung auf die künftig fällig werdenden Rentenbeträge (§ 832 ZPO). Gepfändet wird das Stammrecht[88] nach den §§ 829, 832 ZPO; verwertet wird es durch Überweisung (§ 835 BGB) und bezüglich der Sachleistungen nach § 847 ZPO.

52

Die bedingte Pfändbarkeit einiger Bezüge ist in § 850b ZPO geregelt. Beim Zugriff auf Versorgungsansprüche aus abhängiger Arbeit und sonstige Ansprüche mit sozialem Charakter sind die für Arbeitseinkommen geltenden Pfändungsfreigrenzen einzuhalten. Eine Gleichstellung der durch Kaufpreisrenten geschaffenen Altersversorgung mit unterhaltsähnlichen Ansprüchen gemäß § 850b ZPO wird abgelehnt.[89] Im Einzelfall ist zwar zu prüfen, ob eventuell ein auf gesetzlicher Grundlage beruhender, vollstreckungsrechtlich nach § 850b ZPO privilegierter Rentenanspruch vorliegt, der nur vertraglich in

53

---

[81] LG Augsburg v. 05.08. 2004 - 4 T 2336/04 - MittBayNot 2005, 47.
[82] BGH v. 08.07.1993 - IX ZR 222/92 - BGHZ 123, 178-182.
[83] BGH v. 17.02.1989 - V ZR 160/87 - NJW-RR 1989, 1098-1099.
[84] OLG München v. 18.04.1997 - 21 U 5854/96 - OLGR München 1997, 147.
[85] BGH v. 08.07.1993 - IX ZR 222/92 - BGHZ 123, 178-182.
[86] BGH v. 12.07.1991 - V ZR 204/90 - LM BGB § 426 Nr. 91 (2/1992).
[87] BGH v. 27.03.1969 - VII ZR 165/66 - BGHZ 52, 39-47.
[88] *Terlau* in: Erman, § 759 BGB Rn. 12; *Habersack* in: MünchKomm-BGB, § 759 Rn. 38; nach BGH v. 22.06.1995 - III ZR 18/95 - NJW 1995, 2790-2791 wohl nur die Leistungsansprüche.
[89] OLG Hamm v. 12.08.1969 - 14 W 39/69 - Rpfleger 1969, 396.

eine andere Form gekleidet worden ist.[90] § 850b ZPO ist aber grundsätzlich nicht anwendbar, weil die Leibrente unter keine der dort genannten Alternativen fällt.

54 In aller Regel liegen weder bei Schadensersatzrenten (§ 850b Abs. 1 Nr. 1 ZPO) noch bei Unterhaltsrenten (§ 850b Abs. 1 Nr. 2 ZPO) Leibrenten vor, da der grundsätzliche Charakter von Schadensersatz und Unterhalt mit allen dazu gehörenden Konsequenzen stets erhalten bleiben soll.

55 Die aus Fürsorge oder Freigiebigkeit gewährte Leibrente kann zwar Pfändungsschutz genießen (§ 850b Abs. 1 Nr. 3 ZPO). Die Leibrente unterscheidet sich selbst dann wesentlich von einem Altenteils- oder Versorgungsvertrag, wenn dieser die Zahlung einer Geldrente beinhaltet, so dass die Pfändbarkeit der Leibrente gleichfalls nicht von § 850b Abs. 1 Nr. 3 ZPO ausgeschlossen wird. Die Nr. 3 dieser Vorschrift setzt eine besondere Beziehung der Parteien zueinander und zu dem überlassenen Grundvermögen voraus. Eine Rente als Veräußerungsrente fällt nicht hierunter. Der bloße Verbrauch für den Lebensunterhalt reicht für die Annahme eines Altenteilsanspruchs nicht aus.

56 In den Ausnahmefällen, in denen die Leibrente höchstpersönlicher Natur und daher nach § 390 HS. 1 BGB nicht abtretbar ist, kommt dennoch eine Überweisung zur Einziehung in Betracht, da der grundsätzlich auf Geldzahlung gerichtete Leibrentenanspruch der Sache nach pfändbar ist (§ 851 Abs. 2 ZPO).

57 Der Schuldner kann sich auch nicht auf die Pfändungsgrenzen nach § 850c ZPO berufen. Diese gelten nur für Arbeitseinkommen i.S.v. § 850 Abs. 2 ZPO.[91]

58 Für Härtefälle gewährt § 765a ZPO Vollstreckungsschutz. Eine Rentenpfändung nach den Tabellensätzen des § 850c ZPO stellt nicht bereits deshalb eine sittenwidrige Härte i.S.d. § 765a ZPO dar, weil der Schuldner wegen der Höhe der Schuld und der Geringfügigkeit seines Renteneinkommens über viele Jahre hinweg und möglicherweise lebenslang mit dem nach § 850c ZPO errechneten unpfändbaren Betrag auskommen muss (z.B. Zahlung seit 14 Jahren durch einen zwischenzeitlich 84-jährigen Schuldner). Es geht auch nicht an, die Pfändung aus dem Rechtsgedanken der Restschuldbefreiungsvorschriften der Insolvenzordnung nunmehr für sittenwidrig zu halten.[92]

5. Insolvenz

59 In der Insolvenz des Renten**schuldners** ist das Leibrentenstammrecht als Insolvenzforderung anmeldbar. Der Leibrentenanspruch gilt gemäß den §§ 41, 42, 45, 46 Satz 2 InsO als fällig und ist nach der Lebenserwartung des Berechtigten zu kapitalisieren. Mit dem kapitalisierten Leibrentenanspruch kann gemäß § 95 InsO nicht gegen Forderungen des Insolvenzverwalters aufgerechnet werden. Ist die Leibrente mit diesem kapitalisierten Wert zur Tabelle festgestellt (§ 178 InsO), so bleibt der Betrag auch bei Tod des Gläubigers vor Ablauf der mutmaßlichen Lebensdauer unberührt.[93] Die Feststellung der angemeldeten Forderung ändert den Inhalt des Leibrentenanspruchs. Ein Rückgriff auf die ursprüngliche Leibrentenforderung ist nicht mehr möglich.[94]

60 In der Insolvenz des Renten**gläubigers** fallen nach der Einheitstheorie auch die nach Verfahrenseröffnung fällig werdenden Leibrenten in die Insolvenzmasse. Der Insolvenzverwalter kann mit Zustimmung des Gläubigerausschusses (§§ 160 Abs. 1 Nr. 1, 161 InsO) die künftigen Einzelrentenbeträge veräußern. Nach Aufhebung des Verfahrens fallen die danach fällig werdenden Rentenbeträge wieder dem Rentengläubiger zu. Diese künftigen Zahlungen fallen auch nicht mehr in die Nachtragsverteilung (§ 203 InsO).

XV. Steuerrecht

61 Wiederkehrende Leistungen im Zusammenhang mit einer Vermögensübertragung können Unterhaltsleistungen oder Versorgungsleistungen (Leibrente und dauernde Last) sein oder im Austausch mit einer Gegenleistung (Veräußerungsrente) erfolgen.

62 Liegen die Voraussetzungen des § 10 Abs. 1 Nr. 1a EStG vor, sind die Versorgungsleistungen beim Verpflichteten als Sonderausgaben abziehbar und beim Berechtigten nach § 22 Nr. 1 EStG steuerpflichtig. Wiederkehrende Leistungen im Austausch mit einer Gegenleistung enthalten eine nichtsteuerbare oder steuerbare Vermögensumschichtung und einen Zinsanteil. Wegen der unterschiedlichen

---

[90] BGH v. 25.01.1978 - VIII ZR 137/76 - BGHZ 70, 206-212.
[91] OLG München v. 30.04.2003 - 21 U 4591/02 - MDR 2004, 112.
[92] LG Münster v. 15.11.2001 - 5 T 788/01 - Rpfleger 2002, 272-273.
[93] RG v. 12.01.1943 - V (VI) 90/42 - RGZ 170, 276-281.
[94] RG v. 21.06.1918 - VII 140/18 - RGZ 93, 209-215; RG v. 08.01.1926 - II 282/25 - RGZ 112, 297-302.

steuerlichen Folgen ist die **Abgrenzung** von Leibrente zur dauernden Last (Versorgungsrente) und Unterhaltsrente von erheblicher Bedeutung. Die steuerliche Abzugsfähigkeit ist für den Verpflichteten vorteilhaft, wenn er eine deutlich höhere Einkommensteuer zahlt als der Berechtigte.

1. Unterhaltsrente

Freiwillige Zuwendungen und Zuwendungen an eine unterhaltsberechtigte Person (Unterhalts- bzw. Zuwendungsrente), auch wenn diese Zuwendungen auf einer besonderen Vereinbarung beruhen, sind steuerlich unbeachtlich.[95] Eine unter § 12 Nr. 2 EStG fallende und damit nach § 22 Nr. 1 Satz 2 EStG vollumfänglich nicht steuerbare Unterhalts- bzw. Zuwendungsrente liegt nur vor, wenn den Rentenleistungen keine bzw. nur eine geringfügige Gegenleistung gegenübersteht. Zu bejahen ist dies auch noch dann, wenn der Wert des übertragenen Vermögens bei überschlägiger und großzügiger Berechnung wenigstens die Hälfte des Werts der Rentenzahlungen beträgt.

Auch regelmäßig wiederkehrende Zahlungen, die Eltern an ihr Kind leisten im Gegenzug zu dessen Erb- und Pflichtteilsverzicht, sind nicht steuerbar.[96] Den so geleisteten Zahlungen liegt kein entgeltlicher Leistungsaustausch zu Grunde und auch keine Kapitalüberlassung des Kindes an die Eltern. Allein der Umstand, dass eine Leistung nicht in einem Betrag, sondern in wiederkehrenden Zahlungen zu erbringen ist, kann deren Steuerbarkeit nicht begründen.[97]

2. Versorgungsleistungen

Dauernde Last und Leibrente sind solche Leistungen, die die Voraussetzungen des § 10 Abs. 1 Nr. 1a EStG erfüllen und damit beim Verpflichteten als Sonderausgaben abziehbar und beim Berechtigten nach § 22 Nr. 1b EStG steuerpflichtig sind.

a. Dauernde Last

Die steuerrechtliche dauernde Last (§ 10 EStG) als Unterfall von wiederkehrenden Leistungen ist dem Zivilrecht unbekannt. Eine dauernde Last liegt vor, wenn die geschuldete Leistung abänderbar ist. Dauernde Lasten unterscheiden sich von der Leibrente dadurch, dass es sich nicht um gleichmäßige und gleichbleibende Geld- oder andere vertretbare Leistungen handeln muss. Die Leistungen können auch in unregelmäßigen Zeitabständen und in wechselnder Höhe erfolgen (z.B. gewinn-, umsatz- oder einkommensabhängige Rente). Eine dauernde Last liegt in der Regel auch dann vor, wenn zwar eine ausdrückliche Abänderungsklausel (§ 323 ZPO) im Vertrag fehlt, sich die Abänderbarkeit aber in anderer Weise aus dem Vertrag ergibt.[98]

Ist eine dauernde Last vereinbart, wird dem Berechtigten der **volle gezahlte Betrag** (und nicht nur der Ertragsanteil) zugerechnet (§ 22 Abs. 1 Nr. 1 Satz 1 EStG), der vom Verpflichteten als Sonderausgabe abgezogen wird (§ 10 Abs. 1 Nr. 1a Satz 1 EStG a.F.) und für den er Werbungskosten unbegrenzt abziehen kann (§ 9 Abs. 1 Nr. 1 Satz 1 EStG).

Änderungen eines Versorgungsvertrags können nur dann steuerlich berücksichtigt werden, wenn sie von den Vertragsparteien schriftlich (§ 761 BGB) fixiert werden. Der Sonderausgabenabzug entfällt, wenn nach willkürlicher Aussetzung die weiteren Zahlungen wieder aufgenommen werden.[99]

b. Leibrente

Bei Leibrenten ist keine Anpassung an veränderte Verhältnisse – außerhalb von Anfang an vereinbarter Indexklauseln – möglich.[100] Bei der Leibrente wird dem Berechtigten nur der **Ertragsanteil** (und nicht der tatsächlich gezahlte Betrag) zugerechnet, der nach der Tabelle zu § 22 Nr. 1 Satz 3a EStG a.F. anzusetzen ist. Der Zahlungsverpflichtete darf aber auch nur bis zur Höhe dieses Ertragsanteils Werbungskosten (§ 9 Abs. 1 Nr. 1 Satz 3 EStG) oder Sonderausgaben (§ 10 Abs. 1 Nr. 1a EStG) abziehen.

---

[95] BFH v. 07.04.1992 - VIII R 59/89 - BFHE 167, 515.
[96] BFH v. 09.02.2010 - VIII R 43/06 - BFHE 229, 104.
[97] BFH v. 20.10.1999 - X R 132/95 - BFHE 190, 178; BFH v. 21.07.2004 - X R 44/01 - BFHE 207, 179; BFH v. 31.03.2004 - X R 3/01 - BFH/NV 2004, 1386-1387.
[98] BFH v. 21.07.2004 - X R 44/01 - BFHE 207, 179; BFH v. 31.03.2004 - X R 3/01 - BFH/NV 2004, 1386-1387.
[99] BFH v. 15.09.2010 - X R 13/09 - DB 2011, 89 = ZEV 2011, 101 mit Anm. *Geck*; *Kanzler*, FR 2011, 380; *Schuster*, NWB 2011, 1533.
[100] BFH v. 11.03.1992 - X R 141/88 - BFHE 166, 564.

70 Bei der **bis 2004** geltenden Ertragsanteils- bzw. vorgelagerten Besteuerung werden bereits die Aufwendungen für die Altersvorsorge während der Anwartschaftsphase, also bis Renteneintritt, besteuert. Die Aufwendungen werden also aus versteuertem Einkommen bezahlt. Dafür sind die aus diesen Aufwendungen resultierenden Rentenleistungen nur in Höhe des pauschal festgelegten Ertragsanteils zu versteuern. Der Ertragsanteil wird nach dem bei Rentenbeginn bereits vollendeten Lebensjahr bestimmt und bemisst sich nach der voraussichtlichen Laufzeit der Rente. Je jünger ein Rentner bei Rentenantritt ist, desto höher ist der Ertragsanteil. Zudem unterscheidet man bei der Ertragsanteilsbestimmung zwischen lebenslänglichen Leibrenten und abgekürzten Leibrenten, die nur für eine bestimmte Zeit gewährt werden. Die Höhe des Ertragsanteils einer lebenslänglichen Leibrente bestimmt sich nach der Tabelle zu § 22 Nr. 1 Satz 3 lit. a EStG, die Höhe des Ertragsanteils einer abgekürzten Leibrente nach der Tabelle zu § 55 Abs. 2 ESt-DVO.

71 Das Alterseinkünftegesetz vom 05.07.2004[101] sieht **ab 2005** den stufenweisen Übergang von der Ertragsanteilsbesteuerung hin zur nachgelagerten Besteuerung vor (§ 22 Nr. 1 Satz 3a EStG n.F.). Der Ertragsanteil wird durch den höheren Besteuerungsanteil drastisch angehoben und die Leistungen werden ohne Differenzierung zwischen einem Kapitalanteil und einem Ertragsanteil in die volle Besteuerung überführt. Dieser Besteuerungsanteil beträgt für Rentenbezieher und für alle, die 2005 in Rente gehen, nach der in Satz 3 eingefügten Tabelle 50 v.H. In den folgenden Jahren wird der zu versteuernde Anteil zunächst um 2 und dann um 1% jährlich angehoben, so dass **bis 2040** die Rente zu 100% versteuert wird. Die Besteuerung von Leibrenten mit dem Ertragsanteil (bis 2004) oder mit dem Besteuerungsanteil (ab 2005) wird in der Finanzrechtsprechung verfassungsrechtlich nicht beanstandet.[102]

c. Veräußerungsrente (Rente als Gegenleistung für Vermögensübertragung)

72 Wird bei der Übertragung von Vermögen eine lebenslange Rente zugesagt, handelt es sich um eine sog. Veräußerungsrente (Gegenleistungsrente).

73 Als interessantes steuerliches Gestaltungsmittel bietet sich die Vermögensübergabe gegen abänderbare Versorgungsleistungen für die Übertragung von Immobilien und Betriebsvermögen im Wege der vorweggenommenen Erbfolge an.[103] Der Sonderausgabenabzug ist davon abhängig, ob der Unterhaltscharakter der Zuwendung oder der Gesichtspunkt der Gegenleistung **überwiegt**.

74 Wird insgesamt ein **positiver Wert** übertragen, sind die Versorgungsleistungen grundsätzlich als dauernde Lasten im Sinne des § 22 Abs. 1 Nr. 1 Satz 1 EStG in voller Höhe steuerlich abzugsfähig. Dies ist der Fall bei allen wiederkehrenden Bezügen aus „kauf- und darlehensähnlichen Vorgängen".[104]

75 Überwiegt der **Unterhaltscharakter**, so sind die Zuwendungen nicht als Sonderausgaben abzugsfähig (§ 12 Nr. 1 EStG).[105] Ein Überwiegen des Unterhaltscharakters ist im Allgemeinen anzunehmen, wenn der Wert der Gegenleistung bei überschlägiger Berechnung weniger als die Hälfte des Wertes der Zuwendungen (Rente oder dauernde Last) beträgt.[106]

76 Die Finanzrechtsprechung geht von einer typologischen Betrachtungsweise aus, um Umgehungen zu verhindern. Danach liegt eine Leibrente oder dauernde Last vor, wenn sich fortlaufende Leistungen nach ihrem Verpflichtungsgrund als Vermögensumschichtung oder Kapitalrückzahlung darstellen[107] und der Verpflichtete dem Inhaber der Forderung aufgrund der in der langfristigen Streckung der Zahlungen liegenden Kreditierung ein Entgelt für die Überlassung von Kapital (Zins) zur Nutzung zu entrichten hat.[108] In diesem Fall sind die Gegenleistungsrenten in einen Zins- und einen Tilgungsanteil zu zerlegen.[109] Mit dem „Ertrag des Rentenrechts (Ertragsanteil)" wird der gleichmäßig auf die nach biometrischen Durchschnittswerten bemessene Dauer des Rentenbezugs verteilte Zinsanteil einer Kapitalrückzahlung besteuert.[110] In materieller Hinsicht ist der Ertragsanteil ein pauschalierter Zinsanteil.[111]

---

[101] BGBl I 2004, 1427.
[102] BFH v. 19.01.2010 - X R 53/08 - BFH/NV 2010, 986-996.
[103] BFH v. 12.05.2003 - GrS 1/00 - NJW 2003, 3508-3511; BFH v. 27.08.1997 - X R 54/94 - BFHE 184, 337; *Keller/Schrenck*, NWB-EV 2011, 341.
[104] BFH v. 15.07.1991 - GrS 1/90 - BFHE 165, 225.
[105] BFH v. 15.07.1991 - GrS 1/90 - BFHE 165, 225.
[106] BFH v. 05.07.1990 - GrS 4-6/89 - BFHE 161, 317.
[107] BFH v. 15.07.1991 - GrS 1/90 - BFHE 165, 225.
[108] BFH v. 14.11.2001 - X R 32-33/01 - BFHE 197, 199.
[109] BFH v. 18.05.2010 - X R 32-33/01 - BFHE 230, 305.
[110] BFH v. 08.03.1989 - X R 16/85 - BFHE 156, 432.
[111] BFH v. 25.11.1992 - X R 91/89 - BFHE 170, 82; BFH v. 14.11.2001 - X R 39/98 - BFHE 197, 179.

Wegen des Verbots des Abzugs von privaten Schuldzinsen[112] hat dies zur Folge, dass der **Verpflichtete** die Ertragsanteile (Zinsanteile) privater, auf Gegenleistung beruhender Veräußerungsrenten nicht gemäß § 10 Abs. 1 Nr. 1a EStG als Sonderausgaben abziehen kann.[113] Beim **Berechtigten** unterliegt der Ertragsanteil der Gegenleistungsrente aber der Besteuerung nach § 22 EStG, ohne dass er den Sparer-Freibetrag (§ 20 Abs. 4 EStG) berücksichtigen kann.[114]

aa. Begriff der Vermögensübertragung

Nach § 10 Abs. 1 Nr. 1a EStG begünstigte Versorgungsleistungen sind wiederkehrende Leistungen, die im Zusammenhang mit einer Vermögensübertragung – in der Regel zur vorweggenommenen Erbfolge – geleistet werden. Voraussetzung ist die Übertragung bestimmten Vermögens grundsätzlich kraft einzelvertraglicher Regelung unter Lebenden mit Rücksicht auf die künftige Erbfolge. Eine Vermögensübertragung kann gemäß § 10 Abs. 1 Nr. 1a EStG ihren Rechtsgrund auch in einer Verfügung von Todes wegen haben, wenn sie im Wege der vorweggenommenen Erbfolge zu Lebzeiten des Erblassers ebenfalls begünstigt wäre.[115]

77

Der Übergeber behält sich in Gestalt der Versorgungsleistungen typischerweise Erträge seines Vermögens vor, die nunmehr allerdings vom Übernehmer erwirtschaftet werden müssen.[116] Somit ist eine Versorgung insoweit gewährleistet, als der Vermögensübergeber durch die jeweilige Übertragung begünstigten Vermögens nicht länger selbst die Früchte aus diesem übertragenen Vermögen erwirtschaftet. Soweit im Zusammenhang mit der Vermögensübertragung Versorgungsleistungen zugesagt werden, sind diese weder Veräußerungsentgelt beim Berechtigten noch Anschaffungskosten beim Verpflichteten.[117]

78

bb. Empfänger des Vermögens

Eine nach § 10 Abs. 1 Nr. 1a EStG begünstigte Vermögensübertragung ist stets möglich unter Angehörigen, auch gesetzlich erbberechtigten entfernteren Verwandte des Übergebers.[118] Hat der Übernehmer aufgrund besonderer persönlicher Beziehungen zum Übergeber ein persönliches Interesse an der lebenslangen angemessenen Versorgung des Übergebers oder sind die Vertragsbedingungen allein nach dem Versorgungsbedürfnis des Übergebers und der Leistungsfähigkeit des Übernehmers vereinbart worden, können auch nahestehende Dritte (z.B. Schwiegerkinder, Neffen und Nichten) und ausnahmsweise auch familienfremde Dritte Empfänger des Vermögens sein.[119]

79

cc. Unentgeltlichkeit

Bei der Vermögensübertragung im Zusammenhang mit Versorgungsleistungen soll der Übernehmer nach dem Willen der Beteiligten – wenigstens teilweise – eine unentgeltliche Zuwendung erhalten. Das ist der Fall, wenn die wiederkehrenden Leistungen unabhängig vom Wert des übertragenen Vermögens nach dem Versorgungsbedürfnis des Berechtigten und nach der wirtschaftlichen Leistungsfähigkeit des Verpflichteten bemessen werden.

80

Von einer unentgeltlichen Übertragung kann nur ausgegangen werden, wenn die erzielbaren Nettoerträge des überlassenen Wirtschaftsguts im konkreten Fall ausreichen, um die Versorgungsleistungen abzudecken. Auch wenn ausreichende Nettoerträge vorliegen, ist von steuerlich unbeachtlichen Unterhaltsleistungen (§ 12 Nr. 2 EStG) auszugehen, wenn die Versorgungsleistungen zwar aus den Erträgen gezahlt werden können, das übertragene Vermögen jedoch weder über einen positiven Substanzwert noch einen positiven Ertragswert verfügt.[120]

81

Der BFH[121] neigt zu der Annahme, dass mit der **Veräußerung** oder dem **Verbrauch** des übergebenen Vermögens die Abziehbarkeit der dauernden Last dann endet, wenn kein Ersatzwirtschaftsgut („Surrogat") erworben wird. Deshalb können wiederkehrende Leistungen nur dann als Sonderausgaben

82

---

[112] BFH v. 25.11.1992 - X R 91/89 - BFHE 170, 82.
[113] BFH v. 18.05.2010 - X R 32-33/01 - BFHE 230, 305.
[114] BFH v. 18.05.2010 - X R 32-33/01 - BFHE 230, 305.
[115] BFH v. 11.10.2007 - X R 14/06 - BFHE 219, 160.
[116] BFH v. 15.07.1991 - GrS 1/90 - BFHE 165, 225.
[117] BFH v. 05.07.1990 - GrS 4-6/89 - BFHE 161, 317.
[118] BFH v. 16.12.1993 - X R 67/92 - BFHE 173, 152.
[119] BFH v. 16.12.1997 - IX R 11/94 - BFHE 185, 208.
[120] BFH v. 12.05.2003 - GrS 2/00 - NJW 2003, 3511-3512.
[121] BFH v. 31.03.2004 - X R 66/98 - BB 2004, 1207-1210.

i.S.d. § 10 Abs. 1 Nr. 1a EStG abgezogen werden bzw. sind als wiederkehrende Bezüge i.S.d. § 22 Nr. 1 EStG zu versteuern, wenn die hiermit zusammenhängende Übertragung des Vermögens als unentgeltlicher Vorgang anzusehen ist. Die wiederkehrenden Leistungen dürfen sich nicht als Gegenleistung für das übertragene Vermögen darstellen.[122]

83 Ein Anhaltspunkt für ein **entgeltliches** Rechtsgeschäft kann sich daraus ergeben, dass die wiederkehrenden Leistungen auf Dauer die erzielbaren Erträge übersteigen. Dennoch kann die Vermögensübertragung unentgeltlich sein, wenn der Übernehmer aufgrund besonderer persönlicher (insbesondere familienähnlicher) Beziehungen zum Übergeber ein persönliches Interesse an der lebenslangen angemessenen Versorgung des Übergebers hat.[123]

84 **Entgeltlich** sind Versorgungsleistungen, wenn die Beteiligten Leistung und Gegenleistung nach kaufmännischen Gesichtspunkten gegeneinander abgewogen haben und subjektiv von der Gleichwertigkeit der beiderseitigen Leistungen ausgehen durften, auch wenn Leistung und Gegenleistung objektiv ungleichwertig sind.[124] In diesem Fall ist der Anwendungsbereich des § 10 Abs. 1 Nr. 1a EStG nicht eröffnet. Bei einem entgeltlichen Erwerb mindern lediglich die jährlichen Abschreibungsbeträge das zu versteuernde Einkommen.

dd. Jahressteuergesetz 2008

85 Durch das Jahressteuergesetz 2008 vom 20.12.2007[125] sind Sonderausgaben nur noch abziehbar, wenn Betriebsvermögen übertragen wird (§ 10 Abs. 1 Nr. 1a EStG n.F.), nämlich bei Versorgungsleistungen im Zusammenhang mit der Übertragung eines Mitunternehmeranteils an einer Personengesellschaft, eines Betriebs oder Teilbetriebs sowie eines mindestens 50 Prozent betragenden Anteils an einer GmbH, wenn der Übergeber als Geschäftsführer tätig war und der Übernehmer diese Tätigkeit nach der Übertragung übernimmt. Durch die Rückführung der steuerlich privilegiert übertragbaren Vermögenswerte auf den betrieblichen Kernbereich soll die missbräuchliche Verlagerung von Unterhaltszahlungen verhindert werden.

86 Die Unterscheidung zwischen Leibrente und dauernder Last ist für Versorgungsvereinbarungen ab 01.01.2008 steuerrechtlich nicht mehr relevant; die Fragen zur Abänderbarkeit der Versorgungsleistungen und einer etwaigen Aufspaltung in Leibrente, dauernde Last oder Veräußerungsrente sind künftig gegenstandslos.

C. Leistungsstörungen

I. Zahlungsverzug einzelner Raten

87 Nach der herrschenden Einheitstheorie ist bereits mit der Bestellung des Stammrechts das Verpflichtungsgeschäft erfüllt. Da der Rentengläubiger bereits mit der Bestellung des Stammrechtes die ihm gebührende Leistung erhalten hat, ist bei Nichtleistung einzelner Raten ein Rücktritt vom Grundgeschäft aus § 323 BGB oder pVV[126] ausgeschlossen.

88 Dem Rentengläubiger stehen in einem solchen Fall nur der Erfüllungsanspruch sowie Schadensersatz wegen Verzögerung einzelner Raten nach den §§ 280, 286 ff. BGB zu. Das Zinseszinsverbot des § 289 BGB steht nicht entgegen, weil die einzelnen Leibrentenleistungen keine Zinsen sind.

89 Gerät der Verpflichtete mit den Rentenzahlungen in Verzug und wird dadurch der mit dem Vertrag bezweckte Erfolg (Versorgung des Gläubigers) verfehlt, kann der Gläubiger die für das Leibrentenstammrecht erbrachte Gegenleistung (etwa das übertragene Grundstück) nach § 812 Abs. 1 Satz Alt. 2 BGB wegen Verfehlung des bezweckten Erfolges kondizieren.[127]

---

[122] BFH v. 21.07.2004 - X R 44/01 - BFHE 207, 179.
[123] BFH v. 16.12.1997 - IX R 11/94 - BFHE 185, 208.
[124] BFH v. 29.01.1992 - X R 193/87 - BFHE 167, 95; BFH v. 16.12.1993 - X R 67/92 - BFHE 173, 152 und BFH v. 30.07.2003 - X R 12/01 - BFHE 204, 53.
[125] BGBl I 2007, 3150.
[126] RG v. 20.12.1922 - V 202/22 - RGZ 106, 93-99; offen gelassen BGH v. 25.04.1991 - III ZR 159/90 - LM Nr. 2 zu § 759 BGB.
[127] RG v. 20.12.1922 - V 202/22 - RGZ 106, 93-99; OLG Hamburg, MDR 64, 414.

Wird ein Grundstückskaufvertrag auf Leibrentenbasis über 20 Jahre lang beanstandungsfrei durchgeführt, stellt es eine **unzulässige Rechtsausübung** dar, wenn bei Streit über Zahlungsrückstände aus den letzten Jahren vom vertraglichen Rücktrittsrecht Gebrauch gemacht wird, obwohl die Versorgung der Verkäufer und die Durchführung des Vertrags nicht ernstlich gefährdet sind und der Streit um die Rückstände in einem Zahlungsprozess geklärt werden kann.[128] 90

Ist jedoch das Grundgeschäft unwirksam, kann der Verpflichtete das Leibrentenversprechen aus Bereicherung nach § 812 BGB und die einzelnen Rentenzahlungen nach § 813 BGB zurückfordern. 91

II. Gewährleistung

Ist der vom Rentengläubiger geleistete Vermögenswert fehlerhaft, so stehen dem Schuldner die allgemeinen Gewährleistungsrechte (§ 437 BGB) innerhalb der Verjährungsfristen (§ 438 BGB) zu.[129] Die Minderung (§ 441 Abs. 3 BGB) kann zu einer entsprechenden Herabsetzung der gesamten Rentenpflicht führen. 92

Bei Gewährung einer Leibrente gegen Entgelt liegt ein kaufähnlicher Vertrag (§ 453 BGB) vor. Die Pflichten des Rentengläubigers (Veräußerers) richten sich nach den kaufrechtlichen Gewährleistungsvorschriften (§§ 433 ff., §§ 437 ff. BGB). Die Rechte des Leibrentenschuldners (Erwerbers) wegen Rechtsmängeln (§ 435 BGB) oder Sachmängeln (§ 434 BGB) berührt nicht die Gleichmäßigkeit der Leibrente, auch wenn eine Minderung der Leibrentenleistungen gefordert wird (§§ 437 Nr. 2, 441 BGB). 93

III. Wegfall der Geschäftsgrundlage

Trotz Gleichmäßigkeit der Leibrentenleistungen ist eine Anpassung der Leibrentenverpflichtung nach den Grundsätzen über den Wegfall der Geschäftsgrundlage möglich.[130] 94

Bei der Prüfung, ob die Geschäftsgrundlage weggefallen ist, ist der Entstehungsgrund als Basis des Äquivalenzverhältnisses und der Leistungszweck (Unterhaltssicherung, Leistungsaustausch) maßgeblich.[131] Durch eine Anpassung wird das Erfordernis der Gleichmäßigkeit der Leibrente nicht berührt. Es entspricht dem für alle Schuldverhältnisse geltenden Grundsatz von Treu und Glauben. Dabei sind bei einer entgeltlich übernommenen Rentenverpflichtung strengere Anforderungen zu stellen, als bei einer unentgeltlichen Verpflichtung. 95

Daher entfällt der Leibrentenanspruch der Ehefrau als Vermächtnisnehmerin gegen den bzw. die Geschäftsanteile übernehmenden Erben nicht durch den wirtschaftlichen Niedergang des Unternehmens, wenn im Testament für diesen Fall keine Regelungen getroffen wurden und in Ansehung der übrigen Regelungen zu Gunsten der Vermächtnisnehmerin auch nichts dafür spricht, dass die Leibrentenverpflichtung abhängig sein sollte von der zukünftigen Entwicklung des Unternehmens.[132] 96

Mit der Eheschließung der Vertragsparteien entfällt die Geschäftsgrundlage für ein privatschriftliches Leibrentenversprechen.[133] 97

Haben die Parteien eines Grundstückskaufvertrages, in dem zur Teilabgeltung des Kaufpreises eine Leibrentenverpflichtung übernommen wird, es dem Notar überlassen, für diese Leibrente einen bestimmten Kapitalisierungswert anzusetzen und haben sie das Ergebnis dieser Wertermittlung ungeprüft und unbesehen in den notariellen Kaufvertrag übernommen, so ist dieses Ergebnis für die Parteien verbindlich, auch wenn es vom üblicherweise angesetzten Durchschnittswert abweicht, sofern es nicht die Grenze des schlechthin Unzumutbaren überschreitet. Die Regelungen des Grundstückskaufvertrages zum Bar-Kaufpreis und zum Kapitalisierungswert der übernommenen Rentenlast können dann auch nicht unter dem Gesichtspunkt eines Irrtums über die Geschäftsgrundlage angepasst werden.[134] 98

Wurde die Höhe einer in Leibrentenform vereinbarten Kaufpreiszahlung nicht mit einer Spannungsklausel versehen, so lässt sich mit dem Hinweis auf den allgemeinen Währungsverfall eine Erhöhung der Rente jedenfalls solange nicht wegen Erschütterung der Geschäftsgrundlage rechtfertigen, wie die vereinbarte Leistung noch als unterstützende Versorgung des Empfängers angesehen werden kann.[135] 99

---

[128] OLG Köln v. 28.06.1995 - 2 U 61/95 - ZMR 1995, 546-548.
[129] *Habersack* in: MünchKomm-BGB, § 759 Rn. 29.
[130] BayObLG München v. 11.10.1979 - BReg 2 Z 39/79 - MDR 1980, 238.
[131] OLG Schleswig v. 04.03.1991 - 15 UF 114/90 - FamRZ 1991, 1203-1205.
[132] OLG Düsseldorf v. 29.03.1996 - 7 U 45/95 - FamRZ 1996, 1302-1304.
[133] LG Berlin v. 31.07.2003 - 10 O 223/03 - FamRZ 2005, 364-365.
[134] OLG Frankfurt v. 05.05.1994 - 1 U 176/92 - NJW-RR 1995, 79-80.
[135] OLG Düsseldorf v. 02.03.1972 - 13 U 132/71 - NJW 1972, 1137-1138.

IV. Sittenwidrigkeit

100 Ein grobes Missverhältnis zwischen Leistung und Gegenleistung kann zu Sittenwidrigkeit und Nichtigkeit gem. § 138 BGB führen.[136]

101 Die richterliche Inhaltskontrolle einer Leibrentenverpflichtung kann nicht nur zu Gunsten des Berechtigten veranlasst sein, sondern im Grundsatz auch zu Gunsten des auf Zahlung in Anspruch genommenen Verpflichteten erfolgen. So ist eine Unterhaltsvereinbarung in Form eines Leibrentenversprechens wegen Sittenwidrigkeit trotz Einhaltung der notariellen Form unwirksam, wenn Ehegatten damit auf der Ehe beruhende Familienlasten zum Nachteil des Sozialleistungsträgers regeln.[137]

102 Die im Fall des entgeltlichen Erwerbs eines Grundstücks bei einem besonders groben Missverhältnis zwischen Leistung und Gegenleistung bestehende tatsächliche Vermutung für eine verwerfliche Gesinnung des Begünstigten ist erschüttert, wenn sich die Vertragsparteien in sachgerechter, eine Übervorteilung regelmäßig ausschließender Weise um die Ermittlung eines den Umständen nach angemessenen Leistungsverhältnisses zwischen Hausübertragung und Leibrentenzahlung mit Wohnungsgewährung etc. bemüht haben.[138]

V. Verjährung und Verwirkung

103 Nach der ab 01.01.2002 in Kraft getretenen Schuldrechtsreform unterliegt der aus einem Leibrentenversprechen folgende einzelne Zahlungsanspruch der Regelverjährung von drei Jahren (§ 195 BGB). Diese beginnt gem. § 199 Abs. 1 BGB mit dem Schluss des Jahres, in dem der Anspruch entstanden ist.

104 Es ist fraglich, ob dem Schuldner mit der Verjährung des Leibrentenstammrechts auch ein Leistungsverweigerungsrecht hinsichtlich der Einzelleistungen erwächst. Die h.M. geht von der Verjährbarkeit aus.[139] Bis zur Schuldrechtsreform verjährte das Leibrentenstammrecht nach 30 Jahren. Nunmehr unterliegt auch dieses mangels besonderer gesetzlicher Bestimmung der Regelverjährung von drei Jahren. Daraus ergibt sich jedoch die schwer erträgliche Konsequenz, dass der Anspruch auf alle künftigen Leibrentenleistungen verjähren würde, sobald während dreier Jahre keine Einzelleistungen mehr erbracht worden wären. Deshalb wird in der Literatur von einer Unverjährbarkeit des Leibrentenstammrechts ausgegangen mit der Begründung, dass nach § 194 Abs. 1 BGB nur Ansprüche der Verjährung unterliegen und das Leibrentenstammrecht kein Anspruch in diesem Sinne sei.[140] Zumindest sollte durch das Entstehen neuer Einzelansprüche eine etwaige Verjährung des Stammrechts durchbrochen werden.[141]

105 Wegen der kurzen Verjährung verbleibt trotz des Versorgungscharakters einer Leibrente kein Raum mehr, um die Grundsätze zur Verwirkung rückständigen Unterhalts entsprechend anzuwenden.[142]

D. Prozessuale Hinweise/Verfahrenshinweise

I. Zuständigkeit

106 Es gilt für Leibrentenansprüche die allgemeine sachliche Zuständigkeit in Zivilsachen. Die streitwertunabhängige Zuständigkeit des Amtsgerichts für Grundstücksüberlassung aus Leibgeding- oder Altenteilsverträgen (Art. 96 EGBGB) gilt nicht für Leibrentenansprüche.

107 Der Wert des geltend gemachten Rechts auf wiederkehrende Leistungen (lebenslange Leibrente) ist auf der Grundlage des § 9 ZPO mit dem dreieinhalbfachen Wert des einjährigen Bezuges zu berechnen. Der Wert einer Feststellungsklage über künftige Leibrentenbeträge kann sich unter Berücksichtigung des hohen Alters des Berechtigten verringern.[143] Verfassungsrechtliche Bedenken gegen die unter-

---

[136] BGH v. 19.01.2001 - V ZR 437/99 - BGHZ 146, 298-310.
[137] BGH v. 05.11.2008 - XII ZR 157/06 - BGHZ 178, 322-338.
[138] BGH v. 19.07.2002 - V ZR 240/01 - NJW 2002, 3165-3167.
[139] RG v. 30.05.1932 - VIII 135/32 - RGZ 136, 427-433; BGH v. 03.07.1973 - VI ZR 38/72 - LM Nr. 9 zu § 197 BGB; *Niedenführ* in: Soergel § 194 Rn. 3; a.A. *Peters* in: Staudinger, § 194 Rn. 16.
[140] *Enneccerus/Lehmann*, Recht der Schuldverhältnisse, 15. Bearb. 1958, § 188 II 3; *Mansel*, Das neue Verjährungsrecht, 2002, § 2 Rn. 20.
[141] *Welter* in: Soergel, vor § 759 Rn. 13 m.w.N.
[142] Anders OLG Zweibrücken v. 13.03.2007 - 5 U 52/06 - FamRZ 2008, 513-514, wonach der Verwirkungseinwand schon begründet sein soll, soweit Ansprüche länger als ein Jahr vor einem Zahlungsverlangen fällig wurden
[143] BGH v. 11.03.1993 - III ZR 75/92 - BGHR ZPO § 9 Leibrente 1.

schiedliche Behandlung von Ansprüchen auf Kapitalleistung und solche auf Rente, hinsichtlich des Zugangs zu den Rechtsmittelinstanzen, bestehen nicht.[144]

Bestreitet der Schuldner den geltend gemachten Anspruch ernstlich[145], ist die Klage auf erst künftig fällig werdende Leibrentenbeträge nach § 259 ZPO zulässig. Da es sich bei den Einzelansprüchen nicht um aufschiebend bedingte Forderungen handelt, finden die §§ 258, 259 ZPO Anwendung. Die Leibrente ist eine Verpflichtung, die sich in ihrer Gesamtheit als Folge ein und desselben Rechtsverhältnisses ergibt, so dass die einzelne Leistung nur noch vom Zeitablauf abhängig ist.[146] Deshalb ist eine Feststellungsklage nicht erforderlich, jedoch beim Streit über die Wirksamkeit der eingegangenen Leibrentenverpflichtung zulässig.[147] Eventuelle spätere Einwendungen gegen den Anspruch muss der Schuldner, wie bei allen Klagen auf künftige Leistung, nach § 767 ZPO geltend machen.

II. Beweislast

Die Vermutung des § 759 Abs. 1 BGB greift erst dann ein, wenn feststeht, dass überhaupt eine Verpflichtung zur Gewährung einer Leibrente vorliegt. Bei einem einheitlichen Gesamtanspruch obliegt dem Schuldner die Beweislast für die rechtsvernichtende Tatsache des Todes der Bezugsperson, während bei einer Vielzahl aufschiebend bedingter Einzelzahlungsansprüche die Beweislast für das rechtsbegründende Weiterleben der Bezugsperson den Gläubiger trifft. Im Prozess hat der Leibrentengläubiger nur die Entstehung des Leibrentenstammrechts sowie ggf. die Fälligkeit der einzelnen Rentenleistungen zu beweisen. Der Leibrentenschuldner hat dagegen das Erlöschen des Rentenrechts oder einzelner Rentenforderungen zu beweisen, insbesondere den Tod der Person, auf deren Leben die Rente gestellt ist. Diese Beweislastverteilung beruht auf der Erwägung, dass der Tod der Bezugsperson regelmäßig leichter zu beweisen ist als ihr Weiterleben.

Verlangt der Leibrentengläubiger bei einer Veräußerungsrente eine Heraufsetzung des zu zahlenden Betrages, weil die beiderseitigen Leistungen durch die Geldentwertung in ein unbilliges Missverhältnis geraten sind, so ist er dafür beweispflichtig, dass sich der Vertrag nach dem Willen der Beteiligten nicht auf den bloßen Leistungsaustausch beschränkt, sondern auch eine angemessene Versorgung des Leibrentengläubigers gewährleisten sollte. In der Regel enthalten solche Veräußerungsrenten mit Versorgungscharakter allerdings entsprechende Wertsicherungsklauseln, so dass sich diese Frage in der Praxis nur sehr selten stellen wird.

Die Veränderung der Geschäftsgrundlage hat derjenige zu beweisen, der sich auf sie beruft, während bei festgestellter entfallener Geschäftsgrundlage der Anspruchsberechtigte beweisen muss, in welchem Umfang sein Leibrentenanspruch fortbesteht.[148]

Wer sich auf die Sittenwidrigkeit der Leibrentenverpflichtung beruft, muss die hierfür notwendigen Voraussetzungen darlegen und erforderlichenfalls beweisen.[149]

Wer sich auf eine von der Auslegungsregel des § 759 Abs. 2 BGB abweichende Vereinbarung beruft, hat diese zu beweisen. Abweichende Vereinbarungen über die Beweislastverteilung sind zulässig, soweit sie nicht gegen § 309 Nr. 12 BGB verstoßen.

---

[144] BGH v. 05.04.2001 - IX ZR 27/01 - BGHReport 2001, 530.
[145] BGH v. 17.04.1952 - III ZR 109/50 - BGHZ 5, 342-344; BGH v. 14.12.1998 - II ZR 330/97 - LM BGB § 283 Nr. 7 (5/1999).
[146] BGH v. 10.07.1986 - IX ZR 138/85 - NJW 1986, 3142-3143; BGH v. 20.06.1996 - III ZR 116/94 - MDR 1996, 1232-1233.
[147] BGH v. 05.11.2008 - XII ZR 157/06 - BGHZ 178, 322-338.
[148] BGH v. 30.11.1994 - IV ZR 290/93 - BGHZ 128, 125-135.
[149] BGH v. 05.11.2008 - XII ZR 157/06 - BGHZ 178, 322-338.

§ 760 BGB Vorauszahlung

(Fassung vom 02.01.2002, gültig ab 01.01.2002)

(1) Die Leibrente ist im Voraus zu entrichten.

(2) Eine Geldrente ist für drei Monate vorauszuzahlen; bei einer anderen Rente bestimmt sich der Zeitabschnitt, für den sie im Voraus zu entrichten ist, nach der Beschaffenheit und dem Zweck der Rente.

(3) Hat der Gläubiger den Beginn des Zeitabschnitts erlebt, für den die Rente im Voraus zu entrichten ist, so gebührt ihm der volle auf den Zeitabschnitt entfallende Betrag.

Gliederung

A. Grundlagen 1	II. Keine Rückforderung nach Tod 6
B. Praktische Bedeutung 2	D. Prozessuale Hinweise/Verfahrenshinweise 8
C. Anwendungsvoraussetzungen 4	
I. Vorauszahlungspflicht 4	

A. Grundlagen

1 § 760 BGB regelt die Zahlungsweise und Fälligkeit der Leibrente (Absätze 1 und 2) und ergänzt § 759 Abs. 1 BGB (Absatz 3).

B. Praktische Bedeutung

2 Die Bestimmungen des § 760 BGB sind nicht zwingend, so dass abweichende Vereinbarungen zulässig sind.[1] Deshalb hat § 760 BGB außer der Auslegungshilfe keine erhebliche praktische Bedeutung.

3 § 760 BGB gilt entsprechend auch für andere Rentenzahlungen nach den §§ 528 Abs. 1 Satz 3, 843 Abs. 2 Satz 1, 844 Abs. 2 Satz 2, 845 Satz 2 BGB, § 8 Abs. 2 HaftPflG, § 13 Abs. 2 StVG; § 38 Abs. 2 LuftVG.

C. Anwendungsvoraussetzungen

I. Vorauszahlungspflicht

4 Die Vorausentrichtung in Absatz 1 beruht auf dem regelmäßigen Zweck der Leibrente, dem Unterhalt des Berechtigten zu dienen.[2] Absatz 2 legt den regelmäßigen Vorauszahlungszeitraum für die **Geldrente** auf drei Monate fest, während sich der Zeitabschnitt der Einzelleistung für **andere Renten** unterschiedlich nach Inhalt der Leistungspflicht bestimmt. Bei Naturalleistung durch landwirtschaftliche Produkte, die nur einmal im Jahr geerntet werden, ist es üblich, die Leibrente nach der Erntezeit für ein Jahr im Voraus zu entrichten.

5 Werden Vorauszahlungen für einen längeren Zeitraum vorzeitig erbracht, dann ist gemäß § 813 Abs. 2 BGB eine Rückforderung ausgeschlossen. § 1614 Abs. 2 BGB, der die Rückforderung für Unterhaltsansprüche auf den Zeitraum des § 760 Abs. 2 BGB begrenzt, ist nicht anwendbar. § 1614 BGB schützt den Unterhaltsanspruch, während es bei der Leibrente auf die Bedürftigkeit des Berechtigten nicht ankommt.

II. Keine Rückforderung nach Tod

6 Absatz 3 ergänzt § 759 Abs. 1 BGB (Erlöschenszeitpunkt) hinsichtlich der Höhe der letzten Einzelrente bei Tod des Berechtigten innerhalb des maßgeblichen Zeitabschnitts. Nach dem Tod des Berechtigten ist nicht nur die Rückforderung bereits geleisteter Beträge ausgeschlossen. Dem Erben verbleibt auch der Anspruch auf noch nicht geleistete Rentenbeträge für den ganzen Zeitabschnitt, in den der Tod des Berechtigten fällt.

---

[1] RG v. 09.07.1908 - VI 490/07 - RGZ 69, 296-298.

[2] Motive, Bd. II, S. 639.

Absatz 3 ist entsprechend anzuwenden bei Erlöschen aus anderen Gründen als Tod, etwa Wiederheirat des Berechtigten.[3]

D. Prozessuale Hinweise/Verfahrenshinweise

Der Rentenschuldner ist dafür beweispflichtig, dass der Berechtigte nicht den Beginn des Zeitabschnitts erlebt hat, für den die Rente im Voraus zu entrichten ist (§ 760 Abs. 3 BGB). Diese Frage wird relevant, wenn die Leibrente weder auf die Lebensdauer der Person des Leibrentenschuldners noch des Leibrentengläubigers abstellt.

Es wird die Ansicht vertreten, dass das Erleben des Berechtigten zum rechtsbegründenden Tatbestand gehöre und demgemäß vom Rentengläubiger zu beweisen sei.[4] Dabei wird jedoch verkannt, dass der Rentenschuldner jeglichen Grund für das Erlöschen des einmal begründeten Rentenstammrechts zu beweisen hat.[5]

---

[3] *Habersack* in: MünchKomm-BGB, § 760 Rn. 2.
[4] *Mayer* in: Staudinger, § 760 Rn. 4.
[5] *Strieder* in: Baumgärtel/Laumen, Handbuch der Beweislast im Privatrecht, § 760 Rn. 1 m.w.N.

§ 761 BGB Form des Leibrentenversprechens

(Fassung vom 02.01.2002, gültig ab 01.01.2002)

¹Zur Gültigkeit eines Vertrags, durch den eine Leibrente versprochen wird, ist, soweit nicht eine andere Form vorgeschrieben ist, schriftliche Erteilung des Versprechens erforderlich. ²Die Erteilung des Leibrentenversprechens in elektronischer Form ist ausgeschlossen, soweit das Versprechen der Gewährung familienrechtlichen Unterhalts dient.

Gliederung

A. Anwendungsvoraussetzungen 1	B. Rechtsfolgen 10
I. Normstruktur 1	C. Prozessuale Hinweise/Verfahrenshinweise 15
II. Anwendungsbereich 3	

A. Anwendungsvoraussetzungen

I. Normstruktur

1   Nur die Bestellung der Leibrente durch Vertrag unterliegt dem Schriftformerfordernis des § 761 BGB. Diese Formvorschrift ist auch auf den Verpflichtungsvertrag entsprechend anzuwenden.[1] Soweit das Leibrentenversprechen nicht der Gewährung familienrechtlichen Unterhalts dient, ist auch die elektronische Form (§ 126a i.V.m. § 126 Abs. 3 BGB) möglich. Die Schriftform kann ersetzt werden durch notarielle Beurkundung (§ 126 Abs. 4 BGB) oder durch gerichtlich protokollierten Vergleich (§ 127a BGB).

2   § 761 BGB dient in erster Linie dem Schutz des Schuldners vor Übereilung wegen der besonderen Gefahr des Leibrentenversprechens im Hinblick auf die ungewisse Dauer und weitgehende fehlende Anpassungsmöglichkeit der Leibrentenhöhe an veränderte Umstände.[2]

II. Anwendungsbereich

3   Die Formvorschrift gilt nach Satz 1 für eine Verpflichtung durch **Vertrag**, also nicht für eine Leibrentenverpflichtung durch einseitiges Rechtsgeschäft unter Lebenden oder durch Verfügung von Todes wegen.[3] Nur das Versprechen der Leibrente bedarf der Schriftform gem. § 126 BGB, aber nicht dessen **Annahme**. § 761 BGB gilt entsprechend für Vorvertrag,[4] Wahlschuld, Vergleich, Schuldübernahme oder Vertragsbestätigung.[5] **Änderungen** der Verpflichtungsermächtigung bedürfen der Form nur bei Verpflichtungserweiterungen, während nachträgliche Einschränkungen oder bloße Erläuterungen nicht dem Formerfordernis unterliegen.[6] Ist das Leibrentenversprechen nur **Vollzugsgeschäft** eines notariell zu beurkundenden Vertrags (z.B. Erbverzicht gemäß § 2346 BGB), reicht die Schriftform nach § 761 BGB aus, selbst wenn Leibrente und Erbverzicht auf einem einheitlichen Kausalgeschäft beruhen.[7]

4   Um einem Ausufern des Schriftformerfordernisses entgegenzuwirken, gilt die Formvorschrift nur für eigentliche Leibrentenversprechen und ist nicht entsprechend auf ähnliche, formfreie Verpflichtungsgeschäfte zu wiederkehrenden Leistungen anwendbar, wie etwa rentenweise Erfüllung von Unterhaltsverträgen,[8] Darlehensrückzahlung oder Schadensersatzverpflichtung[9]. Ruhegehaltszusagen sind we-

---

[1]   RG v. 12.12.1907 - IV 221/07 - RGZ 67, 204-214.
[2]   BGH v. 17.03.1978 - V ZR 217/75 - NJW 1978, 1577-1578.
[3]   *Sprau* in: Palandt, § 761 Rn. 1; str. a.M. *Amann* in: Staudinger § 759 Rn. 3 und 761 Rn. 2; *Terlau* in: Erman, § 761 Rn. 2.
[4]   RG v. 12.12.1907 - IV 221/07 - RGZ 67, 204-214.
[5]   *Mayer* in: Staudinger, § 761 Rn. 3.
[6]   BFH v. 15.09.2010 - X R 13/09 - BFHE 231, 116.
[7]   BGH v. 07.12.2011 - IV ZR 16/11 - ZEV 2012, 145.
[8]   RG v. 19.03.1936 - IV 277/35 - RGZ 150, 385-391.
[9]   RG v. 19.12.1916 - VII 349/16 - RGZ 89, 259-263.

gen ihres engen Zusammenhangs mit Dienstverträgen nicht als Leibrentenversprechen anzusehen und demgemäß formlos gültig und zwar selbst dann, wenn sie erst nach der Beendigung des Dienstverhältnisses gegeben werden.[10]

Aus dem schriftlichen Versprechen muss sich der wesentliche Inhalt der Pflicht zur Gewährung der Leibrente vollständig und unmittelbar ergeben. Auslegungsregeln ergeben sich aus § 759 (Unklarheiten über Dauer und Zeitabschnitt) und § 760 (fehlende Angaben über Zahlungsweise, Fälligkeit oder Versterben während des maßgeblichen Zeitabschnitts). Daneben können bei der Ermittlung des Vertragsinhalts durch Auslegung (§§ 133, 157) außerhalb der Urkunde liegende Umstände berücksichtigt werden.

Als empfangsbedürftige Willenserklärung erfordert die Erteilung des Leibrentenversprechens, dass die **Originalurkunde** dem Gläubiger zur Verfügung gestellt wird. Mit dem Zugang wird das Leibrentenversprechen wirksam. Da sich der Versprechende der Urkunde entäußern muss, fehlt es hieran bei der Übermittlung durch Telegramm[11] oder Telefax.[12] Nur bei besonderen Umständen kann die Zusendung einer Abschrift ausreichen, wenn ein Original vorliegt und mit Wissen des Erklärenden eine richtige Abschrift übergeben wird.[13] Ist das Schuldversprechen formwirksam erteilt, ist dessen Bestand nicht vom Verbleib der Urkunde beim Gläubiger abhängig.[14] Deshalb ist auch ein nachträglicher Verlust der übergebenen Urkunde unschädlich.[15]

Bei einem Leibrentenvertrag zu Gunsten eines Dritten wird die Form bestimmt nach dem zwischen Schuldner und Versprechensempfänger bestehenden Rechtsverhältnis und nicht nach dem Rechtsverhältnis zwischen dem Versprechensempfänger und dem Dritten.[16]

Die §§ 759 ff. BGB finden nicht schon dann Anwendung, wenn sich eine Rentenvereinbarung äußerlich als Leibrentenvertrag darstellt, sondern nur, wenn auch die Verkehrsauffassung darin einen solchen Vertrag erblickt. Dabei sind insbesondere der Sinn und Zweck des Vertrages zu berücksichtigen, sowie das Bedürfnis, den Anwendungsbereich der für das Leibrentenversprechen geltenden Vorschriften, vor allem des Formzwanges nach § 761 BGB, vernünftig zu begrenzen.

Macht ein Kläger geltend, vereinbarte Zahlungen, die er als schriftlich versprochene Leibrente ansieht, seien als Ausgleich der Nachteile gedacht gewesen, die er in dem Zusammenhang mit dem Konkurs seines Unternehmens erlitten habe, dessen Betrieb der Beklagte praktisch fortführe, bedarf ein solches unentgeltliches Leibrentenversprechen als sog. belohnende (remuneratorische) Schenkung der notariellen Beurkundung.[17] Unter einer belohnenden Schenkung versteht man ein Rechtsgeschäft, durch das der Schenker dem Beschenkten für eine von diesem erbrachte Leistung eine rechtlich nicht geschuldete Belohnung gewährt. Wer dagegen für eine noch vorzunehmende Handlung eine Vergütung zusagt, gibt kein Schenkungsversprechen ab, sondern schließt einen entgeltlichen Vertrag. In diesem Zusammenhang ist es ohne Bedeutung, ob der andere Teil eine Verpflichtung zur Vornahme der Handlung übernimmt; Entgeltlichkeit liegt nicht nur bei gegenseitig verpflichtenden Verträgen im Sinne der §§ 320 ff. BGB vor, sondern auch dann, wenn die (nicht geschuldete) Leistung des einen Teils Bedingung für die Entstehung der Verpflichtung der anderen Seite ist.[18]

B. Rechtsfolgen

Erfüllt das Leibrentenversprechen nicht die vorgeschriebene Form, führt dies zur Nichtigkeit (§ 125 BGB). Eine Bestätigung nach § 141 BGB bedarf ebenfalls der Schriftform.[19]

---

[10] BGH v. 16.12.1965 - II ZR 274/63 - BB 1966, 305.
[11] BGH v. 27.05.1957 - VII ZR 223/56 - BGHZ 24, 297-302.
[12] BGH v. 28.01.1993 - IX ZR 259/91 - BGHZ 121, 224-236. RG v. 04.11.1929 - VIII 350/29 - RGZ 126, 121; BGH v. 28.11.1956 - V ZR 77/55 - NJW 1957, 217.
[13] RG v. 04.11.1929 - VIII 350/29 - RGZ 126, 121; BGH v. 28.11.1956 - V ZR 77/55 - NJW 1957, 217.
[14] BGH v. 17.03.1978 - V ZR 217/75 - NJW 1978, 1577-1578; BGH v. 03.03.1976 - VIII ZR 209/74 - LM Nr. 16 zu § 766 BGB; OLG München v. 26.05.1983 - 24 U 576/82 - WM 1983, 715-717.
[15] OLG Hamburg v. 10.10.1985 - 6 U 90/85 - NJW 1986, 1691-1692.
[16] BayObLG v. 25.11.1904 - BayObLGZ 5, 585, 595.
[17] BGH v. 25.10.1990 - III ZR 277/88 - BGHR BGB § 516 Abs. 1 Leibrentenversprechen 1.
[18] BGH v. 11.11.1981 - IVa ZR 182/80 - LM Nr. 15 zu § 516 BGB.
[19] RG v. 19.03.1936 - IV 277/35 - RGZ 150, 385-391.

11 Der Formmangel eines Rechtsgeschäfts ist nur ganz ausnahmsweise wegen unzulässiger Rechtsausübung unbeachtlich, weil sonst die Formvorschriften des bürgerlichen Rechts ausgehöhlt würden.[20] Treuwidrig kann das Verhalten einer Partei dann sein, die über längere Zeit aus einem nichtigen Vertrag Vorteile gezogen hat und sich nunmehr ihren Verpflichtungen unter Berufung auf den Formmangel entziehen will.

12 **Heilung der fehlenden Form**: Es ist umstritten, ob der Formmangel durch Erfüllung geheilt werden kann.[21] Im Gegensatz zu anderen Heilungsvorschriften bei formunwirksamen Rechtsgeschäften (§§ 311b Abs. 1 Satz 2, 518 Abs. 2, 766 Satz 2 BGB) sieht § 761 BGB keine Möglichkeit der Heilung vor. Diese eindeutige Entscheidung des Gesetzgebers lässt somit eine entsprechende Anwendung anderer Gesetzesvorschriften nicht zu. Aus den §§ 311b Abs. 1 Satz 2, 518 Satz 2, 766 Satz 2 BGB ist kein allgemeiner Rechtsgrundsatz einer Heilungsmöglichkeit ableitbar, soweit nur einzelne Leibrentenleistungen erbracht worden sind.[22]

13 Ist das **Verpflichtungsgeschäft** (Grundgeschäft) wegen Formverstoßes nichtig, tritt weder eine Heilung ein durch ein formgerecht erteiltes Leibrentenversprechen[23] noch durch einzelne Rentenleistungen.[24] Auch die Nichtigkeit nur des **Leibrentenversprechens** kann aus denselben Gründen nicht zu einer Heilung durch Rentenzahlung führen. Ebenso wenig kommt eine anteilige Heilung des Grundgeschäfts bei einem entgeltlichen Leibrentenvertrag in Betracht, weil eine Rückabwicklung nur einheitlich für das gesamte Kapitalinteresse möglich ist.[25] Das Schutzbedürfnis des Leibrentenschuldners entfällt jedoch bei einem gegenseitigen Vertrag, wenn alle Leibrentenleistungen und die Gegenleistung **vollständig** erbracht sind und der Heilung keine Dritt- oder Allgemeininteressen entgegenstehen.[26]

14 Etwas anderes muss jedoch gelten, wenn die Leibrente als Gegenleistung formlos versprochen wird für ein Rechtsgeschäft, welches strengeren Formvorschriften unterliegt und der Gesetzgeber hierfür eine Heilung des formnichtigen Rechtsgeschäfts vorgesehen hat. So wird ein im Rahmen einer unvollständig beurkundeten **Grundstücksveräußerung** mündlich erteiltes Leibrentenversprechen – zusammen mit dem übrigen Vertragsinhalt – entsprechend § 311b Abs. 1 Satz 2 BGB wirksam, wenn die Auflassung erklärt ist und der Übergang des Eigentums an dem Kaufgrundstück im Grundbuch eingetragen wird.[27] Entsprechend § 518 Abs. 2 BGB wird der Formmangel geheilt, wenn die Leibrente durch formlose **Schenkung** versprochen worden ist, soweit der Schuldner geleistet hat.[28] § 761 BGB verfolgt keine weiter reichenden Zwecke als die §§ 311b Abs. 1 Satz 2, 518 Abs. 2 BGB. Deshalb besteht kein Grund, aus dem Anwendungsbereich der §§ 311b Abs. 1 Satz 2, 518 Abs. 2 BGB das Leibrentenversprechen als Einzelabrede eines Grundstückskaufvertrages oder einem Schenkungsversprechen herauszunehmen, nur weil sie ohne Einbeziehung in den Vertrag dem – minderen – Erfordernis der Schriftform unterlägen.[29] Die Gegenseitigkeit zwischen Leibrentenversprechen und dem beurkundungspflichtigen Geschäft ist derart eng, dass der Versprechende vor Übereilung ausreichend geschützt ist. Es wäre auch mit dem Gedanken der Rechtssicherheit unvereinbar, trotz Erfüllung der die Formbedürftigkeit begründenden Pflicht bis zum Ablauf der Leibrentenverpflichtung Bereicherungsansprüche auf Herausgabe des Grundstücks oder Rückgabe der Schenkung bestehen zu lassen.

C. Prozessuale Hinweise/Verfahrenshinweise

15 Die Einhaltung der in § 761 BGB vorgeschriebenen Schriftform hat derjenige zu beweisen, der aus einem Leibrentenversprechen Rechte für sich herleitet.

---

[20] BGH v. 29.02.1996 - IX ZR 153/95 - BGHZ 132, 119-132.
[21] *Mayer* in: Staudinger, § 761 Rn. 12 ff.
[22] *Habersack* in: MünchKomm-BGB, § 761 Rn. 8.
[23] RG v. 12.12.1907 - IV 221/07 - RGZ 67, 204-214204, 208; a.A. *Welter* in: Soergel, § 761 Rn. 4; v. *Gamm* in: BGB-RGRK, § 761 Rn. 4.
[24] RG v. 08.10.1917 - IV 228/17 - RGZ 91, 6-9.
[25] *Habersack* in: MünchKomm-BGB, § 761 Rn. 9.
[26] *Habersack* in: MünchKomm-BGB, § 761 Rn. 8.
[27] BGH v. 17.03.1978 - V ZR 217/75 - NJW 1978, 1577-1578; a.M. *Terlau* in: Erman, § 761 Rn. 2 m.w.N.
[28] BAG v. 19.06.1959 - 1 AZR 417/57 - NJW 1959, 1746; a.M. *Terlau* in: Erman, § 761 Rn. 2.
[29] BGH v. 17.03.1978 - V ZR 217/75 - NJW 1978, 1577-1578.

§ 762 BGB Spiel, Wette

Titel 19 - Unvollkommene Verbindlichkeiten

§ 762 BGB Spiel, Wette

(Fassung vom 02.01.2002, gültig ab 01.01.2002)

(1) ¹Durch Spiel oder durch Wette wird eine Verbindlichkeit nicht begründet. ²Das auf Grund des Spieles oder der Wette Geleistete kann nicht deshalb zurückgefordert werden, weil eine Verbindlichkeit nicht bestanden hat.

(2) Diese Vorschriften gelten auch für eine Vereinbarung, durch die der verlierende Teil zum Zwecke der Erfüllung einer Spiel- oder einer Wettschuld dem gewinnenden Teil gegenüber eine Verbindlichkeit eingeht, insbesondere für ein Schuldanerkenntnis.

Gliederung

A. Kommentierung zu Absatz 1 1	2. Ausschluss des Rückforderungsrechts gem. Absatz 1 Satz 2 40
I. Grundlagen 1	3. Schadensersatzansprüche wegen Verletzung einer Aufklärungspflicht 49
1. Kurzcharakteristik 1	V. Prozessuale Hinweise 50
2. Regelungsprinzipien 3	**B. Kommentierung zu Absatz 2** 51
II. Praktische Bedeutung 8	I. Grundlagen 51
III. Anwendungsvoraussetzungen 9	II. Anwendungsbereich 52
1. Spiel oder Wette 9	III. Anwendungsvoraussetzungen 53
2. Definition von Spiel 11	1. Zwecks Erfüllung einer Verbindlichkeit ... 53
a. Sonderfall 1: Glücksspiel 14	2. Eingehen eines Schuldanerkenntnisses oder einer sonstigen Verbindlichkeit 57
b. Sonderfall 2: Geschicklichkeitsspiel ... 19	3. Eingehen einer Verbindlichkeit 58
3. Definition von Wette 21	a. Nicht einklagbare Nebengeschäfte 59
4. Zur Abgrenzung von Spiel und Wette ... 23	b. Nicht unter Absatz 2 fallende, einklagbare Ansprüche 60
a. Abgrenzung von Wette und Spiel zu anderen Formen 27	IV. Rechtsfolgen 61
b. Einseitige Spielabsicht und Ausschluss des Differenzeinwands gem. § 37e WpHG ... 31	1. Herausgabe und Schadensersatzansprüche ... 62
IV. Rechtsfolge 39	2. Nichtige Rechtsgeschäfte 64
1. Unverbindlichkeit der Verträge gem. Absatz 1 Satz 1 39	V. Prozessuale Hinweise 66

A. Kommentierung zu Absatz 1

I. Grundlagen

1. Kurzcharakteristik

Die deutsche Rechtsordnung sieht die Spiel-, Wett- bzw. Lotterieverträge als Risikoverträge „par excellence" an. Diese Verträge unterscheiden sich nachhaltig von normalen wirtschaftlichen Austauschverträgen.[1]

Sie sind wie folgt gekennzeichnet:

- Der Wettende bzw. Spielende zielt auf den Erwerb eines vermögenswerten Vorteils ab, dem keine physische und wirtschaftlich sinnvolle verwertbare Gegenleistung, sondern als vertragliches Hauptziel die **Risikoübernahme** gegenübersteht. Der Wett- oder Spielende ist bereit, ein Verlustrisiko in Kauf zu nehmen.[2]
- Der Spielvertrag ist durch einen **Mangel an ernsten wirtschaftlichen und sozialen Interessen** gekennzeichnet.[3]

1   2

---

[1] *Ohlmann*, ZRP 2002, 354-356, 355 Zur Geschichte des Glücksspiels; vgl. *Näther* im Internet unter: https://gluecksspiel.uni-hohenheim.de/fileadmin/einrichtungen/gluecksspiel/Forschungsarbeiten/Naether.pdf (abgerufen am 27.09.2012).

[2] *Habersack* in: MünchKomm-BGB, 5. Aufl. 2009, § 762 Rn. 6.

[3] Das LG Frankfurt (Oder) v. 27.01.2004 - 6a S 121/03 - ZfWG 2006, 314-315 spricht von einem „ungeschriebenen Tatbestandsmerkmal".

- Der Wett- bzw. Spielerfolg hängt vom **Zufall** ab, d. h. zumindest aus subjektiver Sicht ist die Person des Leistenden zum Zeitpunkt des Vertragsabschlusses unsicher.
- Wett- und Spielverträge sind einseitig verpflichtende Verträge mit noch ungewisser Verteilung der Gläubiger- und Schuldnerstellung.

2. Regelungsprinzipien

3 Der Spieler oder Wettende verfolgt nach Auffassung des Gesetzgebers **keine wirtschaftlichen und sozial anerkennenswerten Zwecke**. Wegen der **Abhängigkeit** des Gewinneintritts **vom Zufall** können Spiel und Wette für die Teilnehmer besonders gefährlich sein und zu einer erheblichen wirtschaftlichen Unausgewogenheit führen. Dies ist den Teilnehmern bewusst, die sich bei ihrer Spielentscheidung in erster Linie von dem spielerischen Element und dem Traum vom Glück und weniger von wirtschaftlichen Motiven leiten lassen. Vor diesem Hintergrund sollen die Regelungen der §§ 762 ff. BGB die Teilnehmer aleatorischer Verträge **vor den unkalkulierbaren und mitunter existenzbedrohenden Gefahren schützen**.[4] Absatz 1 Satz 1 versagt solchen Risikogeschäften die Verbindlichkeit und verhindert über Absatz 2 auch die Umgehung dieses Verbots. Gleichwohl schließt Absatz 1 Satz 2 die Rückforderungsmöglichkeit für solche Leistungen aus, die auf Grund des Vertrages erbracht wurden.

4 Was Absatz 1 Satz 1 im Zusammenspiel mit Absatz 1 Satz 2 genau aussagt, ist strittig. Man kann den Spieleinwand als **Rechtsgrund für ein Behaltendürfen** i.S.d. § 812 Abs. 1 Satz 1 BGB verstehen.[5] Nutzt der Veranstalter nur das prämierte Werk, steht dem **Gewinner** außer der Prämie **kein** weiterer **Anspruch auf angemessene Vergütung** bzw. auf nachträgliche Einwilligung in die Änderung des Vertrages mit dem Ziel zu, dem Urheber eine angemessene Vergütung gemäß § 32 Abs. 1 UrhG zu gewähren. Denn der Wert des im Rahmen eines Preisausschreibens eingereichten Werkes ist in der Regel niemals höher als der Wert des zu erteilenden Preises selbst. Andernfalls wäre die für eine erfolgreiche Preisausschreibung **erforderliche Lockwirkung der ausgesetzten Prämie nicht** gegeben. Insoweit gilt die Vermutung, dass der zum Zeitpunkt der Preisausschreibung ausgesetzte Preis eine angemessene Vergütungsregelung im Sinne des § 32 Abs. 2 Satz 2 UrhG darstellt.

5 Soweit der Auslobende darüber hinaus eingereichte **Werke von Teilnehmern verwertet**, die nicht den ausgesetzten Preis erhalten haben (z.B. werden im Rahmen eines Architektenwettbewerbes Ideen oder Konzepte der unterlegenen Architekten mit verwendet), **bleibt** der Anspruch des Teilnehmers gemäß § 32 Abs. 1 UrhG **fortbestehen**. Wird das eingereichte Werk des Teilnehmers zwar nicht mit dem ersten Preis, dafür aber **mit anderen Prämien** oder Trostpreisen prämiert, bleibt der Anspruch des Teilnehmers auf angemessene Vergütung im Zweifelsfall erhalten.

6 Was Absatz 1 Satz 1 im Zusammenspiel mit Absatz 1 Satz 2 genau aussagt, ist strittig. Man kann den Spieleinwand als **Rechtsgrund für ein Behaltendürfen** i.S.d. § 812 Abs. 1 Satz 1 BGB verstehen.[6] Nach anderer Ansicht sei das Geleistete gem. § 814 Alt. 1 BGB analog **auf Grund Kenntnis der fehlenden Leistungsverpflichtung** ausgeschlossen.[7] Nach anderer Ansicht sei das Geleistete gem. § 814 Alt. 1 BGB analog **auf Grund Kenntnis der fehlenden Leistungsverpflichtung** ausgeschlossen.[8]

7 Relevant wird dieser Meinungsstreit nur im Fall der **Nichtigkeit** des Spiel- oder Wettvertrages nach den §§ 134, 138 BGB oder sonstigen Nichtigkeitsgründen. Dann nämlich besteht nach der ersten Auffassung grundsätzlich ein Anspruch nach §§ 812 ff. BGB der (allerdings in der Regel) nach § 817 Satz 2 BGB gesperrt sein kann.[9] Folgt man dagegen der letztgenannten Meinung, so wird der Anspruch aus § 812 ff. BGB nur dann an § 814 BGB als Ausschlussgrund scheitern, wenn alle Teilnehmer Spielabsichten haben (vgl. hierzu Rn. 12).

---

[4] *Habersack* in: MünchKomm-BGB, 5. Aufl. 2009, § 762 Rn. 1.
[5] So *Seibert* in: BGB-RGRK, § 762 Rn. 6; *Engel* in: Staudinger, vor § 762 für den 1. Leistungsgrund; KG Berlin v. 08.01.1988 - 17 U 6019/86 - WuB I G 5 Börsenrecht 10.89; *Enneccerus/Lehmann*, Recht der Schuldverhältnisse, 15. Bearb. 1958, § 3 II 1; *Heinrichs* in: Palandt, Einl. vor § 241 Rn. 15 für den 2. Leistungsgrund.
[6] So *Seibert* in: BGB-RGRK, § 762 Rn. 6; *Engel* in: Staudinger, vor § 762 für den 1. Leistungsgrund; KG Berlin v. 08.01.1988 - 17 U 6019/86 - WuB I G 5 Börsenrecht 10.89; *Enneccerus/Lehmann*, Recht der Schuldverhältnisse, 15. Bearb. 1958, § 3 II 1; *Heinrichs* in: Palandt, Einl. vor § 241 Rn. 15 für den 2. Leistungsgrund.
[7] *Henssler*, Risiko als Vertragsgegenstand, 1994, 435 ff.; *Habersack* in: MünchKomm-BGB, 5. Aufl. 2009, § 762 Rn. 3.
[8] *Henssler*, Risiko als Vertragsgegenstand, 1994, 435 ff.; *Habersack* in: MünchKomm-BGB, 5. Aufl. 2009, § 762 Rn. 3.
[9] Vgl. OLG Celle v. 20.03.1996 - 13 U 146/95 - NJW 1996, 2660-2662; vgl. hierzu Rn. 31.

II. Praktische Bedeutung

Die bundesdeutschen Haushalte geben mit mehr als **500 € jährlich rund 4% ihres ausgabefähigen Einkommens** für Glücksspiele aller Art aus;[10] der Gesamtumsatz im Glücksspiel-Bereich beläuft sich in Deutschland auf bis zu 28 Mrd. €.[11], weltweit könnte er mittlerweile auf 250 Mrd. Dollar angestiegen sein.[12] Spiel und Wette bestimmen zu einem nicht unerheblichen Teil die Freizeitgestaltung der deutschen Bundesbürger. Der Markt ist gerade auch im Hinblick auf die mögliche Liberalisierung heiß umkämpft.[13] Spiel und Wette stellen zugleich über die Besteuerung (in Zeiten staatlicher Finanznot) eine wichtige Einnahmequelle für den Staat dar und sind ein lukrativer Wirtschaftsfaktor für die Unternehmensverwaltungen.[14] Insgesamt ist der Glücksspielmarkt in Deutschland trotz der zunächst sehr strengen formalen Gesetzeslage alles andere als transparent. Sowohl die Grenzenlosigkeit des Internet einerseits als auch vom Gesetzgeber selbst zugelassene Ausnahmen vom gesetzlichen Verbot privater Spielevermittlung für Pferdewetten und Automatenaufsteller erschweren aktuell die Rechtsdurchsetzung und damit die Sicherstellung eines ausgewogenen Verhältnisses zwischen angemessenem Verbraucherschutz und dem Recht auf private Freizeitgestaltung.

8

III. Anwendungsvoraussetzungen

1. Spiel oder Wette

Spiel und Wette sind Verträge, in denen jedenfalls eine Leistungspflicht gegenüber einem Vertragspartner von einem Zustand oder Ereignis abhängen soll, über deren Existenz oder Eintreten zumindest eine Seite nicht sicher ist oder nicht ausreichend informiert ist, bei denen das Hauptmotiv der Verträge das Rechthaben bzw. das der Unterhaltung dienende Spekulieren auf Vermögensmehrung ist. Das Spielen (an einem Automaten) ist demgemäß dann kein Spiel i. S. d. § 762 BGB, wenn von vornherein klar ist, dass keine Gewinnchance besteht.

9

Spiel und Wette müssen strikt unterschieden werden.[15] Die Abgrenzung ist vor dem Hintergrund der §§ 284 ff. StGB i.V.m. § 134 BGB sowie dem § 763 BGB wichtig. Über die §§ 284 ff. StGB i.V.m. § 134 BGB können Spielverträge und hier nur die Glücksspielverträge **strafbar und nichtig** sein. Es gelten dann die §§ 812 ff. BGB, wobei regelmäßig, mit Sicherheit aber nicht bei der Lotterie, § 817 Satz 2 BGB den Rückforderungsanspruch sperrt.[16] U.U. kommen auch Ansprüche gem. § 311 Abs. 2 BGB i.V.m. § 241 Abs. 2 BGB wegen Verschulden bei Vertragsverhandlungen und die §§ 823 Abs. 1, 826 BGB in Betracht. Liegt ein gem. § 763 Satz 1 BGB genehmigtes Glücksspiel vor (vgl. die Kommentierung zu § 763 BGB), ist dieser Vertrag im Gegensatz zur Wette vollumfänglich verbindlich. Weiterhin unterliegt die Wette, im Gegensatz zu bestimmten Formen des Spiels, nicht der Steuerpflicht (vgl. die Kommentierung zu § 763 BGB).

10

2. Definition von Spiel

Für die Einordnung einer Veranstaltung als Spiel ist kennzeichnend:

11

- Erzielung eines Vermögensvorteils zu Lasten anderer Beteiligter, nach einer vorher vereinbarten Regelung über die Verteilung der eingesetzten oder sonstigen Leistungen, und (d.h. zumindest aus subjektiver Sicht entgegengesetzte Erwartungshaltung),

---

[10] *Adams/Tolkemitt*, ZBB 2000, 163-168, 163.
[11] Vgl. *Becker/Barth*, Der deutsche Glücksspielmarkt: Eine Schätzung des nicht staatlich regulierten Marktvolumens v. 14.03.2012, im Internet unter https://gluecksspiel.uni-hohenheim.de/fileadmin/einrichtungen/gluecksspiel/Newsletter/Newsletter_0212.pdf (abgerufen am 27.09.2012). Festzustellen ist, dass alle bekannten Zahlungen zum Glücksspielmarkt auf (mehr oder weniger) fundierten Schätzungen beruhen, die je nach Interessensgruppe unterschiedlich hoch angesetzt werden. Eine hervorragende umfassende Zusammenstellung über den Glücksspielmarkt findet sich auf der Seite https://gluecksspiel.uni-hohenheim.de/markt (abgerufen am 27.09.2012).
[12] *Feldner*, ZfWG 2009, 88, der schätzt, dass der Bruttospielertrag weltweit bei bis zu 1,5 Billionen US Dollar liegen könnte.
[13] Süddeutsche Zeitung v. 13.11.2003 „Attacken im System".
[14] Süddeutsche Zeitung v. 13.11.2003 „Der Staat gewinnt immer" und „Fürsorgliche Kontrolle".
[15] Vgl. hierzu: *Bahr*, Glücks- und Gewinnspielrecht, 2. Aufl. 2007, S. 20 f.
[16] OLG Celle v. 20.03.1996 - 13 U 146/95 - NJW 1996, 2660-2662.

§ 762 jurisPK-BGB / Laukemann

- ein vom **Zufall** abhängiger Gewinn oder Verlust (Glücksspiel, der Spielgewinn hängt von der Geschicklichkeit und/oder dem Zufall ab)[17],
- Spielabsicht aller Teilnehmer.

12 Ein Spiel i.S.d. § 762 BGB liegt bei einem Vertrag vor,
- bei dem die Leistungspflicht einer Seite sowohl von Zufall, als auch von den Fähigkeiten eines Vertragspartners abhängt und
- die andere Seite einen Einsatz hauptsächlich in der **Spekulation auf Vermögensmehrung** geleistet hat.[18]

13 Kein Spiel liegt jedoch bei **Internetauktionen** vor, da Zufall in diesem Sinne nicht vorliegt und der Hauptzweck auf eine ernste wirtschaftliche Tätigkeit gerichtet ist.[19] Nach h.M. ist die **beiderseitige** Übernahme eines Verlustrisikos Voraussetzung für ein Spiel, andernfalls würde nur eine bedingte Schenkung vorliegen.[20] Keine Internetauktion liegt bei den sogenannten „**Countdown-Auktionen**" vor. Bevor man auf das angebotene Produkt bieten kann, muss der Kunde sich hier auf der Anbieterseite registrieren und durch Angabe wahlweise zur Verfügung stehender Zahlungsmittel Gebotsrechte erwerben. Im Nachgang kann der Kunde bei der Auktion mitbieten, wobei jedes Gebot kostenpflichtig ist und den herunterzählenden Countdown wieder um einige Sekunden erhöht. Hierbei handelt es sich eindeutig um ein Glücksspiel nach § 3 Abs. 1 GlSpielWStVtr, da der Zuschlag bei der Auktion nicht mehr von der Menge der anwesenden Mitbieter oder dem realistischen Wert des versteigerten Produkts abhängt, sondern von dem Unterbleiben weiterer kostenpflichtiger und countdownerhöhender Mitstreiter. Der Zuschlag bei dieser Art der Auktion hängt somit vom Zufall ab. Die im Rahmen des Gebotes geschlossenen Spielverträge sind nach Auffassung des Autors infolgedessen gemäß § 134 BGB i.V.m. § 4 Abs. 4 GlSpielWStVtr nichtig.[21]

a. Sonderfall 1: Glücksspiel

14 Das Spiel lässt sich also in **Geschicklichkeits-** und **Glücksspiel i.w.S.** unterteilen.

15 Der Begriff des Glücksspiels ist vom Landesgesetzgeber einheitlich in dem am 01.01.2008 in Kraft getretenen Glücksspielstaatsvertrag (GlüStV)[22] in Deutschland geregelt. Nach § 3 Abs. 3 GlüStV liegt Glücksspiel vor, wenn im Rahmen eines Spiels für den Erwerb einer Gewinnchance ein Entgelt verlangt wird und die Entscheidung über den Gewinn ganz oder überwiegend vom Zufall abhängt, was insbesondere beim ungewissen Eintritt oder Ausgang zukünftiger Ereignisse anzunehmen ist.

16 Beim Glücksspiel i.w.S. hängen Gewinn und Verlust ganz oder doch hauptsächlich vom **Zufall** ab,[23] d.h. es besteht für den Teilnehmer nur eine sehr begrenzte oder untergeordnete Einwirkungsmöglichkeit. Kennzeichnend für ein Glücksspiel ist es daher, dass die Entscheidung über Gewinn und Verlust nach den Spielbedingungen und den Verhältnissen, unter denen sie gewöhnlich betrieben werden, nicht wesentlich von Fähigkeiten, Kenntnissen und der Aufmerksamkeit der durchschnittlichen Spieler abhängt, sondern jedenfalls hauptsächlich von dem ihrer Einwirkung entzogenen Zufall, und bei dem die Spieler nicht nur unerhebliche Einsätze leisten.[24] Wegen der besonderen Gefährlichkeit dieser Spielform hat der Gesetzgeber Glücksspiele i.w.S. weitgehend unter Strafandrohung verboten (vgl. die §§ 284, 287 StGB; §§ 33e ff. GewO).

17 Unterformen des Glückspiels i.w.S. sind die **Lotterie** und **Ausspielung**, hierzu vgl. § 763 BGB, so wie das **Glücksspiel i.e.S.** Bei Glücksspiel im engeren Sinne (z. B. Roulette) fehlt ein Spielplan, mit der

---

[17] KG Berlin v. 08.01.1988 - 17 U 6019/86 - WuB I G 5 Börsenrecht 10.89; *Sprau* in: Palandt, § 762 Rn. 2.
[18] KG Berlin v. 08.01.1988 - 17 U 6019/86 - WuB I G 5 Börsenrecht 10.89.
[19] BGH v. 07.11.2001 - VIII ZR 13/01 - BGHZ 149, 129-139.
[20] *Habersack* in: MünchKomm-BGB, 5. Aufl. 2009, § 762 Rn. 5 m.w.N.; vgl. hierzu Rn. 37, Rn. 7 und die Kommentierung zu § 763 BGB.
[21] Im Ergebnis auch: *van der Hoff/Hoffmann*: „Der Einsatz von kostenpflichtigen Geboten bei Countdown-Auktionen- Kauf, Spiel, Glück?", ZGS 2011, 67-78.
[22] Der Staatsvertrag samt Ausführungsgesetzen der Bundesländer und umfangreiche Gesetzes- und Rechtsprechungsmaterialien finden sich im Internet unter https://gluecksspiel.uni-hohenheim.de/staatsvertrag.html (abgerufen am 27.09.2012).
[23] *Sprau* in: Palandt, § 762 Rn. 2; *Stögmüller*, K&R 2002, 27-33, 27 ff.
[24] *Köhler* in: Köhler/Bornkamm, Gesetz gegen den unlauteren Wettbewerb UWG, 30. Aufl. 2012, § 4 UWG Rn. 11.176.

Folge, dass der Spieleinsatz beliebig hoch sein kann. Die Abgrenzung ist aus **steuerrechtlicher Sicht** von Bedeutung, da Glücksspiele nicht der Rennwett- und Lotteriesteuer gem. § 17 RennwG unterliegen.[25] Glücksspiele i.w.S. sind:

- Kartenspiele wie klassische **Fünf-Karten-Poker, Black Jack, Baccara**; **Würfeln um Geld**; sowie
- bestimmte **Geldspielautomaten** (Umsätze von Geldspielautomaten unterliegen wegen RL 1977/388/EG des Europäischen Parlaments und Rates nicht der Umsatzsteuer[26]);
- die **Sportwette**, z.B.:
  - OddSet-Wette,
  - Fußballlotto,[27]
  - Pferdewette,[28]
- **amerikanisches Roulette**, als vom Veranstalter überwachte Kettenbriefaktion mit Geldeinsatz und Gewinnchance[29];
- **Onlinebundesligamanagerspiele**, bei denen die Spielteilnehmer auf der Internetseite des Veranstalters jeweils ein Team zusammenstellen, für das an jedem Spieltag der Liga Punkte vergeben werden, wenn zum einen mehrere Preise ausgesetzt und ein Spieleinsatz verlangt werden[30].

b. Sonderfall 2: Geschicklichkeitsspiel

Beim Geschicklichkeitsspiel hängen Gewinn und Verlust vorwiegend, u.U. ganz von den **persönlichen, geistigen Fähigkeiten, Aufmerksamkeit, Geschick oder Anstrengung** der Beteiligten und nicht vom Zufall ab.[31] Geschicklichkeitsspiele sind z.B.: **Billard**, u.U. auch das **Hütchenspiel**.

Bei Mischfällen ist zum einen maßgeblich, ob der **Zufall gegenüber der Geschicklichkeit überwiegt**[32] oder nicht. Im ersten Fall liegt ein Glücksspiel vor, im zweiten ein Geschicklichkeitsspiel. Zum anderen ist auf die **Fähigkeiten des Durchschnitts der Spielenden** abzustellen, um den Grad des Geschicklichkeitseinflusses auf das Spiel festzulegen.[33] Jedoch kann auch bei einem Geschicklichkeitsspiel ein Unkundiger Teilnehmer eines Glücksspiels sein.[34] Auch bei **Ausstiegsklauseln in Joint-Venture-Gesellschaftsverträgen** in Form des so genannten „Russian Roulette" bzw. „Texan Shoot Out", wonach bei Entscheidungsstillstand eine Seite der Gegenseite unter Beachtung bestimmter formaler Schritte ein Verkaufsangebot vorzulegen hat, welches der Angebotsempfänger annehmen bzw. bei Ablehnung dann umgekehrt seinen Anteil zu den Bedingungen des Verkaufsangebotes anbieten muss, ist die Frage der Anwendbarkeit des § 762 BGB genau zu prüfen.[35] Finanzprodukte, die mit Zinsvereinbarungen abhängig vom jeweiligen sportlichen Erfolg einer Fußballmannschaft werben, sollen kein strafbares oder wettbewerbswidriges Glücksspiel betreiben.[36] Dasselbe soll auch für die Werbeaktion eines Einrichtungshauses unter dem Slogan „*Sie bekommen die Ware geschenkt, wenn es am .... regnet*" gelten, da sie kalkulatorisch nicht von der Preisgestaltung zu trennen und lediglich eine zusätzli-

---

[25] Vgl. die Kommentierung zu § 763 BGB; BFH v. 10.07.1968 - II 94/63 - BB 1968, 1422; BGH v. 04.02.1958 - 5 StR 579/57 - BGHSt 11, 209-211; RG v. 14.10.1917 - II 120/86 - RGSt 14, 28.

[26] FG Münster v. 26.10.2001 - 5 K 4280/00 U - EFG 2002, 501-503, nicht rechtskräftig.

[27] OLG Hamm v. 19.02.2002 - 4 U 155/01 - MMR 2002, 551-552.

[28] BVerwG v. 28.03.2001 - 6 C 2/01 - NJW 2001, 2648-2651; a.A: LG Bochum v. 26.02.2002 - 22 KLs 10 Js 121/01 I 49/01-NStZ-RR 2002, 170-171; AG Karlsruhe-Durlach v. 13.07.2000 - 1 Ds 26 Js 31893/98 - GewArch 2001, 134-135; EuGH v. 21.10.1999 - C-67/98 - WRP 1999, 1272-1275 - Zenatti, nimmt zwar kein Glücksspiel an, stuft es jedoch als mit diesem vergleichbar ein.

[29] OLG Karlsruhe v. 15.12.1967 - Ss 243/71 - NJW 1972, 1963.

[30] So der Bayer. VGH Beschl. v. 13.04.2010 - 10 CS 10.453 - Bild-Online-Bundesligaspiel „Super Manager".

[31] Vgl. OLG Celle v. 20.03.1996 - 13 U 146/95 - NJW 1996, 2660-2662; ausführlich zur Abgrenzung vgl. *Kröner*, ZfWG 2006, 71-75; vgl. AG München v. 16.04.2009 - 222 C 2911/08.

[32] AG München v. 16.04.2009 - 222 C 2911/08.

[33] Vgl. hierzu die Kommentierung zu § 763 BGB. Das LG Karlsruhe v. 15.08.2006 - 2 O 350/06, stufte zu Recht aus Thailand stammende sog. „Share"-Veranstaltungen, bei denen die Teilnehmer, meist Frauen, regelmäßig zusammenkommen und in „Spielrunden" jeweils Geldbeträge in einen gemeinsamen „Topf" einzahlen, auf den dann Gebote abgegeben werden und der an den Teilnehmer mit dem Höchstgebot ausgezahlt wird, als Spiel i.S.v. § 762 BGB ein.

[34] Stritt. RG v. 08.11.1909 - III 730/09 - RGSt 43, 23; krit. zum Merkmal der Geschicklichkeit: *Ernst*, NJW 2006, 186-188, 187.

[35] Vgl. hierzu *Schulte/Sieger*, NZG 2005, 24-31.

[36] Vgl. OLG Köln v. 09.03.2005 - 6 U 197/04 - OLGR Köln 2005, 576; *Heda/Kessler*; WM 2004, 1812-1820; *Hofmann/Mosbacher*, NStZ 2006, 249-252; *Servatius*, WM 2004, 1804-1812 und die Kommentierung zu § 661 BGB Rn. 3.

che Anziehungskraft für den Erwerb der Ware beinhalten soll und nicht den zusätzlichen gezielten Erwerb einer Teilnahmemöglichkeit an einem Gewinnspiel ermöglicht.[37] Das in jüngerer Zeit immer populärere Pokerspiel in der Variante **Texas Hold'em** stellt nach Auffassung der höchstrichterlichen Rechtsprechung[38] bereits deshalb ein genehmigungspflichtiges Glücksspiel dar, weil die Entscheidung über den Gewinn eines Spielers sich danach richte, ob seine Mitspieler früher als er aussteigen oder – falls sie dies nicht tun – welche Karten sie letztlich offenlegen. Selbst im Falle eines erfolgreichen Bluffens liege der Erfolg nicht in der Hand des Spielers; vielmehr sei für den Gewinn in diesem Fall die Entscheidung der Mitspieler, und damit ebenso ein zukünftiges Ereignis, maßgeblich.[39] Diese Rechtsauffassung mag bei großen Massenveranstaltungen und Teilnahme einer hohen Anzahl ungeübter Spieler seine Rechtfertigung finden; sie ist aber nach richtiger Ansicht dann nicht anwendbar, wenn die Spielregeln so ausgestaltet sind, dass die Geschicklichkeit im Vordergrund steht. So kann man bei einer Teilnahme ausschließlich erfahrener Spieler, ohne dass sich der Einsatz ständig erhöht, richtigerweise nicht von einem Glücksspiel sprechen.[40] Beim **Duplicate Poker** ist dies in den U.S.A. bereits anerkannt.[41]

3. Definition von Wette

21   Bei der Wette streiten mehrere Beteiligte über die Richtigkeit ihrer gegenteiligen Behauptungen, die sich auf ein beidseitig ungewisses Ereignis oder beidseitig ungewisse Tatsachen beziehen. Dabei verspricht mindestens eine Partei der anderen einen Gewinn für den Fall, dass sich die Behauptung der anderen als richtig erweist.[42]

22   Eine **einseitige Wette**, bei der nur eine Partei einen Einsatz macht, ist demgemäß möglich.[43]

4. Zur Abgrenzung von Spiel und Wette

23   Wette und Spiel unterscheiden sich zum einen in den unterschiedlichen Motiven: Bei der Wette geht es um das **Rechthaben**, beim Spiel um die **Spekulation auf Gewinn** und folglich auch um die damit verbundene Unterhaltung. Zum anderen ist beim Spiel den Teilnehmern die sichere Kenntnis des Ergebnisses i.d.R. nicht möglich. Auch die Teilnahme an einer Lotterie, bei dem der Veranstalter das Ergebnis bestimmt, bleibt ein Spiel, da sich die Gewinnzuordnung aus Sicht der Teilnehmer als Zufall darstellt (vgl. die Kommentierung zu § 763 BGB).

24   Nicht entscheidend für die Abgrenzung ist dagegen, ob das **Ereignis in der Zukunft liegt**. Jedoch ist es ein Indiz für das Spiel und gegen die Wette, wenn es dies tut.[44]

25   **Gewinnspiele** können verbindlich unter den Voraussetzungen des § 661 BGB vereinbart werden (vgl. die Kommentierung zu § 661 BGB). Wird bei einem Gewinnspiel ein über den Verwaltungsaufwand hinausgehender Einsatz verlangt, welcher zum Mitspiel erforderlich ist, liegt ein strafbares Glücksspiel vor.[45] Ein Gewinnspiel in diesem Sinne liegt im Zusammenhang mit **Vertrieb von Waren** oder sonstigen gewerblichen Leistungen nicht mehr vor, wenn dieses mit einer Gewinnverlosung **verbunden** ist, die aus den geforderten Entgelten finanziert wird.[46] Dann liegt in jedem Fall ein Spiel vor. Ein Spiel scheidet hingegen aus, wenn bei der Teilnahme an einer Gewinnverlosung die Übernahme eines Risi-

---

[37] VG Stuttgart v. 15.03.2012 - 4 K 4251/11.
[38] BGH v. 28.09.2011 - I ZR 93/10 juris Rn. 81, u.H.a. auf die Feststellungen der Vorinstanz: OLG Köln v. 12.08.2010 - 6 U 142/09 - juris Rn. 38 sowie OVG Münster v. 03.12.2009 - 13 B 775/09 sowie OVG Lüneburg v. 10.08.2009 - 11 ME 67/09.
[39] Vgl. statt vieler VG München v. 08.05.2007 - M 22 S 07.900; zum aktuellen Stand der RS vgl. die Nachweise bei www.gluecksspiel-und-recht.de/urteile-1.html#poker (abgerufen am 27.09.2012).
[40] Ähnlich auch Oberverwaltungsgericht Bautzen v. 27.02.2012 - 3 B 80/11; AG Frankfurt v. 21.09.2007 - 7 G 2700/07 (02); *Schmidt/Wittig*, JR 2009, 45-49.
[41] Vgl. zum Begriff im Internet unter: http://en.wikipedia.org/wiki/Duplicate_poker (abgerufen am 26.09.2012).
[42] *Sprau* in: Palandt, § 762 Rn. 3.
[43] RG v. 28.06.1905 - I 559/04 - RGZ 61, 153-157; *Seiler* in: Erman, Handkommentar BGB, 10. Aufl. 2000, § 762 Rn. 2; *Engel* in: Staudinger, vor § 762 Rn. 4; a.A: *Habersack* in: MünchKomm-BGB, 5. Aufl. 2009, § 762 Rn. 6.
[44] *Sprau* in: Palandt, § 762 Rn. 3.
[45] Vgl. *Junker/Laukemann*, AfP 2000, 254-257 und die Kommentierung zu § 763 BGB.
[46] *Habersack* in: MünchKomm-BGB, 5. Auflage 2009, § 762 Rn. 11.

kos, insbesondere in Form eines Einsatzes, tatsächlich nicht verlangt wird.[47] Auch die Angabe, durch eine bestimmte Ware oder Dienstleistung ließen sich die Gewinnchancen erhöhen, oder ein **psychologischer Kaufzwang** kann zur wettbewerbsrechtlichen Unzulässigkeit, nicht aber zur Anwendbarkeit des § 762 BGB führen (vgl. die Kommentierung zu § 661 BGB und die Kommentierung zu § 763 BGB). Ist der durch eine Verlosung gebotene Gewinnanreiz im Verhältnis zum wirtschaftlichen Gewicht des Austauschgeschäftes nicht unerheblich, so kommt es nicht darauf an, ob in dem geforderten Preis **aus Sicht des Teilnehmers** ein anteiliger Spieleinsatz erkennbar ist.[48]

Der BGH hat einer in jüngerer Zeit vermehrt vertretenen Auffassung eine klare Absage erteilt, und festgestellt, dass Gewinnspiele, die einen **Einsatz von bis zu 50 Cent** verlangen, keine verbotenen Glücksspiele im Sinne des § 284 StGB, § 4 Abs. 4 GlüStV darstellen.[49] Auch stellte der BGH klar, dass es bei den sog. Rundfunkgewinnspielen i.S.d. § 8a Rundfunkstaatsvertrag (RStV) – diese Norm gilt gem. § 58 Abs. 4 RStV für zahlreiche Internetanbieter – auch dann an einem glücksspielrechtlich relevanten Entgelt fehlt, wenn diese „zufallsabhängig" sind[50] (vgl. die Kommentierung zu § 763 BGB Rn. 15 und die Kommentierung zu § 661 BGB Rn. 58 f.). Entgegen dem Wortlaut liegt bei der Sport- oder **Rennwette** keine Wette, sondern ein Spiel vor.[51] Gleiches gilt für das **Toto**, welches als Glücksspiel genehmigungspflichtig ist.[52]

a. Abgrenzung von Wette und Spiel zu anderen Formen

Allein der spekulative oder gewagte Charakter eines Rechtsgeschäftes macht dies noch nicht zu Spiel oder Wette, sofern die Parteien **darüber hinaus anerkannte wirtschaftliche oder sonstige Zwecke** verfolgen. Solche Verträge beinhalten oftmals hohe finanzielle Risiken für eine oder beide Vertragsseiten. Im Unterschied zu Spiel oder Wette ist das Hauptmotiv weder das Rechthaben, noch das der Unterhaltung dienende Spekulieren auf Vermögensmehrung. Vielmehr übernehmen i.d.R. beide Seiten **unbedingte Leistungsverpflichtungen**. Der (erhoffte) wirtschaftliche Vermögensvorteil soll sich in erster Linie im Rahmen der Vertragsdurchführung und nicht durch das (mit-)übernommene Risiko verwirklichen.

Folgende Verträge sind daher **verbindlich**:

- **Internetversteigerungen**;[53]
- **Versicherungsverträge**;[54]
- **Fluchthilfeverträge**;[55]

Waren- und Wertpapiergeschäfte können im Einzelfall als Spiel einzustufen sein (vgl. Rn. 31 ff.).

Die **Auslobung** (§ 657 BGB, vgl. die Kommentierung zu § 657 BGB) verpflichtet den Auslobenden vollumfänglich. Im Übrigen hat er Interesse am Eintritt des Erfolgs und somit an seiner Zahlungspflicht, weshalb er mit seiner Auslobung Dritte zu einer Tätigkeit veranlassen will, die vorwiegend in

---

[47] BGH v. 09.07.1948 - V 358/52 - BGHSt 3, 99 = NJW 1952, 1062.
[48] H.A.: RG, JW 1931, 1926.
[49] Vgl: BGH, v. 28.09.2011 - I ZR 93/10 - „Poker im Internet" m. Anm. *Stulz-Herrnstadt*, GRUR-Prax 2012, 39, so auch AG Starnberg v. 18.11.2009 - 1 Cs 34 Js 41228/98; *Bahr*, Sind 50-Cent-Gewinnspiel nach dem Glücksspiel-Staatsvertrag verboten? Im Internet unter: www.gluecksspiel-und-recht.de/50-cent-gewinnspiele-nach-dem-gluecksspiel-staatsvertrag-verboten.html (abgerufen am 27.09.2012) ; a.A. VGH München v. 25.08.2011 - 10 BV 10.1176; LG Köln v. 07.04.2009 - 33 O 45/09.
[50] BGH v. 28.09.2011 - I ZR 93/10 - „Poker im Internet" m. Anm. *Stulz-Herrnstadt*, GRUR-Prax 2012, 39 u.H.a. Bayerischen Verwaltungsgerichtshofs München v. 28.10.2009 - 7 N 09.1377 a.A. VGH München v. 25.08.2011 - 10 BV 10.1176.
[51] So noch BGH v. 12.02.1952 - I ZR 96/51 - BGHZ 5, 111-116 Gem. § 3 Abs. 1 Satz 4 f des ersten Glücksspieländerungsstaatsvertrages (GlüÄndStV im Internet unter: https://gluecksspiel.uni-hohenheim.de/fileadmin/einrichtungen/gluecksspiel/Recht/GlueAendStV.pdf (abgerufen am 27.09.2012)) der zum 01.07.2012 in allen Bundesländern mit Ausnahme von Schleswig Holstein in Kraft tritt, fallen Sportwetten, die zu festen Quoten auf den Ausgang von Sportereignissen oder Abschnitten von Sportereignissen ebenso wie Pferdewetten aus Anlass öffentlicher Pferderennen und anderer öffentlicher Leistungsprüfungen für Pferde zukünftig unter den Glücksspielbegriff und damit die Anwendbarkeit des GlücksÄndStV.
[52] A.A. nur LG Bochum v. 26.02.2002 - 22 KLs 10 Js 121/01, I 49/01 - NStZ-RR 2002, 170-171; vgl. hierzu die Kommentierung zu § 763 BGB.
[53] Vgl. *Sprau* in: Palandt, § 762 Rn. 4 m.w.N.
[54] Vgl. *Habersack* in: MünchKomm-BGB, 5. Auflage 2009, § 762 Rn. 9 m.w.N.
[55] BGH v. 29.09.1977 - III ZR 164/75 - BGHZ 69, 295-302.

der Herbeiführung eines bestimmten und nicht nur zufälligen Erfolges liegt. Demgegenüber will der Wettende seine Meinung bekräftigen[56] und damit regelmäßig, aber nicht immer notwendigerweise eine Vermögensmehrung zu seinen Gunsten herbeiführen[57].

30 Umstritten ist die Einordnung **progressiver Vertriebssysteme**. Bei ihnen wird eine Prämie oder etwas vergleichbares (Gutschrift, Provision, Gewinnbeteiligung) in Aussicht gestellt, wenn zuvor eine Vorausleistung (Eintrittsgeld, Kaution, Kostenpauschale) erbracht wird, z.B. Prämien beim Anwerben weiterer Teilnehmer. Diese Formen verstoßen oftmals bereits unter dem Gesichtspunkt des unzulässigen **Schneeballsystems** gegen die § 16 Abs. 2 UWG und § 3 UWG.[58] Bei diesen kauft der Kunde Anrechtsscheine, die er direkt oder mittelbar wieder an von ihm zu werbende Kunden weiter vertreiben muss, um seinen Einsatz zu amortisieren und dann auch einen Gewinn zu erzielen. Der eigene Einsatz geht i.d.R. sofort in der Pyramidenstruktur auf. Diese Fälle sind richtigerweise als (strafbares Glücks-)**Spiel** einzuordnen.[59] Die Gegenansicht, die diese Formen grundsätzlich nicht den §§ 762 f. BGB unterwerfen will, lehnt einen Spielcharakter ab, da kein Spieleinsatz gezahlt, sondern ein in jedem Fall verlorener Betrag, der dann an Dritte gezahlt wird, vorliegen würde.[60] Richtigerweise ist auf den **Zeitpunkt des Gewinnspielbeginns** abzustellen. Der erstmals gezahlte Preis des Teilnehmers ist wegen des unsicheren und zu diesem Zeitpunkt weitgehend vom Zufall abhängigen Charakters des Teilnehmereinsatzes bei Lotterien gleichzusetzen (vgl. zum Einsatz die Kommentierung zu § 763 BGB). Im Übrigen können derartige Verträge nach § 138 BGB nichtig sein,[61] sodass **Bereicherungsansprüche** denkbar sind. Weder § 817 Satz 2 BGB noch § 762 BGB stehen dem Herausgabeanspruch des Schenkers dabei entgegen.[62] Bei Verschleierung der Pyramidenstruktur ist die Höhe des Rückzahlungsanspruchs auf Spieleinsätze abzüglich der bereits ausgezahlten Gewinne beschränkt.[63] Daneben können Ansprüche aus c.i.c. und § 826 BGB bestehen, wobei der Verschuldensnachweis Schwierigkeiten bereitet.[64] Richtigerweise wird man die Grundsätze der Rechtsprechung zur Haftung des besonderes persönliches Vertrauen in Anspruch nehmenden Vermittlers von Warenterminoptionen[65] auf die Haftung des Vermittlers von Glücksspiel und Spielen nach dem Schneeballsystem übertragen müssen[66]. Der Geschädigte eines solchen „Schneeballsystems" muss seine Ansprüche auf Rückzahlung der von ihm erbrachten Beiträge spätestens drei Jahre, nachdem er vom Schaden positive Kenntnis erlangt hat, geltend machen. Eine derartige Kenntnis kann angenommen werden, wenn der Geschädigte über den wahren Charakter des Spiels aufgeklärt worden ist und damit erkennen muss, dass er seine Einzahlung verloren hat.[67]

b. Einseitige Spielabsicht und Ausschluss des Differenzeinwands gem. § 37e WpHG

31 Nach bisher überwiegender Meinung lag ein Spiel nicht vor, wenn nicht alle Teilnehmer eine Spielabsicht hatten. Sofern nur eine Seite eine Spielabsicht hatte, die andere Seite aber die Absicht kennt oder kennen musste, sah § 764 Satz 2 BGB a. F. die Anwendbarkeit des § 762 BGB für den Sonderfall für **Spekulationsgeschäfte** vor, bei denen es nur äußerlich zur Lieferung von Waren oder Wertpapieren ging, der aber in Wahrheit keinen Güterumsatz zum Inhalt hatte. Diese Spekulationsgeschäfte **mit Marktschwankungen** waren dadurch gekennzeichnet, dass es zumindest für eine Seite zum Zeitpunkt des Vertragsschlusses nicht darum ging, dass die Ware geliefert und bezogen wird, sondern nur darum,

---

[56] *Sprau* in: Palandt, § 657 Rn. 2.
[57] Vgl. zur Abgrenzung auch: OLG Dresden v. 16.11.2010 - 8 U 210/10 - juris Rn. 26 f m.w.N.
[58] *Ernst* in: Ullmann, jurisPK-UWG, 2. Aufl. 2009, § 16 UWG Rn. 19 ff.
[59] BGH v. 09.07.1948 - V 358/52 - BGHSt 3, 99 = NJW 1952, 1062; OLG Celle v. 20.03.1996 - 13 U 146/95 - NJW 1996, 2660-2662; offen gelassen BGH v. 12.01.1957 - IV 490/60 - BGHSt 15, 356.
[60] Vgl. *Willingmann*, NJW 1997, 2932-2934; *Habersack* in: MünchKomm-BGB, § 762 Rn. 12; OLG Hamburg v. 14.10.1948 - V 16/52 - NJW 1954, 394.
[61] OLG Celle v. 27.10.1999 - 13 U 61/99 - OLGR Celle 2000, 255-257; LG Düsseldorf v. 13.09.1996 - 20 S 4/96 - NJW-RR 1997, 306-307.
[62] BGH v. 10.11.2005 - III ZR 72/05; BGH v. 22.04.1997 - XI ZR 191/96; LG Freiburg v. 09.09.2004 - 2 O 176/04; *Nassall*, jurisPR-BGHZivilR 52/2005, Anm. 2; *Möller*, NJW 2006, 268-270; *ders.* MDR 2010, 297-299. Zur Problematik des § 817 Satz 2 BGB hierbei: *Willingmann*, NJW 1997, 2932-2934, 2933.
[63] OLG Celle v. 20.03.1996 - 13 U 146/95 - NJW 1996, 2660-2662.
[64] Vgl. hierzu: LG Düsseldorf v. 13.09.1996 - 20 S 4/96 - NJW-RR 1997, 306-307.
[65] Vgl. hierzu *Heinrichs* in: Palandt, § 280 Rn. 53 ff.
[66] Vgl. OLG Oldenburg v. 03.07.1997 - 2 W 80/97 - OLGR Oldenburg 1998, 217-218.
[67] OLG Nürnberg v. 05.02.2002 - 3 U 2029/01.

dass der verlierende Teil die **Differenz zwischen dem Preis bei Vertragsschluss und dem Markt- oder Börsenpreis** zu einem bestimmten späteren Zeitpunkt an den gewinnenden Teil zahlen sollte.[68] Solche Geschäfte konnten unter den Voraussetzungen des § 764 BGB i.V.m. § 762 BGB unverbindlich sein.

Im Zusammenhang mit **dem 4. Finanzmarktförderungsgesetz**,[69] hat der Gesetzgeber § 764 BGB zum 01.07.2002 abgeschafft. Er war der Ansicht, dass diese Vorschrift seit seiner Schaffung eine unnötige Quelle begrifflicher Streitfragen gewesen sei.[70]

32

Die Abgrenzung zwischen § 764 BGB und verbindlichen Börsentermingeschäften, für die der Spieleinwand gem. § 37e WpHG (= § 58 BörsG a.F.) nicht gilt, ist nunmehr wie folgt abzugrenzen:

33

aa. Vorliegen eines Finanztermingeschäftes

Der bisherige unscharfe Begriff des Börsentermingeschäftes wurde durch den des **Finanztermingeschäftes** ersetzt (§ 37d WpHG). Unter Finanztermingeschäfte fallen nach der neu eingeführten Legaldefinition in § 2 Abs. 2a WpHG Derivate und Optionsscheine. Auch wenn diese Begriffe wiederum Interpretationsspielraum lassen, wird man letztlich Finanztermingeschäfte **sehr weit** verstehen müssen und auch zusammengesetzte Finanzprodukte, z.B. in Form von Aktienanleihen, darunter fassen.[71] Denn der Gesetzgeber hat die Streitfrage der Abgrenzung von Differenzgeschäft und Börsentermingeschäft durch die Neueinführung des Begriffs des Finanztermingeschäftes und die Abschaffung des § 764 BGB bewusst zu Gunsten der Verbindlichkeit solcher Geschäftsformen entschieden. Der Spieleinwand des § 764 BGB soll gerade nicht wieder aufleben.[72]

34

Um einen Spielvertrag i.S.d. § 762 handelt es sich dagegen in den Fällen, in denen die Parteien das Zustandekommen oder den Inhalt eines Vertrages von einer Bedingung abhängig machen und beide unmittelbar über die Bedingtheit eine Gewinnerzielung beabsichtigen.[73] Teilnehmer am so genannten **Daytrading**, welches nach Auffassung des BGH nicht als Finanztermingeschäft einzustufen ist[74], werden sich daher weiterhin ebenso mit Erfolg auf den Spieleinwand nach § 762 BGB berufen können[75], wie Anleger von so genannten ereignisbezogenen Finanzprodukten[76]. Auch **Zertifikate** sind nach richtiger Ansicht i.d.R. als Spielverträge einzustufen, sofern das Ob und die Höhe einer Rückzahlung des in ein Zertifikat investierten Kapitals sowie das Ob und die Höhe einer zusätzlichen Kuponzahlung von einer ungewissen und zukünftigen Entwicklung der Basiswerte abhängt und ein echter Einsatz geflossen ist.[77]

35

bb. Ausschluss des Spieleinwandes bei Finanzderivaten?

Der Spieleinwand ist gem. §§ 37e, 37d WpHG ausgeschlossen, wenn mindestens ein Vertragspartner ein Unternehmen ist, das **gewerbsmäßig** oder in einem Umfang, der einen in kaufmännischer Weise eingerichteten Geschäftsbetrieb erfordert, **Finanztermingeschäfte** abschließt oder den Abschluss vermittelt oder die Anschaffung, Veräußerung oder Vermittlung von Finanztermingeschäften betreibt. Nachdem Finanzderivate in jüngerer Zeit zu erheblichen Turbulenzen auf den Finanzmärkten geführt haben, stellt sich die Frage, ob die vom Gesetzgeber seinerzeit mit der Einführung des § 37e WpHG beabsichtigte Zielrichtung in der Vergangenheit richtig umgesetzt wurde.[78] Gerade in jüngerer Zeit stufen die Gerichte verschiedene **Finanzderivate wie Swap-Verträge** als Wetten oder Glücksspiele ein, schließen aber den Differenzeinwand unter Hinweis auf § 37e WpHG aus und verweisen die geschä-

36

---

[68] *Sprau* in: Palandt, § 762 Rn. 4a. Vgl. hierzu auch *Laukemann* in: jurisPK-BGB, 3. Aufl. 2006, § 762 Rn. 29 ff.
[69] BGBl I 2002, 2010.
[70] Begr. Des RegE, BT-Drs. 14/8017, S. 182.
[71] Vgl. *Fleischer*, NJW 2002, 2977-2983, 2981 u.H.a. BGH v. 18.12.2001 - XI ZR 363/00 - BGHZ 149, 294-302; *Böhmer/Mülbert*; WM 2006, 985-998; *Casper*, Der Optionsvertrag, 2005, S. 316 f., will bei Finanzprodukten, bei denen eine objektive Eignung als Kursabsicherungsgeschäft fehlt, die Anwendung des § 37e WpHG ausschließen.
[72] A.A. offenbar *Reiner*, ZBB 2002, 211-217.
[73] So *Habersack* in: MünchKomm-BGB, 5. Aufl. 2009, § 762 Rn. 10.
[74] BGH v. 18.12.2001 - XI ZR 363/00 - BGHZ 149, 294-302.
[75] Vgl. hierzu kritisch *Binder*, ZHR 169, 329-369 (2005); *Terlau*, BGHReport 2002, 234-235.
[76] Vgl. hierzu *Böhmer/Mülbert*, WM 2006, 937-951; *dies.*, WM 2006, 985-998, jeweils m.w.N.
[77] So auch *Roberts*, DStR 2011, 1231, 1234 a.A. *Salewski*, BKR 2012, 100, 104 f.
[78] Sehr kritisch hierzu: *Robert*, DStR 2010, 1082.

digten Anleger auf Schadensersatzansprüche wegen Verletzung der Informationspflichten.[79] Entgegen der bisherigen Auffassung in Rechtsprechung[80] und Literatur[81] wird man richtigerweise die Anwendbarkeit des § 37e WpHG davon abhängig zu machen haben, dass der Anbieter zuvor seinen Informationspflichten aus den §§ 31 ff. WpHG nachgekommen ist. Der Nachweis, dass der Anleger über den Risikocharakter seiner Beteiligung vor seiner Teilnahme richtig informiert wurde, rechtfertigt die Vermutung, dass der Anleger mit seiner Teilnahme ernste wirtschaftliche Interessen verfolgte. Dann liegt aber gerade kein Spiel vor. Die §§ 762 f. BGB greifen nicht. Die Messlatte dieser Informationspflichten ist hoch anzusetzen und orientiert sich an der Erfahrung des Vertragspartners. So fordert der BGH in seiner „Zinswette"-Entscheidung, dass beide Vertragspartner bei komplexen Anlageprodukten annähernd den „gleichen Kenntnis- und Sachstand" haben, was bei unerfahrenen Anlegern zu sehr starken Aufklärungspflichten seitens des Produktanbieters führen kann.[82] Nur wenn er diesen Pflichten nachkommt, ist die Privilegierung der Anbieter vom Anwendungsbereich des § 762 Abs. 1 Satz 1 BGB gerechtfertigt. Der Anleger kann in diesen Fällen deshalb wählen, ob er sich auf § 762 Abs. 1 BGB oder aber auf einen Schadensersatzanspruch wegen Verletzung von Aufklärungspflichten (vgl. hierzu Rn. 49) stützen möchte.

37 Der Termins- und Differenzeinwand gehört allerdings nach der jüngeren Rechtsprechung des BGH seit der Änderung der §§ 53, 58 und 61 BörsG a.F. durch die Börsengesetznovelle 1989 nicht mehr zum deutschen **ordre public** und unterfällt damit nicht unter die zwingenden Regelungen des Art. 9 Rom I-VO (entspricht dem früheren Art. 34 EGBGB).[83]

38 Bei Finanztermingeschäften und damit zusammenhängenden Nebengeschäften **zwischen Privaten** untereinander bleibt damit der Spieleinwand ebenso erhalten, wie bei spekulativen Geschäften ohne wirtschaftlich anerkennenswertes Interesse, die keine Finanztermingeschäfte sind.[84]

IV. Rechtsfolge

1. Unverbindlichkeit der Verträge gem. Absatz 1 Satz 1

39 Gem. Absatz 1 Satz 1 begründen Spiel und Wette **keine Verbindlichkeit**. Eine einseitige Aufrechnung des Gläubigers der Spielschuld darf daher nicht möglich sein.[85] Das Fehlen einer Verbindlichkeit ist **von Amts wegen** zu berücksichtigen.[86]

2. Ausschluss des Rückforderungsrechts gem. Absatz 1 Satz 2

40 Wird aufgrund einer Spiel- oder Wettschuld erfüllt, kann das Geleistete nicht gem. Absatz 1 Satz 2 zurückgefordert werden. Das gilt auch für Leistungen, die vor Spiel- oder Wettbeginn in der Erwartung des Spiels geleistet wurden.[87]

41 Die Schuld aus einem Spiel, Wette oder Differenzgeschäft ist erst erfüllt i.S.d. Absatzes 1 Satz 2, wenn das Schuldverhältnis endgültig und unbedingt gelöst ist und keine weitere persönliche Verbindlichkeit des Schuldners zurückbleibt.[88] Eine Rückforderung ist hingegen ausnahmsweise bei **arglistiger Täuschung** möglich.[89] Ist der **Wettschein** dem Spieler von einem Buchmacher oder Totalisator im Sinne des § 2 Rennwett- und Lotteriegesetz **ausgehändigt** worden, so ist die Wette für den Unternehmer des

---

[79] So OLG Stuttgart v. 26.02.2010 - 9 U 164/08 (n. rkr. Nichtzulassungsbeschwerde eingelegt unter BGH, Az.: XI ZR 66/10). Nach Auffassung des OLG Stuttgart folgt aus dem Glücksspiel-Charakter des Swap-Vertrages die Verpflichtung der Banken, die bestehende Informationsasymmetrie zwischen ihr und dem Anleger durch umfangreiche Aufklärungspflichten auszugleichen, will sie sich nicht schadensersatzpflichtig machen; zust. *Robert*, DStR 2010, 1082.

[80] So ohne Begründungsnachweis: OLG Frankfurt v. 29.07.2009 - 23 U 76/08 - juris Rn. 35, die Frage offen gelassen vom OLG Stuttgart v. 26.02.2010 - 9 U 164/08 - juris Rn. 97 f.

[81] Ebenfalls ohne Begründung *Habersack* in: MünchKomm-BGB, 5. Aufl. 2009 § 762 Rn. 10; krit. *Randenborgh*, ZRP 2010, 76-79.

[82] BGH v. 22.03.2011 - XI ZR 33/10; hierzu auch *Roberts*. DStR 2011, 1231-1235; *Reiner*, WuB I G 1.

[83] BGH v. 25.01.2005 - XI ZR 78/04 - WM 2005, 423-426 mit zust. Anm. *Balzer*, EwiR 2005, 823-824.

[84] Begr. Des RegE, BT-Drs. 14/8017, S. 377.

[85] *Sprau* in: Palandt, § 762 Rn. 5, vgl. zuletzt BGH v. 19.05.2011 - IX ZR 222/08 - juris Rn. 6

[86] *Seibert* in: BGB-RGRK, § 762 Rn. 6 a.E.; *Sprau* in: Palandt, § 762 Rn. 5.

[87] *Sprau* in: Palandt, § 762 Rn. 10; diff. *Engel* in: Staudinger, vor § 762 Rn. 23.

[88] BGH v. 15.10.1979 - II ZR 144/78 - LM Nr. 5 zu § 762 BGB.

[89] KG Berlin v. 12.06.1980 - 20 U 599/80 - NJW 1980, 2314-2316.

Totalisators und den Buchmacher verbindlich. Ein von dem Wettenden gezahlter Einsatz kann nicht unter Berufung auf § 762 BGB zurückverlangt werden. Soweit der Einsatz nicht gezahlt ist, kann er von dem Gewinn abgezogen werden, vgl. § 4 Abs. 2 Rennwett- und LotterieG.

Die genaue Abgrenzung von **Erfüllung** und **Sicherheit** ist wichtig. Ein Rückforderungsanspruch für zur Erfüllung Geleistetes besteht nämlich gem. Absatz 1 Satz 2 nicht. Sicherheitsleistungen sind dagegen unverbindlich (vgl. hierzu die Rn. 51). Zu beachten ist bei dieser Abgrenzung, dass auch durch Erfüllungssurrogate i.S.d. Absatzes 1 Satz 2 erfüllt werden kann, so weit nicht der Sonderfall des Absatzes 2 vorliegt.[90] Diese Hingabe erfolgt an Erfüllung statt, also als Erfüllungsersatz. Eine Hingabe erfüllungshalber liegt hingegen nicht vor (§ 364 Abs. 1 BGB). Letztere ist i.S.d. § 762 BGB als Sicherheitsleistung zu verstehen und damit unverbindlich (vgl. Rn. 51). 42

Der Ausschluss des Rückforderungsanspruchs gem. Absatz 1 Satz 2 greift nicht, wenn das Spiel oder die Wette bereits aus allgemeinen Gründen **unwirksam** oder **nichtig** ist.[91] Bei nichtigen Verträgen kommen neben den §§ 812 ff. BGB, den Regelungen über die c.i.c. auch die §§ 823, 826 BGB zur Anwendung. 43

Nichtig sind folgende Spielgeschäfte: 44

- Spiele eines Spielers, der vorsätzlich oder grob fahrlässig bei drohender oder eingetretener eigener Zahlungsunfähigkeit durch Spiel oder Wette übermäßig Beträge verbraucht oder schuldig wird;[92]
- angefochtene Spielverträge;[93]
- bei Wegfall der Geschäftsgrundlage;[94]
- Spiele nach dem **Schneeballsystem** (vgl. Rn. 31).

Umgekehrt kann ein Telefonkunde gegenüber einem Telefonnetzbetreiber nicht den Spieleinwand entgegenhalten, wenn dieser aufgrund eines wertneutralen Telefondienstvertrages an TV-Telefongewinnspielen teilgenommen hat.[95]

Wichtigster Fall nichtiger Spielverträge sind **Verstöße gegen staatliche Genehmigungen**. Wer ohne behördliche Erlaubnis öffentliches Glücksspiel oder Lotterien veranstaltet oder sich daran beteiligt, macht sich nicht nur nach den §§ 284 ff. StGB strafbar; die Spielverträge sind auch wegen Verstoßes gegen § 134 BGB ohne behördliche Erlaubnis **nichtig**.[96] Die restriktive Regelung in Deutschland wird jedoch von Glücksspielen im Internet zunehmend beiseitegeschoben, was eine Vielzahl von rechtlichen Fragen und Problemen aufwirft.[97] 45

Von der staatlichen Genehmigung ist die **gewerberechtliche Genehmigung** zu unterscheiden. Das **Aufstellen von Glücksspielautomaten** muss gewerberechtlich genehmigt werden (§ 33c GewO). Gleiches gilt für das gewerbsmäßige Veranstalten anderer Spiele (§ 33d GewO), wobei nach § 33h GewO eine Genehmigung unter bestimmten Voraussetzungen möglich ist. Zu den erlaubnispflichtigen Spielgeräten mit Gewinnmöglichkeit i.S.d. § 33c GewO zählen auch Geldspielautomaten, an denen der Spieleinsatz in Form von Freispielen zurück gewonnen werden kann.[98] Wer ein Internetcafé betreibt, dazu PCs miteinander vernetzt und darauf Spiele anbietet, bedarf einer Spielhallen-Erlaubnis, egal, ob mit diesen PCs dann auch gespielt wird.[99] Lotterien, Glücksspiele und Spielbanken im Sinne der §§ 284 ff. StGB können jedoch nicht nach Gewerberecht genehmigt werden.[100] Wer Poker in der Variante **Texas Hold'em no limit** je nach Ausgestaltung im Einzelfall als Geschicklichkeitsspiel einstuft (vgl. Rn. 18), bedarf neben der Erlaubnis gem. § 33d Satz 1 GewO unter Umständen auch eine nach 46

---

[90] *Engel* in: Staudinger, BGB, vor § 762 Rn. 20.
[91] BGH v. 12.07.1962 - VII ZR 28/61 - BGHZ 37, 363-371.
[92] § 283 StGB; RG v. 22.09.1909 - III 738/94 - RGSt 25, 256.
[93] Vgl. BGH v. 20.06.1961 - 5 StR 184/61 - BGHSt 16, 120-122.
[94] *Engel* in: Staudinger, vor § 762 Rn. 27.
[95] LG Berlin v. 28.09.2004 - 5 O 241/04 - CR 2005, 36-38.
[96] *Habersack* in: MünchKomm-BGB, 5. Aufl. 2009, § 762 Rn. 14; *Stögmüller*, K&R 2002, 27-33, 27 ff.
[97] Vgl. die Kommentierung zu § 763 BGB; ebenso auch *Backu*, ITRB 2004, 161-163; *Dietlein/Woesler*, K&R 2003, 458-465, 458 ff. jeweils m.w.N.
[98] OVG Hamburg v. 31.03.2004 - 1 Bs 47/04 - GewArch 2004, 299-301, krit. hierzu *Peters* ZRP 2011, 134-137, wonach es aufgrund der von Spielautomaten ausgehenden gravierenden Gefährdungspotentials gegenwärtig an wirksam ermächtigten Zulassungen für Spielgeräte fehle.
[99] OVG Berlin v. 12.05.2004 - 1 B 20.03 - GewArch 2004, 385-387; VG Berlin v. 21.08.2002 - 4 A 253.02 - GewArch 2002, 427-428.
[100] BVerwG v. 28.03.2001 - 6 C 2/01 - NJW 2001, 2648-2651; *Stögmüller*, K&R 2002, 27-33, 28.

§ 33 i Abs. 1 Satz 1 GewO.[101] Nach nicht zutreffender Auffassung des VG Hamburg soll eine solche Genehmigung daran scheitern, dass Poker durch Veränderung der Spielbedingungen mit einfachen Mitteln als Glücksspiel im Sinne des § 284 StGB veranstaltet und somit die nach § 33d Abs. 2 GewO erforderliche Unbedenklichkeitsbescheinigung nicht erteilt werden kann (§ 33e Abs. 1 Satz 2 GewO). Richtigerweise kommt in diesen Fällen eine Freistellung nach § 5a SpielVO durchaus im Einzelfall in Betracht.[102]

47 Auch das **Abweichen von staatlichen Spielgenehmigungen** kann zur Nichtigkeit der daraufhin abgeschlossenen Spielverträge führen. Dies hat der BGH bei einem Verstoß gegen eine Regelung angenommen, wonach Ortsansässige an einer staatlich genehmigten Spielbank nicht spielen dürfen.[103] Liegt hingegen eine **Genehmigung** nach den jeweiligen Spielbankverordnungen der Bundesländer[104] vor, dann führen Verstöße gegen die mit der Zulassung verknüpften Auflagen und Bedingungen (z.B. Art. 4a Bay. SpielbankenV) nicht zur Nichtigkeit des Spielvertrages gem. § 134 BGB i.V.m. § 284 StGB.[105]

48 Gemäß OLG Hamm kann bei einer **vereinbarten Spielsperre** kein wirksamer Spielvertrag mehr zwischen Spieler und Spielbank zustande kommen. Dementsprechend besteht einerseits ein bereicherungsrechtlicher Anspruch auf Rückzahlung des Einsatzes.[106] Die Vereinbarung einer „Spielsperre" zwischen Spielkasino und Spieler hat vertraglichen Charakter mit der Folge, dass kein Spielvertrag zustande kommt, wenn der Spieler sich gleichwohl Einlass verschafft und am Glücksspiel teilnimmt.[107] Dabei hat die Spielbank eine umfassende **Kontrollpflicht** und kann sich zumindest ab Januar 2006 auch bei Onlinespielen[108] nicht mehr darauf berufen, ihr wäre eine solche zuvor von der Rechtsprechung nicht anerkannte Pflicht nicht bekannt.[109] Umgekehrt besteht keine Pflicht der Spielbank auf Auszahlung eines erzielten Gewinns. Letzteres gilt jedenfalls in dem Fall, in dem die Spielbank mit deutlich sichtbaren Hinweisschildern auf den Verlust des Spielgewinns hinweist.[110]

3. Schadensersatzansprüche wegen Verletzung einer Aufklärungspflicht

49 Schadensersatzansprüche wegen der Verletzung von Vertragspflichten sind auch im Zusammenhang mit unverbindlichen oder wirksamen Spiel- und Wettverträgen grundsätzlich möglich. Schadensersatzansprüche wegen der Verletzung von Aufklärungspflichten gem. § 311 Abs. 2 BGB i.V.m. § 241 Abs. 2 BGB können jedoch vom verlierenden Teilnehmer eines Spiels oder Wette nur unter zwei grundsätzlichen Einschränkungen geltend gemacht werden:

- Über **jedermann erkennbare, spieltypische Risiken** oder (bei Geschicklichkeitsspielen) **über die eigene Leistungsfähigkeit** muss der verlierende Teil **nicht vorab aufgeklärt** werden.[111] Die Grundsätze der anlage- und anlegergerechten Beratung[112] greifen in diesen Fällen nicht. Denn der Gesetzgeber hat deutlich zum Ausdruck gebracht, dass er Spiel- und Wettverträgen die rechtliche Durchsetzbarkeit versagen möchte. Das gilt insbesondere auch für Umgehungsgeschäfte.[113] Diese Wer-

---

[101] Vgl. VG Trier v. 03.02.2009 - 1 K 592/08.TR. (n. rkr.)
[102] So OVG Rheinland-Pfalz v. 21.10.2008 - 6 B 10778/08 a.A. VG Hamburg v. 30.04.2008 - 6 E 4198/07, zust. *Hüsken*, ZfWG 2009, 77-80.
[103] BGH v. 12.07.1962 - VII ZR 28/61 - BGHZ 37, 363-371; BGH v. 03.11.1955 - 3 StR 172/55 - BGHSt 8, 289-294.
[104] Die jeweiligen Gesetze können im Internet unter https://gluecksspiel.uni-hohenheim.de/spielbank.html (abgerufen am 27.09.2012) abgerufen werden.
[105] BGH v. 12.07.1962 - VII ZR 28/61 - BGHZ 37, 363-371; BGH v. 25.04.1967 - VII ZR 1/65 - BGHZ 47, 393-399. Auch der Verstoß gegen die mit einer Spielbankerlaubnis für Internet-Glücksspiele verknüpfte Auflage, dass jeder Spieler vor Spielbeginn ein Limit bestimmt, führt nicht zur Nichtigkeit, vgl. BGH v. 03.04.2008 - III ZR 190/07.
[106] OLG Hamm v. 07.10.2002 - 13 U 119/02 - NJW-RR 2003, 971-974; zust. *Diegmann*, ZRP 2007, 126-130, 128.
[107] OLG Hamm v. 07.10.2002 - 13 U 119/02 - NJW-RR 2003, 971-974.
[108] Vgl. LG Koblenz v. 26.06.2007 - 6 S 342/06.
[109] BGH v. 22.11.2007 - III ZR 9/07.
[110] OLG Hamm v. 17.07.2002 - 8 U 19/02 - NJW-RR 2002, 1634-1635; vgl. hierzu die Kommentierung zu § 763 BGB.
[111] *Habersack* in: MünchKomm-BGB, 5. Aufl. 2009, § 762 Rn. 19 f. m.w.N.
[112] *Heinrichs* in: Palandt, § 280 Rn. 47 ff.
[113] § 762 Abs. 2 BGB, vgl. Rn. 51.

tung würde umgangen, wenn man dem verlierenden Teil die Möglichkeit der Geltendmachung von Schadensersatzansprüchen einräumt. Wer deshalb an einem Spiel oder Wette teilnimmt, **ohne nach den üblichen Teilnahmebedingungen zu fragen**, handelt grundsätzlich auf eigenes Risiko.[114]

- Eine Partei trifft im Einzelfall dann gesteigerte Aufklärungspflichten, wenn sie gegenüber den anderen Teilnehmern über **Sonderwissen** verfügt, dass zu einer erheblichen Verschiebung des Risikos zu Lasten der anderen führt.[115] Dies ist zum Beispiel dann der Fall, wenn eine Partei ein komplexes Anlageprodukt an einen unerfahrenen Kunden verkauft. Die Aufklärungspflicht reicht in diesem Fall so weit, dass beide Parteien vom Wissensstand annähernd gleich sein sollten.[116] Ebenso kann eine Aufklärungspflicht jedoch den gewerblichen Veranstalter unerlaubter Glücksspiel, Lotterien oder den Anbieter von Wertpapierhandelsspekulationsgeschäften treffen,[117] nicht aber ohne weiteres denjenigen Teilnehmer, der den Ausgang des Spieles bereits kennt[118]. Eine Pflichtverletzung kann wegen überwiegenden **Mitverschuldens** des verlierenden Teilnehmers gänzlich ausgeschlossen sein.

V. Prozessuale Hinweise

Der Spieleinwand ist von **Amts wegen** zu beachten.[119] Im Übrigen kann nicht verlangt werden, dass der vermeintliche Gewinner nach Auszahlung anerkennt, der Gewinn habe ihm nicht zugestanden.[120] Wichtige praktische Hinweise, inwieweit bereits getätigte Zahlungen im Rahmen eines unerlaubten Internetglücksspiels rückabgewickelt werden können, liefern *Rock/Seifert*[121]. 50

B. Kommentierung zu Absatz 2

I. Grundlagen

Absatz 2 stellt sicher, dass die Regelung in § 762 BGB **nicht umgangen werden** kann. Danach ist eine zwecks Erfüllung eingegangene Verbindlichkeit, ebenfalls unvollkommen und damit unverbindlich, aber erfüllbar. Neben- und Hilfsverträge zu Spiel- und Wettverträgen unterliegen der Vorschrift der §§ 762 f. BGB, soweit dies der Zweck der Vorschrift erfordert.[122] 51

II. Anwendungsbereich

Absatz 2 ist **entsprechend** auf den Fall anzuwenden, dass ein **Dritter eine Spielschuld** für den verlierenden Spieler übernimmt. Dieser bleibt aber in jedem Fall verpflichtet, dem Schuldübernehmer die an den gewinnenden Spieler geleistete Zahlung zu erstatten.[123] 52

III. Anwendungsvoraussetzungen

1. Zwecks Erfüllung einer Verbindlichkeit

Die Schuld aus Spiel, Wette oder Differenzgeschäft ist erst erfüllt i.S.d. Absatzes 1 Satz 2, wenn das Schuldverhältnis endgültig und unbedingt gelöst ist und keine weitere persönliche Verbindlichkeit des Schuldners zurückbleibt.[124] 53

Voraussetzung für die Geltung des § 762 BGB ist stets, dass es sich bei der Verbindlichkeit oder der Ersatzverbindlichkeit um eine solche handelt, die der Spielverlierer gegenüber dem Spielgewinner ein- 54

---

[114] So auch BGH v. 31.10.1995 - XI ZR 6/95 - BGHZ 131, 136-140.
[115] Vgl. OLG Düsseldorf v. 26.05.1995 - 17 U 240/94 zur Haftung des englischen Brokers bei unzureichender Aufklärung über die Risiken des Anlagegeschäftes; ähnlich *Habersack* in: MünchKomm-BGB, § 762 Rn. 20; *Henssler*, Risiko als Vertragsgegenstand, 1994, 470 ff.
[116] BGH v. 22.03.2012 - XI ZR 33/10.
[117] Vgl. zum Letzteren: *Sprau* in: Palandt, BGB, 61. Aufl. 2002, § 764 Rn. 8.
[118] Stritt., vgl. BGH v. 20.06.1961 - 5 StR 184/61 - BGHSt 16, 120-122.
[119] BGH v. 16.03.1981 - II ZR 110/80 - LM Nr. 6 zu § 762 BGB.
[120] RG v. 04.06.1912 - II 75/12 - RGZ 79, 381-390.
[121] *Rock/Seifert*, ZBB 2008, 259-267.
[122] BGH v. 04.07.1974 - III ZR 66/72 - LM Nr. 3 zu § 762 BGB.
[123] BayObLG v. 05.07.1900 - II - BayObLGZ 5, 357.
[124] BGH v. 15.10.1979 - II ZR 144/78 - LM Nr. 5 zu § 762 BGB.

gegangen ist oder zumindest hierzu in **so naher Beziehung** steht, dass der Sinn und Zweck der Regelung § 762 BGB hierauf passt.[125]

55 Danach kann eine Leistung an **Erfüllung statt** nur dann als Leistung i.S.d. Absatzes 1 Satz 2 gelten (vgl. Rn. 1 ff.), wenn dadurch nicht lediglich ein neuer Anspruch gegen den Schuldner begründet wird. Dies ist der Fall bei **Abtretung von Hypotheken** auf einem fremden Grundstück[126] und bei der **Bestellung einer Grundschuld ohne persönliche Verpflichtung**[127].

56 Die **gerichtliche Hinterlegung** nach Begründung der Spielschuld und unter Ausschluss der Rücknahme ist Erfüllung.[128]

2. Eingehen eines Schuldanerkenntnisses oder einer sonstigen Verbindlichkeit

57 Unter Absatz 2 fällt ausdrücklich das **Schuldanerkenntnis** i.S.d. § 781 BGB, aber auch das **Schuldversprechen** gem. § 780 BGB.

3. Eingehen einer Verbindlichkeit

58 **Nebenverträge**, die in Zusammenhang mit Spiel oder Wette stehen, fallen grundsätzlich unter den Schutzzweck des § 762 BGB.

a. Nicht einklagbare Nebengeschäfte

59 **Unverbindlich** und daher nicht auf Auszahlung einklagbar sind:
- Erstattungsansprüche des Handelnden aus **Auftrag, GoA, Dienst- oder Werkvertrag** gegen den Geschäftsherrn, der Dritte für sich spielen lässt.[129]
- Die einseitige **Aufrechnung des Gläubigers** der Spielschuld.[130]
- Ansprüche des Geschäftsherrn gegen Dritte auf Ausführung des **Auftrages** oder Schadensersatz wegen Nichtausführung.[131]
- Ansprüche aus einem **eingeräumten Darlehen**, soweit zwischen Darlehensnehmer und Darlehensgeber Spielverträge vorliegen, d.h. beide Seiten Spielgegner sind. Ein Spielvertrag liegt jedoch z.B. beim Roulette in der Spielbank nicht vor, da dort jeder für sich spielt[132]; wonach die Rückforderung eines vom Gastwirt gewährten Darlehens dann an § 762 BGB scheitert, wenn der Gast die erhaltenen Beträge an den in der Gaststätte aufgestellten Geldspielautomaten verspielt.
- Ansprüche eines **Gesellschafters einer Gesellschaft** mit dem Zweck der Beteiligung oder Vorbereitung an einem nicht genehmigten Spiel,
  - auf Beitragszahlungen und Mittragen von Verlusten oder
  - auf Rückerstattung geleisteter Beiträge oder
  - auf Erstattung von Gewinnen, die der mit der Durchführung des Spiels von der Spielgemeinschaft Beauftragte wegen Versäumnissen oder abredewidrigem Verhalten nicht gemacht hat.[133]
- Die unwiderrufliche und endgültige Leistung von Gewinnen aus Spiel, Wette oder Differenzgeschäft auf ein **Festgeldkonto**, selbst dann, wenn die Gutschriften zwischenzeitlich in ein Saldoanerkenntnis oder einer Festgeldvereinbarung eingegangen sind.[134]
- Eine Anerkennung eines **Kontokorrentsaldos**, in das unverbindliche Ansprüche eingestellt sind,[135] sofern es an einer expliziten, nachträglichen Tilgungsvereinbarung, die ausdrücklich auf die Tilgung der Verbindlichkeiten aus Spiel und Wette gerichtet ist, fehlt.[136]

---

[125] OLG Düsseldorf v. 15.01.1987 - 6 U 190/86 - NJW-RR 1987, 483-484.
[126] RG v. 25.04.1900 - I 49/00 - RGZ 47, 48-54; RG v. 05.02.1908 - V 236/07 - RGZ 68, 97-104.
[127] RG v. 05.03.1910 - V 212/09 - RGZ 73, 143-145; RG v. 27.02.1935 - V 350/34 - RGZ 147, 149-154.
[128] §§ 372 ff. BGB; vgl. *Oegg* in: Planck, § 762 Anm. 4c m.w.N.
[129] BGH v. 16.05.1974 - II ZR 12/73 - LM Nr. 4 zu § 762 BGB; *Habersack* in: MünchKomm-BGB, § 762 Rn. 33.
[130] *Sprau* in: Palandt, § 762 Rn. 5; vgl. auch Rn. 61.
[131] OLG Hamm v. 29.01.1997 - 31 U 145/96 - NJW-RR 1997, 1007-1008.
[132] BGH v. 04.07.1974 - III ZR 66/72 - LM Nr. 3 zu § 762 BGB; OLG Köln v. 24.04.1907 - II ZS - OLGE 18, 34; *Sprau* in: Palandt, BGB, 61. Aufl. 2002, § 764 Rn. 40; a.A.: AG Rendsburg v. 11.08.1989 - 11 C 277/89 - NJW 1990, 916-917.
[133] BGH v. 16.05.1974 - II ZR 12/73 - LM Nr. 4 zu § 762 BGB; BGH v. 04.07.1974 - III ZR 66/72 - LM Nr. 3 zu § 762 BGB; *Häuser* in: Soergel, § 762 Rn. 7; OLG Hamm v. 15.09.1987 - 29 U 337/86 - NJW-RR 1988, 870-872.
[134] BGH v. 07.11.1979 - VIII ZR 291/78 - LM Nr. 41 zu § 581 BGB.
[135] BGH v. 03.02.1998 - XI ZR 33/97 - WM 1998, 545-548; BGH v. 24.01.1985 - I ZR 201/82 - BGHZ 93, 307-315.
[136] *Engel* in: Staudinger, vor § 762 Rn. 30; *Habersack* in: MünchKomm-BGB, § 762 Rn. 27.

- Die Übergabe oder Indossierung eines **Schecks oder Wechsels**, soweit diese noch nicht eingelöst wurden.[137]
- **Schiedsabreden** im Zusammenhang mit dem Spielvertrag, soweit sich diese als Umgehungsgeschäft darstellen,
  - wenn dem Schiedsgericht die Anwendung des § 762 BGB freigestellt oder untersagt ist[138] und
  - wenn die Vereinbarung über das anzuwendende Recht zur Nichtbeachtung des Differenzeinwandes durch das Schiedsgericht führt.[139]
- **Schuldversprechen, Vereinbarungsdarlehen**.[140]
- Die **Verwertung einer Sicherheit**, sofern der Schuldner nach dem Spiel der Verwertung nicht zustimmt[141].

b. Nicht unter Absatz 2 fallende, einklagbare Ansprüche

Wirksam und damit durchsetzbar sind hingegen:

60

- Die **Abtretung** einer Forderung des Verlierers gegen einen Dritten, sofern die Abtretung an Erfüllung statt, nicht jedoch bei Abtretung erfüllungshalber (§ 364 Abs. 2 BGB) erfolgt.[142]
- Eine **Aufrechnung durch den Schuldner**, nicht durch den Gläubiger (vgl. Aufrechnung des Gläubigers, Rn. 59), ist als Leistung Erfüllungsersatz wirksam i.S.d. Absatzes 1 Satz 2, vgl. Rn. 1 ff.
- Ein **Aufrechnungsvertrag** nach dem Entstehen der Schuld,[143] so weit nicht durch ihn der Saldo im Kontokorrentverhältnis anerkannt wird.[144]
- Ansprüche aus einem **Darlehen** einer dritten, nicht am Spielbetrieb beteiligten Person gegen den Spieler, auch wenn dieses Darlehen in Kenntnis der Spielabsicht vereinbart wurde und das Geld tatsächlich verspielt wurde;[145] diese können allerdings wegen Verstoßes gegen die §§ 134, 138 BGB **nichtig** sein (vgl. Rn. 61).
- Der Anspruch auf Herausgabe des Gewinnanteils und auf Rückerstattung der Einlage, die zum Zweck der **gesellschaftsrechtlichen Beteiligung** an einem Spielclub als solchen geleistet wurde[146] (wonach allenfalls Anspruch auf Herausgabe des geleisteten Einsatzes besteht).
- Der Anspruch des **Geschäftsherrn**
  - auf **Abführung des erzielten Gewinns** unter Abzug der Aufwendungen gem. § 667 BGB;[147]
  - auf **Herausgabe des bei der Ausführung erhaltenen**, wenn der Dritte den Auftrag nicht oder völlig anders als erteilt ausgeführt hat;[148]
  - auf **Ersatz ihm schuldhaft zugefügter Schäden**;[149] insbesondere wegen Verletzung der Aufklärungspflicht.[150]

---

[137] *Habersack* in: MünchKomm-BGB, 5. Auflage 2009, § 762 Rn. 26.
[138] *Sprau* in: Palandt, § 762 Rn. 8.
[139] BGH v. 15.06.1987 - II ZR 124/86 - LM Nr. 16 zu BörsG.
[140] *Seiler* in: Erman, Handkommentar BGB, 10. Aufl. 2000, § 762 Rn. 9.
[141] OLG Dresden, LZ 1914, 1920 Nr. 10; OLG Hamburg, BankArch XIV 87; RG v. 21.10.1896 - 186/96 I - JW 1896, 661 Nr. 19; RG v. 14.10.1898 - 162/98 III - JW 1897, 609 Nr. 26; a.A.: RG, WarnR 1931 Nr. 43.
[142] Vgl. Rn. 1 ff.; RG v. 27.02.1935 - V 350/34 - RGZ 147, 149-154, 153.
[143] RG, JW 1905, 187 Nr. 39; OLGE 34, 72 Fn. 1; OLG Hamburg, Recht 1918, NR 779; *Mormann* in: Soergel, § 389 Rn. 3, Rn. 9.
[144] BGH v. 07.11.1979 - VIII ZR 291/78 - LM Nr. 41 zu § 581 BGB.
[145] BGH v. 07.11.1979 - VIII ZR 291/78 - LM Nr. 41 zu § 581 BGB; BGH v. 09.02.1961 - VII ZR 183/59 - MDR 1961, 494-494; *Engel* in: Staudinger, vor § 762 Rn. 41.
[146] OLG Düsseldorf v. 15.01.1987 - 6 U 190/86 - NJW-RR 1987, 483-484; *Engel* in: Staudinger, vor § 762 Rn. 39; a.A. *Habersack* in: MünchKomm-BGB, 5. Auflage 2009, § 762 Rn. 31.
[147] *Sprau* in: Palandt, § 762 Rn. 8; OLG Hamburg v. 21.12.1901 - III ZS - OLGE 4, 232; OLG Frankfurt v. 11.06.1975 - 6 U 147/78 - WM 1979, 1251; *Engel* in: Staudinger, vor § 762 Rn. 36; differenzierend *Habersack* in: MünchKomm-BGB, § 762 Rn. 33.
[148] OLG Düsseldorf v. 25.04.1980 - 14 U 214/79 - NJW 1980, 1966; OLG Hamm v. 29.01.1997 - 31 U 145/96 - NJW-RR 1997, 1007-1008.
[149] BGH v. 08.12.1986 - II ZR 2/86 - WM 1987, 581-582 für Börsentermingeschäfte; BAG v. 03.12.1985 - 3 AZR 477/83 - NJW 1986, 2663.
[150] Vgl. die Kommentierung zu § 763 BGB; BGH v. 16.02.1981 - II ZR 179/80 - BGHZ 80, 80-86; LG Berlin v. 26.05.1992 - 53 S 198/91 - NJW 1992, 2706-2707.

- Ansprüche aus Spielen in **genehmigten Lotterien** nach § 763 BGB[151] oder in einer konzessionierten Spielbank, sofern der Vertrag im Übrigen nicht gegen § 138 BGB verstößt.[152]
- Ansprüche aus Differenz- bzw. Börsentermingeschäften, soweit Einzahlungen auf ein **Girokonto** erfolgt sind, sofern diese nicht zur Tilgung bestimmter Forderungen dienen, sondern nur Rechnungsposten bei der nächsten Saldierung und Abrechnung des Kontokorrents bilden.[153]
- Ein (**Prozess-)Vergleich**, wenn er die ernsthafte Ungewissheit beseitigen soll, ob eine Schuld nach § 762 BGB oder eine andere, vollgültige vorliegt; sofern der Vergleich nur die Spielschuld oder Höhe festlegt, ist er aber unverbindlich.[154]
- Ansprüche eines Teilnehmers gegen Spielgemeinschaften, die für ihre Mitglieder Verträge für Ausspielungen genehmigter Lotterien und Ausspielungen abschließen und vermitteln, wobei es keine Rolle spielt, ob die **Spielgemeinschaft** gewerblich oder nicht gewerblich auftritt.[155] Nichtgewerbliche Spielgemeinschaften sind Gesellschaften bürgerlichen Rechts ohne Gesamthandsvermögen und daher Innengesellschaften.[156] Der nach außen in Erscheinung Tretende fungiert als **Treuhänder**. Gegen den Abfindungsanspruch kann er nur mit Forderungen aufrechnen, die mit der Spielgemeinschaft in Zusammenhang stehen.[157] Er hat die Pflicht, den Gewinn auf die Mitglieder zu verteilen, auch wenn Einzelne von ihnen ihren Beitrag bis dato noch nicht geleistet haben.[158]
- **Vorbereitende Geschäfte** im Vorfeld der Veranstaltung von Spielen, soweit sie rechtlich selbständig und neutral sind, wie z.B.
    - die Beteiligung an einer staatlich konzessionierten Spielbank;[159]
    - der Mietvertrag über Räume einer Spielhalle[160].

IV. Rechtsfolgen

61 Da die vom verlierenden Spieler eingegangene Verbindlichkeit unverbindlich ist, kann er vom Gläubiger eventuell ausgestellte Urkunden zurückfordern.[161]

1. Herausgabe und Schadensersatzansprüche

62 Gibt der gewinnende Spieler einen vom verlierenden Spieler zur Erfüllung seiner Verbindlichkeit eingegebenen **Wechsel** oder **Scheck** (vgl. Rn. 59) an einen Dritten weiter, hat der verlierende Teil gegen den Gewinner einen Anspruch auf Herausgabe des durch die Scheckweiterreichung Erlangten gem. § 812 Abs. 1 Satz 1 Alt. 2 BGB.[162] Soweit der Gewinner dem Verlierer dadurch den Spieleinwand nehmen wollte, besteht ein Anspruch gem. § 826 BGB.[163] Der Verlierer, der mit einem Scheck oder Wechsel seine Verbindlichkeit erfüllen wollte, kann gegenüber einem gutgläubigen Dritten, der den Wechsel oder Scheck vom Gewinner erhalten hat, seinen Spieleinwand nicht geltend machen (Art. 16 Abs. 2, 17 WG, Art. 21, 22 ScheckG). Unter Umständen kann im Rahmen der Gewährung eines solchen Darlehens auch ein Wechsel sittenwidrig und damit nichtig sein. Die erwerbende Bank kann dann wegen grober Fahrlässigkeit am gutgläubigen Erwerb des Wechsels gehindert sein.[164]

---

[151] BGH v. 04.07.1974 - III ZR 66/72 - LM Nr. 3 zu § 762 BGB.
[152] OLG Köln v. 04.11.1992 - 27 U 64/92 - OLGR Köln 1993, 2.
[153] LG Hamburg v. 17.12.2002 - 328 O 142/02 u.H.; BGH v. 03.02.1998 - XI ZR 33/97 - WM 1998, 545-548.
[154] RG v. 16.04.1934 - VI 456/33 - RGZ 144, 242-246.
[155] BGH v. 09.03.1999 - KVR 20/97 - LM GWB § 1 Nr. 52 (10/1999); *Habersack* in: MünchKomm-BGB, § 762 Rn. 32; a.A. *Engel* in: Staudinger, vor § 763 Rn. 25.
[156] OLG Karlsruhe v. 30.12.1986 - 9 U 26/85 - NJW-RR 1988, 1266-1268; OLG München v. 22.12.1987 - 5 U 3944/87 - NJW-RR 1988, 1268.
[157] OLG Düsseldorf v. 14.01.1982 - 6 U 185/81 - WM 1982, 969-971.
[158] BGH v. 16.05.1974 - II ZR 12/73 - LM Nr. 4 zu § 762 BGB; BGH v. 17.05.1971 - VII ZR 146/69 - BGHZ 56, 204-214.
[159] BGH v. 19.09.1963 - II ZR 76/61 - LM Nr. 1 zu SpielbankG.
[160] A.A. *Habersack* in: MünchKomm-BGB, 5. Aufl. 2009, § 762 Rn. 40.
[161] *Sprau* in: Palandt, § 762 Rn. 7.
[162] RG v. 28.05.1902 - I 43/02 - RGZ 51, 357-362, 360; RG v. 16.01.1904 - I 371/03 - RGZ 56, 317-322, 321.
[163] RG v. 28.05.1902 - I 43/02 - RGZ 51, 357-362, 361.
[164] BGH v. 08.10.1991 - XI ZR 238/90 - LM WG Art 16 Nr. 5 (6/1992).

Bei einem garantievertraglichen Einlösungsanspruch, z.B. einem Euroscheck, kann sich die zur Auszahlung verpflichtete Bank nicht auf Absatz 2 berufen.[165]

2. Nichtige Rechtsgeschäfte

Falschspiel, öffentliches oder gewohnheitsmäßiges Glücksspiel und öffentliche Lotterie oder Ausspielung **ohne behördliche Genehmigung** (§ 284 ff. StGB) führen nicht zur Anwendbarkeit des Absatzes 1 Satz 2.[166] Ein zu Spielzwecken gegebenes Darlehen ist **nichtig**, wenn es aus eigenem Gewinnstreben gegeben wurde und für den Darlehensnehmer eine bedeutende Summe darstellt.

Weiterhin ist der Darlehensvertrag gem. § 134 BGB i.V.m. §§ 285, 27 StGB **nichtig,** wenn der Darlehensgeber dem Darlehensnehmer das Darlehen für die Teilnahme an einem **verbotenen Pokerspiel** gewährt oder der es an einer **staatlichen Genehmigung** gem. § 763 BGB **fehlt**. Der Darlehensvertrag verstößt gegen § 138 Abs. 1 BGB, wenn der Darlehensgeber die Spielleidenschaft oder Unerfahrenheit des Darlehens empfangenden Spielers zum eigenen Vorteil ausnutzt[167] oder der Veranstalter oder Mitspieler den Darlehensnehmer der **Gefahr wachsender Spielschulden** aussetzt, in dem sie ihm den weiteren Spieleinsatz finanzieren.[168] Die Rückforderung des Darlehens ist solange möglich, solange der Empfänger das Geld **noch nicht verspielt** hat oder wenn es ihm sogar gelungen ist, damit einen Gewinn zu erzielen. Die Rückforderung eines Spieldarlehens ist nach Auffassung des BGH erst dann gem. § 817 Satz 2 BGB ausgeschlossen, wenn der Darlehensempfänger infolge von **Spielverlusten nicht mehr bereichert** ist.[169]

V. Prozessuale Hinweise

Ob eine Verbindlichkeit zum Zwecke der Erfüllung einer Spiel- oder Wettschuld eingegangen ist, ist von dem darzulegen und gegebenenfalls zu beweisen, der die Klagbarkeit bestreitet.[170]

Klagen im Zusammenhang mit Spielen sind vom Versicherungsschutz der Rechtsschutzversicherungen ausgenommen[171], dies gilt daher auch für Klagen im Zusammenhang mit Schenkkreisen.[172]

---

[165] OLG Nürnberg v. 08.06.1978 - 8 U 11/78 - NJW 1978, 2513-2514, diff.: *Engel* in: Staudinger, vor § 762 Rn. 38 m.w.N.
[166] *Engel* in: Staudinger, vor § 762 Rn. 45.
[167] BGH v. 09.02.1961 - VII ZR 183/59 - MDR 1961, 494-494; OLG Frankfurt v. 21.06.1907 - II ZS - OLGE 18, 35; *Habersack* in: MünchKomm-BGB, 5. Aufl. 2009, § 762 Rn. 37.
[168] BGH v. 08.10.1991 - XI ZR 238/90 - LM WG Art 16 Nr. 5 (6/1992) m.w.N.
[169] BGH v. 17.01.1995 - XI ZR 225/93 - LM BGB § 607 Nr. 152 (7/1995).
[170] *Engel* in: Staudinger, vor § 762 Rn. 31.
[171] Vgl. § 3 Abs. 2 lit. f ARB 2002.
[172] Vgl. die Nachweise bei *Möller*, MDR 2010, 297-299; ebenso AG Frankfurt v. 02.07.2007 - 29 C 50/07; OLG Hamm v. 19.07.2006 - 20 W 17/06.

§ 763 BGB Lotterie- und Ausspielvertrag

(Fassung vom 02.01.2002, gültig ab 01.01.2002)

¹Ein Lotterievertrag oder ein Ausspielvertrag ist verbindlich, wenn die Lotterie oder die Ausspielung staatlich genehmigt ist. ²Anderenfalls finden die Vorschriften des § 762 Anwendung.

Gliederung

A. Grundlagen 1	b. Progressive Kundenwerbung 22
I. Kurzcharakteristik 1	c. Gratisauslosungen 23
II. Regelungsprinzipien 2	d. Telefongewinnspiele 24
III. Anwendungsbereich 5	e. Hausverlosungen im Internet 25
B. Praktische Bedeutung 7	II. Staatliche Genehmigung 26
C. Anwendungsvoraussetzungen 8	1. Ausländische Lotterien 29
I. Lotterievertrag oder Ausspielvertrag 8	2. Lotterien übers Internet 32
1. Abschluss von Spielverträgen zwischen Veranstalter und Spieler 10	D. Rechtsfolgen 35
2. Gegen Einsatz 13	E. Prozessuale Hinweise 41
3. Maßgabe eines Spielplans 17	F. Arbeitshilfen 42
4. Entscheidung durch Losziehung bzw. Zufall 18	I. Hinweise zu Vertragsklauseln 42
5. Einzelne Ausprägungen 20	II. Wettbewerbsrecht 49
a. Pferde- und Sportwetten 21	III. Steuerrechtliche Fragen 53

A. Grundlagen

I. Kurzcharakteristik

1 Rechtsgeschäfte nach § 763 BGB sind Sonderfälle des Spiels.[1] Lotterie- und Ausspielvertrag fallen unter den Oberbegriff des **Glücksspielvertrages**[2]. Diese sind zivilrechtlich nur gültig, wenn eine staatliche Genehmigung vorliegt.

II. Regelungsprinzipien

2 Lotterie- und Ausspielungsverträge sollen nach den Vorstellungen des Gesetzgebers **nur** dann **verbindlich** sein, wenn **sie staatlich genehmigt** sind. Verstöße gegen die Genehmigungspflicht werden mit den §§ 284 ff. StGB sanktioniert. Dadurch soll das **Vertrauen** der Bevölkerung in die **Wirksamkeit staatlicher Veranstaltungen** geschützt und der **geordnete Ablauf des Spielbetriebes kontrolliert** werden.[3]

3 Der EuGH hatte die restriktive Zulassungspraxis von Lotterien und Sportwetten zunächst vorgegeben, die mit den Argumenten der **Eindämmung der Spielleidenschaft** und der **Kanalisierung der gesamtgesellschaftlich verantwortlichen Spielbeteiligung** begründet wird.[4] Eine mit § 763 BGB verbundene Einschränkung der Berufsfreiheit (Art. 12 GG) sei daher gerechtfertigt. Das Bundesverfassungsgericht hatte die Handhabung der öffentlichen Stellen mit dem Glücksspielmonopol als nicht mehr hinnehmbar kritisiert und dem Gesetzgeber **eine Frist bis zum 31.12.2007** gesetzt, um die Veranstaltung und Vermittlung von Sportwetten neu zu regeln.[5] Dem sind die Bundesländer mit dem am **01.01.2008**

---

[1] Vgl. die Kommentierung zu § 762 BGB; BGH v. 29.09.1986 - 4 StR 148/86 - NJW 1987, 851-853.

[2] Vgl. die Kommentierung zu § 762 BGB. Zur historischen Entwicklung vgl. *Ohlmann*, ZfWG 2007, 101-106.

[3] BGH v. 29.09.1998 - XI ZR 334/97 - LM BGB § 763 Nr. 3 (6/1999); zur rechtsgeschichtlichen Entwicklung, vgl. *Ohlmann*, WRP 2005, 48-68, 49 ff.

[4] Vgl. *Postel*, JurPC 2005, Web-Dok. 71/2005; *Stein/von Buttlar*, JurPC 2006, Web-Dok. 119/2006, Abs. 1-95; *Tettinger/Ennuschat*, Grundstrukturen des deutschen Lotterierechts, 1999, S. 5 bestätigt durch EuGH v. 24.03.1994 - C-275/92 - NJW 1994, 2013-2016; EuGH v. 21.09.1999 - C-124/97 - EuGHE I 1999, 6067-6120; EuGH v. 21.10.1999 - C-67/98 - EuGHE I 1999, 7289-7318.

[5] So auch BVerfG v. 28.03.2006 - 1 BvR 1054/01; hierzu: *Horn*, NVwZ 2006, 617; *Ruttig*, ZUM 2006, 400-402; *Holznagel*, MMR 2006, 303-304; *Pestalozza*, NJW 2006, 1711-1714; krit. *Diegmann*, ZRP 2007, 126-130.

in Kraft getretenen Glücksspielstaatsvertrag (GlüStV) vom 13.12.2007[6] nachgekommen. Diese Regeln über Sportwetten beschränken nach Auffassung des EuGH allerdings den freien Dienstleistungsverkehr (Art. 56 AEUV) und die Niederlassungsfreiheit (Art. 49 AEUV). Die europarechtlichen Vorgaben für die Rechtfertigung dieser Beschränkung sind in drei Urteilen v. 08.09.2010 konkretisiert worden.[7] Danach setzt eine Monopolregelung, die auf die Bekämpfung der Spielsucht und den Spielerschutz als zwingende Gründe des Allgemeininteresses gestützt wird, voraus, dass diese im Hinblick auf sämtliche zugelassenen Glücksspiele und deren Regelungen in der Praxis kohärent und systematisch zur Begrenzung der Wetttätigkeiten beiträgt. Dies sei im aktuellen Glücksspielstaatsvertrag nicht gewährleistet, da zum einen die staatlichen Monopolinhaber intensive Werbekampagnen durchführten, um die Gewinne aus den Lotterien und Sportwetten zu maximieren. Zum anderen betrieben oder duldeten die deutschen Behörden Glücksspiele wie Kasino- oder Automatenspiele, die zwar nicht dem staatlichen Monopol unterlägen, aber ein höheres Suchtpotenzial aufwiesen als die vom Monopol erfassten Glücksspiele.

15 der 16 deutschen Bundesländer haben auf die Kritik des EuGH reagiert, indem sie Modifizierungen am Glücksspielstaatsvertrag (GlüÄndStV) erarbeitet haben, im Grundsatz aber am staatlichen Glücksspielmonopol festhalten.[8] Der Vertrag tritt am 01.07.2012 in 15 deutschen Bundesländern in Kraft.[9] Allein Schleswig-Holstein hat den neuen GlüÄndStV nicht unterzeichnet und mit Wirkung zum 01.01.2012 ein Gesetz zur Neuordnung des Glücksspiels (GlSpielG SH) erlassen.[10] Der Staat behält zwar das Veranstaltungsmonopol für Lotto, Beschränkungen im Vertrieb und für die Werbung werden aber weitgehend aufgehoben. Online-Casinospiele und -Poker sind in Schleswig-Holstein künftig erlaubt.[11] Inwieweit diese sehr unterschiedlichen gesetzlichen Regelungen, deren Rechtswirksamkeit alles andere als gesichert ist,[12] das rechtliche Chaos auf dem deutschen Glücksspielmarkt zu beseitigen geeignet sind, bleibt abzuwarten.

III. Anwendungsbereich

Rechtsgeschäfte, die nicht unter § 762 BGB fallen, bedürfen keiner Genehmigung i.S.d. § 763 BGB.[13] Jedoch ist § 763 BGB neben dem Lotterie- und Ausspielvertrag auch auf andere Arten staatlich genehmigter Verträge i.S.d. § 762 BGB anwendbar.[14]

Für in Deutschland konzessionierte Wetten gilt ab dem 01.01.2008 der Glücksspielstaatsvertrag (GlüStV)[15] in der jeweiligen Umsetzung der Bundesländer, welcher den äußerst umstrittenen Staatsvertrag zum Lotteriewesen vom 01.07.2004 ablöste.[16] Weiterhin gehen die Regelungen im **Rennwett- und Lotteriegesetz** vom 08.04.1922, bereinigte Fassung BGBl III, Nr. 611-14, zuletzt geändert durch das Gesetz zur Änderung der Gewerbeordnung und der Spielverordnung vom 20.12.1993, BGBl I 2254 ff. dem § 763 BGB vor. Die in § 4 Abs. 2 RennwettG enthaltene Regelung, wonach nach

---

[6] Der Staatsvertrag samt Ausführungsgesetzen der Bundesländer und umfangreiche Gesetzes- und Rechtssprechungsmaterialien finden sich unter https://gluecksspiel.uni-hohenheim.de/staatsvertrag.html (abgerufen am 27.09.2012).
[7] Zum GlüStV vgl. EuGH v. 08.09.2010 - C-46/08 - Carmen Media Ltd, EuGH v. 08.09.2010 - verb. Rs. C-316/07, C-358/07 bis C-360/07, C-409/07 und C-410/07 mit Anm. *Mintas*, MMR 2010, 840. Zuvor hatte der EuGH das staatliche Verbot von Internetwetten im Grundsatz gebilligt, vgl. EuGH v. 03.06.2010 - C-258/08 Ladbrokes v. Stichting de Nationale Sporttotalisator sowie EuGH v. 03.06.2010 - C-203/08 Betfair/Minister van Justitie; hierzu *Heeg/Levermann*, MMR 2012, 20.
[8] *Brock*, CR 2011, 517-525, hält den Entwurf für europarechtswidrig.
[9] Der Entwurf: Erster Staatsvertrag zur Änderung des Staatsvertrags zum Glücksspielwesen in Deutschland findet sich im Internet unter: https://gluecksspiel.uni-hohenheim.de/fileadmin/einrichtungen/gluecksspiel/Recht/ GlueAendStV.pdf (abgerufen am 27.09.2012).
[10] Glücksspielstaatsvertrag vom 25.01.2011 im Internet unter: https://gluecksspiel.uni-hohenheim.de/fileadmin/einrichtungen/gluecksspiel/Staatsvertrag/Gluecksspielgesetz_SH.pdf (abgerufen am 27.09.2012).
[11] Vgl. hierzu: *Heeg/Levermann*, MMR 2012, 20; *Hecker*, WRP 2012, 523-533.
[12] Vgl. die ausführliche Analyse bei *Dünchheim/Sadowski*, ZfWG 2011, 322-325.
[13] *Habersack* in: MünchKomm-BGB, 5. Aufl. 2009, § 763 Rn. 3.
[14] BGH v. 29.09.1998 - XI ZR 334/97 - LM BGB § 763 Nr. 3 (6/1999).
[15] Vgl. hierzu: *Engels*, WRP 2008, 470-478; *Heermann*, WRP 2008, 479-491; *Badura/Becker/von Buttlar/Dittmann/Ennuschat/Stein*, Aktuelle Probleme des Rechts der Glücksspiele, 2008.
[16] Vgl. hierzu: *Ohlmann*, WRP 2005, 48-68, 54 ff.

Aushändigung des Wettscheins oder Eintragung der Wette im Wettbuch die Wette für den Wettunternehmer verbindlich ist, ist auf sonstige Wetten **analog anwendbar**.[17] Auch für **Hilfsgeschäfte** zu den Lotterie- und Ausspielverträgen gilt § 763 BGB entsprechend.[18]

B. Praktische Bedeutung

7   Staatliche Lotterien und Ausspielungen haben eine erhebliche volkswirtschaftliche Bedeutung. 2009 erreichte die Gesamtsumme der von Spielern eingesetzten Gelder über 20 Mrd. €.[19] Davon gingen an Veranstalter und den Staat 31% und damit über 6,5 Mrd. €. Jeder **bundesdeutsche Haushalt** setzte damit im Jahre 1996 bei einem durchschnittlichen Nettoverlust von 184 € **einen durchschnittlichen Betrag von 594,12 €** bei legalen Glückspielen ein.[20]

C. Anwendungsvoraussetzungen

I. Lotterievertrag oder Ausspielvertrag

8   Lotterie und Ausspielung sind gem. § 3 Abs. 3 GlüStV definiert als Veranstaltungen, bei denen
   - ein Veranstalter mit einer Mehrzahl von Spielern Verträge abschließt, in denen er verspricht,
   - gegen Einsatz,
   - nach Maßgabe eines aufgestellten Spielplans,
   - durch eine Losziehung oder ein anderes, im Wesentlichen auf Zufall abgestelltes Verfahren Gewinn an die spielplanmäßig ermittelten Gewinner zu leisten.[21]

9   Lotterie und Ausspielung müssen nicht öffentlich sein. Bei der **Ausspielung** bestehen die Gewinne **aus anderen Gütern als Geld**.[22] Dies ist der einzige Unterschied zur Lotterie.

1. Abschluss von Spielverträgen zwischen Veranstalter und Spieler

10   Der Lotterie- oder Ausspielungsvertrag kommt lediglich zwischen dem Veranstalter und dem Teilnehmer, **nicht** aber **zwischen den Teilnehmern untereinander** zustande und unterliegt dem Zivilrecht[23]. Der Vertrag kommt gem. § 151 BGB zustande. Nachdem der Loskauf Hoffnungskauf ist, erlischt die Bindung an das Angebot (§ 145 BGB) mit Ziehung oder Verlosung.[24] Die Geltendmachung von Gewinnen erfolgt nach den Regeln der Schuldverschreibung.[25]

11   Der Ausrichtende muss einen Vertragsabschluss mit **mehreren angestrebt** und mit einem Teilnehmer **tatsächlich erreicht** haben. Die Annahmestellen werden dabei als Handelsvertreter oder Vermittler tätig.[26] Der Teilnehmer kann seine **Annahmeerklärung nur bis zur Losziehung** erklären,[27] sofern sich

---

[17] Thüringer OLG v. 05.11.1997 - 7 U 718/97; OLG Hamm v. 29.01.1997 - 31 U 145/96 - NJW-RR 1997, 1007-1008.

[18] RG v. 03.10.1918 - VI 154/18 - RGZ 93, 348-351; einschr. *Habersack* in: MünchKomm-BGB, 5. Aufl. 2009, § 762 Rn. 30.

[19] Im Jahr 2009 soll der Umsatz bereits über 24. Mrd. € betragen haben, vgl. *Becker/Barth*, Der deutsche Glücksspielmarkt: Eine Schätzung des nicht staatlich regulierten Marktvolumens v. 14.03.2012, im Internet unter https://gluecksspiel.uni-hohenheim.de/fileadmin/einrichtungen/gluecksspiel/Newsletter/Newsletter_0212.pdf (abgerufen am 27.09.2012). Eine hervorragende umfassende Zusammenstellung über den aktuellen Glücksspielmarkt findet sich auf der Seite https://gluecksspiel.uni-hohenheim.de/markt (abgerufen am 27.09.2012). Weitere Zahlen bei https://gluecksspiel.uni-hohenheim.de/fileadmin/einrichtungen/gluecksspiel/Newsletter/Newsletter_0212.pdf (abgerufen am 27.09.2012).

[20] Vgl. die Zahlen bei *Adams/Tolkemitt*, ZBB 2001, 170-184; mit weiteren Anmerkungen von *Ohlmann*, ZRP 2002, 354-356.

[21] RG v. 22.09.1909 - III 738/94 - RGSt 25, 256; RG v. 08.11.1908 - III 4537/94 - RGSt 27, 47; RG v. 16.11.1902 - I 4708/00 - RGSt 34, 142; RG v. 07.10.1922 - I 381/26 - RGSt 60, 385; RG v. 19.04.1940 - III 3 D 253/43 - RGSt 77, 384; *Habersack* in: MünchKomm-BGB, 5. Aufl. 2009, § 763 Rn. 4.

[22] *Sprau* in: Palandt, § 763 1a.

[23] *Sprau* in: Palandt, § 763 Rn. 2.

[24] *Habersack* in: MünchKomm-BGB, 5. Aufl. 2009, § 763 Rn. 18.

[25] RG v. 22.06.1912 - 551/11 VI - JW 1912, S. 861 Nr. 19; RG v. 04.05.1928 - 642/27 VII - JW 1929, 362; vgl. für die Loserneuerung: RG v. 20.05.1927 - 351/26 III - JW 27, 2411; für den Losersatz: BGH v. 08.04.1957 - III ZR 251/55 - LM Nr. 2 zu § 148 BGB, für den Losverlust BGH v. 19.05.1965 - Ib ZR 97/63 - LM Nr. 14 zu § 282 BGB.

[26] *Sprau* in: Palandt, § 763 Rn. 2.

[27] RG v. 14.03.1904 - I 340/04 - RGZ 59, 296-301.

eine Ausnahme aus dem Angebot oder der bislang gepflogenen Praxis entnehmen lässt[28]. Es besteht grundsätzlich kein Kontrahierungszwang;[29] jedoch können kartellrechtliche Vorgaben (§ 1 GWB) zu beachten sein[30].

Dem Veranstalter von Lotterien und Ausspielungen trifft zumindest bei einer einvernehmlich vereinbarten Spielsperre eine besondere Pflicht, die Vermögensinteressen der Teilnehmer zu wahren.[31] Er **haftet daher auf Schadensersatz**, wenn sich ein Teilnehmer aufgrund fehlender Kontrolle der Spielbank über seine **Spielsperre** hinwegsetzt und erhebliche Vermögensverluste erleidet.[32]

2. Gegen Einsatz

Zentrales Kriterium der Lotterie oder Ausspielung in Abgrenzung zum Gewinnspiel gem. § 661 BGB ist der **Einsatz** des Teilnehmers[33]. Unter Einsatz ist jede nicht unbeträchtliche Leistung anzusehen, die in der Hoffnung erbracht wird, im Falle eines „Gewinns" eine gleiche oder höherwertige Leistung zu erhalten, und in der Befürchtung, dass sie im Falle des „Verlierens" dem Gegenspieler oder dem Veranstalter anheimfällt.[34] Der Einsatz kann auch als Bestandteil im Eintrittsgeld oder im Warenkaufpreis versteckt enthalten sein,[35] soweit dies im Spielplan vorgesehen ist[36] und ein nicht unbeachtlicher Käuferkreis in Kenntnis des Spielplans den Gegenstand wegen der damit verbundenen Gewinnmöglichkeit erwirbt (vgl. die Kommentierung zu § 762 BGB). § 3 Abs. 1 GlüStV spricht von einem Entgelt als Voraussetzung, definiert aber nicht, was unter einem Entgelt zu verstehen ist.

Wer eine Prämie für den 100.000sten Erwerber eines Autos aussetzt, verlangt keine Prämie. Sein Verhalten kann aber wegen **übertriebenen Anlockens** unlauter i.S.d. § 4 Nr. 1 UWG sein (vgl. Rn. 49; beachte aber die Kommentierung zu § 661 BGB).

Keinen Einsatz stellen grundsätzlich solche Zahlungen dar, die erst eine Mitspielberechtigung gewähren.[37] Gleiches gilt für stets verlorene **Spielberechtigungsbeiträge**, Bearbeitungsgebühren, Eintrittsgelder, Vorleistungen.[38] Hier nämlich wird nicht erkennbar, dass es sich um Aufwendungen sämtlicher Teilnehmer handelt, aus denen erst die Gewinnchance des Einzelnen erwächst.[39] Ebenso stellen Portokosten keinen Einsatz dar[40], umstritten ist der Einsatzcharakter von Startgeldern bei Pokerturnieren.[41] Eine Mitspielberechtigung liegt nicht vor, wenn es sich bei der Teilnahme- bzw. Verwaltungsgebühr in Wirklichkeit um einen versteckten Einsatz handelt[42] (vgl. Rn. 23).

Auch wenn die **Höhe des Einsatzes im Belieben eines jeden Spielers** steht, dieser auf eine Mehrzahl von Chancen unterschiedlichen Risikos setzen kann und sein etwaiger Spielerfolg sich in einem je nach Art des gewählten Risikos unterschiedlichen Vielfachen seines Einsatzes ausdrückt, spricht dies nach

---

[28] *Sprau* in: Palandt, § 763 Rn. 2.
[29] BGH v. 07.07.1994 - III ZR 137/93 - LM Vorb z BGB § 145 Nr. 26 (3/1995); BGH v. 31.10.1995 - XI ZR 6/95 - BGHZ 131, 136-140; *Habersack* in: MünchKomm-BGB, 5. Aufl. 2009, § 763 Rn. 14; a.A.: *Engel* in: Staudinger, BGB § 763 Rn. 29.
[30] BGH v. 09.03.1999 - KVR 20/97 - LM GWB § 1 Nr. 52 (10/1999).
[31] BGH v. 20.10.2011 - III ZR 251/10.
[32] BGH v. 20.10.2011 - III ZR 251/10 sowie v. 15.12.2005 - III ZR 65/05 unter Aufgabe seiner früheren RS wie BGH v. 31.10.1995 - XI ZR 6/95 - BGHZ 131, 136-140. Auch nach dem Inkrafttreten des Glücksspielstaatsvertrages zum 01.01.2008 kommt nach Auffassung des OLG Düsseldorf v. 14.04.2011 - I-6 U 111/10, zwischen der Spielbank und dem die Sperre beantragenden Spieler ein Spielersperrvertrag zu Stande.
[33] BGH v. 10.07.1952 - 5 StR 358/52 - BGHSt 3, 99-105; RG v. 18.04.1905 - VII 444/04 - RGZ 60, 379-387; RG v. 10.10.1911 - VII 135/11 - RGZ 77, 341-348.
[34] BGH v. 29.09.1986 - 4 StR 148/86 - NJW 1987, 851, 852; *Köhler* in: Hefermehl/Köhler/Bornkamm, UWG, 30. Aufl. 2012, § 4 Rn. 11.176; vgl. auch BFH v. 07.02.1962 - II 182/59 U - BB 1962, 405.
[35] RG, WarnRsp 15 Nr. 216; BGH v. 25.10.1951 - 3 StR 549/51 - BGHSt 2, 79-85; BGH v. 07.02.1952 - 3 StR 331/51 - BGHSt 2, 139-146; *Habersack* in: MünchKomm-BGB, 5. Aufl. 2009, § 763 Rn 5.
[36] BGH v. 10.07.1952 - 5 StR 358/52 - BGHSt 3, 99-105.
[37] BGH v. 29.09.1986 - 4 StR 148/86 - NJW 1987, 851-853.
[38] Zum Ganzen: *Junker/Laukemann*, AfP 2000, 254-257 m.w.N.
[39] *Junker/Laukemann*, AfP 2000, 254-257.
[40] *Köhler* in: Hefermehl/Köhler/Bornkamm, UWG, 30. Aufl. 2012, § 4 Rn. 11.176.
[41] Nach OVG Rheinland-Pfalz v. 21.10.2008 - 6 B 10778/08 soll bei Poker-Wettkämpfen, bei denen der Teilnehmer einen Kostenbeitrag von 15 € zahlt und die Gewinne einen Sachwert von maximal 60 € haben, kein verbotenes Glücksspiel vorliegen, sehr strittig.
[42] *Junker/Laukemann*, AfP 2000, 254-257.

Auffassung des OLG Thüringen nicht gegen die Annahme eines Lotterievertrages im Sinne des § 763 BGB.[43]

3. Maßgabe eines Spielplans

17 Der Spielplan muss **Spielregeln** (Spielbeschreibung und Beteiligungsbedingungen) und einen Gewinnplan (Gewinnfestsetzung, Gewinnermittlung und Gewinnverteilung) enthalten.[44] In ihm muss insbesondere bestimmt sein, unter welchen Voraussetzungen die Teilnahme möglich ist. Dies gilt auch für die **Einsatzhöhe**.[45] Demgegenüber ist die Lotterie in Form der sog. Totalisatorwette möglich. Bei ihr ist die Höhe des Gewinns ausschließlich von der Summe der Einsätze abhängig.[46] Einzelne Regelungen des Spielplans können als **Teilnahmebedingungen** zu werten sein und unterliegen der Prüfung gem. den §§ 305 ff. BGB.[47]

4. Entscheidung durch Losziehung bzw. Zufall

18 Die Bestimmung des Gewinners muss nach außen erkennbar[48] dem **Zufall** überlassen sein, vgl. § 3 Abs. 3 GlüStV.[49] Zufall ist ein unberechenbarer, dem Einfluss der Teilnehmer entzogener Ursachenverlauf.[50] Hierbei können geistige oder körperliche Fähigkeiten des Teilnehmers aber noch solange zum Tragen kommen, wie sie gegenüber dem Zufall von untergeordneter Bedeutung bleiben.[51] So liegt Zufall vor, wenn die Lösung eines Preisrätsels so einfach ist, dass der Gewinner per Los bestimmt werden muss (vgl. die Kommentierung zu § 657 BGB).

19 Bei gewerblichen Veranstaltungen ist auf das Können und Wissen des durchschnittlichen Teilnehmers abzustellen.[52] Skatturniere[53] und Preisschießen[54] sollen dem § 763 BGB unterfallen. Besondere Kenntnis oder Gewandtheit einzelner verändert also die Qualifizierung nicht.[55] Ebenso liegt Zufall vor, wenn feststeht, dass der Teilnehmer gewonnen hat, jedoch nicht, welcher Art der Gewinn ist.[56]

5. Einzelne Ausprägungen

20 Genehmigungsbedürftige Lotterien sind **Kettenbriefaktionen**,[57] **Prämien- oder Gewinnsparen**[58] und **Oddset-Wetten**[59].

a. Pferde- und Sportwetten

21 Die Pferde- bzw. Sportwette ist ein Unterfall der Lotterie und sondergesetzlich im Rennwett- und Lotteriegesetz vom 08.04.1922 geregelt. Hier ist der Buchmacher mit Ausgabe des Wettscheins oder aber mit Eintragung in das Wettbuch verpflichtet, während für den Wettenden § 762 BGB gilt. Der Einsatz

---

[43] Thüringer OLG v. 05.11.1997 - 7 U 718/97; a.A. BFH v. 19.06.1996 - II R 29/95.
[44] BFH v. 02.02.1977 - II R 11/74 - BFHE 121, 534-538.
[45] *Eser* in: Lenckner, Strafgesetzbuch, 26. Aufl. 2001, § 286, Rn. 4; a.A. RG, WarnRsp 15 Nr. 216.
[46] *Habersack* in: MünchKomm-BGB, 5. Aufl. 2009, § 763 Rn. 6.
[47] BVerwG v. 21.10.1955 - II C 253.54 - BVerwGE 2, 273-275.
[48] RG v. 19.12.1914 - IV 2980/88 - RGSt 18, 342; RG v. 07.10.1922 - I 381/26 - RGSt 60, 385.
[49] A.A. *Habersack* in: MünchKomm-BGB, 5. Aufl. 2009, § 763 Rn 5; *Henssler*, Risiko als Vertragsgegenstand, 1994, 511 f.
[50] BGH v. 07.02.1952 - 3 StR 331/51 - BGHSt 2, 139-146.
[51] RG v. 02.04.1918 - II 1853/85 - RGSt 12, 390; RG v. 22.09.1909 - III 738/94 - RGSt 25, 256; RG v. 16.11.1902 - I 4708/00 - RGSt 34, 142; RG v. 06.12.1902 - V 473/06 - RGSt 40, 21; RG v. 22.02.1927 - III 1094/30 - RGSt 65, 195; RG v. 21.12.1929 - VI 4 D 177/29 - RGSt 67, 398; BayObLG München v. 11.02.1993 - 5St RR 170/92 - NJW 1993, 2820-2822; Reichsfinanzhof v. 07.12.1925 - II A 471/25 - RFHE 17, 33; Reichsfinanzhof v. 17.12.1926 - II A 161/26 - RFHE 20, 205; BGH v. 14.03.2002 - I ZR 279/99 - LM UWG § 1 Nr. 872 (9/2002).
[52] Vgl. BGH v. 18.04.1952 - 1 StR 739/51 - BGHSt 2, 274-279; LG Bochum v. 26.02.2002 - 22 KLs 10 Js 121/01 I 49/01 - NStZ-RR 2002, 170-171; AG Karlsruhe-Durlach v. 13.07.2000 - 1 Ds 26 Js 31893/98 - GewArch 2001, 134-135; *Wrage*, JR 2001, 405-407.
[53] OLG Dresden v. 01.11.1968 - 10 V 84/72 - OLGZ 9, 12.
[54] LG Marburg v. 12.10.1950 - S 104/54 - NJW 1955, 346.
[55] Vgl. *Fischer*, GewArch 2001, 157-160, 158.
[56] RG v. 20.10.1908 - IV 4916/94 - RGSt 27, 94.
[57] BGH v. 29.09.1986 - 4 StR 148/86 - NJW 1987, 851-853; OLG Stuttgart, NJW 1972, 365.
[58] BFH v. 03.12.1952 - II 99/52 U - BB 1953, 21.
[59] BVerwG v. 28.03.2001 - 6 C 2/01 - NJW 2001, 2648-2651.

kann vom Gewinn auf die jeweilige Wette abgezogen werden.[60] Im Übrigen ist schon die **Vermittlung von Sportwetten**, welche schon in der Entgegennahme von Wetteinsätzen gesehen werden kann, genehmigungspflichtig.[61]

b. Progressive Kundenwerbung

Eine Lotterie oder Ausspielung liegt in der Regel bei Geschäften mit **progressiver Kundenwerbung** vor. Dabei wird der Käufer dadurch zum Kauf veranlasst, dass ihm besondere Vorteile für den Fall versprochen werden, in dem er weitere Personen zu Käufen veranlassen kann und diesen das gleiche Versprechen gemacht wird. Nach der Gegenansicht liegt keine Lotterie vor, da es unter anderem in besonderem Maß auf die Geschicklichkeit des Erstkäufers ankommt.[62] Im Übrigen wird in der Regel in diesen Fällen Sittenwidrigkeit gem. § 138 BGB, bzw. § 16 Abs. 2 UWG i.V.m. § 134 BGB bzw. § 3 UWG vorliegen.

22

c. Gratisauslosungen

Gratisauslosungen/-spielungen sind weder Lotterie noch Ausspielung, da es am Einsatz fehlt. Möglich ist aber eine Verletzung der §§ 4 Nr. 5; § 3 Abs. 3 UWG i.V.m. UWG Anh. Nr. 16, 17, 20 und 21 (vgl. die Kommentierung zu § 661 BGB Rn. 39 ff.).

23

d. Telefongewinnspiele

Steht die Ermittlung des Teilnehmers im Ermessen des Veranstalters, so soll dies vom Standpunkt des Teilnehmers auch als Zufall anzusehen sein.[63] Damit erfüllen insbesondere **Telefongewinnspiele** über kostenpflichtige 0900-Telefonnummern, bei denen der Sieger vom Veranstalter (via automatisiertem Verfahren oder auf sonstige Weise) ausgesucht wird, den Tatbestand der Lotterie, wenn die **Teilnahmekosten 50 Cent überschreiten** (vgl. die §§ 8a, 58 Abs. 3 RStV und die Kommentierung zu § 661 BGB Rn. 46 ff.) erfüllen.[64]

24

e. Hausverlosungen im Internet

In den letzten Jahren haben verschiedene Anbieter versucht, ihre Immobilien über das Internet zu verlosen. Die Ausspielung steht dabei oftmals unter der Bedingung, dass alle Lose verkauft werden. Die Teilnehmer erhalten dabei gegen Entgelt die Möglichkeit, an einem Wissenstest teilzunehmen. Unter den erfolgreichen Siegern werden dann im 2. Schritt neben dem Hauptpreis (die Immobilie) zahlreiche weitere Preise verlost, wobei letztendlich der Hauptsieger per Los ermittelt wurde. Diese Form der Hausverlosung ist gewerberechtlich unzulässig[65], zivilrechtlich unwirksam[66] und strafbar[67].

25

---

[60] RG v. 22.02.1926 - 479/25 IV - JW 1926, 2283.
[61] OLG Hamm v. 19.02.2002 - 4 U 155/01 - MMR 2002, 551-552; LG Bonn v. 08.10.2007 - 13 O 479/06; vgl. zu Oddset-Wetten: BVerwG v. 28.03.2001 - 6 C 2/01 - NJW 2001, 2648-2651.
[62] OLG Hamburg v. 14.10.1948 - V 16/52 - NJW 1954, 394; *Hartung*, NJW 1954, 353; dagegen: RG v. 18.04.1905 - VII 444/04 - RGZ 60, 379-387; RG v. 07.12.1926 - II 203/26 - RGZ 115, 319-332; BGH v. 29.09.1986 - 4 StR 148/86 - NJW 1987, 851-853; *v. Bubnoff* in: LK-StGB, § 286 Rn. 11.
[63] RG v. 05.12.1889 - IV 238/89 - RGZ 25, 252-258; RG v. 09.01.1891 - II 236/90 - RGZ 27, 94-98.
[64] Nach BGH v. 28.09.2011 - I ZR 93/10 - „Poker im Internet" m. Anm. *Stulz-Herrnstadt*, GRUR-Prax 2012, 39 sind Gewinnspiele, die unter § 8a RStV fallen, glücksspielrechtlich auch dann irrelevant, wenn diese zufallsabhängig sind, vgl. *Lober/Neumüller*; MMR 2010, 295, 296 m.w.N., *Ernst*, ITRB 2006, 86-89; *Odenthal*, GewArch 2002, 315-317; a.A. *Eichmann/Sörup*, MMR 2002, 142-146 keine Lotterie bis 2,50 €; dagegen: BayObLG v. 21.09.1956 - RevReg 3 St 291/55 - GA 1956, 385; vgl. *Junker/Laukemann*, AfP 2000, 254-257; *Bahr*, WRP 2002, 501-506.
[65] Vgl. OVG Berlin-Brandenburg. v. 08.02.2012 - OVG 1 S 20.11; VG München v. 09.02.2009 - M 22 S 09.300: Hausverlosung www.winyourhome.de; Sterzinger, NJW 2009, 3690-3693.
[66] Vgl. DNotI-Report 2009, 33-36 im Internet unter www.dnoti.de/Report/2009/rep0509.htm#BGB_%C2%A7%C2%A7%20762,_763,_134;_Gl%C3%BCcksspielstaatsvertrag_%28Gl%C3%BCStV%29_%C2%A7%C2%A7%203,_12_ff.,_18;_NGl%C3%BCcksSpG_%C2%A7%C2%A7%203,_4;_BNotO_%C2%A7%2020_Abs._1_S._2;_StGB_%C2%A7%C2%A7%20284,_287 (abgerufen am 27.09.2012).
[67] BGH v. 15.03.2011 - 1 StR 529/10; *Mintas*, ZfWG 2009, 82-87; *Teßmer*, jurisPR-StrafR 17/2009, Anm. 1; *ders.*, jurisPR-StrafR 18/2009, Anm. 1.

II. Staatliche Genehmigung

26 Die staatliche Genehmigung erfolgt durch die jeweiligen Landesbehörden nach Landesrecht.[68] Der hiernach **genehmigte Vertrag ist auch in den anderen Bundesländern in vollem Umfang verbindlich**.[69] Sonderregelungen finden sich für Spielbanken in dem Gesetz über die Zulassung öffentlicher Spielbanken v. 14.07.1933[70] und in der VO v. 27.07.1938 in der Fassung vom 31.01.1944[71]. Ferner ist das Rennwett- und Lotteriegesetz vom 08.04.1922[72] zu beachten. Für **Spielautomaten** sind die §§ 33c, 33d GewO zu berücksichtigen. Die Genehmigung ändert nicht die zivilrechtliche Natur des Vertrages.[73] Die Weitervermittlung **an ausländische, im Inland nicht konzessionierte Buchmacher** bedarf selbst wiederum einer Genehmigung nach § 2 Abs. 1 RennwettG.[74] In der Rechtsprechung ist umstritten, ob sich die vor dem 03.10.1990 in der damaligen DDR erteilte Erlaubnis für Sportwetten automatisch auf die westdeutschen Bundesländer erstreckt.[75]

27 Soweit gesetzlich die Genehmigung davon abhängig gemacht wird, dass ein in **Privatrechtsform betriebenes Unternehmen** vollständig vom Land gehalten wird, verstößt dies gegen Art. 12 GG.[76] **Staatliche Lotterien** benötigen seit 01.01.2008 eine gesonderte Genehmigung, vgl. die §§ 25 Abs. 1, 10 Abs. 2, 4, 26 GlüStV. Für ereignisbezogene Optionsscheine und ähnliche Finanztermingeschäfte mit Spieleigenschaft stellt § 37e WpHG eine tatbestandsausschließende Erlaubnis im Sinne von § 284 StGB bzw. (bundesrechtlich zulässige Genehmigung) im Sinne von § 763 BGB dar.[77]

28 Von der Genehmigung nach § 763 BGB ist die gewerberechtliche Genehmigung zu unterscheiden. Lotterien, Glücksspiele und Spielbanken i.S.v. §§ 284 ff. StGB können jedoch nicht nach Gewerberecht genehmigt werden.[78]

1. Ausländische Lotterien

29 Für das Spielen in ausländischen Lotterien gilt ausländisches Recht.[79]

30 Ausländische Lotterien sind **im Inland** bereits dann **veranstaltet**, wenn dem Publikum durch besondere Einrichtungen im Inland die Beteiligung daran ermöglicht wird.[80] Sofern eine ausländische Lotterie im Inland vertrieben wird, muss ihr Vertrieb nach deutschem Landesrecht genehmigt sein; diese Genehmigungserfordernis gilt zumindest solange, solange das Herkunftslandprinzip für den Glücksspielbereich nicht gilt (vgl. § 4 Abs. 4 Nr. 4 TDG).[81] Ansonsten sind hieraus resultierende Ansprüche nicht durchsetzbar.[82]

31 Auch die rechtmäßige Erteilung einer ausländischen Spielgenehmigung macht die Veranstaltung in Deutschland nicht wirksam (Art. 30 EGBGB). Der Veranstalter und der Teilnehmer können sich also

---

[68] Die jeweiligen Landesgesetze sind im Internet unter https://gluecksspiel.uni-hohenheim.de/recht.html (abgerufen am 27.09.2012) zu finden.
[69] RG v. 11.05.1901 - I 144/01 - RGZ 48, 175-180.
[70] RGBl I 1933, 480.
[71] RGBl I 1944, 60.
[72] RGBl I 1922, 393.
[73] BayVerfGH v. 22.10.1959 - Vf 80 VII 62 - BB 1964, 326.
[74] VG Saarlouis v. 17.01.2000 - 1 K 78/99 - GewArch 2001, 197-200.
[75] Ablehnend BVerwG v. 21.06.2006 - 6 C 19/06; die Entscheidung wurde allerdings durch das BVerfG v. 22.11.2007 - 1 BvR 2218/06 unter Hinweis auf seine Grundsatzentscheidung vom 28.03.2006 - 1 BvR 1054/01, aufgehoben; vgl. OVG Sachsen v. 12.12.2007 - 3 BS 286/06, wonach sich die nach wie vor wirksame Lizenz räumlich auf das Gebiet der ehemaligen DDR begrenzt; vgl. *Lörler*, LKV 2009, 442-448.
[76] BVerfG v. 19.07.2000 - 1 BvR 539/96 - BVerfGE 102, 197-224 - Spielbankengesetz Baden-Württemberg.
[77] Vgl. hierzu: *Böhmer/Mülbert*, WM 2006, 985-998.
[78] Sehr strittig. Vgl. noch BVerwG v. 28.03.2001 - 6 C 2/01 - NJW 2001, 2648-2651; *Stögmüller*, K&R 2002, 27-33, 28.
[79] RG v. 17.06.1904 - III 5/04 - RGZ 58, 277-281.
[80] RG v. 17.10.1905 - I 75/09 - RGSt 42, 430; OLG Braunschweig v. 10.09.1954 - Ss 128/54 - NJW 1954, 1777-1780.
[81] *Schmidt*, WRP 2005, 721-733, 732.
[82] BGH v. 14.03.2002 - I ZR 279/99 - LM UWG § 1 Nr. 872 (9/2002); a.A. nun der BGH v. 14.02.2008 - I ZR 207/05.

weiterhin strafbar gem. § 287 StGB machen.[83] Mit dem Verbot wird nach überwiegender Auffassung nicht gegen § 49 EGV verstoßen.[84] Zu beachten ist allerdings, dass der inländische Teilnehmer selbstverständlich insoweit seinen Gewinn gegenüber dem Veranstalter einklagen kann, soweit dies nach ausländischem Recht zulässig ist.[85]

2. Lotterien übers Internet

Mit der Reform des Glücksspielstaatsvertrages wurde auch das Glücksspielrecht im Internet zum 01.01.2008 neu geregelt. § 4 Abs. 4 GlüStV statuiert nun ein Vollverbot für das Veranstalten und das Vermitteln von Glücksspielen, Lotterien, Sportwetten über das Internet. Das Verbot umfasst auch solche Glücksspiele, die über eine Genehmigung im Sinne des § 763 BGB verfügen. Nach § 3 Abs. 4 GlüStV soll das Verbot zudem für Veranstalter und Vermittler mit **Sitz im Ausland** gelten, sofern diese den Spielern die Teilnahme in Deutschland ermöglichen. Sobald ein Veranstalter deutschen Nutzern die Möglichkeit eröffnet, Wetten um Geld im Rahmen eines Internet-Dienstes zu platzieren, „veranstaltet" er ein Glücksspiel auf deutschem Territorium[86] und bedarf daher einer Genehmigung. Mittlerweile hat der EuGH entschieden, dass ein Wettanbieter sich auch an die Gesetze des Landes halten muss, in welchem er seine Angebote schaltet. Nach Ansicht der EU-Richter sind unterschiedliche Regulierungen in den EU-Staaten bei Glücksspielmonopolen zulässig, mit der Folge dass von anderen EU-Staaten erteilte Glücksspiellizenzen (hier aus Malta) nicht automatisch auch in Österreich gelten. Das EU-Gericht entschied vielmehr, dass die nationalen Gerichte bei der Beurteilung der Verhältnismäßigkeit eines Monopols die Kontrollsysteme, denen die in einem anderen EU-Staat ansässigen Unternehmen unterliegen, nicht berücksichtigen müssen.[87] Eine Genehmigung soll dann erforderlich sein, wenn der Dienst wesentlich auf den deutschen Nutzer zugeschnitten ist.[88] Das gilt bereits schon für Losbestellung über das Internet bei gleichzeitiger Erteilung einer Einzugsermächtigung durch die Lotterieteilnehmer.[89]

32

Umstritten ist, ob die derzeitige Regelung zum **Verbot der Internetwetten gegen Art. 56 AEUV** (vormals Art. 49 EGV a.F.) verstößt. Die Europäische Kommission hat ein Vertragsverletzungsverfahren wegen Verstoßes gegen die gemeinschaftsrechtlich gewährte Dienstleistungsfreiheit angenommen und gegen die Bundesrepublik Deutschland ein Vertragsverletzungsverfahren eingeleitet.[90] Das BVerwG hat zwischenzeitlich **den Vertrieb von Sportwetten über das Internet** als unzulässig eingestuft und festgestellt, dass das im geltenden Glücksspielstaatsvertrag normierte generelle Verbot, Sportwetten und andere öffentliche Glücksspiele im Internet zu veranstalten, zu vermitteln oder hierfür zu werben, weder gegen das Grundgesetz noch gegen europäisches Unionsrecht verstößt und auch für Rennwetten gelte. Auch erstrecke sich das in § 4 Abs. 4 und § 5 Abs. 3 GlüStV normierten Internet-Vertriebs- und Internet-Werbeverbote auf private Inhaber einer nach dem Gewerbegesetz der früheren **DDR erteilten** und nach Art. 19 Satz 1 Einigungsvertrag (EV) fortgeltenden **gewerberechtlichen Erlaubnis** zum Betrieb eines Wettbüros für Sportwetten.[91] Einige Gerichte, darunter auch der I. Zivilsenat des BGH sind

33

---

[83] Sehr strittig, vgl. zuletzt: offen gelassen von OLG Stuttgart v. 26.06.2006 - 1 Ss 296/05, wonach derjenige, der Kunden über das Internet die Teilnahme an Sportwetten eines in Österreich konzessionierten Wettbüros ermöglicht, wegen Verbotsirrtum im Einzelfall straflos sein kann; vgl. dagegen VG Hannover v. 19.06.2006 - 10 A 2564/06, wonach es sich um strafbares Verhalten handeln soll, wenn an Wettunternehmen ohne niedersächsische Erlaubnis vermittelt wird; und VG Trier v. 20.06.2006 - 6 L 515/06.TR (n. rkr.).

[84] Sehr strittig, vgl. BGH v. 14.03.2002 - I ZR 279/99 - LM UWG § 1 Nr. 872 (9/2002); im Übrigen: EuGH v. 21.09.1999 - C-124/97 - EuGHE I 1999, 6067-6120; EuGH v. 24.03.1994 - C-275/92 - NJW 1994, 2013-2016, und Anmerkung *Stein*, EuZW 1994, 315-315; *Sura*, NJW 1995, 1470-1472; *Kazemi/Leopold*, MMR 2004, 649-653 m.w.N.

[85] *Habersack* in: MünchKomm-BGB, 5. Aufl. 2009, § 763 Rn. 14.

[86] OLG Hamburg v. 10.01.2002 - 3 U 218/01 - MMR 2002, 471-474.

[87] EuGH v. 15.09.2011 - C-347/09.

[88] *Stögmüller*, K&R 2002, 27-33, 31 ff.

[89] VG Mainz v. 22.03.2010 - 6 K 1135/08.MZ - Aktion Mensch.

[90] Vgl. Pressemitteilung der Europäischen Kommission v. 01.02.2008.

[91] BVerwG v. 01.06.2011 - 8 C 5.10, hierzu mit umfangreichen Nachweisen: *Deisenrot*, jurisPR-BVerwG 17/2011, Anm. 6.

§ 763

dem BVerwG gefolgt[92]; andere Gerichte haben fortgesetzte Zweifel an der Kohärenz des aktuellen Glücksspielstaatsvertrages[93].

34 Festzuhalten bleibt, dass die Rechtslage alles andere als eindeutig ist.[94] Die Unübersichtlichkeit verschärft sich noch dadurch, dass **Schleswig-Holstein** mit der Lizenzvergabe von sieben Lizenzen an private Sportwettenanbieter auf der Grundlage des dortigen Glücksspielstaatsvertrages (GlSpielG SH)[95] auf den bundesdeutschen Glücksspielmarkt begonnen hat.[96] Gem. § 5 des GlSpielG ist der Vertrieb von Sportwetten übers Internet nicht grundsätzlich verboten, sondern ebenso wie Onlinecasinospiele wie Poker, Black Jack, Baccara und Roulette (§§ 18 ff. i.V.m. 3 Abs. 5 GlSpielG SH) genehmigungspflichtig. Ob damit Spielern aus anderen Bundesländern die Teilnahme bei schleswig-holsteinischen Anbietern verboten bleibt, ist zumindest solange fraglich, solange es in den übrigen Bundesländern an einer kohärenten und damit europarechtskonformen Glücksspielregulierung fehlt.[97]

D. Rechtsfolgen

35 Liegt die staatliche Genehmigung vor, sind die Spielverträge verbindlich, ebenso Nebenverträge, d.h. § 762 BGB gilt nicht. Soweit aus dem Vertrag nichts anderes hervorgeht, ist der Veranstalter **zur rechtzeitigen Gewinnermittlung und Gewinnverteilung verpflichtet**. Der auf die nicht abgenommenen Lose entfallende Gewinn verbleibt beim Veranstalter.[98] Wirksam sind dann auch die Hilfsgeschäfte.[99]

36 Liegt die Genehmigung nicht vor, ist der Vertrag wie ein Spiel zu behandeln, d. h. **es fehlt an der klagbaren Durchsetzbarkeit**. Das auf Grund des Vertrags geleistete kann jedoch allein mit der Begründung, dass der Vertrag unverbindlich sei, nicht zurückverlangt werden.

37 Liegt ein strafbares Verhalten gem. den §§ 284, 286 StGB oder ein anderes Verbot i.S.d. § 134 BGB bzw. § 138 BGB vor, greift § 762 BGB nicht. Vielmehr ist der Vertrag sogar **nichtig**.[100] Bei diesem Ergebnis bleibt es selbst dann, wenn eine beantragte Erlaubnis rechtswidrig versagt worden sein sollte.[101] Damit ist eine Rückforderung nach Bereicherungsrecht möglich. Hier ist allerdings ein Ausschluss nach § 817 Satz 2 BGB möglich (vgl. dazu die Kommentierung zu § 762 BGB). Bei der Deutschen Klassenlotterie Berlin handelt es sich beispielsweise um eine Lotterie i.S.d. § 286 StGB und nicht um ein Glücksspiel i.S.v. § 284 StGB.[102]

38 Für Mängel des gewonnen Gegenstands gilt das **Kaufgewährleistungsrecht**, während die Form des Kaufvertrages, z.B. § 311b BGB, für diesen Gegenstand nicht gewahrt sein muss.[103] Sollte der Veranstalter jedoch auf letzteres zurückgreifen wollen, um sich seiner Verpflichtung zu entziehen, macht er

---

[92] BGH v. 28.09.2011 - I ZR 189/08; I ZR 92/09; I ZR 93/10; I ZR 30/10 - Sportwetten im Internet; VG Hamburg v. 04.01.2011 - 4 K 262/11; Bayerischer Verwaltungsgerichtshof München v. 19.07.2011 - 10 CS 10.1923.

[93] Verwaltungsgericht Gelsenkirchen, Urteil v. 01.12.2011 - 19 K 5350/10; OVG Münster v. 29.09.2011 - 4 A 17/08; VG Kassel v. 11.04.2012 - 4 K 692/11.KS.

[94] Eine gute Übersicht über die Vielzahl immer neuer und teilweiser widersprüchlicher Urteile findet sich unter: www.gluecksspiel-und-recht.de/urteile-2.html (abgerufen am 27.09.2012).

[95] Glücksspielstaatsvertrag vom 25.01.2011 im Internet unter: https://gluecksspiel.uni-hohenheim.de/fileadmin/einrichtungen/gluecksspiel/Staatsvertrag/Gluecksspielgesetz_SH.pdf (abgerufen am 27.09.2012).

[96] Die Welt Online v. 23.05.2012 „Vier weitere Lizenzen für private Sportwettenanbieter, im Internet unter: www.welt.de/newsticker/dpa_nt/regioline_nt/hamburgschleswigholstein_nt/article106368682/Vier-weitere-Lizenzen-fuer-private-Sportwettenanbieter.html (abgerufen am 27.09.2012).

[97] Vgl. hierzu *Heeg/Levermann*, MMR 2012, 20, 24 m.w.N.

[98] *Sprau* in: Palandt, § 763 Rn. 2.

[99] Vgl. die Kommentierung zu § 762 BGB; *Seiler* in: Erman, Handkommentar BGB, 10. Aufl. 2000, § 763 Rn. 6.

[100] RG v. 07.12.1926 - II 203/26 - RGZ 115, 319-332; *Seibert* in: BGB-RGRK, Rn. 18; *Sprau* in: Palandt, § 763 Rn. 5; *Planck*, BGB, Anm. 10; *Janoscheck* in: Bamberger/Rot, Beck'scher Online-Kommentar BGB, § 763 Rn. 7. Nach Auffassung des OLG Hamm v. 24.09.2009 - 18 U 210/08 war ein im Jahre 2006 abgeschlossener Wettvermittlungsvertrag wegen der bis 31.12.2007 bestehenden Unsicherheit über die rechtliche Zulässigkeit von Sportwetten ohne staatliche Genehmigung wirksam.

[101] BGH v. 14.03.2002 - I ZR 279/99 - LM UWG § 1 Nr. 872 (9/2002).

[102] OLG Braunschweig v. 10.09.1954 - Ss 128/54 - NJW 1954, 1777-1780.

[103] OLG Nürnberg v. 27.10.1961 - 2 V 81/65 - OLGZ 1966, 278, MDR 1966, 503; *Häuser* in: Soergel, § 763 Rn. 6; a.A. *Habersack* in: MünchKomm-BGB, 5. Aufl. 2009, § 763 Rn. 15.

sich schadensersatzpflichtig.[104] Der Bezirksleiter einer Lottogesellschaft haftet als Erfüllungsgehilfe der Gesellschaften den Spielteilnehmern nicht für den Schaden, der diesen infolge des Verlustes von Spielscheinen auf dem Transport von der Annahmestelle zur Lottozentrale entsteht.[105]

Anwendbares Recht: Bei Lotterieanbietern, die ihren Sitz nicht in Deutschland haben, stellt sich die Frage der Anwendbarkeit deutschen Rechts. Falls der Lotterievertrag keine Rechtswahlklausel enthält und damit nicht Art. 27 EGBGB unterliegt, ist gem. Art. 28 Abs. 1 Satz 1 EGBGB festzustellen, mit **welchem Staat der Vertrag die engste Bindung** aufweist. Damit gilt grundsätzlich das Recht des Staates, in dem der Veranstalter niedergelassen ist.[106] 39

Soweit deutsche Verbraucher ein ausländisches Spielangebot nutzen, ist die Anwendbarkeit zwingender verbraucherschutzrechtlicher Normen über Art. 29, 29a EGBGB sichergestellt. Insbesondere eine (nach ausländischem Recht begründete) Spielverbindlichkeit verstößt gegen den **deutschen ordre public** und ist damit **nicht durchsetzbar**.[107] 40

E. Prozessuale Hinweise

Das Vorliegen einer wirksamen und gültigen Genehmigung ist von demjenigen darzulegen und zu beweisen, der sich hierauf beruft. Der Einwand der fehlenden Geschäftsfähigkeit infolge **krankhafter Spielsucht** eines Spielbankbesuchers ist, wie alle anderen Einwendungen gegen die Verbindlichkeit eines mit einem genehmigten Lotterieveranstalter abgeschlossenen Vertrages, von diesem darzulegen und zu beweisen.[108] 41

F. Arbeitshilfen

I. Hinweise zu Vertragsklauseln

Die §§ 305 ff. BGB sind anwendbar, da die Verträge mit dem Teilnehmer privatrechtlicher Natur sind.[109] Amtliche Teilnahmebedingungen sind also schlicht AGBs im üblich verstandenen Sinne und zwar auch dann, wenn sie auf landesrechtliche Regelungen zurückzuführen sind.[110] Nach der landesrechtlich fortgeltenden Spielbankverordnung vom 27.07.1938 dürfen Spielbanken gemäß § 1 Abs.1 Nr. 2 Spielbankverordnung **keinen Lotterievertrag mit einem Ortsansässigen** schließen. Ein dennoch geschlossener Vertrag ist gem. § 134 BGB unwirksam. 42

Ein vollständiger **Ausschluss des Rechtswegs** in versteckten Hinweisen auf aufgestellten Tafeln verstößt zumindest gegen das Überraschungsverbot (§ 305c Abs. 1 BGB), wenn die zuvor per Zeitungsanzeige veröffentlichten Spielbedingungen einen solchen Hinweis nicht enthalten haben und kann im Übrigen vertraglich nur vereinbart werden, wenn er auf dem völlig freien Willen gleichberechtigter Partner beruht.[111] Die **formularmäßige Vereinbarung** einer **Schiedsabrede** mit englischer **Rechtswahlklausel** mit einem in der Bundesrepublik geworbenen nicht geschäftserfahrenen Anlageinteressenten und einem englischen Broker über die Durchführung von Börsentermingeschäften ist unzulässig.[112] 43

In Teilnahmebedingungen kann der Vertragsabschluss hinausgeschoben werden.[113] Es kann eine Frist eingeführt werden, nach deren Ablauf der Gewinnanspruch erlischt.[114] Eine **Ausschlussfrist** von 13 Wochen bzw. 3 Monaten[115] für Ansprüche aus der Spielteilnahme kann wirksam in die Teilnahme- 44

---

[104] OLG Nürnberg v. 27.10.1961 - 2 V 81/65 - OLGZ 1966, 278, MDR 1966, 503.
[105] OLG Celle v. 26.11.1985 - 20 U 40/85.
[106] Art. 28 Abs. 2 Satz 2 EGBGB; *Mankowski*, CR 1999, 512-523, 514.
[107] *Heldrich* in: Palandt, EGBGB Art. 6 Rn. 16; OLG Hamm v. 29.01.1997 - 31 U 145/96 - NJW-RR 1997, 1007-1008; *Mankowski*, CR 1999, 512-523, 514.
[108] LG Baden-Baden v. 17.04.1998 - 2 O 21/96 - WM 1998, 1685-1688.
[109] BayVerfGH, DÖV 1964, 111, BB 1964, 326.
[110] *Habersack* in: MünchKomm-BGB, 5. Aufl. 2009 Rn. 16.
[111] LG Frankfurt (Oder) v. 27.01.2004 - 6a S 121/03 - ZfWG 2006, 314-315.
[112] OLG Düsseldorf v. 08.03.1996 - 17 U 179/95; OLG Düsseldorf v. 26.05.1995 - 17 U 240/94; zust. von *Selle/Kretschmer*, ZfWG 2006, 294-301.
[113] *Ulmer* in: Brandner/Hensen/Schmidt u.a., AGB-Gesetz, 9. Aufl. 2001, Anh. §§ 9-11, Rn. 481.
[114] BGH v. 26.06.1990 - VI ZR 233/89 - LM Nr. 29 zu § 637 RVO; a.A. *Wolf* in: Horn/Lindacher/Wolf, AGB-Gesetz, 4. Aufl. 1999, AGB § 23 Rn. 230.
[115] OLG Celle v. 26.11.1985 - 20 U 40/85.

45 AGB-Regelungen in staatlich genehmigten Lotterie- und Ausspielverträgen, welche die **Haftung auf Vorsatz und grobes Verschulden** reduzieren, sind nicht nach § 309 Nr. 7b BGB verboten, sofern sie sich auf spieltypische Risiken beziehen.[118] Ferner kann die Haftungsreduzierung auch auf den Bereich der c.i.c. (§ 311 Abs. 2 BGB) ausgedehnt werden.[119]

bedingungen aufgenommen werden[116] und umfasst im Zweifel auch Ersatzansprüche wegen des Verlustes von Lottoscheinen auf dem Transport von der Annahmestelle zur Lottozentrale.[117]

46 Nach richtiger Auffassung (vgl. zum Meinungsstand die Kommentierung zu § 312d BGB Rn. 110) ist das **Verbraucherwiderrufsrecht** bei allen Spielverträgen mit spekulativen Elementen ausgeschlossen, vgl. § 312d Abs. 1 Satz 1 BGB i.V.m. § 355 BGB. Zum Schutz des Verbrauchers vor Vertragsabschlüssen per Telefon bleibt es nunmehr bei dem Widerrufsrecht, sofern es nicht bereits nach § 312d Abs. 3 BGB erloschen ist, wenn der Verbraucher seine Vertragserklärung telefonisch abgegeben hat.[120]

47 **Gewerbliche Spielevermittler** haben gem. § 19 Nr. 1 Satz 2 GlüStV die Spieler vor Vertragsabschluss in Textform klar und verständlich auf den für die Spielteilnahme an den Veranstalter weiterzuleitenden Betrag hinzuweisen sowie ihnen unverzüglich nach Vermittlung des Spielauftrages den Veranstalter mitzuteilen, andernfalls handeln sie wettbewerbswidrig.[121]

48 Weitere umfangreiche Checklisten und Vertragsklauseln finden sich bei *Bahr*.[122]

II. Wettbewerbsrecht

49 Die ungenehmigte Veranstaltung von Glücksspielen, öffentlichen Lotterien und Ausspielungen und der Werbung hierfür ist nach sehr umstrittener, wohl überwiegender Auffassung gem. §§ 284, 287 StGB verboten und erfüllt den Tatbestand des § 4 Nr. 11 UWG, da es sich bei dieser Vorschrift um eine **wertbezogene Norm mit unmittelbar wettbewerbsregelndem Charakter** handelt.[123] Ein solcher Verstoß liegt auch vor, wenn eine beantragte Erlaubnis rechtswidrig versagt worden sein sollte.[124] Darüber hinaus können Verstöße gegen die Vorgabe des GlüStV zu wettbewerbsrechtlichen Unterlassungsansprüchen gem. § 4 Nr. 11 UWG führen.[125]

50 Grundsätzlich hat sich der Gewerbetreibende Kenntnis über die Rechtslage zu verschaffen, wobei er im Einzelfall durchaus entschuldigt sein kann.[126] § 284 StGB ist auf die in **der Zeit vor** dem Sportwetten-Urteil des Bundesverfassungsgerichts vom 28.03.2006[127] ohne Vorliegen einer behördlichen Genehmigung betriebene gewerbliche Vermittlung von Sportwetten aus verfassungsrechtlichen Gründen nicht anwendbar; d.h. entsprechendes Verhalten bleibt auch in der Übergangszeit zwischen 28.03.2006 und den 31.12.2007 straflos[128]. Dem folgend hat der I. Zivilsenat des BGH entschieden, dass das Anbieten, Veranstalten oder Vermitteln von Sportwetten oder ohne (deutsche) behördliche Genehmigung **vor dem 28.03.2006 kein** nach den §§ 3, 4 Nr. 11 UWG, **unzulässiges Handeln im Wettbewerb** darstellt.[129] Da die Gerichte die Zulässigkeit aus der Tatsache der Europarechtswidrigkeit des alten Staatsvertrages zum Lotteriewesen in Deutschland[130] abgeleitet haben, können entsprechende Verstöße auch

---

[116] BGH v. 21.03.1991 - III ZR 94/89 - LM Nr. 32 zu § 3 AGBG.
[117] OLG Celle v. 26.11.1985 - 20 U 40/85.
[118] *Ulmer* in: Brandner/Hensen/Schmidt u.a., AGB-Gesetz, 9. Aufl. 2001, Anh. §§ 9-11, Rn. 481.
[119] Vgl. OLG Celle v. 26.11.1985 - 20 U 40/85 - NJW-RR 1986, 833-834; *Ulmer* in: Brandner/Hensen/Schmidt u.a., AGB-Gesetz, 9. Aufl. 2001, Anh. §§ 9-11, Rn. 483.
[120] Die Ausnahme in § 312d Abs. 4 Nr. 4 HS. 2 BGB wurde mit Wirkung zum 04.08.2009 durch Art. 1 Abs. 2 lit. b bb des Telefonwerbungsbekämpfungsgesetzes eingefügt.
[121] Vgl. OLG Düsseldorf v. 06.06.2007 - VI-U (Kart) 26/06 zur Vorgängernorm im LotStV.
[122] *Bahr*, Glücks- und Gewinnspielrecht, 2. Aufl. 2007, Seite 191 ff.; im Internet unter: www.gewinnspiel-und-recht.de/download/bahr-gluecksspiel-gewinnspiel-recht-checkliste.pdf (abgerufen am 27.09.2012).
[123] Vgl. BGH v. 11.10.2001 - I ZR 172/99 - LM UWG § 1 Nr. 862 (5/2002); *Link* in: jurisPK-UWG, 2. Aufl. 2009, § 4 Nr. 11 Rn. 222 ff.; *Köhler* in: Köhler/Bornkamm, Gesetz gegen den unlauteren Wettbewerb UWG, 30. Aufl. 2012, § 4 UWG Rn. 11.178 m.w.N.
[124] BGH v. 14.03.2002 - I ZR 279/99 - LM UWG § 1 Nr. 872 (9/2002).
[125] Vgl. *Link* in: jurisPK-UWG, 2. Aufl. 2009, § 4 Nr. 11 Rn. 222 ff.
[126] Vgl. BGH v. 11.10.2001 - I ZR 172/99 - LM UWG § 1 Nr. 862 (5/2002).
[127] BVerfG v. 28.03.2006 - 1 BvR 1054/01.
[128] BGH v. 16.08.2007 - 4 StR 62/07 - WRP 2007, 1363 = NJW 2007, 3078 Tz. 12, 20; OLG München v. 17.06.2008 - 5St RR 28/08.
[129] BGH v. 28.09.2011 - I ZR 189/08 - Sportwetten im Internet; BGH v. 14.02.2008 - I ZR 207/05 - Oddset.
[130] Vgl. hierzu *Ohlmann*, WRP 2005, 48-68, 54 ff.

für die vom BVerfG gebilligte Übergangszeit **bis 31.12.2007** keine Straf- und/oder Wettbewerbswidrigkeit rechtfertigen.[131]

Für die Zeit ab dem **01.01.2008** ist das Anbieten und/oder Bewerben von Sportwetten im Internet im Gebiet der Bundesrepublik Deutschland, die nicht durch ein Bundesland behördlich erlaubt wurden, wettbewerbswidrig.[132]

51

Der Glücksspielstaatsvertrag sieht neben dem Verbot, mit ausgeschütteten Gewinnen zu werben, zahlreiche weitere Einschränkungen bei der Werbung vor.[133] Nach Auffassung des OLG München handelt ein Lottoanbieter wettbewerbswidrig, wenn er mit den Aussagen „Spiel mit" und „Lotto ... Aktueller Jackpot: ca. 18 Mio. Euro ..." wirbt. Denn gem. § 5 Abs. 1 GlüStV muss sich **Werbung für öffentliches Glücksspiel** zur Vermeidung eines Aufforderungscharakters bei Wahrung des Ziels, legale Glücksspielmöglichkeiten anzubieten, auf eine Information und Aufklärung über die Möglichkeit zum Glücksspiel beschränken.[134] Die bis in die jüngste Vergangenheit äußerste beliebte Form bekannter ausländischer Glücksspielanbieter, in Deutschland unter ihrem Firmennamen **für kostenlose Internetpokerseiten** zu werben, ist von den Gerichten mittlerweile als unzulässige verschleierte Werbung für Glücksspielanbieter angesehen worden.[135]

52

III. Steuerrechtliche Fragen

Im Inland veranstaltete öffentliche Lotterien, Ausspielungen und Oddset-Wetten können der Lotteriesteuer gem. § 17 RennwLottG unterliegen.[136] Glücksspiele wie Roulette oder Sportwetten, die weder Lotterien noch Ausspielungen sind, unterliegen nicht der **Lotteriesteuer**.[137] Auch Kettenbriefaktionen unterfallen nicht der Lotterie.[138] Gewerbliche Vermittler von Lotto-Spielgemeinschaften können zur Abführung von Lotteriesteuer verpflichtet sein.[139] Die Finanzämter scheinen in jüngerer Zeit mit besonderem Interesse die Telefongewinnspiele der Fernsehanstalten mit gebührenpflichtigen 0190-Telefonnummern der Lotteriesteuerpflicht zu unterziehen.[140] Die Umsätze aus dem Betrieb von Geldspielautomaten sind aus gemeinschaftlichen Gründen[141] **umsatzsteuerfrei**, ebenso die Umsätze, die der Rennwett- und Lotteriesteuer unterliegen und tatsächlich besteuert werden, vgl. § 4 Nr. 9 lit. b UStG.[142] Voraussetzung ist aber die Einräumung einer echten Geldgewinnchance, d.h. der Gewinn muss auszahlbar sein.[143] Umsätze eines gewerblichen Betreibers von Geldspielautomaten unterliegen hingegen der Umsatzsteuer.[144] Im **europäischen Ausland** erzielte Lotteriegewinne dürfen steuerlich nicht anders behandelt werden als im Inland erzielte Gewinne. Andernfalls liegt eine Verletzung der durch Artikel 49 EG geschützten Dienstleistungsfreiheit vor. Eine solche Diskriminierung kann zwar aus zwingenden Gründen des Gemeinwohls gerechtfertigt sein. Dafür muss allerdings eine Gefährdung des Gemeinwohls nachgewiesen werden.[145] Die Bundesregierung plant die Verabschiedung eines einheitlichen, europarechtskonformen Gesetzes für die Besteuerung von Gewinn- und Geschicklichkeitsspielen. Der Gesetzentwurf, der auch die Umsatzsteuer einheitlich regeln will, ist seit längerer Zeit veröffentlicht,[146] wird aber aktuell wohl nicht weiterverfolgt.[147]

53

---

[131] Vgl. BGH v. 18.11.2010 - I ZR 168/07; für die RS der Strafgerichte, vgl. LG München II v. 07.12.2007 - 7 S 18/07; LG Gießen v. 12.10.2007 - Qs 78/07; AG Erlangen v. 28.09.2007 - I DS 905 - JS 148029; AG München v. 06.09.2007 - 1125 Cs 307 - JS 36189; OLG Hamburg v. 05.07.2007 - 1 Ws 61/07.

[132] BGH v. 28.09.2011 - I ZR 189/08; I ZR 92/09; I ZR 93/10; I ZR 30/10 - Sportwetten im Internet.

[133] Vgl. z.B. LG Koblenz v. 23.12.2008 - 4 HK.O 133/08.

[134] OLG München v. 22.04.2008 - 29 W 1211/08; großzügiger aber BGH v. 16.12.2010 - I ZR 149/08, wonach es Lottogesellschaften nicht generell verboten ist, hohe Gewinne (hier über 10 Mio. €) anzukündigen.

[135] LG Hamburg v. 05.03.2010 - 406 O 43/09; VG München v. 07.09.2009 - M 22 S 09.3403.

[136] Diese ist nach Ansicht des BFH v. 22.03.2005 - II B 14/04 - juris Rn. 36 ff. nicht verfassungswidrig.

[137] BFH v. 10.07.1968 - II 94/63 - BB 1968, 1422; BFH v. 19.06.1996 - II R 29/95 - BFH/NV 1997, 68-70.

[138] BFH v. 02.02.1977 - II R 11/74 - BFHE 121, 534-538.

[139] BFH v. 02.04.2008 - II R 4/06; FG Köln v. 16.11.2005 - 11 K 3095/04.

[140] *Sensburg*, BB 2002, 126-129.

[141] Vgl. EuGH v. 17.02.2005 - C-453/02.

[142] Diese Regelung ist nicht europarechtswidrig, vgl. EuGH v. 10.06.2010 - C-58/09 - Leo-Libera GmbH.

[143] BFH v. 29.05.2008 - V R 7/06 - Umsätze mit Token-Geräten.

[144] BFH v. 10.11.2010 - XI R 79/07.

[145] EuGH v. 13.11.2003 - C-42/02 - IStR 2003, 853-854.

[146] BT-Drs. 16/1032 im Internet unter: http://dipbt.bundestag.de/extrakt/ba/WP16/43/4390.html (abgerufen am 27.09.2012).

[147] Vgl. zur steuerlichen Behandlung von Glücksspielen: *Kahle*, ZfWG 2006, 45-52.

§ 764 BGB Differenzgeschäft (weggefallen)

(Fassung vom 02.01.2002, gültig ab 01.01.2002, gültig bis 30.06.2002)

Wird ein auf Lieferung von Waren oder Wertpapieren lautender Vertrag in der Absicht geschlossen, dass der Unterschied zwischen dem vereinbarten Preis und dem Börsen- oder Marktpreis der Lieferungszeit von dem verlierenden Teil an den gewinnenden gezahlt werden soll, so ist der Vertrag als Spiel anzusehen. Dies gilt auch dann, wenn nur die Absicht des einen Teils auf die Zahlung des Unterschieds gerichtet ist, der andere Teil aber diese Absicht kennt oder kennen muss.

1 § 764 BGB in der Fassung vom 21.06.2002 ist durch Art. 9 Nr. 2 des Gesetzes vom 21.06.2002 – BGBl I 2002, 2010 – mit Wirkung vom 01.07.2002 weggefallen.

Titel 20 - Bürgschaft

§ 765 BGB Vertragstypische Pflichten bei der Bürgschaft

(Fassung vom 02.01.2002, gültig ab 01.01.2002)

(1) Durch den Bürgschaftsvertrag verpflichtet sich der Bürge gegenüber dem Gläubiger eines Dritten, für die Erfüllung der Verbindlichkeit des Dritten einzustehen.

(2) Die Bürgschaft kann auch für eine künftige oder eine bedingte Verbindlichkeit übernommen werden.

Gliederung

A. Grundlagen 1	d. Widerlegbare Vermutung 42
B. Anwendungsvoraussetzungen 4	e. Bürgschaft von Gesellschaftern 43
I. Die Rechtsverhältnisse zwischen den Beteiligten 4	f. Abschließende Bewertung 44
1. Gläubiger und Schuldner 4	g. Rechtsfolgen 46
2. Gläubiger und Bürge 7	h. Bürgschaftsähnliche Mithaftung 47
3. Bürge und Schuldner 11	IV. Pflichten des Gläubigers 48
II. Voraussetzungen der Bürgschaft 13	V. Pflichten des Bürgen 50
1. Vertragsverhältnis 13	VI. Beendigung der Bürgschaft 52
2. Zustandekommen des Vertrags 16	VII. Arten der Bürgschaft 54
3. Inhalt und Auslegung 21	1. Nachbürgschaft 55
4. Form 25	2. Rückbürgschaft 56
5. Akzessorietät 26	3. Ausfallbürgschaft 57
6. Haustürgeschäft und Verbraucherschutz 29	4. Höchstbetragsbürgschaft 58
III. Einwendungen und Einreden 30	5. Prozessbürgschaft 59
1. System der Gegenrechte 30	6. Bürgschaft auf erstes Anfordern 60
2. Bürgschaft vermögensloser Personen 33	VIII. Abgrenzung zu anderen Personalsicherheiten 62
a. Ausgangspunkt 34	IX. Die Bürgschaft in der Insolvenz 65
b. Voraussetzungen der Inhaltskontrolle 35	**C. Internationales Privatrecht** 66
c. Die Angehörigenbürgschaft 40	**D. Steuerrecht** 67

A. Grundlagen

Die Bürgschaft stellt ein Kreditsicherungsinstrument dar. Sie beinhaltet die persönliche Haftung des Bürgen für eine fremde Schuld. Diese persönliche Haftung ist an keinen Sicherungsgegenstand geknüpft. Daher handelt es sich bei der Bürgschaft um eine Form der Personalsicherheit im Gesamtsystem der Kreditsicherheiten. Alle anderen im Gesetz geregelten Kreditsicherheiten (Hypothek, Grundschuld, Pfandrecht) sind Realsicherheiten. **1**

In der Wirtschaftspraxis kennt man eine größere Anzahl von Personalsicherheiten (z.B. Schuldbeitritt, Garantie, Patronatserklärung; im Einzelnen vgl. Rn. 62). Die Bürgschaft ist aber die einzige vom Gesetzgeber selbst geregelte Personalsicherheit. Da Gegenstand der Bürgschaft die persönliche Haftung einer Person und nicht der Wert einer Sache oder eines Rechts ist, kommt der Bonität des Bürgen für den Wert der Bürgschaft entscheidende Bedeutung zu. In der Wirtschaftspraxis sind Bürgschaften in verschiedenen Formen außerordentlich häufig und sehr bedeutsam. Auch in der Rechtspraxis spielt die Bürgschaft eine enorme Rolle. Trotz der vom Gesetzgeber vorgegebenen Regelung hat die Rechtsprechung auf die Ausgestaltung der Bürgschaft einen außerordentlich tief greifenden Einfluss genommen. Die Zahl der höchstrichterlichen Urteile zur Bürgschaft in den vergangenen 10 Jahren ist nahezu unüberschaubar groß. **2**

Den wohl wichtigsten Einfluss auf die praktische Ausgestaltung der Bürgschaft hat ein berühmter Beschluss des BVerfG vom 19.10.1993 ausgeübt[1]. Diese Entscheidung hat den Bereich privatautonomer Gestaltung im Bürgschaftsrecht deutlich zurückgedrängt. Letztlich hat die verfassungsgerichtliche Entscheidung auf alle Bereiche des Bürgschaftsrechts einen kaum zu überschätzenden Einfluss ausgeübt (im Einzelnen vgl. Rn. 33). **3**

---

[1] BVerfG v. 19.10.1993 - 1 BvR 567/89, 1 BvR 1044/89 - NJW 1994, 36-39.

B. Anwendungsvoraussetzungen

I. Die Rechtsverhältnisse zwischen den Beteiligten

1. Gläubiger und Schuldner

4 Der Normwortlaut des § 765 Abs. 1 BGB spricht davon, dass der Bürge sich dem Gläubiger gegenüber für die Erfüllung der Verbindlichkeit eines Dritten verpflichtet. Dieser Dritte ist der Schuldner oder genauer der Hauptschuldner. Voraussetzung jeder Bürgschaft ist also das Bestehen einer konkreten schuldrechtlichen Verpflichtung des Hauptschuldners gegenüber dem Gläubiger. Dabei muss der Gläubiger der Hauptverbindlichkeit gegenüber dem Schuldner identisch sein mit dem Gläubiger der Bürgschaftsforderung.[2] Der Inhalt der Hauptschuld kann theoretisch jede vermögensrechtliche Verbindlichkeit sein.[3] In der Regel handelt es sich freilich um eine Geldschuld. Das Gesetz geht aber nicht zwingend von reinen Geldschulden aus. Daher könnte durch eine Bürgschaft auch jeder andere Anspruch auf eine vertretbare oder nicht vertretbare Leistung durch Bürgschaft abgesichert werden. Ohne Bedeutung ist weiterhin der Rechtsgrund zwischen Gläubiger und Hauptschuldner, auf dem die gesicherte Hauptschuld beruht. Es kommt jeder vertragliche Anspruch, jeder Anspruch aus einseitigem Rechtsgeschäft, jeder gesetzliche Anspruch, selbst öffentliche Ansprüche in Betracht. Allein entscheidend ist, dass die Hauptschuld wirksam entstanden ist und noch besteht. Nicht möglich ist daher eine Bürgschaftsverpflichtung für eine sittenwidrige und daher nichtige Hauptschuld. Ist die Hauptschuld verjährt, so ist eine hierfür eingegangene Bürgschaft zwar weiterhin wirksam, der Bürge kann sich aber gem. § 768 BGB auf die Verjährung berufen. Die Regelung des § 216 Abs. 1 BGB gilt nicht für die Bürgschaft, sondern nur für Realsicherheiten[4]. Im Einzelnen vgl. die Kommentierung zu § 768 BGB Rn. 13.

5 Handelt es sich bei der Hauptschuld um eine unvollkommene Verbindlichkeit (vgl. § 762 BGB), so ist auch die hierfür eingegangene Bürgschaft eine unvollkommene Verbindlichkeit.

6 Ist die Hauptschuld wegen eines Formmangels nichtig, kann der Formmangel jedoch geheilt werden, so wird eine für diese Hauptschuld eingegangene Bürgschaft ohne Rückwirkung im Zeitpunkt der Heilung wirksam; die Bewirkung der Leistung durch den Bürgen führt jedoch keine Heilung herbei.

2. Gläubiger und Bürge

7 Zwischen dem Gläubiger und dem Bürgen besteht ein eigenständiger Bürgschaftsvertrag. Beide Parteien sind also selbständige Vertragsparteien eines schuldrechtlichen Vertrags, der nicht von dem Verhältnis zwischen dem Bürgen und dem Hauptschuldner abhängt. Eine Abhängigkeit zum Verhältnis zwischen Gläubiger und Hauptschuldner besteht durch die Akzessorietät (im Einzelnen vgl. Rn. 26).

8 Zwar ist die Bürgschaft eine einseitige Verpflichtung des Bürgen gegenüber dem Gläubiger. Eine Gegenleistung und damit eine echte Hauptpflicht des Gläubigers gegenüber dem Bürgen existiert nicht. Dennoch hat der Gesetzgeber die Bürgschaft als echtes Vertragsverhältnis ausgestaltet, wie bereits der Wortlaut des § 765 Abs. 1 BGB ausweist. Im Rahmen der unterschiedlichen Verträge ist deshalb die Bürgschaft kein gegenseitiger Vertrag, sondern ein einseitig verpflichtender Vertrag. Daran ändert es nichts, dass zwischen Gläubiger und Bürgen ein umfangreiches Vertragsverhältnis auch im Sinne eines gegenseitigen Vertrages bestehen kann. Die Verpflichtung des Bürgen könnte in diesem Falle ein (selbständiger) Bestandteil des gesamten Vertragsverhältnisses zwischen Gläubiger und Bürgen sein.[5] Das gesamte Vertragsverhältnis wäre in diesem Falle nicht mehr nur einseitig verpflichtender Natur. Die Bürgschaftsverpflichtung als solche kann aber nicht in einem unmittelbaren Gegenseitigkeitsverhältnis stehen.

9 Beim Bürgschaftsvertrag handelt es sich nicht um einen unentgeltlichen Vertrag im Sinne einer Schenkung. Bereits der auf Grund der Zahlung des Bürgen zwingende gesetzliche Forderungsübergang i.S.v. § 774 Abs. 1 BGB verhindert die Annahme eines rein unentgeltlichen Rechtsverhältnisses. Dagegen kann die Eingehung einer Bürgschaft im Verhältnis zwischen Bürgen und Hauptschuldner eine Schenkung darstellen.

---

[2] BGH v. 03.04.2003 - IX ZR 287/99 - NJW 2003, 2231-2233.
[3] BGH v. 21.03.1989 - IX ZR 82/88 - NJW 1989, 1856-1858.
[4] BGH v. 20.11.1997 - IX ZR 286/96 - NJW 1998, 982; *Ellenberger* in: Palandt, BGB, § 216 Rn. 6.
[5] Vgl. *Habersack* in: MünchKomm-BGB, § 765 Rn. 4-6.

Die Tatsache, dass es sich bei der Bürgschaft um einen selbständigen Vertrag zwischen Gläubiger und Bürgen handelt, führt dazu, dass auf dieses Vertragsverhältnis alle normalen schuldrechtlichen Regelungen des Zustandekommens, der Wirksamkeit und der Durchführung von Verträgen anzuwenden ist. So hat insbesondere eine Bank als Bürgschaftsgläubigerin Nebenpflichten und Obliegenheiten aus dem Vertrag, etwa die Anschrift des Bürgen, auf ihre Richtigkeit zu prüfen.[6]

3. Bürge und Schuldner

Das rechtliche Verhältnis zwischen Bürgen und Hauptschuldner ist im Gesetz nicht angesprochen. Rein theoretisch ist zwischen diesen Personen ein konkretes Rechtsverhältnis nicht erforderlich. In der Praxis wird sich das Verhalten des Bürgen in aller Regel als die Durchführung eines Geschäfts für den Hauptschuldner darstellen. Soweit also zwischen Bürgen und Hauptschuldner eine Vereinbarung auf unentgeltlicher Basis (wie häufig) besteht, liegt ein Auftrag vor (§ 662 BGB). Wäre ausnahmsweise zwischen Schuldner und Bürgen eine Gegenleistung vereinbart, so würde es sich um einen entgeltlichen Geschäftsbesorgungsvertrag i.S.d. § 675 BGB handeln. Ließe sich eine vertragliche Vereinbarung zwischen Bürgen und Hauptschuldner nicht feststellen, so könnte eine Geschäftsführung ohne Auftrag vorliegen (§§ 677 ff. BGB).

Soweit zwischen Bürgen und Hauptschuldner ein Vertragsverhältnis besteht, ist die Formvorschrift des § 766 BGB auf dieses Vertragsverhältnis nicht anzuwenden[7]. Dagegen können sich Formvorschriften aus dem besonderen Verhältnis zwischen Bürgen und Schuldner ergeben. So ist es denkbar, dass der Bürge dem Schuldner gegenüber auf jeden Rückgriff verzichten will und die Übernahme der Sicherheit unentgeltlich verspricht. In einem solchen Falle handelt es sich zwischen Bürgen und Hauptschuldner um ein gem. § 518 Abs. 1 BGB formbedürftiges Schenkungsversprechen[8].

II. Voraussetzungen der Bürgschaft

1. Vertragsverhältnis

Wie bereits dargestellt (vgl. Rn. 7) handelt es sich bei der Bürgschaft zwingend um ein vertragliches Verhältnis. Dies schreibt der Wortlaut von § 765 Abs. 1 BGB vor. Im Einzelnen bedeutet dies, dass die Bürgschaft erst zustande kommt, wenn zwischen Gläubiger und Bürgen wechselseitig überstimmende Willenserklärungen bezüglich der Verpflichtung des Bürgen vorliegen. Darüber hinaus müssen alle übrigen Voraussetzungen eines schuldrechtlichen Vertrags gegeben sein, insbesondere Geschäftsfähigkeit der Beteiligten, Wahrung der Form, inhaltliche Bestimmtheit und (wie schon erwähnt) Übereinstimmung der Willenserklärungen. Da der Hauptpflicht des Bürgen, nämlich der Übernahme der persönlichen Haftung gegenüber dem Gläubiger für die Erfüllung der Verbindlichkeit eines Dritten, nämlich des Hauptschuldners, eine Gegenleistung oder eine ohne Gegenseitigkeit bestehende andere Hauptleistung des Gläubigers nicht gegenübersteht, handelt es sich beim Bürgschaftsvertrag weder um einen gegenseitigen noch um einen unvollkommen zweiseitig verpflichtenden Vertrag. Der Bürgschaftsvertrag ist vielmehr einseitig verpflichtend.

Im Rahmen eines wirksam bestehenden Bürgschaftsvertrages ist die alleinige Anspruchsgrundlage des Gläubigers zur Realisierung der Haftung § 765 Abs. 1 BGB. Weitere Anspruchsgrundlagen des Gläubigers gegen den Bürgen enthält das Gesetz nicht. Darüber hinaus treffen den Bürgen regelmäßig keine Hinweis- und Warnpflichten, auf die der Gläubiger weitere Ansprüche stützen könnte. Im Ausnahmefall zu gewissen Treue- und Schutzpflichten des Bürgen vgl. Rn. 50.

Eine Anspruchsgrundlage des Bürgen gegen den Gläubiger ist im Hinblick auf die fehlende Hauptverpflichtung nicht gegeben. Allerdings können dem Bürgen im Einzelfalle Ansprüche aus Nebenpflichten zustehen. So treffen den Gläubiger gewisse vorvertragliche Verhaltenspflichten, aber auch Aufklärungspflichten und Schuldabwicklungspflichten im Rahmen des bestehenden Bürgschaftsvertrags. Soweit der Gläubiger im Einzelfalle gegen solche Pflichten verstößt, wären für den Bürgen Schadensersatzansprüche gem. den §§ 280 ff. BGB denkbar (im Einzelnen vgl. Rn. 48).

---

[6] BGH v. 23.09.2008 - XI ZR 395/07 - NJW 2009, 587; vgl. zu Nebenpflichten des Gläubigers *Brödermann* in: PWW, § 765 Rn. 55-61.
[7] Wohl h.M., vgl. *Horn* in: Staudinger BGB, § 766 Rn. 3; *Sprau* in: Palandt BGB, § 766 Rn. 2; a.A. *Habersack* in: MünchKomm-BGB, § 765 Rn. 7.
[8] BGH v. 17.12.1954 - V ZR 77/53 - WM 1955, 377.

2. Zustandekommen des Vertrags

16 Voraussetzung der Bürgschaftsverpflichtung ist das Zustandekommen des Vertrags nach allgemeinen vertragsrechtlichen Regelungen. Im Einzelnen bedeutet dies neben dem Vorliegen konkludenter Willenserklärungen zwischen Gläubiger und Bürgen die Wahrung der allgemein für Verträge geltenden Normen, z.B. der §§ 104 ff., 119, 123, 125, 134, 138 BGB usw. Der Vertragsschluss selbst erfolgt nach den §§ 145 ff. BGB ohne Beteiligung des Hauptschuldners. Zur Form dieses Vertrags vgl. Rn. 25. Zum Erfordernis der Akzessorietät, also dem Bestehen der Hauptforderung, vgl. Rn. 26. Speziell zur Anfechtung nach § 119 Abs. 2 BGB vgl. die Kommentierung zu § 768 BGB Rn. 9

17 Im Einzelnen setzt der Vertragsschluss voraus, dass sich der rechtsgeschäftliche Wille beider Seiten auf die Verbürgung hinsichtlich einer konkreten Forderung bezieht. Im Rahmen der Annahme der Bürgschaft ist auch die Anwendung von § 151 BGB möglich. Die Willenserklärungen müssen das Wort Bürgschaft im technischen Sinn nicht enthalten. Der Verbürgungswille kann sich auch durch Auslegung der Erklärungen ergeben. Entscheidend ist dabei der Wille beider Seiten, dass der Bürge für eine fremde Forderung einstehen will, ohne dass er vom Gläubiger eine Gegenleistung erhält.

18 Anwendbar sind weiterhin die §§ 164 ff. BGB. Es können sich also sowohl der Gläubiger als auch der Bürge beim Abschluss des Bürgschaftsvertrags eines rechtsgeschäftlichen Vertreters bedienen. Darüber hinaus sind auch die Regeln der gesetzlichen Vertretung anwendbar.

19 Die Wirksamkeit der Willenserklärung des Bürgen (Angebot zum Abschluss eines Bürgschaftsvertrags) wird nicht dadurch beeinträchtigt, dass in diesem Zeitpunkt die Person des Gläubigers noch nicht bekannt ist. Ebenso wenig ist es schädlich, dass in diesem Zeitpunkt die Hauptverbindlichkeit noch eine künftige oder bedingte ist (vgl. § 765 Abs. 2 BGB). Eine Bürgenverpflichtung entsteht freilich erst dann, wenn aus der künftigen oder bedingten Verbindlichkeit eine gegenwärtige Hauptverpflichtung geworden ist und wenn der unbekannte Gläubiger durch Annahme der Bürgschaft als Person konkretisiert worden ist.

20 Das wirksame Zustandekommen des Bürgschaftsvertrags setzt weiterhin voraus, dass keine Unwirksamkeitsgründe vorliegen. Nach den allgemeinen Regeln dürfen also weder die §§ 104 ff. BGB noch die §§ 125, 134, 138 BGB zu bejahen sein. Darüber hinaus darf der Bürgschaftsvertrag nicht wirksam angefochten oder wegen Fehlens oder Wegfalls der Geschäftsgrundlage beseitigt sein. Von zentraler praktischer Bedeutung im Rahmen der allgemeinen Unwirksamkeitsgründe ist heute § 138 Abs. 1 BGB (vgl. Rn. 33).

3. Inhalt und Auslegung

21 Der Inhalt einer Bürgschaftsverpflichtung besteht in der Kreditsicherung der Hauptschuld durch die Begründung einer neuen eigenen Schuld des Bürgen gegenüber dem Gläubiger. Es entsteht daher keine Gesamtschuld zwischen Hauptschuldner und Bürgen. Anderseits sind Bürge und Hauptschuldner notwendigerweise verschiedene Personen, während der dem Bürgen und dem Hauptschuldner gegenüberstehende Gläubiger in zwingender Weise ein und dieselbe Person sein muss.

22 Der Inhalt dieser neu begründeten Bürgenschuld bedarf im Einzelfalle der Auslegung nach allgemeinen Regeln. Dies setzt vor allem voraus, dass sich im Rahmen einer solchen Auslegung im Einzelnen klären lässt, auf welche Hauptschuld sich der Verbürgungswille bezieht und wer die Personen des Hauptschuldners und des Gläubigers sind. Die Bedeutung dieses sog. Bestimmtheitsgrundsatzes ist in den vergangenen Jahren mehr und mehr gewachsen. Neben der genauen Festlegung der Personen und des Umfangs der Bürgenverpflichtung sichert der Grundsatz der Bestimmtheit auch die genaue Festlegung des Sicherungszwecks.[9] In Verbindung mit dem Schutzzweck und der Warnfunktion der Formvorschriften des § 766 BGB kann darüber hinaus das Bestimmtheitserfordernis den Bürgen vor unüberschaubaren und unkontrollierbaren Belastungen bewahren. Der Bezug der Bürgschaftserklärung im Hinblick auf Inhalt und Umfang der gesicherten Hauptschuld wird daher in der Praxis auch als sog. Zweckerklärung bezeichnet. Durch sie ergibt sich, welche konkrete Forderung als Hauptschuld gemeint ist, in welcher Höhe die Hauptschuld besteht, inwieweit zusammen mit der Hauptschuld Nebenansprüche (z.B. Zinsen) oder Surrogate von der Haftung umfasst sind. Im Einzelfall kann vom Zweck der Bürgschaft auch auf ihren Umfang durch Auslegung geschlossen werden.[10]

---

[9] BGH v. 01.07.2003 - XI ZR 363/02 - BGHReport 2003, 1075-1076.
[10] BGH v. 25.01.1967 - VIII ZR 173/64 - NJW 1967, 824; BGH v. 12.02.1987 - III ZR 178/85 - NJW 1987, 2076-2078.

Nicht ausreichend ist daher im Einzelfall, wenn die Bürgschaft für eine Hauptverbindlichkeit ohne sachliche oder inhaltliche Begrenzung eingegangen ist. Nicht zulässig ist es insbesondere, eine Bürgschaft formularmäßig auf alle bestehenden und künftigen Verbindlichkeiten des Schuldners aus einer bestimmten Geschäftsbeziehung gegen den Gläubiger auszudehnen.[11] Dies muss selbst dann gelten, wenn es sich um eine Höchstbetragsbürgschaft handelt, bei der eine Obergrenze festgesetzt ist.[12] Ähnlich unzulässig ist es, im Rahmen einer Bürgschaft für einen Kontokorrentkredit eine Erweiterung auf unbestimmte zusätzliche Überziehungen zu vereinbaren.[13] Abweichende Grundsätze gelten im Falle der Bürgschaft eines Geschäftsführers oder Gesellschafters für den Fall, dass Hauptschuldnerin die Gesellschaft selbst ist. In solchen Fällen sind weite und generelle Zweckerklärungen zulässig[14]. 23

Unzulässig ist es ferner, wenn die Haftung des Bürgen formularmäßig über die konkret festgelegte Hauptschuld hinaus erweitert wird, die Anlass der Verbürgung war. Diese sog. **Anlassrechtsprechung** verhindert also, dass eine Erweiterung der Bürgenhaftung über eine konkret festgelegte Hauptverbindlichkeit hinaus erfolgt.[15] 24

4. Form

Voraussetzung für die Wirksamkeit eines Bürgschaftsvertrags ist die Einhaltung der Form des § 766 Satz 1 BGB. Danach ist Schriftform nach allgemeinen Regeln (§ 126 Abs. 1 BGB) vorgeschrieben. Formbedürftig ist allerdings, nach dem Gesetzeswortlaut, nur die Erteilung der Bürgschaftserklärung durch den Bürgen. Die Annahme der Bürgschaft durch den Gläubiger ist dagegen formfrei. Zu den Einzelheiten der Form und ihrer Bedeutung vgl. die Kommentierung zu § 766 BGB. 25

5. Akzessorietät

Neben dem Vorliegen eines wirksamen Vertragsschlusses und der Wahrung der Form ist dritte und letzte Voraussetzung für die Wirksamkeit des Bürgschaftsvertrags das Bestehen einer gesicherten Hauptschuld, sog. Akzessorietät. Dieser Grundsatz der Akzessorietät ergibt sich insbesondere aus § 767 BGB. Der Grundsatz besagt, dass eine Hauptforderung, auf die sich die Bürgschaftserklärung bezieht, wirksam entstanden sein muss und dass sie auch noch besteht. Zwar kann sich die Bürgschaft nach dem ausdrücklichen Gesetzeswortlaut auch auf eine künftige oder eine bedingte Verbindlichkeit beziehen (§ 765 Abs. 2 BGB), damit ist aber nur zum Ausdruck gebracht, dass rechtsgeschäftliches Handeln unter Bezug auf künftige oder bedingte Verbindlichkeiten möglich ist. Über die endgültige Wirksamkeit der Rechtsgeschäfte sagt die Norm nichts. Es ist daher heute allgemein anerkannt, dass eine Bürgschaft, die für eine künftige oder eine bedingte Hauptschuld erklärt wird, schwebend unwirksam ist. Soweit der Gläubiger in einem Prozess das Bestehen der Hauptschuld rechtskräftig hat feststellen lassen, gibt es keine Rechtskrafterstreckung auf den Bürgen. Dieser kann also immer noch einwenden, die Hauptschuld bestehe nicht.[16] Umgekehrt entnimmt man aber dem § 768 BGB, dass der Bürge sich auf die Rechtskraft eines klageabweisenden Urteils des Gläubigers gegen den Hauptschuldner berufen kann[17]; im Einzelnen vgl. zur Begründung die Kommentierung zu § 767 BGB Rn. 12. 26

Probleme entstehen in der Praxis auch dann, wenn sich die Bürgschaftserklärung auf eine Hauptschuld bezieht, die sich auf einen unwirksamen Vertrag stützt, wenn aber dennoch der Gläubiger eine Hauptforderung aus ungerechtfertigter Bereicherung geltend machen kann. Es ist anerkannt, dass in solchen Fällen der Umfang der Bürgschaft der Auslegung danach bedarf, ob im Einzelfalle ausschließlich die 27

---

[11] BGH v. 01.06.1994 - XI ZR 133/93 - BGHZ 126, 174-180; BGH v. 18.05.1995 - IX ZR 108/94 - BGHZ 130, 19-37; umfassend hierzu *Meier*, Formularvertragliche Globalbürgschaften von Geschäftsführern und Gesellschaftern, Baden-Baden 2004.
[12] BGH v. 07.03.1996 - IX ZR 43/95 - LM BGB § 767 Nr. 31/32 (8/1996).
[13] OLG München v. 10.12.1997 - 3 U 3961/97 - ZIP 1998, 731-733.
[14] BGH v. 10.06.2008 - XI ZR 331/07 - ZIP 2008, 1376 = EWiR 2008,717; näher *Habersack* in: Münch-Komm-BGB, § 765 Rn. 75.
[15] Vgl. BGH v. 15.07.1999 - IX ZR 243/98 - BGHZ 142, 213-221; BGH v. 13.11.1997 - IX ZR 289/96 - BGHZ 137, 153-161; BGH v. 02.07.1998 - IX ZR 255/97 - LM BGB § 765 Nr. 128 (2/1999); OLG Brandenburg v. 21.03.2007 - 4 U 128/06; *Grüneberg* in: Palandt, BGB, § 307 Rn. 80.
[16] BGH v. 28.02.1989 - IX ZR 130/88 - BGHZ 107, 92, 96; BGH v. 12.03.1980 - VIII ZR 115/79 - BGHZ 76, 222, 230; BGH v. 19.03.1975 - VIII ZR 250/73 - NJW 1975, 1119, 1121; BGH v. 10.02.1971 - VIII ZR 144/69 - WM 1971, 614; BGH v. 16.11.1959 - V ZR 17/51 - BGHZ 3, 385, 390.
[17] BGH v. 11.12.1986 - IX ZR 165/85 - NJW-RR 1987, 683, 685; BGH v. 03.11.1969 - III ZR 52/67 - NJW 1970, 279.

§ 765

Vertragshaftung bürgenmäßig abgesichert sein soll oder ob die vom Gläubiger verlangte Geldsumme aus anderen Rechtsgründen bürgschaftsmäßig mit umfasst sein soll. Die Praxis ist hier eher großzügig und bezieht die Bürgschaft in vielen Fällen auch auf den Anspruch des Gläubigers aus ungerechtfertigter Bereicherung.[18]

28 Eine Begrenzung erfährt die Akzessorietät durch den Sicherungszweck der Bürgschaft. So kann die Bürgschaftsverpflichtung in Ausnahmefällen bestehen bleiben, wenn die Hauptschuld deshalb entfällt, weil durch Insolvenz des Schuldners, durch beschränkte Haftung des Erben oder des Minderjährigen eine Einschränkung oder ein Wegfall oder eine Undurchsetzbarkeit der Hauptschuld entsteht. Da die Bürgschaft gerade solche Fälle der Vermögenslosigkeit oder des Vermögensverfalls des Hauptschuldners abdecken soll, können diese Einschränkungen der Hauptschuld die Bürgschaftshaftung nicht berühren.

6. Haustürgeschäft und Verbraucherschutz

29 Wenn der Bürgschaftsvertrag zwischen Bürgen und Gläubiger als **Haustürgeschäft** (vgl. § 312 Abs. 1 BGB) abgeschlossen wird, besteht für den Bürgen ein Widerrufsrecht gemäß §§ 312, 355 ff. BGB.[19] Dies gilt unabhängig davon, ob die Begründung der Hauptschuld ebenfalls in einer Haustürsituation entstanden ist.[20] Dagegen ist eine Bürgschaft als eine Form der Kreditsicherung **kein Verbraucherkredit**. Daher sind die Vorschriften über Verbraucherdarlehen (§§ 491 ff. BGB) nicht anwendbar.[21] Ebenso wenig anwendbar sind die §§ 312b, 312c BGB über **Fernabsatzverträge**, da die Bürgschaft keine Dienstleistung im Zusammenhang mit einer Kreditgewährung ist (vgl. § 312b Abs. 1 Satz 2 BGB); allenfalls kann die gewerbsmäßige Übernahme von Bürgschaften als Bankgeschäft im Sinne des § 312b Abs. 1 Satz 2 BGB qualifiziert werden.[22] Doch kann sich der Bürge in diesen Fällen mangels Verbrauchereigenschaft nicht auf das Fernabsatzrecht berufen. Dagegen sind die Regeln über **Allgemeine Geschäftsbedingungen** (§§ 305 ff. BGB) anwendbar, soweit ein Bürge als Verbraucher die Bürgschaft formularmäßig übernimmt.

III. Einwendungen und Einreden

1. System der Gegenrechte

30 Im Rahmen der Gegenrechte des Bürgen gegen den Gläubiger ist zunächst ganz grundsätzlich danach zu unterscheiden, ob der Bürge Gegenrechte aus seinem eigenen Vertragsverhältnis mit dem Gläubiger geltend macht oder ob der Bürge Gegenrechte aus dem Verhältnis des Schuldners zum Gläubiger geltend macht. Darüber hinaus ist zu unterscheiden, ob es sich bei den eigenen und den fremden Gegenrechten des Bürgen um rechtshindernde, rechtsvernichtende oder rechtshemmende Gegenrechte handelt.

31 Im Einzelnen kommen zunächst alle denkbaren Gegenrechte des Bürgen aus seinem Vertragsverhältnis mit dem Gläubiger selbst (eigene Gegenrechte) in Betracht. So ergeben sich rechtshindernde Einwendungen daraus, dass der Bürge geltend macht, eine Vertragspartei sei nicht voll geschäftsfähig gewesen, zwingende Formvorschriften seien nicht eingehalten oder es seien Unwirksamkeitsgründe gegeben, wie sie die §§ 134, 138 BGB vorsehen. Weiterhin kann der Bürge rechtsvernichtende Einwendungen geltend machen. So kommen alle denkbaren Formen der Anfechtung in Betracht. Ausnahme ist allerdings die Anfechtung gemäß § 119 Abs. 2 BGB wegen Irrtums über die Kreditwürdigkeit des Schuldners. Nach allgemeiner Meinung wird dieser Irrtum gerade vom Sinn und Zweck einer Bürgschaft abgedeckt. In Betracht kommen für den Bürgen auch alle rechtsvernichtenden Einwendungen wie Erfüllung, Aufrechnung usw. Darüber hinaus stehen dem Bürgen aus eigenem Recht auch alle rechtshemmenden Gegenrechte (= Einreden) zur Seite. Nach allgemeinen Regeln kommen also auch die Einrede der Verjährung der Bürgschaftsschuld, die Einrede der Stundung oder des Zurückbehaltungsrechts in Betracht. Darüber hinaus räumt das Gesetz dem Bürgen die Einrede der Vorausklage ein (im

---

[18] BGH v. 12.02.1987 - III ZR 178/85 - NJW 1987, 2076-2078; *Habersack* in: MünchKomm-BGB, § 765 Rn. 78; *Herrmann* in: Erman, BGB, § 765 Rn. 7.
[19] BGH v. 27.02.2007 - XI ZR 195/05 - NJW 2007, 2106, 2109.
[20] BGH v. 10.01.2006 - XI ZR 169/05 - NJW 2006, 845, 846; abweichend noch BGH v. 14.05.1998 - IX ZR 56/95 - NJW 1998, 2356.
[21] BGH v. 21.04.1998 - IX ZR 258/97 - BGHZ 138, 321, 326; OLG Frankfurt v. 20.12.2006 - 9 U 18/06 - ZGS 2007, 240.
[22] *Wendehorst* in: MünchKomm-BGB, § 312b Rn. 14.

Einzelnen vgl. §§ 771 ff. BGB). Schließlich kommt als Einwand des Bürgen auch die Verwirkung des Bürgschaftsanspruches in Betracht, wenn der Gläubiger den wirtschaftlichen Zusammenbruch des Hauptschuldners schuldhaft verursacht hat.[23]

Neben den Gegenrechten des Bürgen aus eigenem Recht stehen ihm aber auch alle Einwendungen und Einreden zur Seite, die sich aus dem Verhältnis des Schuldners zum Gläubiger ergeben. Dies lässt sich für die rechtshindernden und rechtsvernichtenden Einwendungen unmittelbar aus § 767 BGB (vgl. die Kommentierung zu § 767 BGB) entnehmen. Für die rechtshemmenden Gegenrechte, also die Einreden, ergibt sich dies unmittelbar aus § 768 BGB (vgl. die Kommentierung zu § 768 BGB). Darüber hinaus kann der Bürge sogar die Einreden der Anfechtbarkeit und der Aufrechenbarkeit gem. § 770 BGB erheben. Er kann also das Bestehen von noch nicht ausgeübten Gestaltungsrechten einredeweise geltend machen. 32

2. Bürgschaft vermögensloser Personen

Während sich die Gegenrechte des Bürgen aus eigenem Recht im Wesentlichen nach den allgemeinen rechtsgeschäftlichen Grundsätzen richten und die Gegenrechte des Bürgen aus fremdem Recht durch die §§ 767, 768, 770 BGB geregelt sind, haben sich durch eine Entwicklung in der Rechtsprechung besondere Entwicklungen und Schwierigkeiten im Falle vermögensloser Personen ergeben. Obgleich es sich dabei im Grundansatz um den Normalfall einer rechtshindernden Einwendung aus § 138 Abs. 1 BGB handelt, bedürfen deshalb diese Bürgschaften vermögensloser Personen einer Sonderbetrachtung. 33

a. Ausgangspunkt

Da die Bürgschaft ein bewusstes und auch jedem Laien bekanntes Risikogeschäft ist und da sie als ein einseitig verpflichtendes Vertragsverhältnis im innervertraglichen Maßstab nicht dem Grundgedanken der Ausgewogenheit und des Interessenausgleichs unterliegen kann, hat man vor 1993 Bürgschaftsverträge in aller Regel auch dann für rechtswirksam gehalten, wenn der Bürge dabei das Risiko einer Überschuldung einging. Diese Situation hat sich in Rechtsprechung und Rechtspraxis durch den Beschluss des BVerfG vom 19.10.1993 grundlegend gewandelt.[24] Ausgangspunkt dieser verfassungsgerichtlichen Rechtsprechung ist die Auffassung, dass ruinöse Bürgschaften die durch Art. 2 Abs. 1 GG gewährleistete Privatautonomie des Bürgen verletzen können. Daher müssten die Zivilgerichte in Konkretisierung dieser grundrechtlichen Gewährleistung über die Anwendung der §§ 138, 242 BGB Bürgschaften einer Inhaltskontrolle unterziehen, soweit diese einen Vertragspartner ungewöhnlich stark belasten und das Ergebnis strukturell ungleicher Verhandlungsstärke sind. Das BVerfG hat damit inhaltlich an die anerkannten Regeln über die Drittwirkung bzw. Ausstrahlungswirkung der Grundrechte und die Inhaltskontrolle von Verträgen angeknüpft. Diese Anknüpfungen sind dogmatisch freilich deshalb heikel, weil anders als im sonstigen Zivilrecht durch die Rechtsprechung des BVerfG im Bürgschaftsrecht die Hauptpflicht des Bürgen einer Inhaltskontrolle unterzogen wird und durch den Versuch, strukturelle Ungleichgewichte und ungewöhnlich starke Belastungen einer Seite zu vermeiden, die Struktur der Bürgschaft als eines einseitig verpflichtenden Risikogeschäfts letztlich durchbrochen worden ist. Soweit ein Gläubiger aufgrund einer sittenwidrigen Bürgschaft dennoch einen Titel erlangt hat (also etwa vor der Entscheidung des BVerfG vom 19.10.1993), darf er daraus nicht vollstrecken. Der Bürge kann sich gegen die Vollstreckung analog § 767 ZPO, § 79 Abs. 2 BVerfGG wenden.[25] 34

b. Voraussetzungen der Inhaltskontrolle

Im Einzelnen verlangt die Rechtsprechung des BVerfG, dass zwischen den Parteien ein besonderes Ungleichgewicht besteht, das sich in einer **strukturell ungleichen Verhandlungsstärke** ausdrückt. Typische Merkmale eines solchen Ungleichgewichts sind die besondere verwandtschaftliche oder emotionale Verbundenheit des Bürgen mit dem Hauptschuldner, das Fehlen eines unmittelbaren geldwerten Nutzens des Bürgen oder umgekehrt die Marginalisierung des Bürgschaftsrisikos durch den Gläubiger oder durch Personen, deren Verhalten dem Gläubiger zuzurechnen sind.[26] Auch die geschäftliche Un- 35

---

[23] BGH v. 06.07.2004 - XI ZR 254/02 - ZIP 2004, 1589; OLG Brandenburg v. 14.12.2011 - 4 U 198/10.
[24] BVerfG v. 19.10.1993 - 1 BvR 567/89, 1 BvR 1044/89 - NJW 1994, 36-39.
[25] BVerfG v. 06.12.2005 - 1 BvR 1905/02 - ZIP 2006, 60, 64; BGH v. 25.04.2006 - XI ZR 330/05 - FamRZ 2006, 1024-1026; a.A. noch BGH v. 11.07.2002 - IX ZR 326/99 - BGHZ 151, 316 – durch die erstgenannte Entscheidung des BVerfG aufgehoben.
[26] BGH v. 27.05.2003 - IX ZR 283/99 - WM 2003, 1563-1566.

erfahrenheit des Bürgen oder ein etwaiger Druck von dritter Seite auf den Bürgen oder eine Täuschung des Bürgen über die wahre Situation können Indizien für ein solches Ungleichgewicht sein. Für alles dies spricht bei der Angehörigenbürgschaft (vgl. Rn. 40) eine tatsächliche Vermutung; im Einzelnen vgl. Rn. 42. Im Falle einer **Arbeitnehmerbürgschaft** (der Bürge ist Arbeitnehmer des Hauptschuldners) liegt Sittenwidrigkeit vor, wenn die Sorge um den Arbeitsplatz des Bürgen ausgenutzt wurde. Die Vermutung für die Ausnutzung eines solchen Ungleichgewichts kann widerlegt werden, wenn der bürgende Arbeitnehmer an der Firma und deren Erfolg beteiligt ist.[27]

36 Neben diesem strukturellen Ungleichgewicht zwischen Bürgen und Gläubiger ist zusätzliche Voraussetzung für eine Nichtigkeit der Bürgschaft, dass der **Bürge ungewöhnlich stark belastet** wird. Entscheidend ist also ein grobes Missverhältnis zwischen der Bürgenschuld und der wirtschaftlichen Leistungsfähigkeit des Bürgen, die sich in einer krassen Überforderung des Bürgen äußert. Ein solches grobes Missverhältnis wird von der Rechtsprechung heute insbesondere dann angenommen, wenn der Bürge auf Grund eigener Einkommens- und Vermögenslosigkeit im Zeitpunkt des Vertragsschlusses erkennbar nicht einmal die laufenden Zinsen für die Hauptschuld aufbringen kann.[28] Nicht in Betracht zu ziehen sind im Rahmen der Bewertung einer solch krassen Überforderung die Vermögensverhältnisse des Hauptschuldners.[29] Dagegen ist bei der Leistungsfähigkeit des Bürgen dessen Vermögen auch dann heranzuziehen und eventuell einer Verwertung zuzuführen, wenn es sich um Gegenstände handelt, die seinem eigenen notwendigen Bedarf dienen. So muss der Bürge notfalls auch ein eigenes Grundstück mit Wohnhaus als Tilgungsmöglichkeit für die Bürgenschuld einsetzen.[30] Selbst eine Höhe der Bürgschaft von nur 10.000 € kann deshalb sittenwidrig sein.[31] Eine anderweitige Sicherheit schließt die Sittenwidrigkeit von Bürgschaften finanziell krass überforderter Partner für eine Darlehensschuld des anderen Teils nur dann aus, wenn gewährleistet ist, dass den Bürgen allenfalls eine seine Finanzkraft nicht übersteigende Ausfallhaftung trifft.[32] Bei der Beurteilung der wirtschaftlichen Leistungsfähigkeit des Bürgen ist eine zum Zeitpunkt des Vertragsschlusses auf seinem Grundbesitz ruhende dingliche Belastung grundsätzlich wertmindernd zu berücksichtigen.[33]

37 Neben den Gesichtspunkten der strukturell ungleichen Verhandlungsstärke und der ungewöhnlich starken Belastung des Bürgen ist weiterhin erforderlich, dass diese Merkmale dem Gläubiger bekannt oder grob fahrlässig unbekannt waren.[34]

38 Die früheren Versuche, die krasse Überforderung des Bürgen im Rahmen anderer Normen zu berücksichtigen, sind abzulehnen. So kommt eine Anwendung von § 138 Abs. 2 BGB generell nicht in Betracht, weil die Bürgschaft als einseitig verpflichtender Vertrag keine Gegenleistung aufweist und daher das in § 138 Abs. 2 BGB vorausgesetzte auffällige Missverhältnis zwischen Leistung und Gegenleistung notwendigerweise nicht entstehen kann.

39 Abwegig erscheint auch der früher unternommene Versuch, eine krasse Überforderung des Bürgen unter § 311b Abs. 2 BGB zu subsumieren. Alle diese Versuche stellen keine Anwendung des Gesetzes dar, sondern sind rein rechtspolitisch motiviert.

c. Die Angehörigenbürgschaft

40 Die Rechtsprechung des BVerfG und die darauf aufbauende Rechtsprechung des BGH sind besonders bedeutsam im Rahmen von Angehörigenbürgschaften. In der Praxis handelt es sich überwiegend um Fälle, in denen der Bürge als Ehe- oder Lebenspartner, als Kind oder Bruder bzw. Schwester oder in einer sonstigen engen verwandtschaftlichen Beziehung zum Hauptschuldner steht.[35] Fehlt in einem solchen Fall dem Bürgen ein geregeltes Einkommen oder Vermögen und führt die Hauptschuld nicht un-

---

[27] BGH v. 14.10.2003 - XI ZR 121/02 - MDR 2004, 162; ferner *Fellner*, MDR 2005, 368; *Pfab*, Jura 2005, 737.
[28] BGH v. 11.03.1997 - XI ZR 50/96 - BGHZ 135, 66-74; BGH v. 15.02.2000 - XI ZR 10/98 - LM GVG § 132 Nr. 1d (8/2000); BGH v. 27.01.2000 - IX ZR 198/98 - LM BGB § 138 (Bb) Nr. 97 (9/2000); BGH v. 25.01.2005 - XI ZR 28/04 - ZIP 2005, 432; *Herrmann* in: Erman, BGB, § 765 Rn. 13.
[29] BGH, NJW 2000, 1138.
[30] BGH v. 26.04.2001 - IX ZR 337/98 - NJW 2001, 2466-2469.
[31] Vgl. OLG Celle v. 24.08.2005 - 3 W 119/05 - ZIP 2005, 1911; abweichend OLG Koblenz v. 16.03.1999 - 3 U 1343/97 - NJW-RR 2000, 639; vgl. ferner BGH v. 14.10.2003 - XI ZR 121/02 - ZIP 2003, 2193.
[32] BGH v. 16.06.2009 - XI ZR 539/07 - NJW 2009,2671.
[33] BGH v. 24.11.2009 - XI ZR 332/08 - ZIP 2010,21.
[34] BGH, NJW 2001, 268.
[35] Zur Unwirksamkeit von finanziell krass überfordernden Bürgschaften von Arbeitnehmern zu Gunsten ihres Arbeitgebers vgl. BGH v. 14.10.2003 - XI ZR 121/02 - NJW 2004, 161-163.

mittelbar zu geldwerten Vorteilen des Bürgen, so wird in aller Regel Nichtigkeit der Bürgschaft nach § 138 Abs. 1 BGB angenommen.[36] Demgegenüber wird von Seiten der Gläubiger nicht selten geltend gemacht, eine Angehörigenbürgschaft sei erforderlich, um Missbräuche durch Vermögensverlagerungen zu verhindern. Die Rechtsprechung hat solche Zwecksetzungen nicht generell für unzulässig erklärt, hat deren Bedeutung allerdings dadurch massiv eingeschränkt, dass sie verlangt, dass ein solcher besonderer Haftungszweck im Bürgschaftsvertrag ausdrücklich niedergelegt sein muss.[37] Das unerträgliche Ungleichgewicht des Bürgen im Verhältnis zum Gläubiger ist bei Angehörigenbürgschaften auch deshalb regelmäßig angenommen worden, weil aus der Angehörigeneigenschaft als solcher in der Regel ein bestimmter psychischer Druck vom Hauptschuldner vorlag, dessen rechtsgeschäftliche Wirkungen sich der Gläubiger zurechnen lassen muss.[38] Insoweit hat die Rechtsprechung dem Gläubiger in Angehörigensituationen regelmäßig grobe Fahrlässigkeit unterstellt.

Das Handeln aus verwandtschaftlicher oder emotionaler Verbundenheit (vgl. Rn. 35) wird durch gewisse Vorteile des Bürgen noch nicht widerlegt.[39] Insgesamt ist daher ein Missverhältnis zu bejahen, wenn der Bürge bei lebensnaher Betrachtung aller für das Einkommen relevanten Umstände (z.B. Alter, Ausbildung, familiäre Belastungen) im Zeitpunkt des Vertragsschlusses aus der Sicht eines vernünftigen Kreditgebers auch nicht insoweit in der Lage sein wird, die laufenden Zinsen aus dem pfändbaren Teil seines Einkommens und Vermögens dauerhaft aufzubringen. Entscheidend ist also letztlich die richterliche Prognose.[40]

d. Widerlegbare Vermutung

Die Rechtsprechung hat eine widerlegbare Vermutung entwickelt, wonach ein Gläubiger die besondere emotionale Beziehung zwischen Bürgen und Hauptschuldner in sittlich anstößiger Weise ausnutzt. Widerlegt werden kann diese Vermutung insbesondere dadurch, dass der Gläubiger nachweist, dass der Bürge aus besonderem Eigeninteresse handelt. Allerdings hat die Rechtsprechung hierfür die Anforderungen außerordentlich hoch angesetzt.[41] An dem Erfordernis einer Widerlegung dieser Vermutung hat sich auch dadurch in der Rechtsprechung nichts geändert, dass der Gesetzgeber die Restschuldbefreiung im Insolvenzrecht eingeführt hat (vgl. Rn. 45). Widerlegt wird die Vermutung auch noch nicht durch gewisse Vorteile des Bürgen (vgl. Rn. 41).

e. Bürgschaft von Gesellschaftern

Die vorstehenden Überlegungen zur Inhaltskontrolle von Bürgschaftsverträgen gelten nicht automatisch in gleicher Weise, wenn sich Gesellschafter für Schulden der Gesellschaft verbürgen. Selbst wenn in solchen Fällen ebenfalls eine krasse Überforderung des bürgenden Gesellschafters vorliegt, wird doch das generelle Ungleichgewicht von der Rechtsprechung verneint, soweit der bürgende Gesellschafter an der Begleichung der Gesellschaftsschuld ein unmittelbares Eigeninteresse hat. Ein solches Eigeninteresse[42] des Gesellschafters wird regelmäßig vermutet.[43] Aus dem gleichen Grund ist bei der Gesellschafterbürgschaft eine weite Zweckerklärung zulässig (vgl. Rn. 23).

---

[36] BGH v. 27.05.2003 - IX ZR 283/99 - WM 2003, 1563-1566; BGH v. 25.01.2005 - XI ZR 28/04 - ZIP 2005, 432; BGH v. 16.06.2009 - XI ZR 539/07 - NJW 2009, 2671.

[37] Diese Anforderung gilt auch für vor dem 01.01.1999 abgeschlossene Bürgschaftsverträge; so BGH v. 14.05.2002 - XI ZR 81/01 - LM BGB § 138 (Bb) Nr. 105 (11/2002). Freilich kann die Vollstreckung aus einem vor der Entscheidung des BVerfG vom 19.10.1993 erwirkten Urteil über die Forderung aus einer Bürgschaft, die nach dieser Rechtsprechung wegen Sittenwidrigkeit nichtig ist, im Allgemeinen nicht mit einer auf § 826 BGB gestützten Klage abgewehrt werden; vgl. BGH v. 11.07.2002 - IX ZR 326/99 - BGHZ 151, 316-329.

[38] BGH v. 03.12.2002 - XI ZR 311/01 - BKR 2003, 157-158; zur Unanwendbarkeit dieser Regel bei Bürgschaftsübernahmen nach Scheidung der Ehe BGH v. 05.12.2002 - IX ZR 184/99 - ZVI 2003, 284-285.

[39] BGH v. 25.01.2005 - XI ZR 28/04 - ZIP 2005, 432.

[40] BGH v. 25.01.2005 - XI ZR 28/04 - NJW 2005, 971 f.; BGH v. 14.11.2000 - XI ZR 248/99 - BGHZ 146, 37, 42; BGH v. 14.10.2003 - XI ZR 121/02 - BGHZ 156, 302, 306.

[41] BGH v. 25.01.2005 - XI ZR 28/04 - ZIP 2005, 432; ferner OLG Rostock v. 11.12.2008 - 1 W 81/08 - MDR 2009, 439; *Habersack* in: MünchKomm-BGB, § 765 Rn. 25-28.

[42] Es kommt auch das Eigeninteresse des nicht persönlich haftenden Minderheitsgesellschafters in Betracht.

[43] BGH v. 15.01.2002 - XI ZR 98/01 - LM BGB § 765 Nr. 165 (6/2002); BGH v. 28.02.2002 - IX ZR 153/00 - NJW-RR 2002, 1130; BGH v. 10.12.2002 - XI ZR 82/02 - NJW 2003, 967-969; BGH v. 17.09.2002 - XI ZR 306/01 - ZIP 2002, 2249-2252; *Brödermann* in: PWW, BGB, § 765 Rn. 35.

f. Abschließende Bewertung

44 Die von den Zivilgerichten übernommene Rechtsprechung des BVerfG zur Inhaltskontrolle von Bürgschaftsverträgen bei krasser Überforderung des Bürgen ist trotz ihres evidenten Gerechtigkeitsgehalts nicht unproblematisch. Letztlich hat die Rechtsprechung das vom Gesetzgeber als Risikogeschäft ausgestaltete Vertragsverhältnis zwischen Gläubiger und Bürgen insoweit teilweise umgestaltet.[44] Sie hat dabei im Namen der Privatautonomie den Schutz des Bürgen enorm ausgeweitet und dadurch letztlich die Privatautonomie im Rahmen der Bürgschaft stark eingeschränkt.

45 Diese Entwicklung des Bürgschaftsrechts war im Jahre 1993 vor dem Hintergrund verständlich, dass im Falle einer völligen wirtschaftlichen Überforderung der Bürge in eine auf lebenslange Dauer bestehende Haftungssituation gerät (die berühmte Schuldturm-Problematik). An dieser Situation einer zwingenden lebenslangen Haftung des Schuldners hat sich seit Inkrafttreten der neuen Insolvenzordnung am 01.01.1999 Grundlegendes geändert. Jede natürliche Person hat seither die Möglichkeit, im Rahmen des Verfahrens der sog. Restschuldbefreiung zu einer generellen Ablösung von den Schulden zu gelangen. Dieser nunmehr gesetzlich vorgesehene schuldenfreie neue Start des Schuldners müsste an sich Auswirkungen auf die Rechtsprechung zur Unwirksamkeit von Bürgschaften haben. Die Rechtsprechung hat eine solche Überprüfung ihrer Auffassung allerdings bisher nicht vorgenommen.[45] Nunmehr hat sich der IX. Zivilsenat des BGH umfassend mit dieser Problematik beschäftigt und der Möglichkeit einer Restschuldbefreiung keine Bedeutung für die Anwendung von § 138 BGB zugemessen.[46]

g. Rechtsfolgen

46 Soweit ein Bürgschaftsvertrag nach den vorstehenden Regeln gegen § 138 Abs. 1 BGB verstößt, ist er insgesamt nichtig. Eine Teilnichtigkeit bzw. eine teilweise Aufrechterhaltung des Vertrags kommt nach der Rechtsprechung nicht in Betracht.[47] Soweit eine Verpflichtung aus Bürgschaft nach diesen Regeln nichtig ist, aber dennoch ein Titel vor Bekanntwerden dieser Rechtsprechung ergangen ist, kommt nach der neuesten Rechtsprechung eine Vollstreckungsgegenklage gegen den Titel gemäß § 79 Abs. 2 Satz 3 BVerfGG i.V.m. § 767 ZPO in Betracht.[48]

h. Bürgschaftsähnliche Mithaftung

47 Eine bürgschaftsähnliche Übernahme der Mithaftung (etwa in Form eines Schuldbeitritts) unterliegt den gleichen Beurteilungskriterien für die Sittenwidrigkeit wie die Angehörigenbürgschaft. Eine echte (und deshalb wirksame) Mitdarlehensschuld des Angehörigen ist nach st. Rspr. zu bejahen, wenn ein eigenes sachliches oder persönliches Interesse des Schuldners an der Kreditaufnahme besteht und er im wesentlichen als gleichberechtigter Partner über die Auszahlung sowie die Verwendung der Darlehensvaluta mit entscheiden darf.[49]

IV. Pflichten des Gläubigers

48 Der Gläubiger hat (wie dargestellt) keine Hauptleistungspflichten aus dem Bürgschaftsvertrag. Ihn können freilich gewisse Nebenpflichten aus dem Grundgedanken des § 242 BGB treffen. So darf der Gläubiger keine unrichtigen Angaben über die Bürgschaftsverpflichtung oder das Bürgschaftsrisiko machen.[50] Darüber hinaus ist der Gläubiger verpflichtet, alles zu unterlassen, was den Rückgriff des Bürgen auf den Hauptschuldner vereiteln oder wesentlich beeinträchtigen könnte.[51] Dagegen trifft den Gläubiger keine Aufklärungspflicht über die Person des Schuldners oder dessen Bonität. Dem Gläubi-

---

[44] Verkannt wird dieser Zusammenhang von *Schröder*, Die Lücken des deutschen Rechts im Bürgenschutz, 2008.
[45] Vgl. *Kapitza*, ZGS 2005, 133; *Schnabl*, WM 2006, 706; a.A. OLG Frankfurt v. 24.03.2004 - 23 U 65/03 - NJW 2004, 2392; *Wagner*, NJW 2005, 2956; *Krüger*, MDR 2002, 858.
[46] BGH v. 16.06.2009 - XI ZR 539/07 - NJW 2009, 2671; im Ergebnis zustimmend *Meder*, jurisPR-BKR 4/2010, Anm. 2.
[47] BGH v. 27.01.2000 - IX ZR 198/98 - NJW 2000, 1182, 1185; BGH v. 18.09.1997 - IX ZR 283/96 - BGHZ 136, 347.
[48] BGH v. 25.04.2006 - XI ZR 330/05 - FamRZ 2006, 1024-1026; *Brödermann* in: PWW, 3. Aufl., § 765 Rn. 22.
[49] BGH v. 25.01.2005 - XI ZR 325/03 - NJW 2005, 973.
[50] BVerfG v. 19.10.1993 - 1 BvR 567/89, 1 BvR 1044/89 - NJW 1994, 36-39; BGH v. 24.02.1994 - IX ZR 227/93 - LM BGB § 765 Nr. 90 (9/1994); BGH v. 09.10.1978 - VIII ZR 121/77 - BGHZ 72, 198-205; BGH v. 22.10.1987 - IX ZR 267/86 - LM Nr. 55 zu § 765 BGB.
[51] BGH v. 28.04.1988 - IX ZR 127/87 - BGHZ 104, 240-246.

ger obliegt auch keine Verpflichtung, weitere Sicherheiten zum Schutz des Bürgen einzuwerben. Eine Bank als Bürgschaftsgläubigerin hat die Obliegenheit, die Anschrift des Bürgen auf ihre Richtigkeit zu prüfen.[52]

Soweit dem Gläubiger Nebenpflichten aus dem Bürgschaftsvertrag erwachsen und er diese verletzt, ergeben sich Schadensersatzansprüche aus den §§ 280, 311 Abs. 2 BGB.[53] 49

V. Pflichten des Bürgen

Bei den Pflichten des Bürgen ist zwischen der Hauptpflicht und den Nebenpflichten zu trennen. Die Hauptpflicht des Bürgen besteht in der Einstandspflicht für die Erfüllung der Verbindlichkeit des Hauptschuldners. Der Inhalt und Umfang dieser Hauptpflicht ergibt sich aus der Bürgschaftserklärung und deren Auslegung. Bei Vorliegen der Voraussetzungen ist die Hauptpflicht des Bürgen also ein selbständiger Anspruch des Gläubigers gegen den Bürgen auf Zahlung der Hauptschuld. 50

Fraglich ist dagegen, ob den Bürgen auch Nebenpflichten aus dem Bürgschaftsvertrag treffen. Solche Nebenpflichten werden nur ausnahmsweise zu bejahen sein. So treffen den Bürgen generell keine Aufklärungs- oder Warnpflichten gegenüber dem Gläubiger.[54] Nur in seltenen Ausnahmefällen werden für den Bürgen Treue- und Mitwirkungspflichten in Betracht kommen.[55] Einen Ausnahmefall stellt hier der Hinweis des Bürgen auf das Erfordernis einer aufsichtsrechtlichen Genehmigung dar.[56] 51

VI. Beendigung der Bürgschaft

Die Bürgschaft erlischt nach allgemeinen Regeln durch Erfüllung von Seiten des Bürgen, durch Erfüllungssurrogate oder durch Aufhebung.[57] Darüber hinaus erlischt die Bürgschaft beim Erlöschen der Hauptschuld. Einen besonderen Erlöschungsgrund der Bürgschaft sieht § 776 BGB vor. Danach erlischt die Bürgschaft, wenn der Gläubiger vorsätzlich und ohne Zustimmung des Bürgen ein die Forderung sicherndes anderes Recht aufgibt. Zum Erlöschen der Bürgschaft kommt es schließlich auch, wenn ein neuer Schuldner die Hauptschuld übernimmt (§ 418 Abs. 1 Satz 1 BGB). 52

Nicht zum Erlöschen der Bürgschaft führt es, wenn die Hauptschuld abgetreten wird. In einem solchen Falle geht die Bürgschaft kraft Gesetzes mit über (§ 401 BGB). Anders wäre es im Falle der Abtretung der Hauptforderung ohne die Rechte aus der Bürgschaft.[58] Ohne Bedeutung für die Wirksamkeit der Bürgschaft ist die Verjährung der Hauptschuld. Diese kann der Bürge allerdings im Rahmen von § 768 BGB geltend machen (vgl. die Kommentierung zu § 768 BGB Rn. 13). 53

VII. Arten der Bürgschaft

Das Gesetz regelt die Bürgschaft als einen allgemeinen Grundtypus, der in der Praxis sehr vielfältige Formen annehmen kann. Entsprechend der Vertragsfreiheit sind dabei sehr unterschiedliche Ausgestaltungen der Bürgschaft denkbar. Auch der Gesetzgeber selbst hat in einigen Fällen Regelungen getroffen, die besondere Bürgschaftsarten darstellen. Hinzuweisen ist auf die Mitbürgschaft (§ 760 BGB), die Zeitbürgschaft (§ 777 BGB), den Kreditauftrag (§ 778 BGB) und die selbstschuldnerische Bürgschaft (§ 773 Nr. 1 BGB). Alle diese Arten der Bürgschaft sind in den genannten speziellen Normen dargestellt. Im Folgenden ist daher nur auf diejenigen Arten der Bürgschaft einzugehen, die im Gesetz keinen Niederschlag gefunden haben. 54

1. Nachbürgschaft

Einen Sonderfall der Bürgschaftsverpflichtung enthält die sog. Nachbürgschaft. Hierbei geht es darum, dass zusätzlich zum Gläubiger, zum Hauptschuldner und zum Bürgen eine weitere Person vorhanden ist, die sich dafür verbürgt, dass der ursprüngliche Bürge (der sog. Vorbürge) seine vertragliche Verpflichtung gegenüber dem Gläubiger erfüllt. Die Nachbürgschaft ist also eine normale Bürgschaftsverpflichtung zwischen Gläubiger und Nachbürgen, wobei die Hauptschuld nicht die Schuld des Haupt- 55

---

[52] BGH v. 23.09.2008 - XI ZR 395/07 - NJW 2009, 587.
[53] Verursacht der Gläubiger den wirtschaftlichen Zusammenbruch des Hauptschuldners, kann dies auch zur Verwirkung der Ansprüche aus dem Bürgschaftsvertrag führen; OLG Naumburg v. 30.05.2002 - 2 U 42/01 - OLGR Naumburg 2003, 213-217; *Brödermann* in: PWW BGB, § 765 Rn. 61.
[54] BGH v. 19.03.1987 - IX ZR 159/86 - NJW 1987, 1631; *Horn* in: Staudinger BGB, § 765 Rn. 130.
[55] BGH v. 20.06.1989 - KZR 13/88 - NJW 1990, 388.
[56] BGH v. 10.06.1999 - IX ZR 409/97 - BGHZ 142, 51-65.
[57] BGH v. 25.11.2003 - XI ZR 379/02 - WM 2004, 121-124.
[58] BGH v. 19.09.1991 - IX ZR 296/90 - BGHZ 115, 177-186.

schuldners gegenüber dem Gläubiger ist, sondern die Schuld des Vorbürgen gegenüber dem Gläubiger. Nach allgemeinen Regeln ist deshalb die Schuld des Nachbürgen akzessorisch abhängig von der Vorbürgschaft. Soweit der Nachbürge den Gläubiger befriedigt, muss dies freilich Auswirkungen nicht nur auf das Verhältnis zwischen Gläubiger und Vorbürgen, sondern auch zwischen Gläubiger und Hauptschuldner haben. Daher geht in diesem Fall analog § 744 BGB der Anspruch des Gläubigers gegen den Hauptschuldner auf den Nachbürgen über.

2. Rückbürgschaft

56 Auch die Rückbürgschaft stellt einen normalen Bürgschaftsvertrag dar. Ebenso wie bei der Nachbürgschaft existieren im Falle der Rückbürgschaft wiederum ein Gläubiger, ein Hauptschuldner und ein (normaler) Bürge. Zusätzlich gibt es nun den Rückbürgen, der sich für die Regressforderung des Bürgen gegen den Hauptschuldner verbürgt. Für diesen Rückbürgen ist also der ursprüngliche Bürge der Gläubiger. Daraus ergibt sich, dass die Rückbürgschaft nur in dem Falle von Bedeutung sein kann, in dem es zu einer Regressforderung des ursprünglichen Bürgen gegen den Hauptschuldner kommt. Soweit in diesem Falle der Rückbürge den ursprünglichen Bürgen befriedigt, geht analog § 774 BGB der Regressanspruch auf ihn über.

3. Ausfallbürgschaft

57 Auch die Ausfallbürgschaft stellt einen normalen Bürgschaftsvertrag dar, bei dem der Bürge nur dann haften soll, wenn der Gläubiger trotz Vollstreckung in das Vermögen des Schuldners und trotz Nutzung eventueller anderer Sicherheiten seine Hauptforderung nicht oder nicht vollständig realisieren kann und daher einen Ausfall erleidet. Befriedigt der Ausfallbürge den Gläubiger der Hauptforderung, so steht ihm ein interner Ausgleichsanspruch gegen den Regelbürgen zu, der selbständig neben die kraft Gesetzes mit der Hauptforderung auf den Ausfallbürgen übergehende Bürgschaftsforderung gegen den Regelbürgen tritt.[59]

4. Höchstbetragsbürgschaft

58 Die Bürgschaft setzt nach allgemeinen Regeln eine akzessorische Hauptschuld voraus. Im Rahmen der Bürgenhaftung für diese Hauptschuld kann zwischen Gläubiger und Bürgen ein Höchstbetrag vereinbart werden, der die Bürgschaftsverpflichtung trotz ihres Bezugs auf die gesamte Hauptschuld umfangmäßig abschließend (entgegen § 767 Abs. 1 Satz 2 BGB), auch hinsichtlich etwaiger Zinsforderungen begrenzt.[60] Besonders bedeutsam ist eine solche Höchstbetragsvereinbarung dann, wenn mehrere Bürgen oder mehrere unterschiedliche Sicherungsgeber mit unterschiedlichen Höchstbeträgen für dieselbe Hauptverpflichtung haften. In der Regel wird hier keine Aufteilung der Hauptschuld erfolgen (also keine Teilbürgschaft vorliegen). Vielmehr wird man die Haftung des Bürgen im Rahmen seines Höchstbetrags solange bejahen müssen, solange aus der Sicht des Gläubigers gegenüber dem Hauptschuldner noch ein Forderungsrest besteht.

5. Prozessbürgschaft

59 Im Rahmen einer Prozessführung kann es erforderlich sein, eine bestimmte prozessuale Sicherheit zu stellen. Vor allem im Rahmen der vorläufigen Vollstreckbarkeit sind solche prozessualen Sicherheiten nicht selten. Verlangt das Gericht oder das Gesetz eine solche Sicherheitsleistung, so kann sie insbesondere durch eine Bürgschaft erfolgen (vgl. § 108 Abs. 1 ZPO). Ähnliches gilt für Sicherheitsleistungen nach materiellem Recht (vgl. §§ 232 Abs. 2, 239 BGB). Die Prozessbürgschaft und andere Sicherheitsbürgschaften sind also durch ihren speziellen Sicherungszweck gekennzeichnet. Dieser Zweck kann in der Regel der gerichtlichen Anordnung entnommen werden. Die Prozessbürgschaft zur Abwendung oder Aufhebung der Zwangsvollstreckung sichert die Vollstreckungsbefugnisse des Titelgläubigers. Deshalb kann sie unabhängig vom Bestand der zu Grunde liegenden Forderung bestellt werden, die bereits vor Erteilung der Bürgschaft abgetreten sein kann.[61]

---

[59] BGH v. 20.03.2012 - XI ZR 234/11 - NJW 2012, 1946.
[60] BGH v. 18.07.2002 - IX ZR 294/00 - BGHZ 151, 374-384; *Häuser* in: Soergel, BGB, § 765 Rn. 79.
[61] BGH v. 03.05.2005 - XI ZR 287/04 - NJW 2005, 2157 = JZ 2005, 956 m. Anm. *Brehm*.

6. Bürgschaft auf erstes Anfordern

Eine besonders ungewöhnliche Form der Bürgschaft hat die Kreditpraxis in der Form der Bürgschaft auf erstes Anfordern herausgebildet.[62] Hierbei wird eine Bürgschaft vereinbart, in deren Rahmen es dem Gläubiger gestattet sein soll, vom Bürgen sogleich und unter vollkommenem Verzicht auf Einwendungen die Erfüllung der Bürgschaftsforderung zu verlangen. Kern der Bürgschaft auf erstes Anfordern ist also der vorläufige Ausschluss aller Einwendungen und Einreden des Bürgen aus eigenem und fremdem Recht. Selbst die Aufrechnung sowie die Berufung auf einen Verstoß gegen den Bestimmtheitsgrundsatz[63] soll dem Bürgen beim ersten Anfordern verwehrt sein. Damit ist also dem Gläubiger ein besonders schnelles Zugreifen auf das Vermögen des Bürgen gewährt. Will der Bürge Einwendungen, Einreden oder andere Gegenrechte geltend machen, so muss er in einem zeitlich zweiten Schritt vom Gläubiger die Rückzahlung des gezahlten Betrags aus Bereicherungsrecht verlangen.[64] Die Fälligkeit der Forderung aus einer Bürgschaft auf erstes Anfordern tritt, sofern die Parteien nichts anderes vereinbaren, mit der Fälligkeit der Hauptschuld ein und ist nicht von einer Leistungsaufforderung des Gläubigers abhängig.[65]

60

Trotz mancher Bedenken gegen die Figur der Bürgschaft auf erstes Anfordern wegen der starken Lockerung der Akzessorietät[66] ist diese Rechtsform in der Rechtspraxis anerkannt.[67] Ausnahmen bezüglich der vollkommenen Verdrängung aller Einwendungen und Einreden im Falle des ersten Anforderns hat die Rechtspraxis zugelassen, wenn ein offensichtlicher Rechtsmissbrauch vorlag[68] oder wenn ein Gegenrecht des Bürgen sich aus der Bürgschaftsurkunde selbst entnehmen lässt[69]. Diese Einschränkungen hat der BGH in zwei Urteilen aus dem Jahre 2002 verstärkt, die er 2008 bestätigt hat.[70] Danach sollen Bankbürgschaften auf erstes Anfordern in allgemeinen Geschäftsbedingungen nach § 307 BGB unwirksam sein.

61

VIII. Abgrenzung zu anderen Personalsicherheiten

Von der Bürgschaft abzugrenzen sind im Gesetz nicht geregelte Vertragsgestaltungen, die sich als Garantie, Schuldbeitritt, Patronatserklärung oder ähnliches darstellen. Besondere Bedeutung hat dabei der **Garantievertrag**, der vielfältige Arten von Garantien enthalten kann. Hat sich der Garant zur Zahlung einer bestimmten Forderung verpflichtet (sog. Leistungsgarantie), kann eine solche Verpflichtung äußerlich der Bürgschaft nahe kommen. Da die Garantie nicht akzessorisch ist und auch nicht der Form des § 766 BGB unterliegt, ist allerdings eine sorgfältige Abgrenzung notwendig. Wesentliche Kriterien der Abgrenzung sind die Übernahme einer eigenen neuen selbständigen Verpflichtung (bei der Bürgschaft handelt es sich um das Einstehen für eine fremde Schuld) und das Vorliegen eines besonderen Eigeninteresses an der Erfüllung der Hauptverbindlichkeit (das beim Bürgen nicht vorliegt). Im Übrigen wird man bei der Abgrenzung von Bürgschaft und Garantie auch auf die Verwendung der unterschiedlichen Begriffe abstellen dürfen, soweit rechts- und geschäftskundige Personen den Vertrag geschlossen haben.

62

Im Falle des sog. **Schuldbeitritts** stellt sich der Beitretende als Gesamtschuldner einer bereits bestehenden Verbindlichkeit neben den bisherigen Schuldner. Er übernimmt also ähnlich wie bei der Garantie eine selbständige und eigene Verbindlichkeit, die deshalb in ihrem Bestand und Umfang nicht akzessorisch ist. Auch beim Schuldbeitritt wird man in Abgrenzung zur Bürgschaft regelmäßig auf ein

63

---

[62] Umfassend zuletzt *Kopp*, WM 2010, 640; *Oepen*, NJW 2009, 1110.
[63] OLG Düsseldorf v. 27.04.2012 - 16 U 34/11.
[64] Grundlegend BGH v. 02.05.1979 - VIII ZR 157/78 - BGHZ 74, 244 = NJW 1979,1500; BGH v. 24.10.2002 - IX ZR 355/00 - BGHZ 152, 246-255.
[65] BGH v. 08.07.2008 - XI ZR 230/07 - ZIP 2008, 1762.
[66] So qualifizieren *Weth*, AcP 189 (1989), 302, 324 ff. und *Häuser* in: Soergel, BGB, § 765 Rn. 148 die Bürgschaft auf erstes Anfordern als Garantievertrag, der nicht dem Bürgschaftsrecht unterfallen soll.
[67] BGH v. 08.03.2001 - IX ZR 236/00 - BGHZ 147, 99-108; BGH v. 10.02.2000 - IX ZR 397/98 - BGHZ 143, 381-388; BGH v. 02.04.1998 - IX ZR 79/97 - LM BGB § 765 Nr. 127 (10/1998); BGH v. 17.10.1996 - IX ZR 325/95 - LM BGB § 765 Nr. 111 (2/1997).
[68] BGH v. 10.02.2000 - IX ZR 397/98 - BGHZ 143, 381-388; BGH v. 17.10.1996 - IX ZR 325/95 - LM BGB § 765 Nr. 111 (2/1997); im Einzelnen nunmehr *Fischer*, WM 2005, 529.
[69] BGH v. 05.03.2002 - XI ZR 113/01 - LM BGB § 765 Nr. 168 (9/2002); BGH v. 08.03.2001 - IX ZR 236/00 - BGHZ 147, 99-108; BGH v. 25.02.1999 - IX ZR 24/98 - LM BGB § 765 Nr. 137 (11/1999).
[70] BGH v. 18.04.2002 - VII ZR 192/01 - BGHZ 150,299 = NJW 2002, 2388; BGH v. 04.07.2002 - VII ZR 502/99 - BGHZ 151,229 = NJW 2002, 3098; BGH v. 28.02.2008 - VII ZR 51/07 - NJW-RR 2008,830.

eigenes wirtschaftliches Interesse des Beitretenden abstellen können, ferner auf den Wortlaut der Vereinbarung und auf die Frage, inwieweit eine gesamtschuldnerische Haftung gewollt ist. Wird ein Schuldbeitritt einseitig schriftlich vom Beitretenden erklärt, kann man diese Erklärung in eine Bürgschaft umdeuten.[71]

64 Besonderheiten gegenüber den bisherigen Haftungsformen enthält die sog. **Patronatserklärung**. Im Rahmen eines Konzerns macht die Konzernmutter gegenüber dem Gläubiger einer Konzerntochter eine Aussage über die Kapitalausstattung der Tochter. Unterschieden wird dabei die unverbindliche Erklärung, es gehöre zu den Geschäftsprinzipien, die Konzerntöchter mit den erforderlichen Kapitalmitteln auszustatten (sog. weiche Patronatserklärung) von der harten Patronatserklärung, bei der eine rechtsverbindliche Verpflichtung zur Ausstattung der Konzerntochter mit Geldmitteln erfolgt.[72]

IX. Die Bürgschaft in der Insolvenz

65 Im Falle der Insolvenz des Gläubigers oder des Bürgen ergeben sich keine Besonderheiten zu den allgemeinen Regeln der Insolvenzabwicklung. Wichtige Besonderheiten ergeben sich aber dann, wenn im Rahmen eines Bürgschaftsverhältnisses das Insolvenzverfahren über den Hauptschuldner eröffnet wird. Hier führt die Zahlungsunfähigkeit des Hauptschuldners nicht zu einer Befreiung des Bürgen, wie sich allgemein aus dem Zweck der Bürgschaft entnehmen lässt und wie es für den speziellen Fall des Insolvenzplans in § 254 Abs. 2 Satz 1 InsO geregelt ist. Die eigentlichen Besonderheiten eines Insolvenzverfahrens des Hauptschuldners zeigen sich dann, wenn der Bürge auf das Verlangen des Gläubigers hin die Schuld bezahlt. Nach allgemeinen Regeln (§ 774 BGB) könnte er sodann beim Hauptschuldner Regress nehmen. Diese Regressmöglichkeit wird ihm im Falle der Aufstellung eines Insolvenzplans gemäß § 254 Abs. 2 Satz 2 InsO ausdrücklich verwehrt. Das Gleiche gilt im Falle einer Restschuldbefreiung. Auch in diesem Falle muss der Bürge auf Verlangen des Gläubigers für die Hauptschuld einstehen (§ 301 Abs. 2 Satz 1 InsO). Will der Bürge allerdings beim insolventen Hauptschuldner Regress nehmen, so ist ein solcher Regress nach § 301 Abs. 2 Satz 2 InsO ausgeschlossen. Den Bürgen trifft also in den Fällen der Insolvenz des Hauptschuldners ein erheblich gesteigertes Haftungsrisiko.

C. Internationales Privatrecht

66 Trotz Akzessorietät ist die Bürgschaft selbständig, also unabhängig vom Statut der Hauptschuld anzuknüpfen. Für vor dem 17.12.2009 geschlossene Verträge ist gem. Art. 27 EGBGB zunächst der Parteiwille maßgebend, anderenfalls ist nach Art. 28 Abs. 2 Satz 1 EGBGB das Recht am gewöhnlichen Aufenthalt des Bürgen entscheidend.[73] Seit dem 17.12.2009 gilt die Rom I-VO, die nach Art. 3 ebenfalls eine freie Rechtswahl der Parteien vorsieht, und die andernfalls nach Art. 4 Abs. 2 i.V.m. Art. 19 das Recht am gewöhnlichen Aufenthaltsort des Bürgen vorsieht.[74] Hinsichtlich der Formerfordernisse gilt Art. 11 ROM I-VO.

D. Steuerrecht

67 Im Falle einer Bürgschaft durch Gesellschafter ist § 8 Abs. 4 KStG zu beachten. Danach können Vergütungen für Fremdkapital, das der Gesellschaft von einem Gesellschafter oder von Dritten zugeführt wird, verdeckte Gewinnausschüttungen darstellen und damit zu versteuern sein. Dies kann insbesondere dann gelten, wenn der Dritte Rückgriff auf einen Gesellschafter nehmen kann, was im Falle einer Gesellschafterbürgschaft typisch ist.

---

[71] BGH v. 16.10.2007 - XI ZR 132/06 - WM 2007, 2370, 2371.
[72] Zu Einzelheiten vgl. *Habersack*, ZIP 1996, 257-263, 258; *Fleischer*, WM 1999, 666-676.
[73] Vgl. BGH v. 10.04.2003 - VII ZR 314/01 - NJW 2003, 2605; BGH v. 28.01.1993 - IX ZR 259/91 - NJW 1993, 1126.
[74] *Brödermann/Wegen* in: PWW, BGB, 5. Aufl. 2010, Anhang zu Art. 4 Rom I-VO Rn. 16.

§ 766 BGB Schriftform der Bürgschaftserklärung

(Fassung vom 02.01.2002, gültig ab 01.01.2002)

¹Zur Gültigkeit des Bürgschaftsvertrags ist schriftliche Erteilung der Bürgschaftserklärung erforderlich. ²Die Erteilung der Bürgschaftserklärung in elektronischer Form ist ausgeschlossen. ³Soweit der Bürge die Hauptverbindlichkeit erfüllt, wird der Mangel der Form geheilt.

Gliederung

A. Grundlagen 1	VI. Blankett-Bürgschaft 9
B. Praktische Bedeutung 2	D. Rechtsfolgen 11
C. Anwendungsvoraussetzungen 3	E. Anwendungsfelder 13
I. Die schriftliche Erklärung 3	I. Abdingbarkeit 13
II. Die Bürgschaft des Kaufmanns 4	II. Entsprechende Anwendung 14
III. Die Erteilung der Bürgschaft 5	III. Das Blankett und die unwiderrufliche
IV. Die Elektronische Form 7	Vollmacht 15
V. Bürgschaft per Telefax 8	

A. Grundlagen

Die Norm enthält für alle Bürgschaftsverpflichtungen die gesetzliche Formvorschrift und ist daher von einer zentralen Bedeutung für das Bürgschaftsrecht. Entsprechend der Bedeutung und der Gefährlichkeit der Bürgschaft für den Bürgen enthält die Formvorschrift eine allgemeine Warnfunktion. Darüber hinaus ist sie von der Rechtsprechung zu einer der zentralen Normen für den Schutz des Bürgen ausgebaut worden. Die Rechtsprechung ist dabei in der Anwendung von § 766 BGB weit über den Wortlaut hinausgegangen und hat die Norm dazu verwendet, nach ihrem Grundgedanken einen breiten Verbraucher- und Schuldnerschutz aufzubauen. Der Gesetzgeber hat die Norm im Jahre 2001 um den neuen Satz 2 ergänzt, ohne im Übrigen auf die von der Rechtsprechung aufgeworfenen Aspekte einzugehen.

1

B. Praktische Bedeutung

Die von § 766 BGB verlangte schriftliche Erteilung einer Bürgschaftserklärung ist in ihrer praktischen Bedeutung bei wortlautgemäßer Anwendung eher gering, da die allgemeine Schriftform des § 126 BGB im Allgemeinen keine besonders schwerwiegende Hürde für das Zustandekommen von Bürgschaftsverträgen darstellt. Besondere praktische Bedeutung hat die Norm aber in zweifacher Hinsicht erlangt. Einmal ist sie von der Rechtsprechung so ausgelegt worden, dass moderne elektronische Übermittlungsformen (Telegramm, Telefax, E-Mail usw.) für die Erteilung von Bürgschaften ausscheiden. Darüber hinaus ist die Norm vielfach als Grundlage rechtsfortbildender Maßnahmen zum weiteren Ausbau des Schuldnerschutzes herangezogen worden. Insoweit ist allerdings nicht selten von der neueren Rechtsprechung der Gesetzeswortlaut weitgehend verlassen worden.

2

C. Anwendungsvoraussetzungen

I. Die schriftliche Erklärung

Gesetzlich vorgeschriebene Schriftform bedeutet nach § 126 BGB die Herstellung einer Urkunde, die vom Aussteller eigenhändig durch Namensunterschrift unterzeichnet ist. § 126 Abs. 2 BGB und § 126 Abs. 3 BGB kommen nicht zur Anwendung, wie es sich bereits aus dem Normwortlaut von § 766 BGB ergibt. Eine eventuelle notarielle Beurkundung ersetzt die schriftliche Form (§ 126 Abs. 4 BGB). Aus den allgemeinen Regeln über die gesetzliche Schriftform ergibt sich in allen Fällen, in denen im Rahmen moderner technischer Übermittlungen eine Unterschrift fehlt, dass solche Formen für die Bürgschaft nicht in Betracht kommen (im Einzelnen vgl. Rn. 7). Soweit Erklärungen im Rahmen eines Prozessvergleichs in das gerichtliche Protokoll aufgenommen werden, ist die Form sowohl bei den Prozessparteien wie bei Dritten gewahrt (§ 127a BGB). Dies gilt auch im Rahmen von Insolvenzverfahren (§ 4 InsO). Nach dem Wortlaut des Gesetzes und der allgemeinen Auffassung in der Praxis ist allein die Willenserklärung des Bürgen formbedürftig, nicht die Annahme der Bürgschaftserklärung durch

3

den Gläubiger.[1] Allerdings muss im Rahmen der schriftlich formulierten Bürgschaftserklärung der gesamte Inhalt der Bürgschaftsverpflichtung formuliert und enthalten sein. Dazu gehört insbesondere die eindeutige Verpflichtungserklärung als solche.[2] Weiterhin müssen sich die Parteien des Bürgschaftsvertrages sowie der genaue Inhalt der Hauptschuld, für die gebürgt wird, aus der Urkunde zweifelsfrei ergeben. Daher sind nach neuerer Rechtsprechung und h.M. in der Literatur globale Haftungsklauseln und Formulierungen, die sich auf noch unbestimmte und künftige Verbindlichkeiten beziehen, unwirksam.[3] Ebenfalls der Schriftform unterfallen alle Nebenabreden und Änderungsvereinbarungen, die den Bürgen belasten.[4] Dagegen hält man wegen des insoweit nicht betroffenen Schutzzwecks diejenigen Abreden für formfrei, die dem Bürgen günstig sind.[5]

II. Die Bürgschaft des Kaufmanns

4 Eine wichtige Ausnahme von der Formvorschrift stellt die Bürgschaft eines Kaufmanns im Rahmen eines Handelsgeschäfts dar, vgl. die §§ 350, 344 Abs. 1, 343 Abs. 1 HGB. Auch eine Bankbürgschaft zur Abwendung der Zwangsvollstreckung hat dementsprechend die Rechtsprechung für formfrei angesehen.[6]

III. Die Erteilung der Bürgschaft

5 Der Gesetzeswortlaut spricht ausdrücklich davon, dass die Erteilung der Bürgschaftserklärung erforderlich sei. Dies wird allgemein in dem Sinne interpretiert, dass der Bürge die von ihm unterschriebene Originalurkunde bewusst aus der Hand geben und dem Gläubiger zuleiten muss. Wird also eine Bürgschaftserklärung dem Hauptschuldner übergeben, so ist die Form des § 766 BGB erst gewahrt, wenn der Schuldner seinerseits die Urkunde dem Gläubiger aushändigt[7]. Ist dagegen ein Bürgschaftsvertrag wirksam zustande gekommen, so hängt das weitere Schicksal dieses Bürgschaftsvertrags nicht davon ab, dass die Urkunde in den Händen des Gläubigers bleibt. Ein Verlust oder eine freiwillige Weggabe der Bürgschaftsurkunde bedarf der Auslegung, aus ihr kann nicht automatisch gefolgert werden, dass die Bürgschaft nunmehr unwirksam ist.

6 Das Erfordernis der Erteilung der Bürgschaft wurde von der Rechtsprechung vor Erlass des heutigen § 766 Satz 2 BGB insbesondere auch gegen die Wirksamkeit einer in elektronischer Form erklärten Bürgschaft angeführt (vgl. Rn. 7). Auch für die Fälle der Blankett-Bürgschaft hat die Rechtsprechung aus der Formvorschrift entscheidende Argumente hergeleitet (vgl. Rn. 9).

IV. Die Elektronische Form

7 Nach allgemeiner Meinung kann eine i.S.v. § 766 BGB formbedürftige Bürgschaftserklärung nicht im Rahmen moderner elektronischer Formen abgegeben werden. Unwirksam ist daher eine Bürgschaftserklärung durch Telegramm, Telefax (vgl. Rn. 8), E-Mail, Willenserklärung im Internet usw. Dieses Ergebnis wird dabei sowohl auf die fehlende Unterschrift als auch auf das Erfordernis der Erteilung der Bürgschaft gestützt. Der Gesetzgeber hat aus Schutzgründen diese Rechtsprechung in dem neuen § 766 Satz 2 BGB ausdrücklich bestätigt.

V. Bürgschaft per Telefax

8 Große Bedeutung haben in der Praxis und in breiten Bereichen des Rechtsverkehrs heute Erklärungen durch Telefax. Dabei liegt eine Originalerklärung mit eigenhändiger Unterschrift vor, sodass in diesen Fällen das Formerfordernis der Bürgschaft nicht an § 126 BGB scheitert. Dennoch hat der BGH in st. Rspr. die Abgabe einer wirksamen Bürgschaftserklärung durch Telefax ausgeschlossen.[8] Diese Recht-

---

[1] OLG Frankfurt v. 01.12.2004 - 17 U 166/04 - MDR 2005, 919.
[2] BGH v. 30.11.2000 - IX ZR 276/99 - LM BGB § 765 Nr. 150 (8/2001); BGH v. 30.03.1995 - IX ZR 98/94 - LM BGB § 766 Nr. 29 (9/1995).
[3] BGH v. 18.05.1995 - IX ZR 108/94 - BGHZ 130, 19-37; BGH v. 17.02.2000 - IX ZR 32/99 - LM BGB § 766 Nr. 33 (7/2000); dies gilt insbesondere und noch weitergehend bei Globalbürgschaften durch AGB: BGH v. 13.11.1997 - IX ZR 289/96 - BGHZ 137, 153-161; BGH v. 18.01.1996 - IX ZR 69/95 - BGHZ 132, 6-13; BGH v. 18.05.1995 - IX ZR 108/94 - BGHZ 130, 19-37.
[4] BGH v. 30.01.1997 - IX ZR 133/96 - LM BGB § 139 Nr. 86 (6/1997).
[5] *Horn* in: Staudinger, BGB, § 766 Rn. 10, 12.
[6] BGH v. 25.01.1967 - VIII ZR 173/64 - MDR 1967, 585.
[7] BGH v. 31.05.1978 - VIII ZR 109/77 - WM 1978, 1065; *Sprau* in: Palandt, BGB, § 766 Rn. 4.
[8] St. Rspr. seit BGH v. 28.01.1993 - IX ZR 259/91 - BGHZ 121, 224-236.

sprechung ist zunächst kontrovers diskutiert worden, weil sie sich scheinbar in einen gewissen Gegensatz zu Formerleichterungen begeben hat, die beispielsweise bei der Einreichung eines Schriftsatzes zu Gericht zu beobachten waren. Stellt man freilich, wie der BGH auf das Erfordernis der Erteilung der Bürgschaftserklärung ab, so ist die Rechtsprechung konsequent und hebt sich bewusst von Formerleichterungen in anderen Rechtsgebieten ab. Letztlich hat auch hier der Gesetzgeber durch die Gegenüberstellung der §§ 126, 126a, 126b BGB diese Entwicklung der Rechtsprechung bestätigt.

VI. Blankett-Bürgschaft

Grundsätzlich ist es im Rahmen von Schriftformerfordernissen möglich, eine Blankett-Urkunde zu unterzeichnen und der Gegenpartei oder einem Dritten zur endgültigen Ausfüllung zu überlassen. Wollte man ein solches Vorgehen nicht generell mit den Schriftformerfordernissen für vereinbar erklären, so könnte man darin jedenfalls die Erteilung einer Vollmacht sehen, die gem. § 167 Abs. 2 BGB ausdrücklich formfrei möglich ist. Im Falle der Bürgschaft hat der BGH diese früher stets vertretene Auffassung wiederum aus Schutzerwägungen verlassen und die Wirksamkeit einer Blankett-Bürgschaft ausgeschlossen. Will der Bürge anders verfahren, so müsste er die erteilte Vollmacht entgegen § 167 Abs. 2 BGB ebenfalls schriftlich abgeben.[9] Im Falle einer vom Schuldner oder von einem Dritten ausgefüllten Blankett-Urkunde, bei der der Gläubiger letztlich die vollständige Urkunde erhält, ohne dass er erkennen kann, dass diese abredewidrig oder formungültig zustande kam, muss allerdings die Rechtsscheinwirkung des § 172 Abs. 2 BGB beachtet werden. In solchen Fällen ist es denkbar, dass der Bürge die Erklärung aus Rechtsscheingesichtspunkten gegen sich gelten lassen muss.[10]

Ausgeschlossen ist eine solche Rechtsscheinhaftung freilich, wenn der Gläubiger den Mangel der Form kannte oder kennen musste (§ 173 BGB). Ein vergleichbares Problem ergibt sich bei vollmachtlos erteilter Bürgschaft. Auch hier muss die Genehmigung entgegen § 182 Abs. 2 BGB schriftlich erfolgen.[11]

D. Rechtsfolgen

Die Nichtbeachtung der Form des § 766 BGB führt zur Nichtigkeit des Rechtsgeschäfts nach § 125 Satz 1 BGB. Nur in seltenen Ausnahmefällen ist es möglich, dass die Berufung der Gegenseite auf die Nichtigkeit gegen Treu und Glauben (§ 242 BGB) verstößt und deshalb unzulässig ist.[12] Hierher zu rechnen ist der Fall, dass eine Bürgschaft von den Parteien über lange Zeit als gültig behandelt wurde und der Bürge seinerseits aus der angeblich bestehenden Bürgschaft Vorteile zog, ferner wenn eine Partei über die Formbedürftigkeit arglistig getäuscht wurde oder wenn eine vergleichbare Treuepflichtverletzung vorliegt. Nicht hierher gehört der Fall, dass eine an sich unwirksame Bürgschaft aus dem Rechtsgedanken des § 172 Abs. 2 BGB Wirkungen äußert.[13]

Satz 3 der Norm (früher Satz 2) ordnet ausdrücklich eine Heilung des Formmangels an, wenn die Hauptverbindlichkeit erfüllt wird. Als Erfüllung gelten auch alle Erfüllungssurrogate. Der gesetzlichen Anordnung der Heilung liegt der Gedanke zu Grunde, dass mit Erfüllung der schuldnerischen Verbindlichkeit eine Warnung des Bürgen oder eine besondere Schutzfunktion nicht mehr in Betracht kommt.

E. Anwendungsfelder

I. Abdingbarkeit

Die Norm ist ihrem Zweck entsprechend nicht abdingbar. Der Schutzzweck der Form einschließlich aller von der Rechtsprechung vorgenommenen Ausweitungen kann nur erreicht werden, wenn § 766 BGB weder durch Individualvereinbarung noch im Rahmen von AGB abdingbar ist.

---

[9] BGH v. 29.02.1996 - IX ZR 153/95 - BGHZ 132, 119-132; BGH v. 16.12.1999 - IX ZR 36/98 - LM BGB § 765 Nr. 142 (7/2000); BGH v. 27.05.2003 - IX ZR 283/99 - WM 2003, 1563-1566; kritisch z.B. *Häuser* in: Soergel, BGB, § 766 Rn. 31.
[10] BGH v. 29.02.1996 - IX ZR 153/95 - BGHZ 132, 119-132.
[11] *Brödermann* in: PWW, § 766 Rn. 5; a. A. *Sprau* in: Palandt § 766 Rn. 4.
[12] BGH v. 28.11.1957 - VII ZR 42/57 - BGHZ 26, 151; BGH v. 29.02.1996 - IX ZR 153/95 - BGHZ 132, 119-132; OLG Rostock v. 11.02.2008 - 1 U 133/07; *Armbrüster*, NJW 2007, 3317.
[13] A.A. *Stadler* in: Jauernig, § 766 Rn. 5; die der Fallkonstellation zu Grunde liegende Entscheidung BGH v. 29.02.1996 - IX ZR 153/95 - BGHZ 132, 119-132, gehört zum Bereich der Rechtsscheinhaftung und muss deshalb von den Einwendungen gem. § 242 BGB unterschieden werden.

II. Entsprechende Anwendung

14 Auf Rechtsgeschäfte, die ihrem Wesen nach keine Bürgschaften sind, und die nur im wirtschaftlichen Ergebnis der Bürgschaft verwandt sind, findet § 766 BGB keine Anwendung. Sie sind formfrei möglich, so der Abschluss eines Garantievertrags, ein Kreditauftrag gem. § 778 BGB, der Schuldbeitritt, die Erfüllungsübernahme gegenüber dem Bürgen sowie die Patronatserklärung. Weiterhin handelt es sich bei der Wechsel- und Scheckbürgschaft um eine selbständige Verpflichtung eigener Art, die den speziellen Normen des Wertpapierrechts unterliegt (Art. 30 ff. WG; Art. 25 ff. ScheckG). Soweit in der Literatur früher in Einzelfällen versucht wurde, auf solche mit der Bürgschaft verwandten Geschäfte § 766 BGB analog anzuwenden, hat sich dies nicht durchsetzen können.

III. Das Blankett und die unwiderrufliche Vollmacht

15 Die Norm des § 766 BGB ist nach ihrem Wortlaut ausschließlich auf die Erteilung der Bürgschaftserklärung, die auf den Abschluss eines Bürgschaftsvertrags hinzielt, anwendbar. Wegen der Warn- und Schutzfunktionen der Norm ist es aber heute anerkannt, dass ihr Anwendungsbereich über den Wortlaut hinaus wesentlich weiter greift. So gilt die Formvorschrift auch für den Bürgschaftsvorvertrag[14], darüber hinaus gilt § 766 BGB insbesondere auch für die Vollmacht, die zur Erteilung einer wirksamen Bürgschaft führen kann[15]. Zwar widerspricht diese Rechtsprechung dem Wortlaut von § 167 Abs. 2 BGB, seit langem hat jedoch die Rechtsprechung den Anwendungsbereich des § 167 Abs. 2 BGB teleologisch reduziert und überall dort Ausnahmen zugelassen, wo insbesondere eine unwiderrufliche Vollmacht dem Zweck der Formvorschrift widersprechen würde (so insbesondere die Rechtsprechung zu Grundstücksgeschäften).

16 Anwendung findet die Formvorschrift ferner auf den Fall von Bürgschaftserklärungen, die nicht oder nicht vollständig ausgefüllt sind (Blankett). In diesen Fällen hat die Rechtsprechung unter Abkehr von ihrer früheren Auffassung aus dem Normzweck des § 766 BGB gefolgert, dass eine wirksame Bürgschaftserklärung nicht vorliege.

---

[14] BGH v. 16.12.1999 - IX ZR 36/98 - LM BGB § 765 Nr. 142 (7/2000).
[15] BGH v. 29.02.1996 - IX ZR 153/95 - BGHZ 132, 119-132; OLG Düsseldorf v. 31.07.2003 - I-6 U 54/03, 6 U 54/03 - ZIP 2003, 1696-1698.

§ 767 BGB Umfang der Bürgschaftsschuld

(Fassung vom 02.01.2002, gültig ab 01.01.2002)

(1) ¹Für die Verpflichtung des Bürgen ist der jeweilige Bestand der Hauptverbindlichkeit maßgebend. ²Dies gilt insbesondere auch, wenn die Hauptverbindlichkeit durch Verschulden oder Verzug des Hauptschuldners geändert wird. ³Durch ein Rechtsgeschäft, das der Hauptschuldner nach der Übernahme der Bürgschaft vornimmt, wird die Verpflichtung des Bürgen nicht erweitert.

(2) Der Bürge haftet für die dem Gläubiger von dem Hauptschuldner zu ersetzenden Kosten der Kündigung und der Rechtsverfolgung.

Gliederung

A. Grundlagen 1	4. Erweiterung der Hauptschuld 7
B. Anwendungsvoraussetzungen 3	5. Übertragung der gesicherten Forderung 8
I. Haftungsumfang... 3	II. Beschränkungen der Akzessorietät.................... 10
1. Entstehung und Erlöschen der Hauptschuld........ 3	C. Prozessuale Hinweise/Verfahrenshinweise 12
2. Umfang der Hauptschuld 5	
3. Einschränkungen der Hauptschuld..................... 6	D. Abdingbarkeit 13

A. Grundlagen

Die Norm enthält zusammen mit den §§ 765, 768, 770 BGB den Grundsatz der Akzessorietät der Bürgschaftsverpflichtung. Dies bedeutet, dass die Bürgschaft in ihrer Entstehung, ihrem Umfang, ihren Veränderungen sowie ihrem Erlöschen von der Hauptschuld zwischen Gläubiger und Hauptschuldner abhängig ist. Insofern ist § 767 Abs. 1 Satz 1 BGB eine Regelung von prägendem Charakter für das Bürgschaftsrecht. Darüber hinaus enthält Absatz 1 Satz 3 mit dem Verbot der Fremddisposition eine weitere Regelung von herausragender Bedeutung. Die Rechtsprechung hat dieser Regelung Leitbild-Charakter zuerkannt und sie über den Wortlaut hinaus angewendet[1].

Neben der Verankerung zentraler Grundsätze wie des Akzessorietätsgrundsatzes und des Verbots der Fremddisposition enthält die Norm aber auch Einzelregelungen zum Umfang und Verhältnis von Hauptschuld und Bürgschaft. Wichtige Ergänzungen dieser Norm finden sich für Einreden in § 768 BGB und für Gestaltungsrechte in § 770 BGB.

B. Anwendungsvoraussetzungen

I. Haftungsumfang

1. Entstehung und Erlöschen der Hauptschuld

Eine wirksame Bürgschaft kann nicht ohne gültige Hauptschuld vorliegen. Daher kann die Bürgschaft insbesondere dann nicht entstehen, wenn eine Hauptschuld noch nicht vereinbart ist, wenn sie von Anfang an nichtig oder mit Rückwirkung angefochten ist oder wenn andere Gründe das Entstehen der Hauptschuld verhindern. Insbesondere entsteht eine Bürgschaft auch nicht im Falle der in § 765 Abs. 2 BGB geregelten künftigen oder bedingten Hauptschuld. Die dortige Regelung lässt es nur zu, dass in diesen Fällen eine Bürgschaft als schwebend unwirksames Rechtsgeschäft vereinbart wird.

Ebenso wie im Falle der Entstehung die Bürgschaft von der Hauptschuld abhängt, besteht auch eine Abhängigkeit beim Erlöschen der Hauptschuld. Dabei ist es nicht von Bedeutung, aus welchem Grunde die Hauptschuld erlischt. Deshalb erlischt die Schuld des Bürgen z.B. bei Erfüllung der Hauptschuld oder bei Vorliegen von Erfüllungssurrogaten, ebenso bei Entfallen der Hauptschuld durch Anfechtung oder Rücktritt, durch Schuldnerwechsel oder völligen Wegfall des Hauptschuldners, durch Vorliegen einer Leistungsbefreiung oder durch Unzulässigkeit der Rechtsausübung der Hauptschuld (zu Ausnahmen vgl. Rn. 10 f.).

---

[1] Vgl. BGH v. 06.04.2000 - IX ZR 2/98 - LM BGB § 767 Nr. 38 (11/2000); BGH v. 13.11.1997 - IX ZR 289/96 - BGHZ 137, 153-161.

2. Umfang der Hauptschuld

5 Die Bürgschaftsverpflichtung ist nicht nur vom Entstehen und Erlöschen der Hauptschuld abhängig, sondern sie ist in ihrem Umfang auch im Einzelnen an den Bestand der jeweiligen Hauptschuld geknüpft. Dies bedeutet, dass für die jeweilige Bürgenschuld der genaue Umfang und Inhalt der Hauptschuld zu bestimmen ist. Insbesondere kommt eine Auslegung des der Hauptschuld zu Grunde liegenden Rechtsgeschäfts nach allgemeinen Regeln in Betracht. Haben die Parteien durch die Bürgschaft einen bestimmten vertraglichen Anspruch sichern wollen und ist dieser Anspruch wegen der Unwirksamkeit des Rechtsgeschäfts nicht entstanden, besteht andererseits in gleicher Höhe und in gleichem Umfang eine **Forderung aus ungerechtfertigter Bereicherung**, so ist es eine Frage der Auslegung des Parteiwillens, ob auch dieser Anspruch aus ungerechtfertigter Bereicherung von der Bürgschaftsforderung erfasst sein soll.[2] Die Rechtsprechung hat eine solche Erfassung insbesondere dann bejaht, wenn sich die Haftung auf einen bestimmten Geldbetrag und nicht auf den jeweiligen Rechtsgrund bezog[3]. Grundsätzlich haftet der Bürge aber nur für die Forderungen gegen den Hauptschuldner, die den **Anlass** zur Übernahme der Bürgschaft bildeten. Formularmäßige Erweiterungen sind, soweit es sich nicht um Bürgschaften von Alleingesellschaftern oder Geschäftsführern für Verbindlichkeiten der Gesellschaft handelt, regelmäßig wegen Verstoßes gegen § 307 Abs. 1 BGB unwirksam.[4]

3. Einschränkungen der Hauptschuld

6 Angesichts des Grundsatzes der Akzessorietät versteht es sich von selbst, dass alle Einschränkungen der Hauptschuld auch dem Bürgen zugute kommen. Dies gilt insbesondere für Vereinbarungen zwischen Gläubiger und Hauptschuldner mit schuldbeschränkendem Inhalt.

4. Erweiterung der Hauptschuld

7 In ganz bestimmten engen Grenzen haftet der Bürge für eine nachträgliche[5] Erweiterung der Hauptschuld.[6] Dies gilt insbesondere im Falle von § 767 Abs. 2 BGB, wonach der Bürge auch für die dem Gläubiger vom Hauptschuldner zu ersetzenden Kosten der Kündigung und der Rechtsverfolgung einzustehen hat. Darüber hinaus ergibt sich aus Absatz 1 Satz 2, dass Erweiterungen der Hauptschuld, die nicht durch ein rechtsgeschäftliches Verhalten des Hauptschuldners veranlasst sind, ebenfalls zur Erweiterung der Bürgenhaftung führen. Dies gilt insbesondere für aus Verzug entstandene Verzugszinsen, für durch Verschulden entstandene Schäden oder für Folgen einer zu vertretenden Gefährdungs- oder Zufallshaftung. Neben § 767 Abs. 2 kommt eine Haftung aus Geschäftsführung ohne Auftrag nicht in Betracht.[7]

5. Übertragung der gesicherten Forderung

8 Wird die Hauptforderung vom Gläubiger durch Rechtsgeschäft übertragen (§ 398 BGB), so geht nach den allgemeinen Regeln der Akzessorietät und darüber hinaus nach der ausdrücklichen Anordnung von § 401 Abs. 1 BGB die Bürgschaft auf den neuen Gläubiger mit über. Gem. § 412 BGB gilt dies ausdrücklich auch in allen Fällen, in denen ein Forderungsübergang kraft Gesetzes stattfindet, also im Bereich des Kreditsicherungsrechts, insbesondere im Falle der §§ 774, 1143, 1225 BGB.

9 Angesichts der Akzessorietät beim Forderungsübergang ist es darüber hinaus von Bedeutung, wenn eine Forderungsübertragung aus Gründen der §§ 399, 400 BGB nicht möglich ist. Im Einzelnen sind dies die Fälle der Unübertragbarkeit wegen eines bestimmten Leistungsinhalts der vertraglichen Vereinbarung, der Unübertragbarkeit sowie der Unpfändbarkeit. Rechtsfolge beim Verstoß gegen diese Regelungen ist in allen Fällen die absolute Unwirksamkeit der Abtretung. Damit ist in diesen Fällen zugleich ein Übergang der Bürgschaft ausgeschlossen.

---

[2] *Rohe* in: Bamberger/Roth, BGB, § 767 Rn. 11.
[3] BGH v. 12.12.2006 - XI ZR 20/06 - VuR 2007, 159; BGH v. 15.03.2001 - IX ZR 273/98 - LM BGB § 133 (C) Nr. 104 (9/2001); BGH v. 21.11.1991 - IX ZR 60/91 - LM AGBG § 3 Nr. 34 (5/1992); BGH v. 12.02.1987 - III ZR 178/85.
[4] BGH v. 18.07.2002 - IX ZR 294/00 - BGHZ 151, 374-384; BGH v. 25.11.2003 - XI ZR 379/02 - WM 2004, 121-124.
[5] BGH v. 27.01.2004 - XI ZR 111/03 - WM 2004, 724-726.
[6] Dazu nunmehr *Wittmann*, MDR 2010, 477.
[7] BGH v. 03.03.2009 - XI ZR 41/08 - ZIP 2009, 799 = MDR 2009, 642 = EWiR 2009, 405.

II. Beschränkungen der Akzessorietät

Das in der Norm verankerte Verbot der Fremddisposition (Absatz 1 Satz 3) führt zu einer wichtigen Beschränkung der Akzessorietät. Alle Rechtsgeschäfte, die der Hauptschuldner nach der Übernahme der Bürgschaft vornimmt, können nicht zu einer Erweiterung der Bürgenpflichten führen. Ohne Bedeutung für den Bürgen sind also z.B. die Vereinbarung der Verkürzung der Fälligkeit[8], die Begründung zusätzlicher oder erweiterter oder neuer Verbindlichkeiten innerhalb der einzelnen Geschäftsverbindung oder nach einem Schuldnerwechsel.[9] Unter das Verbot der Fremddisposition fällt es auch, wenn der Schuldner durch Vereinbarung mit dem Gläubiger den Charakter, den Inhalt oder die Durchsetzungsmöglichkeiten der Hauptschuld verstärkt, z.B. durch ein zusätzliches Schuldanerkenntnis oder durch einen die Schuld insoweit bestätigenden Vergleich. In allen diesen Fällen der Beschränkung der Bürgschaft bleiben die Verpflichtungen des Bürgen im bisherigen Umfang bestehen. Ähnlich kann der Gläubiger, dem ein Bürge für absonderungsberechtige Forderungen haftet, diesen nicht in Anspruch nehmen, soweit er durch Veräußerung einen Mehrerlös hat.[10] Auch im Übrigen ist eine Verwertungsvereinbarung zwischen dem absonderungsberechtigten Gläubiger und dem Insolvenzverwalter des Hauptschuldners für den Bürgen ohne Bedeutung.[11]

10

Neben der gesetzlichen Regelung ist es anerkannt, dass die Akzessorietät der Bürgschaft auch durch den Sicherungszweck dieser Personalsicherheit begrenzt wird.[12] Dies führt dazu, dass in ganz bestimmten, durch den Eintritt des Bürgen gewollten Risikofällen ein Wegfall des Hauptschuldners oder die Beschränkung seiner Haftung nicht zu einer Herabsetzung der Bürgschaftsverbindlichkeit führen. Im Gesetz sind solche dem Sicherungszweck entsprechende Regelungen in § 768 Abs. 1 Satz 2 BGB enthalten, wonach der Bürge sich nicht auf haftungsbeschränkende Maßnahmen des Erben des Hauptschuldners berufen kann, ferner in § 254 Abs. 2 InsO, wonach Veränderungen der Hauptschuld durch den Insolvenzplan nicht dem Bürgen zugute kommen. Darüber hinaus haftet der Bürge generell im Falle der Vermögenslosigkeit des Hauptschuldners, der Eröffnung eines Insolvenzverfahrens über den Hauptschuldner oder der endgültigen Auflösung des Hauptschuldners (Löschung einer juristischen Person wegen Vermögenslosigkeit).

11

C. Prozessuale Hinweise/Verfahrenshinweise

Schwierigkeiten entstehen, wenn zwischen Gläubiger und Hauptschuldner oder zwischen Gläubiger und Bürgen ein Zivilprozess geführt wird und der jeweils vom Prozess nicht erfasste Dritte oder eine Partei des Prozesses sich gegenüber dem Dritten auf die Ergebnisse dieses Prozesses berufen will. Die Probleme ergeben sich daraus, dass das Gesetz die Rechtskraft sehr streng nur zwischen den Parteien angeordnet hat (§ 325 Abs. 1 ZPO). Zwar gibt es enge gesetzliche Ausnahmen vom Gebot der Rechtskraft inter partes, insbesondere in den §§ 325, 326, 327 ZPO, eine Rechtskrafterstreckung über die gesetzlich geregelten Fälle hinaus ist aber nicht anzuerkennen. Im Falle prozessualer Zurechnung von Prozessergebnissen zwischen Gläubiger und Hauptschuldner oder zwischen Gläubiger und Bürgen auf die jeweils dritte Person greifen die gesetzlich geregelten Fälle einer Rechtskrafterstreckung nicht ein, und eine weitergehende Rechtskrafterstreckung ist nicht möglich (streitig, anders insbesondere die Lehre von der Drittwirkung der Rechtskraft[13]). In Wahrheit ist eine in Einzelfällen entstehende Bindung durch eine materiell-rechtliche Abhängigkeit begründet. So kann sich in dem viel diskutierten Fall, dass die Klage des Gläubigers gegen den Hauptschuldner abgewiesen wird, der Bürge auf diese Abweisung berufen, weil ihm gem. § 767 BGB die Einwendungen und gem. § 768 BGB die Einreden des Hauptschuldners in gleicher Weise zur Seite stehen. Dagegen wirkt eine erfolgreiche Klage des Gläubigers gegen den Hauptschuldner nach allgemeiner Meinung nicht gegen den Bürgen. Ebenso muss der Hauptschuldner das Ergebnis eines Prozesses zwischen Gläubiger und Bürgen nicht gegen sich gelten lassen (zu den Nachweisen im Einzelnen vgl. die Kommentierung zu § 765 BGB Rn. 26).

12

---

[8] BGH v. 06.04.2000 - IX ZR 2/98 - LM BGB § 767 Nr. 38 (11/2000).
[9] Vgl. BGH v. 14.07.1988 - IX ZR 115/87 - NJW 1989, 27-29; BGH v. 06.05.1993 - IX ZR 73/92 - LM BGB § 765 Nr. 87 (10/1993).
[10] BGH v. 03.11.2005 - IX ZR 181/04 - NJW 2006, 228.
[11] BGH v. 03.11.2005 - IX ZR 181/04 - NJW 2006, 230.
[12] Vgl. BGH v. 28.12.1992 - IX ZR 221/91; BGH v. 20.09.1990 - IX ZR 214/89 - LM Nr. 86 zu BGB § 426; BGH v. 19.09.1985 - IX ZR 16/85 - BGHZ 95, 375-392.
[13] Vgl. näher *Völzmann-Stickelbrock* in: Prütting/Gehrlein, ZPO, § 325 Rn. 45-50.

D. Abdingbarkeit

13 Die Regelung der Akzessorietät ist eine für die Bürgschaft prägende Eigenschaft. Die Akzessorietät ist daher ein zwingendes Merkmal der Bürgenschuld.[14] Vertragliche Vereinbarungen im Rahmen einer Bürgschaft, die die Akzessorietät ausschließen, verändern den Vertragstyp der Bürgschaft und führen eventuell zu einem Garantievertrag, lassen sich aber im Rahmen einer Bürgschaft nicht durchführen. Dies ist bei gänzlicher Beseitigung der Akzessorietät weithin anerkannt, umstritten ist es jedoch bei Einschränkungen der Akzessorietät, insbesondere durch Fallgestaltungen wie die Bürgschaft auf erstes Anfordern (vgl. im Einzelnen die Kommentierung zu § 765 BGB Rn. 54).

---

[14] BGH v. 19.09.1985 - III ZR 214/83 - BGHZ 95, 350-361.

§ 768 BGB Einreden des Bürgen

(Fassung vom 02.01.2002, gültig ab 01.01.2002)

(1) ¹Der Bürge kann die dem Hauptschuldner zustehenden Einreden geltend machen. ²Stirbt der Hauptschuldner, so kann sich der Bürge nicht darauf berufen, dass der Erbe für die Verbindlichkeit nur beschränkt haftet.

(2) Der Bürge verliert eine Einrede nicht dadurch, dass der Hauptschuldner auf sie verzichtet.

Gliederung

A. Grundlagen 1	II. Ausnahmen 9
I. Kurzcharakteristik 1	III. Verhalten des Hauptschuldners 10
II. Systematik der Bürgenhaftung 2	C. Abdingbarkeit 11
B. Anwendungsvoraussetzungen 6	D. Verjährungsfragen 13
I. Begriff der Einrede 6	

A. Grundlagen

I. Kurzcharakteristik

§ 768 BGB baut auf der Regelung des § 767 BGB für die Einwendungen auf und ist damit ähnlich wie § 767 BGB Ausdruck der Akzessorietät der Bürgenhaftung. Während § 767 BGB im Wesentlichen die Einwendungen des Bürgen, die sich aus der Hauptverbindlichkeit ergeben, regelt, behandelt § 768 BGB die Einreden des Bürgen aus dem Verhältnis zwischen Hauptschuldner und Gläubiger. Die gesetzliche Regelung macht deutlich, dass hier zwischen unterschiedlichen Verteidigungsmöglichkeiten des Bürgen aus eigenem und aus fremdem Recht unterschieden werden muss (vgl. Rn. 2). **1**

II. Systematik der Bürgenhaftung

Die Norm stellt nur einen Ausschnitt aus dem Gesamtsystem der Verteidigungsmöglichkeiten des Bürgen gegen seine Haftung dar. Wie sich dem Gesamtzusammenhang entnehmen lässt, muss im Rahmen der Verteidigungsmöglichkeiten des Bürgen getrennt werden, ob dieser gegen die Zahlungsforderung des Gläubigers Einwendungen und Einreden aus eigenem Recht, aus dem Verhältnis des Hauptschuldners zum Gläubiger oder aus dem Verhältnis des Bürgen zum Hauptschuldner geltend macht. **2**

Nach allgemeinen Grundsätzen des Vertragsrechts kann der Bürge gegenüber dem Gläubiger alle diejenigen Einwendungen und Einreden geltend machen, die sich aus seinem eigenen Vertragsverhältnis ergeben. Die §§ 767-770 BGB regeln diese Frage nicht. In Betracht kommen aus eigenem Recht Einwendungen des Bürgen, die die Nichtigkeit oder die erfolgreiche Anfechtung des Bürgschaftsvertrags betreffen, ferner alle dem Bürgen zustehenden Einreden wie Verjährung[1], Stundung usw. Soweit dem Bürgen die Einrede der Vorausklage zusteht (§ 771 BGB), handelt es sich auch insoweit um eine Einrede des Bürgen aus eigenem Recht. **3**

Die Verteidigung des Bürgen gegen den Gläubiger aus eigenem Recht stehen diejenigen Einwendungen und Einreden gegenüber, die sich aus dem Verhältnis des Hauptschuldners zum Gläubiger ergeben. Soweit es sich dabei um Einwendungen (rechtshindernd oder rechtsvernichtend) handelt, führt die Bejahung einer solchen Einwendung zum Erlöschen der Hauptforderung. Damit liegt ein Fall von § 767 BGB vor, und die Bürgschaft ist ebenfalls erloschen. Aus diesem Grund gibt § 768 BGB eine Regelung, die sich nur auf die Einreden bezieht, die dem Hauptschuldner gegen den Gläubiger zustehen (zum Begriff der Einrede vgl. Rn. 6). **4**

Abzugrenzen von der Verteidigung des Bürgen aus eigenem Recht sowie aus dem Rechtsverhältnis zwischen Hauptschuldner und Gläubiger sind diejenigen Gegenrechte, die dem Bürgen aus seinem Rechtsverhältnis zum Schuldner zustehen können. Solche Gegenrechte kann der Bürge in keinem Fall **5**

---

[1] Zur Verjährung umfassend *Einsiedler,* MDR 2010, 603; zum Beginn dieser Verjährung vgl. *Gay,* NJW 2005, 2585; zu Beginn und Lauf dieser Verjährung ferner *Bolten,* ZGS 2006, 140; zu den Einzelheiten vgl. Rn. 13 ff.

dem Gläubiger entgegensetzen. Solche Gegenrechte sind daher in den §§ 767-770 BGB nicht angesprochen.

B. Anwendungsvoraussetzungen

I. Begriff der Einrede

6 Die Systematik der Bürgenhaftung macht deutlich, dass der Gesetzgeber den Begriff der Einrede ganz bewusst in einem technischen Sinn verwendet hat. Im Gegensatz zur prozessualen Terminologie, wonach Einrede jedes Verteidigungsvorbringen des Beklagten umfasst, ist eine Einrede im materiell-rechtlichen Sinn nur diejenige Verteidigung, die das vom Gläubiger behauptete Recht nicht entfallen lässt, sondern lediglich in seiner Durchsetzung hemmt. Wird vom Schuldner geltend gemacht, dass die Forderung des Gläubigers niemals entstanden ist, liegt eine rechtshindernde Einwendung vor. Wird vom Schuldner geltend gemacht, dass die Forderung des Gläubigers zwar einmal bestanden hat, nunmehr aber entfallen ist, liegt eine rechtsvernichtende Einwendung vor.

7 Die möglichen Einreden im materiell-rechtlichen Sinn, wie sie § 768 BGB anspricht, lassen sich nach ihrer zeitlichen Bedeutung in dauernde oder peremptorische und vorübergehende oder dilatorische Einwendungen unterscheiden.

8 Im Einzelnen kann der Bürge also folgende Einreden vorbringen: Verjährung der Hauptforderung[2], Einrede der ungerechtfertigten Bereicherung, Überschreiten der Grenze des § 551 BGB bei einer Mietbürgschaft, Recht auf Vertragsanpassung wegen Wegfall der Geschäftsgrundlage. Ebenso kann der Bürge vorbringen, dass die Hauptverbindlichkeit gestundet wurde, dass der Hauptschuldner die Einrede des erfüllten Vertrags hätte, dass ihm ein Zurückbehaltungsrecht oder eine allgemeine Mängeleinrede zustünde. Sofern die Hauptforderung verjährt oder durch eine sonstige Einrede ihre Durchsetzbarkeit auf Dauer gehemmt ist, kann der Gläubiger nicht mehr die Herausgabe der Bürgschaftsurkunde verlangen. Eine solche Klage auf Herausgabe der wertlosen Urkunde ist mangels schutzwürdigen Eigeninteresses des Gläubigers rechtsmissbräuchlich.[3]

II. Ausnahmen

9 Kraft ausdrücklicher gesetzlicher Anordnung kommt die Einrede der beschränkten Erbenhaftung für den Bürgen nicht in Betracht (§ 768 Abs. 1 Satz 2 BGB). Ebenfalls nicht als Einrede i.S.d. § 768 BGB in Betracht kommt die Möglichkeit einer Anfechtung oder einer Aufrechnung. Diese Fälle sind in § 770 BGB geregelt. Ausgeschlossen sind schließlich Einreden, die dem Sicherungszweck der Bürgschaft entgegenstehen. So ist es etwa anerkannt, dass für den Bürgen eine Anfechtung nach § 119 Abs. 2 BGB wegen Irrtums über die Kreditwürdigkeit des Hauptschuldners auszuscheiden hat, weil die Bürgschaft erkennbar gerade einen solchen Fall erfassen soll.[4] Nicht möglich wäre auch die Einrede der Verjährung von Gewährleistungsansprüchen, soweit sich die Bürgschaft bei rechtzeitiger Mängelrüge auch auf verjährte Ansprüche erstreckt.[5] Besonders wichtig ist in diesem Zusammenhang die gesetzliche Regelung des § 768 Abs. 2 BGB, wonach Rechtshandlungen des Hauptschuldners, die zum Verlust einer Einrede führen, dem Bürgen diese Einrede nicht nehmen.

III. Verhalten des Hauptschuldners

10 In Anknüpfung an die Regelung des § 767 Abs. 1 Satz 3 BGB enthält § 768 Abs. 2 BGB erneut eine Regel, wonach rechtsgeschäftliche Handlungen des Hauptschuldners die Haftung des Bürgen nicht verschärfen. So ist für den Bürgen insbesondere der Verzicht des Hauptschuldners auf eine Einrede ohne Bedeutung. So bleibt dem Bürgen z.B. die einmal begründete Verjährungseinrede auch dann erhalten, wenn gegen den Hauptschuldner nach dem Eintritt der Verjährung ein rechtskräftiges Urteil ergeht[6]. Hinter dieser Spezialregelung des Absatzes 2 steht der allgemeine Gedanke, dass die Bürgschaft strikt akzessorisch ist und deshalb nicht einseitig durch Handeln des Hauptschuldners verändert werden kann.

---

[2] BGH v. 28.01.2003 - XI ZR 243/02 - BGHZ 153, 337-343; aus der Literatur vgl. *Hohmann*, WM 2004, 757; *Polt/Siegmann*, WM 2004, 766; *Peters*, NJW 2004, 1430; *Gay*, NJW 2005, 2585; *Bolten*, ZGS 2006, 140.
[3] BGH v. 07.10.2008 - XI ZB 24/07 - MDR 2009, 39.
[4] *Herrmann* in: Erman, BGB, § 765 Rn. 14.
[5] BGH v. 21.01.1993 - VII ZR 127/91 - BGHZ 121, 168-173.
[6] BGH v. 12.03.1980 - VIII ZR 115/79 - BGHZ 76, 222-231.

C. Abdingbarkeit

Nach Rechtsprechung und h.M. soll der Bürge auf die ihm zustehenden Einreden des Hauptschuldners individualrechtlich verzichten können. In einem Einzelfall ergibt sich dies aus dem Gesetz (vgl. § 773 Abs. 1 Nr. 1 BGB). Darüber hinaus wird man den Individualverzicht auf einzelne Einreden für zulässig halten dürfen, so lange dadurch nicht der Charakter der Bürgschaft als einer akzessorischen Sicherheit angetastet wird. Anderenfalls würde man nicht mehr von einer Bürgschaft, sondern von einem anderen Vertragstyp sprechen müssen. Besonders streitig ist die Frage, ob der Bürge auf die Einreden des § 768 BGB in Allgemeinen Geschäftsbedingungen verzichten kann. Mit der neueren Rechtsprechung des BGH ist dies zu verneinen.[7] Auch bei individualrechtlichem Verzicht stellt der Gedanke des Rechtsmissbrauchs eine Schranke dar.[8]   11

Für möglich gehalten wird von der Rechtspraxis und der h.M. der temporäre Verzicht des Bürgen auf Einreden und darüber hinaus sogar auf Einwendungen. In solchen Fällen spricht die Rechtspraxis von einer Bürgschaft auf erstes Anfordern (vgl. die Kommentierung zu § 765 BGB Rn. 60 f., Arten der Bürgschaft). Es erscheint allerdings zweifelhaft, ob die Bürgschaft auf erstes Anfordern nicht bereits einen Eingriff in den Vertragstypus darstellt.[9]   12

D. Verjährungsfragen

Der Bürge kann **aus eigenem Recht** die Verjährung der Bürgenforderung geltend machen (vgl. Rn. 3). Die Forderung des Gläubigers gegen den Bürgen verjährt nach allgemeinen Regeln in drei Jahren (§§ 195, 199 BGB). Der Anspruch des Gläubigers entsteht mit der Fälligkeit der Hauptschuld.[10] Die Dreijahresfrist beginnt deshalb mit dem Schluss des Jahres, in dem die Hauptschuld fällig geworden ist. Verjährt die Hauptschuld in kürzerer Zeit als der Dreijahresfrist, so kann sich der Bürge darauf berufen. Umgekehrt führt eine längere Verjährung der Hauptschuld im Wege der Auslegung auch zu einer längeren Verjährungsfrist der Bürgschaft.[11] Vertraglich kann eine abweichende Laufzeit der Verjährung vereinbart werden (vgl. § 202 BGB).   13

Auf eine **Verjährung der Hauptschuld** kann sich der Bürge gemäß § 768 Abs. 1 Satz 1 BGB stets berufen, selbst wenn der Hauptschuldner auf die Einrede verzichtet hat (§ 768 Abs. 2 BGB). Ein (zulässiger) Verzicht des Bürgen ist durch § 202 Abs. 2 BGB auf maximal 30 Jahre begrenzt. Bei einem Verzicht des Hauptschuldners ist es unerheblich, ob im Verzichtszeitpunkt die Hauptschuld bereits verjährt war oder nicht.[12]   14

Klagt der Gläubiger gegen den Bürgen, so hemmt diese Klage nicht den Verjährungslauf der Hauptschuld.[13] Daher kann die Einrede während der Bürgschaftsklage entstehen. Ist die Verjährung nach der letzten mündlichen Verhandlung bzw. nach rechtskräftiger Verurteilung des Bürgen eingetreten, so kann der Bürge gegen die Zwangsvollstreckung nach § 767 ZPO vorgehen.[14] Der Bürge kann sich auch dann nach § 768 BGB auf die Verjährung der Hauptschuld berufen, wenn der Hauptschuldner nach der Übernahme der Bürgschaft wegen Vermögenslosigkeit oder Löschung im Handelsregister untergegangen ist und aus diesem Grund die gegen ihn gerichtete Forderung weggefallen ist.[15] Dies gilt auch dann, wenn die Bürgschaftsforderung rechtskräftig tituliert war und der Hauptschuldner erst danach als Rechtsperson untergegangen ist. Allerdings hat der Gläubiger ein schutzwürdiges Interesse daran, die Verjährung nach § 204 Abs. 1 BGB (insbesondere durch Klageerhebung) hemmen zu können. Mit der Verselbständigung der Bürgschaft durch Wegfall des Hauptschuldners ist diesem Interesse Rechnung   15

---

[7] BGH v. 08.03.2011 - IX ZR 236/00 - NJW 2001, 1857, 1858.
[8] BGH v. 29.10.1963 - VI ZR 311/62 - WM 1963, 1303; *Sprau* in: Palandt, BGB, § 768 Rn. 8.
[9] Dagegen BGH v. 03.04.2003 - IX ZR 287/99 - NJW 2003, 2231-2233; a.A. *Weth*, AcP 189 (1989), 303, 324 ff.; *Häuser* in: Soergel, BGB, § 765 Rn. 148.
[10] BGH v. 18.12.2003 - IX ZR 9/03 - NJW-RR 2004, 1190; BGH v. 29.01.2008 - XI ZR 160/07 ZIP 2008, 733; OLG Karlsruhe v. 20.11.2007 - 17 U 89/07 - ZIP 2008, 170-171; OLG Brandenburg v. 21.03.2007 - 4 U 128/06; *Keilmann*, MDR 2008, 843.
[11] *Brödermann* in: PWW, 3. Aufl. § 765 Rn. 42.
[12] BGH v. 18.09.2007 - XI ZR 447/06 - WM 2007, 2230 = ZIP 2007, 2206; OLG Jena v. 05.12.2006 - 5 U 1011/05 - OLGR Jena 2008, 276.
[13] BGH v. 09.07.1998 - IX ZR 272/96 - BGHZ 139, 214, 216.
[14] BGH v. 05.11.1998 - IX ZR 48/98 - NJW 1999, 278; BGH v. 06.07.2000 - IX ZR 206/99 - NJW-RR 2000, 1717; *Tiedtke*, JZ 2006, 940, 941.
[15] BGH v. 28.01.2003 - XI ZR 243/02 - NJW 2003, 1250; BGH v. 28.02.2012 - XI ZR 192/11 - MDR 2012, 595.

zu tragen, in dem bereits Hemmungstatbestände gegenüber dem Bürgen ausreichen.[16] Besteht die Bürgschaftsforderung nach dem Wegfall der Hauptforderung, also in Folge des Untergangs des Hauptschuldners als Rechtsperson als selbständige Forderung weiter und kann der Gläubiger deshalb die Hemmung der Verjährung der Hauptforderung nur noch im Verhältnis zum Bürgen bewirken, ist bei der Prüfung der für die Berechnung des Beginns der Verjährungsfrist erforderlichen subjektiven Voraussetzungen des § 199 Abs. 1 BGB auf die Person des Bürgen abzustellen.[17]

---

[16] BGH v. 28.01.2002 - XI ZR 243/02 - NJW 2003, 1250, 1252; BGH v. 28.02.2012 - XI ZR 192/11 - MDR 2012, 595.
[17] BGH v. 28.02.2012 - XI ZR 192/11 - MDR 2012, 595.

§ 769 BGB Mitbürgschaft

(Fassung vom 02.01.2002, gültig ab 01.01.2002)

Verbürgen sich mehrere für dieselbe Verbindlichkeit, so haften sie als Gesamtschuldner, auch wenn sie die Bürgschaft nicht gemeinschaftlich übernehmen.

Gliederung

A. Grundlagen.. 1
I. Kurzcharakteristik....................................... 1
II. Begriff der Mitbürgschaft........................... 2
B. Anwendungsvoraussetzungen..................... 3
C. Rechtsfolgen.. 4
D. Anwendungsfelder...................................... 5

A. Grundlagen

I. Kurzcharakteristik

Der Geschäftsverkehr und die Kautelarpraxis haben eine Fülle von Sonderformen der Bürgschaft hervorgebracht. Diese beruhen nach Namen und Inhalt in aller Regel auf der Vertragsfreiheit der Parteien und sind im Gesetz nicht verankert (vgl. die Kommentierung zu § 765 BGB Rn. 54 ff.). Einzige Ausnahme stellt die Mitbürgschaft dar, die nach Voraussetzung und Wirkung in § 769 BGB geregelt ist. Der Gesetzgeber hat hierbei den Gedanken einer gesamtschuldnerischen Haftung Mehrerer auf die Bürgschaft übertragen. Dabei soll es nach der gesetzlichen Regelung ohne Bedeutung sein, ob sich mehrere Personen im Rahmen eines einheitlichen Vertragsverhältnisses gemeinschaftlich verbürgen oder ob sie für dieselbe Hauptverbindlichkeit ihre Bürgenhaftung unabhängig voneinander festlegen. Entscheidend für die Abgrenzung der Mitbürgschaft zu anderen Formen ist, dass sich die Haftung mehrerer Bürgen als gleichstufige und auf dieselbe Verbindlichkeit bezogen darstellt. Daher stellt es keine Mitbürgschaft dar, wenn mehrere Personen in einem Rangverhältnis als Bürgen haften, wie dies insbesondere im Falle der Vor- und Nachbürgschaft oder der Rückbürgschaft der Fall ist. Auch der Fall von Regelbürgschaft und Ausfallbürgschaft gehört hierher (vgl. die Kommentierung zu § 765 BGB Rn. 57).

1

II. Begriff der Mitbürgschaft

Eine Mitbürgschaft setzt das Vorhandensein mehrerer Personen als Bürgen voraus, die sich jeweils für dieselbe Schuld des Hauptschuldners gegenüber dem Gläubiger verbürgt haben und die ihre Haftung in einem gleichstufigen Verhältnis zueinander begründet haben. Haben dagegen mehrere Bürgen im Rahmen einer einheitlichen Hauptforderung ihre Haftung für unterschiedliche Teile der Hauptschuld erklärt (sog. Teilbürgen), so entsteht eine Mitbürgschaft nur insoweit, als sich die Bürgenhaftung Mehrerer auf übereinstimmende Teile der Hauptschuld bezieht.

2

B. Anwendungsvoraussetzungen

Entstehungsvoraussetzungen einer Mitbürgschaft: Voraussetzung des Entstehens einer Mitbürgschaft ist das Vorhandensein mehrerer Personen als Bürgen gegenüber demselben Gläubiger für dieselbe Schuld des Hauptschuldners. Diese mehreren Bürgenhaftungen müssen gleichstufig sein. Nicht Voraussetzung einer Mitbürgschaft ist es, dass die gemeinschaftliche Haftung der Mitbürgen in einem einheitlichen Bürgschaftsvertrag enthalten ist. Auch durch vollkommen verschiedene Bürgschaftsverträge und sogar ohne jedes Wissen der einzelnen Bürgen voneinander kann eine Mitbürgschaft entstehen.

3

C. Rechtsfolgen

Rechtsfolge der Mitbürgschaft ist nach der ausdrücklichen Anordnung des Gesetzes die gesamtschuldnerische Haftung aller. Im Rechtsverhältnis zwischen dem Gläubiger und allen Mitbürgen gelten daher die §§ 421-425 BGB. Im Innenverhältnis zwischen den Mitbürgen ist § 426 BGB anzuwenden. Unter mehreren Höchstbetragsbürgen richtet sich der Innenausgleich nach dem Verhältnis der Höchstbeträge, sofern keine abweichende Vereinbarung getroffen ist.[1] Wird der Gläubiger von einem Mitbürgen

4

---

[1] BGH v. 11.12.1997 - IX ZR 274/96 - NJW 1998, 894.

im Rahmen der gesamtschuldnerischen Haftung befriedigt, so gilt § 774 BGB. Dort ist in § 774 Abs. 2 BGB auch ausdrücklich der gesamtschuldnerische Ausgleich im Innenverhältnis gem. § 426 BGB geregelt. Im Innenverhältnis zwischen den Mitbürgen wird man den gesamtschuldnerischen Ausgleich nach § 426 BGB, aber auch ohne die besondere Anordnung des § 774 Abs. 2 BGB bejahen können. Allerdings wird der Rechtsgedanke von § 774 Abs. 2 BGB heute insbesondere auch für den Fall herangezogen, dass dem Gläubiger zur Absicherung der Hauptschuld neben der Bürgschaft andere akzessorische oder nicht-akzessorische Sicherheiten zustehen. In allen diesen Fällen kommen die Rechtsprechung und die h.M. letztlich zu einem gesamtschuldnerischen Ausgleich, selbst wenn nach dem Wortlaut der jeweils heranzuziehenden Normen scheinbar die Haftung nach der zeitlichen Inanspruchnahme abzuwickeln wäre (im Einzelnen vgl. die Kommentierung zu § 774 BGB Rn. 17).

D. Anwendungsfelder

5 **Abdingbarkeit**: Die Regelung des § 769 BGB kann rechtsgeschäftlich abbedungen werden.[2] Es ist allerdings anerkannt, dass rechtsgeschäftliche Abweichungen von § 769 BGB nicht notwendig den gesamtschuldnerischen Ausgleich im Innenverhältnis berühren. Im Einzelnen dürfte dies eine Frage des Parteiwillens sein.[3]

---

[2] BGH v. 14.07.1983 - IX ZR 40/82 - BGHZ 88, 185-191.
[3] Vgl. hierzu BGH v. 14.07.1983 - IX ZR 40/82 - BGHZ 88, 185-191; OLG Hamm v. 25.04.1990 - 31 U 4/90 - NJW 1991, 297-298.

§ 770 BGB Einreden der Anfechtbarkeit und der Aufrechenbarkeit

(Fassung vom 02.01.2002, gültig ab 01.01.2002)

(1) Der Bürge kann die Befriedigung des Gläubigers verweigern, solange dem Hauptschuldner das Recht zusteht, das seiner Verbindlichkeit zugrunde liegende Rechtsgeschäft anzufechten.

(2) Die gleiche Befugnis hat der Bürge, solange sich der Gläubiger durch Aufrechnung gegen eine fällige Forderung des Hauptschuldners befriedigen kann.

Gliederung

A. Grundlagen	1	III. Abwicklung	4
B. Anwendungsvoraussetzungen	2	IV. Aufrechnung	6
I. Das Anfechtungsrecht	2	C. Abdingbarkeit	7
II. Andere Gestaltungsrechte	3		

A. Grundlagen

Die Norm stellt eine Ergänzung zu den §§ 767, 768 BGB dar. Dem Bürgen wird also über die dort genannten Möglichkeiten hinaus eine besondere Einrede zugebilligt, die sich auf das Rechtsverhältnis des Hauptschuldners zum Gläubiger stützt. Erforderlich ist die Norm wegen der Besonderheiten der Gestaltungsrechte. Steht nämlich dem Hauptschuldner die Möglichkeit eines Gestaltungsrechts zur Seite, so sind folgende Situationen zu unterscheiden: Hat der Hauptschuldner ein Gestaltungsrecht (z.B. die Anfechtung) wirksam ausgeübt, so wird damit die Hauptschuld beseitigt. Diese rechtliche Folge kommt dem Bürgen bereits gem. § 767 BGB zugute. Einer Sonderregelung bedarf es insoweit nicht. Anders ist die Situation, wenn dem Hauptschuldner ein Gestaltungsrecht zur Seite steht, er dies auch noch ausüben könnte, es aber noch nicht ausgeübt hat. Hier steht die Tatsache, dass dem Bürgen alle Einreden des Hauptschuldners gegen den Gläubiger zugute kommen sollen (vgl. § 768 BGB), der Tatsache gegenüber, dass der Bürge das höchstpersönliche Gestaltungsrecht des Hauptschuldners nicht selbst ausüben kann. Insofern besteht für die Zeit der Möglichkeit der Ausübung des Gestaltungsrechts ein gewisser Schwebezustand. Der Gesetzgeber hat für diesen Schwebezustand in § 770 BGB dem Bürgen ein besonderes Leistungsverweigerungsrecht im Sinne einer dilatorischen Einrede zugebilligt.

1

B. Anwendungsvoraussetzungen

I. Das Anfechtungsrecht

Nach Absatz 1 stehen dem Bürgen jedenfalls dann ein solches Leistungsverweigerungsrecht und damit eine Einrede zu, wenn der Hauptschuldner die Möglichkeit hat, das seiner Verbindlichkeit zu Grunde liegende Rechtsgeschäft anzufechten. In Betracht kommen hier grundsätzlich alle Möglichkeiten der Anfechtung, wobei aber die Irrtumsanfechtung wegen § 121 BGB kaum von praktischer Bedeutung sein dürfte. Hauptanwendungsfall dürfte § 123 BGB sein. Voraussetzung für die Einrede ist, dass die Anfechtungsmöglichkeit des Hauptschuldners im Zeitpunkt der Erhebung der Einrede noch besteht. Ist dagegen ein Anfechtungsrecht durch Zeitablauf, durch Verzicht oder auf andere Weise erloschen, so entfällt zugleich die Einrede des Bürgen.

2

II. Andere Gestaltungsrechte

Die Norm erwähnt ausdrücklich in § 770 Abs. 1 BGB nur die Anfechtung und in § 770 Abs. 2 BGB die Möglichkeit einer Aufrechnung. Es ist aber anerkannt, dass § 770 Abs. 1 BGB auf andere Gestaltungsrechte des Hauptschuldners analog anzuwenden ist.[1] In Betracht kommen dabei insbesondere Rücktrittsrechte, seien sie vertraglicher oder gesetzlicher Natur.

3

---

[1] *Brödermann* in: PWW, BGB, § 770 Rn. 3.

III. Abwicklung

4 Der Bürge muss die Einrede der Leistungsverweigerung zu einem Zeitpunkt erheben, zu dem der Schwebezustand wegen des Gestaltungsrechts noch besteht. Sollte ein denkbares Gestaltungsrecht noch nicht entstanden sein oder durch Fristablauf untergegangen sein, so kommt die Einrede des Bürgen gem. § 770 BGB nicht in Betracht. Auch der Verzicht des Hauptschuldners auf das Gestaltungsrecht lässt die Einrede für den Bürgen entfallen. Dies ist kein Widerspruch zur Regelung des § 768 Abs. 2 BGB, weil im Rahmen der Ausübung von Gestaltungsrechten die Freiheit zur Rechtsgestaltung ausschließlich beim Hauptschuldner liegt und der Bürge jegliche Entscheidung des Hauptschuldners insoweit zwingend hinzunehmen hat.

5 Leistet andererseits der Bürge in Unkenntnis einer bestehenden Schwebelage und damit einer möglichen Einrede an den Gläubiger, so sind folgende Situationen zu unterscheiden: Solange die Schwebelage fortbesteht, ist eine Rückforderung des Geleisteten gem. § 812 BGB nicht denkbar. Andererseits kommt § 813 Abs. 1 BGB nicht in Betracht, weil dort das Bestehen einer peremptorischen Einrede vorausgesetzt wird. Ist der Schwebezustand durch Zeitablauf oder Verzicht des Hauptschuldners beendet, so ändert sich nichts daran, dass dem Bürgen ein Rückforderungsrecht verwehrt ist. Lediglich in dem Fall, in dem der Hauptschuldner sein Gestaltungsrecht ausübt und damit nachträglich den bestehenden Rechtsgrund zum Wegfall bringt, besteht für den Bürgen die Möglichkeit der Rückforderung seiner Leistung nach den Regeln der Leistungskondiktion (§ 812 Abs. 1 Satz 2 BGB – späterer Wegfall des Rechtsgrundes). Zu beachten ist hierbei jedoch § 814 BGB, der in dieser Konstellation ausnahmsweise[2] auch auf die condictio ob causam finitam Anwendung findet.[3]

IV. Aufrechnung

6 Nach § 770 Abs. 2 BGB kann der Bürge auch dann seine Leistung im Wege einer Einrede verweigern, wenn und solange sich der Gläubiger durch Aufrechnung gegen eine fällige Forderung des Hauptschuldners befriedigen kann. Nach ihrem Wortlaut und nach Sinn und Zweck der Norm gilt diese Regelung aber nicht für den Fall, dass nur dem Schuldner eine Aufrechnungsmöglichkeit gegen den Gläubiger zusteht.[4] Bestehen muss dabei nach allgemeinen Regeln nicht die Aufrechnungsbefugnis des Gläubigers, sondern es muss die Forderung des Hauptschuldners bereits fällig und nicht nur erfüllbar sein. Ob allerdings auch dem Hauptschuldner noch die Aufrechnungsbefugnis zusteht, oder ob er sie beispielsweise wegen § 767 Abs. 2 ZPO verloren hat, ist für die Erhebung der Einrede der Aufrechenbarkeit durch den Bürgen unbeachtlich.[5] Das Erfordernis der aktuellen Aufrechnungslage zu Gunsten des Gläubigers führt zugleich dazu, dass die Einrede für den Bürgen entfällt, wenn die Aufrechnungslage in anderer Weise beseitigt wird. Für den Bürgen ist es also von Nachteil, wenn der Gläubiger die Gegenforderung des Hauptschuldners isoliert befriedigen würde oder mit einer anderweitigen eigenen Forderung die Aufrechnung erklärt. Ausnahmsweise wäre dies anders, wenn der Gläubiger die Beseitigung der Aufrechnungslage ausschließlich zum Schaden des Bürgen herbeiführen würde.[6] Umgekehrt kann der Bürge sich nicht auf die Einrede berufen, wenn er dabei gegen Treu und Glauben verstoßen würde[7]. Zahlt der Bürge in Unkenntnis der bestehenden Aufrechnungslage, so besteht für den Bürgen keine Möglichkeit zur Rückforderung.

C. Abdingbarkeit

7 Der Bürge kann auf die Einreden des § 770 BGB sowohl individualvertraglich, als auch im Rahmen von Allgemeinen Geschäftsbedingungen verzichten.[8] Ein Ausschluss in AGB ist allerdings dann wegen Verstoßes gegen § 307 Abs. 1, Abs. 2 Nr. 1 BGB unwirksam, wenn er auch den Fall erfasst, dass die Gegenforderung unbestritten oder rechtskräftig festgestellt ist.[9] Die somit jedenfalls grundsätzlich

---

[2] Vgl. allgem. *Schwab* in: MünchKomm-BGB, § 814 Rn. 3.
[3] *Sprau* in: Palandt, BGB, § 770 Rn. 2.
[4] So jetzt auch *Kiehnle*, AcP 208, 635-675.
[5] BGH v. 16.01.2003 - IX ZR 171/00 - BGHZ 153, 293-302.
[6] BGH v. 16.02.1984 - IX ZR 106/83 - LM Nr. 2 zu § 396 BGB.
[7] BGH v. 22.06.1966 - VIII ZR 50/66 - LM Nr. 1 zu § 776 BGB.
[8] BGH v. 25.04.2002 - IX ZR 254/00 - NJW 2002, 2867-2869; BGH v. 30.03.1995 - IX ZR 98/94 - LM BGB § 766 Nr. 29 (9/1995); BGH v. 07.11.1985 - IX ZR 40/85 - LM Nr. 19 zu § 766 BGB; BGH v. 30.03.1995 - IX ZR 98/94 - LM BGB § 766 Nr. 29 (9/1995).
[9] BGH v. 16.01.2003 - IX ZR 171/00 - BGHZ 153, 293-302.

bestehende Abdingbarkeit der Norm ist zu unterscheiden von der Frage, welche Bedeutung eine vom Hauptschuldner wirksam ausgeübte Anfechtung oder eine vom Gläubiger wirksam durchgeführte Aufrechnung hat, wenn der Bürge vorher auf seine Rechte aus § 770 BGB verzichtet hatte. In solchen Fällen ist der vertragliche Ausschluss oder der Verzicht des Bürgen ohne Bedeutung, weil sich bei erfolgreicher Ausübung des Gestaltungsrechts die Rechte des Bürgen nach § 767 BGB richten.

§ 771 BGB Einrede der Vorausklage

(Fassung vom 02.01.2002, gültig ab 01.01.2002)

¹**Der Bürge kann die Befriedigung des Gläubigers verweigern, solange nicht der Gläubiger eine Zwangsvollstreckung gegen den Hauptschuldner ohne Erfolg versucht hat (Einrede der Vorausklage).** ²**Erhebt der Bürge die Einrede der Vorausklage, ist die Verjährung des Anspruchs des Gläubigers gegen den Bürgen gehemmt, bis der Gläubiger eine Zwangsvollstreckung gegen den Hauptschuldner ohne Erfolg versucht hat.**

Gliederung

A. Grundlagen 1	II. Ausübung 4
B. Anwendungsvoraussetzungen 3	C. Prozessuale Hinweise/Verfahrenshinweise 5
I. Erfolgloser Vollstreckungsversuch 3	D. Abdingbarkeit 7

A. Grundlagen

1 Die Norm enthält an sich einen Grundgedanken der Bürgschaft. Der Bürge haftet für eine fremde Schuld und er haftet nicht gesamtschuldnerisch zusammen mit dem Hauptschuldner. Vielmehr soll der Bürge grundsätzlich nur subsidiär in Anspruch genommen werden. Freilich hat die Praxis diesen Grundsatz in sein Gegenteil verkehrt, weil die Norm abdingbar ist (vgl. insbesondere § 773 BGB).

2 Die Regelung des § 771 BGB steht in engem systematischem Zusammenhang mit den nachfolgenden Normen der §§ 772, 773 BGB. Diese ergänzen das Prinzip des § 771 BGB.

B. Anwendungsvoraussetzungen

I. Erfolgloser Vollstreckungsversuch

3 Die Norm setzt voraus, dass ein wirksamer Bürgschaftsvertrag besteht und kein Fall des § 773 vorliegt. Weiterhin wird vorausgesetzt, dass der Gläubiger auf den Bürgen Zugriff nehmen will und dieser nunmehr die Einrede aus § 771 BGB erhebt. Als Gegeneinrede könnte sich der Gläubiger sodann darauf berufen, dass er eine Zwangsvollstreckung gegen den Hauptschuldner ohne Erfolg versucht hat. Damit ist gemeint, dass ein ordnungsgemäßer Vollstreckungsversuch vorliegt. Keineswegs muss zwingend eine Klage vorausgegangen sein. Es ist anerkannt, dass die Vollstreckung auf jedem denkbaren Vollstreckungstitel beruhen kann. Im Falle von Geldforderungen ist für die Durchführung des Vollstreckungsversuchs § 772 BGB zu beachten. Es genügt ein einmaliger erfolgloser Versuch der Zwangsvollstreckung. Auch wenn spätere Änderungen der Vermögenslage denkbar sind, bedarf es keiner weiteren Versuche. Liegt ein Vollstreckungstitel gegen eine Gesellschaft vor, so bedarf es nicht zusätzlich einer Zwangsvollstreckung gegen persönlich haftende Gesellschafter.[1]

II. Ausübung

4 Die Norm gibt dem Bürgen eine echte dilatorische Einrede. Dies bedeutet insbesondere, dass sich der Bürge bei Inanspruchnahme auf den fehlenden Vollstreckungsversuch gegen den Hauptschuldner berufen muss. Freilich muss die Einrede der Vorausklage nicht wortwörtlich erhoben werden. Es genügt, dass der Bürge laienhaft zum Ausdruck bringt, dass zuerst gegen den Hauptschuldner vorzugehen sei.

C. Prozessuale Hinweise/Verfahrenshinweise

5 Im Prozess trägt zunächst der Gläubiger als Kläger die Beweislast für das Vorliegen eines wirksamen Bürgschaftsvertrages und das Bestehen einer Hauptforderung. Sodann ist es Aufgabe des Bürgen, die Einrede geltend zu machen. Da die Einrede den gesetzgeberischen Normalfall darstellt, muss der Bürge keinerlei Voraussetzungen für seine Einrede geltend machen. Vielmehr ist es nun wiederum Aufgabe des Gläubigers, das Nichtbestehen der Einrede darzulegen und zu beweisen, weil entweder ein Fall des

---

[1] *Pecher* in: Soergel, BGB, § 771 Rn. 4; *Sprau* in: Palandt, BGB, § 771 Rn. 1; a.A. *Herrmann* in: Erman, BGB, § 771 Rn. 1; *Habersack* in: MünchKomm-BGB, § 771 Rn. 4.

§ 773 BGB vorliege oder aus sonstigen Gründen die Einrede ausgeschlossen sei. Anderenfalls muss der Gläubiger darlegen und beweisen, dass er bereits gegen den Hauptschuldner eine Zwangsvollstreckung ohne Erfolg versucht hat.

Hemmung der Verjährung: Satz 2 sieht seit 01.01.2002 ausdrücklich vor, dass die Verjährung des Anspruchs des Gläubigers gegen den Bürgen gehemmt ist, solange der Gläubiger eine Zwangsvollstreckung gegen den Hauptschuldner ohne Erfolg versucht. Die Wirkung einer solchen Hemmung ergibt sich aus § 209 BGB. Die Hemmung beginnt in dem Zeitpunkt, in dem die Erklärung des Bürgen, wonach er die Einrede gem. § 771 BGB erhebe, dem Gläubiger zugeht.[2] Die Hemmung dauert bis zum Abschluss des ersten erfolgreichen Vollstreckungsversuchs des Gläubigers beim Hauptschuldner an.[3]

D. Abdingbarkeit

Die Norm ist abdingbar, wie sich aus § 773 BGB unzweifelhaft ergibt. Neben den in § 773 Abs. 1 BGB genannten Ausschlussgründen ist auch zu beachten, dass dem Kaufmann, der eine Bürgschaft übernimmt, gemäß § 349 HGB ebenfalls die Einrede nicht zusteht. Wird eine Bürgschaft im Rahmen einer Sicherheitsleistung (§§ 232 ff. BGB) übernommen, ist ein Verzicht auf die Einrede ebenfalls obligatorisch (§ 239 Abs. 2 BGB). Schließlich ist zu beachten, dass in denjenigen Fällen, in denen das BGB eine Haftung wie im Falle eines Bürgen vorschreibt (§§ 566, 1251 Abs. 2 BGB), ebenfalls die Einrede ausgeschlossen ist.

---

[2] *Herrmann* in: Erman, BGB, § 771 Rn. 1; a.A. *Habersack* in: MünchKomm-BGB, § 771 Rn. 8, wonach schon das bloße Bestehen der Einrede zur Hemmung führen soll.
[3] Vgl. dazu *Schlösser*, NJW 2006, 645.

§ 772 BGB Vollstreckungs- und Verwertungspflicht des Gläubigers

(Fassung vom 02.01.2002, gültig ab 01.01.2002)

(1) Besteht die Bürgschaft für eine Geldforderung, so muss die Zwangsvollstreckung in die beweglichen Sachen des Hauptschuldners an seinem Wohnsitz und, wenn der Hauptschuldner an einem anderen Ort eine gewerbliche Niederlassung hat, auch an diesem Ort, in Ermangelung eines Wohnsitzes und einer gewerblichen Niederlassung an seinem Aufenthaltsort versucht werden.

(2) ¹Steht dem Gläubiger ein Pfandrecht oder ein Zurückbehaltungsrecht an einer beweglichen Sache des Hauptschuldners zu, so muss er auch aus dieser Sache Befriedigung suchen. ²Steht dem Gläubiger ein solches Recht an der Sache auch für eine andere Forderung zu, so gilt dies nur, wenn beide Forderungen durch den Wert der Sache gedeckt werden.

Gliederung

A. Grundlagen 1	I. Vollstreckung bei Geldforderungen 3
B. Praktische Bedeutung 2	II. Bestehen anderer Sicherheiten 5
C. Anwendungsvoraussetzungen 3	

A. Grundlagen

1   Die Norm konkretisiert in ihrem Absatz 1 den gem. § 771 BGB vorgeschriebenen Vollstreckungsversuch des Gläubigers gegen den Hauptschuldner im Falle von Geldforderungen. In Absatz 2 der Norm wird nochmals der subsidiäre Charakter der Haftung des Bürgen im Verhältnis zu anderen Realsicherheiten betont.

B. Praktische Bedeutung

2   Die praktische Bedeutung der Norm wäre an sich groß, weil die durch eine Bürgschaft gesicherten Geldforderungen den absoluten Regelfall darstellen. Da aber die Einrede der Vorausklage (§ 771 BGB) in der Praxis in aller Regel ausgeschlossen wird, kommt auch der Ergänzungsnorm des § 772 BGB keine größere Bedeutung zu.

C. Anwendungsvoraussetzungen

I. Vollstreckung bei Geldforderungen

3   Sichert die Bürgschaft eine Hauptforderung des Gläubigers, die eine Geldforderung darstellt, so konkretisiert und beschränkt Absatz 1 den nach § 771 BGB vorgeschriebenen erfolglosen Vollstreckungsversuch in der Weise, dass die Zwangsvollstreckung gegen den Hauptschuldner ausschließlich in bewegliche Sachen zu betreiben ist (§§ 808-827 ZPO). Damit ist umgekehrt zugleich gesagt, dass es weder eines Vollstreckungsversuchs in Forderungen und andere Vermögensrechte (§§ 828-863 ZPO) noch eines Vollstreckungsversuchs in das unbewegliche Vermögen (§§ 864-871 ZPO) bedarf.

4   Eine weitere Einschränkung nimmt Absatz 1 in räumlicher Hinsicht vor. Der Gläubiger kann sich auf ein Vorgehen am Wohnsitz und am Ort der gewerblichen Niederlassung beschränken. Darüber hinaus muss er einen Vollstreckungsversuch am tatsächlichen Aufenthaltsort machen, wenn ein Wohnsitz oder eine gewerbliche Niederlassung nicht besteht. Zu beachten ist in diesem Zusammenhang § 773 Abs. 1 Nr. 2 BGB, wonach bei Verlegung des Wohnsitzes, der Niederlassung oder des Aufenthaltsorts des Hauptschuldners nach der Übernahme der Bürgschaft die Einrede der Vorausklage generell ausgeschlossen ist, soweit dadurch eine Rechtsverfolgung gegen den Hauptschuldner wesentlich erschwert ist.

II. Bestehen anderer Sicherheiten

Absatz 2 enthält einen Vorrang anderer Realsicherheiten gegenüber der Bürgenhaftung. Der Gläubiger muss insoweit vorrangig Befriedigung aus denjenigen beweglichen Sachen des Schuldners suchen, an denen ihm für die auch durch Bürgschaft gesicherte Forderung ein Pfand- oder Zurückbehaltungsrecht zusteht. Der Begriff des Pfandrechtes ist weit zu verstehen. Darunter fallen sowohl das vertragliche wie das gesetzliche Pfandrecht und das Pfändungspfandrecht nach der ZPO. Auch die gesicherte Rechtsstellung aus einer Sicherungsübereignung und aus dem Eigentumsvorbehalt gehört hierher. Begrenzt wird dieser Vorrang anderer Realsicherheiten aber nach Absatz 2 Satz 2, wenn die Sicherheit zugleich zu Gunsten einer anderen Forderung bestellt ist und die Pfanddeckung nicht für die verschiedenen Forderungen insgesamt ausreicht.

§ 773 BGB Ausschluss der Einrede der Vorausklage

(Fassung vom 02.01.2002, gültig ab 01.01.2002)

(1) Die Einrede der Vorausklage ist ausgeschlossen:

1. wenn der Bürge auf die Einrede verzichtet, insbesondere wenn er sich als Selbstschuldner verbürgt hat,
2. wenn die Rechtsverfolgung gegen den Hauptschuldner infolge einer nach der Übernahme der Bürgschaft eingetretenen Änderung des Wohnsitzes, der gewerblichen Niederlassung oder des Aufenthaltsorts des Hauptschuldners wesentlich erschwert ist,
3. wenn über das Vermögen des Hauptschuldners das Insolvenzverfahren eröffnet ist,
4. wenn anzunehmen ist, dass die Zwangsvollstreckung in das Vermögen des Hauptschuldners nicht zur Befriedigung des Gläubigers führen wird.

(2) In den Fällen der Nummern 3, 4 ist die Einrede insoweit zulässig, als sich der Gläubiger aus einer beweglichen Sache des Hauptschuldners befriedigen kann, an der er ein Pfandrecht oder ein Zurückbehaltungsrecht hat; die Vorschrift des § 772 Abs. 2 Satz 2 findet Anwendung.

A. Kurzcharakteristik

1   Die Norm steht in engem Zusammenhang mit § 771 BGB. Die dort als gesetzgeberischer Normalfall vorgesehene Subsidiarität der Bürgschaft und damit die Möglichkeit der Erhebung einer Einrede der Vorausklage können aus den in § 773 BGB genannten Gründen ausgeschlossen sein. Im Einzelnen enthält § 773 BGB die Möglichkeit eines vertraglichen (Nr. 1) sowie eines gesetzlichen Einredeausschlusses (Nr. 2-4). Die hier genannten Ausschlussgründe sind allerdings nicht abschließend (vgl. die Kommentierung zu § 771 BGB Rn. 7). Den mit Abstand wichtigsten Fall stellt § 773 Abs. 1 Nr. 1 BGB dar: Die selbstschuldnerische Bürgschaft. Diese hat sich in der Praxis durchgesetzt.

B. Vertraglicher Ausschluss

2   Wie sich aus § 773 Abs. 1 Nr. 1 BGB ergibt, kann die Einrede der Vorausklage durch Vereinbarung zwischen dem Gläubiger und dem Bürgen ausgeschlossen werden. Eine solche Vereinbarung kann im Zusammenhang mit dem Abschluss des Bürgschaftsvertrages oder auch später erfolgen. In jedem Falle ist der Verzicht nur vertraglich und nicht einseitig möglich[1] und unterliegt die Vereinbarung dem Anwendungsbereich von § 766 BGB. Daher ist die Annahme eines stillschweigenden oder konkludenten Einredeausschlusses nicht möglich. Sprachlich und inhaltlich sind verschiedene Wege denkbar, einen Einredeausschluss durch Verzicht zum Ausdruck zu bringen. Der Gesetzgeber und die Praxis haben aber als Leitbildbegriff des Einredeausschlusses die selbstschuldnerische Bürgschaft anerkannt.

3   Haben die Parteien den Verzicht auf die Einrede vereinbart, so entfällt die Subsidiarität gänzlich. Der Gläubiger kann in diesem Falle unmittelbar an den Bürgen herantreten, selbst wenn der Hauptschuldner zahlungsfähig ist. Auch bei blanker Zahlungsunwilligkeit des Hauptschuldners haftet der Bürge.[2] Unberührt von dem Einredeverzicht bleibt die Akzessorietät. Die Einwendungen und Einredemöglichkeiten des Bürgen gem. den §§ 767, 768, 770 BGB bleiben also auch bei einer selbstschuldnerischen Bürgschaft erhalten. Nicht einmal das Bestehen eines Sicherungsrechts an einer beweglichen Sache muss vom Gläubiger vorrangig berücksichtigt werden (Umkehrschluss aus § 773 Abs. 2 BGB).[3]

---

[1] *Weber* in: RGRK-BGB, § 397 Rn. 113; *Schlüter* in: MünchKomm-BGB, § 397 Rn. 19.
[2] BGH v. 28.04.1988 - IX ZR 127/87 - BGHZ 104, 240-246.
[3] BGH v. 22.06.1966 - VIII ZR 50/66 - LM Nr. 1 zu § 776 BGB.

C. Gesetzlicher Ausschluss

Die in Absatz 1 Nr. 2-4 enthaltenen Ausschlussgründe treten kraft Gesetzes ein. Es handelt sich durchgehend um Gründe, die die Rechtsverfolgung des Gläubigers gegenüber dem Hauptschuldner erschweren oder unmöglich machen. Dazu zählt das Gesetz den Fall, dass der Hauptschuldner nach der Übernahme der Bürgschaft seinen Wohnsitz, seine gewerbliche Niederlassung oder seinen Aufenthaltsort ändert (§ 773 Abs. 1 Nr. 2 BGB). Eine wesentliche Erschwerung kann darin insbesondere gesehen werden, wenn der Hauptschuldner Wohnsitz, Niederlassung oder Aufenthaltsort ins Ausland verlegt. Für den von der EuGVVO erfassten europäischen Rechtsraum wird man dies nicht annehmen dürfen.[4] Ein Wohnsitzwechsel innerhalb Deutschlands reicht grundsätzlich nicht aus, ein Ausschluss der Vorausklage kommt aber bei unbekanntem oder häufig wechselndem Wohnsitz in Betracht.[5]

Die Eröffnung eines Insolvenzverfahrens ist gem. § 773 Abs. 1 Nr. 3 BGB ein besonders einleuchtender Grund für den Ausschluss der Einrede. Ebenso wird man nach § 773 Abs. 1 Nr. 4 BGB einen solchen Ausschlussgrund annehmen müssen, wenn die Eröffnung eines Insolvenzverfahrens mangels Masse abgelehnt wurde oder wenn sonst vorher bereits eine erfolglose Zwangsvollstreckung wegen anderer Forderungen festzustellen ist. In den Fällen der Nr. 3 und 4 ist allerdings der Ausschluss der Einrede insoweit eingeschränkt, als sich der Gläubiger aus Sicherungsrechten an beweglichen Sachen des Hauptschuldners befriedigen kann (§ 773 Abs. 2 BGB). Diese Regelung knüpft ausdrücklich an die Vorschrift des § 772 Abs. 2 BGB an.

---

[4] Vgl. *Habersack* in MünchKomm-BGB, § 773 Rn. 7.
[5] *Brödermann* in: PWW, BGB, § 773 Rn. 9.

§ 774 BGB Gesetzlicher Forderungsübergang

(Fassung vom 02.01.2002, gültig ab 01.01.2002)

(1) ¹Soweit der Bürge den Gläubiger befriedigt, geht die Forderung des Gläubigers gegen den Hauptschuldner auf ihn über. ²Der Übergang kann nicht zum Nachteil des Gläubigers geltend gemacht werden. ³Einwendungen des Hauptschuldners aus einem zwischen ihm und dem Bürgen bestehenden Rechtsverhältnis bleiben unberührt.

(2) Mitbürgen haften einander nur nach § 426.

Gliederung

A. Grundlagen 1	1. Anspruchsgrundlagen 10
B. Anwendungsvoraussetzungen 3	2. Einwendungen und Einreden des Hauptschuldners 12
I. Gesetzlicher Forderungsübergang im Verhältnis Bürge zu Gläubiger 3	III. Ausgleich bei mehreren Bürgen 15
1. Voraussetzungen 3	IV. Ausgleich bei mehrfacher ungleichartiger Sicherung 17
a. Wirksamer Bürgschaftsvertrag 3	C. Anwendungsfelder 21
b. Befriedigung des Gläubigers durch den Bürgen 4	I. Abdingbarkeit 21
2. Rechtsfolgen 6	II. Vergleichbare Rechtslagen und Analogie 22
II. Rückgriff aus dem Innenverhältnis Bürge zu Hauptschuldner 9	

A. Grundlagen

1 Die Norm enthält ganz ähnlich wie bei anderen akzessorischen Sicherheiten (Hypothek, Pfandrecht) eine cessio legis (also einen gesetzlichen Forderungsübergang) der Hauptschuld auf den Bürgen, wenn der Bürge an Stelle des Hauptschuldners leistet. Damit ist § 774 BGB eine zentrale Norm für den Bürgenregress. Zugleich ist § 774 BGB Ausdruck der Tatsache, dass der Bürge für eine fremde Schuld einsteht und damit letztlich auch bei einer Zahlung des Bürgen immer der Hauptschuldner der eigentlich Verpflichtete bleibt. Diese letztlich verbleibende Verpflichtung wird dadurch erreicht, dass bei Zahlung des Bürgen nur dessen eigene vertragliche Schuld erlischt, nicht die Hauptschuld des eigentlichen Schuldners, die vielmehr auf den Bürgen übergeht. Dieser Forderungsübergang ist vor allem dann von besonderer Bedeutung, wenn der Gläubiger neben der Bürgschaft noch weitere Sicherheiten innehatte. Solche Sicherheiten gehen je nach Art und Inhalt ebenfalls auf den Bürgen über und können nun seine Regressforderung absichern (vgl. Rn. 17).

2 Die in § 774 BGB zum Ausdruck kommende Wesensart der Bürgschaft, als Bürge für eine fremde Schuld einzustehen, unterscheidet dieses Rechtsinstitut auch in zentraler Weise von der Garantie, dem Schuldbeitritt, der Eingehung einer Wechselverpflichtung sowie der Übernahme anderer abstrakter Personalsicherheiten. Auf alle diese Fälle ist § 774 BGB daher nicht, auch nicht analog, anwendbar.

B. Anwendungsvoraussetzungen

I. Gesetzlicher Forderungsübergang im Verhältnis Bürge zu Gläubiger

1. Voraussetzungen

a. Wirksamer Bürgschaftsvertrag

3 Der vom Gesetz angeordnete Forderungsübergang setzt zunächst zwingend einen wirksamen Bürgschaftsvertrag voraus. Würde ein Bürge an einen Gläubiger ohne wirksamen Bürgschaftsvertrag leisten, wäre eine Regressforderung in jedem Falle ausgeschlossen. Es käme stattdessen allein ein Bereicherungsanspruch des Bürgen gegen den Gläubiger in Betracht. Weiterhin ist zwingende Voraussetzung des gesetzlichen Forderungsübergangs der Bestand der Hauptforderung. Wäre dagegen bei wirksamem Abschluss des Bürgschaftsvertrags die ursprünglich bestehende Hauptforderung bereits vom Hauptschuldner getilgt worden, so würde der an den Gläubiger zahlende Bürge ebenfalls nur eine bereicherungsrechtliche Forderung gegen den Gläubiger geltend machen können.

b. Befriedigung des Gläubigers durch den Bürgen

Neben den genannten Voraussetzungen verlangt Absatz 1 Satz 1 ferner, dass der Bürge den Gläubiger bezüglich der Hauptforderung befriedigt. Dies bedeutet, dass eine endgültige Erfüllung oder ein endgültig wirkendes Erfüllungssurrogat (Aufrechnung des Bürgen, befreiende Hinterlegung und Ähnliches) vorliegen muss. Nicht entscheidend ist dagegen, dass der Gläubiger die Zahlung vom Bürgen verlangt hat.[1] Zum Verhältnis von Regelbürgschaft und Ausfallbürgschaft vgl. die Kommentierung zu § 765 BGB Rn. 57.

Nicht ausreichend für den gesetzlichen Forderungsübergang sind alle diejenigen Rechtshandlungen des Bürgen, die nicht zu einer endgültigen Erfüllung führen, beispielsweise eine Sicherheitsleistung oder eine Zahlung zur Abwendung der vorläufigen Zwangsvollstreckung;[2] insbesondere stellt es auch keine Befriedigung des Gläubigers dar, wenn dieser dem Bürgen die Bürgschaftsschuld erlässt.[3]

2. Rechtsfolgen

Liegen die Voraussetzungen des § 774 Abs. 1 BGB vor, so kommt es zu der vom Gesetz angeordneten cessio legis. Dies bedeutet, dass die dem Gläubiger gegen den Schuldner zustehende Hauptverbindlichkeit in dem Umfang und in der Beschaffenheit, in der sie sich zum Zeitpunkt der Befriedigung befindet, einschließlich aller Neben- und Sicherungsrechte auf den Bürgen übergeht. Der Bürge erwirbt damit zunächst die verbürgte Hauptschuld, einschließlich Nebenforderungen wie Zinsen und verwirkten Vertragsstrafen. Darüber hinaus gilt für den gesetzlichen Forderungsübergang § 412 BGB, wonach die §§ 399-404, 406-410 BGB auf solche Fälle entsprechende Anwendung finden. Dies hat in erster Linie die wichtige Konsequenz, dass gem. § 401 BGB alle akzessorischen Sicherungsrechte auf den Bürgen mit übergehen. Dies gilt selbst für solche Sicherungsrechte, die erst nach der wirksamen Übernahme einer Bürgschaft entstanden sind, wie sich aus § 776 Satz 2 BGB entnehmen lässt.

Dagegen können die §§ 774, 412, 401 BGB nicht auf abstrakte Sicherungsrechte angewendet werden.[4] Vielmehr bedürfen abstrakte Sicherheiten der rechtsgeschäftlichen Übertragung vom Gläubiger an den Bürgen. Allerdings kommen Rechtsprechung und Literatur letztlich zum gleichen wirtschaftlichen Ergebnis wie bei den akzessorischen Sicherheiten, weil im Zweifel die vertraglichen Beziehungen zwischen Gläubiger und Bürgen einerseits und zwischen Gläubiger und Hauptschuldner andererseits so auszulegen sind, dass der Bürge nur gegen Abtretung abstrakter Sicherheiten des Gläubigers leisten muss.

Eine Einschränkung des gesetzlichen Forderungsübergangs ergibt sich aus Absatz 1 Satz 2, wonach der Bürge den Forderungsübergang nicht zum Nachteil des Gläubigers geltend machen kann. Hieraus entsteht dann ein Vorrang des Gläubigers, wenn der Bürge den Gläubiger nur teilweise befriedigt hatte und durch einen teilweisen Forderungsübergang mit der insoweit aufgeteilten Forderung auch Nebenrechte aufgeteilt werden müssen. In solchen Fällen kann der Bürge also an den auf ihn übergehenden Sicherungsrechten nur eine gegenüber dem Gläubiger nachrangige Mitberechtigung erwerben. Dies gilt analog auch für den Fall der teilweisen Übertragung abstrakter Sicherheiten.

II. Rückgriff aus dem Innenverhältnis Bürge zu Hauptschuldner

Die Norm des § 774 BGB will insgesamt das Verhältnis von Bürgen und Hauptschuldner näher konkretisieren. Durch den gesetzlichen Forderungsübergang sichert sie die Möglichkeit eines Regresses des Bürgen gegen den Hauptschuldner und macht damit deutlich, dass der Bürge für eine fremde Schuld haftet und im eigentlichen Sinne der Hauptschuldner wirtschaftlich die Leistung zu erbringen hat.

1. Anspruchsgrundlagen

Der Bürge kann seinen Regress auf zwei verschiedene Ansprüche stützen. Zum einen kann er vom gesetzlichen Forderungsübergang ausgehen und denjenigen Anspruch geltend machen, der ursprünglich dem Gläubiger zustand, sei es aus einem Darlehensvertrag, einem Kaufvertrag oder einer anderen Zahlungsverpflichtung des Hauptschuldners. Zum anderen wird aber in der Regel auch zwischen dem Bür-

---

[1] BGH v. 14.01.1998 - XII ZR 103/96 - WM 1998, 443-446.
[2] BGH v. 19.01.1983 - VIII ZR 315/81 - BGHZ 86, 267-272.
[3] BGH v. 13.12.1989 - VIII ZR 204/82 - LM Nr. 9 zu AnfG § 2.
[4] Vgl. BGH v. 05.04.2001 - IX ZR 276/98 - LM BGB § 765 Nr. 153 (8/2001); BGH v. 14.01.1999 - IX ZR 208/97 - BGHZ 140, 270-275; BGH v. 18.09.1997 - IX ZR 283/96 - BGHZ 136, 347-356; BGH v. 23.06.1995 - V ZR 265/93 - BGHZ 130, 101-108.

gen und dem Hauptschuldner ein bestimmtes Rechtsverhältnis bestehen. Dies dürfte in vielen Fällen ein Auftrag (§ 662 BGB) oder ein Geschäftsbesorgungsvertrag (§ 675 BGB) sein. Falls konkrete Vereinbarungen fehlen, wäre auch die Anwendung der Geschäftsführung ohne Auftrag denkbar (§ 677 BGB). Allen genannten Fällen ist gemeinsam, dass der Bürge eine Zahlung an den Gläubiger im Wege des Aufwendungsersatzes gem. § 670 BGB vom Hauptschuldner zurückfordern kann.

11 Dass der Gesetzgeber neben dem gesetzlichen Forderungsübergang auch vertragliche Regressmöglichkeiten ausdrücklich bedacht hat und zulassen wollte, ergibt sich bereits aus § 774 Abs. 1 Satz 3 BGB.

2. Einwendungen und Einreden des Hauptschuldners

12 Grundsätzlich hat der Hauptschuldner die Möglichkeit, gegenüber der Rückgriffsforderung des Bürgen zwei verschiedene Arten von Gegenrechten geltend zu machen. Zum einen kann der Schuldner der kraft Gesetzes übergangenen Forderung gem. den §§ 412, 404 BGB sämtliche Einwendungen und Einreden aus seinem eigenen Rechtsverhältnis zum Gläubiger entgegenhalten. Insbesondere könnte der Schuldner geltend machen, die übergegangene Hauptschuld sei im Zeitpunkt des Überganges verjährt gewesen. Ferner könnte er im Rahmen von § 406 BGB gegenüber dem Schuldner mit einer Forderung aufrechnen, die ihm gegenüber dem Gläubiger zustand. Auch müsste sich der Bürge Rechtshandlungen des Schuldners gegenüber dem bisherigen Gläubiger anrechnen lassen, soweit dies § 407 BGB vorsieht.

13 Neben den Einwendungen und Einreden des Schuldners aus seinem Verhältnis zum Gläubiger kann der Schuldner aber auch alle Gegenrechte gegen den Bürgen geltend machen, die ihm aus dem Innenverhältnis mit dem Bürgen selbst zustehen. Dies ist der Inhalt des § 774 Abs. 1 Satz 3 BGB. Daher wäre es denkbar, dass der Schuldner gegenüber dem Bürgen eine ihm zugesicherte Freistellung geltend macht.[5] Denkbar wäre ferner der Einwand des Schuldners, die vom Bürgen gegenüber dem Gläubiger eingegangene Bürgschaftsverpflichtung sei als eine Schenkung an den Schuldner zu verstehen gewesen.

14 Soweit der Bürge jenseits des § 774 BGB einen Rückgriffsanspruch gegen den Schuldner aus Aufwendungsersatz gem. § 670 BGB geltend macht, sind allerdings die Gegenrechte des Schuldners eingeschränkt. In diesem Falle kann nämlich der Schuldner sich nur auf diejenigen Gegenrechte berufen, die im Innenverhältnis zwischen Bürgen und Schuldner bestehen. Eine Berufung auf Einwendungen aus dem ursprünglichen Rechtsverhältnis zwischen Hauptschuldner und Gläubiger ist dagegen insoweit nicht möglich. Daher ist es im Bereich der im Regressfall vom Schuldner geltend gemachten Gegenrechte wichtig zu unterscheiden, ob der Bürge aus dem gesetzlich übergegangenen Recht oder aus dem Innenverhältnis wegen des Aufwendungsersatzes gegen den Schuldner vorgeht.

III. Ausgleich bei mehreren Bürgen

15 § 774 Abs. 2 BGB regelt den Fall, dass für die gesicherte Hauptforderung mehrere Bürgschaften im Wege der sog. Mitbürgschaft (§ 769 BGB) vorliegen. Insofern enthält Abs. 2 eine gewisse Einschränkung des in Absatz 1 angeordneten gesetzlichen Forderungsübergangs, wie sich auch aus der gesetzlichen Formulierung „nur nach § 426 BGB" ergibt. Gemeint ist damit, dass bei mehreren Mitbürgen auf den dem Gläubiger befriedigenden Bürgen die Regressansprüche gegen Mitbürgen im Wege der §§ 774, 412, 401 BGB nur insoweit übergehen, als er im Innenverhältnis nach den Grundregeln des Gesamtschuldnerausgleiches gegen die Mitbürgen vorgehen kann. In aller Regel wird also ein gesamtschuldnerischer Ausgleich nach § 426 BGB in Betracht kommen.[6] Diese gesetzliche Regelung enthält zugleich die Möglichkeit, dass zwischen den Parteien abweichende Vereinbarungen über den gesamtschuldnerischen Ausgleich möglich sind. Im Einzelfall ist es sodann eine Frage des Parteiwillens und damit der Auslegung der Willenserklärungen, in welcher Form ein Ausgleich unter den Mitbürgen gewollt ist. Typische Abweichungen vom gesamtschuldnerischen Ausgleich enthalten diejenigen Bürgschaftsvereinbarungen, die ihrerseits nicht eine normale Bürgen- bzw. Mitbürgenstellung ergeben, sondern im Wege der Nachbürgschaft, der Rückbürgschaft oder der Ausfallbürgschaft eine besondere Haftungsform beinhalten. Die Höhe des Innenausgleichs zwischen Mitbürgen richtet sich, wenn nichts anderes vereinbart ist, nach dem Verhältnis der gegenüber dem Gläubiger übernommenen Haftungsrisiken.[7]

---

[5] Vgl. BGH v. 20.02.1992 - IX ZR 225/91 - NJW-RR 1992, 811-812.

[6] Dazu BGH v. 13.01.2000 - IX ZR 11/99 - LM BGB § 774 Nr. 29 (8/2000).

[7] BGH v. 09.12.2008 - XI ZR 588/07 - ZIP 2009,166; *Herrmann* in: Erman, BGB, § 774 Rn. 15; *Habersack* in: MünchKomm-BGB, § 774 Rn. 30; *Sprau* in: Palandt, BGB, § 774 Rn. 13.

Absatz 2 enthält durch seinen ausschließlichen Hinweis auf Mitbürgen nur eine relativ enge gesetzliche Anwendungsmöglichkeit. Aus Absatz 2 lassen sich aber gewisse Rückschlüsse entnehmen, wie im Falle gesetzlich nicht geregelter mehrfacher ungleichartiger Sicherheiten zu verfahren ist (vgl. dazu Rn. 17). 16

IV. Ausgleich bei mehrfacher ungleichartiger Sicherung

Nicht selten trifft in der Praxis die Bürgschaft als Personalsicherheit mit anderen dinglichen Sicherheiten zusammen. In allen Fällen, in denen der Gläubiger seinen Anspruch gegen den Hauptschuldner mehrfach durch ungleichartige Sicherheiten abgesichert hat, ergibt sich im Rahmen des Rückgriffs auf den Hauptschuldner eine gesetzliche Lücke bezüglich des Umfangs des Regresses. Würde man nach allgemeinen Regeln auf den zahlenden Bürgen die §§ 774, 412, 401 BGB anwenden, so müsste der den Gläubiger befriedigende Bürge gegen jeweils andere Sicherungsgeber einen im Rahmen der Sicherheit bestehenden vollständigen Ausgleichsanspruch geltend machen können. Umgekehrt würde ein neben dem Bürgen vorhandener Sicherungsgeber im Falle einer Hypothek oder eines Pfandrechts in gleicher Weise den für ihn bestehenden gesetzlichen Forderungsübergang (§§ 1143, 1225 BGB) wegen den §§ 412, 401 BGB gegen den Bürgen geltend machen können. Die genannten gesetzlichen Vorschriften könnten also zu einem Wettlauf der Sicherungsgeber führen. Nach den allgemeinen gesetzlichen Regelungen müsste letztlich bei Zahlungsunfähigkeit des Hauptschuldners derjenige Sicherungsgeber die gesamte Belastung tragen, von dem zuletzt Regress verlangt wird. Diese aus dem Prioritätsgrundsatz zu entnehmende Konsequenz wird heute allgemein abgelehnt. Abzulehnen ist in gleicher Weise eine im Gesetz nicht vorgezeichnete Lösung, nach der ein Regress bei mehreren Sicherungsgebern ganz auszuscheiden habe. Schließlich haben Rechtsprechung und h.M. auch den Lösungsweg verworfen, wonach aus dem Rechtsgedanken von § 776 BGB die Konsequenz zu ziehen sei, dass ein Regress des Bürgen möglich sei, umgekehrt ein Regress anderer Sicherungsgeber aber auszuscheiden habe.[8] 17

Anerkannt und im Ergebnis überzeugend ist für den Fall mehrerer ungleichartiger Sicherungsgeber die Lösung unter Heranziehung des Rechtsgedankens von § 774 Abs. 2 BGB. Danach soll ähnlich wie bei Mitbürgen auch bei allen übrigen akzessorischen Sicherungsgebern auf den Regressanspruch § 426 BGB Anwendung finden, sodass ein Übergang von Sicherungsrechten nach den §§ 412, 401 BGB nur im Rahmen des möglichen gesamtschuldnerischen Ausgleichs in Betracht kommt. Dies führt letztlich zu einer wohl auch rechtsgeschäftlich gewollten gesamtschuldnerischen Ausgleichshaftung. 18

Stehen dem Gläubiger gegen den Hauptschuldner neben der Bürgschaft weitere ungleichartige Sicherheiten zur Verfügung, die nicht akzessorischer Natur sind, so ist letztlich eine im Ergebnis gleichartige Lösung zu befürworten, da auch hier grundsätzlich ein Regressanspruch wegen der Verpflichtung des Gläubigers zur Abtretung der Sicherheiten an den zahlenden Sicherungsgeber gegeben ist. 19

Die Lösung eines nur anteiligen Ausgleichs gem. § 426 BGB unter allen bestehenden Personal- und Realsicherheiten hat sich in Rechtsprechung und Lehre nach langen Auseinandersetzungen heute vollständig durchgesetzt.[9] Die Höhe des Innenausgleichs zwischen Mitbürgen und Grundschuldbestellern oder ähnlichen Sicherungsgebern richtet sich, wenn nichts anderes vereinbart ist, nach dem Verhältnis der gegenüber dem Gläubiger übernommenen Haftungsrisiken.[10] 20

C. Anwendungsfelder

I. Abdingbarkeit

Nach der Rechtsprechung und der h.M. ist die gesetzliche Anordnung des Forderungsübergangs abdingbar.[11] Diese Auffassung ist allerdings in mehrfacher Hinsicht nicht unproblematisch. Zunächst 21

---

[8] So etwa *Tiedtke*, JZ 2006, 940, 949.

[9] BGH v. 29.06.1989 - IX ZR 175/88 - BGHZ 108, 179-187; BGH v. 24.09.1992 - IX ZR 195/91 - LM BGB § 776 Nr. 6 (3/1993); BGH v. 09.12.2008 - XI ZR 588/07, ZIP 2009,166; zur Unanwendbarkeit von § 776 BGB auf diesen Fall vgl. BGH v. 20.12.1990 - IX ZR 268/89 - LM Nr. 89 zu BGB § 426; zum Ausgleichsanspruch bei Vereinbarung vertraglicher Haftungsquoten zwischen den Sicherungsgebern vgl. BGH v. 05.03.2002 - XI ZR 184/01 - LM BGB § 426 Nr. 106 (9/2002).

[10] BGH v. 09.12.2008 - XI ZR 588/07 - ZIP 2009,166; *Herrmann* in: Erman, BGB, § 774 Rn. 15; *Habersack* in: MünchKomm-BGB, § 774 Rn. 30; *Sprau* in: Palandt, BGB, § 774 Rn. 13.

[11] BGH v. 05.04.2001 - IX ZR 276/98 - LM BGB § 765 Nr. 153 (8/2001); BGH v. 30.10.1984 - IX ZR 92/83 - BGHZ 92, 374-386; OLG Köln v. 26.01.1989 - 1 U 97/88 - NJW-RR 1989, 1266-1268; *Pecher* in: Soergel, BGB, § 774 Rn. 16.

wird man den Grundgedanken des gesetzlichen Forderungsübergangs zu den wesentlichen Grundgedanken der gesetzlichen Regelung der Bürgschaft zählen müssen. Daher dürfte ein Ausschluss im Rahmen von Allgemeinen Geschäftsbedingungen im Hinblick auf § 307 Abs. 2 Nr. 1 BGB unwirksam sein.[12] Darüber hinaus muss man im Falle einer Abänderung der gesetzlichen Regelung durch Individualvereinbarung erwägen, dass ein vollständiger Ausschluss des § 774 Abs. 1 Satz 1 BGB letztlich den Charakter der Bürgschaft als einer Haftung für fremde Schuld, wobei der ursprüngliche Schuldner als eigentlicher Hauptschuldner bestehen bleibt, abändert.[13] Man wird also eine solche Vereinbarung zwar als zulässig ansehen können, aus ihr jedoch entnehmen müssen, dass es sich in diesem Falle nicht mehr um eine Bürgschaft, sondern um einen Schuldbeitritt oder Ähnliches handelt.

II. Vergleichbare Rechtslagen und Analogie

22 Der Gesetzgeber hat im Rahmen aller akzessorischen Sicherungsrechte einen gesetzlichen Forderungsübergang ausdrücklich angeordnet (vgl. für die Hypothek: § 1143 BGB und für das Pfandrecht: § 1225 BGB). Auch weit darüber hinaus hat der Gesetzgeber den gesetzlichen Forderungsübergang im Bürgerlichen Recht (vgl. etwa die §§ 268 Abs. 3, 426 Abs. 2 BGB) und außerhalb des Bürgerlichen Rechts als rechtstechnisches Mittel für Regressansprüche herangezogen. Dabei hängen die jeweiligen gesetzgeberischen Entscheidungen zur Anordnung eines gesetzlichen Forderungsübergangs sehr eng mit dem Sinn und Zweck des jeweiligen Rechtsinstitutes zusammen. Eine analoge Anwendung solcher gesetzgeberischer Regelungen auf andere Fälle wird daher in aller Regel auszuscheiden haben. Im Falle der Bürgschaftsregelung des § 774 BGB ist es anerkannt, dass eine Analogie auf die Garantie, den Schuldbeitritt, eine eingegangene Wechselforderung, eine Patronatserklärung und andere Haftungsformen nicht in Betracht kommt.[14]

---

[12] So auch *Brödermann*, PWW, 3. Aufl. § 774 Rn. 5.
[13] *Habersack* in: MünchKomm-BGB, § 774 Rn. 14.
[14] Vgl. *Habersack* in: MünchKomm-BGB, § 774 Rn. 2.

§ 775 BGB Anspruch des Bürgen auf Befreiung

(Fassung vom 02.01.2002, gültig ab 01.01.2002)

(1) Hat sich der Bürge im Auftrag des Hauptschuldners verbürgt oder stehen ihm nach den Vorschriften über die Geschäftsführung ohne Auftrag wegen der Übernahme der Bürgschaft die Rechte eines Beauftragten gegen den Hauptschuldner zu, so kann er von diesem Befreiung von der Bürgschaft verlangen:

1. wenn sich die Vermögensverhältnisse des Hauptschuldners wesentlich verschlechtert haben,
2. wenn die Rechtsverfolgung gegen den Hauptschuldner infolge einer nach der Übernahme der Bürgschaft eingetretenen Änderung des Wohnsitzes, der gewerblichen Niederlassung oder des Aufenthaltsorts des Hauptschuldners wesentlich erschwert ist,
3. wenn der Hauptschuldner mit der Erfüllung seiner Verbindlichkeit im Verzug ist,
4. wenn der Gläubiger gegen den Bürgen ein vollstreckbares Urteil auf Erfüllung erwirkt hat.

(2) Ist die Hauptverbindlichkeit noch nicht fällig, so kann der Hauptschuldner dem Bürgen, statt ihn zu befreien, Sicherheit leisten.

Gliederung

A. Grundlagen 1	C. Rechtsfolgen 11
B. Anwendungsvoraussetzungen 4	I. Befreiung 11
I. Wirksamer Bürgschaftsvertrag 4	II. Sicherheitsleistung 13
II. Rechtsgeschäftlicher Regress 5	D. Prozessuale Hinweise/Verfahrenshinweise 14
III. Die Fälle der Nr. 1 bis 4 6	E. Abdingbarkeit 15

A. Grundlagen

Die Norm enthält einen Anspruch des Bürgen auf Befreiung für den Fall, dass er selbst den Gläubiger noch nicht befriedigt hat. Die Norm ist ohne größere praktische Bedeutung, weil sich der vorgesehene Befreiungsanspruch sehr selten realisieren lässt.

Im Kern geht es um eine besondere Ausgestaltung des Innenverhältnisses zwischen Bürgen und Hauptschuldner. Dabei setzt § 775 BGB zunächst das Bestehen eines Auftrags oder einer Geschäftsführung ohne Auftrag oder ähnlicher Sonderverbindungen voraus, die zu einem vertraglichen oder quasivertraglichen Regressanspruch im Wege des Aufwendungsersatzes führen können. § 775 BGB beruht auf dem Grundgedanken, den § 670 BGB mit § 257 BGB formuliert. Der in den genannten Normen verankerte generelle Anspruch auf Befreiung oder Sicherheitsleistung wird im Bereich des Bürgschaftsrechts auf diejenigen Fälle beschränkt, in denen sich das Bürgenrisiko nachträglich gravierend erhöht hat. Zusätzlich werden aus dem Bereich des allgemeinen Auftragsrechts die §§ 669, 671 BGB (Vorschusspflicht, Kündigung) ausgeschlossen.

Der Grundgedanke des Befreiungsanspruchs des Bürgen ist von der speziellen Ausgestaltung des Bürgschaftsvertrags nicht abhängig. Daher ist § 775 BGB sowohl bei der selbstschuldnerischen Bürgschaft wie auch bei der Bürgschaft unter Einbeziehung der Einrede der Vorausklage anwendbar. Zu Ausgleichsansprüchen vgl. die Kommentierung zu § 774 BGB Rn. 15 und die Kommentierung zu § 774 BGB Rn. 17.

B. Anwendungsvoraussetzungen

I. Wirksamer Bürgschaftsvertrag

Der Anspruch des Bürgen auf Befreiung setzt zunächst voraus, dass ein wirksamer Bürgschaftsvertrag und eine wirksame Hauptschuld bestehen. Zwar ist ein Befreiungsanspruch des Bürgen gegen den Hauptschuldner auch dann denkbar, wenn beispielsweise das Auftragsverhältnis zwischen Schuldner und Bürgen wegen arglistiger Täuschung nach § 123 BGB wirksam angefochten ist. In solchen Fällen stützt sich der Befreiungsanspruch aber nicht auf § 775 BGB, sondern auf allgemeine Grundsätze des Vertragsrechts oder des Rechts der ungerechtfertigten Bereicherung.

II. Rechtsgeschäftlicher Regress

5   Weiterhin setzt der Befreiungsanspruch voraus, dass dem Bürgen grundsätzlich gegenüber dem Hauptschuldner gem. § 670 BGB ein rechtsgeschäftlicher Regress zustehen kann. Falls zwischen Bürgen und Hauptschuldner ausnahmsweise ein solcher Aufwendungsersatz nicht denkbar ist, scheidet auch der Anspruch auf Befreiung aus. In solchen Fällen bleibt dem Bürgen allein der gesetzliche Rückgriff über § 774 BGB nach einer Zahlung.

III. Die Fälle der Nr. 1 bis 4

6   Weiterhin muss einer der in Absatz 1 unter Nr. 1 bis 4 genannten einzelnen Fälle vorliegen, um das Entstehen eines Befreiungsanspruchs bejahen zu können. Dabei sind die dort genannten Fälle abschließend. Andere Befreiungstatbestände sind zwar denkbar, fallen aber nicht unter § 775 BGB.

7   Der Fall der Nr. 1 setzt voraus, dass eine wesentliche Vermögensverschlechterung des Hauptschuldners eintritt. Die Regelung ist parallel zu den §§ 490 Abs. 1, 321 Abs. 1 BGB auszulegen. Entscheidend ist eine negative Veränderung der Vermögensverhältnisse nach der Übernahme der Bürgschaft, die den Rückgriff des Bürgen gefährden würde. Ist der Bürge in anderer Weise (z.B. durch einen Rückbürgen) abgesichert, so kann also ein Befreiungsanspruch nicht entstehen.

8   Der Fall der Nr. 2 setzt voraus, dass der Regress des Bürgen gegen den Hauptschuldner infolge der im Gesetz genannten Umstände nach der Übernahme der Bürgschaft erschwert wird. Dieser Fall ist aus der Sicht des Anspruchs des Gläubigers gegen den Bürgen auch in § 773 Abs. 1 Nr. 2 BGB als Ausschluss der Einrede der Vorausklage vorgesehen. Die Tatbestandsmerkmale sind insoweit identisch (vgl. insoweit die Kommentierung zu § 773 BGB Rn. 4).

9   Der Fall der Nr. 3 setzt voraus, dass der Hauptschuldner mit der Erfüllung seiner eigenen Verbindlichkeit gegenüber dem Gläubiger in Verzug ist. Der Befreiungsanspruch wird nicht dadurch beseitigt, dass der Schuldner nach dem Eintritt des Verzugs vom Gläubiger eine Stundung erhält oder in anderer Weise den Verzug vorläufig zum Entfallen bringt. Dagegen kommt ein Befreiungsanspruch dann nicht in Betracht, wenn der Schuldner die Zahlung gegenüber dem Gläubiger verweigert, weil er Einwendungen oder Einreden geltend macht, die in vergleichbarer Weise der Bürge geltend machen könnte und die damit dem gemeinsamen Interesse von Schuldner und Bürgen dienen.

10 Der Fall der Nr. 4 ist gegeben, wenn der Gläubiger gegen den Bürgen ein vollstreckbares Urteil auf Erfüllung erwirkt hat. Durch einen vollstreckbaren Titel auf Erfüllung droht nämlich dem Bürgen unmittelbar der Eingriff in sein eigenes Vermögen, sodass ihm ein Anspruch auf Befreiung ohne weiteres zusteht. Allerdings ist im Rahmen von Nr. 4 nur ein Titel gemeint, der ohne Zustimmung des Bürgen zustande kommt, nicht also z.B. ein Prozessvergleich (§ 794 Abs. 1 Nr. 1 ZPO).[1]

C. Rechtsfolgen

I. Befreiung

11 Soweit die Anspruchsvoraussetzungen vorliegen, steht dem Bürgen ein Anspruch auf Befreiung gegenüber dem Hauptschuldner zu. Dabei hat der Hauptschuldner die Wahl, wie er diesen Befreiungsanspruch realisieren will. Er kann Befreiung sowohl dadurch erreichen, dass er die Hauptschuld an den Gläubiger bezahlt, als auch durch eine Erklärung gegenüber dem Bürgen über die Entlassung aus der Bürgschaft. Eine Erklärung des Hauptschuldners gegenüber dem Bürgen auf Entlassung der Bürgschaft ist freilich nur möglich, wenn es dem Schuldner vorher gelungen ist, den Gläubiger zum Verzicht auf die Bürgschaft zu bewegen. Ohne Zustimmung des Gläubigers kann der Hauptschuldner den Bürgen nicht aus der Bürgschaft entlassen.

12 Wegen der Wahlmöglichkeiten des Hauptschuldners gegenüber dem Befreiungsanspruch ist es dem Bürgen nicht möglich, einen Anspruch auf Zahlung geltend zu machen. Weder kann der Bürge den Hauptschuldner zwingen, sogleich an den Gläubiger zu zahlen, noch kann er Zahlung an sich verlangen. Dies hat im Falle einer Klage Konsequenzen für den Klageantrag (vgl. Rn. 14).

---

[1] *Sprau* in: Palandt, BGB, § 775 Rn. 2.

II. Sicherheitsleistung

Gem. § 775 Abs. 2 BGB hat der Hauptschuldner wahlweise die Möglichkeit, statt der Erfüllung des Anspruchs auf Befreiung des Bürgen diesem Sicherheit zu leisten, sofern die Hauptverbindlichkeit noch nicht fällig ist. Ein Recht des Bürgen auf Sicherheitsleistung besteht dagegen nicht. Auch insofern handelt es sich um eine Wahlschuld i.S.v. § 262 BGB.

13

D. Prozessuale Hinweise/Verfahrenshinweise

Wegen des Wahlschuldcharakters des Befreiungsanspruches kann der Bürge im Falle einer Klage weder auf Zahlung noch auf Sicherheitsleistung klagen. Er kann nur einen Anspruch auf Befreiung klageweise geltend machen. Dabei trägt der Bürge als Anspruchsteller die Beweislast für die Voraussetzungen des Befreiungsanspruchs. Er muss also neben dem wirksamen Bürgschaftsvertrag und dem Bestehen einer Hauptschuld sowie dem Vorliegen eines Falles der Nr. 1 bis 4 auch das Bestehen eines zum Aufwendungsersatz führenden Auftragsverhältnisses beweisen.

14

E. Abdingbarkeit

Der Befreiungsanspruch des § 775 BGB ist dispositiv. Dies gilt in zwei Richtungen: Möglich ist es, dass der Bürge auf sein Befreiungsrecht verzichtet. § 775 BGB kann aber auch in der Weise abgeändert werden, dass das vom Bürgen übernommene Risiko noch weiter eingeschränkt wird.[2] Möglich ist es schließlich, dass die Parteien den Befreiungsanspruch in der Weise beschränken, dass der Bürge ihn nur mit Zustimmung des Gläubigers geltend machen kann.[3]

15

---

[2] BGH v. 23.06.1995 - V ZR 265/93 - BGHZ 130, 101-108.
[3] BGH v. 03.04.1963 - VIII ZR 119/62 - LM Nr. 1 zu § 775 BGB.

§ 776 BGB Aufgabe einer Sicherheit

(Fassung vom 02.01.2002, gültig ab 01.01.2002)

¹Gibt der Gläubiger ein mit der Forderung verbundenes Vorzugsrecht, eine für sie bestehende Hypothek oder Schiffshypothek, ein für sie bestehendes Pfandrecht oder das Recht gegen einen Mitbürgen auf, so wird der Bürge insoweit frei, als er aus dem aufgegebenen Recht nach § 774 hätte Ersatz erlangen können. ²Dies gilt auch dann, wenn das aufgegebene Recht erst nach der Übernahme der Bürgschaft entstanden ist.

Gliederung

A. Grundlagen 1	E. Anwendungsfelder 9
B. Praktische Bedeutung 3	I. Abdingbarkeit 9
C. Anwendungsvoraussetzungen 5	II. Regelung durch Allgemeine Geschäftsbedingungen 10
I. Die relevanten Rechte 5	
II. Die Aufgabe des Rechts durch den Gläubiger 7	III. Entsprechende Anwendung der Norm 11
D. Rechtsfolgen 8	

A. Grundlagen

1 Die Regelung in § 776 BGB enthält eine spezifische Norm des Bürgschaftsrechts. Im Rahmen anderer Kreditsicherungsrechte findet sich eine solche Norm nicht. Nach ihrem Inhalt begründet diese Norm ausnahmsweise einen besonderen Schutz des Bürgen, dem eventuelle Regressansprüche gem. § 774 BGB in jedem Falle erhalten bleiben sollen. Die Norm ist daher nach anerkannter Auffassung eine Sonderbestimmung mit Ausnahmecharakter.[1]

2 Aus der speziellen Schutznorm des Bürgen gem. § 776 BGB lässt sich nicht eine allgemeine Verpflichtung des Gläubigers zur Wahrung von Interessen des Bürgen herleiten. Eine solche Verpflichtung besteht nach anerkannter Auffassung im Rahmen des Bürgschaftsvertrages als eines einseitig verpflichtenden Vertrages nicht. Daher lassen sich auch über § 776 BGB besondere Nebenpflichten im Hinblick auf Sorgfalt und Wahrung der Interessen des Bürgen nicht begründen.

B. Praktische Bedeutung

3 In der Vergangenheit hat man häufig gemeint, § 776 BGB weise nur geringe praktische Bedeutung auf, weil er abdingbar sei. Hier hat allerdings die jüngste Rechtsprechung zum Verbot einer Abdingbarkeit im Rahmen der Regelung von Allgemeinen Geschäftsbedingungen eine Änderung herbeigeführt. Insgesamt ist also die praktische Bedeutung der Norm in der jüngsten Rechtsprechung gewachsen.

4 Der Norm kommt darüber hinaus eine erhebliche systematische Bedeutung zu. Aus ihr hat man immer wieder entnommen, dass die besonders gefährdete Stellung des Bürgen auf Grund seiner Haftung vom Gesetzgeber mit ganz bestimmten besonderen Schutznormen ein wenig ausgeglichen worden ist. So ist etwa überlegt worden, ob im Falle der Haftung von Bürgen und grundpfandrechtlichen Sicherheiten ein Regress zu Lasten des Bürgen gerade wegen § 776 BGB nicht in Betracht kommt. Diese Auffassung hat sich aber nicht durchgesetzt (vgl. die Kommentierung zu § 774 BGB Rn. 17 f.)

C. Anwendungsvoraussetzungen

I. Die relevanten Rechte

5 Die Norm zählt Rechte auf, die sich durch Akzessorietät und einen Charakter als Kreditsicherungsrechte auszeichnen. Die Regelung stimmt insofern weitgehend mit § 401 BGB überein. Die im Gesetzeswortlaut genannten Vorzugsrechte umfassen diejenigen Regeln, die einer Forderung im Rahmen von Zwangsvollstreckung oder Insolvenz eine bestimmte Vorrangstellung verschaffen (vgl. § 804 ZPO, § 10 ZVG, §§ 47 ff. InsO). Neben den vom Gesetz ausdrücklich genannten akzessorischen Sicherungsrechten fallen unter § 776 BGB nach heute anerkannter Auffassung auch die selbständigen Sicherungsrechte, die zwar nicht kraft Gesetzes übergehen, die aber heute im Wesentlichen analog zu den Vorschriften der §§ 401, 774 BGB behandelt werden. Relevante Rechte i.S.v. § 776 BGB sind deshalb

---

[1] Vgl. *Clemente*, EWiR 2006, 11.

auch alle treuhänderischen Vollrechtspositionen, die sich aus Sicherungsübereignungen, aus Sicherungszessionen und aus dem Eigentumsvorbehalt ergeben. Ebenfalls hierher gehören eingeräumte Sicherungsgrundschulden und Rentenschulden.[2]

Nicht unter § 776 BGB fallen alle schuldrechtlichen Positionen, die die Einräumung eines Sicherungsrechts zum Gegenstand haben. Daher ist von § 776 BGB nicht erfasst das Recht des Werkunternehmers auf Einräumung einer Sicherungshypothek gem. § 648 BGB oder auf Sicherungsleistung gem. § 648a BGB. Auch Stundungsabreden, Zurückbehaltungsrechte und ähnliche schuldrechtlichen Vereinbarungen über eine Forderung werden nicht von § 776 BGB erfasst.

II. Die Aufgabe des Rechts durch den Gläubiger

Das Gesetz nennt als Voraussetzung der Norm, dass der Gläubiger eines der von § 776 BGB erfassten Rechte aufgibt. Gemeint ist damit ein positives und vorsätzliches Handeln des Gläubigers, das den Verlust des jeweiligen Sicherungsrechtes zur Folge hat. Insbesondere betroffen von § 776 BGB sind also der Verzicht, der Erlass, die Übertragung des Rechts an einen Dritten, ebenso die Rückübertragung des Rechts oder das Erlöschen des Rechts durch Verrechnung. Gleichgestellt wird der Aufgabe des Rechts dessen inhaltliche rechtsgeschäftliche Minderung, z.B. durch eine Stundung, die ein insolvenzrechtliches Vorrecht verloren gehen lässt, oder durch einen Rangrücktritt, der die grundbuchrechtliche Bedeutung des Rechts mindert. Ebenfalls gleichgestellt werden muss der rechtsgeschäftlichen Aufgabe des Rechts durch den Gläubiger jede vorsätzliche tatsächliche Einwirkung, die im wirtschaftlichen Ergebnis zum Verlust der Rechtsposition führt, insbesondere also die Zerstörung der als Sicherheit dienenden Sache.

D. Rechtsfolgen

Nach dem Gesetzeswortlaut führt die Aufgabe einer Sicherheit zur Freistellung aus der Bürgenverpflichtung. Mit dieser Freistellung kann nur das Erlöschen der Verpflichtung im Sinne eines endgültigen Rechtsverlustes gemeint sein.[3] Freilich reicht der vom Gesetz angeordnete Rechtsverlust nur so weit, als der Bürge aus der aufgegebenen Sicherheit im Wege des Regresses nach § 774 BGB hätte Ersatz verlangen können. Die Anwendung von § 776 BGB kommt also dort nicht in Betracht, wo auf Grund des Innenverhältnisses dem Bürgen ein Rückgriffsanspruch sowieso nicht zugestanden hätte.

E. Anwendungsfelder

I. Abdingbarkeit

Trotz des besonderen Schutz- und Sicherungscharakters und der Ausnahmesituation der Norm ist es allgemein anerkannt, dass der Bürge auf den Schutz durch § 776 BGB auf Grund einer individualvertraglichen Vereinbarung verzichten kann. Ein solcher Verzicht ist allgemein oder im Einzelfall möglich. In der Praxis wird es als Verzicht gewertet, wenn der Bürge einer Maßnahme des Gläubigers im Hinblick auf eine andere Sicherheit ausdrücklich zustimmt. Bloßes Schweigen des Bürgen kann nicht als Verzicht auf die Rechte des § 776 BGB verstanden werden.

II. Regelung durch Allgemeine Geschäftsbedingungen

Die praktisch wohl wichtigste und umstrittenste Frage in jüngerer Zeit ist es gewesen, ob ein Verzicht des Bürgen auf die Rechte aus § 776 BGB formularmäßig möglich ist. Das wurde bis vor kurzem häufig angenommen. Nunmehr hat der BGH in diesem Punkt seine Auffassung zu Recht geändert.[4] Nach der Auffassung der Rechtsprechung verstößt ein formularmäßiger Verzicht auf die Rechte aus § 776 BGB gegen § 307 BGB n.F. (= § 9 AGBG a.F.). Dem ist zuzustimmen. Die Regelung des § 776 BGB enthält gerade angesichts ihres bürgschaftsrechtlichen Sondercharakters einen wesentlichen Grundgedanken der gesetzlichen Regelung, sodass eine formularmäßige Abweichung hiervon nach § 307 Abs. 2 Nr. 1 BGB als eine unangemessene Benachteiligung zu bewerten ist. Ausnahmsweise ist aber

---

[2] OLG Bamberg v. 17.11.2011 - 1 U 88/11 - ZIP 2012, 613.
[3] OLG Bamberg v. 17.11.2011 - 1 U 88/11 - ZIP 2012, 613.
[4] BGH v. 02.03.2000 - IX ZR 328/98 - BGHZ 144, 52-58; BGH v. 06.04.2000 - IX ZR 2/98 - LM BGB § 767 Nr. 38 (11/2000); BGH v. 25.10.2001 - IX ZR 185/00 - LM BGB § 776 Nr. 9 (3/2002).

auch ein formularmäßiger Verzicht möglich, sofern § 776 BGB nur teilweise für hinreichend konkret begrenzte Sachverhalte abbedungen ist und die Abbedingung unter Beachtung der berechtigten Interessen des Bürgen vertretbar erscheint.[5]

III. Entsprechende Anwendung der Norm

11 Eine entsprechende Anwendung von § 776 BGB auf andere Fallgestaltungen, in denen der Schuldner vertraglich ein Risiko übernimmt, kommt nicht in Betracht. § 776 BGB gilt also nicht im Falle des Schuldbeitritts, des Garantievertrags, des Verhältnisses von Pfandgläubiger und Verpfänder oder des Verhaltens zwischen Mitbürgen.

---

[5] BGH v. 25.10.2001 - IX ZR 185/00 - LM BGB § 776 Nr. 9.

§ 777 BGB Bürgschaft auf Zeit

(Fassung vom 02.01.2002, gültig ab 01.01.2002)

(1) ¹Hat sich der Bürge für eine bestehende Verbindlichkeit auf bestimmte Zeit verbürgt, so wird er nach dem Ablauf der bestimmten Zeit frei, wenn nicht der Gläubiger die Einziehung der Forderung unverzüglich nach Maßgabe des § 772 betreibt, das Verfahren ohne wesentliche Verzögerung fortsetzt und unverzüglich nach der Beendigung des Verfahrens dem Bürgen anzeigt, dass er ihn in Anspruch nehme. ²Steht dem Bürgen die Einrede der Vorausklage nicht zu, so wird er nach dem Ablauf der bestimmten Zeit frei, wenn nicht der Gläubiger ihm unverzüglich diese Anzeige macht.

(2) Erfolgt die Anzeige rechtzeitig, so beschränkt sich die Haftung des Bürgen im Falle des Absatzes 1 Satz 1 auf den Umfang, den die Hauptverbindlichkeit zur Zeit der Beendigung des Verfahrens hat, im Falle des Absatzes 1 Satz 2 auf den Umfang, den die Hauptverbindlichkeit bei dem Ablauf der bestimmten Zeit hat.

Gliederung

A. Grundlagen 1	II. Anspruchsdurchsetzung 7
B. Anwendungsvoraussetzungen 5	1. Wirksame Entstehung der Bürgschaft auf Zeit 7
I. Voraussetzungen für die Entstehung 5	2. Anzeige gegenüber dem Bürgen 8
1. Allgemeine Bürgschaftsmerkmale 5	III. Fälligkeit der Hauptschuld 9
2. Vereinbarung einer Zeitbestimmung 6	IV. Verteilung der Beweislast 10

A. Grundlagen

Der gesetzliche Normalfall der Bürgschaft ist in § 765 BGB als vertragliche Vereinbarung zwischen Gläubiger und Bürgen ausgestaltet, wobei die Laufzeit eines solchen Bürgschaftsvertrags vom Bestehen der Hauptverbindlichkeit abhängt. Der Gesetzgeber und die Rechtspraxis haben allerdings verschiedene Sonderformen der Bürgschaft herausgebildet (zur Mitbürgschaft vgl. § 769 BGB, zum Kreditauftrag vgl. § 778 BGB, zur Nachbürgschaft vgl. die Kommentierung zu § 765 BGB Rn. 55, zur Rückbürgschaft vgl. die Kommentierung zu § 765 BGB Rn. 56, zur Ausfallbürgschaft vgl. die Kommentierung zu § 765 BGB Rn. 57 und zur Bürgschaft auf erstes Anfordern vgl. die Kommentierung zu § 765 BGB Rn. 60). Auch die Bürgschaft auf Zeit ist eine solche Sonderform im Verhältnis zum gesetzlichen Normalfall. Ihre Besonderheit besteht darin, dass der Bürgschaftsvertrag mit einer zeitlichen Limitierung der Möglichkeit der Inanspruchnahme des Bürgen versehen ist. Damit muss die Bürgschaft auf Zeit abgegrenzt werden von all denjenigen Formen der Bürgschaft, bei denen eine inhaltliche, umfangmäßige oder gegenständliche Beschränkung vorliegt. Die jeweilige Abgrenzung ist nach dem Parteiwillen vorzunehmen. Sie wird in vielen Fällen nicht übermäßig problematisch sein. Schwierigkeiten können sich aber dort ergeben, wo man eine Limitierung sowohl zeitlich als auch umfangmäßig interpretieren kann. Unklar könnte unter diesem Gesichtspunkt eine Vereinbarung sein, wonach die Bürgschaft im Hinblick auf ein bestimmtes Ereignis erteilt wird (z.B. Prozessbürgschaft, vgl. die Kommentierung zu § 765 BGB Rn. 59). In solchen Fällen wird man im Zweifel nicht von einer rein zeitlich gemeinten Befristung ausgehen. Ähnlich ist die Situation, wenn eine Bürgschaft für alle innerhalb eines bestimmten Zeitraums entstehenden Verbindlichkeiten übernommen werden soll (Haftung für Kontokorrentkredit). Auch in solchen Fällen liegt die Interpretation einer gegenständlich beschränkten Bürgschaft, nicht einer rein zeitlichen Beschränkung nahe. 1

Umgekehrt gilt es festzuhalten, dass die zeitliche Beschränkung des § 777 BGB nicht allein in einer zahlenmäßig oder kalendermäßig festgelegten Zeitbestimmung bestehen muss, sondern dass auch jedes andere künftige ungewisse Ereignis je nach dem Parteiwillen als zeitliche Limitierung verstanden werden kann. Möglich wäre es daher, eine Ehegattenbürgschaft als Bürgschaft auf Zeit in der Weise abzuschließen, dass mit der Auflösung der Ehe die Bürgschaftsschuld erlöschen soll. 2

Die Besonderheit der Norm besteht darin, dass die an sich selbstverständliche Verknüpfung des Bürgschaftsvertrags mit einer zeitlichen Befristung in der Weise ausgestaltet wird, dass nach Ablauf der Frist die vertraglichen Rechte und Pflichten nicht automatisch erlöschen, sondern die Haftung vom Gläubiger in den Grenzen des Absatzes 1 zeitlich über das Fristende hinaus geltend gemacht werden 3

§ 777

kann. In diesem Falle ergibt sich aus Absatz 2 allerdings eine inhaltliche Haftungsbeschränkung. Vor dem jeweiligen Zeitablauf handelt es sich um den Normalfall einer Bürgschaft. Der Gläubiger kann also nach den allgemeinen Regeln jederzeit auf den Bürgen zugreifen. Mit der Bürgschaft auf Zeit ist nicht etwa eine Stundung der Bürgschaftsverpflichtung verbunden.[1]

4 Die praktische Bedeutung der gesetzlichen Regelung ist sehr begrenzt.

B. Anwendungsvoraussetzungen

I. Voraussetzungen für die Entstehung

1. Allgemeine Bürgschaftsmerkmale

5 Nach allgemeinen Regeln ist Voraussetzung für das wirksame Entstehen einer Bürgschaft auf Zeit der wirksame Abschluss eines Bürgschaftsvertrags, die Wahrung der Schriftform sowie das Bestehen einer Hauptforderung. Trotz des gesetzlichen Wortlauts, wonach sich der Bürge für eine „bestehende" Verbindlichkeit auf Zeit verbürgt, ist nach allgemeiner Auffassung § 765 Abs. 2 BGB auch hier anwendbar. Eine Bürgschaft auf Zeit kann also auch für eine künftige Verbindlichkeit geschlossen werden.[2] Im Übrigen ist die Bürgschaft auf Zeit in gleicher Weise wie die Normalbürgschaft akzessorisch (zu einer geringfügigen Begrenzung vgl. Absatz 2). Im Zeitpunkt der Inanspruchnahme des Bürgen muss also die Hauptverbindlichkeit schon und noch bestehen.

2. Vereinbarung einer Zeitbestimmung

6 Die vom Gesetzeswortlaut vorausgesetzte Verbürgung für eine Hauptverbindlichkeit auf eine bestimmte Zeit kann selbstverständlich ausdrücklich erfolgen. Sie ist aber auch konkludent oder stillschweigend möglich. Die Vereinbarung einer Zeitbestimmung ist daher ein Problem der Auslegung des Parteiwillens (§§ 133, 157 BGB). Entscheidendes Kriterium muss dabei sein, ob nach dem Willen der Parteien die Bürgschaftsverpflichtung als solche unter einem bestimmten oder bestimmbaren Zeitlimit besteht. Eine solche zeitliche Befristung der Bürgenhaftung wird man im Regelfall dort noch nicht annehmen können, wo eine ganz bestimmte Rechtsstellung entfällt. So ist im Falle der Bürgschaft eines Gesellschafters für eine Gesellschaftsschuld der Verlust der Gesellschafterstellung nicht automatisch und regelmäßig ein Grund zum Entfallen der Bürgenhaftung, vielmehr wird hier nahe liegenderweise davon auszugehen sein, dass im Falle des Verlustes der Gesellschafterstellung allenfalls eine Kündigung der Bürgschaft mit Wirkung für die Zukunft in Betracht kommt. Die genaue Abgrenzung zwischen zeitlicher Limitierung, gegenständlicher Beschränkung oder Entstehen eines Kündigungsrechts ist jeweils eine Frage des Einzelfalls und unterliegt der individuellen Auslegung des Parteiwillens. Streiten der Gläubiger und der Bürge darüber, ob eine vereinbarte Befristung als Zeitbürgschaft oder nur als gegenständliche Beschränkung der Haftung zu verstehen ist, trägt der Gläubiger die Beweislast für den von ihm behaupteten Inhalt der Bürgschaft. Soweit die Bürgschaft einen Kontokorrentkredit absichert, stellt dies regelmäßig ein wichtiges Beweisanzeichen dafür dar, dass nur eine gegenständliche Beschränkung vereinbart ist.[3]

II. Anspruchsdurchsetzung

1. Wirksame Entstehung der Bürgschaft auf Zeit

7 Will der Gläubiger den Anspruch des Bürgen auf Haftung geltend machen, so muss in erster Linie ein wirksamer Bürgschaftsvertrag, die Wahrung der Form sowie der Akzessorietät dargetan sein. Die Bürgschaft auf Zeit enthält alle Merkmale der Normalbürgschaft, so dass nach allgemeinen Regeln das Vorliegen der §§ 765 ff. BGB zwingende Voraussetzung für die Anspruchsdurchsetzung ist.

2. Anzeige gegenüber dem Bürgen

8 Grundsätzlich kann der Gläubiger die Haftung aus dem Bürgschaftsvertrag vor Zeitablauf geltend machen. Mit dem Ablauf der vereinbarten Zeit würde an sich die Haftung des Bürgen entfallen. Insoweit ist die Haftung über den vertraglich bestimmten Zeitpunkt hinaus gegeben, soweit eine Anzeige des Gläubigers nach Absatz 1 vorliegt. Dabei handelt es sich um eine empfangsbedürftige Willenserklä-

---

[1] BGH v. 09.01.1980 - VIII ZR 21/79 - BGHZ 76, 81-86.
[2] *Sprau* in: Palandt, BGB, § 777 Rn. 1a.
[3] BGH v. 15.01.2004 - IX ZR 152/00 - ZIP 2004, 843.

rung, die formlos möglich ist und zunächst unbeziffert erfolgen kann. In jedem Falle hat die Anzeige unverzüglich i.S.v. § 121 Abs. 1 BGB zu erfolgen. Dies bedeutet, dass der Gläubiger mit Zeitablauf ohne schuldhaftes Zögern durch seine Mitteilung dem Bürgen deutlich machen muss, dass eine Inanspruchnahme aus der Bürgschaft eindeutig beabsichtigt ist. Entscheidender Unterschied der Regelungen in Absatz 1 ist das Bestehen der Einrede der Vorausklage. Im Falle von Absatz 1 Satz 2 handelt es sich um eine selbstschuldnerische Bürgschaft, sodass allein die Anzeige dem Gläubiger eine Inanspruchnahme des Bürgen über den vereinbarten Zeitpunkt hinaus ermöglicht. Im Falle von Absatz 1 Satz 1 steht dem Bürgen die Einrede der Vorausklage zu, sodass der Gläubiger zusammen mit der Anzeige auch den Versuch unternommen haben muss, die Einziehung der Forderung gem. § 772 BGB zu betreiben. Auch hierbei ist in allen Schritten ein unverzügliches Handeln i.S.v. § 121 Abs. 1 BGB erforderlich. Im Übrigen kann die Anzeige der Inanspruchnahme des Bürgen auch darin liegen, dass der Gläubiger dem Bürgen im Rechtsstreit mit dem Schuldner den Streit verkündet.[4]

III. Fälligkeit der Hauptschuld

Da die Bürgschaft auf Zeit volle Akzessorietät nach den allgemeinen Regeln voraussetzt, haftet der Bürge nur insoweit, als die Hauptschuld existent und fällig ist. Angesichts der zeitlichen Haftungsbefristung muss im Falle von § 777 BGB also die Fälligkeit vor Fristablauf oder spätestens mit dem Zeitpunkt des Fristablaufs eintreten.[5]   9

IV. Verteilung der Beweislast

Nach allgemeinen Regeln muss der Gläubiger als Anspruchsteller zunächst die Voraussetzungen seines Anspruchs beweisen. Der Gläubiger muss also den wirksamen Abschluss des Bürgschaftsvertrags, die Einhaltung der Form und das Bestehen der Hauptschuld beweisen. Dagegen ist das Bestehen einer Zeitbestimmung und deren Ablauf eine rechtsvernichtende Einwendung, die nach allgemeinen Regeln der Bürge zu beweisen hat. Er wird also dartun und beweisen müssen, dass die Parteien ursprünglich eine Bürgschaft auf Zeit gewollt haben und dass der vertraglich vereinbarte Zeitpunkt überschritten ist.   10

Mit dem nachgewiesenen Zeitablauf wäre an sich die Haftung des Bürgen erloschen. Insofern stellt § 777 BGB eine Besonderheit dar, weil die Norm im Wege einer Auslegungsregel den zeitlichen Spielraum des Gläubigers erweitert. Soweit also der Bürge geltend macht, dass mit einer vereinbarten zeitlichen Limitierung nicht der Fall der Bürgschaft auf Zeit i.S.v. § 777 Abs. 1 BGB gemeint ist, müsste der Bürge selbst diesen der Auslegungsregel entgegenstehenden Willen der Parteien nachweisen. Umgekehrt ist es Aufgabe des Gläubigers, das Fortbestehen der Haftung nach Zeitablauf durch eine inhaltlich genügende und rechtzeitig zugegangene Anzeige zu beweisen.   11

---

[4] OLG Koblenz v. 14.07.2005 - 5 U 267/05 - ZIP 2005, 1822.
[5] Vgl. zum Eintritt der Fälligkeit mit Fristablauf BGH v. 21.03.1989 - IX ZR 82/88 - NJW 1989, 1856-1858; BGH v. 14.06.1984 - IX ZR 83/83 - BGHZ 91, 349-357.

§ 778 BGB Kreditauftrag

(Fassung vom 02.01.2002, gültig ab 01.01.2002)

Wer einen anderen beauftragt, im eigenen Namen und auf eigene Rechnung einem Dritten ein Darlehen oder eine Finanzierungshilfe zu gewähren, haftet dem Beauftragten für die aus dem Darlehen oder der Finanzierungshilfe entstehende Verbindlichkeit des Dritten als Bürge.

Gliederung

A. Grundlagen 1
B. Anwendungsvoraussetzungen 4
C. Rechtsfolgen 6
I. Bis zur Darlehensgewährung 6
II. Nach der Darlehensgewährung 7

A. Grundlagen

1   Beim Kreditauftrag handelt es sich im Ausgangspunkt zunächst um ein Auftragsverhältnis. Es kommt also zwischen einem Auftraggeber (der später zugleich Bürge sein wird) und einem Beauftragten (der später der Gläubiger sein wird) ein Auftragsverhältnis in der Weise zustande, dass der Beauftragte verspricht, einem Dritten ein Darlehen oder Ähnliches zu gewähren. Mit der Auszahlung des Darlehens wird der Beauftragte zum Gläubiger und der Dritte zum Schuldner. Als gesetzliche Folge spricht sodann § 778 BGB aus, dass in diesem Fall der Auftraggeber dem Beauftragten als Bürge für die Verbindlichkeit des Dritten haftet.

2   Beim Kreditauftrag handelt es sich um eine Sonderform der Bürgschaft, bei der der Auftraggeber und spätere Bürge ein erhebliches Eigeninteresse an Kreditgewährung gegenüber dem Dritten haben muss. Nur so ist es erklärbar, dass der Auftraggeber selbst initiativ wird, um dem Dritten das Darlehen zu verschaffen. Zugleich macht diese Situation verständlich, dass die Vereinbarung zwischen Auftraggeber und Beauftragtem formfrei möglich ist. Im Ergebnis ist der Kreditauftrag also keine vertragliche Vereinbarung einer Bürgschaft, sondern ein Auftragsverhältnis mit der Bürgenhaftung als gesetzlicher Folge.

3   Die praktische Bedeutung des Kreditauftrags ist als gering einzuschätzen. Abzugrenzen ist der Kreditauftrag von allen Formen einer vertraglich vereinbarten Bürgschaft. Keinen Kreditauftrag stellt es auch dar, wenn der spätere Gläubiger der Forderung keine verbindliche Verpflichtung zur Gewährung eines Darlehens eingegangen ist. Nicht hierher gehören ferner die Kreditanweisung und das Akkreditiv, die Unterarten der Anweisung sind. Schließlich ist vom Kreditauftrag die Situation abzugrenzen, bei der sich die Bank selbst als Bürge im Auftrag ihres Kunden zur Verfügung stellt (Aval). In solchen Fällen besteht zwischen dem Kunden und der Bank zwar ebenfalls ein Auftragsverhältnis, aber Inhalt dieses Auftragsverhältnisses ist nicht die Auszahlung eines Darlehens, sondern die Eingehung einer Bürgschaft auf vertraglicher Basis.

B. Anwendungsvoraussetzungen

4   Der Kreditauftrag setzt zunächst voraus, dass es zwischen einem Auftraggeber und einem Beauftragten zum Abschluss eines Auftrags (oder eines Geschäftsbesorgungsvertrags) kommt, dessen Inhalt die Verpflichtung des Beauftragten ist, einem Dritten Kredit zu gewähren. Zwischen dem Auftraggeber und dem Beauftragten liegt also zunächst ein Auftragsverhältnis im Sinne der §§ 662 ff. BGB vor. Dieser Vertragsschluss ist formfrei möglich. Er wird regelmäßig im Interesse des Auftraggebers erfolgen und löst deshalb für den Auftraggeber keine besonderen Schutzvorschriften aus.

5   In einem zweiten Schritt muss auf Grund der Verpflichtung, die der Beauftragte eingegangen ist, dieser einem Dritten (dem späteren Schuldner) entweder ein Darlehen (§ 488 BGB) oder eine Finanzierungshilfe (§ 499 BGB) gewähren. In Betracht kommt daneben auch die Akzeptanz zur Einlösung eines Wechsels. In jedem Falle muss es sich aber um eine Geldschuld handeln, die gegenüber dem Dritten begründet wird. Die vertragliche Gewährung des Geldes an den Dritten muss der Beauftragte im eigenen Namen und auf eigene Rechnung vornehmen.

C. Rechtsfolgen

I. Bis zur Darlehensgewährung

Solange das Darlehen (oder Ähnliches) noch nicht ausgezahlt ist, liegt im Sinne der später möglichen Bürgschaftsschuld eine Hauptforderung noch nicht vor. In diesem Zeitpunkt kann zwischen den Parteien also Bürgschaftsrecht noch nicht gelten. Es ist daher anerkannt, dass bis zur tatsächlichen Kreditgewährung zwischen den Parteien Auftragsrecht gilt. Insbesondere gilt beim Vertragsschluss nicht die Formvorschrift des § 766 BGB. Möglich ist es dagegen, in diesem Zeitpunkt den Auftrag gem. § 671 BGB zu widerrufen oder zu kündigen. Im Falle eines Geschäftsbesorgungsvertrags wird § 490 BGB analog herangezogen.

II. Nach der Darlehensgewährung

Ab dem Zeitpunkt der tatsächlichen Darlehensgewährung ist der Beauftragte zugleich der Gläubiger einer Verbindlichkeit gegen den Dritten als Schuldner. Für diese Situation ordnet § 778 BGB an, dass der Auftraggeber dem Beauftragten nunmehr nach den Regeln der Bürgschaft haftet. Es sind also die Rechtsfolgen der Bürgschaft anzuwenden, ohne dass ein Bürgschaftsvertrag zu Grunde läge. Der Auftraggeber haftet also wie ein Bürge, wobei ihm alle Gegenrechte aus dem Bürgschaftsrecht und alle weiteren Schutzvorschriften zugute kommen. Darüber hinaus gilt zwischen Auftraggeber und Beauftragtem weiterhin mit Einschränkungen Auftragsrecht. Ausgeschlossen sind allerdings die §§ 669, 670, 671 BGB. Für die §§ 669, 671 BGB ergibt sich dies aus dem Sinn und Zweck des Kreditauftrags, für § 670 BGB ergibt sich die Unabwendbarkeit daraus, dass § 778 BGB an die Stelle des Aufwendungsanspruchs die Regelung über die Bürgschaft setzt.

§ 779

Titel 21 - Vergleich

§ 779 BGB Begriff des Vergleichs, Irrtum über die Vergleichsgrundlage

(Fassung vom 02.01.2002, gültig ab 01.01.2002)

(1) Ein Vertrag, durch den der Streit oder die Ungewißheit der Parteien über ein Rechtsverhältnis im Wege gegenseitigen Nachgebens beseitigt wird (Vergleich), ist unwirksam, wenn der nach dem Inhalt des Vertrags als feststehend zugrunde gelegte Sachverhalt der Wirklichkeit nicht entspricht und der Streit oder die Ungewißheit bei Kenntnis der Sachlage nicht entstanden sein würde.

(2) Der Ungewißheit über ein Rechtsverhältnis steht es gleich, wenn die Verwirklichung eines Anspruchs unsicher ist.

Gliederung

A. Grundlagen 1	C. Rechtsfolgen 16
I. Regelungsgegenstand der Norm 1	I. Unwirksamkeit des Vergleichs (Absatz 1) 16
II. Begriff des Vergleichs 2	II. Verhältnis zu anderen Unwirksamkeitsgründen 17
III. Erscheinungsform der Feststellungsverträge (Bereinigungszweck) 3	1. Sittenwidrigkeit (§ 138 BGB) 18
IV. Abgrenzung vom kausalen Schuldanerkenntnis 4	2. Anfechtung (§§ 119-124, 142-144 BGB) 19
B. Anwendungsvoraussetzungen 5	3. Fehlen oder Wegfall der Geschäftsgrundlage (§ 313 BGB) 20
I. Vertrag 5	4. Einwand der unzulässigen Rechtsausübung (§ 242 BGB) 21
1. Vertragsschluss 5	5. Leistungsstörungen 22
2. Wirksamkeit des Vertrages 6	a. Verzug 22
a. Form des Vergleichs 6	b. Unmöglichkeit 23
b. Verzichts- und Vergleichsverbote 7	D. Prozessuale Hinweise/Verfahrenshinweise 24
c. Auslegung 8	I. Beweislast 24
II. Beseitigung von Streit oder Ungewissheit über ein Rechtsverhältnis 9	II. Streitgegenstand 25
1. Rechtsverhältnis 9	III. Prozessvergleich, Schiedsvergleich, Anwaltsvergleich 26
2. Streit oder Ungewissheit 10	IV. Auswirkungen des außergerichtlichen Vergleichs auf einen schwebenden Prozess 27
3. Unsicherheit i.S.d. Absatzes 2 11	
4. Beseitigung 12	
III. Im Wege gegenseitigen Nachgebens 13	
IV. Grundlagenirrtum 14	

A. Grundlagen

I. Regelungsgegenstand der Norm

1 § 779 BGB enthält zum einen eine Legaldefinition des Vergleichs. Zum anderen normiert § 779 BGB einen Unwirksamkeitstatbestand für den Fall, dass sich die Parteien gemeinsam über einen Umstand geirrt haben, der bei Kenntnis der Sachlage nicht zu dem konkreten Streit geführt hätte (vgl. Rn. 14).

II. Begriff des Vergleichs

2 Der Begriff des Vergleichs ist in § 779 Abs. 1 HS. 1 BGB legal definiert (vgl. zu den Voraussetzungen Rn. 5).

III. Erscheinungsform der Feststellungsverträge (Bereinigungszweck)

3 Mit Abschluss des Vergleichsvertrages sind Streit oder Ungewissheit über ein Rechtsverhältnis beseitigt. Die zuvor streitige, zweifelhafte oder unsichere Rechtslage wird in eine sichere und feste umgewandelt. Den Parteien ist es nach Abschluss des Vergleichs verwehrt, auf den Streit oder die Ungewissheit zurückzugreifen.[1] Die herrschende Auffassung begreift daher den Vergleich als ein Feststellungs-

---

[1] BGH v. 23.11.1978 - VII ZR 28/78 - WM 1978, 205; *Lorentz* in: Soergel, § 779 Rn. 33; *Stadler* in: Jauernig, § 779 Rn. 11; vgl. zur dogmatischen Begründung *Bork*, Der Vergleich, 1988, S. 165 ff.

geschäft, dessen Zweck es ist, Rechtsfrieden und -klarheit herzustellen.[2] Diese Terminologie ist indes irreführend und in den meisten Fällen falsch.[3] Der Vergleich verwirklicht diesen Zweck nicht etwa, indem er die vorhandenen Meinungsverschiedenheiten und Zweifel klarstellt, sondern dadurch, dass er sie für unerheblich erklärt, den Streit also „bereinigt" und ohne Rücksicht auf die wirkliche Rechtslage festlegt, was nunmehr zwischen den Parteien verbindlich gelten soll. Die Parteien beschränken sich nicht auf deklaratorische Akte. Vielmehr geben sie Willenserklärungen ab, mit denen sie die Rechtslage so ändern wollen, wie sie nach dem Inhalt des Vertrags fortan zwischen ihnen sein soll. Der Vergleich wirkt daher nicht deklaratorisch, sondern konstitutiv. Eine Feststellung kann indes keine materiellen Veränderungen herbeiführen, so wenig wie das von der tatsächlichen Rechtslage abweichende Feststellungsurteil[4]. Daher ist in Anlehnung an die zum österreichischen ABGB entwickelte Terminologie der Vergleich als ein **Bereinigungsvertrag** aufzufassen.[5]

IV. Abgrenzung vom kausalen Schuldanerkenntnis

Gibt der Schuldner einseitig zur Beseitigung von Streit oder Ungewissheit über die Forderung eine Erklärung ab, so liegt ein kausales Schuldanerkenntnis vor, mit dem die Parteien Rechtssicherheit über Bestand oder Umfang der Verpflichtung schaffen wollen (vgl. dazu die Kommentierung zu § 781 BGB Rn. 2). Da durch den Vertrag Streit oder Ungewissheit beseitigt werden, zählt das kausale Schuldanerkenntnis – wie der Vergleich – zu den Bereinigungsverträgen (vgl. dazu Rn. 3).[6] Beide Vertragsarten dienen also der Beseitigung von Streit oder Ungewissheit. Beim Vergleich geschieht dies unter gegenseitigem Nachgeben, beim kausalen Schuldanerkenntnis unter einseitigem Nachgeben durch den anerkennenden Schuldner (vgl. dazu die Kommentierung zu § 781 BGB Rn. 2). Auch beim Vergleich ist die Zuwendung der Parteien kausal, sodass ein kausaler Verpflichtungsvertrag vorliegt. Dies hat jedoch nicht zur Folge, dass die vergleichsweise Verpflichtung des Schuldners als kausales Schuldanerkenntnis aufzufassen ist. Das hat zwei Gründe: Zum einen ist aus systematischem Grund das kausale Schuldanerkenntnis als ein eigenständiger Typus in der Gruppe der Bereinigungsverträge ausgestaltet. Es ist daher gerade nicht Bestandteil des Vergleichs. Vielmehr gehören beide Formen lediglich derselben Vertragsart („Bereinigungsvertrag") an. Das kausale Schuldanerkenntnis ist lediglich ein „vergleichsähnliches Rechtsgeschäft". Zum anderen folgt aus der kausalen Natur des Vergleichs, dass der Vergleich ein kausaler Verpflichtungsvertrag mit eigenem Typus ist. Die Schuldbegründung erfolgt also durch ein eigenständiges und einheitliches kausales Geschäft und nicht durch die Abgabe eines Anerkenntnisses. Es handelt sich folglich um zwei verschiedene Untergruppen des Bereinigungsvertrages, die sich danach unterscheiden, ob einseitig oder beidseitig nachgegeben wird.

B. Anwendungsvoraussetzungen

I. Vertrag

1. Vertragsschluss

Der Vergleich ist ein Vertrag. Das hat u.a. zur Folge, dass nicht nur die im Vergleichsvertrag vereinbarten Rechtswirkungen eintreten, sondern auch vertragliche Nebenpflichten entstehen. So sind die Vertragsparteien beispielsweise während der Vergleichsdurchführung zur Kooperation verpflichtet. Sie sind gehalten, sich bei der Vergleichsabwicklung durch Mitwirkung und Informationsaustausch gegenseitig zu unterstützen.[7] Wie jeder Vertrag kommt der **Vergleichsvertrag** durch Angebot und Annahme (vgl. dazu die Kommentierung zu § 145 BGB bis Kommentierung zu § 157 BGB) zustande. Da der Vergleich kein höchstpersönliches Rechtsgeschäft ist, können sich die streitenden Parteien beim Vertragsschluss grundsätzlich vertreten lassen. Es gelten die §§ 164-181 BGB mit den gewöhnlichen Einschränkungen und Erweiterungen (vgl. dazu die Kommentierung zu § 164 BGB bis Kommentierung zu § 181 BGB). Der von den Parteien verfolgte Bereinigungszweck ändert nichts an den allgemei-

---

[2] *Marburger* in: Staudinger, § 779 Rn. 37; *Habersack* in: MünchKomm-BGB, § 779 Rn. 31.
[3] Vgl. dazu und zum Folgenden ausführlich *Bork*, Der Vergleich, 1988, S. 156 ff.; *Häsemeyer*, ZZP 1995, 289-317, 289 ff.
[4] Unstreitiger gemeinsamer Ausgangspunkt der heute herrschenden „prozessualen" gegen die „materiellen" Rechtskrafttheorien; vgl. den Überblick bei *Vollkommer* in: Zöller, ZPO, Vor § 322 Rn. 14 ff.
[5] Vgl. dazu ausführlich *Bork*, Der Vergleich, 1988, S. 157 f.
[6] Nach herrschender Auffassung handelt es sich - wie beim Vergleich - um ein Feststellungsgeschäft; *Marburger* in: Staudinger, § 781 Rn. 8; *Habersack* in: MünchKomm-BGB, § 779 Rn. 31.
[7] LG Stendal v. 20.03.2007 - 22 S 161/06 - juris Rn. 23.

nen Regeln, die für einen Vertrag der jeweiligen Art gelten. So bleibt etwa ein Erbvertrag auch dann ein höchstpersönliches Rechtsgeschäft, wenn er im Rahmen eines Vergleichs geschlossen wird, sodass eine Vertretung auch bei einem vergleichsweise geschlossenen Erbvertrag ausgeschlossen ist (vgl. § 2274 BGB). Einige Normen regeln die Vertretungsmacht für den Abschluss von Vergleichsverträgen besonders[8]: Vormund und Pfleger bedürfen für Vergleiche, die sie gem. den §§ 1793, 1915 Abs. 1 BGB für ihren Mündel schließen, der Genehmigung des Vormundschaftsgerichts, sofern es sich nicht um Bagatellvergleiche handelt, vgl. §§ 1822 Nr. 12, 1908i Abs. 1, 1915 Abs. 1 BGB.[9] Der Insolvenzverwalter muss die Zustimmung der Gläubigerversammlung einholen, vgl. § 160 Abs. 2 Nr. 3 InsO. Der Rechtsinhaber kann sich über eigene Rechtsverhältnisse nicht mit verfügender Wirkung vergleichen, wenn ihm die Verfügungsbefugnis entzogen oder nur beschränkt zugeteilt ist. In der Insolvenz (§ 80 InsO), bei der Nachlassverwaltung (§ 1984 BGB) und bei der Testamentsvollstreckung (§ 2211 BGB) fehlt dem Insolvenzschuldner bzw. dem Erben die Verfügungsbefugnis völlig. Erbe und Insolvenzschuldner verfügen also im Vergleich als Nichtberechtigte wie über fremde Rechte, sodass die allgemeinen Regeln über die Verfügung Nichtberechtigter Anwendung finden.

2. Wirksamkeit des Vertrages

a. Form des Vergleichs

6   Der Vergleich bedarf grundsätzlich keiner besonderen **Form**.[10] Der Vertrag kann also auch durch konkludentes Verhalten zustande kommen. Er ist jedoch dann formbedürftig, wenn zum Zwecke der Bereinigung Verpflichtungen oder Verfügungen vereinbart werden, die ihrerseits formgebunden sind.[11] Von besonderer praktischer Bedeutung für den Vergleich ist die Formfrage bei einem Vergleich zwischen Erbprätendenten.[12] Wenn sich die (potentiellen) Erben über die bisher streitige gesetzliche oder gewillkürte Erbfolge vergleichsweise einigen, dann können sie sich damit keine Erbenstellung verschaffen, die sie nicht vorher schon nach der ursprünglichen Rechtslage hatten, denn die Erbenstellung als solche ist nicht verfügbar.[13] Die Auslegung kann indes ergeben, dass in der Sache eine Erbschaftsveräußerung vorliegt, die nach den §§ 2371, 2385, 2033 BGB der notariellen Beurkundung bedarf. In diesem Fall ist der Vergleich nur wirksam, wenn die vorgeschriebene Form beachtet ist (vgl. § 125 BGB).[14]

b. Verzichts- und Vergleichsverbote

7   Fraglich ist, ob eine Vorschrift, die den Verzicht auf eine bestimmte Forderung verbietet, auch Vergleiche verhindert, wenn eine solche Forderung streitig oder ungewiss ist.[15] Eine gesetzliche Gleichstellung von Verzicht und Vergleich findet sich vornehmlich im Gesellschaftsrecht, vgl. die §§ 50 Satz 1, 302 Abs. 3, 309 Abs. 3 AktG. Ob diese Vorschriften den Schluss rechtfertigen, dass jedes **Verzichtsverbot** zugleich auch ein Vergleichsverbot beinhaltet, ist zweifelhaft. Um Sinn und Zweck des Vergleichs gerecht zu werden, ist die Anwendung eines Verzichtsverbotes auf einen Vergleich jedenfalls dann gerechtfertigt, wenn der Vergleich im Ergebnis den Erfolg herbeiführt, den das Verzichtsverbot ausdrücklich verhindern will. Das Verzichtsverbot berührt die Wirksamkeit des Vergleichs demnach nur dann, wenn die unverzichtbare Forderung durch den Vergleich tatsächlich verkürzt wird, sei es durch einen vergleichsweisen Erlass, sei es durch einen Änderungsvertrag (zu weiteren Unwirksamkeitsgründen vgl. Rn. 16).

---

[8] Vgl. zum Folgenden *Habersack* in: MünchKomm-BGB, § 779 Rn. 19 ff.; *Bork*, Der Vergleich, 1988, S. 275 ff.; zu Vergleichs- und Verzichtsverboten vgl. Rn. 7.

[9] Vgl. dazu BayObLG München v. 06.06.2003 - 3Z BR 67/03 - NJW-RR 2003, 1587-1590.

[10] Vgl. dazu OLG Brandenburg v. 30.09.2009 - 3 U 137/08 - juris Rn. 27 - WM 2010, 115-118.

[11] Z.B.: Grundstücksgeschäft (§ 311b Abs. 3 BGB); Eingehung einer Bürgschaft (§ 766 BGB).

[12] Vgl. zum Folgenden *Bork*, Der Vergleich, 1988, S. 397 f.; *Marburger* in: Staudinger, § 779 Rn. 9.

[13] Ein Erbrecht kann nur kraft Gesetzes oder durch Verfügung von Todes wegen begründet werden, vgl. *Marburger* in: Staudinger, § 779 Rn. 9.

[14] Der ordnungsgemäß protokollierte (§§ 159-165 ZPO) Prozessvergleich (vgl. dazu Rn. 26) ersetzt allerdings nach den §§ 127a, 126 Abs. 3, 127, 129 Abs. 2, 925 Abs. 1 Satz 3 BGB; § 160 Abs. 3 Nr. 1 ZPO jede Form.

[15] Vgl. zum Folgenden *Bork*, Der Vergleich, 1988, S. 407 ff.

c. Auslegung

Der konkrete Vergleichsinhalt ist beim Vergleich, wie bei anderen Verträgen auch, durch **Auslegung** zu ermitteln. Es gelten die allgemeinen Regeln der §§ 133, 157 BGB (vgl. die Kommentierung zu § 133 BGB und die Kommentierung zu § 157 BGB).[16] Ausgehend vom Wortlaut des Vertrages ist dessen gesamter Text mitsamt allen Begleitumständen heranzuziehen. Der Schwerpunkt der Auslegung wird meist darin liegen, den gewollten Umfang der Bereinigung zu ermitteln. Maßgeblich ist dabei primär der Bereinigungszweck: Da die Parteien Streit oder Ungewissheit beseitigen wollen, ist zunächst einmal davon auszugehen, dass der Vertrag außer den ausdrücklich erwähnten nur solche Punkte betrifft, über die Streit oder Ungewissheit geherrscht hat.[17]

II. Beseitigung von Streit oder Ungewissheit über ein Rechtsverhältnis

1. Rechtsverhältnis

Der Begriff des **Rechtsverhältnisses** wird in Rechtsprechung und Literatur nicht definiert, vielmehr wird er allgemein vorausgesetzt. Überzeugend ist die auch aus dem Prozessrecht bekannte Definition (vgl. § 265 Abs. 1 ZPO), nach der unter den Begriff des Rechtsverhältnisses „jede rechtliche Beziehung einer Person zu einer Person oder Sache" verstanden wird. Dadurch wird klargestellt, dass der Vergleich nicht auf Schuldverhältnisse oder Forderungen beschränkt ist. Soweit nicht zwingendes Recht entgegensteht (vgl. dazu Rn. 5), können Vergleiche demnach über Schuldverhältnisse, auch solche aus künftigen, bedingten oder betagten Ansprüchen, über sachen-, familien- oder erbrechtliche, öffentlich-rechtliche (§ 55 VwVfG) oder arbeitsrechtliche Beziehungen,[18] über Gestaltungsrechte oder Anwartschaften geschlossen werden[19]. Darüber hinaus können dingliche Rechte, etwa das Eigentumsrecht und Status-Beziehungen zwischen Personen, Gegenstand eines Vergleichs sein. Der Vergleich muss aber stets rechtliche Beziehungen betreffen, also auf eine Regelung von Rechtsfolgen gerichtet sein.[20] Fraglich ist, ob auch gesellschaftliche oder moralische Forderungen Vergleichsgegenstand sein können. Hier ist zu unterscheiden[21]: Macht eine Partei Rechtsansprüche geltend, die der andere Teil rechtlich für unbegründet und allenfalls für moralisch gerechtfertigt hält, so betrifft der Streit wenigstens nach der Behauptung einer Partei einen Rechtsanspruch. Der Abschluss eines Vergleichs wäre in diesem Fall also möglich. Gehen aber beide Parteien davon aus, dass kein Rechtsanspruch, sondern nur eine moralische Verpflichtung in Betracht kommt (z.B. bei Unterstützung durch einen nicht unterhaltspflichtigen Verwandten), so ist die Verständigung darüber auch dann kein Vergleich, wenn damit eine vertragliche Verpflichtung begründet wird. Das Rechtsverhältnis, über dessen Existenz gestritten wird, muss nicht tatsächlich bestehen. Es genügt, dass ein Rechtsverhältnis in der Vorstellung der Parteien besteht oder von einer Partei behauptet wird und somit ein Rechtskonflikt als solcher beigelegt werden soll.[22] Kein Rechtsverhältnis i.S.v. § 779 BGB stellt das Prozessrechtsverhältnis dar.[23] Fraglich ist, ob das Rechtsverhältnis zwischen den Vertragspartnern bestehen muss oder ob dem Vergleich auch ein Drittrechtsverhältnis zu Grunde liegen kann. Aus dem Wortlaut des § 779 BGB ergibt sich, dass der Vergleichsvertrag zwischen den Personen geschlossen werden muss, zwischen denen Streit oder Ungewissheit besteht, und dass auch gerade diese Personen wechselseitige Zugeständnisse machen müssen. Dass indessen auch das streitige Rechtsverhältnis zwischen diesen Personen bestehen muss, ergibt sich weder aus dem Gesetz noch aus der Dogmatik.[24]

---

[16] BGH v. 19.02.2003 - XII ZR 19/01 - juris Rn. 8 - NJW 2003, 1734-1736 (auch zur interessengerechten Auslegung); LAG Hamm v. 28.09.2007 - 4 Sa 906/07 - juris Rn. 38.
[17] *Bork*, Der Vergleich, 1988, S. 300; *Marburger* in: Staudinger, § 779 Rn. 56.
[18] Vgl. dazu *Hergenröder*, AR-Blattei SD 1660, Rn. 65 ff.
[19] Vgl. *Marburger* in: Staudinger, § 779 Rn. 2; *Müller* in: Erman, § 779 Rn. 3; *Stadler* in: Jauernig, § 779 Rn. 4.
[20] *Marburger* in: Staudinger, § 779 Rn. 2; *Steffen* in: BGB-RGRK, § 779 Rn. 8.
[21] *Habersack* in: MünchKomm-BGB, § 779 Rn. 3; ausführlich dazu *Bork*, Der Vergleich, 1988, S. 210 ff.
[22] Vgl. BGH v. 06.11.1991 - XII ZR 168/90 - juris Rn. 12 - NJW-RR 1992, 363-364; BGH v. 14.10.1971 - III ZR 9/69 - NJW 1972, 157-157; RG v. 28.03.1941 - VII 222/39 - JW 1941, 1997; *Habersack* in: MünchKomm-BGB, § 779 Rn. 4; *Marburger* in: Staudinger, § 779 Rn. 4; *Steffen* in: BGB-RGRK, § 779 Rn. 7.
[23] Ausführlich zum Ganzen *Bork*, Der Vergleich, 1988, S. 213 ff.; a.A. *Marburger* in: Staudinger, § 779 Rn. 2.
[24] Ausführlich dazu *Bork*, Der Vergleich, 1988, S. 228 ff.; einschränkend *Marburger* in: Staudinger, § 779 Rn. 3.

2. Streit oder Ungewissheit

10 Über ein Rechtsverhältnis herrscht **Streit**, wenn die Parteien objektiv unterschiedliche, sich wenigstens teilweise widersprechende Behauptungen in Bezug auf das Rechtsverhältnis aufstellen.[25] Im Hinblick auf den Bereinigungszweck erlangt auch die subjektive Sicht der Parteien Bedeutung. Den Zweck, Streit zu beseitigen, können sie ernsthaft nur verfolgen, wenn sie davon ausgehen, dass Streit zwischen ihnen besteht. Gehen sie davon nicht aus oder täuschen sie einen Streit nur vor, so ist der erforderliche Bereinigungszweck (vgl. Rn. 3) nicht gegeben. Der Vertrag ist dann nur ein „Scheinvergleich" und ggf. über § 117 Abs. 2 BGB einem anderen Typus zuzuordnen.[26] Nicht erforderlich ist jedoch, dass jede Partei fest von der Richtigkeit ihrer Behauptung überzeugt ist.[27] Es genügt, wenn sich die Parteien ernstlich streiten.[28] Unerheblich ist auch, ob der Streit gerechtfertigt ist oder ob ein Richter den Streit sofort entscheiden könnte; es soll Rechtsfrieden zwischen den Parteien erreicht werden, sodass es maßgeblich auf die Beurteilung der Sach- und Rechtslage durch die Parteien ankommt.[29] **Ungewissheit** besteht über ein Rechtsverhältnis, wenn darüber in tatsächlicher oder rechtlicher Hinsicht keine vollständige Klarheit herrscht.[30] Die Parteien müssen also Zweifel haben über das, was zwischen ihnen rechtens ist.[31] Aus dem Wortlaut des § 779 BGB folgt bereits, dass es dabei allein darauf ankommt, ob bei den Parteien aus ihrer Sicht Ungewissheit gegeben ist.[32] Ist die Ungewissheit nur in der Person einer Partei gegeben, so ist ein Vergleich dennoch möglich. Doch folgt aus dem für einen Vergleich erforderlichen Zweck der gemeinsamen Bereinigung (vgl. Rn. 3), dass die Zweifel der einen Partei der anderen bekannt sein müssen.[33]

3. Unsicherheit i.S.d. Absatzes 2

11 Der Ungewissheit über ein Rechtsverhältnis steht es nach § 779 BGB gleich, wenn die Verwirklichung eines Anspruchs unsicher ist. Die Vorschrift des § 779 Abs. 2 BGB enthält eine Klarstellung gegenüber § 779 Abs. 1 BGB.[34] „Ungewissheit" und „**Unsicherheit**" sind als Synonyme zu behandeln mit der Folge, dass alles, was bei § 779 Abs. 1 BGB gilt, auch für § 779 Abs. 2 BGB zutrifft. Daraus folgt, dass es für die Lösung praktischer Fälle im Allgemeinen unerheblich ist, ob § 779 Abs. 1 BGB oder § 779 Abs. 2 BGB erfüllt ist. Allerdings greift stets § 779 Abs. 1 BGB ein, solange Streit oder Ungewissheit die Existenz eines Anspruchs[35] oder einzelner Elemente eines Rechtsverhältnisses betreffen. § 779 Abs. 2 BGB meint mit dem Begriff „Verwirklichung" weder die Ungewissheit darüber, ob eine Forderung entstehen wird, noch darüber, ob ihr Einreden entgegenstehen, sondern lediglich die Realisierbarkeit des – selbst unstreitigen und gewissen – Anspruchs[36]. Die Verwirklichung ist unsicher, wenn Zweifel an der friedlichen oder zwangsweisen Verwirklichung bestehen.[37] Die Unsicherheit kann sich beispielsweise auf die wirtschaftliche Leistungsfähigkeit des Schuldners, auf den (ungewissen) Erfolg einer Zwangsvollstreckung oder auf Schwierigkeiten bei der Erbringung von im Prozess erforderlichen Beweisen beziehen.[38]

---

[25] RG v. 15.01.1935 - VII 175/34 - JW 1935, 1009; RG v. 28.03.1941 - VII 222/39 - JW 1941, 1997; *Bork*, Der Vergleich, 1988, S. 232; *Marburger* in: Staudinger, § 779 Rn. 22.

[26] *Bork*, Der Vergleich, 1988, 233.

[27] RG v. 28.03.1941 - VII 222/39 - JW 1941, 1997; *Bork*, Der Vergleich, 1988, 233; *Marburger* in: Staudinger, § 779 Rn. 22.

[28] *Müller* in: Erman, § 779 Rn. 17.

[29] *Bork*, Der Vergleich, 1988, S. 233.

[30] Vgl. RG v. 28.03.1941 - VII 222/39 - JW 1941, 1997; *Lorentz* in: Soergel, § 779 Rn. 23; *Marburger* in: Staudinger, § 779 Rn. 23; *Bork*, Der Vergleich, 1988, S. 234.

[31] BGH v. 06.11.1991 - XII ZR 168/90 - juris Rn. 12 - NJW-RR 1992, 363-364; BGH v. 24.03.1976 - IV ZR 222/74 - BGHZ 66, 250-261; *Bork*, Der Vergleich, 1988, S. 234 f.

[32] *Marburger* in: Staudinger, § 779 Rn. 23; *Habersack* in: MünchKomm-BGB, § 779 Rn. 24; *Bork*, Der Vergleich, 1988, S. 234.

[33] BVerwG v. 24.02.1978 - IV C 12.76 - NJW 1979, 327-330; *Bork*, Der Vergleich, 1988, S. 235; *Sprau* in: Palandt, § 779 Rn. 4; *Habersack* in: MünchKomm-BGB, § 779 Rn. 24; a.A. *Marburger* in: Staudinger, § 779 Rn. 23.

[34] *Marburger* in: Staudinger, § 779 Rn. 26; *Bork*, Der Vergleich, 1988, S. 236.

[35] Der Begriff des Anspruchs ist i.S.v. § 194 BGB gemeint, so dass Ansprüche aller Art erfasst sind, vgl. *Bork*, Der Vergleich, 1988, S. 136; *Marburger* in: Staudinger, § 779 Rn. 26.

[36] *Bork*, Der Vergleich, 1988, S. 236.

[37] *Bork*, Der Vergleich, 1988, S. 236; *Marburger* in: Staudinger, § 779 Rn. 26.

[38] Vgl. *Müller* in: Erman, § 779 Rn. 16; *Marburger* in: Staudinger, § 779 Rn. 26; *Bork*, Der Vergleich, 1988, S. 236.

4. Beseitigung

Streit und Ungewissheit müssen durch den Vergleichsvertrag beseitigt werden. Einerseits ist die **Beseitigung** Tatbestandsmerkmal des Vergleichs: Der Vertrag muss seinem objektiven Inhalt nach auf diesen Zweck gerichtet sein (vgl. dazu Rn. 3). Dabei genügt, dass Streit und Ungewissheit nur in bestimmten Punkten behoben werden, in anderen dagegen unberührt bleiben sollen.[39] Andererseits ist die Beseitigung die wichtigste Wirkung des Vergleichsvertrages. Der Vergleich verändert das ursprüngliche Rechtsverhältnis, soweit er streitige oder ungewisse Punkte regelt. Das kann durch Verpflichtungen oder Verfügungen geschehen. Im Übrigen wirkt der Vergleich regelmäßig nicht umschaffend, sondern lässt das ursprüngliche Rechtsverhältnis nach Inhalt und Rechtsnatur bestehen.[40] Sicherheiten sowie Einreden und Einwendungen bleiben daher, soweit sie nicht gerade durch den Vergleich erledigt werden sollten[41], unberührt[42]. Hinsichtlich der Verjährung ist fraglich, ob sich die Parteien noch auf die Verjährungseinrede berufen können.[43] Das wird jedenfalls dann zu verneinen sein, wenn die Parteien diese Einrede in den Vergleich miteinbezogen haben, mithin insbesondere dann, wenn Streit oder Ungewissheit über die Frage der Verjährung herrschte und die Frage durch den Vergleich geklärt werden sollte. Eine bei Vergleichsabschluss noch laufende Verjährungsfrist wirft die Frage auf, ob sich die Verjährung der vergleichsweise vereinbarten Forderung nach der allgemeinen Norm des § 195 BGB oder nach einer für das ursprüngliche Schuldverhältnis geltenden – etwa kürzeren – Frist richtet. Auch diese Frage muss nach den vorstehenden Grundsätzen beantwortet werden: Maßgeblich ist, ob die für das ursprüngliche Rechtsverhältnis geltende Verjährungsfrist in den Vergleich miteinbezogen wurde und damit beseitigt werden sollte. Anderenfalls ist § 203 BGB zu beachten, mit der Folge, dass die Verjährung so lange gehemmt ist, wie die Vergleichsverhandlungen andauern. Fraglich ist, ob und inwieweit Dritte an die Bereinigung durch die Parteien gebunden sind, ob insbesondere den Dritten ebenso wie den Parteien selbst (vgl. dazu Rn. 3) der Rückgriff auf die vor Abschluss des Vergleichsvertrages bestehende Rechtslage versagt ist. Nach allgemeiner Auffassung wirkt der Vergleich – wie grundsätzlich jeder Vertrag – nur zwischen den am Vergleichsvertrag beteiligten Personen, entfaltet also keine Drittwirkung.[44] Kraft Gesetzes sind Ausnahmen möglich, wenn der Dritte unmittelbar, z.B. als Gesamtschuldner, oder mittelbar, z.B. als Sicherungsgeber, am streitigen oder ungewissen Rechtsverhältnis beteiligt ist. Rechtsgeschäftlich können die Vergleichsparteien Einfluss auf die Rechte und Pflichten nicht als Partei beteiligter Dritter nur über die allgemeinen Rechtsinstitute nehmen, etwa durch drittbegünstigende Abreden über § 328 BGB oder durch drittbelastende Rechtsgeschäfte über § 407 BGB oder über § 932 BGB. Wer nicht Partei des Vergleichsvertrages ist, ist also von der Bereinigungswirkung dieses Vertrages nur insoweit betroffen, als es den Parteien rechtlich möglich ist, die materielle Rechtslage gegen jedermann zu gestalten.

III. Im Wege gegenseitigen Nachgebens

Streit oder Ungewissheit (§ 779 Abs. 1 BGB) und die Unsicherheit der Verwirklichung eines Anspruchs (§ 779 Abs. 2 BGB) müssen durch **gegenseitiges Nachgeben** beseitigt werden. Auch für den Fall, dass sich die Parteien über die Anspruchsverwirklichung im Unklaren befinden (§ 779 Abs. 2 BGB), verzichten die Parteien durch den Abschluss des Vergleichsvertrages auf die Feststellung der „Chancen" für die Realisierung des Anspruchs. Die Parteien verzichten darauf, ihre Standpunkte zu verifizieren und ermöglichen durch gegnerfreundliches Verhalten einen Vertrag, durch den die Unsicherheit beseitigt wird. Folglich besteht kein Anlass, auf dieses Tatbestandsmerkmal im Rahmen des § 779 Abs. 2 BGB zu verzichten.[45] Nachgeben bedeutet das völlige oder

---

[39] BGH v. 14.10.1971 - III ZR 9/69 - juris Rn. 17 - NJW 1972, 157-157.

[40] BGH v. 23.06.2010 - XII ZR 52/08 - juris Rn. 15 - NJW 2010, 2652-2654; BGH v. 07.03.2002 - III ZR 73/01 - juris Rn. 16 - NJW 2002, 1503-1504 = JZ 2002, 722-724 mit Anm. *Jacoby*; BGH v. 27.03.1969 - VII ZR 165/66 - juris Rn. 27 - BGHZ 52, 39-47; BGH v. 25.06.1987 - VII ZR 214/86 - juris Rn. 13 - NJW-RR 1987, 1426-1427.

[41] Vgl. dazu BGH v. 09.01.2003 - IX ZR 353/99 - juris Rn. 21 - NJW 2003, 1036-1038; *Stadler* in: Jauernig, § 779 Rn. 11.

[42] LArbG Berlin v. 27.07.1998 - 9 Sa 58/98 - MDR 1999, 168-169; *Müller in:* Erman, § 779 Rn. 24; *Marburger* in: Staudinger, § 779 Rn. 38.

[43] Vgl. zum Folgenden *Bork*, Der Vergleich, 1988, S. 317 ff.; BGH v. 23.06.2010 - XII ZR 52/08 - juris Rn. 15 - NJW 2010, 2652-2654; BGH v. 29.01.2002 - VI ZR 230/01 - NJW 2002, 1878-1881.

[44] Vgl. dazu OLG Rostock v. 23.07.2003 - 6 U 12/03 - juris Rn. 25 - OLG-NL 2004, 1-2; *Bork*, Der Vergleich, 1988, S. 319 ff.; *Marburger* in: Staudinger, § 779 Rn. 62.

[45] *Bork*, Der Vergleich, 1988, S. 252.

teilweise Aufgeben eines zuvor eingenommenen Standpunktes zu Gunsten des Gegners.[46] Unerheblich ist, ob die Parteien weiterhin kundtun, dass ihre Aussage über die streitige Gestalt des Rechtsverhältnisses richtig war. Maßgeblich für das Nachgeben ist allein, dass die Parteien auf der Durchsetzung ihrer ursprünglichen Standpunkte nicht mehr bestehen, dass sie auf die Ermittlung der Wahrheit verzichten und ihren Standpunkt in diesem Sinne nicht mehr verfolgen. Auch der Verzicht auf nur vermeintlich bestehende Ansprüche beinhaltet demnach ein Nachgeben.[47] Erfasst sind auch die Fälle, in denen eine Partei mit ihrem ursprünglichen Begehren obsiegt, sich dafür aber in anderer Weise erkenntlich zeigt, z.B. die Rücknahme eines Strafantrags verspricht.[48] Ein Nachgeben ist indes nur in Bezug auf hervorgekehrte, also tatsächlich geäußerte Standpunkte möglich. Anderenfalls wäre die notwendige Verfolgung des Bereinigungszwecks (vgl. dazu Rn. 3) kaum denkbar. Einer synallagmatischen Verbindung der jeweiligen Konzessionen bedarf es nicht.[49] Jeder Nachgebende muss nur dem Gegner entgegenkommen. Wer seine Forderungen erweitert, verzichtet zwar vordergründig auf die Durchsetzung seines ursprünglichen Standpunktes, kommt aber dem Gegner nicht entgegen und gibt selbstverständlich nicht nach. Nachgeben i.S.v. § 779 BGB ist folglich als ein Verzicht auf die Durchsetzung ursprünglicher Prätentionen und gegnerfreundliches Parteiverhalten aufzufassen. Um einen Vergleich handelt es sich dagegen nicht bei nur einseitigem Nachgeben, wenn also etwa nur der Schuldner anerkennt oder nur der Gläubiger die Schuld ganz oder teilweise erlässt, Stundung gewährt oder die Klage zurücknimmt, ohne dass die jeweils andere Seite nachgibt. Dient das einseitige Nachgeben allerdings zur Beseitigung von Streit oder Ungewissheit, so kann darin ein einseitiges Feststellungsgeschäft (kausales Anerkenntnis) liegen, auf das § 779 BGB analoge Anwendung findet (vgl. dazu die Kommentierung zu § 781 BGB Rn. 2).

IV. Grundlagenirrtum

14 § 779 Abs. 1 HS. 2 BGB enthält die einzige Spezialvorschrift über **Mängel eines Vergleichsvertrages**. Nach herrschender Auffassung normiert die Vorschrift einen Fall des gemeinsamen Motivirrtums.[50] Die Parteien irren sich über Umstände, deren Kenntnis den Streit ausgeschlossen und damit den Vergleich erübrigt hätte. Das Vorstellungsbild der Parteien, auf dessen Basis der Streit entstanden ist, stimmt mit der Wirklichkeit nicht überein. Dieses irrige Vorstellungsbild ist Motiv für den Streit und für die streitbeseitigende Regelung im Vergleich, sodass der Vergleichsvertrag auf einem Motivirrtum beruht. Es handelt sich damit um einen gesetzlich geregelten Sonderfall[51] des Fehlens der (subjektiven) Geschäftsgrundlage.[52] Haben jedoch die Parteien die Rechtsfolgen eines solchen Mangels im Vergleich ausdrücklich geregelt, so greift die Unwirksamkeit i.S.v. § 779 Abs. 1 HS. 2 BGB nicht ein.[53]

15 Voraussetzung für die Unwirksamkeit des Vergleichs ist nach § 779 Abs. 1 BGB, dass der nach dem Inhalt des Vertrags als feststehend zu Grunde gelegte Sachverhalt der Wirklichkeit nicht entspricht und der Streit oder die Ungewissheit bei Kenntnis der Sachlage nicht entstanden sein würde. Der Begriff

---

[46] BGH v. 31.01.1963 - III ZR 117/62 - juris Rn. 16 - BGHZ 39, 60-73; BAG v. 03.08.2005 - 3 AZB 9/04 - juris Rn. 11 - AGS 2006, 170-171; *Bertzbach*, jurisPR-ArbR 14/2006, Anm. 6; *Bork*, Der Vergleich, 1988, S. 248 ff.; *Marburger* in: Staudinger, § 779 Rn. 27.

[47] RG v. 21.01.1938 - III 150/36 - RGZ 158, 210-216; BGH v. 01.12.1955 - II ZR 74/54 - NJW 1956, 217-217.

[48] Vgl. BGH v. 06.11.1991 - XII ZR 168/90 - juris Rn. 12 - NJW-RR 1992, 363-364; BGH v. 22.06.1983 - VIII ZR 91/82 - BGHZ 88, 28-34; *Bork*, Der Vergleich, 1988, S. 249; *Habersack* in: MünchKomm-BGB, § 779 Rn. 26; a.A. BAG v. 22.07.2010 - 8 AZR 144/09 - juris Rn. 19 - NJW 2011, 630-634.

[49] *Bork*, Der Vergleich, 1988, 270; *Marburger* in: Staudinger, § 779 Rn. 27; a.A. RG v. 21.01.1938 - III 150/36 - RGZ 158, 210-216; OLG München v. 21.04.1969 - 11 W 1700/68 - JVBl 1969, 212.

[50] *Bork*, Der Vergleich, 1988, S. 353.

[51] § 313 BGB bleibt anwendbar, wenn die Voraussetzungen des § 779 BGB nicht oder nicht voll erfüllt sind, insbesondere bei einem gemeinsamen Irrtum über Umstände, die von den Parteien nicht als Vergleichsgrundlage angenommen worden sind, vgl. *Sprau* in: Palandt, § 779 Rn. 13.

[52] Vgl. BGH v. 08.12.1999 - I ZR 230/97 - juris Rn. 22 - NJW 2000, 2497-2499; BGH v. 18.11.1993 - IX ZR 34/93 - juris Rn. 16 - NJW-RR 1994, 434-435; *Bork*, Der Vergleich, 1988, S. 359; *Marburger* in: Staudinger, § 779 Rn. 69.

[53] BGH v. 21.12.2006 - VII ZR 275/05 - juris Rn. 12 - NJW 2007, 838; BGH v. 08.12.1999 - I ZR 230/97 - NJW 2000, 2497-2499; BAG v. 28.06.2000 - 7 AZR 904/98 - NJW 2001, 1297-1301; *Müller* in: Erman, § 779 Rn. 32; *Sprau* in: Palandt, § 779 Rn. 13.

Sachverhalt umfasst alle Verhältnisse tatsächlicher und rechtlicher[54] Art.[55] Als feststehend zu Grunde gelegt ist ein Sachverhalt, wenn er sich außerhalb des Streits oder der Unsicherheit befand und beide Parteien ihn als feste Grundlage ihres Vergleichs angesehen haben.[56] Welche Umstände dazu gehören, richtet sich allein nach dem Vertragsinhalt. Interne Vorstellungen der Parteien,[57] die in der Vergleichsregelung keinen Niederschlag gefunden haben, sind ebenso unbeachtlich wie alle künftigen Umstände[58]. Dass sich die Verhältnisse anders entwickeln, als es die Parteien übereinstimmend angenommen haben, führt nicht zur Unwirksamkeit nach § 779 BGB denn zukünftige Ansprüche können nicht als feststehend zu Grunde gelegt werden.[59] Beachtlich ist allerdings der Umstand, dass die Beteiligten des Vergleichs einer bestimmten Rechtslage oder den Fortbestand einer bestimmten rechtlichen Einschätzung erkennbar zur Grundlage des Vergleichs erhoben haben.[60] § 779 Abs. 1 BGB nimmt Bezug auf den „nach dem Inhalt des Vertrags zu Grunde gelegten Sachverhalt". Die Vorschrift stellt also nicht auf Umstände ab, auf denen der Vertrag objektiv aufbaut und die ihm – unabhängig von den Vorstellungen der Parteien – zu Grunde liegen, sondern nur auf solche, die ihm von den Parteien nach seinem Inhalt subjektiv zu Grunde gelegt worden sind. Das bedeutet, dass sich die Parteien überhaupt Vorstellungen von dem der Wirklichkeit nicht entsprechenden Sachverhalt gemacht haben müssen.[61] Haben die Parteien den Umstand gar nicht in ihr Bewusstsein aufgenommen, greift der Grundlagenirrtum i.S.v. § 779 Abs. 1 BGB nicht ein.[62] Der Vergleich ist dann allenfalls nach den Regeln für das Fehlen der objektiven Geschäftsgrundlage gem. § 313 BGB (vgl. Rn. 20) zu behandeln. Ferner ist erforderlich, dass die Parteien demselben Motivirrtum unterliegen. Die Vorstellungen der Vergleichspartner müssen also objektiv übereinstimmen.[63] Der einseitige Motivirrtum fällt nicht unter § 779 Abs. 1 BGB,[64] sondern führt allenfalls zur Anfechtbarkeit nach den §§ 119, 123 BGB, sofern er nicht – wie im Regelfall – auch nach diesen Vorschriften unbeachtlich ist (vgl. dazu die Kommentierung zu § 119 BGB und die Kommentierung zu § 123 BGB). Schließlich muss der Sachverhalt dem Vergleich nach dem Inhalt des Vertrags zu Grunde gelegt sein.[65] Es reicht also nicht aus, dass die Parteien Fehlvorstellungen gehabt haben. Erforderlich ist – in Übereinstimmung mit den zum Institut der subjektiven Geschäftsgrundlage entwickelten Grundsätzen[66] –, dass sich die Parteien über einen Umstand geirrt haben, den sie zur Ver-

---

[54] Vgl. zur Unwirksamkeit eines Vergleichs auf der Grundlage unrichtiger Auslegung einer Vertragsklausel BGH v. 06.11.2003 - III ZR 376/02 - juris Rn. 22 - WM 2004, 1100-1102.

[55] *Marburger* in: Staudinger, § 779 Rn. 71; *Bork*, Der Vergleich, 1988, S. 368 f.; a.A. die ältere Rechtsprechung, BGH v. 07.06.1961 - VIII ZR 69/60 - NJW 1961, 1460-1460; offen lassend BGH v. 06.11.2003 - III ZR 376/02 - juris Rn. 23 - WM 2004, 1100-1102.

[56] BGH v. 04.03.1964 - Ib ZR 198/62 - BGH WM 1964, 543; vgl. auch BGH v. 13.03.2003 - IX ZR 181/99 - NJW-RR 2003, 850-857 mit Anmerkung *Borgmann*, FamRZ 2003, 844-846, 844 f; BGH v. 08.07.2003 - VI ZR 274/02 - juris Rn. 26 - BGHZ 155, 342-354; BGH v. 18.12.2007 - XI ZR 76/06 - juris Rn. 14 - ZIP 2008, 357-360; OLG Rostock v. 21.10.2002 - 3 U 122/01 - juris Rn. 45 - OLGR Rostock 2003, 125-127 mit Anmerkung *Tiedtke*, EWiR 2003, 213-214, 213 f.; OLG München v. 17.03.2006 - 10 U 4632/05 - juris Rn. 20 - NZV 2007, 423-424; *Marburger* in: Staudinger, § 779 Rn. 70; *Bork*, Der Vergleich, 1988, S. 362 f.; *Müller* in: Erman, § 779 Rn. 27.

[57] *Müller* in: Erman, § 779 Rn. 27; *Marburger* in: Staudinger, § 779 Rn. 70.

[58] OLG München v. 17.03.2006 - 10 U 4632/05 - juris Rn. 20 - NZV 2007, 423-424.

[59] BGH v. 19.02.1986 - IVb ZR 7/85 - juris Rn. 7 - NJW-RR 1986, 945-947; BAG v. 28.06.2000 - 7 AZR 904/98 - juris Rn. 33 - NJW 2001, 1297-1301; OLG Frankfurt v. 22.01.2003 - 23 U 254/01 - ZInsO 2003, 425-427; KG Berlin v. 16.09.2003 - 1 W 48/02 - OLG-NL 2003, 278-281; *Müller* in: Erman, § 779 Rn. 30; *Sprau* in: Palandt, § 779 Rn. 15; *Marburger* in: Staudinger, § 779 Rn. 70.

[60] OLG Schleswig v. 09.02.2006 - 5 U 162/05 - juris Rn. 24 - WM 2006, 1384; mit Anm. *Hertel*, WuB IV A § 779 BGB 1.06.

[61] BGH v. 24.09.1959 - VIII ZR 189/58 - NJW 1959, 2109-2111; *Bork*, Der Vergleich, 1988, S. 364; a.A. *Marburger* in: Staudinger, § 779 Rn. 70, der es für § 779 BGB ausreichen lässt, wenn die Parteien bei Kenntnis der Umstände den konkreten Vergleich nicht abgeschlossen hätten.

[62] *Bork*, Der Vergleich, 1988, S. 364 f.; *Habersack* in: MünchKomm-BGB, § 779 Rn. 64; a.A. *Marburger* in: Staudinger, § 779 Rn. 70, der in extensiver Auslegung des BGB § 779 zur festen Vergleichsbasis auch solche Umstände zählt, über die sich die Parteien zwar keine Vorstellungen gemacht haben, deren Kenntnis sie aber vom Abschluss des Vergleichs abgehalten hätte.

[63] *Müller* in: Erman, § 779 Rn. 27; *Stadler* in: Jauernig, § 779 Rn. 16.

[64] Vgl. VGH München v. 21.12.1999 - 20 N 96.2625, 20 B 96.2509 - DVBl 2000, 568-570.

[65] Vgl. zum Folgenden *Bork*, Der Vergleich, 1988, S. 365 f.

[66] Vgl. dazu *Larenz/Wolf*, BGB AT, 9. Aufl. 2004, § 38 Rn. 12.

tragsgrundlage erklärt haben. Ferner müssen sich die Parteien von der falschen Vorstellung beim Vertragsschluss haben leiten lassen, also für ihre Überlegungen als wesentlich angesehen haben müssen. Erforderlich ist schließlich, dass der Streit oder die Ungewissheit bei Kenntnis der Sachlage nicht entstanden sein würde. Notwendig ist also eine kausale Verknüpfung zwischen dem beiderseitigen Motivirrtum und dem Streit bzw. der Ungewissheit.[67] Nicht entscheidend ist, ob die Parteien bei Kenntnis der Sachlage den konkreten Vergleich nicht geschlossen hätten. Da nur der vorliegende Vergleich auf seine Wirksamkeit zu prüfen ist, ist allein maßgebend, dass gerade der konkrete Streit bzw. die konkrete Ungewissheit nicht entstanden wäre. Ohne Bedeutung für die Anwendbarkeit des § 779 Abs. 1 HS. 2 BGB ist es daher, ob in diesem Fall ein anderer Streit entstanden wäre.[68]

C. Rechtsfolgen

I. Unwirksamkeit des Vergleichs (Absatz 1)

16 Liegt der in § 779 Abs. 1 BGB normierte **Grundlagenirrtum** (vgl. Rn. 14) vor, so ist der Vergleich nichtig. Die geplante Verfügung über das streitige oder ungewisse Rechtsverhältnis ist mit ex tunc Wirkung unwirksam. Da das ursprüngliche Rechtsverhältnis fortbesteht, ist es den Parteien nicht verwehrt, auf die Streit- und Zweifelspunkte zurückzugreifen.

II. Verhältnis zu anderen Unwirksamkeitsgründen

17 § 779 BGB ist eine Spezialvorschrift, die jedoch nicht abschließend ist. Neben § 779 BGB bleiben die allgemeinen Vorschriften über fehlerhafte Verträge anwendbar.

1. Sittenwidrigkeit (§ 138 BGB)

18 Allgemein anerkannt ist, dass der Vergleichsvertrag gegen die guten Sitten verstoßen und nach § 138 BGB nichtig sein kann.[69] Insbesondere wird § 138 BGB nicht durch die Sonderregelung des § 779 BGB ausgeschlossen.[70] Einmal kann die Vergleichsregelung selbst gegen die guten Sitten nach § 138 Abs. 1 BGB oder § 138 Abs. 2 BGB verstoßen.[71] Dabei ist für die Beurteilung, ob die Vergleichsregelung wegen eines auffälligen Missverhältnisses von Leistung und Gegenleistung sittenwidrig ist, nicht der Umfang der beiderseits im Vergleich übernommenen Verpflichtungen, sondern das Maß des gegenseitigen Nachgebens gegeneinander abzuwägen.[72] Entscheidend ist, wie die Parteien die Rechtslage bei Abschluss des Vergleichs subjektiv eingeschätzt haben und in welchem Umfang sie zur Bereinigung des Streits bzw. der Ungewissheit davon abgewichen sind.[73] Des Weiteren ist der Vergleich auch wegen **Sittenwidrigkeit** nichtig, wenn das zu Grunde liegende Rechtsverhältnis, auf das sich der Vergleich bezieht, den Tatbestand des § 138 Abs. 1 BGB oder § 138 Abs. 2 BGB erfüllt und der Vergleich diesen Mangel nicht beseitigt hat.[74]

2. Anfechtung (§§ 119-124, 142-144 BGB)

19 Die **Anfechtung** des Vergleichs mit der Nichtigkeitsfolge des § 142 Abs. 1 BGB hat in der Praxis besondere Bedeutung, denn nicht selten versuchen die Parteien, sich von missliebigen Vergleichen unter Hinweis auf das Vorliegen eines Irrtums oder einer arglistigen Täuschung zu lösen. Fraglich ist zunächst, ob die §§ 119, 123 BGB auf einen Vergleich i.S.d. § 779 BGB anwendbar sind wie auf jeden

---

[67] *Bettermann*, DVBl 1974, 354-355, 354; vgl. auch BGH v. 28.06.1951 - IV ZR 93/50 - BGHZ 2, 379-387.

[68] BGH v. 05.02.1986 - VIII ZR 72/85 - juris Rn. 14 - NJW 1986, 1348-1349; RG v. 01.11.1935 - VII 47/35 - RGZ 149, 140-143; *Marburger* in: Staudinger, § 779 Rn. 73; *Bork*, Der Vergleich, 1988, S. 367 f.

[69] BGH v. 10.03.1955 - II ZR 201/53 - BGHZ 16, 388-393; BGH v. 12.07.1965 - II ZR 118/63 - BGHZ 44, 158-162; BGH v. 22.01.1991 - VI ZR 107/90 - juris Rn. 11 - NJW 1991, 1046-1048; *Marburger* in: Staudinger, § 779 Rn. 75.

[70] BGH v. 05.03.1951 - IV ZR 107/50 - NJW 1951, 397.

[71] Vgl. BGH v. 22.01.1991 - VI ZR 107/90 - juris Rn. 10 - NJW 1991, 1046-1048; vgl. ferner OLG Düsseldorf v. 18.05.2006 - I-6 U 27/05 - juris Rn. 19 ff.

[72] BGH v. 02.07.1999 - V ZR 135/98 - juris Rn. 8 - NJW 1999, 3113; *Marburger* in: Staudinger, § 779 Rn. 76; *Habersack* in: MünchKomm-BGB, § 779 Rn. 57; differenzierend *Bork*, Der Vergleich, 1988, S. 398 f.; kritisch *Schöpflin*, JR 2000, 397-404, 403.

[73] BGH v. 02.07.1999 - V ZR 135/98 - juris Rn. 8 - NJW 1999, 3113; *Habersack* in: MünchKomm-BGB, § 779 Rn. 57; *Marburger* in: Staudinger, § 779 Rn. 76.

[74] Vgl. dazu *Bork*, Der Vergleich, 1988, S. 399.

anderen Vertrag. Eine Anfechtung nach § 119 Abs. 1 BGB scheidet jedenfalls dann aus, wenn sich der Irrtum einer oder beider Parteien auf solche Punkte bezieht, die Gegenstand des Streites oder der Ungewissheit waren und die durch den Vergleich geregelt werden sollten.[75] Denn Sinn und Zweck des Vergleichs ist es, die Streit- oder Zweifelsfrage ohne Rücksicht auf die wirkliche Sach- und Rechtslage neu zu ordnen, den Parteien also jedes Zurückgreifen darauf zu verwehren und damit den Streit oder die Ungewissheit endgültig zu bereinigen (vgl. dazu Rn. 3). Unterliegen beide Parteien einem Irrtum im Bereich der Vergleichsgrundlage, so kann die Unwirksamkeit des Vergleichs allenfalls bei Vorliegen der Voraussetzungen des § 779 Abs. 1 BGB (vgl. Rn. 14) gegeben sein. Der Irrtum einer Partei über Umstände, die Grundlage des Vergleichs geworden sind, ist stets ein im Rahmen der Anfechtung unbeachtlicher Motivirrtum, sofern nicht ausnahmsweise die Voraussetzungen des § 119 Abs. 2 BGB (vgl. dazu die Kommentierung zu § 119 BGB) gegeben sind. Uneingeschränkt zulässig ist die Anfechtung wegen eines Erklärungs-, eines Inhalts- oder eines Eigenschaftsirrtums hinsichtlich der eigentlichen Vergleichsregelung.[76] Die Anfechtung wegen arglistiger Täuschung i.S.d. § 123 BGB unterliegt keinen Einschränkungen. Infolge seines arglistigen Verhaltens darf sich der Täuschende nicht darauf berufen, dass der Vergleichszweck eine Anfechtung ausschließt.[77] Daher kann sich die Täuschung auf die Vergleichsgrundlage, die streitigen oder ungewissen Punkte, die der Vergleich beseitigen sollte,[78] oder auf andere Teile der Vergleichsregelung beziehen. Die Täuschung berechtigt zur Anfechtung, sofern sie den Getäuschten zum Abschluss eines Vergleichs bestimmt hat, den er mit diesem Inhalt ohne die Täuschung nicht abgeschlossen hätte.[79] Die Anfechtung scheitert, wenn der Vergleich gerade den Streit über Grund oder Folgen der arglistigen Täuschung beilegen sollte – dann wirkt der Vergleich als Bestätigung, je nach Sachlage gem. § 141 BGB oder § 144 BGB oder wenn der Getäuschte die Täuschungshandlung bereits vor Vertragsschluss kannte bzw. einkalkulierte, dann fehlt es an der Kausalität zwischen Täuschung und Vergleichsschluss.[80] Auch für die Anfechtung wegen widerrechtlicher Drohung gelten die allgemeinen Regeln des § 123 BGB (vgl. die Kommentierung zu § 123 BGB) ohne Einschränkung.[81] Aus vergleichsrechtlicher Sicht stellt sich vor allem die Frage, ob die mit einem Prozess, einem Straf- oder einem Insolvenzantrag[82] bedrohte Partei die Widerrechtlichkeit allein darauf stützen kann, dass der Vertragspartner gar keine Forderung gehabt habe. Diese Frage ist zu verneinen. Dass sich ein Gläubiger einer Forderung berühmt, die ihm tatsächlich nicht zusteht, die er aber mit allen Mitteln durchsetzen will, wenn sich der vermeintliche Schuldner nicht vergleichsbereit zeigt, ist eine für den Vergleich typische Situation. Sie ist in dem Tatbestandsmerkmal „Streit oder Ungewissheit" vorgegeben und kann allein den Tatbestand einer widerrechtlichen Drohung nicht begründen. Nur der „Gläubiger", der weiß, dass ihm keine Forderung zusteht, handelt rechtswidrig, nicht aber derjenige, der von der Richtigkeit seiner Forderung überzeugt ist oder sie trotz aller Ungewissheit für berechtigt hält.[83] Wer einen an sich zulässigen Rechtsbehelf in Aussicht stellt, um eine aus der Sicht des Prätendenten berechtigte Forderung zu realisieren oder Zweifel durch die zuständigen staatlichen Stellen klären zu lassen, bedient sich erlaubter Mittel zu einem erlaubten Zweck, auch wenn er diesen Zweck objektiv nicht erreichen kann, weil die Forderung nicht besteht.

---

[75] RG v. 26.01.1923 - VII 754/22 - RGZ 106, 233-237; BGH v. 23.10.1975 - II ZR 109/74 - WM 1975, 1279; OLG Celle v. 12.03.2010 - 20 U 232/09 - juris Rn. 2 - MDR 2010, 975; vgl. dazu *Hergenröder*, AR-Blattei SD 1660, Rn. 43.

[76] *Marburger* in: Staudinger, § 779 Rn. 80; *Müller* in: Erman, § 779 Rn. 33.

[77] Vgl. BGH v. 15.05.1986 - I ZR 22/84 - NJW-RR 1986, 1251; *Marburger* in: Staudinger, § 779 Rn. 81; *Bork*, Der Vergleich, 1988, S. 405 f.

[78] Vgl. dazu BGH v. 09.09.2002 - II ZR 198/00 - juris Rn. 12 - NJW-RR 2003, 169-170; mit Anmerkung, *Escher-Weingart*, WuB IV A § 123 BGB 1.03, 431.

[79] BGH v. 19.05.1999 - XII ZR 210/97 - juris Rn. 13 - NJW 1999, 2804-2806.

[80] BGH v. 23.10.1975 - II ZR 109/74 - WM 1975, 1279; OLG Hamburg v. 27.01.1953 - 2 U 432/52 - MDR 1953, 422.

[81] BGH v. 11.12.1980 - III ZR 38/79 - juris Rn. 35 - BGHZ 79, 131-145; *Marburger* in: Staudinger, § 779 Rn. 82.

[82] Zur Drohung des Richters mit einem klageabweisenden Urteil vgl. BGH v. 06.07.1966 - Ib ZR 83/64 - NJW 1966, 2399 und BAG v. 12.05.2010 - 2 AZR 544/08 - juris Rn. 28 - NZA 2010, 1250-1255; a.A. *Bork*, Der Vergleich, 1988, S. 406 Fn. 79; *Marburger* in: Staudinger, § 779 Rn. 82; *Müller* in: Erman, § 779 Rn. 33.

[83] RG v. 11.12.1925 - VI 406/25 - RGZ 112, 226-229; vgl. auch BGH v. 11.12.1980 - III ZR 38/79 - juris Rn. 35 - BGHZ 79, 131-145; vgl. zur Anfechtbarkeit wegen widerrechtlicher Drohung auch *Marburger* in: Staudinger, § 779 Rn. 82.

3. Fehlen oder Wegfall der Geschäftsgrundlage (§ 313 BGB)

20 Die Sonderreglung des § 779 Abs. 1 BGB schließt die Anwendung der Grundsätze über die **Störung der Geschäftsgrundlage** auf den Vergleich nicht aus.[84] Die Grundsätze können allerdings nur dann herangezogen werden, wenn die Voraussetzungen des § 779 Abs. 1 BGB nicht vorliegen,[85] denn der in § 779 Abs. 1 BGB festgelegte Grundlagenirrtum (vgl. Rn. 14) ist als lex specialis vorrangig zu prüfen, zumal die Rechtsfolgen weiter reichen: Der Grundlagenirrtum führt stets zur Unwirksamkeit des Vergleichs, während eine Aufhebung des Vertrags infolge des Wegfalls oder des Fehlens der Geschäftsgrundlage die Ausnahme darstellt (§ 313 Abs. 3 BGB). Vor dem Hintergrund, dass der Spezialtatbestand des § 779 Abs. 1 BGB das anfängliche Fehlen der Vergleichsgrundlage erfasst, greift § 313 BGB insbesondere in den – häufig bei Unterhaltsvergleichen anzutreffenden[86] – Fällen des nachträglichen Wegfalls der Vergleichsgrundlage[87]. Dabei ist für den konkreten Fall darüber zu entscheiden, ob ein Mangel in der Streitbeilegung deren Scheitern bedeutet und somit nach § 779 BGB der frühere Streitstand maßgebend ist oder ob die Störung dem Rechtsverhältnis eigen ist, dass durch den Vergleich neu geordnet bzw. neu hervorgebracht worden ist. Denn nur im zuletzt genannten Fall, kommt eine Anpassung der im Vergleich genannten Rechtsfolgen in Betracht. Im Übrigen findet § 313 BGB in den nicht von § 779 BGB erfassten Fällen Anwendung, folglich in Fällen des gemeinsamen Irrtums über künftige Umstände,[88] des Irrtums über Umstände, die den Streit oder die Ungewissheit nicht erübrigt hätten[89] und Störungen, die die objektive Geschäftsgrundlage betreffen[90]. Bereits aus der Trennung zwischen Inhalt und Grundlage des Vergleichsvertrages sowie der Bedeutung der einer Partei zugewiesenen Risiken, folgt der Vorrang der Vertragsauslegung gem. den §§ 133, 157 BGB gegenüber der Anpassung des Vertrages wegen Fehlens oder Wegfalls der Geschäftsgrundlage.[91] Nach dem Grundsatz, dass der durch den Bereinigungsvertrag geschaffene Rechtsfrieden so weit wie möglich erhalten bleiben soll, gilt das auch für den Vergleich: Er ist unter Beschränkung auf die notwendigsten Eingriffe den veränderten Umständen anzupassen.[92] Nur wenn die Aufrechterhaltung des Vergleichs mit verändertem Inhalt nicht möglich oder nicht zumutbar ist, führt das zur Unwirksamkeit oder zur Vertragsauflösung.[93] Durch den Vergleich übernimmt jede Partei das Risiko, dass sie gegenüber der ursprünglichen Rechtslage schlechter gestellt wird, sodass sie sich nicht auf den Wegfall der Geschäftsgrundlage berufen kann, wenn sich nachträglich herausstellt, dass der Vergleich wirtschaftlich zu ihren Lasten geht.[94] Daher ist es unerheblich – auch unter dem Gesichtspunkt des Wegfalls der Geschäftsgrundlage –, wenn sich nachträglich herausstellt, wer im Streit über das Rechtsverhältnis Recht hatte. Es gilt also wie beim Grundlagenirrtum (vgl. Rn. 14), dass die streitigen oder ungewissen Punkte unberücksichtigt

---

[84] BGH v. 18.11.1993 - IX ZR 34/93 - juris Rn. 16 - NJW-RR 1994, 434-435 mit Anmerkung *Bork*, EWiR 1994, 449-450, 449 f.

[85] BGH v. 08.12.1999 - I ZR 230/97 - juris Rn. 22 - NJW 2000, 2497-2499; *Marburger* in: Staudinger, § 779 Rn. 84.

[86] BGH v. 12.05.1993 - XII ZR 24/92 - juris Rn. 8 - NJW 1993, 1974-1976; BGH v. 15.03.1995 - XII ZR 257/93 - juris Rn. 25 - NJW 1995, 1891-1893.

[87] Vgl. VGH München v. 21.12.1999 - 20 N 96.2625, 20 B 96.2509 - DVBl 2000, 568-570; *Marburger* in: Staudinger, § 779 Rn. 85; *Bork*, Der Vergleich, 1988, S. 379.

[88] Vgl. BGH v. 08.02.1984 - VIII ZR 254/82 - juris Rn. 16 - NJW 1984, 1746-1748; BGH v. 19.02.1986 - IVb ZR 7/85 - juris Rn. 11 - NJW-RR 1986, 945-947; BGH v. 24.04.1985 - IVb ZR 17/84 - juris Rn. 12 - NJW 1985, 1835-1836.

[89] Vgl. BGH v. 05.02.1986 - VIII ZR 72/85 - juris Rn. 14 - NJW 1986, 1348-1349; *Habersack* in: MünchKomm-BGB, § 779 Rn. 68 f.

[90] Das ist etwa der Fall, wenn die Parteien von einem als Geschäftsgrundlage relevanten Umstand keine Vorstellungen hatten oder ihre Vorstellungen nicht Vertragsmotiv geworden sind.

[91] BAG v. 28.06.2000 - 7 AZR 904/98 - juris Rn. 31 - NJW 2001, 1297-1301; OLG Hamm v. 05.08.1999 - 23 U 16/99 - NZV 2000, 127-128.

[92] BGH v. 19.02.1986 - IVb ZR 7/85 - juris Rn. 10 - NJW-RR 1986, 945-947; OLG Köln v. 18.02.1994 - 19 U 192/93 - NJW 1994, 3236-3237; *Lorenz*, Lehrbuch zum neuen Schuldrecht, 2002, Rn. 395; *Habersack* in: MünchKomm-BGB, § 779 Rn. 68 f.; *Marburger* in: Staudinger, § 779 Rn. 84.

[93] Vgl. BAG v. 28.06.2000 - 7 AZR 904/98 - juris Rn. 34 - NJW 2001, 1297-1301; BGH v. 08.02.1984 - VIII ZR 254/82 - juris Rn. 19 - NJW 1984, 1746-1748.

[94] BGH v. 24.09.1959 - VIII ZR 189/58 - NJW 1959, 2109-2111; BGH v. 02.06.1989 - V ZR 316/87 - juris Rn. 9 - NJW-RR 1989, 1143; *Stötter*, NJW 1967, 1111-1115, 1114.

bleiben. Ebenso wie § 779 Abs. 1 BGB scheidet eine Anpassung nach § 313 BGB aus, wenn bereits der Vergleich nach seinem (gegebenenfalls durch Auslegung zu ermittelnden) Inhalt eine Regelung für das Fehlen, den Wegfall oder die Veränderung bestimmter Umstände enthält.[95]

4. Einwand der unzulässigen Rechtsausübung (§ 242 BGB)

Der **Einwand unzulässiger Rechtsausübung** wird weder durch § 779 Abs. 1 BGB noch durch die Lehre von der Geschäftsgrundlage ausgeschlossen. Er ist jedoch gegenüber diesen Rechtsinstituten subsidiär[96]. Der Einwand i.S.v. § 242 BGB kann in folgenden Fallkonstellationen greifen[97]: Der Rechtsmissbrauch der einen Partei lässt sich nur mit den aus der Risikoübernahme folgenden einschneidenden Konsequenzen für die andere Partei begründen. Der Vergleich ist einwandfrei zustande gekommen und die Partei, die sich auf den Vergleich beruft, trifft nur der Vorwurf, dass sie an dem Vergleich festhalten will, statt der anderen Partei in einer – kraft Risikoübernahme selbstverschuldeten – Existenz bedrohenden Situation entgegenzukommen.[98] Schließlich muss der Einwand dort greifen, wo eine Partei selbst die andere Partei durch treuwidriges Verhalten zur Risikoübernahme veranlasst hat. Wer durch unredliches Verhalten dazu beiträgt, dass der Vertragspartner die Reichweite des Vergleichs falsch einschätzt, muss damit rechnen, dass ihm das Festhalten am Vergleich mit dem Einwand der unzulässigen Rechtsausübung abgeschnitten wird.[99] Setzt sich die Partei, die sich auf den Vergleich beruft, zu ihrem früheren Verhalten in Widerspruch, so liegt ebenfalls rechtsmissbräuchliches Verhalten vor.[100] Soweit der Widerspruch allerdings zu einem für den Vertragsschluss kausalen Verhalten besteht, ist vorrangig eine Anpassung wegen Fehlens der subjektiven Geschäftsgrundlage (vgl. dazu Rn. 14, Rn. 20) zu prüfen.[101] Der Einwand unzulässiger Rechtsausübung wird vor allem dann greifen, wenn sich die Partei zu ihrem früheren Verhalten in Widerspruch setzt, mit dem sie nach Vertragsschluss einen Vertrauenstatbestand gesetzt hat, etwa in Bezug auf die Interpretation des Vergleichs.[102] Unredlich handelt auch jene Partei, die den Vertragspartner am Vertrag festhalten, sich selbst aber davon lösen will. Wer für sich in Anspruch nimmt, durch den Vergleich unzumutbar belastet zu werden und sich deshalb lösen zu dürfen, kann von seinem Vertragspartner nicht unter allen Umständen verlangen, dass dieser an den Vergleich gebunden bleibt.[103] Schließlich greift der Einwand der unzulässigen Rechtsausübung in den Fällen, wo sich die Parteien durch einen so genannten **Abfindungsvergleich** dahingehend einigen, dass sich der Geschädigte gegenüber dem Schädiger bzw. dessen Versicherung hinsichtlich aller etwaiger künftiger Ansprüche aus dem Schadensereignis für abgefunden erklärt. Dem Geschädigten ist das Festhalten an der Abfindungsvereinbarung dann nicht zuzumuten, wenn sich aufgrund von den Parteien nicht vorhergesehener Spätfolgen zwischen Schaden und Vergleichssumme ein krasses Missverhältnis ergibt, das für den Geschädigten eine außergewöhnliche und unzumutbare Härte bedeuten würde, wenn ihm Nachforderungsansprüche versagt blieben.[104]

5. Leistungsstörungen

a. Verzug

Gerät eine Partei mit einer vergleichsweise vereinbarten Leistung in **Verzug**, so kann das ein Zeichen dafür sein, dass der Vertrag zwar eine rechtliche, aber keine wirtschaftliche und soziale Bereinigung gebracht hat: Die Parteien wissen nun zwar genau, was sie in Bezug auf das streitige Rechtsverhältnis

---

[95] BGH v. 14.10.1977 - V ZR 253/74 - juris Rn. 14 - NJW 1978, 695-696; BAG v. 28.06.2000 - 7 AZR 904/98 - juris Rn. 31 - NJW 2001, 1297-1301.
[96] Vgl. *Bork*, Der Vergleich, 1988, S. 384, 379 f.; *Marburger* in: Staudinger, § 779 Rn. 87.
[97] Vgl. zum Folgenden *Bork*, Der Vergleich, 1988, S. 384 f.; *Marburger* in: Staudinger, § 779 Rn. 87.
[98] Vgl. LG Lübeck v. 07.09.2001 - 1 S 22/01 - NJW-RR 2002, 1090. Angesichts des Grundsatzes „pacta sunt servanda" kann allerdings nur in seltenen Fällen geholfen werden. Insbesondere kann es keinesfalls darum gehen insolvenzreifen Unternehmen auf diesem Wege eine Schonfrist zu verschaffen, vgl. *Bork*, Der Vergleich, 1988, S. 384 f.
[99] BGH v. 04.03.1964 - Ib ZR 198/62 - BGH WM 1964, 543.
[100] RG v. 03.03.1924 - IV 386/23 - RGZ 108, 105-110; *Marburger* in: Staudinger, § 779 Rn. 87.
[101] Vgl. RG v. 03.03.1924 - IV 386/23 - RGZ 108, 105-110.
[102] Vgl. BGH v. 19.12.1979 - VIII ZR 18/79 - juris Rn. 18 - NJW 1980, 1043.
[103] Vgl. dazu RG v. 27.02.1934 - II 280/33 - RG SeuffA 88 (1934) Nr. 99 S. 199.
[104] OLG Schleswig v. 30.08.2000 - 4 U 158/98 - VersR 2001, 983-985; OLG Oldenburg (Oldenburg) v. 28.02.2003 - 6 U 231/01 - juris Rn. 24 - ZfSch 2003, 590-591; *Habersack* in: MünchKomm-BGB, § 779 Rn. 48; vgl. dazu auch *Bork*, Der Vergleich, 1988, S. 379 ff.

voneinander verlangen können, aber sie zeigen sich trotzdem nicht leistungswillig oder – etwa im Falle des § 779 Abs. 2 BGB – nicht leistungsfähig.[105] Dies hindert zwar weder den Tatbestand noch die Wirksamkeit des Vergleichs, wirft aber für den Vertragspartner die Frage auf, ob er sich von dem – möglicherweise für ihn ungünstigen – Vergleich lösen oder ob er die durch den Vergleich geschaffenen Ansprüche einklagen und ggf. vollstrecken kann bzw. muss. Eines Rückgriffs auf die gesetzlichen Regelungen bedarf es dann nicht, wenn die Parteien selbst vertraglich die Rechtsfolgen des Verzugs geregelt haben. Der Vertrag kann eine **Verfallklausel** enthalten,[106] die für den Eintritt des Verzugs vorsieht, dass der Vergleich hinfällig wird. Es handelt sich dann i.d.R. um eine auflösende Bedingung. Liegt eine solche Verfallklausel vor, so führt der Verzug des Schuldners zur Nichtigkeit des Vergleichs gem. § 158 Abs. 2 BGB. Möglich ist auch, dass die Parteien für den Fall des Verzuges ein **vertragliches Rücktrittsrecht** vereinbaren. Gegenüber der Verfallklausel hat es den Vorteil, dass der Vertragspartner des säumigen Schuldners noch eine Entscheidung darüber treffen kann, ob er an dem Vertrag festhalten will oder nicht.[107] Entscheidet er sich für den Rücktritt, so stellt sich die Frage nach der Wirkung. Nach heute herrschender Auffassung führt der Rücktritt nicht zur Nichtigkeit des Vertrages. Vielmehr wird das vertraglich begründete Schuldverhältnis in ein Rückgewährschuldverhältnis umgewandelt, mit der Folge, dass die geschuldeten Leistungen zurückzugewähren sind.[108] Das muss grundsätzlich auch für den Vergleich gelten.[109] Allerdings können die Parteien aufgrund der Feststellungswirkung des Vergleichs (vgl. Rn. 3) nicht ohne weiteres auf das streitige oder ungewisse Rechtsverhältnis zurückgreifen. Sie sind jedoch schuldrechtlich verpflichtet, entsprechende Verfügungen durch rechtsgeschäftlichen actus contrarius rückgängig zu machen.[110] Den Parteien bleibt es im Übrigen unbenommen, Verfügungen unter die auflösende Bedingung der Rücktrittserklärung zu stellen, sodass dem Rücktritt eine „quasi-dingliche" Wirkung beigelegt wird.[111] Lässt sich eine vertragliche Regelung der Verzugsfolgen nicht feststellen, so bleibt es bei den allgemeinen gesetzlichen Rechtsfolgen.[112] Da der Vergleich regelmäßig nicht schuldumschaffend wirkt (vgl. Rn. 12) und daher nur selten als gegenseitiger Vertrag ausgestaltet ist,[113] findet § 323 BGB i.d.R. keine Anwendung. Der Gläubiger erwirbt also Schadensersatz- und Zinsansprüche, wird aber im Übrigen am Vertrag festgehalten, sodass ein Rückgriff auf das streitige Rechtsverhältnis ausgeschlossen bleibt. Dies entspricht dem Bereinigungszweck (vgl. dazu Rn. 3), da die Parteien auch im Verzug des Schuldners an das Vereinbarte gebunden sind. Ist der Vergleich doch einmal als gegenseitiger Vertrag ausgestaltet,[114] so kann der Gläubiger im Verzug des Schuldners nach Maßgabe des § 323 BGB vom Vergleich zurücktreten. Das Rücktrittsrecht kollidiert hier mit dem vom Vergleich verfolgten Bereinigungszweck. Es muss daher in jedem Einzelfall zunächst geprüft werden, ob nicht das gesetzliche Rücktrittsrecht vertraglich abgedungen oder doch jedenfalls in seiner Wirkung auf die vergleichsweise vereinbarten Rechte und Pflichten beschränkt ist, sodass das streitige Rechtsverhältnis auch nach dem Rücktritt nicht wieder auflebt.[115] Ist das Rücktrittsrecht nicht ausgeschlossen, so kann die ergänzende Vertragsauslegung zur Folge haben, dass der Vergleich unter der auflösenden Bedingung einer berechtigten Ausübung des gesetzlichen Rücktrittsrechts steht.[116]

---

[105] Vgl. auch zum Folgenden *Bork*, Der Vergleich, 1988, S. 413 ff.
[106] Vgl. dazu OLG München v. 14.01.1998 - 3 U 3479/97 - NJW-RR 1998, 1663-1664.
[107] Vgl. *Hofstetter*, BB 1963, 1459-1462, 1461 Fn. 18.
[108] BGH v. 10.07.1998 - V ZR 360/96 - juris Rn. 10 - NJW 1998, 3268-3270; BGH v. 08.12.1989 - V ZR 174/88 - juris Rn. 22 - NJW 1990, 2068-2069; *Grüneberg* in: Palandt, Einf. v. § 346 Rn. 6.
[109] Vgl. *Bork*, Der Vergleich, 1988, S. 415; *Marburger* in: Staudinger, § 779 Rn. 52.
[110] A.A. *Marburger* in: Staudinger, § 779 Rn. 52; *Habersack* in: MünchKomm-BGB, § 779 Rn. 36, die einen automatischen Fortfall der Bereinigungswirkung postulieren.
[111] So bereits RG v. 28.04.1903 - II 474/02 - RGZ 54, 340-341.
[112] §§ 280 Abs. 1, Abs. 2, 280 Abs. 1, Abs. 3, 281, 323 BGB.
[113] Ein gegenseitiger Vertrag liegt vorwiegend dann vor, wenn der Vergleich gegenseitige Leistungspflichten neu begründet, vgl. *Marburger* in: Staudinger, § 779 Rn. 51; vgl. auch *Bork*, Der Vergleich, 1988, S. 170 ff.
[114] Vgl. BGH v. 27.02.1974 - VIII ZR 206/72 - WM 1974, 369; LArbG Düsseldorf v. 16.11.2001 - 14 Sa 1192/01 - juris Rn. 27 - NZA-RR 2002, 374-377.
[115] Ähnlich RG v. 08.07.1918 - IV 144/18 - RGZ 93, 290-291; *Hofstetter*, BB 1963, 1459-1462, 1462; *Marburger* in: Staudinger, § 779 Rn. 52.
[116] Vgl. *Bork*, Der Vergleich, 1988, S. 417 f.

b. Unmöglichkeit

Dass sich eine Partei vergleichsweise zu einer **unmöglichen Leistung** verpflichtet, wird nicht häufig vorkommen.[117] Die Seltenheit dieser Leistungsstörung bedingt zugleich, dass die Parteien i.d.R. – anders als beim Verzug – im Vergleichsvertrag selbst keine Regelungen treffen, sodass grundsätzlich die gesetzlichen Regelungen zur Anwendung kommen. Verpflichtet sich eine Partei vergleichsweise zu einer von Anfang an unmöglichen Leistung, so bleibt der Vergleichsvertrag gem. § 311a Abs. 1 BGB wirksam. Der Vergleichsgläubiger kann Schadensersatz statt der Leistung verlangen, es sei denn, der Schuldner kannte die Unmöglichkeit nicht und hat seine Unkenntnis auch nicht zu vertreten, vgl. § 311a Abs. 2 BGB. Ein Rücktritt i.S.d. §§ 326 Abs. 5, 323 BGB ist möglich. Auch hier ist im Einzelfall zu prüfen, ob der Rücktritt nicht stillschweigend abgedungen oder auf die vergleichsweise versprochenen Leistungen beschränkt ist, sodass das ursprüngliche Rechtsverhältnis erledigt bleibt (vgl. dazu Rn. 22). Wird eine vergleichsweise versprochene Leistung nachträglich unmöglich, so bestehen Ansprüche auf Schadensersatz gem. den §§ 283, 280 Abs. 1 BGB. Wird ausnahmsweise neben dem Bereinigungszweck der Zweck zum Austausch von gegenseitigen Leistungen verfolgt, so kann der Gläubiger gem. den §§ 326 Abs. 5, 323 BGB vom Vertrag zurücktreten.[118]

23

D. Prozessuale Hinweise/Verfahrenshinweise

I. Beweislast

Darlegungs- und Beweislast folgen den allgemeinen Regeln: Diejenige Partei, die aus dem Vergleich Rechte herleiten will, muss den Vergleichsschluss vortragen und beweisen. Entsprechendes gilt für den Vergleichsirrtum nach § 779 Abs. 1 BGB. Die Voraussetzungen dieser Vorschrift muss derjenige darlegen und beweisen, der sich auf die Nichtigkeit des Vergleichs beruft. Vergleichsrechtliche Besonderheiten gibt es nicht.

24

II. Streitgegenstand

Hinsichtlich des **Streitgegenstands** ist fraglich, ob ein über Ansprüche aus dem Vergleich geführter Rechtsstreit einen anderen Streitgegenstand hat als ein Rechtsstreit über das streitige Rechtsverhältnis oder ob insoweit nur andere Tatsachen vorgetragen werden. Nach dem zweigliedrigen Streitgegenstandsbegriff bildet nicht nur der Antrag, sondern auch der der Klage zu Grunde liegende Lebenssachverhalt den prozessualen Anspruch.[119] Maßgebend ist also, welche Beziehung der Vergleich zum verglichenen Rechtsverhältnis hat. Insbesondere ist entscheidend, ob der Vergleich schuldbegründend oder schuldändernd wirkt. Der Vergleich wirkt regelmäßig nicht umschaffend, sondern schuldändernd (vgl. dazu Rn. 12), sodass auch nach der Lehre vom eingliedrigen Streitgegenstandsbegriff[120] ein einheitlicher Streitgegenstand vorliegt[121]. Es liegt daher regelmäßig keine objektive Klagehäufung nach § 260 ZPO vor, wenn der Kläger sein Begehren sowohl auf das streitige Rechtsverhältnis als auch auf den Vergleichsvertrag stützt. Ferner steht einer nur auf den Vergleich gestützten Klage regelmäßig der Einwand der Rechtshängigkeit nach § 261 Abs. 3 Nr. 1 ZPO entgegen, solange ein Prozess über das streitige Rechtsverhältnis schwebt (vgl. Rn. 27). Schließlich liegt regelmäßig keine – nur unter den Voraussetzungen des § 263 ZPO zulässige – Klageänderung vor, wenn der Kläger sich im Prozess über das streitige Rechtsverhältnis nachträglich auf den Vergleich beruft, vielmehr handelt es sich nur um einen neuen Tatsachenvortrag i.S.v. § 264 Nr. 1 ZPO. Begründet der Vergleich zwar eine neue Forderung, die aber nach dem Willen der Parteien nur neben die streitige Forderung treten soll, wie etwa bei einem Vergleich über einen deliktsrechtlichen Schadensersatzanspruch, so kommen die Streitgegenstandstheorien zu unterschiedlichen Ergebnissen. Nach dem zweigliedrigen Streitgegenstandsbegriff liegen zwei Streitgegenstände vor, da der einheitliche Antrag auf zwei Sachverhalte (Delikt einerseits, Vertrag andererseits) gestützt wird. Nach dem eingliedrigen Streitgegenstandsbegriff, für den es nur

25

---

[117] Vgl. zum Folgenden *Bork*, Der Vergleich, 1988, S. 418 ff.
[118] Auch hier sind die Ausführungen zum Rücktrittsrecht (vgl. dazu Rn. 22) zu berücksichtigen.
[119] Vgl. BGH v. 06.05.1999 - IX ZR 250/98 – NJW 1999, 2118-2120; *Rosenberg/Schwab/Gottwald*, ZPR, § 92 Rn. 10; *Vollkommer* in: Zöller, ZPO, Einl. Rn. 82 f.
[120] Vgl. zu diesen *Vollkommer* in: Zöller, ZPO, Einl. Rn. 71 ff., 82 f.; *Rosenberg/Schwab/Gottwald*, ZPR, § 92 Rn. 12.
[121] Vgl. dazu *Bork*, Der Vergleich, 1988, S. 440.

auf den zu Grunde liegenden Antrag ankommt,[122] liegt ein einheitlicher Streitgegenstand vor, da der Kläger mit seinem Klageantrag nur einmal Ersatz desselben Schadens begehrt. Unter Berücksichtigung von Sinn und Zweck der einschlägigen Norm in der konkreten Verfahrenssituation ist zu überlegen, welche Theorie der Interessenlage am besten gerecht wird (Relativität des Streitgegenstandsbegriffs). Für die materielle Rechtskraft kommt es entscheidend darauf an, von welchem Streitgegenstandsbegriff ausgegangen wird. Stützt der Vergleichsgläubiger seine Klage zunächst nur auf den Vergleich und wird die Klage rechtskräftig abgewiesen, so kann er nach der Theorie vom eingliedrigen Streitgegenstandsbegriff keine neue, auf Delikt gestützte Klage erheben, da über den einheitlichen Streitgegenstand abschließend entschieden ist. Der Gegenauffassung nach liegen zwei Streitgegenstände vor, sodass die rechtskräftige Entscheidung über den Vergleich einen neuen Prozess über die unerlaubte Handlung nicht hindert. In diesem Fall ist der zuletzt genannten Auffassung der Vorzug zu geben.[123] Die Vorschrift will im Wesentlichen kontradiktorische Urteile in derselben Sache verhindern und die Parteien im Interesse des Rechtsfriedens zwingen, in der verhandelten Angelegenheit vollständig vorzutragen. Die Theorie vom eingliedrigen Streitgegenstandsbegriff aber zwingt den Gläubiger nicht nur, alles vorzutragen, was seinen Vergleichsanspruch stützt, sondern auch alles das, was seinen deliktsrechtlichen Anspruch stützen könnte. Die Parteien werden so gezwungen, den alten Streit wenigstens hilfsweise weiter zu führen. Genau das sollte aber durch den Vergleich verhindert werden (vgl. dazu Rn. 3).[124] Hinsichtlich einer Klageänderung i.S.d. § 263 ZPO gebieten es Sinn und Zweck der Norm, die Prozessökonomie den Interessen des Beklagten als vordergründig erscheinen zu lassen und einen Wechsel von einem Lebenssachverhalt (Delikt) zum anderen (Vergleich) als Ergänzung oder Änderung des Tatsachenvortrages i.S.v. § 264 Nr. 1 ZPO aufzufassen. Ebenso ist für eine objektive Klagehäufung gem. § 260 ZPO und die Frage nach der entgegenstehenden Rechtshängigkeit i.S.v. § 261 Abs. 3 Nr. 1 ZPO zu entscheiden. Im Ergebnis führt daher der „relative Streitgegenstandsbegriff" zu sachgerechten Lösungen, wenn es um die Einordnung solcher Fälle geht, in denen der Kläger einen Betrag geltend macht, den er insgesamt nur einmal bekommen soll, den er aber auf zwei Sachverhalte stützen kann.

III. Prozessvergleich, Schiedsvergleich, Anwaltsvergleich

26 Sowohl der **Prozessvergleich** (vgl. § 794 Abs. 1 Nr. 1 ZPO) als auch der Schiedsvergleich (vgl. § 794 Abs. 1 Nr. 4a ZPO) und der Anwaltsvergleich (vgl. § 796a ZPO) stellen Vollstreckungstitel dar. Der Prozessvergleich ist ein vom Gericht beurkundeter materiell-rechtlicher Vergleichsvertrag.[125] Im Unterschied zum Vergleich i.S.d. § 779 BGB muss der Vergleichsvertrag also im Rahmen eines Prozesses geschlossen werden, der sich mit dem streitigen Rechtsverhältnis befasst. Der Prozessvergleich setzt somit zunächst ein anhängiges Verfahren über das streitige Rechtsverhältnis voraus. Ausreichend ist, dass im Verfahren die Anberaumung eines Termins zur mündlichen Verhandlung möglich ist, in dem der Vergleich protokolliert werden kann.[126] Seiner Rechtsnatur nach hat der Prozessvergleich eine Doppelnatur: Er ist materiell-rechtlicher Vertrag und zugleich Prozesshandlung und damit ein einheitlicher, doppelfunktionaler Prozessvertrag.[127] Als Prozesshandlung, die den Rechtsstreit beendet und Vollstreckbarkeit erzeugt, bestimmt sich seine Wirksamkeit nach den Regeln des Prozessrechts.[128] Als materiell-rechtlicher Vertrag regelt er das streitige Rechtsverhältnis neu und untersteht insoweit dem Privatrecht.[129] Es finden im Wesentlichen die Tatbestands- und Wirksamkeitsvoraussetzungen des § 779 BGB Anwendung,[130] insbesondere wirkt auch der Prozessvergleich – wie der Vergleich i.S.v.

---

[122] Vgl. *Rosenberg/Schwab/Gottwald*, ZPR, § 92 Rn. 12.

[123] Ebenso BGH v. 25.02.1985 - VIII ZR 116/84 - juris Rn. 17 - BGHZ 94, 29-35; BGH v. 11.12.1986 - IX ZR 165/85 - juris Rn. 27 - NJW-RR 1987, 683-685.

[124] Ausführlich auch zum Folgenden *Bork*, Der Vergleich, 1988, S. 435 f.

[125] Vgl. *Stöber* in: Zöller, ZPO, § 794 Rn. 3.

[126] Vgl. *Rosenberg/Schwab/Gottwald*, ZPR, § 130 Rn. 7.

[127] Vgl. BGH v. 06.04.2011 - XII ZR 79/09 - juris Rn. 10 - NJW 2011, 2141-2142; BGH v. 21.03.2000 - IX ZR 39/99 - juris Rn. 19 - NJW 2000, 1942-1944; BAG v. 28.11.2007 - 6 AZR 377/07 - juris Rn. 12 - ZIP 2008, 846-849; *Marburger* in: Staudinger, § 779 Rn. 91; ausführlich *Häsemeyer*, ZZP 1995, 289-317, 289 ff.

[128] Vgl. dazu *Seiler* in: Thomas/Putzo, ZPO, § 794 Rn. 12.

[129] BGH v. 21.03.2000 - IX ZR 39/99 - juris Rn. 19 - NJW 2000, 1942-1944.

[130] Vgl. *Bork*, Der Vergleich, 1988, S. 448 ff.; *Marburger* in: Staudinger, § 779 Rn. 88 ff.; *Habersack* in: MünchKomm-BGB, § 779 Rn. 70 ff.

§ 779 BGB – grundsätzlich nicht schuldumschaffend.[131] Bei einer materiell unwirksamen Vergleichsvereinbarung verliert auch die Prozesshandlung ihre Wirksamkeit.[132] Die prozessuale Unwirksamkeit berührt die materiellen Wirkungen des Vergleichs dagegen nicht, wenn dies dem Parteiwillen zu entnehmen ist.[133] Der **Anwaltsvergleich** fällt ebenfalls unter § 779 BGB, da er ein materiell-rechtliches Rechtsgeschäft zum Gegenstand hat: Anwendbar ist § 796a ZPO grundsätzlich auf alle einem materiell-rechtlichen Vergleich i.S.v. § 779 BGB zugänglichen Rechtsverhältnisse und Ansprüche.[134] Der Anwaltsvergleich kann bei beiderseitigem Einverständnis der Parteien auch von einem Notar verwahrt und für vollstreckbar erklärt werden (§ 796c ZPO). Der **Schiedsvergleich** i.S.d. §§ 1053-1058 ZPO ist ein privates Rechtsgeschäft zwischen den Parteien, sodass § 779 BGB Anwendung findet. Wird der Vergleich in einem Schiedsspruch mit vereinbartem Wortlaut festgehalten, so ist der Schiedsspruch eine Prozesshandlung nur des Schiedsgerichts ohne Doppelnatur wie der Prozessvergleich.[135]

IV. Auswirkungen des außergerichtlichen Vergleichs auf einen schwebenden Prozess

Dass ein außergerichtlicher Vergleich den **schwebenden Prozess** über das verglichene, bisher streitige Rechtsverhältnis nicht unmittelbar beendet, ist heute anerkannt.[136] Es bedarf also noch der prozessualen Umsetzung, die in unterschiedlichen Formen möglich ist[137]: Der Kläger kann die Klage zurücknehmen. Hat er sich dazu in dem außergerichtlichen Vergleich verpflichtet, so kann der Beklagte dieses Versprechen einredeweise geltend machen, mit der Folge, dass die Klage unzulässig wird. Beide Parteien können den Rechtsstreit in der Hauptsache übereinstimmend für erledigt erklären, mit der Bitte an das Gericht, über die Kosten nach § 91a Abs. 1 Satz 1 ZPO zu entscheiden. Möglich ist auch, dass die Parteien den Vergleich vor Gericht zu Protokoll geben (§ 160 Abs. 3 Nr. 1 ZPO). Dann wird aus dem außergerichtlichen Vergleich ein Prozessvergleich, der das Verfahren unmittelbar beendet. Nehmen die Parteien keine Prozesshandlungen vor, so gerät das Verfahren in Stillstand. In diesem Fall ist fraglich, ob einer erneuten Klage auf Erfüllung des Vergleichs die fortdauernde Rechtshängigkeit der Streitsache (§ 261 Abs. 3 Nr. 1 ZPO) entgegenstehen kann. Dies wäre der Fall, wenn identische Streitgegenstände vorliegen. Da der Vergleich grundsätzlich nicht schuldumschaffend, sondern schuldändernd wirkt (vgl. dazu Rn. 12), liegt regelmäßig ein einheitlicher Streitgegenstand vor (vgl. dazu Rn. 25). Damit ist eine erneute Klage auf Erfüllung des Vergleichs wegen der entgegenstehenden Rechtshängigkeit des schwebenden Prozesses i.d.R. unzulässig.

27

---

[131] BGH v. 24.06.2003 - IX ZR 228/02 - juris Rn. 23 - BGHZ 155, 199-205.
[132] BGH v. 06.04.2011 - XII ZR 79/09 - juris Rn. 10 - NJW 2011, 2141-2142; OVG für das Land Schleswig-Holstein v. 26.09.2006 - 2 MB 23/06 - juris Rn. 3 - NordÖR 2006, 519.
[133] OLG Schleswig v. 15.06.2007 - 1 U 164/06 - juris Rn. 20 - BauR 2009, 851; OLG Oldenburg v. 15.05.2007 - 12 U 5/07 - juris Rn. 32 ff. - BauR 2008, 1347-1350.
[134] *Seiler* in: Thomas/Putzo, ZPO, § 796a Rn. 1, 2.
[135] Vgl. *Reichold* in: Thomas/Putzo, ZPO, § 1053 Rn. 1.
[136] Vgl. BGH v. 07.03.2002 - III ZR 73/01 - juris Rn. 18 - NJW 2002, 1503-1504; mit Anmerkung *Jacoby*, JZ 2002, 722-724, 722.
[137] Zum Folgenden *Bork*, Der Vergleich, 1988, S. 444 ff.

§ 780 BGB Schuldversprechen

Titel 22 - Schuldversprechen, Schuldanerkenntnis

§ 780 BGB Schuldversprechen

(Fassung vom 02.01.2002, gültig ab 01.01.2002)

¹Zur Gültigkeit eines Vertrags, durch den eine Leistung in der Weise versprochen wird, dass das Versprechen die Verpflichtung selbständig begründen soll (Schuldversprechen), ist, soweit nicht eine andere Form vorgeschrieben ist, schriftliche Erteilung des Versprechens erforderlich. ²Die Erteilung des Versprechens in elektronischer Form ist ausgeschlossen.

Gliederung

A. Grundlagen 1	I. Schriftform 11
I. Rechtsnatur und Abgrenzung 1	II. Verhältnis zum Grundgeschäft 12
II. Zweck 3	1. Verknüpfung durch Zweckbindung 12
B. Praktische Bedeutung 4	2. Verknüpfung durch Bereicherungsrecht 13
C. Anwendungsvoraussetzungen 6	**E. Prozessuale Hinweise/Verfahrenshinweise** 14
I. Vertrag 6	
II. Begründung einer Verpflichtung 7	I. Beweislast 14
III. Selbstständigkeit (Abstraktheit) 10	II. Urkundenprozess 15
D. Rechtsfolgen 11	III. Streitgegenstand 16

A. Grundlagen

I. Rechtsnatur und Abgrenzung

1 Das Schuldversprechen ist ein einseitig verpflichtender, **abstrakter Vertrag**, durch den der Schuldner dem Gläubiger losgelöst vom Schuldgrund eine Leistung verspricht. Zu dem in § 781 BGB normierten Schuldanerkenntnis, unterscheidet sich das Schuldversprechen i.S.d. § 780 BGB nur äußerlich durch die Formulierung der Erklärung („ich verpflichte mich zu zahlen" = Schuldversprechen; „ich erkenne an zu Schulden" = Schuldanerkenntnis), inhaltlich unterliegen sie denselben Rechtsregeln und gehen in der Praxis ineinander über.[1]

2 Das begriffliche Gegenstück zum Schuldversprechen bzw. Schuldanerkenntnis bildet das kausale Schuldanerkenntnis. Dieser Vertragstypus ist gesetzlich nicht geregelt, nach dem Grundsatz der Vertragsfreiheit aber zulässig. Das kausale Schuldversprechen ist ein verkehrstypischer Schuld bestätigender Vertrag, auf den §§ 780, 781 BGB keine Anwendungen finden. Sein Zweck besteht – wie beim Vergleich (vgl. die Kommentierung zu § 779 BGB Rn. 3) – darin, das Schuldverhältnis insgesamt oder in bestimmten Beziehungen dem Streit oder einer Ungewissheit zu entziehen und damit endgültig festzulegen.[2] Das kausale Schuldversprechen begründet im Gegensatz zum abstrakten Schuldversprechen (vgl. Rn. 10) keinen neuen selbstständigen Anspruch. Anspruchsgrundlage bleibt die ursprüngliche Forderung[3] (vgl. die Kommentierung zu § 781 BGB Rn. 2). Zu weiteren Abgrenzungsfragen vgl. die Kommentierung zu § 781 BGB Rn. 2.[4]

II. Zweck

3 Das Schuldversprechen hat konstitutive, also **schuldbegründende Wirkung**. Dadurch wird dem Gläubiger eine größere Sicherheit geboten: Ihm steht neben dem Anspruch aus dem Grundverhältnis der Anspruch aus dem Schuldversprechen zur Verfügung (vgl. dazu Rn. 12). Außerdem nehmen weder die Verjährung (vgl. dazu Rn. 9) noch die Unwirksamkeit des Grundverhältnisses Einfluss auf die Wirksamkeit des Versprechens (zum Bereicherungsausgleich vgl. Rn. 13). Darüber hinaus wird die Rechtsverfolgung und die Durchsetzung des Anspruchs erleichtert: Die Klage aus der Schuldurkunde kann

---

[1] Vgl. BGH v. 26.02.2002 - VI ZR 288/00 - juris Rn. 8 - NJW 2002, 1791-1792; *Sprau* in: Palandt, § 780 Rn. 1.
[2] BGH v. 01.12.1994 - VII ZR 215/93 - juris Rn. 18 - NJW 1995, 960-961.
[3] BGH v. 27.01.1988 - IVb ZR 82/86 - juris Rn. 12 - NJW-RR 1988, 962-965; *Stadler* in: Jauernig, § 781 Rn. 18.
[4] Zum Versuch einer Einordnung von Anerkenntnissen durch die Zuordnung einer feststehenden Rechtsfolge vgl. *Ehmann*, WM 2008, 329-337.

unter Befreiung von jeder weiteren Darlegungs- und Beweislast (vgl. dazu Rn. 14) hinsichtlich des Schuldgrundes erhoben werden. Der Gläubiger muss also nicht mehr auf das zu Grunde liegende Kausalverhältnis mit seinen unter Umständen schwierig zu beweisenden Voraussetzungen zurückgreifen. Die Klagebegründung i.S.v. § 253 Abs. 2 Nr. 2 ZPO muss nur für das Schuldversprechen und nicht hinsichtlich des Grundverhältnisses abgegeben werden, sodass der Gläubiger seinen Anspruch allein auf den vertraglich erklärten Verpflichtungswillen des Schuldners stützen kann.[5] Schließlich kann der Gläubiger im Wege des Urkundenprozesses (§§ 592-605a ZPO) einen vorläufig vollstreckbaren Titel (§ 708 Nr. 4 ZPO) erlangen (vgl. dazu Rn. 15).

B. Praktische Bedeutung

Praktische Bedeutung hat das abstrakte Schuldversprechen im **Wertpapier- und Bankrecht**. So begründet das Akzept des gezogenen Wechsels (Art. 25, Art. 28 WG), der eigene Wechsel (Solawechsel) nach Art. 75 WG und das kaufmännische Verpflichtungsschreiben gemäß § 363 Abs. 1 Satz 2 HGB eine abstrakte Verpflichtung. Typischerweise (aber nicht zwingend) abstrakt sind die Inhaberschuldverschreibung gemäß §§ 793 ff. BGB,[6] das Konnossement gemäß §§ 363 Abs. 2, 642 ff. HGB und der Ladeschein gemäß §§ 363 Abs. 2, 444 ff. HGB. Auch bei der **Kreditsicherung durch Grundpfandrechte** in der Praxis der Kreditinstitute spielt häufig das abstrakte Schuldversprechen eine Rolle: Der Darlehensnehmer gibt ein abstraktes Schuldversprechen über die Darlehenssumme ab und die Hypothek wird zur Sicherung dieser abstrakten Forderung bestellt; oder der Kreditnehmer gibt im Zusammenhang mit der Grundschuldbestellung das abstrakte Schuldversprechen ab, die Grundschuldsumme zu zahlen. Trotz Bedenken in der Literatur[7] nimmt der BGH in stetiger Rechtsprechung ein abstraktes Schuldversprechen an,[8] wenn der Besteller in einer vollstreckbaren Urkunde die persönliche Haftung für den Eingang des Grundschuldbetrags übernimmt und sich insofern auch der sofortigen Zwangsvollstreckung unterwirft. Weitere Anwendungsfälle des abstrakten Schuldversprechens sind die Annahme der Anweisung und die der kaufmännischen Anweisung. Beispiele für das abstrakte Schuldversprechen im **bankenmäßigen Zahlungsverkehr** sind: die Gutschrift des Überweisungsbetrag auf dem Empfängerkonto[9] und die Bestätigung des Akkreditivs[10].

Beim **Kreditkartengeschäft** ist das Vertragsverhältnis zwischen Kreditkarten- und Vertragsunternehmen als abstraktes Schuldversprechen einzuordnen. In der älteren Rechtsprechung wurde dieses Verhältnis als Forderungskauf qualifiziert, was auch dem Wortlaut der verwendeten Vertragstexte entsprach.[11] Diese Rechtsprechung wurde 2002 vom BGH aufgegeben, der das Vertragsverhältnis nun auch entgegen dem Vertragswortlaut, der bisweilen von einem „Kauf der Forderung" spricht, generell als abstraktes Schuldversprechen ansieht.[12] Begründet wird diese Auslegung entgegen dem Wortlaut damit, dass eine objektive Abwägung der Parteiinteressen (vgl. Rn. 10) zur Einordnung des Vertragsverhältnisses als abstraktes Schuldversprechen i.S.d. § 780 BGB führt. Tragendes Argument für diese Qualifikation ist die Bedeutung der Kreditkartenzahlung als Bargeldsurrogat.[13] Wie bei einer Barzahlung soll das Vertragsunternehmen eine gesicherte Rechtsposition erlangen. Ein abstraktes Schuldversprechen begründet im Gegensatz zum Forderungskauf eine selbstständige, gegen Einwendungen aus dem zu Grunde liegenden Rechtsgeschäft abgesicherte Forderung und ist daher eine der Barzahlung vergleichbare Leistung. Aufgrund der Bargeldersatzfunktion der Kreditkarte verbietet sich auch eine andere Beurteilung des Vertragsverhältnisses bei Fernabsatzgeschäften im so genannten Mailorder-Verfahren.[14] Eine wichtige Konsequenz dieser Qualifikation ist, dass § 453 Abs. 1 BGB i.V.m.

---

[5] Vgl. BGH v. 05.03.1991 - XI ZR 75/90 - juris Rn. 16 - BGHZ 114, 9-15; *Marburger* in: Staudinger, § 780 Rn. 6.
[6] OLG München v. 22.01.1997 - 7 U 4544/96 - NJW-RR 1999, 557; *Sprau* in: Palandt § 793 Rn. 2.
[7] *Marburger* in: Staudinger § 780 Rn. 32; *Habersack* in: MünchKomm-BGB § 780 Rn. 33.
[8] BGH v. 21.01.1976 - VIII ZR 148/74 - NJW 1976, 567; BGH v. 19.09.1986 - V ZR 72/85 - juris Rn. 18 - BGHZ 98, 256-263.
[9] BGH v. 15.05.1952 - IV ZR 157/51 - juris Rn. 11 - BGHZ 6, 121-127; BGH v. 25.01.1988 - II ZR 320/87 - juris Rn. 15 - BGHZ 103, 143-149.
[10] BGH v. 21.03.1973 - VIII ZR 228/71 - juris Rn. 7 - BGHZ 60, 262-266; BGH v. 16.04.1996 - XI ZR 138/95 - juris Rn. 10 - BGHZ 132, 313-320; OLG Frankfurt v. 05.05.2010 - 17 U 261/09 - juris Rn. 81, 82 - WM 2010, 1405-1408.
[11] BGH v. 02.05.1990 - VIII ZR 139/89 - juris Rn. 30 - NJW 1990, 2880-2882.
[12] BGH v. 16.04.2002 - XI ZR 375/00 - juris Rn. 27 - BGHZ 150, 286-299.
[13] BGH v. 16.04.2002 - XI ZR 375/00 - juris Rn. 22 - BGHZ 150, 286-299.
[14] BGH v. 13.01.2004 - XI ZR 479/02 - juris Rn. 21 - BGHZ 157, 256-269; kritisch: *Meder*, JZ 2004, 503-508, 507.

§ 435 BGB im Gegensatz zum Forderungskauf auf das abstrakte Schuldversprechen nicht anwendbar ist. Das Kreditkartenunternehmen trägt grundsätzlich das volle Missbrauchsrisiko, wenn seine Zahlungsverpflichtung auf einem abstrakten Schuldversprechen beruht. Daher halten AGB-Klauseln, die dem Vertragsunternehmen das vollständige Risiko des Missbrauchs zuweisen, einer Inhaltskontrolle nach § 307 BGB nicht stand.[15]

C. Anwendungsvoraussetzungen

I. Vertrag

6   Das abstrakte Schuldversprechen ist ein **einseitig verpflichtender Vertrag**, durch den sich der eine Teil zur Abgabe eines Schuldversprechens verpflichtet und der andere Teil die Annahme desselben erklärt. Der Zugang der Annahmeerklärung ist regelmäßig gem. § 151 Satz 1 BGB entbehrlich.[16] Der Vertrag muss den allgemeinen Bestimmungen für Rechtsgeschäfte genügen (vgl. dazu die Kommentierung zu § 145 BGB bis Kommentierung zu § 157 BGB, die Kommentierung zu § 130 BGB bis Kommentierung zu § 133 BGB und die Kommentierung zu § 104 BGB bis Kommentierung zu § 113 BGB). Zum Schriftformerfordernis vgl. Rn. 11.

II. Begründung einer Verpflichtung

7   **Inhalt** des Versprechens kann jede Leistung i.S.v. § 241 BGB sein. Der Regelfall, aber nicht erforderlich, ist die Zahlung einer Geldsumme (vgl. dazu die Kommentierung zu § 241 BGB). Es kann auch die Leistung vertretbarer und unvertretbarer Sachen, Handlungen, Duldungen oder Unterlassungen, z.B. eine Erfüllungsübernahme gem. § 329 BGB oder die Abtretung einer Forderung zum Gegenstand haben.[17] Die Verpflichtung kann zu Gunsten eines Dritten begründet werden.[18] Sie kann weiterhin **bedingt** oder **befristet** übernommen werden.[19]

8   Ein praktisch bedeutendes Beispiel einer Bedingung ist die Unterzeichnung und Übergabe des Belastungsbeleges durch den Kreditkarteninhaber. Das Unterzeichnen und die Übergabe des Beleges ist die aufschiebende Bedingung (vgl. die Kommentierung zu § 158 BGB), mit deren Eintritt der Anspruch des Vertragsunternehmens gegen das Kreditkartenunternehmen aufgrund eines rahmenmäßig vereinbarten abstrakten Schuldversprechens (vgl. Rn. 5) entsteht. Das Vertragsunternehmen erwirbt also einen abstrakten Anspruch gegen das Kartenunternehmen mit der Unterzeichnung und Übergabe des Belastungsbeleges durch den Karteninhaber.[20] Im so genannten Mailorderverfahren, in dem eine Unterzeichnung und Übergabe des Belastungsbelegs durch den Karteninhaber nicht möglich ist, steht der Anspruch unter der aufschiebenden Bedingung einer ordnungsgemäßen Belegausfertigung bei Bestellungseingang durch das Vertragsunternehmen.[21] Bei den Voraussetzungen einer ordnungsgemäßen Belegausfertigung ist die grundsätzliche Verteilung des Missbrauchsrisikos zu beachten: Würde man den Namen und die Anschrift des Karteninhabers auf dem Beleg verlangen, so trüge das Vertragsunternehmen allein das Risiko einer missbräuchlichen Verwendung der Karte. Das stünde im Wertungswiderspruch zur Unwirksamkeit von AGB-Klauseln, die eine vollständige Abwälzung des Missbrauchsrisikos auf das Vertragsunternehmen vorsehen (vgl. Rn. 5). Daher stehen der fehlende Name und die fehlende Adresse des Karteninhabers auf dem Beleg der Entstehung des Anspruchs nicht entgegen.[22] Auch der Vermerk „signature on file" kann bei telefonischen oder elektronischen Bestellungen im Mailorder-Verfahren nicht zur aufschiebenden Bedingung gemacht werden, da dem Vertragsunternehmen in diesen Fällen die Unterschrift des Bestellers nicht vorliegt.[23]

---

[15] BGH v. 16.04.2002 - XI ZR 375/00 - juris Rn. 34 - BGHZ 150, 286-299.
[16] BGH v. 12.10.1999 - XI ZR 24/99 - juris Rn. 14 - NJW 2000, 276-278; *Marburger* in: Staudinger, § 780 Rn. 1.
[17] Vgl. *Steffen* in: BGB-RGRK, § 780 Rn. 3; *Marburger* in: Staudinger, § 780 Rn. 2.
[18] RG v. 04.02.1929 - VI 362/28 - RGZ 123, 228-232; vgl. BGH v. 04.04.2000 - XI ZR 152/99 - juris-Rn. 11 - NJW 2000, 2984; OLG München v. 14.01.1966 - 10 U 1962/65 - VersR 1966, 667; *Steffen* in: BGB-RGRK, § 780 Rn. 3.
[19] BGH v. 30.11.1993 - XI ZR 8/93 - juris Rn. 18 - BGHZ 124, 263-270; BGH v. 16.06.1977 - III ZR 45/75 - WM 1977, 1025-1027; *Sprau* in: Palandt, § 780 Rn. 2.
[20] BGH v. 24.09.2002 - XI ZR 420/01 - juris Rn. 16 - BGHZ 152, 75, 80.
[21] BGH v. 16.04.2002 - XI ZR 375/00 - juris Rn. 28 - BGHZ 150, 286, 295.
[22] BGH v. 13.01.2004 - XI ZR 479/02 - juris Rn. 29 - BGHZ 157, 256, 266.
[23] BGH v. 12.07.2005 - XI ZR 412/04 - juris Rn. 27 - NJW-RR 2005, 1570, 1571.

Grundlage des Schuldversprechens kann eine Leistungsverpflichtung aus jedem privatrechtlichen Schuldverhältnis sein. Dabei kann das Versprechen auch für fremde Verbindlichkeiten abgegeben werden.[24] Aus der Unabhängigkeit des Versprechens vom Schuldgrund folgt, dass auch öffentlich-rechtlich begründete Leistungen Grundlage sein können.[25] Hier ist jedoch besondere Zurückhaltung geboten, sodass es einer sorgfältigen Prüfung bedarf, ob die Parteien einen privatrechtlichen Haftungsgrund schaffen wollten.[26] Grundsätzlich werden solche Vereinbarungen durch einen Verwaltungsakt oder einen öffentlich-rechtlichen Vertrag gestaltet und unterfallen dann dem öffentlichen Recht. Ist der Anspruch aus dem Grundverhältnis verjährt, hat dies auf Grund der Abstraktheit des Versprechens (vgl. dazu Rn. 10) keinen Einfluss auf die Wirksamkeit des Vertrages.[27]

III. Selbstständigkeit (Abstraktheit)

Die vertragliche Einigung muss auf eine **selbstständige Verpflichtung** i.S.d. § 780 BGB neben der Grundverpflichtung[28] gerichtet sein. Dies ist der Fall, wenn die mit dem Versprechen übernommene Verpflichtung von ihrem Rechtsgrund, das heißt von ihren wirtschaftlichen und rechtlichen Zusammenhängen gelöst und nur auf den im Versprechen zum Ausdruck kommenden Leistungswillen des Schuldners gestellt werden soll,[29] sodass sich der Gläubiger zur Begründung seines Anspruchs nur auf das Versprechen zu berufen braucht.[30] Dabei stellt das Gesetz auf den Willen der Parteien ab. Ob der Wille auf die Begründung einer selbstständigen Verpflichtung gerichtet ist, muss im Wege der Auslegung (vgl. dazu die Kommentierung zu § 133 BGB bis Kommentierung zu § 157 BGB) ermittelt werden. Primär ist der übereinstimmende wirkliche Wille der Parteien zu erforschen (natürliche Auslegung).[31] Kann ein übereinstimmender Parteiwille nicht ermittelt werden, so ist der mutmaßliche Wille zu ermitteln (normative Auslegung). Kriterien hierfür sind der Wortlaut, die vorangegangenen Verhandlungen, der Anlass und der wirtschaftliche Zweck des Vertrages, die Interessenlage beider Parteien, die Verkehrsauffassung über die Bedeutung eines solchen Anspruchs und die sonstigen, auch außerhalb der Urkunde liegenden Umstände des Falles.[32] Der Wille darf nicht nur auf Bestätigung einer bestehenden Verpflichtung abzielen (dann handelt es sich um ein kausales Schuldversprechen, vgl. die Kommentierung zu § 781 BGB Rn. 2), vielmehr muss er auf die Gründung einer von Grundgeschäft unabhängigen Verpflichtung gerichtet sein. Ist das Schuldversprechen in **allgemeinen Geschäftsbedingungen** enthalten, erfolgt die Auslegung nach objektiven Maßstäben, d.h. nach dem typischen Verständnis redlicher Vertragspartner unter Abwägung der Interessen der an Geschäften dieser Art normalerweise beteiligten Kreise.[33] Eine Vermutung für ein abstraktes Schuldversprechen besteht grundsätzlich nicht.[34] Ist im Inhalt der Urkunde der Verpflichtungsgrund nicht genannt, so ist dies ein Indiz für das Vorliegen eines selbstständigen Schuldversprechens.[35] Ist hingegen in der schriftlichen Erklärung

---

[24] Vgl. BGH v. 04.04.2000 - XI ZR 152/99 - juris Rn. 11 - NJW 2000, 2984-2985.

[25] Vgl. *Habersack* in: MünchKomm-BGB, § 780 Rn. 15; offen lassend BGH v. 10.12.1987 - III ZR 60/87 - juris Rn. 20 - BGHZ 102, 343-350.

[26] Vgl. *Habersack* in: MünchKomm-BGB, § 780 Rn. 15; BGH v. 10.12.1987 - III ZR 60/87 - juris Rn. 20 - BGHZ 102, 343-350.

[27] BGH v. 04.07.1973 - IV ZR 185/72 - LM Nr. 13 zu § 2113 BGB; BGH v. 18.12.1985 - IVa ZR 103/84 - juris Rn. 17 - NJW-RR 1986, 649-650.

[28] Im Einzelfall kann ein Grundverhältnis zwischen den Parteien auch ganz fehlen, insbesondere dann, wenn der Versprechende ein Schuldversprechen für eine fremde Verbindlichkeit abgibt und damit erstmals auch sich selbst als Schuldner anerkennt, vgl. BGH v. 04.04.2000 - XI ZR 152/99 - juris Rn. 11 - NJW 2000, 2984-2985.

[29] BGH v. 18.05.1995 - VII ZR 11/94 - juris Rn. 9 - NJW-RR 1995, 1391; BGH v. 14.10.1998 - XII ZR 66/97 - juris Rn. 15 - NJW 1999, 574-575; BGH v. 14.01.2008 - II ZR 245/06 - juris Rn. 15 - NJW 2008, 1589, 1590; OLG Köln v. 30.10.2002 - 5 U 9/02 - juris Rn. 22 - NJW-RR 2003, 818-819; *Marburger* in: Staudinger, § 780 Rn. 6.

[30] BGH v. 21.01.1976 - VIII ZR 148/74 - juris Rn. 14 - WM 1976, 254-255; BGH v. 18.10.1990 - IX ZR 4/90 - juris Rn. 8 - NJW-RR 1991, 178-179.

[31] BGH v. 09.07.1999 - V ZR 72/98 - juris Rn. 10 - NJW-RR 2000, 130-131; BGH v. 18.05.1995 - VII ZR 11/94 - juris Rn. 10 - NJW-RR 1995, 1391-1392.

[32] BGH v. 18.05.1995 - VII ZR 11/94 - juris Rn. 10 - NJW-RR 1995, 1391-1392; OLG Brandenburg v. 05.12.2002 - 12 U 67/02 - juris Rn. 23 - WM 2003, 1465-1468; OLG Schleswig v. 21.03.2002 - 5 U 156/01 - juris Rn. 32 - WM 2003, 20-22; *Marburger* in: Staudinger, § 780 Rn. 6.

[33] BGH v. 16.04.2002 - XI ZR 375/00 - juris Rn. 21 - BGHZ 150, 286, 291.

[34] OLG Düsseldorf v. 18.12.2008 - I-5 U 88/08, 5 U 88/08 - juris Rn. 34 - FamRZ 2009, 1626-1629.

[35] BGH v. 14.10.1998 - XII ZR 66/97 - juris Rn. 15 - NJW 1999, 574-575; OLG Saarbrücken v. 22.10.1997 - 1 U 148/97 - 43, 1 U 148/97 - MDR 1998, 828.

ein konkreter Schuldgrund angegeben, so ist im Zweifel, soweit sich aus den sonstigen Umständen nichts anderes ergibt,[36] ein selbstständiger Verpflichtungswille nicht anzunehmen.[37] Dann liegt ein kausales Schuldversprechen vor (vgl. dazu die Kommentierung zu § 781 BGB Rn. 2).

D. Rechtsfolgen

I. Schriftform

11 Die Erklärung des Schuldversprechens muss in schriftlicher Form abgegeben werden. Das **Schriftformerfordernis** soll klare Beweisverhältnisse schaffen, Missbrauch ausschließen und verhindern, dass der Schuldner an einer mündlichen Äußerung festgehalten wird.[38] Ziel ist es, Rechtssicherheit durch die Schaffung klarer Beweisverhältnisse zu gewährleisten.[39] Die Erklärung in schriftlicher Form ist Wirksamkeitsvoraussetzung. Sie richtet sich grundsätzlich nach den §§ 126-129 BGB (vgl. die Kommentierung zu § 126 BGB bis Kommentierung zu § 129 BGB). Die Abgabe in **notarieller Form** genügt (§ 126 Abs. 4 BGB), ebenso ein gerichtlich protokollierter Vergleich (§ 127a BGB). § 780 Satz 2 BGB schließt die elektronische Form (§ 126a BGB) ausdrücklich aus, vgl. § 126 Abs. 3 BGB. Formbedürftig ist kraft Gesetzes nur die Erklärung des Versprechenden, nicht die Erklärung des Empfängers; letztere ist formlos wirksam und kann daher auch konkludent erfolgen.[40] Zur Wahrung der Schriftform genügt die bloße Unterschrift i.S.v. § 126 BGB nicht, vielmehr ist eine Erteilung erforderlich, d.h. der Versprechende muss sich zu Gunsten des Empfängers der Urkunde entäußern, sodass der Empfänger darüber verfügen kann.[41] Der Zeitpunkt der Erteilung entspricht regelmäßig dem Zeitpunkt des Zugangs i.S.d. § 130 BGB. Strengere Formerfordernisse (wie z.B. die §§ 311b Abs. 3, 518 Abs. 1 Satz 2, 2301 BGB) bleiben unberührt.[42] Keiner Form bedarf es im Falle des § 397 Abs. 2 BGB (negatives Schuldanerkenntnis, vgl. dazu die Kommentierung zu § 781 BGB Rn. 5), für Schuldversprechen eines Kaufmanns, die §§ 350, 351 HGB, und bei Vorliegen der Voraussetzungen des § 782 BGB.

II. Verhältnis zum Grundgeschäft

1. Verknüpfung durch Zweckbindung

12 Mit der Abgabe der Versprechenserklärung und ihrer Annahme entsteht ein vom Grundgeschäft losgelöstes (vgl. dazu Rn. 10) neues Schuldverhältnis. Der Parteiwille bestimmt, welche Auswirkungen dadurch auf das Grundgeschäft entstehen. Denkbar sind drei Möglichkeiten: Im Regelfall ist der Wille darauf gerichtet, die abstrakte Verbindlichkeit Schuld verstärkend neben dem Grundverhältnis zu begründen. Der neue Anspruch tritt dann zusätzlich neben den gesicherten Anspruch aus dem Grundverhältnis. Durch Befriedigung der einen Schuld wird zugleich die andere aufgehoben; der Gläubiger kann nur einmal Zahlung verlangen. Dies geschieht – zur Erleichterung der Rechtsverfolgung – erfüllungshalber i.S.d. § 364 Abs. 2 BGB (vgl. dazu die Kommentierung zu § 364 BGB). Möglich ist auch, dass das Schuldversprechen an Erfüllungs statt i.S.d. § 364 Abs. 1 BGB gegeben wird. In diesem Fall wird das Grundverhältnis durch das abstrakte Versprechen ersetzt. Dies entspricht regelmäßig nicht den Gläubigerinteressen, weil mit der zu Grunde liegenden Forderung die dafür bestellten Sicherheiten erlöschen.[43] Schließlich kann vereinbart werden, dass das Schuldversprechen das Grundverhältnis abändert oder feststellt.[44] In diesem Fall verfolgen die Parteien regelmäßig den Zweck, das Rechtsverhältnis dem Streit oder einer Ungewissheit zu entziehen und keine neue Verbindlichkeit zu begründen. Dann

---

[36] Vgl. BGH v. 14.10.1998 - XII ZR 66/97 - juris Rn. 15 - NJW 1999, 574-575.
[37] BGH v. 28.01.2003 - VI ZR 263/02 - juris Rn. 18 - NJW 2003, 1524-1526; BGH v. 26.02.2002 - VI ZR 288/00 - juris Rn. 10 - NJW 2002, 1791-1792; BGH v. 14.10.1998 - XII ZR 66/97 - juris Rn. 15 - NJW 1999, 574-575; *Steffen* in: BGB-RGRK, § 780 Rn. 10.
[38] Vgl. BGH v. 08.12.1992 - XI ZR 96/92 - juris Rn. 15 - BGHZ 121, 1-6; *Marburger* in: Staudinger, § 780 Rn. 7.
[39] BGH v. 08.12.1992 - XI ZR 96/92 - juris Rn. 16 - BGHZ 121, 1-6; *Habersack* in: MünchKomm-BGB, § 780 Rn. 21.
[40] BGH v. 18.10.1990 - IX ZR 258/89 - juris Rn. 17 - NJW 1991, 228-229; OLG Koblenz v. 13.08.2009 - 5 U 52/09 - juris Rn. 10 - NJW-RR 2010, 861-862; OLG Köln v. 22.11.2000 - 11 U 84/00 - MDR 2001, 756-758.
[41] Vgl. *Marburger* in: Staudinger, § 780 Rn. 10.
[42] Für den Fall eines schenkweisen Schuldversprechens oder -anerkenntnisses vgl. OLG Hamburg v. 11.02.2011 - 11 U 12/10 - juris Rn. 47 - DB 2011, 811-816.
[43] Vgl. *Marburger* in: Staudinger, § 780 Rn. 15.
[44] *Sprau* in: Palandt, § 780 Rn. 7.

liegt ein kausaler Feststellungsvertrag (vgl. dazu die Kommentierung zu § 781 BGB Rn. 2) und kein abstraktes Schuldversprechen vor. Die typische Wirkung des Schuldversprechens liegt also in der Schuldverstärkung. Wird die Forderung aus dem Grundverhältnis **abgetreten**, so geht nicht ohne weiteres die Forderung aus dem Schuldversprechen über, da es sich auf Grund seiner fiduziarischen Funktion (vgl. dazu Rn. 3) im Zweifel nicht um ein Nebenrecht i.S.v. § 401 BGB handelt.[45] Für die Verjährung des Anspruchs aus dem Schuldversprechen gilt die regelmäßige Verjährungsfrist des § 195 BGB,[46] auch dann, wenn das Grundverhältnis eine kürzere Frist vorsieht[47]. Bei durch das Schuldversprechen gesicherten Ansprüchen ist aufgrund des Vorliegens einer planwidrigen Regelungslücke § 216 Abs. 2 BGB analog auf das Schuldversprechen anzuwenden.[48] Die Verjährung des Anspruchs aus dem Grundverhältnis beginnt erneut, wenn der Schuldner den Anspruch im Wege des Schuldversprechens anerkennt (§ 212 Abs. 1 Nr. 1 BGB).

2. Verknüpfung durch Bereicherungsrecht

Die Begründung einer neuen Verbindlichkeit aus dem Schuldversprechen steht unter dem Vorbehalt des **Bereicherungsausgleichs** gem. den §§ 812-822 BGB. § 812 Abs. 2 BGB stellt klar, dass das Schuldanerkenntnis i.S.d. § 781 BGB eine Leistung i.S.d. § 812 BGB ist und daher der Rückforderung unterliegt.[49] Für das abstrakte Schuldversprechen gilt dasselbe.[50] Rechtsgrund dieser Leistung ist die Vereinbarung, eine abstrakte Forderung zu begründen, deren Verpflichtungswirkung regelmäßig mit dem Bestand des Grundgeschäfts verknüpft ist (vgl. Rn. 12). Der Rechtsgrund soll gerade verhindern, dass eine Schuld gesichert wird, die in Wirklichkeit gar nicht entstanden oder bereits erloschen ist.[51] Besteht also das Grundgeschäft nicht, so kann der Schuldner die von ihm begründete Forderung kondizieren und gegen die Forderung die Bereicherungseinrede gem. § 821 BGB erheben.[52] Dies gilt auch dann, wenn der Gläubiger die Forderung abgetreten hat, vgl. § 404 BGB. Ein Bereicherungsanspruch besteht nicht, wenn die §§ 813 Abs. 2, 814, 817 Abs. 2 BGB eingreifen, ferner dann nicht, wenn die Parteien durch das Schuldversprechen Streit oder Unsicherheiten über das zwischen ihnen bestehende Rechtsverhältnis beenden und eine klare Rechtslage schaffen wollten und die Verpflichtung des Schuldners ohne Rücksicht auf eine frühere Schuld begründet werden sollte.[53] Insbesondere kann der Schuldner bei einer vergleichsähnlichen Feststellung[54] nicht einwenden, dass das ursprüngliche Schuldverhältnis nicht bestand[55]. Die darin liegende Änderung geschieht mit Rechtsgrund, da Zweck der abstrakten Verpflichtung hier die Beseitigung von Streit und Ungewissheit ist. Dieser Zweck wird mit dem wirksamen Vertragsschluss erreicht. Ob der Parteiwille auf eine Schuldfeststellung gerichtet ist und inwieweit dem Versprechendem ein Rückgriff auf das Grundverhältnis verwehrt ist, muss durch Auslegung ermittelt werden.[56] Zu beachten ist jedoch, dass abstrakte Schuldverträge zur Beseitigung von Streit oder Ungewissheiten nur selten vorkommen (vgl. dazu Rn. 12) und meist ein kausaler Feststellungsvertrag vorliegt (vgl. dazu die Kommentierung zu § 781 BGB Rn. 2). Ein Bereicherungsan-

---

[45] BGH v. 05.03.1991 - XI ZR 75/90 - juris Rn. 22 - BGHZ 114, 9-15; *Wilhelmi* in: Erman, Vor. § 780 Rn. 2.
[46] Das in notariell beurkundeter Form abgegebene Schuldversprechen verjährt gem. §§ 197 Abs. 1 Nr. 4, 201 BGB in dreißig Jahren.
[47] BGH v. 12.07.1995 - I ZR 176/93 - juris Rn. 17 - BGHZ 130, 288-297; BGH v. 29.02.1984 - IVa ZR 107/82 - WM 1984, 667-668.
[48] BGH v. 17.11.2009 - XI ZR 36/09 - juris Rn. 18 - JZ 2010 461-464 mit Anmerkung v. *Jacoby*; OLG Frankfurt v. 11.07.2007 - 23 U 7/07 - juris Rn. 18 ff.; OLG Frankfurt v. 15.03.2006 - 13 U 208/05 - juris Rn. 22 - WM 2006, 856 ff.; *Cartano/Edelmann*, WM 2004, 775, 779; *Hohmann*, WM 2004, 757, 763; a.A. *Kreikenbohm/Niederstetter*, WM 2008, 718-721, wonach eine analoge Anwendung von § 216 Abs. 2 BGB nicht erforderlich ist.
[49] Thüringer Oberlandesgericht v. 25.06.2008 - 4 U 820/06 - juris Rn. 24 - OLGR Jena 2008, 925-927.
[50] BGH v. 19.03.1991 - XI ZR 102/90 - juris Rn. 17 - NJW 1991, 2210-2211; BGH v. 30.11.1998 - II ZR 238/97 - juris Rn. 10 - NJW-RR 1999, 573-574.
[51] Vgl. BGH v. 18.05.2000 - IX ZR 43/99 - juris Rn. 9 - NJW 2000, 2501-2502; OLG München v. 17.05.2001 - 8 U 5061/00 - ZfIR 2001, 689-691.
[52] Vgl. dazu BGH v. 06.05.2003 - XI ZR 283/02 - juris Rn. 16 - ZIP 2003, 2021-2022; OLG Saarbrücken v. 22.10.1997 - 1 U 148/97 - 43, 1 U 148/97 - juris Rn. 29 - MDR 1998, 828; *Habersack* in: MünchKomm-BGB § 780 Rn. 47.
[53] BGH v. 18.05.2000 - IX ZR 43/99 - juris Rn. 9 - NJW 2000, 2501-2502; *Marburger* in: Staudinger, § 780 Rn. 27.
[54] Vgl. BGH v. 19.09.1963 - III ZR 121/62 - NJW 1963, 2316-2319.
[55] BGH v. 27.10.1966 - VII ZR 65/64.
[56] Vgl. BGH v. 18.05.2000 - IX ZR 43/99 - juris Rn. 10 - NJW 2000, 2501-2502.

spruch besteht auch dann nicht, wenn der Schuldner wirksam auf die Einrede verzichtet hat,[57] sowie bei Anerkennung eines verjährten Anspruchs, vgl. § 214 Abs. 2 Satz 2 BGB. Darüber hinaus ist ein abstraktes Schuldversprechen (mit Vollstreckungsunterwerfung in einer Grundschuldbestellungsurkunde) zur Sicherung eines Anspruchs nicht gem. § 812 Abs. 2 BGB kondizierbar, wenn der gesicherte Anspruch verjährt ist (§ 216 Abs. 2 Satz 2 BGB analog).[58]

E. Prozessuale Hinweise/Verfahrenshinweise

I. Beweislast

14 Der Kläger braucht nur die Eingehung des selbstständigen Schuldversprechens zu beweisen,[59] der Beklagte trägt die **Beweislast** für Einwendungen aus dem Grundgeschäft[60]. Insbesondere muss der Beklagte beweisen, dass der Rechtsgrund für das Schuldversprechen nicht oder nicht mehr besteht und der Inanspruchnahme daher die Einrede gemäß § 821 BGB entgegensteht.[61] Ist die Selbstständigkeit des Versprechens streitig, so tritt bei abstrakt formulierter Schuldurkunde eine Umkehr der Beweislast zu Gunsten des Gläubigers ein.[62] Umgekehrt kann der Beklagte beweisen, dass trotz Fehlens der Angabe eines Grundverhältnisses nur ein Schuldbestätigungsvertrag oder eine Beweisurkunde vorliegt.[63]

II. Urkundenprozess

15 Ist das Schuldversprechen in einer privatschriftlichen oder notariellen Urkunde enthalten, so kann der Gläubiger seinen Anspruch im Wege des **Urkundenprozesses** gem. den §§ 592-605a ZPO verfolgen, sofern der Leistungsgegenstand in den Anwendungsbereich des § 592 ZPO fällt. Diese Möglichkeit besteht auch, wenn die Urkunde nur die Erklärung des Schuldners, nicht die Annahme durch den Gläubiger enthält. Der nach § 592 ZPO erforderliche Beweis wird insoweit durch den Besitz der Urkunde erbracht.[64] Der Beklagte kann im Urkundenprozess nur solche Einreden und Einwendungen geltend machen, deren Voraussetzungen er seinerseits durch Urkunden oder durch Parteivernehmung beweisen kann, vgl. die §§ 595 Abs. 2, 598 ZPO. Die Einrede der Bereicherung (vgl. Rn. 13) wird daher regelmäßig erst im Nachverfahren (§ 600 ZPO) zur Geltung kommen.[65] Bis dahin hat der Kläger mit dem Vorbehaltsurteil (§ 599 ZPO)[66] einen Titel, der ohne Sicherheitsleistung für vorläufig vollstreckbar zu erklären ist (§ 708 Nr. 4 ZPO).

III. Streitgegenstand

16 Stützt der Gläubiger seinen Anspruch sowohl auf das Grundverhältnis als auch auf den abstrakten Schuldvertrag, so liegen zwei unterschiedliche **Streitgegenstände** und damit zwei prozessuale Anträge vor.[67] Der Gläubiger kann beide Anträge in einem einheitlichen Verfahren stellen (objektive Klagenhäufung gemäß § 260 ZPO). Stützt der Gläubiger seinen Anspruch zunächst auf das Schuldversprechen und greift er im Verlauf des Prozesses auf das Grundverhältnis zurück, so liegt darin eine Klageänderung gem. § 263 ZPO.[68] Im Regelfall wird die Klageänderung als sachdienlich zuzulassen sein (§ 263 Alt. 2 ZPO). Hat der Gläubiger im Urkundenprozess Klage erhoben, so muss der Kläger davon auf Grund der Klageänderung Abstand nehmen (§ 596 ZPO).

---

[57] Vgl. BGH v. 19.03.1991 - XI ZR 102/90 - juris Rn. 18 - NJW 1991, 2210-2211.
[58] BGH v. 17.11.2009 - XI ZR 36/09 - juris Rn. 18 ff. - NJW 2010, 1144-1147.
[59] Vgl. BGH v. 10.04.2002 - XII ZR 37/00 - juris Rn. 10 - NJW-RR 2002, 947-948.
[60] BGH v. 30.11.1998 - II ZR 238/97 - juris Rn. 10 - NJW-RR 1999, 573-574; BGH v. 18.10.1990 - IX ZR 4/90 - juris Rn. 8 - NJW-RR 1991, 178-179.
[61] Vgl. dazu OLG Naumburg v. 22.06.2000 - 2 U 95/99 - juris Rn. 58 - OLGR Naumburg 2001, 74-76.
[62] Vgl. OLG Koblenz v. 13.08.2009 - 5 U 52/09 - juris Rn. 8 - NJW- RR 2010, 861-862.
[63] Vgl. *Sprau* in: Palandt, § 780 Rn. 12.
[64] *Habersack* in: MünchKomm-BGB, § 780 Rn. 55.
[65] Vgl. BGH v. 29.06.1999 - XI ZR 304/98 - WM 1999, 1561-1564.
[66] Vgl. dazu BGH v. 01.10.1987 - III ZR 134/86 - juris Rn. 12 - NJW 1988, 1468-1469.
[67] *Reichold* in: Thomas/Putzo, ZPO, Einl. II Rn. 32.
[68] Vgl. BGH v. 17.03.1955 - II ZR 83/54 - BGHZ 17, 31-36; *Marburger* in: Staudinger, Vorbem. zu den §§ 780 ff. Rn. 16.

§ 781 BGB Schuldanerkenntnis

(Fassung vom 02.01.2002, gültig ab 01.01.2002)

¹Zur Gültigkeit eines Vertrags, durch den das Bestehen eines Schuldverhältnisses anerkannt wird (Schuldanerkenntnis), ist schriftliche Erteilung der Anerkennungserklärung erforderlich. ²Die Erteilung der Anerkennungserklärung in elektronischer Form ist ausgeschlossen. ³Ist für die Begründung des Schuldverhältnisses, dessen Bestehen anerkannt wird, eine andere Form vorgeschrieben, so bedarf der Anerkennungsvertrag dieser Form.

Gliederung

A. Begriff 1	D. Das negative Schuldanerkenntnis (§ 397 Abs. 2 BGB) 5
B. Deklaratorisches (kausales) Schuldanerkenntnis 2	E. Das prozessuale Anerkenntnis (§ 307 ZPO) 6
C. Das einseitige nichtrechtsgeschäftliche Anerkenntnis 4	

A. Begriff

§ 781 BGB behandelt das konstitutive (abstrakte) Schuldanerkenntnis. Es wird in § 781 Satz 1 BGB als Vertrag definiert, durch den das Bestehen eines Schuldverhältnisses anerkannt wird. Das **konstitutive Anerkenntnis** soll – ebenso wie das Schuldversprechen i.S.v. § 780 BGB (vgl. dazu die Kommentierung zu § 780 BGB Rn. 1) – unabhängig vom Schuldgrund eine neue selbstständige Forderung begründen. Zur Abgrenzung zum Schuldversprechen i.S.d. § 780 BGB, vgl. die Kommentierung zu § 780 BGB Rn. 1. Da das abstrakte Schuldanerkenntnis dem Schuldversprechen nach § 780 BGB vollkommen gleicht, unterliegt es nach Rechtsnatur, Tatbestand und Rechtsfolgen denselben Regeln wie dieses,[1] vgl. dazu die Kommentierung zu § 780 BGB.

B. Deklaratorisches (kausales) Schuldanerkenntnis

Vom abstrakten Anerkenntnisvertrag i.S.v. § 781 BGB ist das vertragliche, deklaratorische (kausale) Schuldanerkenntnis zu unterscheiden, dessen Zulässigkeit aus der Vertragsfreiheit folgt.[2] Es ist gesetzlich nicht geregelt, fällt insbesondere nicht unter § 781 BGB. Der Zweck des deklaratorischen Anerkenntnisses besteht darin, das Schuldverhältnis insgesamt in seinem Bestand oder in einzelnen Punkten dem Streit oder der Ungewissheit zu entziehen und es (insoweit) endgültig festzulegen.[3] In dieser vertragstypischen Zweckbestimmung entspricht das deklaratorische Anerkenntnis dem Vergleich (vgl. dazu die Kommentierung zu § 779 BGB Rn. 1); es hat daher eine vergleichsähnliche Rechtsnatur.[4] Im Unterschied zum Vergleich werden Streit oder Ungewissheit jedoch nicht durch gegenseitiges, sondern durch einseitiges Nachgeben seitens des Schuldners beseitigt[5] (vgl. die Kommentierung zu § 779 BGB Rn. 4). Der kausale Anerkenntnisvertrag ist abzugrenzen gegenüber dem abstrakten Anerkenntnis einerseits (vgl. dazu die Kommentierung zu § 780 BGB Rn. 1) und dem Anerkenntnis ohne rechtsgeschäftlichen Charakter andererseits (vgl. dazu nichtrechtsgeschäftliches Anerkenntnis, Rn. 4). Die Ab-

---

[1] A.A. *Schippers*, DNotZ 2006, 726 ff., wonach aus den gesetzgeberischen Zwecken des § 781 BGB weder eine besondere Abgabeform noch eine besondere Zugangsform hergeleitet werden kann.

[2] BGH v. 16.03.1988 - VIII ZR 12/87 - juris Rn. 16 - BGHZ 104, 18-26; BGH v. 24.03.1976 - IV ZR 222/74 - juris Rn. 17 - BGHZ 66, 250-261; *Marburger*, Das kausale Schuldanerkenntnis als einseitiger Feststellungsvertrag, 1971, S. 30 ff.

[3] BGH v. 16.03.1988 - VIII ZR 12/87 - juris Rn. 16 - BGHZ 104, 18-26; BGH v. 24.03.1976 - IV ZR 222/74 - juris Rn. 17 - BGHZ 66, 250-261; BGH v. 03.04.2001 - XI ZR 120/00 - juris Rn. 26 - BGHZ 147, 203-211; BGH v. 30.03.2006 - III ZR 187/05 - juris Rn. 3; BGH v. 03.06.2008 - XI ZR 239/07 - NJW 2008, 3426-3426.

[4] BGH v. 24.03.1976 - IV ZR 222/74 - juris Rn. 19 - BGHZ 66, 250-261; BGH v. 19.09.1963 - III ZR 121/62 - NJW 1963, 2316-2319; BGH v. 10.01.1984 - VI ZR 64/82 - juris Rn. 14 - NJW 1984, 799-800.

[5] Vgl. dazu BGH v. 05.05.2003 - II ZR 50/01 - juris Rn. 13 - NJW-RR 2003, 1196-1198; mit Anm. *Kleindiek*, EWiR 2004, 23-24, 23 f.; OLG Koblenz v. 25.08.2003 - 12 U 705/02 - VRS 105, 405-407 (2003).

§ 781

grenzung erfolgt im Wege der Auslegung.[6] Für die Abgrenzung gegenüber dem abstrakten Anerkenntnis (vgl. dazu die Kommentierung zu § 780 BGB Rn. 10) ist entscheidend, dass der erforderliche Abstraktionswille nur angenommen werden darf, wenn die Begründung einer neuen, vom Schuldgrund unabhängigen Verpflichtung notwendig ist, um den von den Parteien verfolgten Zweck zu erreichen. Daher ist, solange aus den gesamten Umständen nichts weiter hervorgeht als die Absicht der Parteien, ein Schuldverhältnis dem Streit oder der Ungewissheit zu entziehen und festzulegen, von einem kausalen Anerkenntnis auszugehen. Denn dadurch wird der Bereinigungszweck (vgl. dazu die Kommentierung zu § 779 BGB Rn. 3) vollständig realisiert.[7] Die Abgrenzung ist insbesondere problematisch, wenn das Anerkenntnis Schuld begründende Wirkung hat. In diesem Fall muss durch Auslegung ermittelt werden, ob ein vom Schuldgrund losgelöstes oder nur ein in ein anderes Kausalverhältnis eingebettetes Schuldanerkenntnis vorliegt.[8] Schriftlich erteilte Anerkenntnisse sind im Zweipersonenverhältnis grundsätzlich abstrakt.[9] Für die Unterscheidung vom nichtrechtsgeschäftlichen Anerkenntnis kommt es darauf an, ob die Parteien eine Regelung treffen und ob die Bekundungen der Parteien von dem Willen zu rechtlicher Bindung geprägt sind oder nicht. In der Rechtsprechung wird die Tendenz deutlich, dass der kausale[10] und der abstrakte[11] Anerkenntnisvertrag nur dann anzunehmen sind, wenn der Vertragsschluss durch die Interessen beider Seiten eindeutig gefordert wird. Ist dies nicht der Fall, so ist von einem nichtrechtsgeschäftlichen Anerkenntnis auszugehen.[12] Das kausale Anerkenntnis erfordert den Abschluss eines Vertrages (§ 311 Abs. 1 BGB). Ein kausales Schuldanerkenntnis ist beispielsweise in der Regulierungszusage eines Haftpflichtversicherers gegenüber dem Geschädigten zu sehen.[13] Die Prüfung einer Rechnung, die Bezahlung einer Rechnung oder auch die Bezahlung nach Prüfung erlauben für sich genommen nicht, ein deklaratorisches Schuldanerkenntnis anzunehmen.[14] Des Weiteren ist – wie beim Vergleich – erforderlich, dass zwischen den Parteien Streit oder subjektive Ungewissheit über das Bestehen der Schuld oder rechtserhebliche Punkte besteht und die Parteien durch das Anerkenntnis dieses oder einzelne Punkte dem Streit oder der Ungewissheit entziehen wollen.[15] Die Wirkung des deklaratorischen Anerkenntnisses hängt vom Inhalt der Vereinbarung ab und ist Auslegungsfrage. Regelmäßig wirkt das Anerkenntnis deklaratorisch und erzeugt keinen neuen Anspruch. Entsprechend seinem Zweck, den Streit oder die Ungewissheit zu bereinigen, schließt es alle Einwendungen tatsächlicher und rechtlicher Natur für die Zukunft aus, die der Schuldner bei Abgabe seiner Erklärung kannte oder mit denen er rechnen musste.[16] Der Schuldner ist daher mit allen rechtshindernden oder -vernichtenden Einwendungen und der Berufung auf das Fehlen anspruchsbegründender Tatsachen präkludiert. Jedoch kann die Auslegung des Anerkenntnisses ergeben, dass dieses auf den Ausschluss bestimmter Einwendungen, auf die Höhe[17] oder den Grund des Anspruchs beschränkt ist. So enthält das Anerkenntnis eines Schadensersatzanspruchs in negativer Hinsicht zugleich die Erklärung, dass Ersatzansprüche aus demselben Schuldgrund in umgekehrter Richtung, nämlich gegen

---

[6] Zur Abgrenzung des konstitutiven vom deklaratorischen Schuldanerkenntnis in einer notariellen Ehescheidungsfolgenvereinbarung vgl. OLG Thüringen v. 05.08.2005 - 1 UF 519/04 - juris Rn. 70 ff.; zur Abgrenzung im Arbeitsrecht vgl. BAG v. 24.06.2009 - 10 AZR 707/08 (F) - juris Rn. 24 - NJW 2009, 3529-3533.

[7] Vgl. BGH v. 29.01.2002 - VI ZR 230/01 - juris Rn. 11 - NJW 2002, 1878-1881; *Marburger* in: Staudinger, § 781 Rn. 24.

[8] BGH v. 20.04.1967 - III ZR 59/65 - WM 1967, 825; *Wilhelmi* in: Erman, § 781 Rn. 9; BGH v. 10.01.1984 - VI ZR 64/82 - juris Rn. 13 - NJW 1984, 799-800.

[9] *Ehmann*, WM 2007, 337.

[10] BGH v. 10.10.1977 - VIII ZR 76/76 - juris Rn. 15 - BGHZ 69, 328-333.

[11] BGH v. 24.03.1976 - IV ZR 222/74 - juris Rn. 19 - BGHZ 66, 250-261; zustimmend *Habersack* in: MünchKomm-BGB, § 781 Rn. 4.

[12] So ist grundsätzlich auch mit einer Gehaltsabrechnung kein Schuldanerkenntnis verbunden, vgl. hierzu LArbG Schleswig-Holstein v. 09.05.2007 - 6 Sa 436/06 - juris Rn. 47.

[13] BGH v. 19.11.2008 - IV ZR 293/05 - juris Rn. 9 - NJW- RR 2009, 382-383; OLG Bamberg v. 27.01.2010 - 3 U 28/08 - juris Rn. 27 - BauR 2010, 1596-1599.

[14] BGH v. 11.11.2008 - VIII ZR 265/07 - juris Rn. 12 - NJW 2009, 580-582; BGH v. 11.01.2007 - VII ZR 165/05 - ZfBR 2007, 334; BGH v. 08.03.1979 - VII ZR 35/78 - BauR 1979, 249, 251.

[15] BGH v. 24.03.1976 - IV ZR 222/74 - juris Rn. 19 - BGHZ 66, 250-261; BGH v. 24.06.1999 - VII ZR 120/98 - juris Rn. 26 - NJW 1999, 2889-2890; BGH v. 18.05.2000 - IX ZR 43/99 - juris Rn. 9 - NJW 2000, 2501-2502; OLG Karlsruhe v. 29.12.1994 - 18a U 22/94 - juris Rn. 21 - WM 1995, 920-922.

[16] BGH v. 13.03.1974 - VII ZR 65/72 - juris Rn. 13 - BB 1974, 999-1000; BAG v. 22.07.2010 - 8 AZR 144/09 - juris Rn. 20 - NJW 2011, 630-634; LG Hamburg v. 02.07.2008 - 317 O 347/07 - juris Rn. 29 - ZfIR 2008, 636-639.

[17] OLG Frankfurt/M v. 02.12.1986 - 8 U 95/86 - NJW-RR 1987, 310-311.

den Anerkenntnisempfänger, nicht bzw. nicht über den anerkannten Teil bzw. die anerkannte Quote hinaus bestehen.[18] In diesen Fällen kann sich der Schuldner jedoch selbstverständlich auf die vom Anerkenntnis nicht umfassten Einwendungen berufen. Als unwirksam gem. § 307 Abs. 2 Nr. 1 BGB ist eine Klausel in AGB des Anerkenntnisvertrags anzusehen, nach welcher der Schuldner auf Einwendungen verzichtet.[19]

Der durch Auslegung zu ermittelnde Parteiwille kann auch dahin gehen, dass in dem deklaratorischen Anerkenntnis, ein „nur möglicherweise" bestehendes Schuldverhältnis „bestätigt" wird.[20] Insoweit hat das kausale Anerkenntnis dann „potentiell konstitutive Wirkung", da erst durch das Anerkenntnis eine Leistungsverpflichtung begründet wird.[21] Die konstitutive Wirkung ist jedoch nur möglich, wenn der Sachverhalt, dem das Anerkenntnis zugrunde lag, überhaupt geeignet war, den Anspruch auf irgendeine Weise zu rechtfertigen. Besteht tatsächlich der Anspruch nicht und die Parteien wissen das – das Schuldanerkenntnis enthält also einen von den Parteien fingierten Rechtsgrund – so handelt es sich um ein konstitutives und kein deklaratorisches Anerkenntnis.[22] Auch wenn Zweifel über das Ausgangsrechtsverhältnis zwischen den Parteien bestehen und diese ein „möglicherweise" bestehendes Schuldverhältnis mit einem deklaratorischen Schuldanerkenntnis als bestehend bestätigen, wirkt das Anerkenntnis konstitutiv. Dann hat das Anerkenntnis Schuld begründende Wirkung, aber nicht im Sinne eines abstrakten Anerkenntnisses, sondern als Vertrag i.S.v. § 305 BGB. Das kausale Anerkenntnis unterliegt nicht der Rückforderung wegen ungerechtfertigter Bereicherung i.S.d. § 812 Abs. 2 BGB.[23] Die durch das Anerkenntnis bewirkten potentiellen Zuwendungen bilden zwar Leistungen i.S.v. § 812 Abs. 1 BGB, sie werden jedoch durch den vereinbarten Feststellungs- bzw. Bereinigungszweck gerechtfertigt, der zum Vertragsinhalt gehört.[24] Dieser Zweck wird mit dem wirksamen Vertragsschluss erreicht und ist daher Rechtsgrund i.S.v. § 812 Abs. 1 BGB. Die mögliche Wirkung des deklaratorischen Anerkenntnisses geht also über die des abstrakten Vertrags insofern hinaus, als ein endgültiger Erwerb des Gläubigers bewirkt werden kann. § 779 BGB ist auf das deklaratorische Anerkenntnis entsprechend anwendbar, so dass das Anerkenntnis nichtig ist, soweit sich die Parteien gemeinsam über einen dem Vertrag als feststehend zugrunde gelegten Streit ausschließenden Umstand geirrt haben (vgl. dazu die Kommentierung zu § 779 BGB Rn. 14). Eine Form ist gesetzlich nicht vorgeschrieben. Das deklaratorische Anerkenntnis ist daher – wie der Vergleich – grundsätzlich formfrei wirksam[25], solange sich aus spezielleren Vorschriften nichts anderes ergibt (vgl. dazu die Kommentierung zu § 779 BGB Rn. 6). Im Hinblick auf sonstige Nichtigkeitsgründe gelten die allgemeinen Regeln. Ist das Ausgangsrechtsverhältnis nichtig, so ist auch das Anerkenntnis, das sich darauf bezieht, nichtig.[26] Ansprüche aus einem deklaratorischen Schuldanerkenntnis verjähren zudem nach denselben Grundsätzen wie die bestätigte Forderung.[27]

C. Das einseitige nichtrechtsgeschäftliche Anerkenntnis

Neben dem abstrakten Anerkenntnis i.S.v. § 781 BGB und dem nicht geregelten kausalen Anerkenntnis gibt es das einseitige nichtrechtsgeschäftliche Anerkenntnis. Mit dieser Regelung treffen die Parteien keine rechtsgeschäftliche Regelung, auch wenn sie vom Gegner akzeptiert worden ist. Sie ist eine **Wissenserklärung**, keine Willenserklärung. Eine solche Erklärung enthält keinen rechtsgeschäftlichen Verpflichtungswillen des Schuldners, sondern wirkt als Indiz,[28] das durch einfachen Gegenbeweis

---

[18] AG Pirna v. 29.09.2005 - 4 C 1032/04 - Schaden-Praxis 2006, 55-56.
[19] *Ehmann*, WM 2007, 337; zu AGB-rechtlichen und arbeitsrechtsspezifischen Wirksamkeitsschranken vgl. *Fornasier/Werner*, RdA 2007, 235-241.
[20] BGH v. 24.03.1976 - IV ZR 222/74 - juris Rn. 17 - BGHZ 66, 250-261.
[21] BGH v. 24.03.1976 - IV ZR 222/74 - juris Rn. 17 - BGHZ 66, 250-261.
[22] BGH v. 05.12.1979 - IV ZR 107/78 - NJW 1980, 1158-1159.
[23] BGH v. 18.05.2000 - IX ZR 43/99 - juris Rn. 9 - NJW 2000, 2501-2502; BGH v. 24.03.1976 - IV ZR 222/74 - juris Rn. 17 - BGHZ 66, 250-261; *Habersack* in: MünchKomm-BGB, § 781 Rn. 6.
[24] Vgl. *Habersack* in: MünchKomm-BGB, § 781 Rn. 6.
[25] OLG Naumburg v. 22.07.1994 - 6 U 57/94 - juris Rn. 3 - NJW-RR 1995, 154; *Marburger* in: Staudinger, § 781 Rn. 22; a.A. *Ehmann*, WM 2007, 337 wonach das kausale Anerkenntnis dem Formerfordernis des § 518 Abs. 1 Satz 1 BGB, zumindest aber dem Formerfordernis des § 781 BGB unterstellt werden sollte.
[26] BGH v. 16.03.1988 - VIII ZR 12/87 - juris Rn. 16 - BGHZ 104, 18-26; BGH v. 29.06.2005 - VIII ZR 299/04 - juris Rn. 26 - NJW 2005, 2991-2995.
[27] OLG Oldenburg v. 21.07.2005 - 8 U 31/05 - juris Rn. 19.
[28] *Ehmann*, WM 2007, 329, 333.

entkräftet werden kann[29]. Die Erklärung des Schuldners hat den Zweck, dem Gläubiger den Beweis zu erleichtern, ihm die Erfüllungsbereitschaft anzuzeigen und ihn dadurch von weiteren Maßnahmen abzuhalten.[30] Sie ist daher jederzeit widerruflich. Die Wirkungen des Anerkenntnisses treten unabhängig vom Parteiwillen ein. Die Erklärungen haben lediglich indizielle Bedeutung für die vom Richter nach § 286 ZPO vorzunehmende freie Beweiswürdigung.[31] Im Einzelfall kann das Anerkenntnis auch eine **Umkehrung der Beweislast** bewirken: Wer eine Forderung bestätigt hat, muss den Gegenbeweis führen, dass dem Gläubiger keine oder nur geringere Ansprüche zustehen.[32] Entscheidendes Abgrenzungskriterium zu den echten Anerkenntnissen ist demnach der fehlende Rechtsbindungswille. Ob ein solcher seitens des Schuldners gegeben ist, ist durch Auslegung zu ermitteln.[33] Maßgebend sind insbesondere der mit dem Anerkenntnis verfolgte Zweck, die beiderseitige Interessenlage im Einzelfall sowie die allgemeine Verkehrsauffassung über die Bedeutung eines solchen Anerkenntnisses.[34] Bloß mündlich erteilte Anerkenntnisse sind im Zweipersonenverhältnis grundsätzlich einseitig und nichtrechtsgeschäftlich.[35] Vom einseitigen Anerkenntnis unterscheidet sich der kausale Anerkenntnisvertrag dadurch, dass er die Rechtsbeziehungen der Parteien regeln soll. Diese Voraussetzung kann nur bejaht werden, wenn Streit oder Ungewissheit über das Schuldverhältnis herrschte, für die Parteien also Anlass zu einer rechtsgeschäftlichen Regelung bestand, und wenn der Gläubiger die Erklärung des Schuldners so verstehen durfte, dass durch sie die bestehenden Zweifel ausgeräumt werden sollten.[36] Materiell-rechtlich beginnt die Verjährung erneut, wenn der Schuldner gegenüber dem Gläubiger den Anspruch anerkennt, § 212 Abs. 1 Nr. 1 BGB (vgl. dazu die Kommentierung zu § 212 BGB).

D. Das negative Schuldanerkenntnis (§ 397 Abs. 2 BGB)

5   Das negative Schuldanerkenntnis ist ebenso wie das kausale und das abstrakte Anerkenntnis ein Vertrag, vgl. § 397 Abs. 2 BGB. Das **negative Anerkenntnis** ist das Spiegelbild zum abstrakten Anerkenntnis i.S.d. § 781 BGB. Der Gläubiger erkennt an, dass das Schuldverhältnis nicht besteht.[37] Der Vertrag ist, auch bei schenkweisem Erlass, formfrei möglich und richtet sich, im Gegensatz zum Schuldanerkenntnis gemäß § 781 BGB, nicht auf die Begründung einer Verpflichtung, sondern auf deren Erlöschen. In dieser Wirkung gleicht es dem Erlassvertrag (vgl. dazu die Kommentierung zu § 397 BGB). Wie dieser stellt das negative Anerkenntnis eine Verfügung des Gläubigers über seine Forderung dar.[38] Ein in Erwartung der Erfüllung abgegebenes Anerkenntnis ist nach § 812 Abs. 1 BGB kondizierbar. Anspruchsinhalt ist dann die Wiederherstellung der Forderung. Eine Abrede in Kenntnis der Schuld oder zur endgültigen Bereinigung einer zweifelhaften Rechtslage schließt die Kondiktion aus, weil Schenkung (§ 518 BGB) oder Vergleich (§ 779 BGB) einen Rechtsgrund bilden.[39] § 812 Abs. 2 BGB erlaubt die Kondiktion bei fehlendem Kausalgeschäft. Den Gläubiger trifft dafür allerdings – wie beim abstrakten Anerkenntnis (vgl. die Kommentierung zu § 780 BGB Rn. 14) – die Beweislast. Der das negative Anerkenntnis Zurückfordernde muss also beweisen, dass entgegen dem Anerkenntnis eine Forderung tatsächlich bestanden hat und er sich bei Abgabe seiner Erklärung darüber geirrt hat.[40]

---

[29] *Ehmann*, WM 2007, 337.
[30] BGH v. 11.08.2007 - VIII ZR 265/07 - juris Rn. 9 - NJW 2009, 580-582.
[31] BGH v. 03.04.2001 - XI ZR 120/00 - juris Rn. 27 - BGHZ 147, 203-211; *Ehmann*, WM 2007, 329, 330.
[32] BGH v. 24.03.1976 - IV ZR 222/74 - juris Rn. 18 - BGHZ 66, 250-261.
[33] Zu Auslegungsregeln und Fallgruppen vgl. *Ehmann*, WM 2007, 329, 333 ff.
[34] BGH v. 24.03.1976 - IV ZR 222/74 - juris Rn. 19 - BGHZ 66, 250-261; BGH v. 09.02.1998 - II ZR 374/96 - juris Rn. 10 - NJW 1998, 1492-1493.
[35] *Ehmann*, WM 2007, 337.
[36] BGH v. 24.03.1976 - IV ZR 222/74 - juris Rn. 19 - BGHZ 66, 250-261.
[37] Zur Auslegung einer Ausgleichsklausel, vgl. OLG Köln v. 25.08.1999 - 13 U 28/99 - MDR 2000, 140; OLG Düsseldorf v. 09.07.1997 - 3 U 11/97 - juris Rn. 43 - BB 1997, 2237-2239; AG Lörrach v. 28.05.2003 - 4 C 382/03 - juris Rn. 3 - WuM 2003, 438.
[38] *Stürner* in: Jauernig, § 397 Rn. 2.
[39] BAG v. 27.01.2000 - 8 AZR 98/99 - juris Rn. 25; BGH v. 31.03.1982 - I ZR 69/80 - juris Rn. 32 - WM 1982, 671-674; *Stürner* in: Jauernig, § 397 Rn. 5.
[40] OLG Köln v. 21.04.1995 - 11 U 154/94 - FamRZ 1996, 249.

E. Das prozessuale Anerkenntnis (§ 307 ZPO)

Das **prozessuale Anerkenntnis** ist keine Willenserklärung, sondern eine Erklärung im gerichtlichen Verfahren.[41] Es stellt damit eine Prozesshandlung dar.[42] Es führt zur Verurteilung im Zivilprozess, ohne dass das Gericht den geltend gemachten Anspruch materiell-rechtlich prüft.[43] Ein Anerkenntnisurteil kann daher – im Unterschied zum Versäumnisurteil gegen den Beklagten gemäß § 331 ZPO – auch dann ergehen, wenn der Beklagte einen nicht schlüssig begründeten Klageanspruch anerkennt. Es verschafft dem Gläubiger – im Gegensatz zum abstrakten Schuldanerkenntnis i.S.v. § 781 BGB – keine neue materiell-rechtliche Grundlage. Es dient vielmehr dazu, dem prozessualen Anspruch des Gläubigers zum Sieg zu verhelfen. Das Anerkenntnis ist auch dann wirksam, wenn der Anerkennende das Recht durch ein Gegenrecht – etwa durch Mängelbeseitigung Zug um Zug gegen den anerkannten Anspruch – beschränkt.[44] Die Parteien sind an das wirksame Anerkenntnis, auch wenn kein Anerkenntnis-, sondern ein Versäumnisurteil ergeht und die Parteien nach Einspruch streitig verhandeln, gebunden.[45] Durch das auf das Anerkenntnis folgende Anerkenntnisurteil wird ein Vollstreckungstitel geschaffen, der den Anerkennenden zur Erfüllung des Anspruchs verpflichtet (§ 704 ZPO) und die beantragte Rechtslage endgültig feststellt. Die Wirksamkeit des prozessualen Anerkenntnisses beurteilt sich ausschließlich nach dem Prozessrecht. Es kann daher weder nach §§ 119, 123 BGB angefochten[46] noch nach § 812 Abs. 2 BGB kondiziert werden.[47] Es kann lediglich mit einem der in § 580 ZPO genannten Restitutionsgründen widerrufen werden. Der Widerrufsgrund kann dabei mit der Berufung gegen das Anerkenntnisurteil geltend gemacht werden.[48]

6

---

[41] Zur Auslegung eines deklaratorischen Anerkenntnisses bei Erklärung außerhalb eines gerichtlichen Verfahrens, vgl. BGH v. 23.11.1989 - IX ZR 257/88 - VersR 1990, 277-278.
[42] BGH v. 05.04.1989 - IVb ZR 26/88 - BGHZ 107, 142-144.
[43] *Reichold* in: Thomas/Putzo, ZPO, § 307 Rn. 10.
[44] Vgl. OLG Düsseldorf v. 10.03.1998 - 21 U 119/97 - OLGR Düsseldorf 1998, 193-194; BGH v. 05.04.1989 - IVb ZR 26/88 - BGHZ 107, 142-144.
[45] Vgl. BGH v. 17.03.1993 - XII ZR 256/91 - NJW 1993, 1717-1719.
[46] BGH v. 27.05.1981 - IVb ZR 589/80 - juris Rn. 9 - BGHZ 80, 389-399; OLG Düsseldorf v. 23.09.1998 - 11 U 3/98 - NJW-RR 1999, 1514-1515; *Rosenberg/Schwab/Gottwald*, ZPR, § 132 Rn. 62.
[47] OLG Frankfurt v. 04.06.1986 - 17 U 160/82 - ZfSch 1987, 293; OLG Frankfurt v. 04.06.1986 - 17 U 160/82 - ZfSch 1987, 293.
[48] OLG Düsseldorf v. 23.09.1998 - 11 U 3/98 - NJW-RR 1999, 1514-1515.

§ 782 BGB Formfreiheit bei Vergleich

(Fassung vom 02.01.2002, gültig ab 01.01.2002)

Wird ein Schuldversprechen oder ein Schuldanerkenntnis auf Grund einer Abrechnung oder im Wege des Vergleichs erteilt, so ist die Beobachtung der in den §§ 780, 781 vorgeschriebenen schriftlichen Form nicht erforderlich.

Gliederung

A. Grundlagen 1	II. Vergleich 3
I. Abrechnung 2	**B. Prozessuale Hinweise/Verfahrenshinweise** 5

A. Grundlagen

1 § 782 BGB normiert eine Ausnahme von der Formvorschrift der §§ 780, 781 BGB für den Fall, dass das Versprechen oder das Anerkenntnis auf der Grundlage eines **Vergleichs** oder einer **Abrechnung** ergeht. Grund für die Ausnahme vom Formerfordernis ist die Erkennbarkeit des Verpflichtungswillens des Anerkennenden und die Erleichterung des Rechtsverkehrs.[1] Strengere Formerfordernisse, wie z.B. das Erfordernis der notariellen Beurkundung gemäß § 311b Abs. 1 BGB (vgl. dazu die Kommentierung zu § 780 BGB Rn. 11), bleiben unberührt, weil sich die besonderen Formerfordernisse allein auf den Gegenstand des Rechtsgeschäfts beziehen und durch die Abstraktion des Versprechens bzw. des Anerkenntnisses nicht berührt werden.

I. Abrechnung

2 Abrechnung i.S.v. § 782 BGB ist jede vertragsmäßige, unter Mitwirkung des Gläubigers und des Schuldners getroffene Feststellung eines Rechnungsergebnisses aus mehreren Einzelposten[2], bei der ein Teil anerkennt, den zu seinen Lasten ermittelten Saldo der Gegenseite zu schulden[3]. Dabei kann es sich um die Verrechnung und Saldierung beiderseitiger Forderungen, aber auch um die Addition nur einseitiger Schuldposten handeln.[4] Wichtigstes Abrechnungsverhältnis ist das **Kontokorrent**. § 355 HGB definiert es als eine Geschäftsverbindung mit einem Kaufmann, bei der die beiderseitigen Ansprüche und Leistungen in Rechnung gestellt und in regelmäßigen Abständen durch Verrechnung und Feststellung des Saldos ausgeglichen werden.[5] Das sich an die Verrechnung anschließende Saldoanerkenntnis tritt gemäß § 364 Abs. 2 BGB schuldverstärkend neben die schon bestehende kausale Saldoforderung und stellt damit ein abstraktes Schuldanerkenntnis i.S.v. § 781 BGB dar.[6] Es ist daher ein selbständiger Verpflichtungswille des Anerkennenden der Abrechnung erforderlich, der die festgestellte Endsumme als eine neue Verpflichtung anerkennt. Dies ist insbesondere dann der Fall, wenn die Parteien das Ergebnis einer gemeinsamen Abrechnung in Form einer Vereinbarung festlegen, damit sich der Gläubiger zur Rechtfertigung seiner Ansprüche in Zukunft nur noch auf diese Verrechnung zu berufen braucht.[7] Die Parteien können ihre beiderseitigen Ansprüche nach den Grundsätzen des Kontokorrents behandeln, auch wenn nicht alle Voraussetzungen i.S.v. § 355 HGB gegeben sind (sog. „uneigentliches" Kontokorrent).[8] Das ist beispielsweise bei Vereinbarungen unter Nichtkaufleuten der Fall. Auch ein in diesem Rahmen geschlossener Anerkenntnisvertrag ist formlos i.S.v. § 782 BGB gültig. Denn die auch mit dem „uneigentlichen" Kontokorrent erstrebte Vereinfachung und Erleichterung

---

[1] BGH v. 08.12.1992 - XI ZR 96/92 - juris Rn. 17 - BGHZ 121, 1-6; *Stadler* in: Jauernig, § 782 Rn. 1.
[2] RG v. 17.02.1919 - VI 286/18 - RGZ 95, 18-20.
[3] BGH v. 19.11.1956 - II ZR 110/55 - WM 1957, 213.
[4] Die Gehaltsabrechnung stellt regelmäßig keine Abrechnung i.S.v. § 782 BGB dar, weil der Arbeitnehmer an der Abrechnung nicht mitwirkt, vgl. LArbG Mainz v. 09.10.2002 - 9 Sa 654/02 - juris Rn. 31 - DB 2003, 156.
[5] Vgl. dazu *Canaris* in: Staub, GroßKomm-HGB, § 355 Rn. 2, 23.
[6] BGH v. 13.03.1981 - I ZR 5/79 - juris Rn. 17 - BGHZ 80, 172-182; *Habersack* in: MünchKomm-BGB, § 781 Rn. 12, 13; *Marburger* in: Staudinger, § 782 Rn. 7; a.A. *Sprau* in: Palandt, § 782 Rn. 2; *Piper*, ZIP 1985, 725-727, 726, die dem Saldoanerkenntnis schuldumschaffende Wirkung zuerkennen.
[7] BGH v. 24.10.1985 - III ZR 35/85 - juris Rn. 4 - WM 1986, 50-51.
[8] Vgl. dazu *Canaris* in: Staub, GroßKomm-HGB, § 355 Rn. 254 ff.

des Abrechnungs- und Zahlungsverkehrs lässt sich nur durch die Anerkennung einer vom Schuldgrund abstrakten Saldoforderung erreichen.[9]

II. Vergleich

Der Begriff des Vergleichs bestimmt sich nach § 779 BGB (vgl. dazu die Kommentierung zu § 779 BGB Rn. 1). Für im Wege des Vergleichs erteilte Versprechen oder Anerkenntnisse hat die **Formfreiheit** kaum praktische Bedeutung. Der Parteiwille müsste darauf gerichtet sein, eine durch Vergleich festgestellte Schuld zusätzlich durch einen abstrakten Schuldvertrag zu verstärken. Dieser wäre dann formlos gültig. Da der Vergleich regelmäßig nicht schuldumschaffend wirkt (vgl. dazu die Kommentierung zu § 779 BGB Rn. 12), handelt es sich in den meisten Fällen um formfreie kausale Rechtsgeschäfte.

Es finden die allgemeinen **Nichtigkeits- und Anfechtungsgründe** Anwendung. Bei Rechenfehlern oder wenn ein in Wirklichkeit nicht bestehender Posten mit in die Abrechnung miteinbezogen wurde, kommt eine Anfechtung wegen arglistiger Täuschung gemäß § 123 BGB (vgl. die Kommentierung zu § 123 BGB) in Betracht. Der Ausgleich erfolgt gemäß §§ 812-821 BGB[10], auch dann, wenn der Anerkennende nicht der Schuldner der anerkannten Forderung ist.[11] Die in dem Anerkenntnis liegende Leistung (§ 812 Abs. 2 BGB) ist ohne Rechtsgrund erbracht worden, weil nach dem Geschäftsvertrag eine Pflicht zur Anerkennung nur hinsichtlich des richtig festgestellten Saldos besteht. Die Beweislast für die Rechtsgrundlosigkeit des Saldos trägt der Schuldner, der sein Anerkenntnis widerruft.[12] Die Rückforderung ist ausgeschlossen, wenn das Anerkenntnis trotz bestehender Zweifel erteilt wurde, um für die Zukunft eine klare Rechtslage zu schaffen.

B. Prozessuale Hinweise/Verfahrenshinweise

Die **Darlegungs- und Beweislast** dafür, dass das Versprechen oder Anerkenntnis formlos gültig ist, trägt derjenige, der sich auf die Formlosigkeit beruft. Es muss geltend gemacht und bewiesen werden, dass der abstrakte Schuldvertrag gemäß §§ 780, 781 BGB aufgrund einer rechtsgültigen Abrechnung oder eines wirksamen Vergleichs geschlossen wurde.[13]

---

[9] Vgl. *Habersack* in: MünchKomm-BGB, § 781 Rn. 15.
[10] BGH v. 18.10.1994 - XI ZR 194/93 - juris Rn. 13 - NJW 1995, 320-321; BGH v. 09.12.1971 - III ZR 58/69 - BB 1972, 1163-1164.
[11] OLG Köln v. 13.02.1995 - 19 W 2/95 - NJW-RR 1996, 42-43.
[12] BGH v. 18.10.1994 - XI ZR 194/93 - juris Rn. 13 - NJW 1995, 320-321; BGH v. 18.06.1991 - XI ZR 159/90 - juris Rn. 9 - NJW-RR 1991, 1251-1252.
[13] OLG München v. 12.10.2011 - 20 U 1345/11 - juris Rn. 29 [keine andere Fundstelle]; *Steffen* in: BGB-RGRK, § 782 Rn. 17; *Marburger* in: Staudinger, § 782 Rn. 15.

Titel 23 - Anweisung

§ 783 BGB Rechte aus der Anweisung

(Fassung vom 02.01.2002, gültig ab 01.01.2002)

Händigt jemand eine Urkunde, in der er einen anderen anweist, Geld, Wertpapiere oder andere vertretbare Sachen an einen Dritten zu leisten, dem Dritten aus, so ist dieser ermächtigt, die Leistung bei dem Angewiesenen im eigenen Namen zu erheben; der Angewiesene ist ermächtigt, für Rechnung des Anweisenden an den Anweisungsempfänger zu leisten.

Gliederung

A. Grundlagen 1	4. Bereicherungsausgleich 30
B. Praktische Bedeutung 14	5. Besondere Formen der Anweisung 32
C. Anwendungsvoraussetzungen 18	II. Akkreditiv 35
I. Urkunde 19	1. Grundlagen 35
1. Aushändigung der Urkunde 23	2. Akkreditivauftrag 40
2. Geld, Wertpapiere oder andere vertretbare Sachen als Gegenstand der Anweisung 24	3. Akkreditiv 43
	4. Bestätigungsauftrag/-ersuchen 44
3. Rechtsfolgen 25	5. Akkreditivbestätigung 45

A. Grundlagen

1   Bei der bürgerlich-rechtlichen Anweisung handelt es sich um eine Urkunde, in der der Aussteller (der Anweisende) eine andere Person (den Angewiesenen) dazu auffordert, für seine (des Anweisenden) Rechnung Geld, Wertpapiere oder sonstige vertretbare Sachen an einen Dritten (den Anweisungsempfänger) gegen Vorlage der Urkunde durch den Letztgenannten zu leisten. Falls der Angewiesene dieser Aufforderung nachkommt, so werden simultan zwei Leistungen erbracht (**Simultantilgung bzw. -leistung**).[1] Mit anderen Worten setzt nach dieser Auffassung der Vollzug der Anweisung durch Zuwendung vom Angewiesenen an den Anweisungsempfänger Leistungen im bereicherungsrechtlichen Sinn, d.h. ziel- und zweckgerichtete Vermögensvermehrungen, vom Angewiesenen an den Anweisenden im Deckungsverhältnis und vom Anweisenden an den Anweisungsempfänger im Valutaverhältnis in Gang.[2] Eine abstrakte Verpflichtung des Angewiesenen gegenüber dem Anweisungsempfänger entsteht, wenn jener die Anweisung in der im § 784 BGB vorgeschriebenen Form annimmt. Der Angewiesene ist dann im sog. Vollzugsverhältnis gegenüber dem Anweisungsempfänger zur Leistung verpflichtet. Wendet der Angewiesene nun die in der Anweisung erwähnten Gegenstände dem Anweisungsempfänger zu, so soll nach der h.M. im Vollzugsverhältnis keine Leistung im bereicherungsrechtlichen Sinn vorliegen.[3] Dabei wird die abstrakte Verpflichtung, die der Angewiesene gegenüber dem Anweisungsempfänger hat, vernachlässigt. Nach einer neueren Literaturansicht soll jedoch auch im Vollzugsverhältnis eine Leistung vorliegen, wenn der Angewiesene zuvor die Anweisung angenommen hat.[4] Dabei sollen die Leistungspflichten im Vollzugs-, Valuta- und Deckungsverhältnis in einem trilateralen Synallagma stehen.[5] Für den Fall, dass der Angewiesene die Anweisung nicht angenommen hat, liegt aber auch nach dieser Auffassung keine Leistung im Vollzugsverhältnis vor.[6]

2   Die Anweisung dient der Erleichterung des Zahlungsverkehrs, indem sie durch mittelbare Vermögenszuwendungen die ansonsten erforderliche Verdopplung eines Zahlungsvorgangs vermeidet.[7]

3   Da es sich bei der in den §§ 783 ff. BGB geregelten Anweisung nur um einen Sonderfall des weitergehenden allgemeinen Anweisungsrechts handelt[8], spricht man im Übrigen von der Anweisung im wei-

---

[1] *Stampe*, AcP 107, 274-315, 283; grundlegend zur historischen Entwicklung der Anweisung *Eisenried*, Die bürgerlich-rechtliche Anweisung und ihre Entstehung, 2010; *Schnauder*, JZ 2009, 1092-1102.
[2] *Habersack* in: MünchKomm-BGB, § 788 Rn. 5.
[3] Konkludent *Larenz/Canaris*, Schuldrecht, Bd. II/2: Besonderer Teil, 13. Aufl. 1994, § 62 I 2e.
[4] *Heermann*, Geld und Geldgeschäfte, 2003, § 10 Rn. 54.
[5] *Heermann*, Geld und Geldgeschäfte, 2003, § 10 Rn. 54.
[6] *Heermann*, Geld und Geldgeschäfte, 2003, § 10 Rn. 57.
[7] *Heermann*, Geld und Geldgeschäfte, 2003, § 10 Rn. 3.
[8] BGH v. 27.06.1952 - I ZR 146/51 - BGHZ 6, 378-385.

teren Sinn. Eine solche Anweisung i.w.S. liegt beispielsweise vor, wenn die Anweisung nicht auf vertretbare Sachen gerichtet ist oder Aussteller und Angewiesener keine juristisch selbständigen Personen sind.[9] Weiterhin ist eine Anweisung i.w.S. gegeben, wenn die Anweisung (noch) nicht durch den Angewiesenen angenommen worden ist.

Typische Beispiele bürgerlich-rechtlicher Anweisungen sind Schecks und gezogene Wechsel, die jedoch in Spezialgesetzen (WG und ScheckG) geregelt sind.[10]   **4**

Die Anweisung selbst begründet keine schuldrechtlichen Leistungspflichten des Angewiesenen. Diese ergeben sich vielmehr nur aus den Kausalbeziehungen. Für den Anweisungsempfänger begründet die Anweisung ebenfalls keine schuldrechtlichen Leistungspflichten, eine Ausnahme gilt im Hinblick auf die Anzeigepflicht gem. § 789 BGB.   **5**

Allerdings liegen der Anweisung verschiedene Kausalverhältnisse zugrunde, von denen sie selbst abstrakt ist. So bezeichnet man das Kausalverhältnis zwischen Anweisendem und Anweisungsempfänger als Valutaverhältnis und das Kausalverhältnis zwischen Anweisendem und Angewiesenem als Deckungsverhältnis. Dagegen besteht zwischen Angewiesenem und Anweisungsempfänger, d.h. im sog. Vollzugsverhältnis, in der Regel kein besonderes Grundverhältnis. Ein solches wird erst gem. § 784 BGB mittels Annahme der Anweisung durch den Angewiesenen begründet.   **6**

Der Begriff **Valutaverhältnis** deutet an, dass diese Rechtsbeziehung darüber Auskunft gibt, weshalb der Anweisende dem Anweisungsempfänger das Leistungsobjekt, die Valuta, zugutekommen lassen will.[11] Nach dem Valutaverhältnis bestimmt sich, ob der Anweisungsempfänger verpflichtet ist, die Leistung bei dem Angewiesenen zu erheben, und ob der Anweisende vom Anweisungsempfänger die Herausgabe der Leistung des Angewiesenen verlangen kann.[12]   **7**

Demgegenüber verweist der Begriff **Deckungsverhältnis** darauf, dass diese Rechtsbeziehung darüber entscheidet, ob der Angewiesene für die Geldsumme oder die vertretbaren Sachen, die er zum Vollzug der Anweisung an den Anweisungsempfänger übergeben hat, vom Anweisenden eine Deckung erhält.[13] Nach dem Deckungsverhältnis bestimmt sich, ob der Angewiesene dem Anweisenden gegenüber zur Leistung an den Anweisungsempfänger verpflichtet ist und ob der Angewiesene von dem Anweisenden Ersatz für die bewirkte Leistung verlangen kann.[14] Weiterhin kann der Angewiesene aufgrund einer Zusatzvereinbarung zur Annahme der Anweisung oder zur Honorierung der Anweisung ohne vorherige Annahme verpflichtet sein. Nach der Art des Deckungsverhältnisses werden zwei Arten der Anweisung unterschieden. Bei der **Anweisung auf Schuld**, die in § 787 BGB ausdrücklich erwähnt ist, handelt es sich bei dem Angewiesenen um den Schuldner des Anweisenden.   **8**

Demgegenüber wird bei der vom Gesetz nicht erwähnten, aber aus Gründen der Vertragsautonomie zulässigen **Anweisung auf Kredit** der Angewiesene mit seiner Leistung an den Anweisungsempfänger zum Gläubiger des Anweisenden, da eine Verpflichtung ihm gegenüber nicht bestand.[15]   **9**

Seit jeher umstritten ist die Frage, ob es sich bei der Anweisung um ein **einseitiges Rechtsgeschäft**,[16] das mit der Aushändigung der Urkunde wirksam wird, oder aber um einen Vertrag[17] handelt. Für die erstgenannte Auffassung spricht die Rechtsnatur als Ermächtigung sowie die Analogie zu Bevollmächtigung und Einwilligung i.S.d. § 185 Abs. 1 BGB.[18] Gegen die Rechtsnatur als einseitiges Rechtsgeschäft kann auch nicht § 789 BGB eingewendet werden. § 789 BGB enthält nämlich als Konkretisierung von § 242 BGB nur eine gesetzliche Schutzpflicht, so dass es insoweit keines Vertragsschlusses bedarf.[19]   **10**

Bei der Anweisung handelt es sich um ein Wertpapier, weil sie das Recht zum Empfang der Leistung derart verbrieft, dass es nur von dem Inhaber der Urkunde geltend gemacht werden kann, wie sich aus § 785 BGB ergibt.   **11**

---

[9] BGH v. 27.06.1952 - I ZR 146/51 - BGHZ 6, 378-385.
[10] *Heermann*, Geld und Geldgeschäfte, 2003, § 10 Rn. 1.
[11] *Heermann*, Geld und Geldgeschäfte, 2003, § 10 Rn. 13.
[12] *Heermann*, Geld und Geldgeschäfte, 2003, § 10 Rn. 15.
[13] *Heermann*, Geld und Geldgeschäfte, 2003, § 10 Rn. 17.
[14] *Heermann*, Geld und Geldgeschäfte, 2003, § 10 Rn. 19.
[15] *Heermann*, Geld und Geldgeschäfte, 2003, § 10 Rn. 18.
[16] *Larenz/Canaris*, Schuldrecht, Band II/2: Besonderer Teil, 13. Aufl. 1994, § 62 I 2d.
[17] *Habersack* in: MünchKomm-BGB, § 783 Rn. 15; *Marburger* in: Staudinger, § 783 Rn. 16.
[18] *Hüffer* in: MünchKomm-BGB, 4. Aufl., § 783 Rn. 14.
[19] *Hüffer* in: MünchKomm-BGB, 4. Aufl., § 783 Rn. 15.

12 Allerdings ist die Anweisung nur **Wertpapier** i.w.S.,[20] da gem. § 792 BGB das verbriefte Recht eben durch Vertrag nach den §§ 398 ff. BGB übertragen wird und nicht durch Übereignung der Urkunde.

13 Innerhalb der Wertpapiere ist die Anweisung den **Rektapapieren** zuzuordnen,[21] da der Angewiesene „rekta" (direkt) an den urkundlich benannten Anweisungsempfänger zu leisten hat.

B. Praktische Bedeutung

14 Sowohl die angenommene Anweisung als auch die Anweisung i.w.S. stellen Grundformen des Wertpapier- und Bankrechts dar. Allerdings hat gerade die gesetzliche Urform der Anweisung, d.h. die angenommene Anweisung i.S.d. §§ 783 ff. BGB, im Wesentlichen nur als **dogmatische Grundfigur** des bürgerlichen Rechts erhebliche Bedeutung erlangt und taucht in der Praxis kaum auf.[22]

15 Die Gründe für diese auf den ersten Blick überraschende Entwicklung sind vielfältig. Wechsel und Scheck sind durch Sondergesetze geregelt, die §§ 783 ff. BGB kommen lediglich bei Regelungslücken (insbesondere Nichtigkeit von Wechsel und Scheck) ergänzend zur Anwendung.[23] Zudem nimmt die praktische Bedeutung dieser Wertpapiere ab.

16 Stattdessen haben sich im bargeldlosen Zahlungsverkehr (z.B. Banküberweisung, Lastschriftverfahren, Kreditkartengeschäft) und bei Sicherungsgeschäften (insbesondere in der Form des Akkreditivgeschäfts) Sonderformen mit speziellen Regelungskatalogen herausgebildet, neben denen regelmäßig für eine analoge Anwendung der §§ 783 ff. BGB nur begrenzter Raum bleibt.[24]

17 Die Frage der analogen Anwendbarkeit der §§ 783 ff. BGB bei den genannten Dreieckskonstellationen kann nicht allgemein, sondern nur von Fall zu Fall entschieden werden. So ist beispielsweise eine mündliche Anweisung nicht nach § 125 BGB formnichtig, vielmehr liegen nur die Voraussetzungen für eine bürgerlich-rechtliche Anweisung nicht vor. Deshalb können die §§ 783 ff. BGB analog angewendet werden, soweit die Vorschriften nicht gerade die Verbriefung voraussetzen.[25] Entsprechend ist zu verfahren, soweit sich eine Anweisung auf eine unvertretbare Sache bezieht.

C. Anwendungsvoraussetzungen

18 Die Anweisung kommt zustande, wenn eine Urkunde mit einem bestimmten Inhalt ausgehändigt wird.

I. Urkunde

19 Der Anweisende muss zunächst eine Urkunde erstellen, die den Erfordernissen des § 126 BGB Rechnung trägt. Allerdings muss diese Urkunde nicht das Wort „Anweisung" enthalten, was sich im Umkehrschluss aus Art. 1 Nr. 1 WG und Art. 1 Nr. 1 ScheckG ergibt. Dort heißt es, dass die Urkunde im Text die Bezeichnung als Wechsel bzw. Scheck enthält. Ausreichend ist vielmehr, dass sich der Charakter als abstrakte Anweisung durch Auslegung ermitteln lässt.[26]

20 Nach den Grundsätzen der Vertragsfreiheit kann eine Anweisung auch mündlich geäußert werden.[27] Auf diesen Fall sind die §§ 783 ff. BGB zumindest entsprechend anwendbar.[28]

21 Allerdings muss sich der Urkunde entnehmen lassen, dass der Angewiesene eine bestimmte Leistung an den Anweisungsempfänger erbringen soll.[29] Dabei dürfen die Personen des Anweisenden, des Angewiesenen und des Anweisungsempfängers nicht identisch sein, da andernfalls die von § 783 BGB vorausgesetzte Dreiecksbeziehung nicht zustande kommt.[30] Anderes gilt aber gem. § 363 HGB, vgl. Rn. 32.

---

[20] *Habersack* in: MünchKomm-BGB, § 783 Rn. 9.

[21] *Heermann*, Geld und Geldgeschäfte, 2003, § 10 Rn. 1; *Marburger* in: Staudinger, § 783 Rn. 5; *Habersack* in: MünchKomm-BGB, § 783 Rn. 9.

[22] *Heermann*, Geld und Geldgeschäfte, 2003, § 10 Rn. 5.

[23] *Heermann*, Geld und Geldgeschäfte, 2003, § 10 Rn. 6.

[24] *Heermann*, Geld und Geldgeschäfte, 2003, § 10 Rn. 6.

[25] *Heermann*, Geld und Geldgeschäfte, 2003, § 10 Rn. 8.

[26] *Sprau* in: Palandt, § 783 Rn. 9.

[27] BGH v. 17.10.1951 - II ZR 105/50 - BGHZ 3, 238-244.

[28] *Sprau* in: Palandt, § 783 Rn. 9; *Gehrlein* in: Bamberger/Roth, § 783 Rn. 2; *Habersack* in: MünchKomm-BGB, § 783 Rn. 19.

[29] *Habersack* in: MünchKomm-BGB, § 783 Rn. 16.

[30] *Habersack* in: MünchKomm-BGB, § 783 Rn. 16.

Wie sich aus dem Wortlaut des § 783 BGB („dem Dritten") ergibt, muss eine bestimmte Person als Anweisungsempfänger benannt werden. Die Anweisung kann also nicht auf den Inhaber ausgestellt werden.[31]

1. Aushändigung der Urkunde

Wie die Aushändigung der Urkunde zu qualifizieren ist, ist umstritten. Von der noch h.M. wird die Aushändigung als Begebungsvertrag[32] konstruiert. Nach der hier vertretenen Auffassung stellt die Aushändigung lediglich die formalisierte Abgabe der Anweisungserklärung dar,[33] mit der bereits dem Anweisungsempfänger der Besitz an der Anweisungsurkunde verschafft wird, ohne dass es hierfür der Konstruktion eines Vertrags bedarf. Das Eigentum an der Anweisungsurkunde geht wegen dessen rechtlicher Einordnung als Rektapapier nach dem Rechtsgedanken des § 952 BGB über.

2. Geld, Wertpapiere oder andere vertretbare Sachen als Gegenstand der Anweisung

Die Anweisung muss sich auf vertretbare Sachen i.S.d. § 91 BGB beziehen. Andernfalls sind die §§ 783 ff. BGB nur entsprechend heranzuziehen, wobei die Vorschriften, die nur auf die Leistung vertretbarer Gegenstände bezogen sind (z.B. die §§ 784, 792 BGB), nicht analogiefähig sind.[34]

3. Rechtsfolgen

Die bürgerlich-rechtliche Anweisung i.S.d. §§ 783 ff. BGB hat sich von der im gemeinen Recht noch vorherrschenden Vorstellung einer Anweisung als Doppelmandat gelöst. Nach der Doppelmandatstheorie erteilte der Anweisende dem Anweisungsempfänger einen Inkassoauftrag und dem Angewiesenen einen Zahlungsauftrag.[35]

Nunmehr ist die Anweisung als doppelte Ermächtigung ausgestattet. Zum einen liegt eine Ermächtigung des Anweisungsempfängers vor, die Leistung beim Angewiesenen im eigenen Namen zu erheben, zum anderen eine Ermächtigung des Angewiesenen, für Rechnung des Anweisenden an den Anweisungsempfänger zu leisten.

Maßgeblich für die Abkehr von der Doppelmandatstheorie war die Überlegung, dass die Anweisung sehr unterschiedlichen wirtschaftlichen Zwecken dienen kann, aber diese selbst für das Anweisungsgeschäft ohne Belang sind.[36]

Ermächtigung bedeutet, dass die Verfügungsgewalt übertragen wird, ohne dass der Ermächtigende die seinige aufgibt.[37] Es handelt sich eben nicht um eine Vollmacht, da im eigenen Namen zu leisten ist. Genauso wenig stellt die Anweisung eine Weisung dar, weil eben nicht nur der Auftragnehmer (Angewiesene) ermächtigt und verpflichtet wird. Schließlich unterscheiden sich die Wirkungen der Anweisung auch von denjenigen einer Abtretung, da die Anweisung allein bis zur Aushändigung der Urkunde noch keine Rechtsübertragung bewirkt.

Grundsätzlich ist der Anweisungsempfänger nicht verpflichtet, die Ermächtigung zur Leistungseinziehung zu nutzen. Allerdings kann sich eine solche Pflicht aus dem Valutaverhältnis ergeben.

4. Bereicherungsausgleich

Nach der bisher h.M. soll sich der Bereicherungsausgleich in Anweisungsfällen[38] bei Fehlerhaftigkeit eines Leistungsverhältnisses grundsätzlich allein innerhalb des betreffenden Leistungsverhältnisses vollziehen, also im Deckungsverhältnis zwischen Anweisendem und Angewiesenem und im Valutaverhältnis zwischen Anweisungsempfänger und Anweisendem.[39] Eine Direktkondiktion zwischen An-

---

[31] *Marburger* in: Staudinger, § 783 Rn. 15 m.w.N. auch zur Gegenauffassung.
[32] *Larenz/Canaris*, Schuldrecht, Bd. II/2: Besonderer Teil, 13. Aufl. 1994, § 62 I 2d.
[33] *Hüffer* in: MünchKomm-BGB, 4. Aufl., § 783 Rn. 21; a.A. *Habersack* in: MünchKomm-BGB, § 783 Rn. 21.
[34] RG v. 09.02.1921 - I 337/20 - RGZ 101, 297-302.
[35] *Mugdan*, Bd. II, S. 310 f.
[36] *Mugdan*, Bd. II, S. 310 f.
[37] *Sprau* in: Palandt, § 783 Rn. 12.
[38] Allgemein hierzu *Solomon*, Der Bereicherungsausgleich in Anweisungsfällen, 2004; zur irrtümlichen Zuvielüberweisung BGH v. 29.04.2008 - XI ZR 371/07 - juris Rn. 8 ff. - BGHZ 176, 234-243 (Besprechung bei *Kiehnle*, Jura 2009, 604-612); zur irrtümlichen doppelten Ausführung BGH v. 01.06.2010 - XI ZR 389/09 - juris Rn. 31 ff. - WM 2010, 1218-1221 (Besprechung bei *Kiehnle*, EWiR 2010, 485-486 sowie *Schnauder*, jurisPR-BKR 10/2010, Anm. 2).
[39] BGH v. 05.11.2002 - XI ZR 381/01 - juris Rn. 15 - BGHZ 152, 307-317; *Schwab* in: MünchKomm-BGB, § 812 Rn. 60 ff. m.w.N.; *Lorenz*, JuS 2003, 729-733, 730-733.

weisungsempfänger und Angewiesenem wird nur in Ausnahmefällen zugelassen. Dies ist insbesondere der Fall bei Kenntnis des Anweisungsempfängers von einem weisungswidrigen Handeln des Angewiesenen und/oder beim Fehlen einer wirksamen Anweisung.[40] Auch in Fällen des Doppelmangels wird dem Angewiesenen gegen den Anweisungsempfänger eine Direktkondiktion zugestanden.[41]

31 Nach einer neueren Literaturansicht werden die gleichen Ergebnisse erzielt, allerdings ohne die dogmatischen Schwächen der h.M.[42] Ausgangspunkt dieses Ansatzes ist die Erkenntnis, dass die bürgerlich-rechtliche Anweisung i.S.d. §§ 783 ff. BGB ein do ut des ut det-Rechtsgeschäft darstellt, welches durch eine trilateral-synallagmatische Leistungsverknüpfung gekennzeichnet ist. Bei solchen Dreiecksverhältnissen erfolgt die bereicherungsrechtliche Rückabwicklung nach den Grundsätzen des genetischen und konditionellen trilateralen Synallagmas. Dies führt zu einer bereicherungsrechtlichen Rückabwicklung unwirksamer trilateral-synallagmatisch verknüpfter Leistungen im Rahmen der jeweiligen Leistungsverhältnisse. Danach stellt die Direktkondiktion des Angewiesenen beim Anweisungsempfänger den Normalfall dar, von dem die Parteien indes abweichen können (so z.B. bei der Anweisung i.S.d. §§ 783 ff. BGB hinsichtlich der Leistungspflicht im Vollzugsverhältnis, weil diese regelmäßig auf einem abstrakten Schuldversprechen i.S.d. § 780 BGB beruht).

5. Besondere Formen der Anweisung

32 Die in § 363 Abs. 1 HGB geregelte **kaufmännische Anweisung** enthält zunächst alle Tatbestandsmerkmale der bürgerlich-rechtlichen Grundform. Anders als die bürgerlich-rechtliche Anweisung kann die kaufmännische Anweisung aber als Orderpapier ausgestaltet sein.[43] Allerdings muss der Angewiesene die Kaufmannseigenschaft haben und die Leistung, die er erbringen soll, darf nicht von einer Gegenleistung abhängen. Die kaufmännische Anweisung kann dann auch an die eigene Order des Ausstellers lauten.[44]

33 Der **Kreditbrief** stellt einen weiteren Anwendungsfall der bürgerlich-rechtlichen Anweisung auf Schuld[45] dar, bei welcher der Anweisende (regelmäßig eine Bank) den Anweisungsempfänger ermächtigt, bei dem Angewiesenen (in der Regel ebenfalls eine Bank) oder bei einer Mehrzahl von Angewiesenen (Zirkularkreditbrief) Geldbeträge bis zu einem bestimmten Höchstbetrag zu erheben.[46]

34 Schließlich stellt auch die **Übernahmeerklärung im Rahmen der Schadensregulierung** eine Anweisung dar. Dabei handelt es sich um ein Formular, in dem der Kraftfahrtversicherer die Übernahme der Reparaturkosten erklärt und der Geschädigte darauf hinweist, dass die Leistung des Versicherers direkt an das Reparaturunternehmen erfolgen soll.[47] In diesem Fall handelt der Versicherer als Angewiesener, während das Reparaturunternehmen als Anweisungsempfänger agiert.

II. Akkreditiv

1. Grundlagen

35 In seiner einfachsten Form stellt das Akkreditiv eine Vereinbarung zwischen der das Akkreditiv eröffnenden Bank und ihrem Kunden, dem Akkreditivauftraggeber, dar, in der sich die Bank verpflichtet, Zahlungen an einen Dritten, den Begünstigten, zu leisten, sofern die Akkreditivbedingungen erfüllt sind.[48]

36 Das **unwiderrufliche Dokumentenakkreditiv** scheint am weitesten verbreitet zu sein. Dabei vereinbaren die Parteien, dass Zahlungen nur gegen Übergabe der Transportdokumente und eventuell weiterer Papiere (z.B. Versicherungspolicen) erfolgen sollen.[49]

---

[40] BGH v. 05.11.2002 - XI ZR 381/01 - juris Rn. 16 - BGHZ 152, 307-317; *Schwab* in: MünchKomm-BGB, § 812 Rn. 80 ff.

[41] Vgl. RG v. 24.03.1915 - V 453/14 - RGZ 86, 343-350; RG v. 18.04.1934 - V 334/33 - JW 1934, 2458-2459; diese Frage offen lassend BGH v. 24.04.2001 - VI ZR 36/00 - BGHZ 147, 269-279.

[42] Vgl. ausführlich *Heermann*, Geld und Geldgeschäfte, 2003, § 10 Rn. 53 ff., 72 ff.

[43] *Habersack* in: MünchKomm-BGB, § 783 Rn. 24.

[44] *Habersack* in: MünchKomm-BGB, § 783 Rn. 24.

[45] RG v. 22.09.1906 - I 584/05 - RGZ 64, 108-114.

[46] *Habersack* in: MünchKomm-BGB, § 783 Rn. 29.

[47] *Habersack* in: MünchKomm-BGB, § 783 Rn. 31.

[48] *Habersack* in: MünchKomm-BGB, § 783 Rn. 39.

[49] *Habersack* in: MünchKomm-BGB, § 783 Rn. 42.

Das Akkreditiv ist selbst keine Anweisung i.S.d. §§ 738 ff. BGB. Allerdings können einige Vorschriften der bürgerlich-rechtlichen Anweisung analog angewendet werden.[50]

37

Bei Auslandsgeschäften wird die typische Dreiecksbeziehung erweitert, indem die eröffnende Bank noch eine **Zweitbank** (Avisbank, Zahlstelle, Bestätigungsbank) einschaltet, die zur Ausführung einer Zahlung durch die eröffnende Bank ermächtigt wird.[51]

38

Üblicherweise wird das Akkreditiv im Außenhandel zur schuldrechtlichen Sicherung eines ausländischen Gläubigers eingesetzt. Neben der **Sicherungsfunktion** zugunsten des Vertragspartners wohnt dem Akkreditiv zugleich eine **Zahlungs-** sowie eine **Kreditfunktion** inne, die dem Akkreditiv sowohl auf der Verkäufer- als auch auf der Käuferseite zufallen kann.[52] Denn der Verkäufer kann sich auf der Grundlage des zu seinen Gunsten abgegebenen Akkreditivversprechens einen Kredit zum Erwerb oder zur Herstellung der verkauften Waren beschaffen, während der Käufer von der Akkreditivbank erforderlichenfalls einen Kredit zur Überbrückung der Lieferzeit erlangen kann. In Ermangelung spezieller Regelungen in den deutschen Kodifikationen des Zivil- und Handelsrechts gelten für Akkreditivgeschäfte die einheitlichen Richtlinien und Gebräuche für Dokumentenakkreditive in der revidierten Fassung von 2007.[53] Normative Kraft kommt diesen von der Internationalen Handelskammer ausgearbeiteten Vorschriften nicht zu.[54] Sie werden regelmäßig über die Allgemeinen Geschäftsbedingungen der Kreditwirtschaft in den Akkreditivauftrag im Deckungsverhältnis einbezogen. Der BGH[55] hat – ohne weitere Begründung – die ERA als Allgemeine Geschäftsbedingungen eingestuft; kritisch hierzu *Nielsen/Jäger*,[56] die sich hierfür eine Geltung als Normgefüge eigener Art aussprechen. Einer vorbehaltlosen Einstufung der einheitlichen Richtlinien und Gebräuche für Dokumentenakkreditive als Gewohnheitsrecht oder Handelsbrauch nach § 346 HGB steht entgegen, dass die Vorschriften bislang vielfach revidiert worden sind, diese Revisionen mitunter nur für kurze Zeit gültig waren und nach wie vor die Möglichkeit abweichender Praktiken für die Zukunft zulassen.[57] Unter diesen Umständen kann zwar Gewohnheitsrecht nicht zur Entstehung gelangen, allerdings spricht nichts dagegen, dass die Richtlinien nach einer Revision möglicherweise sogar innerhalb kurzer Zeit zu einem Handelsbrauch erstarken.

39

2. Akkreditivauftrag

Bei der Bestimmung der Rechtsnatur ist zwischen dem Akkreditivauftrag sowie dem darauf basierenden Akkreditiv zu unterscheiden.

40

Der Akkreditivauftrag zwischen dem Akkreditivauftraggeber und der Eröffnungsbank ist rechtlich als Geschäftsbesorgungsvertrag mit werkvertraglichem Charakter (§§ 631, 675 BGB) einzuordnen, weil Letztere erfolgsbezogen handelt.[58] Die Bank verpflichtet sich zur Eröffnung des Akkreditivs,[59] zur Überwachung der Einhaltung der Akkreditivbedingungen durch den Begünstigten (insbesondere Prüfung der Dokumente) und letztlich natürlich auch zur Bezahlung der Forderung des Begünstigten bei Einhaltung der Zahlungsbedingungen. Die Überwachungspflicht der Bank erstreckt sich indes nicht auf die den Dokumenten im Valutaverhältnis zugrunde liegenden Warenlieferungen oder Dienstleistungen.[60]

41

---

[50] *Habersack* in: MünchKomm-BGB, § 783 Rn. 46.
[51] *Heermann*, Geld und Geldgeschäfte, 2003, § 35 Rn. 1.
[52] *Heermann*, Geld und Geldgeschäfte, 2003, § 35 Rn. 2 m.w.N.
[53] ERA 600, die maßgebliche englische Originalfassung ist nebst deutscher Übersetzung abgedruckt bei *Nielsen*, Richtlinien für Dokumenten-Akkreditive, 3. Aufl. 2008 sowie *Schütze*, Das Dokumenten-Akkreditiv im Internationalen Handelsverkehr, 6. Aufl. 2008, Anhang I, S. 263 ff.
[54] *Schütze*, Das Dokumenten-Akkreditiv im Internationalen Handelsverkehr, 6. Aufl. 2008, Rn. 10 ff.; *Habersack* in: MünchKomm-BGB, § 783 Rn. 43.
[55] BGH v. 26.09.1989 - XI ZR 159/88 - BGHZ 108, 348-353.
[56] *Nielsen/Jäger* in: Schimansky/Bunte/Lwowski, Bankrechts-Handbuch, 4. Aufl. 2011, § 120 Rn. 20; *Schütze*, Das Dokumenten-Akkreditiv im Internationalen Handelsverkehr, 6. Aufl. 2008, Rn. 17 f.
[57] *Nielsen/Jäger* in: Schimansky/Bunte/Lwowski, Bankrechts-Handbuch, 4. Aufl. 2011, § 120 Rn. 18; *Schütze*, Das Dokumenten-Akkreditiv im Internationalen Handelsverkehr, 6. Aufl. 2008, Rn. 14 ff. jeweils m.w.N.; a.A. *Canaris*, Bankvertragsrecht, 3. Aufl. 1988 Rn. 926; *Habersack* in: MünchKomm-BGB, § 783 Rn. 43.
[58] RG v. 12.12.1922 - III 126/22 - RGZ 106, 26-32; RG v. 05.03.1923 - VI 723/22 - RGZ 107, 7-11; RG v. 26.06.1926 - V 532/25 - RGZ 114, 266-268; BGH v. 30.10.1958 - II ZR 161/57 - BGH WM 1958, 1542; *Habersack* in: MünchKomm-BGB, § 783 Rn. 45; *Nielsen/Jäger* in: Schimansky/Bunte/Lwowski, Bankrechts-Handbuch, 4. Aufl. 2011, § 120 Rn. 83; *Martinek* in: Staudinger, § 675 Rn. B 53.
[59] Vgl. hierzu ausführlich *Heermann*, Geld und Geldgeschäfte, 2003, § 35 Rn. 26.
[60] Art. 5 ERA 600; *Heermann*, Geld und Geldgeschäfte, 2003, § 35 Rn. 42 ff.

42 Soweit der Akkreditivvertrag verbreitet als Anweisung i.w.S. aufgefasst wird,[61] kann dieser Ansicht nicht zugestimmt werden. Denn der Akkreditivauftrag ist im Gegensatz zur Anweisung i.w.S. regelmäßig in eine multilateral-synallagmatische Leistungsverknüpfung[62] eingebunden,[63] die für eine Anweisung i.w.S. gerade nicht wesenstypisch ist[64].

3. Akkreditiv

43 Nach Art. 7 lit. a ERA 600 „muss" die eröffnende Bank bei einer konformen Dokumentenvorlage honorieren. Dieses „Müssen" wird dahin gehend ausgelegt, dass Einwendungen aus dem Kausalverhältnis ausgeschlossen sind. Mit der vorherrschenden Auffassung ist deshalb davon auszugehen, dass es sich beim Dokumentenakkreditiv grundsätzlich, d.h. vorbehaltlich modifizierender Vereinbarungen, um ein abstraktes Schuldversprechen i.S.d. § 780 BGB handelt.[65] Damit erhält der Akkreditivbegünstigte einen unmittelbaren und selbständigen Anspruch gegen die eröffnende Bank als Akkreditivbank, dessen Bestehen im Grundsatz vom Schicksal der Rechtsbeziehungen im Valuta- und Deckungsverhältnis unberührt bleibt.[66]

4. Bestätigungsauftrag/-ersuchen

44 Die bisherigen Erwägungen beruhten auf der Annahme, dass es sich bei der eröffnenden Bank gleichzeitig um die vom Begünstigten unmittelbar in Anspruch genommene Akkreditivbank handelt und mithin nur drei Parteien an dem gesamten Rechtsgeschäft beteiligt sind. Indes wirken – wie bereits erwähnt – insbesondere im Außenhandel an einem Dokumentenakkreditivgeschäft vier Beteiligte mit. Neben die eröffnende Bank tritt eine Zweitbank. Sofern diese als Bestätigungsbank fungiert, ist das Rechtsverhältnis zwischen den beiden beteiligten Banken – ebenso wie der Akkreditivauftrag – als Geschäftsbesorgung mit werkvertraglichem Charakter einzuordnen.[67] Nach Art. 8 lit. d ERA 600 kann die Geschäftsbesorgung entweder aufgrund eines Ersuchens oder einer Ermächtigung zustande kommen.[68]

5. Akkreditivbestätigung

45 Sobald die Bestätigungsbank ihre Bestätigung zu dem Akkreditiv hinzufügt, entsteht dadurch nach Art. 8 lit. b ERA 600 zu ihren Lasten gegenüber dem Begünstigten gleichfalls eine abstrakte Verpflichtung nach § 780 BGB.[69] Sodann haften sowohl Eröffnungs- als auch Bestätigungsbank als Gesamtschuldner.[70]

---

[61] *Canaris*, Bankvertragsrecht, 3. Aufl. 1988, Rn. 920 f.; *Martinek* in: Staudinger, § 675 Rn. B 53; einschränkend *Habersack* in: MünchKomm-BGB, § 783 Rn. 46.

[62] Grundlegend *Heermann*, Drittfinanzierte Erwerbsgeschäfte, 1998, S. 95 ff., S. 162 ff.; *Heermann*, Geld und Geldgeschäfte, 2003, §§ 6 und 7.

[63] Vgl. *Heermann*, Geld und Geldgeschäfte, 2003, § 35 Rn. 28 ff.

[64] *Heermann*, Geld und Geldgeschäfte, 2003, § 10 Rn. 57.

[65] BGH v. 16.04.1996 - XI ZR 138/95 - juris Rn. 10 - BGHZ 132, 313-320; *Canaris*, Bankvertragsrecht, 3. Aufl. 1988, Rn. 984; *Habersack* in: MünchKomm-BGB, § 783 Rn. 48; *Martinek* in: Staudinger, § 675 Rn. B 53; *Schütze*, Das Dokumenten-Akkreditiv im Internationalen Handelsverkehr, 6. Aufl. 2008, Rn. 45a; modifizierend *Nielsen/Jäger* in: Schimansky/Bunte/Lwowski, Bankrechts-Handbuch, 4. Aufl. 2011, § 120 Rn. 74 („Zahlungsinstrument sui generis"); a.A. *Eschmann*, Einstweiliger Rechtsschutz beim Dokumentenakkreditiv in Deutschland, England und der Schweiz, 1994, S. 49 ff. (Art Garantievertrag mit stereotypisiertem Inhalt); *Kübler*, Feststellung und Garantie – eine rechtsvergleichende und dogmatische Abhandlung wider die Lehre vom abstrakten Schuldvertrag im bürgerlichen und Handelsrecht, 1967, S. 190 („stereotypisierte Zahlungsgarantie").

[66] Zu den Einzelheiten der Akkreditiveröffnung vgl. *Heermann*, Geld und Geldgeschäfte, 2003, § 35 Rn. 26.

[67] *Nielsen/Jäger* in: Schimansky/Bunte/Lwowski, Bankrechts-Handbuch, 4. Aufl. 2011, § 120 Rn. 161; *Schütze*, Das Dokumenten-Akkreditiv im Internationalen Handelsverkehr, 6. Aufl. 2008, Rn. 283.

[68] Ausführlich hierzu *Nielsen/Jäger* in: Schimansky/Bunte/Lwowski, Bankrechts-Handbuch, 4. Aufl. 2011, § 120 Rn. 161 f. m.w.N.

[69] Ausführlich hierzu *Heermann*, Geld und Geldgeschäfte, 2003, § 35 Rn. 27.

[70] *Canaris*, Bankvertragsrecht, 3. Aufl. 1988, Rn. 987; *Habersack* in: MünchKomm-BGB, § 783 Rn. 48; *Nielsen/Jäger* in: Schimansky/Bunte/Lwowski, Bankrechts-Handbuch, 4. Aufl. 2011, § 120 Rn. 153; bezüglich weiterer Einzelheiten zum Akkreditiv vgl. *Heermann*, Geld und Geldgeschäfte, 2003, § 35.

§ 784 BGB Annahme der Anweisung

(Fassung vom 02.01.2002, gültig ab 01.01.2002)

(1) Nimmt der Angewiesene die Anweisung an, so ist er dem Anweisungsempfänger gegenüber zur Leistung verpflichtet; er kann ihm nur solche Einwendungen entgegensetzen, welche die Gültigkeit der Annahme betreffen oder sich aus dem Inhalt der Anweisung oder dem Inhalt der Annahme ergeben oder dem Angewiesenen unmittelbar gegen den Anweisungsempfänger zustehen.

(2) ¹Die Annahme erfolgt durch einen schriftlichen Vermerk auf der Anweisung. ²Ist der Vermerk auf die Anweisung vor der Aushändigung an den Anweisungsempfänger gesetzt worden, so wird die Annahme diesem gegenüber erst mit der Aushändigung wirksam.

Gliederung

A. Grundlagen 1
B. Anwendungsvoraussetzungen 2
I. Tatbestand der Annahme 2
II. Verpflichtungswirkung der Annahme .. 9
C. Einwendungsausschluss 11

A. Grundlagen

Die Anweisung allein ermächtigt den Angewiesenen nur, an den Anweisungsempfänger zu leisten. Die Verpflichtung des Angewiesenen gegenüber dem Anweisungsempfänger entsteht dagegen erst mit der Annahme der Anweisung. Dabei handelt es sich um eine selbständige und vom Grundgeschäft gelöste Verpflichtung.[1] **1**

B. Anwendungsvoraussetzungen

I. Tatbestand der Annahme

Nach der inzwischen h.M. hat der Verpflichtungstatbestand der Annahme **Vertragscharakter**.[2] Die auf den Abschluss des Vertrags gerichtete Offerte liegt regelmäßig in der Annahmeerklärung des Angewiesenen. Auf die korrespondierende Erklärung des Anweisungsempfängers ist § 151 BGB anzuwenden.[3] **2**

Eine Annahme i.S.d. § 784 BGB ist nur dann gegeben, wenn der Angewiesene den Willen äußert, eine selbständige, gegenüber Deckungs- und Valutaverhältnis abstrakte Verbindlichkeit zu übernehmen.[4] Bei der Ermittlung des so gestalteten **Abstraktionswillens** ist maßgeblich, ob der von den Beteiligten verfolgte Zweck die Abstraktion erfordert.[5] Bei der Annahmeerklärung muss der Angewiesene nicht das Wort „angenommen" verwenden. Eine bloße Unterschrift kann bereits genügen.[6] Dagegen wird ein bloßer Kenntnisnahmevermerk („gesehen") regelmäßig nicht ausreichen.[7] Gleiches gilt für den Durchlauf durch eine Registriermaschine.[8] **3**

---

[1] RG v. 12.03.1934 - VI 477/33 - RGZ 144, 133-138. Nun hat das Berufungsgericht nicht verkannt, dass die Verselbständigung des Zahlungsversprechens den Versprechensempfänger gerade auch vor Einwendungen schützen soll, die daraus hergeleitet werden können, dass die versprechende Bank die ihr vom Akkreditivsteller zugesagte Deckung nicht erhält.
[2] *Sprau* in: Palandt, § 784 Rn. 3; *Habersack* in: MünchKomm-BGB, § 784 Rn. 2; *Marburger* in: Staudinger, § 784 Rn. 7; *Häuser* in: Soergel, § 784 Rn. 1; *Gehrlein* in: Bamberger/Roth, § 784 Rn. 2.
[3] *Habersack* in: MünchKomm-BGB, § 784 Rn. 2.
[4] *Habersack* in: MünchKomm-BGB, § 784 Rn. 3.
[5] *Habersack* in: MünchKomm-BGB, § 784 Rn. 3.
[6] *Habersack* in: MünchKomm-BGB, § 784 Rn. 2; *Marburger* in: Staudinger, § 784 Rn. 3.
[7] RG v. 25.11.1911 - VI 622/10 - Das Recht 1912 Nr. 212.
[8] LG Köln v. 02.01.1947 - 1 S 235/46 - MDR 1947, 166.

4 **Einschränkungen der Annahme**, insbesondere auch im Hinblick auf die Höhe der Verbindlichkeit, sind zulässig.[9]

5 Die Annahme muss schriftlich auf der Anweisungsurkunde vermerkt sein (§ 784 Abs. 1 Satz 2 BGB). Der Vermerk auf anderen Schriftstücken ist also nicht ausreichend.[10] Im Falle der **Gesamtvertretung** müssen **sämtliche Vertreter** unterzeichnen.[11] Mit dem Erfordernis einer derart qualifizierten Schriftform bezweckt der Gesetzgeber, den Angewiesenen vor den Risiken einer abstrakten Verpflichtung, wie sie aus der Annahme resultiert, zu schützen.[12]

6 Sollte die **Annahme formnichtig** sein, so kommt ein Anspruch des Anweisungsempfängers aus einem drittbegünstigenden Vertrag zwischen dem Anweisenden und dem Angewiesenen i.S.d. § 328 BGB in Betracht.[13]

7 Die Annahmeerklärung **wird** erst mit Zugang beim Empfänger (§ 130 Abs. 1 BGB), d.h. mit der Rückgabe der Urkunde, **wirksam**.[14] Sie kann nicht durch die Übergabe anderer Schriftstücke oder durch die formlose Kenntnisnahme durch den Anweisungsempfänger ersetzt werden.[15]

8 Für den Sonderfall, dass der Vermerk der Annahme vor der Aushändigung an den Anweisungsempfänger auf die Anweisungsurkunde gesetzt wird, regelt § 784 Abs. 2 Satz 2 BGB, dass die Annahme dem Anweisungsempfänger gegenüber erst mit der Aushändigung der Anweisungsurkunde wirksam wird. Da auch in diesem Fall die Annahmeerklärung gegenüber dem Anweisungsempfänger abzugeben ist, tritt der Anweisende bei der Aushändigung als Bote des Angewiesenen auf.[16]

II. Verpflichtungswirkung der Annahme

9 Da der Annahmevertrag ein abstraktes Schuldversprechen gem. § 780 BGB darstellt, besteht die Leistungspflicht auch dann fort, wenn die Anweisung unwirksam ist oder widerrufen wird.[17]

10 Die Erfüllung der Kausalbeziehungen wird nicht bereits durch die Annahme bewirkt, sondern erst durch die aufgrund der abstrakten Verbindlichkeit erbrachten Leistungen.

C. Einwendungsausschluss

11 Der Einwendungsausschluss folgt aus der abstrakten Natur des Schuldverhältnisses.[18] Nach § 784 Abs. 1 HS. 2 BGB verbleiben dem Angewiesenen gegenüber dem Anweisungsempfänger nur die folgenden Einwendungen[19]:

- **Einwendungen, welche die Gültigkeit der Annahme betreffen**: z.B. Formfehler, Geschäftsunfähigkeit eines Vertragspartners bei Abschluss des Annahmevertrags, Willensmängel auf Seiten des Annehmenden, Fälschung des Akzeptvermerks.
- **Einwendungen, die sich aus dem Inhalt der Anweisung ergeben**: z.B. Bedingungen, Befristungen, Beschränkungen und Vorbehalte, von denen die Leistung des Angewiesenen abhängig gemacht worden ist und die aus der Anweisungsurkunde ersichtlich sind.
- **Einwendungen, die sich aus dem Inhalt der Annahme ergeben**: z.B. Einschränkungen, Vorbehalte, Bedingungen oder Befristungen, die dem schriftlichen Annahmevermerk beigefügt sind.
- **Einwendungen, die dem Angewiesenen unmittelbar gegen den Anweisungsempfänger zustehen**: z.B. Erfüllung, Erlass, Stundung, Aufrechnung, Einwand der unzulässigen Rechtsausübung § 242 BGB.[20]

---

[9] *Habersack* in: MünchKomm-BGB, § 784 Rn. 3; *Marburger* in: Staudinger, § 784 Rn. 4; *Sprau* in: Palandt, § 784 Rn. 3; *Gehrlein* in: Bamberger/Roth, § 784 Rn. 4.
[10] BGH v. 12.11.1981 - III ZR 57/80 - juris Rn. 26 - WM 1982, 155-157.
[11] BGH v. 12.11.1981 - III ZR 57/80 - juris Rn. 26 - WM 1982, 155-157.
[12] *Mugdan*, Bd. II, S. 313.
[13] BGH v. 12.11.1981 - III ZR 57/80 - juris Rn. 30 - WM 1982, 155-157.
[14] *Habersack* in: MünchKomm-BGB, § 784 Rn. 5.
[15] *Habersack* in: MünchKomm-BGB, § 784 Rn. 5.
[16] *Habersack* in: MünchKomm-BGB, § 784 Rn. 5.
[17] *Habersack* in: MünchKomm-BGB, § 784 Rn. 6; *Sprau* in: Palandt, § 784 Rn. 1; *Marburger* in: Staudinger, § 784 Rn. 2; *Häuser* in: Soergel, § 784 Rn. 1.
[18] *Habersack* in: MünchKomm-BGB, § 784 Rn. 7; *Marburger* in: Staudinger, § 784 Rn. 12.
[19] *Marburger* in: Staudinger, § 784 Rn. 11.
[20] RG v. 12.03.1934 - VI 477/33 - RGZ 144, 133-138. In Wirklichkeit handelt es sich aber bei der Verteidigung der Beklagten nicht um einen Einwand aus dem Deckungsverhältnis, sondern um einen Einwand aus § 242 BGB, der ihr Verhältnis zur Klägerin unmittelbar betrifft und auch bei einem selbständigen Zahlungsversprechen dieser Art unbedenklich zulässig ist.

Der Rückgriff auf das Deckungsverhältnis oder das Valutaverhältnis ist dem Angewiesenen auch nicht im Wege der Bereicherungseinrede gestattet.[21] Zur Rückabwicklung nach Bereicherungsrecht vgl. die Kommentierung zu § 783 BGB.

---

[21] *Marburger* in: Staudinger, § 784 Rn. 13.

§ 785 BGB Aushändigung der Anweisung

(Fassung vom 02.01.2002, gültig ab 01.01.2002)

Der Angewiesene ist nur gegen Aushändigung der Anweisung zur Leistung verpflichtet.

A. Grundlagen

1 § 785 BGB dient dem **Schutz des Angewiesenen**. Diesen Schutz erreicht die Vorschrift, indem sie den urkundlichen Nachweis liefert, dass der Angewiesene tatsächlich ermächtigt gewesen ist, an den Anweisungsempfänger zu leisten, und dass diese Leistung auf Rechnung des Anweisenden geschehen ist.[1] Für den Fall der Übertragung der Anweisung auf einen Dritten erleichtert § 785 BGB dem Angewiesenen den Beweis, dass er die Legitimation seines Gläubigers gehörig geprüft hat, da die Übertragung auf der Urkunde zumeist vermerkt zu werden pflegt.[2]

B. Anwendungsvoraussetzungen

2 Entgegen dem Wortlaut („zur Leistung verpflichtet") gilt § 785 BGB nicht nur für die angenommene, sondern auch für die nicht angenommene Anweisung.[3]

3 Da der Besitz der Anweisungsurkunde keinen Beweis für die Leistung darstellt, wird der Anspruch des Angewiesenen auf Erteilung einer **Quittung** (§ 368 BGB) nicht durch § 785 BGB ausgeschlossen.[4] Dem Angewiesenen steht ein Anspruch auf Erteilung einer Quittung auch dann zu, wenn er die Anweisung nicht angenommen hat.[5]

4 Bei einem **Zirkularkreditbrief** kann die Aushändigung der Anweisung erst nach vollständiger Bewirkung der Leistung an den Anweisungsempfänger gefordert werden.[6] Frühere Teilleistungen können allerdings bereits zuvor auf der Urkunde vermerkt werden.[7]

C. Rechtsfolge

5 Die Vorschrift gewährt sowohl gegenüber der abstrakten Forderung aus einer angenommenen Anweisung als auch gegenüber der Forderung aus dem Deckungsverhältnis ein **Zurückbehaltungsrecht**.[8] Der Angewiesene muss also nur Zug um Zug gegen Aushändigung der Anweisungsurkunde leisten. Will oder kann der Gläubiger die Urkunde nicht an den leistungsbereiten Angewiesenen herausgeben, so kommt er in Annahmeverzug.

6 Der Angewiesene ist dem Anweisenden gegenüber nicht verpflichtet, das Recht auf Aushändigung der Anweisungsurkunde geltend zu machen. Darüber hinaus hat die fehlende Geltendmachung des Zurückbehaltungsrechts durch den Angewiesenen keine Auswirkung auf dessen Rückgriffsansprüche gegen den Anweisenden.[9]

7 Allerdings kann der Angewiesene auch noch nach seiner Leistung den Anspruch auf Aushändigung der Anweisungsurkunde geltend machen.[10]

8 Daneben steht dem Angewiesenen im Hinblick auf die Anweisungsurkunde ein Anspruch aus § 985 BGB zu, da er analog § 952 BGB das Eigentum an der Anweisungsurkunde, einem Rektapapier, erwirbt.

9 Zwar sieht das Anweisungsrecht kein **Aufgebotsverfahren** vor, nach h.M. sind im Falle des Verlusts der Urkunde die Vorschriften, die ein Aufgebotsverfahren anordnen, jedoch analog anwendbar.[11]

---

[1] *Mugdan*, Bd. II, S. 963.
[2] *Mugdan*, Bd. II, S. 963.
[3] *Habersack* in: MünchKomm-BGB, § 785 Rn. 2; *Marburger* in: Staudinger, § 785 Rn. 2; *Mugdan*, Bd. II, S. 963.
[4] *Marburger* in: Staudinger, § 785 Rn. 1, 3; *Sprau* in: Palandt, § 785 Rn. 1; *Habersack* in: MünchKomm-BGB, § 785 Rn. 3.
[5] *Marburger* in: Staudinger, § 785 Rn. 3.
[6] *Mugdan*, Bd. II, S. 963.
[7] *Marburger* in: Staudinger, § 785 Rn. 4.
[8] *Habersack* in: MünchKomm-BGB, § 785 Rn. 3.
[9] *Marburger* in: Staudinger, § 785 Rn. 2.
[10] *Habersack* in: MünchKomm-BGB, § 785 Rn. 3; *Marburger* in: Staudinger, § 785 Rn. 2.
[11] *Habersack* in: MünchKomm-BGB, § 785 Rn. 5; *Marburger* in: Staudinger, § 785 Rn. 5.

§ 786 BGB (weggefallen)

(Fassung vom 01.01.1964, gültig ab 01.01.1980, gültig bis 31.12.2001)

Der Anspruch des Anweisungsempfängers gegen den Angewiesenen aus der Annahme verjährt in drei Jahren.

§ 786 BGB in der Fassung vom 26.11.2001 ist durch Art. 1 Abs. 1 Nr. 57 des Gesetzes vom 26.11.2011 – BGBl I 2001, 3138 – mit Wirkung vom 01.01.2002 weggefallen.

§ 787 BGB Anweisung auf Schuld

(Fassung vom 02.01.2002, gültig ab 01.01.2002)

(1) Im Falle einer Anweisung auf Schuld wird der Angewiesene durch die Leistung in deren Höhe von der Schuld befreit.

(2) Zur Annahme der Anweisung oder zur Leistung an den Anweisungsempfänger ist der Angewiesene dem Anweisenden gegenüber nicht schon deshalb verpflichtet, weil er Schuldner des Anweisenden ist.

Gliederung

A. Grundlagen	1	I. Absatz 1	2
B. Anwendungsvoraussetzungen	2	II. Absatz 2	6

A. Grundlagen

1   Die Vorschrift befasst sich mit dem Deckungsverhältnis bei der Anweisung auf Schuld. Dass es daneben auch eine Anweisung auf Kredit gibt, folgt aus dem Grundsatz der Vertragsautonomie. Während bei der Anweisung auf Schuld der Angewiesene dem Anweisenden gegenüber zu einer Leistung verpflichtet ist, wird der Angewiesene im Falle der **Anweisung auf Kredit** durch die Leistung an den Anweisungsempfänger zum Gläubiger des Anweisenden, da eine Verpflichtung ihm gegenüber nicht bestand.[1]

B. Anwendungsvoraussetzungen

I. Absatz 1

2   Aus § 787 Abs. 1 BGB ergibt sich der Erfüllungseintritt im Deckungsverhältnis. Demzufolge tritt die Erfüllung nicht schon mit der Anweisung selber oder gar der Annahme ein, sondern erst wenn der Angewiesene im Vollzugsverhältnis dem Anweisungsempfänger den Anweisungsgegenstand oder ein etwaiges Surrogat zuwendet.

3   Umstritten ist in diesem Zusammenhang, ob der Erfüllungseintritt – wie die h.M. annimmt[2] – das grundsätzliche Vorliegen einer **Tilgungsbestimmung** voraussetzt. Das Gesetz lässt ein solches Erfordernis nicht erkennen. Zudem konzediert die h.M., dass die von ihr für erforderlich erachtete Tilgungsbestimmung, die auch stillschweigend erfolgen könne, praktisch häufig mit der Ermächtigung nach § 783 HS. 2 BGB zusammenfalle.[3] Aus der Entstehungsgeschichte der Vorschrift des § 787 BGB folgt zudem, dass die Befreiungswirkung dem regelmäßigen Sinn der Anweisung entsprechen sollte.[4] Deshalb ist davon auszugehen, dass § 787 Abs. 1 BGB einen dispositiven Grundsatz aufstellt, den der Anweisende nicht mittels einer Tilgungsbestimmung zu ergänzen braucht.[5]

4   Mit der Erfüllung im Deckungsverhältnis tritt auch die Erfüllungswirkung im Valutaverhältnis ein.[6]

5   Auf den **Scheck** ist § 787 Abs. 1 BGB nicht anwendbar.[7]

II. Absatz 2

6   Da die Anweisung eine doppelte Ermächtigung ohne Verpflichtungswirkung darstellt, spricht § 787 Abs. 2 BGB eine Selbstverständlichkeit aus. Der Gesetzgeber hielt diese Klarstellung aber zur Vermeidung etwaiger Missverständnisse für erforderlich.[8]

---

[1] BGH v. 16.10.2008 - IX ZR 147/07 - juris Rn. 9 - WM 2008, 2224-2225; *Habersack* in: MünchKomm-BGB, § 787 Rn. 2.

[2] *Häuser* in: Soergel, § 787 Rn. 1; *Marburger* in: Staudinger, § 787 Rn. 2; *Gehrlein* in: Bamberger/Roth, § 787 Rn. 1; a.A. *Habersack* in: MünchKomm-BGB, § 787 Rn. 3; *Heermann*, Geld und Geldgeschäfte, 2003, § 10 Rn. 22.

[3] *Marburger* in: Staudinger, § 787 Rn. 2.

[4] *Mugdan*, Bd. II, S. 962.

[5] *Heermann*, Geld und Geldgeschäfte, 2003, § 10 Rn. 22.

[6] Simultanerfüllung, *Habersack* in: MünchKomm-BGB, § 787 Rn. 6.

[7] BGH v. 23.02.1951 - I ZR 83/50 - LM Nr. 1 zu Art. 1 ScheckG.

[8] *Marburger* in: Staudinger, § 787 Rn. 7.

Damit ist auch klargestellt, dass der Angewiesene weder durch die Verweigerung der Annahme noch durch die Verweigerung der Leistung an den Anweisungsempfänger dem Anweisenden gegenüber in Schuldnerverzug gerät.[9]

Indes kann der Angewiesene durch besondere vertragliche Vereinbarungen im Deckungsverhältnis zur Annahme oder Leistung verpflichtet werden.[10] Bei Verletzung dieser Pflicht aus dem Deckungsverhältnis haftet der Angewiesene dem Anweisenden gegenüber auf **Schadensersatz**, falls er die Pflichtverletzung zu vertreten hat.[11]

---

[9] *Marburger* in: Staudinger, § 787 Rn. 7.
[10] *Marburger* in: Staudinger, § 787 Rn. 7; *Habersack* in: MünchKomm-BGB, § 787 Rn. 7; *Gehrlein* in: Bamberger/Roth, § 787 Rn. 3.
[11] *Marburger* in: Staudinger, § 787 Rn. 7; *Habersack* in: MünchKomm-BGB, § 787 Rn. 7; *Wilhelmi* in: Erman § 787 Rn. 5; *Gehrlein* in: Bamberger/Roth, § 787 Rn. 3.

§ 788 BGB Valutaverhältnis

(Fassung vom 02.01.2002, gültig ab 01.01.2002)

Erteilt der Anweisende die Anweisung zu dem Zwecke, um seinerseits eine Leistung an den Anweisungsempfänger zu bewirken, so wird die Leistung, auch wenn der Angewiesene die Anweisung annimmt, erst mit der Leistung des Angewiesenen an den Anweisungsempfänger bewirkt.

1. Die Vorschrift enthält eine Regelung des **Valutaverhältnisses** und grenzt die bürgerlich-rechtliche Anweisung von der Leistung an Erfüllungs statt (§ 364 Abs. 1 BGB) und von der Schuldübernahme ab.[1] Zugleich konkretisiert sie den Rechtsgedanken des § 364 Abs. 2 BGB, indem sie erklärt, dass die Annahme nicht zur Erfüllung des Valutaverhältnisses führt.[2]
2. Da das Leistungsverhalten des Angewiesenen dem Anweisenden als seine Leistung zugerechnet wird, kann sich der Angewiesene ebenso der **Erfüllungssurrogate** bedienen, wie es der Anweisende dürfte.[3]
3. Entgegen dem Wortlaut gilt § 788 BGB nicht nur, wenn die Anweisung der Tilgung einer Schuld zwischen Anweisendem und Anweisungsempfänger, sondern auch, wenn sie anderen Zwecken (z.B. Darlehenshingabe oder Schenkung) dienen soll.[4]
4. Im Übrigen gilt die Vorschrift auch für den **Scheck.**[5]
5. Da die Vorschrift nur einen Teilaspekt des Valutaverhältnisses regelt, richten sich die sonstigen Auswirkungen einer Anweisung auf das Valutaverhältnis nach den entsprechenden Vereinbarungen zwischen dem Anweisenden und dem Anweisungsempfänger (Anweisung zahlungshalber, Inkassoanweisung, Kredit an Anweisungsempfänger). Der Anweisungsempfänger ist bei einer zahlungshalber gegebenen Anweisung – dem Regelfall – verpflichtet, zunächst von der Ermächtigung Gebrauch zu machen und nicht seine Forderung gegen den Anweisenden im Valutaverhältnis durchzusetzen.[6]

---

[1] *Mugdan*, Bd. II, S. 314.
[2] *Habersack* in: MünchKomm-BGB, § 788 Rn. 2; *Sprau* in: Palandt, § 788 Rn. 1.
[3] *Mugdan*, Bd. II, S. 315.
[4] *Sprau* in: Palandt, § 788 Rn. 1.
[5] LG Braunschweig v. 18.04.1978 - 9b O 147/77 - WM 1979, 735; *Habersack* in: MünchKomm-BGB, § 788 Rn. 3.
[6] *Heermann*, Geld und Geldgeschäfte, 2003, § 10 Rn. 16; *Habersack* in: MünchKomm-BGB, § 788 Rn. 4; *Marburger* in: Staudinger, § 788 Rn. 5; *Sprau* in: Palandt, § 788 Rn. 3.

§ 789 BGB Anzeigepflicht des Anweisungsempfängers

(Fassung vom 02.01.2002, gültig ab 01.01.2002)

¹Verweigert der Angewiesene vor dem Eintritt der Leistungszeit die Annahme der Anweisung oder verweigert er die Leistung, so hat der Anweisungsempfänger dem Anweisenden unverzüglich Anzeige zu machen. ²Das Gleiche gilt, wenn der Anweisungsempfänger die Anweisung nicht geltend machen kann oder will.

Gliederung

A. Grundlagen 1	C. Rechtsfolgen einer unterlassenen Anzeige 8
B. Anwendungsvoraussetzungen 2	D. Anwendungsfelder 9

A. Grundlagen

§ 789 BGB macht eine Ausnahme von dem Grundsatz, dass die Anweisung als Ermächtigung grundsätzlich keine Verpflichtungen zwischen Anweisendem und Anweisungsempfänger begründet.[1] Die Vorschrift konkretisiert das in § 242 BGB manifestierte Prinzip von Treu und Glauben.[2]   **1**

B. Anwendungsvoraussetzungen

Die Anzeigepflicht des Anweisungsempfängers besteht in drei Fällen. Zunächst existiert die Anzeigepflicht, falls der Angewiesene vor dem Eintritt der Leistungszeit die Annahme der Anweisung verweigert (§ 789 Satz 1 BGB). In diesem Zusammenhang ist mit der Leistungszeit der Zeitpunkt der Fälligkeit gemeint.[3] Weiterhin muss der Anweisungsempfänger dem Anweisenden anzeigen, wenn der Angewiesene die Leistung verweigert (§ 789 Satz 1 BGB). Schließlich ist der Anweisungsempfänger, wenn er die Anweisung nicht geltend machen will oder kann, zu einer entsprechenden Anzeige gegenüber dem Anweisenden verpflichtet (§ 789 Satz 2 BGB).   **2**

Verweigert der Angewiesene die Annahme **nach dem Eintritt der Fälligkeit**, so ist darin zugleich eine Leistungsverweigerung zu sehen.[4]   **3**

Der Anweisungsempfänger muss der Anzeigepflicht unverzüglich, d.h. ohne schuldhaftes Zögern (§ 121 Abs. 1 Satz 1 BGB), nachkommen.   **4**

Die Anzeige an den Anweisenden soll diesem die rechtzeitige Wahrnehmung seiner Rechte gegenüber dem Angewiesenen ermöglichen.[5] Aus der ratio legis folgt, dass nicht nur die vollständige, sondern bereits die **teilweise Annahme- oder Leistungsverweigerung** anzeigepflichtig ist.[6] Zudem ist eine **Annahme oder Leistung nur unter Einschränkungen, Vorbehalten oder Bedingungen** bereits als teilweise Verweigerung anzusehen.[7]   **5**

Die Anzeige stellt eine **geschäftsähnliche Handlung** dar. Damit kommt der Anweisungsempfänger seiner Anzeigepflicht nach, wenn er gem. § 130 BGB für den rechtzeitigen Zugang seiner Mitteilung sorgt.[8]   **6**

Da die Anzeige nicht mit rechtlichen Nachteilen verbunden ist, genügt gem. § 107 BGB beschränkte Geschäftsfähigkeit des Anzeigenden.   **7**

C. Rechtsfolgen einer unterlassenen Anzeige

Verzögert oder unterlässt der Anweisungsempfänger schuldhaft seine Anzeige, so ist er dem Anweisenden zum **Ersatz des daraus entstehenden Schadens** verpflichtet.[9] Dabei ist § 255 BGB zu beachten.[10]   **8**

---

[1] *Marburger* in: Staudinger, § 789 Rn. 1.
[2] *Marburger* in: Staudinger, § 789 Rn. 2; *Mugdan*, Bd. II, S. 565.
[3] RG v. 24.01.1921 - II 13/20 - RGZ 101, 312-320.
[4] *Habersack* in: MünchKomm-BGB, § 789 Rn. 2.
[5] *Mugdan*, Bd. II, S. 565.
[6] *Marburger* in: Staudinger, § 789 Rn. 2.
[7] *Marburger* in: Staudinger, § 789 Rn. 2.
[8] *Marburger* in: Staudinger, § 789 Rn. 3.
[9] *Habersack* in: MünchKomm-BGB, § 789 Rn. 3; *Marburger* in: Staudinger, § 789 Rn. 4.
[10] *Marburger* in: Staudinger, § 789 Rn. 4.

D. Anwendungsfelder

9 **Weitere Pflichten des Anweisungsempfängers**: Über die Anzeigepflicht hinaus treffen den Anweisungsempfänger aus der Anweisung selbst keine weiteren Pflichten gegenüber dem Anweisenden. So ist der Anweisungsempfänger allein aufgrund der Anweisung beispielsweise **nicht verpflichtet, den Angewiesenen zur Leistung aufzufordern** oder ihm die Anweisung zur Annahme zu präsentieren.[11] Derartige Pflichten können sich nur aus dem Valutaverhältnis ergeben.[12]

---

[11] *Marburger* in: Staudinger, § 789 Rn. 5.
[12] *Habersack* in: MünchKomm-BGB, § 789 Rn. 3.

§ 790 BGB Widerruf der Anweisung

(Fassung vom 02.01.2002, gültig ab 01.01.2002)

¹Der Anweisende kann die Anweisung dem Angewiesenen gegenüber widerrufen, solange nicht der Angewiesene sie dem Anweisungsempfänger gegenüber angenommen oder die Leistung bewirkt hat. ²Dies gilt auch dann, wenn der Anweisende durch den Widerruf einer ihm gegen den Anweisungsempfänger obliegenden Verpflichtung zuwiderhandelt.

Gliederung

A. Grundlagen 1	II. Anwendbarkeit 5
B. Anwendungsvoraussetzungen 2	C. Rechtsfolgen 8
I. Voraussetzungen des Widerrufs 2	

A. Grundlagen

Indem die Vorschrift das gleichzeitig gewährte Widerrufsrecht beschränkt, konkretisiert sie das Verbot des venire contra factum proprium. Der Angewiesene wird zunächst gem. § 790 Satz 1 BGB dadurch geschützt, dass der Anweisende nach der Annahme der Anweisung oder der Bewirkung der Leistung die Anweisung nicht mehr widerrufen kann. Aber auch die Unbeachtlichkeit einer Verpflichtung des Anweisenden gegenüber dem Anweisungsempfänger in Bezug auf den Widerruf nach § 790 Satz 2 BGB schützt den Angewiesenen, da er sich nicht über die vertragliche Beziehung im Valutaverhältnis zwischen Anweisungsempfänger und Anweisendem informieren muss. Aus dieser Schutzrichtung folgt, dass § 790 Satz 2 BGB einer Verpflichtung des Anweisenden gegenüber dem Anweisungsempfänger, im Falle des Widerrufs Schadensersatz zu leisten, nicht entgegensteht.[1]   **1**

B. Anwendungsvoraussetzungen

I. Voraussetzungen des Widerrufs

Der Widerruf muss gegenüber dem Angewiesenen erklärt werden. Er wird also mit Zugang bei diesem wirksam (§ 130 Abs. 1 BGB). Der Widerruf ist **nicht formbedürftig**.[2]   **2**

Ein Widerruf gegenüber dem Anweisungsempfänger ist wirkungslos.[3]   **3**

Nach dem Wortlaut der Vorschrift kann der Widerruf nicht mehr erfolgen, wenn der Angewiesene die Anweisung angenommen oder die Leistung bewirkt hat. Daneben ist der Widerruf auch dann ausgeschlossen, wenn die Anweisung durch Vereinbarung mit dem Angewiesenen als unwiderruflich ausgestaltet ist.[4]   **4**

II. Anwendbarkeit

Auf das **Akkreditiv** ist § 790 BGB entsprechend anwendbar. Wenn nach einer verbreiteten Ansicht § 790 BGB auf das Akkreditiv nicht anwendbar sein soll, so dürfte dies auf einer Verwechslung der Rechtsbeziehungen zwischen dem Akkreditivauftraggeber und seiner Bank einerseits sowie dem Begünstigten und der Bank andererseits beruhen. Dem Anweisenden entspricht der Auftraggeber, dem Angewiesenen die Bank, der Annahme die Begründung eines Leistungsanspruchs des Begünstigten.[5]   **5**

Dagegen kann § 790 BGB auf den **Wechsel** nicht angewendet werden. Dies ergibt sich aus der zwingenden Ausstellerhaftung gem. Art. 9 WG.[6]   **6**

Beim **Scheck** ist die Regelung des § 790 BGB nur teilweise anwendbar.[7] Einen Widerruf des Ausstellers vor Ablauf der Vorlegungsfrist (Art. 29 ScheckG) muss die bezogene Bank nach Art. 32 Abs. 1   **7**

---

[1] *Mugdan*, Bd. II, S. 317; *Habersack* in: MünchKomm-BGB, § 790 Rn. 3.
[2] *Habersack* in: MünchKomm-BGB, § 790 Rn. 2; *Gehrlein* in: Bamberger/Roth, § 790 Rn. 1.
[3] *Marburger* in: Staudinger, § 790 Rn. 3; *Habersack* in: MünchKomm-BGB, § 790 Rn. 2; *Gehrlein* in: Bamberger/Roth, § 790 Rn. 1.
[4] *Habersack* in: MünchKomm-BGB, § 790 Rn. 6; *Marburger* in: Staudinger, § 790 Rn. 7; *Gehrlein* in: Bamberger/Roth, § 790 Rn. 4; a.A. *Häuser* in: Soergel, § 790 Rn. 1.
[5] *Habersack* in: MünchKomm-BGB, § 790 Rn. 7.
[6] *Habersack* in: MünchKomm-BGB, § 790 Rn. 9.
[7] BGH v. 08.06.1961 - II ZR 54/60 - BGHZ 35, 217-223.

§ 790

ScheckG nicht beachten, falls nicht etwas anderes vereinbart wurde. Mit Ablauf der Frist, die nach Art. 40 ScheckG auch zum Wegfall der Ausstellerhaftung führt, wird der Widerruf wirksam, und zwar auch dann, wenn er vorher erklärt worden ist.[8]

C. Rechtsfolgen

8   Durch den Widerruf erlischt die Anweisung. Leistet der Angewiesene trotz Widerspruchs an den Anweisungsempfänger, so wirkt diese Leistung nicht gegen den Anweisenden. Bei einer Anweisung auf Schuld tritt die befreiende Wirkung nicht ein, bei einer Anweisung auf Kredit entsteht kein Rückzahlungsanspruch. Allerdings hat der Angewiesene nach **Bereicherungsrecht** einen Anspruch gegen den Anweisenden.[9] Gegen den Anweisungsempfänger hat er nur unter besonderen Umständen einen direkten Anspruch (vgl. zu den Einzelheiten die Kommentierung zu § 783 BGB). Die Grundsätze der **Geschäftsführung ohne Auftrag** (§ 677 BGB) finden regelmäßig keine Anwendung, da die Leistung nach dem Widerruf nicht dem Willen des Anweisenden entspricht.[10]

9   Der gutgläubige Anweisungsempfänger wird durch die analoge Anwendung der §§ 170, 171 Abs. 2, 172 Abs. 2, 173 BGB in seinem Vertrauen auf den Fortbestand der ihm erteilten Empfangsermächtigung geschützt.[11]

---

[8] *Habersack* in: MünchKomm-BGB, § 790 Rn. 9.
[9] *Habersack* in: MünchKomm-BGB, § 790 Rn. 4.
[10] *Habersack* in: MünchKomm-BGB, § 790 Rn. 4.
[11] *Habersack* in: MünchKomm-BGB, § 790 Rn. 4; *Marburger* in: Staudinger, § 790 Rn. 3.

§ 791 BGB Tod oder Geschäftsunfähigkeit eines Beteiligten

(Fassung vom 02.01.2002, gültig ab 01.01.2002)

Die Anweisung erlischt nicht durch den Tod oder den Eintritt der Geschäftsunfähigkeit eines der Beteiligten.

Gliederung

A. Grundlagen 1	B. Anwendungsvoraussetzungen 3
I. Kurzcharakteristik 1	I. Tod oder Eintritt der Geschäftsunfähigkeit 3
II. Gesetzgebungsmaterialien 2	II. Abdingbarkeit 7

A. Grundlagen

I. Kurzcharakteristik

Die Bestimmung konkretisiert den entsprechenden und für Willenserklärungen allgemein geltenden Grundsatz, der in § 130 Abs. 2 BGB zum Ausdruck kommt, für die Anweisung.   **1**

II. Gesetzgebungsmaterialien

Der Gesetzgeber hat sich mit dieser Vorschrift von der auf dem Boden der Mandatstheorie vertretenen Auffassung verabschiedet, dass die Anweisung durch den Tod des Anweisenden, Anweisungsempfängers oder Angewiesenen erlischt. Maßgeblich für diese Abkehr war die Überlegung, dass es sich bei Anweisungen nicht um eine Sache des persönlichen Vertrauens, sondern um rein vermögensrechtliche Leistungen handelt. Daneben hat man sich auch auf eine entsprechende Vorschrift bei der Vertragsofferte berufen und darauf, dass für den kaufmännischen Verkehr der Grundsatz des Nichterlöschens der Anweisung durch den Tod des Anweisenden bereits Anerkennung gefunden hatte.[1]   **2**

B. Anwendungsvoraussetzungen

I. Tod oder Eintritt der Geschäftsunfähigkeit

Die Vorschrift bestimmt, dass durch den Tod oder den Eintritt der Geschäftsunfähigkeit eines der Beteiligten die Anweisung nicht unwirksam wird. Allerdings können die Erben bzw. die gesetzlichen Vertreter des Anweisenden die Anweisung in den zeitlichen Grenzen des § 790 BGB **widerrufen**.   **3**

Dem Tod einer natürlichen Person entspricht i.R.d. § 791 BGB bei **juristischen Personen** die **Vollbeendigung**, also nicht schon der Eintritt in das Liquidationsstadium.[2]   **4**

Dem nachträglichen Eintritt der Geschäftsunfähigkeit ist die **Anordnung eines Einwilligungsvorbehalts** (§ 1903 BGB) durch das Betreuungsgericht i.R.d. § 791 BGB gleichgestellt.[3]   **5**

Auch in der **Insolvenz** eines der Beteiligten bleibt die Anweisung gültig. § 115 InsO ist auf die Anweisung nicht anwendbar.[4] Im Falle der Insolvenz des Anweisenden hat der Insolvenzverwalter in den Grenzen des § 790 BGB zu widerrufen. Nach Kenntnis von der Anweisung kann der Angewiesene weder mit der Wirkung des § 787 BGB gegen die Masse leisten noch annehmen.[5] Im Falle der Insolvenz des Angewiesenen entsteht bei Annahme der Anweisung vor Eintritt der Insolvenz eine Insolvenzforderung und bei Annahme nach Eintritt der Insolvenz eine Masseverbindlichkeit gem. § 55 Abs. 1 Nr. 1 InsO.[6] Wird dagegen der Anweisungsempfänger insolvent, so fallen die Rechte aus der Anweisung und der Annahme in die Insolvenzmasse und sind somit vom Insolvenzverwalter auszuüben.   **6**

---

[1] *Mugdan*, Bd. II, S. 567.
[2] *Habersack* in: MünchKomm-BGB, § 791 Rn. 2.
[3] *Habersack* in: MünchKomm-BGB, § 791 Rn. 2.
[4] Vgl. für § 23 KO, der insoweit mit § 115 InsO identisch ist, BGH v. 29.04.1974 - VIII ZR 200/72 - LM Nr. 1 zu § 80 KO.
[5] § 82 InsO, vgl. *Sprau* in: Palandt, § 791 Rn. 2.
[6] Vgl. *Sprau* in: Palandt, § 791 Rn. 2.

II. Abdingbarkeit

7 § 791 BGB stellt kein zwingendes Recht dar, sondern ist **dispositiv**.[7] Der abweichende Wille des Anweisenden kann sich dabei aus der Anweisungsurkunde, aber auch aus Umständen außerhalb der Urkunde ergeben.[8] Da § 791 BGB ebenso wie § 130 Abs. 2 BGB der Sicherheit des Rechtsverkehrs dient, muss sich der abweichende Wille eindeutig aus den Umständen ergeben.[9] Der Angewiesene kann seinen von § 791 BGB abweichenden Willen im Annahmevermerk zum Ausdruck bringen.[10]

---

[7] *Marburger* in: Staudinger, § 791 Rn. 2; *Gehrlein* in: Bamberger/Roth, § 791 Rn. 1.
[8] *Marburger* in: Staudinger, § 791 Rn. 2.
[9] *Habersack* in: MünchKomm-BGB, § 791 Rn. 1.
[10] *Marburger* in: Staudinger, § 791 Rn. 2; *Habersack* in: MünchKomm-BGB, § 791 Rn. 1.

§ 792 BGB Übertragung der Anweisung

(Fassung vom 02.01.2002, gültig ab 01.01.2002)

(1) ¹Der Anweisungsempfänger kann die Anweisung durch Vertrag mit einem Dritten auf diesen übertragen, auch wenn sie noch nicht angenommen worden ist. ²Die Übertragungserklärung bedarf der schriftlichen Form. ³Zur Übertragung ist die Aushändigung der Anweisung an den Dritten erforderlich.

(2) ¹Der Anweisende kann die Übertragung ausschließen. ²Die Ausschließung ist dem Angewiesenen gegenüber nur wirksam, wenn sie aus der Anweisung zu entnehmen ist oder wenn sie von dem Anweisenden dem Angewiesenen mitgeteilt wird, bevor dieser die Anweisung annimmt oder die Leistung bewirkt.

(3) ¹Nimmt der Angewiesene die Anweisung dem Erwerber gegenüber an, so kann er aus einem zwischen ihm und dem Anweisungsempfänger bestehenden Rechtsverhältnis Einwendungen nicht herleiten. ²Im Übrigen finden auf die Übertragung der Anweisung die für die Abtretung einer Forderung geltenden Vorschriften entsprechende Anwendung.

Gliederung

A. Grundlagen 1	III. Rechtsverhältnis zwischen Angewiesenem
B. Anwendungsvoraussetzungen 2	und Erwerber 8
I. Übertragung der Anweisung 2	C. Regress 11
II. Ausschluss der Übertragung 6	

A. Grundlagen

Die Vorschrift stellt zunächst klar, dass die Anweisung übertragen werden kann. Dies gilt auch dann, wenn die Anweisung noch nicht angenommen worden ist, also noch kein Anspruch zwischen Anweisungsempfänger und Angewiesenem besteht.¹ Im Übrigen regelt die Vorschrift die Modalitäten der Übertragung.   **1**

B. Anwendungsvoraussetzungen

I. Übertragung der Anweisung

Vor der Annahme (§ 792 Abs. 2 Satz 1 BGB) wird lediglich die Ermächtigung, die Leistung bei dem Angewiesenen im eigenen Namen zu erheben, übertragen. Nach der Annahme wird die abstrakte Forderung aus § 784 BGB übertragen. Vor der Annahme handelt es sich also um eine **Substitution**, danach um eine **Zession**.²   **2**

Die Übertragung erfolgt durch ein mehrgliedriges Rechtsgeschäft. Zunächst ist ein Vertrag zwischen dem Anweisungsempfänger und dem Erwerber erforderlich. Dabei unterliegt gem. § 792 Abs. 1 Satz 2 BGB nur die Übertragungserklärung des Anweisungsempfängers dem Schriftformgebot, nicht aber die Erklärung des Erwerbers. Diese kann auch konkludent erfolgen und wird regelmäßig in der Entgegennahme der Anweisung zu erblicken sein.³   **3**

Der Übertragungsvermerk muss dabei **nicht auf die Anweisungsurkunde** gesetzt werden.⁴   **4**

Schließlich muss die Anweisungsurkunde noch an den Erwerber gem. § 792 Abs. 1 Satz 3 BGB ausgehändigt werden.   **5**

---

¹ *Mugdan*, Bd. II, S. 966.
² So *Habersack* in: MünchKomm-BGB, § 792 Rn. 2; a.A. *Marburger* in: Staudinger, § 792 Rn. 2, der in beiden Fällen eine Zession annimmt; ähnlich *Gehrlein* in: Bamberger/Roth, § 792 Rn. 1.
³ *Marburger* in: Staudinger, § 792 Rn. 3; *Gehrlein* in: Bamberger/Roth, § 792 Rn. 1.
⁴ *Mugdan*, Bd. II, S. 967; *Marburger* in: Staudinger, § 792 Rn. 3; *Habersack* in: MünchKomm-BGB, § 792 Rn. 3.

II. Ausschluss der Übertragung

6 Der Anweisende kann die Übertragbarkeit grundsätzlich gem. § 792 Abs. 2 Satz 1 BGB durch rechtsgeschäftliche Erklärung[5] ausschließen.

7 Zum Schutz des Angewiesenen wirkt die Erklärung aber gem. § 792 Abs. 2 Satz 2 BGB nur dann, wenn der Ausschluss der Anweisungsurkunde selber zu entnehmen ist oder wenn die Erklärung des Anweisenden dem Angewiesenen zugeht (§ 130 BGB), bevor dieser die Anweisung angenommen oder die Leistung bewirkt hat. Erlangt der Angewiesene **anderweitig Kenntnis**, so ist der Ausschluss ihm gegenüber unwirksam.[6]

III. Rechtsverhältnis zwischen Angewiesenem und Erwerber

8 Hierbei ist zu differenzieren, ob die Übertragung vor der Annahme oder nach der Annahme stattfindet.

9 Erfolgt die **Übertragung vor der Annahme**, so kann die Anweisung nur durch Erklärung gegenüber dem Erwerber angenommen werden. Für diesen Fall bestimmt § 792 Abs. 3 Satz 1 BGB, dass der Angewiesene die Einwendungen nicht geltend machen kann, die ihm gegen den Anweisungsempfänger als Rechtsvorgänger des Erwerbers zustehen würden. Somit ist die Anwendung von § 404 BGB ausgeschlossen.

10 Für den Fall, dass die **Übertragung nach der Annahme** erfolgt, kann der Angewiesene nicht darüber entscheiden, ob er Schuldner des Erwerbers werden will. Deshalb erklärt § 792 Abs. 3 Satz 2 BGB die Zessionsvorschriften für entsprechend anwendbar.[7] Somit behält der Angewiesene in diesem Fall gem. § 404 BGB diejenigen Einwendungen, die er gegen den Anweisungsempfänger hatte. Daneben finden auch die §§ 400-402 BGB **und** die §§ 405, 406 BGB Anwendung.[8]

C. Regress

11 § 792 BGB regelt nicht die Frage, ob oder gegen wen der Erwerber Rückgriff nehmen kann, wenn der Angewiesene die Leistung nicht erbringt. Deshalb ist das Verhältnis des Erwerbers zu seinem jeweiligen Rechtsvorgänger maßgeblich.[9]

12 Einen **Sprungregress** gegen einen früheren Erwerber oder gegen den Anweisenden gibt es nicht.[10]

---

[5] *Habersack* in: MünchKomm-BGB, § 792 Rn. 4; a.A. (geschäftsähnliche Handlung) *Marburger* in: Staudinger, § 792 Rn. 12; *Gehrlein* in: Bamberger/Roth, § 792 Rn. 4.
[6] *Marburger* in: Staudinger, § 792 Rn. 12.
[7] *Habersack* in: MünchKomm-BGB, § 792 Rn. 6.
[8] *Marburger* in: Staudinger, § 792 Rn. 9.
[9] *Marburger* in: Staudinger, § 792 Rn. 11; *Habersack* in: MünchKomm-BGB, § 792 Rn. 7.
[10] *Habersack* in: MünchKomm-BGB, § 792 Rn. 7; *Marburger* in: Staudinger, § 792 Rn. 11; *Gehrlein* in: Bamberger/Roth, § 792 Rn. 5.

Titel 24 - Schuldverschreibung auf den Inhaber

§ 793 BGB Rechte aus der Schuldverschreibung auf den Inhaber

(Fassung vom 02.01.2002, gültig ab 01.01.2002)

(1) ¹Hat jemand eine Urkunde ausgestellt, in der er dem Inhaber der Urkunde eine Leistung verspricht (Schuldverschreibung auf den Inhaber), so kann der Inhaber von ihm die Leistung nach Maßgabe des Versprechens verlangen, es sei denn, dass er zur Verfügung über die Urkunde nicht berechtigt ist. ²Der Aussteller wird jedoch auch durch die Leistung an einen nicht zur Verfügung berechtigten Inhaber befreit.

(2) ¹Die Gültigkeit der Unterzeichnung kann durch eine in die Urkunde aufgenommene Bestimmung von der Beobachtung einer besonderen Form abhängig gemacht werden. ²Zur Unterzeichnung genügt eine im Wege der mechanischen Vervielfältigung hergestellte Namensunterschrift.

Gliederung

A. Grundlagen ... 1	II. Urkunde ... 56
I. Kurzcharakteristik ... 1	III. Aussteller ... 59
II. Grundlagen und zivilrechtliche Besonderheiten des Wertpapierrechts ... 2	IV. Leistungsversprechen an den Inhaber ... 61
1. Nachteile einer unverbrieften Forderung ... 3	1. Leistungsversprechen in der Urkunde ... 61
2. Vorteile der Verbriefung ... 7	2. Anleihebedingungen ... 66
3. Was macht eine Urkunde zum Wertpapier? ... 8	V. Form (Skripturakt) ... 69
a. Definition ... 9	VI. Begebungsvertrag bzw. zurechenbarer Rechtsschein eines Begebungsvertrags ... 73
b. Ausschlaggebende Präsentationsfunktion ... 10	**D. Rechtsfolgen** ... 76
c. Zurückdrängung des Vorlegungserfordernis im stücklosen Effektenverkehr ... 16	I. Leistungsanspruch des Berechtigten nach Maßgabe des Versprechens ... 76
4. Formen und Einteilung der Wertpapiere ... 22	II. Ausnahme: Mangelnde Verfügungsberechtigung ... 82
a. Einteilung nach wirtschaftlicher Funktion ... 23	III. Leistungsberechtigung des Schuldners (Liberationswirkung) ... 83
b. Einteilung nach der Art des verbrieften Rechts ... 31	**E. Prozessuale Hinweise** ... 85
c. Einteilung nach Bedeutung der Urkunde für die Entstehung des verbrieften Rechts ... 32	**F. Anwendungsfelder** ... 89
d. Einteilung nach dem Verhältnis des verbrieften Rechts zum Kausalgeschäft ... 33	**G. Steuerrechtliche Hinweise** ... 90
	I. Genussrechte ... 90
e. Einteilung nach der Art der Bestimmung des Anspruchsberechtigten ... 34	II. Mitarbeiterbeteiligungsmodelle bei Aktiengesellschaften ... 91
III. Gesetzgebungsmaterialien ... 50	III. Gesellschafter-Fremdfinanzierung ... 92
IV. Regelungsprinzipien ... 51	**H. Arbeitshilfen** ... 93
B. Praktische Bedeutung ... 52	I. Prüfungsschema ... 93
C. Anwendungsvoraussetzungen ... 54	II. Musterklauseln ... 94
I. Normstruktur ... 55	III. Vergleichende Schnellübersicht ... 95

A. Grundlagen

I. Kurzcharakteristik

Inhaberschuldverschreibungen im Sinne des § 793 BGB gehören zu der Kategorie der Wertpapiere. Sie sind sog. Inhaberpapiere, deren besonderes Merkmal darin liegt, dass jeder Inhaber des Papiers vom Aussteller (= Schuldner der verbrieften Forderung) die verbriefte Leistung fordern kann. § 793 Abs. 1 Satz 1 BGB gibt eine gesetzliche Definition für den Begriff der Inhaberschuldverschreibung. § 793 Abs. 1 Satz 2 BGB sieht einen über § 362 BGB hinausgehenden Erfüllungstatbestand vor. In § 793 Abs. 2 BGB werden Formfragen behandelt. Der Gesetzeswortlaut gibt nicht alle Tatbestandsmerkmale wieder. Vielmehr müssen auch ungeschriebene Anwendungsvoraussetzungen (Begebungsvertrag) berücksichtigt werden.

1

II. Grundlagen und zivilrechtliche Besonderheiten des Wertpapierrechts

2 Mit der Verbriefung einer Forderung kann nicht nur der **Beweis** des Bestehens einer Forderung erreicht werden, sondern das jeweilige Papier kann zum **Gegenstand des Handelsverkehrs** erhoben werden.

1. Nachteile einer unverbrieften Forderung

3 Die Vorteile einer Verbriefung ergeben sich durch einen Vergleich der Rechtsstellung der beteiligten Parteien im Falle einer unverbrieften Forderung.[1]

4 Der **Schuldner** einer unverbrieften Forderung trägt **das Risiko, an eine falsche Person zu leisten** und damit gegenüber dem wahren Gläubiger von seiner Leistungspflicht nicht befreit zu werden. Dies kann der Fall sein, wenn der Schuldner – etwa aufgrund der Vielzahl von Einzelgläubigern – den Gläubiger der Forderung nicht kennt oder im Falle einer angezeigten jedoch unwirksamen Abtretung der Forderung.

5 Der **Erwerber** einer Forderung **trägt das Risiko, dass der Veräußerer der Forderung möglicherweise nicht dessen Inhaber ist. Ein gutgläubiger Erwerb von Forderungen ist de lege nicht möglich.** Selbst wenn die Forderung erworben wird, muss sich der Erwerber grundsätzlich sämtliche **Einwendungen und Einreden** des Schuldners gegen den Altgläubiger entgegenhalten lassen (auch wenn diese für ihn nicht erkennbar waren). Weiterhin besteht die **Gefahr, dass der Schuldner an den Altgläubiger mit befreiender Wirkung leistet,** weil ihm die Abtretung nicht bekannt war. Will der Erwerber die Forderung geltend machen, **muss er dem Schuldner sein Recht an der Forderung nachweisen,** was bei mehrfacher Abtretung der Forderung schwierig sein kann.

6 Für den **Gläubiger** einer unverbrieften Forderung können Probleme hinsichtlich ihrer **Verwertbarkeit** auftreten. Will er seine Forderung als Sicherheit verwenden, so muss er dem Sicherungsgeber das Bestehen der Forderung so wie möglicherweise deren Einredefreiheit nachweisen. Dieselbe Problematik besteht für den Gläubiger, wenn er seine Forderung „veräußern" möchte.

2. Vorteile der Verbriefung

7 Wird eine Forderung in einer Urkunde verbrieft, so können hierdurch die zuvor genannten Risiken vermieden werden. Eine Urkunde kann so ausgestaltet werden, dass sie **zugunsten** des Schuldners der Forderung **Liberationswirkung** (= Legitimationsfunktion zugunsten des Schuldners[2]) entfaltet, er also mit befreiender Wirkung an jeden Inhaber leisten kann, auch wenn der jeweilige Inhaber nicht Gläubiger der Forderung ist. Die Urkunde kann darüber hinaus **Präsentationsfunktion** entfalten, wenn mit der Urkunde bezweckt werden soll, dass der Schuldner überhaupt nur an den Inhaber der Urkunde zu leisten verpflichtet ist. Die Urkunde kann auch **Legitimationsfunktion** (zugunsten des Inhabers) entfalten, wenn sie den Inhaber als Berechtigten und Gläubiger der Forderung ausweisen soll. Sie kann aber auch (nur) als Beweismittel dienen (**Beweisfunktion**).[3]

3. Was macht eine Urkunde zum Wertpapier?

8 Nicht jede Urkunde ist auch ein Wertpapier. Der Begriff des Wertpapiers wird mehrfach gesetzlich erwähnt, so z.B. in den §§ 232 ff., 312d Abs. 4 Nr. 6, 372, 491 Abs. 3 Nr. 2, 676, 700 Abs. 2, 702, 783, 1296, 1667 Abs. 2, 1807 Abs. 1 Nr. 4, 1812 f., 1818 f., 1960 Abs. 2, 2116 BGB, den §§ 93 f., 363 Abs. 1, 369 Abs. 1, 381, 383 Abs. 1, 400, 451d Abs. 1 Nr. 1, 708 Nr. 3, 723 Abs. 2 HGB, den §§ 108 Abs. 1, 592, 808, 821 f., 884 ZPO, den §§ 471, 472, 474 FamFG, dem § 1 Abs. 1 Satz 2 Nr. 5, Abs. 11 KWG, § 2 Abs. 1 WphG und dem §§ 1 ff. DepotG. Eine gesetzliche Definition des Begriffs Wertpapier findet sich indes nicht. Diese ist vielmehr von der Literatur entwickelt und von der Rechtsprechung übernommen worden.

a. Definition

9 Nach dem von der h.M. vertretenen „weiten" Wertpapierbegriff ist ein Wertpapier eine Urkunde, in der ein privates Recht in der Weise verbrieft ist, dass zur Geltendmachung des Rechts die Innehabung der Urkunde erforderlich ist.[4]

---

[1] Vgl. hierzu *Brox/Henssler*, Handelsrecht, 21. Aufl. 2011, Rn. 503 ff.
[2] *Marburger* in: Staudinger § 793 Rn. 26.
[3] Vgl. hierzu *Gursky*, Wertpapierrecht, 3. Aufl. 2007, S. 6 ff.; *Zöllner*, Wertpapierrecht, 14. Aufl. 1987, § 4.
[4] *Baumbach/Hefermehl/Casper*, Wechselgesetz und Scheckgesetz, 23. Aufl. 2008, WPR Rn. 16; *Brox/Henssler*, Handelsrecht, Rn. 508; *Marburger* in: Staudinger, Vorbem. zu den §§ 793 ff. Rn. 1 m.w.N.

b. Ausschlaggebende Präsentationsfunktion

Im konkreten Fall ist daher immer zu untersuchen, welche Funktion der jeweiligen Urkunde zukommt bzw. zukommen soll. **Ausschlaggebend** ist letztlich die **Präsentationsfunktion** der Urkunde. Man darf also nicht der Fehlvorstellung unterliegen, ein Wertpapier sei allein schon dann gegeben, wenn die Forderung in einer Urkunde verbrieft ist. Zur Verbriefung in einer Urkunde muss hinzukommen, dass das verbriefte Recht nur durch **Innehabung** der Urkunde geltend gemacht werden kann. Es gilt hier der Grundsatz: Ohne Innehabung der Urkunde kein Recht aus der Urkunde.

Keine Wertpapiere sind somit Urkunden, die im Wesentlichen nur Beweiszwecken dienen oder den Inhaber zum Empfang der schuldbefreienden Leistung legitimieren sollen, z.B. Garderobenmarke, Inkassodokumente.[5]

Geht eine Urkunde **verloren oder kommt sie abhanden**, führt dies allerdings nicht zum Verlust des verbrieften Rechts, da der Berechtigte sich im Wege des Aufgebotsverfahrens (§§ 466 ff. FamFG) einen „Ersatz" verschaffen kann. Innehabung bedeutet auch nicht, dass der Berechtigte unmittelbaren Eigenbesitz an der Urkunde haben muss, um sein Recht geltend machen zu können. Es genügt vielmehr, wenn der Berechtigte mittelbarer Besitzer des Papiers ist.[6]

Hierzu folgendes **Beispiel**: A erwirbt für 5.000 € eine Inhaberschuldverschreibung der Y-GmbH (Industrieobligation) und erhält hierfür ein entsprechendes Zertifikat. Weitere 2.000 € vergibt A als Darlehen an den X und lässt sich hierüber einen Schuldschein ausstellen. Beide Dokumente werden bei einer Gasexplosion seines Hauses vernichtet. Kann A die Zahlung seines Sparguthabens respektive die Rückzahlung seines Darlehens verlangen auch ohne Vorlage der vernichteten Dokumente?

Beide Dokumente sind Urkunden, in denen jeweils ein privates Recht verbrieft ist (Anspruch auf Rückzahlung). Der Fall der Zerstörung macht hier anschaulich, dass diesen beiden Dokumenten aber unterschiedliche Funktionen zukommen und sich dies auf die Durchsetzung des betreffenden Rückzahlungsanspruches auswirken kann. Der **Schuldschein** ist eine die Schuld bestätigende, in manchen Fällen auch die Schuld begründende Urkunde, die der Schuldner zum Beweis der Schuld ausgestellt hat.[7] Der Schuldschein ist somit eine reine **Beweisurkunde**. Er soll dem A als Gläubiger den Nachweis erleichtern, dass eine Zahlungsverpflichtung des X besteht. A kann sein Recht gegen X auch dann geltend machen, wenn er das Bestehen der Schuld anders beweisen kann. **Der Schuldschein ist somit kein Wertpapier im Sinne der Definition.**

Die **Industrieobligation** ist hingegen stärker mit dem verbrieften Recht verknüpft. Denn nach § 797 Satz 2 BGB ist die Y-GmbH nur gegen Vorlage des Zertifikats zur Leistung verpflichtet. Ohne die Urkunde kann also das Recht grundsätzlich nicht ausgeübt werden. A kann allerdings im Wege des sog. Aufgebotsverfahrens vor dem zuständigen Amtsgericht nach den §§ 466 ff. FamFG die Urkunde für kraftlos erklären lassen (vgl. § 799 BGB), weil die Zerstörung so stark ist, dass die Ausstellung einer Ersatzurkunde (§ 798 BGB) nicht in Frage kommt. Anstatt der Y-GmbH die Industrieobligation vorzulegen, kann A den **Ausschließungsbeschluss** (§ 479 FamFG) vorlegen.[8]

c. Zurückdrängung des Vorlegungserfordernis im stücklosen Effektenverkehr

Das **Vorlegungserfordernis** wird infolge von Massenemissionen und Massenverwahrung von Wertpapieren **zurückgedrängt** (z.B. sammelverwahrte Effekten, §§ 5 ff. DepotG). Ausschlaggebend ist somit nicht die Vorlage der Urkunde, sondern lediglich das **Innehaben** (mittelbarer Besitz) der Urkunde. Solche sammelverwahrten Wertpapiere sind zur Vorlegung weder geeignet noch bestimmt und dennoch werden sie als Wertpapiere anerkannt.

Die Verkörperung von Forderungsrechten in einer Urkunde erwies sich im Massenverkehr mit Kapitalmarktpapieren (Effekten) als problematisch. Druck, Emission und Verwahrung der großen Zahl einzelner Stücke ließen sich nicht mehr wirtschaftlich bewältigen. Üblich war zunächst die **Sonderverwahrung** von Wertpapieren (§ 2 DepotG), wobei gewöhnlicherweise das Paket des Kunden mit einem Streifband umgeben wurde, auf dem der Name des Hinterlegers stand (**Streifbandverwahrung**). Durch das Zweite Finanzmarktförderungsgesetz vom 26.07.1994[9] wurde die Sonderverwahrung als gesetzliche Grundform der bankmäßigen Verwahrung abgelöst durch die rationellere Form der **Sam-**

---

[5] BGH v. 05.03.1997 - VIII ZR 118/96 - juris Rn. 19 - BGHZ 135, 39-48.
[6] *Marburger* in: Staudinger, Vorbem. zu den §§ 793 ff. Rn. 4 m.w.N.
[7] *Baumbach/Hefermehl/Casper*, Wechselgesetz und Scheckgesetz, 23. Aufl. 2008, WPR Rn. 16; *Brox/Henssler*, Handelsrecht, Rn. 512; *Marburger* in: Staudinger, Vorbem. zu den §§ 793 ff. Rn. 3 m.w.N.
[8] Vgl. *Sprau* in: Palandt, § 799 Rn. 5.
[9] BGBl I 1994, 1749.

melverwahrung (§ 5 DepotG) von Effekten durch besondere Institute, den Wertpapiersammelbanken bzw. Kassenvereine, die heute zur **Clearstream Banking AG** zusammengeschlossen sind. Die Sammelverwahrung bildet heute den gesetzlichen Regelfall, während die Sonderverwahrung nur auf ausdrücklichen Wunsch des Hinterlegers erfolgt (§ 2 Satz 1, § 5 Abs. 1 Satz 1 a.E DepotG).

18 Im Falle der Sammelverwahrung verliert der bisherige Eigentümer der Wertpapiere durch die **Übergabe an die Clearstream Banking AG** seine bisherige Rechtsstellung als Eigentümer. Er erwirbt nach § 6 Abs. 1 DepotG stattdessen einen entsprechenden **Miteigentumsanteil** an den zum **Sammelbestand** des Verwahrers gehörenden Wertpapieren derselben Art. Der Berechtigte erwirbt (statt des mittelbaren Besitzes an der einzelnen Urkunde) in der Regel **mehrfach gestuften mittelbaren Mitbesitz am Sammelbestand**.[10] Weder für die Ausübung, noch für die Übertragung, noch für die Einziehung von Dividenden oder Zinsen ist heute die Vorlage des Wertpapiers erforderlich. Die Übertragung von Effekten erfolgt vielmehr im Wege des von den Banken geschaffenen **Effektengiroverkehrs**, ohne dass ein einzelnes Papier bewegt wird. Die **Übertragung** vollzieht sich gemäß § 929 Satz 1 BGB durch **Einigung und Umstellung des Besitzmittlungsverhältnisses**. Hinzu kommt ein **Buchungsvorgang**, dem ein Auftrag an die Clearstream Banking AG zum Wertpapierübertrag bzw. zur Verpfändung zugrunde liegt.

19 Durch die Sammelverwahrung wurde zwar bereits eine erhebliche Vereinfachung erreicht. Jedoch verblieb der Nachteil, dass unter Aufwendung hoher Kosten eine Vielzahl von Wertpapieren gedruckt und verwahrt werden mussten, die meist während ihrer gesamten Geltungsdauer unbewegt in den Tresoren der Wertpapiersammelbanken lagern. Die Praxis ging daher dazu über, statt einzelner Stücke sog. **Sammelurkunden (Globalurkunden)** auszugeben, in denen die Einzelurkunden zusammengefasst sind. Gemäß § 9a Abs. 1 Satz 1 DepotG ist eine Sammelurkunde ein Wertpapier, das mehrere Rechte verbrieft, die jedes für sich in vertretbaren Wertpapieren einer und derselben Art verbrieft sein könnten. Dabei kann der Anspruch auf Auslieferung von Einzelurkunden ausgeschlossen werden (§ 9a Abs. 3 Satz 2 DepotG).

20 Völlig zurückgedrängt wurde das Verkörperungselement im Bereich der Staatsanleihen. Der Staat kann statt Inhaberschuldverschreibungen Forderungen, die in das **staatliche Schuldbuch** einzutragen sind, als Anleihen begeben. Sie werden daher **Schuldbuchforderungen** genannt. Diese können sowohl vom Bund als auch von den Ländern als Anleihen begeben werden. Die Verwaltung von solchen Schuldbuchforderungen erfolgte auf Bundesebene seit dem 01.01.2002 durch die Bundeswertpapierverwaltung. Diese wurde durch die Bundesschuldenwesenordnung vom 19.07.2006 (BSchuWV) aufgelöst und ihre Aufgaben der „Bundesrepublik Deutschland-Finanzagentur GmbH" übertragen, welche das Bundesschuldbuch führt, was gemäß § 5 Abs. 1 Satz 2 Bundesschuldenwesengesetz (BSchuWG) auch in elektronischer Form möglich ist. Schuldbuchforderungen sind bislang aber ein staatliches Privileg. Nur der Bund und seine Sondervermögen bzw. die einzelnen Bundesländer sind berechtigt, Sammel- oder Einzelschuldbuchforderungen zu begeben.

21 Gemäß § 6 Abs. 2 Satz 1 BSchuWG gelten Sammelschuldbuchforderungen als Wertpapiersammelbestand. Dies fingiert eine Verdinglichung, deren ungeachtet die Sammelschuldbuchforderung die Eigenschaften einer Forderung hat (vgl. Gesetzeswortlaut: „Gläubiger"). Aufgrund der gesetzlichen Fiktion richtet sich die Übertragung, Verpfändung und Pfändung nach den sachenrechtlichen Regelungen. Relevant ist dies insbesondere für den gutgläubigen Erwerb, der analog den §§ 932 ff. BGB möglich ist.[11] Gemäß § 6 Abs. 2 Satz 6 BSchuWG ist auch das DepotG entsprechend anwendbar. Für Einzelschuldbuchforderungen gilt diese gesetzliche Gleichstellung nicht, vgl. § 7 BSchuWG, sie sind Forderungen und werden nach zessionsrechtlichen Grundsätzen veräußert oder verpfändet.[12]

4. Formen und Einteilung der Wertpapiere

22 Wertpapiere können nach unterschiedlichen Kriterien eingeteilt werden. Das Wissen um diese Einteilung ist nicht allein akademischer Natur. Mit der betreffenden Kategorie ist zum einen eine unterschiedliche rechtliche Handhabe (Anspruchsberechtigung, Verfügung) verbunden, zum anderen erleichtert das Wissen um die Einteilung der Wertpapiere das Verständnis für die im Rechts- und Geschäftsverkehr verwendeten Begriffe. Man kann Wertpapiere nach insgesamt **fünf** unterschiedlichen **Kategorien** einteilen. Für den Kautelarjuristen stellt sich dann die Frage, in welches der nachfolgend

---

[10] *Marburger* in: Staudinger 2009, Vorbem. zu den §§ 793 ff. Rn. 32 m.w.N.

[11] *Marburger* in: Staudinger, 2009, Vorbem. zu den §§ 793 ff. Rn. 35 m.w.N.

[12] *Seiler/Kniehase* in: Schimansky/Bunte/Lwowski, Bankrechts-Handbuch, 4. Aufl. 2011, § 104 Rn. 91, 93.

dargestellten Wertpapiere er die jeweilige Forderung verbriefen möchte. Zu beachten ist, dass es nach h.A. einen **Numerus clausus** der Wertpapiere gibt, durch den der Privatautonomie Grenzen gesetzt werden.[13] Man kann also nicht beliebig unterschiedliche Arten von Wertpapieren schaffen.

a. Einteilung nach wirtschaftlicher Funktion

Nach ihrer wirtschaftlichen Funktion unterscheidet man: 23

aa. Kapitalmarktpapiere (Effekten)

Diese werden auch als Kapital**wert**papiere bezeichnet. Sie verkörpern **langfristige** Forderungen oder Teilhaberechte. Man unterscheidet **nicht vertretbare** Kapitalmarktpapiere (z.B. Sparbrief, Grundschuldbrief, Hypothekenbrief) sowie **vertretbare** und handelbare oder **fungible** Kapitalmarktpapiere (z.B. Aktien, Anleihen, Asset Backed Securities, Credit linked notes, Industrieobligationen, Investmentfondsanteilsscheine etc.). Fungible Kapitalmarktpapiere werden auch als **Effekten** bezeichnet. Fungibilität liegt vor, wenn bewegliche Sachen von gleicher Beschaffenheit sind, identische Rechte und Pflichten verkörpern, und im Verkehr nach Zahl, Maß oder Gewicht gehandelt werden können. 24

Schuldverschreibungen, Aktien und Investmentanteilsscheine sind fungibel, weil bei gleichem Nennwert bzw. gleicher Stückelung jedes Papier die gleichen Rechte verkörpert. Die Stücke können untereinander ausgetauscht werden, ohne dass der Inhaber der Urkunde eine Minderung oder Mehrung seiner Rechte erfährt. Grundschuld- und Hypothekenbriefe sind nicht fungibel, weil der Umfang der in jeder Urkunde verbrieften Rechte unterschiedlich ist. 25

Effekten sind **börsen- und sammelverwahrfähig**. Über die Börse können sie bewertet, gekauft und verkauft werden. Aufgrund ihrer Sammelverwahrfähigkeit können sie überdies kostengünstig verwaltet werden. 26

Effekten bestehen aus **Mantel** und **Bogen**. Der **Mantel** verbrieft das Gläubiger- oder **Teilhaberrecht**. Er heißt so, weil die Wertpapierurkunde früher aus einem Doppelbogen bestand, in den der Bogen mit den Zins- und Gewinnanteilsscheinen (**Kupons**) und dem Erneuerungsschein (**Talon**) hineingelegt wurde. Der **Erneuerungsschein** ist kein Wertpapier, sondern nur eine Legitimationsurkunde, die zum **Bezug eines neuen Bogens** berechtigt, wenn die Kupons verbraucht sind. 27

Effekten können wiederum unterschiedlich eingeteilt werden: 28
- Nach der Art des verbrieften Rechts unterscheidet man **Gläubigerpapiere** und **Teilhaberpapiere**.
- Nach der Art des Ertrages unterscheidet man **festverzinsliche Wertpapiere** (vor allem Bankschuldverschreibungen) sowie (variable) **Dividendenpapiere** (z.B. Aktien).

bb. Papiere des Zahlungs- und Kreditverkehrs (Geldmarktpapier)

Sie werden auch Geldmarktpapiere genannt. Sie sind Wertpapiere und verbriefen kurzfristige Forderungen (z.B. Scheck, Wechsel, Zinsschein, Dividendenschein). 29

cc. Papiere des Güterumlaufs (Warenwertpapier)

Diese sind gleichfalls Wertpapiere und verkörpern Rechte an schwimmender oder lagernder Ware (z.B. Ladeschein, Lagerschein, Konnossement). Sie werden auch als Warenwertpapiere bezeichnet. 30

b. Einteilung nach der Art des verbrieften Rechts

Wertpapiere können unterschiedliche Rechte verbriefen. Nach der Art des verbrieften Rechts unterscheidet man 31
- **Mitgliedschaftspapiere** (z.B. Aktie, Interimsschein, Kux),
- **schuldrechtliche Wertpapiere** (z.B. Inhaberschuldverschreibung, Wechsel, Scheck) sowie
- **sachenrechtliche Wertpapiere** (z.B. Hypotheken-, Grundschuld-, Rentenschuldbrief).

c. Einteilung nach Bedeutung der Urkunde für die Entstehung des verbrieften Rechts

Die Urkunde kann für die Entstehung des Rechts unterschiedliche Bedeutung haben. In manchen Fällen kann das Recht nicht ohne Verbriefung in einer Urkunde entstehen. Die Verbriefung ist in diesen Fällen Voraussetzung der Entstehung. Derartige Wertpapiere werden als **konstitutive Wertpapiere** (z.B. Inhaberschuldverschreibung) bezeichnet. In manchen Fällen entsteht das jeweilige Recht außerhalb der Urkunde durch schuldrechtliche Vereinbarung. Diese Wertpapiere werden als **deklaratorische Wertpapiere** (z.B. Sparbuch) bezeichnet. 32

---

[13] *Marburger* in: Staudinger, Vorbem. zu den §§ 793 ff. Rn. 12 ff. m.w.N.

d. Einteilung nach dem Verhältnis des verbrieften Rechts zum Kausalgeschäft

33 Der Ausgabe von Wertpapieren liegt in der Regel ein Rechtsverhältnis zugrunde (Kausalgeschäft), je nachdem wie das Verhältnis zwischen dem verbrieften Recht und dem Kausalgeschäft sich darstellt, unterscheidet man **abstrakte Wertpapiere** und **kausale Wertpapiere**. Mit dem Begriff der Abstraktheit kann zunächst die Nichtakzessorietät des verbrieften Rechts zum Kausalgeschäft gemeint sein, d.h. dass das verbriefte Recht in seinem Bestand unabhängig von der Wirksamkeit des Kausalgeschäfts ist. Andererseits, kann mit dem Begriff aber auch die Typenlosigkeit gemeint sein, d.h. dass das verbriefte Recht kein Bezug auf einen bestimmten Vertragstyp erkennen lässt.[14] Die **Nichtakzessorietät** und die **Typenlosigkeit** können auch zusammen auftreten, wie vor allem bei Wechsel und Scheck. Die Funktion der Abstraktheit liegt darin, die Rechte des Inhabers des Papiers zu stärken. Ein **abstraktes Wertpapier** ist z.B. der Wechsel, er stellt neben die Forderung des Kausalgeschäfts (z.B. eine Kaufpreisforderung) eine weitere Forderung, die sowohl im Bestand als auch im Inhalt selbständig ist. Ein Beispiel für ein **kausales Wertpapier** ist die Aktie, sie schafft kein zweites Mitgliedschaftsrecht, sondern verbrieft nur das Mitgliedschaftsrecht aus dem Gesellschaftsvertrag.

e. Einteilung nach der Art der Bestimmung des Anspruchsberechtigten

34 Am geläufigsten ist eine Einteilung der Wertpapiere, die sich nach der Art des Gläubigers (Berechtigten) bestimmt. Hier werden drei Gruppen unterschieden (Inhaberpapiere, Orderpapiere, Namenspapiere).

aa. Inhaberpapiere

35 Inhaberpapiere legitimieren jeden Inhaber der Urkunde, das jeweils verbriefte Recht geltend zu machen. Der **Besitz des Papiers begründet die widerlegbare Vermutung** für die materielle Berechtigung des Anspruchstellers. Der Nachweis einer Nichtberechtigung obliegt dem Schuldner.

36 Die **Übertragung** von Inhaberpapieren erfolgt entweder über die §§ 929 ff. BGB, wobei ein gutgläubiger Erwerb (auch an abhanden gekommenen Papieren) über die §§ 932, 935 Abs. 2 BGB möglich ist. Das verbriefte Recht kann aber auch durch schlichten Abtretungsvertrag gemäß § 398 BGB übertragen werden.[15] Der Zessionar erwirbt in diesem Fall über § 952 Abs. 2 BGB das Eigentum der Urkunde. Indes ist in diesem Fall ein gutgläubiger Erwerb mangels rechtsgeschäftlichen Übereignungstatbestands, den § 932 BGB fordert, nicht möglich.

37 Inhaberpapiere sind **Inhaberschuldverschreibungen**, **Inhaberaktien** und **Inhaberschecks**.

38 Auch Inhaberpapiere unterliegen einem **Numerus clausus**. Bestimmte Rechte können von Gesetzes wegen nicht als Inhaberpapier konstruiert werden. Von den dinglichen Rechten können beispielsweise nur die Grund- und Rentenschuld in einem Inhaberpapier verbrieft werden (§ 1195 BGB); hingegen nicht die Hypothek, da der Hypothekenbrief (§ 1116 BGB) **stets als Rektapapier** ausgestellt werden muss. Von den Mitgliedschaftspapieren kann nur die Aktie auf den Inhaber lauten (§ 10 Abs. 1 AktG)[16], Zwischenscheine dagegen nicht (§ 10 Abs. 3, 4 AktG). Ebenso müssen die Anweisung (§ 783 BGB) und der Wechsel (Abs. 1 Nr. 6 WG) auf den Namen lauten und können nicht auf den Inhaber ausgestellt werden.

bb. Namenspapiere (Rektapapiere)

39 Namenspapiere (Rektapapiere) berechtigen nur denjenigen zur Forderung der verbrieften Leistung, der namentlich als Gläubiger bezeichnet ist. An ihn soll der Aussteller der Urkunde (Schuldner) **direkt (recta)** leisten.

40 Das verbriefte Recht wird bei Rektapapieren nie sachenrechtlich, sondern **nur durch Abtretungsvertrag** gemäß §§ 398, 413 BGB übertragen. Ein gutgläubiger Erwerb ist grundsätzlich ausgeschlossen (§ 403 BGB). **Ausnahmen** gelten insoweit jedoch für die Hypothek (§§ 892, 893, 1138 BGB) und die Grundschuld (§§ 892, 893 BGB).

41 Umstritten ist, ob neben der Abtretung des verbrieften Rechts auch die **Übergabe** der Urkunde erforderlich ist. Für einige Rektapapiere ist dies **gesetzlich** vorgeschrieben (z.B. Hypothekenbrief nach § 1154 Abs. 1 Satz 2 BGB und § 1117 BGB, Grundschuldbrief nach § 1192 BGB i.V.m. § 1154 Abs. 1 Satz 2 BGB und § 1117 BGB sowie Anweisung, § 792 Abs. 1 Satz 3 BGB). Nach h.M. ist dies **für andere Rektapapiere jedoch nicht erforderlich**, da der Erwerber durch § 404 BGB und § 952 BGB hin-

---

[14] *Hueck/Canaris*, Recht der Wertpapiere, 12. Aufl. 1986, § 2 VI 1.
[15] *Marburger* in: Staudinger, Vorbem. zu den §§ 793 ff. Rn. 7 m.w.N.
[16] Vgl. hierzu *Marburger* in: Staudinger, Vorbem. zu den §§ 793 ff. Rn. 13 m.w.N.

reichend geschützt wird.[17] Mangels sachenrechtlicher Übertragung gelten **nicht** die Eigentumsvermutungen des § 1006 BGB und des Art. 16 Abs. 1 WG bzw. des Art. 19 ScheckG. Der Besitzer der Urkunde muss somit gegenüber dem Aussteller seine wahre Berechtigung respektive den Erwerb der Forderung nachweisen.[18]

Rektapapiere sind z.B. die Anweisung nach den §§ 783-792 BGB, die handelsrechtlichen Wertpapiere, sofern sie ohne Orderklausel ausgestellt werden (§ 363 HGB), der Rektawechsel (Art. 11 Abs. 2 WG), der Rektascheck (Art. 14 Abs. 2 ScheckG) sowie der Hypothekenbrief (§ 1116 BGB) und Grund- und Rentenschuldbrief (§ 1192 BGB), soweit diese nicht ausnahmsweise auf den Inhaber ausgestellt sind (§§ 1195, 1199 BGB). 42

Zu den Namens- oder Rektapapieren gehören auch die **qualifizierten Legitimationspapiere** des § 808 BGB (auch hinkende Inhaberpapiere genannt). Vgl. hierzu auch die Kommentierung zu § 808 BGB. 43

Rektapapiere genießen den größten Raum für die privatautonome Gestaltung. Allerdings können sich aus der Art der zu verbriefenden Rechte Beschränkungen der Gestaltungsfreiheit ergeben. Üblicherweise werden Mitgliedschaftsrechte in Namenspapieren verbrieft. Schuldrechtliche Forderungen können gleichfalls als Namenspapiere ausgestaltet werden. Bei den Sachenrechten können nur bestimmte Rechte wertpapiermäßig verbrieft werden (Hypotheken, Grundschulden, Rentenschulden).[19] 44

cc. Orderpapiere

Orderpapiere legitimieren denjenigen, der in der Urkunde als Gläubiger namentlich benannt ist oder auf den eine ununterbrochene Kette von Indossamenten hinführt. Die Übertragung des verbrieften Rechts erfolgt durch Indossament (einen meist auf die Rückseite des Papiers gesetzten Begebungsvermerk) sowie durch Übereignung des Papiers (§§ 929 ff. BGB). Wird das Papier ohne Indossament übertragen oder erfolgt eine bloße Abtretung (§§ 398, 413 BGB), treten die besonderen Wirkungen des Indossaments nicht ein. 45

Man unterscheidet **geborene** Orderpapiere (Wertpapiere, die keine besondere **Orderklausel** benötigen) sowie **gekorene** Orderpapiere (Wertpapiere, die erst durch eine besondere Orderklausel, wie z.B. „an Order", zu Orderpapieren werden). 46

Geborene Orderpapiere sind: 47
- der Wechsel (Art. 11 Abs. 1 WG),
- der Scheck (Art. 14 Abs. 1 ScheckG),
- die Namensaktie (§ 68 Abs. 1 AktG),
- der auf den Namen lautende Investmentanteilsschein.

Gekorene Orderpapiere sind die in § 363 HGB genannten Papiere (kaufmännische Orderpapiere): 48
- die kaufmännische Anweisung (§ 363 Abs. 1 Satz 1 HGB),
- der kaufmännische Verpflichtungsschein (§ 363 Abs. 1 Satz 2 HGB),
- das Konnossement (§§ 363 Abs. 2, 642 ff. HGB),
- der Ladeschein (§ 363 Abs. 2, 444 ff. HGB),
- der Lagerschein (§ 363 Abs. 2, 475c ff. HGB),
- die Transportversicherungspolice (§ 363 Abs. 2 HGB, §§ 130 ff. VVG).

Der Kreis der Orderpapiere beschränkt sich nach h.M. auf die (eben genannten) vom Gesetz ausgestalteten Wertpapierformen. Zusätzliche Orderpapiere können durch Hinzufügen der Orderklausel bei anderen Papieren nicht geschaffen werden. Andere Papiere werden hierdurch zwar nicht ungültig, das Hinzufügen der Orderklausel führt nach h.A. in der Literatur aber nicht dazu, dass diese Papiere auch durch Indossament übertragen werden könnten.[20] 49

III. Gesetzgebungsmaterialien

§§ 685, 687 E I; II, § 722 rev § 778; III, § 777; Motive, Bd. II, S. 694 ff. = *Mugdan*, Bd. II, S. 387 ff.; Protokolle, Bd. II, S. 527 ff., 559 ff. = *Mugdan*, Bd. II, S. 1046 ff., 1051 ff.; D 96 f. = *Mugdan*, Bd. II, S. 1265). 50

---

[17] *Marburger* in: Staudinger, Vorbem. zu den §§ 793 ff. Rn. 10 m.w.N.
[18] *Zöllner*, Wertpapierrecht, 14. Aufl. 1987, § 2 II 2a.
[19] *Marburger* in: Staudinger, Vorbem. zu den §§ 793 ff. Rn. 14 m.w.N.
[20] *Marburger* in: Staudinger, Vorbem. zu den §§ 793 ff. Rn. 12 m.w.N.

IV. Regelungsprinzipien

51 Die §§ 793 ff. BGB regeln das Recht der Inhaberschuldverschreibungen nur teilweise. Ergänzende Vorschriften finden sich in folgenden Regelungswerken:[21]

- **BGB – Allgemeiner Teil**: Dieser ist relevant für die Begründung und rechtsgeschäftliche Übertragung von Inhaberschuldverschreibungen. Es gelten hier die allgemeinen Vorschriften über Rechtsgeschäfte. Sonderregelungen enthalten die §§ 232 ff. BGB für die Hinterlegung.
- **BGB – Schuldrecht**: Besondere Bestimmungen enthalten § 248 Abs. 2 Satz 2 BGB (Ausnahme von Zinseszinsverbot), § 372 BGB (Hinterlegung), § 700 Abs. 2 BGB (Verwahrung), § 702 BGB (Gastwirtshaftung) und § 783 BGB (Anweisung).
- **BGB – Sachenrecht**: Die Übereignung der Urkunde einer Inhaberschuldverschreibung richtet sich nach den §§ 929 ff. BGB. Im Zusammenhang mit dem gutgläubigen Erwerb ist auf die Vorschriften der §§ 366, 367 HGB zu achten. Das verbriefte Recht kann auch durch Zession gemäß §§ 398, 413 BGB übertragen werden. Der Eigentumsübergang an der Urkunde findet in diesem Fall gemäß § 952 Abs. 2 BGB auf gesetzlichem Wege statt. Sonderbestimmungen für Inhaberpapiere befinden sich in § 935 Abs. 2 BGB (gutgläubiger Erwerb auch bei abhanden gekommenen Inhaberpapieren), § 1006 Abs. 1 Satz 2 BGB (Eigentumsvermutung), § 1007 Abs. 2 Satz 2 BGB (Ansprüche des früheren Besitzers), §§ 1081-1084 BGB (Nießbrauch), §§ 1187, 1188 BGB (Sicherungshypothek), § 1195 BGB (Inhabergrundschuldbrief), §§ 1293, 1294, 1296 BGB (Pfandrecht).
- **BGB – Familien- und Erbrecht**: Von Relevanz sind hier die Vorschriften des § 1362 Abs. 1 Satz 3 BGB (Eigentumsvermutung), der §§ 1643 Abs. 1, 1822 Nr. 9 BGB (genehmigungspflichtige Rechtsgeschäfte), der §§ 1646 Abs. 1 Satz 2, 1667 Abs. 2 Satz 2 BGB (elterliche Vermögensverwaltung), des § 1807 Abs. 1 Nr. 2, 4 BGB (Anlegung von Mündelgeld), der §§ 1814 ff., 1853 BGB (Vermögensverwaltung durch Vormund), der §§ 2116 ff., 2136 BGB (Nacherbschaft).
- **EGBGB**: Landesgesetzliche Vorbehalte sind in den Art. 97-102 EGBGB enthalten. Übergangsvorschriften finden sich in den Art. 174-178 EGBGB.
- **HGB**: Handelsrechtliche Bestimmungen über Wertpapiere enthalten die §§ 363 ff. HGB (kaufmännische Orderpapiere), §§ 366 ff. HGB (gutgläubiger Erwerb), § 369 HGB (kaufmännisches Zurückbehaltungsrecht), § 381 HGB (Handelskauf) und § 383 HGB (Kommissionär).
- **ZPO**: Relevant sind hier die Vorschriften der §§ 108 ff. ZPO (Sicherheitsleistung), §§ 592 ff. ZPO (Urkundenprozess), § 808 ZPO (Pfändung im Zwangsvollstreckungsverfahren), § 821 ZPO (Verwertung von Wertpapieren), § 822 ZPO (Umschreibung von Namenspapieren), § 823 ZPO (Wiederinkurssetzung), § 831 ZPO (Pfändung indossabler Papiere) sowie § 883 ZPO (Herausgabevollstreckung).
- **FamFG**: Die Vorschriften über das Aufgebotsverfahren zur Kraftloserklärung von Urkunden in den §§ 433 ff. und 466 ff. FamFG.[22]
- **StGB**: Strafrechtlichen Schutz gegen Fälschung von Inhaberschuldverschreibungen gewähren die Vorschriften der §§ 151, 152 StGB.
- Seit dem 01.08.2006 gilt für Bundesschulden das **Bundesschuldenwesengesetz** (BSchuWG) vom 12.07.2006.[23]
- Für Hypothekenpfandbriefe, Schiffspfandbriefe und öffentliche Pfandbriefe (Kommunalobligationen) gilt seit dem 19.07.2005 das PfandBG vom 22.05.2005,[24] zuletzt geändert durch das Gesetz vom 09.12.2010.[25] Das Spezialbankprinzip ist mit Inkrafttreten des PfandBG weggefallen. Die vor dem Inkrafttreten des PfandBG begebenen Pfandbriefbestände können nach der alten Rechtslage zu behandeln sein, wenn die Altpfandbriefbank dies der BaFin bis zum 18.07.2005 angezeigt hat, vgl. § 51 PfandBG.[26]
- Für die Befugnis der Bausparkassen zur Ausgabe von Schuldverschreibungen ist **Bausparkassengesetz** (BausparkG) in der Fassung vom 15.02.1991,[27] § 4 Abs. 1 Nr. 5 lit. c BauspG, zu beachten, zuletzt geändert durch das Gesetz vom 29.07.2008[28].

---

[21] Vgl. hierzu auch *Marburger* in: Staudinger, Vorbem. zu den §§ 793 ff. Rn. 20 ff. m.w.N.
[22] BGBl I 2009, 2512.
[23] BGBl I 2006, 1466.
[24] BGBl I 2005, 1373.
[25] BGBl I 2010, 1900.
[26] Vgl. *Frank/Glatzel*, Die Vereinheitlichung und Neuordnung des Pfandbriefrechts, WM 2005, 1681-1689.
[27] BGBl I 1991, 454.
[28] BGBl I 2008, 1509.

- Inhaberschuldverschreibungen der **Industriekreditbank AG** können nach Maßgabe des Gesetzes betreffend die **Industriekreditbank Aktiengesellschaft** (IndkredBkG) vom 15.07.1951,[29] zuletzt geändert durch das Gesetz vom 29.10.2001[30] begeben werden.
- Inhaberschuldverschreibungen der **Kreditanstalt für Wiederaufbau** können nach Maßgabe des Gesetzes über die Kreditanstalt für Wiederaufbau in der Fassung vom 23.06.1969[31] begeben werden, zuletzt geändert durch die Verordnung vom 31.10.2006[32]. Dies gilt auch für Inhaberschuldverschreibungen der Deutschen Ausgleichsbank, die gemäß dem DtA-Vermögensübertragungsgesetz vom 15.08.2003[33] in der Kreditanstalt für Wiederaufbau aufgegangen ist.
- Zur Begebung und Zuteilung von Schuldverschreibungen des Entschädigungsfonds sind die Vorschriften des **Entschädigungs- und Ausgleichsgesetzes (EALG)** vom 27.09.1994,[34] zuletzt geändert durch das Gesetz vom 22.09.2005[35] in Verbindung mit dem, als dessen Artikel 1 erlassenen, Entschädigungsgesetz in der Fassung vom 13.07.2004[36], zuletzt geändert durch das Gesetz vom 23.05.2011[37] sowie in Verbindung mit der Schuldverschreibungsverordnung vom 21.06.1995,[38] zuletzt geändert durch das Gesetz vom 12.07.2006[39] zu beachten.
- Für die Beleihung (Lombardkredit), Verwahrung und Verwaltung sowie den Kauf- und Verkauf von Schatzanweisungen, Schuldverschreibungen und Schuldbuchforderungen durch die Deutsche Bundesbank gelten die Vorschriften des **Bundesbankgesetzes (BBankG)** in der Fassung vom 22.10.1992,[40] zuletzt geändert durch das Gesetz vom 22.12.2011[41].
- Für die Ausstellung und Ausgabe von Investmentanteilsscheinen (Investmentzertifikaten) sind die Vorschriften des **Investmentgesetzes** (InvG) in der Fassung vom 15.12.2003,[42] zuletzt geändert durch Gesetz vom 22.12.2011[43] relevant.
- In den §§ 32 ff. **BörsG** in der Fassung vom 16.07.2007,[44] zuletzt geändert durch das Gesetz vom 06.12.2011[45] i.V.m. der **BörsZulV** in der Fassung vom 09.09.1998,[46] zuletzt geändert durch das Gesetz vom 22.12.2011,[47] wird die **börsliche Zulassung von Wertpapieren** geregelt. Vor der Börseneinführung ist ein Prospekt zu veröffentlichen. Unrichtigkeit bzw. Unvollständigkeit führen zur gesetzlichen Prospekthaftung nach den §§ 44 ff. BörsG.
- Verhaltenspflichten und behördliche Aufsichtsbefugnis im börslichen und außerbörslichen Handel mit Wertpapieren und Derivaten finden sich im **WpHG** in der Fassung vom 09.09.1998,[48] zuletzt geändert durch das Gesetz vom 22.12.2011[49].
- Die Verwahrung und Anschaffung von Wertpapieren sind im **Depotgesetz** (DepotG) in der Fassung vom 11.01.1995[50] geregelt, zuletzt geändert durch das Gesetz vom 31.07.2009.[51]

---

[29] BGBl I 1951, 447.
[30] BGBl I 2001, 2785.
[31] BGBl I 1969, 574.
[32] BGBl I 2006, 2407.
[33] BGBl I 2003, 1657.
[34] BGBl I 1994, 2624.
[35] BGBl I 2005, 2809.
[36] BGBl I 2004, 1658.
[37] BGBl I 2011, 920.
[38] BGBl I 1995, 846.
[39] BGBl I 2006, 1466.
[40] BGBl I 1992, 1782.
[41] BGBl I 2011, 2959.
[42] BGBl I 2003, 2676.
[43] BGBl I 2011, 3044.
[44] BGBl I 2007, 1330, 1351.
[45] BGBl I 2011, 2481.
[46] BGBl I 1998, 2832.
[47] BGBl I 2011, 3044.
[48] BGBl I 1998, 2708.
[49] BGBl I 2011, 3044.
[50] BGBl I 1995, 34.
[51] BGBl I 2009, 2512.

- Das Gesetz über Schuldverschreibungen aus Gesamtemissionen (**Schuldverschreibungsgesetz** – SchVG) vom 31.07.2009[52], zuletzt geändert durch das Gesetz vom 22.12.2011[53], substituierte das Gesetz betreffend die gemeinsamen Rechte der Besitzer von Schuldverschreibungen vom 04.12.1899[54] sowie das Gesetz über die Anwendung von Vorschriften des Gesetzes betreffend die gemeinsamen Rechte der Besitzer von Schuldverschreibungen[55], die beide mit Inkrafttreten des SchVG am 05.08.2009 außer Kraft traten. Für Schuldverschreibungen, die vor dem 05.08.2009 begeben wurden, gelten die außer Kraft getretenen Gesetze jedoch weiter. Durch Mehrheitsbeschluss können die Gläubiger in Abstimmung mit dem Schuldner jedoch die vor dem 05.08.2009 begebenen Schuldverschreibungen dem neuen Schuldverschreibungsgesetz unterstellen (sog. Opt-in), vgl. § 24 Abs. 2 Schuldverschreibungsgesetz. Das Schuldverschreibungsgesetz enthält ein spezielles Transparenzgebot für Anleihebedingungen. Zudem regelt es die Möglichkeit der Änderung von Bestimmungen in Anleihebedingungen während der Laufzeit der Anleihe, nämlich entweder durch gleichlautenden Vertrag mit sämtlichen Gläubigern oder durch Mehrheitsbeschluss der Gläubiger. Das Verfahren der Gläubigerabstimmung wurde durch das Schuldverschreibungsgesetz grundlegend neu geregelt und an das Recht der Hauptversammlung einer Aktiengesellschaft angelehnt. Mit Beschluss vom 27.03.2012[56] entschied das OLG Frankfurt, dass ein Opt-in gemäß § 24 Abs. 2 Schuldverschreibungsgesetz nur möglich sei für Schuldverschreibungen, die die dem Gesetz betreffend die gemeinsamen Rechte der Besitzer von Schuldverschreibungen vom 04.12.1899 unterlagen, d.h. ein Opt-in ist danach nicht möglich für Inhaberschuldverschreibungen ausländischer Emittenten, auch wenn diese Inhaberschuldverschreibungen größten Teils dem deutschen Recht unterstellt sind. Diese Entscheidung wird in der Literatur stark kritisiert[57], da sie die Restrukturierung von Alt-Anleihen unangemessen erschwere.
- Für den Fall der **Insolvenz** eines gewerblichen Verwahrers, Pfandgläubigers oder Kommissionärs von Schuldverschreibungen sehen die §§ 32, 33 DepotG den Vorrang der Hinterleger, Verpfänder und Kommittenten vor.

B. Praktische Bedeutung

52 Inhaberschuldverschreibungen haben eine große Bedeutung im Wirtschaftsleben und spielen vor allem als Kapitalmarktpapier eine große Rolle. Sie können Anlage- und Kreditinstrument sein. Es ist davon auszugehen, dass die praktische Bedeutung von Inhaberschuldverschreibungen weiter an Bedeutung zunehmen wird. Im Zuge der Umsetzung von Basel II in deutsches Recht aber auch aufgrund der andauernden Finanz- und Wirtschaftskrise, beginnend im Jahr 2008, gestaltet sich die klassische Finanzierung durch die Hausbank immer schwieriger. Dies lässt vermuten, dass Unternehmen zukünftig verstärkt auf alternative und moderne Formen der Unternehmensfinanzierung wie z.B. Inhaberschuldverschreibungen in Form von Industrieobligationen, Credit linked notes, Asset Backed Securities, Genussscheine, Gewinnschuldverschreibungen etc. zurückgreifen werden. In den Jahren 2009 und 2010 kam es in Europa insbesondere zu einem Anstieg der Emissionen von Wandel- und Optionsanleihen, die ebenfalls als Inhaberschuldverschreibungen zu qualifizieren sind. Bemerkenswert ist, dass auch immer mehr Emittenten aus Deutschland zu dieser Anleiheform greifen.[58]

53 Große mediale Aufmerksamkeit haben Inhaberschuldverschreibungen in Form von Zertifikaten im Rahmen der rechtlichen Aufarbeitung[59] der Insolvenz der Lehman Brother Holding Inc. erhalten. Dabei ging es in erster Linie um Beratungspflichten der Banken beim Vertrieb von Zertifikaten.[60]

---

[52] BGBl I 2009, 2512.
[53] BGBl I 2011, 3044.
[54] BGBl III Gl.-Nr. 4134-1 zuletzt geändert durch Gesetz vom 05.10.1994 (BGBl I 1994, 2911).
[55] BGBl III Gl.-Nr. 4131-1-1.
[56] OLG Frankfurt v. 27.03.2012 - 5 AktG 3/11 - DB 2012, 912-915.
[57] *Friedl*, BB 2012, 1309-1310, m.w.N.; *Lürken*, Handelsblatt Rechtsboard v. 10.04.2012, http://blog.handelsblatt.com/rechtsboard/2012/04/10/anderung-von-anleihebedingungen-geltungsbereich-des-schuldverschreibungsgesetzes/ (abgerufen am 21.09.2012).
[58] Vgl. auch *Schanz*, BKR 2011 410-416, 410.
[59] BGH v. 27.09.2011 - XI ZR 178/10 - NJW-RR 2012, 43-49.
[60] Vgl. neben der eben zitierten BGH-Rechtsprechung u.a. *Röttger*, jurisPR-BKR 12/2011, Anm. 1; *Buck-Heeb*, DB 2011, 2825-2832; *Salewski*, BKR 2012, 100-106.

C. Anwendungsvoraussetzungen

Nach heute herrschender Meinung nennt § 793 BGB nicht sämtliche Voraussetzungen, die für die Geltendmachung der Rechte aus einer Inhaberschuldverschreibung erfüllt sein müssen. Vielmehr wird zusätzlich zu den im Gesetz genannten Voraussetzungen das Entstehen der rechtlichen Verpflichtung (des verbrieften Rechts) durch Abschluss eines **Begebungsvertrages** bzw. durch einen dem Aussteller **zurechenbaren Anschein** eines Begebungsvertrags verlangt.

54

I. Normstruktur

§ 793 Abs. 1 BGB ist als **Anspruchsgrundlage** verfasst worden, die eine **Legaldefinition** des Begriffs der „Inhaberschuldverschreibung" aufweist. § 793 Abs. 1 Satz 2 BGB wird die **Befreiungswirkung** (Liberationsfunktion) der Leistung zugunsten des Schuldners festgelegt, in § 793 Abs. 1 Satz 1 BGB die Legitimationswirkung zugunsten des Inhabers. § 793 Abs. 2 BGB regelt Formfragen. Zum einen sollen die Parteien die Freiheit haben, die Beachtung einer besonderen Form vorzusehen, zum anderen hat der Gesetzgeber eine Formerleichterung (mechanisch hergestellte Unterschrift) vorgesehen. Zu den Tatbestandsvoraussetzungen im Einzelnen:

55

II. Urkunde

Eine Inhaberschuldverschreibung setzt das Bestehen einer Urkunde voraus, in der ein (privates) Recht verbrieft worden ist. Die Errichtung der Urkunde hat konstitutive Bedeutung, das in der Inhaberschuldverschreibung verbriefte Recht kann folglich nicht ohne die Urkunde bzw. außerhalb der Urkunde entstehen.

56

Der Begriff der **Urkunde** ist in den §§ 793 ff. BGB selbst und auch an anderer Stelle **nicht** normativ definiert. Die h.M. **definiert** den Begriff der Urkunde wie folgt: Eine Urkunde ist eine schriftliche Gedankenäußerung, die dafür bestimmt und geeignet ist, eine rechtserhebliche Tatsache zu beweisen und ihren Aussteller erkennen lässt.[61] Das **Material** der Urkunde spielt keine Rolle.[62] Aus den Motiven und der Formulierung Inhaberpapier lässt sich zwar der Rückschluss ziehen, dass der Schöpfer des BGB ursprünglich von der klassischen Papierform ausgingen. Aber auch eine aus **Plastik** hergestellte Karte kann als Urkunde fungieren.

57

Anlässlich des Erlasses der Signaturrichtlinie[63] und deren Umsetzung durch das „Gesetz zur Anpassung der Formvorschriften des Privatrechts und anderer Vorschriften an den modernen Rechtsgeschäftsverkehr"[64] wurden daher in der Rechtswissenschaft Überlegungen hinsichtlich einer **digitalen Inhaberschuldverschreibung** angestellt. Im Ergebnis wird die Möglichkeit einer digitalen Inhaberschuldverschreibung abgelehnt. Dies wird damit begründet, dass eine einmalige Verknüpfung einer Originalurkunde mit der Forderung nicht möglich ist. Zwar könne man den Inhalt auf einem Datenträger speichern. Doch stellt dies immer nur eine **Kopie** des jeweiligen Inhalts dar.[65]

58

III. Aussteller

Nach § 793 BGB kann grundsätzlich jeder Aussteller einer Inhaberschuldverschreibung sein.[66] Aussteller ist derjenige, der die Urkunde errichtet und ein Versprechen darin abgibt. Der Aussteller muss aus der Urkunde ersichtlich sein. Ist dies nicht der Fall, fehlt bereits das Merkmal einer wirksamen Urkunde, weshalb dann aus dem Papier auch kein Anspruch resultieren kann.

59

Für bestimmte Inhaberpapiere gelten gesetzliche Beschränkungen. So können Banknoten nach § 14 Abs. 1 BBankG nur von der Bundesbank ausgestellt werden. Weitere Beschränkungen ergeben sich aus dem Minderjährigenrecht. So benötigen Eltern (§ 1643 Abs. 1 BGB), der Betreuer (§ 1822 Nr. 9 BGB) und der Vormund (§ 1908i BGB) für die Ausstellung eine gerichtliche Genehmigung.

60

---

[61] *Marburger* in: Staudinger, § 793 Rn. 2 m.w.N.; *Sprau* in: Palandt, § 793 Rn. 1.

[62] *Ellenberger* in: Palandt, § 126 Rn. 2.

[63] RL 1999/93/EG des Europäischen Parlaments und des Rates über die gemeinschaftlichen Rahmenbedingungen für elektronische Signaturen, Abl. EG Nr. L 13 v. 19.01.2000, S. 12 ff.

[64] BGBl I 2001, 1542.

[65] *Oberndörfer*, CR 2002, 358-362, der sich u.a. auf die Forschungsergebnisse von *Neumann*, Die Rechtsnatur des Netzgeldes, 2000 stützt.

[66] *Sprau* in: Palandt, § 793 Rn. 4.

IV. Leistungsversprechen an den Inhaber

1. Leistungsversprechen in der Urkunde

61 § 793 BGB setzt ein Leistungsversprechen an den Inhaber voraus. Das bedeutet zunächst einmal, dass ein **Recht** verbrieft werden muss. Nicht ausreichend ist, dass **nur eine Tatsache** bekundet wird. Keine Urkunde im Sinne des § 793 BGB ist daher beispielsweise eine Marke, die ein Frachtführer für jede durchgeführte Fuhre erhält. Denn diese soll lediglich eine Erleichterung für die Abrechnung und somit ein Beweis für die erbrachte Fuhre sein, ohne ein Recht zu verbriefen.[67]

62 § 793 BGB setzt voraus, dass als Leistungsversprechung ein **Forderungsrecht** verbrieft wird.[68] Abzugrenzen ist hier vor allem von der Verbriefung von Mitgliedschaftsrechten (z.B. Aktien), wobei die Regelungen der §§ 793 ff. BGB in diesen Fällen **analog** anwendbar sind, soweit sich nicht aus der Besonderheit des Mitgliedschaftsrecht etwas anderes ergibt.[69]

63 Die **Art** der versprochenen Leistung ist unerheblich. Die Parteien verfügen hier über eine weitreichende inhaltliche **Gestaltungsfreiheit**. Vielfach werden im Rahmen von Inhaberschuldverschreibungen Geldleistungen versprochen. Dabei ist die Angabe einer bestimmten **Geldsumme** nicht erforderlich (Bsp.: Dividendenscheine). Auch die Angabe des **Schuldgrundes** ist nicht erforderlich, der Vermerk auf der Urkunde ist jedoch zulässig. Dies kann sinnvoll sein, um sich gemäß § 796 BGB entsprechende **Einwendungen** zu erhalten. Vielfach werden durch Inhaberschuldverschreibungen gleichzeitig selbstständige Schuldversprechen im Sinne des § 780 BGB begründet.[70] Zulässig ist auch die **Einschränkung** des Leistungsversprechens durch Bedingungen und Nebenabreden.[71] Von einer solchen Befugnis geht auch § 796 BGB aus.

64 Eine ausdrückliche **Inhaberklausel** ist nicht erforderlich. Es genügt, wenn aus dem Inhalt der Urkunde und der Verkehrssitte durch Auslegung gem. §§ 133, 157 BGB die Absicht des Ausstellers hervorgeht, dem jeweiligen Inhaber der Urkunde verpflichtet sein zu wollen. Beispiele hierfür sind Staatsschuldverschreibungen oder Zinsscheine.[72] Auch **Mischformen** sind zulässig, so dass die Nennung eines bestimmten Gläubigers nicht schadet, wenn aus der Urkunde hervorgeht, dass die Leistungsverpflichtung gegenüber jedem Inhaber der Urkunde bestehen soll.[73]

65 **Außerhalb der Urkunde liegende Umstände**, z.B. Anlass der Ausstellung und der von den Parteien verfolgte Zweck der Ausstellung, können zur Interpretation herangezogen werden.[74] Besondere Bedeutung kommt dabei Angaben in Prospekten zu. Der Inhalt solcher Prospekte (Anlagebedingungen, Verzinsung etc.) ist daher beachtlich, auch wenn der Text der Inhaberschuldverschreibungsurkunde nicht darauf Bezug nimmt.[75]

2. Anleihebedingungen

66 Ob die Anleihebedingungen (bei Massenpapieren) als **AGB** zu qualifizieren sind, ist strittig. Nach Meinung des **BGH**[76] und der **h.M. in der Literatur**[77] sind Anleihebedingungen AGB im Sinne des § 305 Abs. 1 BGB, die jedoch nicht unter den Anwendungsbereich des § 305 Abs. 2 BGB (früher: § 2 Abs. 1 AGBG) fallen. Der Wortlaut des § 2 Abs. 1 AGBG (§ 305 Abs. 2 BGB n.F.) unterliegt, so der BGH in

---

[67] *Brox/Henssler*, Handelsrecht, 21. Aufl. 2011, Rn. 509.
[68] OLG Bamberg v. 17.04.1989 - 4 U 146/88 - NJW-RR 1989, 1449-1451.
[69] *Zöllner*, Wertpapierrecht, 14. Aufl. 1987, § 29 II 1.
[70] *Sprau* in: Palandt, § 793 Rn. 2.
[71] OLG München v. 22.01.1997 - 7 U 4544/96 - NJW-RR 1999, 557-559.
[72] *Sprau* in: Palandt, § 793 Rn. 3.
[73] *Sprau* in: Palandt, § 793 Rn. 3.
[74] BGH v. 23.10.1958 - II ZR 4/57 - BGHZ 28, 259-278; OLG München v. 22.01.1997 - 7 U 4544/96 - NJW-RR 1999, 557-559, 558.
[75] RG v. 01.07.1926 - IV 50/26 - JW 1926, 2675; RG v. 07.02.1938 - IV 241/37 - JW 1938, 1109; *Marburger* in: Staudinger, § 793 Rn. 9.
[76] BGH v. 28.06.2005 - XI ZR 363/04 - NJW 2005, 2917-2919 m.w.N. auf die Literatur; so auch LG Frankfurt v. 25.07.2003 - 2-21 O 375/01 - WM 2005, 1078-1080.
[77] *Kümpel*, Bank- und Kapitalmarktrecht, 4. Aufl. 2011, Rn. 15, 335; *Marburger* in: Staudinger, § 793 Rn 9; *Sprau* in: Palandt, § 793 Rn. 2; *Brandt*, BKR 2005, 328-330, 329; *Keller*, BKR 2005, 326-328, 326 f.; *Fillmann*, BB 2005, 1875-1876, 1875 m.w.N.; *Luttermann/Wicher*, ZIP 2005, 1529-1535, 1530; *Pfeiffer*, LMK 2005, II 100-101; *Assmann*, WM 2005, 1053-1068, 1054 ff. (diese Meinung jedoch ablehnend).

seiner Entscheidung vom 28.06.2005[78], einer funktionalen Reduktion, um die Fungibilität der Schuldverschreibungen und die Funktionsfähigkeit des Wertpapierhandels zu gewährleisten. Zudem werde der Schutzzweck des § 2 Abs. 1 AGBG (§ 305 Abs. 2 BGB), die Offenlegung der Anleihebedingungen gegenüber Anlegern, durch die in der Börsenzulassungs-Verordnung und dem Wertpapier-Verkaufsprospektgesetz geregelten kapitalmarktrechtlichen Publizitätspflichten erreicht. Eine **Einbeziehungskontrolle** findet somit **nicht** statt.[79] Ob die Anleihebedingungen Vertragsbestandteil geworden sind, ist vielmehr nach §§ 145 ff. BGB zu beurteilen. Dies hat zur Folge, dass Anleihebedingungen auch konkludent in den Vertrag mit einbezogen werden können. Dazu, ob die Anleihebedingungen einer **Inhaltskontrolle** nach dem AGB-Recht unterliegen, äußert sich der BGH nicht. Der Begründungslinie des BGH zur Einbeziehungskontrolle, wird einerseits entnommen, dass der BGH damit implizit zu verstehen gegeben habe, die übrigen Aspekte der AGB-Kontrolle, insbesondere die Inhaltskontrolle fänden auf Anleihebedingungen ebenfalls keine Anwendung.[80] Andererseits wird durch die Festlegung des BGH, dass Anleihebedingungen AGB seien, eine Verfestigung der Bewertungsprobleme gesehen, die sich aus §§ 305 ff. BGB (vor allem aus dem Transparenzgebot des § 305c Abs. 1 BGB) insbesondere bei strukturierten Produkten (z.B. Aktienanleihen) stellen.[81] Da in der Entscheidung des BGH Anleihebedingungen ausdrücklich als AGB qualifiziert werden (wenn auch ohne Begründung), um dann – mit hohem Begründungsaufwand – aus dem Anwendungsbereich des § 305 Abs. 2 BGB (§ 2 Abs. 1 AGBG) herausgenommen zu werden, spricht vieles dafür, dass der BGH die AGB-rechtliche Inhaltskontrolle auf Anleihebedingungen für anwendbar hält. In seinem Urteil vom 30.06.2009[82] bestätigt der BGH die eben dargestellten Grundsätze und stellt ohne Begründung fest, dass Anleihebedingungen als AGB ungeachtet der eingeschränkten Einbeziehungskontrolle einer gerichtlichen Inhaltskontrolle unterliegen.

Trotz der Rechtsprechung des BGH hält sich in der Literatur die Gegenansicht, die eine Qualifizierung der Anleihebedingungen als AGB verneint[83] bzw. die Inhaltskontrolle von Anleihebedingungen über eine Analogie zu § 310 BGB ausschließt.[84] Ihre Vertreter führen unter anderem an, dass alle Versuche einer rechtlichen Begründung einer solchen Qualifizierung zu fragwürdigen Ergebnissen führen würden.[85] Zudem gewährleiste das Kontrollkonzept, das dem AGB-Recht zugrunde liegt, nicht den gebotenen Anlegerschutz; ein adäquater Schutz sei besser durch den Kapitalmarkt und die kapitalmarktrechtlichen Schutzmechanismen gewährleistet.[86] Weiterhin wird vorgebracht, dass selbst unter der Annahme, dass Anleihebedingungen AGB seien, § 307 Abs. 3 BGB einer AGB-rechtlichen Inhaltskontrolle entgegenstehe, da die Anleihebedingungen eine das Anlagerisiko der Anleihe bestimmende und damit eine nach § 307 Abs. 3 BGB kontrollfeste Leistungs- und Produktbeschreibung seien und nicht Nebenleistungen betreffende Klauseln.[87]

67

Der Gesetzgeber hat diese Problematik zwar erkannt, sie aber bei Erlass des Schuldverschreibungsgesetzes (SchVG)[88] in Abkehr von Diskussionsentwurf, nach dem Anleihebedingungen ausdrücklich aus dem Anwendungsbereich des §§ 305 ff. BGB ausgeschlossen werden sollten, keiner Lösung zugeführt. § 3 SchVG beinhaltet ein spezielles Transparenzgebot und verdrängt damit lediglich § 307 Abs. 2 Nr. 1 BGB. Unklar bleibt jedoch, ob daneben zusätzlich eine AGB-Kontrolle von Anleihebedingungen nach §§ 305 ff. BGB stattfindet.[89] Nach überwiegender Meinung im Schrifttum findet weiterhin eine AGB-Kontrolle statt, wenn auch in durch das Schuldverschreibungsgesetz (SchVG) teilweise modifizierter Form.[90]

68

---

[78] BGH v. 28.06.2005 - XI ZR 363/04 - NJW 2005, 2917-2919 m.w.N. auf die Literatur; so auch LG Frankfurt v. 25.07.2003 - 2-21 O 375/01 - WM 2005, 1078-1080.
[79] A.A.: OLG Frankfurt v. 13.10 2004 - 23 U 218/03 - WM 2005, 1080-1083.
[80] *Keller*, BKR 2005, 326-328, 328.
[81] *Brandt*, BKR 2005, 328-330, 329 f.
[82] BGH v. 30.06.2009 - XI ZR 364/08 - WM 2009, 1500-1503.
[83] *Assmann*, WM 2005, 1053-1068; *Fillmann*, BB 2005, 1875-1876; *Schmidt/Schrader*, BKR 2009, 397-404.
[84] *Sester*, AcP 209, 628-667.
[85] *Fillmann*, BB 2005, 1875-1876, 1875 m.w.N.
[86] *Assmann*, WM 2005, 1053-1068, 1068; vgl. auch *Cranshaw*, jurisPR-InsR 17/2005, Anm. 4.
[87] *Assmann*, WM 2005, 1053-1068, 1058 ff.
[88] BGBl I 2009, 2512.
[89] *Schmidt/Schrader*, BKR 2009, 397-404, 400.
[90] *Basedow* in: Münchner Kommentar, § 305 Rn. 9; *Horn*, BKR 2009, 446-453, 452 f.

V. Form (Skripturakt)

69 Aus der Tatsache, dass es sich bei der Urkunde um eine **schriftliche** Gedankenerklärung handelt, folgt, dass die Form des § 126 BGB zu beachten ist, die grundsätzlich die eigenhändige Unterschrift voraussetzt. § 793 Abs. 2 Satz 2 BGB sieht jedoch eine **Formerleichterung** vor. In Abweichung von § 126 BGB genügt auch die im Wege der mechanischen Vervielfältigung hergestellte (**faksimilierte**) Namensunterschrift des Ausstellers. Damit soll den Verkehrsbedürfnissen im Bereich der Massenemission Rechnung getragen werden.[91] Es genügt indes **nicht**, wenn der Name (ggf. Firma) und die Unterschrift des Ausstellers in gewöhnlichem Druck (z.B. Computerausdruck) oder durch Stempelaufdruck oder in Maschinenschrift hergestellt wird.[92] Eine **Ausnahme** hiervon gilt insoweit nur für die in § 807 BGB angesprochenen Inhaberzeichen.

70 Inhaberschuldverschreibungen, die von **juristischen Personen** ausgestellt werden, müssen die (ggf. faksimilierte) Unterschrift des **Vertretungsberechtigten** enthalten.

71 Die Formgültigkeit einer Inhaberschuldverschreibung kann nach Parteiwillen gemäß § 793 Abs. 2 Satz 1 BGB auch von der Beobachtung einer **besonderen Form** abhängig gemacht werden. Diese Vorschrift dient dem **Schutz des Ausstellers**. Bei Effektenformularen kann z.B. die Beifügung eines Ausfertigungsvermerks oder das Erfordernis eines Siegels verlangt werden. Voraussetzung ist allerdings, dass dieses besondere Formerfordernis **aus der Urkunde** selbst hervorgeht, was sich wiederum aus § 796 BGB ergibt.

72 Zu beachten sind nach Art. 100 Nr. 1 EGBGB auch **landesrechtliche Vorbehalte**. Danach kann bei Inhaberschuldverschreibungen eines Landes oder einer ihm angehörenden Körperschaft, Stiftung oder Anstalt des öffentlichen Rechts die Gültigkeit der Unterzeichnung nach Landesrecht von der Wahrung einer besonderen Form geltend gemacht werden. Der **Unterschied zu** § 793 Abs. 2 Satz 1 BGB besteht darin, dass es hierzu nicht einer ausdrücklichen Regelung in dem Text der Urkunde selbst bedarf.

VI. Begebungsvertrag bzw. zurechenbarer Rechtsschein eines Begebungsvertrags

73 Die **Ausstellung der Urkunde** und der **Skripturakt** reichen nach h.A. für sich alleine nicht, um den Anspruch aus § 793 BGB zu begründen (so aber die **früher herrschende Kreationstheorie**, von welcher der Gesetzgeber ursprünglich ausging). Nach mittlerweile h.A. setzt der Anspruch aus § 793 BGB die wirksame vertragliche Begebung der Urkunde durch einen **Begebungsvertrag** voraus.[93] Dieser Begebungsvertrag ist **zwischen dem Aussteller** der Urkunde **und dem ersten Nehmer** der Urkunde erforderlich.

74 Der Begebungsvertrag hat doppelte Funktion: Zum einen enthält dieser die **schuldrechtliche Einigung** der Parteien über das Entstehen der Forderung. Zum anderen stellt der Begebungsvertrag eine **rechtsgeschäftliche dingliche Verfügung** (§§ 929 ff. BGB) über das Papier dar, wonach der Aussteller der Urkunde das sachenrechtliche Eigentum an der Urkunde dem ersten Nehmer der Inhaberschuldverschreibung überträgt. Es gelten hier die **allgemeinen Regelungen des BGB-AT** (Zustandekommen der Einigung, Nichtigkeitsgründe, Willensmängel, Vertretungsmängel).

75 Liegt ein **unwirksamer** Begebungsvertrag vor oder **fehlt** er sogar gänzlich, so kann nach h.A. dennoch eine wertpapierrechtliche Forderung durch den **zurechenbaren Rechtsschein eines Begebungsvertrages** entstehen. Aus diesem Grund wird die h.M. auch als **modifizierte Vertragstheorie** bezeichnet. Dies folgt aus dem Primat der abstrakten Verkehrsfähigkeit des Papiers, das dem Wertpapierrecht zugrunde liegt. Allerdings entsteht der wertpapierrechtliche Anspruch aus der Inhaberschuldverschreibung erst für den **gutgläubigen Zweiterwerber**.

D. Rechtsfolgen

I. Leistungsanspruch des Berechtigten nach Maßgabe des Versprechens

76 Anspruchsberechtigt ist der verfügungsbefugte Inhaber der Urkunde (**sog. materielle Berechtigung**). Regelmäßig ist hier zu prüfen, ob und wie derjenige, der die Inhaberschuldverschreibung in den Händen hält, Eigentümer der Urkunde geworden ist.

---

[91] Motive, Bd. II, S. 696 = *Mugdan*, Bd. II, S. 389.
[92] *Marburger* in: Staudinger, § 793 Rn. 2.
[93] BGH v. 30.11.1972 - II ZR 70/71 - LM Nr. 7 zu Art. 10 WG.

Zunächst gilt für den Besitzer der Urkunde gemäß § 1006 BGB die **Vermutung des Eigentums an der Urkunde**. Daraus folgt nach § 793 Abs. 1 Satz 2 BGB auch die **Vermutung der materiellen Berechtigung**. Wer als Besitzer gemäß § 854 BGB die tatsächliche Gewalt über die Urkunde ausübt, gilt zunächst als formal berechtigt. Dies ist zum einen der unmittelbare Eigenbesitzer, es genügt aber auch mittelbarer Besitz, wenn die Ausübung des Rechts durch den Dritten ausgeschlossen ist (z.B. Depotverwaltung).

Der Erwerb des Eigentums an der Urkunde kann zum einen über die §§ 929 ff. BGB erfolgen. In diesem Fall erlangt der **Ersterwerber** das Eigentum an der Inhaberschuldverschreibung durch den **Begebungsvertrag** mit dem Aussteller. **Nachfolgende Inhaber** können gleichfalls über die §§ 929 ff. BGB das Eigentum an der Urkunde erlangen. Fehlt die Verfügungsberechtigung des Vormannes, kann auch gutgläubig gemäß §§ 932 ff., 935 Abs. 2 BGB **sowie** nach § 366 HGB das Eigentum an der Inhaberschuldverschreibung erworben werden (vgl. hierzu auch die §§ 794, 796 BGB).

Das Eigentum an der Urkunde kann nach h.L. aber auch über § 398 BGB i.V.m. § 952 Abs. 2 BGB erworben werden.

Der Anspruch aus der Inhaberschuldverschreibung geht **nicht** unter, wenn Gläubiger- und Schuldnerstellung zusammentreffen.[94] Dies ist eine wertpapierrechtliche Ausnahme vom Grundsatz des Erlöschens einer Verbindlichkeit durch sog. Konfusion. Etwas anderes gilt nur für den Fall, dass der Aussteller die Inhaberschuldverschreibung einlöst (vgl. auch die Kommentierung zu § 797 BGB Rn. 28).

Art und Höhe des Anspruchs richten sich nach dem vertraglich formulierten Inhalt der verbrieften Forderung. Dies ergibt sich wiederum aus dem Text der Urkunde.

II. Ausnahme: Mangelnde Verfügungsberechtigung

Will der Aussteller nicht leisten, so muss er darlegen und beweisen, dass der Anspruchsteller nicht verfügungsberechtigt ist. Die mangelnde Verfügungsberechtigung kann sich aus unterschiedlichen Aspekten ergeben. Eine mangelnde Verfügungsberechtigung wird angenommen, wenn der Inhaber der Urkunde nicht Eigentümer der Urkunde ist und auch kein vom Eigentümer der Urkunde abgeleitetes Recht besitzt (Pfandgläubiger, Vormund, Betreuer, Insolvenzverwalter, Testamentsvollstrecker). Nicht verfügungsberechtigt im Sinne des § 793 BGB ist beispielsweise der **Dieb** oder derjenige Inhaber der Urkunde, der bösgläubig von einem Nichtberechtigten die Urkunde ausgehändigt erhalten hat. Aber auch derjenige, der rechtmäßig die Urkunde in Besitz hält, kann unter gewissen Umständen nicht verfügungsbefugt sein. Dies gilt beispielsweise für den **Verwahrer** einer Inhaberschuldverschreibung, der gerade keine Verfügungsbefugnis besitzt. Leistet der Aussteller mit schuldbefreiender Wirkung nach § 793 BGB an den nichtverfügungsberechtigten Inhaber, so kann der wahre Berechtigte gegen den nichtverfügungsberechtigten Inhaber und Empfänger der Leistung einen Bereicherungsanspruch nach § 816 Abs. 2 BGB geltend machen.

III. Leistungsberechtigung des Schuldners (Liberationswirkung)

Schuldner ist der Aussteller der Urkunde. Dieser ist jedem Eigentümer der Urkunde gegenüber zur Leistung **verpflichtet**. § 793 Abs. 1 Satz 2 BGB besagt darüber hinaus, dass der Schuldner aber auch **berechtigt ist**, mit schuldbefreiender Wirkung (Liberationswirkung) an jeden Inhaber der Urkunde zu leisten, selbst dann, wenn diesem Inhaber der Urkunde die materielle Berechtigung oder die Verfügungsbefugnis fehlt. Der Aussteller ist zwar berechtigt, die materielle Berechtigung des Anspruchstellers zu prüfen, jedoch ist er hierzu nicht verpflichtet.

Dieses Recht zur schuldbefreienden Leistung ist nicht gegeben, wenn der Schuldner (Aussteller) die Nichtberechtigung oder die fehlende Geschäftsfähigkeit des Inhabers der Urkunde **kennt oder diese leicht nachweisen kann**. Grob fahrlässige Unkenntnis wird der positiven Kenntnis gleichgestellt. Denn schutzwürdig ist nur der redliche Rechtsverkehr.[95] In bestimmten Ausnahmefällen kann der Aussteller daher verpflichtet sein, die Verfügungsberechtigung des Inhabers der Urkunde zu prüfen.

E. Prozessuale Hinweise

Die Verbriefung einer Forderung erweist sich auch in prozessualer Hinsicht als Vorteil, denn zur Durchsetzung der verbrieften Forderung steht das beschleunigte gerichtliche Verfahren des Urkundenprozesses (§§ 592 ff. ZPO) zur Verfügung.

---

[94] RG v. 01.04.1935 - IV 179/34 - RGZ 147, 233-248; *Sprau* in: Palandt, § 793 Rn. 9.

[95] *Sprau* in: Palandt, § 793 Rn. 12.

86 Neben den allgemeinen Sachurteilsvoraussetzungen verlangt der Urkundenprozess, dass die Klageschrift die Erklärung enthält, dass im Urkundenprozess geklagt werde, zudem müssen die entsprechenden **Urkunden vorgelegt** werden (§ 593 ZPO). Statthaft ist der Urkundenprozess nur für Ansprüche auf Zahlung einer Geldsumme oder die Leistung von vertretbaren Sachen oder Wertpapieren (§ 592 Satz 1 HS. 1 ZPO). Für Schadensersatzansprüche steht der Urkundenprozess somit nicht zur Verfügung, ebenso wenig kann der Anspruch auf Herausgabe einer bestimmten Urkunde gemäß § 985 BGB im Urkundenprozess geltend gemacht werden.[96] Weiterhin muss der Kläger die anspruchsbegründenden Tatsachen durch Urkunden beweisen können (§ 592 Satz 1 HS. 2 ZPO), dies gilt nach der Rechtsprechung **nur für beweisbedürftige Tatsachen**, also nicht für unbestrittene, zugestandene oder offenkundige Tatschen.[97]

87 Der Urkundenprozess bietet für den Kläger mehrere Vorteile. Zum einen wird durch die Beschränkung der Parteien hinsichtlich der Beweismittel auf Urkunden und Parteivernehmung (§ 595 Abs. 2 und 3 ZPO) eine **Beschleunigung des Verfahrens** erreicht. Zum anderen wirkt sich die Beschränkung der Beweismittel auch hinsichtlich der **Beweislast** zugunsten des Klägers aus. Auch der Beklagte kann die ihm obliegenden Beweise nur mit Urkunden oder Antrag auf Parteivernehmung führen. Dies ist gerade bei Inhaberschuldverschreibungen von Vorteil, da hier die Vermutung des § 793 Abs. 1 BGB i.V.m. § 1006 BGB für die materielle Berechtigung des Papierinhabers spricht und die Beweislast damit im Wesentlichen beim Schuldner liegt.[98] Die **Einwendungen** des Schuldners werden im Urkundenprozess nur berücksichtigt, soweit er sie durch Urkunden oder Parteivernehmung beweisen kann; im Übrigen bleiben sie unberücksichtigt und werden als unstatthaft zurückgewiesen. Der Sache nach bedeutet dies einen **vorläufigen prozessualen Ausschluss von Einwendungen** des Schuldners.[99] Hinzu kommt, dass ein **Urteil**, das im Urkundenprozess ergeht, **ohne Sicherheitsleistung vorläufig vollstreckbar** ist (§ 708 Nr. 4 ZPO). Der Kläger kann somit auch dann schon gegen den Schuldner vorgehen, wenn der Rechtsstreit – in der Berufung oder im Nachverfahren gemäß § 600 ZPO – noch anhängig ist.[100]

88 Durch die Beschränkung der Beweismittel wird dem Beklagten die Verteidigung aber nicht völlig abgeschnitten, sie wird nur in eine spätere Phase des Verfahrens, dem **Nachverfahren** gemäß § 600 ZPO verlagert. Dieses wird durchgeführt, wenn der Beklagte der Klage widersprochen hat, aber verurteilt wurde. Das Nachverfahren ist ein ordentliches Verfahren, für das die Beweismittelbeschränkung nicht mehr gilt.

F. Anwendungsfelder

89 Für Inhaberschuldverschreibungen gibt es ein breites Anwendungsfeld. Als solches:
- **Aktienanleihe**: Dies sind Inhaberschuldverschreibungen, die einen vergleichsweise hohen Zinssatz fest verzinsen, bei denen der Emittent jedoch das Recht hat, seiner Kapitalrückzahlungspflicht wahlweise durch Leistung einer festgelegten Menge Aktien zu genügen. Sie werden auch als Inhaberschuldverschreibungen mit Aktienandienungsrecht, Hochzinsanleihen oder Reverse Convertible Bonds bezeichnet. Aktienanleihen werden nicht als Finanztermingeschäfte qualifiziert.[101]
- **Asset Backed Securities**: Dies sind forderungsgestützte Wertpapiere, die im Rahmen der Unternehmensfinanzierung zunehmend an Bedeutung gewinnen. Dabei wird der Forderungsbestand eines Unternehmens (Refinanzierungsunternehmen) auf einen eigenen Rechtsträger (Zweckgesellschaft) übertragen, der sich seinerseits über die Ausgabe von Wertpapieren in Form von Anleihen oder von Anteilen an sich selbst refinanziert.[102] Die Anleger (Inhaber der Asset Backed Securitiers) erzielen wirtschaftlich den Zins- und Tilgungsgewinn an den Forderungen. Die unverbrieften auf die Zweckgesellschaft übertragenen Forderungen stehen im Wesentlichen den Anlegern als Haftungsgrundlage zur Verfügung; in der Regel handelt es sich um durch Hypotheken oder Grundschulden gesi-

---

[96] *Braun* in: MünchKomm-ZPO, 3. Aufl. 2007, § 592 Rn. 3; *Greger* in: Zöller, ZPO, 29. Aufl. 2012, § 592 Rn. 1; *Voit* in: Musielak, ZPO, 9. Aufl. 2012, § 592 Rn. 6.
[97] BGH v. 24.04.1974 - VIII ZR 211/72 - NJW 1974, 1199; *Meyer-Cording/Drygala*, Wertpapierrecht, 3. Aufl. 1995, S. 17 mit Nachweisen zur a.M.; *Müller-Christmann/Schnauder*, Wertpapierrecht, 1. Aufl. 1992, Rn. 309 ebenfalls mit Nachweisen zur a.M.
[98] *Meyer-Cording/Drygala*, Wertpapierrecht, 3. Aufl. 1995, S. 18.
[99] *Müller-Christmann/Schnauder*, Wertpapierrecht, 1. Aufl. 1992, Rn. 308, S. 173.
[100] *Meyer-Cording/Drygala*, Wertpapierrecht, 3. Aufl. 1995, S. 18.
[101] BGH v. 12.03.2002 - XI ZR 258/01 - BGHZ 150, 164-172 m.w.N.
[102] Vgl. *Tollmann*, WM 2005, 2017-2025, 2018.

cherte Forderungen, Leasing-Forderungen oder Forderungen aus Konsumentenkrediten.[103] Das Refinanzierungsunternehmen kann seit dem Inkrafttreten der Änderungen des Kreditwesengesetzes (KWG) am 23.09.2005 eigenständig ein Refinanzierungsregister errichten und darin alle Vermögensgegenstände der Asset-Backed-Securities-Transaktion verzeichnen (vgl. die §§ 22a ff. KWG). Die Art und Weise wie ein Refinanzierungsregister zu führen ist, regelt die Refinanzierungsordnung vom 18.12.2006.[104] Durch Nutzung eines solchen Registers kann nun in Deutschland die Insolvenzfestigkeit von True-Sale-Transaktionen sichergestellt werden, ohne dass ein großer Verwaltungs- und Kostenaufwand entsteht. Zudem führt die Registereintragung dazu, dass sich der Schuldner der übertragenen Forderung gegenüber der Zweckgesellschaft nicht auf ein mündlich oder konkludent[105] vereinbartes Abtretungsverbot berufen kann.[106]

- **Bankanleihen**: Dies sind mittel- oder langfristige Inhaberschuldverschreibungen, die von den Kreditinstituten zur Finanzierung ihrer Aktivgeschäfte begeben werden. Sie werden auch als Bankobligationen oder Bankschuldverschreibungen bezeichnet und können in seltenen Fällen auch als Orderschuldverschreibungen ausgegeben werden. Große Bedeutung haben hier Pfandbriefe und Kommunalobligationen.
- **Ewige Anleihen (perpetual bonds oder Hybridanleihen)**: Diese Schuldverschreibungen verbriefen ein Recht auf Zinszahlung. Ihre Besonderheit liegt darin, dass sie keine Endfälligkeit aufweisen, der Emittent ist nicht zur Rückzahlung des erhaltenen Kapitals zu einem bestimmten Termin verpflichtet und der Inhaber soll nicht berechtigt sein, die Schuldverschreibung fällig zu stellen. In ihren Anleihebedingungen wird jedoch dem Emittenten ein ordentliches Kündigungsrecht eingeräumt, das er aber erst nach Ablauf einer Mindestlaufzeit ausüben kann. Während der Mindestlaufzeit ist die Anleihe festverzinslich, danach soll sie bis zu ihrer Rückzahlung variabel verzinslich sein. Bei entsprechender Ausgestaltung der ewigen Anleihen (z.B. durch Nachrangklauseln für den Fall der Insolvenz oder Liquidation des Emittenten) stellen diese wirtschaftlich ein Eigenkapitalsubstitut dar, das zumindest teilweise als materielles Eigenkapital („equity") im Sinne der Rechnungslegungsvorschrift IAS 32 qualifiziert wird. Die Zulässigkeit von ewigen Anleihen kann zwar – gerade im Hinblick des § 801 BGB sowie des Ausschlusses eines ordentlichen Kündigungsrechts des Gläubigers – in Zweifel gezogen werden, ist aber grundsätzlich zu bejahen. In den Anleihebedingungen muss die ewige Laufzeit deutlich hervorgehoben werden.[107]
- **Genussscheine**: Diese Wertpapiere verbriefen ein Genussrecht in Form eines Anteils am Reingewinn und/oder am Liquidationsgewinn einer Aktiengesellschaft. Sie sind reine Gläubigerrechte, die sich in bestimmten geldwerten Ansprüchen erschöpfen (§ 221 Abs. 3, 4 AktG). Lauten diese Genussscheine auf den Inhaber, so sind sie als Inhaberschuldverschreibung im Sinne der §§ 793 ff. BGB zu qualifizieren.
- **Gewinnschuldverschreibung** (§ 221 Abs. 1 Satz 1 AktG): Diese Wertpapiere werden gewöhnlich als Inhaberschuldverschreibungen ausgestellt und verbriefen kein Mitgliedschafts-, sondern ein Gläubigerrecht, das neben einem festen Zins einen Anspruch auf eine zusätzliche, vom Gewinn des Unternehmens abhängige Vergütung gewährt.
- **Kassenobligationen**: Dies sind von der öffentlichen Hand begebene mittelfristige Schuldverschreibungen, deren Laufzeit ca. drei bis vier Jahre beträgt. Sie sind als Inhaberschuldverschreibungen zu qualifizieren, kommen aber in seltenen Fällen auch als Orderschuldverschreibungen vor.
- **Konnossement, Ladeschein, Lagerschein**: Diese sind normalerweise Orderpapiere (§ 363 Abs. 2 HGB), die allerdings auch auf den Inhaber ausgestellt werden können (z.B. Inhaberlagerschein).
- **Optionsschein**: Dieser verbrieft das Recht, vom Emittenten während einer bestimmten Bezugsfrist oder zu einem festgelegten Zeitpunkt Aktien zu einem bestimmten Preis zu erwerben. Der Optionsschein ist Teil einer Wandelschuldverschreibung mit Bezugsrecht und kann als solcher von der Anleihe abgetrennt und selbständig gehandelt werden. Optionsanleihe und die abgetrennten Optionsscheine sind regelmäßig Inhaberschuldverschreibungen.[108] Sie werden gewöhnlich als Sammelurkunden verbrieft. Darüber hinaus gibt es auch andere Formen von Optionsscheinen, die unabhängig

---

[103] *Böhm*, BB 2004, 1641-1644, 1641.
[104] BGBl I 2006, 3241.
[105] OLG Frankfurt a.M. v. 25.05.2004 - 8 U 84/04 - BB 2004, 1650 leitet bei Konsumentenkrediten aus dem Bankgeheimnis ein konkludent vereinbartes Abtretungsverbot ab.
[106] Vgl. hierzu *Tollmann*, WM 2005, 2017-2025.
[107] *Bode/Müller-Eising*, BKR 2006, 480-484; *Thomas*, ZHR 171 (2007), 684-712, 692.
[108] BGH v. 25.10.1994 - XI ZR 43/94 - LM BGB § 276 (Fb) Nr. 74 (3/1995).

von anderen Schuldverschreibungen emittiert werden (selbständige Optionsscheine). Sie sind gleichfalls als Inhaberpapiere begeben und verbriefen den Anspruch auf Lieferung (Kauf) oder Abnahme (Verkauf) einer bestimmten Menge von Aktien, festverzinslichen Wertpapieren, Devisen, Edelmetallen, Rohstoffen oder sonstigen vertretbaren Sachen zu einem festgelegten Preis innerhalb eines bestimmten Zeitraums oder zu einem festgelegten Zeitpunkt. Gegenstand der Verbriefung ist der künftige Anspruch aus dem künftigen Hauptvertrag oder auch das Optionsrecht in Form des Gestaltungsrechts.[109] Geschäfte mit selbständigen Optionsscheinen sind gemäß § 37e Satz 2 WpHG Finanztermingeschäfte.[110] Strittig ist, ob auch abgetrennte Aktienoptionsscheine als Optionsscheine im Sinne des § 37e Satz 2 WpHG zu qualifizieren sind. Diese Frage entsteht aufgrund der zur alten Rechtslage ergangenen Rechtsprechung, die Aktienoptionsscheine aus Wandelschuldverschreibungen als wirksame Kassageschäfte qualifizierte.[111] Ein Teil der Literatur hält an dieser Beurteilung fest.[112] Die andere Meinung qualifiziert auch abgetrennte Aktienoptionsscheine als Optionsscheine im Sinne des § 37e Satz 2 WpHG und damit die Geschäfte mit diesen als Finanztermingeschäfte.[113] Zum einen, da § 37e Satz 2 WpHG nicht zwischen verschiedenen Kategorien von Optionsscheinen unterscheide, zum anderen wird auch darauf hingewiesen, dass die Befürchtungen des BGH einer Erschwerung der Fremdkapitalaufnahme von Industrieunternehmen durch das neue System des Anlegerschutzes nicht mehr zuträfen.

- **Wandelschuldverschreibungen (Convertible Bonds)**: Diese werden von Aktiengesellschaften emittiert. Sie verbriefen außer einem festverzinslichen, vom Unternehmensgewinn abhängigen Forderungsrecht ein Umtausch- oder Bezugsrecht auf Aktien (§ 221 Abs. 1 Satz 1 AktG). Sie sind gewöhnlich als Inhaberschuldverschreibungen begeben. Ob der bei der Emission von Wandelschuldverschreibungen in der Praxis häufige Ausschluss des Bezugsrechts der Aktionäre in entsprechender Anwendung des § 186 Abs. 3 Satz 4 AktG statthaft ist, ist strittig.[114] Ein Teil der Literatur bejaht die Statthaftigkeit, mit dem Argument, dass § 221 AktG uneingeschränkt auf § 186 AktG verweise.[115] In der Rechtsprechung wird im Einklang mit dem Großteil der Literatur vertreten, dass ein erleichterter Bezugsrechtsausschluss analog § 186 Abs. 3 Satz 4 AktG nur statthaft ist, wenn der Wandlungspreis den Börsenpreis der Aktien nicht wesentlich unterschreite.[116]

- **Kommunalobligationen**: Dies sind Pfandbriefe und Kommunalschuldverschreibungen, die von privaten Hypothekenbanken und öffentlich-rechtlichen Kreditanstalten auf der Grundlage des PfandBG ausgegeben werden. Die Erlöse aus dem Pfandbriefverkehr werden zur Gewährung von Hypothekendarlehen verwendet. Mit den Einnahmen aus den Kommunalobligationen finanzieren die Kreditinstitute Darlehen an inländische Körperschaften und Anstalten des öffentlichen Rechts.

G. Steuerrechtliche Hinweise

I. Genussrechte

90 Eingeräumte Genussrechte können eine „Beteiligung am Kapital der Gesellschaft" im Sinne von § 17 Abs. 1 EStG darstellen, in diesem Fall werden sie wie Nennkapital behandelt. Voraussetzung hierfür ist, dass dem Inhaber der Genussrechte eine dem Gesellschafter der Kapitalgesellschaft wirtschaftlich vergleichbare Stellung eingeräumt wird. Dies ist nur dann gegeben, wenn die eingeräumten Genussrechte nicht nur eine Gewinnbeteiligung gewähren, sondern darüber hinaus auch eine Beteiligung am

---

[109] Vgl. *Böhmer/Mülbert*, WM 2006, 937-951, 944 m.w.N.
[110] Vgl. zur alten Rechtslage unter Geltung der §§ 50 ff BörsG: BGH v. 12.05.1998 - XI ZR 180/97 - BGHZ 139, 1-11; BGH v. 29.03.1994 - XI ZR 31/93 - LM BörsG Nr. 36 (8/1994); BGH v. 25.10.1994 - XI ZR 43/94 - LM BGB § 276 (Fb) Nr. 74 (3/1995); BGH v. 17.11.1998 - XI ZR 78/98 - LM BörsG Nr. 57 (4/1999); BGH v. 03.02.1998 - XI ZR 33/97 - LM BörsG Nr. 47 (6/1998).
[111] BGH v. 16.04.1991 - XI ZR 88/90 - BGHZ 114, 177-183; BGH v. 09.07.1996 - XI ZR 103/95 - BGHZ 133, 200-208; BGH v. 29.03.1994 - XI ZR 31/93 - LM BörsG Nr. 36 (8/1994); BGH v. 25.10.1994 - XI ZR 43/94 - LM BGB § 276 (Fb) Nr. 74 (3/1995).
[112] *Hüffer*, AktG, 10. Aufl. 2012; § 221 Rn. 55; *Casper*, WM 2003, 161-168, 164.
[113] *Habersack* in: MünchKomm-AktG, 3. Aufl. 2011, § 221 Rn. 212; *Schäfer* in: Assmann/Schütze, Handbuch des Kapitalanlagerechts, 3. Aufl. 2007, § 19 Rn. 23 m.w.N.; *Schefold* in: Schimansky/Bunte/Lwowski, Bankrechts-Handbuch, 4. Aufl. 2011, § 116 Rn. 295, m.w.N.
[114] Vgl. *Klawitter*, AG 2005, 792-802 mit ausführlicher Darstellung des Meinungsstands.
[115] *Habersack* in: MünchKomm-AktG, § 221 AktG Rn. 191.
[116] OLG Braunschweig v. 29.07.1998 - 3 U 75/98 - AG 1999, 84, 85.

Liquidationserlös der Gesellschaft vorsehen. Unter § 17 Abs. 1 EStG fallen somit nur solche Genussrechte, mit denen das Recht am Gewinn und am Liquidationserlös verbunden ist (qualifizierte Genussrechte). Beteiligungen sind dadurch gekennzeichnet, dass sie die für einen Anteilsinhaber typische Teilhabe an den stillen Reserven gewährleisten. Dies schließt die Annahme aus, dass § 17 Abs. 1 EStG auch auf andere Genussrechte anzuwenden sei.[117]

II. Mitarbeiterbeteiligungsmodelle bei Aktiengesellschaften

Mitarbeiterbeteiligungsmodelle bei Aktiengesellschaften werden häufig durch die Einräumung von **nicht handelbaren Optionsrechten** oder durch die Ausgabe von **nicht handelbaren Wandelschuldverschreibungen** an die Arbeitnehmer realisiert. Einkommenssteuerrechtlich zu beachten ist, dass zu den Einnahmen aus nichtselbständiger Arbeit gemäß § 19 Abs. 1 Nr. 1 i.V.m. § 8 Abs. 1 EStG alle Güter, die in Geld oder Geldeswert bestehen und dem Arbeitnehmer aus dem Dienstverhältnis für seine individuelle Arbeitskraft zufließen, gehören. Darunter fällt auch der Vorteil aus verbilligter Überlassung von Aktien an den Arbeitnehmer. Nach Meinung des BFH steht der Berücksichtigung des Preisnachlasses als Arbeitslohn bei der Ausgabe von Wandelschuldverschreibungen nicht entgegen, dass durch die Begebung der Wandelschuldverschreibung und der damit verbundenen Kapitalüberlassung ein weiteres Rechtsverhältnis zwischen Arbeitnehmer und Arbeitgeber neben dem Arbeitsverhältnis begründet wurde, wenn dieses Rechtsverhältnis seinerseits aus dem Arbeitsverhältnis resultiert, was bei Wandelschuldverschreibungen, die nur von Arbeitnehmern erworben werden können, der Fall sei. Fraglich ist bei den Mitarbeiterbeteiligungsmodellen, wann der geldwerte Vorteil dem Arbeitnehmer zufließt im Sinne von § 11 Abs. 1 Satz 3 i.V.m. § 38a Abs. 1 Satz 3 EStG. Wurde ein Optionsrecht eingeräumt, wird in ständiger Rechtsprechung entschieden, dass der Zufluss eines geldwerten Vorteils als steuerpflichtiger sonstiger Bezug **nicht bereits in der Einräumung** des nicht handelbaren Optionsrechts auf den späteren Erwerb von Aktien zu einem bestimmten Übernahmepreis liegt, sondern erst in dem preisgünstigen Erwerb der Aktien nach Ausübung der Option. Nun hat der BFH auch für die Wandelschuldverschreibungsmodelle entschieden, dass der Zufluss des geldwerten Vorteils nicht bereits durch die Übertragung der nicht handelbaren Wandelschuldverschreibung bewirkt wird, sondern erst wenn der Berechtigte sein Wandlungsrecht ausgeübt hat und ihm das wirtschaftliche Eigentum an den Aktien verschafft worden ist. Auf die Unterscheidung zwischen Ersetzungsbefugnis und Optionsrecht komme es für den Zufluss einkommensteuerrechtlich nicht an. Der BFH wendet sich somit, mit eingehender Begründung im zitierten Urteil, gegen die in der Literatur verbreitete Auffassung, die auf Grundlage einer „einheitlichen Betrachtungsweise" nicht in der Wandlung, sondern in der Übertragung der Wandelschuldverschreibung den Zufluss eines geldwerten Vorteils sieht.[118]

III. Gesellschafter-Fremdfinanzierung

Weist die Finanzierung einer **Kapitalgesellschaft** Anknüpfungspunkte zu ihren Gesellschaftern oder anderen nahe stehenden Personen auf, müssen steuerrechtlich die Regelungen zur steuerschädlichen Gesellschafter-Fremdfinanzierung beachtet werden.[119]

H. Arbeitshilfen

I. Prüfungsschema

Prüfungsschema (Anspruch aus § 793 BGB):

---

[117] BFH v. 14.06.2005 - VIII R 73/03 - BB 2005, 2446-2449, 2447 f; *Haase/Strunk*, BB 2007, 17-23, eingehend auf Übertragbarkeit dieser Einordnung auf § 7 AStG.
[118] Vgl. zu Mitarbeiterbeteiligungsmodellen: BFH v. 23.06.2005 - VI R 124/99 - BB 2005, 1774 ff., 1776; FG Köln v. 05.10.2005 - 5 K 5130/03 - juris Rn. 19 - DStRE 2006, 1116-1118; *Wagner*, StuB 2005, 926-930; *Ackert*, BB 2005, 1778.
[119] Zur Rechtslage unter Geltung des § 8a KStG a.F. vgl. *Hahne*, DStR 2006, 1065-1071; *Gosch*, KStG, 2005, § 8 a Rn. 67; *Dötsch/Pung* in: Dötsch/Eversberg/Jost/Witt, Die Körperschaftssteuer, Stand 08/2000, § 8 a (a.F.), Rn. 129.

(1) Formgültige Inhaberschuldverschreibung
  (a) Die Errichtung der Urkunde hat konstitutive Bedeutung. Formal genügt eine Faksimileunterschrift, § 793 Abs. 2 Satz 2 BGB.
  (b) Besitz der Urkunde; Zahlungsverpflichtung besteht nur gegen Aushändigung des Papiers, § 797 Satz 2 BGB.
(2) Materielle Berechtigung des Anspruchstellers
  Materiell berechtigt ist grundsätzlich der Eigentümer der Urkunde. Eigentumserwerb nach den §§ 929 ff. BGB oder § 952 BGB; es gilt die Eigentumsvermutung des § 1006 BGB gutgläubiger Erwerb auch an abhanden gekommenen Inhaberschuldverschreibungen, § 935 Abs. 2 BGB (vgl. auch § 366 HGB).
  Die materielle Berechtigung wird für den Inhaber der Urkunde widerlegbar vermutet.
(3) Verpflichtung des Inanspruchgenommenen
  (a) Verpflichtung entstanden.
    (aa) Skripturakt.
    (bb) Begebungsvertrag oder zurechenbar veranlasster Rechtsschein (vgl. § 794 Abs. 1 BGB).
  (b) Verpflichtung muss jetzt (noch oder wieder) bestehen.
  (c) Keine Einreden.
    (aa) Einreden, die aus der Urkunde selbst ersichtlich sind, § 796 Alt. 2 BGB.
      Der Kreis der möglichen Einreden ist größer als beim Wechsel, da eine Verknüpfung mit dem Kausalverhältnis in dem Text der Urkunde zulässig ist.
    (bb) Persönliche Einreden, § 796 Alt. 3 BGB.
      Die h.M. wendet Art. 17 WG und Art. 22 ScheckG analog an, so dass dem Nachmann bei „persönlichen" Einwendungen nur bewusstes Handeln zum Nachteil des Schuldners oder sonstiges arglistiges Verhalten schaden.
(4) Höhe und Art des Forderungsrechtes
  Hier besteht weitgehende Vertragsfreiheit. Die Art und Höhe des Anspruchs ergeben sich aus dem Text der Urkunde (Anleihebedingungen).

II. Musterklauseln

94 Musterklauseln für Anleihebedingungen:

§ 1 Die Schuldverschreibung im Gesamtnennbetrag von 10 Mio. € ist eingeteilt in unter sich gleichberechtigte, auf den Inhaber lautende 2.000 Teilschuldverschreibungen zu je 5.000,00 € - Nr. 00001-02000. Die Teilschuldverschreibungen tragen die vervielfältigten Unterschriften von zwei Mitgliedern des Vorstandes der D-Bank sowie die eigenhändige Unterschrift eines Kontrolleurs. Jeder Teilschuldverschreibung sind fünf Jahreszinsscheine beigefügt.

§ 2 Die Teilschuldverschreibungen werden vom [Datum] an mit jährlich 7,5% verzinst. Die Zinsen sind nachträglich am [Datum] eines jeden Jahres fällig. Der erste Zinsschein ist am [Datum] fällig. Die Verzinsung der Teilschuldverschreibungen endet mit Beginn des Tages, an dem sie zur Einlösung fällig werden.

§ 3 Die Teilschuldverschreibungen werden am [Datum] eingelöst. Die in § 801 Abs. 1 Satz 1 BGB festgesetzte Vorlegungsfrist wird auf zehn Jahre abgekürzt. Bei Verlust von Zinsscheinen ist ein Anspruch gem. § 804 Abs. 1 Satz 1 BGB ausgeschlossen.*

§ 4 Die Einlösung fälliger Zinsscheine und Teilschuldverschreibungen erfolgt bei den Niederlassungen der D-Bank.

§ 5 Die Bekanntmachungen der D-Bank, welche die Teilschuldverschreibungen betreffen, werden im Bundesanzeiger veröffentlicht. Einer besonderen Benachrichtigung der einzelnen Gläubiger der Schuldverschreibungen bedarf es nicht.

§ 6 Soweit nicht zwingende gesetzliche Vorschriften etwas anderes bestimmen, ist Gerichtsstand für alle Klagen aus den in diesen Bedingungen geregelten Rechtsverhältnissen [Ort]; für Klagen gegen die D-Bank ist dieser Gerichtsstand ein ausschließlicher.

* Anmerkung zu § 3 Satz 3: Der Ausschluss des Anspruchs aus § 804 Abs. 1 Satz 1 BGB muss auch auf dem Zinsschein selbst vermerkt werden (vgl. Wortlaut des § 804 Abs. 2 BGB, sowie die Kommentierung zu § 804 BGB Rn. 13).

III. Vergleichende Schnellübersicht

Vergleichende Schnellübersicht: Wertpapiere

	Inhaberpapiere (v.a. Inhaberschuldverschreibung)	Orderpapiere	Rektapapiere mit Liberationswirkung	Rektapapiere ohne Liberationswirkung
Präsentationsfunktion	§ 797 BGB	Art. 38, 39 WG	§ 808 Abs. 2 Satz 1 BGB	§ 785 BGB (bei Anweisung); §§ 1144, 1160 BGB (bei Hypotheken-/Grundschuldbrief)
Liberationsfunktion	§ 793 Abs. 1 Satz 2 BGB (Befreiung bei Leistung an jeden Inhaber)	Art. 16 Abs. 1; Art. 40 Abs. 3 WG (Befreiung bei Leistung an in Urkunde Benannten, oder an den, auf den ununterbrochene Kette von Indossamenten hinführt)	§ 808 Abs. 1 Satz 1 BGB (Befreiung bei Leistung an jeden Inhaber)	Besteht nicht (Befreiung nur bei Leistung an in Urkunde Benannten)
Legitimationsfunktion	§ 793 Abs. 1 Satz 1 BGB	Art. 16 Abs. 1 WG	Besteht nicht: § 808 Abs. 1 Satz 2 BGB	Besteht nicht
Vermutungswirkung für materielle Berechtigung	§§ 1006, 793 Abs. 1 BGB (zugunsten des Inhabers)	Art. 16 Abs. 1 WG (zugunsten des in der Urkunde Benannten, oder an den, auf den ununterbrochene Kette von Indossamenten hinführt)	Zugunsten des in der Urkunde Benannten	Zugunsten des in der Urkunde Benannten
Art. der Übertragung	§§ 929 ff. BGB (§§ 413, 398, 952 Abs. 2 BGB)	Art. 14 Abs. 1 WG (Begebungsvertrag + Übergabe der Urkunde und des Indossaments) §§ 413, 398, 952 Abs. 2 BGB	§§ 413, 398 BGB	§§ 413, 398 BGB (bei Hypothekenbrief muss Brief übergeben werden, § 1154 BGB)
Gutglaubensschutz	Bei Übertragung nach den §§ 929 ff. BGB: §§ 932, 935 BGB (gutgläubiger Erwerb selbst an abhanden gekommenen Papieren möglich). Bei Übertragung durch Abtretung kein Gutglaubensschutz.	Art. 16 Abs. 2 WG (bei Indossierung)	Besteht nicht	Besteht nicht (Ausnahme: Hypothekenbrief §§ 1155, 892 BGB)

| Einwendungsausschluss | § 796 BGB | Art. 16 WG | Besteht nicht: § 404 BGB | Besteht nicht: § 404 BGB (Ausnahme: Hypothek §§ 1155, 1138, 1156 BGB) |

§ 794 BGB Haftung des Ausstellers

(Fassung vom 02.01.2002, gültig ab 01.01.2002)

(1) Der Aussteller wird aus einer Schuldverschreibung auf den Inhaber auch dann verpflichtet, wenn sie ihm gestohlen worden oder verloren gegangen oder wenn sie sonst ohne seinen Willen in den Verkehr gelangt ist.

(2) Auf die Wirksamkeit einer Schuldverschreibung auf den Inhaber ist es ohne Einfluss, wenn die Urkunde ausgegeben wird, nachdem der Aussteller gestorben oder geschäftsunfähig geworden ist.

Gliederung

A. Kommentierung zu Absatz 1 1	2. Verortung des § 794 Abs. 1 BGB in der Prüfung des § 793 BGB 18
I. Grundlagen 1	B. Kommentierung zu Absatz 2 19
1. Kurzcharakteristik 1	I. Grundlagen 19
2. Gesetzgebungsmaterialien 3	1. Kurzcharakteristik 19
3. Regelungsprinzipien 4	2. Gesetzgebungsmaterialien 20
II. Anwendungsvoraussetzungen 5	3. Regelungsprinzipien 21
1. Ohne Willen des Ausstellers in den Verkehr gelangte Schuldverschreibung 6	II. Anwendungsvoraussetzungen 22
2. Verfügungsbefugnis des Inhabers 9	1. Tod oder nachträgliche Geschäftsunfähigkeit des Ausstellers 23
3. Typische Fallkonstellationen 10	2. Vor Ausgabe einer Schuldverschreibung 25
III. Rechtsfolgen 11	3. Typische Fallkonstellationen 28
IV. Anwendungsfelder 15	III. Rechtsfolgen 29
V. Arbeitshilfen 17	
1. Prüfungsschema 17	

A. Kommentierung zu Absatz 1

I. Grundlagen

1. Kurzcharakteristik

In § 794 Abs. 1 BGB wird eine Haftung des Ausstellers einer Inhaberschuldverschreibung für den Fall begründet, dass diese ohne seinen Willen in Umlauf gelangt ist. Sie schützt den **redlichen rechtsgeschäftlichen Zweit-(Dritt-, Viert-, ...)Erwerber** und sichert die Umlauf- und Verkehrsfähigkeit der verbrieften Forderung. 1

Die Regelung ist Ausdruck des Rechtsscheingedankens, wonach derjenige, der in zurechenbarer Weise einen Rechtsschein veranlasst hat, weniger Schutz verdient als der auf einen Schein redlich vertrauende Dritte. 2

2. Gesetzgebungsmaterialien

E I, § 686; II, § 723 rev § 779; III, § 778; Motive, Bd. II, S. 697 = *Mugdan*, Bd. II, S. 389; Protokolle, Bd. II, S. 537 ff. = *Mugdan*, Bd. II, S. 1055 f; D 97 = *Mugdan*, Bd. II, S. 1265 f. 3

3. Regelungsprinzipien

Die in § 794 Abs. 1 BGB getroffene Regelung ist im Zusammenhang mit den §§ 932, 935 Abs. 2 BGB zu sehen. Diese vermögen lediglich einen gutgläubigen Eigentumserwerb am Papier herbeizuführen. Ihnen kann aber nicht entnommen werden, dass der Aussteller auch aus einem ohne seinen Willen in den Verkehr gelangten Papier verpflichtet wird. Dies stellt § 794 Abs. 1 BGB für die Inhaberschuldverschreibung ausdrücklich klar. 4

II. Anwendungsvoraussetzungen

Die Vorschrift des § 794 Abs. 1 BGB setzt voraus, dass eine Schuldverschreibung ohne den Willen des Ausstellers in den Verkehr gelangt ist und der derzeitige Inhaber über die Urkunde verfügungsbefugt ist. 5

§ 794

1. Ohne Willen des Ausstellers in den Verkehr gelangte Schuldverschreibung

6 Eine wertpapiermäßige Verpflichtung des Schuldners wird grundsätzlich nur dann begründet, wenn nach erfolgtem Skripturakt die (formgültige) Urkunde aufgrund eines wirksamen Begebungsvertrages in den Verkehr gelangt.[1]

7 Ausnahmsweise trifft den Aussteller die Verpflichtung aus der Urkunde aber auch dann, wenn es an einem Begebungsvertrag zwischen dem Aussteller und dem ersten Inhaber **fehlt**. Dies ist nach § 794 Abs. 1 BGB insbesondere dann der Fall, wenn die Schuldverschreibung dem Aussteller gestohlen wurde, verloren gegangen oder sonst ohne seinen Willen in den Verkehr gelangt ist. Die Norm ist somit anwendbar, wenn ein Begebungsvertrag mit dem Aussteller fehlt, erst recht muss sie gelten, wenn der abgeschlossene Begebungsvertrag aufgrund von Willensmängeln nicht wirksam zustande gekommen ist. Der Aussteller haftet zwar nicht schon dem Ersterwerber, ist jedoch grundsätzlich den nachfolgenden Erwerbern aus der Schuldverschreibung verpflichtet.

8 Voraussetzung ist jedoch, dass zunächst eine **formgültige Urkunde** entstanden ist. § 794 Abs. 1 BGB findet daher keine Anwendung, wenn die Unterschrift des Ausstellers gefälscht wurde oder der Schuldner bei der Ausstellung geschäftsunfähig war.

2. Verfügungsbefugnis des Inhabers

9 Als Schutzvorschrift zugunsten des redlichen Verkehrs gilt § 794 Abs. 1 BGB nur, wenn der Zweit- oder Dritterwerber, der den Aussteller aus der Schuldverschreibung in Anspruch nehmen möchte, selbst über die Urkunde verfügungsbefugt ist. Entgegen dem insoweit unklaren Wortlaut der Norm geht die wohl überwiegende Meinung also davon aus, **dass der jeweilige Inhaber von einem gutgläubigen Vorerwerber oder selbst gutgläubig erworben haben muss**.[2] Ob der Erwerber gutgläubig ist, richtet sich – da das verbriefte Forderungsrecht nach den §§ 929 ff. BGB übertragen wird – nach den in § 932 Abs. 2 BGB niedergelegten Grundsätzen: bösgläubig ist der Erwerber also nur, wenn er die Nichtberechtigung seines Vormannes kennt oder sie ihm infolge grober Fahrlässigkeit unbekannt ist. Geschützt wird dabei grundsätzlich nur der gute Glaube an die Eigentümerstellung des Veräußerers; nur ausnahmsweise (unter den Voraussetzungen des § 366 HGB) genießt auch der gute Glaube an die Verfügungsbefugnis Schutz.[3]

3. Typische Fallkonstellationen

10 Ein Anwendungsbeispiel für § 794 Abs. 1 BGB liefert der folgende Fall: Eine Aktiengesellschaft beschließt, Obligationen zum Nennwert von 100 € auszugeben. Nachdem der Vorstand die Urkunden unterschrieben hat, stiehlt ein Mitarbeiter des Unternehmens eine Urkunde und verkauft sie an einen Dritten. Dieser kann von dem Mitarbeiter das Eigentum an der Urkunde gutgläubig erwerben (vgl. die §§ 932, 935 BGB); gleichzeitig **entsteht nach § 794 Abs. 1 BGB kraft Gesetzes die darin verbriefte Forderung**, so dass der Dritte die Gesellschaft aus der Inhaberschuldverschreibung in Anspruch nehmen kann.

III. Rechtsfolgen

11 Für den Fall der fehlenden Begebung ordnet § 794 Abs. 1 BGB das Entstehen der verbrieften Forderung **kraft Gesetzes** an. Dies ist aus zwei Gründen notwendig: zum einen scheidet eine Entstehung der wertpapierrechtlichen Verpflichtung ohne wirksamen Begebungsvertrag aus[4]; zum anderen vermag auch der (sachenrechtliche) gutgläubige Eigentumserwerb an der Urkunde die noch nicht existente (schuldrechtliche) Forderung nicht hervorbringen.

12 Der Aussteller muss sich den durch die Ausstellung des umlauffähigen Papiers geschaffenen Vertrauenstatbestand zurechnen lassen; ihn trifft die Verpflichtung aus der Inhaberschuldverschreibung.

---

[1] Sog. Modifizierte Vertragstheorie der h. M.; vgl. BGH v. 30.11.1972 - II ZR 70/71 - LM Nr. 7 zu Art. 10 WG zum Blankowechsel; *Sprau* in: Palandt, § 793 Rn. 8; *Baumbach/Hefermehl/Casper*, Wechselgesetz und Scheckgesetz, 23. Aufl. 2008, WPR Rn. 33; *Zöllner*, Wertpapierrecht, 14. Aufl. 1987, § 6 V 4; *Canaris*, Recht der Wertpapiere, 12. Aufl. 1986, § 3 I 2; *Habersack* in: MünchKomm-BGB, 5. Aufl. 2009, vor § 793 Rn. 24.

[2] *Sprau* in: Palandt, § 794 Rn. 1; *Habersack* in: MünchKomm-BGB, § 794 Rn. 4; *Marburger* in: Staudinger, 2009, § 794 Rn. 3; *Wilhelmi* in: Erman, § 794 Rn. 2.

[3] Vgl. *Marburger* in: Staudinger, § 794 Rn. 3.

[4] Modifizierte Vertragstheorie, vgl. *Sprau* in: Palandt, § 793 Rn. 8; *Baumbach/Hefermehl/Casper*, Wechselgesetz und Scheckgesetz, 23. Aufl. 2008, WPR Rn. 33; *Zöllner*, Wertpapierrecht, 14. Aufl. 1987, § 6 V 4; *Canaris*, Recht der Wertpapiere, 12. Aufl. 1986, § 3 I 2; *Habersack* in: MünchKomm-BGB, vor § 793 Rn. 24.

Im Hinblick auf die Leistungsverpflichtung ist jedoch zu differenzieren: 13
- Die Vorschrift findet **keine Anwendung** im Verhältnis zwischen Aussteller und **unredlichem Ersterwerber** (beispielsweise einem Dieb), da dieser schon gemäß §§ 932, 935 BGB keine Rechte erwerben kann.
- Da die Schuldverschreibung erst „in Verkehr" gelangt sein muss, besteht eine Leistungspflicht **nicht** gegenüber dem **redlichen Ersterwerber**, der den Besitz an der Urkunde aufgrund eines nichtigen Begebungsvertrags erlangt hat.
- Eine Haftung gegenüber einem Zweiterwerber besteht – entgegen dem unklaren Wortlaut der Vorschrift – nur gegenüber einem **redlichen Zweiterwerber**.[5]

Auch für alle weiteren Erwerbsvorgänge (Dritt-, Vierterwerb etc.) bedarf es zumindest des Rechtsscheins einer bestehenden wertpapiermäßigen Berechtigung des Vormannes, auf den der jeweilige Erwerber vertrauen kann. 14

IV. Anwendungsfelder

Umstritten ist, ob § 794 Abs. 1 BGB auf **Inhaberaktien** Anwendung findet. Während *Canaris*[6] und *Marburger*[7] eine zumindest analoge Anwendung bejahen, geht die wohl überwiegende Literatur von einer Unanwendbarkeit auf Inhaberaktien aus.[8] Zur Begründung wird darauf verwiesen, dass es sich bei einer Aktie nicht um ein konstitutives Wertpapier, bei dem das verbriefte Recht erst durch die Ausstellung des Wertpapiers entsteht, sondern um ein deklaratorisches Wertpapier handelt.[9] 15

Demgegenüber wendet eine verbreitete Auffassung § 794 Abs. 1 BGB analog an, wenn **Banknoten** ohne Willen der Bundesbank (vgl. § 14 Abs. 1 Satz 1 BBankG) in den Verkehr gelangen.[10] 16

V. Arbeitshilfen

1. Prüfungsschema

(a) **Formgültige Urkunde** entstanden 17
(b) **Fehlender Begebungsvertrag**
    → Urkunde ohne den Willen des Ausstellers in Verkehr (Umlauf) gelangt
(c) **Gutgläubiger Zweiterwerb** (oder nachfolgender Erwerb) der Urkunde
    → § 793 Abs. 1 BGB gilt nicht im Verhältnis zwischen Aussteller und Ersterwerber
(d) **Rechtsfolge**: verbriefte Forderung entsteht kraft Gesetz
    → dem Aussteller ist der Einwand mangelnder Begebung versagt

2. Verortung des § 794 Abs. 1 BGB in der Prüfung des § 793 BGB

Vgl. die Kommentierung zu § 793 BGB Rn. 92. 18

(1) [...]
(2) [...]
(3) Verpflichtung des Inanspruchgenommenen
    Verpflichtung entstanden
    (a) Skripturakt
    (b) **Begebungsvertrag (-)**

Daraus folgt: evtl. zurechenbar veranlasster Rechtsschein, § 794 Abs. 1 BGB.

---

[5] Vgl. *Habersack* in: MünchKomm-BGB, § 794 Rn. 4; *Sprau* in: Palandt, § 794 Rn. 1.
[6] *Canaris*, Recht der Wertpapiere, 12. Aufl. 1986, § 25 III 2b.
[7] *Marburger* in: Staudinger, § 794 Rn. 7.
[8] Vgl. *Steffen* in: BGB-RGRK, § 794 Rn. 5; *Sprau* in: Palandt, § 794 Rn. 3; *Zöllner*, Wertpapierrecht, 14. Aufl. 1987, § 29 III; *Habersack* in: MünchKomm-BGB, § 794 Rn. 1.
[9] *Zöllner*, Wertpapierrecht, 14. Aufl. 1987, § 29 III.
[10] So *Steffen* in: BGB-RGRK, § 794 Rn. 5; *Mann*, JZ 1970, 212-213, 212; a.A. *Marburger* in: Staudinger, § 794 Rn. 6.

B. Kommentierung zu Absatz 2

I. Grundlagen

1. Kurzcharakteristik

19 Durch die in § 794 Abs. 2 BGB getroffene Regelung sollen Zweifel an der Verpflichtung aus der Schuldverschreibung in den genannten Fällen von vornherein ausgeschlossen werden. Die Vorschrift dient dem Schutz des Rechtsverkehrs und stärkt die Verkehrsfähigkeit der Schuldverschreibung.

2. Gesetzgebungsmaterialien

20 E I, § 686; II, § 723 rev § 779; III, § 778; Motive, Bd. II, S. 697 = *Mugdan*, Bd. II, S. 389; Protokolle, Bd. II, S. 537 ff. = *Mugdan*, Bd. II, S. 1055 f.; D 97 = *Mugdan*; Bd. II, S. 1265 f.

3. Regelungsprinzipien

21 § 794 Abs. 2 BGB übernimmt den Rechtsgedanken von § 130 Abs. 2 BGB, wonach es auf die Wirksamkeit einer Willenserklärung ohne Einfluss ist, wenn der Erklärende nach der Abgabe stirbt oder geschäftsunfähig wird. Die Vorschrift kann als entbehrlich angesehen werden und dient lediglich der Klarstellung[11], da die Ausstellung der Urkunde als Willenserklärung zu qualifizieren und sich bereits unmittelbar aus den §§ 130 Abs. 2, 153 BGB ergibt, dass die Wirksamkeit der Ausstellung **nicht durch den späteren Tod oder den Verlust der Geschäftsfähigkeit des Ausstellers berührt wird.**

II. Anwendungsvoraussetzungen

22 Voraussetzung für § 794 Abs. 2 BGB ist der Tod oder die nachträgliche Geschäftsunfähigkeit des Ausstellers vor der Ausgabe einer Schuldverschreibung.

1. Tod oder nachträgliche Geschäftsunfähigkeit des Ausstellers

23 Eine nachträgliche Geschäftsunfähigkeit kommt nur nach den Grundsätzen des § 104 Nr. 2 BGB in Betracht. Erforderlich ist also, dass bei dem Aussteller ein die freie Willensbestimmung ausschließender Zustand krankhafter Störung der Geistestätigkeit eintritt, der nicht nur vorübergehender Natur ist. Zu denken ist hier an jegliche Fälle der Geisteskrankheit oder -schwäche; nicht ausreichend ist dagegen die Volltrunkenheit des Ausstellers.[12]

24 Der nachträglichen Geschäftsunfähigkeit des Ausstellers steht es gleich, wenn für den Aussteller nachträglich eine Betreuung i.S.d. §§ 1896 ff. BGB angeordnet wird.[13]

2. Vor Ausgabe einer Schuldverschreibung

25 „Ausgegeben" wird eine Schuldverschreibung mit Abschluss des Begebungsvertrages. Der Begriff ist also gleichzusetzen mit dem „In-Verkehr-Bringen" der Urkunde.

26 Auch wenn sich an der Wirksamkeit der Schuldverschreibung im Falle des Todes oder des Wegfalls der Geschäftsfähigkeit des Ausstellers nichts ändert, bedarf es dennoch weiterhin einer vertraglichen Begebung der Urkunde. Diese kann durch den Rechtsnachfolger oder den gesetzlichen Vertreter des Ausstellers erfolgen. Im letzteren Fall ist zusätzlich die Genehmigung des Vormundschaftsgerichts analog § 1822 Nr. 9 BGB einzuholen.

27 Fehlt ein Begebungsvertrag, kann das verbriefte Recht nur noch durch gutgläubigen rechtsgeschäftlichen Zweiterwerb entstehen. Dazu muss allerdings der Aussteller den Rechtsschein einer gültigen Wertpapierverpflichtung zurechenbar veranlasst haben.[14]

3. Typische Fallkonstellationen

28 A schließt mit B einen Lagervertrag über 100 Druckmaschinen. A und B einigen sich darauf, dass B zur Verbriefung der Ansprüche aus dem Lagervertrag einen Inhaberlagerschein ausstellt. Nach der Unterzeichnung des Lagerscheins stirbt B, noch bevor er ihn an A ausgehändigt hat. Der Inhaberlagerschein ist zwar wirksam erstellt, doch muss A mit den Erben des B noch einen Begebungsvertrag schließen, damit die verbriefte Forderung tatsächlich zur Entstehung gelangt.

---

[11] Motive, Bd. II, S. 697 = *Mugdan*, Bd. II, S. 389.
[12] Vgl. *Ellenberger* in: Palandt, § 104 Rn. 4.
[13] Vgl. zur Betreuung *Marburger* in: Staudinger, § 794 Rn. 5.
[14] *Habersack* in: MünchKomm-BGB, § 794 Rn. 5; *Sprau* in: Palandt, § 794 Rn. 2.

III. Rechtsfolgen

§ 794 Abs. 2 BGB ordnet keine besondere Rechtsfolge an; er stellt lediglich klar, dass der Tod bzw. der Wegfall der Geschäftsfähigkeit des Ausstellers zwischen Ausstellung und Ausgabe der Urkunde die Wirksamkeit der Schuldverschreibung nicht berührt. 29

§ 795 BGB (weggefallen)

(Fassung vom 01.01.1964, gültig ab 01.01.1980, gültig bis 31.12.1990)

(1) Im Inland ausgestellte Schuldverschreibungen auf den Inhaber, in denen die Zahlung einer bestimmten Geldsumme versprochen wird, dürfen nur mit staatlicher Genehmigung in den Verkehr gebracht werden, soweit nicht Ausnahmen zugelassen sind. Das Nähere bestimmt ein Bundesgesetz.

(2) Eine ohne die erforderliche staatliche Genehmigung in den Verkehr gelangte Schuldverschreibung ist nichtig; der Aussteller hat dem Inhaber den durch die Ausgabe verursachten Schaden zu ersetzen.

1 § 795 BGB in der Fassung vom 17.12.1990 ist durch Art. 1 des Gesetzes vom 17.12.1990 – BGBl I 1990, 2839 – mit Wirkung vom 01.01.1991 weggefallen.

§ 796 BGB Einwendungen des Ausstellers

(Fassung vom 02.01.2002, gültig ab 01.01.2002)

Der Aussteller kann dem Inhaber der Schuldverschreibung nur solche Einwendungen entgegensetzen, welche die Gültigkeit der Ausstellung betreffen oder sich aus der Urkunde ergeben oder dem Aussteller unmittelbar gegen den Inhaber zustehen.

Gliederung

A. Grundlagen 1	4. Mängel der Begebung 15
I. Kurzcharakteristik 1	5. Urkundliche Einwendungen 18
II. Regelungsprinzipien 2	6. Unmittelbare Einwendungen 23
B. Anwendungsvoraussetzungen 3	7. Ausschluss der Einwendungen durch (gutgläubigen) Erwerb 24
I. Normstruktur 3	
II. Aussteller (Einwendender) 4	8. Einwendungen gegen den Bestand der Schuldverschreibung 27
III. Inhaber der Schuldverschreibung (Einwendungsgegner) 5	
	9. Staatsnotstand 28
IV. Einwendungen 6	**C. Rechtsfolgen** 29
1. Definition Einwendungen 6	**D. Prozessuale Hinweise/Verfahrenshinweise** 30
2. Gültigkeitseinwendungen 7	
3. Ausstellungsmängel 8	**E. Arbeitshilfen** 32

A. Grundlagen

I. Kurzcharakteristik

Die Norm beschränkt die Einwendungen des Ausstellers und dient damit der Verkehrsfähigkeit von Inhaberschuldverschreibungen. § 796 BGB greift nicht ein, wenn der Berechtigte die Forderung schuldrechtlich gemäß § 398 BGB erworben hat. Damit hat der Inhaber eine größere Sicherheit den Anspruch durchzusetzen als der Zessionar.[1]

1

II. Regelungsprinzipien

Zu unterscheiden ist zwischen solchen Einwendungen, die gegenüber jedem Inhaber einer Schuldverschreibung geltend gemacht werden können (**absolute Einwendungen**) und solchen Einwendungen, die nur einem ganz bestimmten Inhaber der Schuldverschreibung entgegengesetzt werden können (**relative Einwendungen**). Weiterhin ist zu berücksichtigen, dass bestimmte Einwendungen gegenüber einem gutgläubigen Zweiterwerber ausgeschlossen (**präkludiert**) sein können.

2

B. Anwendungsvoraussetzungen

I. Normstruktur

Die in § 796 BGB angesprochenen Einwendungen können alternativ dem Inhaber der Schuldverschreibung entgegengesetzt werden.

3

II. Aussteller (Einwendender)

Die Befugnis zur Erhebung von Einwendungen obliegt dem Aussteller respektive dessen Gesamtrechtsnachfolger.

4

III. Inhaber der Schuldverschreibung (Einwendungsgegner)

Als Inhaber der Schuldverschreibung, dem nur bestimmte Einwendungen entgegengesetzt werden können, ist der im Sinne des § 793 Abs. 1 Satz 1 BGB verfügungsberechtigte Inhaber gemeint. Denn der Einwand der fehlenden Verfügungsbefugnis kann stets über § 793 Abs. 1 Satz 1 BGB geltend gemacht werden.[2]

5

---

[1] *Habersack* in: MünchKomm-BGB, 5. Aufl. 2009, § 796 Rn. 1.
[2] So auch *Marburger* in: Staudinger, § 796 Rn. 12; *Habersack* in: MünchKomm-BGB, § 796 Rn. 5.

IV. Einwendungen

1. Definition Einwendungen

6 Der in § 796 BGB verwendete Begriff der „Einwendungen" erfasst sämtliche **materiell-rechtlichen** Gegenrechte, die einem Klageanspruch entgegen gesetzt werden können und dessen Durchsetzung entsprechend verhindern. **Nicht** erfasst sind hingegen Gegenrechte, die auf **prozessrechtlichen** Vorschriften beruhen (so genannte prozesshindernde Einreden). Als materiell-rechtliche Gegenrechte unterscheidet man üblicherweise zwischen **Einreden** (Leistungsverweigerungsrechte, die im Prozess durch Schuldner vorgetragen werden müssen) und **Einwendungen** (Gegenrechte, die den Klageanspruch beseitigen und von Amts wegen zu berücksichtigen sind). Das Tatbestandsmerkmal der Einwendung im Sinne des § 796 BGB erfasst **sowohl Einwendungen als auch Einreden**.[3] Als Einwendungen können daher sowohl dilatorische (= aufschiebende bzw. hemmende) Einreden wie z.B. das Zurückbehaltungsrecht oder die Stundung oder auch peremptorische (= dauernde) Einreden, wie z.B. die Verjährung geltend gemacht werden. Weiterhin können so genannte rechtshindernde Einwendungen (z.B. Sittenwidrigkeit, Geschäftsunfähigkeit) als auch rechtsvernichtende Einwendungen (z.B. Erfüllung oder Rücktritt) geltend gemacht werden. Unterschieden wird zwischen den Gültigkeitseinwendungen sowie den urkundlichen Einwendungen, die sich aus dem Text der Urkunden ergeben.

2. Gültigkeitseinwendungen

7 **Definition**: Unter dem Begriff der Einwendungen, „welche die Gültigkeit der Ausstellung betreffen", sind solche gemeint, die sich **gegen die Entstehung des verbrieften Rechts richten und** (in Abgrenzung zu den urkundlichen Einwendungen) **nicht aus dem Dokument der Urkunde ersichtlich sind**.[4] Aus heutiger Sicht erscheint dieser Wortlaut missverständlich. Dies beruht darauf, dass der damalige Gesetzgeber bei der Formulierung des § 796 BGB als Alternative hinsichtlich der Entstehung der verbrieften Forderung noch von der Kreationstheorie ausging.[5] Danach war für die Entstehung des verbrieften Rechts der einseitige rechtsgeschäftliche Skripturakt ausreichend (vgl. die Kommentierung zu § 793 BGB Rn. 72). Nach der heute herrschenden modifizierten Vertragstheorie ist indes für die Entstehung des verbrieften Rechts sowohl die Ausfertigung der Urkunde als auch deren vertragliche Begebung respektive der zurechenbare Rechtsschein einer vertraglichen Begebung erforderlich (vgl. hierzu die Kommentierung zu § 793 BGB Rn. 72). Konsequenz hieraus ist jedoch, dass sich Gültigkeitseinwendungen aus jedem der beiden Teilakte ergeben können. Somit ist zwischen Ausstellungsmängeln und Mängeln der Begebung zu unterscheiden.

3. Ausstellungsmängel

8 Als solches kommen folgende Einwendungen in Betracht[6]:
- Fälschung oder Verfälschung der Urkunde[7],
- Geschäftsunfähigkeit oder beschränkte Geschäftsfähigkeit des Ausstellers (§§ 104 ff. BGB), Ausstellung unter absolutem Zwang (vis absoluta),
- Ausstellung durch einen Vertreter ohne Vertretungsmacht (§ 177 BGB),
- Anfechtbarkeit wegen Irrtums, Täuschung oder Drohung (§§ 142 Abs. 1, 119, 123 BGB),
- sonstige Willensmängel, wie zum Beispiel Scheinerklärung (§ 117 BGB) oder Scherzerklärung (§ 118 BGB).

9 Die oben aufgezählten Ausstellungsmängel kommen grundsätzlich nur dann in Betracht, wenn sie tatsächlich die Entstehung der verbrieften Forderung verhindern. Es sind Fälle denkbar, in denen trotz dieser Ausstellungsmängel die verbriefte Forderung entsteht, insbesondere wenn die Ausstellungsmängel durch eine wirksame vertragliche Begebung **geheilt** werden.[8]

---

[3] Motive, Bd. II, S. 699 = *Mugdan*, Bd. II, S. 390; *Habersack* in: MünchKomm-BGB, § 796 Rn. 5.
[4] *Marburger* in: Staudinger, § 796 Rn. 2; *Sprau* in: Palandt, § 796 Rn. 2.
[5] Motive, Bd. II, S. 695 f., 699; *Marburger* in: Staudinger, § 796 Rn. 2.
[6] Vgl. hierzu *Marburger* in: Staudinger, § 796 Rn. 3; *Habersack* in: MünchKomm-BGB, § 796 Rn. 8; *Sprau* in: Palandt, § 796 Rn. 2.
[7] *Koller* in: Staub, GroßKomm-HGB, § 364 Rn. 46 f.; *Koller*, WM 1981, 210-220.
[8] *Marburger* in: Staudinger, § 796 Rn. 3; *Sprau* in: Palandt, § 796 Rn. 2.

Fehlt hingegen ein wirksamer Begebungsvertrag, so greifen die auf Mängel der Ausstellung gestützten Einwendungen des Ausstellers gegenüber **dem ersten Nehmer der Urkunde** und dessen Gesamtrechtsnachfolger **stets durch**.[9]

Gegenüber einem **Zweiterwerber** der Inhaberschuldverschreibung können bestimmte Ausstellungsmängel dann nicht eingewandt werden, wenn sie aufgrund eines gutgläubigen Zweiterwerbs **präkludiert** sind, weil der Aussteller durch Errichtung der (formgerechten) Urkunde einen ihm zurechenbaren Rechtsschein einer wirksamen (wertpapierrechtlichen) Verpflichtung gesetzt hat.

Folgende Ausstellungsmängel können **nie** präkludiert werden und somit auch einem gutgläubigen rechtsgeschäftlichen Zweiterwerber entgegengesetzt werden (so genannte absolute oder nicht ausschlussfähige Einwendungen)[10]:
- Fälschung oder Verfälschung der Urkunde,
- fehlende Geschäftsfähigkeit oder Vertretungsmacht,[11]
- vis absoluta[12].

In diesen Fällen kommt es nicht zu einer Rechtsscheinhaftung.

Alle anderen Einwendungen (z.B. Anfechtbarkeit, Scheinerklärungen, Scherzerklärungen) können nur dann dem Zweiterwerber gegenüber erfolgreich entgegengesetzt werden, wenn dieser bösgläubig ist. Gegenüber dem redlichen rechtsgeschäftlichen Zweiterwerber sind sie hingegen ausgeschlossen (so genannte relative oder ausschlussfähige Einwendungen).

Eine gewisse Doppelstellung nehmen Formfehler der Urkunde (z.B. unvollständige Ausfüllung, fehlende Faksimileunterschrift) ein, die zwar Ausstellungsmängel darstellen, sich jedoch direkt aus der Urkunde ergeben und somit zu den **urkundlichen Einwendungen** zu rechnen sind. Diese Differenzierung ist von Relevanz, da der Aussteller über urkundliche Einwendungen einen weitreichenderen Schutz genießt als über Gültigkeitseinwendungen, da bei letzteren die Präklusionswirkung zugunsten gutgläubiger rechtsgeschäftlicher Zweiterwerber wirken kann. Im Gegensatz dazu können urkundliche Einwendungen jedem Inhaber entgegengehalten werden, ohne dass es auf dessen guten oder bösen Glauben ankommt.

4. Mängel der Begebung

Begebungsmängel können vorliegen, wenn entweder eine vertragliche Begebung der Urkunde überhaupt nicht stattgefunden hat (Abhandenkommen, Diebstahl) oder der Begebungsvertrag zwar geschlossen wurde, jedoch nicht rechtswirksam ist, z.B. wegen fehlender Geschäftsfähigkeit oder sonstiger Willensmängel (§§ 116 ff., 119 ff. BGB), Gesetzes- oder Sittenwidrigkeit (§§ 134, 138 BGB) oder wegen Formfehlern (z.B. § 518 Abs. 1 Satz 2 BGB).

Ob diese Mängel durchgreifen, hängt wiederum davon ab, ob sie gegenüber dem Ersterwerber oder gegenüber dem rechtsgeschäftlichen Zweiterwerber oder späteren Erwerber erhoben werden. Begebungsmängel greifen gegenüber dem Ersterwerber und dessen Gesamtrechtsnachfolger stets durch.[13] Dies gilt auch gegenüber jedem bösgläubigen späteren Erwerber.

Dem redlichen rechtsgeschäftlichen Zweiterwerber (oder redlichen rechtsgeschäftlichen späteren Erwerbern) gegenüber kommt es indes darauf an, ob außer dem fehlenden wirksamen Begebungsvertrag zusätzlich auch ein Ausstellungsmangel vorliegt. Liegt nur ein Mangel des Begebungsvertrages vor, so kann unter Rechtsscheingrundsätzen der Einwand der mangelnden Begebung gegenüber dem gutgläubigen rechtsgeschäftlichen Zweiterwerber oder späteren Erwerber präkludiert sein. Kommt jedoch auch ein Ausstellungsmangel hinzu, ist auch hier zu prüfen, ob der betreffende Ausstellungsmangel gegenüber dem gutgläubigen Zweiterwerber präkludiert ist oder nicht (vgl. hierzu Rn. 11).

---

[9] *Marburger* in: Staudinger, § 796 Rn. 3.
[10] *Marburger* in: Staudinger, § 796 Rn. 3; *Canaris*, JuS 1971, 441-449, 442 ff.; *Canaris*, Recht der Wertpapiere, 12. Aufl. 1986, § 9 I; *Zöllner*, Wertpapierrecht, 14. Aufl. 1987, § 21 II; *Sprau* in: Palandt, § 796 Rn. 2.
[11] BGH v. 24.09.1991 - XI ZR 245/90 - juris Rn. 11 - LM ZPO § 260 Nr. 17 (2/1992).
[12] BGH v. 26.06.1975 - II ZR 35/74 - WM 1975, 1002.
[13] *Marburger* in: Staudinger, § 796 Rn. 5.

5. Urkundliche Einwendungen

18 **Definition:** Urkundliche Einwendungen (auch: inhaltliche Einwendungen) sind Einwendungen, die sich aus dem Inhalt des Papiers **und** der darin in Bezug genommenen Urkunden (z.B. Prospekte) ergeben. Urkundliche Einwendungen sind absolute Einwendungen, die jedem Inhaber entgegengesetzt werden können.[14] Hierzu zählen insbesondere die Leistungsverpflichtung einschränkende Vermerke,[15] wie:
- Bedingungen, Befristungen,[16]
- Stundungen,
- Teilleistungen,[17]
- Formmängel, wenn sie aus der Urkunde selbst ersichtlich sind (z.B. fehlende Unterschrift; Gegenbeispiel: § 518 Abs. 1 Satz 2 BGB, der eine Gültigkeitseinwendung darstellt).[18]

19 Werden Inhaberschuldverschreibungen aufgrund von Prospekten ausgegeben, so kann sich nach allgemeiner Meinung der Aussteller auch auf Einwendungen berufen, die nur aus dem Prospekt, nicht aber aus der Urkunde ersichtlich sind, vorausgesetzt die Urkunde verweist auf den Prospekt.[19]

20 Umstritten ist, ob bei der Auslegung von Einwendungen auch Umstände mitberücksichtigt werden dürfen, die **außerhalb** der Urkunde liegen. Nach allgemeiner Meinung ist dies bei der Auslegung von Schuldverschreibungen grundsätzlich **zulässig**.[20] Nach Auffassung des OLG München[21] soll dieser Grundsatz auch für die Auslegung von Einwendungen gelten.[22]

21 Auch Vereinbarungen aus dem der Schuldverschreibung zugrunde liegenden **Kausalverhältnis** können durch eine ausdrückliche Aufnahme in die Urkunde inhaltliche Einwendungen darstellen.[23] Wird der Schuldgrund erwähnt, was zulässig ist, so ist es eine Frage der Auslegung, ob sich der Aussteller damit Einwendungen aus dem Kausalverhältnis vorbehalten hat, oder ob es sich hier nur um einen erläuternden, rechtlich bedeutungslosen Zusatz handelt.[24]

22 In der Literatur wird davon ausgegangen, dass aufgrund der **Angabe des Schuldgrundes** in der Urkunde in der Regel eine Bezugnahme erfolgt, so dass sich der Aussteller auf Einwendungen berufen kann, die sich allgemein und unmittelbar kraft Gesetzes aus dem Kausalverhältnis ergeben, nicht aber auf solche Einwendungen, die auf besonderen vertraglichen Absprachen zwischen Aussteller und Erwerber beruhen.[25]

6. Unmittelbare Einwendungen

23 Unmittelbare Einwendungen sind solche, die in einem Rechtsverhältnis zwischen dem Aussteller und dem betreffenden Inhaber begründet sind (auch **persönliche Einwendungen**).[26] In Betracht kommen zum einen Einwendungen aus dem der Begebung der Inhaberschuldverschreibung zugrunde liegenden Kausalverhältnis und zum anderen Einwendungen, die sich auf besondere Rechtsbeziehungen oder Abreden zwischen dem Aussteller und einem bestimmten Inhaber des Papiers gründen. Unmittelbare bzw. persönliche Einwendungen sind z.B.:
- Zahlung,
- Aufrechnung,
- Stundung,
- Erlass,
- Bereicherungseinrede nach § 821 BGB,

---

[14] *Sprau* in: Palandt, § 796 Rn. 3; *Marburger* in: Staudinger, § 796 Rn. 7, 8.
[15] BGH v. 11.09.2008 - I ZR 74/06 - NJW 2009, 1504-1509, 1508.
[16] OLG Hamburg v. 21.09.2000 - 10 U 11/00 - VuR 2000, 451-453.
[17] RG v. 28.12.1904 - I 371/04 - RGZ 59, 374-378.
[18] Vgl. hierzu *Marburger* in: Staudinger, § 796 Rn. 7; *Koller* in: Staub, GroßKomm-HGB, § 364 Rn. 42.
[19] *Marburger* in: Staudinger, § 796 Rn. 7; *Hopt*, FS f. Steindorf, 1990, 341, 363.
[20] Vgl. *Marburger* in: Staudinger, § 793 Rn. 9.
[21] OLG München v. 22.01.1997 - 7 U 4544/96 - NJW-RR 1999, 557-559.
[22] A.A. *Marburger* in: Staudinger, § 796 Rn. 7.
[23] *Koller* in: Staub, GroßKomm-HGB, § 364 Rn. 41; *Marburger* in: Staudinger, § 796 Rn. 7.
[24] Vgl. Motive, Bd. II, S. 699; *Marburger* in: Staudinger, § 796 Rn. 7.
[25] BGH v. 18.12.1958 - II ZR 351/56 - BGHZ 29, 120-126 (Geltung einer frachtvertraglichen Schiedsklausel für Konnossement); *Sprau* in: Palandt, § 796 Rn. 3; *Steffen* in: BGB-RGRK, § 796 Rn. 5; *Habersack* in: MünchKomm-BGB, § 796 Rn. 6; *Marburger* in: Staudinger, § 796 Rn. 7.
[26] Motive, Bd. II, S. 700 = *Mugdan*, Bd. II, S. 391; *Sprau* in: Palandt, § 796 Rn. 4.

- Mängeleinrede nach § 478 BGB a.F. vor der Schuldrechtsreform[27] (zur Mängeleinrede im Kaufrecht nach der Schuldrechtsreform vgl. die Kommentierung zu § 437 BGB).

7. Ausschluss der Einwendungen durch (gutgläubigen) Erwerb

Unmittelbare Einwendungen können grundsätzlich nur dem Inhaber (und seinem Gesamtrechtsnachfolger) entgegengehalten werden, in dessen Rechtsbeziehung zum Aussteller sie auch entstanden sind. Durch rechtsgeschäftlichen Erwerb der Schuldverschreibung werden sie **präkludiert**. Es entspricht jedoch allgemeiner Meinung, dass gegenüber **dem Erwerber** jedenfalls die Einrede der **Arglist** (§ 242 BGB) durchgreifen kann.[28] Nach neuerer Auffassung wird nicht mehr auf den allgemeinen Arglisteinwand zurückgegriffen, sondern die Regelungslücke durch eine Analogie zu Art. 17 WG, Art. 22 ScheckG geschlossen. Danach kann eine unmittelbare Einwendung dem Erwerber dann erfolgreich entgegengehalten werden, wenn dieser bei Erwerb der Inhaberschuldverschreibung bewusst zum Nachteil des Schuldners gehandelt hat.[29]   24

Sind Ausstellungsmängel oder Mängel der Begebung nach Rechtsscheingrundsätzen ausgeschlossen worden, so führt dies dazu, dass der einmal eingetretene gutgläubige Rechtserwerb die betreffenden Mängel endgültig heilt. D.h., späteren Erwerbern kann der Mangel selbst bei Kenntnis der Umstände nicht mehr schaden.[30] Eine Ausnahme gilt jedoch für den Fall, dass die Inhaberschuldverschreibung durch einen früheren Bösgläubigen und somit nicht berechtigten Inhaber **zurückerworben** wird.[31]   25

Strittig ist die Frage, wann Bösgläubigkeit des rechtsgeschäftlichen Zweiterwerbers (oder späteren Erwerbers) anzunehmen ist. Nach einer **Mindermeinung** in der Literatur, die die Verkehrsfähigkeit des Wertpapiers betont, soll Bösgläubigkeit nur dann vorliegen, wenn der Erwerber **bewusst** zum Nachteil des Schuldners gehandelt hat.[32] Nach **herrschender Meinung** soll hingegen Bösgläubigkeit bereits dann vorliegen, wenn der rechtsgeschäftliche Zweiterwerber (oder spätere Erwerber) **vorsätzlich oder grob fahrlässig** handelt.[33]   26

8. Einwendungen gegen den Bestand der Schuldverschreibung

Einwendungen gegen den Bestand der Schuldverschreibung sind in § 796 BGB nicht eigens erwähnt, darunter fallen z.B.:   27
- schuldbefreiende Zahlung (§ 793 Abs. 1 Satz 2 BGB),
- Kraftloserklärung (§ 799 BGB),
- Zahlungssperre (§ 802 BGB),
- Erlöschen und Verjährung der Forderung (§ 801 BGB).

Diese Einwendungen kann der Aussteller jedem Inhaber entgegensetzen.[34]

9. Staatsnotstand

Staaten können sich gegenüber Privatpersonen zur (vorübergehenden) Verweigerung der Leistungspflicht aus Inhaberschuldverschreibungen nicht auf die Einwendung des Staatsnotstandes berufen. Nach Meinung des BVerfG ist keine allgemeine Regel des Völkerrechts feststellbar, die einen Staat   28

---

[27] BGH v. 24.11.1971 - VIII ZR 81/70 - BGHZ 57, 292-301; BGH v. 09.02.1976 - II ZR 162/74 - LM Nr. 12 zu Art. 17 WG; BGH v. 30.01.1986 - II ZR 257/85 - juris Rn. 28 - NJW 1986, 1872-1873, zu Art. 17 WG; vgl. zu Art. 17 EG und Leistungsstörung im Grundgeschäft auch *Baumbach/Hefermehl/Casper*, Wechselgesetz und Scheckgesetz, 23. Aufl. 2008, Art. 17 WG Rn. 75; *Flume*, NJW 1986, 2482-2483.

[28] RG v. 13.02.1904 - I 411/03 - RGZ 57, 62-66; RG v. 21.06.1919 - V 160/19 - RGZ 96, 190-195; RG v. 25.10.1933 - I 92/33 - RGZ 142, 150-156; *Sprau* in: Palandt, § 796 Rn. 4; *Marburger* in: Staudinger, § 796 Rn. 10.

[29] *Marburger* in: Staudinger, § 796 Rn. 11; *Habersack* in: MünchKomm-BGB, § 796 Rn. 14.

[30] RG v. 09.03.1932 - V 241/31 - RGZ 135, 357-366; *Steffen* in: BGB-RGRK, Rn. 7; *Marburger* in: Staudinger, § 796 Rn. 6.

[31] *Marburger* in: Staudinger, § 796 Rn. 6.

[32] *Habersack* in: MünchKomm-BGB, § 796 Rn. 4; *Huber* in: Jacobs/Knobbe-Keuk, FS für Flume zum 70. Geburtstag, 1978, S. 83 ff.; *Ostheim* in: FS f. Walther Kastner zum 90. Geburtstag, 1992, S. 349 ff.; *Ulmer* in: FS f. Raiser: Funktionswandel der Privatrechtsinstitutionen, 1974, S. 227 ff.

[33] *Marburger* in: Staudinger, § 796 Rn. 6; *Habersack* in: MünchKomm-BGB, § 796 Rn. 4.

[34] *Sprau* in: Palandt, § 796 Rn. 5.

gegenüber Privatpersonen berechtigt, die Erfüllung fälliger privatrechtlicher Zahlungsansprüche unter Berufung auf den wegen Zahlungsunfähigkeit erklärten Staatsnotstand zeitweise zu verweigern.[35]

C. Rechtsfolgen

29 Liegen die Voraussetzungen eines wirksamen Einwands vor, so kann dieser dem Inhaber entgegen gesetzt werden, mit der Folge, dass der Anspruch aus der verbrieften Forderung nicht geltend gemacht werden kann.

D. Prozessuale Hinweise/Verfahrenshinweise

30 Die Darlegungs- und Beweislast für die jeweils erhobene Einwendung trägt der Aussteller.[36] Der Aussteller muss alle tatsächlichen Grundlagen unter Beweis stellen, aus denen er seine Einwendungen herleitet. Er ist auch für diejenigen Tatsachen beweispflichtig, aus denen sich ergibt, dass der Inhaber die Einwendungen gegen sich gelten lassen muss. Beruft sich der Aussteller auf eine Gültigkeitseinwendung, die einem gutgläubigen Erwerber gegenüber grundsätzlich ausschlussfähig ist, so ist er darlegungs- und beweisbelastet hinsichtlich des Vorsatzes oder der groben Fahrlässigkeit des Inhabers in Bezug auf den Erwerb der Schuldverschreibung. Macht der Aussteller hingegen eine persönliche Einwendung geltend, die ihm gegen einen Vormann des jetzigen Inhabers zugestanden hätte, so ist er dafür darlegungs- und beweisbelastet, dass der Inhaber mit dem Erwerb der Schuldverschreibung bewusst zu seinem Nachteil gehandelt hat.[37]

31 Wurde eine dilatorische Einrede erhoben (z.B. Zurückbehaltungsrecht, Stundung), so führt dies zur Klageabweisung als zurzeit unbegründet oder zu einer Zug um Zug-Verurteilung. Die Erhebung einer dauernden, peremptorischen Einrede (z.B. Verjährung) führt zur Klageabweisung. Gleiches gilt für die Erhebung von Einwendungen rechtshindernder Natur (Geschäftsunfähigkeit oder Sittenwidrigkeit) bzw. rechtsvernichtender Einwendungen (Erfüllung oder Rücktritt).

E. Arbeitshilfen

32 Verortung der Regelung des § 796 BGB im Rahmen der Prüfung eines Anspruchs aus § 793 BGB (vgl. die Kommentierung zu § 793 BGB Rn. 92):

(1) Formgültige Inhaberschuldverschreibung
(2) Materielle Berechtigung des Anspruchstellers
(3) Verpflichtung des In-Anspruch-Genommenen
    (a) Entstanden
    (b) Verpflichtung besteht noch oder wieder
    (c) keine Einwendungen (rechtshindernde oder -vernichtende Einwendungen und Einreden) i.S.d. § 796 BGB

---

[35] BVerfG v. 08.05.2007 - 2 BvM 1/03; 2 BvM 2/03 und weitere - NJW 2007, 2610-2614 mit abweichender Meinung von Richterin *Lübbe-Wolff*; OLG Frankfurt v. 13.06.2006 - 8 U 107/03 - NJW 2006, 2931-2934; OLG Frankfurt v. 07.02.2012 - 8 U 114/11 - juris Rn. 21.
[36] *Baumgärtel/Laumen*, Handbuch der Beweislast, § 796 Rn. 1 ff.; *Habersack* in: MünchKomm-BGB, § 796 Rn. 16.
[37] *Habersack* in: MünchKomm-BGB, § 796 Rn. 16.

§ 797 BGB Leistungspflicht nur gegen Aushändigung

(Fassung vom 02.01.2002, gültig ab 01.01.2002)

¹Der Aussteller ist nur gegen Aushändigung der Schuldverschreibung zur Leistung verpflichtet. ²Mit der Aushändigung erwirbt er das Eigentum an der Urkunde, auch wenn der Inhaber zur Verfügung über sie nicht berechtigt ist.

Gliederung

A. Grundlagen 1	V. Zur Einlösung 19
I. Kurzcharakteristik 1	VI. Schuldbefreiende Leistung des Ausstellers 20
II. Gesetzgebungsmaterialien 3	VII. Schuldbefreiende Leistung einer vom
III. Regelungsprinzipien 4	Aussteller beauftragten Zahlstelle 24
B. Anwendungsvoraussetzungen 5	**C. Rechtsfolgen** 26
I. Normstruktur 5	**D. Prozessuale Hinweise/Verfahrenshin-**
II. Zurückbehaltungsrecht (Satz 1) 6	**weise** 30
1. Leistung des Ausstellers 7	I. Prozessuale Bedeutung 30
2. Annahmeverzug des Inhabers 13	II. Beweislast 32
III. Eigentumserwerb (Satz 2) 15	**E. Anwendungsfelder** 33
IV. Aushändigung der Urkunde 16	**F. Arbeitshilfen** 36

A. Grundlagen

I. Kurzcharakteristik

Die Vorschrift des § 797 Satz 1 BGB dient dem Schutz des Ausstellers. Lässt er sich die Urkunde nicht aushändigen und bleibt die Schuldverschreibung weiter in Umlauf, besteht die Gefahr, dass auch nach der Erfüllung der verbrieften Verpflichtung das urkundlich belegte Recht in der Hand redlicher Erwerber der Urkunde wieder auflebt. Das Risiko der mehrfachen Inanspruchnahme kann der Aussteller jedoch ausschließen, indem er die versprochene Leistung nur gegen Aushändigung der Urkunde erbringt.[1]

Der Schutz des Ausstellers wird ergänzt durch den in § 797 Satz 2 BGB festgeschriebenen gesetzlichen Eigentumserwerb an der Urkunde.

II. Gesetzgebungsmaterialien

E I, § 688; II, § 726 rev. § 782; III, § 781; Motive, Bd. II, S. 698 = *Mugdan*, Bd. 2, S. 390; Protokolle, Bd. II, S. 540 = *Mugdan*, Bd. 2, S. 1056 f.; Protokolle, Bd. VI, S. 209 ff.

III. Regelungsprinzipien

§ 797 BGB ist im Zusammenhang mit der Vorschrift des § 793 Abs. 1 Satz 2 BGB zu sehen. Die dort angeordnete Liberationswirkung wäre unvollständig, wenn der Aussteller zwar an den förmlich legitimierten, aber nichtberechtigten Inhaber schuldbefreiend leisten, jedoch das Eigentum an der Urkunde nicht erwerben könnte. Er wäre dann nämlich dem Vindikationsanspruch des wahren Berechtigten nach § 985 BGB ausgesetzt. Zudem bestünde die Gefahr, dass das erloschene Forderungsrecht in der Hand eines gutgläubigen Erwerbers der Urkunde wieder auflebt. Durch § 797 Satz 2 BGB werden sowohl der Herausgabeanspruch des tatsächlich Berechtigten nach § 985 BGB als auch Ansprüche weiterer Erwerber ausgeschlossen.[2]

B. Anwendungsvoraussetzungen

I. Normstruktur

In § 797 Satz 1 BGB ist ein Zurückbehaltungsrecht des Ausstellers festgeschrieben: dieser ist nur gegen Aushändigung der Schuldverschreibung zur Leistung verpflichtet. In Ergänzung dazu regelt § 797

---

[1] Motive, Bd. II, S. 698 = *Mugdan*, Bd. 2, S. 390.
[2] Vgl. *Sprau* in: Palandt, § 797 Rn. 2; *Marburger* in: Staudinger, § 797 Rn. 6; *Steffen* in: BGB-RGRK, § 797 Rn. 6.

Satz 2 BGB, dass der Aussteller für den Fall, dass ihm die Inhaberschuldverschreibung ausgehändigt wird, Eigentum an der Urkunde erwirbt.

II. Zurückbehaltungsrecht (Satz 1)

6 § 797 Satz 1 BGB gewährt dem Aussteller ein **Zurückbehaltungsrecht im Sinne der §§ 273, 274 BGB**.[3] Nach Ansicht des BGH ist der Anspruch auf Herausgabe der Urkunde kein selbständiger Gegenanspruch, sondern lediglich eine besondere Ausgestaltung des Rechts auf Quittung (§ 368 BGB).[4] Nach herrschender Meinung in der Literatur wird das Recht des Ausstellers, vom Inhaber die Erteilung einer **Quittung** zu verlangen, durch § 797 Satz 1 BGB aber nicht berührt. Dieser Anspruch gewinnt insbesondere dann Bedeutung, wenn der Aussteller nur eine Teilleistung erbracht hat. Er kann dann eine Quittung über diese Teilleistung verlangen.[5]

1. Leistung des Ausstellers

7 Der Aussteller ist grundsätzlich verpflichtet, die in der Urkunde versprochene Leistung **vollständig** zu erbringen.

8 Der Inhaber ist nicht verpflichtet, wohl aber berechtigt, eine **Teilleistung** anzunehmen (vgl. § 266 BGB). Vereinzelte Stimmen in der Literatur wollen die Art. 39 Abs. 2 WG und Art. 34 Abs. 2 ScheckG, die in Abweichung zu § 266 BGB vorsehen, dass Teilzahlungen des Bezogenen nicht zurückgewiesen werden dürfen, entsprechend auf die Inhaberschuldverschreibung anwenden.[6] Nach weit überwiegender Ansicht können die wechsel- und scheckrechtlichen Vorschriften jedoch nicht analog angewandt werden, da sie allein dem Interesse des Rückgriffsschuldners dienen.[7]

9 Für den Fall, dass der Inhaber eine Teilleistung angenommen hat, ist er jedoch (noch) nicht zur Aushändigung der Urkunde verpflichtet.[8] Umgekehrt kann aber der Aussteller, der mit Einverständnis des Inhabers eine Teilleistung erbringt, analog Art. 39 Abs. 3 WG, Art. 34 Abs. 3 ScheckG verlangen, dass ein **entsprechender** Vermerk auf der Urkunde angebracht wird. Dies ist zu seinem Schutz auch ratsam, da ein späterer Erwerber die Teilzahlung ohne Vermerk nicht gegen sich gelten lassen muss.[9]

10 Die Schuld des Ausstellers ist eine **Holschuld**. Dies folgt daraus, dass es dem Inhaber obliegt, dem Aussteller die Urkunde zu präsentieren (Präsentations- oder Vorlagepflicht). Der Leistungsort für die verbriefte Forderung liegt damit in der Regel am Wohnsitz oder am Ort der gewerblichen Niederlassung des Ausstellers (§ 269 Abs. 1 und Abs. 2 BGB).

11 Entgegen der Vorschrift des § 270 Abs. 1 BGB gilt dies auch, wenn der Aussteller sich dazu verpflichtet hat, eine Geldsumme zu leisten.[10] Eine abweichende Vereinbarung, beispielsweise durch Angabe einer Zahlstelle (Beispiel: Bank als beauftragte Zahlstelle löst Schuldverschreibung für Aussteller ein), ist indes möglich.[11]

12 Zur **Leistungszeit** vgl. die Kommentierung zu § 801 BGB Rn. 10.

2. Annahmeverzug des Inhabers

13 Hat sich der Aussteller in der Schuldverschreibung zur Zahlung von Zinsen verpflichtet, kann die Zinspflicht nach § 301 BGB **entfallen**, wenn sich der Inhaber im **Annahmeverzug** befindet.[12]

14 Ein Annahmeverzug tritt in zwei Fällen ein:

---

[3] *Marburger* in: Staudinger, § 797 Rn. 4; *Habersack* in: MünchKomm-BGB, § 797 Rn. 2; *Welter* in: Soergel, § 797 Rn. 1.

[4] BGH v. 08.07.2008 - VII ZB 64/07 - NJW 2008, 3144-3146, 3145.

[5] *Marburger* in: Staudinger, § 797 Rn. 4.

[6] *Heckelmann* in: Erman, § 797 Rn. 1 bis zur 10. Aufl.; *Wilhelmi* in Erman, 13. Aufl. 2011, § 797 Rn. 1 halten indes Teilzahlungen nur mit Einverständnis des Inhabers für möglich.

[7] Vgl. *Marburger* in: Staudinger, § 797 Rn. 4; *Habersack* in: MünchKomm-BGB, § 797 Rn. 1.

[8] *Steffen* in: BGB-RGRK, § 797 Rn. 4; *Habersack* in: MünchKomm-BGB, § 797 Rn. 2; *Marburger* in: Staudinger, § 797 Rn. 4.

[9] *Wilhelmi* in: Erman, § 797 Rn. 1.

[10] *Marburger* in: Staudinger, § 797 Rn. 2; *Habersack* in: MünchKomm-BGB, § 797 Rn. 3; *Sprau* in: Palandt, § 797 Rn. 1; *Steffen* in: BGB-RGRK, § 797 Rn. 2.

[11] *Habersack* in: MünchKomm-BGB, § 797 Rn. 3.

[12] Vgl. dazu LG Lübeck v. 24.11.1981 - 6 S 104/81 - NJW 1982, 1106-1108.

- Erstens, wenn der Inhaber der Urkunde die ihm angebotene Leistung nicht annimmt. Da die Wertpapierschuld eine **Holschuld** ist, genügt nach § 295 BGB seitens des Ausstellers ein **wörtliches Angebot**, in dem der Schuldner den Gläubiger zur Abholung **auffordert**. Die öffentlich bekannt gemachte Aufforderung zur Einlösung des Wertpapiers genügt dem wörtlichen **Angebot, sofern** die Anleihebedingungen dies vorsehen.[13]
- Zweitens gerät der Inhaber in Annahmeverzug, wenn er dem Aussteller, der die Leistung anbietet, die geforderte Aushändigung der Urkunde oder die Ausstellung einer Quittung verweigert (vgl. § 298 BGB).

III. Eigentumserwerb (Satz 2)

Der Eigentumserwerb setzt voraus, dass dem Aussteller die Urkunde zur Einlösung ausgehändigt wird und dieser seinerseits schuldbefreind leistet.   15

IV. Aushändigung der Urkunde

Umstritten ist, ob es für den Eigentumserwerb tatsächlich der Aushändigung der Urkunde an den Aussteller bedarf.   16

Während der Wortlaut der Vorschrift eine solche Sichtweise nahe legt, geht eine sehr verbreitete Ansicht entgegen dem Wortlaut davon aus, dass der Aussteller auch dann Eigentum an der Urkunde erwirbt, wenn er sich die Urkunde nicht aushändigen lässt. Demzufolge soll bereits mit der Tilgung der Forderung das Eigentum an den Aussteller zurückfallen. Zur Begründung wird **auf eine analoge Anwendung von** § 952 BGB verwiesen.[14]   17

Nach anderer Ansicht scheidet bei Schuldverschreibungen auf den Inhaber eine analoge Anwendung von § 952 BGB aus,[15] dies entspricht auch der wohl herrschenden Lehre zu § 952 BGB[16].   18

V. Zur Einlösung

Der Inhaber muss dem Aussteller die Urkunde zur Einlösung aushändigen. Erlangt der Aussteller den Besitz am Papier ohne dessen Einlösung (zu denken ist an eine Übergabe zu Zwecken der Verwahrung bzw. der Verpfändung), tritt kein Eigentumserwerb ein.[17] Bei vorzeitiger Einlösung geht das Eigentum hingegen auf den Aussteller über, wenn der Aussteller die vorzeitig angebotene Leistung ausdrücklich oder konkludent annimmt (vgl. § 271 Abs. 2 BGB).[18]   19

VI. Schuldbefreiende Leistung des Ausstellers

Entsprechend dem Sinn und Zweck des § 797 Satz 2 BGB erwirbt der Aussteller das Eigentum an der Urkunde nur dann, wenn er seinerseits mit befreiender Wirkung geleistet hat. Der uneingeschränkte Wortlaut der Vorschrift lässt vermuten, dass dabei eine Leistung an jeglichen nicht zur Verfügung berechtigten Inhaber ausreicht.   20

Nach herrschender Meinung ist die Vorschrift jedoch restriktiv zu interpretieren, so dass die im Rahmen der Legitimationswirkung des § 793 Abs. 1 Satz 2 BGB entwickelten Einschränkungen auch im Rahmen des § 797 Satz 2 BGB Berücksichtigung finden müssen.[19] Folglich hat die Leistung dann **keine befreiende Wirkung, wenn der Aussteller die fehlende materielle Berechtigung des Inhabers kennt, und er diese unschwer beweisen konnte**.   21

---

[13] *Marburger* in: Staudinger, § 797 Rn. 5; LG Lübeck v. 24.11.1981 - 6 S 104/81 - NJW 1982, 1106-1108; *von Caemmerer*, JZ 1951, 740-745, 743.

[14] *Habersack* in: MünchKomm-BGB, § 797 Rn. 5; *Marburger* in: Staudinger, § 797 Rn. 8; *Baumbach/Hefermehl/Casper*, Wechselgesetz und Scheckgesetz, 23. Aufl. 2008, WPR Rn. 47; *Baur/Stürner* in: *Baur/Stürner*, Sachenrecht, 18. Aufl. 2009, § 53d III 4; *Ebbing* in: Erman, § 952 Rn. 17; *Canaris*, Recht der Wertpapiere, 12. Aufl. 1986, § 1 I 5c mit ausführlicher Begründung.

[15] So *Steffen* in: BGB-RGRK, § 797 Rn. 8.

[16] Dazu *Gursky* in: Staudinger, § 952 Rn. 18 m.w.N.

[17] KG v. 03.06.1958 - 2 W 297/57 - WM 1958, 1261; *Steffen* in: BGB-RGRK, § 797 Rn. 8.

[18] KG v. 11.08.1954 - 2 W 80/54 - WM 1954, 746.

[19] Vgl. *Baumbach/Hefermehl/Casper*, Wechselgesetz und Scheckgesetz, 23. Aufl. 2008, WPR Rn. 47; *Steffen* in: BGB-RGRK, § 799 Rn. 7; *Wilhelmi* in: Erman, § 797 Rn. 2; *Habersack* in: MünchKomm-BGB, § 797 Rn. 6.

22 Umstritten ist, ob auch die grob fahrlässige Unkenntnis der Nichtberechtigung eine Befreiung von der Schuld ausschließt. Während die herrschende Ansicht dies unter analoger Anwendung des Art. 40 Abs. 3 WG bejaht und damit die grob fahrlässige Unkenntnis der positiven Kenntnis gleichsetzt,[20] geht eine ältere Meinung davon aus, dass eine grob fahrlässige Unkenntnis des Ausstellers nicht schadet[21].

23 Hat die Leistung des Ausstellers schuldbefreiende Wirkung, erwirbt er Eigentum an der Urkunde, sonst nicht, da nur der zur Leistung verpflichtete Aussteller geschützt werden soll.[22]

VII. Schuldbefreiende Leistung einer vom Aussteller beauftragten Zahlstelle

24 Von einer schuldbefreienden Leistung in diesem Sinne ist auch dann auszugehen, wenn eine vom Aussteller beauftragte Zahlstelle (beispielsweise eine Bank) die versprochene Leistung erbringt. Da die Zahlstelle in der Regel als Vertreterin des Ausstellers auftritt, erwirbt der Aussteller Eigentum an der Urkunde bereits unmittelbar mit der Leistung durch die Zahlstelle.[23]

25 Ist die Zahlstelle des Ausstellers mit der Depotbank des Inhabers identisch, liegt ein zulässiges Insichgeschäft vor.[24]

C. Rechtsfolgen

26 Wird dem Aussteller die Urkunde ausgehändigt und leistet er schuldbefreiend, erwirbt er an ihr Eigentum kraft Gesetzes. Der Eigentumserwerb tritt unabhängig von einem entsprechenden Parteiwillen ein und **es bedarf keiner Einigung** über den Eigentumsübergang. Zudem tritt ein Eigentumserwerb als Folge der Rechtsvermutung des § 793 Abs. 1 Satz 1 BGB auch dann ein, wenn der Aussteller an einen nichtberechtigten Inhaber schuldbefreiend leistet (vgl. Rn. 21 f.). Als Eigentümer ist der Aussteller sodann berechtigt, die Urkunde zur Vermeidung einer Rechtsscheinhaftung gegenüber künftigen redlichen Erwerbern zu vernichten oder zumindest auf der Urkunde einen entsprechenden Vermerk anzubringen.[25]

27 Die mit der schuldbefreienden Leistung (vgl. § 797 Satz 1 BGB) und dem Eigentumserwerb am Papier (§ 797 Satz 2 BGB) verbundenen Auswirkungen auf die verbriefte Forderung werden in Rechtsprechung und Literatur nicht einheitlich beurteilt:

28 Nach herrschender Ansicht erlischt die verbriefte Forderung, wenn der Aussteller schuldbefreiend leistet und dann das Eigentum am Papier gemäß § 797 Satz 2 BGB erlangt.[26] Einer anderen Auffassung zufolge, die vor allem in der frühen Rechtsprechung verbreitet war, geht das verbriefte Recht auch in diesem Fall nicht unter, sondern ruht in der Person des Ausstellers.[27]

29 Erlangt der Aussteller die Urkunde und die Forderung aus anderen Gründen als zur Einlösung, z.B. durch Rückkauf eigener Aktien, so ruht die Forderung in der Person des Ausstellers und kann durch erneute Begebung wiederaufleben.[28]

D. Prozessuale Hinweise/Verfahrenshinweise

I. Prozessuale Bedeutung

30 Die prozessuale Bedeutung des § 797 Satz 1 BGB ist umstritten. Nach einer Ansicht, der sich der BGH angeschlossen hat,[29] ist die in § 797 Satz 1 BGB getroffene Regelung, dass der Schuldner nur gegen Aushändigung der Urkunde leisten braucht, als eine besondere Ausgestaltung des Rechts auf Quittung (§ 368 BGB) zu verstehen. Sie wirkt sich erst in der Zwangsvollstreckung dergestalt aus, dass sie den

---

[20] So beispielsweise *Canaris*, Recht der Wertpapiere, 12. Aufl. 1986, § 24 III 3; *Stadler* in: Jauernig, BGB-Kommentar, 14. Aufl. 2011, § 793 Rn. 14; *Sprau* in: Palandt, § 793 Rn. 12.

[21] So *Steffen* in: BGB-RGRK § 797 Rn. 23.

[22] *Wilhelmi* in: Erman, § 797 Rn. 2 m.w.N.; *Sprau* in: Palandt: § 797 Rn. 2; *Habersack* in: MünchKomm-BGB, § 797 Rn. 6.

[23] Vgl. *Habersack* in: MünchKomm-BGB, § 797 Rn. 7.

[24] Vgl. BGH v. 12.12.1957 - II ZR 185/56 - BGHZ 26, 167-174; RG v. 30.09.1924 - III 430/24 - RGZ 109, 30-35; RG v. 07.10.1925 - I 481/24 - RGZ 111, 345-350; *Habersack* in: MünchKomm-BGB, § 797 Rn. 7.

[25] *Habersack* in: MünchKomm-BGB, § 797 Rn. 8.

[26] *Marburger* in: Staudinger, § 797 Rn. 9.

[27] Vgl. RG v. 22.06.1886 - II 568/85 - RGZ 18, 6-10; *Steffen* in: BGB-RGRK, § 797 Rn. 11.

[28] *Grüneberg* in: Palandt, Überbl. V, § 362 Rn. 4; *Lüdenbach*, StuB 2011, 629-630, 629; *Marburger* in: Staudinger, § 797 Rn. 9. Zur Bilanzierung solcher ruhender Forderungen vgl. *Lüdenbach*, StuB 2011, 629-630.

[29] BGH v. 08.07.2008 - VII ZB 64/07 - NJW 2008, 3144-3146, 3145.

Gerichtsvollzieher zur Auslieferung der Urkunde verpflichtet, und zwar erst nach der zwangsweisen Befriedigung des Inhabers oder der freiwilligen Zahlung seitens des Ausstellers.[30] Die §§ 756, 765 ZPO sind nicht anwendbar.[31] Deshalb ist nach § 797 BGB grundsätzlich zu tenorieren, dass der Schuldner „gegen die Aushändigung der Inhaberschuldverschreibung" zur Leistung verpflichtet ist und nicht „Zug um Zug gegen Herausgabe der Inhaberschuldverschreibung".

Einer anderen Ansicht zufolge gibt § 797 Satz 1 BGB dem Aussteller eine (dilatorische) Einrede gegen den Anspruch des Inhabers, deren Geltendmachung zur Zug-um-Zug-Verurteilung führt.[32] In diesem Fall der Zug-um-Zug-Verurteilung besteht für den Inhaber erst die Möglichkeit zu vollstrecken, wenn er zumindest gleichzeitig seine Leistung (d.h. die Aushändigung der Urkunde) anbietet, oder der Aussteller sich im Verzug der Annahme befindet. 31

II. Beweislast

Derjenige, der sich auf den Nichteintritt des Eigentumserwerbs beruft, trägt die Beweislast dafür, dass der Aussteller die Nichtberechtigung positiv gekannt hat und diese auch unschwer hätte beweisen können.[33] 32

E. Anwendungsfelder

Ein Zurückbehaltungsrecht des Ausstellers und damit eine Zug-um-Zug-Leistung gegen Übergabe der Urkunde scheidet in den Fällen der §§ 799 und 804 BGB aus, da diese Normen Sachverhalte betreffen, in denen eine Vorlegung der Urkunde gerade nicht möglich ist. 33

Nicht anwendbar sein soll § 797 BGB auf Inhaberaktien.[34] 34

Vergleichbare Regelungen zu § 797 Satz 1 BGB enthalten § 364 Abs. 3 HGB für das kaufmännische Orderpapier, Art. 38, Art. 39 und 50 WG für den Wechsel sowie Art. 34 und 47 ScheckG für Schecks. 35

F. Arbeitshilfen

Verortung von § 797 BGB im Rahmen des Anspruchs aus § 793 BGB (vgl. die Kommentierung zu § 793 BGB Rn. 93): 36

  (1)   **Formgültige Inhaberschuldverschreibung**
        (a)   …
        (b)   Besitz der Urkunde; Zahlung gegen Aushändigung des Papiers (§ 797 Satz 1 BGB) mit Rechtsfolge des § 797 Satz 2 BGB
  (2)   …

---

[30] *Münzberg* in: Stein/Jonas, ZPO, 22. Aufl. 2002, § 726 Rn. 18.
[31] A.A. *Marburger* in: Staudinger, § 797 Rn. 3.
[32] So *Wieser*, Prozessrechts-Kommentar zum BGB, 2. Aufl. 2002, § 785 Rn. 2.
[33] *Baumgärtel/Laumen*, Handbuch der Beweislast, § 797 Rn. 1.
[34] *Sprau* in: Palandt, § 797 Rn. 3 ohne nähere Begründung.

§ 798 BGB Ersatzurkunde

(Fassung vom 02.01.2002, gültig ab 01.01.2002)

¹Ist eine Schuldverschreibung auf den Inhaber infolge einer Beschädigung oder einer Verunstaltung zum Umlauf nicht mehr geeignet, so kann der Inhaber, sofern ihr wesentlicher Inhalt und ihre Unterscheidungsmerkmale noch mit Sicherheit erkennbar sind, von dem Aussteller die Erteilung einer neuen Schuldverschreibung auf den Inhaber gegen Aushändigung der beschädigten oder verunstalteten verlangen. ²Die Kosten hat er zu tragen und vorzuschießen.

Gliederung

A. Grundlagen 1	2. Verunstaltung 8
I. Kurzcharakteristik 1	IV. Aushändigung der alten Urkunde an den Aussteller 9
II. Gesetzgebungsmaterialien 2	V. Kostentragung und Kostenvorschuss 10
B. Anwendungsvoraussetzungen 3	VI. Anwendungsfelder 11
I. Schuldverschreibung auf den Inhaber 3	**C. Rechtsfolgen** 13
II. Nicht mehr zum Umlauf geeignet 4	**D. Prozessuale Hinweise/Verfahrenshinweise** 16
III. Infolge Beschädigung oder Verunstaltung 6	**E. Arbeitshilfen** 21
1. Beschädigung 7	

A. Grundlagen

I. Kurzcharakteristik

1 Der Normzweck des § 798 BGB besteht darin, die durch Beschädigung oder Verunstaltung der Urkunde beeinträchtigte Umlauffähigkeit der Inhaberschuldverschreibung wieder herzustellen, indem ein Urkundenaustausch vorgenommen wird.¹ § 798 BGB gewährt somit dem Inhaber der beschädigten und/oder verunstalteten Urkunde einen Anspruch auf Erteilung einer neuen Urkunde Zug um Zug gegen Aushändigung der alten Urkunde.

II. Gesetzgebungsmaterialien

2 E I, § 699; II, § 727 rev § 783; III, § 782; Motive, Bd. II, S. 713 = *Mugdan*, Bd. II, S. 398; Protokolle, Bd. II, S. 554 f. = *Mugdan*, Bd. II, S. 1065.

B. Anwendungsvoraussetzungen

I. Schuldverschreibung auf den Inhaber

3 § 798 BGB setzt voraus, dass es sich um eine Schuldverschreibung auf den Inhaber handelt. Auf die kleinen Inhaberpapiere (Inhaberzeichen) des § 807 BGB ist § 798 BGB hingegen nicht anwendbar.² Zu beachten ist auch, dass für bestimmte Wertpapiere Sondervorschriften über die Erteilung neuer Urkunden bestehen.

II. Nicht mehr zum Umlauf geeignet

4 § 798 BGB setzt voraus, dass die Beschädigung oder Verunstaltung dazu führt, dass die Handelsfähigkeit der Inhaberschuldverschreibung nicht mehr gegeben ist.

5 **Definition**: Eine Schuldverschreibung auf den Inhaber ist dann nicht mehr zum Umlauf geeignet, wenn aus der Sicht eines neutralen Dritten infolge der Beschädigung oder Verunstaltung die Gefahr besteht, dass aufgrund der hierdurch beeinträchtigten äußeren Form der Urkunde zukünftige Veräußerungsvorgänge beeinträchtigt werden, weil der Inhalt der Urkunde nur schwer erkennbar ist.

---

[1] Motive, Bd. II, S. 713; *Habersack* in: MünchKomm-BGB, § 798 Rn. 1.
[2] *Marburger* in: Staudinger, § 798 Rn. 5; OLG München v. 09.06.2011 - 29 U 635/11 - NJW-RR, 2011, 1359-1360 - juris Rn. 37, 38.

III. Infolge Beschädigung oder Verunstaltung

§ 798 BGB setzt voraus, dass die Beeinträchtigung der Handelsfähigkeit durch Beschädigung oder Verunstaltung vorliegt. An dieser Stelle erfolgt die Abgrenzung zu den Vorschriften der §§ 799, 804 BGB, die sich auf das Abhandenkommen oder die Vernichtung der Urkunde und ihrer Zins-, Renten- oder Gewinnanteilsscheine bezieht. Der Anspruch auf Erteilung der neuen Urkunde setzt voraus, dass wesentliche Erklärungsinhalte und Unterscheidungsmerkmale der Urkunde (Aussteller, Serie, Wertpapierkennnummer) noch erkennbar sind.[3]

1. Beschädigung

Eine Beschädigung liegt vor, wenn das Material der alten Urkunde z.B. eingerissen, angesengt oder durchlöchert ist.[4]

2. Verunstaltung

Eine Verunstaltung liegt hingegen vor, wenn die alte Urkunde befleckt, verfärbt oder verknittert ist.[5]

IV. Aushändigung der alten Urkunde an den Aussteller

§ 798 BGB setzt weiterhin voraus, dass der Inhaber die beschädigte bzw. verunstaltete Urkunde dem Aussteller aushändigt. Bis zum Angebot zur Aushändigung steht dem Aussteller insoweit nach § 273 BGB ein Zurückbehaltungsrecht an der neuen Urkunde zu.[6]

V. Kostentragung und Kostenvorschuss

Weitere Voraussetzung des Umtauschrechtes ist, dass der Inhaber der beschädigten bzw. verunstalteten Urkunde die Kosten der erneuten Ausstellung trägt und diese vorschießt. Solange der Inhaber die Kosten nicht vorschießt, besteht ein Zurückbehaltungsrecht an der neuen Urkunde nach § 273 BGB.

VI. Anwendungsfelder

§ 798 BGB gilt nicht für die Beschädigung oder Verunstaltung von Zins- und Gewinnanteilsscheinen. Dieser Fall ist abschließend durch § 804 BGB geregelt.

Sondervorschriften bestehen des Weiteren für:
- Aktien und Zwischenscheine (§ 74 AktG),
- Inhabergrundschuldbriefe (§§ 67, 68 GBO),
- Banknoten (§ 14 BbankG[7]).

C. Rechtsfolgen

Recht auf Erteilung einer neuen Schuldverschreibung auf den Inhaber (Umtauschrecht): Sind die oben genannten Tatbestandsvoraussetzungen erfüllt, so erhält der Inhaber der beschädigten bzw. verunstalteten Urkunde ein Umtauschrecht. Er kann die Erstellung einer neuen Schuldverschreibung und somit die Erteilung einer Ersatzurkunde gegenüber dem Aussteller geltend machen. Der Umtausch der Urkunde ist ein rein tatsächlicher Akt.[8] Der Austausch bewirkt hinsichtlich der neuen Urkunde lediglich eine Änderung der Besitzverhältnisse. Denn mit der **Fertigstellung** der neuen Urkunde findet der Eigentumserwerb **kraft Gesetzes** gemäß § 952 BGB statt.[9] Rechte Dritter, die bisher schon an der ursprünglichen Inhaberschuldverschreibung bestanden haben, setzen sich an der Ersatzurkunde **fort**. Die vormalige Urkunde wird gemäß § 929 BGB an den Aussteller zurück übereignet. Sie verliert hierdurch ihre Qualität als Wertpapier, da sie keine Forderung mehr verbrieft. Allerdings kann unter dem Gesichtspunkt der Rechtsscheinhaftung eine Haftung des Ausstellers gegenüber redlichen Dritten entstehen, wenn die alte Urkunde nochmals in den Verkehr gelangt.[10]

---

[3] *Marburger* in: Staudinger, § 798 Rn. 2; *Habersack* in: MünchKomm-BGB, § 798 Rn. 1; *Sprau* in: Palandt, § 798 Rn. 1.
[4] *Habersack* in: MünchKomm-BGB, § 798 Rn. 1.
[5] *Habersack* in: MünchKomm-BGB, § 798 Rn. 1.
[6] *Marburger* in: Staudinger, § 798 Rn. 3; *Steffen* in: BGB-RGRK, § 798 Rn. 2.
[7] Beschluss der EZB, ABl. EG Nr. C.6, S. 8 v. 09.01.2002.
[8] BVerwG v. 23.11.1993 - 1 C 21/92 - NJW 1994, 954-955; *Marburger* in: Staudinger, § 798 Rn. 4.
[9] *Habersack* in: MünchKomm-BGB, § 798 Rn. 2.
[10] *Habersack* in: MünchKomm-BGB, § 798 Rn. 2; *Marburger* in: Staudinger, § 798 Rn. 4.

14 Der Umtausch verlangt mithin weder eine dingliche Einigung noch eine Begebung hinsichtlich der neuen Urkunde. An die Stelle der beschädigten oder verunstalteten Urkunde tritt mit der Aushändigung die Ersatzurkunde. Die bisherigen Rechte setzen sich an der Ersatzurkunde fort.[11]

15 War der Inhaber nicht sachlich berechtigt, so wird er somit auch infolge des Umtausches nicht verfügungsbefugt. Vielmehr stehen Eigentum und materielle Berechtigung aus der neuen Urkunde ohne weiteres dem wahren Berechtigten zu, § 952 BGB.

D. Prozessuale Hinweise/Verfahrenshinweise

16 **Klageantrag, Leistungsklage**: Der Klageantrag muss nach richtiger Ansicht auf Erteilung einer Ersatzurkunde „nach Zahlung des Kostenvorschusses" lauten.[12]

17 Für die hier favorisierte Meinung spricht, dass § 798 BGB die Erstellung einer Ersatzurkunde von der Zahlung eines Kostenvorschusses abhängig macht und somit den Kostenvorschuss als eine Voraussetzung des Anspruchs statuiert. Diese Voraussetzung hat das Gericht von Amts wegen zu berücksichtigen, auch wenn es Sache des Ausstellers ist, die Höhe der Kosten darzulegen und im Streitfall zu beweisen.

18 Würde man den Aussteller zu einer Zug-um-Zug-Erstellung gegen Kostenerstattung verurteilen (§ 274 Abs. 1 BGB), würde dies bedeuten, dass der Aussteller im Endeffekt den Vorschuss leisten müsste.[13] Befürchtet der Inhaber der beschädigten oder verunstalteten Urkunde, dass der Aussteller den Kostenvorschuss zweckentfremdet, so kann er sich gegenüber einem vom Aussteller ausgesuchten Notar zur Übernahme der Kosten verpflichten.[14]

19 Um eine teilweise Klageabweisung zu vermeiden, muss der Inhaber beantragen „nach Zahlung eines Kostenvorschusses in Höhe von [Betrag] € oder vertraglicher Übernahme der Notarkosten durch den Kläger in öffentlich beglaubigter Form zu bestätigen ..."

20 Für die Zwangsvollstreckung muss der Inhaber den Kostenvorschuss beweisen, um eine vollstreckbare Ausfertigung eines Urteils zu erhalten (§ 726 Abs. 1 ZPO).

E. Arbeitshilfen

21 Prüfungsschema:

   (a) Im Verkehr befindliche **Schuldverschreibung auf den Inhaber**
        → § 798 BGB gilt nicht für die kleinen Inhaberpapiere des § 807 BGB; für einige Wertpapiere bestehen speziellere Sondervorschriften.
   (b) Urkunde **beschädigt** oder **verunstaltet**
   (c) Dadurch **nicht mehr zum Umlauf fähig** (Kausalität)
        → Verkehrsfähigkeit aufgrund der beschädigten oder verunstalteten äußeren Form beeinträchtigt.
   (d) **Wesentlicher Inhalt und Unterscheidungsmerkmale** der Urkunde noch **erkennbar**
   (e) **Kostenvorschuss** von Inhaber geleistet
        → Inhaber trägt die Kosten der Neuerteilung.
   (f) **Rechtsfolge**: Anspruch auf Erteilung einer neuen Urkunde; der Austausch gegen die beschädigte Urkunde erfolgt Zug um Zug.

---

[11] *Marburger* in: Staudinger, § 798 Rn. 4; *Steffen* in: BGB-RGRK, § 798 Rn. 3; *Habersack* in: MünchKomm-BGB, § 798 Rn. 2.
[12] *Wieser*, Prozessrechts-Kommentar zum BGB, 2. Aufl. 2002, § 798 Rn. 2.
[13] Vgl. hierzu *Wieser*, Prozessrechts-Kommentar zum BGB, 2. Aufl. 2002, § 403 Rn. 6.
[14] So *Wieser*, Prozessrechts-Kommentar zum BGB, 2. Aufl. 2002, § 403 Rn. 7.

§ 799 BGB Kraftloserklärung

(Fassung vom 02.01.2002, gültig ab 01.01.2002)

(1) ¹Eine abhanden gekommene oder vernichtete Schuldverschreibung auf den Inhaber kann, wenn nicht in der Urkunde das Gegenteil bestimmt ist, im Wege des Aufgebotsverfahrens für kraftlos erklärt werden. ²Ausgenommen sind Zins-, Renten- und Gewinnanteilscheine sowie die auf Sicht zahlbaren unverzinslichen Schuldverschreibungen.

(2) ¹Der Aussteller ist verpflichtet, dem bisherigen Inhaber auf Verlangen die zur Erwirkung des Aufgebots oder der Zahlungssperre erforderliche Auskunft zu erteilen und die erforderlichen Zeugnisse auszustellen. ²Die Kosten der Zeugnisse hat der bisherige Inhaber zu tragen und vorzuschießen.

Gliederung

A. Grundlagen 1	2. Praktische Durchführung der Kraftloserklärung 19
I. Kurzcharakteristik 4	a. Aufgebotsverfahren 20
II. Gesetzgebungsmaterialien 6	b. Zahlungssperre als Möglichkeit des vorläufigen Rechtsschutzes 25
III. Regelungsprinzipien 7	
B. Anwendungsvoraussetzungen 10	III. Auskunft- und Zeugniserteilung (Absatz 2) ... 27
I. Normstruktur 10	**C. Rechtsfolgen** 29
II. Kraftloserklärung (Amortisation, Absatz 1) ... 12	**D. Prozessuale Hinweise/Verfahrenshinweise** 34
1. Voraussetzungen für die Kraftloserklärung ... 13	
a. Vernichtung 14	**E. Anwendungsfelder** 37
b. Abhandenkommen 15	

A. Grundlagen

Sofern der Inhaber einer Schuldverschreibung die Urkunde verliert, stehen ihm spezielle Vorschriften zur Seite, die den Rechtsschein der abhanden gekommenen Urkunde zerstören und ihm die Geltendmachung des Rechts auch ohne Innehabung der Urkunde ermöglichen. **1**

Kennt der bisherige Inhaber den neuen nichtberechtigten Inhaber, kann er ihm gegenüber den Herausgabeanspruch nach § 985 BGB geltend machen. Anderenfalls besteht die Möglichkeit, den Verlust im Bundesanzeiger bekannt zu machen,[1] wobei die Sonderregelung in § 367 HGB zur Bösgläubigkeit von Kaufleuten, die Bankier- oder Geldwechslergeschäfte betreiben, zu beachten ist. **2**

Schließlich kann **der bisherige Inhaber** die Urkunde für kraftlos erklären lassen (§ 799 BGB) und im Zusammenhang mit dem hierfür erforderlichen Aufgebotsverfahren eine Zahlungssperre erwirken. **3**

I. Kurzcharakteristik

Die Vorschrift des § 799 BGB schützt den Gläubiger (i.E. den bisherigen Inhaber) vor Nachteilen, die er aufgrund der Vernichtung oder des Abhandenkommens der Schuldverschreibung erleiden kann.[2] **4**

Obgleich der bisherige Inhaber bei Papierverlust sein Recht nicht einbüßt, können ihm folgende Nachteile erwachsen: **5**

- er ist an der Ausübung seines Rechts gehindert, weil die Rechtsausübung an die Innehabung der Urkunde gebunden ist; trotz fortbestehender sachlicher Berechtigung hat er keine Möglichkeit, ohne die Vorlegung der Urkunde seine Rechte geltend zu machen (§ 797 BGB);
- die in der Urkunde verbriefte Forderung gegen den Aussteller erlischt, weil dessen Leistung an einen durch die Innehabung der Urkunde legitimierten Nichtberechtigten nach § 793 Abs. 1 Satz 2 BGB schuldbefreiende Wirkung hat;
- der Gläubiger verliert sein Recht aus der Urkunde an einen gutgläubigen Dritterwerber (§§ 793 Abs. 1 Satz 1, 932, 935 Abs. 2 BGB).

---

[1] In Bayern hat die Kreisverwaltungsbehörde auf Antrag die Bekanntmachung im Bundesanzeiger vorzunehmen, Art. 29. Bay-AGBGB.

[2] Motive, Bd. II, S. 705 = *Mugdan*, Bd. 2, S. 394.

II. Gesetzgebungsmaterialien

6 E I, § 692; II, § 728 Abs. 1 rev § 784; III, § 783; Motive, Bd. II, S. 705 f. = *Mugdan*, Bd. 2, S. 394 f.; Protokolle, Bd. II, S. 546 f.; VI, 385 = *Mugdan*, Bd. 2, S. 1061; D 98 = *Mugdan*, Bd. 2, S. 1266.

III. Regelungsprinzipien

7 Entsprechend dem weiten Wertpapierbegriff, wonach das Wesen des Wertpapiers darin liegt, dass zur Geltendmachung des verbrieften Rechts die Innehabung der Urkunde erforderlich ist, sieht § 799 BGB vor, dass die Urkunde bei Abhandenkommen oder Vernichtung im Aufgebotsverfahren für kraftlos erklärt werden muss, um das Recht aus dem Papier geltend zu machen.[3] Für den Fall der Kraftloserklärung kann der Aufbieter den in § 800 BGB vorgesehenen **Erneuerungsanspruch** geltend machen.

8 Ausdrücklich vorgesehen ist dies nicht nur für die Inhaberschuldverschreibung, sondern auch für andere Inhaber- und Orderpapiere (vgl. § 365 Abs. 2 HGB; Art. 90 WG; Art. 59 ScheckG; § 72 AktG), für den Hypothekenbrief (§ 1162 BGB) und die qualifizierten Legitimationspapiere (§ 808 Abs. 2 Satz 2 BGB).

9 Das Aufgebotsverfahren wird nach den entsprechenden **zivilprozessrechtlichen Vorschriften** des Gesetzes über das Verfahren in Familiensachen und in den Angelegenheiten der freiwilligen Gerichtsbarkeit (FamFG)[4] durchgeführt.

B. Anwendungsvoraussetzungen

I. Normstruktur

10 Die Vorschrift des § 799 BGB umfasst zwei Absätze. Der erste Absatz eröffnet dem (ehemaligen) Inhaber einer Schuldverschreibung die Möglichkeit, im Falle des Papierverlustes ein Aufgebotsverfahren mit dem Ziel zu beantragen, die Schuldverschreibung für kraftlos erklären zu lassen.

11 Absatz 2 verschafft ihm daneben einen klagbaren Anspruch auf Erteilung der für die Antragsbegründung nach § 468 FamFG erforderlichen Angaben und die nach den §§ 471 Abs. 2, 472 FamFG notwendigen Zeugnisse.

II. Kraftloserklärung (Amortisation, Absatz 1)

12 Absatz 1 setzt voraus, dass eine Schuldverschreibung auf den Inhaber vernichtet oder abhandengekommen ist. Dann kann sie im Wege des Aufgebotsverfahrens für kraftlos erklärt werden.

1. Voraussetzungen für die Kraftloserklärung

13 Nicht alle Inhaberschuldverschreibungen sind der Amortisation zugänglich, z.B. wenn die Möglichkeit der Amortisation z.B. in der Urkunde selbst ausgeschlossen wurde. Daher ist zunächst festzustellen, ob die in Frage stehende Schuldverschreibung überhaupt Gegenstand eines Aufgebotsverfahrens sein kann (vgl. dazu näher unter Anwendungsfelder, Rn. 37). Sodann ist zu fragen, ob die Schuldverschreibung vernichtet oder abhandengekommen ist.

a. Vernichtung

14 Vernichtet ist eine Schuldverschreibung dann, wenn die Urkunde beispielsweise durch einen Brand gänzlich zerstört ist. Einer Vernichtung steht es gleich, wenn die Urkunde in ihrer Substanz so stark beschädigt ist, dass wesentliche Teile ihres ursprünglichen **Inhalts nicht mehr zu erkennen** sind (z.B. Unkenntlichkeit durch Flecken). In diesem Fall kommt nämlich eine Erneuerung bzw. die Ausstellung einer Ersatzurkunde nach § 798 BGB nicht in Frage.

b. Abhandenkommen

15 Wann eine Schuldverschreibung abhandengekommen ist, wird in Rechtsprechung und Literatur nicht einheitlich beurteilt.

16 Während eine Meinung auf die zu § 935 BGB entwickelte Begriffsbestimmung zurückgreift und ein Abhandenkommen beim unfreiwilligen Verlust des unmittelbaren Besitzes bejaht[5], geht die heute herr-

---

[3] Vgl. *Baumbach/Hefermehl/Casper*, Wechselgesetz und Scheckgesetz, 23. Aufl. 2008, WPR Rn. 20.
[4] BGBl I 2008, 2586 f., zuletzt geändert durch das Gesetz vom 31.07.2009, BGBl I 2009, 2512.
[5] So RG v. 21.01.1921 - VII 360/20 - RGZ 101, 224-226; RG v. 05.05.1937 - V 206/36 - RGZ 155, 72-75.

schende Meinung davon aus, dass der Begriff eigenständig aus dem Zweck des Aufgebotsverfahrens zu entwickeln ist und sich nicht an den Grundsätzen des § 935 BGB orientiert.[6]

Dementsprechend ist ein **Abhandenkommen** dann anzunehmen, wenn der Verfügungsberechtigte den Besitz an der Urkunde derart verloren hat, dass er nicht mehr auf sie zugreifen kann und sie auch im Wege der Zwangsvollstreckung nicht mehr erlangen kann.[7]

Dies bedeutet, dass der Verfügungsberechtigte, der den unrechtmäßigen Besitzer kennt, zunächst mit einer Herausgabeklage nach § 985 BGB gegen diesen vorgehen muss.[8]

2. Praktische Durchführung der Kraftloserklärung

Das Aufgebotsverfahren wird nach den Vorschriften des 8. Buches des FamFG (§§ 433 ff. FamFG) durchgeführt, wobei für den Fall der Inhaberschuldverschreibung insbesondere die Regelungen über das Urkundenaufgebot (§§ 466 ff. FamFG) zur Anwendung kommen.

a. Aufgebotsverfahren

Die **Berechtigung**, das Aufgebotsverfahren zu beantragen, ist nicht an die materielle Berechtigung des Inhabers gekoppelt.[9] Antragsberechtigt im Sinne von § 467 Abs. 1 FamFG ist vielmehr **jeder letzte Inhaber der Urkunde**, so dass nicht nur der Eigentümer, sondern beispielsweise auch der Finder einer Urkunde als Aufbieter in Frage kommt.

Zuständig für die Durchführung des Aufgebotsverfahrens ist das Amtsgericht des in der Urkunde bezeichneten Erfüllungsortes (vgl. § 466 Abs. 1 Satz 1 FamFG; § 23a Abs. 1 Nr. 2, Abs. 2 Nr. 7 GVG). Fehlt eine Ortsangabe, ist hilfsweise das Gericht zuständig, bei dem der Aussteller seinen allgemeinen Gerichtsstand hat bzw. zur Zeit der Ausstellung gehabt hat (§ 466 Abs. 1 Satz 2 FamFG).

Der Antrag bedarf einer **Begründung** mit dem in § 468 FamFG vorgesehenen Inhalt. Insbesondere muss die Urkunde nach § 468 Nr. 1 FamFG durch eine Abschrift oder Angabe des wesentlichen Inhalts individualisiert werden. Darüber hinaus sind nach § 468 Nr. 2 und 3 FamFG der Verlust und die Antragsberechtigung unter Erbietung zur eidesstattlichen Versicherung **glaubhaft** zu machen.

Kann die betroffene Urkunde nicht derart bezeichnet werden, dass sie unzweideutig identifiziert werden kann (bei Inhaberaktien z.B. durch Angabe der Nummern), scheitert das Aufgebotsverfahren.[10] Hierbei hat das zuständige Amtsgericht eine weitreichende Amtsermittlungspflicht gemäß § 26 FamFG.

Ist der Antrag statthaft, erlässt das Gericht das Aufgebot unter Androhung der Kraftloserklärung der Urkunde (§§ 947 Abs. 2, 1008 ZPO). Die Aufgebotsfrist beträgt mindestens sechs Wochen, doch darf der Aufgebotstermin nicht über ein Jahr hinaus bestimmt werden (§§ 437, 476 FamFG).

b. Zahlungssperre als Möglichkeit des vorläufigen Rechtsschutzes

Vor Erlass des Ausschlussurteils besteht für den Aufbieter das **Risiko**, dass der Aussteller oder eine für den Aussteller tätige Zahlstelle die in der Urkunde versprochene Leistung mit befreiender Wirkung (vgl. § 793 Abs. 1 Satz 2 BGB) an den neuen Inhaber erbringt.

Daher kann das Gericht auf Antrag des Aufbieters eine **Zahlungssperre** nach den §§ 480 ff. FamFG verhängen. Dieses Verbot, an den Inhaber des Papiers eine Leistung zu bewirken, wirkt wie ein gerichtliches Veräußerungsverbot nach §§ 135, 136 BGB, so dass dem Verbot zuwider laufende Leistungen gegenüber dem Aufbieter keine schuldbefreiende Wirkung entfalten.[11]

---

[6] *Marburger* in: Staudinger, § 799 Rn. 3; *Wilhelmi* in: Erman, § 799 Rn. 1; *Habersack* in: MünchKomm-BGB, § 799 Rn. 5.

[7] OLG München v. 05.01.2012 - 34 Wx 369/11 - NZG, 181-183, 182 f. m.w.N.; *Baumbach/Hefermehl/Casper*, Wechselgesetz und Scheckgesetz, 23. Aufl. 2008, Art 90 WG Rn. 1; *Marburger* in: Staudinger, § 799 Rn. 3.

[8] *Habersack* in: MünchKomm-BGB, § 799 Rn. 5.

[9] Vgl. *Marburger* in: Staudinger, § 799 Rn. 6; *Sprau* in: Palandt, § 799 Rn. 4; *Steffen* in: BGB-RGRK, § 799 Rn. 6.

[10] OLG München v. 05.01.2012 - 34 Wx 369/11 - NZG, 181-183, 182.

[11] *Geimer* in: Zöller, § 480 FamFG Rn. 1.

III. Auskunft- und Zeugniserteilung (Absatz 2)

27 Die §§ 468 Nr. 1, 471 Abs. 2, 472 Abs. 2 FamFG verpflichten denjenigen, der ein Aufgebot und eine Zahlungssperre erwirken möchte, zu Angaben beispielsweise über den wesentlichen Inhalt der verlorenen Urkunde. Da der Aussteller zu diesen Angaben am ehesten in der Lage ist, verpflichtet Absatz 2 den Aussteller, dem Inhaber auf dessen Verlangen die für das Verfahren erforderlichen Auskünfte und Zeugnisse zu erteilen.

28 Dabei gibt § 799 Abs. 2 Satz 1 BGB dem Inhaber einen klagbaren Anspruch; nach § 799 Abs. 2 Satz 2 BGB hat der bisherige Inhaber die Kosten der Zeugnisse zu tragen und vorzuschießen.

C. Rechtsfolgen

29 Der Ausschließungsbeschluss wirkt in zweierlei Hinsicht konstitutiv rechtsändernd. Zum einen besteht die direkte Rechtsfolge in der Kraftloserklärung der verlustig gegangenen Urkunde (Ausschlusswirkung). Zum anderen ersetzt der Beschluss für den Antragsteller im Verhältnis zum Aussteller den Besitz der Urkunde (Ersetzungsfunktion oder Legitimationswirkung).[12]

30 Nach § 478, 479 FamFG wirkt der Ausschließungsbeschluss dahin gehend, dass die alte Urkunde mit der Kraftloserklärung ihre Legitimationskraft verliert und wirkungslos wird. Das Ausschlussurteil bewirkt die formelle Legitimation des Aufbieters, so dass dieser dem Schuldner gegenüber zur Geltendmachung des Rechts aus der Urkunde berechtigt ist. Daneben kann er gemäß § 800 BGB die Ausstellung einer neuen Urkunde verlangen. Ein gutgläubiger Erwerb der abhanden gekommenen, aber noch im Verkehr befindlichen Urkunde durch einen Dritten scheidet aus, weil der (neue) Inhaber nicht mehr formell legitimiert ist und sich auf keinen Rechtsschein mehr stützen kann. Allerdings wird der Rechtsschein erst durch den Ausschließungsbeschluss zerstört, nicht bereits durch die Einleitung des Aufgebotsverfahrens.

31 Umstritten in Rechtsprechung und Literatur ist jedoch die Frage, ob das Ausschlussurteil auch dem Aufbieter, der nicht materiell berechtigt war, ein Gläubigerrecht verschafft.

32 Die Rechtsprechung differenziert: das Urteil soll im Verhältnis zwischen Aufbieter und Schuldner ein „sachliches Recht" begründen.[13] Dem **wahren Gläubiger** soll aber ein **Anspruch auf Abtretung** der Rechte aus dem Urteil aus § 812 BGB zustehen.

33 Hingegen geht die überwiegende Literatur davon aus, dass das Urteil nicht die materielle Berechtigung aus der Schuldverschreibung verändert,[14] da es nicht dem Sinn und Zweck des Aufgebotsverfahrens entspricht, dem Antragsteller eine bessere Rechtsstellung als vor der Vernichtung oder dem Verlust der Urkunde zu verschaffen. Nach dieser Ansicht erlangt der materiell Nichtberechtigte durch das Ausschlussurteil zwar eine formelle Legitimation, muss aber das Urteil dem wahren Berechtigten herausgeben, und zwar entweder nach §§ 812, 816 BGB (Eingriffskondiktion) oder nach § 985 BGB (sofern man annimmt, dass das Urteil analog § 952 BGB dem Berechtigen zusteht).[15]

D. Prozessuale Hinweise/Verfahrenshinweise

34 Im Fall der Durchführung des Aufgebotsverfahrens nach § 433 FamFG obliegt es dem bisherigen Inhaber des abhanden gekommenen oder vernichteten Papiers, den Verlust der Urkunde sowie diejenigen Tatsachen glaubhaft zu machen, von denen seine Antragsberechtigung abhängt.[16]

35 § 799 Abs. 2 Satz 1 BGB gibt dem bisherigen Inhaber gegen den Aussteller einen klagbaren Anspruch auf Auskunftserteilung und Ausstellung der erforderlichen Zeugnisse.

---

[12] *Blunk/Winkler*, BKR 2008, 288-290 eingehend zu den Wirkungen eines Ausschlussurteils nach alter Rechtslage bis zum 01.09.2009.

[13] So BGH v. 18.09.1958 - II ZR 50/56 - LM Nr. 3 zu Art. 1 WG; KG Berlin v. 16.06.1956 - 10 U 295/56 - WM 1956, S. 1439, ebenso für den Wechsel *Baumbach/Hefermehl/Casper*, Wechselgesetz und Scheckgesetz, 23. Aufl. 2008, Art. 90 WG Rn. 4, jedoch nicht im Verhältnis zum wahren Gläubiger (RG v. 12.09.1941 - I 121/40 - RGZ 168, 1-17).

[14] Vgl. nur *Canaris* in: Staub, GroßKomm-HGB, § 365 Rn. 40 ff.; *Canaris*, Recht der Wertpapiere, 12. Aufl. 1986, § 16 III; *Habersack* in: MünchKomm-BGB, § 799 Rn. 8, 9; *Marburger* in: Staudinger, § 799 Rn. 8, *Blunk/Winkler*, BKR 2008, 288-290, 289.

[15] *Canaris*, Recht der Wertpapiere, 12. Aufl. 1986, § 16 III 2; *Habersack* in: MünchKomm-BGB, § 799 Rn. 8, 9.

[16] Vgl. § 468 Nr. 2 ZPO; *Habersack* in: MünchKomm-BGB, § 799 Rn. 7; *Steffen* in: BGB-RGRK, § 799 Rn. 6; *Marburger* in: Staudinger, § 799 Rn. 6.

36 Damit eine entsprechende Klage Aussicht auf Erfolg hat, muss er hierzu seinen bisherigen Besitz an der Urkunde und deren Verlust glaubhaft machen.[17]

E. Anwendungsfelder

37 Grundsätzlich sind dem in § 799 Abs. 1 BGB vorgesehenen Aufgebotsverfahren alle Inhaberschuldverschreibungen zugänglich. Der Aussteller kann jedoch das Aufgebotsverfahren durch Bestimmung in der Urkunde ausschließen (§ 799 Abs. 1 Satz 1 BGB).

38 Daneben sind bestimmte Haupturkunden und Nebenpapiere kraft Gesetzes vom Anwendungsbereich der Vorschrift ausgenommen.

39 Für folgende **Haupturkunden** steht das Aufgebotsverfahren nicht zur Verfügung:
- auf Sicht zahlbare unverzinsliche Schuldverschreibungen (§ 799 Abs. 1 Satz 2 BGB), weil diese geldähnlichen Charakter haben,[18]
- kleine Inhaberpapiere, da § 807 BGB keinen Verweis auf § 799 BGB enthält.

40 Auch Zins-, Renten- und Gewinnanteilscheine sind nach § 799 Abs. 1 Satz 2 BGB dem Aufgebotsverfahren entzogen. Für diese **Nebenpapiere** enthält § 804 BGB eine **eigenständige** Regelung. Ebenso kann für Erneuerungsscheine (§ 805 BGB) kein Aufgebotsverfahren durchgeführt werden.

41 Weiterhin existieren gesetzliche Vorschriften, die zum Teil Sondervorschriften zu § 799 BGB sind, zum Teil nur Verweise auf § 799 BGB enthalten. Im Wege des Aufgebotsverfahrens können demnach für kraftlos erklärt werden:
- Aktien und Zwischenscheine (§§ 72, 73 AktG),
- Auslandsbonds (§ 15 Abs. 1 AuslWBG),
- Grundschuld- und Rentenbriefe (§§ 1195, 1200 BGB),
- Hypothekenbriefe (§ 1162 BGB),
- kaufmännische Orderpapiere (§ 365 Abs. 2 HGB),
- Namenspapiere mit Inhaberklausel (§ 808 Abs. 2 Satz 2 BGB),
- Schecks (Art. 59 Abs. 1 ScheckG) sowie
- Wechsel (Art. 90 Abs. 1 WG).

42 **Übergangsrecht**: Für die vor In-Kraft-Treten des Bürgerlichen Gesetzbuches ausgegebenen Schuldverschreibungen enthält Art. 174 EGBGB entsprechende Übergangsvorschriften. Insbesondere sieht Art. 174 Abs. 1 Satz 2 EGBGB vor, dass bei den auf Sicht zahlbaren unverzinslichen Schuldverschreibungen sowie bei Zins-, Renten- und Gewinnanteilscheinen für die Kraftloserklärung und Zahlungssperre die „bisherigen" Gesetze fortgelten, mithin § 799 BGB unanwendbar ist.

---

[17] Vgl. *Steffen* in: BGB-RGRK, § 799 Rn. 10; *Marburger* in: Staudinger, § 799 Rn. 12; ein voller Beweis ist wie im Aufgebotsverfahren nicht erforderlich: *Baumgärtel/Laumen*, Handbuch der Beweislast im Privatrecht, § 799 Rn. 1.

[18] *Wilhelmi* in: Erman, § 799 Rn. 1; *Habersack* in: MünchKomm-BGB, § 799 Rn. 3.

§ 800 BGB Wirkung der Kraftloserklärung

(Fassung vom 17.12.2008, gültig ab 01.09.2009)

¹Ist eine Schuldverschreibung auf den Inhaber für kraftlos erklärt, so kann derjenige, welcher den Ausschließungsbeschluss erwirkt hat, von dem Aussteller, unbeschadet der Befugnis, den Anspruch aus der Urkunde geltend zu machen, die Erteilung einer neuen Schuldverschreibung auf den Inhaber anstelle der für kraftlos erklärten verlangen. ²Die Kosten hat er zu tragen und vorzuschießen.

Gliederung

A. Grundlagen 1	II. Kostentragung und Kostenvorschuss 5
I. Kurzcharakteristik 1	III. Vorlegungsfrist noch nicht abgelaufen 6
II. Gesetzgebungsmaterialien 2	IV. Materiell berechtigter Aufbieter als Gläubiger 7
III. Regelungsprinzipien 3	C. Rechtsfolgen 8
B. Anwendungsvoraussetzungen 4	D. Prozessuale Hinweise/Verfahrenshinweise 10
I. Für kraftlos erklärte Inhaberschuldverschreibung 4	E. Anwendungsfelder 12

A. Grundlagen

I. Kurzcharakteristik

1 Wird die Inhaberschuldverschreibung für kraftlos erklärt, so verliert diese ihre Umlauffähigkeit. Die Handelbarkeit kann nur dadurch wieder hergestellt werden, dass eine erneute Verbriefung erfolgt. Deshalb gibt § 800 BGB demjenigen, der erfolgreich das Aufgebotsverfahren durchgeführt hat (Aufbieter) einen Anspruch auf Erteilung einer neuen Urkunde (Erneuerungsanspruch).[1]

II. Gesetzgebungsmaterialien

2 E I, § 695; E II, § 728 Abs. 2 rev § 785; E III, § 784; Motive, Bd. II, S. 708 f. = Mugdan, Bd. 2, S. 395 f.; Protokolle, Bd. II, S. 548 = Mugdan, Bd. 2, S. 1061; D 98 = Mugdan, Bd. 2, S. 1266.

III. Regelungsprinzipien

3 Es ist zu beachten, dass die Urteilswirkung nach § 479 FamFG und der Erneuerungsanspruch nicht nebeneinander bestehen können, da ansonsten der Aussteller Gefahr liefe aufgrund der Ersetzungsfunktion des Ausschließungsbeschlusses doppelt in Anspruch genommen zu werden.[2] Der erfolgreiche Aufbieter muss sich also entscheiden, welchen von beiden Wegen er einschlagen will.

B. Anwendungsvoraussetzungen

I. Für kraftlos erklärte Inhaberschuldverschreibung

4 Voraussetzung ist, dass die Inhaberschuldverschreibung für kraftlos erklärt worden ist. Der Erneuerungsanspruch des Inhabers bzw. erfolgreichen Aufbieters besteht also nur **nach** Kraftloserklärung der Urkunde, die das Leistungsversprechen bisher verbrieft hat.[3] Hieraus ergibt sich wiederum, dass für Papiere, die gemäß § 799 Abs. 1 Satz 2 BGB von dem Aufgebotsverfahren ausgeschlossen sind, kein Erneuerungsanspruch besteht. Zu den Voraussetzungen der Kraftloserklärung siehe § 799 BGB. Zudem darf der Leistungsanspruch aus dem Ausschließungsbeschluss gemäß § 479 FamFG nicht geltend gemacht worden sein.

II. Kostentragung und Kostenvorschuss

5 Die Kosten trägt der Aufbieter als Gläubiger. Er ist insoweit gemäß § 800 Satz 2 BGB vorleistungspflichtig (vgl. hierzu Rn. 10).

---

[1] Vgl. hierzu *Habersack* in: MünchKomm-BGB, § 800 Rn. 1.
[2] *Habersack* in: MünchKomm-BGB, § 800 Rn. 3.
[3] *Habersack* in: MünchKomm-BGB, § 800 Rn. 2.

III. Vorlegungsfrist noch nicht abgelaufen

Zu beachten ist, dass der Erneuerungsanspruch als akzessorischer Anspruch erlischt, wenn die **Forderung**, um deren Verbriefung es geht, gleichfalls erloschen ist. Dies ist der Fall, wenn die Vorlegungspflicht gemäß § 801 BGB versäumt wird. Demgemäß ist darauf zu achten, dass die Vorlegungsfrist noch nicht abgelaufen ist.[4]

IV. Materiell berechtigter Aufbieter als Gläubiger

Gläubiger des Erneuerungsanspruches ist der erfolgreiche Aufbieter. Voraussetzung ist allerdings, dass dieser auch materiell berechtigt ist.[5]

C. Rechtsfolgen

Gemäß § 800 Satz 1 BGB besteht ein Anspruch auf Erteilung einer neuen Schuldverschreibung (Erneuerungsanspruch). Es kommen dabei zwei Wege in Betracht[6]: Zum einen die Erteilung einer Zweitschrift, die als **Duplikat** zu kennzeichnen ist. Zum anderen – bei Massenemissionen – aber auch die Erteilung **eines anderen Stücks derselben Emission** (derselben Art und Serie).[7]

Der Erneuerungsanspruch nach § 800 Satz 1 BGB und der Leistungsanspruch aus § 479 Abs. 1 FamFG können nicht kumulativ nebeneinander geltend gemacht werden, weil der Aussteller nach § 797 BGB nur gegen Aushändigung des Papiers zur Leistung verpflichtet ist. Wird eine neue Urkunde erteilt, so verliert der Ausschließungsbeschluss seine Legitimationswirkung (die Ausschlusswirkung bleibt hiervon unberührt). Der Aussteller braucht **analog** § 798 BGB die Neuurkunde nur Zug um Zug gegen Aushändigung des Ausschließungsbeschlusses zu erteilen.[8]

D. Prozessuale Hinweise/Verfahrenshinweise

Der Klageantrag muss berücksichtigen, dass der Aufbieter hinsichtlich der Kosten vorleistungspflichtig ist (§ 800 Satz 1 BGB). Demgemäß muss der Klageantrag auf Erneuerung der Urkunde „nach Zahlung des Kostenvorschusses" lauten (vgl. hierzu die Kommentierung zu § 798 BGB Rn. 16).

Zur Vermeidung der Gefahr einer doppelten Inanspruchnahme schuldet der Aussteller die Erteilung einer neuen Schuldverschreibung nur Zug um Zug gegen die Aushändigung der vollstreckbaren Urteilsausfertigung des Aufgebotsurteils. Normativ kann dies auf den Rechtsgedanken des § 798 BGB gestützt werden.[9]

E. Anwendungsfelder

§ 800 BGB findet gemäß § 35 Abs. 2 InvestmentG entsprechende Anwendung auf Investmentanteilsscheine. Sondervorschriften bestehen für die Erteilung neuer Hypothekenbriefe und Inhaberschuldgrundbriefe (Inhaberrentenschuldbriefe) gemäß §§ 56, 67 f., 70 GBO. In diesem Fall ist der Antrag allerdings an das Grundbuchamt zu richten.

---

[4] Vgl. *Habersack* in: MünchKomm-BGB, § 800 Rn. 2.
[5] *Habersack* in: MünchKomm-BGB, § 800 Rn. 2.
[6] Vgl. *Habersack* in: MünchKomm-BGB, § 800 Rn. 4.
[7] *Marburger* in: Staudinger, § 800 Rn. 1.
[8] *Marburger* in: Staudinger, § 800 Rn. 2; *Steffen* in: BGB-RGRK, § 800 Rn. 4.
[9] *Habersack* in: MünchKomm-BGB, § 800 Rn. 3; *Steffen* in: BGB-RGRK, § 800 Rn. 4.

§ 801 BGB Erlöschen; Verjährung

(Fassung vom 02.01.2002, gültig ab 01.01.2002)

(1) ¹Der Anspruch aus einer Schuldverschreibung auf den Inhaber erlischt mit dem Ablauf von 30 Jahren nach dem Eintritt der für die Leistung bestimmten Zeit, wenn nicht die Urkunde vor dem Ablauf der 30 Jahre dem Aussteller zur Einlösung vorgelegt wird. ²Erfolgt die Vorlegung, so verjährt der Anspruch in zwei Jahren von dem Ende der Vorlegungsfrist an. ³Der Vorlegung steht die gerichtliche Geltendmachung des Anspruchs aus der Urkunde gleich.

(2) ¹Bei Zins-, Renten- und Gewinnanteilscheinen beträgt die Vorlegungsfrist vier Jahre. ²Die Frist beginnt mit dem Schluss des Jahres, in welchem die für die Leistung bestimmte Zeit eintritt.

(3) Die Dauer und der Beginn der Vorlegungsfrist können von dem Aussteller in der Urkunde anders bestimmt werden.

Gliederung

A. Grundlagen 1	4. Fristwahrung 17
I. Kurzcharakteristik 1	II. Verjährungsfrist 19
II. Gesetzgebungsmaterialien 2	1. Beginn der Verjährungsfrist 20
III. Regelungsprinzipien 3	2. Dauer der Verjährungsfrist 21
B. Anwendungsvoraussetzungen 4	C. Rechtsfolgen 23
I. Vorlegungsfrist 8	D. Prozessuale Hinweise/Verfahrenshinweise 25
1. Festlegung durch den Aussteller 8	E. Anwendungsfelder 27
2. Beginn der Vorlegungsfrist 10	F. Arbeitshilfen 32
3. Dauer der Vorlegungsfrist 14	

A. Grundlagen

I. Kurzcharakteristik

1 Der Leistungspflicht des Ausstellers werden durch § 801 BGB in zeitlicher Hinsicht Grenzen gesetzt. Zum Schutz des Ausstellers führt § 801 BGB bestimmte Vorlegungsfristen ein, die durch eine Verjährungsregelung ergänzt werden. Die Versäumung der Vorlegungsfrist stellt einen spezifisch **wertpapierrechtlichen Erlöschensgrund** dar. § 801 BGB schützt das Interesse des Ausstellers, seine Leistungspflicht zeitlich zu begrenzen.

II. Gesetzgebungsmaterialien

2 E I, § 691; II, § 729 rev = § 786; III, § 785; Motive, Bd. II, S. 703 ff.; = *Mugdan*, Bd. II, S. 392 ff.; Protokolle, Bd. II, S. 542 ff.; = *Mugdan*, Bd. II, S. 1058 ff.; D 98 f. = *Mugdan*, Bd. II, S. 1266.

III. Regelungsprinzipien

3 Die Vorschrift des § 801 BGB unterscheidet zwischen Vorlegungs- und Verjährungsfristen. Die Unterscheidung ist deshalb von Bedeutung, weil die Vorlegungsfrist eine Ausschlussfrist ist, mit deren Ablauf das betroffene Recht untergeht[1], während die Verjährung nur ein Leistungsverweigerungsrecht begründet, die Existenz des Forderungsrechts jedoch unberührt lässt. Zudem ist die Ausschlussfrist im Gegensatz zur Verjährung von Amts wegen zu beachten.[2]

B. Anwendungsvoraussetzungen

4 Der Aussteller ist grundsätzlich nur gegen Aushändigung der Urkunde zur versprochenen Leistung verpflichtet (vgl. § 797 BGB). Eine persönliche Aushändigung ist jedoch nicht erforderlich; vielmehr kann die Urkunde auch durch Übersendung an den Aussteller „vorgelegt" werden.[3]

---

[1] Vgl. RG v. 09.05.1901 - IV 76/01 - RGZ 48, 157-168; *Grothe* in: MünchKomm-BGB, § 194 Rn. 4; *Peters/Jacoby* in: Staudinger, Vorbem. zu den §§ 194 ff. Rn. 11.

[2] *Müller*, WM 2006, 13-19, 13.

[3] Vgl. RG v. 09.05.1901 - IV 76/01 - RGZ 48, 157-168.

Statt der Urkunde kann der Inhaber dem Aussteller auch den an die Stelle einer für kraftlos erklärten Urkunde tretende Ausschließungsbeschluss (§§ 799, 800 BGB i.V.m. § 479 FamFG) zum Zweck der Einlösung aushändigen.

Die gerichtliche Geltendmachung des Anspruchs, welche auch die der Klageerhebung nach § 204 Abs. 1 BGB gleichgestellten Handlungen umfasst, steht nach § 801 Abs. 1 Satz 3 BGB der Vorlegung gleich.[4]

Zwischen den dargestellten außergerichtlichen und gerichtlichen Möglichkeiten hat der Inhaber ein Wahlrecht.

I. Vorlegungsfrist

1. Festlegung durch den Aussteller

Vorrangig ist darauf zu achten, ob der Aussteller den Beginn und/oder die Dauer der Vorlegungsfrist in Abweichung zu § 801 Abs. 1 Satz 1 BGB selbst bestimmt hat. Eine solche Bestimmung ist grundsätzlich möglich, muss aber zu ihrer Wirksamkeit aus der Urkunde selbst hervorgehen (vgl. die §§ 801 Abs. 3, 796 BGB).

Nach herrschender Meinung kann der Aussteller die Vorlegungsfrist zwar verkürzen oder verlängern, jedoch nicht vollständig ausschließen und auch nicht auf die Vorlegung der Urkunde verzichten.[5] Dieser Grundsatz steht nicht im Widerspruch zur Zulässigkeit von „**ewigen Anleihen**". Bei diesen wird nicht die Vorlegungsfrist ausgeschlossen oder auf sie verzichtet, vielmehr wird keine Endfälligkeit bestimmt, so dass auch die Vorlegungsfrist nicht zu laufen beginnt. Erst bei vorzeitiger Kündigung wird die Schuldverschreibung fällig mit der Folge, dass die Vorlegungsfrist zu laufen beginnt.[6]

2. Beginn der Vorlegungsfrist

Hat der Aussteller in der Urkunde keine Bestimmung für den Beginn der Vorlegungsfrist getroffen, beginnt die Vorlegungsfrist mit dem Eintritt der Fälligkeit der Leistung (§ 801 Abs. 1 Satz 1 BGB), wobei der Fälligkeitstermin
- in der Urkunde selbst bestimmt sein kann (argumentum e contrario § 801 Abs. 3 BGB),[7]
- Gegenstand einer gesonderten Vereinbarung zwischen dem Aussteller und dem Inhaber sein kann,
- sich aus sonstigen Umständen ergeben kann, vgl. § 271 Abs. 1 BGB.[8]

Ist kein Zeitpunkt für die Fälligkeit der Leistung bestimmt und lässt er sich auch nicht aus sonstigen Umständen ermitteln, kann der Inhaber die Urkunde jederzeit vorlegen (§ 271 Abs. 1 BGB). Umstritten ist, ob in diesen Fällen eine Frist zur Vorlegung besteht.

Der herrschenden und in der neueren Literatur weitgehend einhelligen Meinung zufolge soll es in diesem Fall überhaupt keine Vorlegungsfrist geben, sondern nur die allgemeine Verjährungsfrist gelten.[9] Nach dem neuen Schuldrecht ist also die dreijährige Verjährungsfrist des § 195 BGB zugrunde zu legen. Die Verjährungsfrist beginnt hierbei erst in dem Zeitpunkt zu laufen, in dem der letzte Inhaber die Urkunde erworben hat. Sie beginnt somit für jeden Erwerber erneut.

Nach anderer, älterer, Ansicht beginnt die Vorlegungsfrist gemäß § 187 Abs. 1 BGB an dem der Ausstellung (bzw. Begebung) folgenden Tag zu laufen.[10]

3. Dauer der Vorlegungsfrist

Mangels besonderer Bestimmung in der Urkunde beträgt die Vorlegungsfrist dreißig Jahre (§ 801 Abs. 1 Satz 1 BGB); für Nebenpapiere verkürzt sich die Frist auf vier Jahre (§ 801 Abs. 2 BGB).

Eine Fristhemmung ist nur durch eine im Wege des Aufgebotsverfahrens erwirkte Zahlungssperre möglich (§ 802 Satz 1 BGB).

---

[4] Vgl. *Marburger* in: Staudinger, § 801 Rn. 2.
[5] Vgl. *Steffen* in: BGB-RGRK, § 801 Rn. 4.
[6] *Müller-Eising/Bode*, BKR 2006, 480-484, 483; *Thomas*, ZHR 171 (2007), 684-712, 692.
[7] Vgl. *Steffen* in: BGB-RGRK, § 801 Rn. 4.
[8] *Marburger* in: Staudinger, § 801 Rn. 4.
[9] *Marburger* in: Staudinger, § 801, Rn. 4, 8; *Habersack* in: MünchKomm-BGB, § 801 Rn. 3, *Wilhelmi* in: Erman, § 801 Rn. 2, der von einer 30-jährigen Verjährungsfrist ausgeht; *Steffen* in: BGB-RGRK, § 801 Rn. 7; *Sprau* in: Palandt, BGB, 71. Aufl. 2012, § 801 Rn. 2; *Welter* in: Soergel, § 801 Rn. 4.
[10] *Wendt*, AcP 92, 163-179, 216; Argumente gegen diese Meinung: *Habersack* in: MünchKomm-BGB § 801 Rn. 3.

16 Im Übrigen gelten die Vorschriften über die Hemmung und den Neubeginn der Verjährung (§§ 203 ff. BGB) nicht.[11] Dies entspricht der Ausgestaltung der Vorlegungsfrist als Ausschlussfrist. Der Umstand, dass § 801 Abs. 1 BGB zwischen Vorlegungs- und Verjährungsfristen unterscheidet, verbietet auch eine analoge Anwendung der §§ 203 ff. BGB.[12] Allerdings spricht sich eine Meinung für eine analoge Anwendung des § 211 BGB (Ablaufhemmung in Nachlassfällen) auf die Vorlegungsfrist des § 801 Abs. 1 BGB aus, da entgegen der h.M. der analogen Anwendung des § 211 BGB keine schützenswerten Interessen der Emittenten entgegenstünden; diese hätten es, im Gegensatz zu den Erben, in der Hand alle ihre beachtenswerten Interessen durch Hinterlegung und den Ausschluss effektiver Stücke zu wahren.[13]

4. Fristwahrung

17 Grundsätzlich kann die Frist durch eine rechtzeitige Vorlegung der Urkunde durch den Inhaber gewahrt werden. Sofern der Inhaber sich dazu entschließt, die Urkunde im Wege der Übersendung vorzulegen, muss die Urkunde dem Aussteller vor Fristablauf zugehen (vgl. § 130 BGB).[14] Zur Fristwahrung ist eine einmalige rechtzeitige Vorlage ausreichend, die Vorlage muss nicht wiederholt werden. Ansprüche aus Schuldverschreibungen, die einmal rechtzeitig vorgelegt wurden, erlöschen nicht nach § 801 Abs. 1 Satz 1 BGB, können aber dann gemäß § 801 Abs. 1 Satz 2 BGB verjähren.[15]

18 Bei gerichtlicher Geltendmachung des Anspruchs muss dem Aussteller die Klage vor Ablauf der Vorlegungsfrist zugestellt werden. § 167 ZPO findet jedoch zugunsten des Inhabers Anwendung, sodass die Frist auch durch den Eingang der Klageschrift bei Gericht gewahrt werden kann, falls die Zustellung demnächst erfolgt.[16]

II. Verjährungsfrist

19 Ergänzend zur Vorlegungsfrist enthält § 801 Abs. 1 Satz 2 BGB eine Verjährungsfrist und beantwortet damit die Frage, was gilt, wenn der Inhaber den Anspruch zwar innerhalb der Vorlegungsfrist erhebt, dann aber den in seinem Bestand gesicherten Anspruch aus der Schuldverschreibung nicht weiter verfolgt.[17]

1. Beginn der Verjährungsfrist

20 Die Verjährungsfrist ist vom Ende der Vorlegungsfrist ab zu berechnen, nicht vom Tage der Vorlegung an.[18] Folglich beginnt die Verjährungsfrist regelmäßig erst dreißig Jahre nach Fälligkeit der verbrieften Forderung.

2. Dauer der Verjährungsfrist

21 Grundsätzlich beträgt die Verjährungsfrist zwei Jahre (§ 801 Abs. 1 Satz 2 BGB). Jedoch soll eine Abkürzung oder Verlängerung der Verjährungsfrist durch eine Bestimmung des Ausstellers in der Urkunde in den Grenzen des § 202 BGB zulässig sein.[19]

22 Anders als die Ausschlussfrist des § 801 Abs. 1 Satz 1 BGB kann die Verjährungsfrist nach den allgemeinen Vorschriften gehemmt werden und wieder neu beginnen.[20]

---

[11] *Sprau* in: Palandt, § 801 Rn. 1; *Wilhelmi* in: Erman, § 801 Rn. 3; *Habersack* in: MünchKomm-BGB, § 801 Rn. 3; vgl. auch Motive, Bd. II, S. 704 = Mugdan, Bd. II, S. 393; *Peters/Jacoby* in: Staudinger, Vorbem. zu den §§ 194 ff. Rn. 16, *Marburger* in: Staudinger, § 801 Rn. 5.

[12] So OLG Dresden v. 24.09.2004 - 3 U 1049/03 - WM 2005, 1837-1842 zu § 202 Abs. 1 BGB a.F.

[13] *Müller*, WM 2006, 13-19; mit eingehender Analyse der Rechtsprechung des BGH zur entsprechenden Anwendung des § 211 BGB auf andere Ausschlussfristen (z.B. § 12 Abs. 3 VVG; § 89b Abs. 4 Satz 2 HGB).

[14] So auch *Steffen* in: BGB-RGRK, § 801 Rn. 11; BGH v. 16.03.1970 - VII ZR 125/68 - BGHZ 53, 332-339.

[15] BGH v. 12.12.2008 - V ZR 49/08 - NJW 2009, 847-850, 849.

[16] *Sprau* in: Palandt, § 801 Rn. 1; *Steffen* in: BGB-RGRK, § 801 Rn. 10; BGH v. 16.03.1970 - VII ZR 125/68 - BGHZ 53, 332-339 zu § 261b Abs. 3 ZPO a.F.; vgl. auch BGH v. 08.11.1979 - VII ZR 86/79 - juris Rn. 24 - BGHZ 75, 307-315.

[17] *Habersack* in: MünchKomm-BGB, § 801 Rn. 7; *Mugdan*, Bd. II, S. 1059 f.; Protokolle, S. 2665 f.

[18] Vgl. *Marburger* in: Staudinger, § 801 Rn. 7.

[19] *Marburger* in: Staudinger, § 801 Rn. 7.

[20] Vgl. *Marburger* in: Staudinger, § 801 Rn. 7.

C. Rechtsfolgen

Mit dem Ablauf der Vorlegungsfrist erlischt der Anspruch aus der Schuldverschreibung kraft Gesetzes; die Versäumung der Vorlegungsfrist führt folglich stets zum Untergang der Forderung. Da § 214 Abs. 2 BGB keine Anwendung findet,[21] kann das nach Ablauf der Vorlegungsfrist Geleistete nach § 812 Abs. 1 Alt. 1 BGB kondiziert werden.

Die Wirkung des Ablaufs der Verjährungsfrist ist der Vorschrift des § 214 Abs. 1 BGB zu entnehmen: die Forderung geht zwar nicht unter, doch entsteht mit Fristablauf ein Leistungsverweigerungsrecht des Ausstellers.

D. Prozessuale Hinweise/Verfahrenshinweise

Nach dem Ablauf der Verjährungsfrist wird der Anspruch des Inhabers aus der Schuldverschreibung einredebehaftet. Im Prozess kann der Aussteller sie dem Inhaber dann nach Maßgabe des § 796 BGB entgegenhalten.

Die Beweislast liegt entsprechend den allgemeinen Regeln für den Fristablauf (Vorlegungstermin, Verkürzung der Fristen, usw.) beim Aussteller, wohingegen der Inhaber die rechtzeitige Geltendmachung des Anspruchs beweisen muss.

E. Anwendungsfelder

Auf **Erneuerungsscheine** (§ 805 BGB) ist § 801 BGB **nicht anwendbar**; die Ansprüche aus Erneuerungsscheinen unterliegen vielmehr der Verjährung nach den allgemeinen Vorschriften.[22]

Ebenfalls **nicht anwendbar** ist § 801 BGB auf **Inhaberpapiere**, die keine Leistung verbriefen (z.B. Inhaberaktien).[23]

Demgegenüber werden **auf den Inhaber gestellte Gewinnanteilscheine von Aktien** nach § 801 Abs. 2 BGB behandelt.[24]

Strittig ist, ob § 801 BGB auf **Inhabergrundschuldbriefe** Anwendung findet. Während eine Auffassung die Anwendbarkeit bejaht[25], (geht die wohl überwiegende Meinung davon aus, dass auf Inhabergrundschuldbriefe anstelle von § 801 BGB die Vorschrift des § 902 BGB anzuwenden ist[26].

Übergangsrecht: Für altrechtliche Schuldverschreibungen enthält Art. 174 Abs. 2 EGBGB eine Übergangsvorschrift.

F. Arbeitshilfen

Prüfungsschema zur Vorlegungsfrist:

(1) Beginn der Frist
    (a) in Urkunde benannter Zeitpunkt
        (ist für Fristbeginn kein Zeitpunkt bestimmt, dann (b))
    (b) mit Eintritt der Fälligkeit der Leistung; für Zins-, Renten-, Gewinnanteilscheine mit Ablauf des Jahres, in dem Anspruch fällig wird
        (ist für Fälligkeit keine Zeitpunkt bestimmt oder ersichtlich, dann (c))
    (c) nach e.M. mit Ausstellung der Urkunde (beachte § 187 Abs. 1 BGB); nach a.M. läuft in diesem Fall keine Vorlegungsfrist; der Anspruch unterliegt nur der Verjährung
(2) Dauer der Frist
    (a) in Urkunde bestimmte Dauer
        (fehlt eine solche Bestimmung, dann (b))
    (b) 30 Jahre (§ 801 Abs. 1 Satz 1 BGB)
        4 Jahre bei Zins-, Renten-, Gewinnanteilscheinen (§ 801 Abs. 2 Satz 1 BGB)

---

[21] *Sprau* in: Palandt, § 801 Rn. 1.
[22] *Steffen* in: BGB-RGRK, § 801 Rn. 16; *Marburger* in: Staudinger, § 801 Rn. 11.
[23] *Marburger* in: Staudinger, § 801 Rn. 11; *Steffen* in: BGB-RGRK, § 801 Rn. 16.
[24] *Marburger* in: Staudinger, § 801 Rn. 11; *Steffen* in: BGB-RGRK, § 801 Rn. 16.
[25] *Welter* in: Soergel, § 801 Rn. 6.
[26] So *Gursky* in: Staudinger, § 902 Rn. 10; *Marburger* in: Staudinger, § 801 Rn. 11; wohl auch *Steffen* in: BGB-RGRK, § 801 Rn. 16.

（c) Mögliche Hemmung durch Zahlungssperre im Aufgebotsverfahren (§ 802 BGB) beachten
(d) Regelungen zur Hemmung oder Neubeginn der Verjährungsfrist (§ 203 ff. BGB) gelten nicht
(3) Fristwahrung
  (a) Vorlage der Urkunde
  (b) durch Inhaber
  (c) zur Einlösung
  (d) vor Fristablauf
(4) Folge der Fristversäumung: Erlöschen des Anspruchs

33 Verortung des § 801 BGB im Rahmen der Prüfung eines Anspruchs aus § 793 BGB (vgl. die Kommentierung zu § 793 BGB Rn. 92).
(1) Formgültige Inhaberschuldverschreibung
(2) Materielle Berechtigung des Anspruchstellers
(3) Verpflichtung des In-Anspruch-Genommenen
  (a) Entstanden
  (b) Verpflichtung besteht noch oder wieder
  (c) keine Einwendungen (rechtshindernde oder -vernichtende Einwendungen und Einreden) i.S.d. § 796 BGB
  Zu den unmittelbar gegenüber dem Inhaber bestehenden Einwendungen zählen neben den persönlichen Einwendungen auch diejenigen, die sich gegen den Bestand oder die Durchsetzbarkeit des verbrieften Forderungsrechts richten.[27]
  Darunter fallen insbesondere auch das Erlöschen des Anspruchs infolge des Ablaufs der Vorlegungsfrist, sowie das Leistungsverweigerungsrecht infolge Verjährung (§§ 801, 802 BGB).[28]

---

[27] *Wilhelmi* in: Erman, § 796 Rn. 5; *Sprau* in: Palandt, § 796 Rn. 5.
[28] Vgl. *Marburger* in: Staudinger, § 796 Rn. 13; *Sprau* in: Palandt, § 796 Rn. 5.

§ 802 BGB Zahlungssperre

(Fassung vom 02.01.2002, gültig ab 01.01.2002)

¹Der Beginn und der Lauf der Vorlegungsfrist sowie der Verjährung werden durch die Zahlungssperre zugunsten des Antragstellers gehemmt. ²Die Hemmung beginnt mit der Stellung des Antrags auf Zahlungssperre; sie endigt mit der Erledigung des Aufgebotsverfahrens und, falls die Zahlungssperre vor der Einleitung des Verfahrens verfügt worden ist, auch dann, wenn seit der Beseitigung des der Einleitung entgegenstehenden Hindernisses sechs Monate verstrichen sind und nicht vorher die Einleitung beantragt worden ist. ³Auf diese Frist finden die Vorschriften der §§ 206, 210, 211 entsprechende Anwendung.

Gliederung

A. Grundlagen 1	**C. Rechtsfolgen** 5
I. Kurzcharakteristik 1	I. Hemmung 5
II. Gesetzgebungsmaterialien 2	II. Beginn der Hemmung 7
III. Regelungsprinzipien 3	III. Ende der Hemmung 8
B. Anwendungsvoraussetzungen 4	**D. Anwendungsfelder** 10

A. Grundlagen

I. Kurzcharakteristik

Die in § 802 BGB enthaltene Regelung schützt den Gläubiger der Inhaberschuldverschreibung, dessen Urkunde **abhandengekommen ist oder vernichtet** wurde. Sofern er ein **Aufgebotsverfahren** zur Kraftloserklärung der Urkunde angestrengt und in diesem Zusammenhang eine Zahlungssperre erwirkt hat, soll er nicht Gefahr laufen, seinen Anspruch aus der Inhaberschuldverschreibung durch Zeitablauf zu verlieren.[1] Ein solcher Rechtsverlust während der Dauer des Aufgebotsverfahrens wäre grundsätzlich möglich, da der Gläubiger ohne Vorlage der Urkunde das verbriefte Recht nicht durchsetzen kann.

II. Gesetzgebungsmaterialien

E I, § 694; II, § 730 rev § 787; III, § 786; Motive, Bd. II, S. 707 f = *Mugdan*, Bd. 2, S. 395; Protokolle, Bd. II, S. 548, VI, S. 386 = *Mugdan*, Bd. 2, S. 1061.

III. Regelungsprinzipien

Die Vorschrift ist im **Zusammenhang** mit der Möglichkeit des (bisherigen) Inhabers einer Schuldverschreibung zu sehen, eine verloren gegangene oder vernichtete Urkunde im Wege des Aufgebotsverfahrens für **kraftlos** erklären zu lassen (vgl. § 799 BGB). Vor oder bei Einleitung des Aufgebotsverfahrens kann er nach den §§ 480 FamFG eine Zahlungssperre erwirken, deren allgemeine Wirkungen (vgl. hierzu näher die Kommentierung zu § 799 BGB Rn. 25 f.) durch § 802 BGB ergänzt werden.

B. Anwendungsvoraussetzungen

Antrag auf Erlass einer Zahlungssperre: § 802 BGB setzt lediglich voraus, dass der Aufbieter vor oder bei Einleitung des Aufgebotsverfahrens einen Antrag auf Erlass einer Zahlungssperre nach den §§ 480 FamFG stellt. Ergeht tatsächlich eine entsprechende gerichtliche Anordnung, dann wirkt sie für den Eintritt der Hemmung auf den Zeitpunkt zurück, in dem der Antrag auf Erlass der Zahlungssperre gestellt worden ist.[2]

C. Rechtsfolgen

I. Hemmung

Die Vorschrift des § 802 BGB stellt klar, dass Beginn und Lauf der in § 801 BGB niedergelegten Vorlegungs- und Verjährungsfristen während der Dauer des Aufgebotsverfahrens **gehemmt** werden. Die

---

[1] Vgl. *Habersack* in: MünchKomm-BGB, § 802 Rn. 1.
[2] Vgl. *Habersack* in: MünchKomm-BGB, § 802 Rn. 3; *Welter* in: Soergel, § 802 Rn. 1.

§ 802

Hemmungswirkung tritt nach dem eindeutigen Wortlaut des § 802 Satz 1 BGB („zugunsten des Antragstellers") **nur relativ zugunsten des Aufbieters** ein.[3] Der neue Inhaber der Schuldverschreibung kann sich auf die in § 802 BGB getroffene Regelung nicht berufen.

6   Die Wirkung der Hemmung ergibt sich aus § 209 BGB. Folglich bleibt bei der Berechnung der Fristen nach § 801 BGB der auf die Hemmung entfallende Zeitraum außer Betracht.[4]

II. Beginn der Hemmung

7   Die Hemmung beginnt nach § 802 Satz 2 HS. 1 BGB **mit der Stellung des Antrags auf Zahlungssperre**. Folglich wird eine im Zeitpunkt des Antrags noch laufende Frist auch dann gehemmt, wenn sie bei der gerichtlichen Anordnung der Zahlungssperre abgelaufen wäre.[5] Insoweit wirkt also der Erlass der Zahlungssperre auf den Zeitpunkt der Antragstellung zurück.

III. Ende der Hemmung

8   Die Hemmung endet nach § 802 Satz 2 HS. 2 Alt. 1 BGB einerseits mit der **Erledigung des Aufgebotsverfahrens**.

9   Eine Erledigung in diesem Sinne ist anzunehmen:
- mit Erlass des Ausschlussbeschlusses, § 478 FamFG,
- mit Rücknahme oder Zurückweisung des Antrags auf Zahlungssperre,[6]
- mit fruchtlosem Ablauf der Frist des § 482 Abs. 1 Satz 2 FamFG,
- bei Nichtbetreiben des Aufgebotsverfahrens;[7] ob der Aufbieter das Verfahren nicht betreibt, steht regelmäßig erst dann fest, wenn aus diesem Grund die Zahlungssperre nach § 482 Abs. 1 Satz 1 FamFG aufgehoben wird.

D. Anwendungsfelder

10   Eine Entscheidung des Reichsgerichts aus dem Jahre 1912 befasst sich mit der Anwendung des § 802 BGB auf **Lotterielose**. In diesem Urteil befanden die Richter, dass durch eine auf dem Lotterielos aufgedruckte Bedingung, nach der aus innerhalb bestimmter Fristen nicht vorgelegten und geltend gemachten Losen keinerlei Anspruch erhoben werden könne, die Anwendung des § 802 BGB noch nicht ausgeschlossen werde.[8]

11   **Übergangsrecht**: Eine entsprechende Übergangsvorschrift für Inhaberschuldverschreibungen, die vor dem In-Kraft-Treten des Bürgerlichen Gesetzbuches ausgestellt wurden, enthält Art. 174 EGBGB. Nach Art. 174 Abs. 1 Satz 1 EGBGB kam auch bei solchen Schuldverschreibungen ab dem 01.01.1900 die Vorschrift des § 802 BGB zur Anwendung.

---

[3] Vgl. *Welter* in: Soergel, § 802 Rn. 1; *Marburger* in: Staudinger, § 802 Rn. 1.
[4] Vgl. auch *Habersack* in: MünchKomm-BGB, § 802 Rn. 4.
[5] Vgl. *Steffen* in: BGB-RGRK, § 802 Rn. 2; *Marburger* in: Staudinger, § 802 Rn. 1.
[6] *Marburger* in: Staudinger, § 802 Rn. 2.
[7] *Steffen* in: BGB-RGRK, § 802 Rn. 1.
[8] RG v. 22.06.1912 - 551/11 VI - JW 1912, 861 (Nr. 19).

§ 803 BGB Zinsscheine

(Fassung vom 02.01.2002, gültig ab 01.01.2002)

(1) Werden für eine Schuldverschreibung auf den Inhaber Zinsscheine ausgegeben, so bleiben die Scheine, sofern sie nicht eine gegenteilige Bestimmung enthalten, in Kraft, auch wenn die Hauptforderung erlischt oder die Verpflichtung zur Verzinsung aufgehoben oder geändert wird.

(2) Werden solche Zinsscheine bei der Einlösung der Hauptschuldverschreibung nicht zurückgegeben, so ist der Aussteller berechtigt, den Betrag zurückzubehalten, den er nach Absatz 1 für die Scheine zu zahlen verpflichtet ist.

Gliederung

A. Grundlagen 1	2. Bestehen der Zinsforderung 27
I. Kurzcharakteristik 2	3. Fälligkeit des Zinsscheines nach Einlösung
II. Gesetzgebungsmaterialien 4	der Hauptforderung 28
III. Regelungsprinzipien 5	4. Kündigung/Auslosung der Hauptschuld-
B. Praktische Bedeutung 10	verschreibung 30
C. Anwendungsvoraussetzungen 11	5. Praktische Hinweise 32
I. Ausgabe von Zinsscheinen 11	**D. Rechtsfolgen** 34
1. Begriffsbestimmung 12	**E. Prozessuale Hinweise/Verfahrenshinweise** 37
2. Rechtsnatur 13	**F. Anwendungsfelder** 39
II. Selbständigkeit des Zinsscheins (Absatz 1) 16	I. Namens- bzw. Orderzinsscheine 39
1. Entstehung der Hauptforderung 18	II. Inhaberrentenscheine 40
2. Erlöschen der Hauptforderung 20	III. Keine Anwendung auf Dividendenscheine
3. Änderung/Wegfall der materiellen Zins-	(Gewinnanteilscheine) 41
pflicht 22	IV. Keine Anwendung auf Erneuerungsscheine
III. Zurückbehaltungsrecht des Ausstellers	(Talons) 44
(Absatz 2) 24	V. Übergangsrecht 45
1. Einlösung der Hauptschuldverschreibung 25	**G. Arbeitshilfen** 46

A. Grundlagen

Inhaberschuldverschreibungen können als Instrument der Kapitalanlage unter anderem in Form festverzinslicher Wertpapiere emittiert werden, die einen gleichbleibenden Zinsertrag während der Laufzeit (bei mittel- und langfristigen Schuldverschreibungen zwischen 6 und 15 Jahren) garantieren. In diesem Fall wird neben der die Hauptforderung verbriefenden Urkunde (dem **Mantel**) regelmäßig ein **Bogen** mit Zinsscheinen (auch Zinskupons oder **Kupons** genannt) ausgegeben. Bei Fälligkeit des jeweiligen Zinsanspruchs (zumeist halbjährlich oder jährlich) kann der Inhaber die Zinsscheine vom Bogen abschneiden und beispielsweise bei einer Bank einlösen. Für diese Zinsscheine enthält § 803 BGB eine eigenständige Regelung.

1

I. Kurzcharakteristik

Die Norm des § 803 Abs. 1 BGB sichert primär die **Verkehrsfähigkeit** von Zinsscheinen,[1] da der Aussteller aufgrund der Unabhängigkeit des im Zinsschein verbrieften Rechts bei der Zinszahlung **nicht prüfen muss, ob die Hauptforderung bei Fälligkeit des Zinsscheins noch bestanden hat**.[2] Zugleich ermöglicht die Regelung im Interesse des Inhabers der Haupturkunde eine erleichterte Geltendmachung des Zinsanspruchs[3]; er ist nicht der Gefahr des Verlusts der Urkunde ausgesetzt, da diese bei der Geltendmachung des Zinsanspruches nicht vorgelegt werden muss.

2

Umgekehrt schützt § 803 Abs. 2 BGB den Aussteller vor den Gefahren, die ihm aus der selbstständigen Verbriefung der Zinsforderung (§ 803 Abs. 1 BGB) drohen.[4]

3

---

[1] Protokolle, S. 2660 = *Mugdan*, Bd. II, S. 1058.
[2] *Habersack* in: MünchKomm-BGB, § 803 Rn. 1.
[3] Vgl. *Marburger* in: Staudinger, § 803 Rn. 1.
[4] *Marburger* in: Staudinger, § 803 Rn. 8; Motive, Bd. II, S. 701 f = *Mugdan*, Bd. II, S. 391 f.

II. Gesetzgebungsmaterialien

4 E I, § 690; II, § 731 rev § 788; III, § 787; Motive, Bd. II, S. 701 ff.; = *Mugdan*, Bd. II, S. 391 f; Protokolle, Bd. II, S. 541 f; = *Mugdan*, Bd. II, S. 1057 f; D 99 = *Mugdan*, Bd. II, S. 1266.

III. Regelungsprinzipien

5 Bei auf den Inhaber lautenden Zinsscheinen handelt es sich um eigenständige Inhaberschuldverschreibungen, auf die grundsätzlich die Vorschriften über Inhaberschuldverschreibungen anwendbar sind.[5]

6 Insbesondere gelten die §§ 793, 794, 796-798 und 806 BGB. Umstritten ist, ob sich die Verjährung fälliger Zinsscheine nach § 801 BGB richtet. Eine Ansicht stellt auf den Charakter des verbrieften Rechts als Zinsforderung ab und wendet die allgemeinen Verjährungsregeln an.[6] Nach wohl herrschender Meinung, die sich auf den eindeutigen Wortlaut des § 801 Abs. 2 BGB stützen kann, treten die allgemeinen Vorschriften hinter § 801 BGB zurück.[7]

7 Unstrittig ist dagegen, dass § 217 BGB durch § 803 Abs. 1 BGB verdrängt wird.[8]

8 Ausdrücklich nicht anwendbar auf Zinsscheine ist § 799 BGB (vgl. § 799 Abs. 1 Satz 2 BGB). Angesichts des geringen Betrags wäre die Durchführung eines Aufgebotsverfahrens zum Zwecke der Kraftloserklärung unverhältnismäßig[9]. Dementsprechend scheidet auch ein Erneuerungsanspruch nach § 800 BGB sowie die Anwendung des § 802 BGB aus.

9 Sonderbestimmungen für Zinsscheine enthalten die §§ 803-805 BGB.

B. Praktische Bedeutung

10 Lange Zeit war es üblich, festverzinsliche Wertpapiere nicht in ein Bankdepot einbuchen zu lassen, sondern von der Bank effektive Stücke der Wertpapiere zu erwerben und selbst zu verwahren. Die mitgegebenen Zinsscheine wurden von den Anlegern im Wege so genannter Tafelgeschäfte[10] direkt am Bankschalter eingelöst. Dies war insbesondere deshalb von Interesse, weil damit ein Steuerabzug verhindert werden konnte. Seit der Einführung der Zinsabschlagsteuer zum 01.01.1993 ist die Bedeutung der Tafelgeschäfte jedoch deutlich gesunken, da die Bank auch bei der Einlösung von Zinsscheinen 25% Zinsabschlag zuzüglich des Solidaritätszuschlags einbehalten und an das Finanzamt abführen muss.

C. Anwendungsvoraussetzungen

I. Ausgabe von Zinsscheinen

11 Sowohl § 803 Abs. 1 als auch Abs. 2 BGB setzen voraus, dass der Aussteller einer Inhaberschuldverschreibung Zinsscheine ausgegeben hat.

1. Begriffsbestimmung

12 Zu langfristigen, verzinslichen Inhaberschuldverschreibungen wird regelmäßig ein Bogen mit Zinsscheinen ausgegeben. Die Zinsscheine (oder Kupons), in denen sich der Aussteller zur Zahlung der Zinsen gegen Vorlage des entsprechenden Kupons verpflichtet, enthalten in der Regel folgende Angaben:
- den Namen des Ausstellers,
- den Zinssatz,
- den Nennbetrag und die Nummer der Schuldverschreibung,
- den Zinsbetrag,
- die Fälligkeit,
- Ort und Datum der Ausstellung,
- die Zinsscheinnummer sowie

---

[5] Vgl. RG v. 09.11.1910 - I 151/10 - RGZ 74, 339-342; RG v. 30.09.1885 - I 206/85 - RGZ 14, 154-168; *Marburger* in: Staudinger, § 803 Rn. 3.

[6] *Steffen* in: BGB-RGRK, § 803 Rn. 2, 3.

[7] *Habersack* in: MünchKomm-BGB, § 803 Rn. 2; *Marburger* in: Staudinger, § 803 Rn. 4; *Welter* in: Soergel, § 803 Rn. 5.

[8] *Marburger* in: Staudinger, § 803 Rn. 4.

[9] *Canaris*, Recht der Wertpapiere, 12. Aufl. 1986, § 24 VI 1b.

[10] Engl. „over the counter" oder „OTC".

- einen Prägestempel.

2. Rechtsnatur

Zinsscheine sind einerseits Nebenpapiere zur jeweiligen Haupturkunde (der Schuldverschreibung), weil sie **nur zusammen** mit dieser ausgegeben werden. Andererseits stellen sie **eigenständige Wertpapiere** dar, die selbstständig einen Zinsanspruch verbriefen.[11] Die Wertpapiereigenschaft manifestiert sich vor allem in der Tatsache, dass der Aussteller nur gegen Vorlage des Kupons zur Zinszahlung verpflichtet ist.

Sofern ein Zinsschein auf den Inhaber lautet und den Formerfordernissen des § 793 Abs. 2 BGB entspricht, ist er als selbständige Inhaberschuldverschreibung zu qualifizieren.[12] Dies gilt auch für den Fall, dass ein Inhaberzinsschein als Nebenpapier zu einer Order- bzw. Namensschuldverschreibung ausgegeben wird.[13]

Fehlt eine (faksimilierte) **Namensunterschrift**, ist es nach wohl herrschender Meinung angezeigt, die entsprechenden Zinsscheine als kleine Inhaberpapiere im Sinne des § 807 BGB anzusehen.[14]

II. Selbständigkeit des Zinsscheins (Absatz 1)

Aus § 803 Abs. 1 BGB ergibt sich, dass das im Zinsschein verbriefte Recht, die Zahlung der versprochenen Zinsen zu verlangen, grundsätzlich vom Bestand der Hauptforderung unabhängig ist. Die Norm stellt damit eine Ausnahme zu dem Grundsatz dar, dass nach Aufhebung der Hauptverbindlichkeit keine weiteren Zinsen anfallen.[15]

Die gesetzliche Regel kann jedoch durch eine gegenteilige Bestimmung des Ausstellers im Zinsschein ausgeschlossen werden. Ist die abweichende Bestimmung nicht im Zinsschein vermerkt, kann der Aussteller diese Tatsache dem gutgläubigen Zweiterwerber bei der Einlösung des Kupons nicht nach § 796 BGB entgegenhalten.[16]

1. Entstehung der Hauptforderung

Obgleich die Zinsforderung im Wertpapierrecht unabhängig vom Bestand der Hauptforderung ist, kann sie doch nur zusammen mit der Hauptschuld entstehen und setzt zu ihrem Wirksamwerden auch die rechtmäßige Begründung der Hauptschuld voraus.[17] Bestand nie eine Hauptforderung, sind (versehentlich) ausgegebene Zinsscheine mangels Rechtspflicht zur Zinszahlung unwirksam.

Ein gutgläubiger Erwerber eines im Verkehr als Träger der Zinsforderung umlaufenden Scheines ist gegenüber dem entsprechenden Einwand des Ausstellers nach § 796 BGB geschützt.[18] Da es sich um eine Gültigkeitseinwendung handelt, schadet dem Erwerber bereits grobe Fahrlässigkeit (vgl. die Kommentierung zu § 796 BGB Rn. 26).[19]

2. Erlöschen der Hauptforderung

Wenn die Hauptforderung erlischt oder aus anderen Gründen nicht mehr durchgesetzt werden kann, beispielsweise bei Kraftloserklärung der Haupturkunde[20], berührt dies gemäß § 803 Abs. 1 BGB den Bestand der Zinsforderung nicht.

Somit ist auch denkbar, dass Zinsforderung und Hauptforderung verschiedene Schicksale erleiden. Der verbriefte Zinsanspruch kann ohne die Haupturkunde durch Übereignung des Kupons nach den §§ 929 ff. BGB übertragen werden, so dass Haupt- und Nebenforderung getrennt werden[21]. In der Praxis ist eine gesonderte Übertragung jedoch eher die Ausnahme und nur sehr selten. Nach wohl herr-

---

[11] RG v. 30.09.1885 - I 206/85 - RGZ 14, 154-168; BGH v. 25.11.2008 - XI ZR 413/07- NZG 2009, 474-477, 477.
[12] RG v. 09.11.1910 - I 151/10 - RGZ 74, 339-342; RG v. 30.09.1885 - I 206/85 - RGZ 14, 154-168; AG Hamburg v. 07.05.1996 - 21a C 126/96 - NJW-RR 1996, 1140-1141; *Marburger* in: Staudinger, § 803 Rn. 2; *Baumbach/Hefermehl/Casper*, Wechselgesetz und Scheckgesetz, 23. Aufl. 2008, WPR Rn. 52; anders noch RG v. 19.03.1881 - II 258/81 - RGZ 4, 138-142.
[13] RG v. 01.07.1926 - IV 50/26 - JW 1926, 2675; offen gelassen von RG v. 28.05.1918 - VII 37/18 - RGZ 93, 56-63.
[14] *Sprau* in: Palandt, § 803 Rn. 1; *Welter* in: Soergel, § 803 Rn. 3; *Marburger* in: Staudinger, § 803 Rn. 2.
[15] Vgl. zu diesem Grundsatz: *Grundmann* in: MünchKomm-BGB, § 246 Rn. 31.
[16] Vgl. *Marburger* in: Staudinger, § 803 Rn. 7.
[17] Vgl. *Wilhelmi* in: Erman, § 803 Rn. 1.
[18] *Canaris*, Recht der Wertpapiere, 12. Aufl. 1986, § 24 VI 1a.
[19] *Canaris*, Recht der Wertpapiere, 12. Aufl. 1986, § 24 VI 1a.
[20] Vgl. *Marburger* in: Staudinger, § 803 Rn. 6.
[21] BGH v. 25.11.2008 - XI ZR 413/07 - NZG 2009, 474-477, 477.

schender Meinung hat deshalb derjenige, der eine Zinsforderung ohne das Hauptrecht erwirbt Anlass zu Misstrauen und ist daher beim Erwerb vom Nichtberechtigten in der Regel als bösgläubig anzusehen.[22]

3. Änderung/Wegfall der materiellen Zinspflicht

22 Auch für den Fall, dass die Hauptforderung nicht mehr oder niedriger verzinst wird, kann der Inhaber des Zinsscheins die im Zinsschein verbriefte Forderung geltend machen.

23 Eine Ausnahme gilt jedoch für den Fall, dass der Inhaber des Zinsscheins zugleich Inhaber der Schuldverschreibung ist. Der Wegfall der Zinspflicht ist dann eine Einwendung, die dem Aussteller gegen den Inhaber zusteht und die er ihm nach § 796 Alt. 3 BGB entgegenhalten kann.[23]

III. Zurückbehaltungsrecht des Ausstellers (Absatz 2)

24 § 803 Abs. 2 BGB ergänzt die Regelungen aus § 801 Abs. 2 BGB und § 797 BGB. Wie oben gesehen ist der Aussteller gegen Vorlage des entsprechenden Kupons zur Zahlung der Zinsen verpflichtet. Für den Aussteller besteht also die Gefahr, dass er wegen materiell nicht mehr geschuldeter Zinsen in Anspruch genommen wird, sofern ihm der Inhaber bei fälliger oder vorzeitiger Einlösung der Hauptschuldverschreibung nicht alle mit der Haupturkunde ausgegebenen Zinsscheine aushändigt. Daher berechtigt ihn § 803 Abs. 2 BGB dazu, den Betrag einzubehalten, der dem Nennwert der noch im Verkehr befindlichen Kupons entspricht.

1. Einlösung der Hauptschuldverschreibung

25 Die Hauptschuldverschreibung kann grundsätzlich bei Eintritt der Fälligkeit der versprochenen Leistung eingelöst werden (§ 801 Abs. 1 Satz 1 BGB). Der jeweilige Fälligkeitstermin kann entweder in der Urkunde selbst bestimmt werden, sich aus einer Vereinbarung zwischen Aussteller und Inhaber oder aus sonstigen Umständen ergeben.[24] Im Ergibt sich kein Fälligkeitstermin kann der Inhaber die Urkunde jederzeit zur Einlösung vorlegen (vgl. § 271 BGB).

26 Umgekehrt kann auch der Aussteller seinerseits eine Fälligkeit der Hauptforderung durch Kündigung oder Auslosung der Hauptschuldverschreibung herbeiführen.

2. Bestehen der Zinsforderung

27 Ein Zurückbehaltungsrecht des Ausstellers gemäß § 803 Abs. 2 BGB besteht jedoch nur insoweit, als der Aussteller aufgrund der noch nicht zurückgegebenen Scheine noch in Anspruch genommen werden kann. Er kann die Leistung folglich nicht verweigern oder muss den entsprechenden Betrag nachzahlen, wenn Zinsscheine nachträglich zurückgegeben werden oder der im Zinsschein verbriefte Anspruch nach § 801 BGB erloschen oder verjährt ist.[25]

3. Fälligkeit des Zinsscheines nach Einlösung der Hauptforderung

28 § 803 Abs. 2 BGB statuiert ein Leistungsverweigerungsrecht des Ausstellers zunächst für den Fall, dass die ausgegebenen Zinsscheine nach der Zahlung des in der Hauptschuldverschreibung versprochenen Kapitals fällig werden.

29 Zur Veranschaulichung dient folgendes Beispiel: Angenommen, der Aussteller hat eine Inhaberschuldverschreibung im Nennwert von 1.000 € mit einer Laufzeit von 5 Jahren und einer Zinspflicht von 4,5% p.a. ausgegeben. Löst nun der Inhaber die Schuldverschreibung bereits nach 3 Jahren ein, händigt dem Aussteller jedoch die Zinsscheine für die beiden letzten Jahre nicht aus, dann ist der Aussteller berechtigt, seine Leistung in Höhe von 90 € zu verweigern. Dem Inhaber werden daher zunächst nur 910 € ausbezahlt.

---

[22] So RG v. 06.02.1896 - I 336/95 - RGZ 36, 120-123; RG v. 20.05.1904 - VII 139/04 - RGZ 58, 160-162; *Wilhelmi* in: Erman, § 803 Rn. 1; *Marburger* in: Staudinger, § 803 Rn. 3; *Zöllner*, Wertpapierrecht, 14. Aufl. 1987, § 27 II 1; *Canaris*, Recht der Wertpapiere, 12. Aufl. 1986, § 24 VI 1a.

[23] *Habersack* in: MünchKomm-BGB, § 803 Rn. 4.

[24] Vgl. *Marburger* in: Staudinger, § 801 Rn. 4.

[25] *Habersack* in: MünchKomm-BGB, § 803 Rn. 6; *Marburger* in: Staudinger, § 803 Rn. 8.

4. Kündigung/Auslosung der Hauptschuldverschreibung

Nach wohl überwiegender Meinung kommt § 803 Abs. 2 BGB auch dann zur Anwendung, wenn der Aussteller das Stammpapier wirksam gekündigt oder ausgelost hat, der Inhaber bei Einlösung der Hauptverbindlichkeit einzelne Zinsscheine aber nicht mehr zurückgeben kann, weil er sie bereits eingelöst hat, obwohl ihm die Zinsen wegen der Auslosung oder Kündigung des Stammpapiers nicht mehr geschuldet wurden. In diesem Fall gibt § 803 Abs. 2 BGB analog dem Aussteller **ein Recht zur dauernden Leistungsverweigerung**.[26]

Nach Ansicht von *Habersack* ist in dem Fall, dass der Inhaber der Schuldverschreibung die Zinsscheine selbst in den Händen hält oder eingelöst hat, eine analoge Anwendung des § 803 Abs. 2 BGB entbehrlich. Demnach fehlt es an einer Regelungslücke, weil der Aussteller gegen den Anspruch auf Rückzahlung des Kapitals mit dem ihm zustehenden bereicherungsrechtlichen Anspruch auf Rückzahlung der zu viel entrichteten Zinsen aus § 812 Abs. 1 Satz 1 Alt. 1 BGB **aufrechnen kann**.[27]

5. Praktische Hinweise

Nach Ansicht der Rechtsprechung ist eine Bank nicht verpflichtet, einen Kunden bei der Einlösung von Zinsscheinen, die er selbst als Tafelpapiere verwahrt, darauf hinzuweisen, dass die Hauptschuldverschreibung bereits gekündigt ist.[28]

Mangels einer entsprechenden (vorsorglichen) Prüfungspflicht der Bank kann der selbst verwahrende Inhaber auch **keine Ersatzansprüche** gegen die Bank geltend machen, die ihm trotz Kündigung oder Auslosung der Hauptschuldverschreibung seine Zinsscheine eingelöst hat.[29]

D. Rechtsfolgen

§ 803 Abs. 1 BGB stellt klar, dass ausgegebene Zinsscheine auch bei Erlöschen der Hauptforderung oder im Falle der Änderung bzw. dem Wegfall der materiellen Zinspflicht **in Kraft bleiben**. Der Inhaber des Zinsscheins kann den Aussteller auf Zahlung der verbrieften Zinsen also auch dann noch in Anspruch nehmen, wenn solche nach dem zugrunde liegenden Verhältnis nicht mehr geschuldet werden.

Hinsichtlich der Rechtsfolgen, die sich aus dem in § 803 Abs. 2 BGB niedergeschriebenen Zurückbehaltungsrecht ergeben, ist zu differenzieren:

- Werden dem Aussteller bei der Einlösung der Hauptverbindlichkeit einzelne Zinsscheine nicht zurückgegeben, die erst nach der Einlösung fällig sind, hat er nur ein Recht zur vorübergehenden Leistungsverweigerung. Werden ihm die Zinsscheine nachträglich zurückgegeben oder erlöschen oder verjähren die Zinsforderungen gemäß § 801 BGB, muss der Aussteller den einbehaltenen Betrag in dem Umfang nachzahlen, in dem sein Sicherungsbedürfnis nicht mehr besteht
- Hat der Inhaber Zinsscheine eingelöst, obwohl aufgrund der Kündigung oder Auslosung der Hauptverbindlichkeit kein Anspruch auf Zinszahlung mehr bestand, hat der Aussteller nach wohl h.M. ein Recht zur dauernden Leistungsverweigerung. Er muss folglich an den Inhaber nur das Kapital abzüglich der nach dem Ende der Verzinsungspflicht eingelösten Zinsscheine ausbezahlen.

Hat der Aussteller dennoch den vollen Kapitalbetrag an den Inhaber ausbezahlt, kann er die überzahlten Zinsen nach den §§ 812 Abs. 1 Satz 1 Alt. 1, 813 Abs. 1 BGB zurückfordern.[30]

E. Prozessuale Hinweise/Verfahrenshinweise

Bei **Verlust** eines Zinsscheins wird nach § 799 Abs. 1 Satz 2 BGB **kein Aufgebotsverfahren** durchgeführt, da die Geringfügigkeit der in einem Zinsschein verbrieften Beträge den dafür erforderlichen Aufwand nicht rechtfertigt. Vielmehr gilt in diesem Fall die Sonderregelung des § 804 BGB.

---

[26] So LG Ellwangen v. 12.11.1991 - 4 O 537/90 - WM 1992, 53-55; LG Lübeck v. 24.11.1981 - 6 S 104/81 - NJW 1982, 1106-1108; LG Saarbrücken v. 21.05.1992 - 6 O 4496/91 - WM 1992, 1271-1273; *Wilhelmi* in: Erman, § 803 Rn. 2.
[27] *Habersack* in: MünchKomm-BGB, § 803 Rn. 7.
[28] LG Saarbrücken v. 21.05.1992 - 6 O 4496/91 - WM 1992, 1271-1273.
[29] *Habersack* in: MünchKomm-BGB, § 803 Rn. 7.
[30] LG Saarbrücken v. 21.05.1992 - 6 O 4496/91 - WM 1992, 1271-1273; *Habersack* in: MünchKomm-BGB, § 803 Rn. 7.

§ 803

38 § 803 Abs. 2 BGB gibt dem Aussteller gegen den Anspruch des Inhabers ein Zurückbehaltungsrecht. Analog § 273 Abs. 3 BGB kann das Zurückbehaltungsrecht des Ausstellers durch Sicherheitsleistung abgewendet werden.[31]

F. Anwendungsfelder

I. Namens- bzw. Orderzinsscheine

39 § 803 BGB ist entsprechend anwendbar auf Zinsscheine, die auf den Namen oder an Order lauten.[32]

II. Inhaberrentenscheine

40 Inhaberrentenscheine sind – wie Zinsscheine – Nebenpapiere einer Haupturkunde und verbriefen den Anspruch auf regelmäßige Zahlung einer Geldsumme (Rente) aus einem Grundstück (vgl. die §§ 1199 f. BGB). Nach überwiegender Auffassung ist § 803 BGB entsprechend auf Inhaberrentenscheine anwendbar.[33] Dabei ist jedoch zu beachten, dass in § 803 Abs. 1 BGB auf das Erlöschen der gesamten Rentenschuld, in § 803 Abs. 2 BGB auf die Ablösung des Rentenanspruchs abzustellen ist.[34]

III. Keine Anwendung auf Dividendenscheine (Gewinnanteilscheine)

41 Gewinnanteilscheine werden in der Regel zusammen mit Mitgliedschaftspapieren wie beispielsweise Aktien ausgegeben (vgl. die §§ 72 Abs. 2, 75 AktG). Der Aktionär erhält dann **neben** der Aktie einen Kuponbogen mit einer bestimmten Zahl abtrennbarer Dividendenscheine. Diese verbriefen einen Anspruch auf die in Zukunft von der Aktiengesellschaft ausgeschüttete Dividende.

42 Werden die Dividendenscheine auf den Inhaber ausgestellt, handelt es sich um eine besondere Form von Inhaberschuldverschreibungen auf die §§ 793 ff. BGB grundsätzlich Anwendung finden.[35]

43 Weil das im Dividendenschein verbriefte Recht **jedoch vom Bestand des Rechts aus der Haupturkunde abhängt** und mit diesem erlischt (vgl. § 72 Abs. 2 AktG), ist § 803 BGB **nicht** (analog) auf Gewinnanteilscheine anwendbar,[36] da diese Vorschrift gerade von der Unabhängigkeit von Haupt- und Nebenforderung ausgeht.

IV. Keine Anwendung auf Erneuerungsscheine (Talons)

44 Auch auf Erneuerungsscheine (Talons) wird § 803 BGB nach überwiegender Auffassung **nicht** angewendet, da der Anspruch auf neue Zins-, Renten- oder Dividendenscheine **im Hauptpapier** verbrieft ist und akzessorisch zum Bestehen des Hauptrechts ist[37]. § 803 BGB geht aber gerade von der grundsätzlichen Unabhängigkeit von Haupt- und Nebenforderung aus.

V. Übergangsrecht

45 Entsprechende Übergangsregelungen finden sich in den Art. 174, 175 EGBGB.

G. Arbeitshilfen

46 Schema:
  (1) **Ausgabe von Zinsscheinen**
  (2) **Entstehen der Hauptforderung**
  Trotz der Unabhängigkeit der Zinsforderung vom Bestand der Hauptforderung, kann sie nur zusammen mit der Hauptforderung entstehen.

---

[31] Wohl h.M., vgl. *Marburger* in: Staudinger, § 803 Rn. 8; *Steffen* in: BGB-RGRK, § 803 Rn. 16; *Habersack* in: MünchKomm-BGB, § 803 Rn. 6.

[32] *Marburger* in: Staudinger, § 803 Rn. 10.

[33] *Wilhelmi* in: Erman, § 803 Rn. 3; *Steffen* in: BGB-RGRK, § 803 Rn. 5; *Habersack* in: MünchKomm-BGB, § 803 Rn. 3; *Sprau* in: Palandt, § 803 Rn. 3.

[34] *Steffen* in: BGB-RGRK, § 803 Rn. 5; *Marburger* in: Staudinger, § 803 Rn. 11.

[35] Herrschende Meinung, vgl. RG v. 30.11.1888 - II 233/88 - RGZ 22, 113-116; RG v. 09.10.1911 - VI 473/10 - RGZ 77, 333-336; RG v. 08.04.1913 - II 599/12 - RGZ 82, 144-146; BGH v. 12.12.1957 - II ZR 185/56 - BGHZ 26, 167-174; *Hefermehl, Baumbach/Hefermehl/Casper*, Wechselgesetz und Scheckgesetz, 23. Aufl. 2008, WPR Rn. 53; einschränkend *Steffen* in: BGB-RGRK, § 803 Rn. 6; *Canaris*, Recht der Wertpapiere, 12. Aufl. 1986, § 25 I 2a.

[36] Vgl. *Habersack* in: MünchKomm-BGB, § 803 Rn. 3; *Hüffer*, Aktiengesetz, 10. Aufl. 2012, § 58 AktG Rn. 29; *Marburger* in: Staudinger, § 803 Rn. 13; Motive, Bd. II, S. 702 f = *Mugdan*, Bd. II, S. 392.

[37] *Steffen* in: BGB-RGRK, § 803 Rn. 10; *Marburger* in: Staudinger, § 803 Rn. 14.

(3) **Einwendung des Ausstellers gemäß § 796 Alt. 3 BGB**
Ist der Inhaber der Zinsscheine zugleich Inhaber der Schuldverschreibung findet § 796 Alt. 3 BGB Anwendung; der Wegfall der Zinspflicht (aufgrund einer niedrigeren oder gar keiner Verzinsung der Hauptforderung) ist dann eine Einwendung, die dem Aussteller unmittelbar gegen den Inhaber des Zinsscheins zusteht.

(4) **Zurückbehaltungsrecht des Ausstellers gemäß § 803 Abs. 2 BGB**

§ 804 BGB Verlust von Zins- oder ähnlichen Scheinen

(Fassung vom 02.01.2002, gültig ab 01.01.2002)

(1) ¹Ist ein Zins-, Renten- oder Gewinnanteilschein abhanden gekommen oder vernichtet und hat der bisherige Inhaber den Verlust dem Aussteller vor dem Ablauf der Vorlegungsfrist angezeigt, so kann der bisherige Inhaber nach dem Ablauf der Frist die Leistung von dem Aussteller verlangen. ²Der Anspruch ist ausgeschlossen, wenn der abhanden gekommene Schein dem Aussteller zur Einlösung vorgelegt oder der Anspruch aus dem Schein gerichtlich geltend gemacht worden ist, es sei denn, dass die Vorlegung oder die gerichtliche Geltendmachung nach dem Ablauf der Frist erfolgt ist. ³Der Anspruch verjährt in vier Jahren.

(2) In dem Zins-, Renten- oder Gewinnanteilschein kann der im Absatz 1 bestimmte Anspruch ausgeschlossen werden.

Gliederung

A. Grundlagen 1	2. Ausschluss durch Bestimmung in der Urkunde 13
I. Kurzcharakteristik 1	V. Keine Verjährung des Anspruchs 15
II. Gesetzgebungsmaterialien 2	**C. Rechtsfolgen** 16
III. Regelungsprinzipien 3	**D. Prozessuale Hinweise/Verfahrenshinweise** 17
B. Anwendungsvoraussetzungen 4	I. Verlustanzeige/Vorlegungsfrist 18
I. Verlust oder Vernichtung des Nebenpapiers 5	II. Verlust des Nebenpapiers 19
II. Verlustanzeige 7	III. Vorherige Vorlegung/gerichtliche Geltendmachung 22
III. Kein Ablauf der Vorlegungsfrist 9	IV. Verjährungsfrist 24
IV. Kein Ausschluss des Anspruchs 10	**E. Arbeitshilfen** 25
1. Ausschluss durch vorherige Vorlegung oder gerichtliche Geltendmachung 11	

A. Grundlagen

I. Kurzcharakteristik

1 Die Vorschrift des § 804 BGB schützt den bisherigen Inhaber eines abhanden gekommenen oder vernichteten Nebenpapiers vor den mit dem Verlust des Papiers verbundenen Nachteilen. § 804 BGB eröffnet ihm die Möglichkeit, seine Rechte aus der ursprünglich in seinem Besitz befindlichen Urkunde durch eine rechtzeitige Verlustanzeige an den Aussteller zu wahren. Die gesonderte Regelung für Gewinnanteilscheine, Zins- und Rentenscheine ist **erforderlich**, weil bei diesen Papieren eine Kraftloserklärung im Wege des Aufgebotsverfahrens nach § 799 Abs. 1 Satz 2 BGB **ausgeschlossen** ist.

II. Gesetzgebungsmaterialien

2 E I, § 697; II, § 732 rev § 789; III, § 788; Motive, Bd. II, S. 709 ff. = *Mugdan*, Bd. II, S. 396 ff.; Protokolle, Bd. II, S. 548 ff. = *Mugdan*, Bd. II, S. 1062 f.

III. Regelungsprinzipien

3 Falls dem bisherigen Inhaber das Nebenpapier abhandengekommen ist, steht ihm auch die Möglichkeit offen, vom nichtberechtigten Besitzer nach § 985 BGB die **Herausgabe** des Papiers zu verlangen.[1] Der Leistungsanspruch aus § 804 Abs. 1 Satz 1 BGB und der Herausgabeanspruch können grundsätzlich nebeneinander geltend gemacht werden.[2] Sofern der neue Inhaber seinerseits dem Aussteller das Nebenpapier zur Einlösung vorlegt, ist der Leistungsanspruch aus § 804 Abs. 1 Satz 1 BGB ausgeschlossen (vgl. § 804 Abs. 1 Satz 2 BGB) und der bisherige Inhaber ist auf die Geltendmachung des Herausgabeanspruchs beschränkt.

---

[1] Vgl. RG v. 30.09.1885 - I 206/85 - RGZ 14, 154-168.
[2] *Marburger* in: Staudinger, § 804 Rn. 1.

B. Anwendungsvoraussetzungen

Voraussetzung für den Leistungsanspruch aus § 804 Abs. 1 Satz 1 BGB ist, dass der bisherige Inhaber den Verlust seines Nebenpapiers dem Aussteller innerhalb der Vorlegungsfrist **anzeigt** und keiner der gesetzlich vorgesehenen **Ausschlussgründe** eingreift. 4

I. Verlust oder Vernichtung des Nebenpapiers

Die Vorschrift setzt zunächst voraus, dass ein Nebenpapier abhandengekommen oder vernichtet worden ist. Da die Begriffe „Abhandenkommen" und „Vernichtung" genauso zu verstehen sind wie in § 799 Abs. 1 Satz 1 BGB, kann auf die dortigen Ausführungen verwiesen werden (vgl. die Kommentierung zu § 799 BGB Rn. 14 f.). 5

Für den Anspruch aus § 804 Abs. 1 Satz 1 BGB ist es unerheblich, ob der bisherige Inhaber nur einen Schein, mehrere Scheine oder eine ganze Serie von Scheinen verloren hat.[3] 6

II. Verlustanzeige

Der bisherige Inhaber muss dem Aussteller den Verlust des jeweiligen Nebenpapiers anzeigen. Die Anzeige bedarf **keiner besonderen Form**[4] und stellt kein Rechtsgeschäft dar.[5] Sie soll vielmehr als geschäftsähnliche Handlung in Form der Vorstellungsäußerung zu qualifizieren sein, auf welche die Rechtsgeschäftsregeln analoge Anwendung finden.[6] 7

Die Verlustanzeige ist empfangsbedürftig und muss dem Aussteller vor Ablauf der Vorlegungsfrist zugehen.[7] Geht die Verlustanzeige dem Aussteller rechtzeitig zu, besteht bis zum Ablauf der Vorlegungsfrist ein Schwebezustand, da die Fälligkeit des Anspruchs nach dem eindeutigen Wortlaut des § 804 Abs. 1 Satz 1 BGB bis zum Ablauf der Vorlegungsfrist hinausgeschoben ist.[8] 8

III. Kein Ablauf der Vorlegungsfrist

Die Vorlegungsfrist für Zins-, Renten- und Gewinnanteilscheine beträgt nach § 801 Abs. 2 BGB **vier Jahre seit** dem Schluss des Jahres, in dem die Leistung aus dem Nebenpapier fällig wird. Eine verspätet zugegangene Anzeige entfaltet keine Rechtswirkung.[9] 9

IV. Kein Ausschluss des Anspruchs

Der Leistungsanspruch des bisherigen Inhabers besteht nur, wenn keiner der gesetzlich vorgesehenen Ausschlussgründe eingreift. 10

1. Ausschluss durch vorherige Vorlegung oder gerichtliche Geltendmachung

Zum einen ist der Anspruch ausgeschlossen, wenn in der Schwebezeit zwischen rechtzeitiger Verlustanzeige und dem Ablauf der Vorlegungsfrist **der abhanden gekommene Schein zur Einlösung vorgelegt oder der verbriefte Anspruch gerichtlich geltend gemacht worden ist** (§ 804 Abs. 1 Satz 2 BGB). Der Aussteller kann in diesem Fall **trotz** der Verlustanzeige mit befreiender Wirkung an den derzeitigen Inhaber leisten, auch wenn dieser sachlich nicht berechtigt ist (vgl. § 793 Abs. 1 Satz 2 BGB).[10] Allerdings sind auch hier die entsprechenden Grenzen der Liberationswirkung zu beachten (vgl. die Kommentierung zu § 793 BGB Rn. 83). 11

Voraussetzung ist jedoch stets, dass die Vorlegung oder Geltendmachung **vor** dem Ablauf der Vorlegungsfrist erfolgt; legt der neue Inhaber das Nebenpapier erst **nach** dem Ablauf der Frist vor bzw. macht den Anspruch gerichtlich geltend, behält der bisherige Inhaber seine Rechte aus § 804 Abs. 1 Satz 1 BGB (vgl. § 804 Abs. 1 Satz 2 HS. 2 BGB). 12

---

[3] Vgl. *Marburger* in: Staudinger, § 804 Rn. 3.
[4] *Habersack* in: MünchKomm-BGB, § 804 Rn. 3; *Marburger* in: Staudinger, § 804 Rn. 4; *Steffen* in: BGB-RGRK, § 804 Rn. 3.
[5] *Marburger* in: Staudinger, § 804 Rn. 4.
[6] *Marburger* in: Staudinger, § 804 Rn. 4.
[7] Vgl. § 130 BGB; *Marburger* in: Staudinger, § 804 Rn. 4.
[8] Vgl. *Habersack* in: MünchKomm-BGB, § 804 Rn. 4.
[9] Vgl. *Marburger* in: Staudinger, § 804 Rn. 4.
[10] *Marburger* in: Staudinger, § 804 Rn. 7; *Habersack* in: MünchKomm-BGB, § 804 Rn. 5; *Wilhelmi* in: Erman, § 804 Rn. 1.

§ 804

2. Ausschluss durch Bestimmung in der Urkunde

13 Darüber hinaus kann der Anspruch aus § 804 Abs. 1 Satz 1 BGB durch den Aussteller mittels eines entsprechenden **Vermerks im Nebenpapier ausgeschlossen** werden (§ 804 Abs. 2 BGB). Es sei an dieser Stelle angemerkt, dass ein solcher Vermerk auf dem Zins-, Renten- oder Gewinnanteilschein im (unwahrscheinlichen) Fall der Vernichtung aller Nebenpapiere nicht mehr ohne weiteres nachgewiesen werden kann. Auch wenn in einem Prozess der auf dem Papier vermerkte Ausschluss **mithilfe anderer Beweismittel** (z.B. Zeugen) bewiesen werden kann, muss der Aussteller grundsätzlich mit dem „worst case" rechnen. Daher sollte von dieser Möglichkeit nur sehr zurückhaltend Gebrauch gemacht werden.

14 Bei Zinsscheinen von Schuldverschreibungen des Bundes war der Anspruch nach § 17 ReichsschuldenO kraft Gesetzes ausgeschlossen, ohne dass es einer ausdrücklichen Bestimmung bedurfte. Nachdem die Reichsschuldenordnung zum 01.01.2002 durch das Bundeswertpapierverwaltungsgesetz aufgehoben wurde, ist dieser Ausschlussgrund heute nur mehr von rechtsgeschichtlichem Interesse. Gemäß Art. 100 EGBGB bleiben landesrechtliche Regelungen, die den Anspruch aus § 804 Abs. 1 BGB für Inhaberschuldverschreibungen eines Landes oder einer ihm angehörenden Körperschaft, Stiftung oder Anstalt des öffentlichen Rechts ausschließen, ohne dass es eines Vermerks im Schein bedarf, weiterhin in Kraft.

V. Keine Verjährung des Anspruchs

15 Der Anspruch aus § 804 Abs. 1 Satz 1 BGB unterliegt seinerseits ebenfalls der Verjährung. Die Verjährungsfrist beträgt nach § 804 Abs. 1 Satz 3 BGB **vier Jahre** und beginnt nach wohl herrschender Ansicht mit dem Ablauf der Vorlegungsfrist des § 801 Abs. 2 BGB.[11]

C. Rechtsfolgen

16 Nach § 804 Abs. 1 Satz 1 BGB kann der bisherige Inhaber – vorbehaltlich der in § 804 Abs. 2 BGB sowie in § 804 Abs. 1 Satz 2 BGB genannten Ausschlussgründe – vom Aussteller die im Nebenpapier verbriefte Leistung **auch ohne Vorlage des Papiers** verlangen.

D. Prozessuale Hinweise/Verfahrenshinweise

17 Im Rahmen der Vorschrift des § 804 BGB sind in prozessualer Hinsicht insbesondere Fragen der Beweislastverteilung bedeutsam. Diese stellt sich für die einzelnen Tatbestandsmerkmale wie folgt dar:

I. Verlustanzeige/Vorlegungsfrist

18 Nach allgemeiner Auffassung trifft **den bisherigen Inhaber die Beweislast** für den rechtzeitigen Zugang der Verlustanzeige sowie den Ablauf der Vorlegungsfrist.[12]

II. Verlust des Nebenpapiers

19 **Umstritten** ist hingegen, wer die Beweislast für den Verlust des Nebenpapiers trägt.

20 Eine Ansicht geht davon aus, dass der Verlust vom bisherigen Inhaber zu beweisen ist.[13] Insbesondere *Baumgärtel* weist zur Begründung dieser Ansicht darauf hin, dass der Verlust des Papiers nach dem Wortlaut der Vorschrift eine anspruchsbegründende – und damit eine vom Anspruchsteller (bisheriger Inhaber) zu beweisende Tatsache darstellt.[14]

21 Nach anderer Ansicht braucht der Verlust der Urkunde generell nicht nachgewiesen zu werden.[15] Zur Begründung wird angeführt, dass ein Beweis entbehrlich ist, weil dem Aussteller daraus kein Risiko erwachse. Der Anspruch aus § 804 BGB entstehe erst nach Ablauf der Vorlegungsfrist; zu diesem Zeitpunkt sei eine Einlösungspflicht aufgrund der Vorlage des Scheins durch einen Dritten aber bereits ausgeschlossen.[16]

---

[11] *Habersack* in: MünchKomm-BGB, § 804 Rn. 4; *Marburger* in: Staudinger, § 804 Rn. 10; *Steffen* in: BGB-RGRK, § 804 Rn. 10; *Sprau* in: Palandt, § 804 Rn. 3.

[12] *Habersack* in: MünchKomm-BGB, § 804 Rn. 7; *Sprau* in: Palandt, § 804 Rn. 2; *Baumgärtel/Laumen*, Handbuch der Beweislast, 3. Aufl. 2008, § 804 Rn. 1.

[13] So *Wilhelmi* in: Erman, § 804 Rn. 1; *Habersack* in: MünchKomm-BGB, § 804 Rn. 7; so auch noch E I, § 697 Abs. 1 Satz 1.

[14] *Baumgärtel/Laumen*, Handbuch der Beweislast, § 804 Rn. 1.

[15] So *Marburger* in: Staudinger, § 804 Rn. 11; *Steffen* in: BGB-RGRK, § 804 Rn. 12.

[16] Vgl. *Marburger* in: Staudinger, § 804 Rn. 11.

III. Vorherige Vorlegung/gerichtliche Geltendmachung

Im Hinblick auf die Beweislast bezüglich der Ausschlussgründe ist wie folgt zu differenzieren: Der **Aussteller** hat die zwischenzeitliche Vorlegung des Papiers oder die gerichtliche Geltendmachung des Anspruchs durch einen Dritten zu beweisen.[17]

Bringt der **bisherige Inhaber** seinerseits im Prozess vor, dass die jeweilige Maßnahme des Dritten erst nach Ablauf der Vorlegungsfrist erfolgt ist, so trägt er hierfür die Beweislast.[18]

IV. Verjährungsfrist

Nach wohl herrschender Auffassung obliegt dem Aussteller der Beweis, dass die Verjährungsfrist des § 804 Abs. 1 Satz 3 BGB abgelaufen ist.[19]

E. Arbeitshilfen

Prüfungsschema:

(1) **Verlust oder Vernichtung des Nebenpapiers (Zins-, Renten-, Gewinnanteilsschein)**
(2) **Verlustanzeige**
    Der bisherige Inhaber muss dem Aussteller den Verlust des jeweiligen Nebenpapiers anzeigen. Eine besondere Form ist hierbei nicht einzuhalten.
(3) **Kein Ablauf der Vorlegungsfrist des** § 801 Abs. 2 BGB bei Verlustanzeige
(4) **Kein Ausschluss des Anspruchs**
    (a) aufgrund vorheriger Vorlegung oder gerichtlicher Geltendmachung
    (b) aufgrund einer Bestimmung in der Urkunde (§ 803 Abs. 2 BGB)
(5) **Keine Verjährung des Anspruchs gemäß** § 804 Abs. 1 Satz 3 BGB
(6) **Rechtsfolge**
    Der bisherige Inhaber kann vom Aussteller die im Nebenpapier verbriefte Leistung nach Ablauf der Vorlegungsfrist auch **ohne Vorlage** des Papiers geltend machen.

---

[17] Vgl. *Marburger* in: Staudinger, § 804 Rn. 11.
[18] *Baumgärtel/Laumen*, Handbuch der Beweislast, § 804 Rn. 2.
[19] *Steffen* in: BGB-RGRK, § 804 Rn. 11; *Marburger* in: Staudinger, § 804 Rn. 11; *Baumgärtel/Laumen*, Handbuch der Beweislast, § 804 Rn. 3.

§ 805 BGB Neue Zins- und Rentenscheine

(Fassung vom 02.01.2002, gültig ab 01.01.2002)

¹Neue Zins- oder Rentenscheine für eine Schuldverschreibung auf den Inhaber dürfen an den Inhaber der zum Empfang der Scheine ermächtigenden Urkunde (Erneuerungsschein) nicht ausgegeben werden, wenn der Inhaber der Schuldverschreibung der Ausgabe widersprochen hat. ²Die Scheine sind in diesem Fall dem Inhaber der Schuldverschreibung auszuhändigen, wenn er die Schuldverschreibung vorlegt.

Gliederung

A. Grundlagen 1	II. Widerspruch des Inhabers 12
I. Kurzcharakteristik 1	III. Abdingbarkeit 14
II. Gesetzgebungsmaterialien 3	**C. Rechtsfolgen** 15
III. Regelungsprinzipien 4	I. Keine Ausübung des Widerspruchsrechts 16
B. Anwendungsvoraussetzungen 5	II. Ausübung des Widerspruchsrechts 17
I. Bestehen eines Erneuerungsscheins 5	**D. Prozessuale Hinweise/Verfahrenshinweise** 19
1. Definition 6	
2. Rechtsnatur 7	**E. Anwendungsfelder** 21
3. Akzessorietät 10	**F. Arbeitshilfen** 22

A. Grundlagen

I. Kurzcharakteristik

1 Die Vorschrift des § 805 BGB dient in erster Linie dem Schutz des Inhabers der Schuldverschreibung (Haupturkunde). Ihr lässt sich entnehmen, dass nach den Vorstellungen des Gesetzgebers dem Inhaber der Schuldverschreibung grundsätzlich auch der **Anspruch auf Auslieferung neuer Zins- und Rentenscheine** zustehen soll.[1]

2 Befindet sich die zum **Empfang neuer Nebenpapiere ermächtigende Urkunde (Erneuerungsschein = Talon) nicht im Besitz des Inhabers**, besteht für ihn die Gefahr, dass aufgrund der Legitimationswirkung des Talons neue Zins- oder Rentenscheine an einen Dritten ausgehändigt werden; mit der Folge, dass dieser die verbriefte Zins- oder Rentenforderung einziehen kann. Dieser Gefahr begegnet § 805 BGB.

II. Gesetzgebungsmaterialien

3 E I, § 698; II, § 733 rev § 790; III, § 789; Motive, Bd. II, S. 712 = *Mugdan*, Bd. II, S. 398; Protokolle, Bd. II, S. 551 ff.; VI, S. 143 = *Mugdan*, Bd. II, S. 1063 ff.

III. Regelungsprinzipien

4 Nach allgemeiner Auffassung sind Erneuerungsscheine **keine** Wertpapiere, sondern nur einfache **Legitimationspapiere**.[2] Dementsprechend sind die §§ 793 ff. BGB grundsätzlich auf Talons **nicht** anwendbar.[3] **Lediglich** die §§ 797, 798 BGB werden entsprechend auf Erneuerungsscheine angewendet.[4]

B. Anwendungsvoraussetzungen

I. Bestehen eines Erneuerungsscheins

5 Die Vorschrift des § 805 BGB setzt zunächst das Bestehen eines Erneuerungsscheins voraus.

---

[1] *Habersack* in: MünchKomm-BGB, § 805 Rn. 1.
[2] RG v. 28.10.1893 – RGZ 31, 145-149; RG v. 09.11.1910 – I 151/10 – RGZ 74, 339-342; RG v. 09.10.1911 – VI 473/10 – RGZ 77, 333-336; *Baumbach/Hefermehl/Casper*, Wechselgesetz und Scheckgesetz, 23. Aufl. 2008, WPR Rn. 54; *Steffen* in: BGB-RGRK, § 803 Rn. 9; *Canaris*, Recht der Wertpapiere, 12. Aufl. 1986, § 24 VI 2; *Marburger* in: Staudinger, § 803 Rn. 14; *Sprau* in: Palandt, § 805 Rn. 1.
[3] Vgl. *Marburger* in: Staudinger, § 803 Rn. 15.
[4] *Marburger* in: Staudinger, § 803 Rn. 15; *Steffen* in: BGB-RGRK, § 803 Rn. 11.

1. Definition

Der **Erneuerungsschein** (Talon) ist in § 805 BGB **legal definiert** als zum Empfang der (Zins- oder Renten-)Scheine ermächtigende Urkunde.

2. Rechtsnatur

Die herrschende Meinung sieht in Erneuerungsscheinen keine Wertpapiere, sondern einfache **Legitimationspapiere**.[5] Diese Ansicht geht davon aus, dass der Talon **keinen Anspruch auf Lieferung** neuer Zins-, Renten- oder Dividendenscheine verbrieft. Der Anspruch soll allein dem Inhaber des Hauptrechts zustehen.[6] Der Erneuerungsschein ermöglicht nur die Auslieferung neuer Zinsscheine ohne Vorlage der Haupturkunde, indem sich der Gläubiger durch ihn legitimeren kann.

Nach einer Mindermeinung soll der Inhaber des Erneuerungsscheins wie bei einem Inhaberpapier grundsätzlich berechtigt sein, die Aushändigung der neuen Zins- und Rentenscheine zu verlangen.[7] Sein Anspruch **sei aber** dadurch eingeschränkt, dass der Inhaber der Schuldverschreibung der Aushändigung der Zinsscheine nach § 805 BGB widersprechen und Aushändigung an sich selbst verlangen kann.

Allerdings können Erneuerungsscheine ausdrücklich auf den Inhaber gestellt werden und dann als selbstständige **Inhaberschuldverschreibungen** umlaufen.[8] In der Praxis kommt dies jedoch so gut wie nie vor.[9]

3. Akzessorietät

Der Anspruch auf Lieferung neuer Zins-, Renten- oder Dividendenscheine ist nach herrschender Auffassung abhängig vom Bestehen des Hauptrechts.[10] Er kann **nicht Gegenstand besonderer Rechte** sein.[11] Aus der Akzessorietät folgt weiterhin, dass der Anspruch **nur zusammen** mit dem Hauptrecht übertragen werden kann und mit Erlöschen der Forderung aus dem Stammpapier bedeutungslos wird.[12] Dementsprechend steht das Eigentum am Erneuerungsschein nach § 952 BGB dem Inhaber des Hauptrechts zu.[13]

II. Widerspruch des Inhabers

Das Widerspruchsrecht steht nach § 805 Satz 1 a.E. BGB allein dem Inhaber der Schuldverschreibung zu. Es ist nicht auf den Fall des Verlusts der Zinsscheine beschränkt,[14] sondern besteht immer dann, wenn sich der Erneuerungsschein in den Händen eines Dritten befindet[15].

Der **Widerspruch** erfolgt **durch formlose, einseitige empfangsbedürftige Willenserklärung**, die mit Zugang an den Aussteller wirksam wird (§§ 130 ff. BGB). Der Widersprechende muss keinen Grund für den Widerspruch angeben,[16] jedoch ist ein Widerspruch nur bis zur Erteilung der neuen Zins- und Rentenscheine möglich (vgl. Wortlaut des § 805 Satz 1 a.E. BGB „widersprochen hat").

---

[5] RG v. 28.10.1893 - I 255/93 - RGZ 31, 145-149; RG v. 09.11.1910 - I 151/10 - RGZ 74, 339-342; RG v. 09.10.1911 - VI 473/10 - RGZ 77, 333-336; *Baumbach/Hefermehl/Casper*, Wechselgesetz und Scheckgesetz, 23. Aufl. 2008, WPR Rn. 54; *Steffen* in: BGB-RGRK, § 803 Rn. 9; *Canaris*, Recht der Wertpapiere, 12. Aufl. 1986, § 24 VI 2; *Marburger* in: Staudinger, § 803 Rn. 14; *Sprau* in: Palandt, § 805 Rn. 1; *Habersack* in: MünchKomm-BGB, § 803 Rn. 2.
[6] *Steffen* in: BGB-RGRK, § 803 Rn. 9.
[7] So wohl *Wilhelmi* in: Erman, § 805 Rn. 1.
[8] *Marburger* in: Staudinger, § 803 Rn. 15; *Steffen* in: BGB-RGRK, § 805 Rn. 5; *Wilhelmi* in: Erman, § 805 Rn. 1.
[9] Vgl. *Habersack* in: MünchKomm-BGB, § 805 Rn. 2.
[10] *Steffen* in: BGB-RGRK, § 803 Rn. 10; *Marburger* in: Staudinger, § 803 Rn. 14.
[11] *Steffen* in: BGB-RGRK, § 803 Rn. 10.
[12] *Wilhelmi* in: Erman, § 805 Rn. 1.
[13] *Steffen* in: BGB-RGRK, § 803 Rn. 10.
[14] So noch E I, § 698; *Sprau* in: Palandt, § 805 Rn. 1 sieht Verlust als Hauptanwendungsfall.
[15] *Habersack* in: MünchKomm-BGB, § 805 Rn. 3; E II, § 733; Protokolle, Bd. II, S. 552 ff.
[16] Vgl. *Habersack* in: MünchKomm-BGB, § 805 Rn. 3; *Marburger* in: Staudinger, § 805 Rn. 3.

III. Abdingbarkeit

14 Nach wohl herrschender Auffassung ist § 805 BGB **abdingbar** mit der Folge, dass ein Erneuerungsschein durch besondere Erklärung in der Urkunde den Charakter eines echten Inhaberpapiers erhalten kann.[17]

C. Rechtsfolgen

15 Aus der Eigenschaft des Erneuerungsscheins als Legitimationspapier ergibt sich, dass dessen Inhaber keinen Anspruch auf Lieferung neuer Zins- Renten- oder Dividendenscheine hat, wenn der Inhaber der Hauptukurunde widersprochen hat. Vielmehr ist der diesbezügliche Anspruch in der Hauptukurunde verbrieft und steht nur dem Inhaber des Hauptrechts zu.

I. Keine Ausübung des Widerspruchsrechts

16 Wenn und solange der Inhaber auf einen Widerspruch verzichtet, kann sich der Aussteller auch durch die Aushändigung der neuen Zins- und Rentenscheine an den Inhaber des Erneuerungsscheins von der im Hauptpapier verbrieften Verpflichtung zur Lieferung neuer Zins- oder Rentenscheine **befreien**. Dies folgt aus der **Legitimationswirkung** des Talons.

II. Ausübung des Widerspruchsrechts

17 Macht der Inhaber jedoch von seinem Widerspruchsrecht Gebrauch, wird die im Erneuerungsschein verkörperte Legitimation des Taloninhabers zerstört.[18] Der Widerspruch entfaltet in dem Fall eine **Sperrwirkung** dahin gehend, dass der Aussteller die Zinsscheine nicht an den Inhaber des Erneuerungsscheins aushändigen darf.

18 Vielmehr kann der Inhaber der Schuldverschreibung seinerseits nach § 805 Satz 2 BGB vom Aussteller gegen Vorlage des Hauptpapiers verlangen, dass dieser ihm die neuen Zins- oder Rentenscheine aushändigt.

D. Prozessuale Hinweise/Verfahrenshinweise

19 Für Erneuerungsscheine wird **kein Aufgebotsverfahren** zum Zweck der Kraftloserklärung durchgeführt.[19] Der Gesetzgeber erachtete dies als unzweckmäßig und hat sich dafür entschieden, den **bloßen Widerspruch** des Inhabers der Schuldverschreibung für die Durchsetzung des Auslieferungsanspruchs gegen den Besitzer des Erneuerungsscheins genügen zu lassen.[20]

20 Die Darlegungs- und Beweislast für die Rechtzeitigkeit des Widerspruchs gegen die Ausgabe neuer Zins- oder Rentenscheine trifft den Widersprechenden.[21]

E. Anwendungsfelder

21 Für Erneuerungsscheine zum Empfang von Gewinnanteilsscheinen trifft § 75 AktG **eine Sonderregelung**, die § 805 BGB vorgeht. § 75 AktG ist im Gegensatz zu § 805 BGB aufgrund von § 23 Abs. 5 AktG nicht dispositiv.

F. Arbeitshilfen

22 Schema:

  (1) Bestehen eines Erneuerungsscheins (**Talons**)
  (2) **Auseinanderfallen der Inhaberschaft** an Schuldverschreibung und Talons
  (3) § 805 BGB **nicht abbedungen** durch Erklärung in der Urkunde
  (4) **Widerspruchsrecht** des Inhabers der Schuldverschreibung
      Widerspruch erfolgt durch formlose einseitige Willenserklärung gegenüber dem Aussteller.

---

[17] So Motive, Bd. II, S. 712 = *Mugdan*, Bd. II, S. 398; *Wilhelmi* in: Erman, § 805 Rn. 1; *Marburger* in: Staudinger, § 805 Rn. 6; *Sprau* in: Palandt, § 805 Rn. 1.
[18] *Marburger* in: Staudinger, § 805 Rn. 4.
[19] Vgl. § 799 Abs. 1 Satz 1 BGB; *Marburger* in: Staudinger, § 805 Rn. 2; *Habersack* in: MünchKomm-BGB, § 805 Rn. 1.
[20] *Habersack* in: MünchKomm-BGB, § 805 Rn. 1.
[21] *Baumgärtel/Laumen*, Handbuch der Beweislast, 3. Aufl. 2008, § 805 Rn. 1; *Steffen* in: BGB-RGRK, § 805 Rn. 4.

(5) **Rechtsfolgen**
  (a) wird Widerspruchsrecht nicht ausgeübt
      Der Aussteller kann auch an den Inhaber des Talons die neuen Zinsen- oder Rentenscheine mit befreiender Wirkung liefern (Legitimationswirkung des Talons).
  (b) wird Widerspruchsrecht ausgeübt
      Legitimationswirkung des Talons wird durch den Widerspruch zerstört, der Aussteller darf die neuen Zins- oder Rentenscheinen nicht mehr an den Inhaber des Talons aushändigen, vielmehr kann der Inhaber der Schuldverschreibung gegen Vorlage des Hauptpapiers Aushändigung der neuen Nebenpapiere an sich verlangen.

§ 806 BGB Umschreibung auf den Namen

(Fassung vom 02.01.2002, gültig ab 01.01.2002)

¹Die Umschreibung einer auf den Inhaber lautenden Schuldverschreibung auf den Namen eines bestimmten Berechtigten kann nur durch den Aussteller erfolgen. ²Der Aussteller ist zur Umschreibung nicht verpflichtet.

Gliederung

A. Grundlagen 1	I. Umschreibung (Satz 1) 4
I. Kurzcharakteristik 1	II. Umschreibungsverpflichtung (Satz 2) 6
II. Gesetzgebungsmaterialien 2	**D. Rechtsfolgen** 7
B. Praktische Bedeutung 3	**E. Prozessuale Hinweise/Verfahrenshinweise** 11
C. Anwendungsvoraussetzungen 4	**F. Anwendungsfelder** 12

A. Grundlagen

I. Kurzcharakteristik

1 Mit einem Inhaberpapier sind für den jeweiligen Gläubiger stets **Risiken** verbunden. Zu denken ist nur an die Möglichkeit des gutgläubigen Erwerbs trotz Abhandenkommens (§ 935 Abs. 2 BGB) sowie die befreiende Leistung seitens des Ausstellers an jeden Inhaber (vgl. § 793 Abs. 1 Satz 2 BGB). § 806 BGB eröffnet dem Gläubiger daher die Möglichkeit, die Verkehrsfähigkeit durch die so genannte **Festmachung** des Papiers aufzuheben.[1]

II. Gesetzgebungsmaterialien

2 E I, § 700; II, § 734 rev § 791; III, § 790; Motive, Bd. II, S. 713 ff. = *Mugdan*, Bd. 2, S. 398 ff.; Protokolle, Bd. II, S. 555 = *Mugdan*, Bd. 2, S. 1065; D 99 f. = *Mugdan*, Bd. 2, S. 1267.

B. Praktische Bedeutung

3 Die Umschreibung einer Inhaberschuldverschreibung **auf den Namen** ist insbesondere dann von Interesse, wenn der Erwerber beabsichtigt, die Urkunde nicht wieder in Verkehr zu bringen, sondern sie als langfristige Kapitalanlage bis zur Einlösung selbst zu behalten.[2]

C. Anwendungsvoraussetzungen

I. Umschreibung (Satz 1)

4 Die Umschreibung kann nur durch den Aussteller selbst erfolgen, § 806 Satz 1 BGB, und zwar durch einen **Vermerk in der Urkunde**.[3] Erforderlich ist zudem die Zustimmung des Inhabers, da der Aussteller durch die Aufhebung der Verkehrsfähigkeit ohne den Willen des Inhabers unzulässigerweise in dessen Rechtsposition eingreifen würde.[4]

5 **Ebenso** ist eine **Rückumschreibung** von einem Namenspapier in ein Inhaberpapier möglich. Sie erfolgt nach demselben Verfahren wie die Umschreibung, eine bloße Streichung des in der Urkunde enthaltenen Umschreibungsvermerks ist nicht ausreichend[5], vielmehr ist ein neuer Vermerk gegenläufigen Inhalts erforderlich.

II. Umschreibungsverpflichtung (Satz 2)

6 Der dispositive § 806 Satz 2 BGB stellt klar, dass der Aussteller grundsätzlich **nicht** zur Umschreibung verpflichtet werden kann. **Denkbar** ist aber die Begründung einer **Umschreibungsverpflichtung**

---

[1] Vgl. *Steffen* in: BGB-RGRK, § 806 Rn. 1; *Marburger* in: Staudinger, § 806 Rn. 1; *Habersack* in: Münch-Komm-BGB, § 806 Rn. 1.
[2] *Wilhelmi* in: Erman, § 806 Rn. 1; *Marburger* in: Staudinger, § 806 Rn. 1.
[3] Vgl. RG v. 13.01.1898 - VI 420/97 - RGZ 40, 131-134.
[4] *Marburger* in: Staudinger, § 806 Rn. 2; *Steffen* in: BGB-RGRK, § 806 Rn. 2.
[5] Vgl. *Steffen* in: BGB-RGRK, § 806 Rn. 5; *Marburger* in: Staudinger, § 806 Rn. 7.

durch einen **Vermerk in der Urkunde**[6] oder durch Abschluss eines **Vertrags** entsprechenden Inhalts zwischen Aussteller und Inhaber.[7]

D. Rechtsfolgen

Durch die Umschreibung verliert die Urkunde nicht ihre Eigenschaft als Wertpapier.[8] Sie wandelt sich lediglich vom Inhaberpapier in ein Namenspapier mit der Folge[9], dass die §§ 793 ff. BGB nicht mehr anwendbar sind. — 7

Die Umschreibung verändert die förmliche Legitimation dahingehend, dass nunmehr nur noch der in der Urkunde namentlich bezeichnete Inhaber zur Geltendmachung der verbrieften Forderung berechtigt ist. Dagegen hat die Umschreibung keine Auswirkungen auf die materielle Berechtigung aus dem Papier.[10] War der Inhaber, auf dessen Namen die Urkunde festgesetzt wurde, nicht materiell berechtigt, kann er auch durch die Umschreibung das verbriefte Recht nicht erwerben. — 8

In ihrer neuen Eigenschaft als Namenspapier kann die verbriefte Forderung nur noch durch Abtretung (§§ 398 ff. BGB) und nicht mehr durch Übereignung des Papiers nach den §§ 929 f., 932, 935 Abs. 2 BGB übertragen werden. Insbesondere wird dadurch ein gutgläubiger Erwerb vom Nichtberechtigten ausgeschlossen, da dem deutschen Recht grundsätzlich ein gutgläubiger Forderungserwerb (vgl. aber § 405 BGB) fremd ist. — 9

Die mit der Haupturkunde ausgegebenen Zins-, Renten- und Erneuerungsscheine werden durch die Umschreibung der Haupturkunde nicht berührt. Sie bleiben weiterhin als Inhaberpapiere in Kraft (vgl. § 803 Abs. 1 BGB), es sei denn, sie werden ebenfalls auf den Namen eines bestimmten Berechtigten umgeschrieben.[11] — 10

E. Prozessuale Hinweise/Verfahrenshinweise

In prozessualer Hinsicht kann im Falle der Rückumschreibung von einem Namenspapier in ein Inhaberpapier die Vorschrift des § 823 ZPO von Bedeutung sein. Zwar gilt die Vorschrift ihrem Wortlaut nach nur für außer Kurs gesetzte Papiere, die das jetzige Recht aber nicht mehr kennt. Doch gilt § 823 ZPO entsprechend für die Beseitigung der Umwandlung eines Inhaberpapiers in ein Rektapapier.[12] — 11

F. Anwendungsfelder

Insbesondere im Bürgerlichen Gesetzbuch existieren zahlreiche Sondervorschriften für die Umschreibung. So betreffen die §§ 1814, 1815 BGB die Umschreibung zum Mündelvermögen gehörender Inhaberpapiere, § 1667 Abs. 2 Satz 2 BGB die Umschreibung zum Kindesvermögen gehörender Inhaberpapiere sowie die §§ 2116, 2117 BGB die Umschreibung zur Erbschaft gehörender Inhaberpapiere durch den Vorerben auf Verlangen des Nacherben. — 12

Zudem enthält § 24 AktG eine Sonderregelung für die Umwandlung von Inhaber- in Namensaktien und umgekehrt. — 13

Erwähnt sei schließlich, dass nach § 6 Abs. 4 BSchuWG eine Wertpapiersammelbank die ihr zur Sammelverwahrung anvertrauten verbrieften Schuldverschreibungen des Bundes und seiner Sondervermögen grundsätzlich jederzeit in eine Sammelschuldbuchforderung umwandeln lassen kann.[13] — 14

Übergangsrecht: Übergangsvorschriften für die Umwandlung sowie landesgesetzliche Vorbehalte finden sich in den Art. 97, 98, 101 EGBGB und Art. 174-176 EGBGB. — 15

---

[6] Motive, Bd. II, S. 717 = Mugdan, Bd. 2, S. 401.
[7] Vgl. *Habersack* in: MünchKomm-BGB, § 806 Rn. 3; *Marburger* in: Staudinger, § 806 Rn. 3; *Sprau* in: Palandt, § 806 Rn. 1.
[8] *Marburger* in: Staudinger, § 806 Rn. 4.
[9] *Sprau* in: Palandt, § 806 Rn. 1; *Steffen* in: BGB-RGRK, § 806 Rn. 4.
[10] *Marburger* in: Staudinger, § 806 Rn. 5.
[11] *Steffen* in: BGB-RGRK, § 806 Rn. 4; *Marburger* in: Staudinger, § 806 Rn. 4.
[12] Vgl. *Hartmann* in: Baumbach/Lauterbach, ZPO, 70. Aufl. 2012, § 823 Rn. 2; *Becker* in: Musielak, ZPO, 9. Aufl. 2012, § 823 Rn. 1.
[13] Vgl. *Marburger* in: Staudinger, § 803 Rn. 8.

§ 807 BGB Inhaberkarten und -marken

(Fassung vom 02.01.2002, gültig ab 01.01.2002)

Werden Karten, Marken oder ähnliche Urkunden, in denen ein Gläubiger nicht bezeichnet ist, von dem Aussteller unter Umständen ausgegeben, aus welchen sich ergibt, dass er dem Inhaber zu einer Leistung verpflichtet sein will, so finden die Vorschriften des § 793 Abs. 1 und der §§ 794, 796, 797 entsprechende Anwendung.

Gliederung

A. Grundlagen 1	C. Rechtsfolgen 10
I. Kurzcharakteristik 1	I. Anwendbare Vorschriften 10
II. Gesetzgebungsmaterialien 2	II. Übertragung und Übereignung 11
B. Anwendungsvoraussetzungen 3	III. Einwendungen 13
I. Karten, Marken oder ähnliche Urkunden ... 3	IV. Nicht anwendbare Vorschriften 14
II. Ausgabe durch den Aussteller 4	D. Anwendungsfelder 17
III. Verpflichtungswille, an den jeweiligen Inhaber zu leisten 5	E. Arbeitshilfen 19

A. Grundlagen

I. Kurzcharakteristik

1 § 807 BGB spricht einen Teil von Dokumenten des täglichen Lebens an, die **nicht** als Inhaberschuldverschreibungen im Sinne des § 793 BGB gelten, da sie bestimmte Merkmale einer Inhaberschuldverschreibung **nicht** enthalten. Man spricht daher auch von **kleinen oder unvollkommenen Inhaberpapieren** oder auch Inhaberzeichen, Inhabermarken bzw. Inhaberverpflichtungsscheinen.[1] Aufgrund des häufigen Gebrauchs dieser Kleininhaberpapiere sah sich der Gesetzgeber zur gesetzlichen Anerkennung und Regelung veranlasst.[2] Nach § 807 BGB gelten bestimmte Vorschriften des Rechts der Inhaberschuldverschreibung auch für diese Zeichen des täglichen Verkehrs. Eine vollständige Regelung dieser Zeichen des täglichen Verkehrs ist in § 807 BGB indes nicht enthalten. Die Bestimmung umfasst daher nur einen Ausschnitt aus der täglichen Praxis.[3]

II. Gesetzgebungsmaterialien

2 E I, § 702; II, § 735 rev § 792; III, § 791; Motive, Bd. II, S. 721 f. = *Mugdan*, Bd. II, S. 403; Protokolle, Bd. II, S. 561 f. = *Mugdan*, Bd. II, S. 1069 f.

B. Anwendungsvoraussetzungen

I. Karten, Marken oder ähnliche Urkunden

3 **Definition**: Der Begriff der Karten, Marken oder ähnlichen Urkunden umfasst diejenigen Dokumente, die im täglichen Wirtschaftsverkehr vornehmlich bei in großer Zahl abgeschlossenen, gleichartigen Rechtsgeschäften Verwendung finden und die der erleichterten Vertragsabwicklung dienen sollen.[4] Karten, Marken oder ähnliche Urkunden können unterschiedliche Erscheinungsformen und unterschiedliche Funktionen erfüllen. So gibt es Karten, Marken oder ähnliche Urkunden, die **Wertpapiercharakter aufweisen**, indem sie für die Geltendmachung des Anspruchs die Vorlage voraussetzen. Es gibt aber auch solche Karten, Marken oder ähnliche Urkunden, **die keinen Wertpapiercharakter aufweisen**, das fragliche Recht also auch ohne Vorlage des Zeichens ausgeübt werden kann, sie sind lediglich Beweiszeichen oder einfache Legitimationszeichen. Ähnlich wie bei der Inhaberschuldverschreibung muss aber eine Urkunde, das heißt eine durch Niederschrift verkörperte Gedankenerklärung

---

[1] RG v. 27.05.1918 - III 71/18 - RGSt 52, 97; *Marburger* in: Staudinger, § 807 Rn. 3; *Steffen* in: BGB-RGRK, § 807 Rn. 1; *Habersack* in: MünchKomm-BGB, § 807 Rn. 1.
[2] Motive, Bd. II, S. 721 f. = *Mugdan*, Bd. II, S. 403; *Habersack* in: MünchKomm-BGB, § 807 Rn. 1.
[3] *Habersack* in: MünchKomm-BGB, § 807 Rn. 1.
[4] *Marburger* in: Staudinger, § 806 Rn. 1.

vorliegen.[5] Auf die äußere Form kommt es dabei nicht an. Karten oder Marken werden im Gesetz nur als Beispiele genannt. Der **Unterschied zur Inhaberschuldverschreibung** liegt darin, dass sie bestimmte Formvoraussetzungen einer Inhaberschuldverschreibung nicht aufweisen. So ist in vielen Fällen der Aussteller nicht erkennbar, der Gläubiger nicht namentlich benannt und der Schuldinhalt lässt sich oft nur mittelbar aus den Umständen herleiten.

II. Ausgabe durch den Aussteller

Dieses Merkmal erfordert den Abschluss eines **Begebungsvertrags** durch den Aussteller mit dem ersten Nehmer. Auch in dem Fall des § 807 BGB muss also ein Rechtsgeschäft vorliegen, das sich aus der Ausstellung der Urkunde, dem Begebungsvertrag und der Übertragung des Eigentums zusammensetzt.[6] Der Begebungsvertrag wird in der Regel stillschweigend geschlossen[7], wonach kein gegenseitiger Begebungsvertrag, sondern die einseitige Inverkehrbringung der Urkunde genügt.

III. Verpflichtungswille, an den jeweiligen Inhaber zu leisten

Weitere Voraussetzung ist, dass der Aussteller mit dem Willen handelt, sich gegenüber jedem im Sinne des § 793 Abs. 1 Satz 1 a.E BGB berechtigten Inhaber zur Leistung zu verpflichten.[8] Es **genügt hier also nicht**, dass der Aussteller nur durch seine Leistung an den Inhaber frei werden will und die Liberationswirkung der Urkunde genießen möchte. Vielmehr muss sein Wille darauf gerichtet sein, dass sie den jeweiligen Inhaber der Karte, Marke oder ähnlichen Urkunde förmlich legitimiert, die versprochene Leistung zu fordern.[9]

Dieses Tatbestandsmerkmal dient zur Abgrenzung zu denjenigen Dokumenten, die ohne Wertpapiercharakter ausgegeben werden. Ob der **Wertpapiercharakter** gewollt ist, muss sich dem Gesetzeswortlaut nach aus den **Umständen** ergeben. Zu solchen Umständen gehören gesetzliche und vertragliche Regelungen (AGB[10]) und sonstige Umstände, insbesondere die Verkehrsanschauung.[11]

Entscheidend ist also, ob der Aussteller nur durch Vorlage des Papiers zur Leistung verpflichtet sein möchte (§ 797 BGB) oder ob der Gläubiger auch auf anderem Wege seinen Anspruch durchsetzen kann.

Eine weitere Abgrenzung hat unter diesem Tatbestandsmerkmal hinsichtlich des Kreises der Anspruchsberechtigten zu erfolgen. § 807 BGB erfasst nur so genannte **Inhaber**papiere. Ist der Name des Anspruchsberechtigten auf dem Papier – entweder anfänglich oder durch Umschreibung nach § 806 BGB – vermerkt, so scheidet eine Anwendung des § 807 BGB aus.

Zu beachten ist, dass es im Einzelfall durchaus möglich ist, dass der Aussteller einen bestimmten Gläubiger bezeichnet, sich jedoch aus dem Inhalt der Urkunde oder aus seinen Umständen ergibt, dass der Aussteller auch jedem der Rechtsnachfolger des Gläubigers zur Leistung verpflichtet sein möchte.[12] **Neben dem Urkundeninhalt** sind auch die **Umstände** maßgeblich, die der Ausgabe der Urkunde zugrunde gelegen haben. Dies können vor allem die Bestimmung der Papiere zum Umlauf und deren massenhafte Emission sein. Das Vorliegen eines oder beider Umstände spricht als tatsächliche Vermutung für einen Verpflichtungswillen im Sinne des § 807 BGB.[13] Dies darf nicht zu dem Umkehrschluss führen, dass ein kleines Inhaberpapier nur dann vorliegt, wenn es zum Umlauf bestimmt ist oder wenn es sich um eine massenhafte Emission handelt.[14] Es sind hier immer auch die Umstände des jeweiligen Einzelfalles zu berücksichtigen.[15]

---

[5] *Habersack* in: MünchKomm-BGB, § 807 Rn. 6.
[6] Vgl. hierzu *Habersack* in: MünchKomm-BGB, § 807 Rn. 7.
[7] *Marburger* in: Staudinger, § 807 Rn. 4; *Steffen* in: BGB-RGRK, § 807 Rn. 8; beachte BFH v. 04.12.1959 - III 317/59 S - NJW 1960, 982.
[8] RG v. 28.11.1921 - VI 282/21 - RGZ 103, 231-244; *Marburger* in: Staudinger, § 807 Rn. 4.
[9] *Marburger* in: Staudinger, § 807 Rn. 4.
[10] Zur AGB-rechtlichen Inhaltskontrolle von Inhaberkarten vgl. OLG München v. 09.06.2011 - 29 U 635/11 - NJW-RR 2011, 1359-1360.
[11] *Marburger* in: Staudinger, § 807 Rn. 2; *Zöllner*, Wertpapierrecht, 14. Aufl. 1987, § 27 III 1b.
[12] OLG Darmstadt v. 21.03.1902 - S 63/01 - DJZ 1903, 252 Nr. 5; *Habersack* in: MünchKomm-BGB, § 807 Rn. 9.
[13] *Habersack* in: MünchKomm-BGB, § 807 Rn. 9; *Steffen* in: BGB-RGRK, § 807 Rn. 2; *Marburger* in: Staudinger, § 807 Rn. 4.
[14] *Habersack* in: MünchKomm-BGB, § 807 Rn. 9.
[15] *Habersack* in: MünchKomm-BGB, § 807 Rn. 9; a.M. *Steffen* in: BGB-RGRK, § 807 Rn. 2.

§ 807

C. Rechtsfolgen

I. Anwendbare Vorschriften

10 Auf kleine Inhaberpapiere im Sinne des § 807 BGB finden ausweislich des Gesetzeswortlautes die §§ 793 Abs. 1, 794, 796, 797 BGB entsprechende Anwendung. Da es sich insoweit um Dokumente mit Wertpapiercharakter handelt, gelten auch die einschlägigen sachenrechtlichen Vorschriften.[16]

II. Übertragung und Übereignung

11 Eine Übertragung erfolgt durch Übereignung der Urkunde gemäß den §§ 929 ff. BGB, wobei gutgläubiger Erwerb des Zweiterwerbers auch an abhanden gekommenen Papieren möglich ist (§§ 932, 935 Abs. 2 BGB, § 366 HGB und § 794 BGB).

12 Eine Übertragung durch Abtretung gemäß §§ 398, 952 Abs. 2 BGB ist ebenfalls möglich. Die Vereinbarung eines Abtretungsverbots ist zulässig, es hat jedoch keine bzw. nur schuldrechtliche Wirkung (§ 137 BGB). Dies gilt unabhängig davon, ob das Abtretungsverbot auf der Urkunde vermerkt ist oder nicht.[17]

III. Einwendungen

13 Einwendungen des Ausstellers sind gemäß § 807 BGB i.V.m. den §§ 794, 796 BGB weitgehend eingeschränkt. Gemäß § 807 BGB i.V.m. § 797 BGB ist für die Ausübung des Rechts die Vorlage der Karte, Marke oder ähnlichen Urkunde erforderlich.

IV. Nicht anwendbare Vorschriften

14 Nicht anzuwenden sind hingegen die Vorschriften der §§ 793 Abs. 2, 798-806 BGB. Hieraus resultiert, dass eine faksimilierte **Unterschrift nicht erforderlich ist**. Vorlegungsfristen gemäß § 801 BGB bestehen nicht. Allerdings dürfte die regelmäßige Verjährung des § 195 BGB gelten. Ein **Aufgebotsverfahren** gemäß den §§ 799, 800 BGB zur Kraftloserklärung ist gleichfalls **nicht vorgesehen**. Möglich sind aber anderweitige Regelungen sowie landesrechtliche Vorschriften, Art. 102 Abs. 1 EGBGB.[18]

15 **Nicht vorgesehen ist** auch die **Umschreibung** auf den Namen gemäß § 806 BGB. Sie ist jedoch dann zulässig, wenn die Parteien (Aussteller und Inhaber) eine anderweitige Vereinbarung treffen.[19]

16 Nicht vorgesehen ist ferner die Anwendung der §§ 803, 804 BGB. Es entspricht jedoch allgemeiner Meinung, dass für Zins- und Rentenscheine, die als kleine Inhaberpapiere ausgegeben werden, die §§ 803, 804 BGB anwendbar sind.[20]

D. Anwendungsfelder

17 Unter § 807 BGB fallen drei Fallgruppen von Karten, Marken und ähnlichen Urkunden:
- Hierzu zählen vor allem **Eintrittskarten**, soweit sie die Person des Berechtigten nicht individualisieren[21]. Dies sind beispielsweise Theater-, Konzert-, Kino-, Museums-, Galeriekarten, Karten für Sportveranstaltungen (so die Bundesliga-Tickets; nicht aber die personalisierten Tickets für die FIFA-WM 2006, welche unter § 808 BGB fallen).[22] Werden diese Eintrittskarten nur für bestimmte Personenkreise (z.B. Schüler, Studenten, Soldaten, Schwerbehinderte, Rentner) ausgegeben und für

---

[16] *Habersack* in: MünchKomm-BGB, § 807 Rn. 14.
[17] *Ensthaler/Zech*, NJW 2005, 3389-3391, 3390.
[18] *Habersack* in: MünchKomm-BGB, § 807 Rn. 15.
[19] *Steffen* in: BGB-RGRK, § 807 Rn. 8; *Marburger* in: Staudinger, § 807 Rn. 7.
[20] *Steffen* in: BGB-RGRK, § 807 Rn. 8; *Marburger* in: Staudinger, § 807 Rn. 7; *Habersack* in: MünchKomm-BGB, § 807 Rn. 15.
[21] OLG München v. 09.06.2011 - 29 U 635/11 - NJW-RR 2011, 1359-1360.
[22] BGH v. 11.09.2008 - I ZR 74/06 - NJW 2009, 1504-1509, 1508; OLG Köln v. 16.09.1993 - 7 U 89/93 - NJW-RR 1994, 687-688; OLG Hamburg v. 21.09.2000 - 10 U 11/00 - VuR 2000, 451-453; RG v. 07.11.1931 - V 106/31 - RGZ 133, 388-393; VGH München v. 14.02.1978 - 315 VII 75 - NJW 1978, 2052-2053; *Habersack* in: MünchKomm-BGB, § 807 Rn. 10; *Steffen* in: BGB-RGRK, § 807 Rn. 3; *Welter* in: Soergel, § 807 Rn. 3; *Marburger* in: Staudinger, § 807 Rn. 5; *Eidenmüller*, NJW 1991, 1439-1443, 1439; *Weller*, JuS 2006, 497-501, 500; *Ensthaler/Zech*, NJW 2005, 3389-3391, 3390.

diese eine Preisermäßigung gewährt, so muss der Inhaber in diesem Falle persönlich die Voraussetzungen der Ermäßigung bei deren Kontrolle nachweisen.[23] Abonnementkarten können im Einzelfall auch als kleine Inhaberpapiere im Sinne des § 807 BGB qualifiziert werden.[24]

- Die zweite Fallgruppe der kleinen Inhaberpapiere bilden die **Fahrkarten**, sofern sie die Person des Berechtigten nicht bezeichnen. Eine persönliche Bezeichnung ist immer dann gegeben, wenn Name, Unterschrift und Lichtbild erforderlich sind.[25] Während die früher herrschende Meinung derartige Eisenbahn-, Straßenbahn- oder Busfahrkarten als Quittungs- oder Zahlungsbeleg qualifizierte,[26] werden diese Fahrkarten heute durchweg als Kleininhaberpapiere eingeordnet.[27] Auf manchen Fahrkarten finden sich Passagen, in denen die Übertragung des Papiers ausgeschlossen wird. Dies steht einer Qualifizierung als kleines Inhaberpapier jedoch nicht entgegen, wenn der Ausschluss der Übertragbarkeit sich wie häufig nur auf die Zeit nach Beginn der Inanspruchnahme der Leistung bezieht.[28] Die Beschränkung dieser Art bedeutet lediglich, dass der Schuldner seine Transportleistung nur einem Gläubiger gegenüber erbringen will.[29]

- Weitere Fälle von kleinen Inhaberpapieren sind:
  - **Bier**- und **Essensmarken**,[30]
  - **Gutscheine**[31] (Voraussetzung ist aber, dass sie nicht nur einen bestimmten, abgegrenzten Personenkreis, sondern jeden Inhaber legitimieren sollen),[32]
  - **Jetons**,[33]
  - **Rabattmarken** und **-hefte**,[34]
  - (Wert-, Rabatt-, Werbe-)**Gutscheine**,[35]
  - **Sammelgutscheine**,[36]
  - **Zins**- oder **Rentencoupons** (können gleichfalls als kleine Inhaberpapiere ausgegeben werden, wenn eine faksimilierte Unterschrift nach § 793 Abs. 2 BGB fehlt),[37]
  - **Telefonkarten**,[38]
  - **Versicherungsmarken**,[39]
  - **Briefmarken** (fallen seit der Privatisierung der Post unter § 807 BGB),[40]

---

[23] *Habersack* in: MünchKomm-BGB, § 807 Rn. 10.
[24] *Marburger* in: Staudinger, § 807 Rn. 5; *Steffen* in: BGB-RGRK, § 807 Rn. 3.
[25] *Habersack* in: MünchKomm-BGB, § 807 Rn. 11.
[26] *Habersack* in: MünchKomm-BGB, § 807 Rn. 11 m.w.N.
[27] *Marburger* in: Staudinger, § 807 Rn. 5; *Habersack* in: MünchKomm-BGB, § 807 Rn. 11; *Steffen* in: BGB-RGRK, § 807 Rn. 3.
[28] *Sprau* in: Palandt, § 807 Rn. 3; *Habersack* in: MünchKomm-BGB, § 807 Rn. 11.
[29] *Steffen* in: BGB-RGRK, § 807 Rn. 10; *Habersack* in: MünchKomm-BGB, § 807 Rn. 11.
[30] *Marburger* in: Staudinger, § 807 Rn. 5; *Habersack* in: MünchKomm-BGB, § 807 Rn. 12.
[31] OLG Düsseldorf v. 09.08.1994 - 24 U 181/93 - NVwZ 1995, 827-829; *Habersack* in: MünchKomm-BGB, § 807 Rn. 11.
[32] BFH v. 04.12.1959 - III 317/59 S - NJW 1960, 982; OLG Hamburg v. 21.09.2000 - 10 U 11/00 - VuR 2000, 451-453; LG München v. 26.10.1995 - 7 O 2109/95 - VuR 1996, 65-66; AG Northeim v. 26.08.1988 - 3 C 460/88 - NJW-RR 1989, 54; *Marburger* in: Staudinger, § 807 Rn. 5; *Ahrens*, BB 1996, 2477-2481, 2477 ff. m.w.N.
[33] *Habersack* in: MünchKomm-BGB, § 807 Rn. 12.
[34] BFH v. 04.12.1959 - III 317/59 S - NJW 1960, 982; *Habersack* in: MünchKomm-BGB, § 807 Rn. 12; *Marburger* in: Staudinger, § 807 Rn. 5; *Sprau* in: Palandt, § 807 Rn. 3.
[35] Zur steigenden Verwendung von Gutscheinen und deren rechtlicher Einordnung und Besonderheiten vgl. *Zwickel*, NJW 2011, 2753-2758; zu den Erscheinungsformen und Zulässigkeit beim Verkauf von preisgebundenen Büchern vgl. *Mees*, GRUR 2012, 353-359.
[36] BGH v. 15.12.1953 - I ZR 167/53 - juris Rn. 10 - BGHZ 11, 274-286; *Habersack* in: MünchKomm-BGB, § 807 Rn. 12.
[37] *Habersack* in: MünchKomm-BGB, § 807 Rn. 12; *Steffen* in: BGB-RGRK, § 807 Rn. 3.
[38] OLG Köln v. 23.08.2000 - 6 U 202/99 - ZIP 2000, 1836-1839; offen gelassen vom BGH v. 12.06.2001 - XI ZR 274/00 - juris Rn. 4 - BGHZ 148, 74-84; BGH v. 24.01.2008 - III ZR 79/07 - WM 2008, 1886-1889; *Marburger* in: Staudinger, § 807 Rn. 5; *Sprau* in: Palandt, § 807 Rn. 3.
[39] *Sprau* in: Palandt, § 807 Rn. 3; *Marburger* in: Staudinger, § 807 Rn. 5; *Steffen* in: BGB-RGRK, § 807 Rn. 3.
[40] BGH v. 11.10.2005 - XI ZR 395/04 - NJW 2006, 54-55 m.w.N. zum Meinungsstand in der Literatur; zustimmend *Lorenz*, EWiR 2006, 303-304; *Schmidt*, NJW 1998, 200-204, 200f.; *Marburger* in: Staudinger, § 807 Rn. 5.

- **Farbfilme** (hier ist die Rechtslage noch unklar, es ist noch nicht entschieden, ob diese den Anspruch des Erwerbers gegen den Herstellers auf Entwicklung des Films verbriefen).[41]

18 Keine Inhaberzeichen im Sinne des § 807 BGB sind Karten, Marken oder ähnliche unvollkommene Urkunden, die **keinen Wertpapiercharakter** haben oder als **Rektazeichen** ausgegeben sind. In vielen Fällen dienen diese nicht unter § 807 BGB fallenden Karten, Marken oder ähnlichen Urkunden lediglich als Beweiszeichen.[42] Das heißt, dass hier die Vorlage der Urkunde nicht conditio sine qua non für die Geltendmachung des Anspruches ist. Hierzu zählen im Einzelnen:

- **Gepäckscheine:** fallen gemäß den §§ 29 Abs. 1 Satz 2, Abs. 2 EVO in der Fassung vom 20.04.1999[43] nicht unter § 807 BGB;[44]
- **Garderobenmarken;**[45]
- **Reparaturscheine:** sind gleichfalls keine kleinen Inhaberpapiere im Sinne des § 807 BGB, sondern einfache Legitimationspapiere (Legitimationszeichen), die dem Aussteller zwar die schuldbefreiende Leistung an den Inhaber ermöglichen (Liberationswirkung), jedoch keinen Anspruch auf die versprochene Leistung verbriefen;[46]
- **Euroscheckkarten:** erfüllen gleichfalls nicht die Voraussetzungen des § 807 BGB, da die Bank nicht dem jeweiligen Inhaber zur Leistung verpflichtet sein will, sondern nur einem ganz bestimmten Berechtigten, dies ergibt sich bereits aus der Zuteilung der geheimzuhaltenden PIN (Persönliche Identifikationsnummer);[47]
- **Stempelmarken:** sind als Geldsurrogate keine Inhaberzeichen;[48]
- **Geldkarten:** sind gleichfalls Geldsurrogate und somit keine kleinen Inhabermarken;[49]
- **Garantiekarten;**[50]
- **Wochen-, Monats-** und **Netzkarten** der Verkehrsunternehmen, sofern diese nur dem bezeichneten Gläubiger verpflichtet sein wollen (so genannte Rektakarten).[51]

E. Arbeitshilfen

19 Schema:

(1) **Karte, Marke** oder ähnliche Urkunde
    Keine faksimilierte Unterschrift auf Urkunde nötig.
(2) Ausgabe durch Aussteller
    Begebungsvertrag, i.d.R. konkludent abgeschlossen
(3) **Verpflichtungswille** des Ausstellers an den jeweiligen Inhaber zu leisten.
    Der Wille muss dahin gehen, dass der jeweilige Inhaber berechtigt sein soll, die Leistung zu fordern (Legitimationsfunktion, nicht nur Liberationsfunktion muss gewollt sein).
(4) **Rechtsfolgen**
    Dokumente haben Wertpapiercharakter
    (a) Anwendbare Vorschriften
        §§ 793 Abs. 1, 794, 796, 797 BGB sowie die einschlägigen sachenrechtlichen Vorschriften sind entsprechend anwendbar.

---

[41] Offen gelassen in BGH v. 05.12.1968 - KVR 2/68 - BGHZ 51, 163-174; *Marburger* in: Staudinger, § 807 Rn. 5.
[42] *Marburger* in: Staudinger, § 807 Rn. 6; *Habersack* in: MünchKomm-BGB, § 807 Rn. 13.
[43] BGBl I 1999, 792.
[44] *Marburger* in: Staudinger, § 807 Rn. 6; *Habersack* in: MünchKomm-BGB, § 807 Rn. 13 und Rn. 4 – einfache Legitimationszeichen.
[45] *Marburger* in: Staudinger, § 807 Rn. 6; *Habersack* in: MünchKomm-BGB, § 807 Rn. 13; *Sprau* in: Palandt, § 807 Rn. 2.
[46] *Marburger* in: Staudinger, § 807 Rn. 6; *Habersack* in: MünchKomm-BGB, § 807 Rn. 13.
[47] BGH v. 16.12.1987 - 3 StR 209/87 - juris Rn. 12 - NJW 1988, 979-981; BSG v. 05.02.2009 - B 13/4 R 91/06 R - UV-Recht Aktuell 2009, 1141-1152; BSG v. 05.02.2009 - B 13 R 59/08 R - SozR 4-2006 3 118 Nr. 7; LG Köln v. 22.08.1986 - 107 - 98/86 - NJW 1987, 667-669; *Marburger* in: Staudinger, § 807 Rn. 6.
[48] *Marburger* in: Staudinger, § 807 Rn. 6; *Habersack* in: MünchKomm-BGB, § 807 Rn. 13; *Steffen* in: BGB-RGRK, § 807 Rn. 7.
[49] *Pfeiffer*, NJW 1997, 1036-1039, 1036; vgl. hierzu auch die „Einheitlichen Richtlinien für Inkassi, Revision 1995, ICC-Publikation 522", WM 1996, 235; *Marburger* in: Staudinger, § 807 Rn. 6.
[50] Vgl. hierzu *Rehbinder*, JA 1982, 226-232, 228; *Marburger* in: Staudinger, § 807 Rn. 6.
[51] Vgl. *Habersack* in: MünchKomm-BGB, § 807 Rn. 13.

(§ 806 BGB, wenn dies von Parteien vereinbart wurde, §§ 803, 804 BGB, wenn Zins- oder Rentenscheine als Karte, Marke oder ähnliche Urkunde ausgegeben werden).

(b) Besonderheiten

Da §§ 793 Abs. 1, 798-806 BGB nicht anwendbar sind, bedarf es keiner faksimilieren Unterschrift, Vorlegungsfristen bestehen nicht (wohl aber die allgemeine Verjährung des § 195 BGB), ein Aufgebotsverfahren ist nicht vorgesehen. Möglich sind aber anderweitige Regelungen sowie landesrechtliche Vorschriften (Art. 102 Abs. 1 EGBGB).

§ 808 BGB Namenspapiere mit Inhaberklausel

(Fassung vom 02.01.2002, gültig ab 01.01.2002)

(1) ¹Wird eine Urkunde, in welcher der Gläubiger benannt ist, mit der Bestimmung ausgegeben, dass die in der Urkunde versprochene Leistung an jeden Inhaber bewirkt werden kann, so wird der Schuldner durch die Leistung an den Inhaber der Urkunde befreit. ²Der Inhaber ist nicht berechtigt, die Leistung zu verlangen.

(2) ¹Der Schuldner ist nur gegen Aushändigung der Urkunde zur Leistung verpflichtet. ²Ist die Urkunde abhanden gekommen oder vernichtet, so kann sie, wenn nicht ein anderes bestimmt ist, im Wege des Aufgebotsverfahrens für kraftlos erklärt werden. ³Die in § 802 für die Verjährung gegebenen Vorschriften finden Anwendung.

Gliederung

A. Grundlagen 1	1. Bestimmung des Gläubigers 22
I. Qualifiziertes Legitimationspapier („Gemischtes" Wertpapier) 3	2. Übertragung der verbrieften Forderung 25
II. Unterschied zu einfachen Legitimationspapieren 4	3. Aufgebotsverfahren 28
	II. Rechtsstellung des Schuldners 34
III. Unterschied zu Inhaberpapieren des § 793 BGB 5	1. Leistungspflicht 34
IV. Deklaratorisches Wertpapier 6	2. Leistungsverweigerungsrecht 35
B. Praktische Bedeutung 7	3. Kein Ausschluss von Einwendungen 37
C. Anwendungsvoraussetzungen 8	4. Liberationswirkung 38
I. Normstruktur 8	5. Verjährungseinrede 46
II. Urkunde 10	III. Rechtsstellung des Inhabers 47
III. Benennung eines Gläubigers 11	**E. Prozessuale Hinweise/Verfahrenshinweise** 48
IV. Leistungsversprechen 13	**F. Anwendungsfelder** 51
V. Inhaberklausel 16	I. Typische Anwendungsfälle 51
VI. Ausgabe der Urkunde 21	II. Sparbuch 53
D. Rechtsfolgen 22	**G. Arbeitshilfen** 56
I. Rechtsstellung des Gläubigers 22	I. Prüfungsschema 56
	II. Kurzübersicht über Rechtsfolgen 57

A. Grundlagen

1 Die Vorschrift des § 808 BGB behandelt die fünfte Gruppe der Wertpapiere, die so genannten **qualifizierten Legitimationspapiere.** Man spricht auch von **hinkenden Inhaberpapieren, Namenspapieren mit Inhaberklausel, qualifizierten Ausweispapieren** oder von **Namenspapieren mit Inhaberlegitimationsklausel.** Das hinkende Inhaberpapier ist nicht zu verwechseln mit dem „kleinen" Inhaberpapier (mit und ohne Wertpapiercharakter). Diese Bezeichnungen sind üblich, treffender allerdings lassen sich diese Papiere als qualifizierte **Liberationspapiere** charakterisieren. Sie werden zwar als Namenspapiere ausgestellt, jedoch mit der Bestimmung ausgegeben, dass der Schuldner die in der Urkunde versprochene Leistung an jeden Inhaber **mit befreiender Wirkung** erbringen **kann**.

2 Die Papiere des § 808 BGB sind dadurch „**qualifiziert**", dass der Schuldner nur gegen Vorlage der Urkunde zur Leistung verpflichtet ist.

I. Qualifiziertes Legitimationspapier („Gemischtes" Wertpapier)

3 Das von § 808 BGB angesprochene Wertpapier ist eine Kombination aus einem Inhaberpapier und einem Namenspapier (Rektapapier). Wie bei Namenspapieren ist in der Urkunde in der Regel ein **bestimmter Gläubiger** benannt. Wie Inhaberpapiere sehen solche Urkunden aber die Möglichkeit vor, dass der Schuldner auch an **jeden anderen Inhaber** diese Urkunde mit schuldbefreiender Wirkung leisten kann. Weiteres Merkmal ist, dass die Vorlage der Urkunde nicht zur Leistung an den Inhaber verpflichtet, sondern der Aussteller hierzu lediglich berechtigt ist. Ob ein solches gemischtes Wertpapier vorliegt, ist durch Auslegung des Urkundentextes zu ermitteln.

II. Unterschied zu einfachen Legitimationspapieren

Von den einfachen Legitimationspapieren unterscheiden sich die qualifizierten Legitimationspapiere durch ihren Wertpapiercharakter, der sich in der Präsentationsfunktion der Urkunde manifestiert. Zur Durchsetzung des Rechts muss die jeweilige Urkunde dem Aussteller vorgelegt werden. Einfache Legitimationspapiere hingegen erfordern keine Vorlegung und eine Kraftloserklärung ist gleichfalls nicht erforderlich.[1]

III. Unterschied zu Inhaberpapieren des § 793 BGB

Qualifizierte Legitimationspapiere im Sinne des § 808 BGB unterscheiden sich bereits in der **äußeren Form** von den Inhaberpapieren des § 793 BGB, weil sie auf den Namen eines bestimmten Berechtigten lauten bzw. weil aus dem Text der Urkunde hervor geht, dass nur an einen bestimmten Gläubiger geleistet werden soll.[2] **In rechtlicher Hinsicht** unterscheiden sie sich von den Inhaberpapieren dadurch, dass ihre Übertragung und Verpfändung sich **nicht nach sachenrechtlichen** Grundsätzen, **sondern** sich wie bei Namenspapieren nach **schuldrechtlichen** Grundsätzen vollzieht (vgl. Rn. 25).

IV. Deklaratorisches Wertpapier

Die in der Urkunde verbriefte Forderung entsteht nicht erst durch ihre Verbriefung. Anders als bei den Inhaberschuldverschreibungen im Sinne des § 793 BGB wird das Forderungsrecht also nicht durch die Verbriefung des Versprechens, sondern unabhängig davon nach schuldrechtlichen Grundsätzen in der Regel durch Vertrag zwischen dem Aussteller (Schuldner) und dem ersten Nehmer (Gläubiger) begründet.[3] Das qualifizierte Legitimationspapier hat somit nur deklaratorische Bedeutung und ist insoweit mit einem Schuldschein vergleichbar.[4] Dies darf jedoch nicht zu der Fehlvorstellung verleiten, dass deshalb kein Wertpapier vorläge. Der Wertpapiercharakter ergibt sich allein aus der Tatsache, dass zur Durchsetzung der verbrieften schuldrechtlichen Forderung die Vorlage der Urkunde erforderlich ist. Das qualifizierte Legitimationspapier ist somit ein deklaratorisches Wertpapier (vgl. die Kommentierung zu § 793 BGB Rn. 32).

B. Praktische Bedeutung

Die praktische Bedeutung ist hoch. Die Papiere des § 808 BGB kommen aufgrund ihrer Emittentenfreundlichkeit häufig vor. Denn einerseits **schränken** sie den Kreis der Anspruchsberechtigten auf einen bestimmten Gläubiger ein. Andererseits **umgehen sie die Restriktionen** der kleinen Rektapapiere, indem auch an jeden Inhaber des Papiers befreiend geleistet werden kann (vgl. Rn. 51).

C. Anwendungsvoraussetzungen

I. Normstruktur

§ 808 Abs. 1 Satz 1 BGB nennt diejenigen Merkmale, die eine Urkunde zu einem qualifizierten Legitimationspapier bzw. Liberationspapier machen und bestimmt gleichzeitig deren Liberationswirkung. Aus § 808 Abs. 1 Satz 2 BGB ergibt sich ein Leistungsverweigerungsrecht des Ausstellers, das die Rechtsstellung des Inhabers eines qualifizierten Legitimationspapiers entsprechend einschränkt. Der Aussteller kann von demjenigen, der die Urkunde zur Einlösung vorlegt, den Nachweis der materiellen Berechtigung fordern.

In § 808 Abs. 2 Sätze 1 und 2 BGB wird der Wertpapiercharakter der Urkunde festgelegt, indem die Vorlage der Urkunde gefordert und das Aufgebotsverfahren für den Fall des Abhandenkommens für anwendbar erklärt wird. Schließlich sieht § 808 Abs. 2 Satz 3 BGB die Anwendbarkeit der Verjährungsvorschriften des § 802 BGB vor.

---

[1] *Marburger* in: Staudinger, § 808 Rn. 3.
[2] *Marburger* in: Staudinger, § 808 Rn. 3; *Habersack* in: MünchKomm-BGB, § 808 Rn. 4.
[3] *Marburger* in: Staudinger, § 808 Rn. 6.
[4] *Canaris*, Recht der Wertpapiere, 12. Aufl. 1986, § 30 II 1; *Habersack* in: MünchKomm-BGB, § 808 Rn. 6; *Steffen* in: BGB-RGRK, § 808 Rn. 21.

II. Urkunde

10 Wie für die anderen Wertpapiere ist auch für das qualifizierte Legitimationspapier die Ausstellung einer Urkunde die Grundvoraussetzung (vgl. zur Definition von Urkunden die Kommentierung zu § 793 BGB Rn. 56). § 808 BGB sieht **keine besondere Form** vor. Es bedarf zu ihrer Wirksamkeit daher auch keiner Unterschrift,[5] auch nicht in der erleichterten Form des § 793 Abs. 2 BGB.

III. Benennung eines Gläubigers

11 § 808 Abs. 1 Satz 1 BGB verlangt die Benennung eines Gläubigers. Dies ist missverständlich. Die Benennung eines Gläubigers erfordert nicht, dass die Urkunde ausdrücklich auf den Namen eines Berechtigten lautet (**benanntes Legitimationspapier**). Es genügt, wenn sich aus den Umständen eindeutig ergibt, dass die in der Urkunde versprochene Leistung einer bestimmten, identifizierbaren Person zustehen soll (**unbenanntes Legitimationspapier**).[6] Ein qualifiziertes Legitimationspapier kann also auch ohne Namensnennung vorliegen, wenn die Person des Berechtigten feststeht und der Aussteller nur ihm verpflichtet sein will und soll. Der maßgebliche Verpflichtungswille ist durch Auslegung zu ermitteln, hierbei können auch Umstände außerhalb der Urkunde herangezogen werden. Zu beachten ist, dass die in der Urkunde benannte Person nicht unbedingt auch Gläubiger der Forderung sein muss. Wer Gläubiger ist, richtet sich vielmehr nach dem der Urkunde zugrunde liegenden Kausalverhältnis.[7] Aus dem Papier in Verbindung mit den Umständen der Ausgabe kann erkennbar hervorgehen, dass eine andere Person Gläubiger sein soll. Zu beachten ist die Besonderheit gemäß § 154 Abs. 1 AO bei Sparbüchern, die nicht auf einen falschen bzw. erdichteten Namen ausgestellt werden dürfen. Gemäß § 154 Abs. 2 Satz 1 AO ist grundsätzlich der Verfügungsberechtigte einzutragen (Grundsatz der formalen Kontowahrheit).[8]

12 Problematisch ist die Abgrenzung zwischen den unbenannten qualifizierten Legitimationspapieren des § 808 BGB und den unvollkommenen Inhaberpapieren des § 807 BGB. Der Unterschied besteht darin, dass bei den unvollkommenen Inhaberpapieren des § 807 BGB grundsätzlich **an jeden Inhaber zu leisten ist** und dieser auch einen Leistungsanspruch als Inhaber gegenüber dem Aussteller geltend machen kann, während bei den unbenannten qualifizierten Legitimationspapieren stets ein bestimmter Gläubiger „benannt" ist und **gerade nicht jeder Inhaber leistungsberechtigt** sein soll (§ 808 Abs. 1 Satz 1 BGB). Ein weiterer Unterschied besteht auch in der Handhabe beider Papiere. Während die unvollkommenen Inhaberpapiere des § 807 BGB nach **sachenrechtlichen** Grundsätzen (§§ 929 ff. BGB) übertragen werden, findet bei den Papieren des § 808 BGB, die in ihrer Grundstruktur den Rektapapieren zuzuordnen sind, die Übertragung und Verpfändung nach **schuldrechtlichen** Grundsätzen statt (vgl. Rn. 25).

IV. Leistungsversprechen

13 Ausweislich des § 808 Abs. 1 Satz 1 BGB muss die Urkunde ein Leistungsversprechen des Ausstellers enthalten. Gegenstand eines solchen Versprechens kann jede Leistung im Sinne des § 241 BGB sein. Meist handelt es sich hierbei um Geldleistungen, möglich sind aber auch andere Leistungsgegenstände, z.B. Herausgabe von Sachen (Lagerschein). Das Leistungsversprechen kann ausdrücklich in die Urkunde aufgenommen werden. Wie bei Inhaberschuldverschreibungen im Sinne des § 793 BGB kann aber auch im Wege der Auslegung der Urkunde das jeweilige Leistungsversprechen ermittelt werden.[9]

14 Zu beachten ist, dass – anders als bei den Inhaberschuldverschreibungen im Sinne des § 793 BGB – das Forderungsrecht **nicht erst durch die Verbriefung** des Versprechens, **sondern** unabhängig davon nach **schuldrechtlichen Grundsätzen**, in der Regel **durch Vertrag** zwischen dem Aussteller (Schuldner) und dem ersten Nehmer des Papiers (Gläubiger), begründet wird. Mit anderen Worten: Durch die Verbriefung entsteht keine neue Forderung, vielmehr wird eine **bereits bestehende Forderung verbrieft**, die anderweitig begründet ist, z.B. durch den Abschluss eines Sparvertrags und die Leistung der Einlage.[10]

---

[5] *Habersack* in: MünchKomm-BGB, § 808 Rn. 5; *Marburger* in: Staudinger, § 808 Rn. 9; *Steffen* in: BGB-RGRK, § 808 Rn. 16.

[6] *Marburger* in: Staudinger, § 808 Rn. 5; *Habersack* in: MünchKomm-BGB, § 808 Rn. 8.

[7] *Habersack* in: MünchKomm-BGB, § 808 Rn. 8.

[8] OLG Hamm v. 08.11.1993 - 31 U 132/93 - NJW-RR 1994, 370-371; *Marburger* in: Staudinger, § 808 Rn. 5.

[9] *Marburger* in: Staudinger, § 808 Rn. 6.

[10] *Habersack* in: MünchKomm-BGB, § 808 Rn. 6; *Marburger* in: Staudinger, § 808 Rn. 6.

Das qualifizierte Legitimationspapier wirkt also nicht konstitutiv, sondern hat lediglich **deklaratorische** Bedeutung. **Wenn keine Forderung besteht, kann sie somit auch nicht durch die Verbriefung zum Entstehen gebracht werden.** Bei unrichtigem Urkundeninhalt ist folglich nicht die Urkunde, sondern das Grundverhältnis (Vertrag) maßgeblich. Hieraus resultiert wiederum, dass die Urkunde vom Aussteller zu berichten ist, wenn der Gläubiger dies verlangt.[11] Für die Auslegung des Inhalts des Versprechens können auch Umstände außerhalb der Urkunde berücksichtigt werden.[12]

V. Inhaberklausel

Charakteristisch für qualifizierte Legitimationspapiere ist, dass der Aussteller trotz namentlicher Benennung eines bestimmten Berechtigten mit schuldbefreiender Wirkung an jeden Inhaber der Urkunde zu leisten berechtigt, aber nicht verpflichtet ist. Dies **muss** durch eine entsprechende Klausel (**eingeschränkte oder hinkende Inhaberklausel**) zum Ausdruck gebracht werden. Entsprechend den bereits geschilderten Auslegungsgrundsätzen, braucht diese Klausel zwar nicht ausdrücklich in der Urkunde enthalten sein, doch muss sich zumindest durch Auslegung der Urkunde bzw. der ihr zugrunde liegenden Vereinbarung feststellen lassen, dass mit schuldbefreiender Wirkung an jeden Inhaber der Urkunde geleistet werden kann.

Diese Klausel muss so **eingeschränkt** werden, dass klar zum Ausdruck kommt, dass der Inhaber als solcher nicht berechtigt ist, die Leistung zu verlangen (§ 808 Abs. 1 Satz 2 BGB).[13] Fehlt eine solche Einschränkung, liegt ein echtes Inhaberpapier vor.[14]

Das Risiko der irrtümlichen Leistung an den Nichtberechtigten kann der Aussteller jedoch nicht einseitig auf den Gläubiger abwälzen. Vielmehr bedarf es hierfür einer gemeinsamen Vereinbarung und somit das Einverständnis des Gläubigers. Ob eine solche Vereinbarung getroffen wurde, ist wiederum Auslegungsfrage. In der Urkunde selbst muss sie nicht enthalten sein.[15] Eine (nachträgliche) Hinzufügung ohne Einverständnis des Gläubigers ist diesem gegenüber unwirksam.

Zulässig ist es, die Leistung an **zusätzliche Einschränkungen** zu knüpfen. So kann z.B. die Leistung von der Vorlage eines Ausweises oder der Kenntnis eines Kennwortes abhängig gemacht werden. Die Einschränkungen dürfen aber nicht so weit gehen, dass der Aussteller nur unter der Voraussetzung zur Leistung an den Inhaber befugt sein soll, dass der Inhaber seine Berechtigung anders als durch Vorlage der Urkunde nachweist. Hierdurch würde die Liberationswirkung aufgehoben werden und es läge kein qualifiziertes Legitimationspapier, sondern allenfalls ein Schuldschein oder Beweiszeichen vor.[16]

Bei Papieren, die eine Orderklausel vorsehen, ist zu prüfen, ob ein echtes Orderpapier vorliegt. Dies ist der Fall, wenn der Aussteller nicht nur berechtigt, sondern auch verpflichtet sein soll, an den Benannten oder dessen Order gegen Urkundenvorlage zu leisten. In diesem Fall ist § 808 BGB nicht anwendbar.[17]

VI. Ausgabe der Urkunde

Der in der Ausgabe der Urkunde und ihrer Annahme durch den Gläubiger liegende Vertrag hat nur die Bedeutung, die rechtliche Eigenschaft als qualifiziertes Legitimationspapier einverständlich festzulegen. Ein **Begebungsvertrag** ist im Übrigen nicht erforderlich, da der Gläubiger über § 952 Abs. 2 BGB de lege Eigentümer der Urkunde wird.

D. Rechtsfolgen

I. Rechtsstellung des Gläubigers

1. Bestimmung des Gläubigers

Wer der Gläubiger der versprochenen Leistung ist, bestimmt sich nach der zugrunde liegenden Vereinbarung zwischen Aussteller und erstem Nehmer des Papiers. Der erste Gläubiger ist demgemäß derjenige, der nach dem aus den Umständen des Einzelfalles erkennbaren Willen der Vertragsparteien for-

---

[11] OLG Hamm v. 18.11.1960 - 8 U 138/60 - NJW 1961, 1311; *Habersack* in: MünchKomm-BGB, § 808 Rn. 6.
[12] *Marburger* in: Staudinger, § 808 Rn. 5.
[13] *Marburger* in: Staudinger, § 808 Rn. 7; *Habersack* in: MünchKomm-BGB, § 808 Rn. 9.
[14] BGH v. 24.05.1962 - II ZR 199/60 - LM Nr. 4 zu ADS.
[15] *Habersack* in: MünchKomm-BGB, § 808 Rn. 9.
[16] *Marburger* in: Staudinger, § 808 Rn. 7.
[17] *Steffen* in: BGB-RGRK, § 808 Rn. 13; *Marburger* in: Staudinger, § 808 Rn. 8.

derungsberechtigt sein soll[18] (vgl. zur Bestimmung des Gläubigers bei Sparbüchern ausführlich Rn. 53). Die Bestimmung der Gläubigerstellung etwaiger nachfolgender Erwerber erfolgt nach den Regeln für die Übertragung des verbrieften Rechts.

23 Die Ermittlung des Gläubigers kann im Einzelfall Schwierigkeiten bereiten, da die Urkunde insoweit nur indizielle Wirkung entfaltet. Dies resultiert daraus, dass erstens die verbriefte Forderung unabhängig davon besteht, ob ein Berechtigter in der Urkunde benannt ist, zweitens dass die Forderung von Anfang an einem anderen zustehen kann (z.B. Sparbuch auf Namen eines Dritten), drittens dass das betreffende **Forderungsrecht durch einfache Abtretung gem. den §§ 398 ff. BGB an einen Dritten übertragen werden kann**, ohne dass dies aus der Urkunde ersichtlich ist.[19] Das Recht kann also einem anderen als dem in der Urkunde Benannten zustehen.

24 Die materielle Berechtigung des Gläubigers besteht unabhängig davon, ob er im Besitz der Urkunde ist. Indes kann er den Anspruch nicht ohne die Vorlage der Urkunde durchsetzen, wenn sich der Aussteller auf sein Leistungsverweigerungsrecht aus § 808 Abs. 2 Satz 1 BGB beruft. Denn auch wenn die sachliche Berechtigung nachgewiesen wird, ist der Aussteller nur gegen Vorlage der Urkunde zur Leistung verpflichtet.[20]

2. Übertragung der verbrieften Forderung

25 Die verbriefte Forderung wird durch formlose Abtretung gem. § 398 BGB übertragen. Eine Übertragung nach sachenrechtlichen Grundsätzen ist nicht möglich. Mit der Abtretung des Rechts geht das Eigentum an der Urkunde gem. § 952 BGB kraft Gesetzes auf den Zessionar (Abtretungsempfänger) über. Hier gilt der Grundsatz: „**Das Recht am Papier folgt dem Recht aus dem Papier**." Die Übergabe der Urkunde ist weder erforderlich noch für den Rechtsübergang als solchen ausreichend.[21] Die Übergabe der Urkunde kann indes als Anscheinsbeweis für eine vollzogene Abtretung gewertet werden.[22] Gleiches gilt für die Abtretungsanzeige und die Umschreibung der Urkunde.[23]

26 Da die Übertragung nach schuldrechtlichen Grundsätzen erfolgt, ist ein **gutgläubiger Erwerb** der Forderung **nicht** möglich. Zugunsten des Erwerbers kann jedoch § 405 BGB einschlägig sein, der die Einwendung des Scheingeschäfts (§ 117 BGB) und der Unabtretbarkeit der Forderung (§ 399 BGB) ausschließt.

27 Die Urkunde ist gleichfalls nicht gutgläubig erwerbbar, weil § 932 BGB eine rechtsgeschäftliche Einigung im Sinne des § 929 BGB voraussetzt, § 952 BGB jedoch einen gesetzlichen Erwerbstatbestand darstellt. § 952 BGB genießt insoweit Vorrang vor § 929 BGB.

3. Aufgebotsverfahren

28 Aus dem Vorlegungserfordernis resultiert, dass die verbriefte Verbindlichkeit als Holschuld zu qualifizieren ist. Teilleistungen sind zu quittieren.[24]

29 Kann der Gläubiger die Urkunde dem Aussteller deshalb nicht vorlegen, weil sie ihm **abhanden**gekommen oder vernichtet worden ist, so ist gemäß § 808 Abs. 2 Satz 2 BGB die Kraftloserklärung im Wege des **Aufgebotsverfahrens** möglich. Für die Kraftloserklärung sind gemäß § 483 Satz 1 FamFG die Vorschriften der §§ 466 Abs. 3, 470, 478 Abs. 2 Satz 2 FamFG und der §§ 480-482 FamFG entsprechend anwendbar. Anders als bei Inhaberpapieren ist allerdings **nicht jeder Inhaber** (§ 467 Abs. 1 FamFG), **sondern nur der wahre Gläubiger** (§ 467 Abs. 2 FamFG) antragsberechtigt, da es nicht um die Wiederherstellung der förmlichen Legitimation des Inhabers, sondern nur um die Ersetzung der Vorlegung der Urkunde für den sachlich Berechtigten geht.[25] Der im Wege des Aufgebotsverfahrens erwirkte Ausschließungsbeschluss verschafft dem Gläubiger keine stärkere Rechtsstellung als er vor-

---

[18] BGH v. 25.06.1956 - II ZR 270/54 - juris Rn. 8 - BGHZ 21, 148-155; BGH v. 29.04.1970 - VIII ZR 49/69 - LM Nr. 42 zu § 328 BGB; *Marburger* in: Staudinger, § 808 Rn. 14.
[19] *Marburger* in: Staudinger, § 808 Rn. 14.
[20] *Marburger* in: Staudinger, § 808 Rn. 15.
[21] RG v. 09.02.1917 - III 374/16 - RGZ 89, 401-403; BayObLG München v. 12.02.1974 - BReg 1 Z 104/73 - NJW 1974, 1142; *Marburger* in: Staudinger, § 808 Rn. 17.
[22] BGH v. 09.02.1972 - VIII ZR 128/70 - BB 1972, 813; *Marburger* in: Staudinger, § 808 Rn. 17.
[23] RG v. 09.02.1917 - III 374/16 - RGZ 89, 401-403.
[24] *Habersack* in: MünchKomm-BGB, § 808 Rn. 18.
[25] *Marburger* in: Staudinger, § 808 Rn. 35.

her innehatte, sondern ersetzt nur das für kraftlos erklärte Legitimationspapier. Auf Verlangen des Schuldners hat also der Gläubiger, der den Ausschließungsbeschluss vorlegt, weiterhin den Nachweis seiner sachlichen Berechtigung zu führen.[26]

§ 808 Abs. 2 Satz 2 BGB ist dispositiver Natur und kann abbedungen werden.[27] Ein Vermerk in der Urkunde ist dafür – anders als nach § 799 Abs. 1 Satz 1 BGB – nicht erforderlich.

Darüber hinaus können die Länder gemäß § 483 Satz 2 FamFG Vorschriften erlassen, die hinsichtlich der Veröffentlichung des Aufgebots und der in § 478 Abs. 2, 3 FamFG und in den §§ 480, 482 FamFG vorgeschriebenen Bekanntmachungen sowie über die Aufgebotsfrist abweichende Regelungen enthalten. Zudem bestimmt Art. 102 Abs. 2 EGBGB, dass landesgesetzlichen Vorschriften, welche für die Kraftloserklärung der im § 808 BGB bezeichneten Urkunden ein anderes Verfahren als das Aufgebotsverfahren bestimmen, unberührt bleiben.

Sondervorschriften hinsichtlich des Verfahrens für die Kraftloserklärung, insbesondere hinsichtlich Veröffentlichung, Bekanntmachung und Aufgebotsfrist, in den einzelnen Bundesländern sind:[28]

- **Baden-Württemberg**: § 26 AGGVG vom 16.12.1975 (GBl. 868);
- **Bayern**: Art. 33 ff. AGBGB vom 20.09.1982 (GVBl, 803; Art. 27 AGGVG vom 23.06.1981 (BayRS IV, 483);
- **Berlin**: § 7 PrAGZPO vom 24.03.1879 (BRV III, 3210-1);
- **Bremen**: § 2 AGZPO vom 19.03.1963 (GVBl, 51);
- **Hamburg**: § 4 AGZPO vom 22.12.1899 (GVBl, 3210b);
- **Niedersachsen**: § 17a AGBGB vom 04.03.1971 (GVB. 73), Norm wurde aufgrund Gesetzesänderung vom 01.07.2008 (GVBl. 210) eingefügt.
- **Nordrhein-Westfalen**: §§ 57 JustG vom 26.01.2010 (GV NRW. 30);
- **Rheinland-Pfalz**: § 19a LFGG vom 12.10.1995 (GvBl 421), diese Regelung fand mit Gesetzesänderung vom 22.12.2009 Eingang in dieses Gesetz;
- **Saarland**: § 38 AGJusG vom 05.02.1995 (Amtsbl. 258);
- **Schleswig-Holstein**: § 7 PrAGZPO vom 24.03.1879 (GS SchlH, 310).

Sondervorschriften über die Kraftloserklärung von Sparkassenbüchern, die ein von § 808 BGB und § 483 FamFG abweichendes Verfahren vorsehen, sind in folgenden Vorschriften enthalten.[29] Die Normen sehen i.d.R. ein Wahlrecht des Sparkassenvorstandes vor, abhandengekommene Sparbücher selbst für kraftlos zu erklären oder den Antragsteller auf das Aufgebotsverfahren nach FamFG zu verweisen.

- **Baden-Württemberg**: § 34 SparkG vom 19.07.2005 (GBl, 587), zuletzt geändert durch G vom 09.11.2010 (GBl, 793); danach können Sparbücher i.d.R. vom Vorstand der Sparkasse für kraftlos erklärt werden;
- **Bayern**: Art. 33 ff. AGBGB vom 29.09.1982 (GVBl, 803), zuletzt geändert durch Gesetz vom 20.12.2011 (GVBl, 714);
- **Hessen**: § 13 SparkG vom 24.02.1991 (GVBl, 78), zuletzt geändert durch Gesetz vom 29.09.2008 (GVBl, 875);
- **Niedersachsen**: § 7 SparkVO vom 18.06.1990 (GVBl, 197), zuletzt geändert durch Gesetz vom 16.12.2004 (GVBl, 609);
- **Nordrhein-Westfalen**: Abschnitt 6 der AVV zum SpkG vom 27.10.2009 (MBl. NRW 2009, 517);
- **Saarland**: § 22 SparkG vom 08.08.2006 (ABl 2006, 1534), zuletzt geändert durch Art. 8 des Haushaltsgesetzes 2010 vom 05.05.2010 (Amtsbl. S. 75);
- **Schleswig-Holstein**: § 23 SparkG vom 11.09.2008 (GVBl, 45), zuletzt geändert durch Art. 6 des Gesetzes zur Änderung kommunalverfassungs- und wahlrechtl. Vorschriften vom 22.03.2012 (GVBL 371);
- **Thüringen**: § 13 SparkVO vom 01.07.1999 (GVBl, 438), zuletzt geändert durch Gesetz vom 09.09.2010 (GVBl. 291).

---

[26] Vgl. Protokolle, Bd. II, S. 565; *Marburger* in: Staudinger, § 808 Rn. 35.
[27] *Marburger* in: Staudinger, § 808 Rn. 36.
[28] Vgl. *Marburger* in: Staudinger, § 808 Rn. 36.
[29] Vgl. *Marburger* in: Staudinger, § 808 Rn. 37.

II. Rechtsstellung des Schuldners

1. Leistungspflicht

34 Der Aussteller (Schuldner) ist nur dann zur Leistung verpflichtet, wenn der Gläubiger **materiell berechtigt** ist **und** er dem Aussteller **die Urkunde vorlegt**. Die Tatsache, dass der jeweilige Inhaber die Urkunde lediglich in den Händen hält, genügt also für sich alleine **nicht**, um die **Leistungspflicht** auszulösen.[30] Vielmehr ist für das Entstehen der Leistungsverpflichtung des Ausstellers die wahre Berechtigung des Anspruchstellers erforderlich. **Der Aussteller ist somit berechtigt, aber nicht verpflichtet, die materielle Berechtigung des jeweiligen Inhabers zu prüfen und einen Nachweis der Berechtigung zu verlangen.**[31] Bisweilen ist er aufgrund gesonderter vertraglicher Vereinbarungen auch dazu verpflichtet einen Nachweis (z.B. Ausweis, Kennwort) zu verlangen.[32] Verstößt er gegen diese Sorgfaltspflicht, so kann er sich schadensersatzpflichtig machen.[33]

2. Leistungsverweigerungsrecht

35 Der Aussteller hat gemäß § 808 Abs. 2 Satz 1 BGB ein Leistungsverweigerungsrecht. Seine Verpflichtung zur Leistung besteht nur gegen Aushändigung der Urkunde. Bei Teilleistungen kann der Aussteller einen entsprechenden Vermerk auf der Urkunde verlangen.[34] Der Aussteller ist darüber hinaus berechtigt, neben der Vorlage der Urkunde auch andere Erklärungen und Dokumente des jeweiligen Inhabers zu verlangen, die seine wahre Berechtigung nachweisen. Steht die wahre Berechtigung indes fest, so darf der Aussteller die Leistung nicht von der (zusätzlichen) Aushändigung der Abtretungsurkunde abhängig machen. § 410 BGB ist insoweit nicht neben § 808 BGB anwendbar.[35]

36 Der Aussteller hat darüber hinaus bei Vollziehung seiner Leistung einen Anspruch auf Erteilung einer Quittung gemäß § 368 BGB. Dieser Anspruch wird durch § 808 Abs. 2 Satz 1 BGB nicht berührt.[36]

3. Kein Ausschluss von Einwendungen

37 Im Unterschied zu den echten Inhaberschuldverschreibungen des § 793 BGB[37] sind die Regelungen des § 794 BGB und § 796 BGB auf qualifizierte Legitimationspapiere des § 808 BGB **nicht** anwendbar. Das bedeutet, dass im Falle der Abtretung der verbrieften Forderung der Aussteller gemäß § 404 BGB und § 406 BGB alle Einwendungen geltend machen kann, die ihm gegenüber dem Zessionar, aber auch gegenüber dem Altgläubiger zugestanden haben.

4. Liberationswirkung

38 Die Leistung des Ausstellers an den **berechtigten** Gläubiger führt zum Erlöschen der Schuld nach § 362 BGB. Die Leistung an den nichtberechtigten Inhaber des Papiers führt gemäß § 808 Abs. 1 Satz 1 BGB zur Befreiung des Ausstellers. Leistet der Aussteller ohne Vorlage des Papiers an einen Nichtberechtigten, greift § 808 Abs. 1 Satz 1 BGB nicht ein, so dass keine Befreiung des Ausstellers eintritt. Nichtberechtigt ist jeder, der weder als Gläubiger noch kraft Vertretungsmacht (§ 164 BGB) oder kraft Ermächtigung (§ 185 BGB) **hinsichtlich der Forderung** verfügungsbefugt ist.

39 Nach dem Gesetzeswortlaut des § 808 Abs. 1 Satz 1 BGB ist der Aussteller also nicht verpflichtet, die Berechtigung, Verfügungsbefugnis oder Vertretungsmacht des Inhabers zu prüfen. Streiten sich mehrere Prätendenten um die Berechtigung, kann der Aussteller es ihnen überlassen, die Berechtigungs-

---

[30] Falsch insoweit LG Lübeck v. 19.01.1996 - 5 O 314/95 - WM 1996, 717-718 zum Sparbuch; vgl. hierzu auch *Marburger* in: Staudinger, § 808 Rn. 21.

[31] RG v. 09.02.1917 - III 374/16 - RGZ 89, 401-403; vgl. auch *Weller* JuS 2006, 497, 500.

[32] LG Stuttgart v. 15.09.2004 - 8 O 434/03 - juris Rn. 19 - ZERB 2005, 129-130 zum Verstoß einer Bank gegen § 242 BGB, die sich auf § 5 AGB-Banken beruft und an der Vorlage des Nachweises der Verfügungsberechtigung festhält, obwohl die Forderungsinhaberschaft des Kunden durch rechtskräftige Feststellung nachgewiesen ist.

[33] *Marburger* in: Staudinger, § 808 Rn. 31.

[34] *Marburger* in: Staudinger, § 808 Rn. 22.

[35] *Marburger* in: Staudinger, § 808 Rn. 22; *Steffen* in: BGB-RGRK, § 808 Rn. 39; vgl. aber RG v. 08.05.1909 - V 417/08 - JW 1909, 413 Nr. 8.

[36] *Marburger* in: Staudinger, § 808 Rn. 22.

[37] BGH v. 24.05.1962 - II ZR 199/60 - LM Nr. 4 zu ADS; *Canaris*, Die Vertrauenshaftung im deutschen Privatrecht, 1971, S. 94 ff., 100.

frage gerichtlich klären zu lassen, um dann an den durch die gerichtliche Entscheidung als berechtigt Ausgewiesenen zu zahlen.[38] Denkbar ist auch, dass er die Schuldsumme hinterlegt.[39]

§ 808 Abs. 1 Satz 1 BGB wird jedoch **einschränkend ausgelegt**. Danach soll die Liberationswirkung nicht eintreten, wenn der Aussteller bösgläubig ist. Nach Auffassung des BGH ist **Bösgläubigkeit** anzunehmen, wenn der Aussteller **positive Kenntnis der mangelnden Berechtigung des Inhabers hat oder ein Verstoß gegen Treu und Glauben oder sonstiges arglistiges Verhalten vorliegt**.[40] 40

In der Literatur wird indes – in Analogie zu Art. 40 Abs. 3 WG – die grob fahrlässige Unkenntnis der Nichtberechtigung bereits für ausreichend gehalten.[41] 41

Im Ergebnis schützt § 808 Abs. 1 Satz 1 BGB den guten Glauben an die Gläubigereigenschaft des Inhabers, an dessen Vertretungsmacht, an dessen Verfügungsbefugnis sowie nach h.M. auch an dessen Geschäftsfähigkeit.[42] 42

Die Befreiungswirkung entsteht auch, wenn der Aussteller in gutem Glauben an den jeweiligen Inhaber leistet, selbst wenn das Papier abhandengekommen ist.[43] 43

Die Liberationswirkung des § 808 Abs. 1 Satz 1 BGB erstreckt sich dabei grundsätzlich nicht auf **Erklärungen** des nichtberechtigten Inhabers mit Wirkung für den Gläubiger. Eine Ausnahme besteht insoweit nur dann, wenn die Erklärung (z.B. Kündigung des Lebensversicherungsvertrags) zur Geltendmachung der Forderung bzw. der Entgegennahme der Leistung erforderlich ist.[44] Hierbei wird nur der Glaube an die Befugnis des Inhabers zur Abgabe der Erklärung geschützt, nicht geschützt wird der Glaube an die Echtheit der Erklärung bzw. daran, dass die Erklärung tatsächlich abgeben wurde, denn § 808 Abs. 1 Satz 1 BGB führt nicht dazu, dass die Erklärung fingiert wird.[45] 44

Die Liberationswirkung kann schuldrechtlich durch Vertrag an bestimmte Voraussetzungen geknüpft und somit eingeschränkt werden. Dies ist zulässig, da § 808 Abs. 1 Satz 1 BGB dispositiv ist.[46] So kann beispielsweise eine Zahlungssperre (Sperrvermerk) vorgesehen werden, die nur durch den wahren Gläubiger wieder aufgehoben werden kann. Denkbar ist auch eine Vereinbarung, dass der Aussteller nur zur Leistung an einen Inhaber befugt sein soll, der sich zusätzlich ausweist (z.B. durch Kennwort, Ausweis, Vollmacht, Abtretungsurkunde). Dabei ist jeweils im Einzelfall durch Auslegung zu klären, ob eine solche Abrede die Liberationswirkung gemäß § 808 Abs. 1 Satz 1 BGB einschränken soll, oder ob nur besondere Sorgfaltspflichten des Ausstellers begründet werden sollen. Besteht Zweifel hinsichtlich der Einordnung, so gilt die Vermutung, dass die Parteien lediglich besondere Sorgfaltspflichten formulieren wollten, deren Verletzung einen Schadensersatzanspruch auslösen kann.[47] Andernfalls, wenn die Auslegung zu einer Einschränkung der Liberationswirkung führt, wirkt die Leistung an den Nichtberechtigten nur schuldbefreiend, sofern sie von der Abrede gedeckt ist. 45

5. Verjährungseinrede

Der Aussteller kann sich gem. § 195 BGB auf die regelmäßige Verjährung (3 Jahre) berufen. Seit der Novellierung des Schuldrechts sind auch abweichende Vereinbarungen möglich, welche die Verjährung abkürzen. Grenzen ergeben sich insoweit aus § 202 BGB, der eine Verjährungsverkürzung im Falle der Vorsatzhaftung ausschließt. Offen ist noch die Rechtsfrage, ob ggf. AGB-rechtliche Beschränkungen (§§ 305 ff. BGB) beachtlich sind (vgl. hierzu die Kommentierung zu § 793 BGB 46

---

[38] BGH v. 09.11.1966 - VIII ZR 73/64 - BGHZ 46, 198-204.
[39] *Habersack* in: MünchKomm-BGB, § 808 Rn. 13.
[40] RG v. 09.02.1917 - III 374/16 - RGZ 89, 401-403; BGH v. 22.03.2000 - IV ZR 23/99 - juris Rn. 18 - LM AGBG § 9 (Bk) Nr. 43 (10/2000); OLG Düsseldorf v. 14.12.1970 - 6 U 20/70 - WM 1971, 231; *Steffen* in: BGB-RGRK, § 808 Rn. 42, 45.
[41] *Marburger* in: Staudinger, § 808 Rn. 24; *Brox/Henssler*, Handelsrecht, 21. Aufl. 2011, Rn. 634; *Habersack* in: MünchKomm-BGB, § 808 Rn. 15.
[42] Vgl. OLG Düsseldorf v. 14.12.1970 - 6 U 20/70 - WM 1971, 231; *Brox/Henssler*, Handelsrecht, Rn. 633 m.w.N.; a.A. *Marburger* in: Staudinger, § 808 Rn. 26 m.w.N.
[43] *Marburger* in: Staudinger, § 808 Rn. 26.
[44] BGH v. 20.05.2009 - IV ZR 16/08 - NJW-RR 2009, 1327-1329; 1328; BGH v. 18.11.2009 - IV ZR 134/08 - VersR 2010, 375-377; 377; BGH v. 22.03.2000 - IV ZR 23/99 - juris Rn. 20 - LM AGBG § 9 (Bk) Nr. 43 (10/2000); a.A. *Marburger* in: Staudinger, § 808 Rn. 27.
[45] KG Berlin v. 23.03.2007 - 6 U 3/07.
[46] *Marburger* in: Staudinger, § 808 Rn. 28; vgl. indes Motive, Bd. II, S. 723.
[47] *Marburger* in: Staudinger, § 808 Rn. 28; zum Sperrvermerk vgl. auch BGH v. 21.06.1976 - III ZR 99/74 - WM 1976, 1050-1051.

Rn. 65). Gemäß § 808 Abs. 2 Satz 3 BGB, der auf § 802 BGB verweist, führt der Antrag auf Zahlungssperre zur Hemmung der Verjährung. § 801 BGB gilt mangels Bezugnahme des § 808 Abs. 2 Satz 3 BGB nicht.

III. Rechtsstellung des Inhabers

47 Das qualifizierte Legitimationspapier führt nicht zu einer Legitimationswirkung zugunsten des Inhabers. Im Gegensatz zu den echten Inhaberschuldverschreibungen im Sinne des § 793 BGB wird der Inhaber durch die Innehabung der Urkunde des § 808 BGB nicht förmlich legitimiert. Der bloße Besitz der Urkunde verschafft ihm kein Recht an der verbrieften Forderung. Insbesondere hat er auch kein Verfügungsrecht.[48] Zwar darf der Schuldner an den Inhaber der jeweiligen Urkunde leisten, wenn er gutgläubig ist. Einen Anspruch hierauf hat der Inhaber jedoch nicht.[49]

E. Prozessuale Hinweise/Verfahrenshinweise

48 Im Urkundenprozess (§§ 592 ff. ZPO) kann der Inhaber eines qualifizierten Legitimationspapiers nur dann erfolgreich vorgehen, wenn seine Berechtigung entweder nicht bestritten wird oder wenn er durch weitere Urkunden beweisen kann, dass er der Gläubiger der verbrieften Forderung ist. Mit der Vorlage des Papiers alleine hat der Inhaber seine wahre (materielle) Berechtigung (Gläubigereigenschaft) noch nicht unter Beweis gestellt.[50] Die Darlegungs- und Beweislast für seine materielle Berechtigung trägt der Kläger. Die Innehabung der Urkunde ist allenfalls Indiz für seine Berechtigung, die im Rahmen der freien Beweiswürdigung als Anscheinsbeweis gewertet werden kann.[51] Eine volle Umkehr der Beweislast tritt auch dann nicht ein, wenn der Kläger die Urkunde besitzt und zugleich der in ihr benannte Gläubiger ist. Dennoch dürfte dies der stärkste Fall des Anscheinsbeweises sein.

49 Macht der Aussteller als Beklagter geltend, er habe die versprochenen Leistungen schon erbracht, so ist er dafür beweisbelastet.[52]

50 Hinsichtlich der Bösgläubigkeit des Ausstellers trägt der Gläubiger die Darlegungs- und Beweislast.[53]

F. Anwendungsfelder

I. Typische Anwendungsfälle

51 Qualifizierte Legitimationspapiere im Sinne des § 808 BGB sind:
- Auf den Namen der Berechtigten ausgestellte **Fahrscheine**, z.B. Wochen-, Monats- oder Netzkarten von Verkehrsunternehmen.[54]
- **BahnCard-Chipkarte**, es wird hier der vertraglich geschuldete (bedingte) Rabattanspruch des Kunden verkörpert. Der Preisnachlass wird dem in der Karte benannten nur bei Vorlage der BahnCard bei der Fahrkartenkontrolle gewährt.[55]
- **Flugscheine**.[56]
- **Hinterlegungs**- oder **Depotscheine** der Banken, auch wenn sie an Order gestellt sind.[57]
- Auf den Namen lautende **Lagerscheine**: Diese können auch qualifizierte Legitimationspapiere sein, wenn sie auf den Inhaber[58] oder an Order ausgestellt sind[59].
- **Leihhausscheine**.[60]

---

[48] BGH v. 20.11.1958 - VII ZR 4/58 - BGHZ 28, 368-375 Der Besitz des Sparbuchs gibt für sich allein noch kein Verfügungsrecht (RGZ 145, 322, 324); *Marburger* in: Staudinger, § 808 Rn. 32.
[49] RG v. 09.02.1917 - III 374/16 - RGZ 89, 401-403; *Weller*, JuS 2006, 497, 500.
[50] *Habersack* in: MünchKomm-BGB, § 808 Rn. 37 f.
[51] *Marburger* in: Staudinger, § 808 Rn. 14; *Habersack* in: MünchKomm-BGB, § 808 Rn. 37.
[52] KG Berlin v. 04.03.1992 - 24 U 6394/91 - NJW-RR 1992, 1195-1196; LG Kaiserslautern v. 24.10.1984 - 3 O 458/83 - WM 1984, 1604-1605; *Habersack* in: MünchKomm-BGB, § 808 Rn. 37.
[53] *Marburger* in: Staudinger, § 808 Rn. 24.
[54] *Marburger* in: Staudinger, § 808 Rn. 4.
[55] *Woitkewitsch*, MDR 2006, 541-543, 542.
[56] BGH v. 21.12.1973 - IV ZR 158/72 - BGHZ 62, 71-83; AG Düsseldorf v. 05.01.2000 - 25 C 14114/99 - NJW-RR 2000, 1442.
[57] RG v. 13.07.1927 - I 364/26 - RGZ 118, 34-41; *Marburger* in: Staudinger, § 808 Rn. 4.
[58] RG v. 28.12.1904 - I 371/04 - RGZ 59, 374-378.
[59] *Marburger* in: Staudinger, § 808 Rn. 4.
[60] BGH v. 29.03.1977 - 1 StR 646/76 - LM Nr. 3 zu § 259 StGB 1975.

- **Pfandscheine**.[61]
- Auf den Namen der Berechtigten ausgestellte **Theater-Abonnements** oder einzelne **Theaterkarten**, die zu ermäßigten Preisen an Besucherorganisationen ausgegeben und besonders gekennzeichnet werden.[62]
- **Versicherungspolicen** mit Inhaberklauseln.[63]
- **Seetransportversicherungspolice**. Diese kann allerdings gemäß § 186 VVG als echtes Inhaberpapier ausgestaltet werden.[64]

Keine qualifizierten Legitimationspapiere im Sinne des § 808 BGB sind: 52

- **Euroscheckkarte**, weil hier nicht vereinbar ist, dass die Bank an jeden Inhaber der Karte mit befreiender Wirkung leisten kann. Dies ergibt sich aus der Zuteilung einer geheim zu haltenden Identifikationsnummer.[65]
- **Kreditkarte**, weil diese kein Leistungsversprechen im Sinne des § 808 BGB enthält.[66]

II. Sparbuch

Das wichtigste qualifizierte Legitimationspapier ist das Sparbuch. Es verbrieft einen Anspruch aus einem Sparvertrag, der nach herrschender Auffassung als Darlehensvertrag im Sinne des § 488 BGB zu qualifizieren ist.[67] Dem Sparvertrag liegen regelmäßig Allgemeine Geschäftsbedingungen der Kreditinstitute zugrunde. Nach Nr. 1 der Bedingungen für den Sparverkehr stellt das Kreditinstitut dem Sparkontoinhaber (und damit in der Regel auch Gläubiger der Spareinlage) ein Sparbuch aus, in dem alle Gutschriften und Belastungen des Kontos, insbesondere Ein- und Auszahlungen sowie der Kontostand vermerkt werden.[68] Wer Gläubiger der Sparguthabenforderung ist, richtet sich nach dem Sparvertrag. Maßgeblich ist, wer nach dem der Bank (Sparkasse) **erkennbaren** Willen des das Konto eröffnenden Kunden im Zeitpunkt der Kontoeröffnung Gläubiger der Sparforderung werden soll,[69] dies gilt auch, wenn die Ersteinlage von einem Dritten geleistet wird.[70] Der Einzahlende kann mit der Bank (Sparkasse) vereinbaren, dass gemäß § 328 BGB ein Dritter Gläubiger werden soll. Ob ein Vertrag zugunsten eines Dritten gewollt ist, ist anhand der Umstände des Einzelfalls zu beurteilen, die Kontobezeichnung ist hierbei nach der Rechtsprechung nicht das ausschlagende Kriterium, sondern nur ein Indiz.[71] Eine stärkere indizielle Wirkung hat der Besitz am Sparbuch. Behält der Anleger das auf einen fremden Namen (z.B. Kinder oder Enkelkinder) errichtete Sparbuch ein, so ist davon auszugehen, dass er selbst Inhaber der Forderung bleiben will.[72] Eine andere Bewertung ergibt sich indes, wenn die Eltern z.B. ein Sparbuch für ihre minderjährigen Kinder begründen, auf das jedoch von Dritten stammende Beträge eingezahlt werden sollen. Die Judikatur geht in diesen Fällen davon aus, dass in derartigen Konstellationen das durch den Elternteil vertretene Kind unmittelbar die Forderung erwirbt.[73] 53

---

[61] RG v. 08.12.1914 - III 299/14 - RGZ 86, 86-90; RG v. 13.07.1927 - I 364/26 - RGZ 118, 34-41; *Habersack* in: MünchKomm-BGB, § 808 Rn. 10.

[62] *Marburger* in: Staudinger, § 808 Rn. 4.

[63] RG v. 08.10.1918 - VII 181/18 - RGZ 94, 26-29; RG v. 06.11.1934 - VII 110/34 - RGZ 145, 322-328; BGH v. 22.03.2000 - IV ZR 23/99 - juris Rn. 14 - LM AGBG § 9 (Bk) Nr. 43 (10/2000); BGH v. 24.02.1999 - IV ZR 122/98 - juris Rn. 15 - NJW-RR 1999, 898-900; *Marburger* in: Staudinger, § 808 Rn. 4; *Habersack* in: MünchKomm-BGB, § 808 Rn. 10.

[64] BGH v. 24.05.1962 - II ZR 199/60 - LM Nr. 4 zu ADS.

[65] BGH v. 16.12.1987 - 3 StR 209/87 - juris Rn. 13 - NJW 1988, 979-981; BSG v. 05.02.2009 - B 13/4 R 91/06 R - UV-Recht Aktuell 2009, 1141-1152; BSG v. 05.02.2009 - B 13 R 59/08 R - SozR 4-2006 3 118 Nr. 7.

[66] BGH v. 23.04.1991 - XI ZR 128/90 - juris Rn. 17 - BGHZ 114, 238-247.

[67] *Sprau* in: Palandt, § 808 Rn. 6; vgl. allgemein zur Legitimationswirkung des Sparbuchs BGH v. 24.04.1975 - III ZR 147/72 - BGHZ 64, 278-288.

[68] Vgl. hierzu und zur Beweiskraft des Sparbuchs auch LG Köln v. 09.11.2000 - 21 O 279/99 - WM 2001, 1763-1764.

[69] BGH v. 02.02.1994 - IV ZR 51/93 - juris Rn. 5 - NJW 1994, 931-932; *Marburger* in: Staudinger, § 808 Rn. 44.

[70] BGH v. 02.02.1994 - IV ZR 51/93 - juris Rn. 1 - NJW 1994, 931-932.

[71] *Marburger* in: Staudinger § 808 Rn. 45; BSG v. 24.05.2006 - B 11a AL 7/05 R - SozR 4-0000: es besteht kein Rechtsschein der Kontoinhaberschaft, mit Hinweisen auf die Beweislastverteilung.

[72] BGH v. 09.11.1966 - VIII ZR 73/64 - BGHZ 46, 198-204; BGH v. 18.01.2005 - X ZR 264/02 - juris Rn. 10; SG Karlsruhe v. 30.06.2011 - S 13 AS 1217/09 - juris Rn. 20; LG Landshut v. 16.12.2010 - 23 O 2854/10 - FamRZ 2912, 746-747, 747; gegen dieses Indiz aufgrund anderer Umstände entschied: VG Bayreuth v. 14.01.2008 - B 3 K 06.228 - juris Rn. 35 ff.

[73] OLG Zweibrücken v. 09.01.1989 - 4 U 157/88 - NJW 1989, 2546.

54 Die Übertragung des Anspruchs auf Rückzahlung der Spareinlage erfolgt gemäß § 398 BGB durch Abtretung. Das Eigentum am Sparbuch geht dann gemäß § 952 BGB ipso iure mit über. Die Übergabe des Sparbuchs oder die Eintragung des Rechtsübergangs im Sparbuch ist für eine wirksame Übertragung nicht erforderlich. Allerdings lässt sich die Übergabe des Sparbuchs regelmäßig als eine konkludente Abtretung der Guthabenforderung deuten.[74] Zum Schutz des Erwerbers ist bei qualifizierten Legitimationspapieren wie dem Sparbuch § 407 Abs. 1 BGB nicht anwendbar, d.h. Auszahlungen an den früheren Gläubiger ohne Vorlage des Sparbuchs befreien die Bank nicht. Der Wertpapiercharakter eines Papiers wird nach herrschender Meinung eben gerade dadurch begründet, dass zur Geltendmachung des Rechts die Innehabung des Papiers notwendig ist. Wer eine derart verbriefte Forderung auszahlt, ohne sich das Papier vorlegen zu lassen, verdient nicht den Schutz des § 407 Abs. 1 BGB. Der neue Forderungsinhaber, dem die Urkunde übergeben worden ist, genießt hinsichtlich der Schutzwürdigkeit Vorrang.[75]

55 Problematisch ist die Befreiungswirkung von sogenannten vorzeitigen Auszahlungen, bei denen das Kreditinstitut unter Verstoß gegen eine dem § 21 Abs. 4 Satz 1 RechKredV vertragliche Kündigungsfrist von mindestens 3 Monaten Rückzahlungen von über 2.000 € pro Monat vornimmt. Der Judikatur zufolge, die noch zu § 22 Abs. 1 KWG a.F. entwickelt wurde, wird die Bank nicht von ihrer Verpflichtung befreit, soweit sie in Abweichung von der gesetzlichen Kündigungsfrist des § 22 Abs. 1 KWG a.F. bzw. einer vertraglichen Kündigungsfrist Auszahlungen vornimmt.[76] Nach Aufhebung dieser Vorschrift haben die Kreditinstitute jedoch in Anlehnung an § 21 Abs. 4 Satz 2 RechKredV weitgehend in ihren AGB eine entsprechende Regelung getroffen, nach der von Sparkonten mit einer Kündigungsfrist von 3 Monaten innerhalb eines Kalendermonats nur bis zu 2.000 € ohne Kündigung abgehoben werden können, soweit nichts anderes vereinbart wird. In der Rechtsprechung wird daher die Ansicht vertreten, dass sich auch in diesem Falle die Legitimationswirkung des Sparbuchs auf die Beträge beschränkt, die bedingungsgemäß ohne Kündigung und Vorschusszahlung fällig sind.[77]

G. Arbeitshilfen

I. Prüfungsschema

56 Prüfungsschema:

(1) **Bestehen einer Forderung**
Qualifiziertes Legitimationspapier wirkt nicht konstitutiv, besteht keine Forderung kann sie auch nicht durch Verbriefung zur Entstehung gebracht werden.

(2) **Urkunde**

(a) **Form**
Keine besondere Form vorgeschrieben; es bedarf auch keiner Unterschrift.

(b) **Inhalt** (Mindestinhalt)

(aa) **Leistungsversprechen**
Gegenstand kann jede Leistung im Sinne des § 241 BGB sein
Forderungsrecht entsteht nicht erst mit Verbriefung, qualifiziertes Legitimationspapier nur deklaratorische Wirkung.

(bb) **Benennung des Gläubigers**
Person des Berechtigten muss individualisierbar sein (es genügt, wenn sich aus den Umständen eindeutig ergibt, dass die versprochene Leistung einer bestimmten Person zustehen soll).

(cc) **Inhaberklausel**
Berechtigung des Ausstellers mit schuldbefreiender Wirkung an jeden Inhaber zu leisten.
Klausel bedarf einer **Einschränkung** dahingehend, dass der Inhaber als solcher nicht berechtigt ist die Leistung zu verlangen

---

[74] *Marburger* in: Staudinger, § 808 Rn. 47; *Sprau* in: Palandt, § 808 Rn. 6.
[75] *Zöllner*, Wertpapierrecht, 14. Aufl. 1987, § 3 IV 2, § 28 II.
[76] BGH v. 20.11.1958 - VII ZR 4/58 - juris Rn. 17 - BGHZ 28, 368-375; BGH v. 22.10.1964 - VII ZR 206/62 - BGHZ 42, 302-307 zu § 22 KWG; BGH v. 30.10.1990 - XI ZR 352/89 - LM Nr. 22 zu § 930 BGB m.w.N.
[77] OLG Koblenz v. 20.11.1998 - 10 U 1342/97 - OLGR Koblenz 1999, 286-287; *Habersack* in: MünchKomm-BGB, § 808 Rn. 31 ff.; *Marburger* in: Staudinger, § 808 Rn. 51 m.w.N.

(3) **Ausgabe der Urkunde**
Soll nur die rechtliche Eigenschaft als qualifiziertes Legitimationspapier festlegen; kein Begebungsvertrag erforderlich, da Gläubiger gemäß § 952 Abs. 2 de lege Eigentümer der Urkunde wird.

II. Kurzübersicht über Rechtsfolgen

Kurzübersicht: Rechtsfolgen 57

(a)	Gläubiger	Seine materielle Berechtigung besteht unabhängig davon, ob er im Besitz der Urkunde ist.
		Er kann den Anspruch nicht ohne Vorlage der Urkunde durchsetzen.
		Er kann die verbriefte Forderung durch formlose Abtretung übertragen.
(b)	Schuldner bzw. Aussteller	Seine Leistung an den materiell berechtigten Gläubiger führt zum Erlöschen der Schuld gemäß § 362 BGB.
		Seine Leistung an den Inhaber der Urkunde führt zum Erlöschen der Schuld gemäß § 808 Abs. 1 Satz 1 BGB, dies gilt nicht im Fall seiner Bösgläubigkeit.
		Eine Leistungs**pflicht** besteht nur, wenn Gläubiger materiell berechtigt ist **und** die Urkunde vorlegt; der Aussteller kann einen Nachweis der materiellen Berechtigung verlangen.
		Leistungspflicht besteht Zug um Zug gegen Aushändigung der Urkunde; § 808 Abs. 2 Satz 1 BGB.
		Bei Übertragung der Forderung besteht kein Einwendungsausschluss, es gilt § 404 BGB.
(c)	Inhaber	Der bloße Besitz der Urkunde verschafft ihm **keinerlei** Rechte an der verbrieften Forderung; er hat auch kein Verfügungsrecht.
		(keine förmliche Legitimationswirkung)

§ 808a BGB (weggefallen)

(Fassung vom 01.01.1964, gültig ab 01.01.1980, gültig bis 31.12.1990)

Im Inland ausgestellte Orderschuldverschreibungen, in denen die Zahlung einer bestimmten Geldsumme versprochen wird, dürfen, wenn sie Teile einer Gesamtemission darstellen, nur mit staatlicher Genehmigung in den Verkehr gebracht werden, soweit nicht Ausnahmen zugelassen sind. Das Nähere bestimmt ein Bundesgesetz. Die Vorschriften des § 795 Abs. 2 sind entsprechend anzuwenden.

1 § 808a BGB in der Fassung vom 17.12.1990 ist durch Art. 1 des Gesetzes vom 17.12.1990 – BGBl I 1990, 2839 – mit Wirkung vom 01.01.1991 weggefallen.

Titel 25 - Vorlegung von Sachen

§ 809 BGB Besichtigung einer Sache

(Fassung vom 02.01.2002, gültig ab 01.01.2002)

Wer gegen den Besitzer einer Sache einen Anspruch in Ansehung der Sache hat oder sich Gewissheit verschaffen will, ob ihm ein solcher Anspruch zusteht, kann, wenn die Besichtigung der Sache aus diesem Grunde für ihn von Interesse ist, verlangen, dass der Besitzer ihm die Sache zur Besichtigung vorlegt oder die Besichtigung gestattet.

Gliederung

A. Grundlagen 1	II. Anspruch in Ansehung der Sache 12
I. Kurzcharakteristik 1	III. Verschaffung von Gewissheit über das Bestehen eines Anspruchs 13
II. Regelungsprinzipien 3	IV. Interesse 14
III. Sonderregelungen 6	V. Person des Anspruchsgegners 15
IV. Verjährung 8	D. Anspruchsinhalt 17
B. Praktische Bedeutung 9	E. Prozessuale Hinweise 21
C. Anwendungsvoraussetzungen 10	F. Anwendungsfelder 23
I. Sachbegriff 10	

A. Grundlagen

I. Kurzcharakteristik

Bei § 809 BGB handelt es sich um einen **schuldrechtlichen Hilfsanspruch**, der ein gesetzliches Schuldverhältnis zwischen dem Anspruchsberechtigten und dem Besitzer der Sache begründet, jedoch kein Rechtsverhältnis voraussetzt.[1] Der Besichtigungsanspruch als Hilfsanspruch steht auch demjenigen zu, der sich erst Gewissheit verschaffen will, ob der Hauptanspruch – z.B. ein möglicher wettbewerbsrechtlicher Unterlassungs- oder Schadensersatzanspruch – besteht. Deswegen muss dieser Hauptanspruch nicht nachweislich bestehen. Es genügt ein gewisser Grad von Wahrscheinlichkeit.[2]

Der Anspruch ist unabhängig von Eigentums- und Besitzrechten. Er soll die künftige Geltendmachung eines Hauptanspruchs vorbereiten. § 809 BGB unterscheidet dabei im Hinblick auf den Hauptanspruch zwischen der Besichtigung zwecks Ermittlung des Anspruchsinhalts einerseits und der Feststellung der Anspruchsvoraussetzungen andererseits. Der Hauptanspruch muss sich ebenso wie der Vorlegungs- und Besichtigungsanspruch gegen den Besitzer der Sache richten. Der Gegner des Hauptanspruchs ist daher immer zugleich der Gegner des Besichtigungsanspruchs; eine **Vorlegungsklage** zur Förderung eines Hauptanspruchs **gegen einen Dritten ist ausgeschlossen**. Der Vorlegungs- und Besichtigungsanspruch ist nicht isoliert vom Hauptanspruch abtretbar, er kann aber für den Rechtsnachfolger neu entstehen, wenn in dessen Person die Anspruchsvoraussetzungen vorliegen. Ergänzend regelt § 811 BGB Einzelheiten hinsichtlich Gefahrtragung, Kosten und Vorlegungsort.

II. Regelungsprinzipien

Die Vorschrift dient dem Ausgleich gegenläufiger Interessen. Auf der einen Seite stehen die berechtigten Interessen desjenigen, der sich über das Bestehen oder den Umfang eines ihm zustehenden Anspruchs Klarheit verschaffen will. Demgegenüber steht das Interesse des Besitzers der Sache an der Wahrung seiner Privatsphäre. Dieser Interessenkonflikt soll durch § 809 BGB gelöst werden, indem die Vorschrift allgemeine Regeln über die Umstände aufstellt, unter denen der Besitzer zur Vorlegung der Sache verpflichtet ist. Dabei ist der Anspruchsrahmen der Vorschrift weit gefasst. Sie trägt in dieser pauschalen Form dem grundgesetzlich in den Art. 1 Abs. 1, 2 Abs. 1 GG verankerten allgemeinen Persönlichkeitsrecht als einem Recht auf Selbstbewahrung und Privatsphäre allein nicht genügend Rech-

---

[1] *Habersack* in: MünchKomm-BGB, § 809 Rn. 1.
[2] OLG Frankfurt v. 10.06.2010 - 15 U 192/09 - juris Rn. 31.

nung. Die Vorschrift bedarf daher der Eingrenzung durch die über § 242 BGB einwirkenden **Grundsätze von Treu und Glauben**.[3]

4 Damit die Vorschrift ihre Ausgleichsfunktion erfüllen kann, bedarf es in jedem einzelnen Fall der Vornahme einer am Grundsatz der Verhältnismäßigkeit orientierten Güter- und Interessenabwägung.[4] Denn die Vorschrift möchte einerseits dem Gläubiger ein Mittel an die Hand geben, um den Beweis der Rechtsverletzung auch in den Fällen führen zu können, in denen auf andere Weise ein solcher Beweis nur schwer oder gar nicht erbracht werden könnte; andererseits soll vermieden werden, dass der Besichtigungsanspruch zu einer Ausspähung insbesondere auch solcher Informationen missbraucht wird, die der Verpflichtete aus schutzwürdigen Gründen geheim halten möchte, und der Gläubiger sich über sein berechtigtes Anliegen hinaus wertvolle Kenntnisse verschafft.[5] Daneben ist vor allem darauf abzustellen, ob für den Gläubiger noch andere zumutbare Möglichkeiten bestehen, die Rechtsverletzung zu beweisen; weiter ist zu berücksichtigen, ob bei Gewährung des Besichtigungsrechts notwendig berechtigte Geheimhaltungsinteressen des Schuldners beeinträchtigt werden oder ob diese Beeinträchtigungen durch die Einschaltung eines zur Verschwiegenheit verpflichteten Dritten weitgehend ausgeräumt werden können.[6]

5 Die Abwägung kann in Einzelfällen zum teilweisen oder gänzlichen Ausschluss des Anspruchs führen, etwa wenn der Anspruchsteller auf andere Weise Kenntnis von der Beschaffenheit der fraglichen Sache erlangen kann. Ihm steht dann ein milderes, genauso erfolgversprechendes Mittel zur Erreichung seiner Interessen zur Verfügung.[7] Der Verhältnismäßigkeitsgrundsatz gebietet es außerdem, den Anspruch nicht weiter auszudehnen, als dies die Belange des Berechtigten erforderlich machen. Auf der Rechtsfolgenseite kann dies zur Modifizierung des Anspruchs führen, etwa indem Teile der Sache von der Vorlegung ausgenommen werden oder indem angeordnet wird, dass das Einsichtsrecht nur von einem neutralen Dritten ausgeübt werden darf. In die Interessenabwägung sind unter anderem **die berechtigten Geheimhaltungsinteressen des Besitzers** einzustellen, etwa wenn die Vorlegung einen Vertrauensbruch gegenüber einem Dritten bedeuten würde oder Betriebs- oder Geschäftsgeheimnisse offenbart werden müssten.[8] Ebenso wenn sich der Besitzer im Fall der Vorlegung der Sache der Gefahr strafrechtlicher Verfolgung aussetzen würde.

III. Sonderregelungen

6 Während § 809 BGB nicht das Bestehen eines Rechtsverhältnisses voraussetzt, gewähren innerhalb einzelner Rechtsverhältnisse zahlreiche Vorschriften besondere Ansprüche auf Vorlegung und Besichtigung von Sachen. Daneben bestehen häufig **Auskunftsansprüche und Kontrollrechte**, welche die Inaugenscheinnahme von Sachen unnötig machen. Solche Ansprüche finden sich etwa in den §§ 259, 260, 402, 666, 1799, 716, 867, 896, 1005 BGB, §§ 87c, 118, 157, 166 HGB, § 51a GmbHG, § 67 Abs. 6 AktG, § 80 Abs. 2 Satz 2 BetrVG, § 106 Abs. 2 BetrVG. Weitere spezialgesetzliche Auskunftsansprüche enthalten § 24b GebrMG, § 140b PatG, § 101a UrhG, § 19 MarkenG, § 35 GenTG. In ihrem Anwendungsbereich weit gehende Rechte finden sich in den §§ 8-10 UmweltHG. Sie sehen im Bereich des Umweltrechts Auskunftsansprüche vor, die bis hin zu Angaben über Art und Menge der freigesetzten Stoffe, sowie öffentlich-rechtliche Betreiberpflichten gehen können.

7 Schließlich können sich Vorlegungs- und Auskunftsansprüche als Nebenpflichten eines Rechtsverhältnisses aus § 242 BGB ergeben. Soweit § 809 BGB mit solchen Ansprüchen zusammentrifft, ist er nicht subsidiär, sondern besteht neben diesen.[9] Der Berechtigte hat daher ein Wahlrecht zwischen dem Anspruch aus § 809 BGB und den sondergesetzlichen Ansprüchen.

---

[3] BGH v. 31.03.1971 - VIII ZR 198/69 - MDR 1971, 574; BGH v. 28.04.1977 - II ZR 208/75 - juris Rn. 21 - LM Nr. 6 zu § 810 BGB; *Wilhelmi* in: Erman, § 809 Rn. 1; *Marburger* in: Staudinger, Vorbem. zu den §§ 809-811 Rn. 5.

[4] A.A. *Habersack* in: MünchKomm-BGB, § 809 BGB Rn. 7, der für eine besondere richterliche Abwägung der gegenläufigen Interessen der Parteien keinen Raum sieht, da durch die Tatbestandsvoraussetzungen von § 809 BGB bereits eine gesetzliche Interessenabwägung verwirklicht sei.

[5] BGH v. 02.05.2002 - I ZR 45/01 - juris Rn. 28 - BGHZ 150, 377-390.

[6] BGH v. 02.05.2002 - I ZR 45/01 - juris Rn. 28 - BGHZ 150, 377-390.

[7] Vgl. BGH v. 08.01.1985 - X ZR 18/84 - juris Rn. 55 - BGHZ 93, 191-213, dort allerdings unter Verneinung eines berechtigten Interesses an der Vorlegung.

[8] BGH v. 08.01.1985 - X ZR 18/84 - BGHZ 93, 191-213.

[9] BGH v. 20.01.1971 - VIII ZR 251/69 - BGHZ 55, 201-207.

IV. Verjährung

Der Anspruch aus § 809 BGB unterliegt nicht der Verjährung.[10] Nach anderer Ansicht[11] gilt die regelmäßige Verjährungsfrist. Dies ist jedoch nicht sachgerecht, denn danach würde der Besichtigungsanspruch nach der Neufassung von § 195 BGB bereits innerhalb von drei Jahren ab Kenntniserlangung verjähren, während der Hauptanspruch oft erst nach 30 Jahren verjährt, man denke etwa an die Vorbereitung eines Herausgabeanspruchs in Ansehung der Sache, § 197 BGB. Eine solch kurze Verjährung ist mit der Funktion von § 809 BGB als Hilfsanspruch nicht vereinbar. Er darf daher nicht vor dem Hauptanspruch verjähren. Der Besichtigungsanspruch besteht daher richtigerweise solange die gesetzlichen Voraussetzungen erfüllt sind.[12] Mit der Verjährung des Hauptanspruchs entfällt jedoch das schutzwürdige Interesse an der Besichtigung der Sache.

B. Praktische Bedeutung

Oft werden spezialgesetzliche Besichtigungs- oder Auskunftsrechte bestehen, die einen Rückgriff auf § 809 BGB unnötig machen. Im Rahmen von deliktischen Ansprüchen erweist sich die Vorschrift dagegen als nützlich.[13]

C. Anwendungsvoraussetzungen

I. Sachbegriff

Gegenstand des Anspruchs aus § 809 BGB sind Sachen i.S.v. § 90 BGB. Dazu gehören neben beweglichen Sachen auch Grundstücke. Der Anspruch kann sich auch auf Sachgesamtheiten beziehen. **Der Körper des lebenden Menschen** fällt nicht unter den Sachbegriff, sodass ein Anspruch auf ärztliche Untersuchung oder Blutentnahme nicht auf § 809 BGB gestützt werden kann. Untersuchungen zur Feststellung der Abstammung sind jedoch gemäß § 372a ZPO zu dulden. **Künstliche Körperteile**, die fest mit dem menschlichen Körper verbunden sind, unterfallen ebenfalls nicht der Vorlagepflicht. Soweit sie abnehmbar sind, besteht eine Vorlagepflicht innerhalb der Grenzen der Zumutbarkeit. **Beim menschlichen Leichnam** ist zwischen der Leichenschau und der Leichenöffnung zu unterscheiden. Für Letztere besteht grundsätzlich kein zivilrechtlicher Anspruch gegen die nahen Angehörigen oder Erben. Hinsichtlich der Leichenschau besteht dagegen grundsätzlich ein Anspruch aus § 809 BGB. Dieser kann insbesondere zur Vorbereitung von arzthaftungsrechtlichen und versicherungsrechtlichen Ansprüchen erforderlich sein. Im Rahmen der Güter- und Interessenabwägung ist jedoch die Pietät gegenüber dem menschlichen Leichnam zu beachten, was dem Anspruch entgegenstehen kann.

Für die **Vorlegung von Urkunden** geht § 810 BGB als Spezialvorschrift vor. § 809 BGB ist jedoch subsidiär anwendbar, beispielsweise in Form eines Kombinationsanspruchs, wenn die Vorlegung einer Urkunde gemäß § 809 BGB verlangt wird, um sich Gewissheit über das Bestehen eines Anspruchs aus § 810 BGB zu verschaffen.

II. Anspruch in Ansehung der Sache

§ 809 BGB bezieht sich in seinen beiden Varianten auf einen Anspruch in Ansehung der Sache, den sog. **Hauptanspruch**. Unter einem Anspruch ist das Recht zu verstehen, von einem anderen ein Tun oder Unterlassen zu verlangen, § 194 Abs. 1 BGB. Die Rechtsnatur des Hauptanspruchs ist dabei ohne Belang. Er kann sowohl dinglicher als auch schuldrechtlicher Natur sein. Hauptanwendungsfall dürfte der Anspruch auf Herausgabe der Sache selbst sein. Auch bedingte oder befristete Ansprüche, Vor- oder Wiederkaufsrechte, Urheberrechte, sowie Gestaltungsrechte kommen in Betracht. Der Anspruch muss **in rechtlicher Beziehung zu der Sache stehen**.[14] Das ist jedenfalls dann der Fall, wenn sich der Anspruch auf die Sache selbst erstreckt. Es genügt jedoch auch, dass zwischen dem Anspruch und der Sache eine sonstige rechtliche Beziehung besteht, etwa wenn der Anspruch von dem Bestand oder der Beschaffenheit der Sache abhängt.[15]

---

[10] OLG Karlsruhe v. 27.04.2001 - 14 U 187/00 - juris Rn. 13 - NJW-RR 2002, 951-952; in BGH v. 02.05.2002 - I ZR 45/01 - juris Rn. 16 - BGHZ 150, 377-390 stellt der BGH auf die Durchsetzbarkeit des Hauptanspruchs ab.

[11] *Sprau* in: Palandt, § 809 Rn. 12; *Habersack* in: MünchKomm-BGB, § 809 Rn. 15.

[12] Wie hier *Wilhelmi* in: Erman, § 809 Rn. 6; *Marburger* in: Staudinger, Vorbem. zu den §§ 809-811 Rn. 4.

[13] Einen aktuellen Überblick gibt auch *Schreiber*, JR 2008, 1-5.

[14] *Sprau* in: Palandt, § 809 Rn. 4.

[15] BGH v. 08.01.1985 - X ZR 18/84 - juris Rn. 28 - BGHZ 93, 191-213.

III. Verschaffung von Gewissheit über das Bestehen eines Anspruchs

13 Wie bereits in Rn. 1 gesehen, genügt für den Besichtigungsanspruch aus § 809 Alt. 2 BGB die Möglichkeit des Bestehens eines Hauptanspruchs. Um nicht das prozessrechtliche Verbot des Ausforschungsbeweises zu unterlaufen, müssen die Voraussetzungen des Hauptanspruchs soweit feststehen, dass nur noch die Besichtigung der Hauptsache erforderlich ist, um seine Existenz abschließend beurteilen zu können.[16] Welche konkreten Anforderungen an die Wahrscheinlichkeit des Bestehens des Hauptanspruchs bestehen, war in der Rechtsprechung lange Zeit nicht eindeutig. Einerseits hatte der BGH bei der Geltendmachung eines Vorlegungsanspruchs zum Zweck der Überprüfung einer Patentverletzung oder Softwareverletzung einen besonders hohen Grad an Wahrscheinlichkeit gefordert, dass die Sache unter Verwendung des geistigen Eigentums eines anderen hergestellt worden ist.[17] In einer anderen Entscheidung jüngeren Datums ließ der BGH einen gewissen Grad von Wahrscheinlichkeit genügen.[18] Nunmehr hat der BGH klargestellt, dass die weniger strengen Anforderungen allgemein gültig sind und auch im Rahmen von Patentverletzungen anwendbar sind, so dass der materiell-rechtliche Vorlageanspruch aus § 809 BGB schon dann besteht, wenn ungewiss ist, ob eine Rechtsverletzung vorliegt.[19]

IV. Interesse

14 Der Vorlegungsberechtigte muss an der Besichtigung der Sache ein besonderes und ernstliches Interesse haben, das im Hauptanspruch seine Grundlage hat. Dieses Merkmal dient neben der sich hieran anschließenden Interessenabwägung der Verhinderung einer uferlosen Ausweitung des Anwendungsbereichs von § 809 BGB. Das Interesse muss darin bestehen, dass die Besichtigung oder Vorlegung für die Geltendmachung oder Prüfung des Hauptanspruchs von Bedeutung ist.[20] Ein besonderes rechtliches Interesse, wie dies im Rahmen von § 810 BGB ausdrücklich gefordert wird, ist nicht nötig. Das rechtliche Interesse dient dort der Einschränkung des Anwendungsbereichs der Vorschrift, während dieser Zweck bei § 809 BGB durch die notwendige Verbindung zum Hauptanspruch gewährleistet wird.[21] Der Berechtigte muss nicht notwendig die klageweise Durchsetzung des Hauptanspruchs bezwecken. Das Interesse des Berechtigten ist anschließend mit den gegenläufigen Interessen des Besitzers in Einklang zu bringen (vgl. dazu unter Regelungsprinzipien, Rn. 3).

V. Person des Anspruchsgegners

15 Der Anspruch richtet sich gegen den Besitzer der Sache. Darunter ist zunächst **der unmittelbare Besitzer** zu verstehen. Besitzen mehrere eine Sache als Mitbesitzer, so richtet sich der Anspruch gegen jeden einzelnen Besitzer. Der Besitzdiener ist nicht zur Vorlage verpflichtet.[22] Im Fall des Organbesitzes ist die juristische Person Schuldnerin des Anspruchs.[23] Entsprechendes muss für Gesamthandsgesellschaften gelten.

16 Umstritten ist, ob **der mittelbare Besitzer** Schuldner des Anspruchs sein kann. Dagegen spricht, dass der mittelbare Besitzer nicht ohne weiteres zur Vorlegung der Sache in der Lage sein dürfte. Dazu bedarf es der Einwirkungsmöglichkeit auf die Sache. Ist aber der mittelbare Besitzer aufgrund des Besitzmittlungsverhältnisses in der Lage, den Anspruch zu erfüllen, weil er die Sache von dem Besitzmittler herausverlangen kann, spricht vieles dafür, auch ihn in die Pflicht zu nehmen. In diesen Fällen ist es zur effektiven Durchsetzung der Rechte des Vorlegungsberechtigten geboten, vom mittelbaren Besitzer die Abtretung des Anspruchs aus dem Besitzmittlungsverhältnis zu verlangen.[24]

---

[16] BGH v. 08.01.1985 - X ZR 18/84 - juris Rn. 40 - BGHZ 93, 191-213; OLG Frankfurt v. 03.10.1985 - 3 U 252/84 - NJW-RR 1986, 819-821; OLG Hamm v. 02.02.1987 - 11 W 19/86 - NJW-RR 1987, 1395.
[17] BGH v. 08.01.1985 - X ZR 18/84 - juris Rn. 41 - BGHZ 93, 191-213.
[18] BGH v. 02.05.2002 - I ZR 45/01 - juris Rn. 28 - BGHZ 150, 377-390.
[19] BGH v. 01.08.2006 - X ZR 114/03 - juris Rn. 43 - BGHZ 169, 30-43.
[20] BGH v. 20.01.1971 - VIII ZR 251/69 - BGHZ 55, 201-207.
[21] Vgl. *Habersack* in: MünchKomm-BGB, § 809 Rn. 7.
[22] Motive, Bd. II, S. 891.
[23] RG v. 04.11.1913 - II 297/13 - RGZ 83, 248-253.
[24] *Marburger* in: Staudinger, § 809 Rn. 10.

D. Anspruchsinhalt

§ 809 BGB gewährt einen **Anspruch auf Besichtigung** der Sache. Die Vorschrift unterscheidet zwischen der Vorlegung zur Besichtigung und der Gestattung der Besichtigung. Vorlegung zur Besichtigung bedeutet, dass die Sache dem Berechtigten ausgehändigt oder so vorgezeigt wird, dass sie seiner sinnlichen Wahrnehmung unmittelbar zugänglich ist, ohne dass ihm jedoch die tatsächliche Gewalt über die Sache verschafft wird.[25] Gestattung der Besichtigung bedeutet, dass es dem Berechtigten ermöglicht wird, die Sache in Augenschein zu nehmen.[26] Die Gestattung der Besichtigung wird regelmäßig bei Grundstücken in Betracht kommen oder wenn dem Berechtigten der Zugang zu der Sache ohne weiteres möglich ist. Ob im konkreten Fall die Vorlegung oder die Gestattung der Besichtigung verlangt werden kann, richtet sich danach, was für die Verwirklichung des Gläubigerinteresses erforderlich ist. Vom Schuldner darf jedoch nichts Unmögliches verlangt werden. Deshalb schuldet der mittelbare Besitzer nicht selbst die Vorlegung oder Gestattung, sondern nur die Abtretung seiner Ansprüche aus dem Besitzmittlungsverhältnis gegen den unmittelbaren Besitzer.

17

Die Ausübung des Besichtigungsrechts ist gesetzlich nicht näher geregelt. Der Begriff ist im Zusammenhang mit dem Sinn und Zweck der Vorschrift zu lesen, nämlich Klarheit über das Bestehen oder den Umfang des Hauptanspruchs zu erlangen. Das Recht zur Besichtigung ist daher nicht streng wörtlich im Sinne der bloßen Betrachtung zu verstehen.[27] Der Berechtigte ist vielmehr zu allen Handlungen berechtigt, die erforderlich sind, um sich ein Urteil über Identität und Beschaffenheit der Sache zu bilden. Danach hat der Berechtigte ein **Untersuchungsrecht** an der Sache. Es umfasst deren Anfassen, Abmessen, Wiegen und Fotografieren. Sofern dies möglich ist, ist dem Berechtigten auch die Inbetriebnahme zu gestatten. Jedoch nur, soweit dies zur sachgemäßen Untersuchung notwendig ist und keine Gefahr der Beschädigung besteht.

18

Die **Grenzen der Duldungspflicht** sind überschritten, wenn die Gefahr der dauerhaften Veränderung des Wertes oder der Gebrauchstauglichkeit der Sache besteht.[28] Die Abnahme von Verkleidungen einer Maschine oder der Ein- und Ausbau von Teilen ist zulässig, wenn dies erforderlich und ohne dauerhafte Veränderung der Sache möglich ist.

19

Die Sache ist **dem Berechtigten grundsätzlich persönlich vorzulegen**. Inwieweit er sich **durch einen Bevollmächtigten vertreten lassen** darf, richtet sich nach den Umständen des Einzelfalls. Hierbei ist wiederum eine Interessenabwägung vorzunehmen zwischen dem Interesse des Schuldners an der Vertraulichkeit der Angelegenheit einerseits und dem Interesse des Berechtigten an der Vertretung. Dabei ist auch die Vertrauenswürdigkeit des Bevollmächtigten mit in die Abwägung einzubeziehen. So ist ein Prozessvertreter im Allgemeinen zuzulassen.[29] Die **Hinzuziehung von Sachverständigen** ist zulässig, wenn dies zur sachgerechten Ausübung des Einsichtsrechts erforderlich ist.

20

E. Prozessuale Hinweise

Der Anspruch auf Vorlegung kann im Wege der selbstständigen **Klage gegen den Besitzer** geltend gemacht werden. Die Vorlegung kann nicht durch das selbstständige Beweisverfahren nach § 485 ZPO erreicht werden, weil diese Vorschriften selbst keine Duldungspflicht des Schuldners enthalten. Der Kläger trägt hinsichtlich der Anspruchsvoraussetzungen die **Darlegungs- und Beweislast**. Die bloße Glaubhaftmachung genügt nicht. Der Kläger muss für den Fall von § 809 Alt. 2 BGB also auch den vollen Beweis hinsichtlich der Tatsachen erbringen, aus denen sich die Möglichkeit des Bestehens eines Anspruchs ergibt. Ausgenommen sind die Tatsachen, deren Klärung gerade durch die Besichtigung erreicht werden soll. Der Beklagte kann unter Anwendung von § 76 ZPO die Ladung des mittelbaren Besitzers verlangen. Die Vorlegung einer Sache – ebenso die Besichtigung eines Datenträgers durch einen vom Gericht bestimmten, zur völligen Verschwiegenheit verpflichteten Sachkundigen[30] – kann zur Sicherung des Beweises auch **im Weg der einstweiligen Verfügung** gemäß § 936 ZPO erwirkt werden. Hierbei genügt gemäß den §§ 936, 920 Abs. 2 ZPO die Glaubhaftmachung der Anspruchsvoraussetzungen.

21

---

[25] RG v. 26.11.1903 - VI 140/03 - RGZ 56, 63-70.
[26] *Steffen* in: BGB-RGRK, § 809 Rn. 1.
[27] *Stadler* in: Jauernig, § 809 Rn. 6.
[28] OLG Frankfurt v. 03.10.1985 - 3 U 252/84 - NJW-RR 1986, 819-821.
[29] *Marburger* in: Staudinger, § 809 Rn. 9.
[30] OLG Frankfurt v. 17.01.2006 - 11 W 21/05 - NJW-RR 2006, 1344-1345.

22 Die **Zwangsvollstreckung** aus Urteilen, die auf Vorlegung von Sachen lauten, erfolgt in entsprechender Anwendung von § 883 ZPO.[31] Der Gerichtsvollzieher hat die Sache dem Besitzer wegzunehmen und dem Vorlegungsberechtigten zu übergeben. Findet der Gerichtsvollzieher die Sache nicht, kann der Schuldner zur Abgabe der eidesstattlichen Versicherung über deren Verbleib herangezogen werden, § 883 Abs. 2 ZPO. Die Herausgabevollstreckung muss nicht auf eine dauerhafte Besitzüberlassung hinauslaufen.[32] Ist die Vorlegung allerdings Teil einer umfassenden, auf Auskunftserteilung oder Rechnungslegung lautenden Verpflichtung, so ist nicht § 883 ZPO, sondern § 888 ZPO anzuwenden.[33]

F. Anwendungsfelder

23 Die Vorschrift kommt in einer Vielzahl möglicher Konstellationen zur Anwendung. So wird sich der Anspruchsteller über § 809 Alt. 2 BGB häufig Gewissheit über das **Bestehen von Schadensersatzansprüchen** verschaffen wollen, etwa indem er den Zustand einer Sache in Augenschein nimmt und auf deren Verkehrssicherheit überprüft. Auch **Verletzungen von Patent- oder Urheberrechten** werden sich regelmäßig durch die Besichtigung der fraglichen Sache feststellen lassen.[34] In diesem Zusammenhang hat in den letzten Jahrzehnten die Besichtigung von Computer-Hardware zwecks Feststellung von **Software-Verletzungen** an Bedeutung gewonnen.[35]

24 Der wegen Patentverletzung in Anspruch genommene Beklagte ist allenfalls dann verpflichtet, einen Standort zu benennen, an dem die beanstandete Vorrichtung besichtigt werden kann, wenn auch die Voraussetzungen eines Besichtigungsanspruches nach § 809 BGB vorliegen. Die hierzu u.a. erforderliche zumindest gewisse Wahrscheinlichkeit einer Rechtsverletzung kann sich daraus ergeben, dass der im Rahmen der Beweisaufnahme hinzugezogene Sachverständige schriftlichen Unterlagen über die angegriffene Vorrichtung konkrete Anhaltspunkte für eine Rechtsverletzung entnimmt.[36]

---

[31] OLG Köln v. 07.12.1987 - 2 W 175/87 - NJW-RR 1988, 1210-1211; OLG Köln v. 21.09.1995 - 18 W 33/95 - NJW-RR 1996, 382; vgl. *Marburger* in: Staudinger, Vorbem. zu den §§ 809-811 Rn. 10.

[32] *Marburger* in: Staudinger, Vorbem. zu den §§ 809-811 Rn. 10.

[33] OLG Köln v. 21.09.1995 - 18 W 33/95 - NJW-RR 1996, 382.

[34] Vgl. hierzu LG Erfurt v. 05.10.2006 - 3 O 317/06; BGH v. 08.01.1985 - X ZR 18/84 - BGHZ 93, 191-213; OLG Düsseldorf v. 08.04.1982 - 2 U 176/81 - GRUR 1983, 745-747; LG Braunschweig, GRUR 1961, 28; RG v. 07.11.1908 - I 638/07 - RGZ 69, 401-407 (Nietzsche-Briefe).

[35] Vgl. hierzu OLG Frankfurt v. 17.01.2006 - 11 W 21/05 - NJW-RR 2006, 1344-1345; LG Nürnberg-Fürth v. 26.05.2004 - 3 O 2524/04 - MMR 2004, 627-629; OLG Nürnberg v. 25.04.2005 - 3 W 482/05 - OLGR Nürnberg 2005, 521-522.

[36] OLG Düsseldorf v. 30.01.2003 - 2 U 71/99 - OLGR Düsseldorf 2003, 186-187; OLG Düsseldorf v. 30.01.2003 - 2 U 71/99 - MittdtschPatAnw 2003, 333.

§ 810 BGB Einsicht in Urkunden

(Fassung vom 02.01.2002, gültig ab 01.01.2002)

Wer ein rechtliches Interesse daran hat, eine in fremdem Besitz befindliche Urkunde einzusehen, kann von dem Besitzer die Gestattung der Einsicht verlangen, wenn die Urkunde in seinem Interesse errichtet oder in der Urkunde ein zwischen ihm und einem anderen bestehendes Rechtsverhältnis beurkundet ist oder wenn die Urkunde Verhandlungen über ein Rechtsgeschäft enthält, die zwischen ihm und einem anderen oder zwischen einem von beiden und einem gemeinschaftlichen Vermittler gepflogen worden sind.

Gliederung

A. Grundlagen 1	a. Beispiele 13
I. Kurzcharakteristik 1	b. Sonderfall: Operations- und Krankenunterlagen 15
II. Regelungsprinzipien 3	2. Beurkundung eines Rechtsverhältnisses 17
III. Sonderregelungen 5	3. Beurkundung von Verhandlungen 21
IV. Verjährung 7	III. Rechtliches Interesse 22
B. Praktische Bedeutung 8	IV. Anspruchsgegner 25
C. Anwendungsvoraussetzungen 9	D. Anspruchsinhalt 26
I. Gegenstand der Einsichtnahme 9	E. Prozessuale Hinweise 30
II. Vorlegungstatbestände 11	F. Anwendungsfelder 32
1. Errichtung im Interesse des Antragstellers 12	

A. Grundlagen

I. Kurzcharakteristik

§ 810 BGB gewährt zur Förderung, Erhaltung oder Verteidigung einer Rechtsposition einen Anspruch auf Einsicht in Urkunden, die sich im Besitz eines anderen befinden.[1] Die Vorschrift dient damit einer erleichterten Rechtsverwirklichung. Denn eine allgemeine, nicht aus besonderen Rechtsgründen abgeleitete Auskunftspflicht ist dem BGB fremd.[2]

Es handelt sich um einen **schuldrechtlichen Hilfsanspruch**, der ein gesetzliches Schuldverhältnis zwischen dem Anspruchsberechtigten und dem Urkundenbesitzer begründet.[3] Er besteht nur bei Vorliegen eines der drei in § 810 BGB geregelten Fälle und bei Bestehen eines rechtlichen Interesses an der Einsichtnahme. Ergänzend regelt § 811 BGB Einzelheiten hinsichtlich Gefahrtragung, Kosten und Vorlegungsort.

II. Regelungsprinzipien

Die Vorschrift steht in engem Zusammenhang mit § 809 BGB. Beide Vorschriften dienen dem Ausgleich gegenläufiger Interessen. Im Fall von § 810 BGB steht dem Interesse des Anspruchstellers an der Verschaffung von Klarheit hinsichtlich der ihn betreffenden Rechtsverhältnisse das Interesse des Urkundenbesitzers an seiner Privatrechtssphäre gegenüber. Die Vorschrift ist in ihrem Anwendungsbereich gegenüber § 809 BGB teils weiter, teils enger. Sie gilt nur für bestimmte Sachen (Urkunden). Hierfür erweitert sie das Einsichtsrecht gegenüber § 809 BGB, indem sie den Anspruch lediglich vom Inhalt der Urkunde abhängig macht und jeden Urkundenbesitzer verpflichtet. Nicht erforderlich ist das Bestehen eines Rechtsverhältnisses gerade zwischen dem Anspruchsteller und dem Urkundenbesitzer, wie dies § 809 BGB verlangt. Um eine uferlose Ausdehnung der Anspruchsvoraussetzungen zu verhindern, fordert § 810 BGB ausdrücklich das Vorliegen eines **rechtlichen Interesses**, wohingegen § 809 BGB jedes besondere und ernsthafte Interesse genügen lässt. § 809 BGB ist gegenüber § 810

---

[1] BGH v. 31.03.1971 - VIII ZR 198/69 - MDR 1971, 574; BGH v. 29.04.1981 - IVb ZB 813/80 - LM Nr. 5 zu § 1587c BGB.
[2] BGH v. 18.01.1978 - VIII ZR 262/76 - WM 1978, 373.
[3] *Habersack* in: MünchKomm-BGB, § 810 Rn. 1.

§ 810

BGB subsidiär, greift aber ergänzend ein, wenn die Vorlegung einer Urkunde verlangt wird, um sich Gewissheit über das Bestehen eines Anspruchs aus § 810 BGB zu verschaffen (sog. Kombinationsanspruch).

4 Ebenso wie der in § 809 BGB geregelte Besichtigungsanspruch hat die Vorschrift nur eine unvollständige Regelung erfahren. Um dem grundgesetzlich in den Art. 1 Abs. 1 GG, Art. 2 Abs. 1 GG verankerten allgemeinen Persönlichkeitsrecht als einem Recht auf Selbstbewahrung und Privatsphäre Rechnung zu tragen, bedarf die Vorschrift daher der Eingrenzung durch die über § 242 BGB einwirkenden **Grundsätze von Treu und Glauben**. Es ist daher **in eine am Grundsatz der Verhältnismäßigkeit orientierte Güter- und Interessenabwägung vorzunehmen**.[4] Dies kann in Einzelfällen zum teilweisen oder gänzlichen Ausschluss des Anspruchs führen, etwa wenn der Anspruchsteller auf andere Weise Kenntnis vom Inhalt der Urkunde erlangen kann. Ihm steht dann ein milderes, genauso erfolgversprechendes Mittel zur Erreichung seiner Interessen zur Verfügung. Der Verhältnismäßigkeitsgrundsatz gebietet es außerdem, den Anspruch nicht weiter auszudehnen, als dies die Belange des Berechtigten erforderlich machen. Auf der Rechtsfolgenseite kann dies zur Modifizierung des Anspruchs führen, etwa indem Teile der Urkunde von der Vorlegung ausgenommen werden oder indem angeordnet wird, dass das Einsichtsrecht nur von einem neutralen Dritten ausgeübt werden darf. In die Interessenabwägung sind unter anderem **die berechtigten Geheimhaltungsinteressen des Besitzers** einzustellen, etwa wenn die Vorlegung einen Vertrauensbruch gegenüber einem Dritten bedeuten würde oder Betriebs- oder Geschäftsgeheimnisse offenbart werden müssten. Ebenso wenn sich der Besitzer im Fall der Vorlegung der Urkunde der Gefahr strafrechtlicher Verfolgung aussetzen würde.

III. Sonderregelungen

5 § 810 BGB regelt das Einsichtsrecht in Urkunden nicht abschließend. So kann innerhalb besonderer Rechtsverhältnisse deren Herausgabe nach den §§ 371, 402, 410, 444, 445, 1145 BGB, §§ 118, 157 HGB, § 8 Abs. 3 UmweltHG verlangt werden. Dem Einsichtsanspruch gleichstehende **Informationsansprüche** ergeben sich darüber hinaus häufig als **Nebenpflicht zu vertraglich begründeten Rechtsverhältnissen**. Ob und inwieweit solche Ansprüche bestehen, ist im Einzelfall durch Auslegung des vertraglichen Regelungsgefüges nach den §§ 133, 157 BGB unter Berücksichtigung von § 242 BGB zu ermitteln. So bestehen etwa regelmäßig Einsichtsrechte in die Krankenunterlagen als Nebenpflicht des ärztlichen Behandlungsverhältnisses. Zu weiteren spezialgesetzlichen Vorschriften, die **Kontroll- und Auskunftsrechte** begründen, vgl. die Kommentierung zu § 809 BGB.

6 § 810 BGB regelt nur die Rechtsbeziehungen zwischen Privatpersonen. Daneben gewähren zahlreiche Sondervorschriften das Recht auf **Einsicht in öffentliche Register, Akten und öffentlich verwahrte Urkunden**, etwa die §§ 79, 1563, 1993, 2081, 2146, 2228, 2264, 2384 BGB, § 9 HGB, §§ 12, 124, 125 GBO, §§ 42, 144 ZVG, §§ 34, 78 FGG, § 51 BeurkG, §§ 422, 423, 429 ZPO, §§ 19, 34 BDSG.

IV. Verjährung

7 Der Anspruch aus § 810 BGB unterliegt nicht der Verjährung (vgl. die Kommentierung zu § 809 BGB Rn. 8). Nach anderer Ansicht[5] gilt die regelmäßige Verjährungsfrist. Nach der Neufassung von § 195 BGB würde der Anspruch danach aber bereits innerhalb von drei Jahren ab Kenntniserlangung verjähren. Eine solch kurze Verjährung ist mit der Funktion von § 810 BGB als Hilfsanspruch nicht vereinbar, da die Einsichtnahme stets in Zusammenhang mit einem in der Urkunde verbrieften Rechtsverhältnis steht. Der Vorlegungs- und Besichtigungsanspruch besteht daher richtigerweise so lange die gesetzlichen Voraussetzungen erfüllt sind.[6]

B. Praktische Bedeutung

8 Oft werden spezialgesetzliche Vorschriften und Informationsansprüche im Rahmen vertraglicher Rechtsverhältnisse einen Rückgriff auf § 810 BGB unnötig machen. Bestehen solche Ansprüche hingegen nicht, ist die Vorschrift im Zivilprozess von Bedeutung für den Urkundenbeweis. Die §§ 422, 423 ZPO und § 429 ZPO machen nämlich die Pflicht zur Urkundenvorlegung vom Bestehen eines materiellrechtlichen Vorlegungs- oder Herausgabeanspruchs abhängig.

---

[4] Vgl. LG Hamburg v. 10.09.2004 - 301 O 125/02 - juris Rn. 175; OLG Sachsen-Anhalt v. 31.03.1999 - 6 U 387/96 - OLG-NL 2001, 124-126; *Habersack* in: MünchKomm-BGB, § 809 Rn. 11.

[5] *Sprau* in: Palandt, § 809 Rn. 12, § 810 Rn. 1; *Habersack* in: MünchKomm-BGB, § 809 Rn. 15, § 810 Rn. 17.

[6] Wie hier *Marburger* in: Staudinger, Vorbem. zu den §§ 809-811 Rn. 4.

C. Anwendungsvoraussetzungen

I. Gegenstand der Einsichtnahme

Gegenstand der Einsichtnahme sind Urkunden. Der **Urkundsbegriff** ist identisch mit dem des Zivilprozessrechts. Danach ist eine Urkunde jede in dauernden schriftlichen Zeichen ausgedrückte, sinnlich wahrnehmbare Gedankenverkörperung, welche Aussagen über Rechtsgeschäfte oder Rechtsverhältnisse zum Inhalt hat.[7] Auch computergenerierte Schriftstücke sind Urkunden in diesem Sinn, so lange es sich um eine Gedankenerklärung handelt. Rechtserhebliche Erklärungen, die mittels technischer Träger aufgezeichnet wurden, unterfallen dagegen mangels Schriftform nicht dem Urkundsbegriff. Hierzu zählen Ton- und Datenträger, Mikrodokumente, Fotografien und Röntgenaufnahmen. Zur Frage der entsprechenden Anwendung von § 810 BGB vgl. Rn. 32.

Gegenstand des Einsichtnahmerechts ist grundsätzlich die **Originalurkunde**. Die Vorlage einer Abschrift oder Fotokopie genügt in der Regel nicht, auch wenn diese beglaubigt ist.[8] Ist das Original nicht mehr vorhanden oder erreichbar, oder besteht aus sonstigen Gründen ein besonderes Interesse gerade an der Abschrift, so kann ausnahmsweise deren Vorlage verlangt werden.[9] Darüber hinaus ist auch die rechtsgeschäftliche Vereinbarung zwischen Berechtigtem und Vorlegungsschuldner möglich, dass die Einsichtnahme nur in Kopien erfolgen darf.[10]

II. Vorlegungstatbestände

Eine Urkunde unterliegt dem Einsichtsrecht, soweit sie nach ihrem Zweck oder ihrem Inhalt für die Rechtsposition des Anspruchstellers von Bedeutung ist. Dies ist dann der Fall, wenn eine oder mehrere der drei Tatbestandsalternativen von § 810 BGB erfüllt sind. Nach dem Willen des historischen Gesetzgebers ist das Vorliegen wenigstens eines dieser Fälle für einen Anspruch aus § 810 BGB unverzichtbar.[11] Nach heute allgemeiner Ansicht ist die **Vorschrift** hingegen **grundsätzlich analogiefähig**.[12] Voraussetzung hierfür ist, dass die Urkunde in Beziehung zu einem Rechtsverhältnis steht, an dem der Anspruchsteller beteiligt ist.[13] Hierbei ist eine **weite Auslegung** geboten.[14]

1. Errichtung im Interesse des Antragstellers

Nach § 810 Alt. 1 BGB besteht ein Einsichtsrecht an solchen Urkunden, die im Interesse des Anspruchstellers errichtet worden sind. Das ist der Fall, wenn die Urkunde zumindest auch dazu bestimmt ist, dem Anspruchsteller als Beweismittel zu dienen oder wenigstens seine rechtlichen Beziehungen zu fördern.[15] Dies beurteilt sich ausschließlich nach dem Zweck der Urkunde im Zeitpunkt ihrer Errichtung, nicht nach deren Inhalt. Die ausdrückliche Benennung des Anspruchstellers ist hingegen nicht erforderlich; es genügt, wenn sich dessen Begünstigung aus den Umständen zweifelsfrei ergibt. Das Einsichtsrecht besteht auch für eine Urkunde, deren Echtheit vom Antragsteller angezweifelt wird.

a. Beispiele

Bei Geschäften zugunsten Dritter dienen die hierüber errichteten Unterlagen auch dem Interesse des Dritten; so handelt es sich bei dem Versicherungsschein einer Lebensversicherung mit Drittbegünstigung um eine im Interesse des Dritten errichtete Urkunde.[16] Ein Gutachten des Hausversicherers ist dagegen nicht im Interesse des Versicherungsnehmers eingeholt. Ebenfalls nicht im Interesse des Versi-

---

[7] BGH v. 06.11.1962 - VI ZR 29/62 - LM Nr. 19 zu § 611 BGB; *Sprau* in: Palandt, § 810 Rn. 1; *Marburger* in: Staudinger, § 810 Rn. 6.
[8] Motive, Bd. II, S. 778.
[9] OLG Celle, BB 1973, 1112; *Habersack* in: MünchKomm-BGB, § 810 Rn. 3; a.A. OLG Hamburg v. 17.10.1910 - VI ZS - OLGE 22, 351.
[10] *Gehrlein*, NJW 2001, 2773-2774, für den ärztlichen Behandlungsvertrag.
[11] Protokolle, Bd. II, S. 774 f.
[12] Vgl. BGH v. 14.07.1966 - Ia ZB 9/66 - BGHZ 46, 1-7; *Sprau* in: Palandt, § 810 Rn. 1.
[13] *Marburger* in: Staudinger, § 810 Rn. 12.
[14] BGH v. 20.01.1971 - VIII ZR 251/69 - BGHZ 55, 201-207; OLG Düsseldorf v. 15.09.1995 - 7 U 119/94 - NJW-RR 1996, 1464-1466; LG Göttingen v. 16.11.1978 - 2 O 152/78 - NJW 1979, 601-602.
[15] Ganz h.M., vgl. BGH v. 31.03.1971 - VIII ZR 198/69 - MDR 1971, 574; BGH v. 29.04.1981 - IVb ZB 813/80 - LM Nr. 5 zu § 1587c BGB; *Marburger* in: Staudinger, § 810 Rn. 13.
[16] *Sprau* in: Palandt, § 810 Rn. 4.

§ 810

cherten ist die Einholung eines psychiatrischen Gutachtens,[17] ein Einsichtsrecht kann sich aber als Nebenpflicht aus dem Versicherungsverhältnis ergeben.[18] In den Fällen des verlängerten Eigentumsvorbehalts sind die schriftlichen Unterlagen über die im Voraus abgetretenen Kundenforderungen zumindest auch im Interesse des Lieferanten errichtet.[19] Eine Vollmachtsurkunde ist im Interesse aller errichtet, die mit dem Bevollmächtigten in geschäftlichen Kontakt treten.[20] Die Handakten eines Rechtsanwalts sind im Interesse des Mandanten angelegt, soweit sie inhaltlich zu dem Mandanten in unmittelbarer Beziehung stehen;[21] jedoch wird dieser Fall noch weitgehend § 810 Alt. 2 BGB zugeordnet.

14 Die Sitzungsniederschriften der Gesellschaftsorgane einer AG oder KGaA erfolgen im Interesse der Gesellschaft, nicht im Interesse der Aktionäre. Ein Gläubiger, der zur Geltendmachung von Ersatzansprüchen nach den §§ 93 Abs. 5, 116, 117 Abs. 5 AktG berechtigt ist, kann daher Einsicht in die Niederschriften verlangen. Kein Einsichtsrecht haben dagegen Aktionäre, soweit sie eigene Rechte verfolgen.

b. Sonderfall: Operations- und Krankenunterlagen

15 Operations- und Krankenunterlagen des Arztes sind auch im Interesse des Patienten errichtet.[22] Der Arzt unterliegt der Rechtspflicht zur Dokumentation seiner Tätigkeit.[23] Der Patient hat aufgrund seines Selbstbestimmungsrechts und seiner personalen Würde[24] ein Recht auf Einsichtnahme in seine Krankenunterlagen.[25] Dieses Recht folgt bereits aus dem Behandlungsverhältnis zwischen Arzt und Patient, bei dem es sich um ein Schuldverhältnis handelt. Regelmäßig wird ein Behandlungsvertrag bestehen, es kann sich aber auch um eine Geschäftsführung ohne Auftrag handeln. Ein Rückgriff auf § 810 BGB wird daher regelmäßig nicht notwendig sein, zumal für den Einsichtsanspruch aus dem Behandlungsverhältnis nicht die Geltendmachung eines besonderen Interesses erforderlich ist. Jedoch gelten für den Umfang und die Beschränkungen dieses Einsichtsrechts die Grundsätze der Interessenabwägung und der Verhältnismäßigkeit. Der Auskunftsanspruch des Patienten reicht daher nicht weiter als die Aufklärungspflicht des Arztes. Ihm steht ein Einsichtsrecht nur insoweit zu, als die Krankenunterlagen Angaben enthalten, die von seinem Auskunftsanspruch gedeckt sind. Dazu gehören unter anderem Angaben über Diagnosen, Behandlungsmethoden, Medikation und Behandlungsrisiken. Nicht dazu gehören persönliche Notizen des Arztes und Bemerkungen gegenüber Dritten.[26]

16 Besonderheiten gelten bei der psychiatrischen Behandlung. Zum eigenen Schutz des Patienten ist es hier oft angebracht, ärztliche Aufzeichnungen zurückzuhalten.[27] Dem wird in der psychiatrischen Praxis häufig durch eine duale Behandlungsdokumentation durch den Arzt Rechnung getragen. Alternativ hierzu besteht die Möglichkeit der Vorlage von Fotokopien, auf denen einzelne Bereiche unkenntlich gemacht sind. Auch hinsichtlich technischer Aufzeichnungen wie Röntgenbilder und Elektrokardiogramme besteht nach richtiger Ansicht entsprechend § 810 BGB ein Recht auf Einsichtnahme, wenn es im sachlichen Zusammenhang mit schriftlichen Krankenunterlagen geltend gemacht wird.[28] Fehlt es am sachlichen Zusammenhang, gilt allein § 809 BGB.

---

[17] OLG Köln v. 25.11.1982 - 7 U 104/82 - NJW 1983, 2641-2642; OLG Frankfurt v. 28.05.1991 - 8 U 158/90 - MDR 1992, 353.
[18] OLG Frankfurt v. 28.05.1991 - 8 U 158/90 - MDR 1992, 353.
[19] BGH v. 20.03.1985 - VIII ZR 342/83 - juris Rn. 31 - BGHZ 94, 105-116.
[20] *Sprau* in: Palandt, § 810 Rn. 4.
[21] *Marburger* in: Staudinger, § 810 Rn. 21; BGB-RGRK, § 810 Rn. 16.
[22] Gleiches gilt auch für Pflegeunterlagen (vgl. LG Mönchengladbach v. 31.10.2007 - 2 S 34/07 - PflR 2008, 280-282).
[23] BGH v. 27.06.1978 - VI ZR 183/76 - BGHZ 72, 132-141.
[24] BVerfG v. 25.07.1979 - 2 BvR 878/74 - NJW 1979, 1925-1933.
[25] BGH v. 23.11.1982 - VI ZR 222/79 - BGHZ 85, 327-339; BGH v. 23.11.1982 - VI ZR 177/81 - juris Rn. 11 - BGHZ 85, 339-346.
[26] BGH v. 23.11.1982 - VI ZR 222/79 - BGHZ 85, 327-339; LG Saarbrücken v. 20.09.1995 - 16 S 1/93 - MedR 1996, 323-324.
[27] BGH v. 23.11.1982 - VI ZR 177/81 - BGHZ 85, 339-346; BGH v. 06.12.1988 - VI ZR 76/88 - BGHZ 106, 146-153; LG Saarbrücken v. 20.09.1995 - 16 S 1/93 - MedR 1996, 323-324.
[28] So *Marburger* in: Staudinger, § 810 Rn. 20.

2. Beurkundung eines Rechtsverhältnisses

Nach § 810 Alt. 2 BGB unterliegen solche Urkunden dem Einsichtsrecht, die ein Rechtsverhältnis zum Gegenstand haben, das zwischen dem Anspruchsteller und einem anderen besteht. Im Gegensatz zu § 810 Alt. 1 BGB kommt es also nicht auf den Zweck, sondern nur auf den Inhalt der Urkunde an. Das Rechtsverhältnis muss nicht selbst den Gegenstand der Urkunde bilden. Es genügt bereits, dass der beurkundete Vorgang zu dem Rechtsverhältnis in einer objektiven und unmittelbaren rechtlichen Beziehung steht.[29] Erforderlich ist, dass die Einsichtnahme zur Förderung, Erhaltung oder Verteidigung einer rechtlich geschützten Position benötigt wird, z.B. weil sich der Berechtigte wegen des Verlustes seiner Vertragsurkunde über Bestehen und Umfang seines Rechts Gewissheit verschaffen will; das rechtliche Interesse fehlt, wenn die Vorlegung ohne genügend konkrete Angaben lediglich dazu dienen soll, erst Unterlagen für die Rechtsverfolgung gegen den Besitzer der Urkunde oder Sache zu schaffen.[30] Es genügt auch, wenn sich die Urkunde nur auf Teile des Rechtsverhältnisses bezieht. Dabei ist eine weite Auslegung geboten. Das Rechtsverhältnis muss nicht notwendig zwischen dem Anspruchsteller und dem Besitzer der Urkunde bestehen, auch wenn dies regelmäßig der Fall sein dürfte. Auch ein Dritter kann an dem fraglichen Rechtsverhältnis beteiligt sein.

17

Beispiele: Rechtsverhältnisse werden beurkundet in Vertragsurkunden, Schuldscheinen und Quittungen. Die Geschäftsbücher, Rechnungen und Kontobücher eines Kaufmanns beurkunden Rechtsbeziehungen, wenn diese unmittelbar über Geschäftsvorgänge zwischen den Beteiligten Auskunft geben, etwa über die Provisionsansprüche eines Handelsvertreters.[31] Wer Anspruch auf Beteiligung an der Provision eines Maklers hat, kann von diesem gemäß § 810 BGB die Vorlage der Provisionsabrechnungen verlangen, die der Makler von seinem Auftraggeber erhalten hat.[32] Dagegen besteht kein Einsichtsrecht in Geschäftsbücher, die nur internen Betriebszwecken dienen. Der Bürge hat ein Einsichtsrecht, soweit in den Geschäftsbüchern Einträge über Leistungen des Hauptschuldners vermerkt sind.[33] Es besteht weiterhin ein Einsichtsrecht in Steuererklärungen, Steuerbescheide und Prüferberichte, wenn sich hieraus die Höhe eines Anspruchs ergibt.[34]

18

§ 810 Alt. 2 BGB ist für **gesellschaftsrechtliche Beziehungen** von praktischer Bedeutung. So können Geschäftsunterlagen einer Gesellschaft zur Klärung der Frage herangezogen werden, ob zwischen einem ausgeschiedenen Gesellschafter und der Gesellschaft noch Ansprüche aus dem Gesellschaftsverhältnis bestehen.[35] Hierher gehört auch die Feststellung über die Höhe der Gewinnbeteiligung des ausscheidenden Gesellschafters[36] oder die Überprüfung, ob ein erhebliches Missverhältnis zwischen der Abfindung und dem wirklichen Wert der Gesellschafterbeteiligung besteht.[37]

19

Akten öffentlicher Behörden sind nur insoweit Gegenstand eines Anspruchs aus § 810 BGB, als sie im Rahmen rein privatrechtlicher Tätigkeit angelegt sind.

20

3. Beurkundung von Verhandlungen

Nach § 810 Alt. 3 BGB unterliegen Urkunden dem Einsichtsrecht, wenn sie Verhandlungen über ein Rechtsgeschäft enthalten, welches zwischen dem Anspruchsteller und einem anderen oder zwischen einem von beiden und einem gemeinschaftlichen Vermittler stattgefunden hat. Dazu zählt unter anderem der einem Vertragsschluss vorausgegangene oder nachfolgende Schriftwechsel zwischen den Vertragsparteien oder der gemeinsamen Vermittlungsperson. Nicht darunter fallen dagegen Aufzeichnungen eines Vertragsteils für interne Zwecke[38] oder der Schriftverkehr zwischen einem Vertragsteil und seinem Bevollmächtigten.

21

---

[29] BGH v. 20.01.1971 - VIII ZR 251/69 - juris Rn. 8 - EWiR 1998, 437-438.
[30] LG München v. 31.03.2009 - 33 O 25598/05 - juris Rn. 325.
[31] RG v. 28.06.1927 - II 464/26 - RGZ 117, 332-335; BGH v. 20.01.1971 - VIII ZR 251/69 - BGHZ 55, 201-207.
[32] BGH v. 16.04.1962 - VII ZR 252/60 - LM Nr. 3 zu § 810 BGB.
[33] RG v. 05.11.1903 - VI 155/03 - RGZ 56, 109-113.
[34] BGH v. 15.12.1965 - VIII ZR 306/63 - BB 1966, 99-100.
[35] BGH v. 11.07.1988 - II ZR 346/87 - LM Nr. 5 zu HGB § 166.
[36] OLG Karlsruhe v. 16.11.2000 - 19 U 34/99 - NZG 2001, 654-656.
[37] BGH v. 17.04.1989 - II ZR 258/88 - LM Nr. 13 zu § 810 BGB.
[38] KG Berlin v. 12.09.1988 - 24 W 2242/88 - NJW 1989, 532-533.

§ 810

III. Rechtliches Interesse

22 Das rechtliche Interesse an der Einsichtnahme in eine Urkunde ist gegeben, wenn der Anspruchsteller die Kenntnis der Urkunde für die Erhaltung, Förderung oder Verteidigung seiner rechtlich geschützten Sphäre benötigt.[39] Die Anforderungen an das Interesse sind enger gezogen, als in der benachbarten Vorschrift von § 809 BGB, welche ein allgemeines Interesse genügen lässt. Nicht erforderlich ist ein vermögensrechtliches Interesse. Das rechtliche Interesse kann auch familienrechtliche oder öffentlich-rechtliche Beziehungen zum Gegenstand haben.

23 Das Interesse muss schutzwürdig sein. Um dies zu gewährleisten, müssen hinreichend bestimmte Anhaltspunkte vorliegen, die auf einen Zusammenhang zwischen dem Urkundeninhalt und dem Rechtsverhältnis, dessen Klärung verfolgt wird, hindeuten. Die Vorlage der Urkunde soll quasi die letzte Klarheit über einen wahrscheinlichen Anspruch schaffen.[40] Ein rechtliches Interesse besteht nicht, wenn die Einsichtnahme lediglich dazu dienen soll, Unterlagen für die Rechtsverfolgung des Anspruchstellers zu beschaffen. Das Vorlegungsverlangen darf nicht zu einer unzulässigen Ausforschung führen; daher greift § 810 BGB nicht ein, wenn jemand, der für einen Schadensersatzanspruch gegen den Urkundenbesitzer an sich darlegungs- und beweispflichtig ist, sich durch die Urkundeneinsicht zusätzliche Kenntnisse verschaffen und erst auf diese Weise Anhaltspunkte für ein pflichtwidriges Verhalten des Beklagten ermitteln will.[41]

24 Allerdings kann die Einsicht unter den Voraussetzungen von § 809 BGB verlangt werden. Dagegen besteht ein rechtliches Interesse, wenn der Anspruchsteller seine eigene Vertragsurkunde verloren hat und sich durch die Einsichtnahme in den vorherigen Kenntnisstand hinsichtlich des Bestehens oder des Umfangs seiner Rechte setzen will.[42]

IV. Anspruchsgegner

25 Vorlegungspflichtig ist der Besitzer der Urkunde. Die Eigentumsverhältnisse sind dabei nicht entscheidend. Darunter ist zunächst der unmittelbare Besitzer zu verstehen. Der Besitzdiener ist nicht zur Vorlage verpflichtet.[43] Umstritten ist, ob der mittelbare Besitzer Schuldner des Anspruchs sein kann. Hierzu und insgesamt vgl. die Kommentierung zu § 809 BGB.

D. Anspruchsinhalt

26 Der Anspruch ist auf die **Gestattung der Einsicht** in die Urkunde gerichtet, es kann aber kein positives Tun wie die erstmalige Herstellung einer Urkunde verlangt werden.[44]

27 Der Besitzer der Urkunde muss sie dem Anspruchsteller vorlegen und dulden, dass dieser sich die erforderlichen Kenntnisse aus der Urkunde verschafft. Die Ausübung des Einsichtsrechts ist nicht näher gesetzlich geregelt. Der Anspruchsumfang ist vielmehr von den Besonderheiten des Einzelfalls abhängig, wobei die gegenläufigen Interessen unter Berücksichtigung des Verhältnismäßigkeitsgrundsatzes abzuwägen sind.[45] Wenn dies zur Kenntnisnahme nötig ist, kann sich der Anspruchsteller Notizen machen oder **Abschriften** anfertigen.[46] Auch die Anfertigung von **Fotokopien** kommt grundsätzlich in Betracht.[47] Bei Geschäftsbüchern können jedoch berechtigte Geheimhaltungsinteressen entgegenstehen.[48] Der Schuldner ist zur Herstellung von Abschriften dagegen nicht verpflichtet, da sich seine Pflicht auf ein passives Verhalten beschränkt. Es ist allerdings anerkannt, dass der Arzt seiner Verpflichtung, dem Patienten Einsicht in die Krankenakte zu gewähren, dadurch genügen kann, indem er dem Patienten vollständige Kopien der Krankenakte zur Verfügung stellt.[49] Allerdings kann dieser die

---

[39] Vgl. *Marburger* in: Staudinger, § 810 Rn. 10.
[40] OLG Hamm, 02.02.1987 - 11 W 19/86 - WM 1987, 2197 - 2198.
[41] BGH v. 30.11.1989 - III ZR 112/88 - juris Rn. 25 - BGHZ 109, 260-274.
[42] BGH v. 31.03.1971 - VIII ZR 198/69 - MDR 1971, 574.
[43] Motive, Bd. II, S. 891.
[44] OLG Hamburg v. 04.03.2004 - 11 U 200/03 - juris Rn. 21 - NZG 2004, 714-715.
[45] LG Hamburg v. 10.09.2004 - 301 O 125/02 - juris Rn. 175.
[46] Brandenburgisches OLG v. 11.08.2006 - 7 W 50/06 - juris Rn. 11.
[47] OLG Hamburg v. 04.03.2004 - 11 U 200/03 - juris Rn. 21 - NZG 2004, 714-715.
[48] OLG Hamburg v. 04.11.1909 - II ZS - OLGE 20, 228.
[49] Vgl. hierzu LG München v. 19.11.2008 - 9 O 5324/08 - GesR 2009, 201-202.

Kosten für die Fertigung der Kopien erstattet verlangen.[50] Weiterhin besteht kein Anspruch auf Beglaubigung einer vom Anspruchsteller angefertigten Kopie oder Abschrift.

Ergibt die Interessenabwägung, dass nur **Teile der Urkunde** dem Einsichtsrecht unterliegen, kann dies dazu führen, dass einzelne Seiten zuvor herauszunehmen sind oder unter Abdeckung einzelner Abschnitte angefertigte Fotokopien zur Einsicht vorgelegt werden. Hier ist eine Ausnahme von dem Grundsatz zuzulassen, dass die Originalurkunde vorgelegt werden muss. Die Sache ist **dem Berechtigten grundsätzlich persönlich vorzulegen**. Inwieweit er sich **durch einen Bevollmächtigten vertreten lassen** darf, richtet sich nach den Umständen des Einzelfalls. Hierbei ist wiederum eine Interessenabwägung vorzunehmen zwischen dem Interesse des Urkundsbesitzers an der Vertraulichkeit der Angelegenheit einerseits und dem Interesse des Berechtigten an der Vertretung. Dabei ist auch die Vertrauenswürdigkeit des Bevollmächtigten mit in die Abwägung einzubeziehen. So ist ein Prozessvertreter oder Sachverständiger im Allgemeinen zuzulassen (vgl. hierzu die Kommentierung zu § 809 BGB). 28

Im Fall der **Vorlegung von Krankenunterlagen** ist das Einsichtsrecht einzuschränken, wenn für den Patienten hierdurch eine Gesundheitsgefahr entstehen würde oder der Heilungserfolg gefährdet wäre. Dies wird gerade im Bereich der psychiatrischen Behandlung des Öfteren der Fall sein. Die dem Einsichtsrecht entgegenstehenden therapeutischen Gründe müssen jedoch im Einzelfall dargelegt werden. Es bleibt zudem die Möglichkeit der Einsichtnahme durch eine Vertrauensperson. 29

E. Prozessuale Hinweise

Der Anspruch kann im Weg der selbstständigen **Klage gegen den Urkundenbesitzer** geltend gemacht werden. Die Vorlegung kann nicht durch das selbstständige Beweisverfahren nach den §§ 485 ff. ZPO erreicht werden, weil diese Vorschriften selbst keine Duldungspflicht des Schuldners enthalten. Der Kläger trägt hinsichtlich der Anspruchsvoraussetzungen die **Darlegungs- und Beweislast**. Die bloße Glaubhaftmachung genügt nicht. Die Vorlegung der Urkunde kann zur Sicherung des Beweises auch **im Weg der einstweiligen Verfügung** gemäß den §§ 936 ff. ZPO erwirkt werden. Hierbei genügt gemäß den §§ 936, 920 Abs. 2 ZPO die Glaubhaftmachung der Anspruchsvoraussetzungen. 30

Die **Zwangsvollstreckung** aus Urteilen, die auf Vorlegung von Urkunden lauten erfolgt in entsprechender Anwendung von § 883 ZPO.[51] Der Gerichtsvollzieher hat die Urkunde dem Besitzer wegzunehmen und dem Vorlegungsberechtigten zu übergeben. Findet der Gerichtsvollzieher die Urkunde nicht, kann der Schuldner zur Abgabe der eidesstattlichen Versicherung über deren Verbleib herangezogen werden, § 883 Abs. 2 ZPO. Nach a.A. findet eine Vollstreckung gemäß den §§ 887, 888 ZPO statt, da dem Berechtigten mit der Besitzverschaffung mehr zukomme, als er beanspruchen könne.[52] Dem ist entgegenzuhalten, dass die Herausgabevollstreckung nicht auf eine dauerhafte Besitzüberlassung hinauslaufen muss.[53] Ist die Vorlegung allerdings Teil einer umfassenden, auf Auskunftserteilung oder Rechnungslegung lautenden Verpflichtung, so ist nicht § 883 ZPO, sondern § 888 ZPO anwendbar.[54] 31

F. Anwendungsfelder

Der Urkundsbegriff von § 810 BGB umfasst nur in Schriftform abgefasste Erklärungen. Andere rechtserhebliche Erklärungen, die mittels technischer Träger aufgezeichnet sind, fallen daher nicht unmittelbar unter den Anwendungsbereich der Vorschrift. Diese unterliegen zunächst lediglich § 809 BGB. Das ist jedoch unbefriedigend, weil § 810 BGB erweiterte Voraussetzungen für die Einsichtnahme vorsieht. Dabei steht die technische Verkörperung einer Erklärung der schriftlichen in ihrem Beweiswert oft nicht nach und tritt im modernen Rechtsverkehr zudem immer häufiger an deren Stelle.[55] Eine **analoge Anwendung** der Vorschrift **auf technisch aufgezeichnete rechtsgeschäftliche Erklärungen** ist daher angebracht, ja sogar geboten. Soweit technische Aufzeichnungen keinen rechtsgeschäftlichen Erklärungswert besitzen, ist deren Vorlegung weiterhin nach § 809 BGB zu verlangen. 32

---

[50] Dies wird aus den §§ 810, 811 BGB, insbesondere aus § 811 Abs. 2 BGB hergeleitet (LG München v. 19.11.2008 - 9 O 5324/08 - GesR 2009, 201-202).

[51] H.M. OLG Köln v. 07.12.1987 - 2 W 175/87 - NJW-RR 1988, 1210-1211; OLG Köln v. 21.09.1995 - 18 W 33/95 - NJW-RR 1996, 382; vgl. *Marburger* in: Staudinger, Vorbem. zu den §§ 809-811 Rn. 10.

[52] *Habersack* in: MünchKomm-BGB, § 809 Rn. 17, § 810 Rn. 17.

[53] *Marburger* in: Staudinger, Vorbem. zu den §§ 809-811 Rn. 10.

[54] OLG Köln v. 21.09.1995 - 18 W 33/95 - NJW-RR 1996, 382.

[55] Vgl. *Marburger* in: Staudinger, § 810 Rn. 8.

§ 811 BGB Vorlegungsort, Gefahr und Kosten

(Fassung vom 02.01.2002, gültig ab 01.01.2002)

(1) ¹Die Vorlegung hat in den Fällen der §§ 809, 810 an dem Orte zu erfolgen, an welchem sich die vorzulegende Sache befindet. ²Jeder Teil kann die Vorlegung an einem anderen Orte verlangen, wenn ein wichtiger Grund vorliegt.

(2) ¹Die Gefahr und die Kosten hat derjenige zu tragen, welcher die Vorlegung verlangt. ²Der Besitzer kann die Vorlegung verweigern, bis ihm der andere Teil die Kosten vorschießt und wegen der Gefahr Sicherheit leistet.

Gliederung

A. Grundlagen 1	II. Gefahr und Kosten der Vorlegung 5
B. Anwendungsvoraussetzungen 2	C. Anwendungsfelder 7
I. Vorlegungsort 2	

A. Grundlagen

1　Die Vorschrift regelt den Ort sowie die Gefahr- und Kostentragung der Vorlegung in den Fällen der §§ 809, 810 BGB. Es handelt sich hierbei um eine unvollständige Regelung der Rechte und Pflichten zwischen Besitzer und Vorlegungsberechtigtem. Ergänzend sind daher die Vorschriften des allgemeinen Schuldrechts heranzuziehen, etwa bei Nichterfüllung oder Schuldnerverzug.

B. Anwendungsvoraussetzungen

I. Vorlegungsort

2　Erfüllungsort der Vorlegungspflicht ist grundsätzlich der Ort, an dem sich die Sache oder die Urkunde befindet. Dies ergibt sich bereits unmittelbar aus § 269 BGB. Die Vorschrift hat lediglich klarstellende Funktion. Unter dem Erfüllungsort ist, ebenso wie bei § 269 BGB, die durch die landesgesetzliche Gebietseinteilung bestimmte **politische Gemeinde** zu verstehen.[1] Erfüllungsort ist also nicht der Aufbewahrungsort oder der Wohn- oder Geschäftssitz des Vorlegungspflichtigen. Dieser kann aber innerhalb der Gemeindegrenzen die Stelle der Vorlegung frei bestimmen, mithin seinen Wohn- oder Geschäftssitz zum Vorlegungsort machen. Die Bestimmung durch den Vorlegungspflichtigen bedarf jedoch der Beachtung des Grundsatzes von Treu und Glauben und der Verkehrssitte.[2]

3　Bei **Vorliegen eines wichtigen Grundes** kann jede Partei die Vorlegung an einem anderen Ort verlangen. Wichtige Gründe können in den persönlichen Verhältnissen der Beteiligten oder in der Beschaffenheit der Sache liegen.[3]

4　Nach dem Rechtsgedanken von § 811 Abs. 1 Satz 2 BGB kann die **Aushändigung von Sachen und Urkunden** für eine angemessene Zeit verlangt werden, wenn dies zur Erreichung des Besichtigungszwecks erforderlich ist. Dies wird beispielsweise anzunehmen sein, wenn die Kenntniserlangung des Inhalts von Unterlagen deren intensives Studium nötig macht. Hierbei sind aber die Grenzen der Zumutbarkeit für den Vorlegungspflichtigen zu beachten.[4] Im Prozess erfolgt die Vorlegung gegenüber dem Prozessgericht.

II. Gefahr und Kosten der Vorlegung

5　Gefahr und Kosten der Vorlegung hat der Anspruchsteller zu tragen. Dies entspricht der Billigkeit, da die Vorlegung im Interesse des Anspruchstellers erfolgt.[5] Mit **Gefahrtragung** ist die **Sachgefahr** gemeint. Der Anspruchsteller haftet für die Folgen des Verlustes oder der Beschädigung der Sache oder

---

[1]　RG v. 09.12.1907 - VI 276/07 - RGZ 67, 191-197; BGH v. 09.03.1983 - VIII ZR 11/82 - juris Rn. 15 - BGHZ 87, 104-112.
[2]　*Sprau* in: Palandt, § 811 Rn. 1.
[3]　OLG Köln v. 21.09.1995 - 18 W 33/95 - NJW-RR 1996, 382.
[4]　OLG Köln v. 21.09.1995 - 18 W 33/95 - NJW-RR 1996, 382; OLG München v. 19.04.2001 - 1 U 6107/00 - NJW 2001, 2806-2807; *Marburger* in: Staudinger, § 811 Rn. 2.
[5]　OLG München v. 31.10.1986 - 11 W 1282/86 - MDR 1987, 147-148.

Urkunde unabhängig davon, ob ihn ein Verschulden trifft. Der Umfang des zu leistenden Schadensersatzes richtet sich nach den §§ 249 ff. BGB. Beschädigt oder zerstört der Anspruchsteller die Sache oder Urkunde schuldhaft, kommen regelmäßig Ansprüche aus Pflichtverletzung des gesetzlichen Schuldverhältnisses sowie deliktische Ansprüche in Betracht. Bei den aufgrund der Vorlegungspflicht anfallenden **Kosten** handelt es sich regelmäßig um Kosten des Transports, der Verpackung und der Versendung. Die Kostenübernahme ist als ein Weniger von dem Recht aus § 811 Abs. 2 Satz 2 BGB gedeckt.[6] Auf Kosten, die nicht unmittelbar die Vorlegung betreffen, ist § 811 BGB nicht anwendbar. Dem Kosteneinwand kann nicht entgegengehalten werden, dass die Klägerin ohnehin sachbearbeitendes Personal vorhält, dem auch die Geltendmachung und Durchsetzung von Regressen obliegt.[7] Der Anspruchsteller braucht daher die Kosten, welche dem Besitzer durch die Gebrauchsentziehung für die Dauer der Vorlegung entstehen, nicht zu ersetzen.[8] Die **Kosten eines Sachverständigen** muss der Anspruchsteller nach dem Rechtsgedanken von § 811 BGB aber selbst dann tragen, wenn dessen Einschaltung den Geheimhaltungsinteressen des Vorlegungsschuldners dient. Eine Überbürdung dieser Kosten auf den Vorlegungspflichtigen als Prozess- oder Vollstreckungskosten ist nicht möglich.[9]

Der Vorlegungspflichtige kann nach § 811 Abs. 2 Satz 2 BGB einen **Vorschuss** für die voraussichtlich anfallenden Kosten oder **Sicherheitsleistung** für die drohenden Schäden verlangen. Bis dahin kann er die Vorlegung verweigern.[10] Der Zweck, die Vorlegung verweigern zu können, besteht darin, dass der Vorlegungsschuldner nicht seinen Kostenerstattungsanspruch im Anschluss langwierig verfolgen und unter Umständen gar klageweise geltend machen muss.[11] Das Leistungsverweigerungsrecht ist nicht von Amts wegen zu berücksichtigen, sondern muss ausdrücklich oder stillschweigend geltend gemacht werden.[12] Die Art und Weise der Sicherheitsleistung richtet sich nach den §§ 232 ff. BGB. Das Entstehen von Kosten oder eines Schadens muss im Einzelfall aber grundsätzlich möglich sein.[13] So ist der Beschluss einer Wohnungseigentümerversammlung über die Erstellung von Kopien von Verwaltungsunterlagen nur gegen Vorkasse wirksam. Werden einem Wohnungseigentümer in seinem Interesse Fotokopien zur Verfügung gestellt, so ist es sachgerecht, § 811 Abs. 2 Satz 2 BGB hinsichtlich der Vorleistungspflicht entsprechend anzuwenden.[14]

C. Anwendungsfelder

Die Vorschrift bezieht sich auf die gesetzliche Vorlegungspflicht nach den §§ 809, 810 BGB. Sie kann von den Parteien abbedungen werden. § 811 Abs. 2 BGB gilt entsprechend für vertraglich vereinbarte Rechte auf Urkundeneinsicht.[15]

---

[6] LG Köln v. 22.06.2010 - 30 O 187/09 - juris Rn. 17 - UV-Recht Aktuell 2011, 245-249.
[7] LG Köln v. 22.06.2010 - 30 O 187/09 - juris Rn. 17 - UV-Recht Aktuell 2011, 245-249.
[8] *Wilhelmi* in: Erman, § 811 Rn. 2.
[9] OLG München v. 31.10.1986 - 11 W 1282/86 - MDR 1987, 147-148.
[10] OLG Köln v. 30.10.2010 - 3 W 55/10, I-3 W 55/10 - juris Rn. 1 - UV-Recht Aktuell 2011, 243-244.
[11] LG Köln v. 22.06.2010 - 30 O 187/09 - juris Rn. 17 - UV-Recht Aktuell 2011, 245-249.
[12] OLG München v. 20.11.2007 - 1 W 2599/07 - juris Rn. 11.
[13] OLG Bamberg v. 12.01.1901 - II ZS - OLGRspr 2, 134.
[14] BayObLG München v. 20.11.2003 - 2Z BR 168/03 - NJW-RR 2004, 1090-1091.
[15] LG Göttingen v. 16.11.1978 - 2 O 152/78 - NJW 1979, 601-602.

§ 812

Titel 26 - Ungerechtfertigte Bereicherung
§ 812 BGB Herausgabeanspruch

(Fassung vom 02.01.2002, gültig ab 01.01.2002)

(1) ¹Wer durch die Leistung eines anderen oder in sonstiger Weise auf dessen Kosten etwas ohne rechtlichen Grund erlangt, ist ihm zur Herausgabe verpflichtet. ²Diese Verpflichtung besteht auch dann, wenn der rechtliche Grund später wegfällt oder der mit einer Leistung nach dem Inhalt des Rechtsgeschäfts bezweckte Erfolg nicht eintritt.

(2) Als Leistung gilt auch die durch Vertrag erfolgte Anerkennung des Bestehens oder des Nichtbestehens eines Schuldverhältnisses.

Gliederung

A. Grundlagen 1	1. Dogmatische Einordnungsschwierigkeiten und Anwendungsprobleme 55
I. Literatur 1	2. Verhältnis zu anderen Vorschriften 57
II. Dogmatische Grundlagen 2	3. Der mit der Leistung nach dem Inhalte des Rechtsgeschäfts bezweckte Erfolg 58
III. Sonstiges 5	4. Erfolg 59
B. Praktische Bedeutung 11	5. Die Zweckbestimmung nach dem Inhalte des Rechtsgeschäfts 60
C. Anwendungsvoraussetzungen 12	6. Nichteintritt des Erfolges 63
I. Normstruktur 12	7. Fallgruppen 65
II. „Etwas" 13	8. Anwendbarkeit der condictio ob rem bei Verfehlung sog. angestaffelter Zwecke 68
III. Die Rückforderung wegen Nichtschuld, Absatz 1 Satz 1 Alternative 1 (condictio indebiti) 23	9. Beispiele aus der Rechtsprechung 69
1. Erlangung des Bereicherungsgegenstandes durch Leistung eines anderen 23	10. Literatur zur condictio ob rem 75
2. Erlangung des geleisteten Bereicherungsgegenstandes auf Kosten eines anderen 29	VI. Die Kondiktion eines Anerkenntnisses nach Absatz 2 76
3. Erlangung des Bereicherungsgegenstandes ohne rechtlichen Grund 30	VII. Die Kondiktion wegen Bereicherung in sonstiger Weise gem. Absatz 1 Satz 1 Alternative 2 (Nichtleistungskondiktion) 77
a. Der Begriff des Rechtsgrundes 30	1. Die Eingriffskondiktion 78
b. Der Rechtsgrund bei der condictio indebiti 32	2. In sonstiger Weise als durch Leistung erlangt 79
c. Kausalverhältnis als Rechtsgrund 33	3. Auf Kosten eines anderen 89
d. Sonstige Zweckvereinbarung als Rechtsgrund 37	a. Die Lehre vom Zuweisungsgehalt 89
4. Rechtsgründe kraft Gesetzes oder Urteil 39	b. Beispiele aus der Rechtsprechung für Rechtspositionen mit Zuweisungsgehalt: 91
a. Die Ersitzung (§ 937 Abs. 1 BGB) als Rechtsgrund 39	c. Zurechnungszusammenhang zwischen Bereicherung und Entreicherung 92
b. Prozessuale Rechtsgründe 40	4. Ohne rechtlichen Grund 94
c. Vorliegen eines Rechtsgrundes bei Existenz eines anderen gültigen Verpflichtungsgrundes 42	5. Die Rückgriffskondiktion 97
5. Beispiele aus der Rspr. für das Fehlen des Rechtsgrundes bei der condictio indebiti 43	6. Die Verwendungskondiktion 99
a. Beispiele für das Fehlen eines Kausalgeschäfts 43	7. Literatur zu den Nichtleistungskondiktionen 100
b. Beispiele aus der Rechtsprechung für das Fehlen des Rechtsgrundes wegen Zweckverfehlung 45	VIII. Das Verhältnis der Kondiktionen zueinander/Einheitlichkeit des Bereicherungsvorgangs 101
IV. Späterer Wegfall des Rechtsgrundes gem. Absatz 1 Satz 2 Alternative 1 (condictio ob causam finitam) 46	IX. Der Bereicherungsausgleich im Dreipersonenverhältnis 102
1. Praktische Bedeutung 47	1. Grundlagen 102
2. Nachträglicher Wegfall des Rechtsgrundes 48	a. Kurzcharakteristik 102
V. Absatz 1 Satz 2 Alternative 2 (condictio ob rem, condictio causa data causa non secuta) 55	b. Vorliegen einer Leistung 103
	c. Die maßgebenden Gesichtspunkte 105
	2. Die Grundkonstellation: die Leistungskette 106

- a. Begriff 106
- b. Doppelmangel 107
- c. Beispiele aus der Rechtsprechung 109
- d. Der Bereicherungsgegenstand der Zwischenperson bei Vorliegen eines Doppelmangels 110
- e. Die abgekürzte Lieferung oder Durchlieferung 111
- 3. Anweisungsfälle 112
- a. Grundbegriffe 112
- b. Die bereicherungsrechtliche Rückabwicklung bei wirksamer Anweisung, aber unwirksamem Valuta- und/oder Deckungsverhältnis 115
- c. Die bereicherungsrechtliche Rückabwicklung bei Fehlern der Anweisung 119
- d. Zurechenbarkeitsmängel bei der Anweisung ... 120
- e. Gültigkeitsmängel der Anweisung 124
- f. Praxisrelevanter Spezialfall: Der Bereicherungsausgleich im bargeldlosen Zahlungsverkehr 126
- g. Exkurs: Die Zurechenbarkeit bei der Einschaltung von Zwischenpersonen 133
- 4. Vertrag zugunsten Dritter 138
- 5. Die Zessionsfälle 139
- a. Beispiel aus der Rechtsprechung 142
- b. Sonderfall 143
- 6. Tilgung fremder Schulden 144
- a. Normalfall: Der Dritte bezahlt eine bestehende fremde Schuld 145
- b. Die vom Dritten bezahlte Schuld bestand nicht 146
- c. Beispiele aus der Rechtsprechung 149
- d. Die irrtümliche Tilgung einer fremden Schuld als vermeintlich eigene 150
- e. Beispiele aus der Rechtsprechung 153
- 7. Die Einbau- und Verarbeitungsfälle 154
- 8. Bereicherung einer Gesamtheit 155
- 9. Sonstige Beispiele aus der Rechtsprechung zu den Mehrpersonenverhältnissen 156
- 10. Literatur zum Bereicherungsausgleich im Mehrpersonenverhältnis 157
- D. Rechtsfolge: Herausgabe des Erlangten 158
- E. Prozessuale Hinweise 161
- F. Anwendungsfelder 167
- I. Anwendungsbereich des Bereicherungsrechts kraft Verweisung 167
- II. Verhältnis des Bereicherungsrechts zu anderen Vorschriften 168
- 1. Verhältnis zu schuldrechtlichen Ansprüchen 168
- 2. Verhältnis zu sachenrechtlichen Ansprüchen 175
- 3. Verhältnis zu familienrechtlichen Ansprüchen 176
- 4. Verhältnis zu Vorschriften außerhalb des BGB 177
- 5. Verhältnis zu den Verjährungsvorschriften und Ausschlussfristen 181
- III. Keine Anwendbarkeit der §§ 812 ff. BGB auf öffentlich-rechtliche Rechtsverhältnisse 182
- IV. Beispiele aus der Rechtsprechung 184
- V. Internationales Privatrecht 185
- G. Arbeitshilfen 187

A. Grundlagen

I. Literatur

von Caemmerer in: Dölle/Rheinstein/Prof, FS f. Rabel, 1954, S. 333 = GS, S. 209; *von Caemmerer* in: FS f. Lewald, 1953, S. 443 = GS, S. 279; *Flume*, Studien zur Lehre von der ungerechtfertigten Bereicherung, 2003; *Giesen*, Jura 1995, 169-182, *Giesen*, Jura 1995, 234-245; *Giesen*, Jura 1995, 281-288; *Kohler*, Die gestörte Rückabwicklung gescheiterter Austauschverträge, 1989; *König*, Ungerechtfertigte Bereicherung, 1985; *Koppensteiner/Kramer*, Ungerechtfertigte Bereicherung, 2. Aufl. 1988; *Kupisch*, Gesetzespositivismus im Bereicherungsrecht, 1978; *Kupisch* in: FS für Lübtow, 1980, S. 501; *Kupisch*, JZ 1985, 101-109; *Loewenheim*, Bereicherungsrecht, 1989; *Reuter/Martinek*, Ungerechtfertigte Bereicherung, 1983; *Rittmaier*, VersorgVerw 2003, 3-6; *Wieling*, Bereicherungsrecht, 2004; *Wilburg*, Die Lehre von der ungerechtfertigten Bereicherung nach österreichischem und deutschem Recht, 1934; *Schall*, Leistungskondiktion und „Sonstige Kondiktion" auf der Grundlage des einheitlichen gesetzlichen Kondiktionsprinzips, 2003; *Wilhelm*, Rechtsverletzung und Vermögensentscheidung als Grundlagen und Grenzen des Anspruchs aus ungerechtfertigter Bereicherung, 1973; *Weitnauer* in: FS für *von Caemmerer*, 1978, S. 2255; *Weitnauer* in: Symposium zum Gedenken an Detlef König, 1984, S. 25; *Wieling*, Bereicherungsrecht, 2. Aufl. 1998.

1

II. Dogmatische Grundlagen

In enger Anlehnung an die Kondiktionen des römischen und des gemeinen Rechts enthalten die §§ 812-817 BGB eine kasuistische Ausgestaltung der Bereicherungsansprüche, deren Inhalt und Umfang in den §§ 818-820 BGB geregelt ist. Allen Bereicherungsansprüchen gemeinsam ist der **Grundgedanke**, einen gerechten und billigen **Ausgleich** durch Herausgabe des Erlangten bzw. Wertsatz

2

(§ 818 Abs. 2 BGB) zu schaffen, wo das Recht zunächst einen rechtswirksamen Vermögenserwerb herbeiführt, obwohl dieser mit den Anforderungen materieller Gerechtigkeit nicht in Übereinstimmung steht, insbesondere im Verhältnis zum Berechtigten eines rechtfertigenden Grundes entbehrt.[1]

3 Die h.M. (sog. **Trennungstheorie**) unterscheidet als Grundtypen zwei verschiedene Grundtatbestände mit unterschiedlichen Funktionen, die sog. Leistungs- („durch die Leistung eines anderen") und die sog. Nichtleistungskondiktionen („in sonstiger Weise"), deren wichtigste die sog. „Eingriffskondiktion" ist.[2] Daneben wird auch die v.a. in der gemeinrechtlichen Literatur vertretene Auffassung vom einheitlichen Bereicherungstatbestand vertreten (sog. **neuere Einheitstheorie**). Danach liegt beiden Kondiktionsformen ein einheitlicher Grundtatbestand zugrunde.[3]

4 Die **Leistungskondiktion** dient der Rückabwicklung eines Leistungsverhältnisses, bei dem der Leistungszweck nicht erreicht wird oder sonst ein rechtlicher Grund für die durch die Leistung eingetretene Vermögensverschiebung nicht besteht, wo also die Leistung dem Empfänger zwar wirksam zugewendet worden ist, ihm aber nach den – i.d.R. schuldrechtlichen – Beziehungen zwischen Leistendem und Empfänger nicht endgültig zusteht.[4] Die **Nichtleistungskondiktion** erfasst alle übrigen Fälle. Sie dient der Ergänzung der vindikatorischen (§§ 985, 1007 BGB) und der deliktischen (§ 823 ff. BGB) sowie der negatorischen Ansprüche gem. oder analog § 1004 BGB und der aufopferungsrechtlichen Ansprüche. Spezielle Fälle der Nichtleistungskondiktion sind in den §§ 816 Abs. 1 Sätze 1, 2, Abs. 2 BGB, 822 und 951 BGB geregelt.[5] Ihr wichtigster Fall, die **Eingriffskondiktion**, liegt vor bei Handlungen des Bereicherten oder eines Dritten, die einen von der Rechtsordnung nicht als endgültig gebilligten Eingriff in die Rechtsposition des Entreicherten darstellen und dem Zuweisungsgehalt dieser Rechtsposition widersprechen.[6] Weitere Fälle der Nichtleistungskondiktion bilden die Verwendungskondiktion und die Rückgriffskondiktion. Die Unterscheidung zwischen Leistungs- und Nichtleistungskondiktion ist für die Frage des Be des Rechtsgrundes von Bedeutung.[7] Zum Verhältnis von Leistungs- und Nichtleistungskondiktion vgl. unten beim Mehrpersonenverhältnis.

III. Sonstiges

5 **Einwendungen aus § 242 BGB** gegen Bereicherungsansprüche kommen häufig vor, da sie in besonderem Maße dem Grundsatz von Treu und Glauben unterliegen.[8] Eine unzulässige Rechtsausübung liegt beispielsweise vor, wenn der Anspruchsberechtigte Rückzahlung verlangt, obwohl er die Gegenleistung ausgenutzt hat.[9]

6 Ein **Verzicht** auf den Bereicherungsanspruch ist auch schon bei der Leistung möglich.[10]

7 Grundsätzlich kann der Schuldner gegenüber dem Bereicherungsgläubiger ein **Zurückbehaltungsrecht** geltend machen oder selbst begründen, es sei denn, dies würde dem Zweck einer anderen Vorschrift, z.B. Art. 39 WG, zuwiderlaufen.

8 Die Grundsätze der **Vorteilsanrechnung** sind auf Bereicherungsansprüche nicht anwendbar, da es sich nicht um Schadensersatzansprüche handelt. Möglicherweise sind dennoch im Rahmen des § 818 BGB gewisse Nachteile und Aufwendungen zu berücksichtigen.[11]

---

[1] *Sprau* in: Palandt, Einf. v. § 812 Rn. 1 f.
[2] Grundlegend *Wilburg*, Die Lehre von der ungerechtfertigten Bereicherung nach österreichischem und deutschem Recht, 1934; und *von Caemmerer* in: Dölle/Rheinstein/Prof, FS f. Rabel, 1954, S. 333; *Stadler* in: Jauernig, BGB-Kommentar, 13. Aufl. 2009, vor § 812 Rn. 2; *Larenz/Canaris*, Schuldrecht, Band II/2: Besonderer Teil, 13. Aufl. 1994, § 67 I 2; *Sprau* in: Palandt, § 812 Rn. 1; zum Streitstand vgl. *Martinek* in: Reuter/Martinek, Ungerechtfertigte Bereicherung, 1983, S. 32 ff. m.w.N.; auch innerhalb der h.M. ist vieles str.
[3] *Bälz* in: Lange/Nörr/Westermann, FS für Gernhuber zum 70. Geburtstag, 1993, S. 4 m.w.N.; zur Entwicklung vgl. *Martinek* in: Reuter/Martinek, Ungerechtfertigte Bereicherung, 1983, S. 11 ff.
[4] *Sprau* in: Palandt, § 812 Rn. 2.
[5] Statt aller: *Martinek* in: Reuter/Martinek, Ungerechtfertigte Bereicherung, 1983, S. 233.
[6] *Sprau* in: Palandt, § 812 Rn. 37.
[7] *Sprau* in: Palandt, § 812 Rn. 1.
[8] *Sprau* in: Palandt, § 812 Rn. 70.
[9] KG Berlin v. 18.05.2000 - 19 U 7019/99 - juris Rn. 16 - WM 2000, 1854-1855. Realisierung des Gewinns aus unwirksamem Börsentermingeschäft.
[10] RG v. 05.07.1909 - IV 586/08 - RGZ 71, 316-318.
[11] BVerwG v. 16.11.2007 - 9 B 36/07 - juris Rn. 14 - NJW 2008, 601; vgl. die Kommentierung zu § 818 BGB.

Eine Mehrheit von Bereicherungsschuldnern haftet nicht als Gesamtschuldner; jeder hat das herauszugeben, was er erlangt hat[12] – selbst wenn bei wirksamem Vertrag eine gesamtschuldnerische Haftung nach § 427 BGB bestanden hätte[13].

Der Leistungsort richtet sich nach § 269 BGB. Bei Herausgabe einer Sache ist dort zu erfüllen, wo sich diese bei Beginn der Rechtshängigkeit (§ 818 Abs. 4 BGB) oder der verschärften Haftung (§ 819 BGB) befindet.[14] Der **Gerichtsstand** des § 29 ZPO gilt nicht für Bereicherungsansprüche aufgrund eines nichtigen Kausalgeschäfts.[15] Anders jedoch, wenn keine eigenständige ungerechtfertigte Bereicherung vorliegt, sondern wenn ein nichtiger oder angefochtener Bauvertrag über § 812 BGB rückabgewickelt wird.[16]

B. Praktische Bedeutung

§ 812 Abs. 1 Satz 1 Alt. 1 BGB ist die praktisch wichtigste und häufigste Leistungskondiktion; ihre Anwendung befindet sich auf gefestigtem Boden.[17]

C. Anwendungsvoraussetzungen

I. Normstruktur

§ 812 BGB enthält insgesamt vier Anspruchsgrundlagen; es gibt keinen einheitlichen Tatbestand der ungerechtfertigten Bereicherung.[18] § 812 Abs. 1 Satz 1 BGB enthält im ersten Fall eine Leistungs-, im zweiten eine Nichtleistungskondiktion, § 812 Abs. 1 Satz 2 BGB regelt zwei weitere Fälle der Leistungskondiktion (Wegfall des rechtlichen Grundes bzw. Zweckverfehlung). § 812 Abs. 2 BGB stellt klar, dass ein vertragliches Schuldanerkenntnis eine Leistung i.S.d. Bereicherungsrechts darstellt. Die Leistungskondiktionen – mit § 817 Satz 1 BGB sind es fünf – unterscheiden sich durch die verschiedenen Rechtsgrundmängel, die ein Behaltendürfen des geleisteten Gegenstands auf der Empfängerseite verhindern. Eine sorgfältige Trennung der einzelnen Leistungskondiktionen voneinander ist für die Anwendbarkeit der gesetzlichen Kondiktionssperren und die der Haftungsverschärfung wichtig. Da § 812 Abs. 1 Satz 1 Alt. 1 BGB die praktisch wichtigste und häufigste Leistungskondiktion ist, wird diese Vorschrift auch als Leistungskondiktion i.e.S. bezeichnet.[19]

II. „Etwas"

Sowohl bei den Leistungs- als auch bei den Nichtleistungskondiktionen muss der Bereicherungsschuldner etwas erlangt haben. Der Begriff des erlangten „Etwas" wird nicht immer einheitlich definiert. Einigkeit besteht jedoch insoweit, dass darunter jedenfalls ein Vorteil zu verstehen ist, der das wirtschaftliche Vermögen des Begünstigten irgendwie vermehrt;[20] ein rein persönlicher Vorteil genügt nicht.[21] Der Begriff des Vermögens ist weit auszulegen, nicht nur im Sinne von Vermögenswert zu verstehen:[22] Alles, was geleistet werden kann und was nach dem Willen der Parteien Gegenstand des Austausches ist, kann Gegenstand eines Bereicherungsanspruches sein.[23] Der Bereicherungsgegenstand muss in das Vermögen des Empfängers übergegangen sein.[24] Dies ist bei der Darlehensvaluta nicht der Fall, wenn sie dem Darlehensnehmer aufgrund eines nichtigen Darlehensvertrages nicht zur eigenen

---

[12] BGH v. 19.01.2001 - V ZR 437/99 - juris Rn. 31 - BGHZ 146, 298-310.
[13] Hbg, MDR 1952, 548.
[14] RG v. 17.10.1919 - II 113/19 - RGZ 96, 345-347.
[15] OLG Stuttgart v. 02.04.2004 - 13 AR 2/04 – juris Rn. 7 - OLGR Stuttgart 2004, 362-363.
[16] OLG Stuttgart v. 02.04.2004 - 13 AR 2/04 – juris Rn. 8 - OLGR Stuttgart 2004, 362-363.
[17] *Martinek* in: Reuter/Martinek, Ungerechtfertigte Bereicherung, 1983, S. 126 mit weiteren Ausführungen zur Unterscheidung zwischen condictio indebiti und condictio sine causa im Rahmen des § 812 Abs. 1 Satz 1 Alt. 1 BGB.
[18] Vgl. *Sprau* in: Palandt, § 812 Rn. 1.
[19] *Martinek* in: Reuter/Martinek, Ungerechtfertigte Bereicherung, 1983, S. 125 m.w.N.; vgl. auch die Kommentierung zu § 817 BGB.
[20] Vgl. BGH v. 07.10.1994 - V ZR 4/94 - WM 1995, 259-263.
[21] *Sprau* in: Palandt, § 812 Rn. 8; vgl. etwa BGH v. 07.01.1971 - VII ZR 9/70 - BGHZ 55, 128-137.
[22] *Stadler* in: Jauernig, § 812 Rn. 8.
[23] Enger BGH v. 18.01.1952 - I ZR 87/51 - LM Nr. 5 zu § 812 BGB.
[24] *Sprau* in: Palandt, § 812 Rn. 8.

§ 812

Verfügung oder Nutzung ausbezahlt wurde, sondern zur Finanzierung eines ebenfalls nichtigen Vertrages an einen Dritten. Der Anspruch geht dann nicht auf Rückzahlung der Valuta, sondern nur auf Abtretung des Rückzahlungsanspruches gegen den Dritten.[25]

14 Für die Frage, ob überhaupt eine Bereicherung eingetreten ist, kann man die für den späteren Wegfall der Bereicherung entwickelten Grundsätze (insbesondere die §§ 818 Abs. 3, 819 BGB) entsprechend heranziehen.[26]

15 In Betracht kommen der **Erwerb von Rechten**, z.B. dinglicher Rechte und des Anwartschaftsrechts sowie die Verbesserung oder Erweiterung eines Rechts, etwa die Verbesserung des Rangs eines Rechts, außerdem der Erwerb eines Rechts an einer eigenen Sache, Rechtsgrund ist dann § 868 ZPO.[27] Ferner kommt auch der Erwerb persönlicher Rechte in Betracht wie Forderungen aller Art, Nutzungsrechte,[28] Mitgliedschaftsrechte,[29] Schuldanerkenntnisse.[30]

16 Da als Bereicherungsgegenstand jeder vermögensrechtlich nutzbare Vorteil in Betracht kommt, der von der Rechtsordnung einer bestimmten Person zugewiesen sein kann, fällt darunter auch der **Erwerb einer vorteilhaften Rechtsstellung**: Wegen ihrer Bindungswirkung (§ 925 Abs. 2 BGB) verschafft die **Auflassung** dem Auflassungsempfänger eine vermögenswerte Rechtsposition.[31] Eine **unrichtige Grundbucheintragung, sog. Buchberechtigung**, ist wegen des mit ihr verbundenen Rechtsscheins (vgl. § 892 BGB) ebenfalls ausreichend. Der Bereicherungsanspruch richtet sich auf Wiederherstellung der Buchberechtigung und besteht neben § 894 BGB.[32] Möglich ist auch ein durch Löschungsbewilligung (§ 876 Satz 1 BGB) zu realisierender bereicherungsrechtlicher Anspruch auf Herausgabe der Grundschuld (§§ 1192, 1183 BGB).[33] Eine vorteilhafte Rechtsstellung liegt wegen des damit verbundenen Rechtsscheins auch bei **unrichtigem Erbschein**[34], **Testamentsvollstreckerzeugnis**[35], **unrichtiger Abtretungsanzeige** (vgl. § 409 BGB)[36] und einer **gefälschten Unterschrift auf einem Wechsel**[37] vor. Die **Hinterlegung** eines Geldbetrages für mehrere Anspruchsteller verschafft denjenigen, die keinen materiellrechtlichen Zahlungsanspruch oder kein vorrangiges Pfandrecht haben, eine günstige Rechtsstellung auf Kosten des wirklich Berechtigten bzw. vorrangigen Pfandgläubigers. Sie sind ihm gegenüber zur Einwilligung in die Auszahlung bzw. Freigabeerklärung verpflichtet.[38]

17 Für das Vorliegen einer Bereicherung ist ein Rechtserwerb nicht erforderlich; es genügt bereits der **tatsächliche Empfang einer vermögenswerten Leistung**. Daher liegt eine Bereicherung auch bei Nichtigkeit des dinglichen Rechtsgeschäftes vor.[39] Der **Erwerb des unmittelbaren oder mittelbaren Besitzes**[40] genügt daher, nicht aber bloße Besitzdienerschaft, selbst wenn man den Besitz nicht als Recht ansieht (str.).[41]

18 Auch in der **Verminderung oder Beseitigung von Passivposten**, insbesondere der Befreiung des Schuldners von Verbindlichkeiten und von dinglichen Lasten, ist ein Bereicherungsgegenstand zu sehen.[42] In Betracht kommt ferner die Beseitigung von Störungen, die vom Nachbargrundstück ausgehen

---

[25] BGH v. 22.05.1978 - III ZR 153/76 - BGHZ 71, 358-367.
[26] BGH v. 07.01.1971 - VII ZR 9/70 - BGHZ 55, 128-137; vgl. die Kommentierung zu § 818 BGB und Kommentierung zu § 819 BGB.
[27] BGH v. 30.04.1976 - V ZR 200/74 - NJW 1977, 48.
[28] BGH v. 11.10.1984 - VII ZR 216/83 - juris Rn. 19 - LM Nr. 18 zu § 6 KO.
[29] BGH v. 02.12.1982 - III ZR 90/81 - juris Rn. 32 - LM Nr. 105 zu § 134 BGB für die Genossenschaft.
[30] LAG Rheinland-Pfalz v. 24.04.2007 - 3 Sa 1008/06, 3 (5) Sa 1008/06 - juris Rn. 34.
[31] *Sprau* in: Palandt, § 812 Rn. 9.
[32] OLG Frankfurt v. 03.12.1993 - 10 U 326/91 - OLGR Frankfurt 1994, 1-2; BGH v. 18.01.2012 - I ZR 187/10 - juris . 36.
[33] OLG Brandenburg v. 17.11.2011 - 5 U 148/09 - juris Rn. 35.
[34] BGH v. 18.01.2012 - I ZR 187/10 - juris Rn. 36.
[35] BGH v. 18.01.2012 - I ZR 187/10 - juris Rn. 36.
[36] *Sprau* in: Palandt, § 812 Rn. 9.
[37] KG - MDR 1968, 495.
[38] BGH v. 07.03.1972 - VI ZR 169/70 - LM Nr. 99 zu § 812 BGB; BGH v. 26.04.1994 - XI ZR 97/93 - NJW-RR 1994, 847-848.
[39] BGH v. 18.01.2012 - I ZR 187/10 - juris Rn. 36.
[40] Vgl. BGH v. 05.10.1960 - V ZR 147/59 - BB 1961, 312-312.
[41] *Sprau* in: Palandt, § 812 Rn. 99.
[42] OLG Zweibrücken v. 02.02.2012 - 4 U 73/11 - juris Rn. 37.

und zu deren Beseitigung der Nachbar verpflichtet ist,[43] grundloser Schulderlass, v.a. durch negatives Schuldanerkenntnis[44].

Weitere Beispiele für Vermögensgegenstände sind der Goodwill einer Arztpraxis,[45] der Marktanteil[46] oder Kundenstamm[47] eines Unternehmens und die Erlangung von Versicherungsschutz.[48]   19

Gebrauchsvorteile oder sonstige Nutzungen sowie Dienste kommen ebenfalls als Vermögensvorteil in Betracht.[49] Der Vermögensvorteil liegt nach zutreffender Ansicht im Gebrauchsvorteil selbst, nicht in den **ersparten Aufwendungen**, dies ist eine Frage des Wegfalls der Bereicherung gem. § 818 Abs. 3 BGB. Der BGH stellt hingegen darauf ab, dass ein Vermögensvorteil vorliegt, wenn der Erhalt der Vorteile für den Bereicherungsschuldner zur Ersparnis von sonst getätigten Aufwendungen geführt hätte (z.B. bei Fahrt ohne Ticket Ersparnis der Fahrtkosten). Demnach besteht der Vermögensvorteil in den ersparten Aufwendungen und nicht in dem konkreten Gebrauchsvorteil. Hätte er dagegen keine eigenen Aufwendungen für den Vorteil erbracht, sondern z.B. auf die Fahrt verzichtet, hat er nach dieser Auffassung nichts erlangt.[50] Diese rechtliche Konstruktion – die letztlich zu der „Fiktion" einer Bereicherung führt – wurde in der unterinstanzlichen Rechtsprechung als dogmatischer Ballast bezeichnet und als entbehrlich verworfen.[51] Ihr Nachteil besteht darin, dass sie zur Anwendung der §§ 819, 818 Abs. 4 BGB nur über eine analoge Anwendung des § 819 BGB gelangt, während die erste Ansicht keinerlei Anwendungsschwierigkeiten hat.[52] M.E. ist § 818 Abs. 3 BGB der dogmatisch richtige Ort, um die Erbringung oder Nichterbringung eigener Aufwendungen zu berücksichtigen. Im Ergebnis sind die §§ 818 Abs. 4, 819 BGB anwendbar, so dass der Streit für die Praxis bei Bösgläubigkeit des Bereicherungsschuldners keinerlei Auswirkungen hat.   20

Str. ist, ob die Grundsätze der ersparten Aufwendungen auch bei **Minderjährigen** gelten. Nach allg. M. ist beispielsweise ein Bereicherungsanspruch des Kfz-Vermieters mit der Begründung abzulehnen, eine Verpflichtung des Minderjährigen zu Ersatz des Wertes der Gebrauchsvorteile, hier der Nutzungsmöglichkeit des Pkw, widerspreche dem in den §§ 106 ff. BGB enthaltenen Minderjährigenschutz, die Mindermeinung kommt in vielen Fällen einer vertraglichen Haftung gleich.[53]   21

Die Frage der Ersparnis von Aufwendungen stellt sich **beispielsweise** bei der unberechtigten Nutzung gewerblicher Schutzrechte[54] oder Persönlichkeitsrechte wie des Rechts am eigenen Namen[55] oder am Bild eines anderen,[56] aber auch bei der unbefugten Ableitung von Grundwasser von fremdem Grundstück[57]. Bei unberechtigter Nutzung fremder Leistungen liegt eine Bereicherung dann vor, wenn bei ordnungsgemäßem Vorgehen für die Nutzung eine Bezahlung geschuldet gewesen wäre.[58] Herauszugeben ist der Verkehrswert des Gebrauchsvorteils.[59] Ebenso ist der Wert von Dienst- oder Werkleistungen aufgrund eines nichtigen Vertrages zu behandeln, soweit der Auftraggeber Aufwendungen erspart hat.[60] Der durch von dem Nachbargrundstück hinübergewachsene Baumwurzeln gestörte Grundstückseigentümer kann die von dem Störer geschuldete Beseitigung der Eigentumsbeeinträchtigung selbst vornehmen und die dadurch entstehenden Kosten nach Bereicherungsgrundsätzen erstattet ver-   22

---

[43] OLG Düsseldorf v. 11.06.1986 - 9 U 51/86 - NJW 1986, 2648-2649.
[44] BGH v. 31.03.1982 - I ZR 69/80 - WM 1982, 671-674.
[45] OLG Karlsruhe v. 24.05.1989 - 1 U 311/88 - WM 1989, 1229-1231.
[46] BGH v. 13.11.1990 - KZR 2/89 - juris Rn. 13 - LM Nr. 42 zu § 1 GWB.
[47] BGH v. 14.01.2002 - II ZR 354/99 - juris Rn. 8 - ZIP 2002, 531-533.
[48] BGH v. 02.12.1982 - III ZR 90/81 - juris Rn. 32 - LM Nr. 105 zu § 134 BGB.
[49] OLG Düsseldorf v. 13.04.2011 - VI-U (Kart) 9/11 – juris Rn. 20; *Schulze* in: Hk-BGB, § 812 Rn. 4.
[50] BGH v. 07.01.1971 - VII ZR 9/70 - BGHZ 55, 128-137.
[51] AG Kerpen v. 24.05.2006 - 20 C 579/05, 20 C 1/06 - juris Rn. 30 - ZGS 2006, 437-440.
[52] *Schulze* in: Hk-BGB, § 812 Rn. 4.
[53] *Sprau* in: Palandt, § 812 Rn. 68 m.w.N.
[54] BGH v. 18.12.1986 - I ZR 111/84 - BGHZ 99, 244-249.
[55] BGH v. 26.06.1981 - I ZR 73/79 - BGHZ 81, 75-82.
[56] BGH v. 14.10.1986 - VI ZR 10/86 - juris Rn. 16 - JZ 1987, 158-159.
[57] BayObLG, NJW 1965, 974.
[58] BGH v. 26.06.1979 - VI ZR 108/78 - juris Rn. 24 - LM Nr. 142 zu § 812 BGB; LG Arnsberg v. 04.05.2011 - 3 S 1/11 - juris Rn. 32 - BauR 2012, 521-523.
[59] BGH v. 18.12.1986 - I ZR 111/84 - BGHZ 99, 244-249.
[60] BGH v. 05.11.1981 - VII ZR 216/80 - LM Nr. 152 zu § 812 BGB; für Architekten BGH v. 25.06.1962 - VII ZR 120/61 - juris Rn. 34 - BGHZ 37, 258-264 für Rechtsberatung.

§ 812

langen.[61] Im Arbeitsrecht sind bei Bestehen eines faktischen Arbeitsverhältnisses die §§ 812 ff. BGB dagegen nicht anwendbar.[62] Als erlangtes Etwas wird von der Rechtsprechung die Eintragung eines Domainnamens in der „WHOIS-Datenbank" der DENIC angesehen. Die Eintragung des Berechtigten in die „WHOIS-Datenbank" verleiht diesem nach außen hin die Stellung eines Vertragspartners der DENIC und gibt ihm den vermögensrechtlich wirksamen Vorteil, über den Domainnamen nicht nur rechtswirksam, sondern auch tatsächlich verfügen zu können; die Eintragung eines Nichtberechtigten bewirkt dagegen eine tatsächliche Sperrfunktion, die den berechtigten Inhaber des Domainnamens bei einer Verwertung über sein Recht zumindest behindert.[63]

III. Die Rückforderung wegen Nichtschuld, Absatz 1 Satz 1 Alternative 1 (condictio indebiti)

1. Erlangung des Bereicherungsgegenstandes durch Leistung eines anderen

23 Bei § 812 Abs. 1 Satz 1 Alt. 1 BGB muss der Bereicherungsgegenstand, das Erlangte, durch Leistung eines anderen erlangt worden sein. Leistung ist jede auf bewusste und zweckgerichtete Vermögensmehrung gerichtete Zuwendung.[64] Sie kann in einem rein tatsächlichen Handeln bestehen. Meist handelt es sich um eine rechtsgeschäftliche Verfügung des Leistenden, die er aufgrund eines zwischen ihm und dem Empfänger bestehenden oder zumindest angenommenen Leistungsverhältnisses erbringt. Der Eintritt einer dinglichen Rechtsänderung ist nicht erforderlich,[65] da ja auch für die Bereicherung bereits der Erwerb einer vorteilhaften tatsächlichen Situation genügt (vgl. Rn. 13).

24 Umstritten ist, ob eine bewusste Vermögensmehrung auch dann vorliegt, wenn sich der Leistungsempfänger die **Leistung erschleicht**. Dies wird teils verneint,[66] von der Rspr. im sog. Flugreisefall dagegen wegen Vorliegens eines **generellen Leistungsbewusstseins** bejaht.[67]

24.1 Zur Bestimmung der Person des Leistenden ist im Zweifel auf den objektiven Empfängerhorizont aus Sicht des Zuwendungsempfängers abzustellen (KG Berlin v. 14.03.2012 - 21 U 39/11).

25 Zu dem bewussten Handeln des Bereicherungsgläubigers muss nach heutiger Ansicht ein finales Element, die sog. **Zweckbestimmung**, hinzukommen.[68] Hierzu genügt bereits der zurechenbare natürliche Wille; Geschäftsfähigkeit ist nicht erforderlich, da es bei der Zweckbestimmung um eine rechtsgeschäftliche oder zumindest rechtsgeschäftsähnliche Erklärung handelt,[69] auf die die Vorschriften über Willenserklärungen analog anwendbar sind.

26 Die Zweckbestimmung eröffnet dem Schuldner bei mehreren Verbindlichkeiten gem. § 366 Abs. 1 BGB die Möglichkeit zu bestimmen, **auf welches von mehreren Schuldverhältnissen zwischen den Parteien sich die Leistung beziehen soll**,[70] d.h. welches getilgt werden soll.[71] In diesem Fall ist sie zugleich eine Tilgungsbestimmung i.S.d. § 366 Abs. 1 BGB und damit einseitiges Rechtsgeschäft.[72] Entsprechend den allgemeinen Regeln kann sie deshalb auch stillschweigend getroffen werden[73] und

---

[61] BGH v. 28.11.2003 - V ZR 99/03 - NJW 2004, 603-605; vgl. zur Problematik auch OLG Zweibrücken v. 12.06.2003 - 4 U 26/02 - OLGR Zweibrücken 2003, 419-421 (Wurzeleinwachsungen in gemeindeeigener Abwasserleitung) und *Roth*, LMK 2004, 64-66.

[62] *Knothe* in: Staudinger, Vorb. §§ 104-115, Rn. 37.

[63] BGH v. 18.01.2012 - I ZR 187/10 - juris Rn. 38.

[64] H.M. vgl. BGH v. 31.10.1963 - VII ZR 285/61 - BGHZ 40, 272-282; BGH v. 04.02.1999 - III ZR 56/98 - juris Rn. 20 - LM BGB § 812 Nr. 263 (6/1999); i.E. ebenso *Lorenz* in: Staudinger, § 812 Rn. 4 ff.; *Martinek* in: Reuter/Martinek, Ungerechtfertigte Bereicherung, 1983, S. 85 ff.; a.A. *Canaris* in: Paulus/Diederichsen/Göttingen, FS f. Larenz, 1973, 857, 799.

[65] *Sprau* in: Palandt, § 812 Rn. 9.

[66] *Loewenheim/Winckler*, JuS 1982, 668-672, 671.

[67] BGH v. 07.01.1971 - VII ZR 9/70 - BGHZ 55, 128-137.

[68] OLG Frankfurt v. 08.03.2011 - 5 U 48/10 - juris Rn. 39 - IBR 2011, 568; *Schulze* in: Hk-BGB, § 812 Rn. 5.

[69] BGH v. 20.06.1990 - XII ZR 98/89 - WM 1990, 1531-1532; OLG Frankfurt v. 18.02.2008 - 19 U 252/07 - juris Rn. 18 - OLGR Frankfurt 2008, 909-911; a.A. *Schulze* in: Hk-BGB, § 812 Rn. 5.

[70] *Schulze* in: Hk-BGB, § 812 Rn. 6.

[71] *Martinek* in: Reuter/Martinek, Ungerechtfertigte Bereicherung, 1983, S. 130.

[72] OLG Düsseldorf v. 26.02.2008 - I-24 U 126/07, 24 U 126/07 - juris Rn. 21 - NJW-RR 2009, 205-208.

[73] BGH v. 30.05.1968 - VII ZR 2/66 - BGHZ 50, 227-232; *Ehmann*, NJW 1969, 398-404.

ist nach zutreffender Meinung auch gem. § 119 Abs. 1 BGB anfechtbar[74] – eine Frage, die sich beispielsweise bei irrtümlicher Leistung auf fremde Schuld stellt (vgl. Rn. 150).

Nach gefestigter Rspr. und h.L. ist die Ergänzung des Leistungsbegriffes um die Zweckbestimmung ferner erforderlich, um mit Hilfe des Leistungsbegriffes im Mehrpersonenverhältnis die **Parteien des Bereicherungsausgleiches zu bestimmen**.[75] Hier dient der Leistungsbegriff als „Kürzel zur rechtspraktischen Bewältigung von Zurechnungs-, Wertungs- und Ordnungsproblemen".[76]

Es sind mehrere **Leistungszwecke** denkbar. So kann der Schuldner auf eine aus irgendwelchen Gründen nicht bestehende Verpflichtung leisten, um sie zu erfüllen, d.h. causa solvendi.[77] Der Leistungszweck kann ferner in einer Schenkung liegen (donandi causa), in der Absicht, ein Schuldverhältnis zu begründen (obligandi causa) oder in der Absicht, den Empfänger zu einem bestimmten Verhalten zu veranlassen, auf das der Leistende keinen Anspruch hat (Leistung ob rem, § 812 Abs. 1 Satz 2 Alt. 2 BGB).

2. Erlangung des geleisteten Bereicherungsgegenstandes auf Kosten eines anderen

Nach vielen Stimmen ist dieses Merkmal bei der condictio indebiti entbehrlich, da der Leistungsbegriff die Parteien des Bereicherungsanspruches zu bestimmen erlaubt und die Einbuße nicht Voraussetzung des Kondiktionsanspruches ist.[78]

3. Erlangung des Bereicherungsgegenstandes ohne rechtlichen Grund

a. Der Begriff des Rechtsgrundes

Das Gesetz regelt nicht ausdrücklich, wann eine Bereicherung ungerechtfertigt ist. Eine einheitliche Formel für das Fehlen des Rechtsgrunds lässt sich angesichts der verschiedenen Tatbestände des § 812 BGB nicht aufstellen. Vielmehr ist in jedem Einzelfall unter Berücksichtigung des grundsätzlichen Unterschieds zwischen Leistungs- und Nichtleistungskondiktion gesondert zu erwägen, ob ein die Vermögensverschiebung rechtfertigender Grund vorhanden ist. Obwohl die Bereicherungsansprüche dem Gebot von Treu und Glauben (§ 242 BGB) unterstehen, machen bloße Billigkeitserwägungen allein einen Rechtserwerb noch nicht ungerechtfertigt. Entscheidend ist vielmehr, ob die Rechtsänderung, auch wenn sie aufgrund gesetzlicher Vorschriften zu einer formalen Vermögensverschiebung führt, vom Gesetzgeber als materiell gerechtfertigt gewollt ist und ob das Gesetz eine endgültige Neuordnung der Güterlage herbeiführen will, d.h. ob es mit der gesetzlichen Vorschrift zugleich einen Rechtsgrund für das Behaltendürfen bereitstellt.[79]

Bei den Leistungskondiktionen versteht die sog. **objektive Theorie** unter dem Rechtsgrund das vertragliche oder gesetzliche Schuldverhältnis,[80] die sog. **subjektive Theorie**, sieht den mit der Leistung bezweckten Erfolg, so dass im Falle der Zweckverfehlung, insbesondere bei Verfehlung des Erfüllungszwecks, kein Rechtsgrund vorhanden ist[81].

b. Der Rechtsgrund bei der condictio indebiti

Bei der condictio indebiti ist das **Vorliegen einer Zweckvereinbarung zu berücksichtigen**. Je nach Zweckvereinbarung lassen sich zwei Fallgruppen unterscheiden: Entweder bestand der Zweck in der Erfüllung einer Verbindlichkeit oder es wurde ein sonstiger Zweck verfolgt.

---

[74] Str. vgl. BGH v. 06.12.1988 - XI ZR 81/88 - BGHZ 106, 163-169.
[75] LG Zweibrücken v. 31.01.1995 - 3 S 277/94 - juris Rn. 12 - NJW-RR 1995, 917-919. *Lorenz* in: Staudinger, § 812 Rn. 4 f.; Einzelheiten str.; ausführlich *Martinek* in: Reuter/Martinek, Ungerechtfertigte Bereicherung, 1983, S. 32 ff., 75 ff.; zum Bereicherungsausgleich im Mehrpersonenverhältnis vgl. Rn. 100 ff.
[76] *Martinek* in: Reuter/Martinek, Ungerechtfertigte Bereicherung, 1983, S. 81.
[77] *Martinek* in: Reuter/Martinek, Ungerechtfertigte Bereicherung, 1983, S. 126 ff.
[78] *Stadler* in: Jauernig, § 812 Rn. 11.
[79] BGH v. 28.02.1989 - XI ZR 91/88 - BGHZ 107, 104-111.
[80] Vgl. *Larenz/Canaris*, Schuldrecht, Band II/2: Besonderer Teil, 13. Aufl. 1994, § 67 III 1a; BGH v. 28.04.1988 - I ZR 79/86 - juris Rn. 14 - LM Nr. 195 zu BGB § 812.
[81] BGH v. 18.04.1985 - VII ZR 309/84 - juris Rn. 6 - NJW 1985, 2700; ausführlich zum Streitstand und zu der Frage, ob zwischen beiden Auffassungen nur ein verbaler Unterschied besteht, *Kupisch*, NJW 1985, 2370-2375.

c. Kausalverhältnis als Rechtsgrund

33 Bestand der Leistungszweck in der **Erfüllung einer Verbindlichkeit aus einem Kausalverhältnis**, und bestand dieses nicht, fehlt der Rechtsgrund,[82] ganz gleich, ob man dies allein mit dem Fehlen des Kausalverhältnisses begründet (objektive Theorie) oder ob man mit der subjektiven Rechtsgrundtheorie eine Zweckverfehlung annimmt, weil wegen der Unwirksamkeit des Kausalverhältnisses keine Erfüllung eintreten kann. Da beide Theorien hier zum gleichen Ergebnis gelangen, wird der Einfachheit halber in Rspr. und Lit. die fehlende Verbindlichkeit als Rechtsgrund betrachtet.[83]

34 Die **Rechtsnatur der Verbindlichkeit** ist hierbei ohne Bedeutung; sie kann schuldrechtlicher, dinglicher, familien- oder erbrechtlicher Natur sein und durch Vertrag oder Gesetz begründet worden sein.[84]

35 Für das Fehlen des Kausalverhältnisses kommen alle **Unwirksamkeitsgründe** in Betracht; es ist bei § 812 Abs. 1 Satz 1 Alt. 1 BGB v.a. unerheblich, ob das der Erfüllung zugrunde liegende Kausalgeschäft von Anfang an nichtig oder aus sonstigen Gründen unwirksam ist.[85] Bei Grundstücken ist jedoch die Möglichkeit der Heilung nach § 311b Abs. 1 Satz 2 BGB zu beachten. Str. ist die Rechtslage, wenn eine Partei die Nichtigkeit nachträglich durch Willenserklärung durch rückwirkende Kraft herbeiführt, so bei der **Anfechtung**. Nach zutreffender Ansicht fehlt hier wegen der Rückwirkungsfiktion des § 142 Abs. 2 BGB der Rechtsgrund von Anfang an[86] und fällt nicht etwa nachträglich nur fort[87]. Deshalb ist der Anwendungsbereich von § 812 Abs. 1 Satz 1 Alt. 1 BGB eröffnet und nicht, wie von der Gegenmeinung vertreten, von § 812 Abs. 1 Satz 2 Alt. 1 BGB. Beiden Vertragspartnern stehen Bereicherungsansprüche zu, unabhängig davon, wer die Anfechtung erklärt hat. Es ist aber § 144 BGB zu beachten.[88]

36 Bestand die Verbindlichkeit in geringerer Höhe als angenommen, so ist das zu viel Gezahlte ohne Rechtsgrund erlangt (sog. **irrtümliche Überzahlung**).[89]

d. Sonstige Zweckvereinbarung als Rechtsgrund

37 Nach der subjektiven Rechtsgrundlehre fehlt der Rechtsgrund auch dann, wenn der mit der Leistung verfolgte **Zweck verfehlt wird.** § 812 Abs. 1 Satz 1 Alt. 1 BGB ist deshalb einschlägig, wenn ein anderer Gegenstand als der geschuldete (aliud) geleistet wird.[90] Da bei der Lieferung eines aliud keine Erfüllung nach § 362 Abs. 1 BGB eintritt, wird der Leistungszweck verfehlt. Dem Gläubiger steht aber gegenüber dem Bereicherungsanspruch des Schuldners ein Zurückbehaltungsrecht nach § 273 BGB zu. Bei einer Wahlschuld (§ 262 f. BGB) kann der Schuldner die Leistung zurückfordern, wenn er sie in der irrigen Annahme getätigt hat, gerade dieser Gegenstand sei geschuldet; er hat dann sein Wahlrecht noch nicht wirksam ausgeübt.[91]

38 Gem. § 813 Abs. 1 BGB steht der Erfüllung einer Nichtschuld die Erfüllung eines Anspruches gleich, dem eine dauernde Einrede – mit Ausnahme der Verjährung – entgegensteht. Als Leistung auf eine Nichtschuld gilt auch die Erfüllung einer aufschiebend bedingten Verbindlichkeit vor Eintritt der Bedingung; anders aber bei Erfüllung einer betagten Schuld, § 813 Abs. 2 BGB (vgl. hierzu die Kommentierung zu § 813 BGB). Eine Leistung, die vor Eintritt einer aufschiebenden Bedingung gem. § 158 Abs. 1 BGB erfolgt, kann dagegen noch zurückgefordert werden.[92] Da noch keine Verbindlichkeit bestand, wurde der Leistungszweck, die Verbindlichkeit zu erfüllen, nicht erreicht.

---

[82] *Schulze* in: Hk-BGB, § 812 Rn. 7.
[83] *Martinek* in: Reuter/Martinek, Ungerechtfertigte Bereicherung, 1983, S. 126.
[84] *Martinek* in: Reuter/Martinek, Ungerechtfertigte Bereicherung, 1983, S. 129 f.
[85] *Schulze* in: Hk-BGB, § 812 Rn. 7.
[86] *Schulze* in: Hk-BGB, § 812 Rn. 7; *Martinek* in: Reuter/Martinek, Ungerechtfertigte Bereicherung, 1983, S. 132; offen gelassen: BGH v. 13.02.2008 - VIII ZR 208/07.
[87] *Sprau* in: Palandt, § 812 Rn. 26; ausführlich zur dogmatischen Folgenlosigkeit des Rechtsstreits *Martinek* in: Reuter/Martinek, Ungerechtfertigte Bereicherung, 1983, S. 132 f.
[88] *Sprau* in: Palandt, § 812 Rn. 26; zur Anwendbarkeit des § 814 BGB in diesem Falle vgl. die Kommentierung zu § 814 BGB.
[89] *Martinek* in: Reuter/Martinek, Ungerechtfertigte Bereicherung, 1983, S. 131.
[90] BGH v. 14.07.1952 - IV ZR 28/52 - BGHZ 7, 123-127.
[91] *Martinek* in: Reuter/Martinek, Ungerechtfertigte Bereicherung, 1983, S. 130.
[92] RG v. 05.07.1909 - IV 586/08 - RGZ 71, 316-318, 317; richtigerweise handelt es sich dann noch um eine Nichtschuld, vgl. *Martinek* in: Reuter/Martinek, Ungerechtfertigte Bereicherung, 1983, S. 130.

4. Rechtsgründe kraft Gesetzes oder Urteil

a. Die Ersitzung (§ 937 Abs. 1 BGB) als Rechtsgrund

Aufgrund der seit dem 01.01.2002 geltenden Verjährungsvorschriften bereitet die bereicherungsrechtliche Rückabwicklung beim Eigentumserwerb kraft Ersitzung gem. § 937 Abs. 1 BGB im Falle eines nichtigen Kausalverhältnisses in der Praxis keine Schwierigkeiten mehr. Hauptfall ist der Verkauf einer Sache, bei der der Verkäufer unerkannt geisteskrank gem. den §§ 104, 105 BGB war und sich dies erst nach 10 Jahren herausstellt. Wegen der Geisteskrankheit sind sowohl der Kaufvertrag als auch die Übereignung der Sache gem. § 105 Abs. 1 BGB nichtig. Käufer K konnte aber gem. § 937 Abs. 1 BGB das Eigentum kraft Ersitzung erwerben, da er die Sache zehn Jahre in Eigenbesitz hatte. Eine auf Herausgabe des Eigentums gerichtete Leistungskondiktion des V, vertreten durch seinen gesetzlichen Vertreter, gegen Käufer K scheitert daran, dass das Eigentum nicht durch Leistung des V, sondern kraft Gesetzes erlangt wurde. Durch Leistung wurde aber der Besitz an der Sache erlangt. Denn für das Vorliegen einer Zweckbestimmung und damit einer Leistung genügt bereits der natürliche Wille zur Besitzübertragung, Geschäftsfähigkeit des Leistenden ist nicht erforderlich. Nach altem Recht verjährten Kondiktionsansprüche grundsätzlich erst nach 30 Jahren (§ 195 BGB a.F.), so dass man in der vorliegenden Konstellation zu dem unbilligen Ergebnis kam, dass der Besitz an V zurückfiel, das Eigentum aber bei K verblieb, d.h. Eigentum und Besitz dauerhaft auseinander fielen. Nach dem neuen Verjährungsrecht verjähren Kondiktionsansprüche gemäß § 199 Abs. 4 BGB spätestens nach 10 Jahren (vgl. dazu die Kommentierung zu § 199 BGB), beim Eigentumserwerb des K durch Ersitzung nach Ablauf der zehnjährigen Ersitzungsfrist ist der Kondiktionsanspruch des V regelmäßig nicht länger durchsetzbar. Eigentum und Besitz verbleiben beim Käufer K.

b. Prozessuale Rechtsgründe

Ein materiell unrichtiges, aber rechtskräftiges Urteil bildet einen Rechtsgrund. Wird es im Wiederaufnahmeverfahren gem. den §§ 578 f. ZPO aufgehoben, fehlt der Rechtsgrund nicht von Anfang an, sondern ist erst später weggefallen. Hier ist deshalb die condictio ob causam finitam gem. § 812 Abs. 1 Satz 1 Alt. 2 BGB einschlägig; die Erstattungspflicht ist Folge des Wegfalls des materiellen Titels.[93]

Eine einstweilige Anordnung einer Unterhaltszahlung nach § 620 Nr. 4, 6 ZPO oder ein Vergleich in diesem Verfahren bilden keinen Rechtsgrund, soweit sie über Bestand und Höhe des materiellrechtlichen Anspruches hinausgehen.[94] § 91 Abs. 2 ZVG stellt keinen Rechtsgrund für das Erlöschen der Darlehensforderung dar, sowie sie bei der Erlösverteilung ausgefallen wäre, wenn der personengleiche Hypothekengläubiger und Ersteher die einseitige Erklärung gem. § 91 Abs. 2 ZVG abgibt.[95] Eine öffentlich-rechtliche Baulast zu Lasten des Eigentümers bildet keinen Rechtsgrund zur privatrechtlichen Nutzung durch den Begünstigten.[96]

c. Vorliegen eines Rechtsgrundes bei Existenz eines anderen gültigen Verpflichtungsgrundes

Ein Rechtsgrund ist vorhanden, wenn trotz Unwirksamkeit des ursprünglichen Grundes, auf Grund dessen geleistet worden ist, daneben ein **anderer gültiger Verpflichtungsgrund** besteht, der die Vermögensverschiebung rechtfertigt. Beispielsweise darf der Käufer auch nach wirksamer Anfechtung des Kaufvertrages die gezogenen Nutzungen und Gebrauchsvorteile der Sache trotz § 818 Abs. 1, 2 BGB behalten, wenn er gegen den Verkäufer einen Schadensersatzanspruch aus unerlaubter Handlung auf Ersatz des entsprechenden Mehrbetrags hat; der Schadensersatzanspruch ist in diesem Fall der Rechtsgrund für das Behaltendürfen der Differenz zwischen dem Wert der Bereicherung und dem Gegenanspruch des Berechtigten auf Schadensersatz.[97] Hierbei ist jedoch zu beachten, dass sich das Fehlen des Rechtsgrundes stets nach dem Verhältnis zwischen dem Benachteiligten und dem Bereicherten bestimmt; ein etwaiger Anspruch gegen einen Dritten auf den Vermögenserwerb hat außer Betracht zu bleiben.[98]

---

[93] RG v. 19.11.1917 - IV 245/17 - RGZ 91, 195-204, 198 f.; RG v. 17.05.1920 - VI 49/20 - RGZ 99, 168-172, 171; *Gaul*, JuS 1962, 1-12, 1 f.; *Martinek* in: Reuter/Martinek, Ungerechtfertigte Bereicherung, 1983, S. 131.
[94] BGH v. 09.05.1984 - IVb ZR 7/83 - LM Nr. 30 zu § 818 Abs. 3 BGB.
[95] BGH v. 26.11.1980 - V ZR 153/79 - LM Nr. 10 zu § 91 ZVG.
[96] BGH v. 08.07.1983 - V ZR 204/82 - BGHZ 88, 97-102.
[97] BGH v. 20.06.1962 - V ZR 157/60 - LM Nr. 3 zu § 505 BGB.
[98] BGH v. 30.01.1967 - III ZR 140/64 - WM 1967, 484.

§ 812

5. Beispiele aus der Rspr. für das Fehlen des Rechtsgrundes bei der condictio indebiti

a. Beispiele für das Fehlen eines Kausalgeschäfts

43 Zahlung des Kaufpreises oder Übereignung der Kaufsache bei einem nicht wirksam zustande gekommenen Kaufvertrag;[99] Zahlung von Leasingraten, obwohl dem Leasingvertrag wegen Rücktritt vom Kaufvertrag zwischen Leasinggeber und Lieferant von Anfang an die Geschäftsgrundlage fehlt[100]. Ebenfalls erfasst sind die Fälle eines nichtigen Kausalgeschäfts: Ein Spielsystem (etwa ein sog. Frauen-Schenk-Kreis), das nur funktionieren kann, wenn stets neue Mitglieder angeworben werden, ist sittenwidrig, da in absehbarer Zeit keine neuen Mitspieler mehr geworben werden können und somit nur die ersten Mitspieler einen meist sicheren Gewinn erzielen, während die große Masse der späteren Teilnehmer ihren Einsatz verliert. Infolge der Nichtigkeit der Teilnahme an diesem Spielsystem kann ein Teilnehmer gemäß § 812 Abs. 1 Satz 1 BGB die Herausgabe seiner Leistung verlangen.[101]

44 Die Nichtigkeit des Kausalgeschäfts führt jedoch nicht zwingend zu einem Bereicherungsanspruch: Ist etwa ein Treuhandvertrag zwar wegen Verstoßes gegen das Rechtsberatungsgesetz nichtig, sind die beiderseitigen Leistungen aber in vollem Umfang beanstandungsfrei erbracht worden und hat der Geschäftsherr die Vorteile des Vertrags endgültig genossen, kann einem Bereicherungsanspruch auf Rückzahlung einer Treuhändervergütung der Einwand unzulässiger Rechtsausübung entgegengehalten werden, wenn zum Zeitpunkt des Vertragsschlusses der Bereicherungsschuldner darauf vertraute, dass sich das Vertragswerk im Rahmen des gesetzlich Zulässigen hält.[102]

b. Beispiele aus der Rechtsprechung für das Fehlen des Rechtsgrundes wegen Zweckverfehlung

45 Der Rechtsgrund fehlt bei Leistung an einen nach § 107 BGB nicht voll Geschäftsfähigen, weil hier keine Erfüllung nach § 362 Abs. 1 BGB eintritt.[103] Bei schwebender Unwirksamkeit ist die Leistung ohne Rechtsgrund erfolgt, wenn sie in Unkenntnis des Schwebezustandes vorgenommen wurde.[104] Einschlägig sind ferner die Fälle fehlender Einigung über die Zweckbestimmung der Leistung: Die eine Partei leistet zwecks Darlehenshingabe, die andere nimmt die Leistung als Schenkung an;[105] Abtretung einer Hypothek als Kaution an einen Dritten, der Schulderfüllung annimmt;[106] Leistung auf einen bestimmten, vom Leistenden irrig unterstellten Vertrag zwischen ihm und dem Leistungsempfänger[107]. Erteilt der Schuldner entsprechend getroffener Vereinbarung seiner Bank Überweisungsauftrag auf ein bestimmtes Treuhandkonto des Gläubigers und überweist die Schuldnerbank auf ein anderes im Soll stehendes Konto des Gläubigers, hat die Überweisung ihren Tilgungszweck verfehlt und ist ohne Rechtsgrund geleistet.[108] In Betracht kommt auch die Rückforderung eines Kredits, den die Bank ohne Anweisung statt an den Darlehensnehmer unmittelbar an die Wohnungsbaugesellschaft ausbezahlt hat.[109] Relevant in diesem Zusammenhang wird auch der Fall, dass trotz Leistungsfreiheit Versicherungsleistungen an den Geschädigten erbracht werden.[110] Schließlich ist noch an die die Quote übersteigende Zahlungen des Insolvenzverwalters[111] und Unterhaltsleistungen infolge materiell unrichtiger einstweiliger Anordnung[112] zu denken. Ein Kreditkartenunternehmen kann im Falle eines Kreditkar-

---

[99] OLG Saarbrücken v. 21.12.2006 - 8 U 25/06 - 7, 8 U 25/06 - juris Rn 12.

[100] Zur vergleichbaren Situation bei Wandelung des Kaufvertrages nach altem Schuldrecht BGH v. 25.10.1989 - VIII ZR 105/88 - BGHZ 109, 139-144.

[101] LG Stuttgart v. 16.09.2004 - 25 O 301/04 und LG Freiburg (Breisgau) v. 09.09.2004 - 2 O 176/04 - NJW-RR 2005, 491-492; BGH v. 06.11.2008 - III ZR 120/08 - NJW-RR 2009, 345-346.

[102] BGH v. 01.02.2007 - III ZR 281/05.

[103] *Sprau* in: Palandt, § 812 Rn. 21; vgl. Rn. 33; vgl. auch die Kommentierung zu § 362 BGB.

[104] BGH v. 08.10.1975 - VIII ZR 115/74 - BGHZ 65, 123-127.

[105] *Sprau* in: Palandt, § 812 Rn. 19.

[106] RG v. 29.05.1915 - V 60/15 - RGZ 87, 36-43.

[107] RG v. 20.01.1920 - II 286/19 - RGZ 98, 64-66; vgl. aber zur Person des Leistenden aus der Sicht des Zuwendungsempfängers bei mehreren Beteiligten BGH v. 31.10.1963 - VII ZR 285/61 - BGHZ 40, 272-282.

[108] BGH v. 18.04.1985 - VII ZR 309/84 - NJW 1985, 2700.

[109] BGH v. 30.05.1968 - VII ZR 2/66 - BGHZ 50, 227-232; hierzu *Ehmann*, NJW 1969, 398-404; *Lorenz*, JZ 1969, 149-150; abl. *Pfister*, JR 1969, 47-49.

[110] OLG Hamm v. 17.06.1993 - 27 U 62/93 - NJW-RR 1994, 291.

[111] BGH v. 11.05.1978 - VII ZR 55/77 - BGHZ 71, 309-313.

[112] BGH v. 09.05.1984 - IVb ZR 7/83 - LM Nr. 30 zu § 818 Abs. 3 BGB.

tenmissbrauchs unter unvollständiger Ausfüllung des Zahlungsbelegs vom Vertragsunternehmen Rückzahlung des gezahlten Betrages nach § 812 BGB verlangen, wenn der Servicevertrag des Kreditkartenunternehmens mit Vertragsunternehmen vorsieht, dass die Zahlungspflicht des Kreditkartenunternehmens durch die Einreichung ordnungsgemäß ausgefüllter Belastungsbelege bedingt ist.[113]

IV. Späterer Wegfall des Rechtsgrundes gem. Absatz 1 Satz 2 Alternative 1 (condictio ob causam finitam)

Bei § 812 Abs. 1 Satz 2 Alt. 1 BGB, der condictio ob causam finitam, wird der Bereicherungsgegenstand ebenfalls durch Leistung erworben, jedoch war im Zeitpunkt der Leistung ein Rechtsgrund vorhanden, der mit der Leistung verfolgte Zweck ist jedoch nachträglich endgültig weggefallen. Zum Bereicherungsgegenstand und zum Leistungsbegriff gilt das Gleiche wie bei § 812 Abs. 1 Satz 1 BGB (vgl. Rn. 13). 46

1. Praktische Bedeutung

Die condictio ob causam finitam hat wegen zahlreicher Spezialregelungen nur einen eingeschränkten Anwendungsbereich. Teilweise verweisen aber die Sonderregelungen selbst auf das Bereicherungsrecht und seine Haftungsmaßstäbe.[114] 47

2. Nachträglicher Wegfall des Rechtsgrundes

Der **Grund des nachträglichen Wegfalls des Rechtsgrundes** ist grundsätzlich unerheblich, soweit nicht für den speziellen Fall eine Sonderregelung vorgesehen ist.[115] Der bloß vorübergehende Wegfall des Rechtsgrundes genügt i.d.R. ebenso wenig wie die Unübersichtlichkeit der künftigen Entwicklung.[116] Auch eine nachträgliche Gesetzesänderung führt regelmäßig nicht zum Wegfall des Rechtsgrundes.[117] Die condictio ob causam finitam ist einschlägig bei Eintritt einer auflösenden Bedingung[118] oder eines Endtermins.[119] Der Rechtsgrund kann auch durch die Willenserklärung einer Partei wegfallen.[120] Bei der Anfechtung ist nach zutreffender Ansicht § 812 Abs. 1 Alt. 1 BGB einschlägig (vgl. Rn. 35). § 812 Abs. 1 Satz 2 Alt. 1 BGB kommt ferner bei allen ihrer Natur nach nur vorläufigen Leistungen in Betracht, soweit nicht ein Sonderfall gegeben ist oder Sonderregelungen existieren, wie z.B. bei der Draufgabe (§ 337 Abs. 2 BGB), dem Schuldschein (§ 371 BGB), dem Hypothekenbrief (§ 1144 BGB). 48

Ein wichtiger Anwendungsbereich ist § 812 Abs. 1 Satz 2 Alt. 1 BGB im Falle der **Vertragsaufhebung** eröffnet.[121] Bei vorzeitiger Rückzahlung des Restdarlehens ist im Zweifel das Disagio als laufzeitunabhängiger Ausgleich für einen niedrigeren Normalzins anzusehen und deshalb anteilig an den Darlehensnehmer zurückzuerstatten.[122] Auch die Rückforderung der Versicherungssumme nach Wiedererlangung der gestohlenen Sachen erfolgt über die condictio ob causam finitam.[123] 49

Ein weiterer Anwendungsbereich für § 812 Abs. 1 Satz 2 Alt. 1 BGB ist der **Widerruf vollzogener Schenkungen** nach den §§ 530, 531 Abs. 2 BGB sowie der endgültige Wegfall des Rechtsgrundes bei der Zweckschenkung. Die Rückforderung bei Nichterfüllung einer Auflage richtet sich dagegen nach § 527 BGB.[124] 50

Ansprüche von Ehegatten untereinander richten sich bei Scheitern der Ehe nach umstrittener, aber zutreffender Ansicht allein nach familienrechtlichen Vorschriften; das Scheitern der Ehe führt nicht zur Rechtsgrundlosigkeit während der Ehe gemachter Aufwendungen. Die §§ 1372 f. BGB bilden eine 51

---

[113] OLG Naumburg v. 20.08.2002 - 11 U 140/01 - NJW-RR 2002, 1622-1625.
[114] *Martinek* in: Reuter/Martinek, Ungerechtfertigte Bereicherung, 1983, S. 140.
[115] *Sprau* in: Palandt, § 812 Rn. 24.
[116] BGH, LM § 527 Nr. 1.
[117] RG v. 15.11.1929 - VII 124/29 - RGZ 126, 226-230.
[118] Vgl. OLG Brandenburg v. 01.09.1998 - 11 U 252/97 - WM 1999, 1083-1085.
[119] *Schulze* in: Hk-BGB, § 812 Rn. 10.
[120] *Sprau* in: Palandt, § 812 Rn. 25.
[121] *Schulze* in: Hk-BGB, § 812 Rn. 10; *Sprau* in: Palandt, § 812 Rn. 25.
[122] BGH v. 29.05.1990 - XI ZR 231/89 - BGHZ 111, 287-294.
[123] *Sprau* in: Palandt, § 812 Rn. 104.
[124] BGH, LM § 527 Nr. 1.

vorrangige Abwicklungsregelung;[125] daneben kommt möglicherweise ein Wegfall des rechtlichen Grundes für die Zukunft in Betracht, etwa wenn ein Ehegatte dem anderen Mittel zum Bau eines Familienhauses auf dessen Grundstück zugewendet hat[126].

52 Des Weiteren hat der Scheinvater bei erfolgreicher Anfechtung der Ehelichkeit des Kindes gegen das Kind einen Bereicherungsanspruch nach § 812 Abs. 1 Satz 2 Alt. 1 BGB. War der Unterhaltsanspruch bereits übergeleitet, richtet sich der Bereicherungsanspruch gegen den Sozialhilfeträger.[127]

53 **Tatsächliche Handlungen** führen dagegen nicht zum Wegfall des Rechtsgrundes, z.B. wenn der Schwiegersohn die Wohnung für seine Familie im Hause der Schwiegereltern ausgebaut hat und danach ausgezogen ist, die Familie aber wohnen bleibt.[128]

54 Ein weiterer Anwendungsbereich ist eröffnet bei der Rückgabe der Leistung aufgrund eines rechtskräftigen, aber im Wiederaufnahmeverfahren beseitigten **Titels**,[129] während für die ungerechtfertigte Zwangsvollstreckung aus einem Vorbehaltsurteil oder aus einem nur vorläufig vollstreckbaren Urteil in den §§ 302 Abs. 4, 600 Abs. 2, 717 Abs. 2 ZPO eine besondere Schadensersatzpflicht vorgesehen ist. Nur bei Aufhebung oder Abänderung eines vorläufig vollstreckbaren Berufungsurteils i.S.v. § 708 Nr. 10 ZPO besteht nach § 717 Abs. 3 ZPO ein Bereicherungsanspruch. Beim Zusammentreffen einer titulierten Unterhaltsforderung minderjähriger Kinder und der nach § 1615l Abs.1 BGB unterhaltsberechtigten Mutter eines anderen Kindes, die hinsichtlich ihrer Forderung ein Versäumnisurteil erwirkt hat, kann die Mutter zwar aus ihrem Titel vollstrecken, die eingezogenen Beträge dürfen jedoch nicht behalten werden, soweit sie auf Kosten der anderen unterhaltsberechtigten Kinder gehen. Pfändet die Mutter vor den Kindern, so besteht ein Bereicherungsanspruch aus § 812 Abs. 1 Satz 1 Alt. 2 BGB, um das unterhaltsrechtliche Rangverhältnis zugunsten der minderjährigen Kinder durchzusetzen.[130]

V. Absatz 1 Satz 2 Alternative 2 (condictio ob rem, condictio causa data causa non secuta)

1. Dogmatische Einordnungsschwierigkeiten und Anwendungsprobleme

55 Bei der condictio ob rem, auch condictio causa data causa non secuta genannt, bestehen **dogmatische Einordnungsschwierigkeiten**. Teilweise wird in ihr gleichsam das Grundmodell aller Leistungskondiktionen erblickt, weil ja auch bei der condictio indebiti gemäß § 812 Abs. 1 Satz 1 Alt. 1 BGB der Erfüllungszweck der Leistung verfehlt werde.[131] Die Gegenmeinung erblickt in ihr ein entbehrliches historisches Relikt,[132] weil diese Fälle auch über das Rechtsinstitut des Wegfalls der Geschäftsgrundlage (§ 313 BGB) zu lösen seien[133].

56 Die in enger Anlehnung an das römische Recht ins BGB aufgenommene Vorschrift ist von ihrem Wortlaut her schwer fassbar. Da in Lit. und Rspr. aber über die Grundüberlegungen zur Frage, worin der nach dem Inhalte des Rechtsgeschäfts bezweckte Erfolg besteht, Einigkeit besteht, halten sich die Anwendungsprobleme in Grenzen.[134]

---

[125] RG v. 03.07.1942 - VII 112/41 - RGZ 169, 249-254, 253; BGH v. 03.12.1975 - IV ZR 110/74 - BGHZ 65, 320-325; BGH v. 27.04.1977 - IV ZR 143/76 - juris Rn. 9 - BGHZ 68, 299-307; BGH v. 26.11.1981 - IX ZR 91/80 - BGHZ 82, 227-237; BGH v. 08.07.1982 - IX ZR 99/80 - juris Rn. 10 - BGHZ 84, 361-370; BGH v. 22.04.1982 - IX ZR 35/81 - WM 1982, 697-698; BGH v. 14.04.1976 - IV ZR 237/74 - LM Nr. 4 zu § 1371 BGB.
[126] BGH v. 05.10.1967 - VII ZR 143/65 - LM Nr. 78 zu § 812 BGB.
[127] BGH v. 08.10.1980 - IVb ZR 535/80 - juris Rn. 4 - BGHZ 78, 201-209.
[128] BGH v. 10.10.1984 - VIII ZR 152/83 - juris Rn. 29 - LM Nr. 5 zu § 598 BGB.
[129] *Gaul*, JuS 1962, 1-12, 12.
[130] JAmt 2003, 80-81.
[131] Motive, Bd. II, S. 832.
[132] Zuletzt *Weber*, JZ 1989, 25-30.
[133] *Caemmerer*, Gesammelte Schriften, Bd. I, S. 222 ff.; ausführlich zum dogmengeschichtlichen Hintergrund *Martinek* in: Reuter/Martinek, Ungerechtfertigte Bereicherung, 1983, S. 146 ff.
[134] *Martinek* in: Reuter/Martinek, Ungerechtfertigte Bereicherung, 1983, S. 148 ff.

2. Verhältnis zu anderen Vorschriften

Ist der bezweckte Erfolg nicht eingetreten, so richten sich die Rechtsfolgen primär nach einschlägigen vertraglichen Regeln, die §§ 812 ff. BGB gelten nur **subsidiär**.[135] Beim gegenseitigen **Vertrag** (vgl. die Kommentierung zu § 320 BGB) richten sich die Ansprüche bei Ausbleiben der Gegenleistung grundsätzlich nach den speziellen Vorschriften über z.B. den Rücktritt oder die Minderung,[136] sonst nach den §§ 320 ff. BGB.[137]

3. Der mit der Leistung nach dem Inhalte des Rechtsgeschäfts bezweckte Erfolg

Der Leistungsbegriff ist der Gleiche wie bei § 812 Abs. 1 Alt. 1 BGB (vgl. Rn. 23).

4. Erfolg

Als **Erfolg** kommt nicht die Erlangung der Gegenleistung beim gegenseitigen Vertrag in Betracht; insofern sind die §§ 320 ff. BGB maßgeblich. Der Leistungszweck darf sich auch nicht in der Erfüllung einer Verbindlichkeit erschöpfen, weil dann schon § 812 Abs. 1 Satz 1 Alt. 1 BGB einschlägig ist. Außerdem darf er rechtlich nicht erzwingbar sein, weil sich dann die Abwicklung bei Zweckverfehlung nach Vertragsrecht richtet.[138] Für die condictio ob rem ist nach allgemeiner Meinung vielmehr erforderlich, dass über den mit jeder Leistung notwendig verfolgten Zweck hinaus ein besonderer zukünftig eintretender Erfolg rechtlicher oder tatsächlicher Natur nach dem Inhalt des Rechtsgeschäfts von den Beteiligten vorausgesetzt wurde, aber nicht eingetreten ist.[139]

5. Die Zweckbestimmung nach dem Inhalte des Rechtsgeschäfts

Über die Zweckbestimmung muss nach dem Willen der Parteien eine – auch stillschweigende[140] oder durch schlüssiges Verhalten zustande gekommene[141] – **Einigung** erfolgt sein; das verlangt der Begriff des Rechtsgeschäfts in § 812 Abs. 1 Alt. 2 BGB.[142] Die Einigung darf nicht den Charakter einer vertraglichen Bindung haben,[143] weil dann bereits die condictio indebiti (§ 812 Abs. 1 Satz 1 Alt. 1 BGB) einschlägig ist. Erforderlich ist vielmehr eine **tatsächliche Willensübereinstimmung ohne Begründung rechtlich verknüpfter Leistungs- und Gegenleistungspflichten**. Es ist zumindest erforderlich, dass der Empfänger die Erwartung des Leistenden kennt und durch die Annahme zu verstehen gibt, dass er die Zweckbestimmung billigt. Die Erwartung darf nicht nur ein bloßes einseitiges Motiv sein. Für die Zweckverfehlungskondiktion ist daher nur Raum, wenn zwischen dem Leistenden und dem Empfänger eine Willenseinigung des Inhalts zustande gekommen ist, dass der Empfänger die Leistung nur im Hinblick auf den vom Leistenden mitverfolgten Zweck erhält. Dass der Empfänger die Verhaltenserwartung des Leistenden eventuell kennen muss, reicht nicht aus. Erforderlich ist positive Kenntnis von der Zweckvorstellung des anderen Teils und die Billigung. Anstelle der fehlenden rechtlichen Bindung müssen Leistung und erwarteter Erfolg so miteinander verknüpft sein, dass die Leistung von der Zweckerreichung abhängig gemacht wird,[144] jedoch darf **keine Bedingung** des Inhalts vereinbart sein, dass die Wirksamkeit des Rechtsgeschäfts von der Zweckerreichung abhängig gemacht wird[145].

Wegen des Wesens der Ausfallbürgschaft (zum Begriff vgl. die Kommentierung zu § 765 BGB) kann man als Zweck der gewöhnlichen Bürgschaft kaum die Erlangung einer Ausfallbürgschaft sehen. Deshalb ist der Kreditgläubiger nicht um die gewöhnliche Bürgschaft ungerechtfertigt bereichert, wenn die Ausfallbürgschaft wegfällt.[146]

Die condictio ob rem ist einschlägig, wo die Leistung auf einen anderen Zweck hin als zur Erfüllung einer Verpflichtung erfolgt ist, d.h. wo die **vereinbarte Zweckbestimmung alleinige Grundlage der Leistung** ist. Der Vorteil der Lösung über die condictio ob rem anstatt über die condictio indebiti

---

[135] Vgl. *Sprau* in: Palandt, § 812 Rn. 34.
[136] BGH v. 13.12.1962 - VII ZR 193/61 - LM Nr. 4 zu § 634 BGB.
[137] BGH v. 29.11.1965 - VII ZR 214/63 - BGHZ 44, 321-324.
[138] *Martinek* in: Reuter/Martinek, Ungerechtfertigte Bereicherung, 1983, S. 148 ff.
[139] Statt aller *Sprau* in: Palandt, § 812 Rn. 29.
[140] BGH v. 29.11.1965 - VII ZR 214/63 - BGHZ 44, 321-324.
[141] BGH v. 29.11.1965 - VII ZR 214/63 - BGHZ 44, 321-324; BGH v. 23.09.1983 - V ZR 67/82 - NJW 1984, 233.
[142] *Martinek* in: Reuter/Martinek, Ungerechtfertigte Bereicherung, 1983, S. 149.
[143] BGH v. 17.06.1992 - XII ZR 253/90 - LM BGB § 242 Nr. 139 (2/1993).
[144] KG Berlin v. 05.05.1983 - 12 U 4247/83 - MDR 1984, 492.
[145] *Sprau* in: Palandt, § 812 Rn. 30.
[146] BGH v. 18.10.1978 - VIII ZR 278/77 - LM Nr. 25 zu § 765 BGB.

(§ 812 Abs. 1 Satz 1 Alt. 1 BGB) besteht hier darin, dass der Anspruch nicht an der Kondiktionssperre des § 814 BGB scheitert,[147] ferner in der Anwendbarkeit des § 815 BGB bei treuwidriger Zweckvereitelung[148]. Hauptfall ist die Leistung zur Erlangung einer Gegenleistung, die wegen unwirksamer Verpflichtung nicht geschuldet ist.

6. Nichteintritt des Erfolges

63 Der **Anspruch entsteht** erst, wenn endgültig feststeht, dass der Erfolg nicht eintritt,[149] nicht bereits schon mit der Vornahme von Handlungen des Anspruchsberechtigten (z.B. Einbauten) zu einer Zeit, in der der Erfolg noch möglich ist[150]. Bis dahin gibt die Rechtsgrundabrede, oft auch Zweckvereinbarung genannt, eine vorläufige Behaltungsberechtigung.[151]

64 Ist der bezweckte Erfolg eingetreten, später aber wieder weggefallen, so besteht grundsätzlich kein Bereicherungsanspruch, es sei denn, der Erfolg sollte nach der Vorstellung der Beteiligten auf Dauer vorhanden sein.[152] Dient ein Wechsel der Sicherung von Ansprüchen gegen den Aussteller und gegen den Akzeptanten, so entsteht der Herausgabeanspruch erst, wenn der Sicherungszweck hinsichtlich beider Ansprüche weggefallen ist. Deshalb ist der Zeitpunkt des endgültigen Ausfalls des bezweckten Erfolges der Wertberechnung und dem Zinsbeginn (vorher kommt höchstens Nutzungsersatz nach § 818 Abs. 1 BGB in Betracht[153]) zugrunde zu legen.[154]

7. Fallgruppen

65 Die condictio ob rem hat in den sog. **Vorleistungsfällen** eine lückenfüllende Funktion. Hier wird eine Leistung auf ein noch fehlendes Rechtsverhältnis in der Erwartung – nicht zu dem Zweck – erbracht, dass es später zustande kommt, d.h. es erfolgt eine Leistung vor Vertragsschluss. Da bis zu einer Einigung nur ein Schwebezustand, aber kein Kausalverhältnis besteht, ist die condictio indebiti des § 812 Abs. 1 Satz 1 Alt. 1 BGB nicht einschlägig. Die condictio ob rem hat hier die Aufgabe, wenigstens die Rückforderung der eigenen Leistung gewährleisten.[155]

66 Ein weiterer Anwendungsbereich der condictio ob rem liegt in den sog. **Veranlassungsfällen**. Hier versucht der Leistende vergeblich, den Empfänger mit der Leistung zu einem bestimmten, nicht erzwingbaren Verhalten zu veranlassen, z.B. zu einer Erbeinsetzung, einer Begünstigung durch ein Vermächtnis oder zum Absehen von einer Strafanzeige.[156]

67 In der dritten Fallgruppe, den **Zweckverwendungsfällen**, soll der Empfänger nach der Rechtsgrundabrede die meist schenkweise erbrachte Leistung in einer bestimmten Weise verwenden. Nach ganz h.M. ist hier nicht die condictio ob rem, sondern die Lehre vom Wegfall der Geschäftsgrundlage einschlägig, es sei denn, es liegt eine echte Auflage vor mit der Folge einer Rückabwicklung nach § 527 BGB oder nur ein einseitiges, dann unbeachtliches Motiv.[157]

8. Anwendbarkeit der condictio ob rem bei Verfehlung sog. angestaffelter Zwecke

68 Bei dieser Fallgruppe treten enttäuschte Erwartungen neben wirksame Leistungsverpflichtungen; es handelt sich um sog. „angestaffelte Zwecke". Nach der Rspr. haben Ansprüche wegen Wegfalls der Geschäftsgrundlage oder wegen Unmöglichkeit als Rechtsfolgen aus einem Vertragsverhältnis Vorrang vor Bereicherungsansprüchen; die angestaffelten Zwecke sind über diese Rechtsinstitute zu lö-

---

[147] BGH v. 28.02.1973 - IV ZR 24/71 - LM Nr. 6/7 zu NEhelG einerseits; BGH v. 26.11.1975 - VIII ZR 112/74 - NJW 1976, 238-239.
[148] BGH v. 05.10.1967 - VII ZR 143/65 - LM Nr. 78 zu § 812 BGB.
[149] BGH v. 12.07.1989 - VIII ZR 286/88 - juris Rn. 29 - BGHZ 108, 256-268.
[150] *Sprau* in: Palandt, § 812 Rn. 31.
[151] *Martinek* in: Reuter/Martinek, Ungerechtfertigte Bereicherung, 1983, S. 150.
[152] RG v. 03.07.1942 - VII 112/41 - RGZ 169, 249-254.
[153] BGH v. 23.02.1976 - II ZR 140/74 - WM 1976, 347-348.
[154] BGH v. 18.09.1961 - VII ZR 118/60 - BGHZ 35, 356-362.
[155] OVG Berlin-Brandenburg v. 04.10.2007 - OVG 4 B 15.07 - juris Rn. 29; *Martinek* in: Reuter/Martinek, Ungerechtfertigte Bereicherung, 1983, S. 151 ff.
[156] *Martinek* in: Reuter/Martinek, Ungerechtfertigte Bereicherung, 1983, S. 153 f.
[157] *Schwab* in: MünchKomm-BGB, § 812 Rn. 401.

sen.¹⁵⁸ Die Rspr. wendet § 812 Abs. 1 Satz 2 Alt. 2 BGB aber auch dann an, wenn auf eine rechtsgültige und -beständige Verbindlichkeit geleistet, aber ein weiterer über die Erfüllung der Verbindlichkeit hinausgehender Zweck verfolgt worden ist, aber nicht erreicht wurde.¹⁵⁹

9. Beispiele aus der Rechtsprechung

Werden Dienste in der Erwartung einer späteren Zuwendung des Empfängers erbracht, liegt der Leistung meist ein faktisches schuldrechtliches Rechtsverhältnis, etwa ein Dienst-, Arbeits- oder Gesellschaftsvertrag, zugrunde; die Dienste sind dann nicht unentgeltlich und grundlos erbracht; es besteht vielmehr ein Anspruch aus § 612 Abs. 2 BGB auf die übliche Vergütung nach dem Wert der Leistung im Zeitpunkt ihrer Erbringung.¹⁶⁰ Finanziert etwa ein Steuerberater einem bei ihm beschäftigten Mitarbeiter eine Ausbildung zum Steuerberater ausschließlich im Hinblick darauf, dass dieser sich nach Erlangung der nötigen Qualifikation mit ihm in Sozietät verbindet, so kann der Steuerberater gegen den Mitarbeiter einen Anspruch auf Erstattung der Ausbildungskosten nach § 812 Abs. 1 Satz 2 Alt. 2 BGB haben, wenn der Mitarbeiter nach Abschluss der Ausbildung eine eigene Steuerberaterpraxis eröffnet.¹⁶¹

69

Ansprüche aus § 812 Abs. 1 Satz 1 Alt. 2 BGB scheiden dagegen regelmäßig aus, wenn ein **Ehegatte** Mittel zum Bau eines Wohnhauses oder zur Errichtung eines Gewerbebetriebes zur Verfügung gestellt hat und die Ehe später geschieden wird.¹⁶² Das Gleiche gilt für Zuwendungen vor der Eheschließung.¹⁶³ Der mit der Leistung bezweckte Erfolg ist eingetreten;¹⁶⁴ i.Ü. richtet sich der **Ausgleich unter Ehegatten** primär nach familien- und gesellschaftsrechtlichen Gesichtspunkten¹⁶⁵. Finanziert die Ehefrau gemeinsam mit dem Ehemann einen Anbau am Hausgrundstück der Schwiegermutter, der von den Eheleuten dauerhaft und unentgeltlich als Ehewohnung genutzt werden sollte, so steht der Ehefrau gegen die Schwiegermutter nach dem Scheitern der Ehe und ihrem Auszug aus der Ehewohnung weder aus dem Gesichtspunkt eines bereicherungsrechtlichen Aufwendungs- oder Verwendungsersatzanspruchs noch dem Gesichtspunkt einer Geschäftsführung ohne Auftrag oder des Wegfalls der Geschäftsgrundlage bzw. der Zweckverfehlung ein Ausgleichsanspruch zu.¹⁶⁶ Ebenso sollen Zuwendungen der Schwiegereltern an das Schwiegerkind nach der neueren Rechtsprechung des BGH als Schenkung zu qualifizieren sein.¹⁶⁷ Neben den Voraussetzungen der §§ 527, 528 und 530 BGB hat § 313 BGB einen Anwendungsbereich, wenn der Bestand die Geschäftsgrundlage für die Schenkung war, was auch für Schenkungen vor dem Eheschließungstermin gilt. Rückforderungsansprüche kommen danach bei Scheitern der Ehe allerdings nur in Betracht, wenn die Beibehaltung der bestehenden Vermögensverteilung mit Treu und Glauben unvereinbar und unzumutbar wäre.¹⁶⁸

70

Nach der Rechtsprechung kommt zwischen Partnern einer nichtehelichen Lebensgemeinschaft ein Bereicherungsanspruch wegen Zweckverfehlung in Betracht, soweit Leistungen in Rede stehen, die über das hinausgehen, was das tägliche Zusammenleben erst ermöglicht und die bei einem oder beiden Partnern zur Bildung von die Beendigung der Lebensgemeinschaft überdauernden Vermögenswerten geführt haben.¹⁶⁹ Die erforderliche finale Ausrichtung der Leistung auf einen nicht erzwingbaren Erfolg wird sich innerhalb einer nichtehelichen Lebensgemeinschaft allerdings nur bezüglich solcher Zuwendungen oder Arbeitsleistungen feststellen lassen, die deutlich über das hinausgehen, was die Gemeinschaft Tag für Tag benötigt; sie kann auch nicht allgemein in dem gegenwärtigen Zusammenleben mit

71

---

¹⁵⁸ BGH v. 17.01.1975 - V ZR 105/73 - LM Nr. 109 zu § 812 BGB; mehrdeutig BGH v. 23.09.1983 - V ZR 67/82 - NJW 1984, 233; kritisch zur Rspr. insgesamt *Liebs*, JZ 1978, 697-703; *Joost*, JZ 1985, 10-18, 16.

¹⁵⁹ Vgl. BGH v. 12.10.1951 - V ZR 27/50 - MDR 1952, 33-34; BGH v. 30.11.1965 - V ZR 58/63 - BGHZ 44, 325-328; LG Köln v. 12.01.1994 - 23 O 295/93 - NJW-RR 1995, 136.

¹⁶⁰ BGH v. 23.02.1965 - VI ZR 281/63 - LM Nr. 12 zu § 196 BGB; BGH v. 25.05.1966 - IV ZR 348/64 - LM Nr. 13 zu § 1356 BGB.

¹⁶¹ BGH v. 10.11.2003 - II ZR 250/01 - NJW 2004, 512-513; dazu auch *Beckmann*, AnwBl 2004, 185-186.

¹⁶² OLG Celle v. 14.03.1991 - 12 U 9/90 - FamRZ 1991, 948-950; OLG Köln v. 20.10.1994 - 18 U 64/94 - NJW-RR 1995, 584-585.

¹⁶³ BGH v. 07.07.1983 - IX ZR 69/82 - juris Rn. 13 - LM Nr. 106 zu § 242 (Bb) BGB.

¹⁶⁴ A.A. *Joost*, JZ 1985, 10-18, 11.

¹⁶⁵ BGH v. 22.02.1967 - IV ZR 331/65 - BGHZ 47, 157-168.

¹⁶⁶ OLG Karlsruhe v. 18.05.2004 - 12 U 66/04 - FamRZ 2004, 1870-1872.

¹⁶⁷ BGH v. 03.02.2010 - XII ZR 189/06 - juris -Rn. 20 - BGHZ 184, 190-209.

¹⁶⁸ BGH v. 03.02.2010 - XII ZR 189/06 - juris -Rn. 20 - BGHZ 184, 190-209.

¹⁶⁹ BGH v. 06.07.2011 - XII ZR 190/08 - juris Rn. 31 ff. - NJW 2011, 2880-2883.

§ 812

dem Partner erblickt werden.[170] Das Errichten eines Eigenheims dient nicht nur der Befriedigung des Wohnbedarfs, sondern zugleich der Vermögensbildung, wenn einer der Partner Geld und Arbeitskraft in eine Immobilie des anderen investiert, geht damit regelmäßig ein Vermögenszuwachs auf Seiten des anderen einher. Bei solchen Leistungen kann eine Zweckabrede dergestalt vorliegen, dass die Zuwendung in der Erwartung langfristiger Partizipation an der betreffenden Sache erfolgt.[171]

72 Ebenso besteht grundsätzlich kein Bereicherungsanspruch aus der condictio ob rem bei **Beendigung einer nichtehelichen Lebensgemeinschaft** wegen der von beiden Partnern geleisteten üblichen Beiträge zur gemeinsamen Haushalts- und Lebensführung. In diesen Beiträgen selbst liegt der erreichte Zweck, selbst wenn eine erwartete Erbeinsetzung nicht geschieht.[172] Indes hält der BGH einen Anspruch aus § 812 Abs. 1 Satz 1 Alt. 2 BGB beim Ausgleich von Zuwendungen und für Arbeitsleistungen nach Beendigung der nichtehelichen Lebensgemeinschaft für möglich. Allerdings setze ein solcher Anspruch voraus, dass zumindest der eine Teil mit seiner Leistung einen bestimmten Erfolg bezwecke, der andere Teil dies erkenne und die Leistung schließlich widerspruchslos entgegennehme. Die danach erforderliche finale Ausrichtung der Leistung auf einen nicht erzwingbaren Erfolg werde sich allerdings innerhalb einer solchen Gemeinschaft in der Regel nur feststellen lassen, wenn die geleisteten Beiträge deutlich über das hinausgingen, was zur gemeinsamen Haushalts- und Lebensführung Tag für Tag benötigt werde.[173]

73 Die condictio ob rem ist dagegen einschlägig, wenn der Pächter einen Anbau in der dem Verpächter, seinem Verwandten, bekannten Erwartung errichtet, dieser werde ihm das Grundstück vererben und diese Erwartung sich nicht erfüllt.[174] Ein weiteres Beispiel ist die Rückforderung eines Vorschusses auf eine künftige, dann aber nicht entstehende Verpflichtung.[175] In Betracht kommt ferner die Hingabe einer Quittung in Erwartung der Zahlung die dann unterbleibt,[176] Vorrangeinräumung für Baugeldhypothek, wenn das Geld später nicht ausbezahlt wird[177]. Ein Bereicherungsanspruch scheidet aus, wenn der Käufer einer Wohnung dem Hausverwalter, ohne dass dieser eine Tätigkeit zu entfalten brauchte, die für den Fall des Erwerbs der Wohnung vereinbarte „Maklerprovision" bezahlt hat.[178] Relevant ist außerdem noch die Verfehlung des Schenkungszwecks bei einer Zweckschenkung.[179] Ein weiteres Beispiel für eine Zweckverfehlung ist die Zusage, den Mietzins zu ermäßigen bei Verlängerung des Mietvertrages, wenn der Mieter dann doch vorzeitig kündigt.[180] Darf der Lieferant den ihm vom Kreditvermittler übersandten Scheck über die Kaufsumme nur einziehen, wenn er das Angebot auf Abschluss eines Treuhandvertrages annimmt, so steht dem Vermittler ein Bereicherungsanspruch wegen Zweckverfehlung zu, wenn der Lieferant nach Abschluss des Treuhandvertrages den Scheck eingezogen hat.[181] In Betracht kommt ferner die Übersendung eines Schecks auf Treuhandvertrag, der vom Empfänger nicht geschlossen wird[182] oder überhaupt nicht geschuldet sein kann, z.B. Erbeinsetzung,[183] Heirat,[184] Verbleib in der nichtehelichen Lebensgemeinschaft, oder in Erfüllung eines formnichtigen Vertrages bei Ausbleiben der – ebenfalls unverbindlichen – Gegenleistung[185]. Umgekehrt gibt es einen Anspruch aus der condictio ob rem auf Rückforderung einer Leistung zur Abwendung einer dann doch

---

[170] BGH v. 06.07.2011 - XII ZR 190/08 - juris Rn. 31 ff. - NJW 2011, 2880-2883.
[171] BGH v. 06.07.2011 - XII ZR 190/08 - juris Rn. 31 ff. - NJW 2011, 2880-2883.
[172] OLG Frankfurt v. 23.12.1980 - 17 W 35/80 - FamRZ 1981, 253-254.
[173] BGH v. 09.07.2008 - XII ZR 179/05 - NJW 2008, 3277-3282; BGH v. 09.07.2008 - XII ZR 39/06 - NJW 2008, 3282-3283; BGH v. 18.02.2009 - XII ZR 163/07 - NJW-RR 2009, 1142-1145.
[174] BGH v. 29.11.1965 - VII ZR 214/63 - BGHZ 44, 321-324.
[175] OLG Hamm v. 09.06.1993 - 33 U 14/93 - OLGR Hamm 1994, 47-48.
[176] *Sprau* in: Palandt, § 812 Rn. 33.
[177] *Sprau* in: Palandt, § 812 Rn. 33.
[178] BGH v. 07.12.1977 - IV ZR 2/77 - WM 1978, 247.
[179] BGH v. 23.09.1983 - V ZR 67/82 - NJW 1984, 233; OLG Köln v. 10.11.1993 - 27 U 220/92 - NJW 1994, 1540-1542; OLG Düsseldorf v. 30.03.1995 - 13 U 98/94 - NJW-RR 1996, 517-518.
[180] BGH v. 26.02.1986 - VIII ZR 34/85 - NJW-RR 1986, 944-945.
[181] BGH v. 18.03.1987 - IVa ZR 20/86 - NJW-RR 1987, 937-938.
[182] BGH v. 18.03.1987 - IVa ZR 20/86 - NJW-RR 1987, 937-938.
[183] BGH v. 29.11.1965 - VII ZR 214/63 - BGHZ 44, 323.
[184] OLG Stuttgart v. 29.06.1977 - 13 U 41/77 - NJW 1977, 1779-1780.
[185] BGH v. 26.10.1979 - V ZR 88/77 - juris Rn. 14 - LM Nr. 5 zu § 815 BGB; hierzu auch *Singer*, WM 1983, 254-263.

erstatteten Strafanzeige.[186] Ein weiteres Beispiel ist die Rückforderung der Zahlung an die Leihmutter für heterologe Insemination, Geburt und Freigabe des Kindes zur Adoption, wenn sich später herausstellt, dass das Kind nicht aus dieser Insemination stammt.[187] Ein Anspruch aus § 812 Abs. 1 Satz 2 Alt. 2 BGB kann sich auch auf die Rückforderung einer Leistung zur Tilgung einer fremden Schuld zu dem erklärten Zweck richten, damit Zwangsvollstreckungsmaßnahmen des Gläubigers gegen den Schuldner zu verhindern, wenn der Gläubiger dann gleichwohl solche Maßnahmen ergreift.[188] Ein weiteres Beispiel ist auch die Zahlung des Drittschuldners an den nachrangigen Vollstreckungsgläubiger.[189] Nimmt der Auftraggeber die Bürgin aus einer Gewährleistungsbürgschaft wegen Vorschusses für Mängelbeseitigung in Anspruch, hat er die Nachbesserung innerhalb angemessener Zeit durchzuführen. Andernfalls steht dem Auftragnehmer, der der Bürgin deren Aufwendungen ersetzt hat, ein Rückgewähranspruch aus § 812 Abs. 1 Satz 2 BGB zu.[190] Erfüllt der Halter der Fernwärmeleitungsanlage seine Pflicht zu deren Entfernung nicht, nachdem die Fernwärmeleitungen funktionslos geworden sind, weil die Fernwärmeversorgung vollständig eingestellt wurde und daher der Grundstückseigentümer die Entfernung der Leitungen gemäß § 1004 Abs. 1 Satz 1 BGB verlangen kann, so hat der Grundstückseigentümer auch die Möglichkeit, die zur Beseitigung notwendigen Arbeiten selbst durchführen und Ersatz der hierfür entstandenen Aufwendungen nach Bereicherungsrecht aus § 812 Abs. 1 Satz 1 Alt. 1 BGB. verlangen.[191]

Aufwendungen auf ein fremdes Grundstück in der Erwartung eines zukünftigen Eigentumserwerbs begründen grundsätzlich einen Bereicherungsanspruch gerichtet auf die eingetretene Wertsteigerung. Dabei sind die Grundsätze der aufgedrängten Bereicherung zu beachten, d.h. das subjektive Interesse des Eigentümers an der Wertsteigerung ist entscheidend. Zieht dieser aus der Wertsteigerung keinen Nutzen und ist es ihm auch nicht zumutbar, die Wertsteigerung zu realisieren, kann kein Ausgleich verlangt werden. Geht die Erwartung hingegen dahin, das Grundstück werde dauerhaft unentgeltlich zur Nutzung überlassen, bemisst sich ein Bereicherungsanspruch desjenigen, der auf fremdem Grundstück Aufwendungen macht, nur nach den Vorteilen, die der Eigentümer daraus erzielt, dass er das Objekt vorzeitig zurückerhält. Eine Werterhöhung des Grundstücks ist hingegen nicht maßgeblich.[192]

74

10. Literatur zur condictio ob rem

Haas/Holla, ZEV 2002, 169-172; *Liebs*, JZ 1978, 697-703; *Mayer*, NJOZ 2009, 114-119; *Söllner*, AcP 163, 20-45; *Welker*, Bereicherungsausgleich wegen Zweckverfehlung, 1974.

75

VI. Die Kondiktion eines Anerkenntnisses nach Absatz 2

Gem. § 812 Abs. 2 BGB[193] ist die Anerkennung des Bestehens oder Nichtbestehens eines Schuldverhältnisses ebenfalls eine Leistung.

76

VII. Die Kondiktion wegen Bereicherung in sonstiger Weise gem. Absatz 1 Satz 1 Alternative 2 (Nichtleistungskondiktion)

Bei der Nichtleistungskondiktion, der Bereicherung „in sonstiger Weise" kommen neben der Eingriffskondiktion vor allem die Rückgriffs- und die Verwendungskondiktion in Betracht. Sie alle sind hinter der Leistungskondiktion subsidiär (sog. Vorrang der Leistungskondiktion), d.h. nur einschlägig, wenn der Vermögensvorteil auf andere Weise als durch Leistung irgendeiner Person, sei es des Benachteiligten, sei es eines Dritten, erlangt worden ist.[194]

77

---

[186] BGH v. 23.02.1990 - V ZR 192/88 - LM Nr. 208 zu § 812 BGB.
[187] OLG Hamm v. 02.12.1985 - 11 W 18/85 - NJW 1986, 781-784.
[188] OLG Hamm, NJW 1971, 1810.
[189] Hierzu *Schwab* in: MünchKomm-BGB, § 812 Rn. 222, 223.
[190] OLG Braunschweig v. 06.03.2003 - 8 U 85/02 - BauR 2003, 1234-1235.
[191] BGH v. 24.01.2003 - V ZR 175/02 - NJW-RR 2003, 953-955.
[192] OLG Köln v. 07.02.2006 - 3 U 111/04; vgl. auch BGH v. 26.07.2006 - XII ZR 46/05.
[193] Literatur zu § 812 Abs. 2 BGB: *Zeiss*, AcP 164, 50-77.
[194] *Schulze* in: Hk-BGB, § 812 Rn. 12 m.w.N.

1. Die Eingriffskondiktion

78 Bei der Eingriffskondiktion besteht die Bereicherung in dem Eingriff in den Zuweisungsgehalt eines fremden Rechts.[195] Sie gehört zum Instrumentarium der rechtsschützenden Ansprüche wie § 823 Abs. 1 BGB, Unterlassungsklage und Vindikation.[196] Als Bereicherungsgegenstand muss irgendeine Verbesserung der Vermögenslage eingetreten sein.[197]

2. In sonstiger Weise als durch Leistung erlangt

79 Dieses Tatbestandsmerkmal wird negativ dahin gehend formuliert, dass ein Erwerb in sonstiger Weise immer dann vorliegt, wenn die Vermögensverschiebung nicht durch Leistung erfolgt ist.[198] Ein Bereicherungsanspruch kommt in Betracht, wenn der Erwerb nach der für den Einzelfall maßgeblichen rechtlichen Güterzuordnung nicht bei dem Empfänger verbleiben soll, sondern einem anderen gebührt.[199] Nicht maßgeblich ist, durch wessen Handeln der Eingriff erfolgt.[200] Dementsprechend unterscheidet man **zwei Fallgruppen von Eingriffsformen**: **Handlungen von Personen** und tatsächliche **vom Menschen nicht gelenkte Vorgänge** wie z.B. Landanschwemmung, Wasserzu- und -abfluss,[201] unbeeinflussbare Handlungen von Tieren[202]. Bei den Handlungen von Personen ist zwischen Handlungen des Bereicherten, des Entreicherten und eines Dritten zu differenzieren.

80 Als **Handlungen des Bereicherten** kommen insbesondere unerlaubte Handlungen in Betracht, auch wenn der Schadensersatzanspruch bereits verjährt ist,[203] z.B. Besitzentziehung, Verbrauch, Nutzung oder Gebrauch einer fremden Sache,[204] wirksame Verfügung über ein fremdes Recht (vgl. § 816 Abs. 1 Satz 1, Abs. 2 BGB), Nutzung fremden Know-hows,[205] Inanspruchnahme von fremden Diensten oder einer fremden Werkleistung,[206] Verletzung eines fremden Ausschließlichkeitsrechts[207] (Immaterialgüterrechte oder Persönlichkeitsrechte, sofern eine vermögensrechtliche Benachteiligung im Sinne einer unberechtigten Nutzung vorliegt[208]), die Ableitung von Grundwasser[209]. Auch kann ein Vormerkungsinhaber, der das Grundstück erworben hat, vom Grundschuldgläubiger die Herausgabe einer Feuerversicherungssumme verlangen, die dieser nach den §§ 1192, 1127 Abs. 1, 1128 Abs. 3 BGB eingezogen hat.[210] Weitere Fallgruppen sind Verfügungen eines Nichtberechtigten und Leistungen, die aufgrund gesetzlicher Vorschriften dem Berechtigten gegenüber wirksam sind (§ 816 BGB), aber auch Rechtserwerb durch Verbindung, Vermischung, Verarbeitung (§ 951 BGB).[211] Für den Eigentumsnachweis gilt auch hier die Vermutung des § 1006 BGB, soweit es um Ansprüche des Eigentümers oder Besitzers aus dem Eigentum geht.[212] In der Praxis ist insbesondere der Bereicherungsanspruch wegen Eingriffen in das Persönlichkeitsrecht durch unautorisierte Bildnisveröffentlichung von Bedeutung: Die ohne Einwilligung vorgenommene Veröffentlichung eines Bildnisses in einer Werbeanzeige kann das allgemeine Persönlichkeitsrecht des Abgebildeten auch dann verletzen, wenn die Werbeanzeige den Schutz der Meinungs- und Kunstfreiheit genießt. Eine ohne Einwilligung erfolgte Bildnisveröffentlichung kann aber dennoch rechtmäßig sein. So kann bei Abwägung der widerstreitenden Interessen beispielsweise die Pressefreiheit gegenüber dem Recht am eigenen Bildnis Vorrang haben. Die schutzwürdigen

---

[195] Statt aller *Schulze* in: Hk-BGB, § 812 Rn. 13.
[196] *Stadler* in: Jauernig, § 812 Rn. 50.
[197] *Schulze* in: Hk-BGB, § 812 Rn. 14; zu den Einzelheiten vgl. Rn. 13.
[198] BGH v. 31.10.1963 - VII ZR 285/61 - BGHZ 40, 272-282; zum Leistungsbegriff vgl. Rn. 23.
[199] *Sprau* in: Palandt, § 812 Rn. 36.
[200] *Schulze* in: Hk-BGB, § 812 Rn. 16.
[201] *Schulze* in: Hk-BGB, § 812 Rn. 16; *Lorenz* in: Staudinger, § 818 Rn. 30.
[202] Str. beim Grasen von Vieh auf fremder Weide, vgl. *König*, Gutachten, S. 1550.
[203] *Sprau* in: Palandt, § 812 Rn. 41 und § 852 Rn. 2.
[204] BGH v. 08.01.1986 - VIII ZR 292/84 - juris Rn. 23 - NJW-RR 1986, 874-876.
[205] *Weitnauer*, DB 1984, 2496-2501.
[206] *Sprau* in: Palandt, § 812 Rn. 41.
[207] *Sprau* in: Palandt, § 812 Rn. 41.
[208] BGH v. 08.05.1956 - I ZR 62/54 - juris Rn. 18 - BGHZ 20, 345-355; BGH v. 26.06.1981 - I ZR 73/79 - BGHZ 81, 75-82.
[209] BayObLG München v. 22.01.1965 - BReg 1a Z 164/62 - NJW 1965, 973.
[210] BGH v. 30.01.1987 - V ZR 32/86 - BGHZ 99, 385-390.
[211] *Sprau* in: Palandt, § 812 Rn. 41.
[212] BGH, NJW 1977, 1090.

Belange des Presseorgans fehlen jedoch insbesondere dann, wenn die Veröffentlichung ausschließlich den Geschäftsinteressen des Presseorgans dient, weil etwa das Bildnis einer prominenten Person nur verwendet wird, um deren Werbewert auszunutzen.[213] Mit dem Eingriff in das dem Abgebildeten zustehende Recht am eigenen Bild hat der Verwender zugleich auf dessen Kosten einen vermögenswerten Vorteil im Sinne von § 812 Abs. 1 Satz 1 Alt. 2 BGB. erlangt. Dabei mag offen bleiben, ob das Erlangte im Sinne des § 812 Abs. 1 Satz 1 BGB in der Nutzung des Bildnisses[214] oder in der Ersparnis des für die Nutzung normalerweise zu entrichtenden Entgeltes[215] zu sehen ist. In dem einen wie dem anderen Fall ist der Verwender jedenfalls rechtsgrundlos bereichert und demgemäß dem Abgebildeten zur Auskehrung der Bereicherung verpflichtet, wobei er entweder – da die Nutzung des Bildnisses nicht herausgegeben werden kann – für diese gemäß § 818 Abs. 2 BGB Wertersatz zu leisten oder den Wert der ersparten Aufwendungen zu ersetzen hat, was betragsmäßig im Ergebnis keinen Unterschied macht. Denn in beiden Fällen hat der Verwender eine so genannte fiktive Lizenzgebühr zu entrichten, die nach jenem Entgelt zu bemessen ist, welches der Verwender hätte entrichten müssen, um die Einwilligung des Abgebildeten zur Verwendung seines Bildnisses zu erhalten. Existieren keine unmittelbaren Vergleichswerte, weil der Abgebildete Abbildungen seiner Person für Veröffentlichungen wie die vorliegende bisher nicht zur Verfügung gestellt hat, ist die Höhe des ihm zustehenden Entgeltes in entsprechender Anwendung des § 287 ZPO zu schätzen. Dabei sind alle Umstände des konkreten Falles zu berücksichtigen, also u.a. die Auflagenstärke und Verbreitung der die Werbeanzeige enthaltenen Zeitschrift, die Art und Gestaltung der Anzeige sowie die Werbewirkung der Bildveröffentlichung.[216] Gegenüber dieser Bereicherungshaftung wegen unautorisierter Bildnisveröffentlichung greift der Einwand, dass der Abgebildete seine Zustimmung zur konkreten Veröffentlichung nicht erteilt hätte, nicht durch. Einem Bereicherungsanspruch wegen unautorisierter Verwendung des Bildes eines Bundesministers in einer Werbeanzeige steht das Berufs- und Gewerbeverbot des Art. 66 GG nicht entgegen.[217]

Als **Handlung des Benachteiligten selbst** kommt der Gebrauch eigener Güter für die Zwecke des anderen in Betracht.[218]   81

Als **Handlungen eines Dritten** kommen ebenfalls Verbindung, Vermischung oder Verarbeitung mit der Folge des Eigentumsverlustes gem. den §§ 946 ff. BGB in Betracht, etwa der Bauunternehmer, der gestohlenes Material verbaut.[219] Hier ist aber der Vorrang der Leistungskondiktion zu beachten.[220] Bei einem unentgeltlich Bereicherten ist § 822 BGB zu beachten.   82

Ein wichtiger Anwendungsfall der Eingriffskondiktion besteht darin, **zwangsvollstreckungsrechtliche Ansprüche aus § 771 ZPO zu „verlängern"**.[221] Unabhängig von der Qualifikation des Zuschlags muss der Rechtserwerb des Erstehers aus Gründen des Verkehrsschutzes Bestand haben,[222] und zwar auch dann, wenn der Gläubiger nach § 817 Abs. 4 ZPO selbst den Zuschlag erhält[223]. Es bestehen daher keine Bereicherungsansprüche auf die Sache selbst. Bei unberechtigter Pfändung und Verwertung von Sachen setzt sich aber das Recht an der Sache zunächst am Erlös fort. Der bereicherungsrechtlich erhebliche Eingriff in die Rechtsstellung des Rechtsinhabers liegt daher erst in der Auskehrung des Erlöses an den oder die Gläubiger, dem oder denen der Betroffene nicht schuldete.[224]   83

---

[213] So BGH v. 11.03.2009 - I ZR 8/07 - NJW 2009, 3032-3035.
[214] So OLG München v. 09.03.1995 - 29 U 3903/94 - NJW-RR 1996, 539-541.
[215] So BGH v. 06.02.1979 - VI ZR 46/77 - LM Nr. 53 zu § 823 BGB.
[216] BGH v. 14.04.1992 - VI ZR 285/91 - LM BGB § 812 Nr. 226 (10/1992).
[217] OLG Hamburg v. 09.11.2004 - 7 U 18/04 - AfP 2004, 566-569.
[218] BGH v. 18.06.1979 - VII ZR 172/78 - juris Rn. 18 - LM Nr. 26 zu § 251 BGB.
[219] *Stadler* in: Jauernig, § 812 Rn. 64.
[220] Zur Abgrenzung von Leistungs- und Eingriffskondiktion vgl. Rn. 105; zur Abgrenzung beim Einbau von Materialien vgl. BGH v. 27.05.1971 - VII ZR 85/69 - juris Rn. 37 - BGHZ 56, 228-242; BGH v. 09.07.1990 - II ZR 10/90 - juris Rn. 15 - NJW-RR 1991, 343-345; *Berg*, AcP 160, 505-525.
[221] OLG Frankfurt v. 28.04.1982 - 17 U 182/81 - ZIP 1982, 880; ausführlich zur Zwangsvollstreckung *Gerlach*, Ungerechtfertigte Zwangsvollstreckung und ungerechtfertigte Bereicherung, 1986.
[222] *Buck-Heeb* in: Erman, § 812 Rn. 77.
[223] BGH v. 25.02.1987 - VIII ZR 47/86 - BGHZ 100, 95-107, str.
[224] RG v. 21.01.1938 - VII 106/37 - RGZ 156, 395-401; a.A. *Günther*, AcP 178, 456-467 m.w.N. zu den Gegenansichten.

84 Unabhängig von einem etwaigen Anspruch aus § 839 BGB kommt ein Anspruch aus Eingriffskondiktion in Betracht bei **fehlerhaften Handlungen der öffentlichen Gewalt**, z.B. bei Zwangsvollstreckung ohne Titel oder Pfändung und Versteigerung einer schuldnerfremden Sache oder Auszahlung des Erlöses an den Gläubiger, unrichtige Verteilung des Versteigerungserlöses,[225] fehlerhaftem Zustellungsbeschluss,[226] im Rahmen der Grundbuchführung.[227] Kein Fall der Eingriffskondiktion ist dagegen die Vereitelung eines schuldrechtlichen Herausgabe- oder Rückgewähranspruches durch Verfügung über den Gegenstand selbst.[228] Auch im Verhältnis der Gläubiger zueinander kann falsch verteilt worden sein: Ein Gläubiger, der im **Verteilungsverfahren** versäumt hat, die Widerklage klageweise geltend zu machen, kann von einem anderen Gläubiger, der deshalb vor ihm befriedigt worden ist, mit der Bereicherungsklage nach § 878 Abs. 2 ZPO Herausgabe verlangen.[229]

85 Die **Überzahlung** des Erlöses – etwa aufgrund falscher Berechnung des Bargebotes – stellt dagegen eine rechtsgrundlose Leistung an den Schuldner/Eigentümer dar und, falls sie an einen letztrangigen Grundpfandgläubiger ausgekehrt worden ist, eine – evtl. rechtsgrundlose – Leistung des Schuldner/Eigentümer an diesen Gläubiger.[230]

86 Zieht der Gläubiger eine **gepfändete** und ihm überwiesene **Forderung** ein, die aufgrund früherer Abtretung bereits einem anderen zusteht, so hat der (Erst-)Zessionar einen Bereicherungsanspruch. Der Bereicherungsschuldner/Vollstreckungsgläubiger kann dabei die Vollstreckungskosten von seiner Bereicherung absetzen.[231] Leistet ein Drittschuldner an einen Vollstreckungsgläubiger, weil er irrtümlich davon ausgeht, dass die gepfändete und zur Einziehung überwiesene Forderung besteht, kann er den gezahlten Betrag vom Vollstreckungsgläubiger kondizieren.[232]

87 Der Ersteher ist bereichert, wenn bei der Zwangsverwertung von Immobiliarvermögen der Schuldner/Eigentümer mangels Anmeldung seiner Schuld (§ 53 Abs. 2 ZVG) noch persönlich in Anspruch genommen wird, obwohl das Grundpfandrecht bestehen geblieben ist und der Ersteher deshalb weniger gezahlt hat.[233] Eine Bereicherung des Darlehensschuldners liegt dagegen vor, wenn eine voll valutierte Darlehenshypothek nach § 91 Abs. 2 ZVG bestehen bleibt, obwohl sie bei der Erlösverteilung ausfällt.[234]

88 **Handlungen des Entreicherten** kommen nur in Betracht, soweit sie nicht als fehlgeleitete Leistung einzuordnen sind, z.B. bei irrtümlicher Verwendung eigener Sachen für fremde Zwecke.[235]

3. Auf Kosten eines anderen

a. Die Lehre vom Zuweisungsgehalt

89 Umstritten ist, wann die Bereicherung auf Kosten eines anderen erlangt ist. Teilweise wird das entscheidende Kriterium in der Rechtswidrigkeit der Verwendung fremden Guts gesehen.[236] Nach der herrschenden **Lehre vom Zuweisungsgehalt** handelt es sich bei der Eingriffskondiktion um eine Wertungsfrage, die mit dem Begriff „Zuweisungsgehalt" adäquat umschrieben wird:[237] Kondiktionsauslösend ist demnach ausschließlich die unbefugte Nutzung von Gebrauchs-, Nutzungs- und Verwertungsmöglichkeiten, die rechtlich allein dem Inhaber des Rechts „zugewiesen" sind,[238] während es auf die

---

[225] BGH v. 29.11.1951 - IV ZR 40/50 - BGHZ 4, 84-91.
[226] RG v. 20.01.1937 - V 194/36 - RGZ 153, 252-257.
[227] *Sprau* in: Palandt, § 812 Rn. 41.
[228] BGH v. 23.03.1993 - XI ZR 167/92 - LM BGB § 812 Nr. 233 (10/1993).
[229] BGH v. 11.05.1978 - VII ZR 55/77 - BGHZ 71, 309-313.
[230] *Stadler* in: Jauernig, BGB-Kommentar, 13. Aufl. 2009, § 812 Rn. 67.
[231] BGH v. 25.03.1976 - VII ZR 32/75 - BGHZ 66, 150-158; krit. *Gerlach*, Ungerechtfertigte Zwangsvollstreckung und ungerechtfertigte Bereicherung, 1986, S. 43 ff.
[232] BGH v. 13.06.2002 - IX ZR 242/01 - BGHZ 151, 127-133; zustimmend *Schubert*, JR 2003, 62; *Pfeiffer*, WuB IV A § 812 BGB 1.03; kritisch *Schöpflin*, JA 2003, 99-102.
[233] BGH v. 19.03.1971 - V ZR 166/68 - BGHZ 56, 22-26; BGH v. 01.10.1975 - IV ZR 154/74 - LM Nr. 8 zu § 1600o BGB.
[234] BGH v. 26.11.1980 - V ZR 153/79 - LM Nr. 10 zu § 91 ZVG.
[235] *Lorenz* in: Staudinger, § 812 Rn. 29.
[236] Zu den verschiedenen Ansichten *Martinek* in: Reuter/Martinek, Ungerechtfertigte Bereicherung, 1983, S. 234.
[237] Überzeugend */Buck-Heeb* in: Erman, § 812 Rn. 64 ff.
[238] *Schulze* in: Hk-BGB, § 812 Rn. 13.

Rechtswidrigkeit des Eingriffs nicht ankommt.[239] Als Modell dienen dabei das Eigentum und die dem Eigentümer zugewiesenen Befugnisse.

Als Rechtspositionen mit Zuweisungsgehalt kommen alle rechtlich geschützten Positionen in Betracht, deren wirtschaftliche Verwertung rechtlich dem Bereicherungsgläubiger zugeordnet ist,[240] z.B. andere dingliche Rechte, aber auch Forderungen. Auch der berechtigte Besitz z.B. des Pächters oder Mieters verleiht gegen jedermann geschützte Befugnisse.[241] Allerdings ist nicht jede faktisch gegebene Möglichkeit der Nutzung, des Ge- oder Verbrauchs dem Rechtsinhaber rechtlich allein „zugewiesen", spezielle Gesetze können die Befugnisse des Rechtsinhabers ebenso konkretisieren und einschränken wie z.B. Gebote der Sittenordnung.[242] Umfang und Inhalt der dem Rechtsinhaber ausschließlich zugewiesenen Befugnisse können daher auch dann Zweifelsfragen hervorrufen, wenn ihr Inhalt gesetzlich geregelt ist. So ist beispielsweise trotz der §§ 903, 905 BGB und Spezialregelungen beim Eigentum unklar, ob und inwieweit der Eigentümer eines Grundstücks die Nutzung des Grundwassers,[243] von Mineralien[244] oder des Luftraums (vgl. § 1 Abs. 1 LuftVG) zugewiesen sind. Ebenfalls nicht allgemein geregelt ist die Frage, ob nur der Eigentümer oder jedermann Fotos von einem Gebäude herstellen und gewerblich verbreiten kann (vgl. § 59 Abs. 1 Satz 2 UrhG).[245]

b. Beispiele aus der Rechtsprechung für Rechtspositionen mit Zuweisungsgehalt:

Firma,[246] Gebrauchsmuster und Patente,[247] Recht am eigenen Bild,[248] am eigenen Namen,[249] Strom,[250] Urheberrecht (vgl. § 97 Abs. 3 UrhG),[251] Warenzeichen,[252] Recht am eingerichteten und ausgeübten Gewerbebetrieb, da dem Inhaber nicht bestimmte Tätigkeitsbereiche mit festen Chancen und Erwerbserwartungen ausschließlich zugewiesen sind,[253] aufgrund des UWG bei Mitbewerbern reflexweise geschützte Positionen,[254] Untersuchungsergebnisse für Pflanzenschutzmittel, die vom Zweitanmelder im Zulassungsverfahren verwendet werden.[255]

c. Zurechnungszusammenhang zwischen Bereicherung und Entreicherung

Für die Bereicherung auf Kosten eines anderen ist bei der Eingriffskondiktion zusätzlich noch ein Zurechnungszusammenhang erforderlich: Jemand ist auf Kosten eines anderen bereichert, wenn dem Vermögensvorteil des Bereicherten unmittelbar ein Vermögensnachteil des Entreicherten gegenübersteht, d.h. es ist ein einheitlicher Bereicherungsvorgang erforderlich. Durch dieses Erfordernis werden Gegenstand und Umfang des Bereicherungsanspruches begrenzt und darüber hinaus die Person des Anspruchsgegners bestimmt. Dies spielt insbesondere bei den Mehrpersonenverhältnissen eine große Rolle. Das Erfordernis der Unmittelbarkeit statuiert einen **Zurechnungszusammenhang** zwischen dem Vermögensvorteil des Bereicherten und dem Vermögensnachteil des Entreicherten.[256] Für den Bereicherungsanspruch ist nicht die Entreicherung des Anspruchsberechtigten entscheidend, sondern allein die auf dessen Kosten eingetretene Bereicherung des Bereicherungsschuldners. Der Verlust des ei-

---

[239] *Schulze* in: Hk-BGB, § 812 Rn. 13.
[240] *Schulze* in: Hk-BGB, § 812 Rn. 15.
[241] BGH v. 31.10.1986 - V ZR 140/85 - juris Rn. 38 - WM 1987, 181-183.
[242] *Stadler* in: Jauernig, § 812 Rn. 54 m.w.N.
[243] Vgl. BVerfG v. 15.07.1981 - 1 BvL 77/78 - NJW 1982, 745-753.
[244] Ablehnend *Stadler* in: Jauernig, § 812 Rn. 53.
[245] Ein Bereicherungsanspruch wurde abgelehnt vom BGH v. 09.03.1989 - I ZR 54/87 - NJW 1989, 2251-2253.
[246] *Hopt* in: Hefermehl, Wettbewerbsrecht, 22. Aufl. 2001, § 17 Rn. 48.
[247] BGH v. 30.11.1976 - X ZR 81/72 - BGHZ 68, 90-100; BGH v. 24.11.1981 - X ZR 7/80 - BGHZ 82, 299-310.
[248] BGH v. 14.04.1992 - VI ZR 285/91 - LM BGB § 812 Nr. 226 (10/1992).
[249] BGH v. 26.06.1981 - I ZR 73/79 - BGHZ 81, 75-82.
[250] LG Aachen v. 27.07.1984 - 5 S 193/84 - NJW 1984, 2422.
[251] BGH v. 12.02.1952 - I ZR 115/51 - BGHZ 5, 123; zum Eingriff in das Urheberrecht von Mauermalern durch Veräußerung von Teilen der Berliner Mauer vgl. BGH v. 17.02.1995 - V ZR 267/93 - NJW-RR 1995, 853-855; umfassend zu den Immaterialgüterrechten *Sack* in: FS Hubmann, 1985, S. 375 ff.; *Köhler*, NJW 1992, 1477-1482, 1480.
[252] BGH v. 18.12.1986 - I ZR 111/84 - BGHZ 99, 244-249.
[253] BGH v. 14.02.1978 - X ZR 19/76 - BGHZ 71, 98.
[254] Sehr str. *Mestmäcker*, JZ 1958, 521-526; a.A. *Wilhelm*, Rechtsverletzung und Vermögensentscheidung als Grundlagen und Grenzen des Anspruchs aus ungerechtfertigter Bereicherung, 1973, S. 97.
[255] BGH v. 09.03.1989 - I ZR 189/86 - BGHZ 107, 117-122.
[256] BGH v. 05.10.1961 - VII ZR 207/60 - BGHZ 36, 30-35; LG Berlin v. 27.07.2007 - 26 O 132/07 - juris Rn. 42.

nen braucht sich mit dem Gewinn des anderen weder dem Gegenstand noch dem Umfang nach zu decken.[257] Deshalb kann der Anspruch niedriger, aber auch höher als der Verlust des Betroffenen sein.[258] Gebührt die Benutzung und Verwertung fremder Sachen und Rechte nach der maßgeblichen rechtlichen Güterzuordnung allein dem Berechtigten, so dass dieser sie nicht unentgeltlich zu dulden braucht, so steht ihm gegen den unbefugt Verwertenden wegen dessen Eingriff in die Rechtssphäre des Berechtigten einen Bereicherungsanspruch in Höhe der üblichen Vergütung, etwa der Lizenzgebühr für ein gewerbliches Schutzrecht, zu. Für den Anspruch ist dabei unerheblich, ob der Berechtigte aus tatsächlichen Gründen den gleichen Gewinn gezogen hätte oder zumindest hätte ziehen können oder ob der Bereicherte sich ohne den Eingriff anderweitig beholfen hätte.[259] Anders ist die Rechtslage dagegen, wenn er aus rechtlichen Gründen hierzu nicht in der Lage gewesen wäre.[260] Da der Bereicherungsanspruch kein Schadensersatzanspruch ist, findet keine Vorteilsanrechnung statt. Daher sind in der Regel nur die regelmäßig zu ziehenden Nutzungen herauszugeben, während ein durch besondere Umstände in der Sphäre des Verletzers von diesem erzielter Gewinn nicht auf Kosten des Berechtigten erlangt und daher nicht nach § 812 Abs. 1 Satz 1 Alt. 2 BGB, sondern nur unter den Voraussetzungen des § 687 Abs. 2 BGB herauszugeben ist.[261]

93 Für den **Vermögensnachteil** auf Seiten des Entreicherten genügt jede wirtschaftliche Schlechterstellung. Hauptfälle sind der rechtswirksame Übergang von Vermögensgegenständen, z.B. Übereignung, Forderungsabtretung, Erfüllung einer Schuld. Entsprechend dem weiten Wortlaut der Formel „auf dessen Kosten" ist nicht erforderlich, dass das Erlangte schon zum Vermögen des Entreicherten gehörte. Daher genügt bereits die Beeinträchtigung einer rechtlichen Anwartschaft oder die Vereitelung einer sicheren Erwerbsaussicht, sofern sie bereits Rechtsschutz genießt und nicht nur auf bloßen Ordnungsvorschriften beruht.[262] **Beispiele**: Ausschlagung einer Erbschaft zugunsten einer bestimmten Person;[263] Anspruch auf Auflassung eines Grundstücks,[264] jeder schuldrechtliche Anspruch auf eine Sache, eine Arbeitsleistung oder ein Recht, auch für den Rang eines Grundstücks, nicht aber bei versehentlicher falscher Eintragung des Rangs,[265] ferner ein Eingriff in ein Aneignungsrecht;[266] Hilfestellung zum Vermögenserwerb eines anderen durch Unterlassung von Konkurrenzgeboten,[267] und Eingriffe in das Persönlichkeitsrecht, sofern hierin eine wirtschaftliche Verwertung liegt.[268] Weitere Beispiele sind die Benutzung einer fremden Sache,[269] v.a. durch unberechtigte Vermietung oder Verpachtung. Im Falle unbefugter Untervermietung hat der Vermieter gegen den Mieter aber keinen Bereicherungsanspruch auf Herausgabe des dadurch erlangten Mehrerlöses, weil er nicht auf seine Kosten erlangt ist.[270]

4. Ohne rechtlichen Grund

94 Der Eingriff ist ohne rechtlichen Grund erfolgt, wenn der jeweils erlangte Vorteil nach der rechtlichen Güterzuordnung nicht dem Bereicherungsschuldner, sondern einem anderen gebührt.[271] Maßgeblich ist nicht die Widerrechtlichkeit oder Rechtmäßigkeit des Bereicherungsvorgangs, sondern das Bestehen oder Nichtbestehen eines gesetzlichen oder vertraglichen Grundes für den Verbleib des Vorteils beim Bereicherungsschuldner im jeweiligen Einzelfall aufgrund der rechtlichen Güterzuordnung.[272] Das Tatbestandsmerkmal „ohne rechtlichen Grund" ist somit nicht identisch mit der Rechtswidrigkeit.[273]

---

[257] KG Berlin v. 16.07.1992 - 8 RE Miet 3166/92 - NJW-RR 1992, 1362-1363.
[258] BGH v. 13.05.1955 - V ZR 36/54 - BGHZ 17, 236-242; BGH v. 05.10.1961 - VII ZR 207/60 - BGHZ 36, 30-35.
[259] *Sprau* in: Palandt, § 812 Rn. 42.
[260] RG v. 01.12.1922 - VII 64/22 - RGZ 105, 408-410.
[261] Sprau in: Palandt, § 812 Rn. 42; OLG Stuttgart v. 15.01.2001 - 6 U 35/00 - juris Rn. 26.
[262] *Sprau* in: Palandt, § 812 Rn. 41.
[263] *Sprau* in: Palandt, § 812 Rn. 88.
[264] RG v. 22.12.1927 - VI 183/27 - RGZ 119, 332-339.
[265] *Sprau* in: Palandt, § 812 Rn. 41.
[266] RG v. 16.05.1925 - V 367/25 - HRR 25 Nr. 1047.
[267] OLG München v. 04.05.1951 - 6 U 1291/50 - GRUR 51, 468.
[268] BGH v. 08.05.1956 - I ZR 62/54 - BGHZ 20, 345-355.
[269] BGH v. 18.04.1956 - V ZR 183/54 - BGHZ 20, 270-275.
[270] BGH v. 13.12.1995 - XII ZR 194/93 - BGHZ 131, 297-307.
[271] *Schulze* in: Hk-BGB, § 812 Rn. 17.
[272] *Schulze* in: Hk-BGB, § 812 Rn. 13, 17.
[273] *Stadler* in: Jauernig, BGB-Kommentar, § 812 Rn. 57; a.A. die h.L. vgl. *Baur*, JZ 1975, 493.

Ein Rechtsgrund ist bei der Eingriffskondiktion vorhanden, wenn die **Zustimmung des Berechtigten** vorliegt, etwa wenn der Rechtsinhaber vertraglich die Nutzung seines Rechts gestattet hat. Ist der Vertrag unwirksam, kommt eine Leistungskondiktion in Betracht.[274] Rechtsgrund für die Eingriffskondiktion kann auch eine **gesetzliche Regelung** sein, doch fehlt es hier meist an der Zuweisung ausschließlicher Befugnisse. Solche gesetzlichen Zuordnungsänderungen erfolgen mit Rechtsgrund, falls sie nicht nur die sachenrechtliche Reaktion auf faktische Veränderungen wie Verbindung, Vermischung und Verarbeitung darstellen, sondern im Verkehrsinteresse Rechtserwerb ermöglichen und dieser endgültig sein soll.[275] In diesem Sinne bilden die Vorschriften über den **gutgläubigen Erwerb** einen Rechtsgrund[276] einschließlich des gutgläubigen Erwerbs von Erzeugnissen einer Sache gem. den §§ 955, 993 Abs. 1 Satz 1 BGB,[277] ebenso die Ersitzung (§ 937 Abs. 1 BGB). Es kommt möglicherweise eine Leistungskondiktion in Betracht, wenn der Besitz, der die Voraussetzung des gesetzlichen Eigentumserwerbs bildet, durch rechtsgrundlose Leistung erlangt wurde, z.B. bei der Ersitzung (§ 937 BGB).[278] 95

Bei **Eingriffen in das Persönlichkeitsrechts** kann der Eingriff auch ohne Vorliegen eines Rechtsgrundes in dem eben dargestellten Sinne durch die Pressefreiheit (Art. 5 Abs. 1 GG) und den Anspruch der Öffentlichkeit auf Information gerechtfertigt sein.[279] Eine öffentlich-rechtliche Baulast bildet dagegen keinen Rechtsgrund für die unentgeltliche Inanspruchnahme von Grundeigentum.[280] 96

5. Die Rückgriffskondiktion

Die Rückgriffskondiktion, eine weitere Erscheinungsform der Nichtleistungskondiktion, dient dem Ausgleich bei Erfüllung einer fremden Schuld, die gem. den §§ 267, 362 Abs. 1 BGB zulässig ist. Weitere Anwendungsbereiche der Rückgriffskondiktion sind die Erfüllung einer eigenen, jedoch unwirksamen oder sonst nicht tragfähigen Verbindlichkeit des Leistenden gegenüber dem Schuldner[281] und die Tilgung einer fremden, jedoch nicht bestehenden Schuld (str. vgl. Rn. 146). 97

Allerdings ist dem Regress über die Rückgriffskondiktion nur ein **geringer Anwendungsbereich** eröffnet, da weithin vorrangige Regelungen den Ausgleich bei der Leistung auf eine fremde Schuld gewährleisten:[282] Stellt die Erfüllung einer fremden Schuld Geschäftsführung für den Schuldner dar, so richtet sich der Rückgriff bei berechtigter Geschäftsführung nach den §§ 677, 683 BGB[283] bzw. nach § 679 BGB bei entgegenstehenden Willen des Geschäftsherrn. War der Leistende dem Leistungsempfänger neben dem Schuldner selbst verpflichtet, richtet sich der Regress entweder nach speziellen Regressnormen – z.B. § 774 Abs. 1 Satz 1 BGB – oder allgemein nach § 426 BGB. Auch der Regress über eine cessio legis schließt einen Regress über die Rückgriffskondiktion aus,[284] beispielsweise der Regress über § 268 Abs. 3 BGB bei Berechtigung zur Zahlung fremder Schuld aufgrund eines Ablösungsrechtes. 98

6. Die Verwendungskondiktion

Die Verwendungskondiktion, die dritte Erscheinungsform der Nichtleistungskondiktion, bezieht sich auf unterschiedliche Arten von Verwendungen auf fremdes Gut, durch die dem anderen jeweils ein Vermögensvorteil ohne rechtlichen Grund entsteht.[285] Wurden Verwendungen auf fremde Sachen aufgrund eines (unwirksamen) Vertrages geleistet, so sind sie mit Hilfe der Leistungskondiktion rückabzuwickeln, selbst wenn sie reflexweise einen Dritten begünstigten.[286] Für Verwendungen des unberechtigten Sachbesitzers enthalten die §§ 994 ff. BGB Spezialregelungen, da andernfalls die gesetzgeberische Wertung, den Anspruch auf den Ersatz notwendiger Verwendungen zu beschränken, umgan- 99

---

[274] Statt aller *Stadler* in: Jauernig, BGB-Kommentar, § 812 Rn. 60.
[275] *Stadler* in: Jauernig, BGB-Kommentar, § 812 Rn. 61.
[276] Statt aller BGH v. 18.05.1978 - VII ZR 246/77 - WM 1978, 1054.
[277] *Caemmerer*, Gesammelte Schriften, Bd. I, S. 240 f.
[278] RG v. 06.10.1930 - IV 583/29 - RGZ 130, 69-73.
[279] *Stadler* in: Jauernig, § 812 Rn. 57.
[280] BGH v. 19.04.1985 - V ZR 152/83 - BGHZ 94, 160-166.
[281] *Stadler* in: Jauernig, § 812 Rn. 72; a.A. BGH v. 28.11.1990 - XII ZR 130/89 - BGHZ 113, 62-70.
[282] Statt aller *Schulze* in: Hk-BGB, § 812 Rn. 18.
[283] BGH v. 14.06.1976 - III ZR 81/74 - WM 1976, 1059.
[284] *Stadler* in: Jauernig, § 812 Rn. 73.
[285] *Schulze* in: Hk-BGB, § 812 Rn. 19.
[286] *Schulze* in: Hk-BGB, § 812 Rn. 19.

gen würde.²⁸⁷ Bei Verwendungen in Erwartung einer Erbeinsetzung kommt eine condictio ob rem in Betracht.²⁸⁸ Der gewerbliche Erbensucher hat gegen die von ihm ermittelten Erben keine gesetzlichen Vergütungsansprüche aus ungerechtfertigter Bereicherung (Geschäftsführung ohne Auftrag).²⁸⁹ Bei berechtigter GoA hat ein Aufwendungsersatzanspruch aus den §§ 677, 683 BGB Vorrang. In den noch verbleibenden Fällen ist die Verwendungskondiktion einschlägig, insbesondere bei Arbeitsleistungen, die fremde Sachen rechtsgrundlos verbessern.²⁹⁰ Nach der eben erörterten h.M. verbleibt als weiterer Anwendungsbereich für die Verwendungskondiktion nur noch die Konstellation, dass der Benachteiligte Verwendungen auf Sachen macht, die nicht in seinem Besitz stehen, und annimmt, dass diese Sache ihm gehören (sonst GoA) oder dass er sie erwerben wird.²⁹¹ Zur Frage der aufgedrängten Bereicherung vgl. die Kommentierung zu § 818 BGB.

7. Literatur zu den Nichtleistungskondiktionen

100 *Gerlach*, Ungerechtfertigte Zwangsvollstreckung und ungerechtfertigte Bereicherung, 1986; *Hainess*, Bereicherungsansprüche bei Warenzeichenverletzungen und unlauterem Wettbewerb, 1970; *Hüffer*, JuS 1981, 263-268; *Jakobs*, Eingriffserwerb und Vermögensverschiebung in der Lehre von der ungerechtfertigten Bereicherung, 1964; *Kellmann*, Grundsätze der Gewinnhaftung, 1969; *Kleinheger*, JZ 1970, 471-477; *Mestmäcker*, JZ 1958, 521-526; *Sack*, Die Lizenzanalogie im System des Immaterialgüterrechts, FS für Hubmann, 1985, S. 373; Schlechtriem, Bereicherung aus fremdem Persönlichkeitsrecht, FS für Hefermehl, 1976, S. 445; *Schlechtriem*, Güterschutz durch Eingriffskondiktionen, Symposium zum Gedenken an Detlef König, 1976, S. 57; *Schnauder*, WM 2011, 1685; *Schurer*, Der Schutzbereich der Eingriffskondiktion, 2000; *Willoweit*, Voraussetzungen der Aufwendungskondiktionen, FS für Wahl, 1973, S. 285; *Würdinger*, JuS 2007, 418.

VIII. Das Verhältnis der Kondiktionen zueinander/Einheitlichkeit des Bereicherungsvorgangs

101 Im Zweipersonenverhältnis ist die Nichtleistungskondiktion bei Vorliegen einer Leistung schon begrifflich ausgeschlossen, eine Konkurrenz nicht denkbar. Im Dreipersonenverhältnis, d.h. bei Beteiligung von drei Personen, stellt sich dagegen das Problem des Verhältnisses von Leistungs- und Eingriffskondiktion, weil ein Leistungsvorgang gleichzeitig in zugewiesene Rechte eingreifen kann, etwa bei einem durch gutgläubigen Erwerb, Verarbeitung oder Verbindung bewirkten Eigentumsverlust.²⁹² Nach dem v.a. von der Rspr. und früher h.M. vertretenen Grundsatz der Subsidiarität hat die Leistungskondiktion Vorrang vor der Nichtleistungskondiktion.²⁹³ Die inzwischen wohl h.L. lehnt den Subsidiaritätsgrundsatz ab. Für sie ist die Nichtleistungskondiktion bei einem Einverständnis des vom Rechtsverlust Betroffenen ausgeschlossen, sowie bei einem gutgläubigen entgeltlichen Erwerb. Im Wege des Umkehrschlusses (argumentum e contrario) wird aus § 816 Abs. 1 BGB abgeleitet, dass auch im Rahmen des Bereicherungsrechts die Wertung von der Endgültigkeit des gutgläubigen Erwerbs Berücksichtigung finden soll. Hier kommt der Charakter der Nichtleistungskondiktion als Vindikationsersatzfunktion zum Tragen.²⁹⁴

---

²⁸⁷ Statt aller BGH v. 29.09.1995 - V ZR 130/94 - LM BGB § 812 Nr. 247 (2/1996).
²⁸⁸ BGH v. 22.06.2001 - V ZR 128/00 - juris Rn. 14 - NJW 2001, 3118-3119.
²⁸⁹ BGH v. 23.02.2006 - III ZR 209/05 - NJW-RR 2006, 656.
²⁹⁰ *Stadler* in: Jauernig, § 812 Rn. 80.
²⁹¹ *Schulze* in: Hk-BGB, § 812 Rn. 20; Übersicht über einzelne Fälle bei *Lorenz* in: Staudinger, § 812 Rn. 3.
²⁹² Hierzu *Lorenz*, FS Serick, 1992, S. 262 ff.
²⁹³ BGH v. 31.10.1963 - VII ZR 285/61 - BGHZ 40, 272-282; BGH v. 27.05.1971 - VII ZR 85/69 - juris Rn. 39 - BGHZ 56, 228-242; BGH v. 27.02.2007 - XI ZR 55/06 - juris Rn. 32; BGH v. 21.10.2004 - III ZR 38/04 - NJW 2005, 60-61 = LMK 2004, 217-218 m. Anm. von *Lorenz*; vgl. dazu auch Rn. 103: Der Empfänger einer Leistung kann mit einer Leistungskondiktion nach § 812 Abs. 1 Satz 1 Alt. 1 BGB allenfalls von seinem Vertragspartner belangt werden, und zwar nur dann, wenn nach den zwischen diesen beiden bestehenden Beziehungen die Leistung grundlos ist. Ein Anspruch wegen Bereicherung in sonstiger Weise nach § 812 Abs. 1 S. 1 Alt. 2 BGB kann nur dann entstehen, wenn der Bereicherungsgegenstand dem Empfänger überhaupt nicht, also von niemandem geleistet worden ist.
²⁹⁴ Ausführlich *Martinek* in: Reuter/Martinek, Ungerechtfertigte Bereicherung, 1983, § 10 II 2.

IX. Der Bereicherungsausgleich im Dreipersonenverhältnis

1. Grundlagen

a. Kurzcharakteristik

Da die bereicherungsrechtliche Leistungsbeziehung und die tatsächliche Zuwendung auseinanderfallen können, darf das Zuwendungsverhältnis nicht mit den Leistungsverhältnissen verwechselt werden.[295]

102

b. Vorliegen einer Leistung

Im Verhältnis zu welcher Person die Leistung jeweils erbracht wird, ergibt sich aus der Zweckbestimmung, den übereinstimmenden Willen beider Parteien oder bei dessen Fehlen durch den Zuwendenden.[296] Für die Zurechnung einer Leistung als Zuwendung einer Person ist eine **objektive Betrachtung des Verhaltens des Zuwendenden aus der Sicht des Zuwendungsempfängers** (sog. „objektivierter Empfängerhorizont") vorzunehmen[297].

103

Die Zuwendung muss außerdem vom Leistungsempfänger **veranlasst** worden sein oder zumindest zurechenbar den **Rechtsschein einer entsprechenden Veranlassung oder Billigung** gesetzt haben.[298]

104

c. Die maßgebenden Gesichtspunkte

Ein Ansatz zur Bestimmung der Parteien des Bereicherungsanspruches im Dreipersonenverhältnis sind der Begriff der Leistung und der **Grundsatz der Subsidiarität der Nichtleistungskondiktion gegenüber der Leistungskondiktion** (zum Begriff der Leistung vgl. Rn. 23). Dabei besteht das Problem zu beurteilen, wann eine Zuwendung unter Berücksichtigung der Interessenlage als Leistung zu werten ist. Dabei sind drei Kriterien als Wertungsgesichtspunkte anerkannt: der Erhalt von Einwendungen und Einreden der einen Partei eines fehlerhaften Kausalverhältnisses gegen die andere, der Schutz vor Einwendungen und Einreden, die die andere Vertragspartei aus ihrem Rechtsverhältnis zu einem Dritten herleitet (gem. dem Grundsatz der Unzulässigkeit der exceptio ex iure tertii), und die angemessene Verteilung des Insolvenzrisikos nach dem Leitgedanken, dass grundsätzlich jede Partei (nur) das Risiko der Zahlungsunfähigkeit ihres Vertragspartners tragen soll.[299] Obwohl die Rspr. stets betont, dass „sich bei der bereicherungsrechtlichen Behandlung von Vorgängen, an denen mehr als zwei Personen beteiligt sind, jede schematische Lösung verbietet (und) es stets auf die Besonderheiten des Einzelfalls ankommt",[300] lassen sich verschiedene Fallgruppen ausmachen:

105

- die Leistungskette und die Durchlieferung,
- die Anweisungsfälle,
- der Vertrag zugunsten Dritter,
- die Zessionsfälle,
- die Zahlung fremder Schulden,
- die Einbaufälle.

Alle diese Fallgruppen lassen sich allein mit dem Leistungsbegriff und dem Grundsatz der Subsidiarität lösen. Die Argumentation gewinnt jedoch erheblich an Gewicht, wenn zusätzlich die eben genannten Wertungsgesichtspunkte herangezogen werden.

---

[295] *Schulze* in: Hk-BGB, § 812 Rn. 22.
[296] *Schulze* in: Hk-BGB, § 812 Rn. 22.
[297] BGH v. 31.10.1963 - VII ZR 285/61 - BGHZ 40, 272-282; vgl. BGH v. 26.10.1978 - VII ZR 71/76 - juris Rn. 8 - BGHZ 72, 246-252; BGH v. 21.10.2004 - III ZR 38/04 - NJW 2005, 60-61: Es kommt in erster Linie auf die der Zuwendung gegebene Zweckbestimmung, also zunächst darauf an, welchen Zweck die Beteiligten nach ihrem zum Ausdruck gekommenen Willen verfolgt haben. Stimmen die Vorstellungen der Beteiligten nicht überein, ist nach gefestigter Rechtsprechung des Bundesgerichtshofs eine objektive Betrachtungsweise aus der Sicht des Zuwendungsempfängers geboten. Es kommt darauf an, wie eine vernünftige Person in der Lage des Empfängers die Zuwendung nach Treu und Glauben mit Rücksicht auf die Verkehrssitte verstehen musste und durfte.
[298] *Schulze* in: Hk-BGB, § 812 Rn. 22 m.w.N.
[299] *Schulze* in: Hk-BGB, § 812 Rn. 23.
[300] BGH v. 19.01.1984 - VII ZR 110/83 - juris Rn. 7 - BGHZ 89, 376-383.

2. Die Grundkonstellation: die Leistungskette

a. Begriff

106 Die Grundkonstellation des Dreipersonenverhältnisses ist die Leistungskette: Verkäufer V verkauft Käufer K eine Sache. K verkauft sie an einen Dritten D. Sowohl zwischen V und K als auch zwischen K und D wird jeweils ein Kaufvertrag (§ 433 BGB) abgeschlossen und die Sache übereignet (§§ 929 ff. BGB). Die Leistungskette ist bereicherungsrechtlich unproblematisch. Ist der Kaufvertrag zwischen V und K unwirksam, findet die bereicherungsrechtliche Rückabwicklung allein zwischen den beiden statt. Das kann man entweder damit begründen, dass jeweils nur im Verhältnis zwischen V und K einerseits und K und D andererseits eine Leistungsbeziehung bestand, nicht aber zwischen V und D, eine direkte Rückabwicklung zwischen V und D daher am Fehlen einer Leistung und dem Grundsatz der Subsidiarität der Nichtleistungskondiktion scheitert. Man kann dieses Ergebnis aber noch zusätzlich auf die Wertung stützen, dass D, der mit der Leistung im Verhältnis zwischen V und K nichts zu tun hatte und auf die Wirksamkeit dieses Geschäfts vertraute, unbehelligt bleiben soll.[301]

b. Doppelmangel

107 Sind beide Kausalverhältnisse, d.h. sowohl der Kaufvertrag zwischen V und K als auch der zwischen K und D, unwirksam, liegt ein sog. Doppelmangel vor. Es ist anerkannt, dass der Rückabwicklung im Falle des Doppelmangels grundsätzlich die eben beschriebenen Leistungsbeziehungen zu Grunde zu legen sind. Es kommt deshalb sowohl zwischen V und K als auch zwischen K und D zu einer Leistungskondiktion, insgesamt also zu zwei Leistungskondiktionen, einer sog. Doppelkondiktion. Ein direkter Bereicherungsanspruch des V gegen D scheitert auch hier am Fehlen einer Leistung im Verhältnis zwischen den beiden und am Grundsatz der Subsidiarität der Nichtleistungskondiktion. Es besteht deshalb ein Durchgriffsverbot für V unmittelbar gegen D, sofern nicht die §§ 816 Abs. 1 Satz 2, 822 BGB eingreifen. Man kann dieses Ergebnis allein auf den Leistungsbegriff und den Grundsatz der Subsidiarität stützen oder aber zusätzlich darauf hinweisen, dass ein solcher Durchgriff es sowohl D als auch K unmöglich machen würde, ihre Einwendungen gegenüber K bzw. V geltend zu machen. Außerdem trägt V das Insolvenzrisiko seines gewählten Vertragspartners K, ebenso K das seines Vertragspartners D.[302] Die Rspr. lässt hingegen ausnahmsweise einen Durchgriff zu.[303]

108 Die für den Doppelmangel entwickelten Grundsätze gelten entsprechend, wenn das Deckungsverhältnis fehlerhaft und ein Valutaverhältnis entweder überhaupt nicht vorhanden oder die Zuwendung in diesem Verhältnis unentgeltlich ist.[304]

c. Beispiele aus der Rechtsprechung

109 Ist z.B. ein verbundenes Haustürgeschäft (Valutaverhältnis) widerrufen und deshalb auch der Darlehensvertrag (Deckungsverhältnis) mit der Bank unwirksam, so hat diese einen unmittelbaren Bereicherungsanspruch gegen den Verkäufer, an den die Bank das Darlehen zur Erfüllung seines Kaufpreisanspruches bezahlt hat, weil der vom Gesetz gewollte Schutz des Schuldners verbietet, ihn einem Bereicherungsanspruch der Bank auszusetzen und ihn dadurch in seinem freien Entschluss behindert, sein Widerrufsrecht auszuüben.[305] Das Gleiche gilt bei Abzahlungs- und Verbraucherkreditgeschäften, wenn Darlehensvertrag und finanziertes Geschäft als wirtschaftliche Einheit anzusehen sind; dann führt der Widerruf der Darlehensvertragserklärung zur Unwirksamkeit auch des finanzierten Geschäfts und zum Bereicherungsanspruch des Darlehensgebers (Bank) gegen den Geschäftspartner des Darlehensnehmers.[306]

d. Der Bereicherungsgegenstand der Zwischenperson bei Vorliegen eines Doppelmangels

110 Umstritten ist, worin bei einem Doppelmangel die Bereicherung des K besteht, wenn D ihm die Sache noch nicht zurückgegeben hat. K hat dann die Sache noch nicht i.S.d. § 812 BGB erlangt, er hat aber gegen D einen Bereicherungsanspruch auf Herausgabe der Sache. Nach der Rspr. und ist K deshalb im

---

[301] Statt aller *Koppensteiner/Kramer*, Ungerechtfertigte Bereicherung, 2. Aufl. 1988, § 5 I.
[302] BGH v. 29.05.1967 - VII ZR 66/65 - BGHZ 48, 70-76.
[303] BGH v. 20.03.1952 - IV ZR 111/51 - BGHZ 5, 281-285.
[304] OLG Saarbrücken v. 11.08.1999 - 1 U 867/98 - 157, 1 U 867/98 - NJW-RR 2000, 845-848.
[305] BGH v. 17.09.1996 - XI ZR 164/95 - juris Rn. 23 - BGHZ 133, 254-264.
[306] BGH v. 17.09.1996 - XI ZR 164/95 - BGHZ 133, 254-264.

Verhältnis zu V um diesen Bereicherungsanspruch bereichert. Der Bereicherungsanspruch des V gegen K richtet sich deshalb auf Abtretung des Bereicherungsanspruches des K gegen D an V gem. den §§ 412, 398 BGB. Es kommt also zur **Kondiktion der Kondiktion** oder sog. **Doppelkondiktion**.[307]

e. Die abgekürzte Lieferung oder Durchlieferung

Hat K dem D die Sache zu einem Zeitpunkt weiterverkauft, als sie sich noch bei V befand, so kommt es meist zu einer sog. abgekürzten Lieferung: Anstelle einer Lieferung der Sache von V an K und dann von K an D (Leistungskette), liefert V die Sache direkt an D aus. Durch die Wahl dieser ökonomisch sinnvollen Abkürzung kann sich aber die Interessenlage zwischen den Parteien nicht geändert haben.[308] Genau wie bei der Leistungskette liegt zwischen V und K und K und D ein Kaufvertrag vor und fand jeweils in diesem Verhältnis eine Übereignung der Sache statt. Im Zweifel ist davon auszugehen, dass die Übereignungen entlang den Kausalverhältnissen erfolgte und K in der Zwischenzeit Durchgangseigentum erlangt hat.[309] Unerheblich ist, ob die Abkürzung durch Direktleistung rechtstechnisch durch Anweisung, Vertrag zugunsten des Endabnehmers oder Abtretung von Lieferansprüchen an diesen erreicht wird; man spricht von Anweisung i.w.S.[310] Auch im Rahmen der bereicherungsrechtlichen Rückabwicklung darf den Parteien die Wahl einer Lieferungserleichterung nicht zum Nachteil gereichen. Entscheidendes Wertungskriterium für die Rückabwicklung ist daher anerkanntermaßen die Gleichbehandlung der abgekürzten Lieferung mit der Leistungskette. Nur auf diese Weise ist der Erwerber der Sache, D, davor geschützt, dass K ihm Einwendungen ex iure tertii, d.h. aus dem Verhältnis zwischen seinem Vertragspartner K und dessen Vormann V, entgegenhalten lassen müsste. Dafür spricht, dass die Leistungen nach dem übereinstimmenden Willen aller Beteiligten auf die Verträge mit dem jeweiligen Partner bezogen waren.[311] Die Rechtslage beurteilt sich daher genau wie bei der Lieferungskette (vgl. Rn. 106).

3. Anweisungsfälle

a. Grundbegriffe

In den sog. Anweisungsfällen veranlasst der Anweisende A (Anweisender i.w.S., Auftraggeber) den Angewiesenen B durch eine Anweisung i.w.S. oder einen Auftrag (§ 662 BGB) aus seinem Vermögen einen Vermögensgegenstand unmittelbar an den Dritten D zu übermitteln oder zu übertragen (zum Begriff der Anweisung vgl. die Kommentierung zu § 781 BGB). Hauptanwendungsfall ist die **Banküberweisung**: A erteilt seiner Bank B, bei der er ein Girokonto unterhält, den Auftrag, einen Betrag an seinen Gläubiger D zu überweisen. Hier ist A Anweisender, die Bank B Angewiesene und D Leistungsempfänger. Das Verhältnis zwischen A und B bezeichnet man in Anlehnung an den Vertrag zugunsten Dritter und die Anweisung i.S.d. § 783 BGB als **Deckungsverhältnis**, das zwischen A und D als **Valutaverhältnis**.[312]

Der Begriff der Anweisung ist hier im weiteren Sinne zu verstehen, d.h. nicht nur im engen Sinne des § 783 BGB, wonach unter Anweisung die schriftliche Leistungsermächtigung zu verstehen ist, die demjenigen ausgehändigt wird, der den Leistungsgegenstand letztlich erhalten soll. Er ist untechnisch als Mittel zur Leistungsverkürzung im Dreipersonenverhältnis zu verstehen. Bei wirksamer Anwei-

---

[307] OLG Saarbrücken v. 11.08.1999 - 1 U 867/98 - 157, 1 U 867/98 - NJW-RR 2000, 845-848: Die Gegenmeinung argumentiert mit einer „Als-ob-Betrachtungsweise": K ist so zu behandeln, als hätte er von D die Sache erlangt; der Bereicherungsanspruch des V gegen K richtet sich folglich nicht auf die Abtretung des Bereicherungsanspruches, sondern auf Herausgabe der Sache und wandelt sich, da K sie ja nicht erlangt hat, gem. § 818 Abs. 2 BGB in einen Anspruch auf Ersatz des Wertes der Sache. Diese Auffassung ist vorzugswürdig. Der Inhalt des Bereicherungsanspruches kann nicht von dem zufälligen Moment abhängen, ob D dem K die Sache schon zurückgewährt hat oder nicht, als V seinen Bereicherungsanspruch gegen K geltend machte. Die a.A. führt außerdem zu einer ungerechten Kumulierung von Risiken in der Person des V: V wäre sowohl den Einwendungen des K ausgesetzt als auch über § 404 BGB denen des D gegen K, trüge also auch dessen Insolvenzrisiko, vgl. *Medicus/Petersen*, Bürgerliches Recht, 22. Aufl. 2009, Rn. 670, 673.
[308] *Reuter* in: Reuter/Martinek, Ungerechtfertigte Bereicherung, 1983, S. 387.
[309] *Larenz/Canaris*, Schuldrecht, Band II/2: Besonderer Teil, 13. Aufl. 1994 § 70 II.
[310] *Larenz/Canaris*, Schuldrecht, Band II/2: Besonderer Teil, 13. Aufl. 1994, § 70 II 1 b.
[311] *Stadler* in: Jauernig, BGB-Kommentar, § 812 Rn. 29.
[312] *Medicus/Petersen*, Bürgerliches Recht, 22. Aufl. 2009, Rn. 674.

sung gilt die Zuwendung des Angewiesenen oder Beauftragten B an den Empfänger D rechtlich als Leistung des Angewiesenen B an den Anweisenden A und des Anweisenden A an den Empfänger D.[313] Zwischen B und D muss keine Rechtsbeziehung und damit kein Leistungsverhältnis bestehen.[314]

114　In den Anweisungsfällen ist zwischen **zwei Fallgruppen** zu differenzieren: zum einen Fehlern im Valuta- und/oder Deckungsverhältnis, zum anderen Fehlern in der Anweisung. Wegen der Mannigfaltigkeit der in Betracht kommenden Fallkonstellationen verbietet sich jedoch eine generelle Typisierung.[315] Wichtig ist, dass die Zuwendung trotz des Mangels aus der entscheidenden Sicht des Empfängers noch als Leistung darstellt.[316]

b. Die bereicherungsrechtliche Rückabwicklung bei wirksamer Anweisung, aber unwirksamem Valuta- und/oder Deckungsverhältnis

115　Einigkeit besteht darüber, dass sich die bereicherungsrechtliche Rückabwicklung bei intakter Anweisung und unwirksamem Valuta- und/oder Deckungsverhältnis nach den gleichen Grundsätzen wie bei der Lieferungskette richtet,[317] d.h. grundsätzlich zwischen den Parteien des mangelhaften Rechtsverhältnisses (vgl. Rn. 106).

116　Bei Mängeln im Deckungsverhältnis, d.h. dem Verhältnis zwischen Anweisendem A und Angewiesenem B findet der Bereicherungsausgleich grundsätzlich zwischen den beiden statt.[318] Ein solcher Mangel liegt beispielsweise vor, wenn der Angewiesene B (meist das Kreditinstitut) auf Rechnung des Anweisenden A die Leistung an den Dritten D erbringt in der irrigen Annahme, ihm hierzu verpflichtet zu sein. B hat dann nur gegen A einen Bereicherungsanspruch, nicht aber gegen D. Die Bereicherung des A liegt dann in der Befreiung von seiner Verbindlichkeit gegenüber D, sofern die Leistung des B befreiende Wirkung hatte. Das Gleiche gilt, wenn der Mangel im Deckungsverhältnis erst nach der Leistung an D entstanden ist.[319] Schließlich besteht nach dem Rechtsgedanken des § 822 BGB ein unmittelbarer Bereicherungsanspruch der Zwischenperson gegen den Empfänger, wenn dieser nach der mit dem Schuldner im Valutaverhältnis getroffenen Regelung die Leistung unentgeltlich erhalten hat und ein Bereicherungsanspruch im (mangelhaften) Deckungsverhältnis nicht besteht, weil in der Person des Schuldners die Voraussetzungen der §§ 818 Abs. 4, 819 BGB nicht vorliegen.[320]

117　Grundsätzlich findet bei Mängeln des Valutaverhältnisses, d.h. des Verhältnisses zwischen dem Anweisenden A und dem Empfänger D, der Bereicherungsausgleich zwischen A und D statt. Der Angewiesene B hat dagegen grundsätzlich keinen Bereicherungsanspruch, da sein Vermögen ja auch überhaupt nicht berührt ist.[321]

118　Entsprechendes gilt bei **Beteiligung von mehr als drei Personen**: Übermittelt der Angewiesene für Rechnung des Schuldners A die Leistung an den Empfänger E, ist aber nicht A, sondern C zur Leistung verpflichtet und dessen Schuld nunmehr erfüllt, so hat A einen Bereicherungsanspruch gegen C,[322] E ist aus dem Valutaverhältnis zum Empfang der Leistung berechtigt; der Angewiesene ist nicht entreichert. Hat ein Versprechender aufgrund eines unwirksamen Vertrages mit dem Versprechensempfänger den Gläubiger eines Dritten befriedigt, so hat er einen Bereicherungsanspruch weder gegen den Gläubiger des Dritten, noch gegen den Dritten selbst, sondern nur gegen den Versprechensempfänger.[323]

c. Die bereicherungsrechtliche Rückabwicklung bei Fehlern der Anweisung

119　Ist die Anweisung unwirksam, so ist danach zu differenzieren, ob ein zurechenbarer Rechtsschein einer Anweisung vorliegt oder nicht, wobei Rechtsscheinsgesichtspunkte heranzuziehen sind.

---

[313] *Stadler* in: Jauernig, § 812 Rn. 35 m.w.N.
[314] *Sprau* in: Palandt, § 812 Rn. 57.
[315] BGH v. 20.06.1990 - XII ZR 98/89 - juris Rn. 12 - BGHZ 111, 382-387.
[316] *Sprau* in: Palandt, § 812 Rn. 57.
[317] Statt aller *Reuter* in: Reuter/Martinek, Ungerechtfertigte Bereicherung, 1983, § 11 II 1.
[318] Statt aller BGH v. 20.06.1990 - XII ZR 98/89 - juris Rn. 12 - BGHZ 111, 382-387.
[319] Statt aller *Sprau* in: Palandt, § 812 Rn. 58.
[320] BGH v. 22.09.1983 - VII ZR 47/83 - juris Rn. 12 - BGHZ 88, 232-239.
[321] BGH v. 26.09.1995 - XI ZR 159/94 - juris Rn. 16 - LM ScheckG Art 13 Nr. 2 (2/1996) für den Fall eines abredewidrig ausgefüllten Blankoschecks.
[322] RG v. 17.01.1940 - II 82/39 - RGZ 163, 21-35, 34.
[323] BGH v. 04.04.1962 - VIII ZR 3/61 - LM Nr. 1 zu § 329 BGB.

d. Zurechenbarkeitsmängel bei der Anweisung

Liegt keine Anweisung des A vor und hat er auch nicht den zurechenbaren Rechtsschein einer Anweisung gesetzt, kann die Zuwendung des vermeintlich Angewiesenen B an den Zuwendungsempfänger D dem vermeintlich Anweisenden A **nicht zugerechnet** werden. Ein Rechtsschein und eine Zurechnung scheiden insbesondere dann aus, wenn das Fehlen der Anweisung für den Empfänger **ohne weiteres erkennbar** war, d.h. wenn er bösgläubig ist. Dann musste sich die Leistung aus seiner Sicht als eine solche des Angewiesenen B darstellen. B hat aber gegenüber D keinen Leistungszweck verfolgt. A hat B dann nicht gem. den §§ 362 Abs. 2, 185 BGB zur Leistung ermächtigt; er hat mit der Zuwendung nichts zu tun. Sein Schutzbedürfnis überwiegt daher. Er soll deshalb in die bereicherungsrechtliche Rückabwicklung nicht hineingezogen werden. Deshalb kommt es nach h.M. nicht zur Rückabwicklung entlang der Kausalverhältnisse, sondern zu einer Durchgriffskondiktion des vermeintlich Angewiesenen B gegen den Zuwendungsempfänger D, d.h. zu einer Nichtleistungskondiktion.[324] Diese scheitert nicht am Grundsatz der Subsidiarität, da überhaupt keine Leistung vorlag.

120

Im Fall einer bloßen „Scheinanweisung" ist ein unmittelbarer bereicherungsrechtlicher Ausgleich zwischen Zahlendem und Zahlungsempfänger nach den Regeln der Nichtleistungskondiktion auch dann vorzunehmen, wenn dieser von einer Zahlung seines vermeintlichen Schuldners ausging, der Zahlungsempfänger also das Fehlen einer wirksamen Anweisung im Zeitpunkt der Zuwendung nicht kannte. Denn ohne eine gültige Anweisung kann die Zahlung dem - vermeintlich - Anweisenden nicht als seine Leistung zugerechnet werden. Eine andere Betrachtungsweise ließe den in der Rechtsscheinlehre allgemein anerkannten Grundsatz außer Acht, dass der gutgläubige Vertragsgegner nur dann geschützt werden soll, wenn der andere Vertragsteil den Rechtsschein in zurechenbarer Weise hervorgerufen hat.[325]

121

Ebenso ist die Konstellation zu behandeln, wenn der Anweisende **beschränkt geschäftsfähig oder geschäftsunfähig** ist. Die Zuwendung des B an den D kann dem beschränkt geschäftsfähigen oder geschäftsunfähigen A nicht zugerechnet werden. Er ist deshalb aus der bereicherungsrechtlichen Abwicklung herauszuhalten. Es kommt aus diesem Grund zur Nichtleistungskondiktion des B gegen D.[326] Im umgekehrten Fall, der **Leistung an einen Geschäftsunfähigen,** besteht kein unmittelbarer Bereicherungsanspruch des Leistenden gegen den Empfänger, wenn der Geschäftsunfähige diesem den Vermögensgegenstand weiter übertragen hat. Das Vermögen des Geschäftsunfähigen ist zu seinem Schutz als von der Leistung überhaupt nicht berührt anzusehen. Deshalb liegt kein Doppelmangel vor.

122

Dementsprechend hat das OLG Dresden entschieden: Ist ein Darlehensvertrag von einem vollmachtlosen Vertreter (Nichtigkeit der Vollmacht wegen Verstoßes gegen das RBerG) abgeschlossen worden und hat dieser Vertreter auch die Weisung erteilt, die Darlehensvaluta an den Verkäufer der Immobilie auszuzahlen, so ist ein Bereicherungsanspruch gegen den Darlehensnehmer schon mit der Begründung zu verneinen, dass dieser nicht von seiner Kaufpreisschuld befreit worden ist.[327] Der für einen solchen Bereicherungsanspruch erforderliche Rechtsschein wird auch nicht dadurch begründet, dass neben einer Kopie der Vollmachtsurkunde Formulare für die Kreditgewährung (hier: Selbstauskunft, Einziehungsermächtigung, Einverständnis zur Datenübermittlung an die Schufa, Erklärung zum Bankauskunftsverfahren) übersandt werden, die zwar vom nicht wirksam Vertretenen unterzeichnet sind, aber keinen Hinweis auf den Treuhänder enthalten.[328] Auch ist es mangels Kenntnis des Darlehensnehmers von der Nichtigkeit nicht als konkludente Genehmigung des vollmachtlosen Handelns zu werten, wenn der Darlehensnehmer nach dem Vertragsschluss persönlich die Widerrufsbelehrung unterzeichnet und an den Darlehensgeber zurücksendet, innerhalb der Widerrufsfrist jedoch den Vertrag nicht widerruft. Der Darlehensnehmer muss sich in diesem Fall aber den nachfolgenden Abruf der Darlehensvaluta durch den vollmachtlosen Treuhänder nach den Grundsätzen der Rechtsscheinhaftung zurechnen lassen mit der Folge, dass sich der Bereicherungsanspruch des Darlehensgebers auf Rückzahlung der Darlehenssumme gegen den Darlehensnehmer richtet.[329]

123

---

[324] OLG Düsseldorf v. 19.11.2010 - I-17 U 15/07, 17 U 15/07 - juris Rn. 70.
[325] BGH v. 05.11.2002 - XI ZR 381/01 - BGHZ 152, 307-317.
[326] BGH v. 20.06.1990 - XII ZR 98/89 - juris Rn. 15 ff.
[327] OLG Dresden v. 15.10.2003 - 11 U 62/03 - VuR 2004, 60-62; kritisch dazu *Barnert*, EWiR 2004, 549-550.
[328] OLG Nürnberg v. 10.03.2004 - 12 U 3873/03 - NJW 2004, 2838-2839.
[329] OLG Jena v. 17.02.2004 - 5 U 654/03 - ZIP 2004, 1097-1099.

e. Gültigkeitsmängel der Anweisung

124 Hat der Anweisende A dagegen **zurechenbar den Rechtsschein einer Anweisung gesetzt,** ist der Empfänger D solange schutzwürdiger als A, wie er gutgläubig ist. Deshalb erfolgt die bereicherungsrechtliche Rückabwicklung im Verhältnis zwischen Angewiesenem B und A. Der Angewiesene B hat nur dann einen Bereicherungsanspruch gegen D, wenn die Vermögensverschiebung keine Leistung darstellt, z.B. weil er nicht für Rechnung des Anweisenden oder ohne dessen Anweisung oder nach einem dem Empfänger bekannten Widerruf der Weisung die Zuwendung gemacht hat oder wenn die Leistung an den Empfänger mit einem bestimmten, durch die Leistung nicht erreichten Leistungszweck verbunden war.[330] Hat z.B. die Garantiebank im Deckungsverhältnis zum Auftraggeber bei Vorliegen der formellen Voraussetzungen an den begünstigten Empfänger, den Gläubiger oder nach Abtretung dessen Bank, bezahlt, obwohl im Valutaverhältnis zwischen A und D die materiellen Voraussetzungen nicht vorlagen, hat der Empfänger, der Begünstigte oder seine Bank, den Garantiebetrag an den Schuldner zurückzuzahlen.[331]

125 Hat der Anweisende A die Anweisung vor ihrer Ausführung gegenüber dem Angewiesenen B **widerrufen,** muss sich der Angewiesene B an den vermeintlich Anweisenden A halten. In diesem Fall ist die Überweisung bzw. die Einlösung des Schecks durch den Kontoinhaber mitveranlasst worden. Die Bank muss sich deshalb grundsätzlich an den Kontoinhaber halten, da der Fehler, die weisungswidrige Behandlung des Kundenauftrags, im Deckungsverhältnis wurzelt und deshalb in diesem Verhältnis zu bereinigen ist.[332] Nach den gleichen Grundsätzen ist die **Anfechtung der Anweisung** zu beurteilen.

f. Praxisrelevanter Spezialfall: Der Bereicherungsausgleich im bargeldlosen Zahlungsverkehr

126 In der Praxis wird der Bereicherungsausgleich aufgrund defekter Anweisung fast ausschließlich im **bargeldlosen Zahlungsverkehr** relevant.[333] Bei einer **Überweisung** weist der Kontoinhaber A seine Bank B durch die Einreichung eines Überweisungsformulars an, dem D einen bestimmten Geldbetrag auf seinem Konto gutzuschreiben. B ist aufgrund des Girovertrages, ein Geschäftsbesorgungsvertrag i.S.d. § 675 BGB, zur Durchführung der Überweisung verpflichtet. Diese ist als Weisung i.S.d. §§ 675, 665 BGB zu charakterisieren. Demnach liegt eine Leistung des B an A und eine des A an D vor, zwischen B und D liegt eine zweckneutrale Zuwendung vor.[334] Die angewiesene Bank B hat gegen den Kontoinhaber A einen Bereicherungsanspruch bei Widerruf des Auftrages des A, wenn der Empfänger, der Dritte D, keine Kenntnis vom Widerruf hatte,[335] ebenso wenn die Bank nach dem Widerruf

---

[330] *Sprau* in: Palandt, § 812 Rn. 58.
[331] Str. wie hier *Sprau* in: Palandt, § 812 Rn. 106 f.
[332] BGH v. 29.04.2008 - XI ZR 371/07 - juris Rn. 12 - BGHZ 176, 234-243.
[333] Die Frage des Bereicherungsausgleichs im bargeldlosen Zahlungsverkehr skizziert anschaulich BGH v. 21.06.2005 - XI ZR 152/04 - WM 2005, 1564-1567: Der Bereicherungsausgleich vollzieht sich zwar in Fällen der Leistung kraft Anweisung, etwa aufgrund eines Überweisungsauftrages, grundsätzlich innerhalb des jeweiligen Leistungsverhältnisses, also zum einen zwischen dem Anweisenden und dem Angewiesenen und zum anderen zwischen dem Anweisenden und dem Anweisungsempfänger. Dies gilt aber nicht ausnahmslos. Der Angewiesene hat einen unmittelbaren Bereicherungsanspruch gegen den Anweisungsempfänger, wenn eine wirksame Anweisung fehlt. Dies gilt nicht nur, wenn der Anweisungsempfänger das Fehlen einer wirksamen Anweisung im Zeitpunkt der Zuwendung kannte. Ohne gültige Anweisung kann die Zahlung dem vermeintlich Anweisenden nicht als seine Leistung zugerechnet werden. Der so genannte Empfängerhorizont des Anweisungsempfängers vermag die fehlende Zweckbestimmung des vermeintlich Anweisenden nicht zu ersetzen, wenn dieser nicht in zurechenbarer Weise den Rechtsschein einer der Zahlung entsprechenden Anweisung hervorgerufen hat. Eine solche Zurechnung ist dann ausgeschlossen, wenn eine Überweisungsbank einen Überweisungsauftrag verfälscht, indem sie das vom Auftraggeber angegebene Empfängerkonto durch ein anderes ersetzt. In diesem Fall hat die Überweisungsbank durch die Ausführung des verfälschten Auftrags einen unmittelbaren Bereicherungsanspruch gegen den Zahlungsempfänger.
[334] Statt aller *Reuter* in: Reuter/Martinek, Ungerechtfertigte Bereicherung, 1983, § 11 IV 2 c; vgl. ausführlich die Kommentierung zu § 675 BGB.
[335] BGH v. 09.05.1983 - II ZR 241/82 - BGHZ 87, 246-252; krit. *Lieb*, JZ 1983, 960-963; *Kupisch*, ZIP 1983, 1412-1420.

versehentlich noch eine Überweisung vornimmt und D keine Kenntnis vom Widerruf hatte[336]. Aus der Sicht des D wollte B mit der Durchführung der Überweisung nur seinen Pflichten aus dem Girovertrag mit A nachkommen, so dass eine Leistung des B an A anzunehmen ist und nicht an D.

Durch die mittlerweile umgesetzte Zahlungsdiensterichtlinie[337] hat der Zahlungsdienstleister gem. § 675 lit. u BGB im Fall eines nicht autorisierten Zahlungsvorgangs gegen den Zahler keinen Anspruch auf Erstattung seiner Aufwendungen. Er ist verpflichtet, dem Zahler den Zahlungsbetrag unverzüglich zu erstatten und, sofern der Betrag einem Zahlungskonto belastet worden ist, dieses Zahlungskonto wieder auf den Stand zu bringen, auf dem es sich ohne die Belastung durch den nicht autorisierten Zahlungsvorgang befunden hätte. Demnach steht A bei nicht autorisierten Zahlungsvorgängen ein Erstattungsanspruch gegen B zu, selbst wenn ihm eine Überweisung zurechenbar ist. Da dies bei dem Bereicherungsausgleich berücksichtigt werden muss, hat A einen Anspruch gegen D aus § 812 Abs. 1 Satz 1 Alt. 2 BGB.[338] Denn es besteht kein Anlass, die Rechtsfolgen der spezialgesetzlichen Regelung des § 675 lit. u BGB durch die Anwendung des allgemeinen Bereicherungsrechts wieder einzuschränken, indem dem Kontoinhaber die Stornierung versagt wird, wenn – auf der Grundlage der umfangreichen Kasuistik der bisherigen Rechtsprechung – die von ihm nicht autorisierte Zahlung im Einzelfall gleichwohl als seine Leistung anzusehen ist. Bei Zahlungsdienstleistungen wird daher durch die spezialsetzliche Regelung des § 675 lit. u BGB ein nach bisheriger Rechtslage unter Umständen bestehender bereicherungsrechtlicher Anspruch des Zahlungsdienstleisters gegen den Zahler gesperrt.[339]

Unklar ist, ob bei einem Widerruf der Überweisung eine Leistung des A an D nach Rechtsscheinsgrundsätzen anzunehmen ist. Als Rechtsscheinsgrundlage kommt nur die Mitteilung einer Zuwendung auf dem Kontoauszug, d.h. die Abschrift des Überweisungsträgers, den A bei der Bank B abgegeben hat, in Betracht. Sie könnte den Rechtsschein einer Botenmacht haben, die nach dem Widerruf analog § 168 BGB entsprechend den oben dargelegten Grundsätzen erloschen ist. Es drängt sich geradezu eine Lösung analog der §§ 171, 173 BGB auf.[340] Eine Leistungskondiktion gegen A scheitert dagegen am Vorliegen einer Leistung, wenn die Bank ohne oder aufgrund eines gefälschten Überweisungsauftrages leistet.[341] Die Zuwendung ist dem A dann nicht zuzurechnen.[342] In diesem Fall kommt nur ein Bereicherungsanspruch der Bank gegen D in Betracht.[343] Eine auf einem Girokonto aufgrund eines gefälschten Überweisungsauftrages vorgenommene Belastungsbuchung bewirkt keine materiell-rechtliche Änderung des Forderungsbestandes im Rahmen des bankvertraglichen Rechtsverhältnisses. In einem solchen Fall besteht daher ein Anspruch des Bankkunden auf Wiedergutschrift des belasteten Betrages.[344] Das Gleiche gilt, wenn die Bank versehentlich eine Überweisung ein zweites Mal vornimmt[345] oder einen zu hohen Geldbetrag überweist und D von einem Fehler überzeugt sein muss,[346] wenn die Bank wissentlich an einen falschen Empfänger überweist und dieser das erkennen musste.[347] Es muss jedoch beachtet werden, dass der BGH die Fälle, in denen eine Bank einen zu hohen Geldbetrag überwiesen

---

[336] BGH v. 19.01.1984 - VII ZR 110/83 - BGHZ 89, 376-383.
[337] Richtlinie 2007/64/EG des Europäischen Parlaments und des Rates vom 13.11.2007 über Zahlungsdienste im Binnenmarkt, zur Änderung der Richtlinien 97/7/EG, 2002/65/EG, 2005/60/EG und 2006/48/EG sowie zur Aufhebung der Richtlinie 97/5/EG, ABl. L/319, S. 1
[338] *Sprau* in: Palandt, § 812 Rn. 107a; a.A. *Rademacher*, NJW 2011, 2169; *Winkeljaus*, BKR 2010, 441-449; *Grundmann*, WM 2009, 1109 -1116, die einen Bereicherungsanspruch der B gegen A bejahen.
[339] LG Hannover v. 21.12.2010 - 18 O 166/10 - juris Rn. 25 - ZIP 2011, 1406-1408.
[340] *Canaris*, WM 1980, 354-371, 356; *Reuter* in: Reuter/Martinek, Ungerechtfertigte Bereicherung, 1983, § 11 III IV 2 b.
[341] BGH v. 20.06.1990 - XII ZR 93/89 - LM Nr. 213 zu § 812 BGB.
[342] *Sprau* in: Palandt, § 812 Rn. 58.
[343] *Sprau* in: Palandt, § 812 Rn. 58.
[344] OLG München v. 09.04.2003 - 21 U 5943/01 - OLGR München 2003, 293-294. Diesem Anspruch kann die Bank einen Gegenanspruch gegen einen Dritten dann entgegenhalten, wenn zwischen dem Inhaber des Girokontos und dem Dritten ein Treuhandverhältnis besonderer Art und Gestaltung, namentlich einer besonders stark ausgeprägten Abhängigkeit oder Weisungsgebundenheit des Treuhänders gegenüber dem Treugeber besteht (Einwendungsdurchgriff kraft Rechtsmissbrauchs bei verdecktem Treuhandkonto), vgl. OLG München v. 09.04.2003 - 21 U 5943/01 - OLGR München 2003, 293-294.
[345] OLG Hamburg v. 28.01.1983 - 11 U 224/82 - NJW 1983, 1499-1500; OLG Hamm v. 30.10.2002 - 31 U 70/02 - ZIP 2003, 662-664; dazu auch *Madaus*, EWiR 2003, 565-566; *Böckmann/Kluth*, ZIP 2003, 656-659.
[346] BGH v. 25.09.1986 - VII ZR 349/85 - juris Rn. 14 - NJW 1987, 185-187; *Flume*, NJW 1987, 635-636; *Meyer-Cording*, NJW 1987, 940-941; OLG München v. 11.11.1987 - 7 U 2259/87 - NJW-RR 1988, 1391-1392.
[347] BGH v. 31.05.1976 - VII ZR 260/75 - BGHZ 66, 372-378.

hat, grundsätzlich als nicht korrekt ausgeführte Anweisung behandelt. Deshalb soll der Bank in den Fällen der irrtümlichen Zuvielüberweisung keine Kondiktion gegen den redlich Begünstigten zustehen. Auch hier gebühre dem Grundsatz der Kondiktion innerhalb der Leistungsbeziehungen Vorrang. Hat der Empfänger auf den irrtümlich überwiesenen Zuvielbetrag einen fälligen und einredefreien Anspruch und konnte dieser bei der Anwendung der im Verkehr erforderlichen Sorgfalt den Fehler der Bank nicht erkennen, so wäre es nach Ansicht des BGH ein Wertungswiderspruch zu den sonst für die Rechtsscheinlehre maßgeblichen Grundsätzen, wenn er den Mehrbetrag nicht behalten dürfte.[348] Eine Nichtleistungskondiktion seitens der Bank kommt in diesem Fall folglich nur bei Bösgläubigkeit des Zahlungsempfängers zur Anwendung.

129 Weist der Empfänger einer fehlerhaften Überweisung diese Überweisung wegen seines fehlenden Einverständnisses – welches er allerdings auch durch schlüssiges Verhalten erklären kann – zurück, hat der Überweisende gegen ihn keinen Rückzahlungsanspruch aus ungerechtfertigter Bereicherung. Nach höchstrichterlicher Rechtsprechung folgt dieses Zurückweisungsrecht des Überweisungsempfängers aus § 333 BGB jedenfalls in den Fällen, in denen die Gutschrift den Überweisungsempfänger wegen des Fehlens eines Valutaverhältnisses Rückzahlungsansprüchen des Überweisenden aus § 812 BGB aussetzen würde. Denn nur auf diese Weise lässt sich verhindern, dass die Bank die Fehlüberweisung zur Verminderung seines Schuldsaldos auf dem Konto nutzt, zumal berechtigte Belange der Empfängerbank durch die Zurückweisung der Gutschrift nicht berührt werden. Dies hat zur Folge, dass sich der Bereicherungsanspruch der Überweisenden vorliegend nicht gegen den Überweisungsempfänger, sondern gegen die Empfängerbank richtet.[349]

130 Die gleichen Grundsätze gelten für das **Lastschriftverfahren**:[350] Die Abbuchung (Lastschrift) vom Konto des A zugunsten des Dritten D bildet eine Zuwendung der Bank B an D und sowohl eine Leistung der B an A als auch des A an D. Fehlt der Abbuchungsauftrag und ist dies erkennbar oder erfasst diese den Zahlungsvorgang nicht,[351] so scheitert das Vorliegen einer Leistung des A an D an der Zurechenbarkeit an A. A kann von B die Rückgängigmachung verlangen.[352]

131 Die für eine fehlende Anweisung im Überweisungsverkehr entwickelten Grundsätze zur Direktkondiktion hat der BGH nunmehr auch auf den Fall einer fehlenden Genehmigung im Einzugsermächtigungsverfahren übertragen: Belastet die Schuldnerbank im Einzugsermächtigungsverfahren den Lastschriftbetrag zunächst dem Girokonto des Schuldners, schreibt sie ihn auf dessen Widerspruch hin aber wieder gut, so steht ihr ein unmittelbarer Bereicherungsanspruch gemäß § 812 Abs. 1 Satz 1 Alt. 2 BGB gegen den Gläubiger zu, wenn die Lastschrift – vor allem in der Insolvenz des Schuldners – weder gegenüber der Schuldnerbank als Zahlstelle noch gegenüber dem Lastschriftgläubiger genehmigt wurde. Denn im Einzugsermächtigungsverfahren ist erst nach der – auch konkludent möglichen – Genehmigung der Lastschrift von einer Leistung des Schuldners an den Gläubiger auszugehen, so dass ein Direktanspruch der Schuldnerbank gegen den Gläubiger erst ab diesem Zeitpunkt wegen des Vorrangs der Leistungskondiktion im Verhältnis Schuldner-Gläubiger ausgeschlossen ist.[353] Praktische Bedeutung hat diese Rechtsprechung, wenn die Schuldnerbank der Gläubigerbank nicht innerhalb von 6 Wochen nach Abbuchung mitteilt, dass der Lastschrift widersprochen worden ist und somit die Regelungen zur Rückabwicklung im Lastschriftabkommen der Kreditinstitute nicht eingreifen.[354]

132 Bei **Einlösung eines Schecks** hat die bezogene Bank B nur gegen ihren Kunden, den Aussteller des Schecks, A, nicht aber gegen den Schecknehmer, den Dritten D, einen Bereicherungsanspruch, wenn sie irrtümlich den von D vorgelegten Scheck einlöst, obwohl A ihn wirksam widerrufen hatte, sofern der Dritte keine Kenntnis vom Widerruf hatte.[355] Wurde der Scheck nicht von A unterschrieben oder wurde er von einem Vertreter ohne Vertretungsmacht unterschrieben, so scheitert ein Bereicherungsanspruch der Bank gegen A an der fehlenden Zurechenbarkeit.[356] Auch bei Bösgläubigkeit des D hat die Bank gegen ihn einen Bereicherungsanspruch, etwa wenn er Kenntnis von einem rechtzeitigen und

---

[348] BGH v. 29.04.2008 - XI ZR 371/07.
[349] KG Berlin v. 02.11.2004 - 14 U 143/03.
[350] BGH v. 20.06.1977 - II ZR 169/75 - BGHZ 69, 186-190; *Canaris*, WM 1980, 354-371; zum Begriff des Lastschriftverfahrens vgl. die Kommentierung zu § 676 BGB.
[351] OLG Hamm v. 15.10.1990 - 22 U 5/90 - WM 1991, 670-671.
[352] BGH v. 20.06.1977 - II ZR 169/75 - juris Rn. 14 - BGHZ 69, 186-190.
[353] BGH v. 11.04.2006 - XI ZR 220/05.
[354] Vgl. hierzu auch OLG Celle v. 21.10.2009 - 3 U 78/09 - WM 2010, 352-355.
[355] BGH v. 18.10.1973 - VII ZR 8/73 - BGHZ 61, 289-296.
[356] BGH v. 20.03.2001 - XI ZR 157/00 - BGHZ 147, 145-152.

wirksamen Widerruf hatte[357] oder wenn der Scheck erkennbar formungültig war,[358] wenn die Bank entgegen der Anweisung des A den Scheck auf einem anderen Konto gutschreibt und der Empfänger dies als Fehlbuchung erkennen musste[359]. Ein Kreditinstitut hat nach der Einlösung eines Schecks einen unmittelbaren Bereicherungsanspruch gegen den Scheckbegünstigten, wenn der Scheck von einem Mitarbeiter einer juristischen Person ausgestellt worden ist, dessen Kontovollmacht von einem geschäftsunfähigen Vertreter der juristischen Person erteilt worden und deshalb nichtig ist.[360] Dies gilt auch dann, wenn die juristische Person den gezahlten Betrag dem Scheckbegünstigten tatsächlich schuldete und dieser den Gültigkeitsmangel nicht kannte.[361]

g. Exkurs: Die Zurechenbarkeit bei der Einschaltung von Zwischenpersonen

Da in den Anweisungsfällen die Zurechenbarkeit der Zuwendung entscheidendes Kriterium für die Annahme einer Leistung sein soll, sollen hier einige Grundsätze für die Zurechenbarkeit bei der Einschaltung von Hilfspersonen gegeben werden. **133**

Bei **offener Stellvertretung** werden vom Vertreter im Namen des Vertretenen erbrachte oder in Empfang genommene Zuwendungen nach dem Willen der Beteiligten dem Vertretenen zugerechnet.[362] Das Gleiche gilt bei Einschaltung eines Boten.[363] Voraussetzung ist stets, dass Bote oder Vertreter nicht (zugleich) im eigenen Namen handeln, sonst sind sie (auch) Subjekt des Anspruchs. Nach diesen Grundsätzen ist auch die Übereignung an den, den es angeht, zu behandeln, sofern das Kausalgeschäft gleichzeitig abgeschlossen worden ist, da es sich dann um einen Fall der unmittelbaren Stellvertretung handelt.[364] **134**

Deshalb ist bei **Zahlungen auf ein Bankkonto** der Kunde/Empfänger und nicht die Bank bereichert.[365] Liegt im **mehrgliedrigen Überweisungsverkehr** per Datenträgeraustausch im Rahmen des sog. EZÜ-Verfahrens eine Kontennummer-Namensabweichung ausnahmsweise derart vor, dass die Empfängerbank als Zahlungsempfängerin und ein bei dieser tatsächlich existierendes Konto eines Kunden angegeben sind, so darf die Empfängerbank den Überweisungsgegenwert dem angegebenen Konto gutschreiben, sofern sie nach der rechtsfehlerfreien Auslegung der ihr zugegangenen Daten nur Zahlstelle und nicht Zahlungsempfängerin sein sollte. Von einer rechtsfehlerfreien Auslegung ist regelmäßig auszugehen, wenn zwischen der Überweisungsbank und der Empfängerbank keine Geschäftsbeziehung besteht. Die Empfängerbank als bloße Zahlstelle ist nicht bereichert, eine Nichtleistungskondiktion daher nicht gegeben.[366] Nach **Kündigung des Girovertrages** richtet sich der Bereicherungsanspruch des Überweisenden wegen einer rechtsgrundlosen Überweisung gegen die Empfängerbank. Diese darf den überwiesenen Betrag nicht mit einem Debet auf dem als internem Abrechnungskonto weitergeführten Konto verrechnen. Die Empfängerbank ist in dieser Konstellation nicht bloße Zahlstelle, sondern wird als Bereicherungsschuldner angesehen.[367] **135**

Hat ein **nicht mehr Bevollmächtigter** zu seinen Gunsten über das Guthaben des Kontoinhabers verfügt, nachdem dieser die Vollmacht gegenüber dem kontoführenden Geldinstitut widerrufen hatte, hat die Bank einen direkten Bereicherungsanspruch aus Eingriffskondiktion gegen den Verfügenden.[368] Die Unkenntnis des Verfügenden über den Widerruf der Vollmacht ist unbeachtlich. Unterhält der Bereicherungsschuldner (der nicht mehr Bevollmächtigte) bei dem kontoführenden Kreditinstitut auch **136**

---

[357] BGH v. 16.06.1983 - VII ZR 370/82 - BGHZ 87, 393-401; krit. *Lieb*, JZ 1983, 960-963; *Kupisch*, ZIP 1983, 1412-1420.
[358] Für den Fall der fehlenden Währungsangabe OLG Frankfurt v. 24.04.1984 - 11 U 59/83.
[359] OLG Dresden v. 27.08.1998 - 7 U 1648/98 - WM 1999, 952-954.
[360] BGH v. 03.02.2004 - XI ZR 125/03 - WM 2004, 671-674.
[361] BGH v. 03.02.2004 - XI ZR 125/03 - WM 2004, 671-674.
[362] Vgl. BGH v. 16.11.1978 - III ZR 81/77 - LM Nr. 1 zu RhPfG Gemeinde O; dazu *Canaris*, JuS 1980, 332-335, 335; zum falsus procurator vgl. BGH v. 02.07.1986 - VIII ZR 194/85 - juris Rn. 6 - BGHZ 98, 140-147.
[363] *Sprau* in: Palandt, § 812 Rn. 55.
[364] *Sprau* in: Palandt, § 812 Rn. 55.
[365] BGH v. 18.04.1985 - VII ZR 309/84 - juris Rn. 5 - NJW 1985, 2700.
[366] BGH v. 14.01.2003 - XI ZR 154/02 - NJW 2003, 1389-1390.
[367] OLG Nürnberg v. 15.05.2002 - 12 U 218/02 - NJW-RR 2002, 1478-1479; teilweise kritisch *Haertlein*, WuB I D 1 Überweisungsverkehr 1.03.
[368] OLG Düsseldorf v. 27.02.2003 - 15 U 75/02 - ZIP 2003, 897-899; dazu auch *Haertlein*, EWiR 2003, 515-516.

ein Konto, ist die Bank unter keinem rechtlichen Gesichtspunkt berechtigt, ihren Bereicherungsanspruch dadurch zu befriedigen, dass sie dieses Konto zu ihren Gunsten belastet.[369]

137 Bei der **mittelbaren Stellvertretung** wird dagegen an diesen oder von diesem geleistet[370]; nur ausnahmsweise wird sich ein übereinstimmender Wille der Parteien feststellen lassen, direkt an den Vertretenen zu leisten oder von diesem eine Leistung in Empfang zu nehmen.[371] Erwirbt jemand als Kommissionär einen Gegenstand und überträgt er ihn durch besonderen Zuwendungsakt an den Empfänger, so besteht, da diese Übertragung das Vermögen der Zwischenperson berührt hat, ein Bereicherungsanspruch bei Fehlen des rechtlichen Grundes nur in dem jeweiligen Leistungsverhältnis, nicht aber unmittelbar vom Leistenden gegen den Empfänger.[372] Dementsprechend richtet sich der Bereicherungsanspruch i.d.R nur gegen den – selbst dazwischentretenden – **Treuhänder**, nicht unmittelbar gegen den Treugeber.[373] Ebenso verhält es sich in allen übrigen Fällen, in denen eine Zwischenperson nur als **Strohmann**, aber im eigenen Namen aufgetreten ist; allein der Strohmann ist hier der Anspruchsberechtigte, nicht der Hintermann.[374]

4. Vertrag zugunsten Dritter

138 Beim echten Vertrag zugunsten Dritter (§ 328 BGB) erfolgt eine Zuwendung des Versprechenden A an den Zuwendungsempfänger und Dritten D. Diese ist als Leistung des A an den Versprechensempfänger B (Deckungsverhältnis) und gleichzeitig eine Leistung des B an den Forderungsberechtigten D (Valutaverhältnis) zu betrachten. Dient der Vertrag zugunsten Dritter der abgekürzten Lieferung, ist die Interessenlage derjenigen bei der Anweisung vergleichbar; es liegt insbesondere eine Anweisung des B vor. Entsprechend den früheren Ausführungen erfolgt die Rückabwicklung grundsätzlich entlang der Leistungsbeziehungen, d.h. sowohl im Verhältnis zwischen A und B als auch zwischen B und D kommt es zur Leistungskondiktion.[375] Von diesem Grundsatz gibt es aber **zwei Ausnahmen**, in denen ein Durchgriff des Versprechenden A gegen den Leistungsempfänger D in Betracht kommt: Dies ist einmal der Fall, wenn der echte Vertrag zugunsten Dritter der Versorgung des Dritten diente (z.B. Leibrentenvertrag gem. § 330 BGB; regelmäßig ist hier entgegen § 335 BGB nur der Dritte anspruchsberechtigt. Die zweite Ausnahme betrifft den Fall, dass das Verhältnis zwischen Versprechendem und Dritten dem Verhältnis zwischen Versprechendem und Versprechensempfänger übergeordnet ist, d.h. wenn der wesentliche wirtschaftliche Erfolg des Deckungsgeschäfts zwischen A und B im Verhältnis zwischen B und D eintreten soll.[376]

5. Die Zessionsfälle

139 In dieser Fallgruppe ist zu differenzieren zwischen Mängeln, die die Forderung selbst betreffen und solchen, die sich auf die Berechtigung des Zuwendungsempfängers beziehen.

140 **Fehlt ein wirksamer Forderungsübergang**, d.h. ist die Abtretung (§ 398 BGB) unwirksam, hat der Schuldner einen Bereicherungsanspruch gegen den vermeintlichen Erwerber, wenn er an diesen geleistet hat.[377] Ebenso kann der Schuldner einer tatsächlich bestehenden Forderung, der sich in der Person des Gläubigers irrt und dementsprechend auch irrtümlich annimmt, dieser habe die Forderung an einen Dritten abgetreten, das an den vermeintlichen neuen Gläubiger Geleistete unmittelbar von diesem kondizieren.[378]

141 **Bestand die abzutretende Forderung nicht**, kommt es grundsätzlich zur Kondiktion des Putativschuldners gegen den Zedenten weil er i.d.R. mit der Leistung an den Zessionar aus dessen Sicht eine (vermeintliche) Verbindlichkeit gegenüber dem Zedenten erfüllen wollte[379]. Außerdem hatte der kon-

---

[369] OLG Düsseldorf v. 27.02.2003 - 15 U 75/02 - ZIP 2003, 897-899; dazu auch *Haertlein*, EWiR 2003, 515-516.
[370] *Buck-Heeb* in: Erman, § 812 Rn. 18.
[371] *König*, Gutachten, S. 1582; zum Begriff der mittelbaren Stellvertretung vgl. die Kommentierung zu § 164 BGB.
[372] *Sprau* in: Palandt, § 812 Rn. 55.
[373] BGH v. 27.04.1961 - VII ZR 4/60 - LM Nr. 47 zu § 812 BGB.
[374] BGH v. 06.12.1994 - XI ZR 19/94 - WM 1995, 189; OLG Brandenburg v. 18.01.2006 - 4 U 90/04.
[375] BGH v. 20.03.1952 - IV ZR 111/51 - BGHZ 5, 281-285.
[376] BGH v. 24.02.1972 - VII ZR 207/70 - BGHZ 58, 184-190, *Medicus/Petersen*, Bürgerliches Recht, 22. Aufl. 2009, Rn. 683.
[377] BGH v. 28.11.1990 - XII ZR 130/89 - BGHZ 113, 62-70.
[378] BGH v. 26.01.2006 - I ZR 89/03.
[379] BGH v. 02.11.1988 - IVb ZR 102/87 - juris Rn. 9 - BGHZ 105, 365-373; a.A. *Dörner*, NJW 1990, 473-477; *Bayer*, JuS 1990, 883-889; *Tiedtke*, WM 1999, 517-521(Anspruch gegen den Abtretungsempfänger); diff. *Kohler*, WM 1989, 1629-1640.

diktionsauslösende Mangel seinen Ursprung allein im Verhältnis zwischen Schuldner und Zedenten. Der Putativschuldner soll nicht mit dem Insolvenzrisiko des Zessionars belastet werden, den er sich im Gegensatz zu seinem Vertragspartner, dem Zedenten, nicht hat aussuchen dürfen. Es bietet sich eine Gleichbehandlung mit den Anweisungsfällen an, da es kaum einen Unterschied macht, ob jemand durch eine Zession oder durch eine Anweisung zu einer Zuwendung an einen Dritten veranlasst wird. Im Fall einer Sicherungsabtretung einer (Putativ-)Forderung an eine Bank ist Empfänger einer Überweisung auf das Gläubigerkonto und damit Bereicherungsschuldner einer Eingriffskondiktion nach § 812 Abs. 1 Satz 1 Alt. 2 BGB. grundsätzlich nicht die Bank, sondern der Zedent. Denn Leistungsempfänger und damit Bereicherungsschuldner im Falle der Sicherungsabtretung einer (Putativ-)Forderung an eine Bank ist grundsätzlich nicht die Bank, sondern der Zedent, weil sich die Zahlung aus der Sicht der Bank – der Leistungsempfänger bestimmt sich nach der mit der Leistung verbundenen Zweckbestimmung (vgl. Rn. 25 ff.) – als eine Leistung des Zedenten zur Rückführung seiner Verbindlichkeiten darstellt, während der Schuldner seine Verpflichtung aus einem Rechtsverhältnis zwischen ihm und dem Zedenten diesem gegenüber erfüllen will. Von einer Leistung an den Zessionar ist ausnahmsweise dann auszugehen, wenn es aufgrund eines Versehens des Schuldners zu einer Überzahlung kommt oder die Überzahlung oder auch insgesamt rechtsgrundlose Leistung im Wesentlichen auf ein Verhalten des Zessionars zurückzuführen ist. Die vorstehenden Grundsätze gelten auch dann, wenn ein Mangel des Deckungsverhältnisses zwischen Schuldner und dem Zedenten mit einem Doppelmangel des Anweisungsverhältnisses zusammenfällt.[380]

a. Beispiel aus der Rechtsprechung

Dementsprechend richtet sich der Bereicherungsanspruch der (Kasko-)Versicherung, die in Unkenntnis eines leistungsbefreienden Umstandes (fingierter Diebstahl) an den auf Rechnung ihres Versicherungsnehmers (Leasingnehmer) versicherten verfügungsberechtigten Dritten (Leasinggeber) bezahlt, gegen den Versicherungsnehmer (Leasingnehmer), weil Versicherung und Dritter (Fremdversicherter) übereinstimmend davon ausgehen, dass die Versicherung mit der Zahlung ihre Verbindlichkeit aus dem Versicherungsvertrag gegenüber dem Versicherungsnehmer erfüllen will.[381] Etwas anderes gilt, wenn ausnahmsweise Gründe für eine Durchgriffshaftung des Abtretungsempfängers vorliegen; so kann der Schuldner eine Überzahlung auf eine i.Ü. bestehende Forderung vom Abtretungsempfänger zurückverlangen, wenn dieser ohne Zutun des Zedenten auf Zahlung gedrängt hat.[382] In den Fällen, dass eine nichtbestehende Forderung vom vermeintlichen Gläubiger (Zedenten) zum Zwecke des Factoring abgetreten wird, steht dem Putativschuldner ein Bereicherungsanspruch gegen das Factoringunternehmen (Zessionar) auch nicht als Nichtleistungskondiktion gemäß § 812 Abs. 1 Satz 1 Alt. 2 BGB. zu. Der Bereicherungsausgleich hat – es gilt der Grundsatz des Vorrangs des Leistungsverhältnisses bzw. der Subsidiarität der Nichtleistungskondiktion – in dem Leistungsverhältnis, d.h. im Verhältnis des Putativschuldners zum vermeintlichen Gläubiger (Zedenten) stattzufinden.[383] Zuletzt hat der BGH[384] die oben dargestellte Rechtsprechung zur bereicherungsrechtlichen Rückabwicklung bei einer Zahlung des Schuldners auf eine in Wahrheit nicht bestehende, aufgrund eines Factoringvertrages abgetretene Forderung bestätigt. Die Grundsätze sollen zudem über die bereicherungsrechtliche Rückabwicklung zu Unrecht gezahlter Versicherungsleistungen hinaus auch auf andere Zessionsfälle übertragbar sein.

b. Sonderfall

Unstreitig ist bei irrtümlicher Überbezahlung einer abgetretenen Forderung durch den Schuldner an den Zessionar die Direktkondiktion zwischen Putativschuldner und Zessionar gegeben.[385]

6. Tilgung fremder Schulden

Bei der Tilgung fremder Schulden ist zwischen drei Fallgruppen zu differenzieren.

---

[380] OLG Rostock v. 23.09.2004 - 1 U 27/03 - OLGR Rostock 2004, 448-449.
[381] BGH v. 10.03.1993 - XII ZR 253/91 - juris Rn. 14 - BGHZ 122, 46-53.
[382] BGH v. 08.06.1988 - IVb ZR 51/87 - LM Nr. 197 zu BGB § 812.
[383] OLG Düsseldorf v. 09.05.2003 - 16 U 69/02 - OLGR Düsseldorf 2003, 415-423.
[384] BGH v 19.01.2005 - VIII ZR 173/03 - WM 2005, 759-761.
[385] Statt aller *Reuter* in: Reuter/Martinek, Ungerechtfertigte Bereicherung, 1983, § 12 VI 4.

a. Normalfall: Der Dritte bezahlt eine bestehende fremde Schuld

145 Ein Schuldverhältnis kann regelmäßig gem. den §§ 267, 362 Abs. 1 BGB auch durch die Leistung eines Dritten erfüllt werden. Die Leistung eines Dritten führt allerdings nur dann zur Schulderfüllung, wenn der Dritte mit dem Willen leistet, die Verpflichtung des Schuldners zu tilgen und dies auch zum Ausdruck bringt, wobei es genügt, wenn der Dritte die Leistung zumindest auch für den wahren Schuldner erbringen will. Maßgeblich kommt es dabei nicht auf den tatsächlichen inneren Willen des Dritten an, sondern darauf, wie dessen Verhalten bei objektiver Betrachtung aus **Sicht des Zuwendungsempfängers** zu beurteilen ist.[386] Neben der unmittelbaren Zuwendung des Dritten an den Gläubiger erfolgt eine Zuwendung des Dritten an den Schuldner und eine des Schuldners an den Gläubiger.[387] In diesem Fall geht entweder die Forderung kraft Gesetzes auf ihn über, z.B. gem. § 268 Abs. 3 BGB oder sie erlischt durch Erfüllung gem. den §§ 362, 267 BGB. Dann hat der Dritte einen Ausgleichsanspruch gegen den Schuldner, sofern er im Innenverhältnis zwischen Schuldner und Drittem ausgleichspflichtig war: bei einem Auftragsverhältnis aus § 670 BGB, oder bei berechtigter GoA aus den §§ 683, 670 BGB, aus unberechtigter GoA gem. den §§ 684, 812 Abs. 1 Satz 1 Alt. 1 BGB, wenn kein Auftrag vorliegt, die Zahlung nicht dem Interesse und mutmaßlichen Willen des Schuldners entspricht oder aus der Rückgriffskondiktion gem. § 812 Abs. 1 Satz 1 Alt. 2 BGB.

b. Die vom Dritten bezahlte Schuld bestand nicht

146 Diese Fallgruppe ist beispielsweise einschlägig, wenn der Dritte D die fremde Schuld tilgt, ohne zu wissen, dass der Schuldner S sie wenige Tage zuvor selbst beglichen hat und dadurch gem. § 362 Alt. 1 BGB zum Erlöschen gebracht hat. Hier liegt ein **Mangel im Valutaverhältnis** vor. Bei der Beurteilung ist danach zu differenzieren, ob der Dritte aus eigenem Antrieb oder auf Veranlassung des Putativschuldners die vermeintliche Schuld beglichen hat.

147 Hat der Dritte **aus eigenem Antrieb** gehandelt, so hat der Dritte einen eigenen Leistungskondiktionsanspruch gegen den Gläubiger G, wenn für G erkennbar war, dass D aus eigenem Antrieb die Schuld beglichen hat und dass S die Zahlung des D in keinster Weise veranlasst hat.[388] S ist dann schutzwürdig. Seine Schutzwürdigkeit gebietet es, ihn aus der bereicherungsrechtlichen Rückabwicklung herauszuhalten. Außerdem hat der Putativschuldner S gar nichts erlangt, insbesondere keine Befreiung von der Verbindlichkeit, weil eine solche nicht bestand.[389]

148 Eine veranlasste Drittzahlung liegt vor, wenn der Schuldner S den Dritten D dazu auffordert, seine Schuld bei G zu begleichen. Aus der Sicht des G liegt eine Zahlung des S vor. Die Zahlung des D ist dem S auch zuzurechnen. Die veranlasste Drittzahlung ist wegen der starken Ähnlichkeit mit den Anweisungsfällen genau wie diese zu behandeln: Folglich hat S eine Leistungskondiktion gegen G. D hat nur eine Nichtleistungskondiktion gegen S, nicht aber gegen G. Dafür spricht auch, dass es sich bei dem Nichtbestehen der Forderung um einen Fehler des Valutaverhältnisses zwischen S und G handelt.[390]

c. Beispiele aus der Rechtsprechung

149 Der Gläubiger ist auf Kosten des leistenden Dritten bereichert – etwa wenn die Haftpflichtversicherung ohne Bestehen einer eigentlichen Verpflichtung gegenüber dem Gläubiger an diesen eine vermeintliche, in Wahrheit nicht bestehende Schuld ihres Versicherungsnehmers bezahlt.[391] Dagegen ist der Gläubiger auf Kosten des Schuldners bereichert, wenn der Dritte wirksam eine eigene Schuld gegenüber dem Schuldner getilgt oder eine entsprechende Forderung gegen ihn begründet hat. Sofern nicht § 814 BGB eingreift, erfolgt der Bereicherungsausgleich hier zwischen Schuldner und Gläubiger.[392]

---

[386] BGH v. 08.04.2003 - XI ZR 423/01 - BGHReport 2003, 885-887.
[387] BGH v. 28.10.1964 - IV ZR 238/63 - juris Rn. 22 - BGHZ 43, 1-12.
[388] BGH v. 28.11.1990 - XII ZR 130/89 - BGHZ 113, 62-70; *Lorenz* in: Staudinger, § 812 Rn. 43; *Koppensteiner/Kramer*, Ungerechtfertigte Bereicherung, 2. Aufl. 1988, S. 59; *Pinger*, AcP 179, 301-336, 326; *Weitnauer* in: FS für *von Caemmerer*, 1978, S. 255, 277.
[389] *Reuter* in: Reuter/Martinek, Ungerechtfertigte Bereicherung, 1983, § 12 III 2 b.
[390] OLG Frankfurt v. 11.10.2010 - 21 U 56/08 - juris Rn. 21 - TranspR 2010, 433-436.
[391] BGH v. 28.11.1990 - XII ZR 130/89 - BGHZ 113, 62-70; BGH v. 29.02.2000 - VI ZR 47/99 - LM BGB § 267 Nr. 11 (1/2001).
[392] *Sprau* in: Palandt, § 812 Rn. 65; a.A. *Lorenz*, JuS 1968, 441-448, 445.

d. Die irrtümliche Tilgung einer fremden Schuld als vermeintlich eigene

In dieser Fallgruppe erfüllt ein Dritter D eine Forderung in der Vorstellung, selbst verpflichtet zu sein, d.h. er glaubt, er sei Schuldner. Später erfährt er, dass nicht er, sondern der Schuldner S der wahre Schuldner war. D steht eine Leistungskondiktion gegen Gläubiger G zu, da er solvendi causa leistete und der Leistungszweck verfehlt wurde, da überhaupt keine entsprechende Verbindlichkeit zwischen D und G bestand. Es liegt hier ein **Mangel im Deckungsverhältnis** zwischen D und S vor. 150

Eine **Rückgriffskondiktion des D gegen S** kommt nur in Betracht, wenn nicht ein vorrangiger Ausgleichsanspruch des D gegen S besteht, etwa ein gesetzlicher Forderungsübergang (bei § 267 BGB nicht generell, sondern nur dort, wo dies gesetzlich vorgesehen ist, z.B. nach § 1615b BGB oder § 86 VVG[393]), aus GoA[394] oder ein sonstiger Ausgleichsanspruch, z.B. aus echtem Gesamtschuldverhältnis zwischen Schuldner und Drittem nach § 426 BGB. Die Rückgriffskondiktion setzt voraus, dass S Befreiung von seiner Verbindlichkeit gem. den §§ 267, 362 Abs. 1 BGB erlangt hat. Dazu muss D mit dem **Willen** geleistet haben, **die Verpflichtung des Schuldners zu tilgen**. Hat er diesen Willen nicht, will er also eine eigene Verbindlichkeit gegenüber dem Gläubiger erfüllen, wird der Schuldner durch seine Zahlung nicht gem. den §§ 267, 362 Abs. 1 BGB befreit, weil keine Zahlung eines Dritten vorliegt. Nach h.M. hat der Dritte dann auch gegen den Schuldner keinen Bereicherungsanspruch, weil zwischen den beiden keine Vermögensverschiebung stattgefunden hat.[395] Ihm steht vielmehr die Nichtleistungskondiktion gegen den Gläubiger G zu, sofern nicht andere Ausgleichsansprüche, etwa ein gesetzlichen Forderungsübergang, einschlägig sind.[396] 151

Umstritten ist, ob der Dritte D seine **Tilgungsbestimmung**, eine vermeintlich eigene Schuld zu tilgen, **nachträglich dahingehend ändern** kann, dass er eine fremde Schuld, die des S, tilgen wollte. Seine Zahlung würde dann von seiner Schuld befreien; S insoweit bereichert. Gleichzeitig würde D sich seinen Bereicherungsanspruch gegen G vereiteln, da G nichts von D erlangt hat, wenn er allein gegenüber S einen Leistungszweck verfolgt hat. Der BGH, der insoweit § 242 BGB heranzieht[397], bejaht die Möglichkeit der **nachträglichen Änderung der Tilgungsbestimmung** mit der Begründung, die berechtigten Interessen des Schuldners werden durch eine analoge Anwendung der §§ 404 ff. BGB ausreichend geschützt. D hat danach ein Wahlrecht, ob er es bei der Leistungskondiktion gegen G belässt oder ob er gegen S aus berechtigter bzw. unberechtigter GoA, im letzteren Fall daneben auch aus § 812 Abs. 1 Satz 1 Alt. 2 BGB vorgehen will.[398] 152

e. Beispiele aus der Rechtsprechung

Ein fehlerhaftes Deckungsverhältnis liegt insbesondere vor bei einer Leistung des Versicherers an den Geschädigten trotz Leistungsfreiheit gegenüber dem Versicherungsnehmer, dem Schuldner.[399] Für den Bereicherungsanspruch des Dritten gegen den Schuldner ist nicht unbedingt erforderlich, dass er an ihn leisten wollte. Er hat auch dann einen Anspruch, wenn er für eine vom Schuldner unter Eigentumsvorbehalt gekaufte Sache, die noch dem Gläubiger gehört, die letzten Raten an den Gläubiger bezahlt, um ohne dessen Intervention die Zwangsvollstreckung in die Sache durchführen zu können. Der Dritte hat auch dann einen Bereicherungsanspruch gegen den Schuldner, wenn der Dritte an den Gläubiger Waren in der irrigen Meinung geliefert hat, dem Gläubiger dazu verpflichtet zu sein, weil der Schuldner den Kaufvertrag als sein Vertreter in seinem Namen abgeschlossen habe, während der Gläubiger bei Empfang der Ware annahm und annehmen durfte, es handle sich um eine Leistung des Schuldners aufgrund im eigenen Namen geschlossenen Kaufvertrages, wobei sich der Schuldner des Dritten lediglich zur Erfüllung seiner Verpflichtung bediente. Aus der relevanten Sicht des Gläubigers handelt es sich um eine Leistung des Schuldners, nicht des Dritten.[400] 153

---

[393] *Sprau* in: Palandt, § 812 Rn. 64.
[394] BGH v. 20.04.1967 - VII ZR 326/64 - BGHZ 47, 370-376.
[395] Statt aller *Mühl/Hadding* in: Soergel, § 812 Rn. 128.
[396] *Sprau* in: Palandt, § 812 Rn. 64.
[397] BGH v. 15.05.1986 - VII ZR 274/85 - juris Rn. 8 - NJW 1986, 2700-2701.
[398] In der Literatur wird hingegen solch ein nachträgliches Bestimmungsrecht abgelehnt, weil es den irrtümlich Leistenden einseitig bevorzugt: G kann Einwendungen verlieren, die ihm gegenüber dem wahren Schuldner zustehen. Nach dieser Auffassung kann D nur bei G kondizieren und hat gegen S keinen Anspruch aus GoA oder § 812 BGB. Die Anerkennung des Wahlrechts ist insbesondere bei Zahlungsunfähigkeit des G von großer Bedeutung; statt aller *Mühl/Hadding* in: Soergel, § 812 Rn. 128 mit zahlreichen Nachweisen.
[399] BGH, VersR 1964, 474; OLG Düsseldorf v. 13.10.1965 - 3 U 50/65 - NJW 1966, 738-739.
[400] *Sprau* in: Palandt, § 812 Rn. 64.

7. Die Einbau- und Verarbeitungsfälle

154 Die meisten der Einbau- und Verarbeitungsfälle lassen sich mit Hilfe des Verhältnisses von Leistungs- und Nichtleistungskondiktion lösen, ohne dass Schwierigkeiten entstehen. Die Einbaufälle sind dadurch gekennzeichnet, dass A Material aufgrund eines Vertrages mit B zur Verfügung gestellt bekommt, um in ein Gebäude des C einzubauen. Dann stellt sich die Nichtigkeit des Vertrages zwischen A und B heraus. Der BGH lehnt einen Bereicherungsanspruch des B gegen C mit dem Argument ab, dass C den A als Leistenden habe ansehen müssen, d.h. er hat eine Nichtleistungskondiktion des A gegen C am Grundsatz der Subsidiarität scheitern lassen.[401] Die Verarbeitungsfälle sind nach dem gleichen Schema zu lösen.

8. Bereicherung einer Gesamtheit

155 Bei der Bereicherung einer **Gesamthand** stellt sich die Frage, ob jeder Beteiligte auf den vollen Betrag oder nur anteilig auf das haftet, was er erhalten hat. Bei der OHG richtet sich das nach § 128 HGB, bei der GbR ist die Frage dagegen umstritten.[402]

9. Sonstige Beispiele aus der Rechtsprechung zu den Mehrpersonenverhältnissen

156 Bei unbefugter Vermietung einer fremden Sache an einen Dritten durch den Besitzer, hat der Eigentümer gegen den Dritten keinen Bereicherungsanspruch, denn die Vermögensverschiebung vollzog sich unmittelbar nur zwischen Besitzer und Dritten.[403] Ein Gastwirt, der fremde Arbeiter verköstigt, kann mangels rechtlicher Verpflichtung des Arbeitgebers von diesem nicht Ersatz seiner Aufwendungen verlangen.[404] Auch der Gesellschaftsgläubiger hat keinen unmittelbaren Bereicherungsanspruch gegen den Gesellschafter einer GmbH, auch nicht nach deren Liquidation.[405] Außerdem besteht kein unmittelbarer Bereicherungsanspruch gegen die Ehefrau bei Bereicherung des Gesamtgutes.[406] Beim finanzierten Abzahlungskauf auf Wechsel ist bei Nichtigkeit des Kaufvertrages und des rechtlich hiermit zusammenhängenden Darlehensvertrages auch die finanzierende Bank, der der Verkäufer die von ihm ausgestellten und indossierten Wechsel übergeben hat, unmittelbar auf Kosten des Käufer und Akzeptanten bereichert.[407] Wer gem. § 124 BauGB aufgrund einer Verpflichtung der Gemeinde gegenüber die Erschließung von Baugelände übernommen hat, kann vom Eigentümer eines zum Erschließungsgebietes gehörenden Grundstückes keinen anteiligen Ersatz seiner Erschließungsaufwendungen verlangen, weil die Leistung mit Rechtsgrund an die Gemeinde erbracht ist.[408]

10. Literatur zum Bereicherungsausgleich im Mehrpersonenverhältnis

157 *von Caemmerer*, JZ 1962, 385-389; *von Caemmerer*, Irrtümliche Zahlung fremder Schulden, FS f. Dölle, 1963, S. 135 = GS I, S. 336; *Canaris* in: Canaris/Diederichsen, FS für Larenz zum 80. Geburtstag, 1983, S. 799; *Canaris*, WM 1980, 354-371; *Dubischar*, Dogmatik und Methode. Josef Esser zum 65. Geburtstag, 1975, S. 55; *Flume*, NJW 1984, 464-468; *Flume*, NJW 1991, 2521-2524; *Hager*, Entwicklungsstadien der bereicherungsrechtlichen Durchgriffshaftung, Symposium für Detlef König, 1984, S. 151; *Hassold*, Zur Leistung im Dreipersonenverhältnis, 1981; *Henke*, Die Leistung – Grundvorgang des sozialen Lebens und Grundbegriff des Schuldrechts, 1991, S. 84 ff., *Kellmann*, JR 1988, 97-102; *Kupisch*, FS f. Coing, Bd. II, 1982, S. 239; *Lorenz*, JuS 2003, 839-845; *Lorenz*, JuS 1968, 441-448; *Lorenz*, FS f. Serick, 1992, S. 255; *Lorenz*, Das „Wahlrecht" des Putativschuldners bei irrtümlicher Zahlung fremder Schulden, Reichsvergleichung und Rechtsvereinheitlichung, 1967, S. 267; *Lorenz*, AcP 168, 287-317; *Meyer*, Der Bereicherungsausgleich in Dreipersonenverhältnissen, 1981; *Omlor/Spies*, Schematische Lösungen im Bereicherungsrecht, JR 2011, 139-142; *Picker*, NJW 1974, 1790-1797; *Schnauder*, Grundfragen zur Leistungskondiktion bei Drittbeziehungen, 1981;

---

[401] BGH v. 31.10.1963 - VII ZR 285/61 - BGHZ 40, 272-282; ähnlich BGH v. 27.05.1971 - VII ZR 85/69 - juris Rn. 35 - BGHZ 56, 228-242; Die h.L. zieht das Wertungsmodell der Gutglaubensvorschriften heran und fragt, ob eine gedachte Übereignung der Sachen nach den Vorschriften über den gutgläubigen Erwerb (§§ 932 ff. BGB) von Bestand wäre (vgl. Rn. 101).

[402] *Sprau* in: Palandt, § 812 Rn. 75: vgl. die Kommentierung zu § 714 BGB.

[403] *Sprau* in: Palandt, § 812 Rn. 56.

[404] RG v. 21.03.1923 - I 203/22 - RGZ 106, 386-389.

[405] RG v. 21.01.1918 - VI 339/17 - RGZ 92, 77-87.

[406] BGH v. 04.05.1957 - IV ZR 133/56 - LM Nr. 1 zu § 1437 BGB.

[407] BGH v. 07.05.1962 - VII ZR 261/60 - BB 1962, 691.

[408] BGH v. 08.11.1973 - VII ZR 246/72 - BGHZ 61, 359-369.

Schreiber, Jura 1986, 539-545; *Stöcklhuber*, Bereicherungsrecht in Mehrpersonenverhältnissen: Die versehentlich doppelte Ausführung einer Anweisung, StudZR 2011, 341-353, *Stolte*, JZ 1990, 220-226; *Thielmann*, AcP 187, 23-59; *Wieling*, JuS 1978, 801-810; *Wilhelm*, AcP 175, 304-350.

D. Rechtsfolge: Herausgabe des Erlangten

Inhalt und Umfang des Bereicherungsanspruches, insbesondere auch die Berücksichtigung einer Gegenleistung oder von Aufwendungen, sind in den §§ 818-820 BGB näher geregelt. Der Bereicherungsanspruch kann sich beispielsweise auf die Herausgabe einer Sache oder eines Unternehmens richten, falls die Identität noch gewahrt ist,[409] ferner auf Zahlung,[410] Abtretung, Befreiung von einer Schuld, Einwilligung in die Auszahlung oder Umschreibung des Grundbuches, Neubestellung eines erloschenen Rechts sowie auf Verzicht auf ein ohne rechtfertigenden Grund erlangtes Recht oder eine solche Rechtsposition[411]. Der Anspruch berechtigt ferner zur Bereicherungseinrede des § 821 BGB.[412] Den Bereicherten trifft auch eine Pflicht zur Auskunftserteilung und zur Rechnungslegung (§§ 259-261 BGB, vgl. die Kommentierung zu § 259 BGB, die Kommentierung zu § 260 BGB und die Kommentierung zu § 261 BGB), wenn sich der Anspruchsberechtigte unverschuldet in Unkenntnis über den Umfang seines Anspruches befindet[413]. Ist ausnahmsweise das Erfüllungsgeschäft trotz seiner Selbständigkeit und Abstraktheit vom Kausalgeschäft ebenfalls unwirksam, etwa gem. den §§ 134, 138 BGB, kommt ein Bereicherungsanspruch aus § 812 Abs. 1 Satz 1 Alt. 1 BGB nur auf Herausgabe des erlangten Besitzes oder einer sonstigen vorteilhaften Rechtsposition in Betracht; daneben bestehen Vindikationsansprüche, etwa aus dem beim Leistenden verbliebenen Eigentum.[414] Wer die Anfechtung wegen arglistiger Täuschung i.S.d. § 123 BGB verursacht hat, kann wegen § 242 BGB i.d.R. nicht mehr als Bereicherung verlangen, als ihm nach dem angefochtenen Vertrag zustehen würde.[415] 158

§ 814 f. BGB gelten bei der Nichtleistungskondiktion gem. § 812 Abs. 1 Satz 1 Alt. 2 BGB nicht; unter den Voraussetzungen des § 820 Abs. 1 Satz 2 BGB kommt eine verschärfte Haftung in Betracht.[416] Der Anspruch aus condictio ob rem ist nicht etwa ausgeschlossen, weil der Leistende gewusst hat, dass er zur Leistung (noch) nicht verpflichtet ist; § 814 BGB gilt in diesem Fall nicht; wohl aber dann, wenn der Eintritt des Erfolgs von Anfang an unmöglich war und der Leistende dies gewusst oder wenn er den Eintritt des Erfolges wider Treu und Glauben verhindert hat (§ 815 BGB). Der Empfänger haftet gem. § 820 Abs. 1 Satz 1 BGB verschärft, wenn der Eintritt des Erfolgs nach dem Inhalt des Rechtsgeschäfts als ungewiss angesehen wurde.[417] 159

Grundsätzlich ist § 254 BGB im Rahmen eines Bereicherungsanspruchs nicht zu berücksichtigen. Eine Anwendung lässt sich allenfalls über § 242 BGB rechtfertigen.[418] 160

E. Prozessuale Hinweise

Als **Grundsatz** für die Verteilung der Beweislast gilt, dass der Anspruchsberechtigte die Voraussetzungen des Bereicherungsanspruches zu beweisen hat. Es ist dabei nach den einzelnen Anspruchsgrundlagen zu differenzieren.[419] 161

Wird der Herausgabeanspruch auf die **Erfüllung einer Nichtschuld** gestützt, so hat der Anspruchsteller zu beweisen, dass er solvendi causa geleistet und die Verbindlichkeit nicht bestanden hat.[420] Bei einem **negativen Schuldanerkenntnis** als Bereicherungsgegenstand muss er sowohl das Bestehen der Schuld als auch seinen Irrtum bei Abgabe des Anerkenntnisses beweisen.[421] Bei der Kondiktion eines 162

---

[409] *Schwintowski*, JZ 1987, 588-593.
[410] *Sprau* in: Palandt, § 812 Rn. 74.
[411] *Sprau* in: Palandt, § 812 Rn. 74.
[412] *Sprau* in: Palandt, § 812 Rn. 74.
[413] *Sprau* in: Palandt, § 812 Rn. 74.
[414] *Sprau* in: Palandt, § 812 Rn. 20.
[415] BGH, LM § 123 Nr. 22.
[416] *Sprau* in: Palandt, § 814 Rn. 2.
[417] *Sprau* in: Palandt, § 820 Rn. 3.
[418] OLG Celle v. 08.06.2005 - 3 U 11/05 - BKR 2005, 506-508
[419] *Sprau* in: Palandt, § 812 Rn. 76 m.w.N.
[420] BGH v. 09.06.1992 - VI ZR 215/91 - juris Rn. 21 - LM ZPO § 355 Nr. 13 (2/1993).
[421] OLG Köln v. 21.04.1995 - 11 U 154/94 - FamRZ 1996, 249.

positiven Schuldanerkenntnisses nach § 812 Abs. 2 BGB muss er beweisen, dass er eine Nichtschuld anerkannt hat; nicht erforderlich ist dagegen der Nachweis, dass die Anerkennung irrtümlich erfolgte.[422]

163 Für das Fehlen eines die Vermögensverschiebung **rechtfertigenden Grundes** bzw. seinen nachträglichen Wegfalls trifft den Bereicherungsgläubiger die Darlegungs- und Beweislast.[423] Regelmäßig genügt bereits der Beweis, dass die vom Bereicherungsschuldner auch hilfsweise behaupteten Gründe nicht bestehen.[424] Er braucht dagegen nicht den Nachweis zu erbringen, dass auch kein anderer Rechtsgrund vorliegt: Wer einen Anspruch auf Herausgabe einer rechtsgrundlos erbrachten Leistung geltend macht, genügt seiner Darlegungs- und Beweispflicht, wenn er die von dem Schuldner behaupteten und die sonst nach den Umständen in Betracht kommenden Rechtsgründe ausräumt. Das Risiko, dass abstrakt theoretisch ein Rechtsgrund gegeben sein könnte, der zu dem zu beurteilenden Prozessstoff keinen Bezug aufweist, trägt der Bereicherungsgläubiger selbst dann nicht, wenn der Schuldner als Gesamtrechtsnachfolger des Leistungsempfängers über die Umstände der Leistung keine unmittelbare Kenntnis besitzt.[425] Den Bereicherungsschuldner trifft eine sekundäre Behauptungslast, die Umstände darzulegen, aus denen er ableitet, das Erlangte behalten zu dürfen, wenn der Bereicherungsgläubiger außerhalb des von ihm zu beweisenden Geschehensablaufes steht, während der Schuldner diese Kenntnis hat und ihm nähere Angaben zumutbar sind.[426] Anders formuliert: Der besonderen Darlegung des Fehlens eines rechtlichen Grundes durch den Bereicherungsgläubiger bedarf es ausnahmsweise nur dann nicht, wenn bereits die unstreitigen Tatumstände den Schluss nahe legen, dass der Bereicherungsschuldner etwas ohne rechtlichen Grund erlangt hat. Der Schuldner ist jedoch gehalten, die Umstände darzulegen, aus denen er ableitet, das Erlangte behalten zu dürfen.[427] Um die tatsächliche Schwierigkeit eines Nachweises negativer Tatsachen zu mildern, hat die belastete Partei in der Regel nur die Umstände zu widerlegen, die nach dem Vortrag der Gegenseite für die positiven Tatsachen, also für das Vorhandensein des streitigen Umstands, sprechen; der nicht beweisbelasteten Partei obliegt es, im Rahmen des ihr Zumutbaren die Behauptung der positiven Tatsachen aufzustellen, deren Unrichtigkeit sodann die beweisbelastete Partei nachzuweisen hat.[428]

164 Schwieriger ist die Frage der sekundären Beweislast des Bereicherungsschuldners hinsichtlich des Rechtsgrundes in den Fällen einer „Vermischung der Vermögensverhältnisse" von Bereicherungsgläubigerin und Bereicherungsschuldner, wenn der Bereicherungsschuldner das Vermögen der Bereicherungsgläubigerin betreut. Im entschiedenen Fall war der Bereicherungsschuldner, als vereidigter Buchprüfer und Steuerberater, im Rahmen eines Treuhandvertrages über Treuhandkonten der Bereicherungsgläubigerin verfügungsberechtigt und er hatte eine getrennte Buchhaltung zu erstellen. Verursacht der Bereicherungsschuldner in nicht nachvollziehbarer Weise „eine Vermischung der Vermögensverhältnisse", da er einerseits (eigene) Leistungen – etwa in Form von Gesellschafterhilfen – teils an die Rechtsvorgängerin der Bereicherungsgläubigerin, teils an diese direkt und teils unmittelbar an deren Gläubiger auf unterschiedlichen Zahlungswegen – durch Überweisung, Scheck-, Wechselbegebung und Barzahlung – geleistet und andererseits – auf ebenso unterschiedlichen Zahlungswegen – von der Bereicherungsgläubigerin und deren Rechtsvorgängerin Leistungen erhalten hat, ohne diese im Rahmen der ihm sowohl gegenüber der Bereicherungsgläubigerin als auch deren Rechtsvorgängerin obliegenden Buchhaltungspflicht ordnungsgemäß zu dokumentieren, so trifft ihn – wenn die Bereicherungsgläubigerin ihre Leistungen aus dem Gesichtspunkt der ungerechtfertigten Bereicherung zurückverlangt – eine gesteigerte sekundäre Beweislast hinsichtlich des Rechtsgrundes. Dazu ist es nicht ausreichend, dass der Bereicherungsschuldner vorträgt, in welchem Umfang er Leistungen an die Bereicherungsgläubigerin erbracht hat und den Gesamtbetrag im Einzelnen aufschlüsselt. Es ist zusätzlich erforderlich, dass sich der Bereicherungsschuldner konkret zu den seinerseits von der Bereicherungsgläubigerin und deren Rechtsvorgängerin empfangenen Zahlungen erklärt, wenn diese die nunmehr vom Bereicherungsschuldner als Rechtsgrund geltend gemachten Forderungen bei weitem überstei-

---

[422] RG v. 22.01.1935 - VII 254/34 - RGZ 146, 355-360, 360; *Sprau* in: Palandt, § 812 Rn. 78.
[423] BGH v. 06.12.1994 - XI ZR 19/94 - juris Rn. 14 - LM BörsG Nr. 38 (5/1995); BGH v. 06.10.1994 - III ZR 165/93 - NJW-RR 1995, 130-132.
[424] BGH v. 29.09.1989 - V ZR 326/87 - LM Nr. 34 zu § 1191 BGB.
[425] BGH v. 27.09.2002 - V ZR 98/01 - NJW 2003, 1039-1040.
[426] BGH v. 18.05.1999 - X ZR 158/97 - juris Rn. 12 - LM BGB § 518 Nr. 16 (2/2000).
[427] BGH v. 15.10.2002 - X ZR 132/01 - ZEV 2003, 207-208.
[428] BGH v. 22.02.2011 - XI ZR 261/09 - juris Rn. 16 - ZIP 2011, 722-724.

gen.[429] Der Grundsatz einer gesteigerten sekundären Beweislast des Bereicherungsschuldners hinsichtlich des Rechtsgrundes lässt sich über den vorgenannten Fall hinaus auf andere Fallgruppen übertragen, etwa auf den Haftungsdurchgriff auf die Gesellschafter einer Kapitalgesellschaft.[430] Da das Fehlen einer Genehmigung der Lastschriftbuchung Voraussetzung dafür ist, dass zwischen Lastschriftschuldner und Lastschriftgläubiger keine Leistungsbeziehung besteht und somit die Schuldnerbank den Lastschriftgläubiger nach § 812 Abs. 1 Satz 1 Fall 2 BGB unmittelbar in Anspruch nehmen kann, hat die Klägerin als Bereicherungsgläubigerin auch den Nachweis zu erbringen, dass die Schuldnerin die streitigen Lastschriften nicht genehmigt hat.[431] Bei der condictio ob rem (§ 812 Abs. 1 Alt. 2 BGB) muss der Anspruchsteller den **Nichteintritt des mit der Leistung bezweckten Erfolges** beweisen, bzw. den vom Beklagten behaupteten Zweck widerlegen.[432]

Beim bereicherungsrechtlichen **Rückforderungsprozess im Versicherungsrecht** gilt[433]: Während im Versicherungsrecht nach herrschender Meinung bei der Frage der Eintrittspflicht des Versicherers dieser lediglich die objektive Obliegenheitsverletzung und der Versicherungsnehmer gemäß § 28 Abs. 2 VVG n.F. (§ 6 Abs. 3 VVG a.F.) sodann beweisen muss, dass er weder vorsätzlich noch grob fahrlässig gehandelt hat,[434] trifft im Rückforderungsprozess die Versicherung die Beweislast für das Fehlen des Rechtsgrundes im Sinne von § 812 BGB[435]. Aus § 28 Abs. 2 VVG n.F. (§ 6 Abs. 3 VVG a.F.) lässt sich nichts anderes herleiten. Die Vorsatzvermutung des § 28 Abs. 2 VVG n.F. (§ 6 Abs. 3 VVG a.F.) ändert nichts daran, dass das relevante Verschulden (Vorsatz und grobe Fahrlässigkeit) Tatbestandsvoraussetzung für die Rechtsfolge der Leistungsfreiheit ist; der Bereicherungsgläubiger hat daher grundsätzlich zu beweisen, dass der Bereicherungsschuldner vorsätzlich gehandelt hat, aus dem Sinn und Zweck des § 28 Abs. 2 VVG n.F. (§ 6 Abs. 3 VVG a.F.) ergibt sich keine von diesem Grundsatz abweichende Beweislastverteilung. 165

Zur Verteilung der Darlegungs- und Beweislast im bereicherungsrechtlichen Rückforderungsprozess eines Stromtarifkunden.[436] Hat der Gläubiger nur in Erwartung der Feststellung der Forderung geleistet, hat der Schuldner zu beweisen, dass die Feststellung zu seinen Gunsten erfolgt ist oder erfolgen muss und er den erhaltenen Betrag endgültig behalten darf.[437] 166

F. Anwendungsfelder

I. Anwendungsbereich des Bereicherungsrechts kraft Verweisung

Zahlreiche Vorschriften im BGB und den Nebengesetzen eröffnen dem Bereicherungsrecht einen Anwendungsbereich. Hierbei ist zwischen **Rechtsgrund- und Rechtsfolgenverweisungen** zu differenzieren. Bei einer Rechtsgrundverweisung (Tatbestands-, Voraussetzungsverweisung) müssen für das Vorliegen eines Bereicherungsanspruches alle in den §§ 812 ff. BGB gegebenen Voraussetzungen vorliegen, bei einer Rechtsfolgenverweisung sind die Voraussetzungen des Anspruches dagegen spezialgesetzlich geregelt, das Bereicherungsrecht nur auf die Rechtsfolgen, d.h. auf Inhalt und Umfang des Anspruches anwendbar.[438] 167

---

[429] BGH v. 14.07.2003 - II ZR 335/00 - NJW-RR 2004, 556-557; zustimmend *Reiner*, WuB IV A § 812 BGB 3.04.
[430] Dazu *Reiner*, WuB IV A § 812 BGB 3.04.
[431] BGH v. 22.02.2011 - XI ZR 261/09 - juris Rn. 16 - ZIP 2011, 722-724.
[432] *Sprau* in: Palandt, § 812 Rn. 76.
[433] Vgl. dazu OLG Naumburg v. 16.10.2003 - 4 U 111/03 - VersR 2004, 226-227; vgl. zur Problematik auch *Marlow*, VersR 2003, 1506-1509.
[434] *Prölls/Martin*, VVG, 27. Aufl. 2004, § 28 Rn. 114, 126.
[435] *Prölls/Martin*, VVG, § 28 Rn. 158 mit zahlreichen Nachweisen auch zur Gegenauffassung.
[436] Vgl. BGH v. 05.02.2003 - VIII ZR 111/02 - BGHZ 154, 5-10; dazu *Ebel*, EWiR 2003, 683-684 und *Stappert*, NJW 2003, 3177-3180.
[437] Brandenburgisches OLG v. 20.07.2011 - 3 U 122/10 - juris Rn. 37.
[438] *Stadler* in: Jauernig, vor § 812 Rn. 7; zur Tragfähigkeit dieser Unterscheidung *Hadding* in: FS Mühl, 1981, S. 225 ff.

II. Verhältnis des Bereicherungsrechts zu anderen Vorschriften

1. Verhältnis zu schuldrechtlichen Ansprüchen

168 Neben dem vertraglichen **Erfüllungsanspruch** mit der häufig kürzeren Verjährungsfrist besteht kein Bereicherungsanspruch.[439] Die **vertragliche Rückabwicklung**, etwa spezielle Absprachen wie die Vereinbarung eines Rücktritts- oder Kündigungsrechts und die ergänzende Vertragsauslegung[440] oder die Abwicklung nach den Grundsätzen des Wegfalls der Geschäftsgrundlage (§ 313 BGB) hat Vorrang vor der bereicherungsrechtlichen Rückabwicklung, selbst wenn im Einzelfall die Veränderung der Geschäftsgrundlage nicht zu einer Lösung oder Anpassung des Vertrages an die veränderten Verhältnisse führt.[441]

169 Auch neben **gesetzlichen Rückabwicklungsvorschriften** für Schuldverhältnisse – etwa die §§ 346 ff. BGB – ist die Leistungskondiktion nicht anzuwenden.[442] Gleiches gilt bei der Ausübung eines gesetzlichen Widerrufsrechts.[443] Im Verhältnis zum falsus procurator ist § 179 BGB lex specialis,[444] doch kann gleichwohl neben einem Anspruch aus § 179 BGB gegen den falsus procuratur ein Bereicherungsanspruch gegen den Vertretenen bestehen.[445]

170 Nach Verjährung des Wegnahmeanspruchs aus § 539 Abs. 2 BGB sind Bereicherungsansprüche des Mieters gegen den Vermieter wegen Einrichtungen, die auf dem Mietverhältnis beruhen,[446] ausgeschlossen, auch wenn dieser das Grundstück mit den Einrichtungen veräußert.[447] § 546a BGB schließt dagegen bei Vorenthaltung der Mietsache einen weitergehenden Bereicherungsanspruch nicht aus.[448]

171 Die Vorschriften über die **Sachmängelgewährleistung** sind leges speciales, ihre Wertungen dürfen nicht mit Hilfe eines Bereicherungsanspruches unterlaufen werden.[449] Beim Werkvertrag gibt es in § 637 BGB und § 13 Nr. 5 VOB/B eine Sonderregelung für den Aufwendungsersatzanspruch bei eigener Mängelbeseitigung durch den Besteller.[450]

172 Die Anwendung der §§ 812 ff. BGB ist ferner ausgeschlossen, soweit ein vertraglicher oder vertragsähnlicher Ausgleich aus anderen Gründen in Betracht kommt, etwa bei **fehlerhaftem Arbeitsverhältnis und Gesellschaftsverhältnis**. Die §§ 812 ff. BGB sind dagegen anwendbar, wenn im Falle der Weiterbeschäftigung nach Kündigung durch den Arbeitgeber bis zur gerichtlichen Feststellung ihrer Wirksamkeit kein faktisches Arbeitsverhältnis besteht. Das Gleiche gilt für außerhalb des Vertragsverhältnisses liegende Leistungen, etwa vertraglich nicht erfasten Zusatzleistungen oder Leistungen nach Vertragsende, ebenso bei Überzahlung von Lohn und sonstigen Leistungen, z.B. Gratifikationen.[451]

173 Wegen § 687 Abs. 2 BGB sind Bereicherungsansprüche des eigenmächtigen Geschäftsführers gegen den Geschäftsherrn ausgeschlossen.[452] Bei Vorliegen einer berechtigten GoA (§§ 677, 683 BGB) sind etwaige dem Geschäftsherrn zugeflossenen Vorteile mit Rechtsgrund erlangt.[453] Gem. § 852 Satz 1 BGB ist das Bereicherungsrecht neben **Schadensersatzansprüchen** aus unerlaubter Handlung anwendbar. Diese Vorschrift regelt jedoch nicht einen weiteren Bereicherungsanspruch, sondern nur einen in Höhe der Bereicherung unverjährten Schadensersatzanspruch.[454]

---

[439] BGH v. 07.03.1968 - VII ZR 175/65 - BB 1968, 728-729.
[440] BGH v. 29.05.1967 - VII ZR 66/65 - BGHZ 48, 70-76.
[441] BGH v. 17.01.1975 - V ZR 105/73 - LM Nr. 109 zu § 812 BGB.
[442] *Sprau* in: Palandt, Einf. v. § 812 Rn. 6.
[443] Vgl. BGH v. 12.11.2002 - XI ZR 47/01 - NJW 2003, 422-424.
[444] OLG Hamburg v. 10.05.1979 - 6 U 168/78 - VersR 1979, 835-836.
[445] *Sprau* in: Palandt, § 812 Rn. 55.
[446] BGH v. 12.07.1989 - VIII ZR 286/88 - juris Rn. 21 - BGHZ 108, 256-268.
[447] BGH v. 13.05.1987 - VIII ZR 136/86 - BGHZ 101, 37-48.
[448] BGH v. 14.03.1977 - II ZR 156/75 - BGHZ 68, 191-199.
[449] Vgl. BGH v. 12.10.1967 - VII ZR 8/65 - BGHZ 48, 310-313; BGH v. 13.12.1962 - VII ZR 193/61 - LM Nr. 4 zu § 634 BGB.
[450] *Sprau* in: Palandt, § 812 Rn. 105.
[451] *Sprau* in: Palandt, § 812 Rn. 87.
[452] BGH v. 25.03.1963 - VII ZR 270/61 - BGHZ 39, 186-189.
[453] *Stadler* in: Jauernig, vor § 812 Rn. 11.
[454] BGH v. 27.05.1986 - III ZR 239/84 - juris Rn. 25 - BGHZ 98, 77-85.

Soweit spezielle Regressvorschriften die Entlastung des Schuldners regeln, wie z.B. § 426 BGB[455], die §§ 774 Abs. 1, 268 Abs. 3, 1143 Abs. 1, 1607 Abs. 2 Satz 2 BGB, ist das Bereicherungsrecht nicht anwendbar. Leistet beispielsweise ein Wohnungseigentümer Wohngeldvorschüsse, obwohl eine wirksame Beschlussfassung über einen Wirtschaftsplan nicht besteht, so ist ein Bereicherungsanspruch gegen die übrigen Wohnungseigentümer im Hinblick auf den Vorrang des Innenausgleichs durch das Instrument der Jahresabrechnung ausgeschlossen. Dies gilt auch dann, wenn der betreffende Wohnungseigentümer zwischenzeitlich aus der Gemeinschaft ausgeschieden ist.[456]

174

2. Verhältnis zu sachenrechtlichen Ansprüchen

Bei unberechtigter Verfügung und anschließender Verarbeitung hat der Berechtigte die Wahl zwischen den Ansprüchen aus § 816 BGB und § 951 BGB.[457] Bei der Nutzung einer fremden Sache durch den unberechtigten Besitzer haben die §§ 987 ff. BGB, soweit ihr Anspruch reicht, Vorrang vor dem Bereicherungsanspruch.[458] Im Rahmen des Anwendungsbereiches der Verwendungsersatzansprüche des berechtigten Besitzers gem. den §§ 994 ff. BGB ist ebenfalls kein Bereicherungsrecht anwendbar.[459] Dagegen besteht kein Vorrang des Eigentümer- Besitzer- Verhältnisses, wenn es um Bereicherungsansprüche wegen Veräußerung oder Verbrauchs der Sache selbst geht,[460] um Herausgabe des Erlöses bei wirksamer Verfügung eines Nichtberechtigten gem. § 816 BGB[461] oder um die Rückabwicklung eines Vertragsverhältnisses[462]. Da § 1004 BGB keine ausschließliche Sonderregelung darstellt, sind z.B. die Kosten der Selbstbeseitigung einer Eigentumsstörung nach § 812 BGB zu erstatten.[463] Zur Anwendbarkeit des Bereicherungsrechts bei Ersitzung vgl. Rn. 39.

175

3. Verhältnis zu familienrechtlichen Ansprüchen

Während der Ehe gemachte gegenseitige Zuwendungen zwischen Ehegatten, die im gesetzlichen Güterstand leben, oder Lebenspartnern, sind im Falle der Auflösung der Ehe bzw. der Lebenspartnerschaft grundsätzlich nicht nach Bereicherungsrecht abzuwickeln, weil die familienrechtlichen Vorschriften über den Zugewinnausgleich eine spezielle Abwicklung vorsehen.[464] Ggf. kommt auch noch eine Abwicklung nach Gesellschaftsrecht in Betracht.

176

4. Verhältnis zu Vorschriften außerhalb des BGB

Ein Bereicherungsanspruch kommt bei der **Verletzung fremder Ausschließlichkeitsrechte** (Immaterialgüterrechte, Urheberrecht, gewerbliche Schutzrechte) in Betracht, selbst wenn mangels Verschulden des Verletzers eine Schadensersatzpflicht nach § 823 BGB bzw. spezialgesetzlichen Bestimmungen (z.B. § 139 Abs. 2 PatG, § 15 Abs. 2 GebrMG) oder ein Anspruch aus § 687 Abs. 2 BGB ausscheiden.[465] Das Gleiche gilt bei **Verletzungen des Persönlichkeitsrechts und im Wettbewerbsrecht**.[466]

177

Gem. § 46 Nr. 5 GmbHG erstreckt sich die Verzichtswirkung der Entlastung auf den Bereicherungsanspruch gegen den Geschäftsführer, sofern die zugrunde liegende Vermögensverschiebung auf Maßnahmen der Geschäftsführung beruht. Auch § 46 Nr. 8 GmbHG kann alle aus der Geschäftsführung hergeleiteten Bereicherungsansprüche umfassen.[467]

178

Von Bedeutung ist das Bereicherungsrecht auch in der **Insolvenz**: Hat eine Bank unter Verstoß gegen die angeordnete Verfügungsbeschränkung Überweisungsaufträge des Schuldners ausgeführt und sodann dem vorläufigen Insolvenzverwalter die ohne seine Zustimmung überwiesenen Beträge rückerstattet, obgleich sie gemäß § 82 InsO zur Rückerstattung der entsprechenden Beträge nicht verpflichtet

179

---

[455] Hierzu BGH v. 18.04.1978 - VI ZR 81/76 - LM Nr. 46 zu § 426 BGB.
[456] OLG Hamm v. 25.03.2004 - 15 W 412/02 - OLGR Hamm 2004, 236-237.
[457] BGH v. 06.05.1971 - VII ZR 232/69 - WM 1971, 821; vgl. dazu die Kommentierung zu § 816 BGB.
[458] BGH v. 29.09.1995 - V ZR 130/94 - LM BGB § 812 Nr. 247 (2/1996); krit. *Canaris*, JZ 1996, 344-349.
[459] *Stadler* in: Jauernig, vor § 812 Rn. 9.
[460] BGH v. 03.06.1954 - IV ZR 218/53 - juris Rn. 5 - BGHZ 14, 7-11.
[461] BGH, LM § 812 Nr. 15.
[462] *Sprau* in: Palandt, Einf. v. § 812 Rn. 7.
[463] *Sprau* in: Palandt, § 812 Rn. 99.
[464] BGH v. 03.12.1975 - IV ZR 110/74 - BGHZ 65, 320-325; BGH v. 26.11.1981 - IX ZR 91/80 - BGHZ 82, 227-237.
[465] BGH v. 30.11.1976 - X ZR 81/72 - BGHZ 68, 90-100.
[466] *Sprau* in: Palandt, § 812 Rn. 94.
[467] BGH v. 21.04.1986 - II ZR 165/85 - BGHZ 97, 382-391.

war, kann sie in entsprechender Anwendung des § 55 Abs. 2 Satz 1 InsO die erstatteten Beträge nach § 812 Abs. 1 Satz 1 Alt. 1 BGB zurückverlangen, vorausgesetzt sie hatte von der Anordnung der vorläufigen Verwaltung keine Kenntnis.[468] Ferner besteht in der Insolvenz oftmals die Möglichkeit zur Geltendmachung von Rückforderungsansprüchen sowohl nach anfechtungs- als auch nach bereicherungsrechtlichen Grundsätzen, etwa wenn ein Schuldner vor Eröffnung des Insolvenzverfahrens mit Zustimmung des vorläufigen Insolvenzverwalters eine Vorauszahlung auf eine erst noch entstehende Forderung eines Gläubigers leistet.[469] Weiterhin gilt in der Insolvenz: Wird durch eine irrtümliche Überweisung die Insolvenzmasse nach Anzeige der Masseunzulänglichkeit ungerechtfertigt bereichert, so ist der Rückzahlungsanspruch des Bereicherungsgläubigers wegen ungerechtfertigter Bereicherung der Masse gemäß § 812 Abs. 1 Satz 1 BGB nicht als sonstige Masseverbindlichkeit im Sinne des § 209 Abs. 1 Nr. 3 InsO anzusehen, die unter das Vollstreckungsverbot gemäß § 210 InsO fällt und nicht mit der Leistungsklage verfolgt werden kann. Vielmehr ist der danach entstandene Rückzahlungsanspruch als Neumasseverbindlichkeit gemäß § 209 Abs. 1 Nr. 2 InsO zu berichten. Dem Rückzahlungsanspruch des Gläubigers kann der Insolvenzverwalter jedenfalls dann keine erneute Masseunzulänglichkeitsanzeige entgegensetzen, wenn die Bereicherungsforderung die einzige nach der ersten Unzulänglichkeitsanzeige begründete Masseverbindlichkeit ist.[470]

180 Schließlich können auch Regelungen außerhalb des BGB bei der Durchführung des Bereicherungsausgleiches zu berücksichtigen sein, etwa das kartellrechtliche Verbot missbräuchlich überhöhter Preise. Sind Abreden, die gegen § 19 Abs. 1, Abs. 4 GWB verstoßen, nach der Reform des GWB als nichtig zu bewerten, dann darf diese Wertung nicht dadurch umgangen werden, dass der Lieferant Wertersatz für Leistungen in einer Höhe erhält, die das Entgelt, das sich bei funktionierendem Wettbewerb ergeben hätte, (erheblich) überschreitet.[471] Von praktischer Bedeutung ist auch die Abgrenzung zwischen Bereicherungsrecht und Erstattungsansprüchen nach der Abgabenordnung: Eine Bank hat nach Durchführung einer Überweisung an das Finanzamt einen unmittelbaren Bereicherungsanspruch gegen das Finanzamt und nicht einen öffentlich-rechtlichen Erstattungsanspruch nach § 37 Abs. 2 AO, wenn der Überweisungsauftrag von einem Mitarbeiter ihres Kunden, einer juristischen Person, ausgestellt worden ist, dessen Kontovollmacht nichtig ist, weil sie von einem geschäftsunfähigen Vertreter der juristischen Person erteilt worden ist. Dies gilt auch dann, wenn die juristische Person den gezahlten Betrag dem Finanzamt tatsächlich schuldete und dieses den Gültigkeitsmangel nicht kannte.[472]

5. Verhältnis zu den Verjährungsvorschriften und Ausschlussfristen

181 Die Verjährung oder der Ablauf von Ausschlussfristen können einen endgültigen Rechtsverlust herbeiführen, der nicht über das Bereicherungsrecht wieder rückgängig gemacht werden darf, um die Befriedungsfunktion dieser Rechtsinstitute nicht zu gefährden.[473] Ein Beispiel hierfür ist der Bereicherungsausgleich bei Ersitzung (vgl. Rn. 39). Der sich aus § 812 Abs. 1 Satz 1 Alt. 1 BGB ergebende Bereicherungsanspruch eines Wohnungsmieters, der die wegen Versäumung der Abrechnungsfrist des § 556 Abs. 3 Satz 2 BGB nach § 556 Abs. 3 Satz 3 BGB ausgeschlossene Betriebskostennachforderung des Vermieters bezahlt hat, ist jedoch nicht in entsprechender Anwendung des § 214 Abs. 2 Satz 1 BGB ausgeschlossen.[474] Ansprüche des Arbeitgebers auf Rückzahlung überzahlter Vergütung sind Ansprüche aus dem Arbeitsverhältnis und unterliegen der Ausschlussfrist des § 70 BAT. Der Einwand des Rechtsmissbrauchs gegenüber dem Ablauf der Ausschlussfrist steht dem Verfall des Rückzahlungsanspruchs dabei nur solange entgegen, wie der Arbeitgeber auf Grund des rechtsmissbräuchlichen Verhaltens des Arbeitnehmers von der Einhaltung der Ausschlussfrist abgehalten wird.[475]

---

[468] OLG Brandenburg v. 25.03.2004 - 8 U 40/03 - BKR 2004, 290-292.
[469] OLG Köln v. 17.12.2003 - 2 U 87/03 - OLGR Köln 2004, 276-280.
[470] OLG Rostock v. 29.12.2004 - 3 U 164/04 - ZIP 2005, 360-361.
[471] OLG Frankfurt v. 25.05.2004 - 11 U (Kart) 54/03 - RdE 2004, 272-274.
[472] BGH v. 30.03.2004 - XI ZR 145/03 - BFH/NV 2004, Beilage 4, 386-389.
[473] *Stadler* in: Jauernig, vor § 812 Rn. 14.
[474] BGH v. 18.01.2006 - VIII ZR 94/05 - NJW 2006, 903-904.
[475] BAG v. 10.03.2005 - 6 AZR 217/04 - DB 2005, 1172, 1174.

III. Keine Anwendbarkeit der §§ 812 ff. BGB auf öffentlich-rechtliche Rechtsverhältnisse

Nicht anwendbar ist das Bereicherungsrecht auf die Rückabwicklung von aufgrund **öffentlich-rechtlicher Rechtsverhältnisse** erlangten Vermögensgegenständen, da die Eigenart des Öffentlichen Rechts sowohl eine direkte als auch eine analoge Anwendung privatrechtlicher Vorschriften verbietet.[476] Allerdings werden die Grundgedanken des Bereicherungsrechts als Ausdruck eines allgemeinen Rechtsgedankens ergänzend im öffentlichen Recht angewendet (sog. öffentlich-rechtlicher Erstattungsanspruch), sofern nicht öffentlich-rechtliche Spezialregelungen (VwVfG, § 49a VwVfG (Land), § 50 SGB X,[477] §§ 118 Abs. 3, 118 Abs. 4 SGB VI[478]) bestehen[479].

182

Die Rückforderung folgt dem gleichen Recht wie die Leistung, auch wenn die Klage auf Schadensersatz wegen unerlaubter Handlung gestützt ist.[480] Die direkte Anwendung der § 812 ff. BGB scheidet auch dann aus, wenn die öffentlich-rechtlichen Voraussetzungen einer etwaigen Leistungspflicht noch nicht festgestellt sind.[481] Es genügt, dass für die Leistung vermeintlich ein öffentlich-rechtliches Rechtsverhältnis bestand.[482]

183

IV. Beispiele aus der Rechtsprechung

Erstattung der Kosten bei Erziehungshilfen gem. §§ 91 ff. SGB VIII, Erstattung überzahlter Steuern gem. den §§ 37 f., 218 AO.[483] Auf Rückzahlungsansprüche bei irrtümlicher Lohnsteuererstattung sind die §§ 812 ff. BGB nicht entsprechend anwendbar.[484] Ansprüche des Leistenden auf Rückzahlung überzahlter Beiträge in der Sozialversicherung gem. § 26 SGB IV. Bei Subventionen und anderen Förderungen ist entscheidend, ob der Staat nach der Bewilligung die Zuwendung als Verwaltungsakt oder unter Verwendung privatrechtlichen Mittel ausgestaltet hat. Im Zweifel erfolgt die Ausgestaltung einstufig, d.h. im Zweifel ist der Zivilrechtsweg nicht eröffnet.[485]

184

V. Internationales Privatrecht

Das Recht der ungerechtfertigten Bereicherung ist in Art. 38 EGBGB geregelt. Leistungskondiktionen unterstehen grundsätzlich dem gleichen Recht wie das Schuldverhältnis, um dessen Rückabwicklung es geht. Bei Eingriffen in Rechtspositionen, die dem Betroffenen ausschließlich zugewiesen sind, ist in erster Linie das Recht des Eingriffsortes, d.h. regelmäßig – bei Sachen – die lex rei sitae des Gegenstandes, auf den das verletzte Recht sich bezieht, maßgebend. In sonstigen Fällen, bspw. bei abgeirrten Leistungen unterliegen Ansprüche aus ungerechtfertigter Bereicherung gemäß Art. 38 Abs. 3 EGBGB dem Recht des Staates, in dem die Bereicherung eingetreten ist, da ein maßgebendes Schuldverhältnis hier nicht vorstellbar ist. Mit Wirkung vom 11.01.2009 wird das internationale Bereicherungsrecht durch Art. 10 der am 11.07.007 erlassenen „Rom II" Verordnung geregelt, welche als „loi uniforme" ausgestaltet ist und deswegen auch gegenüber Nicht-Mitgliedstaaten der EG Geltung beansprucht.[486]

185

Literatur zum Internationalen Privatrecht: *Einsele*, JZ 1993, 1025-1033; *Lorenz* in: Bernstein//Drobnig, FS für Zweigert zum 70. Geburtstag, 1981, S. 199; *Plaßmeier*, Ungerechtfertigte Bereicherung im Internationalen Privatrecht und aus rechtsvergleichender Sicht, 1996.

186

---

[476] Ausführlich zum Ganzen *Sprau* in: Palandt, Einf. v. § 812 Rn. 9-10.
[477] BVerwG v. 30.04.1992 - 5 C 29/88 - NJW 1993, 215-216.
[478] Vgl. BSG v. 04.08.1998 - B 4 RA 72/97 R - WM 2000, 1847-1854.
[479] Zu den Einzelheiten vgl. *Mühl/Hadding* in: Soergel, vor § 812 Rn. 17 ff. und *Freiherr von und zu Franckenstein*, BayVBl 2003, 615-618; zum Erstattungsanspruch vgl. *Lorenz* in: FS Lerche, 1993, S. 929 ff.; *Ossenbühl*, NVwZ 1991, 513-522.
[480] BGH v. 23.02.1988 - VI ZR 212/87 - juris Rn. 8 - BGHZ 103, 255-262.
[481] BGH v. 09.05.1960 - III ZR 32/59 - BGHZ 32, 273-280.
[482] BGH v. 30.03.1978 - VII ZR 244/76 - juris Rn. 10 - BGHZ 71, 180-188.
[483] *Sprau* in: Palandt, Einf. v. § 812 Rn. 11.
[484] BGH v. 10.06.1974 - VII ZR 4/73 - WM 1974, 933.
[485] BGH v. 17.01.1985 - III ZR 196/83 - juris Rn. 26 - LM Nr. 164 zu § 13 GVG.
[486] *Lorenz* in: Staudinger, § 812 Rn. 115.

G. Arbeitshilfen

187 **Veranschaulichungshilfen**: Zur Veranschaulichung der Rechtsverhältnisse im jeweiligen Einzelfall sollte der besseren Übersicht halber eine Skizze angefertigt werden, in die alle Personen und alle Zuwendungen aufgenommen werden. Dies ist v.a. im Drei- oder Mehrpersonenverhältnis zu empfehlen.

188 Was man nicht vergessen darf:
- Die Konkurrenzen nicht vergessen.
- Die Abgrenzung von Leistungs- und Nichtleistungskondiktion ist zu beachten, außerdem der Grundsatz der Subsidiarität der Nichtleistungskondiktion.
- Immer fragen, ob nicht ein Drei- oder Mehrpersonenverhältnis besteht.
- Im Drei- oder Mehrpersonenverhältnis möglichst nicht nur mit dem Leistungsbegriff argumentieren, sondern zusätzlich wertende Erwägungen mit einfließen lassen.

189 Prüfschemata

(1) Anwendbarkeit des Bereicherungsrechts im Verhältnis zu anderen Vorschriften:
    (a) ausdrückliche Anwendbarkeit kraft Verweisung,
    (b) Anwendbarkeit des Bereicherungsrechts durch vorrangige Regelungen ausgeschlossen? (z.B. die §§ 994 f., 951, 346 ff. BGB); bei allen Kondiktionen relevant; besonders wichtig bei der Rückgriffs- und der Verwendungskondiktion.

(2) Gibt es innerhalb des Bereicherungsrechts vorrangige Spezialvorschriften, z.B. die §§ 813, 816, 817, 822 BGB?

(3) Zwischenergebnis: § 812 anwendbar.

(4) Welche der vier Anspruchsgrundlagen des § 812 BGB ist einschlägig? (erste Sichtung vornehmen)

(5) Bereicherungsgegenstand: etwas

(6) Wie erlangt? Hier Abgrenzung zwischen Leistungs- und Nichtleistungskondiktion nach dem Leistungsbegriff und dem Grundsatz der Subsidiarität der Nichtleistungskondiktion; im Dreipersonenverhältnis zusätzlich nach den Wertungskriterien:
    (a) Leistung = jede auf bewusste und zweckgerichtete Vermögensmehrung eines anderen gerichtete Zuwendung,
    (b) Sofern keine Leistung vorliegt, Nichtleistungskondiktion einschlägig. Zusätzlich prüfen, ob das Erlangte in sonstiger Weise erworben wurde, d.h. durch Eingriff in den Zuweisungsgehalt eines fremden Rechts. Ferner Bereicherung auf Kosten des anderen erforderlich, d.h. es ist ein Unmittelbarkeitszusammenhang zwischen Bereicherung und Entreicherung erforderlich.

(7) Vorliegen eines Rechtsgrundes: nach den einzelnen Anspruchsgrundlagen differenzieren.
    (a) bei § 812 Abs. 1 Satz 1 Alt. 1 BGB: Fehlen des Rechtsgrundes von Anfang an: nach objektiver Theorie bei Unwirksamkeit des Kausalgeschäfts, nach subjektiver Theorie bei Zweckverfehlung; alle Unwirksamkeitsgründe relevant; str. bei der Anfechtung; außerdem Zweckverfehlung, wenn die Erfüllungswirkung nicht eintritt, z.B. bei aliud-Lieferung,
    (b) bei § 812 Abs. 1 Satz 2 Alt. 1 BGB: späterer Wegfall des Rechtsgrundes, z.B. durch auflösende Bedingung oder Befristung, Vertragsaufhebung, Kündigung,
    (c) bei § 812 Abs. 1 Satz 2 Alt. 2 BGB: bei Nichteintritt des mit dem Inhalt des Rechtsgeschäfts bezweckten Erfolges: Es muss eine Abrede vorliegen, die ein Zwischending zwischen rechtsgeschäftlicher Vereinbarung und einseitigem Motiv darstellt und keine Verpflichtungswirkung besitzt,
    (d) bei § 812 Abs. 1 Satz 1 Alt. 2 BGB: Fehlen einer vertraglichen oder gesetzlichen Berechtigung zum Behaltendürfen des Erlangten.

(8) Zwischenergebnis: Anspruch entstanden oder nicht.

(9) Wenn Anspruch entstanden, gesetzliche Ausschlussgründe der §§ 814, 815 BGB prüfen.

(10) Wenn Anspruch noch besteht, die Rechtsfolgen nach den §§ 818 ff. BGB prüfen.

§ 813 BGB Erfüllung trotz Einrede

(Fassung vom 02.01.2002, gültig ab 01.01.2002)

(1) ¹Das zum Zwecke der Erfüllung einer Verbindlichkeit Geleistete kann auch dann zurückgefordert werden, wenn dem Anspruch eine Einrede entgegenstand, durch welche die Geltendmachung des Anspruchs dauernd ausgeschlossen wurde. ²Die Vorschrift des § 214 Abs. 2 bleibt unberührt.

(2) Wird eine betagte Verbindlichkeit vorzeitig erfüllt, so ist die Rückforderung ausgeschlossen; die Erstattung von Zwischenzinsen kann nicht verlangt werden.

Gliederung

A. Grundlagen 1	II. Vorzeitige Erfüllung einer betagten Verbindlichkeit gem. Absatz 2 12
B. Praktische Bedeutung 3	1. Vorzeitige Erfüllung einer betagten Verbindlichkeit gem. Absatz 2 Halbsatz 1 13
C. Anwendungsvoraussetzungen 4	
I. Die Rückforderung wegen einredebehafteter Forderung gem. Absatz 1 4	2. Ausschluss der Erstattung von Zwischenzinsen gem. Absatz 2 Halbsatz 2 15
1. Das zum Zwecke der Erfüllung einer Verbindlichkeit Geleistete 4	3. Abdingbarkeit 16
2. Entgegenstehen einer Einrede, durch welche die Geltendmachung des Anspruchs dauernd ausgeschlossen wurde 5	4. Analoge Anwendung 17
	D. Rechtsfolgen 18
	E. Prozessuale Hinweise 19
3. Ausschluss des Anspruches für die Verjährungseinrede gem. Absatz 1 Satz 2 11	

A. Grundlagen

§ 813 Abs. 1 BGB ist als eine den § 812 Abs. 1 Satz 1 Alt. 1 BGB erweiternde Anspruchsgrundlage anzusehen; das Geleistete kann auch dann zurückgefordert werden, wenn dem Anspruch eine dauernde Einrede entgegensteht. Eine Ausnahme besteht nach § 813 Abs. 1 Satz 2 BGB bei der Verjährungseinrede. Wegen seines ergänzenden Charakters zur condictio indebiti (§ 812 Abs. 1 Satz 1 Alt. 1 BGB) ist § 813 Abs. 1 BGB auf andere Bereicherungsansprüche nicht anwendbar.[1]   1

§ 813 Abs. 2 BGB enthält einen Ausschlusstatbestand hinsichtlich der Rückforderung von betagten, insbesondere gestundeten Verbindlichkeiten. Der § 813 Abs. 2 HS. 1 BGB hat nur deklaratorischen Charakter; er stellt klar, dass bei vorzeitiger Erfüllung einer bestehenden Verbindlichkeit eine Rückforderung ausscheidet, weil ja eine Verbindlichkeit bestand.[2]   2

B. Praktische Bedeutung

Die Kondiktion des § 813 Abs. 1 Satz 1 BGB hat heute nur geringe praktische Bedeutung, da das BGB nur wenige peremptorische Einreden kennt und die wichtigste, die Verjährungseinrede, gem. Satz 2 vom Anwendungsbereich ausgenommen ist.[3] Außerdem ist § 813 BGB regelmäßig dort unanwendbar, wo das Bereicherungsrecht kraft Verweisung gilt.[4]   3

C. Anwendungsvoraussetzungen

I. Die Rückforderung wegen einredebehafteter Forderung gem. Absatz 1

1. Das zum Zwecke der Erfüllung einer Verbindlichkeit Geleistete

Das **zum Zwecke der Erfüllung einer Verbindlichkeit Geleistete** ist wie im Rahmen des § 812 BGB auszulegen (vgl. die Kommentierung zu § 812 BGB).   4

---

[1] *Sprau* in: Palandt, § 813 Rn. 1.
[2] *Reuter/Martinek*, Ungerechtfertigte Bereicherung, 1983, S. 133.
[3] *Schwab* in: MünchKomm, § 813 Rn. 6.
[4] *Sprau* in: Palandt, § 813 Rn. 1 m.w.N.

§ 813

2. Entgegenstehen einer Einrede, durch welche die Geltendmachung des Anspruchs dauernd ausgeschlossen wurde

5 **Einrede**: Zur Anspruchsbegründung sind Einreden im rechtstechnischen Sinne, d.h. rechtshemmende Einreden erforderlich.[5] Sie müssen bereits zur Zeit der Leistung dem Anspruch entgegengesetzt werden können („entgegenstand"). **Einwendungen** genügen dagegen nicht. Da sie den Anspruch entweder von vornherein beschränken oder ihn ausschließen, ist ohnehin bereits § 812 Abs. 1 Alt. 1 BGB einschlägig.[6]

6 Keine Einreden i.S.d. § 813 Abs. 1 BGB sind auch **Gestaltungsrechte** wie Anfechtung, Rücktritt und Aufrechnung.[7] Die Rückabwicklung richtet sich nach § 812 Abs. 1 Satz 1 BGB, mit der Begrenzung des § 814 BGB.[8] Bei Anfechtbarkeit greift § 813 Abs. 1 Satz 1 BGB nicht ein, da trotz § 142 Abs. 2 BGB bis zur Erklärung der Anfechtung eine wirksame Verpflichtung bestand.[9] Wer in Unkenntnis einer Aufrechnungsbefugnis zahlt, hat keinen Anspruch aus § 813 Abs. 1 Satz 1 BGB, da die Aufrechnungsbefugnis keine Einrede, sondern ein Gestaltungsrecht darstellt.[10] Unbestritten ist, dass der Anspruch nach § 814 BGB ausgeschlossen ist, wenn die Aufrechnungsbefugnis bekannt war.[11] Hat dagegen der Schuldner gegen eine mit einer dauernden Einrede behaftete Forderung des Gläubigers aufgerechnet, so kann er über § 813 Abs. 1 Satz 1 BGB die Wiederherstellung seiner durch die Aufrechnung getilgten Forderung verlangen, soweit nicht § 813 Abs. 1 Satz 2 BGB i.V.m. § 214 Abs. 2 BGB oder § 814 BGB entgegenstehen.

7 **Dauernde (peremptorische) Einreden** sind nach dem klaren Wortlaut zur Anspruchsbegründung erforderlich, die bloß aufschiebenden (dilatorischen) Einreden und vorübergehende Einreden sind nicht ausreichend.[12]

8 **Dauernde (peremptorische) Einreden** i.S.d. § 813 Abs. 1 BGB sind z.B.: Erwerb der Forderung ohne rechtlichen Grund durch ungerechtfertigte Bereicherung (§ 821 BGB) oder durch unerlaubte Handlung des Gläubigers (§ 853 BGB); ferner die Einrede der anfechtbaren letztwilligen Verfügung nach Ablauf der Anfechtungsfrist (§§ 2083, 2345 BGB) oder der beschränkten Erbenhaftung, wenn der Erbe irrtümlicherweise trotz unzulänglichem Nachlasse oder gegenüber einem ausgeschlossenen Gläubiger erfüllt (§§ 1973, 1975, 1990 BGB) oder wenn er ein Vermächtnis in Unkenntnis einer bestehenden Pflichtteilslast zu hoch erfüllt hat (§ 2318 Abs. 1 BGB).[13] Ein weiteres Beispiel ist die Einrede des persönlichen Schuldners gegenüber dem Hypothekengläubiger, der seiner Benachrichtigungspflicht hinsichtlich Einleitung der Zwangsversteigerung nicht genügt hat (§ 1166 BGB). In Einzelfällen ist als dauernde Einrede auch die „Einrede" der Arglist bzw. aus Treu und Glauben anzuerkennen, soweit sie dauernd wirkt, obwohl § 242 BGB eigentlich eine Einwendung darstellt.[14] Ebenfalls ist die Verwirkung gem. § 242 BGB als eine dauernde Einrede seitens der Rechtsprechung anerkannt.[15] Das Gleiche gilt für die gegen die kreditierende Bank durchgreifende Einwendung des Abzahlungskäufers gegen seinen Verkäufer: Die rechtshindernde Einwendung aus dem Vertragsverhältnis zwischen Verkäufer und Käufer stellt sich durch die nach § 359 Satz 1 BGB eröffnete Möglichkeit zur Geltendmachung dieser Einwendung im Verhältnis des Kreditnehmers zu Kreditgeber als von Anfang an bestehende dauernde Einrede dar.[16] Aus den – durch die GmbH-Reform von 2008 abgeschafften (vgl. § 30 Abs. 1 Satz 3

---

[5] Motive, Bd. II, S. 832; Protokolle, Bd. II, S. 682, 693 f.; RG v. 27.04.1908 - VI 327/07 - RGZ 68, 302-305, 304; RG v. 24.11.1932 - VIII 331/32 - RGZ 139, 17-23, 21; *Schwab* in: MünchKomm-BGB, § 813 Rn. 5; *Reuter/Martinek*, Ungerechtfertigte Bereicherung, 1983, S. 172 f.

[6] *Sprau* in: Palandt, § 813 Rn. 3; *Schulze* in: Hk-BGB, § 813 Rn. 2.

[7] *Stadler* in: Jauernig, § 813 Rn. 4.

[8] *Stadler* in: Jauernig, 813 Rn. 4.; OLG Köln v. 02.12.2011 - 19 U 131/10 - juris Rn. 44.

[9] RG v. 23.06.1936 - II 296/35 - RGZ 151, 361-379, 376.

[10] RG v. 09.03.1934 - II 297/33 - RGZ 144, 93-96; *Lorenz* in: Staudinger, § 813 Rn. 11; *Heimann-Trosien* in: BGB-RGRK, § 813 Rn. 5; offen gelassen in BGH v. 30.05.1963 - VII ZR 11/62 - WM 1963, 965; OLG Stuttgart v. 16.10.2003 - 2 U 39/03 - juris Rn. 28.

[11] BGH v. 09.07.1963 - VI ZR 301/62 - LM Nr. 1 zu § 179 FGG.

[12] Motive, Bd. II, S. 832; Protokolle, Bd. II, S. 682, 693 f.; RG v. 27.04.1908 - VI 327/07 - RGZ 68, 302-305, 304; RG v. 24.11.1932 - VIII 331/32 - RGZ 139, 17-23, 21; *Reuter/Martinek*, Ungerechtfertigte Bereicherung, 1983, S. 172 f.

[13] KG Berlin v. 13.03.1975 - 12 U 2643/74 - FamRZ 1977, 267-271.

[14] BGH v. 15.01.1954 - V ZR 165/52 - LM Nr. 19 zu § 242 (Cd) BGB; OLG Naumburg v. 17.08.1998 - 1 U 53/98 - NJW-RR 1999, 1144-1145; OLG Köln v. 02.12.2011 - 19 U 131/10 - juris Rn. 41.

[15] LG Karlsruhe v. 01.04.1981 - 6 O 69/81 - juris Rn. 16.

[16] BGH v. 04.12.2007 - XI ZR 227/06 - NJW 2008, 845-847.

GmbHG) – sog. Rechtsprechungsregeln des Bundesgerichtshofs zu eigenkapitalersetzenden Darlehen folgte eine peremptorische Einrede, die in Verbindung mit der Einrede der ungerechtfertigten Bereicherung gegen die Durchsetzbarkeit von für jene bestellten nicht-akzessorischen Sicherheiten vorgebracht werden konnte.[17] Eine solche Einrede ist ebenso bei einem vertraglichen Rangrücktritt des Darlehensgebers zu bejahen.[18] Liegt nach reformierter Rechtslage ein gesetzlicher Rangrücktritt gemäß § 39 Abs. 1 Nr. 5 InsO vor, so führt dies zu einer Einrede **analog § 813 Abs. 1 Satz 1 BGB** und somit wiederum in Verbindung mit der Einrede der ungerechtfertigten Bereicherung bei nicht-akzessorischen Sicherheiten zu einer Freigabepflicht des Sicherungsnehmers in der Insolvenz der GmbH.[19] Dagegen erfolgt zwischen dem nachrangigen und vorrangigen Grundschuldgläubiger kein Ausgleich nach § 813 Abs. 1 BGB, wenn der nachrangige Grundschuldgläubiger die zur Abwendung der Zwangsversteigerung erforderlichen Kosten bezahlt und der vorrangige Grundschuldgläubiger hierdurch einen über die Valutierung hinaus gehenden Erlös erzielt.[20] § 438 Abs. 4 Satz 2 BGB gewährt dem Käufer für den Fall, dass er beim Kauf einer mangelhaften Sache nach Verjährung seiner Gewährleistungsansprüche auf Zahlung des Kaufpreises in Anspruch genommen wird, eine dauernde Einrede. Allerdings ist anerkannt, dass § 813 BGB keine Anwendung findet, wenn der Käufer, der vor Eintritt der Verjährung seiner Gewährleistungsansprüche zum Rücktritt berechtigt war, aber erst nach diesem Zeitpunkt den Kaufpreis leistet.[21] § 813 Abs. 1 BGB ist auch im Falle der Erfüllung einer fremden Verbindlichkeit nach § 267 BGB anwendbar.[22]

Keine dauernden **Einreden** i.S.d. § 813 BGB sind lediglich vorübergehende Einreden wie Stundung und ein zeitlich begrenztes Zurückbehaltungsrecht.[23]

Zeitpunkt für das Vorliegen der dauernden Einrede: Grundsätzlich muss die dauernde Einrede schon zur Zeit der Leistung bestanden haben.[24] Richtigerweise schränkt die h.M. aus Billigkeitsgründen diesen Grundsatz ein und lässt es insbesondere bei Einreden aus § 242 BGB genügen, dass die im Leistungszeitpunkt gegebenen Verhältnisse die wesentliche Grundlage der Einrede konstituieren und sie sich durch Hinzutreten weiterer im Ansatz schon vorhandener Umstände zu einer peremptorischen Einrede verdichten.[25]

3. Ausschluss des Anspruches für die Verjährungseinrede gem. Absatz 1 Satz 2

Obwohl die Verjährungseinrede eine dauernde Einrede ist, ist bei ihr nach § 813 Abs. 1 Satz 2 BGB ein Anspruch ausgeschlossen. Nach § 813 Abs. 1 Satz 2 BGB i.V.m. § 214 Abs. 2 BGB ist der Bereicherungsanspruch bei freiwilliger Leistung auf eine verjährte Forderung in Unkenntnis der Verjährung ausgeschlossen.[26] Er ist jedoch nicht ausgeschlossen, wenn in der Zwangsvollstreckung die Verjährungseinrede nicht erhoben wurde.[27]

II. Vorzeitige Erfüllung einer betagten Verbindlichkeit gem. Absatz 2

§ 813 Abs. 2 BGB hat nur klarstellende Bedeutung,[28] dass in der vorzeitigen Erfüllung einer betagten Verbindlichkeit keine Leistung auf eine Nichtschuld liegt.[29]

1. Vorzeitige Erfüllung einer betagten Verbindlichkeit gem. Absatz 2 Halbsatz 1

Eine betagte Verbindlichkeit liegt nur vor, wenn die Verbindlichkeit bereits entstanden, jedoch noch nicht fällig ist,[30] insbesondere bei einer Stundung. Ihre vorzeitige Erfüllung ist keine Erfüllung einer Nichtschuld. Die Rückforderung der Leistung einschließlich eines Schuldanerkenntnisses ist deshalb

---

[17] *Martinek/Omlor*, WM 2008, 665 f.
[18] *Martinek/Omlor*, WM 2008, 665, 668.
[19] *Martinek/Omlor*, WM 2008, 665, 669 ff.
[20] BGH v. 11.05.2005 - IV ZR 279/04 - WM 2005, 1271-1273.
[21] *Schwab* in: MünchKomm-BGB, § 813 Rn. 11.
[22] LG Karlsruhe v. 01.04.1981 - 6 O 69/81- juris Rn. 16.
[23] RG v. 24.11.1932 - VIII 331/32 - RGZ 139, 17-23.
[24] OLG Zweibrücken v. 19.02.2009 - 4 U 69/08 - juris Rn. 12 - NJW 2009, 2221-2223.
[25] BGH v. 15.01.1954 - V ZR 165/52 - LM Nr. 19 zu § 242 (Cd) BGB; *Reuter/Martinek*, Ungerechtfertigte Bereicherung, 1983, S. 173 m.w.N.; *Heimann* in: BGB-RGRK, § 813 Rn. 3; *Lorenz* in: Staudinger, § 813 Rn. 7.
[26] *Schulze* in: Hk-BGB, § 813 Rn. 3.
[27] BGH v. 05.10.1993 - XI ZR 180/92 - LM BGB § 223 Nr. 5 (3/1994).
[28] *Stadler* in: Jauernig, § 813 Rn. 6; *Reuter/Martinek*, Ungerechtfertigte Bereicherung, 1983, S. 133.
[29] *Schulze* in: Hk-BGB, § 813 Rn. 4.
[30] *Schulze* in: Hk-BGB, § 813 Rn. 4.

ausgeschlossen.[31] Nach h.M. ist § 813 Abs. 2 BGB auf „befristete" Schulden, die erst zu einem späteren (Anfangs-)Termin entstehen, nicht anwendbar.[32] Das Gleiche gilt für die Erfüllung einer aufschiebend bedingten Verbindlichkeit vor Eintritt der – dem Leistenden nicht bekannten – Bedingung, da § 163 BGB beide Fälle gleich behandelt.[33] Mit Entstehung der Forderung oder Eintritt der aufschiebenden Bedingung entfällt hier der Rückforderungsanspruch. Bei endgültigem Ausfall der Bedingung kann die condictio ob rem (§ 812 Abs. 1 Satz 2 Alt. 2 BGB) in Betracht kommen.[34] Die Vorschrift des § 813 Abs. 2 BGB, die eine „betagte Verbindlichkeit" voraussetzt, ist jedoch bei einem Werkvertrag auf die Zahlung des Bestellers nach Vertragsschluss und vor Fälligkeit des Werklohnanspruchs anwendbar.[35] Wenn ein Rechtsverhältnis aufgrund eines Verstoßes gegen ein Verbotsgesetz durch die Entgegennahme einer Leistung nichtig ist und das Verbotsgesetz gerade die Entgegennahme von Zahlungen auf eine betagte Forderung verbietet, kann die Regelung des § 813 Abs. 2 BGB, solange die Fälligkeitsvoraussetzungen noch nicht vorliegen, keine Anwendung finden, soweit sie den vom Verbotsgesetz bezweckten Schutz des Erwerbers ausschalten würde; die Regelung in § 813 Abs. 2 BGB kann jedoch nur insoweit zurücktreten, als dies im Hinblick auf Sinn und Zweck des genannten Verbotsgesetzes gerechtfertigt ist.[36] Soweit der vorrangige Schutz des Erwerbers die Rückzahlung der vor Fälligkeit geleisteten Zahlungen nicht gebietet, verbleibt es beim gesetzlichen Ausschluss des Kondiktionsanspruchs.[37]

14 Erforderlich ist die Leistung durch einen voll Geschäftsfähigen, soweit dies zur wirksamen (vorzeitigen) **Erfüllung** erforderlich ist.[38]

2. Ausschluss der Erstattung von Zwischenzinsen gem. Absatz 2 Halbsatz 2

15 Der Ausschluss der Rückforderung von Zwischenzinsen durch den § 813 Abs. 2 HS. 2 BGB ergänzt das Prinzip des § 272 BGB, wonach bei wissentlich vorzeitiger (Geld-)Leistung keine Zwischenzinsen verlangt werden können, auf die Fälle, in denen der Schuldner auch unwissentlich eine betagte Verbindlichkeit vorzeitig erfüllt.[39]

3. Abdingbarkeit

16 § 813 Abs. 2 BGB ist abdingbar. Ein entgegenstehender Parteiwille ist zu berücksichtigen. Aus seinem Vorliegen wird man i.d.R. auf das Vorliegen einer Befristung statt einer Betagung schließen können.[40]

4. Analoge Anwendung

17 § 813 Abs. 1 Satz 1 BGB ist einer Erweiterung seines Anwendungsbereichs im Wege einer entsprechenden Anwendung zugänglich.[41] Anwendungsbeispiel ist das Verweigerungsrecht bezüglich der Rückzahlung von Gesellschafterdarlehen, die von dem gesetzlichen Rangrücktritt des § 39 Abs. 1 Nr. 5 InsO erfasst werden. In Verbindung mit der Einrede der ungerechtfertigten Bereicherung folgt daraus bei nicht-akzessorischen Sicherheiten eine Freigabepflicht des Sicherungsnehmers in der Insolvenz der GmbH.[42]

D. Rechtsfolgen

18 Im Falle der Eingehung einer neuen Verbindlichkeit richtet sich der Anspruch auf Entlassung aus der Verbindlichkeit.[43]

---

[31] Vgl. etwa OLG Düsseldorf v. 04.06.2004 - I-23 U 29/04, 23 U 29/04 - juris Rn. 4 - OLGR Düsseldorf 2005, 34-35; OLG Sachsen-Anhalt v. 13.11.2009 - 10 U 20/09 - juris Rn. 93 - NJW-RR 2010, 1323-1328.
[32] *Lorenz* in: Staudinger, § 813 Rn. 17.
[33] KG Berlin v. 15.09.1997 - 12 U 8810/96 - KGR Berlin 1998, 1-2; *Sprau* in: Palandt, § 813 Rn. 5.
[34] *Sprau* in: Palandt, § 813 Rn. 5.
[35] OLG Düsseldorf v. 04.06.2004 - I-23 U 29/04, 23 U 29/04 - BauRB 2004, 357-358.
[36] BGH v. 22.03.2007 - VII ZR 268/05 - juris Rn. 31 - BGHZ 171, 364-374.
[37] BGH v. 22.03.2007 - VII ZR 268/05 - juris Rn. 31 - BGHZ 171, 364-374.
[38] *Sprau* in: Palandt, § 813 Rn. 5; zur Frage der wirksamen Erfüllung vgl. die Kommentierung zu § 362 BGB.
[39] *Reuter/Martinek*, Ungerechtfertigte Bereicherung, 1983, S. 134; *Lorenz* in: Staudinger, § 813 Rn. 19.
[40] *Reuter/Martinek*, Ungerechtfertigte Bereicherung, 1983, S. 133 f.
[41] In diese Richtung ebenfalls BGH v. 11.05.2005 - IV ZR 279/04 - WM 2005, 1271; OLG Düsseldorf v. 16.01.2004 - I-16 U 46/03.
[42] *Martinek/Omlor*, WM 2008, 665, 669 ff.
[43] BGH v. 15.12.1994 - IX ZR 252/93 - juris Rn. 15 - LM BGB § 813 Nr. 5 (4/1995).

E. Prozessuale Hinweise

Es gelten die allgemeinen Beweislastregeln. Der Anspruchsberechtigte hat daher die Leistung zur Erfüllung einer bestimmten Verbindlichkeit sowie das Vorhandensein einer dauernden Einrede zu beweisen.[44]

---

[44] *Sprau* in: Palandt, § 813 Rn. 6; *Lorenz* in: Staudinger, § 813 Rn. 20.

§ 814 BGB Kenntnis der Nichtschuld

(Fassung vom 02.01.2002, gültig ab 01.01.2002)

Das zum Zwecke der Erfüllung einer Verbindlichkeit Geleistete kann nicht zurückgefordert werden, wenn der Leistende gewusst hat, dass er zur Leistung nicht verpflichtet war, oder wenn die Leistung einer sittlichen Pflicht oder einer auf den Anstand zu nehmenden Rücksicht entsprach.

Gliederung

A. Grundlagen 1	2. Typische Fallkonstellationen 15
I. Überblick 1	II. Rückforderungsausschluss bei sittlicher
II. Kurzcharakteristik 3	Pflicht oder Anstandsrücksicht
III. Anwendungsbereich 6	(Alternative 2) 25
B. Anwendungsvoraussetzungen 10	1. Definition 27
I. Leistung in Kenntnis der Nichtschuld	2. Typische Fallkonstellationen 30
(Alternative 1) 10	**C. Prozessuale Hinweise** 37
1. Allgemeines 10	

A. Grundlagen

I. Überblick

1 Der Gesetzgeber hat die verschiedenen Fälle der Leistungskondiktion zunächst so weit gefasst, dass sie auch in solchen Sachverhalten zur Anwendung kommen, in welchen ein Rückgriffsrecht des Leistenden gegen den Empfänger aus rechtsethischen Erwägungen heraus als unbillig erscheint. Das Bereicherungsrecht sieht daher in den §§ 814, 815 BGB und § 817 Satz 2 BGB Ausschlusstatbestände (**Kondiktionssperren**) vor, die die zu weitgehenden Geltungsanordnungen der einzelnen Leistungskondiktionen partiell wieder zurücknehmen.[1]

2 Die Kondiktionssperren sind als rechtshindernde **Einwendungen** von Amts wegen zu berücksichtigen.[2]

II. Kurzcharakteristik

3 Die Vorschrift des § 814 BGB normiert als **gesetzliche Ausprägung des Grundsatzes von Treu und Glauben** zwei Ausnahmetatbestände[3], um aus rechtsethischen Gründen zu missbilligende Rückforderungen von Leistungen zur Erfüllung von Verbindlichkeiten bei Nichtbestehen der Schuld nach § 812 Abs. 1 Satz 1 Alt. 1 BGB auszuschließen.

4 § 814 Alt. 1 BGB gibt zum einen eine auf das Verbot des venire contra factum proprium zurückführbare Einwendung bei Leistung in Kenntnis der Nichtschuld.[4] Die den Rückforderungsausschluss tragende Wertung ist hier die Schutzbedürftigkeit des beim Empfänger der Leistung erweckten Vertrauens.[5] Daneben wird zur Begründung auch die mangelnde Schutzwürdigkeit des Leistenden herangezogen.[6] Ein Leistender, der um das Fehlen einer Verbindlichkeit weiß, verfolgt in Wirklichkeit durch die Erbringung seiner Leistung andere Ziele als die Tilgung einer vermeintlichen Schuld, er leistet etwa schenkungshalber, vergleichshalber, zur Erfüllung einer Anstandspflicht oder um einer versteckten Gegenleistung willen. Erscheint dem Leistenden das Erreichen dieser Ziele nunmehr nicht mehr als ausreichend, so kann die Rechtsordnung kein Interesse daran haben, die Änderungen seines Willens zu

---

[1] *Reuter/Martinek*, Ungerechtfertigte Bereicherung, 1983, § 6, S. 182.
[2] *Reuter/Martinek*, Ungerechtfertigte Bereicherung, 1983, § 6, S. 182.
[3] *Sprau* in: Palandt, § 814 Rn. 1.
[4] BGH v. 07.05.1997 - IV ZR 35/96 - juris Rn. 20 - LM VVG § 159 Nr. 4 (10/1997); BGH v. 13.02.2008 - VIII ZR 208/07 - juris Rn. 14 - NJW 2008, 1878-1880.
[5] *Reuter/Martinek*, Ungerechtfertigte Bereicherung, 1983, § 6, S. 183.
[6] *Heck*, Grundriß des Schuldrechts, 1958, S. 424; *Lorenz* in: Staudinger, § 814 Rn. 2; *Schwab* in: MünchKomm-BGB, § 814 Rn. 8.

schützen, da der Leistende freiwillig seiner Leistung den Charakter einer Erfüllung gegeben hat und er sich nunmehr so behandeln lassen muss, als sei tatsächlich auf die Verbindlichkeit mit Erfüllungswirkung geleistet worden.[7]

Zum anderen ist eine Rückforderung nach § 814 Alt. 2 BGB ausgeschlossen, wenn der Leistung keine rechtliche, aber eine moralische Verpflichtung zugrunde lag. Der Mangel des rechtlichen Grundes wird ausnahmsweise durch eine objektiv als bestehend erachtete sittliche Pflicht oder Anstandsrücksicht aufgewogen und somit für die Leistung gewissermaßen ersatzweise ein Rechtsgrund geschaffen[8], welcher Kondiktionsansprüche sperrt.

III. Anwendungsbereich

Die Ausnahmetatbestände des § 814 BGB gelten nur für Kondiktionsansprüche aufgrund von Leistungen zum Zwecke der Erfüllung einer Verbindlichkeit, die im Leistungszeitpunkt nicht bestand (§ 812 Abs. 1 Satz 1 Alt. 1 BGB **condictio indebiti**). Unstreitig ist der Anwendungsbereich des § 814 BGB auf den Fall des § 813 BGB zu erweitern. Auch die Kenntnis einer dauernden Einrede schließt eine Rückforderung des Geleisteten aus.[9]

§ 814 BGB **gilt nicht** für andere Fälle der Leistungskondiktion. Bereicherungsansprüche wegen späterem Wegfalls des Rechtsgrundes nach § 812 Abs. 1 Satz 2 Alt. 1 BGB (**condictio ob causam finitam**) fallen nicht in den Anwendungsbereich der Vorschrift,[10] da in Fällen dieser Art notwendigerweise im Zeitpunkt der Leistung, der für die Kenntnis maßgeblich ist, eine Verbindlichkeit besteht. Auch für Bereicherungsansprüche wegen Nichteintritts des mit der Leistung bezweckten Erfolges (§ 812 Abs. 1 Satz 2 Alt. 2 BGB **condictio ob rem**) gilt § 814 BGB nicht.[11] Für diese ist allein der spezielle Kondiktionsausschluss nach § 815 BGB vorgesehen. Gleichfalls keine Anwendung findet § 814 BGB bei Ansprüchen aus § 817 Satz 1 BGB,[12] sowie in Fällen der **Bereicherung in sonstiger Weise**.[13]

Die Schutzfunktion des § 814 BGB kann einer Anwendung der Vorschrift ausnahmsweise entgegenstehen, wenn sie sich für den Empfänger der Leistung wegen besonderer Umstände des Einzelfalles nachteilig auswirken würde[14] oder wenn der Empfänger der Leistung trotz Kenntnis vom Nichtbestehen der Verbindlichkeit nicht darauf vertrauen durfte, das Empfangene behalten zu dürfen, etwa bei Weiterzahlung der Rente des Erblassers an den Erben trotz erfolgter Todesanzeige (vgl. dazu Rn. 22)[15].

Liegen die Voraussetzungen des § 814 BGB nicht vor, bleibt ein Ausschluss der Rückforderung nach § 242 BGB möglich.[16] Diese ergänzende Heranziehung des § 242 BGB ist insbesondere im Bereich des öffentlich-rechtlichen Erstattungsanspruches von Bedeutung, weil dort die Vorschriften des allgemeinen Bereicherungsrechts nicht unmittelbar anwendbar sind (zum öffentlich-rechtlichen Erstattungsanspruch vgl. die Kommentierung zu § 812 BGB).[17]

B. Anwendungsvoraussetzungen

I. Leistung in Kenntnis der Nichtschuld (Alternative 1)

1. Allgemeines

Zum Leistungsbegriff vgl. die Kommentierung zu § 812 BGB. Die zurückzufordernde Leistung muss in Kenntnis der Nichtschuld erbracht worden sein. Erforderlich ist die **positive Kenntnis** des Leistenden zum Zeitpunkt seiner Leistung, dass er zu dieser Leistung nicht verpflichtet ist.[18] Dabei sind präzise

---

[7] *Reuter/Martinek*, Ungerechtfertigte Bereicherung, 1983, § 6 I, S. 187.
[8] *Lorenz* in: Staudinger, § 814 Rn. 16; *Reuter/Martinek*, Ungerechtfertigte Bereicherung, 1983, § 6 II, S. 193.
[9] *Schwab* in: MünchKomm-BGB, § 814 Rn. 6.
[10] BGH v. 04.04.1990 - VIII ZR 71/89 - juris Rn. 14 - BGHZ 111, 125-133.
[11] BGH v. 26.10.1979 - V ZR 88/77 - juris Rn. 14 - LM Nr. 5 zu § 815 BGB; OLG Köln v. 08.04.1994 - 20 U 226/92 - NJW-RR 1994, 1026.
[12] BGH v. 14.12.2000 - I ZR 213/98 - juris Rn. 32 - NJW-RR 2001, 1044-1046.
[13] BGH v. 20.03.1986 - II ZR 75/85 - juris Rn. 25 - WM 1986, 1324-1326.
[14] *Schulze* in: Hk-BGB, § 814 Rn. 1; OLG Nürnberg v. 19.12.1989 - 1 U 3158/89 - NJW-RR 1991, 109-111.
[15] BGH v. 18.01.1979 - VII ZR 165/78 - juris Rn. 15 - BGHZ 73, 202-207; *Sprau* in: Palandt, § 814 Rn. 2.
[16] OLG Hamm v. 30.08.1972 - 5 U 169/73; *Stadler* in: Jauernig, § 814 Rn. 1.
[17] BGH v. 09.05.1960 - III ZR 32/59 - juris Rn. 26 - BGHZ 32, 273-280.
[18] RG v. 05.03.1923 - VI 723/22 - RGZ 107, 7-11, 10; BGH v. 14.07.1993 - XII ZR 262/91 - juris Rn. 10 - NJW-RR 1993, 1457-1459; *Sprau* in: Palandt, § 814 Rn. 3.

Rechtskenntnisse auf Seiten des Leistenden nicht zu fordern. Es muss eine der Rechtslage entsprechende Parallelwertung in der Laiensphäre genügen.[19]

11 Dass der Leistende Tatsachen kennt, aus denen sich das Fehlen einer rechtlichen Verpflichtung ergibt, reicht nicht aus. Er muss vielmehr gerade wissen, dass er nach der Rechtslage nichts schuldet.[20] Somit schließen Rechts- und Tatbestandsirrtümer des Leistenden eine Anwendung des § 814 BGB zwingend aus.[21]

12 Auch **grob fahrlässige Unkenntnis** des Nichtbestehens einer Verpflichtung genügt nicht zum Ausschluss des Rückforderungsanspruches.[22]

13 Gleichfalls nicht ausreichend sind **bloße Zweifel** am Bestehen der Nichtschuld.[23] Allerdings kann nach den besonderen Umständen des Einzelfalls bei Leistung trotz bestehender Zweifel ein **Verzicht auf Bereicherungsansprüche** zu sehen sein, wenn der Empfänger aus dem Verhalten des Leistenden nach Treu und Glauben den Schluss ziehen durfte, der Leistende wolle die Leistung gegen sich gelten lassen, unabhängig vom Bestehen der Schuld.[24] Erforderlich ist eine erkennbare Absicht des Leistenden, seine Leistung auch für den Fall der Nichtschuld bewirken zu wollen. Maßgeblich ist dabei, wie das Verhalten des Leistenden im Einzelfall objektiv aufzufassen ist.[25] Vor allem im kaufmännischen Geschäftsverkehr kann eine vorbehaltlose Leistung trotz beiderseitiger Zweifel der Parteien über die Schuld nach Treu und Glauben als Verzicht auf eine Rückforderung zu deuten sein.[26] Bestehen Zweifel, ob das Verhalten des Leistenden als Rückforderungsverzicht auszulegen ist, gehen diese zu Lasten des Empfängers.[27]

14 Der Kenntnis der Nichtschuld steht die **Kenntnis von Einwendungen gegenüber der Verbindlichkeit** gleich, sofern dem Leistenden alle möglichen Einwendungen bekannt waren.[28] Gleiches gilt für die **Kenntnis der Anfechtbarkeit** nach § 142 Abs. 2 BGB durch den Leistenden.[29] Wer jedoch in Kenntnis eines ihm zustehenden Anfechtungsrechts leistet, bestätigt das anfechtbare Rechtsgeschäft nach § 144 Abs. 1 BGB und geht damit ohnehin des Anfechtungsrechts und einer Möglichkeit der Beseitigung der Verbindlichkeit verlustig.[30] Ist dagegen nur der Empfänger zur Anfechtung berechtigt, so ist eine teleologische Reduktion des § 814 Alt. 1 BGB geboten. Für diesen Fall kommt es auf die subjektiven Voraussetzungen des § 814 BGB, die durch § 142 Abs. 2 BGB modifiziert werden, nicht an. Vielmehr ist bereits der von § 814 BGB objektiv vorausgesetzte Umstand, das Fehlen einer (für den Leistenden uneingeschränkten) Leistungspflicht, nicht gegeben.[31]

2. Typische Fallkonstellationen

15 Im Rahmen des Tatbestandsmerkmals „Kenntnis der Nichtschuld" treten typischerweise die nachfolgend erörterten Fallkonstellationen auf:

16 Wird die **Leistung durch einen Vertreter** erbracht, so ist auf dessen Kenntnis abzustellen.[32] Dies folgt aus § 166 Abs. 1 BGB. Besteht die Leistung nicht in der Abgabe einer Willenserklärung, handelt es sich um eine analoge Anwendung dieser Vorschrift.[33] Auf die Kenntnis des Vertreters von der Nicht-

---

[19] OLG Köln v. 07.05.2010 - 19 U 106/09 - juris Rn. 6.
[20] BGH v. 07.05.1997 - IV ZR 35/96 - juris Rn. 20 - LM VVG § 159 Nr. 4 (10/1997); BGH v. 26.06.1986 - III ZR 232/85 - juris Rn. 2 - WM 1986, 1160.
[21] BGH v. 29.01.1968 - II ZR 126/66 - LM Nr. 6 zu § 133 HGB; *Lorenz* in: Staudinger, § 814 Rn. 4; *Sprau* in: Palandt, § 814 Rn. 3.
[22] BGH v. 09.12.1971 - III ZR 58/69 - BB 1972, 1163-1164; OLG Hamm v. 30.08.1972 - 5 U 169/73; OLG Hamm v. 09.05.2011 - II-8 WF 211/10, 8 WF 211/10 - juris Rn. 3.
[23] BGH v. 25.01.1973 - II ZR 90/71; *Sprau* in: Palandt, § 814 Rn. 3.
[24] BGH v. 09.05.1960 - III ZR 32/59 - juris Rn. 28 - BGHZ 32, 273-280.
[25] *Sprau* in: Palandt, § 814 Rn. 3.
[26] BGH v. 09.05.1960 - III ZR 32/59 - juris Rn. 28 - BGHZ 32, 273-280; OLG Hamm v. 30.08.1972 - 5 U 169/73.
[27] RG v. 24.04.1937 - V 24/37 - RGZ 154, 385-397, 397.
[28] *Sprau* in: Palandt, § 814 Rn. 4.
[29] BGH v. 13.02.2008 - VIII ZR 208/07 - juris Rn. 14 - NJW 2008, 1878-1880.
[30] *Reuter/Martinek*, Ungerechtfertigte Bereicherung, 1983, § 6 I, S. 188; *Schwab* in: MünchKomm-BGB, § 814 Rn. 13.
[31] BGH v. 13.02.2008 - VIII ZR 208/07 - juris Rn. 14 - NJW 2008, 1878-1880.
[32] BGH v. 10.12.1998 - III ZR 208/97 - juris Rn. 17 - LM BGB § 814 Nr. 10 (6/1999).
[33] *Lorenz* in: Staudinger, § 814 Rn. 5.

schuld kommt es hingegen nicht an, wenn der Vertreter das Selbstkontrahierungsverbot des § 181 BGB verletzt[34] oder auf Weisung des Vertretenen gehandelt hat.[35] In diesen Fällen ist allein auf die Kenntnis des Vertretenen abzustellen.

Hat der Vertretene **mehrere Vertretungsorgane**, so entscheidet die Kenntnis des die Leistung tatsächlich Erbringenden. Wusste dieser nichts von der Nichtschuld, so schadet die Kenntnis eines anderen Organs nicht.[36] Besteht hingegen **Gesamtvertretung**, d.h. können die Vertreter nur gemeinsam leisten, reicht die Kenntnis auch nur eines Vertreters aus.[37] Haben an einem Leistungsvorgang mehrere Personen mitgewirkt, so wird auf die Kenntnis dessen abgestellt, der die Leistung angeordnet hat.[38] 17

Auch bei Kenntnis der Nichtschuld kann das Rückforderungsrecht des Leistenden ausnahmsweise erhalten bleiben, wenn die Leistung unter dem **Vorbehalt** der Rückforderung erbracht und angenommen wird.[39] Als Vorbehalt ausreichend ist grundsätzlich eine Erklärung bei Leistung, dass der Anspruch nicht berechtigt sei.[40] Auch eine Erklärung, die Zahlung erfolge „ohne Anerkennung einer Rechtspflicht", genügt für die Begründung eines Vorbehalts.[41] 18

Trotz Kenntnis von der Nichtschuld findet § 814 BGB ferner keine Anwendung, wenn die **Leistung nicht freiwillig**, sondern zur Vermeidung eines drohenden Nachteils unter Druck oder Zwang erbracht wurde.[42] **Beispiele** für solche unfreiwilligen Leistungen in einer Zwangslage sind Leistungen, um einer angedrohten Zwangsvollstreckung zu entgehen,[43] aber auch Leistungen eines Bürgen bei Zahlungen auf das erste Anfordern für eine verjährte Hauptforderung.[44] Gleichfalls steht dem Bereicherungsanspruch des Scheinvaters gegen das Kind, dem er Unterhalt geleistet hat, § 814 BGB nicht entgegen. Denn so lange die Nichtehelichkeit nicht rechtskräftig festgestellt ist, erfolgen die Zahlungen aufgrund einer gesetzlichen Unterhaltspflicht.[45] **Keine Zwangslage** liegt hingegen vor, wenn der Leistende, obgleich er die Nichtschuld oder die bestehende Einwendung gegen die Schuld gekannt hat, in dem irrigen Glauben geleistet hat, dies im Prozess nicht beweisen zu können. Eine Rückforderung des Geleisteten bleibt ausgeschlossen.[46] Allerdings wird man einen Hinweis, die Leistung erfolge nur wegen der zurzeit fehlenden Beweismittel, unschwer als Vorbehalt auffassen können, sodass diese Frage kaum praktische Bedeutung hat.[47] 19

§ 814 Alt. 1 BGB ist zudem grundsätzlich nicht anzuwenden, wenn **Leistungen** zwar in Kenntnis der Nichtschuld, aber **in Erwartung der Heilung** eines – insbesondere wegen Formmangels nach § 125 BGB – nichtigen Geschäfts erbracht werden.[48] In der Praxis ist dieses Problem vor allem bei Grundstücksgeschäften relevant.[49] Zur Begründung der unstreitig fehlenden Anwendbarkeit des § 814 Alt. 1 20

---

[34] BGH v. 22.09.1980 - II ZR 271/79 - WM 1980, 1451-1452.
[35] BGH v. 10.12.1998 - III ZR 208/97 - juris Rn. 18 - LM BGB § 814 Nr. 10 (6/1999).
[36] RG v. 26.04.1912 - II 517/11 - RGZ 79, 285-288, 287; OLG Hamm v. 12.05.1995 - 20 U 37/95 - juris Rn. 7 - NJW-RR 1996, 1312.
[37] *Sprau* in: Palandt, § 814 Rn. 7.
[38] RG v. 11.03.1919 - II 278/18 - RGZ 95, 126-131, 129.
[39] BGH v. 17.02.1982 - IVb ZR 657/80 - juris Rn. 10 - BGHZ 83, 278-283; BGH v. 08.06.1988 - IVb ZR 51/87 - juris Rn. 21 - LM Nr. 197 zu BGB § 812; *Lorenz* in: Staudinger, § 814 Rn. 7; *Schwab* in: MünchKomm-BGB, § 814 Rn. 9.
[40] OLG Karlsruhe v. 22.11.1996 - 3 U 52/96 - WM 1997, 1049-1051.
[41] BGH v. 09.06.1992 - VI ZR 215/91 - LM ZPO § 355 Nr. 13 (2/1993); a.A. OLG Koblenz v. 20.09.1983 - 3 U 1636/82 - NJW 1984, 134-135.
[42] BGH v. 12.07.1995 - XII ZR 95/93 - juris Rn. 24 - NJW 1995, 3052-3054; *Reuter/Martinek*, Ungerechtfertigte Bereicherung, 1983, § 6 I, S. 188.
[43] OLG Hamburg v. 03.11.1998 - 9 U 67/98 - juris Rn. 12 - NJW-RR 1999, 1568-1569; BGH v. 19.01.1983 - VIII ZR 315/81 - juris Rn. 9 - BGHZ 86, 267-272.
[44] BGH v. 12.07.1995 - XII ZR 95/93 - juris Rn. 24 - NJW 1995, 3052-3054; OLG Hamm v. 21.04.1994 - 21 U 215/93 - NJW-RR 1994, 1073-1074.
[45] BGH v. 20.05.1981 - IVb ZR 571/80 - juris Rn. 8 - LM Nr. 150 zu § 812 BGB.
[46] *Sprau* in: Palandt, § 814 Rn. 3; RG v. 08.12.1904 - VI 58/04 - RGZ 59, 351-355, 354; *Reuter/Martinek*, Ungerechtfertigte Bereicherung, 1983, § 6 I, S. 186; kritisch *Lorenz* in: Staudinger, § 814 Rn. 8; a.A. *Heimann-Trosien* in: BGB-RGRK, § 814 Rn. 10.
[47] *Lorenz* in: Staudinger, § 814 Rn. 8.
[48] BGH v. 02.07.1999 - V ZR 167/98 - juris Rn. 7 - LM BGB § 815 Nr. 7 (3/2000); BGH v. 26.10.1979 - V ZR 88/77 - juris Rn. 14 - LM Nr. 5 zu § 815 BGB.
[49] BGH v. 21.05.1971 - V ZR 17/69 - LM Nr. 48 zu § 313 BGB; OLG München v. 26.02.1985 - 9 U 4530/84 - NJW-RR 1986, 13-14; zu anderen formbedürftigen Rechtsgeschäften vgl. BGH v. 18.01.1979 - VII ZR 165/78 - juris Rn. 13 - BGHZ 73, 202-207; BGH v. 16.03.1983 - VIII ZR 346/81 - juris Rn. 30 - LM Nr. 160 zu § 812 BGB.

BGB in Fallkonstellationen dieser Art wird angeführt, dass die Rückforderung des bewusst Vorgeleisteten ein Fall der condictio ob rem in der Form eines Vorleistungsfalles ist, weil man das Schwergewicht der Leistung nicht in der Erfüllung der Verbindlichkeit, sondern in der dem anderen Teile erkennbaren Absicht sieht, ihn zur freiwilligen Gegenleistung zu bestimmen und den vereinbarten Austausch zustande zu bringen.[50] § 814 BGB sperrt eine Kondiktion nach § 812 Abs. 1 Satz 2 Alt. 2 BGB nicht. Andere wollen in Fällen bewusster Vorleistung einen Rückgriff nach § 812 Abs. 1 Satz 1 Alt. 1 BGB gewähren.[51] Allerdings soll zur Vermeidung einer an sich einschlägigen, aber grob unbilligen Kondiktionssperre der Anwendungsbereich des § 814 Alt. 1 BGB teleologisch reduziert werden und ein Kondiktionsausschluss nur dann anzunehmen sein, wenn der Leistende wusste, dass die Schuld niemals entstehen werde.[52]

21 Auch ist es bei einem **schwebend unwirksamen Geschäft** denkbar, dass zwar in Kenntnis des Schwebezustandes – also in Kenntnis des mangelnden rechtlichen Grundes – aber in Erwartung späterer Genehmigung geleistet wurde.[53] Dann steht § 814 Alt. 1 BGB lediglich einer Rückforderung während der Schwebezeit entgegen.[54] Unterbleibt die erwartete Genehmigung endgültig, so kann das Geleistete kondiziert werden. Gleiches gilt auch, wenn eine **aufschiebend bedingte Verbindlichkeit** wissentlich vor Eintritt der Bedingung erfüllt wird, es sei denn, der Leistende hat das Risiko des Nichteintritts der Bedingung bewusst auf sich genommen.[55]

22 Bislang kaum erörtert ist die Frage, ob ein Rückforderungsausschluss nach § 814 Alt. 1 BGB auch dann eingreift, wenn nicht nur der Leistende, sondern gleichfalls der **Empfänger um das Nichtbestehen einer Verbindlichkeit wusste**. Legt man der Kondiktionssperre des § 814 Alt. 1 BGB neben dem Verbot des venire contra factum proprium die Wertung zugrunde, dass der Leistende im Falle der wissentlichen Leistung auf eine Nichtschuld nicht schutzwürdig ist (vgl. Rn. 4), so kommt es auf einen schutzwürdigen Vertrauenstatbestand beim Empfänger nicht an.[56] Das Wissen des Empfängers der Leistung um das Nichtbestehen der Verbindlichkeit schadet nicht, der Rückforderungsausschluss greift ein.[57] Allerdings wird man in besonderen Fällen die Anwendung des § 814 Alt. 1 BGB wegen des Einwandes der Arglist[58] oder nach Treu und Glauben für ausgeschlossen halten müssen[59].

23 Ein **Dritter**, der durch Zahlung an den Gläubiger bewusst eine vermeintlich bestehende fremde Schuld ohne Rechtsgrund im Verhältnis zum Schuldner tilgt, kann von diesem Herausgabe der durch seine Leistung eingetretenen Bereicherung verlangen.[60] § 814 Alt. 1 BGB ist jedoch anwendbar, wenn der Dritte gewusst hat, dass die Forderung des Empfängers gegen den vermeintlichen Schuldner nicht bestanden hat.[61]

24 Leistet jemand hingegen auf eine **bestehende fremde Schuld** gemäß § 267 BGB mit Erfüllungswirkung, aber ohne dahin gehende Verpflichtung gegenüber dem wirklichen Schuldner, so ist vorrangig zu klären, ob Rückgriffsmöglichkeiten des Dritten gegen den Schuldner bestehen. Liegen hinsichtlich

---

[50] BGH v. 26.09.1975 - V ZR 180/73 - LM Nr. 112 zu § 812 BGB; BGH v. 21.05.1971 - V ZR 17/69 - LM Nr. 48 zu § 313 BGB.

[51] *Welker*, Bereicherungsausgleich wegen Zweckverfehlung, 1974, S. 102 ff.

[52] Vgl. *Reuter/Martinek*, Ungerechtfertigte Bereicherung, 1983, § 6 I, S. 189.

[53] BGH v. 08.10.1975 - VIII ZR 115/74 - juris Rn. 17 - BGHZ 65, 123-127.

[54] BGH v. 08.10.1975 - VIII ZR 115/74 - juris Rn. 17 - BGHZ 65, 123-127; *Lorenz* in: Staudinger, § 814 Rn. 9.

[55] RG v. 05.07.1909 - IV 586/08 - RGZ 71, 316-318, 317; *Lorenz* in: Staudinger, § 814 Rn. 9.

[56] So auch *Lorenz* in: Staudinger, § 814 Rn. 2. Im bereits angesprochenen, vom BGH (BGH v. 18.01.1979 - VII ZR 165/78 - BGHZ 73, 202-207) entschiedenen Fall, dass Renten des Erblassers nach dessen Tod weiter an den Erben gezahlt wurden, obwohl eine rechtzeitige Todesmeldung erfolgt ist, wusste der Erbe um das Nichtbestehen der Verbindlichkeit und durfte mithin nicht darauf vertrauen, das Empfangene behalten zu dürfen. Dieses fehlende Vertrauen, welches aus der Kenntnis vom Nichtbestehen der Schuld resultiert, reicht für einen Ausschluss des § 814 BGB gerade nicht aus. Vielmehr sind über die Kenntnis der Nichtschuld hinaus Arglist in der Person des Leistungsempfängers oder besondere Umstände zu fordern, die nach Treu und Glauben ein auch trotz Kenntnis der Nichtschuld noch bestehendes Vertrauen, das Empfangene behalten zu dürfen, ausschließen. Letztere sind im vorliegenden Fall die vorauszusetzende Kenntnis des Erben davon, dass es dem Versorgungsträger nicht freisteht, die Leistung auch bei nicht bestehender Verpflichtung zu erbringen, da er von Gesetzes wegen die zur Verfügung stehenden Mittel nur bestimmungsgemäß verwenden darf.

[57] *Reuter/Martinek*, Ungerechtfertigte Bereicherung, 1983, § 6 I, S. 187.

[58] *Reuter/Martinek*, Ungerechtfertigte Bereicherung, 1983, § 6 I, S. 187.

[59] *Heck*, Grundriß des Schuldrechts, 1958, S. 424.

[60] BGH v. 22.10.1975 - VIII ZR 80/74 - LM Nr. 5 zu § 814 BGB; *Sprau* in: Palandt, § 814 Rn. 2.

[61] *Lorenz* in: Staudinger, § 814 Rn. 11.

dieser Leistung des Dritten die Voraussetzung einer berechtigten Geschäftsführung ohne Auftrag gegenüber dem Schuldner vor, so ist diese rechtlicher Grund für die Entlastung beim Schuldner und lässt für Bereicherungsansprüche des Dritten gegen den Schuldner keinen Raum. Kannte der Dritte das Fehlen der Voraussetzungen einer berechtigten Geschäftsführung ohne Auftrag nach § 683 Satz 1 BGB, wusste er also, dass seine Leistung nicht im Interesse des wahren Schuldners lag, so richtet sich der Rückgriff des Dritten nach § 684 Satz 1 BGB. Diese Vorschrift ist eine Rechtsfolgenverweisung auf das Bereicherungsrecht. Insoweit ist keine Anwendungsmöglichkeit für § 814 BGB gegeben, da dieser die Voraussetzungen des Anspruchs betrifft.[62] Verfolgt der Dritte mit der Leistung nach § 267 BGB lediglich eigene Interessen, so hindert auch in diesen Fällen § 814 Alt. 1 BGB nicht den Rückgriffsanspruch des Dritten gegen den Schuldner. Da der Schuldner in diesem Fall die Entlastung aus dem Vermögen des Dritten erlangt hat, eine Leistungsbeziehung zwischen dem Dritten und dem befreiten Schuldner aber fehlt, ist dieser in sonstiger Weise auf Kosten des Dritten bereichert.[63] Bei Kondiktionen des in sonstiger Weise Erlangten findet § 814 BGB keine Anwendung.

II. Rückforderungsausschluss bei sittlicher Pflicht oder Anstandsrücksicht (Alternative 2)

Der zweite Fall des § 814 BGB schließt den Rückforderungsanspruch nach § 812 Abs. 1 Satz 1 Alt. 1 BGB aus, wenn die Leistung auf eine Nichtschuld einer sittlichen Pflicht oder einer Anstandspflicht entsprach. Da bei positiver Kenntnis vom Nichtbestehen der Schuld bereits die erste Alternative der Vorschrift eingreift, betrifft § 814 Alt. 2 BGB ausschließlich den Fall, dass der Leistende irrtümlich glaubte, zur Leistung verpflichtet zu sein, während eine Verbindlichkeit nicht bestand. 25

Weiterhin beschränken **Pflicht- und Anstandsschenkungen** nach § 534 BGB den Anwendungsbereich von § 814 Alt. 2 BGB. Liegt eine solche Schenkung vor, besteht bereits ein Rechtsgrund für die erbrachte Leistung und somit kein Bereicherungsanspruch, der durch § 814 BGB ausgeschlossen werden könnten. Bei einer Pflicht- und Anstandsschenkung glaubt der Leistende anders als bei § 814 Alt. 2 BGB nicht irrtümlich an eine rechtliche Verpflichtung zur Leistung, sondern will erst noch mit dem Empfänger der Leistung eine Einigung (über die Unentgeltlichkeit) im Sinne von § 516 Abs. 1 BGB erzielen. 26

1. Definition

Was im Einzelnen der sittlichen Pflicht oder der auf den Anstand zu nehmenden Rücksicht entspricht, lässt sich nicht generell und für alle Zeiten bestimmen.[64] Diese Begriffe sind vielmehr vom Richter **im konkreten Fall wertungsgemäß zu konkretisieren**.[65] 27

Die ältere Rechtsprechung hat **wertungsgemäße Ausfüllungsversuche** dieser Begriffe unternommen, indem sie auf Anschauungen der in Betracht kommenden Gesellschaftskreise oder der sozial Gleichstehenden abstellte. Eine **sittliche Pflicht** soll daher nicht nur eine Betätigung der allgemeinen Nächstenliebe sein, sondern eine aus den besonderen Umständen des Einzelfalles erwachsene sittliche Pflicht, wobei die Lebenseinstellungen der Beteiligten, sowie ihre persönlichen Beziehungen untereinander zu berücksichtigen sind.[66] Unter **Anstandspflicht** verstand man gebräuchliche Geschenke zu Anlässen wie Weihnachten, Geburtstag oder Hochzeit. Es ist auf die Ansichten und Gepflogenheiten sozial Gleichgestellter abzustellen, insbesondere darauf, ob die Unterlassung des Geschenkes zu einer Einbuße an Achtung in diesem Personenkreis führen würde.[67] 28

---

[62] *Lorenz* in: Staudinger, § 814 Rn. 11; nach anderer Ansicht (Nachweise bei *Reuter/Martinek*, Ungerechtfertigte Bereicherung, 1983, § 6 I, S. 190) handelt es sich bei dem Anspruch aus den §§ 684 Satz 1, 818 BGB um eine Rückgriffskondiktion in der Form einer Leistungskondiktion, welche nach § 814 Alt. 1 BGB stets gesperrt ist, wenn der Dritte sich über das fehlende Interesse des Schuldners im Klaren ist, also bei bewusst unberechtigter Geschäftsführung ohne Auftrag. So werden die Maßstäbe des § 683 BGB in die Kondiktionssperre hineingetragen und führen zu dem Ergebnis einer Beschränkung der Rückgriffskondiktion auf die Fälle, in denen sich der Dritte irrtümlich zur Tilgung der Schuld des anderen für verpflichtet oder berechtigt hält. Dies wird überwiegend abgelehnt *Reuter/Martinek*, Ungerechtfertigte Bereicherung, 1983, § 6 I, S. 190 ff.

[63] BGH v. 22.10.1975 - VIII ZR 80/74 - LM Nr. 5 zu § 814 BGB; *Lorenz* in: Staudinger, § 814 Rn. 11.

[64] *Lorenz* in: Staudinger, § 814 Rn. 19.

[65] BGH v. 19.09.1980 - V ZR 78/79 - juris Rn. 10 - LM Nr. 2 zu § 534 BGB; vgl. dazu *Lorenz* in: Staudinger, § 814 Rn. 19.

[66] BGH v. 13.02.1963 - V ZR 82/62 - LM Nr. 1 zu § 534 BGB; *Weidenkaff* in: Palandt, § 534 Rn. 1-3.

[67] RG v. 16.04.1920 - II 396/19 - RGZ 98, 318-323, 326; *Weidenkaff* in: Palandt, § 534 Rn. 1-3.

29 Zwar wird man die Ansätze der älteren Rechtsprechung unter der Geltung des Grundgesetzes kaum mehr zur wertungsmäßigen Konkretisierung dieser normativen Tatbestandsmerkmale heranziehen können,[68] da es dem heutigen sozialen Empfinden widerstrebt, auf die Lebensumstände der an einem Rechtsverhältnis Beteiligten Rücksicht zu nehmen, wenn dies zu einer schichtspezifischen Wertung führt, die nicht auf allgemeiner Anerkennung der Rechtsgemeinschaft beruht[69]. Jedoch haben sich verschiedene Fallkonstellationen herausgebildet, bei denen eine Anwendung von § 814 Alt. 2 BGB typischerweise diskutiert wird:

2. Typische Fallkonstellationen

30 **Unterhaltszahlungen** oder abstrakte Schuldversprechen an Verwandte, denen gegenüber keine Rechtspflicht zu solchen Leistungen besteht, entsprechen einer sittlichen Pflicht. Die irrtümliche Annahme einer Verpflichtung berechtigt dann nicht zur Rückforderung. Gleiches gilt für Leistungen, zu denen in der tatsächlich erbrachten Höhe keine Rechtspflicht bestanden hat.[70] Es besteht jedoch keine sittliche Pflicht für Unterhaltszahlungen, wenn sich herausstellt, dass der Leistende nicht als Vater in Betracht kommt.[71]

31 Auch ein **Rechtsgeschäft, das gegen ein gesetzliches Verbot verstößt**, begründet keine sittliche Pflicht zur Erfüllung. So ist bei Verstößen gegen das Börsengesetz eine Rückforderung des auf solcher Grundlage Geleisteten selbst dann nicht durch eine sittliche Pflicht oder Anstandspflicht ausgeschlossen, wenn die Mehrheit der beteiligten Kreise gegenteiliger Auffassung ist.[72]

32 Die Gewährung üblicher **Trinkgelder** entspricht einer Anstandspflicht. Eine Rückforderung ist daher nach § 814 Alt. 2 BGB ausgeschlossen.[73]

33 Daneben entspricht es einer sittlichen Pflicht, eine **bestehende Schuld in Unkenntnis eines inzwischen ergangenen, klageabweisenden rechtskräftigen Urteils zu erfüllen**.[74]

34 Auch mit der **Erfüllung einer formungültigen, letztwilligen Anordnung des Erblassers** leistet der Erbe aus einer sittlichen Pflicht heraus,[75] wenn dadurch besonders verarmte Verwandte gegenüber vermögenden begünstigt worden sind[76].

35 Die **Befriedigung der Gläubiger eines Gemeinschuldners über die jeweilige Quote** hinaus, in der irrigen Annahme hierzu verpflichtet zu sein, kann gleichfalls einer sittlichen Pflicht entsprechen.[77] Vielfach wird zur Begründung des Rückforderungsausschlusses auf das Bestehen einer unvollkommenen Verbindlichkeit hingewiesen. Herleiten lässt sich dies etwa aus § 254 Abs. 2 InsO und § 301 Abs. 2 InsO, die für den Fall der Restschuldbefreiung die Forderung für den Fortbestand von Bürgschaften und dinglichen Verwertungsrechten in voller Höhe bestehen lassen.[78] Da aber § 254 Abs. 3 InsO und § 301 Abs. 3 InsO hinsichtlich des Rückforderungsausschlusses ausdrückliche Regelungen beinhalten, die gerade auf dem Gedanken der unvollkommenen Verbindlichkeit beruhen, sollte aus Gründen der dogmatischen Klarheit nicht auf § 814 Abs. 2 BGB zurückgegriffen werden.[79]

36 Im **Insolvenzverfahren** bestimmt § 254 Abs. 3 InsO ausdrücklich, dass ein Insolvenzverwalter nichts zurückfordern kann, wenn er Gläubiger über die ihnen nach dem Insolvenzplan zustehende Quote befriedigt hat. Insofern besteht für die Konstruktion eines Rückforderungsausschlusses über § 814 Alt. 1 BGB keine Notwendigkeit.

---

[68] *Reuter/Martinek*, Ungerechtfertigte Bereicherung, 1983, § 6 II, S. 194.
[69] *Lorenz* in: Staudinger, § 814 Rn. 19.
[70] RG v. 08.03.1906 - IV 430/05 - RGZ 63, 38-42, 42.
[71] *Lorenz* in: Staudinger, § 814 Rn. 20.
[72] RG v. 16.05.1904 - 413/03 VI - RG JW 1904, 407.
[73] *Sprau* in: Palandt, § 814 Rn. 8.
[74] *Sprau* in: Palandt, § 814 Rn. 8.
[75] RG, RG Warn 12, 189.
[76] *Lorenz* in: Staudinger, § 814 Rn. 21.
[77] *Lorenz* in: Staudinger, § 814, Rn. 22.
[78] *Lorenz* in: Staudinger, § 814 Rn. 22.
[79] *Lorenz* in: Staudinger, § 814 Rn. 22.

C. Prozessuale Hinweise

Der **Leistende** trägt die Darlegungs- und Beweislast dafür, dass zur Erfüllung einer bestimmten Verbindlichkeit geleistet wurde und dass diese nicht besteht.[80] Auch wer unter Vorbehalt geleistet hat, ist in dieser Hinsicht beweispflichtig.[81] Keine Beweislast trägt der Leistende hingegen dafür, dass er sich im Irrtum über die Leistungspflicht befand, da dieser nicht positive Voraussetzung der Kondiktion ist. Vielmehr ist es Sache des **Leistungsempfängers** zu beweisen, dass der Leistende sich nicht irrte, sondern die Leistung freiwillig in Kenntnis der Nichtschuld erbracht hat.[82] Ferner hat der Empfänger zu beweisen, dass die Leistung zu einem anderen Zweck erfolgte[83] und dass bei Zweifeln des Leistenden an dem Bestand der Schuld aus seinen Erklärungen oder konkludent aus seinem Verhalten ein Verzicht auf die Rückforderung zu erblicken war[84]. 37

Im Einzelfall kann bei Würdigung der Gesamtumstände, unter denen ein Vorbehalt des Leistenden gemacht wurde, die Beweislast für das Bestehen eines Anspruchs im späteren Rückforderungsstreit dem Leistungsempfänger auferlegt werden,[85] etwa bei dem Rückzahlungsanspruch einer auf erstes Anfordern geleisteten Zahlung des Bürgen[86]. 38

Ist dem Leistenden der Beweis gelungen, dass eine Verbindlichkeit gegenüber dem Empfänger nicht bestanden hat, behauptet dieser jedoch, das Geleistete sei ihm als **Handschenkung** zugewendet worden, so hat der Empfänger diesen Behaltensgrund zu beweisen.[87] 39

Hinsichtlich der zweiten Tatbestandsalternative trägt der **Leistungsempfänger** die Beweislast dafür, dass die Leistung einer sittlichen Pflicht oder Anstandspflicht entsprach.[88] 40

Hat der Leistende durch einen **Rückzahlungsvorbehalt** die Wirkung des § 814 BGB ausgeschlossen und sich die Möglichkeit offen gehalten, das Geleistete nach § 812 BGB zurückzufordern, sofern sie das Nichtbestehen der Forderung beweist, so berührt ein solcher Vorbehalt die Ordnungsgemäßheit der Erfüllung nicht, weil der Gläubiger nach dem Gesetz nur einen Anspruch auf die geschuldete Leistung hat, nicht aber auf Anerkennung des Bestehens der Forderung.[89] Eine **negative Feststellungsklage des Leistungsempfängers**, mit der er festgestellt haben will, dass der Leistende nicht berechtigt ist, die geleistete Zahlung zurückzufordern, ist daher unzulässig. Es fehlt ein Feststellungsinteresse, weil trotz des Rückzahlungsvorbehalts der Schadenersatzanspruch durch Erfüllung erloschen ist, § 362 BGB.[90] 41

---

[80] BGH v. 10.12.1998 - III ZR 208/97 - juris Rn. 7 - LM BGB § 814 Nr. 10 (6/1999); OLG Düsseldorf v. 09.05.2011 - 10 U 148/10, 10 U 148/10 - juris Rn. 5 - ZMR 2011, 869-870; *Lorenz* in: Staudinger, § 814 Rn. 12; *Schwab* in: Münch/Komm, § 814 Rn. 16.
[81] BGH v. 09.06.1992 - VI ZR 215/91 - juris Rn. 22 - LM ZPO § 355 Nr. 13 (2/1993); OLG Koblenz v. 23.01.2002 - 9 U 1616/00- juris Rn. 5 - NJW-RR 2002, 784-785.
[82] OLG Stuttgart v. 12.06.2006 - 5 U 28/06 - juris Rn. 39 - OLGR Stuttgart 2006, 711-714.
[83] RG v. 21.09.1931 - VI 230/31 - RGZ 133, 275-279.
[84] *Sprau* in: Palandt, § 814 Rn. 11.
[85] BGH v. 08.02.1984 - IVb ZR 52/82 - juris Rn. 15 - LM Nr. 9 zu § 1602 BGB.
[86] BGH v. 09.03.1989 - IX ZR 64/88 - LM Nr. 65 zu § 282 ZPO.
[87] *Lorenz* in: Staudinger, § 814 Rn. 15.
[88] *Schulze* in: Hk-BGB, § 814 Rn. 6.
[89] OLG Saarbrücken v. 19.08.2003 - 3 U 109/03, 3 U 109/03 - 10 - OLGR Saarbrücken 2003, 433-434.
[90] OLG Saarbrücken v. 19.08.2003 - 3 U 109/03, 3 U 109/03 - 10 - OLGR Saarbrücken 2003, 433-434.

… # § 815

§ 815 BGB Nichteintritt des Erfolgs

(Fassung vom 02.01.2002, gültig ab 01.01.2002)

Die Rückforderung wegen Nichteintritts des mit einer Leistung bezweckten Erfolges ist ausgeschlossen, wenn der Eintritt des Erfolges von Anfang an unmöglich war und der Leistende dies gewusst hat oder wenn der Leistende den Eintritt des Erfolges wider Treu und Glauben verhindert hat.

Gliederung

A. Grundlagen 1
I. Überblick 1
II. Kurzcharakteristik 4
III. Anwendungsbereich 7
B. Anwendungsvoraussetzungen 9
I. Kenntnis des Leistenden von der Unmöglichkeit des Erfolgseintritts (Alternative 1) 9
II. Verhinderung des Erfolgseintritts (Alternative 2) 12
1. Voraussetzungen 12
2. Typische Fallkonstellationen 13
C. Prozessuale Hinweise 16

A. Grundlagen

I. Überblick

1 Der Gesetzgeber hat die verschiedenen Fälle der Leistungskondiktion zunächst so weit gefasst, dass sie auch in solchen Sachverhalten zur Anwendung kommen, in welchen ein Rückgriffsrecht des Leistenden gegen den Empfänger aus rechtsethischen Erwägungen heraus als unbillig erscheint. Das Bereicherungsrecht sieht daher in den §§ 814, 815, 817 Satz 2 BGB Ausschlusstatbestände (**Kondiktionssperren**) vor, die die zu weitgehenden Geltungsanordnungen der einzelnen Leistungskondiktionen partiell wieder zurücknehmen.[1]

2 Methodologisch handelt es sich bei den Kondiktionssperren um **negative Geltungsanordnungen in Form unvollständiger Rechtssätze**, die erst in Verbindung mit den ihnen zugeordneten positiven Geltungsanordnungen (den jeweiligen Einzelkondiktionen) verständlich sind.[2]

3 Die Kondiktionssperren sind als rechtshindernde **Einwendungen** von Amts wegen zu berücksichtigen.[3]

II. Kurzcharakteristik

4 Die Vorschrift des § 815 BGB betrifft ausschließlich den Fall der in § 812 Abs. 1 Satz 2 Alt. 2 BGB geregelten Kondiktion wegen Zweckverfehlung (condictio ob rem) und regelt **zwei Ausnahmen** von dem dort gewährten Rückforderungsrecht.

5 In der ersten Alternative wird der für den Fall der Leistung einer Nichtschuld aufgestellte Grundsatz, wonach eine Rückforderung des Geleisteten ausgeschlossen ist, wenn der Leistende gewusst hat, dass eine Schuld nicht besteht (§ 814 Abs. 1 Alt. 1 BGB), auf den Bereicherungsanspruch wegen Nichteintritts des mit der Leistung bezweckten Erfolges (§ 812 Abs. 1 Satz 2 Alt. 2 BGB) übertragen.[4] Erbringt der Leistende seine Leistung zu einem bestimmten Zweck und **weiß er um die tatsächliche oder rechtliche Unmöglichkeit des bezweckten Erfolges**, so hat er diesen Zweck in Wahrheit nicht gewollt. In einem solchen Falle verdient das Verlangen nach Rückforderung des Geleisteten – gleichermaßen wie bei § 814 BGB (vgl. die Kommentierung zu § 814 BGB) – auf Grundlage des Verbotes eines venire contra factum proprium und angesichts der mangelnden Schutzwürdigkeit des Leistenden keinen Rechtsschutz.[5]

6 Nach der zweiten Alternative ist die Rückforderung ausgeschlossen, wenn der Leistende den **Eintritt des mit der Leistung nach dem Inhalt des Rechtsgeschäfts bezweckten Erfolgs wider Treu und**

---

[1] *Reuter/Martinek*, Ungerechtfertigte Bereicherung, 1983, § 6, S. 182.
[2] *Larenz/Canaris*, Schuldrecht, Band II/2: Besonderer Teil, 13. Aufl. 1994, § 69 I, S. 554.
[3] *Reuter/Martinek*, Ungerechtfertigte Bereicherung, 1983, § 6, S. 182.
[4] *Lorenz* in: Staudinger, § 815 Rn. 1.
[5] *Reuter/Martinek*, Ungerechtfertigte Bereicherung, 1983, § 6 III, S. 196; *Schwab* in: MünchKomm-BGB, § 815 Rn. 1.

Glauben verhindert hat. Diese Kondiktionssperre entspricht der Wertung des § 162 BGB, wonach keine Partei die gemeinsame Erwartung des Erfolgseintritts unredlich zunichtemachen darf.[6] Ebenso fließt auch die Wertung des § 326 Abs. 2 Satz 1 BGB hier ein. Wie bei einem gegenseitigen Vertrag der eine Teil trotz des Unmöglichwerdens seiner Leistung den Anspruch auf die Gegenleistung des anderen Teils behält, wenn dieser die Unmöglichkeit zu vertreten hat, so darf der Leistungsempfänger das aufgrund der Zweckvereinbarung Geleistete behalten, wenn der Leistende den Eintritt des bezweckten Erfolges vereitelt hat.[7]

III. Anwendungsbereich

§ 815 BGB betrifft nach seinem Wortlaut in beiden Alternativen ausschließlich Fälle des § 812 Abs. 1 Satz 2 Alt. 2 BGB. Eine **entsprechende Anwendung** der Vorschrift auf Kondiktionen wegen späteren Wegfalls des bei der Leistung vorhandenen Rechtsgrundes (§ 812 Abs. 1 Satz 2 Alt. 1 BGB **condictio ob causam finitam**) ist abzulehnen. Der für Leistungen ob rem charakteristische Schwebezustand zwischen der Leistung und der Entscheidung über den Erfolgseintritt besteht bei der condictio ob causam finitam nicht. § 815 Alt. 2 BGB bezieht sich aber, ähnlich wie § 162 BGB, nur auf ein treuwidriges Verhalten während dieser Schwebezeit.[8] Auch muss die Abwicklung leistungsgestörter Dauerrechtsverhältnisse nach den schuldrechtlichen Abwicklungsregeln erfolgen und nicht über einen pauschalierten und undifferenzierten Rückforderungsausschluss nach § 815 Alt. 2 BGB.[9] Nicht zu überzeugen vermag demgegenüber das vom BGH[10] zur Ablehnung der Ausdehnung des § 815 Alt. 2 BGB per analogiam auf die condictio ob causam finitam vorgebrachte Argument vom angeblichen Strafcharakter dieser Vorschrift.[11]

7

Gleichfalls keine Anwendung findet § 815 BGB für Bereicherungsansprüche nach § 812 Abs. 1 Satz 1 Alt. 1 BGB (condictio indebiti).[12]

8

B. Anwendungsvoraussetzungen

I. Kenntnis des Leistenden von der Unmöglichkeit des Erfolgseintritts (Alternative 1)

Die Rückforderung ist ausgeschlossen, wenn der Eintritt des Erfolges **aus tatsächlichen oder rechtlichen Gründen von Anfang an unmöglich** war (vgl. im Einzelnen zur anfänglichen tatsächlichen oder rechtlichen Unmöglichkeit die Kommentierung zu § 275 BGB). Es darf sich nicht um eine lediglich vorübergehende Unmöglichkeit handeln. Wird in der Annahme geleistet, dass die zur Zeit der Leistung bestehende Unmöglichkeit des Erfolgseintritts später behoben wird, so ist § 815 Alt. 1 BGB unanwendbar.[13] Ebenso nicht zur Anwendung kommt die Vorschrift bei einer erst später entstehenden Unmöglichkeit des Erfolgseintritts, auch wenn der Leistende mit dieser Möglichkeit gerechnet hat.[14]

9

Weitere Voraussetzung ist die **positive Kenntnis** des Leistenden von dieser Unmöglichkeit.[15] Bloße grob fahrlässige Unkenntnis erfüllt den Tatbestand nicht. Auch bloße Zweifel an der Möglichkeit des Erfolgseintrittes genügen nicht, doch kann in einem solchen Falle die Leistung Ausdruck eines Verzichts auf Rückforderung sein.[16]

10

Zur verschärften Haftung des Empfängers bei ungewissem Erfolgseintritt vgl. die Kommentierung zu § 820 BGB.

11

---

[6] BGH v. 26.10.1979 - V ZR 88/77 - juris Rn. 15 - LM Nr. 5 zu § 815 BGB.
[7] *Lorenz* in: Staudinger, § 815 Rn. 2; *Reuter/Martinek*, Ungerechtfertigte Bereicherung, 1983, § 6 III, S. 197.
[8] BGH v. 05.10.1967 - VII ZR 143/65 - LM Nr. 78 zu § 812 BGB; *Sprau* in: Palandt, § 815 Rn. 1.
[9] *Reuter/Martinek*, Ungerechtfertigte Bereicherung, 1983, § 6 IV, S. 198; *Lorenz* in: Staudinger, § 815 Rn. 3.
[10] BGH v. 15.01.1959 - VII ZR 15/58 - BGHZ 29, 171-176; vgl. auch BGH v. 05.10.1967 - VII ZR 143/65 - NJW 1968, 351-356.
[11] *Reuter/Martinek*, Ungerechtfertigte Bereicherung, 1983, § 6 IV, S. 198; *Lorenz* in: Staudinger, § 815 Rn. 3.
[12] *Schulze* in: Hk-BGB, § 815 Rn. 1.
[13] *Sprau* in: Palandt, § 815 Rn. 2.
[14] *Schulze* in: Hk-BGB, § 815 Rn. 2.
[15] *Stadler* in: Jauernig, BGB-Kommentar, § 815 Rn. 4.
[16] RG v. 05.07.1909 - IV 586/08 - RGZ 71, 316-318; *Lorenz* in: Staudinger, § 815 Rn. 1.

II. Verhinderung des Erfolgseintritts (Alternative 2)

1. Voraussetzungen

12 Voraussetzung dieser Alternative ist die **treuwidrige Verhinderung des Erfolgseintritts** durch den Leistenden. Dazu ist nicht die Absicht erforderlich, den Erfolgseintritt zu verhindern,[17] ebenso wenig ein schlechthin unlauteres Verhalten.[18] Es genügt, dass der Handelnde ohne zwingenden Grund eine Handlung vornimmt, die bewusstermaßen geeignet ist, den Erfolg zu verhindern.[19] Ob dabei der Leistende jede Einflussnahme auf den Erfolgseintritt unterlassen muss, ist Auslegungsfrage.[20]

2. Typische Fallkonstellationen

13 § 815 Alt. 2 BGB soll entsprechend zur Anwendung kommen, wenn **Brautgeschenke** nach § 1301 BGB zurückgefordert werden und der schenkende Teil alleine oder überwiegend die Eheschließung wider Treu und Glauben verhindert hat.[21] Der BGH sieht in § 1301 BGB einen Kondiktionsfall eigener Art, auf den die Kondiktionssperren Anwendung finden sollen.

14 Hat ein **Erbberechtigter** noch zu Lebzeiten des Erblassers in der Erwartung, nach dem Erbfall das Eigentum an dem Hausgrundstück zu erwerben, auf eigene Kosten den Hausbau vorgenommen, nach dem Tod des Erblassers die Erbschaft jedoch ausgeschlagen, so ist ein bereicherungsrechtlich Aufwendungsersatzanspruch nach § 812 Abs. 1 Satz 1 Alt. 2 BGB wegen der vorgenommenen wertsteigernden Arbeiten an dem Haus (auch) nach § 815 BGB ausgeschlossen, da der Erbbauberechtigte durch die Ausschlagung den Bedingungseintritt wider Treu und Glauben verhindert hat.[22]

15 Rückforderungen sind dagegen nicht ausgeschlossen, wenn sich bei Erfüllungsbereitschaft des Empfängers der Leistende weigert, einen **formnichtigen Vertrag** in rechtsgültiger Form abzuschließen, sofern er dazu einen hinreichenden Grund hat.[23] Solche hinreichenden Gründe wurden von der Rechtsprechung angenommen bei vorheriger arglistiger Täuschung durch den Empfänger bei Abschluss des formnichtigen Vertrags,[24] bei Nichtbebaubarkeit des zu kaufenden Grundstückes[25] und bei Vereitelung eines unsittlichen Erfolges[26], denn in diesen Fällen verstößt die Vereitelung des Erfolgseintritts gerade nicht gegen Treu und Glauben[27]. Für ein Schuldversprechen, das zum Zwecke gegeben wird, eine Strafanzeige zu unterlassen, trifft dies jedoch nicht ohne weiteres zu.[28]

C. Prozessuale Hinweise

16 Die Beweislast dafür, dass eine Leistung zum Zwecke der Erreichung des betreffenden Erfolges vorliegt und dass der Erfolg nicht eingetreten ist, trägt der **Leistende**.[29]

17 Die Unmöglichkeit des Erfolgseintritts von Anfang an und die Kenntnis des Leistenden davon bzw. die treuwidrige Verhinderung des Erfolgseintritts durch den Leistenden hat der **Empfänger** zu beweisen.[30]

---

[17] *Sprau* in: Palandt, § 815 Rn. 3.
[18] *Reuter/Martinek*, Ungerechtfertigte Bereicherung, 1983, § 6 IV, S. 197.
[19] BGH v. 18.05.1966 - IV ZR 105/65 - BGHZ 45, 258-268.
[20] *Sprau* in: Palandt, § 815 Rn. 3.
[21] BGH v. 18.05.1966 - IV ZR 105/65 - BGHZ 45, 258-268; zustimmend *Reuter/Martinek*, Ungerechtfertigte Bereicherung, 1983, § 6 IV, S. 199.
[22] OLG Koblenz v. 20.12.2002 - 10 U 105/02 - ZERB 2003, 159-160.
[23] BGH v. 02.07.1999 - V ZR 167/98 - juris Rn. 8 - LM BGB § 815 Nr. 7 (3/2000); BGH v. 21.05.1971 - V ZR 17/69 - LM Nr. 48 zu § 313 BGB.
[24] BGH v. 26.10.1979 - V ZR 88/77 - LM Nr. 5 zu § 815 BGB.
[25] BGH v. 02.07.1999 - V ZR 167/98 - juris Rn. 8 - LM BGB § 815 Nr. 7 (3/2000).
[26] RG v. 05.12.1911 - II 241/11 - RGZ 78, 41-48.
[27] RG v. 05.12.1911 - II 241/11 - RGZ 78, 41-48, 48.
[28] OLG Zweibrücken v. 14.11.1974 - 2 U 61/74 - MDR 1977, 227-228; BGH v. 23.02.1990 - V ZR 192/88 - LM Nr. 208 zu § 812 BGB.
[29] *Lorenz* in: Staudinger, § 815 Rn. 4; *Sprau* in: Palandt, § 815 Rn. 4.
[30] *Schulze* in: Hk-BGB, § 815 Rn. 5.

§ 816 BGB Verfügung eines Nichtberechtigten

(Fassung vom 02.01.2002, gültig ab 01.01.2002)

(1) ¹Trifft ein Nichtberechtigter über einen Gegenstand eine Verfügung, die dem Berechtigten gegenüber wirksam ist, so ist er dem Berechtigten zur Herausgabe des durch die Verfügung Erlangten verpflichtet. ²Erfolgt die Verfügung unentgeltlich, so trifft die gleiche Verpflichtung denjenigen, welcher auf Grund der Verfügung unmittelbar einen rechtlichen Vorteil erlangt.

(2) Wird an einen Nichtberechtigten eine Leistung bewirkt, die dem Berechtigten gegenüber wirksam ist, so ist der Nichtberechtigte dem Berechtigten zur Herausgabe des Geleisteten verpflichtet.

Gliederung

A. Grundlagen ... 1	1. Dogmatischer Hintergrund ... 29
B. Praktische Bedeutung ... 3	2. Verfügung eines Nichtberechtigten ... 30
C. Anwendungsvoraussetzungen ... 4	3. Unentgeltlichkeit der Verfügung ... 31
I. Normstruktur ... 4	4. Rechtsfolge: Herausgabe des unmittelbar
II. Wirksame Verfügung eines Nichtberechtigten gem. Absatz 1 Satz 1 ... 7	Erlangten ... 38
1. Verfügung ... 7	IV. Wirksame Leistungsannahme durch den Nichtberechtigten gem. Absatz 2 ... 42
2. Vornahme der Verfügung durch einen Nichtberechtigten ... 8	1. Bewirken der Leistung an einen Nichtberechtigten, die dem Berechtigten gegenüber
a. Die Person des Verfügenden ... 8	wirksam ist ... 43
b. Verfügung als Nichtberechtigter ... 10	2. Rechtsfolge: Herausgabe des Geleisteten ... 51
3. Wirksamkeit der Verfügung gegenüber dem Berechtigten ... 15	V. Umfang des Bereicherungsanspruches ... 52
4. Schuldner und Gläubiger ... 23	D. Prozessuale Hinweise ... 54
5. Rechtsfolge: Herausgabe des Erlangten ... 24	E. Anwendungsfelder ... 55
III. Unentgeltliche Verfügung eines Nichtberechtigten (Absatz 1 Satz 2) ... 29	F. Arbeitshilfen ... 57

A. Grundlagen

§ 816 BGB stellt klar, dass ein Bereicherungsausgleich auch stattfinden soll in Fällen, in denen ein Gegenstand dem Berechtigten wirksam entzogen wird, der Nichtberechtigte aber aufgrund eines selbstständigen Rechtsgeschäfts einen Ersatz, ein Surrogat, erlangt hat.[1] § 816 Abs. 1 Satz 1 BGB und § 816 Abs. 2 BGB regeln Spezialfälle der Eingriffskondiktion – der Verfügende oder der die Forderung Einziehende verwertet eine dem Rechtsinhaber ausschließlich zugewiesene Befugnis zu zuordnungsänderndem Verfügungen bzw. Einziehung.[2] Nach h.M. derogiert § 816 Abs. 1 Satz 1 BGB als Spezialgesetz die Anwendung der allgemeinen Eingriffskondiktion.[3]

§ 816 Abs. 1 Satz 1 BGB zeigt, dass sich der Bereicherungsanspruch des früheren Berechtigten nicht gegen den gutgläubiger Erwerber richtet, der gutgläubige Erwerb somit „konditionsfest" ist. Bei § 816 Abs. 1 Satz 2 BGB ist wegen eines Streits um seine dogmatische Einordnung,[4] lediglich gesichert, dass er einen selbstständigen Bereicherungsanspruch gewährt[5]. Nach heutiger Auffassung wird man § 816 Abs. 1 Satz 2 BGB als Ausnahme von dem in § 816 Abs. 1 Satz 1 BGB enthaltenen Prinzip

1

2

---

[1] *Sprau* in: Palandt, § 816 Rn. 1.
[2] H.M. *Schulze* in: Hk-BGB, § 816 Rn. 1; *Stadler* in: Jauernig, BGB-Kommentar, § 816 Rn. 1; a.A. *Sprau* in: Palandt, § 816 Rn. 1: § 816 ist insgesamt eine Eingriffskondiktion; zum Streitstand vgl. *Reuter/Martinek*, Ungerechtfertigte Bereicherung, 1983, S. 282 ff.
[3] *Reuter/Martinek*, Ungerechtfertigte Bereicherung, 1983, S. 285; *Westermann/Buck-Heeb* in: Erman, § 816 Rn. 3.
[4] *Stadler* in: Jauernig, BGB-Kommentar, § 816 Rn. 1. Ausführlich *Reuter/Martinek*, Ungerechtfertigte Bereicherung, 1983, S. 328 ff.
[5] *Reuter/Martinek*, Ungerechtfertigte Bereicherung, 1983, S. 328.

der Subsidiarität der Eingriffs- gegenüber der Leistungskondiktion einzuordnen haben.[6] Die Vorschrift verlagert dann die Ausgleichspflicht auf den gutgläubigen Erwerber – in Durchbrechung des Grundsatzes des Vorrangs der Leistungskondiktion.[7]

B. Praktische Bedeutung

3   § 816 BGB ist in der Praxis von großer Bedeutung. Seine Hauptaufgabe besteht darin, überall dort einen gerechten Ausgleich zu schaffen, wo das Gesetz im Interesse der Verkehrssicherheit, insbesondere zugunsten des gutgläubigen Erwerbers, Verfügungen von Nichtberechtigten sachenrechtlich für endgültig wirksam erklärt und mangels Verschulden des Nichtberechtigten ein Ausgleich weder über § 823 BGB noch über § 687 Abs. 2 BGB erfolgen kann.[8] Da § 816 BGB weder ein Verschulden noch bösen Glauben erfordert ist er insbesondere bei schwieriger Beweislage von großer praktischer Bedeutung.[9] Die außerordentlich große praktische Bedeutung des § 816 Abs. 1 Satz 1 BGB ergibt sich auch daraus, dass er als Verfügungsgegenstand sämtliche Rechte erfasst, die der Berechtigte durch gutgläubigen Erwerb verlieren kann, d.h. neben dem Eigentum auch die beschränkt dinglichen Rechte und das Anwartschaftsrecht.[10] Der Regelung in § 816 Abs. 2 BGB kommt wegen des im Privatrecht stark ausgeprägten Schuldnerschutzes ein großer Anwendungsbereich und ebenfalls erhebliche praktische Bedeutung zu.[11]

C. Anwendungsvoraussetzungen

I. Normstruktur

4   § 816 BGB enthält drei Anspruchsgrundlagen. § 816 Abs. 1 Satz 1 BGB betrifft den Fall, dass ein Nichtberechtigter über einen Gegenstand eine Verfügung trifft, die dem Berechtigten gegenüber wirksam ist (z.B. durch gutgläubigen Erwerb). Der Ausgleich des Rechtsverlusts erfolgt hier durch die Pflicht zur Herausgabe des – auch nur mittelbar – Erlangten.[12] Von seiner Funktion her ist § 816 Abs. 1 Satz 1 BGB dem deliktischen Schutz absoluter Rechte (§ 823 Abs. 1 BGB) und der angemaßten Geschäftsführung ohne Auftrag (§ 687 Abs. 2 BGB) verwandt. Außerdem ergänzt er die Vorschriften des Eigentümer-Besitzer-Verhältnisses, das keine Regelungen über die Zuweisung des Substanzwertes einer veräußerten Sache enthält.[13]

5   § 816 Abs. 1 Satz 2 BGB erweitert den Bereicherungsanspruch auf einen Dritten, wenn der Nichtberechtigte unentgeltlich verfügt, aber selbst nichts erlangt hat.[14]

6   § 816 Abs. 2 BGB regelt den Fall, dass an einen Nichtberechtigten eine Leistung bewirkt wird, die dem Berechtigten gegenüber wirksam ist, durch die also der Leistende befreit wird (z.B. durch § 407 BGB). Der Rechtsverlust wird hier dadurch ausgeglichen, dass der Nichtberechtigte diesem die empfangene Leistung herausgeben muss.[15]

II. Wirksame Verfügung eines Nichtberechtigten gem. Absatz 1 Satz 1

1. Verfügung

7   Unter Verfügung ist in Übereinstimmung mit dem allgemeinen privatrechtlichen Verfügungsbegriff die rechtsgeschäftliche Zuordnungsänderung, d.h. Übertragung, Belastung, Inhaltsänderung oder Aufhebung des dinglichen Rechts an einem Gegenstand, zu verstehen.[16] Eine schuldrechtliche Verpflichtung genügt dementsprechend nicht.[17] Deshalb reichen nach umstrittener Ansicht Vermietung, Unter-

---

[6] *Mühl/Hadding* in: Soergel, § 816 Rn. 37.
[7] *Schulze* in: Hk-BGB, § 816 Rn. 1.
[8] *Sprau* in: Palandt, § 816 Rn. 1.
[9] *Reuter/Martinek*, Ungerechtfertigte Bereicherung, 1983, S. 285.
[10] *Reuter/Martinek*, Ungerechtfertigte Bereicherung, 1983, S. 291 f.
[11] *Reuter/Martinek*, Ungerechtfertigte Bereicherung, 1983, S. 350; *Lorenz* in: Staudinger, § 816 Rn. 32.
[12] *Sprau* in: Palandt, § 816 Rn. 2.
[13] *Heimann-Trosien* in: BGB-RGRK, § 816 Rn. 2; *Reuter/Martinek*, Ungerechtfertigte Bereicherung, 1983, S. 285; *Lorenz* in: Staudinger, § 816 Rn. 3; BGH v. 20.10.1952 - IV ZR 44/52 - LM Nr. 15 zu § 812 BGB.
[14] *Sprau* in: Palandt, § 816 Rn. 3.
[15] *Sprau* in: Palandt, § 816 Rn. 4.
[16] *Stadler* in: Jauernig, BGB-Kommentar, 13. Aufl. 2009, § 816 Rn. 2; *Schwab* in: MünchKomm-BGB, § 816 Rn. 9.
[17] *Sprau* in: Palandt, § 816 Rn. 7.

vermietung,[18] Verpachtung oder Verleihung nicht; in diesen Fällen kommt nur ein Bereicherungsanspruch aus § 812 BGB in Betracht;[19] nach a.A. ist § 816 BGB analog anwendbar[20]. Verfügungen im Wege der Zwangsvollstreckung genügen ebenfalls nicht; auch hier erfolgt der Ausgleich bei ungerechtfertigten Vollstreckungsmaßnahmen, insbesondere in das Vermögen eines Dritten, nur über § 812 BGB.[21]

2. Vornahme der Verfügung durch einen Nichtberechtigten

a. Die Person des Verfügenden

Bei der offenen Stellvertretung ist der Geschäftsherr, der die erforderliche Vollmacht zur Verfügung erteilt hat, der Verfügende.[22] Dagegen haften mittelbare Stellvertreter, Strohmänner, Treuhänder und Kommissionäre persönlich aus § 816 Abs. 1 Satz 1 BGB.[23]   8

Stimmt der nur vermeintlich Berechtigte der Veräußerung durch einen anderen Nichtberechtigten zu, so wird er dadurch nicht zum Verfügenden. Gegen ihn kann sich somit der Anspruch aus § 816 Abs. 1 Satz 1 BGB nicht richten – selbst wenn ihm der Gegenwert vereinbarungsgemäß direkt vom Erwerber zugeflossen ist. Ihm gegenüber kommt nur ein Durchgriff gem. § 822 BGB in Betracht.[24]   9

b. Verfügung als Nichtberechtigter

Der Verfügende handelt als Nichtberechtigter, wenn er nicht Rechtsinhaber ist oder keine Vertretungsmacht hat, für den Berechtigten zu handeln oder bei fehlender Verfügungsermächtigung.[25] Zum besseren Verständnis bietet es sich an, den Begriff des Nichtberechtigten im Sinne von nicht befugt aufzufassen.[26]   10

Der (nicht geschäftsführende) **Alleingesellschafter einer GmbH**, der eigene Geschäftsanteile der GmbH (i.S.v. § 33 GmbHG) im eigenen Namen veräußert, handelt ihr gegenüber nicht als „Nichtberechtigter" i.S.v. § 816 Abs. 1 BGB.[27]   11

Eine rückwirkende Genehmigung nach § 185 Abs. 2 Satz 1 BGB macht den Nichtberechtigten trotz der Rückwirkung nicht zum Berechtigten,[28] da lediglich die Rechtsfolgen der Verfügung geändert werden. Für die Frage der Nichtberechtigung ist auf den tatsächlichen Zustand im Zeitpunkt der Verfügung abzustellen. Wer mit (vorheriger) Einwilligung des Berechtigten nach § 185 Abs. 1 BGB verfügt, ist zur Vornahme der Verfügung ermächtigt und handelt als Berechtigter;[29] § 816 BGB ist nicht anwendbar[30].   12

Im Falle des § 936 BGB kann auch der Eigentümer als Nichtberechtigter verfügen, wenn seine Verfügung das dingliche Recht eines Dritten durch den Eingriff in dessen Rechtsgut zum Erlöschen bringt. Er ist dann um die Befreiung von der Belastung durch die Verbindlichkeit ungerechtfertigt bereichert.[31]   13

Die Nichtberechtigung kann auch nachträglich hergestellt werden, durch wirksame Anfechtung des Veräußerungsgeschäfts des Berechtigten. Dann ist zu prüfen, ob er vom Nichtberechtigten erwerben konnte.[32]   14

---

[18] BGH v. 13.12.1995 - XII ZR 194/93 - BGHZ 131, 297-307.
[19] *Buck-Heeb* in: Erman, § 816 Rn. 4; *Sprau* in: Palandt, § 816 Rn. 7; *Lorenz* in: Staudinger, § 816 Rn. 6; *Heimann-Trosien* in: BGB-RGRK, § 816 Rn. 4.
[20] Ausführlich zum Streitstand *Reuter/Martinek*, Ungerechtfertigte Bereicherung, 1983, S. 307 ff.
[21] *Sprau* in: Palandt, § 816 Rn. 7; *Schwab* in: MünchKomm-BGB, § 816 Rn. 23.
[22] BGH v. 11.07.1968 - II ZR 108/67 - WM 1968, 1326.
[23] *Reuter/Martinek*, Ungerechtfertigte Bereicherung, 1983, S. 294; *Heimann-Trosien* in: BGB-RGRK, § 816 Rn. 11; *Lorenz* in: Staudinger, § 816 Rn. 4.
[24] RG v. 10.10.1932 - IV 232/32 - RGZ 137, 356-358, 357.
[25] BGH v. 03.12.1998 - III ZR 288/96 - juris Rn. 10 - LM BGB § 816 Nr. 47 (5/1999).
[26] *Reuter/Martinek*, Ungerechtfertigte Bereicherung, 1983, S. 292.
[27] BGH v. 22.09.2003 - II ZR 74/01 - NJW 2004, 365-366; dazu auch *Heisterhagen/Kleinert*, GmbHR 2003, 1427-1428.
[28] *Schulze* in: Hk-BGB, § 816 Rn. 5; *Stadler* in: Jauernig, BGB-Kommentar, 13. Aufl. 2009, § 816 Rn. 3.
[29] *Sprau* in: Palandt, § 816 Rn. 7a.
[30] *Sprau* in: Palandt, § 816 Rn. 7a; *Schwab* in: MünchKomm-BGB, § 816 Rn. 10.
[31] *Reuter/Martinek*, Ungerechtfertigte Bereicherung, 1983, S. 292 f. m.w.N.
[32] *Reuter/Martinek*, Ungerechtfertigte Bereicherung, 1983, S. 292.

3. Wirksamkeit der Verfügung gegenüber dem Berechtigten

15 Als Berechtigter ist derjenige anzusehen, der an sich zu der betreffenden Verfügung berechtigt gewesen wäre und durch sie beeinträchtigt wird, z.B. der Eigentümer, Miteigentümer oder Pfandgläubiger. Er ist der Anspruchsinhaber.[33] Als Berechtigte kommen beispielsweise der durch offene Stellvertretung wirksam Vertretene[34] und der Treuhänder in Betracht, selbst wenn er im Innenverhältnis pflichtwidrig verfügt[35].

16 Die Verfügung des Nichtberechtigten kann durch Gesetz von Anfang an wirksam sein oder nachträglich wirksam werden. An Vorschriften, die die Verfügung von Anfang an wirksam machen, kommen insbesondere die Vorschriften des gutgläubigen Erwerbs des Eigentums oder sonstiger dinglicher Rechte in Betracht, etwa Verfügungen durch den grundbuchmäßig legitimierten Rechtsinhaber (§§ 892, 893, 1138, 1155 ff., 1192, 1200 BGB), Übertragung oder Belastung (Nießbrauch, Pfandrecht) von beweglichen Sachen durch Nichtberechtigte an gutgläubige Erwerber (§§ 932 ff., 936, 1032, 1207 BGB); Verfügungen über Nachlassgegenstände nach den Vorschriften über den öffentlichen Glauben des Erbscheins oder anderer vom Nachlassgericht ausgestellter Zeugnisse (§§ 2366-2368, 1507 BGB), ferner § 366 HGB, Art. 16 WG, Art. 21 ScheckG, §§ 325 Abs. 2 , 898 ZPO, § 81 InsO.[36]

17 Zwar führt auch die Einwilligung des Berechtigten gem. § 185 Abs. 1 BGB die Wirksamkeit der Verfügung herbei,[37] doch scheitert hier der Anspruch aus § 816 Abs. 1 Satz 1 BGB bereits daran, dass aufgrund der Einwilligung keine Verfügung eines Nichtberechtigten vorliegt.

18 Nachträglich wird die Verfügung des Nichtberechtigten durch rückwirkende Genehmigung seitens des Berechtigten nach den §§ 185 Abs. 2 Satz 1 Alt. 1, 184 Abs. 1 BGB wirksam,[38] ohne dass der Nichtberechtigte dadurch zum Berechtigten wird. Die Erteilung und die Verweigerung der Genehmigung sind unwiderruflich; eine Genehmigung nach endgültiger Verweigerung ist unwirksam[39].

19 In der uneingeschränkten **Klageerhebung** des Berechtigten auf Herausgabe des durch die Verfügung Erlangten liegt regelmäßig die konkludente Genehmigung.[40] M.E. ist dies mit einem Teil der Lit. und Rspr. dahingehend einzuschränken, dass dies nur anzunehmen ist, sofern der Genehmigende die Unwirksamkeit des Rechtsgeschäfts gekannt oder zumindest mit einer solchen Möglichkeit gerechnet hat[41] oder wenn der Eigentumsherausgabeanspruch gegen den Dritterwerber offenbar uninteressant ist. Auf diese Weise soll verhindert werden, dass der Kläger im Ergebnis leer ausgeht: Findet sich die gestohlene Sache, kann er nicht mehr vindizieren; der verklagte Veräußerer ist möglicherweise insolvent oder der Erlös bleibt hinter seinen Erwartungen zurück. Anders ist dagegen der Fall zu beurteilen, wenn die Erteilung der Genehmigung erkennbar dem Interesse und Willen des Berechtigten entspricht, z.B. weil er dadurch endgültig seinen Eigentumsherausgabeanspruch gegen den Dritterwerber verlieren würde, obwohl in diesem Zeitpunkt weder der Erfolg der Klage noch die tatsächliche Durchsetzbarkeit des Bereicherungsanspruchs nach § 816 BGB feststehen und inzwischen die Sache selbst wieder auftauchen kann.[42] Nach zutreffender Auffassung ist deshalb durch einen Klageantrag auf Erlösherausgabe Zug um Zug gegen Genehmigung der Verfügung,[43] das Risiko des Klägers zu vermeiden, bei Undurchsetzbarkeit seines Erlösherausgabeanspruchs auf die Vindikation nicht mehr zurückgreifen zu können.[44] Die zur Lösung dieses Problems teilweise befürwortete auflösend bedingte Genehmigung ist

---

[33] *Schulze* in: Hk-BGB, § 816 Rn. 3; *Sprau* in: Palandt, § 816 Rn. 10.
[34] BGH v. 04.02.1999 - III ZR 56/98 - juris Rn. 13 - LM BGB § 812 Nr. 263 (6/1999).
[35] BGH v. 03.12.1998 - III ZR 288/96 - LM BGB § 816 Nr. 47 (5/1999); a.A. *Jakobs*, ZIP 1999, 733-737.
[36] *Sprau* in: Palandt, § 816 Rn. 8, *Stadler* in: Jauernig, BGB-Kommentar, § 816 Rn. 4.
[37] *Sprau* in: Palandt, § 816 Rn. 8.
[38] BGH v. 06.05.1971 - VII ZR 232/69 - BGHZ 56, 131-136; BGH v. 23.05.1989 - IX ZR 135/88 - BGHZ 107, 340-342.
[39] BGH v. 29.04.1968 - VIII ZR 27/66 - LM Nr. 18 zu § 816 BGB.
[40] RG v. 12.03.1923 - IV 596/22 - RGZ 106, 44-46; vgl. auch OLG Saarbrücken v. 24.03.2003 - 1 W 38/03 - 7, 1 W 38/03 - MDR 2003, 1003.
[41] BGH v. 18.02.1960 - VII ZR 21/59 - BB 1960, 574.
[42] *Sprau* in: Palandt, § 816 Rn. 9.
[43] *Reuter/Martinek*, Ungerechtfertigte Bereicherung, 1983, S. 303 ff. m.w.N. zu den verschiedenen Auffassungen der Literatur, wie dem Berechtigten möglichst lange das Wahlrecht belassen werden kann.
[44] *Schulze* in: Hk-BGB, § 816 Rn. 7; *Stadler* in: Jauernig, BGB-Kommentar, § 816 Rn. 6; *Sprau* in: Palandt, § 816 Rn. 9; *Lorenz* in: Staudinger, § 816 Rn. 9 a.E.

im Hinblick auf die Bedingungsfeindlichkeit der Genehmigung als einseitigem Rechtsgeschäft abzulehnen.[45]

Die **Möglichkeit zur Erteilung der Genehmigung** ist nach zutreffender h.M. vom Schicksal der Sache unabhängig, kann insbesondere auch noch nach deren Untergang, Verarbeitung oder Ersitzung erteilt werden, d.h. der Anspruch aus § 816 Abs. 1 Satz 1 BGB besteht auch dann, wenn keine Vindikation mehr möglich ist.[46] Im letzteren Falle der Verarbeitung muss bei Genehmigung ein Anspruch aus § 951 BGB ausscheiden, der Eigentümer also zwischen § 951 BGB und § 816 BGB wählen.[47]

20

Der Anspruch aus § 816 BGB erlangt vor allem dann Bedeutung, wenn der Erwerber bösgläubig war oder es sich um eine abhanden gekommene oder gestohlene Sache handelt.[48] In diesen Fällen hat es der Berechtigte in der Hand, entweder die Sache von dem Dritten mit der Eigentumsklage herauszuverlangen bzw., wenn dieser nicht zu ermitteln ist oder die Sache vor Kenntnis des Mangels (vgl. die §§ 990, 993 BGB) verbraucht oder abgenutzt wurde, durch Genehmigung der Verfügung des Nichtberechtigten an den Erlös zu gelangen.[49] Dieses Wahlrecht darf seit der st. Rspr. des RG heute als allgemein anerkannt gelten.[50] Bei Veräußerungsketten kann der Berechtigte sein Wahlrecht nach Belieben ausüben, um den solventesten Schuldner zu treffen; man spricht von einer Strategie der Meistbegünstigung des Berechtigten. Haben mehrere Nichtberechtigte hintereinander eine gegenüber dem Eigentümer unwirksame Verfügung getroffen, haftet derjenige, dessen Verfügung genehmigt wird. Seine Vormänner bleiben dem Bereicherungsgläubiger haftbar, während die Nachmänner aufgrund der Genehmigung keine Nichtberechtigten mehr sind.[51]

21

Nach einer Literaturauffassung findet § 816 Abs. 1 Satz 1 BGB analoge **Anwendung auf Realakte**, bei denen kraft Gesetzes, insbesondere gem. den §§ 946 ff. BGB, eine Rechtsänderung eintritt, wenn im konkreten Fall eine rechtsgeschäftliche Übertragung des Rechts gem. den §§ 932 ff. BGB wirksam gewesen wäre.[52] Nach der zutreffenden Gegenmeinung ist § 816 Abs. 1 Satz 1 BGB direkt anwendbar, da die Vorschrift vom Wortlaut her nicht auf einen rechtsgeschäftlichen Erwerb Bezug nimmt. § 816 Abs. 1 Satz 1 BGB ist daher neben den §§ 951 Abs. 1, 812 Abs. 1 Satz 1 Alt. 2 BGB beim Einbau fremden Materials in ein Haus durch einen Bauhandwerker anwendbar.[53]

22

4. Schuldner und Gläubiger

Schuldner ist nach dem klaren Wortlaut nur der Nichtberechtigte, nicht aber ein dritter Empfänger, auch wenn er der Verfügung zugestimmt hat.[54] Bei offener Stellvertretung ist der Vertretene herausgabepflichtig, bei mittelbarer Stellvertretung der im eigenen Namen Handelnde, nicht der mittelbar Vertretene.[55] Ein Bereicherungsanspruch gegen den mittelbaren Stellvertreter auf Herausgabe des Verkaufserlöses scheitert an § 818 Abs. 3 BGB, wenn er den Erlös an seinen Auftraggeber abgeführt hat.[56] Gläubiger des Anspruches ist der Berechtigte. Bei mehreren Berechtigten steht jedem von ihnen entsprechend § 1011 BGB der Bereicherungsanspruch zu. Er ist auf Herausgabe an alle gerichtet.[57] Bei wirksamer Verfügung eines von mehreren Mitberechtigten über den gemeinsamen Gegenstand sind die übrigen anspruchsberechtigt.[58]

23

---

[45] *Lorenz* in: Staudinger, § 816 Rn. 9.
[46] BGH v. 06.05.1971 - VII ZR 232/69 - BGHZ 56, 131-136, Sprau, in: Palandt, § 816 Rn. 9; *Reuter/Martinek*, Ungerechtfertigte Bereicherung, 1983, S. 302 m.w.N.
[47] *Stadler* in: Jauernig, BGB-Kommentar, § 816 Rn. 5; *Sprau* in: Palandt, § 816 Rn. 9.
[48] *Sprau* in: Palandt, § 816 Rn. 9.
[49] Vgl. *Sprau* in: Palandt, § 816 Rn. 9.
[50] RG v. 26.06.1922 - VI 788/21 - RGZ 105, 84-92, RG v. 12.03.1923 - IV 596/22 - RGZ 106, 44-46; RG v. 28.10.1926 - IV 273/26 - RGZ 115, 31-35; BGH v. 09.02.1960 - VIII ZR 51/59 - BGHZ 32, 53-60; *Grunsky*, JZ 1961, 119-120, 119 ff.
[51] *Reuter/Martinek*, Ungerechtfertigte Bereicherung, 1983, S. 302; *Schwab* in: MünchKomm-BGB, § 816 Rn. 36.
[52] *Esser/Weyers*, Schuldrecht BT, Teilband 2, 8. Aufl. 2000, S. 77 f.
[53] *Reuter/Martinek*, Ungerechtfertigte Bereicherung, 1983, S. 295 ff.
[54] RG v. 10.10.1932 - IV 232/32 - RGZ 137, 356-358.
[55] OLG Karlsruhe v. 06.07.2000 - 9 U 159/99 - WM 2003, 584-585.
[56] BGH v. 01.03.1967 - VIII ZR 247/64 - BGHZ 47, 128; vgl. hierzu auch *Jülch*, JA 2011, 407-412.
[57] BGH, LM § 812 Rn. 5.
[58] *Sprau* in: Palandt, § 816 Rn. 10.

5. Rechtsfolge: Herausgabe des Erlangten

24 Der Anspruch aus § 816 Abs. 1 Satz 1 BGB richtet sich auf Herausgabe des Erlangten. Nach der zutreffenden h.M., der sog. Theorie der Gewinnhaftung, fällt auch die erlangte Gegenleistung unter diesen Begriff,[59] obwohl sie streng genommen nicht aus der Verfügung,[60] sondern aus dem der Verfügung zugrunde liegenden Kausalgeschäft stammt. Als Erlangtes ist daher z.B. auch der Kaufpreis für die unberechtigt veräußerte Sache anzusehen.[61] Das Erlangte ist in voller Höhe, unabhängig vom Wert der veräußerten Sache und von etwaigen werterhöhenden Verwendungen, die der Verfügende oder ein Vorgänger auf die Sache gemacht haben, herauszugeben, d.h. es ist auch der anlässlich der Verfügung erzielte Gewinn über den objektiven Wert der Sache hinaus herauszugeben – auch wenn er allein auf den besonderen Umständen des Verfügungsfalles, z.B. auf der Tüchtigkeit des nichtberechtigten Verkäufers beruht. Dafür spricht, dass bei Veräußerung von Sachen der Preis regelmäßig dem Wert in etwa entsprechen dürfte und der auf die besonderen Kapazitäten des Verkäufers entfallende Erlösanteil schwer herausrechenbar ist.[62] Nach der in der Literatur vertretenen Gegenmeinung, der sog. Theorie der Werthaftung[63], ist hier und in sonstigen Fällen des unberechtigten Verbrauchs fremden Guts der Verbrauch selbst als das Erlangte anzusehen. Deshalb sei die Herausgabepflicht auch bei höheren Erlösen auf den objektiven Wert dieses Verbrauchs oder des Gegenstandes beschränkt, sofern nicht § 687 Abs. 2 BGB eingreift.[64] Dieser Gegenmeinung ist insofern Recht zu geben, als die Herausgabe des Gewinns von dem das Bereicherungsrecht durchdringenden Grundsatz des Vermögensausgleichs abweicht und sonst nur in den Fällen der angemaßten Geschäftsführung nach § 687 Abs. 2 BGB eingreift.[65] Eine weitere Lehrmeinung sieht als Erlangtes die Befreiung von der Verbindlichkeit aus dem der Verfügung zugrunde liegenden Kausalgeschäft an; deren Wert, der sich wiederum nach dem Verkehrswert des Gegenstandes bemisst, soll dann nach § 818 Abs. 2 BGB ersetzt werden.[66] Nach einer weiteren einschränkenden Literaturmeinung unterliegt die Gewinnhaftung erheblichen Einschränkungen, sobald der objektive Sachwert überschritten wird.[67] Für die Rspr. spricht aber der eindeutige Wortlaut. Das Recht, den Gegenstand gewinnbringend zu veräußern, steht grundsätzlich nur dem berechtigten Rechtsinhaber zu.[68] Auch würden andernfalls erhebliche Beweisschwierigkeiten entstehen.[69] Etwaige Unbilligkeiten lassen sich über § 242 BGB,[70] ggf. auch nach § 818 Abs. 3 BGB ausgleichen.[71] Indes ist nur anteiliger Wertersatz zu leisten, wenn die Verfügung über eine Sachgesamtheit nur hinsichtlich einzelner Gegenstände unberechtigt ist.[72]

25 Die Gegenleistung, die der Verfügende selbst für den Erwerb des fremden Rechts aufgewendet hat, kann er nach übereinstimmender Auffassung nicht absetzen; auch nicht, wenn der Berechtigte sie nach § 407 BGB gegen sich gelten lassen müsste.[73] Bei einer Veräußerung unter dem Verkehrswert ist der Nichtberechtigte unstreitig nur zur Herausgabe des tatsächlich Erlangten verpflichtet.[74] Ebenfalls nicht

---

[59] *Schulze* in: Hk-BGB, § 816 Rn. 9; *Sprau* in: Palandt, § 816 Rn. 20; *Heimann-Trosien* in: BGB-RGRK, § 816 Rn. 12; *Buck-Heeb* in: Erman, § 816 Rn. 20; *Lorenz* in: Staudinger, § 816 Rn. 23 f. Ausführlich zum Streitstand *Reuter/Martinek*, Ungerechtfertigte Bereicherung, 1983, S. 313 ff. m.w.N.
[60] *Stadler* in: Jauernig, BGB-Kommentar, § 816 Rn. 8.
[61] *Schulze* in: Hk-BGB, § 816 Rn. 9.
[62] BGH v. 08.01.1959 - VII ZR 26/58 - BGHZ 29, 161.
[63] Differenzierend *Lorenz* in: Staudinger, § 816 Rn. 23 ff., *Plambeck*, JuS 1987, 793-797.
[64] *Larenz*, FS f. Ernst v. Caemmerer, 1978, S. 209 ff., LG Köln v. 09.06.1987 - 11 S 417/86 - WM 1988, 425-427.
[65] *Sprau* in: Palandt, § 816 Rn. 20.
[66] *Medicus/Petersen*, Bürgerliches Recht, 23. Aufl. 2011, Rn. 723.
[67] *Esser*, Schuldrecht II, 4. Aufl. 1971, § 104 II 1 b, S. 368 f.; *Esser/Weyers*, Schuldrecht BT, Teilband 2, 8. Aufl. 2000, S. 80; *Lorenz* in: Staudinger, § 816 Rn. 25.
[68] *Sprau* in: Palandt, § 816 Rn. 20.
[69] BGH v. 08.01.1959 - VII ZR 26/58 - BGHZ 29, 161.
[70] BGH v. 08.01.1959 - VII ZR 26/58 - BGHZ 29, 161; *Schulze* in: Hk-BGB, § 816 Rn. 9 mit der Einschränkung, dass dies auf absolute Ausnahmefälle begrenzt bleiben müsse, da die Ausnahmen dem Prinzip der Eingriffskondiktion zuwiderlaufen.
[71] *Sprau* in: Palandt, § 816 Rn. 20.
[72] BGH v. 04.02.2005 - V ZR 114/04 - BGH Report 2005, 821.
[73] BGH v. 30.09.1970 - VIII ZR 221/68 - LM Nr. 16 zu § 818 Abs. 3 BGB.
[74] *Schulze* in: Hk-BGB, § 816 Rn. 9; *Lorenz* in: Staudinger, § 816 Rn. 23; *Buck-Heeb* in: Erman, § 816 Rn. 20; *Heimann-Trosien* in: BGB-RGRK, § 816 Rn. 12.

zu ersetzen ist der übliche Verkehrswert des betreffenden Gegenstandes, auch wenn er höher ist als das tatsächlich Erlangte.[75] § 818 Abs. 2 BGB ist insoweit durch die Sonderbestimmung des § 816 BGB ausgeschlossen.[76]

Bei einem Kredit ist nicht dieser, sondern der Wert als Kreditunterlage dem Berechtigten zu erstatten.[77]

Wenn ein **Bucheigentümer** das Grundstück, bevor er es ersessen hat, wirksam veräußert, bleibt er dem wahren Eigentümer zur Herausgabe des Erlöses auch über den – fiktiven – Ersitzungszeitpunkt hinaus verpflichtet. Er hätte die Ersitzung abwarten müssen.[78]

Eigentumsverletzer und nichtberechtigt Verfügender sind Gesamtschuldner[79]; der in Anspruch genommene Verfügende kann daher nicht vom Berechtigten Abtretung von Ansprüchen gegen den Dieb, den nichtberechtigt Verfügenden[80], nach § 255 BGB verlangen,[81] jedoch nach § 426 BGB Regress nehmen[82].

III. Unentgeltliche Verfügung eines Nichtberechtigten (Absatz 1 Satz 2)

1. Dogmatischer Hintergrund

Auch der Anspruch aus § 816 Abs. 1 Satz 2 BGB erfordert die wirksame Verfügung eines Nichtberechtigten. Die Vorschrift des § 816 Abs. 1 Satz 2 BGB enthält einen Durchgriff auf den Dritten, der etwas unentgeltlich erlangt hat. Sie ist Ausfluss des allgemeinen Gedankens, dass ein unentgeltlicher, wenn auch gutgläubiger Erwerb nicht auf Kosten des Geschädigten aufrechterhalten werden soll.[83]

2. Verfügung eines Nichtberechtigen

Hier gilt das zu § 816 Abs. 1 Satz 1 BGB Gesagte (vgl. Rn. 10).

3. Unentgeltlichkeit der Verfügung

Die Unentgeltlichkeit bezieht sich korrekterweise nicht auf die Verfügung als solche, sondern auf das ihr zugrunde liegende Kausalgeschäft.[84] In diesem Sinne erfolgt die Verfügung unentgeltlich, wenn sie unabhängig von einer Gegenleistung (auch gegenüber einem Dritten) erfolgt.[85] Ausnahmsweise kann der die Unentgeltlichkeit ausschließende Gegenwert auch in der Verfügung selbst liegen, z.B. bei einer wirksamen Schuldbefreiung.[86] Entscheidend für die Frage, ob die Verfügung unentgeltlich erfolgt, ist stets der Standpunkt des Erwerbers, da das Entgelt auch einem Dritten zugeflossen sein kann.[87] Es sind seine gesamten wirtschaftlichen Verhältnisse zu berücksichtigen.[88]

Bei gemischten Schenkungen gilt § 816 Abs. 1 Satz 2 BGB nach h.M. für die ganze Verfügung, wenn der unentgeltliche Teil überwiegt.[89] Die zutreffende Gegenmeinung kritisiert das Alles-oder-Nichts-Prinzip unter Hinweis darauf, der Erwerber schlechter stünde als wenn er eine geringe Gegenleistung erbracht hätte, und fordert deshalb eine Beschränkung des Anspruches aus § 816 Abs. 1 Satz 2 BGB auf den wirklich unentgeltlich erlangten Teil.[90]

---

[75] BGH, LM § 812 Rn. 15.
[76] OLG Hamm v. 02.02.1995 - 21 U 113/94 - NJW-RR 1995, 1010-1013.
[77] *Caemmerer*, Gesammelte Schriften, Bd. I, S. 279 ff., 287 f.; umfassend BGH v. 24.09.1996 - XI ZR 227/95 - LM BGB § 268 Nr. 5 (3/1997) für die teilvalutierte Sicherungsgrundschuld.
[78] BGH v. 13.02.2003 - V ZR 38/02 - ZfIR 2003, 356.
[79] BGH v. 27.03.1969 - VII ZR 165/66 - BGHZ 52, 39-47.
[80] *Sprau* in: Palandt, § 816 Rn. 20.
[81] BGH v. 08.01.1959 - VII ZR 26/58 - BGHZ 29, 161; BGH v. 27.03.1969 - VII ZR 165/66 - BGHZ 52, 39-47.
[82] *Stadler* in: Jauernig, BGB-Kommentar, § 816 Rn. 11.
[83] *Sprau* in: Palandt, § 816 Rn. 13.
[84] *Stadler* in: Jauernig, BGB-Kommentar, § 816 Rn. 21.
[85] *Schulze* in: Hk-BGB, § 816 Rn. 10; *Reuter/Martinek*, Ungerechtfertigte Bereicherung, 1983, S. 334.
[86] *Sprau* in: Palandt, § 816 Rn. 14.
[87] BGH v. 29.01.1954 - V ZR 13/53 - LM Nr. 4 zu § 816 BGB.
[88] *Reuter/Martinek*, Ungerechtfertigte Bereicherung, 1983, S. 334.
[89] *Lorenz* in: Staudinger, § 816 Rn. 28; *Buck-Heeb* in: Erman, § 816 Rn. 12; *Schwab* in: MünchKomm-BGB, § 816 Rn. 67.
[90] *Reuter/Martinek*, Ungerechtfertigte Bereicherung, 1983, S. 336 f.

§ 816

33 Die Unentgeltlichkeit ist zu verneinen bei der Stellung einer Kreditsicherheit[91] und in dem Fall, dass jemand eine Hypothek erfüllungshalber zur Tilgung der Schuld eines Dritten an den Erwerber abtritt, um diesen von einem Vorgehen gegen den Dritten abzuhalten.[92]

34 Sehr umstritten ist, ob die Gewährung dinglicher Sicherheiten ohne besondere ausdrückliche Gegenleistung unentgeltlich erfolgt. Nach heute h.M. ist zu differenzieren. Bei der Bestellung dinglicher Sicherheiten kann man, auch wenn keine besondere Gegenleistung des Gläubigers vereinbart wurde, keineswegs von einer Unentgeltlichkeit ausgehen, da sie meist mit Rücksicht auf eine anderweitig vorhandene entgeltliche Causa erfolgt und in deren Äquivalent eingestellt ist. Im Regelfall ist davon auszugehen, dass eine Sicherung nicht unentgeltlich eingeräumt wird, selbst wenn die zu sichernde Forderung aus einem unentgeltlichen Geschäft herrührt. Genauso ist davon auszugehen, dass die Eingehung abstrakter Schuldanerkenntnisse zwecks Bestärkung oder gar Ersetzung bestehender Forderungen im Regelfall nicht unentgeltlich erfolgt.[93]

35 Ebenfalls sehr umstritten ist, ob – wie nach h.M. bei § 988 BGB[94] – die rechtsgrundlose Verfügung der unentgeltlichen gleichzustellen ist. Die praktische Bedeutung dieses Streits liegt in der Frage, ob der Erwerber die von ihm an den Nichtberechtigten erbrachte Gegenleistung gegenüber dem Bereicherungsanspruch in Anrechnung bringen kann.[95] Zwar ist unstrittig, dass der Erwerber einem Bereicherungsanspruch ausgesetzt ist; umstritten ist aber, wer der Anspruchsinhaber ist.[96] Die Frage des Anspruchsinhabers ist nur Bedeutung für die Frage, ob der Erwerber gegenüber einem bereicherungsrechtlichen Herausgabeanspruch Einwendungen aus dem Grundgeschäft dem nichtberechtigt Verfügenden entgegenhalten kann, insbesondere die Rückgabe von der Erstattung der Gegenleistung abhängig machen kann. Außerdem wirkt sich der Theorienstreit aus, wenn der Alteigentümer den Nichtberechtigten tatsächlich nicht mehr mit Erfolg in Anspruch nehmen kann oder wenn dessen Leistungskondiktion gegen den Erwerber durch eine Kondiktionssperre nach den §§ 814, 815, 817 BGB ausgeschlossen ist.[97]

36 Die st. Rspr. und ein Teil der Literatur, die sog. Lehre von der Einheitskondiktion, bejahen die Gleichstellung der rechtsgrundlosen mit der unentgeltlichen Verfügung, weil bei nichtigem Grundgeschäft die vereinbarte Gegenleistung nicht erlangt werden kann.[98] Der Bereicherungsanspruch steht dem ursprünglichen Eigentümer (E) unmittelbar gegen den Erwerber, etwa Käufer (K), zu, der „in sonstiger Weise" auf Kosten der E rechtsgrundlos bereichert ist. Die Einheitlichkeit des Bereicherungsvorgangs ist gegeben, weil durch die Verfügung des nichtberechtigten Verkäufers (V) E sein Eigentum verloren und K es erworben hat. Str. ist, ob die Vornahme der Verfügung durch V dem entgegensteht.[99] Diese Lehre stützt sich auf eine Analogie zu § 816 Abs. 1 Satz 2 BGB und sieht den rechtsgrundlosen Erwerb im Vergleich zum unentgeltlichen als noch weniger schutzwürdig an.[100] Die herrschende Lehre von der Doppelkondiktion verweist darauf,[101] dass die Rückabwicklung einer rechtsgrundlos erbrachten Leistung zwischen den Parteien Vorrang haben muss.[102] In dem eben genannten Beispiel hat V einen Be-

---

[91] Hierzu *Canaris*, NJW 1991, 2513-2521.
[92] *Reuter/Martinek*, Ungerechtfertigte Bereicherung, 1983, S. 334.
[93] *Reuter/Martinek*, Ungerechtfertigte Bereicherung, 1983, S. 335 f.; dort auch zur älteren, nicht mehr vertretenen Lehre.
[94] *Bassenge* in: Palandt, § 988 Rn. 6 f.
[95] *Sprau* in: Palandt, § 816 Rn. 16; vgl. auch *Sprau* in: Palandt, § 818 Rn. 42 f.
[96] *Sprau* in: Palandt, § 816 Rn. 16.
[97] *Reuter/Martinek*, Ungerechtfertigte Bereicherung, 1983, S. 340.
[98] BGH v. 12.07.1962 - VII ZR 28/61 - BGHZ 37, 363-371; vgl. *Grunsky*, JZ 1962, 207-209 m.w.N; a.A. *Sprau* in: Palandt, § 816 Rn. 16: Der BGH habe in diesem Urteil und in BGH v. 25.04.1967 - VII ZR 1/65 - BGHZ 47, 393-399 noch keine grundsätzliche Stellung bezogen, da die erste Entscheidung von ihm ausdrücklich als Sonderfall eingestuft wurde. Im zweiten Urteil war der Spielvertrag gültig, sodass weder ein unentgeltlicher noch ein rechtsgrundloser Erwerb vorlagen; ausführlich zu den Spielbankfällen *Reuter/Martinek*, Ungerechtfertigte Bereicherung, 1983, S. 340 ff.; *Berg*, AcP 160, 505-525, 522 f.; *Koppensteiner/Kramer*, Ungerechtfertigte Bereicherung, 2. Aufl. 1988, S. 108 f., *Heimann-Trosien* in: BGB-RGRK § 816 Rn. 19; *Buck-Heeb* in: Erman, § 816 Rn. 10; *Lorenz* in: Staudinger, § 816 Rn. 15 f.; *Hüffer*, JuS 1981, 263-268, 267; *Canaris* in: Canaris/Diederichsen, FS für Larenz zum 80. Geburtstag, 1983, S. 799 ff. (843 ff.).
[99] *Sprau* in: Palandt, § 816 Rn. 16.
[100] Zitiert nach *Sprau* in: Palandt, § 816 Rn. 16.
[101] Vgl. *Esser/Weyers*, Schuldrecht BT, Teilband 2, 8. Aufl. 2000, § 50 II 3; *Larenz/Canaris*, Schuldrecht, Band II/2: Besonderer Teil, 13. Aufl. 1994, § 69 II 2 b; ausführlich zum Streitstand *Lorenz* in: Staudinger, § 816 Rn. 16 ff.
[102] *Stadler* in: Jauernig, BGB-Kommentar, § 816 Rn. 21.

reicherungsanspruch gegen K, da dieser unmittelbar nur auf Kosten des V bereichert ist. Der Anspruch besteht Zug um Zug gegen die Rückgewähr einer eventuellen Gegenleistung. V seinerseits ist einem Bereicherungsanspruch des E ausgesetzt, der auf die Abtretung des Bereicherungsanspruches gegen K gerichtet ist (Kondiktion der Kondiktion).[103] Bei einem Vorgehen aus dem abgetretenen Anspruch ist der Anspruchsgegner durch § 404 BGB geschützt.[104]

Für die h.M. sprechen folgende Erwägungen: Erlangt ist an sich nur, was jemandem durch rechtsgültigen Vertrag zugeflossen ist. Seinem Wortlaut nach ist § 816 BGB daher grundsätzlich unanwendbar, wenn die Verfügung zwar wirksam, aber aufgrund eines von vornherein nichtigen oder nachträglich wieder weggefallenen (Rücktritt; str. bei der Anfechtung) Kausalgeschäfts zwischen dem Vermögenserwerber und dem Nichtberechtigten vorgenommen worden ist.[105] Nach § 816 Abs. 1 Satz 1 BGB hat der Nichtberechtigte, der nicht bösgläubig ist, die gegen seinen Abnehmer erlangten Bereicherungsansprüche herauszugeben. Der Bereicherungsgläubiger bleibt daher Einwendungen nach § 404 BGB, die dem Erwerber gegen den Verfügenden zustehen, ausgesetzt.[106] Entscheidend für die h.M. spricht ferner, dass die Parteien, die rechtsgrundlos verfügen, nicht das Bewusstsein haben, unentgeltlich zu verfügen.[107]

4. Rechtsfolge: Herausgabe des unmittelbar Erlangten

Der Anspruch richtet sich gegen den, der unentgeltlich erworben hat. § 816 Abs. 1 Satz 2 BGB gewährt dem Berechtigten damit ein „Verfolgungsrecht" hinsichtlich der Sache und Durchbrechung des Grundsatzes von der Kondiktionsfestigkeit des gutgläubigen Erwerbs.[108]

Der Unmittelbarkeitszusammenhang zwischen der Verfügung und dem Erlangten ist überall dort zu verneinen, wo der erlangte Vorteil nicht durch dasselbe Rechtsgeschäft begründet worden ist wie der Rechtsverlust des Berechtigten, sondern durch ein weiteres Rechtsgeschäft oder anderweitig vermittelt worden ist.[109]

Herauszugeben ist der unentgeltlich weggegebene,[110] vom anderen erlangte Gegenstand und (oder) das erworbene Recht.[111] Bei unentgeltlicher Weitergabe an einen Vierten gilt § 822 BGB, bei schenkweiser Übereignung veruntreuten Geldes, gilt stattdessen § 816 Abs. 1 Satz 2 BGB.[112]

Der nichtberechtigt Verfügende kann Rückübereignung nur an den Bereicherungsgläubiger verlangen; bei Rückgabe an ihn fällt das Eigentum unmittelbar an den Berechtigten zurück;[113] er kann durch die Rückabwicklung nicht mehr erhalten, als er ursprünglich hatte. Deshalb kann er nur den Besitz an der Sache erlangen.[114]

IV. Wirksame Leistungsannahme durch den Nichtberechtigten gem. Absatz 2

§ 816 Abs. 2 BGB regelt einen weiteren Fall der Eingriffskondiktion, da die Befreiungswirkung auf Kosten des wahren Gläubigers geht, der seine Forderung verliert.[115] Er erfasst alle Fälle, in denen der Leistende befreit bleibt, obwohl er an einen Nichtberechtigten geleistet hat.[116]

---

[103] *Sprau* in: Palandt, § 816 Rn. 16.
[104] *Schulze* in: Hk-BGB, § 816 Rn. 11.
[105] *Sprau* in: Palandt, § 816 Rn. 16.
[106] *Stadler* in: Jauernig, BGB-Kommentar, § 816 Rn. 21.
[107] Ausführlich zu den Unterschieden zwischen unentgeltlichem und rechtsgrundlosem Erwerb *Reuter/Martinek*, Ungerechtfertigte Bereicherung, 1983, S. 343 ff.
[108] *Schulze* in: Hk-BGB, § 816 Rn. 12.
[109] *Reuter/Martinek*, Ungerechtfertigte Bereicherung, 1983, S. 332.
[110] *Sprau* in: Palandt, § 816 Rn. 20.
[111] *Stadler* in: Jauernig, BGB-Kommentar, § 816 Rn. 22.
[112] OLG Frankfurt v. 02.12.1986 - 8 U 95/86 - WM 1987, 189-191.
[113] H.M., vgl. *Koppensteiner/Kramer*, Ungerechtfertigte Bereicherung, 2. Aufl. 1988, S. 99 m.w.N.
[114] *Braun*, ZIP 1998, 1469, 1472 für § 812 BGB.
[115] *Reuter/Martinek*, Ungerechtfertigte Bereicherung, 1983, S. 349.
[116] *Sprau* in: Palandt, § 816 Rn. 17.

§ 816

1. Bewirken der Leistung an einen Nichtberechtigten, die dem Berechtigten gegenüber wirksam ist

43 Der Berechtigte, dem gegenüber die Leistung wirksam sein muss, ist der Anspruchsinhaber oder ein sonst zur Erhebung der Leistung im eigenen Namen Berechtigter.[117]

44 Das Bewirken der Leistung kann auch durch einen Dritten, etwa eine Teilzahlungsbank, geschehen. Der Anspruch steht auch hier dem Berechtigten zu.[118]

45 Nichtberechtigter ist derjenige, der weder Gläubiger der Forderung noch zu ihrer Einziehung ermächtigt ist.[119] In Betracht kommen z.B. Altgläubiger, Scheinzessionar, Gesellschafter, Pfändungsgläubiger.[120] Meist geht es um die Zahlung von mehrfach abgetretenen Geldforderungen an einen Scheingläubiger.

46 Die **Leistung an einen Scheingläubiger** löst den Anspruch aus § 816 Abs. 2 BGB nur aus, wenn der Leistende ihn als Gläubiger angesehen hat. Der Anspruch entsteht deshalb nicht bei Zahlung an eine Bank in ihrer Funktion als Zahlstelle des Zedenten, da hier die Leistung an den Gläubiger bewirkt wird.[121] Etwas anderes gilt aber, wenn die Zahlstellenfunktion unwirksamer Globalzession gleichsteht.[122] Zahlt der Käufer an seinen Verkäufer, der die Ware unter verlängertem Eigentumsvorbehalt erworben hat, so hat er an den Berechtigten bezahlt, weil mangels abweichender Vereinbarung eine Erteilung der Einziehungsermächtigung durch den Erstverkäufer anzunehmen ist.[123] Eine Factoringbank, an die der Vorbehaltskäufer seine Kaufpreisansprüche gegen Kunden abgetreten hat, ist dagegen nicht als bloße Zahlstelle zu betrachten.[124]

47 Die Leistung an den Nichtberechtigten wird dem Berechtigten gegenüber wirksam, wenn der Schuldner von seiner Verbindlichkeit befreit wird.[125] Dann bleibt der Leistende befreit, obwohl er an einen Nichtberechtigten geleistet hat.[126] Die Wirksamkeit der Leistung kann sich aus gesetzlichen Vorschriften – etwa den §§ 413, 566c, 567b, 581 Abs. 2 BGB[127] – oder nach h.M. – wie bei § 816 Abs. 1 Satz 1 BGB – aufgrund einer Genehmigung ergeben.[128]

48 In Betracht kommt etwa die Leistung des Schuldners an den ursprünglichen Gläubiger in Unkenntnis der Abtretung der Forderung oder eines sonstigen Rechts gem. den §§ 407, 408, 413 BGB:[129] Bei mehreren Abtretungen (Eigentumsvorbehalt, Globalzession) entscheidet in diesem Fall grundsätzlich deren zeitliche Reihenfolge.[130] Außerdem ist hier die Leistung an eine in der Abtretungsanzeige gem. § 409 BGB unrichtig bezeichnete Person zu nennen, die Leistung des Auseinandersetzungsguthabens an den Zessionar des Gesellschafters, wenn dessen Anteil am Gesellschaftsvermögen nach der Abtretung gepfändet wurde.[131] Der Lieferant eines Einzelhändlers, dem aufgrund verlängerten Eigentumsvorbehalts die Kaufpreisforderung aus dem Verkauf eines von ihm gelieferten Gegenstandes zusteht, kann, wenn das zur Tilgung der Kaufpreisschuld dem Käufer von einer Teilzahlungsbank gewährte Darlehen an einen anderen Lieferanten ausgezahlt wird, von diesem die Herausgabe des Geleisteten verlangen.[132] § 816 Abs. 2 BGB ist ferner einschlägig bei Unkenntnis der Beteiligung mehrerer Gläubiger, z.B. bei Leistung an einen Gesellschafter (§ 710 BGB) oder im Familienrecht (§ 1473 Abs. 2 BGB), Leistung

---

[117] *Stadler* in: Jauernig, BGB-Kommentar, § 816 Rn. 13.
[118] BGH v. 06.04.1972 - VII ZR 118/70 - LM Nr. 27 zu § 816 BGB.
[119] *Schulze* in: Hk-BGB, § 816 Rn. 13.
[120] Vgl. *Stadler* in: Jauernig, BGB-Kommentar, § 816 Rn. 15; BGH v. 25.03.1976 - VII ZR 32/75 - BGHZ 66, 150-158.
[121] BGH v. 18.12.1969 - VII ZR 152/67 - BGHZ 53, 139-143, für eine Haftung unter bestimmten Umständen aber *Köper*, MDR 2005, 1141-1144
[122] Frankfurt, WM 1971, 972.
[123] OLG Hamburg v. 09.03.1982 - 7 U 50/81 - ZIP 1983, 46-48.
[124] *Messer*, NJW 1976, 925-929.
[125] *Schulze* in: Hk-BGB, § 816 Rn. 13.
[126] *Sprau* in: Palandt, § 816 Rn. 17.
[127] *Schulze* in: Hk-BGB, § 816 Rn. 13; *Stadler* in: Jauernig, BGB-Kommentar, § 816 Rn. 14.
[128] *Schulze* in: Hk-BGB, § 816 Rn. 13; *Stadler* in: Jauernig, BGB-Kommentar, § 816 Rn. 14; *Heimann-Trosien* in: BGB-RGRK, § 816 Rn. 26; *Buck-Heeb* in: Erman, § 816 Rn. 17.
[129] BGH v. 16.12.1957 - VII ZR 49/57 - BGHZ 26, 185-196; BGH v. 30.05.1960 - VII ZR 257/59 - BGHZ 32, 357-361.
[130] *Grüneberg* in: Palandt, § 398 Rn. 27 f.
[131] OLG Köln v. 25.05.1993 - 24 U 216/91 - NJW-RR 1994, 1517-1520.
[132] BGH v. 06.04.1972 - VII ZR 118/70 - LM Nr. 27 zu § 816 BGB .

an die durch Erbschein oder Testamentsvollstreckerzeugnis fälschlich ausgewiesenen Personen (§§ 2367 f. BGB), desgleichen an den im Grundbuch eingetragenen Nichtberechtigten (§ 893 BGB) oder an den legitimierten Inhaber eines Hypothekenbriefes (§ 1155 BGB), die Leistung an den nichtberechtigten Inhaber eines Inhaber- oder Legitimationspapieres (§§ 793, 808 BGB) oder an den besitzenden Nichteigentümer nach Beschädigung der Sache (§ 851 BGB); schließlich auch die Annahme der Leistung durch den Versicherungsnehmer nach § 45 VVG.[133]

Durch die Genehmigung wird die Annahme einer Leistung, die zunächst nicht befreiend wirkte, wirksam. Der Berechtigte hat somit ein Wahlrecht, ob er die Annahme wirksam werden lassen und das hierdurch Erlangte vom Nichtberechtigten herausverlangen oder ob er gegen den nicht befreiten Schuldner vorgehen will.[134] Auch hier kann die Genehmigung in der außergerichtlichen Geltendmachung des Bereicherungsanspruchs gegen den nichtberechtigten Empfänger liegen, falls der Berechtigte die Unwirksamkeit der Leistung gekannt oder zumindest damit gerechnet hat.[135] Str. ist, ob die Genehmigung auch konkludent in der Klageerhebung liegen kann.[136] | 49

Hat der Schuldner eine zur Sicherheit abgetretene Forderung ein weiteres Mal abgetreten und zahlt der Drittschuldner an den zweiten Zessionar mit befreiender Wirkung, so erstreckt sich das gesetzliche Einziehungsrecht des Insolvenzverwalters nicht auf den Bereicherungsanspruch des vorrangigen Sicherungsnehmers gegen den nachrangigen Zessionar; in einem solchen Fall kann sich die Prozessführungsbefugnis des Verwalters nach den zur gewillkürten Prozessstandschaft entwickelten Grundsätzen ergeben.[137] | 50

2. Rechtsfolge: Herausgabe des Geleisteten

Herauszugeben ist das Geleistete,[138] die angenommene Leistung.[139] Der Umfang der Herausgabepflicht bestimmt sich nach den §§ 818, 819 BGB. | 51

V. Umfang des Bereicherungsanspruches

Der Umfang des Bereicherungsansprüche des § 816 BGB richtet sich im Übrigen nach den allgemeinen Vorschriften der §§ 818, 819 BGB.[140] Bei den Bereicherungsansprüchen aus § 816 Abs. 1 Satz 1 BGB und § 816 Abs. 2 BGB kann daher der nichtberechtigt Verfügende insbesondere seine Aufwendungen, die er ohne die Verfügung nicht gehabt hätte, abziehen, nicht aber die einem Dritten zugeflossene Gegenleistung, um den Gegenstand von einem anderen als dem Berechtigten zu erhalten, z.B. den gutgläubig an den Dieb gezahlten Kaufpreis.[141] Auch Berufung auf § 818 Abs. 3 BGB ist möglich, soweit der Bereicherungsschuldner nicht verschärft nach § 819 BGB haftet.[142] Zwar ist für den Anspruch aus § 816 Abs. 1 Satz 1 BGB kein Verschulden erforderlich, jedoch kann ein etwaiges Verschulden zur verschärften Haftung nach § 819 BGB und konkurrierenden Ansprüchen führen.[143] | 52

Der zum Schadensersatzrecht gehörende § 255 BGB ist auf den Anspruch aus § 816 BGB auch nicht entsprechend anwendbar; der Nichtberechtigte kann daher nicht als Gegenleistung für die Herausgabe des durch die wirksame Verfügung Erlangten die Abtretung von Ersatzansprüchen, z.B. gegen den Dieb des veräußerten Gegenstandes, verlangen.[144] | 53

---

[133] BGH v. 08.02.1960 - II ZR 136/58 - BGHZ 32, 44-53.
[134] *Sprau* in: Palandt, § 816 Rn. 18.
[135] BGH v. 06.04.1972 - VII ZR 118/70 - LM Nr. 27 zu § 816 BGB; BGH v. 12.05.1971 - VIII ZR 196/69 - BGHZ 56, 173-180; BGH v. 18.02.1960 - VII ZR 21/59 - BB 1960, 574; BGH, WM 1958, 1222; BGH v. 22.12.1960 - VII ZR 169/59 - WM 1961, 273, 274.
[136] So *Stadler* in: Jauernig, BGB-Kommentar, § 816 Rn. 14 m.w.N.; *Larenz/Canaris*, Schuldrecht, Band II/2: Besonderer Teil, 13. Aufl. 1994, § 69 Ii 3d; a.A. *Lorenz* in: Staudinger, § 816 Rn. 32 m.w.N.
[137] BGH v. 15.05.2003 - IX ZR 218/02 - NJW-RR 2003, 1490-1493; festgehalten in BGH v. 25.09.2003 - IX ZR 213/03 - NJW-RR 2004, 259; vgl. dazu *Pape*, WuB VI C § 166 InsO 1.03.
[138] *Stadler* in: Jauernig, BGB-Kommentar, § 816 Rn. 18.
[139] *Sprau* in: Palandt, § 816 Rn. 20.
[140] *Sprau* in: Palandt, § 816 Rn. 21.
[141] Näheres *Sprau* in: Palandt, § 818 Rn. 42 f.
[142] BGH v. 07.05.1953 - IV ZR 183/52 - BGHZ 9, 333-336.
[143] *Sprau* in: Palandt, § 816 Rn. 12.
[144] BGH v. 08.01.1959 - VII ZR 26/58 - BGHZ 29, 157.

D. Prozessuale Hinweise

54 Die Beweislast für alle Voraussetzungen des Anspruches liegt beim Anspruchsberechtigten.[145] Er muss folglich die Nichtberechtigung des Verfügenden (§ 816 Abs. 1 Satz 1 BGB) bzw. des Empfängers (§ 816 Abs. 1 Satz 2 BGB), die Wirksamkeit der Verfügung oder der Annahme dem Berechtigten gegenüber, bei § 816 Abs. 1 Satz 2 BGB auch die Unentgeltlichkeit der Verfügung sowie den Umfang des Erlangten. Beim Beweis der eigenen Berechtigung und der Nichtberechtigung des Anspruchsgegners gelten auch Vermutungen wie § 1006 BGB.[146]

E. Anwendungsfelder

55 Nach h.M. derogiert § 816 Abs. 1 Satz 1 BGB als Spezialgesetz die Anwendung der allgemeinen Eingriffskondiktion.[147] § 816 BGB schließt eine weitergehende Haftung nicht aus. Insbesondere bei Verschulden ist an Ansprüche aus Vertrag (z.B. Auftrag), aus Geschäftsführung ohne Auftrag gem. § 681 BGB oder an § 687 Abs. 2 BGB bei angemaßter Eigengeschäftsführung zu denken. Weitergehende Ansprüche, z.B. auch den Wert des Gegenstandes (§ 818 Abs. 2 BGB), entfallen dagegen.[148] § 816 BGB tritt ergänzend neben die Vorschriften der § 987 ff. BGB.[149]

56 Die erteilte Genehmigung der Verfügung des Nichtberechtigten schließt nach der Rspr. und h.L. die Geltendmachung anderer Ansprüche, etwa nach den §§ 987 ff. BGB oder § 823 Abs. 1 BGB nicht aus, da insoweit andere Wertungen zum Tragen kommen[150] und ein Verzicht des Genehmigenden auf weitergehende Ansprüche fiktiv wäre.[151] Ein Eigentumsverlust, der aufgrund der Genehmigung eingetreten ist, hindert daher nicht die Geltendmachung von Deliktsansprüchen gegen den Verfügenden, etwa aus den §§ 987 ff., 823 BGB.[152] Umgekehrt ist im Verlangen von Schadensersatz noch keine endgültige Verweigerung der Genehmigung zu erblicken.[153] Etwas anderes gilt aber dann, wenn eine Auslegung der Genehmigung ergibt, dass sie die Widerrechtlichkeit der Verfügung des Nichtberechtigten beseitigen soll und deshalb ausnahmsweise als Verzicht auf Schadensersatzansprüche anzusehen ist.[154]

F. Arbeitshilfen

57 **Prüfschema**: § 816 Abs. 1 Satz 1 BGB:
  (1) Verfügung: im rechtstechnischen Sinne; nicht gegeben bei Verpflichtungsgeschäften und Verfügungen im Rahmen der Zwangsvollstreckung
  (2) Nichtberechtigung des Verfügenden
  (3) Wirksamkeit gegenüber dem Berechtigten: nach den Vorschriften über den gutgläubigen Erwerb oder Genehmigung nach § 185 BGB
  (4) Rechtsfolge: Herausgabe des Gewinns; Umfang str.

58 **Prüfschema**: § 816 Abs. 1 Satz 2 BGB:
  (1) Verfügung: wie § 816 Abs. 1 Satz 1 BGB
  (2) Nichtberechtigung des Verfügenden: wie § 816 Abs. 1 Satz 1 BGB
  (3) Unentgeltlichkeit: nach der Rspr. auch Rechtsgrundlosigkeit
  (4) Wirksamkeit gegenüber dem Berechtigten: wie § 816 Abs. 1 Satz 1 BGB
  (5) Rechtsfolge: Herausgabe des Gewinns; wie § 816 Abs. 1 Satz 1 BGB

59 **Prüfschema**: § 816 Abs. 2 BGB:

---

[145] *Sprau* in: Palandt, § 816 Rn. 22; *Lorenz* in: Staudinger, § 816 Rn. 34.
[146] BGH v. 19.12.1994 - II ZR 4/94 - LM ZPO § 398 Nr. 39 (5/1995).
[147] *Reuter/Martinek*, Ungerechtfertigte Bereicherung, 1983, S. 285.
[148] *Sprau* in: Palandt, § 816 Rn. 5.
[149] RG v. 30.01.1940 - V 76/38 - RGZ 163, 348-361; BGH v. 22.05.1967 - VIII ZR 25/65 - LM § 812 Rn. 15.
[150] *Heimann-Trosien* in: BGB-RGRK, § 816 Rn. 2; *Lorenz* in: Staudinger, § 816 Rn. 3.
[151] *Reuter/Martinek*, Ungerechtfertigte Bereicherung, 1983, S. 303; so aber *Westermann/Buck-Heeb* in: Erman, § 816 Rn. 3.
[152] *Schulze* in: Hk-BGB, § 816 Rn. 7.
[153] BGH v. 29.04.1968 - VIII ZR 27/66 - LM Nr. 18 zu § 816 BGB.
[154] BGH v. 15.02.1960 - VII ZR 10/59 - LM Nr. 2 zu § 19 GebOA.

(1) Leistung an einen Nichtberechtigten
(2) Wirksamkeit gegenüber dem Berechtigten: Hauptfälle die §§ 407, 409 BGB, Genehmigung nach § 185 BGB
(3) Rechtsfolge: Herausgabe des Gewinns: wie § 816 Abs. 1 Satz 1 BGB

§ 817 BGB Verstoß gegen Gesetz oder gute Sitten

(Fassung vom 02.01.2002, gültig ab 01.01.2002)

¹War der Zweck einer Leistung in der Art bestimmt, dass der Empfänger durch die Annahme gegen ein gesetzliches Verbot oder gegen die guten Sitten verstoßen hat, so ist der Empfänger zur Herausgabe verpflichtet. ²Die Rückforderung ist ausgeschlossen, wenn dem Leistenden gleichfalls ein solcher Verstoß zur Last fällt, es sei denn, dass die Leistung in der Eingehung einer Verbindlichkeit bestand; das zur Erfüllung einer solchen Verbindlichkeit Geleistete kann nicht zurückgefordert werden.

Gliederung

A. Grundlagen 1	3. Beschränkungen des Anwendungsbereichs 32
I. Kurzcharakteristik 1	a. Unerlaubte Arbeitnehmerüberlassung 38
II. Anwendungsbereich 5	b. Schwarzarbeit 39
B. Praktische Bedeutung 12	c. Verstöße gegen Preisvorschriften 40
C. Anwendungsvoraussetzungen 14	d. Gebrauchsüberlassung von Kapital und
I. Gesetzes- oder Sittenverstoß des Leistungs-	Sachen 41
empfängers (Satz 1) 14	e. Bordellveräußerung 45
1. Voraussetzungen des Leistungskondiktion 14	f. Schneeballsysteme 51
2. Typische Fallkonstellationen 19	g. Insolvenzanfechtung 52
II. Gesetzes- oder Sittenverstoß des Leistenden	h. Öffentlich-rechtliche Rückabwicklungsver-
(Satz 2) 20	hältnisse 53
1. Voraussetzungen der Kondiktionssperre 20	**D. Rechtsfolgen** 54
2. Beispiele aus der Rechtsprechung 27	**E. Prozessuale Hinweise** 56

A. Grundlagen

I. Kurzcharakteristik

1 Die Vorschrift des § 817 BGB regelt in **Satz 1** einen **Fall der Leistungskondiktion** (condictio ob turpem vel iniustam causam). Dem Leistenden soll ein besonderes Rückforderungsrecht eingeräumt werden, wenn der Empfänger der Leistung durch deren Annahme gegen das Gesetz oder ein Sittenverbot verstößt. Tragende Wertung dieses eigenständigen Kondiktionsanspruches ist die Sanktionierung des verwerflichen Verhaltens des Leistungsempfängers.

2 Demgegenüber normiert **Satz 2** der Vorschrift einen Ausnahmetatbestand (**Kondiktionssperre** – vgl. allgemein dazu die Kommentierung zu § 814 BGB), der Rückforderungen nach Bereicherungsrecht ausschließt, wenn dem Leistenden gleichfalls neben dem Empfänger – oder dem Leistenden alleine (vgl. Rn. 11) – ein Verstoß gegen das Gesetz oder die guten Sitten zur Last fällt. Hierdurch wird der Rechtsschutz für in vorwerfbarer Weise erbrachte Leistungen zum Nachteil des sich selbst außerhalb der Rechtsordnung stellenden Leistenden versagt.[1]

3 Problematisch ist dieser Gedanke der Rechtsschutzverweigerung im Falle von gegenseitigen Geschäften, bei denen beide Parteien verbots- oder sittenwidrig handeln, da der Leistende wegen der Nichtigkeit des Kausalgeschäfts weder Erfüllung verlangen kann, noch seine eigene Leistung zurückfordern kann, mithin der (Vor-)Leistende selbst in den Fällen das gesamte Risiko trägt, in denen der Vorwurf eines verwerflichen Handelns mehr den Empfänger als den Leistenden trifft.[2] Dies wird man auch kaum dadurch rechtfertigen können, dass der Vorleistende ein zusätzliches Risiko bewusst in Kauf genommen hat.[3] Die Sanktion des § 817 Satz 2 BGB hat somit disproportionale Wirkungen[4] und ist nach

---

[1] BGH v. 07.03.1962 - V ZR 132/60 - BGHZ 36, 395-402; BAG v. 28.07.1982 - 5 AZR 46/81 - juris Rn. 15 - NJW 1983, 783; *Sprau* in: Palandt, § 817 Rn. 1. Der Gesichtspunkt der Rechtsschutzversagung steht hier im Vordergrund. Daneben werden zur Erklärung des § 817 Satz 2 BGB oft die Figur des „Verbots einer Berufung auf eigenes Unrecht" und der Einwand der „unclean hands", der auf dem Satz „nemo auditur turpitudinem suam allegans" gründet, sowie der Gedanke des Handelns auf eigene Gefahr herangezogen, dazu ausführlich *Reuter/Martinek*, Ungerechtfertigte Bereicherung, 1983, § 6 V, S. 205.

[2] Vgl. *Sprau* in: Palandt, § 817 Rn. 11.

[3] *Reuter/Martinek*, Ungerechtfertigte Bereicherung, 1983, § 6 V, S. 203.

[4] *Reuter/Martinek*, Ungerechtfertigte Bereicherung, 1983, § 6 V, S. 203.

den Worten des BGH eine „den Gläubiger hart belastende Vorschrift"[5]. Um aus dieser disproportionalen Risikoverteilung entstehende Unbilligkeiten zu vermeiden, ist der – teilweise als rechtspolitisch verfehlt und als Fremdkörper im Bereicherungsrecht angesehene[6] – § 817 Satz 2 BGB einerseits als Ausnahmevorschrift eng auszulegen (vgl. dazu im Einzelnen Rn. 20)[7], andererseits der Anwendungsbereich unter Berücksichtigung des Grundsatzes von Treu und Glauben gegebenenfalls einzuschränken (vgl. dazu Rn. 33)[8].

§ 817 Satz 2 BGB ist als rechtshindernde Einwendung von Amts wegen zu berücksichtigen.[9]

II. Anwendungsbereich

Selbstständige Bedeutung hat § 817 Satz 1 BGB nur in den Fällen, in denen der Empfänger mit der Leistungsannahme gegen ein gesetzliches Verbot oder die guten Sitten verstößt, das **Kausalgeschäft jedoch wegen seines abstrakten Charakters trotz der Nichtigkeit des Erfüllungsgeschäfts gültig** ist. Ein solcher Fall liegt bei Verbotsgesetzen vor, die zwar das Kausalgeschäft unberührt lassen, weil der mit der Leistung verfolgte Zweck als solcher nicht zu beanstanden ist, die aber – meist aus wirtschaftslenkenden Motiven[10] – die Mitwirkung einer bestimmten Person beim Vertragsschluss verbieten und damit das Erfüllungsgeschäft für nichtig erklären. Insofern besteht in dem wirksamen Kausalgeschäft ein Rechtsgrund, sodass § 812 BGB nicht anwendbar ist.

Ist dagegen das zugrunde liegende Kausalgeschäft (allein oder neben dem Erfüllungsgeschäft) gemäß den §§ 134, 138 BGB nichtig, greift wegen des fehlenden Rechtsgrundes bereits § 812 Abs. 1 Satz 1 Alt. 1 BGB bzw. § 985 BGB.

Bei nichtigem Kausalgeschäft hat § 817 Satz 1 BGB daher nur dann praktische Bedeutung, wenn die Bereicherungsansprüche aus § 812 BGB ausnahmsweise nach § 814 BGB bzw. § 815 BGB ausgeschlossen sind. Die Ausschlustatbestände der §§ 814, 815 BGB gelten nicht für Kondiktionen nach § 817 Satz 1 BGB.[11] Ferner ergibt sich ein nicht schon anderseit abgedeckter Anwendungsbereich des § 817 Satz 1 BGB, wenn ein weiterer Zweck, dessen Verfehlung zur condictio ob rem führen würde, an sich erreicht wird, sodass die Kondiktion aus § 812 Abs. 1 Satz 1 Alt. 2 BGB entfiele, aber wegen Sittenwidrigkeit dieses Zweckes die Leistung keinen Bestand haben kann.[12]

Entgegen dem Wortlaut **bezieht sich der Ausschlusstatbestand des** § 817 Satz 2 BGB **auf alle Fälle der Leistungskondiktion**,[13] nicht jedoch auf Ansprüche wegen Bereicherung in sonstiger Weise[14]. Diese Ausdehnung des Anwendungsbereiches ist aus systematischen Gründen zwingend, da eine nur auf § 817 Satz 1 BGB bezogene Kondiktionssperre meist leer liefe. Denn bei Gesetzes- oder Sittenwidrigkeit der Leistungshandlung wird in den weitaus überwiegenden Fällen auch das Kausalgeschäft nach den §§ 134, 138 BGB nichtig und regelmäßig auch die condictio indebiti einschlägig sein.[15] Auch auf die condictio ob causam finitam muss § 817 Satz 2 BGB anwendbar sein, sonst könnte der auf eine wirksame Verpflichtung verwerflich Leistende nach Eintritt einer das Kausalgeschäft auflösenden Bedingung ungehindert von § 817 Satz 2 BGB die Leistung zurückfordern.[16]

---

[5] BGH v. 29.04.1968 - VII ZR 9/66 - BGHZ 50, 90-93.
[6] *Schulze* in: Hk-BGB, § 817 Rn. 5; *Sprau* in: Palandt, § 817 Rn. 11.
[7] BGH v. 19.04.1961 - IV ZR 217/60 - BGHZ 35, 103-111; BAG v. 28.07.1982 - 5 AZR 46/81 - juris Rn. 15 - NJW 1983, 783.
[8] BGH v. 31.05.1990 - VII ZR 336/89 - juris Rn. 15 - BGHZ 111, 308-314; *Schulze* in: Hk-BGB, § 817 Rn. 5.
[9] *Sprau* in: Palandt, § 817 Rn. 19.
[10] Vgl. dazu RG v. 10.10.1919 - II 144/19 - RGZ 96, 343-345.
[11] BAG v. 28.07.1982 - 5 AZR 46/81 - juris Rn. 15 - NJW 1983, 783; *Schulze* in: Hk-BGB, § 817 Rn. 1.
[12] *Buck-Heeb* in: Erman, § 817 Rn. 6; *Reuter/Martinek*, Ungerechtfertigte Bereicherung, 1983, § 6 V, S. 181.
[13] RG v. 27.03.1936 - VII 336/35 - RGZ 151, 70-75, 72; BGH v. 28.01.1953 - II ZR 265/51 - BGHZ 8, 348-374; *Lorenz* in: Staudinger, § 817 Rn. 10.
[14] BGH v. 08.11.1979 - VII ZR 337/78 - juris Rn. 15 - BGHZ 75, 299-306; *Buck-Heeb* in: Erman, § 817 Rn. 3.
[15] *Reuter/Martinek*, Ungerechtfertigte Bereicherung, 1983, § 6 V, S. 201; *Schulze* in: Hk-BGB, § 817 Rn. 1.
[16] *Reuter/Martinek*, Ungerechtfertigte Bereicherung, 1983, § 6 V, S. 202.

9   Auf **Ansprüche außerhalb des Bereicherungsrechts** kann § 817 Satz 2 BGB nicht entsprechend angewendet werden, da die Vorschrift wegen ihres Sanktionscharakters einen Fremdkörper im Zivilrecht darstellt und daher eine einschränkende Auslegung gebietet.[17]

10 Demgegenüber wird in der Literatur § 817 Satz 2 BGB als allgemeine Rechtsschutzversagung aufgefasst, die alle Fälle erfasst, in denen die Beteiligten sich selbst außerhalb der Sitten oder Gesetzesordnung gestellt haben.[18] Begründet wird dies mit Wertungswidersprüchen der Gegenansicht, die in besonders schweren Fällen der Sittenwidrigkeit auch das Vollzugsgeschäft nach § 138 BGB nichtig sein lässt und ein dann gegebener Vindikationsanspruch § 817 Satz 2 BGB praktisch aushebelt. Gerade bei beiderseitigen Verstößen sei auch der Sanktionscharakter der Vorschrift fraglich, auf den der enge Anwendungsbereich gestützt wird.[19]

11 Zu der **Ausdehnung des Anwendungsbereiches bei einseitigen Gesetzes- und Sittenverstößen des Leistenden** zwingt ein argumentum a maiore ad minus: Wenn schon die Kondiktion des Leistenden bei einem Gesetzes- oder Sittenverstoß des Leistenden und des Empfängers ausgeschlossen sein soll, dann doch wohl erst recht bei nur einseitig verwerflichem Handeln des Leistenden.[20] Im Übrigen beruht das Wort „gleichfalls" in § 817 Satz 2 BGB auf einer unreflektierten wörtlichen Übersetzung der römisch-rechtlichen Parömie „in pari turpitudine melior est condictio possidentis". Schon im römischen Recht genügte freilich für den Kondiktionsausschluss neben der turpitudo utriusque die turpitudo solius dantis.[21]

B. Praktische Bedeutung

12 Die Erfahrung zeigt, dass gesetzliche Verbote nicht nur die Annahme der Leistung, also das Erfüllungsgeschäft, sondern auch deren Bewirkung erfassen wollen. Auch der Vorwurf der Sittenwidrigkeit trifft im Regelfall beide Teile, sodass regelmäßig bereits im Wege der condictio indebiti Rückgriff genommen werden kann.[22] Die praktische Bedeutung der condictio ob turpem vel iniustam causam gemäß § 817 Satz 1 BGB ist daher als eher gering einzustufen.

13 Wegen der Ausdehnung des Anwendungsbereiches auf die anderen Fälle der Leistungskondiktion und auf lediglich einseitige Gesetzes- und Sittenverstöße des Leistenden hat die Kondiktionssperre des § 817 Satz 2 BGB dagegen erhebliche praktische Bedeutung.[23]

C. Anwendungsvoraussetzungen

I. Gesetzes- oder Sittenverstoß des Leistungsempfängers (Satz 1)

1. Voraussetzungen des Leistungskondiktion

14 Als ein selbstständiger Fall der Leistungskondiktion erfordert § 817 Satz 1 BGB zunächst, dass **alle sonstigen Voraussetzungen eines Bereicherungsanspruches aus Leistungskondiktion** gegeben sind.[24] So muss etwa eine zweckgetragene Vermögensverschiebung zwischen dem Benachteiligten und dem Bereicherten aufgrund einer Leistung stattgefunden haben und ein einheitlicher Bereicherungsvorgang vorliegen (vgl. dazu im Einzelnen die Kommentierung zu § 812 BGB).

---

[17] BGH v. 06.05.1965 - II ZR 217/62 - juris Rn. 9 - BGHZ 44, 1-13; verneinend bei vertraglichen Ansprüchen BGH v. 06.05.1965 - II ZR 217/62 - juris Rn. 9 - BGHZ 44, 1-13; Ansprüche aus Geschäftsführung ohne Auftrag BGH v. 31.01.1963 - VII ZR 284/61 - BGHZ 39, 87-96; OLG Stuttgart v. 15.02.1995 - 4 U 227/94 - NJW 1996, 665-666; bei Vindikationsansprüchen und Ansprüchen aus dem Eigentümer-Besitzer-Verhältnis BGH v. 08.01.1975 - VIII ZR 126/73 - BGHZ 63, 365-369; BGH v. 20.05.1964 - VIII ZR 56/63 - BGHZ 41, 341-350; Ansprüche aus unerlaubter Handlung BGH v. 09.10.1991 - VIII ZR 19/91 - LM BGB § 826 (E) Nr. 5 (3/1992).

[18] *Larenz*, Schuldrecht, Band I: Allgemeiner Teil, 14. Aufl. 1987, II 2 § 68 III 3 c; differenzierend nach dem Verbotszweck der verletzten Norm im Einzelfall *Stadler* in: Jauernig, BGB-Kommentar, § 817 Rn. 8 ff.; *Lorenz* in: Staudinger, § 817 Rn. 4; BGH v. 07.05.1997 - IV ZR 35/96 - juris Rn. 23 - LM VVG § 159 Nr. 4 (10/1997).

[19] *Medicus/Petersen*, Bürgerliches Recht, 23. Aufl. 2011, Rn. 697.

[20] BGH v. 14.07.1993 - XII ZR 262/91 - NJW-RR 1993, 1457-1459; *Reuter/Martinek*, Ungerechtfertigte Bereicherung, 1983, § 6 V, S. 202.

[21] *Reuter/Martinek*, Ungerechtfertigte Bereicherung, 1983, § 6 V, S. 202.

[22] *Lorenz* in: Staudinger, § 817 Rn. 6.

[23] Vgl. *Stadler* in: Jauernig, BGB-Kommentar, § 817 Rn. 9.

[24] BGH v. 03.04.1998 - V ZR 143/97 - juris Rn. 9 - NJW-RR 1998, 1284-1285.

Hinzutreten muss, dass der Schuldner aufgrund des Zwecks der Leistung **durch die Annahme gegen** **15** **ein gesetzliches Verbot oder die guten Sitten verstoßen** hat. Dabei ist es gleichgültig, ob der Empfänger die Leistung im Hinblick auf einen künftigen Erfolg oder für vergangene Dienste angenommen hat, solange der unmittelbare Zweck der Leistung so bestimmt ist, dass der Empfänger gerade durch die Annahme, und nicht durch den Abschluss des Grundgeschäfts, gegen ein gesetzliches Verbot oder ein Sittenverbot verstößt.[25] Gerade der Hauptzweck der Leistung muss verboten oder sittenwidrig sein.[26] Nicht ausreichend ist daher das bloße Mitwirken von unsittlichen Beweggründen beim Empfänger oder eine an sich untersagte Leistung, die aber einem erlaubten Zweck dient.[27] Der **maßgebliche Zeitpunkt** für die Umstände und Wertanschauungen, die eine Sittenwidrigkeit begründen, ist der Vertragsschluss.[28]

Zur Nichtigkeit von Rechtsgeschäften wegen Zuwiderhandlung gegen ein gesetzliches Verbot oder **16** Verstoßes gegen die guten Sitten im Einzelnen und zur Frage der Auswirkung auf die Wirksamkeit von Grundgeschäft und Erfüllungsgeschäft, welche für einen eigenständigen Anwendungsbereich des § 817 Satz 1 BGB gerade ausschlaggebend ist, vgl. die Kommentierung zu § 134 BGB und die Kommentierung zu § 138 BGB.

Der Empfänger muss **positive Kenntnis** von dem Gesetzesverstoß bzw. das Bewusstsein haben, sitten- **17** widrig zu handeln.[29] Allerdings steht einem bewusst Handelnden auch derjenige gleich, der leichtfertig vor dem Verbot oder der Sittenwidrigkeit seines Handelns die Augen verschließt.[30] Hingegen ist das Bewusstsein der Vertragsnichtigkeit oder ein leichtfertiges Sichverschließen vor dieser Rechtsfolge des Verstoßes nicht erforderlich.[31] Nicht ausreichend ist das bloße Kennenmüssen des Verbots, selbst grob fahrlässiges Handeln gegen ein gesetzliches Verbot reicht nicht aus.[32] Auf Seiten des Empfängers ist jedenfalls Deliktsfähigkeit erforderlich.[33]

Hat der Empfänger selbst einem gesetzlichen Verbot oder den guten Sitten zuwidergehandelt, so kann **18** dies auch seinem Vertreter oder Rechtsnachfolger entgegengehalten werden, weil sie in seine Rechtsstellung einrücken. Hat umgekehrt ein Vertreter des Empfängers verbotswidrig gehandelt, findet § 166 BGB entsprechende Anwendung.[34]

2. Typische Fallkonstellationen

Die Rechtsprechung hat den Anspruch aus § 817 Satz 1 BGB in folgenden Fallgestaltungen gewährt: **19**

- Bei der Annahme der **Schenkung einer Gemeinde, die haushaltsrechtliche Bestimmungen grob verletzt**, besteht ein Rückforderungsrecht nach § 817 Satz 1 BGB.[35]
- Gleiches gilt bei der Annahme eines Schuldanerkenntnisses von Eheleuten durch einen Spielkasinobesitzer, der dem Mann **Darlehen zu Spielzwecken** gewährt hat.[36]
- Auch bei der Annahme von **Geld zur Verschaffung eines Titels, Ordens oder Amtes** greift § 817 Satz 1 BGB.[37]
- Ebenso kann ein vom vermögenslosen Schwiegersohn angenommener namhafter Betrag, welcher zum Zwecke geleistet wurde, diesem nach dem Tode seiner Frau das Erziehungsrecht seiner Kinder

---

[25] *Sprau* in: Palandt, § 817 Rn. 6; RG v. 20.02.1934 - VII 264/33 - RGZ 144, 24-26.
[26] OLG Bremen v. 18.09.1990 - 3 U 43/90 - NJW-RR 1991, 365-367.
[27] *Sprau* in: Palandt, § 817 Rn. 6.
[28] BGH v. 30.06.1983 - III ZR 114/82 - LM Nr. 34 zu § 138 (Bc) BGB.
[29] BGH v. 08.11.1979 - VII ZR 337/78 - juris Rn. 13 - BGHZ 75, 299-306; BGH v. 09.10.1991 - VIII ZR 19/91 - juris Rn. 7 - LM BGB § 826 (E) Nr. 5 (3/1992); *Sprau* in: Palandt, § 817 Rn. 8; *Schulze* in: Hk-BGB, § 817 Rn. 3.
[30] BGH v. 15.06.1989 - III ZR 9/88 - juris Rn. 19 - NJW 1989, 3217-3218; BGH v. 09.10.1991 - VIII ZR 19/91 - juris Rn. 21 - LM BGB § 826 (E) Nr. 5 (3/1992); OLG Celle v. 20.03.1996 - 13 U 146/95 - NJW 1996, 2660-2662; *Schulze* in: Hk-BGB, § 817 Rn. 3.
[31] BGH v. 15.06.1993 - XI ZR 172/92 - LM BGB § 817 Nr. 38 (1/1994); *Sprau* in: Palandt, § 817 Rn. 8.
[32] BGH v. 29.04.1968 - VII ZR 9/66 - BGHZ 50, 90-93; *Sprau* in: Palandt, § 817 Rn. 8; a.A. *Schwab* in: Münch-Komm-BGB, § 817 Rn. 67.
[33] RG v. 20.10.1922 - VII 835/21 - RGZ 105, 275-280.
[34] *Buck-Heeb* in: Erman, § 817 Rn. 9.
[35] BGH v. 07.03.1962 - V ZR 132/60 - BGHZ 36, 395-402.
[36] BGH v. 09.02.1961 - VII ZR 183/59 - LM Nr. 1 zu § 762 BGB.
[37] BGH v. 05.10.1993 - XI ZR 200/92 - LM BGB § 138 (Cg) Nr. 5 (3/1994).

abzukaufen, zurückgefordert werden.[38] Gleiches gilt bei der Entgegennahme einer Vergütung für **verbotene Adoptionsvermittlung**.[39]

- Ein Rückforderungsrecht nach § 817 Satz 1 BGB wird auch gewährt bei der Annahme einer Leistung gegen das Versprechen, eine Straftat nicht anzuzeigen[40] oder bei **Leistungen aufgrund einer Erpressung oder als Schmiergeld**. Ebenso bei Leistungen durch einen Beamten für die Vornahme einer Amtshandlung.[41]

- Daneben findet die condictio ob turpem vel iniustam causam bei vorzeitiger Annahme einer Leistung entgegen § 3 Abs. 1 Nr. 2 MaBV[42] und bei der **Annahme von Sterbegeld durch den Mörder** Anwendung.[43]

- Ferner soll bei **Geldzahlungen** besoldeter Mitarbeiter an einen Universitätsprofessor **zur Finanzierung von Zahlungen an unbesoldete Hilfskräfte** nach § 817 Satz 1 BGB ein Rückforderungsrecht bestehen.[44]

- Bei wegen § 138 BGB **nichtigem Darlehen** hat der Darlehensempfänger Ansprüche auf Rückzahlung aller ohne Rechtsgrund geleisteten Zahlungen wie Bearbeitungsgebühr, Zinsen, Vermittlungskosten und die Hälfte der Prämien, die der Darlehensempfänger für Versicherungsschutz gezahlt hat. Dies gilt auch, wenn der Darlehensvertrag bereits voll abgewickelt war.[45] Dient ein Ratenkreditvertrag ganz oder teilweise der **Ablösung eines** von den Parteien für wirksam gehaltenen **früheren Kreditvertrags**, führt zwar die Sittenwidrigkeit des früheren Vertrags allein nicht zur Nichtigkeit des neuen Vertrags nach § 138 Abs. 1 BGB; dem Kreditgeber stehen aber nach § 242 BGB aus dem neuen Vertrag nur die Ansprüche zu, die ihm bei Kenntnis und Berücksichtigung der Nichtigkeit des früheren Vertrags billigerweise auch eingeräumt worden wären.[46] Danach hat der Kreditnehmer zu den vereinbarten Ratenzahlungen nur die bereicherungsrechtliche Restschuld des sittenwidrigen Vorkredits abzuzahlen.[47]

- Schließlich können auch **verdeckte Parteispenden** wegen gezielt vermiedener Publizität gegen das PartG verstoßen und eine Rückforderung gemäß § 817 Satz 1 BGB begründen.[48]

II. Gesetzes- oder Sittenverstoß des Leistenden (Satz 2)

1. Voraussetzungen der Kondiktionssperre

20 Voraussetzung für ein Eingreifen der Kondiktionssperre des § 817 Satz 2 BGB ist zunächst, dass der Bereicherungsschuldner eine Leistung angenommen haben muss (zum Leistungsbegriff vgl. die Kommentierung zu § 812 BGB). Erforderlich ist, dass der **Vermögensvorteil nach der Parteivereinbarung endgültig in das Vermögen des Empfängers übergehen und auch dort verbleiben soll**.[49] Nicht ausreichend ist hingegen, wenn die Leistung nur zu einem vorübergehenden Zweck erbracht ist und ihrer Natur nach zurückgewährt werden muss. Beispiele für solche zu einem vorübergehenden Zweck erbrachte Vermögensvorteile sind die Bestellung einer Sicherungsgrundschuld[50] oder durchlaufende Posten wie Kautionszahlungen.[51]

21 Aufgrund der Leistung muss der **Leistende gegen ein gesetzliches Verbot oder die guten Sitten verstoßen** haben (zum Gesetzes- und Sittenverstoß vgl. die Kommentierung zu § 134 BGB und die Kommentierung zu § 138 BGB). Da gerade in dem Bewirken der Leistung ein Gesetzes- oder Sittenverstoß

---

[38] RG, RG Warn 1913 Nr. 183.
[39] OLG Oldenburg v. 14.12.1990 - 2 W 113/90 - NJW 1991, 2216-2217.
[40] RG v. 30.05.1904 - VI 582/03 - RGZ 58, 204-207.
[41] *Sprau* in: Palandt, § 817 Rn. 10.
[42] OLG München v. 17.06.1999 - 19 U 6498/98 - NJW-RR 2001, 13-14; OLG Koblenz v. 18.12.1998 - 10 U 362/98 - NJW-RR 1999, 671.
[43] AG Naumburg v. 20.04.2001 - 3 C 918/00 - NJW 2001, 2890-2891.
[44] OLG Karlsruhe v. 23.11.1994 - 13 U 135/93.
[45] BGH v. 02.12.1982 - III ZR 90/81 - LM Nr. 105 zu § 134 BGB.
[46] BGH v. 26.02.2002 - XI ZR 226/01 - WM 2002, 955-956.
[47] Dazu: *Batereau*, WuB I E 1 Kreditvertrag 5.02.
[48] *Buck-Heeb* in: Erman, § 817 Rn. 7.
[49] BGH v. 17.01.1995 - XI ZR 225/93 - juris Rn. 8 - LM BGB § 607 Nr. 152 (7/1995); BGH v. 29.11.1993 - II ZR 107/92 - juris Rn. 19 - LM GmbHG § 35 Nr. 31 (7/1994).
[50] BGH v. 02.12.1955 - I ZR 46/54 - BGHZ 19, 205-209.
[51] BGH v. 23.10.1958 - VII ZR 169/57 - BGHZ 28, 255-259.

liegen muss, fallen Rechtsgeschäfte, die nur in mittelbarem Zusammenhang mit einem gesetz- oder sittenwidrigen Geschehen stehen, nicht in den Anwendungsbereich des § 817 Satz 2 BGB.[52] Dies ist anerkannt für die Bestellung von Sicherheiten,[53] Kautionen[54] und andere Treuhandgeschäfte.[55] Der Hinweis auf die nur lose Verbindung zu dem sittenwidrigen Grundgeschäft wird auch zur Begründung herangezogen, dass ein zur Sicherung begebener Wechsel oder Scheck kondiziert werden kann.[56] Ferner genügt ein bloßer Satzungsverstoß nicht.[57]

Maßgeblich ist der Zeitpunkt der Leistung. § 817 Satz 2 BGB ist weder bei einer späteren sittenwidrigen Abrede, noch bei der späteren Verletzung einer Verbotsnorm anwendbar.[58] Ebenso nicht ausgeschlossen wird die Rückforderung einer Anzahlung auf einen noch nicht zustande gekommenen, möglicherweise aber gesetzeswidrigen Kaufvertrag.[59] 22

Bestehen beim Leistenden sowohl verwerfliche als auch sittlich einwandfreie Beweggründe für das Erbringen der Leistung, so ist die Rückforderung des Geleisteten nicht ausgeschlossen, wenn die Leistung durch die einwandfreien Motive hinreichend gerechtfertigt ist.[60] Sind in einem Vertrag mehrere Leistungen vereinbart, so ist für jede einzelne Leistung das Eingreifen der Kondiktionssperre des § 817 Satz 2 BGB gesondert zu prüfen.[61] 23

Im Falle eines beiderseitigen Verstoßes durch Leistenden und Empfänger ist ein gleiches Gewicht des Verstoßes nicht erforderlich.[62] 24

Ein Gesetzes- oder Sittenverstoß eines Leistenden, der als **Vertreter** handelt, geht zulasten des Vertretenen. Dessen Ansprüche aus Leistungskondiktion sind nach § 817 Satz 2 BGB ausgeschlossen.[63] Gleiches gilt für einen **Insolvenzverwalter**, wenn der Gemeinschuldner durch seine Leistung gegen ein gesetzliches Verbot oder die guten Sitten verstoßen hat.[64] Auch ein **Rechtsnachfolger** muss sich das verwerfliche Handeln seines Rechtsvorgängers entgegenhalten lassen, selbst wenn sich die Sittenwidrigkeit der Handlung gerade gegen den Rechtsnachfolger gerichtet hat.[65] Gegebenenfalls besteht im letztgenannten Fall ein Rückforderungsrecht nach den §§ 242, 826 BGB.[66] 25

Nach ständiger Rechtsprechung des Bundesgerichtshofs wie schon des Reichsgerichts genügt für die Anwendung des § 817 Satz 2 BGB nicht der objektive Verstoß gegen ein gesetzliches Verbot. Vielmehr muss sich der Gläubiger dieses Verstoßes bewusst gewesen sein und ihn trotzdem gewollt haben.[67] Mithin muss der Leistende **vorsätzlich** verbots- oder sittenwidrig gehandelt haben.[68] Vorsätzlichem Handeln steht es gleich, wenn der Leistende sich der Einsicht in die Rechtswidrigkeit seines Handelns leichtfertig verschließt.[69] Erforderlich ist Deliktsfähigkeit des Leistenden.[70] 26

---

[52] *Buck-Heeb* in: Erman, § 817 Rn. 14; BGH v. 09.06.1998 - XI ZR 192/97 - juris Rn. 13 - LM BGB § 138 (Ce) Nr. 14 (3/1999); bei den angesprochenen Konstellationen (Fußnote 49-52) wird man wohl bereits ein endgültiges Verbleiben des Vermögensvorteils beim Empfänger verneinen müssen und so auf dogmatisch anderem Wege zum gleichen Ergebnis kommen, dazu ausführlich *Reuter/Martinek*, Ungerechtfertigte Bereicherung, 1983, § 6 V, S. 225.
[53] BGH v. 02.12.1955 - I ZR 46/54 - BGHZ 19, 205-209; BGH v. 09.06.1969 - VII ZR 52/67 - BB 1969, 1106.
[54] BGH v. 09.06.1969 - VII ZR 52/67 - BB 1969, 1106.
[55] BGH v. 09.02.1972 - VIII ZR 128/70 - BB 1972, 813.
[56] *Buck-Heeb* in: Erman, § 817 Rn. 14; allerdings wird bei der Hingabe eines Schecks oder Wechsels regelmäßig bereits die Ausnahme nach § 817 Satz 2 a.E. wegen Eingehung einer Verbindlichkeit greifen oder aber eine Umgehung des Schutzzweckes des § 817 Satz 2 zu besorgen sein, dazu BGH v. 05.10.1993 - XI ZR 200/92 - LM BGB § 138 (Cg) Nr. 5 (3/1994).
[57] OLG Köln v. 27.04.1971 - 15 U 126/70 - NJW 1971, 1369.
[58] *Sprau* in: Palandt, § 817 Rn. 16.
[59] BGH v. 30.03.1965 - V ZR 209/62 - LM Nr. 22 zu § 817 BGB.
[60] BGH v. 19.04.1961 - IV ZR 217/60 - BGHZ 35, 103-111.
[61] BGH v. 18.04.1962 - VIII ZR 245/61 - LM Nr. 17 zu § 817 BGB.
[62] OLG Köln v. 01.07.1976 - 10 U 189/75 - ZMR 1977, 148.
[63] BGH v. 07.03.1962 - V ZR 132/60 - BGHZ 36, 395-402.
[64] BGH v. 07.12.1988 - IVb ZR 93/87 - BGHZ 106, 169-179.
[65] RG v. 25.06.1925 - IV 39/25 - RGZ 111, 151-156.
[66] *Sprau* in: Palandt, § 817 Rn. 16.
[67] BGH v. 29.04.1968 - VII ZR 9/66 - BGHZ 50, 90-93; BGH v. 12.04.1978 - IV ZR 157/75 - BB 1978, 1415-1416.
[68] BGH v. 29.04.1968 - VII ZR 9/66 - BGHZ 50, 90-93; BGH v. 02.12.1982 - III ZR 90/81 - juris Rn. 38 - LM Nr. 105 zu § 134 BGB.
[69] BGH v. 23.02.2005 - VIII ZR 129/04 - NJW 2005, 1490-1491.
[70] RG v. 08.11.1922 - IV 69/22 - RGZ 105, 270-273; *Sprau* in: Palandt, § 817 Rn. 8.

2. Beispiele aus der Rechtsprechung

27 Einen Rückforderungsausschluss nach § 817 Satz 2 BGB hat die Rechtsprechung etwa in folgenden Konstellationen angenommen:

28 Ein Kaufvertrag über den Erwerb eines Radarwarngeräts ist sittenwidrig, wenn der Kauf nach dem für beide Parteien erkennbaren Vertragszweck auf eine Verwendung des Radarwarngeräts im Geltungsbereich der deutschen Straßenverkehrsordnung gerichtet ist. In diesem Fall fällt beiden Vertragsparteien ein Verstoß gegen die guten Sitten zur Last, bereicherungsrechtliche Rückforderungsansprüche sind nach § 817 Satz 2 BGB ausgeschlossen.[71]

29 Die Rückforderung eines sittenwidrigen Darlehens, welches zum Zwecke des Glückspiels gewährt wurde, ist ausgeschlossen.[72] Dabei soll der Ausschluss auch hinsichtlich des Kapitals wirken, wenn durch die Zulassung der Rückforderung das Glücksspiel gefördert wird.[73] In diesem Zusammenhang soll dann auch die Rückforderung des Gewinns durch die Spielbank ausgeschlossen werden können, wenn der Glücksspielvertrag zwischen Spieler und Spielbank nichtig ist.[74]

30 Ebenso bei Darlehen, die zum Zwecke des Abschlusses einer Scheinehe gegeben werden, um ausländische Behörden zu täuschen, greift § 817 Satz 2 BGB.[75] Gleiches gilt bei Leistungen, die gegen ein tarifvertragliches Verbot verstoßen.[76] Der Rückforderungsanspruch ist ferner nach § 817 Satz 2 BGB ausgeschlossen hinsichtlich der gezahlten Vergütung für die Verschaffung eines Titels[77] oder eines sonst nicht gerechtfertigten Vorteils, etwa bei Zahlung von Schweige- oder Schmiergeldern.[78] Auch im Falle einer verbotenen Rechtsberatung bzw. Rechtsdienstleistung kann die hierfür geleistete Vergütung nicht zurückverlangt werden.[79] Geschenke für außerehelichen Geschlechtsverkehr können gleichfalls nicht zurückgefordert werden, wenn sie gerade zur Förderung und Fortsetzung des ehebrecherischen Verhältnisses gewährt worden sind.[80] Im Falle des Widerrufs einer Schenkung wird man den Anspruch auf Rückgewähr nach § 817 Satz 2 BGB für ausgeschlossen halten müssen, wenn dem Schenker gleichfalls ein Verstoß gegen die guten Sitten zur Last fällt.[81] Schließlich muss auch die Rückzahlung von Handgeldern an Vertragsfußballspieler nach § 817 Satz 2 BGB ausgeschlossen sein, wenn es zu dem angebahnten Vereinswechsel nicht kommt.[82]

31 Hingegen ist der auf Herausgabe des im Rahmen eines sog. Frauen-Schenk-Kreises Geleisteten gerichtete Bereicherungsanspruch nach 812 Abs. 1 Satz 1 BGB nicht gemäß § 817 Satz 2 BGB ausgeschlossen. Ein Spielsystem (hier: ein sog. Frauen-Schenk-Kreis), das nur funktionieren kann, wenn stets neue Mitglieder angeworben werden, ist sittenwidrig, da in absehbarer Zeit keine neuen Mitspieler mehr geworben werden können und somit nur die ersten Mitspieler einen meist sicheren Gewinn erzielen, während die große Masse der späteren Teilnehmer ihren Einsatz verliert. Infolge der Nichtigkeit der Teilnahme an diesem Spielsystem kann ein Teilnehmer gemäß § 812 Abs. 1 Satz 1 BGB die Herausgabe seiner Leistung verlangen. Die Teilnehmer sind mit ihrem Bereicherungsanspruch nicht gemäß § 817 Satz 2 BGB ausgeschlossen, weil ihnen selbst durch ihre Leistung ein Verstoß gegen die guten Sitten vorzuwerfen wäre. Dazu wäre erforderlich, dass sich die Teilnehmer bei Zahlung des Teilnahmebetrages dieses Verstoßes auch bewusst gewesen sind oder sie sich dieser Einsicht leichtfertig verschlossen

---

[71] BGH v. 23.02.2005 - VIII ZR 129/04 - NJW 2005, 1490-1491.
[72] *Sprau* in: Palandt, § 817 Rn. 21.
[73] OLG Nürnberg v. 19.01.1978 - 8 U 110/77 - MDR 1978, 669; OLG Celle v. 10.01.2001 - 7 U 150/99 - OLGR Celle 2001, 211-213.
[74] BGH v. 12.07.1962 - VII ZR 28/61 - juris Rn. 28 - BGHZ 37, 363-371.
[75] OLG Düsseldorf v. 16.02.1983 - 25 U 38/83 - MDR 1983, 932.
[76] BAG v. 07.12.1956 - 1 AZR 480/55 - BB 1957, 293.
[77] OLG Köln v. 14.12.1993 - 9 U 242/92 - NJW-RR 1994, 1540-1542; OLG Koblenz v. 16.12.1998 - 7 U 124/98 - NJW 1999, 2904-2905.
[78] *Sprau* in: Palandt, § 817 Rn. 23.
[79] BGH v. 29.04.1968 - VII ZR 9/66 - BGHZ 50, 90-93. Mit Wirkung zum 01.07.2008 trat das Gesetz über außergerichtliche Rechtsdienstleistungen (Gesetz v. 12.12.2007, BGBl I 2007, 2840; Rechtsdienstleistungsgesetz – RDG) in Kraft.
[80] BGH v. 19.04.1961 - IV ZR 217/60 - BGHZ 35, 103-111; BGH v. 31.03.1970 - III ZB 23/68 - BGHZ 53, 369-383.
[81] BGH v. 29.01.1960 - IV ZR 155/59 - LM Nr. 1 zu § 1298 BGB; anders jedoch im Fall der Überlassung eines Grundstücks an die Geliebte, um dort mit ihr gemeinsam zu leben BGH v. 19.04.1961 - IV ZR 217/60 - BGHZ 35, 103-111.
[82] OLG Köln v. 27.04.1971 - 15 U 126/70 - NJW 1971, 1369.

haben. Das Bewusstsein der Sittenwidrigkeit hängt im vorliegenden Fall insbesondere von einer Bewertung des Spiel-Systems ab, über welche man durchaus geteilter Meinung sein kann. Da nicht davon ausgegangen werden kann, dass den Teilnehmern schon bei ihrem Beitritt zum Schenkkreis dessen Sittenwidrigkeit bewusst ist, ist der Bereicherungsanspruch auch nicht gemäß § 817 Satz 2 BGB ausgeschlossen.[83] Steht dagegen fest, dass sich der Teilnehmer der Sittenwidrigkeit des Spiels bewusst war, kommt nur eine teleologische Beschränkung des Anwendungsbereiches des § 817 Satz 2 BGB in Betracht (vgl. dazu Rn. 51).

3. Beschränkungen des Anwendungsbereichs

Um Unbilligkeiten zu vermeiden ist die **Anwendbarkeit des § 817 Satz 2 in einigen Fällen kraft Gesetzes ausgeschlossen**, etwa bei Zahlungen an einen Wohnungsvermittler, auf die keinen Anspruch bestand nach § 5 Satz 1 HS. 2 WoVermG.[84] Zudem ist nach § 817 Satz 2 BGB die Rückforderung des Geleisteten nicht ausgeschlossen, wenn die Leistung in der **Eingehung einer Verbindlichkeit** bestand. Diese Ausnahme vom Ausschluss der Rückforderung soll vermeiden, dass das verbots- oder sittenwidrige Geschäft hinsichtlich der Erfüllung der Verbindlichkeit mit Rechtszwang durchgeführt werden kann.[85] Der Versprechende kann daher mit der Leistungskondiktion Befreiung von seiner Verbindlichkeit verlangen und auch deren Erfüllung die Einrede des § 821 BGB entgegen halten. Wurde die eingegangene Verbindlichkeit jedoch bereits erfüllt, so kann der Versprechende das Geleistete nicht zurückverlangen, § 817 Satz 2 BGB. Eine Verbindlichkeit kann beispielsweise eingegangen werden durch die Abgabe eines abstrakten Schuldversprechens oder Anerkenntnisses,[86] durch die Hingabe eines Wechselakzeptes[87] und durch die Bestellung einer Hypothek[88]. Keine Eingehung einer Verbindlichkeit ist hingegen die Bestellung einer Grundschuld, da diese nicht akzessorisch gegenüber der Forderung ist und daher bereits einer Erfüllung gleichsteht.[89] Gleichfalls Erfüllung und nicht Eingehung einer Verbindlichkeit sind der Erlass einer Verbindlichkeit oder der Verzicht hierauf.[90]

32

Die der Vorschrift des § 817 Satz 2 BGB immanente Risikoverteilung zulasten des Leistenden ist eine dem Zivilrecht an sich fremde Regelung, die nicht selten zu unbilligen Ergebnissen führen kann.[91] Wegen des Grundsatzes von Treu und Glauben nach § 242 BGB kann § 817 Satz 2 BGB eine Vermögensverschiebung nicht als endgültig sanktionieren, die als unbillig angesehen werden müsste, weil ein von der Rechtsordnung nicht gebilligter Zustand durch Ausschluss eines Rückforderungsrechtes nicht legalisiert werden darf.[92]

33

Gerade auch die bereits angesprochene Ausdehnung des Anwendungsbereiches auf alle Fälle der Leistungskondiktion und einseitige Verstöße des Leistenden erweckt das Bedürfnis einer **Einschränkung der Vorschrift unter normativen Gesichtspunkten**.[93] § 817 Satz 2 BGB ist daher von seinem Zweck her in bestimmten Grenzen halten und es ist darauf abzustellen,[94] ob der Schutzzweck des gesetzlichen Verbots die Rückabwicklung verbietet oder eher fordert.[95] Damit ist die Frage, wie die Verbotsverletzung auf die Gültigkeit des Grund- bzw. Leistungsgeschäfts einwirkt, die für die Kondiktionssperre entscheidende; es muss bei ihrer Anwendung stets und generell gefragt werden, ob die Aufrechterhaltung der rechtsgrundlosen Vermögenszuordnung mit dem Zweck der Nichtigkeitssanktion vereinbar ist oder nicht.[96]

34

---

[83] LG Stuttgart v. 16.09.2004 - 25 O 301/04 und LG Freiburg (Breisgau) v. 09.09.2004 - 2 O 176/04 - NJW-RR 2005, 491-492.

[84] *Sprau* in: Palandt, § 817 Rn. 13 mit weiteren Beispielen.

[85] BGH v. 05.10.1993 - XI ZR 200/92 - juris Rn. 11 - LM BGB § 138 (Cg) Nr. 5 (3/1994); *Schulze* in: Hk-BGB, § 817 Rn. 9; *Sprau* in: Palandt, § 817 Rn. 14.

[86] *Sprau* in: Palandt, § 817 Rn. 14.

[87] BGH v. 05.10.1993 - XI ZR 200/92 - juris Rn. 12 - LM BGB § 138 (Cg) Nr. 5 (3/1994).

[88] *Schulze* in: Hk-BGB, § 817 Rn. 9.

[89] *Sprau* in: Palandt, § 817 Rn. 14.

[90] *Sprau* in: Palandt, § 817 Rn. 14.

[91] BGH v. 08.11.1979 - VII ZR 337/78 - juris Rn. 24 - BGHZ 75, 299-306.

[92] BGH v. 31.05.1990 - VII ZR 336/89 - juris Rn. 14 - BGHZ 111, 308-314; BGH v. 09.06.1998 - XI ZR 192/97 - juris Rn. 20 - LM BGB § 138 (Ce) Nr. 14 (3/1999).

[93] *Lorenz* in: Staudinger, § 817 Rn. 10.

[94] BGH v. 08.11.1979 - VII ZR 337/78 - juris Rn. 24 - BGHZ 75, 299-306.

[95] *Sprau* in: Palandt, § 817 Rn. 18.

[96] *Reuter/Martinek*, Ungerechtfertigte Bereicherung, 1983, § 6 V, S. 210.

35 Durch die Anwendung des allgemeinen Grundsatzes von Treu und Glauben im Rechtsverkehr, der gerade auch für den Ausgleich ungerechtfertigter Vermögensverschiebungen im Bereicherungsrecht gilt, können unbillige Ergebnisse bei der Anwendung des § 817 Satz 2 BGB weitgehend vermieden werden.[97] Der funktionale Einsatz des § 817 Satz 2 BGB als nach Maßgabe des Zwecks des jeweiligen gesetzlichen oder sittlichen Verbots dosierte Rechtsschutzverweigerung ist der Schlüssel zur Auflösung der häufigen Ungereimtheiten.[98] Statt der rigorosen Sanktion des missbilligten Verhaltens durch einen Rückforderungsausschluss, unabhängig von den Interessen des Leistungsempfängers und dem Sinn der Missbilligung, müssen nach der Überwindung der Vorstellung eines autonomen, nur der Billigkeit verpflichteten Bereicherungsrechts auch bei der Konditionssperre des § 817 Satz 2 BGB die Regelungsprogramme und Wertungen des Rechtsgebiets, in dem der Fall angesiedelt ist, Berücksichtigung finden.[99] § 817 Satz 2 BGB als ein normativ graduierendes Rechtsschutzverweigerungsprinzip, dessen Funktion primär die Anpassung des verwerflichen Geschäfts an die Rechtsordnung und erst als ultima ratio die gänzliche Desavouierung der von den Parteien verfolgten Zwecke ist, vermag dem aus seinem historischen Zusammenhang gerissenen Rechtsinstitut wieder Sinn zu geben.[100]

36 Dabei ist allerdings zu berücksichtigen, dass die Nichtigkeit eines ganzen Vertrags nach den §§ 134, 139 BGB nicht zwangsläufig bewirkt, dass auch alle einzelnen Vertragsteile bei der Anwendung des § 817 Satz 2 BGB gleich zu beurteilen sind.[101]

37 Eine Einschränkung des an sich einschlägigen Rückforderungsausschlusses nach § 817 Satz 2 BGB aus normativen Gesichtspunkten wird in folgenden Konstellationen angenommen:

a. Unerlaubte Arbeitnehmerüberlassung

38 Im Fall einer **unerlaubten Arbeitnehmerüberlassung** nach den §§ 1, 9, 10 AÜG sind die Vereinbarungen zwischen Verleiher und Entleiher sowie zwischen Verleiher und Arbeitnehmer kraft Gesetzes unwirksam. Stattdessen wird ein Arbeitsverhältnis zwischen Entleiher und Arbeitnehmer fingiert. Wurde der Arbeitnehmer nun vom Verleiher entlohnt, so scheitert der vereinbarte Vergütungsanspruch des Verleihers gegen den Entleiher an § 134 BGB und ein Wertersatzanspruch an § 817 Satz 2 BGB, da gerade auch dem Verleiher mit der Überlassung der Arbeitskräfte ein Gesetzesverstoß zur Last fällt. Jedoch soll der Verleiher einen Erstattungsanspruch gegen den Entleiher haben, denn er hat als Dritter im Sinne von § 267 BGB eine gesetzliche Verbindlichkeit des Entleihers beglichen. Auf diese Rückgriffskondiktion ist § 817 Satz 2 BGB unanwendbar.[102] Überzeugender als diese Konstruktion ist jedoch das vom BGH gleichfalls verwendete Argument,[103] die Bezahlung der Arbeiter werde durch das Verbotsgesetz nicht missbilligt[104].

b. Schwarzarbeit

39 Auch bei Verstößen gegen das Gesetz zur Bekämpfung der **Schwarzarbeit** soll nach Ansicht der Rechtsprechung § 817 Satz 2 BGB normativ einzuschränken sein.[105] Der vorleistende Schwarzarbeiter soll nach den §§ 812, 818 Abs. 2 BGB Ersatz des Wertes verlangen können, der dem Auftraggeber ohne Rechtsgrund zugeflossen ist. Eine Restriktion des § 817 Satz 2 BGB zum Schutze des wirtschaftlich schwächeren und vorleistungspflichtigen Schwarzarbeiters sei notwendig und vereitele die vom Gesetzgeber gewünschte „generalpräventive Wirkung" des Gesetzes zur Bekämpfung der Schwarzarbeit nicht.[106] Denn dem ordnungspolitischen Zweck des Verbots genügt bereits die Versagung von Vertragsansprüchen, verbunden mit der Gefahr einer Strafverfolgung sowie der Nachzahlung von Steuern

---

[97] *Sprau* in: Palandt, § 817 Rn. 18.
[98] *Reuter/Martinek*, Ungerechtfertigte Bereicherung, 1983, § 6 V, S. 211.
[99] *Reuter/Martinek*, Ungerechtfertigte Bereicherung, 1983, § 6 V, S. 210.
[100] *Reuter/Martinek*, Ungerechtfertigte Bereicherung, 1983, § 6 V, S. 210.
[101] BGH v. 19.12.1996 - III ZR 9/95 - juris Rn. 25 - NJW-RR 1997, 564-565; *Sprau* in: Palandt, § 817 Rn. 18.
[102] BGH v. 08.11.1979 - VII ZR 337/78 - juris Rn. 22 - BGHZ 75, 299-306; a.A. *Lorenz* in: Staudinger, § 817 Rn. 10.
[103] BGH v. 08.11.1979 - VII ZR 337/78 - juris Rn. 25 - BGHZ 75, 299-306.
[104] *Medicus/Petersen*, Bürgerliches Recht, 23. Aufl. 2011, Rn. 700.
[105] BGH v. 31.05.1990 - VII ZR 336/89 - juris Rn. 15 - BGHZ 111, 308-314.
[106] BGH v. 31.05.1990 - VII ZR 336/89 - juris Rn. 15 - BGHZ 111, 308-314; OLG Oldenburg v. 07.12.1994 - 2 U 178/94 - OLGR Oldenburg 1995, 23; *Buck-Heeb* in: Erman, § 817 Rn. 15; a.A. OLG Koblenz v. 24.09.1975 - 1 U 563/74 - DB 1975, 2125-2126; OLG Köln v. 11.10.1989 - 2 U 4/89 - NJW-RR 1990, 251-252; *Lorenz* in: Staudinger, § 817 Rn. 10 mit weiteren Nachweisen.

und Sozialabgaben bei Bekannt werden des Verstoßes.[107] Vor allem aber soll dem durch die Vorleistung des Schwarzarbeiters begünstigten Besteller der erlangte Vorteil nicht unentgeltlich belassen werden.[108] Allerdings soll Obergrenze des Wertersatzes der Betrag sein, den der Schwarzarbeiter, wenn auch in nichtiger Weise, mit dem Auftraggeber vereinbart hatte. Auch müsse regelmäßig noch ein zusätzlicher Abschlag erfolgen, der dem Umstand Rechnung trägt, dass dem Auftraggeber keine Gewährleistungsansprüche zustehen.

c. Verstöße gegen Preisvorschriften

Keine große praktische Bedeutung haben hingegen **Verstöße gegen Preisvorschriften**. Soweit nicht bereits spezialgesetzliche Regelungen ein Rückforderungsrecht begründen, ist im Einzelfall darauf abzustellen, ob die Preisvorschriften ausschließlich oder doch in erster Linie den Schutz eines wirtschaftlich Schwächeren bezwecken, sodass der Ausschluss des Rückforderungsrechts bei einem Verstoß in besonderem Maße gegen Treu und Glauben verstoßen würde.[109]   40

d. Gebrauchsüberlassung von Kapital und Sachen

Ein weiteres zentrales Problem des § 817 Satz 2 BGB ist seine Anwendung in den Fällen der **zeitlich begrenzten Gebrauchsüberlassung von Kapital und von Sachen** (insbesondere Wohnraum), die wegen Wuchers gegen die §§ 134, 138 BGB verstoßen. Gewährt jemand ein wucherisches Darlehen oder überlässt er eine Mietwohnung zu einem überhöhten Mietzins, so könnte die Anwendung des Rückforderungsausschlusses nach § 817 Satz 2 BGB auf den Konditionsanspruch (und gegebenenfalls auch auf einen Vindikationsanspruch, vgl. dazu Rn. 10) prima vista dazu führen, dass der Empfänger das Geleistete überhaupt nicht mehr zurückzugeben braucht.[110] Allerdings würde dies dazu führen, dass der Empfänger der Wucherleistung mehr erhält, als er nach der getroffenen Abrede erhalten sollte. Nichts wäre sonst lukrativer als sich bewuchern zu lassen. Und das zulasten des Bewucherten geplante Missverhältnis zwischen Leistung und Gegenleistung würde sich in ein Missverhältnis zulasten des Wucherers wandeln.[111] Um die Unbilligkeiten auf Seiten des Leistenden im Falle der Anwendung von § 817 Satz 2 BGB zu vermeiden, hat die Rechtsprechung, beim Begriff der Leistung ansetzend, das schuldrechtliche Synallagma präzisiert.[112] Das Geleistete ist in den Wucherfällen nicht der Gegenstand als solcher, sondern seine Nutzung auf Zeit gegen Zinsen. Die Konditionssperre des § 817 Satz 2 BGB wirkt lediglich insoweit, als dass das Geleistete nicht sofort herausgegeben, d.h. die Nutzung des Gegenstandes nicht sofort abgebrochen werden muss, sondern bis zum Ablauf der vereinbarten Zeit fortgesetzt werden darf.[113] Daher ist der Inhalt des nichtigen Darlehensvertrags nicht ohne jede Bedeutung, da gerade zum vertraglich vereinbarten Fälligkeitstermin das Darlehen zurückzugewähren ist.[114] Soweit die Überlassung zur Nutzung auf unbestimmte Zeit vorgesehen war, kann sie mangels anderer Anhaltspunkte bis zum nächstmöglichen Ablauf der ordentlichen Kündigungsfrist fortgesetzt werden.[115]   41

Für die zeitweilige Kapitalüberlassung bis zur Fälligkeit der jeweiligen Rückzahlungsraten besteht nach h.M. kein Anspruch auf angemessene **Verzinsung**, da die getroffene Zinsvereinbarung nach den §§ 134, 138 BGB nichtig ist und einem entsprechenden Bereicherungsanspruch aus den §§ 818 Abs. 1, 818 Abs. 2 BGB der Ausschluss nach § 817 Satz 2 BGB entgegensteht.[116] Hierbei spielt der Gedanke eine maßgebliche Rolle, dass der Wucherer risikolos arbeiten könnte, wenn man ihm statt des vereinbarten Zinses den marktüblichen Zinssatz zubilligen würde.[117] Dem entspricht es auch, dass dem Be-   42

---

[107] BGH v. 31.05.1990 - VII ZR 336/89 - juris Rn. 15 - BGHZ 111, 308-314.
[108] BGH v. 31.05.1990 - VII ZR 336/89 - juris Rn. 15 - BGHZ 111, 308-314.
[109] *Sprau* in: Palandt, § 817 Rn. 20.
[110] So zunächst auch RG v. 27.03.1936 - VII 336/35 - RGZ 151, 70-75, 71.
[111] RG v. 27.03.1936 - VII 336/35 - RGZ 151, 70-75, 71; zum Ganzen vgl. *Reuter/Martinek*, Ungerechtfertigte Bereicherung, 1983, § 6 V, S. 216.
[112] *Reuter/Martinek*, Ungerechtfertigte Bereicherung, 1983, § 6 V, S. 216.
[113] BGH v. 03.12.1987 - III ZR 103/86 - juris Rn. 45 - WM 1988, 184-187; BGH v. 02.12.1982 - III ZR 90/81 - juris Rn. 37 - LM Nr. 105 zu § 134 BGB.
[114] BGH v. 03.12.1987 - III ZR 103/86 - juris Rn. 48 - WM 1988, 184-187.
[115] *Reuter/Martinek*, Ungerechtfertigte Bereicherung, 1983, § 6 V, S. 216; *Lorenz* in: Staudinger, § 817 Rn. 12.
[116] BGH v. 15.06.1989 - III ZR 9/88 - NJW 1989, 3217-3218; *Sprau* in: Palandt, § 817 Rn. 21; *Schulze* in: Hk-BGB, § 817 Rn. 10.
[117] BGH v. 02.12.1982 - III ZR 90/81 - juris Rn. 37 - LM Nr. 105 zu § 134 BGB.

wucherten die Rückforderung bereits gezahlter Zinsen gestattet wird, da die Zinszahlung als solche regelmäßig nicht sittenwidrig ist.[118] Dies soll auch dann gelten, wenn der Darlehensvertrag nicht wucherisch, sondern aus anderen Gründen nach § 138 BGB[119] oder gemäß § 134 BGB nichtig ist.[120]

43 Unter Berufung darauf, dass im Falle zinsloser Kapitalnutzung die Kondiktionssperre doch wieder ihren verfehlten Strafcharakter erhalte, der Empfänger allzu sehr begünstigt werde und dass im Vergleich zur Wuchermiete, bei der eine Pflicht zur Vergütung der rechtsgrundlosen Nutzung nach den §§ 990, 987 BGB allgemein anerkannt ist,[121] praktisch keine Wertungsunterschiede bestehen, will ein Teil der Literatur dem Darlehensgeber einen Anspruch auf angemessene (marktgerechte) Verzinsung gewähren.[122] Weil dem Empfänger nicht endgültig die Sachsubstanz, sondern nur die zeitweilige Nutzung der Sache überlassen worden ist, kann dieser sich grundsätzlich auch nicht auf den **Wegfall der Bereicherung** hinsichtlich der Hauptsache berufen.[123] Zu einem anderen Ergebnis kommt man nur, wenn die Zweckverfolgung bei einer sittenwidrigen Gebrauchsüberlassung von vorneherein mit einem dem Leistenden bekannten Risiko verbunden war, dieses Risiko sich verwirklicht hat und der Empfänger deswegen nicht mehr bereichert ist.[124]

44 Nicht mit den zum wucherischen Darlehen entwickelten Grundsätzen ist allerdings der Fall zu lösen, dass Geld zu einem verbotenen Zweck geliehen wurde, da dann bereits die Kapitalüberlassung gegen die §§ 134, 138 BGB verstößt. Eine Rückforderung ist hier gänzlich zu versagen.[125]

e. Bordellveräußerung

45 Auch in der klassischen Fallgruppe der **Bordellveräußerung unter Bestellung einer Restkaufpreishypothek** wurde eine Einschränkung des Rückforderungsausschlusses nach § 817 Satz 2 BGB aus normativen Gesichtspunkten in der Rechtsprechung erörtert. Allerdings ist diese Rechtsprechung im Zusammenhang mit den hier zutage getretenen Komplikationen des § 817 Satz 2 BGB inzwischen zum Großteil überholt, denn nach den gewandelten Anschauungen in der Gesellschaft zu sexuellen Fragen und der staatlichen Tolerierung von Bordellen kann man Rechtsgeschäfte über solche Einrichtungen heute kaum mehr als per se sittenwidrig ansehen.[126] Vielmehr müssen besondere Umstände hinzutreten, wie etwa die ausbeuterische Partizipation am Prostituierteneinkommen[127] oder die Vereinbarung eines wucherischen Entgelts.[128]

46 Wegen der auch heute noch paradigmatischen Bedeutung dieser Fallgruppe und der Lösungsansätze der Rechtsprechung – sind hier doch frühzeitig die Komplikationen hervorgetreten, zu denen § 817 Satz 2 BGB führt[129] – sollen diese kurz erläutert werden: Die (per se anzunehmende) Sittenwidrigkeit der Bordellveräußerung hat zur Folge, dass der Kaufvertrag nach § 138 Abs. 1 BGB nichtig ist, jedoch hat das dingliche Vollzugsgeschäft aufgrund seiner Abstraktheit als sittlich neutral Bestand, sodass der Käufer durch Auflassung und Eintragung Eigentümer des Grundstückes wird. Das Eigentum kann vom Verkäufer nunmehr wegen § 817 Satz 2 BGB nicht kondiziert werden. Wurde zudem eine Restkaufpreishypothek bestellt, so entsteht wegen der Nichtigkeit der zu sichernden (Rest-)Kaufpreisforderung nach den §§ 1163 Abs. 1, 1177 Abs. 1 BGB für den Käufer eine Eigentümergrundschuld an dem erhal-

---

[118] BGH v. 23.11.1959 - II ZR 59/58 - LM Nr. 12 zu § 817 S 2 BGB.
[119] BGH v. 15.06.1989 - III ZR 9/88 - juris Rn. 17 - NJW 1989, 3217-3218; BGH v. 17.01.1995 - XI ZR 225/93 - juris Rn. 15 - LM BGB § 607 Nr. 152 (7/1995).
[120] BGH v. 15.06.1989 - III ZR 9/88 - juris Rn. 17 - NJW 1989, 3217-3218; vgl. auch BGH v. 15.06.1993 - XI ZR 172/92 - LM BGB § 817 Nr. 38 (1/1994).
[121] Dazu BGH v. 08.01.1975 - VIII ZR 126/73 - BGHZ 63, 365-369.
[122] *Lorenz* in: Staudinger, § 817 Rn. 12; *Medicus/Petersen*, Bürgerliches Recht, 23. Aufl. 2011, Rn. 700; *Reuter/Martinek*, Ungerechtfertigte Bereicherung, 1983, § 6 V, S. 215 ff.
[123] BGH v. 02.02.1999 - XI ZR 74/98 - juris Rn. 19 - LM HWiG Nr. 33 (7/1999).
[124] BGH v. 17.01.1995 - XI ZR 225/93 - LM BGB § 607 Nr. 152 (7/1995).
[125] *Lorenz* in: Staudinger, § 817 Rn. 12 a.E.; vgl. dazu OLG Celle v. 10.01.2001 - 7 U 150/99 - OLGR Celle 2001, 211-213.
[126] *Lorenz* in: Staudinger, § 817 Rn. 11; *Reuter/Martinek*, Ungerechtfertigte Bereicherung, 1983, § 6 V, S. 220.
[127] BGH v. 15.03.1990 - III ZR 248/88 - juris Rn. 14 - NJW-RR 1990, 750-752; BGH v. 08.01.1975 - VIII ZR 126/73 - BGHZ 63, 365-369; *Buck-Heeb* in: Erman, § 817 Rn. 22.
[128] *Lorenz* in: Staudinger, § 817 Rn. 11; *Reuter/Martinek*, Ungerechtfertigte Bereicherung, 1983, § 6 V, S.220.
[129] *Lorenz* in: Staudinger, § 817 Rn. 11.

tenen Grundstück.[130] Begehrt der Käufer vom Verkäufer die Löschung der Hypothek – dem steht § 817 Satz 2 BGB nicht entgegen, da die Hypothek keine Leistung ist – so würde er schließlich Grundstück und Kaufpreis erhalten.

Dieses Ergebnis, dass der Verkäufer weder die persönliche Forderung oder die Hypothek geltend machen, noch die Rückgabe des Grundstücks verlangen kann, wurde allgemein als unerträglich empfunden, weil der Verkäufer im Falle einer Grundschuld- statt Hypothekenbestellung wegen deren Abstraktheit nichts hätte zu befürchten brauchen.[131] Aus diesem Grund sollte nach Ansicht des RG dem Löschungsanspruch des Käufers der Einwand der allgemeinen Arglist (exceptio doli) entgegengesetzt werden können,[132] da es gegen die guten Sitten verstoße, wenn der Bordellkäufer zwar Befreiung von der vertraglichen Verpflichtung begehre, das unsittlich Erlangte, nämlich das zu Bordellzwecken gekaufte Grundstück aber gleichwohl behalten wolle.[133] Damit ist eine Pattsituation entstanden, da der Verkäufer keine durchsetzbaren Ansprüche aus dem unsittlichen Geschäft wegen § 817 Satz 2 BGB hat und der Käufer die Hypothekenlöschung aufgrund der Arglisteinrede nicht verlangen kann.[134] Zur Auflösung des Patts wäre nahe liegend, die Arglisteinrede auch auf dem Einwand des Käufers aus § 817 Satz 2 BGB gegenüber dem Rückforderungsanspruch des Verkäufers zu erstrecken, was zur Rückabwicklung des Geschäfts, aber zur Funktionslosigkeit des § 817 Satz 2 BGB geführt hätte.[135] Diese Konsequenz ging dem RG wohl doch zu weit, jedoch hat der BGH die Arglisteinrede des als letzte Notbremse in Einzelfällen durchaus in Erwägung gezogen.[136]

47

Aufgrund der geänderten Moralvorstellungen in der Gesellschaft wird man heute weitere hinzutretende Umstände fordern müssen, um die Sittenwidrigkeit eines Bordellverkaufes begründen zu können. So werden die ausbeuterische Partizipation am Prostituierteneinkommen oder die Vereinbarung eines wucherischen Entgelts als einseitiger Sittenverstoß des Leistenden aufgefasst.[137] Damit rücken die Bordellverkaufsfälle in die Nähe der Wucherfälle.[138] Das gibt den Weg frei, die Teilreduktion der Wucherfälle über die Gebrauchsüberlassungsverträge hinaus auch auf die Veräußerungsverträge zu übertragen, d.h. bei einem Bordellverkauf heute nur insoweit Sittenwidrigkeit zu bejahen als der Kaufpreis überhöht ist, und den Vertrag im Übrigen zu angemessenen Bedingungen aufrechtzuerhalten.[139]

48

Weitaus weniger Bedenken hatte die Rechtsprechung, die Anwendbarkeit des § 817 Satz 2 BGB bei der wegen Sittenwidrigkeit **unwirksamen Verpachtung eines Bordells** einzuschränken. So steht § 817 Satz 2 BGB dem Anspruch des Verpächters auf sofortige Rückgabe des nur zur vorübergehenden Nutzung überlassenen Grundstückes nicht entgegen, denn dem Pächter ist nicht in Analogie zu den Fällen des Wucherdarlehens das Grundstück für die Dauer der vereinbarten Pachtzeit zu überlassen, da sonst der von der Rechtsordnung nicht gebilligte Bordellbetrieb legalisiert würde und zudem der Pächter zur unentgeltlichen Nutzung des Bordellbetriebs in die Lage versetzt würde;[140] die Anwendung des § 817 Satz 2 BGB würde dazu beitragen, das sittenwidrige Geschäft absprachegemäß durchzuführen.[141] Der Widerstreit zwischen § 817 Satz 2 BGB und § 138 Abs. 2 BGB wird zugunsten der Generalklausel gelöst.[142]

49

Die Rückforderung einer im Rahmen der Bordellpacht hinterlegten Kaution ist durch § 817 Satz 2 BGB nicht ausgeschlossen, weil nur dem Erwerber endgültig zugedachte Leistungen unter die Kondiktionssperre fallen.[143]

50

---

[130] RG v. 05.02.1908 - V 236/07 - RGZ 68, 97-104.
[131] *Reuter/Martinek*, Ungerechtfertigte Bereicherung, 1983, § 6 V, S. 221.
[132] RG v. 08.10.1909 - II 32/09 - RGZ 71, 432-437, 436.
[133] *Sprau* in: Palandt, § 817 Rn. 22.
[134] *Lorenz* in: Staudinger, § 817 Rn. 11; *Reuter/Martinek*, Ungerechtfertigte Bereicherung, 1983, § 6 V, S. 221.
[135] *Lorenz* in: Staudinger, § 817 Rn. 11; *Reuter/Martinek*, Ungerechtfertigte Bereicherung, 1983, § 6 V, S. 221.
[136] BGH v. 30.03.1965 - V ZR 209/62 - LM Nr. 22 zu § 817 BGB (angedeutet); BGH v. 20.05.1964 - VIII ZR 56/63 - juris Rn. 23 - BGHZ 41, 341-350.
[137] Vgl. BGH v. 16.05.1988 - II ZR 316/87 - juris Rn. 7 - NJW-RR 1988, 1379-1380; OLG Hamm v. 30.09.1999 - 22 U 174/98 - juris Rn. 32 - OLGR Hamm 2000, 83-86; *Ellenberger* in: Palandt, § 138 Rn. 52.
[138] *Reuter/Martinek*, Ungerechtfertigte Bereicherung, 1983, § 6 V, S. 222.
[139] *Reuter/Martinek*, Ungerechtfertigte Bereicherung, 1983, § 6 V, S. 221 f.
[140] *Reuter/Martinek*, Ungerechtfertigte Bereicherung, 1983, § 6 V, S. 222; *Sprau* in: Palandt, § 817 Rn. 22.
[141] BGH v. 20.05.1964 - VIII ZR 56/63 - juris Rn. 14 - BGHZ 41, 341-350; *Buck-Heeb* in: Erman, § 817 Rn. 22.
[142] BGH v. 20.05.1964 - VIII ZR 56/63 - juris Rn. 14 - BGHZ 41, 341-350; *Reuter/Martinek*, Ungerechtfertigte Bereicherung, 1983, § 6 V, S. 222; *Sprau* in: Palandt, § 817 Rn. 22.
[143] BGH v. 09.06.1969 - VII ZR 52/67 - BB 1969, 1106.

f. Schneeballsysteme

51 Auch im Falle von sittenwidrigen, nach dem Schneeballsystem organisierten Schenkkreisen können der Grund und der Schutzzweck der Nichtigkeitssanktion gemäß § 138 Abs. 1 BGB der Kondiktionssperre nach § 817 Satz 2 BGB ausnahmsweise entgegenstehen. Denn die Nichtigkeitssanktion soll verhindern, dass leichtgläubige und unerfahrene Personen ausgenutzt und zur Zahlung eines „Einsatzes" bewegt werden (vgl. zu Schneeballsystemen bereits Rn. 31).[144] Dabei entfällt die Kondiktionssperre des § 817 Satz 2 BGB aber nicht nur bei Bereicherungsansprüchen, die sich gegen die Initiatoren des Spiels richten, sondern allgemein bei allen Zuwendungen im Rahmen von Schenkkreisen, ohne dass es auf eine einzelfallbezogene Prüfung der Geschäftsgewandtheit und Erfahrenheit des betroffenen Gebers oder Empfängers ankommt.[145] Denn der Schutzzweck der Nichtigkeitssanktion (§ 138 Abs. 1 BGB) darf nicht dadurch konterkariert werden, dass der durch sie zu verhindernde sittenwidrige Zustand perpetuiert oder weiterem sitten- und verbotswidrigem Handeln Vorschub geleistet würde.[146] Im Übrigen entstünde ansonsten ein Wertungswiderspruch, der die Teilnahme an Schenkkreisen für Mitspieler auf den mittleren Stufen höchst profitabel macht. So könnten sie die von ihnen zuvor verschenkten Beiträge zurückverlangen, während ihnen die von Teilnehmern der folgenden Stufen gezahlten Beiträge dauerhaft verbleiben würden.[147]

g. Insolvenzanfechtung

52 Im Anwendungsbereich der InsO ist § 817 Satz 2 BGB im Rahmen der **Insolvenzanfechtung** nicht anwendbar.[148] Der Anfechtungsgegner kann sich damit nicht darauf berufen, der Insolvenzschuldner habe bei der Gewährung der angefochtenen Leistung selbst gegen ein gesetzliches Verbot oder die guten Sitten verstoßen.[149]

h. Öffentlich-rechtliche Rückabwicklungsverhältnisse

53 § 817 Satz 2 BGB findet in **öffentlich-rechtlichen Rückabwicklungsverhältnissen** keine entsprechende Anwendung.[150]

D. Rechtsfolgen

54 Als Rechtsfolge des § 817 Satz 1 BGB hat der Empfänger das Geleistete herauszugeben. Nach den §§ 819 Abs. 2, 818 Abs. 4 BGB haftet der Empfänger verschärft.

55 Rechtsfolge von Satz 2 ist der Ausschluss der Rückforderung des Geleisteten.

E. Prozessuale Hinweise

56 Hinsichtlich des Anspruchs aus § 817 Satz 1 BGB gilt die allgemeine Regel, dass der **Rückfordernde** die diesen Anspruch begründenden Tatsachen zu beweisen hat. Insbesondere hat der Leistende auch zu beweisen, dass ein Gesetzes- oder Sittenverstoß des Empfängers vorgelegen hat und der Empfänger auch Kenntnis hiervon hatte.[151]

57 Bei § 817 Satz 2 BGB trägt der **Empfänger** die Beweislast dafür, dass die Voraussetzungen der Kondiktionssperre vorliegen, dass also dem Leistenden allein oder gleichfalls ein Verstoß gegen das Gesetz oder die guten Sitten zur Last fällt.[152] Behauptet nun der Rückfordernde, dass seine Leistung in der Eingehung einer Verbindlichkeit bestanden habe, so ist er dafür beweispflichtig. Dass der Leistende zur Erfüllung dieser Verbindlichkeit bereits geleistet hat, ist dagegen vom Empfänger zu beweisen.[153]

---

[144] BGH v. 10.11.2005 - III ZR 72/05 - WM 2006, 335-336; BGH v. 13.03.008 - III ZR 282/07.
[145] BGH v. 13.03.2008 - III ZR 282/07 - NJW 2008, 1942-1943; nochmals bestätigt durch BGH v. 06.11.2008 - III ZR 120/08 - NJW-RR 2009, 345-346; vgl. hierzu auch *Martinek*, JZ 2009, 364-366.
[146] *Lorenz* in: Staudinger, § 817 Rn. 10.
[147] BGH v. 13.03.2008 - III ZR 282/07 - NJW 2008, 1942-1943.
[148] Im Anschluss an BGH v. 07.12.1988 - IVb ZR 93/87 - BGHZ 106, 169-179.
[149] OLG Celle v. 14.08.2003 - 13 W 65/03 - ZInsO 2003, 803-804.
[150] BVerwG v. 26.03.2003 - 9 C 4/02 - BWGZ 2003, 466-468.
[151] *Lorenz* in: Staudinger, § 817 Rn. 26.
[152] *Sprau* in: Palandt, § 817 Rn. 24.
[153] *Lorenz* in: Staudinger, § 817 Rn. 26.

§ 818 BGB Umfang des Bereicherungsanspruchs

(Fassung vom 02.01.2002, gültig ab 01.01.2002)

(1) Die Verpflichtung zur Herausgabe erstreckt sich auf die gezogenen Nutzungen sowie auf dasjenige, was der Empfänger auf Grund eines erlangten Rechtes oder als Ersatz für die Zerstörung, Beschädigung oder Entziehung des erlangten Gegenstands erwirbt.

(2) Ist die Herausgabe wegen der Beschaffenheit des Erlangten nicht möglich oder ist der Empfänger aus einem anderen Grund zur Herausgabe außerstande, so hat er den Wert zu ersetzen.

(3) Die Verpflichtung zur Herausgabe oder zum Ersatz des Wertes ist ausgeschlossen, soweit der Empfänger nicht mehr bereichert ist.

(4) Von dem Eintritt der Rechtshängigkeit an haftet der Empfänger nach den allgemeinen Vorschriften.

Gliederung

A. Kommentierung zu Absatz 1 1	C. Kommentierung zu Absatz 3 64
I. Grundlagen (Absatz 1) 1	I. Grundlagen 64
1. Überblick 1	II. Anwendungsvoraussetzungen 66
2. Kurzcharakteristik 8	1. Verpflichtung zur Herausgabe oder zum Wertersatz 66
II. Anwendungsvoraussetzungen 9	2. Wegfall der Bereicherung 67
1. Herausgabeverpflichtung 9	III. Rechtsfolgen 76
2. Nutzungen 11	1. Allgemein 76
3. Surrogate 14	2. Gegenseitiger Vertrag 77
III. Rechtsfolgen 20	IV. Prozessuale Hinweise 86
IV. Prozessuale Hinweise 22	V. Anwendungsfelder 89
V. Anwendungsfelder 23	1. Allgemein 89
B. Kommentierung zu Absatz 2 39	2. Vermögensvorteile 90
I. Grundlagen 39	3. Vermögensnachteile 95
II. Anwendungsvoraussetzungen 40	4. Mehrere Bereicherte 112
1. Herausgabepflicht 40	D. Kommentierung zu Absatz 4 113
2. Unmöglichkeit 41	I. Grundlagen 113
III. Rechtsfolgen 45	II. Anwendungsvoraussetzungen 115
1. Wertersatz 45	1. Empfänger 115
2. Aufgedrängte Bereicherung 48	2. Eintritt der Rechtshängigkeit 116
IV. Prozessuale Hinweise 50	III. Rechtsfolgen 119
V. Anwendungsfelder 51	

A. Kommentierung zu Absatz 1

I. Grundlagen (Absatz 1)

1. Überblick

Der Umfang der bereicherungsrechtlichen Herausgabepflicht ergibt sich aus einem **Zusammenspiel des jeweiligen Kondiktionstatbestandes** als Anspruchsgrundlage **mit den** §§ 818 ff. BGB. Die Anwendbarkeit der §§ 818-820 BGB setzt das Bestehen eines Bereicherungsanspruchs also voraus. Umstritten ist, wie im Einzelnen der Umfang der Herausgabepflicht zu bestimmen ist. 1

Übereinstimmung besteht insoweit, als der Umfang des Bereicherungsanspruchs sich grundsätzlich nach den dem Bereicherungsschuldner zugeflossenen Vermögensvorteilen richtet, nicht hingegen nach der Vermögenseinbuße des Bereicherungsgläubigers. Die Vermögensvorteile müssen mit den aus dem Bereicherungsvorgang resultierenden Nachteilen im Vermögen des Bereicherungsschuldners in Ausgleich gebracht werden. Rechtstechnisch erfolgt dieser Ausgleich nicht über die Mittel eines Zurückbehaltungs- oder Aufrechnungsrechts, vielmehr ergibt sich aus den §§ 818-820 BGB, dass von vornherein nur ein einheitlicher Anspruch auf Herausgabe der Bereicherung besteht. 2

3   Die unterschiedlichen Positionen hinsichtlich der Bestimmung des Bereicherungsumfangs bewegen sich zwischen der Auffassung, der Bereicherungsanspruch beziehe sich von vornherein allein auf die beim Bereicherungsschuldner noch vorhandene Vermögensmehrung,[1] und der Sichtweise, der erlangte Gegenstand stelle den primären Bereicherungsgegenstand dar[2]. Versteht man die Vermögensmehrung als eigentlichen Bereicherungsgegenstand, erlangt § 818 Abs. 3 BGB zentrale Bedeutung. Der Anspruch erfasst nur die noch vorhandene Bereicherung. Es sind alle Faktoren zu berücksichtigen, die adäquat kausal auf dem Bereicherungsvorgang beruhend das Vermögen des Bereicherungsschuldners beeinflusst haben. Maßstab zur Abgrenzung von Dispositionen des Bereicherungsschuldners, die in keinem Zusammenhang zum Bereicherungsvorgang stehen, soll der Bezug der jeweiligen Vermögensentscheidung zum durch den Bereicherungsvorgang Übernommenen oder zum sonstigen Vermögen sein. Die Anwendbarkeit von § 818 Abs. 3 BGB wird nach dieser **vermögensorientierten Auffassung** nicht durch die Rechtshängigkeit des Bereicherungsanspruchs oder Bösgläubigkeit des Bereicherungsschuldners ausgeschlossen. Der Verweis in den §§ 818 Abs. 4, 819, 820 Abs. 1 BGB auf die allgemeinen Vorschriften schließt die Geltendmachung der Entreicherung nicht aus, sondern bringt nur zusätzlich zu den bereicherungsrechtlichen Regelungen die Vorschriften des allgemeinen Schuldrechts zur Anwendung.

4   Orientiert man sich dagegen zunächst am erlangten Gut als Bereicherungsgegenstand, stellt § 818 Abs. 3 BGB als Privilegierung des gutgläubigen und unverklagten Bereicherungsschuldners nicht den Grundumfang der Bereicherung fest, sondern bildet eine Ausnahme zugunsten des gutgläubigen und unverklagten Bereicherungsschuldners. Zu berücksichtigen sind nach dieser **gegenstandsorientierten Sichtweise** über § 818 Abs. 3 BGB nur solche Vermögensminderungen, die sich aus dem Vertrauen des Bereicherungsschuldners auf die Beständigkeit seines Erwerbs ergeben. Aus dem Ausnahmecharakter des § 818 Abs. 3 BGB und der Funktion des Vertrauensschutzes dieser Norm folgt zugleich die Unanwendbarkeit in den Fällen einer Haftungsschärfung über die §§ 818 Abs. 4, 819, 820 Abs. 1 BGB.

5   **Herrschende Meinung und Rechtsprechung** mischen Elemente dieser beiden Extrempositionen. Der BGH folgt der gegenstandsorientierten Auffassung insoweit, als er den Anspruchsinhalt zunächst nach den §§ 818 Abs. 1, 818 Abs. 2, 818 Abs. 4, 819, 820 BGB bestimmt und die Haftungsbefreiung des § 818 Abs. 3 BGB als Ausnahme auffasst,[3] die nur dem unverklagten und gutgläubigen Bereicherungsschuldner zugutekommen soll. Liegen die Voraussetzungen des § 818 Abs. 3 BGB jedoch vor, wandelt sich der gegenstandsorientierte Bereicherungsanspruch nach Ansicht des BGH in einen vermögensorientierten.[4] Das bringt mit sich, dass zumindest im Grundsatz alle adäquat kausal auf dem Bereicherungsvorgang beruhenden Vermögensminderungen zu berücksichtigen sind.

6   Vorzugswürdig erscheint eine nach Anspruchsgrundlagen **differenzierende Lösung**. Nur auf diesem Wege kann den verschiedenen Funktionen der einzelnen Kondiktionsarten Rechnung getragen werden. Erfolgte eine Vermögensverschiebung durch Leistung, ist eine gegenstandsorientierte Bestimmung der Bereicherungshaftung geboten. Erfolgte die Vermögensverschiebung demgegenüber nicht durch Leistung, ist der vermögensorientierten Variante der Vorzug zu geben.[5]

7   In der Darstellung der §§ 818 ff. BGB wird hier gleichwohl der Rechtsprechung und herrschenden Meinung gefolgt.

2. Kurzcharakteristik

8   § 818 Abs. 1 BGB regelt den Umfang der bereicherungsrechtlichen Haftung. Er knüpft an den jeweiligen Kondiktionstyp an und erstreckt den Anspruch neben der Herausgabe des Erlangten, die sich schon aus der Anspruchsgrundlage ergibt, auf Nutzungen und Surrogate.

II. Anwendungsvoraussetzungen

1. Herausgabeverpflichtung

9   § 818 Abs. 1 BGB weitet die auf einem Bereicherungsanspruch basierende Herausgabepflicht auf Nutzungen und Surrogate aus. Er stellt folglich keine eigene Anspruchsgrundlage dar, sondern setzt eine dem Grunde nach bestehende Kondiktion voraus.

---

[1] *Reuter/Martinek*, Ungerechtfertigte Bereicherung, 1983, S. 518 m.w.N.
[2] Vgl. *Reuter/Martinek*, Ungerechtfertigte Bereicherung, 1983, S. 518 m.w.N.
[3] BGH v. 07.01.1971 - VII ZR 9/70 - BGHZ 55, 128-137.
[4] BGH v. 26.10.1978 - VII ZR 202/76 - juris Rn. 28 - BGHZ 72, 252-257.
[5] Vgl. *Reuter/Martinek*, Ungerechtfertigte Bereicherung, 1983, S. 520/521, 523 ff., 589 ff., 614 ff.

Es findet keine Unterscheidung zwischen Leistungskondiktion und Nichtleistungskondiktion statt.[6]

2. Nutzungen

Die Herausgabepflicht erstreckt sich nach § 818 Abs. 1 BGB auf die aus dem Bereicherungsgegenstand resultierenden **Nutzungen** (§ 100 BGB). Nutzungen sind die Sach- und Rechtsfrüchte (§§ 99, 100 BGB), zudem Gebrauchsvorteile (§ 100 BGB). Die Herausgabe der Nutzungen kann auch verlangt werden, wenn an die Stelle des eigentlichen Bereicherungsgegenstandes ein anderer Gegenstand, also etwa ein Surrogat oder eine Wertersatzpflicht nach § 818 Abs. 2 BGB, getreten ist.[7] Nutzungen, die durch Leistung ins Vermögen des Bereicherungsschuldners gelangen, stellen dagegen selbst einen ursprünglichen Bereicherungsgegenstand dar. Sie bedürfen nicht der Erstreckung des § 818 Abs. 1 BGB.

Mit Nutzungen im Sinne von § 818 Abs. 1 BGB sind gezogene Nutzungen gemeint.[8] Nicht erfasst sind – dem Ziel des Bereicherungsrechts, nur vorhandene Vermögensvorteile zurück zu gewähren, entsprechend – abstrakte Nutzungen, deren Ziehung zwar möglich war, tatsächlich aber unterblieben ist.[9] Unerheblich ist, ob der Bereicherungsgläubiger selbst die Nutzungen gezogen hätte.[10] Auf die über § 818 Abs. 1 BGB von der bereicherungsrechtlichen Herausgabepflicht erfassten Nutzungen sind die §§ 818 Abs. 2, 818 Abs. 3 BGB ebenso wie auf den unmittelbaren Bereicherungsgegenstand anzuwenden.

Die **Nutzungen** als Ertrag des Bereicherungsgegenstandes sind **von den Ergebnissen eigener Leistung des Bereicherungsschuldners zu unterscheiden**. Beruht der Umfang der Nutzungen auf persönlichem Einsatz, besonderen Fähigkeiten oder Beziehungen des Bereicherungsschuldners, ist die Herausgabepflicht auf den objektiven Gebrauchswert der Sachnutzung beschränkt.[11] Die Nutzungen sind dann aufzuspalten in einen herauszugebenden Teil, der aus dem Bereicherungsgegenstand resultiert (lässt sich etwa für eine Arztpraxis an Miete/Pacht bemessen), und einen nicht herauszugebenden Teil, der als Ergebnis eigener Leistung beim Bereicherungsschuldner verbleibt.[12] Der Bereicherungsschuldner kann auch den Bereicherungsgegenstand solcherart verbessern, dass bestimmte Erträge überhaupt erst möglich werden. Diese Erträge sind dann nicht als Nutzungen des Bereicherungsgegenstandes herauszugeben, sondern verbleiben als Resultat eigenen Einsatzes, anders als unter Umständen der Bereicherungsgegenstand selbst, beim Bereicherungsschuldner.[13] Die mit einer rechtsgrundlos erlangten Organisationseinheit, etwa einer Steuerberaterpraxis, erzielten Gewinne beruhen nicht zwangsläufig auf persönlichen Fähigkeiten und Leistungen und können daher als Nutzungen nach § 818 Abs. 1 BGB herauszugeben sein.[14]

3. Surrogate

Die Herausgabeverpflichtung erstreckt sich gemäß § 818 Abs. 1 BGB auch auf Gegenstände, die an die Stelle des Bereicherungsgegenstandes getreten sind. Ergibt sich aus einem erlangten Recht ein Vorteil für den Bereicherungsschuldner, ist dieser herauszugeben. Ebenso kann der Bereicherungsgläubiger auch Ersatzleistungen beanspruchen, die der Bereicherungsschuldner als Inhaber des Bereicherungsgegenstandes für dessen Beeinträchtigung erhält.

Aufgrund eines erlangten Rechts erworben hat der Bereicherungsschuldner die **Vermögensvorteile, die er in der bestimmungsgemäßen Ausübung des Rechts erlangt** hat.[15] Zudem sind die so genannten **Ersatzvorteile** (Zerstörung, Beschädigung, Entziehung des erlangten Gegenstandes) herauszuge-

---

[6] A.A. *Reuter/Martinek*, Ungerechtfertigte Bereicherung, 1983, S. 516 ff.
[7] *Lorenz* in: Staudinger, § 818 Rn. 16; differenzierend: *Koppensteiner*, NJW 1971, 588-595, 593; zum Problem der Gegenleistung vgl. Rn. 63.
[8] BGH v. 18.09.1961 - VII ZR 118/60 - BGHZ 35, 356-362; BGH v. 08.10.1987 - VII ZR 185/86 - juris Rn. 21 - BGHZ 102, 41-53.
[9] Ausnahme bei Haftungsverschärfungen BGH v. 08.10.1987 - VII ZR 185/86 - juris Rn. 21 - BGHZ 102, 41-53.
[10] Unautorisierte Lichtbildveröffentlichung OLG Hamburg v. 10.12.1998 - 3 U 88/98 - NJW-RR 1999, 1204-1206.
[11] Unternehmen als Bereicherungsgegenstand BGH v. 25.09.1952 - IV ZR 22/52 - juris Rn. 21 - BGHZ 7, 208-218; Ermittlung der üblichen Nutzungen bei einer Zahnarztpraxis KG Berlin v. 09.10.1995 - 12 U 1926/92 - NJW-RR 1996, 431-434.
[12] Vgl. *Sprau* in: Palandt, § 818 Rn. 9.
[13] Vgl. für die Errichtung eines Hauses auf fremdem Grund, Aufspaltung in Nutzungen aus dem Grundstück und aus dem errichteten Bau, das den Wertzuwachs widerspiegelt BGH v. 18.09.1961 - VII ZR 118/60 - BGHZ 35, 356-362.
[14] BGH v. 05.07.2006 - VIII ZR 172/05.
[15] Beispiele: Leistungsgegenstand bei Einziehung einer Forderung, Erlös bei Verwertung eines Pfandrechts, Gewinn eines Loses, vgl. *Sprau* in: Palandt, § 818 Rn. 14.

ben. Sie können sich beispielsweise aus einem Vertrag, aus der unerlaubten Handlung eines anderen (Schadensersatzleistung) oder aus einem rechtmäßigen Eingriff (Enteignung) ergeben. Auch ein Anspruch auf gegebenenfalls noch ausstehende derartige Leistungen ist als Ersatzvorteil von der Herausgabepflicht umfasst.[16]

16 Es fragt sich, ob die im Falle einer **Weiterveräußerung des Bereicherungsgegenstandes** erlangte Gegenleistung als zu ersetzendes Surrogat einzuordnen ist (commodum ex negotiatione cum re).[17] Das Problem der Herausgabe der Gegenleistung kann sich bei Verfügungen eines berechtigten wie eines nicht berechtigten Bereicherungsschuldners stellen. Indes unterfällt der nicht berechtigte Verfügende der Kondiktion des § 816 Abs. 1 Satz 1 BGB, sodass die Frage nach der Herausgabe der Gegenleistung sich schon im Bereich dieser Norm stellt. Dort ist zu klären, ob die Gegenleistung selbst das „durch die Verfügung erlangte", mithin unmittelbarer Bereicherungsgegenstand, ist. Demgegenüber ist jenseits der Anspruchsgrundlage des § 816 Abs. 1 Satz 1 BGB die Gegenleistung keinesfalls unmittelbarer Bereicherungsgegenstand. Vielmehr geht es bei den übrigen Kondiktionsansprüchen darum, dass der Bereicherungsschuldner als Berechtigter über den Bereicherungsgegenstand verfügt hat und sich seine Herausgabepflicht unter Umständen auch auf das rechtsgeschäftlich erlangte Surrogat bezieht.

17 Eine Einordnung als Ersatz für die Entziehung des erlangten Gegenstandes scheitert schon daran, dass die der Entziehung innewohnende Unfreiwilligkeit mit einer Weiterverfügung nicht vereinbar ist. Insofern könnte man die Gegenleistung am ehesten unter die Alternative des aufgrund eines bestimmten Rechtes erlangten Vorteils fassen. Für eine Erstreckung auf die Gegenleistung lässt sich der in § 818 Abs. 1 BGB zum Ausdruck kommende Surrogationsgedanke anführen. Dagegen spricht jedoch entscheidend, dass die durch eine rechtsgeschäftliche Verfügung erlangte Gegenleistung Ergebnis des eigenen Einsatzes des Bereicherungsschuldners ist. Seine besonderen Fähigkeiten und Beziehungen wirken sich förderlich auf den Umfang der Gegenleistung aus. Es ist daher nicht angebracht, diese Vorteile, die auf Eigeneinsatz des Bereicherungsschuldners beruhen, dem Bereicherungsgläubiger zuzuweisen. Letzterer geht auch nicht völlig leer aus. Ihm verbleibt immer noch der Wertersatzanspruch nach § 818 Abs. 2 BGB. Die über den objektiven Wert durch eigenen Einsatz hinaus erzielte Gegenleistung kommt hingegen dem Bereicherungsschuldner zugute. Das steht auch nicht in Widerspruch zur Entscheidung bei § 816 Abs. 1 BGB, die Gegenleistung und nicht den Wert als unmittelbar Erlangtes anzusehen (auch bei § 816 Abs. 1 BGB streitig). Bei § 816 Abs. 1 BGB lässt sich die Zuweisung von Vorteilen, die aus den persönlichen Möglichkeiten des Bereicherungsschuldners resultieren, rechtfertigen, denn der Verfügende in § 816 Abs. 1 BGB ist Nichtberechtigter und nimmt damit qualitativ eine deutlich schwächere Stellung ein als der als Berechtigter verfügende Bereicherungsschuldner.[18]

18 Der Unterschied zu den eine Surrogation vorsehenden Vorschriften, etwa der § 1370 BGB (Ersatz von Haushaltsgegenständen) und § 2019 Abs. 1 BGB (Erbschaftsanspruch), ergibt sich schon aus dem Wortlaut. Gegenüber § 285 BGB (stellvertretendes Commodum), der nach überwiegender Auffassung das rechtsgeschäftliche Surrogat umfasst, rechtfertigt sich die abweichende Entscheidung bei § 818 Abs. 1 BGB aus dem Schutz des Bereicherungsschuldners, der anders als der von § 285 BGB erfasste Schuldner nicht um seine Herausgabepflicht weiß.[19]

19 Die rechtsgeschäftlichen Surrogate sind mithin nicht von § 818 Abs. 1 BGB umfasst, sondern unterfallen der Regelung des § 818 Abs. 2 BGB.[20]

III. Rechtsfolgen

20 Grundsätzlich ist das **Erlangte in Natur herauszugeben**, ein Anspruch auf Wiederherstellung des ursprünglichen Zustandes besteht nicht.[21] Inhalt und Form der Herausgabe bestimmen sich daher nach der Art des Erlangten. Eine Ausnahme bilden die auf der Verweisung des § 951 Abs. 1 Satz 1 BGB beruhenden Bereicherungsansprüche, bei denen ausdrücklich nur ein Geldersatz in Betracht kommt. In besonderen Fällen besteht die Möglichkeit, die bereicherungsrechtliche Herausgabe in Natur durch eine Ersatzzahlung abzuwenden: § 528 Abs. 1 Satz 2 BGB (Beschenkter muss einem Schenker, der zu

---

[16] *Sprau* in: Palandt, § 818 Rn. 15.
[17] Str. dagegen: BGH v. 11.10.1979 - VII ZR 285/78 - juris Rn. 10 - BGHZ 75, 203-209.
[18] Vgl. ausführlich hierzu *Reuter/Martinek*, Ungerechtfertigte Bereicherung, 1983, S. 554.
[19] Vgl. *Larenz/Canaris*, Schuldrecht, Band II/2: Besonderer Teil, 13. Aufl. 1994, § 72 I 1c, S. 267.
[20] BGH v. 11.04.1957 - II ZR 182/55 - BGHZ 24, 106-115; BGH v. 11.10.1979 - VII ZR 285/78 - juris Rn. 10 - BGHZ 75, 203-209.
[21] BGH v. 26.10.1990 - V ZR 22/89 - juris Rn. 29 - BGHZ 112, 376-381.

Unterhaltszahlungen außerstande ist, den für die Unterhaltszahlung erforderlichen Betrag zahlen), § 1973 Abs. 2 Satz 2 BGB (Erbe gegenüber Nachlassgläubigern durch Wertersatz für Gegenstände), § 2329 Abs. 2 BGB (Zahlung des Fehlbetrages durch den Beschenkten an den Pflichtteilsberechtigten).

Ist ein zugewendeter Gegenstand als erlangtes Etwas herauszugeben, muss dieser Gegenstand nicht zwangsläufig zuvor im Besitz des Bereicherungsgläubigers gestanden haben. Der Parteiwille kann darauf gerichtet sein, einen Geldbetrag zuzuwenden oder einen dadurch zu erlangenden Sachwert. Es ist dann aus der Vereinbarung zwischen Bereicherungsgläubiger und Bereicherungsschuldner zu entnehmen, was Gegenstand der Zuwendung war und demgemäß zurückzugewähren ist.[22] Ein Beispiel dafür bilden die verlorenen Baukostenzuschüsse eines Mieters, bei denen nicht die Geldzahlung, sondern die durch die erfolgte Umgestaltung des Mietobjekts gesteigerte Verwertungsmöglichkeit als Erlangtes angesehen wird.[23]

IV. Prozessuale Hinweise

Der **Gläubiger** hat zu beweisen, dass der Bereicherungsschuldner etwas erlangt hat, und den Umfang des Erlangten. Gegebenenfalls trifft ihn auch die Beweislast für die Ziehung von Nutzungen.[24]

V. Anwendungsfelder

Eigentum ist im Wege der Rückübereignung, bei Grundstücken durch Rückauflassung und Zustimmung zur Grundbuchänderung, zurückzugewähren. Ist der Eigentumserwerb eines Grundstücks bei der Auflassung stehen geblieben, erfolgt die Rückgewähr durch Einwilligung in die Aufhebung der Auflassung oder Verzicht auf die Rechte aus der Auflassung.[25] Erlangter **Besitz** wird auf dem Wege der Wiedereinräumung unmittelbaren Besitzes durch Verschaffung tatsächlicher Sachherrschaft oder des mittelbaren Besitzes durch Abtretung des Anspruchs gegen den unmittelbaren Besitzer zurückerstattet.[26]

Eine rechtsgrundlos erlangte **Organisationseinheit**, etwa eine Arztpraxis, eine Steuerberaterpraxis oder eine Rechtsanwaltskanzlei, ist als Einheit und in der Gestalt herauszugeben, in der sie sich zur Zeit der Herausgabe befindet. Ist in diesem Zusammenhang zu erwarten, dass Patienten, Klienten oder Mandanten den (neuerlichen) Wechsel vom Bereicherungsschuldner zum Bereicherungsgläubiger nicht mitmachen, hat der Bereicherungsschuldner Wertersatz im Sinne von § 818 Abs. 2 BGB zu leisten. Aus dem Kondiktionsanspruch folgt jedoch keine Verpflichtung des Bereicherungsschuldners zur Unterlassung zukünftigen Wettbewerbs.[27]

Bei bereicherungsrechtlicher Rückerstattung rechtsgrundlos erlangter **Besoldungszahlungen** sind grundsätzlich Brutto-Beträge zurückzugewähren, eine steuerliche Entlastung erfolgt erst im Lohnsteuerjahresausgleich oder bei der Einkommensteuerveranlagung.[28]

Die Rückgewähr erlangter **Rechte** hat die jeweils erforderliche Form zu beachten. Ist ein **Gesellschaftsanteil** Bereicherungsgegenstand, können einer Rückübertragung je nach Gesellschaftsform gesellschaftsrechtliche Hindernisse entgegenstehen. Insbesondere ist oftmals die Zustimmung der übrigen Gesellschafter erforderlich. Ist eine zwingend erforderliche Zustimmung der übrigen Gesellschafter nicht zu erlangen, tritt an die Stelle der Rückgewähr des Gesellschaftsanteils eine Pflicht zum Wertersatz nach § 818 Abs. 2 BGB.[29]

Setzt ein Versicherungsnehmer als Bezugsberechtigten einer **Lebensversicherung** einen Bekannten ein, ohne diesen davon zu unterrichten, so richtet sich der Bereicherungsanspruch der Erben nach Widerruf des Schenkungsangebots auf Abtretung des Anspruches gegen die Versicherung auf Auszahlung der Versicherungssumme.[30]

---

[22] BGH v. 02.07.1990 - II ZR 243/89 - juris Rn. 17 - BGHZ 112, 40-53.
[23] BGH v. 12.02.1959 - VIII ZR 54/58 - BGHZ 29, 289-300.
[24] BGH v. 25.10.1989 - VIII ZR 105/88 - juris Rn. 24 - BGHZ 109, 139-144; weitergehend OLG Celle v. 15.01.2004 - 5 U 100/03: Der Bereicherungsgläubiger trägt die Beweislast für herauszugebende Nutzungen.
[25] RG v. 30.06.1924 - V 648/23 - RGZ 108, 329-337.
[26] *Sprau* in: Palandt, § 818 Rn. 6.
[27] BGH v. 05.07.2006 - VIII ZR 172/05.
[28] VG Darmstadt v. 30.01.2006 - 5 G 12/06 (3).
[29] BGH v. 02.07.1990 - II ZR 243/89 - BGHZ 112, 40-53.
[30] OLG Hamm v. 03.12.2004 - 20 U 132/04 - NJW-RR 2005, 465-466.

§ 818

28 Ist die **Befreiung von einer Verbindlichkeit** durch deren Aufhebung oder Erlass erlangt, bedarf es der Wiederbegründung des Rechts. Allerdings kann bei Fälligkeit einer erlassenen Forderung sofort auf Erfüllung geklagt werden.[31] Der Bereicherungsgläubiger kann aus einem für die ursprüngliche Forderung erlangten Vollstreckungstitel vorgehen, da die Vollstreckbarkeit eines Titels nicht vom Schicksal des zugrunde liegenden Anspruchs abhängt. Dem Bereicherungsschuldner, der sich nur durch eine Vollstreckungsgegenklage dagegen wehren könnte, ist der dem Einwand des Erlasses entgegenstehende Gegeneinwand aus der ungerechtfertigten Bereicherung vom Bereicherungsgläubiger entgegenzusetzen. Dieser Gegeneinwand rechtfertigt sich mit Blick auf § 242 BGB daraus, dass der Bereicherungsschuldner nach Durchführung der Rückabwicklung eine Vollstreckung aus einer neu zu errichtenden Vollstreckungsurkunde zu dulden hätte.[32]

29 Erfolgte die Bereicherung dagegen durch die **Begründung einer Verbindlichkeit**, hat der Bereicherungsschuldner den Bereicherungsgläubiger von ihr zu befreien.[33]

30 Ist bei einer **Hinterlegung eines Geldbetrags oder eines Pfanderlöses** für mehrere Anspruchsteller einer der Anspruchsteller tatsächlich nicht hinsichtlich des Geldbetrags berechtigt, hat dieser seine Position durch Einwilligung in die Auszahlung an den wirklichen Berechtigten oder Freigabe des Hinterlegten herauszugeben.[34]

31 Bei **nur teilweise ungerechtfertigter Vermögensverschiebung** reduziert sich die Herausgabepflicht auf den entsprechenden Teil des Erlangten. Hat etwa der Mandant eines Rechtsanwalts ein unwirksam vereinbartes Erfolgshonorar bezahlt, ist dieser ungerechtfertigt bereichert nur insoweit, als das an ihn ausgezahlte Honorar die gesetzlichen Gebühren übersteigt.[35] Bei Unteilbarkeit des Bereicherungsgegenstandes ist ausschlaggebend, ob die Vermögensverschiebung überwiegend mit oder ohne Rechtsgrund erfolgte.[36] Überwiegt die Rechtsgrundlosigkeit, ist der Gegenstand herauszugeben, allerdings nur Zug um Zug gegen Rückgewähr der Gegenleistung.[37] Das gilt auch, sofern eine gemischte Schenkung mit überwiegend unentgeltlichem Charakter aufgrund eines Schenkungswiderrufs nach § 531 Abs. 2 BGB (Verweis ins Bereicherungsrecht) zurückzuerstatten ist. Überwiegt dagegen der auf einem Rechtsgrund beruhende Teil der Vermögensverschiebung, verbleibt der unteilbare Gegenstand beim Bereicherungsschuldner, dieser muss jedoch gegebenenfalls den die Gegenleistung übersteigenden Wertanteil erstatten.[38]

32 Die Herausgabepflicht beschränkt sich ebenfalls auf einen Teil der Bereicherung, wenn die der Bereicherungshaftung zugrunde liegende Vermögensverschiebung nur teilweise auf Kosten des Anspruchsberechtigten erfolgt ist.[39]

33 Ist eine ungerechtfertigt **erlangte Sache vom Bereicherungsschuldner mit einer dinglichen Belastung versehen** worden, ist nicht nur die Sache selbst herauszugeben, sondern auch das durch die Belastung gegebenenfalls erlangte Entgelt.[40] Demgegenüber besteht kein Anspruch auf Beseitigung der Belastung, da der gutgläubige unverklagte Bereicherungsschuldner lediglich zur Herausgabe in Natur verpflichtet ist.[41] Der für die Belastung zu leistende Wertersatz nach § 818 Abs. 2 BGB bestimmt sich als objektiver Wert, sofern es sich um ein Grundpfandrecht handelt, nach dessen Nominalbetrag. Der Wertersatzpflicht kann der Bereicherungsschuldner entgehen, wenn er das Grundpfandrecht – wozu er nicht verpflichtet ist – löschen lässt.[42] Eine Einschränkung ergibt sich aus § 818 Abs. 3 BGB. Der Gegenwert der Belastung ist als erlangter Betrag nur insoweit an den Bereicherungsgläubiger zu erstatten, als er noch nicht an den Grundpfandgläubiger zurückgezahlt ist. Zudem kann der Bereicherungsschuldner fordern, dass er durch den Bereicherungsgläubiger von der persönlichen Haftung aus dem Grund-

---

[31] Genehmigung einer Schuldübernahme ohne Rechtsgrund BGH v. 09.03.1990 - V ZR 260/88 - juris Rn. 10 - BGHZ 110, 319-322.
[32] BGH v. 09.03.1990 - V ZR 260/88 - juris Rn. 11 - BGHZ 110, 319-322.
[33] *Lorenz* in: Staudinger, § 818 Rn. 3.
[34] Nachrangiger Pfandgläubiger BGH v. 07.03.1972 - VI ZR 169/70 - LM Nr. 99 zu § 812 BGB.
[35] BGH v. 23.10.2003 - IX ZR 270/02 - WM 2004, 478-481.
[36] BGH v. 02.07.1990 - II ZR 243/89 - juris Rn. 36 - BGHZ 112, 40-53.
[37] *Sprau* in: Palandt, § 818 Rn. 8.
[38] BGH v. 02.07.1990 - II ZR 243/89 - juris Rn. 36 - BGHZ 112, 40-53.
[39] *Sprau* in: Palandt, § 818 Rn. 8.
[40] *Lorenz* in: Staudinger, § 818 Rn. 4.
[41] BGH v. 26.10.1990 - V ZR 22/89 - juris Rn. 30 - BGHZ 112, 376-381; a.A.: *Kohler*, NJW 1991, 1999-2001, 2000 f.; *Reuter* in: Lange/Nörr/Westermann, FS für Gernhuber zum 70. Geburtstag, 1993, S. 369, 378 ff.
[42] BGH v. 26.10.1990 - V ZR 22/89 - juris Rn. 30 - BGHZ 112, 376-381.

pfandrecht befreit wird. Andernfalls entstünde ihm ein sein Vermögen mindernder Nachteil.[43] Haftet der Bereicherungsschuldner zum Zeitpunkt der Belastung des erlangten Gegenstandes verschärft gemäß den §§ 818 Abs. 4, 819 BGB, ist er verpflichtet, den Bereicherungsgegenstand von der Belastung freizustellen. Gleiches gilt grundsätzlich bei gegenseitigen Verträgen, wenn die Bestellung der Grundschuld als Leistung der einen Seite in den Saldo einzustellen ist.[44]

Haftet der Käufer wegen ungerechtfertigter Bereicherung, kann der Verkäufer, der zugunsten des Darlehensgebers des Käufers das Grundstück vor Eigentumsübertragung mit einer Grundschuld belastet hat, die Aufhebung oder Übertragung der Grundschuld verlangen, wenn der Gläubiger zu deren Ablösung bereit ist; ein Anspruch auf Wertersatz besteht jedenfalls dann nicht.[45] Bereicherungsgegenstand ist hier im Unterschied zu den Fällen der Belastung eines nach den §§ 812 ff. BGB herauszugebenden Grundstücks die vom Beklagten erlangte Kreditsicherung, die durch die vor Eigentumsübergang bestellte Grundschuld bewirkt wurde.[46] Aus diesem Grund konnte der BGH ausdrücklich offen lassen, ob an der für die Fälle der Belastung nach vollzogener Eigentumsübertragung entwickelten Rechtsprechung festzuhalten ist, wonach Herausgabe des belasteten Bereicherungsgegenstandes in Natur (mit der Belastung) und daneben Wertersatz in Höhe des Nominalbetrags des Grundpfandrechts Zug um Zug gegen Befreiung von der gesicherten Verbindlichkeit geschuldet wird.[47]   34

Bei der **Kondiktion wegen des Nichteintritts des mit der Leistung bezweckten Erfolges** sind, da der Bereicherungsanspruch dort erst entsteht, wenn feststeht, dass der Erfolg nicht eintritt, die gezogenen Nutzungen nicht schon ab Erlangung des Gegenstandes, sondern erst ab dem späteren Zeitpunkt herauszugeben.[48]   35

Problematisch ist der **Umfang des Nutzungsersatzes bei Nutzungen in Form von Gebrauchsvorteilen**, die dem Bereicherungsschuldner zugutegekommen sind. Gebrauchsvorteile können nicht in Natur zurückgewährt werden, sodass über § 818 Abs. 2 BGB deren Wert zu ersetzen ist. Streitig ist die Berechnung dieses Wertes. Die Rechtsprechung befürwortet eine Orientierung am Wertverzehr, sofern die Nutzungen nicht primärer Bereicherungsgegenstand sind, sondern sich aus dem Gebrauch einer Sache als eigene ergeben.[49] Wurde die als primärer Bereicherungsgegenstand zurückzugewährende Sache dem Bereicherungsschuldner scheinbar endgültig als eigene Sache (ausgenommen sind damit etwa gemietete Sachen) überlassen, liegt eine Investitionsentscheidung des Empfängers vor, die auch im Rahmen der bereicherungsrechtlichen Rückabwicklung zu beachten ist. Der Investitionsentscheidung entspricht es, den Nutzungswert nach einer zeitanteiligen linearen Wertminderung im Vergleich zwischen der tatsächlichen Gebrauchszeit und der voraussichtlichen Gesamtnutzungsdauer zu ermitteln. Hieraus ergibt sich der Wertverzehr. Stützen lässt sich diese Überlegung auch darauf, dass nichts dafür spricht, den Bereicherungsgläubiger in den Genuss fiktiver Mieterträge, die ein Wertersatz nach dem Ertragswert darstellen würde, kommen zu lassen, wenn er den Gegenstand doch veräußern wollte.[50] Die Gegenansicht will die übliche Vergütung (etwa Miete) als Nutzungsersatz gewähren.[51]   36

Die Problematik der Bestimmung der Nutzungen stellt sich insbesondere hinsichtlich der **Zinsen, wenn Geld den Bereicherungsgegenstand** bildet. Grundsätzlich sind die tatsächlich gezogenen Zinsen als Nutzungen herauszugeben.[52] Dabei stehen Anlagezins und durch Tilgung bestehender Kredite ersparter Zins gleich.[53] Es sind also weder die Vertragszinsen, erhöhte Stundungszinsen noch der übliche Marktzins als Nutzungen anzusehen.[54] Allgemeine Geschäftsbedingungen, die hiervon zulasten   37

---

[43] BGH v. 26.10.1990 - V ZR 22/89 - juris Rn. 33 - BGHZ 112, 376-381; vgl. *Lorenz* in: Staudinger, § 818 Rn. 4 m.w.N., kritisch vor allem dazu, dass der BGH die Saldotheorie nicht berücksichtigt; a.A. *Larenz/Canaris*, Schuldrecht, Band II/2: Besonderer Teil, 13. Aufl. 1994, § 72 III 4, S. 280 ff.; *Gursky*, JR 1992, 95-100.
[44] Vgl. für gegenseitige Verträge BGH v. 14.07.2000 - V ZR 320/98 - juris Rn. 18 - BGHZ 145, 45-52.
[45] BGH v. 15.03.2002 - V ZR 396/00 - BGHZ 150, 187-197; kritisch *Fritsche*, NJ 2002, 479-480.
[46] BGH v. 15.03.2002 - V ZR 396/00 - BGHZ 150, 187-197.
[47] Dies verneinend *Armbrüster*, EWiR 2002, 869-870.
[48] BGH v. 18.09.1961 - VII ZR 118/60 - BGHZ 35, 356-362.
[49] BGH v. 25.10.1995 - VIII ZR 42/94 - juris Rn. 28 - LM BGB § 818 Abs. 2 Nr. 35 (3/1996).
[50] BGH v. 25.10.1995 - VIII ZR 42/94 - juris Rn. 29 - LM BGB § 818 Abs. 2 Nr. 35 (3/1996).
[51] So *Stadler* in: Jauernig, BGB-Kommentar, § 818 Rn. 9; *Gursky*, JR 1998, 7-14.
[52] BGH v. 12.05.1998 - XI ZR 79/97 - juris Rn. 16 - LM BGB § 818 Abs. 1 Nr. 14 (10/1998). Jedoch ist ein zivilrechtlicher Bereicherungsanspruch gegen den Steuerfiskus grundsätzlich nicht gemäß § 818 Abs. 1 BGB zu verzinsen, BGH v. 03.02.2004 - XI ZR 125/03 - WM 2004, 671-674.
[53] OLG Celle v. 15.01.2004 - 5 U 100/03.
[54] BGH v. 08.10.1991 - XI ZR 259/90 - juris Rn. 9 - BGHZ 115, 268-274.

§ 818

des Vertragspartners abweichen, sind wegen Verstoßes gegen § 307 BGB unzulässig.[55] Zugunsten des Bereicherungsgläubigers soll eine Vermutung dafür bestehen,[56] dass Zinsen im üblichen Umfang gezogen wurden[57]. Wurden nicht Zinsen aus dem Geld gezogen, sondern eigene Zinsaufwendungen erspart, so ist die Ersparnis als Nutzung herauszugeben.[58] Eine über die tatsächlich gezogenen Zinsen hinausgehenden Verzinsungspflicht ergibt sich nur nach Eintritt der Haftungsschärfung der § 818 Abs. 4, 819, 820 Abs. 1 BGB über die allgemeinen Vorschriften der §§ 291, 292 Abs. 2, 987 Abs. 2 BGB.[59] Generelle Verzinsungspflichten wie die §§ 352, 353 HGB finden auf das Bereicherungsrecht keine Anwendung. Insbesondere ist bei rechtsgrundlos erfolgter Gewährung einer Kapitalnutzung nach Bereicherungsrecht nicht der vertraglich vereinbarte Zins zu zahlen. Eine Verzinsung mit mehr als 4% (gesetzlicher Zinssatz, § 246 BGB) kann hier nur nach den §§ 292 Abs. 2, 987 Abs. 2 BGB oder wegen Verzuges erfolgen.[60] Ein zivilrechtlicher Bereicherungsanspruch gegen den Steuerfiskus wird grundsätzlich nicht gemäß § 818 Abs. 1 BGB verzinst.[61]

38 Wird der Anspruch auf Nutzungsherausgabe geltend gemacht, besteht daneben kein Anspruch auf **Prozesszinsen** nach § 291 BGB.[62]

B. Kommentierung zu Absatz 2

I. Grundlagen

39 § 818 Abs. 2 BGB lässt an die Stelle der Herausgabepflicht des Erlangten und des nach § 818 Abs. 1 BGB Herauszugebenden eine Wertersatzpflicht treten. Dadurch wird umgesetzt, dass es im Bereicherungsrecht um einen Ausgleich eines rechtsgrundlos erlangten Vermögensvorteils geht, unabhängig davon, in welcher Form dieser vorliegt. Der Bereicherungsgläubiger besitzt, anders als im allgemeinen Schuldrecht (§§ 280, 281, 285 BGB), kein Wahlrecht zwischen Wertersatz und Surrogat des Bereicherungsgegenstandes. Die Herausgabe eines Surrogats nach § 818 Abs. 1 BGB genießt Vorrang vor der Wertersatzpflicht des § 818 Abs. 2 BGB.[63] Soweit der Wert des primären Bereicherungsgegenstandes durch das Surrogat abgedeckt wird, besteht folglich kein Anspruch auf Wertersatz.

II. Anwendungsvoraussetzungen

1. Herausgabepflicht

40 Die Anwendung von § 818 Abs. 2 BGB setzt eine dem Grunde nach bestehende bereicherungsrechtliche Herausgabepflicht voraus. In Frage kommen sämtliche Kondiktionstypen.

2. Unmöglichkeit

41 Die Erfüllung der bereicherungsrechtlichen Herausgabepflicht muss dem Schuldner unmöglich sein. Als Grund für die Unmöglichkeit kommt die Beschaffenheit des Erlangten, aber auch jede andere Ursache in Betracht. § 818 Abs. 2 BGB nimmt sowohl auf den unmittelbaren Bereicherungsgegenstand selbst Bezug als auch auf Nutzungen oder Surrogate, deren Herausgabe unmöglich ist.

42 Die Ursache der Unmöglichkeit der Herausgabe kann je nachdem, ob nur der Bereicherungsschuldner oder jedermann außerstande ist, den Gegenstand herauszugeben, **objektiver** (etwa wenn die Beschaffenheit die Herausgabe unmöglich macht: Dienstleistungen, Gebrauchsvorteile, Verbrauch der Sache oder bei Zerstörung des Bereicherungsgegenstandes) **oder subjektiver Natur** (etwa bei Weiterveräußerung, Diebstahl usw. des Bereicherungsgegenstandes) sein. Es ist unerheblich, ob die Unmöglichkeit auf ein Verschulden des Bereicherungsschuldners zurückzuführen ist.

---

[55] Vgl. BGH v. 08.10.1987 - VII ZR 185/86 - juris Rn. 19 - BGHZ 102, 41-53.
[56] BGH v. 04.06.1975 - V ZR 184/73 - BGHZ 64, 322-325.
[57] Als Betriebsmittel genutztes Darlehen BGH v. 04.12.1996 - VIII ZR 360/95 - juris Rn. 48 - LM BGB § 139 Nr. 85 (5/1997); Anspruch auf einen Geldbetrag gegenüber einer Bank BGH v. 12.05.1998 - XI ZR 79/97 - juris Rn. 21 - LM BGB § 818 Abs. 1 Nr. 14 (10/1998).
[58] § 818 Abs. 1 BGB analog BGH v. 06.03.1998 - V ZR 244/96 - juris Rn. 23 - BGHZ 138, 160-166; BGH v. 16.07.1999 - V ZR 56/98 - juris Rn. 9 - LM BGB § 812 Nr. 264 (2/2000).
[59] BGH v. 18.09.1961 - VII ZR 118/60 - BGHZ 35, 356-362.
[60] BGH v. 08.10.1991 - XI ZR 259/90 - juris Rn. 8 - BGHZ 115, 268-274.
[61] BGH v. 30.07.2004 - XI ZR 145/03 - BFH/NV 2004, Beilage 4, 386-389.
[62] BGH v. 12.05.1998 - XI ZR 79/97 - juris Rn. 29 - LM BGB § 818 Abs. 1 Nr. 14 (10/1998).
[63] BGH v. 07.10.1994 - V ZR 4/94 - juris Rn. 25 - LM BGB § 812 Nr. 242 (3/1995).

Für die **subjektive Unmöglichkeit** ist problematisch, ab wann diese vorliegt beziehungsweise inwieweit eine Pflicht des Bereicherungsschuldners angenommen werden kann, sich den Bereicherungsgegenstand zurückzuverschaffen. Es besteht jedenfalls dann keine Pflicht zum Rückerwerb, wenn der Bereicherungsschuldner dafür entgegen dem Grundsatz, nicht mehr als die entstandene Vermögensmehrung opfern zu müssen (§ 818 Abs. 3 BGB), mehr als den Wert des erlangten Bereicherungsgegenstandes aufwenden müsste.[64] Auch bei vertretbaren Sachen existiert grundsätzlich allein eine Pflicht zum Wertersatz in Geld, nicht zur Beschaffung gleichartiger Sachen. Ebenso ist eine Pflicht des Schuldners abzulehnen, den erlangten Gegenstand in die Ausgangslage zurückzuversetzen, da der gutgläubige und unverklagte Bereicherungsschuldner nur Herausgabe in Natur schuldet.[65]

Bei **teilweiser Unmöglichkeit** (Beschädigung, Veränderung, teilweiser Verbrauch) der Herausgabe wie auch bei einer **Werterhöhung** des unmittelbaren Bereicherungsgegenstandes bleibt die Herausgabepflicht gleichwohl auf den Gegenstand selbst bezogen. Eine Wertersatzpflicht entsteht insoweit, als der Wert des Gegenstandes hinter der erlangten Vermögensmehrung zurückbleibt. Hat dagegen eine Wertsteigerung stattgefunden, ist ein entgegengesetzter Ersatzanspruch des Bereicherungsschuldners möglich (Problem der aufgedrängten Bereicherung).[66]

III. Rechtsfolgen

1. Wertersatz

An die Stelle der unmöglichen Herausgabe des Bereicherungsgegenstandes beziehungsweise der gezogenen Nutzungen oder Surrogate tritt eine Pflicht des Bereicherungsschuldners zum Wertersatz. Zu ersetzen ist der **objektive Wert**.[67] Nur diese Ansicht entspricht dem Wertbegriff des Gesetzgebers, der die allgemein übliche Einschätzung eines in Geld messbaren Rechtsgutes für maßgeblich erachtet.[68] Die Gegenansicht tritt für eine Orientierung am konkret-individuellen Wert für den Bereicherungsschuldner ein.[69] Der objektive Wert entspricht regelmäßig dem Verkehrswert.[70] Darüber hinausgehende Interessen eines Beteiligten sind folglich nicht zu ersetzen. Ein von den Parteien in einem der Vermögensverschiebung zugrunde liegenden, unwirksamen Vertrag vereinbarter höherer Wert ist unbeachtlich, kann aber als Anhaltspunkt für die Ermittlung der üblichen Vergütung als objektiver Wert herangezogen werden.[71] Übersteigt die tatsächliche Bereicherung den objektiven Wert, besteht insoweit regelmäßig keine Rückgewährpflicht. Allenfalls, wenn die Differenz zwischen tatsächlicher Bereicherung und objektivem Wert unter Nutzungen oder Surrogate nach § 818 Abs. 1 BGB fällt, ist auch sie zu ersetzen. Ist die über den Wert hinausgehende Bereicherung demgegenüber auf besondere Fähigkeiten und Gegebenheiten in der Person des Bereicherungsschuldners zurückzuführen, gebührt sie dem Bereicherungsschuldner.

Die Wertberechnung hat sich am **Zeitpunkt** des vollständigen Erwerbs des Erlangten, mithin an der Entstehung des Bereicherungsanspruchs zu orientieren. In keinem Fall kommt es auf den Zeitpunkt der Abrechnung an.[72] Im besonderen Fall der Zweckverfehlungskondiktion ist der Zeitpunkt ausschlaggebend, in dem der Nichteintritt des Erfolgs feststeht.[73] Nach anderer Auffassung soll der Zeitpunkt der letzten mündlichen Verhandlung beziehungsweise der Zeitpunkt der außergerichtlichen Inanspruchnahme maßgeblich sein. Bis zu diesem Zeitpunkt trage der Bereicherungsgläubiger das Risiko des Bereicherungswegfalls nach § 818 Abs. 3 BGB, sodass ihm korrespondierend eine Wertsteigerung zugu-

---

[64] Vgl. *Sprau* in: Palandt, § 818 Rn. 18.
[65] BGH v. 26.10.1990 - V ZR 22/89 - juris Rn. 27 - BGHZ 112, 376-381.
[66] Ausführlich zur aufgedrängten Bereicherung *Rittberg*, Die aufgedrängte Bereicherung, 1969.
[67] BGH v. 18.09.1961 - VII ZR 118/60 - BGHZ 35, 356-362; BGH v. 24.11.1981 - X ZR 7/80 - juris Rn. 47 - BGHZ 82, 299-310; *Goetzke*, AcP 173, 289-322, 307 ff.; *Heiman-Trosien* in: BGB-RGRK, 12. Aufl. 1989, § 818 Rn. 18; *Schwab* in: MünchKomm-BGB, § 818 Rn. 75 f.
[68] BGH v. 24.11.1981 - X ZR 7/80 - juris Rn. 47 - BGHZ 82, 299-310.
[69] *Koppensteiner*, NJW 1971, 1769-1775, 1769 ff.; *Esser/Weyers*, Schuldrecht BT, Teilband 2, 8. Aufl. 2000, § 51 I 4c, S. 103.
[70] Wert in angemessener Lizenzgebühr BGH v. 24.11.1981 - X ZR 7/80 - juris Rn. 49 - BGHZ 82, 299-310; bei unbefugter Stromentnahme Tarif als übliche Vergütung BGH v. 14.01.1992 - VI ZR 186/91 - juris Rn. 9 - BGHZ 117, 29-35; bei Werk- und Dienstleistungen die nach den §§ 612 Abs. 2, 632 Abs. 2 BGB übliche Vergütung OLG Sachsen-Anhalt v. 11.02.2010 - 1 U 84/09 - juris Rn. 4.
[71] BGH v. 14.03.2000 - X ZR 115/98 - juris Rn. 19 - LM PatG 1981 § 15 Nr. 12 (11/2000).
[72] BGH v. 21.12.1961 - III ZR 130/60 - BGHZ 36, 232-237.
[73] BGH v. 07.10.1994 - V ZR 4/94 - juris Rn. 24 - LM BGB § 812 Nr. 242 (3/1995).

tekommen müsse.[74] Für den Fall, dass die Herausgabe des Erlangten in Natur erst nach der Entstehung des Bereicherungsanspruchs unmöglich wird, ist für die Bestimmung des gemäß § 818 Abs. 2 BGB zu ersetzenden Wertes der Zeitpunkt des Eintritts der Unmöglichkeit maßgeblich.[75]

47 Sind **mehrere Personen** bereichert, haften sie anteilig, nicht als Gesamtschuldner.[76] Zu der anteiligen bereicherungsrechtlichen Haftung kann eine weitere Haftung, etwa aus gesellschaftsrechtlichen Gründen, hinzutreten, die nicht notwendig anteilig ausgestaltet sein muss.

2. Aufgedrängte Bereicherung

48 Das Problemfeld der aufgedrängten Bereicherung ist geprägt von Verwendungen auf fremde Sachen, die rechtsgrundlos erfolgen und im Widerspruch zum Willen des Sacheigentümers stehen. Der Sacheigentümer unterliegt in diesen Fällen häufig einer Verwendungskondiktion (§ 812 Abs. 1 Satz 1 Alt. 2 BGB). Selbst wenn der Verwendende von der Rechtsgrundlosigkeit der Vermögensverschiebung Kenntnis hat, hindert das seinen Bereicherungsanspruch nicht, weil § 814 BGB nur für die Fälle der Leistungskondiktion gilt. Der Bereicherungsgläubiger müsste danach, da eine Herausgabe in Natur regelmäßig nicht möglich ist, den Wert für etwas ersetzen, das ihm keinen vermögensmäßigen Vorteil einbringt oder ihn zwecks Umsetzung der Vorteile zu seinem Willen widersprechenden Dispositionen zwingen würde.

49 Zur Lösung des Problems der aufgedrängten Bereicherung bieten sich unterschiedliche Wege an.[77] Man kann § 818 Abs. 3 BGB schon auf anfängliche Wertminderungen des Bereicherungsgegenstandes, also solche, die nicht erst später auftreten, sondern schon zum Zeitpunkt der Erlangung des Gegenstandes vorliegen, anwenden.[78] Auf diesem Wege lässt sich der Tatsache Rechnung tragen, dass ein Gegenstand von Anfang an dem Bereicherungsschuldner keine wirtschaftlichen Vorteile bringt, da er für seine Zwecke nicht nutzbar oder unerwünscht ist. Eine Alternative zu diesem Vorgehen liegt in einer Bewertung des Wertes des Bereicherungsgegenstandes (§ 818 Abs. 2 BGB) nach einem subjektiven Maßstab. Für beide bereicherungsrechtlichen Lösungsansätze ist jeweils zu fragen, inwieweit es dem Bereicherungsschuldner zuzumuten ist, den Wert der ihm aufgedrängten Bereicherung zu realisieren. Ein weiterer Lösungsansatz, den die Rechtsprechung für ein auf einem Grundstück errichtetes Gebäude als aufgedrängten Bereicherungsgegenstand verfolgt hat,[79] liegt darin, dass der Bereicherungsschuldner dem Gläubiger die Wegnahme, hier also den Abriss des Gebäudes, gemäß § 1001 Satz 2 BGB gestattet und dies dem Bereicherungsgläubiger einredeweise entgegensetzt. Schließlich besteht für den Bereicherungsschuldner die Möglichkeit, wenn er einen Beseitigungsanspruch hinsichtlich des Bereicherungsgegenstandes (also etwa einer Umgestaltung einer Sache) hat, dies als Einrede dem Bereicherungsanspruch entgegenzusetzen. Das setzt allerdings einen solchen Gegenanspruch beispielsweise aus den §§ 823 Abs. 1, 989, 990 BGB oder § 1004 BGB voraus. Ein derartiger Beseitigungsanspruch besteht aber nicht immer, sodass nur die Lösung über § 818 Abs. 2 BGB oder § 818 Abs. 3 BGB als stets gangbarer Weg zur Verfügung steht.

IV. Prozessuale Hinweise

50 Die **Beweislast** für den Wert des Bereicherungsgegenstandes liegt beim Bereicherungsgläubiger. Um ihm eine Beweisführung zu ermöglichen, ist ein Anspruch des Bereicherungsgläubigers gegenüber dem Bereicherungsschuldner auf Rechnungslegung hinsichtlich der den Bereicherungsgegenstand betreffenden Vorgänge anzunehmen.[80]

V. Anwendungsfelder

51 Objektive Unmöglichkeit der Herausgabe des Bereicherungsgegenstandes ist insbesondere gegeben, wenn eine **Rückgewähr in Natur** schon **durch die Beschaffenheit des Erlangten** gehindert ist. So können Dienstleistungen,[81] Gebrauchsvorteile oder Fruchtgenuss nur in Form des Wertersatzes zurück-

---

[74] *Koppensteiner*, NJW 1971, 588-595, 591, 592.
[75] BGH v. 05.07.2006 - VIII ZR 172/05.
[76] A.A. *Reuter/Martinek*, Ungerechtfertigte Bereicherung, 1983, S. 611 ff., 626.
[77] *Medicus/Petersen*, Bürgerliches Recht, 23. Aufl. 2011, Rn. 899.
[78] *Ficker*, FS für Caemmerer zum 70. Geburtstag, 1978, S. 209, 224 ff.
[79] Bau auf gepachtetem Grundstück BGH v. 21.12.1956 - V ZR 110/56 - BGHZ 23, 61-65.
[80] BGH v. 06.05.1997 - KZR 42/95 - juris Rn. 26 - LM GWB § 34 Nr. 33 (4/1998).
[81] BGH v. 25.01.1962 - VII ZR 120/61 - juris Rn. 33 - BGHZ 37, 258-264; BGH v. 06.04.1964 - II ZR 75/62 - BGHZ 41, 282-291.

erstattet werden.[82] Objektive Unmöglichkeit liegt auch vor bei Verbrauch, Untergang, untrennbarer Verbindung, Vermischung oder Verarbeitung, während bei einer Weiterveräußerung einer erlangten Sache subjektive Unmöglichkeit gegeben ist.

Die **Bemessung des Wertersatzes** orientiert sich **bei Dienstleistungen** an der gegenüber einem Vertragspartner ersparten Vergütung. Anzusetzen ist die übliche Vergütung, hilfsweise die angemessene.[83] Die Obergrenze des Bereicherungsanspruchs bildet in jedem Fall die gegebenenfalls im nichtigen Vertrag getroffene Vergütungsvereinbarung.[84] Auch die Orientierung an einer für die erbrachte Dienstleistung einschlägigen Gebührenordnung kommt in Betracht.[85] Verstöße gegen das Rechtsberatungsgesetz, die zur Nichtigkeit des Beratungsvertrages führen, begründen regelmäßig einen bereicherungsrechtlichen Wertersatzanspruch des Auftragnehmers für seine Tätigkeit gemäß §§ 812 Abs. 1 Satz 1, 818 Abs. 2 BGB. In diesem Fall entspricht die übliche oder hilfsweise die angemessene, vom Auftraggeber ersparte Vergütung der Vergütung eines Rechtsanwalts nach den Vorschriften des RVG.[86] Bezieht sich der Bereicherungsanspruch auf einen wegen Schwarzarbeit nichtigen Werkvertrag, ist in aller Regel mit Rücksicht auf die mit der Schwarzarbeit für den Bereicherungsschuldner verbundenen Risiken ein erheblicher Abschlag vorzunehmen.[87] Insbesondere ist wertmindernd das aus dem Fehlen gesetzlicher Gewährleistungsansprüche resultierende Risiko zu beachten.[88] 52

Wird der zur Dienstleistung Verpflichtete durch rechtsgrundlose **Erfüllung durch den Rechtsinhaber selbst** befreit, ist als Wertersatz der Betrag zu leisten, den der Verpflichtete seinerseits zur Erfüllung hätte aufwenden müssen. Die Obergrenze bildet hier der tatsächliche Aufwand des Rechtsinhabers zur Selbsterfüllung.[89] 53

Bei einer **Kreditversicherung**, die der Darlehensgeber eines wegen § 138 BGB nichtigen Darlehens abgeschlossen hat und deren Kosten nach dem nichtigen Vertrag der Darlehensnehmer tragen sollte, ist im Rahmen der bereicherungsrechtlichen Rückabwicklung als Wert der erlangten Kreditversicherung die Hälfte der angenommenen Restschuldversicherungsprämie zu erstatten.[90] Der Abschluss des Versicherungsvertrags besitzt nämlich auch für den Bereicherungsgläubiger, dessen Rückgewähranspruch abgesichert wird, Vermögenswert. Grundsätzlich ist der Wert für die beiden Beteiligten etwa gleich einzustufen. Dieses Verhältnis verschiebt sich auch durch die Nichtigkeit des Darlehens nicht. Die Begrenzung des Bereicherungsanspruchs auf die Hälfte der angemessenen – nicht unbedingt der tatsächlichen (im Beispielsfall überhöhten) – Vergütung erfolgt in entsprechender Anwendung von § 287 Abs. 2 ZPO.[91] 54

Der Wertersatz für erlangte **Nutzungen, die nicht in Natur herausgegeben werden können**, ist nach dem objektiven Wert, mithin dem Verkehrswert des Gebrauchs zu bemessen.[92] Dieser bestimmt sich nach der üblichen, in Ermangelung einer üblichen nach der angemessenen Vergütung.[93] Nach diesem Muster ist der Wertersatz bei der **Nutzung einer fremden Sache** anhand der Ersparnis der Nutzer zu ermitteln.[94] Bei der Bestimmung der üblichen oder angemessenen Vergütung können als Orientie- 55

---

[82] BGH v. 18.04.1956 - V ZR 183/54 - BGHZ 20, 270-275; BGH v. 14.01.1992 - VI ZR 186/91 - juris Rn. 8 - BGHZ 117, 29-35.

[83] BGH v. 25.06.1962 - VII ZR 120/61 - juris Rn. 33 - BGHZ 37, 258-264; OLG Sachsen-Anhalt v. 11.02.2010 - 1 U 84/09 - juris Rn. 4.

[84] Nichtigkeit bei Schwarzarbeit BGH v. 31.05.1990 - VII ZR 336/89 - juris Rn. 16 - BGHZ 111, 308-314; Arbeitnehmerüberlassung bei formnichtigem Vertrag BGH v. 17.01.1984 - VI ZR 187/82 - juris Rn. 20 - NJW 1984, 1456.

[85] Nichtiger Geschäftsbesorgungsvertrag mit Steuerberater BGH v. 17.02.2000 - IX ZR 50/98 - juris Rn. 32 - LM BGB § 134 Nr. 168 (6/2000).

[86] OLG Köln v. 06.11.2003 - 8 U 44/03 - OLGR 2005, 21-24 zur BRAGO; so auch OLG Düsseldorf v. 28.01.2005 - 23 U 164/04 - GI 2005, 84-86.

[87] OLG Düsseldorf v. 16.10.1992 - 22 U 230/91 - NJW-RR 1993, 884-885.

[88] BGH v. 31.05.1990 - VII ZR 336/89 - juris Rn. 16 - BGHZ 111, 308-314.

[89] BGH v. 12.03.1964 - II ZR 243/62 - LM Nr. 70 zu § 1004 BGB.

[90] BGH v. 02.12.1982 - III ZR 90/81 - juris Rn. 32 - LM Nr. 105 zu § 134 BGB; OLG Köln v. 31.10.1984 - 26 U 38/84 - ZIP 1985, 22-27.

[91] BGH v. 02.12.1982 - III ZR 90/81 - juris Rn. 32 - LM Nr. 105 zu § 134 BGB.

[92] Rechtsgrundlose Nutzung von Räumen ohne vorausgehenden Mietvertrag BGH v. 15.12.1999 - XII ZR 154/97 - juris Rn. 18 - NJW-RR 2000, 382-384; ortsübliche Miete nach Beendigung des Mietvertrages BGH v. 14.07.1999 - XII ZR 215/97 - juris Rn. 13 - BGHZ 142, 186-192.

[93] BGH v. 17.03.1998 - KZR 42/96 - juris Rn. 35 - LM GWB § 20 Nr. 21 (2/1999).

[94] Nutzung eines Bahnhofsvorplatzes BGH v. 18.04.1956 - V ZR 183/54 - BGHZ 20, 270-275.

§ 818

rungspunkte die in sonstigen Verträgen üblichen Vergütungen und gegebenenfalls existierende Gebühren- oder Abgabenverordnungen herangezogen werden.[95] Nutzt etwa ein Untermieter die Mietsache nach der wirksamen Beendigung des Hauptmietverhältnisses weiter, so hat der Vermieter gegen den Untermieter einen Anspruch auf Nutzungsentschädigung in Höhe der vormals vereinbarten Miete.[96]

56 Nutzungen einer Sache können entweder als primärer Bereicherungsgegenstand erlangt werden – es handelt sich dann um die Nutzung fremder Sachen – oder über § 818 Abs. 1 BGB als gezogene Nutzungen aus einer rechtsgrundlos erlangten Sache. Im letzteren Fall handelt es sich um **Nutzungen aus einer eigenen Sache**. Es wäre unangemessen, auch hier den Wertersatz für die Nutzungen nach dem üblicherweise zu zahlenden Entgelt für die Gewährung vergleichbarer Nutzungen zu bestimmen (vgl. Rn. 36, Gebrauchsvorteile als Nutzungen). Die Bemessung des Wertersatzes hat daher nicht nach der Miete für eine derartige Sache, sondern durch eine Schätzung (§ 287 ZPO) der Wertminderung, die dem Verhältnis der Dauer des tatsächlichen Gebrauchs der Sache zur voraussichtlichen Gesamtnutzungsdauer Rechnung zu tragen hat, zu erfolgen.[97]

57 Nicht in Natur herausgebbar sind auch die **aus Immaterialgüterrechten resultierenden Nutzungen**.[98] Auch hier ist der Wertersatz nach dem Verkehrswert des Gebrauchs zu bestimmen.[99] Eine Herausgabe des vom Verletzer erzielten Gewinnes kann nach Bereicherungsrecht nicht gefordert werden. Im Falle einer unberechtigten, aber schuldlosen Nutzung eines fremden Immaterialgüterrechts besteht, da insoweit regelmäßig auch andere Anspruchsgrundlagen in Spezialregelungen nicht durchgreifen, für den Berechtigten keine Möglichkeit, vom Verletzer des Rechts den erzielten Gewinn zu erhalten.[100] Der Bereicherungsausgleich erfolgt wie beim Schadensersatz im Wege der Lizenzanalogie durch Zahlung einer Lizenzgebühr als Wertersatz,[101] gleichgültig, ob es sich um einen Anspruch aus Leistungs- oder Nichtleistungskondiktion handelt.[102] Die Lizenzgebühr ist nach der üblichen, in Ermangelung einer üblichen nach der angemessenen Vergütung zu bestimmen.[103] Vertragliche Vereinbarungen dienen als Anhaltspunkt.[104]

58 Die Wertersatzpflicht kann sich auch auf die **Herausgabe eines Kundenstammes** beziehen, wenn ein rechtsgrundlos erlangtes Unternehmen zurückzuübertragen ist. Der zu dem Unternehmen zählende Kundenstamm kann nur in Natur zurückgewährt werden, wenn das zu übertragende Unternehmen als isolierte Einheit erhalten geblieben ist. Wurden die beiden Unternehmen hingegen verschmolzen, ist die Übertragung des Kundenstammes unmöglich. Es tritt folglich eine Wertersatzpflicht ein.[105]

59 Im Zusammenhang der objektiven Unmöglichkeit der Herausgabe eines Bereicherungsgegenstandes kann es klärungsbedürftig sein, ab welchem Grad einer Umgestaltung des Bereicherungsgegenstandes die Veränderung desselben so wesentlich ist, dass ein wirtschaftlich anderer Gegenstand, mithin eine

---

[95] Bei unbefugter Stromentnahme ist der Wert nach dem angebotenen Tarif über diejenige Verbrauchergruppe zu bestimmen, nach der sich eine im Einzelfall angemessene Vergütung ergibt BGH v. 14.01.1992 - VI ZR 186/91 - juris Rn. 9 - BGHZ 117, 29-35; bei vertraglicher Nutzung gemeindlicher Verkehrswege durch Energieversorgungsunternehmen zum Zwecke der Stromversorgung von Endverbrauchern ohne bestehenden Konzessionsvertrag ist für den Wertersatz auch die Konzessionsabgabenverordnung zu berücksichtigen, keinesfalls bewirkt die Orientierung an der Abgabenverordnung die Übernahme des dortigen Höchstwertes BGH v. 21.03.1996 - III ZR 245/94 - juris Rn. 34 - BGHZ 132, 198-219; bei einem nichtigen Geschäftsbesorgungsvertrag mit einem Steuerberater erfolgt eine Orientierung an der entsprechenden Gebührenordnung BGH v. 17.02.2000 - IX ZR 50/98 - juris Rn. 32 - LM BGB § 134 Nr. 168 (6/2000).
[96] So LG Köln v. 18.02.2005 - 89 O 148/04 - MietRB 2005 230-231.
[97] „Wertverzehr" BGH v. 25.10.1995 - VIII ZR 42/94 - juris Rn. 16 - LM BGB § 818 Abs. 2 Nr. 35 (3/1996); a.A. Gursky, JR 1998, 7-14, 13, bevorzugt den Weg über § 818 Abs. 3 BGB, der eine Differenzierung zwischen gut- und bösgläubigen Bereicherungsschuldnern ermöglicht.
[98] Lizenz BGH v. 16.03.1998 - II ZR 303/96 - juris Rn. 14 - LM GmbHG § 19 Nr. 19 (8/1998); technisches Schutzrecht und Know-how BGH v. 17.03.1998 - KZR 42/96 - juris Rn. 35 - LM GWB § 20 Nr. 21 (2/1999).
[99] OLG Hamm v. 28.11.1990 - 31 U 124/89 - NJW-RR 1992, 113 objektiv aufzuwendende Miete für Benutzung eines Computerprogramms.
[100] Unberechtigte und schuldlose Nutzung eines fremden Warenzeichens BGH v. 18.12.1986 - I ZR 111/84 - juris Rn. 38 - BGHZ 99, 244-249; vgl. auch BGH v. 15.03.2001 - I ZR 163/98 - LM MarkenG § 14 Nr. 22 (1/2002).
[101] BGH v. 18.02.1992 - X ZR 8/90 - LM BGB § 818 Abs. 2 Nr. 34 (11/1992).
[102] Lizenzanalogie bei gewerblichem Schutzrecht BGH v. 14.03.2000 - X ZR 115/98 - juris Rn. 13 - LM PatG 1981 § 15 Nr. 12 (11/2000).
[103] BGH v. 18.12.1986 - I ZR 111/84 - juris Rn. 39 - BGHZ 99, 244-249.
[104] BGH v. 14.03.2000 - X ZR 115/98 - juris Rn. 26 - LM PatG 1981 § 15 Nr. 12 (11/2000).
[105] BGH v. 13.11.1990 - KZR 2/89 - juris Rn. 22 - LM Nr. 42 zu § 1 GWB.

objektive Unmöglichkeit der Herausgabe gegeben ist. Derartige Probleme können insbesondere hinsichtlich der Bestimmung der Unmöglichkeit bei der **Bebauung eines rechtsgrundlos erlangten Grundstücks** auftreten. Ist durch die Erstellung eines neuen Baus auf einem rechtsgrundlos erlangten Grundstück oder die Änderung eines bereits vorhandenen Gebäudes auf diesem Grundstück der Charakter des Grundstücks derart stark beeinflusst worden, dass bei wirtschaftlicher Betrachtung das Grundstück als ein anderer Gegenstand erscheint, ist eine Herausgabe des Grundstücks als objektiv unmöglich einzustufen.[106] Maßgeblich ist für die Entscheidung, ob das Grundstück sich wirtschaftlich gesehen zu einem anderen Gegenstand gewandelt hat, in erster Linie nicht, ob eine Funktionsänderung des Grundstücks vorliegt, sondern ob wirtschaftliche Erwägungen und der Gedanke der Zumutbarkeit einer Herausgabepflicht entgegenstehen.[107] Ausschlaggebend ist hierfür das Wertverhältnis zwischen dem Grundstück einerseits und den errichteten Gebäuden beziehungsweise der erfolgten Umgestaltung andererseits.[108] Hintergrund ist der Gedanke, dass ab einem gewissen Grad das Grundstück verändernder Investitionen durch den Bereicherungsschuldner sich der Schwerpunkt von dem rechtsgrundlos erlangten auf das selbst hinzugefügte Vermögen verschiebt und eine Herausgabepflicht in Natur daher unbillig erschiene.

Einen wichtigen Spezialfall bildet ebenfalls die **Bebauung eines fremden Grundstücks**. Der Bereicherungsschuldner ist hier der Eigentümer des Grundstücks, der zugleich Eigentümer des neu errichteten Gebäudes geworden ist. Fehlt es hinsichtlich des Baus am Rechtsgrund, hat er diesen herauszugeben, was indes wegen der Beschaffenheit objektiv unmöglich ist, sodass der Wert des Bauwerks zu bestimmen ist. Gleiches gilt für den Ausbau einer bereits vorhandenen Bebauung. Der Wert ist nicht nach den Aufwendungen des Bereicherungsgläubigers, der den Bau durchgeführt hat, zu bemessen. Maßgeblich ist die objektive Erhöhung des Verkehrswerts (gemeiner Wert), der sich gegebenenfalls im Ertragswert widerspiegelt.[109] Ein Ausgleich des hierin liegenden Vermögensvorteils hat in Form einer Geldrente in Höhe der Differenz des Mietertrags mit und ohne Bebauung beziehungsweise Ausbau zu erfolgen.[110] Die Form der Geldrente entspricht der Art der Bereicherung, die in der Möglichkeit liegt, regelmäßig einen (erhöhten) Mietzins aus dem bebauten Grundstück zu ziehen (zur Problematik der aufgedrängten Bereicherung vgl. Rn. 48). Steht das Grundstück im schlichten Miteigentum mehrerer, so haften diese jeder nur in der Höhe der Bereicherung, die ihrem Eigentumsanteil entspricht, nicht als Gesamtschuldner.[111]

60

Im Falle eines **verlorenen Baukostenzuschusses eines Mieters**, den der Vermieter nach Bereicherungsrecht zurückzuerstatten hat, ist nicht der Baukostenzuschuss selbst Bereicherungsgegenstand, sondern die durch die Umsetzung des Bauvorhabens gesteigerte Verwertungsmöglichkeit des Vermieters.[112] Es ist daher eine an der besseren Verwertungsmöglichkeit des Vermieters orientierte Wertersatzpflicht anzunehmen, die regelmäßig in Form von Ratenzahlungen zu erfolgen hat, die sich am monatlichen Verrechnungsanteil des Baukostenzuschusses ausrichten.[113] Kann nach der Wohnungsmarktlage bei einer Neuvermietung vom Vermieter wieder ein entsprechender Zuschuss vom neuen Mieter verlangt werden, hat jedoch eine Erstattung an den Bereicherungsgläubiger in einer Zahlung zu erfolgen.[114] Entsprechendes gilt für durch den Mieter durchgeführte **Ein- oder Umbauten an der Mietsache**.[115] In diesem Zusammenhang ist etwa ein Bereicherungsanspruch des (Gewerberaum-)Mieters denkbar, wenn der Vermieter früher als vereinbart in den Genuss der werterhöhenden Aufwendungen des Mieters gelangt (etwa: vorzeitige Aufgabe einer vom Mieter im hergerichteten Mietobjekt betriebenen Praxis). Allerdings schuldet der Vermieter nicht Ersatz der Aufwendungen des Mieters, viel-

61

---

[106] RG v. 21.09.1931 - VI 51/31 - RGZ 133, 293-297.
[107] BGH v. 02.10.1987 - V ZR 85/86 - juris Rn. 9 - WM 1987, 1533-1534.
[108] BGH v. 10.07.1981 - V ZR 79/80 - juris Rn. 25 - LM Nr. 21 zu § 818 Abs. 2 BGB.
[109] BGH v. 10.07.1953 - V ZR 22/52 - BGHZ 10, 171-181; BGH v. 10.10.1984 - VIII ZR 152/83 - juris Rn. 32 - LM Nr. 5 zu § 598 BGB.
[110] Ausbau einer Wohnung im Haus der Schwiegermutter zur Nutzung durch die eigene Familie BGH v. 04.04.1990 - VIII ZR 71/89 - juris Rn. 16 - BGHZ 111, 125-133.
[111] BGH v. 23.11.1972 - II ZR 103/70 - WM 1973, 71.
[112] BGH v. 12.02.1959 - VIII ZR 54/58 - BGHZ 29, 289-300; BGH v. 25.10.2000 - XII ZR 136/98 - juris Rn. 21 - NJW-RR 2001, 727.
[113] BGH v. 03.02.1959 - VIII ZR 91/58 - LM Nr. 8 zu § 818 Abs. 2 BGB.
[114] BGH v. 12.02.1959 - VIII ZR 54/58 - BGHZ 29, 289-300.
[115] Zu etwaigen innerfamiliären Ausgleichsansprüchen wegen Ein- und Umbauten im elterlichen Haus *Schulz*, FamRB 2006, 84-87.

§ 818

mehr ist die durch die Investitionen bedingte Erhöhung des Ertragswerts auszugleichen. Bei Weitervermietung zu einer als Folge der Investition des Mieters erhöhten Miete hat der Vermieter die Mietdifferenz abzuführen. Der Bereicherungsanspruch des Mieters entsteht unabhängig davon, wie lange die werterhöhenden Maßnahmen zeitlich zurückliegen, erst mit Rückgabe des Mietobjekts nach Beendigung des Mietverhältnisses.[116] Eine Bereicherung des Vermieters liegt zudem auch dann vor, wenn eine Weitervermietung zu einem höheren Mietzins wegen von ihm zu vertretender Mängel nicht möglich ist. Bei einem Vermieterwechsel ist jedoch nicht derjenige Bereicherungsschuldner, der im Zeitpunkt der Vornahme der Investitionen Vermieter war, sondern der neue Vermieter, der die Mietsache vorzeitig zurückerhält. Nach Ansicht des BGH gelten diese Grundsätze auch bei einem Erwerb durch Zuschlag im Zwangsversteigerungsverfahren.[117] Dies gilt bei einer Grundstücksveräußerung auch dann, wenn der ursprüngliche Vermieter mit Rücksicht auf die wertsteigernden Investitionen des Mieters einen höheren Veräußerungserlös erzielt hat.[118]

62 Beachtenswert erscheint auch, dass ein Vermieter seinem Mieter Wertersatz schuldet, soweit dieser vor seinem Auszug auf Grund einer unwirksamen Endrenovierungsklausel in Eigenleistung renoviert hat. Der geschuldete Wertersatz bemisst sich allerdings nach Ansicht des BGH nur nach dem, was der Mieter billigerweise neben einem Einsatz an freier Zeit als Kosten für das notwendige Material sowie als Vergütung für die Arbeitsleistung seiner Helfer aus dem Verwandten- und Bekanntenkreis aufgewendet hat oder hätte aufwenden müssen.[119]

63 Beim Anspruch aus § 816 Abs. 1 Satz 1 BGB ist das aus der Verfügung erlangte, nach h.M. die Gegenleistung, herauszugeben. An die Stelle des Weiterverfügten tritt keine Wertersatzpflicht. Wegen der eigenständigen Regelung ist § 818 Abs. 2 BGB insoweit nicht anzuwenden. Wird hingegen die Herausgabe des durch die Verfügung Erlangten als Bereicherungsgegenstand unmöglich, greift wiederum § 818 Abs. 2 BGB ein, sodass dann Wertersatz zu leisten ist. Zu beachten ist, dass sich der Wertersatz in diesem Fall nicht auf den Gegenstand bezieht, über den verfügt wurde, sondern auf die Gegenleistung, die ja hier den primären Bereicherungsgegenstand ausmacht.

C. Kommentierung zu Absatz 3

I. Grundlagen

64 § 818 Abs. 3 BGB schränkt den Umfang der Herausgabepflicht auf die noch vorhandene Bereicherung beim Bereicherungsschuldner ein. Der Schuldner hat vorbehaltlich weiterer Schärfungen in den folgenden Regelungen nur die rechtsgrundlos erlangten Vorteile herauszugeben. Er muss darüber hinaus nach Bereicherungsrecht nicht für eine Schädigung des Bereicherungsgläubigers durch den Vorgang, der die Bereicherung herbeigeführt hat, einstehen.

65 Die Einordnung in das Gesamtkonzept zum Umfang der bereicherungsrechtlichen Haftung ist umstritten. Herrschende Lehre und Rechtsprechung verstehen den § 818 Abs. 3 BGB als Ausnahmevorschrift, die den gutgläubigen und unverklagten Bereicherungsschuldner privilegiert.[120] Der zunächst gegenstandsorientierte Bereicherungsanspruch wandelt sich durch § 818 Abs. 3 BGB in einen Anspruch auf Herausgabe der durch den Bereicherungsvorgang hervorgerufenen Vorteile.[121] Das bringt mit sich, dass grundsätzlich jeder adäquat kausal auf dem Bereicherungsvorgang beruhende Vermögensnachteil bereicherungsmindernd wirkt. Die Gegenmeinung will demgegenüber unter Wertungsgesichtspunkten die Berücksichtigung der kausalen Vermögensnachteile einschränken (vgl. Rn. 1).

II. Anwendungsvoraussetzungen

1. Verpflichtung zur Herausgabe oder zum Wertersatz

66 Als Verpflichtung zur Herausgabe oder zum Wertersatz sind grundsätzlich alle Bereicherungsansprüche der §§ 812 ff. BGB aufzufassen.

---

[116] OLG Rostock v. 24.02.2005 - 3 U 187/04 - NZM 2005, 666-667.
[117] BGH v. 29.04.2009 - XII ZR 66/07 - NJW 2009, 2374-2375.
[118] BGH v. 05.10.2005 - XII ZR 43/02 - WM 2006, 645-648.
[119] BGH v. 27.05.2009 - VIII ZR 302/07 - NJW 2009, 2590-2592.
[120] BGH v. 07.01.1971 - VII ZR 9/70 - BGHZ 55, 128-137.
[121] BGH v. 26.10.1978 - VII ZR 202/76 - juris Rn. 28 - BGHZ 72, 252-257.

2. Wegfall der Bereicherung

§ 818 Abs. 3 BGB setzt voraus, dass der Bereicherungsschuldner nicht mehr bereichert ist. Weder der ursprüngliche Bereicherungsgegenstand noch dessen Wert dürfen bei wirtschaftlicher Betrachtung noch im Vermögen des Bereicherungsschuldners vorhanden sein. § 818 Abs. 3 BGB betrifft ebenso wie den völligen Wegfall der Bereicherung auch eine Minderung der ursprünglich eingetretenen Vermögensmehrung.

Der primäre Herausgabeanspruch beziehungsweise der an dessen Stelle getretene Wertersatzanspruch wird auf den Umfang der noch vorhandenen Bereicherung beschränkt. Die vorhandene Bereicherung ist durch einen Vergleich des Vermögensstandes des Bereicherungsschuldners zum Zeitpunkt der Entstehung des Bereicherungsanspruchs und zum Zeitpunkt der Herausgabe beziehungsweise des Eintritts eines der bereicherungsrechtlichen Haftungsschärfungsgründe zu ermitteln. Nachteile des Bereicherungsschuldners sind als Vermögensminderung, seine Vorteile, etwa ersparte Aufwendungen[122], als Vermögensmehrung zu berücksichtigen. In Höhe des sich ergebenden Überschusses ist ein Bereicherungsanspruch gegeben.[123]

Nach Auffassung der **Rechtsprechung** sind **alle adäquat kausal auf dem Bereicherungsvorgang beruhenden Vermögenseinbußen** des Bereicherungsschuldners als Entreicherung vom Herausgabeanspruch abzuziehen.[124] Nach Ansicht der **herrschenden Lehre** müssen darüber hinaus die Aufwendungen oder sonstigen **vermögensmindernden Betätigungen** des Bereicherungsschuldners **gerade auf sein Vertrauen in die Beständigkeit des Erwerbs zurückzuführen sein**.[125] Kannte der Bereicherungsschuldner seine Rückgewährpflicht, also die Unbeständigkeit seines Erwerbs, hat er seine Disposition im Bewusstsein getroffen, sowohl für deren Auswirkungen als auch für die Rückgewähr einstehen zu müssen. Ein Abzug der Vermögensminderung als Entreicherung ist daher nach der herrschenden Lehre anders als nach der Rechtsprechung in dieser Konstellation nicht gerechtfertigt. Ein Bereicherungsschuldner kann sich auch nach der Rechtsprechung jedenfalls dann nicht auf den Wegfall der Bereicherung berufen, wenn der Bereicherungsgläubiger seine Leistung unter Vorbehalt erbracht hat und diesem Vorbehalt nicht ausdrücklich widersprochen wurde.[126] Praktische Relevanz hat die Rechtsprechung bei bereicherungsrechtlichen Rückforderungsansprüchen von Telefonanschlussinhabern gegen Verbindungsnetz- und Plattformbetreiber wegen unter Vorbehalt gezahlten Entgelts für die Herstellung einer Verbindung zu einem Mehrwertdienst.

Der **Grund für den Wegfall der Bereicherung** ist nicht maßgeblich, insbesondere ist eine Berufung auf Entreicherung nicht dadurch ausgeschlossen, dass der Bereicherungsschuldner die Minderung der Bereicherung schuldhaft verursacht hat. Unter Umständen kann jedoch § 242 BGB der Geltendmachung eines Wegfalls der Bereicherung entgegenstehen.[127] So verhält es sich, wenn der Bereicherungsschuldner die Grundlage der Bereicherung durch eine ausschließlich eigenen Interessen dienende Handlung selbst beseitigt hat.[128]

Die Anwendbarkeit der Privilegierung des Bereicherungsschuldners durch § 818 Abs. 3 BGB wird durch die **Grundsätze der gesetzlichen Risikoverteilung** begrenzt. Der Bereicherungsschuldner kann sich demnach nicht auf § 818 Abs. 3 BGB berufen, soweit ihm das Entreicherungsrisiko zugewiesen ist. Ein Beispiel hierfür bildet der Fall einer Verfügung eines Girokunden über eine rechtsgrundlose Gutschrift.[129] Hier soll dem Bereicherungsschuldner die Berufung auf den Wegfall der Bereicherung versagt werden, weil in seiner Entgegennahme der rechtsgrundlosen Leistung (durch die Verfügung zum Ausdruck gebracht) eine schuldhafte Verletzung seiner vertraglichen Sorgfaltspflicht liege. Der Rückerstattungsanspruch scheitert auch nicht am Mitverschulden des Leistenden, ist jedoch unter Umständen zu reduzieren. Ferner kann sich auch ein Subventionsempfänger grundsätzlich nicht auf einen

---

[122] BGH v. 17.02.1982 - IVb ZR 657/80 - juris Rn. 11 - BGHZ 83, 278-283.
[123] BGH v. 16.03.1998 - II ZR 303/96 - juris Rn. 14 - LM GmbHG § 19 Nr. 19 (8/1998) (für gegenseitigen Vertrag).
[124] BGH v. 19.01.1951 - I ZR 15/50 - BGHZ 1, 75-83; BGH v. 17.06.1992 - XII ZR 119/91 - juris Rn. 9 - BGHZ 118, 383-394.
[125] Nach h.M. *Larenz/Canaris*, Schuldrecht, Band II/2: Besonderer Teil, 13. Aufl. 1994, § 73 I 1b; *Esser/Weyers*, Schuldrecht BT, Teilband 2, 8. Aufl. 2000, § 51 II 2b; *Reuter/Martinek*, Ungerechtfertigte Bereicherung, 1983, § 17 III 1; *Lorenz* in: Staudinger, § 818 Rn. 38; OLG Hamm v. 02.02.1995 - 21 U 113/94 - NJW-RR 1995, 1010-1013.
[126] BGH v. 20.10.2005 - III ZR 37/05 - NJW 2006, 286-288.
[127] BGH v. 26.10.1978 - VII ZR 202/76 - juris Rn. 31 - BGHZ 72, 252-257.
[128] BGH v. 10.07.1961 - II ZR 258/59 - LM Nr. 1 zu § 820 BGB.
[129] OLG Zweibrücken v. 22.04.1997 - 5 U 48/95 - NJW-RR 1997, 1546-1548.

§ 818

72 Wegfall der Bereicherung im Sinne des § 818 Abs. 3 BGB berufen, wenn sich eine öffentliche Subvention vermittelnde Hausbank gegenüber diesem vertraglich die Rückforderung des Zuschusses aus wichtigem Grund vorbehalten hat.[130]

72 Zu berücksichtigen ist gegebenenfalls zudem, wer nach den **für ein fehlgeschlagenes Geschäft geltenden Regelungen** oder nach Parteivereinbarungen das Risiko einer Entreicherung im Einzelfall zu tragen hat.[131] Zur Abzugsfähigkeit einer Aufwendung muss das Entreicherungsrisiko nach diesen Gesichtspunkten dem Bereicherungsgläubiger zuzuweisen sein.[132]

73 Kein Wegfall der Bereicherung liegt vor, wenn durch Einsatz des Erlangten **anderweitige Aufwendungen erspart** wurden (etwa Bestreiten des Lebensunterhaltes mit rechtsgrundlos erlangtem Geld oder Befreiung von bestehenden Verbindlichkeiten durch Einsatz des Geldes).[133]

74 **An einer Bereicherung fehlt** es demgegenüber, **wenn der rechtsgrundlose Erwerb nicht ursächlich** für die Ersparnis war, beispielsweise die Schuldentilgung auch sonst erfolgt wäre, ohne den Bereicherungsvorgang, jedoch durch Einschränkung des Lebensstils.[134] Aufwendungen des Bereicherungsschuldners, die dieser ohne den rechtsgrundlosen Erwerb überhaupt nicht getätigt hätte, kann man als Luxusaufwendungen, die gleichfalls eine Entreicherung bewirken, bezeichnen. Auch das Risiko unvorteilhaften Einsatzes des Erlangten (z.B. der Kauf einer wertlosen Sache durch erlangtes Geld) trägt grundsätzlich der Bereicherungsgläubiger. Schließlich kann der Verbrauch von Geld zur Bestreitung des allgemeinen Lebensbedarfs zum Wegfall der Bereicherung führen. Voraussetzung hierzu ist, dass das empfangene Geld restlos für die Lebensbedürfnisse aufgewendet wurde und nicht in anderer Form, etwa durch Bildung von Ersparnissen, durch Anschaffungen oder auch durch Tilgung von Schulden noch im Vermögen vorhanden ist.[135]

75 Nach dem Wortlaut von § 818 Abs. 3 BGB, der einen bestehenden Bereicherungsanspruch voraussetzt, ist nur ein nachträglicher Bereicherungswegfall umfasst. § 818 Abs. 3 BGB würde demnach keine Wirkung entfalten, wenn der **Bereicherungsgegenstand schon ursprünglich** für den Bereicherungsschuldner **keinerlei Vermögenswert** besitzt. Doch liegt der Sinn der Vorschrift des § 818 Abs. 3 BGB in der Begrenzung der Haftung auf den Vermögenszuwachs. In Einklang damit ist es unerheblich, ob das Erlangte bereits anfangs für den Empfänger wertlos ist oder erst später Vermögensminderungen eintreten.[136] Mithin müssen auch Vermögensminderungen berücksichtigt werden, die vor Erlangung des Bereicherungsgegenstandes erfolgten, aber in ursächlichem Zusammenhang mit dem Bereicherungsvorgang stehen. Die Grundsätze, die hinsichtlich eines späteren Wegfalls der Bereicherung Anwendung finden, sind auf die Ermittlung, ob überhaupt eine ursprüngliche Bereicherung vorliegt, zu übertragen.[137]

III. Rechtsfolgen

1. Allgemein

76 Der Anspruch auf Herausgabe der Bereicherung reduziert sich um den die Bereicherung mindernden Betrag. Die Entreicherung lässt sich stets in einem Geldbetrag messen. Bezieht sich die bereicherungsrechtliche Herausgabepflicht auf eine Geldzahlung, wird der die Entreicherung ausmachende Betrag hiervon abgezogen. Besteht die bereicherungsrechtliche Herausgabepflicht dagegen nicht in einer bloßen Geldleistung, wirkt sich die Bereicherungsminderung in der Weise aus, dass der Bereicherungsschuldner auch ohne Einredeerhebung nur Zug um Zug gegen den Ersatz der bei ihm eintretenden Ver-

---

[130] BGH v. 17.06.2003 - XI ZR 195/02 - BGHZ 155, 166-177.
[131] BGH v. 25.10.1989 - VIII ZR 105/88 - juris Rn. 18 - BGHZ 109, 139-144.
[132] BGH v. 06.12.1991 - V ZR 311/89 - juris Rn. 30 - BGHZ 116, 251-260.
[133] Verringerung des Sollstandes bei einem Konto, auf das eine rechtsgrundlose Überweisung erfolgte BGH v. 18.04.1985 - VII ZR 309/84 - juris Rn. 7 - NJW 1985, 2700; bei rechtsgrundloser Erbringung geistiger Leistung entfällt die Bereicherung nicht schon durch die Rückgabe der dokumentierenden Unterlagen, sondern verbleibt in der Regel in der Höhe der üblichen und angemessenen Vergütung, wenn entsprechende anderweitige Aufwendungen erspart wurden BGH v. 16.03.1998 - II ZR 303/96 - juris Rn. 16 - LM GmbHG § 19 Nr. 19 (8/1998).
[134] Vgl. BGH v. 17.06.1992 - XII ZR 119/91 - juris Rn. 13 - BGHZ 118, 383-394.
[135] BGH v. 17.01.2003 - V ZR 235/02 - NJW 2003, 3271-3272; dazu auch *Herbert*, JA 2003, 535-536.
[136] *Ficker*, FS für Caemmerer zum 70. Geburtstag, 1978, S. 209, 224 ff.
[137] BGH v. 07.01.1971 - VII ZR 9/70 - BGHZ 55, 128-137; für Differenzierungen nach Kondiktionstypen *Reuter/Martinek*, Ungerechtfertigte Bereicherung, 1983, S. 589 ff.; *Stadler* in: Jauernig, BGB-Kommentar, § 818 Rn. 27.

mögensminderung durch den Bereicherungsgläubiger an diesen zu leisten hat.[138] Hat der Bereicherungsgläubiger seine Leistung unter Vorbehalt erbracht, kann sich der Bereicherungsschuldner nicht auf den Wegfall der Bereicherung berufen, wenn er dem Vorbehalt nicht widersprochen hat.[139]

2. Gegenseitiger Vertrag

Bei der **Rückabwicklung eines nichtigen gegenseitigen Vertrags** tauchen besondere Probleme auf. Beide Vertragsparteien sind zugleich Bereicherungsschuldner und Bereicherungsgläubiger. Lässt man die beiden Bereicherungsansprüche unbeeinflusst nebeneinander stehen (so die **Zweikonditionentheorie**), kommt es beim Wegfall der Bereicherung auf lediglich einer Seite zu dem Ergebnis, dass diese Partei sich ihrerseits als Bereicherungsschuldner auf Entreicherung nach § 818 Abs. 3 BGB berufen kann, dadurch aber nicht daran gehindert wird, den eigenen Bereicherungsanspruch vollumfänglich durchzusetzen. Nach der Zweikonditionentheorie besteht zwar ein Zurückbehaltungs- beziehungsweise Aufrechnungsrecht, das die beiden Konditionsansprüche miteinander verknüpft. Scheitert aber ein Bereicherungsanspruch am Wegfall der Bereicherung, ist diesen Mitteln die Grundlage entzogen. 77

Das sich bei strikter Gesetzesanwendung ergebende Resultat, dass die entreicherte Vertragsseite gleichwohl ihren eigenen Bereicherungsanspruch durchsetzen kann, erscheint unbillig, weil diese Partei nicht damit rechnen durfte, über den erlangten Gegenstand disponieren zu dürfen, ihn also benutzen und über ihn verfügen zu können, ohne die Gegenleistung verloren zu geben. Das ergibt sich aus der – wenn auch nichtigen – Vertragsregelung. Nur um den Preis der Gegenleistung wird die Nutzungs- und Dispositionsbefugnis über den Gegenstand erlangt. Die entreicherte Vertragsseite hätte einen einseitigen Vorteil, wenn sie allein sich auf Entreicherung berufen könnte. Diese Unstimmigkeiten will die heute herrschende **Saldotheorie** vermeiden. Sie versagt dem Bereicherungsgläubiger, der seinerseits in der ihm ebenfalls zukommenden Stellung als Bereicherungsschuldner entreichert ist, die vollumfängliche Durchsetzung seines eigenen Bereicherungsanspruchs. Die Entreicherung, die ihm in seiner Schuldnerstellung zugutekommt, wird hinsichtlich seiner Gläubigerstellung als Abzugsposten vom eigenen Bereicherungsanspruch zur Geltung gebracht. Der als Schuldner entreicherte Bereicherungsgläubiger kann nur einen Saldo geltend machen, der sich aus der Differenz der von ihm erbrachten und der empfangenen Leistung ergibt.[140] Die Saldotheorie lässt damit die dem gegenseitigen Vertrag innewohnende synallagmatische Verknüpfung in der bereicherungsrechtlichen Rückabwicklung fortwirken.[141] Stehen sich ungleichartige Leistungen gegenüber, spiegelt sich die Fortwirkung des Synallagmas nach der Saldotheorie in verfahrensrechtlichen Konsequenzen im Rahmen der Durchsetzung der Bereicherungsansprüche wieder.[142] 78

Zu weitgehend gleichen Ergebnissen kommt die von *Canaris* befürwortete **Theorie der Gegenleistungskondiktion**. Sie unterscheidet sich von der herrschenden Saldotheorie dadurch, dass sie die Entreicherung nicht als Abzugsposten vom eigenen Konditionsanspruch ansetzt, sondern dem Bereicherungsschuldner die Berufung auf seine Entreicherung mit Blick darauf, dass er nur unter Verlust der Gegenleistung über den Gegenstand disponieren durfte, beim gegenseitigen Vertrag versagt.[143] Zu unterschiedlichen Ergebnissen kommt die Theorie der Gegenleistungskondiktion scheinbar in Konstellationen, bei denen eine der Parteien des gegenseitigen nichtigen Vertrags vorgeleistet hat, die Gegenleistung zum Zeitpunkt der Rückabwicklung jedoch noch nicht erfolgt ist. Die Theorie der Gegenleistungskondiktion kann dem Vorleistungsempfänger die Berufung auf eine Entreicherung ohne weiteres versagen, während ein der Saldotheorie folgender Abzug vom eigenen Konditionsanspruch in Ermangelung eines solchen nicht möglich ist.[144] Indes wird man auch mit der herrschenden Saldotheorie aufgrund der tragenden Wertungsgesichtspunkte hier ausnahmsweise die Berufung auf die Entreicherung durch den Vorleistungsempfänger versagen müssen. 79

---

[138] BGH v. 18.02.1972 - V ZR 23/70 - WM 1972, 564; BGH v. 02.10.1987 - V ZR 85/86 - juris Rn. 9 - WM 1987, 1533-1534.
[139] BGH v. 20.10.2005 - III ZR 37/05 - NJW 2006, 286-288.
[140] BGH v. 16.03.1998 - II ZR 303/96 - juris Rn. 14 - LM GmbHG § 19 Nr. 19 (8/1998).
[141] BGH v. 04.05.1994 - VIII ZR 309/93 - juris Rn. 12 - BGHZ 126, 105-109; BGH v. 20.03.2001 - XI ZR 213/00 - juris Rn. 15 - BGHZ 147, 152-158.
[142] BGH v. 11.11.1994 - V ZR 116/93 - juris Rn. 13 - LM BGB § 988 Nr. 6 (4/1995).
[143] *Larenz/Canaris*, Schuldrecht, Band II/2: Besonderer Teil, 13. Aufl. 1994, § 73 III 2.a.
[144] *Larenz/Canaris*, Schuldrecht, Band II/2: Besonderer Teil, 13. Aufl. 1994, § 73 III 2.d.

§ 818

80 Eine Gleichartigkeit der Leistungen ist zur Anwendung der Saldotheorie nicht erforderlich.[145] Bei **ungleichartigen Leistungen** erfolgt die Rückabwicklung eines nichtigen gegenseitigen Vertrags Zug um Zug, was von demjenigen, der als Gläubiger einen Bereicherungsanspruch geltend macht, schon im Klageantrag zu berücksichtigen ist.[146] Ist bei einer Partei Entreicherung eingetreten und bezieht sich der verbleibende Bereicherungsanspruch nicht auf eine Geldleistung, ist eine Kürzung des Bereicherungsanspruchs um die eigene Entreicherung nicht ohne weiteres möglich. In diesem Fall muss der Bereicherungsgläubiger, um seinen eigenen Bereicherungsanspruch durchsetzen zu können, der anderen Seite Wertersatz anbieten, ohne sich auf den Wegfall der Bereicherung berufen zu können.

81 Aus der Saldotheorie wird auch abgeleitet, dass bei je auf Geldersatz gerichteten Bereicherungsansprüchen aus einem gegenseitigen Vertrag nur ein einziger dem Saldo entsprechender Bereicherungsanspruch anzunehmen sei.[147] Dieses Ergebnis lässt sich indes ohne weiteres unmittelbar aus § 818 Abs. 3 BGB herleiten. Die Saldotheorie stellt insoweit keine Ausnahme von der Möglichkeit, sich auf eine Entreicherung zu berufen, dar. Vielmehr kommt zum Ausdruck, dass beim gegenseitigen Vertrag, der rückabgewickelt wird, stets der Bereicherungsanspruch der anderen Seite die eigene Bereicherung mindert. Daraus erklärt sich auch, dass es einer ausdrücklichen Geltendmachung nicht bedarf und sich die **gegenüberstehenden Ansprüche „von selbst" saldieren**.

82 Die **Saldotheorie wird zugunsten bestimmter Personenkreise nicht angewandt**: Für nicht und nur beschränkt Geschäftsfähige erscheint die in den §§ 104 ff. BGB zugrunde liegende Wertung vorrangig. Durch die Fortwirkung der synallagmatischen Verknüpfung der Leistungen im Bereicherungsrecht nach der Saldotheorie würde man nicht voll Geschäftsfähige faktisch an Verträgen festhalten, vor deren Eingehung sie gerade geschützt werden sollen.[148] Es besteht daher lediglich ein Zurückbehaltungsrecht aus § 273 BGB hinsichtlich des eigenen Bereicherungsanspruchs gegen den nicht voll Geschäftsfähigen.[149] Ebenso erscheint der Schutz derjenigen vorrangig, die durch arglistige Täuschung oder widerrechtliche Drohung zur Eingehung des Vertrags veranlasst wurden. Der arglistig Täuschende soll keine bessere Stellung erlangen als ein Rücktrittsschuldner.[150] Ist der Untergang der Sache durch Verschulden des Getäuschten vor der Anfechtung herbeigeführt, soll gleichwohl nicht die Saldotheorie, sondern die Zweikondiktionentheorie anzuwenden sein, sofern der anfechtende Bereicherungsschuldner gutgläubig und unverklagt ist.[151] Schließlich ist die Saldotheorie nicht anwendbar zulasten einer durch ein wucherähnliches, sittenwidriges Geschäft geschädigten Partei.[152] Eine fehlende Börsentermingeschäftsfähigkeit genügt demgegenüber nicht zur Begründung einer Ausnahme von der Saldotheorie.[153] Die geschilderten Ausnahmen müssen in der gleichen Weise für die Theorie der Gegenleistungskondiktion gelten,[154] sodass sich auch insoweit praktisch keine Unterschiede ergeben.

83 In der **Insolvenz** ist die Saldotheorie eingeschränkt. Ein Abzugsposten kann nur anerkannt werden, wenn er bei unterstellter Wirksamkeit des zugrunde liegenden Vertrages insolvenzfest ist, insbesondere wenn ein Zurückbehaltungsrecht nach § 51 InsO oder ein Aufrechnungsrecht nach den §§ 94 ff. InsO besteht. Diese Einschränkung lässt sich damit begründen, dass die Saldotheorie nicht Grundlage für Abzugsposten zu Lasten der Insolvenzmasse sein kann und zudem der Vertragspartner bei Nichtigkeit des Vertrages in der Insolvenz nicht besser gestellt sein darf als im Falle der Wirksamkeit des Vertrages.[155]

---

[145] BGH v. 11.11.1994 - V ZR 116/93 - juris Rn. 13 - LM BGB § 988 Nr. 6 (4/1995)(str.).

[146] BGH v. 10.02.1999 - VIII ZR 314/97 - juris Rn. 15 - LM BGB § 818 Abs. 3 Nr. 47 (7/1999).

[147] BGH v. 19.01.1951 - I ZR 15/50 - BGHZ 1, 75-83; BGH v. 20.03.2001 - XI ZR 213/00 - juris Rn. 15 - BGHZ 147, 152-158.

[148] BGH v. 04.05.1994 - VIII ZR 309/93 - juris Rn. 11 - BGHZ 126, 105-109.

[149] BGH v. 29.09.2000 - V ZR 305/99 - juris Rn. 7 - LM BGB § 818 Abs. 3 Nr. 50 (6/2001).

[150] BGH v. 08.01.1970 - VII ZR 130/68 - BGHZ 53, 144-149.

[151] BGH v. 14.10.1971 - VII ZR 313/69 - juris Rn. 64 - BGHZ 57, 137-153; a.A. *Larenz/Canaris*, Schuldrecht, Band II/2: Besonderer Teil, 13. Aufl. 1994, § 73 III 5.b, S. 330, der das Risiko eines verschuldeten Untergangs nur dann den Täuschenden tragen lassen will, wenn sich im Untergang gerade das aus der Täuschung resultierende Risiko verwirklicht.

[152] BGH v. 19.01.2001 - V ZR 437/99 - juris Rn. 29 - BGHZ 146, 298-310; differenzierend zwischen verfahrensrechtlicher und materiellrechtlicher Saldotheorie *Flume*, ZIP 2001, 1621-1623, 1622/1623.

[153] BGH v. 20.03.2001 - XI ZR 213/00 - juris Rn. 18 - BGHZ 147, 152-158.

[154] Vgl. *Larenz/Canaris*, Schuldrecht, Band II/2: Besonderer Teil, 13. Aufl. 1994, § 73 III 5.

[155] BGH v. 02.12.2004 - IX ZR 200/03 - NJW 2005, 884-888; zustimmend *Runkel/Schmidt*, BGHReport 2005, 467-468; kritisch *Buck-Heeb*, DZWIR 2005, 289-290.

Ein Käufer, der den Kaufvertrag anficht, kann nach Rechtshängigkeit seines Rückzahlungsanspruch wegen § 818 Abs. 4 BGB trotz Entwertung der von ihm zurückzugebenden Sache den vollen Kaufpreis herausverlangen, weil ab der Rechtshängigkeit die andere Seite die Gefahr der Entwertung trifft.[156] Bei einer Anfechtung des Käufers wegen eines Irrtums über eine verkehrswesentliche Eigenschaft der Sache kann der Käufer trotz des Untergangs der Sache, sofern diese auf einem nach dem Vertrag vom Verkäufer zu vertretenden Sachmangel beruht, den vollen Kaufpreis zurückverlangen.[157] Insoweit findet die Saldotheorie mit Rücksicht auf die gesetzliche Risikoverteilung keine Anwendung. Die Anfechtung des Kaufvertrags wurde trotz Übergabe der Kaufsache vom BGH in beiden Fällen für zulässig gehalten, da ein Ausschluss der Anfechtbarkeit nur hinsichtlich solcher Eigenschaften ausgeschlossen sei, die mögliche Grundlage eines Gewährleistungsanspruchs seien, und dies hier nicht der Fall sei.

84

Die **Durchsetzung** erfolgt, wenn sich gleichartige Leistungen gegenüberstehen, durch Verrechnung. Bei ungleichartigen Leistungen ist der Anspruch auf Rückgewähr der eigenen Leistung inhaltlich beschränkt durch das Erfordernis eines Angebots der Rückgewähr der empfangenen Gegenleistung.[158] Dabei hat der Anspruchsberechtigte von sich aus im Klageantrag die Zug-um-Zug-Abwicklung der gegenseitigen Rückgewähr anzubieten,[159] der Bereicherungsschuldner muss sich demgegenüber nicht auf die Grundsätze der Aufrechnung oder des Zurückbehaltungsrechts berufen[160]. Ist die Herausgabe unmöglich, wird der an dessen Stelle tretende Wertersatzanspruch mit dem gegenüberstehenden Anspruch verrechnet.[161] Wird nur ein Teil des Bereicherungsanspruch geltend gemacht, kann der Bereicherungsschuldner sich insoweit nicht auf eine Bereicherungsminderung nach § 818 Abs. 3 BGB berufen, als der geltend gemachte Teil nicht über den die Entreicherung übersteigenden Betrag hinausgeht.[162] Die einzelnen im Rahmen der Ermittlung des Bereicherungssaldos zu berücksichtigenden Leistungen sind unselbstständige Rechnungsposten. Unter Umständen besteht ein auf § 242 BGB gestützter Auskunftsanspruch zum Zwecke der Ermittlung der einzelnen Posten.[163] Gegen die Einzelposten kann eine Aufrechnung nicht erfolgen. Die Einzelposten können sich jedoch bei anderen Ansprüchen schadensmindernd auswirken.[164] Ist die Saldotheorie unanwendbar, ist keine Verpflichtung des Bereicherungsgläubiger anzunehmen, die Gegenansprüche im Klageantrag zu berücksichtigen. Es obliegt dann dem Bereicherungsschuldner, die Gegenansprüche seinerseits im gleichen Rechtsstreit geltend zu machen. Er ist hierzu nicht auf einen neuen Rechtsstreit zu verweisen.[165]

85

IV. Prozessuale Hinweise

Beruft sich der **Bereicherungsschuldner** auf eine Unmöglichkeit der Herausgabe, trifft ihn hierfür die Beweislast. Dafür genügt bei einer Weiterveräußerung der Nachweis eines Veräußerungsvertrags. Macht der Bereicherungsgläubiger geltend, dieser sei nicht ernstlich gemeint, fällt die Beweislast hierfür in den Bereich des Gläubigers.

86

Wegfall und Minderung der Bereicherung sind vom Bereicherungsschuldner zu beweisen.[166] Das gilt auch für die im Zusammenhang der Bildung des Saldos bei der Rückabwicklung gegenseitiger Verträge erheblichen Faktoren. Der Grund hierfür liegt im Charakter der Entreicherung als rechtsvernichtender Einwendung.[167] Einem Bezieher eines unteren oder mittleren Einkommens oder eine Unterhaltsrente kommt die Vermutung zugute, dass eine etwaige Überzahlung zur Verbesserung des Lebenstan-

87

---

[156] BGH v. 26.10.1978 - VII ZR 202/76 - juris Rn. 22 - BGHZ 72, 252-257.
[157] BGH v. 09.10.1980 - VII ZR 332/79 - juris Rn. 25 - BGHZ 78, 216-224.
[158] BGH v. 10.02.1999 - VIII ZR 314/97 - juris Rn. 15 - LM BGB § 818 Abs. 3 Nr. 47 (7/1999); BGH v. 25.10.1989 - VIII ZR 105/88 - juris Rn. 24 - BGHZ 109, 139-144.
[159] BGH v. 19.01.2001 - V ZR 437/99 - juris Rn. 26 - BGHZ 146, 298-310.
[160] BGH v. 24.06.1963 - III ZR 195/61 - VersR 1963, 1080-1084; BGH v. 20.03.2001 - XI ZR 213/00 - juris Rn. 15 - BGHZ 147, 152-158; zuletzt auch BGH v. 24.10.2003 - V ZR 24/03 - NJW-RR 2004, 229-231; vgl. dazu *Lorenz*, LMK 2004, 48-49.
[161] BGH v. 20.03.2001 - XI ZR 213/00 - juris Rn. 15 - BGHZ 147, 152-158.
[162] *Sprau* in: Palandt, § 818 Rn. 50.
[163] BGH v. 06.05.1997 - KZR 42/95 - juris Rn. 26 - LM GWB § 34 Nr. 33 (4/1998).
[164] BGH v. 14.07.2000 - V ZR 82/99 - juris Rn. 11 - BGHZ 145, 52-59.
[165] Bei Anfechtung wegen arglistiger Täuschung BGH v. 16.10.1963 - VIII ZR 97/62 - LM Nr. 12 zu § 818 Abs. 3 BGB.
[166] BGH v. 25.10.1989 - VIII ZR 105/88 - juris Rn. 24 - BGHZ 109, 139-144.
[167] BGH v. 17.06.1992 - XII ZR 119/91 - juris Rn. 12 - BGHZ 118, 383-394.

dards aufgewendet wurde, mithin Entreicherung eingetreten ist.[168] Demgegenüber kann außerhalb des genannten Personenkreises nicht ohne weiteres vom Verbrauch einer Zuvielzahlung bei Arbeitsentgelt ausgegangen werden.[169] Zur Anwendung der Grundsätze des Anscheinsbeweises ist vielmehr zu fordern, dass der Bereicherungsschuldner darlegt, bei ihm bestehe eine Vermögens- und Einkommenssituation, aufgrund derer eine Zuvielzahlung typischerweise in die Kosten der alltäglichen Lebensführung einfließen, ohne eine messbare Vermögensmehrung zu bewirken.[170]

88 Zugunsten eines **minderjährigen** Bereicherungsschuldners sind wegen dessen besonderer Schutzbedürftigkeit bei der Darlegungs- und Beweislast Erleichterungen anzunehmen.[171] Beruft sich ein **Geschäftsunfähiger** auf den Wegfall der Bereicherung, so obliegt ihm, nicht anders als einem Geschäftsfähigen, die Darlegungs- und Beweislast hinsichtlich der den Wegfall der Bereicherung begründenden Umstände.[172]

V. Anwendungsfelder

1. Allgemein

89 Problematisch ist bei der Bestimmung, ob ein Wegfall der Bereicherung im Sinne von § 818 Abs. 3 BGB vorliegt, welche Vermögensvorteile und -nachteile im Einzelnen zu berücksichtigen sind. Grundsätzlich ist der primäre Bereicherungsgegenstand stets herauszugeben, gleichgültig, in welchem Zustand er sich befindet.[173] Je nach Beeinträchtigung des Bereicherungsgegenstandes tritt ergänzend ein Wertersatzanspruch nach § 818 Abs. 2 BGB hinzu. Kann der primäre Bereicherungsgegenstand überhaupt nicht mehr herausgegeben werden, besteht allein ein Wertersatzanspruch. Die bereicherungsmindernde Wirkung von Vermögensnachteilen ist unabhängig von der Zusammensetzung des Bereicherungsanspruchs aus primärem Bereicherungsgegenstand und Wertersatzanspruch zu beachten. Die aus dem Bereicherungsvorgang resultierenden Vermögensvorteile des Bereicherungsschuldners sind erheblich, soweit sie die bereicherungsmindernden Vermögensnachteile ausgleichen. Zu unterscheiden ist dabei zwischen Vermögensvorteilen, die selbst über die §§ 818 Abs. 1, 818 Abs. 2 BGB Bereicherungsgegenstand sind, und solchen Vermögensvorteilen, die lediglich eine Folgewirkung des Bereicherungsvorgangs darstellen. Nur Vermögensvorteile, die auch selbst als Bereicherungsgegenstand einzustufen sind, entfalten über den Ausgleich der Vermögensnachteile hinaus Wirkung und sind als Bereicherung herauszugeben.

2. Vermögensvorteile

90 Ist der **primäre Bereicherungsgegenstand nicht mehr vorhanden**, müssen zum Fortbestand der Bereicherung weiterhin auf dem Bereicherungsvorgang beruhende **Vermögensvorteile** beim Bereicherungsschuldner vorhanden sein.[174] Andernfalls führen Untergang oder Verlust des ursprünglichen Bereicherungsgegenstandes zum Wegfall der Bereicherung. Ein Wertersatzanspruch scheidet dann aus. Vermögensvorteile sind beim Bereicherungsschuldner noch vorhanden, wenn sich die Weitergabe oder der Verbrauch des Erlangten in einer Ersparnis anderweitiger Aufwendungen, Anschaffungen oder in der Tilgung der eigenen Schulden niederschlagen.[175] Dienstleistungen sind noch im Vermögen vorhanden, wenn Ausgaben erspart wurden, die in jedem Fall auch ohne den Bereicherungsvorgang erfolgt wären.

91 Bei einer **Schuldentilgung**, die durch den Bereicherungsvorgang bewirkt wird, liegt **kein Wegfall der Bereicherung** vor. Die Bereicherung besteht in der Befreiung von der getilgten Verbindlichkeit.[176] Erforderlich ist, dass die rechtsgrundlose Leistung für die Schuldentilgung kausal ist. Das trifft nicht zu,

---

[168] BGH v. 17.06.1992 - XII ZR 119/91 - juris Rn. 12 - BGHZ 118, 383-394; zur Entreicherung bei Unterhaltsrückforderungen unter Berücksichtigung der Beweislast *Schiebel*, NJW-Spezial 2006, 55-56.
[169] BAG v. 12.01.1994 - 5 AZR 597/92 - juris Rn. 43 - NJW 1994, 2636-2638.
[170] BAG v. 18.01.1995 - 5 AZR 817/93 - juris Rn. 17 - NJW 1996, 411-413.
[171] KG Berlin v. 13.03.1998 - 17 U 9667/97 - NJW 1998, 2911-2912.
[172] BGH v. 17.01.2003 - V ZR 235/02 - NJW 2003, 3271-3272; dazu auch *Herbert*, JA 2003, 535-536.
[173] BGH v. 02.07.1962 - VIII ZR 12/61 - LM Nr. 4 zu § 249 (Ca) BGB.
[174] BGH v. 09.05.1984 - IVb ZR 7/83 - juris Rn. 9 - LM Nr. 30 zu § 818 Abs. 3 BGB.
[175] BGH v. 27.10.1999 - XII ZR 239/97 - juris Rn. 15 - BGHZ 143, 65-79.
[176] Rechtsgrundlose Überweisung auf ein Negativkonto des Bereicherungsschuldners bei seiner Bank: BGH v. 18.04.1985 - VII ZR 309/84 - juris Rn. 7 - NJW 1985, 2700; rechtsgrundlose Tilgung von Kaufpreis und Darlehensschulden des Bereicherungsschuldners BGH v. 08.12.1995 - LwZR 1/95 - juris Rn. 5 - LM BGB § 818 Abs. 3 Nr. 40 (5/1996).

wenn die Schuldentilgung ohne den Bereicherungsvorgang unter Einschränkung des Lebensstandards erfolgt wäre.[177]

Wurde ein Objekt durch eine Kreditaufnahme finanziert und liegt eine Bereicherung in einer Befreiung von der Darlehensschuld, entfällt die Bereicherung nicht durch Weggabe des finanzierten Objekts, da dieses nicht der Bereicherungsgegenstand ist.[178] 92

Ein Fortbestand der Bereicherung ist regelmäßig auch anzunehmen, wenn an die Stelle des Erlangten durch Dispositionen des Bereicherungsschuldners ein **Anspruch gegen einen Dritten** getreten ist. Grundsätzlich ist der Bereicherungsschuldner hier nicht nur zur Abtretung des Drittanspruchs, sondern zum Wertersatz nach § 818 Abs. 2 BGB verpflichtet.[179] Anders liegt es jedoch, wenn die Durchsetzbarkeit der Forderung gegen den Dritten ungewiss ist. Der Wert der Forderung ist dann nicht bestimmbar. Der Bereicherungsschuldner kann sich daher in diesen Fällen unter Berufung auf § 818 Abs. 3 BGB auf eine Abtretung der Forderung beschränken.[180] Bei völliger Wertlosigkeit des Drittanspruchs ist die Bereicherung ganz entfallen.[181] 93

Eine Bank kann eine von ihr durchgeführte **Buchung gegenüber** ihrem **Kunden** nicht bereicherungsmindern geltend machen, sofern die erfolgte Gutschrift jederzeit stornierbar ist. Hat die Bank allerdings auf die Wirksamkeit der Abrechnung vertrauend weitere Erfolg versprechende Maßnahmen gegen den Kunden unterlassen, liegt eine Entreicherung der Bank vor.[182] 94

3. Vermögensnachteile

Aufwendungen eines gutgläubigen Bereicherungsschuldners auf eine Sache sind bis zum Eintritt der Rechtshängigkeit über § 818 Abs. 3 BGB **mindernd zu berücksichtigen**. Die Aufwendungen müssen hierfür in einem inneren Zusammenhang mit dem Vorteil stehen, der durch die Nutzung der Sache erlangt wird.[183] 95

Wurde das Erlangte für **Luxusaufwendungen** verwendet, ist eine Berufung auf den Wegfall der Bereicherung im Grundsatz möglich. Die Bereicherten hätten die Dispositionen, die zur Unmöglichkeit der Herausgabe des Bereicherungsgegenstandes geführt haben, nicht getroffen, wenn sie die primäre Vermögensmehrung durch den Bereicherungsvorgang nicht erlangt hätten. Die getroffene Disposition muss, wie etwa im Falle einer Erhöhung des Lebensstandards, dazu geführt habe, dass die messbare Vermögensmehrung entfallen oder gemindert ist.[184] Für die Rückabwicklung gegenseitiger Verträge sind die Besonderheiten der Saldotheorie zu beachten (vgl. zur Saldotheorie Rn. 77). So kann sich nicht auf einen Bereicherungswegfall berufen, wer die aus einem **gegenseitigen Vertrag** im Glauben an die Wirksamkeit des Vertrags erlangte Leistung als Luxusaufwendung verwendet. Der Leistungsempfänger war sich hier des mit dem Empfang der Leistung verbundenen Verlustes der Gegenleistung bewusst. Den Grundsätzen über die Rückabwicklung gegenseitiger Verträge entsprechend kann er sich bis zur Höhe seiner Gegenleistung nicht auf Entreicherung berufen. Auf dem Wege der Saldierung führt das dazu, dass keine Seite einen Bereicherungsanspruch besitzt. 96

Von einem Bereicherungswegfall kann ausgegangen werden, wenn das Erlangte verbraucht und der **Bereicherungsanspruch durch das Aktivvermögen nicht mehr gedeckt** ist.[185] Für einkommens- oder vermögensschwache Empfänger von Gehalts- oder Unterhaltszahlungen ist eine Beweiserleichte- 97

---

[177] BGH v. 17.06.1992 - XII ZR 119/91 - juris Rn. 9 - BGHZ 118, 383-394.
[178] BGH v. 08.12.1995 - LwZR 1/95 - juris Rn. 6 - LM BGB § 818 Abs. 3 Nr. 40 (5/1996).
[179] OLG München v. 24.06.1998 - 7 U 2180/98 - MDR 1998, 1345.
[180] BGH v. 29.05.1978 - II ZR 166/77 - juris Rn. 11 - BGHZ 72, 9-15.
[181] BGH v. 15.10.1992 - IX ZR 43/92 - juris Rn. 62 - LM BGB § 852 Nr. 122 (4/1993); OLG Frankfurt v. 18.05.1995 - 1 U 53/94 - NJW-RR 1995, 1348-1349; OLG München v. 24.06.1998 - 7 U 2180/98 - MDR 1998, 1345; für eine wegen § 817 Satz 2 nicht realisierbare Forderung gegen Dritte BGH v. 07.05.1953 - IV ZR 183/52 - BGHZ 9, 333-336.
[182] BGH v. 16.12.1957 - VII ZR 49/57 - BGHZ 26, 185-196.
[183] Investitionen auf die herauszugebende Sache BGH v. 26.11.1999 - V ZR 302/98 - juris Rn. 21 - LM BGB § 283 Nr. 8 (4/2000).
[184] BGH v. 20.10.1958 - III ZR 101/57 - NJW 1960, 659; vgl. BGH v. 07.01.1971 - VII ZR 9/70 - BGHZ 55, 128-137 (erschlichene Flugreise).
[185] „Völlige Vermögenslosigkeit" OLG Nürnberg v. 06.06.1989 - 3 U 275/89 - NJW-RR 1989, 1137.

§ 818

rung anzunehmen.[186] Ein Nachweis der einzelnen bereicherungsmindernden Dispositionen ist hier nicht erforderlich. Vielmehr kommt dem Bereicherungsschuldner eine Vermutung zugute, dass die empfangenen Zahlungen verbraucht wurden und sich nicht vermögensmehrend ausgewirkt haben.[187]

98 Für den Fall, dass das Erlangte aufgrund einer **Weiterverfügung** des Bereicherungsschuldners nicht mehr vorhanden ist, ist nach der Art der Weiterverfügung zu unterscheiden. Erfolgte sie unentgeltlich im Zusammenhang einer Schenkung tritt Entreicherung ein, sofern es sich nicht um eine Schenkung handelt, die ohnehin erfolgt wäre (etwa Anstandsschenkung), und dadurch Aufwendungen erspart wurden. Der Bereicherungsgläubiger kann sich dann gegebenenfalls nach § 822 BGB an den Empfänger der Schenkung halten (vgl. zum Durchgriff die Kommentierung zu § 822 BGB). Erfolgt die Weiterveräußerung demgegenüber entgeltlich, ist Wertersatz nach § 818 Abs. 2 BGB zu leisten. Ein über den Wert der Sache hinausgehender Mehrerlös verbleibt anders als nach § 816 Abs. 1 Satz 1 BGB beim Bereicherungsschuldner. Wird durch die Weiterverfügung weniger erlangt als der Wert des Erlangten, liegt in Höhe des Mindererlöses Entreicherung vor.

99 Auch auf den nach § 816 Abs. 1 Satz 1 BGB herauszugebenden Verfügungserlös ist § 818 Abs. 3 BGB anwendbar. So sind Verwendungen des nicht berechtigt Verfügenden, die sich mindernd auf die Bereicherung auswirken, zu berücksichtigen. Nach h.M. sind auch Verwendungen auf die Sache während des Bestehens der Vindikationslage vom Bereicherungsanspruch abzugsfähig.

100 Ein Bereicherungswegfall ist auch gegeben, wenn der Empfänger das Erlangte zur **Tilgung einer tatsächlich nicht bestehenden Schuld** verwendet. Er hat dann aber einen daraus gegebenenfalls resultierenden Bereicherungsanspruch an seinen Gläubiger abzutreten.[188]

101 Wird eine Sache von einem Vertreter rechtsgrundlos erlangt und das Erlangte dem Vertretenen als Bereicherung zugerechnet, liegt eine Entreicherung des Vertretenen vor, wenn der Vertreter die erlangte Sache unterschlägt.[189]

102 Bereicherungsmindernd wirken sich auf eine erlangte Sache getätigte **Verwendungen** aus. Derartige Verwendungen sind insbesondere Reparaturkosten, Unterhaltskosten, Kosten der Nutzungs- und Fruchtziehung (für die die Beschränkungen des § 102 BGB nicht gelten), Investitionen in die herauszugebende Sache[190] und Herausgabekosten[191]. Gleichgültig ist, ob sich die Verwendung noch im Wert der nunmehr herauszugebenden Sache niederschlägt. Auch im Falle eines Untergangs der Sache können die Verwendungskosten hinsichtlich des Wertersatzanspruchs mindernd berücksichtigt werden. Die bereicherungsmindernde Geltendmachung von Verwendungen ist zudem nicht auf notwendige oder nützliche Verwendungen beschränkt.[192] Diese Gesichtspunkte spielen für den Fortbestand der Bereicherung keine Rolle. Die Grundsätze der bereicherungsmindernden Wirkung von Verwendungen finden auch Anwendung, wenn die bereicherungsrechtliche Rückgewährpflicht auf einem Schenkungswiderruf beruht.[193]

103 Als abzugsfähige Verwendungen stellen sich auch die Kosten für **umgestaltende Maßnahmen** dar, soweit sie nicht den Charakter des Gegenstandes derart verändern, dass Unmöglichkeit der Herausgabe anzunehmen ist (zur Umgestaltung vgl. Rn. 59). Da der Gegenstand in Natur herauszugeben ist, wirkt sich die Minderung der Bereicherung in der Weise aus, dass ein Gegenanspruch des Bereicherungsschuldners auf Ersatz seiner Verwendungen besteht. So hat die Rückauflassung beziehungsweise Herausgabe einer Immobilie nur Zug um Zug gegen die Erstattung zwischenzeitlicher Aufwendungen für eine Bebauung zu erfolgen.[194] Ein weiteres Beispiel bildet die Investition eines Ehegatten vor einer

---

[186] Bei Gehaltsüberzahlung Erleichterung der Darlegungs- und Beweislast nur, wenn nicht Besserverdienender BAG v. 12.01.1994 - 5 AZR 597/92 - juris Rn. 43 - NJW 1994, 2636-2638.

[187] BGH v. 27.10.1999 - XII ZR 239/97 - juris Rn. 15 - BGHZ 143, 65-79; BGH v. 09.05.1984 - IVb ZR 7/83 - juris Rn. 9 - LM Nr. 30 zu § 818 Abs. 3 BGB.

[188] Beschränkt geschäftsfähiger Bereicherungsschuldner, der die aus einem nichtigen Darlehensvertrag erlangte Valuta zur Zahlung vermeintlicher Schulden aus einem gleichfalls nichtigen Vertrag verwendet OLG Nürnberg v. 06.06.1989 - 3 U 275/89 - NJW-RR 1989, 1137.

[189] OLG Hamm v. 21.01.1981 - 11 U 83/80 - NJW 1981, 993-994.

[190] BGH v. 26.11.1999 - V ZR 302/98 - juris Rn. 21 - LM BGB § 283 Nr. 8 (4/2000).

[191] *Sprau* in: Palandt, § 818 Rn. 41.

[192] BGH v. 12.12.1997 - V ZR 81/97 - juris Rn. 17 - BGHZ 137, 314-318.

[193] BGH v. 19.01.1999 - X ZR 42/97 - juris Rn. 60 - BGHZ 140, 275-285.

[194] BGH v. 11.01.1980 - V ZR 155/78 - NJW 1980, 1789-1790.

Scheidung in ein Grundstück, das ihm der andere Ehegatte zuvor zu Miteigentum als Basis für die wirtschaftliche Existenz überlassen hatte.[195]

Hinsichtlich der **Erwerbskosten** wird zwischen Leistungs- und Nichtleistungskondiktion differenziert. Dabei sind zu den Erwerbskosten, die als grundsätzlich abzugsfähige Aufwendungen zählen, neben etwaigen Zahlungen an Dritte auch anfallende Frachtkosten, eine zu zahlende Vermittlungsprovision und die Mehrwertsteuer zu rechnen.[196] Ebenso bilden die Kosten einer Vertragsbeurkundung Aufwendungen, die in Zusammenhang mit dem Erwerb stehen. Wird eine auf einer Zwangsvollstreckung beruhende ungerechtfertigte Bereicherung rückabgewickelt, ist zu berücksichtigen, dass die Zwangsvollstreckungskosten keine Gegenleistung für das Erlangte darstellen, sondern lediglich aus Anlass des Erwerbsvorgangs anfallen. Die Kosten für die Zwangsvollstreckung sind daher als ersatzfähige Aufwendungen einzustufen.[197] Auch eine steuerliche Mehrbelastung, die nach der bereicherungsrechtlichen Rückabwicklung verbleibt, kann als Aufwendung angesehen werden.[198] Bei einem Makler, der seine eigene Provision zurückzahlen muss, werden Provisionszahlungen, die er seinerseits an Außendienstmitarbeiter oder Untermakler geleistet hat, als Aufwendungen eingestuft. Erforderlich ist allerdings ein ursächlicher Zusammenhang zwischen den beiden Provisionszahlungen.[199] Der Käufer eines Grundstücks kann indes die Kosten der Auflassungsvormerkung sowie der Kaufpreisfinanzierung nicht als Erwerbskosten bereicherungsmindernd geltend machen, da sie ausschließlich in seinem Interesse liegen und folglich in seinen Risikobereich fallen.[200]

104

Im Bereich der **Leistungskondiktion** ist die Verteilung des Entreicherungsrisikos nach den Regelungen des fehlgeschlagenen Geschäfts maßgebend.[201] Außerdem sind bei der Rückabwicklung gegenseitiger Verträge die sich aus der Saldotheorie ergebenden Besonderheiten zu beachten. Bei der **Nichtleistungskondiktion** ist demgegenüber eine an Dritte zum Erwerb des Bereicherungsgegenstandes erbrachte Leistung nicht abzugsfähig.[202] Das ergibt sich vor allem für den Anwendungsbereich von § 816 Abs. 1 Satz 1 BGB aus der Funktion, den Anspruch des Eigentümers aus § 985 BGB zu verlängern. Auch im Bereich der Vindikation aus § 985 BGB kann der Herausgabepflichtige seine Erwerbsaufwendungen nicht abziehen.[203] Hinzu kommt, dass der Dritte Vertragspartner des Bereicherungsschuldners ist. Aus diesem Vertrag besteht ein Rückforderungsanspruch des Bereicherungsschuldners. Dieser ist näher daran, gegen den Dritten, der sich als Vertragspartner selbst ausgesucht hat, vorzugehen als der Bereicherungsgläubiger, der zum Dritten in keinerlei rechtsgeschäftlichem Kontakt steht.[204] Diese Grundsätze gelten gleichermaßen für denjenigen Bereicherungsschuldner, der durch Verarbeitung Eigentum erwirbt.[205]

105

Sinngemäß kann im Bereich von § 816 Abs. 2 BGB der Bereicherungsschuldner Leistungen, die an einen Dritten aufgrund des vermeintlichen Forderungserwerbs erfolgten, nicht bereicherungsmindernd geltend machen. So kann eine Factoring-Bank, die lediglich Zweitzessionarin ist, vom Anspruch des Erstzessionars aus § 816 Abs. 2 BGB nicht die Gutschrift an ihren Zedenten abziehen.[206] Auch hier ist es Sache des Bereicherungsschuldners, also der Bank als Zweitzessionarin, sich an den von ihr ausge-

106

---

[195] BGH v. 18.02.1972 - V ZR 23/70 - WM 1972, 564.
[196] BGH v. 30.09.1970 - VIII ZR 221/68 - LM Nr. 16 zu § 818 Abs. 3 BGB; Maklerprovision BGH v. 15.10.1992 - IX ZR 43/92 - juris Rn. 62 - LM BGB § 852 Nr. 122 (4/1993).
[197] BGH v. 25.03.1976 - VII ZR 32/75 - BGHZ 66, 150-158.
[198] BGH v. 15.01.1992 - IV ZR 317/90 - juris Rn. 33 - LM BGB § 652 Nr. 128 (9/1992).
[199] BGH v. 15.01.1992 - IV ZR 317/90 - juris Rn. 32 - LM BGB § 652 Nr. 128 (9/1992).
[200] BGH v. 06.12.1991 - V ZR 311/89 - juris Rn. 29 - BGHZ 116, 251-260; kritisch zur Begründung, im Ergebnis zustimmend: *Canaris*, JZ 1992, 1114-1120, 1115, 1116.
[201] Bank gegenüber nicht termingeschäftsfähigen Kunden bei Kauf von Optionsscheinen BGH v. 12.05.1998 - XI ZR 79/97 - juris Rn. 18 - LM BGB § 818 Abs. 1 Nr. 14 (10/1998); Bank gegenüber Scheckaussteller bei Kauf nicht bestehender Scheckforderung BGH v. 26.09.1995 - XI ZR 159/94 - juris Rn. 31 - LM ScheckG Art. 13 Nr. 2 (2/1996); Leasinggeber gegenüber Leasingnehmer hinsichtlich der Vertragskosten, insbesondere der bezahlten Kaufpreisraten an den Lieferanten BGH v. 25.10.1989 - VIII ZR 105/88 - juris Rn. 18 - BGHZ 109, 139-144; Käufer für Zinsaufwendungen auf den Kaufpreis BGH v. 14.07.2000 - V ZR 82/99 - juris Rn. 10 - BGHZ 145, 52-59; Prostituierte gegenüber Freier bei Geldhergabe zwecks „Freikauf" vom Zuhälter OLG Düsseldorf v. 06.03.1998 - 7 U 155/97 - NJW-RR 1998, 1517.
[202] BGH v. 26.09.1995 - XI ZR 159/94 - juris Rn. 33 - LM ScheckG Art 13 Nr. 2 (2/1996).
[203] BGH v. 01.03.1967 - VIII ZR 247/64 - BGHZ 47, 128-131.
[204] OLG Köln v. 31.05.1996 - 2 U 18/96 - WM 1996, 2007-2011.
[205] BGH v. 11.01.1971 - VIII ZR 261/69 - BGHZ 55, 176-180.
[206] *Messer*, NJW 1976, 925-929, 927.

suchten Vertragspartner zu halten. Den Bereicherungsgläubiger auf ein Vorgehen gegen den ihm unbekannten Dritten zu verweisen, erschiene unbillig. Entsprechend stellt sich die Sachlage dar, wenn der Berechtigte die Sache unter verlängertem Eigentumsvorbehalt verkauft hatte und die Leistung an den Dritten gemäß § 407 BGB gelten lassen müsste. Auch hier kann ein bereicherungsmindernder Abzug der an den Vorbehaltskäufer erbrachten Leistungen vom Anspruch des Vorbehaltsverkäufers aus § 816 Abs. 2 BGB nicht erfolgen.[207]

107 Ein Wegfall der Bereicherung ist weiterhin anzunehmen, wenn der Bereicherungsschuldner **Vermögensnachteile** erlitten hat, **die auf** seinem **Vertrauen in die Dauerhaftigkeit des Vermögenszuwachses beruhen**. Das kann etwa der Fall sein, wenn im Glauben an die Erfüllung einer Forderung der Gläubiger die Verjährungsfrist oder eine sonstige Ausschlussfrist gegenüber dem wahren Schuldner verstreichen lässt oder dieser in der Zwischenzeit zahlungsunfähig geworden ist. Die Wertlosigkeit eines an Stelle des rechtsgrundlos erlangten bestehenden Anspruchs gegen einen Dritten muss adäquat kausal durch den Bereicherungsvorgang bewirkt sein.[208] Auch die Rückgewähr von Sicherheiten mit Rücksicht auf die vermeintliche Erfüllung einer Forderung wirkt bereicherungsmindernd.[209]

108 Unterlässt eine Bank, weil sie darauf vertraut, der Kunde habe ihr Forderungen gegen Dritte wirksam abgetreten, die rechtzeitige Geltendmachung ihrer Forderung gegen den Kunden, kann die Bank, wenn die Abtretung tatsächlich an einem verlängerten Eigentumsvorbehalt eines Warenlieferanten scheitert, ihren Ausfall gegenüber dessen Anspruch aus § 816 Abs. 2 BGB bereicherungsmindernd zur Geltung bringen.[210]

109 Kein Bereicherungswegfall besteht dagegen, wenn eine Bank aufgrund eines wegen Sittenwidrigkeit nichtigen Globalzessionsvertrags (§ 138 BGB) mit ihrem Kunden diesem verlorenen Kredit gewährt hat, hinsichtlich eines Bereicherungsanspruch des tatsächlichen Forderungsschuldners aus § 816 Abs. 2 BGB.[211] Der BGH sieht den entscheidenden Unterschied zur Konstellation, dass die Abtretung an einer zeitlich vorrangigen Abtretung scheitert, in dem besonderen Risiko der Sittenwidrigkeit der getroffenen Vereinbarung, das die Bank zu tragen habe.[212]

110 Es ist zudem anzunehmen, dass die Bereicherung, soweit ein **Gegenanspruch des Bereicherungsschuldners auf Schadensersatz** gegen den Bereicherungsgläubiger besteht, ohne dass es einer Aufrechnung bedarf, im Umfang des Gegenanspruchs auf Schadensersatz gemindert ist.[213] Der Grund hierfür findet sich in der Beschränkung der Herausgabepflicht auf die vorhandene Bereicherung durch § 818 Abs. 3 BGB. Es ist nicht erforderlich, den auf Treu und Glauben basierenden Gedanken des „dolo agit, qui petit, quod statim redditurus est" heranzuziehen.

111 Die **Bereicherung des Fiskus** fällt nicht deshalb weg, weil er – etwa hinsichtlich der vereinnahmten Umsatzsteuer – zum Finanzausgleich gemäß Art. 106 Abs. 3 und 4 GG, Art. 107 Abs. 1 Satz 4 GG verpflichtet war.[214] § 818 Abs. 3 BGB ist zudem nach der ständigen Rechtsprechung des BFH im **Kindergeldrecht** nicht anwendbar.[215]

4. Mehrere Bereicherte

112 Ein **BGB-Gesellschafter**, der vollumfänglich für die ungerechtfertigte Bereicherung der Gesamthand haftet, kann sich nach der Auflösung der Gesellschaft und der damit verbundenen Verteilung des Gesellschaftsvermögen sowohl auf den Wegfall der Bereicherung schon bei der Gesamthand als auch bei seinen (ehemaligen) Mitgesellschaftern berufen.[216] Fraglich ist, ob Gleiches auch für einen **Miterben**

---

[207] BGH v. 30.09.1970 - VIII ZR 221/68 - LM Nr. 16 zu § 818 Abs. 3 BGB.
[208] Rechtzeitige Beitreibung der Forderung gegen den wirklichen Schuldner wurde vor dessen Vermögensverfall im Vertrauen auf die rechtsgrundlos erlangte Zahlung unterlassen BGH v. 22.12.1960 - VII ZR 169/59 - WM 1961, 273, 274.
[209] *Sprau* in: Palandt, § 818 Rn. 45.
[210] BGH v. 16.12.1957 - VII ZR 49/57 - BGHZ 26, 185-196.
[211] BGH v. 12.05.1971 - VIII ZR 196/69 - BGHZ 56, 173-180.
[212] Kritische Urteilsanmerkungen von *Olschewski*, NJW 1971, 2307-2308, 2308 und *Lieb*, JR 1971, 507, 509, die jeweils die Differenzierung zwischen Priorität und Sittenwidrigkeit in den beiden BGH-Urteilen für verfehlt halten.
[213] BGH v. 18.10.1976 - II ZR 102/75 - WM 1976, 1307-1311.
[214] BGH v. 30.03.2004 - XI ZR 145/03 - BFH/NV 2004, Beilage 4, 386-389.
[215] BFH v. 09.12.2005 - III B 194/04 - BFH/NV 2006, 722.723.
[216] BGH v. 15.10.1973 - II ZR 149/71 - BGHZ 61, 338-346; *Meincke*, DB 1974, 1001-1004, 1002; *Reinhardt*, JZ 1974, 766-770 (Urteilsanmerkung).

D. Kommentierung zu Absatz 4

I. Grundlagen

§ 818 Abs. 4 BGB verschärft die bereicherungsrechtliche Haftung für den Bereicherungsschuldner ab der Rechtshängigkeit der Klage des Bereicherungsgläubigers. Spätestens ab diesem Zeitpunkt erlangt der Bereicherungsschuldner von seiner möglichen Herausgabepflicht Kenntnis. Er kann nicht mehr darauf vertrauen, das Erlangte behalten zu dürfen. Es lässt sich daher ab Rechtshängigkeit eine Sorgfaltspflicht des Schuldners im Umgang mit dem Erlangten annehmen, die die Anwendung der allgemeinen Regeln, insbesondere über § 292 Abs. 1 BGB der §§ 987 ff. BGB, und einen Ausschluss der Privilegierung des § 818 Abs. 3 BGB rechtfertigt. 113

Je nachdem, welchem Haftungskonzept man folgt, kommt § 818 Abs. 4 BGB im Regelungszusammenhang eine unterschiedliche Stellung zu. Versteht man mit der gegenstandsorientierten Ansicht das Erlangte als Bereicherungsgegenstand und den Entreicherungseinwand des § 818 Abs. 3 BGB als privilegierende Ausnahme zugunsten gutgläubiger und unverklagter Bereicherungsschuldner, stellt § 818 Abs. 4 BGB wiederum eine Eingrenzung dieser Besserstellung dar, der den Bereicherungsanspruch auf den ursprünglichen Umfang zurückführt. Bevorzugt man demgegenüber die vermögensorientierte Sichtweise, dehnt § 818 Abs. 4 BGB den Bereicherungsanspruch über seinen grundsätzlich auf den Vermögenszuwachs beschränkten Umfang hinaus aus (vgl. Rn. 1). 114

II. Anwendungsvoraussetzungen

1. Empfänger

Empfänger ist jeder Schuldner eines Bereicherungsanspruchs. Keine Rolle spielt, ob die Vermögensverschiebung durch Leistung oder in anderer Weise erfolgte. 115

2. Eintritt der Rechtshängigkeit

Ab dem Zeitpunkt des Eintritts der Rechtshängigkeit der Leistungsklage auf Herausgabe des Erlangten oder auf Wertersatz nach den §§ 261 Abs. 1, 261 Abs. 2, 253 Abs. 1 ZPO (für Mahnbescheidsverfahren: § 696 Abs. 3 ZPO) tritt zulasten des Bereicherungsschuldners eine Haftungsschärfung ein.[218] Das rechtfertigt sich daraus, dass der Bereicherungsschuldner spätestens ab diesem Zeitpunkt mit dem Fehlen eines der Vermögensverschiebung zugrunde liegenden Rechtsgrundes, mithin auch mit seiner Rückgabeverpflichtung, rechnen muss. Diesem Sinn entsprechend genügt auch eine hilfsweise Geltendmachung des Bereicherungsanspruchs in der Klage. 116

Die Rechtshängigkeit einer Feststellungs- oder Abänderungsklage entfaltet hingegen keine derartige haftungsschärfende Wirkung.[219] Bei diesen Klagearten ist für den Beklagten nicht in gleicher Weise wie bei der Leistungsklage die Gefahr einer möglichen Rückgewährpflicht erkennbar. Die Feststellungsklage betrifft vielmehr lediglich ein für den Bereicherungsanspruch vorausgesetztes Rechtsverhältnis. 117

§ 818 Abs. 4 BGB findet entsprechende Anwendung über die §§ 819, 820 Abs. 1 BGB. 118

III. Rechtsfolgen

Die Haftungsschärfung erfolgt durch einen Verweis auf die allgemeinen Vorschriften. Gemeint ist damit zum einen die Anwendbarkeit der Regelungen des allgemeinen Schuldrechts, zum anderen der Ausschluss einer Berufung auf Entreicherung nach § 818 Abs. 3 BGB (h.M. und Rechtsprechung). 119

---

[217] Offen gelassen in BGH v. 03.12.1981 - VII ZR 282/80 - juris Rn. 12 - WM 1982, 101-102.
[218] BGH v. 17.06.1992 - XII ZR 119/91 - juris Rn. 18 - BGHZ 118, 383-394.
[219] BGH v. 19.12.1984 - IVb ZR 51/83 - juris Rn. 11 - BGHZ 93, 183-191; BGH v. 17.06.1992 - XII ZR 119/91 - juris Rn. 18 - BGHZ 118, 383-394; für Unterhaltsabänderungsklage BGH v. 07.05.1986 - IVb ZR 49/85 - juris Rn. 9 - LM Nr. 9 zu § 818 Abs. 4 BGB; BGH v. 22.04.1998 - XII ZR 221/96 - juris Rn. 11 - LM BGB § 820 Nr. 4 (9/1998).

§ 818

120 Die Bezugnahme auf die allgemeinen Vorschriften bringt die **Regelungen des allgemeinen Schuldrechts** zur Anwendung. Welche Vorschriften dazu zählen, ist nach dem Zweck der §§ 818 Abs. 4, 819 Abs. 1 BGB zu beantworten.[220]

121 Bedeutung besitzt insbesondere § 292 BGB, der auf die Vorschriften des **Eigentümer-Besitzer-Verhältnisses** weiter verweist. Dort enthalten die ab Rechtshängigkeit des Herausgabeanspruchs anzuwendenden Regelungen für den Schuldner in mehreren Richtungen erhebliche Schlechterstellungen gegenüber der privilegierten bereicherungsrechtlichen Haftung. So kann sich über die §§ 292 Abs. 1, 989 BGB ein Schadensersatzanspruch (Verschulden) ergeben, nach den §§ 292 Abs. 1, 990 Abs. 2, 287 Satz 2 BGB findet im Verzugsfalle eine Haftung auch wegen Zufalls statt. Hinsichtlich der Nutzungen entfällt die Beschränkung auf die tatsächliche Ziehung. Vielmehr sind nach den §§ 292 Abs. 2, 987 BGB auch schuldhaft nicht gezogene Nutzungen zu ersetzen. Schließlich werden über die §§ 292 Abs. 2, 994 Abs. 4 BGB die Möglichkeiten, Verwendungen geltend zu machen, eingeschränkt. Während nach § 818 Abs. 3 BGB sämtliche Verwendungen bereicherungsmindernd wirken, können nach Rechtshängigkeit des Bereicherungsanspruchs nur noch die notwendigen (nicht mehr lediglich nützliche; vgl. § 996 BGB) Verwendungen nach den Vorschriften der Geschäftsführung ohne Auftrag verlangt werden. Abgesehen von den Fällen des § 679 BGB ist die Ersatzfähigkeit folglich zusätzlich vom tatsächlichen, beziehungsweise hilfsweise dem mutmaßlichen Willen des Bereicherungsgläubigers als Geschäftsherrn abhängig (§ 683 BGB).

122 Liegen die Voraussetzungen von den §§ 819, 820 Abs. 1 BGB nicht vor, haftet der Bereicherungsschuldner, wegen **Verzug**s erst ab Rechtshängigkeit (§ 818 Abs. 4 BGB), unabhängig davon, ob die Voraussetzungen von § 286 BGB im Übrigen bereits vorher erfüllt sind. Mit der Rechtshängigkeit liegt jedenfalls zugleich Verzug vor, wenn es nicht ausnahmsweise am Verschulden des Bereicherungsschuldners fehlt (§ 286 Abs. 4 BGB), was allenfalls bei einem entschuldbaren Rechtsirrtum über die bereicherungsrechtliche Herausgabepflicht denkbar erscheint.[221] Rechtsfolgen des Verzugs sind eine Verzinsungspflicht (§ 288 BGB), die Pflicht zum Ersatz des Verzugsschadens (§§ 280 Abs. 2, 286 BGB) sowie die Zufallshaftung (§ 287 Satz 2 BGB).

123 Nach § 285 BGB sind Surrogate des Bereicherungsgegenstandes herauszugeben.[222] Anders als bei der Regelung des § 818 Abs. 1 BGB sind hier auch rechtsgeschäftliche Surrogate umfasst.[223] Der Bereicherungsschuldner hat also beispielsweise bei Veräußerung des Bereicherungsgegenstandes nach Eintritt der Rechtshängigkeit den Gewinn an den Bereicherungsgläubiger herauszugeben.

124 Ab Rechtshängigkeit hat bei Geldschulden eine **Verzinsung** zu 5% (§§ 291, 288 Abs. 1 Satz 2 BGB), wenn kein Verbraucher beteiligt ist zu 8% (§§ 291, 288 Abs. 2 BGB), über dem Basiszinssatz (§ 247 BGB) zu erfolgen.

125 Bei Vorliegen der Voraussetzungen des § 818 Abs. 4 BGB ist eine **Berufung auf Entreicherung** nach § 818 Abs. 3 BGB **grundsätzlich ausgeschlossen**.[224] Sogar, wenn beim gegenseitigen Vertrag der Bereicherungsgläubiger nicht zur vollständigen Rückgewähr der Gegenleistung imstande ist, scheidet ein Abzug von der eigenen bereicherungsrechtlichen Herausgabepflicht aus.[225] Die Saldotheorie findet hier also keine Anwendung. Eine Befreiung von der Leistungspflicht kann sich für den Bereicherungsschuldner nach Rechtshängigkeit nur aus den allgemeinen Vorschriften, also insbesondere aus einer nicht zu vertretenden Unmöglichkeit (§§ 275, 276 BGB) ergeben. Zu beachten ist insofern vor allem, dass der Bereicherungsschuldner während des Verzuges mit der Erbringung seiner Bereicherungsschuld auch für Zufall einzutreten hat (§ 287 Satz 2 BGB).

126 Eine **Berufung auf Entreicherung ist gleichwohl zulässig, wenn** der Bereicherungsschuldner nach den allgemeinen Vorschriften nicht für den Untergang oder die Verschlechterung des Erlangten einzutreten hat.[226] Für Zufall hat der Bereicherungsschuldner damit grundsätzlich nicht einzustehen. Tritt also ein Wegfall der Bereicherung in Zusammenhang mit der Herausgabe ein, ohne dass ein dem Bereicherungsschuldner zurechenbares Verschulden vorliegt, wird dieser trotz Rechtshängigkeit insoweit frei. Demnach müssen auch Vorgänge, die nicht in Widerspruch zu der den Bereicherungsschuldner

---

[220] BGH v. 25.03.1982 - VII ZR 60/81 - juris Rn. 20 - BGHZ 83, 293-301.
[221] *Sprau* in: Palandt, § 818 Rn. 54.
[222] Zu § 281 BGB a.F. als allgemeiner Vorschrift BGH v. 11.10.1979 - VII ZR 285/78 - juris Rn. 8 - BGHZ 75, 203-209.
[223] BGH v. 11.10.1979 - VII ZR 285/78 - juris Rn. 14 - BGHZ 75, 203-209 zu § 281 BGB a.F.
[224] BGH v. 07.01.1971 - VII ZR 9/70 - BGHZ 55, 128-137 (str.).
[225] BGH v. 26.10.1978 - VII ZR 202/76 - juris Rn. 28 - BGHZ 72, 252-257.
[226] *Larenz/Canaris*, Schuldrecht, Band II/2: Besonderer Teil, 13. Aufl. 1994, § 73 II 3a, S. 314.

treffenden Sorgfaltspflicht stehen, sondern sogar zwangsläufige Folge einer gewissenhaften Rückgewähr des Erlangten sind, wie Aufwendungen, die der Tilgung der Bereicherungsschuld dienen, bereicherungsrechtlich abzugsfähig sein. Handelt es sich um den Verlust eines Geldbetrags aus Anlass der Erfüllung der Bereicherungsschuld findet § 270 BGB, der das Risiko dem Schuldner zuweist, keine Anwendung.[227] Rechtfertigen lässt sich die trotz Rechtshängigkeit ausnahmsweise Zulassung der Berücksichtigung des Wegfalls der Bereicherung aus dem Sinn des § 818 Abs. 4 BGB. Der Bereicherungsschuldner soll, sobald er mit einer Rückgewährpflicht rechnen kann, nicht mehr die Privilegien genießen, die sich daraus ergeben, dass er wegen des Vertrauens auf die Beständigkeit seines Erwerbs den Bereicherungsgegenstand als ihm gehörig behandeln darf. Die Kenntnis der Rückgewährpflicht kann dem Bereicherungsschuldner insofern einen besonders sorgsamen Umgang mit dem Gegenstand abverlangen. Gleichwohl muss er jedoch die Handlungen durchführen, die mit dem Erwerb und insbesondere mit der Rückgewähr in untrennbarem Zusammenhang stehen. Ihn auch hinsichtlich der daraus erwachsenden Gefahren der allgemeinen Haftung auszusetzen, ist mit dem Zweck der Vorschrift nicht zu vereinbaren.

---

[227] *Sprau* in: Palandt, § 818 Rn. 53.

§ 819 BGB Verschärfte Haftung bei Kenntnis und bei Gesetzes- oder Sittenverstoß

(Fassung vom 02.01.2002, gültig ab 01.01.2002)

(1) Kennt der Empfänger den Mangel des rechtlichen Grundes bei dem Empfang oder erfährt er ihn später, so ist er von dem Empfang oder der Erlangung der Kenntnis an zur Herausgabe verpflichtet, wie wenn der Anspruch auf Herausgabe zu dieser Zeit rechtshängig geworden wäre.

(2) Verstößt der Empfänger durch die Annahme der Leistung gegen ein gesetzliches Verbot oder gegen die guten Sitten, so ist er von dem Empfang der Leistung an in der gleichen Weise verpflichtet.

Gliederung

A. Grundlagen 1	III. Verstoß durch Annahme gegen Gesetz oder die guten Sitten (Absatz 2) 14
B. Anwendungsvoraussetzungen 3	C. Rechtsfolgen 15
I. Empfänger 3	D. Prozessuale Hinweise 16
II. Kenntnis vom Fehlen des Rechtsgrundes bei Empfang (Absatz 1) 4	

A. Grundlagen

1 § 819 BGB, der für alle Arten von Bereicherungsansprüchen gilt, steht in Zusammenhang mit den Regelungen des § 818 Abs. 3 BGB und § 818 Abs. 4 BGB. § 819 Abs. 1 BGB stellt positive Kenntnis des mangelnden Rechtsgrundes der Rechtshängigkeit des Bereicherungsanspruchs gleich und ordnet damit auch für diesen Fall die Rechtsfolgen des § 818 Abs. 4 BGB, mithin die allgemeinen Regeln, an. § 819 Abs. 2 BGB bezieht die Rechtsfolgen des § 818 Abs. 4 BGB auch auf den Fall, dass der Bereicherungsschuldner durch die Annahme der Leistung gegen die guten Sitten oder ein gesetzliches Verbot verstoßen hat. Der Entreicherungseinwand des § 818 Abs. 3 BGB wird dadurch jeweils ausgeschlossen.

2 Die Vorschrift des § 819 BGB ist damit in das Gesamtkonzept zum Haftungsumfang des Bereicherungsschuldners eingebunden. Nach der vermögensorientierten Auffassung wird für den bösgläubigen Bereicherungsschuldner die Bereicherungshaftung ausnahmsweise über den Bereicherungssaldo hinaus ausgedehnt. Folgt man der gegenstandsorientierten Ansicht, bleibt es für den Bösgläubigen bei der ursprünglichen Haftung. Die Nichtanwendung von § 818 Abs. 3 BGB erklärt sich hier aus einem fehlenden Bedürfnis für eine Privilegierung (vgl. die Kommentierung zu § 818 BGB Rn. 1).

B. Anwendungsvoraussetzungen

I. Empfänger

3 Als Empfänger, dem durch § 819 BGB die Vorzüge des Entreicherungseinwandes genommen werden, ist jeglicher Bereicherungsschuldner zu verstehen. Unerheblich ist vor allem, ob die Vermögensverschiebung auf einer Leistungsbeziehung beruht.

II. Kenntnis vom Fehlen des Rechtsgrundes bei Empfang (Absatz 1)

4 Erforderlich ist für § 819 Abs. 1 BGB eine **positive Kenntnis** des Rechtsmangels zum Zeitpunkt des Empfangs des Bereicherungsgegenstandes oder spätere Erlangung einer derartigen Kenntnis.[1] Dafür müssen beim Bereicherungsschuldner die ausschlaggebenden Tatsachen bekannt sein und zusätzlich von ihm **rechtlich zutreffend gewürdigt** werden.[2] Es muss also auch Kenntnis der Rechtsfolgen gegeben sein. Der Bereicherungsschuldner muss wissen, dass die rechtliche Grundlage für die Vermögensverschiebung, die ihm Vorteil brachte, nicht besteht und dass er dadurch zur Rückgewähr verpflichtet ist. Dass entspricht dem Sinn der Vorschrift, denjenigen, der um seine Herausgabepflicht

---

[1] BGH v. 12.07.1996 - V ZR 117/95 - juris Rn. 12 - BGHZ 133, 246-254.
[2] BGH v. 17.06.1992 - XII ZR 119/91 - juris Rn. 21 - BGHZ 118, 383-394; BGH v. 12.07.1996 - V ZR 117/95 - juris Rn. 12 - BGHZ 133, 246-254.

weiß, eine besondere Sorgfaltspflicht im Umgang mit dem Bereicherungsgegenstand aufzuerlegen. Nur bei Kenntnis auch der Rechtsfolgen kann sich der Bereicherungsschuldner auf diese Konsequenzen einstellen. Nicht ausreichend ist, anders als bei § 932 Abs. 2 BGB, bloßes Kennenmüssen der Tatsachen oder deren Rechtsfolgen. Auch aus Zweifeln am Fortbestand des Rechtsgrundes ergibt sich nicht schon die verschärfte Haftung.[3] Allerdings wird positive Kenntnis schon bei einem bewussten Verschließen gegen die sich aus den Tatsachen ableitenden Folgen angenommen.[4]

Die positive Kenntnis der Rechtsfolgen kann dem Bereicherungsschuldner fehlen, wenn er irrtümlich annimmt, der Bereicherungsgläubiger habe seinerseits die Nichtschuld (§ 814 BGB) beziehungsweise die Unmöglichkeit des bezweckten Erfolges (§ 815 BGB) gekannt.[5] Wäre die Vorstellung des Bereicherungsschuldners hier richtig, bestünde wegen der §§ 814, 815 BGB kein Bereicherungsanspruch, sodass es an der Kenntnis der Rechtsfolgen eines Bereicherungsanspruchs fehlt.

Der Kenntnis des fehlenden Rechtsgrundes ist mit Blick auf den Zweck der durch § 819 Abs. 1 BGB angeordneten Haftungsschärfung das **Wissen um eine andersartige Rückgewährpflicht gleichzustellen**.[6] Bildet eine ausbezahlte Darlehenssumme den Bereicherungsgegenstand, weiß auch der Schuldner, der das Fehlen des Rechtsgrundes nicht kennt, dass er den Geldbetrag zurückzuzahlen hat. Auch hier lässt sich eine Sorgfaltspflicht des Bereicherungsschuldners rechtfertigen. Sie ergibt sich aus einem Hineinwirken der vertraglichen Grundlage in die bereicherungsrechtliche Rückabwicklung. Der Schuldner braucht durch die Unwirksamkeit des Rechtsgrundes nicht besser gestellt zu werden, als er bei Wirksamkeit des Vertrags stünde. Schwer vorstellbar erscheint, dass dem der Schutzzweck einer Nichtigkeitsnorm entgegensteht. Regelmäßig besteht kein Bedürfnis, den Herausgabepflichtigen von der Sorgfalt zu befreien, die er im Umgang mit fremden Sachen anzuwenden hat, sofern er nur um seine Herausgabepflicht weiß.

Der Kenntnis des fehlenden Rechtsgrundes ist das Wissen um eine mögliche Rückgewährpflicht im Falle einer **Zahlung unter Vorbehalt oder unter auflösender Bedingung der Verpflichtung nicht gleichzustellen**.[7] Die Rückgabepflicht des Empfängers ist hier noch von einem ungewissen zukünftigen Ereignis abhängig. Bis zu dessen Eintritt soll er einer gesteigerten Sorgfaltspflicht nicht unterfallen. § 819 Abs. 1 BGB entfaltet jedoch ab dem Augenblick, in dem der Bereicherungsschuldner vom Durchgreifen des Vorbehalts beziehungsweise des Bedingungseintritts Kenntnis erlangt, Wirkung. Einzelne Spezialfälle regelt § 820 Abs. 1 BGB.

Kennt lediglich der **Vertreter** des Bereicherungsschuldners den Mangel des Rechtsgrundes, erfolgt eine Zurechnung an den Bereicherungsschuldner entsprechend § 166 BGB.[8] Das gilt auch, wenn kein förmliches Vertretungsverhältnis besteht, aufgrund einer tatsächlichen Betrauung mit Angelegenheiten zur eigenverantwortlichen Wahrnehmung aber eine entsprechende Interessenlage besteht.[9] Voraussetzung ist jedoch ein enger Zusammenhang der Aufgaben mit der Entgegennahme des Bereicherungsgegenstandes.[10] Auch die Kenntnis desjenigen, dem der Bereicherungsschuldner die Nutzung seines Kontos für eigene Zwecke gestattet hat, steht gleich.[11]

Mit Blick auf § 142 Abs. 2 BGB ist die **Kenntnis der Anfechtbarkeit** des der Vermögensverschiebung zugrunde liegenden Rechtsgeschäfts für § 819 Abs. 1 BGB ausreichend. Hinzutreten muss auch hier die richtige rechtliche Würdigung der Anfechtungsfolgen. Die Ungewissheit hinsichtlich einer Anfechtungsausübung steht der verschärften Haftung nicht entgegen. Vielmehr ergibt sich aus § 142 Abs. 1 BGB, dass die Anfechtung zurückwirkt. Die verschärfte Haftung richtet sich daher allein nach

---

[3] OLG Zweibrücken v. 31.05.1994 - 5 UF 117/93 - NJW-RR 1995, 841-843.
[4] BGH v. 12.07.1996 - V ZR 117/95 - juris Rn. 13 - BGHZ 133, 246-254; vgl. kritisch zur Ansicht des BGH *Martinek*, JZ 1996, 1099-1103, 1102 f.
[5] Vgl. *Schwab* in: MünchKomm-BGB, § 819 Rn. 5.
[6] BGH v. 25.03.1982 - VII ZR 60/81 - juris Rn. 10 - BGHZ 83, 293-301; BGH v. 17.01.1995 - XI ZR 225/93 - juris Rn. 13 - LM BGB § 607 Nr. 152 (7/1995).
[7] *Stadler* in: Jauernig, BGB-Kommentar, § 819 Rn. 5.
[8] BGH v. 25.03.1982 - VII ZR 60/81 - juris Rn. 11 - BGHZ 83, 293-301.
[9] OLG Köln v. 12.01.1998 - 16 U 72/97 - NJW 1998, 2909-2910; BGH v. 09.05.2000 - XI ZR 220/99 - juris Rn. 25 - LM BGB § 166 Nr. 42 (1/2001).
[10] OLG Hamm v. 06.07.1984 - 11 U 30/84 - WM 1985, 1290-1291.
[11] BGH v. 09.05.2000 - XI ZR 220/99 - juris Rn. 25 - LM BGB § 166 Nr. 42 (1/2001); OLG Hamm v. 27.04.2009 - I-6 W 19/09 - VersR 2009, 1416-1417.

dem Zeitpunkt des Eintritts der Bösgläubigkeit hinsichtlich des Anfechtungsgrundes und seiner Folgen, unabhängig vom Zeitpunkt der Ausübung des Anfechtungsrechts.[12]

10 Die verschärfte Haftung entsteht im **Zeitpunkt** der Kenntnis des Bereicherungsschuldners vom Mangel des Rechtsgrundes, frühestens mit dem Empfang des Bereicherungsgegenstandes. Erlangt er erst nach Entstehung des Anspruchs Kenntnis, greift § 819 Abs. 1 BGB auch erst ab diesem Zeitpunkt ein. Umgekehrt kann die Haftungsschärfung schon für den Zeitraum vor Entstehung des Bereicherungsanspruchs gelten, wenn der Bereicherungsschuldner schon Kenntnis vom späteren Wegfall des Rechtsgrundes besitzt (für § 812 Abs. 1 Satz 2 Alt. 1 BGB). Für den Anspruch aus § 812 Abs. 1 Satz 2 Alt. 1 BGB greift die Spezialregelung des § 820 Abs. 1 BGB nur, wenn der Erfolgseintritt von vornherein ungewiss ist. Ist das nicht der Fall, entsteht die Ungewissheit vielmehr erst im Lauf der Zeit, greift die Haftungsschärfung des § 819 Abs. 1 BGB, sobald der Bereicherungsschuldner weiß, das der mit der Leistung bezweckte Erfolg nicht eintreten wird.[13]

11 Für den **Geschäftsunfähigen** Bereicherungsschuldner ist auf die Kenntnis seines gesetzlichen Vertreters abzustellen. **Streitig** ist, ob beim **beschränkt Geschäftsfähigen** ebenso zu verfahren ist, oder ob hier die Kenntnis des beschränkt Geschäftsfähigen selbst ausreicht.

12 Überwiegend wird eine Unterscheidung in Leistungs- und Nichtleistungskondiktionen vorgeschlagen. Bei der Leistungskondiktion verbiete der vorrangige Zweck des Schutzes der nicht voll Geschäftsfähigen, deren alleinige Kenntnis ausreichen zu lassen. Den beschränkt Geschäftsfähigen drohe auf diesem Wege auf dem Umweg der verschärften bereicherungsrechtlichen Haftung eine Bindung an die Rechtsgeschäfte, vor denen sie deren Unwirksamkeit gerade schützen solle.[14] Das gelte jedoch nicht in gleicher Weise für die Nichtleistungskondiktionen, insbesondere die Eingriffskondiktion. Vor allem soweit parallel eine unerlaubte Handlung vorliege, seien die dort geltenden §§ 827-829 BGB auch im Bereicherungsrecht entsprechend heranzuziehen.[15]

13 Der **klagende Bereicherungsgläubiger** unterliegt gleichfalls ab Rechtshängigkeit einer verschärften Haftung hinsichtlich seiner eigenen Bereicherungsschuld. Es wäre widersprüchlich, wenn der Kläger anders als der Beklagte mit dem Bereicherungsgegenstand verfahren dürfte, als habe er ihn mit Rechtsgrund erhalten. Seine Haftungsrisiken lassen sich reduzieren, wenn er den Beklagten in Annahmeverzug versetzt. Entsprechend gestaltet sich die Sachlage auch beim anfechtenden Bereicherungsgläubiger.[16]

III. Verstoß durch Annahme gegen Gesetz oder die guten Sitten (Absatz 2)

14 Voraussetzung für § 819 Abs. 2 BGB ist das Vorliegen des Tatbestandes von § 817 Satz 1 BGB. Der Bereicherungsschuldner aus dieser Vorschrift muss sich des Gesetzes- oder Sittenverstoßes bei der Annahme der Leistung bewusst gewesen sein. Wenn er erst später Kenntnis hiervon erlangt, ist das für § 819 Abs. 2 BGB unerheblich. Die Vorschrift ist auch dann anwendbar, wenn beide Seiten verwerflich handeln und die Kondiktionssperre des § 817 Satz 2 BGB ausnahmsweise nicht greift. Teilweise lässt sich das damit begründen, dass die die Nichtigkeit bewirkende Norm gerade dem Schutz des Leistenden dient und der Empfänger deshalb nach § 819 Abs. 2 BGB trotz eines beidseitigen Verstoßes verschärft haften soll.[17] Zudem ist auch zu beachten, dass die aus der Nichtigkeitsnorm zu entnehmende Missbilligung des Rechtsgeschäfts es gebieten kann, den Zustand vor dem Bestehen des gesetzeswidrigen Vertrags wiederherzustellen. Das ist nur möglich, wenn man zulasten beider Vertragsseiten § 819 Abs. 2 BGB analog anwendet und damit eine Berufung auf Entreicherung ausschließt. Zugleich geht damit die Unanwendbarkeit der sonst für gegenseitige Verträge geltenden Saldotheorie einher, sodass die Abwicklung insoweit der Zweikondiktionentheorie zu folgen hat.[18] Ist vom Bewusstsein der Sittenwidrigkeit beziehungsweise des Gesetzesverstoßes auch die Rechtsfolge der Nichtigkeit der Rechtsgrundlage der Vermögensverschiebung umfasst, bedarf es § 819 Abs. 2 BGB nicht, da dann schon § 819 Abs. 1 BGB eine Haftungsschärfung anordnet.

---

[12] BGH v. 02.03.1973 - V ZR 57/71 - WM 1973, 560.
[13] BGH v. 18.09.1961 - VII ZR 118/60 - BGHZ 35, 356-362.
[14] *Sprau* in: Palandt, § 819 Rn. 4; KG Berlin v. 13.03.1998 - 17 U 9667/97 - NJW 1998, 2911-2912.
[15] *Sprau* in: Palandt, § 819 Rn. 4; BGH v. 07.01.1971 - VII ZR 9/70 - BGHZ 55, 128-137: erschlichene Flugreise.
[16] Vgl. zum Ganzen: *Larenz/Canaris*, Schuldrecht, Band II/2: Besonderer Teil, 13. Aufl. 1994, § 73 II 1 d; *Lorenz* in: Staudinger, § 819 Rn. 7.
[17] BGH v. 19.03.1958 - V ZR 62/57 - LM Nr. 30 zu § 134 BGB.
[18] OLG München v. 05.05.2000 - 23 U 6086/99 - NJW 2000, 2592-2596.

C. Rechtsfolgen

Die Rechtsfolgen sind mit § 818 Abs. 4 BGB identisch. Es wird der Eintritt der Rechtshängigkeit fingiert. Ein auch nach den allgemeinen Vorschriften noch erforderliches Verschulden muss zusätzlich vorliegen.

D. Prozessuale Hinweise

Für die Voraussetzungen der verschärften Haftung liegt die **Beweislast** beim Anspruchsberechtigten.[19] Weist der Bereicherungsschuldner seine Entreicherung nach, trägt der Bereicherungsgläubiger gegebenenfalls die Beweislast dafür, dass die Entreicherung erst nach dem Eintritt der Rechtshängigkeit entstanden ist.[20] Eine dem Bereicherungsanspruch entgegenstehende Kenntnis der Rechtsgrundlosigkeit (§ 814 BGB) oder der Unmöglichkeit des Erfolgseintritts (§ 815 BGB) auf Seiten des Bereicherungsgläubigers hat der Bereicherungsschuldner nachzuweisen.

---

[19] OLG Zweibrücken v. 31.05.1994 - 5 UF 117/93 - NJW-RR 1995, 841-843.
[20] BGH v. 19.03.1958 - V ZR 62/57 - LM Nr. 30 zu § 134 BGB.

§ 820 BGB Verschärfte Haftung bei ungewissem Erfolgseintritt

(Fassung vom 02.01.2002, gültig ab 01.01.2002)

(1) ¹War mit der Leistung ein Erfolg bezweckt, dessen Eintritt nach dem Inhalt des Rechtsgeschäfts als ungewiss angesehen wurde, so ist der Empfänger, falls der Erfolg nicht eintritt, zur Herausgabe so verpflichtet, wie wenn der Anspruch auf Herausgabe zur Zeit des Empfangs rechtshängig geworden wäre. ²Das Gleiche gilt, wenn die Leistung aus einem Rechtsgrund, dessen Wegfall nach dem Inhalt des Rechtsgeschäfts als möglich angesehen wurde, erfolgt ist und der Rechtsgrund wegfällt.

(2) Zinsen hat der Empfänger erst von dem Zeitpunkt an zu entrichten, in welchem er erfährt, dass der Erfolg nicht eingetreten oder dass der Rechtsgrund weggefallen ist; zur Herausgabe von Nutzungen ist er insoweit nicht verpflichtet, als er zu dieser Zeit nicht mehr bereichert ist.

Gliederung

A. Grundlagen 1	III. Erkenntnis der Möglichkeit des Wegfalls des Rechtsgrundes (Absatz 1 Satz 2) 10
B. Anwendungsvoraussetzungen 4	C. Rechtsfolgen 11
I. condictio ob rem/condictio ob causam finitam 4	D. Prozessuale Hinweise 13
II. Ungewissheit bezüglich des Erfolgseintritts (Absatz 1 Satz 1) 6	E. Anwendungsfelder 15

A. Grundlagen

1 § 820 Abs. 1 Satz 1 BGB bezieht sich auf den Bereicherungsanspruch nach § 812 Abs. 1 Satz 2 Alt. 2 BGB (condictio ob rem) und ordnet für diesen Fall die verschärfte Haftung nach den allgemeinen Regeln über § 818 Abs. 4 BGB an, sofern der Erfolgseintritt von Anfang an als ungewiss angesehen wurde. In dieser Konstellation kann der Erwerber nicht auf die Dauer seines Erwerbs vertrauen und ist daher einer Sorgfaltspflicht im Umgang mit dem Bereicherungsgegenstand unterworfen. § 820 Abs. 1 Satz 2 BGB nimmt in gleicher Weise auf den Bereicherungsanspruch aus § 812 Abs. 1 Satz 2 Alt. 1 BGB (condictio ob causam finitam) Bezug.

2 § 820 Abs. 2 BGB grenzt die von § 820 Abs. 1 BGB angeordnete Schärfung der Herausgabepflicht hinsichtlich Zinsen und Nutzungen ein.

3 Wie § 819 BGB ist auch § 820 BGB in das Gesamtkonzept zum Haftungsumfang des Bereicherungsschuldners einzuordnen. Nach der vermögensorientierten Auffassung wird für den Bereicherungsschuldner, der von vornherein mit der späteren Rückzahlung rechnen muss, die Bereicherungshaftung ausnahmsweise über den Bereicherungssaldo hinaus ausgedehnt. Folgt man der gegenstandsorientierten Ansicht, wird der ursprüngliche Haftungsumfang aufrechterhalten und eine Privilegierung über § 818 Abs. 3 BGB aufgrund des fehlenden Schutzbedürfnisses unterlassen (vgl. die Kommentierung zu § 818 BGB Rn. 1).

B. Anwendungsvoraussetzungen

I. condictio ob rem/condictio ob causam finitam

4 § 820 Abs. 1 Satz 1 BGB setzt einen Bereicherungsanspruch in Form der Zweckverfehlungskondiktion des § 812 Abs. 1 Satz 2 Alt. 2 BGB (condictio ob rem) voraus, § 820 Abs. 1 Satz 2 BGB einen Bereicherungsanspruch wegen Wegfall des Rechtsgrundes nach § 812 Abs. 1 Satz 2 Alt. 2 BGB (condictio ob causam finitam).

5 Der Gedanke, der der Regelung des § 820 Abs. 1 Satz 1 BGB zugrunde liegt, betrifft neben dem unmittelbaren Anwendungsbereich des § 812 Abs. 1 Satz 2 Alt. 2 BGB, bei dem der Rechtsgrund bestehen bleibt, auch eine Zweckverfehlung, die zur Nichtigkeit der zugrunde liegenden Verpflichtung führt. Haben die Parteien hier mit einer Möglichkeit der Zweckverfehlung gerechnet und zugleich die rechtlichen Konsequenzen zutreffend beurteilt, konnten sie gleichfalls nicht in die Beständigkeit des Erwerbs vertrauen.

II. Ungewissheit bezüglich des Erfolgseintritts (Absatz 1 Satz 1)

Die Ungewissheit beinhaltet ein **objektives und** ein **subjektives Element**. Der Erfolgseintritt muss beim Abschluss des Rechtsgeschäftes objektiv unsicher gewesen sein, subjektiv müssen die Parteien diese Ungewissheit gekannt haben.[1] Am subjektiven Element fehlt es, wenn die Parteien den Erfolgseintritt für sicher oder dessen Ausbleiben zumindest für unwahrscheinlich gehalten haben.[2] Wird die Möglichkeit einer anderen Entwicklung zwar erkannt, aber für nur entfernt möglich erachtet, liegt Ungewissheit ebenso noch nicht vor, wie in dem Fall, dass die allgemein bestehende und nie völlig ausscheidbare Möglichkeit einer derartigen Entwicklung erkannt wird. Das subjektive Element ist gleichfalls nicht erfüllt, wenn sich Zweifel am Erfolgseintritt zwar geradezu aufdrängen, sie von den Beteiligten aber nicht beachtet werden.

Die **Ungewissheit muss zum Zeitpunkt des Vertragsschlusses bei beiden beteiligten Seiten** vorliegen und sich zudem **aus dem Inhalt des Rechtsgeschäfts** ergeben.[3] Überdies muss der **Ursprung der Ungewissheit im Rechtsgeschäft** liegen. Umstände, die sich außerhalb des Vertrags befinden, können hierfür nicht ausschlaggebend sein.[4]

Zu unterscheiden ist die beiderseitige Ungewissheit von Fällen, in denen lediglich eine Seite Kenntnis von der Unmöglichkeit des Erfolgseintritts hat. Ist dies der Bereicherungsgläubiger, hindert § 815 Alt. 1 BGB eine Leistungskondiktion. Hat dagegen ausschließlich der Bereicherungsschuldner (Leistungsempfänger) Kenntnis von der mangelnden Möglichkeit eines Erfolgseintritt ist für ihn bereits die Haftungsschärfung aus § 819 Abs. 1 BGB einschlägig.[5]

Anders als in den Anwendungsfällen der § 815 Alt. 1 BGB beziehungsweise § 819 Abs. 1 BGB ist das Ausbleiben des Erfolgs bei § 820 Abs. 1 Satz 1 BGB nicht sicher, sondern lediglich ungewiss. Gegenüber § 819 Abs. 1 BGB, bei dem positive Kenntnis zu fordern ist, wird der geringere Gewissheitsgrad durch das beiderseitige Vorliegen und die Berücksichtigung im Rechtsgeschäft ausgeglichen. Dadurch, dass die Parteien übereinstimmend die Möglichkeit der Rückgewährpflicht erkennen und sie rechtsgeschäftlich berücksichtigen, bringen sie ihren Willen zum Ausdruck, eine Sorgfaltspflicht der anderen Seite hinsichtlich des Erlangten zu begründen.

III. Erkenntnis der Möglichkeit des Wegfalls des Rechtsgrundes (Absatz 1 Satz 2)

Erforderlich ist, dass die Möglichkeit des späteren Wegfalls des Schuldgrundes von den Parteien nicht bloß erkannt, sondern im Rechtsgeschäft berücksichtigt wurde. Nur wenn beide Parteien in dieser Form zum Ausdruck bringen, dass sie gegebenenfalls mit einer Rückgewährpflicht rechnen, lässt sich eine Sorgfaltspflicht im Umgang mit dem Erlangten und der damit verbundene Ausschluss der Privilegierung des § 818 Abs. 3 BGB sowie die Anwendung der allgemeinen Vorschriften rechtfertigen. Hält der Empfänger dagegen den später tatsächlich erfolgten Wegfall des Rechtsgrundes nicht nur für möglich, sondern für sicher, greift bereits § 819 Abs. 1 BGB zulasten der Bereicherungsschuldners ein, da dieser dann positive Kenntnis der bereicherungsrechtlichen Rückgewährpflicht besitzt.

C. Rechtsfolgen

Die von § 820 Abs. 1 BGB vorgesehene Haftung gestaltet sich, als wäre der Bereicherungsanspruch schon beim Empfang der Leistung rechtshängig geworden. Die Rechtsfolgen entsprechen im Wesentlichen § 818 Abs. 4 BGB. Die Schärfung ist allerdings durch § 820 Abs. 2 BGB eingeschränkt.

§ 820 Abs. 2 BGB verweist für die Haftung des Bereicherungsschuldners hinsichtlich seiner Nutzungen für die Schwebezeit auf § 818 Abs. 1, Abs. 3 BGB. Eine Haftung ist also nur vorgesehen, soweit Nutzungen gezogen und noch im Vermögen vorhanden sind. Für die Zinsen stellt die Vorschrift keine eigene Anspruchsgrundlage dar, sondern nur eine Regelung für den Zeitpunkt des Beginns der Verzinsungspflicht. Der Schuldner wird hierdurch gegenüber dem in § 820 Abs. 1 BGB vorgesehenen Zeitpunkt begünstigt.

---

[1] Für § 820 Abs. 1 Satz 2 BGB: BGH v. 17.06.1992 - XII ZR 119/91 - juris Rn. 22 - BGHZ 118, 383-394.
[2] BGH v. 08.10.1987 - VII ZR 185/86 - juris Rn. 27 - BGHZ 102, 41-53.
[3] BGH v. 17.06.1992 - XII ZR 119/91 - juris Rn. 22 - BGHZ 118, 383-394.
[4] BGH v. 22.04.1998 - XII ZR 221/96 - juris Rn. 22 - LM BGB § 820 Nr. 4 (9/1998).
[5] *Sprau* in: Palandt, § 820 Rn. 3.

D. Prozessuale Hinweise

13 Die Beweislast liegt für die objektiven und subjektiven Voraussetzungen des Eintritts der Haftungsschärfung beim Bereicherungsgläubiger.

14 Mit Blick auf die Regelung des § 820 Abs. 2 BGB trägt bezüglich des Zeitpunkts ab dem die Verzinsungspflicht greift der Bereicherungsgläubiger, für den Wegfall der Bereicherung hinsichtlich der Nutzungen vor dem nach § 820 Abs. 2 BGB maßgeblichen Zeitpunkt der Bereicherungsschuldner die Beweislast.

E. Anwendungsfelder

15 § 820 Abs. 1 Satz 2 BGB ist **entsprechend anzuwenden** auf unter Vorbehalt getätigte oder angenommene Leistungen.[6] Zu fordern ist dann, dass beiden Beteiligten der Vorbehalt bewusst war und dass dies zudem bei der Leistung zum Ausdruck gebracht wurde. Auch in diesen Konstellationen besteht kein Schutzbedürfnis des Leistungsempfängers.

16 Eine entsprechende Anwendung ist dagegen im familienrechtlichen Bereich der Unterhaltszahlungen abzulehnen, wenn der Leistung ein rechtskräftiger Titel oder eine einstweilige Anordnung gemäß § 620 ZPO zugrunde liegt.[7] Ein rechtskräftiger Titel bietet eine hinreichende Sicherheit für die Bestandskraft der Vermögensverschiebung, um eine Sorgfaltspflicht, die die Anwendung von § 818 Abs. 3 BGB ausschließt und die allgemeinen Vorschriften zur Anwendung bringt, für unangemessen zu erachten. So ist § 820 Abs. 1 Satz 2 BGB nicht anwendbar bei einer Unterhaltszahlung aufgrund einer **Abänderung eines gesetzlichen Unterhaltsanspruchs durch eine gerichtliche Anordnung**, wenn sich die Erhöhung des Unterhaltsanspruchs im Nachhinein als ungerechtfertigt erweist.[8] Zunächst fehlt es hier für eine unmittelbare Anwendung von § 820 Abs. 1 Satz 2 BGB an einer Vermögensverschiebung aufgrund eines Rechtsgeschäftes. Eine entsprechende Anwendung scheidet aus, da zum einen die Abänderung eines gesetzlichen Anspruchs nicht mit einem schon dem Grunde nach vertraglichen Anspruch vergleichbar ist, zum anderen die Ungewissheit bereits im Gesetz angelegt ist und es damit am von § 820 Abs. 1 Satz 2 BGB geforderten Ursprung der Ungewissheit im Rechtsgeschäft beziehungsweise in der hier an Stelle des Rechtsgeschäfts stehenden gerichtlichen Abänderung, fehlt.[9] Auch auf eine **Unterhaltszahlung aufgrund einer einstweiligen Anordnung**, die sich im Nachhinein als unberechtigt herausstellt, ist § 820 Abs. 1 Satz 2 BGB nicht anzuwenden.[10] Es widerspräche der Absicht des Gesetzgebers, den einstweiligen Rechtsschutz im Unterhaltsbereich zu stärken und die Risiken für den Unterhaltsempfänger zu minimieren, wenn man über § 820 Abs. 1 Satz 2 BGB eine verschärfte Haftung des Unterhaltsempfängers annehmen würde.[11] Die Funktion der einstweiligen Anordnung, dem Leistungsempfänger die Mittel zur Sicherung des Lebensunterhalts zu gewähren, beinhaltet zwangsläufig, dass der Empfänger auch zum Verbrauch berechtigt sein muss.

17 Der Rückforderung überhöhter Abschlagszahlungen mit Vorschusscharakter steht der Entreicherungseinwand nicht entgegen. Auf derartige Zahlungen ist § 820 BGB entsprechend anwendbar.[12]

---

[6] BGH v. 08.06.1988 - IVb ZR 51/87 - juris Rn. 21 - LM Nr. 197 zu BGB § 812; OLG Brandenburg v. 29.05.2008 - 5 U 111/07 - juris Rn. 37.

[7] BGH v. 19.12.1984 - IVb ZR 51/83 - juris Rn. 12 - BGHZ 93, 183-191; OLG Zweibrücken v. 31.05.1994 - 5 UF 117/93 - NJW-RR 1995, 841-843.

[8] BGH v. 22.04.1998 - XII ZR 221/96 - juris Rn. 20 - LM BGB § 820 Nr. 4 (9/1998).

[9] BGH v. 22.04.1998 - XII ZR 221/96 - juris Rn. 22 - LM BGB § 820 Nr. 4 (9/1998).

[10] BGH v. 27.10.1999 - XII ZR 239/97 - juris Rn. 17 - BGHZ 143, 65-79.

[11] BGH v. 19.12.1984 - IVb ZR 51/83 - juris Rn. 14 - BGHZ 93, 183-191; OLG Zweibrücken v. 31.05.1994 - 5 UF 117/93 - NJW-RR 1995, 841-843.

[12] OLG Koblenz v. 11.12.2003 - 5 U 930/03; vgl. dazu auch *Heimburger*, RiA 2003, 57-70.

§ 821 BGB Einrede der Bereicherung

(Fassung vom 02.01.2002, gültig ab 01.01.2002)

Wer ohne rechtlichen Grund eine Verbindlichkeit eingeht, kann die Erfüllung auch dann verweigern, wenn der Anspruch auf Befreiung von der Verbindlichkeit verjährt ist.

Gliederung

A. Grundlagen 1
B. Anwendungsvoraussetzungen 2
I. Verjährter Bereicherungsrechtlicher Anspruch 2
II. Ausübung der Einrede 3
C. Rechtsfolgen 4
D. Anwendungsfelder 8
I. Allgemeines 8
II. Praktische Bedeutung und Schuldrechtsreform 11

A. Grundlagen

§ 821 BGB gewährt dem Bereicherungsgläubiger einer abstrakten Forderung über den Zeitpunkt der Verjährung seines Bereicherungsanspruchs hinaus das Recht, die Erfüllung der Forderung zu verweigern. Die Herleitung der Einrede des Bereicherungsgläubigers gegen die Erfüllung der eingegangenen Verbindlichkeit ergibt sich vor dem Zeitpunkt der Verjährung des Bereicherungsanspruchs aus dem auf § 242 BGB gestützten Gedanken, niemand brauche etwas zu leisten, was er unmittelbar zurückverlangen könne (dolo agit, qui petit, quod statim redditurus est). Der BGH stützt demgegenüber schon diese Einrede auf § 821 BGB.[1] Tatsächlich wird durch § 821 BGB lediglich die aus § 242 BGB hergeleitete Einrede über den Zeitpunkt der Verjährung des Bereicherungsanspruchs hinaus ausgedehnt. Das ist erforderlich, da durch die Verjährung kein Schuldbefreiungs- beziehungsweise Rückforderungsanspruch des Schuldners der abstrakten Forderung mehr besteht. Das Abstraktionsprinzip wird im Interesse der materiellen Gerechtigkeit, die eine durch die Verjährung des Bereicherungsanspruchs entstehende unkondizierbare „ungerechtfertigte Bereicherung" als unbillig erscheinen lässt, durchbrochen. Der abstrakten Forderung kann ausnahmsweise die in ihrem Rechtsgrund begründete Einrede entgegengehalten werden.[2]

1

B. Anwendungsvoraussetzungen

I. Verjährter Bereicherungsrechtlicher Anspruch

Der Schuldner der Forderung, gegen die sich die Einrede aus § 821 BGB richten soll, muss seinerseits einen bereicherungsrechtlichen Anspruch (nur Leistungskondiktion) auf Befreiung von der eingegangenen Verbindlichkeit besessen haben. Dass die Eingehung einer abstrakten Verbindlichkeit als Leistung zu verstehen ist, ergibt sich ausdrücklich aus § 812 Abs. 2 BGB. Der Bereicherungsanspruch des Forderungsschuldners muss mittlerweile verjährt sein.

2

II. Ausübung der Einrede

Da es sich um eine echte Einrede (im materiellen Sinne) handelt, muss der Schuldner der abstrakten Forderung sie gegenüber dem Gläubiger ausüben. Die bereicherungsrechtliche Einrede wird nicht von Amts wegen berücksichtigt.

3

C. Rechtsfolgen

§ 821 BGB stellt eine dauernde Einrede dar. Folglich kann der Schuldner der eingegangenen Verbindlichkeit, wenn er trotz Bestehens der Einrede des § 821 BGB leistet, das Geleistete nach § 813 Abs. 1 Satz 1 BGB zurückverlangen.

4

Auf die Einrede aus § 821 BGB ist der Entreicherungseinwand des § 818 Abs. 3 BGB anzuwenden. Die Einrede kann also nicht erhoben werden, wenn der Gläubiger der eingegangenen Verbindlichkeit nicht bereichert ist. Das ergibt sich aus dem Zweck des § 821 BGB, die auf § 242 BGB gestützte „dolo

5

---

[1] BGH v. 15.12.1994 - IX ZR 252/93 - juris Rn. 8 - LM BGB § 813 Nr. 5 (4/1995).
[2] *Reuter/Martinek*, Ungerechtfertigte Bereicherung, 1983, § 24 II, S. 747.

§ 821

facit-Einrede" über den Zeitpunkt der Verjährung des Bereicherungsanspruchs hinaus zu verlängern. Wie der Bereicherungsanspruch selbst muss auch die Einrede der Grenze des § 818 Abs. 3 BGB unterliegen. Ebenso finden auch die §§ 818 Abs. 4, 819, 820 BGB Anwendung. Abgesehen von der Verjährtheit muss der bereicherungsrechtliche Befreiungsanspruch als Basis des § 821 BGB vollständig gegeben sein.[3]

6 Bereicherungseinrede und § 821 BGB können auch dem Zessionar der eingegangenen Verbindlichkeit entgegengehalten werden (§§ 404, 405 BGB).

7 Zu beachten ist, dass die eingegangene Verbindlichkeit als abstrakte Forderung je nach Vereinbarung derart vom Kausalverhältnis abgekoppelt sein kann, dass eine Berufung auf die Bereicherungseinrede aus der zugrunde liegenden Rechtsbeziehung und damit auch auf § 821 BGB unzulässig ist.

D. Anwendungsfelder

I. Allgemeines

8 Eine **entsprechende Anwendung** kommt immer dann in Betracht, wenn bei einem auf einen Bereicherungsanspruch gestützten dolo agit-Einwand, der Bereicherungsanspruch verjährt ist, der andere Anspruch jedoch fortbesteht. Zu denken ist etwa an den Fall einer Vindikation aus rechtsgrundlos erlangtem Eigentum, der der Bereicherungsgläubiger in entsprechender Anwendung von § 821 BGB auch noch nach Verjährung seines Bereicherungsanspruchs entgegentreten könnte.[4]

9 Die Bereicherungseinrede besteht in ihrem unmittelbaren Anwendungsbereich, wie auch in der von § 821 BGB vorgenommenen Ausdehnung, auch gegenüber einem **Sequester**, der ein Guthaben des Schuldners auf ein eigenes Anderkonto übertragen hat. Zwar hat der Bereicherungsausgleich im Grundsatz entlang der Leistungsverhältnisse zu erfolgen, was dazu führt, dass auch nur in diesen Beziehungen jeweils der Bereicherungseinwand geltend gemacht werden kann. Die Ausnahme zulasten des Sequesters rechtfertigt sich indes daraus, dass dieser mit der Übertragung auf das Anderkonto keine eigenen Interessen verfolgt.[5]

10 Trägt der Gläubiger bei der klageweisen **Geltendmachung** einer in einer Schuldurkunde verbrieften Geldforderung **im Prozess** unter Verstoß gegen seine prozessuale Wahrheitspflicht gem. § 138 Abs. 1 ZPO falsche Angaben zum Rechtsgrund der Schuld vor, dann steht dem beklagten Schuldner gegenüber dem Klageanspruch aus dem Schuldanerkenntnis die Einrede der ungerechtfertigten Bereicherung gem. den §§ 812 Abs. 1 Satz 1 Alt. 1, Abs. 2, 821 BGB zu.[6]

II. Praktische Bedeutung und Schuldrechtsreform

11 § 821 BGB wurde bislang eine geringe praktische Bedeutung zugeschrieben. Der Bereicherungsanspruch auf Befreiung von der eingegangenen Verbindlichkeit verjährte nach § 195 BGB a.F. in 30 Jahren. Dann war in aller Regel auch der Anspruch des Bereicherungsschuldners verjährt. Die abstrakte Forderung unterfiel wegen ihrer Selbstständigkeit vom Kausalgeschäft indes nicht den kürzeren Verjährungsfristen der §§ 196, 197 BGB a.F. Ein Anwendungsfeld blieb für die Fälle der Hemmung und Unterbrechung der Verjährung der abstrakten Forderung durch die der Verjährungszeitpunkt von Bereicherungsanspruch und eingegangener Verbindlichkeit auseinander fallen konnte. Nach neuer Rechtslage beträgt die regelmäßige Verjährungsfrist, der auch die Bereicherungsansprüche unterfallen, drei Jahre (§ 195 BGB). Allerdings richtet sich auch die Verjährung der abstrakten Forderung nach der dreijährigen allgemeinen Verjährungsfrist. Zu beachten ist jedoch die Veränderung des Verjährungsbeginns. Im Gegensatz zur objektiv ausgerichteten Regelung der §§ 198 ff. BGB a.F. Enthält § 199 Abs. 1 BGB in seiner Nr. 2 nunmehr ein subjektives Element. Ist der Verjährungsbeginn von der Kenntnis des Gläubigers von den anspruchsbegründenden Umständen und der Person des Schuldners beziehungsweise seiner grobfahrlässigen Unkenntnis abhängig, ergibt sich oftmals ein unterschiedlicher Verjährungsbeginn. Das Ende der Verjährungsfristen der eingegangenen Verbindlichkeit einer-

---

[3] Vgl. *Reuter/Martinek*, Ungerechtfertigte Bereicherung, 1983, § 24 III, S. 750.

[4] *Heimann-Trosien* in: BGB-RGRK, 12. Aufl. 1989, § 821 Rn. 2.

[5] BGH v. 15.12.1994 - IX ZR 252/93 - juris Rn. 24 - LM BGB § 813 Nr. 5 (4/1995) (die Entscheidung betrifft mit ihrer Bezugnahme auf § 821 BGB den dolo agit-Einwand, den der BGH nicht klar von der Erstreckung über die Verjährung hinaus trennt).

[6] OLG Köln v. 13.01.2003 - 16 U 36/02 - OLGR Köln 2003, 157-158.

seits und des entgegenstehenden Bereicherungsanspruchs andererseits wird daher in Zukunft weitaus häufiger auseinander fallen als nach alter Rechtslage. Die Bedeutung von § 821 BGB ist folglich durch die Schuldrechtsreform erheblich gestiegen.

Bedeutung besitzt § 821 BGB auch für den Fall der Bestellung einer Sicherheit für Forderungen. Für den Fall, dass die eingegangene Verbindlichkeit verjährt war, kann nach § 216 Abs. 1 BGB (§ 223 Abs. 1 BGB a.F.) trotz Verjährung des gesicherten Anspruchs, Befriedigung aus der bestellten Sicherheit beansprucht werden. Damit besteht die Möglichkeit, dass zwar die eingegangene Verbindlichkeit zugleich mit dem Bereicherungsanspruch verjährt, jedoch eine Inanspruchnahme der bestellten Sicherheit zu befürchten ist.[7] Für diesen Fall kann nach § 821 BGB einer Inanspruchnahme aus der Sicherheit entgegengetreten werden.[8]

12

---

[7] Zur Verjährung der Rückgewähransprüche nicht valutierter Grundpfandrechte vgl. *Schmidt*, BWNotZ 2002, 97-99.
[8] Vgl. *Reuter/Martinek*, Ungerechtfertigte Bereicherung, 1983, S. 748 f.

§ 822 BGB Herausgabepflicht Dritter

(Fassung vom 02.01.2002, gültig ab 01.01.2002)

Wendet der Empfänger das Erlangte unentgeltlich einem Dritten zu, so ist, soweit infolgedessen die Verpflichtung des Empfängers zur Herausgabe der Bereicherung ausgeschlossen ist, der Dritte zur Herausgabe verpflichtet, wie wenn er die Zuwendung von dem Gläubiger ohne rechtlichen Grund erhalten hätte.

Gliederung

A. Grundlagen 1	C. Rechtsfolgen 8
B. Anwendungsvoraussetzungen 3	D. Prozessuale Hinweise 11
I. Unentgeltliche Zuwendung 3	E. Anwendungsfelder 12
II. Wegfall eines Bereicherungsanspruchs gegen den Zuwendenden 5	

A. Grundlagen

1 § 822 BGB beinhaltet eine eigenständige Anspruchsgrundlage. Im Wege des Durchgriffs richtet sich der Anspruch gegen den Empfänger einer unentgeltlichen Leistung, wenn aufgrund dieser Leistung ein Bereicherungsanspruch gegen den Leistenden entfällt. Es erfolgt eine Rückabwicklung der Bereicherung unter Durchbrechung der Leistungsbeziehungen, die jedoch gegenüber einem Vorgehen gegen den ursprünglichen Bereicherungsschuldner nachrangig ist. Man kann den Anspruch aus § 822 BGB mithin als subsidiäre Durchgriffskondiktion einordnen. Der Durchgriff findet seine Rechtfertigung darin, dass der Erwerber wegen der Unentgeltlichkeit weniger schutzwürdig erscheint als der Bereicherungsgläubiger, dessen Anspruch durch die Verfügung an den Erwerber vereitelt wird.[1]

2 Vom Durchgriffsanspruch gegen den Empfänger einer unentgeltlichen Verfügung aus § 816 Abs. 1 Satz 2 BGB unterscheidet sich § 822 BGB dadurch, dass hier eine Verfügung eines Berechtigten vorliegt, nicht, wie bei § 816 Abs. 1 Satz 2 BGB, die Verfügung eines Nichtberechtigten.

B. Anwendungsvoraussetzungen

I. Unentgeltliche Zuwendung

3 Voraussetzung der Durchgriffskondiktion des § 822 BGB ist eine unentgeltliche Zuwendung eines Bereicherungsschuldners an den potentiellen Schuldner des Anspruchs aus § 822 BGB. Damit scheiden Konstellationen aus, in denen das Erlangte nicht durch Leistung, sondern in sonstiger Weise an den Bereicherten gelangte. Nur wenn der Gegenstand durch bewusste und zweckgerichtete Mehrung fremden Vermögens seitens eines anderen Bereicherungsschuldners erlangt wurde, besteht die erforderliche Verknüpfung zur Vereitelung des ersten Bereicherungsanspruchs.

4 Die Unentgeltlichkeit ist gegeben bei Schenkungen, Vermächtnissen, zinslosen Darlehen, entgeltloser Gebrauchsüberlassung.[2]

II. Wegfall eines Bereicherungsanspruchs gegen den Zuwendenden

5 Durch die unentgeltliche Zuwendung muss ein Bereicherungsanspruch des Gläubigers gegen den Zuwendenden entfallen sein. Erforderlich ist demnach, dass der primäre Bereicherungsanspruch wegen Entreicherung nach § 818 Abs. 3 BGB entfällt. Als entfallener Anspruch kommen sämtliche Bereicherungsansprüche, insbesondere auch ein Durchgriffsanspruch aus § 822 BGB, in Betracht. Erfasst sind insofern der Bereicherungsgegenstand des ursprünglichen Anspruchs selbst, sowie seine Surrogate, Nutzungen und gegebenenfalls sein Wert (§ 818 Abs. 2 BGB).[3] Kann sich der ursprüngliche Bereicherungsschuldner und Zuwendende trotz der Unentgeltlichkeit seiner Verfügung wegen den §§ 818 Abs. 4, 819 BGB oder § 820 BGB nicht auf Entreicherung berufen, sind die Voraussetzungen von

---

[1] Ausführlich zur systematischen Einordnung des bereicherungsrechtlichen Mehrpersonenverhältnisses nach § 822 BGB *Thommaso/Weinbrenner*, Jura 2004, 649-656.
[2] *Stadler* in: Jauernig, BGB-Kommentar, § 822 Rn. 5.
[3] *Stadler* in: Jauernig, BGB-Kommentar, § 822 Rn. 3.

§ 822 BGB folglich nicht erfüllt.[4] Dem steht der Fall gleich, dass es schon deshalb an einer Entreicherung (§ 818 Abs. 3 BGB) fehlt, weil mit der unentgeltlichen Zuwendung Ausgaben erspart wurden. Die Durchgriffskondiktion nach § 822 BGB scheitert ebenfalls, wenn der Anspruch gegen den ursprünglichen Bereicherungsschuldner nicht wegen Weitergabe des Erlangten, sondern aus anderen Gründen entfällt. So etwa, wenn bereits aufgrund von Luxusaufwendungen im Vertrauen auf die Rechtsbeständigkeit des Erwerbs vor der Verfügung an den Dritten Entreicherung nach § 818 Abs. 3 BGB eingetreten ist.[5] Es fehlt in derartigen Fällen an der erforderlichen Kausalität zwischen unentgeltlicher Zuwendung und Verlust der Primärkondiktion.

Dem Ausschluss der Haftung des ursprünglichen Bereicherungsschuldners aus Rechtsgründen steht es nicht gleich, wenn der primäre Bereicherungsanspruch aus tatsächlichen Gründen undurchsetzbar ist.[6] Gleichwohl befürworten Teile der Literatur eine Ausweitung des Anwendungsbereiches des § 822 BGB bei Undurchsetzbarkeit der Primärkondiktion aus tatsächlichen Gründen.[7] So soll auch bei Insolvenz des ursprünglichen Bereicherungsschuldners – entgegen der Rechtsprechung des BGH[8] – (bei Verjährung der Primärkondiktion und bei Unauffindbarkeit des ursprünglichen Bereicherungsschuldners trotz Nichtvorliegens der Voraussetzungen des § 822 BGB eine Kondiktion gegen den Dritten möglich sein, dem der Bereicherungsgegenstand unentgeltlich zugewendet wurde. Zur Begründung wird angeführt, dass sich die Überwälzung des Insolvenz-, Verjährungs- und Auffindbarkeitsrisikos, welches an sich zu Lasten des Gläubigers geht, vom Bereicherungsgläubiger auf den Dritten mit dem Verweis auf die § 822 BGB zugrunde liegenden Grundwertungen und unter Berücksichtigung von § 195 BGB und der §§ 133 f. InsO, §§ 3 f. AnfG relativieren lässt. 6

Für § 822 BGB stellt sich wie für § 816 Abs. 1 Satz 2 BGB die Frage nach einer **Gleichsetzung des unentgeltlichen mit einem rechtsgrundlosen Erwerb**. Man könnte meinen, auch der rechtsgrundlose Erwerber verdiene keinen Schutz, da er seinerseits die Gegenleistung nicht zu erbringen braucht oder sie jedenfalls herausverlangen kann. Danach wäre ein Durchgriff des Bereicherungsgläubigers auf den Dritten zulässig, wenn der Bereicherungsgläubiger durch Weitergabe an den Dritten in der Weise entreichert ist, dass sich seine Herausgabepflicht auf die Kondiktion gegen den Dritten beschränkt. Einer solchen analogen Anwendung von § 822 BGB stehen die gleichen Bedenken entgegen wie der entsprechenden Analogie zu § 816 Abs. 1 Satz 2 BGB.[9] Mag der Dritte nur rechtsgrundlos den Bereicherungsgegenstand erlangt haben, so bedarf er doch mit Blick auf die Rückforderung seiner etwa schon erbrachten Gegenleistung und auf ihm gegenüber seinem Vertragspartner zustehende Einreden Schutz. Dieser Schutz wird durch den Durchgriff im Wege der Analogie zu § 822 BGB vereitelt. Die Analogie ist daher abzulehnen. Zu beachten ist, dass es im Unterschied zur Analogie zu § 816 Abs. 1 Satz 2 BGB bei § 822 BGB nicht um die Verfügung eines Nichtberechtigten geht. 7

C. Rechtsfolgen

§ 822 BGB verweist auf die **Rechtsfolgen des** § 818 BGB. Herauszugeben sind der unentgeltliche erlangte Gegenstand selbst, sowie Surrogate und Nutzungen, unter Umständen Wertersatz. Der Schuldner kann sich auf Entreicherung (§ 818 Abs. 3 BGB) berufen. Auch die §§ 818 Abs. 4, 819 Abs. 1 BGB finden entsprechende Anwendung. 8

Auch bei § 822 BGB stellt sich die Frage, ob der Erlös aus einer Weiterveräußerung des Erlangten (**commodum ex negotiatione cum re**) nach Bereicherungsrecht herauszugeben ist.[10] Während bei der Kondiktion aus § 816 Abs. 1 BGB der Veräußerungserlös als unmittelbar Erlangtes von der Herausgabepflicht umfasst ist, kann im Übrigen eine Erstreckung auf den Erlös über § 818 Abs. 1 BGB nicht angenommen werden (vgl. die Kommentierung zu § 818 BGB). Da § 822 BGB mit seinem Durchgriffscharakter nicht mit § 816 Abs. 1 BGB vergleichbar ist, hat man sich an der Entscheidung zum allge- 9

---

[4] *A.A. Knütel*, NJW 1989, 2504-2509, 2508, 2509 mit dem Argument, derjenige, der eine unentgeltliche Leistung von einem Nichtberechtigten erhalte, stehe dann besser, als der, der sie vom Berechtigten erhalte.
[5] *Reuter/Martinek*, Ungerechtfertigte Bereicherung, 1983, § 8 IV 2, S. 365 unten.
[6] *Reuter/Martinek*, Ungerechtfertigte Bereicherung, 1983, § 8 IV 2, S. 366/367; a.A. *Larenz/Canaris*, Schuldrecht, Band II/2 Besonderer Teil, 13. Aufl. 1994, § 69 IV 1 a, S. 195.
[7] *Thommaso/Weinbrenner*, Jura 2004, 649-656
[8] BGH v. 03.12.1998 - III ZR 288/96 - LM BGB § 816 Nr. 47 (5/1999)
[9] Zu den Parallelen zu § 816 Abs. 1 Satz 2 BGB: *Reuter/Martinek*, Ungerechtfertigte Bereicherung, 1983, § 8 IV 1, S. 360 ff.
[10] *Reuter/Martinek*, Ungerechtfertigte Bereicherung, 1983, § 8 IV 4, S. 369, 370.

meinen Haftungsumfang über § 818 Abs. 1 BGB zu orientieren. Von § 822 BGB ist also stets nur der Umfang der untergegangenen Primärverpflichtung umfasst, jedoch nicht der aus einer Weiterveräußerung des unentgeltlich Empfangenen gegebenenfalls resultierende Erlös.

10 Ist die Verpflichtung des Beschenkten zur Herausgabe des Geschenks ausgeschlossen, weil er damit eine Sache erworben und diese seinerseits unentgeltlich einem Dritten zugewendet hat, so haftet der Dritte nicht auf Herausgabe der ihm zugewendeten Sache, sondern auf Wertersatz, kann sich jedoch durch Herausgabe der Sache befreien.[11]

D. Prozessuale Hinweise

11 Die Beweislast für die Unentgeltlichkeit des Erwerbs und für den daraus folgenden Wegfall der Bereicherung beim primären Schuldner liegt beim Gläubiger des Bereicherungsanspruchs.

E. Anwendungsfelder

12 Wird ein Schenkungsgegenstand über § 528 Abs. 1 Satz 1 BGB nach Bereicherungsrecht zurückgefordert, fragt sich, ob im Falle einer unentgeltlichen Weiterverfügung der Gegenstand von dem Empfänger dieser zweiten Verfügung nach § 822 BGB herausverlangt werden kann. Die Rechtsprechung hält § 822 BGB über den **Verweis** in § 528 BGB für entsprechend anwendbar. Eine unmittelbare Anwendung scheitert danach an der Verweisung in § 528 Abs. 1 Satz 1 BGB, die sich nur auf eine Herausgabe vom Beschenkten selbst bezieht. Dabei wird die Haftung des unentgeltlichen Erstempfängers offenbar als schenkungsrechtliche, nicht aber als originär bereicherungsrechtlicher Anspruch eingestuft. Andernfalls wäre der Anwendungsbereich von § 822 BGB, der einen an Entreicherung scheiternden Bereicherungsanspruch gegen den unentgeltlich Verfügenden voraussetzt, auch ohne Verweis im Schenkungsrecht unmittelbar anwendbar. Ausschlaggebend für die nach der Rechtsprechung erforderliche analoge Erstreckung auch auf den unentgeltlichen Zweitempfänger soll der Gesichtspunkt sein, dass der unentgeltliche Empfänger hier ebenso wie im unmittelbaren Anwendungsbereich als weniger schutzwürdig als der Unterhaltsempfänger erscheine.[12] Der Zweck des Verweises ins Bereicherungsrecht, die Erfüllung der Unterhaltspflicht durch den ursprünglichen Schenker zu gewährleisten, überwiegt mithin den Wortlaut, der lediglich die Herausgabe durch den Beschenkten, also den primären unentgeltlichen Empfänger, nach Bereicherungsrecht umfasst.[13]

---

[11] BGH v. 10.02.2004 - X ZR 117/02 - NJW 2004, 1314-1315.
[12] BGH v. 03.02.1989 - V ZR 190/87 - juris Rn. 17 - BGHZ 106, 354-358; *Knütel*, NJW 1989, 2504-2509, 2506 ff.
[13] BGH v. 03.02.1989 - V ZR 190/87 - juris Rn. 17 - BGHZ 106, 354-358; *Knütel*, NJW 1989, 2504-2509, 2506 ff.

Titel 27 - Unerlaubte Handlungen

§ 823 BGB Schadensersatzpflicht

(Fassung vom 02.01.2002, gültig ab 01.01.2002)

(1) Wer vorsätzlich oder fahrlässig das Leben, den Körper, die Gesundheit, die Freiheit, das Eigentum oder ein sonstiges Recht eines anderen widerrechtlich verletzt, ist dem anderen zum Ersatz des daraus entstehenden Schadens verpflichtet.

(2) ¹Die gleiche Verpflichtung trifft denjenigen, welcher gegen ein den Schutz eines anderen bezweckendes Gesetz verstößt. ²Ist nach dem Inhalt des Gesetzes ein Verstoß gegen dieses auch ohne Verschulden möglich, so tritt die Ersatzpflicht nur im Falle des Verschuldens ein.

Gliederung

A. Kommentierung zu Absatz 1 1	8. Verkehrspflichten 85
I. Grundlagen 1	a. Allgemeines 85
II. Anwendungsvoraussetzungen 3	b. Verkehrspflichten im Straßenverkehr ... 89
1. Verletzung des Lebens, des Körpers, der Gesundheit 3	c. Verkehrspflichten im Sportbereich 103
a. Definition 3	d. Verkehrspflichten im Bereich der deliktischen Produzentenhaftung 113
b. Allgemeines 4	e. Verkehrspflichten im Bereich der Straßenverkehrssicherung 145
2. Verletzung der Freiheit 8	f. Beweislastverteilung bezüglich der Verkehrspflichtverletzung 160
a. Definition 8	9. Zurechnungszusammenhang zwischen Rechtsgutsverletzung und Schaden 161
b. Allgemeines 9	10. Ersatzfähiger Schaden 162
3. Verletzung des Eigentums 11	III. Rechtsfolgen 163
a. Definition 11	IV. Prozessuale Hinweise/Verfahrenshinweise 164
b. Rechtliche Einwirkungen auf das Eigentumsrecht 12	**B. Kommentierung zu Absatz 2** 166
c. Substanzeingriffe 13	I. Grundlagen 166
d. Eingriff in die Eigentümerbefugnisse aus § 903 BGB 15	II. Anwendungsvoraussetzungen 167
e. Verletzung eines sonstigen Rechts 18	1. Gesetz 167
4. Handlung im Rechtssinne 45	a. Definition 167
a. Definition 45	b. Allgemeines 168
b. Allgemeines 46	2. Schutzgesetz 169
c. Tatbestandsmäßiges Unterlassen 47	a. Allgemeines 169
d. Praktische Hinweise 49	b. Generelle Schutzgesetztauglichkeit einer Norm 170
5. Zurechnungszusammenhang zwischen Handlung und Rechtsgutsverletzung 51	c. Persönlicher Schutzbereich 176
a. Haftungsbegründende Kausalität 51	d. Sachlicher Schutzbereich 177
b. Wertende Zurechnung 52	3. Verstoß gegen ein Schutzgesetz 178
6. Rechtswidrigkeit 59	4. Rechtswidrigkeit 179
a. Strittige Dogmatik 59	5. Verschulden 180
b. Rechtfertigungsgründe 60	a. Schuldfähigkeit 180
c. Rechtsgutsverletzungen infolge des Einleitens und/oder Betreibens eines staatlichen Verfahrens 64	b. Bezugspunkt für das Verschulden 181
	c. Schuldform 182
d. Rechtfertigung von Persönlichkeitsrechtsverletzungen 65	d. Absatz 2 Satz 2 183
e. Rechtfertigung von tatbestandsmäßigen Eingriffen in das Recht am eingerichteten und ausgeübten Gewerbebetrieb 76	6. Zurechnungszusammenhang zwischen Schutzgesetzverletzung und Schaden 184
	7. Ersatzfähiger Schaden 185
7. Verschulden 81	III. Rechtsfolgen 186
a. Allgemeines 81	IV. Prozessuale Hinweise/Verfahrenshinweise 187
b. Vorsatz 82	V. Arbeitshilfen 190
c. Fahrlässigkeit 83	1. Schutzgesetze im Sinne von Absatz 2 ... 190
	2. Keine Schutzgesetze im Sinne von Absatz 2 191

§ 823

A. Kommentierung zu Absatz 1

I. Grundlagen

1 **Regelungsprinzipien**: Bei der Ausgestaltung des Deliktsrechts steht der Gesetzgeber vor der Aufgabe, die Rechtssphären des Schädigers und des Geschädigten abstrakt-generell gegeneinander abzugrenzen.[1] Bei dieser Abgrenzung ist er von Verfassungs wegen nicht völlig frei. Vielmehr erfordert eine verfassungskonforme Regelung des Deliktsrechts, die bei der deliktsrechtlichen Regelung eines jeden Schadensfalls auftretende Kollision der Grundrechtspositionen des Geschädigten (bei der Verletzung des Persönlichkeitsrechts z.B.: Art. 1 Abs. 1, 2 Abs. 1 GG) und des Schädigers (regelmäßig: Art. 2 Abs. 1 GG, u.U. aber auch Art. 4 GG, Art. 5 GG etc.) in einer dem Grundsatz der Verhältnismäßigkeit genügenden Weise aufzulösen. Die zur Bewältigung dieses Problems vom BGB-Gesetzgeber gewählte Lösung lässt sich im Kern auf die beiden Aspekte „**Grundentscheidung für das Verschuldensprinzip**" und „**Absage an eine deliktische Generalklausel**" reduzieren.[2] Diese beiden dogmatischen Grundentscheidungen haben sich insbesondere in der Regelung des § 823 Abs. 1 BGB niedergeschlagen, der Schadensersatz nur bei Verschulden gewährt und ferner einen – verglichen mit einer deliktischen Generalklausel – verhältnismäßig klar konturierten Haftungstatbestand normiert. Andererseits ist nicht zu übersehen, dass auch die in § 823 Abs. 1 BGB unter Deliktsschutz gestellten Rechtsgüter und subjektiven Rechte notwendig eine nicht unerhebliche begriffliche Weite aufweisen. Dieser Umstand sowie das konkretisierungsbedürftige Merkmal „fahrlässige rechtswidrige Verletzung" und das in besonderer Weise auf eine richterrechtliche Ausfüllung angelegte, den Deliktstatbestand abschließende Tatbestandsmerkmal des „sonstigen Rechts" haben denn auch zu der Bewertung beigetragen, § 823 Abs. 1 BGB stelle eine „**kleine Generalklausel**" dar, die zusammen mit § 823 Abs. 2 BGB und § 826 BGB ein „**System von drei „kleinen" Generalklauseln**" bilde, die in ihrem Zusammenwirken das Herzstück des deutschen Deliktsrechts verkörperten.[3] Angesichts ihrer systematischen Stellung im Gesetz an der Spitze des Rechts der unerlaubten Handlungen und ihrer praktischen Bedeutung stellt die Vorschrift des § 823 Abs. 1 BGB die Zentralnorm des deutschen Deliktsrechts dar, wohingegen § 823 Abs. 2 BGB und § 826 BGB lediglich Ergänzungs- und Auffangfunktion zukommt. Das „System dreier kleiner Generalklauseln" stellt gewissermaßen einen Mittelweg zwischen einer deliktischen Generalklausel und einem aus zahlreichen Einzeltatbeständen zusammengesetzten Deliktsrecht dar.[4] Diese gesetzgeberische Konzeption ist rechtspolitisch zu begrüßen,[5] denn im Gegensatz zu einem System starrer Einzeltatbestände räumt der Weg über mehrere „kleine" Generalklauseln den Gerichten größere Wertungsspielräume ein, die sie zur Herstellung von Einzelfallgerechtigkeit nutzen können. Andererseits wird durch ein – verglichen mit der deliktischen Generalklausel – größeres Maß an tatbestandlicher Bestimmtheit ein Mehr an Rechtssicherheit herbeigeführt und auch der den Systemen mit deliktischer Generalklausel innewohnenden Tendenz zur einseitigen Bevorzugung des Geschädigten entgegengewirkt.[6]

2 Dem Anliegen, den Schutz des Geschädigten nicht ausufern zu lassen, dient auch die im Tatbestandsprinzip des § 823 Abs. 1 BGB zum Ausdruck gekommene gesetzgeberische **Entscheidung gegen einen Schutz des Vermögens als solchem**.[7] Diese Lösung, dem Geschädigten erst und nur dann Schadensersatz zu gewähren, wenn er in den in § 823 Abs. 1 BGB benannten Rechtsgütern und Rechten verletzt ist, kann naturgemäß im Einzelfall zu unbilligen Härten führen. Sie ist dennoch rechtspolitisch begrüßenswert, trägt sie doch der Tatsache Rechnung, dass unsere Rechts- und Wirtschaftsordnung der freien Entfaltung der Persönlichkeit und dem freien, marktwirtschaftlichen Wettbewerb unter Beachtung des Sozialstaatsprinzips herausragende Bedeutung beimisst. Freie Entfaltung der Persönlichkeit und freier Wettbewerb bedingen die Einwirkung auf fremde Vermögensinteressen. Wollte man in jedem Falle zurechenbar herbeigeführte Vermögensschäden mit Schadensersatzpflichten bewehren, bestünde die Gefahr, dass unternehmerisches Engagement, Eigeninitiative und wettbewerbsgerichtete Verhaltensweisen über Gebühr eingeschränkt würden. Dies umso mehr, als in hochentwickelten Volkswirtschaften, wie derjenigen der Bundesrepublik Deutschland, die auf einer umfassenden Ver-

---

[1] *Canaris*, VersR 2005, 577-584, 581 bezeichnet dies als ein gesetzgeberisches „Urproblem".
[2] *Canaris*, VersR 2005, 577-584, 577.
[3] *Canaris*, VersR 2005, 577-584, 581.
[4] *Canaris*, Festschrift für Karl Larenz Bd. 2, 1983, S. 27-110, 35.
[5] Ebenso *Canaris*, VersR 2005, 577-584, 581.
[6] Ebenso mit Nachdruck *Canaris*, Festschrift für Karl Larenz Bd. 2, 1983, S. 27-110, 27, 35.
[7] Ebenso *Canaris*, VersR 2005, 577-584, 581.

netzung und Arbeitsteilung aufbauen, jedes Schadensereignis zu Kettenreaktionen führen kann, die unabsehbare Haftungsfolgen mit sich bringen können. Die mit schadensstiftenden Ereignissen verbundenen Risiken können in einer Rechts- und Gesellschaftsordnung, die den Werten der Freiheit und der Solidarität gleichermaßen verpflichtet ist, nicht einseitig dem Verursacher aufgebürdet werden.[8] Dem trägt das BGB dadurch Rechnung, dass es mit § 823 Abs. 1 BGB das **Vermögen als solches** grundsätzlich nicht schützt und mit § 823 Abs. 2 BGB und § 826 BGB Ausnahmen von diesem Grundsatz statuiert, die dem Missbrauch vorbeugen sollen[9] und die entweder (§ 823 Abs. 2 BGB) auf Entscheidungen des Gesetzgebers oder (§ 826 BGB) auf in der Gesellschaft konsensfähigen, sozialethischen Minimalstandards beruhen[10].

II. Anwendungsvoraussetzungen

1. Verletzung des Lebens, des Körpers, der Gesundheit

a. Definition

Verletzung des Lebens bedeutet Tötung eines Menschen. Eine Körperverletzung liegt in jedem nicht unerheblichen Eingriff in die Integrität der körperlichen Befindlichkeit eines Menschen. Eine Gesundheitsverletzung liegt vor, wenn die inneren (körperlichen oder geistigen) Lebensvorgänge eines Menschen derart gestört werden, dass eine medizinische Behandlung indiziert ist.

3

b. Allgemeines

Der **deliktische Schutz des Rechtsguts Leben** gemäß § 823 Abs. 1 BGB erscheint auf den ersten Blick sinnlos. Bedeutung gewinnt er in der Tat auch erst, durch die an ihn anknüpfenden Schadensnormen in den §§ 844, 845 BGB und § 846 BGB, die in Durchbrechung des Tatbestandsprinzips bestimmten, durch den Todesfall mittelbar geschädigten Personen einen Schadensersatzanspruch als Folge des deliktisch herbeigeführten Todesfalls zubilligen. Hat der deliktisch Getötete nach der Verletzung zunächst noch gelebt, so können etwaige in seiner Person aus Körper- oder Gesundheitsverletzung entstandene Schmerzensgeld- und/oder Schadensersatzansprüche mit seinem Tod auf seine/n Erben übergehen.

4

Der Gesetzeswortlaut unterscheidet zwischen Körper- oder Gesundheitsverletzungen. Rechtsprechung und Lehre definieren das Merkmal **Körperverletzung** als jeden Eingriff in die Integrität der körperlichen Befindlichkeit eines Menschen.[11] Da ein derartiger Eingriff weder zu einer Beeinträchtigung der Gesundheit des Rechtsgutsträgers noch gar zu (starken) Schmerzen führen muss (Beispiele: Ohrfeige, Abschneiden von Kopf- oder Barthaaren[12], Anbringen eines Tattoos am menschlichen Körper[13], nicht dagegen die Beschädigung einer Perücke[14]), bedarf er zur Vermeidung ausufernden Deliktsschutzes bereits auf tatbestandlicher Ebene der Einschränkung. Demnach setzt jede Körperverletzung eine gewisse Erheblichkeit voraus[15], ohne dass es darüber hinaus im Zivilrecht des Rückgriffs auf die im Strafrecht verbreitete pathetische (Leer-)Formel von der „üblen unangemessenen Behandlung" des Rechtsgutsträgers bedürfte. Die Rechtsprechung geht traditionell sowohl im Straf-[16]- als auch im Zivilrecht[17] davon aus, dass jeder **ärztliche Heileingriff**, also auch der medizinisch indizierte, lege artis ausgeführte Eingriff, das Merkmal der „Körperverletzung" erfüllt. Diese Rechtsprechung ist – trotz einer geradezu gebetsmühlenartig dagegen vorgetragenen Kritik in der Literatur[18] – zwischenzeitlich gewohn-

5

---

[8] *Möschel*, JuS 1977, 1-6, 3.
[9] *Canaris*, Festschrift für Karl Larenz Bd. 2, 1983, S. 27-110, 36-38.
[10] *Canaris*, VersR 2005, 577-584, 581.
[11] BGH v. 09.11.1993 - VI ZR 62/93 - BGHZ 124, 52-57.
[12] BVerwG v. 25.07.1972 - I WB 127.72 - NJW 1972, 1726-1728.
[13] OLG Karlsruhe v. 22.10.2008 - 7 U 125/08 - VersR 2009, 407-408; LG Kassel v. 13.05.2009 - 1 S 34/09 - NJW-RR 2009, 1685-1687.
[14] AG Koblenz v. 25.05.1990 - 43 C 479/90 - ZfSch 1990, 339.
[15] BVerwG v. 25.07.1972 - I WB 127.72 - NJW 1972, 1726-1728.
[16] BGH v. 28.11.1957 - 4 StR 525/57.
[17] BGH v. 10.07.1954 - VI ZR 45/54 - NJW 1956, 1106-1108; aktuell bekräftigt: BGH v. 27.05.2008 - VI ZR 69/07 - BGHZ 176, 342-347.
[18] Vgl. statt vieler: *Müller*, DRiZ 1998, 155 m.w.N.

§ 823

heitsrechtlich verfestigt. Akzeptiert man sie, so ist es – mit Blick auf die soziale Funktion und Wertigkeit der Heilbehandlung – konsequent, erst recht das vom Kunden beauftragte, lege artis vorgenommene Anbringen eines Tattoos am menschlichen Körper als Körperverletzung zu werten.[19]

6   Eine Körperverletzung kann nach der bestrittenen, aber im Ergebnis überzeugenden Rechtsprechung des BGH grundsätzlich auch durch eine **Beeinträchtigung von abgetrennten Körperteilen oder dem Körper entnommenen Bestandteilen** erfolgen. Voraussetzung dafür ist jedoch, dass die dem Körper entnommenen Bestandteile nach dem Willen des Rechtsgutträgers dazu bestimmt sind, seinem Körper wieder eingegliedert zu werden. Denn dann gewinnt angesichts der heutigen medizinischen Möglichkeiten das aus dem allgemeinen Persönlichkeitsrecht folgende Selbstbestimmungsrecht des Rechtsgutinhabers für das Schutzgut „Körper" eine zusätzliche Bedeutung, die es erfordert, derartige vorübergehend ausgegliederte Körperbestandteile wertungsmäßig dem Schutz der körperlichen Integrität zuzuordnen. Das gilt beispielsweise für zur Eigentransplantation bestimmte Haut- oder Knochenbestandteile, für die zur Befruchtung entnommene Eizelle und für die Eigenblutspende.[20] Anders liegt es bei endgültig abgetrennten Körperteilen oder -bestandteilen. Da hier eine wertungsmäßige funktionale Einheit von Körper und Körperteil nicht mehr besteht, wird der Körperteil mit der Abtrennung zur Sache, sodass sich das Recht des Betroffenen an seinem Körper in Sacheigentum am abgetrennten Körperteil umwandelt. Das gilt etwa für gespendete Organe, die nach dem Willen des Spenders dazu bestimmt sind, einer anderen Person implantiert zu werden. Auch hier ist das Recht des Rechtsgutsträgers auf Wahrung seiner eigenen körperlichen Unversehrtheit nicht berührt.[21] Wertungsmäßig zwischen diesen beiden Fallgruppen liegt kryokonserviertes Sperma, das nach dem Willen des Rechtsträgers zu seiner Fortpflanzung verwendet werden soll. Dieses Sperma soll einerseits nicht mehr in den Körper des „Spenders" zurückkehren, ist aber andererseits dazu bestimmt, eine körpertypische Funktion des Rechtsträgers, nämlich die Fortpflanzung, zu erfüllen. Bei wertender Betrachtung im Lichte des allgemeinen Persönlichkeitsrechts überwiegt der letztgenannte Aspekt, weil kryokonserviertes Sperma für den (später zeugungsunfähigen) „Spender" genau die gleiche Funktion erfüllt wie auf natürliche Weise eingesetztes Sperma. Daher stellt eine Vernichtung solchen Spermas eine Körperverletzung dar.[22]

7   Eine **Gesundheitsverletzung** liegt vor bei einer Beeinträchtigung eines Menschen an Körper oder Geist, die eine medizinische Behandlung erforderlich macht.[23] Dabei ist es für den Eintritt einer Gesundheitsverletzung unerheblich, ob es bei dem Geschädigten infolge der Verletzung zu Schmerzzuständen gekommen ist.[24] So liegt es etwa bei der krankheitsauslösenden Infektion mit Viren wie dem HIV-Virus, wobei es im letzteren Fall noch nicht zum Ausbruch der Immunschwächekrankheit Aids gekommen sein muss.[25] Ferner stellt auch eine Vergiftung mit toxischen Substanzen, die etwa beim Geschädigten infolge von Schadstoffemissionen einer industriellen Anlage eingetreten ist, deren Ausstoß die Grenzwerte der Betriebsgenehmigung überstieg, eine Gesundheitsverletzung dar.[26] Auch psychische Beeinträchtigungen mit echtem Krankheitswert, von denen „normale" Angstzustände (z.B. im Hinblick auf (ernste) Alltagssorgen, wie etwa den drohenden Verlust einer Mietwohnung im Rahmen eines Kündigungsrechtsstreits[27]) abzugrenzen sind, sind als Gesundheitsverletzung zu werten. Dies spielt insbesondere in den mit dem Begriff der „Schockschädigung" (vgl. Rn. 57) umschriebenen Fallkonstellationen eine große Rolle. Ferner sind solche psychische Beeinträchtigungen als Gesundheitsverletzung zu werten, die beim Geschädigten über das Empfinden von Angst, Ekel oder Abscheu hin-

---

[19] OLG Karlsruhe v. 22.10.2008 - 7 U 125/08 - VersR 2009, 407-408; LG Kassel v. 13.05.2009 - 1 S 34/09 - NJW-RR 2009, 1685-1687.
[20] BGH v. 09.11.1993 - VI ZR 62/93 - juris Rn. 12 - BGHZ 124, 52-57; LG Koblenz v. 22.08.2007 - 10 O 50/05 - KHR 2007, 156 (Vorübergehende Entnahme eines Teils der Schädeldecke).
[21] BGH v. 09.11.1993 - VI ZR 62/93 - juris Rn. 13 - BGHZ 124, 52-57.
[22] BGH v. 09.11.1993 - VI ZR 62/93 - BGHZ 124, 52-57; vgl. dazu auch die Ausführungen beim allgemeinen Persönlichkeitsrecht unter dem Stichwort Sperma (vgl. Rn. 75).
[23] Vgl. *Adelmann*, VersR 2009, 449-455, 450.
[24] BGH v. 14.06.2005 - VI ZR 179/04 - BGHZ 163, 209-223.
[25] BGH v. 30.04.1991 - VI ZR 178/90 - BGHZ 114, 284-298; BGH v. 14.06.2005 - VI ZR 179/04 - BGHZ 163, 209-223; BGH v. 20.12.1952 - II ZR 141/51 - BGHZ 8, 243-249 (für die Infektion mit Lues).
[26] BGH v. 17.06.1997 - VI ZR 372/95 - LM BGB § 823 (C) Nr. 73 (2/1998).
[27] AG Leipzig v. 26.06.2007 - 165 C 8909/06.

aus zu erheblichen körperlichen Folgewirkungen wie Erbrechen, Magenschmerzen oder Atemnot führen.[28]

2. Verletzung der Freiheit

a. Definition

Freiheit i.S.d. § 823 Abs. 1 BGB ist die Freiheit der Fortbewegung von einem Ort und nicht die allgemeine Handlungsfreiheit. 8

b. Allgemeines

Betrachtet man die übrigen Rechtsgüter und Rechte im Tatbestand des § 823 Abs. 1 BGB, so zeigt sich, dass es sich bei ihnen stets um Güter und Rechtspositionen von eminenter Bedeutung handelt. Daher führt eine systematische Auslegung der Norm zu dem Ergebnis, dass auch das Merkmal „Freiheit" dem Schutz eines Rechtsgutes dienen muss, das in seiner Schutzwürdigkeit und Bedeutung den übrigen Rechtsgütern und Rechten nicht nachsteht. Dieser Bewertung würde eine Gleichsetzung der „Freiheit" im Tatbestand des § 823 Abs. 1 BGB mit der allgemeinen Handlungsfreiheit nicht gerecht. Hinzu kommt, dass § 823 Abs. 1 BGB als zentrale Haftungsnorm des deutschen Deliktsrechts im Einklang mit dessen Konzeption (vgl. Rn. 2) stehen muss, die darauf ausgerichtet ist, die freie Entfaltung der Persönlichkeit und den freien Wettbewerb der Marktteilnehmer nicht mehr als nötig zu beeinträchtigen. Würde demgegenüber die allgemeine Handlungsfreiheit zum Schutzgut des § 823 Abs. 1 BGB aufgewertet, würde dies zu einer unverhältnismäßigen Haftungsausdehnung führen, die der Entfaltung von Eigeninitiative des Individuums und unternehmerischem Engagement, auf die die Rechts- und Wirtschaftsordnung der Bundesrepublik Deutschland („soziale Marktwirtschaft") angewiesen ist, entgegensteht. Nach alledem schützt § 823 Abs. 1 BGB ebenso wie § 239 StGB auf einfachgesetzlicher Ebene das Grundrecht des Art. 2 Abs. 2 GG vor Übergriffen durch Privatpersonen. Freiheit im Sinne des § 823 Abs. 1 BGB ist demnach nicht die allgemeine Handlungsfreiheit, sondern die Freiheit der Fortbewegung von (nicht zu) einem Ort.[29] Daher führt etwa das widerrechtliche „Zuparken" eines Fahrzeuges nach der zutreffenden h.M. nicht zu einem Eingriff in die Freiheit i.S.d. § 823 Abs. 1 BGB, weil die dort geschützte Freiheit der Fortbewegung nur die Fähigkeit umfasst, sich überhaupt körperlich von einem bestimmten Ort wegzubewegen und nicht zugleich auch eine bestimmte Art der Fortbewegung garantiert.[30] Demgegenüber stellt es beispielsweise einen Eingriff in die „Freiheit" im Sinne der Norm dar, wenn das Zugbegleitpersonal einen Bahnreisenden bei einem längeren außerplanmäßigen Halt auf freier Strecke ohne sachlichen Grund am Aussteigen hindert und es ihm dadurch unmöglich macht, einen gebuchten Flug zu erreichen.[31] 9

Tatbestandlich erfasst werden können auch behördlich/gerichtlich zu Unrecht angeordnete Freiheitsentziehungen, wie z.B. Strafhaft, Untersuchungshaft, Unterbringung, Ingewahrsamnahme etc., soweit diese Maßnahmen einer Privatperson (z.B. auf Grund einer Falschaussage oder einer falschen Verdächtigung) zugerechnet werden können. Ist die zu Unrecht erfolgte **gerichtlich angeordnete Freiheitsentziehung** auf ein **fehlerhaftes Sachverständigengutachten** zurückzuführen, ist § 823 Abs. 1 BGB allerdings nicht anwendbar, weil die Vorschrift insoweit durch die mit dem Zweiten Schadensrechtsänderungsgesetz vom 19.07.2002 in das BGB eingefügte Sondernorm des § 839a BGB verdrängt wird, wonach ein Sachverständiger bei vorsätzlich oder grob fahrlässig erstatteten unrichtigen Gutachten dem durch die gerichtliche Entscheidung geschädigten Verfahrensbeteiligten auf Schadensersatz und im Falle der Freiheitsentziehung auch auf Schmerzensgeld (§ 253 Abs. 2 BGB) haftet. § 839a BGB greift damit eine Rechtsprechung sowohl des BGH als auch des BVerfG auf: Während der BGH die Haftung des gerichtlich bestellten Sachverständigen im Hinblick auf seine Funktion als bloßer Richtergehilfe und auf die Gefahr der Rechtskraftdurchbrechung im Wege der Rechtsfortbildung zunächst ganz ausschließen wollte[32], wurde eine derartige Haftungsbeschränkung durch Rechtsfortbildung vom BVerfG nur für die Fälle leichter Fahrlässigkeit gebilligt[33]. Handelt der Sachverständige dagegen als 10

---

[28] AG Lübeck v. 08.06.2011 - 61 Ds 61/11, 61 Ds 746 Js 13196/11 (61/11) für den Fall des Besprühens weiblicher Tatopfer auf der Straße mit Sperma unter Verwendung von Injektionsspritzen.
[29] Ganz h.M. *Sprau* in: Palandt, § 823 Rn. 6; a.A. *Eckert*, JuS 1994, 625-631, 631 m.w.N. auch zur h.M.
[30] A.A. *Eckert*, JuS 1994, 625-631, 631.
[31] AG Augsburg v. 27.10.2004 - 74 C 2694/04 - RRa 2005, 75-78.
[32] BGH v. 18.12.1973 - VI ZR 113/71 - BGHZ 62, 54-63.
[33] BVerfG v. 11.10.1978 - 1 BvR 84/74 - NJW 1979, 305-307.

nicht beamteter **Sachverständiger in einem behördlichen Freiheitsentziehungsverfahren**, greift § 839a BGB seinem eindeutigen Wortlaut nach nicht ein. Für eine Haftungsbeschränkung ist dann wegen der in § 839a BGB zum Ausdruck gekommenen Wertung, wonach nur der gerichtsbestellte Sachverständige privilegiert werden soll, kein Raum (zu Einzelheiten im Hinblick auf § 839a BGB vgl. die Kommentierung zu § 839a BGB). Schließlich können zu Recht gerichtlich angeordnete Freiheitsentziehungen in den Anwendungsbereich des § 823 Abs. 1 BGB fallen, wenn die freiheitsentziehende Maßnahme bei sorgfaltsgemäßer anwaltlicher Vertretung des Inhaftierten unterblieben wäre. Dies hat die Rechtsprechung beispielsweise für den Fall bejaht, dass der den später Inhaftierten in einem Strafverfahren vertretende Rechtsanwalt, es sowohl unterlassen hat, auf eine Verlegung des gerichtlich anberaumten Hauptverhandlungstermins hinzuwirken, als auch den reisewilligen Mandanten ordnungsgemäß darüber aufzuklären, dass bei Reiseantritt (zur Hochzeitsreise) und Fernbleiben von der Hauptverhandlung mit dem Erlass eines Haftbefehls zu rechnen ist.[34] Ebenso kommt eine Haftung eines Betreuers in Betracht, wenn er pflichtwidrig auf die – gerichtlich genehmigte – Unterbringung des Betreuten in einem psychiatrischen Krankenhaus hinwirkt.[35]

3. Verletzung des Eigentums

a. Definition

11 Eine Eigentumsverletzung ist gegeben, wenn das Eigentumsrecht belastet oder seinem Inhaber entzogen wird, wenn die Sachsubstanz beeinträchtigt oder wenn der Eigentümer daran gehindert wird, die ihm gemäß § 903 BGB zustehenden Befugnisse auszuüben.

b. Rechtliche Einwirkungen auf das Eigentumsrecht

12 Rechtliche Einwirkungen auf das Eigentumsrecht können darin bestehen, dass dem Eigentümer das Eigentumsrecht entzogen wird, oder dass es zwar bei ihm verbleibt, das Eigentum aber mit beschränkt dinglichen Rechten (wie z.B. Pfandrechten) belastet wird. Die folgenreichste rechtliche Einwirkung auf das Eigentumsrecht liegt in seiner Entziehung. Eine Eigentumsentziehung tritt etwa ein, wenn ein Gutgläubiger eine Sache im Wege des Rechtsscheinerwerbs (§ 932 BGB) vom Nichtberechtigten erwirbt. In diesen Fällen haftet der gutgläubige Erwerber – auch bei Verschulden – nicht aus § 823 Abs. 1 BGB, da dies den in den Vorschriften über den Gutglaubenserwerb zum Ausdruck gekommenen Wertungen zuwiderlaufen würde.[36] Wer dagegen im Rahmen eines Erwerbs vom Nichtberechtigten auf Veräußererseite handelt, haftet im Verschuldensfalle.[37] In den Fällen des gesetzlich angeordneten Eigentumsverlustes kraft Verbindung, Vermischung, Verarbeitung (§§ 946, 947, 948, 950 BGB) gilt es sorgfältig zu untersuchen, wer den für den Eigentumsverlust/-erwerb relevanten Vorgang beherrscht hat. So kann etwa die Missachtung eines verlängerten Eigentumsvorbehalts zugunsten des Baustofflieferanten durch den Bauunternehmer allenfalls in dem seltenen Fall zu einer Haftung des Bauherrn wegen Eigentumsverletzung führen, wenn der Bauherr an dieser Tat (etwa als Anstifter oder Gehilfe) beteiligt ist. Die bloße Duldung der Verwendung der in fremdem Eigentum stehenden Baustoffe durch den Bauherrn ist demgegenüber deliktsrechtlich unbeachtlich, weil sie als Unterlassen zu werten ist, das mangels allgemeiner Rechtspflicht zur Wahrnehmung fremder Vermögensinteressen nicht tatbestandsmäßig ist.[38] Auch der vom Vollstreckungsgläubiger gesteuerte staatliche Zugriff auf das schuldnerfremde Eigentumsrecht im Wege der Zwangsvollstreckung stellt eine Eigentumsverletzung dar.[39] Sollte den Zwangsvollstreckungsgläubiger im Hinblick auf den (privatrechtswidrigen) Vollstreckungszugriff auf das schuldnerfremde Vermögensobjekt kein Verschulden treffen, so kann er sich erneut aus § 823 Abs. 1 BGB dadurch haftbar machen, dass er die gepfändete Sache auf den Widerspruch des Eigentümers nicht freigibt, obgleich dieser ihm sein Eigentumsrecht schlüssig dargelegt und hinreichend glaubhaft gemacht hat.[40] Derjenige, der im Rahmen der Versteigerung schließlich den Zuschlag erhält und damit kraft Hoheitsakts Eigentum erwirbt, haftet – selbst bei Bösgläubigkeit – nicht aus § 823 Abs. 1 BGB, weil dies die privatrechtlich nicht antastbaren Folgen der hoheitlichen Eigentumszuwei-

---

[34] KG Berlin v. 17.01.2005 - 12 U 302/03 - NJW 2005, 1284-1285.
[35] OLG Hamm v. 09.01.2001 - 29 U 56/00 - FamRZ 2001, 861-863.
[36] *Weber*, JuS 1999, 1-10, 8.
[37] OLG Brandenburg v. 15.07.2009 - 7 U 48/08; OLG München v. 30.07.2008 - 7 U 4776/07.
[38] BGH v. 27.05.1971 - VII ZR 85/69 - BGHZ 56, 228-242.
[39] BGH v. 07.03.1972 - VI ZR 158/70 - BGHZ 58, 207-216.
[40] BGH v. 07.03.1972 - VI ZR 158/70 - BGHZ 58, 207-216.

sung unterlaufen würde. § 823 Abs. 1 BGB ist schließlich erfüllt, wenn jemand durch falsche Angaben eine behördliche Beschlagnahme herbeiführt, die zu einer rechtlichen Beeinträchtigung des Eigentumsrechts führt.[41]

c. Substanzeingriffe

Die „klassische" Eigentumsverletzung besteht in Substanzeingriffen in das Sacheigentum. Diese können naturgemäß vielgestaltig sein. Sie können sich beispielsweise in einer völligen Zerstörung, einer Verunstaltung, Verunreinigung oder sonstigen Verschmutzung oder Kontaminierung der Sache niederschlagen[42] oder bei Pflanzen und Tieren in einer Beeinträchtigung der organischen Entwicklung[43].

Im Rahmen der Sachverhaltsgruppe „Substanzeingriffe" stellt sich das Problem der Abgrenzung von vertraglichem Leistungsstörungsrecht, insbesondere kauf- und werkvertraglichem Gewährleistungsrecht, und Deliktsrecht. Dieses Abgrenzungsproblem, das in der juristischen Literatur schlagwortartig mit dem Begriff **„weiterfressender Mangel"** umschrieben wird, hat sich mit der Schuldrechtsreform keineswegs, wie von einigen Stimmen in der Literatur vertreten[44], erledigt.[45] Denn die Diskrepanz zwischen der Anspruchsverjährung deliktsrechtlicher und vertragsrechtlicher Ansprüche, die einer der wesentlichen Gründe für die Notwendigkeit der Abgrenzung ist, hat sich zwar durch die Schuldrechtsreform verringert, besteht aber nach wie vor fort (vgl. § 438 BGB mit den §§ 195, 199 BGB).[46] Das Abgrenzungsproblem wird bedeutsam, wenn die vertraglich geschuldete Sache bereits bei Übergabe mangelbehaftet ist und sich dieser Mangel in der Folgezeit – untechnisch gesprochen – „vergrößert" und dabei auch andere – zunächst mangelfreie – Sachen erfasst. Dann muss – mit den Worten des BGH gesprochen – verhindert werden, dass die „Deliktshaftung die Vertragsordnung aus den Angeln hebt", was man dadurch gewährleisten kann, dass man die Deliktshaftung auf den Schutz der Integritätsinteressen und die Vertragshaftung auf den Schutz der Nutzungs- und Äquivalenzinteressen beschränkt.[47] Keine Abgrenzungsschwierigkeiten entstehen vor diesem Hintergrund, wenn der Mangel der übereigneten Sache von vorneherein insgesamt anhaftet, diese damit für den Eigentümer von Anfang an schlechthin unbrauchbar ist und sich der Mangel mit dem geltend gemachten Schaden deckt. In einem solchen Fall scheidet eine Eigentumsverletzung bereits begrifflich aus und es liegt ein im Rahmen des § 823 Abs. 1 BGB nicht erstattungsfähiger Vermögensschaden vor.[48] Diesem Fall sind die Fälle gleichzustellen, in denen es um einen Schaden geht, der lediglich den auf der Mangelhaftigkeit beruhenden Unwert der Sache für das Nutzungs- und Äquivalenzinteresse des Erwerbers ausdrückt. Für die Beurteilung der Frage, in welchen Fällen sich der geltend gemachte Schaden mit dem der Sache von Anfang an anhaftenden Mangelwert deckt, hat der BGH das Kriterium der „Stoffgleichheit" entwickelt. Diese und mit ihr der Ausschluss des Deliktsrechts ist dann zu bejahen, wenn das fehlerhafte Einzelteil mit der Gesamtsache bzw. dem später beschädigten (zunächst aber einwandfreien) anderen Teil zu einer nur unter Inkaufnahme von erheblichen Beschädigungen trennbaren Einheit verbunden worden ist sowie in den Fällen, in denen der Mangel nicht in wirtschaftlich vertretbarer Weise behoben werden könnte.[49] Demgegenüber setzt die Verneinung der „Stoffgleichheit" bei dem Zusammentreffen von fehlerfreien mit fehlerbehafteten Sachen begrifflich voraus, dass vor dem Schadenseintritt jedenfalls

---

[41] *Spickhoff* in: Soergel, § 823 Rn. 78.
[42] BGH v. 25.10.1988 - VI ZR 344/87 - BGHZ 105, 346-357 Unverkäuflichkeit von Zuchtfischen infolge Kontaminierung mit einem Antibiotikum. Die bloße Verschmutzung von Ausstellungsfahrzeugen eines Autohauses mit aus Abbrucharbeiten an einem Nachbaranwesen stammendem Staub, der die Sachsubstanz der Fahrzeuge nicht beeinträchtigt hat, soll nach LG Dortmund für eine Eigentumsverletzung nicht genügen: LG Dortmund v. 04.05.2007 - 3 O 464/06.
[43] Zu dem letztgenannten Aspekt vgl. beispielsweise BGH v. 02.02.1999 - VI ZR 392/97 - LM BGB § 823 (Ac) Nr. 67 (6/1999) - gestörtes Wachstum von Pflanzen infolge fehlerhaft hergestellten Torfsubstrats; OLG Rostock v. 20.07.2006 - 7 U 117/04 - Verfärbungen von Indikatorpflanzen ökologisch bewirtschafteter Felder auf Grund der Einwirkung von Pflanzenschutzmitteln.
[44] Vgl. etwa *Tettinger*, JZ 2006, 641-650.
[45] Vgl. umfassend dazu *Masch/Herwig*, ZGS 2005, 24-30; offengelassen: OLG Düsseldorf v. 20.02.2009 - I-22 U 157/08.
[46] H.M. vgl. etwa *Medicus/Petersen*, Bürgerliches Recht, 23. Aufl. 2011, Rn. 209b und 307; einschränkend dagegen: *Sprau* in: Palandt, § 823 Rn. 177, der eine gleichzeitige Erfüllung der Voraussetzungen des Gewährleistungsrechts für erforderlich hält.
[47] Grundlegend BGH v. 18.01.1983 - VI ZR 310/79 - juris Rn. 11 - BGHZ 86, 256-264.
[48] BGH v. 08.02.2001 - VII ZR 427/98 - LM BGB § 133 (A) Nr. 30 (9/2001).
[49] Zusammenfassend BGH v. 08.02.2001 - VII ZR 427/98 - LM BGB § 133 (A) Nr. 30 (9/2001).

ein Teil der Gesamtsache unversehrt im Eigentum des Geschädigten gestanden hat, sodass von daher Raum für eine Eigentumsverletzung im Sinne einer Verletzung des Integritätsinteresses ist.[50] Dies kann insbesondere zu bejahen sein, wenn der Schaden z.B. an einem Kraftfahrzeug, einer Maschine oder sonstigen Geräten dadurch eintritt, dass ein später eingebautes Ersatzteil oder eine Zusatzanlage mit Fehlern behaftet ist und infolgedessen Schäden an anderen, bereits vorhandenen fehlerfreien Teilen des Geräts entstehen. Das Gleiche gilt, wenn in Bauwerke (z.B. in einen nur teilweise – aber mangelfrei – errichteten Rohbau) mangelhafte Teile eingefügt werden. Schließlich gelten diese Grundsätze, wenn auf andere Weise, z.B. bei der Herstellung einer neuen Sache, einwandfreie Teile mit mangelbehafteten Teilen verbunden werden und dabei durch einen Mangel oder eine schädliche Eigenschaft eines Teilproduktes andere Teile oder gar die ganze neue Sache geschädigt oder unbrauchbar wird. Dann ist für denjenigen, in dessen Eigentum bisher die einzelnen unversehrten Teile standen, eine Eigentumsverletzung an diesen Teilen und der neuen Sache zu bejahen.[51] Dabei macht es wertungsmäßig keinen Unterschied, ob der Schaden an der vor dem Einbau des fehlerhaften Teils fehlerfreien Sache bzw. den übrigen fehlerfreien Einzelteilen infolge des Einbaus der mangelhaften Sache oder notwendig als Folge des Ausbaus/der Reparatur der mangelhaften Sache entsteht.[52]

d. Eingriff in die Eigentümerbefugnisse aus § 903 BGB

15 Schließlich kann die Eigentumsverletzung in Eingriffen in die Eigentümerbefugnisse aus § 903 BGB bestehen wie z.B. in den Fällen der deliktisch (z.B. durch Täuschung oder Zwang) herbeigeführten Entziehung des unmittelbaren Besitzes. Denn der widerrechtliche Besitzentzug vereitelt die Eigentümerbefugnisse am nachhaltigsten. Des Weiteren kommt ein tatbestandsrelevanter Eingriff in die Eigentümerbefugnisse in Betracht, wenn er dazu führt, dass die **bestimmungsgemäße Brauchbarkeit der Sache** beeinträchtigt wird. Allerdings führt nicht jede Beeinträchtigung der bestimmungsgemäßen Brauchbarkeit einer Sache zu einer Eigentumsverletzung i.S.d. § 823 Abs. 1 BGB. Vielmehr wird, zur Vermeidung einer uferlosen Haftungsausweitung und mit Rücksicht auf den Schutzzweck der Norm, verlangt, dass die Gebrauchsbeeinträchtigung infolge einer **unmittelbaren Einwirkung auf die Sache selbst** erfolgt[53] und als **nicht unerheblich** zu werten ist.[54] Dies wurde etwa von der Rechtsprechung bejaht

- hinsichtlich des Verkaufs kontaminierten Fischfutters, das vom Züchter an die Fische verfüttert wurde und zur Unverkäuflichkeit der Fische führte, selbst für den Fall, dass einige Fische nicht kontaminiert sein sollten, weil auch sie mit dem zur Unveräußerlichkeit führenden Makel der Kontaminierung behaftet seien,[55]
- für den Fall, dass auf Grund eines öffentlich-rechtlichen Verbots die Verkehrsfähigkeit eines Futtermittelzusatzes zur Fütterung von Kälbern nicht mehr gegeben war, so dass hinsichtlich der damit gefütterten Tiere eine zeitweise Verbringungssperre und ein zeitlich befristetes Verwertungsverbot erfolgte,[56]
- für den Fall, dass das unsachgemäße Aufbringen von Pflanzenschutzmitteln in Nachbarschaft zu ökologisch bewirtschafteten Nutzflächen zum Verdacht der Kontamination der Gemüsepflanzen auf den ökologisch bewirtschafteten Feldern führte, der eine Aberkennung des „Bio"-Siegels für die Ware und ein vorübergehendes Verbot der Öko-Kontrollstelle der Vermarktung des Gemüses bis zur Klärung des Befundes nach sich zog[57],
- für den Fall, dass die Benutzbarkeit eines in der Garage abgestellten Kraftwagens durch widerrechtlich durchgeführte Bauarbeiten vor der Garagenausfahrt für eine gewisse Zeit vereitelt wurde[58],
- hinsichtlich von Wasserrohren, bei denen zum Zuschneiden von Gewinden für die Rohrverbindungen ein nicht geschmacks- und geruchsneutrales Gewindeschneidemittel mit der Folge eingesetzt wurde, dass das Leitungswasser einen ekelerregenden Geschmack und Geruch aufwies[59] oder

---

[50] Zusammenfassend BGH v. 08.02.2001 - VII ZR 427/98 - LM BGB § 133 (A) Nr. 30 (9/2001).
[51] Zusammenfassend zu all diesen Konstellationen mit weiteren Nachweisen BGH v. 12.02.1992 - VIII ZR 276/90 - BGHZ 117, 183-190.
[52] BGH v. 12.02.1992 - VIII ZR 276/90 - BGHZ 117, 183-190.
[53] BGH v. 31.10.1974 - III ZR 85/73 - juris Rn. 11 - BGHZ 63, 203-208.
[54] BGH v. 07.12.1993 - VI ZR 74/93 - LM BGB § 823 (Ac) Nr. 59 (7/1994).
[55] BGH v. 25.10.1988 - VI ZR 344/87 - BGHZ 105, 346-357.
[56] OLG Koblenz v. 03.11.2005 - 2 U 1487/04 - OLGR Koblenz 2006, 358-361.
[57] OLG Rostock v. 20.07.2006 - 7 U 117/04 - NJW 2006, 3650-3653.
[58] BGH v. 31.10.1974 - III ZR 85/73 - juris Rn. 11 - BGHZ 63, 203-208.
[59] BGH v. 07.12.1993 - VI ZR 74/93 - LM BGB § 823 (Ac) Nr. 59 (7/1994).

- hinsichtlich von Wein, der infolge der Verkorkung der Weinflaschen mit an den Weinhändler gelieferten undichten Korken durch eingedrungenen Luftsauerstoff einen Oxidationston aufwies, der zum Verlust der amtlichen Prüfnummer führte, was wiederum zur Folge hatte, dass der Wein nicht mehr als „Qualitätswein" bezeichnet und verkauft werden durfte.[60]

Problematisch sind die Fälle, in denen die abstrakte Gebrauchsfähigkeit der Sache nicht angetastet wird und die Gebrauchsbeeinträchtigung lediglich daraus resultiert, dass der Eigentümer die Sache infolge äußerer Einwirkungen lediglich vorübergehend nicht nutzen kann, etwa bezüglich eines Pkw oder eines Grundstücks, weil die Grundstückszufahrt abgesperrt oder zugeparkt ist oder bezüglich eines Schiffes, weil ein Kanal gesperrt ist. Hier führt zunächst einmal die Heranziehung des Kriteriums der unmittelbaren Einwirkung auf die Sache zu der aus dem so genannten „Fleet-Fall" bekannten Differenzierung, dass lediglich das „Einsperren" der Sache, die daraufhin nicht mehr fortbewegt oder betreten werden kann, nicht aber das „Aussperren" der Sache tatbestandsmäßig ist.[61] Mühe bereitet die Konkretisierung des Kriteriums der Erheblichkeit insbesondere in zeitlicher Hinsicht. Die Rechtsprechung hat hier noch keine allgemeingültige Lösung gefunden. In der Literatur ist der Vorschlag verbreitet, in derartigen Fallkonstellationen erst dann eine Eigentumsverletzung anzunehmen, wenn der Marktwert der Sache, also ihre objektive Wertschätzung im Verkehr, beeinträchtigt ist.[62] Dieses Kriterium ist nicht dazu geeignet, einen effektiven Schutz der Eigentümerposition zu gewährleisten. So kann es etwa nicht angehen, denjenigen, der sein Haus für eine Nacht nicht betreten kann und daher in einem Hotelzimmer nächtigen muss, darauf zu verweisen, eine messbare Beeinträchtigung des Marktwertes seines Hauses nachzuweisen. Mit Blick auf die wertsetzenden Impulse des Art. 14 Abs. 1 GG muss es für eine Eigentumsverletzung ausreichen, dass der Eigentümer spürbar in seiner Dispositionsfreiheit beeinträchtigt worden ist. Dies ist dann anzunehmen, wenn ein wirtschaftlich denkender Eigentümer in der gleichen Lage aufgrund der erlittenen Gebrauchsbeeinträchtigung eine Ersatzsache angemietet haben würde. Ist dies zu bejahen, liegt in der Gebrauchsbeeinträchtigung eine Verletzung der Dispositionsbefugnis und mithin des Eigentums. **16**

Das **Fotografieren einer in fremdem Eigentum stehenden Sache** stellt nach der Rechtsprechung des BGH jedenfalls dann keinen Eingriff in die Eigentümerbefugnisse aus § 903 BGB dar[63], so lange es von einer allgemein zugänglichen Straße aus erfolge[64]. Ist das Fotografieren dagegen nur durch Eindringen in den räumlichen Schutzbereich des Eigentums möglich, gegen das sich der Eigentümer rechtlich und faktisch wehren kann, stellt sowohl das Fotografieren als auch das Verbreiten der Fotografien[65] eine Eigentumsverletzung dar, sofern es nicht durch eine Einwilligung des Eigentümers gedeckt ist.[66] Der BGH hält an dieser Rechtsprechung auch vor dem Hintergrund in der Literatur vorgetragener Kritik, dass dies zu einer Ungleichbehandlung von Eigentümern führe, deren Grundstück von einer öffentlichen Straße aus fotografiert werden kann[67], zu Recht fest. Denn alleine aus dem Eigentum an einer Sache folgt kein absolut geschütztes Recht am Bild dieser Sache.[68] **17**

e. Verletzung eines sonstigen Rechts

Das einzige im Tatbestand des § 823 Abs. 1 BGB aufgeführte „Recht" ist das Eigentum. Demgegenüber sind „Leben", „Körper", „Gesundheit" und „Freiheit" Rechtsgüter und keine Rechte. Daher folgt aus der Gesetzessystematik, dass die „Oder-Verknüpfung" im Tatbestand sich ausschließlich auf das Eigentum bezieht. Daraus ergibt sich wiederum, dass das „sonstige" Recht keine beliebige subjektiv-rechtliche Rechtsposition sein kann, sondern ein absolutes eigentumsähnliches Recht sein muss, das ebenso wie das Eigentum durch Zuweisungsgehalt und Ausschlussfunktion geprägt ist (vgl. § 903 BGB). Hierfür spricht ferner der Vergleich mit den übrigen im Tatbestand aufgeführten Rechtsgütern, bei denen es sich stets um Güter herausgehobener Bedeutung handelt, was verdeutlicht, **18**

---

[60] BGH v. 21.11.1989 - VI ZR 350/88 - LM Nr. 47 zu § 823 (Ac) BGB.
[61] BGH v. 21.12.1970 - II ZR 133/68 - BGHZ 55, 153-162; BGH v. 11.01.2005 - VI ZR 34/05.
[62] *Möschel*, JuS 1977, 1-6, 4.
[63] Umfassend dazu *Beater*, JZ 1998, 1101-1109.
[64] BGH v. 17.12.2010 - V ZR 45/10 - NJW 2011, 749-753; BGH v. 09.03.1989 - I ZR 54/87 - NJW 1989, 2251-2253.
[65] *Maisch*, jurisPR-ITR 11/2011, Anm. 4.
[66] BGH v. 17.12.2010 - V ZR 45/10 - NJW 2011, 749-753; BGH v. 20.09.1974 - I ZR 99/73 - LM Nr. 136 zu § 1004 BGB; LG Potsdam v. 21.11.2008 - 1 O 161/08 - ZUM 2009, 430-434.
[67] *Wanckel*, NJW 2011, 1779-1781, 1780.
[68] BGH v. 17.12.2010 - V ZR 45/10 - NJW 2011, 749-753.

dass § 823 Abs. 1 BGB nur einen deliktischen Schutz für bedeutsame Rechtspositionen gewährleisten will, die in ihrer Bedeutung den im Tatbestand ausdrücklich aufgeführten Rechts- oder Lebensgütern und Rechten nicht nachstehen.[69] Schließlich ist bei der Auslegung des Merkmales „sonstiges Recht" zu berücksichtigen, dass es sich hierbei um einen Begriff mit generalklauselartiger Weite handelt, der es als „Sollbruchstelle" für die Grundrechte ermöglicht und erzwingt, diese im Falle ihrer tatbestandlichen Betroffenheit in das Privatrecht im Wege mittelbarer Drittwirkung einstrahlen zu lassen und somit zur Geltung zu bringen. Im Einzelnen stellen sich bei der Auslegung des Merkmals „sonstiges Recht" folgende Fragen:

aa. Dingliche Rechte

19 Zu den sonstigen Rechten mit Zuweisungsgehalt und Ausschlussfunktion gehören in erster Linie die **dinglichen Rechte**, allen voran die beschränkt dinglichen Rechte wie Pfand- und Grundpfandrechte, aber auch die Grunddienstbarkeiten, das Erbbaurecht, der Nießbrauch, das dingliche Vorkaufsrecht und die Reallast.[70] Wegen ihrer Eigentumsähnlichkeit – der BGH bezeichnet das Anwartschaftsrecht auf Eigentumserwerb als „wesensgleiches Minus" zum Eigentum – fallen ferner die dinglichen Anwartschaftsrechte unter das Merkmal des sonstigen Rechts.[71]

20 Die Frage, ob und wann der **Besitz** ein „sonstiges Recht" darstellt, ist umstritten. Verbreitet ist die Auffassung nur der rechtmäßige Besitz sei als „sonstiges Recht" zu werten.[72] Demgegenüber wollen andere wiederum den Besitz, der nur ein tatsächliches Gewaltverhältnis und kein subjektives Recht darstellt, überhaupt nicht deliktisch schützen, stattdessen aber das obligatorische Recht zum Besitz unter das Merkmal „sonstiges Recht" subsumieren.[73] Vorzugswürdig erscheint die Auffassung von *Medicus/Petersen*, die darauf abstellen, dass der Besitz dann eigentumsähnliche Qualitäten aufweist, wenn der Besitzer sowohl Abwehrrechte gegenüber Dritten (Ausschlussfunktion) als auch positive Rechte auf Nutzung der Sache (Zuweisungsgehalt; Nutzungsfunktion) hat. Das ist aber nicht nur beim berechtigten Besitzer der Fall, sondern auch beim entgeltlichen, redlichen Besitzer vor Klageerhebung, der gemäß den §§ 987, 988, 990, 993 Abs. 1 BGB im Verhältnis zum Eigentümer zum Behaltendürfen der Nutzungen berechtigt ist.[74] Die vorstehenden Erwägungen gelten grundsätzlich auch für den mittelbaren Besitzer, der schließlich gemäß § 869 BGB ebenso wie der unmittelbare Besitzer Abwehrrechte gegenüber jedermann hat. Allerdings sehen die den Besitz regelnden Vorschriften des BGB keinen Schutz vor Beeinträchtigungen seiner Rechtsstellung durch den unmittelbaren Besitzer vor, während auf der anderen Seite dieser auch gegenüber dem mittelbaren Besitzer Besitzschutz genießt. Die ungleich nähere Beziehung des unmittelbaren Besitzers zur Sache hat damit insoweit eine Zurückdrängung der Interessen des mittelbaren Besitzers zur Folge. Dem liegt die Erwägung zugrunde, dass der mittelbare Besitzer gegen Übergriffe des unmittelbaren Besitzers bereits durch die schuldrechtlichen Beziehungen und die sich daraus ergebenden obligatorischen Ansprüche hinreichend geschützt ist. Mithin stellt der rechtmäßige mittelbare Besitz ein sonstiges Recht gegenüber jedermann mit Ausnahme des unmittelbaren Besitzers dar.[75]

bb. Die Ehe

21 Umstritten ist, ob und inwieweit die **Ehe** als „sonstiges Recht" geschützt ist und daraus deliktischen Schutz genießt. Der BGH lehnt in ständiger Rechtsprechung einen deliktischen Schutz der Ehe, insbesondere der ehelichen Treuepflicht, sowohl im Verhältnis der Ehegatten untereinander als auch im Verhältnis des „treuen" Ehegatten zum ehestörenden Dritten ab. Im Verhältnis der Ehegatten untereinander begründet er dies im Wesentlichen damit, dass das Familienrecht eine eingehende Regelung der

---

[69] *Larenz/Canaris*, Schuldrecht, Band II/2: Besonderer Teil, 13. Aufl. 1994, § 76 II 4; *Medicus/Petersen*, Bürgerliches Recht, 23. Aufl. 2011, Rn. 607.

[70] BGH v. 21.11.2000 - VI ZR 231/99 - LM BGB § 823 (Ad) Nr. 13 (7/2001), wobei eine Verletzung beschränkt dinglicher Rechte an einem Grundstück einen „grundstücksbezogenen Eingriff" voraussetzt, der sich dahin auswirkt, dass die Verwirklichung des jeweiligen Rechts am Grundstück als solches durch rechtliche oder tatsächliche Maßnahmen beeinträchtigt wird.

[71] Grundlegend BGH v. 11.11.1970 - VIII ZR 242/68 - BGHZ 55, 20-34 (für den Vorbehaltskäufer); BGH v. 05.04.1991 - V ZR 39/90 - BGHZ 114, 161-167 (für den anwartschaftsberechtigten Käufer eines Grundstücks).

[72] Vgl. etwa: LG Hagen (Westfalen) v. 18.04.2011 - 2 O 397/10.

[73] *Larenz/Canaris*, Schuldrecht, Band II/2: Besonderer Teil, 13. Aufl. 1994, § 76 II 4 f.

[74] *Medicus/Petersen*, Bürgerliches Recht, 23. Aufl. 2011, Rn. 607.

[75] BGH v. 21.04.1960 - II ZR 21/58 - BGHZ 32, 194-206.

durch die Ehe begründeten Pflichten und der Folgen ihrer Verletzung enthalte, sodass im Hinblick auf diese „abschließende Regelung" Folgerungen, die aus der Verletzung ehelicher Pflichten zu ziehen seien, grundsätzlich nicht aus dem Schuldrecht hergeleitet werden könnten, sondern vielmehr „dem Wesen der Ehe entsprechend" alleine aus den für derartige Verletzungen vom Familienrecht selbst gegebenen Vorschriften zu entnehmen seien.[76] Im Verhältnis des „treuen" Ehegatten zum ehestörenden Dritten begründet der BGH die Verneinung eines sonstigen Rechts damit, dass die Ehe außerhalb der Rechtsverhältnisse stehe, deren Verletzung allgemeine Ansprüche auf Ersatz von Vermögensschäden auslösen könne. Wenn die Ehestörung keine deliktische Haftung des Ehegatten auslösen könne, könne dies beim ehestörenden Dritten nicht anders gesehen werden. Denn schließlich sei eine die Lebens- und Geschlechtsgemeinschaft der Ehegatten beeinträchtigende Ehestörung ohne Mitwirkung eines der Ehegatten nicht möglich. Sie stelle damit in wesentlicher Hinsicht einen innerehelichen Vorgang dar, der nicht in den Schutzzweck der deliktischen Haftungstatbestände einbezogen sei. Schließlich würde eine deliktische Haftung des Dritten über den Gesamtschuldnerausgleich auf den Ehegatten zurückfallen und so die anderweitige familienrechtliche Regelung unterlaufen.[77] Während die Rechtsprechung im Verhältnis der Ehegatten untereinander von der Literatur im Wesentlichen akzeptiert wird, ist die Rechtsprechung hinsichtlich des Verhältnisses des ehestörenden Dritten zum „ungetreuen" Ehegatten zu Recht auf Widerspruch gestoßen. Denn schließlich scheidet eine gesamtschuldnerische Haftung des ungetreuen Ehegatten aus, wenn man im Hinblick auf ihn § 823 Abs. 1 BGB verneint. Ein Rückgriff ist daher nicht zu befürchten. Eine auf das Abwicklungsinteresse (aus dem Scheidungsverfahren und/oder der Ehelichkeitsanfechtung resultierende Vermögensschäden) beschränkte Delikthaftung des Dritten bei widerrechtlichen Eingriffen in die Ehe ist aber geboten, weil insofern Art. 6 GG in den generalklauselartigen Begriff des „sonstigen Rechts" einstrahlt und den Schutz des getreuen Ehegatten auch auf privatrechtlicher Ebene einfordert. Dem steht auch kein etwaiger andersgearteter gesellschaftlicher Wertewandel entgegen, weil es geradezu der verfassungsrechtliche Auftrag des Art. 6 GG ist, einem solchen „Wertewandel" auf einfachgesetzlicher Ebene Einhalt zu gebieten und die Bedeutung des Instituts „Ehe" für die Rechtsordnung der Bundesrepublik Deutschland zu sichern.

Jenseits des Schutzes der Ehe als solcher anerkennt der BGH – insoweit mit Recht – einen deliktischen Schutz des **„räumlich-gegenständlichen Bereichs"** der Ehe, der zu den „sonstigen Rechten" i.S.d. § 823 Abs. 1 BGB zählt.[78] Darauf gestützt kann der geschädigte Ehegatte vor allem Beseitigungs- und Unterlassungsansprüche geltend machen. Zum räumlich-gegenständlichen Bereich der Ehe gehört in erster Linie die Ehe- und Familienwohnung, die für die Ehegatten (und ihre Kinder) einen natürlichen „Rückzugsraum" darstellt, auf den sie zur freien Entfaltung ihrer Persönlichkeit unabdingbar angewiesen sind.[79] Ferner kann – unabhängig von der rechtlichen Inhaberschaft – der Familienbetrieb dazu gehören, wenn dieser Bestandteil des äußeren gegenständlichen Lebensbereichs des „treuen" Ehegatten ist.[80]

22

cc. Elterliches Sorgerecht

Absolute Rechte mit Zuweisungsgehalt und Ausschließungsfunktion, die als sonstiges Recht geschützt sind, sind auch – trotz der gewandelten Vorstellungen über die Eltern-Kind-Beziehung – das **elterliche Sorgerecht**[81] und das **Umgangsrecht**[82], wobei Letzteres auch und gerade vor Eingriffen durch den sorgeberechtigten Elternteil schützt[83]. Wird der sorgeberechtigte Elternteil infolge der Verletzung des Aufenthaltsbestimmungsrecht dazu gezwungen, eine Detektei mit der Aufenthaltsermittlung zu beauftragen, so kann er grundsätzlich auch die ihm dadurch entstehenden Detektivkosten von dem Verletzer ersetzt verlangen.[84]

23

---

[76] Zusammenfassend mit einem Überblick über die bisherigen diesbezüglichen Judikate des BGH v. 19.12.1989 - IVb ZR 56/88 - LM Nr. 11 zu § 823 (Af) BGB.
[77] Zusammenfassender Überblick bei BGH v. 19.12.1989 - IVb ZR 56/88 - LM Nr. 11 zu § 823 (Af) BGB.
[78] Vgl. dazu allgemein *Riegel*, NJW 1989, 2798-2799.
[79] BGH v. 26.06.1952 - IV ZR 228/51 - BGHZ 6, 360-369.
[80] BGH v. 16.12.1960 - II ZR 162/59 - BGHZ 34, 80-88.
[81] BGH v. 24.04.1990 - VI ZR 110/89 - BGHZ 111, 168-182.
[82] OLG Karlsruhe v. 21.12.2001 - 5 UF 78/01 - FF 2002, 107-109; OLG Frankfurt v. 29.04.2005 - 1 UF 64/05; AG Essen v. 05.06.2007 - 18 C 216/04.
[83] OLG Karlsruhe v. 21.12.2001 - 5 UF 78/01 - FF 2002, 107-109; OLG Frankfurt v. 29.04.2005 - 1 UF 64/05; AG Essen v. 05.06.2007 - 18 C 216/04.
[84] BGH v. 24.04.1990 - VI ZR 110/89 - BGHZ 111, 168-182.

dd. Arbeitsverhältnis

24 Ein als „sonstiges Recht" deliktisch geschütztes **Recht am Arbeitsplatz** wird in der Literatur kontrovers diskutiert[85] und insbesondere mit einem Gleichlauf des Rechts der Arbeitgeber am eingerichteten und ausgeübten Gewerbebetrieb begründet.[86] Im Ergebnis ist ein solches Recht zu verneinen.[87] Auch das BAG hat zwischenzeitlich, ohne sich jedoch endgültig festzulegen, seine ablehnende Haltung zu einem solchen Recht zum Ausdruck gebracht. Dabei hat es mit Recht darauf hingewiesen, dass gegen ein „Recht am Arbeitsplatz" sowohl in der Form eines Schutzes des räumlich-gegenständlichen Bereichs des Arbeitsplatzes als auch in der Form eines Schutzes eines alleinigen Verfügungsrechts des Arbeitnehmers am Arbeitsplatz die fehlende Ausschlussfunktion des Arbeitsverhältnisses spricht. Die rechtlichen Schutzwirkungen des Arbeitsverhältnisses beziehen sich nämlich ausschließlich auf die Beziehung zum Arbeitgeber und sind damit nicht „absolut". Dem steht auch § 613a BGB nicht entgegen. Denn durch die Übertragung des Betriebs oder eines Betriebsteils auf einen anderen wird lediglich auf Arbeitgeberseite die Vertragspartei kraft Gesetzes ausgetauscht, ohne dass sich dadurch an der schuldrechtlichen Natur der Rechtsbeziehung zwischen Arbeitgeber und Arbeitnehmer etwas ändern würde.[88]

ee. Mitgliedschaftsrechte

25 **Mitgliedschaftsrechte** haben – wie man z.B. an dem mit der Mitgliedschaft verbundenen Stimmrecht verdeutlichen kann – sowohl Zuweisungsgehalt als auch Ausschlussfunktion, weil sie alleine dem Mitglied als solchem zustehen.[89] Sie sind daher als „sonstiges Recht" deliktsrechtlich geschützt.[90] Dabei spricht vieles dafür, nicht jede Beeinträchtigung des Mitgliedschaftsrechts als tatbestandsmäßige Rechtsverletzung zu werten, sondern diese auf unmittelbar gegen den Bestand der Mitgliedschaft oder die in ihr verkörperten Rechte und Betätigungsmöglichkeiten gerichtete Eingriffe von erheblichem Gewicht zu beschränken.[91]

ff. Immaterialgüterrechte

26 **Immaterialgüterrechte** (wie z.B. Urheberrecht, gewerbliche Schutzrechte, Patentrecht etc.) werden – wegen ihres unstrittigen Charakters als absolute Rechte – oft pauschal zu den „sonstigen Rechten" gerechnet.[92] Hier muss aber bedacht werden, dass das „sonstige Recht" gegenüber spezialgesetzlichen Regelungen lediglich subsidiären Charakter hat. Daher kann, wenn es um den Schutz dieser Rechte geht, lediglich ergänzend auf § 823 Abs. 1 BGB zurückgegriffen werden.[93] Bei diesem ergänzenden Schutz muss auch ein Abgleich mit den Wertungen der Spezialgesetze erfolgen.[94]

gg. Forderungsrechte

27 Strittig ist, ob **Forderungsrechte** deliktischen Schutz als „sonstige Rechte" genießen können. Die ganz h.M.[95] lehnt dies unter Hinweis auf den relativen Charakter des Schuldverhältnisses ab,[96] wiewohl beachtliche Argumente für eine Subsumtion der Forderungsrechte unter § 823 Abs. 1 BGB sprechen.[97]

---

[85] Vgl. die Nachweise bei BAG v. 04.06.1998 - 8 AZR 786/96 - NJW 1999, 164-166 sowie bei *Sagmeister*, Jura 2008, 207-210, 210.
[86] Vgl. *Sagmeister*, Jura 2008, 207-210, 210 m.N..
[87] LG Frankfurt v. 26.10.1999 - 2/26 O 166/98, 2-26 O 166/98 - NJW-RR 2000, 831-832; OLG Koblenz v. 23.01.2003 - 5 U 13/03 - NJW 2003, 1673-1674.
[88] BAG v. 04.06.1998 - 8 AZR 786/96 - NJW 1999, 164-166.
[89] *Larenz/Canaris*, Schuldrecht, Band II/2: Besonderer Teil, 13. Aufl. 1994, § 76 II e.
[90] BGH v. 12.03.1990 - II ZR 179/89 - BGHZ 110, 323-335; OLG Schleswig v. 22.05.2002 - 9 U 54/01 - OLGR Schleswig 2002, 457-460.
[91] Offengelassen von BGH v. 12.03.1990 - II ZR 179/89 - BGHZ 110, 323-335.
[92] *Fehling/Faust/Rönnau*, JuS 2006, 18-25, 21.
[93] *Wagner* in: MünchKomm-BGB, § 823 Rn. 163; vgl. auch, wenn auch auf das Wettbewerbsrecht bezogen, BGH v. 15.11.1957 - I ZR 83/56 - BGHZ 26, 52-68.
[94] Vgl. wiederum: BGH v. 15.11.1957 - I ZR 83/56 - BGHZ 26, 52-68.
[95] *Fehling/Faust/Rönnau*, JuS 2006, 18-25, 21; LG Berlin v. 29.11.2007 - 5 O 162/07.
[96] Vgl. die ausführliche Erörterung des Problems bei *Spickhoff* in: Soergel, § 823 Rn. 88.
[97] *Larenz/Canaris*, Schuldrecht, Band II/2: Besonderer Teil, 13. Aufl. 1994, § 76 II g.

hh. Allgemeines Persönlichkeitsrecht

Das neben den dinglichen Rechten praktisch bedeutsamste „sonstige Recht" stellt das **allgemeine Persönlichkeitsrecht** dar. Der BGB-Gesetzgeber hatte wegen der generalklauselartigen Weite des Begriffs bewusst von einer gesetzlichen Regelung des allgemeinen Persönlichkeitsrechts abgesehen und lediglich einzelne Aspekte des Persönlichkeitsrechtsschutzes normiert (vgl. für das Namensrecht: § 12 BGB). Hinzu trat danach auch eine spezialgesetzliche Regelung des Schutzes am eigenen Bild im KunstUrhG. Dennoch gab der BGH den nach In-Kraft-Treten des Grundgesetzes stärker gewordenen Forderungen in der Literatur nach der Anerkennung eines allgemeinen Persönlichkeitsrechts über das „sonstige Recht" bereits 1954 nach[98] und begründete dies auch mit den Schutzwirkungen der Art. 1 Abs. 1 GG, Art. 2 Abs. 1 GG.[99] Methodisch betrachtet ist die Entwicklung des allgemeinen Persönlichkeitsrechts als „sonstiges Recht" im Wege der Rechtsfortbildung ein Anwendungsfall der so genannten mittelbaren Drittwirkung der Grundrechte, bei der einem generalklauselartigen unbestimmten Rechtsbegriff die Funktion eines „Einfallstors" für die Grundrechte zugebilligt wird, die in ihn einstrahlen und so zu einer Anwendung auch im Verhältnis zwischen Privaten führen. Dabei entfaltet das allgemeine Persönlichkeitsrecht nicht etwa seine Funktion als Abwehrrecht gegenüber Eingriffen des Staates gegenüber dem Bürger, sondern seine Schutzgebotsfunktion, wonach der Staat sich schützend vor es stellen und es vor Eingriffen Privater abschirmen muss.[100] Die generalklauselartige Weite macht es erforderlich, den Schutzbereich des allgemeinen Persönlichkeitsrechts zu konturieren. Dabei haben sich bisher folgende Fallgruppen herausgebildet, die nicht abschließend, sondern einer ständigen behutsamen Fortentwicklung zugänglich und bedürftig sind: 28

Schutz vor einer Entstellung des Persönlichkeitsbildes[101]: Das allgemeine Persönlichkeitsrecht schützt abstrakt formuliert davor, durch Verbreitung unwahrer Tatsachen oder Herstellen nicht gegebener Zusammenhänge in ein „falsches Licht gerückt" zu werden. Dies ist z.B. der Fall, 29

- wenn einem Politiker vom politischen Gegner eine von diesem nie getätigte und ihm abträgliche Äußerung in den Mund gelegt wird,[102]
- wenn ein frei erfundenes Interview mit einer prominenten Person veröffentlicht wird,[103]
- wenn einer Person eine nicht getätigte Äußerung im Wege eines Zitats untergeschoben wird[104],
- wenn ein Zitat in einem anderen inhaltlichen Zusammenhang wiedergegeben wird und damit den Sinn der Äußerung verändert[105],
- wenn einer mehrdeutigen Äußerung mittels eines Zitats ein bestimmter Bedeutungsgehalt beigemessen wird, ohne dass der Zitierende verdeutlicht, dass es sich um sein Verständnis einer interpretationsbedürftigen Äußerung handelt, wobei es keine Rolle spielt, ob die vorgenommene Interpretation dem vertretbaren Verständnis eines Durchschnittslesers entspricht, wenn auch eine andere Auslegung möglich ist, die die Rechte des Zitierten besser wahrt,[106]
- wenn das Bildnis eines Mannes in „Herrenreiter"-Pose ohne seine Zustimmung auf dem Werbeplakat für ein Potenzmittel verwendet wird,[107]
- wenn von einer Person ein technisch manipuliertes Bild verbreitet wird, das den Anschein erweckt, ein authentisches Abbild dieser Person zu sein,[108]
- wenn in einer Presseveröffentlichung ein eine Person betreffender Sachverhalt in einer Weise bewusst unvollständig geschildert wird, dass der (Durchschnitts-)Leser in Unkenntnis der verschwiegenen Tatsache unweigerlich eine ehrverletzende Schlussfolgerung zieht, die bei Kenntnis der Tatsache deutlich weniger nahe liegend erscheint[109] oder

---

[98] BGH v. 25.05.1954 - I ZR 211/53 - BGHZ 13, 334-341.
[99] Vgl. die anschauliche Darstellung der Geschichte des Schutzes des allgemeinen Persönlichkeitsrechts bei *Seifert*, NJW 1999, 1889-1897.
[100] Vgl. *Larenz/Canaris*, Schuldrecht, Band II/2: Besonderer Teil, 13. Aufl. 1994, § 80 I 3 b; vgl. ferner *Canaris*, JuS 1989, 161-172, 163.
[101] Vgl. dazu *Ehmann*, JuS 1997, 193-203, 198-199; *Degenhart*, JuS 1992, 361-368, 365.
[102] BVerfG v. 03.06.1980 - 1 BvR 185/77 - NJW 1980, 2070-2071.
[103] BVerfG v. 14.02.1973 - 1 BvR 112/65 - NJW 1973, 1221-1226.
[104] OLG Celle v. 01.11.2001 - 13 U 169/01.
[105] BGH v. 20.11.2007 - VI ZR 144/07 - VersR 2008, 1081-1083.
[106] BGH v. 21.06.2011 - VI ZR 262/09 - NJW 2011, 3516-3517.
[107] BGH v. 14.02.1958 - I ZR 151/56 - BGHZ 26, 349-359.
[108] BGH v. 08.11.2005 VI ZR 64/05 - NJW 2006, 603-605.
[109] BGH v. 22.11.2005 VI ZR 204/04 - NJW 2006, 601-603.

- wenn der Name einer Sängerin ohne deren Zustimmung im Rahmen der Werbung für ein Zahnhaftmittel verwendet wird.

Dabei wird von der – zu Recht von Teilen der Literatur kritisch bis ablehnend kommentierten – Rechtsprechung ein Eingriff in das allgemeine Persönlichkeitsrecht tatbestandlich nur bejaht, wenn die verfälschende/entstellende Darstellung von nicht ganz unerheblicher Bedeutung für die Persönlichkeitsentfaltung ist, wohingegen bei „wertneutralen Falschdarstellungen" der Anwendungsbereich des § 823 Abs. 1 BGB nicht eröffnet sein soll[110] (zur Rechtswidrigkeit von Eingriffen in das Persönlichkeitsrecht unter dem Aspekt der Entstellung des Persönlichkeitsbildes vgl. weiter unten unter dem Stichwort Persönlichkeitsbild, Rn. 69).[111]

30 **Schutz vor Ehrverletzungen und sonstigen Herabsetzungen:**[112] Die dogmatische Bedeutung des allgemeinen Persönlichkeitsrechts für den Ehrschutz ist angesichts der §§ 185, 186, 187 StGB, die in Verbindung mit § 823 Abs. 2 BGB den Ehrschutz zivilrechtlich absichern, eher gering. Immerhin wird durch § 823 Abs. 1 BGB ein privatrechtlicher Schutz des allgemeinen Persönlichkeitsrechts auch vor fahrlässigen Ehrverletzungen bereitgehalten. Ein prominentes Beispiel für den zivilgerichtlichen Ehrschutz über § 823 Abs. 1 BGB stellt die Entscheidung dar, in der der BGH in einer Pressereportage über eine Fernsehansagerin, in welcher diese mit Begriffen wie „ausgemolkene Ziege" etc. belegt wurde, zu Recht eine rechtswidrige Ehrverletzung gesehen hat[113] (zur Rechtswidrigkeit von Eingriffen in das Persönlichkeitsrecht unter dem Aspekt der Ehrverletzung vgl. Rn. 70). Ein Anspruch aus § 823 Abs. 2 BGB, §§ 186 bzw. 187 StGB setzt neben der Unwahrheit bzw. fehlenden Erweislichkeit einer behaupteten oder verbreiteten Tatsache auch voraus, dass die Tatsache geeignet ist, den Betroffenen verächtlich zu machen oder in der öffentlichen Meinung herabzuwürdigen. Dies ist bei unzutreffenden Tatsachenbehauptungen, ebenso wie im Anwendungsbereich des § 823 Abs. 1 BGB[114], stets sorgfältig zu prüfen. Als eine von § 823 Abs. 2 BGB, §§ 186, 187 StGB nicht erfasste, weil „neutrale", Tatsachenbehauptung hat die Rechtsprechung beispielsweise die Aussage gewertet, der Betroffene sei aus einer Anwaltssozietät ausgeschieden[115], da sie, sofern nicht unwahre, negative Ausscheidungsgründe mitbehauptet würden, für sich betrachtet, nicht ehrbeeinträchtigend und überdies nicht geeignet sei, die wirtschaftliche Wertschätzung des Betroffenen zu beeinträchtigen[116].

31 **Schutz vor ungewollter kommerzieller Verwertung der eigenen Person:** Eine kommerzielle Verwertung einer Person, insbesondere im Rahmen einer Werbekampagne, muss nicht zwingend damit einhergehen, dass die Person „in ein falsches Licht gerückt" wird. So knüpft etwa eine zu Reklamezwecken verbreitete Fotografie eines berühmten Schauspielers, auf der dieser ein bestimmtes Brillenmodell trägt, an eine wahre Tatsache an. Dennoch schützt ihn das allgemeine Persönlichkeitsrecht auch davor, denn es gewährleistet einer Person das exklusive Recht, selbst darüber zu entscheiden, ob, in welchem Umfang und welchem Kontext sie sich für Werbezwecke einsetzen lässt. Ferner kann das Recht, frei über die kommerzielle Verwertung der eigenen Persönlichkeit entscheiden zu können, auch durch die Veröffentlichung eines Zitats aus einem anwaltlichen Schriftsatz tangiert werden.[117] Wiewohl das Bundesverfassungsgericht in dieser Fallgruppe einer tatbestandlichen Betroffenheit des Schutzbereichs des allgemeinen Persönlichkeitsrechts eines zitierten Anwalts bislang offenbar eher skeptisch gegenüberstand[118], hat das Kammergericht in jüngerer Zeit insoweit eine Schutzbereichseröffnung mit der überzeugenden Begründung bejaht, dass jede sprachliche Festlegung eines Gedankeninhalts Ausfluss der Persönlichkeit des Verfassers ist, so dass ihm aus dem Persönlichkeitsrecht heraus grundsätzlich die Befugnis zustehen muss, selbst darüber zu entscheiden, ob und in welcher Form die

---

[110] BGH v. 15.11.2005 - VI ZR 274/04 - WRP 2006, 265-267; OLG Köln v. 28.04.2005 - 15 U 9/05 - AfP 2005, 287-288 mit Nachweisen zur höchstrichterlichen Rechtsprechung sowie zu den Gegenstimmen in der Literatur.
[111] BGH v. 18.03.1959 - IV ZR 182/58 - BGHZ 30, 7-18.
[112] Vgl. dazu *Ehmann*, JuS 1997, 193-203, 197; *Degenhart*, JuS 1992, 361-368, 365.
[113] BGH v. 05.03.1963 - VI ZR 55/62 - BGHZ 39, 124-134.
[114] v. 15.11.2005 - VI ZR 274/04; OLG Köln v. 28.04.2005 - 15 U 9/05 - AfP 2005, 287-288 mit Nachweisen zur höchstrichterlichen Rechtsprechung sowie zu den Gegenstimmen in der Literatur.
[115] OLG Brandenburg v. 16.03.2009 - 12 W 8/09.
[116] OLG Brandenburg v. 16.03.2009 - 12 W 8/09.
[117] KG Berlin v. 31.10.2008 - 9 W 152/06 - KGR Berlin 2009, 147-148.
[118] BVerfG v. 17.12.1999 - 1 BvR 1611/99 - NJW 2000, 2416-2417.

sprachliche Gedankenfestlegung der Öffentlichkeit zugänglich gemacht wird[119] (zur Rechtswidrigkeit von Eingriffen in das Persönlichkeitsrecht unter dem Aspekt der ungewollten kommerziellen Verwertung vgl. Rn. 71).[120]

Geheimnisschutz und Schutz der informationellen Selbstbestimmung:[121] Unter diesem Aspekt ist der Rechtsgutsträger vor dem Eindringen und Ausforschen des privaten und persönlichen Lebensumfeldes geschützt, das er als geschütztes „Reservat" und privaten Rückzugsraum nur zu öffnen braucht, wenn er dies will und das er auch nur demjenigen gegenüber zu öffnen braucht, den er dafür selbst frei ausgewählt hat. Ferner gewährt das allgemeine Persönlichkeitsrecht unter diesem Aspekt das Recht, exklusiv selbst über die eigene Darstellung der Person in der Öffentlichkeit zu entscheiden. Dies bezieht sich insbesondere auf die Offenlegung solcher persönlicher Lebenssachverhalte, durch die der Betroffene der Öffentlichkeit preisgegeben wird. Hier steht kraft des Persönlichkeitsrechts alleine dem Betroffenen die Befugnis zu, darüber zu befinden, ob, wann und innerhalb welcher Grenzen seine personenbezogenen Daten in die Öffentlichkeit gebracht werden.[122] Das auf diese Weise konturierte Recht auf „Privatheit" lässt sich nach der so genannten **Sphärentheorie** in mehrere Schutzzonen unterschiedlicher Schutzbedürftigkeit und Schutzwürdigkeit aufgliedern: Danach lagern sich um den unantastbaren Persönlichkeitskern (Intimsphäre) zunächst die Privatsphäre, in die aufgrund überwiegender Interessen der Allgemeinheit eingegriffen werden darf, die Sozialsphäre, die dadurch gekennzeichnet ist, dass der Mensch in Kontakt mit der Öffentlichkeit tritt und in die daher nur unter weniger strengen Anforderungen eingegriffen werden darf und schließlich die Öffentlichkeitssphäre, für die keinerlei Schutz gewährleistet wird.[123] Von der Rechtsprechung entschiedene Beispiele für die Verletzung des Persönlichkeitsrechts unter dem Aspekt Geheimnisschutz/informationelle Selbstbestimmung gibt es in nahezu unüberschaubarer Zahl. Daher sollen folgende Beispiele genügen: Tatbestandsmäßig sind etwa

32

- die einen Angestellten als Person kenntlich machende Offenlegung seiner Bezüge[124],
- das Fertigen heimlicher Fotoaufnahmen von einer Person,[125]
- die Veröffentlichung von Urlaubsfotos Prominenter (wie z.B. ein Foto des Prominenten mit Ehegatten in Skikleidung in einem Sessellift)[126],
- die (detaillierte) Presseberichterstattung über das Sexualleben einer Person,[127]
- die Veröffentlichung von Fotografien (z.B. Luftbildaufnahmen) des privaten Anwesens einer konkret benannten Person, sofern dieses nicht für jedermann von öffentlich zugänglichen Stellen einsehbar ist und die Abbildung nicht nur das wiedergibt, was auch für den vor Ort anwesenden Betrachter ohne weiteres sichtbar ist[128],
- das „Ausspähen" des räumlichen Lebensbereichs einer Person unter Überwindung bestehender Hindernisse[129], indem z.B. der Wohnbereich einer Wohnung unter Fokussierung auf die Dachterrasse und den Saunabereich vom Dach eines anderen Hauses fotografiert wird, wodurch Einblick in einen räumlichen Bereich genommen wird, der üblicherweise von der Einsichtnahme Dritter ausgeschlossen ist[130],
- das Ausstrahlen des Nacktfotos einer Person im Fernsehen, das von dieser Person nur zwecks Veröffentlichung in einem Biologiebuch freigegeben worden war, oder
- die in einem Roman erfolgende, bloßstellende Schilderung von Einzelheiten aus dem Sexualleben einer Person, die zwar mit anderem Namen als Romanfigur dargestellt wird, deren Identität aber für einen Teil des Leser- oder Adressatenkreises auf Grund der mitgeteilten Lebensdaten/-umstände

---

[119] KG Berlin v. 31.10.2008 - 9 W 152/06 - KGR Berlin 2009, 147-148.
[120] Vgl. BGH v. 14.04.1992 - VI ZR 285/91 - LM BGB § 812 Nr. 226 (10/1992); zur Schutzbereichseröffnung bei der Werbung für Presseerzeugnisse mit Bildern prominenter Persönlichkeiten vgl. BGH v. 14.05.2002 - VI ZR 220/01 - BGHZ 151, 26-33.
[121] Vgl. dazu *Ehmann*, JuS 1997, 193-203, 199-201; *Degenhart*, JuS 1992, 361-368, 364-365.
[122] BGH v. 20.12.1994 - VI ZR 108/94.
[123] Zusammenfassend *Degenhart*, JuS 1992, 361-368, 363-364; *Diederichsen*, Jura 2008, 1-7,2.
[124] OLG Köln v. 09.06.2009 - 15 U 79/09 - WM 2009, 1885-1889.
[125] BGH v. 10.05.1957 - I ZR 234/55 - BGHZ 24, 200-214.
[126] BVerfG v. 26.02.2008 - 1 BvR 1602/07 - WRP 2008, 645-659.
[127] BGH v. 24.11.1987 - VI ZR 42/87 - NJW 1988, 1984-1985.
[128] BVerfG v. 02.05.2006 - 1 BvR 507/01 - WRP 2006, 1021-1023.
[129] BGH v. 09.12.2003 - VI ZR 373/02 - ZUM 2004, 207-211.
[130] LG Köln v. 08.01.2009 - 29 S 67/08 - NZM 2009, 283-284.

hinreichend erkennbar ist[131] (zur Rechtswidrigkeit von Eingriffen in das Persönlichkeitsrecht unter dem Aspekt des Geheimnisschutzes vgl. weiter unten unter dem Stichwort Geheimnisschutz, Rn. 72).[132]

33 **Schutz vor Belästigung**: Die freie Entfaltung der Persönlichkeit kann auch durch aufgedrängte Belästigungen beeinträchtigt werden. Denn das Recht zur Selbstbestimmung der persönlichen Lebenssphäre umfasst die Entscheidung darüber, ob und in welchem Umfang der einzelne in Kontakt mit anderen Menschen treten oder sich mit bestimmten Lebenssachverhalten (z.B. Werbung) auseinandersetzen möchte. Die Beeinträchtigung dieses Rechts ist besonders augenfällig bei

- anhaltendem Nachstellen[133] (Phänomen des „Stalking":
- fortwährendem „Heranpirschen" an eine Person;
- „beutemäßigem" Einkreisen der Person[134]) oder
- so genanntem „Telefonterror",[135] wird aber zu Recht auch bei
- unerbetenen Anrufen von sog. „Marktforschungsinstituten"[136] und bei
- ungewollter Briefkasten-,[137] Telefon-,[138] Telefax-, BTX- oder E-Mail-Werbung bejaht (zur Rechtswidrigkeit von Eingriffen in das Persönlichkeitsrecht unter dem Gesichtspunkt der Belästigung vgl. weiter unten unter dem Stichwort Belästigungsschutz, Rn. 75).[139]

34 **Schutz der Entscheidungsfreiheit und der persönlichen Lebenssphäre im Übrigen**:[140] Das allgemeine Persönlichkeitsrecht will zwar nicht die allgemeine Handlungsfreiheit als solche schützen, wohl aber die Entscheidungsfreiheit hinsichtlich von Gütern mit persönlichkeitsrechtlichem Einschlag. Dazu gehört z.B. das Recht, nicht mit einem heimlich durchgeführten, medizinisch nicht indizierten Aidstest[141] oder einer solchen Genomanalyse hinsichtlich einer Disposition für todbringende Krankheiten behelligt zu werden[142], die Beachtung des Rechts auf sexuelle Selbstbestimmung[143] und die Beachtung der Freiheit der Familienplanung. Demgegenüber beinhaltet die Respektierung der persönlichen Lebenssphäre im Übrigen so unterschiedliche Rechtspositionen wie das Recht auf Kenntnis der eigenen Abstammung[144] oder das Recht auf Selbstbestimmung im wirtschaftlichen Bereich (zur Rechtswidrigkeit von Eingriffen in das Persönlichkeitsrecht unter dem Aspekt der Beeinträchtigung der Entscheidungsfreiheit und der engeren persönlichen Lebenssphäre vgl. weiter unten unter dem Stichwort Entscheidungsfreiheit, Rn. 75).[145]

ii. Eingerichteter und ausgeübter Gewerbebetrieb

35 Neben dem allgemeinen Persönlichkeitsrecht spielt unter den sonstigen Rechten das von der Rechtsprechung entwickelte „**Recht am eingerichteten und ausgeübten Gewerbebetrieb**" die größte Rolle in der Praxis. Die Anerkennung eines solchen Rechts ist freilich wegen der generalklauselartigen Weite des Tatbestandes für eine marktwirtschaftliche, dem freien Wettbewerb verpflichtete Wirtschaftsordnung nicht ungefährlich. Dennoch lässt es sich sinnvoll in das System des BGB-Delikts-

---

[131] BGH v. 21.06.2005 - VI ZR 122/04 - NJW 2005, 2844-2848.
[132] BGH v. 22.01.1985 - VI ZR 28/83 - LM Nr. 53 zu Art 2 GrundG.
[133] AG Gelsenkirchen v. 26.09.1986 - 22 F 170/86 - Streit 1987, 65-66.
[134] Vgl. dazu *Kerbein/Pröbsting*, ZRP 2002, 76-78; ausführlich zur Tatbestandsmäßigkeit des § 823 Abs. 1 BGB *Keiser*, NJW 2007, 3387-3391.
[135] LG Oldenburg (Oldenburg) v. 24.08.1995 - 5 S 577/95 - NJW 1996, 62-64; vgl. dazu ferner AG Frankfurt v. 11.07.1995 - 30 C 692/95 - 45 - NJWE-VHR 1996, 24.
[136] LG Berlin v. 06.02.2007 - 15 S 1/06 - Magazindienst 2007, 507-509; LG Hamburg v. 30.06.2006 - 309 S 276/05 - NJW-RR 2007, 45-46; AG Schöneberg v. 23.05.2006 - 4 C 218/05.
[137] BGH v. 08.02.2011 - VI ZR 311/09 - NJW 2011, 1005-1007; BGH v. 20.12.1988 - VI ZR 182/88 - BGHZ 106, 229-236 - Telefon; OLG Hamm v. 02.06.1992 - 4 U 33/92 - ZAP EN-Nr. 885/92.
[138] OLG Hamm v. 26.03.2009 - 4 U 219/08.
[139] BGH v. 08.02.2011 - VI ZR 311/09 - NJW 2011, 1005-1007.
[140] *Degenhart*, JuS 1992, 361-368, 366-368; *Ehmann*, JuS 1997, 193-203, 201.
[141] Vgl. *Eberbach*, NJW 1987, 1470-1472.
[142] *Ehmann*, JuS 1997, 193-203, 201.
[143] *Degenhart*, JuS 1992, 361-368, 367.
[144] BVerfG v. 31.01.1989 - 1 BvL 17/87 - NJW 1989, 891-893.
[145] *Degenhart*, JuS 1992, 361-368, 367.

rechts integrieren und nachvollziehbar dogmatisch begründen[146] und ist zwischenzeitlich als kraft Gewohnheitsrechts geltendes richterrechtliches Institut anzusehen.[147]

Das „Recht am eingerichteten und ausgeübten Gewerbebetrieb", das von der Rechtsprechung nur „deshalb entwickelt worden ist, da die Generalklausel des § 826 BGB wegen des Erfordernisses eines auf Schädigung gerichteten Vorsatzes den Bedürfnissen des Geschäftslebens nicht genügte und das Gesetz gegen den unlauteren Wettbewerb sich als lückenhaft erwies", ist **subsidiär**, kommt also nur dann in Betracht, „wenn es gilt, Lücken zu schließen".[148] Demnach scheidet es schon aus, wenn durch den deliktischen Eingriff die in § 823 Abs. 1 BGB ausdrücklich angeführten Rechts- oder Lebensgüter und Rechte berührt sind und ferner dann, wenn in Bezug auf den Eingriff eine speziellere sondergesetzliche Haftungsnorm (etwa aus dem UWG) eingreift.[149] Dieses „Subsidiaritätsdogma" führt nicht nur zu einer begrüßenswerten Einschränkung des Anwendungsbereichs des Rechts am eingerichteten und ausgeübten Gewerbebetrieb, sondern ist auch in sich schlüssig, da die Rechtsprechung ein von ihr selbst entwickeltes Recht nur dort anzuerkennen braucht, wo es unentbehrlich ist.[150] Demnach kann man im Hinblick auf das Recht am Gewerbebetrieb von einem „**Auffangtatbestand**" sprechen.[151] 36

Gegenstand des Schutzes des Rechts am eingerichteten und ausgeübten Gewerbebetrieb ist das Unternehmen, **geschütztes Rechtssubjekt** der Unternehmer.[152] Darunter fallen alle natürlichen und juristischen Personen, Handels- oder BGB-Gesellschaften[153], die unternehmerisch tätig sind. Eine natürliche Person wird nur in ihrer Eigenschaft als Unternehmer geschützt, was voraussetzt, dass sie selbst Inhaber (z.B. als Einzelkaufmann) des Unternehmens ist. Das ist beispielsweise bei Einzelkaufleuten oder den **Angehörigen der freien Berufe** wie z.B. Rechtsanwälten,[154] Ärzten[155], Apothekern[156], Heilpraktikern, Künstlern oder Architekten zu bejahen, sofern sie selbst eine Betriebsstätte unterhalten bzw. eine Praxis betreiben[157], nicht aber bei einem Gesellschafter einer Kapitalgesellschaft. Denn Letzterer ist, auch wenn er Allein- oder Mehrheitsgesellschafter und Geschäftsführer ist, nur Kapitalgeber, nicht aber Unternehmensträger.[158] 37

Der **gegenständliche Schutzbereich** umfasst das existierende[159] Unternehmen sowohl in seinem Bestand als auch in seiner Betätigung[160]. Das Unternehmen genießt also **Bestands- und Funktionsschutz**.[161] Dabei ist unter dem Begriff des bestandsgeschützten Gewerbebetriebes alles das zu verstehen, was in seiner Gesamtheit den Gewerbebetrieb zur Entfaltung und Betätigung in der Wirtschaft befähigt, also nicht nur Betriebsräume und -grundstücke,[162] Maschinen und Gerätschaften, Einrichtungsgegenstände und Warenvorräte, sondern auch Geschäftsverbindungen und Vertriebswege, Organisationsstruktur und Betriebsgeheimnisse, Kundenkreis und Außenstände[163]. Die – vom Reichsgericht noch abgelehnte – Ausdehnung des Schutzbereichs über den bloßen Schutz vor Existenzbedrohungen hinaus hin zu einem umfassenden unternehmerischen Integritätsschutz, rechtfertigt der BGH mit einer Paral- 38

---

[146] Grundlegend dazu *Schmidt*, JuS 1993, 985-992, 986-989.
[147] *Schmidt*, JuS 1993, 985-992, 986.
[148] BGH v. 22.12.1961 - I ZR 152/59 - juris Rn. 11 - BGHZ 36, 252-258.
[149] BGH v. 24.04.1990 - VI ZR 358/89 - NJW 1992, 41-42.
[150] So mit Recht *Schmidt*, JuS 1993, 985-992, 989.
[151] BGH v. 21.06.1966 - VI ZR 261/64 - BGHZ 45, 296-311.
[152] *Schmidt*, JuS 1993, 985-992, 988.
[153] BGH v. 24.04.1990 - VI ZR 358/89 - NJW 1992, 41-42.
[154] LG Berlin v. 13.10.1998 - 16 O 320/98 - MMR 1999, 43-45; Ärzte OLG Celle v. 07.12.1995 - 5 U 103/94 - HVBG-INFO 1997, 2322-2325; vgl. ferner bezogen auf den Psychotherapeuten AG Tauberbischofsheim v. 11.09.1992 - C 410/92 - NJW-RR 1993, 482-483.
[155] ArbG Würzburg v. 01.09.2005 - 4 Ca 1935/04 S - auch der Chefarzt eines Krankenhauses mit persönlicher Ermächtigung zur Teilnahme an der ambulanten kassenärztlichen Versorgung.
[156] LG Hamburg v. 21.01.2003 - 312 O 569/02 - Magazindienst 2003, 928-929.
[157] Das Merkmal wird weit ausgelegt, so dass das ArbG Würzburg zu Recht auch den Chefarzt eines Krankenhauses darunter subsumiert, der auf Grund persönlicher Ermächtigung zur Teilnahme an der ambulanten kassenärztlichen Versorgung zusätzlich zu seiner Tätigkeit als Chefarzt im Krankenhaus eine Ambulanz betreibt (ArbG Würzburg v. 01.09.2005 - 4 Ca 1935/04 S).
[158] BGH v. 24.01.2006 - XI ZR 384/03 - NJW 2006, 830-843.
[159] BGH v. 12.10.1960 - VIII ZR 8/60 - BB 1960, 1356.
[160] So erstmals und grundlegend BGH v. 26.10.1951 - I ZR 8/51 - BGHZ 3, 270-285.
[161] *Schmidt*, JuS 1993, 985-992, 988.
[162] Zur Reichweite dieses Begriffs vgl. BGH v. 21.04.1998 - VI ZR 196/97 - BGHZ 138, 311-321.
[163] Grundlegend BGH v. 09.12.1958 - VI ZR 199/57 - juris Rn. 13 - BGHZ 29, 65-75.

lele zum Eigentumsschutz: Wie das Eigentum nicht nur in seinem Bestand, sondern auch in seinen Ausstrahlungen durch § 823 Abs. 1 BGB geschützt sei, müsse auch das ebenso absolut geschützte Recht am eingerichteten und ausgeübten Gewerbebetrieb nicht nur in seinem eigentlichen Bestand, sondern auch in seinen einzelnen Erscheinungsformen, zu denen der gesamte unternehmerische Tätigkeitskreis zu rechnen sei, vor unmittelbaren Störungen bewahrt bleiben.[164] Mit anderen Worten umfasst der Funktionsschutz ein **Recht auf störungsfreie Entfaltung des gesamten unternehmerischen Tätigkeitskreises**.[165] Da der auf diese Weise umschriebene gegenständliche Schutzbereich sehr weitgehend ist, sind zur Vermeidung einer uferlosen Haftung Einschränkungen geboten. Unter Rückgriff auf den Sinn und Zweck des Rechtsinstituts beschränkt der BGH den Schutzbereich auf den Schutz solcher Erscheinungsformen des Unternehmens, die ihm spezifisch und als solchem eigen sind. Geschützt werden soll demnach das Unternehmen in seinem Bestand und in seinen Ausstrahlungen nur insoweit, als es sich um gerade dem Unternehmen in seiner wirtschaftlichen und wirtschaftenden Tätigkeit wesensgemäße und eigentümliche Erscheinungsformen, Betätigungen und Beziehungen handelt.[166]

39 Eine weitere, praktisch höchst bedeutsame Einschränkung der Reichweite des Schutzes des Rechts am eingerichteten und ausgeübten Gewerbebetrieb ist darin zu sehen, dass der BGH nicht vor jedweden Eingriffen, sondern nur vor **unmittelbaren Eingriffen** Schutz gewährt, die gegen den Betrieb als solchen gerichtet, also **betriebsbezogen** sind und nicht vom Unternehmen ohne weiteres ablösbare Rechte oder Rechtsgüter betreffen.[167] Eine solche Betriebsbezogenheit des Eingriffs ist zu bejahen, wenn seine objektive Stoßrichtung auf den betrieblichen Organismus oder die unternehmerische Entscheidungsfreiheit zielt. Erforderlich ist dabei eine Schadensgefahr, die über eine bloße Belästigung oder sozialübliche Behinderung hinausgeht und geeignet ist, das Unternehmen in empfindlicher Weise zu beeinträchtigen.[168] Ein solcher betriebsbezogener Eingriff ist beispielsweise zu **bejahen**, wenn jemand im Internet kostenlos Programme bereitstellt, die bei Internetauktionen mittels automatisierter Datenverarbeitungsprozesse Gebote abgeben können (sog. „Sniper-Programme"), obwohl der hiervon betroffene Betreiber von Internetauktionen in seinen Allgemeinen Geschäftsbedingungen oder an anderer Stelle seines Internetangebotes ausdrücklich darauf hinweist, dass Gebote nicht auf diese Weise abgegeben werden dürfen[169] oder wenn durch zielgerichtete Unterbrechung der Stromversorgung der Betrieb einer Diskothek gestört wird[170]. Dies ist beispielsweise zu **verneinen**, wenn bei Bauarbeiten zufällig das zu einem Unternehmen hinführende Stromkabel mit der Folge der Unterbrechung der Stromzufuhr beschädigt wird,[171] wenn infolge der Herbeiführung eines Dammbruchs (zufällig) der wasserseitige Zugang zu den Umschlags- und Lagereinrichtungen eines Unternehmens gesperrt wird[172], wenn ein Mitarbeiter oder der Inhaber eines Unternehmens mit der Folge seines Ausfalls im Unternehmen verletzt oder getötet wird[173] oder wenn ein Betriebsfahrzeug oder eine einzelne Maschine beschädigt oder zerstört wird, jedenfalls solange durch den Ausfall des Geräts das Unternehmen nicht ernstlich in seiner Substanz geschädigt wird[174]. Ferner ist die Betriebsbezogenheit zu verneinen, wenn der Eingriff in die gewerbliche Tätigkeit lediglich mittelbare Folge eines ausschließlich gegen die Person des Unternehmers gerichteten „Angriffs" ist. Dies wurde beispielsweise hinsichtlich zweier selbständig im Sport–Marketing tätiger ehemaliger Profi-Tennisspieler bejaht, von denen einer die „Ausladung" des anderen von einer für das Knüpfen von geschäftlichen Marketing-Kontakten wichtigen „After-Show-Party" auf Grund eines persönlichen Zerwürfnisses dadurch bewirkte, dass er dem Veranstalter mitgeteilt hatte, wenn sein Kollege komme, werde er nicht erscheinen.[175]

---

[164] BGH v. 26.10.1951 - I ZR 8/51 - BGHZ 3, 270-285; kritisch gegenüber dieser begriffsjuristisch anmutenden, die eigentlichen Wertungen verdeckenden Argumentation *Schmidt*, JuS 1993, 985-992, 988.
[165] BGH v. 26.10.1951 - I ZR 8/51 - juris Rn. 18 - BGHZ 3, 270-285.
[166] BGH v. 09.12.1958 - VI ZR 199/57 - juris Rn. 13 - BGHZ 29, 65-75.
[167] Grundlegend BGH v. 09.12.1958 - VI ZR 199/57 - BGHZ 29, 65-75.
[168] BGH v. 21.04.1998 - VI ZR 196/97 - BGHZ 138, 311-321.
[169] LG Hamburg v. 27.02.2003 - 315 O 624/02 - K&R 2003, 296-300.
[170] OLG Rostock v. 25.06.2007 - 3 U 70/07 - OLGR Rostock 2007, 767-768.
[171] BGH v. 09.12.1958 - VI ZR 199/57 - BGHZ 29, 65-75.
[172] BGH v. 15.11.1982 - II ZR 206/81 - BGHZ 86, 152-160.
[173] BGH v. 21.11.2000 - VI ZR 231/99 - LM BGB § 823 (Ad) Nr. 13 (7/2001).
[174] BGH v. 18.01.1983 - VI ZR 270/80 - LM Nr. 35 zu § 823 (Ac) BGB.
[175] OLG Koblenz v. 23.06.2005 - 5 U 630/05 - OLGR Koblenz 2005, 649-650.

Ebenso wie beim allgemeinen Persönlichkeitsrecht lässt sich der Schutzbereich des Rechts am eingerichteten und ausgeübten Gewerbebetrieb am besten fallgruppenweise darstellen, wobei eine solche Darstellung infolge der Offenheit des Tatbestands niemals abschließend sein kann und darf. Im Einzelnen haben sich folgende **Fallgruppen** herausgebildet:

Kritik und Verunglimpfung[176]: In der Marktwirtschaft kommt der Werbung eine entscheidende Bedeutung für die Austragung von Wettbewerb zu. Dabei ist insbesondere das „Image" des Unternehmens für den Erfolg am Markt äußerst bedeutsam. Daher ist es nur folgerichtig, dass auf das Unternehmen und seine Produkte bezogene Kritik, die das unternehmerische und betriebliche Ansehen des Unternehmens in der Öffentlichkeit beeinträchtigen kann, den Tatbestand des Eingriffs in das Recht am eingerichteten und ausgeübten Gewerbebetrieb zu eröffnen vermag.[177] Zu beachten ist aber, dass zahlreiche Sachverhalte in diesem Zusammenhang speziellere Gesetze berühren, sodass das Recht am eingerichteten und ausgeübten Gewerbebetrieb als subsidiär ausscheidet, so etwa, wenn die Kritik von einem mit dem betroffenen Unternehmen im Wettbewerb stehenden Konkurrenten zu Zwecken des Wettbewerbs geäußert wird, also das UWG anwendbar ist. Ferner liegt kein Eingriff in das Recht am eingerichteten und ausgeübten Gewerbebetrieb vor, wenn die Kritik in der Aufstellung einer (unwahren) Tatsachenbehauptung besteht, denn dann ist § 824 BGB einschlägig.[178] Eine Tatsachenbehauptung liegt vor, wenn der behauptete Umstand einem Wahrheitsbeweis zugänglich ist. Handelt es sich aber bei der geäußerten Kritik um ein Werturteil, also einer Äußerung, die durch Elemente des Meinens und Dafürhaltens geprägt ist, und ist der Anwendungsbereich des UWG nicht eröffnet, kann der Schutzbereich des Rechts am eingerichteten und ausgeübten Gewerbebetrieb betroffen sein. Zu bejahen ist dies nur dann, wenn das Werturteil – ob sachlich oder nicht – geeignet und darauf gerichtet ist, das Ansehen des Unternehmens oder die Wertschätzung eines von dem Unternehmen am Markt angebotenen Produkts/einer von dem Unternehmen am Markt angebotenen Dienstleistung zu beeinträchtigen. Dies kann insbesondere bei so genannten (vergleichenden) „**Warentests**", die von Nichtkonkurrenten erstellt und verbreitet werden, eine praktisch bedeutsame Rolle spielen. Hier unterscheidet die Rechtsprechung zwischen den im Test – meist – mitgeteilten Tatsachenangaben zu dem Produkt, die regelmäßig, auch wenn sie falsch sind, nicht den Schutzbereich des Rechts am Gewerbebetrieb tangieren und den Testergebnissen, die als Werturteil zu qualifizieren sind und als solche den Schutzbereich des Rechts am eingerichteten und ausgeübten Gewerbebetrieb eröffnen, wenn das Ergebnis der Vermarktung des Produkts abträglich ist.[179] Ein weiterer Bereich, in dem die Äußerung von Werturteilen mit Bezug auf ein Unternehmen, den Schutzbereich eröffnen kann, sind auf das Unternehmen bezogene **satirische Beiträge** und **Scherzartikel**, die ein Unternehmenssignet, eine Marke oder ein Warenzeichen verballhornen. Unternehmensbezogene Satire führt zu einer Schutzbereichseröffnung im Sinne eines betriebsbezogenen Eingriffs, wenn sie geeignet ist und darauf abzielt, die Werbekraft eines Markennamens oder das Image eines Unternehmens zu beeinträchtigen.[180] Ein Scherzartikel, der ein Warenzeichen und einen dazu eingeführten Werbeslogan benutzt, führt zu einem Eingriff in das Recht am eingerichteten und ausgeübten Gewerbebetrieb, wenn er zu einer Ansehensminderung des Unternehmens führen kann und/oder seine Beziehungslosigkeit zu dem Unternehmen für den Verbraucher nicht auf der Hand liegt. Dies wurde von der Rechtsprechung für den Fall des Vertriebs eines Kondoms mit der Aufschrift „Mars" und dem dazugehörigen Slogan „Mars macht mobil – bei Arbeit, Sex und Spiel" bejaht, weil der Verbraucher die Präservative als Werbegeschenke begreifen oder sonst dem Schokoriegelproduzenten zurechnen könne. Ferner bestehe die Gefahr, dass manche Kunden damit eine von dem Schokoriegelproduzenten zumindest gebilligte Werbeaussage verbinden, die dahin gehe, der Riegel habe sexuell stimulierende Wirkung. Hiermit könnten ohne weiteres Imageverluste für das Unternehmen verbunden sein, die dieses nicht hinnehmen müsse.[181] Verneint wurden diese Voraussetzungen von der Rechtsprechung dagegen bei einem Aufkleber mit der Aufschrift „Lusthansa", der das Lufthansasignet mit den charakteristischen Farben gelb/blau und zwei Kranichen in Paarungsstellung nachahmte. Schließlich kann auch öffentlich artikulierte **umwelt- oder sozialpolitisch motivierte**

---

[176] *Schmidt*, JuS 1993, 985-992, 991-992.
[177] BGH v. 11.03.2008 - VI ZR 7/07 - NJW 2008, 2110-2116.
[178] Vgl. dazu *Schmidt*, JuS 1993, 985-992, 991 mit zahlreichen Beispielen aus der Rechtsprechung; *Sack*, BB 2005, 2368-2373.
[179] BGH v. 21.02.1989 - VI ZR 18/88 - LM Nr. 67 zu § 823 (Ai) BGB; *Koppe/Zagouras*, GRUR 2005, 1011-1016, 1012.
[180] BGH v. 17.04.1984 - VI ZR 246/82 - BGHZ 91, 117-126 für den Fall der so genannten „Anti-Werbung".
[181] OLG Bremen v. 12.03.1992 - 2 U 88/91.

Kritik an einem Unternehmen und/oder seinen Produkten, wie z.B. die Bezeichnung der Milchprodukte eines Herstellers als „Gen-Milch"[182], den Schutzbereich eröffnen. (zur Rechtswidrigkeit von Eingriffen in das Recht am eingerichteten und ausgeübten Gewerbebetrieb unter dem Aspekt der Kritik und Verunglimpfung vgl. weiter unten unter dem Stichwort Kritik, Rn. 78).[183]

42 **Verwarnungen wegen Rechtsverstößen, insbesondere Schutzrechtsverwarnungen**[184]: Große praktische Bedeutung hat die Fallgruppe der Verwarnungen bzw. Verfahrenseinleitungen wegen Rechtsverstößen, insbesondere wegen (angeblicher) Verletzungen gewerblicher Schutzrechte. Hinsichtlich dieser Verwarnungen kann man die Sachverhaltskonstellation, dass ein Hersteller wegen einer angeblichen Schutzrechtsverletzung verwarnt wird („Herstellerverwarnung") von derjenigen Konstellation unterscheiden, dass ein Hersteller die unmittelbaren oder mittelbaren Abnehmer eines anderen Herstellers wegen angeblicher Schutzrechtsverletzungen verwarnt.[185] Ferner ist zu unterscheiden zwischen dem Einleiten und Betreiben eines Verfahrens, insbesondere eines zivilgerichtlichen Verfahrens, und der außergerichtlichen Schutzrechtsverwarnung. Der BGH hat mit Beschluss des Großen Zivilsenats vom 15.07.2005 für beide Konstellationen seine Rechtsprechung bekräftigt, wonach in beiden[186] Fallkonstellationen eine unberechtigte Schutzrechtsverwarnung einen per se rechtswidrigen betriebsbezogenen Eingriff in das Recht am eingerichteten und ausgeübten Gewerbebetrieb darstellt[187]. Dabei erfüllt eine Schutzrechtsverwarnung aber nur dann den Tatbestand des § 823 Abs. 1 BGB, wenn der Verwarnende ein **ernsthaftes und endgültiges Unterlassungsbegehren** ausspricht; ein bloßer Meinungsaustausch über die Rechtslage, wie z.B. die zur Vermeidung der Kostenfolge aus § 93 ZPO vor Klageerhebung stets sinnvolle Berechtigungsanfrage[188], genügt dazu noch nicht.[189] Die außergerichtliche Schutzrechtsverwarnung stellt den zu Unrecht Verwarnten vor die Frage, ob er Herstellung bzw. Vertrieb der strittigen Produkte fortsetzen darf; dabei stößt die Beurteilung der Rechtslage (z.B. im Patentrecht) fast immer auf beträchtliche Schwierigkeiten, deren Überwindung Zeit und Geld fordert. Andererseits haftet der Verwarnte, wenn er seinen Betrieb insoweit ungeachtet der Verwarnung fortsetzt, im nachhinein durch die Besonderheiten der Verhältnisse gebotenen scharfen Verschuldensmaßstab auf Herausgabe des Verletzergewinns. In Anbetracht dessen ist die Schutzrechtsverwarnung mit einem massiven Eingriff in die freie unternehmerische Entfaltung verbunden und auch hierauf gerichtet und muss daher regelmäßig als tatbestandsmäßiger Eingriff in das Recht am eingerichteten und ausgeübten Gewerbebetrieb gewertet werden.[190] Hinzu kommt, dass die Schutzrechte Ausschließlichkeitsrechte sind, die jeden Wettbewerber von der Benutzung des Schutzgegenstandes ausschließen und ihn bei Zuwiderhandlung weitreichenden Rechtsfolgen unterwerfen. Die strenge Haftung für unberechtigte Schutzrechtsverwarnungen stellt ein notwendiges Korrelat zu dieser einschneidenden, die Freiheit des Wettbewerbs begrenzenden Wirkung der Ausschließlichkeitsrechte dar.[191] Strittig diskutiert wird die Frage, ob auch die unberechtigte Einleitung von (Gerichts- bzw. Verwaltungs-)Verfahren einen rechtswidrigen Eingriff in das Recht am eingerichteten und ausgeübten Gewerbebetrieb darstellen kann. Teilweise wird die Rechtswidrigkeit der Verfahrenseinleitung grundsätzlich unter Verweis auf die mit dieser grundsätzlich verbundenen Rechtfertigungswirkung verneint,[192] während von anderen Autoren vertreten wird, die unberechtigte Verfahrenseinleitung wegen angeblicher Schutzrechtsverstöße sei grundsätzlich rechtswidrig, sofern der Antragsteller die im Verkehr erforderliche Sorgfalt verletzt[193]. Zutreffend dürfte in Ansehung des Beschlusses des Großen Senats für Zivilsachen vom 15.07.2005 die Auffassung sein, wonach die Verfahrenseinleitung Rechtfertigungswirkung entfaltet und die Rechtswidrigkeit des auf ihr beruhenden Eingriffs in § 823 Abs. 1 BGB zu verneinen ist.

---

[182] BGH v. 11.03.2008 - VI ZR 7/07 - NJW 2008, 2110-2116.
[183] OLG Frankfurt v. 17.12.1981 - 6 U 49/81 - NJW 1982, 648-649.
[184] *Schmidt*, JuS 1993, 985-992, 989-990.
[185] *Sack*, BB 2005, 2368-2373, 2369.
[186] Kritisch hierzu *Sack*, BB 2005, 2368-2373, 2371, der unbegründete Herstellerwarnungen nicht per se, sondern nur dann als rechtswidrig wertet, wenn der Verwarner die im Verkehr erforderliche Sorgfalt verletzt hat.
[187] BGH v. 15.07.2005 - GSZ 1/04 - BGHZ 164, 1-11.
[188] Vgl. Hierzu mit Formulierungsbeispielen *Ullmann*, jurisPR-WettbR 4/2007, Anm. 2.
[189] BGH v. 10.07.1997 - I ZR 42/95 - LM UrhG § 97 Nr. 34 (3/1998); LG Frankfurt v. 09.05.2007 - 2-06 O682/06, 2/06 O 682/06, 2-6 O 682/06, 2/06 O 682/06 - Magazindienst 2007, 1095-1097.
[190] So denn auch mit dieser Argumentation BGH v. 05.11.1962 - I ZR 39/61 - BGHZ 38, 200-208.
[191] BGH v. 15.07.2005 - GSZ 1/04 - BGHZ 164, 1-11.
[192] *Sprau* in: *Palandt*, § 823 Rn. 132.
[193] *Sack*, BB 2005, 2368-2373, 2371.

Allerdings kommt eine Rechtfertigungswirkung infolge der Verfahrenseinleitung von vorneherein nicht in Betracht, wenn der Verletzte nicht Verfahrensbeteiligter ist, wie z.B. in dem Fall, dass ein Hersteller gegen den unmittelbaren oder mittelbaren Abnehmer eines Verletzten ein unberechtigtes Klageverfahren wegen angeblicher Schutzrechtsverletzung durchführt, in dessen Rahmen dem Verletzten auch nicht der Streit verkündet wird.[194] Ein nichtverfahrensbeteiligter Hersteller kann daher bei unbegründeten Abnehmerverwarnungen ungeachtet eines Klageverfahrens zwischen dem Verletzer und den Abnehmern eine Schadensersatzklage gegen den Verletzer erheben, nicht jedoch eine Unterlassungsklage zum Zwecke der Unterbindung der Klageerhebung des Verletzers gegenüber den Abnehmern des Verletzten.[195] Außerdem kommt eine deliktsrechtliche Haftung auf Grund einer unberechtigten Verfahrenseinleitung wegen angeblicher Schutzrechtverletzung bei vorsätzlicher Begehensweise in Betracht[196], wobei in dieser Fallkonstellation nicht § 823 Abs. 1 BGB, sondern § 826 BGB die richtige Anspruchsgrundlage ist[197]. Der Schutzrechtsverwarnung gegenüber dem angeblichen Verletzer steht der Hinweis auf angebliche Schutzrechte gegenüber eBay gleich, die eBay dazu veranlassen, den Account des angeblichen Verletzers zu sperren[198]. Eine Übertragung der Grundsätze über die unberechtigte Schutzrechtsverwarnung nach § 823 Abs. 1 BGB auf die unberechtigte wettbewerbsrechtliche Abmahnung kommt nach der jüngeren Rechtsprechung des BGH nicht in Betracht, da es bei etwaig wettbewerbswidrigem Verhalten an der potentiellen Verletzung eines Ausschließlichkeitsrechts fehlt[199] (zur Rechtswidrigkeit von Eingriffen in das Recht am eingerichteten und ausgeübten Gewerbebetrieb unter dem Aspekt der Verwarnung wegen Rechtsverstößen, insbesondere wegen Schutzrechtsverwarnungen vgl. weiter unten unter dem Stichwort Schutzrechtsverwarnung, Rn. 79).[200]

Betriebsbeeinträchtigungen durch Streiks, Blockaden oder Demonstrationen[201]: Wenig Probleme weist die Tatbestandsmäßigkeit gezielt gegen ein Unternehmen gerichteter Streiks, Blockaden und Demonstrationen auf. Denn hierbei handelt es sich regelmäßig um „klassische" betriebsbezogene Eingriffe gegen das Unternehmen als solches. So stellen nach ständiger Rechtsprechung des BAG vom Streikrecht nicht gedeckte rechtswidrige Streiks, im Rahmen eines an und für sich rechtmäßigen Streiks vorgenommene Blockaden, die den Zu- und Abgang von Waren und Kunden hindern, sowie Maßnahmen, durch die arbeitswillige Arbeitnehmer am Betreten des Betriebs gehindert werden, tatbestandsmäßige Eingriffe in das Recht am eingerichteten und ausgeübten Gewerbebetrieb dar.[202] Gleiches gilt für streikbegleitende sogenannte „Flashmob-Aktionen", durch die z.B. zum Kauf geringwertiger Waren oder zum Befüllen und Stehenlassen von Einkaufswägen zum Zwecke der Störung betrieblicher Abläufe im Einzelhandel aufgerufen wird.[203] Ebenso tatbestandsmäßig sind gegen ein Unternehmen gerichtete sonstige Blockadeaktionen, die die Zu- und Abfahrt von Waren und/oder Kunden behindern[204], auch wenn diese mit einer der Meinungskundgabe dienenden Demonstration verbunden sind. (zur Rechtswidrigkeit von Eingriffen in das Recht am eingerichteten und ausgeübten Gewerbebetrieb unter dem Aspekt der Beeinträchtigung durch Streiks, Blockaden und Demonstrationen vgl. weiter unten unter dem Stichwort Blockaden, Rn. 80)[205].

Boykottaufrufe und sonstige Betriebsbehinderungen:[206] Boykottaktionen werden häufig wettbewerbsrechtlich mit der Folge erfasst, dass das Recht am eingerichteten und ausgeübten Gewerbebetrieb nicht eingreift. Außerhalb dieser Anwendungsbereichs dieser Normen greift das Recht am Gewerbebetrieb bei gezielt gegen ein Unternehmen gerichteten Boykottaufrufen aber ein und ist auch regelmäßig tatbestandlich erfüllt[207], weil diese geeignet sind, schwerwiegende Beeinträchtigungen des Betriebsablaufes herbeizuführen.[208] Als Boykottaufruf zu werten sind beispielsweise auch Aktionen, bei denen

---

[194] BGH v. 21.12.2005 - X ZR 72/04 - BGHZ 165,311-318; *Nassall*, jurisPR-BGHZivilR 26/2006, Anm. 3.
[195] Vgl. *Nassall*, jurisPR-BGHZivilR 26/2006, Anm. 3.
[196] BGH v. 15.07.2005 - GSZ 1/04 - BGHZ 164, 1-11.
[197] *Pfeifer*, jurisPR-WettbR 1/2006, Anm. 1.
[198] OLG Brandenburg v. 17.02.2009 - 6 U 10/07- MMR 2009, 558-559.
[199] BGH v. 20.01.2011 - I ZR 31/10; BGH v. 22.07.2010 - I ZR 139/08 - WRP 2011, 223-230.
[200] Zu letzterer Einschätzung vgl. *Schmidt*, JuS 1993, 985-992, 989.
[201] *Schmidt*, JuS 1993, 985-992, 989.
[202] BAG v. 21.06.1988 - 1 AZR 651/86 - NJW 1989, 57-61.
[203] BAG v. 22.09.2009 - 1 AZR 972/08 - BB 2009, 2197.
[204] BAG v. 21.06.1988 - 1 AZR 653/86 - NJW 1989, 61-63.
[205] BGH v. 04.10.1972 - VIII ZR 117/71 - BGHZ 59, 303-309.
[206] *Schmidt*, JuS 1993, 985-992, 990.
[207] LG Chemnitz v. 26.10.2004 - 2 O 2864/04 - AfP 2005, 80-81.
[208] BVerfG v. 27.10.1987 - 1 BvR 385/85 - NJW 1989, 381-382.

Kühlregale in Supermärkten, die Produkte eines bestimmten Unternehmens enthalten, mit (polizeiähnlichen) Absperrbändern versehen werden und Kunden Informationsmaterial betreffend diese Produkte ausgehändigt wird, um sie vom Kauf dieser Produkte abzuhalten.[209] Einem Boykott ähnlich sind auch **willkürliche Zurücksetzungen durch Behörden**, wie sie etwa gegeben sind, wenn eine Rechtsanwaltskammer bei Nachfragen nach einem Fachanwalt einen bestimmten Anwalt ohne Anlass nie benennt oder wenn die Polizei bei Benennung von Abschleppunternehmen im Rahmen von Verkehrsunfällen ein Unternehmen willkürlich übergeht.[210] Ein weiteres Beispiel hierfür stellt der Fall dar, dass die Bundeswehr/Polizei gegenüber ihren auf eine Sportart (hier: Eiskunstlauf) spezialisierten Beamten erklärt, dass sie die Betreuung ihres Trainings durch einen bestimmten freiberuflich tätigen Trainer nicht dulden und das Verbot disziplinarrechtlich durchsetzen wird, wobei die Förderung des Spitzensports für die in Rede stehende Sportart, durch deren professionelles Training der Trainer sein Einkommen erzielt, im Wesentlichen durch die Aufnahme der Spitzensportler dieser Disziplin in die Sportfördergruppe erfolgt.[211] Demgegenüber stellen faktische (physische) Zugangsbehinderungen zu einem Unternehmen, die nicht mit Bezug auf das Unternehmen erfolgen, sondern mehr oder minder zufällig z.B. aus Anlass eines sonstigen Schadensfalles, wegen Parkraumnot oder aus Anlass einer Baumaßnahme oder Großveranstaltung, regelmäßig keine betriebsbezogenen Eingriffe in das Recht am Gewerbebetrieb dar, weil sie sich regelmäßig nicht gegen ein Unternehmen als solches richten (mit zahlreichen Beispielen und Nachweisen aus der Rechtsprechung; zur Rechtswidrigkeit von Eingriffen in das Recht am eingerichteten und ausgeübten Gewerbebetrieb unter dem Aspekt der Boykottaufrufe und sonstigen Betriebsbehinderungen vgl. weiter unten unter dem Stichwort Boykottaufrufe, Rn. 80).[212]

4. Handlung im Rechtssinne

a. Definition

45 Eine Handlung i.S.d. § 823 Abs. 1 BGB ist jedes sozialerhebliche Verhalten eines Menschen, das der Bewusstseinskontrolle und Willenslenkung unterliegt und somit beherrschbar ist.[213]

b. Allgemeines

46 Der Tatbestand des § 823 Abs. 1 BGB setzt in jedem Falle das Vorliegen einer Handlung im Rechtsinne voraus.[214] Hierunter versteht man im Kontext des § 823 Abs. 1 BGB jedes sozialerhebliche Verhalten eines Menschen, das der Bewusstseinskontrolle und Willenslenkung unterliegt und somit beherrschbar ist.[215] „Unwillkürliche" Körperbewegungen, denen also jede Willenssteuerung von vorneherein fehlt, vermögen den Tatbestand des § 823 Abs. 1 BGB dagegen nicht zu erfüllen. Dazu gehören neben Bewegungen unter Hypnose oder im Schlaf vor allem reflexgesteuerte Bewegungen und Bewegungen, die infolge unwiderstehlichen physischen Zwangs (vis absoluta) ausgeführt werden.[216] Es versteht sich von selbst, dass der Kreis der unwillkürlichen Bewegungen eng zu ziehen ist. So scheiden solche Bewegungen, bei denen die Erregung der motorischen Nerven unter seelischem Einfluss steht, als Reflexbewegungen aus.[217] Eine Reflexbewegung ist demnach nur dann zu bejahen, wenn der auf den Menschen einwirkende Reiz sich unmittelbar vom Empfindungs- auf das Bewegungszentrum überträgt, wie beispielsweise im Fall des unwillkürlichen Schließens der Augen unter dem Aufprall eines Gegenstandes[218] oder einer unwillkürlichen Lenkbewegung infolge der Kollision eines Pkws mit einem Reh[219]. **Schreckreaktionen** sind daher nicht als Reflexbewegungen, sondern als Handlungen im Rechtssinne zu qualifizieren. Aus diesem Grunde ist etwa das Fallenlassen einer in den Händen gehaltenen wertvollen Korbschale durch einen Gast auf einer Geburtstagsfeier aufgrund des Schrecks durch einen zerplatzenden Luftballon zu Recht durch die Rechtsprechung als Handlung im Rechtssinne qua-

---

[209] OLG Stuttgart v. 15.09.2005 - 2 U 60/05 - NJW-RR 2006, 765-768.
[210] BGH v. 11.07.1978 - VI ZR 277/75 - DRsp I(145) 239.
[211] OLG Brandenburg v. 29.03.2011 - 6 U 66/10.
[212] Vgl. dazu *Schmidt*, JuS 1993, 985-992, 990.
[213] OLG Naumburg v. 27.01.2003 - 1 U 101/02 - NJW-RR 2003, 676-677.
[214] LG Wuppertal v. 29.01.2003 - 19 O 403/02 - ZfSch 2003, 170-171.
[215] BGH v. 01.07.1986 - VI ZR 294/85 - BGHZ 98, 135-139; BGH v. 12.02.1963 - VI ZR 70/62 - BGHZ 39, 103-110.
[216] BGH v. 01.07.1986 - VI ZR 294/85 - BGHZ 98, 135-139.
[217] LG Wuppertal v. 29.01.2003 - 19 O 403/02 - ZfSch 2003, 170-171.
[218] LG Wuppertal v. 29.01.2003 - 19 O 403/02 - ZfSch 2003, 170-171.
[219] OLG Naumburg v. 27.01.2003 - 1 U 101/02 - NJW-RR 2003, 676-677.

lifiziert worden.²²⁰ Ist die Rechtsgutsverletzung nicht Folge einer Handlung im Rechtssinne, weil ein Schädiger z.B. infolge bloßen Stolperns auf einen Pkw fällt und ihn dadurch beschädigt, ist stets zu prüfen, ob als Anknüpfungshandlung für eine etwaige Haftung gemäß § 823 Abs. 1 BGB nicht eine zeitlich vorgelagerte Handlung (z.B. Besitzkehr mit anschließender Verfolgung durch den rechtmäßigen Besitzer) in Betracht kommen kann.²²¹ Eine solche Anknüpfung an eine zeitlich vorgelagerte Handlung, die für das Schadensereignis kausal wird, stellt eine sinngemäße Anwendung der im Strafrecht auf Schuldebene gewohnheitsrechtlich anerkannten Figur der (fahrlässigen) „actio libera in causa" dar und ist demnach dogmatisch fundiert. Sie setzt aber in der Folge stets eine sorgfältige Prüfung der objektiven Zurechenbarkeit zwischen Handlung und Rechtsgutsverletzung voraus. Unter den Handlungsbegriff i.S.d. § 823 Abs. 1 BGB fallen sowohl **positives Tun** als auch **Unterlassen**. Beide grenzen sich in Übereinstimmung mit der h.M. im Strafrecht danach ab, worin wertungsmäßig der Schwerpunkt der Vorwerfbarkeit liegt.²²²

c. Tatbestandsmäßiges Unterlassen

Unterlassen ist nicht per se tatbestandsmäßig, sondern nur dann, wenn eine Rechtspflicht zu positivem Tun verletzt wird und der Eintritt des tatbestandsmäßigen Erfolges im Falle des Einschreitens mit an Sicherheit grenzender Wahrscheinlichkeit hätte abgewendet werden können. Die Rechtspflichten zum Tätigwerden lassen sich in Anlehnung an die im Strafrecht entwickelte Lehre von den **Garantenstellungen** grob in Schutzpflichten zugunsten eines bestimmten Rechtsgutes (sog. „Beschützergarantenstellung")²²³ und Pflichten zur Beherrschung von Gefahrenquellen (sog. „Überwachungsgarantenstellung") aufgliedern²²⁴. **Beschützergarantenstellungen** ergeben sich aus Gesetz, Vertrag, enger natürlicher Verbundenheit, Gefahrengemeinschaften oder freiwilliger Übernahme einer Schutzposition; **Überwachungsgarantenstellungen** ergeben sich aus der Eröffnung einer Gefahrenquelle, vorausgegangenem pflichtwidrig gefahrerhöhendem Vorverhalten (Ingerenz) oder aus dem Eingreifen von Verkehrspflichten, welche somit beim Unterlassungsdelikt bereits auf der Tatbestandsebene zu prüfen sind.²²⁵ 47

Eine **Beschützergarantenstellung** hat der BGH beispielsweise im Falle eines Krankenhausarztes gegenüber einem von ihm sedierten Patienten angenommen, weil die Sedierung erkennbar zur Fahruntüchtigkeit des Patienten führen konnte und überdies Gedächtnisstörungen verursachen konnte, sodass das Risiko bestand, dass der Patient sich nicht an den vor der Sedierung gegebenen Hinweis auf die eintretende Fahruntüchtigkeit zu erinnern vermag. Den sich aus der Beschützergarantenstellung erwachsenden Schutzpflichten für Leib und Leben des Patienten hätte der Arzt nach Auffassung des BGH nur genügen können, wenn er den Patienten in einem Raum untergebracht hätte, in dem er unter ständiger Überwachung stand.²²⁶ Eine praktisch besonders bedeutsame Fallgruppe der **Überwachungsgarantenstellung** ist die Fallgruppe der Überwachungsgarantenpflicht aus **freiwilliger Übernahme einer Schutzposition**. Das Eingreifen dieser Garantenstellung setzt im Zivilrecht – nicht anders als im Strafrecht²²⁷ – kein wirksames Vertragsverhältnis zwischen dem Beschützergaranten und dem Inhaber des zu beschützenden Rechtsgutes voraus. Dies wird in der Zivilrechtsprechung gelegentlich verkannt. So ist beispielsweise dem OLG Düsseldorf nicht zu folgen, wenn es die Haftung einer bei einer Reitschule angestellten Reitlehrerin ihrem Schüler gegenüber aus § 823 Abs. 1 BGB trotz festgestellter Sorgfaltspflichtverletzungen mit der Begründung verneint, das Unterlassen sorgfaltsgerechten Handelns der Reitlehrerin sei nicht tatbestandsmäßig, da zwischen den Parteien keine vertragliche Beziehung bestehe.²²⁸ Für das Entstehen der Garantenpflicht kraft freiwilliger Übernahme kommt es alleine darauf an, dass der Garant faktisch Schutzpflichten gegenüber dem Rechtsgutsinhaber übernommen hat, ohne dass es dabei eine Rolle spielt, welche vertraglichen Vereinbarungen der Garant mit der den Betriebsablauf steuernden Person getroffen hat, mit der der Rechtsgutsinhaber vertraglich verbunden ist. Daher wächst dem Reitlehrer seinem Schüler gegenüber eine Garantenpflicht alleine schon 48

---

²²⁰ LG Wuppertal v. 29.01.2003 - 19 O 403/02 - ZfSch 2003, 170-171.
²²¹ LG Flensburg v. 23.12.2008 - 1 S 7/08.
²²² Anders die ganz h.M. im Zivilrecht, die auf die Gefahrerhöhung abstellt.
²²³ Vgl. z.B. OLG Stuttgart v. 29.04.2008 - 5 W 9/08.
²²⁴ *Maiwald*, JuS 1981, 473-483, 481-483.
²²⁵ Vgl. *Maiwald*, JuS 1981, 473-483, 481-483.
²²⁶ BGH v. 08.04.2003 - VI ZR 265/02 - NJW 2003, 2309-2311.
²²⁷ *Brammsen/Otto*, Jura 1985, 592-602.
²²⁸ OLG Düsseldorf v. 11.06.2002 - 4 U 207/01 - RuS 2003, 213-215.

dadurch zu, dass er faktisch Unterricht und Betreuung des Schülers übernimmt, ohne dass es dafür darauf ankäme, ob sein Arbeitsvertrag mit der Reitschule wirksam ist oder ob die Reitschule ihn in die Sicherungspflichten gegenüber dem Schüler eingewiesen hat.[229] Gleiches gilt für Fahrlehrer, Fluglehrer, Skilehrer, Kampfsporttrainer etc., deren Aufgabe nach der Verkehrsauffassung auch darin besteht, den Schüler – unabhängig von seinem Alter – vor den besonderen Risiken der noch nicht erlernten und beherrschten Tätigkeit zu schützen, sowie für den Leiter einer Vereinsturnstunde für Kinder ab Übernahme der Leitung.[230] Umgekehrt kann es auch so liegen, dass nicht der Rechtsgutsinhaber, wohl aber eine dritte, diesem gegenüber schutzpflichtige Person einen Vertrag mit dem Beschützergaranten abgeschlossen hat. So liegt es beispielsweise, wenn ein Reiseveranstalter mit den Eltern eines Kindes ein Kinderbetreuungsprogramm vereinbart hat. Führt ein im Rahmen eines solchen Betreuungsprogramms durchgeführter Ausflug in eine Einrichtung wie z.B. ein Schwimmbad, so kann der Reiseveranstalter sich seiner Garantenstellung dem Kind gegenüber nicht mit der Begründung entziehen, die Erfüllung der Überwachungspflichten habe dem Betreiber der Einrichtung oblegen. Vielmehr muss der Reiseveranstalter dann aus seiner – nicht delegierbaren – Garantenstellung als Beschützergarant heraus sicherstellen, dass gegenüber den Kindern als Benutzer der Einrichtung die erforderlichen Verkehrssicherungspflichten beachtet werden.[231] Eine Garantenstellung aus pflichtwidrigem, gefahrerhöhendem Vorverhalten (**Ingerenz**) hat die Rechtsprechung beispielsweise verneint, wenn ein Arbeitnehmer bei einer vom Arbeitgeber veranstalteten Bootstour, bei der kostenfrei Alkohol ausgeschenkt wird, alkoholbedingt ertrinkt, da grundsätzlich jedermann für seinen Alkoholkonsum und daraus resultierende Folgen selbst verantwortlich ist, so lange nicht seine etwaige Hilfsbedürftigkeit auf Grund fehlender/verminderter Steuerungsfähigkeit[232] erkennbar wird[233]. Die Eigenverantwortlichkeit des Handelns des Rechtsgutsinhabers führt ebenfalls zur Verneinung einer Garantenstellung eines Drogenkonsumenten aus Ingerenz gegenüber einem anderen Drogenkonsumenten auf Grund gemeinsamen Drogenkonsums oder einer gemeinsamen Fahrt in die Niederlande zum Zwecke des Drogenkonsums.[234]

d. Praktische Hinweise

49 Hinsichtlich der **Beweislastverteilung** für das Vorliegen einer Verletzungs**handlung** unterscheidet der BGH zwischen den Fallgestaltungen, in denen nach dem Vortrag des Schädigers bereits **das äußere Erscheinungsbild** seines Handelns in Frage steht, wie das bei angeblichen Reflexhandlungen und angeblichen Handlungen unter physischem Zwang der Fall ist, und zwischen den Fallgestaltungen, in denen nach dem Vortrag des Schädigers eine willensgesteuerte Handlung des Schädigers aufgrund **innerer Vorgänge**, namentlich aufgrund Bewusstlosigkeit, gefehlt haben soll. Im Fall des vom Schädiger in Abrede gestellten äußeren Erscheinungsbildes einer Handlung soll den Geschädigten die Beweislast für das Vorliegen einer willensgetragenen Handlung treffen. Im Fall der angeblichen Bewusstlosigkeit im Zeitpunkt der Rechtsgutsverletzung soll den Schädiger die Beweislast für das Vorliegen der Bewusstlosigkeit treffen. Der BGH begründet diese Differenzierung mit der Regelung des § 827 BGB, mit der der Gesetzgeber zum Ausdruck gebracht habe, dass die Bewusstlosigkeit die Verantwortlichkeit des Schädigers ausschließen solle. Damit sei die Wertung verknüpft, dass die Bewusstseinslage deliktsrechtlich aus dem Begriff der Handlung ausgeklammert sei und als Element der Deliktsfähigkeit mit der Haftungsvoraussetzung des Verschuldens verknüpft worden sei. Hier stelle die die Verantwortlichkeit ausschließende Bewusstlosigkeit bei der Schadensverursachung den normativen Ausnahmefall dar, für welchen den Schädiger die Beweislast treffe.[235]

50 Ein praktisch wichtiger Anwendungsbereich der Sachverhaltsgestaltungen, bei denen bereits das äußerer Erscheinungsbild der Verletzungshandlung streitig ist, stellen ruckartige „Ausweichmanöver" im Zusammenhang mit einer Kollision dar (z.B. Zusammenstoß eines Pkw mit einem Tier). Bei diesen Fällen kann ein Verreißen des Lenkrades mechanisch durch die Kollision verursacht sein, auf einer Schutzreflexreaktion beruhen oder auf ein bewusstes Ausweichmanöver zurückzuführen sein. Nur im letzteren Falle ist die Handlungsqualität zu bejahen. Ist bei einer Kollision die Frage, ob der Fahrer das

---

[229] A.A. OLG Düsseldorf v. 11.06.2002 - 4 U 207/01 - RuS 2003, 213-215.
[230] LG Kaiserslautern v. 04.04.2006 - 1 S 145/05 - RuS 2006, 433-434.
[231] LG Köln v. 28.08.2003 - 8 O 17/03 - RRa 2003, 262-266.
[232] Vgl. OLG Saarbrücken v. 18.02.1994 - 4 U 381/93 - 71, 4 U 381/93 - NJW-RR 1995, 986-988.
[233] OLG Frankfurt v. 20.06.2007 - 17 U 11/07.
[234] OLG Hamm v. 01.10.2004 - 9 U 138/04 - NZV 2005, 427-428.
[235] BGH v. 01.07.1986 - VI ZR 294/85 - BGHZ 98, 135-139.

Lenkrad bewusst herumgerissen hat, streitig, und lässt sich die Ursache des Verreißens nicht zur Überzeugung des Gerichts klären, so trifft den Geschädigten die Beweislast für das Vorliegen einer Handlung im Rechtssinne.[236]

5. Zurechnungszusammenhang zwischen Handlung und Rechtsgutsverletzung

a. Haftungsbegründende Kausalität

Der Zurechnungszusammenhang zwischen Handlung und Rechtsgutsverletzung gehört zum haftungsbegründenden Tatbestand und ist dogmatisch zu unterscheiden vom Zurechnungszusammenhang zwischen Rechtsgutsverletzung und Schaden, der zum haftungsausfüllenden Tatbestand gehört.[237] Erste Voraussetzung und zugleich „notwendige", aber nicht „hinreichende" Bedingung für die Zurechnung einer Handlung zu einer Rechtsgutsverletzung ist stets die Kausalität zwischen Handlung und Rechtsgutsverletzung. Diese **haftungsbegründende Kausalität** ist zu bejahen, wenn die Handlung nicht hinweggedacht werden könnte, ohne dass damit zugleich die Rechtsgutsverletzung entfiele (sog. Conditio-sine-qua-non-Formel).[238]

51

b. Wertende Zurechnung

Welche Voraussetzung(en) als hinreichende Bedingung(en) für eine Schadenszurechnung erfüllt sein muss/müssen, ist strittig. Im Wesentlichen diskutiert werden insoweit die so genannte „Adäquanztheorie" und die Lehre vom Schutzzweck der Norm.[239] Nach der „Adäquanztheorie" ist eine Handlung der Rechtsgutsverletzung zuzurechnen, wenn sie im Allgemeinen und nicht nur unter besonders eigenartigen, unwahrscheinlichen und nach dem gewöhnlichen Verlauf der Dinge außer Betracht zu lassenden Umständen geeignet ist, die konkret eingetretene Rechtsgutsverletzung herbeizuführen.[240] Demgegenüber besteht nach der Lehre vom Schutzzweck der Norm ein Zurechnungszusammenhang zwischen Rechtsgutsverletzung und Verletzungshandlung dann, wenn mit der vom Schädiger verletzten Norm gerade bezweckt wird, die eingetretene Rechtsgutsverletzung zu verhindern.[241] Beide Lehren bemühen sich also um ein haftungseinschränkendes Korrektiv zur Äquivalenztheorie und wollen dies durch eine wertende Zurechnung von Handlung und Erfolg bewerkstelligen.[242] Dabei ist vor allem das von der Adäquanztheorie zugrunde gelegte Wahrscheinlichkeitskriterium in der Lehre als für eine wertende Zurechnung unbrauchbar kritisiert worden.[243] Gleichermaßen könnte man aber dem Schutzzweckkriterium entgegenhalten, dass es stets dort an seine Grenzen stößt, wo der Schutzzweck des Gesetzes nicht klar hervortritt und der Rechtsanwender insoweit auf Spekulation verwiesen wird. Eine für die Praxis brauchbare Zurechnungsformel muss in Rechnung stellen, dass der BGH selbst beide „Theorien" nebeneinander anwendet.[244] Das legt eine kumulative Anwendung beider Kriterien nahe, wobei der Adäquanzformel die Aufgabe einer (negativen) Ausgrenzung der von vornherein nicht zurechnungswürdigen Fallgestaltungen zukommt, der Schutzzwecklehre hingegen die Aufgabe der (positiven) Begründung der normativen Zurechnungswürdigkeit der Fallgestaltung vor dem Hintergrund von Sinn und Zweck der Norm. Daher liegt das Schwergewicht der Begründungsarbeit regelmäßig bei der Schutzzwecklehre, die durch ihren offenen Tatbestand hinreichend Raum für vielfältige Zurechnungskriterien lässt, die sich am besten fallgruppenweise darstellen lassen. Aus dem sich dabei eröffnenden Zusammenspiel verschiedenartigster Zurechnungskriterien (Äquivalenz, Adäquanz und Schutzzweck

52

---

[236] OLG Naumburg v. 27.01.2003 - 1 U 101/02 - NJW-RR 2003, 676-677.
[237] Vgl. *Michalski*, Jura 1996, 393-396, 393.
[238] *Coester-Waltjen*, Jura 2001, 412-415, 412.
[239] *Coester-Waltjen*, Jura 2001, 412-415, 412; *Michalski*, Jura 1996, 393-396, 393, der mit Recht darauf hinweist, dass die im Übrigen noch verbreitet diskutierte Lehre vom Rechtswidrigkeitszusammenhang mit der Schutzzwecklehre aufs engste verwandt ist; vgl. auch *Picker*, JZ 2010, 541 ff., der einen grundlegend anderen dogmatischen Ansatz entwickelt, dessen Rezeption durch die Rechtsprechung abzuwarten bleibt.
[240] BGH v. 04.07.1994 - II ZR 126/93 - LM BGB § 249 (Bb) Nr. 57 (2/1995).
[241] *Michalski*, Jura 1996, 393-396, 394.
[242] *Coester-Waltjen*, Jura 2001, 412-415, 412.
[243] Besonders pointiert, wenn auch im Rahmen der haftungsausfüllenden Kausalität *Rüßmann* in: Wassermann, Kommentar zum Bürgerlichen Gesetzbuch, vor §§ 249-253, Rn. 50.
[244] Vgl. im Hinblick auf das in der Literatur besonders umstrittene Adäquanzerfordernis einerseits BGH v. 04.07.1994 - II ZR 126/93 - LM BGB § 249 (Bb) Nr. 57 (2/1995), wo der BGH den „Filter der Adäquanz" als allgemein anerkannt bezeichnet und andererseits BGH v. 04.05.1993 - VI ZR 283/92 - LM BGB § 823 (C) Nr. 69 (9/1993), wo ausgeführt wird, es spreche manches dafür, dass die Adäquanzformel entbehrlich sei.

der Norm nebst gegebenenfalls fallgruppenweise zu erarbeitender Zurechnungskriterien) wird ersichtlich, dass die Lehre von der objektiven Zurechnung, die nicht nur im Strafrecht, sondern auch im Zivilrecht noch im Fluss ist, einen flexiblen, mosaikartigen Charakter hat, der es ermöglicht und erfordert, nicht stets dieselben schematischen, sondern je nach der Fallgestaltung ganz unterschiedliche fallspezifische Zurechnungserwägungen anzustellen.[245] Hierbei spielen folgende Fallgruppen eine Rolle:

aa. Mittelbare Verletzungshandlungen

53   Von mittelbaren Verletzungshandlungen spricht man, wenn die eingetretene Rechtsgutsverletzung eine durch Zwischenursachen vermittelte, entfernte Folge einer Handlung ist.[246] Derartige mittelbare Verletzungshandlungen stellen – anders als unmittelbare Eingriffe in tatbestandlich geschützte Rechtsgüter oder Rechte – nicht per se vertyptes Zivilunrecht dar. Zur Umschreibung solchen – regelmäßig durch die Tatbestandserfüllung indizierten – Zivilunrechts soll aber der Haftungstatbestand des § 823 Abs. 1 BGB dienen. Um diese „Filterfunktion" des Tatbestands bei mittelbaren Verletzungshandlungen zu gewährleisten, bedürfen sie – insoweit vergleichbar mit der Unterlassung – einer zusätzlichen ungeschriebenen Tatbestandsvoraussetzung: Es muss bei ihnen im Rahmen der Prüfung des Zurechnungszusammenhangs stets geprüft und gegebenenfalls positiv festgestellt werden, dass die Zurechnung der Handlung zur Rechtsgutsverletzung vom Schutzzweck der Norm gedeckt oder wegen eines Verstoßes gegen eine allgemeine Verkehrspflicht (vgl. Rn. 86) gerechtfertigt ist.[247] Diese Differenzierung zwischen unmittelbaren und mittelbaren Verletzungshandlungen kann überzeugend mit der Unterscheidung von **Erfolgs- und Gefahrvermeidungspflichten** begründet werden: Eine Rechtsgutsverletzung (Erfolg) ist per se zu unterlassen, ihre ausnahmsweise Zulässigkeit bedarf der Rechtfertigung. Demgegenüber ist das Setzen von potentiell rechtsgutsgefährdenden Verursachungsbeiträgen schon mit Blick auf die allgemeine Handlungsfreiheit (Art. 2 Abs. 1 GG) grundsätzlich erlaubt und erst dann unzulässig, wenn das in Rede stehende rechtsgutsgefährdende Verhalten durch ein freiheitsbeschränkendes Gesetz (Verkehrspflichten) untersagt wird.[248] Damit ist die Verkehrssicherungspflicht bei mittelbaren Verletzungshandlungen ebenso wie bei Unterlassungsdelikten bereits auf der Tatbestandsebene zu prüfen. Eine für diese Fallgruppe praktisch relevante Konstellation sind Unfälle, die dadurch entstehen, dass infolge eines Erstunfalls Hindernisse/Verkehrslagen entstehen, die zu einem Zweitunfall führen. Die Zurechnung des Zweitunfalls zum Erstunfall soll dann unterbrochen sein, wenn der Verursacher des Erstunfalls alle objektiv erforderlichen Sicherungsmaßnahmen getroffen hat und der Nachfolgende nur dadurch zu Schaden gekommen ist, dass er diese Maßnahmen nicht beachtet hat.[249] Erfordert insoweit beispielsweise der Unfall eines Lkws, der seine Ladung auf der Fahrbahn verloren hat, objektiv zur Absicherung der Fahrbahn deren Sperrung, so wird der Zurechnungszusammenhang zwischen diesem Unfall und dem Unfall eines nachfolgenden Pkws nicht dadurch unterbrochen, dass der Lkw-Fahrer die Warnblinklichtanlage eingeschaltet und das Warndreieck vorschriftsmäßig aufgestellt hat.[250] Ein weiteres Beispiel für mittelbare Verletzungshandlungen ist der Fall der Kollision zwischen einem Schwimmer und einem Springer in einem Schwimmbad, in welchem Sprung- und Schwimmbetrieb parallel zugelassen sind: Soll die Haftung am Verhalten des Schwimmers anknüpfen, so sind die Verletzungen, die der Springer sich zuzieht, nicht alleine Folge des Schwimmvorgangs, sondern vielmehr einer Gefahr, die sich erst durch das Hinzutreten des Sprungs, also einer vom Geschädigten selbst gesetzten Ursache, realisieren konnte.[251] Da Springer und Schwimmer sich grundsätzlich erlaubt verhalten, bedarf es zur Haftungsbegründung einer positiven Feststellung einer Verletzung der Verkehrspflicht.[252] Eine Verkehrspflichtverletzung des Schwimmers kommt dabei nur in Betracht, wenn für diesen beim Hereinschwimmen in den Kollisionsbereich klar erkennbar war, dass ein Sprung mit Verletzungsgefahr bevorsteht und dass der Springer ihn nicht oder erst zu spät erkennen konnte.[253]

---

[245] Vgl. dazu *Deutsch*, JZ 1992, 97-98, 97.
[246] *von Bar*, JuS 1988, 169-174, 170.
[247] *Michalski*, Jura 1996, 393-396, 394.
[248] Vgl. *Hager* in: Staudinger, § 823 E 25.
[249] OLG Koblenz v. 07.03.2005 - 12 U 1262/03 - NJW-RR 2005, 970-972.
[250] OLG Koblenz v. 07.03.2005 - 12 U 1262/03 - NJW-RR 2005, 970-972.
[251] OLG Stuttgart v. 13.04.2011 - 13 U 16/11.
[252] OLG Stuttgart v. 13.04.2011 - 13 U 16/11.
[253] OLG Stuttgart v. 13.04.2011 - 13 U 16/11.

bb. Veranlassung zur Selbstschädigung (sog. „Herausforderungsfälle")

Im Rahmen der Herausforderungsfälle[254] kann man die so genannten „**Nothilfefälle**" gleichsam als Unterfallgruppe begreifen. In diesen Fallkonstellationen geht es stets darum, dass der Schädiger eine Nothilfesituation geschaffen hat, die einen Dritten dazu motiviert, helfend einzugreifen, was schließlich zu einer Rechtsgutsverletzung bei diesem Dritten führt. Der BGH rechnet dem Schädiger solche Rechtsgutsverletzungen unter Rückgriff auf die so genannte **Herausforderungsformel** zu, wenn der vom Schädiger geschaffene Gefahrenzustand von solchem Gewicht war, dass der Verletzte sich durch das vorwerfbare Tun des Schädigers zu der Nothilfemaßnahme herausgefordert fühlen durfte, der Willensentschluss des Verletzten auf einer im Ansatz billigenswerten Motivation beruhte und sich schließlich in dem Unfall die gesteigerte Gefahrenlage realisiert hat, die der Schädiger zu verantworten hat.[255] Eine derartige Herausforderungslage besteht, wenn die in Kauf genommene eigene Verletzung in einem angemessenen Verhältnis zu dem möglichen Erfolg des Eingreifens steht.[256] Dies hat der BGH etwa mit Recht in dem Fall bejaht, dass eine Mutter eine Nierenspende erbracht hat, nachdem ihrem Kind zuvor durch einen Operateur die einzige Niere entfernt worden war.[257] Die Rechtsprechung hat zwischenzeitlich in zahlreichen Nothilfefällen, die keineswegs immer so eindeutig zu entscheiden waren wie der vorgenannte Fall, den Zurechnungszusammenhang zwischen Erstschädigung und Rechtsgutsverletzung des Retters bejaht. So etwa für den Fall, dass jemand sich durch den Sprung auf einen Bundesbahnwaggon schwere Starkstromverletzungen an der Fahroberleitung zugezogen und sich dadurch leichtfertig in eine Notlage versetzt hat, die einen erkennbar riskanten (!) Rettungsversuch provoziert hat[258], für den Fall, dass ein alkoholisierter Pkw-Fahrer infolge eines selbstverschuldeten Unfalls auf Bahngleisen zum Stehen gekommen ist und ein opferbereiter Dritter beim Versuch, ihn aus dem Pkw herauszuziehen, von einem herannahenden Zug erfasst und getötet wird[259] oder für den Fall, dass der Schädiger eine Person körperlich angreift und verletzt und dadurch das Eingreifen eines Nothelfers provoziert, der sodann von einem mit dem Schädiger solidarischen Vierten körperlich misshandelt wird[260]. Demgegenüber wurde eine Zurechnung mit Blick auf die fehlende Gefahrverwirklichung in dem Fall verneint, dass ein Feuerwehrmann nach dem Löschen eines vom Schädiger fahrlässig verursachten Brandes beim Aufrollen eines benutzten Schlauches mit dem linken Fuß umknickte und eine Sprunggelenkstorsion erlitt. Denn hier hatte sich nicht die vom Schädiger geschaffene Gefahr, sondern das allgemeine Lebensrisiko verwirklicht.[261] Die vorstehend umrissene Kasuistik und die wenig konturenscharfe „Herausforderungsformel" dürfen nicht den Blick darauf verstellen, dass die Zurechnung bei den Nothilfefällen eines offenen Abwägungsprozesses bedarf.[262] Die dabei hervortretende Frage, ob das Einschreiten des Helfers bei Gegenüberstellung der mit dem Einschreiten verbundenen Risiken und der dem Opfer drohenden Gefahren bei einer Betrachtung ex ante „verhältnismäßig" war, ist naturgemäß eine Frage des Einzelfalles. Dennoch haben sich in der bisherigen Diskussion Wertungen herauskristallisiert, die bei diesem Abwägungsprozess regelmäßig zu berücksichtigen sind. Bei ihnen geht es nicht zuletzt darum, danach zu fragen, ob der Nothilfeeingriff für den Schädiger im Zeitpunkt der schädigenden Ersthandlung vorhersehbar und daher vermeidbar war. Dabei kann der Gesichtspunkt eine Rolle spielen, dass mit dem Eingreifen naher Angehöriger, Freunde und Lebenspartner bzw. zum Einschreiten verpflichteter Berufshelfer (Polizisten, Feuerwehr etc.) eher zu rechnen ist, als mit dem Einschreiten gefahrfremder Personen. Ferner gilt es, das allgemeine Lebensrisiko sowie das vom Retter in Kauf genommene überzogene Risiko vom gefahrspezifischen Risiko zu unterscheiden.[263] Abschließend ist dabei der vom BGH hervorgehobene Gesichtspunkt zu beachten, dass eine **großzügige Handhabung** der Zurechnung, die nur in Extremfällen den Zurechnungszusammenhang verneint,

---

[254] *Michalski*, Jura 1996, 393-396, 395; *Coester-Waltjen*, Jura 2001, 412-415, 413-414.
[255] BGH v. 04.05.1993 - VI ZR 283/92 - LM BGB § 823 (C) Nr. 69 (9/1993); BGH v. 30.06.1987 - VI ZR 257/86 - BGHZ 101, 215-224.
[256] BGH v. 30.06.1987 - VI ZR 257/86 - BGHZ 101, 215-224.
[257] BGH v. 30.06.1987 - VI ZR 257/86 - BGHZ 101, 215-224.
[258] OLG Karlsruhe v. 25.07.1989 - 18 U 113/88 - NZV 1990, 230.
[259] OLG Düsseldorf v. 22.04.1994 - 14 U 112/93 - NJW-RR 1995, 1365-1366.
[260] LG Nürnberg-Fürth v. 18.05.1999 - 13 S 9987/98 - NJW 1999, 3721-3722.
[261] BGH v. 04.05.1993 - VI ZR 283/92 - LM BGB § 823 (C) Nr. 69 (9/1993).
[262] *Coester-Waltjen*, Jura 2001, 412-415, 414.
[263] Vgl. dazu: *Coester-Waltjen*, Jura 2001, 412-415, 414 sowie den Beitrag von *Bernsmann/Zieschang*, JuS 1995, 775-779, der zwar die strafrechtliche Zurechnung beleuchtet, aber durchaus auch Fragen thematisiert, die bei der zivilrechtlichen Zurechnung eine Rolle spielen können.

nicht zwangsläufig zu einer ausufernden Haftung führen muss, da mit § 254 BGB ein Instrument zur Verfügung steht, das eine billige Erfassung der Verursachungsbeiträge ermöglicht und mit einer „Reichweite von voller Haftung bis zu ihrer Verneinung" gerechtere Ergebnisse gewährleistet als das in der Zurechnung angelegte „Alles-oder-nichts-Prinzip".[264]

55 Eine zweite praktisch relevante Fallgruppe im Rahmen der Herausforderungsfälle sind die so genannten **„Verfolgerfälle"**, bei denen ein Verfolger zum Zwecke der Sicherung des staatlichen Strafanspruchs einem Verdächtigen, Beschuldigten, Angeschuldigten, Angeklagten, Inhaftierten, Verurteilten etc. nacheilt und im Rahmen der Verfolgung einen Schaden an einem Rechtsgut i.S.d. § 823 Abs. 1 BGB erleidet.[265] Bei der Beantwortung der Frage, ob die beim Verfolger eingetretene Rechtsgutsverletzung noch vom Schutzzweck des § 823 Abs. 1 BGB erfasst ist, bedient sich die Rechtsprechung ebenfalls der Herausforderungsformel, nach der der Verfolgte den Eingreifenden herausgefordert hat, wenn dieser annehmen durfte, dass er zum Handeln verpflichtet war oder in Wahrnehmung berechtigter Interessen handelte, zwischen dem Zweck der Verfolgung und den Verfolgungsrisiken ein angemessenes Verhältnis bestand und sich die infolge der Verfolgung eingetretene Rechtsgutsverletzung als Verwirklichung des gesteigerten Verfolgungs- und nicht etwa des allgemeinen Lebensrisikos darstellt.[266] Dabei ist, ebenso wie bei den Nothilfefällen, eine großzügige, lediglich Extremfälle und Fälle allgemeinen Lebensrisikos ausklammernde Zurechnung geboten, weil § 254 BGB eine gerechtere Haftungsverteilung ermöglicht als das scharfe „Alles-oder-nichts-Prinzip".[267] Ferner muss bei der im Rahmen der Zurechnung vorzunehmenden Abgrenzung der Risikosphären berücksichtigt werden, dass eine – unter Umständen auch äußerst riskante – Verfolgung aus der Sicht des Verfolgten beim Bestehen beruflicher Verfolgungspflichten der Verfolger in aller Regel sehr wahrscheinlich ist und er folglich in aller Regel mit ihr rechnen muss.[268] In Ansehung dieser Grundsätze hat die Rechtsprechung eine dem Schädiger zuzurechnende **Gefahrverwirklichung** etwa **bejaht** für den Fall, dass der Schädiger bei einem Haftrichtertermin über das im 1. Stock des Gerichtsgebäudes liegende vier Meter über dem Erdboden liegende Fenster geflohen und der Beamte ihm auf diesem Weg gefolgt ist und sich dabei verletzte,[269] dass der einen ertappten Dieb verfolgende Polizist dadurch verletzt wurde, dass er gegen ein plötzlich erscheinendes Einsatzfahrzeug lief, das dem Flüchtenden den Fluchtweg versperren wollte[270] oder dass sich ein Polizeibeamter, der den alkoholisierten Schädiger, der sich nach einem Verkehrsunfall seiner Festnahme zum Zwecke der Blutprobe durch Weglaufen entziehen wollte, bei einem Sprung zum Zwecke des Ergreifens des Schädigers den Bruch eines Handknochens zuzog.[271] Demgegenüber hat die Rechtsprechung einen **Gefahrverwirklichungszusammenhang** und damit die Zurechnung etwa **verneint** für den Fall, dass eine Zivilstreife ohne Martinshorn bei winterlichen Straßenverhältnissen einen unter Alkoholeinfluss stehenden, rasant fahrenden Fahrer ohne Fahrerlaubnis verfolgte und dabei von der Fahrbahn abkam, weil der Fahrer nicht erkennen konnte, dass seine Verfolger Polizeibeamte waren und diese wiederum weder vom Alkoholeinfluss noch von der fehlenden Fahrerlaubnis wussten,[272] dass ein Polizist ein verfolgtes Fahrzeug zum Zwecke der Festnahme des Fahrers rammte und dadurch nicht nur das Fahrzeug des Schädigers, sondern auch das Dienstfahrzeug beschädigte, obgleich dies nicht erforderlich war, weil das Vorderrad am Fahrzeug des Schädigers beschädigt war und sich das Fahrzeug zudem bereits in einer Sackgasse befand, sodass eine weitere Flucht durch ein Abschneiden der Ausfahrt ohne weiteres zu verhindern gewesen wäre[273], dass sich ein Polizist zur Verfolgung einer Verkehrsordnungswidrigkeit an dem anfahrenden Fahrzeug festklammerte, obgleich dies ein ungeeignetes Mittel zur Durchsetzung seiner verkehrspolizeilichen Befugnisse war[274] oder ein Po-

---

[264] So überzeugend BGH v. 29.10.1974 - VI ZR 168/73 - BGHZ 63, 189-196 in einer Entscheidung zu den verwandten „Verfolgerfällen".
[265] Vgl. zu dieser Fallgruppe allgemein *Kunschert*, NZV 1996, 485-487.
[266] So die prägnante Zusammenfassung bei *Michalski*, Jura 1996, 393-396, 395.
[267] BGH v. 29.10.1974 - VI ZR 168/73 - BGHZ 63, 189-196.
[268] BGH v. 12.03.1996 - VI ZR 12/95 - BGHZ 132, 164-175, dessen Ausführungen sich zwar auf das Mitverschulden beziehen, selbstverständlich aber bei der vorgreiflichen Frage der Zurechnung erst recht relevant sind.
[269] BGH v. 12.03.1996 - VI ZR 12/95 - BGHZ 132, 164-175.
[270] OLG Köln v. 20.10.2000 - 19 U 64/00 - OLGR Köln 2001, 77-78.
[271] OLG Saarbrücken v. 15.11.1991 - 4 U 104/90 - NJW-RR 1992, 472-474.
[272] BGH v. 03.07.1990 - VI ZR 33/90 - LM Nr. 64 zu § 823 (C) BGB.
[273] LG Bielefeld v. 26.04.2000 - 21 S 48/00 - Schaden-Praxis 2001, 230-231.
[274] OLG Düsseldorf v. 08.07.1996 - 1 U 129/95 - Schaden-Praxis 1997, 95-97.

lizei-Pkw, der einen Fahrer verfolgte, zu einem Zeitpunkt wegen überhöhter Geschwindigkeit gegen eine Hausmauer prallte, in dem sich der verfolgte Pkw-Fahrer in einer Seitenstraße verborgen hielt, sodass die unmittelbare Verfolgungssituation bereits beendet war[275].

In einer aktuellen Entscheidung befasst sich der VI. Zivilsenat des BGH mit der Frage, ob in der Konstellation der „Verfolgerfälle" eine Schadenszurechnung erfolgen kann, wenn es im Rahmen der Verfolgung nicht nur zu einem aus der gesteigerten Gefahrenlage resultierenden „Unfall" der Verfolger kommt, sondern aus einem von der Polizei bewusst herbeigeführten Schadensereignis, das dazu dienen soll, die Flucht zu stoppen (BGH v. 31.01.2012 - VI ZR 43/11). Dabei hat der BGH die Haftungszurechnung nicht an der vorsätzlichen Schadensherbeiführung auf Verfolgerseite scheitern lassen und dies unter Berücksichtigung der Umstände des Einzelfalls mit der allgemeinen „Herausforderungsformel" begründet. Danach sei eine angemessene Zweck-Mittel-Relation, wonach die Risiken der Verfolgung und der Beendigung der Flucht nicht außer Verhältnis zum Ziel der Ergreifung stehen dürfe, zu bejahen, da der Täter sich der Verkehrskontrolle entzogen und dabei eine Polizeibeamtin verletzt habe und sich über mehrere Kilometer eine gefährliche Verfolgungsfahrt geliefert habe. Angesichts der hieraus resultierenden erheblichen Gefahren für andere Verkehrsteilnehmer sei es nicht unverhältnismäßig gewesen, den Verfolgten durch vorsätzliche Herbeiführung einer Kollision zu stoppen. Hiermit habe der Verfolgte nach Lage der Dinge auch rechnen müssen (BGH v. 31.01.2012 - VI ZR 43/11).

55.1

Eine Zurechnung von Verfolgerschäden nach obigen Grundsätzen kommt auch zu Gunsten von **privaten Verfolgern** in Betracht, denen das Festnahmerecht aus § 127 StPO zusteht oder die in Ausübung eines Selbsthilferechts (z.B. § 229 BGB) einen privatrechtlichen Anspruch sichern wollen.[276] Allerdings werden hier bei der Abwägung von Verfolgungsrisiko und Verfolgungsanlass strengere Maßstäbe als bei dienstpflichtgebundenen Beamten anzulegen sein. Insbesondere kommt eine Zurechnung eines Verfolgerschadens dann nicht in Betracht, wenn eine etwaige Festnahme des Verfolgten nicht durch § 127 StPO gedeckt wäre, weil dieser z.B. lediglich eine Ordnungswidrigkeit begangen hat, die sich nicht unmittelbar gegen den Verfolger selbst richtete, so dass der Verfolger erst die Konfrontation mit dem Verfolgten suchte, um Belange der Allgemeinheit zu seiner privaten Angelegenheit zu machen.[277]

56

cc. Schockschadensfälle

Schockschadensfälle[278] im umgangssprachlichen Sinne werfen nicht stets Zurechnungsprobleme im haftungsbegründenden Tatbestand auf. So stellt etwa der Schock, den eine Person infolge ihrer Primärverletzung erleidet, ein Problem der haftungsausfüllenden und nicht der haftungsbegründenden Kausalität dar. Auch geht es in diesen Fällen regelmäßig nicht darum, einen eingetretenen Schockzustand dem Überbringer einer schockierenden Nachricht zuzurechnen. Gegenüber dem **Überbringer der Nachricht**, der ohnehin nur tut, was irgendwann irgendjemand tun müsste, kommt eine solche Zurechnung regelmäßig nicht in Betracht. Ausnahmen sind nur in den Fallkonstellationen denkbar, dass die überbrachte Nachricht falsch oder die Art und Weise der Überbringung völlig deplatziert und geradezu auf die Herbeiführung eines Schockschadens angelegt ist.[279] Hat man diese irrelevanten Fälle einmal ausgeschlossen, so geht es bei den im Rahmen der haftungsbegründenden Kausalität erörterten Schockschadensfällen stets darum, ob man demjenigen, der durch die Herbeiführung eines Ereignisses den Schock eines anderen verursacht hat, diesen Schock haftungsbegründend zurechnen kann. Bei Lichte besehen ist ein solcher Schock psychisch vermittelt (sog. „**psychische Kausalität**"), sodass es sich um einen (Sonder-)Fall der Zurechnung von Rechtsgutsverletzungen zu mittelbaren Verletzungshandlungen (vgl. Rn. 53) handelt. Hier setzt die haftungsbegründende Zurechnung, wie bereits erörtert, stets die Verletzung einer Verkehrssicherungspflicht voraus. Dies ist in diesen Konstellationen regelmäßig zu bejahen, da die Pflicht zur Schonung ranghoher Rechtsgüter angesichts der Bedeutung dieser Güter auch im Interesse derjenigen besteht, die unter ihrer Verletzung mitleiden.[280] Zu der haftungsbegründenden Zurechnung in den so genannten Schockschadensfällen hat sich eine spezifische Rechtsprechung herausgebildet. Danach wird bereits der Kreis der an und für sich tatbestandsmäßigen Gesundheitsverletzungen durch den Schutzzweck der Norm begrenzt. Demnach fallen nicht alle schockmäßigen „Gesundheitsverletzungen" unter § 823 Abs. 1 BGB, sondern nur solche, die nicht nur medi-

57

---

[275] OLG Nürnberg v. 20.12.1995 - 4 U 2540/95 - NZV 1996, 411-412.
[276] BGH v. 13.07.1971 - VI ZR 125/70 - BGHZ 57, 25-33.
[277] OLG Koblenz v. 24.04.2006 - 12 U 996/04 - OLGR Koblenz 2006, 759-761.
[278] *Adelmann*, VersR 2009, 449-455.
[279] Ganz h.M. vgl. etwa *Hager* in: Staudinger, § 823 B 37.
[280] So überzeugend *Larenz/Canaris*, Schuldrecht, Band II/2: Besonderer Teil, 13. Aufl. 1994, § 76 II 1 e.

zinisch erfassbar sind, sondern darüber hinaus zu gewichtigen psychopathologischen Ausfällen von einiger Dauer führen, die die auch sonst nicht leichten Nachteile eines schmerzlich empfundenen Trauerfalls für das gesundheitliche Allgemeinbefinden erheblich übersteigen.[281] Diese Rechtsprechung ist in der Literatur heftig umstritten. Man wirft ihr insbesondere vor, einen eigenen Begriff der „Gesundheitsverletzung" für die Schockschadensfälle zu konstruieren, der von der Auslegung des Merkmals nach den allgemeinen Regeln abweiche. Entgegen der Rechtsprechung des BGH müsse alleine die Tatsache, dass aufgrund eines seelischen Erschütterungszustandes eine medizinische Behandlung indiziert ist, für die Bejahung einer Gesundheitsverletzung ausreichen.[282] Dieser Kritik an der Rechtsprechung des BGH ist nicht zu folgen. Der BGH verwendet keineswegs im Rahmen der Schockschadensfälle einen eigenständigen, von den allgemeinen Regeln abweichenden Begriff der „Gesundheitsverletzung". Vielmehr hat er stets klargestellt, dass die vorgenannten Anforderungen an die Tatbestandsverwirklichung auf einer Anwendung der Lehre vom Schutzzweck der Norm beruhen.[283] Dabei ist die vom BGH vertretene Tatbestandsbeschränkung in der Sache gerechtfertigt. Da, wie der BGH überzeugend ausführt, nach der allgemeinen Lebenserfahrung ein stark negatives Erlebnis (wie z.B. das Miterleben des Todes eines nahen Angehörigen), das Empfindungen wie Schmerz, Trauer, Schrecken hervorruft, regelmäßig physiologische Abläufe und seelische Funktionen in sehr empfindlicher Weise stört,[284] würde nahezu jeder deliktisch herbeigeführte Trauerfall zugleich zu einer zurechenbaren tatbestandsmäßigen Gesundheitsverletzung bei nahen Angehörigen, Freunden und Partnern führen. Damit wäre eine ausufernde Haftung verbunden, die der BGB-Gesetzgeber, der sich für ein deliktsrechtliches Haftungssystem mit klar umrissenen Haftungstatbeständen entschieden hat, nicht gewollt hat.[285] Vor allem aber würde dies dazu führen, dass das allgemeine Lebensrisiko, infolge des (deliktisch herbeigeführten) Todes einer nahe stehenden Person mit seelischen Schmerzzuständen konfrontiert zu werden, dem Schädiger zugerechnet würde. Dies widerspräche einem Fundamentalprinzip der objektiven Zurechnungslehre, wonach jeder das allgemeine Lebensrisiko selbst zu tragen hat.[286] Somit entspricht es durchaus einer sachgerechten Begrenzung der Verkehrssicherungspflicht, Dritte nicht durch Herbeiführung von Trauerfällen seelisch zu belasten, wenn man diese auf solche Fälle beschränkt, die in Schwere und Ausmaß den Normalfall deutlich übersteigen. Eine solche schwere Schockschädigung reicht alleine für die Zurechnung der Rechtsgutsverletzung zur Verletzungshandlung nicht aus. Sie ist lediglich notwendige, nicht aber hinreichende Bedingung für die Zurechnung. Welche Kriterien in diesem Sinne hinreichend sind, ist umstritten. Dabei geht es im Kern darum, ob es insoweit alleine auf die **Art und Schwere des erlebten bzw. mitgeteilten Schadensereignisses** ankommt oder ob des Weiteren eine bestimmte **Nähebeziehung zwischen der primär vom Schädiger verletzten Person und dem Schockgeschädigten** gegeben sein muss. In der Praxis wird – mit Billigung durch den BGH[287] – gefordert, dass es sich bei der Person, deren Verletzung und/oder Tötung den Schock ausgelöst hat, um einen nahen Angehörigen des Geschockten gehandelt haben muss. Demnach kann der Schock eines Unfallzeugen, der den Tod oder die schwere Verletzung eines ihm unbekannten Dritten miterlebt, dem Schädiger nicht zugerechnet werden.[288] Dies gilt selbst bei schwersten Unfallgeschehen (wie z.B. dem Miterleben des Verbrennens einer Familie in einem Pkw nach Kollision mit einem Geisterfahrer).[289] Demgegenüber ist in der Literatur die Auffassung verbreitet, das Bestehen einer personalen Beziehung zwischen dem Geschockten und dem primär Verletzten/Getöteten sei für die Zurechnung unerheblich.[290] Zutreffend dürfte eine vermittelnde Lösung sein, die nicht auf das starre Kriterium des Angehörigenstatus abhebt und auch nicht auf die Rechtspflicht zur Hilfeleistung[291], sondern vielmehr auf das Bestehen einer **emotional geprägten personalen Nähebeziehung** abstellt.[292] Hierfür spricht, dass es für einen Schä-

---

[281] Zusammenfassend BGH v. 04.04.1989 - VI ZR 97/88 - LM Nr. 109 zu § 823 (Aa) BGB.
[282] *Hager* in: Staudinger, § 823 B 32-34.
[283] So erstmals BGH v. 11.05.1971 - VI ZR 78/70 - BGHZ 56, 163-173.
[284] BGH v. 11.05.1971 - VI ZR 78/70 - BGHZ 56, 163-173.
[285] BGH v. 04.04.1989 - VI ZR 97/88 - LM Nr. 109 zu § 823 (Aa) BGB.
[286] *Coester-Waltjen*, Jura 2001, 412-415, 413.
[287] BGH v. 22.05.2007 - VI ZR 17/06 - BGHZ 172, 263-268.
[288] BGH v. 22.05.2007 - VI ZR 17/06 - BGHZ 172, 263-268; AG Bergheim v. 16.09.1985 - 24 C 266/84 - ZfSch 1986, 97; a.A. AG Saarlouis v. 28.11.1996 - 30 C 2406/95 - Schaden-Praxis 1997, 466-467, das in einem solchen Fall aber erhöhte Anforderungen an die Schwere des Schockschadens stellen will.
[289] BGH v. 22.05.2007 - VI ZR 17/06 - BGHZ 172, 263-268.
[290] *Hager* in: Staudinger, § 823 B 35; *Oetker* in: MünchKomm-BGB, § 249 Rn. 147, der allerdings bei fehlender personaler Nähebeziehung erhöhte Anforderungen an die Schwere des Unfallerlebnisses stellen will.
[291] So auch BGH v. 22.05.2007 - VI ZR 17/06 - BGHZ 172, 263-268.
[292] OLG Karlsruhe v. 10.07.1998 - 10 U 27/98 - OLGR Karlsruhe 1998, 308-310.

diger vorhersehbar ist, dass eine Verletzung/Tötung einer Person bei mit dieser Person emotional eng verbundenen Personen zu schweren Schockzuständen führen kann. Die Verkehrspflicht, die Tötung/Verletzung anderer Menschen zu vermeiden, dient daher bei teleologischer Betrachtung auch der Vermeidung solcher Rechtsgutsverletzungen. Führt dagegen der Anblick/das Miterleben der unvorsätzlichen Tötung/Verletzung einer Person bei einer mit ihr nicht näher verbundenen Person zu schweren psychischen Fehlverarbeitungen, so handelt es sich für die geschockte Person um die Realisierung des allgemeinen Lebensrisikos, Zeuge schwerwiegender Unfallereignisse zu werden. Die so verstandene emotional geprägte Nähebeziehung umfasst neben nahen Angehörigen auch Lebens-, Liebespartner und Verlobte sowie enge Freunde.[293] Sie kann daher auch bei getrennt lebenden Eheleuten bejaht werden.[294] Das Bestehen einer solchen Nähebeziehung bedarf naturgemäß der tatrichterlichen Würdigung. Darüber hinaus gibt es eine Fallkonstellation, in der ausnahmsweise auch der Schockschaden infolge des Miterlebens der Verletzung/des Todes einer unbekannten Person dem Schädiger zurechenbar ist. Dies ist der Fall, wenn der Verletzte/Getötete selbst den Geschockten in das Unfallereignis mit einbezieht und ihn dadurch zu einem in das Geschehen verstrickten Unfallbeteiligten macht. Der BGH hat dies zutreffend für den Fall bejaht, dass der Schädiger sich als Fußgänger auf der Fahrbahn der Autobahn bewegt und dadurch den für ihn tödlichen Unfall herbeigeführt hatte. Das daraus resultierende schwere Schockerlebnis für den Autofahrer ist dem Schädiger, der den Autofahrer vorwerfbar in das Geschehen verstrickt hat, zurechenbar, sodass diesem ein Anspruch gegen die Erben des Schädigers zusteht.[295] In gleicher Weise könnte man dem Selbstmörder, der sich vor einen Zug wirft und dadurch einen schweren Schock des Lockführers auslöst, dessen Schockschädigung zurechnen.[296] Somit bleibt noch zu klären, wie das **Schadensereignis** beschaffen sein muss, damit eine Zurechnung in Betracht kommt. Anerkannt ist insoweit die Formel, der Schock müsse angesichts des Schadensereignisses aus der Sicht eines Durchschnittsmenschen verständlich sein.[297] Dies kann man ohne weiteres im Falle des Miterlebens von Tötung und schwerer Verletzung bejahen. Hiermit wertungsmäßig gleichzustellen sind akute Gefahrenlagen für die Rechtsgüter Leben oder Gesundheit, weil es für die real eingetretene Schockverursachung nicht zwingend einen Unterschied macht, ob die Rechtsgutsverletzung tatsächlich eingetreten oder ausgeblieben ist.[298] Außerhalb dieses Bereichs, also insbesondere bei Sachbeschädigungen, kann nur ganz ausnahmsweise, nämlich dann, wenn das Schadensereignis die Existenz bedroht, ein Zurechnungszusammenhang bejaht werden. Dies ist etwa der Fall, wenn der Schock eintritt, weil man die Zerstörung (etwa durch Brand) des Eigenheimes miterlebt oder hiervon erfährt, nicht aber – bei allem Verständnis für Tierliebe – wenn ein Hundehalter miterleben muss, wie sein Hund von einem anderen Hund gebissen und schwer verletzt wird[299] oder durch einen Schuss zu Tode kommt.[300] Schließlich ist es nicht stets erforderlich, dass der Geschockte das Schadensereignis persönlich miterlebt. Allerdings sind in einem Fall, in dem alleine die Nachricht vom Unfallereignis den Schock auslöst, gesteigerte Anforderungen an die Zurechnung zu stellen. Beispiele hierfür sind etwa eine besonders intensive emotionale Bindung und/oder eine Tötung/Verletzung unter besonders schwerwiegenden Umständen[301] oder die Erkenntnis, dass eine mit den Eltern befreundete Person deren Kinder sexuell missbraucht hat[302].

dd. Eingriffe Dritter in den Kausalverlauf

Eingriffe Dritter in den Kausalverlauf[303] führen – auch wenn sie vorsätzlich erfolgen – nicht zu einer Unterbrechung des Kausalzusammenhangs im Sinne der Äquivalenztheorie. Sie führen aber zu einer Unterbrechung des Zurechnungszusammenhangs, wenn in den Fortgang der Dinge in abwegiger, völlig ungewöhnlicher und unsachgemäßer Weise eingegriffen wird, wenn also mit anderen Worten das Verhalten des Eingreifenden durch die Handlung, an die er anknüpft, nicht tendenziell begünstigt worden ist. Dies kann man etwa bejahen, wenn Jugendliche einen am Rande einer Weide vom Landwirt

58

---

[293] *Oetker* in: MünchKomm-BGB, § 249 Rn. 147.
[294] OLG Karlsruhe v. 18.10.2011 - 1 U 28/11; *Wenker*, jurisPR-VerkR 24/2011, Anm. 1.
[295] BGH v. 12.11.1985 - VI ZR 103/84 - LM Nr. 56 zu § 823 (C) BGB.
[296] *Larenz/Canaris*, Schuldrecht, Band II/2: Besonderer Teil, 13. Aufl. 1994, § 76 II 1 e.
[297] *Oetker* in: MünchKomm-BGB, § 249 Rn. 149.
[298] Vgl. OLG Nürnberg v. 24.05.2005 - 1 U 558/05 - DAR 2006, 635-636.
[299] AG Recklinghausen v. 28.02.1989 - 15 C 754/88 - ZfSch 1989, 191.
[300] LG Bad Kreuznach v. 11.07.2007 - 1 S 33/07 - Jagdrechtliche Entscheidungen XI Nr. 128.
[301] Weniger streng BGH v. 05.02.1985 - VI ZR 198/83 - BGHZ 93, 351-358.
[302] LG Bonn v. 04.03.2008 - 3 O 334/06 - Streit 2008, 186-188.
[303] Vgl. *Fischer/Freyberger*, MDR 1998, 719-720.

achtlos liegen gelassenen Draht, der im aufgespannten Zustand mit dem bloßen Auge nicht wahrnehmbar ist, mit der Folge aufspannen, dass ein Mountainbikefahrer sich an dem Draht erheblich verletzt.[304] Die Zurechnung des zweitschädigenden Handelns setzt voraus, dass bereits die Erstschädigung die Grenze des erlaubten Risikos überschritten hat, also rechtswidrig bzw. verkehrspflichtwidrig war. Daher kann man beispielsweise einem Betreiber einer Website (z.B. einer politischen Partei oder einer Gewerkschaft), der auf dieser eine „E-Card-Funktion" bereithält, den Versand von E-Postkarten, den ein Dritter vorsätzlich an den damit erkennbar nicht einverstandenen Empfänger gesandt hat, nicht zurechnen, es sei denn es würde auf der Seite dazu aufgefordert.[305] Der Eingriff eines Dritten in den von einer anderen Person in Gang gesetzten Kausalverlauf kann auch darin bestehen, dass ein nachbehandelnder Arzt, der einen Patienten aufgrund eines Behandlungsfehlers eines vorbehandelnden Arztes behandelt, seinerseits einen Behandlungsfehler verschuldet und dadurch die Rechtsgutsverletzung des Vorschädigers vertieft oder dem Patienten gar eine andere Rechtsgutsverletzung zufügt. Auch auf diese Fallkonstellation des Arzthaftungsrechts wendet der BGH den Grundsatz an, dass der Erstschädiger sich die Rechtsgutsverletzung oder Verschlimmerung der Rechtsgutsverletzung des Zweitschädigers zurechnen lassen muss, wenn der zweitbehandelnde Arzt nicht in völlig ungewöhnlicher Weise in den vom Erstschädiger in Gang gesetzten Kausalverlauf eingegriffen hat.[306] Dabei ist die Grenze für die haftungsrechtliche Zurechnung der Körperverletzung des Zweitschädigers zur Verletzungshandlung des Erstschädigers erst dann überschritten, wenn der die Zweitschädigung herbeiführende Arzt in außergewöhnlich hohem Maße die an ein gewissenhaftes ärztliches Verhalten zu stellenden Anforderungen außer Acht gelassen hat oder derart gegen alle ärztlichen Regeln und Erfahrungen verstoßen hat, dass der eingetretene Schaden seinem Handeln haftungsrechtlich wertend alleine zugeordnet werden muss.[307]

6. Rechtswidrigkeit

a. Strittige Dogmatik

59 Bis heute nicht entschieden ist der Streit zwischen der **Lehre vom Erfolgsunrecht** und der **Lehre vom Handlungsunrecht**. Die wohl noch herrschende Lehre vom Erfolgsunrecht besagt im Kern, dass die Verletzung eines der Rechts-/Lebensgüter oder Rechte des § 823 Abs. 1 BGB – mit Ausnahme der so genannten Rahmenrechte – die Rechtswidrigkeit indiziere. Diese Unrechtsindikation kann nur durch das Eingreifen eines Rechtfertigungsgrundes ausgeräumt werden. Demgegenüber geht die Lehre vom Handlungsunrecht davon aus, dass alleine der Erfolgseintritt den Schluss auf die Rechtswidrigkeit einer erfolgskausalen Handlung nicht zulasse, sondern dass vielmehr Grundlage des Unwerturteils alleine der jeweils positiv festzustellende Verstoß gegen ein Verhaltensgebot/-verbot sein könne. Überzeugend ist demgegenüber aus den bereits erörterten Gründen (vgl. unter mittelbare Verletzungshandlungen, Rn. 53) eine vermittelnde Ansicht (sog. „**Kombinationslehre**"), die zwischen unmittelbaren und mittelbaren Rechtsgutsverletzungen unterscheidet. Hiernach bleibt es bei unmittelbaren Rechtsguteingriffen bei dem von der Lehre vom Erfolgsunrecht vorgegebenen Prüfungsfolge, wonach die Rechtsgutsverletzung die Rechtswidrigkeit indiziert und die indizierte Rechtswidrigkeit nur ausnahmsweise durch das Eingreifen eines Rechtfertigungsgrundes ausgeschlossen wird. Bei mittelbaren Rechtsgutsverletzungen und Unterlassen (vgl. Rn. 47) ist indes bereits auf der Tatbestandsebene zu prüfen, ob das Verhalten eine Verkehrspflicht verletzt. Ist dies der Fall, so ist die Verkehrspflichtverletzung positiv festzustellen und die Rechtswidrigkeit ebenso wie bei einer unmittelbaren Rechtsgutsverletzung indiziert. Sie kann dann gegebenenfalls durch das Eingreifen von Rechtfertigungsgründen ausgeschlossen sein. Ist dies nicht der Fall, so erfüllt das Verhalten schon nicht den Deliktstatbestand und ist bereits deswegen nicht rechtswidrig. Somit bleibt es auch bei der Kombinationslehre im Ergebnis dabei, dass die Tatbestandsmäßigkeit die Rechtswidrigkeit indiziert. Nach in allen „Lagern" vertretenen Stimmen gibt es Fallkonstellationen, in denen es definitiv im Rahmen der Prüfung der Rechtswidrigkeit einer positiven Feststellung des Unwerturteils bedarf. Dies ist zum einen bei den so genannten „**offenen Verletzungstatbeständen**" bzw. **Rahmenrechten** des § 823 Abs. 1 BGB, allen voran das allgemeine Persönlichkeitsrecht und das Recht am eingerichteten und ausgeübten Gewerbebetrieb,

---

[304] *Fischer/Freyberger*, MDR 1998, 719-720.
[305] A.A. LG München I v. 05.11.2002 - 33 O 17030/02 - NJW-RR 2003, 764-765.
[306] BGH v. 28.01.1986 - VI ZR 83/85 - LM Nr. 57 zu § 823 (C) BGB.
[307] BGH v. 06.05.2003 - VI ZR 259/02 - NJW 2003, 2311-2314.

der Fall[308], zum anderen aber auch bei allen Rechtsgutsverletzungen im Rahmen des § 823 Abs. 1 BGB und § 823 Abs. 2 BGB, die aus der **Einleitung bzw. dem Betreiben eines staatlichen Verfahrens** resultieren[309].

b. Rechtfertigungsgründe

Gesetzliche Rechtfertigungsgründe: Zahlreiche Rechtfertigungsgründe ergeben sich bereits aus einer ausdrücklichen gesetzlichen Anordnung. Die bekanntesten und zugleich wichtigsten gesetzlichen Rechtfertigungsgründe sind die §§ 32, 34, 193 StGB, § 127 StPO, §§ 227, 228, 229, 859, 860, 904, 906 BGB i.V.m. § 1004 Abs. 2 BGB[310] sowie die **Grundrechte**.[311] Die gesetzlichen Rechtfertigungsgründe setzen regelmäßig – entweder kraft ihres Wortlautes (vgl. die §§ 227 Abs. 2, 230 Abs. 1 BGB) oder als ungeschriebenes Merkmal mit Rücksicht auf den aus dem Rechtsstaatsprinzip abgeleiteten Grundsatz der Verhältnismäßigkeit (wie z.B. § 859 Abs. 1 BGB)[312] – die **Verhältnismäßigkeit** der zu rechtfertigenden Eingriffshandlung im engeren Sinne voraus. Dies bedeutet, dass die Eingriffshandlung zur Erreichung des durch den Rechtfertigungsgrund gesicherten Ziels geeignet und erforderlich sein muss. Daher ist etwa die Anbringung einer Parkkralle an einem Pkw durch eine Privatperson, deren Eigentum oder berechtigter Besitz an einer Parkfläche durch ein darauf oder davor unzulässig geparktes Fahrzeug gestört wird, regelmäßig nicht aus § 859 BGB, § 227 BGB und § 229 BGB gerechtfertigt, da die Anbringung der Parkkralle bereits nicht geeignet ist, die von dem parkenden Fahrzeug ausgehende Besitz- bzw. Eigentumsstörung zu beseitigen.[313]

60

Ungeschriebene Rechtfertigungsgründe: Als ungeschriebene Rechtfertigungsgründe kommen in erster Linie Einwilligung und mutmaßliche Einwilligung in Betracht. Die Einwilligung ist wirksam, wenn sie freiwillig erfolgt, der Einwilligende einwilligungsfähig und das von der Einwilligung betroffene Rechtsgut disponibel ist. Einwilligungsfähigkeit setzt voraus, dass der die Einwilligung erteilende Rechtsgutsinhaber nach seiner geistig-sittlichen Reife die Tragweite und Bedeutung seiner Erklärung erfassen kann. Da es sich bei der Einwilligung in die Rechtsgüter des § 823 Abs. 1 BGB nicht um eine rechtsgeschäftliche oder rechtsgeschäftsähnliche Erklärung, sondern um eine tatsächliche Gestattung handelt, auf die die Vorschriften der §§ 104-113 BGB keine Anwendung finden, ist das Bestehen dieser geistig-sittlichen Reife bei dauernder/vorübergehender Geschäftsunfähigkeit bzw. beschränkter Geschäftsfähigkeit nicht per se ausgeschlossen, sondern im Rahmen der tatrichterlichen Würdigung je nach Lage des Einzelfalles zu beurteilen.[314] Die **Disponibilität** des von der Einwilligung betroffenen Rechtsguts ist nur selten zu bejahen. Im Grunde genommen besteht sie nur bei Beeinträchtigungen des Eigentums bzw. sonstiger absolut geschützter Vermögensrechte, Körper- bzw. Gesundheitsverletzungen im Rahmen ärztlicher Heilbehandlung, regelgerechter Sportausübung sowie Schönheitskosmetik im weitesten Sinne, sowie bei Beeinträchtigungen des allgemeinen Persönlichkeitsrechts außerhalb des durch die Menschenwürdegarantie geschützten unantastbaren Kernbereichs der Persönlichkeit. Demgegenüber sind die Rechtsgüter des § 823 Abs. 1 BGB nicht disponibel, soweit es um sittenwidrige Eingriffe wie Tötungen (vgl. die Wertung des § 216 StGB), Verstümmelungen etwa im Rahmen des „Kannibalismus" (vgl. die Wertung des § 228 StGB) etc. geht.[315] Die **Freiwilligkeit** der Einwilligung ist zu bejahen, wenn die Einwilligung nicht im Wege der Nötigung oder arglistigen Täuschung herbeigeführt worden ist und der Einwilligende die Reichweite des Eingriffs überblicken konnte. Der letztere Gesichtspunkt spielt bei ärztlichen Heileingriffen eine entscheidende Rolle und ist dort zu verneinen, wenn und soweit der Arzt seiner Aufklärungspflicht nicht (ausreichend) nachgekommen ist. Neben der Arzthaftung spielt der Rechtfertigungsgrund der Einwilligung auch bei aus **Kampfsport- und Mannschaftswettbewerbssportarten** resultierenden Körperverletzungen eine praktisch wichtige Rolle. Dabei ist in der Rechtsprechung anerkannt, dass die Teilnehmer besonders gefährlicher Sportarten, wie z.B. Box- und Motorsport, wirksam in solche Körperverletzungen einwilligen, die aus der regelgerechten Sportausübung resultieren.[316] Bei sonstigen Wettkampf- und Begegnungssportarten (wie z.B. Fuß-

61

---

[308] BGH v. 13.03.1979 - VI ZR 117/77 - juris Rn. 15 - BGHZ 74, 9-20.

[309] BGH v. 12.05.1992 - VI ZR 257/91 - juris Rn. 15 - BGHZ 118, 201-209.

[310] BGH v. 24.01.1992 - V ZR 274/90 - juris Rn. 6 - BGHZ 117, 110-114.

[311] BGH v. 04.11.1997 - VI ZR 348/96 - juris Rn. 29 - BGHZ 137, 89-106.

[312] OLG Koblenz v. 08.07.1977 - 8 U 1414/76 - MDR 1978, 141.

[313] *Paal/Guggenberger*, NJW 2011, 1036-1040.

[314] Vgl. dazu im Detail die Kommentierung zu § 104 BGB und die Kommentierung zu § 106 BGB; BGH v. 05.12.1958 - VI ZR 266/57 - BGHZ 29, 33-37; *Nebendahl*, MedR 2009, 197-205.

[315] Vgl. *Sprau* in: Palandt, § 823 Rn. 39.

[316] BGH v. 14.03.1961 - VI ZR 189/59 - BGHZ 34, 355-367.

ball) lehnt der BGH eine solche Einwilligung ab, weil sie auf eine „Unterstellung" hinauslaufe, da beispielsweise jeder Fußballspieler gerade darauf hoffe und vertraue, nicht verletzt zu werden. Allerdings könne man dem Umstand, dass sich auch bei regelgerechtem Einsatz gewisse Verletzungen nicht vermeiden ließen, im Rahmen der Anwendung des § 254 BGB i.V.m. mit den Grundsätzen des venire contra factum proprium (§ 242 BGB) Rechnung tragen.[317] Diese Rechtsprechung überzeugt nicht. Wer an einem Wettkampf teilnimmt, der natur- und erfahrungsgemäß gefahrgeneigt ist, mag darauf vertrauen, dass er nicht verletzt wird. Dennoch weiß er eben auch, dass dieses Vertrauen nichts an der Tatsache ändert, dass er jederzeit sportbedingte Verletzungen erleiden kann. Von daher ist es keineswegs lebensfremd, in der Ausübung der Sportart eine bei Spielbeginn gegenüber den Spielteilnehmern konkludent erteilte Einwilligungserklärung in aus regelgerechter Sportausübung resultierende Körperverletzungen zu sehen.[318] Bei **operativen ärztlichen Eingriffen** ist die „Freiwilligkeit" einer erteilten Einwilligung des Patienten nur zu bejahen, wenn die Aufklärung des Patienten über die Operationsrisiken „rechtzeitig" erfolgt. Maßstab ist hierbei, ob der Patient, unter den gegebenen Umständen ausreichend Zeit hat, sich innerlich frei zu entscheiden. Ob dies im Einzelfall bejaht werden kann, hängt naturgemäß von den Umständen des Einzelfalls ab. Für den „Notfall" hat der 6. Zivilsenat des BGH allerdings fallgruppenweise spezifische Anforderungen herausgearbeitet. Danach kann bei ambulanten oder diagnostischen Eingriffen eine Aufklärung am Tag des Eingriffs genügen, wenn dem Patienten ausreichend Gelegenheit für eine innerlich freie Entscheidung verbleibt. Bei operativen Eingriffen ist demgegenüber die Aufklärung spätestens am Vortag der Operation vorzunehmen. Dabei ist eine Aufklärung am Vorabend der Operation grundsätzlich verspätet, wenn bei ihr erstmals gravierende Operationsrisiken zur Sprache kommen, die die künftige persönliche Lebensführung erheblich beeinträchtigen könnten.[319] Lediglich die Aufklärung über normale Narkoserisiken und die Bitte um eine Auswahl verschiedener Narkoseverfahren kann zu diesem Zeitpunkt noch ausreichend sein.[320] Die Behandlung mit gefährlichen/aggressiven Medikamenten stellt ebenfalls einen einwilligungsbedürftigen ärztlichen Heileingriff dar. Im Rahmen einer solchen Medikation ist der Arzt demnach verpflichtet, auf schwerwiegende Nebenwirkungen des Medikamentes hinzuweisen. Sind bei Rauchern gesundheitsbeeinträchtigende Wechselwirkungen zwischen Nikotin und den Arzneimittelwirkstoffen zu erwarten, so hat der Arzt eindringlich über diese Risiken aufzuklären, ohne dass es insoweit eine Rolle spielt, dass auch die Packungsbeilage des Medikaments auf diese Risiken hinweist. Unterlässt der Arzt diese gebotene Risikoaufklärung, so ist die Einwilligung des Patienten in die Medikation unwirksam und steht einer Haftung des Arztes dem Grunde nach nicht entgegen.[321] Das Erfordernis der Aufklärung entfällt nicht automatisch dadurch, dass der Patient selbst Arzt ist. Vielmehr ist in diesem Fall die Aufklärung nur dann entbehrlich, wenn feststeht, dass der Patient aus eigenem medizinischem Vorwissen ein hinreichendes Bild von aufklärungsbedürftigen Tatsachen hat und deshalb sein Selbstbestimmungsrecht wahrnehmen kann.[322] Der in der Verbreitung der Fotografie einer Person liegende Eingriff in deren Recht am eigenen Bild kann durch Einwilligung der Person gerechtfertigt sein (§ 22 KUG). Dabei stellt sich in der Praxis bei prominenten Personen, die in die Fertigung von Fotografien oder Filmaufnahmen eingewilligt haben, gelegentlich die Frage, ob und bejahendenfalls unter welchen Voraussetzungen eine solche Einwilligung vom Rechtsgutsinhaber wirksam widerrufen werden kann. Hierzu wird in der Literatur vertreten, die Zulässigkeit des Widerrufs der Einwilligung erfordere eine Änderung der inneren Einstellung des Betroffenen[323], wohingegen in der Rechtsprechung vertreten wurde, eine Einwilligung sei nur aus wichtigem Grund widerruflich, im Übrigen aber bindend.[324] Dabei soll alleine der Umstand, dass der Rechtsgutsinhaber mit dem Inhalt des Berichts bzw. Artikels, in den die Aufnahmen eingebettet werden, nicht einverstanden ist, keinen wichtigen Grund darstellen, der zum Widerruf der Einwilligung berechtigt.[325]

---

[317] BGH v. 14.03.1961 - VI ZR 189/59 - BGHZ 34, 355-367; BGH v. 05.11.1974 - VI ZR 100/73 - BGHZ 63, 140-149; OLG Saarbrücken v. 02.08.2010 - 5 U 492/09 - NJW-RR 2011, 109-111.
[318] Ebenso *Hager* in: Staudinger, Vorbem. zu den §§ 823 ff. Rn. 54.
[319] BGH v. 25.03.2003 - VI ZR 131/02 - NJW 2003, 2012-2014.
[320] BGH v. 07.04.1992 - VI ZR 192/91 - LM BGB § 823 (Aa) Nr. 139 (10/1992).
[321] BGH v. 15.03.2005 - VI ZR 289/03 - ErsK 2005, 165.
[322] OLG Frankfurt v. 12.03.2009 - 15 U 18/08 - MedR 2009, 532-535.
[323] *Frömming/Peters*, NJW 1996, 958-962.
[324] OLG München v. 17.03.1989 - 21 U 4729/88 - NJW-RR 1990, 999-1000.
[325] OLG Frankfurt v. 24.02.2011 - 16 U 172/10.

Aus **mutmaßlicher Einwilligung** ist der Täter gerechtfertigt, wenn eine Einwilligung des Rechtsgutsträgers nicht (rechtzeitig) eingeholt werden kann, eine vom Rechtsgutinhaber erteilte Einwilligung im Falle ihrer Erteilung wirksam wäre und der Rechtsgutsträger, wenn er erreichbar gewesen wäre, nach Lage der Dinge nach seinem mutmaßlichen Willen und bei fehlenden Anhaltspunkten hierfür angesichts des objektiv zu beurteilenden Verhältnisses von Risiko und Nutzen des Eingriffs wahrscheinlich seine Einwilligung in den Eingriff erteilt hätte.[326] Klassische Fallkonstellationen, in denen eine ausdrückliche Einwilligung nicht mehr eingeholt werden kann, sind Fälle der Bewusstlosigkeit oder räumlichen Abwesenheit des Rechtsgutsinhabers. Als weitere Fallkonstellation ist auch der Fall vorstellbar, dass ein Handeln keinen Aufschub duldet, eine Kommunikation mit dem Rechtsgutsinhaber aber mangels Beherrschung einer die Kommunikation ermöglichenden, gemeinsamen Sprache nicht möglich ist und Personen, die als Dolmetscher fungieren könnten, nicht anwesend oder erreichbar sind.[327] Diese Konstellation dürfte im deutschen Krankenhausalltag von nicht zu unterschätzender Bedeutung sein.

Wirksamer und vollziehbarer Verwaltungsakt: Ein nicht nichtiger, unanfechtbarer bzw. für sofort vollziehbar erklärter **Verwaltungsakt**, der den Rechtsguteingriff abdeckt, stellt einen Rechtfertigungsgrund dar.[328]

c. Rechtsgutsverletzungen infolge des Einleitens und/oder Betreibens eines staatlichen Verfahrens

Die Regel, wonach unmittelbare bzw. mittelbare, aber verkehrspflichtwidrige Rechtsguteingriffe stets die Rechtswidrigkeit indizieren, gilt richtiger Auffassung nach für Rechtsgutsverletzungen, die aus der Einleitung und/oder Durchführung gesetzlich geregelter Verfahren der Rechtspflege (einschließlich behördlicher Verwaltungsverfahren[329] oder staatsanwaltschaftlicher Ermittlungsverfahren[330]) resultieren, nur eingeschränkt. Diese Einschränkung kann man grundsätzlich damit begründen, dass die rechtsstaatlich gebotene freie Zugänglichkeit der staatlichen Rechtspflegeverfahren es gebietet, demjenigen, der ein solches Verfahren formal legal einleitet bzw. betreibt, einen Freiraum zuzugestehen, den der BGH plakativ „**Recht auf Irrtum**" nennt.[331] Die Einräumung eines solchen Rechts auf Irrtum ist dem Verfahrensgegner gegenüber verhältnismäßig und zumutbar, weil es mit verfahrensrechtlichen Sicherungen zu seinen Gunsten korrespondiert.[332] Als besonders plastische Beispiele hierfür kann man das Kostenrecht, das dem Antragsgegner im Falle des Obsiegens Erstattungsansprüche zubilligt oder die Gefährdungshaftungstatbestände der §§ 717 Abs. 2, 945 ZPO anführen. Folge dieses „Rechts auf Irtums" im Sinne der BGH-Rechtsprechung ist, dass das schadensursächliche Verhalten angesichts seiner verfahrensrechtlichen Legalität zunächst die **Vermutung der Rechtmäßigkeit** genießt.[333] Das „Recht auf Irrtum" führt also dazu, dass der mit der Verfahrenseinleitung bzw. -durchführung verbundene Rechtsguteingriff die Rechtswidrigkeit nicht indiziert, sondern vielmehr ein die Rechtswidrigkeit begründender Pflichtenverstoß positiv festgestellt werden muss, wobei berücksichtigt werden soll, dass der Verfahrensbetreiber dem durch das Verfahren Betroffenen grundsätzlich keine sorgfältige Prüfung der Berechtigung seines Begehrens schuldet, was allerdings nicht so weit geht, dass er vor auf der Hand liegenden Umständen seine Augen verschließen oder leicht überprüfbare Hinweise außer Acht lassen dürfte.[334] Dieses Recht auf Irrtum ist aber nicht grenzenlos. Es gilt **nur zugunsten des subjektiv redlichen Verfahrensbetreibers**, also nicht zugunsten desjenigen, der ein Verfahren einleitet oder betreibt, obwohl er positiv weiß oder infolge grober Fahrlässigkeit nicht weiß, dass sein Begehren unbegründet ist.[335] Ferner gilt es nicht zugunsten desjenigen, der das Verfahren in **rechtsmissbräuchlicher Weise** einleitet oder betreibt, indem er beispielsweise eine geringfügige Forderung geltend macht, obgleich er positiv weiß, dass sein (angeblicher) Schuldner wegen einer gesundheitlichen Krise schweren gesundheitlichen Schaden zu erleiden droht.[336] Selbst am Verfahren nicht beteiligte Dritte,

---

[326] *Müller-Dietz*, JuS 1989, 280-286, 281-282, wobei die von *Müller-Dietz* des Weiteren erörterten Merkmale des „Handelns in Einwilligungsabsicht" und der „pflichtgemäßen Prüfung" für das Zivilrecht nicht von Belang sind.
[327] OLG Braunschweig v. 11.04.2002 - 1 U 37/01 - ZfSch 2003, 114-115.
[328] Vgl. OLG Hamm v. 29.01.1979 - 3 Ss 1956/78.
[329] BGH v. 11.12.2007 - VI ZR 14/07 - NJW 2008, 996-999.
[330] AG Köln v. 28.11.2005 - 113 C 206/05 - NJW-RR 2006, 843-844.
[331] BGH v. 13.03.1979 - VI ZR 117/77 - BGHZ 74, 9-20; BGH v. 23.05.1985 - IX ZR 132/84 - BGHZ 95, 10-22.
[332] BGH v. 13.03.1979 - VI ZR 117/77 - BGHZ 74, 9-20; BGH v. 23.05.1985 - IX ZR 132/84 - BGHZ 95, 10-22.
[333] BGH v. 12.05.1992 - VI ZR 257/91 - BGHZ 118, 201-209.
[334] BGH v. 13.03.1979 - VI ZR 117/77 - BGHZ 74, 9-20.
[335] BGH v. 12.05.1992 - VI ZR 257/91 - BGHZ 118, 201-209.
[336] BGH v. 13.03.1979 - VI ZR 117/77 - BGHZ 74, 9-20.

die sich nicht innerhalb des Verfahrens gegen sie belastende Äußerungen zur Wehr setzen können, müssen grundsätzlich im Interesse der Ermöglichung einer ungehinderten Durchführung staatlich geregelter Verfahren sie belastenden Sachvortrag hinnehmen, sofern dieser einen inhaltlichen Bezug zu dem Verfahren hat, nicht evident falsch ist und keine unzulässige Schmähung beinhaltet.[337] Schließlich gilt es aus den dort erörterten Gründen nicht in den Fällen der ungerechtfertigten Schutzrechtsverwarnungen (vgl. Rn. 79), weil die mit diesen Sachverhalten verbundenen Eigentümlichkeiten einen schärferen Haftungsmaßstab erfordern.

d. Rechtfertigung von Persönlichkeitsrechtsverletzungen

65 Das allgemeine Persönlichkeitsrecht ist ein so genanntes „Rahmenrecht" bzw. ein „offener Verletzungstatbestand", bei dem der tatbestandsmäßige Eingriff nicht bereits die Rechtswidrigkeit indiziert.[338] Vielmehr bedarf es zur Beurteilung der Rechtmäßigkeit/Rechtswidrigkeit eines Persönlichkeitseingriffs – mit Ausnahme der Fälle, in denen einer der vorstehend erörterten Rechtfertigungsgründe (vgl. Rn. 61) eingreift und von vorneherein die Rechtswidrigkeit ausschließt – einer umfassenden **Güter- und Interessenabwägung**, bei der die konkret betroffenen Güter und Interessen des Verletzten, des Verletzers und gegebenenfalls der Öffentlichkeit zu berücksichtigen sind. Im Einzelnen ist dabei Folgendes in die Abwägung einzustellen.[339]

aa. Abwägungsgesichtspunkte auf Seiten des Verletzten

66 Die **Schwere des Eingriffs** und seiner eingetretenen oder absehbaren Folgen ist zugunsten des Verletzten in die Abwägung einzustellen. Ferner ist zu berücksichtigen, in welche der persönlichkeitsrechtlichen Sphären (vgl. Rn. 32) eingegriffen worden ist. Handelt es sich dabei um einen Eingriff in den unantastbaren Persönlichkeitskern (sog. **Intimsphäre**), so findet allerdings gar keine Abwägung statt, weil Eingriffe in die Intimsphäre wegen des verfassungsrechtlichen Gehalts der Menschenwürde (Art. 1 GG) nicht gerechtfertigt werden können und stets rechtswidrig sind.[340] Handelt es sich um einen Eingriff in die **Privatsphäre**, ist das Gewicht des allgemeinen Persönlichkeitsrechts wegen der Nähe der Privatsphäre zum unantastbaren Persönlichkeitskern ebenfalls hoch zu bewerten. Daher darf in die Privatsphäre nicht ohne zwingenden Grund eingegriffen werden.[341] Ein solcher zwingender Grund kann darin bestehen, dass die Verwirklichung eines anderen bedeutsamen Grundrechts (wie z.B. der Pressefreiheit) ohne den Eingriff in das allgemeine Persönlichkeitsrecht vereitelt werden würde. Dabei gilt insbesondere für Pressepublikationen, dass nur ein nachhaltiges Interesse der Öffentlichkeit den Eingriff zu rechtfertigen vermag, wobei zu beachten ist, dass der den Eingriff rechtfertigende Öffentlichkeitswert des offen gelegten privaten Umstandes umso größer sein muss, je stärker sein privater Charakter ist und je größer die mit der Veröffentlichung verbundenen Nachteile für den Verletzten sind.[342] Ferner kann ein den Eingriff legitimierender Grund darin bestehen, dass ein enger Sozialbezug besteht und der Eingriff mit einer künstlerischen Verarbeitung desselben verbunden ist. So liegen die Dinge etwa bei der künstlerischen Verarbeitung des Lebensweges eines Täters und der Details einer von ihm begangenen Straftat mit Sexualbezug, die durch die Medienberichterstattung derart bekannt geworden ist („Kannibale von R."), dass einem Großteil des Publikums auch ohne Namensnennung klar ist, wer gemeint ist, in einem Horrorspielfilm. Dabei steht – wie auch im Rahmen einer diesbezüglichen Presseberichterstattung – der Umstand, dass die Darstellung der Tat zwangsläufig intime Details aus dem Sexualleben des Täters berührt, trotz der grundsätzlichen Kernbereichsrelevanz solcher Tatsachen im Allgemeinen einer künstlerischen Verarbeitung des Stoffs nicht von vornherein entgegen, da der Täter durch die Tat einen hinreichenden Sozialbezug zu diesen Tatsachen hergestellt hat.[343] Gleiches gilt für die Tatsache, dass eine Person als identifizierbarer Darsteller an einem professionell hergestellten und kommerziell verwerteten Pornofilm mitgewirkt und auf dem Cover des Films geworben hat, da es sich hierbei um an die Öffentlichkeit gerichtete Verhaltensweisen handelt, so dass trotz des Sexualbezugs eine Zuordnung zur Sozialsphäre und nicht etwa zur Privat- oder Intimsphäre in Be-

---

[337] BGH v. 11.12.2007 - VI ZR 14/07 - NJW 2008, 996-999.
[338] BGH v. 13.03.1979 - VI ZR 117/77 - juris Rn. 15 - BGHZ 74, 9-20.
[339] Vgl. dazu beispielsweise BGH v. 19.12.1978 - VI ZR 137/77 - BGHZ 73, 120-130; BGH v. 25.04.1995 - VI ZR 272/94 - LM BGB § 823 (Ah) Nr. 120 (11/1995); BGH v. 29.06.1999 - VI ZR 264/98 - LM BGB § 823 (Ah) Nr. 129 (11/1999).
[340] BGH v. 19.12.1978 - VI ZR 137/77 - BGHZ 73, 120-130.
[341] LG München I v. 07.11.1984 - 9 O 12075/84 - KirchE 22, 225-232.
[342] BGH v. 19.12.1978 - VI ZR 137/77 - BGHZ 73, 120-130.
[343] BGH v. 26.05.2009 - VI ZR 191/08 - VersR 2009, 1085-1087.

tracht kommt.[344] Weniger ins Gewicht fallen Eingriffe in die berufliche und gesellschaftliche Beziehungen umfassende **Individualsphäre**. Eingriffe in diese Sphäre treten im Rahmen der Abwägung bereits beim Eingreifen überwiegender öffentlicher Interessen zurück.[345] Eingriffe in die Öffentlichkeitssphäre schließlich sind stets zulässig.[346] Ferner kann auf Seiten des Verletzten sein **eigenes**, mit dem Eingriff im Zusammenhang stehendes **Verhalten** zu berücksichtigen sein. Dabei kommt insbesondere dem Gedanken herausgehobene Bedeutung zu, dass, wer sich etwa als Prominenter oder Politiker gezielt in die Öffentlichkeit begibt oder wer gar im politischen Wettstreit die öffentliche Meinungsbildung gezielt zu beeinflussen sucht, mehr Interesse der Öffentlichkeit an seiner Person in Kauf nehmen muss, als der, der sich bewusst gegenüber der Öffentlichkeit „abschottet". Dieser Gedanke findet auch auf Straftäter und deren öffentliche Aufmerksamkeit erregende Tat Anwendung: Das Maß der Grundrechtsbetroffenheit des Täters, über den berichtet wird oder dessen Tat z.B. in einem künstlerischen Werk verarbeitet wird, und das Gewicht, mit dem sein Persönlichkeitsrecht und sein Resozialisierungsinteresse in die Abwägung einzustellen sind, wird dadurch erheblich verringert, dass der Täter – im Rahmen eines entgeltlichen Exklusivvertrages – seine Lebensumstände sowie seine Sicht auf die Tat und die Tatumstände durch Interviews sowie die Ermächtigung zu Buchpublikationen und Verfilmungen betreffend die von ihm offenbarten Details öffentlich gemacht hat.[347] Für die Abwägung ist ferner auch die Art und Weise eines etwaigen öffentlichen Auftretens und Wirkens von Bedeutung. Wer z.B. als Klamaukkünstler bewusst in einer spleenigen Weise in der Öffentlichkeit auftritt, muss eher hinnehmen, in grober Weise „durch den Kakao gezogen" zu werden, als derjenige, der stets seriös auftritt. Wer durch die Art seines persönlichen Auftretens und seines politischen Kampfstils Kritik herausfordert, gibt seinen „Gegnern" unter Umständen Anlass, polemisch auf seine Person einzugehen.[348] Insbesondere kann ein scharf geführter persönlicher Angriff in der Öffentlichkeit ein Recht zum „angemessenen Gegenschlag" begründen.[349] Ist die zivilrechtlichen Ehrschutz begehrende Partei eine **juristische Person des öffentlichen Rechts**[350], so ist im Rahmen der Abwägung der kollidierenden Rechts- und Verfassungsgüter zu beachten, dass das der öffentlichen Stelle zugebilligte Schutzniveau nicht mit demjenigen identisch ist, das Privatpersonen gewährt wird, sondern dass der gewährleistete Schutz nur die Zielrichtung haben kann, dasjenige Mindestmaß an öffentlicher Anerkennung sicherzustellen, das erforderlich ist, damit die betroffene Einrichtung ihre Funktion erfüllen kann und das unerlässliche Vertrauen in die Integrität öffentlicher Stellen nicht in Frage gestellt wird[351]. Dies hat, wenn bei der Abwägung auf Seiten des Anspruchsgegners Art. 5 GG in Ansatz zu bringen ist, zur Folge, dass das Gewicht der Meinungsfreiheit besonders hoch zu veranschlagen ist, weil das Grundrecht gerade aus dem besonderen Schutzbedürfnis der Machtkritik erwachsen ist und darin unverändert seine Bedeutung findet.[352]

bb. Abwägungsgesichtspunkte auf Seiten des Verletzers

Auf Seiten des Verletzers kommt einmal der von ihm mit dem Eingriff verfolgte **Zweck** als Abwägungsgesichtspunkt in Betracht. Dieser Zweck vermag unter Umständen bereits den Eingriff zu legitimieren, wenn er in einem angemessenen Verhältnis zur Eingriffsschwere steht.[353] Ferner kommt dem Aspekt der **Art und Weise des Eingriffs** und der hierbei eingesetzten **Mittel**[354] eine wichtige Bedeutung zu, wobei der Grundsatz gilt, dass der Verletzer stets das mildeste Mittel zu wählen hat, das seinen Eingriffszweck hinreichend zu fördern vermag.[355] Schließlich ist zu beachten, ob das Eingriffsverhal-

67

---

[344] BGH v. 25.10.2011 - VI ZR 332/09.
[345] OLG Naumburg v. 25.11.1993 - 4 U 105/93 - DtZ 1994, 73-75.
[346] *Degenhart*, JuS 1992, 361-368, 363-364.
[347] BGH v. 26.05.2009 - VI ZR 191/08 - VersR 2009, 1085-1087.
[348] BGH v. 11.05.1965 - VI ZR 16/64 - LM Nr. 17 zu Art 5 GrundG.
[349] BGH v. 21.06.1966 - VI ZR 261/64 - BGHZ 45, 296-311.
[350] Vgl. zum zivilrechtlichen Ehrschutz öffentlicher Stellen allgemein: BGH v. 22.04.2008 - VI ZR 83/07.
[351] BGH v. 02.12.2008 - VI ZR 219/06 - VersR 2009, 365-367; vgl. auch BerlVerfGH v. 20.08.2008 - 22/08 - NJW 2008, 3491-3494.
[352] BGH v. 02.12.2008 - VI ZR 219/06 - VersR 2009, 365-367.
[353] BGH v. 24.10.1961 - VI ZR 204/60 - BGHZ 36, 77-84.
[354] Diesen Aspekt betont das Bundesverfassungsgericht bei der Prüfung der Zulässigkeit der Bildberichterstattung, wenn es hervorhebt, dass „überrumpelndes" Vorgehen zur Unzulässigkeit führen kann, etwa wenn ein Foto „durch Ausnutzen der Heimlichkeit" oder „beharrliche Nachstellung" gewonnen wurde BVerfG v. 26.02.2008 - 1 BvR 1602/07 - WRP 2008, 645-659.
[355] Vgl. BAG v. 17.05.1983 - 1 AZR 1249/79 - NJW 1984, 824-826.

ten des Verletzers sich im Schutzbereich eines Grundrechts bewegt und welcher Stellenwert diesem Grundrecht abstrakt sowie welche Bedeutung dem Eingriffsverhalten konkret für die Grundrechtsverwirklichung im Schutzbereich des betroffenen Grundrechts zukommt. Als wichtiger Abwägungsgesichtspunkt unter dem Gesichtspunkt der beim Eingriff eingesetzten Mittel kommt die **Erlangung** in den Medien **veröffentlichter Informationen im Wege einer Straftat** in Betracht, wofür es nicht erforderlich ist, dass Mitarbeiter des veröffentlichenden Medienorgans diese Straftaten begangen haben, sondern auch genügt, wenn ein Informant diese Straftaten begangen hat und dies den für die Veröffentlichung verantwortlichen Redakteuren nicht entgangen sein kann.[356] Allerdings begründet alleine der Umstand der Rechtswidrigkeit der Erlangung der verbreiteten Information für sich genommen kein absolutes Veröffentlichungsverbot[357], da auch die Veröffentlichung rechtswidrig erlangter Informationen in den Schutzbereich des Art. 5 Abs. 1 GG fallen kann.[358] Dabei kann es eine Rolle spielen, ob die beschafften Informationen unter Missachtung des Geheimhaltungswillens eines Betroffenen veröffentlicht werden, wie es etwa bei der wörtlichen Wiedergabe privaten E-Mail-Verkehrs der Fall ist, dessen Teilnehmer erkennbar darauf vertraut haben, dass die Korrespondenz nicht einem größeren Personenkreis zugänglich ist.[359] In einem solchen Fall kann die Zulässigkeit der Veröffentlichung nur bei einem überragenden Informationsinteresse bejaht werden; ein „nur" gewichtiges Informationsinteresse der Öffentlichkeit, z.B. dahingehend, dass ein Landesminister Straftaten Dritter geduldet hat, ohne dabei selbst rechtswidrig zu handeln, genügt hingegen nicht.[360] Als weiteres Beispiel für die Bedeutung der Art und Weise der Erlangung persönlichkeitsbezogener Informationen für die Zulässigkeit ihrer Verbreitung stellt die ungepixelte Veröffentlichung eines bei der Urteilsverkündung gefertigten Fotos eines erstinstanzlich verurteilten Straftäters dar, obgleich der Vorsitzende des Strafgerichts mit sitzungspolizeilicher Verfügung angeordnet hatte, dass solche Aufnahmen nur mit der Maßgabe statthaft seien, dass das Gesicht des Verurteilten durch geeignete Maßnahmen unkenntlich gemacht werde. Das Gewicht dieses Gesichtspunkts für die Abwägung der kollidierenden Grundrechtspositionen hängt von der Rechtmäßigkeit der Verfügung ab.[361] Hierbei gilt: Einem Angeklagten steht im Gerichtssaal kein weitergehender Schutz seiner Persönlichkeitsrechte zu als ihm die allgemeinen Vorschriften (§ 823 BGB, §§ 22, 23 KUG) gewähren.[362] Überschreitet die Verfügung diesen Rahmen, begründet sie keinen Vertrauensschutz für den Angeklagten.[363]

68 Unter Zugrundelegung dieser Abwägungsgesichtspunkte gilt für die einzelnen bereits aufgezeigten Schutzbereiche des Persönlichkeitsrechts (vgl. Rn. 29) Folgendes:

69 **Schutz vor einer Entstellung des Persönlichkeitsbildes**: Niemand, auch kein Prominenter, muss es hinnehmen, dass er in der Öffentlichkeit in Zusammenhang mit Lebenssachverhalten gebracht wird, zu denen er in Wirklichkeit in keiner Beziehung steht. Daher wird das allgemeine Persönlichkeitsrecht einer Person dadurch verletzt, dass ihr Interviews untergeschoben werden, die sie in Wirklichkeit nicht gegeben hat,[364] dass ihr Äußerungen in den Mund gelegt werden, die ihrem Ansehen abträglich sind,[365] dass ein Zitat in einem anderen inhaltlichen Zusammenhang wiedergegeben wird und damit der Sinn der Äußerung verändert wird[366], dass ihr als eindeutig identifizierbarer Romanfigur in Vermischung mit tatsächlichen Gegebenheiten erfundene, bloßstellende Details betreffend ihren Charakter oder ihr Sexual- oder Familienleben zugeordnet werden,[367] dass ihr der Wahrheit zuwider die Mitgliedschaft in einer Vereinigung oder Gruppe zugeschrieben wird, sofern diese Zuschreibung Bedeutung für das Bild der Person in der Öffentlichkeit hat[368] oder dass ihr sonstige **unwahre** oder **nicht erweislich wahre ehrabträgliche Tatsachen** nachgesagt werden. Dabei ist es aufgrund der über § 823 Abs. 2 BGB ins Zivilrecht transformierten Beweislastregel grundsätzlich Sache des Verletzers, die Wahrheit der von

---

[356] KG Berlin v. 18.04.2011 - 10 U 149/10 - ZUM 2011, 570-574.
[357] KG Berlin v. 18.04.2011 - 10 U 149/10 - ZUM 2011, 570-574.
[358] BVerfG v. 25.01.1984 - 1 BvR 272/81 - BVerfGE 66, 116-151.
[359] KG Berlin v. 18.04.2011 - 10 U 149/10 - ZUM 2011, 570-574.
[360] KG Berlin v. 18.04.2011 - 10 U 149/10 - ZUM 2011, 570-574.
[361] BGH v. 07.06.2011 - VI ZR 108/10 - NJW 2011, 3153-3156.
[362] BGH v. 07.06.2011 - VI ZR 108/10 - NJW 2011, 3153-3156.
[363] BGH v. 07.06.2011 - VI ZR 108/10 - NJW 2011, 3153-3156.
[364] BGH v. 15.11.1994 - VI ZR 56/94 - BGHZ 128, 1-16.
[365] BVerfG v. 03.06.1980 - 1 BvR 185/77 - NJW 1980, 2070-2071.
[366] BGH v. 20.11.2007 - VI ZR 144/07 - VersR 2008, 1081-1083.
[367] BGH v. 21.06.2005 - VI ZR 122/04 - NJW 2005, 2844-2848.
[368] BVerfG v. 10.11.1998 - 1 BvR 1531/96 - LM GrundG Art 2 Nr. 70a (9/1999).

ihm behaupteten Tatsache nachzuweisen. Ausnahmsweise darf dem Verletzer aber beim Misslingen des Wahrheitsbeweises die Äußerung einer nicht erweislich wahren ehrenrührigen Tatsachenbehauptung nicht untersagt werden, wenn es um eine die Öffentlichkeit wesentlich berührende Angelegenheit geht und er in Wahrnehmung berechtigter Interessen handelt.[369] Die Frage, ob der **Plagiatsvorwurf** eine Tatsachenbehauptung oder ein Werturteil darstellt, dürfte angesichts der aktuellen Diskussion der Thematik künftig öfter relevant werden. Bislang tut sich die Rechtsprechung schwer damit, den Vorwurf der Übernahme fremder Gedanken ohne Kennzeichnung als Zitat, als Tatsachenbehauptung oder Meinungsäußerung einzuordnen. Eine aktuelle Entscheidung des Landgerichts Hamburg stellt darauf ab, eine solche Aussage habe grundsätzlich einen starken „tatsächlichen Kern", so dass eine derartige Aussage nur rechtmäßig sei, wenn sie durch hinreichende tatsächliche Anknüpfungspunkte getragen werde. Fehlten diese, so überwiege das Persönlichkeitsrecht des Betroffenen die Grundrechte des Kritikers (Art. 5 Abs. 1 Satz 1, Abs. 3 GG), da der Plagiatsvorwurf ein hohes Schädigungspotential für die Reputation habe und „in hohem Maße ehrenrührig" sei.[370] Es bleibt abzuwarten, ob die Rechtsprechung dabei stehenbleiben wird oder ob sie den Plagiatsvorwurf nicht auf den mit ihm stets verbundenen Tatsachenkern reduzieren wird, was zur Folge hätte, dass es zur Rechtfertigung eines solchen Vorwurfs nicht nur des Nachweises eines tatsachengestützten „hinreichenden Tatverdachts" bedürfte, sondern vielmehr der volle Beweis der Richtigkeit der Behauptung zu führen wäre, wofür vieles spricht.

Schutz vor Ehrverletzungen und sonstigen Herabsetzungen: Den deliktsrechtlichen Ehrschutz hat die Rechtsprechung den Vorgaben des Bundesverfassungsgerichts folgend stark eingeschränkt, wofür in der Literatur nicht mit Kritik gespart worden ist.[371] Dabei geht die Rechtsprechung von dem Grundsatz aus, dass bei Beiträgen zu die Öffentlichkeit wesentlich berührenden Fragen eine **Vermutung für die Freiheit der Rede** (Art. 5 Abs. 1 GG) spricht.[372] Dennoch bedeutet dies nicht, dass die Rechtsprechung den Ehrschutz stets hintanstellt. So ist beispielsweise anerkannt, dass **Schmähkritik**, die auf den personalen Eigenwert eines Menschen und damit auf die Menschenwürdegarantie abzielt und bei der die persönliche Diffamierung im Vordergrund steht, stets als rechtswidrig zu werten ist.[373] Es ist aber zu beachten, dass der Begriff der Schmähkritik wegen seines die Meinungsfreiheit des Art. 5 Abs. 1 GG verdrängenden Effekts eng und meinungsfreundlich auszulegen ist.[374] Auch eine überzogene, ungerechte oder gar ausfällige Kritik macht eine Äußerung für sich genommen nicht zur Schmähung.[375] Von einer solchen kann vielmehr erst die Rede sein, wenn bei der Äußerung nicht mehr die Auseinandersetzung in der Sache, sondern die Diffamierung des Betroffenen im Vordergrund steht, der gleichsam an den Pranger gestellt werden soll.[376] Jenseits dieser Grenzen muss sich eine im öffentlichen Leben stehende Person, insbesondere, wenn sie ein öffentliches Amt bekleidet (z.B. Bauamtsleiter), auch harte Kritik, wie z.B. den Vorhalt des „Nichtstuns", gefallen lassen.[377] Ebenso kann die Zuordnung der Begriffe „Vetternwirtschaft, Polit-Kumpanei und Korruption" zu Vorstand und Aufsichtsrat eines Unternehmens mit Staatsbeteiligung gerechtfertigt sein, wenn es dem Kritiker um die Thematisierung eines hohen wirtschaftlichen Verlusts im Zusammenhang mit Vorwürfen um die Besetzung des Aufsichtsrats mit Politikern und Gewerkschaftern ging.[378] Gleichermaßen wurde der Aussage, früher habe in dem Unternehmen „Vetternwirtschaft, Polit-Kumpanei, Kadavergehorsam, Lügen, Heuchelei und Scheinheiligkeit als die perfekte Korruptionsprävention" gegolten, der Charakter von Schmähkritik abgesprochen, da sie aus Anlass des Auftretens eines Unternehmers bei einer „Anti-Korruptions-Konferenz" fiel und die Auseinandersetzung mit öffentlich erhobenen Vorwürfen gegen das Unternehmen und die Meinung des Kritikers über dessen Politik der „Korruptionsprävention" im Vordergrund stand.[379] Dabei mögen vor allem in Wahlkampfzeiten die Grenzen besonders großzügig zu ziehen sein, so dass es einem Wahlkämpfer, wo es um die Zuweisung von Schuld oder politischer Verantwortung geht, möglich sein muss, seinen Vorwurf in vergröbernder Vereinfachung der Zusammenhänge plas-

70

---

[369] BGH v. 16.06.1998 - VI ZR 205/97 - BGHZ 139, 95-107.
[370] LG Hamburg v. 21.01.2011 - 324 O 358/10 - AfP 2011, 198-202.
[371] Vgl. aus dem vielstimmigen Chor der Kritiker des BVerfG beispielsweise *Tettinger*, JuS 1997, 769-776.
[372] BVerfG v. 22.06.1982 - 1 BvR 1376/79 - NJW 1983, 1415-1417.
[373] Grundlegend: BVerfG v. 03.06.1987 - 1 BvR 313/85 - NJW 1987, 2661-2662.
[374] BGH v. 03.02.2009 - VI ZR 36/07 - VersR 2009, 555-557; OLG Frankfurt v. 08.12.2008 - 22 U 23/08 - NJW-RR 2009, 475-477.
[375] OLG Karlsruhe v. 23.04.2003 - 6 U 189/02 - NJW 2003, 2029-2032.
[376] BGH v. 29.01.2002 - VI ZR 20/01 - LM GrundG Art. 5 Nr. 95 (7/2002).
[377] OLG Brandenburg v. 13.12.1995 - 1 W 17/95 - NJW 1996, 1002.
[378] BGH v. 03.02.2009 - VI ZR 36/07 - VersR 2009, 555-557.
[379] BGH v. 03.02.2009 - VI ZR 36/07 - VersR 2009, 555-557.

tisch zu formulieren oder einprägsam zuzuspitzen. Dies gibt dem Wahlkämpfer indes nicht das Recht zu unwahren Behauptungen über seinen politischen Gegner. Wo der Sachverhalt demnach nicht nur vereinfacht, sondern auch bei voller Berücksichtigung politischer Redeweisen im Kern der Sachaussage falsch dargestellt ist, kann sich der Kritiker nicht mehr darauf zurückziehen, er habe seine Äußerung nur polemisch überziehen wollen.[380] Gleiches gilt für öffentlichkeitswirksam tätige Unternehmen und Unternehmensführer, die – so lange keine unwahren Tatsachen behauptet werden – regelmäßig scharfe öffentliche Kritik ihrer Leistungen bzw. ihrer Unternehmenspolitik hinnehmen müssen. So hat der BGH etwa den in der Presse angestellten Vergleich eines „Zuschussverlages" mit einem seine Kunden übervorteilenden „betrügerischen" Käsehändler als von Art. 5 Abs. 1 GG gedeckt und rechtmäßig eingestuft.[381] Ferner hat er es mit Billigung des Bundesverfassungsgerichts abgelehnt, eine Plakataktion zu untersagen, bei der Greenpeace den Vorstandsvorsitzenden eines FCKW-produzierenden Unternehmens per Kopfporträt abgebildet und dazu getextet hatte: „Alle reden vom Klima. Wir ruinieren es". Diese Personalisierung eines Sachthemas führe nicht zu einer überzogenen, gegen die Menschenwürde gerichteten Prangerwirkung, weil die Auseinandersetzung in der Sache im Vordergrund stehe.[382] Im Übrigen spielt es für die Bewertung einer Äußerung als Schmähkritik eine bedeutsame Rolle, ob der Betroffene bei objektiver Betrachtung Anlass zu der Kritik gegeben hat. Daher ist die Bezeichnung eines islamischen Predigers, der in seiner Predigt anwesende Eltern mit drastischen Worten dazu aufruft, ihre Kinder so zu erziehen, dass sie für den „Heiligen Krieg" bereit sind, als „Hassprediger" im Kontext seiner eigenen Verhaltensweise nicht als Schmähkritik zu bewerten.[383] In der politischen Debatte stellt der **Antisemitismusvorwurf** eine Fallgruppe dar, in der die Bewertung einer Äußerung als unzulässige Schmähkritik häufig in Betracht kommt. Die Verknüpfung einer Person mit einer (angeblich) antisemitischen Gesinnung wiegt aus historischen Gründen in Deutschland so schwer, dass sie in besonderem Maße ehrenrührig und daher grundsätzlich als nur auf Herabsetzung des Adressaten gerichtete Schmähkritik zu werten ist.[384] Die Etikettierung als „antisemitisch" zielt – auch wenn sie im Rahmen einer politischen Debatte gefallen ist – regelmäßig auf die Diffamierung und Ehrverletzung des Gegners ab und kann daher nur bestehen, wenn es für sie einen sachlichen Bezug oder tatsächliche Anhaltspunkte gab.[385] Eine kritische Auseinandersetzung mit dem israelischen Staat und seiner Politik genügen als derartige tatsächliche Anhaltspunkte regelmäßig nicht, da mit dem Begriff des Antisemitismus nicht die Haltung gegenüber einem Staat, sondern die Feindschaft gegenüber den Juden allgemein verknüpft ist.[386] Vor diesem Hintergrund hat die Rechtsprechung die – im Rahmen emotional geführter politischer Debatten nicht selten gebrauchte – Formulierung, der Gegner gebe „antisemitische Statements" ab, als unzulässige Schmähkritik gewertet und die Argumentation, damit sei der Gegner nicht der antisemitischen Gesinnung geziehen worden, abgelehnt, da derjenige, der antisemitische Statements äußert, eine entsprechende Gesinnung hat.[387] Dabei ist die Äußerung grundsätzlich auch nicht als vom Recht zum Gegenschlag im Rahmen eines heftig geführten Meinungsaustauschs umfasst anzusehen, da der Vorwurf so schwer wiegt, dass er ohne sachlichen Bezugspunkt auch im Rahmen einer solchen Auseinandersetzung nicht zu rechtfertigen ist.[388]

71 **Kommerzielle Verwertung der eigenen Person**: Die unfreiwillige kommerzielle Verwertung der eigenen Person durch Verwendung von Fotos oder des Namens Prominenter zu Werbezwecken oder für Produkte muss niemand hinnehmen.[389] Sie ist stets rechtswidrig. Das gilt auch dann, wenn die Person und/oder ihr Name nicht nur zu Werbezwecken, sondern überdies zur Ausgestaltung des Produktes benutzt wird, wie es z.B. der Fall ist, wenn in einem Computerspiel die bildliche Darstellung eines Fußballspielers und sein Name ohne seine Einwilligung verwandt werden.[390] Was indes die kommerzielle Verwertung privater Lebenssachverhalte bzw. Fotos in der **Berichterstattung der** so genannten **Yellow Press** angeht, gilt der vorgenannte Grundsatz nur eingeschränkt. Hier ist zu berücksichtigen, dass

---

[380] LG Kleve v. 13.07.2005 - 2 O 224/05 - NJW-RR 2005, 1632-1634.
[381] BGH v. 29.01.2002 - VI ZR 20/01 - LM GrundG Art 5 Nr. 95 (7/2002).
[382] BVerfG v. 08.04.1999 - 1 BvR 2126/93 - LM GrundG Art 2 Nr. 71a (1/2000); BGH v. 12.10.1993 - VI ZR 23/93 - LM GrundG Art 1 Nr. 44 (3/1994).
[383] OLG Köln v. 17.05.2005 - 15 U 211/04 - NJW 2005, 2554-2556.
[384] LG Köln v. 03.09.2008 - 28 O 366/08 - AfP 2008, 534-537.
[385] LG Frankfurt v. 27.01.2006 - 2-3 O 485/05 - NJW - RR 2006, 1200-1202.
[386] LG Köln v. 03.09.2008 - 28 O 366/08 - AfP 2008, 534-537.
[387] LG Köln v. 03.09.2008 - 28 O 366/08 - AfP 2008, 534-537.
[388] LG Köln v. 03.09.2008 - 28 O 366/08 - AfP 2008, 534-537.
[389] OLG Hamburg v. 27.04.1995 - 3 U 292/94 - NJW 1996, 1151-1153; vgl. auch für den postmortalen Schutz zugunsten der Erben BGH v. 01.12.1999 - I ZR 49/97 - BGHZ 143, 214-232.
[390] OLG Hamburg v. 13.01.2004 - 7 U 41/03 - ZUM 2004, 309-311.

derjenige, der Verträge über die Berichterstattung aus seiner Privatsphäre abschließt und damit gewöhnlich als privat geltende Angelegenheiten öffentlich macht oder wer auf Grund seines Auftretens in der Öffentlichkeit auf Medienberichterstattung hinwirkt, sich nicht im gleichen Umfang auf einen öffentlichkeitsabgewandten Privatsphärenschutz berufen kann, wie derjenige, der die Erwartung, dass die Öffentlichkeit Angelegenheiten in Bereichen mit Rückzugsfunktion nur begrenzt zur Kenntnis nehmen soll, konsistent zum Ausdruck bringt.[391] Ferner ist bei der Verwendung von Fotografien absoluter Personen der Zeitgeschichte zum Zwecke der **Werbung für ein Presseerzeugnis** danach zu differenzieren, ob mittels der Fotografie der Eindruck erweckt werden soll, der Abgebildete identifiziere sich mit dem beworbenen Produkt und empfehle es gar[392], oder ob lediglich darauf aufmerksam gemacht werden soll, dass das Presseerzeugnis sich mit dieser Person befasst. Letzteres muss die abgebildete Person wegen Art. 5 Abs. 1 Satz 2 GG regelmäßig hinnehmen.[393] Das Verbot der Werbung für ein Presseerzeugnis mit der Abbildung einer Person, die mit dem Inhalt der in der Werbung dargestellten Ausgabe der Zeitung/Zeitschrift nichts zu tun hat, kann nicht dadurch umgangen werden, dass in der Werbung mit dem Foto des Prominenten auf einen redaktionellen Beitrag Bezug genommen wird, den es gar nicht gibt und der auch in der Zukunft nicht erscheinen wird.[394] Es ist allenfalls zulässig, dass die Abbildung auf einen kleineren Beitrag Bezug nimmt, der allerdings nicht derart unbedeutend sein darf, dass die Abbildung wiederum eine rechtsmissbräuchliche Umgehung des Verbots der Werbung mit der Person ohne deren Zustimmung darstellt.[395] Ebenso unzulässig ist die Gestaltung des Covers eines Rätselheftes mit der Fotografie eines bekannten Moderators mit der Bildunterschrift „Herr X. zeigt mit „Wer wird Millionär" wie spannend Quiz sein kann", wenn hiermit kein redaktioneller Beitrag korrespondiert.[396] Dabei vermag auch die Bildunterschrift als begleitende Wortberichterstattung kein die Fotoveröffentlichung legitimierendes Informationsinteresse der Öffentlichkeit zu begründen, da sie sich darauf beschränkt, einen beliebigen Anlass für die Veröffentlichung zu schaffen[397] und die Information so belanglos ist, dass sie offenkundig nur einen Vorwand für die tatsächlich gewollte Ausnutzung des Werbewertes des Prominenten für das Presseprodukt darstellt.[398] Gleichermaßen als verkappte Werbeannonce unter dem Deckmantel eines redaktionellen Beitrags ist es zu werten, wenn eine Zeitung ein „Paparazzi-Foto" eines Prominenten veröffentlicht, das ihn eine Ausgabe dieser Zeitung lesend auf seiner Yacht zeigt, während der Inhalt des beigefügten Wortbeitrags sich in dem Hinweis erschöpft, dass der Prominente in seiner Freizeit eine Ausgabe der in Rede stehenden Zeitung liest.[399] Da derartige Wortbeiträge keinen Orientierungswert im Hinblick auf eine die Allgemeinheit interessierende Sachdebatte aufweisen, haben sie keinen redaktionellen Charakter, sondern lediglich Werbewert.[400] Hiervon zu unterscheiden ist die Fallgruppe der auf eine Person bezogenen **Wirtschaftswerbung mit meinungsbildendem Inhalt**. Für diese Werbeform, die den Schutz der Meinungsfreiheit (Art. 5 Abs. 1 Satz 1 GG) genießt, erlegt die Rechtsprechung dem Betroffenen Duldungspflichten auf, wenn sich die Anzeige etwa in satirisch-spöttischer Form mit einem öffentlich breit diskutierten Ereignis auseinandersetzt, an dem der Genannte beteiligt war. Dies gilt nicht nur für diesbezügliche Annoncen, die auf politische Tagesereignisse oder Vorgänge von politischer Bedeutung abzielen[401], sondern auch für solche Vorgänge, die allgemeinem gesellschaftlichen Interesse unterliegen[402]. Letzteres hat der BGH für eine Annonce eines Zigarettenproduzenten mit der Fotografie einer zerknüllten Zigarettenschachtel bejaht, die unter Verwendung der allseits bekannten Vornamen „A" und „B" einer prominenten Person, über deren angebliche tätliche Auseinandersetzungen gegenüber Pressefotografen breit berichtet worden war, lautete: War dies „A"? Oder „B"?[403] Wird ein **Anwaltsschriftsatz** ohne Zustimmung des Verfassers ganz oder auszugsweise veröffentlicht, so sind bei der Prüfung der Rechtmäßigkeit der Veröffentlichung auf Seiten des Verlages die Meinungs- und die Pressefreiheit (Art. 5 GG) zu

---

[391] BVerfG v. 15.12.1999 - 1 BvR 653/96 - LM GrundG Art 5 Nr. 93a (7/2000).
[392] BGH v. 05.06.2008 - I ZR 96/07 - GRUR 2008, 1124-1126.
[393] BGH v. 14.05.2002 - VI ZR 220/01 - BGHZ 151, 26-33.
[394] OLG München v. 27.06.2003 - 21 U 2518/03 - K&R 2003, 412-414.
[395] Vgl. OLG München v. 27.06.2003 - 21 U 2518/03 - K&R 2003, 412-414.
[396] BGH v. 11.03.2009 - I ZR 8/07 - WRP 2009, 1269-1274.
[397] BVerfG v. 26.02.2008 - 1 BvR 1602/07- BVerfGE 120, 180-223.
[398] BGH v. 11.03.2009 - I ZR 8/07 - WRP 2009, 1269-1274.
[399] OLG Hamburg v. 10.08.2010 - 7 U 130/09 - GRURPrax 2010, 443.
[400] OLG Hamburg v. 10.08.2010 - 7 U 130/09 - GRURPrax 2010, 443.
[401] Rücktritt des Finanzministers: BGH v. 26.10.2006 - I ZR 182/04 - BGHZ 169, 340-348.
[402] BGH v. 05.06.2008 - I ZR 96/07 - NJW 2008, 3782-3784.
[403] BGH v. 05.06.2008 - I ZR 96/07 - NJW 2008, 3782-3784.

berücksichtigen, auf Seiten des zitierten Anwalts das durch das Zitat betroffene Persönlichkeitsrecht und – soweit das Zitat urheberrechtsschutzfähig ist – Art. 14 GG.[404] Auf Seiten des Anwalts kann ferner Art. 12 GG zu berücksichtigen sein.[405] Bei der konkreten Gewichtung der kollidierenden Grundrechte spricht unter dem Aspekt des Persönlichkeitsrechtsschutzes gegen die Zulässigkeit einer Veröffentlichung, wenn es sich um ein Falschzitat handelt oder wenn dem Zitat durch Herauslösung aus dem Kontext eine andere Tendenz gegeben wird; unter dem Aspekt der Berufsfreiheit kann gegen die Veröffentlichung sprechen, wenn der Schriftsatz das Ziel verfolgt, eine Berichterstattung zu konkreten Tatsachen zu verhindern und die Veröffentlichung diesen Sinn in sein Gegenteil verkehrt.[406] Für die Zulässigkeit der Veröffentlichung unter dem Aspekt der Meinungs- und Pressefreiheit kann sprechen, wenn das Zitat den Zweck verfolgt, sich anhand eines Beispiels allgemein mit bestimmten Phänomenen im Rahmen anwaltlicher Interessenvertretung auseinanderzusetzen. Ferner kann unter dem Gesichtspunkt einer nur marginalen Betroffenheit der Berufsfreiheit für die Zulässigkeit sprechen, wenn für Leser und Mandant klar erkennbar ist, dass die Berichterstattung nicht das Ergebnis einer auf Öffentlichkeitswirksamkeit angelegten Tätigkeit oder gar von Indiskretionen des Anwalts ist.[407]

72 **Geheimnisschutz und Schutz der informationellen Selbstbestimmung**: Das **Offenlegen wahrer Tatsachen** kann, soweit es sich dabei um **personenbezogene Daten** handelt, das allgemeine Persönlichkeitsrecht unter dem Aspekt der informationellen Selbstbestimmung rechtswidrig beeinträchtigen. Dies spielt eine erhebliche Rolle in dem Themenkomplex, ob und inwieweit die **Presseberichterstattung über ein Ermittlungsverfahren** rechtmäßig ist. Hier wird zunächst zwischen Text- und Bildberichterstattung unterschieden. Die **Textberichterstattung** ist zulässig, wenn ein Mindestbestand an Beweistatsachen vorliegt, der für den Wahrheitsgehalt der Information spricht und die Darstellung keine Vorverurteilung des Betroffenen darstellt, die den Eindruck erweckt, er sei bereits überführt und dabei die zur Verteidigung des Beschuldigten vorgetragenen Tatsachen oder Argumente nicht ignoriert.[408] Des Weiteren muss die Aktualität des Geschehens die Berichterstattung rechtfertigen.[409] Selbst bei gewichtigen Taten ist dies nach langjähriger Verbüßungszeit – z.B. auf Grund einer bevorstehenden Entscheidung über eine vorzeitige Haftentlassung – nur ausnahmsweise zu bejahen.[410] Der verfassungsrechtlich garantierte Anspruch des Verurteilten auf Resozialisierung gewinnt insbesondere bei nahendem Haftende zunehmend an Gewicht gegenüber dem Informationsinteresse der Öffentlichkeit.[411] Ist eine Veröffentlichung unter Namensnennung in Buchform im Veröffentlichungszeitpunkt zulässig, so ist es bei längerem Zeitablauf seit der Verurteilung auch bei bevorstehendem Haftende einem Verlag indes nicht stets verwehrt, die Restauflage abzusetzen.[412] Schließlich muss die Tat einen Vorgang von gravierendem Gewicht darstellen, dessen Mitteilung durch ein legitimes Informationsbedürfnis der Öffentlichkeit gedeckt ist.[413] Ein solches Informationsbedürfnis kann sich etwa daraus ergeben, dass die angebliche Verfehlung eines Amtsträgers in einem unvereinbaren Widerspruch zu den ihm übertragenen oder von ihm wahrgenommenen öffentlichen Aufgaben steht.[414] In einem derartigen Fall bezieht sich das Informationsbedürfnis der Öffentlichkeit auch auf die **Nennung des Namens** des Verdächtigen.[415] Dies wurde z.B. für den Fall bejaht, dass ein Gymnasiallehrer und Ortsratsmitglied der Begehung einer Körperverletzung bezichtigt wurde, weil er die Tat zwar außerhalb seines beruflichen/politischen Betätigungsfeldes, aber gleichwohl in der Öffentlichkeit begangen haben soll.[416] Diese Entscheidung ist indes nur im Ergebnis zu befürworten, da alleine die Tatsache, dass der Verdächtige Beamter ist, bei fehlendem Bezug der Tat zu seiner Berufstätigkeit keinen hinreichenden

---

[404] BVerfG v. 17.12.1999 - 1 BvR 1611/99 - ZUM 2000, 316-318.
[405] KG Berlin v. 31.10.2008 - 9 W 152/06 - KGR Berlin 2009, 147-148.
[406] KG Berlin v. 31.10.2008 - 9 W 152/06 - KGR Berlin 2009, 147-148.
[407] KG Berlin v. 31.10.2008 - 9 W 152/06 - KGR Berlin 2009, 147-148.
[408] OLG Celle v. 20.04.2000 - 13 U 160/99 - NJW-RR 2001, 335-337; OLG Brandenburg v. 05.02.2003 - 1 U 18/02 - NJW-RR 2003, 919-921; OLG Düsseldorf v. 22.06.2011 - I-15 U 17/08, 15 U 17/08.
[409] OLG Brandenburg v. 05.02.2003 - 1 U 18/02 - NJW-RR 2003, 919-921; OLG Frankfurt v. 30.10.2007 - 11 U 9/07 - ZUM-RD 2008, 128-130.
[410] LG Frankfurt v. 05.10.2006 - 2/3 O 305/06 - ZUM-RD 2006, 580-583.
[411] LG Frankfurt v. 05.10.2006 - 2/3 O 305/06 - ZUM-RD 2006, 580-583.
[412] OLG Frankfurt v. 12.07.2007 - 16 U 13/07.
[413] OLG Dresden v. 27.11.2003 - 4 U 991/03 - NJW 2004, 1181-1185; OLG Brandenburg v. 05.02.2003 - 1 U 18/02 - NJW-RR 2003, 919-921.
[414] OLG Frankfurt v. 26.06.2003 - 16 U 44/03 - OLGR Frankfurt 2003, 383-386.
[415] OLG Frankfurt v. 26.06.2003 - 16 U 44/03 - OLGR Frankfurt 2003, 383-386.
[416] OLG Frankfurt v. 26.06.2003 - 16 U 44/03 - OLGR Frankfurt 2003, 383-386.

Grund zu einer Benachteiligung seiner Person gegenüber privatrechtlich angestellten Arbeitnehmern darstellt. Bei einem **(kommunalen) Wahlamt** verhält es sich anders, da die Wähler ein berechtigtes Interesse an der Information über das Verhalten des Amtsträgers auch in seinem privaten Umfeld haben können, sofern dieses Verhalten geeignet ist, dem Ansehen des Amtes zu schaden oder seine charakterliche Integrität in Frage zu stellen. Ferner wurde eine Berichterstattung unter Namensnennung zu Recht als vom öffentlichen Informationsbedürfnis gedeckt angesehen, wenn dem Verdächtigen vorgeworfen wird, **Straftaten unter Beteiligung öffentlicher Amtsträger** (Bestechung etc.) begangen zu haben und er selbst aufgrund seiner vormaligen politischen Betätigung und seiner Kontakte zu aktiven Politikern aus der Anonymität der Privatheit herausgetreten ist.[417] Außerhalb des Bereichs der Beteiligung von Amtsträgern kommt eine identifizierende Verdachtsberichterstattung unter Nennung des Namens des Verdächtigen grundsätzlich nur in Fällen schwerer Kriminalität oder bei Straftaten, die die Öffentlichkeit besonders berühren, in Betracht.[418] Letztere Fallgruppe ist etwa in Fällen **extremistisch motivierter Straftaten**, die mit Gewaltanwendung einhergehen, oder bei einem körperlichen Angriff auf einen Angehörigen der Presse in Wahrnehmung von Aufgaben, die zur Ausübung der Pressefreiheit erforderlich sind, eröffnet, da derartige Vorfälle mit der Besorgnis einhergehen, zukünftig nicht mehr in angemessenem Maße durch Presseberichterstattung unterrichtet zu werden.[419] Zu den schweren Straftaten, die ein legitimes Informationsinteresse der Öffentlichkeit an einer identifizierenden Bildberichterstattung begründen, gehören auch **Straftaten mit Bezügen zum** internationalen **Terrorismus** (wie z.B. im Hinblick auf einen vereitelten Terroranschlag), da wegen der terroristischen Bedrohung der freien und demokratischen Gesellschaften und der damit verbundenen Ängste in der Bevölkerung ein erhebliches öffentliches Interesse an einer Bildberichterstattung über diesbezügliche Täter besteht, zumal solche Täter häufig unauffällig und scheinbar integriert im Alltag leben.[420] Die identifizierende **(Verdachts-)Berichterstattung bezüglich jugendlicher Verdächtiger** unterliegt Besonderheiten[421], die sich aus einem gesteigerten Schutzbedürfnis des Anonymitätsinteresses des Betroffenen ergeben, welches sich auf in das Zivilrecht zu transponierende Wertungen des JGG stützt. Konkret ist dabei auf § 48 JGG (Nichtöffentlichkeit der Gerichtsverhandlung) und den der Konzeption des JGG zu Grunde liegenden „besonderen Resozialisierungsanspruch des jugendlichen Straftäters" abzustellen, der sich z.B. in einem geringeren Höchstmaß der Freiheitsstrafe selbst für schwerste Straftaten niederschlägt (vgl. § 18 Abs. 1 JGG)[422]. Die Berücksichtigung dieser Wertungen bedeutet zwar nicht, dass dem minderjährigen Verdächtigen ein absoluter Schutz zu gewähren ist. Gleichwohl führt sie nach einer im Bezirk des Hanseatischen Oberlandesgerichts Hamburg verbreiteten Rechtsprechung selbst bei die Öffentlichkeit besonders berührenden, schweren Straftaten grundsätzlich zur Unzulässigkeit einer identifizierenden Berichterstattung.[423] Ob sich diese Rechtsprechung allgemein durchsetzen wird, bleibt abzuwarten. Eine **Bildberichterstattung** über den Beschuldigten eines Ermittlungsverfahrens ist nur zulässig, wenn dieser durch die ihm zur Last gelegte Straftat zu einer relativen Person der Zeitgeschichte im Rechtssinne geworden ist. Dies bedarf einer besonders sorgfältigen Prüfung und hängt maßgeblich von der Schwere des in Rede stehenden Delikts sowie von der öffentlichen Stellung des Betroffenen ab.[424] Ferner ist die Zulässigkeit der Bildberichterstattung regelmäßig nur zu bejahen, wenn der Verdächtige eine besondere Stellung im öffentlichen Leben innehat[425] oder es sich um einen Fall von Schwer- oder Schwerstkriminalität handelt[426]. Von Form und Inhalt der Berichterstattung darf aber keine Prangerwirkung ausgehen. Da diese bei einer Bildberichterstattung nur schwer zu vermeiden ist, hat sie bei Zweifeln an der Täterschaft in der Regel zu unterbleiben.[427] Diese Grenzen sind z.B. krass überschritten, wenn ein Bildbericht einen Verdächtigen mit Lebenslauf abbildet, in den die Tat bereits eingearbeitet ist und dessen Überführung der Wahrheit zuwider als sicher hingestellt wird („geschlossene Indizienkette"), ohne dass diese Behauptung mit Tatsachen untermauert und sorgfältig recher-

---

[417] OLG Brandenburg v. 05.02.2003 - 1 U 18/02 - NJW-RR 2003, 919-921.
[418] BGH v. 07.12.1999 - VI ZR 51/99 - BGHZ 143, 199-213.
[419] OLG Rostock v. 25.03.2009 - 2 W 10/09 - MDR 2009, 986.
[420] BGH v. 07.06.2011 - VI ZR 108/10 - NJW 2011, 3153-3156.
[421] So bereits OLG Nürnberg v. 31.10.1995 - 3 U 2008/95 - NJW 1996, 530-531.
[422] OLG Hamburg v. 11.08.2009 - 7 U 37/09 - ZUM 2010, 61-63; LG Hamburg v. 27.02.2009 - 324 O 703/08.
[423] OLG Hamburg v. 11.08.2009 - 7 U 37/09 - ZUM 2010, 61-63; LG Hamburg v. 27.02.2009 - 324 O 703/08.
[424] OLG Celle v. 20.04.2000 - 13 U 160/99 - NJW-RR 2001, 335-337.
[425] OLG Brandenburg v. 05.02.2003 - 1 U 18/02 - NJW-RR 2003, 919-921.
[426] OLG Dresden v. 27.11.2003 - 4 U 991/03 - NJW 2004, 1181-1185.
[427] OLG Dresden v. 27.11.2003 - 4 U 991/03 - NJW 2004, 1181-1185.

chiert wird.[428] Eine solche sorgfältige Recherche kann nicht durch eine Berufung auf einen **polizeilichen Informanten** konstruiert werden, da sich die Medien nur auf offizielle Verlautbarungen der Ermittlungsbehörden verlassen dürfen, nicht aber auf (vermeintlich) privat erlangte Informationen von Behördenmitarbeitern.[429] Sogenannte „**Reality-Soaps**", die den Alltag der Polizeiarbeit durch Begleitung von Polizeibeamten im Dienst durch Kamerateams darstellen, laufen auf eine unzulässige, identifizierende Verdachtsberichterstattung hinaus: Lässt der Verdächtige die Anfertigung von Bild- bzw. Filmaufnahmen durch die Medien (z.B. bei einer Festnahme) zu, so erklärt er damit keine Einwilligung, da er angesichts der Einsatzumstände davon ausgehen muss, die Filmaufnahmen seien von der Polizei „genehmigt"[430] und er müsse sie daher dulden. Überdies hat sein gegenüber den Aufnahmen passives Verhalten nicht den Erklärungswert einer Einwilligung dahingehend, dass er mit der Veröffentlichung im Wege einer identifizierenden Verdachtsberichterstattung einverstanden ist.[431] Die Zulässigkeit der individualisierenden (Bild-)Berichterstattung betreffend eine Straftat findet ihre Grenze u.a. im unantastbaren Kernbereich höchstpersönlicher Lebensgestaltung.[432] Wiewohl der Bereich der Sexualität diesem Kernbereich zugeordnet werden kann und **Sexualstraftaten** zwangsläufig intime Züge tragen, sind Sexualstraftaten wegen des mit ihnen verbundenen Übergriffs in die Rechte des Opfers nicht der absolut zu schützenden Intimsphäre des Täters zuzuordnen.[433] Gleiches gilt auch für die näheren Umstände der Tat und ihre Vorgeschichte, insbesondere für eine etwaige Beziehung zwischen Täter und Opfer.[434] Das Recht der Medien zur Berichterstattung über ein Strafverfahren entfällt indes, sobald der Angeklagte rechtskräftig freigesprochen ist. Nach **Rechtskraft des Freispruchs** führt nämlich selbst eine Berichterstattung über die Ausräumung des Tatverdachts zu einer zwangsläufigen Wiederholung des Anklagevorwurfes, der der vormals Angeklagte nur hinnehmen muss, wenn er eine solche Berichterstattung wünscht. Wünscht er sie nicht, so überwiegt nach dem rechtskräftigen Freispruch sein Interesse daran, „in Ruhe gelassen zu werden", das Informationsinteresse der Öffentlichkeit.[435] Die Grundsätze der Berichterstattung über „Straftaten" finden Anwendung, wenn eine Person der Begehung einer tatbestandlich rechtswidrigen Handlung im strafrechtlichen Sinne beschuldigt wird. Wenn die sonstigen Voraussetzungen für eine zulässige Berichterstattung über den Sachverhalt vorliegen, darf auch das Wort „Straftat" verwendet werden, selbst wenn es an einer Verfahrensvoraussetzung (wie z.B. Strafantrag) fehlt oder ein Verfahrenshindernis gegeben ist. Daher ist es beispielsweise im Zusammenhang mit der Berichterstattung über Intensivtäter im Kindesalter auch dann zulässig von „Straftaten" zu sprechen, wenn die „Täter" im Zeitpunkt der Begehung der Straftat noch strafunmündig waren.[436] Zunehmend praktisch bedeutsam wird der Problemkreis der Zulässigkeit der **Wort- bzw. Bildberichterstattung über die Behandlung verurteilter Personen im Strafvollzug**. Eine diesbezügliche Berichterstattung muss das Resozialisierungsinteresse des Gefangenen als gewichtigen Abwägungsgesichtspunkt in Rechnung stellen, so dass es zu ihrer Legitimierung erforderlich ist, dass ein rechtfertigender Berichterstattungsanlass besteht, der umso gewichtiger sein muss, je mehr Zeit seit der Verurteilung verstrichen ist.[437] Dieser Aspekt kann im Einzelfall dadurch stark relativiert werden, dass hinsichtlich des Strafvollzuges ein erhebliches Informationsbedürfnis der Allgemeinheit bestehen kann, welches auf dem legitimen demokratischen Interesse an einer Kontrolle der Strafvollstreckungs- und Strafvollzugsbehörden durch die Öffentlichkeit beruht.[438] Wird etwa ein Schauspieler kurz nach Antritt einer mittleren Freiheitsstrafe in den Offenen Vollzug verlegt, was im Vollzugsalltag faktisch einen Ausnahmefall darstellt, und wird ihm überdies kurz darauf als erste Lockerungsmaßnahme ein Tag Ausgang gewährt, so stellt sich für die interessierte Öffentlichkeit die Frage einer möglichen Sonderbehandlung Prominenter im Strafvollzug, die die „Wachhundfunktion" der Presse in besonderer Weise aktualisiert und daher eine Wortberichterstattung hierüber und über den Verlauf dieses Tages nebst einer Fotoaufnahme des Gefangenen beim Einsteigen in einen Pkw mit einer Reisetatsche beim

---

[428] OLG Dresden v. 27.11.2003 - 4 U 991/03 - NJW 2004, 1181-1185.
[429] OLG Dresden v. 27.11.2003 - 4 U 991/03 - NJW 2004, 1181-1185.
[430] LG Kleve v. 21.01.2009 - 2 O 229/07 - ZUM-RD 2009, 555-559.
[431] LG Kleve v. 21.01.2009 - 2 O 229/07 - ZUM-RD 2009, 555-559.
[432] BVerfG v. 10.06.2009 - 1 BvR 1107/09 - NJW 2009, 3357-3359.
[433] BVerfG v. 10.06.2009 - 1 BvR 1107/09 - NJW 2009, 3357-3359.
[434] BVerfG v. 10.06.2009 - 1 BvR 1107/09 - NJW 2009, 3357-3359.
[435] OLG Brandenburg v. 05.02.2003 - 1 U 18/02 - NJW-RR 2003, 919-921.
[436] KG Berlin v. 16.03.2004 - 9 U 171/03 - NJW-RR 2004, 843-844.
[437] BGH v. 28.10.2008 - VI ZR 307/07 - BGHZ 178, 213-227.
[438] BGH v. 28.10.2008 - VI ZR 307/07 - BGHZ 178, 213-227.

Verlassen der JVA rechtfertigt.[439] Dabei rechtfertigt sich die konkret gewählte Bebilderung auch daraus, dass sie angesichts der Prominenz des Betroffenen und der vor der Verurteilung erfolgten breiten Berichterstattung über das Strafverfahren keine zusätzliche Belastung enthält, ferner keine erhebliche Stigmatisierung, Ausgrenzung oder Prangerwirkung entfaltet und überdies dadurch legitimiert ist, dass die Aufnahme anders als ein kontextneutrales Foto die Authentizität der Berichterstattung unterstreicht.[440] Demgegenüber soll es nach vorliegender Instanzrechtsprechung an einem Berichterstattungsanlass fehlen, wenn ein Foto des Gefangenen lediglich den Vollzugsalltag dokumentiert, ohne etwa eine Sonderbehandlung des Gefangenen oder potentiell kritikwürdige Zustände im Vollzug zu dokumentieren.[441] Dann komme zum Tragen, dass die Verbreitung von Fotos eines Inhaftierten, die diesen im Vollzugsalltag (wie z.B. beim Rundgang auf dem Gefängnishof) zeigen, einen besonders empfindlichen Eingriff in sein Allgemeines Persönlichkeitsrecht beinhalte, da dieser sich der Situation anders als in Freiheit nicht ohne Weiteres durch einen Rückzug „ins Private" entziehen könne.[442] Ob diese – gut begründete – Rechtsprechung sich durchsetzen wird, bleibt abzuwarten. Immerhin ist auch vorstellbar, dass ein Informationsinteresse der Öffentlichkeit an solchen Aufnahmen damit begründet werden kann, dass seitens der Presse dokumentiert werden soll, dass z.B. bei der Strafvollstreckung gegenüber einer prominenten Person oder gegenüber einer Person, deren Straftat die Öffentlichkeit besonders aufgewühlt hat, „alles mit rechten Dingen zugeht". Besonders streng sind die Anforderungen, die an die Zulässigkeit der **Bildberichterstattung über die Opfer schwerer Straftaten** zu stellen sind. Zwar können Opfer, die zugleich Tatzeugen sind, relative Personen der Zeitgeschichte sein. Gleichwohl ergibt eine Güter- und Interessenabwägung der Persönlichkeitsrechte des Opfers mit der Pressefreiheit in der Regel, dass das Opfer einen Anspruch darauf hat, nach seiner Wahl für eine gewisse Zeit fern der Öffentlichkeit bleiben zu dürfen, um die ihm widerfahrenen Straftaten verarbeiten zu können. Dieser Anspruch würde vereitelt, wenn das Bild des Opfers einem breiten Publikum zugeführt wird, so dass die Gefahr besteht, dass das Opfer in der Folgezeit in der Öffentlichkeit erkannt wird, was zu weiteren Belastungen und einer ungewollten Konfrontation mit der Tat führen kann. Daher ist beispielsweise ein reißerischer Bildbericht mit dem Bildnis der Mutter eines getöteten Kindes, welches in Gegenwart der Mutter von seinem Vater/ihrem Ehemann umgebracht worden ist, als rechtswidrige Verletzung des Persönlichkeitsrechts der Mutter zu werten.[443] Die enorme praktische Bedeutung, aber auch die rechtlichen Grenzen der Verdachtsberichterstattung machen es für **Verteidiger** interessant, mit dem Mandanten eine **Strategie im Umgang** mit Verdachtsberichterstattung betreibenden **Medien** zu entwickeln. Diese sollte sich nach Auffassung *Hohmanns*[444] das **Gebot der „Gegenrecherche"** zu Nutze machen, das es den Medien auferlegt, dem Betroffenen den Sachverhalt vor Veröffentlichung substantiiert zur Stellungnahme vorzulegen.[445] Im Hinblick auf dieses Gebot empfiehlt *Hohmann* grundsätzlich auf eine Medienanfrage in der Weise zu reagieren, dass auf die hohen rechtlichen Anforderungen an eine Berichterstattung hingewiesen und die Bereitschaft zur Prüfung vorgelegter Fragen in angemessener Zeit von der Mitteilung des konkreten Sachverhalts abhängig gemacht wird.[446] Diese Vorgehensweise dürfte aus Anwaltssicht meist angezeigt und gegenüber einer totalen Kommunikationsverweigerung vorzugswürdig sein, da sie dem Mandanten stets einen zeitlichen Vorsprung vor einer etwaigen Veröffentlichung verschafft und für eine anhaltende Berichterstattung die Chance eröffnet, die Medien bei (künftiger) Missachtung des Gebots der Gegenrecherche erfolgreich auf Unterlassung in Anspruch zu nehmen. Aus Sicht eines Betroffenen, der eine rechtmäßige Verdachtsberichterstattung dulden musste, stellt sich die Frage, ob er nach Freispruch oder Verfahrenseinstellung gemäß § 170 Abs. 2 StPO eine **Ergänzungsberichterstattung** beanspruchen kann. Der BGH hat einen solchen Anspruch auf Verlangen des Betroffenen für Printmedien bejaht, wenn über eine strafgerichtliche Verurteilung vor ihrer Rechtskraft berichtet wurde und der Verurteilte später rechtskräftig freigesprochen wird.[447] Die Frage, ob diese Grundsätze auf die Berichterstattung über ein Ermittlungsverfahren

---

[439] BGH v. 28.10.2008 - VI ZR 307/07 - BGHZ 178, 213-227.
[440] BGH v. 28.10.2008 - VI ZR 307/07 - BGHZ 178, 213-227.
[441] LG Köln v. 16.06.2010 - 28 O 318/10 - ZUM-RD 2010, 632-636.
[442] LG Köln v. 16.06.2010 - 28 O 318/10 - ZUM-RD 2010, 632-636.
[443] LG Münster v. 24.03.2004 - 10 O 626/03 - ZUM-RD 2004, 380-383.
[444] *Hohmann*, NJW 2009, 881-885, 882.
[445] BGH v. 30.01.1996 - VI ZR 386/94 - BGHZ 132, 13-29; BGH v. 07.12.1999 - VI ZR 51/99, BGHZ 143, 199-213.
[446] *Hohmann*, NJW 2009, 881-885, 883.
[447] BGH v. 30.11.1971 - VI ZR 115/70 - NJW 1972, 431.

nach dessen Einstellung gemäß § 170 Abs. 2 StPO übertragbar sind, ist umstritten und wird in der Rechtsprechung überwiegend verneint.[448] Angesichts zunehmender Bedeutung der Internetmedien stellt sich die Frage, ob sich auf Grund eines weiterhin (z.B. in einem **Online-Archiv**) im Internet als Altmeldung verfügbaren ursprünglich zutreffenden Beitrags über ein Ermittlungsverfahren ein Anspruch auf Ergänzungsberichterstattung ergeben kann, wenn das Verfahren nach § 170 Abs. 2 StPO eingestellt wird. Dies wird zu Recht für den Fall bejaht, dass der Betroffene eine solche Berichterstattung begehrt.[449] Dabei genügt es nicht, dem Altbericht einen Link anzufügen, der auf einen Text zur neuen Entwicklung verweist. Über die weitergehende Frage der Zulässigkeit von im Internet weiterhin vorgehaltenen und als solche ersichtlichen „Altberichten" über ein Strafverfahren hat der BGH in jüngerer Zeit mehrfach entschieden und dabei klargestellt, dass es mit der Pressefreiheit unvereinbar wäre, Online-Medien zu verpflichten, Altmeldungen permanent daraufhin zu prüfen, ob eine Veränderung der Umstände eingetreten ist.[450] Außerdem besteht ein berechtigtes Interesse der Öffentlichkeit nicht nur an aktuellen Informationen über das Zeitgeschehen, sondern auch an der Möglichkeit, vergangene zeitgeschichtliche Ereignisse, zu denen auch schwere Kapitalverbrechen gehören, recherchieren zu können.[451] Ein Anspruch des Betroffenen auf Löschung solcher Meldungen nach längerem Zeitablauf (z.B. kurz vor der Haftentlassung) besteht daher grundsätzlich nicht.[452] Mit Eingriffen in das Persönlichkeitsrecht verbundene, nicht durch Einwilligung gedeckte **Fotografien des** dem Einblick der Allgemeinheit entzogenen **Wohnbereichs** eines Menschen können bei Verfolgung nichtkommerzieller Zwecke im Einzelfall rechtmäßig sein. Dies kann etwa der Fall sein, wenn die Fotografien zu Dokumentations- oder Nachweiszwecken (z.B. durch einen Wohnungsverwalter) gemacht werden und nur einem begrenzten Personenkreis (z.B. den Eigentümern im Rahmen einer nicht öffentlichen Wohnungseigentümerversammlung) zugänglich gemacht werden.[453] Je stärker indes durch die Aufnahmen ein Zusammenhang mit dem persönlichen Umfeld des Bewohners hergestellt wird und damit Rückschlüsse auf dessen Persönlichkeit gezogen werden können, desto höhere Anforderungen sind an die Rechtfertigung zu stellen. Ist der fotografierte Raum gar der Privat- oder Intimsphäre gewidmet, wie z.B. ein Saunabereich, ist in der Regel von der Unzulässigkeit der Aufnahme und ihrer Verwendung auszugehen.[454]

73 Bei der **Veröffentlichung personenbezogener Daten** spielt die Sphärentheorie für die Rechtmäßigkeitsprüfung eine wichtige Rolle. Dabei wurde z.B. die Veröffentlichung der Bezüge eines „Managers" (z.B. Vorstandsmitglied einer Bank) von der Rechtsprechung der Privat- und nicht der Sozialsphäre zugeordnet.[455] Dies ergebe sich daraus, dass hinsichtlich dieser Information nicht bloß das berufliche Wirken des Gehaltsempfängers betroffen sei, da es sich um einen Umstand handele, der die Grundlage der Lebensführung betreffe, zu dem in aller Regel nur einem kleinen Personenkreis Zugang gestattet werde, dem typischerweise ein die Preisgabe privater Lebensverhältnisse tragendes Vertrauen entgegengebracht werde.[456] Sofern es an einer (wirksamen) gesetzlichen oder vertraglichen Rechtsgrundlage hierfür fehle, müsse demnach etwa ein Vorstandsmitglied einer Sparkasse die Veröffentlichung seines Einkommens nicht hinnehmen, da einerseits ein rechtfertigendes Allgemeininteresse dafür nicht ersichtlich sei und andererseits die individualisierte Offenlegung der Bezüge dazu geeignet sei, konkrete Vorstellungen von dessen Lebensstil hervorzurufen, die bis weit in private Bereiche (z.B. Möglichkeiten der Freizeitgestaltung etc.) hineinreiche.[457] Eine typische Fallgruppe der Beeinträchtigung der informationellen Selbstbestimmung ist die **Veröffentlichung in Listen und Verzeichnissen mit personenbezogenen Daten**. Eine derartige Veröffentlichung ist nicht stets rechtswidrig. Vielmehr kommt es für die Rechtmäßigkeit auf das verfolgte Anliegen, auf die Wahrheit der veröffentlichten Tatsachen und auf die (potenzielle) Ehrenrührigkeit bzw. Nachteiligkeit der Veröffentlichung für den Betroffenen an. So verletzt die **namentliche Nennung** und Veröffentlichung von Personen **im Rahmen einer**

---

[448] Vgl. die Nachweise in der Entscheidung OLG Düsseldorf v. 27.10.2010 - 15 U 79/10 - GRUR-RR 2011, 21-24.
[449] OLG Düsseldorf v. 27.10.2010 - 15 U 79/10 - GRUR-RR 2011, 21-24.
[450] BGH v. 15.12.2009 - VI ZR 227/08 - NJW 2010, 757-760; BGH v. 09.02.2010 - VI ZR 243/08 - NJW 2010, 2432-2437; BGH v. 22.02.2011 - VI ZR 115/09 - ZUM 2011, 647-651.
[451] BGH v. 22.02.2011 - VI ZR 114/09 - ZUM 2011, 647-651.
[452] BGH v. 22.02.2011 - VI ZR 114/09 - ZUM 2011, 647-651.
[453] LG Köln v. 08.01.2009 - 29 S 67/08 - NJW 2009, 1825-1827.
[454] LG Köln v. 08.01.2009 - 29 S 67/08 - NJW 2009, 1825-1827.
[455] OLG Köln v. 09.06.2009 - 15 U 79/09 - WM 2009, 1885-1889.
[456] OLG Köln v. 09.06.2009 - 15 U 79/09 - WM 2009, 1885-1889.
[457] OLG Köln v. 09.06.2009 - 15 U 79/09 - WM 2009, 1885-1889.

Liste, in der 4.500 Personen als in einer bestimmten Region tätige **Stasi-Mitarbeiter** bezeichnet werden, die dort aufgeführten Personen unabhängig von der Wahrheit der Behauptung rechtswidrig in ihrem Recht auf informationelle Selbstbestimmung. Dies hängt insbesondere mit der **Art und Weise der Öffentlichmachung** zusammen, weil die Liste nicht zwischen der Art der so genannten IM-Tätigkeit der dort aufgeführten Personen unterscheidet, sodass alle „über einen Kamm geschoren" und unterschiedslos als „Denunziant" abgestempelt werden, wobei sie zudem durch die Beschränkung auf eine Region aus der Anonymität herausgehoben werden.[458] Demgegenüber ist die mit dem Hinweis auf die von ihm praktizierte Akupunktur-Behandlungsmethode verbundene **Aufnahme eines Arztes in ein Verzeichnis** nicht rechtswidrig, sofern ebenso auf sein Fachgebiet (z.B. als HNO-Arzt) verwiesen wird und er gelegentlich diese Behandlungsmethode einsetzt, weil der Arzt durch diese Art der Veröffentlichung nicht zu Unrecht „in die Ecke der Naturheilkunde gestellt" wird und durch die zutreffende Veröffentlichung dem Informationsbedürfnis der Öffentlichkeit an den von bestimmten Ärzten angebotenen Behandlungsmethoden Rechnung getragen wird.[459] Aus ähnlichen Gründen ist auch die mit Name, Anschrift und Praxistelefonnummer versehene Presseveröffentlichung eines Arztes unter der Rubrik „Notfallarzt" mit der Angabe seiner zutreffenden Notfalldienstzeiten nicht rechtswidrig, weil diese Veröffentlichung weder ehrenrührig ist, noch sensible, der Öffentlichkeit vorzuenthaltende Daten enthält, sondern vielmehr umgekehrt einem unabweisbaren Informationsbedürfnis der Öffentlichkeit Rechnung trägt.[460]

Schutz vor Belästigung: Die „Belästigung", die als tatbestandlicher Eingriff in das Persönlichkeitsrecht gewertet werden kann, ist erheblich enger als das, was man nach dem allgemeinen Sprachgebrauch gemeinhin als Belästigung bezeichnet. Aber auch die solchermaßen eingegrenzte „Belästigung" kann in einer auf Kommunikation und freie Entfaltung aller Bürger angelegten offenen Gesellschaft nicht stets als rechtswidrig qualifiziert werden, wenn man die Freiheitsräume der Bürger nicht über Gebühr beschränken will. Dem Freiheitsgedanken Rechnung tragend, geht es bei der Fallgruppe der „Belästigung" meist darum, dass mächtige, im Wirtschafts- und Gesellschaftsleben agierende Unternehmen oder Gruppierungen den einzelnen Bürger unverhältnismäßig bedrängen, sodass dem Schutz vor Belästigung seinerseits eine fundamentale freiheitssichernde Funktion zukommt. Ein wichtiger Bereich, der einer austarierenden Abgrenzung der Freiheitssphären bedarf, ist der der **Bildberichterstattung über Umstände aus der Privatsphäre** prominenter Personen. Hier kommt dem Gedanken entscheidende Bedeutung zu, dass jedermann, ob prominent oder nicht, das grundsätzlich unentziehbare Recht auf einen privaten „Rückzugsraum" hat, in dem er sich „fallen lassen" kann und nicht ständig damit zu rechnen braucht, dass sein Verhalten in Wort und/oder Bild einer breiten Medienöffentlichkeit unterbreitet wird. Einen solchen Rückzugsraum stellt die Wohnung des Betroffenen dar. Darüber hinaus kann auch jeder andere Ort dazu zählen, wenn er – ohne Rücksicht auf das Verhalten des Betroffenen – als **Raum „örtlicher Abgeschiedenheit"** zu werten ist. Hierbei kommt bei Foto- oder Tonbandaufnahmen der oft ausschlaggebende Aspekt der **„Heimlichkeit"** der Vorgehensweise dazu, der wegen seines Überrumpelungscharakters regelmäßig zur Bewertung des Verletzerverhaltens als rechtswidrig führt.[461] Gleiches gilt bei Fotoaufnahmen, die infolge beharrlicher Nachstellung gewonnen wurden.[462] Eine solche Abgeschiedenheit wurde von der Rechtsprechung **verneint** beim Aufenthalt auf einem Markt[463], in einem gut besuchten Lokal[464], in einem öffentlich zugänglichen Strandbad[465], bei sportlicher Betätigung in öffentlich zugänglichen Örtlichkeiten[466] und **bejaht** beim Gebet in der Kirche[467], an Bord einer vor der Küste ankernden Yacht[468] sowie in Bezug auf abgeschiedene Räumlichkeiten eines Restaurants/Hotels (wie z.B. einem mit Glühbirnen nur teilweise beleuchteten

---

[458] BGH v. 20.12.1994 - VI ZR 108/94; BGH v. 12.07.1994 - VI ZR 1/94 - LM GrundG Art 1 Nr. 46 (1/1995).
[459] OLG Nürnberg v. 28.02.1992 - 6 U 2923/91 - NJW 1993, 796-797; OLG Nürnberg v. 31.01.1992 - 6 U 2923/91 - ArztuR 1998, 28-29.
[460] BGH v. 13.11.1990 - VI ZR 104/90 - LM Nr. 4 zu GrundG Art 1.
[461] BVerfG v. 15.12.1999 - 1 BvR 653/96 - LM GrundG Art 5 Nr. 93a (7/2000); BVerfG v. 26.02.2008 - 1 BvR 1602/07 - WRP 2008, 645-659.
[462] BVerfG v. 26.02.2008 - 1 BvR 1602/07 - WRP 2008, 645-659.
[463] BVerfG v. 15.12.1999 - 1 BvR 653/96 - LM GrundG Art 5 Nr. 93a (7/2000).
[464] BVerfG v. 15.12.1999 - 1 BvR 653/96 - LM GrundG Art 5 Nr. 93a (7/2000).
[465] BVerfG v. 13.04.2000 - 1 BvR 2080/98 - NJW 2000, 2192-2193.
[466] BVerfG v. 15.12.1999 - 1 BvR 653/96 - LM GrundG Art 5 Nr. 93a (7/2000).
[467] OLG Hamburg v. 10.10.2000 - 7 U 138/99 - OLGR Hamburg 2001, 139-143.
[468] OLG Hamburg v. 10.10.2000 - 7 U 138/99 - OLGR Hamburg 2001, 139-143.

Gartenlokal)[469]. Fotoaufnahmen aus dem Bereich „örtlicher Abgeschiedenheit" sind solche gleichzusetzen, die den Betroffenen in Momenten der Entspannung oder des Sichgehenlassens außerhalb der Einbindung in die Pflichten des Berufs und des Alltags erfassen.[470] Aber auch jenseits der Fallgruppe der Fotoaufnahmen aus dem Bereich örtlicher Abgeschiedenheit oder des privaten Sichgehenlassens ist die Bildberichterstattung über Prominente, insbesondere soweit sie die Privatsphäre berührt („Foto beim Einkaufen"), nicht stets zulässig. Vielmehr bedarf es der einzelfallbezogenen, umfassenden Abwägung der kollidierenden Grundrechtspositionen. Hierbei kommt es in Anlehnung an die diesbezügliche Differenzierung des EGMR zum einen darauf an, ob es sich bei der abgebildeten Person um eine Person öffentlichen Interesses („personnage public"/„public figure"), um eine Person des politischen Lebens („personnalité politique"/„politician") oder um einen Normalbürger („personne ordinaire"/„ordinary person") handelt.[471] Dabei sind der Bildberichterstattung über Normalbürger engere Grenzen gezogen als in Bezug auf Personen des öffentlichen Lebens, während der Schutz der Politiker, die in vielfältiger Hinsicht als „Kristallisationspunkte für Zustimmung und Ablehnung" fungieren und „Leitbild- oder Kontrastfunktionen" erfüllen, am schwächsten ausgeprägt ist.[472] Zum anderen hängt die Zulässigkeit solcher Bildberichterstattung davon ab, in welchem Ausmaß sie einen Beitrag zur öffentlichen Meinungsbildung erbringen kann, was per se zu verneinen ist, wenn sie nur der Befriedigung des Neugier- oder Unterhaltungsinteresses dient.[473] Im Hinblick auf diese Kriterien ist etwa ein Bildbericht über eine bekannte Fernsehjournalistin unzulässig, der diese mit ihrer Putzfrau beim Shoppen auf Mallorca zeigt und mit einem Wortbericht versehen ist, der mitteilt, dass die Journalistin ein Ferienhaus auf Mallorca unterhält und sich dort zum Urlauben aufgehalten hat, da dem Bildbericht keinerlei Orientierungsfunktion im Hinblick auf eine die Allgemeinheit interessierende Sachdebatte zukommt.[474] Ferner ist z.B. bei einer einem breiten Publikum bekannten Fernsehmoderatorin im Hinblick auf ihren Bekanntheitsgrad das Eingehen einer neuen Beziehung als Vorgang von allgemeinem Interesse anzusehen, was eine diesbezügliche Wortberichterstattung, mangels eigenständigen Informationswertes nicht aber eine ergänzende Bildberichterstattung rechtfertigt, die die Person ohne deren Einwilligung mit dem neuen Partner in ihrem privaten Lebensbereich (Spaziergang Arm in Arm beim Stadtbummel in Paris; Küssen im Innern einer Wohnung; mit Gepäck vor der Wohnungstür des neuen Partners) zeigt.[475] Demgegenüber ist etwa ein Bildbericht über eine langjährige Ministerpräsidentin, der diese einen Tag nach ihrem Ausscheiden aus dem Amt beim Einkaufen in einem Einkaufszentrum zeigt und mit einem die vorangegangenen Ereignisse schildernden Wortbericht versehen ist, als zulässig zu werten, da ein Interesse der Öffentlichkeit daran besteht, darüber informiert zu werden, wie die Politikerin ihren Amtsverlust bewältigt, zumal ein hierbei an den Tag gelegtes Verhalten wertvolle Anhaltspunkte nicht nur für die Einschätzung der Person im Verlauf ihrer weiteren politischen Laufbahn, sondern auch für die Beurteilung des politischen Geschehens im Allgemeinen geben kann.[476] Ferner kommt im Rahmen der Abwägung dem Aspekt eine wesentliche Bedeutung zu, ob der Informationswert eines Bildes im **Kontext der begleitenden Wortberichterstattung** eine für die öffentliche Meinungsbildung bedeutsame Aussage erhält. Dies ist der Fall, wenn zwischen Bild- und Wortberichterstattung ein hinreichender Zusammenhang besteht, wie z.B. wenn ein Bild der Unterstreichung der Authentizität des Berichteten dient.[477] So ist es etwa zulässig, eine Urlaubsaufnahme eines Prominenten zu zeigen, die einem Wortbericht beigestellt wird, in dem berichtet wird, der Prominente weile im Urlaub, während ein Elternteil todsterbenskrank ist.[478] Beschränkt sich der begleitende Bericht demgegenüber darauf, irgendeinen Anlass für die Abbildung der Person zu schaffen, dann ist die Veröffentlichung von Fotoaufnahmen aus dem Kernbereich der Privatsphäre, dem der Urlaub zuzurechnen ist, grundsätzlich unzulässig.[479] Dies ist etwa der Fall, wenn ein Prominenter im Rahmen der Berichterstattung über ein bevorstehendes gesellschaftliches Ereignis in einer Urlaubssituation fotografiert wird.[480] Allerdings ist

---

[469] BGH v. 19.12.1995 - VI ZR 15/95 - BGHZ 131, 332-346.
[470] BVerfG v. 26.02.2008 - 1 BvR 1602/07 - WRP 2008, 645-659.
[471] EGMR v. 24.06.2004 - 59320/00 - NJW 2004, 2647-2652.
[472] BGH v. 24.06.2008 - VI ZR 156/06 - BGHZ 177, 119-131.
[473] BGH v. 01.07.2008 - VI ZR 243/06 - NJW 2008, 3138-3141.
[474] BGH v. 01.07.2008 - VI ZR 243/06 - NJW 2008, 3138-3141.
[475] BGH v. 17.02.2009 - VI ZR 75/08 - NJW 2009, 1502-1504.
[476] BGH v. 24.06.2008 - VI ZR 156/06 - BGHZ 177, 119-131.
[477] BVerfG v. 26.02.2008 - 1 BvR 1602/07 - WRP 2008, 645-659.
[478] BVerfG v. 26.02.2008 - 1 BvR 1602/07 - WRP 2008, 645-659.
[479] BVerfG v. 26.02.2008 - 1 BvR 1602/07 - WRP 2008, 645-659.

auch bei fehlendem Bezug der Bebilderung zum Text eine Zulässigkeit der Bildberichterstattung denkbar, wenn es um Fotos außerhalb des Kernbereichs der Privatsphäre geht und die Bebilderung mit Fotos, die dem Kontext der Wortberichterstattung zuzuordnen sind, belastender wäre als die tatsächlich gewählte Bebilderung.[481] Die (Wort- und Bild-)Berichterstattung über den Suizid eines nahen Angehörigen einer prominenten Person verletzt diese in ihrem Recht, mit der Trauer um ihren verstorbenen Angehörigen alleine und diesbezüglich in Ruhe gelassen zu werden.[482] Ebenso ist die (Wort- und Bild-)**Berichterstattung betreffend die Erkrankung einer Person** bei Personen öffentlichen Interesses regelmäßig unzulässig, da der Gesundheitszustand auch bei diesem Personenkreis zum grundsätzlich geschützten Kernbereich der Privatsphäre gehört, der auf Grund seiner Höchstpersönlichkeit nichts in der Öffentlichkeit zu suchen hat.[483] Gleiches gilt für die Berichterstattung über die Suizidgefährdung[484] oder über eine erforderliche Behandlung des Prominenten (z.B. Wortbericht über das Erfordernis einer therapiebedingten Alkoholabstinenz nebst Foto, das den Betroffenen beim Weintrinken auf einer Hotelterrasse zeigt).[485] Auch ein von dieser Berichterstattung mitbetroffenes enges Familienmitglied (z.B. eine in Bild und Text von der Berichterstattung erfasste Ehefrau) kann sich unter dem Gesichtspunkt der rechtswidrigen Persönlichkeitsrechtsverletzung gegen die Berichterstattung über die Erkrankung eines anderen engen Familienmitgliedes erfolgreich zur Wehr setzen, weil die berichtete Information auch den Kernbereich ihrer eigenen Privatsphäre betrifft.[486] Hingegen kann die Zulässigkeit einer Berichterstattung über eine Erkrankung oder Suizidgefährdung bei einem besonderen Personenkreis, zu dem z.B. wichtige Politiker, Wirtschaftsführer oder Staatsoberhäupter zu zählen sind, anders zu beurteilen sein, weil bei diesen Personengruppen eine (schwere) Erkrankung wegen ihrer möglichen Rückkoppelungen zur Gesellschaft den Charakter eines zeitgeschichtlichen Ereignisses haben kann.[487] Hat sich die betroffene Person indes komplett aus der Öffentlichkeit zurückgezogen, so kann sich eine Jahre später erfolgende Thematisierung einer früheren Erkrankung oder Suizidgefährdung abseits der politischen Berichterstattung aus privatem Anlass (z.B. Suizid eines Angehörigen) wegen mit Zeitverlauf abnehmenden Interesses der Öffentlichkeit als unzulässig erweisen.[488] Darüber hinaus billigt die Rechtsprechung auch bei Personen des öffentlichen Interesses ganz ausnahmsweise die Berichterstattung über eine Erkrankung, wenn die Krankheit unmittelbare Folgen für das öffentliche Wirken der betroffenen Person nach sich zieht. Dies wurde z.B. bei der Berichterstattung über die angebliche Aids-Infektion eines Mitgliedes einer erfolgreichen Pop-Band bejaht, da die Erkrankung im konkreten Fall dadurch einen erheblichen Sozialbezug aufwies, dass über die Erkrankung im Hinblick auf den Verdacht, die Künstlerin habe trotz ihrer Infektion ungeschützten Geschlechtsverkehr ausgeübt, berichtet wurde.[489] Im Allgemeinen beinhaltet die Berichterstattung über eine Aidserkrankung gegenüber der Berichterstattung über sonstige Erkrankungen eine gesteigerte Eingriffsintensität, da mit dem Bekanntwerden dieser Erkrankung eine besonders schwerwiegende Stigmatisierung mit weitreichenden sozialen Folgen verbunden sein kann.[490] Dabei mag der mit der verbesserten Erkenntnislage über die Krankheit einhergehende Bewusstseinswandel im Vergleich zu früheren Jahren die Eingriffsschwere einer solchen Berichterstattung derart abgesenkt haben, dass eine Berichterstattung über diese Erkrankung nicht mehr schlechthin unzulässig ist.[491] Gleichwohl sind auch in Zukunft an die Zulässigkeit der Berichterstattung über eine Erkrankung an Aids strengere Anforderungen als an die Berichterstattung über sonstige Erkrankungen zu stellen. Die Veröffentlichung von **Abbildungen eines Privatanwesens** verletzt das Persönlichkeitsrecht des Betroffenen, wenn dieser nach den konkreten Gegeben-

---

[480] BVerfG v. 26.02.2008 - 1 BvR 1602/07 - WRP 2008, 645-659.
[481] BVerfG v. 26.02.2008 - 1 BvR 1602/07 - WRP 2008, 645-659.
[482] OLG Dresden v. 12.07.2011 - 4 U 188/11; OLG Jena v. 31.03.2005 - 8 U 910/04 - NJW-RR 2005, 1566-1569.
[483] BGH v. 14.10.2008 - VI ZR 272/06 - MDR 2009, 85-86; BGH v. 14.10.2008 - VI ZR 260/06 - VersR 2009, 511-513.
[484] OLG Dresden v. 12.07.2011 - 4 U 188/11.
[485] BGH v. 14.10.2008 - VI ZR 256/06 - MDR 2009, 86-87.
[486] BGH v. 14.10.2008 - VI ZR 271/06 - VersR 2009, 513-515; BGH v. 14.10.2008 - VI ZR 260/06 - VersR 2009, 511-513.
[487] BGH v. 14.10.2008 - VI ZR 271/06 - VersR 2009, 513-515; OLG Dresden v. 12.07.2011 - 4 U 188/11.
[488] OLG Dresden v. 12.07.2011 - 4 U 188/11.
[489] KG Berlin v. 12.06.2009 - 9 W 122/09 - KGR Berlin 2009, 708-711.
[490] OLG Hamburg v. 16.04.1987 - 3 U 210/86 - AfP 1987, 703-705.
[491] KG Berlin v. 12.06.2009 - 9 W 122/09 - KGR Berlin 2009, 708-711; vgl. aber OLG Hamburg v. 16.04.1987 - 3 U 210/86 - AfP 1987, 703-705.

heiten die begründete und für Dritte erkennbare Erwartung hegen darf, dass seine privaten Verhältnisse den Blicken der Öffentlichkeit entzogen bleiben und von ihr nicht zur Kenntnis genommen werden. Dies ist zu bejahen, wenn das Anwesen nicht für jedermann von öffentlich zugänglichen Stellen einsehbar ist und die Abbildung nicht nur das wiedergibt, was auch für den vor Ort anwesenden Betrachter ohne weiteres zu Tage tritt.[492] Demgegenüber beurteilt sich die Zulässigkeit der Veröffentlichung von Fotoaufnahmen der Außenansicht des Privatanwesens eines Prominenten von einer allgemein zugänglichen Stelle aus, wenn das Anwesen durch Zuordnung seines prominenten Bewohners identifizierbar wird, auf Grund einer Abwägung der kollidierenden Grundrechtspositionen.[493] Wenn man hierbei ein Informationsinteresse der Öffentlichkeit an einer bildlichen Darstellung der Wohnverhältnisse des Prominenten (z.B. auf Grund seiner Stellung als ehemaliger Bundesaußenminister) bejaht, ist für die vorzunehmende Abwägung ausschlaggebend, inwieweit durch die konkreten Fotoaufnahmen für Ortsfremde eine Lokalisierbarkeit verbunden mit der Gefahr eines Anlockens Neugieriger begründet wird.[494] **Kinder (prominenter Personen)** genießen gegenüber Bildveröffentlichungen in den Medien einen privilegierten Schutz.[495] Dies ergibt sich daraus, dass Kinder eines besonderen Schutzes bedürfen, weil sie sich zu eigenverantwortlichen Personen erst entwickeln müssen und ihre Persönlichkeitsentfaltung durch die Veröffentlichung von Bildaufnahmen in den Medien empfindlicher gestört werden kann als diejenige von Erwachsenen.[496] Hieraus folgt indes nicht, dass das Kindesinteresse stets und ausnahmslos überwiegt, sondern lediglich, dass es bei der vorzunehmenden Abwägung im Vergleich zu Erwachsenen mit höherem Gewicht einzustellen ist.[497] Als Beispiele für ein Überwiegen des Informationsinteresses der Öffentlichkeit kommen neben der öffentlichen „Präsentation" der Kinder zu bestimmten Anlässen durch ihre Eltern auch Konstellationen in Betracht, in denen sich Jugendliche mit Billigung der Eltern in einer öffentliche Aufmerksamkeit erheischenden Weise eigenständig in der Öffentlichkeit bewegen.[498] **Textberichterstattung über der Privatsphäre zugehörige Umstände** kann als rechtswidrig zu werten sein, wenn es bei ihr nur darum geht, durch die Offenlegung privater Angelegenheiten die Neugier und Sensationslust des Publikums zu befriedigen.[499] Dies gilt umso mehr, je detaillierter und intimer die veröffentlichten Details und je geringer das legitime Informationsinteresse der Öffentlichkeit an den veröffentlichten Umständen ist. Dabei kommt insbesondere dem Umstand entscheidende Bedeutung zu, ob der veröffentlichte Sachverhalt dem Bereich der Privatsphäre angehört, der der absolut geschützten Intimsphäre besonders nahe steht. Dies hat die Rechtsprechung bejaht bei der Berichterstattung über einen Kleiderkauf einer prominenten Person, die unter anderem Details zur Konfektionsgröße und der Kreditkartenbenutzung offen legte[500] oder bei der aus Anlass einer Hochzeit Prominenter erfolgten Berichterstattung über das Vorleben des Brautpaares unter Offenlegung der Umstände des Kennenlernens, der Vermögensverhältnisse, von Vorlieben etc.[501] Auch die Veröffentlichung der Privatadresse eines Prominenten ist unter keinen Umständen gerechtfertigt.[502] Demgegenüber hat die Rechtsprechung die in einer Zeitung gestellten Fragen danach, mit welchen Mitteln ein Ex-Politiker eine öffentlich bekannt gewordene, erhebliche Investition (z.B. Erwerb einer Immobilie in teurer Lage) getätigt hat („Wie hat Herr X das bezahlt? Etwa mit Kredit?"), gebilligt, da das Thema Politikervergütungen im Allgemeinen und die Frage des Einkommens (ggf. auch aus privatwirtschaftlicher Anschlussbetätigung) von Ex-Politikern im Besonderen in einem demokratisch verfassten Gemeinwesen naturgemäß für die Willensbildung des Wahlvolkes und für demokratietheoretische Debatten von eminenter Bedeutung ist.[503] Aus diesen Gründen hielt es der BGH im vorgenannten Fall auch für angemessen, wenn man aus der Berichterstattung auf die Größenordnung der Investition schließen konnte.[504] Ferner hat die Rechtsprechung bei Personen des öffentlichen Interesses (wie z.B.

---

[492] BVerfG v. 02.05.2006 - 1 BvR 507/01 - WRP 2006, 1021-1023.
[493] BGH v. 19.05.2009 - VI ZR 160/08 - NJW 2009, 3030-3032.
[494] BGH v. 19.05.2009 - VI ZR 160/08 - NJW 2009, 3030-3032.
[495] BGH v. 06.10.2009 - VI ZR 314/08 - VersR 2009, 1675-1676.
[496] BGH v. 06.10.2009 - VI ZR 314/08 - VersR 2009, 1675-1676.
[497] BGH v. 06.10.2009 - VI ZR 314/08 - VersR 2009, 1675-1676.
[498] BGH v. 06.10.2009 - VI ZR 314/08 - VersR 2009, 1675-1676.
[499] BVerfG v. 05.04.2000 - 1 BvR 2479/97, 1 BvR 158/98 - NJW 2000, 2194-2195.
[500] BVerfG v. 05.04.2000 - 1 BvR 2479/97, 1 BvR 158/98 - NJW 2000, 2194-2195.
[501] BVerfG v. 13.04.2000 - 1 BvR 150/98, 1 BvR 151/98 - NJW 2000, 2193-2194.
[502] LG Hamburg v. 29.09.1995 - 324 O 387/95 - AfP 1996, 185-186.
[503] BGH v. 19.05.2009 - VI ZR 160/08 - NJW 2009, 3030-3032.
[504] BGH v. 19.05.2009 - VI ZR 160/08 - NJW 2009, 3030-3032.

einer bekannten langjährigen Nachrichtensprecherin, Fernsehjournalistin und -moderatorin) das Eingehen einer neuen Beziehung als Vorgang von allgemeinem Interesse und als zeitgeschichtliches Ereignis gewertet, was eine diesbezügliche Wortberichterstattung rechtfertigt. Die **Unterscheidung zwischen Bild- und Wortberichterstattung** hat durch eine grundlegende aktuelle Entscheidung des BGH für die Prüfung der Rechtswidrigkeit dogmatisch an Bedeutung gewonnen. die Darin hat der BGH die bislang offene Frage[505], ob hinsichtlich der Wortberichterstattung und der Verbreitung von Bildnissen betreffend das Privat- und Alltagsleben einer Person unterschiedliche rechtliche Maßstäbe gelten, grundsätzlich bejaht[506]. Anders als bei der medialen Bildnisverbreitung, bei der das Regel-Ausnahme-Prinzip der §§ 22, 23 KUG zu beachten sei, habe hinsichtlich der Wortberichterstattung die notwendige Abwägung der kollidierenden Grundrechtspositionen angesichts der Bedeutung der in Art. 5 Abs. 1 GG verankerten Freiheiten vom Grundsatz freier Berichterstattung auszugehen. Dies habe zur Folge, dass anders als im Bereich der Bildberichterstattung dem Persönlichkeitsschutz nicht etwa schon deshalb regelmäßig der Vorrang gebühre, weil eine weder unwahre noch ehrenrührige Berichterstattung bloße Belanglosigkeiten über eine prominente Person zum Gegenstand hat, ohne einen wesentlichen Beitrag zur öffentlichen Meinungsbildung zu leisten. Als mögliche Grenzen der Wortberichterstattung mit Blick auf den Schutz des Persönlichkeitsrechts führt der BGH Übergriffe in den Kernbereich der Privatsphäre oder Themen an, die von vornherein überhaupt nicht in die Öffentlichkeit gehören. Zur Begründung dieser unterschiedlichen Behandlung der Wort- und Bildberichterstattung verweist der BGH zutreffend auf die regelmäßig größere Eingriffstiefe einer Bildnisveröffentlichung gegenüber der Wortberichterstattung. Allerdings könne ein Text im Einzelfall eine Dichte von Einzelinformationen aufweisen, die eine fotografische Darstellung nicht vermittelt, und daher einen größeren oder jedenfalls vergleichbar schweren Eingriff in das Persönlichkeitsrecht beinhalten. In einem solchen Fall dürfe ausnahmsweise ein Rückgriff auf die Rechtsprechungsgrundsätze zur Bildberichterstattung in Betracht kommen. Für die Zukunft bleibt abzuwarten, wie der BGH diese Leitlinien in Einzelfällen und unter Bildung von Fallgruppen weiter konturieren wird und ob das Bundesverfassungsgericht die Rechtsprechung des BGH billigen wird. Hierfür spricht indes Einiges, da das vom BGH herangezogene Kriterium der unterschiedlichen Eingriffsschwere überzeugend ist und den kollidierenden Grundrechtspositionen der Medien angemessen Rechnung trägt. Schließlich wertet die ständige Rechtsprechung unter dem Gesichtspunkt der Belästigung **das vom Empfänger nicht gewollte Zusenden von Werbematerial**, sei es im Hausbriefkasten,[507] per Fax[508] oder E-Mail,[509] sei es aus kommerziellen Gründen oder zu Zwecken des Wahlkampfs,[510] als rechtswidrige Verletzung des Persönlichkeitsrechts. Nimmt eine Partei mit einer anwaltlich vertretenen gegnerischen Partei trotz der Aufforderung des Anwalts, ausschließlich mit ihm zu korrespondieren, unmittelbar Kontakt auf, so hat sie sich über den eindeutigen Willen der Gegenseite hinweggesetzt, so dass der Schutzbereich des allgemeinen Persönlichkeitsrechts eröffnet ist[511]. Diesbezügliche Eingriffe werden allerdings regelmäßig gerechtfertigt sein, da die anwaltlich vertretene Partei durch den Empfang der außergerichtlichen Korrespondenz meist geringfügig beeinträchtigt wird und es ihr zumutbar ist, die unerwünschten Schreiben an ihren Rechtsanwalt weiterzuleiten[512]. Indes bleiben Ausnahmefälle denkbar, in denen die Beeinträchtigung auf Grund des Empfangs der Korrespondenz erheblich ist, so dass die Missachtung der anwaltlichen Bitte rechtswidrig ist. Beispiele hierfür dürften Schwierigkeiten bei der Weiterleitung der Korrespondenz an den Anwalt z.B. auf Grund häufiger Reisen der Partei oder Sachverhalte (z.B. Schadensersatzansprüche wegen des Todes einer nahe stehenden Person) sein, bei denen bereits der Empfang des gegnerischen Schreibens die Partei gesundheitlich/seelisch schwer belastet.

Schutz der Entscheidungsfreiheit und der persönlichen Lebenssphäre im Übrigen: Zum Schutz der engeren Persönlichkeitssphäre gehört das **Recht auf eigene Abstammung**.[513] Das allgemeine Persönlichkeitsrecht wird unter dem Gesichtspunkt der **Freiheit der bzw. zur Familienplanung** rechtswidrig verletzt, wenn das kryokonservierte Sperma eines nunmehr zeugungsunfähigen Mannes verletzt

75

---

[505] *Lederer*, jurisPR-ITR 1/2011, Anm. 6.
[506] BGH v. 26.10.2010 - VI ZR 230/08 - NJW 2011, 744-746.
[507] BGH v. 20.12.1988 - VI ZR 182/88 - BGHZ 106, 229-236.
[508] KG Berlin v. 29.05.1997 - 25 U 9273/96 - KGR Berlin 1997, 187-188.
[509] LG Berlin v. 10.08.2000 - 16 O 421/00.
[510] LG Bremen v. 30.11.1989 - 2 O 1457/89 - NJW 1990, 456-457.
[511] BGH v. 08.02.2011 - VI ZR 311/09 - MDR 2011, 422-423.
[512] BGH v. 08.02.2011 - VI ZR 311/09 - MDR 2011, 422-423.
[513] Vgl. BVerfG v. 06.05.1997 - 1 BvR 409/90 - LM Art 2 GrundG Nr. 69a (9/1997).

wird.[514] Demgegenüber stellt die Zeugung eines Kindes im Rahmen freiwilligen Geschlechtsverkehrs auch dann keine rechtswidrige Verletzung des Persönlichkeitsrechts unter dem Aspekt der Freiheit der Familienplanung dar, wenn die daran beteiligte Frau ihrem Sexualpartner arglistig vortäuscht, Verhütungsmittel eingenommen zu haben. Der BGH begründet das damit, dass der Intimbereich zweier volljähriger Partner, die beim freiwilligen Geschlechtsverkehr nicht nur ihre Bedürfnisse befriedigen, sondern auch das Entstehen von Leben verantworten, nicht dem Deliktsrecht unterliege.[515] Dies überzeugt nur im Ergebnis, nicht in der dogmatischen Herleitung. Zutreffend dürfte sein, dass ein solches Verhalten der Partnerin ihrem Partner gegenüber nicht rechtswidrig ist, weil die insoweit ebenfalls tangierten Kindesbelange dem Rechtswidrigkeitsurteil entgegenstehen.

e. Rechtfertigung von tatbestandsmäßigen Eingriffen in das Recht am eingerichteten und ausgeübten Gewerbebetrieb

76 Das Recht am eingerichteten und ausgeübten Gewerbebetrieb ist ebenso wie das allgemeine Persönlichkeitsrecht ein Rahmenrecht bzw. ein offener Verletzungstatbestand, bei dem die Rechtswidrigkeit nicht bereits durch den deliktischen Eingriff indiziert ist, sondern vielmehr das Rechtswidrigkeitsurteil auf der Grundlage einer umfassenden Güter- und Interessenabwägung unter Einbeziehung der berührten Güter und Interessen des Verletzten, des Eingreifers und der Öffentlichkeit gefällt werden muss. Dabei sind in die Abwägung grundsätzlich die gleichen Umstände einzustellen, die bei der verwandten Abwägung (vgl. Rn. 65) beim allgemeinen Persönlichkeitsrecht zu berücksichtigen sind. Im Hinblick auf die bereits herausgearbeiteten Schutzbereiche des Rechts am eingerichteten und ausgeübten Gewerbebetrieb ergibt sich dabei Folgendes:

77 **Kritik und Verunglimpfung**: Kritische öffentliche Stellungnahmen zum Geschäftsgebaren, der „Politik" oder den Leistungen eines Unternehmens stellen nicht schon deshalb einen rechtswidrigen Eingriff in den ausgerichteten und ausgeübten Gewerbebetrieb dar, weil sie dem Image und Ansehen des Unternehmens abträglich sein können. Vielmehr gilt auch hier, wie beim allgemeinen Persönlichkeitsrecht, dass ein Unternehmen im Hinblick auf den Schutzbereich und die verfassungsrechtliche Bedeutung der Meinungs- bzw. Pressefreiheit für das demokratisch verfasste Gemeinwesen harte Kritik, die sich unter Umständen gar schärferer, überspitzter oder polemischer Formulierungen bedient, hinnehmen muss, so lange es sich nicht um so genannte **Schmähkritik** handelt, bei der es nicht um die Auseinandersetzung in der Sache geht und die einzig dazu dient, das Unternehmen und/oder seine Produkte und gewerblichen Leistungen zu diffamieren.[516] Daher sind etwa Presseberichte über die wirtschaftliche Situation einer Bank, die die Allgemeinheit und die Kunden informieren und mit drastischen Worten („Privatbank in Not: Kunden zittern um ihr Geld") vor wirtschaftlichen Gefahren warnen, ebenso als rechtmäßig angesehen worden[517] wie kritische Berichte über so genannte „Zuschussverlage", in denen deren Geschäftsgebaren mit dem eines betrügerischen Käsehändlers verglichen wird[518]. In derartigen Berichten enthaltene Meinungsäußerungen können erst bei erwiesener Haltlosigkeit der darin enthaltenen tatsächlichen Elemente rechtswidrig sein.[519] Wird im Rahmen einer Unternehmenskritik ein Schlagwort genutzt, das so vieldeutig ist, dass es nicht als eigenständige Behauptung eines Sachverhalts verstanden werden kann, da es im Verkehr klar als in tatsächlicher Hinsicht unvollständig und ergänzungsbedürftig erkannt wird, fehlt es an einer konkreten Tatsachenbehauptung, die geeignet wäre, zu auf falsche Sachaussagen gestützten Fehlvorstellungen beizutragen.[520] Vielmehr ist bei solchen „**substanzarmen Äußerungen**", die bewusst darauf angelegt sind, die Aufmerksamkeit des Publikums zu erregen, um einen Anreiz zu Nachfragen und Interesse an einer Auseinandersetzung mit einer (produkt- bzw. unternehmensbezogenen) Thematik zu erzeugen, dem Grundrecht der Meinungsfreiheit (Art. 5 Abs. 1 GG) grundsätzlich der Vorrang gegenüber den Abwehrinteressen des Unternehmens einzuräumen[521]. Als eine in diesem Sinne zulässige „substanzarme Äußerung" hat das Bundesverfas-

---

[514] BGH v. 09.11.1993 - VI ZR 62/93 - BGHZ 124, 52-57, wo der BGH das Persönlichkeitsrecht bei der Auslegung des Merkmals „Körperverletzung" berücksichtigt; richtig dürfte es sein, sowohl eine Körper- als auch eine Persönlichkeitsrechtsverletzung zu bejahen.
[515] BGH v. 17.04.1986 - IX ZR 200/85 - BGHZ 97, 372-382.
[516] BGH v. 11.03.2008 - VI ZR 7/07; OLG Hamburg v. 09.10.2001 - 7 U 50/00 - OLGR Hamburg 2003, 170-175; BGH v. 29.01.2002 - VI ZR 20/01 - LM GrundG Art 5 Nr. 95 (7/2002).
[517] OLG Hamburg v. 09.10.2001 - 7 U 50/00 - OLGR Hamburg 2003, 170-175.
[518] BGH v. 29.01.2002 - VI ZR 20/01 - LM GrundG Art 5 Nr. 95 (7/2002).
[519] OLG Hamburg v. 09.10.2001 - 7 U 50/00 - OLGR Hamburg 2003, 170-175.
[520] BVerfG v. 08.09.2010 - 1 BvR 1890/08 - NJW 2010, 3501-3502.
[521] BVerfG v. 08.09.2010 - 1 BvR 1890/08 - NJW 2010, 3501-3502.

sungsgericht den Begriff „Gen-Milch" als Bezeichnung von Milchprodukten eines bestimmten Unternehmens, das nicht im gesamten Produktionsprozess auf gentechnische Verfahren verzichtet, gewertet.[522] Die Ergebnisse eines **Waren- oder Dienstleistungstests** stellen Werturteile dar[523], die ein von ihnen negativ betroffenes Unternehmen keineswegs stets hinnehmen muss. Allerdings steht einem Waren- oder Dienstleistungstester, der das Anliegen des Verbraucherschutzes ernsthaft verfolgen will, für seine Veröffentlichungen, seine Untersuchungsmethoden und die angestellten Wertungen ein **angemessener Ermessensspielraum** zur Verfügung.[524] Voraussetzung für diesen Spielraum ist ein an der Sachkunde orientiertes, faires Testverfahren und dass die aus dem Test gezogenen Schlussfolgerungen sachlich begründet sind. Das ist nur der Fall, wenn der Test nach der Zusammensetzung der getesteten Produkte/Leistungen einen sinnvollen, an der Verbrauchererwartung orientierten Vergleich erlaubt und die Prüfungsmethoden und -kriterien vertretbar sind. Entscheidend für die Rechtmäßigkeit der veröffentlichten Tests ist also, dass die Untersuchung neutral, sachkundig und mit dem Bemühen um objektive Richtigkeit vorgenommen worden ist. Die Grenze zur Rechtswidrigkeit ist erst überschritten, wo es sich um bewusste Fehlurteile und Verzerrungen, insbesondere unrichtige Angaben und einseitige Auswahl der zum Vergleich gestellten Leistungen und Waren handelt, aber auch dort, wo die Art des Vorgehens bei der Prüfung und die sich aus den durchgeführten Untersuchungen gezogenen Schlüsse als sachlich nicht mehr vertretbar („diskutabel") erscheinen.[525] Letzteres wurde etwa bejaht für den Fall, dass der Tester – ohne dies klarzustellen – ein Prüflabor heranzieht, das von einem Hersteller der mitgeprüften Produkte betrieben wird oder wenn er sich Vergünstigungen seines Konkurrenten gewähren lässt[526], weil dies das Neutralitätsgebot verletzt[527], dass die in der Testveröffentlichung enthaltenen Angaben über das Prüfverfahren irreführend und unrichtig sind[528], dass der Tester Testobjekte verwendet, die das typische Produkt eines Herstellers nicht repräsentieren[529], dass er Prüfgeräte einsetzt, die nicht dem aktuellen Stand der Technik entsprechen[530] oder für den Fall, dass der Tester einen Defekt eines untersuchten Gerätes verkennt, obwohl ein derartiger Defekt einem Fachmann hätte auffallen müssen[531]. Die **Gastronomiekritik** unterliegt nicht einer unterschiedslosen Anwendung der vorgenannten Regeln über vergleichende Waren- und Dienstleistungstests, da sich Gastronomiekritiken in weitgehendem Maße einer objektiven Beurteilung entziehen und es von den persönlichen Empfindungen und Eindrücken des Kritikers abhängt, wie er die angebotene Leistung bewertet. Andererseits muss aber von dem Kritiker ein Mindestmaß an Neutralität und Sachkunde sowie ein Bemühen um Objektivität verlangt werden. So ist es erforderlich, das kritisierte Angebot in einem repräsentativen Umfang zu prüfen. Dabei bietet ein einziger Besuch in einem Lokal in der Regel keine ausreichende Grundlage für eine verantwortliche Kritik, da die Prüfung einer repräsentativen Auswahl der Leistungen nicht gewährleistet erscheint und eine nicht gering erscheinende Wahrscheinlichkeit besteht, dass „singuläre Eindrücke" und „Ausreißer" das Ergebnis beeinflussen.[532] Ferner soll es einen rechtswidrigen Eingriff in den eingerichteten und ausgeübten Gewerbebetrieb darstellen, wenn ein Restaurant nicht in einen regionalen Restaurantführer aufgenommen worden ist, der Führer insgesamt nur eine geringe Zahl der in der Region vorhandenen Restaurants enthält und es im Vorwort heißt, bei den meisten Restaurants in der Region sei „die Enttäuschung zwangsläufig", wovor der Führer den Leser bewahre.[533] Auf Tatsachen gestützte Kritik an der wirtschaftlichen Lage eines Unternehmens kann einen betriebsbezogenen Eingriff in den Gewerbebetrieb beinhalten, wenn die Tatsachen bzw. die aus ihnen abgeleiteten Wertungen unter Verletzung einer dem Rechtsgutsinhaber gegenüber bestehenden Interessenwahrungs-, Schutz- und/oder Loyalitätspflicht offenbart werden und die Äußerung – objektiv – darauf ab-

---

[522] BVerfG v. 08.09.2010 - 1 BvR 1890/08 - NJW 2010, 3501-3502.
[523] *Koppe/Zagouras*, GRUR 2005, 1011-1016, 1011.
[524] BGH v. 17.06.1997 - VI ZR 114/96.
[525] Grundlegend BGH v. 10.03.1987 - VI ZR 144/86 - LM Nr. 66 zu § 823 (Ai) BGB; BGH v. 17.06.1997 - VI ZR 114/96; *Koppe/Zagouras*, GRUR 2005, 1011-1016, 1012-1014.
[526] *Koppe/Zagouras*, GRUR 2005, 1011-1016, 1013.
[527] OLG München v. 23.05.1996 - 29 U 5889/95 - NJW-RR 1997, 1330-1331; ausführlich hierzu *Koppe/Zagouras*, GRUR 2005, 1011-1016, 1013.
[528] OLG München v. 20.12.1985 - 21 U 5546/85 - DB 1986, 325.
[529] *Koppe/Zagouras*, GRUR 2005, 1011-1016, 1013.
[530] *Koppe/Zagouras*, GRUR 2005, 1011-1016, 1013.
[531] OLG München v. 07.11.1986 - 21 U 4900/86.
[532] OLG München v. 09.07.1993 - 21 U 6720/92 - NJW 1994, 1964-1966.
[533] OLG Koblenz v. 17.11.1983 - 6 U 1390/83 - WRP 1984, 105-107.

§ 823

zielt, die Position des Unternehmens am Markt bzw. am Kreditmarkt zu schwächen. Besteht der Vertrag (z.B. ein Darlehensvertrag), aus dem diese Unterlassenspflichten folgen, zwischen dem geschädigten Unternehmen und einer juristischen Person, so richten sich die Ansprüche des Unternehmens nach der Rechtsprechung des BGH (auch) gegen dasjenige Organmitglied (als natürliche Person), das unter Verletzung seiner organschaftlichen Pflichten durch seine Äußerungen den Eingriff begangen hat.[534] Der Auffassung des BGH ist nicht zu folgen, da sie – anders als noch die zutreffende Entscheidung der Vorinstanz – im Rahmen der Rechtswidrigkeitsprüfung den Grundsatz der Relativität der Schuldverhältnisse außer Acht lässt und damit deliktsrechtliche Pflichten des Organwalters gegenüber einer anderen Partei begründet, die vertragsrechtlich nicht begründbar wären. Auch ist es dogmatisch nicht überzeugend, aus Pflichtverletzungen des Organwalters im Innenverhältnis gegenüber der von ihm vertretenen juristischen Person Pflichtverletzungen im Außenverhältnis gegenüber dritten Personen herzuleiten. Dabei kann auch der Schutz des Geschädigten vor etwaigen Insolvenzrisiken der juristischen Person kein tragfähiges Argument bilden, da derjenige, der mit einer juristischen Person kontrahiert, derartige Risiken von vornherein in Kauf nimmt und ihm überdies die Möglichkeit verbleibt, auf etwaige Ansprüche der juristischen Person gegen den Organwalter aus dem Innenverhältnis im Wege des Zwangsvollstreckungsverfahrens (z.B. durch Pfändungs- und Überweisungsbeschluss und nachfolgende Einziehungsklage) zuzugreifen. Es ist anerkannt, dass **Bonitätsauskünfte** durch Auskunfteien an Unternehmen des Kreditgewerbes, die Kreditgeber in die Lage versetzen, eine der verkehrsüblichen Sorgfalt entsprechende Bonitätsprüfung vor einer Kreditvergabeentscheidung oder im Rahmen der Betreuung eines laufenden Kreditengagements durchzuführen, grundsätzlich zulässig sind.[535] Diese Rechtsprechung hat der BGH zu Recht auf Bonitätsauskünfte an potentielle Geschäftspartner des beauskunfteten Unternehmens erstreckt, sofern die der Bonitätsauskunft zu Grunde liegenden Tatsachen der Wahrheit entsprechen.[536] Die bei unternehmensbezogenen Bonitätsauskünften auftretende Grundrechtskollission zwischen Art. 5 GG und Art. 12 GG ist dahingehend aufzulösen, dass inhaltlich zutreffende und sachlich gehaltene Information zulässig ist, da ein funktionsfähiges, auf Wettbewerb ausgerichtetes Wirtschaftssystem wie die soziale Marktwirtschaft ein hohes Maß an Information der Marktteilnehmer übereinander erfordert.[537]

78 **Verwarnungen wegen Rechtsverstößen, insbesondere Schutzrechtsverwarnungen**: Die Besonderheiten, die zur Sonderbehandlung der Fallgruppe der Schutzrechtsverwarnungen geführt haben, bringen es mit sich, dass eine unberechtigte Schutzrechtsverwarnung stets als rechtswidrig zu werten ist, sofern sie nicht ausnahmsweise durch Rechtfertigungsgründe gedeckt sein sollte. Dennoch ist es verfehlt, beim deliktischen Unternehmensschutz vor unberechtigten Schutzrechtsverwarnungen von einer **Gefährdungshaftung** analog den §§ 717 Abs. 2, 945 ZPO auszugehen. Denn dies wäre nur im Wege einer Rechtsfortbildung contra legem zu leisten, die der Rechtsprechung mit Rücksicht auf das Gesetzesbindungspostulat verwehrt ist. Den Verwarner trifft daher nur bei Verschulden eine Einstandspflicht aus § 823 Abs. 1 BGB.[538]

79 **Beeinträchtigungen durch Streiks, Blockaden und Demonstrationen**: Werden Zu- und Abfahrt oder wichtige Teile eines Unternehmens (wie z.B. Geräte-, Auslieferungslager etc.) im Rahmen einer gegen das Unternehmen gerichteten Demonstration gezielt blockiert, so ist der damit verbundene Eingriff in das Recht am eingerichteten und ausgeübten Gewerbebetrieb rechtswidrig, weil die Grundrechte der Meinungs- und Demonstrationsfreiheit (Art. 5 Abs. 1 GG, Art. 8 GG) schon von ihrem Schutzbereich her nur den geistigen Meinungskampf mit friedlichen Mitteln abdecken und daher das gewaltsame Einwirken auf fremde Rechtsgüter nicht zu legitimieren vermögen.[539] Da auch der Schutzbereich des grundrechtlich geschützten Streikrechts der Arbeitnehmer die gewaltsame Inanspruchnahme der Rechtsgüter des Arbeitgebers nicht umfasst, ist eine Betriebsblockade im Rahmen eines Arbeitskampfes stets rechtswidrig.[540] Dabei ist nicht nur das Verhindern des Zu- und Abgangs von Kun-

---

[534] BGH v. 24.01.2006 - XI ZR 384/03 - NSW GG Art. 5; a.A. hierzu die Vorinstanz OLG München v. 10.12.2003 - 21 U 2392/03 - NJW 2004, 224-231.

[535] BGH v. 24.06.2003 - VI ZR 3/03 - NJW 2003, 2904-2905.

[536] BGH v. 22.02.2011 - VI ZR 120/10 - MDR 2011,598-599.

[537] BGH v. 22.02.2011 - VI ZR 120/10 - MDR 2011,598-599; Ebert, jurisPR-BGHZivilR 9/2011, Anm. 1.

[538] Im Ergebnis ebenso BGH v. 17.04.1997 - X ZR 2/96 - LM BGB § 252 Nr. 68 (11/1997).

[539] OLG Celle v. 01.08.1984 - 13 U 313/83 - RdE 1984, 256-258.

[540] BAG v. 21.06.1988 - 1 AZR 651/86 - NJW 1989, 57-61; BAG v. 08.11.1988 - 1 AZR 417/86 - NJW 1989, 1881-1884.

den rechtswidrig, sondern auch die Behinderung arbeitswilliger Arbeitnehmer am Betreten des Betriebes durch Maßnahmen, die über bloßes Zureden, sich am Streik zu beteiligen, hinausgehen.[541] Das gilt erst recht für solche Blockademaßnahmen, die sich gegen nicht bestreikte Unternehmen richten, denen gegenüber Friedenspflicht besteht.[542] Gezielte Beeinträchtigungen des Betriebsablaufs durch sogenannte streikbegleitende **„Flashmob"-Aktionen**, bei denen z.B. im Einzelhandel zahlreiche Personen gleichzeitig geringwertige Artikel kaufen oder Einkaufswagen befüllen und stehen lassen, sind nicht mit Betriebsblockaden gleichzusetzen, da keine Absperrung des Betriebes gegenüber Kunden oder Lieferanten erfolgt.[543] Die Zulässigkeit solcher Maßnahmen folgt, wie diejenige jeder anderen Arbeitskampfmaßnahme[544], nicht bereits per se aus Art. 9 Abs. 3 GG, sondern setzt eine einzelfallbezogene Verhältnismäßigkeitsprüfung voraus, bei der jedenfalls stets zu fordern ist, dass für den Arbeitgeber klar erkennbar ist, dass es sich nicht um eine „wilde" Aktion, sondern um eine von der Gewerkschaft getragene und zu verantwortende Arbeitskampfmaßnahme handelt, so dass er etwaige Gegenmaßnahmen (z.B. die Inanspruchnahme des Hausrechts) daran ausrichten kann[545].

Boykottaufrufe und sonstige Betriebsbehinderungen: Die Rechtmäßigkeit von gegen bestimmte Unternehmen oder deren Produkte oder Leistungen gerichteten Boykottaufrufen kann nicht pauschal beurteilt werden, sondern bedarf der sorgsamen Betrachtung des Einzelfalls. Entscheidend ist dabei, ob Art. 5 Abs. 1 GG im jeweiligen Einzelfall zugunsten des Verrufers eingreift und welches Gewicht der Meinungsfreiheit im Einzelfall im Verhältnis zu den grundrechtlich geschützten Interessen des Unternehmers zukommt. Dabei ist anerkannt, dass die Meinungsfreiheit (Art. 5 Abs. 1 GG) bereits tatbestandlich nicht eingreift und ein Boykottaufruf somit stets rechtswidrig ist, wenn er nicht nur auf geistige Argumente gestützt wird, sich also auf die Überzeugungskraft von Darlegungen, Erklärungen und Erwägungen beschränkt, sondern sich darüber hinaus solcher Mittel bedient, die den durch den Aufruf Angesprochenen die Möglichkeit nimmt, ihre Entscheidung in voller innerer Freiheit und ohne **wirtschaftlichen Druck** zu treffen. Dazu gehören insbesondere Androhung oder Ankündigung schwerer Nachteile und Ausnützung sozialer oder wirtschaftlicher Abhängigkeit, wenn dies dem Boykottaufruf besonderen Nachdruck verleihen soll. Eine solche Konstellation hat das Bundesverfassungsgericht in der berühmten **„Blinkfüer"-Entscheidung** für den Fall bejaht, dass ein mächtiges Verlagshaus seinem gegen ein anderes Unternehmen gerichteten, politisch motivierten Boykottaufruf in einem Rundschreiben an die von ihm belieferten Zeitungsgrossisten und Einzelhändler dadurch Nachdruck verleiht, dass es ihnen im Falle eines Boykottbruchs mit Liefersperre droht.[546] Ein Boykottaufruf ist ferner regelmäßig nicht durch Art. 5 Abs. 1 GG legitimiert, wenn es sich bei ihm um einen Aufruf zu organisiertem Vertragsbruch handelt. Ein solcher Aufruf zu rechtswidrigen Boykottmaßnahmen ist zwar noch vom Schutzbereich der Meinungsfreiheit gedeckt, wird aber in aller Regel mit Rücksicht auf die schützenswerten Unternehmerinteressen durch das „allgemeine Gesetz" (Art. 5 Abs. 2 GG) des Rechts am eingerichteten und ausgeübten Gewerbebetrieb (§ 823 Abs. 1 BGB) in verhältnismäßiger Weise ausgeschlossen. Allenfalls unter ganz besonderen Umständen kann sich im Rahmen der gebotenen Abwägung etwas anderes ergeben.[547] Ferner ist ein Boykottaufruf, der mit falschen Tatsachenbehauptungen begründet wird, rechtswidrig.[548] Beschränkt der Boykottaufruf sich unter Verzicht auf die Ausübung wirtschaftlichen Drucks auf die Überzeugungskraft der ihn tragenden Argumente und finden die Motive für ihn ihren Grund in der Sorge um politische, wirtschaftliche, ethische, ökologische, soziale oder kulturelle Belange, so ist er regelmäßig rechtmäßig.[549] **Sonstige Betriebsbeeinträchtigungen** jenseits der Boykottaufrufe sind rechtswidrig, wenn sie vorhersehbar in die Arbeitsabläufe eines Unternehmens eingreifen und dort schwerwiegende Störungen verursachen. Dies wurde von der Rechtsprechung bei-

---

[541] BAG v. 21.06.1988 - 1 AZR 651/86 - NJW 1989, 57-61; BAG v. 08.11.1988 - 1 AZR 417/86 - NJW 1989, 1881-1884.
[542] BAG v. 21.06.1988 - 1 AZR 653/86 - NJW 1989, 61-63.
[543] BAG v. 22.09.2009 - 1 AZR 972/08.
[544] BAG v. 22.09.2009 - 1 AZR 972/08.
[545] BAG v. 22.09.2009 - 1 AZR 972/08.
[546] BVerfG v. 26.02.1969 - 1 BvR 619/63 - BVerfGE 25, 256-269.
[547] Vgl. zu alledem BVerfG v. 27.10.1987 - 1 BvR 385/85 - NJW 1989, 381-382.
[548] OLG Frankfurt v. 29.01.1987 - 16 U 132/85 - NJW-RR 1988, 52-54.
[549] OLG München v. 30.11.2001 - 21 U 4137/01 - OLGR München 2002, 101-103; OLG Hamm v. 13.05.2009 - 3 U 9/09.

spielsweise für das **unerbetene Zusenden von Werbe-E-Mails** an eine Rechtsanwaltskanzlei bejaht, weil der Rechtsanwalt aus berufsrechtlichen Gründen zur sorgfältigen Sichtung der E-Mails verpflichtet ist und deshalb durch Werbemails unzumutbar in seiner Arbeit behindert wird.[550]

7. Verschulden

a. Allgemeines

81 Die Haftung aus § 823 Abs. 1 BGB basiert auf dem Verschuldensprinzip: Der Schädiger haftet für Vorsatz und Fahrlässigkeit im Sinne des § 276 BGB, sofern er schuldfähig ist (§§ 827, 828 BGB). Dabei bezieht sich das Verschulden nach allgemeiner Meinung, die sich auf den eindeutigen Gesetzestext berufen kann, ausschließlich auf den haftungsbegründenden Tatbestand des § 823 Abs. 1 BGB, also auf die durch das Schädigerhandeln kausal und objektiv zurechenbar herbeigeführte Rechtsgutsverletzung. Es bezieht sich dagegen nicht auf den haftungsausfüllenden Tatbestand, also auf den aus der Rechtsgutsverletzung resultierenden Schaden und den Zurechnungszusammenhang zwischen Rechtsgutsverletzung und Schaden.

b. Vorsatz

82 Die in § 823 Abs. 1 BGB angesprochene Verschuldensform „Vorsatz" ist in der Kommentierung zu § 276 BGB kommentiert, sodass auf die dortigen Ausführungen Bezug genommen werden kann. Im Zusammenhang mit § 823 Abs. 1 BGB ist gegenüber den dortigen Ausführungen lediglich hervorzuheben, dass die dem Vorsatz eigenen subjektiven Elemente, das Wissens- und das Willensmoment, sich ausschließlich auf den haftungsbegründenden Tatbestand beziehen. Handelt es sich bei den vorsätzlichen Schädigungshandlungen um Unterlassungen (vgl. Rn. 47) und mittelbare Verletzungshandlungen (vgl. Rn. 53), die nur unter der Voraussetzung einer Verkehrspflichtverletzung tatbestandsmäßig sind, bedeutet dies, dass sich der Vorsatz auch auf die Verkehrspflichtverletzung erstrecken muss.[551]

c. Fahrlässigkeit

83 Fahrlässigkeit setzt die Verletzung „der im Verkehr erforderlichen Sorgfalt" voraus (§ 276 Abs. 2 BGB). Damit gilt im Zivilrecht – anders als im Strafrecht – ein **objektiver Fahrlässigkeitsmaßstab**, der grundsätzlich nicht nach den individuellen Fähigkeiten zur Voraussetzung und Vermeidung des deliktischen Erfolgs fragt, sondern sich an für jedermann geltenden überindividuellen Verhaltensge- und -verboten orientiert. Der tiefere Grund hierfür ist im **Vertrauensgrundsatz** zu sehen, der jeden Teilnehmer am Rechtsverkehr in seinem Vertrauen darauf schützt, dass die anderen Verkehrsteilnehmer mit derjenigen Sorgfalt vorgehen, die als normal angesehen werden kann (vgl. zu einer ausführlicheren Darstellung der Fahrlässigkeit die Kommentierung zu § 276 BGB).[552]

84 Da bei Unterlassungs- und mittelbaren Verletzungshandlungen die Verkehrspflichtwidrigkeit des Verhaltens bereits auf der Tatbestandsebene zu prüfen ist, stellt sich bei diesen, sofern sie nichtvorsätzlich begangen werden, die Frage, worin eigentlich der **Unterschied zwischen der** tatbestandlich zu prüfenden **Verkehrspflicht und der** im Rahmen des Fahrlässigkeitsverschuldens zu prüfenden **verkehrserforderlichen Sorgfaltspflicht** liegt. Dies wird im Schrifttum sehr unterschiedlich beurteilt. Teilweise wird vertreten, die Verkehrspflicht könne nicht mit der verkehrserforderlichen Sorgfalt gemäß § 276 Abs. 2 BGB gleichgesetzt werden. Denn bei der Verkehrspflicht gehe es um abstrakt-generelle an jedermann gerichtete, objektive Verhaltensanforderungen, während bei der verkehrserforderlichen Sorgfalt zwar auch ein objektiver Maßstab gelte, dieser aber dadurch eingeschränkt werde, dass es um die Verhaltensanforderungen gehe, die nach der Verkehrsanschauung an einen Durchschnittsmenschen des Verkehrskreises gestellt werden könnten, dem der Täter angehört. Ferner sei bei der Frage, ob die verkehrserforderliche Sorgfalt beachtet worden ist, zu prüfen, ob es auch einem Durchschnittsmenschen aus dem Verkehrskreis des Täters bei objektiver Betrachtung möglich gewesen wäre, die Verhaltensanforderung zu erfüllen. Derartiges spiele bei der Verkehrspflichtverletzung keine Rolle.[553]

---

[550] OLG Düsseldorf v. 22.09.2004 - I-15 U 41/04, 15 U 41/04 - MMR 2004, 820-821; LG Hamburg v. 19.07.2005 - 312 O 216/05 - Magazindienst 2006, 265-268; LG Koblenz v. 13.01.2004 - 1 O 435/03 - ZUM-RD 2004, 491-492; LG Berlin v. 16.05.2002 - 16 O 4/02 - NJW 2002, 2569-2572; kritisch zu der Rechtsprechung betreffend die Zusendung unerbetener Werbe-E-Mails an Gewerbetreibende: *Spätgens*, EWiR 2002, 753-754.

[551] *Deckert*, Jura 1996, 348-354, 351, die hervorhebt, dass sich der Vorsatz auch auf die Verkehrspflichtverletzung beziehen müsse, was aber i.E. lediglich in den vorgenannten Fallgruppen zutrifft.

[552] Vgl. *Löwisch/Caspers* in: Staudinger, § 276 Rn. 29.

[553] *Larenz/Canaris*, Schuldrecht, Band II/2: Besonderer Teil, 13. Aufl. 1994, § 75 II 3 d.

Demgegenüber wird auch die Ansicht vertreten, Verkehrspflicht und verkehrserforderliche Sorgfalt im Sinne des § 276 Abs. 2 BGB unterschieden sich nicht. Anders als von der Gegenauffassung vertreten, sei die Existenz allgemeingültiger Verkehrspflichten zu verneinen. „Die" allgemeingültige Verkehrspflicht gebe es nicht. Sie sei vielmehr stets vom Richter auf die jeweiligen Einzelfallumstände zugeschnitten zu entwickeln.[554] Danach komme der Verschuldensprüfung bei der Schuldform der Fahrlässigkeit allenfalls noch (eigenständige) Bedeutung zu, wenn – ausnahmsweise einmal – Anlass zur Prüfung der Schuldfähigkeit besteht. Für beide Auffassungen sprechen plausible Gesichtspunkte: Die Auffassung, die strikt zwischen Verkehrspflicht und verkehrserforderlicher Sorgfalt unterscheidet, ermöglicht es, den klassischen dreistufigen Prüfungsaufbau konsequent durchzuhalten. Sie überzeugt auch für den Fall, dass gegen den objektiv pflichtwidrig, aber gleichwohl nicht fahrlässig Handelnden Gegenwehr geübt wird. Denn dann muss der Gegenwehr Übende, sofern die übrigen Voraussetzungen vorliegen, zur Notwehr/Nothilfe berechtigt sein. Andererseits spricht für die Gegenansicht, dass die Verkehrspflicht einzelfallabhängig zu entwickeln ist und dass sie es vermeidet, die Prüfung zusammengehöriger Fragen künstlich auseinander zu reißen. Damit handelt es sich bei diesem Streit letztlich um eine „Glaubensfrage", zu der hier nicht abschließend Stellung genommen werden braucht. Wichtig bleibt aber zu betonen, dass derjenige, der sich für die Auffassung entscheidet, dass Verkehrspflicht und verkehrserforderliche Sorgfalt identisch sind, stets sorgfältig prüfen muss, ob dem Gegenwehr Übenden ein Notwehrrecht zugebilligt werden kann. Umgekehrt muss derjenige, der zwischen Verkehrspflicht und verkehrserforderlicher Sorgfalt unterscheidet, bei der Prüfung der Fahrlässigkeit beachten, dass zwischen Verkehrspflicht und verkehrserforderlicher Sorgfalt ein Zusammenhang besteht, der in der von der h.M. getroffenen Unterscheidung zwischen **äußerer** und **innerer Sorgfalt** zum Ausdruck kommt.[555] Dabei kann die äußere Sorgfalt (objektiver Sorgfaltsverstoß) mit der Verkehrspflichtverletzung gleichgesetzt werden und die innere Sorgfalt als Beschränkung der objektiven Sorgfalt durch die Verhaltensanforderungen, die gerade an den Verkehrskreis des Täters gestellt werden, und durch die objektive Möglichkeit des Täters zur Pflichterfüllung verstanden werden.[556] Insoweit ordnet die h.M. die äußere Sorgfalt (objektiver Pflichtverstoß) dem objektiven, haftungsbegründenden Tatbestand und die innere Sorgfalt (subjektiver Pflichtverstoß) dem Verschulden zu.[557] Ebenso gut könnte man aber äußere und innere Sorgfalt auch als zwei voneinander zu unterscheidende, konstitutive Merkmale der Verkehrspflicht ansehen.

8. Verkehrspflichten

a. Allgemeines

Seit der Reichsgerichtsentscheidung RG v. 30.10.1902 - VI 208/02 - RGZ 52, 373-379 hat die Rechtsprechung in nunmehr mehr als 100 Jahren eine unübersehbare Fülle von Verkehrspflichten entwickelt, denen dogmatisch zwischenzeitlich die Funktion zugewiesen wird, in den Fällen des Unterlassens (vgl. Rn. 47) und der mittelbaren Verletzungshandlungen (vgl. Rn. 53) den „Vorwurf" der Verwirklichung eines unrechtsindizierenden Deliktstatbestandes auf solche Sachverhalte zu beschränken, die nach dem Sinn und Zweck des Deliktsrechts haftungsrechtlich relevant sind. Daneben ist ihnen bei teleologischer Betrachtung die zentrale Funktion zugewachsen, in Form von einzelfallbezogenen Gefahrvermeidungs- und -abwendungspflichten („**Gefahrsteuerungspflichten**") auf das Verhalten der Menschen im zwischenmenschlichen Verkehr mit dem Ziel der Gefahrverringerung einzuwirken und im Falle des Pflichtenverstoßes eine deliktsrechtliche **Haftung für das Setzen übermäßiger Gefahren** zu begründen.[558] Mit anderen Worten kommt den Verkehrspflichten die Kardinalstellung bei der Wahrnehmung der **Steuerungsfunktion des Deliktsrechts** zu. Die im Einzelfall eingreifende Verkehrspflicht ist nicht ausdrücklich gesetzlich normiert, sondern wird im Wege der richterrechtlichen Rechtsfortbildung entwickelt. Dabei handelt es sich bei den Verkehrspflichten keineswegs um ein ursprünglich contra legem entwickeltes Rechtsinstitut, das zwischenzeitlich gewohnheitsrechtliche Anerkennung gefunden hätte, sondern vielmehr um eine in methodisch legitimer Weise im Wege der Rechtsfortbildung praeter legem entwickelte Rechtsfigur. Das ergibt sich daraus, dass der Gesetzgeber mit der Normierung der „fahrlässigen Verletzung" bestimmter Rechte und Rechtsgüter in § 823 Abs. 1

85

---

[554] Vgl. beispielsweise *Deckert*, Jura 1996, 348-354, 350.
[555] Vgl. zu dieser Unterscheidung *Wagner* in: MünchKomm, § 823 Rn. 29-30.
[556] Vgl. dazu *Deckert*, Jura 1996, 348-354, 351-352.
[557] *Deckert*, Jura 1996, 348-354, 351-352.
[558] *von Bar*, JuS 1988, 169-174, 170.

§ 823

BGB nicht etwa Unterlassungen (vgl. Rn. 47) und mittelbare Verletzungshandlungen (vgl. Rn. 53) per se von der Deliktshaftung ausklammern wollte, sondern vielmehr Rechtsprechung und Lehre „carte blanche" erteilt hat, brauchbare Kriterien für eine dem Normzweck entsprechende, maßvolle Deliktshaftung in diesen Fallgestaltungen zu entwickeln.[559] Dies war weitsichtig, weil er damit zugleich die gesetzgeberisch nicht zu leistende Aufgabe, einzelfallbezogene gefahrsteuernde Verhaltensgebote aufzustellen, in verfassungsrechtlich legitimer Weise auf die hierzu berufene Rechtsprechung übertragen hat, die bei einer gewissen Dauer und Konstanz auf diese Weise nicht nur für (Einzelfall-)Gerechtigkeit, sondern auch für Rechtssicherheit sorgen kann. Akzeptiert man diese Herleitung, so ist zugleich die Frage entschieden, ob die Verkehrspflichten im deliktsrechtlichen System nicht vielleicht besser bei § 823 Abs. 2 BGB aufgehoben wären.[560] Dies ist zu verneinen. Eine Einordnung der allgemeinen **Verkehrspflichten als Schutzgesetze** i.S.d. § 823 Abs. 2 BGB hätte zur praktischen Folge, dass mit den deliktsrechtlich relevanten Unterlassungen und mittelbaren Verletzungshandlungen ein praktisch höchst bedeutsamer Bereich aus dem Anwendungsbereich des § 823 Abs. 1 BGB ausgeklammert werden würde. § 823 Abs. 1 BGB wäre auf unmittelbare Rechtsgutseingriffe beschränkt. Dies stünde aber in krassem Gegensatz zu der klar in der Gesetzessystematik zum Ausdruck gekommenen gesetzgeberischen Grundentscheidung, dass im „System der drei kleinen deliktischen Generalklauseln" § 823 Abs. 1 BGB die deliktsrechtliche Zentralnorm (vgl. Rn. 1) sein soll. Im Übrigen würde die Anerkennung der Verkehrspflichten als Schutzgesetze neue Abgrenzungsprobleme zwischen § 823 Abs. 1 BGB und § 823 Abs. 2 BGB aufwerfen, die die Rechtsanwendung ohne Erkenntnisfortschritt unnötig erschweren und belasten würde.[561]

86 Wiewohl die von der Rechtsprechung entwickelten Verkehrspflichten für die verschiedensten Sachverhaltsbereiche inzwischen quantitativ nahezu unüberschaubar sind, ist es *Canaris* gelungen, das gesamte Fallmaterial in drei übergeordnete Fallgruppen, nämlich die Bereichshaftung, die Übernahmehaftung und die Haftung aus vorangegangenem Tun, einzuordnen.[562] Dabei geht es bei der klassischen Fallgruppe der **Bereichshaftung**, die mit dem Begriff der Verkehrssicherungspflicht korrespondiert, um Verkehrspflichten, die aus dem **Schaffen und Eröffnen einer Gefahrenquelle** resultieren. Als solche Gefahrenquellen kommen in erster Linie Grundstücke und bewegliche Sachen in Betracht, für die den Verkehrssicherungspflichtigen deshalb die Verantwortung trifft, weil er sie beherrscht oder beherrscht hat und er sie in der Weise dem Verkehr zugänglich gemacht hat oder in Verkehr gebracht hat, dass andere mit ihnen in Kontakt treten und mit oder an ihnen Schaden nehmen können. Dies rechtfertigt es beispielsweise, dem Grundstückseigentümer, die Pflicht aufzuerlegen, die Begehbarkeit des vom Bürgersteig zum Hauseingang führenden Weges durch Abstreuen, Schneeräumen und Beleuchten zu gewährleisten.[563] Ein typisches Beispiel für die Bereichshaftung auf Grund der Eröffnung einer Gefahrenquelle stellt der Betrieb eines Parkplatzes dar, wobei die Frage, ob ein Entgelt für die Zurverfügungstellung des Parkplatzes erhoben wird, für die deliktische Haftung unerheblich ist. Der Parkplatz muss nicht nur frei von Hindernissen, Stolperfallen, Schnee/Eis gefahrfrei benutzbar, sondern auch bei Dunkelheit ausreichend beleuchtet sein. Hinsichtlich der Beleuchtung ist es nicht entscheidend, ob bezüglich der Leuchtkraft ein bestimmter DIN-Wert erreicht wird. Entscheidend ist vielmehr, dass Hindernisse (z.B. Begrenzungssteine oder Unebenheiten) in Umrissen wahrgenommen werden können.[564] Bei der **Übernahmehaftung** resultieren die Verkehrspflichten aus der freiwilligen Übernahme einer mit Rechtsgüterschutz oder -gefährdung verbundenen Aufgabe. Der tragende Zurechnungsgrund ist hier, dass derjenige, der – sei es vertraglich oder als welchem Grund auch immer – z.B. als Architekt, Schiffsbauingenieur, mit der Passagierflugzeugwartung betraute Techniker etc. - eine Aufgabe übernimmt, die eine gesteigerte Verantwortung für die Rechtsgüter Dritter mit sich bringt, dem Vertrauen (vgl. Rn. 84) gerecht werden muss, die Dritte berechtigterweise mit dieser Aufgabenwahrnehmung verbinden. Im Rahmen der Fallgruppe der Übernahmehaftung ist umstritten, ob die **Berufsausübung** hierbei lediglich ein pflichtenverstärkendes Element darstellt, oder ob ihr für die Begründung von Verkehrspflichten nicht vielmehr eine konstitutive Rolle beizumessen ist. Im praktischen Ergebnis ist die-

---

[559] *Larenz/Canaris*, Schuldrecht, Band II/2: Besonderer Teil, 13. Aufl. 1994, § 76 III 2 a.
[560] Vgl. dazu *von Bar*, JuS 1988, 169-174, 171-173.
[561] Vgl. zu all diesen und weiteren Argumenten die überzeugenden Ausführungen von *Canaris*, Festschrift für Karl Larenz Bd. 2, 1983, S. 27-110, 77-81.
[562] *Larenz/Canaris*, Schuldrecht, Band II/2: Besonderer Teil, 13. Aufl. 1994, § 76 III 3; ebenso *Deckert*, Jura 1996, 348-354, 350-351.
[563] OLG Celle v. 22.12.2003 - 9 U 192/03 - BauR 2004, 557.
[564] OLG Hamm v. 22.03.2004 - 13 U 198/03 - OLGR Hamm 2004, 220-222.

ser Streit regelmäßig nicht von Belang, weil ohnehin allgemein anerkannt ist, dass die Intensität einer Verkehrspflicht davon abhängt, ob jemand Fachmann oder Laie ist und ferner auch anerkannt ist, dass jemand, der bestimmten von ihm übernommenen rechtsgutsgefährdenden Tätigkeiten konstitutionell oder qualifikationsmäßig nicht gewachsen ist, wegen dieses Unvermögens von den für diesen Bereich geltenden Verkehrspflichten nicht entbunden wird.[565] Bei der **Haftung aus vorangegangenem Tun (Ingerenz)** erwachsen die Verkehrspflichten daraus, dass der Pflichtige eine über das Normalmaß hinaus gesteigerte Gefahr für die Rechtsgüter Dritter gesetzt hat, weswegen ihn nach dem Solidarprinzip eine gesteigerte Verantwortung dafür trifft, die aus dieser Gefahr möglicherweise resultierenden schädlichen Folgen abzuwenden oder wenigstens zu begrenzen.

Ob aus einem der soeben fallgruppenweise aufgezeigten Zurechnungsgründe im konkreten Einzelfall tatsächlich eine Verkehrssicherungspflicht erwächst, lässt sich naturgemäß nur anhand der jeweils relevanten Umstände des Einzelfalles entscheiden. Das ist wiederum nur in begrenztem Umfang einer abstrakten Erörterung zugänglich. Dennoch lassen sich einige **zentrale Wertungsgesichtspunkte** aufzeigen, die für das jeweilige „Ob" und „Wie", also das Bestehen und die inhaltliche Ausgestaltung, einer Verkehrspflicht nach Art eines offenen und „**beweglichen Systems**" eine Rolle spielen können.[566] Dazu gehört in erster Linie das Verhältnis zwischen einer im Einzelfall drohenden Gefahr und dem Aufwand zu ihrer Vermeidung. Dabei kann man allgemein sagen: Je größer oder dringender eine Gefahr und je geringer der Vermeidungsaufwand ist, desto eher greift eine Verkehrssicherungspflicht und umgekehrt.[567] So besteht etwa angesichts der nur abstrakten Gefahr einer Verletzung der Kunden aus Unachtsamkeit beim Betreten oder Verlassen eines Fahrzeugs mit Trittstufe und der erheblichen Kosten bei der Umstellung der Fahrzeugflotten auf Niederflurfahrzeuge keine Verkehrssicherungspflicht, die die Nahverkehrsunternehmen verpflichten würde, ihre Flotten auf Niederflurfahrzeuge umzustellen.[568] Im Ergebnis bedarf es grundsätzlich nur solcher Sicherungsmaßnahmen, die ein verständiger und umsichtiger Mensch aus ex-ante Sicht für ausreichend halten darf, um den Rechtsgutsinhaber vor Schäden zu bewahren.[569] Ein weiterer zentraler Wertungsgesichtspunkt ist der der **Schutzbedürftigkeit** desjenigen, dessen Rechtsgüter mit einer Verkehrspflicht geschützt werden sollen. Eine solche Schutzbedürftigkeit und mit ihr eine Verkehrspflicht ist zu verneinen, wenn der potentiell zu schützende Verkehrsteilnehmer ein Risiko offensichtlich eigenständig zu erkennen und zu vermeiden vermag.[570] Dabei löst nicht jede nur denkbare Gefährdung eine Verkehrssicherungspflicht aus, sondern erst eine solche, die die Möglichkeit einer Schutzgutverletzung für den Sachkundigen nahe legt.[571] Aus diesem Grunde genießen Kinder[572], körperlich Behinderte und Geisteskranke regelmäßig einen größeren Schutz durch Verkehrspflichten, auch vor eigenem Verhalten, als geistig und körperlich nicht beeinträchtigte Erwachsene. Der Aspekt der Schutzbedürftigkeit spielt bei den den Betreiber von **Kinderspielplätzen** hinsichtlich der Einrichtung und Erhaltung treffenden Verkehrssicherungspflichten eine besonders wichtige Rolle. Ein Spielplatz muss so hergestellt und erhalten werden, dass die spielenden Kinder und deren Eltern vor Gefahren bewahrt werden, die über das normale Nutzungsrisiko hinausgehen und nicht erkennbar und/oder beherrschbar sind.[573] Dabei sind an die Betriebssicherheit der aufgestellten Geräte gesteigerte Anforderungen zu stellen, die den Schutz vor Fehlgebräuchen einschließen. Für Kinder beim Gebrauch von Spielgeräten typische Unsicherheiten und Leichtsinnigkeiten sind dabei in der Weise einzukalkulieren, dass aus ihnen im Normalfall kein erhebliches Gefahrenpotential resultieren darf. Daher muss der Untergrund der Spielgeräte „sturzfreundlich" gestaltet sein, also so, dass mit „normalen" Stürzen ein Minimum an Verletzungsrisiko verbunden ist.[574] Ein nur mit losem Sand überdeckter, nicht dämpfender Betonsockel am Ende des Auslaufs einer Röhrenrutsche, die so konstruiert ist, dass die Kinder im ungünstigsten Fall mit dem Körper aufprallen können, wird diesen An-

---

[565] *Hager* in: Staudinger, § 823 E 22.
[566] *Canaris*, Festschrift für Karl Larenz Bd. 2, 1983, S. 27-110.
[567] *Canaris*, Festschrift für Karl Larenz Bd. 2, 1983, S. 27-110.
[568] *Filthaut*, NZV 2006, 176-180, 178.
[569] OLG Stuttgart v. 08.10.2003 - 4 U 115/03 - NJW-RR 2004, 21-22.
[570] *Canaris*, Festschrift für Karl Larenz Bd. 2, 1983, S. 27-110.
[571] OLG Stuttgart v. 08.10.2003 - 4 U 115/03 - NJW-RR 2004, 21-22.
[572] *Gerecke*, VersR 2008, 1595-1601, 1600.
[573] OLG Hamm v. 19.03.2009 - 6 U 157/08.
[574] OLG Hamm v. 19.03.2009 - 6 U 157/08.

forderungen nicht gerecht.[575] Wird auf Grund der Schutzbedürftigkeit eines bestimmten Personenkreises eine Verkehrssicherungspflicht bejaht, begründen Schadensereignisse nicht schutzbedürftiger Personen mangels Verletzung einer Verkehrssicherungspflicht bereits keine Haftung dem Grunde nach. Daher stellt die zu einem Schadensfall eines erwachsenen Nutzers führende offenkundige Schadhaftigkeit eines Multifunktionssportfeldes diesem gegenüber keine haftungsbegründende Verkehrssicherungspflichtverletzung dar, nur weil zum gesamten vorhersehbaren Nutzerkreis des Platzes auch Kinder gehören, für die eine aus der Schadhaftigkeit des Feldes resultierende Verletzungsgefahr nicht ohne weiteres einsichtig ist.[576] Weitere im Einzelfall zu beachtende Umstände sind die **objektive Erkennbarkeit und/oder Vermeidbarkeit der Gefahr** für den potentiell Verkehrspflichtigen, das **Bestehen gesetzlicher oder behördlicher Ge- oder Verbote**, die den nicht zu unterschreitenden Mindeststandard markieren[577], die **Üblichkeit von Sicherungsvorkehrungen**[578] oder die **persönliche Zumutbarkeit** des objektiv gebotenen Tätigwerdens[579]. Wenn mit einer Sicherheitsvorkehrung zugleich Grundrechtsbeschränkungen der zu schützenden Person verbunden sind, wie dies etwa regelmäßig bei Schutzvorkehrungen für Bewohner von Pflegeheimen der Fall ist, ist bei der Prüfung des Bestehens einer Verkehrssicherungspflicht eine Abwägung des Nutzens der Maßnahme und des Ausmaßes der Freiheitsbeeinträchtigung erforderlich.[580] Ein regelmäßig zentrales Kriterium ist die **Verkehrserwartung**, also ob der Verkehr mit einer bestimmten Schutzmaßnahme bzw. der Beherrschung von Gefahren rechnen darf oder nicht (Vertrauensschutzgedanke).[581] Die Verkehrserwartung geht beispielsweise dahin, dass eine bestimmungsgemäße Nutzung einer für den Verkehr eröffneten Einrichtung (Gebäude, Zuwegung, Parkplatz etc.) gefahrlos möglich ist. Daher müssen etwa in **öffentlichen Gebäuden** (wie z.B. in einem Parkhaus) Zugänge einschließlich der zugehörigen Treppenanlagen so beschaffen sein, dass sich auch der durch den Publikumsverkehr abgelenkte Besucher bei einem gewissen Maß an eigener Vorsicht noch gefahrlos bewegen kann[582], während dies bei einem Privatgrundstück, wo es einen derartigen Publikumsverkehr nicht gibt, nicht geboten ist. Demgegenüber müssen Treppengeländer in einem Gerichtsgebäude – anders als beispielsweise Treppengeländer in Kindergärten, Sport- und Freizeiteinrichtungen etc. – nicht so beschaffen sein, dass unbeaufsichtigte Kleinkinder die Treppe gefahrlos benutzen können.[583] Auch bei den Verkehrspflichten in Bezug auf die Treppenhausbeleuchtung kann zwischen öffentlichen und lediglich öffentlich zugänglichen Gebäuden zu unterscheiden sein.[584] Während es bei öffentlich zugänglichen Gebäuden grundsätzlich genügt, wenn die Treppenhausbeleuchtung mit einem Zeitschalter versehen ist, sofern das Intervall, innerhalb dessen oder die Beleuchtung abschaltet, so bemessen ist, dass nicht in jedem Stockwerk aufs Neue das Licht eingeschaltet werden muss, ist in öffentlichen Gebäude, die zur Benutzung durch eine Vielzahl von Menschen gewidmet sind (wie z.B. Geschäftshäuser, Krankenhäuser etc.), mit Benutzern zu rechnen, die mit den örtlichen Gegebenheiten unvertraut sind, so dass zu verhindern ist, dass es bei ausgehendem Licht für den Benutzer unerwartet dunkel wird.[585] Hier ist wenigstens zu erwarten, dass die Treppenanlage bei ausgehendem Licht umrissartig erkennbar bleibt, was durch eine schwächere Grundbeleuchtung oder durch Bewegungsmelder gewährleistet werden kann.[586] Die **Verkehrserwartung eines Einkaufsmarkt- oder Kaufhauskunden** geht dahin, sich bei normalem, vernünftigem Verhalten sicher in den dem Publikumsverkehr zugänglich gemachten Räumen bewegen zu können und dabei keinen unerwarteten Gefahren ausgesetzt zu sein, denen auch bei Anwendung zumutbarer Eigenvorsicht nicht zuverlässig begegnet

---

[575] OLG Hamm v. 19.03.2009 - 6 U 157/08.
[576] A.A. OLG Jena v. 08.02.2011 - 4 U 423/10 - NJW-RR 2011, 961-962, das indes in Anwendung des § 254 BGB zum gleichen Ergebnis kommt.
[577] *Hager* in: Staudinger, § 823 E 34.
[578] *Deckert*, Jura 1996, 348-354, 351.
[579] *Deckert*, Jura 1996, 348-354, 351; *Gerecke*, VersR 2008, 1595-1601, 1598; OLG Hamm v. 18.02.2003 - 9 U 166/02 - NJW-RR 2003, 1183-1184.
[580] Grundlegend: *Lang*, NZV 2005, 124-129, 125 mit zahlreichen Rechtsprechungsnachweisen.
[581] *Gerecke*, VersR 2008, 1595-1601, 1600.
[582] OLG Karlsruhe v. 14.05.2003 - 7 U 138/01 - OLGR Karlsruhe 2003, 407-409.
[583] OLG Stuttgart v. 08.10.2003 - 4 U 115/03 - NJW-RR 2004, 21-22.
[584] OLG Saarbrücken v. 10.11.2010 - 5 U 501/08 - 80.
[585] OLG Saarbrücken v. 10.11.2010 - 5 U 501/08 - 80.
[586] OLG Saarbrücken v. 10.11.2010 - 5 U 501/08 - 80.

werden kann.[587] Die hierdurch bestimmte Verkehrssicherungspflicht des Geschäftsinhabers wird ferner durch die Erfahrungstatsache geprägt, dass bei großem Kundenandrang die freie Sicht auf in Bodennähe befindliche Gegenstände beeinträchtigt sein kann und dass der Kunde vornehmlich nach den in Augenhöhe aufgestellten Waren Ausschau hält und daher der Bodenbeschaffenheit weniger Aufmerksamkeit widmet.[588] Demgemäß sind an die Verkehrspflichten der Inhaber großer Kaufhäuser und Verbrauchermärkte hinsichtlich der Auswahl und der Unterhaltung des Fußbodens strenge Anforderungen zu stellen[589], so dass nach den Umständen des Einzelfalls bereits Höhenunterschiede auf begehbaren Flächen, die nur 1,5 bis 2 cm betragen, zu einer Haftung des Sicherungspflichtigen führen können[590]. Ihre Grenze findet die Verkehrserwartung allerdings regelmäßig bei erkennbaren Hindernissen, wie größeren (z.B. 11 cm hohen[591] oder 15-20 cm hohen[592]) oder vom Boden farblich deutlich abgegrenzten Podesten, mit denen in Verkaufsräumen gerechnet werden muss, so dass ihre Aufstellung keine Verkehrssicherungspflichtverletzung begründet[593]. Die Bemessung gebotener Reinigungsintervalle sowie die Frage, ob es genügt, hierzu eine allgemeine Weisung an das Personal zu erlassen, oder konkrete Personen hiermit zu betrauen, entscheidet sich nach der Größe des Geschäfts und den dort zu erwartenden Gefahren (z.B. auf Grund verkauften Obst und Gemüses).[594] Die Verkehrserwartung der Kunden eines Supermarktes, die Geschäftsräume gefahrlos begehen und dabei Waren betrachten, aussuchen und entnehmen zu können, begründet auch Verkehrspflichten für das Stapeln von Dosen in höher gelegenen Regalen.[595] Danach ist sicherzustellen, dass Kunden die in den Verkaufsregalen angebotenen Waren erreichen und entnehmen können, ohne sich der Gefahr einer Körperverletzung auszusetzen.[596] Dieser Gefahr ist durch die Gestaltung und Bestückung der Regale entgegenzuwirken, indem Regale, die mit Konservendosen oder vergleichbaren Waren befüllt sind, entweder in entsprechend niedriger Höhe anzubringen sind oder jedenfalls ab bestimmter Höhe nicht in Lagen bestückt werden dürfen.[597] Die **Verkehrserwartung der Besucher von Weihnachtsmärkten** geht nicht dahin, dass die Gehwege frei von oberirdischen Versorgungsleitungen der Verkaufsstände sind.[598] Allerdings trifft die Verkehrssicherungspflichtigen die Pflicht, die aus den Leitungen resultierenden Stolpergefahren möglichst gering zu halten, woraus sich ergeben kann, dass die Farbe einer Abdeckung so zu wählen ist, dass mit Blick auf die Farbe des Gehwegs eine hinreichende Erkennbarkeit der Leitungen gegeben ist.[599] Schließlich ist die Verwendung von Kunststoffabdeckungen anstelle der Verwendung von Filz- oder Gummimatten grundsätzlich nicht verkehrspflichtwidrig, wenn von diesen Abdeckungen durch Abflachungen an beiden Seiten keine höhere Gefahr als von Filz- oder Gummimatten ausgeht.[600] Entspricht eine bauliche Anlage (wie z.B. ein Busbahnhof mit erheblichen Höhenunterschieden zwischen Gehweg und Straßenfläche)[601] den **bauordnungsrechtlichen Anforderungen**, die im Zeitpunkt der Errichtung der Anlage gegolten haben, so ist der Eigentümer der Anlage unter dem Gesichtspunkt der Verkehrssicherungspflicht grundsätzlich nicht (privatrechtlich) dazu verpflichtet, weitergehende Schutzvorkehrungen zu treffen. Da allerdings die öffentlich-rechtliche Erlaubnis einen anderen Zweck verfolgt als die auf den Vertrauenserwartungen des Verkehrs und des Integritätsschutzes beruhende Verkehrssicherungspflicht, sind über die Vorgaben des Bauordnungsrechts hinausgehende Sicherungsmaßnahmen auf Grund der Verkehrssicherungspflicht ausnahmsweise dann geboten, wenn eine besondere Gefahrenlage besteht, die der Verkehrssicherungspflichtige erkannt hat oder die jedenfalls für ihn erkennbar

---

[587] OLG Frankfurt v. 10.02.2000 - 3 U 87/99 - MDR 2000, 885-886.
[588] OLG Frankfurt v. 10.02.2000 - 3 U 87/99 - MDR 2000, 885-886.
[589] BGH v. 05.07.1994 - VI ZR 238/93 - NJW 1994, 2617-2618.
[590] OLG Celle v. 20.01.2009 - 8 U 216/08 - MDR 2009, 866-867.
[591] OLG Celle v. 20.01.2009 - 8 U 216/08 - MDR 2009, 866-867.
[592] OLG Frankfurt, v. 10.02.2000 - 3 U 87/99 - MDR 2000, 885-886.
[593] OLG Celle v. 20.01.2009 - 8 U 216/08 - MDR 2009, 866-867.
[594] *Gerecke*, VersR 2008, 1595-1601, 1599 m.w.N. und Beispielen.
[595] OLG Brandenburg v. 06.07.2010 - 11 U 29/09 - ZGS 2010, 536-537.
[596] OLG Brandenburg v. 06.07.2010 - 11 U 29/09 - ZGS 2010, 536-537.
[597] OLG Brandenburg v. 06.07.2010 - 11 U 29/09 - ZGS 2010, 536-537.
[598] OLG Naumburg v. 17.11.2011 - 2 U 90/11.
[599] OLG Naumburg v. 17.11.2011 - 2 U 90/11.
[600] OLG Naumburg v. 17.11.2011 - 2 U 90/11.
[601] *Filthaut*, NZV 2006, 176-180, 178.

§ 823

war.[602] Treppenstufen in Plattenbauten, die gemäß den Bauvorschriften der DDR zulässigerweise nur lose auf den Schenkeln der Treppenkörper aufgelegt wurden, müssen daher vom Gebäudeeigentümer eines Mietshauses so lange nicht mit dem Treppenkörper fest verbunden werden, wie sie keine besondere Gefahrenquelle darstellen, bei der es z.B. bereits auf Grund des Zustandes einer bestimmten Stufe mehrfach zu Stürzen etc. gekommen ist.[603] Ebenso wie in der Rechtsprechung anerkannt ist, dass eine Verkehrspflichtverletzung auch bei Beachtung in einem Verkehrsbereich einschlägiger öffentlich-rechtlicher gesetzlicher Bestimmungen oder von **DIN-Normen** in Betracht kommen kann[604], wird dies auch im Hinblick auf die Beachtung in einem Verkehrsbereich einschlägiger Unfallverhütungsvorschriften bejaht[605], da diese regelmäßig eine abschließenden Verhaltensanforderungen normieren. Demnach hat der BGH eine Haftung des Veranstalters einer Treibjagd für eine Sturzverletzung einer an der Jagd nicht beteiligten Reiterin im Wald, die infolge der Reaktion ihres Pferdes auf einen Schuss erfolgte, prinzipiell für möglich gehalten, auch wenn die einschlägigen Unfallverhütungsvorschriften Jagd im Hinblick auf die Schussabgabe nur Verhaltenspflichten normieren, die Gefahren aus der unmittelbaren Geschoßeinwirkung vorbeugen sollen.[606] Gleichwohl hat er eine Haftung im Ergebnis mangels einer Warnpflicht des Betreibers einer Treibjagd vor Schussgeräuschen verneint, da es sich hierbei um Beeinträchtigungen handele, mit denen im Wald zu rechnen sei und die grundsätzlich, wenn sie nicht etwa in unmittelbarer Nähe eines unbeteiligten Reiters abgegeben werden, hinzunehmen seien.[607] Bei **Diskotheken oder einem Festsaal**, der zum Tanzen und Feiern bestimmt ist, wird optimale Rutschfestigkeit des Bodenbelags von den Gästen nicht erwartet.[608] Mit Rutschgefahren durch verschüttete Flüssigkeiten müssen Gäste allerdings grundsätzlich nicht rechnen. Dies kann allenfalls dann anders sein, wenn es sich um eine Großveranstaltung handelt, bei der auf Grund besonderer Umstände rechtzeitige Reinigungsmaßnahmen zwischen den Besucherströmen zeitweise nicht möglich sind, wie dies z.B. der Fall ist, wenn zu Beginn einer solchen Veranstaltung Hunderte von Besuchern von einer feuchten Straße in eine Halle strömen.[609] Schließlich kann es auch eine Rolle spielen, ob die Gefahr, der durch die potenzielle Verkehrspflicht zu begegnen ist, bei vorausschauender Betrachtung nur durch pflichtwidriges/missbräuchliches Verhalten des Rechtsgutsinhabers verursacht werden kann. Dabei ist anerkannt, dass Verkehrssicherungspflichten auch der Verhütung solcher Gefahren dienen, die aus unbefugtem oder missbräuchlichem Verhalten entstehen, wenn die Gefahr zweckwidriger und dadurch unfallträchtiger Benutzung groß ist und dem Sicherungspflichtigen Vorkehrungen gegen die missbräuchliche Nutzung möglich und zumutbar sind.[610] Der Verkehrssicherungspflichtige kann die Verkehrssicherungspflicht auf eine andere Person mit deren Zustimmung übertragen. Diese **Delegation** ist nur wirksam und kann demnach zu einer Haftung des die Übertragung Annehmenden nur führen, wenn sie hinreichend bestimmt und so eindeutig erfolgt, dass sie eine klare Zuordnung von Verantwortlichkeiten herbeiführt.[611] Bloße Annahmen oder Erwartungen des Verkehrssicherungspflichtigen, ein anderer werde an seiner Stelle für die Sicherheit Sorge tragen, genügen, auch wenn sie plausibel sein mögen, für eine wirksame Delegation nicht. Dementsprechend ist z.B. beim Fehlen eines ausdrücklichen Übertragungsakts eine Delegation der Verkehrssicherungspflicht vom Schulträger auf Lehrer bezüglich solcher Räume zu verneinen, die (wie z.B. Lehrerzimmer oder Physik- oder Chemiesaal) primär deren Zugriff unterliegen, so dass diese Räume nutzende Fachlehrkräfte, denen im Schulbetrieb zahlreiche andere Aufgaben überwiegend pädagogischer Art obliegen, nicht ohne Weiteres unter deliktsrechtlichen Gesichtspunkten die Räume selbst in einem verkehrssicheren Zustand erhalten, auf mögliche Gefahrenquellen achten oder diese anzeigen müssen.[612]

---

[602] Vgl. *Filthaut*, NZV 2006, 176-180, 178.
[603] OLG Naumburg v. 05.04.2005 - 9 U 132/04 - OLGR Naumburg 2005, 619-620.
[604] BGH v. 13.03.2001 - VI ZR 142/00 - NJW 2001, 2019-2020.
[605] BGH v. 15.02.2011 - VI ZR 176/10 - MDR 2011, 422.
[606] BGH v. 15.02.2011 - VI ZR 176/10 - MDR 2011, 422.
[607] BGH v. 15.02.2011 - VI ZR 176/10 - MDR 2011, 422.
[608] OLG Karlsruhe v. 03.04.2009 - 14 U 140/07 - MDR 2009, 1043-1044.
[609] OLG Karlsruhe v. 03.04.2009 - 14 U 140/07 - MDR 2009, 1043-1044.
[610] OLG Hamm v. 18.02.2003 - 9 U 166/02 - NJW-RR 2003, 1183-1184.
[611] OLG Schleswig v. 22.01.2009 - 11 U 71/08 - MDR 2009, 751.
[612] OLG Schleswig v. 22.01.2009 - 11 U 71/08 - MDR 2009, 751.

Das Maß der auf Grund von Verkehrserwartungen geschuldeten Verkehrssicherungspflicht bestimmt sich unter anderem nach den in dem betroffenen Verkehrsbereich typischerweise anzutreffenden Gefahren (Saarländisches Oberlandesgericht v. 11.09.2012 - 4 U 193/11). Für einen Speisesaal einer Reha-Klinik ist demgemäß von deren Betreiber zu beachten, dass die Patienten schon nach der Zweckbestimmung der Reha-Maßnahme unter Gehbehinderungen leiden und häufig, ohne hierin geübt zu sein, auf Gehhilfen angewiesen sind. Die berechtigte Verkehrserwartung geht daher dahin, dass der Klinikbetreiber dieser spezifischen Gefahrenlage vorbeugend Rechnung trägt und solche Maßnahmen unterlässt, die ohnehin bereits das Unfallrisiko erhöhen (Saarländisches Oberlandesgericht v. 11.09.2012 - 4 U 193/11). Hieraus folgt beispielsweise, dass die Reinigung des Speisesaals einer Reha-Klinik grundsätzlich so rechtzeitig durchzuführen ist, dass eine etwaige Restfeuchte zu Beginn der verkehrsüblichen Nutzungszeiten vollständig abgetrocknet ist (Saarländisches Oberlandesgericht v. 11.09.2012 - 4 U 193/11). 87.1

Angesichts der Fülle des Fallmaterials soll nachfolgend nur ein **Überblick über die wichtigsten Verkehrspflichten** geben werden. 88

b. Verkehrspflichten im Straßenverkehr

Verkehrspflichten können durch spezielle Normen (formelle Gesetze, Verordnungen und Satzungen) begründet und/oder inhaltlich ausgestaltet bzw. konkretisiert werden.[613] Dies spielt eine praktisch überragende Rolle im Straßenverkehr. Hier hat der Normgeber in der StVO Verhaltensregeln aufgestellt, die jeder Verkehrsteilnehmer beachten muss und die von den Gerichten bei der Entscheidung in Verkehrsunfallsachen zur Bestimmung des Inhalts der die Verkehrsteilnehmer im jeweiligen Einzelfall treffenden Verkehrspflichten herangezogen werden.[614] Dabei gilt im Einzelnen: 89

Grundregeln (§ 1 StVO): Nach den in § 1 StVO niedergelegten Grundregeln für das Verhalten im Straßenverkehr müssen alle Verkehrsteilnehmer ständig vorsichtig sein und aufeinander Rücksicht nehmen, und sich so verhalten, dass niemand geschädigt, oder mehr als unvermeidbar, behindert oder belästigt wird. Alle verkehrsrechtlichen Sonderbestimmungen stellen lediglich eine Konkretisierung dieser übergeordneten Grundregeln dar, weswegen § 1 StVO für die Auslegung dieser Sondervorschriften maßgebend ist.[615] § 1 StVO fordert eine Beachtung der Verkehrsregeln in der Weise, dass deren gefahrvermeidender Zweckrichtung Rechnung getragen wird. Daraus folgt, dass ein Verkehrsteilnehmer wenn das wörtliche Befolgen einer Verkehrsregel zur Gefährdung oder Behinderung anderer Verkehrsteilnehmer führen würde, berechtigt und verpflichtet ist, sie situationsgerecht anzuwenden.[616] Wenn § 1 Abs. 1 StVO ständige Vorsicht einfordert, darf man dies nicht so verstehen, dass damit jeder Verkehrsteilnehmer stets auch alle denkbaren Verkehrsverstöße der übrigen Verkehrsteilnehmer in Rechnung stellen muss. Vielmehr kann er sich, sofern er sich nicht selbst über die Verkehrsregeln hinwegsetzt[617], nach dem **Vertrauensgrundsatz** darauf verlassen, dass die übrigen Verkehrsteilnehmer die Verkehrsregeln beachten. Dies gilt allerdings nicht, sofern sich gewisse Verkehrsverstöße nach der Lebenserfahrung häufig ereignen oder aufgrund bestimmter Anhaltspunkte in einer konkreten Verkehrssituation zu erwarten sind.[618] Ein Beispiel für erfahrungsgemäß vorkommende Verkehrsverstöße, die der Fahrer gemäß § 1 StVO in Rechnung stellen muss, ist die Verletzung der Wartepflicht beim Vorbeifahren an einer bzw. Überholen einer Fahrzeugkolonne durch Querverkehr aus einer erkennbaren Lücke an Kreuzungen und Einmündungen. Hier darf der bevorrechtigte Fahrer sich nicht blind auf die Beachtung seines Vorfahrtsrechts durch kreuzenden Querverkehr verlassen und sich lediglich darauf beschränken, durch ausreichenden Sicherheitsabstand zu den stehenden Fahrzeugen das „Hineintasten" über die Kolonne hinaus in die Vorfahrtstraße zu ermöglichen. Vielmehr ergibt sich aus § 1 Abs. 2 StVO, dass der Fahrer sich erfahrungsgemäß auf ein unvorsichtiges Verhalten wartepflichtiger Verkehrsteilnehmer einrichten und seine Geschwindigkeit so wählen muss, dass er unter Berücksichtigung des Sicherheitsabstands zur Kolonne sein Fahrzeug rechtzeitig anhalten kann, wenn aus der Lücke herauskommende Verkehrsteilnehmer in seine Spur geraten.[619] Diese **Lückenrechtsprechung** 90

---

[613] *Deckert*, Jura 1996, 348-354, 350.
[614] Vgl. BGH v. 04.03.1957 - GSZ 1/56 - BGHZ 24, 21-30.
[615] BGH v. 09.01.1959 - 4 StR 490/58 - NJW 1959, 637.
[616] *Hentschel/König/Dauer*, Straßenverkehrsrecht, 40. Aufl. 2009, § 1 StVO Rn. 9.
[617] BGH v. 15.11.1966 - VI ZR 57/65 - VersR 1967, 157-158.
[618] *Hentschel/König/Dauer*, Straßenverkehrsrecht, 40. Aufl. 2009, § 1 StVO Rn. 20-21.
[619] KG Berlin v. 08.09.2008 - 12 U 197/07 - KGR Berlin 2009, 235-236; LG Karlsruhe v. 11.05.2007 - 3 O 419/06; AG Berlin-Mitte v. 10.12.2002 - 106 C 3120/01 - Schaden-Praxis 2003, 119; OLG Karlsruhe v. 14.07.1989 - 10 U 345/88 - DAR 1989, 384.

§ 823

wird von Teilen der Rechtsprechung nicht auf Lücken in Kolonnen des Gegenverkehrs angewandt, weil dies die Sorgfaltsanforderungen an den vorfahrtberechtigten Fahrer überspanne und es in dieser Fallgruppe um Sorgfaltsanforderungen des Überholenden gehe.[620] Dem ist nicht zu folgen, weil die Lückenrechtsprechung dogmatisch aus § 1 StVO herzuleiten ist und gerade die Lücken in Kolonnen des Gegenverkehrs regelmäßig leicht erkennbar und daraus resultierende Gefahrenlagen bei rücksichtsvoller Fahrweise, wie sie § 1 StVO gebietet, vermeidbar sind.[621] Die Pflicht, sich stets so zu verhalten, dass kein anderer behindert wird, gebietet es bei eintretender **Fahrunfähigkeit auf der Überholspur** der Autobahn wegen der großen Gefahr, die beim Blockieren der Überholspur eintritt, das Fahrzeug – soweit möglich - auf den Grünstreifen ausrollen zu lassen.[622]

91 **Straßenbenutzung durch Fahrzeuge (§ 2 StVO):** Fahrzeuge müssen die Fahrbahn benutzen (§ 2 Abs. 1 Satz 1 Alt. 1 StVO). Dies gilt auch für Radfahrer. Diese dürfen, wenn sie älter als 10 Jahre sind, insbesondere den Gehweg nicht zum Radfahren benutzen (vgl. § 2 Abs. 5 StVO). Dies bezweckt zwar in erster Linie den Schutz der Fußgänger vor den besonderen von Fahrradfahrern ausgehenden Unfallgefahren, dient aber auch dem Schutz anderer Verkehrsteilnehmer, die den Gehweg benutzen dürfen.[623] Aus diesem Grunde braucht auch ein Verkehrsteilnehmer, der sich aus einer Einfahrt oder einer schmalen nicht bevorrechtigten Straße einem Gehweg nähert, nicht damit zu rechnen, dass von diesem Gehweg plötzlich Radfahrer seine Fahrtrichtung kreuzen oder in die nicht bevorrechtigte Straße einbiegen.[624] Deshalb muss ein erwachsener oder jugendlicher Radfahrer einen im Verkehrsraum vorgesehenen und gemäß § 2 Abs. 4 Satz 2 StVO ausgewiesenen **Radweg** benutzen und darf, wenn dieser im Kreuzungsbereich endet, seine Fahrt nicht, auch nicht zur Überbrückung einer kurzen Wegstrecke, auf dem **Gehweg** fortsetzen. Er muss entweder absteigen und sein Fahrrad schieben oder aber auf die Straße ausweichen. Wenn er auf dem Gehweg mit einem Fußgänger kollidiert, haftet er.[625] Gleiches gilt, wenn er mit einem Fußgänger kollidiert, der die rechte Seite eines kombinierten Fuß- und Fahrradweges benutzt.[626] Des Weiteren verhält sich ein Fahrradfahrer, der aus einer Grundstücksausfahrt kommend die Fahrbahn zum gegenüber liegenden Bordstein überfährt, um danach auf dem Radweg weiterzufahren, sorgfaltswidrig.[627] Der Charakter eines Weges als Radweg kann sich, unabhängig von der Beschilderung, nach dem äußeren Bild des Weges bestimmen.[628] Von zwei Fahrbahnen müssen Fahrzeuge die rechte benutzen (§ 2 Abs. 1 Satz 1 Alt. 2 StVO). Die linke Fahrbahnhälfte darf grundsätzlich nur befahren werden, wenn dies außergewöhnliche Umstände wie etwa eine starke Vereisung oder eine ungewöhnlich schlechte und gefährliche Beschaffenheit der Fahrbahn oder besondere technische Eigenarten des Fahrzeugs erzwingen oder wenn eine Gefahr die Inanspruchnahme der Gegenfahrbahn unausweichlich erscheinen lässt.[629] Allerdings darf man auf einer hinreichend breiten Straße an den in eigener Fahrtrichtung haltenden Fahrzeugen vorbeifahren, wenn man die Strecke überschauen und keinen Gegenverkehr wahrnehmen kann. Hierbei muss man, jedenfalls bei einer engen Straße, in der Lage sein, vor der Mitte der überschaubaren Strecke anzuhalten, wenn der Straßenverkehr für eine Begegnung nicht genügend Raum bietet. Ein entgegenkommender Leichtkraftradführer darf dabei jedoch nicht den Platzbedarf eines Pkw beanspruchen.[630] Kommt es zwischen zwei Fahrzeu-

---

[620] KG Berlin v. 22.03.2001 - 12 U 8148/99 - KGR Berlin 2001, 176.

[621] OLG Karlsruhe v. 14.07.1989 - 10 U 345/88 - DAR 1989, 384.

[622] BGH v. 07.02.1967 - VI ZR 126/65 - VersR 1967, 456; OLG Brandenburg v. 06.09.2007 - 12 U 70/07 - Schaden-Praxis 2008, 100-102; OLG Brandenburg v. 17.07.2008 - 12 U 46/07.

[623] OLG Hamburg v. 18.10.1991 - 14 U 12/91 - RuS 1991, 413-414.

[624] AG Aachen v. 28.05.1997 - 13 C 63/97 - Schaden-Praxis 1997, 425; vgl. ferner OLG Hamburg v. 18.10.1991 - 14 U 12/91 - RuS 1991, 413-414; AG Velbert v. 09.06.1999 - 13 C 92/99 - Schaden-Praxis 1999, 301; AG Frankfurt v. 23.11.2007 - 32 C 1024/07 - 48, 32 C 1024/07 - NZV 2008, 576-577; AG Darmstadt v. 12.02.2009 - 304 C 181/08 - NZV 2009, 180-181 je bezogen auf die Kollision eines Radfahrers mit einem aus einer Tor- bzw. Grundstückseinfahrt kommenden Fahrzeug.

[625] OLG Düsseldorf v. 26.04.1995 - 15 U 53/94 - VersR 1996, 1120-1122.

[626] OLG Nürnberg v. 07.04.2004 - 4 U 644/04 - NZV 2004, 358-359.

[627] KG Berlin v. 23.11.1995 - 12 U 5072/94 - VerkMitt 1996, Nr. 92.

[628] OLG Frankfurt v. 23.01.2004 - 24 U 118/03 - VerkMitt 2004, Nr. 34; zur Haftung eines infolge eines Unfalles quer zur Fahrtrichtung liegen gebliebenen, unbeleuchteten Fahrzeugs, das die gesamte Fahrbahn blockiert, bei nächtlichen Auffahrunfällen vgl. OLG Köln v. 24.04.1996 - 13 U 146/95 - Schaden-Praxis 1996, 307-310; zu Verkehrsunfällen infolge quer gestellten Fahrzeuges vgl. ferner LG Bielefeld v. 21.02.1991 - 8 O 377/89.

[629] BGH v. 09.07.1996 - VI ZR 299/95 - LM StVO 1970 § 2 Nr. 6 (12/1996).

[630] OLG Hamburg v. 31.01.1992 - 14 U 5/90 - VRS 84, 169-175 (1993).

gen zu einem **Zusammenstoß im Begegnungsverkehr**, so haftet daher grundsätzlich derjenige, der im Zeitpunkt des Zusammenstoßes die Fahrbahnmitte überfahren hatte. Lässt sich nicht mehr klären, welches Fahrzeug dies war, so kann bei hohen Promillezahlen die alkoholbedingte Fahruntüchtigkeit eines Fahrzeugführers unter Umständen schon ausreichen, einen Beweis des ersten Anscheins dahin zu begründen, dass er die Fahrbahnmitte überschritten hat.[631] Das **Rechtsfahrgebot** (§ 2 Abs. 2 StVO) ist, wie schon der Gesetzeswortlaut („möglichst weit rechts") erkennen lässt, nicht starr. Was „möglichst weit rechts" ist hängt ab von der Örtlichkeit, der Fahrbahnart, der Fahrbahnbeschaffenheit, der Fahrgeschwindigkeit, den Sichtverhältnissen, dem Gegenverkehr und anderen Umständen. Dabei hat der Fahrer einen gewissen Beurteilungsspielraum, so lange er sich „soweit rechts" hält, wie es im konkreten Fall „vernünftig" ist. Dieser Beurteilungsspielraum entfällt allerdings, wenn die Strecke – wie etwa an Kuppen oder in Kurven – unübersichtlich ist. In diesen Fällen muss der Fahrer die äußerste rechte Fahrbahnseite einhalten, weil die Gefahr besteht, dass die Unübersichtlichkeit der Strecke ein Ausweichen nach rechts vor einem plötzlich auftauchenden Hindernis nicht mehr zulässt.[632] Allerdings ist auch in unübersichtlichen Kurven dem Rechtsfahrgebot in der Regel genügt, wenn ein Abstand von mindestens 50 cm zur Mittellinie eingehalten wird.[633] Der **Schutzbereich des Rechtsfahrgebotes** erstreckt sich nach der Rechtsprechung nur auf den in Längsrichtung fließenden Begegnungs- und Überholverkehr und erfasst damit sich auf der Fahrbahn bewegende Fußgänger nicht.[634] Gleiches gilt für von einem Grundstück auf die Straße einfahrende Fahrzeuge, die auch gegenüber einem das Rechtsfahrgebot verletzenden Fahrzeug des fließenden Verkehrs wartepflichtig sind[635], so dass im Kollisionsfall den Bevorrechtigten trotz Verletzung des Rechtsfahrgebots regelmäßig keine Mithaftung trifft.[636] Kinder bis zum vollendeten achten Lebensjahr müssen, ältere Kinder bis zum vollendeten 10. Lebensjahr dürfen mit Fahrrädern Gehwege benutzen (§ 2 Abs. 5 Satz 1 StVO). Diese Vorschrift soll aber nach der Auffassung des AG Hanau nicht unterschiedslos bei allen Fahrradtypen Anwendung finden. Sie komme zwar bei Kinderfahrrädern im Sinne des § 24 Abs. 1 StVO, die gemäß den Körpermaßen von Kindern im Vorschulalter gebaut und zum spielerischen Umherfahren genützt würden, ohne weiteres in Betracht, nicht aber etwa bei einem 8-Gang-Mountainbike mit der Möglichkeit der späteren Aufrüstung auf 16 Gänge.[637]

Geschwindigkeit (§ 3 StVO): Grundregel für die Geschwindigkeit ist, dass der Fahrzeugführer stets nur so schnell fahren darf, dass er sein Fahrzeug ständig „im Griff" hat (vgl. § 3 Abs. 1 Satz 1 StVO). Dies bedeutet, dass der Fahrer die Fahrgeschwindigkeit so einrichten muss, dass er jederzeit in der Lage ist, seinen Verpflichtungen im Verkehr Genüge zu leisten,[638] und dass er sein Fahrzeug nötigenfalls rechtzeitig innerhalb der übersehbaren Strecke anhalten kann (§ 3 Abs. 1 Satz 2 StVO). Sind **Geschwindigkeitsbegrenzungen** vorgesehen, so müssen diese eingehalten werden, selbst wenn sie dem Fahrer angesichts der Umstände des Einzelfalls unsinnig erscheinen mögen (z.B. „Tempo-30-Zone" bei Nacht). Andererseits dürfen sie grundsätzlich, insbesondere auch innerorts, ausgeschöpft werden, sofern das **Sichtfahrgebot** (§ 3 Abs. 1 Sätze 2 und 4 StVO) dem nicht entgegensteht.[639] Nach dem Sichtfahrgebot ist eine Herabsetzung der Geschwindigkeit nur dann geboten, wenn der Fahrer den Verkehrsablauf nicht vollständig überblicken und deshalb auftretende Hindernisse und Gefahren nicht so rechtzeitig bemerken kann, dass er ihnen mit Sicherheit beggnen kann.[640] Dabei bezieht sich der Begriff der Übersichtlichkeit nur auf die Fahrbahn, sodass eine Straßenstelle nicht schon unübersichtlich wird, wenn der Verkehrsablauf in der **seitlichen Straßenumgebung** nicht voll zu überblicken ist.[641] Betrifft mithin das Sichtfahrgebot nur die **Sicht vor dem Fahrzeug**, so begründen parkende Fahr-

92

---

[631] So bei 2,4 Promille OLG Hamm v. 12.11.1985 - 9 U 286/84 - Blutalkohol 24, 436-440 (1987).
[632] BGH v. 09.07.1996 - VI ZR 299/95 - LM StVO 1970 § 2 Nr. 6 (12/1996).
[633] OLG Brandenburg v. 26.04.2007 - 12 U 222/06.
[634] Vgl. OLG Köln v. 23.08.2000 - 11 U 16/00 - Schaden-Praxis 2000, 403-404 m.w.N.
[635] BGH v. 20.09.2011 - VI ZR 282/10 - MDR 2011, 1348-1349.
[636] *Wenker*, jurisPR-VerkR 23/2011, Anm. 1.
[637] AG Hanau v. 09.07.1996 - 34 C 3201/95 - 14, 34 C 3201/95 - NJW-RR 1997, 1049-1050.
[638] BGH v. 11.01.1951 - III ZR 158/50 - NJW 1951, 234-235.
[639] BGH v. 23.04.2002 - VI ZR 180/01 - NJW 2002, 2324-2325.
[640] BGH v. 23.04.2002 - VI ZR 180/01 - NJW 2002, 2324-2325; BGH v. 12.05.1998 - VI ZR 124/97 - LM BGB § 823 (Aa) Nr. 180 (2/1999).
[641] BGH v. 23.04.2002 - VI ZR 180/01 - NJW 2002, 2324-2325; BGH v. 12.05.1998 - VI ZR 124/97 - LM BGB § 823 (Aa) Nr. 180 (2/1999).

zeuge, insbesondere im Stadtverkehr, im Allgemeinen keine Unübersichtlichkeit.[642] Das Sichtfahrgebot kann bei der Feststellung der Verkehrspflichtwidrigkeit einem Fahrer ausnahmsweise dann nicht entgegengehalten werden, wenn ein Hindernis wegen fehlender Kontraste zur Fahrbahn oder hoher Lichtabsorption ungewöhnlich schwer zu erkennen ist.[643] Dies wurde bislang in der Rechtsprechung beispielsweise für den Fall bejaht, dass ein Baumstamm weit nach hinten aus einem unbeleuchteten Anhänger herausragt, dass sich ein nicht kenntlich gemachter, unbeleuchteter Splitthaufen auf der Fahrbahn befindet oder dass ein Reserverad auf der Fahrbahn liegt.[644] Dies gilt auch dann, wenn das Fahrzeug, das den Reifen verloren hat, nachts auf der Standspur steht und weder als Unfallfahrzeug erkennbar ist noch als solches kenntlich gemacht worden ist.[645] Aufgrund entsprechender sachverständiger Feststellungen wurde dies demgegenüber in casu bei einer Gruppe nachts in einem Waldstück am Fahrbahnrad in Tarnkleidung und ohne Beleuchtung marschierender Soldaten verneint.[646] Das Sichtfahrgebot wird weiterhin durch den **Vertrauensgrundsatz** gegenüber solchen Hindernissen begrenzt, mit denen der Fahrer unter keinem vertretbaren Gesichtspunkt rechnen muss.[647] Hierzu wurden in der Rechtsprechung beispielsweise ein unvermittelt von der Seite zwischen parkenden Fahrzeugen hervortretender Fußgänger oder ein aus der Dunkelheit auf die Fahrbahn hervortretender Fußgänger[648] oder ein plötzlich von einem Müllfahrzeug abspringender Müllwerker gerechnet.[649] Demgegenüber wurde das für eine vor einer Straßenbaustelle aufgestellte Sperrschranke verneint.[650] Im Übrigen ist die Frage der verkehrsrichtigen Geschwindigkeit – wie man aus § 3 Abs. 1 Satz 2 StVO ersehen kann – eine Frage des Einzelfalls. Dabei kommt es namentlich auf die Straßen-, Verkehrs-, Sicht- und Wetterverhältnisse sowie auf die persönlichen Fähigkeiten, die Fahrzeugeigenschaften und die Ladung an.[651] Praktisch besonders bedeutsam sind natürlich die Wetterverhältnisse. Hier kann eine **schneeglatte oder vereiste Fahrbahn** eine erhebliche Geschwindigkeitsreduktion bis hin zum Schritttempo gebieten. So wurde etwa von der Rechtsprechung bei Kolonnenfahrt und schneeglatter Fahrbahn eine Geschwindigkeit von 30 km/h als verkehrspflichtwidrig eingestuft.[652] Hinsichtlich der vom Fahrer wahrgenommenen Verkehrslage ist dieser zur Verringerung der Sichtfahrgeschwindigkeit verpflichtet, wenn die Verkehrslage unklar ist und er die vor ihm liegende Entwicklung des Verkehrs nicht sicher beurteilen kann. So ist vor allem bei Anzeichen eines Unfallgeschehens eine situationsadäquate Verlangsamung angezeigt, damit der Fahrer notfalls sofort anhalten kann. Die einzelfallbezogenen Anforderungen an den Fahrer bei unklarer Verkehrslage hängen insbesondere davon ab, welches Gefahrenpotential die jeweilige Verkehrssituation in sich birgt. Die Geschwindigkeit ist dabei umso stärker zu reduzieren, je größer die drohende Gefahr erscheint.[653] In Anbetracht der Erfahrungstatsache, dass Unfälle auf Autobahnen ein besonders großes Gefahrenpotential in sich bergen, ist der Fahrer bei unklarer Verkehrslage auf Autobahnen zur Einhaltung der äußersten Sorgfalt verpflichtet.[654] Es gibt keine allgemeingültige Verkehrspflicht, die es gebietet, bei guter körperlicher Verfassung und günstigen Straßen-, Verkehrs-, Sicht-, Wetter- und Fahrzeugverhältnissen die in der Autobahn-Richtgeschwindigkeits-Verordnung vom 21.11.1978 vorgegebene **Richtgeschwindigkeit** von 130 km/h zu beachten.[655] Denn hierbei handelt es sich lediglich um eine auf Erfahrungswissen basierende Empfehlung und nicht um ein gesetzliches Verhaltensgebot. Allerdings versagt die Rechtsprechung dem die Richtgeschwindigkeit überschreitenden Fahrer regelmäßig den Entlastungsbeweis aus § 7 Abs. 2 StVG, weil der von

---

[642] BGH v. 12.05.1998 - VI ZR 124/97 - LM BGB § 823 (Aa) Nr. 180 (2/1999).
[643] OLG Koblenz v. 24.02.2003 - 12 U 1726/01 - Schaden-Praxis 2003, 375-376.
[644] Vgl. die Rechtsprechungsübersicht bei OLG Koblenz v. 24.02.2003 - 12 U 1726/01 - Schaden-Praxis 2003, 375-376.
[645] AG Dachau v. 18.07.2006 - 3 C 315/06 - ZfSch 2007, 76-77.
[646] OLG Koblenz v. 24.02.2003 - 12 U 1726/01 - Schaden-Praxis 2003, 375-376, wobei jedoch zutreffend ein erheblicher Mitverschuldensanteil der Soldaten von 70% befürwortet wurde.
[647] OLG Jena v. 20.03.2009 - 4 U 155/08 - ZfSch 2009, 376-377.
[648] KG Berlin v. 18.09.2010 - 12 W 24/10.
[649] OLG Jena v. 20.03.2009 - 4 U 155/08 - ZfSch 2009, 376-377.
[650] OLG Jena v. 20.03.2009 - 4 U 155/08 - ZfSch 2009, 376-377.
[651] OLG Saarbrücken v. 03.05.2005 - 4 U 313/04 - 35/05 - OLGR Saarbrücken 2005, 570-572.
[652] OLG Celle v. 15.02.2001 - 14 U 66/00 - Schaden-Praxis 2001, 204.
[653] OLG Saarbrücken v. 03.05.2005 - 4 U 313/04 - 35/05 - OLGR Saarbrücken 2005, 570-572.
[654] OLG Saarbrücken v. 03.05.2005 - 4 U 313/04 - 35/05 - OLGR Saarbrücken 2005, 570-572.
[655] BGH v. 17.03.1992 - VI ZR 62/91 - BGHZ 117, 337-345.

dieser Vorschrift vorausgesetzte „Idealfahrer" die Richtgeschwindigkeit beachte.[656] Gesteigerte Sorgfaltsanforderungen im Hinblick auf die Fahrtgeschwindigkeit statuiert § 3 Abs. 2a StVO. Danach muss der Fahrzeugführer sich gegenüber **Kindern**, Hilfsbedürftigen und älteren Menschen unter anderem durch Verminderung der Fahrtgeschwindigkeit so verhalten, dass eine Gefährdung dieser Verkehrsteilnehmer ausgeschlossen ist. Hinsichtlich dieses Sorgfaltsgebotes weist der BGH in ständiger Rechtsprechung darauf hin, dass auch gegenüber Kindern die an die Sorgfaltspflicht des Fahrers zu stellenden Anforderungen nicht überspannt werden dürfen, weil auch ihnen gegenüber grundsätzlich der Vertrauensgrundsatz gilt. Der BGH verlangt daher hinsichtlich des Schutzes von Kindern nur dann von dem Kraftfahrer, besondere Vorkehrungen zur Gefahrabwendung (z.B. Geschwindigkeitsreduzierung, Einnehmen von Bremsbereitschaft) zu treffen, wenn ihr Verhalten oder die Situation, in der sie sich befinden, Auffälligkeiten zeigen, die zu Gefährdungen führen können.[657] Dabei muss nach dem Schutzzweck der Vorschrift wenigstens eine Annäherung an die Fahrbahn erkennbar sein.[658] Ob ein Verkehrsteilnehmer ein „**älterer Mensch**" im Sinne des § 3 Abs. 2a StVO ist, bestimmt sich nicht alleine nach dem objektiven Lebensalter (ab dem 60. Lebensjahr[659]) dieser Person, sondern zusätzlich auch danach, dass die Person ihrem äußeren Erscheinungsbild für andere Verkehrsteilnehmer als „älterer Mensch" erkennbar ist[660]. Dies ist z.B. bejaht worden bei Gehen in gebückter Haltung[661] oder bei Gehen in gebückter Haltung mit einem Gehstock[662]. Die Schutzfunktion des § 3 Abs. 2a StVO ist bereits dann aktiviert, wenn der ältere Mensch sich in einer Verkehrssituation befindet, in der nach der Lebenserfahrung damit gerechnet werden kann, dass der Verkehrsteilnehmer altersbedingte Schwierigkeiten haben könnte.[663] Dies ist z.B. dann zu bejahen, wenn sich ein älterer Mensch dem Gehweg folgend auf einen Fußgängerüberweg zubewegt, ohne auf den Verkehr zu achten, da dann eine Situation gegeben ist, in der jederzeit damit zu rechnen ist, dass der ältere Mensch unvermittelt auf die Fahrbahn treten kann.[664]

Abstand (§ 4 StVO): Der Abstand zu einem vorausfahrenden Fahrzeug muss regelmäßig so groß sein, dass auch dann hinter ihm gehalten werden kann, wenn plötzlich gebremst wird (§ 4 Abs. 1 Satz 1 StVO). Der erforderliche **Sicherheitsabstand** richtet sich dabei im Allgemeinen nach Örtlichkeit, Lage und Fahrgeschwindigkeit[665] und beträgt normalerweise die in 1,5 Sekunden durchfahrene Strecke.[666] Auch ein **Radfahrer** muss grundsätzlich den erforderlichen Sicherheitsabstand einhalten und zwar nicht nur zu vorausfahrenden Kraftfahrzeugen, sondern auch auf einen vorausfahrenden anderen Radfahrer.[667] Der Vorausfahrende darf nicht **ohne zwingenden Grund stark bremsen** (§ 4 Abs. 1 Satz 2 StVO). Führt er hierdurch einen Unfall herbei, so ist seine (Mit-)Haftung umso größer, je unwahrscheinlicher nach der Verkehrssituation ein starkes plötzliches Bremsen ist.[668] Dieses Sorgfaltsgebot spielt bei **Auffahrunfällen** eine besondere Rolle, weil bei diesen der **Beweis des ersten Anscheins** dafür spricht, dass der Auffahrende entweder nicht den nötigen Sicherheitsabstand eingehalten oder seine Fahrgeschwindigkeit nicht der Verkehrssituation angepasst oder es an der erforderlichen Aufmerksamkeit hat fehlen lassen und somit den Unfall alleine verschuldet hat.[669] Die tatbestandlichen Voraussetzungen dieses Anscheinsbeistatbestandes werden in der Praxis gelegentlich vernachlässigt, wiewohl mit ihnen das Eingreifen des Anscheinsbeweises und der Vermutungsfolge steht und fällt. Wichtigste Voraussetzung ist das klassische Schadenbild einer Kollision

93

---

[656] Ständige Rechtsprechung seit BGH v. 17.03.1992 - VI ZR 62/91 - BGHZ 117, 337-345; vgl. OLG Hamm v. 25.11.2010 - 6 U 71/10 - NJW-RR 2011, 464-465, wonach es für die Haftung mit der Betriebsgefahr darauf ankommt, ob sich die Überschreitung der Richtgeschwindigkeit betriebsgefahrerhöhend ausgewirkt hat.
[657] BGH v. 23.04.2002 - VI ZR 180/01 - NJW 2002, 2324-2325; BGH v. 10.10.2000 - VI ZR 268/99 - LM StVO 1970 § 3 Nr. 14 (9/2001) m.w.N. zu solchen bisher von der Rechtsprechung entschiedenen Konstellationen.
[658] BGH v. 23.04.2002 - VI ZR 180/01 - NJW 2002, 2324-2325.
[659] Vgl. *Händel*, DAR 1985, 210-214.
[660] OLG Rostock v. 21.10.2005 - 8 U 88/04 - VersR 2006, 1703-1704; OLG Frankfurt v. 27.10.1999 - 9 U 13/99 - NZV 2001, 218-219; LG Saarbrücken v. 09.07.2010 - 13 S 50/10.
[661] OLG Frankfurt v. 27.10.1999 - 9 U 13/99 - NZV 2001, 218-219.
[662] LG Saarbrücken v. 09.07.2010 - 13 S 50/10.
[663] BGH v. 19.04.1994 - VI ZR 219/93 - NJW 1994, 2829-2830.
[664] LG Saarbrücken v. 09.07.2010 - 13 S 50/10.
[665] OLG Hamm v. 02.02.2000 - 13 U 115/99 - VersR 2001, 1257-1259.
[666] LG München I v. 13.07.1990 - 19 O 22156/89, das offen lässt, ob dieser Wert nicht im großstädtischen Verkehr zu halbieren ist.
[667] OLG Hamm v. 02.02.2000 - 13 U 115/99 - VersR 2001, 1257-1259.
[668] KG Berlin v. 26.02.2009 - 12 U 237/08.
[669] KG Berlin v. 09.03.1995 - 12 U 3372/93.

„Fahrzeugfront mit Fahrzeugheck". Hierfür bedarf es allerdings keiner Vollüberdeckung von Heck und Front – eine Teilüberdeckung genügt.[670] Daher greift der Anscheinsbeweis nicht ein, wenn das nachfolgende Fahrzeug dem vorausfahrenden Fahrzeug in die Fahrzeugseite gefahren ist.[671] Ob der Anscheinsbeweis darüber hinaus tatbestandlich voraussetzt, dass beide Fahrzeuge hintereinander im gleichgerichteten Verkehr gefahren sind und sich so lange in einer Spur hintereinander bewegt haben, dass sich beide Fahrzeugführer auf die vorangegangenen Fahrbewegungen hätten einstellen können[672], ist in der Rechtsprechung umstritten. Die Gegenansicht lehnt diese zusätzliche Voraussetzung – insbesondere für Unfälle auf Autobahnen[673] – ab[674]. Dabei wird darauf abgestellt, die Anforderungen an den Anscheinsbeweistatbestand würden überspannt, wenn man das ihm zu Grunde liegende Kerngeschehen zu weit fasse.[675] Dieses Kerngeschehen bestehe schlicht nur im Auffahrvorgang.[676] Der BGH hat sich in aktuellen Entscheidungen[677] der ersteren Auffassung angeschlossen[678], so dass im Ergebnis, wenn weder ein klassischer Auffahrunfall noch ein sorgfaltswidriger Fahrstreifenwechsel nachgewiesen ist, zu Gunsten keiner der beiden Parteien ein Anscheinsbeweis streitet und bei der Behauptung eines Fahrspurwechsels in engem zeitlichem Zusammenhang mit der Auffahrkollision die Annahme eines Anscheinsbeweises zu Lasten des Auffahrenden nur in Betracht kommt, wenn der Vorausfahrende nachweisen kann, dass er vor der Kollision bereits für eine zur Wahrung des Sicherheitsabstands auskömmliche Zeit vor dem Auffahrenden in der gleichen Spur hergefahren ist.[679] Dies ist zu begrüßen, da das Kerngeschehen des Anscheinsbeweistatbestands nicht so eng gefasst werden darf, dass der bei seinem Eingreifen gezogene Schluss nicht mehr von der Lebenserfahrung getragen wird. So liegt es aber, wenn man alleine auf den Auffahrvorgang abstellt, denn der Schluss vom Auffahrvorgang auf das (Allein-)Verschulden des Auffahrenden ist nur statthaft, wenn der Auffahrende auch die ausreichende Möglichkeit hatte, zum Vordermann einen hinreichenden Sicherheitsabstand aufzubauen und einzuhalten.[680] Hinsichtlich des Autobahnverkehrs wird von der Auffassung, die den Anscheinsbeweistatbestand auf den Auffahrvorgang reduzieren will, wie folgt argumentiert: Auf Grund der Spezifika des Autobahnverkehrs, wonach Überholen die Regel sei, weswegen der Überholende nicht permanent den rückwärtigen Verkehr beobachten könne, um festzustellen, wer gewisse Zeit hinter ihm herfahre, werde der Nachweis dieser Voraussetzung kaum je gelingen. Da überdies jeder, der sich auf der Überholspur befinde, zuvor einen Fahrspurwechsel vorgenommen haben müsse, werde durch dieses Merkmal bei Auffahrunfällen auf Überholspuren der Anscheinsbeweis praktisch ausgehebelt.[681] Zur Erschütterung des Anscheinsbeweises kann nach dieser Auffassung nur der Nachweis der ernsthaften Möglichkeit eines Spurwechsels in engem zeitlichem Zusammenhang mit der Kollision führen, worauf man dem Schadensbild nach etwa bei einer Schrägfahrt des Vordermannes im Kollisionszeitpunkt oder bei einer „Eckkollision" schließen könne.[682] Diese – sorgfältig begründete – Auffassung vermag im Ergebnis nicht zu überzeugen: Sie führt zu unterschiedlichen Anscheinsbeweistatbeständen für Kollisionen im Autobahnverkehr und außerhalb des Autobahnverkehrs und klammert überdies einen Umstand aus dem Anscheinsbeweistatbestand aus, der auch im Autobahnverkehr für das typische Gepräge eines Auffahrunfalls essentiell ist. Der Anscheinsbeweis des Auffahrunfalls kann seitens des Auffahrenden durch den Nachweis der ernsthaften Möglichkeit eines anderen Geschehensablaufes entkräftet werden. Der praktisch wichtigste zur Entkräftung des Anscheinsbeweises herangezogene Geschehensablauf ist der Fall des (angeblichen) Verstoßes gegen § 4 Abs. 1 Satz 2 StVO.[683]

---

[670] KG Berlin v. 04.12.2006 - 12 U 84/06 - NZV 2007, 408-409; OLG Köln v. 20.05.2003 - 9 U 224/02 - Schaden-Praxis 2003, 336-337.

[671] OLG Celle v. 05.12.2007 - 14 U 114/07 - Schaden-Praxis 2008, 102-103; KG Berlin v. 04.12.2006 - 12 U 84/06 - NZV 2007, 408-409.

[672] So KG Berlin v. 14.05.2007 - 12 U 194/06 - DAR 2008, 87; KG Berlin v. 03.07.2008 - 12 U 239/07 - KGR Berlin 2009, 82-83; OLG Düsseldorf v. 08.03.2004 - 1 U 97/03, I-1 U 97/03; ausführlich und lesenswert AG Hamburg v. 30.10.2006 - 644 C 249/06; im Ergebnis ebenso: OLG Naumburg v. 17.12.2002 - 9 U 178/02 - NJW-RR 2003, 141-142.

[673] OLG Saarbrücken v. 19.05.2009 - 4 U 347/08 - MDR 2009, 1336-1337.

[674] OLG Zweibrücken v. 30.07.2008 - 1 U 19/08 - Schaden-Praxis 2009, 175-176.

[675] OLG Zweibrücken v. 30.07.2008 - 1 U 19/08 - Schaden-Praxis 2009, 175-176.

[676] OLG Zweibrücken v. 30.07.2008 - 1 U 19/08 - Schaden-Praxis 2009, 175-176.

[677] BGH v. 30.11.2010 - VI ZR 15/10 - MDR 2011, 157; BGH v. 13.12.2011 - VI ZR 177/10 - MDR 2012, 145.

[678] Ebenso: *Heß/Burmann*, NJW-Spezial 2011, 41-42; *Nugel*, jurisPR-VerkR 4/2011, Anm. 1; *Wenker*, jurisPR-VerkR 3/2012, Anm. 1.

[679] *Nugel*, jurisPR-VerkR 4/2011, Anm. 1.

[680] OLG Düsseldorf v. 08.03.2004 - 1 U 97/03, I-1 U 97/03.

[681] OLG Saarbrücken v. 19.05.2009 - 4 U 347/08 - MDR 2009, 1336-1337.

[682] OLG Saarbrücken v. 19.05.2009 - 4 U 347/08 - MDR 2009, 1336-1337.

Überholen (§ 5 StVO): Es ist links zu überholen (§ 5 Abs. 1 StVO). Dieses Gebot ist in § 5 Abs. 8 StVO im Interesse der Flüssigkeit des Verkehrs für Radfahrer und Mofafahrer gelockert, was sie regelmäßig dazu berechtigt, im innerstädtischen Verkehr rechts an einer zum Stillstand gekommenen Fahrzeugkolonne vorbeizufahren.[684] Überholen darf nur, wer übersehen kann, dass während des gesamten Überholvorgangs jede Behinderung des Gegenverkehrs ausgeschlossen ist (§ 5 Abs. 2 Satz 1 StVO). Aus einer Gesamtschau dieser Bestimmung mit § 3 Abs. 1 Satz 2 StVO leitet der BGH das Sorgfaltsgebot ab, dass ein Fahrzeugführer nur dann überholen darf, wenn er sich zuvor vergewissert hat, dass ihm der benötigte Überholweg hindernisfrei zur Verfügung steht.[685] Aus der Zweckbestimmung dieses Gebots, die mit dem Überholvorgang verbundenen spezifischen Gefahren auszuschließen, folgert der BGH, dass dieses Gebot jedes Hindernis erfasst, auch etwa ein Kraftrad, dessen Frontlicht bei nächtlichem Betrieb nicht brennt.[686] **Überholverbote** sind – auch wenn sie dem Kraftfahrer im Einzelfall unsinnig erscheinen mögen – stets zu beachten. Ein Verstoß gegen sie begründet nur eine Verkehrspflichtverletzung gegenüber dem Begegnungs- und Mitverkehr, nicht aber gegenüber aus einem Grundstück in die Fahrbahn einfahrenden Verkehrsteilnehmern, weil diese vom Schutzbereich der Pflicht zur Beachtung von Überholverboten nicht erfasst sind.[687] Auch wenn kein Überholverbot vorliegt, ist ein Überholen gemäß § 5 Abs. 3 Nr. 1 StVO unzulässig bei unklarer Verkehrslage. Eine unklare Verkehrslage liegt vor, wenn nach allen Umständen mit ungefährdetem Überholen nicht gerechnet werden darf. Eine solche unklare Verkehrslage ist etwa zu bejahen, wenn sich nicht sicher beurteilen lässt, was die vorausfahrenden Fahrzeuge sogleich tun werden. Dies ist z.B. der Fall, wenn bei einem vorausfahrenden oder stehenden Fahrzeug der linke Fahrtrichtungsanzeiger betätigt wird und dies der nachfolgende Verkehrsteilnehmer erkennen konnte und dem überholenden Fahrzeugführer noch ein angemessenes Reagieren – ohne Gefahrenbremsung – möglich ist.[688] Alleine das Langsamfahren eines Verkehrsteilnehmers genügt für die Annahme einer unklaren Verkehrslage jedoch nicht.[689] Dies gilt selbst dann, wenn das vorausfahrende Fahrzeug verlangsamt und sich zugleich zur Fahrbahnmitte einordnet.[690] Vielmehr müssen darüber hinaus konkrete Umstände hinzukommen, die für ein beabsichtigtes Linksabbiegemanöver sprechen können, wie z.B. wenn der Vorausfahrende in seiner Fahrweise unsicher erscheint und der Anschein besteht, er suche nach einer Parkgelegenheit.[691] Eine unklare Verkehrslage liegt grundsätzlich auch nicht bereits deshalb vor, weil dem überholwilligen Fahrer durch ein vorausfahrendes größeres Fahrzeug (z.B. einen Lkw oder einen Bus) die Sicht auf etwaigen vorausfahrenden Verkehr versperrt ist[692], es sei denn der Überholvorgang findet auf einer sehr engen Straße statt, die für ein plötzliches Abbiegen des zu überholenden Fahrzeugs nicht mehr genug Raum für das überholende Fahrzeug lässt[693]. Beim Überholen muss gemäß § 5 Abs. 4 Satz 2 StVO ein ausreichender Seitenabstand zu anderen Verkehrsteilnehmern eingehalten werden. Dabei ist regelmäßig ein Seitenabstand von 1 m als ausreichend zu bewerten.[694]

94

Benutzung von Fahrstreifen durch Kraftfahrzeuge (§ 7 StVO): Ein **Fahrstreifenwechsel** ist nur zulässig, wenn eine Gefährdung anderer Verkehrsteilnehmer ausgeschlossen ist (§ 7 Abs. 5 Satz 1 StVO). Jeder Fahrstreifenwechsel ist rechtzeitig[695] und deutlich durch Benutzung der Fahrtrichtungsanzeiger anzuzeigen (§ 7 Abs. 5 Satz 2 StVO). Kommt es in unmittelbarem zeitlichem und örtlichem Zusammenhang mit einem Fahrstreifenwechsel zur Kollision, so spricht ein **Anscheinsbeweis** dafür, dass die Kollision (ausschließlich) auf einer Verletzung der besonderen Sorgfaltspflichten des § 7 Abs. 5 StVO beruht.[696] Wer diesen Anscheinsbeweis für sich in Anspruch nehmen will, muss im Bestreitensfalle sowohl den Spurwechsel des Unfallgegners als auch den zeitlich-örtlichen Zusammen-

95

---

[683] KG Berlin v. 09.03.1995 - 12 U 3372/93.
[684] So bereits vor dem In-Kraft-Treten des § 5 Abs. 8 StVO AG Stuttgart-Bad Cannstatt v. 05.11.1974 - 3 C 1530/74 - VersR 1976, 155.
[685] BGH v. 22.02.2000 - VI ZR 92/99 - LM StVO 1970 § 3 Nr. 13 (10/2000).
[686] BGH v. 22.02.2000 - VI ZR 92/99 - LM StVO 1970 § 3 Nr. 13 (10/2000).
[687] KG Berlin v. 12.02.1998 - 12 U 5603/96 - KGR Berlin 1998, 229-231.
[688] KG Berlin v. 15.08.2005 - 12 U 41/05 - KGR Berlin 2005, 993-994.
[689] LG Erfurt v. 18.07.2007 - 2 S 361/06; OLG Schleswig v. 07.07.2005 - 7 U 3/03 - OLGR Schleswig 2005, 601-602.
[690] OLG Brandenburg v. 26.10.2006 - 12 U 71/06.
[691] OLG Brandenburg v. 26.10.2006 - 12 U 71/06.
[692] OLG Naumburg v. 12.12.2008 - 6 U 106/08 - VersR 2009, 373-374.
[693] OLG Naumburg v. 12.12.2008 - 6 U 106/08 - VersR 2009, 373-374.
[694] KG Berlin v. 21.02.2007 - 12 U 124/06 - KGR Berlin 2007, 898-899.
[695] Vgl. hierzu: KG Berlin v. 17.03.2008 - 12 U 10/08 - KGR Berlin 2008, 904-905.
[696] OLG Naumburg v. 17.12.2002 - 9 U 178/02 - NJW-RR 2003, 809-810.

hang dieses Fahrmanövers mit der Kollision beweisen.[697] Der zeitliche Zusammenhang ist allerdings nicht zu engherzig zu bestimmen, da anderenfalls nur Unfälle während des Spurwechsels den Anscheinsbeweis auslösen könnten. Dementsprechend greift der Anscheinsbeweis auch dann ein, wenn der Spurwechsler nach Vollzug des Spurwechselmanövers bereits kurze Zeit (z.B. fünf bis 10 Sekunden) gestanden hat, bis es zur Kollision kam.[698] Eine strengere Betrachtung würde dazu führen, dass der pure Zufall für die Haftungsfrage ausschlaggebend wird. Bei einem Fahrstreifenwechsel auf der Autobahn fehlt es dagegen an der für den Anscheinsbeweis erforderlichen Typizität des Unfallhergangs, da es nicht fern liegend ist, dass es wegen der Unterschätzung der gefahrenen Geschwindigkeiten und des notwendigen Abstandes oder aus Unaufmerksamkeit zu der Kollision gekommen ist.[699] Praktisch bedeutsam ist das Zusammentreffen einer Heckkollision mit (angeblichem) plötzlichem Spurwechsel des vorausfahrenden Fahrzeugs. Hier ist stets sorgfältig zu prüfen, ob und ggf. zu wessen Lasten ein Anscheinsbeweis der (allein)schuldhaften Unfallverursachung eingreift. In diesem Zusammenhang spielen vor allem die Tatbestandsvoraussetzungen der in Frage kommenden Anscheinsbeweistatbestände eine wichtige Rolle. Der zu Lasten des Auffahrenden eingreifende Anscheinsbeweis setzt nach umstrittener,[700] vom BGH bestätigter Auffassung[701] unter anderem voraus, dass beide Fahrzeuge unstreitig oder erwiesenermaßen so lange in einer Spur hintereinander gefahren sind, dass sich beide Fahrzeugführer auf die vorangegangenen Fahrbewegungen hätten einstellen können.[702] Dies ist bei einem unstreitigen oder erwiesenen Fahrspurwechsel des voranfahrenden Fahrzeugs in unmittelbarem zeitlichem Zusammenhang mit der Kollision nicht der Fall, so dass sich beide Anscheinsbeweise tatbestandlich ausschließen.[703] Werden die Tatbestandsvoraussetzungen beider Anscheinsbeweistatbestände wechselseitig schlüssig vorgetragen und unter Beweis gestellt, kommt es für die Haftungsverteilung darauf an, ob einer Partei der Nachweis ihres Sachvortrages gelingt. Ist dies nicht der Fall, so greift keiner der beiden Anscheinsbeweise, so dass es in der Regel zur hälftigen Schadensteilung kommt.[704] Macht der Fahrspurwechsler (lediglich) eine Mithaftung des Unfallgegners mit der Begründung geltend, der Unfallgegner habe die Kollision durch überhöhte Geschwindigkeit mitverschuldet, so ist dieser Sachvortrag nur schlüssig/erheblich, wenn sowohl eine bestimmte Geschwindigkeit als auch der Abstand des Unfallgegners im Zeitpunkt der Erkennbarkeit des Fahrspurwechsels dargelegt wird.[705] Kein Fahrstreifenwechsel im Sinne des § 7 Abs. 5 StVO liegt bei einem Wechsel auf eine Verteilerbahn im Bereich einer Autobahnverzweigung vor, da das Gebot des gefährdungslosen Fahrstreifenwechsels dort nicht gelten kann, wo wie bei Verteilerbahnen der Fahrstreifenwechsel „typisch" ist, weil jeder auf dem Weg zur Auffahrt auf die andere Autobahn ist.[706] Die Sorgfaltsanforderungen des § 7 Abs. 5 StVO sind nur dem Schutz des fließenden Verkehrs zu dienen bestimmt und schützen daher nicht den Ausparker, der vom Fahrbahnrand aus in die Fahrbahn einfährt[707]. Wer vom rechten Fahrbahnrand nach Beendigung des Parkvorgangs anfährt, unterliegt den strengen Sorgfaltsanforderungen des § 10 StVO und darf daher nicht darauf vertrauen, dass der rechte Fahrstreifen frei bleibt, sondern muss stets mit einem Fahrstreifenwechsel eines Teilnehmers des fließenden Verkehrs rechnen. Kommt es in unmittelbarem zeitlich- räumlichen Zusammenhang mit dem Anfahren vom Fahrbahnrand zu einer Kollision mit einem Fahrzeug des fließenden Verkehrs, das nach rechts den Fahrstreifen wechselt, ohne den Anfahrenden rechtzeitig erkennen zu können, haftet der Anfahrende grundsätzlich allein.[708]

---

[697] AG Saarbrücken v. 09.06.2006 - 37 C 113/05.

[698] KG Berlin v. 14.05.2007 - 12 U 194/06 - DAR 2008, 87.

[699] OLG Naumburg v. 17.12.2002 - 9 U 178/02 - NJW-RR 2003, 809-810.

[700] Ebenso: KG Berlin v. 14.05.2007 - 12 U 194/06 - DAR 2008, 87; KG Berlin v. 03.07.2008 - 12 U 239/07 - KGR Berlin 2009, 82-83; OLG Düsseldorf v. 08.03.2004 - 1 U 97/03, I-1 U 97/03; AG Hamburg v. 30.10.2006 - 644 C 249/06; OLG Naumburg v. 06.06.2008 - 10 U 72/07 - Schaden-Praxis 2008, 351-354; a.A.: OLG Zweibrücken v. 30.07.2008 - 1 U 19/08 - Schaden-Praxis 2009, 175-176; für den Autobahnverkehr: OLG Saarbrücken v. 19.05.2009 - 4 U 347/08 - MDR 2009, 1336-1337.

[701] BGH v. 30.11.2010 - VI ZR 15/10 - MDR 2011, 157; ebenso: Heß/Burmann, NJW-Spezial 2011, 41-42; Nugel, jurisPR-VerkR 4/2011, Anm. 1.

[702] KG Berlin v. 14.05.2007 - 12 U 194/06 - DAR 2008, 87; ausführlich und lesenswert AG Hamburg v. 30.10.2006 - 644 C 249/06.

[703] OLG Naumburg v. 06.06.2008 10 U 72/07 - Schaden-Praxis 2008, 351-354.

[704] BGH v. 30.11.2010 - VI ZR 15/10 - MDR 2011, 157; KG Berlin v. 26.08.2004 - 12 U 195/03 - KGR Berlin 2005, 99-100; Nugel, jurisPR-VerkR 4/2011 Anm. 1.

[705] KG Berlin v. 17.03.2008 - 12 U 10/08 - KGR Berlin 2008, 904-905.

[706] OLG Köln v. 30.11.2006 - 14 U 10/06 - NZV 2007, 141-142; OLG Saarbrücken v. 29.07.2008 - 4 U 166/08 - 55 - OLGR Saarbrücken 2008, 962-964.

[707] KG Berlin v. 12.08.2010 - 12 U 215/09; KG Berlin v. 11.03.2004 - 12 U 285/02 - DAR 2004, 387-388.

Vorfahrt (§ 8 StVO): Bei Vorfahrtverletzungen spielt der Vertrauensgrundsatz (vgl. Rn. 90) eine besondere Rolle. Der vorfahrtsberechtigte Verkehrsteilnehmer kann sich grundsätzlich darauf verlassen, dass ein anderer – auch für ihn nicht sichtbarer – Verkehrsteilnehmer sein Vorfahrtrecht beachten werde.[709] Dies gilt aber nicht ausnahmslos. Vielmehr darf sich der Vorfahrtsberechtigte dann nicht auf die Beachtung seiner Vorfahrt verlassen, wenn konkrete Umstände Anlass zu der Befürchtung geben, ein anderer werde sein Vorfahrtsrecht verletzen. Solche Umstände können nicht nur in dem erkannten oder erkennbaren Verhalten eines anderen Verkehrsteilnehmers, sondern auch in den örtlichen oder witterungsbedingten Verhältnissen an der Kreuzung liegen, wenn diese beispielsweise erkennbar gefährlich und unübersichtlich ist oder wenn es sich bei der zur Vorfahrt berechtigenden Straße um einen verkehrsmäßig unbedeutenden Nebenweg handelt, der in eine dem Durchgangsverkehr dienende Straße von erheblicher Verkehrsbedeutung einbiegt.[710] In solchen Fällen kann der Vorfahrtberechtigte gemäß § 1 StVO verpflichtet sein, sich so vorsichtig in die Durchgangsstraße hineinzutasten wie sonst ein Wartepflichtiger.[711] Eine **Verletzung der Wartepflicht** ist zu bejahen, wenn der durchgehende Verkehr vor dem Einfahrenden abbremsen oder ausweichen muss[712] oder so irritiert wird, dass er eine Verletzung der Wartepflicht befürchten muss[713]. Kommt es in engem zeitlich-räumlichem Zusammenhang mit der Einfahrt in einen Kreuzungsbereich zu einer Kollision, spricht gegen den Wartepflichtigen der Beweis des ersten Anscheins für eine Unfallverursachung unter Verstoß gegen § 8 StVO.[714] Der **räumliche Schutzbereich des Vorfahrtsrechts** umfasst das Einmündungsviereck sowie die Fahrbahnhälfte der untergeordneten Straße, in die der Vorfahrtberechtigte bei seinem Abbiegevorgang einfährt.[715] Er bezieht sich mithin auf die gesamte Kreuzungsfläche in ganzer Fahrbahnbreite.[716] Die Vorstellung, dass bei spitzwinkligen Einmündungen der Vorfahrtsbereich durch die Fluchtlinien der Straßen begrenzt wird, ist daher abzulehnen, da hierdurch die Pflichten der Verkehrsteilnehmer im Kreuzungsbereich den gesetzlichen Wertungen zuwider verschoben würden und ortsunkundigen Fahrern, die die Straßenverläufe nicht kennen, ein intuitiv verkehrsregelkonformes Verhalten erheblich erschwert würde.[717]

Abbiegen, Wenden, Rückwärtsfahren (§ 9 StVO): Wer abbiegen will, muss das mittels der Fahrtrichtungsanzeiger rechtzeitig[718] und deutlich ankündigen und vor dem Einordnen sowie nochmals vor dem Abbiegen auf den nachfolgenden Verkehr achten (§ 9 Abs. 1 Sätze 1 und 4 StVO). Die **zweite Rückschaupflicht** besteht unmittelbar vor dem Abbiegen. Der Fahrer eines schwer beweglichen Fahrzeuges mit Anhänger, wie beispielsweise eines Treckers mit Güllefass-Anhänger, muss den rückwärtigen Verkehr auch noch während des Abbiegevorgangs im Auge behalten.[719] Die Pflicht zur zweiten Rückschau kann gemäß § 9 Abs. 1 Satz 4 HS. 2 StVO entfallen, wenn eine Gefährdung des nachfolgenden Verkehrs ausgeschlossen ist. Dies kann man bei einem Linksabbieger außerhalb geschlossener Ortschaften nicht schon deshalb bejahen, weil an der fraglichen Stelle ein Überholverbot angeordnet ist.[720] Allerdings kann die Pflicht zur zweiten Rückschau bei einem Linksabbieger für den Fall ausnahmsweise entfallen, dass ein Überholen aus technischen Gründen unmöglich ist oder in besonderem Maße verkehrswidrig wäre und aus diesem Grund so fern liegt, dass sich der nach links Abbiegende auch unter Berücksichtigung der ihn treffenden gesteigerten Sorgfaltspflicht auf eine solche Möglichkeit nicht einzustellen braucht.[721] Sonst entfällt die zweite Rückschaupflicht nur bei völliger Gewissheit darüber, dass der nachfolgende Verkehr die Abbiegeabsicht erkannt hat und berücksichtigen wird.[722] Wenn sich ein Unfall im unmittelbaren örtlichen und zeitlichen Zusammenhang mit einem

---

[708] KG Berlin v. 12.08.2010 - 12 U 215/09.
[709] BGH v. 21.05.1985 - VI ZR 201/83 - LM Nr. 8 zu § 8 StVO.
[710] BayObLG München v. 24.10.1988 - 2 Ob OWi 264/88 - BayObLGSt 1988, 155-157; OLG Rostock v. 23.02.2007 - 8 U 40/06 - VRS 112, 256-259.
[711] OLG Rostock v. 23.02.2007 - 8 U 40/06 - VRS 112, 256-259.
[712] OLG Hamm v. 27.10.1999 - 13 U 14/99 - OLGR Hamm 2000, 153-155.
[713] AG Rheinbach v. 29.08.2006 - 5 C 17/06 - Schaden-Praxis 2007, 6-7.
[714] *Nugel*, jurisPR-VerkR 15/2011, Anm. 4.
[715] KG Berlin v. 07.02.2011 - 12 U 59/10 - DAR 2011, 394-395; KG Berlin v. 28.03.2011 - 12 U 59/10.
[716] KG Berlin v. 07.02.2011 - 12 U 59/10 - DAR 2011, 394-395; KG Berlin v. 28.03.2011 - 12 U 59/10.
[717] KG Berlin v. 07.02.2011 - 12 U 59/10 - DAR 2011, 394-395; KG Berlin v. 28.03.2011 - 12 U 59/10.
[718] Vgl. hierzu: KG Berlin v. 13.08.2009 - 12 U 223/08.
[719] OLG Köln v. 31.01.1992 - 6 U 111/91 - GRUR 1992, 408-409.
[720] BayObLG München v. 25.07.1974 - 1 St 563/74 OWi - BayObLGSt 1974, 83-86.
[721] OLG Celle v. 08.12.1977 - 5 U 39/77 - LSE Nr. 4206.
[722] OLG Düsseldorf v. 24.11.1997 - 1 U 255/96 - VRS 95, 180-188 (1998).

§ 823

Linksabbiegevorgang ereignet, was z.B. bei Kollision auf der Fahrbahn des entgegenkommenden Verkehrs der Fall ist[723], so spricht ein **Anscheinsbeweis** dafür, dass der Linksabbieger die von ihm gemäß § 9 Abs. 1 StVO zu beachtenden Pflichten verletzt hat[724]. Wird dieser Anscheinsbeweis nicht erschüttert oder widerlegt, so folgt aus ihm die Alleinhaftung des Linksabbiegers.[725] **Beim Abbiegen in ein Grundstück**, beim Wenden und beim Rückwärtsfahren muss sich ein Fahrzeugführer so verhalten, dass eine Gefährdung anderer Verkehrsteilnehmer ausgeschlossen ist; gegebenenfalls hat er sich einweisen zu lassen (§ 9 Abs. 5 StVO). Kommt es im Zusammenhang mit dem Einbiegen in ein Grundstück zu einem Unfall mit dem Einbieger und dem nachfolgenden Verkehr, so spricht in der Regel ein **Anscheinsbeweis** dafür, dass der Abbiegende gegen die besondere Sorgfaltspflicht des § 9 Abs. 5 StVO verstoßen hat und der Unfall auf diesem Verkehrsverstoß beruht.[726] Beim **Abbiegen in einen Feld- oder Waldweg** von einer gut ausgebauten Straße aus liegt zwar kein Abbiegen in ein „Grundstück" im Sinne des § 9 Abs. 5 StVO vor. Gleichwohl können – in Abhängigkeit von den Umständen des Einzelfalls – ähnlich verschärfte Pflichten wie im unmittelbaren Anwendungsbereich des § 9 Abs. 5 StVO mit der Folge bestehen, dass gegen den mit einem Überholer kollidierenden Linksabbieger der Anscheinsbeweis der alleinschuldhaften Unfallverursachung eingreift.[727] Dabei gilt die Faustregel: Je weniger erkennbar das Abbiegeziel im fließenden Verkehr ist, umso sorgfältiger muss der Abbiegende sich verhalten.[728] Der Anscheinsbeweis der Unfallverursachung durch Verstoß gegen die Sorgfaltspflicht aus § 9 Abs. 5 StVO gilt auch bei Kollisionen, die sich im Zusammenhang mit dem **Rückwärtsfahren** eines Fahrzeugs ereignen.[729] Auch in dieser Konstellation spricht ein Anscheinsbeweis dafür, dass die Kollision (allein) auf der Verletzung der besonderen Sorgfaltspflichten des § 9 Abs. 5 StVO durch den Rückwärtsfahrenden beruht, was – sofern eine Erschütterung des Anscheinsbeweises nicht gelingt – eine Alleinhaftung des Rückwärtsfahrers nach sich zieht.[730] Der zeitliche Zusammenhang mit dem Rückwärtsfahrvorgang ist so lange anzunehmen, bis er durch eine Zäsur unterbrochen bzw. beendet wurde[731], was z.B. anzunehmen ist, wenn ein Fahrzeug nach Beendigung des Ausparkens aus einer Parkbox in Richtung des Geradeausverkehrs anhält, damit ein Mitfahrer einsteigen kann.[732] Gleiches gilt bei einer Kollision in unmittelbarem örtlichem und zeitlichem Zusammenhang mit einem **Wendevorgang** zu Lasten des Wendenden.[733] Dabei ist der Wendevorgang erst abgeschlossen, wenn sich das Fahrzeug verkehrsgerecht in den fließenden Verkehr eingeordnet hat oder verkehrsgerecht am Fahrbahnrand oder anderer Stelle abgestellt worden ist.[734] Treffen zwei gleichzeitig rückwärtsfahrende Fahrzeuge (z.B. auf einem Parkplatz) beim Rückwärtsfahren aufeinander, ohne dass sich der Unfallhergang aufklären lässt, so heben sich die Alleinverschuldensvermutungen bezüglich der jeweiligen Verletzung der Pflichten aus § 9 Abs. 5 StVO gegenseitig auf, so dass beiden Fahrzeugen eine gleich hohe Betriebsgefahr und Haftungsquote zuzuordnen ist.[735]

98 **Einfahren und Anfahren** (§ 10 StVO): Wer aus einem Grundstück, einem Fußgängerbereich oder einem verkehrsberuhigten Bereich auf die Straße oder von anderen Straßenteilen oder über einen abgesenkten Bordstein hinweg auf die Fahrbahn einfahren will, unterliegt einer gesteigerten Sorgfaltspflicht aus § 10 StVO. Er muss dem fließenden Verkehr den Vorrang einräumen und durch besonders

---

[723] LG Magdeburg v. 03.09.1996 - 2 S 154/96 - Schaden-Praxis 1996,404-405; OLG Saarbrücken v. 04.02.2003 - 3 U 103/02 - 14 - DAR 2004, 93-94; AG Saarbrücken v. 31.03.2006 - 37 C 527/05.

[724] KG Berlin v. 15.08.2005 - 12 U 41/05 - KGR Berlin 2005,993-994; AG Saarbrücken v. 31.03.2006 - 37 C 527/05.

[725] KG Berlin v. 15.08.2005 - 12 U 41/05 - KGR Berlin 2005,993-994.

[726] LG Hamburg v. 23.11.2001 - 331 S 132/01 - PVR 2002, 230-232.

[727] Oberlandesgericht Naumburg v. 12.12.2008 - 6 U 106/08 - VersR 2009, 373-374; für Feldwege: a.A. OLG Nürnberg v. 14.12.2000 - 2 U 2634/00 - DAR 2001, 170-171 sowie OLG Nürnberg v. 31.03.1982 - 9 U 126/82, das lediglich § 9 Abs. 1 StVO anwendet und dem Unfallgegner beim Scheitern des Unabwendbarkeitsnachweises (§ 17 Abs. 3 StVG) die Betriebsgefahr anrechnet.

[728] Oberlandesgericht Naumburg v. 12.12.2008 - 6 U 106/08 - VersR 2009, 373-374.

[729] KG Berlin v. 25.01.2010 - 12 U 108/09 - MDR 2010, 503.

[730] KG Berlin v. 09.07.1987 - 12 U 6926/86 - VerkMitt 1988, Nr. 4, 32; KG Berlin v. 17.11.2008 - 12 U 2/08 - KGR Berlin 2009, 567-568; KG Berlin v. 25.01.2010 - 12 U 108/09 - MDR 2010, 503.

[731] Nugel, jurisPR-VerkR 6/2011, Anm. 6.

[732] KG Berlin v. 25.01.2010 - 12 U 108/09 - MDR 2010, 503.

[733] KG Berlin v. 17.10.2008 - 12 U 206/08 - ZfSch 2009, 377-379; OLG Köln v. 22.08.2008 - I -1 U 59/07, 1 U 59/07 - Schaden-Praxis 2009, 100-101.

[734] KG Berlin v. 20.08.2008 - 12 U 158/08 - KGR Berlin 2009, 455-456.

[735] KG Berlin v. 25.10.2010 - 12 U 3/09 - ZfSch 2011, 255; AG Lahnstein v. 05.12.2001 - 2 C 472/01 - Schaden-Praxis 2002, 266.

vorsichtige Fahrweise Rücksicht auf den fließenden Verkehr nehmen, weil er davon ausgehen muss, dass der fließende Verkehr sich darauf verlässt, dass er besonders vorsichtig fahren wird.[736] Hat sich der Unfall in zeitlichem und räumlichem Zusammenhang mit dem Einfahren vom Grundstück oder über den Bordstein hinweg auf die Straße oder mit dem Anfahren vom Fahrbahnrand ereignet, spricht der **Beweis des ersten Anscheins** dafür, dass der Anfahrende/Einfahrende, den besonderen Sorgfaltspflichten nicht genügt und den Unfall (allein) verschuldet hat.[737] Hinsichtlich des zeitlichen Zusammenhangs ist zu beachten, dass der Vorgang des Einfahrens bzw. Anfahrens erst beendet ist, wenn sich das Fahrzeug endgültig in den fließenden Verkehr eingeordnet hat oder verkehrsgerecht am Fahrbahnrand oder an anderer Stelle abgestellt worden ist.[738] Dabei ist es für das Eingreifen des § 10 StVO auch unerheblich, ob der in den fließenden Verkehr Einfahrende anhält, um etwa den bevorrechtigten Verkehr zu beobachten oder passieren zu lassen.[739] Der Anfahrende/Einfahrende hat sich gemäß § 10 Satz 1 StVO „erforderlichenfalls" einweisen zu lassen. Das Erfordernis, sich eines **Einweisers** zu bedienen, greift dann ein, wenn von dem Einbiegevorgang ungewöhnliche Gefahren für den normalen Verkehr ausgehen.[740] Solche außergewöhnliche Gefahrensituationen sind in der Rechtsprechung bejaht worden, wenn der Einbiegevorgang wegen der Länge und Schwerfälligkeit des Fahrzeugs längere Zeit in Anspruch nimmt und die Wahrnehmbarkeit wegen erheblich eingeschränkter Lichtverhältnisse z.B. bei Dunkelheit, Nebel oder an besonders unübersichtlichen Stellen besonders erschwert ist.[741] In der Praxis gelegentlich übersehen wird das Tatbestandsmerkmal des „anderen Straßenteils". Ob eine Verkehrsfläche als „anderer Straßenteil" zu werten ist und den Fahrer den Sorgfaltspflichten aus § 10 StVO unterwirft, ergibt sich – in Abgrenzung zur Einmündung – aus dem Gesamtbild der äußerlich erkennbaren Merkmale.[742] Als relevante Merkmale, die nicht stets additiv vorliegen müssen und eine Gesamtbewertung nicht zu ersetzen vermögen, kommen in Betracht: die Gleichartigkeit/Verschiedenartigkeit des Straßenbelags im Verhältnis zur kreuzenden Straße, die Fortführung des Straßenbegrenzungsstreifens über die einzuordnende Verkehrsfläche hinweg, die Abgrenzung der Verkehrsfläche durch ein Tor oder eine Schranke, Breite und Erkennbarkeit der Verkehrsfläche, Beschilderung/Verkehrszeichen, das Vorliegen/Nichtvorliegen eines Höhenunterschiedes im Übergangsbereich zur kreuzenden Straße, das Vorhandensein/Nichtvorhandenseins eines Straßennamens für die einzuordnende Fläche[743] oder die optische oder funktionale Abgrenzung wie im Falle der Zu- und Abfahrten zu Parkplätzen oder Gebäuden[744]. Wenn beim Einfahren vom Fahrbahnrand aus die Fahrbahn nicht übersehen werden kann, weil etwa ein anderes Fahrzeug im rechten Fahrstreifen angehalten hat, um dem Einfahrenden das Ausparken zu erleichtern oder zu ermöglichen, so bestimmen sich die Sorgfaltspflichten des Einfahrenden gemäß § 8 Abs. 2 StVO analog.[745] Dies bedeutet, dass der Einfahrende sich nur in die Fahrbahn „hineintasten" darf, was erfordert, dass er nur zentimeterweise bis zum Übersichtspunkt Vorrollen darf, was gegebenenfalls mehrfach zu wiederholen und durch Anhalten zu unterbrechen ist, bis aus seiner Sicht sichergestellt ist, dass jedwede Gefahr ausgeschlossen ist[746].

Sorgfaltspflichten beim Ein- und Aussteigen (§ 14 StVO): Wer in ein Fahrzeug ein- oder aussteigt, muss sich so verhalten, dass eine Gefährdung anderer Verkehrsteilnehmer ausgeschlossen ist (§ 14 Abs. 1 StVO). Der Ein- bzw. Aussteigevorgang im Sinne des § 14 Abs. 1 StVO ist in der Regel mit dem Schließen der Tür abgeschlossen.[747] Erfasst sind demnach auch Situationen, in denen der Insasse eines Pkws sich im unmittelbaren Zusammenhang mit einem Ein- oder Aussteigevorgang bei geöffneter Tür in das Fahrzeug beugt, um Gegenstände ein- oder auszuladen oder einem Kind beim Ein- oder

99

---

[736] OLG Hamm v. 12.09.2001 - 13 U 4/01 - NJW-RR 2002, 448; BGH v. 14.10.1986 - VI ZR 139/85 - NJW 1987, 435-437.
[737] OLG Köln v. 22.08.2008 - I-1 U 59/07, 1 U 59/07 - Schaden-Praxis 2009, 100-101; OLG Hamm v. 12.09.2001 - 13 U 4/01 - NJW-RR 2002, 448; KG Berlin v. 25.03.1999 - 12 U 9746/97.
[738] KG Berlin v. 27.11.2006 - 12 U 181/06 - VRS 112, 17-19; OLG Celle v. 27.06.2005 - 14 U 72/05 - NZV 2006, 309; LG Aschaffenburg v. 02.07.2008 - 1 O 654/05 - Schaden-Praxis 2009, 67.
[739] OLG Celle v. 27.06.2005 - 14 U 72/05 - NZV 2006, 309.
[740] BGH v. 25.01.1994 - VI ZR 285/92 - LM StVO 1970 § 1 Nr. 7 (6/1994).
[741] BGH v. 25.01.1994 - VI ZR 285/92 - LM StVO 1970 § 1 Nr. 7 (6/1994).
[742] LG Kiel v. 19.04.2007 - 7 S 128/06; OLG Rostock v. 23.02.2007 - 8 U 48/06 - OLGR Rostock 2007, 437-439.
[743] LG Kiel v. 19.04.2007 - 7 S 128/06.
[744] OLG Naumburg v. 28.07.2006 - 10 U 28/06 - SVR 2007, 61-62.
[745] KG Berlin v. 12.08.2010 - 12 U 215/09 - NJW-RR 2011, 26-27.
[746] KG Berlin v. 12.08.2010 - 12 U 215/09 - NJW-RR 2011, 26-27.
[747] BGH v. 06.10.2009 - VI ZR 316/08 - NJW 2009, 3791-3792.

Aussteigen zu helfen.[748] Die Sorgfaltspflicht des § 14 Abs. 1 StVO beschränkt sich nicht auf solche Vorgänge, bei denen sich durch das unvorsichtige Öffnen der Fahrzeugtür ein Überraschungsmoment für andere Verkehrsteilnehmer ergibt[749], da das Gesetz nicht auf das überraschende Öffnen einer Fahrzeugtüre abstellt, sondern auf das Aus- oder Einsteigen als solches[750]. Wenn sich ein Verkehrsunfall im zeitlichen Zusammenhang mit dem Ein- oder Aussteigen ereignet, spricht ein Beweis des ersten Anscheins für eine Verletzung der aus § 14 Abs. 1 StVO folgenden gesteigerten Sorgfaltspflicht.[751] Ereignet sich der Verkehrsunfall dabei in der Weise, dass es zu einer Kollision zwischen zwei Fahrzeugen beim Öffnen der Fahrertür eines der Fahrzeuge kommt, so spricht der Beweis des ersten Anscheins dafür, dass der die Tür Öffnende den Unfall dadurch (mit-)verursacht und (mit-)verschuldet hat, dass er sich beim Türöffnen nicht so verhalten hat, dass jede Gefährdung anderer Verkehrsteilnehmer ausgeschlossen ist.[752] Dieser Anscheinsbeweis kann dadurch erschüttert werden, dass die Partei, auf deren Seite es zum Türöffnen gekommen ist, nachweisen kann, dass das gegnerische Fahrzeug den gebotenen Sicherheitsabstand beim Passieren des Fahrzeugs nicht beachtet hat. Der gebotene Sicherheitsabstand bestimmt sich nach den Umständen des Einzelfalls[753] (Fahrbahnbreite, Fahrzeuggröße, Freiheit der gegenüberliegenden Straßenseite von parkenden Fahrzeugen etc.). Dabei soll ein Seitenabstand von nicht unter 50cm eines vorbeifahrenden Pkws zu einem geparkten Pkw regelmäßig ausreichen.[754] Bei der Bestimmung des ausreichenden Sicherheitsabstands ist wiederum auf die Wertungen des § 14 StVO zurückzugreifen und zu bedenken, dass grundsätzlich kein Vertrauensschutz des Türöffners dahingehend eingreift, dass die Fahrzeuge des fließenden Verkehrs einen ausreichenden Sicherheitsabstand einhalten müssen.[755] Vielmehr kann der fließende Verkehr grundsätzlich darauf vertrauen, dass beim Öffnen der Tür durch Insassen geparkter Fahrzeuge das gesetzlich vorgeschriebene Maß an höchster Sorgfalt eingehalten wird.[756] Herrscht Verkehr auf der Fahrbahnseite des haltenden oder parkenden Pkws oder muss mit derartigem Verkehr gerechnet werden, so gehört es zu der aus § 14 Abs. 1 StVO folgenden Gefahrenminderungspflicht des nach links Aussteigenden, dass er die Tür nicht länger als unbedingt nötig offen lässt und sich auch nicht länger als unbedingt nötig auf der Fahrbahn aufhält.[757] Unter Umständen muss er dann auch das Aussteigen nach links so lange zurückstellen, bis sich kein Verkehr mehr nähert, der durch den Aussteigevorgang gefährdet werden könnte.[758] Verlässt der Führer das Fahrzeug, so ist es insbesondere **gegen unbefugte Benutzung zu sichern** (§ 14 Abs. 1 Satz 2 StVO). Die Verletzung dieser Verkehrspflicht kann für den Verantwortlichen erhebliche Konsequenzen haben. Da sie den Sinn hat, eine gesteigerte Gefährdung des Verkehrs durch nichtqualifizierte **Schwarzfahrer**, insbesondere durch Betrunkene und Personen ohne Führerschein, zu verhindern, haftet derjenige, der gegen sie verstößt, gegenüber dem infolge der Schwarzfahrt rechtswidrig verletzten Dritten auf Schadensersatz.[759] Dabei liegen auch von dem Schwarzfahrer – z.B. im Rahmen einer Flucht vor der Polizei – vorsätzlich herbeigeführte Rechtsgutsverletzungen nicht außerhalb des Schutzzwecks der Verkehrspflicht, weil diese gerade die übrigen Verkehrsteilnehmer vor einer Pkw-Benutzung durch Personen schützen will, denen vorsätzliche Rechtsguteingriffe ohne weiteres zuzutrauen sind.[760]

---

[748] BGH v. 06.10.2009 - VI ZR 316/08 - NJW 2009, 3791-3792.
[749] So noch: LG Berlin v. 22.01.2001 - 58 S 194/00 - ZfSch 2001, 353-355.
[750] BGH v. 06.10.2009 - VI ZR 316/08 - NJW 2009, 3791-3792.
[751] KG Berlin v. 22.04.2004 - 12 U 330/02 - VerkMitt 2004, 63; LG Berlin v. 22.01.2001 - 58 S 194/00 - ZfSch 2001, 353-355.
[752] BGH v. 06.10.2009 - VI ZR 316/08 - NJW 2009, 3791-3792; AG Neubrandenburg v. 04.03.2003 - 12 C 1324/02 - ZfS 2003, 231-232; LG Gera v. 25.11.1998 - 1 S 65/98 - Schaden-Praxis 1998, 82-83; AG Saarbrücken v. 09.02.2006 - 37 C 1049/04.
[753] KG Berlin v. 30.07.2009 - 12 U 175/08.
[754] KG Berlin v. 30.07.2009 - 12 U 175/08. Vgl. zu Einzelfallentscheidungen: LG Bochum v. 22.10.2003 - 3 O 704/02 - Schaden-Praxis 2004, 80: Abstand von 0,8-0,9 m ausreichend; BGH v. 06.10.2009 - VI ZR 316/08 - NJW 2009, 3791-3792 (Vorbeifahrt eines Lkws an Pkw): Abstand von 0,95 m nicht ausreichend; OLG Jena v. 28.10.2008 - 5 U 596/06 - OLGR Jena 2009, 199-200: ein generell einzuhaltender Sicherheitsabstand von 1 m kann nicht gefordert werden.
[755] OLG München v. 24.11.2006 - 10 U 4845/06.
[756] AG Hamm v. 02.02.2001 - 24 C 177/00 - Schaden-Praxis 2001, 407-408.
[757] KG Berlin v. 30.07.2009 - 12 U 175/08.
[758] KG Berlin v. 30.07.2009 - 12 U 175/08.
[759] BGH v. 15.12.1970 - VI ZR 97/69 - LM Nr. 29 zu § 823 (F) BGB.
[760] BGH v. 15.12.1970 - VI ZR 97/69 - LM Nr. 29 zu § 823 (F) BGB.

Liegenbleiben von Fahrzeugen (§ 15 StVO): Bleibt ein Pkw an einer Stelle liegen[761], an der er nicht ohne weiteres als Hindernis erkannt werden kann, so ist sofort **Warnblinklicht** einzuschalten (§ 15 Satz 1 StVO). Dabei muss der Fahrer, der das Fahrzeug später abschleppen lassen will und sich vom Fahrzeug entfernt, in Betracht ziehen, dass die Warnblinklichtanlage später z.B. wegen Batterieerschöpfung ausfallen könnte, sofern damit zu rechnen ist, dass längere Zeit bis zum Abschleppen verstreichen wird.[762] Dieser Gefahr kann er durch Beachtung der Verkehrspflicht aus § 15 Satz 2 StVO vorbeugen, wonach er nach dem Einschalten des Warnblinklichts ein auffällig warnendes Zeichen (i.d.R. ein **Warndreieck**) gut sichtbar in ausreichender Entfernung aufstellen muss.[763] Bei der Frage, welche Entfernung für die Aufstellung des Warndreiecks als „ausreichend" anzusehen ist, kommt es auf die auf der Strecke zulässige Höchstgeschwindigkeit an.[764] Eine Haftung des Fahrzeugführers aus der Verletzung der Verpflichtung zur Aufstellung des Warndreiecks setzt stets voraus, dass sich dieser Pflichtverstoß auch unfallursächlich ausgewirkt hat. Für eine solche (Mit-)Ursächlichkeit spricht ein **Beweis des ersten Anscheins**, wenn der Unfall sich in der Dunkelheit ereignet hat.[765] Ein solcher Anscheinsbeweis kann aber nicht angenommen werden, wenn ein zur Tageszeit bei guten Sichtverhältnissen liegen gebliebenes Fahrzeug nicht noch zusätzlich durch ein Warndreieck nach hinten abgesichert wird, weil es dann an der für den Anscheinsbeweis erforderlichen Typizität mangelt. Dies ergibt sich daraus, dass bei Tage als Unfallursache auch häufig in Betracht kommen wird, dass der Auffahrunfall in erster Linie auf zu hohe Geschwindigkeit, Unaufmerksamkeit und/oder falsche Reaktion des Führers des auffahrenden Fahrzeugs zurückzuführen ist.[766] Ob ein Fahrzeug, das auf dem Seitenstreifen einer Autobahn liegen geblieben ist, entsprechend § 15 StVO gesichert werden muss, bestimmt sich nach den Umständen des Einzelfalls, wobei der Standort des liegengebliebenen Fahrzeugs, die Sichtverhältnisse, die Fahrbahnbeschaffenheit, die Breite des Seitenstreifens, der Abstand der fahrbahnzugewandten Fahrzeugseite zum Fahrbahnrand sowie die Erkennbarkeit und das Irritationspotential des liegengebliebenen Fahrzeugs für herannahende Fahrzeuge eine Rolle spielen können.[767]

Warnzeichen (§ 16 StVO): Schall- und Leuchtzeichen dürfen grundsätzlich – wie sich aus § 16 Abs. 1 StVO ergibt – nicht zum Zwecke der Verständigung eingesetzt werden. Die verbreitete Übung, einen Vorfahrtverzicht durch Betätigen der so genannten „**Lichthupe**" zum Ausdruck zu bringen, ist nur dann nicht verkehrspflichtwidrig, wenn durch zusätzliche Maßnahmen und Zeichen (wie z.B. Verringerung der Geschwindigkeit, Halten, Handzeichen etc.) Missverständnisse ausgeschlossen werden.[768] Gleichzeitig ergibt sich aus dieser Übung aber wiederum, dass das Betätigen der „Lichthupe" auch häufig als Warnsignal ungeeignet ist, weil es dem Warnenden zuzurechnende Missverständnisse verursachen kann.[769] Eine **Pflicht zur Abgabe von Warnzeichen** ist anzunehmen, wenn die Warnung erforderlich ist, um andere Verkehrsteilnehmer auf eine Gefahr hinzuweisen, der durch den Einsatz zumutbarer Mittel begegnet werden kann.[770]

Fußgänger (§ 25 StVO): Fußgänger müssen die Gehwege benutzen und dürfen auf der Fahrbahn nur gehen, wenn die Straße weder einen Gehweg noch einen Seitenstreifen hat (§ 25 Abs. 1 Sätze 1 und 2 StVO). Fahrbahnen haben sie unter Beachtung des Fahrzeugverkehrs auf dem kürzesten Weg quer zur Fahrtrichtung zu überschreiten (§ 25 Abs. 3 Satz 1 StVO). Beim **Überqueren der Fahrbahn** muss der Fußgänger besondere Vorsicht walten lassen und stets in Rechnung stellen, dass der Fahrzeugverkehr grundsätzlich Vorrang hat.[771] Deshalb muss er an nicht besonders vorgesehenen Übergangsstellen auf den bevorrechtigten Verkehr Rücksicht nehmen und bei Annäherung eines Fahrzeuges warten. Er darf insbesondere nicht versuchen, noch kurz vor einem herannahenden Fahrzeug die Fahrbahn zu überqueren.[772] Andererseits ist er bei der Überquerung von Einbahnstraßen nicht verpflichtet, in die der erlaub-

---

[761] Zum Begriff des „Liegenbleibens", der Unfreiwilligkeit impliziert: OLG Celle v. 12.12.2007 - 14 U 80/07 - OLGR Celle 2008, 147-149.
[762] BGH v. 08.12.1987 - VI ZR 82/87 - LM Nr. 15 zu § 823 (E) BGB.
[763] Vgl. BGH v. 08.12.1987 - VI ZR 82/87 - LM Nr. 15 zu § 823 (E) BGB.
[764] KG Berlin v. 26.09.1988 - 12 U 582/88.
[765] KG Berlin v. 26.09.1988 - 12 U 582/88.
[766] KG Berlin v. 26.09.1988 - 12 U 582/88.
[767] BGH v. 05.10.2010 - VI ZR 286/09 - MDR 2010, 1378-1379.
[768] BGH v. 15.02.1977 - VI ZR 71/76 - LM Nr. 1 zu § 16 StVO 1970.
[769] Vgl. BGH v. 15.02.1977 - VI ZR 71/76 - LM Nr. 1 zu § 16 StVO 1970.
[770] OLG Köln v. 01.08.1991 - 7 U 97/91 - VRS 81, 418-421 (1991); KG Berlin v. 31.07.2008 - 12 U 5/08 - MDR 2009, 446.
[771] BGH v. 27.06.2000 - VI ZR 126/99 - LM BGB § 823 (Ec) Nr. 28 (5/2001).
[772] BGH v. 27.06.2000 - VI ZR 126/99 - LM BGB § 823 (Ec) Nr. 28 (5/2001).

ten Fahrtrichtung entgegengesetzte Richtung zu schauen. Er genügt vielmehr bereits seinen Pflichten aus § 25 Abs. 3 StVO, wenn er vor dem Überqueren auf diejenigen Fahrzeuge achtet, die in der Einbahnrichtung zu erwarten sind.[773] Steht fest, dass ein Fußgänger in die Fahrbahn eines Kraftfahrzeugs gelangt ist und dadurch die Ausweichreaktion des Fahrers notwendig gemacht hat, so greift ein Anscheinsbeweis für die schuldhafte Verletzung des § 25 Abs. 3 StVO durch den Fußgänger ein.[774] Die Pflicht der zügigen Fahrbahnüberquerung wird durch eine so genannte **Etappenüberquerung** nicht notwendig verletzt. Vielmehr ist das etappenweise Überqueren einer Fahrbahn dem Fußgänger in bestimmten Verkehrssituationen gestattet. Eine solche Situation wurde von der Rechtsprechung bei einer belebten innerörtlichen Straße mit Ladengeschäften auf beiden Seiten, in der zur Unfallzeit abendlicher Berufs- und Geschäftsverkehr herrschte und die mit Peitschenleuchten beleuchtet wurde, bejaht, weil die Straße durch eine durchbrochene Mittellinie sichtbar in Fahrbahn und Gegenfahrbahn geteilt war und eine Kreuzung oder Fußgängerüberwege nicht in der Nähe waren.[775] Tritt ein alkoholisierter Fußgänger nachts bei Dunkelheit und Regen plötzlich auf die Fahrbahn und läuft dabei unmittelbar vor einen herannahenden vorschriftsmäßig beleuchteten Pkw, der mit der zulässigen innerörtlichen Geschwindigkeit fährt und wegen fehlender Bebauung nicht mit querenden Fußgängern rechnen musste, haftet der Fußgänger alleine für die Unfallfolgen.[776] Verhält sich der Fußgänger dagegen vorschriftsgemäß, so kann alleine aus dem Umstand, dass er in der Dunkelheit – selbst an gefährlichen Stellen – dunkle Kleidung getragen hat, kein haftungsrechtlich relevantes Fehlverhalten abgeleitet werden.[777] Wird die Fahrbahn an Kreuzungen oder Einmündungen überschritten, so sind dort angebrachte Fußgängerüberwege oder Markierungen an Lichtzeichenanlagen stets zu benutzen (§ 25 Abs. 3 Satz 2 StVO). Im Übrigen müssen Fußgänger ampelgeregelte Fußgängerüberwege benutzen, wenn die Verkehrslage es erfordert (§ 25 Abs. 3 Satz 1 StVO). Dies hat der BGH etwa für den Fall einer breit und viel befahrenen Durchgangsstraße bejaht, die wegen des mit Pflanzen bewachsenen Trennstreifens in der Mitte für eine Überquerung durch Fußgänger weder vorgesehen noch geeignet war und bei der nur ca. 40 Meter von der Unfallstelle entfernt ein Fußgängerüberweg existierte.[778] Allerdings ist auch anerkannt, dass der Kraftfahrer von den sich aus § 1 Abs. 2 StVO ergebenden Sorgfaltspflichten nicht schon dadurch entbunden ist, dass der Fußgänger beim Überschreiten der Fahrbahn außerhalb geschützter Stellen (§ 26 StVO) besonders sorgfältig sein muss und sowohl beim Betreten als auch beim Überschreiten der Fahrbahn auf herannahende Fahrzeuge zu achten und den fließenden Verkehr nicht zu behindern hat.[779] Daraus folgt, dass ein Kraftfahrer, der im Straßenverkehr stets die gesamte vor ihm liegende Fahrbahn zu beachten hat, sich bei Wahrnehmung eines unbedacht die Straße überquerenden Fußgängers aus weiter Entfernung auf dessen Fehlverhalten einstellen muss.[780] Bei **alkoholisierten Fußgängern** bejaht die Rechtsprechung nicht per se, sondern erst ab einem Blutalkoholgehalt von mehr als 2 Promille einen Anscheinsbeweis hinsichtlich der Mitursächlichkeit der Alkoholisierung des Fußgängers für den Verkehrsunfall an, sofern ein nicht-alkoholisierter Fußgänger die gleiche Verkehrssituation unfallfrei hätte bewältigen können.[781]

c. Verkehrspflichten im Sportbereich

103 Die Verkehrspflichten im Sportbereich kann man grob in Verkehrspflichten im Rahmen der Sportveranstaltung und Verkehrspflichten im Rahmen der Sportausübung unterscheiden.[782] Dabei ist mit „Sportveranstaltung" nicht nur das Veranstalten eines singulären Sportereignisses (z.B. eines Fußballturniers), sondern auch das Eröffnen und Betreiben von Sportanlagen gemeint. Mit dem Begriff „Sportausübung" sind die Verkehrspflichten angesprochen, die die Sportler bei ihrer sportlichen Betätigung treffen.

---

[773] KG Berlin v. 25.04.2005 - 12 U 123/04 - VerkMitt 2005, Nr. 7.
[774] OLG Hamm v. 16.11.2007 - 9 U 92/07 - NJW-RR 2008, 1349.
[775] OLG Nürnberg v. 22.12.2000 - 6 U 3021/00 - Schaden-Praxis 2001, 79-80.
[776] OLG Hamm v. 22.01.2001 - 6 U 149/00 - RuS 2001, 412.
[777] OLG München v. 02.06.2006 - 10 U 1685/06 - VersR 2008, 799-800.
[778] BGH v. 27.06.2000 - VI ZR 126/99 - LM BGB § 823 (Ec) Nr. 28 (5/2001).
[779] KG Berlin v. 10.05.1993 - 12 U 3086/91.
[780] KG Berlin v. 10.05.1993 - 12 U 3086/91.
[781] OLG Celle v. 12.05.2010 - 14 U 167/09; OLG Braunschweig v. 30.12.1966 - 3 U 64/66 - VersR 1967, 1188.
[782] *Looschelders*, JR 2000, 265-274, 265; *Fritzweiler*, DAR 1997, 137-142, 137.

aa. Verkehrspflichten im Rahmen der Veranstaltung von Sport

Verkehrspflichtige: Das Eröffnen und Unterhalten einer Sportanlage (z.B. Fußballfeld, Turnhalle, Hallenbad etc.) fällt in den Kernbereich der klassischen Bereichshaftung (vgl. Rn. 86), weil es stets mit dem Eröffnen einer Gefahrenquelle verbunden ist, die anderen Rechtsgutsträgern zugänglich gemacht wird. Bei der Benutzung von Sport- und Spielanlagen trifft den Betreiber die Pflicht, die Benutzer durch geeignete Maßnahmen vor Gefahren zu schützen, die für den zugelassenen Besucherkreis und den zu erwartenden Gebrauch über das übliche Risiko bei der Anlagenbenutzung hinausgehen sowie nicht vorhersehbar und nicht ohne Weiteres erkennbar sind.[783] Daher trifft den Betreiber einer Sportanlage wie z.B. einer Skihalle[784] oder einen Bergbahn- und Schlepplieftunternehmer, der zur Abfahrt für Skiläufer geeignete Pisten unterhält und zugänglich macht, eine auf die Anlage bezogene Verkehrssicherungspflicht.[785] Auch trifft den Ausrichter einer Sportveranstaltung eine Verkehrssicherungspflicht gegenüber Sportlern und Zuschauern.[786] Allerdings führt die Verkehrspflicht des Ausrichters eines sportlichen Wettbewerbs oder sonstiger sportlicher Darbietungen nicht dazu, dass die Verkehrspflicht des Anlagenbetreibers entfällt. Vielmehr haften beide bei Verletzungen **anlagenbezogener Verkehrspflichten** dem Verletzten gegenüber als Gesamtschuldner.[787] Insbesondere kann sich der Anlagenbetreiber nicht mittels einer von dem Veranstalter eines Turniers zu unterzeichnenden Haftungserklärung seiner Verkehrssicherungspflicht entledigen.[788] Die Übertragung der Verkehrssicherungspflicht auf einen anderen bedarf vielmehr einer klaren Absprache, die die Sicherung der Gefahrenquelle zuverlässig garantiert.[789] Bei einer gemeinsamen Ausrichtung von Kunstturnmeisterschaften durch einen gemeinnützigen Turnverein als örtlichem Ausrichter und einem Dachverband der Turnvereine als „eigentlichem Wettkampfveranstalter" sind beide Vereine als Veranstalter gegenüber den Turnierteilnehmern für die Erfüllung der anlagebezogenen Verkehrssicherungspflicht deliktsrechtlich haftbar.[790] Im Haftungsfall besteht demnach eine gesamtschuldnerische Haftung beider Vereine gegenüber dem verletzten Sportler.[791]

104

Als **weitere Verkehrspflichtige** kommen – unter dem Gesichtspunkt der Übernahmehaftung (vgl. Rn. 86) – Rennleiter, Sportkommissare, Sportverbände[792] und Sportlehrer (Trainer und Sportschulen) in Betracht.[793] So haben in Übungsstunden eines Turnvereins für Kinder die Übungsleiter eine ständige Beobachtungspflicht, die auch dem Spieltrieb und Übermut sowie der beschränkten Fähigkeit insbesondere der kleineren Kinder zur Einschätzung von Gefahren Rechnung trägt. Sofern der Übungsleiter nicht ständig in allen Bereichen der Turnhalle zugegen sein kann, sind für besonders gefahrträchtige Bereiche wie z.B. frei zugängliche Ringe klare und eindeutige Anweisungen zu erteilen.[794] Auch Kinder einer Leistungsturngruppe sind beim Turnen von Übungen am Schwebebalken zu begleiten und zu sichern.[795] Allerdings würde es die Sicherheitsanforderungen überspannen, von den Übungsleitern einer Kinderturngruppe zu verlangen, dass sie auch für den Fall eines nur augenblicklich auftretenden Missgeschicks Vorsorge in jede Richtung zu treffen und somit jedem Übungsteilnehmer praktisch ständig eine Eins-zu-Eins-Betreuung zur Seite zu stellen hätten.[796]

105

Inhalt der den Ausrichter eines Sportereignisses treffenden Verkehrspflicht: Die den Ausrichter eines Sportereignisses **gegenüber den Teilnehmern** treffende Verkehrssicherungspflicht bezieht sich grundsätzlich nicht darauf, die Sportler vor solchen Gefahren zu schützen, die mit ihrer Beteiligung typischerweise verbunden sind. Mit einem durch die Eigenart des Sports erhöhten Gefahrenniveau muss der Teilnehmer rechnen; diese gegenüber dem Alltagsleben gesteigerte Gefahr nimmt er durch seine

106

---

[783] OLG Celle v. 05.02.2009 - 8 U 120/08 - RdL 2009, 232-235.
[784] OLG Düsseldorf v. 18.12.2003 - 10 U 67/03 - IVH 2004, 32-33.
[785] BGH v. 23.10.1984 - VI ZR 85/83 - LM Nr. 141 zu § 823 (Dc) BGB.
[786] BGH v. 07.04.1952 - III ZR 363/51 - BGHZ 5, 318-321; BGH v. 26.11.1974 - VI ZR 164/73 - NJW 1975, 533; BGH v. 02.04.1962 - III ZR 15/61 - LM Nr. 25 zu § 839 (K) BGB.
[787] BGH v. 29.11.1983 - VI ZR 137/82 - LM Nr. 139 zu § 823 (Dc) BGB.
[788] OLG Saarbrücken v. 16.05.2006 - 4 UH 711/04 - NJW-RR 2006, 1165-1167.
[789] BGH v. 17.01.1989 - VI ZR 186/88 - NJW-RR 1989, 394.
[790] OLG Frankfurt am Main v. 02.09.2010 - 3 U 172/09 - SpuRt 2011, 31-32.
[791] Lesenswert: LG Gießen v. 09.07.2009 - 2 O 106/07 - SpuRt 2010, 80-83.
[792] BGH v. 26.11.1974 - VI ZR 164/73 - NJW 1975, 533.
[793] *Fritzweiler*, DAR 1998, 260-266, 263-264.
[794] LG Kaiserslautern v. 04.04.2006 - 1 S 145/05 - RuS 2006, 433-434.
[795] AG Bonn v. 08.03.2006 - 11 C 478/05 - NJW-RR 2006, 1457-1458.
[796] OLG Hamm v. 10.05.2011 - 19 U 171/10 - MDR 2011, 1353-1354.

§ 823

Beteiligung in Kauf. Inhalt der Verkehrssicherungspflicht des Veranstalters gegenüber den Sportausübenden ist es deshalb in erster Linie, den ihnen drohenden verdeckten oder atypischen Gefahren zu begegnen. Unter besonderen Umständen kann der Ausrichter einer Sportveranstaltung aber auch gehalten sein, für die Sportler erkennbare Gefahrenquellen auszuschalten, wenn diese vorhersehbar schwere Verletzungen verursachen können. Das setzt aber neben der tatsächlichen Möglichkeit und der wirtschaftlichen Vertretbarkeit einer solchen Sicherungsmaßnahme voraus, dass es sich um besonders unfallträchtige Gefahrenpunkte handelt.[797] Bei der wirtschaftlichen Zumutbarkeit der Maßnahme kann auch eine Rolle spielen, ob es sich um einen Massensport (wie z.B. Skilaufen auf einer bekannten Skipiste) oder um eine einmalige Veranstaltung mit begrenztem Teilnehmerkreis handelt. Ferner kann eine Rolle spielen, ob es sich bei den Teilnehmern, die mit der Gefahrenquelle in Berührung kommen, um Kinder oder wenig erfahrene Personen handelt.[798] Es ist zu beachten, dass Kinder und Jugendliche dazu neigen, Vorschriften und Anordnungen nicht zu beachten und sich unbesonnen zu verhalten, daher muss die Verkehrssicherungspflicht je nach Lage des konkreten Einzelfalls auch die Vorbeugung gegenüber solchem missbräuchlichen Verhalten umfassen.[799] So muss z.B. bei einer von Kindern benutzten Spielanlage grundsätzlich damit gerechnet werden, dass Bälle aus einer Schießanlage auf ein Trampolin geworfen werden.[800] Lediglich ein gänzlich unvernünftiges, äußerst leichtfertiges Verhalten von Kindern und Jugendlichen muss der Verkehrssicherungspflichtige in seine Überlegungen zur Gefahrenabwehr nicht einbeziehen.[801] Gleichwohl sind nur solche Sicherheitsvorkehrungen zu treffen, die ein verständiger, umsichtiger, vorsichtiger und gewissenhafter Betreiber für ausreichend halten darf, um die Nutzer vor Schäden zu bewahren, und die ihm den Umständen nach zuzumuten sind.[802] **Die Besucher** einer Sportveranstaltung unterliegen einem höheren Schutz als die Teilnehmer,[803] ihnen gegenüber trifft den Ausrichter sportlicher Wettbewerbe – unabhängig vom Bestehen und Eingreifen entsprechender öffentlich-rechtlicher Verpflichtungen – auch die Verkehrspflicht, zumutbare Vorkehrungen für eine rasche und effiziente Hilfeleistung im Notfall zu treffen.[804] In welcher Zahl dabei medizinisches Hilfspersonal für verletzte Zuschauer und Sportler vorgehalten sowie Notfallpläne für den Fall von Ausschreitungen etc. entwickelt werden müssen, ist dabei eine Frage des Einzelfalles, die sich nach den allgemeinen Kriterien (vgl. Rn. 86) für das Entstehen und die Reichweite von Verkehrspflichten bestimmt. Dabei gilt der allgemeine Grundsatz, dass es stets nur solcher Sicherheitsmaßnahmen bedarf, die ein verständiger und umsichtiger, in vernünftigen Grenzen vorsichtiger Mensch für ausreichend halten darf, um andere Personen vor Schäden zu bewahren.[805] Ferner ist der Ausrichter von Großveranstaltungen gehalten, Vorkehrungen gegen Ausschreitungen und sonstige (vorsätzliche) rechtswidrige Übergriffe auf friedliche Zuschauer zu treffen.[806] Auch hier bestimmt sich die erforderliche Dichte vorzuhaltenden Personals und zu ergreifender Maßnahmen nach den allgemeinen Kriterien (vgl. Rn. 86) für die Begründung von Verkehrspflichten. Dabei ist in concreto zu fordern, dass der Ausrichter einer Massenveranstaltung sich stets der bekannten Erfahrungstatsache bewusst sein muss, dass Angehörige einer Masse eigenen psychologischen Gesetzen unterliegen und es daher vorkommen kann, dass Hemmungen und Rücksichtnahme, wie sie für den Einzelnen selbstverständlich wären, nahezu ausgeschaltet werden. Den daraus resultierenden spezifischen Gefahren muss der Ausrichter im Rahmen des vernünftigerweise Zumutbaren vorbeugen.[807] Dazu kann er gehalten sein, ausreichendes Ordnungspersonal vorzuhalten, das den Auftrag hat, Ausschreitungen zu unterbinden. Die Zahl der dazu erforderlichen Ordnungskräfte bestimmt sich nach der Zahl, die nach polizeilichen Erfahrungen erforderlich ist, um gegebenenfalls jede kritische Situation, die noch im Rahmen des Vorhersehbaren liegt, zu beherrschen.[808] 8-10 Ordner für rund 500 zum Teil gewaltbereite Personen reichen dazu nicht aus.[809] Schließlich trifft den Ausrichter eines sportlichen Wettbewerbs oder einer sportlichen Darbie-

---

[797] BGH v. 29.04.1986 - VI ZR 227/85 - LM Nr. 153 zu § 823 (Dc) BGB.
[798] BGH v. 29.04.1986 - VI ZR 227/85 - LM Nr. 153 zu § 823 (Dc) BGB.
[799] BGH v. 03.02.2004 - VI ZR 95/03 - NJW 2004, 1449.
[800] OLG Koblenz v. 27.03.2008 - 5 U 915/07 - WuM 2008, 360.
[801] OLG Saarbrücken v. 07.07.2005 - 8 U 338/04 - MDR 2006, 517-518; OLG Rostock v. 17.06.1999 - 1 U 27/98 - MDR 2000, 764.
[802] OLG Koblenz v. 27.03.2008 - 5 U 915/07 - WuM 2008, 360.
[803] Brandenburgisches OLG v. 05.12.2006 - 6 U 59/06.
[804] *Fellmer*, MDR 1995, 541-546, 543.
[805] BGH v. 21.03.2000 - VI ZR 158/99 - LM BGB § 823 (Dc) Nr. 210 (10/2000).
[806] BGH v. 02.10.1979 - VI ZR 245/78 - LM Nr. 126 zu § 823 BGB.
[807] BGH v. 02.10.1979 - VI ZR 245/78 - LM Nr. 126 zu § 823 BGB.
[808] OLG Düsseldorf v. 04.03.1994 - 22 U 209/93 - SpuRt 1994, 146-148.

tung die Verkehrspflicht, die Zuschauer vor (mittelbaren) Verletzungen durch die Sportler zu schützen. Dabei muss allerdings nicht jeder nur denkbaren Gefahr begegnet werden. Vielmehr begründet eine Gefahr erst eine Verkehrspflicht zum Schutz der Zuschauer, wenn sich für ein sachkundiges Urteil die nahe liegende Möglichkeit der Verletzung der Rechtsgüter der Zuschauer ergibt.[810] Welche Maßnahmen dabei im Einzelnen zu treffen sind, bestimmt sich nach den jeweiligen Umständen der Veranstaltung, vor allem nach der Intensität und Häufigkeit der sich für die Zuschauer ergebenden Gefährdung, wobei auch der finanziellen Belastbarkeit des Veranstalters bei Abwägung der Zumutbarkeit eine gewisse, wenn auch untergeordnete Bedeutung zukommt.[811] Ferner spielen die von privaten Interessenverbänden einschließlich der Sportverbände aufgestellten Regeln über die bauliche Sicherheit von Sportstätten eine wichtige Rolle bei der Konkretisierung der Verkehrspflichten des Ausrichters, ohne dass sie dabei bereits zu einer den Richter bindenden Festlegung des Sorgfaltsmaßstabs führen würden.[812] Für Zuschauer von Sportveranstaltungen vorgesehene Zuwegungen/Ausgänge von Sportanlagen müssen bei potentiell hohen Besucherzahlen und den damit typischerweise einhergehenden spezifischen Gefahren strengeren Anforderungen an zu treffende Sicherheitsvorkehrungen genügen, als dies bei privaten Gebäuden der Fall ist.[813] Dabei sind die Verkehrssicherungspflichten zum Schutz von Zuschauern weder durch das öffentlich-rechtliche Bauordnungsrecht noch durch DIN-Normen oder andere technische Regelwerke begrenzt. Befinden sich auf solchen Zuwegungen/Ausgängen Treppen, so wird das Risikopotential für die Besucher vorhersehbar noch dadurch erhöht, dass damit zu rechnen ist, dass viele Besucher die Treppe gleichzeitig und häufig auch eilig benutzen wollen. Daher bestimmen sich Inhalt und Umfang der Verkehrspflichten für solche Treppen zumindest nach den Anforderungen, die für Treppen in öffentlich zugänglichen Gebäuden gelten.[814] Bei öffentlich zugänglichen Gebäuden besteht regelmäßig eine Verpflichtung, an einer stark frequentierten Treppe wenigstens einen Handlauf anzubringen.[815] Gleiches gilt dann auch für die Besuchern gewidmeten Treppen auf Zuwegungen/Ausgängen von Sportanlagen, die vorhersehbar von vielen Besuchern aufgesucht werden.[816] Da der Veranstalter einer Sportveranstaltung bezüglich der teilnehmenden Sportler nur gehalten ist, Vorkehrungen gegen solche Gefahren zu treffen, mit denen ein durchschnittlicher Teilnehmer bei bestimmungsgemäßer Nutzung der Sportanlage nicht rechnen musste, trifft einen Wanderverein bei Ausrichtung einer Volkswanderung weder eine Verkehrspflicht zum Abstreuen bzw. Räumen vereister/verschneiter Wanderwege, noch eine solche zur Anbringung von Warnhinweisen an vereisten Stellen.[817] Maßgeblich sind die Nähe der Gefahr, das Ausmaß des drohenden Schadens, die Erkennbarkeit für die Teilnehmer sowie deren legitime Sicherungserwartungen und der Sicherungsaufwand.[818] Der Umfang der erforderlichen Sicherungsmaßnahmen richtet sich insbesondere danach, welcher Grad an Sicherheit bei der Art des Spiel- bzw. Sportgeräts und dem Kreis der dafür zugelassenen Benutzer typischerweise erwartet werden kann.[819] Beim Kunstturnen gehört es daher zu den notwendigen Schutzpflichten, für den ordnungsgemäßen Zustand und Aufbau der Turngeräte Sorge zu tragen, denn vorhandene Mängel sind für die teilnehmenden Sportler nicht erkennbar und aus derartigen Mängeln drohen für diese ganz erhebliche Gefahren, während der wirtschaftliche und personelle Aufwand der Veranstalter/Ausrichter hierfür sich in einem tragbaren, bereits durch die Organisation der Veranstaltung ohnehin verursachten Kosten- und Personalaufwand bewegt.[820] Demgegenüber hat das LG Frankfurt festgestellt, dass der Kletterguide bei einer Vulkanbesteigung keine Vorkehrungen gegen die dem Reisenden bekannte Gefahr des Stolperns aufgrund von herumspringenden Balinesen treffen muss.[821] Eine Verkehrssicherungspflicht des Veranstalters einer Pferdeleistungsschau besteht aber nicht insoweit, als er für die Unterlassung jeder Benutzung des benachbarten Geländes Sorge tragen muss.[822] Gerade bei Sportanlagen

---

[809] OLG Hamm v. 15.11.1999 - 6 U 108/99 - OLGR Hamm 2000, 90-92.
[810] BGH v. 29.11.1983 - VI ZR 137/82 - LM Nr. 139 zu § 823 (Dc) BGB.
[811] BGH v. 29.11.1983 - VI ZR 137/82 - LM Nr. 139 zu § 823 (Dc) BGB.
[812] *Looschelders*, JR 2000, 265-274, 266-267.
[813] OLG Stuttgart v. 20.07.2010 - 12 U 55/10.
[814] OLG Stuttgart v. 20.07.2010 - 12 U 55/10.
[815] Vgl. OLG Hamm v. 28.10.1999 - 6 U 29/99 - MDR 2000, 158-159 für eine häufig genutzte Treppe zu einem Veranstaltungssaal.
[816] OLG Stuttgart v. 20.07.2010 - 12 U 55/10.
[817] OLG Saarbrücken v. 25.01.2005 - 4 U 212/04 - 43, 4 U 212/04- OLGR Saarbrücken 2005, 435-436.
[818] LG Gießen v. 09.07.2009 - 2 O 106/07 - SpuRt 2010, 80-83.
[819] OLG München v. 15.10.2009 - 1 U 4353/08.
[820] LG Gießen v. 09.07.2009 - 2 O 106/07 - SpuRt 2010, 80-83.
[821] LG Frankfurt v. 12.03.2009 - 2/24 S 218/08 - NJW-RR 2009, 1354-1356.

wie Skipisten, Rodelbahnen, Reifenrodelbahnen (Snowtubing-Anlagen) oder Eissporthallen, bei denen der Benutzer sich jedoch nicht vollständig der technischen Funktion der Anlage anvertraut, sondern vielmehr bei der Benutzung einen sportlichen Beitrag oder einen mit Geschicklichkeit verbundenen Eigenbeitrag leisten muss, stellt sich die Frage, ob der Benutzer auf eine gefahrenfreie Benutzung vertrauen darf. Das OLG München verneint dies in einer neueren Entscheidung mit einer verallgemeinerbaren Begründung zu Recht: Den vorgenannten Anlagen ist es eigen, dass weder durch technische noch durch sonstige Maßnahmen verhindert werden kann, dass ein Benutzer auf Grund individueller Ungeschicklichkeit zu Sturz kommt und sich dabei unter Umständen verletzt. Die mit der Anlagenbenutzung verbundenen Gefahren sind auch für jeden Benutzer ohne Weiteres erkennbar. Demgegenüber – so das Gericht zu Recht – vermag ein Benutzer solcher Anlagen sich nicht auf die Vorstellung berufen, etwas offenkundig Gefährliches ausnahmsweise völlig gefahrfrei tun zu können. Eine derartige Erwartung wird von dem Betreiber solcher Anlagen grundsätzlich weder konkludent geweckt, noch kann ein Anlagenbenutzer – ohne etwaige diesbezügliche Erklärungen des Anlagenbetreibers – von sich aus erwarten, dass objektiv bestehende Gefahren durch die Konzeption und Einrichtung der Anlage nicht nur minimiert, sondern vollkommen ausgeschlossen werden.[823]

107 **Verkehrspflichten bei einzelnen Sportarten**: Nachfolgend werden ohne Anspruch auf Vollständigkeit bisher für einzelne Sportarten bejahte Verkehrspflichten von Ausrichtern sportlicher Ereignisse, von Anlagenbetreibern und Sportlehrern angeführt.

- **Basketball**: Der Betreiber einer Sporthalle, in der sich ein Basketballfeld mit Basketballkörben befindet, ist verpflichtet, der Abbruchgefahr von Korb und Brett vorzubeugen, die sich aus dem Anhängen des Spielers an den Korb ergeben kann. Hier greift nämlich der allgemeine Grundsatz, wonach Verkehrspflichten auch die Verhütung von Gefahren zum Gegenstand haben, die aus unbefugtem oder zweckwidrigem Verhalten entstehen, wenn die Gefahr zweckwidriger und dadurch unfallträchtiger Benutzung groß ist und dem Sicherungspflichtigen Vorkehrungen gegen die missbräuchliche Nutzung möglich und zumutbar sind.[824] Angesichts des Spielzuges des „Dunking", bei dem der Spieler beim Korbwurf seine Hände oberhalb des Basketballrings hat, ist die Gefahr des Anhängens an den Korb durch Spieler groß. Im Hinblick auf diese Gefahr ist es der Betreiberin des Feldes möglich und zumutbar, die Abbruchgefahr prüfen zu lassen oder – was sicher kostengünstiger wäre – die Benutzer des Feldes vor der Abbruchgefahr durch deutlich sichtbaren Aushang zu warnen.[825]
- **Berg- und Klettersport**:[826] Bei zur allgemeinen Nutzung freigegebenen Wegen hat der Verantwortliche eine Verkehrssicherungspflicht gegenüber den Nutzern nur entsprechend der Verkehrserwartung, daher treffen einen Verein, der Bergtouren für seine Mitglieder organisiert, nur hinsichtlich atypischer Gefahren, die über die üblichen Gefahren des Bergsteigens hinausgehen und nicht ohne weiteres erkennbar und vermeidbar sind, besondere Verkehrssicherungspflichten gegenüber den Teilnehmern an einer Bergtour, weil jeder Bergsteiger grundsätzlich in Eigenverantwortung ein gewisses Risiko in Kauf nimmt. Zu diesen atypischen Risiken, die eine gesteigerte Verkehrssicherungspflicht des Vereins begründen können, gehört das Risiko, dass ein **Teilnehmer einer Seilschaft ausrutscht und die gesamte Seilschaft mitzieht, nicht.**[827] Den Tourenwart eines alpinen Vereins trifft aber die Verkehrspflicht, bei der Auswahl und Beauftragung der Tourenführer die verkehrsübliche Sorgfalt zu beachten.[828] Den **Leiter eines Kletterkurses für Kinder** trifft gegenüber einer erwachsenen Person, die, ohne Teilnehmerin zu sein, Kletterübungen durchführt, keine Pflicht zur Überwachung dieser Übungen.[829] Wenn der Leiter eines Kletterkurses einer Nichtteilnehmerin Ausrüstungsmaterial ausleiht, trifft ihn keine Pflicht zur Sicherung der Entleiherin vor unsachgemäßer Benutzung, weil diese sich der mit dem Klettern verbundenen Gefahren bewusst sein muss und das Risiko unsachgemäßer Benutzung eine mit dem Klettern einhergehende typische Gefahr ist, die der Kletterer eigenverantwortlich in Kauf nimmt.[830]

---

[822] OLG Celle v. 05.02.2009 - 8 U 120/08 - RdL 2009, 232-235.
[823] OLG München v. 15.10.2009 - 1 U 4353/08.
[824] OLG Hamm v. 18.02.2003 - 9 U 166/02 - NJW-RR 2003, 1183-1184.
[825] OLG Hamm v. 18.02.2003 - 9 U 166/02 - NJW-RR 2003, 1183-1184.
[826] Vgl. dazu allgemein *Hagenbucher*, NJW 1985, 177-180.
[827] OLG Stuttgart v. 22.06.1994 - 9 U 104/92 - NJW 1996, 1352-1353.
[828] OLG Stuttgart v. 22.06.1994 - 9 U 104/92 - NJW 1996, 1352-1353.
[829] BayObLG München v. 18.06.1998 - 5St RR 10/98 - BayObLSt 1998, 97-107.
[830] BayObLG München v. 18.06.1998 - 5St RR 10/98 - BayObLSt 1998, 97-107.

- **Eishockey**:[831] Beim Eishockeyspiel geht von einem Puck, der über die Längsseiten des Spielfeldes hinausgeschleudert wird, eine Gefahr für die Zuschauer aus, welcher vom Ausrichter des Spiels durch eine auf den Banden anzubringende Plexiglaswand zu begegnen ist.[832]
- **Erlebnisparks, Sportplätze u.Ä.**: Der Betreiber eines Erlebnisparks muss für Geräte, die der Erprobung der Geschicklichkeit dienen, wie sog. Balancierscheiben, eine der Verkehrserwartung entsprechende Sicherheit gewährleisten, so dass die Fähigkeiten der Nutzer nicht unvorhersehbar überbeansprucht werden und es im Falle eines Verlusts des Gleichgewichts abgesehen von atypischen Abläufen, die dem allg. Lebensrisiko des Nutzers zuzurechnen sind, zu keinen gravierenden Beeinträchtigungen kommt.[833] Er muss die Teilnehmer an einer so genannten Quad-Tour mit Schutzhelmen, allerdings nicht mit Integralhelmen, ausstatten.[834] Der Betreiber einer Trampolinanlage ist verpflichtet, Saltosprünge bei dieser entweder generell zu unterbinden oder zumindest deutlich darauf hinzuweisen, dass missglückte Saltosprünge zu erheblichen Verletzungen bis hin zur Querschnittslähmung führen können.[835]
Wer eine Sportanlage (wie z.B. ein Multifunktionsfeld) der Allgemeinheit zur widmungsgemäßen Nutzung zur Verfügung stellt, hat – innerhalb der Grenzen der Möglichkeit und Zumutbarkeit – gegenüber den Nutzern für einen gefahrlosen Zustand des Grundstücks und der zugehörigen Sportanlage einzustehen. Im Kern geht es dabei um die Pflicht, dass die Sportanlage sich in einem technisch einwandfreien Zustand befinden muss.[836] Diese Pflicht besteht insbesondere, aber nicht nur, gegenüber befugten Nutzern, zu denen bei von einer Gemeinde der Allgemeinheit zur Verfügung gestellten, sogenannten Multifunktionsfeldern insbesondere Nutzer gehören, die das Feld zu Ballspielen (wie z.B. Basketball) nutzen. Da selbst die Benutzung einer offensichtlich extrem schadhaften Anlage (z.B. löchriger, an mehreren Stellen umgestülpter Tartanbelag) eine bestimmungsgemäße Nutzung der Anlage darstellen kann, die im Ergebnis zumindest gegenüber minderjährigen Nutzern, die dazu neigen, aus der Nutzung resultierende Gefahren zu unterschätzen, zur Haftung führen kann[837], sollten Gemeinden, die solche Plätze betreiben, sicherstellen, dass derart schadhafte Anlagen unzugänglich sind. So stellt es eine schuldhafte Verletzung der Verkehrssicherungspflicht eines Vereins, der einen für Spiel- und Trainingszwecke genutzten Sportplatz betreibt, dar, wenn ein 2 Meter hoher Ballfangzaun Durchgangsöffnungen aufweist, um fehlgeleitete Bälle zurückzuholen, und während eines Fußballtrainings ein Ball durch eine solche Öffnung fliegt, was zu einem Verkehrsunfall führt.[838]
- **Fallschirmspringen**: Der **Ausbilder einer Fallschirmsprungschule** muss bei der Wahl des Absprungortes die Möglichkeit von Windunregelmäßigkeiten bedenken und insbesondere beim Erstsprung eines Springschülers den Ausfall der Steuerungsfähigkeit des Schülers oder etwaige Steuerfehler in seine Überlegungen miteinbeziehen.[839] Er muss ferner das Absetzen von Erstspringern in der Nähe von Wasserflächen untersagen, wenn die Springschüler nicht von einem als Ausbilder zugelassenen Sprunglehrer begleitet werden, wenn wegen latent vorhandener Windunruhen die Gefahr von Wasserlandungen besteht und für den Rettungsfall nur ungeeignete, unstabile Kunststoffboote zur Verfügung stehen.[840]
- **Fußball**: Ein Fußballverein erfüllt seine Schutzpflicht gegenüber den Fußballspielern, wenn er ein Spielfeld zur Verfügung stellt, das den durchschnittlichen Gegebenheiten auf den Fußballfeldern im Bereich des betreffenden Landesverbandes entspricht.[841] Aber auch ein frei zugänglicher „**Bolzplatz**" muss elementaren Sicherheitsanforderungen genügen. Daher müssen die auf einem solchen Platz angebrachten Fußballtore fachgemäß errichtet und standsicher sein.[842] Auch für einen von einer Gemeinde zur öffentlichen Benutzung freigegebenen Bolzplatz gilt der Haftungsmaßstab des

---

[831] Vgl. zur Sportveranstalterhaftung beim Eishockey allgemein *Richtsfeld*, SpuRt 1997, 196-197.
[832] BGH v. 29.11.1983 - VI ZR 137/82 - LM Nr. 139 zu § 823 (Dc) BGB.
[833] OLG Hamm v. 20.05.2008 - 21 U 7/08 - NJW-RR 2008, 1555-1557.
[834] BGH v. 09.09.2008 - VI ZR 279/06 - NJW 2008, 3778-3779.
[835] BGH v. 03.06.2008 - VI ZR 223/07 - VersR 2008, 1083-1085.
[836] Thüringer Oberlandesgericht v. 08.02.2011 - 4 U 423/10.
[837] Thüringer Oberlandesgericht v. 08.02.2011 - 4 U 423/10.
[838] LG Detmold v. 20.10.2010 - 12 O 172/09.
[839] OLG Nürnberg v. 18.06.1993 - 8 U 569/91 - OLGZ 1994, 304-310.
[840] OLG Nürnberg v. 18.06.1993 - 8 U 569/91 - OLGZ 1994, 304-310.
[841] OLG Nürnberg v. 10.06.1977 - 6 U 127/76 - VersR 1977, 1134-1135.
[842] OLG Naumburg v. 31.03.2000 - 6 U 167/99 - OLG-NL 2001, 148-149.

§ 823 BGB und nicht etwa Amtshaftungsgrundsätze.[843] Der Betreiber einer solchen frei zugänglichen Freizeitanlage muss auch die deliktischen Auswirkungen der Platzbenutzung auf fremde Rechtsgüter bedenken. Daher ist der Grundstückseigentümer, der sein mit Fußballtoren ausgestattetes Grundstück zur Benutzung zugänglich macht, verpflichtet, Ballfangzäune aufzustellen, wenn im Hinblick auf einen angrenzenden Parkplatz die Gefahr besteht, dass dort geparkte Fahrzeuge durch abirrende Bälle beschädigt werden können.[844] Dabei soll aber ein sechs Meter hoher Ballfangzaun genügen, selbst wenn sich hinter dem Zaun ein Parkplatz befindet.[845] Es schadet dann nicht, wenn um das Spielfeld herum nur ein Zaun von geringerer Höhe errichtet ist, insbesondere besteht keine Pflicht, den Spielbetrieb dahingehend zu überwachen, dass dieser in Längsrichtung des Fußballfeldes erfolgt. Es besteht auch keine Verpflichtung, entsprechende Gebotsschilder aufzustellen.[846] Ein Fußballverein, der ein Aufstiegsspiel veranstaltet, muss durch entsprechende Organisations- und Absperrmaßnahmen den durch den Publikumsandrang hervorgerufenen Gefahren rechtzeitig und umfassend entgegenwirken. Soweit hysterische und panikartige Massenreaktionen zu erwarten sind, müssen insbesondere Ordnungskräfte in ausreichender Zahl zum Einsatz kommen.[847] Bei der Veranstaltung von Bundesligafußballspielen sind an den Schadensverhütungsaufwand grundsätzlich hohe Anforderungen zu stellen, weil durch das Aufeinandertreffen teilweise gewaltbereiter Fans eine hohe Gefahr der Begehung von Körperverletzungen besteht. Zu den verbreiteten Risiken gehören auch solche, die aus der Verwendung von Pyrotechnik resultieren. Gleichwohl hat der Veranstalter durch ein Sicherheitskonzept, zu dem eine allgemeine Kontrolle vor dem Betreten des Stadions, eine weitere Kontrolle vor dem Betreten des Stadionblocks und eine weitere Stichprobenkontrolle gehört, seine Sorgfaltspflichten erfüllt. Dabei stellt das Oberlandesgericht Frankfurt in einer aktuellen Entscheidung in Rechnung, dass in dem entschiedenen Fall die Kontrollen unterhalb möglicher sicherheitstechnischer Standards lagen, wie sie etwa bei Passagierkontrollen an Flughäfen durchlaufen werden, und bejaht überdies angesichts der im Profifußball erzielten Umsätze die Zumutbarkeit solcher Maßnahmen für Vereine des Profifußballs. Gleichwohl verneint das Gericht die Verletzung einer Verkehrssicherungspflicht im konkreten Fall, da die getroffenen Maßnahmen der üblichen Verfahrensweise bei der Veranstaltung von nationalen und internationalen Fußballspielen entsprachen und sogar über die Maßnahmen hinausgingen, die bei anderen Bundesligaspielen getroffen werden.[848] Die Entscheidung überzeugt nicht, da sie von den Kriterien, die für die Prüfung des Bestehens einer Verkehrspflicht herangezogen werden, das Kriterium der „Üblichkeit von Sicherungsmaßnahmen" gegenüber den Kriterien der „Schutzbedürftigkeit des gefährdeten Personenkreises" sowie des „Ausmaßes der drohenden Gefahren" verabsolutiert. Es erscheint jedoch unbillig, dass ein Konsens der Veranstalter von Profifußball über niedrige Sicherheitsstandards zu einer Absenkung der Verkehrspflichten führen kann.

- **Reitsportveranstaltungen**: Eine Verletzung der Verkehrssicherungspflicht des Veranstalters wurde für den Fall bejaht, dass ein Pferd, das sich losgerissen hat, durch eine in unmittelbarer Nähe der Sandbahn liegende Planierschleppe verletzt wird.[849] Demgegenüber wurde eine Haftung verneint, wenn bei einem ländlichen Reitturnier ein Zuschauer von einem Pferd auf einem Abreitplatz, der über einen offenen Aus- und Eingang verfügt und im Übrigen durch einen Zaun abgegrenzt ist, verletzt wird[850], ebenso wenn ein Pferd auf einem Abreitplatz, der sonst landwirtschaftlich als Wiesengelände benutzt wird, durch einen Grenzstein verletzt wird[851], oder ein Zuschauer auf der Tribüne bei einem Pferderennen zu Fall kommt, weil andere Besucher dort Abfall hingeworfen hatten.[852]
- **Radrennsport**: Der Ausrichter eines Radrennwettbewerbs muss die Teilnehmer in erster Linie vor ihnen drohenden verdeckten oder atypischen Gefahren schützen. Eine solche atypische Gefahr stellt aber bei einem **Straßenradrennen** die Gefahr des Aufpralls gegen am Straßenrand befindliche harte Gegenstände wie Bordsteinkanten, Straßenbäume, Verkehrsschilder, Leitplanken etc. nicht

---

[843] Thüringer Oberlandesgericht v. 10.02.2010 - 4 U 594/09.
[844] OLG Brandenburg v. 16.04.2002 - 2 U 44/01 - OLGR Brandenburg 2002, 379-381.
[845] AG Altenkirchen v. 18.03.1999 - 71 C 701/98 - DAR 1999, 553.
[846] AG Erfurt v. 04.03.2009 - 5 C 3034/08 - NZV 2009, 296-297
[847] OLG Düsseldorf v. 04.03.1994 - 22 U 209/93 - SpuRt 1994, 146-148.
[848] OLG Frankfurt a.M. v. 24.02.2011 - 3 U 140/10.
[849] OLG Hamm v. 13.01.1998 - 9 U 131/96 - VersR 2000, 732.
[850] OLG Oldenburg v. 09.11.2000 - 8 U 120/00 - MDR 2001, 274.
[851] OLG Köln v. 05.09.1995 - 22 U 23/95 - VersR 1997, 125.
[852] OLG Köln v. 29.11.1993 - 12 U 83/93 - MDR 1994, 780.

dar. Deshalb trifft den Ausrichter eines Straßenrennens keine Verkehrspflicht, Leitplanken (in der Kurve) durch Strohballen, Matratzen oder in ähnlicher Weise abzupolstern.[853] Demgegenüber darf der Teilnehmer eines Mountainbike-Rennens darauf vertrauen, dass sich keine künstlichen, nicht zu erwartenden und mit besonderen Gefahren verbundenen Hindernisse, im konkreten Fall ohne Weiteres entfernbare, schmale, niedrige und daher durch andere Radfahrer ohne Weiteres verdeckbare Absperrpfosten auf der Strecke befinden.[854]

- **Rodeln**: Im Gegensatz zu einer eigens geschaffenen und als solche zur Verfügung gestellten Rodelbahn darf ein Freizeitrodler in einem Stadtpark nicht ohne Weiteres davon ausgehen, dass die Hänge im Stadtpark stets durchgängig sind, keinerlei Unterbrechungen aufweisen und daher sämtlich zum Rodeln geeignet sind, sondern muss vielmehr mit den in einem Park üblichen Gegebenheiten und gestalterischen Elementen als Gefahrenmomenten rechnen. Die Betreiberin des Stadtparks darf bei ihrer Beurteilung der Sachlage davon ausgehen, dass etwaige Rodler diese Umstände berücksichtigen.[855]

- **Schwimmsport**:[856] Dem Betreiber eines Schwimmbades obliegt die deliktsrechtliche Pflicht, dafür zu sorgen, dass keiner der Schwimmbadbesucher beim Badebetrieb wegen solcher Risiken zu Schaden kommt, die über das übliche Risiko der Schwimmbadbenutzung hinausgehen, von ihnen nicht vorhersehbar und nicht ohne weiteres erkennbar sind.[857] Dabei ist, wenn das Schwimmbad nicht nur von Erwachsenen besucht wird, für den Umfang der erforderlichen Sicherheitsvorkehrungen auch in Betracht zu ziehen, dass insbesondere Kinder und Jugendliche dazu neigen, Vorschriften und Anordnungen nicht zu beachten und sich unbesonnen zu verhalten.[858] Zu diesem Zweck muss der Betreiber des Bades die einzelnen Schwimmbecken darauf überwachen lassen, ob dort Gefahrensituationen für die Badegäste auftreten.[859] Die hierzu erforderlichen Maßnahmen hängen von den Umständen des Einzelfalles, wie etwa Größe und Lage des Schwimmbades, Anzahl der Besucher und hierdurch bedingte „Spitzenbelastungen", Einsatz technischer Hilfsmittel und vor allem davon ab, innerhalb welcher Zeit aus medizinischer Sicht Maßnahmen getroffen werden müssen, um bleibende Schäden zu verhindern.[860] Der Betreiber einer Gefahrenquelle hat aber grundsätzlich nicht die Pflicht, der Verwirklichung einer latenten Gefahr optimal entgegenzuwirken.[861] Doch muss der Schwimmbadbetreiber der Aufsichtsperson einen geeigneten Standort zuweisen, von der aus sie das gesamte Bad überblicken und Sicht in die Schwimmbecken haben kann. Erforderlichenfalls ist die Aufsicht anzuweisen, den Standort öfter zu wechseln, um das Geschehen aus verschiedenen Blickwinkeln zu verfolgen und nötigenfalls frühzeitig eingreifen zu können.[862] Die Aufsicht darf sich nicht für längere Zeit an Örtlichkeiten (wie z.B. dem Bademeisterhaus) aufhalten, von denen aus sie keine oder nur eine eingeschränkte Sicht auf die Schwimmhalle hat. Anderserseits muss sie sich im Hinblick auf ihre anderweitigen den Badebetrieb betreffenden Aufgaben nicht ständig am Beckenrand aufhalten[863] und auch nicht unablässig eine Gruppe spielender Kinder beobachten.[864] Jedenfalls muss sie sich stets an einem Ort und in einer Lage befinden, die es ermöglicht, eventuelle Hilferufe zu hören.[865] Die Zahl der in einem Schwimmbad einzusetzenden Aufsichtskräfte ist vom Betriebsgeschehen und den örtlichen Bedingungen abhängig, also insbesondere von Art und Größe des Bades, Angeboten und Aufsichtsbereichen, Überschaubarkeit des Bades und der Becken, Frequentierung und Teilbenutzung des Bades sowie von den örtlichen Betriebsbedingungen. Unter Berücksichtigung dieser Kriterien reicht beispielsweise ein Bademeister aus, wenn es sich um ein Freibad mit einem 50 m x 22 m großen Becken und zwei kleineren Zusatzbuchten handelt, welches mit nur circa 50 Badegästen belegt und insgesamt trotz zweier Sprungbretter und einer Rutschbahn über-

---

[853] BGH v. 29.04.1986 - VI ZR 227/85 - LM Nr. 153 zu § 823 (Dc) BGB.
[854] LG Gießen v. 06.03.2009 - 1 S 284/08 - NZV 2009, 452-453.
[855] OLG Hamm v. 03.09.2010 - 9 U 81/10 - MDR 2011, 225.
[856] Vgl. *Wonigeit*, WzS 1976, 289-298.
[857] BGH v. 29.01.1980 - VI ZR 11/79 - VersR 1980, 863, 864.
[858] BGH v. 03.02.2004 - VI ZR 95/03 - VersR 2004, 657-659.
[859] BGH v. 21.03.2000 - VI ZR 158/99 - LM BGB § 823 (Dc) Nr. 210 (10/2000).
[860] OLG Celle v. 29.10.2003 - 9 U 146/03 - OLGR Celle 2004, 36-37.
[861] OLG Köln v. 02.09.2010 - 19 U 100/10.
[862] BGH v. 21.03.2000 - VI ZR 158/99 - LM BGB § 823 (Dc) Nr. 210 (10/2000).
[863] OLG Saarbrücken v. 02.06.1993 - 4 W 148/93 - 16, 4 W 148/93 - VersR 1995, 472-473.
[864] OLG Celle v. 29.10.2003 - 9 U 146/03 - OLGR Celle 2004, 36-37.
[865] BGH v. 12.06.1990 - VI ZR 273/89 - LM Nr. 118 zu § 823 (Aa) BGB.

sichtlich ist.[866] Ebenso verhält es sich bei einer „nicht zu großen" Schwimmhalle.[867] Der Bademeister ist bei seiner Überwachung gehalten, sein Augenmerk vor allem auf besonders gefährdete Gäste, zu denen zuvörderst Kinder gehören, zu richten. Dabei ist er aber weder gehalten, diese unablässig zu beobachten, noch ihnen die Herausgabe eines Tauchringes zu verweigern, wenn er aufgrund seiner Beobachtungen (z.B. vorheriges Verhalten der Kinder im Bad, frühere Schwimmausbildung der Kinder gerade durch den Bademeister selbst) davon ausgehen darf, dass die Kinder zum Umgang mit dem Tauchring in der Lage sind.[868] Zu der Verkehrssicherungspflicht des Schwimmbadbetreibers gehört auch die Verpflichtung, eine **Sprunganlage** so einzurichten, dass für die Benutzer die Gefahr der Grundberührung beim Springen ausgeschaltet ist. So stellt das Aufstellen von Startblöcken bei einer Wassertiefe von 1,40 m eine Verletzung der Verkehrssicherungspflicht dar.[869] Genügt eine Sprunganlage den Anforderungen nicht, so ist sie abzubauen. Das Aufstellen von Warnschildern genügt wegen der Gefahr, dass sie übersehen oder von Kindern ignoriert werden könnten, nicht.[870] Ebenso muss die Sicherheit einer **Wasserrutsche**, deren Betrieb vielfältige Gefahren mit sich bringt und deren typische Benutzer Kinder sind, in jeder Hinsicht dem kindlichen Spiel- und Entdeckungstrieb Rechnung tragen. Ist daher ein im Becken der Wasserrutsche befindliches Ansaugrohr zum Transport des Wassers aus dem Becken auf der Höhe des Beginns der Rutsche so groß, dass ein Kind mit dem Arm hineingeraten kann und ist vor dem Rohr keine Abdeckung angebracht, so liegt hierin eine Verkehrspflichtverletzung des Anlagenbetreibers, da ein solcher evidenter Sicherheitsmangel bei einer gehörigen Überprüfung hätte festgestellt werden können.[871] Der Aufwand, den der Schwimmbadbetreiber zum Schutz der Badegäste betreiben muss, richtet sich aber auch nach den möglichen Verletzungsfolgen. Eine völlige Vermeidung der für den Benutzer kalkulierbaren Gefahren ist nicht geboten, da insbesondere Vergnügungseinrichtungen wie z.B. Wasserrutschen sozial akzeptiert und zur Steigerung der Schwimmbadattraktivität gewünscht werden.[872] Eine lückenlose Aufsicht in Schwimmbädern ist nicht üblich und nach ständiger Rechtsprechung auch nicht erforderlich. Der Betreiber der Wasserrutsche genügt daher seiner Pflicht, besondere Sicherungsvorkehrungen gegen die Gefahr des Aufrutschens zu treffen, wenn er den Rutschenden die Rutschhaltung und den zeitlichen Abstand sowie die Verpflichtung zur sofortigen Räumung des Auslaufbereichs im Becken mit ausreichender Deutlichkeit vorgibt. Eine Ampelanlage, die die Rutschbahn erst freigibt, wenn der Vorausrutschende den Gefahrenbereich verlassen hat, ist dann nicht erforderlich[873], ebenso wenig wie die Überwachung jedes einzelnen Rutschvorgangs durch einen am Rutscheneinstieg postierten Bademeister.[874] Jedoch hat das Oberlandesgericht Koblenz in einer aktuellen Entscheidung die Ansicht vertreten, dass die Einrichtung einer Ampelanlage am Eingang einer Wasserrutsche in dem Fall doch erforderlich sein könne, wenn wegen der besonderen Gefährlichkeit der Anlage oder Uneinsehbarkeit der Rutsche am Einstieg die Abstände zwischen den Rutschenden zur Vermeidung von Unfällen schärfer kontrolliert werden müssen.[875] Bei Rutschen, die weder besonders gefährlich noch uneinsehbar sind, genügt der Betreiber seiner Verkehrssicherungspflicht hingegen grundsätzlich bereits dadurch, dass er sowohl am Aufgang zur Rutsche als auch am unmittelbaren Einstieg Hinweisschilder mit schriftlich und bildlich dargestellten Warnhinweisen zu den wesentlichen Problempunkten (z.B. erlaubte Rutschpositionen, rasche Räumung des Eintauchbereichs) aufstellt. Ist ein gleichwohl eingetretener Unfall darauf zurückzuführen, dass die klaren und unmissverständlichen Regeln des Betreibers vom Unfallverursacher nicht eingehalten wurden, so stellt sich die bewusste Missachtung dieser Vorgaben als Verwirklichung eines Risikos dar, welches dem Betreiber deliktsrechtlich nicht zugerechnet werden kann.[876] In einer weiteren aktuellen Entscheidung zu Verkehrspflichten hinsichtlich des Betriebs einer Wasserrutsche hat das Oberlandes-

---

[866] OLG Frankfurt v. 02.02.2004 - 1 U 7/04 - OLGR Frankfurt 2004, 243-244.
[867] BGH v. 12.06.1990 - VI ZR 273/89 - LM Nr. 118 zu § 823 (Aa) BGB.
[868] OLG Celle v. 29.10.2003 - 9 U 146/03 - OLGR Celle 2004, 36-37.
[869] OLG Köln v. 30.03.2009 - 16 U 71/08 - MDR 2009, 973-974.
[870] OLG Celle v. 20.08.1969 - 9 U 21/69 - VersR 1969, 1049-1051; OLG Brandenburg v. 11.03.1999 - 2 U 90/97 - ZfSch 2000, 287-288.
[871] OLG Köln v. 12.09.2005 - 16 U 25/05 - NJW 2005, 3074-3077 (betraf hier Haftung des Reiseveranstalters).
[872] BGH v. 05.10.2004 - VI ZR 294/03 - NJW-RR 2005, 251-253.
[873] BGH v. 05.10.2004 - VI ZR 294/03 - NJW-RR 2005, 251-253.
[874] OLG Celle v. 12.09.2006 - 8 W 66/06 - NJW 2006, 3284-3285.
[875] OLG Koblenz v. 07.05.2010 - 8 U 810/09.
[876] OLG Koblenz v. 07.05.2010 - 8 U 810/09.

gericht Koblenz eine deliktsrechtliche Verpflichtung zu Warnhinweisen, die die Funktion einer in der Wand befindlichen als solcher klar erkennbaren Austrittsöffnung einer Wasserrutsche verdeutlichen, verneint.[877] Ausgehend von dem in der Rechtsprechung anerkannten Grundsatz, wonach der Benutzer einer Sportanlage nur vor solchen Gefahren geschützt werden müsse, die er ausgehend von der sich ihm konkret darbietenden Situation bei Anwendung der von ihm zu erwartenden Sorgfalt erfahrungsgemäß nicht oder nicht rechtzeitig erkennen und vermeiden kann, müsse der Schwimmbadbetreiber keine Vorsorge dagegen treffen, dass ein Besucher in die Austrittsöffnung der Rutsche hineinklettert, um sich dort aufzuhalten.[878] Ebenso stellt es auch keine Vernachlässigung von Sicherheitsvorkehrungen dar, wenn das Treppengeländer einer Treppe in das Schwimmbadbecken so gestaltet ist, dass der Handlauf in Höhe des äußeren Abschlusses des Treppenpodestes endet und somit ein Betreten des Schwimmbeckens nur durch ein rückwärtiges Hinabsteigen möglich ist.[879]

- **Skisport**: Für Skipisten besteht eine **Pistensicherungspflicht**. Sie ist allerdings auch nur darauf gerichtet, den Skiläufer vor atypischen Gefahren zu schützen, die über die normalen Gefahren des Skilaufs hinausgehen.[880] Atypisch sind Gefahren, mit denen im Hinblick auf das Erscheinungsbild und den angekündigten Schwierigkeitsgrad der Piste auch ein verantwortungsbewusster Skiläufer nicht rechnet, weil sie nicht pistenkonform sind, wie z.B. tiefe Löcher, Betonsockel, Abbrüche oder Steilflanken im Randbereich der Piste.[881] Der Betreiber der Skipiste hat auch im Pistenbereich oder im Einzugsbereich der Piste befindliche Stützen und Lichtmasten durch Anbringen von aufpralldämpfendem Material zu sichern, jedenfalls dann, wenn sie atypische Gefahren für die Pistenbenutzer begründen, mit denen der Skifahrer nicht ohne weiteres zu rechnen braucht.[882] In Fällen extremer Vereisung ist er aber nicht gehalten, die Piste mittels Brettern, Seilen oder Netzen zu sperren oder eine Bergbahn/einen Skilift stillzulegen. Er kann sich vielmehr darauf beschränken, den Skiläufer durch Schilder oder Lautsprecherinformation zu warnen und es dann dessen eigenverantwortlicher Entscheidung zu überlassen, ob er die Abfahrtsgefahr auf sich nehmen will oder nicht.[883] Eine dem Skisport atypische Gefahr, der der Pistensicherungspflichtige begegnen muss, geht von einer die Abfahrtstrecke kreuzenden Straße aus, wenn diese für den Skiläufer nicht ohne weiteres erkennbar ist. Er muss daher Sicherungsmaßnahmen treffen, mindestens aber für eine ausreichende Warnung der Skiläufer sorgen.[884] Die Verkehrspflicht eines **Skilehrers** gegenüber seinen erwachsenen Schülern geht nicht so weit, dass er ihre Interessen ohne Berücksichtigung ihres Willens wahrnehmen und sie somit gleichsam bevormunden müsste. Anders ist dies aber bei jugendlichen Skikursteilnehmern. Hier greifen wegen des Alters der Teilnehmer weitergehende Aufsichtspflichten des Skilehrers ein, weil er berücksichtigen muss, dass die Kursteilnehmer aufgrund ihres Alters noch nicht in der Lage sind, sachgerechte Entscheidungen zu treffen.[885] Ein **Skilanglauflehrer** ist verpflichtet, die von den Schülern zu befahrenden Loipen so zu wählen, dass sie dem durchschnittlichen Können seiner Schüler entsprechen und ständig gepflegt werden. Ist dies der Fall, so muss er die Strecke aber nicht vor dem Befahren mit seinen Schülern auf Gefahrstellen hin untersuchen, um jedes Sturzrisiko für die Teilnehmer seiner Gruppe auszuschließen.[886]

- **Strandsegeln**: Ein Verein, der auf einem gemeindeeigenen Meeresstrandabschnitt mit Sondernutzungserlaubnis der Gemeinde eine Strandsegelregatta ausrichtet, ist mit einer Verkehrssicherungspflicht dahingehend belastet, Strandspaziergänger vor den potentiell erheblichen Gefahren einer Kollision mit einem Strandsegelwagen dadurch zu schützen, dass er die Regattastrecke für jedermann klar erkennbar abmarkt oder gar absperrt und mit eindeutigen Warnschildern in ausreichender Zahl ausstattet. Finden keine offiziellen Probeläufe für die Regatta statt, so dass dem ausrichtenden Verein bekannt ist, dass auswärtige Fahrer, die mit der Strecke nicht oder nicht mehr vertraut sind,

---

[877] OLG Koblenz v. 26.04.2010 - 1 W 200/10.
[878] OLG Koblenz v. 26.04.2010 - 1 W 200/10.
[879] OLG Köln v. 02.09.1010 - 19 U 100/10.
[880] BGH v. 13.11.1970 - 1 StR 412/70 - LM Nr. 2 zu § 22 StGB 1969.
[881] *Sprau* in Palandt, § 823 Rn. 211.
[882] OLG Stuttgart v. 30.11.2009 - 5 U 72/09 - MDR 2010, 385-387; (*Fritzweiler* in: Fritzweiler/Pfister/Summerer, Praxishandbuch Sportrecht, 2. Aufl. 2007 V 3 Rn. 106).
[883] BGH v. 13.11.1970 - 1 StR 412/70 - LM Nr. 2 zu § 22 StGB 1969.
[884] OLG München v. 29.06.1973 - 1 U 2717/72 - NJW 1974, 189-192.
[885] LG München I v. 24.09.1976 - 33 O 14685/76 - VersR 1977, 164.
[886] LG Traunstein v. 21.04.1994 - 2 O 3004/93 - SpuRt 1995, 55-56; OLG München v. 09.11.1994 - 3 U 3797/94 - OLGR München 1995, 29-30.

diese vor der Regatta – den ortsüblich bekannten und geduldeten Gebräuchen entsprechend – austesten werden, so treffen ihn diese Verkehrssicherungspflichten nicht nur für den Tag der Regatta selbst, sondern auch bereits im Vorfeld der Regatta, sobald mit solchen Testfahrten erfahrungsgemäß zu rechnen ist oder sie dem Verein gar konkret bekannt werden. Denn bereits die Duldung derartiger Testläufe stellt die Eröffnung eines gefahrträchtigen Verkehrs durch den Regattaausrichter dar, zu dessen Sicherung diesen eine Verkehrssicherungspflicht trifft.[887]

- **Tennis**: Den Betreiber einer **Tennisanlage** trifft in Anbetracht der Eigengefahr der Sportausübung, der Konzentration des Sportlers und des allgemeinen Verkehrsvertrauens auf eine uneingeschränkte, professionellen Maßstäben genügende Gefahrensicherung die Verantwortung dafür, dass alle das normale Risiko der Sportausübung überschreitenden, vorhersehbaren Gefahren ausgeschaltet sind.[888] Diese Pflicht verletzt er, wenn er nicht nur den seitlichen Auslauf in Übereinstimmung mit den Empfehlungen des Deutschen-Tennis-Bundes verkürzt, sondern das mit dem Spiel üblicherweise verbundene Verletzungsrisiko dadurch erhöht, dass er an der Begrenzung der solcherart verkürzten Auslaufzone in Höhe der Aufschlag-Querlinie einen feststehenden Eisenpfosten aufstellt.[889] Der Abstand zwischen der Grundlinie und der Tennishallenrückwand muss mindestens 5,50 Meter betragen. Ferner muss diese Rückwand plan sein und darf keine scharfkantigen Pfeilerecken aufweisen, weil die Gefahr, dass ein Tennisspieler im hinteren Bereich der Auslaufzone stürzt und gegen die Außenwand prallt, immer gegeben ist.[890] Der Betreiber einer Tennishalle kann die Verkehrspflicht zum „Abziehen" und Glätten des Platzes den jeweiligen Spielern übertragen und haftet infolge dieser Übertragung bei der Verletzung dieser Pflicht den Spielern gegenüber nicht.[891]

- **Turnen**: Die anlagenbezogene Verkehrssicherungspflicht des Veranstalters eines Turnwettkampfes gegenüber den am Wettkampf teilnehmenden Sportlern ist insbesondere darauf ausgerichtet, durch einen ordnungsgemäßen Aufbau funktionstüchtiger Geräte und eine hierauf bezogene begleitende Kontrolle sicherzustellen, dass sich bei der Sportausübung niemand aus gerätebezogenen Gründen verletzen kann wie es z.B. beim Sturz eines Wettkämpfers während des Ringeturnens auf Grund einer plötzlichen Spannungsänderung einer Aufhängung des Ringgerüsts infolge einer fehlerhaften Montage des Ringgerüsts der Fall ist.[892]

- **Kampfsport**: Der Kampfsportlehrer (z.B. Karatelehrer), der mit seinem Schüler ein so genanntes „Sparringstraining" durchführt, bei dem unter wettkampfähnlichen Bedingungen mit Vollkontakt gekämpft wird, ist aufgrund seiner überlegenen Trainingserfahrung verpflichtet, auf die unterlegenen Fähigkeiten seines Schülers Rücksicht zu nehmen und Schläge nicht mit einer solchen Kraft anzubringen, dass sie bei Deckungsfehlern des Schülers zu ernsthaften Verletzungen führen.[893] Ferner ist der Kampfsportlehrer selbstverständlich verpflichtet, beim Training mit einem ihm unterlegenen Übenden nicht von seinen überlegenen Fähigkeiten Gebrauch zu machen.[894] Bei der Trainingsdurchführung hat der Kampfsportlehrer auf den Kenntnis- und Fitnessstand seiner Schüler Rücksicht zu nehmen, die angeordneten Übungen zuvor gründlich zu besprechen und auf damit verbundene erhöhte Verletzungsrisiken hinzuweisen. Die so umrissene Verkehrspflicht gegenüber seinen Schülern verletzt der Lehrer aber nicht schon dadurch, dass er eine gefährliche Übung anordnet, sofern diese nach dem Trainingsaufbau und ihrer Ausführung fachgerecht ist und ihrer Durchführung keine erkennbaren konditionellen Schwächen oder mangelnde Übungsfortschritte der Schüler entgegenstehen.[895] Ein Judoverein ist nicht verpflichtet, seine Mitglieder schon beim Eintritt oder in der Folgezeit ohne besonderen Anlass im Hinblick darauf, dass bei der von ihm angebotenen Sportart Unfälle mit Verletzungsfolgen nicht fern liegen, über bestehende Versicherungen aufzuklären.[896]

---

[887] Schleswig-Holsteinisches OLG v. 23.02.2011 - 7 U 106/09.
[888] OLG München v. 17.09.1986 - 21 U 6324/85 - NJW-RR 1987, 18-19; OLG Frankfurt v. 11.12.1992 - 25 U 47/92 - NJW-RR 1993, 846-858.
[889] OLG München v. 17.09.1986 - 21 U 6324/85 - NJW-RR 1987, 18-19.
[890] OLG Hamm v. 22.04.1997 - 9 U 19/97 - MDR 1997, 739-740.
[891] LG Darmstadt v. 07.03.1991 - 10 O 475/90 - ZfSch 1991, 402-404.
[892] OLG Frankfurt a.M. v. 02.09.2010 - 3 U 172/09 - SpuRt 2011, 31-32.
[893] LG Karlsruhe v. 11.12.1992 - 9 S 210/92.
[894] OLG Celle v. 22.09.1999 - 9 W 109/99 - NJW-RR 2000, 559.
[895] OLG Köln v. 06.12.1991 - 3 U 78/91 - OLGR Köln 1992, 37.
[896] LG Münster v. 07.12.1987 - 16 O 209/87 - VersR 1989, 155.

Der für ein Fußballspielfeld Verkehrssicherungspflichtige muss die Fußballspieler, solange er den Sicherheitsstandard gewährleistet, der der herrschenden Verkehrsauffassung gerecht wird, nicht vor jedweder von der Anlage ausgehenden Gefahr schützen. Demgemäß muss hingenommen werden, dass es von der Sportanlage ausgehende Risiken gibt, bei deren Verwirklichung der Verletzte den Schaden selbst trägt (vgl. OLG Koblenz v. 18.06.2012 - 5 U 423/12). Eine solche Konstellation wurde jüngst bejaht für den Fall, dass ein Spieler sich aus einer Spielsituation auf dem mit Kunstrasen ausgelegten Spielfeld heraus an einem Trainingstor verletzte, das sich 4,5 Meter hinter der Torauslinie befand und sich vom Untergrund gut wahrnehmbar abhob, da der Kunstrasenbelag nur 1,8 Meter über die Torauslinie hinausreichte. Ausschlaggebend für die Verneinung einer Verletzung der Verkehrssicherungspflicht war, dass das Tor als Hindernis deutlich wahrnehmbar und auch bei Ablenkung der Spieler durch das situative Spielgeschehen zuvor deutlich erkennbar war, so dass die Spieler sich hierauf einrichten konnten, zumal der vorhandene Auslauf nach der Verkehrsauffassung als ausreichend zu bewerten war (vgl. OLG Koblenz v. 18.06.2012 - 5 U 423/12). Diese für den Einzelfall nachvollziehbare Entscheidung sicherte das Gericht durch die Überlegung ab, dass der Schiedsrichter das Spiel freigegeben habe, was ein Indiz dafür sei, dass die Anlage den der Verkehrsanschauung entsprechenden Anforderungen genügt habe. Dies überzeugt im Ergebnis nicht, da der Schiedsrichter Gefahrquellen übersehen und Fehleinschätzungen unterliegen kann und nicht einzusehen ist, warum in einem solchen Fall eine Risikoverlagerung auf den Spieler eintreten sollte. 107.1

bb. Verkehrspflichten bei der Ausübung von Sport

Hinsichtlich der den Sportler bei der Sportausübung treffenden Verkehrspflichten unterscheidet man zwischen **Kampfsportarten** (im untechnischen Sinne) wie Fußball, Handball, Karate oder Judo, bei denen es um das körperlichen Einsatz erfordernde „Gegeneinander" geht, und **Parallel- oder Individualsportarten** wie Schwimmen, Reiten, Golfen oder Skilaufen, die alleine bzw. nebeneinander ausgeübt werden.[897] 108

Verkehrspflichten bei der Ausübung von Kampfsportarten: Bei den körperbetonten Kampfsportarten kommt den Spiel- und Wettkampfordnungen eine überragende Bedeutung für die Bestimmung der Verkehrspflichten zu. Diese Bedeutung ergibt sich daraus, dass man sich im Ergebnis darüber einig ist, dass im Kampfsport eine im Einklang mit den Spielregeln herbeigeführte Rechtsgutsverletzung keine Haftung zu begründen vermag.[898] Den Teilnehmern an derartigen Sportveranstaltungen sind die mit dem Wettkampf verbundenen Gefahren und Risiken bewusst. Sie wissen auch, dass es mehr oder weniger vom Zufall abhängt, ob sie Schädiger oder Geschädigte einer sich typischerweise realisierenden Gefahr dieser Sportart sind. Es widerspräche Treu und Glauben, wenn ein Geschädigter dann den Schädiger für solche Schäden in Anspruch nehmen würde[899], und zwar unabhängig davon, ob der Schädiger Versicherungsschutz durch eine private Haftpflichtversicherung genießt.[900] Die dogmatische Begründung dieses Ergebnisses ist strittig. Wie bereits im Rahmen der Einwilligung (vgl. Rn. 61) erörtert, begründet der BGH die Haftungslosigkeit regelgerecht herbeigeführter Kampfsportverletzungen mit dem Verbot des venire contra factum proprium. Die h.M. in der Lehre dagegen will unmittelbare Verletzungen im Kampfsport ebenso wie mittelbare Verletzungen und Unterlassen behandeln und daher bei regelgerechtem Verhalten bereits die Tatbestandsmäßigkeit verneinen.[901] Überzeugender ist es dagegen, eine Einwilligung aller Spielteilnehmer in bei regelgerechtem Verhalten unvermeidbare Sportverletzungen anzunehmen (vgl. dazu die Nachweise unter dem Stichwort Einwilligung Rn. 61). Es ist aber auch weitgehend anerkannt, dass im Kampfsport nicht jede regelwidrig herbeigeführte Sportverletzung eine Haftung aus § 823 Abs. 1 BGB begründet.[902] Hieran kann man erkennen, dass Spielregeln und Verkehrspflichten nicht deckungsgleich sind. Vielmehr haben die Verkehrspflichten beim Kampfsport die Funktion, die **Grenzlinie zwischen haftungsrechtlich „erlaubtem" und haftungs-** 109

---

[897] *Looschelders*, JR 2000, 265-274, 268; *Fritzweiler*, DAR 1997, 137-142, 137; *Herrmann*, Jura 1985, 568-570, 568-569.

[898] So grundlegend für die deliktische Sportlerhaftung im Kampfsport BGH v. 05.11.1974 - VI ZR 100/73 - BGHZ 63, 140-149; vgl. ferner *Looschelders*, JR 2000, 265-274, 268-269.

[899] BGH v. 01.04.2003 - VI ZR 321/02 - NJW 2003, 2018; Schifffahrtsobergericht Nürnberg v. 26.09.2006 - 11 U 1798/06 BSch - NJW-RR 2007, 461-462.

[900] OLG Celle v. 16.10.2008 - 5 U 66/08 - VersR 2009, 1236-1237; BGH v. 27.10.2009 - IV ZR 296/08 - NJW 2010, 537-539 in Abgrenzung zu BGH v. 29.01.2008 - VI ZR 98/07 - NJW 2008, 1591-1593, dessen Entscheidung allerdings zu einer motorsportlichen Veranstaltung ergangen ist, bei der alle Teilnehmer pflichtversichert waren.

[901] *Looschelders*, JR 2000, 265-274, 268-269; *Fritzweiler*, DAR 1997, 137-142, 137.

[902] Vgl. *Looschelders*, JR 2000, 265-274, 271-273 m.w.N.

rechtlich sanktioniertem Regelverstoß zu markieren. Demgegenüber haben die Spielregeln in erster Linie den Zweck, einen ordnungsgemäßen Ablauf des Wettkampfes sicherzustellen und die Chancengleichheit der Wettkämpfer zu gewährleisten. Einige dieser Spielregeln dienen zwar dem Schutz der Gesundheit der Sportler. Sie sind aber auch insofern nicht darauf ausgerichtet, zivilrechtliche Einstandspflichten zu begründen, sondern gehen im Grundsatz davon aus, dass die sporteigenen Sanktionen (z.B. die „Rote Karte" im Fußballspiel) zum Schutz der Spieler ausreichen.[903] Aufgrund dieser unterschiedlichen Zweckrichtung bejaht die Rechtsprechung bei Kampfsportarten eine Verkehrspflichtverletzung nicht bereits bei jeder geringfügigen Verletzung solcher Spielregeln, die die Gesundheit der Spieler schützen sollen. Vielmehr ist sie bestrebt, die Verkehrspflichten bei Kampfsportarten so zu bestimmen, dass die Eigenart der jeweiligen Sportart nicht verloren geht. Leitender Gesichtspunkt ist dabei das **Fairnessgebot**, das als oberster Grundsatz jeglicher Sportausübung angesehen wird.[904] Dieses ist regelmäßig in haftungsbegründender Weise verletzt, wenn eine körperliche Attacke nicht dazu dient oder nicht dazu geeignet ist, den sportlichen Erfolg des Angreifers zu fördern.[905] Eine Übertragung dieser Grundsätze auf das Kinderspiel „Bockspringen" beim Schlittschuhlaufen wurde vom OLG Nürnberg allerdings ausdrücklich verneint mit Hinweis darauf, dass bereits keine festen und anerkannten Regeln vorlägen.[906] Noch ungeklärt ist die Frage, ob die genannten Grundsätze erst mit Beginn des eigentlichen Wettkampfes oder auch beim Training oder sogar bereits mit Betreten der Spielstätte durch die Sportler eingreifen.[907]

110 Nachfolgend ein **Überblick über die Verkehrspflichten bei einzelnen Kampfsportarten**:
- **Basketball**: Bei der Ermittlung der Verkehrspflichten der Basketballspieler ist zu berücksichtigen, dass das Basketballspiel – anders als das Fußball- oder Eishockeyspiel – im Grundsatz ein **körperloses Spiel** ist, bei der die verbotene und als „Foul" zu ahndende körperliche Berührung des Gegenspielers grundsätzlich zu vermeiden ist. Gleichwohl darf dabei nicht außer Acht gelassen werden, dass die Eigenart des Basketballspiels auch als „Kampfspiel" zu charakterisieren ist, bei dem es beim Kampf um den Ball zu unbeabsichtigten körperlichen Kontakten kommen kann.[908] Daher muss der Basketballspieler unter Haftungsgesichtspunkten nicht jedes körperbezogene Foul unterlassen, das das Spiel der eigenen Mannschaft weiterbringen kann. Erfolgt der Körperkontakt wegen „der guten Chance, den Ball zu spielen" und handelt es sich dabei um ein „normales", beim Basketballsport alltägliches Foul, das auch ein normaler, ordentlicher und gewissenhafter Spieler in dieser Spielsituation in Kauf genommen hätte, so liegt keine Verkehrspflichtverletzung vor.[909] Gleiches gilt auch für sonstige geringfügige Regelverstöße, wenn sie aus Sporteifer, ohne Überlegung, aus technischem Versagen, Übermüdung oder ähnlichen Gründen begangen werden.[910]
- **Eishockey**: Bei aller Härte und Kampfbetonung, die dem Eishockeysport eigen ist, ist dieser Sport weit eher mit anderen körperbetonten Wettkampfspielen wie Fußball und Handball vergleichbar als mit besonders gefährlichen Kampfsportarten wie Box- oder Ringkämpfen.[911] Der Eishockeyspieler verletzt durch kampfbedingte Härte noch keine gegenüber den Mitspielern bestehende Verkehrspflicht.[912] Eine solche Verkehrspflichtverletzung ist erst bei nicht nur geringfügigen Regelverstößen zu bejahen, die die Grenze zwischen kampfbedingter Härte und Unfairness zur Unfairness hin überschreiten.[913] Dabei kann die Häufigkeit eines Regelverstoßes nur in Zweifelsfällen für eine Geringfügigkeit sprechen.[914] Bei der Beurteilung der Haftungsrelevanz eines **Bandenchecks** gegenüber einem nicht mehr im Besitz des Pucks befindlichen Spielers darauf an, ob der Verletzer den Verletzten nahezu aus dem Stand oder mit Anlauf heftig gegen die Bande wirft.[915]

---

[903] *Looschelders*, JR 2000, 265-274, 270.
[904] OLG Hamm v. 15.11.1999 - 6 U 32/99 - SpuRt 2000, 248-250.
[905] Zu einem von der Rechtsprechung abweichenden dogmatischen Ansatz bei der Ermittlung haftungsbegründender Verkehrspflichtverletzungen bei Kampfsportausübung vgl. *Looschelders*, JR 2000, 265-274, 271-273.
[906] OLG Nürnberg v. 09.02.2009 - 14 U 1786/08 - MDR 2009, 688-689.
[907] Sehr weitgehend AG Bremen v. 10.10.2003 - 7 C 161/03 - NJW-RR 2004, 749-750.
[908] BGH v. 16.03.1976 - VI ZR 199/74 - NJW 1976, 2161-2162; OLG Koblenz v. 08.02.1991 - 5 W 43/91 - ZfSch 1991, 226.
[909] BGH v. 16.03.1976 - VI ZR 199/74 - NJW 1976, 2161-2162.
[910] LG Gießen v. 14.02.1994 - 4 O 503/93 - VersR 1995, 1110.
[911] OLG München v. 22.03.1989 - 3 U 5067/88 - NJW-RR 1989, 727-728.
[912] OLG München v. 22.03.1989 - 3 U 5067/88 - NJW-RR 1989, 727-728.
[913] OLG München v. 22.03.1989 - 3 U 5067/88 - NJW-RR 1989, 727-728.
[914] AG Düsseldorf v. 19.05.2006 - 20 C 7062/05 - SpuRt 2007, 38-39.
[915] OLG München v. 22.03.1989 - 3 U 5067/88 - NJW-RR 1989, 727-728.

- **Fußball**: Bei der Bestimmung der Verkehrspflichten der Fußballspieler muss man berücksichtigen, dass es sich beim Fußball um ein Kampfspiel handelt, das unter Einsatz von Kraft und Geschicklichkeit geführt wird und das wegen des dieser Sportart eigenen kämpferischen Elements bei dem gemeinsamen „Kampf um den Ball" nicht selten zu unvermeidbaren Verletzungen führt.[916] Dabei verlangt die Eigenart des Fußballs als blitzschnellem Kampfspiel dem Spieler oft Entscheidungen und Handlungen ab, bei denen er in Bruchteilen einer Sekunde Chancen abwägen und Risiken eingehen muss, um den Spielzweck nicht zu verfehlen. Liegt ein daraus resultierendes regelwidriges Verhalten eines Spielers noch im Grenzbereich zwischen der einem solchen körperbetonten Kampfspiel eigenen gebotenen Härte und einer unzulässigen Unfairness, so liegt noch keine haftungsbegründende Verkehrspflichtverletzung vor.[917] **Grobe Verletzungen des Fairnessgebots** sind dagegen stets verkehrspflichtwidrig.[918] Ob eine solche grobe Verletzung des Fairnessgebots vorliegt, hängt unter anderem davon ab, ob ein Angriff darauf gerichtet und mit der reellen Chance verbunden ist, den Ball zu treffen und dadurch der Kontrolle des ballführenden Spielers zu entziehen oder ob bei dem Foul eine Spielsituation vorgelegen hat, bei der es aussichtslos erscheinen musste, den Ball zu treffen, sodass der Angriff tatsächlich nur noch das Ziel verfolgen konnte, den Gegenspieler selbst zu treffen und ihn dadurch an der weiteren Ballführung zu hindern.[919] Diese Abgrenzung spielt vor allem bei der Frage eine Rolle, wann das „**Abgrätschen**" des ballspielenden Gegners als grobe Verletzung des Fairnessgebots gewertet werden muss.[920] So liegt nach dem Regelwerk des Deutschen Fußballbundes ein nicht zu rechtfertigendes, grobes Foul insbesondere dann vor, wenn eine vermeintlich klare Torchance durch ein absichtliches Foul verhindert wird (sog. „Notbremse").[921] Die Rechtsprechung hat dies bei einer sog. „Blutgrätsche"[922] sowie bei einem von hinten mit gestrecktem Fuß geführten Angriff bejaht, der gegen einen mit dem Ball nach vorne weglaufenden Gegner gerichtet war und ihn am Wadenbein mittig traf, so dass man aufgrund der Tritthöhe folgern musste, dass die Grätsche nicht dem am Boden befindlichen Ball, sondern dem Gegner selbst galt.[923] Dabei hat das OLG Stuttgart, ohne sich insoweit festzulegen, sogar erwogen, ob man bei dem im freien Lauf auf das Tor befindlichen Spieler eine von hinten oder seitlich ausgeführte Grätsche wegen ihrer gesteigerten Gefährlichkeit nicht auch dann als grob unfair werten muss, wenn sie mit der realistischen Chance verbunden ist, den Ball und nicht den Gegner zu treffen,[924] was zu weitgehend erscheint. Jedoch ist bei den fußballinternen Sanktionen durchaus eine Tendenz zu einer strengeren Abstrafung von Fouls dieser Art zu beobachten, was auf lange Sicht auch den Maßstab für die deliktische Haftung herabsetzen kann. Ein Stürmer darf sich jedoch solange um den Ball bemühen, als der Torwart ihn nicht fest in den Händen hält.[925] Die **Beweislast** für das haftungsbegründende, verkehrspflichtwidrige Verhalten wird dabei von der Rechtsprechung dem Anspruchsteller zugewiesen.[926] Dies wird damit begründet, dass eine umgekehrte Beweislastverteilung dazu führen könnte, die Fußballspieler von Angriffen um den Ball abzuhalten, was den Reiz des Fußballspiels beeinträchtigen würde. Die Beweislastverteilung gehöre zu dem von jedem Spieler freiwillig übernommenen Risiko.[927] Diese von der Rechtsprechung für den Fußballsport als Wettkampfspiel entwickelten Haftungsbeschränkungen gelten nach Auffassung des Saarländischen Oberlandesgerichts auch bei einem Freundschaftsspiel zwischen Amateurmannschaften, selbst wenn es sich dabei um ein solches im „Alte-Herren-Bereich" handelt. Danach ist der Maßstab für die Abgrenzung zwischen – ggf. leicht fahrlässig fehlerhaft eingeschätzter – zulässiger Härte und haftungsbegründender Unfairness grundsätzlich nicht anders zu bestimmen als bei Punkt- oder Ausscheidungsspielen, so dass die Spieler auch bei Freundschaftsspielen mit energischen und bissigen Einsätzen ihrer Mitspieler rechnen müssen.[928] Nach An-

---

[916] BGH v. 05.11.1974 - VI ZR 100/73 - BGHZ 63, 140-149.
[917] OLG Stuttgart v. 09.03.2000 - 7 U 166/99 - NJW-RR 2000, 1043-1044; OLG Köln v. 27.05.2010 - 19 U 32/10.
[918] OLG Stuttgart v. 09.03.2000 - 7 U 166/99 - NJW-RR 2000, 1043-1044.
[919] OLG Stuttgart v. 09.03.2000 - 7 U 166/99 - NJW-RR 2000, 1043-1044; OLG Stuttgart v. 11.07.2000 - 10 U 59/2000, 10 U 59/00 - MDR 2000, 1432.
[920] Vgl. dazu *Fritzweiler*, SpuRt 1994, 100-102.
[921] OLG München v. 25.02.2009 - 20 U 3523/08.
[922] OLG Hamm v. 04.07.2005 - 34 U 81/05 - NJW-RR 2005, 1477-1478.
[923] OLG Stuttgart v. 09.03.2000 - 7 U 166/99 - NJW-RR 2000, 1043-1044.
[924] OLG Stuttgart v. 09.03.2000 - 7 U 166/99 - NJW-RR 2000, 1043-1044.
[925] OLG Köln v. 27.05.2010 - 19 U 32/10.
[926] BGH v. 05.11.1974 - VI ZR 100/73 - BGHZ 63, 140-149; Saarländisches OLG v. 02.08.2010 - 5 U 492/09.
[927] BGH v. 05.11.1974 - VI ZR 100/73 - BGHZ 63, 140-149.
[928] Saarländisches OLG v. 02.08.2010 - 5 U 492/09.

sicht des OLG Köln besteht aber bei einem als „Juxturnier" bezeichneten Hallenfußballturnier zumindest stillschweigend ein gewisser Vertrauenstatbestand dahin, es werde wegen der vergleichsweise geringen Bedeutung nicht so sehr „zur Sache gegangen" und im Zweifel auch einmal eher der Fuß zurückgezogen. Allerdings weise die Tatsache, dass Personen unter 14 Jahren bei dem Turnier nicht mitmachen dürfen, darauf hin, dass durchaus mit einem körperbetonten Spiel gerechnet werden müsse.[929] Schließlich hat das Saarländische Oberlandesgericht in der Entscheidung die Rechtsprechung des BGH bekräftigt, wonach dem jeweiligen Angreifer keine Beweislast für regelgerechtes Verhalten aufgebürdet werden dürfe, da eine solche Abweichung von der allgemeinen Beweislastverteilung im Anwendungsbereich des § 823 Abs. 1 BGB geeignet wäre, den Angreifenden von Angriffen auf den Ball abzuhalten, obwohl doch solche Angriffe gerade Aufgabe jedes Spielers seien. Dieser Leitgedanke erfordere es überdies, es auch für die Frage, ob ein feststehender Regelverstoß schuldhaft begangen worden ist, bei der allgemeinen deliktsrechtlichen Beweislastverteilung, also der Beweislast des Verletzten, zu belassen. Die Rechtsprechung lehnt es auch ab, aus der Schwere der beim Kampf um den Ball erlittenen Verletzungen einen Anscheinsbeweis für einen (groben) Regelverstoß des Verletzers abzuleiten.[930] Demgegenüber kommt ein auf das Verletzungsbild und die Spielsituation gestützter Indizienbeweis in Betracht.[931] Der **Fußballtrainer** jedoch, der als einziger Erwachsener an einem Trainingsspiel der von ihm trainierten Kindermannschaft teilnimmt, unterliegt im Vergleich zu normalen Fußballspielern einem besonderen Sorgfaltsmaßstab. Er haftet nicht erst bei einem groben Regelverstoß, sondern schon dann, wenn er als Erwachsener die gebotene Rücksichtnahme und Zurückhaltung gegenüber den Kindern vermissen lässt.[932]

- **Handball**: Die Verkehrspflichten des Handballspielers müssen darauf abgestimmt werden, dass der Handballsport außerordentlich schnell ist, dass körperliche Angriffsformen, insbesondere die Körpersperre des Gegners, zugelassen sind und dass die Grenze zwischen der verbotenen Gefährdung des Mitspielers und zulässiger Körpersperre für den Spieler im Kampfgeschehen nur sehr schwer zu ziehen ist.[933] Der bei der Bestimmung der Verkehrspflicht anzulegende Maßstab kann deswegen je nach Spielklasse verschieden sein und zwar in unteren Spielklassen eher milder, in oberen Spielklassen eher strenger.[934] Eine haftungsbegründende Verkehrspflichtverletzung ist im Handballsport zu bejahen, wenn es sich bei der schädigenden Handlung um einen über eine geringfügige und häufige Regelwidrigkeit hinausgehenden groben Regelverstoß handelt, der den Grenzbereich zwischen gebotener Härte und unzulässiger Unfairness klar überschreitet.[935] Die Beweislast für das Vorliegen eines solchen schwerwiegenden Regelverstoßes liegt – wie beim Fußball – beim Verletzten.[936]

- **Tennis**:[937] Tennis ist zwar ein körperloses Spiel, aber dennoch den (Wett-)Kampfsportarten im sportrechtlichen Sinne zuzuordnen. Diese Zuordnung lässt sich damit begründen, dass es infolge des dem Tennissport eigenen kämpferischen Elements, der Schnelligkeit des Spiels und der Kraft des Balles trotz Beachtung der Spielregeln (z.B. beim Schmetterball) zu unvermeidbaren Verletzungen kommen kann.[938] Beim Tennis gilt für jeden Spieler die ungeschriebene Regel, dass er den Ball erst in Richtung auf den gegnerischen Mitspieler schlagen darf, wenn er davon ausgehen darf, dass dieser nicht unaufmerksam oder anderweitig abgelenkt, sondern annahme- und abwehrbereit ist.[939] Für die Dauer des eigentlichen Spiels, also während des „Kampfes um den Punktgewinn", darf er ohne weiteres von dieser Aufmerksamkeit ausgehen. Außerhalb des eigentlichen Spiels, also während des Einspielens oder beim Hinüberspielen des Balls zu demjenigen, der als nächster aufschlagen soll, muss der Anspielende dagegen stets auf die Annahmebereitschaft des Gegners achten.[940] Von dieser darf er naturgemäß nicht ausgehen, wenn der „angespielte" Mitspieler sich in gebückter Haltung dicht hinter dem Netz befindet, um Bälle aufzusammeln.[941] Betritt allerdings ein erfahrener Ten-

---

[929] OLG Köln v. 27.05.2010 - 19 U 32/10.
[930] OLG Nürnberg v. 09.06.1997 - 5 U 439/97 - VersR 1998, 69-70.
[931] OLG Stuttgart v. 09.03.2000 - 7 U 166/99 - NJW-RR 2000, 1043-1044.
[932] OLG Stuttgart v. 25.05.2000 - 13 U 157/99 - OLGR Stuttgart 2000, 360-362.
[933] LG Marburg v. 19.05.1988 - 2 O 310/87 - NJW-RR 1988, 1243-1245.
[934] LG Marburg v. 19.05.1988 - 2 O 310/87 - NJW-RR 1988, 1243-1245.
[935] LG Marburg v. 19.05.1988 - 2 O 310/87 - NJW-RR 1988, 1243-1245.
[936] LG Marburg v. 19.05.1988 - 2 O 310/87 - NJW-RR 1988, 1243-1245.
[937] Vgl. dazu allgemein *Günther/Kern*, VersR 1993, 794-798.
[938] *Günther/Kern*, VersR 1993, 794-798; OLG Braunschweig v. 07.02.1990 - 3 U 145/89 - NJW-RR 1990, 987-988.
[939] OLG Hamm v. 15.11.1999 - 6 U 32/99 - SpuRt 2000, 248-250.
[940] OLG Hamm v. 15.11.1999 - 6 U 32/99 - SpuRt 2000, 248-250.
[941] OLG Hamm v. 15.11.1999 - 6 U 32/99 - SpuRt 2000, 248-250.

nisspieler nach Beendigung seines Trainings erneut das Spielfeld, auf dem bereits ein Ballwechsel zwischen anderen Spielern im Gange ist, so müssen diese ihr Spiel nicht ohne weitere Veranlassung einstellen. Ein Tennisspieler darf nämlich darauf vertrauen, dass alle Anwesenden auf die mit dem Tennisspiel verbundenen Verletzungsgefahren eingestellt sind und ist daher berechtigt, seine Aufmerksamkeit auf den eigentlichen Spielbetrieb zu konzentrieren. Nur innerhalb dieses eingeschränkten Blickfeldes muss er gezielt auf Spielhindernisse achten.[942] Die Verkehrspflichten beim **Doppelspiel** gegenüber dem Doppelpartner sollen sich nach Auffassung des OLG Braunschweig nach den Regeln über die Haftung bei der Ausübung von Parallelsportarten (vgl. Rn. 111) bestimmen.[943] Dies ist für das eigentliche Wettkampfgeschehen zweifelhaft und wird in der angesprochenen Entscheidung auch vom OLG Braunschweig nicht konsequent durchgehalten. Unabhängig von der Einordnung des Doppelspiels als Kampf- oder Parallelsport, bei der vieles dafür spricht, zwischen den gemeinsam und den gegeneinander agierenden Spielpartnern zu unterscheiden, sind jedenfalls solche („spieltypischen") Verletzungen der auf einer Seite spielenden Partner untereinander von der deliktischen Haftung ausgenommen, die auf Versehen, Fehleinschätzungen oder Koordinationsfehlern beruhen.[944]

- **Zweikampfsportarten im engeren Sinne (z.B. Judo, Karate etc.)**: Den **Judosport** rechnet die Rechtsprechung zu den Sportarten, bei denen zwar ein körperliches Kräftemessen in unmittelbarem Kontakt vorgesehen ist, eine Verletzung des Gegners aber gerade vermieden werden soll.[945] Da technische Fehler beim Ansetzen und Durchführen bestimmter Griff- und Wurftechniken aber kaum vermeidbar sind, gehört ihre Vermeidung als solche nicht bereits zu den von den Kämpfern zu beachtenden Verkehrspflichten.[946] Allerdings darf der Judokämpfer im freien Kampf nur solche Techniken einsetzen, die er infolge intensiven Trainings grundsätzlich bereits sicher beherrscht.[947] Beim freien Übungskampf mit ausbildungsmäßig ebenbürtigen Gegnern muss der Kämpfer grundsätzlich nicht vorher ankündigen, eine bestimmte Technik einsetzen zu wollen.[948] Bei rangverschiedenen Kämpfern gebietet es das Fairnessprinzip, dass der höherrangige Judoka nur diejenigen Techniken einsetzen darf, die dem Gegner nach dessen Ausbildungs- und Prüfungsstand bekannt sein müssen.[949] Will er dagegen eine Technik einsetzen, die bei üblichem Ausbildungsverlauf erst zum Repertoire einer höheren Gürtelstufe gehört, so darf er diese allenfalls einsetzen, wenn er den unterlegenen Gegner vorher gefragt hat, ob er diese Technik schon beherrscht und er sie einsetzen darf.[950] Diese Grundsätze gelten auch bei verwandten Zweikampfsportarten wie z.B. **Jiu-Jitsu, Taekwondo und Karate**, bei denen die Kämpfer ebenfalls nur bei schweren Regelverstößen, insbesondere solchen gegen das Fairnessprinzip, haften.[951] Sie gelten ferner auch dann, wenn sich mehrere Personen **außerhalb von Wettkampf- oder Vereinstrainingsveranstaltungen** spontan zur Sportausübung entschließen.[952] Gehört das Anlegen bestimmter Sicherheitsvorrichtungen zur Vermeidung von Gesundheitsverletzungen des Gegners zum Reglement einer Sportart, so stellt das Außerachtlassen dieser Vorkehrungen, wie z.B. das Nichttragen von Sicherheitsschuhen bei Taekwondo[953], jedenfalls bei gefährlichen Sportarten eine haftungsbegründende Verkehrspflichtverletzung dar.

Verkehrspflichten bei der Ausübung von Individual- und Parallelsportarten: Im Gegensatz zu den Kampfsportarten indiziert bei den Individual- oder Parallelsportarten grundsätzlich die Regelverletzung die Verkehrspflichtwidrigkeit. Dies ergibt sich daraus, dass bei den Individual- und Parallelsportarten keine Notwendigkeit besteht, bestimmte Regelverletzungen zu tolerieren, um eine dem Wesen der jeweiligen Sportart entsprechende Sportausübung sicher zu stellen.[954] Allerdings werden in der herrschenden Rechtsprechung zwischenzeitlich die zu den Kampfsportarten (vgl. Rn. 109) aufgestell- 111

---

[942] OLG Hamm v. 20.09.1990 - 27 U 8/90 - NJW-RR 1991, 418.
[943] OLG Braunschweig v. 07.02.1990 - 3 U 145/89 - NJW-RR 1990, 987-988.
[944] OLG Düsseldorf v. 11.02.2005 - I-15 U 78/04, 15 U 78/04 - OLGR Düsseldorf 2005, 227-229.
[945] OLG Köln v. 30.12.1993 - 1 U 66/93 - NJW-RR 1994, 1372-1373.
[946] OLG Köln v. 30.12.1993 - 1 U 66/93 - NJW-RR 1994, 1372-1373.
[947] OLG Köln v. 30.12.1993 - 1 U 66/93 - NJW-RR 1994, 1372-1373.
[948] OLG Köln v. 30.12.1993 - 1 U 66/93 - NJW-RR 1994, 1372-1373.
[949] OLG Köln v. 30.12.1993 - 1 U 66/93 - NJW-RR 1994, 1372-1373.
[950] OLG Köln v. 30.12.1993 - 1 U 66/93 - NJW-RR 1994, 1372-1373.
[951] OLG Düsseldorf v. 21.07.1992 - 22 U 65/92 - NJW-RR 1993, 292-293.
[952] OLG Düsseldorf v. 21.07.1992 - 22 U 65/92 - NJW-RR 1993, 292-293.
[953] Vgl. LG Trier v. 10.01.1985 - 6 O 220/84 - ZfSch 1986, 34-35.
[954] BGH v. 13.07.1982 - VI ZR 148/80 - LM Nr. 17 zu § 823 (Da) BGB; *Looschelders*, JR 2000, 265-274, 273-274.

ten Grundsätze zum Haftungsausschluss auch auf – sogar nicht organisierte und verbotene – Motorrad- und Autorennen,[955] Segelregatten[956] und ähnliche Veranstaltungen übertragen, obwohl diese von ihrer generellen Einordnung her zu den Parallelsportarten zu rechnen sind, mit der Begründung, dass bei diesen Veranstaltungen typischerweise auch bei Einhaltung der Wettkampfregeln oder geringfügigen Regelverletzungen die Gefahr gegenseitiger Schadenszufügung besteht.[957] Dabei besteht seitens des BGH die Tendenz, den Anwendungsbereich dieser Regeln immer weiter auszudehnen, wobei entscheidend nicht die (gemeinsame) Teilnahme an einem Wettkampf, sondern vielmehr der Gedanke der wechselseitigen Übernahme nicht unerheblicher Gefahrenpotentiale im Rahmen der Sportausübung zu sein scheint. So hat der BGH bereits die Anwendbarkeit dieser Regeln auf einen als „Sicherheitstraining" bezeichneten Motorsportwettbewerb bejaht, der kein Rennen im klassischen Sinne darstellte, da es bei ihm darum ging, die vorgegebene Fahrzeit für eine bestimmte Strecke einzuhalten und nicht darum, die kürzeste Fahrzeit zu erzielen.[958] Kürzlich hat er darüber hinausgehend sogar für die Anwendbarkeit der Regeln ganz auf das Erfordernis einer gemeinsamen Teilnahme an einem Wettbewerb verzichtet und diese auch im Falle der unabhängig voneinander erfolgten gleichzeitigen Benutzung eines Trainingsgeländes für Motocrossfahrten eingreifen lassen.[959] Dabei ist bemerkenswert, dass der BGH diese erhebliche Ausweitung seiner Rechtsprechung zur Haftungsbeschränkung bei gemeinsamer Sportausübung nicht ausführlich begründet hat, obwohl zwischen der gemeinsamen Teilnahme an einem gefährlichen Wettkampf und der gleichzeitigen Ausübung eines gefährlichen Sports ohne Wettkampfcharakter durchaus beachtliche Unterschiede bestehen. So steht der Kreis der Teilnehmer an einem Wettkampf von vornherein fest, während es bei der gleichzeitigen Nutzung einer Trainingsstätte dem Zufall unterliegt, wer dort gerade trainiert. Des Weiteren ist bei der gleichzeitigen Nutzung der Trainingsstätte mangels Wettbewerbssituation kein Wettbewerbsnachteil bei Anwendung verkehrsüblicher Sorgfalt anzunehmen, so dass auch insoweit die Ausdehnung der Haftungsbeschränkung auf diese Konstellation nicht zwingend erscheint. Steht die Verletzung einer Verkehrspflicht im Rahmen der Benutzung einer Motocrossbahn in Frage, so sind die Regelwerke des Deutschen Motorsportbundes e.V. (DMSB) heranzuziehen.[960] Etwaige bereichsspezifische Haftungs- oder Sorgfaltsbegrenzungen für Teilnehmer an **Gesellschaftstänzen**, wie auch immer sie dogmatisch begründet werden,[961] sind auf zeitgleich ausgeübte individuell-improvisierte Tanzformen einzelner Tänzer, die unabhängig voneinander und ohne mehrseitigen Entschluss zum gemeinschaftlichen Tanz (wie z.B. Formationsaufführungen) erfolgen, jedenfalls nicht übertragbar. Dies hat das OLG Hamm kürzlich für einen Unfall zweier Akteure beim „Luftgitarrespielen" auf einer Tanzfläche entschieden.[962] Dabei hatte sich ein Akteur im Rahmen einer Hochzeitsfeier zu einem auf der Tanzfläche zur Musik „Luftgitarre" spielenden Akteur hinzugesellt und diesen, ohne von ihm dazu aufgefordert oder eingeladen worden zu sein, imitiert und beim Vorbeugen infolge Verlustes des Gleichgewichtssinns verletzt. Das OLG Hamm hat beide Akteure in Konsequenz der vorstehend aufgezeigten Rechtsauffassung den allgemeinen Sorgfaltsanforderungen unterworfen und dazu ausgeführt, dass, wer eine Tanzform wie das „Luftgitarrespielen" wähle und dabei in der Nähe anderer Personen Figuren ausführe, die besondere Anforderungen an die Beibehaltung des Gleichgewichts stellten, die dafür erforderliche Körperbeherrschung gewährleisten müsse. Ebenso hat der BGH mangels verbindlicher gemeinsamer Regeln eine Anwendung der genannten Grundsätze bei der Beteiligung an einem sog. „Rempeltanz" verneint.[963]

112 Nachfolgend ein Überblick über die **Verkehrspflichten bei einzelnen Individual- und Parallelsportarten**:

---

[955] BGH v. 01.04.2003 - VI ZR 321/02 - VersR 2003, 775-777.
[956] Schifffahrtsobergericht Karlsruhe v. 19.03.2004 - 23 U 6/03 BSch bei Schädigung an der Wendemarke, anders bei auf freier Regattabahn verursachten Schäden Schifffahrtsobergericht Nürnberg v. 28.06.2004 - 8 U 202/03 - VersR 2005, 1458-1459.
[957] BGH v. 01.04.2003 - VI ZR 321/02 - NJW 2003, 2018-2020.
[958] BGH v. 29.01.2008 - VI ZR 98/07 - NJW 2008, 1591-1593.
[959] BGH v. 17.02.2009 - VI ZR 86/08 - DAR 2009, 326-327.
[960] OLG Dresden v. 20.06.2007 - 13 W 0165/07 - NJW-RR 2007, 1619-1620.
[961] Vgl. OLG Oldenburg v. 08.05.1990 - 12 U 12/90 - NJW-RR 1990, 1437-1438.
[962] OLG Hamm v. 15.09.2009 - 9 U 230/08.
[963] BGH v. 07.02.2006 - VI ZR 20/05 - VersR 2006, 663-665; ebenso LG Düsseldorf v. 02.10.2009 - 2b O 10/08 - für das Absolvieren einer durchschnittlichen Freikletterroute.

- **Bergwandern/Klettern**: Hierfür gibt es keine rechtsverbindlich festgeschriebenen Verhaltensregeln, insbesondere betrifft z.B. die UIAA-Kletterskala nicht den normalen Bergwanderer.[964] Auch Wanderregeln, die von Wanderverbänden herausgegeben werden, stellen allenfalls eine Orientierungshilfe dar. Vielmehr gilt auch in den Bergen die allgemeine Verhaltensregel, dass man sich grundsätzlich so zu verhalten hat, dass man keinen anderen mehr als nach den Umständen unvermeidbar gefährdet oder schädigt.[965] Es existiert auch keine generelle Pflicht, sich an einer vorhandenen Sicherungskette festzuhalten. Bei einem Weg, der durch Feuchtigkeit rutschig ist, über Felsen führt und deshalb ständige Unebenheiten ausweist und bei dem auf seiner linken Seite unmittelbar am Wegrand wegen der Steilheit des Geländes Absturzgefahr besteht, ist dieser allerdings, zumal wenn sich der Weg in einer stark frequentierten Wandergegend befindet, möglichst weit rechts zu begehen und sind dargebotene Sicherungsmittel wie Halteseile oder Ketten zu nutzen.[966] Auch verstößt ein Kletterer, der eine Zwischensicherung auslässt und damit das Risiko einer größeren Fallhöhe bei einem Sturz in Kauf nimmt, in gravierender Weise gegen die beim Klettern bestehenden Sorgfaltspflichten.[967] Ein stillschweigender Haftungsausschluss unter dem Gesichtspunkt einer gemeinsamen Haftungsgemeinschaft kommt bei sich gegenseitig über eine Körpersicherung sichernden Kletterern nicht in Betracht, da die beteiligten Sportler voneinander abhängig sind und auch für den Kletterer besondere Sorgfaltspflichten nicht nur zu seiner eigenen Sicherheit, sondern auch zur Sicherheit des mit ihm durch das Sicherungsseil verbundenen Sicherers bestehen.[968]
- **Eislauf**: Im Eislaufsport gilt das allgemeine Schädigungsverbot analog § 1 StVO.[969] Dabei bestimmt sich in Ermangelung genauerer Spielregeln oder Absprachen über die Art der Durchführung des Eislaufs der Umfang der anzuwendenden Sorgfalt nach dem Maß an Umsicht und Rücksichtnahme, die bei dieser Sportart von gewissenhaften und besonnenen Sportlern angewandt wird.[970] Aus diesem Maßstab folgt, dass der von hinten kommende schnellere Eisläufer verpflichtet ist, die vor ihm fahrenden Personen genau zu beobachten und beim Vorbeifahren einen hinreichenden **Seitenabstand** einzuhalten.[971] Allerdings kann in Eissporthallen mit großem Benutzerkreis nicht gefordert werden, dass die Eisläufer stets einen derart großen Sicherheitsabstand einhalten müssen, dass andere Eisläufer im Falle eigenen unverschuldeten Strauchelns nicht berührt werden können.[972]
- **Golfsport**:[973] Die Rechtsprechung ordnet den Golfsport den Parallelsportarten zu, bei denen jeder Teilnehmer auf volle Regeleinhaltung vertrauen darf und seinerseits für jede Verletzung einer dem Schutz der Mitspieler dienenden Regel einzustehen hat.[974] Zu den haftungsbegründenden Verkehrspflichten gehört, dass ein Golfspieler grundsätzlich den Ball nicht abschlagen darf, bevor er sich vergewissert hat, dass vorausgehende Spieler außer Reichweite sind und nicht von abirrenden Golfbällen getroffen werden können.[975] Ferner geht die Rechtsprechung davon aus, dass den abschlagenden Golfspieler die Verkehrspflicht trifft, sich vor einem Schlag zu vergewissern, dass niemand neben ihm oder anderweitig so steht, dass ihn Schläger, Ball oder irgend sonst ein Gegenstand, der beim Ballschlag aufgewirbelt wird, treffen kann.[976] Ferner soll er verpflichtet sein, Mitspieler, die sich noch hinter der Abschlaglinie befinden, vor dem Spielen des Balls zu warnen.[977]
- **Radsport**: Der Radsport ist grundsätzlich eine Parallelsportart, für die das allgemeine Gefährdungsverbot gilt.[978] Allerdings gilt dies nicht für solche Radrennveranstaltungen, für die die Regeln der StVO nicht gelten.[979] Insbesondere beim so genannten „Windschattenfahren" muss jeder Fahrer das

---

[964] OLG Stuttgart v. 26.07.2006 - 3 U 65/06 - NJW 2007, 1367-1370.
[965] OLG Karlsruhe 01.12.1977 - 4 U 146/76 - NJW 1978, 705-706.
[966] OLG Stuttgart v. 26.07.2006 - 3 U 65/06 - NJW 2007, 1367-1370.
[967] Brandenburgisches OLG v. 17.03.2011 - 12 U 82/09, zitiert nach juris.
[968] Brandenburgisches OLG v. 17.03.2011 - 12 U 82/09, zitiert nach juris.
[969] BGH v. 13.07.1982 - VI ZR 148/80 - LM Nr. 17 zu § 823 (Da) BGB; *Fritzweiler*, DAR 1997, 137-142, 139.
[970] BGH v. 13.07.1982 - VI ZR 148/80 - LM Nr. 17 zu § 823 (Da) BGB.
[971] BGH v. 13.07.1982 - VI ZR 148/80 - LM Nr. 17 zu § 823 (Da) BGB.
[972] OLG Düsseldorf v. 09.06.1994 - 10 U 217/93 - MDR 1995, 51.
[973] Vgl. dazu *Fink*, VersR 1990, 359-362.
[974] OLG Hamm v. 13.01.1997 - 6 U 179/96 - OLGR Hamm 1997, 247-248.
[975] OLG Hamm v. 13.01.1997 - 6 U 179/96 - OLGR Hamm 1997, 247-248.
[976] OLG Nürnberg v. 12.07.1990 - 2 U 816/90 - NJW-RR 1990, 1503-1504.
[977] OLG Nürnberg v. 12.07.1990 - 2 U 816/90 - NJW-RR 1990, 1503-1504.
[978] *Fritzweiler*, DAR 1997, 137-142, 140.
[979] OLG Zweibrücken v. 14.07.1993 - 1 U 153/92 - VersR 1994, 1366.

erhöhte Kollisions- und Sturzrisiko selbst für den Fall in Kauf nehmen, dass es auf geringfügigen Regelüberschreitungen beruhen sollte.[980] Außerdem besteht nach Ansicht des OLG Düsseldorf jedenfalls dann eine Obliegenheit zum Tragen eines Schutzhelms, wenn das Radfahren hobbymäßig, wenn auch außerhalb eines Vereins, betrieben wird und dabei die Erzielung hoher Geschwindigkeiten im Vordergrund steht.[981] Anders wurde dies vom LG Koblenz gesehen, das diese Unterscheidung zu Recht nicht für überzeugend hält und entschieden hat, dass der Umstand, dass ein Rennradfahrer keinen Schutzhelm getragen hat, kein Mitverschulden an den bei der Kollision mit einem Kfz erlittenen Kopfverletzungen begründet, wenn der Radfahrer weder zu schnell noch sonst den herrschenden Straßenbedingungen unangepasst fuhr.[982]

- **Skisport**:[983] Beim Ski- und Snowboardsport kommt den FIS-Regeln des Internationalen Skiverbandes eine herausgehobene Rolle bei der Ermittlung der Verkehrspflichten der Ski- und Snowboardfahrer zu.[984] Wichtig ist dabei vor allem Regel 1, die § 1 StVO ähnelt. Danach ist beim Abfahren das Sichtfahrgebot zu beachten; es darf nur so schnell gefahren werden, dass bei Annäherung an andere noch sicher ausgewichen oder notfalls auch angehalten werden kann.[985] Da der Skisport eine Parallelsportart (vgl. Rn. 111) ist, indiziert die Verletzung einer FIS-Regel, die dem Schutz der Gesundheit anderer dient, eine Verkehrspflichtverletzung.[986] Die FIS-Regeln haben auch bei der Teilnahme an einem Skikurs uneingeschränkte Gültigkeit. Eine Haftungsprivilegierung aufgrund der Teilnahme an einem Skikurs kommt nicht in Betracht.[987] Den Regeln der Wartepflicht unterliegt nur derjenige, der sich aus dem Stand in Bewegung setzt, während der in Fahrt befindliche Skiläufer auch bei einer Querbewegung zum Hang den Schutz der FIS-Regel 3 genießt, nach der derjenige, der von oben schneller aufschließt, auf den unterhalb Fahrenden achten und diesem gegebenenfalls ausweichen muss.[988] In diesen Fällen ist eine Vergewisserungspflicht des Voranfahrenden wegen der vorrangigen Spezialvorschriften in FIS-Regeln Nr. 3 und 4 auch nicht aus dem allgemeinen Rücksichtnahmegebot (FIS-Regel Nr. 1) abzuleiten.[989] Ein **Skifahrer**, der einen vor ihm befindlichen Skifahrer **überholen** will, hat die Fahrspur so zu wählen, dass der vor ihm fahrende Skifahrer nicht gefährdet wird (FIS-Regel Nr. 3), wobei er einen Abstand einzuhalten hat, der dem überholten Skifahrer für alle seine Bewegungen genügend Raum lässt (FIS-Regel Nr. 4).[990] Steht fest, dass eine Kollision sich im Rahmen eines noch nicht beendeten Überholmanövers ereignet hat, so spricht nach der Rechtsprechung ein Anscheinsbeweis für eine alleinschuldhafte Unfallverursachung durch den Überholer unter Verletzung der FIS-Regeln Nr. 3 und 4.[991] Ein Mitverschulden kommt dann nicht in Betracht, da der Überholte nicht zum Ausweichen gegenüber dem Herannahenden verpflichtet ist. Ein Mitverschulden hält das OLG Hamm allerdings für den Fall einer Unterbrechung des Überholvorganges durch länger währende parallele Abfahrt auf gleicher Höhe für eine Dauer, die dem Wahrnehmung der parallelen Abfahrt durch den überholten Skifahrer ermöglicht, für denkbar.[992] **Skianfänger**, die noch nicht in der Lage sind, ihre Ski bei notwendig werdender rascher Richtungsänderung ausreichend zu beherrschen, sind gehalten, ihre Fahrweise den konkreten Pistenverhältnissen anzupassen und insoweit vereisten Strecken besonders Rechnung zu tragen.[993] Ob und inwieweit ein Skifahrer auf leichtem Gelände und bei geringer Geschwindigkeit verpflichtet ist, durch **Notsturz** einen absehbaren Skiunfall zu vermeiden, ist eine Frage des Einzelfalles.[994] Die vorstehend aufgezeigten Regeln gelten nicht bei **organisierten Abfahrtsrennen**, weil der Teilnehmer eines solchen

---

[980] LG Aachen v. 12.06.1991 - 11 O 467/90 - RuS 1991, 372-373; OLG Rostock v. 07.05.1997 - 1 U 20/96 - SpuRt 1999, 153-154.
[981] OLG Düsseldorf v. 12.02.2007 - 1 U 182/06 - NJW 2007, 3075-3078.
[982] LG Koblenz v. 04.10.2010 - 5 O 349/09 - DAR 2011, 395-396.
[983] Vgl. *Fritzweiler/Linnenbrink*, SpuRt 1996, 17-18.
[984] OLG Hamm v. 17.05.2001 - 27 U 209/00 - NJW-RR 2001, 1537-1539.
[985] OLG Hamm v. 17.05.2001 - 27 U 209/00 - NJW-RR 2001, 1537-1539.
[986] *Fritzweiler*, DAR 1997, 137-142, 138; Brandenburgisches Oberlandesgericht v. 16.04.2008 - 7 U 200/07 - MDR 2008, 860-861.
[987] OLG München v. 19.01.2011 - 20 U 4661/10 - NJW-Spezial 2011, 107.
[988] OLG Hamm v. 17.05.2001 - 27 U 209/00 - NJW-RR 2001, 1537-1539.
[989] LG Ravensburg v. 22.03.2007 - 2 O 392/06 - NZV 2008, 199-202 (Teilurteil).
[990] OLG München v. 19.01.2011 - 20 U 4661/10 - NJW-Spezial 2011, 107.
[991] OLG Hamm v. 05.11.2008 - 13 U 81/08.
[992] OLG Hamm v. 05.11.2008 - 13 U 81/08.
[993] LG Nürnberg-Fürth v. 25.10.1994 - 13 S 1729/94 - NJW-RR 1995, 1307.

Rennens darauf vertrauen darf, dass er die Strecke unbehindert befahren kann und sein Tempo nicht darauf einzustellen braucht, dass sich auf der Piste oder dem Auslaufbereich hinter dem Ziel andere Personen aufhalten könnten. Er kann sich somit ungehindert darauf konzentrieren, eine möglichst hohe Geschwindigkeit zu erreichen.[995] Der Fahrer einer Pistenraupe verletzt die ihm obliegende Verkehrssicherungspflicht, wenn er eine Strecke von ca. 14,80 m und damit annähernd den in den DSV-Tipps während der Betriebszeiten für erforderlich erachteten Sicherheitsabstand für Skifahrer rückwärtsfährt, ohne den hinter ihm liegenden Verkehrsraum überschauen zu können. Dies gilt auch nach Schließung des Pistenbetriebs, wenn damit gerechnet werden muss, dass auch nach Betriebsschluss noch eine nicht unerhebliche Anzahl von Skifahrern die Pisten benutzen wird, um zu den Parkplätzen zu gelangen.[996]

- **Schwimmsport**: Ein Schwimmer, der sich in den Beckenbereich eines freigegebenen Sprungbretts begibt, muss sich, bevor er sich in den Gefahrbereich begibt, vergewissern, ob mit Springern zu rechnen ist. Das gilt auch, wenn er sich am Beckenrand unter dem Sprungbrett festhält. Dann ist ihm zuzumuten, sich etwas zur Seite zu bewegen, um auf das Sprungbrett hinaufschauen zu können.[997] Umgekehrt ist aber auch derjenige, der vom Sprungturm in das Schwimmbecken springt, verpflichtet, sich vor dem Sprung zu vergewissern, dass der Sprungbereich frei ist.[998] Lässt der Schwimmbadbetreiber den Sprung- und Schwimmbetrieb bewusst zeitlich und räumlich parallel laufen, so dass die Rücksichtnahme auf die Rechtsgüter des jeweils anderen alleine den Sportausübenden überlassen bleibt, so besteht in dieser Konstellation zwar eine Verkehrspflicht des Schwimmers, unmittelbar vor einem sich abzeichnenden Sprung nicht in die mutmaßliche Sprungbahn zu schwimmen, um eine Kollision zu verhindern. Andererseits besteht eine Verkehrspflicht des Springers, sich vor dem Sprung Gewissheit zu verschaffen, dass der Sprungbereich von Schwimmern frei ist, da Schwimmer grundsätzlich auf ein besonnenes Verhalten der Springer vertrauen dürfen.[999] Die Feststellung einer Verletzung der Verkehrspflicht auf Seiten des Schwimmers setzt dabei voraus, dass für ihn beim Hineinschwimmen in den mutmaßlichen Kollisionsbereich klar erkennbar ist, dass ein Sprung mit konkreter Kollisionsgefahr bevorsteht und dass für den Springer die Gefahr nicht erkennbar ist, weil er den Schwimmer nicht oder erst zu spät erkennen kann.[1000] Ein Schwimmer, der sich in Ufernähe aufhält, ist nicht dazu verpflichtet, nach Motorbooten Ausschau zu halten, weil er einem Motorboot in seinen Manövriermöglichkeiten ohnehin unterlegen ist. Wird ein Schwimmer in Ufernähe durch ein Motorboot verletzt, besteht ein Anscheinsbeweis für ein Verschulden des Motorbootführers.[1001]
- **Strandsegeln**: Bei der Prüfung der deliktsrechtlichen Haftung für die Folgen einer Kollision zwischen einem Strandsegler und einem Strandspaziergänger/allgemeinem Strandbesucher auf einem gemeindeeigenen Meeresstrand hat das Schleswig-Holsteinische Oberlandesgericht in einer aktuellen Entscheidung zu Recht darauf abgestellt, dass der allgemeine Strandbesucher sich bei seiner Strandnutzung im Rahmen des Allgemeingebrauchs bewege, wohingegen der Strandsegler eine genehmigungspflichtige Sondernutzung ausübe, woraus sich ergebe, dass der Strandbesucher gegenüber dem Strandsegler absoluten Vorrang genieße und dass der Strandsegler gegenüber Strandbesuchern ein Höchstmaß an Rücksicht nehmen müsse.[1002] Dabei müssten Strandsegler bei ihrem Fahrverhalten mit Blick auf Strandspaziergänger/-nutzer insbesondere in Rechnung stellen, dass es angesichts der (annähernden) Geräuschlosigkeit, mit der sie sich fortbewegen, für Strandspaziergänger/-nutzer schwierig bis unmöglich sei, gegenüber Strandseglern effektive Vorsichtsmaßnahmen zu

---

[994] *Fritzweiler*, DAR 1997, 137-142, 138; vgl. weiter OLG Hamm v. 27.09.1993 - 13 U 71/93 - ZfSch 1994, 4-5; OLG Hamm v. 22.10.1993 - 11 U 64/93 - NJW-RR 1994, 155; zu letzterer Entscheidung: vgl. die ablehnende Anmerkung von *Siedhoff*, VersR 1996, 34-36, bejahend OLG München v. 19.01.2011 - 20 U 4661/10 - NJW-Spezial 2011, 107.

[995] LG Kempten v. 04.05.1966 - S 51/66 - VersR 1967, 192-193.

[996] OLG München v. 08.07.2011 - 10 U 5433/08 - VD 2011, 293 (allerdings weit überwiegendes Mitverschulden des Skifahrers wegen unangepasster Geschwindigkeit, Alkoholeinfluss und unzureichender Ausrüstung angenommen).

[997] LG Stuttgart v. 11.05.1966 - 4 S 10/66 - VersR 1967, 193-195.

[998] OLG Hamm v. 01.02.1978 - 3 U 271/77 - VersR 1979, 1064.

[999] OLG Stuttgart v. 13.04.2011 - 13 U 16/11.

[1000] OLG Stuttgart v. 13.04.2011 - 13 U 16/11.

[1001] OLG München v. 26.08.1999 - 19 U 2221/99 - RuS 2000, 415; OLG Köln v. 01.02.1978 - 11 U 9/77 - VersR 1979, 550-551.

[1002] Schleswig-Holsteinisches OLG v. 23.02.2011 - 7 U 106/09.

ergreifen. Überdies seien die Strandspaziergänger auch auf Grund der Inanspruchnahme des gegenüber der Sondernutzungsausübung vorrangigen Allgemeingebrauchs nicht dazu verpflichtet, nach etwaigen Strandseglern Ausschau zu halten und ihr Verhalten darauf einzustellen; vielmehr dürften sie darauf vertrauen, dass die Strandsegler ihnen gegenüber ein Höchstmaß an Sorgfalt anwenden.[1003]

d. Verkehrspflichten im Bereich der deliktischen Produzentenhaftung

aa. Dogmatische Grundlagen, Allgemeines

113 Führt das Herstellen und/oder Vertreiben eines Produkts bei einer Person, die mit dem Produkt in Kontakt gekommen ist, zu einer Verletzung eines durch § 823 Abs. 1 BGB geschützten Rechts oder Rechtsguts, so stellt sich bereits auf Tatbestandsebene die Frage, ob ein **Zurechnungszusammenhang** zwischen dieser mittelbaren Verletzungshandlung (vgl. Rn. 53) und der Rechtsgutsverletzung besteht. Dies kann nur bejaht werden, wenn der mittelbar handelnde Unternehmer gegen eine Verkehrspflicht verstoßen hat und diese Verkehrspflicht gerade die Vermeidung der konkret erlittenen Rechtsgutsverletzung bezweckt. Das Inverkehrbringen eines Produktes schafft stets für die Personen, die mit ihm in Berührung kommen können, eine gesteigerte Gefahrenlage, die nach den allgemeinen Regeln über die Begründung von Verkehrspflichten (vgl. Rn. 86) zur Entstehung einer allgemeinen Gefahrsteuerungspflicht des Produzenten führt, die darin besteht, dass er die von „seinen" Produkten ausgehenden Gefahren nach Kräften gering halten muss. Er ist daher gegenüber den Benutzern und Abnehmern, die auf die Gefahrlosigkeit der Produkte vertrauen dürfen, deliktisch dafür verantwortlich, dass die Produkte die mögliche oder von der Verkehrsanschauung geforderte Gefahrlosigkeit und Betriebssicherheit besitzen.[1004] Dies gilt grundsätzlich auch für einen ausländischen Hersteller.[1005] Die sich daraus ergebende verschuldensabhängige deliktische Produzentenhaftung steht grundsätzlich in freier **Anspruchskonkurrenz** zu der vertraglichen Gewährleistungshaftung aus Kauf- oder Werkvertrag, der Haftung des Herstellers aus Garantieversprechen sowie zu der spezialgesetzlichen Gefährdungshaftung aus dem seit dem 01.01.1990 in Umsetzung einer EG-Richtlinie geltenden Produkthaftungsgesetz (ProdHaftG).[1006] Auch das zum 01.05.2004 in Kraft getretene Geräte- und Produktsicherheitsgesetz ist zu beachten. Was die vertragliche Gewährleistungshaftung angeht, ist dabei allerdings bei Eigentumsverletzungen an der Rechtsprechung zum so genannten „**Weiterfressermangel**" (vgl. Rn. 14) zu denken, wonach die deliktische Produzentenhaftung nicht eingreift, wenn die aus dem fehlerhaften Produkt resultierenden Folgeschäden lediglich das vertragsrechtlich geschützte Äquivalenzinteresse und nicht auch das deliktsrechtlich geschützte Integritätsinteresse betreffen. Neben dem **Produkthaftungsgesetz (ProdHaftG)** ist die deliktische Produzentenhaftung aus § 823 Abs. 1 BGB dagegen stets anwendbar, wie sich aus der ausdrücklichen Anordnung in § 15 Abs. 2 ProdHaftG ergibt.[1007] Dabei spielt die deliktische Produzentenhaftung verglichen mit der Haftung aus dem Produkthaftungsgesetz (ProdHaftG) bisher in der Praxis eine weitaus größere Rolle.[1008] Dies ergibt sich vor allem aus den verschiedenen in § 1 Abs. 2 und 3 ProdHaftG normierten Haftungsausschlüssen sowie aus der Tatsache, dass die deliktische Produzentenhaftung weder einen Selbstbehalt des Geschädigten (vgl. § 11 ProdHaftG: 500 € im Falle der Sachbeschädigung) noch Haftungshöchstgrenzen (vgl. § 10 ProdHaftG: 85 Mio. € je Produkt bei Personenschäden) kennt. Mit dem Schadensrechtsänderungsgesetz 2002 hat das ProdHaftG allerdings einige Änderungen erfahren, beispielhaft sei nur auf den früher nur im Rahmen der deliktischen Produzentenhaftung möglichen Schmerzensgeldanspruch hingewiesen, der nunmehr in § 8 Satz 2 ProdHaftG normiert wurde. Es bleibt daher abzuwarten, ob hierdurch die praktische Bedeutung der deliktischen Produzentenhaftung zu Gunsten der – kein Verschulden voraussetzenden – Gefährdungshaftung nach dem ProdHaftG abnehmen wird. Hierbei wird allerdings zu berücksichtigen sein, dass ein Schmerzensgeld wegen des mit ihm unter anderem verfolgten Zwecks der Genugtuung bei nicht nachgewiesenem Verschulden durchaus geringer ausfallen kann.

[1003]Schleswig-Holsteinisches OLG v. 23.02.2011 - 7 U 106/09.

[1004]*Sossna*, Jura 1996, 587-593, 589.

[1005]Vgl. hierzu OLG Celle v. 10.10.2005 - 7 U 155/05 - VersR 2007, 253 sowie hierzu *Molitoris/Klindt*, NJW 2008, 1203-1208, 1204.

[1006]*Honsell*, JuS 1995, 211-215, 214.

[1007]OLG Oldenburg (Oldenburg) v. 11.10.2000 - 2 U 172/00 - NJW-RR 2001, 459-460; *Honsell*, JuS 1995, 211-215, 214.

[1008]*Honsell*, JuS 1995, 211-215, 214.

Nachfolgend ein **Überblick über die Fallgruppen deliktischer Verkehrspflichten im Rahmen der Produzentenhaftung**: 114

bb. Pflicht zur Vermeidung von Konstruktionsfehlern

Der Produzent ist verpflichtet, vermeidbare Konstruktionsfehler, die sich dadurch auszeichnen, dass 115
der Produktmangel der ganzen Serie anhaftet[1009], zu verhindern. Er muss daher sein Produkt so konzipieren und den Herstellungsvorgang so planen und einrichten, dass das Produkt bei fach- und bestimmungsgemäßer Benutzung und darüber hinaus selbst bei in der Praxis verbreiteter und daher vorhersehbarer unsachgemäßer Verwendung so sicher ist,[1010] wie es der zum Zeitpunkt des Inverkehrbringens des Produkts aktuelle Stand der Technik ermöglicht.[1011] Der Produzent muss also bereits bei der Konstruktion solche Unvorsichtigkeiten bedenken, die erfahrungsgemäß nicht selten vorkommen, und, sofern dies technisch möglich und wirtschaftlich vertretbar ist, Schutzvorrichtungen für den Fall unsachgemäßer Benutzung vorsehen.[1012] Dies spielt vor allem bei **gefährlichen Maschinen** eine Rolle, bei denen der Produzent regelmäßig nicht davon ausgehen darf, dass sie stets nur von geschultem Fachpersonal bedient werden.[1013] Sofern aus den vorgenannten Gründen keine Verkehrspflicht zur Konstruktion von Schutzvorkehrungen gegen Gefahren aus vorhersehbar unsachgemäßer Verwendung eingreift, trifft den Produzenten eine diesbezügliche Instruktionspflicht (vgl. Rn. 125). Die Verkehrspflicht, einer unsachgemäßen Verwendung des Produkts schon im Rahmen der Produktkonzeption vorzubeugen, endet aber regelmäßig dort, wo die Rechtsgutsverletzung aus dem **vorsätzlichen Missbrauch des Produkts zu produktfremden Zwecken** resultiert. Im Einzelfall kann ausnahmsweise aber auch eine Pflicht bestehen, einem nahe liegenden vorsätzlichen Produktmissbrauch bereits auf der Konstruktionsebene vorzubeugen.[1014] Dies könnte man z.B. bejahen, wenn ein Inhaltsstoff eines Produkts, der erfahrungsgemäß von manchen Benutzern zu selbstschädigendem Verhalten (wie z.B. „Schnüffeln" von Lösemitteln) eingesetzt wird, ohne technische Schwierigkeiten durch einen ebenso effektiven, gleich teuren oder billigeren Inhaltsstoff ersetzt werden könnte. Die Tatsache, dass bestimmte produktspezifische Gefahren wie z.B. das Zerbersten einer Limonadenglasflasche selten auftreten, entbindet den Produzenten nicht von der Pflicht, geeignete Vorkehrungen gegen sie zu treffen, wenn sie in der Branche als **spezifisches Produktrisiko** bekannt sind.[1015] Dabei gilt die Maxime, dass seltenen spezifischen Produktrisiken jedenfalls dann durch Maßnahmen im Rahmen des technisch Möglichen und wirtschaftlich Zumutbaren entgegengewirkt werden muss, wenn sie zu schwersten Rechtsgutsverletzungen führen.[1016] Bei Gefahr für Körper und Gesundheit von Menschen sind die Anforderungen besonders hoch.[1017] Die zu treffenden Maßnahmen sind dabei so zu wählen, dass das Produkt nicht nur das Unternehmen fehler- und gefahrfrei verlässt, sondern dass auch typischen aus dem Transport resultierenden Risiken für die Produktsicherheit entgegengetreten wird.[1018] Die Beachtung des aktuellen Stands der Sicherheitstechnik zwingt den Produzenten zwar nicht notwendig dazu, von singulären **Neuentwicklungen** abzusehen und nur derzeit marktgängige, althergebrachte Teile und Systeme zu verwenden.[1019] Er ist allerdings, wenn er eine solche Neuentwicklung einsetzt, dazu verpflichtet, sie sorgfältig darauf zu überprüfen, ob sie bereits sicherheitstechnisch ausgereift ist.[1020] Dies setzt insbesondere voraus, dass die von ihm dabei eingesetzten Prüfgeräte ihrerseits dem neuesten Stand der Technik entsprechen.[1021] Dabei sind an die Intensität der durchzuführenden Sicherheitsüberprüfung umso höhere Anforderungen zu stellen, je sicherheitsrelevanter die Neuentwicklung für das Produkt ist. Dies führt dazu, dass der Hersteller, der **veränderte Bremsvorrichtungen** in dem von ihm

---

[1009] *Müller*, VersR 2004, 1073, 1074.
[1010] BGH v. 28.02.1967 - VI ZR 14/65 - VersR 1967, 498-500; BGH v. 09.11.1971 - VI ZR 58/70 - LM Nr. 16 zu § 823 (Db) BGB.
[1011] BGH v. 28.09.1984 - V ZR 43/83 - LM Nr. 103 zu § 313 BGB.
[1012] BGH v. 09.11.1971 - VI ZR 58/70 - LM Nr. 16 zu § 823 (Db) BGB.
[1013] BGH v. 09.11.1971 - VI ZR 58/70 - LM Nr. 16 zu § 823 (Db) BGB.
[1014] *von Westphalen*, Jura 1983, 57-68, 59.
[1015] BGH v. 07.06.1988 - VI ZR 91/87 - BGHZ 104, 323-337.
[1016] BGH v. 07.06.1988 - VI ZR 91/87 - BGHZ 104, 323-337.
[1017] OLG Hamm v. 21.12.2010 - 21 U 14/08 - VersR 2011, 1195-1197.
[1018] BGH v. 07.06.1988 - VI ZR 91/87 - BGHZ 104, 323-337.
[1019] *Sossna*, Jura 1996, 587-593, 590.
[1020] BGH v. 28.09.1970 - VIII ZR 166/68 - LM Nr. 36 zu § 433 BGB.
[1021] BGH v. 28.09.1970 - VIII ZR 166/68 - LM Nr. 36 zu § 433 BGB.

§ 823

entwickelten **Kfz** einsetzen will, angesichts der besonderen Bedeutung der Bremsen für die Sicherheit des Fahrzeugs, höchsten Maßstäben bei der sicherheitstechnischen Prüfung dieser Vorrichtung genügen muss.[1022] Die Begrenzung der Pflicht zur Vermeidung von Konstruktionsfehlern auf den Stand der Technik zur Zeit des Inverkehrbringens des Produkts führt dazu, dass **Entwicklungsfehler**, die nach dem Stand der Technik in diesem Zeitpunkt nicht vorhersehbar oder vermeidbar waren und für die auch eine Haftung nach dem ProdHaftG ausgeschlossen ist, auch im Deliktsrecht keine Verkehrspflichtverletzung begründen.[1023] Dabei kommt es auf das objektiv zugängliche Gefahrenwissen und nicht auf die subjektiven Erkenntnismöglichkeiten des Herstellers an. Bedeutsam ist hierbei, dass für die Erkennbarkeit nicht auf den konkreten Fehler des schadenstiftenden Produkts abzustellen ist, sondern es vielmehr auf das mit der gewählten Produktkonzeption allgemein verbundene Fehlerrisiko ankommt. Ist demnach einem Hersteller beispielsweise nach Inverkehrbringen eines Fahrzeugs einer bestimmten Fahrzeugreihe bekannt geworden, dass es bei den Fahrzeugen, deren Airbags mit elektronischen Sensoren versehen waren, zu Fehlauslösungen der Seitenairbags kommen konnte, und hat er daraufhin in der Annahme, damit das Problem gelöst zu haben, nach Rückruf in diesen Fahrzeugen Seitenairbags mit geänderter Steuergerätesoftware eingebaut, so ist insoweit ein Entwicklungsfehler zu verneinen, da dem Hersteller das allgemeine Fehlerrisiko bekannt war.[1024] Allerdings kann sondergesetzlich – wie z.B. durch das AMG – eine Haftung für Entwicklungsfehler vorgesehen sein.[1025] Zudem können auch nach der Inverkehrgabe des Produkts weitere Sicherungspflichten des Herstellers entstehen (Produktionsbeobachtungspflicht (vgl. Rn. 130)/Rückrufpflicht (vgl. Rn. 135)). Eine Verletzung der Verkehrspflicht zur Vermeidung von Konstruktionsfehlern ist nicht bereits dadurch per se ausgeschlossen, dass das Produkt durch eine Behörde zugelassen worden ist. Denn eine solche **behördliche Zulassung** ohne weitergehende Auflagen und Beschränkungen befreit den Hersteller nicht von einer weiter gehenden Verantwortung für die Sicherheit der Benutzer.[1026]

116 **Herstellerspezifische Pflichten**: Der Hersteller, der zur Fertigung des Endprodukts Einzelbestandteile von Zulieferbetrieben bezieht, ist im Rahmen seiner Pflicht zur Vermeidung von Konstruktionsfehlern verpflichtet, die Eignung der Einzelbestandteile für einen sicheren und bestimmungsgemäßen Gebrauch seines Produkts auf der Grundlage des neuesten Standes der Technik zu prüfen.[1027] Der Hersteller einer Geschirrspülmaschine muss auch Vorkehrungen dagegen treffen, dass das Gerät bei einem fehlerbedingten Ausfall aller Thermostatschalter unkontrolliert weiter aufheizt, etwa durch den Einbau eines Fehlerstromschalters.[1028] Wenn die von einem Zulieferer erstellten Einzelteile nach den Konstruktionszeichnungen und Fertigungsanweisungen des Endproduktherstellers erstellt werden, trifft diesen selbstredend hinsichtlich der Einzelteile die gleiche Konstruktionsverantwortung, die ihm auch obliegen würde, wenn die Teile in seinem eigenen Unternehmen gefertigt würden.[1029] Allerdings entfällt die Pflicht des Herstellers, Eignung und Güte zugelieferter Einzelteile zu überprüfen, wenn schon ein Zulieferer, der über besondere fachliche Erfahrungen und Einrichtungen verfügt, die Prüfung vorgenommen hat.[1030] Die Hersteller von Nahrungsmitteln sind, wenn und soweit sie die Vorgaben des Lebensmittelrechts beachten, nicht gehalten, ihre Produkte von vornherein so zu konzipieren, dass sie in möglichst hohem Maße der Gesundheit zugutekommen, indem sie etwa den Fettgehalt von Wurstwaren verringern, auf die Beigabe wertvoller Vitamine und Inhaltsstoffe achten, Vollkorn- statt Weißmehl verwenden etc. Nahrungsmittel, die einen hohen Zucker-, Fett- oder Kakaogehalt aufweisen, sind daher nicht aus diesem Grund mit einem Konstruktionsfehler behaftet. Sie sind für den Konsumenten nicht per se gesundheitsschädlich, sondern erst im Rahmen einer einseitigen, unausgewogenen Fehlernährung, für die jeder Konsument selbst verantwortlich ist.[1031] Die Hersteller von Nahrungsmitteln (wie z.B. Schokoriegeln), die bei übermäßigem Verzehr und langfristig unausgewogener Ernährung

---

[1022] BGH v. 28.09.1970 - VIII ZR 166/68 - LM Nr. 36 zu § 433 BGB.

[1023] BGH v. 17.03.1981 - VI ZR 191/79 - BGHZ 80, 186-199; OLG Düsseldorf v. 07.06.1990 - 13 U 177/89 - RuS 1991, 264-265; *Fahrenhorst*, JuS 1994, 288-294, 290.

[1024] BGH v. 16.06.2009 - VI ZR 107/08 - BB 2009, 1884-1888.

[1025] *Sossna*, Jura 1996, 587-593, 590.

[1026] BGH v. 09.06.1998 - VI ZR 238/97 - BGHZ 139, 79-88; LG Flensburg v. 31.07.1997 - 1 S 95/96 - VersR 1998, 66-67.

[1027] BGH v. 24.11.1976 - VIII ZR 137/75 - BGHZ 67, 359-367; BGH v. 14.05.1996 - VI ZR 158/95 - LM BGB § 823 (M) Nr. 1 (9/1996).

[1028] Schleswig-Holsteinisches OLG v. 19.10.2007 - 17 U 43/07 - MDR 2008, 210.

[1029] Vgl. BGH v. 03.06.1975 - VI ZR 192/73 - NJW 1975, 1827-1829, wo dieser Gedanke bezogen auf Fabrikationsfehler entwickelt wird.

[1030] OLG Köln v. 15.03.1989 - 13 U 70/87 - NJW-RR 1990, 414-415.

[1031] OLG Düsseldorf v. 20.12.2002 - 14 U 99/02 - ZLR 2003, 340-360.

gesundheitsschädlich sein können, sind ferner auch nicht verpflichtet, diese so zu verpacken oder zu portionieren, dass der Konsument zu einem vernünftigen Konsumverhalten angehalten wird. Die Art der Verpackung/Portionierung ist für den Verbraucher beim Kauf erkennbar. Wer kleinere Einheiten will, kann sich für andere Produkte entscheiden.[1032] Die mangelhafte Sicherung des Dosierventils im Flaschenhals einer Brennpastenflasche stellt einen von Anfang an erkennbaren und vermeidbaren Konstruktionsfehler dar, wenn sich das Dosierventil nicht nur bei einer völlig fern liegenden Fehlanwendung, sondern auch im Rahmen der üblichen Verwendung vom Flaschenhals lösen und so einen gefährlichen Flammenrückschlag auslösen kann.[1033]

Spezifische Pflichten des Zulieferers: Zulieferunternehmen sind nicht ohne Weiteres deliktsrechtlich dafür verantwortlich, dass das von ihnen hergestellte Zwischenprodukt bei einem vom Folgehersteller für dessen Endprodukt gewählten Einsatz funktionsgemäß und ohne Risiken für Rechtsgüter des Endverbrauchers verwendet werden kann. Der Zulieferer hat aber, wie jeder andere Produzent, dafür einzustehen, dass das von ihm gefertigte Produkt im Rahmen des bestimmungsgemäßen Gebrauchs in der Weiterverarbeitung durch andere fehlerfrei und ohne Gefährdung der Rechtsgüter Dritter eingesetzt werden kann.[1034] Wirbt der Zulieferer dem Hersteller gegenüber mit bestimmten Eigenschaften seines Zwischenprodukts (wie z.B. der Gebrauchstemperatur, bei der ein Schmierfett zum Einsatz kommen kann), dann haftet er, wenn der Hersteller sich auf diese Angaben verlässt, beim Fehlen dieser Eigenschaft gegenüber dem Endabnehmer selbst dann, wenn der Hersteller seine Pflicht zur Überprüfung der Angaben verletzt haben sollte.[1035] Dies gilt jedenfalls dann, wenn der Hersteller dem Zulieferer das Einsatzgebiet des Zwischenprodukts detailliert beschrieben und um Beratung über die Einsatzfähigkeit des Zwischenprodukts nachgesucht hat.[1036] Ferner haftet auch der nur mit der Fabrikation beauftragte Zulieferer für solche Konstruktionsfehler, wenn er bei Ausführung der ihm übertragenen Aufgaben die Gefährlichkeit der Konstruktion ohne weiteres erkennen kann.[1037] 117

Spezifische Pflichten des Vertriebshändlers: Vertriebshändler sind grundsätzlich nicht dazu verpflichtet, die von ihnen vertriebene Ware auf Konstruktionsfehler hin zu überprüfen.[1038] 118

Spezifische Pflichten des Importeurs: Auch ein Importeur ist grundsätzlich nicht verpflichtet, von ihm eingeführte Waren auf ihre Verkehrssicherheit hin zu überprüfen, weil er hierzu meist nicht in der Lage sein wird.[1039] Das kann anders sein, wenn er z.B. infolge Konzernverbundes oder aus anderen Gründen besondere Erkenntnisse über Fehler der von ihm vertriebenen Produkte erhält[1040], wenn er das Produkt verändert[1041] oder wenn es sich um technische Produkte aus Entwicklungsländern mit extrem niedrigem Sicherheitsstandard handelt,[1042] nicht jedoch bereits dann, wenn er das Produkt aus einem sog. Billiglohnland einführt, das Herstellungsland nicht auf dem Produkt verzeichnet ist, dessen Preis zwar deutlich unterhalb dem vergleichbarer inländischer Produkte liegt und dem Importeur, der die Ware lediglich an einen weiteren Zwischenhändler veräußert, der beabsichtigte Verwendungszweck des gewerblichen Endabnehmers nicht bekannt ist.[1043] 119

cc. Pflicht zur Vermeidung von Fabrikationsfehlern durch Organisation und Kontrolle

Auch eine fehlerfreie Produktkonzeption kann – vor allem bei der Produktion von Massenware – nicht ausschließen, dass einzelne Produkte infolge menschlichen Versagens oder Fehlern der Produktionsanlage nicht dem erforderlichen Sicherheitsstandard genügen. Die Verkehrspflicht zur Vermeidung solcher Fabrikationsfehler erfordert daher, durch Organisation und Kontrolle sicherzustellen, dass 120

[1032] OLG Düsseldorf v. 20.12.2002 - 14 U 99/02 - ZLR 2003, 340-360.
[1033] OLG Hamm v. 21.12.2010 - 21 U 14/08 - VersR 2011, 1195-1197.
[1034] BGH v. 14.05.1996 - VI ZR 158/95 - LM BGB § 823 (M) Nr. 1 (9/1996).
[1035] BGH v. 14.05.1996 - VI ZR 158/95 - LM BGB § 823 (M) Nr. 1 (9/1996).
[1036] BGH v. 14.05.1996 - VI ZR 158/95 - LM BGB § 823 (M) Nr. 1 (9/1996).
[1037] *Hager* in: Staudinger, § 823 F 28.
[1038] BGH v. 11.12.1979 - VI ZR 141/78 - LM Nr. 128 zu § 823 BGB; OLG Celle v. 28.01.1981 - 9 U 174/80 - VersR 1981, 464-465.
[1039] OLG Celle v. 01.12.2005 - 8 U 100/05 - OLGR Celle 2006, 125 ff.
[1040] OLG Hamm v. 15.11.2011 - 28 W 36/11.
[1041] LG Köln v. 17.12.1986 - 13 S 239/86 - NJW-RR 1987, 864-865; LG Frankfurt v. 24.03.1986 - 2/24 S 238/85 - NJW-RR 1986, 658-659.
[1042] BGH v. 11.12.1979 - VI ZR 141/78 - LM Nr. 128 zu § 823 BGB; BGH v. 28.03.2006 - VI ZR 46/05 - NJW 2006, 1589 ff.: bei Importen aus dem außereuropäischen Bereich kann eine besondere Verantwortung zu bejahen sein.
[1043] OLG Celle v. 01.12.2005 - 8 U 100/05 - OLGR Celle 2006, 125 ff.

möglichst jedes einzelne Produkt den Sicherheitsanforderungen entspricht.[1044] Dabei muss nicht nur möglichen Einzelfallfehlern aus dem Fabrikationsprozess, sondern durch geeignete Verpackungen und technische wie organisatorische Vorkehrungen im Rahmen der Produktion auch vorhersehbaren Einzelfallfehlern infolge von Einwirkungen auf das Produkt „auf dem Weg von der Produktionsstätte zum Verbraucher" entgegengetreten werden.[1045] Die dabei vorzunehmenden Kontrollmaßnahmen müssen dem neuesten Stand der Technik entsprechen und sind umso strenger zu bewerten, je größer der Schaden ist, der den durch § 823 Abs. 1 BGB geschützten Rechtsgütern im Falle eines Produktfehlers droht.[1046] Kommt es aber im Einzelfall zu einem Fabrikationsfehler, obwohl der Produzent den an seine Pflicht zur Vermeidung von Fabrikationsfehlern durch Organisation und Kontrolle zu stellenden Anforderungen genügt hat, so stellt dieser „**Ausreißer**" keine Verkehrspflichtverletzung des Produzenten dar,[1047] sodass keine deliktische Haftung – wohl aber eine solche nach ProdHaftG – gegeben sein kann. Einen solchen „Ausreißer" hat der BGH bei einem Druckfehler („Kommafehler") in einem medizinischen Lehrwerk zur „Differentialdiagnose innerer Krankheiten" bejaht, weil der Verlag den Autor hatte Korrektur lesen lassen und in dem Werk keine Häufung von signifikanten Druckfehlern zu verzeichnen war.[1048] Hierbei hat er hinsichtlich des Inhalts der **Kontrollpflichten des Verlegers zur Vermeidung von Druckfehlern** der Sache nach zwischen gefährlichen und ungefährlichen Sachinformationen unterschieden und zu den Ersteren beispielsweise mathematische und technische Tabellen, baustatische Anleitungen, Anweisungen für die Dosierung gefährlicher Medikamente und für ungewöhnliche, bislang nicht bekannte und gefährliche Eingriffe gerechnet.[1049] Bei den „gefährlichen" Sachinformationen treffen den Verlag gesteigerte Kontrollpflichten. Er muss eine hausinterne Vorkontrolle organisieren, die in die Druckfahnen mündet und sodann dem Autor die Druckfahnen mit der eindringlichen Bitte um eine verantwortungsbewusste und besonders sorgsame Kontrolle der brisanten Passagen überlassen. Ferner muss er den Korrekturgang so organisieren, dass fehlerhafte Korrekturabzüge nicht mit bereits korrigierten Korrekturabzügen verwechselt, Schaubilder und Tabellen nicht vertauscht werden etc. Genügt er diesen Anforderungen, dann haftet er für als Ausreißer zu bewertende Druckfehler nicht.[1050]

121 **Herstellerspezifische Pflichten**: Der Hersteller des Endproduktes muss die Qualität der ihm von seinen Zulieferern gelieferten Zwischenprodukte prüfen. Dabei sind an ihn allerdings regelmäßig nicht gleich hohe Anforderungen zu stellen wie an den Produzenten der Zwischenprodukte selbst.[1051] Die vom Endprodukthersteller zu fordernde Kontrolldichte hängt dabei vor allem davon ab, welche Gefahren dem Endverbraucher bei einem Qualitätsmanko des Zwischenprodukts drohen können. Daher werden von den **Herstellern und Beziehern von Lebensmitteln** besonders strenge **Eingangskontrollen** bezüglich der von ihnen eingekauften Zwischenprodukte verlangt, die sich allerdings nur im Rahmen der Möglichkeiten bewegen müssen, die dem Betroffenen zur Verfügung stehen.[1052] Im Hinblick auf diese Möglichkeiten werden an Großbetriebe höhere Anforderungen gestellt als an Kleinbetriebe wie Gaststätten.[1053] Der Gastwirt kann sich darauf beschränken, einen zuverlässigen Zulieferer sorgfältig auszuwählen und ist zur Qualitätskontrolle erst verpflichtet, wenn im Einzelfall besondere Umstände eine Prüfung nahe legen.[1054] Auch haftet der Hersteller von Erdnussriegeln nicht für den Schaden an der Zahnprothese eines Konsumenten, den dieser dadurch erleidet, dass er auf eine „überharte" Erdnuss beißt. Die berechtigten Sicherheitserwartungen des Konsumenten können sich nämlich nur darauf beziehen, dass sich in einem Erdnussriegel keine Fremdkörper befinden, dass er in einem einwandfreien hygienischen Zustand hergestellt wurde und die Erdnüsse von Schalen befreit sind. An den Zustand der Nüsse selbst kann er jedoch keine weiter gehende Erwartung haben als die, dass sie sich in dem von

---

[1044] BGH v. 07.06.1988 - VI ZR 91/87 - BGHZ 104, 323-337.

[1045] BGH v. 07.06.1988 - VI ZR 91/87 - BGHZ 104, 323-337.

[1046] *von Westphalen*, Jura 1983, 57-68, 61.

[1047] BGH v. 03.06.1975 - VI ZR 192/73 - NJW 1975, 1827-1829; BGH v. 26.11.1968 - VI ZR 212/66 - BGHZ 51, 91-108; BGH v. 03.06.1975 - VI ZR 192/73 - NJW 1975, 1827-1829; BGH v. 26.11.1968 - VI ZR 212/66 - BGHZ 51, 91-108; *Fahrenhorst*, JuS 1994, 288-294, 290.

[1048] BGH v. 07.07.1970 - VI ZR 223/68 - NJW 1970, 1963.

[1049] BGH v. 07.07.1970 - VI ZR 223/68 - NJW 1970, 1963; für weitere Beispiele und zur Vertiefung vgl. die anschaulichen Ausführungen bei *Höckelmann*, UFITA 135, 81-144, 104-113.

[1050] *Höckelmann*, UFITA 135, 81-144, 125-126.

[1051] *Hager* in: Staudinger, § 823 F 27 m.w.N.

[1052] BGH v. 19.11.1991 - VI ZR 171/91 - BGHZ 116, 104-117.

[1053] BGH v. 19.11.1991 - VI ZR 171/91 - BGHZ 116, 104-117.

[1054] BGH v. 19.11.1991 - VI ZR 171/91 - BGHZ 116, 104-117.

der Natur gegebenen Zustand befinden.[1055] Ebenso liegt es nach Ansicht des Landgerichts Kleve in der Natur der Sache, dass bei der Herstellung von Hackfleisch auch einmal kleinste Knochenpartikel oder Knorpel mit gelöst werden und im Fleisch verbleiben.[1056] Schließlich muss der Hersteller des Endprodukts auch dieses vor dem Inverkehrbringen prüfen. Dabei trifft ihn insbesondere nach dem Einbau von von Zulieferern bezogenen Einzelteilen die Pflicht, das Produkt auf Fabrikationsfehler infolge mangelhafter Einzelteile zu prüfen. Beruht beispielsweise ein Fabrikationsfehler eines vom Hersteller produzierten Motors auf einem fehlerhaften, vom Zulieferer bezogenen Ventil, so hat der Hersteller eine Verkehrspflichtverletzung begangen, wenn er vor dem Inverkehrbringen des Motors nicht durch Kontrollen sichergestellt hat, dass der Fabrikationsfehler entdeckt wird.[1057] Ebenso haftet der Hersteller von Fahrrädern für fehlerhafte Pedale eines Zulieferers, wenn er keine stichprobenhaften Materialprüfungen an den Pedalen vorgenommen hat.[1058] Aber auch hinsichtlich der Herstellerpflicht zur Vermeidung von Fabrikationsfehlern durch Organisation und Kontrolle gilt der bereits bei der Pflicht zur Vermeidung von Konstruktionsfehlern dargestellte Grundsatz, wonach die Pflicht des Herstellers, zugelieferte Einzelteile auf Fabrikationsfehler zu überprüfen, entfällt, wenn schon der Zulieferer selbst, der über besondere fachliche Erfahrungen und Einrichtungen verfügt, die Prüfung vorgenommen hat.[1059] Auf diesen Grundsatz kann sich aber ein Hersteller nicht berufen, wenn er von seinem Zulieferer keine gebrauchsfertigen Einzelteile bezieht, sondern diese nach eigenen Konstruktionszeichnungen und genauen Fertigungsanweisungen von dem Zulieferer herstellen und in einem anschließenden Arbeitsgang im eigenen Namen in einem anderen Betrieb weiterverarbeiten lässt.[1060]

Spezifische Pflichten des Zulieferers: Den Zulieferer trifft hinsichtlich der von ihm gelieferten Einzelteile die volle Pflicht zur Vermeidung von Fabrikationsfehlern durch Organisation und Qualitätskontrolle.[1061] **122**

Spezifische Pflichten des Vertriebshändlers und sonstiger Händler: Auch der Vertriebshändler ist verpflichtet, in den Grenzen des technisch Möglichen und ihm wirtschaftlich Zumutbaren dafür zu sorgen, dass Verbraucher durch die von ihm angebotene Ware keine Gesundheitsschäden erleiden.[1062] Es trifft ihn aber grundsätzlich keine Pflicht zur Qualitätskontrolle zum Zwecke des Aufspürens von Fabrikationsfehlern.[1063] Ausnahmsweise kann eine solche Pflicht einmal bestehen, wenn auf Fabrikationsfehler zurückgehende Schadensfälle aus der Produktbenutzung bekannt geworden sind.[1064] Lediglich der letzte Händler in der Absatzkette kann insoweit bei Kraftfahrzeugen, Maschinen usw. zu einer auf Fabrikationsfehler bezogenen **Ablieferungsinspektion** verpflichtet sein.[1065] **123**

Spezifische Pflichten des Importeurs: Auch den Importeur trifft grundsätzlich keine Pflicht zur Kontrolle der Waren auf Fabrikationsfehler, so lange ihm keine Schadensfälle aus der Produktbenutzung bekannt geworden sind oder sonstige Umstände des Falles eine Überprüfung nahe legen.[1066] Bei Importen aus Ländern mit niedrigen Sicherheits- und Qualitätskontrollstandards kann aber eine Pflicht des Importeurs zur Qualitätskontrolle eingreifen. Dies ist allerdings nicht schon deshalb zu bejahen, weil der Produktionsstaat kein Mitglied der EG ist, sondern setzt eine einzelfallbezogene Würdigung der Sicherheits- und Kontrollstandards in diesem Staat voraus.[1067] Ist ein Fabrikationsfehler nur durch warenzerstörende Untersuchungen erkennbar, so trifft den Importeur, der diese Untersuchungen unterlassen hat, nicht der Vorwurf einer Verkehrspflichtverletzung.[1068] **124**

[1055] OLG Köln v. 06.04.2006 - 3 U 184/05 - NJW 2006, 2272-2273 (zum ProdHaftG).
[1056] LG Kleve v. 06.07.2011 - 5 S 47/11 - NJW-RR 2011, 1473-1474.
[1057] OLG Köln v. 16.11.1990 - 19 U 129/89 - NJW-RR 1991, 740-741.
[1058] OLG Oldenburg v. 23.02.2005 - 8 U 301/04 - NJW-RR 2005, 1338-1339.
[1059] BGH v. 03.06.1975 - VI ZR 192/73 - NJW 1975, 1827-1829; OLG Köln v. 15.03.1989 - 13 U 70/87 - NJW-RR 1990, 414-415.
[1060] BGH v. 03.06.1975 - VI ZR 192/73 - NJW 1975, 1827-1829.
[1061] Vgl. BGH v. 17.10.1967 - VI ZR 70/66 - LM Nr. 10 zu § 831 (Fc).
[1062] BGH v. 31.10.2006 - VI ZR 223/05 - VersR 2007, 72-73 zu der (verneinten) Frage, ob der Händler dem Explosionsrisiko von Flaschen mit kohlensäurehaltigen Getränken durch Kühlung derselben begegnen muss.
[1063] AG Starnberg v. 25.01.1989 - 6 C 14/88.
[1064] BGH v. 11.12.1979 - VI ZR 141/78 - LM Nr. 128 zu § 823 BGB; OLG Zweibrücken v. 27.04.1987 - 4 U 153/86 - NJW 1987, 2684-2685.
[1065] BGH v. 11.12.1979 - VI ZR 141/78 - LM Nr. 128 zu § 823 BGB.
[1066] OLG Zweibrücken v. 27.04.1987 - 4 U 153/86 - NJW 1987, 2684-2685.
[1067] OLG Zweibrücken v. 27.04.1987 - 4 U 153/86 - NJW 1987, 2684-2685.
[1068] AG Starnberg v. 25.01.1989 - 6 C 14/88.

dd. Informationspflichten (Instruktions- und Warnpflichten)

125 Das Inverkehrbringen eines industriellen Erzeugnisses begründet für den Hersteller die Verkehrspflicht, den Verbraucher vor den Gefahren zu warnen, die aus der (im weitesten Sinne) bestimmungsgemäßen Verwendung des Produkts entstehen können.[1069] Durch diese Pflicht werden jedoch die an Konstruktion und Fabrikation gestellten Anforderungen nicht gesenkt, ein Hersteller kann sich also den insoweit bestehenden Verkehrspflichten nicht entziehen, indem er umfangreiche Warnungen ausspricht.[1070] Der Verwendungszweck eines Produkts bestimmt sich auch nach den ihm in der **Herstellerwerbung** zugeschriebenen Eigenschaften.[1071] Darüber hinaus ist er auch verpflichtet, vor den Gefahren der in bestimmten Konstellationen eintretenden **Wirkungslosigkeit seines Produkts**[1072] und eines **naheliegenden, vorhersehbaren Miss- oder Fehlgebrauchs** (Beispiele: Überdosierung eines Medikaments; innerliche statt äußerliche Anwendung eines Medikaments) zu warnen.[1073] Diese Pflicht entfällt jedoch dann, wenn das Produkt ausschließlich in die Hand von Personen gelangen soll, die mit den Gefahren vertraut sind, wenn die Gefahrenquelle offensichtlich ist oder wenn es um die Verwirklichung von Gefahren geht, die sich aus einem wenigstens leichtfertigen Fehlgebrauch ergeben,[1074] ebenso bei **vorsätzlichem Produktmissbrauch**, der mit dem Produktzweck überhaupt nichts mehr zu tun hat und mit dem nach Lage der Dinge niemand rechnen konnte.[1075] Allerdings erwägt der BGH hier – ohne sich bereits festzulegen – eine nachträgliche Warnpflicht, „wenn sich diese Gefahr eines spezifischen Missbrauchs bereits sinnfällig verwirklicht hat".[1076] Da die Instruktionspflicht grundsätzlich nur im Rahmen der Verbrauchererwartung besteht, muss der Hersteller den Verbraucher über den sicheren Umgang mit dem Produkt jedenfalls dann belehren, wenn das dazu erforderliche Wissen bei einem typischen **Durchschnittsbenutzer** nicht vorausgesetzt werden kann.[1077] Informationen aus dem Bereich des **allgemeinen Erfahrungswissens** der in Betracht kommenden Abnehmerkreise brauchen daher nicht zum Gegenstand einer Gebrauchsanweisung oder Warnung gemacht werden.[1078] An die Pflicht zur Aufklärung und Warnung sind dann besonders strenge Anforderungen zu stellen, wenn die Verwendung des Produkts mit erheblichen Gefahren für die Gesundheit von Menschen verbunden sein kann. In solchen Fällen müssen die Hinweise über Produktgefahren und deren Abwendung **deutlich** erfolgen und dürfen beispielsweise nicht zwischen Teilinformationen über Darreichungsformen, Werbeaussagen usw. versteckt werden.[1079] Die Instruktion muss in einer Weise erfolgen, die dem durchschnittlichen Nutzer eine Kenntnisnahme als Voraussetzung für eine eigenverantwortliche Gefahrsteuerung erlaubt.[1080] Sie muss grundsätzlich in deutscher Sprache verfasst sein.[1081] Inhaltlich muss sie so abgefasst sein, dass dadurch die bestehenden Gefahren für das Verständnis des Verbrauchers plausibel werden.[1082] Das setzt voraus, dass die drohenden Gefahren so deutlich herausgestellt werden, dass der Produktverwender sie nicht erst durch eigenes Nachdenken, möglicherweise erst aufgrund von Rückschlüssen voll erfassen kann.[1083] Unter Umständen müssen auch die Funktionszusammenhänge mit verständlichen Worten so beschrieben werden, dass verständlich wird, warum das Produkt bei Fehlanwendung gefährlich ist.[1084] Zugleich muss bei den Gebrauchshinweisen alles unterlassen werden, was

---

[1069] BGH v. 12.11.1991 - VI ZR 7/91 - BGHZ 116, 60-77; BGH v. 25.10.1988 - VI ZR 344/87 - BGHZ 105, 346-357; BGH v. 07.07.1981 - VI ZR 62/80 - LM Nr. 133 zu § 823 (Dc) BGB.

[1070] *Müller*, VersR 2004, 1073, 1075.

[1071] BGH v. 12.11.1991 - VI ZR 7/91 - BGHZ 116, 60-77; BGH v. 14.05.1996 - VI ZR 158/95 - LM BGB § 823 (M) Nr. 1 (9/1996); *Fahrenhorst*, JuS 1994, 288-294, 291.

[1072] BGH v. 17.03.1981 - VI ZR 191/79 - BGHZ 80, 186-199.

[1073] BGH v. 24.01.1989 - VI ZR 112/88 - BGHZ 106, 273-284; BGH v. 12.11.1991 - VI ZR 7/91 - BGHZ 116, 60-77.

[1074] OLG Koblenz v. 29.08.2005 - 12 U 538/04 - NJW-RR 2006, 169 ff.

[1075] BGH v. 25.10.1988 - VI ZR 344/87 - BGHZ 105, 346-357; BGH v. 07.07.1981 - VI ZR 62/80 - LM Nr. 133 zu § 823 (Dc) BGB.

[1076] BGH v. 07.07.1981 - VI ZR 62/80 - LM Nr. 133 zu § 823 (Dc) BGB.

[1077] BGH v. 04.02.1986 - VI ZR 179/84 - LM Nr. 21 zu § 823 (Db) BGB; *Sossna*, Jura 1996, 587-593, 591.

[1078] BGH v. 04.02.1986 - VI ZR 179/84 - LM Nr. 21 zu § 823 (Db) BGB; LG Göttingen v. 25.08.2004 - 5 S 123/03 - DAR 2005, 161-162.

[1079] BGH v. 12.11.1991 - VI ZR 7/91 - BGHZ 116, 60-77; BGH v. 09.12.1986 - VI ZR 65/86 - BGHZ 99, 167-181.

[1080] *Krause* in: Soergel, Anh. III zu § 823 Rn. 24.

[1081] OLG Bremen v. 06.12.2002 - 4 U 15/01 - VersR 2004, 207, 208.

[1082] BGH v. 12.11.1991 - VI ZR 7/91 - BGHZ 116, 60-77.

[1083] BGH v. 12.11.1991 - VI ZR 7/91 - BGHZ 116, 60-77; OLG Karlsruhe v. 26.02.1982 - 17 U 2/82 - VersR 1984, 544-545.

[1084] BGH v. 12.11.1991 - VI ZR 7/91 - BGHZ 116, 60-77.

geeignet ist, tatsächlich bestehende Gefahrenlagen zu verharmlosen oder herunterzuspielen.[1085] Die Instruktionspflicht greift ein, sobald dem Hersteller objektiv zugängliche wissenschaftliche Erkenntnisse über produktspezifische Gefahrenlagen vorliegen.[1086] Er darf mit der Instruktion also nicht abwarten, bis erhebliche Schadensfälle eingetreten sind.[1087] Sofern die besorgniserregenden Erkenntnisse über die Produktsicherheit noch nicht wissenschaftlich gesichert sind, sondern vielmehr ein bloß **tatsachengestützter Verdacht** vorliegt, kommt es für den **Zeitpunkt**, ab dem eine Warnpflicht eingreift, auf die Wertigkeit des bedrohten Rechtsguts und das Ausmaß des drohenden Schadens an. Droht dem Benutzer eine Gesundheitsverletzung, so reicht bereits jeder ernst zu nehmende Verdacht aus, um eine Warnpflicht zu begründen. Sind dagegen „nur" Sachschäden zu erwarten, kann der Hersteller bis zur Abgabe einer Warnung auf die Ergebnisse weiterer Versuche in Labors und Versuchsanlagen warten, wenn die Gefahr zwar bereits „verdichtet", aber noch nicht „akut" ist und die begründete Erwartung besteht, dass er gegebenenfalls noch rechtzeitig eingreifen kann.[1088]

Herstellerspezifische Pflichten: Der grundsätzlich stets selbst zur Instruktion und Warnung verpflichtete Hersteller ist ausnahmsweise dann nicht zur aufklärenden/warnenden Verbraucherinformation verpflichtet, wenn er auf gewissenhafte **Aufklärung durch** hinreichend instruierte, berufspflichtgebundene **Dritte** (wie z.B. Arzt oder Apotheker) vertrauen darf. Umgekehrt können unter Umständen an die Verbraucher gerichtete Instruktionen zur Gefahrabwendung nicht ausreichen, sodass der Hersteller verpflichtet ist, **an sachkundige oder gefahrabwendungsbereite Dritte gerichtete Hinweise und Warnungen** an der Produktverpackung anzubringen. Als solche Dritte kommen neben Ärzten, Apothekern und Eltern vor allem auch Letztverkäufer in Betracht. Eine Verpflichtung zur Instruktion gefahrabwendungsbereiter Dritter kommt vor allem dort in Betracht, wo aus der Produktbenutzung große Gefahren für Leib und Leben der Benutzer resultieren können und damit zu rechnen ist, dass auch optimale, an die Benutzer gerichtete Hinweise nicht ausreichen, um diesen Gefahren vorzubeugen. Dies ist immer dann anzunehmen, wenn die gefahrbringenden Produkte freiverkäuflich sind und auch in die Hände von Kindern und Jugendlichen gelangen können. In einem solchen Fall, den der BGH bei an Jugendliche verkäuflichen **Feuerwerkskörpern** bejaht hat, muss der Letztverkäufer vom Hersteller beispielsweise deutlich darauf hingewiesen werden, dass eine Abgabe des Produkts an Kinder nur in Frage kommt, wenn sichergestellt ist, dass diese die Produkte nur unter Aufsicht Erwachsener verwenden werden.[1089] Eine besonders wichtige Einschränkung der Warnpflichten bezüglich der von einem Produkt ausgehenden Gefahren stellt naturgemäß die nach der Verkehrsanschauung zu bewertende Kenntnis des potentiellen Verwenderkreises von der Gefahr dar. Im Zusammenspiel mit dem Zurechnungskriterium der „Eigenverantwortlichkeit" der Selbstgefährdung führt dies beispielsweise zu einer Verneinung einer Instruktionspflichtverletzung eines Schokoriegelherstellers, der die Konsumenten nicht vor der Gefahr langfristigen Überverzehrs warnt. Im Ergebnis würde dies eine Pflicht des Produzenten zur Belehrung über die Notwendigkeit einer ausgewogenen Ernährung bedeuten. Die Ursachenzusammenhänge zwischen Überkonsum von Süßwaren und Diabetes sind aber in der Bevölkerung hinreichend bekannt, sodass von dem Konsumenten selbst erwartet werden kann und muss, dass er sich vertiefende Informationen einholt.[1090] Auch bei Zigaretten bestehen keine über die gesetzlichen Warn- und Hinweispflichten hinausgehenden Warnpflichten des Herstellers, da die Produktrisiken zum allgemeinen Gefahrwissen der Konsumenten gehören.[1091] Hinsichtlich der durch eine in einer Lakritzmischung enthaltene Glycyrrhizin-Menge möglichen Gesundheitsgefahr ist ein Warn- oder Verzehrhinweis nur dann erforderlich, wenn der Glycyrrhizin-Gehalt den gesetzlichen Grenzwert übersteigt.[1092]

Spezifische Pflichten des Zulieferers: Den Zulieferer trifft die – auch den Endabnehmer schützende – Verkehrspflicht, die industriellen und handwerklichen Verwender seiner Zwischenprodukte exakt über deren Leistungsfähigkeit und Leistungsgrenzen zu informieren. Dabei muss er es vermeiden, Pro-

---

[1085] BGH v. 09.06.1998 - VI ZR 238/97 - BGHZ 139, 79-88.
[1086] BGH v. 17.03.1981 - VI ZR 191/79 - BGHZ 80, 186-199.
[1087] BGH v. 17.03.1981 - VI ZR 191/79 - BGHZ 80, 186-199.
[1088] BGH v. 17.03.1981 - VI ZR 191/79 - BGHZ 80, 186-199.
[1089] BGH v. 09.06.1998 - VI ZR 238/97 - BGHZ 139, 79-88.
[1090] OLG Düsseldorf v. 20.12.2002 - 14 U 99/02 - ZLR 2003, 340-360; LG Essen v. 12.05.2005 - 16 O 265/01 - NJW 2005, 2713 ff.
[1091] OLG Hamm v. 14.07.2004 - 3 U 16/04 - NJW 2005, 295-297; vgl. hierzu auch LG Arnsberg v. 14.11.2003 - 2 O 294/02 - NJW 2005, 232-235.
[1092] OLG Köln v. 07.09.2005 - 27 U 12/04 - NJW 2005, 3292-3294.

duktbeschreibungen abzugeben, die beim Hersteller des Endproduktes Gebrauchs- und Sicherheitserwartungen wecken, die das Produkt im Einzelfall nicht erfüllen kann.[1093]

128 **Spezifische Pflichten des Vertriebshändlers und sonstiger Händler**: Den Vertriebshändler treffen eigene deliktische Instruktions- und Warnpflichten gegenüber den Produktbenutzern jedenfalls, aber wohl auch nur dann, wenn sie sich auf unvorhersehbare Gefahren beziehen, die zu erheblichen Schäden beim Verbraucher führen können, und die den Hersteller zu einer Rückrufaktion nebst Änderung des Wartungsplans z.B. für ein Fahrzeug veranlasst haben.[1094] Ausnahmsweise kann sich eine Aufklärungs- und Warnpflicht eines Vertriebshändlers aber daraus ergeben, dass der Hersteller ihn mit der Produktinformation der Erwerber und Vertragshändler beauftragt hat.[1095] Den **Letztverkäufer** kann die Verkehrspflicht treffen, frei verkäufliche, aber in der Hand von unbeaufsichtigten Kindern und Jugendlichen dennoch unvertretbar gefährliche Produkte wie z.B. bestimmte **Feuerwerkskörper** nur unter der Voraussetzung an Kinder und Jugendliche abzugeben, dass sichergestellt ist, dass die Kinder/Jugendlichen nicht ohne Wissen der Erziehungsberechtigten über die Produkte verfügen.[1096] Wann eine solche Verkehrspflicht eingreift, lässt sich nicht abstrakt-generell bestimmen, sondern hängt vielmehr von der Erkennbarkeit der objektiv gegebenen Gefahrenlage für den Verkäufer im konkreten Fall ab.[1097] Dabei kommt es vor allem darauf an, wie das Produkt beworben wird, welche Warn- und Aufklärungshinweise der Hersteller auf dem Produkt angebracht hat und ob der Verkäufer sonstige (auch private) Erkenntnisse über die Gefährlichkeit des Produktes hat.[1098] So ist beim Vertrieb von weichen Kontaktlinsen und Reinigungsflüssigkeit deutlich darauf hinzuweisen, dass beim Tragen eine um ein Vielfaches höhere Gefahr besteht, an einer bakteriellen Hornhautentzündung zu erkranken, als beim Tragen von harten Kontaktlinsen oder einer Brille.[1099]

129 **Spezifische Pflichten des Importeurs**: Auch den Importeur trifft – wie den Vertriebshändler – eine deliktische Instruktionspflicht jedenfalls dann, wenn er vom Hersteller mit der Produktinformation der Erwerber und Vertragshändler beauftragt worden ist.[1100] Darüber hinaus besteht eine solche Instruktionspflicht des Importeurs dann, wenn er (fast) alleine die betreffende Ware im Inland vertreibt, sodass er aufgrund seiner **inländischen Monopolstellung** das „Bindeglied zwischen dem deutschen Verbraucher und dem ausländischen Hersteller" darstellt.[1101]

ee. Produktbeobachtungspflichten

130 Dem Produzenten obliegt die Verkehrspflicht, ein von ihm auf den Markt gebrachtes Produkt kontinuierlich auf gefährliche Auswirkungen zu beobachten.[1102] Die Hauptanwendungsfälle der Produktbeobachtungspflicht sind die Fälle der bei Inverkehrbringen objektiv erkennbaren Entwicklungsfehler (vgl. Rn. 115) und der bei Inverkehrbringen aufgedeckten, nicht verkehrspflichtwidrigen Fabrikationsfehler, der so genannten „Ausreißer" (vgl. Rn. 120). Produktbeobachtungspflichten kann man in **aktive und passive Produktbeobachtungspflichten** unterteilen.[1103] Die **aktive Produktbeobachtungspflicht** verpflichtet den Hersteller – auch durch Auswertung der Medienberichterstattung –, die Bewährung seiner Produkte in der Praxis zu beobachten und Fachzeitschriften, sonstige anerkannte Fachliteratur und die aktuelle Diskussion in Fachkreisen zur Kenntnis zu nehmen und daraufhin zu überprüfen, ob dort produktspezifische Gefahren diskutiert werden, die auch für sein Produkt von Relevanz sind.[1104] Sie verpflichtet ihn darüber hinaus dazu, organisatorische Vorkehrungen dafür zu treffen, dass in seinem Unternehmen fortwährend sowohl die Produktentwicklung der wichtigsten Wettbewerber als auch die Entwicklung der Technik auf seinem Arbeitsbereich verfolgt wird.[1105] Schließ-

---

[1093] BGH v. 14.05.1996 - VI ZR 158/95 - LM BGB § 823 (M) Nr. 1 (9/1996).
[1094] OLG Düsseldorf v. 20.02.2009 - 22 U 157/08 - OLGR Düsseldorf 2009, 349-352.
[1095] BGH v. 09.12.1986 - VI ZR 65/86 - BGHZ 99, 167-181; Brandenburgisches OLG v. 13.12.2006 - 13 U 156/05 - GesR 2007, 181-186.
[1096] BGH v. 26.05.1998 - VI ZR 183/97 - BGHZ 139, 43-51.
[1097] BGH v. 26.05.1998 - VI ZR 183/97 - BGHZ 139, 43-51.
[1098] BGH v. 26.05.1998 - VI ZR 183/97 - BGHZ 139, 43-51.
[1099] Brandenburgisches OLG v. 13.12.2006 - 13 U 156/05 - GesR 2007, 181-186.
[1100] BGH v. 09.12.1986 - VI ZR 65/86 - BGHZ 99, 167-181.
[1101] BGH v. 07.12.1993 - VI ZR 74/93 - LM BGB § 823 (Ac) Nr. 59 (7/1994).
[1102] *Birkmann*, DAR 2000, 435-438, 435.
[1103] *Michalski*, BB 1998, 961-965, 963; *Birkmann*, DAR 2000, 435-438, 436.
[1104] BGH v. 17.10.1989 - VI ZR 258/88 - LM Nr. 170 zu § 823 (Dc) BGB; LG Berlin v. 18.10.1996 - 26 O 337/95 - MDR 1997, 246-247.
[1105] BGH v. 17.10.1989 - VI ZR 258/88 - LM Nr. 170 zu § 823 (Dc) BGB.

lich ist seit dem berühmten „Honda-Urteil" des BGH anerkannt, dass jenseits spezialgesetzlicher Regelungen im Bereich der Arzneimittel- und Medizingeräteproduktion die allgemeine deliktsrechtliche Pflicht zur Produktbeobachtung auch auf so genannte **„Kombinationsgefahren"** zu erstrecken ist, also auf solche Gefahren, die sich aus dem gleichzeitigen Einsatz des eigenen Produkts mit einem fremden Produkt ergeben.[1106] Die Anforderungen, die an die Pflicht zur Beobachtung von Kombinationsgefahren zu stellen sind, steigen mit der Wertigkeit des bedrohten Rechtsguts und dem Ausmaß des drohenden Schadens. Bei drohenden Gefahren für Leib und Leben, die etwa bei der Motorradbenutzung eintreten können, sind vom Hersteller größere Anstrengungen zu erwarten, als bei der Gefahr „bloßer" Sachschäden, die beispielsweise aus der Wirkungslosigkeit von Pflanzenschutzmitteln resultieren können.[1107] Allerdings muss der Hersteller eines Produktes, bei dem infolge Produktkombination Gesundheitsgefahren eintreten können, auch nicht alle erdenklichen am Markt gehandelten Zubehör- und Kombinationsprodukte auf die Gefahrlosigkeit ihrer Kombination mit dem eigenen Produkt hin überprüfen. Vielmehr hat er in erster Linie nur eine Produktbeobachtungspflicht bezüglich solcher Zubehör- und Kombinationsprodukte, die so allgemein gebräuchlich sind, dass bei einer etwaigen Unverträglichkeit ein risikoloser Einsatz des eigenen Produkts schon wegen dieser Verbrauchergewohnheit ausgeschlossen ist, bezüglich notwendigen Zubehörs, das erforderlich ist, um sein Produkt erst funktionstauglich zu machen sowie bezüglich solchen Zubehörs, dessen Verwendung er durch die eigene Produktgestaltung (z.B. Anbringung von Bohrlöchern, Ösen, Halterungen, Aufhängevorrichtungen usw.) ermöglicht hat.[1108] Dabei bezieht sich die Pflicht jedenfalls auf von ihm selbst empfohlene Zubehörteile der vorgenannten Art oder auf in größerem Umfang auf den Markt kommende speziell für seine Produkte entwickelte oder als geeignet gepriesene Zubehörprodukte, wenn er konkreten Anlass zu der Annahme hat, dass diese Produkte einen negativen Einfluss auf die Sicherheit des eigenen Produkts haben können.[1109] Die **Pflicht zur passiven Produktbeobachtung** verpflichtet den Produzenten zur Überprüfung ihm zugeleiteter Beanstandungen des Produkts.[1110] Verletzt der Produzent die ihm obliegende Produktbeobachtungspflicht, so ist er naturgemäß nicht in der Lage, die dem Benutzer drohenden Gefahren abzuwenden und ist daher im Falle einer durch die Produktbeobachtungspflichtverletzung zurechenbar herbeigeführten Rechtsgutsverletzung dem Verletzten zum Schadensersatz aus § 823 Abs. 1 BGB verpflichtet. Aber auch der Produzent, der seiner Produktbeobachtungspflicht genügt, ist dadurch noch nicht aus seiner deliktischen Verantwortung entlassen. Um seiner Haftung zu entgehen, muss er vielmehr im Falle der pflichtgemäß erkannten Gefährdungslage die geeigneten und erforderlichen **Gefahrabwendungsmaßnahmen** treffen. Welche Maßnahme in diesem Sinne geeignet und erforderlich ist, ist eine Frage des Einzelfalls. Dabei kann sich ergeben, dass bereits eine über die Medien und die Vertragshändler verbreitete Information oder Warnung ausreicht[1111], dass der Hersteller darüber hinaus verpflichtet ist, die Konstruktion seines Produkts zu verändern,[1112] sich einen neuen Zulieferer zu suchen[1113] und/oder einen Produktrückruf (vgl. Rn. 135) in die Wege zu leiten[1114].

Herstellerspezifische Pflichten: Der Hersteller ist grundsätzlich immer unter den vorgenannten Voraussetzungen zur aktiven und passiven Produktbeobachtung verpflichtet.[1115] Dabei muss er die Produktbeobachtung auch auf von ihm mitgelieferte Zubehörteile eines anderen Herstellers[1116] sowie auf die von seinen Zulieferern gelieferten Einbauteile erstrecken.[1117] 131

[1106] BGH v. 09.12.1986 - VI ZR 65/86 - BGHZ 99, 167-181; *Birkmann*, DAR 2000, 435-438, 436.
[1107] BGH v. 09.12.1986 - VI ZR 65/86 - BGHZ 99, 167-181.
[1108] BGH v. 09.12.1986 - VI ZR 65/86 - BGHZ 99, 167-181.
[1109] BGH v. 09.12.1986 - VI ZR 65/86 - BGHZ 99, 167-181.
[1110] BGH v. 06.12.1994 - VI ZR 229/93 - NJW-RR 1995, 342-343; *Birkmann*, DAR 2000, 435-438, 436.
[1111] OLG Karlsruhe v. 27.03.1996 - 7 U 61/94 - RuS 1997, 242-244.
[1112] BGH v. 17.10.1989 - VI ZR 258/88 - LM Nr. 170 zu § 823 (Dc) BGB; BGH v. 27.09.1994 - VI ZR 150/93 - LM BGB § 823 (Dc) Nr. 196 (2/1995); offen gelassen OLG Karlsruhe v. 27.03.1996 - 7 U 61/94 - RuS 1997, 242-244.
[1113] BGH v. 27.09.1994 - VI ZR 150/93 - LM BGB § 823 (Dc) Nr. 196 (2/1995).
[1114] *Schrenk/Viewig*, Jura 1997, 561-569, 563; *Birkmann*, DAR 2000, 435-438, 437 jeweils m.w.N. zu abweichenden Ansätzen in der Literatur; *Kaufmann/Nickel*, VersR 1998, 948-954, 951.
[1115] *Birkmann*, DAR 2000, 435-438, 435-436.
[1116] BGH v. 27.09.1994 - VI ZR 150/93 - LM BGB § 823 (Dc) Nr. 196 (2/1995).
[1117] OLG Karlsruhe v. 02.04.1993 - 15 U 293/91 - NJW-RR 1995, 594-598.

132 **Pflichten des Zulieferers**: Der exakte Inhalt der Produktbeobachtungspflicht des Zulieferers ist noch nicht hinreichend durch die Rechtsprechung geklärt. In der Literatur wird teilweise vertreten, der Zulieferer sei nur ausnahmsweise zur Produktbeobachtung verpflichtet, dies folge schon daraus, dass er in aller Regel nicht über die Möglichkeit der Reparatur der fehlerhaften Teile im Gesamtprodukt verfüge.[1118] Das ist in dieser Allgemeinheit zweifelhaft und kann sich, wenn man dieser Ansicht überhaupt folgen will, im Ergebnis nur auf das Endprodukt, nicht aber auf die von ihm gelieferten Zwischenprodukte beziehen. Überzeugender ist es aber, dem Zulieferer die Verkehrspflicht aufzuerlegen, Beanstandungen seiner Abnehmer zu überprüfen und Tests und Fachliteratur über sein Produkt und das Endprodukt – gegebenenfalls gemeinsam mit dem Endprodukthersteller – auszuwerten.[1119] Führt der Hersteller des Endprodukts wegen des Zwischenprodukts berechtigterweise eine Rückruf- und Austauschaktion durch, so kann er wegen der Kosten dieser Maßnahme gemäß § 426 Abs. 1 BGB beim Zulieferer Rückgriff nehmen, wobei sich die Quoten entsprechend § 254 Abs. 1 BGB nach den beiderseitigen Verursachungs- und Verschuldensbeiträgen bestimmen.[1120]

133 **Pflichten des Vertriebshändlers**: Den Vertriebshändler, der die Produkte eines inländischen Herstellers vertreibt, trifft grundsätzlich keine Produktbeobachtungspflicht.[1121]

134 **Pflichten des Importeurs**: Den Alleinimporteur, der bezüglich des von ihm vertriebenen Produkts eines ausländischen Herstellers eine Monopolstellung auf dem inländischen Markt innehat, trifft eine **passive Produktbeobachtungspflicht**.[1122]

ff. Rückrufpflichten

135 Dass aus der Produktbeobachtungspflicht eine Verkehrspflicht zum Produktrückruf folgen kann, ist zwischenzeitlich weitgehend anerkannt.[1123] Allerdings ist noch nicht abschließend geklärt, wann eine solche Verpflichtung eingreifen soll. So wird teilweise vertreten, eine Verkehrspflicht zum Produktrückruf könne nur in seltenen Ausnahmefällen bejaht werden. Regelmäßig sei der Produktrückruf zur Gefahrabwendung nicht erforderlich, weil eine Warnung genüge, um die Gefahr abzuwenden. Der Benutzer, der das Produkt trotz der Warnung benutze, handle auf eigene Gefahr.[1124] Demgegenüber existiert die Ansicht, eine Pflicht zur Beseitigung der Gefahr bestehe jedenfalls immer dann, wenn bereits zum Zeitpunkt des Inverkehrbringens des Produkts ein Konstruktionsfehler vorgelegen habe, weil einem Hersteller, der unter Verstoß gegen seine Pflichten zu sorgfältiger Konstruktion und Fabrikation ein gefährliches Produkt auf den Markt gebracht habe, nicht erlaubt werden dürfe, lediglich eine Warnung nachzuschieben, um auf diese Weise seiner Haftung abzuschütteln.[1125] Andere plädieren für eine differenzierende Lösung: Sofern Gesundheitsverletzungen drohten, sei der Hersteller zum Produktrückruf verpflichtet, sofern lediglich die Gefahr von Sachschäden bestehe, sei regelmäßig eine Warnung zur Gefahrabwendung ausreichend.[1126] Überzeugend ist demgegenüber die Lösung, das Bestehen einer deliktischen Rückrufpflicht von ihrer Erforderlichkeit zur effektiven Gefahrabwendung und von einer einzelfallbezogenen Abwägung zwischen dem Schutz des bedrohten Rechtsguts und der Zumutbarkeit einer zeit- und kostenintensiven Rückrufaktion abhängig zu machen, ohne das Abwägungsergebnis stets durch allgemeine, unflexible und daher im Einzelfall ungerechte Abwägungsdirektiven vorwegzunehmen.[1127]

136 **Herstellerspezifische Pflichten**: Die Verkehrspflicht zum Produktrückruf ist eine grundsätzlich nur dem Hersteller obliegende Pflicht.[1128] Der Hersteller, der im Rahmen seiner Pflicht zur Produktbeobachtung erkennt oder für möglich hält, dass sein Produkt mit einem ihm anzulastenden Konstruktions-/Fabrikationsfehler behaftet ist, ist mit deliktsrechtlichen Reaktionspflichten belastet, die von der

---

[1118] Vgl. z.B. *Hager* in: Staudinger, § 823 F 28 m.w.N.

[1119] *Kullmann/Pfister*, Produzentenhaftung, Band 1, 3250, B I 2 b aa.

[1120] OLG Karlsruhe v. 02.04.1993 - 15 U 293/91 - NJW-RR 1995, 594-598.

[1121] Noch weitergehend *Birkmann*, DAR 2000, 435-438, 436, der von einer passiven Produktbeobachtungspflicht der Vertriebshändler ausgeht, eine aktive Produktbeobachtungspflicht allerdings ebenfalls zu Recht ablehnt.

[1122] OLG Frankfurt v. 10.02.1998 - 22 U 58/96 - RuS 1999, 369-371; *Birkmann*, DAR 2000, 435-438, 436.

[1123] Vgl. BGH v. 06.07.1990 - 2 StR 549/89 - NJW 1990, 2560-2569; *Sossna*, Jura 1996, 587-593, 592, der mit Recht davon ausgeht, dass die vorgenannte Entscheidung des BGH in Strafsachen auch für die Zivilrechtslage beachtlich ist; *Schrenk/Vieweg*, Jura 1997, 561-569, 563; *Birkmann*, DAR 2000, 435-438, 437.

[1124] *Foerste*, DB 1999, 2199-2201.

[1125] *Wagner* in: MünchKomm-BGB, § 823 Rn. 651 m.w.N.

[1126] *Schwenzer*, JZ 1987, 1059-1065, 1062-1063; *Michalski*, BB 1998, 961-965, 965.

[1127] So auch *Birkmann*, DAR 2000, 435-438, 437; *Schrenk/Vieweg*, Jura 1997, 561-569, 563.

[1128] Vgl. *Birkmann*, DAR 2000, 435-438, 435-437.

Warnung bis zum Rückruf reichen können, wobei die Rückrufpflicht dann aktuell wird, wenn die Effektivität der Gefahrabwehr es erforderlich macht, das ausgelieferte Produkt aus dem Verkehr zu ziehen.[1129] Der Begriff des „Rückrufs" wird uneinheitlich gebraucht. Vorzugswürdig ist die Terminologie, die hierunter nur die Rücknahme des Produkts durch den Hersteller und nicht auch kostenlose Reparatur- oder Austauschmaßnahmen versteht.[1130] Der Auffassung, dass die deliktsrechtlich begründete Reaktionspflicht sich zu einer Pflicht zur kostenlosen Nachrüstung bzw. Reparatur verdichten kann, stand die instanzgerichtliche Rechtsprechung bislang ablehnend[1131] oder kritisch gegenüber.[1132] Diese Linie hat der BGH bestätigt.[1133] Dabei ist die Entscheidung nicht frei von Widersprüchen, da der VI. Zivilsenat einerseits ausspricht, eine deliktsrechtliche Verkehrspflicht könne „inhaltlich" nicht auf Nachrüstung gerichtet sein, und andererseits ausführt, die Reichweite einer deliktsrechtlichen Gefahrabwendungspflicht bestimme sich nach den Umständen des Einzelfalls, wobei im vorliegenden Fall eine Nachrüstungspflicht „jedenfalls" an der Erforderlichkeit zur effektiven Gefahrabwehr scheitere.[1134] Dabei ist der Leitgedanke der Entscheidung derjenige, dass der deliktsrechtliche Schutz nicht das Äquivalenz-, sondern allein das Integritätsinteresse umfasst, so dass – mit der Ausnahme des § 826 BGB – der Schutz des Äquivalenzinteresses dem Vertragsrecht vorbehalten bleibt. Auch wenn der Senat die Frage, „welche Konsequenzen" sich aus den im Urteil entwickelten Grundsätzen „für die Rückrufpflichten von Herstellern im Allgemeinen ergeben", ausdrücklich offen gelassen hat, so kann man der Entscheidung doch die teilweise in der Literatur bereits vorgezeichnete Tendenz entnehmen, dass Nachrüstungs- und Reparaturpflichten regelmäßig dem Äquivalenzinteresse zuzuordnen sind und demnach in Abgrenzung zur Gewährleistungshaftung als Rechtsfolgen deliktsrechtlicher Ansprüche ausscheiden.[1135] Ob der BGH in eng umgrenzten Ausnahmefällen im Interesse der Effizienz der Gefahrenabwehr von dieser Linie abweichen wird, wird die Zukunft zeigen.

Spezifische Pflichten des Zulieferers: Den Zulieferer trifft die Pflicht zum Produktrückruf grundsätzlich nicht, weil er regelmäßig nicht über die Vorrichtungen zur Reparatur der fehlerhaften Einzelteile im Endprodukt verfügt. 137

Spezifische Pflichten des Vertriebshändlers: Dem Vertriebshändler soll nach der Rechtsprechung des BGH in Strafsachen jedenfalls bei gesundheitsgefährlichen Produkten aufgrund seiner Mitverantwortung für das Inverkehrbringen des Produkts eine Verkehrspflicht zum Produktrückruf obliegen.[1136] 138

Spezifische Pflichten des Importeurs: Wenn man mit dem BGH[1137] eine Verkehrspflicht des Vertriebshändlers zum Rückruf bejahen will, müsste man konsequenterweise ebenfalls eine solche Verkehrspflicht des Importeurs bejahen. 139

gg. Beweislastverteilung

Ein weiteres Spezifikum der Produzentenhaftung ist, dass die Rechtsprechung für den haftungsbegründenden Tatbestand im Wege richterlicher Rechtsfortbildung ein ausgeklügeltes, teilweise von den allgemeinen Regeln abweichendes System der Beweislastverteilung geschaffen hat, das der Tatsache Rechnung trägt, dass alleine der Produzent Einblick in den Produktionsvorgang und die damit zusammenhängenden Kausalzusammenhänge hat. Nach den allgemeinen Regeln müsste der Geschädigte vollen Beweis für die Rechtsgutsverletzung, die im Verantwortungsbereich des Herstellers liegende Fehlerhaftigkeit des Produkts bzw. der Produktinstruktion, die Verkehrspflichtverletzung, den Zurechnungszusammenhang zwischen Rechtsguts- und Pflichtverletzung und das Verschulden des Produzenten (so denn dafür jenseits der Pflichtverletzung noch Raum bleibt) führen.[1138] Hiervon abweichend erlegt die Rechtsprechung im Rahmen der deliktischen Produzentenhaftung dem Hersteller bei bestimmten Produkt- bzw. Instruktionsfehlern die Beweislast für eine fehlende Pflichtverletzung („äußere Sorgfalt") und ein fehlendes Verschulden („innere Sorgfalt") auf und geht in bestimmten Ausnahmekonstellationen (Stichwort: Verletzung der „Befundsicherungspflicht" (vgl. Rn. 143)) auch von einer 140

[1129] BGH v. 16.12.2008 - VI ZR 170/07 - VersR 2009, 272-274.
[1130] *Dietborn/Müller*, BB 2007, 2358, 2360; offenbar ebenso: BGH v. 16.12.2008 - VI ZR 170/07 - juris Rn. 12.
[1131] LG Frankfurt v. 01.08.2006 - 2-19 O 429/04 - BB 2007, 2368-2369.
[1132] LG Arnsberg v. 06.05.2003 - 5 S 176/02.
[1133] BGH v. 16.12.2008 - VI ZR 170/07 - VersR 2009, 272-274.
[1134] BGH v. 16.12.2008 - VI ZR 170/07 - VersR 2009, 272-274.
[1135] *Dietborn/Müller*, BB 2007, 2358, 2362; a.A. *Wagner* in: MünchKomm-BGB, § 823 Rn. 605.
[1136] BGH v. 06.07.1990 - 2 StR 549/89 - NJW 1990, 2560-2569.
[1137] BGH v. 06.07.1990 - 2 StR 549/89 - NJW 1990, 2560-2569.
[1138] Vgl. *Arens*, ZZP 104, 123-135, 124.

§ 823

Beweislastumkehr hinsichtlich der Frage aus, ob der Fehler im Verantwortungsbereich des Herstellers entstanden ist.[1139] Aus Gründen der Übersichtlichkeit bietet es sich an, die **Beweislastverteilung** getrennt nach den **jeweiligen Verkehrspflichten des Produzenten** zu behandeln. Dabei ergibt sich folgender **Überblick**:

141 **Pflicht zur Vermeidung von Konstruktionsfehlern**: Wenn die Haftungsbegründung auf die Verletzung der Pflicht zur Vermeidung von Konstruktionsfehlern gestützt werden soll, muss der Anspruchsteller nur die Rechtsgutsverletzung, das Vorliegen eines Konstruktionsfehlers und den Kausalzusammenhang zwischen dem Konstruktionsfehler und der Rechtsgutsverletzung beweisen.[1140] Demgegenüber wird dem Hersteller die Beweislast dafür auferlegt, dass er die Verkehrspflicht zur Vermeidung von Konstruktionsfehlern nicht verletzt und den – vermuteten – objektiven Pflichtverstoß nicht verschuldet hat.[1141] Diese Beweislastumkehr wird von der Rechtsprechung überzeugend damit begründet, dass es sich bei der Produktkonzeption um einen komplexen betriebsinternen Vorgang handelt, in den der Anspruchsteller keinen Einblick hat.[1142] Die **Beweislastverteilung** bei einer behaupteten Verletzung der Pflicht zur Vermeidung von Fabrikationsfehlern ist mit derjenigen bei der angeblichen Verletzung der Pflicht zur Vermeidung von Konstruktionsfehlern nahezu identisch. Auch hier muss der Anspruchsteller nur die Rechtsgutsverletzung, das Vorliegen eines Fabrikationsfehlers und den Kausalzusammenhang zwischen Fabrikationsfehler und Rechtsgutsverletzung und der Hersteller den fehlenden objektiven Pflichtverstoß und sein fehlendes Verschulden, also das Vorliegen eines Ausreißers (vgl. Rn. 120), beweisen.[1143]

142 **Verletzung der Pflicht zur Vermeidung von Fabrikationsfehlern**: Ein wesentlicher Unterschied zwischen der Haftung wegen Verletzung der Pflicht zur Vermeidung von Konstruktionsfehlern und derjenigen wegen Verletzung der Pflicht zur Vermeidung von Fabrikationsfehlern besteht aber darin, dass der Anspruchsteller im Falle der Haftung wegen angeblicher Verletzung der Pflicht zur Vermeidung von Fabrikationsfehlern zusätzlich beweisen muss, dass das Produkt den Produktionsbetrieb des Herstellers bereits fehlerhaft verlassen hat, sodass der zur Rechtsgutsverletzung führende Material- oder Funktionsfehler nicht auf erst später eingetretene, außerhalb des Verantwortungsbereichs des Herstellers liegende Umstände zurückzuführen ist.[1144] Dabei wird der Anspruchsteller oft in Beweisnot geraten, weil er keine Möglichkeit hat, den konkreten Verlauf des Weges „seines Produkts" vom Hersteller zu ihm zu rekonstruieren. Da in diesen Fällen nur selten ausgeschlossen werden kann, dass die Produktbeschädigung nicht erst „auf dem Weg zum Verbraucher" infolge unsachgemäßen Transports oder sorgfaltswidriger Lagerung durch Dritte (z.B. Zwischen- oder Einzelhändler) verursacht worden ist, helfen dem Geschädigten regelmäßig auch die Regeln über den Anscheinsbeweis nicht weiter.[1145] Grundsätzlich kann dem Anspruchsteller aus dieser Beweisnot nicht herausgeholfen werden, weil sie eine Folge der gesetzlich angeordneten Beweislastverteilung ist.[1146] **Ausnahmsweise** bejaht die Rechtsprechung aber eine **Beweislastumkehr**, wenn den Produzenten eine materiell-rechtliche Pflicht nicht nur zur Kontrolle des Produkts auf Fabrikationsfehler, sondern auch zur Dokumentation des Kontrollbefundes traf und er diese materiell-rechtliche **Befundsicherungspflicht** verletzt hat. Dann wird – bis zum Beweis des Gegenteils – zugunsten des Anspruchstellers vermutet, dass das Produkt bei Inverkehrgabe mit einem Fabrikationsfehler behaftet war und dieser bei ordnungsgemäßer Befundsicherung erkannt worden wäre.[1147] Voraussetzung für eine solche Befundsicherungspflicht und eine aus ihr folgende Beweislastumkehr ist, dass das Produkt eine besondere Verletzungstendenz für hochwertige Rechtsgüter (wie z.B. Gesundheit[1148]) aufweist und dass eine auf jedes Einzelprodukt bezogene Kon-

---

[1139] Vgl. *Arens*, ZZP 104, 123-135, 124-126 und 131-135 m.w.N.
[1140] OLG Frankfurt v. 08.06.1993 - 14 U 116/92 - NJW-RR 1994, 800-801.
[1141] OLG Schleswig v. 06.08.1998 - 11 U 32/97 - ZfSch 1999, 369-373; OLG Dresden v. 23.05.1996 - 7 U 1317/95 - VersR 1998, 59-61.
[1142] OLG Dresden v. 23.05.1996 - 7 U 1317/95 - VersR 1998, 59-61.
[1143] BGH v. 17.03.1981 - VI ZR 191/79 - BGHZ 80, 186-199; OLG Dresden v. 23.05.1996 - 7 U 1317/95 - VersR 1998, 59-61.
[1144] BGH v. 07.06.1988 - VI ZR 91/87 - BGHZ 104, 323-337.
[1145] BGH v. 07.06.1988 - VI ZR 91/87 - BGHZ 104, 323-337.
[1146] BGH v. 07.06.1988 - VI ZR 91/87 - BGHZ 104, 323-337.
[1147] BGH v. 07.06.1988 - VI ZR 91/87 - BGHZ 104, 323-337; *Arens*, ZZP 104, 123-135, 131-135.
[1148] Vgl. zur Dokumentationspflicht und zur sekundären Darlegungslast des Verwenders von Blutprodukten hinsichtlich der Chargennummer des verabreichten Produkts die Entscheidung des BGH v. 14.06.2005 - VI ZR 179/04 - BGHZ 163, 209-223 (HIV-Infektion durch verabreichtes Blutprodukt).

trolle und Befundsicherung technisch möglich und wirtschaftlich zumutbar ist.[1149] Ist dies zu bejahen, so müssen die vom Hersteller durchgeführten Kontroll- und Befundsicherungsverfahren dem neuesten Stand der Technik entsprechen und gewährleisten, dass jedes Einzelprodukt auf seine gefahrspezifische Beschaffenheit hin untersucht und Produkte mit Fabrikationsfehlern möglichst ausgeschlossen werden.[1150] Allerdings sind die Befundsicherungsmaßnahmen nicht schon dann unzureichend, wenn sie nicht imstande sind, das spezifische Produktrisiko vollkommen auszuschließen. Vielmehr genügt es für die Erfüllung der Befundsicherungspflicht, dass die vom Hersteller durchgeführten Kontroll- und Befundsicherungsmaßnahmen zu einer **signifikanten Verringerung des Produktrisikos** führen.[1151] Der klassische Bereich, in dem die Rechtsprechung bisher stets Kontroll- und Befundsicherungspflichten bejaht hat, ist der Bereich der Befüllung von Limonade und kohlensäurehaltigem Mineralwasser in **Mehrweg**glasflaschen, da diese infolge einer Vorschädigung durch Haarrisse oder infolge falscher Befüllung ein signifikantes Berstrisiko aufweisen, das sich erfahrungsgemäß immer wieder in schwerwiegenden Unfällen realisiert.[1152] Für **Einweg**flaschen hat das OLG Braunschweig eine Anwendung dieser Grundsätze mit der zutreffenden Begründung verneint, dass die einer fabrikneuen Einwegflasche anhaftende Schadenstendenz mit derjenigen einer jahrelang im Umlauf befindlichen Mehrwegflasche nicht verglichen werden kann.[1153]

Informationspflichten (Instruktions- und Warnpflichten): Hinsichtlich der Beweislastverteilung bei der Haftung wegen angeblicher Verletzung von Instruktions- und Warnpflichten differenziert der BGH zwischen ursprünglichen und erst nachträglich entstandenen Instruktionsfehlern.[1154] Bei ursprünglichen Instruktionsfehlern, die dadurch gekennzeichnet sind, dass der Hersteller bereits bei der Inverkehrgabe des Produkts zur Instruktion verpflichtet war, muss der Anspruchsteller die Rechtsgutsverletzung, den Instruktionsfehler zum Zeitpunkt der Inverkehrgabe und den Zurechnungszusammenhang zwischen Instruktionsfehler und Rechtsgutsverletzung beweisen. Gelingt ihm der Beweis für das Vorliegen eines ursprünglichen Instruktionsfehlers, so trifft den Hersteller die Beweislast für sein fehlendes Verschulden infolge mangelnder Erkennbarkeit der Gefahr.[1155] Bei nachträglichen Instruktionsfehlern tritt diese dem Anspruchsteller zugutekommende Beweislastumkehr für das Herstellerverschulden nicht ein.[1156]

143

Produktbeobachtungspflichten: Da die Produktbeobachtungspflicht erst mit der Inverkehrgabe des Produkts entsteht, ist die Haftung wegen behaupteter Verletzung der Produktbeobachtungspflicht nach der Rechtsprechung beweislastmäßig ebenso zu handhaben wie die Haftung wegen Verletzung der nachträglichen Instruktionspflicht.[1157]

144

e. Verkehrspflichten im Bereich der Straßenverkehrssicherung

aa. Allgemeines, Abgrenzung zur Haftung aus Art. 34 GG, § 839 BGB

Die Straßenverkehrssicherungspflicht ist ein Unterfall der allgemeinen Verkehrssicherungspflicht für öffentliche Verkehrsflächen. Sie ergibt sich aus dem Umstand, dass von der Straße durch Zulassung oder Duldung öffentlichen Verkehrs spezifische Gefahren für die Verkehrsteilnehmer ausgehen kön-

145

[1149] BGH v. 07.06.1988 - VI ZR 91/87 - BGHZ 104, 323-337; BGH v. 09.05.1995 - VI ZR 158/94 - BGHZ 129, 353-366.

[1150] BGH v. 09.05.1995 - VI ZR 158/94 - BGHZ 129, 353-366.

[1151] BGH v. 09.05.1995 - VI ZR 158/94 - BGHZ 129, 353-366; BGH v. 16.03.1993 - VI ZR 139/92 - NJW-RR 1993, 988.

[1152] BGH v. 09.05.1995 - VI ZR 158/94 - BGHZ 129, 353-366; BGH v. 07.06.1988 - VI ZR 91/87 - BGHZ 104, 323-337; BGH v. 16.03.1993 - VI ZR 139/92 - NJW-RR 1993, 988; BGH v. 08.12.1992 - VI ZR 24/92 - LM BGB § 823 (Dc) Nr. 186 (5/1993); OLG Koblenz v. 20.08.1998 - 11 U 942/97 - NJW-RR 1999, 1624-1627.

[1153] OLG Braunschweig v. 13.09.2004 - 6 U 3/04 - VersR 2005, 417-418; a. A. LG Augsburg v. 23.08.1999 - 3 O 2943/97 - NJW-RR 2001, 594.

[1154] Gegen diese Differenzierung die h.M. in der Literatur, vgl. statt vieler *Sossna*, Jura 1996, 587-593, 592, weil es für die Verschuldensfrage auch bei nachträglicher Instruktionspflichtverletzung auf die Kenntnis von Interna aus dem Betrieb des Herstellers ankomme.

[1155] BGH v. 12.11.1991 - VI ZR 7/91 - BGHZ 116, 60-77; OLG Dresden v. 23.05.1996 - 7 U 1317/95 - VersR 1998, 59-61.

[1156] BGH v. 12.11.1991 - VI ZR 7/91 - BGHZ 116, 60-77; OLG Dresden v. 23.05.1996 - 7 U 1317/95 - VersR 1998, 59-61.

[1157] OLG Hamm v. 29.11.2000 - 13 U 210/99 - VersR 2002, 312; vgl. auch *Kunz*, BB 1994, 450-454, 453.

nen.[1158] Der **Inhalt der Straßenverkehrssicherungspflicht** geht dahin, die öffentlichen Verkehrsflächen – wie alle sonstigen einem Verkehr eröffneten Räumen oder Sachen – möglichst gefahrlos zu gestalten und zu erhalten sowie im Rahmen des Zumutbaren alles zu tun, um den Gefahren zu begegnen, die den Verkehrsteilnehmern aus einem nicht ordnungsgemäßen Zustand der Verkehrsflächen drohen.[1159] Von der Straßenverkehrssicherungspflicht erfasst werden dabei alle Gefahren, mit denen nach der Zweckbestimmung und der Beschaffenheit der Straße gerechnet werden muss. Geschützt werden damit alle Verkehrsteilnehmer, denen die Straße nach der straßenrechtlichen Widmung zur Benutzung offen steht. Das sind, sofern die Widmung die Straßenbenutzung nicht auf bestimmte Fahrzeugtypen beschränkt, alle Fahrzeuge, die nach den einschlägigen Normen der StVZO zum Verkehr zugelassen werden können.[1160] Darüber hinaus muss der Verkehrspflichtige aber auch solchen Gefahren vorbeugen, die bei nicht ganz fern liegender **bestimmungswidriger Benutzung** drohen.[1161] Diese Pflicht darf aber auch nicht überspannt werden: Vor vom Straßenkörper ausgehenden Gefahren, die der Verkehrsteilnehmer ohne weiteres selbst erkennen kann, muss nicht mehr gesondert gewarnt werden. Daher muss der Straßenverkehrssicherungspflichtige auf ein ca. 10 cm tiefes Loch mit einem Umfang von ca. 0,5 qm in einer Straße nicht besonders hinweisen, wenn sich die Straße erkennbar im Bau befindet und sie an ihrem Anfang, an ihrem Ende und an den Einmündungen durch Baustellenschilder „gesichert" ist.[1162] Die Straßenverkehrssicherungspflicht ist zu der der Straßenverkehrsbehörde obliegenden (vgl. § 45 StVO) **Verkehrsregelungspflicht** abzugrenzen.[1163] Die öffentlich-rechtliche Verkehrsregelungspflicht, deren Verletzung Ansprüche aus Art. 34 GG, § 839 BGB begründen kann, ist darauf gerichtet, für die Sicherheit und Leichtigkeit des Verkehrs zu sorgen und die Einrichtungen für die Regelung des Verkehrs so zu gestalten, dass sie ihrem Zweck gerecht werden, den Verkehr zu erleichtern und Verkehrsgefahren zu verhüten.[1164] **Verantwortlich** für die Erfüllung der Straßenverkehrssicherungspflicht ist, sofern und soweit keine abweichende gesetzliche Regelung eingreift, die Gebietskörperschaft, die den Verkehr eröffnet hat und andauern lässt, der also die Verwaltung der Straße obliegt.[1165] Die Straßenverkehrssicherungspflicht ist grundsätzlich eine **privatrechtliche Verkehrspflicht**.[1166] Allerdings hat die öffentlich-rechtliche Körperschaft, der die Verkehrssicherung obliegt, grundsätzlich die Wahl, ob sie dieser Pflicht als Fiskus, also privatrechtlich, oder als Träger öffentlicher Gewalt, also **hoheitsrechtlich** genügen will.[1167] Wenn der Verwaltungsträger die ihm obliegende Straßenverkehrssicherungspflicht hoheitlich erfüllen will, muss er dies durch einen öffentlich bekannt gemachten Organisationsakt, beispielsweise durch einen Satzungsbeschluss oder eine förmliche Widmung einer Verkehrsanlage zur öffentlichen Einrichtung (z.B. Stadtpark), zum Ausdruck gebracht haben.[1168] Ferner kann die privatrechtliche Straßenverkehrssicherungspflicht von einer inhaltsgleichen öffentlich-rechtlichen Straßenverkehrssicherungspflicht überlagert und verdrängt werden, wenn der (Bundes- bzw. Landes-)Straßengesetzgeber die Pflicht zur Straßenverkehrssicherung als Amtspflicht in Ausübung öffentlicher Gewalt normiert.[1169] Die hoheitsrechtliche Erfüllung der Straßenverkehrssicherungspflicht führt dazu, dass bei einer Verletzung der Straßenverkehrspflicht die Anspruchsgrundlage des § 823 Abs. 1 BGB durch Art. 34 GG, § 839 BGB verdrängt wird.[1170] Da die meisten Straßengesetzgeber die Straßenverkehrssicherungspflicht als Amtspflicht in Ausübung öffentlicher Gewalt normiert haben[1171], hat die privatrechtliche Straßenverkehrssicherungspflicht in weiten Bereichen an

---

[1158] BGH v. 18.12.1972 - III ZR 121/70 - BGHZ 60, 54-64.
[1159] BGH v. 18.12.1972 - III ZR 121/70 - BGHZ 60, 54-64; BGH v. 16.05.1991 - III ZR 125/90 - LM BGB § 839 (Ca) Nr. 80 (2/1992).
[1160] BGH v. 16.05.1991 - III ZR 125/90 - LM BGB § 839 (Ca) Nr. 80 (2/1992).
[1161] OLG Düsseldorf v. 04.12.1997 - 18 U 95/97 - NJWE-VHR 1998, 164-165.
[1162] LG Trier v. 15.04.2003 - 11 O 134/02 - NJW-RR 2003, 1605-1606.
[1163] BGH v. 11.12.1980 - III ZR 34/79 - LM Nr. 37 zu § 839 (Fg) BGB.
[1164] BGH v. 24.03.1988 - III ZR 104/87 - MDR 1988, 842-843; BGH v. 15.03.1990 - III ZR 149/89 - LM Nr. 19 zu § 276 (Fc) BGB.
[1165] *Rinne*, NJW 1996, 3303-3308, 3304; *Schmid*, NJW 1988, 3177-3184, 3178 mit detaillierten weiteren Nachweisen.
[1166] BGH v. 15.11.1982 - II ZR 206/81 - BGHZ 86, 152-160.
[1167] BGH v. 18.12.1972 - III ZR 121/70 - BGHZ 60, 54-64.
[1168] Vgl. BGH v. 18.12.1972 - III ZR 121/70 - BGHZ 60, 54-64; vgl. ferner die Kommentierung zu § 839 BGB.
[1169] BGH v. 11.06.1992 - III ZR 134/91 - BGHZ 118, 368-374; *Rinne*, NJW 1996, 3303-3308, 3303; vgl. ferner die Kommentierung zu § 839 BGB.
[1170] BGH v. 05.07.1990 - III ZR 217/89 - BGHZ 112, 74-86.

Bedeutung verloren. Aus diesem Grund wird an dieser Stelle von einer eingehenden Kommentierung der Straßenverkehrssicherungspflicht, die nunmehr im Kontext der Haftung aus Art. 34 GG, § 839 BGB eine wichtige Rolle spielt (vgl. die Kommentierung zu § 839 BGB), mit Ausnahme des für § 823 Abs. 1 BGB weiterhin wichtigen Bereichs der Streupflicht, abgesehen.

bb. Die Räum- und Streupflicht

Die Pflicht zum Räumen und Streuen öffentlicher Straßen, Wege und Plätze ergibt sich regelmäßig aus zwei voneinander unabhängigen Rechtsgrundlagen. Sie ist einerseits ein Unterfall der allgemeinen Straßenverkehrssicherungspflicht (**verkehrsmäßige Reinigungspflicht**) und fällt andererseits unter die so genannte **Pflicht zur polizeimäßigen Reinigung**, die in zahlreichen Wegereinigungsgesetzen der Länder spezialgesetzlich normiert ist.[1172] Die Unterscheidung zwischen verkehrsmäßiger und polizeimäßiger Reinigungspflicht hat praktische und nicht nur dogmatische Bedeutung. Die beiden Pflichten können unter Umständen im Einzelfall verschiedenen Körperschaften obliegen.[1173] Ferner ist die polizeimäßige Reinigungspflicht stets öffentlich-rechtlicher Natur, während die verkehrsmäßige Reinigungspflicht grundsätzlich privatrechtlicher Natur ist und nur dann öffentlich-rechtlichen Charakter hat, wenn der Straßengesetzgeber die Straßenverkehrssicherungspflicht als Amtspflicht in Ausübung öffentlicher Gewalt normiert hat.[1174] Allerdings ist die Straßenverkehrssicherungspflicht, wie bereits erörtert, von den meisten Straßengesetzgebern zwischenzeitlich öffentlich-rechtlich ausgestaltet worden. Daher löst die von der pflichtigen Körperschaft begangene Verletzung der Räum- und Streupflicht auf öffentlichen Straßen, Wegen und Plätzen regelmäßig einen Anspruch aus Art. 34 GG, § 839 BGB aus, der § 823 Abs. 1 BGB als Anspruchsgrundlage verdrängt.[1175] Räum- bzw. Streupflichtverletzungen der öffentlichen Hand sind demnach ganz überwiegend Amtshaftungsfälle[1176] und sollen deshalb nachfolgend nicht weiter vertieft werden (vgl. die Kommentierung zu § 839 BGB). Eine Haftung aus § 823 Abs. 1 BGB wegen Räum- bzw. Streupflichtverletzung kommt dann aber immer dann in Betracht, wenn und soweit die Räum- bzw. Streupflicht einem **Grundstückseigentümer** als solchem obliegt. Das gilt auch dann, wenn dieser Grundstückseigentümer eine Körperschaft des öffentlichen Rechts ist.[1177] Grundstückseigentümer können aus zwei verschiedenen Gründen räum- bzw. streupflichtig sein. Sie sind zum einen regelmäßig nach den Grundsätzen der Bereichshaftung (vgl. Rn. 86) räum- bzw. streupflichtig für die auf ihrem Grundstück liegenden, zum Eingang des Gebäudes führenden Wege und Treppen.[1178] Des Weiteren können sie als **Anlieger** auch für die an ihrem Grundstück entlang führenden öffentlichen Straßen räum- und streupflichtig sein, wenn und soweit ihnen diese Pflicht durch wirksame Gemeindesatzung oder Polizeiverordnung übertragen worden ist.[1179] Eine solche Übertragung der Räum- und Streupflicht ist für die Grundstückseigentümer mit einem Grundrechtseingriff in Art. 14 Abs. 1 GG verbunden und setzt daher nach dem Grundsatz vom Vorbehalt des Gesetzes eine wirksame, die Gemeinde zur Pflichtenabwälzung ermächtigende Rechtsgrundlage voraus. Als eine solche Rechtsgrundlage kommt auch ein Satz des örtlichen Gewohnheitsrechts in Betracht.[1180] Rechtsvorschriften, die die Gemeinden zur Abwälzung der Räum- und Streupflicht auf die Anlieger ermächtigen, sind grundsätzlich verhältnismäßig und daher verfassungsrechtlich nicht zu beanstanden, weil es den Gemeinden bei Schnee und Eis regelmäßig nur dann möglich ist, im gesamten Gemeindegebiet gleichzeitig für eis- bzw. schneefreie Gehwege zu sorgen, wenn sie auf eine Vielzahl privater Streupflichtiger zugreifen können und weil die Eigentümerstellung ein plausibles Anknüpfungskriterium für die Begründung der Räum- bzw. Streupflicht der anliegenden Grundstückseigentümer ist.[1181] Aus diesem Grunde haben auch die meisten Gemeinden von den ihnen eingeräumten Übertragungs-

146

[1171]*Rinne*, NJW 1996, 3303-3308, 3303.
[1172]*Schlund*, DAR 1988, 6-11, 6-7; *Schmid*, NJW 1988, 3177-3184, 3177; *Rinne*, NJW 1996, 3303-3308, 3303.
[1173]*Rinne*, NJW 1996, 3303-3308, 3304; vgl. aber auch BGH v. 21.11.1996 - III ZR 28/96 - LM RhPf LandesstraßenG Nr. 6 (10/1997), wo dies, soweit sich die beiden Pflichten inhaltlich decken, für das rheinland-pfälzische Landesrecht verneint wurde.
[1174]*Rinne*, NJW 1996, 3303-3308, 3303-3304.
[1175]BGH v. 05.07.1990 - III ZR 217/89 - BGHZ 112, 74-86.
[1176]Vgl. *Horst*, MDR 2001, 187-192, 187.
[1177]BGH v. 05.12.1991 - III ZR 31/90 - LM BGB § 823 (Eb) Nr. 27 (6/1992).
[1178]OLG Dresden v. 20.06.1996 - 7 U 905/96 - WuM 1996, 553-555; OLG Frankfurt v. 22.08.2001 - 23 U 195/00 - NJW-RR 2002, 23-24; OLG Düsseldorf v. 20.06.2000 - 24 U 143/99 - ZMR 2001, 106-108.
[1179]*Schlund*, DAR 1988, 6-11, 8.
[1180]BGH v. 21.01.1969 - VI ZR 208/67 - VersR 1969, 377-378.
[1181]BVerwG v. 05.08.1965 - I C 78.62 - BVerwGE 22, 26-31.

möglichkeiten Gebrauch gemacht.[1182] Die Gemeindesatzungen, die eine Räum- und Streupflicht der Anlieger begründen, sind aber nur wirksam, wenn und soweit sie dem Bestimmtheitsgrundsatz[1183] und dem Gebot der Normklarheit genügen[1184], sich im Rahmen der gesetzlichen Ermächtigung bewegen und dem Anlieger – insbesondere hinsichtlich der räumlichen Ausdehnung der Pflicht – zumutbar sind. Dem Gebot der Normklarheit genügt eine Satzung nur, wenn der Pflichtige aus ihr zweifelsfrei entnehmen kann, wo er bei Schnee und Glätte räumen und/oder streuen muss.[1185] Dabei ist die Räum- und Streu- bzw. Reinigungspflicht bei einem an eine Vielzahl von Straßen angrenzenden Grundstück nicht auf den öffentlichen Straßenraum beschränkt, der an derjenigen Grundstücksseite liegt, von der aus das Grundstück über eine Zufahrt oder Zuwegung verfügt, sondern erstreckt sich, wenn es die entsprechende Satzung so vorsieht, auch auf diejenigen Straßenabschnitte, zu denen die Grundstücke nicht über eine direkte Zuwegung verfügen.[1186] An der Zumutbarkeit fehlt es auch dann nicht, wenn sich die Räum- und Streupflicht auf die Fahrbahn einer verkehrsreichen Straße bezieht, dem Anlieger aber zugleich kostenpflichtige, gemeindliche Einrichtungen zur Verfügung gestellt werden, deren er sich zur Erfüllung seiner Räum- und Streupflicht bedienen kann.[1187] Der sich aus den Gemeindesatzungen ergebende **Inhalt der dem Anlieger übertragenen Räum- und Streupflicht** kann variieren. Regelmäßig müssen die Anlieger nur die Fußwege räumen und streuen, es sei denn die Satzung verpflichtet sie auch dazu, die Fahrbahn und die Straßenrinnen zu streuen.[1188] Verpflichtet die Satzung sie dazu, „bei Glatteis" zu streuen, so folgt aus dem Bestimmtheitsgebot, dass bei gewöhnlicher Schneeglätte keine Streupflicht besteht.[1189] Von winterlichen bzw. atypischen Wetterverhältnissen ausgehende Gefahren fallen nicht in den Risikokreis des für die Straße Verkehrssicherungspflichtigen, sondern in das allgemeine Lebensrisiko des Nutzers der Straße. Denn der Verkehrssicherungspflichtige, der auf einen effizienten und sparsamen Einsatz der Streumittel zu achten hat, muss den Nutzer der Straße nur im Rahmen des ihm Zumutbaren vor Gefahren schützen, im Übrigen hat sich der Nutzer selbst vorzusehen.[1190] Die Räum- und Streupflicht kann von dem Grundstückseigentümer mit der Folge **delegiert** werden, dass derjenige, der sie übernimmt, selbst deliktisch verantwortlich wird. Wird die Streupflicht vertraglich durch den Vermieter auf die Wohnungsmieter übertragen, so wird hierdurch auch der einzelne Mieter geschützt. Er ist nur an den Tagen oder in den Bereichen dem Schutzzweck dieser Pflicht entzogen, an denen oder in denen er selbst den Streudienst zu erledigen hat. Die Haftung eines Vereins gegenüber einem zu Fall gekommenen Vereinsmitglied aufgrund einer Verletzung der Streupflicht kann jedoch im Einzelfall ausgeschlossen sein, wenn der Verein mit seiner Gartenordnung gerade versucht hat, die Streupflicht auf seine Vereinsmitglieder zu übertragen.[1191] Eine Übertragung der Räum- und Streupflicht des Grundstückseigentümers kann durch formularmäßigen Mietvertrag, in dem auf eine bei Vertragsschluss übergebene Hausordnung nebst Winterdienstplan verwiesen wird, aber auch konkludent erfolgen. Die Räum- und Streupflicht verwandelt sich dann in eine Kontroll- und Überwachungspflicht.[1192] Stellt sich dann später aus Anlass eines Schadensfalls heraus, dass die vertragliche Abrede unwirksam war, führt dies nicht notwendig dazu, dass der Versprechende (z.B. der Mieter) deliktisch entlastet und der Versprechensempfänger deliktisch belastet wird. Es ist nämlich anerkannt, dass die Wirksamkeit der Verkehrspflichtdelegation nicht stets vom Bestehen eines wirksamen **Übernahmevertrags** abhängig ist.[1193] Vielmehr kann der Umstand der zwischen dem Erstgaranten und einem Dritten getroffenen Abrede eine den Erstgaranten aus der Haftung entlassende Übernahmehaftung des Dritten als Zweitgaranten begründen, wenn der Erstgarant aus den Erklärungen oder aus dem Verhalten des Übernehmers berechtigterweise den Schluss ziehen kann, dass dieser an seiner Stelle die Erfüllung der Verkehrspflicht übernimmt.[1194] So kann der Vermieter, der in zulässiger Weise die Streu-

---

[1182] Vgl. *Rinne*, NJW 1996, 3303-3308, 3305.
[1183] OLG Düsseldorf v. 09.04.1992 - 18 U 218/91 - VersR 1993, 577.
[1184] OLG Hamm v. 16.08.2000 - 13 U 32/00 - VersR 2001, 652-653.
[1185] OLG Hamm v. 16.08.2000 - 13 U 32/00 - VersR 2001, 652-653.
[1186] Brandenburgisches OLG v. 19.03.2008 - 4 U 55/07.
[1187] VerfGH München v. 28.03.1977 - Vf. 3-VII-76 - VerfGHE BY 30, 28.
[1188] *Schlund*, DAR 1988, 6-11, 8.
[1189] *Schlund*, DAR 1988, 6-11, 8.
[1190] OLG München v. 01.09.2010 - 1 U 2243/10.
[1191] Schleswig-Holsteinisches OLG v. 05.01.1010 - 11 W 57/09 m.w.N.
[1192] OLG Dresden v. 20.06.1996 - 7 U 905/96 - WuM 1996, 553-555; OLG Hamburg v. 24.03.2000 - 11 U 45/98 - OLGR Hamburg 2000, 422-427; Saarländisches OLG v. 20.07.2004 - 4 U 466/03-116; LG Karlsruhe v. 30.05.2006 - 2 O 324/06 - ZMR 2006, 698-699.
[1193] BGH v. 22.01.2008 - VI ZR 126/07 - EBE/BGH 2008, 82-83.
[1194] OLG Dresden v. 20.06.1996 - 7 U 905/96 - WuM 1996, 553-555.

pflicht auf die Mieter delegiert hat, auf deren ordnungsgemäße Erfüllung vertrauen, solange keine konkreten Anhaltspunkte hervortreten, die dieses Vertrauen erschüttern.[1195] Ist jedoch beiden, dem sodann Verkehrssicherungspflichtigen und dem zur Kontrolle und Überwachung Verpflichteten, Fahrlässigkeit vorzuwerfen, so haften dann auch beide gegenüber der dadurch zu Schaden gekommenen Person.[1196] Der grundsätzlich zum Räumen bzw. Streuen verpflichtete Grundstückseigentümer kann sich seiner Verkehrssicherungspflicht aber nicht dadurch entziehen, dass er ein Schild mit der Aufschrift „Privatgrundstück, Parken verboten, Betreten und Befahren auf eigene Gefahr" aufstellt, wenn der Verletzte, zum Beispiel als Besucher, zum Betreten des Grundstücks berechtigt war. Wenn ein Eigentümer öffentlichen Verkehr auf seinem Grundstück duldet, ist er auch für die Einhaltung der erforderlichen Verkehrssicherungspflichten verantwortlich. Ein solches Schild kann für den Besucher allenfalls Veranlassung zu besonderer Vorsicht sein, was im Rahmen des Mitverschuldens zu berücksichtigen sein kann.[1197] Eine Haftung aus § 823 Abs. 1 BGB wegen Verletzung der Räum- und/oder Streupflicht kommt ferner auch ohne satzungsmäßige Abwälzung der Räum- und Streupflicht auf die Anlieger auf **Bürgersteigen vor** und Zuwegen zu **Gaststätten/Ladengeschäften** in Betracht, weil die Geschäftsinhaber (z.B. die Gastwirte, vgl. Rn. 152) dort zurechenbar Fußgänger „anlocken" und – nach Auffassung des BGH sogar gegenüber Nichtkunden – die berechtigte Vertrauenserwartung wecken, dass die Bürgersteige vor ihren Geschäftslokalen gesteigerten Sicherheitsanforderungen genügen.[1198] Der nachfolgende **Überblick über die Rechtsprechung zur Haftung** aus § 823 Abs. 1 BGB **wegen Räum- und Streupflichtverletzung** soll die wichtigsten Details aufzeigen.

Autowaschanlage: Aufgrund der mit dem Betrieb einer Autowaschanlage einhergehenden gesteigerten Vereisungsgefahr ist der Betreiber einer Autowaschanlage verpflichtet, durch besonders gründliches und sorgfältiges Abstreuen und Beseitigen verharschten/vereisten Altschnees den für Kunden bestimmungsgemäß zugänglichen Bereich „rutschfrei" zu halten.[1199] 147

Blitzeis, Eisregen: Die Rechtsprechung zu der Frage, ob das Absehen des Streupflichtigen von Streumaßnahmen bei fortwährender Blitzeisbildung oder anhaltendem Eisregen eine Verkehrspflichtverletzung darstellt, „ergibt kein einheitliches Bild".[1200] Teilweise wird in der Rechtsprechung vertreten, bei fortdauerndem Eisregen entfalle die Streupflicht, da das sich immer wieder erneut bildende Glatteis mit zumutbaren Streumaßnahmen nicht wirksam bekämpft werden könne.[1201] Demgegenüber stellen andere Entscheidungen auf die Verkehrsbedeutung des Geh- oder Zuwegs ab und verlangen jedenfalls bei stark frequentierten Geh- oder Zuwegen (z.B. zu einem großen Mietshaus), dass der Pflichtige bei andauerndem Eisregen den Fußgängerverkehr auch dann durch wiederholte Streumaßnahmen „so gut es eben geht" sichert, wenn das Streugut wegen der Fortdauer des Eisregens alsbald seine Wirkung einbüßt.[1202] 148

Dachlawinen: Grundsätzlich muss sich nach der Rechtsprechung des BGH[1203] jeder selbst vor Dachlawinen schützen. Sicherungspflichten des Eigentümers des betroffenen Hauses kommen aber in Betracht, wenn sie nach den örtlichen Gepflogenheiten, der allgemeinen Schneelage des Ortes[1204], der Beschaffenheit und Lage des Gebäudes und der Art und des Umfangs des gefährdeten Verkehrs erforderlich sind.[1205] Als Schutzmaßnahmen kommen die Anbringung von Schneefanggittern sowie Warnhinweise in Betracht. Ob solche jeweils erforderlich sind, wird in der Rechtsprechung stark von den Umständen des Einzelfalles abhängig gemacht. So kommt in schneereichen Gebieten eine Pflicht zur An- 149

[1195] LG Karlsruhe v. 30.05.2006 - 2 O 324/06 - ZMR 2006, 698-699.
[1196] Brandenburgisches OLG v. 29.05.2007 - 11 U 158/06.
[1197] Saarländisches OLG v. 20.07.2004 - 4 U 466/03-116.
[1198] BGH v. 27.01.1987 - VI ZR 114/86 - LM Nr. 26 zu § 823 Abs. 1 BGB.
[1199] OLG Köln v. 21.01.2003 - 24 U 87/02 - NJW-RR 2003, 806-807.
[1200] OLG Hamburg v. 24.03.2000 - 11 U 45/98 - OLGR Hamburg 2000, 422-427 mit zahlreichen weiteren Nachweisen.
[1201] OLG Oldenburg (Oldenburg) v. 07.03.2000 - 9 U 95/99 - VersR 2001, 117-118; OLG Hamm v. 03.07.1995 - 6 U 16/95 - OLGR Hamm 1995, 223-224; OLG Hamm v. 23.03.1983 - 13 U 231/82 - RuS 1984, 100; OLG Hamm v. 15.10.1981 - 27 U 73/81 - ZfSch 1982, 97.
[1202] OLG Hamburg v. 24.03.2000 - 11 U 45/98 - OLGR Hamburg 2000, 422-427; ebenso für die Haftung aus Art. 34 GG, § 839 BGB BGH v. 01.07.1993 - III ZR 88/92 - LM BGB § 839 (Ca) Nr. 90 (1/1994).
[1203] BGH v. 08.12.1954 - VI ZR 289/53 - NJW 1955, 300-301.
[1204] Für Mannheim verneint: AG Mannheim v. 29.07.2011 - 10 C 120/11; LG Mannheim v. 21.01.1998 - 1 S 442/97.
[1205] Vgl. OLG Dresden v. 17.07.1996 - 8 U 696/96 - RuS 1997, 369; OLG Celle v. 20.01.1982 - 9 U 161/81 - VersR 1982, 979; OLG Düsseldorf v. 19.11.1992 - 13 U 95/92 - OLGR 1993, 119; OLG Hamm v. 11.11.1986 - 27 U 68/86 - NJW-RR 1987, 412.

bringung von Schneefanggittern bereits bei Dächern mit großer Höhe und einer Neigung von mehr als 35 Grad in Betracht, während in schneeärmeren Gebieten eine solche Pflicht erst bei einer Dachneigung von 45 Grad anzunehmen ist.[1206] Zum Teil wird auch darauf abgestellt, ob Schneefanggitter für das Dach eines Hauses baupolizeilich vorgeschrieben[1207] oder ortsüblich[1208] sind. Bezüglich der Erforderlichkeit von Warnhinweisen argumentiert die Rechtsprechung einerseits für schneereiche Gebiete damit, dass die Verkehrsbeteiligten, die ohnehin mit niedergehenden Schneemassen von Dachschrägen rechneten, keiner besonderen Warnung bedürften[1209], andererseits verlangt sie aber von den Bewohnern schneeärmerer Gebiete nicht ohne weiteres, bei jedem Niederschlag, der zur Bildung von Dachlawinen führen kann, entsprechende Sicherheitsmaßnahmen zu ergreifen. Besondere Anforderungen gelten für den Fall, dass sich neben dem Gebäude ein Parkplatz befindet, in diesem Fall sind je nach den weiteren Umständen auch Warnschilder aufzustellen oder gefährdete Bereiche des Parkplatzes zeitweise ganz zu sperren.[1210] Dies gilt insbesondere dann, wenn der Besitzer des Gebäudes auf diesem Parkplatz einen Verkehr zur Förderung seines Geschäftsbetriebs eröffnet hat.[1211] Diese Rechtsprechung, die bislang Hotel-, Geschäfts- und Gaststättenparkplätze betraf[1212], wurde zwischenzeitlich auf einen an den Mieter einer Wohnung vermieteten Stellplatz erstreckt.[1213] Damit hat sich „die Eröffnung des Verkehrs auf einem Parkplatz zur Förderung des Geschäftsbetriebes" zu einer von der Rechtsprechung akzeptierten eigenständigen Fallgruppe entwickelt, in der ausnahmsweise eine Verkehrspflicht des Gebäudeeigentümers gegenüber Dritten im Hinblick auf die mit Dachlawinen verbundenen Gefahren in Betracht kommen kann. Besteht die Verkehrspflichtverletzung des Gebäudeeigentümers mangels Verpflichtung zur Ergreifung weitergehender Schutzmaßnahmen allerdings in dem Unterlassen der Anbringung von Warnhinweisschildern, so deutet die Entscheidung des OLG des Landes Sachsen-Anhalt gleichwohl darauf hin, dass häufig das Bestehen eines Schadensersatzanspruchs des Fahrzeugeigentümers gegen den Gebäudeeigentümer fraglich sein wird. Ist nämlich die Lage so, dass das Vorhandensein von Schneemassen auf dem Gebäudedach auch für den Fahrzeugeigentümer offenkundig ist, so würden Warnhinweisschilder letztlich nur auf eine Gefahr hinweisen, die dem Fahrzeugeigentümer ohnehin bekannt ist. Dies aber bedeutet nach Auffassung des Gerichts, dass die Verkehrssicherungspflichtverletzung für die Rechtsgutsverletzung nicht kausal geworden ist. Auch wenn dieses Ergebnis überzeugt, stellt sich in dogmatischer Hinsicht die Frage, ob bei Offenkundigkeit der Lawinengefahr dem Grunde nach überhaupt eine Verkehrspflicht zur Anbringung von Warnhinweisen besteht. Auch das KG Berlin hat entschieden, dass derjenige Fahrzeugeigentümer keinen Anspruch auf Schadensersatz wegen einer Verkehrssicherungspflichtverletzung hat, der bei extremen und lang andauernden winterlichen Schnee- und Temperaturverhältnissen sein Fahrzeug auf einem Parkplatz unmittelbar neben einem Gebäude abstellt, wenn das Fahrzeug trotz eines vorhandenen Schneefanggitters auf dem Dach des Gebäudes durch einen herabfallenden Eisbrocken beschädigt wird.[1214] Maßnahmen gegen die Bildung von Eiszapfen sind hingegen nur im Rahmen des konkret Möglichen und Zumutbaren zu ergreifen, hierauf ist die Rechtsprechung zu Dachlawinen nicht anwendbar.[1215]

150 **Erkrankung**: Die Verletzung der Räum- und/oder Streupflicht kann ausnahmsweise wegen Krankheit des Streupflichtigen (zeitweilig) nicht als Verkehrspflichtverletzung zu werten sein. Dies ist dann der Fall, wenn der die Glätte verursachende Wintereinbruch und die den Streupflichtigen an der Erfüllung der Streupflicht hindernde Erkrankung den Pflichtigen in der Weise unerwartet treffen, dass es ihm

---

[1206] LG Ulm v. 31.05.2006 - 1 S 16/06 - NJW-RR 2006, 1253-1254.
[1207] OLG Zweibrücken v. 09.07.1999 - 1 U 181/98 - OLGR Zweibrücken 2000, 7-8.
[1208] OLG Thüringen v. 20.12.2006 - 4 U 865/05 - WuM 2007, 138-139.
[1209] BGH v. 08.12.1954 - VI ZR 289/53 - NJW 1955, 300-301; OLG Stuttgart v. 27.11.1963 - 1 U 110/63 - DAR 1964, 214- 215.
[1210] LG Ulm v. 31.05.2006 - 1 S 16/06 - NJW-RR 2006, 1253-1254; OLG Frankfurt v. 27.04.2000 - 22 U 90/98 - VersR 2000, 1514-1515.
[1211] OLG Frankfurt v. 27.04.2000 - 22 U 90/98 - VersR 2000, 1514-1515; Birk, NJW 1983, 2911-2917, 2912.
[1212] OLG Frankfurt a.M. v. 27.04.2000 - 22 U 90/98 - VersR 2000, 1514-1515; AG Titisee-Neustadt v. 09.09.1994 - C 274/94 - RRa 1995, 17-18; AG Altenkirchen v. 23.09.1982 - 2 C 150/82 - DAR 1983, 232-233; AG Ludwigsburg v. 23.07.1982 - 1 C 1502/82 - RuS 1984, 32.
[1213] LG Detmold v. 15.12.2010 - 10 S 121/10; OLG des Landes Sachsen-Anhalt v. 11.08.2011 - 2 U 34/11.
[1214] KG Berlin v. 09.02.2011 - 11 U 17/10 - Grundeigentum 2011, 482.
[1215] OLG Celle v. 28.10.1987 - 9 U 227/86 - NJW-RR 88, 663-664.

zeitweise unmöglich ist, eine Aushilfe zu erreichen. Ist der Pflichtige dagegen über einen längeren Zeitraum durch **Alter, Krankheit, Gebrechlichkeit** etc. an der Erfüllung der Streupflicht gehindert, muss er rechtzeitige Vorsorge für die Erfüllung der Streupflicht durch Dritte treffen.[1216]

Friedhöfe, Parks: Auf Friedhöfen müssen bei entsprechender Witterungslage die Hauptwege, nicht jedoch die Wege zu den Entsorgungsbehältern gestreut werden. Es muss den Friedhofsbesuchern lediglich ein sicherer Zugang zu den Grabstätten gewährt werden.[1217] Ebenso müssen in einem öffentlichen Park nur die Hauptwege geräumt werden.[1218]

151

Gastwirte: Den Gastwirt trifft, unabhängig davon, ob er Eigentümer des Anwesens ist, in dem er seine Gaststätte betreibt, und auch unabhängig davon, ob die Gemeinde für den an seiner Gaststätte entlang verlaufenden Bürgersteig die Streupflicht durch Satzung auf ihn abgewälzt hat, die Verkehrspflicht, durch Beleuchten, Abstreuen und Räumen für ein hohes Maß an Verkehrssicherheit auf dem Bürgersteig vor seinem Geschäftslokal, auf den zu seinem Lokal hinführenden Zugängen und auf dem zu seiner Gaststätte gehörenden Privatparkplatz (vgl. Rn. 154) zu sorgen.[1219] Diese besonders strenge Bereichshaftung (vgl. Rn. 86) ergibt sich daraus, dass der Gastwirt mit größeren Besucherzahlen zu rechnen hat und es der Betrieb seines Gewerbes mit sich bringt, dass sich manche seiner Gäste infolge des Genusses alkoholischer Getränke unvernünftig verhalten und in ihrer Gehsicherheit beeinträchtigt sein können.[1220] Bei entsprechenden Witterungsverhältnissen muss der Gastwirt daher im Rahmen des Möglichen und Zumutbaren sehr viel häufiger streuen, als dies beispielsweise von einem Hauseigentümer für den Gehweg vor seinem Haus verlangt werden kann.[1221] Bei gefrierendem Regen, starker Frostbildung oder anhaltendem Schneefall mit Glättebildung ist er verpflichtet, sich in regelmäßigen Abständen davon zu überzeugen, in welchem Zustand sich der Zugang zu seinem Lokal und der dazugehörige Parkplatz befinden.[1222] Ist das Streumittel nicht mehr wirksam, muss er unverzüglich ein erneutes Streuen veranlassen und seine Gäste beim Verlassen des Lokals bitten, erforderlichenfalls dessen Durchführung abzuwarten.[1223] Die Räum- und Streupflicht des Gastwirts umfasst den **Zeitraum** vom Einsetzen des Publikumsverkehrs bis ca. 1 Stunde nach seinem Ende.[1224] Der Schutzbereich der Räum- und Streupflicht des Gastwirts erstreckt sich nach der Rechtsprechung des BGH auch auf solche **Passanten**, die nicht die Absicht haben, seine Gaststätte zu betreten. Der Wille, die Gaststätte aufzusuchen, soll schon deshalb kein geeignetes Kriterium für die Begrenzung des Schutzbereichs sein, weil manche Passanten den Wunsch, eine Gaststätte zu besuchen, erst verspürten, wenn sie sich, durch Hinweisschilder, Werbung, Musik etc. angelockt, bereits vor dem Grundstück befänden, auf dem das betreffende Lokal betrieben wird.[1225] Hinzu komme, dass nach der Verkehrsanschauung berechtigte Vertrauenserwartungen der Straßenpassanten bestünden, dass Gastwirte die Bürgersteige vor ihrem Geschäftslokal zum Schutze ihrer Kunden besonders sorgfältig sicherten, mit der Folge, dass sich gerade zur Winterzeit viele Fußgänger dazu entschlössen, wegen der erhofften größeren Sicherheit ihren Weg über den Bürgersteig vor solchen Geschäftslokalen zu nehmen. Diese von den Geschäftsinhabern erweckten Vertrauenserwartungen lassen es nach Auffassung des BGH als gerechtfertigt erscheinen, alle Straßenpassanten ebenso wie potenzielle Gäste in den Schutzbereich der einem Gastwirt obliegenden gesteigerten Verkehrspflicht einzubeziehen.[1226] Die vorstehend geschilderte Rechtsprechung des BGH überdehnt aber den Schutzbereich der Streupflicht des Gastwirts (bzw. sonstiger Geschäftsinhaber) und ist daher nicht zu befürworten. Es geht nicht an, von (angeblichen) Vertrauenserwartungen auf Verkehrspflichten zurückzuschließen, so lange diese Vertrauenserwartungen von dem in die Verantwortung Genommenen nicht zurechenbar hervorgerufen worden sind. Die berechtigte Erwartung, der Gastwirt werde dafür sorgen, dass man auf dem Weg zu seiner Gaststätte nicht verletzt oder gefährdet

152

[1216] BGH v. 02.12.1969 - VI ZR 92/68 - VersR 1970, 182-183.
[1217] OLG München v. 04.11.2011 - 1 U 3221/11.
[1218] OLG München v. 12.11.2010 - 1 U 3591/10.
[1219] BGH v. 20.11.1984 - VI ZR 169/83 - LM Nr. 24 zu § 823 (Eb) BGB; BGH v. 27.01.1987 - VI ZR 114/86 - LM Nr. 26 zu § 823 Abs. 1 BGB; LG Passau v. 20.11.1995 - 1 O 679/95 - VersR 1997, 590-591.
[1220] BGH v. 20.11.1984 - VI ZR 169/83 - LM Nr. 24 zu § 823 (Eb) BGB; LG Passau v. 20.11.1995 - 1 O 679/95 - VersR 1997, 590-591; OLG Celle v. 10.11.1993 - 9 U 167/92 - VersR 1995, 598-599.
[1221] BGH v. 20.11.1984 - VI ZR 169/83 - LM Nr. 24 zu § 823 (Eb) BGB.
[1222] BGH v. 20.11.1984 - VI ZR 169/83 - LM Nr. 24 zu § 823 (Eb) BGB.
[1223] BGH v. 20.11.1984 - VI ZR 169/83 - LM Nr. 24 zu § 823 (Eb) BGB.
[1224] BGH v. 02.10.1984 - VI ZR 125/83 - LM Nr. 140 zu § 823 (Dc) BGB; LG Passau v. 20.11.1995 - 1 O 679/95 - VersR 1997, 590-591.
[1225] BGH v. 27.01.1987 - VI ZR 114/86 - LM Nr. 26 zu § 823 Abs. 1 BGB.
[1226] BGH v. 27.01.1987 - VI ZR 114/86 - LM Nr. 26 zu § 823 Abs. 1 BGB.

wird, erweckt der Gastwirt aber nur in den Personen, die sich seiner Gaststätte mit dem Ziel nähern, diese zu besuchen oder sich über sein „Angebot" zu informieren. Allen anderen Personen steht der Gastwirt nicht näher als andere Straßenanlieger auch, sodass nicht einzusehen ist, warum er ihnen gegenüber verschärft haften soll.

153 **Miteigentum**: Wälzt eine Gemeindesatzung die Verkehrspflicht zum Räumen und Streuen der Gehwege auf die Anlieger ab, so sind die Eigentümer bzw. die Erbbauberechtigten der Anliegergrundstücke im haftungsrechtlichen Sinne streupflichtig.[1227] Miteigentümer eines Anliegergrundstücks sind dann gemeinsam mit der Streupflicht belastet.[1228]

154 **Parkplätze**: Bei Parkplätzen ist hinsichtlich der Haftung wegen Räum- und Streupflichtverletzung zwischen **öffentlichen Parkplätzen**, die unter die Straßen- und Wegegesetze fallen, und **privaten Parkplätzen** zu unterscheiden. Bei öffentlichen Parkplätzen führt eine Verletzung der Räum- und Streupflicht bei der Normierung der Verkehrspflicht als Amtspflicht (vgl. Rn. 146) in Ausübung öffentlicher Gewalt zur Haftung aus Art. 34 GG, § 839 BGB. Unabhängig von der Rechtsnatur der Straßenverkehrssicherungspflicht wird die Streupflicht auf öffentlichen Parkplätzen von der Rechtsprechung aber stark begrenzt.[1229] Sie besteht nur dann, wenn es sich um einen belebten Parkplatz handelt und wenn die Parkfläche zudem so ausgestaltet ist, dass die Fahrzeugbenutzer die von den Fahrzeugen befahrenen Flächen auf eine nicht nur unerhebliche Entfernung betreten müssen, um ihr Fahrzeug zu verlassen oder wieder zu erreichen.[1230] Dabei wird ein Parkplatz als belebt angesehen, wenn es sich um eine großflächige Anlage handelt oder wenn auf dem Gelände ein schneller Fahrzeugwechsel stattfindet.[1231] Dagegen besteht eine Räum- oder Streupflicht auf öffentlichen Parkplätzen nicht, wenn die Parkfläche so angelegt ist, dass die Fahrzeugbenutzer nach Verlassen des Fahrzeugs den abgestreuten Bürgersteig oder andere sichere Straßenteile mit wenigen Schritten erreichen können.[1232] Es muss sich dabei nicht um die kürzeste Möglichkeit, den Parkplatz zu verlassen, handeln.[1233] Dem Verkehrsteilnehmer ist zuzumuten, dass er auf winterliche Glätte achtet und etwaige Gefahren, die wenige Schritte auf einer glatten Fläche bieten, durch Vorsicht, gegebenenfalls auch durch Festhalten am Wagen selbst meistert. Von dem Verkehrssicherungspflichtigen kann daher nicht verlangt werden, die gegebenenfalls durch geparkte Autos nur teilweise zugängliche Abstellfläche von Herbst bis Frühjahr laufend auf mögliche Unebenheiten zu untersuchen und Vorkehrungen zur Absicherung jeder Stelle zu treffen, an der sich je nach Wetterlage und Temperatur Eis bilden könnte (insbes. Vertiefungen).[1234] Er ist insbesondere auch nicht verpflichtet, die Zwischenräume zwischen den einzelnen geparkten Fahrzeugen zu räumen bzw. immer dann die einzelnen Pkw-Stellflächen zu räumen, wenn gerade kein Fahrzeug dort geparkt ist. Vielmehr genügt es, wenn die Zu- und Abwege ausreichend geräumt sind, so dass man bis wenige Meter vor seinen eigentlichen Stellplatz sicher gelangen kann.[1235] Diese Begrenzungen der Streupflicht gelten auch für kleine Privatparkplätze mit geringer Verkehrsbedeutung (wie z.B. Privatparkplatz vor einem Mehrfamilienhaus)[1236], nicht aber für **private Parkplätze** mit nicht nur geringfügiger Verkehrsbedeutung (wie z.B. die Parkplätze von Supermärkten, Einkaufszentren, Hotels, Restaurants oder Personalparkplätze eines Unternehmens etc.), weil diese in der Regel räumlich eng begrenzt sind und in der Erwartung angelegt worden sind, die bequeme Parkmöglichkeit werde potenzielle Kunden zum Besuch des Geschäftslokals veranlassen oder den eigenen Mitarbeitern im Interesse des Unternehmens das exakte Einhalten der Arbeitszeiten erleichtern.[1237] Andererseits dürfen die Anforderun-

---

[1227] BGH v. 27.11.1984 - VI ZR 49/83 - LM Nr. 142 zu § 823 (Dc) BGB.
[1228] BGH v. 27.11.1984 - VI ZR 49/83 - LM Nr. 142 zu § 823 (Dc) BGB.
[1229] Vgl. dazu im Detail: *Berr*, DAR 1989, 453-455.
[1230] BGH v. 05.04.1967 - VIII ZR 32/65 - BGHZ 47, 312-319; OLG Jena v. 28.11.2000 - 3 U 181/00 - DAR 2001, 80-81; OLG Celle v. 23.11.1994 - 9 U 217/93 - OLGR Celle 1995, 27-28; OLG Celle v. 25.08.2004 - 9 U 109/04 - MDR 2005, 554-555.
[1231] BGH v. 05.04.1967 - VIII ZR 32/65 - BGHZ 47, 312-319; OLG Jena v. 28.11.2000 - 3 U 181/00 - DAR 2001, 80-81.
[1232] OLG Jena v. 28.11.2000 - 3 U 181/00 - DAR 2001, 80-81; OLG Celle v. 23.11.1994 - 9 U 217/93 - OLGR Celle 1995, 27-28; OLG München v. 11.10.2006 - 1 U 3569/06.
[1233] OLG München v. 05.06.2007 - 1 U 2873/07.
[1234] OLG München v. 11.10.2006 - 1 U 3569/06.
[1235] OLG München v. 22.07.2010 - 1 U 2681/10.
[1236] OLG Hamm v. 15.05.1997 - 27 U 34/97 - MDR 1997, 1028.
[1237] OLG Düsseldorf v. 10.09.1999 - 22 U 53/99 - NJW-RR 2000, 696-697; OLG Düsseldorf v. 03.04.1992 - 22 U 245/91 - VersR 1992, 847-848; LG Mannheim v. 12.03.1993 - 1 S 252/92 - VersR 1993, 492-493; LArbG Frankfurt v. 21.07.2000 - 2 Sa 1032/99 - Bibliothek BAG.

gen an die Streu- und Räumpflicht auch bei privaten Parkplätzen nicht überspannt werden. Die Streupflicht geht auch auf privaten Parkplätzen nicht so weit, dass die Fußgänger/Fahrzeugführer von garantierter Rutschfreiheit ausgehen können. Sie bleiben vielmehr selbst zur Anwendung der erforderlichen Sorgfalt verpflichtet. Von Personen, die zu ihren auf den angemieteten Stellplätzen abgestellten Fahrzeugen gelangen oder diese verlassen wollen, darf erwartet werden, dass sie sich auf schlechte Wetterverhältnisse angemessen einstellen.[1238] Die Streupflicht greift daher auf privaten Parkflächen immer hinsichtlich der Fahrbahn ein, hinsichtlich der **Parkbuchten** dagegen nur dort, wo gesteigerte Rutschgefahren bestehen. Dies ist etwa bei Parkbuchten bzw. Stellflächen auf Supermarktparkplätzen, die zum Be- und Entladen benutzt werden, anzunehmen[1239] oder bei den Parkbuchten/Stellflächen von Gaststätten, wo aufgrund eines gewissen Alkoholkonsums stets mit einem unsicheren Gang der Gäste gerechnet werden muss[1240]. Bei den Stellflächen von Mitarbeiterparkplätzen eines Unternehmens[1241] oder des Besucherparkplatzes eines Krankenhauses bestehen derart durch zusätzliche Umstände gesteigerte Rutschgefahren dagegen nicht[1242], sodass sie nicht abgestreut werden müssen. Ferner ist bei privaten Parkplätzen mit nicht nur geringfügiger Verkehrsbedeutung zu verlangen, dass stets Fußpfade geräumt bzw. abgestreut werden, die den Wageninsassen von den Stellplätzen aus ein weitgehend ungefährdetes Verlassen und Wiederaufsuchen ihrer Fahrzeuge ermöglichen.[1243] Das Aufstellen eines Schildes „Bei Schnee und Eis wird nicht geräumt und nicht gestreut" entbindet nach einer zutreffenden Entscheidung des OLG Karlsruhe den Parkplatzbetreiber allerdings nicht von seiner Verkehrssicherungspflicht gegenüber den Parkplatzbenutzern, wenn er für die Parkplatzbenutzung Geld verlangt und der Parkplatz so eingerichtet ist, dass man nicht mit wenigen Schritten den Bürgersteig erreichen kann.[1244] Dabei verweist das OLG zur Begründung auf die Entscheidung des BGH zur Frage der Wirksamkeit eines konkludent vereinbarten Haftungsverzichts infolge des vom Betreiber einer Freizeitanlage aufgestellten Schildes „Benutzung des Badesees auf eigene Gefahr. Für eventuelle Schäden wird nicht gehaftet".[1245] In dieser Entscheidung hatte der BGH aber die Bejahung eines konkludent vereinbarten Haftungsverzichts weniger an den Umstand geknüpft, dass der Betreiber der Freizeitanlage ein geringes Entgelt erhoben hatte, sondern vielmehr an das generalisiert zu betrachtende Kriterium, dass der Geschädigte sich bei ausdrücklichen Verhandlungen über den Verzicht dem Verlangen nach einer Risikofreistellung billigerweise nicht hätte versagen können. Hierzu sei auf sämtliche Fallumstände, insbesondere auf die versicherungsrechtlichen Möglichkeiten abzustellen. Legt man aber diese Kriterien zu Grunde, so wird eine konkludente Haftungsfreistellung durch das Aufstellen von Schildern auch auf unentgeltlich zur Verfügung gestellten Parkflächen von Gewerbetreibenden und Freiberuflern („Kundenparkplätze"), die von der Zurverfügungstellung der Parkflächen profitieren und sich gegen Unfallrisiken versichern können, nicht in Betracht kommen.

Zeitliche Aspekte der Räum- bzw. Streupflicht: Hinsichtlich der **Zeiträume, innerhalb derer eine Räum- bzw. Streupflicht besteht**, ist zwischen den verschiedenen Rechtsgrundlagen privatrechtlicher Streupflichten zu unterscheiden. Die **Anlieger**, die aufgrund satzungsrechtlicher Bestimmung für die Gehwege vor ihren Grundstücken streupflichtig sind, sind nach dem Grundsatz vom Vorbehalt des Gesetzes natürlich nur in den satzungsgemäß bestimmten Zeiträumen streupflichtig.[1246] Die aus Bereichshaftung (vgl. Rn. 86) **gesteigert verkehrspflichtigen** Betreiber solcher Einrichtungen und Anlagen, die einem erhöhten Publikumsverkehr ausgesetzt sind, wie z.B. Geschäftsinhaber, Gastwirte, Diskotheken- oder Kinoinhaber, Tennishallen- oder Schwimmbadbetreiber etc. unterliegen der Räum- und Streupflicht vom Beginn des Publikumsverkehrs an bis zu einer Stunde nach dessen Ende.[1247] Für den Publikumsverkehr eröffnete Anlagen, die dazu bestimmt sind, außerhalb normaler Verkehrszeiten auf-

155

[1238] OLG Düsseldorf v. 19.05.2008 - 24 U 161/07 - MDR 2008, 1208.
[1239] LG Mannheim v. 12.03.1993 - 1 S 252/92 - VersR 1993, 492-493.
[1240] OLG Celle v. 10.11.1993 - 9 U 167/92 - VersR 1995, 598-599; vgl. auch BGH v. 20.11.1984 - VI ZR 164/83 - Fremdenverkehrsrechtliche Entscheidungen 24, Nr. 570 (1988); BGH v. 20.11.1984 - VI ZR 169/83 - LM Nr. 24 zu § 823 (Eb) BGB.
[1241] LArbG Frankfurt v. 21.07.2000 - 2 Sa 1032/99 - Bibliothek BAG.
[1242] OLG Zweibrücken v. 09.12.1998 - 1 U 17/98 - JurBüro 1999, 331.
[1243] OLG Düsseldorf v. 03.04.1992 - 22 U 245/91 - VersR 1992, 847-848.
[1244] OLG Karlsruhe v. 22.09.2004 - 7 U 94/03 - MDR 2005, 449-450.
[1245] BGH v. 16.02.1982 - VI ZR 149/80 - LM Nr. 8 zu § 276 (Da) BGB.
[1246] BGH v. 27.11.1984 - VI ZR 49/83 - LM Nr. 142 zu § 823 (Dc) BGB; LG Mainz v. 26.02.1993 - 9 O 233/92 - VersR 1994, 1364; Horst, MDR 2001, 187-192, 188.
[1247] BGH v. 02.10.1984 - VI ZR 125/83 - LM Nr. 140 zu § 823 (Dc) BGB; LG Passau v. 20.11.1995 - 1 O 679/95 - VersR 1997, 590-591.

gesucht zu werden, lösen zeitlich besonders weitgehende Streupflichten aus. So darf der Publikumsverkehr beispielsweise darauf vertrauen, dass der Zugang zu einem **Geldautomaten** bei einer Sparkassenfiliale auch am Wochenende abgestreut ist.[1248] Die Verkehrspflicht des **Grundstückseigentümers**, die auf seinem Grundstück liegenden Zugänge zu seinem Haus (Wege und Treppen) zu räumen bzw. abzustreuen, besteht ebenfalls nicht „rund um die Uhr".[1249] Sie besteht vielmehr nur innerhalb der **allgemeinen Verkehrszeiten (Berufs- und Tagesverkehr)**[1250], weil jeder Teilnehmer am allgemeinen Verkehr nur in diesem Zeitraum darauf vertrauen darf, dass seine Verkehrsteilnahme nicht durch Gefahrenherde auf den zu benutzenden Wegen gefährdet oder gar verhindert wird[1251]. Die allgemeinen Verkehrszeiten **beginnen** ab einer gewissen Verkehrsverdichtung, die man im Allgemeinen **an Werktagen ab 7.00 Uhr** ansetzen kann.[1252] **An Sonn- und Feiertagen** beginnen die allgemeinen Verkehrszeiten **ab 9.00 Uhr**.[1253] Zeitlich davor liegender Verkehr, etwa durch **Zeitungszusteller**, muss sich darauf einstellen, dass der Grundstückseigentümer noch nicht zum Abstreuen verpflichtet ist und handelt daher beim Betreten eines Grundstücks auf eigene Gefahr.[1254] Die Verkehrszeiten **enden um 20.00 Uhr**.[1255] Allerdings muss ein Vermieter, der es zu vertreten hat, dass auf seinem Gelände zur Nachtzeit vertragsgemäß erheblicher Publikumsverkehr stattfindet, auch für dessen Sicherheit sorgen.[1256] Selbst wenn eine Gemeinde in ihrer Straßenreinigungssatzung den Rahmen für Räum- und Streumaßnahmen – bezogen auf den Beginn – auf frühere und/oder – bezogen auf das Ende – auf spätere Zeiten festlegt, begründet dies keinen Anspruch des Bürgers darauf, dass die Gemeinde in den von ihr überobligatorisch festgelegten Grenzen die Streumaßnahmen vornimmt.[1257] Innerhalb der Zeiträume, für die grundsätzlich eine Streupflicht besteht, setzt sie in dem Moment ein, in dem die Gefahrenschwelle überschritten und typischerweise mit Glätteunfällen zu rechnen ist. Das setzt eine **allgemeine Glättebildung** voraus; das Vorhandensein vereinzelter Glättestellen reicht dazu nicht.[1258] Allerdings muss der Räum- bzw. Streupflichtige die ihm obliegenden Sicherungsmaßnahmen nicht sofort mit dem Ende der Glätte verursachenden Niederschläge in die Wege leiten. Vielmehr ist ihm eine **angemessene Wartezeit** zuzubilligen, in der er beobachten kann, ob es sich nur um eine kurzfristige Unterbrechung der Niederschläge handelt, sodass seine Streu- und Räummaßnahmen sogleich wieder wirkungslos würden.[1259] Denn ohnehin wenig erfolgversprechende Räum- und Streumaßnahmen müssen nicht durchgeführt werden.[1260] Außer der Beobachtungszeit muss dem Streupflichtigen ferner eine angemessene Zeit zur organisatorischen Vorbereitung der Streu- und Räummaßnahmen zugestanden werden.[1261] Schließlich muss dem Räum- bzw. Streupflichtigen ein angemessener Zeitraum für die Erfüllung seiner Reinigungspflicht zugebilligt werden.[1262] Er darf generell das Ende des gefrierenden Regens abwarten, auch wenn hierdurch Glatteis entsteht.[1263] Auch muss er bei tagsüber andauerndem Schneefall mit zwischenzeitlichen Schneepausen nicht kontinuierlich räumen und streuen, wenn er

---

[1248] OLG Frankfurt v. 07.05.1998 - 16 U 152/97 - ZIP 1998, 2148-2151.

[1249] OLG Düsseldorf v. 20.06.2000 - 24 U 143/99 - ZMR 2001, 106-108.

[1250] OLG Frankfurt v. 26.11.2003 - 21 U 38/03 - NZM 2004, 144-145.

[1251] OLG Düsseldorf v. 20.06.2000 - 24 U 143/99 - ZMR 2001, 106-108; OLG Celle v. 22.12.2003 - 9 U 192/03 - BauR 2004, 557; ähnlich, aber konstruktiv abweichend OLG Schleswig v. 06.02.1997 - 11 U 157/95 - ZfSch 1999, 189-190, das die zeitlichen Grenzen für die Streupflicht auf Grundstückseigentum mit den zeitlichen Grenzen der Streupflicht des Anliegers nach den Gemeindesatzungen harmonisieren will.

[1252] OLG Düsseldorf v. 20.06.2000 - 24 U 143/99 - ZMR 2001, 106-108; OLG Celle v. 22.12.2003 - 9 U 192/03 - BauR 2004, 557; *Horst*, MDR 2001, 187-192, 189.

[1253] OLG Oldenburg (Oldenburg) v. 28.09.2001 - 6 U 90/01 - MDR 2002, 216-217, wo es allerdings um die Streupflicht einer Gemeinde geht.

[1254] LG Mainz v. 26.02.1993 - 9 O 233/92 - VersR 1994, 1364; OLG Düsseldorf v. 20.06.2000 - 24 U 143/99 - ZMR 2001, 106-108.

[1255] LG Berlin v. 01.02.1988 - 12 O 548/87 - Grundeigentum 1988, 775; *Horst*, MDR 2001, 187-192, 189.

[1256] OLG Koblenz v. 28.03.2008 - 5 U 101/08 - VRR 2008, 186 m. Anm..

[1257] Thüringer OLG v. 10.11.2008 - 4 U 553/08 - NZV 2009, 599-600

[1258] OLG Hamm v. 29.01.1993 - 9 U 68/92 - OLGR Hamm 1993, 278; BGH v. 26.02.2009 - III ZR 225/08 - NJW 2009, 3302-3303

[1259] OLG Naumburg v. 06.10.1999 - 12 U 144/99 - MDR 2000, 520-521; OLG Brandenburg v. 28.09.1999 - 2 U 11/99 - MDR 2000, 159-160.

[1260] OLG München v. 31.08.2011 - 1 U 2705/11.

[1261] OLG Brandenburg v. 28.09.1999 - 2 U 11/99 - MDR 2000, 159-160.

[1262] OLG Naumburg v. 06.10.1999 - 12 U 144/99 - MDR 2000, 520-521; OLG Schleswig v. 04.01.1973 - 5 U 198/71 - VersR 1975, 431.

[1263] OLG Celle v. 27.02.2004 - 9 U 220/03 - NJW-RR 2004, 1251-1252.

dies nach nächtlichem Schneefall bereits am frühen Morgen intensiv getan hat; vielmehr reicht es in solchen Fällen grundsätzlich aus, wenn er in der Mittagszeit erneut nachräumt und streut.[1264] Andererseits kann den Streupflichtigen auch eine „**vorbeugende Streupflicht**" treffen, wenn er aufgrund der konkreten Wetterlage mit hinreichender Sicherheit vorhersehen kann, dass es in den folgenden Stunden, in denen keine Räum- und Streupflicht mehr besteht, zum Auftreten von Eisglätte kommen wird.[1265] Ein Unfall außerhalb der Streuzeiten fällt dennoch unter den Schutzzweck der Streupflicht, sofern bei Einhaltung der Streupflicht zu den Streuzeiten der spätere Unfall vermieden worden wäre. Die Beweislast für diese Kausalität liegt jedoch beim Geschädigten.[1266] Eine vorbeugende Streupflicht zur Verhinderung von Glättebildung an bestimmten Stellen auch in den Nachtstunden ist aber nur ausnahmsweise dann erforderlich, wenn mit einem entsprechenden Verkehr gerechnet werden muss. Dazu reicht nicht aus, dass lediglich vereinzelte Personen, insbesondere Zeitungsausträger, vor Einsetzen der allgemeinen Streupflicht unterwegs sind.[1267] Demgegenüber ist eine **tägliche Kontrolle** eines Weges zu Beginn der Streupflicht auf Glatteisbildung weder dem originär Verkehrssicherungspflichtigen noch demjenigen, auf den die Räum- und Streupflicht kraft Satzung bzw. Vertrag übertragen wurde, unzumutbar. Zumindest eine einmalige Kontrolle zu Beginn der Räum- und Streupflicht ist bei entsprechenden örtlichen Witterungsverhältnissen zumutbar und geboten.[1268]

Räumliche Ausdehnung der Streupflicht: Selbst wenn die die Räum- bzw. Streupflicht auf die Anlieger abwälzende Satzung eine solche Pflicht für den gesamten Bürgersteig anordnet, bedeutet dies nicht, dass der Streupflichtige, der nur einen Teil des Gehwegs freimacht, stets verkehrspflichtwidrig handelt. Es ist nämlich anerkannt, dass bei Gehwegen ohne besondere Verkehrsbedeutung – unabhängig von der jeweiligen Formulierung in der Streupflichtsatzung – der Gehweg nicht in voller Breite zu räumen bzw. streuen ist, sondern es vielmehr ausreicht, wenn nur ein **Streifen von 1 m bis 1,20 m Breite**, der es zwei Fußgängern gestattet, vorsichtig aneinander vorbeizukommen, geräumt bzw. abgestreut wird.[1269] Wenn der Streupflichtige auf einem breiteren Bürgersteig nur eine Mindestbreite abstreuen muss, kann er sich aber bei gänzlicher Nichtbeachtung der Streupflicht nicht darauf berufen, es fehle am Pflichtwidrigkeitszusammenhang, weil er ohnehin nicht an der Unfallstelle gestreut hätte. Ein Anlieger, der überhaupt nicht gestreut hat, kann nämlich nicht verlangen, so behandelt zu werden, als sei seine Streupflicht auf einen Teil des Bürgersteigs beschränkt.[1270] Es müssen ferner nicht ausnahmslos alle vorhandenen Gehwege abgestreut und geräumt werden, vielmehr ist darauf abzustellen, ob der Fußgänger bei vernünftigen Sicherheitserwartungen mit der Räumung des Gehweges rechnen durfte oder nicht.[1271] Es muss aber grundsätzlich gewährleistet sein, dass wenigstens zu Fuß jede Wohnung – auch von älteren und gebrechlichen Menschen – einigermaßen sicher zu erreichen ist. Von der Streupflicht auszunehmen sind daher nur tatsächlich entbehrliche Wege, für die ein echtes, jederzeit zu befriedigendes Verkehrsbedürfnis nicht besteht, so z.B. wenn das Grundstück genauso sicher auf einem anderen Weg erreicht werden kann, ferner bei tatsächlich entbehrlichen Gehwegen wie solchen, die durch Park- oder Grünanlagen führen oder in reinen Industriegebieten oder bei Wegen mit reiner Abkürzungsfunktion.[1272]

Bei Wohnungseigentumsanlagen bezieht sich die Streupflicht nicht nur auf den Zugang zum Gebäude, sondern auch auf den Zugang zu einer zur Wohnungseigentumsanlage gehörenden Tiefgarage.[1273] Besteht der Zugang zu einer solchen Tiefgarage aus einer abschüssigen Rampe, auf die man von einem über die Wohnanlage führenden Privatweg gelangt, wobei der obere Teil der Rampe im Freien liegt und nicht überdacht ist und der untere Teil im Gebäude liegt und durch ein Rollgitter und eine für den Durchgang von Personen bestimmte Gittertür vom oberen abgetrennt ist, so ist der Streupflicht nicht schon dadurch genügt, dass die Wege der Wohnanlage und der obere Teil der Rampe ordnungsgemäß abgestreut werden. Vielmehr bezieht sich die Streupflicht auch auf den Zugangsbereich zur Tiefgarage

---

[1264] LG Bochum v. 15.06.2004 - 2 O 102/04 - NJW-RR 2005, 463-464.
[1265] OLG Frankfurt v. 26.11.2003 - 21 U 38/03 - NZM 2004, 144-145; Brandenburgisches OLG v. 18.01.2007 - 5 U 86/06 - NJW-RR 2007, 974-975.
[1266] Brandenburgisches OLG v. 25.06.2010 - 2 W 1/10.
[1267] BGH v. 11.08.2009 - VI ZR 163/08 - WuM 2009, 677-678.
[1268] OLG München v. 30.07.2009 - 1 U 1815/09.
[1269] OLG Nürnberg v. 22.12.2000 - 6 U 2402/00 - NJW-RR 2002, 23; OLG Bamberg v. 27.05.1975 - 5 U 46/75 - NJW 1975, 1787-1788.
[1270] OLG Celle v. 02.02.2000 - 9 U 121/99 - RuS 2000, 198-199.
[1271] OLG Hamm v. 30.09.2003 - 9 U 86/03 - NZV 2004, 38-39.
[1272] OLG Thüringen v. 09.03.2005 - 4 U 646/04 - NVwZ-RR 2006, 60-61.
[1273] OLG Karlsruhe v. 30.12.2008 - 14 U 107/07 - WuM 2009, 256-259.

(Türbereich), zumal der Umstand der Abstreuung der Wege und des oberen Rampenteils einen Fußgänger zu der Annahme verleiten muss, dass er in die Tiefgarage gehen könne, ohne dabei Schaden zu nehmen.[1274] Demgemäß sind alle Wege, denen ein Verkehrsbedürfnis nicht abgesprochen werden kann, zu bestreuen.[1275]

156.1 Der für die Begründung und den Umfang einer Verkehrssicherungspflicht bedeutsame Wertungsgesichtspunkt der „Verkehrserwartung" bringt es bekanntlich mit sich, dass die Verkehrsbedeutung und die Intensität der gewöhnlichen Nutzung eines Wegs auch das Maß der für ihn geltenden Räum- und Streupflicht (mit)bestimmen (Oberlandesgericht des Landes Sachsen-Anhalt v. 11.05.2012 - 10 U 44/11). Für nur wenige Male am Tag benutzte Zugangswege zu einer Wohnung auf einem Privatgrundstück bedeutet dies, dass nur eine zu sichernde Durchgangsbreite zu gewährleisten ist, die für die Benutzung durch eine Person auskömmlich ist, und erkennbar nicht erwartet werden kann, dass eine gesicherte Wegfläche bereitgestellt wird, die ein vorsichtiges Aneinandervorbeikommen zweier Personen ermöglicht (Oberlandesgericht des Landes Sachsen-Anhalt v. 11.05.2012 - 10 U 44/11). Handelt es bei den Bewohnern einer Wohnung, zu der ein wenig benutzter Zugangsweg hinführt, um eine Einzelperson oder ein Ehepaar hohen Alters, so kann auch dies auf die Verkehrserwartung und das auf ihr gründende Maß der gebotenen Räum- und Streupflicht dergestalt Einfluss haben, dass grundsätzlich nur mit Besucherverkehr zu rechnen ist, der das Alter und das damit verbundene verminderte Leistungsvermögen des Wohnungsinhabers kennt und sich hierauf einstellen kann (Oberlandesgericht des Landes Sachsen-Anhalt v. 11.05.2012 - 10 U 44/11). Befindet sich der der Wohnung zugehörige Briefkasten am Gartentor, so dass der Briefträger den Zuweg zum Zwecke der Postzustellung nicht nutzen muss, so lässt sich in einem solchen Fall auch aus dem Postzustellerverkehr keine weitergehende Räum- und Streupflicht herleiten (Oberlandesgericht des Landes Sachsen-Anhalt v. 11.05.2012 - 10 U 44/11).

157 **Wiederholtes Abstreuen**: Außergewöhnliche Glätteverhältnisse können besonders intensive Streumaßnahmen, zu denen jedenfalls bei entsprechender Verkehrsbedeutung des betreffenden Weges mehrmaliges Streuen im Abstand von wenigen Stunden gehört, erforderlich machen, wenn die Aussicht besteht, dass sie die Glättebildung wenigstens verringern.[1276] Hierbei wurden in der Rechtsprechung bei stark frequentierten Wegen in einer Großstadt Streuintervalle von drei Stunden gebilligt.[1277] Allerdings gilt keine ständige generelle Pflicht zum Nachstreuen, wenn keine weiteren Niederschläge erfolgen, auch nicht für Friedhofswege, die häufig von älteren Menschen frequentiert werden. Bei winterlichen Straßen- und Gehwegverhältnissen muss jeder Verkehrsteilnehmer damit rechnen, dass bestimmte Stellen glatt sind und sich gegebenenfalls auch Splitt ins Eis eintritt.[1278] Der Verkehrssicherungspflichtige schuldet keine perfekten Lösungen, sondern muss lediglich im Rahmen des ihm Zumutbaren die von winterlichen Verhältnissen ausgehende Gefährdung eindegen.[1279]

158 **Wohnungseigentümer**:[1280] Wälzt eine Gemeindesatzung die Räum- und Streupflicht für die innerörtlichen Gehwege auf die **Anlieger** ab, so sind bei Hausgrundstücken, die in Wohnungseigentum aufgeteilt sind, die Wohnungseigentümer gemeinsam mit der Streupflicht belastet.[1281] Die Eigentümergemeinschaft kann die Räum- und Streupflicht nach dem Rotationsprinzip wirksam für verschiedene Zeiträume auf verschiedene ihrer Mitglieder übertragen, beispielsweise dadurch, dass bestimmt wird, dass die Streupflicht im Wochenrhythmus von Etage zu Etage „wandert".[1282] Dies führt dann dazu, dass die Mitglieder der Eigentümergemeinschaft, die nach der internen Streupflichtverteilung gerade keinen „Winterdienst" haben, aus der eigentlichen Räum- und Streupflicht ausscheiden, wenn die von der Eigentümergemeinschaft getroffene Absprache hinreichend klar ist.[1283] Die Streupflicht verwandelt sich

---

[1274] OLG Karlsruhe v. 30.12.2008 - 14 U 107/07 - WuM 2009, 256-259.
[1275] Brandenburgisches OLG v. 03.06.2008 - 2 U 8/07 - VRR 2008, 282
[1276] BGH v. 01.07.1993 - III ZR 88/92 - LM BGB § 839 (Ca) Nr. 90 (1/1994); LG Hamburg v. 13.01.1998 - 309 S 234/97 - VersR 2000, 787-788; OLG Hamm v. 14.12.1982 - 9 U 101/82 - VersR 1984, 194-195; *Horst*, MDR 2001, 187-192, 189.
[1277] BGH v. 01.07.1993 - III ZR 88/92 - LM BGB § 839 (Ca) Nr. 90 (1/1994); LG Hamburg v. 13.01.1998 - 309 S 234/97 - VersR 2000, 787-788.
[1278] OLG München v. 22.02.2010 - 1 U 4405/09
[1279] OLG München v. 11.08.2011 - 1 U 2705/11.
[1280] *Horst*, MDR 2001, 187-192, 191-192.
[1281] BGH v. 27.11.1984 - VI ZR 49/83 - LM Nr. 142 zu § 823 (Dc) BGB.
[1282] BGH v. 27.11.1984 - VI ZR 49/83 - LM Nr. 142 zu § 823 (Dc) BGB.
[1283] OLG Frankfurt v. 04.12.2001 - 3 U 93/01 - OLGR Frankfurt 2002, 125-126.

dann jedoch in eine Überwachungspflicht, die der gesamten Eigentümergemeinschaft obliegt.[1284] An eine solche Überwachungspflicht sind umso höhere Anforderungen zu stellen, je abstimmungsbedürftiger die von der Eigentümergemeinschaft getroffene Streupflichtverteilung ist. Soll etwa die Streupflicht wochenweise von einer Etage auf die nächste übergehen, ist damit zu rechnen, dass es zu Abstimmungsschwierigkeiten zwischen den Bewohnern der jeweiligen Etagen kommen kann, sodass von der Eigentümergemeinschaft in diesem Fall eine besonders sorgfältige Überwachung gefordert werden muss.[1285] Die Wohnungseigentümergemeinschaft kann die Räum- und Streupflicht durch den Verwaltervertrag auch auf den **Verwalter** delegieren. Dazu genügt grundsätzlich bereits die allgemeine Regelung im Verwaltervertrag, wonach der Verwalter alles tun muss, was zu einer ordnungsgemäßen Verwaltung notwendig ist. Diese Verpflichtung umfasst namentlich auch die Wahrnehmung der Verkehrssicherungspflicht einschließlich der Räum- und Streupflicht.[1286] Überträgt der Verwalter diese Verpflichtung vertraglich auf einen Dritten, so bleibt er mit der Pflicht zur Kontrolle und Überwachung belastet und hat bei Pflichtverletzungen des beauftragten Dritten jedenfalls gegenüber Wohnungseigentümern und in den Schutzbereich der vertraglichen Abrede einbezogenen Personen (z.B. Mietern) für das Verschulden des Dritten gemäß § 278 BGB einzustehen. Eine solche Verschuldenszurechnung soll allerdings dann ausscheiden, wenn der Verwalter den (Hausmeister-)Vertrag mit dem Dritten nicht im eigenen Namen, sondern im Namen der Wohnungseigentümergemeinschaft geschlossen hat. Dann – so die Argumentation der Rechtsprechung – sei bereits seitens der Wohnungseigentümergemeinschaft alles Notwendige zur Erfüllung der Verkehrssicherungspflicht unternommen, so dass eine Verpflichtung des Verwalters zum Entfalten eigener Maßnahmen aus dem Verwaltervertrag nicht bestehe.[1287] Ungeachtet dessen, dass diese begriffsjuristisch anmutende Argumentation wenig überzeugend ist, ist sie doch für die Praxis von erheblicher Relevanz für die anwaltliche Beratung von Verwaltern und die Führung von Haftungsprozessen wegen Verletzung der Räum- und Streupflicht.

cc. Beweislastverteilung bei der Haftung wegen Streupflichtverletzung

Der Anspruchsteller trägt bezüglich des haftungsbegründenden Tatbestandes die Darlegungs- und Beweislast für die Rechtsgutsverletzung, für das Bestehen einer räum- bzw. streupflichtbegründenden Wetterlage im Zeitpunkt des Unfalls,[1288] für die Räum- bzw. Streupflichtverletzung[1289] sowie für den Zurechnungszusammenhang zwischen Rechtsguts- und Pflichtverletzung.[1290] Auch hinsichtlich der genauen Bestimmung der Unfallörtlichkeit, die wegen etwaiger Streupflichten des Verkehrssicherungspflichtigen unerlässlich sein kann, ist der Geschädigte uneingeschränkt beweispflichtig.[1291] Beruft sich demgegenüber der Streupflichtige auf eine wettermäßige Ausnahmesituation (vgl. Rn. 148), bei der er wegen völliger Zwecklosigkeit des Streuens von seiner Streupflicht oder jedenfalls von der Pflicht zum wiederholten Streuen (vgl. Rn. 157) befreit ist, trägt er die Darlegungs- und Beweislast für das Vorliegen einer derartigen Ausnahmesituation.[1292] In bestimmten Konstellationen kann dem Anspruchsteller mit den Mitteln des **Anscheinsbeweises** geholfen werden.[1293] Dies spielt insbesondere für die – grundsätzlich vom Anspruchsteller zu beweisende – **Kausalität zwischen Rechtsguts- und Streupflichtverletzung** eine Rolle. Hier bejaht die Rechtsprechung einen Anscheinsbeweis für die Kausalität, wenn der Anspruchsteller eine die Streupflicht begründende Wetterlage zum Zeitpunkt des Unfalls, einen Sturz an einem Ort, der von der Streupflicht erfasst war, einen zu dieser Zeit bestehenden verkehrspflichtwidrigen Glättezustand im Verantwortungsbereich des Streupflichtigen sowie ferner darlegt und beweist, dass sich der Unfall innerhalb des Zeitraums ereignet hat, in dem der Schädiger grundsätzlich streupflichtig war.[1294] Die diesen Anscheinsbeweis erschütternde Behauptung, dass vom Beginn der

---

[1284] BGH v. 27.11.1984 - VI ZR 49/83 - LM Nr. 142 zu § 823 (Dc) BGB.
[1285] BGH v. 27.11.1984 - VI ZR 49/83 - LM Nr. 142 zu § 823 (Dc) BGB.
[1286] OLG Karlsruhe v. 30.12.2008 - 14 U 107/07 - WuM 2009, 256-259.
[1287] OLG Karlsruhe v. 30.12.2008 - 14 U 107/07 - WuM 2009, 256-259.
[1288] BGH v. 27.11.1984 - VI ZR 49/83 - LM Nr. 142 zu § 823 (Dc) BGB; *Baumgärtel*, JR 1985, 332.
[1289] LG Stuttgart Kammer für Baulandsachen v. 17.03.2000 - 15 O 229/99 - BWGZ 2000, 580.
[1290] BGH v. 04.10.1983 - VI ZR 98/82 - LM Nr. 23 zu § 823 (Eb) BGB; *Baumgärtel*, JR 1984, 249.
[1291] OLG München v. 05.11.2008 - 1 U 4010/08.
[1292] BGH v. 07.06.2005 - VI ZR 219/04 - NJW-RR 2005, 1185; OLG Frankfurt v. 07.05.1998 - 16 U 152/97 - ZIP 1998, 2148-2151; *Baumgärtel*, JR 1985, 332.
[1293] Erneut dargestellt in BGH v. 26.02.2009 - III ZR 225/08 - NJW 2009, 3302-3303
[1294] OLG Celle v. 02.02.2000 - 9 U 121/99 - RuS 2000, 198-199; OLG Hamm v. 12.01.2000 - 13 U 146/99 - OLGR Hamm 2001, 313-315; OLG Nürnberg v. 22.12.2000 - 6 U 2402/00 - NJW-RR 2002, 23; OLG München v. 28.07.2011 - 1 U 3579/10.

§ 823

Eisbildung bis zum Unfallzeitpunkt noch nicht so viel Zeit verstrichen sei, dass der Streupflichtige bereits reagiert haben musste, muss vom Anspruchsgegner bewiesen werden[1295], ebenso wie seine Behauptung, bis kurz vor dem Unfall hätten besondere Umstände angedauert, die ein Streuen zwecklos gemacht hätten. Dabei muss der Verkehrssicherungspflichtige im Einzelnen vortragen und beweisen, warum das Streuen keinen Erfolg gehabt hätte. Gegebenenfalls muss er sogar angeben, welche Niederschlagsmenge am Unfalltag pro Quadratmeter gefallen ist.[1296] Der Anscheinsbeweis für die Kausalität zwischen Rechtsguts- und Streupflichtverletzung ist nicht geführt, wenn auch nur eine der vorgenannten Voraussetzungen nicht erfüllt ist.[1297] Insbesondere begründet ein Sturz für sich allein keinen Anscheinsbeweis für eine Verletzung der Streupflicht, von der dann wiederum auf eine Kausalität zwischen Streupflicht und Rechtsgutsverletzung geschlossen werden könnte.[1298] Ferner begründet ein Sturz zu einer Uhrzeit, in der keine Streupflicht mehr bestand, keinen Anscheinsbeweis dafür, dass die zeitlich davor liegende unstreitige bzw. bewiesene Streupflichtverletzung für den Sturz und die mit ihm einhergehende Rechtsgutsverletzung kausal geworden ist.[1299] Der für den Anscheinsbeweis erforderlichen Typizität des Geschehensablaufs steht dann nämlich bereits entgegen, dass es nicht selten nach dem Ende der Streupflicht aufgrund weiterer Niederschläge oder infolge einer Änderung der Bodentemperatur zu erneuter Glatteisbildung kommt.[1300] Auch kann sich der Verletzte für das Vorliegen einer allgemeinen Glätte, die Voraussetzung für eine Streu- und Räumpflicht ist, nicht auf einen Anscheinsbeweis stützen.[1301]

159.1 In einer aktuellen Entscheidung hat der VI. Zivilsenat des BGH seine Rechtsprechung bekräftigt, dass die Räum- und Streupflicht nicht „uneingeschränkt" besteht, wobei „Grundvoraussetzung" für ihr Eingreifen das Vorliegen einer allgemeinen Glättebildung und nicht nur das Vorhandensein einzelner Glättestellen ist (BGH v. 12.06.2012 - VI ZR 138/11). Hieraus folgt, dass das Vorliegen einer allgemeinen Glättebildung vom Anspruchsteller nach den allgemeinen Grundsätzen der Beweislastverteilung darzulegen und – im Bestreitensfalle – zu beweisen ist (BGH v. 12.06.2012 - VI ZR 138/11). Ein Klagevorbringen, wonach der Verletzte auf einer auf einem Gehweg befindlichen Eisfläche gestürzt ist, die ein Ausmaß von etwa 20 x 30 cm gehabt hat, im Übrigen aber weder auf der Straße noch auf dem der Unfallörtlichkeit zugehörigen Weg weitere vereiste Stellen bemerkt hat, ist nach diesen Grundsätzen bereits als unschlüssig zu bewerten (BGH v. 12.06.2012 - VI ZR 138/11).

f. Beweislastverteilung bezüglich der Verkehrspflichtverletzung

160 In der Praxis spielt die dogmatisch strittige Unterscheidung zwischen äußerer und innerer Sorgfalt (vgl. jeweils Rn. 85) bzw. objektivem und subjektivem Pflichtverstoß bei der Verteilung der Beweislast für die Verkehrspflichtverletzung eine wichtige Rolle. Danach trägt der Anspruchsteller stets die **Beweislast für den objektiven Pflichtverstoß**.[1302] Ist der objektive Pflichtverstoß aber bewiesen oder unstrittig, so ist je nach der Bedeutung der in Rede stehenden Pflicht der **subjektive Pflichtverstoß** entweder indiziert oder es spricht ein Anscheinsbeweis für ihn.[1303] Verwirklicht sich bei einer Rechtsgutsverletzung im Rahmen der objektiven Verletzung einer Verkehrssicherungspflicht genau die Gefahr, vor deren Eintritt die Verkehrspflicht den Rechtsgutsträger schützen soll, spricht auch ein **Anscheinsbeweis für die Kausalität zwischen objektivem Pflichtverstoß und Rechtsgutsverletzung**.[1304]

[1295] OLG Celle v. 02.02.2000 - 9 U 121/99 - RuS 2000, 198-199.
[1296] OLG München v. 28.07.2011 - 1 U 3579/10.
[1297] OLG Hamm v. 12.01.2000 - 13 U 146/99 - OLGR Hamm 2001, 313-315; OLG Nürnberg v. 22.12.2000 - 6 U 2402/00 - NJW-RR 2002, 23.
[1298] OLG Celle v. 02.02.2000 - 9 U 121/99 - RuS 2000, 198-199; OLG München v. 24.08.2006 - 1 U 3340/06.
[1299] BGH v. 04.10.1983 - VI ZR 98/82 - LM Nr. 23 zu § 823 (Eb) BGB; *Baumgärtel*, JR 1984, 249; OLG Hamm v. 08.01.1993 - 9 U 146/91 - VersR 1993, 1369-1370.
[1300] BGH v. 04.10.1983 - VI ZR 98/82 - LM Nr. 23 zu § 823 (Eb) BGB; OLG Hamm v. 08.01.1993 - 9 U 146/91 - VersR 1993, 1369-1370.
[1301] BGH v. 26.02.2009 - III ZR 225/08 - NJW 2009, 3302-3303
[1302] BGH v. 11.03.1986 - VI ZR 22/85 - LM Nr. 152 zu § 823 (Dc) BGB.
[1303] BGH v. 11.03.1986 - VI ZR 22/85 - LM Nr. 152 zu § 823 (Dc) BGB; BGH v. 20.01.1987 - VI ZR 182/85 - NJW 1987, 1947-1949; *Deckert*, Jura 1996, 348-354, 354.
[1304] BGH v. 25.01.1983 - VI ZR 92/81 - LM Nr. 77 zu § 286 (C) ZPO; BGH v. 14.12.1993 - VI ZR 271/92 - LM ZPO § 286 (C) Nr. 89 (5/1994); OLG Köln v. 23.11.1994 - 2 U 91/94 - NJW-RR 1995, 1177-1178.

9. Zurechnungszusammenhang zwischen Rechtsgutverletzung und Schaden

Allgemeines: Neben der haftungsbegründenden Kausalität (vgl. Rn. 51), also dem Bestehen eines Zurechnungszusammenhangs zwischen Schädigerhandlung und Rechtsgutverletzung, setzt eine Haftung aus § 823 Abs. 1 BGB auch eine **haftungsausfüllende Kausalität**, also das Bestehen eines Zurechnungszusammenhangs zwischen Rechtsgutverletzung und Schaden, voraus. Hier wie dort geht es nicht um das bloße Bestehen eines Kausalzusammenhanges im naturwissenschaftlichen Sinne, sondern um eine wertende Zurechnung (vgl. Rn. 52), die sich nach den in der Kommentierung zu § 249 BGB beschriebenen Kriterien richtet.

161

10. Ersatzfähiger Schaden

Allgemeines: Schließlich setzt der Anspruch aus § 823 Abs. 1 BGB einen ersatzfähigen Schaden voraus, der sich nach den allgemeinen Regeln des Schadensrechts (§§ 249 Abs. 1-254 BGB) (vgl. vor allem die Kommentierung zu § 249 BGB und die Kommentierung zu § 254 BGB) und den ergänzenden deliktsrechtlichen Sondervorschriften bestimmt (vgl. vor allem die §§ 843, 845 BGB, die Kommentierung zu § 843 BGB und die Kommentierung zu § 845 BGB).

162

III. Rechtsfolgen

Rechtsfolge des § 823 Abs. 1 BGB ist ein Anspruch auf Schadensersatz. Der Schadensersatzanspruch aus § 823 Abs. 1 BGB ist stets auf **Ersatz des negativen Interesses**, also darauf gerichtet, den Anspruchsinhaber so zu stellen, wie er stünde, wenn das haftungsbegründende Verhalten entfiele.[1305] Die für einen Schadensersatzanspruch des getäuschten Vertragspartners aus § 823 Abs. 1 BGB, § 263 StGB erörterte „Ausnahme", dass der Anspruch der Höhe nach auf das objektive Interesse gerichtet sein kann, wenn die Täuschung einen ebenso vorteilhaften Vertragsabschluss mit einem anderen Vertragspartner verhindert hat[1306], spielt bei § 823 Abs. 1 BGB keine Rolle. Wenn der Anspruchsteller aus entschuldbaren Gründen zur Schadensberechnung nicht imstande ist, weil nur der Anspruchsgegner über die hierzu benötigten Informationen verfügt, so steht dem Anspruchsteller ein aus § 242 BGB ableitbarer **Auskunftsanspruch** als **Hilfsanspruch** zum Verlangen auf Schadensersatz zu, der voraussetzt, dass der Anspruch aus § 823 Abs. 1 BGB dem Grunde nach besteht und nur dem Inhalt nach noch offen ist.[1307] Bei einer Verletzung absolut geschützter **Immaterialgüterrechte** (wie z.B. Patent-, Geschmacksmuster- und Urheberrechte) sowie der **vermögenswerten Bestandteile des Persönlichkeitsrechts** kann der Verletzte zwischen der Herausgabe des Verletzergewinns, Ersatz des eigenen entgangenen Gewinns oder einem im Wege der **Lizenzanalogie** berechneten Schadensersatz wählen.[1308] Der letztere Anspruch ist auf Ersatz einer angemessenen Vergütung gerichtet, die der Schädiger dem Inhaber des verletzten Ausschließlichkeitsrechts im Falle eines zu den üblichen Bedingungen zustande gekommenen Abschlusses eines Lizenzvertrags hätte zahlen müssen.[1309] Ferner kann sich aus § 823 Abs. 1 BGB ein **Anspruch auf Widerruf unwahrer** ehrkränkender/geschäftsschädigender **Tatsachenbehauptungen**, nicht aber von Meinungsäußerungen ergeben.[1310] Dieser Anspruch ist aber in der Praxis weitgehend durch den von der Rechtsprechung im Wege der richterlichen Rechtsfortbildung entwickelten negatorischen Beseitigungsanspruch analog den §§ 12, 862, 1004, 823 Abs. 1 BGB verdrängt worden, weil dieser im Gegensatz zum Widerrufsanspruch aus § 823 Abs. 1 BGB kein Verschulden voraussetzt.[1311]

163

IV. Prozessuale Hinweise/Verfahrenshinweise

Der Anspruchsteller trägt grundsätzlich die Beweislast für alle anspruchsbegründenden Voraussetzungen des § 823 Abs. 1 BGB, also für den objektiven und subjektiven Tatbestand, den Schaden sowie die haftungsbegründende (vgl. Rn. 51) und haftungsausfüllende (vgl. Rn. 161) Kausalität. Diese Beweis-

164

[1305] BGH v. 30.05.2000 - IX ZR 121/99 - BGHZ 144, 343-348; BGH v. 25.11.1997 - VI ZR 402/96 - LM BGB § 823 (F) Nr. 59 (7/1998).
[1306] BGH v. 29.10.1959 - VIII ZR 125/58 - LM Nr. 18 zu § 123 BGB.
[1307] BGH v. 28.11.1989 - VI ZR 63/89 - LM Nr. 69 zu § 242 (Be) BGB; BGH v. 13.06.1985 - I ZR 35/83 - BGHZ 95, 285-294; OLG München v. 31.03.1995 - 21 U 3377/94 - NJW-RR 1996, 93-95.
[1308] BGH v. 01.12.1999 - I ZR 49/97 - BGHZ 143, 214-232; BGH v. 01.12.1999 - I ZR 226/97 - LM BGB § 823 (Ah) Nr. 132 (10/2000).
[1309] BGH v. 14.02.1958 - I ZR 151/56 - BGHZ 26, 349-359; BGH v. 18.03.1959 - IV ZR 182/58 - BGHZ 30, 7-18.
[1310] BGH v. 17.06.1953 - VI ZR 51/52 - BGHZ 10, 104-107; BGH v. 19.12.1960 - GSZ 1/60 - BGHZ 34, 99-110.
[1311] BGH v. 19.12.1960 - GSZ 1/60 - BGHZ 34, 99-110.

§ 823

lastverteilung ist von der Rechtsprechung in bestimmten Fällen durch **Beweiserleichterungen** zugunsten des Anspruchstellers aufgelockert worden. Soweit dem Geschädigten hierbei in bestimmten Fallkonstellationen mit den allgemeinen Regeln des **Anscheinsbeweises** geholfen wird (wie beispielsweise beim Nachweis des Verschuldens bei bestimmten Verkehrsunfallkonstellationen (wie z.B. Auffahrunfällen (vgl. Rn. 93) oder Unfällen beim Anfahren vom Fahrbahnrand (vgl. Rn. 98) in den fließenden Verkehr), der subjektiven Verkehrspflichtverletzungen (vgl. Rn. 161) oder der Kausalität zwischen Rechtsguts- und Streupflichtverletzungen (vgl. Rn. 160), ist dies keine deliktsrechtliche Besonderheit. Eine solche Besonderheit stellen allerdings die von der Rechtsprechung für die Haftung aus § 823 Abs. 1 BGB im Wege der Rechtsfortbildung entwickelten Fälle der **Beweislastumkehr** dar. Eine solche wird etwa im Arzthaftungsrecht beim Vorliegen grober Behandlungsfehler für die Kausalität zwischen Rechtsgutsverletzung und Behandlungsfehler, sowie im Arzt- und Produzentenhaftungsrecht für das Vorliegen eines Behandlungs- bzw. eines Fabrikationsfehlers bei einem Verstoß gegen die Befundsicherungspflicht (vgl. Rn. 143) befürwortet. Ferner wird im Bereich der deliktischen Produzentenhaftung (vgl. Rn. 113) eine Beweislastumkehr für den objektiven Pflichtverstoß und das Verschulden des Produzenten angenommen, wenn ein Konstruktionsfehler (vgl. Rn. 142), ein Fabrikationsfehler (vgl. Rn. 143) oder ein bereits mit der Produktinverkehrgabe einsetzender Instruktionsfehler (vgl. Rn. 143) unstreitig oder bewiesen ist.

165 Zu der Frage des anzuwendenden Rechts wird zukünftig ab dem 11.01.2009 die sog. „Rom II-Verordnung" (EG) Nr. 864/2007[1312] zu beachten sein, die am 11.07.2007 vom Europäischen Parlament zur Regelung der Frage, welches Recht bei grenzüberschreitenden Streitigkeiten über außervertragliche Ansprüche Anwendung findet, erlassen wurde. Sie wird auf schadensbegründende Ereignisse angewandt, die nach ihrem Inkrafttreten eingetreten sind.

B. Kommentierung zu Absatz 2

I. Grundlagen

166 **Regelungsprinzipien**: Schon auf den ersten Blick nimmt § 823 Abs. 2 BGB im deutschen deliktsrechtlichen „System dreier kleiner Generalklauseln" eine Sonderstellung ein. Während der Tatbestand des § 823 Abs. 1 BGB durch die Beschränkung des Deliktsschutzes auf bestimmte Rechte, Rechts- und Lebensgüter und der Tatbestand des § 826 BGB durch die Anknüpfung der Haftung an eine bestimmte Angriffsform ein für deliktsrechtliche Verhältnisse relativ hohes Maß an tatbestandlicher Bestimmtheit aufweisen, verweist der im Haftungstatbestand des § 823 Abs. 2 BGB enthaltene Begriff des Schutzgesetzes potentiell auf die gesamte Rechtsordnung und gibt dem Rechtsanwender mit der Formulierung, dass ein solches Schutzgesetz „den Schutz eines anderen bezwecken muss", lediglich ein inhaltsarmes Kriterium für die Unterscheidung zwischen haftungsrelevanten und haftungsirrelevanten Normen an die Hand.[1313] Dieses besonders hohe Maß an tatbestandlicher Unbestimmtheit hat in der Literatur zu scharfer **rechtspolitischer Kritik** an § 823 Abs. 2 BGB geführt, der als „Relikt einer deliktischen Generalklausel" bezeichnet worden ist, mittels derer der Gesetzgeber „die Verantwortung für die reale Rechtslage" im Ergebnis auf die Rechtsprechung abgewälzt habe und den man mit dem „Mut zur Haftungslücke" abschaffen solle.[1314] Demgegenüber überwiegen allerdings die Stimmen, die sich mit der Existenz des § 823 Abs. 2 BGB abfinden und das Problem der tatbestandlichen Unbestimmtheit durch eine **einschränkende**, systematisch-teleologische **Auslegung** lösen wollen.[1315] Ein plausibles Modell für eine solche einschränkende Auslegung stammt von *Canaris*, der vorschlägt, die Schutzgesetzeigenschaft einer Norm grundsätzlich dann zu bejahen, wenn das von ihr geschützte Recht, Rechts- oder Lebensgut unter § 823 Abs. 1 BGB fällt, sodass die fragliche Norm als Konkretisierung bzw. Ergänzung des Schutzes von § 823 Abs. 1 BGB zu verstehen ist, und für die übrigen Fälle der nur das Vermögen als solches schützenden Gesetze darauf abzustellen, ob die Norm vom Unrechtsgehalt her mit § 826 BGB vergleichbar ist.[1316] Diese Lösung hat den Vorteil, dass sie zur Bestimmung des inhalts-

---

[1312] Amtsblatt vom 31.07.2007, L 199/40.
[1313] *Peters*, JZ 1983, 913-926, 913 u. 924; *Schmiedel*, Deliktsobligationen nach deutschem Kartellrecht, Bd. 1, 1974, S. 10; *Canaris*, Festschrift für Karl Larenz Bd. 2, 1983, S. 27-110, 48.
[1314] So besonders pointiert der grundlegende Beitrag von *Peters*, JZ 1983, 913-926, 924 u. 926.
[1315] Vgl. *Hager* in: Staudinger, § 823 G 5.
[1316] *Canaris*, Festschrift für Karl Larenz Bd. 2, 1983, S. 27-110, 48; ähnlich bereits zuvor *Knöpfle*, NJW 1967, 697-702, 700.

leeren Schutzgesetzbegriffs auf gesetzesnahe Wertungen zurückgreifen und dabei zugleich gewährleisten kann, dass die in § 823 Abs. 1 BGB und § 826 BGB verkörperten Grundgedanken nicht durch eine uferlose Anwendung des § 823 Abs. 2 BGB unterlaufen werden, sondern dass sich vielmehr umgekehrt die Haftung wegen Schutzgesetzverletzung widerspruchsfrei in das Haftungssystem des Deliktsrechts einfügt.[1317] Dieser Ansatz muss aber durch die Prüfung ergänzt werden, ob die Schadensersatzbewehrung des jeweils in Rede stehenden Gesetzesverstoßes mit Sinn, Inhalt und Zweck des Gesetzes, innerhalb dessen das potenzielle Schutzgesetz normiert ist, vereinbar ist (vgl. dazu im Detail in Rn. 171).[1318] Auf dieser Grundlage ergeben sich folgende **Funktionen** des § 823 Abs. 2 BGB: Die Vorschrift hat zunächst eine, § 823 Abs. 1 BGB zugutekommende, **Verdeutlichungs- und Konkretisierungsfunktion**, die sich daraus ergibt, dass sie außerhalb des BGB normierte Verhaltensgebote zum Schutze absoluter Rechtsgüter (wie z.B. Leben und Gesundheit) ausdrücklich in das Deliktsrecht „transponiert" und damit deren deliktsrechtliche Relevanz verdeutlicht.[1319] Dieser Funktion wird allerdings zu Recht nur geringe praktische Relevanz beigemessen, weil die durch sie erfassten Rechtsgutsverletzungen bereits durch § 823 Abs. 1 BGB und die Rechtsfigur der Verkehrspflichten hinreichend abgedeckt werden.[1320] Allerdings kommt § 823 Abs. 2 BGB im Hinblick auf die Rechtsgüter des § 823 Abs. 1 BGB die wichtige **Funktion der Vorverlagerung und Erweiterung des Rechtsgüterschutzes** zu, die sich darin äußert, dass die Haftung aus § 823 Abs. 2 BGB auch an die Verletzung abstrakter Gefährdungsdelikte anknüpfen kann.[1321] Des Weiteren hat § 823 Abs. 2 BGB die **Funktion der Effektuierung der Durchsetzung gesetzlicher Verhaltensgebote** außerhalb des BGB, weil die Schadensersatzbewehrung ebenso präventiv und verhaltenssteuernd wirken kann wie die Strafbewehrung oder die „Androhung" ordnungsbehördlicher oder disziplinarrechtlicher Maßnahmen.[1322] § 823 Abs. 2 BGB dient auch einer **ökonomischen Gesetzgebung**, weil es durch die Transponierung von Schutznormen aus anderen Rechtsgebieten in das Deliktsrecht die Schaffung einer Vielzahl einzelner Haftungstatbestände vermeidet.[1323] Schließlich kommt § 823 Abs. 2 BGB als systematisch zwischen § 823 Abs. 1 BGB und § 826 BGB stehender Haftungsnorm die Funktion zu, als **deliktischer Auffangtatbestand** ungerechte Haftungslücken zu schließen und gemeinsam mit § 826 BGB einen partiellen Schutz vor sozialethisch nicht tolerierbaren Vermögensverletzungen zu gewährleisten.[1324]

II. Anwendungsvoraussetzungen

1. Gesetz

a. Definition

Gesetz i.S.d. § 823 Abs. 2 BGB ist jede Rechtsnorm. 167

b. Allgemeines

Der Begriff des Gesetzes ist in Art. 2 EGBGB legaldefiniert und umfasst jede Rechtsnorm im materiellen Sinne,[1325] also nicht nur Landes- oder Bundesgesetze im formellen Sinne, sondern auch kompetenzgemäß erlassene und nicht gegen höherrangiges Recht verstoßende Verordnungen oder Satzungen,[1326] Gewohnheitsrecht[1327] sowie diejenigen Entscheidungen des Bundesverfassungsgerichts, denen gemäß § 31 Abs. 2 BVerfGG Gesetzeskraft zukommt.[1328] **Verwaltungsakte** als solche sind keine 168

[1317] Zur Notwendigkeit eines solchen Abgleichs der Wertungen vgl. *Kohte*, Jura 1988, 125-132, 128-129; *Knöpfle*, NJW 1967, 697-702, 699.
[1318] *Knöpfle*, NJW 1967, 697-702, 699-700.
[1319] *Canaris*, Festschrift für Karl Larenz Bd. 2, 1983, S. 27-110, 48.
[1320] *Hager* in: Staudinger, § 823 G 1.
[1321] *Canaris*, Festschrift für Karl Larenz Bd. 2, 1983, S. 27-110, 52-54.
[1322] *Hager* in: Staudinger, § 823 G 3; ähnlich *Spickhoff* in: Soergel, § 823 Rn. 181.
[1323] *Deutsch*, Unerlaubte Handlungen und Schadensersatz, 4. Aufl. 2002, Rn. 228.
[1324] Vgl. dazu *Peters*, JZ 1983, 913-926, 925, der insoweit allerdings spöttisch von einer „Lückenbüßerfunktion" des § 823 Abs. 2 BGB spricht.
[1325] BGH v. 20.09.1983 - VI ZR 248/81 - LM Nr. 137 zu § 823 (Dc) BGB; BGH v. 25.01.1977 - VI ZR 29/75 - LM Nr. 20 zu § 823 BGB; BAG v. 25.04.2001 - 5 AZR 368/99 - DB 2001, 2150-2152.
[1326] BGH v. 19.05.1958 - III ZR 211/56 - BGHZ 27, 278-283; OLG Oldenburg (Oldenburg) v. 10.02.1971 - 8 U 79/70 - VersR 1972, 1034-1035; OLG Celle v. 09.07.1997 - 9 U 15/97 - OLGR Celle 1997, 226-227.
[1327] *Thorn* in: Palandt, Art. 2 EGBGB Rn. 1.
[1328] *Steffen* in: BGB-RGRK, § 823 Rn. 538.

Rechtsnormen und kommen daher auch nicht als Schutzgesetze in Betracht. Allerdings erkennt der BGH im Rahmen des § 823 Abs. 2 BGB gesetzlichen Ermächtigungsgrundlagen in Verbindung mit einem Verwaltungsakt, der die in ihnen enthaltenen abstrakt-generell formulierten Pflichten für den Einzelfall konkretisiert, Rechtsnormqualität zu.[1329] Ausnahmsweise können auch von Rechtssubjekten des Privatrechts erlassene Vorschriften Rechtsnormqualität haben. Dies kommt dann in Betracht, wenn ihnen der Staat – vergleichbar mit der Verleihung der „Satzungsautonomie" an eine Körperschaft des öffentlichen Rechts – die Befugnis zur Schaffung von Rechtsnormen für einen bestimmten Lebensbereich eingeräumt hat. Praktisch relevant ist dies im Bereich der Tarifautonomie, da die von den Tarifparteien in Wahrnehmung ihrer verfassungsrechtlich garantierten Koalitionsfreiheit (Art. 9 Abs. 3 GG) vereinbarten **Tarifverträge** Gesetze im materiellen Sinne enthalten können,[1330] die auch als Schutzgesetze i.S.v. § 823 Abs. 2 BGB in Betracht kommen.[1331] Demgegenüber fehlen Vorschriften, die von Privaten ohne eine staatliche Ermächtigung zur Rechtssetzung geschaffen werden, die Rechtsnormqualität. Daher sind die Bestimmungen in der Satzung eines privaten Vereins[1332] ebenso wenig Rechtsnormen wie die von dem Deutschen Institut für Normung e.V. aufgestellten **DIN-Normen**, die lediglich als private technische Regeln mit Empfehlungscharakter zu werten sind.[1333] Gleiches gilt für die **Bestimmungen des VDE** (Verbandes der Elektrotechnik, Elektronik, Informationstechnik e.V.) und **des VDI** (Vereins Deutscher Ingenieure).[1334] Schließlich fehlt den so genannten **Verwaltungsvorschriften**, die als interne Anweisungen übergeordneter Behörden an nachgeordnete Behörden oder der Behördenspitze an ihre Sachbearbeiter durch Vorgaben zur Gesetzesauslegung oder Ermessensausübung eine einheitliche Gesetzesanwendung sicher stellen sollen, die Rechtsnormqualität.[1335] Zwar wird es in der verwaltungsgerichtlichen Rechtsprechung und der verwaltungsrechtlichen Literatur in bestimmten Fällen, in denen sich dem Gesetz eine Ermächtigung oder ein Auftrag an die Verwaltung entnehmen lasse, unbestimmte Rechtsbegriffe oder „offene" Normen für die Gerichte verbindlich auszufüllen, für möglich gehalten, dass Verwaltungsvorschriften Außenwirkung zukommen kann.[1336] Darauf gestützt wird es in der zivilrechtlichen Literatur für möglich gehalten, dass Verwaltungsvorschriften in diesen Fällen Rechtsnormqualität zukommen kann.[1337] Dem kann aber nicht gefolgt werden. Das Grundgesetz kennt nur die Delegierung der Rechtssetzungsbefugnis auf die Verwaltung im Wege der Ermächtigung zum Erlass von Verordnungen oder von Satzungen (vgl. Art. 80 GG). Verwaltungsvorschriften sind in dem sich daraus ergebenden „Numerus clausus der Rechtsnormen" nicht vorgesehen. Selbst wenn ihnen also in bestimmten Konstellationen Außenwirkung zukommen sollte, kommen sie als Schutzgesetze nicht in Betracht.[1338] Als Schutzgesetze kommen auch Rechtsvorschriften des europäischen Gemeinschaftsrechts in Betracht, die zusätzlich zu den allgemeinen Voraussetzungen, die für eine Qualifizierung als Schutzgesetz erfüllt sein müssen (wie z.B. Ge- oder Verbotsnormcharakter, individualschützender Charakter), auch noch die Voraussetzung erfüllen müssen, dass sie unmittelbar anwendbar sind, dass sie also zu ihrer Geltung in der nationalen Rechtsordnung keines Transformationsaktes in das nationale Recht mehr bedürfen.[1339]

2. Schutzgesetz

a. Allgemeines

169 Die Unbestimmtheit des Schutzgesetzbegriffes hat dazu geführt, dass in der Lehre zahlreiche teils ähnliche, teils voneinander abweichende Konzepte, Kriterien und Schutzzwecküberlegungen entwickelt worden sind, die alle das Ziel verfolgen, die Bestimmung der Schutzzweckeigenschaft zu erleichtern und feststehenden Regeln zu unterwerfen, die vorhersehbare und in sich stimmige Lösungen ermögli-

---

[1329] BGH v. 22.04.1974 - III ZR 21/72 - BGHZ 62, 265-272; BGH v. 26.02.1993 - V ZR 74/92 - BGHZ 122, 1-9.
[1330] BVerfG v. 06.05.1964 - 1 BvR 79/62 - NJW 1964, 1267.
[1331] LArbG Frankfurt v. 17.10.2001 - 8 Sa 1141/00 - Bibliothek BAG; *Knöpfle*, NJW 1967, 697-702, 700.
[1332] *Thorn* in: Palandt, Art. 2 EGBGB Rn. 1.
[1333] BGH v. 14.05.1998 - VII ZR 184/97 - BGHZ 139, 16-20; BGH v. 10.06.1991 - II ZR 234/89 - NJW-RR 1991, 1249-1251.
[1334] *Budewig* in: Budewig/Gehrlein, Haftpflichtrecht nach der Reform, 2003, S. 24.
[1335] Vgl. BVerfG v. 21.06.1989 - 1 BvR 32/87 - juris Rn. 28 - NJW 1989, 2614-2615.
[1336] BVerwG v. 19.12.1985 - 7 C 65/82 - JuS 1988, 495-498; *Jarass*, JuS 1999, 105-112, 108-109; *Lange*, NJW 1992, 1193-1197, 1194-1196.
[1337] Vgl. z.B. *Sprau* in: Palandt, § 823 Rn. 56a.
[1338] *Wagner* in: MünchKomm-BGB, § 823 Rn. 335; *Medicus*, JZ 1986, 778-785, 783.
[1339] OLG Koblenz v. 25.02.2009 - 4 U 759/07 - OLGR Koblenz 2009, 491-495.

chen.[1340] Die Vielzahl der hierbei erörterten Kriterien geht dabei so weit, dass diese sich „kaum hierarchisieren lassen".[1341] Dies macht es notwendig, wenigstens für eine möglichst klare **Prüfungsstruktur** zu sorgen, die es der Praxis ermöglicht, konsistente Regeln für die Schutzgesetzprüfung zu entwickeln. Am überzeugendsten ist der Ansatz, die Schutzgesetzprüfung in **drei Prüfungsschritten** vorzunehmen. Dabei wird zunächst die **generelle Schutzgesetztauglichkeit einer Norm** geprüft und bejahendenfalls untersucht, ob der Geschädigte vom **persönlichen Schutzbereich** des Gesetzes erfasst wird und ob das geltend gemachte Interesse bzw. das beeinträchtigte Rechtsgut in den **sachlichen Schutzbereich** des Gesetzes fällt.[1342] Der erste Prüfungsschritt, die Untersuchung der generellen Schutzgesetzqualität einer Rechtsnorm, hat in erster Linie die negative Funktion, solche Normen auszuscheiden, die von vorneherein nicht als Schutzgesetze in Betracht kommen.[1343] Ist aber die generelle Schutzgesetzfähigkeit einer Rechtsnorm bejaht, so ist weiter zu prüfen, ob sie gerade den Geschädigten vor dem bei ihm konkret eingetretenen Schaden schützen soll. Daraus wird ersichtlich, dass es „das" Schutzgesetz nicht gibt, sondern dass vielmehr in jedem Fall konkret geprüft werden muss, ob eine generell schutzgesetztaugliche Norm in einem konkreten Einzelfall Schutzgesetzwirkung entfaltet. Dabei kann sich ergeben, dass eine Norm nicht für den A, wohl aber für den B Schutzgesetz ist oder dass die Norm das Rechtsgut A, nicht aber das Rechtsgut B deliktsrechtlich schützt usw.

b. Generelle Schutzgesetztauglichkeit einer Norm

Ge- bzw. Verbotsnormcharakter: Unstrittige Voraussetzung für die Schutzgesetztauglichkeit einer   170
Norm ist, dass sie den Charakter einer Ge- bzw. Verbotsnorm haben muss.[1344] Rechtsnormen, die nur allgemeine Grundsätze aufstellen, scheiden daher als Schutzgesetz aus.[1345] Kennzeichnend für eine solche Ge- oder Verbotsnorm ist, dass sie einen an den Normadressaten gerichteten, bestimmten Verhaltensbefehl enthält. Dieser muss allerdings nicht – wie bei den klassischen **Verhaltensnormen** (Beispiel: § 1 Abs. 2 StVO) – ausdrücklich im Normtext ausgesprochen werden. Es reicht vielmehr, wenn man – wie bei den so genannten **Sanktionsnormen** (Beispiel: § 212 StGB) – aus der Sanktionsbewehrung eines gesetzlich umschriebenen Verhaltens auf ihn zurückschließen kann.[1346] An dem an eine Privatperson gerichteten Verhaltensbefehl fehlt es bei den **Grundrechten**, weil diese gemäß Art. 1 Abs. 3 GG nur die Staatsgewalt, regelmäßig aber nicht im Wege unmittelbarer Drittwirkung die Rechtssubjekte des Privatrechts binden. Daher ist es verfehlt, wenn die Grundrechte (wie z.B. Art. 3 Abs. 3 GG) gelegentlich unter Hinweis auf ihre – unstrittige – Rechtsnormqualität pauschal als schutzgesetztauglich bezeichnet werden.[1347] Auch wenn „Schutzgesetz" im Sinne des § 823 Abs. 2 BGB und „Verbotsgesetz" im Sinne des § 134 BGB gleichermaßen den Verbotscharakter der Bezugsnorm voraussetzen, so führt die Einstufung als Verbotsgesetz im Sinne des § 134 BGB nicht automatisch zu einer Qualifizierung dieser Norm als Schutzgesetz. Dies ergibt sich daraus, dass § 134 BGB und § 823 Abs. 2 BGB neben ihrer gemeinsamen Anknüpfung an den Verbotscharakter einer Bezugsnorm verschiedenartige Schutzziele verfolgen: Während § 823 Abs. 2 BGB dem Individualrechtsgutschutz dient, soll § 134 BGB einen bestimmten rechtsgeschäftlichen Erfolg wegen des „Wie" des Zustandekommens des Rechtsgeschäfts oder wegen des Inhalts des Rechtsgeschäfts verhindern.[1348]

Individualschützender Charakter: Ein Gesetz, das schutzgesetztauglich sein soll, muss nach dem   171
Wortlaut des § 823 Abs. 2 BGB „den Schutz eines anderen bezwecken". Dieses Merkmal könnte zu einer ganz erheblichen Einschränkung des Tatbestandes des § 823 Abs. 2 BGB führen, wenn man es

---

[1340] *Knöpfle*, NJW 1967, 697-702; *Schmiedel*, Deliktsobligationen nach deutschem Kartellrecht, Bd. 1, 1974; *Canaris*, Festschrift für Karl Larenz Bd. 2, 1983, S. 27-110; *Kohte*, Jura 1988, 125-132.

[1341] *Hager* in: Staudinger, § 823 G 16.

[1342] *Heger*, JuS 1998, 1090-1095, 1090; *Früh*, JuS 1995, 701-707, 704; *Steffen* in: BGB-RGRK, § 823 Rn. 544-550; *Medicus*, Schuldrecht II (BT), 15. Aufl. 2010, § 149 II, Rn. 1319 ff.; *Canaris*, Festschrift für Karl Larenz Bd. 2, 1983, S. 27-110, 76; a.A. *Kohte*, Jura 1988, 125-132, 129, der meint dieses Prüfungsschema führe zu einer „unzutreffenden Schematisierung der Rechtsprechung des BGH".

[1343] *Canaris*, Festschrift für Karl Larenz Bd. 2, 1983, S. 27-110, 76-77.

[1344] *Schmiedel*, Deliktsobligationen nach deutschem Kartellrecht, Bd. 1, 1974, S. 33; BAG v. 25.04.2001 - 5 AZR 368/99 - DB 2001, 2150-2152.

[1345] BAG v. 25.04.2001 - 5 AZR 368/99 - DB 2001, 2150-2152; BGH v. 25.01.1977 - VI ZR 29/75 - LM Nr. 20 zu § 823 BGB.

[1346] *Dörner*, JuS 1987, 522-528, 524.

[1347] So mit Recht *Rädler*, NJW 1998, 1621-1623.

[1348] OLG Koblenz v. 25.02.2009 - 4 U 759/07 - OLGR Koblenz 2009, 491-495.

§ 823

so verstehen würde, dass Schutzgesetz nur eine Norm sein kann, die ausschließlich oder zumindest vorwiegend Individualschutz zum Ziel hat.[1349] Eine solche Auslegung dieses Tatbestandsmerkmals wird aber von der ganz h.M. mit Recht abgelehnt, weil nicht nachvollziehbar ist, warum einem Geschädigten nur deshalb kein Schadensersatzanspruch zustehen soll, weil die verletzte Norm außer seinem Schutz auch dem Schutz der Allgemeinheit dient.[1350] Die Rechtsprechung fordert daher für die Schutzgesetztauglichkeit einer Norm nur, dass sie nach ihrem Zweck und Inhalt auch dem Individualschutz dient, also auf den Schutz von Individualinteressen vor einer näher bestimmten Art ihrer Verletzung gerichtet ist.[1351] Sie geht dabei sogar so weit, dass sie es ausreichen lässt, wenn die Gewährung von Individualschutz wenigstens eines der vom Gesetzgeber mit der Norm verfolgten Anliegen ist, selbst wenn auf die Allgemeinheit gerichtete Schutzzwecke ganz im Vordergrund stehen.[1352] Diese sehr großzügige Auslegung des Merkmals „den Schutz eines anderen bezwecken" führt dazu, dass damit die gebotene Einschränkung (vgl. Rn. 166) des unbestimmten Haftungstatbestandes des § 823 Abs. 2 BGB kaum erreicht werden kann. Fälle, in denen die Rechtsprechung die Schutzgesetzeigenschaft einer Norm unter Berufung auf dieses Merkmal verneint hat, sind daher auch äußerst selten.[1353] Dies kommt nämlich nur dann in Betracht, wenn entweder ein Individualschutz nicht im „spezifischen Aufgabenbereich der Norm" liegt, sodass mit der Normbefolgung verbundene individuelle Vorteile lediglich auf Reflexwirkungen der Normanwendung beruhen,[1354] oder wenn das geschützte Individualinteresse, die Art seiner Verletzung und der Kreis der geschützten Personen sich nicht hinreichend deutlich und bestimmt aus der Norm erschließen.[1355] „Paradefall" hierfür ist § 267 StGB, weil diese Vorschrift nur auf das Allgemeininteresse am Institut der Urkunde ausgerichtet ist und der mit ihr verbundene Vermögensschutz „so schwach und so undeutlich ist, dass nicht angenommen werden kann, dass § 267 StGB direkt auch auf den Schutz von Vermögensinteressen getäuschter Personen durch Gebrauchmachen gefälschter Urkunden gerichtet ist".[1356] **Vereinbarkeit des Schutzgesetzcharakters mit den Wertungen der Bezugsnorm und des Deliktsrechts**: Um der aus der begrifflichen Leere des Schutzgesetzbegriffes folgenden Gefahr einer ausufernden Anwendung des § 823 Abs. 2 BGB zu entgehen und zugleich zu vermeiden, dass die Bejahung der Schutzgesetzqualität einer Norm die vornehmlich in § 823 Abs. 1 BGB und § 826 BGB getroffenen Wertungen des Deliktsrechts, aber auch des Spezialgesetzes, aus dem sie stammt, unterläuft, wird in Rechtsprechung und Lehre eine einschränkende Auslegung des Schutzgesetzbegriffes über die vorgenannten Voraussetzungen hinaus gefordert.[1357] Anknüpfend an *Knöpfle* geht es dabei darum, die Schutzgesetzqualifikation sowohl mit den Wertungen des außervertraglichen Haftungsprivatrechts als auch des Gesetzes, aus dem die potentielle Schutznorm kommt, abzugleichen.[1358] Genau dies meint auch der BGH, wenn er für die Schutzgesetztauglichkeit einer Norm zum einen verlangt, dass „die Schaffung eines individuellen Schadensersatzanspruchs sinnvoll und im Lichte des haftpflichtrechtlichen Gesamtsystems tragbar erscheinen muss"[1359] und zum anderen judiziert, die Bejahung der Schutzgesetzeigenschaft einer Norm setze voraus, dass bei objektiver Würdigung des Gesetzeszwecks „mit der Norm dem Einzelnen selbst die Rechtsmacht in die Hand gegeben werden soll, seine Interessen unmittelbar mit den Mitteln des Privatrechts gegen denjenigen zu schützen, der das Verbot übertritt und sein Rechtsinteresse beeinträchtigt".[1360] Die Konkretisierung dieser Formeln hängt

---

[1349] *Canaris*, Festschrift für Karl Larenz Bd. 2, 1983, S. 27-110, 46.

[1350] *Canaris*, Festschrift für Karl Larenz Bd. 2, 1983, S. 27-110, 46.

[1351] BGH v. 04.12.1956 - VI ZR 161/55 - BGHZ 22, 293-304; BGH v. 03.02.1987 - VI ZR 32/86 - BGHZ 100, 3-19; BAG v. 25.04.2001 - 5 AZR 368/99 - DB 2001, 2150-2152; BGH v. 25.01.1977 - VI ZR 29/75 - LM Nr. 20 zu § 823 BGB.

[1352] BGH v. 03.02.1987 - VI ZR 32/86 - BGHZ 100, 13-19; BGH v. 21.10.1991 - II ZR 204/90 - BGHZ 116, 7-14; BAG v. 25.04.2001 - 5 AZR 368/99 - DB 2001, 2150-2152; BGH v. 25.01.1977 - VI ZR 29/75 - LM Nr. 20 zu § 823 BGB; BGH v. 27.11.1963 - V ZR 201/61 - BGHZ 40, 306-312.

[1353] *Canaris*, Festschrift für Karl Larenz Bd. 2, 1983, S. 27-110, 46 m.w.N.

[1354] BGH v. 03.02.1987 - VI ZR 32/86 - BGHZ 100, 13-19; *Steffen* in: BGB-RGRK, § 823 Rn. 542.

[1355] BGH v. 27.11.1963 - V ZR 201/61 - BGHZ 40, 306-312; *Steffen* in: BGB-RGRK, § 823 Rn. 545.

[1356] BGH v. 03.02.1987 - VI ZR 32/86 - BGHZ 100, 13-19.

[1357] Vgl. etwa BGH v. 27.04.1994 - XII ZR 16/93 - LM ZPO § 286 (G) Nr. 19 (9/1994).

[1358] *Knöpfle*, NJW 1967, 697-702, 699-700; ähnlich *Schmiedel*, Deliktsobligationen nach deutschem Kartellrecht, Bd. 1, 1974, S. 131-132.

[1359] BGH v. 08.06.1976 - VI ZR 50/75 - BGHZ 66, 388-394; BGH v. 13.12.1988 - VI ZR 235/87 - BGHZ 106, 204-212; BGH v. 27.04.1994 - XII ZR 16/93 - LM ZPO § 286 (G) Nr. 19 (9/1994).

naturgemäß von den Umständen des Einzelfalls ab. In der Literatur werden verschiedene Vorschläge diskutiert, auf welche Kriterien hierbei abgestellt werden soll. Diese Vorschläge sollen nachfolgend kurz vorgestellt und anschließend durch einen eigenen Ansatz ergänzt werden.

In der Literatur diskutierte Kriterien für die Schutzgesetzqualifikation: Die in der Literatur diskutierten Konzepte für die Schutzgesetzqualifikation zeichnen sich dadurch aus, dass sie entweder einen besonders starken Akzent auf die Harmonisierung der Schutzgesetzqualifikation mit den Wertungen des außervertraglichen Haftungsrechts, insbesondere der §§ 823 Abs. 1, 826 BGB, legen[1361] oder stärker darauf abstellen, ob die Schadensersatzbewehrung der Bezugsnorm mit Sinn, Zweck und Systematik des Gesetzes, in dem sie enthalten ist, vereinbar ist.[1362] 172

Hauptvertreter der Meinung, wonach die Notwendigkeit der Harmonisierung der Schutzgesetzqualifikation mit den Wertungen des Deliktsrechts in den Vordergrund zu stellen sei, ist *Canaris*. Er hebt auf die systematische Stellung des § 823 Abs. 2 BGB zwischen § 823 Abs. 1 BGB und § 826 BGB ab und zieht daraus die Konsequenz, dass eine Einordnung einer Norm als Schutzgesetz stets dann unproblematisch sei, wenn sie eines der Rechte, Rechts- oder Lebensgüter des 823 Abs. 1 BGB schütze, während bei Normen, die nur dem Vermögensschutz dienten, darauf abgestellt werden müsse, dass sie an eine Verhaltensweise anknüpften, hinsichtlich ihres Unrechtsgehaltes mit dem Tatbestand des § 826 BGB vergleichbar seien.[1363] Für die Frage, wann die im Tatbestand einer Bezugsnorm umschriebene Verhaltensweise mit dem Unrechtsgehalt des § 826 BGB vergleichbar ist, komme den Strafgesetzen Leitbildfunktion zu, weil auch sie das rechts- und sozialethische Minimum markierten.[1364] Ferner erforderten Strafgesetze regelmäßig Vorsatz (vgl. § 15 StGB), was mit dem aus § 826 BGB ableitbaren Gedanken, dass Vermögensverletzungen regelmäßig nur bei Vorsatz eine deliktsrechtliche Haftung begründen sollen, harmoniere.[1365] Die **Leitbildfunktion der Strafgesetze** bedeute aber nicht, dass die Strafbewehrung notwendige Bedingung für die Schutzgesetztauglichkeit einer Norm sei. Sie führe nur dazu, dass bei lediglich vermögensschützenden, nicht strafbewehrten Normen die Schutzgesetzqualität nicht indiziert sei, sondern voraussetze, dass das Fehlen einer Schadensersatzbewehrung gemessen an ähnlichen Vorschriften eine Gesetzeslücke darstelle oder die Norm sich als gesetzliche Konkretisierung oder Ergänzung verstehen lasse.[1366] 173

Unter den Autoren, die bei der Schutzgesetzqualifikation ein besonderes Gewicht auf die Vereinbarkeit der Schadensersatzbewehrung mit der Systematik und dem Sinn und Zweck des Gesetzes, aus dem die Bezugsnorm stammt, legen, vertreten *Steffen* und *Kothe* den überzeugendsten Ansatz. Sie wollen mit Abwägungsregeln in der Form komparativer Sätze prüfen, ob die Schadensersatzbewehrung der potenziellen Schutznorm mit dem Regelungszweck des Gesetzes übereinstimmt. Dabei soll es auf folgende – nicht abschließend gemeinte – Regeln ankommen: Je unklarer bzw. verdeckter die Individualinteressen im Text der Bezugsnorm zum Ausdruck kommen, je eingehender und abschließender die haftungsrechtlichen Folgen eines Verhaltens in der Bezugsnorm geregelt sind und je stärker sich die Vorschrift mit öffentlich-rechtlicher Lastenverteilung befasst, desto eher ist ihr Schutzgesetzcharakter zu verneinen.[1367] Umgekehrt soll gelten: Je höher das durch die Bezugsnorm geschützte Individualinteresse rechtlich zu bewerten ist, je schwerwiegender die Folgen der Verwirklichung einer von der Bezugsnorm bekämpften Gefahr sind und je stärker die Bezugsnorm unmittelbar auf die Wahrung der Integrität der Individualsphäre abzielt, desto eher ist ihr Schutzgesetzcharakter zu bejahen.[1368] 174

Eigener Ansatz: Beide Konzeptionen vermögen für sich betrachtet nicht zu überzeugen, weil sie jeweils einen Aspekt der Schutzgesetzqualifikation überbetonen und dabei den treffenden Gedanken *Knöpfles* verfehlen, „dass die Frage nach dem Schutzgesetz von zwei Seiten her zu sehen ist".[1369] Die- 175

[1360] BGH v. 27.11.1963 - V ZR 201/61 - BGHZ 40, 306-312; BGH v. 13.12.1988 - VI ZR 235/87 - BGHZ 106, 204-212.

[1361] Vgl. *Canaris*, Festschrift für Karl Larenz Bd. 2, 1983, S. 27-110, 45-77.

[1362] Vgl. *Steffen* in: BGB-RGRK, § 823 Rn. 5; *Kohte*, Jura 1988, 125-132, 129-130; *Schmiedel*, Deliktsobligationen nach deutschem Kartellrecht, Bd. 1, 1974, S. 159-230, die zwar im Sinne *Knöpfles* auch eine Harmonisierung der Schutzgesetzqualifikation mit den Wertungen des Deliktsrechts für erforderlich halten, dann aber Kriterien formulieren, die primär nur auf einen Abgleich mit den Wertungen der Bezugsnorm abzielen.

[1363] *Canaris*, Festschrift für Karl Larenz Bd. 2, 1983, S. 27-110, 48-49.

[1364] *Canaris*, Festschrift für Karl Larenz Bd. 2, 1983, S. 27-110, 49.

[1365] *Canaris*, Festschrift für Karl Larenz Bd. 2, 1983, S. 27-110, 50.

[1366] *Canaris*, Festschrift für Karl Larenz Bd. 2, 1983, S. 27-110, 76.

[1367] *Steffen* in: BGB-RGRK, § 823 Rn. 546; *Kohte*, Jura 1988, 125-132, 129-130.

[1368] *Steffen* in: BGB-RGRK, § 823 Rn. 546; *Kohte*, Jura 1988, 125-132, 129-130.

[1369] *Knöpfle*, NJW 1967, 697-702, 699.

ser Ansatz, der – wie bereits dargelegt – auch der Rechtsprechung des BGH (vgl. Rn. 171) zu Grunde liegt, ermöglicht aber zugleich eine Synthese beider Konzeptionen, die sich widerspruchslos miteinander vereinbaren lassen und zudem bei kumulativer Anwendung im praktischen Ergebnis regelmäßig mit den Lösungen der Rechtsprechung übereinstimmen werden. Somit bestimmt sich bei einer zumindest auch in irgendeiner Weise individualschützenden Ge- oder Verbotsnorm die Schutzgesetztauglichkeit danach, ob ihre Qualifikation als Schutzgesetz nach den von *Canaris* (vgl. Rn. 174) entwickelten Regeln mit den Wertungen der §§ 823 Abs. 1, 826 BGB vereinbar ist und ob ihre Schadensersatzbewehrung ferner bei Anwendung der Abwägungsregeln (vgl. Rn. 174) von *Steffen* und *Kothe* sowie unter Berücksichtigung ihrer Entstehungsgeschichte mit der gesetzlichen Regelung, aus der sie entstammt, vereinbar ist.

c. Persönlicher Schutzbereich

176 Auch wenn eine verletzte Norm schutzgesetztauglich ist, vermag dies zugunsten eines infolge der Normverletzung Geschädigten nur dann einen Anspruch aus § 823 Abs. 2 BGB zu begründen, wenn der Geschädigte in den persönlichen Schutzbereich dieses Gesetzes einbezogen ist.[1370] Der durch eine Norm geschützte Personenkreis ist durch Auslegung der Vorschrift nach den allgemeinen Regeln der Methodenlehre unter Rückgriff auf Wortlaut, Gesetzessystematik, Entstehungsgeschichte und Sinn und Zweck der Norm zu ermitteln.[1371] Dabei können die von *Schmiedel* entwickelten Regeln weiterhelfen. Danach ist, wenn eine Norm für die Tatbestandsmäßigkeit eines Verhaltens erfordert, dass ein von ihr genanntes Verletzungs- bzw. Gefährdungsobjekt einem bestimmten Subjekt zugeordnet ist, von diesem anzunehmen, dass es zu dem von der Norm geschützten Personenkreis gehört.[1372] Sind die vorgenannten Voraussetzungen erfüllt, so ist weiter anzunehmen, dass die Norm den Schutz weiterer Personen nicht bezweckt, sofern nicht besondere Gründe gegen diese Annahme sprechen.[1373] Wendet man diese Regeln beispielsweise auf den Fall an, dass ein Verkehrsteilnehmer anlässlich der **unbefugten Ingebrauchnahme eines Kraftfahrzeugs** gemäß § 248b StGB verletzt wird, so ergibt sich, dass der verletzte Verkehrsteilnehmer nicht vom Schutzbereich des § 248b StGB erfasst wird, weil diese Norm das Verletzungsobjekt „Fahrzeug" (bzw. Befugnis zum Fahrzeuggebrauch) dem „Berechtigten" zuordnet und damit den Schutz weiterer Personen – im Einklang mit dem Willen des historischen Gesetzgebers – ausschließt.[1374] Allerdings muss man berücksichtigen, dass strafbewehrte Verhaltenspflichten unter Umständen auch dem Schutz solcher Personen dienen können, die sich durch ihre Teilnahme an der strafbaren Handlung selbst gefährden. Dies kommt etwa bei Verstößen gegen das Betäubungsmittelgesetz oder das Gesetz zum Schutze der Jugend in der Öffentlichkeit, also solchen Gesetzen in Betracht, die gerade auf den Schutz von Personen gerichtet sind, die wegen ihres jugendlichen Alters oder aus besonderen anderen Gründen auch vor einer Selbstschädigung bewahrt werden sollen.[1375] Ferner ist es denkbar, dass eine Norm zwei verschiedene Regelungsanliegen zugleich verfolgt und daher auch zwei voneinander verschiedene Personenkreise schützt. Ein gutes Beispiel hierfür ist Art. 1 § 1 RBerG, den die Rechtsprechung zu Recht als Schutzgesetz zugunsten des Anwaltsstandes als auch zugunsten potentieller Mandanten angesehen hat, da die Vorschrift sowohl das Anliegen verfolgt, die Bürger vor den Gefahren zu schützen, die sich aus der Inanspruchnahme sachunkundiger und unzuverlässiger Personen ergeben, als auch, dem Anwaltsstand Schutz gegen den Wettbewerb solcher rechtsberatender Personen zu gewähren, die keinen standesrechtlichen, gebührenrechtlichen und ähnlichen im Interesse der Rechtspflege gesetzten Schranken unterliegen.[1376]

d. Sachlicher Schutzbereich

177 Aber auch wenn der Geschädigte zu dem von einer schutzgesetztauglichen Norm geschützten Personenkreis gehört, kann er aus einer Verletzung dieser Norm nur dann einen Schadensersatzanspruch aus § 823 Abs. 2 BGB herleiten, wenn das verletzte Rechtsgut/Interesse in den Schutzbereich der Norm einbezogen ist.[1377] Auch diese Frage ist mit den klassischen Auslegungsmitteln zu klären. Dabei ist die

---

[1370] Vgl. BGH v. 16.10.1990 - VI ZR 65/90 - LM Nr. 103 zu BGB § 823 (Bf).
[1371] Vorbildlich BGH v. 04.12.1956 - VI ZR 161/55 - BGHZ 22, 293-304.
[1372] *Schmiedel*, Deliktsobligationen nach deutschem Kartellrecht, Bd. 1, 1974, S. 168-169.
[1373] *Schmiedel*, Deliktsobligationen nach deutschem Kartellrecht, Bd. 1, 1974, S. 171.
[1374] BGH v. 04.12.1956 - VI ZR 161/55 - BGHZ 22, 293-304.
[1375] BGH v. 16.10.1990 - VI ZR 65/90 - LM Nr. 103 zu BGB § 823 (Bf); BGH v. 11.04.1978 - VI ZR 72/77 - LM Nr. 69 zu § 823 BGB.
[1376] BGH v. 30.11.1954 - I ZR 147/53 - BGHZ 15, 315-323.
[1377] BGH v. 23.11.1955 - VI ZR 193/54 - BGHZ 19, 114-126.

Grundsatzentscheidung des BGB-Gesetzgebers gegen die Ersatzfähigkeit allgemeiner Vermögensschäden und das daraus abzuleitende Postulat, dass das Vermögen primäres und unmittelbares Schutzgut einer Norm sein muss, um bei mit einem Normverstoß verbundenen reinen Vermögensverletzungen einen Anspruch aus § 823 Abs. 2 BGB begründen zu können, besonders zu berücksichtigen. Hierbei kann man allgemein von der **Auslegungsregel** ausgehen, dass Gesetze, die dem Schutz des Lebens, der Gesundheit oder des Eigentums dienen, im Zweifel nicht auch den Schutz bloßer Vermögensinteressen zum Gegenstand haben. Diese Auslegungsregel rechtfertigt sich dadurch, dass die Gleichstellung dieser hochwertigen Rechtsgüter mit dem Vermögen – insbesondere im Deliktsrecht (vgl. § 823 Abs. 1 BGB) – nicht die Regel, sondern die Ausnahme darstellt, die als solche besonderer Begründung bedarf.[1378] Sie erklärt zwanglos, warum der BGH es beispielsweise mit Recht abgelehnt hat, reine Vermögensschäden in den Schutzbereich des § 315 StGB bzw. des § 319 StGB einzubeziehen, weil diese Vorschriften nach Wortlaut und Systematik nur Leib, Leben und Eigentum der Verkehrsteilnehmer[1379] bzw. des Bauherrn und der Hausbewohner/-besucher schützen.[1380]

3. Verstoß gegen ein Schutzgesetz

Allgemeines: Der vom Tatbestand des § 823 Abs. 2 BGB vorausgesetzte „Verstoß" gegen ein Schutzgesetz erfordert, dass der objektive und subjektive Tatbestand des Schutzgesetzes erfüllt sind.[1381] Dies beurteilt sich nach den für das jeweilige Schutzgesetz geltenden Regeln, auch wenn diese von der Zivilrechtsdogmatik abweichen.[1382] Das bedeutet für **strafrechtliche Schutzgesetze**, dass hinsichtlich des objektiven Tatbestandes das Analogieverbot (Art. 103 Abs. 2 GG, § 1 StGB) strikt beachtet werden muss und hinsichtlich des subjektiven Tatbestandes die strafrechtlichen Irrtumsregeln zur Einstufung und Abgrenzung von Subsumtions-, Tatbestands- und Verbotsirrtümern gelten (vgl. § 16 StGB, § 17 StGB).[1383] Unerheblich für die Bejahung der Schutzgesetzverletzung ist, ob etwaige **Strafverfolgungsvoraussetzungen**, wie z.B. die Stellung eines Strafantrages, vorliegen, weil es dabei um spezifisch strafprozessuale Fragen geht, die für die zivilrechtliche Haftungsfrage keine Rolle spielen können.[1384]

178

4. Rechtswidrigkeit

Allgemeines: Hinsichtlich der Rechtswidrigkeit wird gelegentlich ausgeführt, sie beurteile sich ebenfalls nach den für das Schutzgesetz geltenden Regeln.[1385] Dies ist missverständlich. Die Rechtswidrigkeit eines Verhaltens bezieht sich stets auf die Gesamtheit der Rechtsordnung, ohne dass es dabei eine Rolle spielt, ob es etwa um den Verstoß gegen eine Straf- oder Zivilrechtsnorm geht. Weil es demnach keine „Straf- oder Zivilrechtswidrigkeit" gibt, stellt sich auch die Frage nicht, ob sich bei § 823 Abs. 2 BGB die Rechtswidrigkeit nach den Regeln des Schutzgesetzes oder nach den Regeln des Bürgerlichen Rechts bestimmt.[1386] Vielmehr wird die Rechtswidrigkeit bei einem Verstoß gegen ein Schutzgesetz ebenso wie bei einer unmittelbaren Verletzung eines Rechtsguts des § 823 Abs. 2 BGB durch positives Tun (vgl. dazu Rn. 59) indiziert und kann bei Vorliegen eines Rechtfertigungsgrundes (vgl. hierzu Rn. 61 ff.) entfallen.[1387]

179

[1378] *Canaris*, Festschrift für Karl Larenz Bd. 2, 1983, S. 27-110, 74; ähnlich: *Steffen* in: BGB-RGRK, § 823 Rn. 548.
[1379] BGH v. 23.11.1955 - VI ZR 193/54 - BGHZ 19, 114-126.
[1380] BGH v. 30.05.1963 - VII ZR 236/61 - BGHZ 39, 366-370.
[1381] *Schmiedel*, Deliktsobligationen nach deutschem Kartellrecht, Bd. 1, 1974, S. 67-68; *Heger*, JuS 1998, 1090-1095, 1092.
[1382] *Früh*, JuS 1995, 701-707, 704; *Schmiedel*, Deliktsobligationen nach deutschem Kartellrecht, Bd. 1, 1974, S. 78.
[1383] BGH v. 10.07.1984 - VI ZR 222/82 - LM Nr. 2 zu GSB; BGH v. 15.10.1996 - VI ZR 319/95 - BGHZ 133, 370-383; OLG Bamberg v. 15.02.2001 - 1 U 49/00 - IBR 2001, 310; OLG München v. 25.02.1992 - 18 U 2296/91 - OLGR München 1992, 193-194; *Heger*, JuS 1998, 1090-1095, 1092.
[1384] Ähnlich mit eingehender Begründung *Dörner*, JuS 1987, 522-528, 525-526; ebenso *Leßmann*, JA 1988, 237-250, 247.
[1385] Vgl. *Leßmann*, JA 1988, 237-250, 247.
[1386] *Schmiedel*, Deliktsobligationen nach deutschem Kartellrecht, Bd. 1, 1974, S. 69-70.
[1387] Vgl. statt aller *Steffen* in: BGB-RGRK, § 823 Rn. 559.

5. Verschulden

a. Schuldfähigkeit

180 Die Schuldfähigkeit bestimmt sich nach der ganz h.M. nicht nach den für das Schutzgesetz geltenden Regeln, sondern nach den §§ 827, 828 BGB.[1388] Dies kann insbesondere bei von Minderjährigen verletzten strafrechtlichen Schutzgesetzen eine erhebliche praktische Bedeutung erlangen, weil hier die Anwendung der Regeln des Strafrechts (§ 19 StGB) dazu führen würde, dass von Kindern begangene Schutzrechtsverstöße keine Haftung aus § 823 Abs. 2 BGB begründen könnten, während dies bei Anwendung des § 828 BGB sehr wohl in Betracht kommt. Für die „Richtigkeit" der h.M. spricht, dass bei den die Schuldfähigkeit regelnden Normen, wie vor allem am Beispiel des § 19 StGB deutlich wird, die spezifische Teleologie des jeweiligen Schutzgesetzes so sehr im Vordergrund steht, dass diese Regeln auf das Deliktsrecht nicht „passen".[1389]

b. Bezugspunkt für das Verschulden

181 Nach ganz h.M. in Rechtsprechung und Literatur muss sich bei § 823 Abs. 2 BGB das Verschulden nur auf die Schutzgesetzverletzung beziehen.[1390] Das kann zu einer erheblichen Vorverlagerung der Haftung führen, wenn die Verletzung des durch ein Schutzgesetz geschützten Rechtsguts nicht zu den Tatbestandsvoraussetzungen des Schutzgesetzes gehört, wie dies insbesondere bei den **konkreten und abstrakten Gefährdungsdelikten** des Strafrechts der Fall ist. Deshalb ist für diese Fälle auch vereinzelt vertreten worden, das Verschulden müsse sich stets auch auf den eigentlichen Verletzungseingriff erstrecken.[1391] Dagegen spricht aber die Gesetzessystematik. Die aufeinander folgenden Bestimmungen des § 823 Abs. 1 und 2 BGB unterscheiden sich gerade dadurch, dass erstere an den „Erfolg" einer bestimmten Rechtsgutverletzung und letztere an den Verstoß gegen eine Verhaltensnorm (vgl. Rn. 171) anknüpft. Diese vom Gesetzgeber bewusst geschaffene unterschiedliche Tatbestandsstruktur muss sich auch auf den Bezugspunkt des Verschuldens auswirken.

c. Schuldform

182 Die für die Haftung relevante **Schuldform** bestimmt sich nach dem Schutzgesetz.[1392] Deshalb müssen Schutzgesetze aus dem Strafrecht stets vorsätzlich verwirklicht worden sein, es sei denn, die Strafbestimmung stellt ausdrücklich auch die fahrlässige Begehung unter Strafe (vgl. § 15 StGB). Umstritten ist, ob und inwieweit bei Strafgesetzen der zivilrechtliche oder der strafrechtliche **Verschuldensbegriff** zur Anwendung kommt. Der BGH wendet bei Vorsatzdelikten den strafrechtlichen Verschuldensbegriff und bei Fahrlässigkeitsdelikten den zivilrechtlichen Verschuldensbegriff an.[1393] Dies erscheint auf den ersten Blick kurios und ist mit dem Argument, der BGH kombiniere damit im Ergebnis die dem Schädiger jeweils ungünstigere Begriffsdefinition, abgelehnt worden.[1394] Dieses Argument wird verständlich, wenn man sich die Unterschiede zwischen dem strafrechtlichen und dem zivilrechtlichen Verschuldensbegriff vergegenwärtigt. Bei der Schuldform „Vorsatz" unterscheiden sich der straf- und der zivilrechtliche Verschuldensbegriff dadurch, dass die ganz h.M. im Zivilrecht das Unrechtsbewusstsein zum Vorsatz rechnet (sog. „Vorsatztheorie") und damit bei fehlendem Unrechtsbewusstsein den Vorsatz verneint, während im Strafrecht fehlendes Unrechtsbewusstsein kraft Gesetzes den Vorsatz unberührt lässt (§ 16 StGB) und nur bei – streng zu beurteilender – Unvermeidbarkeit zur Verneinung der Schuld führt (§ 17 StGB) (sog. „Schuldtheorie").[1395] Demnach ist der zivilrechtliche Vorsatzbegriff dagegen dem Schädiger günstiger. Bei der Schuldform „Fahrlässigkeit" dagegen ist der strafrechtliche Schuldbegriff dem Schädiger günstiger, da er sich danach bestimmt, ob der Täter nach seinen persön-

---

[1388] Grundlegend *Schmiedel*, Deliktsobligationen nach deutschem Kartellrecht, Bd. 1, 1974, S. 78-81; ebenso die h.M. vgl. statt Vieler *Dörner*, JuS 1987, 522-528, 526; a.A. *Medicus*, NJW 1967, 354-355, 355.
[1389] *Dörner*, JuS 1987, 522-528, 526.
[1390] BGH v. 02.02.1988 - VI ZR 133/87 - BGHZ 103, 197-203; BGH v. 05.05.1987 - VI ZR 181/86 - LM Nr. 95 zu § 823 (Bf) BGB; *Steffen* in: BGB-RGRK, § 823 Rn. 560, *Wagner* in: MünchKomm-BGB, § 823 Rn. 358.
[1391] So noch *Mertens* in: MünchKomm-BGB, 3. Aufl., § 823 Rn. 50 und Rn. 187.
[1392] BGH v. 24.11.1981 - VI ZR 47/80 - LM Nr. 80 zu § 823 (Bf) BGB; BGH v. 29.04.1966 - V ZR 147/63 - NJW 1966, 2014; BGH v. 26.02.1962 - II ZR 22/61 - LM Nr. 14 zu § 823 (Be) BGB; OLG Bamberg v. 15.02.2001 - 1 U 49/00 - IBR 2001, 310.
[1393] So *Dörner*, JuS 1987, 522-528, 527 m.w.N.
[1394] Vgl. etwa *Dörner*, JuS 1987, 522-528, 528.
[1395] *Dörner*, JuS 1987, 522-528, 527.

lichen Fähigkeiten und seinem individuellen Können in der Lage war, die ihm obliegende objektive Sorgfaltspflicht zu erkennen und ihr zu genügen, während im Zivilrecht ein objektiver Maßstab gilt, der auf die typischen Fähigkeiten und Kenntnisse des Verkehrskreises abstellt, dem der Schädiger angehört.[1396] Wird aus dieser Gegenüberstellung der beiden Schuldbegriffe ersichtlich, dass die Rechtsprechung des BGH in der Tat jeweils zur Anwendung des dem Schädiger ungünstigeren Schuldbegriffs führt, ist damit noch nicht gesagt, dass dieses Ergebnis gegen die Lösung des BGH spricht, weil diese in sich widersprüchlich sei.[1397] Zur Überprüfung der Stimmigkeit der Rechtsprechung des BGH muss vielmehr danach gefragt werden, ob sich die unterschiedliche Beurteilung von Vorsatz und Fahrlässigkeit durch die sachgesetzlichen Unterschiede von Straf- und Zivilrecht erklären und rechtfertigen lassen. Dafür spricht in der Tat vieles. Zugunsten der Anwendung des strafrechtlichen Vorsatzbegriffes im Rahmen des § 823 Abs. 2 BGB lässt sich nämlich anführen, dass es aus Sicht des Opferschutzes nur schwer verständlich wäre, wenn der Täter für sein deliktisches Verhalten zwar bestraft werden dürfte, den von ihm angerichteten Vermögensschaden aber zivilrechtlich nicht ausgleichen müsste.[1398] Für die Anwendung des zivilrechtlichen Fahrlässigkeitsbegriffes auf § 823 Abs. 2 BGB spricht, dass das Zivilrecht, bei dem es mehr um die gerechte Verteilung von Haftungsrisiken als um die Einforderung des sozialethischen Minimums geht, nicht gehalten ist, die gleichen strengen Maßstäbe an eine Haftung zu stellen wie das Strafrecht.[1399] Daher ist dem BGH zu folgen und im Rahmen der Haftung aus § 823 Abs. 2 BGB i.V.m. einem strafrechtlichen Schutzgesetz bei Vorsatzdelikten der strafrechtliche Verschuldensbegriff und bei Fahrlässigkeitsdelikten der zivilrechtliche Verschuldensbegriff anzuwenden.

d. Absatz 2 Satz 2

§ 823 Abs. 2 Satz 2 BGB hat die Funktion, eine **Durchbrechung des Schuldprinzips** bei § 823 Abs. 2 BGB hinsichtlich solcher Schutzgesetze zu verhindern, die selbst kein Verschulden erfordern. Bei solchen Normen kommt gemäß § 823 Abs. 2 Satz 2 BGB eine Haftung wegen Schutzgesetzverletzung nur in Betracht, wenn der Täter den Gesetzesverstoß verschuldet, also vorsätzlich oder fahrlässig begangen hat.[1400] Trennt das Gesetz, aus dem das Schutzgesetz entstammt, zwischen Verhaltens- und Sanktionsnorm (vgl. Rn. 171) und regelt diese an verschiedenen Stellen, wie dies beispielsweise bei § 1 GSB und § 5 GSB geschehen ist, darf man hinsichtlich der Frage, ob das Schutzgesetz ein Verschuldenserfordernis vorsieht, nicht nur auf die Verhaltensnorm abstellen, sondern muss vielmehr auch die Sanktionsnorm mit betrachten. § 823 Abs. 2 Satz 2 BGB kommt daher nur zur Anwendung, wenn weder die Verhaltens- noch die Sanktionsnorm ein Verschuldenserfordernis enthalten.[1401] Dies hat praktische Relevanz in dem Fall, in dem die Sanktionsnorm, wie z.B. § 5 GSB, § 15 StGB, im Gegensatz zu § 823 Abs. 2 Satz 2 BGB nur bei Vorsatz und nicht auch bei (einfacher) Fahrlässigkeit eingreift und ergibt sich daraus, dass § 823 Abs. 2 Satz 2 BGB nur die Funktion hat, eine Durchbrechung des Verschuldensprinzips zu verhindern, nicht aber, eine Absenkung des Haftungsniveaus herbeizuführen.

183

6. Zurechnungszusammenhang zwischen Schutzgesetzverletzung und Schaden

Allgemeines: Zwischen der Schutzgesetzverletzung und dem beim Verletzten entstandenen Schaden muss ein Zurechnungszusammenhang bestehen. Dies ist der Fall, wenn der Schaden durch die Rechtsgutsverletzung äquivalent und adäquat kausal verursacht worden ist und er vom Schutzzweck des Schutzgesetzes erfasst wird (zu den Stichworten „äquivalente" und „adäquate Kausalität" sowie zur Schutzzwecklehre vgl. die Ausführungen unter der Überschrift „Wertende Zurechnung" in Rn. 52 sowie die Kommentierung zu § 249 BGB). Bei der Prüfung, ob ein geltend gemachter Schaden sich noch innerhalb des Schutzzwecks einer Norm bewegt, spielt im Rahmen des § 823 Abs. 2 BGB der so genannte **Gefahr- bzw. Risikoverwirklichungszusammenhang** eine wichtige Rolle. Danach kommt eine Haftung gemäß § 823 Abs. 2 BGB nur in Betracht, wenn sich in dem Schaden das „normspezifische Risiko", also genau das Risiko, dessen Verwirklichung das Schutzgesetz gerade verhindern soll, niedergeschlagen hat.[1402] Ein anschauliches und zugleich praktisch besonders wichtiges Beispiel für die Bestimmung des Gefahrverwirklichungszusammenhangs stellt die persönliche Außenhaftung eines

184

[1396] *Dörner*, JuS 1987, 522-528, 526.
[1397] So aber *Dörner*, JuS 1987, 522-528, 528.
[1398] So überzeugend *Hager* in: Staudinger, § 823 G 38.
[1399] *Hager* in: Staudinger, § 823 G 38.
[1400] *Dörner*, JuS 1987, 522-528, 523.
[1401] *Dörner*, JuS 1987, 522-528, 523; BGH v. 24.11.1981 - VI ZR 47/80 - LM Nr. 80 zu § 823 (Bf) BGB; BGH v. 10.07.1984 - VI ZR 222/82 - LM Nr. 2 zu GSB.
[1402] *Leßmann*, JA 1988, 237-250, 247.

GmbH-Geschäftsführers gegenüber so genannten „Alt- und Neugläubigern" der GmbH gemäß § 823 Abs. 2 BGB, § 64 Abs. 1 GmbHG dar. Dabei geht es darum, welchen Schaden der GmbH-Geschäftsführer den Gläubigern der von ihm vertretenen GmbH ersetzen muss, wenn er schuldhaft gegen die in § 64 Abs. 1 GmbHG normierte Pflicht verstoßen hat, bei Zahlungsunfähigkeit oder Überschuldung unverzüglich die Eröffnung des Insolvenzverfahrens zu beantragen. Der BGH differenziert insoweit zwischen den Gläubigern, die ihre Forderung bereits vor dem Zeitpunkt erworben haben, in dem der Insolvenzantrag hätte gestellt werden müssen („**Altgläubiger**") und den Gläubigern, die ihre Forderung danach erworben haben („**Neugläubiger**"). Beide Gläubigergruppen seien zwar in den persönlichen und sachlichen Schutzbereich des schutzgesetztauglichen § 64 Abs. 1 GmbHG einbezogen, beim Zurechnungszusammenhang zwischen Gesetzesverstoß und Schaden ergäben sich jedoch Unterschiede, die daraus resultierten, dass sich bei den beiden Gläubigergruppen inhaltlich voneinander abweichende Risiken realisierten. Bei den Altgläubigern realisiere sich das Risiko, dass sich die ihnen zustehende Konkursquote verringere, bei den Neugläubigern dagegen das Risiko, mit einem bereits insolventen Vertragspartner kontrahiert zu haben. Deswegen beschränke sich die Haftung des GmbH-Geschäftsführers bei schuldhaftem Verstoß gegen § 64 Abs. 1 GmbHG hinsichtlich der „Altgläubiger" auf den – in die Insolvenzmasse zu leistenden – Betrag, um den sich die Quote, die sie bei rechtzeitiger Insolvenzanmeldung erhalten hätten, durch Verzögerung verringert (so genannter „**Quotenschaden**"), während er gegenüber den „Neugläubigern" auf das **negative Interesse** hafte.[1403] Diese Rechtsprechung des BGH, die in der Literatur nicht auf ungeteilte Zustimmung gestoßen ist,[1404] ist in der Sache überzeugend. Sie beruht auf der Erkenntnis, dass § 64 Abs. 1 GmbHG gegenüber Alt- und Neugläubigern je unterschiedliche Schutzzwecke verfolgt. Die Altgläubiger müssen grundsätzlich das Insolvenzrisiko ihres frei gewählten Vertragspartners tragen und sollen durch § 64 Abs. 1 GmbHG nur davor geschützt werden, dass sich der ihnen durch die Schuldnerinsolvenz eintretende Schaden durch „Insolvenzverschleppung" weiter vergrößert. Demgegenüber sollen die Neugläubiger durch § 64 Abs. 1 GmbHG davor bewahrt werden, mit einer bereits insolventen GmbH Verträge abzuschließen.[1405]

7. Ersatzfähiger Schaden

185 **Allgemeines**: Schließlich setzt der Anspruch aus § 823 Abs. 2 BGB einen ersatzfähigen Schaden voraus, der sich nach den allgemeinen Regeln des Schadensrechts (§§ 249 Abs. 1-254 BGB) (vgl. vor allem die Kommentierung zu § 249 BGB und die Kommentierung zu § 254 BGB) und den ergänzenden deliktsrechtlichen Sondervorschriften bestimmt (vgl. v.a. die §§ 843, 845 BGB, die Kommentierung zu § 843 BGB und die Kommentierung zu § 845 BGB).

III. Rechtsfolgen

186 Der Schadensersatzanspruch aus § 823 Abs. 2 BGB ist auf Ersatz des **negativen Interesses**, also darauf gerichtet, den Anspruchsinhaber so zu stellen, wie er stünde, wenn der Schutzgesetzverstoß entfiele.[1406] Führt der Schutzgesetzverstoß (wie z.B. beim „Eingehungsbetrug") dazu, dass der Geschädigte einen Vertrag abschließt, vor dessen Abschluss ihn das Schutzgesetz gerade bewahren wollte, so geht das negative Interesse auf Rückgängigmachung des Vertragsschlusses und Rückabwicklung.[1407] Das von dem Anspruchsgegner zu ersetzende negative Interesse kann in den Fällen, in denen die Schutzgesetzverletzung zu einem Vertragsschluss geführt hat, ausnahmsweise aber auch mit dem **positiven Interesse** deckungsgleich sein oder gar darüber hinaus gehen. Dies kommt dann in Betracht, wenn der Geschädigte ohne das deliktische Verhalten des Schädigers einen mindestens ebenso günstigen oder gar einen günstigeren Vertrag abgeschlossen hätte.[1408]

[1403] BGH v. 06.06.1994 - II ZR 292/91 - BGHZ 126, 181-201; BGH v. 30.03.1998 - II ZR 146/96 - BGHZ 138, 211-224.

[1404] Vgl. die Kritik bei *Altmeppen/Wilhelm*, NJW 1999, 673-681; *Altmeppen*, ZIP 2001, 2201-2211.

[1405] So überzeugend BGH v. 06.06.1994 - II ZR 292/91 - BGHZ 126, 181-201; *Goette*, DStR 1994, 1048-1053.

[1406] BGH v. 25.11.1997 - VI ZR 402/96 - LM BGB § 823 (F) Nr. 59 (7/1998); BGH v. 06.06.1994 - II ZR 292/91 - BGHZ 126, 181-201; BGH v. 19.01.1989 - III ZR 243/87 - LM Nr. 72 zu § 839 (Ca) BGB; LG Augsburg v. 24.09.2001 - 3 O 4995/00 - NJW-RR 2001,1705-1707; OLG München v. 23.08.1999 - 24 U 388/99 - NJW-RR 2000, 1130; OLG Köln v. 11.12.1991 - 11 U 99/91 - OLGR Köln 1992, 69-71.

[1407] LG Augsburg v. 24.09.2001 - 3 O 4995/00 - NJW-RR 2001,1705-1707.

[1408] BGH v. 25.11.1997 - VI ZR 402/96 - LM BGB § 823 (F) Nr. 59 (7/1998); BGH v. 29.10.1959 - VIII ZR 125/58 - LM Nr. 18 zu § 123 BGB.

IV. Prozessuale Hinweise/Verfahrenshinweise

Der Anspruchsteller trägt die Darlegungs- und Beweislast für die Schutzgesetzverletzung, d.h. die Verwirklichung aller (objektiven und subjektiven) Tatbestandsmerkmale des Schutzgesetzes,[1409] für den Eintritt eines ersatzfähigen Schadens, für den Zurechnungszusammenhang zwischen Schutzgesetzverletzung und Schaden[1410] sowie für das Verschulden des Schädigers.[1411] Allerdings können zugunsten des Anspruchsstellers **Beweiserleichterungen** hinsichtlich des Zurechnungszusammenhangs zwischen Schutzgesetzverletzung und Schaden und hinsichtlich des Verschuldens des Schädigers eingreifen. Bezüglich des Zurechnungszusammenhangs bejaht die Rechtsprechung einen **Anscheinsbeweis für die Kausalität des Schutzgesetzverstoßes für den Schadenseintritt**, wenn Schutzgesetzverletzung und Schaden unstreitig oder bewiesen sind und im Zusammenhang mit dem Gesetzesverstoß gerade der Schaden eingetreten ist, der mit Hilfe des Schutzgesetzes verhindert werden sollte.[1412] Ausnahmsweise kann es sogar zu einer **Beweislastumkehr** für die **Kausalität** kommen, wenn Wesen und Inhalt der verletzten materiellen Schutznorm und der in ihr enthaltenen Verhaltensanweisung es gebieten, dem Schädiger aufgrund einer von ihm geschaffenen unklaren Beweislage die Sachverhaltsaufklärung und ihre Risiken aufzuerlegen.[1413] Beim **Verschulden** bejaht die Rechtsprechung eine **Beweislastumkehr** für den Fall, dass die objektive Verletzung eines Schutzgesetzes durch den Schädiger feststeht und das Schutzgesetz das geforderte Verhalten bereits so konkret umschreibt, dass mit der Verwirklichung des objektiven Tatbestandes der Schluss auf einen subjektiven Schuldvorwurf nahe liegt. Beschränkt sich das Schutzgesetz dagegen darauf, einen bestimmten Verletzungserfolg zu verbieten, so löst die bloße Verwirklichung einer solchen Verbotsnorm keine Indizwirkung in Bezug auf das Verschulden aus.[1414]

187

Diese in der Praxis unstrittige Beweislastverteilung wird von einer beachtlichen Mindermeinung in der Literatur bezüglich des **Zurechnungszusammenhangs zwischen Schutzgesetzverletzung und Schaden** abweichend beurteilt. Entgegen der Auffassung der Rechtsprechung treffe nicht den Anspruchsteller die Darlegungs- und Beweislast für das Vorliegen des Zurechnungszusammenhangs, sondern vielmehr den Anspruchsgegner diejenige für dessen Nichtvorliegen. Der Gefahrverwirklichungszusammenhang sei nämlich bei materiell-rechtlicher Betrachtung keine Anspruchsvoraussetzung, sondern eine Einwendung. Im Übrigen sei dieser mit der Figur des rechtmäßigen Alternativverhaltens nahezu identisch, bei der es sich aber anerkanntermaßen um eine Einwendung handele.[1415] Diese Argumentation verkennt, dass die Abwälzung der Beweislast für das Fehlen des Gefahrverwirklichungszusammenhangs auf den Schädiger diesen insbesondere bei abstrakten Gefährdungsdelikten unverhältnismäßig belastet. In diesen Fällen ist der Geschädigte bereits durch eine Vorverlagerung des Rechtsgüterschutzes, eine Verkürzung des Verschuldens bezüglich des Schutzgesetzverstoßes und die Annahme eines Anscheinsbeweises für die Kausalität zwischen Schutzgesetzverletzung und Schaden bei feststehendem Schutzgesetzverstoß ausreichend geschützt. Würde man dem Schädiger darüber hinaus auch noch den – kaum zu führenden – Entlastungsbeweis für das Fehlen des Gefahrverwirklichungszusammenhangs auferlegen, würde dies zu einem mit dem Verhältnismäßigkeitsgrundsatz nicht mehr vereinbaren Eingriff in dessen Grundrechtsposition führen. Dies vermeidet die von der Rechtsprechung befürwortete Lösung, weil es bei ihr dem Schädiger möglich ist, den bei feststehendem Schutzgesetzverstoß für den Zurechnungszusammenhang streitenden Anscheinsbeweis durch Beweis der ernsthaften Möglichkeit eines anderweitigen Geschehensablaufs zu erschüttern.

188

Ist das (mutmaßlich) verletzte Schutzgesetz ein Strafgesetz und trifft den Beklagten – z.B. hinsichtlich eines „negativen Tatbestandsmerkmals" – eine sogenannte sekundäre Behauptungslast mit der Folge, dass er über das einfache Bestreiten hinaus substantiiert, d.h. mit eigener Sachverhaltsschilderung, be-

189

[1409] BGH v. 11.12.2001 - VI ZR 350/00 - LM BGB § 823 (Be) Nr. 59 (5/2002); BGH v. 24.11.1998 - VI ZR 388/97 - LM BGB § 393 Nr. 7 (6/1999); BGH v. 17.03.1987 - VI ZR 282/85 - BGHZ 100, 190-202.

[1410] BGH v. 13.12.1984 - III ZR 20/83 - LM Nr. 11 zu NRW NachbarrechtsG; BGH v. 27.05.1975 - VI ZR 42/74 - MDR 1975, 833.

[1411] Speziell zum Verschulden BGH v. 13.12.1984 - III ZR 20/83 - LM Nr. 11 zu NRW NachbarrechtsG; BGH v. 28.09.1976 - VI ZR 113/76 - LM Nr. 8 zu § 823 (B) BGB.

[1412] BGH v. 14.12.1993 - VI ZR 271/92 - LM ZPO § 286 (C) Nr. 89 (5/1994); BGH v. 22.04.1986 - VI ZR 77/85 - NJW-RR 1986, 1350; BGH v. 27.05.1975 - VI ZR 42/74 - MDR 1975, 833.

[1413] BGH v. 13.12.1984 - III ZR 20/83 - LM Nr. 11 zu NRW NachbarrechtsG.

[1414] BGH v. 19.11.1991 - VI ZR 171/91 - BGHZ 116, 104-117; BGH v. 26.11.1968 - VI ZR 212/66 - BGHZ 51, 91-108.

[1415] *Larenz/Canaris*, Schuldrecht, Band II/2: Besonderer Teil, 13. Aufl. 1994, § 77 III 3 d.

streiten muss, so ist umstritten, wie das Spannungsverhältnis zwischen zivilprozessualer Darlegungslast und Wahrheitspflicht einerseits und strafrechtlicher Aussagefreiheit (nemo tenetur-Grundsatz) andererseits aufzulösen ist. Während die Rechtsprechung bereits bislang überwiegend dazu tendiert hat, den Beklagten an § 138 ZPO festzuhalten[1416], wurde in Teilen der Literatur der Aussagefreiheit der Vorrang eingeräumt.[1417] Nunmehr hat sich der BGH in einer aktuellen Entscheidung hierzu positioniert und eine sekundäre Behauptungslast (die aber nach wie vor keine Beweislast ist!) des Beklagten im Zusammenhang mit der Haftung aus § 823 Abs. 2 BGB in Verbindung mit einem strafrechtlichen Schutzgesetz beispielsweise für die Konstellation der auf angebliche Verstöße gegen die Beratungs- und Aufklärungspflicht gestützten Haftung aus § 823 Abs. 2 BGB i.V.m. § 263 Abs. 1 StGB („Eingehungsbetrug") bejaht: Da der Anspruchsteller, der die Haftung aus § 823 BGB i.V.m. § 263 Abs. 1 StGB auf das Unterlassen rechtlich gebotener Beratung/Aufklärung stützt, eine negative Tatsache darlegen und beweisen müsse, sei der Anspruchsgegner nach den allgemeinen Regeln des Zivilprozessrechts gehalten, die klägerische Behauptung unterlassener Beratung substantiiert zu bestreiten und konkret darzulegen, wie er im Einzelnen beraten bzw. aufgeklärt habe. Erst bei Vorliegen eines diesbezüglichen einlassungsfähigen Sachvortrags der Beklagtenseite obliege dem geschädigten Kläger der Beweis, dass die seitens des Beklagten behauptete Aufklärung/Beratung nicht erfolgt sei.[1418] Erwidert also ein Beklagter in dieser Konstellation trotz sekundärer Behauptungslast nicht auf das klägerische Vorbringen, so gilt dieses mithin als zugestanden (§ 138 Abs. 3 ZPO).

V. Arbeitshilfen

1. Schutzgesetze im Sinne von Absatz 2

190   Schutzgesetze im Sinne von Absatz 2:
- **AEUV**:
  - Art. 108 Abs. 3 Satz 3 AEUV (BGH v. 10.02.2011 - I ZR 136/09 - WM 2011, 999-1007; BGH v. 21.07.2011 - I ZR 209/09)
  - Art. 101 Abs. 1 AEUV (BGH v. 12.05.1998 - KZR 23/96 - WuW/E DER 206, 207; BGH v. 28.06.2011 - KZR 75/10 - BB 2012, 75-79)
- **AFG**:
  - § 225 AFG (OLG Köln v. 25.06.1976 - 19 U 25/76 - VersR 1979, 572-573)
- **AktG**:
  - § 92 Abs. 2 AktG (BGH v. 17.12.1984 - II ZR 314/83 - juris Rn. 17 - WM 1985, 384-385)
  - § 399 Abs. 1 Nr. 4 AktG (BGH v. 11.07.1988 - II ZR 243/87 - BGHZ 105, 121-134)
  - § 400 Abs. 1 Nr. 1 AktG (BGH v. 17.09.2001 - II ZR 178/99 - juris Rn. 29 - BGHZ 149, 10-28)
  - § 401 Abs. 1 Satz 2 AktG, § 401 Abs. 2 AktG (BGH v. 17.12.1984 - II ZR 314/83 - juris Rn. 17 - WM 1985, 384-385)
  - § 403 AktG (OLG Hamm v. 21.10.1998 - 25 U 95/97 - GI 1999, 225-229)
- **AMG/AMVO**:
  - § 5 AMG (BGH v. 19.03.1991 - VI ZR 248/90 - juris Rn. 12 - LM Nr. 9 zu ArzneimittelG)
  - § 1 Abs. 1 AMVerkV (Verordnung über apothekenpflichtige und freiverkäufliche Arzneimittel 1988, vormals Verordnung betreffend den Verkehr mit Arzneimitteln (AMVO) vom 22. Oktober 1901, RGBl, 380 (BGH v. 29.01.1957 - I ZR 53/55 - BGHZ 23, 184-198)
- **AuslInvestmG**:
  - § 2 Abs. 1 Nr. 1-5 AuslInvestmG (OLG Karlsruhe v. 24.02.2006 - 1 U 190/05 - WM 2006, 967-969)
  - § 2 Abs. 1 Nr. 2, Nr. 4 f. AuslInvestmG (BGH v. 13.09.2004 - II ZR 276/02 - NJW 2004, 3706-3710)
  - § 8 Abs. 1 AuslInvestmG (BGH v. 13.09.2004 - II ZR 276/02 - NJW 2004, 3706-3710; OLG Koblenz v. 15.02.2007 - 5 U 1248/06 - WM 2007, 742-743)
- **BauFordSiG**:
  - § 1 Abs. 1 BauFordSiG (LG München v. 22.10.2009 - 2 O 14141/07 - IBR 2010, 271; LG Magdeburg v. 22.07.2010 - 5 O 549/ 10 - ZVI 2010, 429-430)

[1416] OLG Zweibrücken v. 12.03.2009 - 4 U 68/08 - OLGR Zweibrücken 2009, 659-663.

[1417] Vgl. die Darstellung des Meinungsstands bei: OLG Zweibrücken v. 12.03.2009 - 4 U 68/08 - OLGR Zweibrücken 2009, 659-663.

[1418] BGH v. 19.07.2011 - VI ZR 367/09 - NJW-RR 2011, 1661-1664.

- **BauO (Landesbauordnungen)**:
  - Art. 6 Abs. 3 Nr. 1 BauO BY, Art. 6 Abs. 6 Satz 2 BauO BY (BayObLG München v. 30.01.1979 - RReg 2 Z 157/77 - BayObLGZ 1979, 16-30)
  - Art. 35 Abs. 5 BauO BY (BayObLG München v. 30.01.1979 - RReg 2 Z 157/77 - BayObLGZ 1979, 16-30)
  - Art. 55 Abs. 4 Satz 2 BauO BY in Verbindung mit § 12 Abs. 1 BauODV BY (BayObLG München v. 30.01.1979 - RReg 2 Z 157/77 - BayObLGZ 1979, 16-30)
  - § 6 Abs. 1 BauO NW, § 6 Abs. 10 BauO NW (BGH v. 28.06.1985 - V ZR 43/84 – LM Nr. 3 zu § 1011 BGB)
  - § 6 Abs. 7 BauO NW (OLG Köln v. 01.09.1994 - 18 U 27/94 - NJW-RR 1995, 336-337)
  - § 7 Abs. 1 BauO NW, § 7 Abs. 2 BauO NW (BGH v. 30.04.1976 - V ZR 188/74 - BGHZ 66, 354-359)
  - § 7 Abs. 3 BauO NW (BGH v. 14.03.1975 - V ZR 150/73 - MDR 1975, 744)
  - § 13 Abs. 2 BauO NW (BGH v. 12.03.1968 - VI ZR 178/66 - LM Nr. 48 zu 823 (Bf) BGB)
  - § 8 Abs. 1 Satz 1 BauO RP, § 8 Abs. 2 Satz 1 BauO RP, § 8 Abs. 6 Satz 2 BauO RP, § 8 Abs. 10 Nr. 1 BauO RP (OLG Koblenz v. 27.02.1992 - 5 U 1182/91 - OLGZ 1994, 60-62)
- **BDSG**:
  - § 4 BDSG (OLG Hamm v. 04.04.1995 - 9 U 42/95 - NJW 1996, 131-132; Hanseatisches OLG v. 02.08.2011 - 7 U 134/10 - NJW-RR 2011, 1611-1613)
  - § 29 Abs. 2 BDSG (OLG Hamm v. 04.04.1995 - 9 U 42/95 - NJW 1996, 131-132)
  - § 28 BDSG (LG Düsseldorf v. 26.10.2010 - 7 O 469/09 - MMR 2011, 415-416)
- **BetrVG**:
  - § 87 Abs. 2 (Hessisches Landesarbeitsgericht v. 31.08.2007 - 12 Sa 387/05 - juris Rn. 25)
- **Bebauungsplan (nachbarschützende Festsetzungen)**:
  - OLG Karlsruhe v. 10.08.1989 - 9 U 239/87 - BauR 1990, 459-461
- **BGB**:
  - § 858 BGB (BGH v. 07.03.1956 - V ZR 106/54 - juris Rn. 12 - BGHZ 20, 169-172; BGH v. 07.05.1991 - VI ZR 259/90 - juris Rn. 44 - BGHZ 114, 305-314; BGH v. 05.06.2009 - V ZR 144/08 - NJW 2009, 2530-2532)
  - § 906 Abs. 1 BGB (OLG Düsseldorf v. 13.06.1997 - 22 U 259/96 - NJWE-MietR 1997, 271-272)
  - § 909 BGB (BGH v. 04.12.1964 - VI ZR 184/63 - LM Nr. 4a zu § 909 BGB; BGH v. 05.04.1991 - V ZR 39/90 - juris Rn. 16 - BGHZ 114, 161-167; BGH v. 22.12.1953 - V ZR 175/52 - BGHZ 12, 75-79; BGH v. 26.01.1996 - V ZR 264/94 - juris Rn. 9 - LM BGB § 909 Nr. 35 (8/1996))
  - § 1004 BGB (BGH v. 13.11.1986 - III ZR 160/85 - juris Rn. 11 - LM Nr. 94 zu § 839 (Fe) BGB; OLG Schleswig v. 09.11.1994 - 12 U 22/93 - MDR 1995, 148; BGH v. 16.03.1988 - VIII ZR 184/87 - juris Rn. 38 - BGHZ 104, 6-18)
  - § 1134 BGB (BGH v. 06.11.1990 - VI ZR 99/90 - juris Rn. 8 - LM Nr. 12 zu BGB § 823 (Ad))
  - § 1135 BGB (BGH v. 02.11.1982 - VI ZR 131/81 - BGHZ 85, 234-240; BGH v. 06.11.1990 - VI ZR 99/90 - juris Rn. 8 - LM Nr. 12 zu BGB § 823 (Ad))
- **BImSchG**:
  - § 22 Abs. 1 Nr. 1, Nr. 2 BImSchG i.V.m. nachbarschützender Auflage (BGH v. 27.09.1996 - V ZR 335/95 - juris Rn. 7 - LM BGB § 823 (B) Nr. 12 (1/1997))
- **BinSchStrO**:
  - § 6.28 Nr. 2 Satz 1 BinSchStrO (Rheinschifffahrtsobergericht Karlsruhe v. 30.01.2001 - U 2/00 BSch - BinSchiff 2002, Nr. 2, 68-70)
- **BörsG**:
  - § 89 BörsG (OLG Düsseldorf v. 22.11.1988 - 4 U 21/88 - NJW-RR 1989, 294-297; BGH v. 17.10.1989 - XI ZR 182/88 - juris Rn. 2 - WM 1990, 61; OLG Düsseldorf v. 27.11.1990 – 4 U 63/90 - wistra 1991, 156-158)
- **BrandVerhV SH**:
  - § 11 BrandVerhV SH (OLG Schleswig v. 22.10.1987 - 5 U 108/86 - RuS 1988, 363)
- **EBO**:
  - § 11 Abs. 2 EBO (OLG Frankfurt v. 30.09.1992 - 13 U 171/91 - VersR 1994, 114-115)
  - § 13 Abs. 4 EBO (Schleswig-Holsteinisches Oberlandesgericht v. 23.02.2007 - 1 U 108/06 - VersR 2008, 80-82)

§ 823

- § 64 EBO (BGH v. 11.01.2005 - VI ZR 34/04 - VersR 2005, 515-517)
- **EGVtr**:
  - Art. 85 Abs. 1 EGVtr (BGH v. 12.05.1998 - KZR 23/96 - juris Rn. 16 - LM EG-Vertrag Nr. 15 (1/1999))
  - Art. 81 EGVtr (LG Mainz v. 15.01.2004 - 12 HK O 52/02 - NJW-RR 2004, 478-481)
- **FuttMG**:
  - § 3 Nr. 2 lit. a FuttMG (BGH v. 25.10.1988 - VI ZR 344/87 - BGHZ 105, 346-357)
  - § 3 Nr. 2 lit. b FuttMG, § 17 FuttMV (BGH v. 02.12.1986 - VI ZR 252/85 - LM Nr. 93 zu § 823 Abs. 1 BGB)
  - § 3 Nr. 3 lit. b FuttMG (BGH v. 25.10.1988 - VI ZR 344/87 - BGHZ 105, 346-357)
- **GaV**:
  - § 4 GaV BY (BGH v. 17.01.1973 - IV ZR 167/71 - VersR 1973, 214)
  - § 8 GaV BY (BGH v. 17.01.1973 - IV ZR 167/71 - VersR 1973, 214)
  - § 18 GaV BY (OLG München v. 20.04.2000 - 24 U 45/99 - juris Rn. 34 - NZV 2001, 510-511)
  - § 25 Abs. 5 GaV SH (BGH v. 05.05.1987 - VI ZR 181/86 - LM Nr. 95 zu § 823 (Bf) BGB)
- **GewO**:
  - § 12 GewO (BGH v. 08.05.1973 - VI ZR 164/71 - LM Nr. 53 zu § 823 (Bf) BGB)
  - § 56 Abs. 1 Nr. 6 GewO (BGH v. 22.05.1978 - III ZR 153/76 - juris Rn. 20 - BGHZ 71, 358-367; verneinend allerdings BGH v. 07.11.1985 - III ZR 129/84 - EwiR 1986, 41-42)
  - § 4 Abs. 1 GewO§34cDV (OLG Celle v. 12.02.2001 - 4 U 289/99 - ZfIR 2001, 412-417)
  - § 148b GewO (OLG Hamm v. 06.05.2010 - 6 U 145/09)
- **GG**:
  - Art. 3 GG (LG Koblenz v. 18.01.2011 - 10 O 9/11 - ZfBR 2011, 794)
- **GGVS**:
  - GGVS 1985 (OLG Hamm v. 17.03.1992 - 7 U 103/91 - NJW-RR 1993, 914-918)
- **GmbHG**:
  - § 58 Abs. 1 Nr. 2 GmbHG (OLG Hamburg v. 05.07.2000 - 8 U 173/99 - juris Rn. 20 - OLGR Hamburg 2001, 83-85)
  - § 64 Abs. 1 GmbHG, vgl. dazu Rn. 184 (BGH v. 16.12.1958 - VI ZR 245/57 - BGHZ 29, 100-107; BGH v. 03.02.1987 - VI ZR 268/85 - BGHZ 100, 19-25; BGH v. 08.04.1998 - VIII ZR 228/96 - NJW-RR 1998, 948-950)
  - § 68 Abs. 2 GmbHG (OLG Frankfurt v. 18.09.1991 - 21 U 10/90 - NJW 1991, 3286-3287; OLG Frankfurt v. 18.03.1998 - 13 U 280/96 - NJW-RR 1998, 1246; OLG Naumburg v. 19.10.1999 - 9 U 251/98 - OLGR Naumburg 2000, 482-483)
  - § 82 Abs. 1 Nr. 1 GmbHG (OLG München v. 07.10.1987 - 3 U 3138/87 - NJW-RR 1988, 290-291; OLG München v. 23.08.1999 - 24 U 388/99 - NJW-RR 2000, 1130; OLG Sachsen-Anhalt v. 21.01.2010 - 1 U 35/09 - DStR 2010, 564)
- **GSB**:
  - § 1 GSB (§ 1 BauFordSiG) (BGH v. 10.07.1984 - VI ZR 222/82 - juris Rn. 15 - LM Nr. 2 zu GSB; BGH v. 24.11.1981 - VI ZR 47/80 - LM Nr. 80 zu § 823 (Bf) BGB; OLG Düsseldorf v. 05.11.2004 - 14 U 63/04 - BauRB 2005, 68-69; OLG Stuttgart v. 06.10.2004 - 4 U 105/04 - IBR 2005, 325; OLG Stuttgart v. 25.08.2011 - 10 U 152/10 - BauR 2012, 96-102)
  - § 5 GSB (LG Ravensburg v. 21.09.2006 - 1 O 27/06 - WM 2007, 886-889)
- **GSG**:
  - § 3 Abs. 1 und 3 GSG (BGH v. 28.03.2006 - VI ZR 46/05 - VersR 2006, 710-712)
- **HGB**:
  - § 331 Abs. 1 Nr. 2 HGB (OLG Düsseldorf v. 07.04.2011 - 6 U 7/10 - BB 2011, 2446-2450)
  - § 400 Abs. 1 Nr. 1 HGB (OLG Düsseldorf v. 07.04.2011 - 6 U 7/10 - BB 2011, 2446-2450)
- **JSchÖG**:
  - § 3 Abs. 2 JSchÖG (BGH v. 11.04.1978 - VI ZR 72/77 - juris Rn. 9 - LM Nr. 69 zu § 823 BGB)
- **KunstUrhG**:
  - §§ 22, 23 KunstUrhG (OLG München v. 13.11.1987 - 21 U 2979/87 - juris Rn. 25 - NJW 1988, 915-916; BGH v. 29.10.2009 - I ZR 65/07 - NSW KUG § 22 (BGH-intern) - NSW KUG § 23 (BGH-intern))

- **KWG**:
  - §§ 32, 54 KWG (OLG Celle v. 14.10.2004 - 4 U 114/04 - OLGR Celle 2005, 96-102; OLG Celle v. 14.10.2004 - 4 U 147/04 - ZBB 2005, 147, BGH v. 11.07.2006 - VI ZR 339/04, ZIP 2006, 1761-1764)
- **LuftBO**:
  - § 9 Abs. 3 LuftBO (OLG Frankfurt v. 21.11.1995 - 22 U 275/93 - ZLW 1997, 287-292)
- **LWG NW**:
  - § 115 LWG NW (OLG Köln v. 14.05.2010 - 19 U 120/09)
- **MaBV**:
  - § 3 MaBV (OLG Frankfurt v. 23.12.2004 - 24 U 85/03 - BauR 2005, 1040-1044; BGH v. 05.12.2008 - V ZR 144/07 - MDR 2009, 256-257)
  - § 4 Abs. 1 Ziff. 2 MaBV (LG Aschaffenburg v. 06.07.2006 - 2 S 30/06 - BauR 2006, 1796)
  - § 7 MaBV (BGH v. 05.12.2008 - V ZR 144/07 - MDR 2009, 256-257)
  - §§ 18 Nr. 2, 3; 3 Abs. 2; 7 Abs. 1 Satz 3 MaBV (Brandenburgisches OLG v. 29.07.2010 - 5 U 142/06 - BauR 2010, 1649)
- **MargG**:
  - § 2 Abs. 4 MargG (BGH v. 12.07.1957 - I ZR 52/55 - LM Nr. 20 zu § 823 (Bf) BGB)
- **MedaillV**:
  - § 3 Satz 1 MedaillV (BGH v. 16.03.2004 - VI ZR 105/03 - NJW 2004, 1949-1951)
- **MedienG BW**:
  - § 14 Abs. 2 MedienG BW (OLG Stuttgart v. 12.01.1996 - 2 U 104/95 - WRP 1996, 362-369)
- **MPG**:
  - § 4 MPG (Saarl. OLG v. 03.08.2011 - 1 U 316/10 - GesR 2011, 631 ff.)
- **MilchFettG**:
  - § 1 MilchFettG (BGH v. 17.04.1956 - VI ZR 30/55 - LM Nr. 1 zu Milch- u FettG v 28.02.1951)
- **MRG AmZ 59**:
  - Art. 73 MRG AmZ 59 (BGH v. 11.07.1967 - VI ZR 29/66 - VersR 1967, 1091-1092)
- **Ortssatzungen** über die Einfriedung der Grundstücke:
  - OLG Düsseldorf v. 06.07.1979 - 4 U 18/79 - NJW 1979, 2618
- **OwiG**:
  - § 130 OwiG (allerdings nur in Ausnahmefällen, BGH v. 13.04.1994 - II ZR 16/93 - juris Rn. 24 - BGHZ 125, 366-382; verneinend OLG Koblenz v. 05.11.2004 - 5 U 875/04 - ZinsO 2004, 1262-1264)
- **PbefG**:
  - § 1 PbefG (BGH v. 12.11.1957 - VI ZR 314/55 - BGHZ 26, 42-52)
  - § 2 PbefG (BGH v. 12.11.1957 - VI ZR 314/55 - BGHZ 26, 42-52)
  - § 4 PbefG (BGH v. 12.11.1957 - VI ZR 314/55 - BGHZ 26, 42-52)
  - § 40 Abs. 1 PbefG (BGH v. 12.11.1957 - VI ZR 314/55 - BGHZ 26, 42-52)
- **Pflanzen-Abfall-VO**:
  - § 3 Abs. 2 Satz 3 Nr. 2 lit. a PflAbfV NW, § 3 Abs. 2 Satz 3 Nr. 8 Satz 1 Halbs 2 PflAbfV NW (OLG Hamm v. 29.11.1990 - 27 U 69/90 - VersR 1992, 247)
- **PflSchG**:
  - § 12 Abs. 1 Nr. 5 PflSchG (BGH v. 17.03.1981 - VI ZR 286/78 - juris Rn. 44 - BGHZ 80, 199-205)
- **PflVG**:
  - § 6 PflVG (BGH v. 07.06.1988 - VI ZR 203/87 - juris Rn. 10 - LM Nr. 60 zu PflVG 1965; OLG Zweibrücken v. 22.09.1989 - 1 U 211/88 - RuS 1990, 336; OLG München v. 24.03.1972 - 10 U 1793/71 - VersR 1973, 236)
- **PresseG BY**:
  - § 10 Abs. 2 PresseG BY (OLG München v. 29.07.1977 - 21 U 2082/77 - AfP 1978, 27-28)
- **ProdSG**:
  - § 6 ProdSG (LG Bonn v. 10.02.2005 - 6 S 242/04)
- **RberG**:
  - Art. 1 § 1 RberG (BGH v. 30.11.1954 - I ZR 147/53 - BGHZ 15, 315-323; OLG Sachsen-Anhalt v. 12.07.2005 - 1 U 8/05 - OLGR Naumburg 2006, 162-164)

§ 823

- **RgarO**:
  - § 45 Abs. 3 RgarO (BGH v. 27.11.1963 - V ZR 201/61 - BGHZ 40, 306-312)
- **RheinSchPV**:
  - § 1.04 RheinSchPV (Rheinschifffahrtsobergericht Karlsruhe v. 16.09.1997 - U 8/96 RhSch - BinSchiff 1998, Nr. 22, 39-41)
  - § 1.17 Nr. 1 RheinSchPV (Rheinschifffahrtsobergericht Karlsruhe v. 22.06.1999 - U 6/98 RhSch - NZV 1999, 376-377)
  - § 6.03 Nr. 3 RheinSchPV (Rheinschifffahrtsobergericht Karlsruhe v. 25.01.2002 - U 3/01 RhSch - juris Rn. 35 - VRS 102, 169-174 (2002))
- **RVO**:
  - § 317 RVO Fassung: 12. Juni 1956 (OLG Frankfurt v. 21.09.1988 - 17 U 188/87 - NJW-RR 1989, 225-226; OLG Frankfurt v. 09.11.1967 - 1 U 230/65 - DOK 1968, 210)
  - § 529 RVO (BGH v. 12.02.1985 - VI ZR 68/83 - juris Rn. 8 - LM Nr. 15 zu § 366 BGB)
  - § 533 RVO (BGH v. 07.06.1963 - VI ZR 144/62 - BB 1964, 262; OLG Köln v. 24.11.1961 - 9 U 87/61 - VersR 1962, 410)
  - § 1428 RVO (BGH v. 12.02.1985 - VI ZR 68/83 - juris Rn. 8 - LM Nr. 15 zu § 366 BGB)
  - § 1430 RVO (OLG Köln v. 25.06.1976 - 19 U 25/76 - VersR 1979, 572-573; OLG Köln v. 24.11.1961 - 9 U 87/61 - VersR 1962, 410)
  - § 1543d RVO (OLG Frankfurt v. 22.12.1983 - 3 U 133/82 - HVGBG RdSchr VB 76/84)
- **SchwPestV 1988**:
  - § 4 SchwPestV 1988 (OLG Hamm v. 03.12.2003 - 3 U 108/02 - OLGR Hamm 2004, 62-67)
- **SGB IV**:
  - § 28a Abs. 1 Nr. 2 SGB IV (Landessozialgericht Berlin-Brandenburg v. 27.08.2009 - L 9 KR 80/06)
- **SGB IX**:
  - § 81 Abs. 4 SGB IX (BAG v. 04.10.2005 - 9 AZR 632/04 - NZA 2006, 442-445)
  - § 84 Abs. 2 SGB IX (LAG Hamm v. 04.07.2011 - 8 Sa 726/11)
- **SGB X**:
  - § 98 SGB X (OLG Düsseldorf v. 07.02.1992 - 22 U 195/91 - NJW-RR 1992, 1507-1508)
- **SiFilmG**:
  - OLG Frankfurt v. 06.03.1970 - 10 U 21/68 - VersR 1972, 105-107
- **SprengG**; **SprengV**:
  - § 27 SprengG (OLG Hamm v. 22.08.1994 - 6 U 203/93 - NJW-RR 1995, 157-158)
  - § 23 Abs. 1 SprengV 1 (OLG Düsseldorf v. 30.04.2003 - 15 U 158/02 - OLGR Düsseldorf 2003, 344-346)
- **StBerG**:
  - § 5 StBerG (BGH v. 14.04.2005 - IX ZR 109/04 - MDR 2005, 987-988; OLG Koblenz v. 30.10.1990 - 3 U 1293/89 - NJW 1991, 430-432)
- **StGB**:
  - § 142 StGB (BGH v. 18.11.1980 - VI ZR 215/78 - juris Rn. 7 - LM Nr. 24 zu § 823 (Be) BGB)
  - § 153 StGB (OLG Celle v. 27.11.1991 - 2 U 24/91 - FamRZ 1992, 556-557)
  - § 156 StGB (BGH v. 28.10.1958 - VI ZR 209/57 - LM Nr. 8 zu § 823 (Be) BGB; BGH v. 28.10.1958 - VI ZR 209/57 - MDR 1959, 118)
  - § 163 StGB (BGH v. 18.12.1973 - VI ZR 113/71 - juris Rn. 11 - BGHZ 62, 54-63)
  - § 164 StGB (BGH v. 07.01.1953 - VI ZR 39/52 - LM Nr. 3 zu § 823 (Be) BGB)
  - § 170 StGB (OLG Hamm v. 30.06.2010 - 8 UF 12/10; BGH v. 11.05.2010 - IX ZB 163/09 - NJW 2010, 2353-2354)
  - § 170b StGB (BGH v. 02.07.1974 - VI ZR 56/73 - LM Nr. 19 zu § 823 (Be) BGB; BGH v. 31.10.1967 - VI ZR 58/66 - VersR 1968, 50-51)
  - § 176 Abs. 1 StGB, § 176 Abs. 3 StGB (OLG Hamm v. 10.04.2000 - 13 U 194/99 - juris Rn. 5 - OLGR Hamm 2000, 340-341)
  - § 185 StGB (OLG Düsseldorf v. 27.09.2000 - 15 U 63/00 - ZWE 2001, 164-166)
  - § 186 StGB (BGH v. 09.07.1985 - VI ZR 214/83 - juris Rn. 28 - BGHZ 95, 212-221)
  - § 189 StGB (OLG München v. 06.04.2000 - 21 W 1286/00 - OLGR München 2000, 164)
  - § 201 StGB (LG München v. 04.05.2004 - 9 HKO 11155/03 - ZUM 2004, 681-683)
  - § 202a StGB (OLG Celle v. 22.12.2010 - 7 U 49/09 - NJW-RR 2011, 1047-1049)

- § 203 Abs. 1 Nr. 1 StGB (OLG Hamm v. 09.11.1994 - 3 U 120/94 - MedR 1995, 328-329)
- § 223 StGB (OLG Schleswig v. 21.12.1993 - 3 U 197/92 - VersR 1995, 103)
- § 224 StGB (OLG Naumburg v. 13.12.2001 - 4 U 120/01 - juris Rn. 24)
- § 227 StGB , § 231 StGB n.F. (BGH v. 02.02.1988 - VI ZR 133/87 - BGHZ 103, 197-203)
- § 230 StGB (Fassung: 10.03.1987): OLG Schleswig v. 21.12.1993 - 3 U 197/92 - VersR 1995, 103; OLG Hamm v. 27.05.1998 - 13 U 196/97 - JP 1998, 428
- § 240 StGB (BGH v. 03.02.1976 - VI ZR 235/74 - juris Rn. 26 - NJW 1976, 1143-1145)
- § 246 StGB (OLG Düsseldorf v. 21.03.2001 - 15 U 178/00 - juris Rn. 23)
- § 248c StGB (OLG Hamm v. 18.11.1991 - 2 U 259/90 - juris Rn. 20 - WuM 1992, 274-277)
- § 261 Abs. 2 StGB (OLG Frankfurt v. 12.02.2004 - 3 U 123/00 - OLGR Frankfurt 2004, 209-212; Schleswig-Holsteinisches Oberlandesgericht v. 06.07.2007 - 14 U 145/06 - OLGR Schleswig 2007, 800-802)
- § 263 StGB (BGH v. 14.10.1971 - VII ZR 313/69 - juris Rn. 37 - BGHZ 57, 137-153; OLG Köln v. 11.12.1991 - 11 U 99/91 - OLGR Köln 1992, 69-71)
- § 264 StGB (BGH v. 13.12.1988 - VI ZR 235/87 - BGHZ 106, 204-212; OLG Koblenz v. 07.04.1994 - 5 U 89/91 - NJW-RR 1995, 727-728)
- § 264a StGB (BGH v. 21.10.1991 - II ZR 204/90 - BGHZ 116, 7-14; OLG Frankfurt v. 15.10.2004 - 5 U 263/03 - ZBB 2005, 377)
- § 265 StGB (OLG Düsseldorf v. 06.12.1994 - 4 U 267/93 – NJW-RR 1995, 1493-1494)
- § 266 StGB (BGH v. 14.01.1953 - VI ZR 8/52 - juris Rn. 17 - BGHZ 8, 276-284)
- § 266a Abs. 1 StGB (BGH v. 21.01.1997 - VI ZR 338/95 - BGHZ 134, 304-315; BGH v. 15.10.1996 - VI ZR 319/95 - juris Rn. 13 - BGHZ 133, 370-383; BGH v. 18.01.2010 - II ZA 4/09 - WM 2010, 409-410)
- § 288 Abs. 1 StGB (BGH v. 27.11.1990 - VI ZR 39/90 - juris Rn. 11 - LM Nr. 35 zu BGB § 823 (Be))
- § 291 StGB (ArbG Hamburg v. 21.05.2007 - 26 Ca 241/02 - ArbuR 2007, 445)
- § 311 StGB (Fassung: 10.03.1987): OLG Hamm v. 27.05.1998 - 13 U 196/97 - JP 1998, 428
- § 315 StGB (BGH v. 23.11.1955 - VI ZR 193/54 - juris Rn. 23 - BGHZ 19, 114-126)
- § 316 StGB (BGH v. 23.11.1955 - VI ZR 193/54 - juris Rn. 23 - BGHZ 19, 114-126)
- § 323c StGB (OLG Düsseldorf v. 27.07.2004 - 14 U 24/04 - NJW 2004, 3640-3641)
- § 367 Nr. 14 StGB (Fassung: 25.08.1953): BGH v. 21.01.1958 - VI ZR 306/56 - LM Nr. 4 zu § 823 (Bb) BGB
- § 367 Nr. 15 StGB (BGH v. 22.04.1969 - VI ZR 235/67 - VersR 1969, 640-641)
- StPO:
  - § 406e Abs. 6 StPO (LG Mannheim v. 24.11.2006 - 7 O 128/06, PStR 2007, 145-146; OLG Braunschweig v. 03.06.2008 – 2 U 82/07 - NJW 2008, 3294-3297)
  - § 477 Abs. 5 StPO (LG Mannheim v. 24.11.2006 - 7 O 128/06, PStR 2007, 145-146; OLG Braunschweig v. 03.06.2008 – 2 U 82/07 - NJW 2008, 3294-3297; OLG Stuttgart v. 16.06.2010 - 4 U 182/09 - ZUM-RD 2010, 614-623)
- StrG BW:
  - § 31 Abs. 2 StrG BW (OLG Stuttgart v. 06.05.1977 - 2 U 20/77 - VersR 1978, 1075)
- StUG:
  - § 32 Abs. 3 Nr. 2 StUG (OLG Frankfurt v. 18.01.1996 - 16 U 153/94 - AfP 1996, 177-180)
  - § 34 StUG (OLG Frankfurt v. 18.01.1996 - 16 U 153/94 - AfP 1996, 177-180)
  - § 44 StUG (OLG Frankfurt v. 18.01.1996 - 16 U 153/94 - AfP 1996, 177-180)
- StVG:
  - § 21 Abs. 1 Nr. 2 StVG (BGH v. 24.04.1979 - VI ZR 73/78 - juris Rn. 10 - LM Nr. 1 zu § 21 StVG; BGH v. 16.10.1990 - VI ZR 65/90 - LM Nr. 103 zu BGB § 823 (Bf); OLG Düsseldorf v. 25.07.1974 - 12 U 72/73 - VersR 1975, 645)
  - § 24 StVG (BGH v. 26.01.1955 - VI ZR 254/53 - LM Nr. 9 zu § 823 (Bf) BGB)
- StVO:
  - § 2 Abs. 2 Satz 1 StVO (OLG Karlsruhe v. 14.04.1978 - 10 U 142/77 - DRsp I(145) 246)
  - § 3 Abs. 3 Zeichen 274 StVO (OLG Saarbrücken v. 08.05.1981 - 3 U 68/80 - VerkMitt 1981, 80)
  - § 10 Abs. 3 StVO (BGH v. 22.06.1955 - VI ZR 88/54 - LM Nr. 10 zu § 823 (Bf) BGB)
  - § 14 Abs. 2 StVO (OLG München v. 28.09.1977 - 1 U 3345/76 - juris Rn. 26)
  - § 20 Abs. 1 StVO (BGH v. 28.03.2006 - VI ZR 50/05 - NSW StVO § 20 (BGH-intern))

§ 823

- § 25 StVO (OLG Hamm v. 09.03.2000 - 6 U 94/99 - juris Rn. 4 - RuS 2000, 281-282)
- § 32 StVO (OLG Bamberg v. 03.12.1985 - 5 U 125/85 - RuS 1987, 11-12; OLG Frankfurt v. 10.09.1991 - 14 U 244/89 - NJW 1992, 318-320)
- § 41 Abs. 2 Nr. 6 Zeichen 265 StVO (BGH v. 14.06.2005 - VI ZR 185/04 - NJW 2005, 2923-2929)
- § 41 Abs. 2 Nr. 7 Zeichen 274 StVO (BGH v. 16.02.1972 - VI ZR 46/70 - VersR 1972, 558)

- **StVZO**:
  - § 27 Abs. 3 StVZO (BGH v. 21.02.1974 - VI ZR 234/72 - LM Nr. 5 zu PflVG; OLG Köln v. 04.12.1970 - 6 U 86/70 - MDR 1971, 299)
  - § 29d StVZO (OLG München v. 24.03.1972 - 10 U 1793/71 - VersR 1973, 236)
  - § 30 StVZO (BGH v. 21.11.1989 - VI ZR 113/89 - VRS 78, 174-176 (1990))
  - § 36 StVZO (BGH v. 21.11.1989 - VI ZR 113/89 - VRS 78, 174-176 (1990))
- **TechArbmG**:
  - § 3 Abs. 3 TechArbmG (BGH v. 28.04.1987 - VI ZR 247/86 - ZfSch 1988, 238)
- **TFG**:
  - OLG Zweibrücken v. 19.10.2004 - 5 U 6/04 - NJW 2005, 74-76
- **TierZG**:
  - § 5 Abs. 6 Satz 1 TierZG 1976 (BGH v. 06.12.1999 - II ZR 169/98 - juris Rn. 15 - LM TierzuchtG Nr. 3 (8/2000))
- **TKV**:
  - § 21 TKV (OLG Celle v. 07.09.2006 - 8 U 99/06 - OLGR Celle 2006, 762-764)
- **TMG**:
  - § 15 Abs. 1 TMG (AG Berlin-Mitte v. 27.03.2007 - 5 C 314/06 - juris Rn. – 12 - K&R 2007, 600-601)
- **TrinkWV**:
  - § 3 TrinkWV (BGH v. 25.01.1983 - VI ZR 24/82 - LM Nr. 83 zu § 823 (Bf) BGB)
  - § 8 TrinkWV (Fassung: 31.01.1975): BGH v. 25.01.1983 - VI ZR 24/82 - LM Nr. 83 zu § 823 (Bf) BGB; OLG Hamm v. 23.06.1983 - 10 U 78/83 - AgrarR 1984, 159-160
- **TzWrG**:
  - § 7 TzWrG (OLG Frankfurt v. 29.10.1998 - 16 U 255/97 - NJW 1999, 296-297)
- **Unfallverhütungsvorschriften allgemein**:
  - BGH v. 20.09.1983 - VI ZR 248/81 - juris Rn. 14 - LM Nr. 137 zu § 823 (Dc) BGB
- **UrhG**:
  - § 95a Abs. 3 UrhG (OLG München v. 28.07.2005 - 29 U 2887/05 - GRUR-RR 2005, 372-375)
- **UWG**:
  - § 18 UWG (OLG Hamm v. 01.09.1992 - 4 U 107/92 - juris Rn. 30 - WRP 1993, 36-38)
- **VermG**:
  - § 3 Abs. 3 VermG (OLG Jena v. 04.03.1994 - 4 W 48/94 - OLG-NL 1994, 161-162)
- **VersAusglG**:
  - § 29 VersAusglG (AG Tempelhof v. 14.02.2012 - 162A F20295/11; BGH v. 19.10.1994 - XII ZB 158/93 - NJW 1995, 135)
- **VO über die Herstellung u. den Vertrieb von Medaillen u. Marken** v. 13.12.1974:
  - § 3 Satz 1 der VO über die Herstellung u. den Vertrieb von Medaillen u. Marken v. 13.12.1974 (BGH v. 16.03.2004 - VI ZR 105/03 - NJW 2004, 1949-1951)
- **WaffG**:
  - § 16 Abs. 2 WaffG, § 16 Abs. 3 WaffG (OLG Karlsruhe v. 17.02.1988 - 7 U 32/87 - RuS 1988, 166-168)
  - § 34 Abs. 1 Satz 2 WaffG (BGH v. 12.06.1990 - VI ZR 297/89 - juris Rn. 7 - LM Nr. 2 zu WaffenG)
  - § 35 Abs. 1 WaffG (OLG Hamm v. 04.11.1996 - 13 U 41/96 - NJW 1997, 949-950)
  - § 45 Abs. 1 WaffG (OLG Hamm v. 04.11.1996 - 13 U 41/96 - NJW 1997, 949-950)
- **WaldG BY**:
  - § 14 Abs. 3 WaldG BY, § 14 Abs. 5 Nr. 2 WaldG BY (OLG München v. 29.06.1990 - 14 U 7/90 - NJW-RR 1991, 1048-1049)

- **WasG**:
  - § 15 WasG BW (BGH v. 05.10.1995 - III ZR 61/93 - juris Rn. 27 - LM BGB § 823 (Bf) Nr. 108 (8/1996))
  - § 16 WasG BW (BGH v. 05.10.1995 - III ZR 61/93 - juris Rn. 27 - LM BGB § 823 (Bf) Nr. 108 (8/1996))
  - Art. 31 WasG BY (OLG München v. 25.09.1996 - 20 U 5728/95 - OLGR München 1996, 274-275)
  - § 17 WasG NW (Fassung: 22.05.1962): BGH v. 05.11.1976 - V ZR 93/73 - juris Rn. 10 - LM Nr. 16 zu § 909 BGB; BGH v. 23.06.1983 - III ZR 79/82 - BGHZ 88, 34-46
  - § 76 WasG NW (Fassung: 22.05.1962): BGH v. 07.07.1970 - VI ZR 130/68 - MDR 1971, 38
  - § 69 Abs. 1-3 WasG RP, § 69 Abs. 4 Satz 2 WasG RP (OLG Koblenz v. 29.10.1997 - 1 U 913/95 - ZfW 1998, 517-519)
  - § 14 Abs. 3 WasG ST, § 14 Abs. 4 WasG ST (OLG Naumburg v. 18.04.2002 - 4 U 12/02 - juris Rn. 43 - NJW-RR 2002, 1529-1530)
- **WegeReinG PR**:
  - § 1 WegeReinG PR (BGH v. 19.05.1958 - III ZR 211/56 - juris Rn. 19 - BGHZ 27, 278-283)
- **WHG**:
  - § 2 WHG (Fassung: 27.07.1957): OLG München v. 28.12.1966 - 1 U 1175/65 – NJW 1967, 570-572
  - § 3 WHG (Fassung: 27.07.1957): OLG München v. 28.12.1966 - 1 U 1175/65 - NJW 1967, 570-572
  - § 8 WHG (BGH v. 05.11.1976 - V ZR 93/73 - juris Rn. 10 – LM Nr. 16 zu § 909 BGB)
  - § 8 Abs. 3 WHG, § 8 Abs. 4 WHG (BGH v. 23.06.1983 - III ZR 79/82 - BGHZ 88, 34-46; BGH v. 05.10.1995 - III ZR 61/93 - juris Rn. 27 - LM BGB § 823 (Bf) Nr. 108 (8/1996); OLG Naumburg v. 18.04.2002 - 4 U 12/02 - juris Rn. 43 - NJW-RR 2002, 1529-1530)
  - § 11 Abs. 1 WHG (OLG Naumburg v. 18.04.2002 - 4 U 12/02 - juris Rn. 43 - NJW-RR 2002, 1529-1530)
  - § 30 WHG (OLG Koblenz v. 29.10.1997 - 1 U 913/95 - ZfW 1998, 517-519)
  - § 41 WHG (Fassung: 27.07.1957): OLG München v. 28.12.1966 - 1 U 1175/65 - NJW 1967, 570-572
- **WiStG**:
  - § 5 WiStG (LG Heidelberg v. 20.02.1976 - 2 S 74/75 - juris Rn. 37 - WuM 1977, 32-34)
- **WpHG**:
  - § 31 Abs. 1 Nr. 1 WpHG, § 31 Abs. 2 Nr. 2 WpHG (BGH v. 24.07.2001 - XI ZR 329/00 - NJW-RR 2002, 405-406; BGH v. 08.05.2001 - XI ZR 192/00 - juris Rn. 33 - BGHZ 147, 343-354)
  - §§ 31, 32 WpHG (KG Berlin v. 20.12.2004 - 8 U 126/04 - KGR Berlin 2005, 424-425)

2. Keine Schutzgesetze im Sinne von Absatz 2

Keine Schutzgesetze im Sinne von Absatz 2: 191
- **ÄberufsO BY**:
  - § 24 Abs. 4 ÄberufsO BY (Fassung: 9. Oktober 1977): BGH v. 28.04.1981 - VI ZR 80/79 - LM Nr. 2 zu Bay BerufsO f Ärzte
  - § 34 ÄberufsO BY (BGH v. 09.12.1964 - Ib ZR 181/62 - LM Nr. 41 zu § 823 (Bf) BGB)
- **AdVermiG 1976**:
  - § 14 Abs. 1 Nr. 1 AdVermiG 1976 (OLG Düsseldorf v. 05.03.1993 - 22 U 176/92 - NJW-RR 1994, 1349-1351)
  - § 5 Abs. 1 AdVermiG 1976 (OLG Düsseldorf v. 05.03.1993 - 22 U 176/92 - NJW-RR 1994, 1349-1351)
- **AktG**:
  - § 9 Abs. 1 AktG (BGH v. 22.06.1992 - II ZR 178/90 - juris Rn. 73 - LM AktG 1965 § 183 Nr. 4 (2/1993))
  - § 27 AktG (BGH v. 22.06.1992 - II ZR 178/90 - juris Rn. 73 - LM AktG 1965 § 183 Nr. 4 (2/1993))
  - § 37 Abs. 1 Satz 4 AktG (kein Schutzgesetz zu Gunsten von Anlegern): OLG München v. 19.12.2003 - 21 U 5489/02 - ZIP 2004, 69-73

- § 57 AktG (LG Memmingen v. 11.08.2010 - 2 HK O 515/10)
- § 71 AktG (LG Memmingen v. 11.08.2010 - 2 HK O 515/10)
- § 93 AktG (OLG Koblenz v. 05.11.2004 - 5 U 875/04 - ZinsO 2004, 1262-1264)
- § 183 AktG (BGH v. 22.06.1992 - II ZR 178/90 - juris Rn. 73 - LM AktG 1965 § 183 Nr. 4 (2/1993))
- § 399 Abs. 1 Nr. 1 AktG (kein Schutzgesetz für stille Gesellschafter einer Aktiengesellschaft): OLG München v. 19.12.2003 - 21 U 5489/02 - ZIP 2004, 69-73
- **AltTZG**:
  - § 8a AltTZG (LArbG Berlin-Brandenburg v. 06.10.2009 - 16 Sa 530/09)
- **AO:**
  - § 235 AO (Hessisches Finanzgericht v. 13.01.2011 - 13 K 1261/10 - PStR 2011, 141-142)
  - § 370 AO (Hessisches Finanzgericht v. 13.01.2011 - 13 K 1261/10 - PStR 2011, 141-142)
- **ArbGG**:
  - § 11 Abs. 2, Abs. 6 ArbGG (OLG Karlsruhe v. 26.11.2009 - 4 U 60/09 - AnwBl 2010, 220)
- **AVG**:
  - § 151 AVG (BGH v. 29.06.1982 - VI ZR 177/80 - WM 1982, 1032; BGH v. 29.06.1982 - VI ZR 33/81 - BGHZ 84, 312-320)
  - § 182 AVG (OLG München v. 05.04.1955 - 5 U 573/54 - NJW 1956, 1324)
- **BauFordSiG (GSB)**:
  - § 2 BauFordSiG (OLG Naumburg v. 15.02.2000 - 9 U 41/99 - OLGR Naumburg 2001, 97-98)
- **Baumschutz VO** einer Gemeinde:
  - OLG Karlsruhe v. 16.12.1987 - 13 U 79/87 - Grundeigentum 1988, 521
- **BauO** (Landesbauordnungen):
  - § 14 Abs. 2 BauO BW (OLG Karlsruhe v. 18.03.1994 - 15 U 244/93 - Archiv PT 1995, 145-147)
  - § 18 Abs. 3 BauO BW (BGH v. 08.06.1976 - VI ZR 50/75 - BGHZ 66, 388-394)
  - Art. 15 BauO BY (OLG München v. 06.10.1976 - 15 U 4854/75 - NJW 1977, 438)
  - § 13 Abs. 2 BauO NW (OLG Hamm v. 27.04.1972 - 22 U 185/71 - NJW 1973, 760-761)
- **BGB**:
  - § 910 BGB (OLG Düsseldorf v. 05.11.1974 - 4 U 54/74 - NJW 1975, 739-740)
- **BörsG** (s. auch WpHG):
  - § 88 BörsG a.F. (BGH v. 19.07.2004 - II ZR 218/03 - NJW 2004, 2664-2668)
- **BSchG**:
  - § 2 BSchG (OLG Frankfurt v. 26.08.1999 - 15 U 103/97 - NJW-RR 2000, 976-977)
- **DSchG ST**:
  - § 17 Abs. 1 Satz 2 DSchG ST (OLG Naumburg v. 11.11.1997 - 1 U 541/97 - OLGR Naumburg 1999, 126-128)
- **EGKSVtr (Vertrag über die Gründung der Europäischen Gemeinschaft für Kohle und Stahl)**:
  - Art. 4b EGKSVtr (BGH v. 14.04.1959 - VIII ZR 29/58 - BGHZ 30, 74-89)
  - Art. 60 § 1 EGKSVtr (BGH v. 14.04.1959 - VIII ZR 29/58 - BGHZ 30, 74-89)
- **EG-Richtlinien**:
  - Art. 6 Nr. 2 EGRL 104/93 (BAG v. 14.10.2004 - 6 AZR 535/03 - ZTR 2005, 144-146; BAG v. 21.04.2005 - 6 AZR 287/04)
- **EG-Vertrag**:
  - Art. 87, 88 Abs. III (LG Bad Kreuznach v. 16.05.2007 - 2 O 441/06; OLG Koblenz v. 25.02.2009 - 4 U 759/07 - OLGR Koblenz 2009, 491-495)
- **EnEV**:
  - § 9 Abs. 3 EnEV i.d.F. v. 02.12.2004 (LG Berlin v. 04.02.2011 - 63 S 181/10 - Grundeigentum 2011, 485-487)
- **FeO**:
  - § 12 Abs. 1 FeO, FeOABest (Fassung: 24.11.1939): BGH v. 23.06.1961 - I ZR 105/59 - LM Nr. 2 zu FernsprechO
- **FStrG**:
  - § 9 Abs. 2, 3 und 4 FStrG (BGH v. 15.10.1974 - VI ZR 181/73 - LM Nr. 134 zu § 13 GVG)
  - § 9a FStrG (BGH v. 15.10.1974 - VI ZR 181/73 - LM Nr. 134 zu § 13 GVG)

- **GemO**:
  - Art. 87 GemO BY (BGH v. 25.04.2002 - I ZR 250/00 - BGHZ 150, 343-353; OLG München v. 20.04.2000 - 6 U 4072/99 - GewArch 2000, 279-282)
  - § 107 GemO NW (BGH v. 26.09.2002 - I ZR 293/99 - NJW 2003, 586-589)
- **GenG**:
  - § 34 GenG (OLG Hamm v. 16.10.2000 - 8 U 3/00 - juris Rn. 46 - OLGR Hamm 2001, 81)
- **GewO**:
  - § 34b Abs. 6 Nr. 3 GewO (OLG Frankfurt v. 11.02.1993 - 16 U 231/90 - OLGR Frankfurt 1993, 246)
  - § 56 Abs. 1 Nr. 6 GewO (BGH v. 07.11.1985 - III ZR 129/84 - EwiR 1986, 41-42; OLG Hamburg v. 21.06.1978 - 5 U 5/78 - MDR 1978, 1020-1021; bejahend allerdings BGH v. 22.05.1978 - III ZR 153/76 - juris Rn. 20 - BGHZ 71, 358-367)
- **GewStAusglG**:
  - § 8 Abs. 1 Satz 3 GewStAusglG (BGH v. 13.02.1968 - VI ZR 19/66 - juris Rn. 14 - BGHZ 49, 282-288)
- **GmbHG**:
  - § 30 GmbHG (BGH v. 19.02.1990 - II ZR 268/88 - BGHZ 110, 342-362; OLG Naumburg v. 15.12.2000 - 7 U (Hs) 124/99 - juris Rn. 15 - OLGR Naumburg 2001, 215-216)
  - § 41 GmbHG (OLG Düsseldorf v. 03.12.1993 - 22 U 122/93 - NJW-RR 1994, 424-425)
  - § 43 Abs. 2 GmbHG (OLG Frankfurt v. 04.12.1998 - 25 U 39/98 - NZG 1999, 767-769)
- **GüKG**:
  - BGH v. 30.01.1964 - II ZR 141/62 - LM Nr. 37 zu § 823 (Bf) BGB
  - § 7a GüKG (BGH v. 09.11.2004 - VI ZR 311/03 - VersR 2005, 238-239)
- **HBO**:
  - § 80 HBO (LG Frankfurt v. 17.12.2004 - 2/4 O 78/02 - BauR 2005, 1068)
- **HGB**:
  - § 323 HGB (OLG Düsseldorf v. 19.11.1998 - 8 U 59/98 - NZG 1999, 901-905)
- **HStrG**:
  - § 27 Abs. 5 HStrG (LG Gießen v. 03.11.2011 - 1 S 277/11)
- **InsO**:
  - § 80 InsO (OLG Brandenburg v. 25.03.2004 - 8 U 113/03)
- **KWG**:
  - § 21 Abs. 4 KWG (OLG Köln v. 09.07.1985 - 15 U 61/85 - WM 1986, 1495-1496)
  - § 32 Abs. 1 Satz 1 KWG (BGH v. 21.04.2005 - III ZR 238/03 - NJW 2005, 2703-2704)
- **KSchG**:
  - § 17 KSchG (SG Berlin v. 02.02.2006 - S 60 AL 2953/05)
- **LwFV BY**:
  - § 6 Abs. 2 LwFV BY (OLG München v. 13.02.1974 - 1 U 2490/73 - BB 1974, 579-580)
- **MaBV**:
  - § 16 MaBV (Saarländisches Oberlandesgericht Saarbrücken v. 07.03.2007 - 1 U 555/05 - 196, 1 U 555/05 - juris Rn. 28 - OLGR Saarbrücken 2007, 482-485)
- **NachbG NW**:
  - § 24 NachbG NW (OLG Düsseldorf v. 23.01.1998 - 22 U 119/97 - NJW-RR 1999, 102-103)
- **NDO**:
  - § 2 Abs. 3 NDO (BGH v. 13.11.1990 - VI ZR 104/90 - juris Rn. 9 - LM Nr. 4 zu GrundG Art 1)
- **OwiG**:
  - § 130 OwiG (OLG Koblenz v. 05.11.2004 - 5 U 875/04 - ZinsO 2004, 1262-1264, ausführlich hierzu BGH v. 13.04.1994 - II ZR 16/93 - juris Rn. 24 - BGHZ 125, 366-382, der den Schutzgesetzcharakter nicht generell verneint)
- **PreisbildAnO**:
  - § 1 Nr. 7 PreisbildAnO (BGH v. 27.01.1954 - VI ZR 309/52 - BGHZ 12, 146-152)
- **RVO**:
  - § 393 RVO (Fassung: 15.12.1924): BGH v. 18.05.1976 - VI ZR 241/73 - NJW 1976, 2129-2130; OLG München v. 05.04.1955 - 5 U 573/54 - NJW 1956, 1324; OLG Schleswig v. 22.02.1985 - 14 U 187/84 - ZIP 1985, 556-559; OLG Düsseldorf v. 17.12.1974 - 4 U 96/74 - VersR 1975, 466

§ 823

- § 1396 RVO (OLG Schleswig v. 22.02.1985 - 14 U 187/84 - ZIP 1985, 556-559)
- **Sachverständigenordnung der IHK**:
  - BGH v. 12.07.1966 - VI ZR 1/65 - VersR 1966, 1034-1036
- **SchfG**:
  - § 19 SchfG (OLG Saarbrücken v. 29.03.2006 - 1 U 326/05 - OLGR Saarbrücken 2006, 643-645)
  - § 10 Abs. 2 VOSchG (OLG Saarbrücken v. 29.03.2006 - 1 U 326/05 - OLGR Saarbrücken 2006, 643-645)
- **SGB III**:
  - § 3 Abs. 2 Nr. 3 SGB III (LAG Baden-Württemberg v. 27.01.2005 - 11 Sa 110/04 - Bibliothek BAG)
  - § 2 Abs. 2 Nr. 3 SGB III (LAG Hamm v. 23.12.2004 - 11 Sa 1210/04 - AuA 2005, 236)
- **SGB IV**:
  - § 7d Abs. 1 SGB IV (BAG v. 13.02.2007 - 9 AZR 207/06 - NZA 2007, 878-881; BAG v. 12.04.2011 - 9 AZR 36/10)
- **SGB V**:
  - § 220 Abs. 1 Satz 1 (OLG Düsseldorf v. 20.09.2007 - 6 U 122/06 - WM 2008, 66-71)
- **SGB XI**:
  - § 7 Abs. 2 Satz 2 (LG Dortmund v. 04.07.2007 - 4 O 269/04, juris Leitsatz)
- **SparkV NW**:
  - § 12 SparkV NW (OLG Köln v. 09.07.1985 - 15 U 61/85 - WM 1986, 1495-1496)
  - § 13 SparkV NW (OLG Köln v. 09.07.1985 - 15 U 61/85 - WM 1986, 1495-1496)
- **StGB**:
  - § 261 Abs. 1 StGB zweifelhaft laut LG Ellwangen v. 30.03.2007 - 1 S 184/06 - ITRB 2007, 206-207
  - § 267 StGB (BGH v. 03.02.1987 - VI ZR 32/86 - BGHZ 100, 13-19)
  - § 271 StGB (OLG Düsseldorf v. 05.03.1993 - 22 U 176/92 - NJW-RR 1994, 1349-1351)
  - § 317 StGB (OLG Oldenburg (Oldenburg) v. 21.11.1974 - 3 U 82/74 - VersR 1975, 866)
- **StPO**:
  - § 79 StPO (BGH v. 30.01.1968 - VI ZR 153/66 - LM Nr. 3 zu § 823 (Ab) BGB; BGH v. 18.12.1973 - VI ZR 113/71 - juris Rn. 11 - BGHZ 62, 54-63)
  - §§ 464 ff. StPO (LG Dresden v. 25.08.2010 - 5 O 85/10 - ZVI 2010, 430-431; OLG Dresden v. 28.07.2010 - 13 U 539/10 - ZVI 2010, 429-430; BGH v. 21.07.2011 - NJW 2011, 2966-2969)
- **StVO**:
  - § 12 Abs. 1 Nr. 6 lit. b StVO, § 12 Abs. 3 Nr. 1 StVO (BGH v. 18.11.2003 - VI ZR 385/02 - NJW 2004, 356-358)
  - § 29 Abs. 3 StVO (OLG Stuttgart v. 08.05.1998 - 2 U 234/97 - NJWE-VHR 1998, 233)
  - § 41 Abs. 1 StVO i. V. m. Lfd. Nr. 62 bzw. 63 (AG Mannheim v. 18.02.2011 - 3 C 472/10)
- **StVZO**:
  - §§ 20 ff. StVZO (BGH v. 17.10.1978 - VI ZR 236/75 - VRS 56, 100-103)
  - § 29c StVZO (BGH v. 04.04.1978 - VI ZR 238/76 - juris Rn. 11 - LM Nr. 68 zu § 823 BGB)
- **TVG**:
  - § 8 (BAG v. 23.01.2002 - 4 AZR 56/01 - juris Rn. 55 - BAGE 100, 225-239)
- **Unfallverhütungsvorschriften der Berufsgenossenschaft**:
  - BGH v. 29.11.1960 - VI ZR 35/60 - VersR 1961, 160; OLG Hamm v. 20.03.1974 - 20 U 129/73 - VersR 1975, 607-608
- **UWG**:
  - § 1 UWG (OLG Düsseldorf v. 14.01.1997 - 22 W 77/96 - NJW 1997, 2122-2123)
  - § 3 UWG (OLG Düsseldorf v. 14.01.1997 - 22 W 77/96 - NJW 1997, 2122-2123)
- **VVG**:
  - § 158h VVG (BGH v. 28.05.1953 - III ZR 90/52 - LM Nr. 3 zu § 823 (Bf) BGB)
  - § 71 VVG (BGH v. 28.05.1953 - III ZR 90/52 - LM Nr. 3 zu § 823 (Bf) BGB)
- **WasG NW**:
  - § 90 Abs. 1 Satz 1 WasG NW (OLG Düsseldorf v. 19.11.1992 - 18 U 123/92 - NVwZ-RR 1993, 339-340)
- **WHG**:
  - § 28 WHG (BGH v. 21.12.1970 - II ZR 133/68 - juris Rn. 13 - BGHZ 55, 153-162)

- **Wettsegelbestimmungen** (z.B. Wettfahrtregeln d. ISAF o. Ordnungsvorschriften d. DSV):
  - Schifffahrtsobergericht Karlsruhe v. 19.03.2004 - 23 U 6/03 BSch - NJW-RR 2004, 1257
- **WiPrG WB**:
  - § 2 WiPrG WB (OLG Saarbrücken v. 12.07.1978 - 1 U 174/76 - BB 1978, 1434-1436)
  - § 43 WiPrG WB (OLG Saarbrücken v. 12.07.1978 - 1 U 174/76 - BB 1978, 1434-1436)
  - § 48 WiPrG WB (OLG Saarbrücken v. 12.07.1978 - 1 U 174/76 - BB 1978, 1434-1436)
- **WpHG**:
  - § 15 WpHG a.F. (BGH v. 19.07.2004 - II ZR 218/03 - NJW 2004, 2664-2668; OLG München v. 20.12.2002 - 30 U 103/02 - BKR 2003, 504-506; OLG München v. 07.12.2011 - 15 U 1868/11)
  - § 20a WpHG (LG Berlin v. 08.03.2005 - (505) 3 Wi Js 82/04 (11/04) - Sonderband Finanzermittlung; BGH v. 13.12.2011 - XI ZR 51/10 - DB 2012, 450-457)
  - § 34a Abs. 1 Satz 1 WpHG (BGH v. 22.06.2010 - VI ZR 212/09 - NJW 2010, 3651-3553; entgegen OLG Frankfurt v. 08.06.2006 - 16 U 106/05 - ZIP 2006, 2385-238)
- **ZPO**:
  - §§ 79, 90 ZPO (OLG Karlsruhe v. 26.11.2009 - 4 U 60/09 - AnwBl 2010, 220)
  - § 407a Abs. 2 ZPO (OLG Hamburg v. 06.09.2000 - 14 W 34/00 - juris Rn. 15 - OLGR Hamburg 2001, 57-59)
  - § 410 ZPO (BGH v. 19.11.1964 - VII ZR 8/63 - BGHZ 42, 313-318; BGH v. 30.01.1968 - VI ZR 153/66 - LM Nr. 3 zu § 823 (Ab) BGB; BGH v. 18.12.1973 - VI ZR 113/71 - juris Rn. 11 - BGHZ 62, 54-63)

§ 824 BGB Kreditgefährdung

(Fassung vom 02.01.2002, gültig ab 01.01.2002)

(1) Wer der Wahrheit zuwider eine Tatsache behauptet oder verbreitet, die geeignet ist, den Kredit eines anderen zu gefährden oder sonstige Nachteile für dessen Erwerb oder Fortkommen herbeizuführen, hat dem anderen den daraus entstehenden Schaden auch dann zu ersetzen, wenn er die Unwahrheit zwar nicht kennt, aber kennen muss.

(2) Durch eine Mitteilung, deren Unwahrheit dem Mitteilenden unbekannt ist, wird dieser nicht zum Schadensersatz verpflichtet, wenn er oder der Empfänger der Mitteilung an ihr ein berechtigtes Interesse hat.

Gliederung

A. Grundlagen 1	VI. Rechtswidrigkeit 30
I. Kurzcharakteristik 1	VII. Verschulden 31
II. Schutzzweck (ratio legis) 3	1. Allgemeines 31
B. Praktische Bedeutung 5	2. Sorgfaltsmaßstab 33
C. Anwendungsvoraussetzungen 12	VIII. Berechtigtes Interesse (Absatz 2) 35
I. Normstruktur 12	1. Dogmatische Einordnung 36
II. Tatsache 13	2. Interessenabwägung 38
III. Unwahrheit 19	3. Typische Fallkonstellationen 39
IV. Behauptung oder Verbreitung 22	**D. Rechtsfolgen** 42
V. Nachteilseignung und Schaden 26	**E. Prozessuale Hinweise** 44

A. Grundlagen

I. Kurzcharakteristik

1 § 824 BGB enthält den Tatbestand der **Kreditgefährdung**. Anders als nach § 823 BGB ist auch der reine Vermögensschaden zu ersetzen. Weiter als § 823 Abs. 2 BGB i.V.m. §§ 185-187 StGB, der vorsätzliches Handeln voraussetzt, lässt § 824 BGB bereits Handeln in **fahrlässiger** Unkenntnis der Unwahrheit ausreichen.[1] Begrenzt wird die Haftung vor allem durch die Voraussetzung der Verbreitung oder Behauptung **unwahrer Tatsachen** sowie die Regelung des § 824 Abs. 2 BGB, nach der im Fall der **Wahrnehmung berechtigter Interessen** kein Anspruch auf Schadensersatz besteht.[2] Problematisch ist die **Abgrenzung von Tatsache und Werturteil** (vgl. Rn. 14), da letzteres keinen Anspruch aus § 824 BGB, sondern allenfalls aus § 823 Abs. 1 BGB (Verletzung des Allgemeinen Persönlichkeitsrechts) begründen kann. Zu beachten ist, dass von Art. 5 Abs. 1 GG geschützte **Meinungsäußerungen** keine Haftung begründen können. Die Auslegung der Norm ist daher maßgeblich von den vom BVerfG zur grundrechtlich geschützten Meinungsäußerung aufgestellten Kriterien bestimmt (sog. verfassungskonforme Auslegung).[3]

---

[1] Daraus ergibt sich das Problem der Bestimmung des jeweils geltenden Sorgfaltsmaßstabs, z.B. „pressemäßige Sorgfalt", vgl. dazu Rn. 33.

[2] Vgl. dazu auch § 193 StGB, zum Anspruch auf Widerruf im Fall der Wahrnehmung berechtigter Interessen vgl. Rn. 38.

[3] Vgl. BVerfG v. 09.10.1991 - 1 BvR 1555/88 - juris Rn. 41 - NJW 1992, 1439-1442; BGH v. 24.01.2006 - XI ZR 384/03 - juris Rn. 99 - NJW 2006, 830-843; BGH v. 11.03.2008 - VI ZR 7/07 - NJW 2008, 2110-2116; demnach tritt das Grundrecht der Meinungsfreiheit zwar regelmäßig hinter das durch das grundrechtsbeschränkende Gesetz geschützte Rechtsgut zurück, wenn eine Äußerung erwiesen falsche oder bewusst unwahre Tatsachenbehauptungen enthält. § 824 BGB erfasst aber auch den Fall der unbewusst fahrlässigen, also auf unerkannt falscher Tatsachengrundlage erfolgten Äußerung. Zudem ist auch bei der Frage, ob überhaupt eine Tatsachenäußerung oder ein von § 824 BGB nicht erfasstes Werturteil vorliegt, die Rechtsprechung des BVerfG zu berücksichtigen, da § 824 BGB als grundrechtsbeschränkende Vorschrift des einfachen Rechts wiederum im Lichte des eingeschränkten Grundrechts auszulegen ist, damit dessen wertsetzende Bedeutung für das einfache Recht auch auf der Rechtsanwendungsebene zur Geltung kommt, vgl. BVerfG v. 15.01.1958 - 1 BvR 400/51 - juris Rn. 33 - NJW 1958, 257-259; BVerfG v. 16.07.2003 - 1 BvR 801/03, NJW 2003, 3263-3264.

§ 824 BGB enthält eine **abschließende** Haftungsregelung nur für die Verbreitung **unwahrer** Tatsachen. Bei Verbreitung **wahrer** Tatsachen oder von Werturteilen ist ein Anspruch aus § 823 Abs. 1 BGB (Eingriff in das Recht am eingerichteten und ausgeübten Gewerbebetrieb) dagegen nicht subsidiär. Die **Subsidiarität** eines solchen Anspruchs gilt außerdem nur gegenüber Forderungen gegen denselben Anspruchsgegner.[4] Weitergehend als nach den §§ 3, 4 Nr. 8, 9 UWG ist für den Anspruch aus § 824 BGB nicht erforderlich, dass die Handlung des Schädigers geeignet ist, den Wettbewerb zum Nachteil des Geschädigten erheblich zu beinträchtigen.[5]

II. Schutzzweck (ratio legis)

§ 824 BGB schützt die **„wirtschaftliche Wertschätzung"**[6] natürlicher und juristischer Personen (Geschäftsehre). Bei der teleologischen Auslegung der Vorschrift steht das **wirtschaftsliberale Leitbild** des historischen Gesetzgebers im Vordergrund, nach dem die freie wirtschaftliche Betätigung die Existenzgrundlage für den Marktbürger darstellt. Sanktioniert werden daher nicht nur Äußerungen, die den falschen Eindruck vermitteln, der Betroffene könne seinen Verbindlichkeiten nicht mehr nachkommen (Kreditgefährdung). Weitergehend sollen auch **Erwerb** (gegenwärtige wirtschaftliche Stellung) **und Fortkommen** (zukünftige wirtschaftliche Aussichten) durch die Norm geschützt werden.[7] Das weit gefasste Schutzgut soll den Berechtigten davor schützen, in seiner wirtschaftlichen Existenz beeinträchtigt zu werden. Die Beeinträchtigung seiner „Wirtschaftsfähigkeit" kann aber in der heutigen Kommunikationsgesellschaft die Meinungsfreiheit (Art. 5 GG) nicht kompromisslos beschränken. Deshalb umfasst der **Schutzbereich** des § 824 BGB nicht sämtliche Beziehungen des Betroffenen zur Umwelt. Nach Ansicht des BGH verletzt daher nicht jede auf die „außergeschäftliche" Sphäre bezogene Falschinformation, sondern nur die **unmittelbare Beeinträchtigung** der Geschäftsehre den Schutzbereich der Norm. Erforderlich sei ein „enger Kausalzusammenhang" zwischen schädigender Handlung und Schaden. Eine **mittelbare Schädigung** durch Reflex reiche nicht aus.[8]

Neben natürlichen und **juristischen**[9] **Personen** werden auch Personenhandelsgesellschaften von § 824 BGB geschützt.[10] Anspruchsberechtigt kann auch ein beherrschender **Mehrheitsgesellschafter** sein, wenn unwahre Tatsachen hinsichtlich der juristischen Person geäußert werden, die geeignet sind, zugleich auch die wirtschaftliche Wertschätzung eines Gesellschafters, der eine für die juristische Person

---

[4] So BGH v. 24.01.2006 - XI ZR 384/03 - juris Rn. 93 - NJW 2006, 830-843 (Kirch/Deutsche Bank AG und Breuer) m.w.N.: „Eine abschließende Haftungsregelung stellt § 824 BGB indes nur für die Verbreitung falscher Tatsachen dar, nicht für die wahrer Tatsachen" (insoweit Bezugnahme auf BGH v. 21.04.1998 - VI ZR 196/97 - juris Rn. 12 - NJW 1998, 2141-2144) „und erst recht nicht für die Äußerung von Werturteilen und Meinungen, die die wirtschaftliche Wertschätzung, also Kredit, Erwerb und Fortkommen eines konkret Betroffenen beeinträchtigen" (Bezugnahme auf BGH v. 09.12.1975 - VI ZR 157/73 - juris Rn. 20 - WM 1976, 297-303). Zur Frage, inwieweit der Goodwill eines Unternehmens durch das Institut des Unternehmenspersönlichkeitsrechts gegen äußerungsrechtliche Eingriffe geschützt ist und wie dieses Institut von anderen spezialgesetzlichen Schutztatbeständen wie § 14 Abs. 2 Nr. 3 MarkenG oder § 4 Nr. 7 UWG und § 824 BGB abzugrenzen ist, vgl. *Born*, AfP 2005, 110-117.

[5] Vgl. zu den „Vorzügen" dieses Anspruchs (Beweislast) Rn. 45.

[6] So BGH v. 24.01.2006 - XI ZR 384/03 - juris Rn. 93 - NJW 2006, 830-843.

[7] Vgl. näher *Steinmeyer*, JZ 1989, 781-786, 783.

[8] Aufforderungen zu Streiks, Blockaden und zu Aktionen von Personen, die nicht als „Geschäftspartner", sondern als „Außenstehende" dem Erwerb oder dem Fortkommen des Betroffenen Hindernisse bereiten können, sollen daher nach Auffassung des BGH bereits den Schutzbereich des § 824 BGB nicht verletzen, vgl. BGH v. 07.02.1984 - VI ZR 193/82 - juris Rn. 53 - BGHZ 90, 113-129. In der Literatur wird angesichts der leichten Verletzbarkeit des geschützten Rechtsguts für einen weiteren Schutzbereich plädiert, so *Schwerdtner*, JZ 1984, 1103-1106, 1104; *Steinmeyer*, JZ 1989, 781-786, 786; *Schiemann* in: Erman, § 824 BGB Rn. 6. Für die Ansicht des BGH sprechen jedoch die von ihm in BGH v. 20.12.1988 - VI ZR 95/88 - juris Rn. 10 - LM Nr. 29 zu § 824 BGB angeführten Argumente der Entstehungsgeschichte der Norm und der „Stellung der Norm im Haftungssystem". Die Auffassung des BGH berücksichtigt die Systematik der Deliktstatbestände: Als lex specialis muss § 824 BGB gegenüber § 823 Abs. 1 BGB (Allgemeines Persönlichkeitsrecht) einen engeren Anwendungsbereich haben. Seine weite Fassung ist zudem im Hinblick auf die Wertungen in Art. 5 Abs. 1 GG verfassungskonform einzugrenzen, vgl. dazu Rn. 1.

[9] Vgl. BGH v. 07.02.1984 - VI ZR 193/82 - juris Rn. 48 - BGHZ 90, 113-129.

[10] RG v. 13.06.1941 - VI 17/41 - HRR 41, Nr. 1005.

§ 824

maßgebliche Persönlichkeit ist, zu beeinträchtigen.[11] Bei produktbezogenen Angriffen ist derjenige anspruchsberechtigt, dem das kritisierte Erzeugnis zugerechnet wird, also z.B. der Hersteller oder der Inhaber des Alleinvertriebsrechts.

B. Praktische Bedeutung

5 Bedeutung gewinnt § 824 BGB durch die Sanktionierung unwahrer Aussagen im geschäftlichen Verkehr und dem daraus resultierenden Schutz des **Goodwill** und der Reputation von Unternehmen. Vor allem der Äußerungsfreiheit in den Medien setzt § 824 BGB eine deutliche Grenze, die allerdings mit Art. 5 GG abzugleichen ist.

6 Besonders praxisrelevant sind die dem Verletzten neben dem Schadensersatzanspruch in analoger Anwendung von § 1004 BGB zustehenden Ansprüche auf **Widerruf und Unterlassung**,[12] die anders als der Anspruch auf Schadensersatz kein **Verschulden** voraussetzen.[13] Bei einer nur teilweise unwahren Tatsachenbehauptung ist der Anspruch nicht auf einen vollständigen Widerruf, sondern nur auf **Richtigstellung** gerichtet.[14] Durch diese **negatorischen** Ansprüche können Rechtsverletzungen bereits im Vorfeld, d.h. **präventiv**, abgewendet werden.[15] Jedoch ist im Rahmen des § 824 BGB zu berücksichtigen, dass der Geschädigte die Unwahrheit der Tatsache **nachweisen** muss (vgl. dazu Rn. 45). Im Fall der Verbreitung unwahrer Tatsachen durch die Presse ist daher der mit § 824 BGB konkurrierende formelle Gegendarstellungsanspruch nach den Landespressegesetzen der leichter durchzusetzende Rechtsbehelf.

7 Schon länger diskutiert wird die Frage der Haftung wegen Kreditgefährdung durch eine das **Bankgeheimnis** verletzende Verbreitung wahrer Tatsachen und Werturteile durch das Organ einer Bank. Bei Verbreitung wahrer Tatsachen oder von Werturteilen besteht zwar kein Anspruch aus § 824 BGB. Der BGH hat in diesem Fall jedoch Ansprüche dem Grunde nach aus § 280 Abs. 1 BGB und §§ 823 Abs. 1, 31 BGB (Eingriff in das Recht am eingerichteten und ausgeübten Gewerbebetrieb) nicht nur gegen die Bank, sondern – mit auf den Anspruch aus § 824 BGB übertragbarer Argumentation – auch einen Anspruch aus § 823 Abs. 1 BGB gegen das **handelnde Organ** bejaht.[16]

8 Infolge des boomenden Internethandels beschäftigt die Rechtsprechung verstärkt die Frage der Grenzen zulässiger Bewertungen des Vertragspartners in sog. **Bewertungsforen** (z.B. **eBay**). Eine Vereinheitlichung der Rechtsprechung steht nach wie vor aus. Zu beachten ist hierbei, dass regelmäßig Schutzpflichten aus § 241 Abs. 2 BGB kraft vertraglicher Beziehung zwischen den Parteien entstehen und diese zudem regelmäßig kraft AGB verpflichtet sind, Bewertungen wahrheitsgemäß abzugeben

---

[11] BGH v. 26.10.1953 - I ZR 156/52 - juris Rn. 24 - LM Nr. 2 zu § 824 BGB. In der Entscheidung BGH v. 24.01.2006 - XI ZR 384/03 - juris Rn. 106 - NJW 2006, 830-843 (Kirch/Deutsche Bank AG und Breuer) musste dieser Gedanke nicht aufgegriffen werden, weil der Anspruch aus anderen Gründen nicht gegeben war.

[12] Vgl. BGH v. 06.04.1976 - VI ZR 246/74 - juris Rn. 36 - BGHZ 66, 182-198; BGH v. 28.06.1994 - VI ZR 252/93 - juris Rn. 14 - LM BGB § 823 (Ah) Nr. 114 (2/1995); BGH v. 11.03.2008 - VI ZR 7/07 - NJW 2008, 2110; beispielhaft für einen Unterlassungsanspruch aus den §§ 824, 1004 BGB analog auch OLG Hamburg v. 29.06.2006 - 3 U 12/06 - juris Rn. 49 - NJW-RR 2007, 702-705; vgl. dazu auch Rn. 38.

[13] Vgl. BGH v. 06.07.1954 - I ZR 38/53 - juris Rn. 25 - BGHZ 14, 163-179.

[14] BGH v. 17.02.1987 - VI ZR 77/86 - juris Rn. 32 - LM Nr. 23 zu § 138 ZPO.

[15] Nach LG Darmstadt (v. 12.03.2003 - 19 O 54/03 - ZUM-RD 2003, 268-269) begründet eine sich noch im Recherchestadium befindende journalistische Tätigkeit noch keinen Unterlassungsanspruch, da noch keine Erstbegehungsgefahr bestehe.

[16] BGH v. 24.01.2006 - XI ZR 384/03 - juris Rn. 25 - NJW 2006, 830-843 (Kirch/Deutsche Bank AG und Breuer). Die Ansprüche aus § 823 Abs. 1 BGB wurden vom BGH bejaht, weil in die gebotene Interessenabwägung entscheidend mit einzubeziehen sei, dass zwischen Bank und Verletztem Pflichten aus § 241 Abs. 2 BGB kraft Vertrags bestanden. Der BGH begründet die von ihm im Gegensatz zur Vorinstanz (OLG München v. 10.12.2003 - 21 U 2392/03 - juris Rn. 101 - NJW 2004, 224-231) angenommene Haftung des Organs unter Berufung auf *Wagner* in: MünchKomm-BGB, 4. Aufl. 2001, § 823 Rn. 399 damit, dass es nicht angehe, anzunehmen, „Pflichten seien nur an den Unternehmensträger, nicht aber an das Organ adressiert, gleichzeitig aber die Möglichkeit einer eigenen deliktsrechtlichen Haftung des Organs mit dem Argument zu leugnen, dessen Verhalten sei Handeln der juristischen Person selbst, so dass das Organ seinem Unternehmen gar nicht selbstständig gegenübertrete." Vgl. dazu zust. *Fischer*, DB 2006, 598-600, *Höpfner/Seibl*, BB 2006, 673-679, zu den gesellschaftsrechtlichen Aspekten vgl. *Kort*, NJW 2006, 1098-1100.

und sachlich zu begründen. Die Grenzen zulässiger Bewertungskommentare sind daher durch Auslegung der zugrunde liegenden vertraglichen Beziehungen zu bestimmen, so dass die Bedeutung des § 824 BGB in diesem Fall begrenzt ist.[17]

Geklärt ist nunmehr, dass jedenfalls kritische Meinungsäußerungen in einem **Internetforum** (vgl. Rn. 18), die die Auslegung eines zwischen dem Äußernden und dem Betroffenen geschlossenen Vertrags betreffen, **zulässig** sind. Dies soll vor allem dann gelten, wenn Abwicklungsprobleme aufgetreten sind (z.B. vertragswidriges Vorkasse-Verlangen o.Ä.). Dass der Äußernde hierbei unter einem Pseudonym auftritt, der Firmenname des Betroffenen hingegen genannt wird, erfüllt nicht die Voraussetzungen eines Schadensersatzanspruchs gem. § 824 Abs. 1 BGB, da sich der Schutzbereich der Norm nicht auf abwertende Meinungsäußerungen und Werturteile erstreckt.[18]

In diese Richtung zielt auch das Urteil des 6. Zivilsenats des BGH, das den Inhalt einer **Bonitätsbeurteilung** zum Gegenstand hat, die durch eine Ziffer erfolgt (Bonitätsindex nach der Art von Schulnoten von „100" bis „600"; vorliegend „500", verbunden mit der Einschätzung der Zahlungsweise als „langsam und schleppend"). Die Richter kamen hierbei zu dem Ergebnis, dass eine solche Bonitätsbeurteilung zunächst zwar auf Tatsachen beruhe, anschließend aber eine Gewichtung anhand bestimmter Bewertungskriterien erfolge. Das hieraus resultierende Werturteil werde dadurch aber **nicht** zu einer Tatsachenbehauptung. Vielmehr sei beim Zusammenwirken von Tatsachenbehauptungen und Werturteilen grundsätzlich der **gesamte Text** von der Schutzwirkung des Art. 5 Abs. 1 GG erfasst.[19] Auch im Bereich der Bonitätsbeurteilung bietet § 824 Abs. 1 BGB also keinen Schutz vor abwertenden Meinungsäußerungen und Werturteilen, die das betroffene Unternehmen für fehlerhaft hält.

Zu den vor dem Hintergrund spektakulärer Unternehmenszusammenbrüche diskutierten Problembereichen des **Unternehmensratings** zählt auch die Frage des Rechtsschutzes des Unternehmens gegenüber „zu schlechten Ratings". Die praktische Bedeutung des Anspruchs aus § 824 BGB ist dabei gering, weil es sich regelmäßig um vom Schutzbereich der Norm nicht erfasste **Werturteile** handelt.[20] Selbst dann, wenn es sich um Tatsachenbehauptungen handeln sollte, dürfte das zu schlecht bewertete Unternehmen vor massiven Beweisproblemen stehen. Vor diesem Hintergrund – sowie dem Fehlen einer wirksamen marktimmanenten Kontrolle der Rating-Agenturen – wird in der Literatur eine staatliche Kontrolle bzw. eine gesetzliche Regelung der Verhaltenspflichten von Rating-Agenturen diskutiert.[21]

C. Anwendungsvoraussetzungen

I. Normstruktur

Der Tatbestand des § 824 BGB verlangt auf **objektiver** Seite die Verbreitung unwahrer Tatsachen, die geeignet sind, den anderen in seiner Geschäftsehre zu beeinträchtigen. **Subjektiv** ist dem Schädiger zumindest fahrlässige Unkenntnis der Unwahrheit nachzuweisen. Strittig ist, ob darüber hinaus auch ein Verschulden hinsichtlich der Eignung der Tatsache zur Kreditgefährdung notwendig ist. Nach § 824 Abs. 2 BGB besteht bei fahrlässiger Unkenntnis der Unwahrheit kein Anspruch auf Schadensersatz, soweit ein berechtigtes Interesse an der Verbreitung der Tatsache besteht (vgl. zum Anspruch auf Widerruf in diesem Fall Rn. 38).

---

[17] Vgl. dazu *Petershagen*, NJW 2008, 953-958; *Dörre/Kochmann*, ZUM 2007, 30-40; *Janal*, NJW 2006, 870-874 sowie OLG Oldenburg v. 03.04.2006 - 13 U 71/05 - VuR 2006, 236-237. Vgl. zur Rechtsprechung z.B. LG Nürnberg-Fürth v. 08.06.2005 - 3 S 6387/04 (bestätigend: AG Erlangen v. 26.05.2004 - 1 C 457/04 - MMR 2004, 635-636); AG Potsdam v. 23.12.2004 - 22 C 549/04 - BeckRS 2005 10686; AG Bergisch-Gladbach v. 22.12.2004 - 60 C 365/04 - BeckRS 2005, 10683; AG Peine v. 15.09.2004 - 18 C 234/04 - NJW-RR 2005, 275-276; AG Eggenfelden v. 16.08.2004 - 1 C 196/04 - MMR 2005, 132; LG Konstanz v. 28.07.2004 - 11 S 31/04 - NJW-RR 2004, 1635-1637; AG Koblenz v. 02.04.2004 - 142 C 330/04 - MMR 2004, 638-640, LG Düsseldorf v. 18.02.2004 - 12 O 6/04 - MMR 2004, 496-497, auch *Hoeren*, CR 2005, 498-502.

[18] OLG Hamm v. 12.11.2009 - 4 U 100/09 - juris Rn. 44.

[19] BGH v. 22.02.2011 - VI ZR 120/10 - juris Rn. 11 f. - BB 2011, 1171 f. mit zust. Anm. *Dahlke*; vgl. auch Rn. 1

[20] Vgl. dazu KG Berlin v. 12.05.2006 - 9 U 127/05 - juris Rn. 28 - WM 2006, 1432 = WuB IV A § 1004 BGB 1.06 mit krit. Anm. *Krämer*.

[21] Vgl. zum Ganzen *Hrubesch/Witte*, ZIP 2004, 1346-1354; *Vetter*, WM 2004, 1701-1712; *Balzer*, ZBB 2004, 329-341 sowie *Ackermann/Jäckle*, BB 2006, 878-884, die statt einer Regulierung dafür plädieren, auf die Selbstheilungskräfte des Marktes zu vertrauen.

II. Tatsache

13 Nur Tatsachen verpflichten zum Schadensersatz. Werturteile und bloße Meinungsäußerungen sind vom Schutzbereich des § 824 BGB nicht erfasst.[22] **Tatsachen** sind alle konkreten Vorgänge und Zustände in Vergangenheit und Gegenwart, die objektiv einem Beweis zugänglich sind,[23] nicht dagegen Geschehnisse der Zukunft[24].

14 Bei der **Abgrenzung** der Tatsachen von Werturteilen[25] ist auf zweierlei Rücksicht zu nehmen: Zum einen erfordert die Grundrechtsordnung (Art. 5 Abs. 1 GG) einen großzügigen Umgang mit der Meinungsäußerungsfreiheit, so dass im Zweifel eher von einem (wenn auch tatsachengestützten) **Werturteil** als von einer Tatsache auszugehen ist. Bei gemischten Aussagen, die sowohl Tatsachenbehauptungen wie auch Werturteile umfassen, ist eine Gesamtwürdigung vorzunehmen.[26] Dabei kann sich eine Äußerung, die auf Werturteilen beruht, als Tatsachenbehauptung erweisen, wenn und soweit beim Adressaten die Vorstellung von konkreten, in die Wertung eingekleideten Vorgängen hervorgerufen wird. Dies gilt auch für die schlagwortartig verkürzte Wiedergabe eines Sachverhalts, wenn nicht die verwendete Bezeichnung als solche so substanzarm ist, dass sie keinen eigenen Tatsachengehalt aufweist.[27] Zu beachten ist auch, dass ein Gewerbetreibender grundsätzlich eine der Wahrheit entsprechende Kritik hinnehmen muss, auch wenn sie scharf, überzogen oder gar ausfällig formuliert ist, solange nicht die (engen) Voraussetzungen der unzulässigen Schmähkritik gegeben sind.[28]

15 Bei **mehrdeutigen** Aussagen ist der rechtlichen Beurteilung bereits getätigter Aussagen diejenige Deutung zu Grunde zu legen, die für den in Anspruch Genommenen günstiger ist und den Betroffenen weniger belastet.[29] Dennoch kann ein auf die §§ 824, 1004 BGB analog gestützter Unterlassungsanspruch den Äußernden nicht in seiner Meinungsfreiheit (Art. 5 Abs. 1 GG) verletzen, da bei zukünftigen Äußerungen ohne weiteres die Möglichkeit besteht, sich eindeutig und zutreffend auszudrücken.[30]

16 Bei **Fernsehaufnahmen** ist das Bild nicht völlig isoliert, sondern im Zusammenhang mit Ton und gesprochenem Wort zu verstehen.[31]

17 Zum anderen ist wegen des weit gefassten Schutzbereichs in § 824 BGB zu beachten, dass der **Verständnishorizont des Empfängers** der Nachricht ausschlaggebend ist, weil erst dieser durch eine entsprechende Reaktion einen wirtschaftlichen Nachteil des Geschädigten herbeiführen kann. So führt eine Tatsachenbehauptung, die der Empfänger als Werturteil auffassen musste, nicht zu einem Anspruch aus § 824 BGB. Bei **Presseveröffentlichungen** ist auf den „unbefangenen Durchschnittsleser" abzustellen.[32] Zu den fundamentalen Grundsätzen des Medienrechts gehört, dass Gegenstand der recht-

---

[22] Zur Abgrenzung einer Tatsachenbehauptung von einer Meinungsäußerung vgl. OLG Hamm v. 11.05.2010 - I-4 U 14/10, 4 U 14/10 - juris Rn. 29 ff.

[23] Zur Abgrenzung der Tatsache vom Werturteil ausführlich BGH v. 24.01.2006 - XI ZR 384/03 - juris Rn. 63 - NJW 2006, 830-843; vgl. auch BGH v. 16.11.2004 - VI ZR 298/03 - juris Rn. 23 - NJW 2005, 279-283; BGH v. 30.01.1996 - VI ZR 386/94 - juris Rn. 24 - BGHZ 132, 13-29; BGH v. 26.10.1951 - I ZR 8/51 - juris Rn. 6 - BGHZ 3, 270-285; OLG München v. 26.06.2008 - 29 U 1537/08; beispielhaft auch *Wiggenhorn*, AfP 2007, 416-423, 420.

[24] BGH v. 25.11.1997 - VI ZR 306/96 - juris Rn. 29 - LM BGB § 824 Nr. 34 (4/1998).

[25] Vgl. zu dieser Abwägung *Rühl*, AfP 2000, 17-23; grundlegend zum Spannungsverhältnis von Äußerungsfreiheit und Haftung *Schaub*, JZ 2007, 548-556.

[26] BGH v. 21.06.1966 - VI ZR 261/64 - juris Rn. 32 - BGHZ 45, 296-311; BGH v. 28.06.1994 - VI ZR 252/93 - juris Rn. 16 - LM BGB § 823 (Ah) Nr. 114 (2/1995); BGH v. 11.03.2008 - VI ZR 7/07 - NJW 2008, 2110-2116; BGH v. 03.02.2009 - VI ZR 36/07 - NJW 2009, 1872-1875; vgl. auch *Wagner* in: MünchKomm-BGB, § 824 Rn. 14 ff.

[27] Vgl. hierzu BGH v. 11.03.2008 - VI ZR 7/07 - NJW 2008, 2110-2116; vgl. auch *Gostomzyk* NJW 2008, 2082-2085, der zu Recht darauf hinweist, dass in Zeiten der medialen „Reizüberflutung" auch plakative Produktkritik hinzunehmen ist.

[28] BGH v. 11.03.2008 - VI ZR 7/07 - NJW 2008, 2110-2116, 2115; zu den engen Voraussetzungen von Schmähkritik vgl. BGH v. 03.02.2009 - VI ZR 36/07 - NJW 2009, 1872-1875, 1874; sowie OLG München v. 09.02.2012 - 6 U 2488/11 - juris Rn. 63.

[29] *Spindler* in: Bamberger/Roth, § 824 Rn. 11; *Müller*, VersR 2008, 1141-1154.

[30] BVerfG v. 25.10.2005 - 1 BvR 1696/98 - NJW 2006, 207-211; OLG Hamburg v. 29.06.2006 - 3 U 12/06 - juris Rn. 49 - NJW-RR 2007, 702-705.

[31] BGH v. 10.12.1991 - VI ZR 53/91 - juris Rn. 22 - LM BGB § 823 (Ai) Nr. 70 (8/1992). Diese Entscheidung bestätigt BVerfG v. 25.09.1992 - 1 BvR 205/92 - juris Rn. 9 - NJW 1993, 1463.

[32] BGH v. 12.05.1987 - VI ZR 195/86 - juris Rn. 16 - LM Nr. 13 zu § 823 (Bd) BGB; dazu näher *Beater*, JZ 2006, 432-439, 434.

lichen Beurteilung von Äußerungen der in ihnen zum Ausdruck kommende objektive Sinngehalt ist, wobei das „Verständnis eines unvoreingenommenen und verständigen Publikums" maßgeblich sein soll.[33]

Typische Fallkonstellationen: 18

- **Bewertungsforen (eBay) und sonstiges Posten im Internet**:[34] Beiträge in einem Bewertungsportal enthalten in der Regel Aussagen über Tatsachen und Meinungsäußerungen, werden aber als Werturteil von der Meinungsäußerungsfreiheit umfasst, sofern die Aussage entscheidend durch die Elemente der Stellungnahme, des **Dafürhaltens oder Meinens** geprägt ist.[35] Um ein Werturteil handelt es sich auch bei der in einer bestimmten Anzahl vergebener Sterne oder in der Einteilung „positiv/neutral/negativ" ausgedrückten Gesamtbewertung. Hinsichtlich hinzugefügter Bewertungskommentare gelten die allgemeinen Abgrenzungsregeln.[36] Diese sind auch anzuwenden, wenn jemand im Internet einen Hyperlink auf eine andere Internetseite setzt, z.B. in seinem „Twitter-Profil".[37] Zu prüfen ist hierbei allerdings, ob der Setzer eines Links sich überhaupt die Inhalte der verlinkten Homepage zu eigen macht.[38] Nur in diesem Fall haftet er nach den allgemeinen Vorschriften. Insgesamt ist das Interesse der Allgemeinheit an kritischen, unabhängigen Informationen gegenüber dem gewerblichen Interesse eines Unternehmens sehr hoch zu bewerten.[39]
- **Fragen**: Keine Tatsachen, da für verschiedene Antworten offen. Anders können dagegen rhetorische Fragen zu beurteilen sein.[40]
- **Rechtsauffassungen/Gesetzesverstöße**: Für die Einordnung einer Rechtsbegriffe enthaltenden Behauptung ist nach Auffassung des BGH der Kontext entscheidend, in dem der Begriff verwendet wird. Enthält eine Äußerung einen rechtlichen Fachbegriff, so soll dies darauf hindeuten, dass sie als Rechtsauffassung und damit als Meinungsäußerung einzustufen ist.[41] Die Bezeichnung eines Verhaltens als illegal wird von der Rechtsprechung daher dann als Werturteil angesehen, wenn hierdurch eine Rechtsauffassung kenntlich gemacht wird.[42] Wird durch die Bezeichnung dagegen die Vorstellung von konkreten, in die Wertung eingekleideten, einer Überprüfung mit den Mitteln des Beweises zugänglichen Vorgängen hervorgerufen – so etwa die Behauptung des Betruges in Verbindung mit dem Vorwurf falscher Beratung – wird sie dagegen als Tatsachenbehauptung angesehen.[43] Wird die Bezeichnung des Betruges jedoch erkennbar nicht im fachspezifischen, sondern in einem alltagssprachlichen Sinne verwendet, wird in ihr ein Werturteil gesehen, soweit dem Vorwurf im wesentlichen Kern keine auf ihre Richtigkeit überprüfbare substantiierte Aussage, sondern lediglich eine pauschale subjektive Bewertung eines geschäftlichen Verhaltens zu Grunde liegt.[44]
- **Gutachten**: Werturteile.[45]
- **Pleitemachen**: Tatsache.[46]

---

[33] OLG Karlsruhe v. 07.04.2006 - 14 U 207/01 - juris Rn. 33 m.w.N.
[34] Zur Bewertung von Arbeitgebern auf Internetplattformen vgl. *Lehnen/Poreda*, AuA 2010, 456-458.
[35] LG Nürnberg-Fürth v. 13.01.2010 - 3 O 3692/09 - juris Rn. 28, m. Anm. *Schüßler*, jurisPR-ITR 15/2010, Anm. 6.
[36] Vgl. dazu *Janal*, NJW 2006, 870-874, 871; *Dörre/Kochmann*, ZUM 2007, 30-40, 34 f.; *Petershagen*, NJW 2008, 953-958, 955 f.; *Gomille*, ZUM 2009, 815-824 sowie Rn. 8.
[37] Vgl. zu dieser Problematik *Roggenkamp*, jurisPR-ITR 10/2010, Anm. 5.
[38] Vgl. hierzu auch BGH v. 18.10.2007 - I ZR 102/05 - NJW 2008, 1882-1887.
[39] LG Nürnberg-Fürth v. 13.01.2010 - 3 O 3692/09 - juris Rn. 33.
[40] BVerfG v. 09.10.1991 - 1 BvR 221/90 - juris Rn. 43 - NJW 1992, 1442-1444; BGH v. 09.12.2003 - VI ZR 38/03 - NJW 2003, 1034-1035.
[41] Vgl. BGH v. 16.11.2004 - VI ZR 298/03 - juris Rn. 24 - NJW 2005, 279-283; so zuletzt auch LG Dortmund v. 27.01.2011 - 7 O 377/10 - juris Rn. 61.
[42] BGH v. 22.06.1982 - VI ZR 251/80 - juris Rn. 17 - NJW 1982, 2246-2248.
[43] BGH v. 22.06.1982 - VI ZR 255/80 - juris Rn. 14 - NJW 1982, 2248-2249; vgl. auch BGH v. 17.11.1992 - VI ZR 344/91 - juris Rn. 11 - LM BGB § 823 (Ah) Nr. 106 (5/1993).
[44] BGH v. 29.01.2002 - VI ZR 20/01 - juris Rn. 23 - LM GrundG Art. 5 Nr. 95 (7/2002); BGH v. 03.02.2009 - VI ZR 36/07 - NJW 2009, 1872-1875 (Bezeichnung eines Verhaltens als „Korruption" stellte in diesem Fall ein Werturteil dar).
[45] BGH v. 03.05.1988 - VI ZR 276/87 - juris Rn. 9 - LM Nr. 181 zu BGB § 1004. und BGH v. 11.04.1989 - VI ZR 293/88 - juris Rn. 21 - LM Nr. 40 Art. 1 GrundG.
[46] BGH v. 28.06.1994 - VI ZR 252/93 - juris Rn. 18 - LM BGB § 823 (Ah) Nr. 114 (2/1995).

konkreter Schaden folgen können. Eine kreditgefährdende Aussage ohne Folgen begründet mangels eines Schadens keinen Anspruch. Doch können wegen der Publizitätswirkung insbesondere von Medienberichten bereits **Vorfeldschäden** einen Ersatzanspruch begründen.[72]

27 Beziehen sich die unwahren Tatsachenbehauptungen (hier: Presseveröffentlichung im Internet) auf ein **Unternehmen**, kommt das Bestehen eines Unterlassungsanspruchs nur dann in Betracht, wenn die Behauptungen geeignet sind, die Teilnahme des Unternehmens am Wirtschaftsleben zu beeinträchtigen; das ist bei einer unwahren Berichterstattung über die – in Wirklichkeit nicht bestehende – Verpflichtung zur Zahlung von 30.000 € wegen Falschdarstellung angesichts der Wirtschaftsmacht der Klägerin nicht der Fall.[73] Dem liegt die Wertung zugrunde, dass dem Persönlichkeitsrecht eines Unternehmens tendenziell eine geringere Bedeutung zugemessen wird als dem einer natürlichen Person.

28 Der Nachweis eines tatsächlichen Schadens wie z.B. eines Umsatzrückgangs ist nicht erforderlich. Vielmehr streitet bei Veröffentlichung unwahrer Tatsachen eine (widerlegbare) Vermutung für einen **Reputationsschaden**. Aus § 824 BGB können demnach Aufwendungen für **vorbeugende** Maßnahmen des Verletzten, etwa eine Gegenanzeige in einer Tageszeitung, ersetzt verlangt werden, die zur Wiedergutmachung nach § 249 Abs. 2 Satz 1 BGB **erforderlich** erscheinen, selbst wenn tatsächlich niemand aufgrund der unwahren nachteiligen Tatsachenbehauptung den Geschädigten unvorteilhaft behandelt. Allerdings umfasst der Schutzbereich nur **unmittelbar** Geschädigte.[74]

29 Typische Fallkonstellationen:
- Die **Einleitung eines Gerichtsverfahrens** ist auch dann **kein** Eingriff in geschützte Rechtspositionen, wenn das Begehren des Klägers nicht gerechtfertigt ist und der anderen Partei hieraus Nachteile erwachsen.[75]
- Falsche Angaben über **Insolvenz**.[76]
- **Namentliche Nennung** des Geschädigten ist nicht erforderlich. Vielmehr ist es ausreichend, wenn aus den Umständen zu erkennen ist, wer geschädigt werden soll.[77]
- Eine falsche Angabe an die Schutzgemeinschaft für allgemeine Kreditsicherung (**Schufa**) ist geeignet, Nachteile herbeizuführen.[78]
- **Systemvergleich**: In allgemeiner Form grundsätzlich zulässig und nicht zur Nachteilszufügung geeignet.[79] Auch die sog. **allgemeine Systemkritik** (hier in Form einer Broschüre, die sich über verschiedene Gattungen von Geldanlage- oder Altersvorsorgeprodukten äußert) ist zulässig. Beim Aufstellen von Behauptungen im Rahmen eines allgemeinen Systemvergleichs ist von einer unmittelbaren Schädigung nicht auszugehen, da der Geschädigte lediglich als ein Vertreter des Systems betroffen ist.[80]

VI. Rechtswidrigkeit

30 Als deliktischer Tatbestand setzt § 824 BGB eine rechtswidrige Handlung voraus. Mit der h.M. ist davon auszugehen, dass auch bei § 824 BGB die Tatbestandsmäßigkeit die Rechtswidrigkeit **indiziert**. Die Trennung der Vorschrift in zwei Absätze macht deutlich, dass den Absätzen verschiedene Aussagen zu Grunde liegen und sie deshalb nicht einer Gesamtbetrachtung unterzogen werden können (vgl. zu § 824 Abs. 2 BGB daher Rn. 38 ff.).

---

[72] Vgl. BGH v. 15.11.1977 - VI ZR 101/76 - juris Rn. 30 - BGHZ 70, 39-47; BGH v. 06.04.1976 - VI ZR 246/74 - juris Rn. 118 - BGHZ 66, 182-198.
[73] LG Berlin v. 01.06.2010 - 27 O 59/10 - juris Rn. 28, 30.
[74] BGH v. 20.12.1988 - VI ZR 95/88 - juris Rn. 10 - LM Nr. 29 zu § 824 BGB.
[75] Vgl. BGH v. 03.10.1961 - VI ZR 242/60 - juris Rn. 8 - BGHZ 36, 18-24 und BGH v. 30.01.1989 - II ZR 175/88 - juris Rn. 9 - BGHR BGB § 824 Unwahrheit 2.
[76] BGH v. 20.06.1972 - VI ZR 26/71 - juris Rn. 29 - BGHZ 59, 76-82.
[77] BGH v. 21.06.1966 - VI ZR 266/64 - LM Nr. 9 zu § 824 BGB BGH v. 10.12.1991 - VI ZR 53/91 - juris Rn. 16 - LM BGB § 823 (Ai) Nr. 70 (8/1992).
[78] Vgl. OLG Frankfurt v. 06.01.1988 - 17 U 35/87, 17 U 203/87 - WM 1988, 154-160 (Leitsatz) = ZIP 1989, 80-82, 81 m. Anm. *Vortmann*.
[79] BGH v. 02.07.1963 - VI ZR 251/62 - LM Nr. 5 zu § 824 BGB.
[80] LG Berlin v. 10.09.2009 - 27 O 778/09 - juris Rn. 29 f.

VII. Verschulden

1. Allgemeines

Der Schädiger muss mindestens **fahrlässig** hinsichtlich der Unwahrheit der Tatsachenbehauptung gehandelt haben („zwar nicht kennt, aber kennen muss"). Strittig, jedoch zu bejahen ist, dass darüber hinaus auch ein Verschulden hinsichtlich der Eignung der Tatsache zur Kreditgefährdung, mithin deren Erkennbarkeit notwendig ist.[81]

Bei Schädigungen in Presse und Rundfunk haftet der Verleger bzw. die Rundfunkanstalt für sämtliche Inhalte, auch für **Werbeanzeigen**.[82]

2. Sorgfaltsmaßstab

Die von § 276 BGB geforderte Sorgfalt ist individuell verschieden. So kann z.B. das Presseunternehmen mit Rücksicht auf Art. 5 GG nicht die Wahrheit im Einzelnen erforschen, sondern muss die **berufsübliche Sorgfalt** bei der Recherche wahren. Je größer das Interesse und Vertrauen der Öffentlichkeit in die Informationen ausfallen und je deutlicher Kredit- und Vermögensverhältnisse eines bestimmten Unternehmens in den Blick geraten, desto sorgfältiger muss gearbeitet werden.[83] Bei **Anzeigen** gilt nur ein grober Prüfungsmaßstab im Hinblick auf offenkundig unwahre Behauptungen. Typische Fallkonstellationen:

- **Internet-Informationsdienst-Betreiber**: Überprüfungspflicht bei **ersichtlich** kreditgefährdender Tatsachenbehauptung.[84]
- **Journalist**: Pflicht, Mitteilungen Dritter auf ihre Richtigkeit zu überprüfen.[85]
- **Redakteur**: Pflicht zur Inhaltskontrolle.[86]
- **Verleger**: Überwachungs- und Organisationspflichten.[87]
- **Warentester**: hohe Anforderungen an eine genaue Recherche.[88]
- **Wissenschaftler**: Wissenschaftsfreiheit schützt nicht vor Falschbehauptungen. Grundsätzlich wird der Wissenschaft dadurch Rechnung getragen, dass wissenschaftliche Thesen als Werturteile eingestuft werden (vgl. Rn. 18).

---

[81] Dafür spricht die historische Auslegung und der Umstand, dass dem Deliktsrecht das Verschuldensprinzip zugrunde liegt, vgl. auch *Spindler* in: Bamberger/Roth, § 824 Rn. 43. Das Verschulden muss sich dagegen nicht auf den potenziellen Schaden beziehen.

[82] Vgl. BGH v. 12.05.1987 - VI ZR 195/86 - juris Rn. 15 - LM Nr. 13 zu § 823 (Bd) BGB; BGH v. 20.06.1972 - VI ZR 26/71 - juris Rn. 21 - BGHZ 59, 76-82.

[83] Vgl. hierzu auch *Müller*, VersR 2008, 1141-1154.

[84] LG Hamburg v. 21.01.2005 - 324 S 6/04 - K&R 2005, 283-285; vgl. dazu die früheren Normen §§ 6 Abs. 1, 11 Abs. 2, 3 MDStV (inzwischen abgelöst durch das TMG): „Verteildienste (...) und Angebote (...) haben, soweit sie der Berichterstattung dienen und Informationsangebote enthalten, den anerkannten journalistischen Grundsätzen zu entsprechen. Nachrichten über das aktuelle Tagesgeschehen sind vom Diensteanbieter vor ihrer Verbreitung mit der nach den Umständen gebotenen Sorgfalt auf Inhalt, Herkunft und Wahrheit zu prüfen. Kommentare sind von der Berichterstattung deutlich zu trennen und unter Nennung des Verfassers als solche zu kennzeichnen. Bei der Wiedergabe von Meinungsumfragen in Angeboten, die vom Diensteanbieter durchgeführt werden, ist anzugeben, ob sie repräsentativ sind."; vgl. jetzt die §§ 7 ff. TMG; vgl. aber auch LG Düsseldorf v. 27.06.2007 - 12 O 343/06 - juris Rn. 39 - VuR 317-319; dazu Anmerkung von *Roggenkamp* jurisPR-ITR 9/2007, Anm. 4.

[85] BGH v. 08.01.1963 - VI ZR 87/62 - NJW 1963, 579; vgl. zur sog. pressemäßigen Sorgfalt auch LG Berlin v. 06.09.2007 - 27 S 4/07 - juris Rn. 65 ff. - MM 2007, 371; zur Entwicklung des Presse- und Äußerungsrechts in den Jahren 2005 bis 2007 vgl. *Seelmann-Eggebert*, NJW 2008, 2551-2558.

[86] BGH v. 07.12.1976 - VI ZR 272/75 - NJW 1977, 626-628.

[87] BGH v. 05.03.1963 - VI ZR 55/62 - juris Rn. 15 - BGHZ 39, 124-134 und auch BGH v. 15.11.1977 - VI ZR 101/76 - juris Rn. 25 - BGHZ 70, 39-47.

[88] BGH v. 17.06.1997 - VI ZR 114/96 - juris Rn. 10 - NJW 1997, 2593-2595, vgl. auch LG Berlin v. 14.04.2005 - 27 O 922/04 - NJW-RR 2005, 1063-1065 („Uschi Glas Hautnah Face Cream"), ferner BGH v. 03.12.1985 - VI ZR 160/84 - juris Rn. 9 - NJW 1986, 981-983; vgl. auch KG Berlin v. 12.05.2006 - 9 U 127/05 - juris Rn. 28 - WM 2006, 1432-1435, wonach Parallelen zwischen der Haftung bei Warentests und bei Unternehmensratings zu ziehen sind.

VIII. Berechtigtes Interesse (Absatz 2)

35 § 824 Abs. 2 BGB entspricht im Wesentlichen der strafrechtlichen Norm des § 193 StGB. Nicht jede unwahre Tatsachenbehauptung verpflichtet danach zum Schadensersatz. Allerdings darf die Unrichtigkeit der Tatsache dem Mitteilenden nicht **positiv** bekannt sein, was auch dann der Fall sein kann, wenn jemand sich der Unsicherheit seines Wissens bewusst ist.[89]

1. Dogmatische Einordnung

36 Die h.M. betrachtet das „berechtigte Interesse" als **Rechtfertigungsgrund**.[90]

37 Sachnäher erscheint es allerdings, § 824 Abs. 2 BGB als schlichten **Haftungsausschluss** zu verstehen. Das legt schon der Wortlaut nahe.[91] Folgt man dieser Meinung, so bleibt es trotz § 824 Abs. 2 BGB bei den schon aus den §§ 824 Abs. 1, 1004 BGB folgenden negatorischen Ansprüchen (vgl. Rn. 6) auf **Widerruf** und **Unterlassung**. Nur der verschuldensabhängige Schadensersatz ist ausgeschlossen. Nachweislich unwahre Behauptungen müssen trotz berechtigter Interessen (z.B. in Wahrnehmung der Rechte aus Art. 5 Abs. 1 Satz 2 GG) untersagt werden. Auch die **irrtümliche Annahme** eines berechtigten Interesses bleibt damit unberücksichtigt, weil der Haftungsausschluss ohne Rücksicht auf Irrtümer des Schädigers **objektiv** interpretiert werden muss. Den Erfordernissen der zivilrechtlichen Haftung wird damit system-adäquat entsprochen. Zudem muss beachtet werden, dass § 824 Abs. 2 BGB nur bei fahrlässiger Unkenntnis der Unwahrheit zur Anwendung kommt. Ein Rechtfertigungsgrund zeichnet sich aber gerade dadurch aus, dass man eine Schädigung in Kenntnis der Sachlage unternimmt.

2. Interessenabwägung

38 Das berechtigte Interesse ist im Wege einer umfassenden **Güter- und Interessenabwägung** zu ermitteln. Der potenzielle Schädiger muss sorgfältig die Zuverlässigkeit seiner Erkenntnisquelle prüfen und darf dabei nicht die anerkannten Sorgfaltsregeln seiner Berufsgruppe verletzen (vgl. Rn. 34). Die Sorgfaltsprüfung erfolgt demnach **zweistufig**: Entscheidend ist auf der ersten Stufe das Verschulden (mindestens Fahrlässigkeit) als solches nach § 824 Abs. 1 BGB (vgl. Rn. 31), auf der zweiten Stufe der Haftungsausschluss nach § 824 Abs. 2 BGB. Das Grundrecht des Sich-Äußernden nach Art. 5 GG kann auf dieser zweiten Stufe die Sorgfaltspflichten erheblich relativieren.[92] Es differieren nur die **Sorgfaltsanforderungen** je nach Stufe, nicht dagegen die Sorgfaltsmaßstäbe als solche.

3. Typische Fallkonstellationen

39 Allgemein sind keine allzu strengen Anforderungen zu stellen, weil sonst vom Gebrauch des Grundrechts auf **Meinungsfreiheit abgeschreckt** würde.[93] Ein ernsthaftes **Informationsinteresse** der Bevölkerung schließt sorgfältige Recherchearbeit nicht aus.[94]

40 Das Interesse des Geschädigten an seinem wirtschaftlichen Ruf überwiegt jedenfalls die „**Sensationslust**" der Presse.[95]

---

[89] Vgl. *Wagner* in: MünchKomm-BGB § 824 Rn. 42.

[90] BAG v. 04.06.1998 - 8 AZR 786/96 - juris Rn. 79 - NJW 1999, 164-166; und wohl auch BGH v. 26.10.1951 - I ZR 8/51 - juris Rn. 19 - BGHZ 3, 270-285; *Schiemann* in: Erman, § 824 Rn. 10; a.A. *Wagner* in: MünchKomm-BGB § 824 Rn. 44, wonach § 824 Abs. 2 BGB lediglich das Fahrlässigkeitskalkül für den Bereich der Äußerungsdelikte modifiziere und daher keinen Rechtfertigungsgrund im eigentlichen Sinn darstelle.

[91] Wie hier *Tilmann*, NJW 1975, 758-765, 764; a.A. aber *Wagner* in: MünchKomm-BGB, § 824 Rn. 44, *Schiemann* in: Erman, § 824 Rn. 10.

[92] Vgl. *Schiemann* in: Erman, § 824 Rn. 11.

[93] BVerfG v. 09.10.1991 - 1 BvR 1555/88 - juris Rn. 59 - NJW 1992, 1439-1442; so soll etwa nach Auffassung des OLG Köln v. 28.10.2004 - 15 U 125/04 - GRUR-RR 2005, 363-368 bei einer Äußerung, die nicht eigennützigen Zielen, sondern dem Meinungskampf in einer die Öffentlichkeit wesentlich berührenden Frage dient, deren Zulässigkeit auch dann vermutet werden, wenn die Äußerung mit scharfer und abwertender Kritik und mit übersteigerter Polemik vorgetragen wird.

[94] Vgl. BGH v. 03.12.1985 - VI ZR 160/84 - juris Rn. 12 - NJW 1986, 981-983; zu den diesbezüglichen Anforderungen auch LG Berlin v. 06.09.2007 - 27 S 4/07 - juris Rn. 65 ff. - MM 2007, 371.

[95] BGH v. 15.11.1977 - VI ZR 101/76 - juris Rn. 26 - BGHZ 70, 39-47.

Bei der Verwendung von **Domain-Namen**, die aus einem Firmenkürzel gebildet sind und in der Gesamtbezeichnung einen negativ-kritischen, beschreibenden Inhalt zu Lasten der entsprechenden Firma haben, darf der Domain-Inhaber selbst zwar eine solche Domain verwenden (im entschiedenen Fall www.awd-aussteiger.de), dagegen hat die betroffene Firma einen Unterlassungsanspruch gegen die Verwendung weiterer gleich lautender Domains (im entschiedenen Fall www.awd-aussteiger.us).[96]

D. Rechtsfolgen

Der Schädiger muss dem Geschädigten den aus der Tatsachenverbreitung entstehenden Schaden ersetzen. Dabei ist das geschützte Rechtsgut (Rn. 3) im Auge zu behalten. Nur solche Schäden, die tatsächlich die **wirtschaftliche Betätigungsfreiheit** des Geschädigten betreffen, sind ersatzfähig. Subjektiv empfundene Kränkungen sind dagegen von § 824 BGB nicht erfasst. Insbesondere kann der Geschädigte kein Schmerzensgeld nach § 253 Abs. 2 BGB verlangen, da die subjektive **immaterielle** Beeinträchtigung nicht unter den Schutzzweck fällt.[97]

Die **Naturalrestitution** (§ 249 Abs. 1 BGB) ist in Form der Gegendarstellung, Richtigstellung oder Entschuldigung denkbar, jedoch in der Praxis weitgehend bedeutungslos. Wichtiger ist der Schadensersatzanspruch nach § 251 BGB (vgl. Rn. 26), der auch für zukünftig zu erwartende Schäden geltend gemacht werden kann. Dies gilt aber nur bei entsprechend hoher Wahrscheinlichkeit des Schadenseintritts.[98]

E. Prozessuale Hinweise

Ob eine Äußerung als Tatsachenbehauptung oder als Werturteil einzustufen ist, ist eine **Rechtsfrage**, welche vom Revisionsgericht uneingeschränkt zu überprüfen ist.[99]

Der **Kläger** (Verletzte) trägt die **Beweislast** für die oft nur sehr schwer zu beweisende Unwahrheit der behaupteten Tatsachen. Die Rechtsprechung hilft dem Kläger aber, wenn der Beklagte im Rechtsstreit eine nähere Substantiierung beeinträchtigender Tatsachenbehauptungen verweigert, obwohl sie ihm nach eigener Darstellung ohne weiteres möglich sein müsste. Dann können die beeinträchtigenden Tatsachenbehauptungen ohne Rücksicht auf die Beweislast als unrichtig angesehen werden.[100] Weiter trägt der Kläger die Beweislast für die Eignung der behaupteten unwahren Tatsachen zur Kreditgefährdung, das Verschulden des Handelnden und den eingetretenen Schaden, wobei für letzteren die überwiegende Wahrscheinlichkeit der Ursächlichkeit der Behauptung z.B. für einen Umsatzrückgang ausreicht.[101] Auch ist vom Gericht nach § 287 ZPO eine Schadensschätzung vorzunehmen, insoweit der Rufschaden üblicherweise z.B. durch eine Gegenanzeige als pauschalierter Mindestschaden abgegolten werden kann. Dem **Beklagten** (Schädiger) obliegt dagegen der Nachweis des berechtigten Interesses nach § 824 Abs. 2 BGB, soweit er sich darauf beruft.[102] Handelt es sich dagegen um eine **ehrverletzende Behauptung** i.S.d. § 186 StGB, ist der daraus folgende Schadensersatzanspruch aus § 823 Abs. 2 BGB schon begründet, wenn „nicht diese Tatsache erweislich wahr" ist. Ebenso günstig für den Verletzten ist die Beweislastverteilung beim Anspruch aus den §§ 3, 4 Nr. 8 UWG: Hier hat der Kläger nur die kreditgefährdende Eigenschaft der behaupteten Tatsache sowie die Eignung, den Wettbewerb zu seinem Nachteil zu beeinträchtigen, zu beweisen. Der Beklagte muss also in beiden Fällen den Nachweis der Richtigkeit der Behauptung führen, was eine hohe Sanktionseffizienz dieser Anspruchsgrundlagen bewirkt.

---

[96] So OLG Hamburg v. 23.04.2004 - 3 U 65/04 - Magazindienst 2004, 1229-1232b; dazu auch LG Frankfurt v. 30.03.2006 - 2/3 O 112/05 - MMR 2006, 561.

[97] Vgl. dazu *Cahn*, EWiR 1990, 569-570, 569-570; vgl. zum möglichen Umfang des Schadensersatzanspruches auch *Spindler* in: Bamberger/Roth, § 824 Rn. 44 ff.

[98] Vgl. BGH v. 28.06.1994 - VI ZR 252/93 - juris Rn. 30 - LM BGB § 823 (Ah) Nr. 114 (2/1995).

[99] BGH v. 16.11.2004 - VI ZR 298/03 - juris Rn. 23 - NJW 2005, 279-283; BGH v. 11.03.2008 - VI ZR 7/07 - NJW 2008, 2110-2116, 2112.

[100] BGH v. 09.07.1974 - VI ZR 112/73 - NJW 1974, 1710, 1711.

[101] BGH v. 24.01.2006 - XI ZR 384/03 - juris Rn. 27 - NJW 2006, 830-843; demnach hängt bei reinen Vermögensschäden die Zulässigkeit einer Feststellungsklage von der Wahrscheinlichkeit eines auf die Verletzungshandlung zurückzuführenden Schadenseintritts ab. Keine Voraussetzung ist, dass ein Schadenseintritt feststeht. Anders als bei Verletzung eines absoluten Rechts soll die bloße Möglichkeit des Schadenseintritts nicht ausreichen; vgl. auch *Stoll*, JZ 1972, 365-368, 367.

[102] RG v. 13.06.1941 - VI 17/41 - HRR 41, Nr. 1005.

§ 824

46 Nach nicht unbedenklicher und nicht verallgemeinerbarer Auffassung des LG Düsseldorf kann gegen nicht offensichtlich unwahre nachteilige Tatsachenbehauptungen, die von Internetauktionshäusern im Rahmen eines speziellen Bewertungssystems veröffentlicht werden, nicht im Wege der **einstweiligen Verfügung** vorgegangen werden, soweit das Bewertungssystem **selbst** es dem Anbieter ermöglicht, seinerseits eine Gegenäußerung zur Bewertung durch den Käufer zu veröffentlichen.[103]

47 Für die Abwehr von ehrkränkenden Äußerungen im Rahmen der Rechtsverfolgung oder -verteidigung in einem **Gerichtsverfahren** durch eine Ehrenschutzklage fehlt nach ständiger Rechtsprechung das **Rechtsschutzbedürfnis**. Das sog. Ausgangsverfahren soll nicht durch eine Beschneidung der Äußerungsfreiheit der daran Beteiligten beeinträchtigt werden. Dies soll jedoch nicht gelten, wenn die beanstandeten Äußerungen zur Durchsetzung von Interessen außerhalb der prozessualen Rechtsverfolgung aufgestellt werden.[104]

---

[103] So LG Düsseldorf v. 18.02.2004 - 12 O 6/04 - juris Rn. 25 - MMR 2004, 496-497; vgl. zu dieser Problematik auch Rn. 8.

[104] So für den Fall einer ähnlich einem Rundschreiben verteilten Abhandlung BGH v. 16.11.2004 - VI ZR 298/03 - juris Rn. 18 - NJW 2005, 279-283.

§ 825 BGB Bestimmung zu sexuellen Handlungen

(Fassung vom 19.07.2002, gültig ab 01.08.2002)

Wer einen anderen durch Hinterlist, Drohung oder Missbrauch eines Abhängigkeitsverhältnisses zur Vornahme oder Duldung sexueller Handlungen bestimmt, ist ihm zum Ersatz des daraus entstehenden Schadens verpflichtet.

Gliederung

A. Grundlagen 1	II. Bestimmung 5
I. Kurzcharakteristik 1	III. Sexuelle Handlungen 6
II. Reform 2	IV. Vornahme oder Duldung 7
B. Praktische Bedeutung 3	V. Hinterlist, Drohung oder Missbrauch eines
C. Anwendungsvoraussetzungen 4	Abhängigkeitsverhältnisses 8
I. Normstruktur 4	**D. Rechtsfolgen** 12

A. Grundlagen

I. Kurzcharakteristik

§ 825 BGB schützt das früher „Geschlechtsehre" genannte **Recht auf sexuelle Selbstbestimmung**. Historisch hatte die Vorschrift neben § 823 Abs. 1 BGB so lange einen eigenen Anwendungsbereich, als die „Ehre" nicht als absolutes Recht erfasst war. Mit der Herausbildung des **allgemeinen Persönlichkeitsrechts** war jedoch der Schutz der sexuellen Selbstbestimmung dort mitverwirklicht, so dass die Ansprüche aus § 825 BGB zwar selbstständig neben § 823 Abs. 1 BGB stehen blieben, ihnen jedoch eine rechtspolitische Funktion nicht mehr zukam. 1

II. Reform

Die Vorschrift wurde durch Art. 2 des 2. Gesetzes zur Änderung schadensersatzrechtlicher Vorschriften zum 01.08.2002 neu gefasst.[1] Seither ist die Norm **geschlechtsneutral** formuliert (Streichung des Begriffs „Frauensperson"). Das Tatbestandsmerkmal „zur Gestattung der außerehelichen Beiwohnung" wurde durch die Formulierung „zur Vornahme oder Duldung sexueller Handlungen" ersetzt. Damit ist nun auch die sexuelle Selbstbestimmung **in der Ehe** erfasst.[2] Die Änderung des § 825 BGB kann als Beiwerk zur Reform des § 847 Abs. 2 BGB a.F. gesehen werden, der in den Fällen des § 825 BGB einen Anspruch der verletzten Frau auf Schmerzensgeld vorsah. Nunmehr ist nach § 253 Abs. 2 BGB für jede Verletzung der sexuellen Selbstbestimmung auch der Ersatz **immaterieller** Schäden vorgesehen. Insoweit wird § 825 BGB durch § 253 Abs. 2 BGB ergänzt. 2

B. Praktische Bedeutung

Seit der BGH-Rechtsprechung zur **Gesundheitsverletzung** (nicht: Verletzung der Geschlechtsehre) durch eine ungewollte Schwangerschaft nach § 823 Abs. 1 BGB ist die Bedeutung der Vorschrift vollends minimalisiert.[3] Der **Reformgesetzgeber** sah sich 2002 dennoch nicht in der Lage, § 825 BGB ersatzlos zu streichen, um nicht zu einem falschen Schluss in Bezug auf die Schutzlosigkeit der sexuellen Selbstbestimmung zu verleiten.[4] Tatsächlich sollte die Signalwirkung der Norm nicht unterschätzt werden.[5] 3

---

[1] BGBl I 2002, 2674 vom 19.07.2002. Die neue Fassung gilt, sofern das schädigende Ereignis nach dem 31.07.2002 eingetreten ist, vgl. Art. 229 § 8 Abs. 1 Nr. 2 EGBGB. Zu Hintergründen und Auswirkungen der Reform vgl. *Kilian*, JR 2004, 309-313.

[2] Vgl. BT-Drs. 14/7752, S. 26; *Henne*, ZRP 2001, 493-495, 493.

[3] Vgl. BGH v. 18.03.1980 - VI ZR 247/78 - juris Rn. 25 - BGHZ 76, 259-273; sowie *Schiemann* in: Erman, § 825 BGB Rn. 1.

[4] Vgl. BT-Drs. 14/7752, S. 26.

[5] Vgl. *Strätz*, JZ 2003, 448-456, 454.

C. Anwendungsvoraussetzungen

I. Normstruktur

4 Die zum Schadensersatz verpflichtende Handlung ist die „Bestimmung" eines anderen zur Vornahme oder Duldung sexueller Handlungen. Diese Bestimmung muss unter besonders qualifizierten **Begleitumständen** (Hinterlist, Drohung oder Missbrauch eines Abhängigkeitsverhältnisses) geschehen.

II. Bestimmung

5 Eine positive zivilrechtliche Definition der Bestimmung steht noch aus. In Anlehnung an die **strafrechtliche** Terminologie kann sie als ausdrückliche oder konkludente Einwirkung des Schädigers auf den Geschädigten, die dessen Entschluss zur Vornahme der sexuellen Handlung jedenfalls mitverursacht, verstanden werden.[6] Der Begriff verlangt eine irgend geartete spürbare Einwirkung auf die Entschlussfreiheit, ohne jedoch die Anforderungen an eine **Nötigung** (Gewaltanwendung, Drohung mit Ungemach, Nötigungslage) erfüllen zu müssen.

III. Sexuelle Handlungen

6 Sexuelle Handlungen sind in § 184g Nr. 1 StGB definiert als „nur solche, die im Hinblick auf das jeweils geschützte Rechtsgut von einiger Erheblichkeit sind". Diese Begriffsbestimmung lässt nicht nur die eigentliche Definition offen, sondern ist auch **nicht ins Zivilrecht** übertragbar. Der zivilrechtliche Schutz der sexuellen Selbstbestimmung reicht zweifelsohne weiter als der strafrechtliche. Als sexuelle Handlung ist daher ohne die Einschränkung der Erheblichkeit **jedes Verhalten** aufzufassen, das nach seinem äußeren Erscheinungsbild einen Sexualbezug aufweist.[7] Der Kuss auf die Wange eines Kindes stellt z.B. keine „sexuelle Handlung" in diesem Sinn dar.[8] Ein subjektives Element („Wollust") ist dabei nicht erforderlich, wohl aber nützlich als Indiz für die **Qualifizierung** eines nach äußerem Erscheinungsbild nicht offensichtlich zu den sexuellen Handlungen zählenden Verhaltens.

IV. Vornahme oder Duldung

7 Vornahme und Duldung beziehen sich auf das Verhalten des **Opfers** und zeigen, dass sowohl das aktive Handeln als auch das passive Nichtstun, sogar das Unterlassen von Abwehrmaßnahmen geeignet sind, den Schadensersatzanspruch herbeizuführen. Dabei muss allerdings ein enger Kausalzusammenhang zum „Bestimmen" durch den Schädiger gewahrt bleiben, was mit der Formulierung „zur Vornahme ..." auch deutlich zum Ausdruck gebracht wird.

V. Hinterlist, Drohung oder Missbrauch eines Abhängigkeitsverhältnisses

8 Der Schädiger muss unter den genannten Umständen handeln. **Hinterlist** ist ein vorbedachtes, die wahre Absicht verdeckendes Handeln des Täters zu dem Zweck, den unvorbereiteten Zustand des Opfers zur Verwirklichung seines Vorhabens zu benutzen.[9]

9 Der **Missbrauch eines Abhängigkeitsverhältnisses** zeichnet sich durch eine bewusste Überschreitung der legal gezogenen Grenzen aus.

10 Das Abhängigkeitsverhältnis kann sowohl familiärer Natur sein (insb. elterliche Sorge, § 1626 BGB) als auch auf Gesetz beruhen (etwa Betreuung, Dienst-, Arbeits- oder Ausbildungsverhältnis).[10]

11 Schwierig zu handhaben ist der weite Begriff der **Drohung**, unter dem das In-Aussicht-Stellen eines ernst zu nehmenden künftigen, nicht notwendig empfindlichen Übels zu verstehen ist (ähnlich wie § 123 Abs. 1 BGB, **nicht** wie § 240 Abs. 1 StGB). Der Begriff ist restriktiv auszulegen; zumindest ist ein qualifiziertes Nötigungsmittel zu fordern.[11]

---

[6] *Perron/Eisele* in: Schönke/Schröder, Strafgesetzbuch, 27. Aufl. 2006, § 176 Rn. 8.
[7] Für das Strafrecht vgl. BGH v. 24.09.1980 - 3 StR 255/80 - juris Rn. 5 - NJW 1981, 134-136.
[8] Vgl. OLG Zweibrücken v. 18.04.1995 - 1 Ws 196/95 - NStZ 1998, 357.
[9] *Sprau* in: Palandt, § 825 Rn. 4; *Karakatsanes*, MDR 1989, 1041-1049, 1048-1049.
[10] Vgl. dazu auch *Spindler* in: Bamberger/Roth, § 825 Rn. 4.
[11] Vgl. *Henne*, ZRP 2001, 493-495, 494; a.A. wohl *Wagner* in: MünchKomm-BGB, § 825 Rn. 8.

D. Rechtsfolgen

Der Schadensersatz umfasst den materiellen und **immateriellen** Schaden, vgl. § 253 Abs. 2 BGB. Da § 253 Abs. 2 BGB auch jenseits der speziellen Voraussetzungen des § 825 BGB die sexuelle Selbstbestimmung schützt, ist bei Vorliegen eines Schadensersatzanspruches gemäß § 825 BGB wohl immer auch ein Schmerzensgeldanspruch gegeben.[12] Bei der Ausarbeitung des BGB dürfte insbesondere der Gedanke der verringerten Heiratsaussichten einer unverheirateten Frau im Vordergrund gestanden haben (vgl. auch den österreichischen § 1326 ABGB). Heute dürfte neben den Entbindungskosten vor allem der **Unterhalt** einen wichtigen Schadensposten darstellen. Als **Schmerzensgeld** sind Beträge im Bereich von 2.000-50.000 € üblich.[13] Soweit die Voraussetzungen des § 825 BGB gegeben sind, dürften regelmäßig auch Ansprüche nach dem OEG bestehen. Zu denken ist in diesem Zusammenhang auch an die mit dem GewSchG geschaffenen Schutzmöglichkeiten.

12

---

[12] *Wagner* in: GedS Heinze, 2005, S. 969-984, 971.
[13] Vgl. einerseits LG Frankfurt v. 24.02.1998 - 2/26 O 564/96, 2-26O 564/96 - NJW 1998, 2294-2295: 100.000 DM; andererseits LG Hannover v. 13.03.1998 - 13 O 9/97 - Streit 1999, 21-22: 5.000 DM; hierzu auch OLG Brandenburg v. 20.12.2006 - 11 W 56/06: 7.000 € grundsätzlich nicht überzogen.

§ 826 BGB Sittenwidrige vorsätzliche Schädigung

(Fassung vom 02.01.2002, gültig ab 01.01.2002)

Wer in einer gegen die guten Sitten verstoßenden Weise einem anderen vorsätzlich Schaden zufügt, ist dem anderen zum Ersatz des Schadens verpflichtet.

Gliederung

A. Grundlagen 1	h. Kapitalmarktrecht 32
I. Kurzcharakteristik 1	i. Lastschriftverfahren 44
II. Gesetzgebungsmaterialien 4	j. Mitwirkendes Verhalten Dritter (Kollusion) 46
III. Regelungsprinzipien 5	k. Rechtsausübung 47
B. Praktische Bedeutung 6	l. Sachverständigengutachten 49
C. Anwendungsvoraussetzungen 7	m. Standeswidriges Verhalten 50
I. Normstruktur 7	n. Strohmann- oder Schwindelgeschäfte 51
II. Sittenwidrigkeit 8	o. Urteile 52
1. Definition 8	p. Vertragsverhältnisse 58
2. Rechtsprechung 11	III. Vorsätzliche Schädigung 61
3. Literatur 12	1. Begrenzung durch Schutzzweck 63
4. Eigene Auffassung 13	2. Typische Fallkonstellationen 64
5. Typische Fallkonstellationen 14	IV. Rechtswidrigkeit 67
6. Einzelfälle 15	V. Verschulden 68
a. Angehörige 15	1. Definition 68
b. Arbeitsrecht 16	2. Rechtsprechung 70
c. Familienrecht 19	3. Irrtum 73
d. Gesellschaftsrecht 22	**D. Rechtsfolgen** 75
e. Gesetzesverstoß 29	**E. Beweislast** 77
f. Gewissenlosigkeit 30	**F. Anwendungsfelder** 81
g. Insolvenz 31	

A. Grundlagen

I. Kurzcharakteristik

1 § 826 BGB ist trotz § 823 Abs. 1 BGB und § 823 Abs. 2 BGB die eigentliche **Generalklausel** des Deliktsrechts. Anders als § 823 Abs. 1 BGB begrenzt diese Vorschrift die Haftung nicht durch Benennung bestimmter geschützter Objekte, sondern durch Beschreibung von **Art und Begleitumständen** der schädigenden Handlung. Die Einschränkung der Haftung aus § 826 BGB ergibt sich somit nicht objektiv aus den geschützten Rechtsgütern, sondern subjektiv aus dem Erfordernis der vorsätzlichen Handlungsweise. Während § 823 Abs. 2 BGB die gesetzwidrige Handlung sanktioniert, schützt § 826 BGB den loyalen und angemessenen Umgang der Personen untereinander.

2 Nach § 826 BGB führt nur ein **vorsätzlicher** und **sittenwidriger** Eingriff in eine beliebige Rechtsposition eines anderen zur Ausgleichspflicht des Schädigers, die jedoch den gesamten **Vermögensschaden** umfasst (auch immaterielle Schäden, vgl. § 253 BGB). Deshalb wird oft von einer „Auffangnorm" im Deliktsrecht gesprochen;[1] doch hat die genaue **Einordnung** nicht „hinter", sondern **„neben"** den §§ 823-825 BGB zu erfolgen: Eine z.B. sittenwidrige Eigentumsschädigung löst, wenn sie vorsätzlich begangen wurde, Ersatzansprüche sowohl nach § 823 Abs. 1 BGB als auch nach § 826 BGB aus.

3 § 826 BGB ist auch neben **vertraglichen** Ansprüchen (§§ 280 Abs. 1, 311a Abs. 2 BGB) anwendbar. Häufig kommt § 826 BGB zur Anwendung, wenn ein Vertrag nicht rechtzeitig wegen Täuschung angefochten wurde oder wegen den §§ 134, 138, 226, 242 BGB nichtig, schikanös oder treuwidrig ist. Entfällt der Vertrag aber ganz, erübrigen sich häufig Ersatzansprüche.[2] Auch neben **wirtschaftsrechtlichen** Vorschriften (GWB, UWG etc.) ist § 826 BGB zusätzlich anwendbar.

---

[1] So z.B. *Spindler* in: Bamberger/Roth, § 826 Rn. 1.
[2] Vgl. *Schiemann* in: Erman, § 826 Rn. 24.

II. Gesetzgebungsmaterialien

Mit der Schaffung des § 826 BGB (im 1. Entwurf zum § 705 BGB) sollte das zersplitterte Partikularrecht, das einen Schadensersatzanspruch nur bei bestimmten Deliktstypen vorgesehen hatte, vereinheitlicht werden.³ Hierzu wurde eine Generalklausel geschaffen, nach der eine „zwar kraft der allgemeinen Freiheit **an sich erlaubte, aber illoyale**" Handlungsweise Schadensersatzansprüche auslösen sollte.⁴ Umstritten war bei der Vorschrift sowohl der Grad des Verschuldens als auch der Umfang des Schadens.⁵ Die Kommission hat sich gegen den Ersatz mittelbarer Schäden ausgesprochen, um die Einheit des Schadensersatzrechts zu wahren und eine allzu großzügige Auslegung der Vorschrift zu verhindern.

III. Regelungsprinzipien

§ 826 BGB statuiert einen Schadensersatzanspruch. Daneben können auch **negatorische Unterlassungs- und Beseitigungsansprüche** auf die Norm gestützt werden, wenn die begründete Besorgnis eines sittenwidrigen Verhaltens besteht.⁶ Bedeutung erlangt ein Unterlassungsanspruch insbesondere, wenn mit ihm gegen einen sittenwidrig erlangten Rechtstitel (vgl. Rn. 52) vorgegangen werden soll.⁷

B. Praktische Bedeutung

§ 826 BGB hat für das Deliktsrecht außerordentliche Bedeutung wegen seiner **Entwicklungsfunktion**.⁸ Der offene Begriff der „**guten Sitten**" ermöglicht die Anpassung an veränderte gesellschaftliche Verhältnisse durch die Rechtsprechung. Diese wird zur richterlichen „Normbildung" ermächtigt. Der Gesetzgeber übernimmt häufig solche Rechtsprechung.⁹ Damit gerät § 826 BGB zu einer (transitorischen) **Korrekturnorm** und kann einem Geschädigten trotz des Fehlens anderweitiger Anspruchsgrundlagen doch noch zu einem als „gerecht" empfundenen Anspruch verhelfen. Etwas zu weitgehend hat der BGH über § 826 BGB sogar die „Verwirklichung eines Rechts höherer Ordnung" verwirklichen wollen, um Denunzianten aus der NS-Zeit schadensersatzpflichtig zu machen.¹⁰ Zur Auslegung der „guten Sitten" vgl. Rn. 8. Soweit freilich im Fall vorsätzlicher Begehung § 826 BGB mit § 823 BGB konkurriert, kommt es zu einer „praktischen" Subsidiarität der Norm, weil der Nachweis des Vorsatzes schwieriger als der des Verschuldens i.S.v. § 823 BGB ist. Die Entwicklungsfunktion des § 826 BGB zeigt derzeit vor allem im Gesellschaftsrecht (existenzvernichtender Eingriff, vgl. Rn. 22) und Kapitalmarktrecht (fehlerhafte Ad-hoc-Mitteilungen, vgl. Rn. 32, Rn. 77) ihre besondere Bedeutung.

C. Anwendungsvoraussetzungen

I. Normstruktur

Haftungsgrund des § 826 BGB ist die sittenwidrige Schädigung eines anderen mit (mindestens bedingtem) Vorsatz. Der objektiv weit gefasste Tatbestand wird durch die hohen Anforderungen an das Verschulden relativiert. Die Prüfung der Rechtswidrigkeit erübrigt sich bei Bejahung des **Tatbestands** einer „sittenwidrigen Handlung". Die wesentliche Haftungsbegrenzungsfunktion übernimmt daher der **Schädigungsvorsatz**, der gerade den Eintritt des konkreten Schadens umfassen muss.¹¹

---

³ *Mugdan*, Motive Band II, 724.
⁴ *Mugdan*, Motive Band II, 727.
⁵ *Mugdan*, Protokolle Nr. 151 III.
⁶ BGH v. 30.01.1953 - I ZR 88/52 - juris Rn. 10 - BGHZ 8, 387-395; OLG Saarbrücken v. 07.01.1987 - 1 U 165/84 - NJW-RR 1987, 500-502.
⁷ Vgl. etwa BGH v. 22.12.1987 - VI ZR 165/87 - juris Rn. 7 - BGHZ 103, 44-51.
⁸ *Deutsch*, JZ 1963, 385-391, 390; *Spindler* in: Bamberger/Roth, § 826 Rn. 1; a.A. aber *Wagner* in: MünchKomm-BGB, § 826 Rn. 4: „selektiver deliktsrechtlicher Vermögensschutz".
⁹ Vgl. hierzu etwa § 839a BGB.
¹⁰ Vgl. BGH v. 25.05.1955 - VI ZR 6/54 - juris Rn. 16 - BGHZ 17, 327-336; krit. dazu *Mayer-Maly*, AcP 194, 105-176, 113.
¹¹ Zutr. *Oechsler* in: Staudinger, § 826 Rn. 77.

II. Sittenwidrigkeit

1. Definition

8 Sittenwidrig verhält sich, wer gegen das Anstandsgefühl aller billig und gerecht Denkenden verstößt.[12] Schon in den Motiven zum BGB findet sich diese Umschreibung.[13] Diese Formel kann heute nur noch beschränkt Gültigkeit beanspruchen, nicht zuletzt deshalb, weil sie im NS-Staat durch Umschreibungen wie das „gesunde Volksempfinden" in Verruf gebracht worden ist.[14]

9 Die Formel führt in die Irre, soweit sie die Ausrichtung der guten Sitten an der Geisteshaltung einer „schweigenden Mehrheit" suggeriert.[15] Es geht auch nicht um die Berücksichtigung meist unscharfer ethisch-moralischer Vorstellungen („Anstandsgefühl"), sondern um die Herausbildung besonderer **Rechtsregeln für angemessenes gegenseitiges Verhalten** im Rechtsverkehr,[16] die zukunftsoffen und wandlungsfähig sein müssen (dazu näher „Eigene Auffassung", vgl. Rn. 13). Die Definitionsformel trägt immerhin der **Entwicklungsfunktion** des § 826 BGB Rechnung (vgl. Rn. 6),[17] die zur richterlichen Normbildung in bestimmten konkreten Konfliktfällen auffordert, um das „Anstandsgefühl" einer rechtstreuen Gesellschaft gegenüber illoyalen Marktbürgern zur Geltung zu bringen und berechtigte Verhaltenserwartungen in einen redlichen Geschäftsverkehr nicht zu enttäuschen. Insoweit begründet die Formulierung des § 826 BGB eine wesentliche empirische Aufgabe des Richters.[18]

10 Sittenwidrig kann **jedes** Verhalten sein, also auch **Unterlassen** oder bloßes **Nichtstun**.[19] Voraussetzung der Haftung ist in diesen Fällen das Bestehen einer **Handlungspflicht**, deren Missachtung sich als sittenwidrig (nicht nur: vertragswidrig) erweist.[20] Unter diesen Handlungspflichten spielen diejenigen eine wichtige Rolle, die kraft **Ingerenz** (vorangegangenes gefahrschaffendes Verhalten) auch dann entstehen, wenn das Vorverhalten rechtmäßig war, z.B. bei nachträglichem Erkennen von Fehlern oder Fälschungen.[21]

2. Rechtsprechung

11 Bis heute hält die Rechtsprechung noch an der „Anstandsformel" fest.[22] Sie ist allerdings in einigen Aspekten **verfeinert** worden. So gilt bei Verhaltensweisen in bestimmten, abgrenzbaren Personenkreisen nicht die Verkehrsanschauung aller, sondern nur die in diesem Personenkreis herrschende Vorstellung als „Anstandsgefühl".[23] Die Anforderungen an die Qualität der Handlung sind nicht in den oberen Gesellschaftsschichten zu suchen, sondern am **durchschnittlichen** Maß zu orientieren.[24] An die öffentliche Hand können dagegen höhere Anforderungen zu stellen sein.[25]

3. Literatur

12 Die berechtigte Kritik an der Formel („Anstandsgefühl ...") möchte insbesondere im Hinblick auf den schwindenden Wertekonsens in einer pluralistischen Gesellschaft den Tatbestand der Sittenwidrigkeit anhand **rechtlicher Wertungen objektivieren**. Dabei wird teils der „ordre public" nach Art. 6 EGBGB zum Ausgangspunkt genommen,[26] teils der Grundrechtskatalog.[27] Neuerdings wird man auch

---

[12] Vgl. schon RG v. 11.04.1901 - VI 443/00 - RGZ 48, 114-129, 124.
[13] *Mugdan*, Motive II, 727.
[14] RG v. 13.03.1936 - V 184/35 - RGZ 150, 1-7, 4.
[15] Vgl. *Schiemann* in: Erman, § 826 Rn. 3.
[16] So zutr. *Oechsler* in: Staudinger, § 826 Rn. 1.
[17] *Deutsch*, JZ 1963, 385-391, 390.
[18] So *Schiemann* in: Erman, § 826 Rn. 5.
[19] Zum Aufrechterhalten eines schädigenden Zustandes vgl. BGH v. 15.09.1999 - I ZR 98/97 - juris Rn. 23 - LM BGB § 826 (C) Nr. 6 (4/2000).
[20] BGH v. 05.11.1962 - II ZR 161/61 - LM Nr. 2 zu § 7 WG; BGH v. 10.07.2001 - VI ZR 160/00 - LM BGB § 826 (A) Nr. 15 (7/2002).
[21] Zu Fehlern vgl. BGH v. 15.05.1979 - VI ZR 230/76 - juris Rn. 43 - BGHZ 74, 281-293; zu Fälschungen vgl. BGH v. 23.02.1967 - II ZR 111/64 - juris Rn. 13 - BGHZ 47, 110-117.
[22] Zuletzt BGH v. 16.07.2007 - II ZR 3/04 - juris Rn. 22 - NJW 2007, 2689-2695, 2691; BGH v. 16.03.2000 - III ZR 179/99 - juris Rn. 18 - LM BGB § 826 (B) Nr. 15 (1/2001).
[23] BGH v. 12.06.1989 - II ZR 334/87 - juris Rn. 30 - LM Nr. 16 zu § 43 GmbHG; vgl. auch BGH v. 09.12.1969 - VI ZR 50/68 - LM Nr. 8 zu § 826 (Ge) BGB.
[24] BGH v. 09.07.1953 - IV ZR 242/52 - juris Rn. 8 - BGHZ 10, 228-234.
[25] BGH v. 02.06.1981 - VI ZR 28/80 - juris Rn. 26 - LM Nr. 8 zu § 826 (B) BGB.
[26] *Simitis*, Gute Sitten und ordre public, 1960.
[27] *Deutsch*, Unerlaubte Handlungen und Schadensersatz, 3. Aufl. 1995, Rn. 229.

Diskriminierungsverbote aus dem Europarecht für beachtlich halten müssen.[28] Ihre Umsetzung in nationales Recht erfuhren mehrere EG-Richtlinien durch das Allgemeine Gleichbehandlungsgesetz, das spezielle Diskriminierungsverbote enthält (vgl. §§ 1, 7 AGG). Wesentliche rechtliche Grundprinzipien können allein aber meist keine Antwort auf ganz konkrete Interessenkonflikte geben. Ein pragmatischerer Ansatzpunkt ist daher die Herausarbeitung von „**case law**" (Fallrecht), d.h. typischen Konfliktfällen und ihrer Kategorisierung. Erwogen wird schließlich, die guten Sitten durch das „Zusammenspiel beweglicher Elemente" zu erfassen: auffälliges Missverhältnis von Leistung und Gegenleistung, Ausnutzung einer Zwangslage, eine verwerfliche Zweck-Mittel-Relation, ein gewissenloses Verhalten, Verhinderung groben Vertrauensbruchs.[29] Damit wird die gewissenhafte Prüfung des Einzelfalls „systematisiert".

4. Eigene Auffassung

Eine deliktsrechtlich praktikable Fassung der „guten Sitten" hat sich zu vergegenwärtigen, dass formelhafte Definitionen oder Beschränkungen auf bestimmte Fallgruppen, wie z.T. in der Literatur vorgeschlagen, der Entwicklungsfunktion des § 826 BGB in einer spezifisch **haftungsrechtlichen** Perspektive nicht gerecht werden. Gefordert ist ein **Haftungsprinzip**, das sich auf immer neue Konfliktsituationen einlässt, ohne ganz auf eine teleologische Perspektive zu verzichten. In deutlicher Abgrenzung zum engeren vertraglichen Billigkeitsmaßstab nach den §§ 242, 157 BGB kann daher mit *Oechsler* der **Vertrauensgrundsatz** auch für das Recht der Jedermann-Beziehungen gute Dienste leisten.[30] Zwar ist nicht jede Eigensüchtigkeit oder Rücksichtslosigkeit schon sittenwidrig. Doch lässt sich das in den „guten Sitten" verkörperte sozialethische Minimum für § 826 BGB dahingehend konkretisieren, dass hierdurch **berechtigte Verhaltenserwartungen im Geschäftsverkehr** vor vorsätzlichen Schädigungen geschützt werden sollen. Zudem sind bei der Beurteilung eines Verhaltens als sittenwidrig auch die verfassungsrechtlichen Grundwertungen als „Richtlinien" mit einzubeziehen (mittelbare Drittwirkung der Grundrechte).[31]

5. Typische Fallkonstellationen

Sittenwidriges Handeln liegt z.B. vor, wenn der Schädiger eine sich ihm bietende Situation durch überlegenes Wissen zu seinem Vorteil **rücksichtslos** ausnutzt. Dies kann bei **überlegenem Sachwissen** der Fall sein, wenn der Schädiger eine ihm obliegende Aufklärungspflicht bewusst verletzt. Genauso sind Fälle zu bewerten, in denen der Schädiger eine **Zwangslage** des Geschädigten ausnutzt. Auch **Zeit und Ort** der Handlung können die Sittenwidrigkeit beeinflussen. So ist ein Haustürgeschäft um drei Uhr morgens anders zu beurteilen als der Vertragsschluss zu einem vereinbarten Termin in einem Büroraum. Sittenwidrig sind ferner Handlungen, mit denen ein **Zweck** verfolgt wird, der unter den gegebenen Umständen nicht erreicht werden kann, z.B. politische Forderungen mittels Streiks durchzusetzen.[32] **Subjektiv** muss der Schädiger zumindest bei üblicher Sorgfalt erkennen können, dass er gegen allgemein anerkannte Verhaltensregeln **grob** verstößt. Daher sind je nach Berufsgruppe unterschiedliche **Verhaltensstandards** anzusetzen, so z.B. bei freien Berufen mit einer ausformulierten Standese-

---

[28] Vgl. dazu *Reichold*, JZ 2004, 384-393, 392; *Picker*, JZ 2003, 540-545, 392; *Franck/Riesenhuber*, JZ 2004, 529-538, 537.
[29] Vgl. *Schiemann* in: Erman, § 826 Rn. 5; für eine „funktionale Interpretation" des Begriffs der Sittenwidrigkeit anhand des Zwecks des § 826 BGB, reine Vermögensschäden selektiv in den Schutzbereich des Deliktsrechts einzubeziehen, plädiert *Wagner* in: MünchKomm-BGB, § 826 Rn. 11; kritisch auch *Oechsler* in: Staudinger, § 826 Rn. 47-58.
[30] Vgl. *Oechsler* in: Staudinger, § 826 Rn. 31.
[31] Zur Konkretisierung der Sittenwidrigkeit in § 138 BGB vgl. BVerfG v. 19.10.1993 - 1 BvR 567/89 - juris Rn. 48 - E 89, 214 - NJW 1994, 36-39; ferner *Oechsler* in: Staudinger, § 826 Rn. 55, der jedoch zu Recht darauf hinweist, dass eine unmittelbare Anwendung von Art. 3 Abs. 1 GG in dem Sinne, dass jedermann die willkürliche Verweigerung eines Vertragsabschlusses mit anderen Privatrechtssubjekten verboten wäre, abzulehnen ist. Dieser Grundsatz gilt trotz Inkrafttreten des AGG, da eine willkürliche Vertragsverweigerung nicht auf einem verpönten Merkmal gem. § 1 AGG beruhen muss.
[32] BGH v. 31.01.1978 - VI ZR 32/77 - juris Rn. 17 - BGHZ 70, 277-290.

thik im Gegensatz zu gerade eingereisten Zuwanderern mit völlig anderem sozialen bzw. religiös-kulturellen Hintergrund.[33]

6. Einzelfälle

a. Angehörige

15   Ein viel diskutiertes Feld ist die Einbeziehung von Angehörigen in Schuldverhältnisse unter Ausnutzung einer Zwangslage, so z.B., wenn sich nahe Angehörige **verbürgen**.[34] Sittenwidrig können Vermögensübertragungen sein, die Angehörige um ihre familien- oder erbrechtlichen Ansprüche bringen sollen.[35] Dagegen ist die Enttäuschung einer bloßen Erwerbshoffnung nicht sittenwidrig.[36]

b. Arbeitsrecht

16   Allein eine Abwerbung von Mitarbeitern reicht als sittenwidriger Zweck nicht aus.[37] Es muss vielmehr ein **vertragsbrüchiges Verhalten** dazu treten. Dies kann durch Mobbing, das gezielte „Vergraulen" eines Arbeitnehmers, geschehen.[38] Ist ein Arbeitsverhältnis durch ein rechtskräftiges Gestaltungsurteil beendet worden, obwohl der Auflösungsantrag rechtsmissbräuchlich gestellt worden war, dann kann ein in einem Folgeprozess eingeklagter Schadensersatzanspruch wegen sittenwidriger Schädigung nur durchdringen, wenn der Antragsteller das Gestaltungsurteil entweder sittenwidrig erschlichen hat oder wenn er sittenwidrig ein von ihm selbst als unrichtig erkanntes Urteil auszunutzen versucht.[39] Bei der Erstellung von **Arbeitszeugnissen** kann das vorsätzliche Verschweigen von Tatsachen sittenwidrig sein.[40]

17   Sittenwidrig handelt ferner der Arbeitgeber, der seine Arbeitnehmer zu ordnungswidrigem Verhalten veranlasst und die Bezahlung der Geldbußen übernimmt.[41] Ein **Streik** ist aufgrund seiner verfassungsrechtlichen Verankerung in Art. 9 Abs. 3 GG nur sittenwidrig, wenn er **evident** unverhältnismäßig ist oder Zwecke verfolgt werden, die offenkundig nicht dem Kompetenzbereich der Tarifvertragsparteien unterfallen.[42] An diesem Maßstab sind auch **neuartige Kampfmittel** zu messen. Sog. „**Flashmob-Aktionen**" sollen laut BAG grundsätzlich noch von der Koalitionsfreiheit des Art. 9 Abs. 3 GG gedeckt sein[43] und daher nicht dem Verdikt der Sittenwidrigkeit unterliegen. Dabei ist unter einer Flashmob-Aktion eine durch Gewerkschaftsaufruf initiierte Störaktion durch anonym bleibende Aktivisten zu verstehen, bei der eine bestreikte Einzelhandelsfiliale aufgesucht wird, um z.B. zur Blockade des Kassenraumes massenhaft Pfennigartikel zu kaufen oder die Menschen zu veranlassen, gleichzeitig ihre Einkaufswagen vollzupacken, um diese dann im Laden stehen zu lassen.

18   Für das Vorliegen eines **Wettbewerbsverstoßes** durch den Arbeitnehmer ist nicht erforderlich, dass dieser für ein anderes Unternehmen tätig wird. Vielmehr genügt es, wenn er heimlich, unautorisiert und rechtswidrig einen Kunden des Arbeitgebers beliefert.[44] Derartige „Schwarzbau"-Aktivitäten wider-

---

[33] Vgl. *Schiemann* in: Erman, § 826 Rn. 7; zu Fällen mit Auslandsbezug vgl. *Wagner* in: MünchKomm-BGB, § 826 Rn. 21.

[34] Zur Frage der (i.d.R. nicht mit der Klage aus § 826 BGB abwehrbaren) Vollstreckung aus einem auf einer sittenwidrigen Bürgschaft beruhenden Titel vgl. BGH v. 11.07.2002 - IX ZR 326/99 - juris Rn. 26 - BGHZ 151, 316-329.

[35] BGH v. 30.04.1991 - IV ZR 104/90 - juris Rn. 13 - NJW 1991, 1952-1953.

[36] OLG Düsseldorf v. 25.02.2002 - 9 U 140/01 - OLGR Düsseldorf 2002, 408-412.

[37] OLG Stuttgart v. 17.12.1999 - 2 U 133/99 - BB 2000, 633-635; deutlich auch BGH zu § 1 UWG a.F., wonach ein am Arbeitsplatz zu Abwerbungszwecken geführtes Telefongespräch erst dann sittenwidrig ist, wenn es über eine erste Kontaktaufnahme hinausgeht, BGH v. 04.03.2004 - I ZR 221/01 - juris Rn. 36 - BGHZ 158, 174-188.

[38] LArbG Hamm v. 25.06.2002 - 18 (11) Sa 1295/01 - juris Rn. 52 - Bibliothek BAG.

[39] BAG v. 15.02.1973 - 2 AZR 16/72 - BAGE 25, 43-55; vgl. auch Rn. 51 zur sittenwidrigen Titelerschleichung.

[40] BGH v. 22.09.1970 - VI ZR 193/69 - juris Rn. 18 - NJW 1970, 2291. Demnach muss ein Zeugnis die wesentlichen Tatsachen enthalten, die für die Gesamtbeurteilung des Arbeitnehmers von Bedeutung und für den künftigen Arbeitgeber von Interesse sind.

[41] So zum Straßenverkehr BAG v. 25.01.2001 - 8 AZR 465/00 - juris Rn. 22 - NJW 2001, 1962-1964.

[42] BAG v. 31.01.1978 - VI ZR 32/77 - juris Rn. 15 - BGHZ 70, 277-290.

[43] BAG v. 22.09.2009 - 1 AZR 972/08 - NJW 2010, 631-638; zutr. Kritik bei *Rieble*, NZA 2008, 796-799; *Säcker*, NJW 2010, 1115-1118; *Säcker/Mohr*, JZ 2010, 440-450 wegen der gezielten Verletzung absoluter Rechte des Unternehmers.

[44] Vorliegend handelte es sich um Sonnenbänke, die nach Feierabend „schwarz" produziert wurden.

sprechen einfachsten und grundlegenden Regeln des **geschäftlichen Anstands** und der **kaufmännischen guten Sitten** und begründen einen Schadensersatzanspruch des Arbeitgebers.[45]

c. Familienrecht

Sittenwidriges Verhalten ist im **Unterhaltsrecht** anzunehmen, wenn der Unterhaltsschuldner seine Leistungsfähigkeit durch die Reduzierung seiner Arbeitszeit so weit herabsetzt, dass er keinen Unterhalt zahlen muss, und diese Situation ausnutzt, indem er eine spätere Verbesserung seiner Einkommensverhältnisse verschweigt.[46] Dagegen soll die Unterlassung der Mitteilung über eine Verbesserung der Einkommensverhältnisse des Unterhaltsgläubigers nicht ohne das Hinzutreten weiterer Umstände sittenwidrig sein, weil nach § 1605 BGB (vgl. die Kommentierung zu § 1605 BGB) eine **Auskunftspflicht** über Einkommensveränderungen grundsätzlich nur auf Verlangen besteht.[47]   19

Gibt ein geschiedener Ehemann seine Erwerbstätigkeit auf und überträgt er sein gesamtes Vermögen auf seine neue Lebenspartnerin, um den Vollstreckungszugriff der unterhaltsberechtigten früheren Ehefrau in die titulierten Unterhaltsansprüche zu vereiteln, begründet dieses Verhalten für diese einen Anspruch aus § 826 BGB.[48] Dagegen scheitert die Unterhaltsregressklage des Scheinvaters gegen den vermuteten biologischen Vater grundsätzlich an der Rechtsausübungssperre des § 1600d Abs. 4 BGB.[49] Dem Scheinvater steht auch kein Schadensersatzanspruch aus § 826 BGB gegen einen leiblichen Vater zu, der trotz Kenntnis seiner Vaterschaft die Anfechtung der Ehelichkeit des Kindes unterlässt. § 1600 Abs. 1 Nr. 2 BGB berechtigt den leiblichen Vater lediglich zur Anfechtung. Dieser wäre bei Anerkennung eines Schadensersatzanspruches entgegen der gesetzlichen Konzeption aber faktisch zur Anfechtung verpflichtet.[50] Allerdings handelt die Mutter, die im Bewusstsein der möglichen Schädigung grob fahrlässig die Frage verneint, ob sie in der gesetzlichen Empfängniszeit auch mit einem anderen Mann verkehrt habe, sittenwidrig und ist dem Zahlvater hinsichtlich der fälschlicherweise geleisteten Unterhaltszahlungen zum Schadensersatz verpflichtet.[51]   20

Die Übertragung der Ersparnisse beider Eltern auf die Kinder mit der Folge, dass sie zur Begleichung der Kosten für eine spätere Pflegeheimunterbringung nicht mehr auf ihr Geldvermögen zurückgreifen können und wegen der eingetretenen finanziellen Hilfsbedürftigkeit die Gewährung von Sozialhilfeleistungen erforderlich wird, begründet keinen Anspruch des **Sozialhilfeträgers** aus § 826 BGB. Die Übertragung des Barvermögens lässt nicht den Schluss auf eine Schädigungsabsicht zu, da ein späterer Aufenthalt in einem Pflegeheim nicht absehbar ist und auch nicht im Voraus geplant werden kann.[52]   21

d. Gesellschaftsrecht

Hier begegnen häufig Fälle, in denen ein Gesellschafter kraft **überlegenen eigenen Sachwissens** andere schädigt. Die Zahlung einer Abfindung gegen das Versprechen, keine Nichtigkeits- oder Anfechtungsklage zu erheben, kann sittenwidrig sein,[53] ebenso wie grobe Verletzungen der gesellschaftsrechtlichen Treuepflichten zum eigenen Vorteil.[54] Gleiches gilt für das Gestalten des Gesellschaftsvertrages   22

---

[45] LAG Rheinland-Pfalz v. 20.01.2011 - 10 Sa 395/10 - juris Rn. 37; zur Frage der anwaltlichen Berufspflichtverletzung durch Abschluss sittenwidriger Vergütungsvereinbarungen vgl. *Schulz*, BRAK-Mitt 2010, 112-114.
[46] OLG Karlsruhe v. 12.03.2004 - 16 UF 186/01 - juris Rn. 7 - NJW-RR 2004, 1441-1442.
[47] Vgl. OLG Naumburg v. 29.04.2004 - 3 UF 15/04 - juris Rn. 21 - OLGR Naumburg 2004, 378-380.
[48] Der Anspruch richtet sich auch gegen die neue Lebenspartnerin, die aufgrund der persönlichen Verbundenheit und Vertrautheit aufgrund der Lebensgemeinschaft mit dem Schuldner notwendigerweise gem. § 830 Abs. 1 BGB mitgewirkt hat, vgl. OLG Hamm v. 17.12.2004 - 9 U 30/03 - OLGR Hamm 2005, 272-276.
[49] Etwas anderes kann dann gelten, wenn den biologischen Vater der Vorwurf sittenwidriger vorsätzlicher Schädigung trifft, so OLG Karlsruhe v. 31.01.2003 - 5 WF 174/02 - FamRZ 2005, 474-475.
[50] Vgl. LG Saarbrücken v. 15.04.2008 - 9 O 320/07 - NJW-RR 2008, 1604-1605.
[51] OLG Hamm v. 15.06.1998 - 6 W 24/97 - MDR 1999, 42; so wohl auch OLG Köln v. 10.03.1999 - 2 U 99/98 - juris Rn. 6 - NJW-RR 1999, 1673-1675, das über das bloße Nichtoffenbaren des Mehrverkehrs hinaus das Hinzutreten weiterer Umstände (z.B. ausdrückliche Frage des Zahlvaters) verlangt.
[52] So OLG Hamm v. 05.11.2004 - 9 U 26/04 - OLGR Hamm 2005, 277-280; die zwischenzeitliche Neuregelung der Sozialhilfe im SGB XII ändert daran nichts.
[53] BGH v. 14.05.1992 - II ZR 299/90 - juris Rn. 11 - LM BGB § 826 Nr. 44 (2/1993); OLG Köln v. 18.05.1988 - 16 U 29/88 - NJW-RR 1988, 1497-1499.
[54] BGH v. 20.03.1995 - II ZR 205/94 - juris Rn. 84 - BGHZ 129, 136-177; BGH v. 11.12.1995 - II ZR 220/94 - juris Rn. 7 - LM HGB § 161 Nr. 123 (4/1996).

§ 826

zu Lasten von Gesellschaftsgläubigern.[55] Dagegen soll das Auflösen und Neugründen einer Gesellschaft auch dann nicht sittenwidrig sein, wenn dadurch die Gläubiger der Altgesellschaft benachteiligt werden[56] – was so allgemein nicht ohne weiteres überzeugt.

23 Errichtet ein Bevollmächtigter eine Gesellschaft und **missbraucht** er hierbei die ihm erteilte **Generalvollmacht**, so ist der Gesellschaftsvertrag gem. § 138 BGB nichtig und der Bevollmächtigte haftet grundsätzlich nach § 826 BGB.[57] Ein solcher Missbrauch liegt vor, wenn die vermögenswerten Interessen des Vollmachtgebers dadurch verletzt werden, dass ihm die Verfügungsbefugnis über sein Vermögen faktisch unwiderruflich über einen Zeitraum von 19 Jahren entzogen wird.[58]

24 Eine fortgesetzte Schädigung der Gesellschaft durch **Geschäftsführer** ist nicht zwingend sittenwidrig.[59] Jedoch haftet der Gesellschafter-Geschäftsführer gem. § 826 BGB, wenn er seiner GmbH als deren Geschäftsführer eigennützig eine gegen ihn selbst gerichtete Forderung entzieht, indem er – auf beiden Prozessseiten agierend – gegen die Gesellschaft ein klageabweisendes Versäumnisurteil erwirkt und damit das zur Gläubigerbefriedigung erforderliche Liquidationsvermögen vernichtet.[60] Der **Prokurist** handelt nicht sittenwidrig, wenn er Beschlüsse der Gesellschafter ausführt.[61] Unterlässt es der Geschäftsführer einer Treuhandkommanditistin, den Treugeber über ein aufsichtsrechtliches Vorgehen der Bundesanstalt für Finanzleistungen (BaFin) zu informieren, haftet er diesem nur dann wegen vorsätzlicher sittenwidriger Schädigung, wenn er von der Chancenlosigkeit der Anlage **positive** Kenntnis hatte.[62]

25 Nach der Aufgabe der Rechtsprechung zum qualifiziert faktischen Konzern[63] besteht laut BGH aber ein Anspruch aus § 826 BGB gegen GmbH-Gesellschafter, die in **existenzvernichtender Weise** auf das Gesellschaftsvermögen zugreifen. Dabei ist Sittenwidrigkeit bei einer planmäßigen Entziehung von – der Zweckbindung zur vorrangigen Befriedigung der Gesellschaftsgläubiger unterliegendem – Gesellschaftsvermögen mit der Folge der Insolvenz der Gesellschaft zu bejahen, wenn dies zum Vorteil des Gesellschafters oder eines Dritten geschieht (sittenwidrige „Selbstbedienung" des Gesellschafters vor dem Gläubiger).[64] Seit der „**Trihotel**"-Entscheidung stützt der BGH die Existenzvernichtungshaftung dogmatisch **ausschließlich** auf § 826 BGB in Gestalt einer schadensersatzrechtlichen **Innenhaftung** der Gesellschafter gegenüber der GmbH.[65] Zuvor war der BGH davon ausgegangen, dass der schädigende Gesellschafter den Gläubigern direkt haftet, soweit die der Gesellschaft durch den Eingriff entstandenen Nachteile nicht durch Ansprüche nach den §§ 30, 31 GmbHG ausgeglichen werden konnten.[66] Der Ausgangspunkt, dass im Falle kompensationsloser, zur Insolvenz führender oder diese vertiefende Eingriffe in das Gesellschaftsvermögen, welches als Haftungsfond für die Gläubiger dient,

---

[55] BGH v. 30.11.1978 - II ZR 204/76 - juris Rn. 20 - LM Nr. 11 zu § 13 GmbHG; BGH v. 25.04.1988 - II ZR 175/87 - juris Rn. 7 - NJW-RR 1988, 1181-1182.

[56] BGH v. 12.02.1996 - II ZR 279/94 - juris Rn. 9 - LM BGB § 826 (Gg) Nr. 10 (7/1996).

[57] BGH v. 13.09.2011 - VI ZR 229/09 - juris Rn. 9 - NZG 2011, 1225.

[58] Hierzu auch BGH v. 01.06.2010 - XI ZR 389/09 - juris Rn. 16 - NJW 2011, 66.

[59] OLG München v. 19.07.2002 - 21 U 4450/01 - NZG 2002, 978-980.

[60] OLG Celle v. 28.10.2009 - 9 U 125/06 - NZG 2010, 181-184.

[61] BGH v. 25.06.2001 - II ZR 38/99 - BGHZ 148, 167-175.

[62] BGH v. 19.10.2010 - VI ZR 124/09 - juris Rn. 14 - VersR 2010, 1659.

[63] Vgl. BGH v. 17.09.2001 - II ZR 178/99 - juris Rn. 11 - BGHZ 149, 10-28; näher *Altmeppen*, NJW 2007, 2657-2660.

[64] BGH v. 16.07.2007 - II ZR 3/04 - juris Rn. 28-30 - NJW 2007, 2689-2695 (Trihotel); zuvor schon BGH v. 24.06.2002 - II ZR 300/00 - BGHZ 151, 181-188; vgl. dazu nur *Hönn*, WM 2008, 769-777; *Witt*, DNotZ 2008, 219-227; *Dauner-Lieb*, ZGR 2008, 34-47; *Noack*, LMK 2007, 240726; *Schanze*, NZG 2007, 681-686; *Schaefer/Steinmetz*, WM 2007, 2265-2272; *Wilhelm*, EWiR 2007, 557-558; *Hölzle*, DZWIR 2007, 397-407; *Heitsch*, ZInsO 2007, 961-965; *Weller*, ZIP 2007, 1681-1689; *Vetter*, BB 2007, 1965-1970; *Paefgen*, DB 2007, 1907-1912; *Schwab*, ZIP 2008, 341-350.

[65] BGH v. 16.07.2007 - II ZR 3/04 - NJW 2007, 2689 (Trihotel); Bestätigung BGH v. 07.01.2008 - II ZR 314/05 - juris Rn. 11 mit Anm. *Westermann*, EWiR 2008, 135-136; ferner *Altmeppen*, NJW 2007, 2657-2660, 2658; vgl. grundlegend auch *Habersack*, ZGR 2008, 533-559, der auch die Frage nach einer Übertragbarkeit der Rechtsprechung auf das Aktienrecht aufwirft.

[66] Vgl. zur früheren Rechtsprechung: BGH v. 21.06.1999 - II ZR 47/98 - juris Rn. 11 - BGHZ 142, 92-96; BGH v. 25.02.2002 - II ZR 196/00 - juris Rn. 18 - BGHZ 150, 61-70; BGH v. 24.06.2002 - II ZR 300/00 - juris Rn. 13 - BGHZ 151, 181-188; BGH v. 20.09.2004 - II ZR 302/02 - juris Rn. 23 - NJW 2005, 145-146; BGH v. 13.12.2004 - II ZR 256/02 - juris Rn. 7 - WM 2005, 332-335 und BGH v. 13.12.2004 - II ZR 206/02 - juris Rn. 10 - NJW-RR 2005, 335-337.

eine Lücke im Kapitalschutzrecht besteht, wird aber beibehalten.[67] Diese von den §§ 30, 31 GmbHG offen gelassene Schutzlücke wird jetzt systemkonform geschlossen. Als Ausgleich für den missbräuchlichen Entzug des Gesellschaftsvermögens kommt eine Ersatzhaftung des Gesellschafters gegenüber der Gesellschaft als Trägerin des geschädigten Vermögens in Betracht (Innenhaftung).[68] In Konsequenz dieses Konzepts kann bei Insolvenz der Gesellschaft der Ersatzanspruch vom Insolvenzverwalter geltend gemacht werden.[69] In Fällen der masselosen Insolvenz sei es dem Gläubiger zumutbar, über den „Umweg" eines Titels gegen die Gesellschaft nach Pfändung und Überweisung der Ersatzansprüche der GmbH gegen die Gesellschafter vorzugehen.[70] Zutreffend erkennt der BGH keine Subsidiarität der deliktsrechtlichen Haftung gegenüber Ansprüchen aus §§ 30, 31 GmbHG an, weil über das Stammkapital hinausgehende **weitergehende** „Kollateralschäden" als Folge des Eingriffs auszugleichen sind (Anspruchsgrundlagenkonkurrenz).[71] Die Verortung der Haftung wegen existenzvernichtenden Eingriffs in § 826 BGB bietet auch die Möglichkeit, Mittäter und Gehilfen gem. § 830 BGB einzubeziehen.[72] In der Literatur wird bezweifelt, ob die Existenzvernichtungshaftung nach ihrer Verortung in § 826 BGB noch von großer praktischer Relevanz sei, da nach st. Rspr. des BGH § 826 BGB neben den **Anfechtungstatbeständen** des AnfG und der InsO nur anwendbar sei, wenn über den Anfechtungstatbestand hinaus **besondere Umstände** die Sittenwidrigkeit tragen.[73] Trotz dieser Bedenken hatte der BGH in der Folgezeit Gelegenheit, sein deliktsrechtliches Konzept weiter zu konkretisieren. So stellte das Gericht klar, dass die **Existenzvernichtungshaftung** des GmbH-Gesellschafters aus § 826 BGB **auch im Stadium der Liquidation** der Gesellschaft im Falle missbräuchlicher, zur Insolvenz der GmbH führender oder diese vertiefende kompensationslose Eingriffe in Betracht komme.[74] **Daneben** entwickelt der BGH für die Liquidationsphase einen **eigenen (Innenhaftungs-)Anspruch der Liquidationsgesellschaft** gemäß § 826 BGB gegen die Gesellschafter für den Fall, dass diese unter Verstoß gegen § 73 Abs. 1 GmbHG in sittenwidriger Weise das im Interesse der Gesellschaftsgläubiger zweckgebundene Gesellschaftsvermögen schädigen. Hierfür müssten die „Zusatzkriterien" einer Insolvenzverursachung oder -vertiefung nicht erfüllt sein.[75]

Eine Existenzvernichtungshaftung bleibt aber stets davon abhängig, dass eine Schädigung des Gesellschaftsvermögens durch eine Begünstigung des handelnden Gesellschafters oder eines Dritten erfolgt. Ein existenzvernichtender Eingriff in der Liquidationsphase einer GmbH liegt daher nicht schon dann vor, wenn deren Gesellschafter-Geschäftsführer Gegenstände aus dem Gesellschaftsvermögen an eine von ihnen abhängige Nachfolge-Gesellschaft veräußern, sondern lediglich, soweit die Veräußerung auch unter Wert erfolgt und gerade deswegen eine Befriedigung der Gesellschaftsgläubiger vereitelt

25.1

---

[67] BGH v. 16.07.2007 - II ZR 3/04 - juris Rn. 24 - NJW 2007, 2689 (Trihotel).
[68] Dagegen wird eine Außenhaftung der Gesellschafter vor allem bei „Missbrauch der Rechtsform der GmbH" bejaht. Ein solcher ist in der vorliegenden Konstellation aber nicht gegeben, so BGH v. 16.07.2007 - II ZR 3/04 - juris Rn. 27, 28 - NJW 2007, 2689 (Trihotel); das Konzept der ausschließlichen Innenhaftung lehnen ab *Schwab*, ZIP 2008, 341-350; *Rubner*, Der Konzern 2007, 635-647, *Kleindiek*, NZG 2008, 686-690; *Habersack*, ZGR 2008, 533-559, 548; *Hönn*, WM 2008, 769-777.
[69] BGH v. 16.07.2007 - II ZR 3/04 - juris Rn. 34 - NJW 2007, 2689 (Trihotel).
[70] BGH v. 16.07.2007 - II ZR 3/04 - juris Rn. 36 - NJW 2007, 2689 (Trihotel); kritisch hierzu *Witt*, DNotZ 2008, 219-227, 226 sowie *Altmeppen*, NJW 2007, 2657-2660, 2660; *Habersack*, ZGR 2008, 533-559, 548; *Kleindiek*, NZG 2008, 686-690, der eine analoge Anwendung der Gläubigerverfolgungsrechte in den §§ 62 Abs. 2, 93 Abs. 5, 117 Abs. 5, 309 Abs. 4 Satz 3, 310 Abs. 4, 317 Abs. 4, 318 Abs. 4 AktG anregen.
[71] BGH v. 16.07.2007 - II ZR 3/04 - juris Rn. 38-40 - NJW 2007, 2689 (Trihotel).
[72] *Leuering/Rubner*, NJW-Spezial 2007, 363-364, 364; *Paefgen*, DB 2007, 1907-1912, 1909; *Noack*, LMK 2007, 240726; *Weller*, ZIP 2007, 1681-1689; *Vetter*, BB 2007, 1965-1970, 1969.
[73] *Nassall*, jurisPR-BGHZivilR 36/2007, Anm. 1 unter Verweis auf BGH v. 10.02.2005 - IX ZR 211/02 - WM 2005, 564, 568; zur Konkurrenz zwischen der Haftung aus § 826 BGB und dem Anfechtungsrecht vgl. ausführlich *Thole*, WM 2010, 685-692.
[74] BGH v. 09.02.2009 - II ZR 292/07 - ZIP 2009, 802-808 (Sanitary). Dabei erachtet es der BGH als sittenwidrig, wenn der Gesellschafter eine Forderung der Gesellschaft gegen ihn unlauter und eigennützig vernichtet, indem er ein klagabweisendes Versäumnisurteil erwirkt.
[75] Kritisch hierzu *Kölbl*, BB 2009, 1040-1041 sowie *Rubner*, DStR 2009, 1538-1544, der einen eigenständigen Anwendungsbereich dieser neuen Fallgruppe verneint; vgl. aber auch *Weller*, LMK 2009, 284304, der die (nach seiner Ansicht u.U. vorteilhaften) Unterschiede zwischen der Existenzvernichtungshaftung und einem Anspruch aus § 826 BGB wegen sittenwidriger Verletzung der Liquidationsvorschriften betont.

§ 826

wird (vgl. BGH v. 23.04.2012 - II ZR 252/10 - NZG 2012, 667-672 mit zust. Anm. *Kleindiek*, BB 2012, 1632; *Paefgen/Dettke*, EWiR 2012, 415-416, vgl. auch *Bisle*, DStR 2012, 1514-1517. Anders *Röck*, GmbHR 2012, 744-746, die eine Existenzvernichtungshaftung nicht an die Kompensationslosigkeit des Eingriffs geknüpft sieht).

26 Eine weitere Konkretisierung erfolgte im **GAMMA-Urteil**[76] bezüglich der Fallgruppe der **Unterkapitalisierung**, d.h. der Ausstattung einer GmbH mit völlig unzureichendem Stammkapital: Das Unterlassen hinreichender Kapitalausstattung bei der GmbH **stehe** der **Existenzvernichtungshaftung nicht gleich**, die einen kompensationslosen „Eingriff" in das im Gläubigerinteresse zweckgebundene Gesellschaftsvermögen voraussetze. Die Fallgruppe der Existenzvernichtung sei daher nicht eröffnet. Das Gericht lehnte es aufgrund der im GmbHG fehlenden Regelungslücke ab, eine allgemeine Haftung des Gesellschafters wegen materieller Unterkapitalisierung im Wege der Rechtsfortbildung zu statuieren. Offen gelassen wurde allerdings, ob eine persönliche Haftung des Gesellschafters nach § 826 BGB nicht dennoch in Betracht kommen könne.[77]

27 Durch die Neuregelungen des Gesetzes zur Modernisierung des GmbH-Rechts und zur Bekämpfung von Missbräuchen (MoMiG) ändert sich an der deliktsrechtlichen Konzeption der Existenzvernichtungshaftung nichts.[78]

28 Bloße **Managementfehler** sind weiterhin für eine Haftung wegen „existenzvernichtenden Eingriffs" nicht ausreichend. Voraussetzung der Haftung ist vielmehr ein gezielter, betriebsfremden Zwecken dienender Eingriff des Gesellschafters in das Gesellschaftsvermögen. Weitere Voraussetzung ist ein Eingriff in den der Befriedigung der Gläubiger dienenden Haftungsfonds der Gesellschaft. Nicht ausreichend ist der Entzug von Sicherungsgut eines einzelnen Gläubigers. Eine Haftung kommt auch dann in Betracht, wenn die Gesellschaft im Zeitpunkt des „existenzvernichtenden Eingriffs" bereits **insolvenzreif** war.[79]

e. Gesetzesverstoß

29 Beim Verstoß gegen Gesetze ist nach deren Inhalt zu differenzieren. Der Gesetzesverstoß selbst ist nicht direkt von § 826 BGB erfasst, da diese Aufgabe bereits von § 823 Abs. 2 BGB übernommen wird. Trotzdem verstoßen Handlungen gegen Vorschriften, die gewachsene gesellschaftliche Wertvorstellungen festschreiben, auch gegen die guten Sitten. Hierzu zählt vor allem die Verwirklichung eines Straftatbestandes[80] oder die Verletzung von Grundrechten,[81] unter Umständen auch der Verstoß gegen

---

[76] BGH v. 28.04.2008 - II ZR 264/06 - NJW 2008, 2437-2441 (Gamma); vgl. hierzu auch *Waclawik*, DStR 2008, 1486-1492; *Nassall*, jurisPR-BGHZivilR 16/2008, Anm. 4; *Kleindiek*, NZG 2008, 686-690; *Wackerbarth*, JZ 2008, 1166-1168; *Veil*, NJW 2008, 3264-3266; *Gloger/Goette/Japing*, ZInsO 2008, 1051-1058; kritisch zu dieser Rechtsprechung *Schäfer/Fischbach*, LMK 2008, 267714

[77] Vgl. hierzu auch *Veil*, NJW 2008, 3264-3266; *Gloger/Goette/Japing*, ZInsO 2008, 1051-1058, die auf mögliche Ansprüche der Gläubiger im Fall der Unterkapitalisierung außerhalb von § 826 BGB hinweisen; nach *Altmeppen*, ZIP 2008, 1201-1207 stellt die materielle Unterkapitalisierung eine Fallgruppe des § 826 BGB dar und führt zu einem Direktanspruch der Gläubiger.

[78] Seitdem regelt § 64 Satz 3 GmbHG, dass die Geschäftsführer zum Ersatz verpflichtet sind, wenn durch Zahlungen an Gesellschafter die Zahlungsunfähigkeit der Gesellschaft herbeigeführt wird. Dies soll ausweislich der Gesetzesbegründung nur einen Spezialfall regeln, vgl. BT-Drs. 16/6140 S. 111 ff. Zudem steht diese Vorschrift in der Literatur in der Kritik, da ihr ein eigenständiger Anwendungsbereich fehle, vgl. *Altmeppen* in: Roth/Altmeppen § 64 GmbHG Rn. 61 ff.; dagegen fordert *Habersack*, ZGR 2008, 533-559, 558, infolge der Neuregelungen durch das MoMiG die Haftung des Gesellschafters wegen existenzvernichtender Eingriffe vom Vorsatzerfordernis des § 826 BGB zu befreien und künftig auf die Sonderverbindung zur Gesellschaft zu gründen, um hierdurch auch fahrlässige Vermögensentziehung zu sanktionieren.

[79] BGH v. 13.12.2004 - II ZR 256/02 - NZG 2005, 214; kritisch zu dieser Rechtsprechung – zu weitgehende Haftungsausweitung, Beweislastumkehr, Kausalitätsanforderungen – *Bruns*, DB 2005, 330-331; *Roth*, LMK 2004, 223-224, der davor warnt, den nicht speziell auf das Gesellschaftsrecht zugeschnittenen § 826 BGB im Rahmen einer ergebnisorientierten Rechtsprechung einzusetzen. Zur (nicht gegebenen) Anwendbarkeit der deutschen Haftungsinstitute des existenzvernichtenden Eingriffs, der Unterkapitalisierung, der Kapitalerhaltungsvorschriften sowie weitgehend auch der Insolvenzverschleppung auf die englische „Limited" vgl. *Dichtl*, GmbHR 2005, 886-888; *Goette*, ZIP 2006, 541-546.

[80] *Keiser*, NJW 2007, 3387-3391, 3391 schlägt aktuell die Anwendung von § 826 BGB als Auffangtatbestand bei Schädigungen durch „Stalking" (vgl. § 238 StGB) vor.

[81] OLG Saarbrücken v. 07.01.1987 - 1 U 165/84 - NJW-RR 1987, 500-502.

Ein- oder Ausfuhrbestimmungen, wenn dadurch die Vermögensinteressen anderer gefährdet werden,[82] und die Anstiftung zu gesetzwidrigem Verhalten („**agent provocateur**"), erst recht, wenn sie von einer Behörde ausgeht.[83] Keinen Sittenverstoß bedeutet dagegen die Missachtung von formellen Ordnungsvorschriften (vgl. aber Rn. 16).

f. Gewissenlosigkeit

Besonders sorgfalts- bzw. rücksichtsloses oder frivoles Verhalten kann sittenwidrig sein. Das liegt auch vor, wenn sich der Handelnde den äußeren Umständen seiner Handlung bewusst verschließt, z.B. bei sich aufdrängenden Verdachtsmomenten für kriminelles Handeln[84], oder wenn er eine Vertrauensposition leichtfertig missbraucht, z.B. als Gutachter oder sachkundige Person.[85] Allerdings ist auch hier zu differenzieren. Zwar lässt sich § 826 BGB keine Aussage über das Verhältnis zum **Schadenseintritt** entnehmen. Doch muss der Tatbestand in engem Bezug zur Schädigungsabsicht ausgelegt werden. Deshalb kann nicht jede Stichelei, die einen noch so geringen Schaden herbeiführt, gleich als sittenwidrig gelten. Der BGH fordert deshalb zusätzlich zum gewissenlosen Verhalten auch, dass der eingetretene Schaden außer Verhältnis zum erstrebten Nutzen des Schädigers steht.[86]

30

g. Insolvenz

Insolvenzverschleppung ist sittenwidrig, wenn dabei die Schädigung anderer erkannt wird.[87] Bei bewusstem Zusammenwirken von Gläubiger und Schuldner (Hinausschieben des Eröffnungsantrags, um eine Anfechtung des im Wege der Zwangsvollstreckung erlangten Erwerbs nach § 131 InsO auszuschließen) kommt auch eine Haftung des Gläubigers gegenüber der Masse nach §§ 826, 823 Abs. 2 BGB in Betracht.[88] Dagegen ist eine Sanierung durch eine Bank noch nicht sittenwidrig, wenn sie wenig Erfolg verspricht,[89] sondern erst, wenn weitere Momente wie Eigeninteresse oder grobe Missachtung der finanziellen Situation vorliegen.[90] Der Einwand eines Geschäftsführers einer GmbH, der wegen verspäteter **Insolvenzantragstellung** nach § 826 BGB von der Bundesagentur für Arbeit (BA) auf Ersatz des an die Arbeitnehmer gezahlten Insolvenzgelds in Anspruch genommen wird, das Insolvenzgeld hätte auch bei rechtzeitiger Antragstellung gezahlt werden müssen, stellt sich als qualifiziertes Bestreiten der Schadensentstehung dar. Der Einwand ist nicht nach den Grundsätzen zu behandeln, die

31

---

[82] BGH v. 20.11.1990 - VI ZR 6/90 - juris Rn. 16 - LM Nr. 5 zu BGB § 826 (C); BGH v. 20.10.1992 - VI ZR 361/91 - juris Rn. 14 - LM BGB § 826 (B) Nr. 13 (5/1993).

[83] Vgl. BGH v. 24.11.1952 - III ZR 164/51 - juris Rn. 6 - BGHZ 8, 83-88.

[84] BGH v. 27.01.1994 - I ZR 326/91 - juris Rn. 36 - LM BGB § 826 (B) Nr. 14 (7/1994).

[85] BGH v. 18.02.1986 - X ZR 95/85 - juris Rn. 14 - NJW-RR 1986, 1150-1151; BGH v. 05.03.1975 - VIII ZR 230/73 - WM 1975, 559.

[86] BGH v. 20.03.1995 - II ZR 205/94 - juris Rn. 82 - BGHZ 129, 136-177; BGH v. 19.10.1987 - II ZR 9/87 - juris Rn. 21 - BGHZ 102, 68-80.

[87] LArbG Mainz v. 30.11.2001 - 3 Sa 1005/01 - Bibliothek BAG. Dabei ist der subjektive Tatbestand des § 826 BGB bereits dann verwirklicht, wenn der Geschäftsführer einer GmbH die Richtung, in die sich sein Verhalten zum Schaden anderer auswirken konnte, und die Art des möglicherweise eintretenden Schadens vorausgesehen und billigend in Kauf genommen hat. Führt die vorsätzliche Konkursverschleppung zur Zahlung von Konkursausfallgeld an die Arbeitnehmer der Gemeinschuldnerin, so folgt die Sittenwidrigkeit gegenüber dem für den Lohnausfall eintretende Sozialleistungsträger daraus, dass das durch Unterlassen des rechtzeitigen Konkursantrags herbeigeführte Unvermögen der Gesellschaft zur Entlohnung ihrer Arbeitnehmer die Verpflichtung zur Zahlung des Konkursausfallgeldes unmittelbar ausgelöst hat, vgl. dazu OLG Stuttgart v. 08.05.2002 - 3 U 146/01 - ZInsO 2004, 1150-1152.

[88] Der Schuldner, der die Pflicht zur unverzüglichen Antragstellung verletzt, begeht eine Straftat (§ 15a Abs. 4, Abs. 5 InsO). Der Gläubiger, der das Vertretungsorgan der Schuldnerin hierzu veranlasst, haftet als Teilnehmer an einer Straftat nach § 830 BGB als Gesamtschuldner. Ist der Schuldner dagegen nicht verpflichtet, einen Insolvenzantrag zu stellen, kommt eine Haftung nach § 826 BGB in Betracht, wenn der Schuldner planmäßig mit Dritten zusammenarbeitet, um sein Vermögen dem Zugriff der Gläubiger zu entziehen und es sich selbst zu erhalten oder dem Dritten zuzuwenden, so BGH v. 10.02.2005 - IX ZR 211/02 - juris Rn. 34 - NJW 2005, 1121-1125, m.w.N.

[89] So BGH v. 09.02.1965 - VI ZR 153/63 - WM 1965, 475.

[90] BGH v. 09.07.1953 - IV ZR 242/52 - juris Rn. 12 - BGHZ 10, 228-234; BGH v. 11.11.1985 - II ZR 109/84 - juris Rn. 40 - BGHZ 96, 231-244. Zu den für Banken mit der Vergabe von Sanierungskrediten verbundenen haftungsrechtlichen Gefahren vgl. *Kiethe*, KTS 2005, 179-212 sowie *Schäffler*, BB 2006, 56-60; vgl. zu diesem Komplex auch *Thole*, WM 2010, 685-692.

§ 826

für Reserveursachen oder rechtmäßiges Alternativverhalten gelten. Denn auch bei rechtzeitiger Antragstellung wäre das Insolvenzgeld bei Vorliegen der Voraussetzungen des § 183 SGB III zu zahlen gewesen. Der Anspruchsteller muss daher beweisen, dass die Zahlungspflicht gerade auf der Pflichtverletzung beruht.[91] Dies gelte auch, wenn die Eröffnung des Insolvenzverfahrens mangels Masse abgelehnt werde. Auch dann sei es der BA möglich, den erforderlichen Beweis zu erbringen, dass das Insolvenzgeld bei rechtzeitiger Antragstellung nicht hätte gezahlt werden müssen.[92] Nach anderer Ansicht kommt ein Anspruch der BA auf Ersatz des Insolvenzgelds nach § 826 BGB grundsätzlich nicht in Betracht, da die BA vom Schutzzweck der Insolvenzantragspflicht (§ 15a Abs. 1 InsO = § 64 Abs. 1 GmbHG a.F.) nicht erfasst sei.[93] Eine **Anfechtung in der Insolvenz** ist nur sittenwidrig, wenn besondere Umstände hinzutreten. Ansonsten handelt es sich um normale Rechtsausübung, vgl. dazu unter Rechtsausübung (vgl. Rn. 47).

h. Kapitalmarktrecht

32 Im Bereich des Kapitalmarktrechts sind in jüngster Zeit verschiedene Urteile zur bewussten **Missachtung von Aufklärungspflichten** ergangen. Sittenwidrig ist insbesondere die Verletzung von Aufklärungspflichten bei Kapitalerhöhungen oder Optionsgeschäften[94] sowie das ständige Werben mit erfundenen und/oder falschen Unternehmenszahlen.[95] So dienen auch die Aufklärungspflichten eines Vermögensverwalters der umfassenden Wahrung der Kundeninteressen. Sittenwidrig ist deswegen auch die Nichtaufklärung des Kunden vor einem Aktienerwerb über etwaige wirtschaftliche oder persönliche Verflechtungen des Vermögensverwalters mit dem Unternehmen.[96]

33 Gewerbliche Vermittler von **Terminoptionsgeschäften** sind verpflichtet, den Anleger darüber aufzuklären, dass der Gebührenaufschlag auf die Optionsprämie eine Gewinnerwartung praktisch ausschließt (Hinweis auf die praktische Chancenlosigkeit des Anlegers).[97] Auf den Effektenhandel von Kreditinstituten ist diese Rechtsprechung dagegen grundsätzlich nicht übertragbar, da beim bankmäßigen Wertpapierhandel die Situation, dass durch hohe Aufschläge auf die Börsenpreise jede Gewinn-

---

[91] BGH v. 18.12.2007 - VI ZR 231/06 - NZI 2008, 242-244 mit zust. Anm. *Gebauer*, LMK 2008, 256489; *Blank*, EWiR 2008, 527-528; dem BGH im Ergebnis, aber nicht in der Begründung folgen *Wagner/Bronny*, ZInsO 2009, 622-628; vgl. hierzu auch OLG Saarbrücken v. 21.11.2006 - 4 U 49/06 - 16 - ZIP 2007, 328-331.

[92] BGH v. 13.10.2009 - VI ZR 288/08 - NZI 2010, 74-75 mit zust. Anm. *Poertzgen*, NZI 2010, 75-77.

[93] So LG Stuttgart v. 13.06.2008 - 15 O 228/07 mit zust. Anm. *Schmülling*, EWiR 2008, 615-616; in diesem Sinne auch *Beck*, ZInsO 2008, 713-719; *Bartels*, WuB IV A § 826 BGB 2.08

[94] Vgl. BGH v. 02.02.1999 - XI ZR 381/97 - juris Rn. 11 - LM BGB § 826 (D) Nr. 1 (7/1999); BGH v. 09.06.1998 - XI ZR 220/97 - juris Rn. 12 - LM BGB § 276 (Fb) Nr. 81 (11/1998); BGH v. 14.05.1996 - XI ZR 188/95 - LM BGB § 276 (Fb) Nr. 77 (10/1996); BGH v. 22.06.1992 - II ZR 178/90 - juris Rn. 96 - LM AktG 1965 § 183 Nr. 4 (2/1993); BGH v. 18.09.2001 - XI ZR 377/00 - ZIP 2001, 2276-2277; BGH v. 16.10.2001 - XI ZR 25/01 - juris Rn. 10 - WM 2001, 2313-2315; BGH v. 28.05.2002 - XI ZR 150/01 - NJW 2002, 2777-2778; BGH v. 21.10.2003 - XI ZR 453/02 - juris Rn. 19 - NJW-RR 2004, 203-206.

[95] LG Frankfurt v. 28.04.2003 - 3-7 O 47/02 - NJW-RR 2003, 1049-1050; dazu *Kiethe*, DStR 2003, 1982-1990, 1985-1986.

[96] OLG Düsseldorf v. 31.01.2008 - I-6 U 21/07; weitergehend für ein Empfehlungsverbot solcher Wertpapiere *Elixmann*, EWiR 2008, 217.

[97] Vgl.: BGH v. 12.04.2011 - XI ZR 101/09 - juris Rn. 30 - ZBB 2011, 394-398; BGH v. 09.03.2010 - XI ZR 93/09 - juris Rn. 25 - NZG 2010, 550, dazu *Lorenz/Wittinghofer*, NZG 2010, 1096-1098; *Meyer zu Schwabedissen*, EWiR 2011, 13 f.; zu beiden Urteilen auch *Thole*, ZBB 2011, 399-406; vgl. auch BGH v. 13.07.2010 - XI ZR 28/09 - juris Rn. 24, 53 - NJW-RR 2011, 197; BGH v. 26.10.2004 - XI ZR 211/03 - juris Rn. 10 - WM 2005, 27-28 und OLG Frankfurt v. 01.04.2004 - 16 U 55/03 - VuR 2004, 418; OLG Düsseldorf v. 28.01.2004 - I-15 U 219/02, 15 U 219/02 - juris Rn. 18 - ZIP 2004, 1194-1199, mit zust. Anmerkung *Klanten*, EWiR 2004, 1217-1218. Zur Haftung des Geschäftsführers einer GmbH, die Optionsgeschäfte ohne ausreichende Risikoaufklärung vermittelt, vgl. *Balzer*, WuB I G 1 - 2.05. Zu den Voraussetzungen der Beihilfe zur vorsätzlichen sittenwidrigen Schädigung von Kapitalanlegern durch ehemalige Geschäftsführer einer Optionsgeschäfte ohne ausreichende Risikoaufklärung vermittelnden GmbH vgl. BGH v. 26.10.2004 - XI ZR 279/03 - juris Rn. 17 - NJW-RR 2005, 556-558 mit zust. Anmerkung *Keil*, EWiR 2005, 247-248. Vgl. auch die Kommentierung zu § 830 BGB Rn. 6.

chance des typischerweise unerfahrenen Kunden ausgeschlossen ist, normalerweise nicht gegeben ist.[98]

Bei der **Vermittlung chancenloser Terminoptionsgeschäfte** ist auch die Konstellation denkbar, dass Vermittlung und Anweisung der einzelnen Kauf- und Verkaufsorders nicht unmittelbar durch den Vermittler selbst, sondern über einen dem Vermittler vertraglich verbundenen **Untervermittler** erfolgen. Selbst wenn dabei zwischen Broker und Untervermittler keine vertraglichen Vereinbarungen bestehen, kommt eine Haftung des Brokers gem. §§ 826 Abs. 1, 830 BGB dennoch in Betracht, da weder eine kommunikative Verständigung von Untervermittler und Broker auf einen gemeinsamen Tatplan erforderlich ist noch eine Mitwirkung des Brokers bei der Tatausführung (vgl. die Kommentierung zu § 830 BGB). Denn ein Broker, der Kenntnis von der hohen Missbrauchsgefahr hat, eine Prüfung des Geschäftsmodells des Vermittlers unterlässt und zudem die Einschaltung eines Untervermittlers gestattet, findet sich mit der Verwirklichung der erkannten Gefahren ab und nimmt die Schädigung von Anlegern durch ein entsprechend praktiziertes Geschäftsmodell billigend in Kauf.[99] Die **subjektiven Voraus**setzungen einer solchen Teilnahme hat der 11. BGH-Zivilsenat durch Urteil vom selben Tag näher konkretisiert: Erforderlich ist **positive Kenntnis** des Brokers hinsichtlich des zwischen Anleger und Untervermittler praktizierten Geschäftsmodells. Die bloß allgemeine Kenntnis von den wesentlichen Grundlagen, den extremen Verlustrisiken und das Unterlassen eigener Schutzmaßnahmen reichen nicht aus.[100]

34

Im Allgemeinen haften **Anlageberater** aus § 826 BGB, wenn eine Empfehlung aufgrund grob fahrlässigen Verhaltens leichtfertig in unrichtiger Weise abgegeben wird und diese erkennbar für die Entschließung des Anlegers von Bedeutung ist, soweit sie in Verfolgung eigener Interessen in dem Bewusstsein einer möglichen Schädigung des Anlegers erfolgt.[101] Derjenige, der für ihn tätige Werber dahingehend schult, Risiken einer Anlage gegenüber Interessenten zu verharmlosen oder zu verschweigen, haftet diesen Kapitalanlegern nach § 826 BGB.[102] Eine Haftung aus § 826 BGB kommt auch in Betracht, wenn ein Anleger mit Hilfe **unrichtiger Prospektangaben** durch arglistige Täuschung zum Vertragsschluss veranlasst werden soll.[103] Zur Beweislast vgl. Rn. 77. § 13 Abs. 1 Nr. 3 VerkProspG überführt die bürgerlich-rechtliche Prospekthaftung in das System der börsenrechtlichen Prospekthaftung.[104] Der Prospekt muss neben der sachlich richtigen und vollständigen Unterrichtung insbesondere über Umstände aufklären, die geeignet sind, den vom Anleger verfolgten **Vertragszweck zu vereiteln oder ernsthaft zu gefährden**. Dies beurteilt sich jeweils nach dem Gesamtbild.[105] Ein Anlageprospekt ist daher fehlerhaft, wenn er den Anleger nicht deutlich genug darauf hinweist, dass seine Beteiligung nicht nur dem Risiko eines begrenzten Verlustes, sondern dem eines Totalverlustes unterliegt.[106]

35

---

[98] Kreditinstitute können die ihnen obliegenden Aufklärungshinweise deshalb grundsätzlich auch mündlich erteilen. Handelt es sich jedoch bei dem Kreditinstitut um keine Vollbank und weist dessen Verhalten die einem gewerblichen Vermittler von Termindirekt- und Optionsgeschäften typischen Erscheinungsformen auf, müssen an die Aufklärungspflichten des Kreditinstituts dieselben Anforderungen wie an die eines gewerblichen Vermittlers gestellt werden, vgl. hierzu: BGH v. 22.11.2005 - XI ZR 76/05 – juris Rn. 23 - ZIP 2006, 171-175.

[99] BGH v. 25.01.2011 - XI ZR 195/08 - juris Rn. 33 - NJW-RR 2011, 1193.

[100] BGH v. 25.01.2011 - XI ZR 100/09 - juris Rn. 49; zur vorsätzlichen Beteiligung eines ausländischen Brokers an der vorsätzlichen sittenwidrigen Schädigung von Kapitalanlegern durch einen inländischen Terminoptionsvermittler vgl. BGH v. 12.10.2010 - XI ZR 394/08 - juris Rn. 39 ff. - NJW-RR 2011, 551.

[101] BGH v. 19.02.2008 - XI ZR 170/07 - juris Rn. 29 - ZIP 2008, 873-876 mit zust. Anm. *Haas*, LMK 2008, 264148; vgl. hierzu auch *Gesmann-Nuissl*, WuB I G 6 – 1.08.

[102] OLG Hamm v. 25.02.2010 - 28 U 78/09.

[103] Hierfür reicht jedoch nicht aus, dass die Risiken im Prospekt drucktechnisch nicht hervorgehoben waren: Werden die Risiken im Prospekt nicht verschwiegen, sondern sind sie für den Interessenten, der bei der Lektüre des drucktechnisch einheitlich gestalteten Informationsmaterials die gebotene Aufmerksamkeit walten lässt, ohne weiteres erkennbar, kommt eine sittenwidrige arglistige Täuschung nicht in Betracht, BGH v. 28.02.2005 - II ZR 13/03 - juris Rn. 10 - WM 2005, 736-737.

[104] *Spindler* in: Bamberger/Roth § 826 Rn. 67; zu den Voraussetzungen der durch die Änderung des VerkaufsprospektG positiv geregelten Haftung für Anlageverluste im sog. grauen Kapitalmarkt vgl. *Madaus*, Jura 2006, 881-888.

[105] OLG München v. 18.02.2009 - 20 U 3899/06 - juris Rn. 56.

[106] OLG München v. 18.02.2009 - 20 U 3899/06 - juris Rn. 57; differenzierend zur Hinweispflicht OLG München v. 19.11.2010 - 10 U 4037/05 - juris Rn. 40.

§ 826 jurisPK-BGB / Reichold

36 Bei der Vermittlung **nicht börsennotierter Aktien** hat der Anlageberater den Anleger über die sich aus der fehlenden Börseneinführung ergebenden Konsequenzen (Folgen der nicht gegebenen jederzeitigen Handelbarkeit) aufzuklären.[107]

37 Das **Vorenthalten** von Informationen in Bezug auf den Geschäftsverlauf oder von sonstigen sog. **Ad-hoc-Mitteilungen** i.S.d. § 15 WpHG kann sittenwidrig sein, soweit diese Auskünfte bewusst zurückgehalten werden und Auswirkungen auf das Halten der Wertpapiere durch die Anleger haben können.[108] Hierbei ist zu berücksichtigen, dass außenstehende Schädiger deutlich niedrigeren Sorgfaltsanforderungen unterliegen als vertraglich verpflichtete Vermögensberater.[109] Gleiches gilt für das Vorenthalten kritischer Presseberichte[110] und muss auch bezüglich weiterer Informationsquellen (etwa: Internet) gelten.

38 Zur persönlichen Haftung der **Vorstandsmitglieder** einer Aktiengesellschaft nach § 826 BGB wegen fehlerhafter Ad-hoc-Mitteilungen hat der BGH[111] (**Infomatec**) zunächst folgende Grundsätze aufgestellt: Soweit die Ad-hoc-Mitteilung objektiv fehlerhaft war und dies den an der Veröffentlichung beteiligten Vorstandsmitgliedern bekannt war, müsse kraft § 15 WpHG unterstellt werden, dass die Vorstandsmitglieder erkennen mussten, dass Anleger aufgrund der Mitteilung Wertpapierkäufe auf fehlerhafter Tatsachengrundlage tätigen würden und **bereits hierdurch geschädigt** würden. Ein entsprechendes Anlegerverhalten werde somit billigend in Kauf genommen (Eventualvorsatz). Die Erwartung der Vorstandsmitglieder, dass sich der Börsenpreis positiv entwickeln werde, sei unbeachtlich, denn eine spätere Schadenskompensation lasse die Vollendung der vorsätzlichen Schädigung unberührt. Stehe fest, dass der Anleger ohne die fehlerhafte Ad-hoc-Mitteilung die Aktien nicht erworben hätte (zur **Beweislast** vgl. Rn. 77), könne dieser nicht nur den Differenzschaden (sog. Kursdifferenzschaden) in Höhe des Unterschiedsbetrages zwischen dem tatsächlichen Transaktionspreis und dem Preis, der sich bei pflichtgemäßem Publizitätsverhalten gebildet hätte, sondern grundsätzlich **Naturalrestitution** in Form der Erstattung des gezahlten Kaufpreises gegen Rückübertragung der erworbenen Aktien verlangen. Eine Einschränkung der Schadensersatzpflicht aufgrund des „hochspekulativen" Neuen Marktes sei selbst unter dem Blickwinkel des Rechtswidrigkeitszusammenhangs bzw. des Schutzzwecks der Norm nicht berechtigt. Ebenso wenig komme eine Kürzung des Anspruchs des Anlegers gemäß § 254 BGB in Betracht.[112]

39 In einer weiteren Entscheidung (**EM-TV**) hat der BGH bestätigt,[113] dass Anleger im Fall des Erwerbs von Aktien aufgrund fehlerhafter Ad-hoc-Mitteilungen nicht nur Anspruch auf Ersatz des Kursdifferenzschadens haben, sondern Naturalrestitution in Form der Erstattung des gezahlten Kaufpreises gegen Übertragung der erworbenen Aktien (oder – sofern diese wegen zwischenzeitlicher Veräußerung nicht mehr vorhanden sind – gegen Anrechnung des an ihre Stelle getretenen Veräußerungspreises) beanspruchen können: Darüber hinaus vertritt der BGH nun die Auffassung, dass auch die **Gesellschaft**, deren Vertreter Anleger durch fehlerhafte Ad-hoc-Mitteilungen geschädigt haben, als Gesamtschuldner **analog § 31 BGB** mithafte. Dem stünden weder § 15 Abs. 6 Satz 1 WpHG a.F., der Schadensersatzansprüche, die auf anderen Rechtsgrundlagen beruhen, unberührt lasse, noch die besonderen aktienrechtlichen Gläubigerschutzvorschriften über das Verbot der Einlagenrückgewähr (§ 57 AktG) und das Verbot des Erwerbs eigener Aktien (§ 71 AktG) entgegen.[114]

---

[107] So: KG Berlin v. 20.12.2004 - 8 U 126/04 - KGR Berlin 2005, 424-425.
[108] Vgl. dazu OLG München v. 14.05.2002 - 30 U 1021/01 - ZIP 2002, 1727-1729 sowie *Rützel*, AG 2003, 69-79, 73 und zum Ganzen *Casper*, Der Konzern 2006, 32-39.
[109] So zutreffend OLG München v. 01.10.2002 - 30 U 855/01 - NJW 2003, 144-147 mit Anmerkung *Leisch/Möllers*, ZIP 2002, 1995-1998, 1997-1998.
[110] OLG Stuttgart v. 27.11.2002 - 9 U 59/02 - VuR 2003, 67-70.
[111] BGH v. 19.07.2004 - II ZR 402/02 - juris Rn. 33 - WM 2004, 1721-1726
[112] Vgl. zum Ganzen auch *Fleischer*, DB 2004, 2031-2036, *Edelmann*, BB 2004, 2031-2033, *Leisch*, ZIP 2004, 1573-1580, *Körner*, NJW 2004, 3386-3388; *Schneider*, WuB I L 2 § 15 WpHG 1.04; *Möllers*, JZ 2005, 75-83; *Kort*, AG 2005, 21-26 und *Sester*, ZGR 2006, 1-39.
[113] BGH v. 09.05.2005 - II ZR 287/02 - WM 2005, 1358-1362; vgl. hierzu Anm. *Hutter/Stürwald*, NJW 2005, 2428.
[114] Vgl. dazu auch OLG Frankfurt v. 17.03.2005 - 1 U 149/04 - WM 2005, 1266-1269 (Comroad I) und OLG München v. 20.04.2005 - 7 U 5303/04 - juris Rn. 14 - WM 2005, 1269-1271 (Comroad II) sowie *Fleischer*, ZIP 2005, 1805-1812; *Schulte*, VuR 2005, 121-127 und *Kort*, NZG 2005, 496-498. Zu den Gründen und Folgen des Einsatzes des § 826 BGB als „Allzweckwaffe" im Gesellschafts- und Kapitalmarktrecht vgl. *Kiethe*, NZG 2005, 333-338. *Möllers*, BB 2005, 1637-1642 vertritt die Auffassung, der BGH hätte die Frage dem EuGH vorlegen müssen. *Oechsler*, LMK 2005, II, 115-116 kritisiert die Nichtanwendung des § 71 Abs. 2 Satz 1 und 2 AktG.

Um eine Haftung wegen vorsätzlicher sittenwidriger Schädigung auf dem **Kapitalmarkt** bejahen zu können, muss das Verhalten des Schädigers gegen die **Mindestanforderungen des lauteren Rechtsverkehrs** verstoßen. Dies ist der Fall, wenn das Sekundärmarktpublikum wider besseres Wissen bewusst durch grob unrichtige Ad-hoc-Mitteilungen in die Irre geführt wird und dabei die Schädigung der Anleger zumindest billigend in Kauf genommen wird.[115] Allein die vorsätzliche Verletzung gesetzlicher Vorschriften (z.B. der Regelungen über die Mitteilung, Veröffentlichung und Übermittlung von Insiderinformationen i.S.v. § 13 WpHG) genügt indes nicht. 40

Die **Stückelung** einer Anlage in kleine Beträge, um sie auch Kleinanlegern zugänglich zu machen, ist auch bei großem Risiko nicht sittenwidrig.[116] 41

Sittenwidrig ist dagegen das sog. **Churning**, bei dem Depotverwalter absichtlich viele Transaktionen vornehmen, um dadurch in den Genuss von Provisionen zu gelangen.[117] 42

Unter dem Terminus „**Haftung räuberischer Aktionäre**" wird diskutiert, ob eine rechtsmissbräuchliche Anfechtungsklage gegen die Beschlüsse einer Hauptversammlung (§ 246 AktG) zu einer Haftung des Klägers nach § 826 BGB führen kann. Dies ist zu bejahen, wenn der Kläger statt einer berechtigten Interessenwahrnehmung als Unternehmensteilhaber nur **eigennützige** Absichten verfolgt. Das Angebot des Aktionärs, die Anfechtungsklage gegen Zuteilung von Bezugsrechten zurückzunehmen verstößt gegen den Gleichbehandlungsgrundsatz (§ 53a AktG) und ist sittenwidrig.[118] Dabei kann sowohl ein Schaden eines Großaktionärs (durch Verzicht auf diesem an sich zustehende Bezugsrechte zu Gunsten des Klägers) als auch der Gesellschaft (durch Nachteile, die aus einer zeitlichen Verzögerung der Eintragung des Beschlusses resultieren) vorliegen.[119] 43

i. Lastschriftverfahren

Wegen eines fehlenden Schadens besteht regelmäßig kein Anspruch der Gläubigerbank (erste Inkassostelle) gegen die Schuldnerbank (Zahlstelle) aus § 826 BGB wegen eigennütziger Veranlassung des Lastschriftwiderspruchs im Fall der zur Vorspiegelung von Liquidität praktizierten sog. **Lastschriftreiterei**.[120] Allerdings besteht in diesem Fall des **Missbrauchs des Lastschriftverfahrens** zur risikolosen Kreditgewährung an den Lastschriftgläubiger ein **Anspruch der Gläubigerbank gegen** den **Schuldner**. Dies trifft z.B. auf eine Vertragsgestaltung zu, die es dem Darlehensnehmer (Lastschriftgläubiger) ermöglicht, vom Darlehensgeber (Lastschriftschuldner) per Blankolastschrift vereinbarte Darlehensbeträge einzuziehen. Zahlt der Darlehensnehmer das Darlehen nicht innerhalb von vier Wochen zurück, soll der Darlehensgeber die Darlehensgewährung durch einen Lastschriftwiderspruch rückgängig machen. Dieser Lastschriftwiderspruch ist jedoch objektiv sittenwidrig, da sich der Lastschriftschuldner nicht gegen einen Missbrauch des Lastschriftverfahrens durch den Lastschriftgläubiger schützen will, sondern das Risiko der Zahlungsunfähigkeit des Lastschriftgläubigers auf die Gläubigerbank abwälzt.[121] 44

---

[115] OLG Düsseldorf v. 10.09.2009 - 6 U 14/09 - juris Rn. 32 f.

[116] OLG Frankfurt v. 30.01.2002 - 21 U 35/2001, 1 U 35/01 - BKR 2002, 403-408.

[117] BGH v. 23.09.1999 - III ZR 214/98 - juris Rn. 22 - LM KWG Nr. 19 (4/2000). Zu den Voraussetzungen der Haftung eines Brokers (Depotverwalters) wegen Mitwirkung am „churning" vgl. die Kommentierung zu § 830 BGB sowie BGH v. 13.07.2004 - VI ZR 136/03 - juris Rn. 17 - NJW 2004, 3423-3426. Zustimmende Anmerkungen zu diesem Urteil von *Tilp*, EWiR 2004, 963-964; *Zeller*, LMK 2005, 39-40; *Gramlich*, WuB IV A § 826 BGB 2.04. Ablehnend *Hilgard*, WM 2006, 409-417; vgl. ferner *Barta*, BKR 2004, 433-440.

[118] OLG Frankfurt v. 13.01.2009 - 5 U 183/07 - DB 2009, 224-227 mit Anm. *Hollstein*, jurisPR-HaGesR 2/2009, Anm. 3; LG Hamburg v. 15.06.2009 - 321 O 430/07 - WM 2009, 1330-1333; vgl. auch *Poelzig*, DStR 2009, 1151-1154; *Peters*, NZG 2007, 935-938; *Drinhausen/Keinath*, BB 2007, 2539-2540 sowie *Falkenhausen/Baus*, ZIP 2007, 2037-2039, die auf Probleme beim tatsächlichen Schadensnachweis hinweisen; vgl. auch Erläuterungen zur Rechtsausübung (Rn. 47) und BGH v. 14.05.1992 - II ZR 299/90 - NJW 1992, 2821, BGH v. 22.05.1989 - II ZR 206/88 - NJW 1989, 2689.

[119] LG Frankfurt a.M. v. 02.10.2007 - 3-5 O 177/07 - juris Rn. 36, Rn. 40 - NZG 2007, 949-951.

[120] Vgl. OLG Saarbrücken v. 28.10.2004 - 8 U 694/03, 8 U 694/03 - 84/04 - OLGR Saarbrücken 2005, 264-266 m.w.N.; OLG Brandenburg v. 30.05.2006 - 11 U 65/05 - juris Rn. 40; Vgl. zur Lastschriftreiterei die zustimmende Anmerkung von *Lang*, EWiR 2005, 741-742 zur Entscheidung BGH v. 15.06.2005 - 2 StR 30/05 - ZIP 2005, 1496-1500.

[121] Hierzu BGH v. 21.04.2009 - VI ZR 304/07 - VersR 2009, 942-945; *Meder*, LMK 2009, 290934; *Hönn*, WuB I D 2 Lastschriftverkehr 4.09.

45 **Lastschriftwidersprüche** durch den Schuldner können sittenwidrig sein. Ob demgegenüber dem vorläufigen Insolvenzverwalter weitergehende Widerspruchsrechte zustehen, war zwischen dem IX. und dem XI. Senat des BGH längere Zeit streitig: Der IX. Senat ging davon aus, dass der **(vorläufige) Insolvenzverwalter weitergehende Rechte zum Widerspruch** habe als zuvor der Schuldner. Der vorläufige Insolvenzverwalter habe, falls dem Schuldner ein allgemeines Verfügungsverbot auferlegt wurde, die künftige Masse zu sichern und zu erhalten. Daraus folge, dass er (bzw. der Schuldner mit seiner Zustimmung) auch berechtigten Lastschriften, die im Einzugsermächtigungsverfahren eingereicht wurden und deren Belastung der Zahlungspflichtige noch nicht genehmigt habe, widersprechen dürfe.[122] Dem **entgegen** urteilte der **XI. Senat** obiter dictum, dass der (vorläufige) Insolvenzverwalter keine Handlungen vornehmen dürfe, durch die der Schuldner eine vorsätzliche sittenwidrige Schädigung nach § 826 BGB beginge, da ihm innerhalb von Vertragsverhältnissen nicht mehr und keine anderen Rechte als dem Schuldner zustünden. Daher sei auch der **vorläufige Insolvenzverwalter** an die rechtliche Verpflichtung des Schuldners gebunden, **sittenwidrige Lastschriftwidersprüche zu unterlassen**.[123] Trotz der Diskrepanz zwischen den Auffassungen der Senate bezüglich der Lastschriftwiderspruchsbefugnis des vorläufigen Insolvenzverwalters unterblieb eine wünschenswerte Vorlage an den Großen Zivilsenat. Konsequenz war eine bedenkliche Rechtsunsicherheit für (vorläufige) Insolvenzverwalter, die einem erhöhten Haftungsrisiko ausgesetzt waren, falls sie Lastschriften zukünftig pauschal widerrufen.[124] Auch in der Literatur fanden sich Vertreter beider Ansichten.[125] **Beendet** wurde diese „Lastschrift"-Kontroverse zwischen dem IX. und dem XI. Senat des BGH durch zwei Entscheidungen der jeweiligen Senate vom selben Tag.[126] Bei diesem „Lastschrift-Friedensschluss"[127] konnte es zu einer Annäherung der beiden Senate kommen, weil einerseits der XI. Senat in Bezug auf die Aussage, der (vorläufige) Verwalter könne pauschal die Genehmigung von Einzugsermächtigungslastschriften verweigern, seine Kritik aufgab, und im Gegenzug der IX. Senat konstatierte, dass nicht vorschnell von einer konkludenten Genehmigung ausgegangen werden könne.[128]

j. Mitwirkendes Verhalten Dritter (Kollusion)

46 Stets sittenwidrig sind Fälle **kollusiven** Zusammenwirkens z.B. vom Vertreter eines Unternehmens und dessen Vertragspartner zum Nachteil des vertretenen Geschäftsherrn[129] bzw. der vertretenen Gesellschaft.[130] Sittenwidrig ist auch das **Verleiten** eines Dritten **zum Vertragsbruch**.[131] Dies gilt insbesondere, wenn die Beteiligten planvoll zu Lasten des Vertragspartners zusammenwirken oder wenn ein Dritter kraft überlegenen Wissens zum Vertragsbruch verleitet wird.[132] Ebenso können inländische

---

[122] Vgl. BGH v. 04.11.2004 - IX ZR 82/03 - juris Rn. 6 - ZInsO 2005, 40-42 mit zust. Anmerkung *Frenzel/Gundlach*, EWiR 2005, 121-122 sowie BGH v. 04.11.2004 - IX ZR 28/04 - EWiR 2005, 227; Bedenken bei *Schiermeyer/Streit*, EWiR 2005, 123-124. Vgl. dazu auch OLG München v. 29.03.2007 - 19 U 4837/06 - ZIP 2007, 807; kritisch zum Ganzen (durch den Widerruf werde die für eine Unternehmenssanierung notwendige Kooperation mit den Gläubigern aufs Spiel gesetzt): *Jungmann*, EWiR 2005, 399-400.

[123] BGH v. 10.06.2008 - XI ZR 283/07 - NJW 2008, 3384-3354.

[124] Vgl. *Schneider*, DB 2008, 2360-2361; *Lindner*, jurisPR-BGHZivilR 22/2008, Anm. 1; *Tetzlaff*, jurisPR-InsR 24/2008, Anm. 1.

[125] Zustimmung zur „neuen Linie" des XI. Senats äußern *Schneider*, DB 2008, 2360; *Keller*, EWiR 2008, 625-626; *Casper/Rümpker*, LMK 2008, 269900; *Nobbe*, WM 2009, 1537-1548; ablehnend dagegen und der Rechtsprechung des IX. Senats folgend: *Fischer*, WM 2009, 629-637; *Tetzlaff*, jurisPR-InsR 24/2008 Anm. 1; *Nassall*, NJW 2008, 3354-3355; *Berger*, NJW 2009, 473-476; *Schulte-Kaubrügger*, ZIP 2008, 2348-2354; *Klam*, ZInsO 2009, 1327-1330; auch LG Köln v. 27.01.2009 - 5 O 283/08 - ZinsO 2009, 337-339; AG Hildesheim v. 06.10.2009 - 43 C 80/09 - NZI 2009, 897-898.

[126] BGH v. 20.07.2010 - IX ZR 37/09 - juris Rn. 7 f. - NZI 2010, 731 und BGH v. 20.07.2010 - XI ZR 236/07 - juris Rn. 10 f. - NZI 2010, 723; vgl. dazu *Meckel*, jurisPR-BKR 12/2010, Anm. 1; *Eyber*, ZInsO 2010, 2363-2382; *Tetzlaff*, jurisPR-InsR 19/2010, Anm. 3.

[127] So *Wagner*, NZI 2010, 785.

[128] Kritisch hierzu *Flitsch*, BB 2010, 2075 f; vgl. auch *Kuder*, ZInsO 2010, 1665-1670.

[129] BGH v. 26.03.1962 - II ZR 151/60 - LM Nr. 13 zu § 138 (Cb) BGB; zuletzt BGH v. 14.06.2000 - VIII ZR 218/99 - juris Rn. 15 - LM BGB § 826 (Gi) Nr. 33 (5/2001).

[130] BGH v. 24.02.1954 - II ZR 3/53 - juris Rn. 17 - BGHZ 12, 308-321. Zum Zusammenwirken von Schuldner und seiner Bank gegenüber der Gläubigerbank vgl. OLG Hamm v. 05.10.1984 - 20 U 78/84 - WM 1985, 888-889.

[131] Vgl. BGH v. 23.04.1999 - V ZR 62/98 - juris Rn. 19 - LM BGB § 826 (Ge) Nr. 17a (1/2000).

[132] OLG Schleswig v. 22.04.2004 - 5 U 156/02 - juris Rn. 23 - SchlHA 2005, 86-88.

Funktionsträger einer Auslandsgesellschaft, die an dem unzulässigen Vertrieb ausländischer Investmentanteile leichtfertig mitwirken, den Anlegern gegenüber aus § 826 BGB schadensersatzpflichtig sein.[133]

k. Rechtsausübung

Dass Rechtsausübung grundsätzlich erlaubt ist und daher auch dann nicht sittenwidrig sein kann, wenn ein anderer dabei geschädigt wird, versteht sich in einem Rechtsstaat von selbst.[134] Daher müssen zur Rechtsausübung **besondere Umstände** hinzutreten, um die Ausübung **im Einzelfall** als sittenwidrig erscheinen zu lassen.[135] Die zweckwidrige **Ausnutzung** einer Rechtsposition im Vertragsverhältnis kann ausnahmsweise dann sittenwidrig sein, wenn der Vertragspartner nicht damit zu rechnen brauchte.[136] Ebenso kann der Ausschluss aus einem **Verein** insb. bei Monopolstellung sittenwidrig sein.[137] Hat der Verein im wirtschaftlichen oder sozialen Bereich eine überragende Machtstellung inne und besteht ein wesentliches und grundlegendes Interesse an der Mitgliedschaft, kommt ein Aufnahmezwang in Anlehnung an § 826 BGB und § 20 Abs. 6 GWB in Betracht.[138] Ferner ist die zweckentfremdete Ausübung eines Rechts u.U. sittenwidrig.[139] Sittenwidrig kann auch die Anmeldung einer Domain sein.[140] Rechtsmissbräuchlich und sittenwidrig ist auch eine **wettbewerbsrechtliche Abmahnung**, die erkennbar darauf gerichtet ist, gegen einen Mitbewerber einen Anspruch auf Ersatz von Aufwendungen und Kosten der Rechtsverfolgung entstehen zu lassen.[141]

47

Ebenso ist die **Anrufung von Gerichten** nur in eng begrenzten Ausnahmefällen sittenwidrig, etwa dann, wenn das Verfahren mit unlauteren Mitteln betrieben und damit zur Schädigung der Gegenpartei oder Dritten missbraucht wird.[142] Nicht allein ausreichen soll dagegen, wenn die Partei die materielle Unrichtigkeit ihres Prozessbegehrens kennt und dem Prozessgegner mit bedingtem Vorsatz Schaden zufügen will.[143] Auch muss der Insolvenzverwalter grundsätzlich keine Rücksicht auf das **Kostenerstattungsrisiko** des Beklagten nehmen.[144] Diese Grundsätze gelten gleichermaßen für die sich verteidigende Partei hinsichtlich ihrer Einwendungen im Prozess.[145] Dagegen kann der Missbrauch **ausländischer staatlicher Gerichtsverfahren** sittenwidrig sein, wenn die ausländische staatliche Zuständigkeit und Gesetzeslage unter Missachtung des deutschen Rechts zur Herbeiführung einer im deutschen

48

---

[133] Vgl. dazu BGH v. 13.09.2004 - II ZR 276/02 - juris Rn. 32 - NJW 2004, 3706-3710 mit Anm. *Haas*, LMK 2004, 219-220.

[134] Vgl. BGH v. 19.10.1987 - II ZR 9/87 - juris Rn. 21 - BGHZ 102, 68-80.

[135] Zur Ausübung des Insolvenzanfechtungsrechts BGH v. 04.07.2000 - VI ZR 192/99 - juris Rn. 9 - LM BGB § 826 (B) Nr. 16 (1/2001).

[136] Z.B. Aufhebung einer Gemeinschaft: BGH v. 14.04.1966 - II ZR 129/64 - MDR 1966, 652.

[137] OLG Düsseldorf v. 19.01.1988 - 23 U 222/87 - juris Rn. 45 - NJW-RR 1988, 1271-1273.

[138] BGH v. 10.12.1985 - KZR 2/85 - NJW-RR 19886, 583-584; OLG Frankfurt v. 03.03.2009 - 11 U 57/08 (Kart); OLG München v. 25.06.2009 - U (K) 5327/08.

[139] Widerspruch bei Einziehungsermächtigungen: BGH v. 28.05.1979 - II ZR 85/78 - juris Rn. 10 - BGHZ 74, 300-309; Verleitung zu diesem Widerspruch durch die Bank: BGH v. 15.06.1987 - II ZR 301/86 - juris Rn. 15 - BGHZ 101, 153-159.

[140] OLG Stuttgart v. 23.03.2001 - 2 U 149/00 - OLGR Stuttgart 2002, 136.

[141] AG Schleiden v. 01.12.2008 - 9 C 158/08 - NJW-RR 2008, 394-395.

[142] BGH v. 25.03.2003 - VI ZR 175/02 - juris Rn. 19 - BGHZ 154, 269-275; *Bernsau*, LMK 2003, 136. So ist beispielsweise der Erlass einer einstweiligen Verbotsverfügung zulässig, wenn ein gerichtliches oder behördliches Verfahren durch bewusst falsche Behauptungen in sittenwidriger Weise als Deckmantel für eine Ruf- oder Kreditschädigung des Gegners missbraucht wird, vgl. dazu OLG Hamm v. 05.02.2004 - 6 W 11/04 - OLGR Hamm 2004, 173-174.

[143] So aber noch BGH v. 26.06.2001 - IX ZR 209/98 - juris Rn. 22 - BGHZ 148, 175-187.

[144] Vgl. BGH v. 02.12.2004 - IX ZR 142/03 - juris Rn. 12 - NJW 2005, 901-902 sowie *Bernsau*, LMK 2005, II, 21-22 sowie die zustimmenden Anmerkungen von *Tetzlaff*, WuB VI A § 60 InsO 1.05 und *Vallender*, NZI 2005, 156-157.

[145] BGH v. 11.11.2003 - VI ZR 371/02 - juris Rn. 15 - NJW 2004, 446-448. Beispielsweise liegen besondere Umstände aus der Art und Weise der Rechtsverteidigung, die das Vorgehen als sittenwidrig prägen, nicht schon dann vor, wenn sich der Grundpfandrechtsgläubiger zunächst grundlos weigert, in die Löschung von Sicherungshypotheken einzuwilligen; vgl. OLG Frankfurt v. 07.04.2004 - 13 U 242/01 - juris Rn. 30.

Recht nicht gegebenen Rechtsfolge ausgenutzt wird oder der Kläger sich der Bindungswirkung eines klageabweisenden deutschen Urteils entzieht.[146]

l. Sachverständigengutachten

49 Gutachten können ausnahmsweise sittenwidrig erstellt sein, wenn sie **bewusst** eine Partei benachteiligen. In ständiger Rechtsprechung verlangt der BGH über die Erstellung eines objektiv unrichtigen Gutachtens hinaus leichtfertiges und gewissenloses Verhalten des Sachverständigen.[147] Dies gilt aber nur, wenn die ungesicherte Tatsachengrundlage im Gutachten nicht kenntlich gemacht wird und Angaben „ins Blaue" gemacht werden.[148] § 826 BGB hatte besondere Bedeutung bei **gerichtlich bestellten** Sachverständigen erlangt. Seit der Einführung des § 839a BGB zum 01.08.2002 ist diese Fallgruppe weitgehend überholt (vgl. Rn. 6).[149]

m. Standeswidriges Verhalten

50 Standeswidriges Verhalten kann laut BGH nicht ohne weiteres mit sittenwidrigem Verhalten gleichgesetzt werden.[150] Dem kann nur begrenzt zugestimmt werden. Standesregeln begründen **berufsspezifische Verhaltensstandards**. Deshalb muss jedenfalls bei **bewusster** Missachtung dieser Regeln ein grundsätzlich illoyales und daher sittenwidriges Verhalten bejaht werden. Etwas anderes kommt nur in Betracht, wenn die Standesregeln veraltet sind und mit höherrangigem Recht nicht mehr in Einklang stehen.[151]

n. Strohmann- oder Schwindelgeschäfte

51 Strohmann- oder Schwindelgeschäfte sind stets sittenwidrig, z.B. bei Einschaltung eines Schwindelunternehmens auch dann, wenn dessen betrügerische Handlungsweise vom Schädiger grob fahrlässig nicht gesehen wurde.[152]

o. Urteile

52 Rechtskräftige Urteile können sittenwidrig sein, z.B. wenn sie durch Zeugenmanipulation beeinflusst wurden.[153] Die **Durchbrechung der Rechtskraft** von Urteilen kraft § 826 BGB höhlt allerdings deren Rechtskraftwirkung aus und kann deshalb nur in besonders schwerwiegenden Fällen zum Tragen kommen. So verlangt der BGH ein Handeln des Anspruchsinhabers in **Kenntnis der materiellen Unrichtigkeit** seines Vollstreckungstitels („Erschleichen des Titels"), zu dem weitere besondere, das Rechtsgefühl unerträglich verletzende Umstände treten müssen.[154]

---

[146] Vgl. dazu LG Hamburg v. 21.06.2000 - 315 O 804/99 - Magazindienst 2001, 639-644. Wird etwa ein Unternehmen vom europäischen Kontinent, das mit einem US-amerikanischen Unternehmen einen Vertrag geschlossen hat, in dem eine wirksame Schiedsklausel mit dem Schiedsort Deutschland aufgenommen wurde, von seinem Vertragspartner in den USA verklagt, so kann es die Aufwendungen für diesen Prozess nach § 1057 ZPO vor dem deutschen Schiedsgericht geltend machen. Daneben kann ein materiellrechtlicher Kostenerstattungsanspruch aus § 280 BGB und § 826 BGB bestehen, vgl. dazu *Sandrock*, IDR 2004, 106-114.

[147] Vgl. BGH v. 24.09.1991 - VI ZR 293/90 - juris Rn. 20 - LM BGB § 826 (B) Nr. 11 (3/1992).

[148] BGH v. 20.05.2003 - VI ZR 312/02 - juris Rn. 13 - NJW 2003, 2825-2827 mit Anm. *Thole/Wagner*, VersR 2004, 275-279.

[149] § 826 BGB hat bei gerichtlichen Sachverständigen nur noch Bedeutung für Altfälle vor dem 31.07.2002, vgl. Art. 229 § 8 EGBGB; zur älteren Rspr. vgl. BGH v. 18.12.1973 - VI ZR 113/71 - BGHZ 62, 54-63; OLG Hamburg v. 06.09.2000 - 14 W 34/00 - juris Rn. 12 - OLGR Hamburg 2001, 57-59.

[150] BGH v. 07.12.1972 - VII ZR 235/71 - BGHZ 60, 28-34.

[151] So z.B. beim Werbeverbot für das Randsortiment in Apotheken, BVerfG v. 22.05.1996 - 1 BvR 744/88, 1 BvR 60/89, 1 BvR 1519/91 - juris Rn. 82 - NJW 1996, 3067-3070.

[152] BGH v. 28.02.1989 - XI ZR 70/88 - WM 1989, 1047-1051; vgl. auch den Fall LG Düsseldorf v. 20.06.2008 - 15 O 312/07: Bereits in der Tatsache, dass anstatt des eingetragenen Geschäftsführers tatsächlich ein wegen Betreibens illegaler Bankgeschäfte Verurteilter die Geschäfte einer GmbH führt, liegt eine sittenwidrige Täuschung der Anleger.

[153] BGH v. 05.03.1958 - IV ZR 307/57 - juris Rn. 20 - BGHZ 26, 391-400.

[154] BGH v. 29.06.2005 - VIII ZR 299/04 - NJW 2005, 2991-2995; BGH v. 03.07.1990 - XI ZR 302/89 - juris Rn. 16 - BGHZ 112, 54-59; BGH v. 22.12.1987 - VI ZR 165/87 - juris Rn. 9 - BGHZ 103, 44-51.

Aus denselben Gründen kann ein Gläubiger verpflichtet sein, die **Zwangsvollstreckung** aus einem rechtskräftigen, aber materiell unrichtigen Titel **zu unterlassen**, was voraussetzt, dass er seine formelle Rechtsstellung zu Lasten des Schuldners ausnutzt und hierbei die materielle Rechtslage missachtet.[155] Darüber hinaus ist neben der materiellen Unrichtigkeit des Vollstreckungstitels sowie der Kenntnis des Gläubigers das Vorliegen **zusätzlicher Umstände** erforderlich, welche die Erlangung des Vollstreckungstitels oder seine Ausnutzung als sittenwidrig und es daher als geboten erscheinen lassen, dass der Gläubiger die ihm unverdient zugefallene Rechtsposition wieder aufgeben muss. Solche Umstände liegen nicht vor, wenn der Schuldner die Titulierung einer im Prozess erfüllten Forderung durch **nachlässige Prozessführung** (die zum Erlass eines Versäumnisurteils führte) mitverursacht hat.[156]

53

Im **Mahnverfahren** können solche Umstände vorliegen, wenn der Gläubiger das Mahnverfahren missbraucht, um für einen ihm nicht zustehenden Anspruch einen Vollstreckungstitel zu erlangen.[157] Dies ist der Fall, wenn der Streitgegenstand eine klar umrissene und die guten Sitten tangierende Typik behandelt, wie etwa bei **Ratenkreditverträgen**.[158]

54

Ein unrichtiges **Versäumnisurteil** stellt ebenfalls grundsätzlich keinen Grund für einen Anspruch aus § 826 BGB dar.[159]

55

Nicht ganz so streng wird die Beurteilung ausfallen, wenn ein Urteil durch eine **öffentliche Zustellung** erschlichen wird, weil in diesem Fall der Kläger seinen prozessualen Pflichten zur Ermittlung des Aufenthalts des Beklagten eventuell nicht ausreichend nachgekommen ist (§ 185 ZPO, vgl. die Kommentierung zu § 132 BGB).[160]

56

Die **Missachtung eines Urteils** ist dagegen nicht zwingend sittenwidrig.[161] Hat sich die Auffassung von Sittenwidrigkeit nach Erlass eines Urteils geändert und wäre der im Urteil zuerkannte Anspruch nach heutigen Maßstäben sittenwidrig, kann trotzdem weiterhin aus dem Urteil vollstreckt werden.[162] Dieselben Regeln sind auf **Schiedsverfahren** anwendbar.[163] Dagegen findet § 826 BGB auf einen gerichtlich protokollierten **Vergleich** keine Anwendung, da es mangels materieller Rechtskraft keiner Rechtskraftdurchbrechung bedarf.[164]

57

p. Vertragsverhältnisse

Beim **Abschluss** von Verträgen ist nicht jedes Verhalten sittenwidrig, das dem Schädiger den Abschluss eines für ihn günstigen Vertrages ermöglichen soll. Die Sittenwidrigkeit setzt erst ein, sobald der Schädiger **Aufklärungs- oder Informationspflichten** in **krasser Weise** verletzt.[165] Sittenwidrigkeit verlangt einen über §§ 242, 157 BGB hinausgehenden Loyalitätsverstoß. So kann auch die Nichteinhaltung von Zusagen nur im Ausnahmefall sittenwidrig sein.[166] Als sittenwidrig ist aber ein durch arglistige Täuschung bewirkter Vertragsschluss anzusehen, z.B. bei der Täuschung durch einen Mehr-

58

---

[155] St. Rspr., vgl. BGH v. 09.02.1999 - VI ZR 9/98 - juris Rn. 15 f. - NJW 1999, 1257.

[156] BGH v. 01.12.2011 - IX ZR 56/11 - juris Rn. 14 ff. - NJW-RR 2012, 304.

[157] BGH v. 29.06.2005 - VIII ZR 299/04 - NJW 2005, 2991-2995.

[158] BGH v. 09.02.1999 - VI ZR 9/98 - juris Rn. 26 - LM BGB § 826 (Gi) Nr. 31 (9/1999); dazu auch BGH v. 29.06.2005 - VIII ZR 299/04 - juris Rn. 30 - NJW 2005, 2991-2995. Ein Anspruch aus § 826 BGB auf Unterlassung der Zwangsvollstreckung und Herausgabe der Titel setzt demnach das Hinzutreten besonderer Umstände voraus, die sich aus der Art und Weise der Titelerlangung oder der beabsichtigten Vollstreckung ergeben und die das Vorgehen des Gläubigers als sittenwidrig prägen. Die Durchbrechung der Rechtskraft eines Vollstreckungstitels, auch eines Vollstreckungsbescheides, darf nur in besonders schwerwiegenden, eng begrenzten Ausnahmefällen gewährt werden. Das kann z.B. der Fall sein, wenn der Gläubiger das Mahnverfahren bewusst missbraucht, um für einen ihm nicht zustehenden Anspruch einen Vollstreckungstitel zu erlangen.

[159] Vgl. BGH v. 01.04.1954 - IV ZR 177/53 - juris Rn. 4 - BGHZ 13, 71-73.

[160] Zu den konkreten Voraussetzungen vgl. OLG München v. 19.04.2002 - 21 U 3322/00 - juris Rn. 33 - OLGR München 2002, 301-302; dort wurde ein entsprechender Anspruch abgelehnt.

[161] BGH v. 07.03.1969 - V ZR 169/65 - juris Rn. 16 - BGHZ 51, 396-400.

[162] BGH v. 11.07.2002 - IX ZR 326/99 - BGHZ 151, 316-329.

[163] BGH v. 02.11.2000 - III ZB 55/99 - juris Rn. 19 - BGHZ 145, 376-383.

[164] Vgl. dazu KG Berlin v. 16.06.2004 - 8 W 50/04 - juris Rn. 2 - KGR Berlin 2005, 85.

[165] Z.B. in Bezug auf Zahlungsunfähigkeit, Überschuldung, wertbildende Umstände: OLG Hamm v. 17.12.1996 - 27 U 152/96 - NJW 1997, 2121-2122.

[166] Zur Verschaffung des Doktortitels gegen Bezahlung vgl. OLG Stuttgart v. 15.02.1995 - 4 U 227/94 - NJW 1996, 665-666.

§ 826

wertdiensteanbieter über den Inhalt einer Software, in der ein automatisches Einwahlprogramm (**Dialer**) für die teurere Nummer 0190-... verborgen war.[167]

59   Ein **auffälliges Missverhältnis** im vertraglichen Austauschverhältnis (vgl. die Kommentierung zu § 138 BGB) kann Indiz für eine sittenwidrige Schädigung sein.[168] Es reicht aber alleine zur Begründung eines Anspruchs aus § 826 BGB nicht aus. Die Vertragsfreiheit erlaubt grundsätzlich den Abschluss einseitig bevorteilender Verträge. Erst bei übermäßiger Einschränkung der Vertragsfreiheit, z.B. bei Abschlusszwang oder Verträgen mit Monopolisten, kann sittenwidriges Verhalten vorliegen. Zusätzlich zum **objektiven Missverhältnis** von Leistung und Gegenleistung müssen dann aber besondere Umstände hinzutreten, die auf **subjektiv verwerfliches Verhalten** i.S.v. § 826 BGB schließen lassen.

60   Auch die vorsätzliche Verletzung von Vertragspflichten ist nicht per se sittenwidrig. Hierzu muss ein **verwerflicher Zweck**, etwa die bewusste Vereitelung des Vertragsziels, treten. Beispiel ist die Errichtung eines „**Schneeballsystems**", bei dem feststeht, dass die versprochenen Leistungen den meisten Teilnehmern nicht ausbezahlt werden können.[169]

III. Vorsätzliche Schädigung

61   Ein (konkreter) Schaden muss **eingetreten** sein.[170] Sittenwidriges Verhalten führt nicht zwangsläufig zu einem Schadensersatzanspruch. So kann der Versuch, durch sittenwidriges Verhalten eine Vermögensdisposition herbeizuführen, scheitern, ohne eine Schädigung zu bewirken.[171] Auch ein **immaterieller** Schaden kann nicht ohne weiteres jedem sittenwidrigen Verhalten zugeordnet werden, so z.B. beim verletzten Ehr- oder Schamgefühl. Für die Annahme eines vorsätzlichen Handelns im Sinne von § 826 BGB wird nicht vorausgesetzt, dass der Schädiger sämtliche Umstände, die die Sittenwidrigkeit seines Handelns begründen, positiv kennt. Es ist ausreichend, dass er sich dieser Kenntnis bewusst verschließt.[172]

62   Für den **Inhalt** des Schadensersatzes gelten grundsätzlich die §§ 249-254 BGB, so dass auch mittelbare Schäden als Schädigung i.S.d. § 826 BGB aufzufassen sein können – jedenfalls wenn sie in den Schädigungsvorsatz aufgenommen worden sind (anders noch die Motive zum BGB, vgl. Rn. 4). Im Gegensatz zu den §§ 823 Abs. 1, 823 Abs. 2 BGB muss sich der **Vorsatz auf die gesamten Schadensfolgen** beziehen (vgl. Rn. 68). Der Täter haftet also nicht bereits dann für einen mittelbaren Schaden, wenn dieser nur adäquat kausal verursacht ist, sondern er muss auch diese **fernere Schadensposition** in seinen Willen aufgenommen haben.[173] Eine Besonderheit besteht bezüglich des Mitverschuldens, § 254 BGB: selbst grobe Fahrlässigkeit des Geschädigten muss nicht anspruchsmindernd wirken.[174] Dies ergibt sich regelmäßig aus der Überlegung, dass der sittenwidrig Handelnde nicht durch besondere Leichtgläubigkeit des Geschädigten für sein verwerfliches Tun prämiert werden darf.

---

[167] BGH v. 04.03.2004 - III ZR 96/03 - juris Rn. 40 - BGHZ 158, 201-212; dazu *Leible/Wildemann*, K&R 2004, 288-290 und *Rösler*, NJW 2004, 2566-2569 sowie krit. Anmerkung von *Spindler*, JZ 2004, 1128-1132; ferner *Hoeren/Welp*, JuS 2006, 389-395. Ob auf Trojaner-Viren die Rechtsprechung zu „Dialern" übertragbar ist, muss nach Ansicht von BGH v. 23.11.2006 - III ZR 65/06 - juris Rn. 10 - NJW-RR 2007, 357-358 bei widerstreitenden Behauptungen durch Sachverständigenbeweis dahingehend ermittelt werden, ob eine Auswirkung auf das Telefonentgelt vorlag.

[168] BGH v. 30.05.2000 - IX ZR 121/99 - juris Rn. 10 - BGHZ 144, 343-348.

[169] BGH v. 22.04.1997 - XI ZR 191/96 - juris Rn. 21 - LM BGB § 138 (A) Nr. 10 (10/1997); OLG Karlsruhe v. 24.01.2008 - 7 U 144/07; zum „Schneeballsystem" vgl. auch OLG Düsseldorf v. 27.01.2012 - I-16 U 167/10, 16 U 167/10 - juris Rn. 41 ff.

[170] Nach BGH v. 21.12.2004 - VI ZR 306/03 - juris Rn. 16 - BGHZ 161, 361-371 m.w.N. dient der Schadensersatzanspruch im Fall einer vorsätzlichen sittenwidrigen Schädigung nicht nur dem Ausgleich der nachteiligen Einwirkung auf die objektive Vermögenslage des Geschädigten. Schon eine Belastung mit einer „ungewollten" Verpflichtung stellt einen nach § 826 BGB zu ersetzenden Schaden dar. Werden z.B. zweckgebundene Mittel zur Wohnungsbauförderung ausbezahlt, ohne dass der Empfänger zu der begünstigten Bevölkerungsgruppe gehört, entsteht der gewährenden öffentlichen Institution und damit dem Staat und der Allgemeinheit ein Schaden, weil dadurch die Förderungsmittel zu Lasten Dritter verringert werden.

[171] Vgl. BGH v. 20.02.1979 - VI ZR 189/78 - juris Rn. 20 - LM Nr. 11 zu § 826 BGB.

[172] OLG Düsseldorf v. 27.01.2012 - I-16 U 167/10, 16 U 167/10 - juris Rn. 46; vgl. auch OLG Frankfurt v. 23.02.2010 - 5 U 17/09 - juris Rn. 36; OLG Hamm v. 25.02.2010 - 28 U 77/09 - juris Rn. 42.

[173] *Oechsler* in: Staudinger, 826 Rn. 77.

[174] BGH v. 09.10.1991 - VIII ZR 19/91 - juris Rn. 23 - LM BGB § 826 (E) Nr. 5 (3/1992).

1. Begrenzung durch Schutzzweck

Die Haftung aus § 826 BGB ist „objektiv" auf solche Schäden zu begrenzen, welche typischerweise in den **Schutzbereich der verletzten (sittlichen) Loyalitätspflicht** fallen.[175] Nicht jedweder Schaden kann ohne teleologischen Bezug zur sittenwidrigen Handlungsweise § 826 BGB unterstellt werden.[176] So kann ein Drittbetroffener sich nicht auf § 826 BGB berufen, soweit ihm gegenüber illoyales Handeln nicht kausal für den Schaden war.[177] Der Ersatzanspruch innerhalb einer Vertragsbeziehung ist deshalb auf das **negative Interesse** beschränkt.[178]

63

2. Typische Fallkonstellationen

Die **Erhöhung des Bonitätsrisikos** des sittenwidrig geschädigten Schuldners zu Lasten seiner Gläubiger soll vom Schutzzweck des § 826 BGB nicht umfasst sein.[179]

64

Bei einer Kapitalerhöhung, die zur **Insolvenzverschleppung** eingesetzt wird, sollen nur die an der Kapitalerhöhung teilnehmenden Aktionäre ihren Schaden liquidieren können, nicht aber die Altaktionäre.[180]

65

Das sittenwidrige **Verschweigen eines Defekts** an einem Kraftfahrzeug führt nicht zu einem Anspruch auf Ersatz eines nachfolgend eingetretenen Unfallschadens, wenn dieser Schaden nicht auf den Defekt zurückzuführen ist.[181]

66

IV. Rechtswidrigkeit

Eine sittenwidrige Schadenszufügung ist **immer zugleich rechtswidrig**.[182] Die üblichen Rechtfertigungsgründe wie Notstand oder Einwilligung in die Sittenwidrigkeit spielen deshalb nur insoweit eine Rolle, als sie bei der Frage nach einem entschuldbaren **Verbotsirrtum** im Rahmen des Verschuldens (vgl. Rn. 73) relevant werden können.

67

V. Verschulden

1. Definition

Weitergehend als § 823 BGB setzt der Tatbestand des § 826 BGB **Vorsatz gerade hinsichtlich der Schädigung** voraus, d.h. der Schädiger muss die Schädigung wollen und um sie wissen. Billigende Inkaufnahme ist ausreichend.[183] Darin liegt die wesentliche „**subjektive**" Schranke der Generalklausel des § 826 BGB.

68

Die Sittenwidrigkeit als solche muss vom Vorsatz nicht erfasst sein, jedoch müssen dem Schädiger die **Umstände** seines Verhaltens **bewusst** gewesen sein.[184] Häufig kann der **Schädigungsvorsatz** nur aus der rücksichtslosen Handlungsweise gefolgert werden. Deshalb kann sich der Schädiger zu seiner Entlastung nicht alleine auf sein Gewissen und seine Einschätzung der Folgen seines Handelns zurückziehen. § 826 BGB liefe sonst unter Umständen leer. Ein grob fahrlässiges, gewissenloses Verhalten lässt deshalb in der Regel auf mindestens bedingten Schädigungsvorsatz schließen.[185]

69

---

[175] *Schiemann* in: Erman, § 826 Rn. 16.
[176] Anders noch die Rechtsprechung des Reichsgerichts, vgl. nur RG v. 11.03.1912 - VI 442/11 - RGZ 79, 55-61, 59.
[177] Vgl. BGH v. 20.02.1979 - VI ZR 189/78 - juris Rn. 18 - LM Nr. 11 zu § 826 BGB.
[178] BGH v. 30.05.2000 - IX ZR 121/99 - juris Rn. 16 - BGHZ 144, 343-348.
[179] RG v. 29.10.1912 - III 172/12 - DJZ 1913, Sp. 165.
[180] Vgl. BGH v. 11.11.1985 - II ZR 109/84 - juris Rn. 15 - BGHZ 96, 231-244.
[181] BGH v. 14.10.1971 - VII ZR 313/69 - juris Rn. 36 - BGHZ 57, 137-153.
[182] Dies gilt selbst dann, wenn der Täter ein ihm formal zustehendes Recht (z.B. durch Zwangsvollstreckung aus einem unrichtigen Titel, vgl. Rn. 52) ausübt.
[183] BGH v. 09.03.2010 - XI ZR 93/09 - juris Rn. 39 - NZG 2010, 550-553; BGH v. 11.11.2003 - VI ZR 371/02 - juris Rn. 25 - NJW 2004, 446-448, BGH v. 14.06.2000 - VIII ZR 218/99 - juris Rn. 18 - LM BGB § 826 (Gi) Nr. 33 (5/2001); BGH v. 30.01.1953 - I ZR 88/52 - juris Rn. 10 - BGHZ 8, 387-395.
[184] BGH v. 09.07.1953 - IV ZR 242/52 - juris Rn. 10 - BGHZ 10, 228-234; BGH v. 21.09.1961 - II ZR 86/60 - LM Nr. 4 zu § 826 (B) BGB; BGH v. 14.05.1992 - II ZR 299/90 - juris Rn. 19 - LM BGB § 826 Nr. 44 (2/1993); BGH v. 21.04.2009 - VI ZR 304/07 – juris Rn. 20 - VersR 2009, 942 -945; vgl. dazu auch *Sack*, NJW 2006, 945-951.
[185] BGH v. 09.03.2010 - XI ZR 93/09 - juris Rn. 39 - NZG 2010, 550-553; BGH v. 20.03.1995 - II ZR 205/94 - juris Rn. 98 - BGHZ 129, 136-177; BGH v. 27.03.1984 - VI ZR 246/81 - WM 1984, 744-746; BGH v. 06.07.1970 - II ZR 85/68 - LM Nr. 4 zu BankAGB Nr. 10.

2. Rechtsprechung

70 Der Vorsatz[186] ist von der sittenwidrigen Handlung getrennt darzulegen und vom Gericht festzustellen. Dabei ist es ausreichend, wenn der Schädiger die Art des Schadens und den Schadensverlauf **einigermaßen konkret** vorhergesehen hat.[187] Ungewöhnliche und sehr fern liegende Schadensverläufe sind daher in der Regel nicht mehr vom Schädigungsvorsatz des Handelnden umfasst.

71 Der Schädiger muss auch in Bezug auf die **Person des Geschädigten** vorsätzlich handeln. Auch hier reicht es nach der Rechtsprechung aus, wenn der Schädiger den potenziell geschädigten Personenkreis einigermaßen überschaut, ohne dass er den konkret Geschädigten direkt kennen muss.[188]

72 Am Erfordernis des Vorsatzes scheitert in der Regel ein Ersatzanspruch des **mittelbar Geschädigten**. Die ständige Rechtsprechung lässt die Liquidierung des Schadens eines Dritten, der durch eine sittenwidrige Handlung geschädigt wurde, über § 826 BGB nur zu, wenn der Schädigungsvorsatz auch zumindest die Möglichkeit umfasst hat, dass durch die sittenwidrige Handlung auch Dritte, an die die Handlung nicht unmittelbar gerichtet war, geschädigt werden könnten.[189] Wirkt sich z.B. eine gegen ein Vereinsmitglied ausgesprochene Vereinsstrafe mittelbar in wirtschaftlich oder beruflich gravierender Weise auf ein Nichtmitglied aus, so kann dieses unter Umständen die Beseitigung der Diskriminierung im Berufs- und Wirtschaftsleben verlangen.[190] **Gutachter** müssen damit rechnen, dass mit ihrem Gutachten auch Personen in Berührung kommen, an die das Gutachten nicht primär adressiert ist.[191]

3. Irrtum

73 Ein beachtlicher **Verbotsirrtum** kann bei § 826 BGB vorliegen, wenn der Schädiger sich etwa bei schwankender Rechtsprechung über die Reichweite des noch zulässigen Verhaltens entschuldbar irren durfte. Die Rechtsprechung grenzt solche Fälle nach der – von § 17 StGB bekannten – **Vermeidbarkeit** ab. Wer etwa redlicherweise der Überzeugung ist, ein erlaubtes Interesse zu verfolgen, dem kann kein vorsätzliches Handeln nachgewiesen werden.[192]

74 Dagegen soll mit Schädigungsvorsatz handeln, wer sich auf den Rat seines Rechtsanwalts verlässt, obwohl er **erkennen muss**, dass das angeratene Verhalten sittenwidrig ist.[193] Dem kann nur mit Zurückhaltung gefolgt werden. Wer sich auf den **Rat** einer Vertrauensperson verlässt, macht sich kaum noch Gedanken über die Berechtigung seines Handelns. Nur wer Anlass zu Zweifeln an der Kompetenz und Fachkundigkeit seiner Beratung hat und sich aufdrängenden Zweifeln verschließt, wird trotz Befolgung solchen Rats nach § 826 BGB zur Haftung herangezogen werden können.

D. Rechtsfolgen

75 Der sittenwidrig Handelnde muss Schadensersatz nach Maßgabe der §§ 249-254 BGB leisten. Dabei kommt auch **Naturalrestitution** nach § 249 Abs. 1 BGB in Betracht, z.B. die Wiederaufnahme in einen Verein. Auch verlorene Anwartschaften oder Bezugsquellen sind zu ersetzen.[194]

76 Zu den **Abwehransprüchen** vgl. „Regelungsprinzipien" (vgl. Rn. 5), zum „mittelbaren" Schaden vgl. „Vorsätzliche Schädigung" (vgl. Rn. 61).

---

[186] Zu den von der Rechtsprechung an den Vorsatz im Rahmen des § 826 BGB gestellten Anforderungen vgl. BGH v. 13.09.2004 - II ZR 276/02 - juris Rn. 38 - NJW 2004, 3706-3710. Als Ergebnis tatrichterlicher Würdigung unterliegt die Feststellung eines vorsätzlichen Handelns nur einer eingeschränkten Überprüfung durch das Revisionsgericht, vgl. BGH v. 26.10.2004 - XI ZR 211/03 - juris Rn. 9 - WM 2005, 27-28.

[187] BGH v. 26.06.1989 - II ZR 289/88 - juris Rn. 13 - BGHZ 108, 134-146; BGH v. 20.11.1990 - VI ZR 6/90 - juris Rn. 20 - LM Nr. 5 zu BGB § 826 (C); BGH v. 22.01.1962 - III ZR 198/60 - BB 1962, 536.

[188] BGH v. 26.06.1989 - II ZR 289/88 - juris Rn. 13 - BGHZ 108, 134-146; BGH v. 08.10.1964 - II ZR 132/64 - LM Nr. 3 zu § 383 HGB.

[189] BGH v. 29.03.1971 - III ZR 110/68 - BGHZ 56, 40-47; BGH v. 20.02.1979 - VI ZR 189/78 - juris Rn. 18 - LM Nr. 11 zu § 826 BGB.

[190] Vgl. BGH v. 12.11.1979 - II ZR 40/79 - juris Rn. 10 - LM Nr. 35 zu § 826 BGB.

[191] BGH v. 12.07.1966 - VI ZR 1/65 - VersR 1966, 1034-1036.

[192] BGH v. 15.09.1999 - I ZR 98/97 - juris Rn. 25 - LM BGB § 826 (C) Nr. 6 (4/2000).

[193] BGH v. 15.05.1979 - VI ZR 230/76 - juris Rn. 16 - BGHZ 74, 281-293.

[194] BGH v. 12.01.1995 - III ZR 136/93 - juris Rn. 26 - LM BGB § 276 (Hd) Nr. 6 (7/1995).

E. Beweislast

Der Geschädigte muss den **Sittenverstoß** und den **Schädigungsvorsatz (Verschulden)** darlegen und beweisen. Beim subjektiven Tatbestand lässt sich der Beweis oftmals nur mittels **Anscheinsbeweises** dahingehend führen, dass von einem leichtfertigen Verhalten des Schädigers auf eine Inkaufnahme des Schadenseintritts zu schließen ist.[195] Der Umfang der Beweisaufnahme über Umstände der Handlung ist ins gerichtliche Ermessen gestellt; dabei ist es **ausreichend**, wenn sich das Gericht ein Bild vom Gesamtablauf der Handlung macht, ohne auf jede Einzelheit im Sachvortrag eingehen zu müssen.[196] Um dem Geschädigten die Bezifferung des Anspruchs zu ermöglichen, ist der Schädiger nach den §§ 259-261 BGB zur **Auskunft und Rechnungslegung** verpflichtet.[197] Zur Bezifferung kann mittels Stufenklage (§ 254 ZPO) vorgegangen werden. 77

Unterschiedlich strenge Anforderungen stellt die Rechtsprechung an die Beweislast bei **Ad-hoc-Mitteilungen** (§ 15 WpHG, vgl. Rn. 37). Hinsichtlich des erforderlichen **Eventualvorsatzes** entschied der BGH großzügig, dass aufgrund § 15 WpHG – die mitgeteilten Tatsachen müssen geeignet sein, den Börsenpreis zu beeinflussen – die Kenntnis der Vorstandsmitglieder unterstellt werden müsse, dass Anleger aufgrund der Mitteilung Wertpapierkäufe auf fehlerhafter Tatsachengrundlage tätigen und bereits hierdurch geschädigt werden. Ein entsprechendes Anlegerverhalten werde daher billigend in Kauf genommen.[198] Hinsichtlich der Beweislast für den **Kausalzusammenhang zwischen Ad-hoc-Mitteilung** und **Anlegerentscheidung** schloss sich der BGH dagegen der strengen Rechtsprechung der Instanzgerichte an.[199] Die regelmäßig bestehende **Beweisnot** der Anleger führe nicht dazu, dass an ihre Behauptungen hinsichtlich des Kausalzusammenhangs zwischen Ad-hoc-Mitteilung und Aktienkauf nur ein geminderter Wahrscheinlichkeitsmaßstab anzulegen sei. Jedenfalls bei Aktienkäufen, die sechs bzw. neun Monate **nach** fehlerhaften Ad-hoc-Mitteilungen erfolgt seien, könne die Kausalität nicht mehr bejaht werden. Die Beweisproblematik war in der Folge Gegenstand zahlreicher weiterer Entscheidungen der Instanzgerichte.[200] Mittlerweile hat der BGH seine Ausführungen zur Beweislast bei der „**Informationsdeliktshaftung**" weiter präzisiert. Demnach reichen ein generelles Vertrauen in die „Richtigkeit allgemeiner Informationen" über das Unternehmen sowie der „Glaube an dessen wirtschaftliche Substanz und langfristigen Erfolg" zum Nachweis der konkreten Kausalität zwischen der Täuschung und der Willensentscheidung des Anlegers nicht aus. Zugleich lehnt der BGH eine Anlehnung an die sog. „fraud on the market-theory" des US-amerikanischen Kapitalmarktrechts ab, weil dies zu einer uferlosen Ausweitung des ohnehin offenen Haftungstatbestandes des § 826 BGB führen würde.[201] Nach der höchstrichterlichen Rechtsprechung muss daher im Rahmen der Informationsdeliktshaftung gemäß § 826 BGB der **Nachweis des konkreten Kausalzusammenhangs** zwischen einer fehlerhaften Ad-hoc-Mitteilung und der **individuellen** Anlageentscheidung auch dann geführt werden, wenn die Kapitalmarktinformation extrem unseriös gewesen ist.[202] **Ein allgemein enttäuschtes Anlegervertrauen reicht als Kausalitätsbeweis nicht aus.**[203] Schutzobjekt der Beweislast bei der „Informationsdeliktshaftung" ist nicht das allgemeine Anlegervertrauen, sondern die konkrete Anlageent- 78

---

[195] BGH v. 11.11.1966 - Ib ZR 91/64 - LM Nr. 25 zu § 826 (Gd) BGB; BGH v. 05.03.1975 - VIII ZR 230/73 - WM 1975, 559; BGH v. 14.04.1986 - II ZR 132/85 - WM 1986, 904-906;BGH v. 09.03.2010 - XI ZR 93/09 - NZG 2010, 550-553.

[196] BGH v. 10.06.2002 - II ZR 162/00 - juris Rn. 10 - NJW-RR 2002, 1324-1325.

[197] BGH v. 06.02.1962 - VI ZR 193/61 - LM Nr. 4 zu § 824 BGB.

[198] Vgl. OLG München v. 14.05.2002 - 30 U 1021/01 - ZIP 2002, 1727-1729; OLG München v. 18.07.2002 - 19 U 5630/01 - NJW-RR 2002, 1702 und *Rützel*, AG 2003, 69-79, 74; vgl. aber auch LG Frankfurt v. 28.04.2003 - 3-7 O 47/02, 3-07 O 47/02 - NJW-RR 2003, 1049-1050, wonach für den Kausalzusammenhang eine tatsächliche Vermutung spreche, die im Rahmen der freien Beweiswürdigung zu berücksichtigen sei.

[199] BGH v. 19.07.2004 - II ZR 218/03 - juris Rn. 33 - NJW 2004, 2664-2668.

[200] Vgl. z.B. OLG München v. 11.01.2005 - 30 U 335/02 - ZIP 2005, 298; OLG München v. 21.04.2005 - 19 U 4671/04 - NJW-RR 2005, 1213; OLG München v. 28.04.2005 - 23 U 4675/04 - ZIP 2005, 1141-1144.

[201] BGH v. 28.11.2005 - II ZR 80/04 - juris Rn. 11 - NZG 2007, 345-346 und BGH v. 28.11.2005 - II ZR 246/04 - juris Rn. 8 - NZG 2007, 346-347; vgl. zur Beweiserleichterung (Anscheinsbeweis) auch *Findeisen/Backhaus*, WM 2007, 100-108.

[202] BGH v. 07.01.2008 - II ZR 68/06 - NZG 2008, 382-385; BGH v. 03.03.2008 - II ZR 310/06 - juris Rn. 16 - NJW-RR 2008, 1004-1006; kritisch *Leuschner*, EWiR 2008, 269-70.

[203] BGH v. 04.06.2007 - II ZR 147/05 - juris Rn. 16 - NZG 2007, 708-711; bestätigt durch BGH v. 07.01.2008 - II ZR 229/05 - juris Rn. 16 - BB 2008, 688-691; BGH v. 03.03.2008 - II ZR 310/06 - juris Rn. 16 - ZIP 2008, 829-831; vgl. ferner BGH v. 26.06.2006 - II ZR 153/05 - juris Rn. 5 - DB 2007, 627-628 sowie *Buck-Heeb/Dieckmann*, AG 2008, 681-691; *Wünsche*, BB 2008, 691-692; *Klöhn*, LMK 2007, 240021; *Findeisen*, NZG 2007, 692-695.

§ 826

scheidung.²⁰⁴ Für den Nachweis der haftungsbegründenden Kausalität reicht ein **Anscheinsbeweis nicht** aus. Der Anscheinsbeweis gilt nur für typische Geschehensabläufe, bei denen ein bestimmter Sachverhalt nach der Lebenserfahrung eine bestimmte Folge hervorruft. Demgegenüber stellt die Anlageentscheidung eines potenziellen Aktienkäufers einen durch vielfältige rationale und irrationale, insb. spekulative Elemente beeinflussten, sinnlich nicht wahrnehmbaren individuellen Willensentschluss dar.²⁰⁵ Diese Grundsätze des BGH sind nach Ansicht des OLG Stuttgart auch auf die **Beweislast** für den **Kausalzusammenhang** zwischen einem von einem Wirtschaftsprüfer **fehlerhaft erteilten Testat** eines Jahresabschlusses einer Aktiengesellschaft **und** der **Kaufentscheidung** eines Anlegers übertragbar. Der Anleger hat den Nachweis der konkreten Kausalität zu erbringen. Ein genereller, von der Kenntnis des potentiellen späteren Anlegers unabhängiger Kausalzusammenhang reicht dagegen nicht aus, da er im Sinne einer „Dauerkausalität" auf unabsehbare Zeit auch jedem beliebigen späteren Aktienerwerber stets zu Gute kommen würde.²⁰⁶

79 Sind in einem **Börsenprospekt** über 60% der dargestellten Umsätze frei erfunden, so kann zum Nachweis der Kausalität zwischen fehlerhafter Information und Kaufentschluss des Anlegers im Zusammenhang mit der deliktischen Verantwortlichkeit des Täters davon ausgegangen werden, dass es ohne das deliktische Handeln nicht zu einem Börsengang gekommen und der Anleger durch den Erwerb der Aktien nicht geschädigt worden wäre.²⁰⁷

80 Ein weiteres prozessuales Problem ist die Frage, ob die Sittenwidrigkeit im **Eilverfahren** festgestellt werden kann. Das OLG Frankfurt/M. hat sich dagegen ausgesprochen.²⁰⁸ Das ist insoweit richtig, als im Eilverfahren nicht alle Umstände, die die Sittenwidrigkeit des Verhaltens begründen, ausführlich geprüft werden können. Andererseits muss es im Interesse der Effektivität des Rechtsschutzes möglich sein, auch in einer summarischen Prüfung bei einem deutlichen Überwiegen der Anhaltspunkte für ein sittenwidriges Handeln einen Anspruch aus § 826 BGB vorläufig festzustellen.²⁰⁹

F. Anwendungsfelder

81 Über die Schadenssanktion hinaus kommt in § 826 BGB auch der **allgemeine Rechtsgedanke** des Verbots sittenwidrigen Handelns zum Ausdruck. Diese im gemeinen Recht als „exceptio doli" bekannte Einrede ist heute in der Einrede der unzulässigen Rechtsausübung aufgegangen, vgl. § 242 BGB.

82 Ein selbstständiger Anwendungsbereich kann der Vorschrift allerdings noch als **Gegeneinrede** zustehen. So kann die Erhebung der Verjährungs- oder Differenzeinrede sittenwidrig sein und ihre Geltendmachung durch § 826 BGB verhindert werden.²¹⁰ § 826 BGB kann ferner einredeweise gegen die sittenwidrige Vollstreckung von Urteilen bzw. Schiedssprüchen geltend gemacht werden.²¹¹

---

²⁰⁴ Vgl. nur BGH v. 03.03.2008 - II ZR 310/06 - NJW RR 2008, 1004-1006; so auch *Buck-Heeb*, WuB I G 7 - 2.08; *Wünsche*, BB 2008, 691-692; dagegen *Findeisen*, NZG 2007, 692-695, 693 ff., der eine entstandene „Anlagestimmung" ausreichen lassen will; dagegen wollen *Klöhn*, LMK 2007, 240021; *Leuschner*, ZIP 2008, 1050-1059 danach differenzieren, ob der Kläger Restitution (konkrete Anlageentscheidung nachzuweisen) oder nur den Differenzschaden (Vertrauen auf korrekte Marktpreisbildung nachzuweisen) verlangt; nach *Möllers*, NZG 2008, 413-415 soll ausreichen, dass der Nachweis erbracht wird, dass die fehlerhafte Information den Kurs beeinflusst hat (sog. Preiskausalität).
²⁰⁵ OLG München v. 21.12.2006 - 19 U 4572/06 - ZIP 2007, 1407-1410.
²⁰⁶ OLG Stuttgart v. 29.09.2009 - 12 U 147/05 - WM 2009, 2382-2387 mit zust. Anm. *König*, jurisPR-HaGesR 12/2009, Anm. 5.
²⁰⁷ OLG Frankfurt v. 15.10.2004 - 5 U 263/03 - EWiR 2005, 593. Dazu kritisch *Möllers/Wenninger*, EWiR 2005, 593-594.
²⁰⁸ OLG Frankfurt v. 23.05.1991 - 6 U 23/91 - ZIP 1991, 1105.
²⁰⁹ Zur strittigen Frage des vorläufigen Rechtsschutzes bei einer Klage auf Unterlassung der Zwangsvollstreckung aus § 826 BGB vgl. LArbG Kiel v. 16.04.2004 - 2 Ta 76/04 - juris Rn. 14 - SchlHA 2004, 346.
²¹⁰ BGH v. 20.12.1971 - II ZR 156/69 - juris Rn. 13 - BGHZ 58, 1-7; BGH v. 28.01.1977 - I ZR 171/75 - juris Rn. 24 - LM Nr. 4 zu § 88 HGB.
²¹¹ BGH v. 02.11.2000 - III ZB 55/99 - juris Rn. 19 - BGHZ 145, 376-383.

§ 827 BGB Ausschluss und Minderung der Verantwortlichkeit

(Fassung vom 02.01.2002, gültig ab 01.01.2002)

¹Wer im Zustand der Bewusstlosigkeit oder in einem die freie Willensbestimmung ausschließenden Zustand krankhafter Störung der Geistestätigkeit einem anderen Schaden zufügt, ist für den Schaden nicht verantwortlich. ²Hat er sich durch geistige Getränke oder ähnliche Mittel in einen vorübergehenden Zustand dieser Art versetzt, so ist er für einen Schaden, den er in diesem Zustand widerrechtlich verursacht, in gleicher Weise verantwortlich, wie wenn ihm Fahrlässigkeit zur Last fiele; die Verantwortlichkeit tritt nicht ein, wenn er ohne Verschulden in den Zustand geraten ist.

Gliederung

A. Grundlagen 1	I. Bewusstlosigkeit 6
I. Kurzcharakteristik 1	II. Krankhafte Störung der Geistestätigkeit 7
II. Weitere Anwendungsfelder 4	III. Actio libera in causa und Haftung nach
B. Praktische Bedeutung 5	Satz 2 8
C. Anwendungsvoraussetzungen 6	D. Prozessuale Hinweise 9

A. Grundlagen

I. Kurzcharakteristik

Die §§ 827, 828 BGB regeln die **Deliktsfähigkeit** als grundlegende Voraussetzung der deliktsrechtlichen Verantwortlichkeit. Dem Schuldprinzip entsprechend gelten diese Normen für alle Fälle der Verschuldenshaftung (§§ 823-826, 830 Abs. 1 Satz 2, 831, 832, 833 Satz 2, 834, 836-838 BGB), nicht aber für die reine Gefährdungshaftung nach § 833 Satz 1 BGB. Die Deliktsfähigkeit bildet die erste, die Schuldform nach § 276 BGB die zweite Stufe der Verschuldensprüfung.[1]   1

Nach der Formulierung des § 827 BGB und des § 828 BGB ist Deliktsunfähigkeit die Ausnahme. Die **Beweislast** für die fehlende Deliktsfähigkeit trägt daher der Schädiger. Diese Beweislastregel enthält einen allgemeinen Rechtsgedanken[2] und ist auch auf die Feststellung der Erbunwürdigkeit sowie auf den Fall des § 81 Abs. 1 VVG (§ 152 VVG a.F.) entsprechend anwendbar.[3] Zur Anwendbarkeit im Fall des § 81 Abs. 2 VVG (§ 61 VVG a.F.) vgl. Rn. 8.   2

Der für den Geschädigten nachteilige Haftungsausschluss wird durch die **Billigkeitshaftung** nach § 829 BGB abgemildert. Unter den Voraussetzungen des § 832 BGB hat der Geschädigte zudem Ansprüche gegen den Aufsichtspflichtigen.   3

II. Weitere Anwendungsfelder

In den Fällen der Gefährdungshaftung tritt häufig die Haltereigenschaft an die Stelle des Verschuldens. Ob hinsichtlich der Begründung der Haltereigenschaft daher die §§ 827, 828 BGB entsprechend anzuwenden sind, ist strittig und wohl abzulehnen. Die §§ 104-107 BGB passen hier besser.[4] Nach § 276 Abs. 1 Satz 2 BGB sind die §§ 827, 828 BGB auf die sich aus bereits bestehenden Schuldverhältnissen ergebende Haftung entsprechend anzuwenden. Auch auf die Obliegenheitsverletzung nach § 254 BGB   4

---

[1] Dabei steht die bloße Verminderung der Schuldfähigkeit der Annahme vorsätzlichen Handelns nicht entgegen, vgl. dazu BGH v. 09.11.2005 - IV ZR 146/04 - juris Rn. 17 - NJW 2006, 292-294.
[2] BGH v. 25.11.1987 - IVa ZR 160/86 - juris Rn. 9 - BGHZ 102, 227-231.
[3] Zu § 61 VVG a.F. vgl. BGH v. 20.06.1990 - IV ZR 298/89 - juris Rn. 10 - BGHZ 111, 372-375.
[4] Für entsprechende Anwendung der §§ 827, 828 BGB aber *Spickhoff* in: Soergel, vor § 827 Rn. 7 und *Schiemann* in: Erman, § 827 Rn. 1, letzterer mit dem Argument, die Begründung der Haltereigenschaft sei kein Rechtsgeschäft, weshalb die § 104-107 BGB nicht passen. Wie hier *Esser*, Schuldrecht, 8. Aufl. 1998, § 63 II 3 und *Larenz/Canaris*, Schuldrecht, Band II/2, 13. Aufl. 1994, § 84 I 2 g, letzterer mit dem Argument, Gefahrbeherrschung sei nur durch Geschäftsfähigkeit voraussetzenden Abschluss eines Versicherungsvertrags möglich. *Eberl-Borges*, VersR 1996, 1070-1076, 1075; *Belling/Eberl-Borges* in: Staudinger, § 833 Rn. 115 und *Oechsler* in: Staudinger, § 828 Rn. 6 wollen weder auf die Geschäfts- noch auf die Deliktsfähigkeit, sondern auf den Reifegrad des Halters abstellen.

sind die §§ 827, 828 BGB entsprechend anzuwenden.[5] Der Gesetzgeber geht in der Begründung zum Regierungsentwurf des Zweiten Gesetzes zur Änderung schadensersatzrechtlicher Vorschriften von der entsprechenden Anwendbarkeit des § 828 BGB auf § 254 BGB aus.[6] Vgl. hierzu auch die Kommentierung zu § 828 BGB und die Kommentierung zu § 254 BGB. Bereichert sich ein Minderjähriger durch eine unerlaubte Handlung, sind die §§ 827, 828 BGB auf § 819 Abs. 1 BGB entsprechend anzuwenden.[7] Vgl. hierzu ausführlich die Kommentierung zu § 819 BGB.

B. Praktische Bedeutung

5   Soweit § 827 BGB die Deliktsfähigkeit als Voraussetzung der Verschuldenshaftung formuliert, ist die Norm nur deklaratorisch. Ihre praktische Bedeutung liegt in der Regelung der Beweislastverteilung und in der Gleichsetzung von schuldhafter Herbeiführung der Deliktsunfähigkeit und fahrlässiger Schadensverursachung.

C. Anwendungsvoraussetzungen

I. Bewusstlosigkeit

6   Bewusstlosigkeit liegt bei bereits die Möglichkeit einer Handlung ausschließender **voller** Bewusstlosigkeit (Ohnmacht, Schlaf) und bei **starker**, die freie Willensbestimmung ausschließender, nicht unbedingt krankhafter **Störung** des Bewusstseins (Unfallschock, äußerste Erregung) vor.[8] Eine bloße Erschwerung der ruhigen und vernünftigen Überlegung reicht jedoch nicht aus. Vgl. hierzu auch die Kommentierung zu § 105 BGB. Für alkoholbedingte Bewusstseinsstörungen gelten keine festen Grenzwerte. Bei Trunkenheitsfahrten sind hohe Anforderungen an das Vorliegen einer das Verschulden ausschließenden Bewusstseinsstörung zu stellen.[9]

II. Krankhafte Störung der Geistestätigkeit

7   Krankhafte Störung der Geistestätigkeit liegt vor bei Geisteskrankheit und Geistesschwäche.[10] Die Voraussetzungen entsprechen denen des § 104 Nr. 2 BGB. Vgl. hierzu die Kommentierung zu § 104 BGB. Auch vorübergehende Störungen begründen die Deliktsunfähigkeit.[11]

III. Actio libera in causa und Haftung nach Satz 2

8   Nicht nach § 827 Satz 2 BGB, sondern bereits nach den Grundsätzen der **actio libera in causa** ist verantwortlich, wer zumindest damit rechnen musste, dass er nach Einnahme geistiger Getränke oder anderer Rauschmittel im Zustand der Deliktsunfähigkeit Schäden verursachen würde, was insb. bei **Trunkenheitsfahrten** eine wesentliche Rolle im Versicherungsrecht spielt.[12] Eine Vorverlagerung fin-

---

[5] Vgl. BGH v. 28.05.1957 - VI ZR 136/56 - juris Rn. 7 - BGHZ 24, 325-329 und BGH v. 14.03.1961 - VI ZR 189/59 - juris Rn. 22 - BGHZ 34, 355-367. Hierfür auch *Spickhoff* in: Soergel, vor § 827 Rn. 4; *Teichmann* in: Jauernig, vor § 827 Rn. 2 mit dem Argument, Mitverschulden setze Zurechnungsfähigkeit voraus. Anderer Ansicht *Schmidt*, Schuldrecht, 8. Aufl. 1995, I 2 § 35 I 3 b mit dem Argument, § 254 BGB setze nur Mitverursachung voraus. Mit dem Argument, dass Haftungsbegründung und Haftungsbegrenzung miteinander korrespondieren, spricht sich das OLG Stuttgart (v. 08.12.2003 - 5 U 76/03 - OLGR Stuttgart 2004, 521-523) gegen die Möglichkeit eines Mitverschuldens bei Unzurechnungsfähigkeit aus.

[6] BT-Drs. 14/7752, S. 26-27: „Denn § 828 BGB ist auch für die Frage des Mitverschuldens nach § 254 BGB maßgeblich (BGH NJW 1962, 1065, *Mertens* in: MünchKomm-BGB, § 828 Rn. 2), der über die entsprechenden Verweisungsnormen (§ 9 StVG, § 4 HPflG) auch für die sondergesetzlichen Gefährdungshaftungen gilt."

[7] So: BGH v. 07.01.1971 - VII ZR 9/70 - juris Rn. 23 - BGHZ 55, 128-137.

[8] BGH v. 25.01.1977 - VI ZR 166/74 - juris Rn. 26 - VersR 1977, 430-431; *Oechsler* in: Staudinger, § 827 Rn. 10.

[9] BGH v. 22.02.1989 - IVa ZR 274/87 - juris Rn. 14 - LM Nr. 30 zu § 61 VVG.

[10] Zur Verschuldensfähigkeit im Alter vgl. *Spickhoff*, AcP 2008, 345-415, 408 f.

[11] Zu den hohen Anforderungen, die an das Vorliegen einer krankhaften Störung der Geistestätigkeit nach Satz 1 bei chronischen Alkoholmissbrauch zu stellen sind, vgl. OLG Naumburg v. 09.12.2004 - 4 W 43/04 - NJW 2005, 2017-2019: Demnach muss – in Abgrenzung zu § 105 Abs. 2 BGB – die Sucht entweder Symptom einer bereits vorhandenen Geisteskrankheit oder Geistesschwäche sein, oder der Missbrauch muss zu einer organischen Veränderung des Gehirns geführt haben, infolgedessen es zu einem Abbau der Persönlichkeit gekommen ist, der zum dauerhaften Ausschluss der freien Willensbildung geführt hat.

[12] Zur deliktischen Verantwortlichkeit eines Diabetikers bei akuter Unterzuckerung vgl. LG Berlin v. 03.03.2010 - 86 O 75/09 - juris Rn. 41 ff.

det auch für ein Mitverschulden i.S.d. § 254 BGB statt.[13] § 827 Satz 2 BGB begründet **darüber hinaus** die Haftung des Schädigers, der bei der schuldhaften Verursachung seiner Deliktsunfähigkeit nicht mit der Verursachung von Schäden rechnen musste. § 827 Satz 2 BGB stellt in diesem Fall die schuldhafte Verursachung der Deliktsunfähigkeit der fahrlässigen Verursachung des Schadens gleich.[14] Voraussetzung für die Haftung des Schädigers ist daher, dass das Delikt fahrlässig begehbar ist.[15] Schwierigkeiten bereitet die Anwendung des § 827 Satz 2 BGB auch in der neuen Fassung des **§ 81 Abs. 2 VVG** (früher: Leistungsausschluss nach § 61 VVG), wonach der Versicherer bei grob fahrlässiger Verursachung des Schadens „seine Leistung in einem der Schwere des Verschuldens des Versicherungsnehmers entsprechenden Verhältnis" **kürzen** kann. Damit wird das bisher kritisierte „Alles-oder-Nichts-Prinzip" durch eine **Quotenregelung** abgelöst.[16] Der Versicherer hat weiter die Beweislastregel des § 827 Satz 1 BGB entsprechend anzuwenden, so dass die **subjektiven** Voraussetzungen vorsätzlichen Handelns (§ 81 Abs. 1 VVG) bzw. grober Fahrlässigkeit (§ 81 Abs. 2 VVG) nachzuweisen sind.[17] Soweit früher vom BGH allein die grob fahrlässige **Herbeiführung** der Deliktsunfähigkeit für die Leistungsfreiheit nach § 61 VVG a.F. für ausreichend gehalten wurde,[18] stieß dies zu Recht auf Bedenken, weil eine „Bedenkenlosigkeit" des Versicherungsnehmers gegenüber der Gefahrerhöhung daraus allein keineswegs folgen musste.[19] Die auf die Schwere des Verschuldens abstellende neue **Kürzungsregel** hat erst recht zu beachten, dass eine Kürzung allenfalls nach den Grundsätzen der actio libera in causa begründet werden kann und daher nicht nur die grob fahrlässige Herbeiführung der Deliktsunfähigkeit, sondern auch die (regelmäßig zu bejahende) Vorhersehbarkeit der Verursachung des Versicherungsfalls voraussetzt.[20]

D. Prozessuale Hinweise

Der **Schädiger** trägt die Beweislast für das Vorliegen der Deliktsunfähigkeit.[21] Auch hat er das Vorliegen einer bereits die Handlung ausschließenden Bewusstlosigkeit zu beweisen.[22] Der **Geschädigte** trägt die Beweislast dafür, dass sich der Schädiger selbst in den Zustand der Deliktsunfähigkeit versetzt hat. Der Schädiger muss dann beweisen, dass dies ohne sein Verschulden geschah.[23] Die Anordnung einer Betreuung nach § 1896 BGB und § 1903 BGB begründet allenfalls eine Vermutung für das Vorliegen der Voraussetzungen des § 827 Satz 1 BGB. Auch im Adhäsionsverfahren, wenn der Täter wegen nicht auszuschließender Schuldunfähigkeit (§ 20 StGB) freizusprechen ist, gilt, dass der Täter seine Unzurechnungsfähigkeit beweisen muss. Der Täter kann im Adhäsionsverfahren nicht besser stehen als im Zivilprozess.[24] Zum Beweis des Tathergangs ist die Bezugnahme auf bereits vorliegende **Strafakten** zulässig. Das Gericht kann deren Inhalt (insb. Verhandlungsprotokolle) bei der Prüfung der Erfolgsaussichten der beabsichtigten Rechtsverfolgung bzw. Rechtsverteidigung (hier: Prozesskostenhilfe im Schadensersatz- und Schmerzensgeldverfahren) berücksichtigen.[25]

---

[13] OLG Karlsruhe v. 30.01.2009 - 1 U 192/08 - juris Rn. 25.
[14] Vgl. dazu Brandenburgisches OLG v. 24.04.2007 - 6 U 55/06 - juris Rn. 5.
[15] BGH v. 22.03.1968 - V ZR 3/67 - juris Rn. 19 - LM Nr. 2 zu § 827 BGB.
[16] Zur VVG-Reform vgl. *Langheid*, NJW 2006, 3317; 3322 *Römer*, VersR 2006, 740-745; *Spindler* in: Bamberger/Roth, § 827 Rn. 8.
[17] BGH v. 23.01.1985 - IVa ZR 128/83 - juris Rn. 6 - LM Nr. 26 zu § 61 VVG; BGH v. 22.02.1989 - IVa ZR 274/87 - juris Rn. 13 - LM Nr. 30 zu § 61 VVG; BGH v. 29.10.2003 - IV ZR 16/03 - juris Rn. 15 - NJW-RR 2004, 173-174 und zuletzt BGH v. 22.06.2011 - IV ZR 225/10 - juris Rn. 12 - NJW 2011, 3299 m. Anm. *Wenker*, jurisPR-VerkR 18/2011, Anm. 1.
[18] So BGH v. 06.07.1967 - II ZR 16/65 - VersR 1967, 944.
[19] Vgl. *Schiemann* in: Erman, § 827 Rn. 3; *Wagner* in: MünchKomm-BGB, § 827 Rn. 5.
[20] Vgl. auch: *Knappmann*, NVersZ 1998, 13-17.
[21] BGH v. 01.07.1980 - VI ZR 283/78 - juris Rn. 8 - LM Nr. 15 zu § 249 BGB; BGH v. 12.02.1963 - VI ZR 70/62 - juris Rn. 16 - BGHZ 39, 103-110; auch auf den Fall einer Entziehung des Pflichtteils gem. § 2333 Nr. 2 BGB ist die Beweislastregel des § 827 BGB anzuwenden, so LG Ravensburg v. 26.10.2007 - 6 O 257/06 - juris Rn. 39.
[22] BGH v. 01.07.1986 - VI ZR 294/85 - juris Rn. 6 - BGHZ 98, 135-139; OLG Celle v. 30.11.2006 - 14 U 204/05 - juris Rn. 21 - VD 2007, 49-53.
[23] Vgl. BGH v. 22.03.1968 - V ZR 3/67 - juris Rn. 18 - LM Nr. 2 zu § 827 BGB; OLG Celle v. 30.11.2006 - 14 U 204/05 - juris Rn. 21 – VD 2007, 49-53.
[24] LG Berlin v. 01.12.2005 - 93 Js 3567/04 KLs - NZV 2006, 389-390.
[25] Brandenburgisches OLG v. 30.09.2010 - 12 W 28/10 - juris Rn. 13.

§ 828 BGB Minderjährige

(Fassung vom 06.04.2004, gültig ab 16.04.2004)

(1) Wer nicht das siebente Lebensjahr vollendet hat, ist für einen Schaden, den er einem anderen zufügt, nicht verantwortlich.

(2) ¹Wer das siebente, aber nicht das zehnte Lebensjahr vollendet hat, ist für den Schaden, den er bei einem Unfall mit einem Kraftfahrzeug, einer Schienenbahn oder einer Schwebebahn einem anderen zufügt, nicht verantwortlich. ²Dies gilt nicht, wenn er die Verletzung vorsätzlich herbeigeführt hat.

(3) Wer das 18. Lebensjahr noch nicht vollendet hat, ist, sofern seine Verantwortlichkeit nicht nach Absatz 1 oder 2 ausgeschlossen ist, für den Schaden, den er einem anderen zufügt, nicht verantwortlich, wenn er bei der Begehung der schädigenden Handlung nicht die zur Erkenntnis der Verantwortlichkeit erforderliche Einsicht hat.

Gliederung

A. Grundlagen 1	II. „Erforderliche Einsicht" (Absatz 3) 4
I. Kurzcharakteristik 1	III. „Verkehrsunfall" (Absatz 2) 5
II. Gesetzgebungsmaterialien 2	IV. Verfassungsrechtliche Bedenken 11
B. Anwendungsvoraussetzungen 3	**C. Rechtsfolgen** 12
I. „Nicht verantwortlich" 3	**D. Prozessuale Hinweise** 13

A. Grundlagen

I. Kurzcharakteristik

1 § 828 BGB regelt die **Deliktsfähigkeit von Kindern und Jugendlichen**. Zum Anwendungsbereich der Vorschrift vgl. die Kommentierung zu § 827 BGB. Nach § 828 Abs. 1 BGB sind Kinder bis zur Vollendung des 7. Lebensjahres deliktsunfähig. Dem Schuldprinzip entsprechend ist auf das Lebensalter bei der Vornahme der Handlung, nicht auf das beim Eintritt des Erfolges abzustellen. § 828 Abs. 2 BGB wurde durch das 2. Gesetz zur Änderung schadensersatzrechtlicher Vorschriften zum 01.08.2002 eingefügt.[1] Mit ihm wurde neueren Erkenntnissen der Entwicklungspsychologie folgend die Deliktsfähigkeit für Schäden, die bei Unfällen im motorisierten Straßen- oder Bahnverkehr zugefügt werden, auf das vollendete **10. Lebensjahr** heraufgesetzt. Für **vorsätzlich** herbeigeführte Schäden verbleibt es nach § 828 Abs. 2 Satz 2 BGB dagegen bei der Altersgrenze des § 828 Abs. 1 BGB. Zu den Motiven des Gesetzgebers für die Neuregelung vgl. die Gesetzgebungsmaterialien (vgl. Rn. 2).[2] Der neue § 828 Abs. 3 BGB entspricht weitgehend dem § 828 Abs. 2 BGB a.F. Danach ist, wer das 18. Lebensjahr noch nicht vollendet hat, für Schäden nur verantwortlich, wer bei Begehung der schädigenden Handlung die zur Erkenntnis der Verantwortlichkeit erforderliche **Einsicht** hat. Die in § 828 Abs. 2 Satz 2 BGB a.F. besonders geregelte Deliktsfähigkeit der „Taubstummen" ist entfallen. Zu den Hintergründen der Streichung der als diskriminierend empfundenen Regelung vgl. die Gesetzgebungsmaterialien (vgl. Rn. 2).[3]

II. Gesetzgebungsmaterialien

2 In der Begründung zum Regierungsentwurf des „Zweiten Gesetzes zur Änderung schadensersatzrechtlicher Vorschriften" heißt es zur Neuregelung des § 828 BGB[4]:
„Nach den Erkenntnissen der Entwicklungspsychologie kann es mittlerweile als gesichert gelten, dass Kinder auf Grund ihrer physischen und psychischen Fähigkeiten regelmäßig frühestens ab Vollendung des 10. Lebensjahres im Stande sind, die besonderen Gefahren des motorisierten Straßenverkehrs zu erkennen, und sich den erkannten Gefahren entsprechend zu verhalten. Dies liegt zum einen an den körperlichen Bedingungen, auf Grund derer es Kindern bis zum 10. Lebensjahr nicht möglich ist, Entfer-

---
[1] Vgl. hierzu *Ady*, ZGS 2002, 237-242, 237 ff.
[2] BT-Drs. 14/7752, S. 27.
[3] BT-Drs. 14/7752, S. 27.
[4] BT-Drs. 14/7752, S. 26-27.

nungen und Geschwindigkeiten richtig einzuschätzen. Zum anderen stehen kindliche Eigenheiten wie Lauf- und Erprobungsdrang, Impulsivität, Affektreaktionen, mangelnde Konzentrationsfähigkeit und gruppendynamisches Verhalten oft einem verkehrsgerechten Verhalten entgegen.

Hieraus zieht der Entwurf mit dem neuen § 828 Abs. 2 Satz 1 BGB die Konsequenz und setzt die Deliktsfähigkeit für Schäden, die einem anderen bei Unfällen im motorisierten Straßen- oder Bahnverkehr zugefügt werden, auf das vollendete 10. Lebensjahr herauf. Kinder bis zum vollendeten 10. Lebensjahr werden damit einerseits von einer Haftung für von ihnen verursachte Unfallschäden befreit. Sie müssen sich andererseits ihren eigenen Ansprüchen, gleichviel ob sie aus allgemeinem Deliktsrecht hergeleitet werden oder aus den Gefährdungshaftungstatbeständen des StVG oder des HPflG, ein Mitverschulden bei der Schadensverursachung nicht entgegenhalten lassen. Denn § 828 BGB ist auch für die Frage des Mitverschuldens nach § 254 BGB maßgeblich (BGH NJW 1962, 1065, *Mertens*, in Münchener Kommentar, § 828, Rn. 2), der über die entsprechenden Verweisungsnormen (§ 9 StVG, § 4 HPflG) auch für die sondergesetzlichen Gefährdungshaftungen gilt. Ergänzt wird diese Neuregelung der Deliktsfähigkeit für den motorisierten Verkehr durch eine Änderung des § 7 Abs. 2 StVG und des § 1 Abs. 2 HPflG (vgl. dazu Begründung zu Artikel 4 Nr. 1b und Artikel 5 Nr. 1): Mit der Ersetzung des Einwands eines „unabwendbaren Ereignisses" durch den Einwand „höherer Gewalt" wird insbesondere bei einer Unfallbeteiligung von Kindern sichergestellt, dass die durch den neuen § 828 Abs. 2 BGB bewirkte Verbesserung der Haftungssituation von unfallbeteiligten Kindern nicht durch den Unabwendbarkeitsnachweis nach § 7 Abs. 2 StVG bzw. § 1 Abs. 2 HPflG i. V. m. § 7 Abs. 2 StVG wieder konterkariert wird. Unberührt bleibt nach wie vor die Gefährdungshaftung des Kindes als Halter eines Kraftfahrzeugs oder als Bahnbetriebsunternehmer. Da es hierfür auf Zurechnungsfähigkeit und Verschulden nicht ankommt, ist § 828 BGB nicht anwendbar (Soergel-Zeuner, vor § 827, Rn. 2; *Hofmann*, NJW 1964, 228).

In seiner Terminologie lehnt sich der neue § 828 Abs. 2 BGB an die Terminologie der Haftungsnormen des Straßenverkehrsgesetzes und des Haftpflichtgesetzes an. So wird die Deliktsfähigkeit nur für solche Schäden heraufgesetzt, die aus einem Unfall herrühren, der sich mit einem Kraftfahrzeug, einer Schienen- oder Schwebebahn ereignet hat, und die von dem Kind verursacht oder mit verursacht wurden. Damit soll die Heraufsetzung der Deliktsfähigkeit auf im motorisierten Straßen- oder Bahnverkehr plötzlich eintretende Schadensereignisse begrenzt werden, bei denen die altersbedingten Defizite eines Kindes, wie z.B. Entfernungen und Geschwindigkeiten nicht richtig einschätzen zu können, regelmäßig zum Tragen kommen. Außerhalb dieses Bereichs, z.B. auch im nicht motorisierten Verkehr, sind die Anforderungen, denen das Kind ausgesetzt ist, im Allgemeinen geringer. Das Kind wird auf Grund seiner altersbedingten Defizite seltener überfordert sein. Daher erscheint auch eine generelle Heraufsetzung der Deliktsfähigkeit nach Absatz 2 nicht notwendig.

Anders als der Entwurf des 2. Schadensersatzrechtsänderungsgesetzes aus der 13. Legislaturperiode dies vorsah, wird die Deliktsfähigkeit indes dann nicht auf das vollendete 10. Lebensjahr heraufgesetzt, wenn das Kind die Verletzung vorsätzlich herbeigeführt hat (Absatz 2 Satz 2). Diese Ausnahme greift einen Vorschlag des Bundesrates (BT-Drs. 13/10766) und zahlreicher weiterer Stellungnahmen aus dem damaligen Gesetzgebungsverfahren auf, die teils für ausdrückliches, teils für vorsätzliches schadensstiftendes Verhalten eine Ausnahme forderten. Damit soll klargestellt werden, dass der Haftungsausschluss nicht Fälle erfassen soll, in denen z.B. ein Neunjähriger von einer Autobahnbrücke Steine auf fahrende Autos wirft. Denn solche Fälle haben nichts mit der eingangs beschriebenen Überforderungssituation zu tun, denen sich Kinder im Straßenverkehr oft ausgesetzt sehen. Nicht altersbedingte Defizite bei der Einschätzung von Entfernungen und Geschwindigkeiten bei der Teilnahme am Verkehr sind hierfür relevant, sondern ein bewusst und gewollt verkehrsfremdes und offensichtlich zu Schäden führendes Verhalten, das auch von einem Neunjährigen als solches erkannt werden kann."

B. Anwendungsvoraussetzungen

I. „Nicht verantwortlich"

Mit der Formulierung „nicht verantwortlich" wird die dem Verschulden vorgelagerte Kategorie (vgl. § 827 BGB) der Delikts(un)fähigkeit an bestimmte Altersgrenzen geknüpft und damit aus Gründen der Rechtssicherheit **objektiviert**. Ausnahme ist § 828 Abs. 3 BGB, weil hier die Deliktsfähigkeit an das eine Einzelfallprüfung erfordernde Merkmal der „erforderlichen Einsicht" geknüpft wird. Wer danach nicht deliktsfähig ist, ist **schlechthin** nicht zur Haftung fähig und damit **„verschuldensunfähig"**.[5] Aus Sicht der Grundsicherung besteht für den Abschluss einer **Privathaftpflichtversicherung** für delikts-

3

---

[5] So *Teichmann* in: Jauernig, Vorbem. §§ 827-829, Rn. 1.

unfähige Kinder keine Notwendigkeit i.S.v. § 11 Abs. 2 Nr. 3 SGB II. Eine derartige „Luxusversicherung" kann daher nicht vom zu berücksichtigenden Einkommen des Hilfebedürftigen abgesetzt werden.[6]

II. „Erforderliche Einsicht" (Absatz 3)

4   Die zur Erkenntnis der Verantwortlichkeit erforderliche Einsicht ist vorhanden, wenn der Schädiger nach dem Stande seiner geistigen Entwicklung im Zeitpunkt der schädigenden Handlung in der Lage war einzusehen, dass seine Tat allgemein gefährlich ist, ein Unrecht darstellt und er daher irgendwie für sie einstehen muss.[7] Ihr Vorliegen ist als „objektive" Voraussetzung der Haftungsfähigkeit vorrangig und getrennt von der nachgelagerten Frage des **Verschuldens** zu prüfen, vgl. dazu Rn. 12. Einsicht als „intellektuelle" Fähigkeit bedeutet nicht, dass der Jugendliche auch die Fähigkeit hat, danach zu handeln. Anders als nach der geltenden strafrechtlichen Zurechnungslehre setzt die Verschuldensfähigkeit nur die Einsichtsfähigkeit voraus. „**Steuerungsfähigkeit**" ist dagegen **nicht** erforderlich.[8] Die Steuerungsfähigkeit hat jedoch Einfluss auf die Frage, ob der Schädiger schuldhaft gehandelt hat, vgl. dazu Rn. 12. Grundsätzlich ist die Erwägung zulässig, dass in einem bestimmten Alter erfahrungsgemäß die nötige Einsicht für bestimmte Handlungen **regelmäßig vorhanden** ist und deshalb auch beim Täter, soweit nicht ein geringerer Entwicklungsgrad gegenüber Altersgenossen festgestellt wird, angenommen werden kann (gesetzliche **Regelvermutung**).[9] Damit ist eine Abwägung zwischen dem individuellen Entwicklungsstand des einzelnen Täters und der Berücksichtigung allgemeiner Erfahrungssätze zu verbinden. Die Schwelle der für den Handelnden gesetzlich geforderten Einsichtsfähigkeit wird von der Rechtsprechung sehr niedrig angesetzt, so dass die eigentliche Entscheidung über die Haftung in die Verschuldensprüfung verlagert wird.[10] Vom Vorliegen der zur Erkenntnis der Verantwortlichkeit erforderlichen Einsichtsfähigkeit ist jedenfalls dann auszugehen, wenn der Handelnde nach eigenen Aussagen der Gefährlichkeit seines Tuns bewusst war und sogar mit dem Eintritt des Schadens rechnete. Dies wurde im Fall der Brandverursachung in einer Scheune durch eine **14-jährige** Jugendliche angenommen.[11] Bei einem **11 1/2-jährigen Kind**, das sich noch recht nahe an der durch § 828 Abs. 2 BGB gesetzten Altersgrenze befindet, darf nicht „automatisch" die vollständige Haftung bejaht werden, wenn das Kind grob verkehrswidrig handelt.[12] Allerdings dürfen andere Verkehrsteilnehmer davon ausgehen, dass das Kind sich z.B. außerorts beim Überqueren einer Landstraße altersentsprechend vorsichtig verhält und auf den bevorrechtigten Verkehr achtet, bevor es die Straße betritt.

III. „Verkehrsunfall" (Absatz 2)

5   Unter Durchbrechung der Regel des § 828 Abs. 3 BGB sind nach dem zum 01.08.2002 eingefügten § 828 Abs. 2 BGB Kinder bis zum 10. Lebensjahr für durch **Verkehrsunfälle** verursachte Schäden grundsätzlich nicht verantwortlich. § 828 Abs. 2 Satz 2 BGB enthält die Ausnahme von diesem Grundsatz: Demnach sind **Kinder** zwischen dem 8. und 10. Lebensjahr für durch Verkehrsunfälle erlittene Schäden verantwortlich, wenn sie die Verletzung vorsätzlich herbeigeführt haben. § 828 Abs. 2 BGB regelt zwar auch den Fall, in dem ein Kind einen Verkehrsunfall verursacht. Seine eigentliche Bedeutung beruht aber auf dem Ausschluss der Berücksichtigung eines „**Mitverschuldens**" nach § 254 BGB, wenn das Kind den Unfall mit verursacht hat.[13]

---

[6] SG Chemnitz v. 11.11.2010 - S 35 AS 1612/10 - juris Rn. 28 f.

[7] Vgl. BGH v. 14.11.1978 - VI ZR 133/77 - juris Rn. 21 - BGHZ 73, 1-4; BGH v. 29.04.1997 - VI ZR 110/96 - juris Rn. 8 - LM BGB § 276 (Bb) Nr. 15 (10/1997).

[8] Vgl. BGH v. 29.04.1997 - VI ZR 110/96 - juris Rn. 8 - LM BGB § 276 (Bb) Nr. 15 (10/1997); BGH v. 10.03.1970 - VI ZR 182/68 - NJW 1970, 1038; BGH v. 30.11.2004 - VI ZR 335/03 - juris Rn. 15 - BGHZ 161, 180 = NJW 2005, 354-356.

[9] Vgl. als Beispiele für eine solche Regelvermutung: LG Krefeld v. 22.12.2005 - 3 O 179/05 - NZV 2006, 205-206; LG Hamburg v. 18.12.2009 - 331 O 163/07 - juris Rn. 46.

[10] Vgl. dazu Rn. 12 sowie *Geilen*, FamRZ 1965, 401-408, 404; *Teichmann* in: Jauernig, § 828 Rn. 3.

[11] So Brandenburgisches OLG v. 25.02.2010 - 12 U 123/09 - juris Rn. 5.

[12] OLG Celle v. 08.06.2011 - 14 W 13/11 - juris Rn. 12 f. m. Anm. *Lang*, jurisPR-VerkR 20/2011, Anm. 1; vgl. zum Haftungsumfang von über zehn Jahre alten Kindern auch LG Kleve v. 16.04.2010 - 5 S 135/09 - juris Rn. 8 f. - jurisPR-VerkR 25/2010 Anm. 1 m. Anm. *Lang*.

[13] Vgl. *Schiemann* in: Erman, § 828 Rn. 2a.

Aus den Änderungen der § 7 Abs. 2 StVG, § 828 Abs. 2 BGB durch das 2. Gesetz zur Änderung schadensrechtlicher Vorschriften folgt jedoch nicht, dass ein Kraftfahrer bei einem Verkehrsunfall mit einem **Jugendlichen** stets für die **Betriebsgefahr** seines Fahrzeugs einzustehen hat, sofern der Unfall nicht auf höhere Gewalt zurückzuführen ist. Auch unter dem geänderten § 7 Abs. 2 StVG kommt (soweit ein Mitverschulden des Jugendlichen vorliegt, vgl. dazu § 828 Abs. 3 BGB) eine Enthaftung über den Mitverschuldenseinwand der § 9 StVG, § 254 BGB weiter in Betracht, wobei im Einzelfall die Haftung sogar auf Null reduziert sein kann.[14]

6

Zur Frage der **Billigkeitshaftung** des Kindes nach § 829 BGB in den Fällen eines Haftungsausschlusses nach § 828 Abs. 2 BGB vgl. die Kommentierung zu § 829 BGB. Die Änderung des Haftungsmaßstabs für Kinder im Straßenverkehr nach § 828 Abs. 2 Satz 1 BGB hat keine Verschärfung der **Aufsichtspflicht** der Eltern zur Folge.[15]

7

Nicht aus dem Wortlaut des Gesetzes, aber aus den Gesetzesmaterialien (vgl. Rn. 2)[16] ergibt sich, dass die Haftungsprivilegierung des § 828 Abs. 2 BGB auf nicht im **fließenden Verkehr** entstandene Unfälle keine Anwendung findet (**teleologische Reduktion**).[17] Es sollte nämlich nur der Unfähigkeit von Kindern hinsichtlich der richtigen Einschätzung von Geschwindigkeiten im fließenden Verkehr Rechnung getragen werden. § 828 Abs. 2 Satz 1 BGB ist also anwendbar, wenn sich bei einem Schadensfall eine typische **Überforderungssituation** des Kindes durch die spezifischen Gefahren des motorisierten Verkehrs verwirklicht hat.[18] Eine typische Überforderungssituation ist laut BGH gegeben, wenn ein achtjähriges Kind mit seinem Fahrrad aufgrund überhöhter, nicht angepasster Geschwindigkeit und Unaufmerksamkeit im fließenden Verkehr gegen ein **verkehrsbedingt haltendes Kraftfahrzeug** stößt, das es nicht herankommen sehen konnte und mit dem es deshalb möglicherweise nicht rechnete. Darauf, ob sich diese Überforderungssituation konkret ausgewirkt hat oder ob das Kind aus anderen Gründen nicht in der Lage war, sich verkehrsgerecht zu verhalten, soll es nicht ankommen.[19] Auch reicht es für einen Unfall mit einem Kraftfahrzeug i.S.d. § 828 Abs. 2 Satz 1 BGB und damit für eine Anwendbarkeit der Haftungsprivilegierung schon aus, wenn ein achtjähriges Kind auf dem Bürgersteig sein Fahrrad loslässt, damit es von alleine weiterrollt und dann das führungslose Fahrrad gegen ein zu diesem Zeitpunkt vorbeikommendes Kraftfahrzeug stößt.[20] Auch ein Kind, welches gegen ein mit geöffneten Türen am Fahrbahnrand stehendes Fahrzeug fährt, ist in der Haftung privilegiert. Die geöffneten Türen zeigen, dass das Fahrzeug nicht ordnungsgemäß geparkt war. Es lag eine typische Überforderungssituation durch die Schnelligkeit und Komplexität der Abläufe im motorisierten Straßenverkehr vor.[21] Stößt ein siebenjähriges radfahrendes Kind gegen einen PKW, der ordnungswidrig und ver-

8

---

[14] Vgl. dazu LG Bielefeld v. 27.04.2004 - 20 S 7/04 - NJW 2004, 2245-2246; AG Nordhorn, 13.11.2003 - 3 C 1039/03 - NJW-RR 2004, 749. Dennoch wird nach der Änderung von § 7 Abs. 2 StVG häufiger eine Alleinhaftung des Kraftfahrzeugführers in Betracht kommen, vgl. OLG Oldenburg (Oldenburg) v. 26.02.2004 - 8 U 229/03 - DAR 2004, 706-707.

[15] Vgl. OLG Oldenburg (Oldenburg) v. 04.11.2004 - 1 U 73/04 - Schaden-Praxis 2005, 3-5 sowie *Bernau*, NZV 2005, 234-238 und *Notthoff/Schub*, ZfSch 2006, 183-190.

[16] BT-Drs. 14/7752, S. 27.

[17] BGH v. 30.11.2004 - VI ZR 335/03 - NJW 2005, 354-356; BGH v. 30.11.2004 - VI ZR 365/03 - NJW 2005, 356-357; BGH v. 21.12.2004 - VI ZR 276/03 - juris Rn. 13 - NJW-RR 2005, 327-329. Demnach haftet ein Neunjähriger, der mit seinem Kickboard gegen einen ordnungsgemäß geparkten Pkw prallt, und eine Neunjährige, die mit ihrem Fahrrad zwischen parkenden Fahrzeugen hindurchfährt, dabei das Gleichgewicht verliert und gegen ein parkendes Fahrzeug stößt, sowie ein neunjähriger Radfahrer, der infolge leichter Unaufmerksamkeit gegen einen ordnungsgemäß geparkten Pkw geraten war; hierzu auch *Oechsler*, NJW 2009, 3185-3189; a.A. aber *Wagner* in: MünchKomm-BGB, § 828 Rn. 6; *Notthoff/Schub*, ZfSch 2006, 183-190, 189, die sich gegen jede teleologische Reduktion bei § 828 Abs. 2 BGB aussprechen.

[18] *Hernig/Schwab*, SVR 2004, 401-406; *Burmann/Heß*, NJW-Spezial 2005, 15-20 bzw. 63-68; *Huber*, DAR 2005, 171-175; *Schiemann*, BGHReport 2005, 361-362; *Ebert*, jurisPR-BGHZivilR 25/2007, Anm. 1; vgl. auch den Fall OLG Köln v. 02.04.2007 - 24 W 13/07 - OLGR Köln 2007, 645-646.

[19] BGH v. 17.04.2007 - VI ZR 109/06 - juris Rn. 11 - NJW 2007, 2113-2114 mit zust. Anmerkung *Hager*, JA 2007, 736 sowie *Diehl*, DAR 2007, 451 ff.

[20] BGH v. 16.10.2007 - VI ZR 42/07 - NJW 2008, 147-148 mit zust. Anmerkung *Reichold/Rein*, LMK 2008, 252408; a.A. *Bernau*, DAR 2008, 78-79.

[21] BGH v. 11.03.2008 - VI ZR 75/07 - juris Rn. 6 - NSW BGB § 828 (BGH-intern) - VersR 2008, 701-702 mit zust. Anm. *Lang*, jurisPR-VerkR 10/2008, Anm. 1; ebenso LG Saarbrücken v. 20.11.2009 - 13 S 133/09 - juris Rn. 14 - *Lang*, jurisPR-VerkR 2/2010, Anm. 3.

kehrsbehindernd geparkt ist, so haftet es ebenfalls nicht.[22] Damit lässt sich eine **gefestigte Rechtsprechung** zu § 828 Abs. 2 Satz 1 BGB erkennen. Die mittels Einzelfallprüfung zu entscheidende Haftungsfrage wird zwar durch eine teleologische Reduktion des „Unfall"-Begriffs reduziert, doch bezieht sich diese Ausgrenzung nur auf Situationen des „ruhenden Verkehrs", in denen die Möglichkeit einer alterstypischen Überforderungssituation ausgeschlossen ist. Sobald sich das Unfall-Fahrzeug in irgendeiner Weise im Verkehrsbetrieb befindet, kann diese Möglichkeit dagegen nicht mehr ausgeschlossen werden. Damit wird ein **Regel-Ausnahme-Verhältnis** begründet: Grundsätzlich ist die Haftungsprivilegierung anzuwenden, nur ausnahmsweise kann eine teleologische Reduktion der Vorschrift Platz greifen. Der **Geschädigte**, der sich darauf beruft, hat **darzulegen und** erforderlichenfalls **zu beweisen**, dass sich nach den Umständen des Falles die typische Überforderungssituation des Kindes durch die spezifischen Gefahren des motorisierten Verkehrs bei einem Unfall **nicht** realisiert hat. Es widerspräche der gesetzgeberischen Intention, die Altersgrenze für die Deliktfähigkeit im motorisierten Verkehr generell heraufzusetzen, wenn der Minderjährige seine eigene Überforderung im Einzelfall beweisen müsste.[23] Auch wenn in der Praxis aufgrund von Beweisproblemen des Geschädigten kaum noch Platz für eine teleologische Reduktion des § 828 Abs. 2 Satz 1 BGB sein dürfte,[24] ist ein anderes Ergebnis auch aus methodischen Gründen nicht möglich. Die Beweislast trifft denjenigen, der sich auf das Eingreifen der Ausnahme vom Grundsatz der Deliktsunfähigkeit von Kindern unter 10 Jahren im motorisierten Verkehr beruft.[25] Da grundsätzlich von einer Anwendbarkeit des § 828 Abs. 2 Satz 1 BGB ausgegangen werden muss, steigert dies die Bedeutung von **Kaskoversicherungen**.[26] Ansonsten könnte auch ein Fahrer, der alle Sorgfaltsanforderungen beachtet, auf seinem Schaden „sitzen bleiben". In zahlreichen solcher von Kindern verursachter Verkehrsunfälle wird der betroffene Fahrer seinen Schaden weder im Wege der Billigkeitshaftung nach § 829 BGB noch gegenüber den Aufsichtspflichtigen gemäß § 832 BGB geltend machen können.[27]

9 Fraglich ist, ob sich aus den Erwägungen der Gesetzesmaterialien auch für vor dem 01.08.2002 eingetretene Schäden grundsätzlich ein Haftungsausschluss ergibt. Hierfür spricht, dass auch nach altem Recht die Einsichtsfähigkeit Voraussetzung der Verschuldensfähigkeit war.[28] Der dieser Auffassung zugrunde liegenden Annahme, die Neufassung des § 828 Abs. 2 BGB habe lediglich eine klarstellende Funktion, hat der BGH jedoch eine klare Absage erteilt und dies damit begründet, der Gesetzgeber habe mit der Neufassung nur für die Zukunft eine klare Grenzlinie für die Haftung von Kindern bei Unfällen im Straßenverkehr ziehen wollen. Für „**Altfälle**" folgt daraus, dass die anerkannten Grundsätze über die Verteilung der Darlegungs- und Beweislast trotz der gesetzlichen Neuregelung unverändert gelten, so dass die grundsätzliche Vermutung für eine Einsichtsfähigkeit des über siebenjährigen Kindes widerlegt werden muss.[29]

10 Voraussetzung des Entfallens des Haftungsprivilegs nach § 828 Abs. 2 Satz 2 BGB ist nicht nur, dass das Kind (bedingt) vorsätzlich gehandelt hat. Darüber hinaus muss auch der **Schaden vorsätzlich** herbeigeführt worden sein.[30]

IV. Verfassungsrechtliche Bedenken

11 Im Rahmen der Verantwortlichkeit nach § 828 BGB ist das im Schadensersatzrecht allgemein geltende „Alles- oder Nichts-Prinzip" Bedenken ausgesetzt, soweit es zu einer die Leistungsfähigkeit des Minderjährigen weit übersteigenden „**unbegrenzten Haftung**" führen kann, gegen die sich Minderjährige zudem anders als Volljährige nicht versichern können.[31] Wegen des bis zur Reform des Schadenser-

---

[22] Vgl. AG München v. 30.07.2009 - 331 C 5627/09; vgl. zur Frage der Verantwortlichkeit bei der Beteiligung eines Kindes/Jugendlichen als Radfahrer *Buschbell*, NJW 2011, 3605-3611.

[23] BGH v. 30.06.2009 - VI ZR 310/08 - juris Rn. 11 f; mit zust. Anm. *Lang*, jurisPR-VerkR 18/2009, Anm. 1; sowie *Huber*, LMK 2009, 288108.

[24] Diese Kritik äußert *Ebert*, jurisPR-BGHZivilR 16/2009, Anm. 4.

[25] Vgl. zur Struktur des § 828 Abs. 2 Satz 1 BGB auch *Reichold/Rein*, LMK 2008, 252408.

[26] So auch *Ebert*, jurisPR-BGHZivilR 25/2007, Anm. 1; *Lang*, jurisPR-VerkR 1/2008, Anm. 2.

[27] Vgl. dazu *Reichold/Rein*, LMK 2008, 252408.

[28] Vgl. OLG Schleswig v. 18.12.2002 - 9 U 63/01 - juris Rn. 4 - NJW-RR 2003, 459-460, a.A. OLG Celle v. 17.07.2003 - 14 U 190/02 - OLGR Celle 2003, 381-384.

[29] Vgl. BGH v. 14.06.2005 - VI ZR 181/04 - EBE/BGH 2005, BGH-Ls 597/05 - NJW-RR 2005, 1263; vgl. zum Ganzen auch *Ternig*, VD 2005, 156-157.

[30] Vgl. *Schiemann* in: Erman, § 828 Rn. 2b.

[31] Vgl. *Schiemann* in: Erman, § 828 Rn. 7; *Canaris*, JZ 1990, 679-681, 679.

satzrechts (2. Gesetz zur Änderung schadensersatzrechtlicher Vorschriften) vorkonstitutionellen Charakters der Regelung des § 828 BGB hat das BVerfG eine Vorlage zur Prüfung der Verfassungsmäßigkeit nicht angenommen.[32] Es wies dabei auf andere Möglichkeiten zur Milderung von Härten, einschließlich der Restschuldbefreiung nach den §§ 286-303 InsO hin. In der Literatur wird eine Beschränkung der Regressmöglichkeiten von Versicherungsträgern vorgeschlagen, wofür es im Sozialversicherungsbereich in § 76 Abs. 2 Nr. 3 SGB IV Ansätze gebe. Im Privatversicherungsbereich ließe sich Gleiches über eine teleologische Reduktion des § 86 VVG n.F. erreichen.[33] Vgl. zu diesem Fragenkomplex auch die Kommentierung zu § 1629a BGB.

C. Rechtsfolgen

Ist das Vorliegen der erforderlichen Einsicht bejaht und damit Deliktsfähigkeit („Verschuldensfähigkeit") gegeben, erfolgt die Prüfung des Verschuldens nach dem allgemeinen Maßstab des § 276 BGB. **Fahrlässigkeit** ist nur dann anzunehmen, wenn ein Angehöriger der Altersgruppe des Schädigers bei Anwendung der erforderlichen Sorgfalt hätte erkennen können, dass sein Handeln zu einem Schaden führen könnte und von ihm **erwartet werden konnte, sich gemäß dieser Einsicht zu verhalten**. Der Sorgfaltsmaßstab ist also objektiv unter Außerachtlassung individueller Fähigkeiten zu bestimmen.[34] Bei der Bestimmung des Sorgfaltsmaßstabs ist dabei darauf abzustellen, was von einem Jugendlichen der jeweiligen Altersgruppe erwartet werden kann.[35]

12

D. Prozessuale Hinweise

Der **Schädiger** (Beklagte) trägt nach § 828 Abs. 1 BGB die Beweislast für die Nichtvollendung des 7. Lebensjahres bzw. nach § 828 Abs. 2 BGB die Beweislast für die Nichtvollendung des 10. Lebensjahres. Der **Geschädigte** (Kläger) muss dagegen nach § 828 Abs. 2 Satz 2 BGB die vorsätzliche Herbeiführung des Schadens als anspruchsbegründende Tatsache nachweisen. Der Schädiger trägt wiederum nach § 828 Abs. 3 BGB die Beweislast für das Fehlen der erforderlichen Einsicht zur Erkenntnis der Verantwortlichkeit.[36] Für das Verschulden selbst trägt dagegen nach allgemeinen Regeln grundsätzlich der Geschädigte die Beweislast.[37]

13

---

[32] BVerfG v. 13.08.1998 - 1 BvL 25/96 - juris Rn. 10 - LM BGB § 828 Nr. 7a (3/1999).
[33] Vgl. *Schiemann* in: Erman, § 828 Rn. 7 und zuletzt *Simon*, AcP 2004, 264-293.
[34] Vgl. BGH v. 29.04.1997 - VI ZR 110/96 - juris Rn. 10 - LM BGB § 276 (Bb) Nr. 15 (10/1997).
[35] BGH v. 10.03.1970 - VI ZR 182/68 - juris Rn. 19 - NJW 1970, 1038; OLG Nürnberg v. 14.07.2005 - 13 U 901/05 - juris Rn. 43 - NZV 2007, 205-207.
[36] BGH v. 29.04.1997 - VI ZR 110/96 - juris Rn. 9 - LM BGB § 276 (Bb) Nr. 15 (10/1997).
[37] BGH v. 14.11.1978 - VI ZR 133/77 - juris Rn. 21 - BGHZ 73, 1-4.

§ 829 BGB Ersatzpflicht aus Billigkeitsgründen

(Fassung vom 02.01.2002, gültig ab 01.01.2002)

Wer in einem der in den §§ 823 bis 826 bezeichneten Fälle für einen von ihm verursachten Schaden auf Grund der §§ 827, 828 nicht verantwortlich ist, hat gleichwohl, sofern der Ersatz des Schadens nicht von einem aufsichtspflichtigen Dritten erlangt werden kann, den Schaden insoweit zu ersetzen, als die Billigkeit nach den Umständen, insbesondere nach den Verhältnissen der Beteiligten, eine Schadloshaltung erfordert und ihm nicht die Mittel entzogen werden, deren er zum angemessenen Unterhalt sowie zur Erfüllung seiner gesetzlichen Unterhaltspflichten bedarf.

Gliederung

A. Grundlagen 1	II. Deliktsunfähigkeit 6
I. Kurzcharakteristik 1	III. Billigkeit erfordert Schadloshaltung ... 7
II. Anwendungsbereich 2	D. Rechtsfolgen 11
B. Praktische Bedeutung 3	E. Prozessuale Hinweise 12
C. Anwendungsvoraussetzungen 5	F. Anwendungsfelder 14
I. Fiktive Zurechenbarkeit 5	

A. Grundlagen

I. Kurzcharakteristik

1 Die **Billigkeitshaftung** nach § 829 BGB mildert wie auch § 832 BGB den für den Geschädigten nachteiligen Haftungsausschluss nach den §§ 827, 828 BGB ab. Sie ist als reine Ausfallhaftung in besonderen Ausnahmefällen zu begreifen.[1] Ausdrücklich angeordnet wird die Subsidiarität der Norm gegenüber der Haftung des Aufsichtspflichtigen aus § 832 BGB.

II. Anwendungsbereich

2 Über die in § 829 BGB ausdrücklich genannten Fälle der §§ 823-826 BGB hinaus ist die Norm mit Ausnahme des § 833 Satz 1 BGB auch in den Fällen der §§ 830-839a BGB anwendbar, da diese nur modifizierte Begehungsweisen der unerlaubten Handlung darstellen. **Nicht anwendbar** ist § 829 BGB dagegen auf Tatbestände nicht-deliktischer Haftung (Umkehrschluss aus § 276 Abs. 1 Satz 2 BGB), d.h. auf Ansprüche aus Sonderverbindung. Dies gilt auch im Fall des **Zusammentreffens** von deliktischer und vertraglicher Haftung, weil auch hier ein freiwilliges Sich-Einlassen des Geschädigten auf den Schädiger vorliegt, welches der Grund für die Nichtanwendbarkeit des § 829 BGB in den Fällen der vertraglichen Haftung ist.[2]

B. Praktische Bedeutung

3 § 829 BGB statuiert eine Ausnahme vom Verschuldensprinzip und ist deshalb **eng auszulegen**. Die Norm spielt deshalb in der Praxis keine allzu große Rolle. Die mit der Neufassung des § 828 BGB verbundene „Erweiterung" der Schuldunfähigkeit von an Verkehrsunfällen beteiligten Kindern bis zum Alter von 10 Jahren wird der Norm – soweit derzeit absehbar – zu keiner deutlich größeren praktischen Bedeutung verhelfen.[3]

4 Die Frage, ob eine Versicherung zu Gunsten des **Schädigers** (Haftpflichtversicherung) in die Billigkeitsprüfung einzubeziehen ist, hat große Aufmerksamkeit in der Versicherungswirtschaft gefunden, weil hierdurch neue Anspruchspositionen zu Lasten der Versicherer eröffnet würden (vgl. Rn. 8).

---

[1] So *Spindler* in: Bamberger/Roth, § 829 Rn. 1.

[2] So *Oechsler* in: Staudinger, § 829 Rn. 18, 23.

[3] Die Bejahung einer Billigkeitshaftung nach § 829 BGB auf Grund einer bestehenden allgemeinen Haftpflichtversicherung in diesen Fällen könnte den mit § 828 Abs. 2 BGB verfolgten Gesetzeszweck der Haftungsfreistellung wesentlich einschränken. Mit dieser Begründung einen Anspruch aus § 829 BGB ablehnend AG Ahaus v. 11.06.2003 - 15 C 87/03 - NJW-RR 2003, 1184-1185. Vgl. dazu die Kommentierung zu § 828 BGB sowie Rn. 9, ferner *Reichold/Rein*, LMK 2008, 252408.

C. Anwendungsvoraussetzungen

I. Fiktive Zurechenbarkeit

Voraussetzung des Anspruchs aus § 829 BGB ist zunächst, dass der Schädiger schadensersatzpflichtig wäre, wenn er nicht nach den §§ 827, 828 BGB deliktsunfähig wäre. Hat der Schuldunfähige die im Verkehr erforderliche Sorgfalt eingehalten (§ 276 BGB), scheidet eine Ersatzpflicht nach § 829 BGB von vorneherein aus, da er anderenfalls gegenüber dem Schuldfähigen benachteiligt würde.[4]

II. Deliktsunfähigkeit

Deliktsunfähigkeit i.S.d. § 827 BGB ist auch dann gegeben, wenn nicht nur eine vorübergehende Bewusstseinsstörung vorliegt (Zurechnungsunfähigkeit), sondern die **Bewusstlosigkeit** ein solches Maß erreicht hat, dass schon die **Handlungsfähigkeit** fehlt, so z.B. wenn ein Kraftfahrer das Bewusstsein unvorhersehbar verliert und in diesem Zustand einen Verkehrsunfall verursacht.[5] Problematischer ist die Frage, ob entsprechend § 828 Abs. 3 BGB im Falle eines zwar intellektuell einsichtsfähigen, also deliktsfähigen, aber mangels Steuerungsfähigkeit **nicht fahrlässig handelnden Minderjährigen** ebenfalls § 829 BGB zu Gunsten des Geschädigten eingreifen kann.[6] Diese Erweiterung des § 829 BGB auf „altersbedingte" Fahrlässigkeit erscheint konsequent, um die niedrige „objektive" Schwelle des § 828 Abs. 3 BGB in Bezug auf die Einsichtsfähigkeit des Minderjährigen auszugleichen und die Norm strafrechtlichen Kriterien anzunähern.[7] Soweit kritisiert wird, dass dies im Ergebnis zu einer kaum abgrenzbaren Gefährdungshaftung führe,[8] trifft diese Kritik den § 829 BGB insgesamt.

III. Billigkeit erfordert Schadloshaltung

Die **Billigkeit** muss den Schadensersatz **erfordern** (nicht nur „erlauben"). Nach der Rechtsprechung ist § 829 BGB **kein „Millionärsparagraph"**. Ein wirtschaftliches Gefälle zwischen Schädiger und Geschädigtem ist deshalb nicht die allein entscheidende Voraussetzung für den Anspruch aus § 829 BGB.[9] Vielmehr sind für die Entscheidung, ob die Billigkeit den Ersatz des Schadens erfordert, **alle Umstände** des Falles einzubeziehen, d.h. tatbezogene, täterbezogene und geschädigtenbezogene Umstände.[10] Nicht ausreichend ist, dass die Billigkeit die Gewährung des Schadensersatzanspruchs lediglich „erlaubt".[11] § 829 BGB ist als **Ausnahmevorschrift** eng auszulegen, sodass die Umstände in erheblichem Ausmaß zu Ungunsten des Schädigers sprechen müssen (**deutliches Gefälle** der Umstände).

Die Berücksichtigung des Bestehens einer **Versicherung** ist die für die Praxis wichtigste Frage im Rahmen der Billigkeitsprüfung. Bei Kranken- bzw. Unfallversicherungen stellt sich das Problem nicht, weil sie Fremdschäden nicht betreffen. Strittig ist aber die Einbeziehung einer **Haftpflichtversicherung** des Schädigers im Rahmen des § 829 BGB. Gegen eine Berücksichtigung überhaupt wird die Akzessorietät der Haftpflichtversicherung angeführt (Trennungsprinzip): Sie solle den Schädiger von einer materiell-rechtlich begründeten (**bestehenden!**) Haftung freistellen. Es sei daher ein Zirkelschluss, ihr Bestehen zur Begründung der Haftung heranzuziehen. Demgegenüber wird angeführt, dass diese Argumentation für den Bereich des PflVG oder andere vergleichbare (z.B. Berufshaftpflicht-) Versicherungen nicht gelte, da diese gerade auch den Schutz des Geschädigten bezweckten. Selbst im Bereich der freiwilligen Haftpflichtversicherung sei es kein Zirkelschluss, das Bestehen einer Haftpflichtversicherung für die Begründung einer Haftung nach § 829 BGB heranzuziehen, wenn man die Versicherung zu den „Verhältnissen" im Sinne des § 829 BGB zähle.[12] Die Rechtsprechung berücksichtigte

---

[4] Vgl. BGH v. 21.05.1963 - VI ZR 254/62 - juris Rn. 13 - BGHZ 39, 281-287.
[5] Vgl. BGH v. 15.01.1957 - VI ZR 135/56 - juris Rn. 20 - BGHZ 23, 90-100.
[6] So: BGH v. 21.05.1963 - VI ZR 254/62 - juris Rn. 12 - BGHZ 39, 281-287.
[7] Vgl. dazu § 20 StGB, wonach Schuldfähigkeit neben Einsichts- auch Steuerungsfähigkeit voraussetzt, während nach § 828 Abs. 3 BGB für die Deliktfähigkeit des Minderjährigen bereits Einsichtsfähigkeit ausreicht, so dass mangelnde Steuerungsfähigkeit erst bei der nachgelagerten Frage nach dem Verschulden berücksichtigt werden kann.
[8] Vgl. die Kritik von *Teichmann* in: Jauernig, § 829 Rn. 2.
[9] Vgl. BGH v. 24.04.1979 - VI ZR 8/78 - juris Rn. 8 - LM Nr. 8 zu § 829 BGB.
[10] Vgl. BGH v. 15.01.1957 - VI ZR 135/56 - juris Rn. 28 - BGHZ 23, 90-100.
[11] BGH v. 11.10.1994 - VI ZR 303/93 - juris Rn. 23 - BGHZ 127, 186-194.
[12] Vgl. hierzu *Larenz/Canaris*, Schuldrecht, Band II/2: Besonderer Teil, 13. Aufl. 1994, § 84 VII 1b; *Wagner* in: MünchKomm-BGB, § 829 Rn. 20 f; *Seybold/Wendt*, VersR 2009, 455-464.

§ 829

zunächst das Bestehen einer Haftpflichtversicherung nur bei der **Anspruchshöhe**.[13] Später wurde dann davon ausgegangen, dass das Bestehen einer privaten Haftpflichtversicherung einen Anspruch aus § 829 BGB begründen könne. Das Bestehen einer **freiwilligen Haftpflichtversicherung** wurde zutreffend für **nicht** ausreichend gehalten.[14] 1994 begründete die Rechtsprechung dann aber einen Anspruch aus § 829 BGB mit dem Bestehen einer **Kfz-Pflichthaftpflichtversicherung**.[15] Die konkrete praktische Bedeutung dieser Entscheidung (Schmerzensgeld trotz fehlender deliktischer Haftung) dürfte allerdings durch die Einführung eines allgemeinen Schmerzensgeldanspruchs durch das 2. Gesetz zur Änderung schadensersatzrechtlicher Vorschriften weitgehend entfallen sein, vgl. die Kommentierung zu § 253 BGB.

9 Auch nach der Einführung des Haftungsausschlusses für Kinder in § 828 Abs. 2 Satz 1 BGB reicht es für die Begründung einer Billigkeitshaftung des Kindes nach § 829 BGB nicht schon aus, dass eine private Haftpflichtversicherung besteht, da anderenfalls der in einer Haftungsfreistellung des Kindes zu sehende Zweck des § 828 Abs. 2 BGB ausgehöhlt würde.[16]

10 Soweit die Lösung der Rechtsprechung insbesondere für die praxisrelevanten sog. „**Spielunfälle**" als unbefriedigend empfunden wird, wird vorgeschlagen, die Lösung de lege ferenda in einer versicherungsrechtlichen Erweiterung des Deckungsschutzes auf die potenziellen Opfer zu suchen.[17]

D. Rechtsfolgen

11 Der Schaden ist „insoweit" zu ersetzen, als es die Billigkeit erfordert, sodass auch der **Schadensumfang** von den Umständen des Einzelfalls abhängt und nicht in voller Höhe gem. § 249 BGB zu erstatten sein muss. Dem Schädiger dürfen nicht diejenigen Mittel entzogen werden, die er zum angemessenen Unterhalt (§ 1610 BGB) oder zur Erfüllung seiner gesetzlichen Unterhaltspflichten benötigt („Schonvermögen").[18]

E. Prozessuale Hinweise

12 Der Geschädigte (Kläger) trägt die **Beweislast** dafür, dass ein Schadensersatz von einem Aufsichtspflichtigen nicht erlangt werden kann und dass die Billigkeit eine Schadloshaltung erfordert.

13 Hat der Geschädigte im nach § 128 ZPO entscheidenden Zeitpunkt (in der Regel der letzte Termin der mündlichen Tatsachenverhandlung) wegen fehlender Billigkeit keinen Anspruch aus § 829 BGB, ist **Feststellungsklage** möglich, wenn sich ein solcher Anspruch im Laufe der Zeit als berechtigt erweisen kann.[19] Der stattgebende Urteilsspruch muss in diesem Fall die Möglichkeit einer später erneut vorzunehmenden Abwägung nach § 829 BGB enthalten.[20]

F. Anwendungsfelder

14 Hat der nicht verantwortliche Täter den Schaden lediglich **mitverursacht**, muss wegen der Berücksichtigung der §§ 827, 828 BGB im Bereich des Mitverschuldens (§ 254 BGB) auch hier die Billigkeitshaftung **entsprechende** Anwendung finden, sog. „spiegelbildliche" Anwendung des § 829 BGB

---

[13] Vgl. BGH v. 15.01.1957 - VI ZR 135/56 - juris Rn. 29 - BGHZ 23, 90-100.

[14] BGH v. 18.12.1979 - VI ZR 27/78 - BGHZ 76, 279-288 - NJW 1980, 1623, 1624 f.; a. A. *Wagner* in: MünchKomm-BGB, § 829 Rn. 20 f. m.w.N.; zu den vielfältigen Auswirkungen des Versicherungsschutzes auf die Haftung im Allgemeinen, vgl. *Armbrüster*, NJW 2009, 187-193, 188f.

[15] Vgl. BGH v. 11.10.1994 - VI ZR 303/93 - juris Rn. 17 - BGHZ 127, 186-194; zum Fall der freiwilligen Haftpflichtversicherung vgl. AG Halle (Saale) v. 23.02.2012 - 93 C 4092/11 - juris Rn. 21 ff.

[16] Vgl. dazu die Entscheidungen LG Heilbronn v. 05.05.2004 - 7 S 1/04 Wa, 7 S 1/04 - NJW 2004, 2391; AG Marburg v. 11.04.2003 - 9 C 1648/02 (77), 9 C 1648/02 - ZfSch 2003, 443-444 und AG Ahaus v. 11.06.2003 - 15 C 87/03 - NJW-RR 2003, 1184-1185; ferner *Diehl*, ZfSch 2003, 444; *Lemcke*, RuS 2004, 476; sowie *Hernig/Schwab*, SVR 2004, 401-406; *Jahnke*, jurisPR-VerkR 19/2009, Anm. 3, der den potentiell Geschädigten rät, durch Abschluss von Kasko-, Unfall- oder Lebensversicherungen eine vorausschauende eigene Schadensvorsorge zu treffen.

[17] Vgl. OLG Frankfurt v. 16.08.2000 - 7 U 142/99 - OLGR Frankfurt 2001, 18-19; sowie *Schiemann* in: Erman, § 829 Rn. 5; *Schwintowski*, ZRP 2003, 391-395.

[18] Vgl. *Oechsler* in: Staudinger, § 829 Rn. 61.

[19] BGH v. 24.04.1979 - VI ZR 8/78 - juris Rn. 14 - LM Nr. 8 zu § 829 BGB.

[20] Vgl. BGH v. 10.04.1962 - VI ZR 63/61 - juris Rn. 15 - BGHZ 37, 102-107.

auf § 254 BGB.²¹ Dies gilt jedoch nur bei einem **erheblichen Gefälle** der beiderseitigen Verursachungsanteile.²² Nach Ansicht der Rechtsprechung schließt die Schadenersatzpflicht aus Gefährdungshaftung nach § 7 StVG die Billigkeitshaftung nach § 829 BGB nicht aus.²³ Zum weitgehenden Entfallen der praktischen Bedeutung dieser Entscheidung (allgemeiner Schmerzensgeldanspruch seit dem 01.08.2002) vgl. Rn. 8.

---

[21] Vgl. BGH v. 10.04.1962 - VI ZR 63/61 - juris Rn. 13 - BGHZ 37, 102-107; *Oechsler* in: Staudinger, § 829 Rn. 66 m.w.N.
[22] Vgl. BGH v. 26.06.1973 - VI ZR 47/72 - DB 1973, 1886-1887; gegen eine solche Einschränkung der Anwendung der Billigkeitshaftung auf § 254 BGB *Oechsler* in: Staudinger, § 829 Rn. 69.
[23] BGH v. 15.01.1957 - VI ZR 135/56 - juris Rn. 20 - BGHZ 23, 90-100.

§ 830 BGB Mittäter und Beteiligte

(Fassung vom 02.01.2002, gültig ab 01.01.2002)

(1) ¹Haben mehrere durch eine gemeinschaftlich begangene unerlaubte Handlung einen Schaden verursacht, so ist jeder für den Schaden verantwortlich. ²Das Gleiche gilt, wenn sich nicht ermitteln lässt, wer von mehreren Beteiligten den Schaden durch seine Handlung verursacht hat.

(2) Anstifter und Gehilfen stehen Mittätern gleich.

Gliederung

A. Grundlagen 1	C. Anwendungsvoraussetzungen 6
I. Kurzcharakteristik 1	I. Mittäter, Anstifter und Gehilfen (Absatz 1 Satz 1, Absatz 2) 6
II. Regelungsprinzipien 2	II. Potenzielle Kausalität (Absatz 1 Satz 2) 7
III. Abgrenzung zur Nebentäterschaft 4	
B. Praktische Bedeutung 5	D. Prozessuale Hinweise 9

A. Grundlagen

I. Kurzcharakteristik

1 § 830 BGB enthält besondere Regelungen für die Haftung **mehrerer Beteiligter** an einer unerlaubten Handlung. Damit soll der Geschädigte vom Nachweis der haftungsbegründenden Kausalität in Bezug auf einen konkreten Täter befreit werden. § 830 BGB macht also eine Ausnahme vom (strengen) Verursacherprinzip zu und gibt dem Geschädigten eine (echte) Anspruchsgrundlage auch bei nur **möglicher Kausalität**. Die Risiken der Haftungsverteilung werden auf die Schädiger verlagert, vgl. § 840 Abs. 1 BGB. Zu unterscheiden sind eine „strafrechtliche" und eine „zivilrechtliche" Fallgruppe.

II. Regelungsprinzipien

2 Nach § 830 Abs. 1 Satz 1 BGB und § 830 Abs. 2 BGB sind **Mittäter, Anstifter und Gehilfen** für den verursachten Schaden verantwortlich und haften daher dem Geschädigten gegenüber nach § 840 Abs. 1 BGB als Gesamtschuldner. Damit ist klargestellt, dass sie dem Geschädigten gegenüber nicht nur entsprechend ihrem Verursachungsbeitrag, sondern in **vollem Umfang** für den verursachten Schaden haften. Der Zurechnungsgrund hierfür wird in der Schwere des Schuldvorwurfs gesehen, der darauf beruht, dass jeder Beteiligte die Verursachung des ganzen Schadens in seinen Willen aufgenommen hatte.[1] Die Rechtsprechung hat eine entsprechende Anwendung des der Norm zu Grunde liegenden Rechtsgedankens auf zivilrechtliche Unterlassungsansprüche bejaht.[2]

3 Ebenfalls als Gesamtschuldner haften dem Geschädigten nach § 830 Abs. 1 Satz 2 BGB mehrere Beteiligte, die vorsätzlich oder fahrlässig eine unerlaubte Handlung begangen haben, wenn sich **nicht ermitteln lässt, wessen Handlung den Schaden verursacht hat**. Ohne diese Regelung hätte der Geschädigte mangels Nachweisbarkeit der Schadensverursachung gegen keinen der Handelnden einen Anspruch. Der Grund für die Regelung ist umstritten. Teilweise wird er darin gesehen, dass jeder der Handelnden für die Beweisnot des Geschädigten verantwortlich ist.[3] Nach anderer Ansicht ist die konkrete Schadenseignung der Handlung der Haftungsgrund. Eine Haftungsbefreiung aufgrund des zufälligen Hinzutretens eines weiteren Beteiligten wäre ein unverdienter Glücksfall.[4] Zu den Auswirkungen dieser unterschiedlichen Auffassungen vgl. Rn. 7. Soweit § 830 Abs. 1 Satz 2 BGB demjenigen die Beweislast überträgt, der für die Schadensquelle verantwortlich ist und von dem deshalb ihre Kontrolle erwartet werden kann, betrifft die Norm keine Besonderheit des Deliktsrechts, sondern knüpft an eine Interessenlage an, die sich in gleicher Weise in allen Fällen der Haftung, insbesondere auch einer vertraglichen Haftung stellen kann. Daher ist § 830 Abs. 1 Satz 2 BGB über die Fälle der unerlaubten

---

[1] Vgl. *Schiemann* in: Erman, § 830 BGB Rn. 2.
[2] Vgl. BGH v. 24.06.2003 - KZR 32/02 - juris Rn. 21 - BGHZ 155, 189-199.
[3] So *Schiemann* in: Erman, § 830 Rn. 2.
[4] So *Larenz/Canaris*, Schuldrecht, Band II/2: Besonderer Teil, 13. Aufl. 1994, § 82 II 3b.

Handlungen hinaus auch bei **vertraglicher Pflichtverletzung** (§ 280 BGB) anwendbar.[5] Keine analoge Anwendung findet § 830 Abs. 1 Satz 2 BGB aber auf Fälle, in denen die mögliche Mangelursache in den Arbeitsbereich mehrerer selbständiger Werkunternehmer fällt.[6] Auf Fälle der **Gefährdungshaftung** wie § 833 BGB ist § 830 Abs. 1 Satz 2 BGB entsprechend anzuwenden.[7] Gleiches gilt bei Ausgleichsansprüchen nach § 906 Abs. 2 Satz 2 BGB sowie Entschädigungsansprüchen aus enteignendem und enteignungsgleichem Eingriff.[8] Auch bei der **Verabredung und Durchführung eines Kartells** handelt es sich um eine unerlaubte Handlung. Für die dadurch verursachten Schäden haften alle Kartellteilnehmer nach den §§ 830, 840 BGB als Gesamtschuldner.[9]

III. Abgrenzung zur Nebentäterschaft

Nicht in § 830 BGB, sondern in § 840 Abs. 1 BGB ist die **Nebentäterschaft** geregelt, bei der mehrere Schädiger, ohne Teilnehmer zu sein, d.h. unabhängig voneinander nachweisbar denselben Schaden mit verursacht haben. In diesem Fall haften die Nebentäter nach den allgemeinen Zurechnungsregeln.[10] Bei Vorliegen der Voraussetzungen des § 840 Abs. 1 BGB haften sie somit als Gesamtschuldner.[11]

4

B. Praktische Bedeutung

Für die Rechtspraxis kommt § 830 BGB große Bedeutung zu, weil er die **Beweisnot** des Geschädigten lindert. Immer dann, wenn mehrere Täter an einer unerlaubten Handlung beteiligt sind und der genaue Tatbestand entweder nach § 823 BGB in Bezug auf einen konkreten Täter oder nach § 840 BGB auf mehrere konkrete Täter nicht nachweisbar ist, greift § 830 BGB nicht nur als Beweislastregel, sondern als eigene Anspruchsgrundlage zu Gunsten des Geschädigten. Gerechtfertigt ist diese Besserstellung aber nur in den abschließend benannten Fallgruppen. Bei der Auslegung der Norm darf nicht übersehen werden, dass eine „Zufallshaftung" damit nicht begründet werden kann.

5

C. Anwendungsvoraussetzungen

I. Mittäter, Anstifter und Gehilfen (Absatz 1 Satz 1, Absatz 2)

Die Begriffe Mittäter, Anstifter und Gehilfe bestimmt die h.M. im Sinne der §§ 25-27 StGB. Es kommt also auf **vorsätzliches** Zusammenwirken an, ohne dass das „Gewicht" des einzelnen Tatbeitrags entscheidend ist.[12] **Exzesshandlungen** des Haupttäters sind von der Teilnehmerhaftung jedoch ausgenommen, weil hierdurch das gemeinsam Gewollte überschritten wird.[13] Eine Mittäterschaft wird nicht

6

---

[5] Vgl. BGH v. 16.01.2001 - X ZR 69/99 - juris Rn. 15 - NJW 2001, 2538-2541; LG Osnabrück v. 06.10.2005 - 5 O 1248/04 - juris Rn. 15 - NZBau 2007, 107.
[6] LG Halle v. 26.10.2007 - 5 O 424/03; *Sprau* in: Palandt, § 634 Rn. 19.
[7] Vgl. BGH v. 15.12.1970 - VI ZR 121/69 - juris Rn. 6 - BGHZ 55, 96-100.
[8] BGH v. 27.05.1987 - V ZR 59/86 - juris Rn. 31 - BGHZ 101, 106-113. Darüber hinaus plädiert *Fleischer*, BB 2004, 2645-2652 für eine analoge Anwendung des § 830 Abs. 1 Satz 2 BGB zur Begründung der Haftung einzelner Organmitglieder für rechtswidrige Beschlüsse eines aus mehreren Personen bestehenden AG-Vorstands; § 830 Abs. 1 bzw. Abs. 2 BGB ist darüber hinaus unproblematisch auf den wettbewerbsrechtlichen Schadensersatzanspruch aus § 9 UWG analog anwendbar, so *Köhler*, GRUR 2008, 1-7, 2, in Anlehnung an BGH v. 12.07.2007 - I ZR 18/04 - GRUR 2007, 890.
[9] Vgl. BGH v. 28.06.2011 - KZR 75/10 - juris Rn. 80, m. Anm. *Schnelle*, BB 2012, 75-80.
[10] BGH v. 23.02.1988 - VI ZR 151/87 - juris Rn. 9 - LM Nr. 27 zu § 830 BGB.
[11] Vgl. hierzu sowie zur Gesamtschuld bei Nebentäterschaft und Mitverursachung des Geschädigten: BGH v. 16.06.1959 - VI ZR 95/58 - juris Rn. 8 - BGHZ 30, 203-213 und die Kommentierung zu § 840 BGB.
[12] Instruktiv: OLG Sachsen-Anhalt v. 31.08.2006 - 2 U 34/06 - juris Rn. 21. Das Vorsatzerfordernis ist Grund dafür, dass eine Haftung nach den §§ 830, 840 BGB im Bereich des gewerblichen Rechtsschutzes und des Urheberrechts meist als nicht ausreichend angesehen wird. Zwar erscheint eine Haftung für objektiv rechtswidriges Verhalten erforderlich, dem Dritten kann jedoch hinsichtlich der Verwirklichung der Haupttat häufig kein vorsätzliches Handeln nachgewiesen werden, vgl. hierzu *Haedicke*, JZ 2010, 150-156, 150, Anm. zu BGH v. 17.09.2009 - Xa ZR 2/08 - JZ 2010, 146, welcher die Voraussetzungen zum Gegenstand hat, unter denen ein Spediteur in Anspruch genommen werden kann, wenn die importierte Ware in Deutschland annehmen und dem Empfänger verbringen soll, wenn die Ware vom Zoll wegen Patentverletzung beschlagnahmt wird; vgl. auch Anm. *Deichfuß*, jurisPR-WettbR 12/2009, Anm. 2; zum Fall einer Urheberrechtsverletzung durch mehre Verletzer (Absatzkette), vgl. BGH v. 14.05.2009 - I ZR 98/06 - NJW 2009, 3722; hierzu auch *Holzapfel*, GRUR 2012, 242-248.
[13] BGH v. 25.07.2005 - II ZR 390/03 - juris Rn. 16 - NJW 2005, 3137-3141.

§ 830

dadurch ausgeschlossen, dass einer der Teilnehmer deliktsunfähig ist und ggf. nur nach § 829 BGB haftet, vgl. die Kommentierung zu § 829 BGB. § 830 Abs. 1 Satz 1 BGB ist jedenfalls unanwendbar bei fahrlässiger Nebentäterschaft, d.h. beim Zusammentreffen mehrerer fahrlässiger Handlungen.[14] Handelt von mehreren **Nebentätern**, die denselben Schaden verursacht haben, nur einer der Täter vorsätzlich, während die anderen fahrlässig handeln, führt dies grundsätzlich zu einer unterschiedlichen Bemessung des von dem jeweiligen Täter zu zahlenden Schmerzensgeldes. § 830 Abs. 1 Satz 1 BGB ist in diesem Fall nicht anwendbar, da er vorsätzliches Handeln der Beteiligten voraussetzt.[15] Zwar haften nach § 840 Abs. 1 BGB auch fahrlässig handelnde Nebentäter als Gesamtschuldner, doch folgt daraus nicht, dass deren Haftung stets gleich hoch sein muss. Die Höhe des gemäß § 253 Abs. 2 BGB zu ersetzenden immateriellen Schadens (Schmerzensgeld) ist in diesem Fall für jeden Täter gesondert zu bemessen, da der Genugtuungsfunktion des Schmerzensgeldes bei Vorsatztaten besonderes Gewicht zukommt.[16] Gleiches gilt bei „fahrlässiger Anstiftung oder Beihilfe". Wegen der gleichen Rechtsfolge stellt sich das strafrechtliche Problem der Abgrenzung von Anstiftung und Mittäterschaft einerseits und Beihilfe andererseits nicht. Da bereits das Vorliegen von **Beihilfe** für die Anwendbarkeit des § 830 Abs. 1 Satz 1 BGB ausreicht, hatte die Rechtsprechung vor allem über deren Mindestvoraussetzungen zu entscheiden. Für die Annahme von Beihilfe soll es demnach auf Art und Umfang des objektiven Tatbeitrages nicht ankommen.[17] Ausreichend sei schon ein **psychischer oder intellektueller Beitrag** wie z.B. die Öffentlichkeitsarbeit zur Einleitung eines Arbeitskampfs.[18] Bloße Anwesenheit am Tatort soll jedoch nicht ausreichen.[19] Bei **berufstypischen „neutralen" Handlungen** liegt **Beihilfevorsatz** vor, wenn das Handeln des Haupttäters ausschließlich darauf abzielt, strafbare Handlungen zu begehen, und der Hilfeleistende dies weiß. Für den Vorsatz genügt auch ein „bewusstes Sich-Verschließen". Deshalb handelt ein Aufsichtsratsvorsitzender, der hinsichtlich von vom Vorstand initiierten sittenwidrigen und betrügerischen Kapitalerhöhungen einen dringenden Verdacht hat, mit Beihilfevorsatz, wenn er eine sich ihm bietende Möglichkeit, sich Klarheit zu verschaffen, bewusst nicht wahrnimmt.[20] Die geringen Anforderungen der „subjektiven Theorie" an die Bejahung von Beihilfe erfordern aber eine restriktive Auslegung bei der rechtlichen Bewältigung von gewalttätigen **Großdemonstrationen**. Ausschreitungen anderer Teilnehmer muss sich der friedliche Demonstrant schon mit Rücksicht auf Art. 5, 8 GG nicht zurechnen lassen. Selbst aktiv an Gewalttaten beteiligte Demonstranten sollen nur für diejenigen Schäden haften, die in ihrer **unmittelbaren Nähe** (räumlich und zeitlich eingegrenztes Aktionsfeld) eingetreten sind.[21] Diese Rechtsprechung zeigt die Notwendigkeit einer verfassungskonformen Restriktion des § 830 Abs. 1 Satz 1, Abs. 2 BGB und veranlasst zu einem Abrücken von der zu subjektiven Bestimmung der Teilnahme.[22] Die Teilnahme gem. § 830 Abs. 2 BGB setzt eine unerlaubte Handlung als Haupttat voraus.[23] Die Haftung nach § 64 Abs. 2 GmbHG ist demgegenüber kein Deliktstatbestand

---

[14] BGH v. 16.06.1959 - VI ZR 95/58 - juris Rn. 12 - BGHZ 30, 203-213.
[15] Vgl. hierzu OLG Hamm v. 21.04.2009 - 9 U 129/08 - NJW-RR 2009, 1034-1036.
[16] BGH v. 08.11.2005 - 4 StR 321/05 - juris Rn. 5.
[17] Zur Beihilfe durch an sich „neutrale Handlungen" vgl. *von Hein*, AcP 204, 761-803 (2004).
[18] Vgl. BGH v. 31.01.1978 - VI ZR 32/77 - juris Rn. 36 - BGHZ 70, 277-290. Nach BGH v. 26.10.2004 - XI ZR 279/03 - juris Rn. 17 - NJW-RR 2005, 556-558 begründet bereits die entgeltliche fehlerhafte Beratungstätigkeit für den nicht ausreichend aufklärenden Broker die Haftung wegen Beihilfe zur vorsätzlichen sittenwidrigen Schädigung. Beihilfe setze weder eine kommunikative Verständigung von Haupttäter und Gehilfen auf einen gemeinsamen Tatplan noch eine Mitwirkung des Gehilfen bei der Tatausführung voraus. Auch eine Mitverursachung des Taterfolges durch den Gehilfen sei nicht erforderlich. Ausreichend sei jede bewusste Förderung der fremden Tat. Beihilfe könne im Übrigen auch zu Sonderdelikten geleistet werden, bei denen der Gehilfe nicht Täter sein könne, weil ihm nicht die hierzu erforderlichen Sonderpflichten obliegen, vgl. zust. Anmerkung *Keil*, EWiR 2005, 247-248. Zur Haftung wegen ungenügender Aufklärung über die Risiken von Optionsgeschäften vgl. die Kommentierung zu § 826 BGB Rn. 27. Zur Haftung des Mitglieds einer auf gewerbsmäßigen Kapitalanlagebetrug mit prospektierten Anlagemodellen spezialisierten Betrügerbande nach § 830 Abs. 1 Satz 1 BGB und § 830 Abs. 1 Satz 2 BGB vgl. OLG Bamberg v. 20.10.2004 - 4 W 108/04 - OLGR Bamberg 2005, 28-32, zu dem Fall der Beihilfe einer Versicherung zu wettbewerbswidrigem Verhalten von Kommunen durch Bereitstellen einer dies ermöglichenden „Struktur" vgl. *Steinborn*, jurisPR-VersR 9/2008, Anm. 1.
[19] BGH v. 29.05.1990 - VI ZR 205/89 - juris Rn. 17 - BGHZ 111, 282-286.
[20] Vgl. Entscheidungen des OLG Düsseldorf v. 23.06.2008 - I-9 U 14/08 - juris Rn. 28 und OLG Düsseldorf v. 16.10.2008 - I-6 U 247/07 - juris Rn. 34, 39.
[21] Vgl. dazu BGH v. 24.01.1984 - VI ZR 37/82 - juris Rn. 21 - BGHZ 89, 383-401.
[22] Vgl. auch *Belling/Eberl-Borges* in: Staudinger, § 830 Rn. 54; *Schiemann* in: Erman, § 830 Rn. 4.
[23] *Eberl-Borges* in: Staudinger, § 830 Rn. 28, 38.

und insoweit nicht teilnahmefähig.[24] Für den einzelnen Teilnehmer muss daher ein Verhalten festgestellt werden können, das den rechtswidrigen Eingriff in ein fremdes Rechtsgut unterstützt hat und das von der Kenntnis der Tatumstände und dem auf die Rechtsgutverletzung gerichteten Willen getragen war.[25] Stellt eine **Protestaktion** (Blockade eines Werksgeländes) einen Eingriff in das Recht am eingerichteten und ausgeübten Gewerbebetrieb dar und zielen deren Teilnehmer durch das Ausüben von wirtschaftlichem Druck darauf ab, ihre vermeintlich berechtigten Interessen durchzusetzen, muss sich jeder, der sich an der Blockadehandlung beteiligt hat, den Eingriff als **eigenen** Tatbeitrag im Sinne einer Gehilfenstellung zurechnen lassen. Die nur zeitweise körperliche Anwesenheit vor Ort steht dem nicht entgegen.[26]

II. Potenzielle Kausalität (Absatz 1 Satz 2)

Seinem Wortlaut nach regelt § 830 Abs. 1 Satz 2 BGB den Fall der **alternativen** Kausalität (Kausalitäts- oder Urheberzweifel), bei dem ungeklärt bleibt, ob ein schadenstiftendes Verhalten überhaupt zu dem **konkreten** Schaden geführt hat. Seinem Sinn und Zweck nach wird § 830 Abs. 1 Satz 2 BGB darüber hinaus auch auf den Fall der **kumulativen** Kausalität (Anteilszweifel) angewandt, bei dem sich nicht ermitteln lässt, welchen Schadensanteil der einzelne Beteiligte mit seinem Verhalten verursacht hat, das auch den ganzen Schaden verursacht haben kann.[27] Steht fest, dass die Beteiligten nur je einen Teil des Schadens verursacht haben, ist aber unklar, wie groß die jeweiligen Anteile sind, liegt kein Fall des § 830 Abs. 1 Satz 2 BGB vor. Da der Schaden nach § 287 ZPO durch das Gericht auch im Wege der Schätzung auf die Schädiger verteilt werden kann, besteht keine Beweisnot des Verletzten.[28] Voraussetzung der Anwendbarkeit des § 830 Abs. 1 Satz 2 BGB ist, dass **alle Beteiligten**, von der Unaufklärbarkeit der Schadensverursachung abgesehen, einen Haftungstatbestand verwirklicht haben. Es muss also ein tatbestandsmäßiges, objektiv und subjektiv vorwerfbares Verhalten vorliegen. Strittig ist, wie im Fall der Deliktsunfähigkeit eines Beteiligten zu verfahren ist.[29] Eine Anwendung der Norm auf Fälle, in denen ungeklärt blieb, ob bestimmte Tatbeiträge überhaupt **geeignet** waren, bestimmte Schäden hervorzurufen, hat die Rechtsprechung zu Recht abgelehnt.[30] Auch in Fällen sog. sukzessiver Schadensverursachung ist die Norm unanwendbar.[31] Strittig ist die Anwendbarkeit des § 830 Abs. 1 Satz 2 BGB in Fällen, in denen der Schaden auch durch **Zufall**, etwa ein Naturereignis oder **das allgemeine Lebensrisiko** verursacht worden sein kann. Die h.M. lehnt die Anwendbarkeit des § 830 Abs. 1 Satz 2 BGB auch in diesem Fall ab,[32] thematisiert neuerdings aber die Anwendung der Norm unter dem Gesichtspunkt der **Proportionalhaftung nach Verursachungswahrscheinlichkeit**.[33] Paradebeispiel

7

---

[24] BGH v. 11.02.2008 - II ZR 291/06 - NJW-RR 2008, 1066.
[25] BGH v. 09.03.2010 - XI ZR 93/09 - juris Rn. 34 - WM 2010, 749 Rn. 34; BGH v. 13.07.2010 - XI ZR 28/09 - juris Rn. 43.
[26] OLG Dresden v. 16.11.2010 - 9 U 765/10 - juris Rn. 78 f., 96 f.
[27] Vgl. BGH v. 07.11.1978 - VI ZR 128/76 - juris Rn. 10 - BGHZ 72, 355-363.
[28] Vgl. BGH v. 27.05.1987 - V ZR 59/86 - juris Rn. 37 - BGHZ 101, 106-113.
[29] Gegen einen Anspruch aus § 830 BGB spricht in diesem Fall, dass § 830 Abs. 1 Satz 2 BGB den Fall betrifft, dass dem Geschädigten ein Ersatzanspruch zweifelsfrei zusteht und lediglich unklar ist, gegen wen er sich richtet. Das Risiko, dass einer der Beteiligten schadensersatzrechtlich nicht belangt werden kann, soll dem Geschädigten nicht durch § 830 Abs. 1 Satz 2 BGB abgenommen werden, vgl. *Belling/Eberl-Borges* in: Staudinger, § 830 Rn. 81.
[30] BGH v. 24.01.1984 - VI ZR 37/82 - juris Rn. 39 - BGHZ 89, 383-401. Vgl. auch OLG Zweibrücken v. 22.12.2003 - 1 U 12/03 - OLGR Zweibrücken 2004, 180-181.
[31] Vgl. dazu OLG Saarbrücken v. 27.01.2004 - 3 U 194/03 - 17, 3 U 194/03 - juris Rn. 54 - OLGR Saarbrücken 2004, 329-332.
[32] Vgl. *Schiemann* in: Erman, § 830 Rn. 7. Vgl. aber auch den BGH v. 16.01.2001 - X ZR 69/99 - NJW 2001, 2538-2541 zu Grunde liegenden Fall, in dem der BGH die Anwendbarkeit der Norm bejahte, obwohl die zweite mögliche Schadensursache dem Geschädigten zuzurechnen war. Kritisch hierzu *Eberl-Borges*, NJW 2002, 949-951, 949-951. A.A. dagegen *Larenz/Canaris*, Schuldrecht, Band II/2: Besonderer Teil, 13. Aufl. 1994, § 82 II 3c, mit dem Argument des „unverdienten Glücksfalls" für den potenziellen Schädiger. Das ist schwer nachzuvollziehen, wirkte sich nach *Canaris* doch die ungeklärte Kausalität gerade zum Glücksfall für den Geschädigten aus, zutr. *Schiemann* in: Erman, § 830 Rn. 7.
[33] *Stremitzer*, AcP 208, 676 mit Überlegungen zum u.a. im franz. Recht und dem common law anerkannten Schadensersatz für den Verlust einer Chance; vgl. schon früher *Bydlinski*, Probleme der Schadensverursachung nach deutschem und österreichischem Recht, 1964, S. 86 ff., 113; *Larenz/Canaris*, Schuldrecht II/2, 13. Aufl. 1994, § 82 II 3a.

hierfür ist die (statistische) Verschlechterung der Heilungschancen aufgrund eines ärztlichen Behandlungsfehlers. Dies stößt freilich auf die genannten prinzipiellen Bedenken gegen eine Ausdehnung des § 830 Abs. 1 Satz 2 BGB.[34] Weiterhin ist eine anteilige Haftung dem deutschen Schadensersatzrecht mit seinem **Alles-oder-nichts-Prinzip** fremd und deshalb **de lege lata** abzulehnen, mögen auch bedenkenswerte rechtspolitische Gründe für sie sprechen.[35] Die Rechtsprechung möchte § 830 Abs. 1 Satz 2 BGB auch dann ablehnen, wenn der Geschädigte den Schaden möglicherweise **selbst verursacht** hat.[36] In den sog. **Folgeschadensfällen** (auf der Straße liegendes Unfallopfer wird von nachfolgendem Fahrzeug erfasst) und den ähnlich gelagerten Fällen vom Typ des berühmten „Kanalschachtbeispiels" ist fraglich, ob die Anwendbarkeit des § 830 Abs. 1 Satz 2 BGB voraussetzt, dass die mehreren selbstständigen Gefährdungshandlungen in räumlicher und zeitlicher Hinsicht einen tatsächlich zusammenhängenden **einheitlichen Vorgang** bilden, der insbesondere durch die Gleichartigkeit der Gefährdungshandlungen gekennzeichnet ist („wer von mehreren **Beteiligten** ... verursacht hat").[37] Dagegen spricht, dass eine Beweisnot des Geschädigten unabhängig vom Vorliegen dieser Voraussetzung entstehen kann.[38] Der Begriff der „Beteiligung" ist nicht als Tatbestandsmerkmal, sondern als notwendige Folge des Vorliegens der in § 830 Abs. 1 Satz 2 BGB genannten Voraussetzungen zu verstehen. Das Vorliegen eines „**einheitlichen Vorgangs**" ist daher keine Haftungsvoraussetzung.[39] Der BGH hielt zunächst an dem Erfordernis des einheitlichen Vorgangs fest, ließ allerdings in keinem Fall die Haftung daran alleine scheitern, sondern verringerte schrittweise die daran gestellten Anforderungen und ließ schließlich offen, ob an dieser Haftungsvoraussetzung festgehalten werden soll.[40] Unabhängig davon ist klarzustellen, dass sich die notwendige Begrenzung des Anwendungsbereiches von § 830 Abs. 1 Satz 2 BGB schon aus den dargestellten Voraussetzungen ergibt. Wenn feststeht, dass der Erstschädiger den Schaden verursacht hat, kommt eine Anwendung des § 830 Abs. 1 Satz 2 BGB nicht in Betracht. Der Geschädigte soll keinen Vorteil davon haben, dass zu dem schädigenden Verhalten außer denjenigen, deren Haftung feststeht, andere Beteiligte beigetragen haben.[41]

8 Im Fall der **Tierhalterhaftung** nach § 833 Satz 1 BGB ist **Satz 2** des § 830 Abs. 1 BGB auch dann anwendbar, wenn sich nur bei einem Tier die Tiergefahr konkret schadensverursachend verwirklicht hat, es sich aber nicht mehr feststellen lässt, bei welchem von mehreren, verschiedenen Haltern zuzuordnenden Tieren. Dies gilt jedenfalls, wenn dieses Tier zu einer gemeinsamen Herde von Tieren verschiedener Halter gehört, die sich in einem gemeinsamen Pferch befindet oder anderweitig einer einheitlichen und gemeinsamen Überwachung unterliegt.[42]

D. Prozessuale Hinweise

9 Der Geschädigte (Kläger) trägt die **Beweislast** für die Tatbestandsmerkmale einer zurechenbaren Handlung;[43] anstelle des Nachweises der haftungsbegründenden Kausalität sind von ihm die Mittäterschaft (§ 830 Abs. 1 Satz 1 BGB) bzw. Teilnahme (§ 830 Abs. 2 BGB) oder die Beteiligung mehrerer an einer solchen Handlung (§ 830 Abs. 1 Satz 2 BGB) nachzuweisen. Hierbei ist nach Ansicht des OLG Frankfurt die Teilnahme kein „Weniger" im Verhältnis zur Täterschaft, sondern ein aliud. Ein

---

[34] *Eberl-Borges* in: Staudinger, § 830 Rn. 66, 83 ff.
[35] Vgl. dazu *Schiemann*, FS Canaris I, 2007, S. 1170; *Spindler*, AcP 208, 283; *Bien*, ERPL 2008, 1083, 1085 ff.
[36] BGH v. 30.01.1973 - VI ZR 14/72 - juris Rn. 12 - BGHZ 60, 177-184.
[37] Vgl. BGH v. 07.11.1978 - VI ZR 128/76 - juris Rn. 6 - BGHZ 72, 355-363 und: *Belling/Eberl-Borges* in: Staudinger, § 830 Rn. 91-98; zuletzt OLG Koblenz v. 14.04.2005 - 5 U 1610/04 - NJW-RR 2005, 1111-1113.
[38] So *Schiemann* in: Erman, § 830 Rn. 8.
[39] *Kruse*, ZGS 2007, 135-139, 137 sowie *ders.*, Alternative Kausalität im Deliktsrecht, 2006.
[40] BGH v. 27.05.1987 - V ZR 59/86 - juris Rn. 36 - BGHZ 101, 106-113. Am Merkmal festhaltend OLG Koblenz v. 14.04.2005 - 5 U 1610/04 - NJW-RR 2005, 1111-1113.
[41] *Schiemann* in: Erman, § 830 Rn. 6, 8; *Belling/Eberl-Borges* in: Staudinger, § 830 Rn. 92; OLG Köln v. 22.08.2007 - 5 U 267/06 - juris Rn. 38, der die Anwendbarkeit des § 830 BGB für den Fall verneint, dass die haftenden Ersttäter den Geschädigten schwer verletzt haben, jedoch Fehler der Rettungssanitäter ebenfalls zu diesen Schäden geführt haben können.
[42] Vgl. OLG München v. 19.04.2012 - 14 U 2687/11 - juris Rn. 20.
[43] Zu den Anforderungen an die Feststellung des Mittäter- oder Gehilfenvorsatzes eines Brokers, der einen Anlageberater aufgrund einer Rückvergütungs- (sog. Kick-Back-)Vereinbarung an den Kommissionen beteiligt, wenn der Anlageberater sittenwidrige Provisionsschinderei betreibt (sog. „churning", vgl. dazu die Kommentierung zu § 826 BGB Rn. 33), vgl. BGH v. 13.07.2004 - VI ZR 136/03 - juris Rn. 17 - NJW 2004, 3423-3426.

Klägervortrag zur Täterschaft des Beklagten enthält damit nicht inzidenter den Vortrag zu dessen Anstiftung oder Gehilfenschaft.[44] Im Falle von § 830 Abs. 1 Satz 2 BGB kann der potenzielle Schädiger (Beklagte) den Nachweis führen, seine Handlung sei nicht ursächlich gewesen (z.B. wenn der an einer Schlägerei Beteiligte nachweisen kann, den im Zuge der Schlägerei verletzten Polizeibeamten selbst nicht verletzt zu haben[45]), bzw. es stehe schon ein anderer Schädiger fest.

---

[44] OLG Frankfurt v. 23.03.2006 - 3 U 57/97 - juris Rn. 16.
[45] Vgl. zur Widerlegung der „Verursachungsvermutung" OLG Bremen v. 27.05.2005 - 1 W 18/05, 1 W 19/05 - OLGR Bremen 2005, 502-503.

§ 831 BGB Haftung für den Verrichtungsgehilfen

(Fassung vom 02.01.2002, gültig ab 01.01.2002)

(1) ¹Wer einen anderen zu einer Verrichtung bestellt, ist zum Ersatz des Schadens verpflichtet, den der andere in Ausführung der Verrichtung einem Dritten widerrechtlich zufügt. ²Die Ersatzpflicht tritt nicht ein, wenn der Geschäftsherr bei der Auswahl der bestellten Person und, sofern er Vorrichtungen oder Gerätschaften zu beschaffen oder die Ausführung der Verrichtung zu leiten hat, bei der Beschaffung oder der Leitung die im Verkehr erforderliche Sorgfalt beobachtet oder wenn der Schaden auch bei Anwendung dieser Sorgfalt entstanden sein würde.

(2) Die gleiche Verantwortlichkeit trifft denjenigen, welcher für den Geschäftsherrn die Besorgung eines der im Absatz 1 Satz 2 bezeichneten Geschäfte durch Vertrag übernimmt.

Gliederung

A. Grundlagen 1	2. Widerrechtliche Schadenszufügung 67
I. Kurzcharakteristik 1	3. Handeln in Ausführung der Verrichtung 80
II. Entstehungsgeschichte 2	a. Begriff 81
III. Verhältnis zu anderen Vorschriften..................... 3	b. Einzelfälle 84
1. § 823 BGB 3	4. Der Entlastungsbeweis (Absatz 1 Satz 2) 104
2. § 278 BGB 13	a. Die Entlastung hinsichtlich der Pflichtverletzung (Absatz 1 Satz 2 Alternative 1) 105
3. § 254 BGB 19	b. Die Entlastung hinsichtlich der Ursächlichkeit (Absatz 1 Satz 2 Alternative 2) 126
4. §§ 31, 89 BGB 20	II. Absatz 2 129
5. § 839 BGB, Art. 34 GG 23	1. Übernahme durch Vertrag 131
6. Sonstige Vorschriften 24	2. Übernahme eigener Pflichten 132
B. Praktische Bedeutung 32	3. Gesamtschuldnerische Haftung 134
C. Anwendungsvoraussetzungen 34	**D. Rechtsfolgen** 136
I. Absatz 1 34	**E. Prozessuale Hinweise** 139
1. Verrichtungsgehilfe 34	
a. Begriff 34	
b. Einzelfälle 47	

A. Grundlagen

I. Kurzcharakteristik

1 Nach § 831 Abs. 1 BGB haftet der Geschäftsherr aufgrund eines vermuteten eigenen Verschuldens für das Fehlverhalten von Hilfspersonen, das zu einem Schadenseintritt bei einem Dritten führt. Die Verschuldensvermutung zu Lasten des Geschäftsherrn bezieht sich auf die Verletzung einer Auswahl-, Ausrichtungs- oder Überwachungspflicht[1] gegenüber der beauftragten Hilfsperson. Der Geschäftsherr hat die Hilfsperson nicht nur gewissenhaft auszusuchen und zu überwachen, sondern sie ggf. auch mit ausreichenden Gerätschaften und Vorrichtungen auszustatten und ordnungsgemäß anzuleiten (§ 831 Abs. 1 Satz 2 BGB). § 831 Abs. 1 BGB begründet nicht eine Haftung für fremdes, ihm – dem Geschäftsherrn – zugerechnetes Fehlverhalten, sondern für die **Verletzung eigener**, den Geschäftsherrn selbst treffender **Verkehrssicherungspflichten**.[2] § 831 BGB ist angelegt als doppelter Tatbestand mittelbarer Eigenhaftung für Gehilfenunrecht und für eigenes Fehlverhalten bei der Aufgabenwahrnehmung in dem von ihm geschaffenen Funktionskreis und von ihm kontrollierten Organisationsbereich.[3] Im **Unterschied zu der Vertragshaftung i.V.m.** § 278 BGB, Haftung für den Erfüllungsgehilfen, soll sich die Haftung nach § 831 BGB also nicht allein daraus ergeben, dass der Geschäftsherr die Vorteile der Arbeitsteilung nutzt.[4] Anknüpfungspunkt der Haftung ist eine rechtswidrige Handlung des Gehil-

---

[1] *Belling* in: Staudinger, § 831 Rn. 2.
[2] *Sprau* in: Palandt, § 831 Rn. 1; *Larenz/Canaris*, Schuldrecht, II/2 § 79 III 1a, S. 475.
[3] *Brüggemeier*, Deliktsrecht, S. 514.
[4] *Schiemann* in: Erman, § 831 Rn. 1.

fen, wobei es auf ein Verschulden des Gehilfen dabei nur bedingt ankommt (vgl. Rn. 70 ff.). Basierend auf der durch den Gehilfen begangenen unerlaubten Handlung wird dabei sowohl eine Vermutung der Pflichtverletzung durch den Geschäftsherrn als auch eine Vermutung des Kausalzusammenhangs zwischen Pflichtverletzung und dem bei dem Dritten eingetretenen Schaden begründet.[5] Es kommt folglich zu einer **Beweislastumkehr** hinsichtlich der dem Geschäftsherrn auferlegten Pflichten, da es dem Geschädigten in der Regel ohne Einblick in die Organisation des Unternehmers nicht möglich ist, dessen Pflichtverletzung nachzuweisen.[6] Demgemäß soll der Geschädigte durch die Umkehrung der Beweislast privilegiert werden[7], wobei die innere Rechtfertigung hierfür darin zu sehen ist, dass das Tätigwerden des Verrichtungsgehilfen dem Herrschaftsbereich des Geschäftsherrn zuzurechnen ist,[8] zumal die Eigenschaft als Verrichtungsgehilfe eine gewisse Eingliederung der Hilfsperson in die Organisationsstruktur des Geschäftsherrn voraussetzt[9] (vgl. Rn. 36 ff.). Für den Geschäftsherrn besteht jedoch die Möglichkeit, sich nach § 831 Abs. 1 Satz 2 BGB zu exkulpieren. Die Beweislast für die widerrechtliche Schadenszufügung selbst bleibt dagegen wie bei § 823 BGB beim Geschädigten.[10] § 831 Abs. 2 BGB dient daneben als Haftungsnorm für denjenigen, der aufgrund Vertrags die Pflichten des Geschäftsherrn aus § 831 Abs. 1 Satz 2 BGB (Auswahl, Überwachung, Ausstattung, Leitung) übernommen hat. Schutzgüter des § 831 BGB sind neben den absoluten Rechten/Rechtsgütern des § 823 Abs. 1 BGB auch das Vermögen selbst und die durch entsprechende Schutzgesetze im Sinne des § 823 Abs. 2 BGB geschützten Interessen.[11]

II. Entstehungsgeschichte

Bereits nach früheren Rechtsordnungen war eine Haftungsübertragung für das Handeln Dritter möglich. So beinhaltete das frühere deutsche Recht eine deliktische Haftung für Schäden, die durch andere verursacht wurden. Anknüpfungspunkt hierbei war eine gewisse personenrechtliche Verbundenheit.[12] Das römische Recht kannte die Vertragshaftung des Pater familias für seine Haussöhne und Sklaven.[13] Daneben galt im Deliktsrecht die so genannte Noxalhaftung, das heißt, die Haftung des Pater familias als Familienoberhaupt für Delikte, die von seinen Hauskindern und Sklaven begangen wurden. Ihm wurde indes keine Entlastungsmöglichkeit zugesprochen; jedoch konnte er die Zahlungsverpflichtung gegenüber dem Geschädigten durch Auslieferung des Schädigers an diesen abwenden.[14] Ein Verschulden des Geschäftsherrn war nicht erforderlich.[15] Das deutsche Recht des 19. Jahrhunderts kannte eine Haftung des Geschäftsherrn für Handlungen seiner Angestellten und Arbeiter. Anknüpfend an das Schuldprinzip bedurfte es seitens des Geschäftsherrn eines eigenen Verschuldens für eigenes Tun oder Unterlassen.[16] Eine strikte Haftung des Geschäftsherrn, also die Möglichkeit, deliktisches Verhalten von Gehilfen ohne die Möglichkeit einer Entlastung zuzurechnen, wurde immer wieder in die Diskussion eingebracht.[17] Die Vorstellung konnte sich allerdings nicht durchsetzen, eine unbedingte Einstandspflicht des Geschäftsherrn erscheint dem deutschen Rechtswesen fremd. Zugunsten des Geschädigten wurde allerdings in der Folgezeit eine Beweislastumkehr eingeführt, so dass sich der Geschäftsherr durch Entlastungsbeweis von seiner Schuld freizeichnen musste und nicht der Geschädigte den Nachweis des Verschuldens zu führen hatte.[18] Dies sollte mögliche Härten beseitigen. Auch ein Reformvorschlag zu § 831 BGB aus dem Jahre 1967, der sich jedoch nicht durchsetzen konnte, sah eine unbeschränkte Einstandspflicht des Geschäftsherrn für das Handeln seiner Gehilfen angenähert an die vertragliche Haftung gemäß § 278 BGB vor.[19]

---

[5] *Sprau* in: Palandt, § 831 Rn. 1; *Belling* in: Staudinger, § 831 Rn. 6.
[6] *Schiemann* in: Erman, § 831 Rn. 2.
[7] *Wagner* in: MünchKomm-BGB, § 831 Rn. 11.
[8] *Larenz/Canaris*, Schuldrecht, II/2 § 79 III 1b, S. 476.
[9] *Wagner* in: MünchKomm-BGB, § 831 Rn. 15; *Larenz/Canaris*, Schuldrecht, II/2 § 79 III 2a, S. 478.
[10] *Larenz/Canaris*, Schuldrecht, II/2, § 79 III 1b, S. 476.
[11] *Belling* in: Staudinger, § 831 Rn. 4; *Spindler* in: Bamberger/Roth, BeckOK-BGB, Ed. 23, § 831 Rn. 2.
[12] *Belling* in: Staudinger, § 831 Rn. 1.
[13] *Seiler*, JZ 1967, 525, 526.
[14] *Matusche-Beckmann*, Das Organisationsverschulden, 2001, S. 16.
[15] *Matusche-Beckmann*, Das Organisationsverschulden, 2001, S. 17.
[16] *Belling* in: Staudinger, § 831 Rn. 1.
[17] *Wagner* in: MünchKomm-BGB, § 831 Rn. 1.
[18] *Matusche-Beckmann*, Das Organisationsverschulden, 2001, S. 23, 24.
[19] *Belling* in: Staudinger, § 831 Rn. 1, 131 ff.

III. Verhältnis zu anderen Vorschriften

1. § 823 BGB

3   Das Verhältnis zwischen § 831 BGB und § 823 BGB ist dadurch gekennzeichnet, dass § 823 BGB grundsätzlich die **allgemeinen Verkehrssicherungspflichten** als Ansatzpunkt normgemäßen Verhaltens beherbergt.[20] § 831 BGB hingegen enthält als Sondervorschrift eine Reihe von Verkehrssicherungspflichten, für die eine besondere Haftung begründet wird[21] und ist damit im Verhältnis zu § 823 BGB die **speziellere Norm**: § 823 BGB kommt grundsätzlich nur zum Tragen, wenn die Voraussetzungen des § 831 BGB nicht vorliegen oder dem Geschäftsherrn der Entlastungsnachweis gelungen ist[22]. Andererseits ist § 831 BGB aber auch weiter als § 823 Abs. 1 BGB und zwar bezüglich des Haftungsumfangs. Während gemäß § 823 Abs. 1 BGB lediglich absolute Rechtsgüter und die durch die Rechtsprechung entwickelten Rahmenrechte geschützt sind, genügt für § 831 BGB die Erfüllung irgendeines deliktsrechtlichen Haftungstatbestandes der §§ 823 ff. BGB. Somit kann die haftungsauslösende, schädigende Gehilfenhandlung auch eine solche sein, die sich lediglich auf das Vermögen bezieht (z.B.: § 823 Abs. 2 BGB i.V.m. § 263 StGB; § 826 BGB).[23] Darüber hinaus kommt auch eine Verletzung von Vorschriften außerhalb des BGB in Betracht (z.B. des UWG, §§ 734 ff. HGB).[24]

4   Praxisrelevant ist die Abgrenzung des § 831 BGB von § 823 BGB besonders im Bereich **größerer Unternehmen**. In der Regel kümmert sich hier nicht der Unternehmer persönlich um die Einstellung und Beaufsichtigung seiner Gehilfen, sondern bedient sich bereits insoweit Hilfspersonen, die die Einstellung, Anleitung und Beaufsichtigung des Personals übernehmen.[25] Hier befreit es den Unternehmer im Schadensfall jedoch noch nicht, dass er nachweisen kann, den höheren Angestellten, den er mit der Betreuung von in der Unternehmenshierarchie niedriger stehenden Angestellten betraut hat, sorgfältig ausgesucht und überwacht zu haben. Vielmehr wird ihm eine **betriebliche Organisationspflicht** des Inhalts auferlegt, betriebliche Abläufe so zu organisieren, dass schuldhafte Pflichtverletzungen durch seine Mitarbeiter oder Fehler im betrieblichen Ablauf vermieden werden; dies gilt auch und gerade dann, wenn er die ihm obliegenden Verkehrssicherungspflichten durch andere erfüllen lässt.[26] Dies bedeutet, dass der Geschäftsherr zwar im Rahmen von § 831 BGB die zunächst ihm selbst obliegenden Pflichten durchaus auf andere delegieren kann, so dass er insoweit auch die Möglichkeit hat, den Entlastungsbeweis zu führen. Anders verhält es sich jedoch bezüglich der betrieblichen Organisationspflichten im Rahmen des § 823 BGB. Diese Pflichten obliegen dem Unternehmer höchstpersönlich bzw. sind von verfassungsmäßigen Vertretern im Sinne des § 31 BGB wahrzunehmen.[27] Infolgedessen muss der Unternehmer den Einsatz der Hilfsperson, derer er sich bedient, ordnungsgemäß organisieren und Aufsichtsanordnungen treffen, die eine möglichst ordentliche Betriebsführung garantieren. Verletzt er diese Pflicht, haftet er aus § 823 BGB.[28]

5   Entwickelt wurden die Grundsätze zu diesem sog. **betrieblichen Organisationsverschulden**, weil die deliktische Haftung für das Fehlverhalten von Hilfspersonen in § 831 BGB ein Verschulden des Geschäftsherrn voraussetzt. Jedoch steht außer Frage, dass einem Unternehmer nicht ohne weiteres für jedes Fehlverhalten eines Mitarbeiters ein Verschuldensvorwurf gemacht werden kann.[29] Das **Verhältnis allgemeiner Verkehrssicherungspflichten zu Organisationspflichten** ist dadurch gekennzeichnet, dass einer jeden Verkehrspflicht auch gewisse Organisationspflichten immanent sind. Allein aus dem Betreiben eines gefahrträchtigen Unternehmens folgt die Pflicht, organisatorische Maßnahmen zu treffen, die die Verkehrssicherheit gewährleisten.[30] Bei den Geschäftsherrnpflichten aus § 831 BGB handelt es sich dabei um deliktische Verkehrssicherungspflichten.[31] Nimmt der Geschäftsherr diese selbst wahr, bleibt ihm auch die Möglichkeit des Entlastungsbeweises. Bedient er sich hingegen bei

---

[20] *Spindler* in: Bamberger/Roth, BeckOK-BGB, Ed. 23, § 831 Rn. 7.
[21] *Belling* in: Staudinger, § 831 Rn. 18; *Schiemann* in: Erman, § 831 Rn. 2.
[22] *Matusche-Beckmann*, Das Organisationsverschulden, 2001, S. 98.
[23] *Larenz/Canaris*, Schuldrecht, II/2, § 79 III 1c, S. 476.
[24] *Belling* in: Staudinger, § 831 Rn. 4.
[25] *Katzenmeier* in: Dauner-Lieb/Langen, NomosKomm-BGB, Schuldrecht, 2012, § 831 Rn. 8.
[26] Brandenburgisches Oberlandesgericht v. 07.1.2007 - 13 U 24/07 - BauR 2008, 406.
[27] *Wagner* in: MünchKomm-BGB, § 823 Rn. 381.
[28] *Matusche-Beckmann*, Das Organisationsverschulden, 2001, S. 2.
[29] *Matusche-Beckmann*, Das Organisationsverschulden, 2001, S. 2.
[30] BGH v. 30.05.1978 - VI ZR 113/77 - VersR 1978, 722.
[31] *Belling* in: Staudinger, § 831 Rn. 18, 19.

Auswahl, Anleitung und Überwachung von Gehilfen weiterer Hilfspersonen, treffen ihn – wie bereits dargelegt – auch die internen Organisationspflichten. Diese können auch im Rahmen des § 831 BGB maßgeblich sein.[32] Um sich erfolgreich exkulpieren zu können, muss sich der Unternehmer nach den Grundsätzen des **dezentralisierten Entlastungsbeweises** (vgl. Rn. 112 ff.) grundsätzlich nur bezüglich seiner leitenden Angestellten entlasten. Insofern genügt es aber nicht, dass er den leitenden Angestellten sorgsam ausgewählt und überwacht hat[33]. Vielmehr muss er überdies auch dafür Sorge tragen, dass dieser wiederum in der Lage ist, die ihm unterstellten Angestellten ausreichend zu überwachen. Der Geschäftsherr muss damit auch Organisationsmaßnahmen bezüglich der in § 831 BGB kodifizierten Pflichten treffen. Insofern handelt es sich nicht um allgemeine Verkehrspflichten.[34]

§ 823 BGB kommt vielmehr zum Tragen, wenn der Geschäftsherr es unterlassen hat, **allgemeine** Aufsichtsanordnungen zu erteilen, er also den allgemeinen Rahmen betrieblicher Abläufe nicht so geregelt hat, dass Schäden nach Möglichkeit vermieden werden.[35] In den Anwendungsbereich von § 823 BGB fallen damit zum Beispiel auch Fragen wie die, ob der Arbeitsplatz den Anforderungen entspricht, die das allgemeine Deliktsrecht erwartet oder allgemeine Überwachungsmaßnahmen wie allgemeine Dienstanweisungen und Richtlinien, die sich auf generelle Abläufe beziehen.[36] Die Intensität der Kontroll- und Überwachungspflichten ist dabei ebenso wie im Rahmen des § 831 BGB von der Gefahrenträchtigkeit der zu überwachenden Tätigkeiten abhängig.[37] Nach Ansicht des OLG Hamm sind beispielsweise an die Überwachung von Boten beim Austragen von Zeitungen keine allzu hohen Anforderungen zu stellen, sofern sich der Bote nicht bereits in der Vergangenheit des Öfteren über seine vertraglichen Pflichten hinweggesetzt hat.[38]

6

Bei Verletzung allgemeiner Organisations- und Kontrollpflichten tritt § 823 BGB neben die Haftung aus § 831 BGB, wenn dem Geschäftsherrn zugleich auch die Verletzung der Pflichten nach § 831 BGB vorzuwerfen ist.[39] Dies ist insofern bedeutsam, als im Rahmen des § 823 BGB die Vermutungen des § 831 BGB nicht greifen. Vielmehr hat der geschädigte Dritte den vollen Beweis über die der Haftung zugrunde liegenden Tatsachen zu führen.[40] Jedoch wird dem Dritten die Beweisführung durch ein Ausreichenlassen des Anscheinsbeweises erleichtert[41] oder die Rspr. hilft sich auch im Rahmen des § 823 Abs. 1 BGB mit einer Beweislastumkehr[42].

7

Andererseits ist dieses Verhältnis von allgemeinen Verkehrspflichten zu Organisationspflichten nicht vollkommen unstreitig. Entgegen der erläuterten herrschenden Auffassung plädiert eine andere Ansicht dafür, die Verletzung solcher betrieblicher Organisationspflichten nicht dem Anwendungsbereich des § 823 BGB zu unterstellen, sondern stattdessen § 831 BGB analog anzuwenden, zumal die mit der Delegation von Aufgaben entstehenden Pflichten zu einer ordnungsgemäßen Organisation durchaus § 831 Abs. 1 Satz 2 BGB zu entnehmen seien.[43] Insofern könnte sich der Geschäftsherr aber auch nur dann nach § 831 Abs. 1 Satz 2 BGB entlasten, wenn er nachweist, dass er neben der ordnungsgemäßen Auswahl/Überwachung derjenigen Hilfspersonen, derer er sich zur Erfüllung seiner Pflichten aus § 831 BGB bedient, auch den gesamten betrieblichen Ablauf und die Organisationsstruktur entsprechend den Anforderungen, die an einen sorgfältigen Unternehmer zu stellen sind, ausgestaltet habe.[44]

8

Juristische Personen oder vergleichbare Personenzusammenschlüsse haben ihren Geschäftsbereich so zu organisieren, dass entscheidende Aufgabenbereiche durch einen verfassungsgemäß berufenen Vertreter betraut werden, der wesentliche Entscheidungen persönlich trifft. Geschieht dies nicht, greift die Haftung wegen dieses **körperschaftlichen Organisationsmangels** nach den §§ 823, 31 BGB bzw.

9

---

[32] *Matusche-Beckmann*, Das Organisationsverschulden, 2001, S. 100.
[33] Vgl. *Katzenmeier* in: Dauner-Lieb/Langen, NomosKomm-BGB, Schuldrecht, 2012, § 831 Rn. 8.
[34] *Spindler* in: Bamberger/Roth, § 831 Rn. 7; *Matusche-Beckmann*, Das Organisationsverschulden, 2001, S. 105.
[35] BGH v. 25.10.1951 – III ZR 95/50 – BGHZ 4, 1.
[36] BGH v. 28.04.1987 – VI ZR 127/86 – NJW 1988, 48; *Matusche-Beckmann*, Das Organisationsverschulden, 2001, S. 109.
[37] OLG Hamm v. 20.01.2009 – 9 U 133/08 – NJW-RR 2010, 242, 244.
[38] OLG Hamm v. 20.01.2009 – 9 U 133/08 – NJW-RR 2010, 242, 244.
[39] OLG Hamm v. 09.12.2008 – I-9 U 20/08 – NJW 2009, 2685; *Sprau* in: Palandt, § 831 Rn. 2.
[40] OLG Hamm v. 09.12.2008 – I-9 U 20/08 – NJW 2009, 2685; *Belling* in: Staudinger, § 831 Rn. 21.
[41] *Belling* in: Staudinger, § 831 Rn. 21; *Spindler* in: Bamberger/Roth, BeckOK-BGB, Ed. 23, § 831 Rn. 8.
[42] *Spindler* in: Bamberger/Roth, BeckOK-BGB, Ed. 23, § 831 Rn. 8.
[43] Vgl. zum Ganzen: *Belling* in: Staudinger, § 831 Rn. 10 ff.
[44] *Belling* in: Staudinger § 831 BGB Rn. 12.

§§ 823, 31, 89 BGB bei öffentlich rechtlichen Körperschaften.[45] Der eingesetzte Gehilfe wird dabei so behandelt, als sei er ein verfassungsgemäß berufener Vertreter im Sinne der angewandten Norm[46], sofern er in seinem Tätigkeitsbereich als Repräsentant des Unternehmens anzusehen ist (Fiktionshaftung).[47] Der Grund hierfür besteht darin, dass sich der Geschäftsherr nicht durch den Einsatz bloßer Hilfspersonen den Entlastungsbeweis offen halten können soll, obwohl die betreffende Person eigentlich rein faktisch betrachtet und von der Art ihres Aufgabenbereichs her die Stellung eines Organs innehat.[48]

10 § 831 BGB berührt nicht die Haftung des Gehilfen nach § 823 BGB für die durch ihn begangene unerlaubte Handlung. Wird eine Haftung für Geschäftsherrn und Gehilfen bejaht, haften sie nach § 840 Abs. 1 BGB als **Gesamtschuldner** (vgl. die Kommentierung zu § 840 BGB Rn. 11). Im Innenverhältnis ist der Gehilfe dem Geschäftsherrn jedoch nach § 840 Abs. 2 BGB („andere Vorschrift im Sinne des § 421 BGB") zur alleinigen Haftung verpflichtet. Der Geschädigte kann nach Belieben entweder den Gehilfen oder den Geschäftsherrn in Anspruch nehmen. Beide Ansprüche verjähren dabei jeweils unabhängig voneinander.[49]

11 Der Grundsatz der gesamtschuldnerischen Haftung gilt selbst dann, wenn es sich bei der Verbindung von Geschäftsherrn und dem Gehilfen um ein **Arbeitsverhältnis im arbeitsrechtlichen Sinne** handelt. Im Innenverhältnis richtet sich der Schadensausgleich zwischen Arbeitgeber und Arbeitnehmer allerdings nach den **Grundsätzen des innerbetrieblichen Schadensausgleichs**[50], die die grundsätzliche Schadensaufteilung im Sinne des § 426 Abs. 1 Satz 1 BGB verdrängen. Diese Grundsätze stellen „einseitig zwingendes Arbeitnehmerschutzrecht"[51] dar, so dass sie grundsätzlich nicht zu Lasten des Arbeitnehmers abgeändert werden können und auch auf die deliktische Haftung zu übertragen sind.[52] Insoweit verlangt die Rechtsprechung, dass die Tätigkeit, die zu dem Schadenseintritt geführt hat, „durch den Betrieb veranlasst (...) und aufgrund eines Arbeitsverhältnisses geleistet" wurde.[53] Hat der Arbeitnehmer den Schaden nicht vorsätzlich herbeigeführt, trägt der Arbeitgeber, dem das Betriebsrisiko auferlegt wird, den Schaden im Innenverhältnis.[54] Dabei richtet sich der Ausgleich des Schadens zwischen Arbeitgeber und Arbeitnehmer nach dem Grad des Verschuldens, das dem Arbeitnehmer zur Last zu legen ist.[55] Hierzu wird zwischen leichter, normaler, grober und größter Fahrlässigkeit unterschieden.[56] Dem Arbeitnehmer steht insoweit gegenüber dem Arbeitgeber ein Freistellungsanspruch zu, wie dieser den Schaden im Innenverhältnis zu tragen hat.[57] Hat der Arbeitnehmer dem Geschädigten den Schaden bereits ersetzt, ist der Arbeitgeber zur Regressleistung verpflichtet. Diese Gegenansprüche sind aber beispielsweise bei Insolvenz des Arbeitgebers wertlos, sodass insoweit der Schutz des Arbeitnehmers ins Leere geht. Daher wird zum Teil erwogen, die deliktische Außenhaftung des Arbeitnehmers gänzlich zu verneinen, was sich jedoch bis heute nicht durchsetzen konnte.[58]

---

[45] *Wagner* in: MünchKomm-BGB, § 823 Rn. 384.
[46] BGH v. 08.07.1980 - VI ZR 158/78 - NJW 1980, 2810; *Reuter* in: MünchKomm-BGB, § 31 Rn. 6.
[47] BGH v. 30.01.1996 - VI ZR 408/94 - NJW-RR 1996, 867, 868; krit. hierzu: *Katzenmeier* in: Dauner-Lieb/Langen, NomosKomm-BGB, Schuldrecht, 2012, § 831 Rn. 12 m.w.N.
[48] *Belling* in: Staudinger § 831, Rn. 9, 42; vgl. auch *Wagner* in: MünchKomm-BGB, § 823 Rn. 384.
[49] *Wagner* in: MünchKomm-BGB, § 831 Rn. 12.
[50] *Wagner* in: MünchKomm-BGB, § 831 Rn. 13.
[51] BAG v. 05.02.2004 - 8 AZR 91/03 - BAGE 109, 279, 283 = NZA 2004, 649, 650; *Reichold* in: Münchener Handbuch, Arbeitsrecht, Band 1, 3. Aufl. 2009, § 51 Rn. 68.
[52] *Hromadka/Maschmann*, Arbeitsrecht Band 1, 4. Aufl. 2008, S. 336; *Reichold* in: Münchener Handbuch, Arbeitsrecht, Band 1, 3. Aufl. 2009, § 51 Rn. 61 m.w.N.
[53] BAG v. 27.09.1994 - GS 1/89 (A) - BAGE 78, 56, 60 = NZA 1994, 1083, 1084; vgl. hierzu die Darstellung der historischen Entwicklung in der Rechtsprechung bei: *Reichold* in: Münchener Handbuch, Arbeitsrecht, Band 1, 3. Aufl. 2009, § 51 Rn. 20 ff.
[54] *Wagner* in: MünchKomm-BGB, § 831 Rn. 13.
[55] Grundlegend: BAG v. 25.09.1957 - GS 4 (5)/56 - NJW 1958, 235, 237; sowie BAG v. 27.09.1994 - GS 1/89 (A) - BAGE 78, 56, 60 = NZA 1994, 1083, 1084.
[56] Vgl. ausführlich: *Reichold* in: Münchener Handbuch, Arbeitsrecht, Band 1, 3. Aufl. 2009, § 51 Rn. 35 ff.; *Hromadka/Maschmann*, Arbeitsrecht Band 1, 4. Aufl. 2008, S. 334.
[57] Vgl. nur BAG v. 21.06.1963 - 1 AZR 386/62 - NJW 1963, 1940, 1941; *Belling* in: Staudinger, § 831, Rn. 15; *Hromadka/Maschmann*, Arbeitsrecht Band 1, 4. Aufl. 2008, S. 337; *Reichold* in: Münchener Handbuch, Arbeitsrecht, Band 1, 3. Aufl. 2009, § 52 Rn. 14 ff.
[58] *Reichold* in: Münchener Handbuch, Arbeitsrecht, Band 1, 3. Aufl. 2009, § 52 Rn. 2; *Wagner* in: MünchKomm-BGB, § 831 Rn. 13.

Zu beachten sind jedoch etwaige Haftungsprivilegierungen. So normiert beispielsweise § 106 Abs. 3 Alt. 3 SGB VII für den Arbeitnehmer, der auf einer gemeinsamen Betriebsstätte einen mit ihm arbeitenden Dritten schädigt, dass seine persönliche Haftung ausgeschlossen ist. Dies führt nach den Regeln über die gestörte Gesamtschuld aber auch zu einer Kürzung des Anspruchs gegen den Geschäftsherrn um den Teil, der im Innenverhältnis auf den Verrichtungsgehilfen entfallen würde.[59] Streitig ist hierbei jedoch, ob in Abweichung von der gesetzlichen Regelung des § 840 Abs. 2 BGB ein etwaiger im Innenverhältnis bestehender Freistellungsanspruch des Arbeitnehmers gegen den Arbeitgeber im Außenverhältnis zu berücksichtigen ist, so dass in diesem Falle der Arbeitgeber im Außenverhältnis wiederum voll haften müsste.[60] Nach der Rechtsprechung des Bundesgerichtshofs soll der arbeitsrechtliche Freistellungsanspruch aber im Außenverhältnis zum geschädigten Dritten gerade außer Betracht bleiben, zumal dieser sich allein aus dem besonderen, vor allem von der Fürsorgepflicht des Arbeitgebers geprägten, Verhältnis zwischen Arbeitgeber und Arbeitnehmer ergibt und daher gegenüber dem Dritten keine Wirkungen entfalten soll.[61]

2. § 278 BGB

Nach § 278 BGB haftet der Geschäftsherr im Unterschied zu § 831 BGB für zugerechnetes **fremdes Verschulden** wie für eigenes[62] Verschulden im Wege einer Garantiehaftung. Anknüpfungspunkt ist damit nicht eine eigene Verletzungshandlung, sondern ausschließlich das Verhalten eines Dritten. Dies setzt bereits vor Eintritt des schädigenden Ereignisses das Bestehen einer **Sonderverbindung** zwischen dem Geschädigten und dem Geschäftsherrn voraus.[63] Eine Begründung erst aufgrund des Schadenseintritts ist damit nicht ausreichend.[64] Im Rahmen von § 831 BGB hingegen ist Haftung außerhalb eines bestehenden Schuldverhältnisses möglich.

Zudem unterscheiden sich die beiden Vorschriften in ihrem Verständnis des Begriffs des Gehilfen: Während § 831 BGB ein Einstehen des Geschäftsherrn nur für weisungsgebundene Gehilfen fordert, haftet der Geschäftsherr nach § 278 BGB auch für von ihm beauftragte selbständige Unternehmer, derer er sich zur Erfüllung seiner Leistungspflichten bedient.[65]

In Art und Umfang des Schadensersatzes ergeben sich im Rahmen von § 831 BGB gegenüber der vertraglichen Haftung für das Verhalten von Erfüllungsgehilfen keine erheblichen Unterschiede; dies gilt insbesondere auch für einen **Schmerzensgeldanspruch**, seit alle Vorschriften, die den Schädiger zum Schadensersatz verpflichten, bei einem Eingriff in die nach § 253 Abs. 2 BGB geschützten Rechtsgüter zugleich einen Anspruch auf Schmerzensgeld begründen.

Anders als § 831 BGB bietet die i.V.m. § 278 BGB begründete Vertragshaftung dem Geschäftsherrn freilich keine Entlastungsmöglichkeit.[66] Die Vertragshaftung beinhaltet folglich eine schärfere Haftungsregelung als dies bei § 831 BGB der Fall ist. Verschiedene Wege bewirken noch eine Ausweitung der vertraglichen Haftung, beispielsweise durch die Anerkennung vertraglicher Nebenpflichten,[67] § 241 Abs. 2 BGB, die Vorverlegung vertraglicher Schutzpflichten schon auf den Zeitraum vor Vertragsabschluss (§ 311 Abs. 2 BGB) bzw. auf den Zeitraum nach Abwicklung des Vertrags[68] sowie die Anerkennung vertragsähnlicher Rechtsinstitute wie des Vertrags mit Schutzwirkung zugunsten Dritter.[69]

---

[59] BGH v. 11.11.2003 - VI ZR 13/03 - BGHZ 157, 9, 14 = NJW 2004, 951, 952; *Belling* in: Staudinger, § 831 Rn. 15a; *Wagner* in: MünchKomm-BGB, § 831 Rn. 13; vgl. zum Begriff der gemeinsamen Betriebsstätte auch: BGH v. 08.06.2010 - VI ZR 147/09 - NJW 2011, 449, 450 f. m.w.N.

[60] *Belling* in: Staudinger, § 831 Rn. 15a.

[61] BGH v. 11.11.2003 - VI ZR 13/03 - BGHZ 157, 9, 16 ff. = NJW 2004, 951, 953; OLG München v. 20.03.2002 - 27 U 576/01 - NZV 2003, 472 f.; *Belling* in: Staudinger, § 831, Rn. 15a; a.A. OLG Hamm v. 11.12.2000 - 6 W 41/00 - r+s 2001, 150 f.

[62] *Sprau* in: Palandt, § 831 Rn. 3.

[63] BGH v. 09.05.1957 - II ZR 327/55 - BGHZ 24, 188,192.

[64] *Belling* in: Staudinger, § 831 Rn. 23.

[65] *Belling* in: Staudinger, § 831 Rn. 24.

[66] *Sprau* in: Palandt, § 831 Rn. 3; *Wagner* in: MünchKomm-BGB, § 831 Rn. 8.

[67] *Belling* in: Staudinger, § 831 Rn. 25-30; *Schiemann* in: Erman, § 831 Rn. 3.

[68] *Wagner* in: MünchKomm-BGB, § 831 Rn. 2.

[69] *Katzenmeier* in: Dauner-Lieb/Langen, NomosKomm-BGB, Schuldrecht, 2012, § 831 Rn. 5; *Belling* in: Staudinger, § 831 Rn. 31 ff.; *Schiemann* in: Erman, § 831 Rn. 3.

17 Häufig ergibt sich Schadensersatzersatzanspruch sowohl aus einer vertraglichen Anspruchsgrundlage als auch aufgrund unerlaubter Handlung. Beide Ansprüche stehen dabei grundsätzlich gleichrangig in **Anspruchskonkurrenz** nebeneinander,[70] wobei sie freilich ihren eigenen Regeln und Voraussetzungen folgen.[71] So scheidet beispielsweise ein vertraglicher Anspruch i.V.m. § 278 BGB mangels Erfüllungsgehilfeneigenschaft aus, wenn der Gehilfe die widerrechtliche Schädigung im Rahmen einer Tätigkeit begangen hat, die nicht (mehr) zum Pflichtenprogramm des Geschäftsherrn aufgrund der Sonderverbindung zum geschädigten Dritten gehörte.[72] Dies muss aber andererseits nicht zwangsläufig bedeuten, dass er auch nicht mehr „in Ausführung der Verrichtung" im Sinne des § 831 BGB gehandelt hat.[73]

18 Teilweise bestehen jedoch zwischen vertraglichen Haftungsgrundlagen und deliktischen Anspruchsgrundlagen gewisse **Wechselwirkungen**, insbesondere um bestimmte gesetzliche Privilegierungen oder Erweiterungstatbestände der vertraglichen Haftung nicht zu unterlaufen. So gelten bestimmte Haftungsbeschränkungen auf Vorsatz und grobe Fahrlässigkeit bzw. das Einstehenmüssen lediglich für die Sorgfalt in eigenen Angelegenheiten nach den §§ 521, 599, 690 BGB auch im Bereich des Deliktsrechts.[74] Umgekehrt können vertragliche Erweiterungen oder Beschränkungen der Haftung sich nicht ohne weiteres auch im Bereich des Deliktsrechts auswirken, im Einzelfall kann jedoch eine Erweiterung[75] sowie ein im Voraus vereinbarter Haftungsausschluss zugunsten des Geschäftsherrn auch die Haftung aus § 831 BGB umfassen,[76] soweit dieser Vereinbarung zu entnehmen ist, dass hierdurch ein Sachverhalt erschöpfend geregelt sein soll[77]. Schließlich gelten auch die für das Vertragsrecht maßgeblichen **Verjährungsregeln** im Rahmen des Deliktsrechts, soweit dies nach dem Sinn und Zweck der Vorschrift geboten ist. Dies kann der Fall sein, wenn etwa die deliktische Haftung die kurze Verjährung eines vertraglichen Anspruchs aushöhlen würde.[78]

3. § 254 BGB

19 Nach § 254 Abs. 2 Satz 2, Abs. 1 BGB in Verbindung mit § 278 BGB muss sich der Geschädigte das vermutete eigene Auswahl- und Überwachungsverschulden im Hinblick auf den von ihm eingesetzten Gehilfen sowie das sonst eigene **Mitverschulden** an der Entstehung des Schadens zurechnen lassen.[79] Dabei kann sich der Geschäftsherr selbst dann auf das Mitverschulden des Geschädigten berufen, wenn der eigene Gehilfe vorsätzlich gehandelt hat.[80] Fällt dagegen dem Geschädigten Vorsatz zur Last, entfällt grundsätzlich die Ersatzpflicht des Geschäftsherrn.[81]

4. §§ 31, 89 BGB

20 Die §§ 31, 89 BGB begründen eine **Haftung der juristischen Person** für die von ihrem Vorstand oder **verfassungsgemäß berufenem Vertreter** begangene unerlaubte Handlung.[82] § 31 BGB gilt für alle juristischen Personen, über § 89 BGB auch für solche des öffentlichen Rechts, analog § 31 BGB auch für nichtrechtsfähige Vereine, für OHG und KG[83] sowie für die Gesellschaft bürgerlichen Rechts, soweit diese als Außengesellschaft im Rechtsverkehr auftritt, damit über verselbständigtes Sondervermögen verfügt und ein den Personenhandelsgesellschaften vergleichbares Organgefüge aufweist[84]. Die von diesen Personen begangene unerlaubte Handlung wird der juristischen Person zugerechnet[85] und

---

[70] BGH v. 23.03.1966 - Ib ZR 150/63 - BGHZ 46, 140, 141; OLG Koblenz v. 23.02.2006 - 12 U 230/05 - NZV 2007, 463, 465.
[71] BGH v. 19.10.2004 - X ZR 142/03 - VersR 2005, 282.
[72] OLG Naumburg v. 19.06.2008 - 2 U 158/07 - NJW-RR 2009, 1032, 1033.
[73] OLG Naumburg v. 19.06.2008 - 2 U 158/07 - NJW-RR 2009, 1032, 1033.
[74] *Sprau* in: Palandt, vor § 823 Rn. 5.
[75] *Medicus*, NJW 1962, 2081.
[76] OLG Hamm v. 25.03.1975 - 7 U 191/74 - VersR 1976, 764, 765.
[77] BGH v. 19.10.2004 - X ZR 142/03 - VersR 2005, 282.
[78] *Ellenberger* in: Palandt, § 195 Rn. 18.
[79] OLG Köln v. 23.02.2000 - 11 U 126/99 - NJW 2000, 2905.
[80] BGH v. 10.02.2005 - III ZR 258/04 - VersR 2005, 552.
[81] BGH v. 08.10.1991 - XI ZR 207/90 - NJW 1991, 3208; bestätigt in BGH v. 15.04.2010 - IX ZR 79/09 - juris Rn. 6; vgl. auch *Grüneberg* in: Palandt, § 254 Rn. 65.
[82] Zum Nachfolgenden grundlegend *Martinek*, Repräsentantenhaftung, 1979.
[83] *Reuter* in: MünchKomm-BGB, § 31 Rn. 11 ff.
[84] *Ulmer* in: MünchKomm-BGB, § 705 Rn. 263.
[85] *Spindler* in: Bamberger/Roth, BeckOK-BGB, Ed. 23, § 831 Rn.6.

begründet deren Organhaftung. Eine **Entlastungsmöglichkeit** dahingehend, dass der verfassungsgemäß berufene Vertreter den Mitarbeiter sorgfältig ausgewählt habe und auch überwacht habe, **besteht nicht**, so dass die Organhaftung im Vergleich zu § 831 BGB für den Geschädigten von Vorteil ist (Repräsentantenhaftung). Die Organhaftung schließt eine Anwendung von § 831 BGB aus,[86] da § 831 BGB nur die Ersatzpflicht für das Handeln weisungsgebundener Gehilfen begründet.

Entscheidend für die Anwendungsbereiche der Organhaftung einerseits und der Haftung gemäß § 831 BGB andererseits ist damit die Abgrenzung des verfassungsgemäß berufenen Vertreters vom Verrichtungsgehilfen. Der Begriff des verfassungsgemäß berufenen Vertreters wird weit ausgelegt.[87] Dabei sollen Haftungslücken, die durch die Entlastungsmöglichkeit des § 831 BGB entstehen, offensichtlich geschlossen werden. So ist schon nicht erforderlich, dass die Tätigkeit des Vertreters in der Satzung vorgesehen ist oder der Vertreter rechtsgeschäftlich mit Vertretungsmacht ausgestattet ist. Erforderlich, aber auch ausreichend ist, dass dem verfassungsgemäß berufenen Vertreter durch die allgemeinen Betriebsregeln und Handhabungen bedeutsame wesensmäßige Funktionen der juristischen Person zur selbständigen, eigenverantwortlichen Erfüllung zugewiesen sind und er somit die juristische Person insoweit repräsentiert.[88] Beispiele sind der Chefarzt einer Klinik, der im medizinischen Bereich weisungsfrei arbeitet[89] sowie bei Abwesenheit auch die zu seiner Vertretung berufene Person,[90] oder der „leitende Angestellte" nach dem Verständnis des Arbeitsrechts;[91] sogar Sachbearbeiter sind Repräsentanten im Sinne des § 31 BGB, wenn ihnen nämlich wichtige Angelegenheiten zur eigenverantwortlichen Erledigung übertragen worden sind[92].

21

Zugerechnet wird grundsätzlich jedes für den Schadenseintritt maßgebliche Verhalten, soweit es im Rahmen der übertragenen Tätigkeit ausgeübt wurde. Eine Begrenzung auf die Vertretungsmacht ist nicht vorzunehmen. Jedoch darf das Handeln nicht außerhalb des sachlichen Wirkungsbereichs der Tätigkeit liegen.[93]

22

5. § 839 BGB, Art. 34 GG

Nach § 839 BGB i.V.m. Art. 34 GG haftet die Anstellungskörperschaft für die Verletzung eines Dritten, sofern ein Beamter im staatshaftungsrechtlichen Sinne in Ausübung seines Amtes gehandelt und eine drittbezogene Amtspflicht verletzt hat. Bei **staatlichem Handeln** schließen diese Normen die Anwendung von § 831 BGB aus.[94] Handelt der Beamte hingegen auf dem Bereich des Privatrechts, vor allem im Fiskalbereich, kommt eine Haftung der Anstellungskörperschaft nach § 831 BGB oder den §§ 30, 31, 89 BGB in Betracht, sofern der Beamte eine privatrechtliche Verkehrssicherungspflicht und nicht bloß eine Amtspflicht verletzt hat.[95] Bezüglich der **Eigenhaftung** des Beamten ist zu unterscheiden: Bei Beamten im statusrechtlichen Sinne kommt sowohl eine Haftung aus § 839 BGB als auch nach den allgemeinen Vorschriften der §§ 823 ff. BGB in Betracht; dabei geht § 839 BGB als speziellere Norm vor.[96] Der „nicht-beamtete" Mitarbeiter haftet hingegen nur nach allgemeinem Deliktsrecht; für die Haftung des Dienstherrn kommen insoweit nur § 831 BGB oder die §§ 30, 31, 89 BGB in Frage.

23

6. Sonstige Vorschriften

Für eingebrachte Sachen des Gastes haftet der **Gastwirt** nach den §§ 701 ff. BGB. § 831 BGB ist selbstständig daneben anwendbar und vor allem wegen der Haftungsbeschränkungen in § 702 BGB bedeutend.[97]

24

---

[86] *Belling* in: Staudinger, § 831 Rn. 42; *Schiemann* in: Erman, § 831 Rn. 4.
[87] *Spindler* in: Bamberger/Roth, BeckOK-BGB, Ed. 23, § 831 Rn. 6; *Schiemann* in: Erman, § 831 Rn. 3.
[88] BGH v. 30.10.1967 - VII ZR 82/65 - BGHZ 49, 19, 21; *Belling* in: § 831 Rn. 42 m.w.N.
[89] BGH v. 22.04.1980 - VI ZR 121/78 - BGHZ 77, 74, 76; so auch OLG Hamm v. 05.02.2007 - 3 U 155/06 - juris Rn. 32.
[90] BGH v. 30.06.1987 - VI ZR 257/86 - BGHZ 101, 215, 218.
[91] *Ellenberger* in: Palandt, § 31 Rn. 6.
[92] *Ellenberger* in: Palandt, § 31 Rn. 9; RGZ 162, 166.
[93] *Belling* in: Staudinger, § 831 Rn. 42.
[94] BGH v. 05.02.2009 - IX ZR 36/08 - NJW-RR 2009, 658, 659.
[95] Vgl. BGH v. 22.04.1980 - VI ZR 121/78 - NJW 1980, 1901, 1902; *Spindler* in: Bamberger/Roth, BeckOK-BGB, Ed. 23, § 831 Rn. 3.
[96] *Belling* in: Staudinger, § 831 Rn. 41.
[97] *Belling* in: Staudinger, § 831 Rn. 43.

25 Die Ersatzpflicht des **Reeders** aus den §§ 485, 486 HGB tritt neben die aus § 831 BGB; § 278 BGB tritt hingegen zurück[98]; im Unterschied zu § 831 BGB setzt § 485 HGB jedoch gerade eine schuldhafte Gehilfenhandlung voraus.[99]

26 Die Haftung des **Verfrachters** nach den §§ 606-607a HGB steht neben der Haftung aus unerlaubter Handlung.[100] Nach § 607a HGB gelten die Haftungsbeschränkungen der Verfrachterhaftung auch im Rahmen des Deliktsrechts.[101]

27 Die Haftung des **Frachtführers** aus den §§ 456, 458, 429, 606 HGB entspricht der Gehilfenhaftung i.V.m. § 278 BGB und greift auch ein, wenn der Gehilfe nicht in dem ihm zugewiesenen Arbeitsbereich tätig geworden ist.[102]

28 Die **Betreiberhaftung** nach den §§ 1 Abs. 1, 2 Abs. 1, 3 HPflG sowie § 22 WHG steht ebenfalls neben § 831 BGB.

29 Der **Insolvenzverwalter** haftet gemäß §§ 60, 61 InsO persönlich gegenüber den am Insolvenzverfahren Beteiligten bei Verletzung der ihm auferlegten insolvenzspezifischen Pflichten. Daneben ist eine Haftung aus § 831 BGB möglich. Die Insolvenzmasse steht dabei analog § 31 BGB für Handlungen des Insolvenzverwalters ein und tritt neben die persönliche Haftung des Verwalters.[103]

30 Der Geschäftsherr als **Fahrzeughalter** kann neben § 831 BGB auch aus § 7 Abs. 3 Satz 2 StVG, Gefährdungshaftung, haften.

31 § 831 BGB gilt ebenso bei **Verstößen gegen das AGG**, soweit ein Verstoß gegen das AGG eine unerlaubte Handlung darstellt.[104]

B. Praktische Bedeutung

32 Die praktische Bedeutung des § 831 Abs. 1 BGB ist aufgrund der in § 831 Abs. 1 Satz 2 BGB vorgesehenen Exkulpationsmöglichkeit des Geschäftsherrn seit jeher reduziert. § 831 BGB wird deshalb zu Recht als „rechtspolitische Fehlleistung" und defizitäre Haftungsgrundlage angesehen (vgl. die Kommentierung zu § 249 BGB Rn. 71 f.). Auch die noch bis zum Jahre 2002 festgestellte Attraktivität des § 831 BGB gegenüber vertraglichen Anspruchsgrundlagen, die aus der Möglichkeit des Ersatzes immaterieller Schäden gefolgert wurde, ist seit dem In-Kraft-Treten des Zweiten Gesetzes zur Änderung schadensersatzrechtlicher Vorschriften am 01.08.2002 geschwunden.

33 Schließlich verliert § 831 BGB auch immer weiter dadurch an praktischer Bedeutung, dass auch im Rahmen des § 823 BGB den Geschäftsherrn betriebliche Organisationspflichten treffen, die durch § 831 BGB lediglich konkretisiert werden. Eine Haftung lässt sich auf diese Weise auch auf § 823 BGB stützen.[105] Bereits seit langem wird die Abschaffung der Exkulpationsmöglichkeit gefordert,[106] zumindest für den Fall, dass der Verrichtungsgehilfe selbst schuldhaft gehandelt hat[107]. Daran ändert auch der Umstand nichts, dass die Rechtsprechung Grundsätze heranzieht, die die Führung des Entlastungsbeweises erschweren oder verhindern und auch hohe Anforderungen an die erfolgreiche Exkulpation stellt.[108] In der Diskussion steht immer wieder eine Reform des § 831 BGB dergestalt, dass dem Geschäftsherrn jedes deliktische Verhalten seiner Mitarbeiter ohne die Möglichkeit einer Entlastung zugerechnet wird.[109] Gleichwohl ist zurzeit kein Erfolg versprechendes Reformvorhaben in Sicht.

---

[98] *Sprau* in: Palandt, § 831 Rn. 4; vgl. hierzu ausführlich: *Belling* in: Staudinger, § 831 Rn. 44.
[99] *Belling* in: Staudinger, § 831 Rn. 44.
[100] *Sprau* in: Palandt, § 831 Rn. 4.
[101] *Belling* in: Staudinger, § 831 Rn. 44.
[102] *Belling* in: Staudinger, § 831 Rn. 46.
[103] *Brandes* in: Münchener Kommentar zur InsO, 2007, §§ 60, 61 Rn. 77 ff. m.w.N.
[104] *Sprau* in: Palandt, § 831 Rn. 4; *Adomeit/Mohr*, NJW 2007, 2522, 2523.
[105] *Wagner* in: MünchKomm-BGB, § 831 Rn. 7, 11.
[106] *Stürner*, JZ 1996, 745.
[107] Vgl. die Nachweise bei: *Katzenmeier* in: Dauner-Lieb/Langen, NomosKomm-BGB, Schuldrecht, 2012, § 831 Rn. 2.
[108] *Katzenmeier* in: Dauner-Lieb/Langen, NomosKomm-BGB, Schuldrecht, 2012, § 831 Rn. 2; *Spindler* in: Bamberger/Roth, BeckOK-BGB, Ed. 23, § 831 Rn. 1; vgl. Rn. 104 ff.
[109] *Wagner* in: MünchKomm-BGB, § 831 Rn. 3.

C. Anwendungsvoraussetzungen

I. Absatz 1

1. Verrichtungsgehilfe

a. Begriff

aa. Verrichtungsgehilfe

Verrichtungsgehilfe ist, wem von einem anderen, in dessen Einflussbereich er allgemein oder im konkreten Fall steht und zu dem er in einer gewissen Abhängigkeit steht, eine Tätigkeit übertragen worden ist.[110] 34

Zur Abgrenzung wird dem Verrichtungsgehilfen der **Selbständige** gegenübergestellt. Dies kann allerdings nur als grobe Abgrenzung dienen, entscheidend ist vielmehr der konkrete Einsatz. Als Abgrenzungskriterien werden die Merkmale der Weisungsgebundenheit und Abhängigkeit herangezogen.[111] Das Weisungsrecht braucht dabei nicht ins Einzelne zu gehen. Es genügt, dass der Geschäftsherr die Tätigkeit des Handelnden jederzeit beschränken oder entziehen oder nach Zeit und Umfang bestimmen kann.[112] Entscheidend ist damit das Direktionsrecht des Geschäftsherrn.[113] Eine soziale Abhängigkeit dagegen wird nicht vorausgesetzt.[114] Auch ist nicht erforderlich, dass der Geschäftsherr fachlich „mitreden" kann, also zur Erteilung von Weisungen in fachlicher Hinsicht überhaupt in der Lage ist,[115] es genügt daher auch, dass der Gehilfe „auf Grund eigener Sachkunde und Erfahrung" handeln soll.[116] Die Tätigkeit kann tatsächlicher oder rechtlicher Natur und ausdrücklich oder stillschweigend übertragen sein; ob sie mit der Einräumung einer Vertretungsmacht verbunden ist, spielt ebenso wenig eine Rolle wie die Tatsache, ob die Tätigkeit entgeltlich oder unentgeltlich erfolgt.[117] Maßgeblich ist daher vor allem die „tatsächliche Eingliederung" des Gehilfen in Unternehmen oder Haushalt des Geschäftsherrn.[118] 35

Vom Verrichtungsgehilfen abzugrenzen ist insbesondere der **selbständige Unternehmer**. Dieser kann Zeit und Umfang seiner Arbeit selbst bestimmen.[119] Selbständige Unternehmer sind für ihr Verhalten selbst verantwortlich und unterliegen nicht dem Anwendungsbereich des § 831 BGB.[120] Beispielsweise haftet der Bauherr nicht für den von ihm eingeschalteten Generalunternehmer, der Bauunternehmer nicht für die von ihm beauftragten Subunternehmer.[121] Im Einzelfall kann indes auch ein an sich selbständiger Unternehmer als Verrichtungsgehilfe zu qualifizieren sein. Erforderlich ist hierzu, dass er den Weisungen des Geschäftsherrn unterworfen und in dessen Organisationsbereich eingegliedert ist.[122] Insoweit lässt sich die Rechtsprechung zur Scheinselbstständigkeit und der Arbeitnehmereigenschaft heranziehen.[123] So handelt es sich bei einem selbständigen Handelsvertreter im Sinne des § 84 Abs. 1 HGB dann um einen Verrichtungsgehilfen, wenn dieser einen Messestand des Unternehmers 36

---

[110] BGH v. 12.06.1997 - I ZR 36/95 - WM 1998, 257 = NJW-RR 1998, 250, 251; *Sprau* in: Palandt, § 831 Rn. 5; *Spindler* in: Bamberger/Roth, BeckOK-BGB, Ed. 23, § 831 Rn.10.

[111] *Belling* in: Staudinger, § 831 Rn. 57; *Wagner* in: MünchKomm-BGB, § 831 Rn. 14.

[112] BGH v. 30.06.1966 - VII ZR 23/65 - BGHZ 45, 311 = NJW 1966, 1807; OLG Frankfurt v. 25.02.1999 - 16 U 112/98 - NJW-RR 2000, 351.

[113] *Wagner* in: MünchKomm-BGB, § 831 Rn. 14.

[114] *Belling* in: Staudinger, § 831 Rn. 57; *Schiemann* in: Erman, § 831 Rn. 6.

[115] *Belling* in: Staudinger, § 831 Rn. 57.

[116] BGH v. 10.03.2009 - VI ZR 39/08 - NJW 2009, 1740, 1741.

[117] BGH v. 22.11.1963 - VI ZR 264/62 - FamRZ 1964, 84; BGH v. 10.03.2009 - VI ZR 39/08 - NJW 2009, 1740, 1741; *Sprau* in: Palandt, § 831 Rn. 5.

[118] OLG Köln v. 19.01.2010 - 24 U 51/09 - WuM 2010, 81, 83; *Wagner* in: MünchKomm-BGB, § 831 Rn. 15.

[119] RG v. 25.03.1918 - VI 438/17 - RGZ 92, 345; *Sprau* in: Palandt, § 831 Rn. 5.

[120] *Wagner* in: MünchKomm-BGB, § 831 Rn. 16.

[121] BGH v. 21.06.1994 - VI ZR 215/93 - NJW 1994, 2756; OLG Stuttgart v. 13.01.2000 - VersR 2002, 587.

[122] BGH v. 29.06.1956 - I ZR 129/54 - NJW 1956, 1715 - bzgl. Generalvertreter; *Belling* in: Staudinger, § 831 Rn. 60; *Wagner* in: MünchKomm-BGB, § 831 Rn. 16; *Spindler* in: Bamberger/Roth, BeckOK-BGB, Ed. 23, § 831 Rn. 12.

[123] *Spindler* in: Bamberger/Roth, BeckOK-BGB, Ed. 23, § 831 Rn. 19.

§ 831

betreut.[124] Auch ein rechtlich selbständiges Unternehmen kann je nach den Umständen des Einzelfalles Verrichtungsgehilfe sein[125], wenn der Geschäftsherr dessen Tätigkeit nach seinem Belieben steuern und jederzeit beschränken kann.[126]

37 Teilweise wird die Abgrenzung auch anhand des **vertraglichen Verhältnisses** (Dienstvertrag, Werkvertrag) zwischen Geschäftsherrn und Gehilfen vorgenommen. Dabei unterliegt der Dienstverpflichtete im Rahmen des Dienstvertrags dem Direktionsrecht (§ 315 BGB) des Dienstherrn und ist diesem gegenüber damit weisungsgebunden.[127] Dagegen ist der Werkunternehmer regelmäßig nicht weisungsunterworfen, selbst dann nicht, wenn sich der Besteller eine gewisse Oberaufsicht vorbehält.[128] Letztlich ist die Qualifizierung des Vertragsverhältnisses jedoch nur ein Abgrenzungsmerkmal, das ergänzend herangezogen werden kann. Entscheidend sind stets alle konkreten Umstände des Einzelfalles.[129]

38 Der Gehilfe muss zur Verrichtung bestellt worden sein. Die **Bestellung** zur Verrichtung definiert sich dabei als tatsächliche, willensgetragene Beschäftigung eines anderen im eigenen Interesse.[130] Ein konkretes Rechtsverhältnis ist dabei nicht entscheidend.[131] Erforderlich, aber auch ausreichend ist der Wille des Geschäftsherrn zur Übertragung der Verrichtung, so dass eine Bestellung selbst dann wirksam vorliegen kann, wenn das zugrunde liegende Rechtsgeschäft unwirksam ist oder lediglich eine tatsächliche Betrauung vorliegt.[132] Damit kann auch ein **Geschäftsunfähiger** zu einer Verrichtung im Sinne des § 831 BGB bestellt werden.[133] Die Bestellung muss darüber hinaus nicht durch den Geschäftsherrn persönlich erfolgen, sondern kann ebenso einem Dritten übertragen werden, wenn er hierzu klar und unmissverständlich ermächtigt worden ist.[134] Dies ist beispielsweise dann nicht der Fall, wenn sich der Geschäftsherr für die Bestellung eines Vertreters des normalerweise für die Verteilung eines Anzeigenblattes zuständigen Arbeitnehmers, die vorherige Erteilung seines Einverständnisses vorbehalten hat.[135]

39 Das Bestehen eines Dienstverhältnisses im Sinne des § 611 BGB ist für die Annahme eines Verrichtungsgehilfen nicht erforderlich. Erfasst werden nicht nur Gehilfenbeziehungen im Unternehmen, sondern auch Gehilfenbeziehungen familiärer und häuslicher Art.[136] Zwar fordert die Definition des Verrichtungsgehilfen auch eine Abhängigkeit vom Geschäftsherrn. Wie jedoch bereits dargelegt (vgl. Rn. 35), ist diese Abhängigkeit nicht im Sinne eines sozialen Über-/Unterordnungsverhältnisses zu verstehen, sondern als Eingliederung in die Organisation des Geschäftsherrn – dies kann sowohl in Unternehmen als auch in Haushalten der Fall sein.[137]

40 **Kein Verrichtungsgehilfe** ist derjenige, dessen Tätigkeit nicht auf den Willen des Bestellers, sondern auf gesetzliche Grundlagen zurückzuführen ist.[138] Damit sind Organe juristischer Personen nicht als Verrichtungsgehilfen, sondern als **Repräsentanten** des Geschäftsherrn anzusehen (vgl. Rn. 20 ff.). Ebenso fallen **gesetzliche und gewillkürte Vertreter** aus dem Anwendungsbereich des § 831 BGB heraus. Natürliche Personen haften nicht für die von ihren gesetzlichen Vertretern begangenen deliktischen Handlungen, da diese keine Verrichtungsgehilfen sind. Für sie gilt vielmehr § 278 BGB. Insofern kann weder ein Mündel für Delikte seines Vormundes[139] noch ein unter elterlicher Fürsorge stehendes Kind für Delikte seiner Eltern haftungsrechtlich herangezogen werden.[140] Verrichtungsgehilfe

---

[124] BGH v. 05.10.1979 - I ZR 140/77 - NJW 1980, 941; BGH v. 28.02.1989 - XI ZR 70/88 - WM 1989, 1047.
[125] BGH v. 28.02.1989 - XI ZR 70/88 - WM 1989, 1047.
[126] OLG Hamm v. 26.03.2009 - 4 U 219/08.
[127] *Belling* in: Staudinger, § 831 Rn. 60.
[128] BGH v. 24.06.1953 - VI ZR 322/52 - MDR 1953, 666.
[129] *Matusche-Beckmann*, Das Organisationsverschulden, 2001, S. 28.
[130] *Katzenmeier* in: Dauner-Lieb/Langen, NomosKomm-BGB, Schuldrecht, 2012, § 831 Rn. 18.
[131] *Matusche-Beckmann*, Das Organisationsverschulden, 2001, S. 28.
[132] *Wagner* in: MünchKomm-BGB, § 831 Rn. 14; *Katzenmeier* in: Dauner-Lieb/Langen, NomosKomm-BGB, Schuldrecht, 2012, § 831 Rn. 18; *Schiemann* in: Erman, § 831 Rn. 8.
[133] *Belling* in: Staudinger, § 831 Rn. 58.
[134] OLG Hamm v. 20.01.2009 - I-9 U 133/08, 9 U 133/08 - NJW-RR 2010, 242, 243.
[135] OLG Hamm v. 20.01.2009 - I-9 U 133/08, 9 U 133/08 - NJW-RR 2010, 242, 243.
[136] BGH v. 22.11.1963 - VI ZR 264/62 - FamRZ 1964, 84.
[137] BGH v. 28.04.1992 - VI ZR 314/91 - VersR 1992, 844; *Wagner* in: MünchKomm-BGB, § 831 Rn. 15.
[138] *Belling* in: Staudinger, § 831 Rn. 61.
[139] *Wagner* in: MünchKomm-BGB, § 831 Rn. 20.
[140] RG v. 05.03.1931 - VI 526/30 - RGZ 132, 80.

ist auch nicht, wem **kraft Amtes** ein Geschäft zur Besorgung übertragen wurde. Folglich ist beispielsweise der Testamentsvollstrecker kein Verrichtungsgehilfe des Erben[141] und der Insolvenzverwalter kein Verrichtungsgehilfe im Verhältnis zur Insolvenzmasse[142].

Wurden vom Geschäftsherrn **mehrere Gehilfen** zur Ausführung einer Verrichtung bestellt, ist es für die Haftung nach § 831 BGB ausreichend, wenn die Haftung nur für einen der Gehilfen begründet werden kann. Eine kumulative Einstandspflicht ist nicht erforderlich.[143] Bleibt unklar, welcher der Gehilfen den Schaden verursacht hat, muss sich der Geschäftsherr hinsichtlich aller Gehilfen entlasten, die die schadensträchtige Handlung begangen haben könnten.[144]

bb. Geschäftsherr

Geschäftsherr ist derjenige, der den Gehilfen bestellt und dessen Einsatz steuert. Ihm kommt das Direktionsrecht hinsichtlich der Handlungen seines Gehilfen zu.[145] Daran ändert auch der Umstand nichts, dass eine wirtschaftliche Verflechtung der juristischen Person, die Arbeitgeber des eigentlichen Schädigers ist, mit einem anderen Unternehmen besteht – Letzteres wird dadurch nicht Geschäftsherr.[146] Geschäftsherr kann auch eine Gesellschaft des bürgerlichen Rechts sein.[147]

Nicht erforderlich für das Haftungsverhältnis aus § 831 BGB ist, dass der Geschäftsherr von dem Einsatz des Gehilfen unmittelbar profitiert.[148]

Kommen **mehrere Personen als Geschäftsherrn** des Gehilfen in Betracht, ist maßgeblich, wem letztlich das Weisungsrecht bezüglich der schadensauslösenden Tätigkeit zustand.[149] Im Zweifel ist danach zu fragen, welcher der möglichen Geschäftsherren Auswahl, Überwachung und Anleitung des Gehilfen am besten vornehmen konnte, wem also die Vermeidung des Schadens am besten möglich war.[150] Damit ist beispielsweise der dem Roten Kreuz durch die Bundesrepublik Deutschland zugewiesene Zivildienstleistende bei seiner Tätigkeit nicht Verrichtungsgehilfe des Bundes, Geschäftsherr ist vielmehr die Beschäftigungsstelle und damit das Rote Kreuz.[151]

Es kommen jedoch dann mehrere Personen gleichzeitig als Geschäftsherr in Betracht, wenn gestufte Weisungsverhältnisse bestehen, die Geschäftsherreneigenschaft kann sich aber nur hinsichtlich konkreter Verkehrssicherungspflichten bestimmen.

Bedeutsam ist die Bestimmung des Geschäftsherrn besonders bei **Leiharbeitsverhältnissen**. Hier verbleibt das Direktionsrecht zunächst beim verleihenden Arbeitgeber, es sei denn, dieser konnte keinen Einfluss auf die maßgebliche, schadensauslösende Verrichtung nehmen, weil ihm das Weisungsrecht vor Ort fehlte.[152] Die Haftung geht auf den Entleiher über, soweit der verliehene Arbeitnehmer in das Unternehmen des Entleihers eingegliedert wurde und den dortigen Weisungen untersteht.[153] Dies ist jedoch erst dann der Fall, wenn der Bedienstete gänzlich aus dem bisherigen Unternehmen herausgelöst ist, hingegen nicht, wenn der verleihende Unternehmer sein Personal jederzeit zurückziehen und anders verwenden kann.[154] Bei nicht vollständiger Ausgliederung aus dem bisherigen Unternehmen kommt eine Inanspruchnahme sowohl von Verleiher als auch von Entleiher als Geschäftsherren in Betracht.[155] Grundsätzlich hat der Verleiher für die Auswahl, der Entleiher für Einweisung und Überwachung des

---

[141] BGH v. 13.07.1956 - VI ZR 32/55 - BGHZ 21, 285 = NJW 1956, 1598.
[142] *Belling* in: Staudinger, § 831 Rn. 62; *Schiemann* in: Erman, § 831 Rn. 8.
[143] *Sprau* in: Palandt, § 831 Rn. 7.
[144] BGH v. 29.06.1971 - VI ZR 274/69 - VersR 1971, 1021; BGH v. 17.10.1967 - VI ZR 70/66 - NJW 1968, 247.
[145] BGH v. 08.01.1981 - III ZR 157/79 - VersR 1981, 458.
[146] OLG Koblenz v. 23.2.2006 - 12 U 230/05 - NZV 2007, 463-466.
[147] BGH v. 24.02.2003 - II ZR 385/99 - BGHZ 154, 88, 95; *Schmidt*, NJW 2003, 1897.
[148] BGH v. 08.01.1981 - III ZR 157/79 - VersR 1981, 458; *Belling* in: Staudinger, § 831 Rn. 64.
[149] BGH v. 16.05.1983 - III ZR 78/82 - BGHZ 87, 253, 258 = JZ 1983, 764.
[150] BGH v. 08.01.1981 - III ZR 157/79 - VersR 1981, 458; OLG Düsseldorf v. 23.12.1994 - NJW-RR 1995, 1430.
[151] BGH v. 16.05.1983 - III ZR 78/82 - BGHZ 87, 253, 258 = JZ 1983, 764.
[152] OLG Düsseldorf v. 07.11.1997 - 22 U 66/97 - NJW-RR 1998, 382.
[153] OLG Düsseldorf v. 23.12.1994 - 22 U 127/94 - NJW-RR 1995, 1430; BAG v. 05.05.1988 - 8 AZR 484/85 - NZA 1989, 340.
[154] BGH v. 26.01.1995 - VII ZR 240/93 - NJW-RR 1995, 659.
[155] BGH v. 26.01.1995 - VII ZR 240/93 - NJW-RR 1995, 659.

Arbeiters einzustehen.[156] Begehen beide Geschäftsherren in dem für sie maßgeblichen Bereich einen Pflichtverstoß, so haften diese bei Vorliegen der übrigen Tatbestandsvoraussetzungen aus § 831 BGB als Gesamtschuldner, § 840 BGB (vgl. die Kommentierung zu § 840 BGB Rn. 11).

b. Einzelfälle

aa. Bejahung der Verrichtungsgehilfeneigenschaft durch die Rechtsprechung

47 Der **Arbeitnehmer** ist Verrichtungsgehilfe des Arbeitgebers bezüglich der ihm übertragenen Aufgaben.[157] Zur Frage der Haftung im Leiharbeitsverhältnis vgl. Rn. 48.

48 Bei der Frage, ob ein **Arzt** als Verrichtungsgehilfe anzusehen ist, ist zu unterscheiden: angestellte Ärzte,[158] Krankenschwestern,[159] Pflegepersonal[160] und Hebammen[161] sind Verrichtungsgehilfen des Krankenhausträgers und fallen in dessen Haftungsbereich. Zudem kann das Krankenhauspersonal auch Verrichtungsgehilfe des behandelnden Arztes sein, wenn es nach seinen Weisungen handelt.[162] So können beispielsweise die eine Geburt betreuenden Hebammen Verrichtungsgehilfen des für die Geburt zuständigen Belegarztes sein, obwohl sie nicht dessen Angestellte sind.[163] Nach der Rechtsprechung muss der Belegarzt nämlich ab dem Zeitpunkt für das Fehlverhalten der Hebammen einstehen, zu dem er die Leitung der Geburt übernimmt und daher die Hebammen bezüglich ihres Vorgehens konkret seinem Weisungs- und Leitungsrecht unterstehen.[164] Das im Rahmen einer Operation tätige Pflegepersonal soll dabei auch hinsichtlich der abschließenden Überprüfung und Zählkontrolle der verwendeten Instrumente Verrichtungsgehilfe des Operators sein.[165] Verrichtungsgehilfe ist auch die aufgrund vorübergehender Abwesenheit des Arztes bestellte ärztliche Vertretung im Verhältnis zum abwesenden Arzt.[166] Auch derjenige Arzt, der den Notfalldienst eines anderen niedergelassenen Arztes im Rahmen der nach der Notfalldienstordnung zulässigen Möglichkeiten übernimmt, kann gegebenenfalls als Verrichtungsgehilfe angesehen werden, sofern seine Stellung nach der Organisation des Notfalldienstes im Einzelfall dem eines solchen Praxisvertreters entspricht.[167] Ebenso der Arzt, der anstelle des Belegarztes nach Absprache die Geburt betreut; dieser ist Verrichtungsgehilfe des Belegarztes.[168] Anders verhält es sich hingegen bezüglich des angestellten Chefarztes, der in medizinischen Dingen weisungsfrei ist. Dieser ist Repräsentant des Krankenhausträgers und damit Organ im Sinne des § 31 BGB.[169] Auch ein niedergelassener Konsiliararzt bleibt selbständig niedergelassener Arzt und ist nicht Verrichtungsgehilfe des Krankenhauses.[170] Gleiches gilt für den selbstliquidierenden Chefarzt bei seiner Tätigkeit im Rahmen eines gespaltenen Aufnahmevertrags.[171] Ein Vertrauensarzt einer Krankenkasse ist Verrichtungsgehilfe, nicht aber der Kassenarzt an sich.[172] Für den zur Erfüllung eigener Behandlungs-

---

[156] *Belling* in: Staudinger, § 831 Rn. 65; OLG Koblenz v. 13.05.1983 - 10 U 107/82 - VersR 1985, 506; LG Dortmund v. 10.11.1964 - 4 O 156/63 - VersR 1965, 887; OLG Düsseldorf v. 12.12.1978 - 4 U 77/78 - VersR 1979, 674.
[157] OLG München v. 12.04.2001 - 8 U 6333/99 - VersR 2003, 216.
[158] BGH v. 26.04.1988 - VI ZR 246/86 - NJW 1988, 2298.
[159] BGH v. 10.07.1959 - VI ZR 120/58 - MDR 1959, 1000; OLG Köln v. 26.11.1997 - 5 U 90/97 - VersR 1999, 624.
[160] Saarl. OLG v. 29.01.2008 - 4 U 318/07 - 115, 4 U 318/07.
[161] BGH v. 16.05.2000 - VI ZR 321/98 - VersR 2000, 1146 = NJW 2000, 2737.
[162] BGH v. 16.05.2000 - VI ZR 321/98 - NJW 2000, 2737; *Katzenmeier* in: Dauner-Lieb/Langen, Nomos-Komm-BGB, Schuldrecht, 2012, § 831 Rn. 24; *Spindler* in: Bamberger/Roth, BeckOK-BGB, Ed. 23, § 831 Rn. 17.
[163] OLG Hamm v. 14.09.2009 - 3 U 9/08 - juris Rn. 73.
[164] OLG Hamm v. 14.09.2009 - 3 U 9/08 - juris Rn. 73; BGH v. 14.02.1995 - VI ZR 272/93 - NJW 1995, 1611, 1612.
[165] So OLG Koblenz v. 19.02.2010 - 26 U 82/08 - juris Rn. 10.
[166] BGH v. 16.10.1956 - VI ZR 308/55 - NJW 1956, 1834; OLG Oldenburg v. 14.08.2001 - 5 U 36/01 - VersR 2003, 375.
[167] BGH v. 10.03.2009 - VI ZR 39/08 - NJW 2009, 1740, 1741.
[168] OLG Stuttgart v. 19.09.2000 - 14 U 65/99 - VersR 2002, 235.
[169] BGH v. 30.06.1987 - VI ZR 257/86 - NJW 1987, 2925; OLG Brandenburg v. 10.03.1999 - 1 U 54/98 - NJW-RR 2000, 24.
[170] OLG Stuttgart v. 15.03.1990 - 14 U 38/87 - VersR 1992, 55.
[171] BGH v. 22.04.1975 - VI ZR 50/74 - NJW 1975, 1463.
[172] *Belling* in: Staudinger, § 831 Rn. 66.

pflichten der Klinik im Rahmen eines „totalen Krankenhausvertrags" regelmäßig hingezogenen, nicht hauptberuflich angestellten, selbstständig niedergelassenen Arzt haftet die Klinik nach § 831 BGB, sofern er fortdauernd mit festen Aufgaben in den Dienstbetrieb des Krankenhauses integriert ist.[173]

Bei Vertragsformen wie dem des **Franchisevertrags** ist es für die Bestimmung der Verrichtungsgehilfeneigenschaft Frage des jeweiligen Einzelfalls, wie sehr der Franchisegeber bei der Ausgestaltung der Tätigkeiten des Franchisenehmers mitbestimmen kann.[174] **49**

Dies gilt ebenso für einen selbständigen **Handelsvertreter**, dessen mangelnde Verrichtungsgehilfeneigenschaft gegenüber dem Unternehmer nicht mehr vorausgesetzt werden kann. Auch ein Handelsvertreter ist Verrichtungsgehilfe, wenn es sich bei der ausgeführten Verrichtung um eine Tätigkeit handelt, bei der er den Weisungen des Unternehmers unterliegt und von diesem abhängig ist. Daher kann auch ein Handelsvertreter Verrichtungsgehilfe des Unternehmens sein, für das er Vertragsabschlüsse tätigt[175] oder auf einer Messe einen Verkaufsstand betreut (vgl. Rn. 38). **50**

Wird ein erwachsenes **Kind** von seinen Eltern in der Zeit der urlaubsbedingten Abwesenheit mit der Beaufsichtigung des Hauses betraut, wird das Kind als Verrichtungsgehilfe der Eltern tätig.[176] **51**

Der **Kraftfahrer**, dem der Kraftfahrzeughalter Beaufsichtigung, Pflege und Führung des Fahrzeugs übertragen hat, ist Verrichtungsgehilfe des Halters.[177] Gleiches gilt für den Fahrlehrer im Verhältnis zum Inhaber der Fahrschule.[178] **52**

Nach Ansicht der Rechtsprechung ist der **Rechtsanwalt** als Verrichtungsgehilfe seines Mandanten auch bei unbeschränkter Vollmacht anzusehen.[179] Damit haftet der Mandant beispielsweise für ehrverletzende Äußerungen seines Anwalts in dessen Schriftsätzen.[180] **53**

Der **Türsteher** eines Nachtlokals handelt als Verrichtungsgehilfe des Inhabers, wenn dieser ihn mit der Durchsetzung von Hausverboten beauftragt hat und der Türsteher in diesem Zusammenhang Gäste prügelt und diese dabei zu Schaden kommen.[181] **54**

Der **Verleger** ist Geschäftsherr des Redakteurs, sofern dieser von seinen Weisungen abhängig ist.[182] Auch haftet der Verleger beispielsweise für einen als Testesser in einem Restaurant zugezogenen Mitarbeiter, wenn der Testbericht unwahre Behauptungen enthält.[183] **55**

Übungsleiter sind Verrichtungsgehilfen eines Kindersportvereines, wenn es wegen der mangelnden Präsenz der Übungsleiter zu Verletzungen der Kinder kommt.[184] **56**

Gewerkschaften haften unter Umständen für **Streikposten** als Verrichtungsgehilfen, wenn diese im Zuge ihrer Tätigkeit Exzesshandlungen begehen, die nicht mehr vom Streikrecht umfasst sind. Beispiel sind „Blockadeaktionen" (Eingriff in das Recht am eingerichteten und ausgeübten Gewerbebetrieb), wenn die Gewerkschaft es trotz Kenntnis unterlässt, die Arbeitnehmer von der Begehung solcher rechtswidriger Handlungen abzuhalten.[185] Jedoch scheidet eine Haftung aus, wenn die Gewerkschaft sich bezüglich Auswahl und Überwachung der Streikposten exkulpieren kann, weil sie diese im Zuge vorheriger Belehrung und Einweisung umfassend auf die Grenzen ihrer Befugnisse hingewiesen hat.[186] Für Organmitglieder und **Streikleiter** kommt dagegen nur eine Haftung über § 31 BGB (analog) in Betracht.[187] **57**

---

[173] Brandenburgisches OLG v. 08.04.2003 - 1 U 26/00 - NJW-RR 2003, 1383, 1385.

[174] *Weidenkaff* in: Palandt, vor § 581 Rn. 27; *Bräutigam*, WM 1994, 1189.

[175] OLG Köln v. 05.04.2005 - 15 U 153/04 - WM 2006, 122-126.

[176] OLG Köln v. 23.02.2000 - 11 U 126/99 - NJW 2000, 2905.

[177] BGH v. 04.12.1964 - VI ZR 195/63 - VersR 1965, 290; BGH v. 13.10.1964 - VI ZR 126/63 - VersR 1965, 37.

[178] KG Berlin v. 04.07.1966 - 12 U 173/66 - NJW 1966, 2365.

[179] BGH v. 15.02.1957 - VI ZR 335/55 - BB 1957, 306; a.A. *Wagner* in: MünchKomm-BGB, § 831 Rn. 16; *Katzenmeier* in: Dauner-Lieb/Langen, NomosKomm-BGB, Schuldrecht, 2012, § 831 Rn. 24; *Spindler* in: Bamberger/Roth, BeckOK-BGB, Ed. 23, § 831 Rn. 20.

[180] BGH v. 25.05.1962 - I ZR 181/60 - NJW 1962, 1390; *Belling* in: Staudinger, § 831 Rn. 66.

[181] *Belling* in: Staudinger, § 831 Rn. 66.

[182] BGH v. 26.01.1965 - VI ZR 204/63 - VersR 1965, 477; BGH v. 26.10.1951 - I ZR 8/51 - BGHZ 3, 270.

[183] BGH v. 12.06.1997 - I ZR 36/95 - WM 1998, 257 = ZIP 1998, 39.

[184] LG Kaiserslautern v. 04.04.2006 - 1 S 145/05 - r+s 2006, 433, 434.

[185] BAG v. 08.11.1988 - 1 AZR 417/86 - NZA 1989, 475, 478; *Hromadka/Maschmann*, Arbeitsrecht Band 2, 5. Aufl. 2010, S. 179.

[186] Hessisches LAG v. 17.09.2008 - 9 SaGa 1443/08 - ArbuR 2009, 141, 142.

[187] BAG v. 08.11.1988 - 1 AZR 417/86 - NZA 1989, 475, 478; Hessisches LAG v. 17.09.2008 - 9 SaGa 1443/08 - ArbuR 2009, 141, 142.

bb. Ablehnung der Verrichtungsgehilfeneigenschaft durch die Rechtsprechung

58 **Architekten**, die mit der Durchführung von Bauvorhaben betraut sind, handeln grundsätzlich selbständig und weisungsfrei, so dass sie nicht als Verrichtungsgehilfen des Bauherrn anzusehen sind.[188] Gleiches gilt für das Verhältnis von **Bauunternehmer** und Bauherr sowie Bauunternehmer und den von ihm eingesetzten **Subunternehmer** (vgl. Rn. 38). Denn der Geschäftsherr kann in der Regel dem Bauunternehmer nicht vorschreiben, auf welche Weise er zu dem geschuldeten Erfolg gelangen soll.[189] Zu beachten ist jedoch, dass eine Haftung des Bauherrn selbst gegebenenfalls nach § 823 BGB in Betracht kommt, wenn dieser Verkehrspflichten, die aus der Durchführung und Planung des Vorhabens als solchem und nicht erst aus der Einschaltung eines Bauunternehmers resultieren, verletzt. So haftet der Bauherr beispielsweise für Schäden, die im Zuge der Errichtung einer Grenzmauer durch den Bauunternehmer am Nachbargrundstück entstehen (Zaun, Rasen, Bepflanzung) und auf eine ihm bekannte „bautechnisch schwierige Grundstückssituation" zurückzuführen sind, da sich aus der besonderen Geländebeschaffenheit eine Schutzpflicht bezüglich des Nachbargrundstücks ableiten lässt, der der Bauherr selbst genügen muss.[190]

59 Kein Verrichtungsgehilfe ist der **Auszubildende**, sofern er als Lernender beschäftigt ist. Anderes gilt, wenn er mit selbständiger Arbeit beauftragt wurde.[191]

60 Ein **Ehegatte** ist nicht Verrichtungsgehilfe des anderen Ehegatten,[192] auch nicht im Rahmen der Haushaltsführung[193].

61 Ein Taxifahrer ist trotz Weisungen kein Verrichtungsgehilfe des Fahrgastes, er bleibt selbständiger Unternehmer.[194]

62 Der Gläubiger ist nicht Geschäftsherr des **Gerichtsvollziehers**, obwohl der Gerichtsvollzieher bedingt den Anweisungen des Gläubigers Folge zu leisten hat.[195] Vielmehr wird der Gerichtsvollzieher als Zwangsvollstreckungsorgan tätig, so dass bei Schädigungen im Rahmen der Vollstreckungshandlungen nur ein Anspruch aus Amtshaftung gemäß § 839 BGB i.V.m. Art. 34 GG in Betracht kommt, neben dem jedoch die Haftung aus § 831 BGB ausscheidet[196] (vgl. Rn. 23).

63 **Organe einer juristischen Person** sind nicht Verrichtungsgehilfen der juristischen Person (vgl. Rn. 20 ff.). Gleichermaßen sind aber auch die Mitarbeiter einer GmbH nicht Verrichtungsgehilfen der Geschäftsführer.[197]

64 Der **Reiseveranstalter** ist kein Geschäftsherr der einzelnen Leistungsträger, welche im Rahmen eigener Reiseleistungen die einzelnen Leistungen erbringen. Die Leistungsträger handeln grundsätzlich weisungsfrei und nicht in Abhängigkeit vom Veranstalter.[198] Jedoch ist der im Zielgebiet tätige örtliche **Reiseleiter**, der den Weisungen des Veranstalters unterliegt, neben den im Inland beschäftigten Angestellten und Arbeitnehmern dessen Verrichtungsgehilfe.[199] Im Einzelfall kann aber eine Haftung des Veranstalters wegen Verletzung eigener Verkehrssicherungspflichten nach § 823 BGB in Betracht kommen, wenn dieser es beispielsweise schuldhaft unterlässt, Hoteleinrichtungen auf ihre Sicherheit hin zu überprüfen.[200]

65 Auch der **Helfer** bei einer gesellschaftlichen Veranstaltung innerhalb des Familien- oder Bekanntenkreises ist kein Verrichtungsgehilfe des **Veranstalters**.[201]

---

[188] OLG Hamm v. 29.09.1995 - 9 U 48/95 - VersR 1997, 124; OLG Brandenburg v. 20.06.2001 - 13 U 7/01 - BauR 2002, 415.
[189] LG Tübingen v. 20.11.2008 - 1 S 233/05 - BauR 2009, 663.
[190] LG Tübingen v. 20.11.2008 - 1 S 233/05 - BauR 2009, 663.
[191] *Sprau* in: Palandt, § 831 Rn. 6; AG Hannover v. 22.10.1986 - 552 C 8627/86 - ZMR 1987, 27.
[192] *Mertens*, FamRZ 1968, 130.
[193] BGH v. 25.04.1972 - VI ZR 208/70 - VersR 1972, 832.
[194] *Belling* in: Staudinger, § 831 Rn. 66.
[195] *Sprau* in: Palandt, § 831 Rn. 6.
[196] BGH v. 05.02.2009 - IX ZR 36/08 - NJW-RR 2009, 658, 659.
[197] OLG Schleswig v. 29.06.2011 - 3 U 89/10 - NJW-RR 2012, 368, 370 m.w.N.
[198] BGH v. 25.02.1988 - VII ZR 348/86 - BGHZ 103, 298; OLG Düsseldorf v. 05.04.1990 - 18 U 231/89 - NJW-RR 1990, 825.
[199] OLG Düsseldorf v. 21.01.2000 - 22 U 138/99 - NJW-RR 2000, 787.
[200] BGH v. 18.07.2006 - X ZR 142/05 - NJW 2006, 3268, 2369 (Wasserrutsche); vgl. zur Reichweite der Verkehrssicherungspflicht auch OLG Koblenz Hinweisbeschluss v. 06.10.2011 - 2 U 1104/10 - juris Rn. 18 ff.
[201] OLG Düsseldorf v. 30.08.1990 - 10 U 7/90 - VersR 1992, 113.

Hat ein **Arbeitnehmer im Verteildienst** aushilfsweise für die Verteilung eines Anzeigenblattes einen Vertreter bestellt, so ist diese **Ersatzkraft** nicht als Verrichtungsgehilfe des vertraglich eigentlich zur Auslieferung verpflichteten Boten anzusehen, sofern die Vertretung nicht auf Dauer angelegt war und im Einzelfall keine besondere Weisungsgebundenheit zu erkennen ist, sondern der Vertreter eher einem „selbständigen Subunternehmer" gleichzusetzen ist.[202] Schädigt der Vertreter dann bei der Ausführung dieser Tätigkeit einen unbeteiligten Dritten, haftet der vertragliche Bote nicht nach § 831 Abs. 1 BGB auf Schadensersatz. Sofern sich der Geschäftsherr die Erteilung seines Einverständnisses für die Bestellung einer Ersatzkraft vorbehalten hat (vgl. Rn. 38), ist der Vertreter auch nicht als dessen Verrichtungsgehilfe anzusehen.[203]

66

2. Widerrechtliche Schadenszufügung

Die Geschäftsherrenhaftung des § 831 BGB setzt voraus, dass der Verrichtungsgehilfe deliktisch gehandelt hat. Der Begriff der Widerrechtlichkeit entspricht dem in den §§ 823 ff. BGB verwendeten Begriff.[204] Damit handelt es sich bei § 831 BGB um einen **zusammengesetzten Haftungstatbestand**, bestehend aus der unerlaubten Handlung der Hilfsperson sowie der eigenen Pflichtverletzung des Geschäftsherrn.[205]

67

Der Verrichtungsgehilfe muss den **objektiven Tatbestand einer unerlaubten Handlung** im Sinne der §§ 823 ff. BGB erfüllt haben. Dabei muss die Schadenszufügung **widerrechtlich** gewesen sein. Auf ein **Verschulden** des Gehilfen kommt es dagegen **nicht** an.[206] Setzt aber bereits der Tatbestand der unerlaubten Handlung einen subjektiven Tatbestand voraus, wie etwa die Kenntnis der Tatumstände bei § 826 BGB oder betrügerische Absicht bei § 823 Abs. 2 BGB in Verbindung mit § 263 StGB, muss dies auch beim Gehilfen gegeben sein.[207] Zum Teil wird gefordert, dass im Falle fehlenden Verschuldens des Verrichtungsgehilfen zumindest ein innerer Zusammenhang zwischen der Einschaltung des Gehilfen und dem Fehlen des Verschuldens notwendig ist, damit eine Haftung nach § 831 BGB bejaht werden könne.[208] Dies sei jedenfalls dann der Fall, wenn der Verschuldensvorwurf aufgrund fehlender Verschuldensfähigkeit (§§ 827, 828 BGB) entfiele oder durch mangelnde Anleitung oder fehlende Kenntnisse und Fähigkeiten bedingt sei, die andere Gehilfen hingegen gehabt hätten.[209]

68

Da es folglich entscheidend auf die **Widerrechtlichkeit** der schädigenden Handlung ankommt, ist fraglich, ob sich die Widerrechtlichkeit bereits aus dem Eintritt des Schadens selbst ergibt oder ob hierzu noch weitere Voraussetzungen erforderlich sind.

69

Nach der **Lehre vom Erfolgsunrecht**, der die **Rechtsprechung** im Ergebnis folgt[210], ist ausreichend, wenn durch das Handeln des Gehilfen der deliktische Erfolg herbeigeführt wurde. Der Verletzungserfolg **indiziert nach dieser Lehre** die Rechtswidrigkeit.[211] Fragen der Erkennbarkeit oder Vermeidbarkeit des Schadenseintritts sind nach dieser Ansicht Elemente der Schuld und nicht bereits im Rahmen der Widerrechtlichkeit maßgeblich. Eine wichtige Ausnahme erfährt dieser Grundsatz im Bereich so genannter „**offener Verletzungstatbestände**", zu denen insbesondere die Verletzung des allgemeinen Persönlichkeitsrechts und der Eingriff in den eingerichteten und ausgeübten Gewerbebetrieb zählen.[212] Zur Bejahung der Rechtswidrigkeit ist hier entscheidend, ob das schadenursächliche Verhalten gegen Gebote der gesellschaftlichen Rücksichtnahme verstoßen hat.[213] Dies ist in der Regel aufgrund einer umfassenden Güter- und Interessenabwägung im jeweiligen Einzelfall konkret festzustellen.[214] Die Indizwirkung des Schadenseintritts wird jedoch dann außer Kraft gesetzt, wenn seitens des Handelnden

70

---

[202] OLG Hamm v. 20.01.2009 - I-9 U 133/08, 9 U 133/08 - NJW-RR 2010, 242, 243.
[203] OLG Hamm v. 20.01.2009 - I-9 U 133/08, 9 U 133/08 - NJW-RR 2010, 242, 243.
[204] *Belling* in: Staudinger, § 831 Rn. 67.
[205] *Wagner* in: MünchKomm-BGB, § 831 Rn. 28.
[206] BGH v. 12.07.1996 - V ZR 280/94 - NJW 1996, 3205; *Belling* in: Staudinger, § 831 Rn. 68.
[207] BGH v. 29.06.1956 - I ZR 129/54 - NJW 1956, 1715; BGH v. 28.02.1989 - XI ZR 70/88 - WM 1989, 1047; BGH v. 23.03.2010 - VI ZR 57/09 - VersR 2010, 910, 914.
[208] *Larenz/Canaris*, Schuldrecht, II/2, § 79 III 2c, S. 479.
[209] *Matusche-Beckmann*, Das Organisationsverschulden, 2001, S. 30; *Larenz/Canaris*, Schuldrecht, II/2, § 79 III 2c, S. 479.
[210] BGH v. 12.07.1996 - V ZR 280/94 - NJW 1996, 3205; *Sprau* in: Palandt, § 823 Rn.24.
[211] BGH v. 13.03.1979 - VI ZR 117/77 - VersR 1979, 544.
[212] BGH v. 13.03.1979 - VI ZR 117/77 - VersR 1979, 544.
[213] BGH v. 21.06.1966 - VI ZR 261/64 - BGHZ 45, 296.
[214] *Sprau* in: Palandt § 823, Rn. 95.

ein Rechtfertigungsgrund zum Tragen kommt.[215] Praktisch bedeutsam ist die Indizierung der Rechtswidrigkeit besonders dadurch, dass sie zu einer **Beweiserleichterung** auf Seiten des Geschädigten führt. Ein Geschädigter ist, soweit die Indizwirkung greift, daher nicht gehalten, zur Begründung des Schadensersatzanspruchs besonders zur Rechtswidrigkeit vorzutragen.[216] (Zur Beweislast vgl. im Übrigen noch Rn. 139 ff.) Eine weitere Einschränkung dieses Grundsatzes gilt bei bloß **mittelbaren Eingriffen**. Die Tatbestandsmäßigkeit indiziert nur bei unmittelbar schädigenden Handlungen die Rechtswidrigkeit, so dass maßgeblich ist, ob der mittelbare Eingriff ohne wesentliche Zwischenschritte zur Rechtsgutsverletzung geführt hat.[217]

71 Nach der **Lehre vom Handlungsunrecht** ergibt sich die Rechtswidrigkeit nicht aufgrund der Indizwirkung der Rechtsgutsverletzung. Erforderlich ist nach dieser Ansicht vielmehr, dass die vorgenommenen Handlungen Geboten oder Verboten der Rechtsordnung widersprechen. Es bedarf damit eines Verstoßes gegen bestehende Sorgfaltspflichten. Der Sorgfaltspflichtverstoß ist hiernach folglich kein Element der Schuld, sondern ein solches der Rechtswidrigkeit.[218] Für diese Ansicht wird ins Feld geführt, es sei nicht einzusehen, ein Verhalten aufgrund eingetretener Rechtsgutsverletzung als rechtswidrig zu deklarieren, wenn es trotz seiner grundsätzlichen Gefährlichkeit von der Rechtsordnung an sich erlaubt wird.[219]

72 Im Rahmen der §§ 823 ff. BGB hat die Unterscheidung der beiden Lehren grundsätzlich keine praktischen Auswirkungen; sie gewinnt allein im Hinblick auf § 831 BGB an Bedeutung.[220] Denn im Rahmen der verschuldensabhängigen Deliktshaftung führt der Meinungsstreit letztlich allein zu dogmatischen Unterschieden im Hinblick auf die Prüfungsabfolge: Während nach der Lehre vom Handlungsunrecht im Falle sorgfaltsgemäßen Verhaltens des Schädigers bereits die Rechtswidrigkeit verneint werden muss, scheidet ein Anspruch nach der Lehre vom Erfolgsunrecht mangels Verschulden aus.[221] Zu praktischen Auswirkungen auf das Ergebnis führt dies, abgesehen vom unterschiedlichen Anwendungsbereich der Notwehr (§ 227 BGB),[222] in der Regel jedoch nicht:[223]

73 Im Rahmen des § 831 BGB hingegen, der nach herrschender Ansicht gerade kein Verschulden des Verrichtungsgehilfen erfordert, kann der Streit durchaus praktische Bedeutung erlangen.[224]

74 Nach der **Lehre vom Erfolgsunrecht** ist – wie gesagt – eine Haftung bei Eintritt einer Rechtsgutsverletzung grundsätzlich zu bejahen, einer besonderen Sorgfaltspflichtverletzung seitens des Gehilfen bedarf es nicht. Damit haftet der Geschäftsherr auch bei schuldlosem Handeln der Hilfsperson. Als Argument für die Lehre vom Erfolgsunrecht wird vor allem die Anwendbarkeit des Notwehrrechts herangezogen: Es sei nicht einzusehen, dass gegenüber demjenigen, der zwar sorgfaltsgemäß handelt, aber dennoch eine Rechtsgutverletzung herbeiführt, das Notwehrrecht eingeschränkt sein soll.[225] Außerdem wird vorgebracht, die Lehre vom Handlungsunrecht stehe im Widerspruch zu der grundsätzlichen Unterscheidung zwischen Rechtswidrigkeit und Schuld im dreistufigen Deliktsaufbau.[226]

75 Jedoch lehnt die **Rechtsprechung** dann eine Haftung des Geschäftsherrn ab, wenn diesen kein Verschulden treffen würde, hätte er selbst anstatt des Verrichtungsgehilfen gehandelt.[227] In diesem Fall fehle es am **Verantwortungszusammenhang** zwischen mangelhafter Auswahl oder Überwachung des Gehilfen und dem rechtswidrigen Schaden.[228] Nach dem **Schutzzweck der Norm** sind solche Fälle aus der Haftung auszuscheiden, bei denen feststeht, dass der Gehilfe sich so verhalten hat, wie jede mit Sorgfalt ausgewählte und überwachte Person sich sachgerecht verhalten hätte.[229] Denn bei objektiv

---

[215] *Belling* in: Staudinger, § 831 Rn. 69.
[216] BGH v. 22.06.1993 - VI ZR 190/92 - VersR 1993, 1121.
[217] *Belling* in: Staudinger, § 831 Rn. 69.
[218] *Belling* in: Staudinger, § 831 Rn. 70; *Sprau* in: Palandt, § 823 Rn. 24.
[219] *Belling* in: Staudinger, § 831 Rn. 70.
[220] Vgl. nur *Sprau* in: Palandt, § 823 Rn. 24.
[221] *Belling* in: Staudinger, § 831 Rn. 71.
[222] *Sprau* in: Palandt, § 823, Rn. 24.
[223] *Belling* in: Staudinger, § 831 Rn. 71.
[224] *Belling* in: Staudinger, § 831 Rn. 72.
[225] *Hager* in: Staudinger, § 823 Rn. H 14.
[226] *Belling* in: Staudinger, § 831 Rn. 78.
[227] BGH v. 12.07.1996 - V ZR 280/94 - NJW 1996, 3205.
[228] *Katzenmeier* in: Dauner-Lieb/Langen, NomosKomm-BGB, Schuldrecht, 2012, § 831 Rn. 31; *Schiemann* in: Erman, § 831 Rn. 13.
[229] BGH v. 12.07.1996 - V ZR 280/94 - NJW 1996, 3205; BGH v. 22.11.1974 - I ZR 32/74 - VersR 1975, 447; OLG Nürnberg v. 30.12.2011 - 14 U 852/10 - NJW-RR 2010, 542, 545.

fehlerfreiem Handeln und Beachtung aller erdenklichen Sorgfalt bestünde auch gegen den Geschäftsherrn im Falle eigenen Handelns kein Anspruch.[230] In diesen Fällen ist die Kausalitätsvermutung widerlegt.[231] Eine Haftung des Geschäftsherrn ist nach Ansicht der Rechtsprechung nur dann gerechtfertigt, wenn dieser durch Übertragung der Tätigkeit das Schadensrisiko erhöht hat.[232] Hauptanliegen der Haftung des Geschäftsherrn bei bloßem rechtswidrigem Handeln des Gehilfen war nur, dass der Geschäftsherr sich nicht aufgrund einer mangelhaften Anleitung des Gehilfen oder der Einschaltung eines schuldunfähigen Gehilfen der Haftung entziehen kann.[233] Ihn aber nach § 831 BGB haften zu lassen, nur weil er sich bei der Ausführung von Verrichtungen einer arbeitsteiligen Vorgehensweise bedient, wohingegen er bei persönlicher Vornahme der Handlung mangels sorgfaltswidrigen Handelns nicht nach § 823 BGB haften würde, erscheint kaum zu rechtfertigen.[234] Verstärkt würde diese Benachteiligung des Geschäftsherrn noch durch die Beweislastverteilung im Rahmen des § 831 BGB, der den Nachweis sorgfaltsgemäßen Handelns dem Geschäftsherrn auferlegt, während § 823 BGB die Beweislast bezüglich der Pflichtwidrigkeit dem Geschädigten zuweist, so dass im Falle der Nichtbeweisbarkeit der Geschäftsherr nach § 831 BGB haften müsste.[235]

Nach der **Lehre vom Handlungsunrecht** fehlt es in Fällen der genannten Art bereits an einer rechtswidrigen Handlung des Gehilfen.[236] Hat der Verrichtungsgehilfe sorgfältig gehandelt, fällt ihm kein Verstoß gegen allgemeine oder spezielle Sorgfaltspflichten zur Last, so dass die Rechtswidrigkeit zu verneinen ist. Eine Haftung aus § 831 BGB entfällt.[237]

76

Die heute **herrschende Meinung** hat einen Kompromiss zwischen der Lehre vom Handlungsunrecht und der vom Erfolgsunrecht gefunden.[238] Wie bereits zuvor dargelegt (vgl. Rn. 70), wird allgemein zwischen mittelbaren und unmittelbaren Eingriffen in die geschützten Rechtsgüter unterschieden. Bei unmittelbaren Rechtsgutsverletzungen indiziert die Tatbestandsmäßigkeit die Rechtswidrigkeit, ohne dass es auf das Vorliegen weiterer Pflichtverstöße ankäme. Bei bloß mittelbaren Eingriffen und Unterlassen[239] dagegen bedarf es zudem eines Verstoßes gegen eine Sorgfaltspflicht. Dieser Ansicht hat sich auch die Rechtsprechung im Ergebnis angeschlossen.[240] Diese Ansicht führt jedoch zu dem Folgeproblem der Abgrenzung zwischen mittelbaren und unmittelbaren Eingriffen. Unmittelbare Eingriffe sind, wie oben bereits erwähnt (vgl. Rn. 70), solche, die ohne zusätzliche Zwischenschritte zur Rechtsgutverletzung führen[241] beziehungsweise noch „im Rahmen des (gewöhnlichen) Handlungsablaufs" liegen.[242] Hingegen stellen mittelbare Eingriffe solche dar, die erst während eines längeren Kausalverlaufs, also durch weitere, hinzutretende Ursachen vermittelt zur Rechtsgutsverletzung führen.[243] Paradebeispiel ist hierbei vor allem das Inverkehrbringen gefährlicher Produkte (Waffen, Autos) durch einen Warenhersteller.[244] Das bloße Herstellen und Anbieten solcher Produkte steht für sich genommen mit der Rechtsordnung in Einklang, auch wenn eine später hiermit begangene Rechtsgutsverletzung kausal auf der Produktion beruht.[245] Insofern bedarf es in solchen Fällen der Feststellung der Verletzung einer Sorgfaltspflicht, um das Verhalten als rechtswidrig einstufen zu können (z.B.: Produktfehler).[246] Dies beruht nach *Larenz/Canaris* darauf, dass es bei mittelbaren Verletzungen, im Gegensatz zu unmittelbaren Eingriffen, nicht darum gehe, Handlungen, die zu einem Verletzungserfolg führen,

77

---

[230] BGH v. 14.01.1954 - III ZR 221/52 - BGHZ 12, 94; OLG Oldenburg v. 08.05.1987 - 6 U 151/85 - VersR 1987, 794.
[231] *Belling* in: Staudinger, § 831 Rn. 73.
[232] OLG Oldenburg v. 08.05.1987 - 6 U 151/85 - VersR 1987, 794; BGH v. 12.07.1996 - V ZR 280/94 - NJW 1996, 3205.
[233] *Spindler* in: Bamberger/Roth, BeckOK-BGB, Ed. 23, § 831 Rn. 24.
[234] *Wagner* in: MünchKomm-BGB, § 831 Rn. 30.
[235] *Wagner* in: MünchKomm-BGB, § 831 Rn. 30.
[236] *Spindler* in: Bamberger/Roth, BeckOK-BGB, Ed. 23, § 831 Rn. 24 m.w.N.
[237] *Belling* in: Staudinger, § 831 Rn. 74; *Sprau* in: Palandt, § 823 Rn. 24.
[238] *Wagner* in: MünchKomm-BGB, § 823 Rn. 7; *Hager* in: Staudinger § 823 Rn. H 16.
[239] *Wagner* in: MünchKomm-BGB, § 823 Rn. 7.
[240] BGH v. 12.07.1996 - V ZR 280/94 - NJW 1996, 3205.
[241] *Belling* in: Staudinger, § 831 Rn. 69.
[242] *Sprau* in: Palandt, § 823 Rn. 26; *Hager* in: Staudinger, § 823 Rn. H 16.
[243] *Hager* in: Staudinger, § 823 Rn. H 16 m.w.N.
[244] *Larenz/Canaris*, Schuldrecht, II/2, § 75 II 3b, S. 365.
[245] *Larenz/Canaris*, Schuldrecht, II/2, § 75 II 3b, S. 366.
[246] *Larenz/Canaris*, Schuldrecht, II/2, § 75 II 3b, S. 366.

an sich zu vermeiden, sondern der Gefahr, dass ein an sich erlaubtes Verhalten zu Rechtsgutsverletzungen führt, durch Einhaltung der Sorgfalts- und Verkehrspflichten entgegenzuwirken (Gefahrvermeidungspflicht).[247] Streitig ist zudem, ob die Unterscheidung zwischen mittelbaren und unmittelbaren Eingriffen auch bei Vorsatzdelikten gelten soll oder diese von vorneherein als rechtswidrig anzusehen sind.[248]

78 Einigkeit besteht aber insoweit, dass ein Verantwortungszusammenhang nur dann anzunehmen ist, wenn das schuldlose Handeln der Hilfsperson auf eine unzureichende Auswahl dieser, etwa durch Auswahl einer ungeeigneten oder schuldlosen Person, auf eine mangelhafte Anleitung und Überwachung oder auf nicht ordnungsgemäße Beschaffung von Vorrichtungen und Gerätschaften zurückzuführen ist (vgl. Rn. 70).[249] In diesem Fall genügt allein die Anknüpfung an die widerrechtliche Schadenszufügung durch den Verrichtungsgehilfen.[250]

79 In diesem Zusammenhang hat die Rechtsprechung auch den **Rechtfertigungsgrund vom verkehrsrichtigen oder ordnungsgemäßen Verhalten** entwickelt. Danach bedarf es im Schienen- und Straßenverkehr einer besonderen Pflichtverletzung, um die Rechtswidrigkeit feststellen zu können. Ein Verhalten unter Beachtung der im Schienen- und Straßenverkehr geltenden Regeln erfolge damit in dem von der Rechtsordnung zugelassenen Rahmen.[251] Insofern scheidet auch eine Haftung des Geschäftsherrn aus § 831 BGB für einen Verkehrsunfall seines Fahrers aus, wenn sich dieser verkehrsrichtig verhalten hat.[252] Dabei hat der BGH das verkehrsrichtige Verhalten ausdrücklich als Rechtfertigungsgrund eingestuft, und gerade nicht das verkehrswidrige Verhalten als Anknüpfungspunkt der Rechtswidrigkeit.[253] Damit bringt der BGH klar zum Ausdruck, dass mit dieser Rechtsfigur zwar keine Hinwendung zur Lehre vom Handlungsunrecht erfolgen sollte, andererseits jedoch ein von der Rechtsordnung erlaubtes Verhalten, das die geltenden Verkehrsregeln beachtet, nicht als rechtswidrig angesehen werden könne.[254] Von besonderer praktischer Bedeutung ist diese Rechtsfigur jedoch nicht mehr. Bedeutung kommt ihr allenfalls im Rahmen der Beweislastverteilung zu (vgl. Rn. 140). Denn auch im Rahmen des § 831 BGB obliegt der Nachweis des verkehrsrichtigen Verhaltens des Gehilfen als Rechtfertigungsgrund dem Geschäftsherrn.[255] Der Geschädigte hingegen muss lediglich die kausale Verletzung des Rechtsgutes durch den Verrichtungsgehilfen nachweisen:[256] Wird beispielsweise ein Zugfahrgast beim Aussteigen dadurch verletzt, dass der Zug sich trotz geöffneter Tür wieder in Bewegung setzt, obliegt es dem Eisenbahnunternehmen nachzuweisen, dass Zugführer und Schaffner entsprechend den Vorschriften über den Eisenbahnverkehr, insbesondere etwaiger Dienstanweisungen den Zug ordnungsgemäß abgefertigt, und damit verkehrsrichtig gehandelt haben.[257] Kann dieser Nachweis hingegen nicht erbracht werden, so geht die Unaufklärbarkeit zu Lasten des insoweit beweispflichtigen Geschäftsherrn;[258] im Unterschied zu § 823 BGB, der die Beweislast bezüglich Rechtswidrigkeit und Verschulden dem Geschädigten zuweist.

3. Handeln in Ausführung der Verrichtung

80 Um eine Haftung des Geschäftsherrn zu begründen, muss der Verrichtungsgehilfe „in Ausführung der Verrichtung" gehandelt haben.

---

[247] *Larenz/Canaris*, Schuldrecht, II/2, § 75 II 3b, S. 366; *Hager* in: Staudinger, § 823 Rn. H 16.
[248] Vgl. zum Streit: *Wagner* in: MünchKomm-BGB, § 823 Rn. 7 m.w.N.
[249] *Matusche-Beckmann*, Das Organisationsverschulden, 2001, S. 30; *Spindler* in: Bamberger/Roth, BeckOK-BGB, Ed. 23, § 831 Rn. 24.
[250] OLG Oldenburg v. 08.05.1987 - 6 U 151/85 - VersR 1987, 794; BGH v. 12.07.1996 - V ZR 280/94 - NJW 1996, 3205.
[251] BGH v. 04.03.1957 - GSZ 1/56 - BGHZ 24, 21, 26.
[252] OLG Hamm v. 27.05.1998 - 13 U 29/98 - NJW-RR 1998, 1402.
[253] *Sprau* in: Palandt, § 823 Rn. 36; *Belling* in: Staudinger § 831 Rn. 77.
[254] BGH v. 04.03.1957 - GSZ 1/56 - BGHZ 24, 21, 26; vgl. hierzu auch: *Wagner* in: MünchKomm-BGB, § 823 Rn. 25.
[255] *Belling* in: Staudinger, § 831 Rn. 77; Thüringer OLG v. 31.05.2006 - 2 U 964/05 - juris Rn. 70 ff.
[256] BGH v. 04.03.1957 - GSZ 1/56 - BGHZ 24, 21, 29.
[257] Thüringer OLG v. 31.05.2006 - 2 U 964/05 - juris Rn. 74 ff.
[258] *Belling* in: Staudinger, § 831 Rn. 77; Thüringer OLG v. 31.05.2006 - 2 U 964/05 - juris Rn. 74 ff.

a. Begriff

Zur Klärung der Frage, ob der Gehilfe „in Ausführung der Verrichtung" gehandelt hat, erfolgt die Abgrenzung zu einem Handeln „bloß bei Gelegenheit". Dabei ist ein Handeln „**in Ausführung der Verrichtung**" dann anzunehmen, wenn die unerlaubte Handlung des Gehilfen in unmittelbar innerem, sachlichem Zusammenhang mit der Verrichtung steht, zu der er bestellt wurde.[259] Dabei kann die schadensbegründende Handlung sowohl in einem Tun als auch in einem Unterlassen liegen.[260] Zudem muss sie noch zu dem Kreis der Tätigkeiten gehören, die die Verrichtung, zu der der Gehilfe bestellt wurde, mit sich bringt. Umfasst werden folglich solche Tätigkeiten, welche im Rahmen der aufgetragenen Verpflichtung anfallen.[261] Nicht erforderlich ist, dass dem Gehilfen gerade die schadensbegründende Handlung aufgetragen wurde.[262] Entscheidend ist, dass das Verhalten des Verrichtungsgehilfen nicht aus dem Rahmen der ihm anvertrauten Aufgaben herausfällt.[263] Erforderlich, aber auch ausreichend ist, dass die Aufgabe allgemein noch zum Geschäftskreis der aufgetragenen Verrichtung gehört. Nicht ausreichend ist hingegen ein nur örtlicher oder zeitlicher Zusammenhang.[264] Es reicht deshalb nicht, dass der Gehilfe rein zufällig mit den Rechtsgütern des Geschädigten in einer Weise in Berührung kommt, die ihm die Gelegenheit verschafft, wie ein deliktisch handelnder Dritter eine von den ihm übertragenen Aufgaben völlig losgelöste unerlaubte Handlung zu begehen.[265]

81

Ein Handeln bloß „**bei Gelegenheit der Ausführung**" ist zu bejahen, wenn der sachliche Zusammenhang gänzlich entfällt, der Verrichtungsgehilfe sich also gänzlich vom Auftrag löst oder sich einem anderen Arbeitsfeld widmet.[266] In diesem Fall haftet der Gehilfe allein nach § 823 BGB.[267] Entscheidend ist dabei der Grad der Abweichung. Dies ist anhand objektiver Kriterien zu bestimmen.[268] Jedenfalls ist hierfür noch nicht ausreichend, dass die Tätigkeit des Gehilfen nicht mehr vom vertraglichen Pflichtenkreis des Geschäftsherrn gegenüber dem Dritten erfasst war.[269] Andernfalls würde die Abgrenzung zum Erfüllungsgehilfen weitestgehend unterlaufen. Maßgeblich ist daher, ob die Tätigkeit des Gehilfen, wenn auch im konkreten Fall nicht geschuldet, dennoch zu dem ihm ansonsten zugewiesenen Aufgabenbereich zu zählen ist.[270]

82

Der **sachliche Zusammenhang** zwischen übertragenem Aufgabenkreis und der Handlung des Gehilfen ist jedoch auch dann nicht unterbrochen, wenn dieser den ausdrücklichen Weisungen des Geschäftsherrn zuwiderhandelt oder eigenmächtig oder irrtümlich den ihm zugewiesenen Aufgabenkreis überschreitet.[271] Den Geschäftsherrn trifft vielmehr das **Personalrisiko**, so dass ihm auch die Gefahr zuzuweisen ist, dass der Gehilfe nachlässig seine Aufgabe erfüllt.[272] Dies ergibt sich aufgrund der Schutzpflichten des Geschäftsherrn gegenüber dem betroffenen Dritten.[273] Damit haftet der Geschäftsherr auch dafür, dass der Angestellte die allgemeinen Verkehrssicherungspflichten nicht erfüllt.[274] Insofern obliegt es dem Geschäftsherrn, den Auftrag des Gehilfen genauer zu umschreiben oder die Überschreitung durch bessere Überwachung zu verhindern.[275] Zwar erfolgen **vorsätzliche Straftaten** des Gehilfen, zu welchen er aufgrund des Auftrages veranlasst wurde, grundsätzlich nur „bei Gelegen-

83

---

[259] BGH v. 14.02.1989 - VI ZR 121/88 - VersR 1989, 522; BGH v. 04.11.1953 - VI ZR 64/52 - BGHZ 11, 151.
[260] *Belling* in: Staudinger, § 831 Rn. 79.
[261] BGH v. 20.09.1966 - VI ZR 258/64 - VersR 1966, 1074.
[262] BGH v. 04.03.1982 - III ZR 150/80 - BB 1982, 767.
[263] BGH v. 13.07.1977 - VIII ZR 243/75 - WM 1977, 1169.
[264] BGH v. 25.02.1960 - VII ZR 14/59 - VersR 1960, 424; OLG Hamm v. 16.06.2009 - I-9 U 200/08, 9 U 200/08 - NJW-RR 2010, 454.
[265] BGH v. 14.02.1989 - VI ZR 121/88 - VersR 1989, 522.
[266] BGH v. 05.12.1958 - VI ZR 114/57 - MDR 1959, 202.
[267] *Matusche-Beckmann*, Das Organisationsverschulden, 2001, S. 29.
[268] *Belling* in: Staudinger, § 831 Rn. 82; OLG Köln v. 13.12.1994 - 22 U 148/94 - VersR 1996, 523; a.A. *Wagner* in: MünchKomm-BGB, § 831 Rn. 27 - abstellend auf teleologische Kriterien.
[269] OLG Naumburg v. 19.06.2008 - 2 U 158/07 - NJW-RR 2009, 1032, 1033.
[270] OLG Naumburg v. 19.06.2008 - 2 U 158/07 - NJW-RR 2009, 1032, 1034.
[271] BGH v. 14.02.1989 - VI ZR 121/88 - VersR 1989, 522; BGH v. 04.11.1953 - VI ZR 64/52 - BGHZ 11, 151.
[272] *Katzenmeier* in: Dauner-Lieb/Langen, NomosKomm-BGB, Schuldrecht, 2012, § 831 Rn. 28; *Wagner* in: MünchKomm-BGB, § 831 Rn. 27.
[273] OLG Hamburg v. 26.01.1977 - 5 U 117/76 - MDR 1977, 752.
[274] *Sprau* in: Palandt, § 831 Rn. 9.
[275] *Schiemann* in: Erman, § 831 Rn. 11.

heit der Verrichtung" und fallen eigentlich aus dem Kreis der übertragenen Aufgaben heraus.[276] Dies ergibt sich daraus, dass die Pflicht, strafbare Handlungen zu unterlassen, allgemein für jedermann besteht.[277] Jedoch kann auch eine vorsätzliche unerlaubte Handlung durchaus noch in engem objektivem Zusammenhang mit den zugewiesenen Verrichtungen stehen, besonders dann, wenn sie gerade die übertragenen Pflichten verletzt.[278] Klassisches Beispiel ist der Wachmann, der bestimmte Güter des Geschäftsherrn sichern soll, diese aber selbst stiehlt. Dies ist gleichzusetzen mit der Sachlage, die bestünde, wenn er lediglich seiner Sicherungspflicht schlecht nachgekommen wäre und die Güter durch einen Dritten entwendet worden wären.[279] Der innere Zusammenhang ist in diesem Fall noch gegeben, da sich die Straftat gerade auf das Gut bezieht, das dem Aufgabenkreis des Gehilfen zuzurechnen ist. Ist das strafrechtlich relevante Verhalten des Gehilfen mit seinem konkreten Kompetenzbereich nicht nur eng verbunden gewesen, sondern erst auf diese Tätigkeit zurückzuführen, ergibt sich ebenfalls eine Haftung aus § 831 BGB, so wenn der Gehilfe diese Straftat im Rahmen des ihm durch die Geschäftsherrn übertragenen Aufgabenkreises der Anlegereinwerbung verübt hat.[280] Löst sich der Verrichtungsgehilfe von dem ihm zugewiesenen Aufgabenkreis, ist der sachliche Zusammenhang dann nicht unterbrochen, wenn der Geschäftsherr nach der Verkehrsanschauung als Garant für das Handeln des Gehilfen angesehen wird[281] und die Gefahren für den Dritten gerade durch die Bestellung des Gehilfen erhöht wurden.[282] Dies ist dann der Fall, wenn sich dem Geschäftsherrn die Möglichkeit der strafbaren Handlung durch seine Hilfsperson hätte aufdrängen müssen.[283] Ist es dem Geschäftsherrn damit zumutbar, den Geschädigten vor dem deliktischen Verhalten eines von ihm eingesetzten Dritten zu bewahren, dann ist dieser Dritte dessen Verrichtungsgehilfe und die schädigende Handlung erfolgte in Ausführung der Verrichtung.[284] Nicht in den Anwendungsbereich des § 831 BGB fallen allerdings solche Delikte, die der Privatsphäre des Verrichtungsgehilfen zuzurechnen sind und auf die der Geschäftsherr keinen Einfluss hat.[285]

b. Einzelfälle

aa. Bejahung des sachlichen Zusammenhangs und damit Handeln „in Ausführung der Verrichtung"

84   Ein **Baggerfahrer**, der mit der Aufgabe betraut wurde, den Bagger zur Reparatur in eine Werkstatt bringen zu lassen, und dem dazu die Weisung erteilt wurde, den Bagger nur auf einem Tieflader mit entsprechend ausgebildetem Fahrer transportieren zu lassen, handelt auch dann noch in Ausführung der Verrichtung, wenn er den Bagger selbst und ohne Tieflader zu der Werkstatt bringt und dabei einen Unfall verursacht.[286]

85   Ein **Fahrer**, der auf der Fahrtstrecke von erteilten Weisungen abweicht, handelt noch in Ausführung der Verrichtung.[287]

86   Eine Haftung des Geschäftsherrn wird auch dann begründet, wenn Arbeiter, die mit der **Reparatur eines Daches** beauftragt wurden und den dabei anfallenden Schutt aus dem Gebäude werfen sollten, zudem auch anderes auf dem Dachboden befindliches Gerümpel auf die Straße werfen und Passanten treffen.[288]

---

[276] BGH v. 14.02.1989 - VI ZR 121/88 - VersR 1989, 522; BGH v. 04.11.1953 - VI ZR 64/52 - BGHZ 11, 151.
[277] OLG Hamburg v. 26.01.1977 - 5 U 117/76 - MDR 1977, 752.
[278] BGH v. 12.06.1997 - I ZR 36/95 - ZIP 1998, 39.
[279] *Belling* in: Staudinger, § 831 Rn. 84.
[280] OLG Köln v. 25.10.2007 - 18 U 164/06 - juris Rn. 27 ff.
[281] *Matusche-Beckmann*, Das Organisationsverschulden, 2001, S. 29.
[282] OLG Saarbrücken v. 23.10.1985 - 1 U 144/83 - MDR 1986, 146; BGH v. 04.11.1953 - VI ZR 64/52 - BGHZ 11, 151.
[283] *Spindler* in: Bamberger/Roth, BeckOK-BGB, Ed. 23, § 831 Rn. 22.
[284] *Schiemann* in: Erman, § 831 Rn. 11.
[285] *Wagner* in: MünchKomm-BGB, § 831 Rn. 27.
[286] BGH v. 20.09.1966 - VI ZR 258/64 - VersR 1966, 1074.
[287] BGH v. 16.04.1955 - VI ZR 320/54 - VersR 1955, 345; *Katzenmeier* in: Dauner-Lieb/Langen, Nomos-Komm-BGB, Schuldrecht, 2012, § 831 Rn. 28.
[288] OLG Nürnberg v. 07.02.1966 - 5 U 59/65 - VersR 1966, 767.

Erhält der bei einer Kfz-Handelsgesellschaft angestellte **nicht inkassoberechtigte Verkaufsberater** den Kaufpreis für ein Fahrzeug von dem Käufer ausgehändigt und leitet er diesen nicht an seinen Arbeitgeber weiter, so handelt er in Ausführung der Verrichtung.[289] 87

Ein **Rechtsanwalt** ist zur Haftung verpflichtet, wenn sein Bürovorsteher die für ihn in Empfang genommenen Fremdgelder unterschlägt.[290] 88

Der bei der Bahn angestellte **Gepäckarbeiter** handelt auch dann in Ausführung der Verrichtung, wenn er Gepäckstücke, die zur Beförderung aufgegeben wurden, stiehlt.[291] 89

Eine schädigende Handlung ist auch dann in Ausführung der Verrichtung begangen, wenn der **Führer einer Spätschicht** eine Arbeitsbaracke gegen das Betreten von Unbefugten zu sichern hat, sodann jedoch eigenmächtig Touristen dort übernachten lässt und beim Beheizen der Baracke einen Brand verursacht, der auch das Nachbargebäude schädigt.[292] 90

Eine einen Wohnungskauf finanzierende **Bank** haftet dem Wohnungskäufer aus § 826 BGB i.V.m. § 831 BGB auf Rückübertragung geleisteter Sicherheiten, wenn ein Mitarbeiter der Bank mit dem Wohnungsverkäufer kollusiv zusammengewirkt hat, um den Käufer zu schädigen.[293] 91

Arbeiter, die mit **Reparaturarbeiten** an einem Haus beauftragt sind und dabei dessen Einrichtung beschädigen, handeln in Ausführung der Verrichtung.[294] 92

Mobbinghandlungen durch Arbeitskollegen, die das allgemeine Persönlichkeitsrecht gemäß Art. 2 Abs. 1 i.V.m. Art. 1 Abs. 1 GG eines Arbeitnehmers verletzen, können als in Ausführung der Verrichtung begangen angesehen werden, wenn sie „durch arbeitsrechtliche Maßnahmen" wie beispielsweise durch Weisungen von Vorgesetzten erfolgen.[295] Obliegt es dem Vorgesetzten im Rahmen seiner arbeitsvertraglichen Pflichten andere Arbeitnehmer zu kontrollieren und Anweisungen bezüglich deren Aufgabenerledigung zu erteilen, stehen Verletzungshandlungen, die in diesem Rahmen erfolgen, in innerem Zusammenhang mit dem übertragenen Aufgabenbereich[296]. Zweifel am Vorliegen des inneren Zusammenhangs sind jedoch dann gegeben, wenn die schikanierenden Verhaltensweisen von in der Unternehmenshierarchie „gleichgestellten Kollegen" erfolgen (in diesem Fall wird jedenfalls die Qualifizierung als Erfüllungsgehilfe im Sinne des § 278 BGB verneint)[297] Erforderlich ist in jedem Fall, dass die benachteiligenden Handlungen im Einzelfall einen Zusammenhang zum arbeitsvertraglichen Aufgabenkreis aufweisen, wie dies auch bei Verstößen gegen das AGG notwendig ist.[298] 93

Ein mit der Durchführung von Wohnungsbesichtigungen beauftragter Gehilfe handelt in Ausführung der Verrichtung, wenn er den Interessenten die Besichtigungsmöglichkeit aufgrund Rasse oder Hautfarbe und damit aus diskriminierenden Motiven verweigert, die einen Eingriff in das allgemeine Persönlichkeitsrecht darstellen.[299] 94

bb. Verneinung des sachlichen Zusammenhangs und damit Handeln „bloß bei Gelegenheit"

Eine Haftung des Unternehmers wird nicht begründet für Handlungen seiner Arbeiter auf dem **Weg zur Arbeitsstätte**.[300] 95

Hilft der Kraftfahrer eines **Transportunternehmens** bei der Entladung des Gutes, ohne dass insoweit eine vertraglich begründete Rechtspflicht des Unternehmers besteht, so wird der Kraftfahrer nicht als Verrichtungsgehilfe in Ausführung der Verrichtung, sondern nur aus Anlass einer den Unternehmer treffenden Verrichtung tätig.[301] Die Mithilfe des Fahrers stellt lediglich eine Gefälligkeit dar.[302] 96

---

[289] OLG Saarbrücken v. 23.10.1985 - 1 U 144/83 - MDR 1986, 146.
[290] *Belling* in: Staudinger, § 831 Rn. 84.
[291] BGH v. 09.05.1957 - II ZR 327/55 - BGHZ 24, 188, 196.
[292] BGH v. 24.01.1967 - VI ZR 284/64 - VersR 1967, 353.
[293] OLG Frankfurt v. 09.04.2003 - 9 U 71/02 - ZIP 2003, 1192.
[294] BGH v. 04.11.1953 - VI ZR 64/52 - BGHZ 11, 151, 155 - Entfernung einer Zinkverkleidung vom Dach eines nicht vom Auftrag erfassten Gebäudeteils; vgl. auch: *Belling* in: Staudinger, § 831 Rn. 86.
[295] BAG v. 16.05.2007 - 8 AZR 709/06 - NZA 2007, 1154, 1165.
[296] ArbG Eisenach v. 30.08.2005 - 3 CA 1226/03 - juris Rn. 239 ff.
[297] BAG v. 16.05.2007 - 8 AZR 709/06 - NZA 2007, 1154, 1162.
[298] *Belling* in: Staudinger, § 831 Rn. 54a.
[299] OLG Köln v. 19.01.2010 - 24 U 51/09 - WuM 2010, 81, 83 = NJW 2010, 1676, 1677.
[300] *Sprau* in: Palandt, § 831 Rn. 9; *Katzenmeier* in: Dauner-Lieb/Langen, NomosKomm-BGB, Schuldrecht, 2012, § 831 Rn. 29.
[301] OLG Hamburg v. 20.07.1973 - 8 U 58/73 - VersR 1974, 52.
[302] OLG Köln v. 13.12.1994 - 22 U 148/94 - BB 1995, 747.

97	Ein **Pilot**, der mit der Überführung eines Flugzeuges betraut wurde, handelt nicht in Ausführung der Verrichtung, wenn er entgegen den Anweisungen des Geschäftsherrn mit den wartenden Passagieren einen Rundflug unternimmt.[303]
98	Ein Angestellter, der nur im Rahmen der **laufenden Geschäfte** eines Unternehmens tätig ist, ist nicht Verrichtungsgehilfe des Geschäftsherrn, wenn er außergewöhnliche Rechtsgeschäfte abschließt, etwa einen hohen Kredit aufnimmt.[304]
99	Nur bei Gelegenheit der Verrichtung handelt der **Jagdaufseher**, der gelegentlich eines Kontrollgangs im Jagdrevier des Nachbarn wildert.[305]
100	Wird ein Reisender durch einen **Bediensteten des Urlaubshotels** beleidigt und geschlagen, begründet dies dann weder Schadensersatz- noch Schmerzensgeldansprüche gegen den Reiseveranstalter, wenn der Reisende sich einen Jet-Ski ausleiht, damit kentert und der Hotelbedienstete den Reisenden sodann retten muss.[306]
101	Der **Betreiber eines Werbestandes** auf einem Volksfest haftet nicht für Straftaten, die sein mit der Betreuung des Standes beauftragter Verrichtungsgehilfe im Anschluss an das Volksfest begeht.[307] Selbst wenn der Stand aufgrund besonderer Attraktionen (Überschlagsimulator) insbesondere Kinder anlockte und die Tätigkeit des Verrichtungsgehilfen gerade auf die Kontaktaufnahme mit möglichen Interessenten hin ausgerichtet war, so besteht eine Schutzpflicht für die Unversehrtheit jedoch nur für die Dauer der Benutzung des Überschlagsimulators; eine nach dem Volksfest vom Gehilfen begangene Entführung und Vergewaltigung eines Kindes steht daher in keinerlei innerem Zusammenhang mehr mit der aufgetragenen Tätigkeit, selbst wenn die vorherige Tätigkeit erst die Kontaktaufnahme zum späteren Opfer ermöglicht hat.[308]
102	Benutzt der Gehilfe des Geschäftsherrn dessen **Fahrzeug** ohne Wissen und Wollen des Halters, so handelt es sich hierbei grundsätzlich um eine **Schwarzfahrt**. Er handelt dabei regelmäßig nicht in Ausführung der Verrichtung. § 831 BGB kommt nicht zur Anwendung.[309] Eine Haftung des Geschäftsherrn als Halter ergibt sich allenfalls aus § 7 Abs. 3 StVG. Hat der Halter jedoch gerade die verkehrswidrige Benutzung schuldhaft ermöglicht und damit eine Verkehrssicherungspflicht verletzt, kommt daneben auch eine Haftung nach den §§ 823 ff. BGB (i.V.m. § 16 StVG) in Betracht.[310] Vor allem aber kann indes § 831 BGB dann zum Tragen kommen, wenn eine eigenmächtige Abweichung vom Auftrag des Fahrers in eine Schwarzfahrt übergeht. Entscheidend ist dabei der Grad der Abweichung.[311] So sind **Umwege** auf Fahrten, die noch in angemessenem Verhältnis zum Auftrag stehen, keine Schwarzfahrten.[312] Eine Schwarzfahrt liegt jedoch dann vor, wenn der Fahrer einen längeren Umweg trotz **ausdrücklichem Verbot** einschlägt.[313] Nimmt der Fahrer verbotswidrig einen Bekannten auf seiner Geschäftsfahrt mit und kommt dieser dabei zu Schaden, haftet der Geschäftsherr für diesen Schaden nicht aus § 831 BGB; ein Handeln im Rahmen der übertragenen Verrichtung ist nicht anzunehmen. Der geschädigte Bekannte konnte nicht ohne weiteres davon ausgehen, dass der Arbeitgeber damit einverstanden sei, dass er als Privatgast nachts über eine längere Strecke mitgenommen werden dürfe.[314] Bejaht wurde durch die Rechtsprechung ein Handeln in Ausführung der Verrichtung auch bei der Schädigung eines anderen Verkehrsteilnehmers durch das Schleudern eines Anhängers, den der Fahrer im Rahmen einer ihm übertragenen Fahrt verbotswidrig benutzt hatte.[315] Entscheidend sind jedoch auch hier zur Frage der Abgrenzung die jeweiligen Umstände des Einzelfalles.

---

[303] BGH v. 14.02.1989 - VI ZR 121/88 - VersR 1989, 522.
[304] *Belling* in: Staudinger, § 831 Rn. 87.
[305] *Belling* in: Staudinger, § 831 Rn. 87.
[306] AG Hamburg v. 09.01.2002 - 18A C 99/01 - NJW-RR 2003, 63, 64.
[307] OLG Hamm v. 16.06.2009 - I-9 U 200/08, 9 U 200/08 - NJW-RR 2010, 454.
[308] OLG Hamm v. 16.06.2009 - I-9 U 200/08, 9 U 200/08 - NJW-RR 2010, 454, 455.
[309] BGH v. 12.04.1951 - III ZR 99/50 - BGHZ 1, 388, 390.
[310] *Belling* in: Staudinger, § 831 Rn. 89.
[311] *Belling* in: Staudinger, § 831 Rn. 89.
[312] BGH v. 16.04.1955 - VI ZR 320/54 - VersR 1955, 345.
[313] BAG v. 09.03.1961 - 2 AZR 129/60 - VRS 21, 398.
[314] BGH v. 03.11.1964 - VI ZR 82/64 - NJW 1965, 391.
[315] BGH v. 06.10.1970 - VI ZR 56/69 - NJW 1971, 31.

Daneben kann eine Haftung des Geschäftsherrn gem. § 831 BGB entstehen, wenn es sich zwar um eine Schwarzfahrt handelt, sich der Unfall aber auf eine Verletzung der Pflichten des Geschäftsherrn zurückführen lässt, die die Wahrung des verkehrssicheren Zustandes des Fahrzeugs betreffen.[316] 103

4. Der Entlastungsbeweis (Absatz 1 Satz 2)

Dem Geschäftsherrn eröffnet § 831 Abs. 1 Satz 2 BGB die Möglichkeit, sich von der Haftung für das deliktische Handeln des Verrichtungsgehilfen zu befreien, wenn er das vermutete Verschulden bezüglich der **Pflichtverletzung** oder der **Kausalität** der Pflichtverletzung widerlegen kann. Dabei ist ausreichend, wenn er sich hinsichtlich einer der beiden Vermutungen erfolgreich entlastet.[317] 104

a. Die Entlastung hinsichtlich der Pflichtverletzung (Absatz 1 Satz 2 Alternative 1)

Die Exkulpation gelingt dem Geschäftsherrn, wenn er nachweisen kann, die im Verkehr **erforderliche Sorgfalt** bezüglich der ihm auferlegten Sorgfaltspflichten beachtet zu haben. Maß und Umfang dieser Sorgfaltspflichten richten sich dabei nach der **Verkehrsanschauung**, der Art der Verrichtung und den Besonderheiten des Einzelfalles.[318] Ein **Rechtswidrigkeitszusammenhang** zwischen der Pflichtverletzung des Geschäftsherrn und der vom Gehilfen begangenen unerlaubten Handlung wird nicht gefordert, so dass der Geschäftsherr haftet, wenn das schädigende Ereignis nicht auf dem Auswahlmangel beruht, den dieser hätte erkennen müssen.[319] In diesem Fall bleibt dem Geschäftsherrn nur der Nachweis, dass der Schaden auch eingetreten wäre, wenn er seiner Sorgfaltspflicht ordnungsgemäß nachgekommen wäre.[320] 105

Die Anforderungen an den Entlastungsbeweis richten sich nach der im Verkehr erforderlichen Sorgfalt und den Gegebenheiten des Einzelfalles, wie dies auch im Rahmen von § 276 BGB der Fall ist.[321] Damit sind die Sorgfaltspflichten des Geschäftsherrn bezüglich Auswahl, Überwachung und Leitung umso komplexer, je gefährlicher, verantwortungsvoller und schwieriger die dem Gehilfen zu übertragende Tätigkeit ist.[322] 106

aa. Verpflichtung zur sorgfältigen Auswahl

Die vom Geschäftsherrn zu fordernde Sorgfalt hinsichtlich der **Auswahl des Gehilfen** beschreibt die Gesichtspunkte, die bei der erstmaligen Übertragung einer Tätigkeit zu beachten sind. Dabei sind diese nicht nur bei Neueinstellungen maßgeblich, sondern auch bei der Übertragung neuer Aufgaben, die sich beispielsweise aus der Einführung neuer Techniken oder der Erkennung neuer Gefahrenquellen ergeben können.[323] Der Geschäftsherr darf nur denjenigen als Gehilfen zu einer bestimmten Tätigkeit einsetzen, der die gesetzlichen Voraussetzungen dazu erfüllt und der auch ansonsten die Befähigung zur Ausführung der Tätigkeit besitzt, so dass eine schadenfreie Erledigung der Verrichtung erwartet werden kann.[324] Die erforderliche Qualifikation der Hilfsperson hängt maßgeblich von der Art der Tätigkeit ab. Es besteht im Rahmen der Verpflichtung zur sorgfältigen Auswahl allerdings keine Pflicht des Geschäftsherrn zur Auswahl eines potenten Schuldners oder eine Verpflichtung dahingehend, für Versicherungsschutz zu sorgen, da sonst der Bereich des Integritätsinteresses verlassen würde.[325] 107

Grundsätzlich ist bei der Auswahl des Verrichtungsgehilfen nach dessen Zuverlässigkeit und Sachkunde zu fragen und dies anhand von Nachweisen zu überprüfen.[326] Bei **einfachen Verrichtungen** und untergeordneten Tätigkeiten wie etwa Haushaltshilfen ist es in der Regel ausreichend, Fragen bezüglich Alter, Beruf und Geschlecht zu klären und anhand der gewonnenen Erkenntnisse die Geeignetheit 108

---

[316] BGH v. 01.10.1969 - IV ZR 642/68 - VersR 1969, 1025, 1026.
[317] *Belling* in: Staudinger, § 831 Rn. 93; *Wagner* in: MünchKomm-BGB, § 831 Rn. 32; *Matusche-Beckmann*, Das Organisationsverschulden, 2001, S. 32.
[318] BGH v. 30.01.1996 - VI ZR 408/94 - VersR 1996, 469.
[319] BGH v. 14.03.1978 - VI ZR 213/76 - NJW 1978, 1681; BGH v. 29.10.1985 - VI ZR 85/84 - NJW 1986, 776; RG v. 29.11.1934 - VI 331/34 - RGZ 146, 97.
[320] BGH v. 29.10.1985 - VI ZR 85/84 - NJW 1986, 776.
[321] *Belling* in: Staudinger, § 831 Rn. 94.
[322] BGH v. 08.10.2002 - VI ZR 182/01 - VersR 2003, 75; OLG Braunschweig v. 24.02.1998 - 4 U 32/97 - BauR 1999, 502; OLG Köln v. 21.06.1996 - 19 U 2/96 - NJW-RR 1997, 471.
[323] BGH v. 30.05.1978 - VI ZR 113/77 - VersR 1978, 722.
[324] *Sprau* in: Palandt, § 831 Rn. 12; OLG Koblenz v. 08.10.2010 - 10 U 126/09 - NJW-RR 2011, 1049, 1050.
[325] *Belling* in: Staudinger, § 831 Rn. 102.
[326] *Spindler* in: Bamberger/Roth, BeckOK-BGB, Ed. 23, § 831 Rn. 27; BGH v. 08.10.2002 - VI ZR 182/01 - VersR 2003, 75.

und Zuverlässigkeit des Gehilfen einzuschätzen.[327] Eine Übertragung der Tätigkeit kommt hier immer dann in Betracht, wenn keine besonderen Bedenken entgegenstehen.[328] Bei untergeordneten Tätigkeiten genügt die Selbstauskunft der Hilfsperson.[329] Meist ist der Geschäftsherr jedoch auf Auskünfte Dritter zur Hinterfragung der fachlichen Eignung angewiesen.

109 Höhere Anforderungen an die Sorgfaltspflicht des Geschäftsherrn sind zu stellen, wenn die Tätigkeit mit **erhöhter Verantwortung** oder besonderen Gefahren für die öffentliche Sicherheit oder gar Risiken für Menschenleben verbunden ist,[330] beispielsweise bei einem Arzt[331] oder einem Kfz-Fahrer[332]. Insofern genügt es nicht, die notwendige Sachkunde und technische Geschicklichkeit nachzuprüfen. Vielmehr muss sich der Geschäftsherr auch von moralischen Eigenschaften wie Charakterstärke, Besonnenheit und Verantwortungsgefühl überzeugen.[333] So ist etwa bei Kraftfahrern zu prüfen, ob der Verrichtungsgehilfe bei der Arbeitsausführung zum Alkoholkonsum neigt.[334] Zur Beurteilung der Hilfsperson muss sich der Geschäftsherr zunächst entsprechende Befähigungsnachweise vorlegen lassen und persönlich einsehen.[335] Dies entbindet den Geschäftsherrn aber noch nicht von Beaufsichtigungs- und Überwachungspflichten hinsichtlich der erforderlichen Sachkunde, besonders bei Berufsanfängern oder bei Fehlen praktischer Erfahrungen in dem eingesetzten Bereich.[336] Auch entbindet den Geschäftsherrn eine gesonderte Prüfung der Sachkunde und der Charakterstärke des Gehilfen nicht, wenn dieser dem Geschäftsherrn zur Ausbildung unterwiesen war.[337] Einen wichtigen Anhaltspunkt zur Einschätzung des Gehilfen bieten die Arbeitszeugnisse, die sich der Arbeitgeber in jedem Fall vorlegen lassen muss.[338] Jedoch genügt dies im Allgemeinen nicht.[339] Erkundigungen bei früheren Arbeitgebern können notwendig sein, soweit dies im Bereich des rechtlich Zulässigen möglich ist.[340] Sind sonstige Informationsquellen nicht zugänglich, sollte sich der Geschäftsherr vom Gehilfen ein polizeiliches Führungszeugnis vorlegen lassen.[341] Fragen nach möglichen Vorstrafen sind freilich arbeitsrechtlich nur dann zulässig, wenn diese tätigkeitsbezogen und damit für die konkrete Arbeitsleistung von Bedeutung sind und die Strafe im Zentralregister noch nicht getilgt ist.[342] Eine Tätigkeitsbezogenheit ist beispielsweise zu bejahen bei Vermögensdelikten eines Gehilfen, der sich hierdurch als ungeeignet zur Arbeit in einem Maklergeschäft erweist.[343] Bei Bewerbern, die gewisse Defizite aufweisen, muss nicht zwingend von einer Einstellung abgesehen werden. Den Mangel muss der Geschäftsherr jedoch dann durch eine Einarbeitungszeit, intensive Anweisung und erhöhte Überwachung ausgleichen.[344]

110 Im Zusammenhang mit der Verpflichtung zur sorgfältigen Auswahl steht die Pflicht zur **Einweisung** in die übertragene Tätigkeit. Maßgeblich sind auch hier die Umstände des Einzelfalles.[345] Je größer die Gefahren sind, die von der Tätigkeit ausgehen können, desto detaillierter hat die Einweisung zu erfolgen.[346] Jedenfalls aber muss der Geschäftsherr dem Gehilfen grundsätzliche Verhaltensanweisungen

---

[327] *Schiemann* in: Erman, § 831 Rn. 17.
[328] *Belling* in: Staudinger, § 831 Rn. 94.
[329] *Belling* in: Staudinger, § 831 Rn. 103.
[330] BGH v. 08.10.2002 - VI ZR 182/01 - NZV 2003, 27; OLG Köln v. 22.01.1987 - 7 U 193/86 - VersR 1988, 44; OLG Koblenz v. 08.10.2010 - 10 U 126/09 - NJW-RR 2011, 1049, 1050.
[331] BGH v. 14.03.1978 - VI ZR 213/76 - NJW 1978, 1681.
[332] BGH v. 20.01.1970 - VI ZR 132/68 - VersR 1970, 327.
[333] *Katzenmeier* in: Dauner-Lieb/Langen, NomosKomm-BGB, Schuldrecht, 2012, § 831 Rn. 34; Brandenburgisches Oberlandesgericht v. 12.07.2007 - 12 U 207/06 - juris Rn. 19; BGH v. 14.05.1957 - VI ZR 101/56 - VersR 1957, 463.
[334] BGH v. 10.11.1966 - II ZR 6/64 - VersR 1967, 53.
[335] BGH v. 26.01.1955 - VI ZR 254/53 - VersR 1955, 186.
[336] OLG Karlsruhe v. 02.03.1988 - 7 U 2/84 - VersR 1989, 1053.
[337] Brandenburgisches Oberlandesgericht v. 12.07.2007 - 12 U 207/06 - juris Rn. 19.
[338] RG v. 18.02.1939 - VI 228/38 - RGZ 159, 312.
[339] OLG Köln v. 21.06.1996 - 19 U 2/96 - NJW-RR 1997, 471.
[340] *Wagner* in: MünchKomm-BGB, § 831 Rn. 38; *Katzenmeier* in: Dauner-Lieb/Langen, NomosKomm-BGB, Schuldrecht, 2012, § 831 Rn. 34.
[341] BGH v. 07.06.1966 - VI ZR 130/65 - VersR 1966, 929, 930.
[342] *Hromadka/Maschmann*, Arbeitsrecht Band 1, 4. Aufl. 2008, S. 125.
[343] BGH v. 05.05.1970 - VI ZR 1/69 - BB 1970, 863.
[344] *Spindler* in: Bamberger/Roth, BeckOK-BGB, Ed. 23, § 831 Rn. 27; *Belling* in: Staudinger, § 831 Rn. 97.
[345] *Belling* in: Staudinger, § 831 Rn. 104.
[346] RG v. 09.02.1928 - VI 373/27 - RGZ 120, 154; OLG Köln v. 18.03.1986 - 7 U 117/84 - NJW 1987, 2302, 2303.

erteilen und auf übliche Gefahren hinweisen.[347] So erfordert es beispielsweise die dem Geschäftsherrn obliegende Sorgfaltspflicht, den Fahrer des Tanklastzugs, der mit dem Betanken von Ölheizungsanlagen betraut wird, über die üblichen technischen Gegebenheiten der Tankanlagen zu unterrichten und ihn anzuweisen, wie der Abfüllvorgang zu überwachen ist.[348] Gegebenenfalls muss er sich zudem von der Einhaltung seiner Anweisungen überzeugen.[349]

bb. Verpflichtung zur sorgfältigen Überwachung

Auch wenn der Wortlaut des § 831 BGB nur auf die Auswahlsorgfalt abstellt, wird eine Pflicht des Geschäftsherrn zur **ordnungsgemäßen Überwachung** seiner Hilfspersonen heute allgemein anerkannt. Der Geschäftsherr ist folglich zur sorgfältigen Überwachung und Aufsicht angehalten.[350] Zumal sich Auswahl-, Einweisungs- und Überwachungspflichten wechselseitig ergänzen, können sich unter Umständen die Überwachungspflichten reduzieren, wenn der Geschäftsherr besondere Sorgfalt bei der Auswahl und Anleitung hat walten lassen.[351] Bei längerer Zeit der Beschäftigung kann wiederum allein die sorgfältige Auswahl nicht zur Führung des Entlastungsbeweises genügen. Die Verkehrspflichten des Geschäftsherrn erstrecken sich vielmehr auf den Zeitpunkt der deliktischen Handlung, so dass entscheidend ist, ob der Gehilfe in diesem Zeitpunkt noch sorgfältig ausgewählt war.[352] Der Geschäftsherr hat den Nachweis einer fortdauernden, planmäßigen, unauffälligen Überwachung mit unerwarteten Kontrollen zu führen.[353] Art und Ausmaß der Überwachung richten sich dabei nach den Umständen des Einzelfalles. Entscheidend sind vor allem die Gefährlichkeit der übertragenen Tätigkeit, die Persönlichkeit des Gehilfen, sein Alter, seine Erfahrung und Vorbildung sowie seine bisherige Bewährung im Hinblick auf die Erfüllung der Aufgabe.[354] So sind bei besonderen Risiken strengere Kontrollen erforderlich als bei untergeordneteren Tätigkeiten.[355] Die Überwachungspflicht gebietet es, unauffällige und unvorhersehbare Kontrollen durchzuführen.[356] Dies impliziert auch eine Pflicht zur verschärften Überwachung bei besonderen Gefahren zur laufenden Kontrolle oder bis hin zur sofortigen Reaktion, wenn sich Anhaltspunkte für die Ungeeignetheit oder Unzuverlässigkeit des Gehilfen ergeben.[357] Wurde beispielsweise über einen längeren Zeitraum Gefahrgut in hierfür ungeeigneten Behältnissen transportiert, ohne dass dieser Zustand im Zuge von Kontrollen aufgedeckt wurde, gilt der Grundsatz, dass in diesem Fall der Geschäftsherr seiner Überwachungspflicht nicht angemessen nachgekommen ist; zumal im Rahmen von Gefahrguttransporten hohe Anforderungen an die Überwachungspflicht des Geschäftsherrn zu stellen sind.[358] In diesem Fall muss der Geschäftsherr, um sich entlasten zu können, konkret darlegen, wie und in welchen zeitlichen Abständen er sich der Einhaltung der erforderlichen Sicherungsmaßnahmen vergewissert hat.[359] Im Gegenzug kann eine sorgfaltswidrige Auswahl des Gehilfen durch eine längere Beschäftigung und Bewährung in dieser Zeit sowie durch ausreichende Aufsicht durch den Geschäftsherrn geheilt werden, da es entscheidend auf den Zeitpunkt der schädigenden Handlung ankommt.[360] Zudem können sich die Überwachungspflichten bei langjähriger Bewährung

111

---

[347] BGH v. 18.02.1969 - VI ZR 238/67 - VersR 1969, 518; BGH v. 07.01.1966 - VI ZR 165/64 - VersR 1966, 387.
[348] BGH v. 15.10.1971 - I ZR 27/70 - BB 1972, 62; BGH v. 04.03.1982 - III ZR 150/80 - BB 1982, 767.
[349] OLG Düsseldorf v. 13.12.1991 - 22 U 28/91 - BauR 1993, 233.
[350] BGH v. 29.10.1985 - VI ZR 85/84 - NJW 1986, 776; BGH v. 08.10.2002 - VI ZR 182/01 - VersR 2003, 75; BGH v. 18.12.1952 - VI ZR 54/52 - BGHZ 8, 239.
[351] *Belling* in: Staudinger, § 831 BGB Rn. 97.
[352] BGH v. 18.12.1952 - VI ZR 54/52 - BGHZ 8, 239, 243; OLG Köln v. 21.06.1996 - 19 U 2/96 - NJW-RR 1997, 471; BGH v. 30.01.1996 - VI ZR 408/94 - NJW-RR 1996, 867.
[353] *Spindler* in: Bamberger/Roth, BeckOK-BGB, Ed. 23, § 831 Rn. 29.
[354] BGH v. 08.10.2002 - VI ZR 182/01 - VersR 2003, 75; BGH v. 25.01.1966 - VersR 1966, 364.
[355] BGH v. 26.04.1988 - VI ZR 246/86 - VersR 1988, 723.
[356] *Wagner* in: MünchKomm-BGB, § 831 Rn. 39; *Spindler* in: Bamberger/Roth, BeckOK-BGB, Ed. 23, § 831 Rn. 29; OLG Koblenz v. 08.10.2010 - 10 U 126/09 - NJW-RR 2011, 1049, 1051.
[357] BGH v. 14.03.1978 - VI ZR 213/76 - NJW 1978, 1681; RG v. 07.04.1930 - VI 400/29 - RGZ 128, 149; *Belling* in: Staudinger, § 831 Rn. 99.
[358] BGH v. 30.01.1996 - VI ZR 408/94 - NJW-RR 1996, 867, 868.
[359] BGH v. 30.01.1996 - VI ZR 408/94 - NJW-RR 1996, 867, 868.
[360] *Belling* in: Staudinger, § 831 Rn. 98; BGH v. 21.06.1963 - VI ZR 250/62 - VersR 1963, 1076; *Wagner* in: MünchKomm-BGB, § 831 Rn. 34.

entsprechend reduzieren.[361] Ist wegen hoher Spezialisierung des Gehilfen eine fachliche Überwachung nicht möglich, so bleibt es bei der Haftung für vermutetes Verschulden ohne die Möglichkeit des Entlastungsbeweises.[362]

cc. Der dezentralisierte Entlastungsbeweis

112 Je größer ein Betrieb oder Unternehmen, desto weniger ist es dem Geschäftsherrn möglich, Auswahl, Überwachung und Leitung aller Verrichtungsgehilfen persönlich wahrzunehmen. Diese Aufgaben werden in der Praxis auf einen höheren Angestellten, etwa den Personalleiter übertragen, der sich selbst häufig wiederum weiterer Gehilfen bedient.

113 Bereits das Reichsgericht hat in dieser Konstellation den **dezentralisierten Entlastungsbeweis** zugelassen: Danach kann sich der Unternehmer nach § 831 BGB entlasten, wenn er nachweisen kann, den leitenden Angestellten ordnungsgemäß ausgesucht, überwacht und geleitet zu haben. Es genügt damit die Darlegung der ordnungsgemäßen Pflichterfüllung auf der obersten Hierarchiestufe, eine Erstreckung des Entlastungsbeweises bis zur untersten Hierarchiestufe war damit nicht erforderlich.[363] Grundsätzlich hielt auch der BGH an der Rechtsprechung zum dezentralisierten Entlastungsbeweis fest[364] und ließ den Sorgfaltsnachweis des Geschäftsherrn auf pflichtgemäße Auswahl und Beaufsichtigung des ausgewählten höheren Angestellten zur Führung des Entlastungsbereichs genügen.[365] Allerdings wurde diese Privilegierung von Großunternehmen im Laufe der Zeit durch stets wachsende Anforderungen an den Entlastungsbeweis, die weite Interpretation des Begriffs der verfassungsmäßigen Vertreter im Sinne des § 31 BGB[366] und die Annahme von betrieblichen Organisationspflichten relativiert.[367] Es wird angenommen, dass allgemeine Aufsichtsanordnungen zum Aufgabenkreis des Geschäftsherrn selbst gehören und er sich seiner Pflicht zu einer allgemeinen Oberaufsicht nicht entledigen kann.[368] Ohne den Nachweis diesen Anforderungen genügt zu haben, kann der Entlastungsbeweis nicht geführt werden.[369] Überdies muss der Geschäftsherr im Rahmen des Entlastungsbeweises nachweisen, dass die leitenden Angestellten ihrerseits den nachgeordneten und schädigenden Angestellten sorgfältig ausgewählt, angeleitet und überwacht haben.[370] Damit hat die Rechtsprechung die rechtspolitisch bedenkliche Privilegierung von arbeitsteilig organisierten Schädigern zu korrigieren versucht.[371] Gelingt dem Geschäftsherrn der Entlastungsbeweis, so verliert sich dessen Bedeutung auf Grund des Freistellungsanspruchs des Arbeitnehmers gegenüber dem Arbeitgeber, sodass wirtschaftlich gesehen der Entlastungsbeweis dem Geschäftsherrn nicht von Nutzen ist.[372]

114 Im Bereich der **Umwelt- und Produkthaftung** hat der dezentralisierte Entlastungsbeweis bereits an Bedeutung verloren. So hat der Geschäftsherr hier für alle zur Herstellung des fehlerhaften Produkts herangezogenen Personen einzustehen.[373] Damit muss er sich bezüglich eines jeden Gehilfen hinsichtlich Auswahl und Überwachung entlasten.[374] Zudem unterliegt die Anwendung der Grundsätze des dezentralisierten Entlastungsbeweises durch den Ausbau der Haftung aus § 823 Abs. 1 BGB wegen betrieblichen Organisationsmangels zunehmenden Einschränkungen (vgl. Rn. 3 ff.).[375]

---

[361] BGH v. 11.04.1951 - II ZR 68/50 - BGHZ 1, 383; vgl. auch OLG Koblenz v. 08.10.2010 - 10 U 126/09 - NJW-RR 2011, 1049, 1050.
[362] OLG Bamberg v. 14.12.1992 - 4 U 60/92 - VersR 1994, 813; BGH v. 22.04.1980 - VI ZR 121/78 - BGHZ 77, 74.
[363] RG v. 14.12.1911 - VI 75/11 - RGZ 78, 107; *Spindler* in: Bamberger/Roth, BeckOK-BGB, Ed. 23, § 831 Rn. 33; *Katzenmeier* in: Dauner-Lieb/Langen, NomosKomm-BGB, Schuldrecht, 2012, § 831 Rn. 36.
[364] BGH v. 19.06.1973 - VI ZR 178/71 - VersR 1973, 862.
[365] BGH v. 25.10.1951 - III ZR 95/50 - BGHZ 4, 1, 2.
[366] *Wagner* in: MünchKomm-BGB, § 831, Rn. 43.
[367] *Spindler* in: Bamberger/Roth, BeckOK-BGB, Ed. 23, § 831 Rn. 33; *Katzenmeier* in: Dauner-Lieb/Langen, NomosKomm-BGB, Schuldrecht, 2012, 831 Rn. 36.
[368] BGH v. 25.10.1951 - III ZR 95/50 - BGHZ 4, 1, 2; BGH v. 09.02.1960 - VIII ZR 51/59 - BGHZ 32, 53.
[369] BGH v. 09.02.1960 - VIII ZR 51/59 - BGHZ 32, 53.
[370] *Sprau* in: Palandt, § 831 Rn. 11; *Spindler* in: Bamberger/Roth, BeckOK-BGB, Ed. 23, § 831 Rn. 33.
[371] *Spindler* in: Bamberger/Roth, BeckOK-BGB, Ed. 23, § 831 Rn. 32.
[372] *Spindler* in: Bamberger/Roth, BeckOK-BGB, Ed. 23, § 831 Rn. 35a.
[373] BGH v. 19.06.1973 - VI ZR 178/71 - VersR 1973, 862.
[374] BGH v. 26.11.1968 - VI ZR 212/66 - BGHZ 51, 91, 106.
[375] *Wagner* in: MünchKomm-BGB, § 831 Rn. 43.

dd. Verpflichtung zur sorgfältigen Leitung der Verrichtung

Unter der Pflicht zur sorgfältigen Leitung der Verrichtung ist nicht die allgemeine Unternehmensorganisation zu verstehen, sondern die besondere **Leitung einer konkreten Tätigkeit**.[376] Leitung ist die in Einzelheiten gehende Anleitung und Betreuung bei der Durchführung der Verrichtung.[377] Die Pflicht zur sorgfältigen Leitung besteht jedoch nur in besonderen Fällen, wenn dies nach der Verkehrsanschauung für notwendig erachtet wird.[378] Die Erforderlichkeit richtet sich nach der Lage des Einzelfalles. Grundsätzlich gilt: Je gefährlicher die Verrichtung ist, desto größer sind die Sorgfaltspflichten des Geschäftsherrn.[379] Entscheidend ist aber auch die Person des Verrichtungsgehilfen etwa im Hinblick auf seine praktischen Erfahrungen. Beispielsweise ist eine Leitung dann erforderlich, wenn eine gefährliche Behandlung einem Assistenzarzt übertragen wurde.[380] Die Pflicht zur „sorgfältigen" Leitung bedeutet aber auch, dass im Falle der Notwendigkeit einer Anleitung diese natürlich korrekt, vollständig und eindeutig sein muss.[381] Der konkrete Umfang der Leitungspflicht ist von den Umständen des Einzelfalls abhängig. Teilweise lässt die Rechtsprechung den Erlass von Dienstanweisungen und Richtlinien genügen, so dass eine persönliche Leitung durch den Geschäftsherrn entbehrlich ist.[382] Beispielsweise gilt dies bezüglich des Verhaltens des Linienbuspersonals zur Überwachung des Ein- und Aussteigens von Fahrgästen[383] oder bezüglich der Pflicht des Mineralölhändlers, seine Fahrer eingehend über die beim Betanken von Ölheizungsanlagen üblichen technischen Gegebenheiten der Tankanlagen und über zu beachtende Sicherheitsvorkehrungen und Verhaltensmaßregeln zu belehren.[384] Ebenso hat der Geschäftsherr es zu verhindern, dass ein Fernfahrer übermüdet seine Tätigkeit fortsetzt.[385] Die Leitung kann auch auf eine sorgfältig ausgewählten Angestellten übertragen werden.[386] Hinsichtlich der Beweislast für das Vorhandensein einer besonderen Leitungspflicht trägt der Geschädigte die Beweislast.[387] Der Geschäftsherr muss sich dann allerdings hinsichtlich ihrer Erfüllung entlasten. Überträgt der Geschäftsherr einem zu Recht für kompetent erachteten Gehilfen eine bestimmte Aufgabe zur Erledigung, besteht schon gar keine Leitungspflicht und folgerichtig bedarf es keiner Entlastung; vielmehr hat der Geschädigte in einem Fall dieser Art nachzuweisen, dass der Geschäftsherr seinen Betrieb nicht in einer den Sorgfaltsanforderungen gemäßen Weise organisiert hat.[388]

115

ee. Verpflichtung zur sorgfältigen Beschaffung von Vorrichtungen und Gerätschaften

Die Verpflichtung zur sorgfältigen **Beschaffung von Vorrichtungen und Gerätschaften** besteht nicht zwangsläufig, sondern nur dann, wenn die Tätigkeit die Beschaffung erforderlich macht.[389] Die Beschaffungspflicht hängt dabei von den Umständen des Einzelfalles und der Verkehrssitte ab.[390] Dass seitens des Geschäftsherrn eine solche Beschaffungspflicht besteht, hat der Geschädigte zu beweisen.[391] Die Beschaffungsverpflichtung auferlegt es dem Geschäftsherrn, die zur Tätigkeit notwendigen Gerätschaften zu besorgen und bereitzustellen. Zu den Vorrichtungen gehört zudem auch die Vorbereitung der Arbeitsstätte selbst.[392] Nach den Gefahren, die von der konkreten Tätigkeit ausgehen, richtet sich auch die Verpflichtung, den Verrichtungsgehilfen entsprechend in der Bedienung der Hilfsmittel anzuweisen. Bei Gerätschaften, die zum Standardinventar gehören, genügt es jedoch, wenn der Geschäftsherr diese besorgt und bereitstellt, da er davon ausgehen darf, dass seine Hilfsperson auch damit

116

---

[376] BGH v. 04.11.1953 - VI ZR 64/52 - BGHZ 11, 151, 153.
[377] *Belling* in: Staudinger, § 831 Rn. 107.
[378] RG v. 20.11.1902 - VI 268/02 - RGZ 53, 53; RG v. 26.04.1913 - VI 572/12 - RGZ 82, 206.
[379] *Sprau* in: Palandt, § 831 Rn. 15; OLG Nürnberg v. 07.02.1966 - 5 U 59/65 - VersR 1966, 767.
[380] BGH v. 14.03.1978 - VI ZR 213/76 - VersR 1978, 542.
[381] *Wagner* in: MünchKomm-BGB, § 831 Rn. 40.
[382] *Katzenmeier* in: Dauner-Lieb/Langen, NomosKomm-BGB, Schuldrecht, 2012, § 831 Rn. 37; *Schiemann* in: Erman, § 831 Rn. 22.
[383] BGH v. 18.02.1969 - VI ZR 238/67 - VersR 1969, 518.
[384] BGH v. 15.10.1971 - I ZR 27/70 - BB 1972, 62; BGH v. 04.03.1982 - III ZR 150/80 - BB 1982, 767.
[385] BGH v. 29.09.1952 - III ZR 251/51 - LM Nr. 3 zu § 831.
[386] *Sprau* in: Palandt, § 831 Rn. 15.
[387] RG v. 04.12.1902 - VI 256/02 - RGZ 53, 123.
[388] *Wagner* in: MünchKomm-BGB, § 831 Rn. 35.
[389] *Spindler* in: Bamberger/Roth, BeckOK-BGB, Ed. 23, § 831 Rn. 32.
[390] *Sprau* in: Palandt, § 831 Rn. 14; *Belling* in: Staudinger, § 831 Rn. 109.
[391] RG v. 04.12.1902 - VI 256/02 - RGZ 53, 123.
[392] *Schiemann* in: Erman, § 831 Rn. 23.

umgehen kann.³⁹³ Der Geschäftsherr kann die Beschaffungspflicht auf einen Dritten übertragen,³⁹⁴ eine persönliche Auswahl der Gerätschaften ist nicht erforderlich.³⁹⁵ Ebenso genügt es, dass die Gerätschaften bereits vorhanden sind.³⁹⁶ Praxisrelevant ist vor allem die Verpflichtung des Fahrzeughalters, die Verkehrstüchtigkeit des zur Verfügung gestellten Fahrzeuges sicherzustellen;³⁹⁷ ebenso hat der Unternehmer Sorge zu tragen, dass die beschafften Baugeräte den erforderlichen Schutz- und Sicherheitsanforderungen entsprechen³⁹⁸. Auch der Krankenhausträger unterliegt der Pflicht mangelfreie medizinische Apparate zur Verfügung zu stellen.³⁹⁹

ff. Einzelfälle

117 **Kraftfahrer**: Hinsichtlich der **Auswahl** von Kraftfahrern und Fahrern öffentlicher Verkehrsmittel genügt nicht die Überprüfung der nötigen Sachkunde und technischen Geschicklichkeit. Vielmehr hat der Arbeitgeber seinen Fahrer auch auf seine charakterliche Eignung, vor allem Besonnenheit und Verantwortungsgefühl, hin zu überprüfen, da von der übertragenen Tätigkeit erhebliche Gefahren ausgehen.⁴⁰⁰ Hier sind allein die Vorlage von Zeugnissen und die Einsicht in den Führerschein jedenfalls nicht ausreichend.⁴⁰¹ Auch pauschales Vorbringen des Geschäftsherrn, dass der Gehilfe der Geeignetste unter mehreren Bewerbern gewesen sei, reicht nicht aus, um den strengen Anforderungen an eine sorgfältige Auswahl im Sinne des § 831 Abs. 1 Satz 2 BGB gerecht zu werden. Da offen bleibt, über welche Qualifikationen die anderen Bewerber verfügten, besagt der Vortrag, der Gehilfe sei der Geeignetste unter mehreren Bewerbern gewesen, nichts.⁴⁰²

118 Einem Unternehmen fällt kein Auswahlverschulden im Sinne des § 831 BGB zur Last, wenn es einen ehemaligen Lkw-Fahrer, der nach erfolgreicher Prüfung den so genannten Staplerschein erworben hat, im Werksverkehr als Gabelstaplerfahrer einsetzt. Ähnlich strenge Anforderungen wie sie an die Überwachung von Kraftfahrzeugführern im öffentlichen Verkehr zu stellen sind, sind bei einem Gabelstaplerfahrer nicht angebracht.⁴⁰³

119 Im Rahmen der **Überwachungssorgfalt** obliegt es dem Geschäftsherrn, den Fahrer regelmäßig zu kontrollieren und ihm entsprechende Anweisungen zu erteilen.⁴⁰⁴ Dabei bedürfen Fahrer von Lastkraftwagen der besonderen Überprüfung, vor allem dann, wenn es sich um einen vorbestraften Fahrer handelt, da von Lastkraftwagen mehr Gefahren für Dritte ausgehen als etwa von Personenkraftwagen.⁴⁰⁵ Im Interesse der Verkehrssicherheit sind an eine ausreichende Überwachung eines angestellten Kraftfahrers strenge Anforderungen zu stellen, insbesondere muss die Überwachung auch die Fahrweise miteinbeziehen.⁴⁰⁶ Die Überwachung ist unauffällig vorzunehmen, beispielsweise durch häufiges Mitfahren des Vorgesetzten, so dass dies nicht mehr als Kontrolle empfunden wird, oder unbemerktes und unauffälliges Hinterherfahren und Beobachten aus einem anderen Fahrzeug.⁴⁰⁷ Verdeckte Kontrollfahrten sind geboten, wenn es um die Sicherheit im öffentlichen Personenverkehr geht.⁴⁰⁸ Spezialtransporte erfordern auch eine stichprobenartige Überprüfung hinsichtlich der Befestigung der verladenen Maschinen.⁴⁰⁹ Zudem gehören zur Überwachung des Fahrers periodische ärztliche Untersuchungen zur Über-

---

[393] *Belling* in: Staudinger, § 831 Rn. 112.
[394] RG v. 04.12.1902 - VI 256/02 - RGZ 53, 123; *Spindler* in: Bamberger/Roth, BeckOK-BGB, Ed. 23, § 831 Rn. 32.
[395] *Katzenmeier* in: Dauner-Lieb/Langen, NomosKomm-BGB, Schuldrecht, 2012, § 831 Rn. 40; *Belling* in: Staudinger, § 831 Rn. 112; *Sprau* in: Palandt, § 831 Rn. 14.
[396] *Spindler* in: Bamberger/Roth, BeckOK-BGB, Ed. 23, § 831 Rn. 32.
[397] BGH v. 12.12.1952 - VI ZR 52/52 - VersR 1953, 117.
[398] OLG Köln v. 02.03.1978 - 18 U 133/77 - BauR 1979, 268; OLG Köln v. 17.04.1991 - 2 U 173/90 - NZV 1992, 279.
[399] OLG Düsseldorf v. 31.10.1984 - 8 U 66/82 - VersR 1985, 744.
[400] BGH v. 15.11.1983 - VI ZR 57/82 - VersR 1984, 67; OLG Hamm v. 23.03.1998 - 6 U 210/97 - NJW-RR 1998, 1403.
[401] OLG Köln v. 21.06.1996 - 19 U 2/96 - NJW-RR 1997, 471.
[402] OLG Köln v. 30.01.2004 - 19 U 74/03 - VersR 2005, 851.
[403] OLG Düsseldorf v. 02.07.2001 - 1 U 113/00 - VersR 2002, 585.
[404] RG v. 07.12.1933 - VI 343/33 - RGZ 142, 356.
[405] BGH v. 07.06.1966 - VI ZR 130/65 - VersR 1966, 929.
[406] OLG Karlsruhe v. 29.01.1999 - 14 U 189/97 - VersR 2000, 863.
[407] BGH v. 25.01.1966 - VI ZR 154/64 - VersR 1966, 364; BGH v. 15.11.1983 - VI ZR 57/82 - VersR 1984, 67; BGH v. 01.07.1997 - VI ZR 205/96 - NJW 1997, 2756.
[408] KG Berlin v. 12.09.2002 - 12 U 9590/00 - NZV 2003, 31.
[409] BGH v. 27.01.1970 - VI ZR 129/68 - VersR 1970, 318.

prüfung der Fahrtüchtigkeit.[410] Besondere Zweifel des Geschäftsherrn hinsichtlich der körperlichen Eignung des Gehilfen sind nicht zu fordern.[411] Für die konkreten Anforderungen an die Überwachung sind stets die jeweiligen Umstände des Einzelfalles maßgeblich.[412] So kann bei längerem unfallfreiem Fahren neben dem persönlichen Eindruck des Geschäftsherrn auch die Auswertung des Fahrtenschreibers ausreichend sein, so dass regelmäßige Kontrollfahrten entbehrlich werden.[413] Ebenfalls bestehen je nach Fahrzeugtyp unter Umständen besondere Anforderungen an die Überwachungsverpflichtung (beispielsweise bei Fahrern von Müllfahrzeugen[414], Krankentransporten[415] oder Treckern[416]).

Die **Leitungssorgfalt** des Geschäftsherrn gebietet es, dass er sämtliche Vorkehrungen unternimmt, eine Übermüdung des Fahrers zu verhindern.[417] In dieser Hinsicht ist der Geschäftsherr vor allem verpflichtet, die Einhaltung der vorgeschriebenen Lenk- und Ruhezeiten für Fernfahrer gemäß Art. 11, 8 AETR, sowie § 1 FPersV (ehemals: § 6 FPersV) mittels der ihm zur Verfügung stehenden, gegebenenfalls auch technischen, Möglichkeiten (beispielsweise zur Standortermittlung von Mobiltelefonen) zu überwachen.[418] Dies kann durch regelmäßige Kontrolle, zum Beispiel durch einen mitfahrenden Kollegen, oder Überprüfung der Fahrtzeitangaben durch Nachfrage bei den Empfängern der Waren geschehen, wobei besondere Sorgfalt vor allem in den ersten Monaten der Beschäftigung eines neuen Fernfahrers geboten ist.[419] Ebenso hat der Geschäftsherr dem Fahrer Anweisungen über die Anbringung von Anhängern und die Kontrolle des Bremssystems zu erteilen.[420]

120

Krankenhaus: Der Krankenhausträger hat einen **Arzt** dahin gehend **auszuwählen**, dass dieser über das erforderliche Maß an Wissen und Erfahrung hinsichtlich der zu übertragenden Tätigkeit verfügt. Der Arzt muss die fachlichen und charakterlichen Qualifikationen aufweisen, die für einen selbständig einsetzbaren Klinikarzt zu fordern sind.[421] Er muss vor allem auch in der Lage sein, medizinische Geräte zu bedienen und zu überwachen.[422] Ist wegen hoher Spezialisierung des Arztes eine fachliche Überwachung nicht möglich, so bleibt es bei der Haftung für vermutetes Verschulden ohne die Möglichkeit des Entlastungsbeweises (vgl. Rn. 105). Dagegen ist bereits die Einordnung des Arztes als Verrichtungsgehilfe zu verneinen, wenn dieser, so etwa bei einem leitenden Chefarzt, in medizinischen Dingen weisungsfrei ist. Dieser ist vielmehr Repräsentant des Krankenhausträgers und damit Organ im Sinne des § 31 BGB (vgl. Rn. 48).

121

Im Rahmen der **Überwachung** und **Leitung** der Tätigkeit sind besonders bei Assistenzärzten strenge Kontrollen durch den Krankenhausträger erforderlich. Er hat vor allem in der Anfangszeit darauf zu achten, dass dienstliche Anweisungen eingehalten werden.[423] Der Krankenhausträger genügt zudem seiner Pflicht, die Ärzte des Krankenhauses vollständig und umfassend über den Inhalt der ihnen obliegenden Aufklärungspflicht zu unterrichten, nicht dadurch, dass der Chefarzt allgemein auf die erforderliche Aufklärung vor der Operation hinweist und einschlägige Urteile übersendet.[424] Der Träger des Krankenhauses kann sich auch nicht dadurch entlasten, dass er vorträgt, der Chefarzt habe jahrelang die ihm obliegende Aufgabe ohne Beanstandung erfüllt.[425] Schließlich hat der Krankenhausträger zum Schutz des Patienten dafür Sorge zu tragen, dass keine durch vorangegangenen Nachtdienst übermüdeten Ärzte zum Operationsdienst eingeteilt werden. Er muss organisatorisch gewährleisten, dass er mit dem vorhandenen ärztlichen Personal seine Aufgaben erfüllen kann.[426] Bei der gefahrvollen Arbeit eines Arztes sind neben der Sachkunde auch moralische Eigenschaften wie Charakterstärke, Beson-

122

---

[410] LG Stuttgart v. 08.05.1998 - 24 O 517/97 - NJW-RR 1998, 1401.
[411] So noch BGH v. 30.06.1964 - VI ZR 91/63 - NJW 1964, 2401; sowie *Belling* in: Staudinger, § 831 Rn. 106.
[412] BGH v. 22.11.1957 - VI ZR 185/56 - BB 1958, 7; BGH v. 25.01.1966 - VI ZR 190/64 - VersR 1966, 490.
[413] BGH v. 15.11.1983 - VI ZR 57/82 - VersR 1984, 67.
[414] OLG Düsseldorf v. 16.12.1970 - 1 U 117/70 - VersR 1971, 573.
[415] BGH v. 16.11.1962 - VI ZR 11/62 - VersR 1963, 239.
[416] BGH v. 08.07.1969 - VI ZR 260/67 - VersR 1969, 906.
[417] *Sprau* in: Palandt, § 831 Rn. 15; *Spindler* in: Bamberger/Roth, BeckOK-BGB, Ed. 23, § 831 Rn. 39.
[418] OLG Hamm v. 09.12.2008 - I-9 U 20/08, 9 U 20/08 - NJW 2009, 2685, 2687.
[419] OLG Hamm v. 09.12.2008 - I-9 U 20/08, 9 U 20/08 - NJW 2009, 2685, 2686.
[420] BGH v. 21.04.1956 - VI ZR 35/55 - VersR 1956, 382.
[421] BGH v. 14.03.1978 - VI ZR 213/76 - VersR 1978, 542; OLG Köln v. 22.01.1987 - 7 U 193/86 - VersR 1988, 44.
[422] BGH v. 29.05.1979 - VI ZR 137/78 - VersR 1979, 844.
[423] BGH v. 26.04.1988 - VI ZR 246/86 - VersR 1988, 723.
[424] KG Berlin v. 06.11.1978 - 12 U 1260/78 - VersR 1979, 260.
[425] KG Berlin v. 06.11.1978 - 12 U 1260/78 - VersR 1979, 260.
[426] BGH v. 29.10.1985 - VI ZR 85/84 - MDR 1986, 306.

nenheit und Verantwortungsgefühl zu prüfen, wobei der Geschäftsherr umso sorgfältiger prüfen muss, je verantwortungsvoller und schwieriger die Tätigkeit ist[427] (vgl. Rn. 111). Der Krankenhausträger muss im Hinblick auf einen Gesundheitsschaden eines Patienten darlegen und beweisen, dass der Fehler nicht in der Organisation oder Anleitung und Überwachung des Personals seinen Ursprung hat.[428]

123 Die Übertragung von medizinischen Tätigkeiten auf **Krankenschwestern** oder anderes **medizinisches Hilfspersonal** ist nicht von vornherein als Behandlungsfehler zu qualifizieren. Jedoch muss gewährleistet sein, dass die Krankenschwester die hinreichende Qualifikation für eine intravenöse Injektion hat und sich wegen der Art der Erkrankung und der Lokalisation der Injektion keine besonderen Komplikationen ergeben. Zudem muss der Arzt sich in regelmäßigen Abständen durch Kontrollen von der fachgerechten Injektionstechnik überzeugen.[429] Vergleichbare Überwachungspflichten treffen den Arzt auch bei der Bedienung medizinischer Geräte durch das medizinische Hilfspersonal.[430]

124 **Haftpflichtversicherung**: Der Geschäftsherr ist nicht dazu verpflichtet, für den Gehilfen eine Haftpflichtversicherung abzuschließen. Sinn und Zweck der ihm obliegenden Auswahl, Überwachung und Leitung des Gehilfen ist es, rechtswidrige, schädigende Handlungen Dritter zu verhindern, nicht aber, für den Fall eines entstandenen Schadens dem Geschädigten einen zahlungsfähigen Schuldner zu verschaffen, da hiervon das Integritätsinteresse des Geschädigten nicht betroffen wird[431] (vgl. Rn. 115).

125 **Rechtsanwalt**: Ein Mandant, der sich einem Rechtsanwalt anvertraut, ist nicht gehalten, dessen Eignung zu kontrollieren. Er darf sich darauf verlassen, dass der Rechtsanwalt im Hinblick auf seine akademische Ausbildung und staatliche Zulassung über eine hinreichende Qualifikation verfügt und der ihm übertragenen Aufgabe eigenverantwortlich gerecht werden kann. Der Mandant ist damit auch nicht verpflichtet, den Rechtsanwalt zu überwachen.[432]

b. Die Entlastung hinsichtlich der Ursächlichkeit (Absatz 1 Satz 2 Alternative 2)

126 Hat der Geschäftsherr die im Rahmen des § 831 Abs. 1 Satz 2 Alt. 1 BGB erforderliche Sorgfalt nicht eingehalten oder ist ihm der Entlastungsbeweis hinsichtlich des sorgfaltsgemäßen Verhaltens nicht gelungen, kann er sich auch mit dem Nachweis entlasten, dass der Schaden auch bei sorgfaltsgemäßem Verhalten eingetreten wäre.[433] Er muss damit den Nachweis führen, dass es an der erforderlichen **Ursächlichkeit zwischen der Sorgfaltspflichtverletzung und dem Schaden** fehlt.[434] Ausreichend ist es insoweit aber nicht, wenn der Geschäftsherr lediglich die bloße Möglichkeit nachweisen kann, dass der Schaden auch bei pflichtgemäßem Verhalten eingetreten wäre.[435] Vielmehr muss er den Beweis dafür erbringen, dass der entsprechende Schaden auch von einer ordnungsgemäß ausgewählten bzw. überwachten Person verursacht worden wäre,[436] oder dass auch ein anderer Geschäftsherr bei Beachtung der erforderlichen Sorgfalt nach den Unterlagen, die er eingeholt hätte, den Gehilfen ausgewählt hätte.[437]

127 Die Entlastung des Geschäftsherrn hinsichtlich der Ursächlichkeit darf dabei nicht mit dem Nachweis verwechselt werden, dass der Verrichtungsgehilfe sich **verkehrsrichtig** verhalten hat (vgl. Rn. 79).

---

[427] Brandenburgisches Oberlandesgericht v. 12.07.2007 - 12 U 207/06 - juris Rn. 19.
[428] BGH v. 03.11.1981 - VI ZR 119/80 - NJW 1982, 699; BGH v. 09.05.1978 - VI ZR 81/77 - NJW 1978, 1683.
[429] LG Berlin v. 28.06.1993 - 6 O 330/92 - NJW-RR 1994, 801.
[430] *Spindler* in: Bamberger/Roth, BeckOK-BGB, Ed. 23, § 831 Rn. 42; BGH v. 08.03.1960 - VI ZR 45/59 - VersR 1960, 371.
[431] BGH v. 22.12.1953 - V ZR 175/52 - BGHZ 12, 75, 79.
[432] OLG Koblenz v. 08.11.1988 - 6 W 681/88 - NJW-RR 1989, 363.
[433] *Wagner* in: MünchKomm-BGB, § 831 Rn. 46; *Katzenmeier* in: Dauner-Lieb/Langen, NomosKomm-BGB, Schuldrecht, 2012, § 831 Rn. 41.
[434] *Sprau* in: Palandt, § 831 Rn. 16; *Belling* in: Staudinger, § 831 Rn. 113; vgl. auch OLG Nürnberg v. 30.12.2011 - 14 U 852/10 - NJW-RR 2012, 542, 545.
[435] BGH v. 04.02.1980 - II ZR 55/79 - VersR 1980, 573; RG v. 06.01.1939 - III 26/38 - RGZ 159, 283; RG v. 18.02.1939 - VI 228/38 - RGZ 159, 312.
[436] BGH v. 14.01.1954 - III ZR 221/52 - BGHZ 12, 94, 96; BGH v. 29.10.1985 - VI ZR 85/84 - NJW 1986, 776, 777; OLG Köln v. 16.03.1995 - 7 U 19/94 - VersR 1996, 1290; vgl. auch OLG Nürnberg v. 30.12.2011 - 14 U 852/10 - NJW-RR 2012, 542, 545.
[437] BGH v. 25.10.1951 - III ZR 95/50 - BGHZ 4, 1, 4.

Ein **Rechtswidrigkeitszusammenhang** zwischen der Pflichtverletzung des Geschäftsherrn und dem Schaden des Dritten wird nicht gefordert (vgl. Rn. 105).[438] Es kommt nicht darauf an, ob gerade derjenige Mangel in der Person des Gehilfen, den der Geschäftsherr pflichtwidrig nicht erkannte, zum Eintritt des Schadens führte.[439] Es genügt, dass durch seine Sorgfaltspflichtverletzung die abstrakte Gefahr von Fehlhandlungen des Gehilfen erhöht worden ist.[440]

128

II. Absatz 2

Die **Übernahmehaftung** aus § 831 Abs. 2 BGB begründet eine gleiche Haftungsverpflichtung für Schäden durch den Verrichtungsgehilfen, wie sie auch den Geschäftsherrn trifft. Es handelt sich daher wie bei § 831 Abs. 1 BGB um einen Fall „mittelbarer Schädigung".[441] Es soll hierdurch möglichst verhindert werden, dass der Geschäftsherr seine Sorgfaltspflichten überträgt zu dem Zwecke, sich der eigenen Haftung zu entziehen.[442] Es soll dann wenigstens der Übernehmer zur Haftung herangezogen werden können.[443] Damit greift § 831 Abs. 2 BGB einen allgemeinen Gedanken auf, der sich ebenfalls in den §§ 834, 838 BGB findet.[444] Die Eigenhaftung des Übernehmers steht dabei in engem Zusammenhang mit der allgemeinen Übernehmerhaftung aus § 823 BGB, wobei § 831 Abs. 2 BGB die speziellere Norm ist. Wie bereits im Rahmen des § 831 Abs. 1 BGB stellt auch die Übernahmehaftung gegenüber der Haftung aus § 823 BGB aufgrund der Verschuldens- und Kausalitätsvermutung die schärfere Haftungsgrundlage dar. Dabei richtet sich die Übernehmerhaftung zwar grundsätzlich nach den allgemeinen Regeln des § 823 BGB. Bei Vorliegen der Voraussetzungen des § 831 Abs. 2 BGB haftet der Übernehmer jedoch auch infolge vermuteten Eigenverschuldens. Die §§ 823 BGB, 831 Abs. 2 BGB stehen insoweit nebeneinander.[445]

129

Der **Anwendungsbereich** des § 831 Abs. 2 BGB umfasst nicht die Haftung für Personen, für die der Geschäftsherr bereits nach § 831 Abs. 1 BGB haftet.[446] Zudem fallen auch **Organe** oder Repräsentanten einer juristischen Person aus dem Anwendungsbereich der Übernehmerhaftung heraus. Diese handeln aufgrund ihres Anstellungsvertrags für das Unternehmen, eine Zuständigkeitsübernahme bzgl. der in Absatz 1 genannten Pflichten ergibt sich hieraus jedoch nicht. Vielmehr bleibt der Unternehmensträger selbst weiterhin für sämtliche nachgeordneten Mitarbeiter zuständig. Das Organ handelt dagegen aufgrund seines Geschäftsführervertrags unmittelbar für den Unternehmensträger, dem Pflichtverletzungen bei Auswahl, Überwachung und Leitung von Verrichtungsgehilfen über § 31 BGB als Eigenverhalten zugerechnet werden.[447] Geschäftsherr im Sinne des § 831 BGB bleibt auch bei Aufgabenübertragung auf das Organ der Unternehmensträger selbst, eine Geschäftsherreneigenschaft des Organs wird nicht begründet.[448] Die Übernehmerhaftung soll nicht dazu dienen, eine Eigenhaftung von Organen für deliktische Handlungen von Verrichtungsgehilfen der juristischen Person zu kreieren. Die gesellschaftsinterne Organisationspflicht des Organs besteht jedenfalls grundsätzlich nur der Gesellschaft gegenüber und nicht auch im Verhältnis zu Außenstehenden.[449] Die Vorteile der geschäftlichen Tätigkeit kommen der Gesellschaft zugute, so dass auch diese primär für die Verletzung der damit einhergehenden Pflichten zu haften hat.[450] Daher haftet auch der Geschäftsführer einer GmbH Dritten gegenüber bei Verletzung seiner Aufsichtspflichten für unerlaubte Handlungen von Angestellten nur nach Maßgabe des § 43 GmbHG, nicht aber aus § 831 BGB.[451] Gleiches ergibt sich aus § 93 AktG und

130

---

[438] *Matusche-Beckmann*, Das Organisationsverschulden, 2001, S. 31.
[439] BGH v. 14.03.1978 - VI ZR 213/76 - NJW 1978, 1681, 1682; BGH v. 15.03.1960 - VI ZR 52/59 - BB 1960, 372.
[440] OLG Braunschweig v. 24.02.1998 - 4 U 32/97 - BauR 1999, 416.
[441] *Belling* in: Staudinger, § 831 Rn. 124.
[442] *Katzenmeier* in: Dauner-Lieb/Langen, NomosKomm-BGB, Schuldrecht, 2012, § 831 Rn. 42; *Schiemann* in: Erman, § 831 Rn. 27.
[443] *Schiemann* in: Erman, § 831 Rn. 27.
[444] *Spindler* in: Bamberger/Roth, BeckOK-BGB, Ed. 23, § 831 Rn. 45.
[445] *Belling* in: Staudinger, § 831 Rn. 124.
[446] *Katzenmeier* in: Dauner-Lieb/Langen, NomosKomm-BGB, Schuldrecht, 2012, § 831 Rn. 42; *Spindler* in: Bamberger/Roth, BeckOK-BGB, Ed. 23, § 831 Rn. 45.
[447] BGH v. 14.05.1974 - VI ZR 8/73 - NJW 1974, 1371.
[448] BGH v. 05.12.1989 - VI ZR 335/88 - BGHZ 109, 297, 304; BGH v. 13.04.1994 - II ZR 16/93 - BGHZ 125, 366, 375.
[449] BGH v. 13.04.1994 - II ZR 16/93 - BGHZ 125, 366, 375.
[450] *Belling* in: Staudinger, § 831 Rn. 129.
[451] BGH v. 14.05.1974 - VI ZR 8/73 - NJW 1974, 1371, 1372.

§ 34 GenG.[452] Damit beschränkt sich der Anwendungsbereich des § 831 Abs. 2 BGB auf die Übernahme fremder Sorgfaltspflichten durch **selbständige Unternehmen**, welche diese in Eigenverantwortung wahrnehmen.[453]

1. Übernahme durch Vertrag

131 Voraussetzung des § 831 Abs. 2 BGB ist die **vertragliche Übernahme** der Haftung für die Hilfsperson. Dabei muss der Vertrag nicht mit dem Geschäftsherrn selbst abgeschlossen worden sein, der Abschluss mit einem Dritten genügt. Erforderlich aber auch ausreichend ist, dass die Pflichten aus § 831 Abs. 1 BGB tatsächlich übernommen werden.[454] Dagegen genügt die bloß tatsächliche Übernahme etwa im Rahmen einer Geschäftsführung ohne Auftrag oder aus Gefälligkeit nicht.[455] Auf die Wirksamkeit des Vertrags kommt es nicht an.[456] Sinn und Zweck des Erfordernisses eines Vertrags ist, dass eine eigene Haftungsverantwortung nicht schon bei reiner Gefälligkeitsübernahme begründet werden soll. Hierzu ist jedoch die Wirksamkeit des Vertrags nicht erforderlich, es kommt entscheidend nur auf die Wirksamkeit der einseitigen Übernahmeverpflichtung durch den Übernehmenden selbst an, so dass jedenfalls ein entsprechender Rechtsbindungswille bezüglich der Verantwortungsübernahme erforderlich ist.[457] Denn erst hierdurch werden besondere Erwartungen und damit das Vertrauen des Rechtsverkehrs begründet.[458] Dies ist jedoch keineswegs unumstritten[459]. Nach anderer Ansicht, die sich streng am Wortlaut der Vorschrift orientiert, soll die Wirksamkeit des Vertrages hingegen erforderlich sein[460] oder jedenfalls anhand des jeweiligen Unwirksamkeitsgrundes differenziert werden.[461] Der Übernahmevertrag kann auch konkludent geschlossen sein.[462]

2. Übernahme eigener Pflichten

132 Hinzukommen muss weiter, dass der Übernehmer die in § 831 Abs. 1 BGB festgeschriebenen Pflichten **als eigene übernimmt**, allein die Wahrnehmung für den Geschäftsherrn genügt nicht.[463] Praxisrelevante Anwendungsfälle ergeben sich etwa bei der Beauftragung eines anderen Unternehmens mit der Wahrnehmung der Aufgaben eines Geschäftsherrn, beispielsweise im Wege des Outsourcings oder bei der Überlassung von Leiharbeitskräften (vgl. Rn. 48).[464] Die durch diese zusätzliche Anforderung bewirkte Einschränkung der Anwendbarkeit des § 831 Abs. 2 BGB ist ebenfalls Gegenstand kontroverser Diskussion in der Literatur.[465]

133 **Leitende Angestellte** wie Werksführer oder Betriebsleiter übernehmen in der Regel vertraglich nicht die Pflichten des Geschäftsherrn.[466] **Chefärzte** hingegen sind in Krankenhäusern zumeist vertraglich zur Aufsicht über Krankenschwestern und medizinisches Hilfspersonal verpflichtet.[467]

---

[452] *Belling* in: Staudinger, § 831 Rn. 129.
[453] *Wagner* in: MünchKomm-BGB, § 831 Rn. 51; *Katzenmeier* in: Dauner-Lieb/Langen, NomosKomm-BGB, Schuldrecht, 2012, § 831 Rn. 43; *Belling* in: Staudinger, § 831 Rn. 126.
[454] RG v. 26.04.1913 - VI 572/12 - RGZ 82, 206; *Katzenmeier* in: Dauner-Lieb/Langen, NomosKomm-BGB, Schuldrecht, 2012, § 831 Rn. 44.
[455] *Sprau* in: Palandt, § 831 Rn. 17; *Katzenmeier* in: Dauner-Lieb/Langen, NomosKomm-BGB, Schuldrecht, 2012, § 831 Rn. 44; *Spindler* in: Bamberger/Roth, BeckOK-BGB, Ed. 23, § 831 Rn. 47.
[456] *Wagner* in: MünchKomm-BGB, § 831 Rn. 51; *Katzenmeier* in: Dauner-Lieb/Langen, NomosKomm-BGB, Schuldrecht, 2012, § 831 Rn. 44; a.A. *Sprau* in: Palandt, § 831 Rn. 17.
[457] *Belling* in: Staudinger, § 831 Rn. 126.
[458] *Belling* in: Staudinger, § 831 Rn. 126.
[459] Vgl. zum Streitstand: *Belling* in: Staudinger, § 831 Rn. 126.
[460] *Sprau* in: Palandt, § 831 Rn. 17; *Larenz/Canaris*, Schuldrecht, II/2, § 79 III 7, S. 484.
[461] *Belling* in: Staudinger, § 831 Rn. 126.
[462] *Katzenmeier* in: Dauner-Lieb/Langen, NomosKomm-BGB, Schuldrecht, 2012, § 831 Rn. 44.
[463] *Belling* in: Staudinger, § 831 Rn. 127.
[464] *Katzenmeier* in: Dauner-Lieb/Langen, NomosKomm-BGB, Schuldrecht, 2012, § 831 Rn. 44; *Schiemann* in: Erman, § 831 Rn. 27.
[465] Vgl. zum Ganzen: *Belling* in: Staudinger, § 831 Rn. 128.
[466] *Spindler* in: Bamberger/Roth, BeckOK-BGB, Ed. 23, § 831 Rn. 45; *Belling* in: Staudinger, § 831 Rn. 130.
[467] BGH v. 08.03.1960 - VI ZR 45/59 - VersR 1960, 371.

3. Gesamtschuldnerische Haftung

Da der Geschäftsherr sich nicht gänzlich durch Übertragung seiner Pflichten aus § 831 Abs. 1 BGB seiner eigenen Schutzpflichten entledigen kann, sondern zumindest selbst für die richtige Auswahl des Übernehmers verantwortlich bleibt,[468] ist denkbar, dass die Haftung des Geschäftsherrn aus Absatz 1 neben die Haftung des Übernehmers aus Absatz 2 tritt. Beide haften sodann als **Gesamtschuldner** nach § 840 Abs. 1 BGB (vgl. die Kommentierung zu § 840 BGB Rn. 11). Der Ausgleich im Innenverhältnis richtet sich nach dem zwischen ihnen bestehenden Rechtsverhältnis, nicht nach § 840 Abs. 2 BGB.[469] Dem Geschädigten kommt dabei ein Wahlrecht bzgl. der Person, die er in Anspruch nehmen will, zu, § 421 BGB.[470]

134

Besteht hinsichtlich der vertraglichen Übernahmeverpflichtung Streit, sollte seitens des Geschädigten eine **Streitverkündung** in Betracht gezogen werden.[471]

135

D. Rechtsfolgen

Der **Haftungsumfang** des Geschäftsherrn richtet sich nach den allgemeinen Vorschriften der §§ 249 ff. BGB (Einzelheiten in der Kommentierung zu § 249 BGB und den folgenden Kommentierungen). Ergänzend sind bei Personenschäden die §§ 842-846 BGB sowie bei Sachschäden die §§ 848-851 BGB heranzuziehen. Ersetzt wird grundsätzlich das **negative Interesse**, d.h. der Geschädigte ist so zu stellen, wie er ohne das haftungsbegründende Ereignis stünde, auch dann, wenn zwischen Geschädigtem und Geschäftsherrn eine vertragliche Beziehung bestanden hat.[472] Für die Höhe des Schadensersatzes ist unerheblich, ob der Verrichtungsgehilfe vorsätzlich oder fahrlässig gehandelt hat,[473] zumal es auf sein Verschulden überhaupt nicht ankommt.

136

Der Geschädigte muss sich sein eigenes **Mitverschulden** an der Entstehung des Schadens nach § 254 BGB zurechnen lassen.[474] Dabei kann sich der Geschäftsherr selbst dann auf das Mitverschulden des Geschädigten berufen, wenn der eigene Gehilfe vorsätzlich gehandelt hat.[475] Bei Vorsatz des Geschädigten entfällt die Ersatzpflicht (vgl. Rn. 19).

137

Mit Ausnahme der §§ 844 ff. BGB steht der Schadensersatzanspruch grundsätzlich nur der geschädigten Person selbst zu. **Drittbetroffenen**, die aufgrund der Schädigung eines anderen einen Vermögensschaden oder seelischen Schaden erleiden, steht nur dann ein Ersatzanspruch zu, wenn sie selbst in eigenen Rechtsgütern verletzt wurden.[476]

138

E. Prozessuale Hinweise

Der **Geschädigte** hat die widerrechtliche Schadenzufügung durch eine zur Verrichtung bestellte Person sowie deren Zugehörigkeit zum Betrieb des Geschäftsherrn darzulegen und zu beweisen.[477] Ihn trifft damit die **Beweislast** für die Geschäftsherreneigenschaft. Zudem obliegt ihm der Beweis der Handlungsfähigkeit des Verrichtungsgehilfen.[478] Sind ausnahmsweise im Rahmen der deliktischen Handlung des Gehilfen auch besondere subjektive Voraussetzungen notwendig (etwa bei § 826 BGB bzw. § 823 Abs. 2 BGB i.V.m. § 263 StGB: vgl. hierzu bereits Rn. 68), so sind diese ebenfalls vom Geschädigten zu beweisen.[479] Nicht erforderlich ist hingegen, dass, kommen mehrere Verrichtungsgehilfen für die Verursachung des Schadens in Betracht, der Verletzte den konkreten Schädiger benennen kann; vielmehr genügt es, wenn er den Vorfall nach Art, Zeit und Umständen so bezeichnen kann, dass

139

---

[468] *Wagner* in: MünchKomm-BGB, § 831 Rn. 51; *Schiemann* in: Erman, § 831 Rn. 27.
[469] *Sprau* in: Palandt, § 831 Rn. 17; *Spindler* in: Bamberger/Roth, BeckOK-BGB, Ed. 23, § 831 Rn. 47.
[470] *Belling* in: Staudinger, § 831 Rn. 123.
[471] *Belling* in: Staudinger, § 831 Rn. 123; BGH v. 19.06.1990 - VI ZR 197/89 - NJW-RR 1990, 1423.
[472] BGH v. 30.05.2000 - IX ZR 121/99 - NJW 2000, 2669, 2670.
[473] *Wagner* in: MünchKomm-BGB, § 823 Rn. 321; *Sprau* in: Palandt, vor § 823 Rn. 17.
[474] OLG Köln v. 23.02.2000 - 11 U 126/99 - NJW 2000, 2905.
[475] BGH v. 10.02.2005 - III ZR 258/04 - VersR 2005, 552.
[476] *Wagner* in: MünchKomm-BGB, § 823 Rn. 322.
[477] RG v. 06.01.1939 - III 26/38 - RGZ 159, 283; BGH v. 21.06.1994 - VI ZR 215/93 - NJW 1994, 2756, 2757; *Matusche-Beckmann*, Das Organisationsverschulden, 2001, S. 31.
[478] BGH v. 10.10.1978 - VI ZR 98/77 - VersR 1978, 1163.
[479] BGH v. 23.03.2010 - VI ZR 57/09 - VersR 2010, 910, 914.

sich ein Tätigwerden einer Hilfsperson ergibt.[480] Ferner muss der Geschädigte nachweisen, dass der Gehilfe die unerlaubte Handlung in Ausübung seiner Verrichtung begangen hat.[481] Ihm obliegt zudem die Beweislast hinsichtlich des Bestehens einer Beschaffungspflicht des Geschäftsherrn sowie dessen Pflicht zur Leitung der konkreten Tätigkeit (vgl. Rn. 115 f.).[482] Schließlich hat er auch eine vertragliche Übernahme der Pflichten im Fall des § 831 Abs. 2 BGB zu beweisen.[483]

140 Der **Geschäftsherr** trägt die **Beweislast** für den Ausschluss der Widerrechtlichkeit der Handlung durch einen Rechtfertigungsgrund. Ihm obliegt damit insbesondere der Beweis des verkehrsrichtigen Verhaltens des Verrichtungsgehilfen (vgl. Rn. 79).[484] Dies führt zu einer Besserstellung des Geschädigten im Hinblick auf die Beweislastverteilung. Hat der Geschäftsherr selbst die schädigende Handlung begangen, obliegt dem Verletzten der Beweis der Rechtswidrigkeit und des Verschuldens. Nach Ansicht des BGH ist diese Besserstellung des Geschädigten vom Gesetzgeber gewollt, da sich der Geschäftsherr häufig entlasten könne. Daher seien hier geringere Anspruchsvoraussetzungen aufgestellt worden.[485] Im Übrigen trifft ihn die Darlegungs- und Beweislast für die Einhaltung der erforderlichen Sorgfalt bei der Auswahl und Überwachung des Verrichtungsgehilfen bzw. die mangelnde Kausalität der Pflichtverstöße (vgl. Rn. 112 ff.).[486] Kann nicht mehr geklärt werden, welche der potentiellen Gehilfen den Schaden verursacht hat, muss sich der Geschäftsherr hinsichtlich aller entlasten, die die schadensträchtige Handlung begangen haben könnten (vgl. Rn. 41)[487] oder er muss die Hilfsperson herausstellen, die die unerlaubte Handlung tatsächlich begangen hat und sich sodann nur hinsichtlich dieser entlasten[488]. Der Geschäftsherr trägt schließlich die Beweislast für seine eigene Schuldunfähigkeit.[489]

141 Grundsätzlich ist der **Umfang** der Anforderungen an den Entlastungsbeweis von den Umständen des Einzelfalles abhängig (vgl. Rn. 106 ff.).

---

[480] *Sprau* in: Palandt, § 831 Rn. 18; *Spindler* in: Bamberger/Roth, BeckOK-BGB, Ed. 23, § 831 Rn. 50; *Wagner* in: MünchKomm-BGB, § 831 Rn. 48; *Matusche-Beckmann*, Das Organisationsverschulden, 2001, S. 31.
[481] BGH v. 06.10.1970 - VI ZR 56/69 - NJW 1971, 31; *Spindler* in: Bamberger/Roth, BeckOK-BGB, Ed. 23, § 831 Rn. 50.
[482] BGH v. 29.10.1985 - VI ZR 85/84 - NJW 1986, 776, 777.
[483] *Schiemann* in: Erman, § 831 Rn. 29.
[484] BGH v. 04.03.1957 - GSZ 1/56 - NJW 1957, 785; OLG Oldenburg v. 08.05.1987 - 6 U 151/85 - NJW-RR 1988, 38; a.A. *Katzenmeier* in: Dauner-Lieb/Langen, NomosKomm-BGB, Schuldrecht, 2012, § 831 Rn. 32.
[485] BGH v. 04.03.1957 - GSZ 1/56 - NJW 1957, 785; *Belling* in: Staudinger, § 831 Rn. 77.
[486] *Wagner* in: MünchKomm-BGB, § 831 Rn. 49; *Sprau* in: Palandt, § 831 Rn. 18.
[487] BGH v. 29.06.1971 - VI ZR 274/69 - VersR 1971, 1021; BGH v. 17.10.1967 - VI ZR 70/66 - NJW 1968, 247.
[488] BGH v. 19.06.1973 - VI ZR 178/71 - NJW 1972, 1602.
[489] *Wagner* in: MünchKomm-BGB, § 831 Rn. 49; *Katzenmeier* in: Dauner-Lieb/Langen, NomosKomm-BGB, Schuldrecht, 2012, § 831 Rn. 47; *Schiemann* in: Erman, § 831 Rn. 16.

§ 832 BGB Haftung des Aufsichtspflichtigen

(Fassung vom 02.01.2002, gültig ab 01.01.2002)

(1) ¹Wer kraft Gesetzes zur Führung der Aufsicht über eine Person verpflichtet ist, die wegen Minderjährigkeit oder wegen ihres geistigen oder körperlichen Zustands der Beaufsichtigung bedarf, ist zum Ersatz des Schadens verpflichtet, den diese Person einem Dritten widerrechtlich zufügt. ²Die Ersatzpflicht tritt nicht ein, wenn er seiner Aufsichtspflicht genügt oder wenn der Schaden auch bei gehöriger Aufsichtsführung entstanden sein würde.

(2) Die gleiche Verantwortlichkeit trifft denjenigen, welcher die Führung der Aufsicht durch Vertrag übernimmt.

Gliederung

A. Grundlagen ... 1	II. Widerrechtliche Schadenszufügung durch den Aufsichtsbedürftigen ... 18
B. Praktische Bedeutung ... 3	III. Schuldhafte Verletzung der Aufsichtspflicht ... 19
C. Anwendungsvoraussetzungen ... 5	1. Kleinkinder bis 5 Jahre ... 22
I. Aufsichtsverhältnis ... 5	2. Kinder 6 bis 10 Jahre ... 29
1. Hauptfall: Eltern – minderjährige Kinder ... 5	3. Jugendliche und Heranwachsende (ab 11 Jahren) ... 38
2. Volljährige ... 6	4. Sonstige Fälle ... 47
3. Vertragliche Übernahme der Aufsicht (Absatz 2) ... 8	D. Rechtsfolgen und Mitverschulden ... 50
4. Folgen der Delegierung der Aufsichtspflicht durch Vertrag ... 16	

A. Grundlagen

Die Haftung des Aufsichtspflichtigen für Schäden Dritter, die sein Aufsichtsbefohlener anrichtet, ist ein Unterfall der Verkehrssicherungspflichtverletzung (vgl. dazu die Kommentierung zu § 823 BGB). Im Gegensatz zur allgemeinen Delikthaftung gem. § 823 BGB wird das Verschulden des Aufsichtspflichtigen vermutet. Ihm obliegt der Beweis, dass die Aufsichtspflicht gewahrt war oder dass trotz gehöriger Aufsicht der Schaden eingetreten wäre. Damit füllt § 832 BGB die Haftungslücke, die § 828 BGB schafft. Danach haften Kinder erst dann selbst, wenn sie 7 Jahre alt sind (im Straßenverkehr ab 10 Jahren) und das Unrecht ihres Tuns erkannt haben.[1] Systematisch konsequent wäre es, im Fall einer Kindeshaftung keine Aufsichtshaftung der Eltern mehr anzunehmen.[2] Die ganz h.M. wendet den § 828 BGB jedoch unabhängig von einem Aufsichtsverschulden an.[3] Rechtspolitisch ist an eine Haftpflichtversicherungspflicht für Eltern zu denken, da die Eltern sowieso oft überfordert sind.[4]

1

Die Beweiserleichterung des § 832 BGB kommt dem Aufsichtsbedürftigen nicht zugute, wenn der Aufsichtspflichtige seine Verletzung verursacht. Anspruchsgrundlagen sind dann § 823 BGB oder § 280 BGB.[5]

2

B. Praktische Bedeutung

Bei Konfliktfällen geht es fast ausschließlich um die Haftung der Eltern für ihre minderjährigen Kinder. Da nicht alle Eltern eine Haftpflichtversicherung abgeschlossen haben, ist häufig ihre persönliche Zahlungspflicht gegenüber dem geschädigten Dritten gefordert. Zentrales Problem ist der Umfang der Aufsichtspflicht. Fürsorge und Erziehung der Kinder zur Selbstständigkeit stehen in einem Spannungsverhältnis. Der Unterschied zur Verletzung von allgemeinen Verkehrssicherungspflichten gem. § 823

3

---

[1] Daher für eine Versicherungspflicht der Kinder: *Schwintowski*, ZRP 2003, 391-395, 394 f.; *Berning/Vortmann*, JA 1986, 12-20, 19 f.
[2] Vgl. dazu *Haberstroh*, VersR 2000, 806-815 Abschnitt II.5.
[3] *Belling* in: Staudinger, § 832 Rn. 169; OLG Oldenburg v. 04.11.2004 - 1 U 73/04.
[4] *Bernau*, VersR 2005, 1346-1352. Ausführlich zu Reformvorstellungen: *Bernau*, Die Aufsichtshaftung der Eltern nach § 832 BGB – Im Wandel, 2005, S. 351-437.
[5] Eine Vermischung der Tatbestände findet sich bei: OLG Hamm v. 09.01.2009 - 9 U 144/08 - OLGR Hamm 2009, 429-430; OLG Frankfurt v. 20.11.2007 - 3 U 91/06 - juris Rn. 14.

BGB ist nicht groß: In vielen Fällen können sich die Eltern verhältnismäßig leicht entlasten, weil ihr Vortrag über Mahnungen und Anweisungen der Kinder kaum nachprüfbar ist. Es spricht viel dafür, die Haftung der Eltern nicht zu sehr anzuspannen. Denn im Gegensatz zu vielen Fällen der Gefährdungshaftung (Tier, Kraftfahrzeug, Anlagen, Produkte) hat die Gesellschaft ein besonderes Interesse an Familien und sollte diese daher auch schützen und Art. 6 GG ernst nehmen.[6]

4   Soweit der Aufsichtspflichtige **haftpflichtversichert** ist, tritt die Versicherung für alle Schäden ein, die nicht vorsätzlich verschuldet sind (§ 81 VVG 2008 = § 152 VVG a.F.). Der Grad der Fahrlässigkeit ist dann relevant, wenn **Sachversicherungen** bei dem Aufsichtspflichtigen Regress nehmen (§ 103 VVG 2008 = § 61 VVG a.F.). In dem häufigen Fall, in dem Kinder von **Wohnungsmietern** einen Brand verursachen, geht die Rechtsprechung allerdings von einem konkludenten Regressverzicht des Gebäudeversicherers sogar bei leichter Fahrlässigkeit der Eltern aus.[7] Dies gilt auch, wenn die Eltern haftpflichtversichert sind.[8] Hat der Mieter jedoch eine eigene Hausratsversicherung, die sich auch auf die vermieteten Gegenstände erstreckt, wird § 59 VVG a.F. (= § 78 VVG 2008) analog angewandt und der Schaden auf beide Versicherungen aufgeteilt.[9] Auf Hausratsversicherungen des Vermieters wird der konkludente Regressverzicht jedoch nicht übertragen.[10]

C. Anwendungsvoraussetzungen

I. Aufsichtsverhältnis

1. Hauptfall: Eltern – minderjährige Kinder

5   Hervorgehoben ist das gesetzliche Aufsichtsverhältnis. Gemeint ist damit vor allem das **Verhältnis der Eltern zu ihren minderjährigen Kindern**. In § 1626 BGB ist den Eltern die Personensorge zugewiesen, die in § 1631 BGB definiert ist. Dies gilt auch für adoptierte Kinder (§ 1754 BGB). Sonderregeln gelten für nicht verheiratete Eltern (§ 1626a BGB), getrennt lebende Eltern (§§ 1671-1672 BGB), für geschäftsunfähige oder tatsächlich verhinderte Eltern (§§ 1673-1675 BGB) und nach Tod eines Elternteils (§§ 1677-1681 BGB). Durch Heirat des Kindes erlischt das Recht zur Personensorge (§ 1633 BGB). Die Aufsichtspflicht besteht nicht mehr, wenn die Personensorge den Eltern gem. §§ 1666-1666a BGB entzogen ist. Ein Elternteil haftet allein, wenn der Schadensfall unter seiner Aufsicht eintritt.[11] Ähnlich ist die Stellung des Vormundes (§§ 1793, 1794, 1800 BGB) und des Pflegers (§§ 1909, 1915 BGB). Im Berufsausbildungsverhältnis gibt es eine solche allgemeine Aufsichtspflicht über den Auszubildenden nicht.[12] § 14 BBiG normiert gerade keine Personensorge, sondern nur Ausbildungspflichten.[13] Allerdings können Ausbildungspflichtverletzungen bei Schadensersatzansprüchen des Unternehmens gegen den Auszubildenden ein Mitverschulden gem. § 254 Abs. 1 BGB begründen.[14]

2. Volljährige

6   Gegenüber **Volljährigen** resultiert eine Aufsichtspflicht vor allem aus einem **Betreuungsverhältnis**. Voraussetzung ist, dass dem Betreuer die ganze oder ein Teil der Personensorge zugewiesen ist (§ 1896 BGB). Die Vermögensbetreuung reicht nicht.[15] Eine ähnliche Rolle hat der Ergänzungspfleger (§ 1909 BGB). Eine weitergehende gesetzliche Aufsichtspflicht über Volljährige gibt es nicht. Die analoge An-

---

[6] *Haberstroh*, VersR 2000, 806-815, II.1; anders *Friedrich*, NZV 2004, 227-231, 229 f., der wegen der stärkeren Belastung vor allem der Autofahrer durch von Kindern verursachte Unfälle gem. § 7 Abs. 2 StVG und § 828 Abs. 2 BGB für eine stärkere Haftung der Eltern plädiert.

[7] BGH v. 08.11.2000 - IV ZR 298/99 - BGHZ 145, 393-400.

[8] BGH v. 13.09.2006 - IV ZR 116/05 - NJW 2006, 3711-3712; BGH v. 13.09.2006 - IV ZR 378/02 - NJW 2006, 3712-3714.

[9] BGH v. 13.09.2006 - IV ZR 273/05 - BGHZ 169, 86-98.

[10] BGH v. 13.09.2006 - IV ZR 26/04 - VersR 2006, 1398-1399. Vgl. dazu zusammenfassend nach früherem VVG: *Armbrüster*, ZfIR 2006, 821-827.

[11] OLG Düsseldorf v. 04.05.2001 - 22 U 190/00 - NJW-RR 2001, 1530-1531.

[12] Es bestehen nur Erinnerungs- und Benachrichtigungspflichten, vgl. BAG v. 07.07.1970 - 1 AZR 507/69 - AP Nr. 59 zu § 611 BGB - Haftung des Arbeitnehmers.

[13] So richtig *Belling* in: Staudinger, § 832 Rn. 21.

[14] BAG v. 20.09.2006 - 10 AZR 439/05 - AP HGB § 60 Nr. 13, Rn. 33-34.

[15] OLG Düsseldorf v. 26.08.2009 - I-15 U 26/09, 15 U 26/09 - juris Rn. 14.

wendung von § 832 BGB auf andere Fälle wird zu Recht abgelehnt, da schon die Sinnhaftigkeit der Vorschrift zweifelhaft ist und die allgemeine Haftung aus Verletzung von Verkehrssicherungspflichten genügt[16].

Ein strafrechtliches Urteil zur Garantenpflicht des Betreuers gem. § 17 TierSchG, § 13 StGB[17] führt zur genaueren Betrachtung der Frage, wie weit der Betreuer Dritte vor Schädigungen durch den Betreuten zu schützen hat. Dabei wird deutlich, dass der Hinweis auf die Übertragung der Personensorge[18] wenig weiter führt, weil sie nur selten vollständig auf den Betreuer übertragen wird.[19] Im Gegensatz zur Vormundschaft soll die Betreuung ja gerade die Autonomie des Betreuten in höchstmöglichem Maß erhalten. Daher wird eine Garantenstellung des Betreuers gem. § 13 StGB nur in seltenen Ausnahmefällen angenommen[20] oder auch ganz abgelehnt.[21] Entsprechend eng ist die zivilrechtliche Haftung des Betreuers zu sehen.[22]

3. Vertragliche Übernahme der Aufsicht (Absatz 2)

Unproblematisch sind die Fälle **professioneller vertraglicher Aufsichtsübernahme** Minderjähriger in privaten Kindergärten[23], Krankenhäusern[24], Pflegefamilien[25], Privatschulen, Kinderheimen[26] und Ferienlagern[27]. Hierzu rechnen auch kommunale Einrichtungen, die freiwillig in Anspruch genommen werden und in denen nicht Beamte i.S.d. § 839 BGB tätig sind (Kindergärten, Krankenhäuser, Alten- und Pflegeheime).[28]

Bei öffentlichen Schulen und bei Zwangseingewiesenen verdrängt die **Amtshaftung** (§ 839 BGB/Art. 34 GG) die Haftung nach den allgemeinen Deliktsvorschriften und damit auch nach § 832 BGB.[29] Unzutreffend wird – nicht reflektiert – § 832 BGB bei Heimunterbringung gem. § 71 JGG angewandt.[30]

Der Unterschied bei staatlicher und privater Aufsicht wird bezweifelt und vorgeschlagen, wenigstens die Haftungsverschärfung auch bei Haftung staatlicher Aufsichtsstellen (z.B. städtischer Kindergärten) anzuwenden.[31] Dafür könnte sprechen, dass § 832 BGB vor allem die Funktion hat, dem Aufsichtspflichtigen den Entlastungsbeweis aufzubürden, da er am besten die Gründe seines Handelns darstellen kann.[32] Allerdings ändert sich am Inhalt der Aufsichtspflicht nichts.[33] Und dann ist zu bezweifeln, ob der Unterschied zur allgemeinen Verkehrssicherungspflichtverletzung des Beamten i.S.d. § 839 BGB groß ist, da sie ja auch wesentlich objektiv bestimmt wird. Der Darstellung des Aufsichtspflichtigen wird in jedem Fall eine entscheidende Bedeutung zuzumessen sein.

Das OLG Koblenz (v. 21.06.2012 - 1 U 1086/11) hat sich dieser Meinung angeschlossen (vgl. auch *Krause* in: Soergel, § 832 BGB Rn. 19; für entsprechende Anwendung: *Belling* in: Staudinger § 832 BGB Rn. 211). Eine Differenzierung nach der öffentlich-rechtlichen oder privatrechtlichen Natur des

---

[16] *Belling* in: Staudinger, § 832 Rn. 7, 44; BGH v. 15.04.1958 - VI ZR 87/57 - NJW 1958, 1775.
[17] OLG Celle v. 21.11.2007 - 32 Ss 99/07 - NJW 2008, 1012.
[18] *Wagner* in: MünchKomm BGB, § 832 Rn. 15; *Belling* in: Staudinger, BGB, § 832 Rn. 25 f.
[19] *Jürgens*, Betreuungsrecht, 4. Aufl. 2010, § 832 BGB Rn. 2.
[20] So z.B. bei tatsächlicher Übernahme der Garantenstellung aufgrund der spezifischen Betreuungsaufgabe, vgl. dazu *Bernau/Rau/Zschieschack*, NJW 2008, 3756, 3760.
[21] *Bienwald*, FamRZ 2008, 1028.
[22] *Bernau/Rau/Zschieschack*, NJW 2008, 3756, 3759; *Bauer/Knieper*, BtPrax 1998, 123, 124 f.
[23] OLG Köln v. 20.05.1999 - 7 U 5/99 - MDR 1999, 997-998: es wendet die gleichen Haftungsmaßstäbe bei öffentlichen Kindergärten an; vgl. dazu *Hundmeyer/Prott*, ZfJ 2005, 232-237; *Jeha*, HGZ 2005, 54-57; *Ollmann*, ZfJ 2004, 1-7.
[24] BGH v. 19.01.1984 - III ZR 172/82 - LM Nr. 14 zu § 832 BGB.
[25] Bezüglich der Jugendämter vgl. DIJuFj-Gutachten v. 04.07.2005 in: Jugendamt 2005, 404-405.
[26] AG Königswinter v. 17.10.2001 - 9 C 183/00 - NJW-RR 2002, 748-749.
[27] BGH v. 18.03.1997 - VI ZR 91/96 - LM BGB § 832 Nr. 22 (8/1997).
[28] *Sprau* in: Palandt, § 839 Rn. 24.
[29] BGH v. 15.03.1954 - III ZR 333/52 - BGHZ 13, 25-28; OLG Karlsruhe v. 30.03.2006 - 12 U 298/05 - OLGR Karlsruhe 2006, 426-428; OLG Dresden v. 04.12.1996 - 6 U 1393/96 - NJW-RR 1997, 857-859; *Wagner* in: MünchKomm-BGB, § 832 Rn. 6.
[30] KG Berlin v. 14.07.1997 - 22 U 1611/96 - KGR Berlin 1997, 245-247.
[31] *Spindler* in: BeckOK-BGB § 832 Rn. 3; OLG Köln v. 20.05.1999 - 7 U 5/99 - MDR 1999, 997; *Mertens*, MDR 1999, 998, 999.
[32] *Wagner* in: MünchKomm BGB, § 832 Rn. 2.
[33] *Wagner* in: MünchKomm-BGB, § 832 Rn. 6.

Aufsichtsverhältnisses sei nicht begründbar. Drei Kinder einer Gruppe im städtischen Kindergarten hatten Kieselsteine gesammelt und vom Zaun des Geländes auf den parkenden Wagen des Klägers geworfen und ihn beschädigt. Die Beklagte konnte nicht beweisen, dass die beiden aufsichtsführenden Erzieherinnen in Anbetracht der erhöhten Gefahr durch die am Zaun sich versammelnden Kinder ihre Aufsicht intensiviert hätten.

11 Schwieriger ist die Bestimmung der **konkludent vertraglich übernommenen Aufsichtspflicht** von Bekannten und Verwandten. Die h.M. stellt auf den – eher fingierten – Rechtsbindungswillen ab.[34] Dagegen arbeitet *Wagner* mit guten Argumenten heraus, dass es im Deliktsrecht nicht auf den Rechtsbindungswillen, sondern auf die **faktische Übernahme** von Aufgaben des Pflichtigen ankommen müsse.[35] Dies ist beim Vorliegen einer Haftpflichtversicherung anzunehmen.

12 Nach beiden Auffassungen ist meist eine **längerfristige Übernahme der Pflichten** notwendig, da nur dann mit einer Versicherung des Risikos zu rechnen ist. **Entgeltlichkeit** der Aufsichtsübernahme, bei der häufig eine Versicherung abgeschlossen ist, ist ein weiteres Argument für die vertragliche oder faktische Übernahme der Aufsichtspflicht, ebenso die **fehlende Aufsichtsmöglichkeit der Eltern**: Das Kind verbringt seine **Ferien** bei den Verwandten.[36] Schwer nachvollziehbar – wenn auch verständlich – ist die Freistellung von Aufsichtspersonen von der Haftung in einer **Messdienerfreizeit**, bei der es durch Zündeln der Kinder zu einem gewaltigen Schaden kommt.[37] Zur Aufsichtspflichtverletzung kommt die ähnliche Haftung aus Verletzung der Verkehrssicherungspflicht gem. § 823 BGB, wenn mit dem 11-jährigen Kind **Schießübungen** gemacht werden.[38]

13 Dagegen wird bei **kurzzeitigen Aufenthalten des Kindes in anderen Familien** eher keine Übernahme der Aufsichtspflicht angenommen: Babysitting; Mitnahme des Kindes vom Kindergarten; Besuch bei anderen Kindern;[39] Kindergeburtstag 11-jähriger Mädchen[40]. Beim Kindergeburtstag jüngerer Kinder wird eher eine vertragliche Aufsichtsübernahme angenommen.[41]

14 Bei Fußball-Liga-Spielen kommt zwischen dem gastgebenden Verein und dem Gastverein kein Vertrag über die Nutzung von Sportstätten zustande. Ein Sportverein ist nicht verpflichtet, 15- und 16-jährige Wettkampfteilnehmer beim Duschen zu beaufsichtigen.[42] Auch bei einer Übernachtung ist nicht der gastgebende, sondern der Gastverein zur Aufsicht über seine jugendlichen Mitglieder verpflichtet.[43]

15 Die Aufnahme des **Stiefkindes** wird als vertragliche Haftungsübernahme gewertet.[44] Generell wird man bei Patchwork-Familien stärker auf die Aufnahme des Kindes in die Hausgemeinschaft abstellen müssen als auf das Sorgerecht.[45] Umgekehrt trifft den leiblichen Elternteil die Aufsichtspflicht, wenn das Kind im Rahmen des Besuchsrechts unter seiner Obhut ist.[46]

4. Folgen der Delegierung der Aufsichtspflicht durch Vertrag

16 Ist die Aufsichtspflicht auf andere übertragen worden, so haben die Eltern nur noch die Pflicht zur sorgfältigen Auswahl und Anleitung der betreffenden Person (ähnlich der Pflicht des Geschäftsherrn bei Bestellung von Verrichtungsgehilfen gem. § 831 BGB). Sie sind aber nicht völlig von ihrer Pflicht befreit.[47]

17 Wenn ein gestörter Jugendlicher in eine Klinik eingewiesen wird, übernimmt die Klinik die unmittelbare Aufsicht. Sie kann sich dann nicht dadurch entlasten, dass die überweisende Institution (Zentrum

---

[34] BGH v. 02.07.1968 - VI ZR 135/67 - NJW 1968, 1874; *Belling* in: Staudinger, § 832 Rn. 29 ff., 32.
[35] *Krause* in: Soergel, § 832 Rn. 14; *Wagner* in: MünchKomm-BGB, § 832 Rn. 16 ff., besonders Rn. 20.
[36] OLG Celle v. 15.06.1994 - 9 U 63/93 - OLGR Celle 1994, 221-222.
[37] OLG Koblenz v. 05.03.1997 - 1 U 320/95 - OLGR Koblenz 1998, 29-30.
[38] BGH v. 16.12.1953 - VI ZR 169/52 - LM Nr. 3 zu § 832 BGB.
[39] BGH v. 02.07.1968 - VI ZR 135/67 - LM Nr. 9 zu § 832 BGB; LG Oldenburg v. 10.01.2007 - 5 O 1003/06.
[40] OLG Düsseldorf v. 15.09.2000 - 22 U 19/00 - NJW-RR 2002, 235.
[41] OLG Celle v. 01.07.1987 - 9 U 36/86 - NJW-RR 1987, 1384-1385 (8-jährige).
[42] AG Halle (Saale) v. 01.10.2009 - 93 C 1076/09.
[43] OLG Hamm v. 21.12.1995 - 6 U 78/95 - MDR 1996, 800-801.
[44] OLG Düsseldorf v. 23.11.1990 - 22 U 189/90 - NJW-RR 1992, 857-858: Brandlegung durch einen Vierjährigen.
[45] *Bernau*, FamRZ 2006, 82-87, 85 ff.
[46] OLG Jena v. 29.11.2000 - 4 U 1677/99 - OLGR Jena 2002, 381-386.
[47] BGH v. 11.06.1968 - VI ZR 144/67 - NJW 1968, 1672.

für Erziehungshilfe) den Jugendlichen, der aus der Klinik entwichen war, nicht am Zugang gehindert hat, so dass er das Zentrum in Brand setzen konnte.[48]

II. Widerrechtliche Schadenszufügung durch den Aufsichtsbedürftigen

Ähnlich der Haftung für Verrichtungsgehilfen gem. § 831 BGB muss der Aufsichtsbefohlene ein Delikt rechtswidrig begangen haben. Die haftungsbegründende Kausalität folgt der Adäquanzlehre und kann auch über eine Kausalkette verwirklicht werden: Der 12-jährige Junge gibt den Pfeil einem 6-jährigen Jungen, der ihn wiederum weisungswidrig einem Freund weiterreicht, der damit einen Dritten schädigt.[49] Der Autofahrer weicht einem vermeintlich auf die Straße laufenden Kind aus und erleidet einen Schaden.[50]

III. Schuldhafte Verletzung der Aufsichtspflicht

Die Kausalität der Aufsichtspflichtverletzung für den Schaden und für das Verschulden bei der Verletzungshandlung wird vermutet. Es ist Sache des Aufsichtspflichtigen, beides zu widerlegen (§ 832 Abs. 1 Satz 2 BGB). Während bei der Nutztierhalterhaftung (§ 833 Satz 2 BGB) und bei der Gebäudebesitzerhaftung (§ 836 BGB) eher vermutet wird, dass der Schaden durch einen Fehler des Gebäudes bzw. eine Reaktion des Tieres eingetreten ist, die ein Gebäudebesitzer bzw. Tierhalter hätte vermeiden können, ist es bei Verletzung der Aufsichtspflicht umgekehrt: Aufgrund der Willensbetätigung durch den Aufsichtbefohlenen ist die Steuerungsmöglichkeit durch den Aufsichtspflichtigen begrenzt. Und die Rechtsordnung will auch keine Entmündigung der Kinder vornehmen. Einerseits muss sich die Gesellschaft auf kindliche Verhaltensweisen einstellen, andererseits müssen Eltern versuchen, gefährliche Handlungen ihrer Kinder durch Erziehung zu verhindern.

Die daraus resultierende Aufsichtspflicht ist einmal in der Erziehungsaufgabe verankert, zum anderen in konkreten Weisungen und Kontrollen. Wenn die Rechtsprechung auf den Einzelfall abstellt, meint sie die Kombination von verschiedenen Wertungsaspekten, die auch gern als „bewegliches System" bezeichnet werden: Der **Erfolg der allgemeinen Erziehung**, der **Charakter des Kindes** und die **Gefahrensituation** sind abzuwägen, um die **konkreten erforderlichen Aufsichtsmaßnahmen** bestimmen zu können.[51] Je besser der Erziehungserfolg ist, umso weniger konkrete Überwachungsmaßnahmen sind notwendig. Je älter das Kind ist, umso eher können Eltern nicht mehr konkrete Weisungen erteilen oder Kontrollen vornehmen, sondern müssen an den Verstand des Kindes appellieren. Je gefährlicher die Situation ist, umso eher sind konkrete Aufsichtsmaßnahmen zu ergreifen.[52]

Da Erziehungsmaßnahmen ebenso schwer beweisbar sind wie Anweisungen und Kontrollen, hat die Darlegung der Eltern ein erhebliches Gewicht bei der Beurteilung der Aufsichtspflichtverletzung. Daher spricht viel dafür, die Parteivernehmung von Amts wegen (§§ 445 ff. ZPO) großzügig vorzunehmen.[53] Typisch ist die Situation eines Kindes, das einem anderen beim Zündeln zusieht: Wenn die Eltern darlegen, dass sie mit dem Kind den Umgang mit Feuer öfter besprochen haben und ihm auch das Anzünden einer Kerze verboten hatten, und sie vielleicht noch die Großmutter als Zeugin anführen, dann kann der Richter nicht auf eine Aufsichtsverletzung schließen.[54] Andererseits spricht wie bei vielen Verkehrssicherungspflichtverletzungen der objektive Tatbestand häufig für eine Aufsichtspflichtverletzung: Das Kleinkind läuft aus der Kneipe und spielt auf dem Fußweg, die Mutter unternimmt nichts.[55] **Fallgruppen**: Es lassen sich einige Fallgruppen bilden, die auch entwicklungspsychologisch begründbar sind:[56] Die Zeit **bis zum Schulalter** ist stark von der elterlichen Kontrolle bestimmt. In der **Grundschulzeit** ist schon rein praktisch eine Kontrolle kaum mehr möglich, so dass allenfalls allge-

---

[48] OLG Saarbrücken v. 27.03.2007 - 4 U 167/06 - VersR 2008, 408-410.
[49] BGH v. 01.02.1966 - VI ZR 196/64 - VersR 1966, 368-369.
[50] BGH v. 10.10.1967 - VI ZR 50/66 - LM Nr. 8a zu § 37 StVO.
[51] *Belling* in: Staudinger, § 832 Rn. 55; *Wagner* nennt als Kriterien: persönliche Eigenschaften des Kindes und Größe bzw. Wahrscheinlichkeit des Schadens, *Wagner* in: MünchKomm-BGB, § 832 Rn. 24 f. Ausführlich *Bernau*, Die Aufsichtshaftung der Eltern nach § 832 BGB – Im Wandel, 2005, S. 312-350.
[52] Für Kindergärten vgl. *Hundmeyer/Prott*, ZfJ 2005, 232-237.
[53] *Haberstroh*, VersR 2000, 806-815, II.2.
[54] BGH v. 29.05.1990 - VI ZR 205/89 - BGHZ 111, 282-286; zur Verkehrserziehung: OLG Jena v. 21.10.1997 - 8 U 865/97 - OLG-NL 1998, 101-103.
[55] BGH v. 06.04.1976 - VI ZR 93/75 - NJW 1976, 1684-1685.
[56] Vgl. dazu *Bernau*, ZfSch 2008, 482-491.

meine Richtlinien vermittelt werden können. Bei Heranwachsenden **ab 11 Jahren** führt die noch nicht voll beherrschte Selbstständigkeit gelegentlich zu Schädigungen anderer. Kaum relevant ist eine Aufsichtspflichtverletzung gegenüber **Volljährigen**.

1. Kleinkinder bis 5 Jahre

22 Kleinkinder bedürfen besonderer Aufsicht, da ihr Verhalten nicht berechenbar ist. Der Gesetzgeber hat eine deliktische Haftung sogar erst ab dem Alter von 7 Jahren vorgesehen (§ 828 Abs. 1 BGB). Der Geschädigte kann sich daher nur an die Eltern halten.

23 Im Kaufhaus kann das Kind jedoch mal einige Meter hinter dem Vater gehen; er muss es nicht permanent im Auge behalten.[57] Unzutreffend ist die Freistellung der Eltern, wenn ein 4 1/2-jähriges Kind Steine auf ein parkendes Auto wirft und es bekritzelt.[58]

24 Die Eltern müssen damit rechnen, dass die Kinder weglaufen, sei es auf eine Baustelle[59] oder auf die Straße.[60] Die Mithaftung der Mutter wurde in folgendem Fall angenommen: ihr 2½-jähriges Kind lief aus der Kneipe und spielte auf dem Fußweg; die Mutter sah dies und unternahm nichts; als das Kind auf die Straße lief, wurde es von einem Auto erfasst. Der Fahrer haftet gem. § 7 StVG.[61] Wegen grober Fahrlässigkeit der Mutter stellt sich nicht die Frage des Haftungsprivilegs des § 1664 Abs. 1 BGB. Mutter und Kfz-Halter sind Gesamtschuldner. Die Forderung geht gem. § 86 Abs. 3 VVG 2008 auf die Versicherung in dem Umfang über, in dem der Kfz-Fahrer haftet. Analog gilt das für Sozialversicherungsträger gem. § 116 Abs. 6 SGB X.[62]

25 Abgelehnt wurde die Mithaftung der leicht fahrlässig handelnden Mutter in folgendem Fall: ihr 2-jähriges Kind krabbelte durch ein **unzureichend gesichertes Balkongitter** auf ein Flachdach und stürzte in die Tiefe. Der Wohnungsinhaber haftet aus Verletzung der Verkehrssicherungspflicht. Ein Mitverschulden der Mutter ist nicht anzurechnen, da die Mutter in keiner Vertragsbeziehung zum Geschädigten steht. Die eigene Haftung der Mutter ist wegen des Familienprivilegs des § 1664 Abs. 1 BGB nicht gegeben. Somit besteht keine gesamtschuldnerische Haftung.[63] Innerhalb einer Wohnung ist die Kontrollpflicht der Eltern gelockert: das Kind warf Schmuck in die Toilette und betätigte die Spülung.[64]

26 Ein Gartenteichbesitzer haftet nicht aus Verletzung der Verkehrssicherungspflicht, wenn ein 2-jähriges Kind mangels Aufsicht der Eltern in seinen **Teich** fällt.[65] **Weitere unberechenbare Handlungen** müssen von den Aufsichtspflichtigen verhindert werden: Kinder im Kindergarten bewerfen vorbeifahrende Autos mit Steinen; die Kindergärtnerinnen müssen das Tun der Kinder im Auge haben.[66] Ein 3-jähriger hat sich schon gelegentlich am Elektroherd zu schaffen gemacht; dann muss bei Verlassen der Wohnung geprüft werden, ob der Herd ausgeschaltet ist.[67] Die Mutter ließ das Kartoffelschälmesser liegen, so dass der 5-jährige Sohn es nehmen konnte; er verletzte seinen Freund am Auge schwer. Eine Haftungsminderung wurde abgelehnt, weil die Mutter des Freundes zwar auch anwesend war, aber von dem Messer nichts wusste.[68] Ein 4-jähriger findet das Feuerzeug in der abgelegten Hose des eingeschlafenen Vaters: Aufsichtspflichtverletzung.[69] Leicht fahrlässig handelt, wer sein Feuerzeug einma-

---

[57] AG Konstanz v. 10.05.2007 - 4 C 43/07.
[58] LG Frankfurt v. 13.09.2004 - 6a S 176/04 - Schaden-Praxis 2005, 120.
[59] OLG München v. 31.03.1998 - 25 U 2434/97 - BauR 1999, 1037-1040.
[60] BGH v. 16.01.1979 - VI ZR 243/76 - BGHZ 73, 190-196; OLG Düsseldorf v. 15.11.1991 - 14 U 16/91 - OLGR Düsseldorf 1992, 31-32; LG Köln v. 06.06.2007 - 9 S 15/07 - NJW 2007, 2563-2564.
[61] Nach der Verschärfung des § 7 Abs. 2 StVG (keine Haftung bei höherer Gewalt) entfällt die Haftung des Autofahrers in diesen Fällen nicht mehr; vgl. dazu *Friedrich*, NZV 2004, 227-231, 228 f.
[62] OLG München v. 15.10.1976 - 10 U 1357/76 - VersR 1977, 729-730.
[63] OLG Hamm v. 23.05.1995 - 27 U 30/93 - RuS 1995, 455-456.
[64] AG Bonn v. 01.03.2011 - 104 C 444/10 - juris Rn. 16.
[65] OLG Hamm v. 28.04.1995 - 9 U 51/94 - VersR 1996, 643-644; begründbar ist dieses Ergebnis nur mit einer Einschränkung der Verkehrssicherungspflicht durch die Aufsichtspflicht: Der Grundstückseigentümer kann damit rechnen, dass Eltern ihre Kinder ordentlich beaufsichtigen.
[66] OLG Köln v. 20.05.1999 - 7 U 5/99 - MDR 1999, 997-998.
[67] OLG Düsseldorf v. 15.09.2000 - 22 U 19/00 - NJW-RR 2002, 235.
[68] OLG Hamm v. 01.10.1998 - 6 U 92/98 - MDR 1999, 677-678.
[69] OLG Hamm v. 13.01.1995 - 30 U 194/94 - NJW-RR 1996, 153.

lig im Wohnzimmer offen liegen gelassen hat, obwohl er von dem Interesse des 5-jährigen Sohnes daran wusste.[70]

Die notwendige Bewegungsfreiheit des Kindes wird betont. So haften die Eltern nicht, wenn das 4½-jährige Kind in einer Spielstraße kurzfristig außer Sicht gerät und ein Auto beschädigt.[71] Das Überholen eines Fußgängers stellt keine überwachungspflichtige Situation für ein radelndes 5-jähriges Kind dar.[72] Ein Radfahrer muss damit rechnen, dass ein Kind auf dem Tretroller einen Schlenker macht. Er kann sich nicht auf das Gebot berufen, dass Kinder auf dem Gehsteig fahren sollen (§ 2 Abs. 5 StVG), da diese Norm dem Schutz des Kindes dient.[73] Eltern genügen ihrer Aufsichtspflicht, wenn sie ihr 5-jähriges Kind zu vorsichtigem Verhalten ermahnen, bevor sie ihm das Radfahren auf einer wenig befahrenen Anliegerstraße gestatten und die Aufsicht einem Verwandten übertragen.[74] Allein das Fahren eines 5-jährigen Kindes auf dem Radweg ist keine Aufsichtspflichtverletzung.[75] Ein geübtes 4-jähriges Kind kann auf einem Parkplatz mit dem Dreirad fahren, wenn die Mutter auf dem Rad hinterherfährt.[76] Dagegen haften zu Recht die Eltern, wenn sie eine Radtour mit dem 5-jährigen Kind machen und es nicht ständig im Blick behalten.[77]

27

Schwerwiegend kann der Vorwurf der **groben Fahrlässigkeit** wirken, weil die Eltern dann zwar durch ihre Haftpflichtversicherung noch geschützt sind (§ 103 VVG 2008), jedoch nur begrenzt durch eine Sachversicherung (§ 81 VVG 2008), vgl. dazu Rn. 4. Ein schwerer Vorwurf ist den Eltern zu machen, wenn sie das Feuerzeug während des Vormittagsschlafs auf dem Tisch neben den Zigaretten liegen lassen, sodass das 2½-jährige Kind zündeln konnte.[78] Das Gericht hat sich besonders mit der Situation eines Kleinkindes rauchender Eltern befasst. Der ständige Gebrauch des Feuerzeugs durch die Eltern übe eine Verlockung aus, der die Eltern durch besondere Vorsicht begegnen müssten. Das Feuerzeug müsse außerhalb der Reichweite des Kindes aufbewahrt werden.

28

2. Kinder 6 bis 10 Jahre

Der allgemeine Erziehungserfolg versagt besonders häufig im Grundschulalter, in dem die Kinder viel selbstständiger die Welt entdecken, aber Gefahrensituationen nicht voll erkennen können. Deshalb sind Aufsichtspflichtige gehalten, bei besonderen Gefahrensituationen Vorsorge durch „Entschärfung" von Spielgeräten bzw. Überwachung zu treffen. Springen 9-jährige Kinder auf einer Geburtstagsfeier von einer an sich sicheren Hüpfburgwand von 2 m Höhe in den ungesicherten Außenbereich, so hätte dies unterbunden werden müssen.

29

Die Weitsichtigkeit, die im **Umgang mit dem Feuer** nötig ist, fehlt Kindern in diesem Alter häufig, so dass insoweit **hohe Anforderungen an die Aufsicht** zu stellen sind:[79]

30

Eltern müssen Zündhölzer so verwahren, dass ein 7-jähriger nicht ohne weiteres an sie gelangen kann; sie dürfen nicht in einem offenen Treppenregal gelagert werden.[80] Der 7½-jährige Sohn darf Silvester beim Abbrennen von **Feuerwerkskörpern** nicht allein gelassen werden, damit er nicht nach Blindgängern suchen kann, um diese erneut zu entzünden.[81] Eltern verletzen ihre Aufsichtspflicht, wenn sie ihr 6-jähriges Kind nicht eindringlich auf die Gefahren hinweisen, die beim Umgang mit **Spielzeugpistolen** insbesondere dann drohen, wenn anstelle der zugehörigen Pfeile mit Saugnäpfen gespitzte Stöcke oder andere Gegenstände verwendet werden; angesichts der Verbreitung und Beliebtheit solcher Spielzeugwaffen unter Kindern gilt dies auch, sofern das Kind selbst solche nicht besitzt.[82] Ein

31

---

[70] OLG Hamm v. 11.02.1998 - 30 U 167/97 - ZMR 1998, 423-425.
[71] LG Frankfurt (Oder) v. 04.10.2004 - 6a S 176/04.
[72] OLG Koblenz v. 24.08.2011 - 5 U 433/11 - juris Rn. 11, 14 (mit ausführlicher Anm. *Lang*, jurisPR-VerkR 7/2012, Anm. 1); LG München II v. 08.11.2011 - 8 O 2828/11 - juris Rn. 24.
[73] LG Mönchengladbach v. 14.10.2003 - 5 S 75/03 - NJW-RR 2003, 1604-1605.
[74] OLG Hamm v. 16.09.1999 - 6 U 92/99 - MDR 2000, 454-455; LG Bielefeld v. 07.10.2003 - 20 S 116/03 - IVH 2004, 34.
[75] LG Mönchengladbach v. 14.10.2003 - 5 S 75/03 - NJW-RR 2003, 1604-1605.
[76] LG Oldenburg (Oldenburg) 27.08.2010 - 1 S 310/10.
[77] OLG Düsseldorf v. 18.02.2002 - 1 U 90/01.
[78] OLG Koblenz v. 02.08.2004 - 12 U 587/00 - NJW 2004, 3047-3049.
[79] OLG Düsseldorf v. 15.09.2000 - 22 U 19/00 - NJW-RR 2002, 235.
[80] BGH v. 17.05.1983 - VI ZR 263/81 - LM Nr. 13 zu § 832 BGB; LG Bielefeld v. 18.10.2006 - 21 S 166/06 - NJW-RR 2007, 610-612 (offen liegendes Feuerzeug).
[81] OLG Schleswig v. 12.11.1998 - 5 U 123/97 - NJW-RR 1999, 606-608.
[82] OLG Düsseldorf v. 18.07.1997 - 22 U 5/97 - NJW-RR 1998, 98-99.

Kind steckt (evtl. zusammen mit einem Freund) ein Warenlager in **Brand**. Der Schaden beträgt 430.000 DM. Eine Versicherung besteht nicht. Die Neigung zum Zündeln war der Mutter bekannt. Das OLG wies die Klage dennoch ab; der BGH hob das Urteil auf. Wegen der besonderen Neigung des Kindes hätte die Mutter es nicht längere Zeit alleine spielen lassen dürfen.[83] Ein 8-jähriger hätte über die Gefahren des Feuers deutlicher aufgeklärt werden und über seinen Verbleib genauer ausgefragt müssen, zumal er früher auch schon durch Zündeln aufgefallen war; er hatte Dachpappe, die ein Bauunternehmen auf dem Schulhof gelagert hatte, in Brand gesteckt.[84] **Milieugeschädigte Heimkinder** in einem Ferienlager auf dem Bauernhof zünden das Strohlager an. Der Bauer hat wegen Unterversicherung einen Schaden von 500.000 DM. Das OLG hielt eine Beaufsichtigung „auf Schritt und Tritt" wegen der besonders unberechenbaren Art der Kinder für notwendig. Dagegen wandte sich der BGH und hob das Urteil auf.[85] Ein besonders schwieriger retardierter 9-jähriger Junge zündelte auf dem Heuboden, so dass das Gebäude abbrannte. Der BGH sieht eine Aufsichtsverletzung wegen der besonderen Aggressivität des Kindes.[86] Es könnte jedoch eine Rolle gespielt haben, dass die Eltern haftpflichtversichert waren, der geschädigte Bauer aber nur unzureichend gegen Feuer versichert war!

32 **Mangels totaler Aufsichtsmöglichkeit sind Fehlhandlungen der Kinder jedoch oft nicht zu vermeiden.** Allerdings ist das Zündeln auch in diesem Alter noch eine besondere Gefahr. Ein 7-jähriger Junge hatte einem Freund zugesehen, wie der auf dem Dachboden des Mietshauses Papier entzündete. Der Feuerversicherer verlangt Ersatz des Schadens (200.000 DM) von den Eltern. Das OLG gab der Klage statt, weil psychische Beihilfe vorgelegen habe und die Eltern das Kind vor der Teilnahme am Zündeln hätten warnen müssen. Der BGH hob das Urteil auf, da die Aufsichtspflicht nicht zu überspannen sei.[87] Das 7-jährige Kind entzündete mit einem Feuerzeug, das ihm von einem 16-jährigen geschenkt worden war, eine Scheune (Schaden 167.000 DM). Das OLG meint, die Eltern hätten das Kind untersuchen müssen auf den Besitz eines Feuerzeugs. Dem trat der BGH entgegen, weil bei normaler Entwicklung und allgemeiner Warnung vor dem Zündeln eine besondere Untersuchungspflicht nicht bestehe.[88]

33 Bei Kindern im Grundschulalter das **Verhalten im Straßenverkehr** nicht mehr voll von den Eltern kontrollierbar, obwohl die Kinder noch bis zum 14. Lebensjahr Schwierigkeiten haben, die komplexen Situationen im Straßenverkehr (jedenfalls als **Radfahrer**) richtig zu erfassen. Insofern ist die Haftungsfreistellung der Kinder bis zum Alter von 10 Jahren gem. § 828 Abs. 2 BGB berechtigt.[89] Daraus ergibt sich eine größere Haftungslücke für die Geschädigten, die nicht durch Elternhaftung zu schließen ist.[90] Der BGH hat es abgelehnt, das Haftungsprivileg für Kinder bis zum vollendeten 10. Lebensjahr einzuschränken. Die Abgrenzung des „Unfalls mit einem Kraftfahrzeug" ist bei Beschädigungen parkender oder nicht fahrender Autos schwierig zu ziehen. Ausschlaggebend ist die Überforderungssituation des Kindes aufgrund des motorisierten Straßenverkehrs. Dabei spielt es keine Rolle, ob das Auto fährt oder steht.[91] Eltern müssen ihre Kinder über die Nutzung von Fuß- und Radweg gem. § 2 StVO aufklären und für ein sicheres Fahrrad sorgen. Zusätzlich wird ihnen – unabhängig vom Haftungsprivileg im Straßenverkehr – ein erhebliches Maß an Aufsicht auferlegt: Eine Radwandergruppe fährt auf einem Fußweg; das 7-jährige Kind stößt mit dem entgegenkommenden Kläger zusammen, der sich verletzt: Schadensteilung wegen Mitverschuldens, weil der Kläger rechtswidrig auf dem Fußweg

---

[83] BGH v. 27.02.1996 - VI ZR 86/95 - LM BGB § 832 Nr. 21 (8/1996).
[84] OLG Düsseldorf v. 10.12.2009 - I-5 U 58/09, 5 U 58/09 - juris Rn. 36.
[85] BGH v. 18.03.1997 - VI ZR 91/96 - LM BGB § 832 Nr. 22 (8/1997).
[86] BGH v. 10.10.1995 - VI ZR 219/94 - LM BGB § 832 Nr. 20 (2/1996); anders in einem ähnlichen Fall: OLG Celle v. 13.12.2006 - 4 U 99/06 - OLGR Celle 2007, 863-866.
[87] BGH v. 29.05.1990 - VI ZR 205/89 - BGHZ 111, 282-286; ähnlich OLG Oldenburg v. 13.09.2004 - 15 U 36/04 - NJW-RR 2004, 1671-1672.
[88] BGH v. 01.07.1986 - VI ZR 214/84 - NJW-RR 1987, 13-14; ähnlich: BGH v. 10.07.1984 - VI ZR 273/82 - LM Nr. 15 zu § 832 BGB.
[89] *Siegel*, SVR 2008, 452-457; *Bernau*, DAR 2005, 604-610.
[90] So *Lang*, jurisPR-VerkR 18/2009, Anm. 1 v. 09.09.2009; *Bernau*, NZV 2005, 234-238, 236 ff.; *Buschbell*, SVR 2006, 241-247, 243; LG Stade v. 18.03.2004 - 4 O 166/03; für eine stärkere Haftung der Eltern: *Friedrich*, NZV 2004, 227-231, 229 f.
[91] BGH v. 11.03.2008 - VI ZR 75/07 (dazu *Lang*, jurisPR-VerkR 10/2008, Anm. 1 mit Darstellung der Rspr. des BGH zu § 828 Abs. 2 BGB seit 2004): das 8-jährige Kind prallte auf der Straße fahrend gegen die offen stehende Tür eines Autos. BGH v. 16.10.2007 - VI ZR 42/07 - VersR 2007, 1669: das geschobene Fahrrad geriet auf die Straße und kollidierte mit einem Auto; BGH 17.04.2007 - VI ZR 109/06 - DAR 2007, 454.

fuhr (erlaubt nur für Kinder bis 10 Jahren, § 2 Abs. 5 StVO) und hätte erkennen können, dass das die Gruppe irritieren würde. Eltern haften, wenn der 6½-jährige Sohn nach 40minütiger Tour beim Radfahren im Berliner Tiergarten leichtsinnig geworden zu schnell fährt und 100 m vor ihnen einen Fußgänger anfährt. Beim Schieben eines Einkaufswagens auf einem Supermarktparkplatz muss die Mutter verhindern, dass Autos beschädigt werden.[92]

Kein Aufsichtsverschulden bei Rad fahrendem Kind wurde angenommen: 7-jähriger mit einiger Übung kollidiert mit seinem Rad auf einer Spielstraße mit einem Erwachsenen.[93] Das selbstständige Fahren eines 9-jährigen Jungen mit Fahrradprüfung im Ort muss nicht kontrolliert werden.[94] Die Eltern müssen mit einem 8-jährigen Kind nicht in Sichtkotakt stehen, um ihrer Aufsichtspflicht zu genügen.[95]   34

Die Aufsichtspflicht wird durch die gem. § 828 Abs. 2 BGB verringerte Haftung im Straßenverkehr von Kindern bis zu 10 Jahren nicht verstärkt. Daher wurde im Fall des 8-jährigen Mädchens, das mit dem Fahrrad auf dem Fußweg fuhr und mit einem parkenden Auto kollidierte, eine Haftung der Eltern gar nicht geprüft.[96]   35

Kein Aufsichtsverschulden wurde bei ordentlicher Erziehung und Organisation der Aufsicht angenommen: Ein 6-jähriges Kind können die Eltern auf dem Fuß-/Radweg gehen lassen, während sie das Auto entladen; der Radfahrer muss dem Kind ausweichen; betont wird die Bewegungsfreiheit des Kindes.[97] Ein 7-jähriges Kind verletzt einen anderen beim Schlittenfahren auf einem leicht geneigten Abhang.[98] Das 8-jährige Kind geht auf eine Baustelle trotz Verbots und lässt dort einen Eisenstampfer so fallen, dass ein Arbeitnehmer eine Hörschädigung davonträgt. Keine Verletzung der Aufsichtspflicht, da das Kind hinreichend gemahnt worden ist.[99] Die Schulaufsicht muss auch bei Vorschülern nicht „auf Schritt und Tritt" erfolgen. Aufsicht von zwei Personen für drei Schulhofbereiche genügt.[100] 5- und 6-jährige Kinder dringen in eine in einem Garten aufgestellte Voliere mit wertvollen und mehrfach preisgekrönten Zuchtvögeln ein und richten Schäden an den Vögeln und an der Voliere an. Den Vogelzüchter trifft ein überwiegendes Eigenverschulden, wenn er die Voliere nicht verschlossen hat.[101] 11-jähriger Junge zerkratzt aus Rache das Auto des Nachbarn, der ihn wegen Fußballspielens zurechtgewiesen hatte.[102]   36

Es ist keine besondere Gefährdungssituation darin zu sehen, dass sich ein 7-jähriges Kind im Rahmen eines Kindergartenfestes frei in dem dafür vorgesehenen Bereich bewegt, ohne ständig von Aufsichtspersonen beaufsichtigt zu sein. Die Eltern haften nicht für die Beschädigung eines Mobilfunktelefons durch Umkippen der Bierbank.[103] Ein normal entwickelter 7½-jähriger Junge kann unbeaufsichtigt 2 Stunden auf einem nahe gelegenen Spielplatz spielen. Bei Exzessen (Kratzer an 17 Autos auf einem Parkplatz, der neben dem Spielplatz liegt) haftet zwar der Minderjährige, nicht jedoch die Aufsichtsperson. „Bei Kindern dieser Altersstufe, die in der Regel den Schulweg allein zurücklegen, (muss es) im Allgemeinen genügen, dass die Eltern sich über das Tun und Treiben in großen Zügen einen Überblick verschaffen, sofern nicht konkreter Anlass zu besonderer Aufsicht besteht. Andernfalls würde jede vernünftige Entwicklung des Kindes, insbesondere der Lernprozess im Umgang mit Gefahren, ge-   37

---

[92] AG Schwabach v. 27.05.2004 - 5 C 328/03.
[93] OLG Hamm v. 09.06.2000 - 9 U 226/99 - NJW-RR 2002, 236-238; LG Saarbrücken v. 09.08.2002 - 10 O 4/02 - ZfSch 2004, 9-10; AG Bünde v. 06.04.2006 - 5 C 61/05 - Schaden-Praxis 2006, 378-379; AG Wetzlar v. 28.04.2005 - 39 C 1820/04 - VersR 2006, 1271-1273.
[94] OLG Oldenburg v. 04.11.2004 - 1 U 73/04 - juris; LG Stade v. 18.03.2004 - 4 O 166/03. Die gilt auch für einen an Autismus leidenden Jungen.
[95] LG Osnabrück v. 02.07.2008 - 2 S 201/08 - SVR 2008, 347.
[96] BGH v. 30.06.2009 - VI ZR 310/08 - NJW 2009, 3231-3233; *Lang*, jurisPR-VerkR 18/2009, Anm. 1 v. 09.09.2009; OLG Koblenz v. 21.01.2009 - 12 U 1299/08; *Jahnke*, jurisPR-VerkR 19/2009, Anm. 3 v. 23.09.2009.
[97] AG Bremen v. 19.12.2003 - 9 C 521/03 - NJW-RR 2004, 1256-1257.
[98] AG Bonn v. 09.02.2006 - 15 C 465/05 - NJW-RR 2007, 312.
[99] AG Frankfurt v. 28.03.2001 - 23 U 74/00 - NJW-RR 2002, 236.
[100] Zu § 839 BGB: OLG Hamburg v. 26.02.1999 - 1 U 110/98 - OLGR Hamburg 1999, 190-192.
[101] OLG Hamm v. 29.10.1996 - 27 U 63/96 - NJW-RR 1997, 344-345.
[102] AG Köln v. 12.06.1996 - 126 C 472/95 - VersR 1997, 492-493.
[103] AG München v. 01.07.2005 - 233 C 16808/05 - FamRZ 2006, 416.

hemmt."[104] Bei einem 5½-jährigen Jungen in gleicher Situation sind dagegen Kontrollen in kürzeren Abständen (15-30 Minuten) notwendig.[105] Besteht eine Haftpflichtversicherung, so muss diese in beiden Fällen eintreten, einmal für den selbst haftenden Jungen und im anderen Fall für die Eltern.[106]

3. Jugendliche und Heranwachsende (ab 11 Jahren)

38 Jugendliche ab 11 Jahren leben schon viel selbstständiger. Heranwachsende können auch alleine gelassen werden. Nur bei besonderen Gefahrensituationen sind Kontrollen der Eltern notwendig. Exzesshandlungen sind nicht zu verhindern. § 828 Abs. 3 BGB trägt dem Rechnung, indem eine verstärkte Eigenhaftung Heranwachsender bei Einsicht in die Verantwortlichkeit angenommen wird. Der mit seinem 12-jährigen Sohn Ski laufende Vater kann nicht verhindern, dass der Sohn entgegen den Verhaltensregeln für Skifahrer (FIS) fährt.[107] Eine Haftung wegen eines Aufsichtsfehlers wurde verneint, wenn eine 13-jährige Schülerin im Gedränge der Haltestelle vom Bus verletzt wird, da den Fahrer die Hauptschuld treffe.[108] Wird jedoch der Datenbestand des Unternehmens durch die unsachgemäße Nutzung des Firmen-PCs durch ein Kind beschädigt, können die Eltern für die enormen Schäden haftbar gemacht werden.[109]

39 Nur in besonderen Fällen ist bei Heranwachsenden anzunehmen, dass sie die **Gefahren des Feuers** und Silvesterknallern nicht voraussehen: Ein 12-jähriger hatte unbemerkt aus einer Schmuckkassette, die die Mutter geöffnet liegen gelassen hatte, ein Feuerzeug entnommen und damit die Scheune des Klägers in Brand gesteckt. Die Haftpflichtversicherung der Eltern zahlte 80.000 DM, die Feuerversicherung des Klägers verlangt weitere 92.000 DM. Der BGH hob die Verurteilung der Mutter auf, da sie das Kind ordentlich erzogen habe und daher nicht mit vorsätzlichem Zündeln zu rechnen war.[110] Die Brandstiftung eines 14-jährigen Jungen können die Eltern kaum verhindern, auch wenn er öfter durch abweichendes Verhalten in anderen Bereichen aufgefallen ist.[111] Ebenso wenig werden die Eltern für das Zündeln 11-jähriger Jungen in einem Gartenhaus verantwortlich gemacht.[112]

40 Ohne besondere Anhaltspunkte muss ein Aufsichtspflichtiger nicht davon ausgehen, dass sich ein Jugendlicher zu Silvester heimlich selbst einen Sprengkörper bastelt und zur Explosion bringt.[113] Mehrere 11-jährige Mädchen feiern bei brennender Geburtstagskerze. Die Mutter hat sie auf die besondere Vorsicht wegen der Kerze hingewiesen. Sie muss dann nicht damit rechnen, dass sich ein Mädchen zu nahe an die Kerze setzt und Kleid und Haare Feuer fangen.[114] Eine 16-Jährige verwandte beim Grillen ausnahmsweise Spiritus, um das Feuer wieder anzuzünden. Dabei entstand erheblicher Schaden. Dies ist keine Aufsichtspflichtverletzung der Eltern, weil immer ungefährliche Anzünder verwandt worden waren.[115] Kein Anspruch gegen die Eltern einer 14-Jährigen wurde angenommen, weil diese eine 17-Jährige nicht über die Verwendung von Brennspiritus aufgeklärt habe.[116] Dagegen wird die Aufsichtspflicht verletzt, wenn einem 12-Jährigen gestattet wird, selbstständig mit Hilfe von Spiritus zu grillen.[117] Eine 17-jährige kann die Verantwortung für einen Dalmatiner-Hund übernehmen.[118]

41 Aufsichtsverschulden wurde bei **Schusswaffengebrauch** angenommen: Bei einem 13-jährigen Kind sind erzieherische Hinweise auf die Gefährlichkeit von Schuss- und Wurfwaffen (Schneebälle, Steine, Zwillen) notwendig.[119] Ein 14-jähriger bewahrt mit Kenntnis der Eltern in seinem Zimmer eine Axt

---

[104] BGH v. 24.03.2009 - VI ZR 199/08 - juris Rn. 13 - NJW 2009, 1954-1955.
[105] BGH v. 24.03.2009 - VI ZR 51/08 - NJW 2009, 1952-1954; so auch *Bernau*, NZV 2008, 329-331, 330 f.
[106] Vgl. auch *Lang*, jurisPR-VerkR 14/2009, Anm. 1 v. 15.07.2009.
[107] Zur rechtlichen Bedeutung der FIS-Regeln vgl. *Dambeck*, DAR 2007, 677-681.
[108] LG Kleve v. 16.04.2010 - 5 S 135/09 - juris Rn. 8.
[109] BGH v. 09.12.2008 - VI ZR 173/07 - juris Rn. 10; zum Problem der Schadensberechnung bei Datenverlust vgl. *Klinger*, jurisPR-ITR 8/2009, Anm. 2.
[110] BGH v. 19.01.1993 - VI ZR 117/92 - LM BGB § 832 Nr. 19 (8/1993).
[111] OLG Frankfurt v. 30.06.2005 - 1 U 185/04 - NJW-RR 2005, 1188-1189.
[112] OLG Zweibrücken v. 28.09.2006 - 4 U 137/05 - NJW-RR 172-173. Dies gilt auch für das versehentliche Entfachen eines Feuers mit einem Spray: OVG Schleswig-Holstein v. 18.01.2012 - 4 MB 64/11 - juris Rn. 9 (betr. die Kosten des Feuerwehreinsatzes).
[113] OLG Celle v. 22.09.1999 - 9 U 360/98 - VersR 2000, 457.
[114] OLG Düsseldorf v. 21.05.1999 - 22 U 221/98 - VersR 2000, 1254-1255.
[115] BGH v. 18.02.1992 - VI ZR 194/91 - RuS 1992, 233-234.
[116] LG Erfurt v. 27.12.2007 - 10 O 2182/06 - VersR 2008, 932-933.
[117] BGH v. 06.04.1976 - VI ZR 93/75 - NJW 1976, 1684-1685.
[118] OLG Rostock v. 10.12.2010 - 5 U 57/10 - juris Rn. 24.
[119] OLG Celle v. 12.02.1997 - 9 U 139/96 - OLGR Celle 1997, 69-70.

und ein Buschmesser auf. Er identifiziert sich mit dem Helden einer gewaltverherrlichenden Videofilmreihe. Dann müssen die Eltern damit rechnen, dass der Sohn mit diesen Waffen Menschen verletzen kann, und sie ihm wegnehmen.[120] Ein 15-jähriger verletzt mit seinem Luftgewehr einen Freund. Seine Mutter hatte ihm das Gewehr gekauft und ihn nicht eindringlich unterwiesen und überwacht.[121] Das Überlassen von gefährlichen Feuerwerkskörpern (sog. China-Böllern) an den 15-jährigen Sohn, die für Volljährige zugelassen sind, stellt eine Aufsichtspflichtverletzung dar.[122]

Gewaltanwendung durch ältere Heranwachsende können Eltern kaum verhindern, so dass eine Haftung meist nicht angenommen wird: Ein 17-jähriger Auszubildender kann während des Urlaubs der Eltern allein zu Hause gelassen werden, wenn keine Probleme bekannt sind.[123] Die psychiatrische Klinik kann den 16- bis 18-jährigen Jugendlichen Ausgang geben. Die dabei verursachten Einbrüche waren durch eine bessere Aufsicht nicht zu verhindern. Daher erfolgte die Aufhebung des OLG-Urteils, das der Klage gegen die Klinik stattgab. § 839 BGB wurde nicht angewandt, weil bei freiwilligem Klinikaufenthalt keine hoheitliche Tätigkeit entfaltet wird.[124] Ein 17-jähriger schwieriger Sohn schlägt in einer Gaststätte den Kläger nieder und verletzt ihn schwer. Die Eltern hatten mit dem Sohn erhebliche Erziehungsprobleme, nachdem er eine Lehre abgebrochen hatte. Allerdings hatten sie viel unternommen, um ihn auf den rechten Pfad zu bringen (freiwillige Erziehungshilfe, psychiatrische Untersuchung). Das hielt der BGH im Gegensatz zum OLG für ausreichend. Ein Verbot zum Gaststättenbesuch wäre kaum durchsetzbar gewesen.[125] Der Vater hatte dem (damals noch minderjährigen) 19½-jährigen Sohn zu verbieten, betrunken ein Auto zu fahren. Die Gefährlichkeit der Situation gebietet das.[126]

42

In einem Heim für straffällig Jugendliche ist die Bestimmung der Aufsichtspflichtverletzung besonders schwierig, weil die Jugendlichen trotz ihrer Probleme gewisse Freiräume benötigen. Wenn sie entweichen und ein Auto aufbrechen, ist es problematisch, der Heimleitung die Verantwortlichkeit dafür zu geben.[127]

43

Beim **Gebrauch des Internets** müssen die Grenzen von Aufsichtspflicht und Eigenverantwortung erst noch gezogen werden. Der BGH hat die **deliktische Haftung** des Internetnutzers (Inhaber eines eBay-Kontos) erheblich ausgedehnt.[128] Der Ehemann, der sein Mitgliedskonto nicht gegen Zugriffe der Ehefrau gesichert hat, muss für die Urheberrechtsverletzung seiner Frau gem. § 97 Abs. 1 UrhG einstehen.[129] Das OLG Köln nimmt dagegen keine Delikts- und Störerhaftung der Ehefrau an, wenn ihr Ehepartner ohne ihr Wissen den PC zum Filesharing nutzt.[130] Es liegt nahe, die neu geschaffene Verkehrssicherungspflicht des Anschlussinhabers auf die Vertragshaftung zu erstrecken (für Vertragsschluss oder culpa in contrahendo, § 311 Abs. 2 Nr. 3 BGB). Die rechtsgeschäftliche Bewertung ist jedoch komplizierter, weil der tatsächliche Nutzer des Anschlusses allenfalls als Vertreter ohne Vertretungsmacht gehandelt haben könnte. Nur in besonderen Fällen könnte aufgrund einer Duldungs- oder Anscheinsvollmacht ein Vertragsschluss mit dem Anschlussinhaber anzunehmen sein (Gestattung der Nutzung des Anschlusses zum Vertragsschluss). Im Gegensatz zum 1. Senat (für die deliktische Haftung) hat der 8. Senat des BGH die Hürde (für einen Vertragsschluss) höher gesteckt und die entsprechende Klage eines Auktionskäufers abgewiesen.[131]

44

Die Aufsichtspflicht der Eltern bezüglich Urheberrechtsverletzungen ihrer minderjährigen Kinder könnte man einem schärferen Sorgfaltsmaßstab unterwerfen, weil stärkere Einflussmöglichkeiten verlangt werden können. Man muss den PC dafür nicht gleich als „gefährlichen Gegenstand" bezeichnen (Verwendung von fremden Fotos im Internet[132], unberechtigtes Herunterladen des Brockhaus[133]). *Pei-*

45

---

[120] OLG München v. 22.02.2001 - 8 U 6281/99 - ZfSch 2002, 170-171.
[121] OLG Frankfurt v. 27.03.1997 - 3 U 160/95 - MDR 1997, 1028-1029; vgl. auch LG Bonn v. 30.08.2004 - 6 T 231/04.
[122] OLG Braunschweig v. 09.08.2004 - 6 U 5/03 - VersR 2005, 838-839.
[123] OLG Hamm v. 02.05.1991 - 6 W 7/91 - OLGZ 1992, 95-97.
[124] BGH v. 19.01.1984 - III ZR 172/82 - LM Nr. 14 zu § 832 BGB.
[125] BGH v. 27.11.1979 - VI ZR 98/78 - LM Nr. 12 zu § 832 BGB.
[126] BGH v. 29.11.1951 - III ZR 11/51 - LM Nr. 1 zu § 832 BGB.
[127] So aber LG Zweibrücken v. 06.09.2005 - 3 S 4/05 - NJW-RR 2005, 1546-1547.
[128] BGH v. 12.05.2010 - I ZR 121/08 - juris Rn. 18 (WLAN-Missbrauch).
[129] BGH v. 11.03.2009 - I ZR 114/06 - juris Rn. 16, 21 - BGHZ 180, 134-144 (eBay-Konto).
[130] OLG Köln v. 16.05.2012 - 6 U 239/11 - juris Rn. 7, 14, 15.
[131] BGH v. 11.05.2011 - VIII ZR 289/09 - juris Rn. 15.
[132] LG München I v. 19.06.2008 - 7 O 16402/07 - juris Rn. 113 ff., 121 - ZUM 2008, 805.
[133] OLG Köln v. 03.04.2009 - 6 W 20/09 - juris Rn. 9.

fer äußert Bedenken gegen eine solche Ausdehnung von Verkehrs- und Aufsichtspflichten.[134] *Krieg* hält es für problematisch, Eltern eine gesteigerte Aufsichtspflicht in Bereichen aufzubürden, die sie weit schlechter beherrschen als die Jugendlichen.[135]

46 Eine besondere Fallgruppe ist die Beteiligung von Jugendlichen an **Internet-Tauschbörsen** (Filesharing v.a. mit urheberrechtsgeschützten Musiktiteln, Filmen oder Bildern). Wenn die Eltern als Anschlussinhaber verklagt werden, kommt ein Schadensersatzanspruch gem. § 832 BGB i.V.m. § 97 UrhG in Betracht.[136] Teilweise wird eine Störerhaftung des Anschlussinhabers bejaht. Dies gilt jedenfalls, wenn eine Verschlüsselung des WLAN-Zugangs unterbleibt, sodass sich Dritte ohne sein Wissen einwählen können.[137] Unklar ist, welche Überwachungsmaßnahmen der Anschlussinhaber gegenüber von ihm zugelassenen Nutzern vorzunehmen hat.[138] Wird die Haftung des Anschlussinhabers verneint, muss bei Nutzung des PCs durch mehrere Familienmitglieder der konkrete Verletzer ausfindig gemacht werden.[139] Eine besondere Überwachungspflicht ist den Eltern jedenfalls dann aufgegeben, wenn sich schon ähnliche Vorfälle ereignet haben. Der Verletzte muss sich andernfalls an die Kinder halten.[140] Die Störerhaftung gem. § 1004 BGB ist interessant für die Kläger, um die – früher erheblichen, ab 01.09.2008 gem. § 97a UrhG bei einfachen Sachen auf 100 € beschränkten – Abmahnkosten liquidieren zu können.

4. Sonstige Fälle

47 Bei **Volljährigen** ist der Umfang der Aufsicht am schwierigsten zu bestimmen und vor allem von den Erfahrungen der Vergangenheit geprägt: Ein Heim verletzt die Aufsichtspflicht, wenn es nicht nachforscht, als man merkt, dass der Betreffende von der Arbeit nicht rechtzeitig zurückkehrt.[141] Wer die Aufsicht über einen wegen Trunksucht entmündigten Erwachsenen hat, haftet nicht, wenn dieser – nicht vorhersehbar – Dritte schädigt.[142] **Pflegeheime** werden weitgehend entlastet. Wenn ein Heimbewohner von der Toilette fällt, ohne dass dies vorhersehbar war, tritt keine vertragliche oder deliktische Haftung ein.[143] Bei einer an Alzheimer erkrankten Bewohnerin besteht jedoch eine besondere Sorgfaltspflicht.[144] Ebenso haftet eine Behinderteneinrichtung, wenn eine schwer behinderte Frau (mit Begleitzwang) allein frühmorgens auf der Straße von einem Motorradfahrer mitgerissen wird.[145]

48 Psychiatrische Kliniken müssen sehr genau abwägen, wie weit die Patienten zur Selbstständigkeit angehalten werden können und wann sie einer umfassenden Aufsicht bedürfen. Hat eine Patientin innerhalb eines Monats schon zwei Suizidversuche während ihres Aufenthaltes unternommen, so bedarf sie der besonderen Aufsicht mindestens dann, wenn sich an ihrer persönlichen Situation etwas geändert hat (Ablehnung eines Heimplatzes). Die Klinik haftet der Patientin bzw. der Krankenversicherung vertraglich und deliktisch für die Folgen eines weiteren Suizidversuchs;[146] bei Drittschädigungen würde sie gem. § 832 BGB für Schäden des Dritten eintreten müssen.

---

[134] *Peifer*, jurisPR-WettbR 5/2009, Anm. 1 v. 29.05.2009. Ebenso *Spindler* in: BeckOK-BGB, § 832, Stand 01.03.2011, Rn. 31a.
[135] *Krieg*, jurisPR-ITR 16/2008, Anm. 3 v. 08.08.2008.
[136] BGH v. 12.05.2010 - I ZR 121/08 - juris Rn. 10 (abgelehnt mangels Verschuldens); OLG Köln v. 23.03.2012 - I-6 U 67/11, 6 U 67/11 - juris Rn. 25; LG Düsseldorf v. 06.07.2011 - 12 O 256/10 - juris Rn. 22.
[137] BGH v. 12.05.2010 - I ZR 121/08 - juris Rn. 18; LG Hamburg v. 21.04.2006 - 308 O 139/06 - MMR 2007, 131; LG Köln v. 22.11.2006 - 28 O 150/06 - CR 2008, 184-186; LG Mannheim v. 25.01.2007 - 7 O 65/06 - MMR 2007, 537-538; *Heckmann* in: jurisPK-Internetrecht, Kapitel 3.2 Rn. 68 ff.
[138] BVerfG v. 21.03.2012 - 1 BvR 2365/11 - juris Rn. 24 (daher Stattgabe der Verfassungsbeschwerde gegen die Nichtzulassung der Revision durch OLG Köln v. 22.07.2011 - 6 U 208/10).
[139] OLG Frankfurt v. 20.12.2007 - 11 W 58/07; LG Mannheim v. 30.01.2007 - 2 O 71/06 - MMR 2007, 459-460. *Wenn*, jurisPR-ITR 5/2008, Anm. 2.
[140] OLG Hamburg v. 13.09.2006 - 5 U 161/05 - MMR 2007, 533-534; dazu *Wenn*, jurisPR-ITR 6/2007, Anm. 5.
[141] OLG Koblenz v. 12.10.1995 - 5 U 1662/94 - NJW-RR 1997, 345-346.
[142] OLG Hamm v. 15.01.1991 - 27 U 145/90.
[143] OLG Hamm v. 30.04.2002 - 24 U 87/01 - VersR 2003, 73-74.
[144] LG Flensburg v. 04.05.2004 - 7 S 189/03 - RdLH 2005, 81-82; LG Stuttgart v. 30.04.2003 - 10 O 372/02 - NJW-RR 2003, 1382-1383.
[145] LG Flensburg v. 04.05.2004 - 7 S 189/03 - RdLH 2005, 81-82.
[146] OLG Koblenz v. 03.03.2008 - 5 U 1343/07 - NJW-RR 2008, 1473-1474.

Begleitetes Fahren bei Heranwachsenden mit Führerschein ab 17 Jahren (§ 6e StVG) macht den Begleiter nicht zum Aufsichtspflichtigen: Eltern haften nur nach allgemeinen Maßstäben. Der nicht sorgeberechtigte Begleiter hat nicht etwa die Aufsichtspflicht durch Vertrag übernommen. Aufgrund seines Führerscheins wird der 17-jährige Fahrer vom Gesetzgeber als selbst verantwortlich behandelt.[147]   49

D. Rechtsfolgen und Mitverschulden

Der Geschädigte kann Ersatz des materiellen und immateriellen Schadens verlangen (§§ 249, 253 Abs. 2 BGB). Die Höhe, vor allem des Schmerzensgeldes, richtet sich häufig danach, ob die **Eltern haftpflichtversichert sind**,[148] auch wenn dies kein gesetzlich vorgesehenes Merkmal für die Schadensberechnung ist.[149] Daran wird deutlich, wie problematisch heute das Nebeneinander von versicherten und nicht versicherten Risiken ist.   50

Ein **Mitverschulden des Minderjährigen** gem. § 254 BGB kommt im Straßenverkehr erst nach dem 10. Lebensjahr in Betracht (§ 828 Abs. 2 BGB), zumal § 3 Abs. 2a StVO die Verkehrsteilnehmer zu besonderer Rücksicht auf Kinder verpflichtet. Das Mitverschulden des Aufsichtspflichtigen ergibt sich nicht bereits aus der gesetzlichen Vermutung, sondern ist konkret mit dem Verschulden des Geschädigten abzuwägen.[150]   51

Bei grobem Sorgfaltspflichtverstoß haftet der Aufsichtspflichtige allein, wenn das 5-jährige Kind auf einen Radfahrer zuläuft.[151] Andererseits tritt das Mitverschulden des Aufsichtspflichtigen hinter die Haftung des Autohalters zurück, wenn das Kind den Unfall beim Überqueren einer Dorfstraße verursacht, der Autofahrer aber zu schnell fährt.[152] Besondere Probleme ergeben sich, **wenn das Kind durch seine Handlung selbst geschädigt wird** und ein Dritter ebenfalls haftet. Dies ist vor allem bei Unfällen im Straßenverkehr häufig. Zum Aufsichtsverschulden der Eltern tritt dann die Kfz-Halter-Haftung gem. § 7 StVG oder die Haftung des Radfahrers gem. § 823 BGB. Ein Mitverschulden der Eltern bei Schädigung des Kindes ist nicht beachtlich, da keine vertragliche Sonderbeziehung zum anderen Schädiger besteht.[153] Das Kind hat jedoch einen Anspruch gegen den Aufsichtspflichtigen aus Verletzung der Fürsorgepflicht. Der Aufsichtspflichtige kann daher zusammen mit dem Dritten Gesamtschuldner sein. Dies ist jedoch nur möglich, wenn den Eltern nicht das Privileg des § 1664 Abs. 1 BGB zukommt (keine Haftung für leicht fahrlässiges Verschulden gegenüber dem Kind), d.h. also nur bei grob fahrlässigem Handeln. Der Aufsichtspflichtige haftet dann dem Kind gem. den §§ 823, 840, 426 BGB. Der Dritte kann bei ihm im Innenverhältnis der Gesamtschuldner Regress nehmen.[154]   52

Das **Haftungsprivileg der Eltern** gem. § 1664 Abs. 1 BGB wirkt beim Zusammentreffen von Aufsichtspflichtverletzung und Drittschädigung zu Lasten des Dritten. Bei leicht fahrlässiger Aufsichtspflichtverletzung haften die Eltern daher nicht gesamtschuldnerisch, so dass der Drittschädiger keinen Regress von ihnen verlangen kann (gestörter Gesamtschuldnerausgleich): Die Ersatzpflicht des Schädigers (Gemeinde) für die Verletzung eines Kindes auf einem Spielplatz wird nicht dadurch berührt, dass an der Schädigung die Eltern des Kindes mitbeteiligt gewesen sind, diese aber wegen des milderen Sorgfaltsmaßstabes des § 1664 Abs. 1 BGB dem Kind nicht haften. Dem Schädiger steht in diesem Fall auch nicht ein (fingierter) Ausgleichsanspruch gegen die Eltern zu.[155] Ebenso: Verletzung des Kleinkindes durch Spielgerät der Gemeinde und Aufsichtsverschulden der Mutter.[156] Verursachung eines Kfz-Unfalls durch ein 2½-jähriges Kind.[157] Haftung des Verkehrssicherungspflichtigen bei Sturz   53

---

[147] *Brock*, DAR 2006, 63-67, 64; *Dauer*, VD 2006, 3-11; *Fischinger/Seibl*, NJW 2005, 2886-2890, 2888; *Lang/Stahl/Huber*, NZV 2006, 449-456, *452; Rohlfing*, BtPrax 2006, 94-97.
[148] OLG Zweibrücken v. 25.08.1999 - 1 U 199/98 - NJW-RR 2000, 1191-1192.
[149] *Lang*, jurisPR-VerkR 7/2012, Anm. 1 (unter C.I.).
[150] BGH v. 20.03.2012 - VI ZR 3/11 - juris Rn. 12.
[151] LG Landau v. 28.02.2002 - 1 S 306/01.
[152] AG Prüm v. 13.09.2006 - 6 C 146/06 - NJW-RR 20067, 91-92.
[153] OLG Zweibrücken v. 25.08.1999 - 1 U 199/98 - NJW-RR 2000, 1191-1192.
[154] BGH v. 16.01.1979 - VI ZR 243/76 - BGHZ 73, 190-196.
[155] BGH v. 01.03.1988 - VI ZR 190/87 - BGHZ 103, 338-349, unter Aufgabe von BGH v. 27.06.1961 - VI ZR 205/60 - BGHZ 35, 317-328.
[156] OLG Köln v. 25.05.2000 - 7 U 185/99 - OLGR Köln 2001, 150-153.
[157] OLG München v. 21.09.1989 - 24 U 752/88 - VRS 79, 334-341 (1990).

eines 2-jährigen Kleinkindes von einem Flachdach, auf das es durch ein Balkongitter klettern konnte; keine Anrechnung des leicht fahrlässigen Aufsichtsverschuldens der Mutter auf den Schadensersatzanspruch.[158]

54 Eine **Ausdehnung des Privilegs** des § 1664 Abs. 1 BGB über Eltern hinaus lehnt der BGH ab. Eine 18-jährige Hauswirtschaftspraktikantin (bzw. ihre Haftpflichtversicherung) haftet daher voll bei einer Schädigung des Kindes durch eine Eisenbahn und Verletzung der Aufsichtspflicht, wenn auch hier mangels vertraglicher Übernahme der Aufsicht nur gem. § 823 BGB.[159]

55 Haftet eine Sozialversicherung für den durch das Kind bei Dritten oder bei ihm selbst entstandenem Schaden, ist ein Regress gegen die Eltern bei nicht vorsätzlichem Aufsichtsverschulden der Eltern ausgeschlossen, wenn sie mit dem Kind in häuslicher Gemeinschaft leben (§ 116 Abs. 6 SGB X). Der Begriff der „häuslichen Gemeinschaft" ist vom BVerfG auf Scheidungskinder ausgedehnt worden. Übernimmt der Elternteil, bei dem das Kind nicht ständig lebt, die tatsächliche Verantwortung für das Kind (regelmäßiges Zusammensein und Übernachten), so genießt er auch das Angehörigenprivileg. Die so geschaffene häusliche Gemeinschaft unterliegt in gleicher Weise dem Schutz des Art. 6 Abs. 1 GG wie diejenige, bei der Elternteil und Kind täglich zusammenleben.[160] Dies muss auch für die Schadensversicherung gem. § 86 Abs. 3 VVG gelten.[161] In gleicher Weise hatte der BGH schon für die Privatversicherung den Begriff der häuslichen Gemeinschaft auf gefestigte nichteheliche Lebensgemeinschaften ausgedehnt (§ 67 Abs. 2 VVG a.F. = § 86 Abs. 3 VVG).[162]

---

[158] OLG Hamm v. 23.05.1995 - 27 U 30/93 - RuS 1995, 455-456.
[159] BGH v. 17.10.1995 - VI ZR 358/94 - NJW 1996, 53-54.
[160] BVerfG v. 12.10.2010 - 1 BvL 14/09 - juris Rn. 58.
[161] *Jahnke* in: Burmann/Heß/Jahnke/Janker, StVR, 22. Aufl. 2012, Rn. 116.
[162] BGH v. 22.04.2009 - IV ZR 160/07 - juris Rn. 9, 17.

§ 833 BGB Haftung des Tierhalters

(Fassung vom 02.01.2002, gültig ab 01.01.2002)

¹Wird durch ein Tier ein Mensch getötet oder der Körper oder die Gesundheit eines Menschen verletzt oder eine Sache beschädigt, so ist derjenige, welcher das Tier hält, verpflichtet, dem Verletzten den daraus entstehenden Schaden zu ersetzen. ²Die Ersatzpflicht tritt nicht ein, wenn der Schaden durch ein Haustier verursacht wird, das dem Beruf, der Erwerbstätigkeit oder dem Unterhalt des Tierhalters zu dienen bestimmt ist, und entweder der Tierhalter bei der Beaufsichtigung des Tieres die im Verkehr erforderliche Sorgfalt beobachtet oder der Schaden auch bei Anwendung dieser Sorgfalt entstanden sein würde.

Gliederung

A. Grundlagen 1	1. Fallgruppen 38
I. Kurzcharakteristik 1	a. Unvorsichtigkeit im Umgang mit Tieren 39
II. Wildschaden 2	b. Überschätzung der eigenen Fähigkeiten 41
III. Haftpflichtversicherung 3	c. Fehlreaktion des Geschädigten 42
B. Praktische Bedeutung 4	d. Handeln auf eigene Gefahr 43
C. Anwendungsvoraussetzungen 5	2. Zusammentreffen mehrerer Gefährdungs-
I. Normstruktur 5	haftungstatbestände 44
II. Tötung oder Verletzung einer Person, Sach-	a. Größere Verantwortung des Tierhalters
beschädigung 6	gegenüber dem Kfz-Halter 45
III. Tier 7	b. Hauptverantwortlichkeit des Halters des
IV. Tierhalter 8	agierenden Tieres 48
V. Haftungsbegründende Kausalität 12	c. Abwägung im Einzelfall 50
VI. Realisierung einer spezifischen Tiergefahr? 14	3. Beweislast 52
1. Rechtsprechung 15	X. Nutztier: Exkulpation gem. Satz 2 53
a. BGH 16	1. Gesetzgebungsgeschichte 53
b. Instanzgerichte 18	2. Nutz-Haustier 55
2. Literatur 19	3. Gehörige Beaufsichtigung 58
3. Die Auffassung des Autors 20	4. Beweislast 62
4. Grenzfälle 21	5. Fallgruppen 63
5. Praktische Hinweise 22	a. Absicherung gegen Entlaufen 64
VII. Schaden und haftungsausfüllende Kausa-	b. Freilaufende Nutztiere 65
lität 23	c. Ausritt 66
VIII. Haftungsausschluss 24	d. Wachhunde 67
1. Rechtsprechung 26	XI. Gesamtschuldnerische Haftung 69
a. Allgemein 27	1. Haftung von Tierhalter und Kraftfahrzeug-
b. Anwendung auf die Tierhalterhaftung:	halter: §§ 833, 834 BGB mit § 7 StVG 70
Vertrag 29	2. Haftung mehrerer Tierhalter 71
c. Handeln auf eigene Gefahr 30	XII. Fallgruppen 72
d. Gefälligkeitsüberlassung 33	1. Reitpferde 73
2. Literatur 34	2. Hunde 74
3. Auffassung des Autors 35	3. Mehrere Tiere schädigen sich 75
IX. Mitverschulden (§ 254 BGB) 37	

A. Grundlagen

I. Kurzcharakteristik

Die Haftung des Tierhalters ist eine besondere Form der Verkehrssicherungspflichtverletzung (vgl. dazu die Kommentierung zu § 823 BGB). Der Tierhalter haftet für Personen- und Sachschäden auch ohne Verschulden (§ 833 Satz 1 BGB). Verschulden (als Entlastungsbeweis) wird jedoch gefordert, wenn ein Haustier den Schaden verursacht und dieses dem Beruf, Erwerb oder Unterhalt des Tierhalters dient (§ 833 Satz 2 BGB). Den Entlastungsbeweis kann ebenfalls der Dritte erbringen, der das Tier beaufsichtigt hat (§ 834 BGB). Da Haustiere immer weniger dem Erwerb dienen und ihre Halter auch

1

meistens versichert sind, spielt die Privilegierung der besonderen Nutz-Haustierhalter heute kaum noch eine Rolle. Im Einzelnen sind die Prinzipien des Deliktsrechts anwendbar: Deliktsunfähigkeit bei den Verschuldenstatbeständen gem. den §§ 827-829 BGB; Haftung für Verrichtungsgehilfen gem. § 831 BGB bzw. für Organmitglieder gem. den §§ 31, 823 BGB; Mitverschulden gem. § 254 BGB; Anwendung eines vertraglichen Haftungsausschlusses auf den Deliktsanspruch.

II. Wildschaden

2   Gem. den §§ 29-35 BJagdG haftet der Jagdausübungsberechtigte (meist der Jagdpächter) für **Wildschäden**, die durch Schalenwild (z.B. Rot-, Damwild, Elche, Rehe, Schwarzwild), Wildkaninchen oder Fasane verursacht werden (bis 1952: § 835 BGB). Ferner haftet der Jagdausübungsberechtigte (meist der Jagdpächter) für **Jagdschäden**, die aus missbräuchlicher Ausübung der Jagd einem Grundstückseigentümer oder Nutzungsberechtigten entstanden sind (§ 33 BJagdG). Weiterführende Regelungen finden sich in den Länderjagdgesetzen.

III. Haftpflichtversicherung

3   Eigentümer größerer Tiere haben meist eine spezielle Tierhalterhaftpflichtversicherung abgeschlossen. Die allgemeine Privathaftpflichtversicherung erfasst auf Grund der Ausschlussklausel in den Versicherungsbedingungen nicht die „Haftung als Tierhalter". Damit ist nicht nur die Gefährdungshaftung gem. § 833 BGB, sondern auch die Verschuldenshaftung des Tierhalters gem. § 823 Abs. 1 BGB ausgeschlossen.[1] Der Grundsatz der engen Auslegung von Haftungsausschlüssen steht dem nicht entgegen. Denn dem Versicherungsnehmer ist deutlich, dass die erhöhten Risiken der Tierhaltung durch besondere Tierhalterversicherungen abgedeckt sind.

B. Praktische Bedeutung

4   Wegen des üblichen Versicherungsschutzes durch Haftpflichtversicherungen sollte um die Anwendung der Grundnorm wenig Streit entstehen. Die früheren Zweifelsfragen um die Eingrenzung der Norm auf „tierspezifisches Verhalten" werden tendenziell zurückgedrängt zugunsten einer umfassenden Haftungsregel.[2] Problematisch bleibt der Einwand des konkludenten Haftungsausschlusses (v.a. bei Reitern) bzw. des Mitverschuldens. Billigkeitsgesichtspunkte könnten bei ausnahmsweise **nicht versicherten Tierhaltern** stärker gewichtet werden.

C. Anwendungsvoraussetzungen

I. Normstruktur

5   Anknüpfungspunkt für die Haftung ist allein die Verletzung von Personen oder die Schädigung von Sachen durch ein Tier. Provokationen durch den Geschädigten sind allenfalls beim Mitverschulden zu berücksichtigen. Bei Nutz-Haustieren kann sich der Halter entlasten.

II. Tötung oder Verletzung einer Person, Sachbeschädigung

6   Wie bei den meisten Tatbeständen der Gefährdungshaftung wird nur die persönliche und sachliche Integrität geschützt. § 833 BGB bezweckt den Schutz Dritter.[3] Sind mehrere Personen Halter eines Tieres, so besteht zwischen ihnen keine Tierhalterhaftung, da sie nicht „Dritte" sind. Dabei sind die Kriterien der Haltereigenschaft sorgfältig zu prüfen. Bei Lebensgemeinschaften ist dies häufig zu bejahen. Auch nach der Trennung können beide Partner Mithalter bleiben, wenn jeder das Tier für erhebliche Zeit aus eigenem Interesse bei sich hat und auch die Kosten geteilt werden.[4]

---

[1] BGH v. 25.04.2007 - IV ZR 85/05 - NJW 2007, 2544; *Schimikowski*, jurisPR-VersR 3/2007, Anm. 1.
[2] *Schiemann* in: Ermann, § 833 Rn. 4; *Wagner* in: MünchKomm-BGB, § 833 Rn. 2 ff.
[3] OLG Thüringen v. 23.09.2009 - U 420/09.
[4] OLG Köln v. 02.07.2010 - 19 U 171/09 - juris Rn. 65 ff.: den Familienhund hatte der verletzte Mann auch nach dem Auszug der Frau für etwa 1/3 der Zeit in seiner Wohnung.

III. Tier

Der Begriff des Tieres entspricht den umgangssprachlichen Vorstellungen (Haustier oder wildes Tier). Allerdings sind nur solche Tiere erfasst, über die der Mensch eine Kontrolle ausüben kann.[5] Sie müssen „gehalten" werden können. Auch Bienen gehören dazu.[6] Bei **Mikroorganismen** kann man zweifeln.[7] Der Gesetzgeber hat an sie sicher nicht gedacht. Andererseits handelt es sich um Tiere. Aber sie werden nicht „gehalten". Daher sollte man sie aus der Tierdefinition herausnehmen und sie eher wie chemische Stoffe bewerten. Als Haftungsnormen kommen in Betracht: das Infektionsschutzgesetz, das TierSG, die BiostoffV oder die Haftungsnormen in den §§ 32 ff. GentG.[8]

IV. Tierhalter

Tierhalter ist, wer die Bestimmungsgewalt über das Tier hat, aus eigenem Interesse für die Kosten des Tieres aufkommt und den allgemeinen Wert und Nutzen des Tieres in Anspruch nimmt. Tierhalter ist also – unabhängig von formellen rechtlichen Beziehungen – wer faktisch für das Schicksal des Tieres zuständig ist.[9] Teilen sich mehrere Personen Kosten und Zeit für die Betreuung des Tieres, so sind sie alle Halter.[10] Die Definition ähnelt der des Kraftfahrzeughalters.[11]

Die Eigentumsbeziehungen können dann ein wichtiges Indiz für die Haltereigenschaft sein, wenn die Nutzung des Tieres vollständig auf einen anderen übertragen wurde (z.B. Nutzung durch den Reitstallbetreiber). Solange der Eigentümer für die Kosten aufkommt und das Verlustrisiko trägt, bleibt er der Tierhalter.[12] Eigentum und Nutzungsherrschaft bestimmen auch dann die Haltereigenschaft (z.B. der Tochter), wenn für die Kosten ein anderer (z.B. der Vater) aufkommt.[13] Weder Tierhalter noch Tierhüter ist ein 12-jähriges Kind, das zwar eine Reitberechtigung am Pferd hat, sich aber nur an den laufenden Kosten beteiligt und – trotz guter Reitkenntnisse – nicht selbstständig ausreiten darf.[14]

Auch entlaufene Tiere verwirklichen die tierspezifische Gefahr.[15] Erst wenn eine andere Person das Tier dauerhaft an sich genommen hat, endet die Haltereigenschaft des früheren Halters.[16] Die Überlassung des Tieres an einen anderen begründet meistens nur eine tatsächliche Herrschaft über das Tier (Haftung nach § 823 BGB neben der des Halters); bei vertraglicher Übernahme der Aufsicht haftet der „Tierhüter" nach § 834 BGB neben dem Halter. Dies ist häufig der Reitstallbetreiber, wenn er eingestellte Pferde vermietet.[17]

Als Tierhalter kommt auch ein **Tierheim** in Betracht. Dem steht nicht entgegen, dass das Tier zum Zweck des Tierschutzes gepflegt und unterhalten wird. Das erforderliche Eigeninteresse wird darin gesehen, dass das Tierheim seinen satzungsmäßigen Aufgaben nachkommt.[18] Da es sich nicht um Nutztiere handelt, kann sich das Tierheim auch nicht gem. § 833 Satz 2 BGB entlasten.

---

[5] Das ist bei den Wildtieren einer Jagdpacht nicht der Fall: AG Altenburg v. 19.05.2005 - 2 C 668/03 - Jagdrechtliche Entscheidungen XX Nr. 59, bestätigt von LG Gera v. 28.10.2005 - 1 S 275/05 - Jagdrechtliche Entscheidungen XXX Nr. 60.
[6] BGH v. 24.01.1992 - V ZR 274/90 - BGHZ 117, 110-114.
[7] *Abeltshauser*, JuS 1991, 366-368; *Schiemann* in: Erman, § 833 Rn. 2.
[8] *Bar*, Gemeineuropäisches Deliktsrecht, 1996, Band I, S. 218; *Eberl-Borges* in: Staudinger, § 833 Rn. 8 ff., 20; *Wagner* in: MünchKomm-BGB, § 833 Rn. 6.
[9] BGH v. 27.10.1988 - III ZR 8/88 - BGHR BGB § 833 S 1 Tierhalter 3.
[10] OLG Köln v. 02.07.2010 - 19 U 171/09 - juris Rn. 65 ff.: den Familienhund hatte der verletzte Mann auch nach dem Auszug der Frau für etwa 1/3 der Zeit in seiner Wohnung.
[11] OLG Schleswig v. 20.09.2004 - 2 Ss 133/04 (111/04) - SchlHA 2005, 334.
[12] BGH v. 19.01.1988 - VI ZR 188/87 - MDR 1988, 571-572.
[13] OLG Schleswig v. 08.07.2004 - 7 U 146/03 - OLGR Schleswig 2004, 485-487.
[14] OLG Frankfurt v. 25.02.2009 - 4 U 210/08 - NJW-RR 2009, 894-896.
[15] BGH v. 28.09.1965 - VI ZR 94/64 - MDR 1966, 139.
[16] BGH v. 17.12.1981 - III ZR 88/80 - BGHZ 82, 361-369; OLG Hamm v. 30.04.1992 - 9 U 39/92 - OLGR Hamm 1992, 243-244.
[17] LG Erfurt v. 23.02.2007 - 3 O 1529/06 - juris Rn. 23.
[18] LG Hanau v. 16.01.2003 - 1 O 1130/02 - NJW-RR 2003, 457-458.

V. Haftungsbegründende Kausalität

12 Es ist der allgemeine Verursachungsbegriff zugrunde zu legen. Daher besteht auch eine Haftung für Fernschäden, z.B. bei Schäden durch schreckhaftes Reagieren auf das Erscheinen eines Tieres.[19] Allerdings wird nicht geschützt, wer beim bloßen Anblick raufender Hunde so erregt wird, dass er einen Herzinfarkt erleidet.[20] Häufig wird die Kausalität schwer darstellbar sein.

13 Bei typischen Handlungsverläufen kann der **Anscheinsbeweis** herangezogen werden.[21] Ob jedoch ein nervöses Pferd tatsächlich wegen plötzlich auftauchender Hunde aufbockt, kann nicht mit dem Anscheinsbeweis begründet werden. Es muss der genaue zeitliche Zusammenhang dargestellt werden.[22] Ebenso genügt nicht für die Begründung der Kausalität des Todes einer Brieftaube, dass eine Katze in der Nähe des Taubenschlags gesehen wurde.[23] Das OLG Hamm leitet aus dem Verstoß gegen die Anleinpflicht von Hunden einen Anscheinsbeweis ab, dass der Radfahrer auch bei fehlendem physischen Kontakt wegen des frei laufenden Hundes gestürzt ist.[24] Der Zusammenhang von Beweissatz und HundeVO erscheint zweifelhaft. Nicht einmal das Freilaufen des Hundes allein kann einen Anscheinsbeweis zur Kausalität des Hundes für den Unfall in einer komplexen Situation begründen (kein physischer Kontakt Hund-Fahrrad; die Klägerin hatte selbst einen frei laufenden Hund dabei; sie sprach den anderen Hund an und fuhr sehr langsam). Bei einem mit Hunden vertrauten Menschen fehlt die Typizität von Unfall und Hund, die für den Anscheinsbeweis nötig ist. Richtig ist es, den Kausalzusammenhang dann individuell zu begründen. Er wird – nicht unproblematisch – bei einem 78-jährigen Radfahrer angenommen, der wegen eines auf ihn zu laufenden Schäferhundes anhält und dabei stürzt.[25]

VI. Realisierung einer spezifischen Tiergefahr?

14 Zweifelhaft ist, ob die Haftung nur bei der Realisierung **spezifischer Tiergefahren** eintritt. Dieser Begriff diente in der Vergangenheit der Eingrenzung der Tierhalterhaftung auf willkürliches, unberechenbares Verhalten von Tieren. Bei Reitpferden wurde geprüft, ob das Pferd dem Reiter folgte oder nicht.[26] Heute greift die Erkenntnis um sich, dass der mit dem Gesetz verfolgte Zweck nicht ohne weiteres zum Tatbestandsmerkmal gemacht werden kann.

1. Rechtsprechung

15 Die Rechtsprechung postuliert zwar noch, dass die Verletzungshandlung auf selbstständiges Verhalten des Tieres zurück zu führen sein müsse. Theoretisch wäre daher die spezifische Realisierung der Tiergefahr abzulehnen, wenn das Tier dem menschlichen Befehl (z.B. des Reiters) willenlos folgt. Im Ergebnis ist das aber fast immer verneint und eine Haftung des Tierhalters angenommen worden. Der BGH ist insoweit konsequenter als die Instanzgerichte.

a. BGH

16 Bei **Reitunfällen** kommt es nicht auf die Folgsamkeit des Pferdes an, wenn die Reitschülerin abgeworfen wird: (Damit) „hat sich in der Schädigung eine spezifische Tiergefahr verwirklicht, die sich in einem der tierischen Natur entsprechenden unberechenbaren und selbständigen Verhalten geäußert hat".[27] „Nach Lage der Dinge ist auch davon auszugehen, dass sich in dem Reitunfall die spezifische Tiergefahr verwirklicht hat. Daran ändert nichts die Tatsache, dass die Klägerin, um der Lustlosigkeit des Pferdes entgegen zu wirken, die Reitgerte eingesetzt und das Pferd darauf mit Buckeln und Abwerfen reagiert hat. Denn auch die Reaktion des Tieres auf menschliche Steuerung und die daraus resultierende Gefährdung hat ihren Grund in der Unberechenbarkeit tierischen Verhaltens, für die der Halter den Geschädigten nach § 833 BGB schadlos halten soll."[28] Die tierspezifische Gefahr realisiert sich

---

[19] OLG Celle v. 10.09.1997 - 20 U 49/96 - OLGR Celle 1999, 105-106; OLG Düsseldorf v. 18.04.1996 - 13 U 112/95 - OLGR Düsseldorf 1996, 169-170.
[20] OLG Karlsruhe v. 12.03.1992 - 9 U 270/91 - NJW-RR 1992, 1120-1121.
[21] BGH v. 05.02.1987 - I ZR 210/84 - NJW 1987, 2876, 2877; OLG Koblenz v. 13.08.2007 - 10 U 1703/06 - juris Rn. 4; *Foerste* in: Musielak, ZPO, § 286 Rn. 23
[22] OLG Saarbrücken v. 14.07.2005 - 8 U 283/04 - 60, 8 U 283/04 - OLGR Saarbrücken 2006, 157-159.
[23] LG Siegen v. 14.07.2005 - 5 O 31/05 NJW-RR 2005, 1340-1341.
[24] OLG Hamm v. 21.07.2008 - 6 U 60/08 - juris Rn. 12 - NZV 2008, 564.
[25] OLG Brandenburg v. 17.01.2008 - 12 U 94/07 - DAR 2008, 647-648.
[26] BGH v. 25.09.1952 - III ZR 334/51 - NJW 1952, 1329.
[27] BGH v. 06.07.1999 - VI ZR 170/98 - LM BGB § 833 Nr. 26 (3/2000).
[28] BGH v. 09.06.1992 - VI ZR 49/91 - LM BGB § 833 Nr. 23 (11/1992).

selbst dann, wenn das Pferd nur wegen der Ungeschicklichkeit des Reitschülers durchgegangen ist[29] oder nicht pariert.[30] Auch wenn der Reiter das Tier beherrscht und es trotzdem einen Reitbahnbesucher verletzt, haftet der Tierhalter.[31]

Unverträglichkeiten zwischen Tieren führen ebenso zur Tierhalterhaftung: so bei Verletzung des Pferdes auf einem Gemeinschaftstransport durch ein anderes Pferd[32] oder beim Deckakt ohne Wissen und Wollen der Halter.[33] Bei **freigelassenen Pferden** wird die tierspezifische Gefahr verwirklicht, wenn sie – vielleicht in Panik oder von Menschen getrieben – auf die Autobahn laufen.[34] Auch wenn **Bienen Pflanzen bestäuben**, die dadurch ihren Verkaufswert verlieren, realisieren sie die tierspezifische Gefahr. Allerdings trifft den Gärtner eine Duldungspflicht gem. § 906 BGB.[35] Zu weit geht es, mehrere ausgebrochene Pferde unabhängig vom konkreten Zusammenstoß mit einem Motorrad als Verursacher anzusehen.[36] Denn der Gedanke des § 830 Abs. 1 Satz 2 BGB (Haftung der Teilnehmer einer Menschenmenge) kann nicht auf Tierhalter ausgedehnt werden.

17

b. Instanzgerichte

Dagegen wird der Begriff der spezifischen Tiergefahr von Instanzgerichten gelegentlich zur Eingrenzung der Tierhalterhaftung verwandt. Richtiger wäre es, einen Haftungsausschluss zu prüfen (vgl. Rn. 24): Der Reiter galoppiert zu schnell in die Kurve und wird von dem ausrutschenden Pferd verletzt.[37] Der Reiter müsse den Beweis führen, dass sich die tierspezifische Gefahr realisiert habe, weil er das Pferd ordnungsgemäß geführt habe.[38] Hier wird der Entlastungsbeweis mit der Tiergefahr vermischt. Fehlt der „Schutzbereich der Norm", wenn der Tierarzt Ansprüche gegen den Halter geltend macht?[39] Oder liegt eher ein Haftungsausschluss vor bzw. ist eine Pflichtverletzung des Arztes im Rahmen des Mitverschuldens relevant?[40] Ist der „Schutzbereich der Haftung" nach § 833 Satz 1 BGB nicht eröffnet, wenn der Geschädigte die Herrschaft über das Tier vorwiegend im eigenen Interesse und in Kenntnis der damit verbundenen Gefahr übernommen hat?[41] Bei der Tötung des Hengstes durch die Stute im Rahmen eines von dem Halter des Hengstes allein organisierten Deckakts liegt es nahe, die Vereinbarung eines Haftungsausschlusses wegen Handelns auf eigene Gefahr anzunehmen.[42] Das OLG Köln ist der Auffassung, dass die tierspezifische Gefahr fehle, wenn jemand über einen neben ihm befindlichen Hund stolpert.[43] Dabei wird m.E. verkannt, dass Hunde (und Katzen) häufig unbemerkt am Boden kauern und daher eine Unfallgefahr darstellen. Tragfähiger erscheint die Hilfsbegründung, dass die Geschädigte ein überwiegendes Mitverschulden gem. § 254 BGB trifft, weil sie beim Losgehen nicht sorgfältiger den angeleinten Hund beobachtet hat.[44] Das Brandenburgische OLG hat ein mögliches Fehlverhalten des Reiters als relevant für die Tierhalterhaftung angesehen.[45] Wenn bei unklarem Tathergang die geübte Reiterin abgeworfen wird und sie und das Pferd verletzt werden, realisiert sich gerade die tierspezifische Gefahr.

18

---

[29] OLG Düsseldorf v. 11.06.2002 - 4 U 207/01 - RuS 2003, 213-215.
[30] BGH v. 30.09.1986 - VI ZR 161/85 - NJW 1987, 949-951.
[31] BGH v. 12.07.1966 - VI ZR 11/65 - VersR 1966, 1073.
[32] BGH v. 13.01.1978 - VI ZR 7/77 - DRsp I (146) 57.
[33] BGH v. 06.07.1976 - VI ZR 177/75 - BGHZ 67, 129-134.
[34] BGH v. 06.03.1990 - VI ZR 246/89 - juris Rn. 20 - LM Nr. 175 zu BGB § 823 (Dc).
[35] BGH v. 24.01.1992 - V ZR 274/90 - BGHZ 117, 110-114.
[36] So aber OLG Saarbrücken v. 17.01.2006 - 4 U 615/04 - 55/05 - OLGR Saarbrücken 2006, 287-290.
[37] OLG Düsseldorf v. 15.01.1980 - 4 U 134/79 - VersR 1981, 82-83.
[38] OLG Koblenz v. 21.04.1998 - 3 U 899/97 - NJW-RR 1998, 1482-1483.
[39] OLG Nürnberg v. 27.03.1997 - 13 U 3005/96 - RuS 1997, 414-415 (außerhalb des Schutzbereichs der Norm).
[40] AG Rotenburg (Wümme) v. 09.05.2003 - 5 C 929/01 - juris Rn. 35 - RdL 2006, 266.
[41] Kritisch *Schiemann* in: Ermann, § 833 Rn. 6.
[42] OLG Saarbrücken v. 18.12.1996 - 5 U 568/96 - 38, 5 U 568/96 - NJWE-VHR 1998, 22-24.
[43] OLG Köln v. 24.08.2010 - 19 U 114/10 - juris Rn. 5.
[44] OLG Köln v. 24.08.2010 - 19 U 114/10 - juris Rn. 6.
[45] Brandenburgisches Oberlandesgericht v. 14.12.2011 - 4 U 19/10 - juris Rn. 45.

2. Literatur

19 In der Literatur setzt sich die Auffassung durch, dass das Fordern einer tierspezifischen Fehlhandlung überflüssig sei. Der Gesetzeszweck könne nicht zum Tatbestandsmerkmal erhoben werden.[46] Der Gesetzgeber habe eine umfassende Haftung des Tierhalters gewollt. Daher sei auch der Einfluss des Menschen auf das Tier irrelevant.[47] Es komme auf die Fähigkeit des Tieres zu selbstständigem Verhalten an.[48]

3. Die Auffassung des Autors

20 Wegen des umfassenden Versicherungsschutzes, der den Haftungsbestimmungen der Rechtsprechung folgt, besteht heute keine Notwendigkeit mehr, die Tierhalterhaftung mit unscharfen Begriffen einzuschränken. Man kann eine tierspezifische Gefahr nur verneinen, wenn das Tier vom Menschen lediglich als Masse verwendet wird (z.B. als Wurfgeschoss). Es kann jedoch nicht auf die Beeinflussung der Handlung des Tieres durch den Menschen ankommen. Wenn die Rechtsprechung oft genauer prüft, ob sich eine tierspezifische Gefahr realisiert hat, dann folgt sie älteren Denkmustern, die Billigkeitslösungen anstrebten. Im Ergebnis wird aber zu Recht vom BGH fast nie mehr das Fehlen der tierspezifischen Gefahr angenommen. Auch über die Kategorie „Schutzzweck der Norm" kann eine Haftungsbegrenzung auf spezifische Tiergefahren nicht erreicht werden.

4. Grenzfälle

21 Weniger eindeutig ist die Haftung des Tierhalters bei **Ansteckung anderer Tiere**. Aber auch hier ist die Haftung zu bejahen, da § 833 BGB nicht von einer Handlung des Tieres ausgeht, sondern schlicht von einem Kausalbeitrag des Tieres zur Schädigung.[49] Ebenso ist die **Zeckenverseuchung einer Wohnung durch einen Hund** zu beurteilen.[50] Unter dem Begriff der tierspezifischen Gefahr ergibt sich nichts Besonderes, weil Hunde häufig von Zecken befallen sind. Auch wenn die problematische epidemisch sich ausbreitende „Braune Zecke" selten ist, dann ist die Kausalität (Hund-Zecke-Verseuchung der Wohnung) dennoch zu bejahen, so dass der Hundehalter die Kammerjägerkosten bezahlen muss. Dies gilt auch, wenn er zur Hundehaltung in der Mietwohnung berechtigt war. Bei der Kollision einer **Brieftaube** mit einem aufsteigenden Flugzeug ist es nicht richtig, überhaupt die Realisierung der Tiergefahr in Erwägung zu ziehen[51], da das Flugzeug in den natürlichen Lebensraum der Tiere eingreift.

5. Praktische Hinweise

22 Da der Begriff der spezifischen Tiergefahr zwar häufig als Tatbestandsmerkmal angeführt wird, aber eigentlich nie verneint wird, sollte man ihn meiden und es bei der Feststellung der Kausalität bewenden lassen.

VII. Schaden und haftungsausfüllende Kausalität

23 Bei Tod, Körper- und Gesundheitsverletzungen gelten die §§ 842-846 BGB und der Schmerzensgeldanspruch nach § 253 Abs. 2 BGB.[52] Bei Sachbeschädigung wird der Schaden nach den §§ 249-252 BGB berechnet. Verstopft ein Jagdhund bei der Verfolgung eines Fuchses ein Abflussrohr, so sind sowohl die Bergungskosten als auch die Instandsetzungskosten Schadensposten.[53] Der Eigentümer der Stute muss sich auf seinen Schadensersatzanspruch gegen den Hengsthalter im Wege der Vorteilsausgleichung den Wert des Fohlens anrechnen lassen.[54] Wird ein Haustier verletzt, so gilt für die Höhe der

---

[46] *Eberl-Borges* in: Staudinger, § 833 Rn. 37-66; *Kohl* in: Wassermann, Kommentar zum Bürgerlichen Gesetzbuch, § 833 Rn. 3-6; *Schiemann* in: Erman, § 833 Rn. 4, 5; *Spindler* in: BeckOK-BGB, § 833 Rn. 10; *Wagner* in: MünchKomm-BGB, § 833 Rn. 9 ff.

[47] *Wagner* in: MünchKomm-BGB, § 833 Rn. 12 f. Anders dagegen *Lehmann/Auer,* VersR 2011, 846-850.

[48] *Krause* in: Soergel, § 833 Rn. 6.

[49] *Eberl-Borges* in: Staudinger, § 833 Rn. 63.

[50] Anders LG Freiburg (Breisgau) v. 21.02.2002 - 3 S 125/01 - WuM 2002, 314-316; *Spindler* in: Beck-Ok BGB § 833 Rn. 8.

[51] So aber OLG Hamm v. 11.02.2004 - 13 U 194/03 - NJW 2004, 2246-2247.

[52] Zur Bemessung des Schmerzensgeldes bei einem Hundebiss ins Gesicht vgl. LG Essen v. 17.03.2005 - 12 O 307/03 - NJW-RR 2005, 1110-1111.

[53] AG Stadthagen v. 27.10.2004 - 41 C 381/04 - Jagdrechtliche Entscheidungen XV Nr. 56.

[54] AG Walsrode v. 30.01.2006 - 7 C 821/05 - RdL 2006, 125.

ersatzfähigen Behandlungskosten § 251 Abs. 2 Satz 2 BGB (nicht die Unverhältnismäßigkeitsschwelle des § 251 Abs. 2 Satz 1 BGB, die meist etwas über dem Marktwert liegt). Vielmehr hat das Gericht individuell festzustellen, welche Grenze sich insbesondere wegen des Affektionsinteresses des Halters im Einzelfall ergibt. Bei dem Wert eines 5-jährigen Hundes von 700 € können Kosten in Höhe von 4.200 € ersetzt verlangt werden.[55] Ein Schmerzensgeld (Schockschadensersatz) wird dem Halter eines Haustieres bei dessen tödlicher Verletzung jedoch nicht gewährt.[56]

VIII. Haftungsausschluss

Als **gesetzlicher Haftungsausschlusstatbestand** sind die sozialrechtlichen Unfallversicherungsregelungen in den §§ 104-106 SGB VII zu beachten. Danach haftet der Unternehmer seinen Arbeitnehmern oder Arbeitnehmern eines mit ihm zusammen arbeitenden Unternehmers privatrechtlich nicht, wenn er oder seine Leute den Unfall fahrlässig verursacht haben. Insbesondere entfällt ein Anspruch auf Schmerzensgeld gem. § 253 Abs. 2 BGB.[57] Auch das faktische Tätigwerden für einen Gewerbebetrieb genügt (§ 7 Abs. 2 Satz 1 SGB VII).[58] Unglückshelfer haben auch nur Ansprüche gegen die gesetzliche Unfallversicherung (§ 2 Abs. 1 Nr. 13a SGB VII).[59]

Im Zentrum der Auseinandersetzung um den Haftungsausschluss des Tierhalters stehen jedoch Konflikte um einen **vertraglichen Haftungsausschluss** bzw. um die deliktische Bewertung von **Gefälligkeitsverhältnissen**. Erweist der Halter dem Geschädigten mit der Überlassung des Tieres eine Gefälligkeit, dann liegt es nahe, einen stillschweigenden Haftungsausschluss zu erwägen. Der Nutzer geht ja bewusst das Risiko ein, das mit dem Tier verbunden ist. Anders ist es beim Tierarzt und beim Hufschmied, die im Interesse des Halters tätig werden,[60] und bei Beschäftigten des Halters. Liegt ein Leihvertrag vor, so könnte die Haftungsbeschränkung des § 599 BGB auch auf den deliktischen Anspruch anwendbar sein. Bei Vermietung des Pferdes müsste die normale Haftung explizit ausgeschlossen sein.

1. Rechtsprechung

Die Rechtsprechung wendet ihre allgemeinen Kriterien der strengen deliktischen Haftung bei Gefälligkeit auch bei der Tierhalterhaftung an. Hintergrund ist die meist bestehende Haftpflichtversicherung des Tierhalters, die eine Überwälzung des Risikos auf diesen billig erscheinen lässt. Vergessen wird dabei, dass auch der Geschädigte meist versichert sein wird (nämlich bei Körperverletzungen in seiner Krankenversicherung). Daher ist das Argument der Haftpflichtversicherung nicht sehr schlagend.

a. Allgemein

Der BGH hat auch in anderen Zusammenhängen abgelehnt, typischer Weise eine stillschweigende Haftungsbegrenzung bei Gefälligkeiten auf grob fahrlässiges und vorsätzliches Handeln anzunehmen. Jeweils wird im Einzelfall geprüft, ob eine Haftungsbegrenzung gewollt war. Allerdings ist diese Rechtsprechung nicht sehr stimmig, weil sehr unterschiedliche Kriterien für einen solchen Parteiwillen zugrunde gelegt wurden. Da bei der Leihe eine eingeschränkte Haftung gesetzlich vorgesehen ist (§ 599 BGB), wird die Frage der Vertragsbindung mit der des konkludenten Haftungsausschlusses vermischt: Wenn ein Leihvertrag angenommen wird, bedarf es keiner Erwägung zum Haftungsausschluss; fehlt eine vertragliche Vereinbarung, bedarf es aber eines Vertrages über den Haftungsausschluss. Zentrales Argument hinter dieser Unstimmigkeit ist die **Versicherung des Risikos**. Der BGH bejaht die Haftung und lehnt eine stillschweigende Vereinbarung der Haftungsbegrenzung ab, wenn der Haftende versichert ist oder wenn er ein besonderes wirtschaftliches Interesse an der Leistung hat.[61]

---

[55] OLG München v. 11.04.2011 - 21 U 5534/10 - juris Rn. 6.
[56] BGH v. 20.03.2012 - VI ZR 114/11 - juris Rn. 9; AG Wiesbaden v. 18.08.2011 - 93 C 2691/11 (34) - juris Rn. 15.
[57] Vgl. dazu BGH v. 14.09.2004 - VI ZR 32/04 - NJW 2005, 288-290 m.w.N. (Pferdezucht, Körungsveranstaltung von Hengsten).
[58] SG Frankfurt v. 09.05.2006 - S 8 U 3800/03.
[59] LSG München v. 19.01.2005 - L 3 U 65/04.
[60] AG Rotenburg (Wümme) v. 09.05.2003 - 5 C 929/01 - juris Rn. 35 - RdL 2006, 266; dagegen für einen Haftungsausschluss (der Schutzbereich der Norm sei nicht betroffen): OLG Nürnberg v. 27.03.1997 - 13 U 3005/96 - RuS 1997, 414-415.
[61] BGH v. 09.06.1992 - VI ZR 49/91 - juris Rn. 14 m.w.N.; OLG München 16.06.2010 - 20 U 5105/09 - juris Rn. 12. Vgl. auch *Sprau* in: Palandt, BGB, § 833 Rn. 11; Einf. v. § 823 Rn. 12; *Grüneberg* in: Palandt, BGB, § 276 Rn. 37. Gegen das (pragmatische) Argument von der Versicherung: *Lang*, jurisPR-VerkR 7/2012, Anm. 1, unter C.I. (aus dogmatischen Gründen).

28 Nur ausnahmsweise wird eine stillschweigende Haftungsbegrenzung angenommen. Der Kaufinteressent beschädigt das Auto während der Probefahrt: Haftung des Fahrers nur für Vorsatz und grobe Fahrlässigkeit.[62] Bei einer Gefälligkeitsfahrt wird ein Unfall verursacht und es besteht ausnahmsweise kein Versicherungsschutz.[63] **Handeln auf eigene Gefahr** wird dann angenommen, wenn der Geschädigte die Unzuverlässigkeit des anderen kennt und somit ein bewusst erhöhtes Risiko eingeht (Fahren mit einem nicht zugelassenen Auto oder mit einem betrunkenen Fahrer[64]).

b. Anwendung auf die Tierhalterhaftung: Vertrag

29 **Im Rahmen eines Vertrages** wird der gesetzliche (z.B. bei der Leihe gem. § 599 BGB) oder vereinbarte Haftungsausschluss auch auf die Tierhalterhaftung übertragen.[65]

c. Handeln auf eigene Gefahr

30 Generell tendiert die Rechtsprechung dazu, Handeln auf eigene Gefahr nicht als Haftungsausschlussgrund, sondern als Haftungsmilderungsgrund gem. § 254 BGB zu sehen. Nur bei der Gefährdungshaftung soll darin bei besonderen Fällen ein Haftungsausschlussgrund zu sehen sein.[66]

31 Beispiele: Der Reiter kann die erhöhten Risiken des einzelnen Pferdes oder der besonderen Nutzungsart bewusst in Kauf nehmen: Übernahme eines erkennbar gefährlichen Pferdes, Zureiten eines Pferdes, Dressurreiten, Springen, Teilnahme an einer Fuchsjagd.[67] Wer seine bessere Reitkunst dem Halter bei dessen erkennbar schwierigem Pferd demonstrieren will, übernimmt auch die damit verbundenen Risiken.[68] Wer unbefugt in den Maschinenschuppen des Landwirts eindringt und dort von dem angeketteten Wachhund gebissen wird, ist das Risiko bewusst eingegangen.[69] Beim Umkippen einer Kutsche im Rahmen eines Wettbewerbs ist schon zweifelhaft, ob die Tiere die Ursache darstellen, wenn der Fahrer zu schnell über ein Hindernis gefahren ist. Trotz des hohen Risikos eines mitfahrenden Teilnehmers – weil etwa 10% der Fahrten mit einem Fiasko enden – wird im Ergebnis eine Haftungsentlastung des Tierhalters abgelehnt. Als Kriterien werden geprüft: erhöhtes Gefahrpotential, Fremdnützigkeit, Haftpflichtversicherung des Tierhalters.[70] Das bloße **Überlassen zum selbstständigen Ausritt** führt ebenfalls nicht zum konkludenten Haftungsausschluss.[71]

32 Beim Tierarzt wird keine Ausnahme gemacht. Wird er beim rektalen Fiebermessen vom Pferd getreten, so haftet der Tierhalter voll, es sei denn, den Tierarzt träfe ein Mitverschulden.[72] Wie unsicher die Justiz in diesen Fällen ist, zeigt die gegenteilige Entscheidung der Vorinstanz[73], die Handeln auf eigene Gefahr annahm. Der BGH hält die dort angestellten Normzweck-Überlegungen, die gegen einen Anspruch des Tierarztes sprechen würden, für unrichtig.[74] Abweichend von der BGH-Rechtsprechung wurde auch in folgendem Fall ein „Handeln auf eigene Gefahr" angenommen: die Halterin eines bissigen Hundes suchte einen Frisiersalon auf, den Maulkorb in der Hand. Der Hund zerrte und sie rief der Klägerin, die den Hund schon einmal behandelt hatte, zu, dass der Hund bissig sei. Bei der Begrüßung der Parteien biss der Hund zu. Das LG nahm einen Haftungsausschluss an.[75] Dies ist zu weitgehend, da eine Risikoübernahme nicht schon in der Begrüßung zu sehen ist.

---

[62] BGH v. 08.01.1986 - VIII ZR 8/85 - LM Nr. 38 zu BGB § 305.
[63] BGH v. 31.05.1983 - VI ZR 117/80 - VRS 65, 178-181 (1983).
[64] Vgl. BGH v. 28.01.1969 - VI ZR 184/67 - VersR 1969, 380.
[65] OLG Düsseldorf v. 12.06.1997 - 8 U 206/96 - MDR 1998, 409.
[66] BGH v. 20.12.2005 - VI ZR 225/04 - juris Rn. 14 - VersR 2006, 416-419; *Schiemann* in: Erman, § 833 Rn. 6.
[67] In Erwägung gezogen von BGH v. 14.07.1977 - VI ZR 234/75 - LM Nr. 10 zu § 833 BGB; OLG Celle v. 09.11.2006 - 20 U 19/06 - juris Rn. 39 - VersR 2007, 1661-1664.
[68] BGH v. 13.11.1973 - VI ZR 152/72 - LM Nr. 7 zu § 833 BGB.
[69] OLG Koblenz v. 16.10.2003 - 10 U 25/03 - OLGR Koblenz 2004, 406-407.
[70] BGH v. 20.12.2005 - VI ZR 225/04 - VersR 2006, 416-419.
[71] BGH v. 19.01.1988 - VI ZR 188/87 - MDR 1988, 571-572; BGH v. 24.06.1986 - VI ZR 202/85 - RuS 1987, 14-15; OLG Celle v. 09.11.2006 - 20 U 19/06 - juris Rn. 39 - VersR 2007, 1661-1664.
[72] BGH v. 17.03.2009 - VI ZR 166/08 - VersR 2009, 693-695.
[73] OLG Hamm v. 06.06.2008 - 9 U 229/07 - juris Rn. 26.
[74] BGH v. 17.03.2009 - VI ZR 166/08 - juris Rn. 14 - VersR 2009, 693-695.
[75] LG Paderborn v. 17.12.2008 - 4 O 239/08 - juris Rn. 33.

d. Gefälligkeitsüberlassung

In den übrigen Fällen der **Gefälligkeitsüberlassung** wird ein stillschweigender Haftungsausschluss nicht vermutet (anders nur bei besonderem wirtschaftlichem Interesse des Nutzers). Allein das Schild im Reitstall „Reiten auf eigene Gefahr" führt nicht zum Haftungsausschluss, sondern ist nur Indiz dafür.[76] Im Übrigen wird sehr genau ein Mitverschulden geprüft,[77] was bei Tierhütern auch noch mit einer Beweislastumkehr gem. § 834 BGB verbunden wird[78]. Das OLG Nürnberg nimmt großzügig einen konkludenten Haftungsausschluss bei der Überlassung eines Pferdes an.[79] Begründet wird dies mit dem Eigeninteresse der pferdebegeisterten Klägerin und der Langfristigkeit und Regelmäßigkeit der Reitbeteiligung (3 Jahre jeden Montag). Allerdings sind damit die zwei Gesichtspunkte, die den BGH zur restriktiven Annahme eines Haftungsausschlusses veranlassten, nicht ausgeräumt: die Versicherung des Halters und das – im Verhältnis zum Interesse des Tierhalters – geringe Eigeninteresse des Reiters.[80]

33

2. Literatur

Es gibt gewichtige Argumente für die Annahme einer Haftungsbegrenzung bei allen Gefälligkeitsverhältnissen in Analogie zu Schenkung (§ 521 BGB), Leihe (§ 599 BGB), Verwahrung (§§ 690, 277 BGB) und zur Kfz-Halterhaftung (§ 8 Nr. 2 StVG). Dies ist eine dogmatisch gut begründete Position, die die **Verteilung des Individualrisikos** zwischen den Parteien richtig wertet.[81] Zur Tierhalterhaftung gibt es vereinzelt ähnliche Positionen.[82] Entsprechende kritische Anmerkungen gibt es zur oben zitierten Entscheidung des BGH vom 09.06.1992.[83] Relativiert wird diese Auffassung allerdings dadurch, dass dann der Halter für die Verletzung von Aufklärungspflichten (über die besonderen Gefahren des Tieres) gem. § 823 BGB haften würde.

34

3. Auffassung des Autors

Zusätzlich zu den – auf individuelle Verhältnisse abstellenden – Kriterien ist der meist übliche **Versicherungsschutz** zu beachten. Damit wird das Individualrisiko, das im BGB geregelt ist, auf die Gemeinschaft der Versicherten übertragen. Abzuwägen ist dann das Totalrisiko, das der Geschädigte trägt und das nur teilweise durch eine Schadensversicherung abgedeckt ist, mit dem Risiko des Schädigers, eine höhere Versicherungsprämie zu zahlen. Unter diesem Blickwinkel wird die Rechtsprechung verständlich, wenn sie Risiken eher der Versichertengemeinschaft der Tierhalter zuweist. Zivilrechtlich kann das nur über die Einstandspflicht des Tierhalters (Kfz-Halters, Gebäudebesitzers, Produkthaftpflichtigen, Anlagenbetreibers etc.) erreicht werden. Dem trägt der Gesetzgeber Rechnung, wenn er in § 309 Nr. 7 BGB den formularmäßigen Haftungsausschluss für die fahrlässige Verletzung von Leben, Körper und Gesundheit gegenüber Verbrauchern nicht mehr zulässt. Bei der Haftung des Tierhalters kommt hinzu, dass die Gefahren des Tieres für einen Dritten noch schwerer erkennbar sind, als es bei technischen Gegenständen der Fall ist (Kfz, Gebäude). Daher ist der Rechtsprechung zuzustimmen und eine konkludente Haftungsbegrenzung nur in den oben genannten Fällen der bewussten Übernahme von ungewöhnlichen Risiken anzunehmen (Zureiten, Springreiten, Vorführen riskanter Manöver mit dem Tier etc.).

35

Handeln auf eigene Gefahr ist dann und insoweit ein Haftungsausschlussgrund, wie der Geschädigte bewusst Risiken in Kauf nimmt und der Tierhalter das erkennt.[84] Die Nähe zum konkludenten Haf-

36

---

[76] BGH v. 19.01.1988 - VI ZR 188/87 - MDR 1988, 571-572.
[77] BGH v. 22.12.1992 - VI ZR 53/92 - LM BGB § 833 Nr. 24 (8/1993).
[78] Ausführlich dazu: BGH v. 09.06.1992 - VI ZR 49/91 - LM BGB § 833 Nr. 23 (11/1992); OLG Celle v. 09.11.2006 - 20 U 19/06 - juris Rn. 39 - VersR 2007, 1661-1664.
[79] OLG Nürnberg v. 27.06.2011 - 8 U 510/11 - juris Rn. 16.
[80] BGH v. 09.06.1992 - VI ZR 49/91 - juris Rn. 14, 15.
[81] *Flume*, BGB AT, Bd. 2, 4. Aufl. 1992, § 7, 5-7; *Kipp*, VersR 2000, 1348-1350, Abschn. III: teleologische Reduktion; *Maier*, JuS 2001, 746-751; *Medicus/Petersen*, Bürgerliches Recht, 23. Aufl. 2011, Rn. 369.
[82] *Kohl* in: Wassermann, Kommentar zum Bürgerlichen Gesetzbuch, § 833 Rn. 10; *Krause* in: Soergel, § 833 Rn. 26; *Wagner* in: MünchKomm-BGB, § 833 Rn. 18 ff., 20.
[83] Zu BGH v. 09.06.1992 - VI ZR 49/91 - LM BGB § 833 Nr. 23 (11/1992); *Hasselblatt*, NJW 1993, 2577-2581; *Westerhoff*, JR 1993, 497-502.
[84] So im Fall des „Bockrichters" auf der Kutsche, der die Risiken genau kennt: BGH v. 20.12.2005 - VI ZR 225/04 - VersR 2006, 416-419; bei der Körungsveranstaltung von Hengsten wissen die Halter, dass das enge Zusammenstehen der Tiere zu Problemen führen kann: BGH v. 14.09.2004 - VI ZR 32/04 - NJW 2005, 288-290.

tungsausschluss ist unverkennbar. Die (schuldlose) Tierhalterhaftung sollte dann zurücktreten. Dagegen ist Handeln auf eigene Gefahr beim Mitverschulden relevant, wenn der Geschädigte ohne Zustimmung des Tierhalters sich in den besonderen Gefahrenbereich des Tieres begibt.[85]

IX. Mitverschulden (§ 254 BGB)

37 Als wesentliche Einschränkung der vollen Haftung des Tierhalters dient das Mitverschulden des Geschädigten (§ 254 BGB), insbesondere wenn er Nutzer des Tieres ist. Hier liegt das Einfallstor für eine faktische Haftungsbegrenzung. Es wird sehr genau geprüft, ob der Geschädigte nicht die Risiken hätte vermindern können. Die Frage der Risikoübernahme durch den Nutzer kann am besten mit der Kategorie des Mitverschuldens erfasst werden.[86] Daher wird in fast allen Konfliktfällen, bei denen die volle Haftung des Tierhalters unbillig erscheint, das Mitverschulden thematisiert.

1. Fallgruppen

38 Fallgruppen des Mitverschuldens sind vor allem: Unvorsichtigkeit des Reiters oder beim Nähern eines Tieres, Überschätzung der eigenen Fähigkeiten und Fehlreaktion bei unvorhergesehenen Situationen.

a. Unvorsichtigkeit im Umgang mit Tieren

39 Exemplarisch ist der Fall des 15-jährigen Mädchens, das mit dem Pferd eines Gastes ihrer Mutter einen Ausritt macht und zu Schaden kommt. Als Aspekte des Mitverschuldens gem. § 254 BGB (in Verbindung mit § 828 Abs. 3 BGB) zu 1/3 werden angeführt: Verstoß gegen das Verbot der Mutter, mit fremden Pferden auszureiten; Kenntnis der begrenzten Fertigkeiten auf dem Pferd; kein Tragen einer Reitkappe.[87] Ebenso wird ein Mitverschulden darin gesehen, dass ein Reiter trotz schlechter Konstitution aufs Pferd steigt.[88] Nähert sich der Geschädigte Hunden, so muss er sich seine Unvorsichtigkeit anrechnen lassen.[89] Ebenso trifft eine erfahrene Reiterin das maßgebliche Verschulden, wenn sie einem aggressiven Tier beim Verladen zu nahe kommt.[90] Im Grundsatz ist ein Mitverschulden anzunehmen, wenn ein Hunde-Warnschild am Grundstückseingang angebracht ist. Voraussetzung ist jedoch, dass auf die Bissigkeit des Hundes hingewiesen wird und das Gartentor regelmäßig verschlossen ist. Dagegen vermindert allein das allgemeine Warnschild mit der Inschrift „Hier wache ich! Betreten auf eigene Gefahr!" und dem Bild eines Dalmatiners die Haftung des Hundebesitzers nicht, wenn sich auch noch die Haustürklingel erst am Haus befindet und sich der Besitzer in der Nähe des Hundes aufhält.[91] Das allgemeine Warnschild weist den Besucher nur darauf hin, achtsam zu sein, will ihn aber nicht vom Grundstück fernhalten.

40 Kein Mitverschulden liegt dann vor, wenn beim gemeinsamen Ausritt ein Reiter durch das vor ihm laufende, zum Auskeilen neigende Pferd verletzt wird und er über die Aggressivität des Pferdes nicht informiert worden ist. Der Reiter dieses Pferdes muss es besonders kennzeichnen. Er muss am Schluss der Gruppe reiten.[92]

b. Überschätzung der eigenen Fähigkeiten

41 Das Überschätzen der eigenen Fähigkeiten wird dem Geschädigten ebenfalls angelastet: Der Förster nähert sich unvorsichtigerweise einem aus dem Gehege entlaufenen Hirsch und wird von diesem verletzt.[93] Der Geschädigte betritt ein Haus, obwohl ihm das Bellen des Hundes eine Gefahr signalisiert.[94] Der Besucher will einen Rottweiler-Hund bald nach seinem Eintritt in die Wohnung streicheln.[95] Der

---

[85] Unbefugtes Eindringen in einen Gefahrenbereich: OLG Koblenz v. 16.10.2003 - 10 U 25/03 - OLGR Koblenz 2004, 406-407.
[86] So auch die überwiegende Kommentarliteratur: *Eberl-Borges* in: Staudinger, § 833 Rn. 188, 197 ff.; *Krause* in: Soergel, § 833 Rn. 47; *Schiemann* in: Erman, § 833 Rn. 15; *Spindler* in: Beck-OK BGB, § 833 Rn. 21, 39.
[87] BGH v. 22.12.1992 - VI ZR 53/92 - LM BGB § 833 Nr. 24 (8/1993).
[88] BGH v. 24.01.1984 - VI ZR 61/82 - VersR 1984, 286-287; BGH v. 19.01.1982 - VI ZR 132/79 - VersR 1982, 348-350.
[89] BGH v. 03.05.2005 - VI ZR 238/04 - NJW-RR 2005, 1183-1185.
[90] OLG Düsseldorf v. 29.09.2005 - 5 U 21/05 - NJW-RR 2006, 93-94.
[91] OLG Stuttgart v. 24.06.2010 - 1 U 38/10 - juris Rn. 8, 12.
[92] OLG Koblenz v. 26.01.2006 - 5 U 319/04 - NJW-RR 2006, 529-530.
[93] OLG Düsseldorf v. 29.02.2000 - 4 U 44/99 - NJW-RR 2000, 1629-1631.
[94] 100% Eigenverschulden: OLG München v. 05.10.2000 - 14 U 1010/99 - ZfSch 2001, 491-492.
[95] OLG Frankfurt v. 28.06.2000 - 7 U 91/99 - OLGR Frankfurt 2001, 5-6.

Fremde nähert sich einem ihm unbekannten Pferd.[96] Wer ein ausgebrochenes Pferd verfolgt, trägt das überwiegende Risiko, wenn er sich dabei verletzt.[97] Kein Mitverschulden trägt, wer sich in eine Gaststätte setzt, in der ein Hund liegt, und von dessen Biss wegen schlechter körperlicher Verfassung besonders schwer verletzt wird.[98]

c. Fehlreaktion des Geschädigten

Nur in Ausnahmefällen wird dem Geschädigten angelastet, sich fehlerhaft verhalten zu haben: Der Radfahrer reagiert übermäßig auf das nicht ungewöhnliche Verhalten des Hundes und stürzt: keine Haftung des Hundehalters.[99] Bei Fehlreaktion eines 11-jährigen Kindes, das bei Erscheinen eines Hundes auf die Straße läuft und vom Auto angefahren wird, erfolgt eine Haftungsaufteilung.[100] Wenn ein Reiter zu nah an ein zum Auskeilen neigendes Pferd heran reitet und verletzt wird, dann trifft ihn nur bei Kenntnis der Eigenheiten des anderen Pferdes ein Mitverschulden.[101] Kein Mitverschulden eines 8-jährigen Mädchens wurde angenommen, wenn es einen auf sich zu laufenden Jack Russell Terrier mit Füßen getreten haben sollte.[102] Bei therapeutischen Reitangeboten kann der Verein nicht deshalb eine Haftungsmilderung erreichen, weil körperlich beeinträchtigte Menschen seine Reitangebote wahrnehmen.[103] Wenn ein Tierhalter auf einer Gartenparty seinen Hund frei herumlaufen lässt, muss er damit rechnen, dass sich auch im Umgang mit Hunden nicht erfahrene Gäste dem Tier annähern. Für ein Mitverschulden muss der Geschädigte gegen Gebote des eigenen Interesses vorwerfbar verstoßen haben.[104] In solch einem Fall kann dem Geschädigten der Nachweis fehlenden Mitverschuldens gem. § 254 BGB in Analogie zu § 834 Satz 2 BGB auferlegt sein. Dies führt aber nicht automatisch zum Entfallen des ganzen Anspruchs, wenn keine eindeutige Ursache für den Unfall zu ermitteln ist.[105]

d. Handeln auf eigene Gefahr

Die Rechtsprechung verwendet das Argument des Handelns auf eigene Gefahr vor allem beim Mitverschulden. Dadurch werden Billigkeitsentscheidungen möglich. Wie oben dargelegt (vgl. Rn. 30) sollte Handeln auf eigene Gefahr bei Kenntnis des Tierhalters haftungsausschließend wirken, jedoch haftungsmindernd, wenn der Geschädigte sich ohne Kenntnis des Tierhalters in den Gefahrenbereich des Tieres begibt.

2. Zusammentreffen mehrerer Gefährdungshaftungstatbestände

Schwierig ist die Bewertung des Mitverschuldens bzw. Mitverursachens beim Zusammentreffen zweier Tierhalter- oder anderer Gefährdungshaftungstatbestände. Grundsätzlich ist von einer gleichmäßigen Haftungsverteilung auszugehen (z.B. bei Rivalität zwischen Hengsten).[106] Dies gilt nur beim Aufeinandertreffen von Gefährdungshaftungstatbeständen. Handelt ein Beteiligter schuldhaft, so kann der andere ganz entlastet sein.[107] Wird einer der eigentlich Haftenden selbst geschädigt, so ist zu prüfen, ob ihn eine Mitverursachung und etwa ein Mitverschulden trifft. Häufig wird dieses Mitverschulden dann auf Null reduziert, so dass nur ein Haftender den Schaden zu tragen hat. Gesetzlich geregelt ist die Verursachungsabwägung in § 17 StVG, § 41 Abs. 2 LuftVG und § 13 HaftPflG. Zur gesamtschuldnerischen Haftung vgl. die Kommentierung zu § 426 BGB.

a. Größere Verantwortung des Tierhalters gegenüber dem Kfz-Halter

Generell trifft den Tierhalter (und den Tierhüter) eine größere Verantwortung als den Kraftfahrzeughalter oder Eisenbahnbetreiber, wenn Tiere auf die Straße oder die Schienen laufen und einen Unfall verursachen. Eine vollständige Haftungsbefreiung ist aber nur für den Teil möglich, für den sich das

---

[96] BGH v. 06.11.1954 - IV ZR 70/54 - JZ 1955, 87.
[97] OLG Hamm v. 16.06.2002 - 9 U 185/01 - NZV 2003, 422.
[98] BGH v. 22.09.1981 - VI ZR 144/79 - LM Nr. 44 zu § 254 (Da) BGB.
[99] OLG Koblenz v. 07.07.1997 - 12 U 1312/96 - VersR 1999, 508.
[100] OLG Düsseldorf v. 25.05.1994 - 15 W 13/94 - NJW-RR 1995, 281-282.
[101] OLG Koblenz v. 26.01.2006 - 5 U 319/04 - NJW-RR 2006, 529-530 (hier mangels Kenntnis abgelehnt).
[102] AG Schöneberg v. 20.02.2009 - 17b C 153/08 - juris Rn. 23.
[103] OLG Hamm v. 22.09.2009 - 9 U 11/09.
[104] OLG Sachsen-Anhalt v. 11.10.2010 - 10 U 25/09.
[105] So aber Brandenburgisches OLG v. 14.12.2011 - 4 U 19/10 - juris Rn. 54.
[106] OLG Düsseldorf v. 11.12.1998 - 22 U 110/98 - NJW-RR 1999, 1256-1257.
[107] OLG Schleswig v. 27.03.2003 - 7 U 61/00 - OLGR Schleswig 2003, 499-500.

schädigende Ereignis als höhere Gewalt darstellt. Es handelt sich dabei um ein außergewöhnliches, betriebsfremdes Ereignis, das vernünftigerweise nicht verhindert werden kann.[108] Stürzt ein Auto auf die 10m neben der Straße liegende Eisenbahnstrecke, so handelt es sich nicht um höhere Gewalt, da allein das Nebeneinander von Straße und Bahnlinie solche Unfälle möglich macht.[109] Ebenso bleibt die Betriebsgefahr der Eisenbahn erhalten, wenn Tiere beim Überqueren der Bahnlinie durch eine Straßenbrücke ausscheren und auf die Schienen laufen.[110] Daher trifft den Tierhalter meist nicht die alleinige, sondern nur die überwiegende Haftung. Bei Kollision eines Autos mit Rindern auf einer Nebenstraße wird die Tiergefahr mit 2/3 bewertet.[111] Ein Verschulden des Tierhalters verdrängt jedoch die Betriebsgefahr der Eisenbahn. Werden 1.000 Schafe auf einer Straßenbrücke über die Eisenbahnlinie getrieben, führen zu geringe Sicherheitsvorkehrungen zur alleinigen Haftung des Schäfers.[112]

46 In zahlreichen Entscheidungen wird dem Tierhalter die alleinige Verantwortung zugewiesen, weil das Tier der Hauptverursacher ist. Dabei wird die Betriebsgefahr des Autos oder der Eisenbahn vernachlässigt. Läuft im innerstädtischen Bereich ein Hund, der von einem anderen Hund angegriffen wurde, plötzlich auf die Straße und wird bei dem Ausweichmanöver des Autofahrers das Auto beschädigt, so haftet der Hundehalter allein für den Schaden.[113] Ähnlich sieht es das OLG Köln, wenn auch mit unzutreffendem Hinweis auf § 830 Abs. 1 Satz 2 BGB.[114] Das Gleiche gilt im Verhältnis Schafhalter und Bahn.[115] Die Mitverantwortlichkeit des Autohalters wurde ebenfalls vereint, wenn das in Panik ausgebrochene Rind nachts auf der Landstraße dem fast abgebremsten Auto entgegenläuft.[116] Ist der Autofahrer nicht auf Sicht gefahren, soll er zu 25% verantwortlich für den Schaden sein.[117]

47 Dagegen wurde zu Recht die Haftung des Hubschraubereigentümers gem. den §§ 33-34 LuftVG zu 80% angenommen, wenn durch dessen Krach beim Niedrigflug Pferde in Panik geraten und sich verletzen.[118] Ebenso wurde bei einem Zusammenstoß von Pkw und Pferd dem Autofahrer ausnahmsweise die Hauptverantwortung gegeben, weil er mit 70 km/h innerhalb einer Ortschaft fuhr.[119] Ebenso haftete der Autofahrer allein, wenn er auf zwei wegen eines Hundes bremsende Autos als Dritter auffährt.[120] Die fahrlässige Sorgfaltspflichtverletzung des Wagenführers eines Triebwagens, der eine größere Schafherde auf den Schienen übersehen hatte, führt zur alleinigen Haftung der Bahn.[121]

b. Hauptverantwortlichkeit des Halters des agierenden Tieres

48 Verletzen sich mehrere Tiere gegenseitig, so wird ermittelt, wessen Tier besonders aggressiv reagierte. Wird ein Tierhalter durch spielende Hunde verletzt, so ist im Rahmen des Gesamtschuldnerausgleichs (§ 426 Abs. 1 BGB) zu prüfen, in welchem Maß sich die Tiergefahr jeweils verwirklicht hat.[122] Bei Schäden durch einen nicht angeleinten **Hund** wird primär dessen Halter haftbar gemacht: Der Hund fällt ein im Stall angeleintes Pferd bzw. Pferde auf der Weide an.[123] Wenn größere Hunde sich los reißen und der Halter sich bei dem Versuch verletzt, sie von einem anderen Hund zu trennen, haftet der andere Halter gar nicht.[124] Ebenso entfällt eine Haftung, wenn der geschädigte Hundehalter wegen der Drohgebärde des anderen Hundes seinen Hund los machen will und sich dabei verletzt.[125] Die Tierge-

---

[108] BGH v. 15.03.1988 - VI ZR 115/87 - juris Rn. 13 - JZ 1988, 675.
[109] BGH v. 15.03.1988 - VI ZR 115/87 - juris Rn. 14 - JZ 1988, 675.
[110] OLG München v. 22.09.1989 - 10 U 554/87 - NZV 1991, 189.
[111] OLG Düsseldorf v. 18.02.1994 - 22 U 170/93 - VersR 1995, 232-233.
[112] LG Münster v. 01.12.2006 - 16 O 344/05 - juris Rn. 31 ff.
[113] KG Berlin v. 17.01.1994 - 12 U 4453/92; OLG Hamm v. 08.12.1994 - 6 U 42/94 - OLGR Hamm 1995, 54-55.
[114] OLG Köln v. 05.11.1998 - 1 U 51/98 - OLGR Köln 1999, 49-50.
[115] OLG München v. 22.09.1989 - 10 U 5548/87 - NZV 1991, 189-190.
[116] BGH v. 30.06.2009 - VI ZR 266/08 - NJW 2009, 3233-3235; LG Lüneburg v. 14.02.2008 - 5 O 74/07 - Schaden-Praxis 2008, 285-288.
[117] OLG Karlsruhe 19.03.2009 - 4 U 166/07 - MDR 2009, 1162-1163; jedenfalls nicht mehr als 50%: OLG Hamm v. 08.10.2009 - 6 U 45/09.
[118] OLG Koblenz v. 16.08.2002 - 10 U 1804/01 - NJW-RR 2002, 1542.
[119] OLG Celle v. 13.05.2004 - 14 U 259/03 - Schaden-Praxis 2004, 255-256.
[120] AG Essen v. 15.08.2003 - 16 C 157/03 - Schaden-Praxis 2003, 374-375.
[121] LG Itzehoe v. 17.01.2002 - 6 O 262/01.
[122] OLG Frankfurt v. 12.01.2007 - 19 U 217/06 - NJW-RR 2007, 748-749.
[123] OLG Oldenburg v. 15.01.2001 - 13 U 104/00 - ZfSch 2001, 539; OLG Hamm v. 28.06.1993 - 6 U 71/93 - OLGR Hamm 1994, 43.
[124] OLG Celle v. 01.11.2000 - 20 U 11/00; LG Stade v. 06.04.2004 - 4 O 90/03.
[125] OLG Frankfurt v. 27.05.1999 - 1 U 37/98 - NJW-RR 1999, 1255.

fahr des Dackels tritt bei dem Angriff eines Rottweilers vollständig zurück, auch wenn der Dackel den Rottweiler erst durch sein Gebell auf sich aufmerksam gemacht hat.[126] Der Halter eines frei laufenden Schäferhundes haftet, wenn dieser einen angeleinten Dackel angreift.[127] Der Halter eines nicht angeleinten Hundes haftet voll, wenn ein Radfahrer stürzt, weil ihm der Hund vors Fahrrad läuft.[128]

Der Halter haftet, wenn sein Pferd in der Stallgasse ausschlägt.[129] Nicht gefolgt werden kann dem OLG Saarbrücken, das dem Halter eines nervösen Pferdes die gesamte Verantwortung für seinen Schaden für den Fall zuweist, dass drei große, plötzlich auftauchende Hunde tatsächlich das Pferd zum Bocken gebracht hätten.[130]

49

c. Abwägung im Einzelfall

Wird einer der Hundehalter durch die großen spielenden Hunde verletzt, erfolgt eine Schadensteilung.[131] Wenn ein Jogger über einen nicht angeleinten Dackel fällt, so kann ein Mitverschulden in Betracht kommen.[132] Der Hundehalter haftet nur zu 1/3, wenn der Autofahrer mit dem Doppelten der zugelassenen Geschwindigkeit wegen des Hundes einen Unfall verursacht.[133] Deckt ein Rüde eine Hündin, so haftet der Halter der Hündin allein, wenn er sorglos die Hündin im eingezäunten Gelände laufen lässt.[134] Andere Gerichte nehmen ein Mitverschulden des Halters des Rüden an.[135] Kommt es im Stall zu Rivalitäten zwischen zwei Hengsten, bei denen der eine verletzt wird, so wird der Schadensersatzanspruch um die Hälfte gekürzt.[136] Gerät ein Pferdehalter mit seinem Hengst zu nah an einen anderen Hengst, so wird sein überwiegendes Mitverschulden angenommen.[137] Kein Mitverschulden liegt dann vor, wenn der Stall so eng ist, dass ein angemessener Abstand nicht eingehalten werden kann.[138] Bei der Kollision einer Brieftaube mit einem aufsteigenden Flugzeug kann man kaum von Realisierung einer Tiergefahr sprechen, da das Flugzeug in den natürlichen Lebensraum des Tieres eindringt. Für eine Schadensteilung ist dann kein Raum.[139]

50

Beim Zusammentreffen von Verschuldenshaftung und Tierhalterhaftung wird eine Mithaftung des schuldlosen Tierhalters gem. den Rechtsgedanken des § 254 BGB und § 840 Abs. 3 BGB nach h.M. verdrängt.[140] Entsprechend haftet der Veranstalter eines Reitturniers dem Turnierreiter für das fehlerhafte Aufstellen eines Hindernisses und die daraus resultierende Schädigung des Pferdes voll aus Verletzung der Verkehrssicherungspflicht, wenn den Reiter kein eigenes Verschulden trifft.[141] Die punktuelle Besserstellung des Tierhalters gegenüber z.B. dem Kfz-Halter gem. § 7 StVG hält der BGH wegen der Spezialität der Gefährdungshaftungsregeln nicht für verfassungswidrig.[142] Allerdings zeigt diese Fallkonstellation die Berechtigung der kritischen Position *Viewegs* zu einer schematischen Anwendung des Vorrangs der Verschuldenshaftung. In Fällen leichter Fahrlässigkeit – was häufig bei Verkehrssicherungspflichtverletzungen zutrifft – ist eine Schadensteilung mit dem Geschädigten, der allein aus Gefährdungshaftung verpflichtet wäre, durchaus erwägenswert.[143]

51

---

[126] OLG Hamm v. 21.02.1994 - 6 U 225/92 - NJW-RR 1995, 599-600.
[127] OLG Stuttgart v. 16.04.2002 - 10 U 205/01 - NJW-RR 2003, 242.
[128] OLG Hamm v. 26.06.2001 - 27 U 6/01 - NZV 2002, 461-462. Dagegen haftet der Halter allein, der seine Hundeleine am Fahrrad fest gebunden hat und wegen eines fremden unangeleinten Hundes stürzt (OLG Köln v. 13.08.2002 - 9 U 185/00 - NJW-RR 2003, 884).
[129] OLG Stuttgart v. 07.09.1993 - 10 U 315/92 - NJW-RR 1994, 93-94.
[130] OLG Saarbrücken v. 14.07.2005 - 8 U 283/04 - 60, 8 U 283/04 - OLGR Saarbrücken 2006, 157-159.
[131] OLG Hamm v. 24.11.1994 - 6 U 236/93 - NJW-RR 1995, 598-599.
[132] OLG Koblenz v. 03.07.2003 - 5 U 27/03 - ZfSch 2003, 444-445.
[133] OLG Hamm v. 10.01.2000 - 6 U 202/99 - OLGR Hamm 2000, 228-229.
[134] OLG Hamm v. 08.07.1993 - 6 U 44/93 - NJW-RR 1994, 804.
[135] OLG Hamm v. 07.02.1990 - 13 U 62/88 - NJW-RR 1990, 1052-1054; BGH v. 06.07.1976 - VI ZR 177/75 - BGHZ 67, 129-134.
[136] OLG Düsseldorf v. 11.12.1998 - 22 U 110/98 - NJW-RR 1999, 1256-1257.
[137] OLG Schleswig v. 20.11.2003 - 7 U 72/01 - IVH 2004, 23.
[138] OLG Frankfurt v. 28.07.2003 - 1 U 65/02 - OLGR Frankfurt 2004, 47-48.
[139] So aber OLG Hamm v. 11.02.2004 - 13 U 194/03 - NJW 2004, 2246-2247; dagegen zu Recht auch *Kaiser*, ZLW 2005, 50-56; *Pfab*, VersR 2006, 894-899, 898.
[140] *Spindler* in: Beck'scher Online-Kommentar, § 833 Rn. 21.
[141] BGH v. 23.09.2010 - III ZR 246/09 - juris Rn. 31.
[142] BGH v. 23.09.2010 - III ZR 246/09 - juris Rn. 32.
[143] *Vieweg* in: Staudinger, § 840 Rn. 80, 84; vgl. auch *Wagner* in: MünchKomm BGB, § 840 Rn. 20.

3. Beweislast

52 Der Tierhalter muss das Mitverschulden des Geschädigten darlegen und beweisen. Wenn allerdings ein Tierhüter zu Schaden gekommen ist, trifft diesen der Entlastungsbeweis bezüglich des Mitverschuldens gem. § 834 BGB. Dasselbe gilt in Analogie zu § 834 BGB für denjenigen, der das Tier aus Gefälligkeit erhalten hat.[144] Damit könnte faktisch eine vollständige Haftungsentlastung des Tierhalters erreicht werden. Allerdings sind die Anforderungen an den Entlastungsbeweis an den Tierhüter bzw. Gefälligkeitsnutzer im Rahmen der Mitverschuldensprüfung nicht sehr hoch. Der Reiter wird immer vortragen können, dass er das Pferd richtig geführt habe. Im obigen Fall ging es um den Vorwurf, dass die Klägerin sich auf ein fremdes, ihr unbekanntes Pferd gesetzt hat und dass sie, um dessen Lustlosigkeit zu überwinden, die Reitgerte eingesetzt hat. Es dürfte der Klägerin jedoch nicht schwer fallen, darzulegen, dass sie das Pferd dennoch im Rahmen ihres Könnens richtig geführt hat und dass der Gebrauch der Reitgerte in diesem Fall angemessen war. In die gleiche Richtung weist die Erkenntnis, dass ein bloßer Fehler des wenig geübten Reiterschülers bei einer spontan zu fällenden Entscheidung noch kein Mitverschulden begründet.[145] Auch damit wird dem Reiter der Entlastungsbeweis erleichtert.

X. Nutztier: Exkulpation gem. Satz 2

1. Gesetzgebungsgeschichte

53 Diese erst im Jahr 1908 aufgenommene Abmilderung der Haftung ist zwar verständlich, weil Gefahren durch Nutztiere eher von der Gesellschaft hingenommen werden sollten als solche von Luxustieren. Aufgrund der heute bestehenden umfassenden Versicherungsmöglichkeit durch Haftpflichtversicherungen ist diese Privilegierung allerdings überflüssig und nicht gerechtfertigt.[146] Im Übrigen ist die Zahl der Nutztiere naturgemäß in den vergangenen 100 Jahren stark zurückgegangen. Trotz einiger Zweifel wendet die Rechtsprechung das Gesetz strikt an und gibt dem gewerblichen Nutzer von Haustieren den Entlastungsbeweis.[147]

54 Die erneute verfassungsrechtliche Prüfung des Nutztierhalterprivilegs hat die Zweifel der Vereinbarkeit der Norm mit dem Grundgesetz verstärkt. Im Zuge der Massentierhaltung gibt es kaum noch frei laufende Nutztiere, erst recht gibt es keine Pferdefuhrwerke mehr, und damit fallen die ursprünglich geschützten kleinen Landwirte und Unternehmen weg. Der Gleichheitssatz (Art. 3 Abs. 1 GG) ist daher sicher berührt. Es wird jedoch keine Willkür in der Differenzierung von Luxus- und Nutztierhalterhaftung gesehen.[148] Die im Gegensatz zu den Vorinstanzen strenge Kontrolle des Beklagtenvorbringens zur sorgfältigen Haltung und Beaufsichtigung seiner Rinder zeigt jedoch einen Ausweg: die Privilegierung des Nutztierhalters wird dadurch abgeschwächt, dass die Anforderungen an den Entlastungsbeweis hoch geschraubt werden.[149] Auf diese Weise kann die Justiz die Norm an die gesellschaftlichen Veränderungen anpassen.

2. Nutz-Haustier

55 **Haustiere** werden vom Halter beaufsichtigt und beherrscht. Typisch sind Pferde, Rinder, Schweine, Schafe, Hunde, Katzen, Geflügel. Bienen gehören nicht dazu, ebenfalls nicht gezähmte wilde Tiere, die zu Hause gehalten werden.[150] **Nutz-Haustiere** dienen dem Beruf, der Erwerbstätigkeit oder dem Unterhalt des Halters und werden tatsächlich vor allem (wenn auch nicht ausschließlich) zu diesem Zweck gehalten. Dazu gehören die in der Landwirtschaft gehaltenen Tiere, aber auch der Hütehund des Schäfers, der Jagdhund des Försters (nicht der als Luxustier gehaltene), der Blindhund und Dienstpferde und -hunde von Polizei- und Zollbeamten. Ferner rechnet man dazu das Schlachtvieh.

56 Wegen der engen Definition des Nutz-Haustiers muss bei „**potentiell doppelfunktionalen**" Tieren die Nutztiereigenschaft dem objektiven Hauptzweck der Tierhaltung entsprechen. Bei **Hunden** auf einem Bauernhof ist das eher zu verneinen, weil der Luxus-Zweck im Vordergrund steht. Bei Hunden auf einem Reiterhof mit wertvollen Pferden ist eine genaue Darlegung des Umfangs des Nutztierhaltungs-

---

[144] BGH v. 09.06.1992 - VI ZR 49/91 - juris Rn. 21 - LM BGB § 833 Nr. 23 (11/1992). OLG München 16.06.2010 - 20 U 5105/09 - juris Rn. 16.
[145] BGH v. 26.11.1985 - VI ZR 9/85 - LM Nr. 77 zu § 249 (A) BGB;
[146] *Wagner* in: MünchKomm-BGB, § 833 Rn. 3, 37.
[147] Ausführlich dazu: BGH v. 27.05.1986 - VI ZR 275/85 - NJW 1986, 2501-2502.
[148] BGH v. 30.06.2009 - VI ZR 266/08 - juris Rn. 5 - NJW 2009, 3233-3235.
[149] *Ebert*, jurisPR-BGHZivilR 19/2009, Anm. 4 v. 18.09.2009.
[150] *Schiemann* in: Erman, § 833 Rn. 9.

zwecks erforderlich.[151] Ebenso ist bei Hunden zur Bewachung des Betriebsgeländes zu prüfen, ob der Hund eine entsprechende Ausbildung hat und ob ein besonderes Sicherungsbedürfnis besteht.[152] Ein Landwirt kann eine Katze als Nutz-Haustier zum Mäusefangen halten; hat er jedoch mehrere Katzen, so sind es Luxustiere.[153] Der Schweißhund eines Revierförsters ist als Nutztier zu bewerten.[154] Im Zweifel ist die Privilegierung des Nutztierhalters eher abzulehnen.

Bei **Reitpferden** ist ebenfalls nach ihrem Verwendungszweck zu differenzieren. Privilegiert ist der Halter, wenn die Pferde vor allem dem Gelderwerb, z.B. durch Vermieten, dienen. Nicht dazu gehören Pferde eines Reitervereins, die primär für die Mitglieder vorgehalten werden.[155] Erst wenn der Verein seine ideellen Zwecke verlässt und gewerbsmäßig Pferde vermietet, kann er die Privilegierung beanspruchen.[156] Die Gewerbsmäßigkeit fehlt bei Idealvereinen, auch wenn sie satzungsmäßig therapeutisches Reiten anbieten.[157] Kaum haltbar ist die Annahme, dass ein Pferd, das an wenigen Tagen im Jahr für Holzfuhren verwendet wird, dem Unterhalt des Tierhalters dient.[158] Ein Idealverein, der sich unter anderem aufgrund seiner Satzung der Reittherapie von Behinderten widmet, kann sich grundsätzlich nicht nach § 833 Satz 2 BGB entlasten.[159] Damit wird die bisherige Rechtsprechung bestätigt. Mitverschulden der behinderten Reiterin wird nicht angenommen, weil der Reitverein die Behinderung der Klägerin bei der Ausgestaltung des Reitens hätte beachten müssen.

3. Gehörige Beaufsichtigung

Wie allgemein bei Verkehrssicherungspflichten (und bei Versicherungsschutz des Pflichtigen) wird ein **strenger Maßstab** an die Sorgfaltspflicht des Tierhalters eines Nutztiers gelegt. Der Pferdehalter darf sich nicht auf ein ruhiges normales Verhalten seines Pferdes einstellen; er muss vielmehr damit rechnen, dass das Pferd infolge Unberechenbarkeit tierischen Verhaltens eine Gefahr für einen Dritten bedeuten kann.[160] Als Vermieter muss er die Reiterin auf das Tragen einer Kappe hinweisen. Allerdings muss er bei einer 16-jährigen Reiterin nicht verhindern, dass die Mieterin ohne Reitkappe reitet.[161] Als Vermieter von Stallboxen mit Ausführpflicht – und somit als Tieraufseher – hat der Reitstallinhaber dafür zu sorgen, dass die Pferde nicht mehrere Stunden unbeaufsichtigt sind und die Box verlassen können.[162]

Sehr differenziert hat das OLG Frankfurt die Sorgfaltspflicht des Reitlehrers geprüft. Er muss für die richtige Ausrüstung des Schülers sorgen, ihm zutreffende Weisungen geben und das Verhalten des Pferdes und anderer Tiere beachten. Im Rahmen des hier relevanten § 831 BGB kommt es allerdings allein auf die Sorgfaltspflicht des Tierhalters bei der Einsetzung des Reitlehrers an: Der Tierhalter muss den Reitlehrer sorgfältig auswählen, anweisen und für den Unterricht adäquate Arbeitsbedingungen schaffen.[163] Dagegen wäre bei einer Klage gegen den Reitlehrer gem. § 823 Abs. 1 BGB dessen Sorgfaltsverstoß beim konkreten Unterricht zu prüfen gewesen. Dazu gehören bei der ersten Reitstunde besondere Sicherungsmaßnahmen (Auswahl des Pferdes, Führen an der Leine).[164]

---

[151] BGH v. 03.05.2005 - VI ZR 238/04 - NJW-RR 2005, 1183-1185.
[152] OLG Frankfurt v. 09.09.2004 - 26 U 15/04 - NJW-RR 2004, 1672-1673; LG Bayreuth v. 21.11.2007 - 12 S 80/07 - NJW-RR 2008, 976-977.
[153] LG Ravensburg v. 18.03.1985 - 2 O 1640/84 - VersR 1986, 823.
[154] AG Dannenberg v. 31.10.2006 - 31 C 224/06 - juris Rn. 16 - Jagdrechtliche Entscheidungen XI Nr. 127.
[155] BGH v. 16.03.1982 - VI ZR 209/80 - LM Nr. 12 zu § 833 BGB.
[156] BGH v. 26.11.1985 - VI ZR 9/85 - LM Nr. 77 zu § 249 (A) BGB.
[157] OLG Hamm v. 22.09.2009 - 9 U 11/09.
[158] OLG Nürnberg v. 21.12.2009 - 14 U 1474/09.
[159] BGH v. 21.12.2010 - VI ZR 312/09 - juris Rn. 7.
[160] BGH v. 06.11.1954 - IV ZR 70/54 - JZ 1955, 87.
[161] LG Erfurt v. 23.02.2007 -3 O 1529/06 - juris Rn. 23, 25.
[162] OLG Hamm v. 25.04.2006 - 9 U 7/05 - juris Rn. 14 - NZV 2007, 143-145.
[163] OLG Frankfurt v. 06.07.2004 - 3 U 59/03.
[164] OLG Koblenz v. 16.03.2006 - 5 U 1708/05 - VersR 2007, 407-408 (im Rahmen des Entlastungsbeweises des Stallinhabers und Reitlehrers gem. § 833 Satz 2 BGB).

§ 833

60 Die Amtshaftung gem. § 839 BGB i.V.m. Art. 34 GG verdrängt die Gefährdungshaftung gem. § 833 BGB. Allerdings wird die Beweislastregel des § 833 S. 2 BGB auch bei der Amtshaftung angewandt.[165] Reißt sich ein Polizeihund los und kollidiert mit einem Auto, muss die beklagte Polizeibehörde beweisen, dass der Hund ordnungsgemäß angeleint war und die Leine ohne Verschulden des Polizeibeamten gerissen ist.[166]

61 Ein Förster kann seinen Schweißhund jedoch nach einem angeschossenen Reh suchen lassen, wenn die Wahrscheinlichkeit, dass der Hund auf die 2 km entfernte Bundesstraße gelangt, gering ist.[167]

4. Beweislast

62 Im Gegensatz zu den allgemeinen Regeln trägt der Tierhalter die Beweislast dafür, dass sein Tier zu den privilegierten Nutztieren gehört und dass er bei der Beaufsichtigung des Tieres die nötige Sorgfalt gewahrt hat. Die Sorgfalt kann auch durch Übertragung der Aufsicht auf einen geeigneten Dritten gewahrt sein. Für dessen Aufsichtsfehler haftet der Tierhalter nur im Rahmen der Haftung für Verrichtungsgehilfen (§ 831 BGB). Hunde sind meistens Luxustiere. Daher muss der Halter darlegen und beweisen, dass sein Tier ausnahmsweise primär dem Betrieb dient und dabei die Schädigung erfolgte. Einen Beweis des ersten Anscheins für eine Nutztierhaltung gibt es bei drei Rottweilern auf einem Reiterhof nicht.[168] Der Tierhalter muss umfassend darlegen und beweisen, dass er alle notwendigen Sicherungsmaßnahmen ergriffen hat.[169]

5. Fallgruppen

63 Konflikte ergeben sich vor allem bei Landwirten, die ihr Vieh nicht hinreichend gesichert haben oder es frei laufen lassen können, bei Mietpferden und bei Wachhunden.

a. Absicherung gegen Entlaufen

64 Das **Einsperren von Pferden in den Stall** muss so erfolgen, dass Unbefugte nicht leicht die Pforte öffnen und die Pferde zur nahen Autobahn laufen lassen können.[170] Ein elektrischer Zaun allein reicht nicht für Rinder, wenn sie ihn bei Panik leicht überwinden können.[171] Ein normaler vierfacher Stacheldrahtzaun von 1,25 m Höhe genügt jedoch, auch wenn er nicht Schutz gegen eine Pferdepanik bietet.[172] Gegensätzlich entschied das OLG Koblenz, da „gerichtsbekannt (ist), dass diese Höhe nicht genügt, weil Pferde höher springen können".[173] Man kann es durchaus als Verschärfung der Anforderungen an den Entlastungsbeweis sehen, wenn der BGH bei einer Rinderherde zwar Grenzen der Einzäunungsmöglichkeit sieht, aber dafür andere Maßnahmen fordert, die Schäden bei Panik verhindern. So darf ein Landwirt seine Rinder nicht auf einer kleinen normal gesicherten Koppel halten, weil sie dort bei Panik den nötigen Auslauf nur durch Ausbrechen aus der Umzäunung erlangen.[174] Ein kurzfristiges Abstellen von Rindern auf einer an sich zu kleinen Hauskoppel stellt keinen Verstoß gegen die Hütesicherheit dar.[175]

b. Freilaufende Nutztiere

65 **Freilaufende Nutztiere** werden toleriert, wenn dies für das Gewerbe notwendig ist: **Schafe** können mit Hütehunden auf der offenen Wiese gehalten werden.[176] Der gutartige Wachhund auf dem Bauernhof

---

[165] BGH v. 26.06.1972 - III ZR 32/70 - juris Rn.14; *Wagner* in: MünchKomm BGB, § 833 Rn. 45; insoweit unklar: OLG Brandenburg v. 13.10.2008 - 1 U 2/08 - juris Rn. 6, das § 833 BGB direkt anwendet, wenn der Beamte den Hund in seiner Freizeit ausführt.

[166] OLG Brandenburg v. 18.11.2008 - 2 U 8/08 - juris Rn. 12.

[167] AG Dannenberg v. 31.10.2006 - 31 C 224/06 - juris Rn. 16 - Jagdrechtliche Entscheidungen XI Nr. 127.

[168] BGH v. 03.05.2005 - VI ZR 238/04 - NJW-RR 2005, 1183-1185.

[169] OLG Hamm v. 27.09.2005 - 9 W 45/05 - NJW-RR 2006, 36 (Einzäunen der Kuhweide).

[170] BGH v. 06.03.1990 - VI ZR 246/89 - LM Nr. 175 zu BGB § 823 (Dc); OLG Nürnberg v. 06.04.2004 - 9 U 3987/03 - NJW-RR 2004, 1168-1169.

[171] BGH v. 14.06.1976 - VI ZR 212/75 - LM Nr. 8 zu § 833 BGB.

[172] OLG Hamm v. 14.04.1994 - 6 U 2/94 - NJW-RR 1995, 409-410; vgl. dazu auch OLG Schleswig v. 17.02.2005 - 7 U 168/03 - OLGR Schleswig 2005, 717-720.

[173] OLG Koblenz v. 21.03.1994 - 12 U 559/93 - VersR 1995, 928.

[174] BGH v. 30.06.2009 - VI ZR 266/08 - juris Rn. 9-13 - NJW 2009, 3233-3235.

[175] Schleswig-Holsteinisches OLG v. 20.04.2011 - 7 U 13/08, 7 U 25/09 - juris Rn. 30.

[176] BGH v. 15.06.1953 - VI ZR 79/52 - LM Nr. 2 zu § 833 BGB.

muss nicht gegenüber dem zum Hof gehörenden 7jährigen Enkelkind des Halters besonders gesichert sein.[177]

c. Ausritt

Bei **Ausritten auf öffentlichen Straßen** kann sich der Halter kaum entlasten. Tiere müssen gem. § 28 Abs. 1 Satz 2 StVO von geeigneten Personen begleitet werden.[178] Der Entlastungsnachweis wurde aber akzeptiert, wenn ein streunender Hund die Pferde angefallen hatte und sie deshalb durchgingen und einen Unfall verursachten.[179]

66

d. Wachhunde

Wachhunde müssen entsprechend ihrer Eigenart angebunden sein, um Menschen nicht zu gefährden.[180] Selbst für den erst durch Einbrecher befreiten Wachhund soll der Halter haftbar sein.[181] Der Polizeibeamte muss die Situation beherrschen.[182] Bei **eigenmächtigem und nicht zu erwartendem Handeln Dritter** wird der Halter eines Nutz-Haustieres aber entlastet: ein Kind kriecht in den Kral und wird dort von Pferden verletzt.[183] Der Kläger betritt ohne Befugnis einen Schuppen und wird dort vom angeketteten Wachhund gebissen.[184]

67

Allein die Haltung eines Hundes zur Bewachung des Betriebsgeländes macht diesen nicht zum Nutztier, wenn die Familie des Inhabers dort auch wohnt.[185] Dies gilt selbst bei Hunden auf einem Reiterhof, die wegen des Publikumsverkehrs einer besonderen Sicherung bedürfen.[186]

68

XI. Gesamtschuldnerische Haftung

Häufig tritt zur Haftung des Tierhalters eine Verkehrssicherungspflichtverletzung eines Dritten gem. § 823 BGB. Gegenüber dem Geschädigten besteht eine gesamtschuldnerische Haftung (§ 840 Abs. 1 BGB). Im Innenverhältnis haftet der schuldhaft Handelnde dann allein (§ 840 Abs. 3 BGB): Der schuldhaft handelnde Trabrennbahnbetreiber und der Pferdehalter haften dem Geschädigten als Gesamtschuldner, wenn das Pferd durchgeht und sich an einem ungesicherten Gerät verletzt. Im Innenverhältnis haftet jedoch nur der Bahnbetreiber.[187] Nicht untypisch ist das Zusammentreffen zahlreicher Haftungsgründe. Der Reitschüler kann Ansprüche gegen den Tierhalter aus § 833 BGB, den Reitverein als Tierhüter aus § 834 BGB und dem Reitlehrer aus § 823 BGB haben.[188]

69

1. Haftung von Tierhalter und Kraftfahrzeughalter: §§ 833, 834 BGB mit § 7 StVG

Bei dem Zusammenstoß eines Autos mit einem Pferd wird eine Haftungseinheit von Pferdehalter und Pferdehüter gebildet.[189] Die Haftung wird aufgeteilt bei Fehlreaktion eines 11-jährigen Kindes, das bei Erscheinen eines Hundes auf die Straße läuft und vom Auto angefahren wird.[190]

70

2. Haftung mehrerer Tierhalter

Erfolgt die Verletzung im Rahmen einer Balgerei zwischen Hunden, so haftet jeder Hundehalter dem geschädigten Dritten voll.[191] Aber Voraussetzung ist die Kausalität der Handlung des einzelnen Tieres für die Verletzung (vgl. Rn.12). Interessant ist die Anwendung des § 830 Abs. 1 Satz 2 BGB, wenn die

71

---

[177] BGH v. 18.01.1983 - VI ZR 81/81 - LM Nr. 13 zu § 833 BGB.
[178] BGH v. 27.05.1986 - VI ZR 275/85 - NJW 1986, 2501-2502.
[179] OLG Karlsruhe v. 06.12.1995 - 7 U 21/95 - RuS 1997, 111-112.
[180] BGH v. 04.07.1967 - VI ZR 17/66 - VersR 1967, 1001-1002; OLG Köln v. 25.04.1997 - 19 U 32/95 - NJWE-VHR 1998, 47.
[181] OLG Düsseldorf v. 29.01.1993 - 5 Ss 421/92 - 133/92 I - NJW 1993, 1609.
[182] OLG Hamm v. 21.03.1997 - 11 U 179/96 - OLGR Hamm 1997, 165-167.
[183] BGH v. 28.04.1992 - VI ZR 314/91 - LM BGB § 833 Nr. 22 (11/1992).
[184] OLG Koblenz v. 16.10.2003 - 10 U 25/03 - OLGR Koblenz 2004, 406-407.
[185] LG Landau (Pfalz) v. 05.07.2002 - 1 S 87/02.
[186] BGH v. 03.05.2005 - VI ZR 238/04 - NJW-RR 2005, 1183-1185.
[187] OLG Hamm v. 13.01.1998 - 9 U 131/96 - NJW-RR 1998, 957-959.
[188] BGH v. 19.01.1982 - VI ZR 132/79 - VersR 1982, 348-350; vgl. auch OLG Hamm v. 25.04.2006 - 9 U 7/05 - juris Rn. 14 - NZV 2007, 143-145.
[189] OLG Schleswig v. 20.02.1997 - 7 U 165/95 - SchlHA 1997, 158-159; OLG Hamm v. 25.04.2006 - 9 U 7/05 - juris Rn. 23 - NZV 2007, 143-145.
[190] OLG Düsseldorf v. 25.05.1994 - 15 W 13/94 - NJW-RR 1995, 281-282.
[191] OLG Oldenburg v. 04.02.2002 - 11 U 79/01 - MDR 2002, 1010-1011.

§ 833

Verletzung nur durch ein Tier aus einer Herde von Schafen verschiedener Halter verursacht sein kann, es sich aber nicht mehr feststellen lässt, bei welchem.[192] Auch bei der Tierhalterhaftung gilt das Ehegattenprivileg des § 1359 BGB: Wenn zwei Hunde beim Spiel die Ehefrau eines Hundehalters verletzen, so haftet dieser seiner Ehefrau nicht gem. § 1359 BGB und ist daher auch nicht zum Gesamtschuldnerausgleich gem. § 426 BGB verpflichtet.[193]

XII. Fallgruppen

72 Das zentrale Konfliktfeld ergibt sich bei Reitpferden. Dagegen ist die Haftung für Hunde weniger konfliktreich, weil hier offenbar die Haftung eindeutiger ist.

1. Reitpferde

73 Die meisten der oben zitierten Entscheidungen der Gerichte betreffen Pferde. Daher sollen diese Entscheidungen hier nicht noch einmal aufgeführt werden. Ursache für diese Konflikthäufung sind Reiterunfälle, bei denen dem Halter oder Verein nicht einsichtig ist, dass er für die freiwillig übernommene Gefahr desjenigen, dem ein Pferd überlassen worden ist, haften soll. Im Gegensatz zur Freistellung des Kfz-Halters gegenüber dem Fahrer (§ 8 Nr. 2 StVG) gibt es eine solche einschränkende Regelung bei der Tierhalterhaftung nicht.

2. Hunde

74 Die zweite große Fallgruppe stellen Hunde dar. Durch die Verlagerung von Nutztieren zu Luxustieren und aufgrund der besonderen Gefährlichkeit von Hunden ist das nicht verwunderlich. Ein **Haftungsausschluss** wird kaum angenommen, auch nicht beim Ausführen aus Gefälligkeit.[194] Problematisch ist die Bewertung von Konflikten zwischen Hunden. Hier wird mit der Kategorie des **Mitverschuldens** des geschädigten Hundehalters eine Abwägung der gegenseitigen Beiträge zum Schadensereignis vorgenommen. Bei der Haftung für Wach- oder Diensthunde (§ 833 Satz 2 BGB) werden an den Entlastungsbeweis hohe Anforderungen gestellt. Wie bei anderen Tieren auch wird der Autohalter entlastet, wenn ihm ein Hund vors Auto läuft.

3. Mehrere Tiere schädigen sich

75 Die Tierhalterhaftung trifft auf Grenzen, wenn ein nicht agierendes Tier von einem anderen verletzt wird. Formal hat der Geschädigte ein Mitverschulden zu verantworten, das aber in krassen Fällen von den Gerichten auf Null reduziert wird.

---

[192] OLG München v. 19.04.2012 - 14 U 2687/11 - juris Rn. 20.
[193] KG Berlin v. 06.04.2001 - 9 U 2200/99 - MDR 2002, 35-36; dazu *Luckey*, Jura 2002, 477-482.
[194] OLG Hamm v. 14.04.1994 - 6 U 2/94 - NJW-RR 1995, 409-410.

§ 834 BGB Haftung des Tieraufsehers

(Fassung vom 02.01.2002, gültig ab 01.01.2002)

¹Wer für denjenigen, welcher ein Tier hält, die Führung der Aufsicht über das Tier durch Vertrag übernimmt, ist für den Schaden verantwortlich, den das Tier einem Dritten in der im § 833 bezeichneten Weise zufügt. ²Die Verantwortlichkeit tritt nicht ein, wenn er bei der Führung der Aufsicht die im Verkehr erforderliche Sorgfalt beobachtet oder wenn der Schaden auch bei Anwendung dieser Sorgfalt entstanden sein würde.

Gliederung

A. Grundlagen 1
B. Praktische Bedeutung 2
C. Anwendungsvoraussetzungen 3
I. Vertragliche Übernahme der Aufsicht über das Tier 3
II. Entlastungsbeweis 4
D. Rechtsfolgen 5

A. Grundlagen

Die Haftung für vermutetes Verschulden des Tierhüters ergänzt die Gefährdungshaftung des Tierhalters nach § 833 BGB. Gleich der Nutztierhalterhaftung (§ 833 Satz 2 BGB) kann auch der Tierhüter sich vom Verschuldensvorwurf entlasten.

1

B. Praktische Bedeutung

Der Unterschied zur Haftung nach § 823 BGB wegen Verletzung der Verkehrssicherungspflicht ist gering. Der Unterschied in der Beweislast erweist sich selten als relevant. Im Ergebnis können daher Reiter, Reitstall und Pferdehalter gleichermaßen zur Haftung als Gesamtschuldner herangezogen werden.

2

C. Anwendungsvoraussetzungen

I. Vertragliche Übernahme der Aufsicht über das Tier

Der Tierhüter übernimmt wesentliche Aufgaben des Tierhalters. Mit dem Merkmal „durch Vertrag" wird ausgedrückt, dass die – gegenüber § 823 BGB – leicht verschärfte Haftung nur denjenigen treffen soll, der mit einer **gewissen Selbstständigkeit** die Aufsicht über das Tier übernommen hat (Schäfer, Hirte, Viehhändler, Tierpension).[1] Tierhüter ist daher der Reitstallinhaber, wenn er die Pflege des Tieres übernommen hat.[2] Der Mieter ist nur dann Tierhüter, wenn er die alleinige Aufsicht hat, was bei einem selbstständigen Ausritt der Fall sein kann.[3] Der Vertrag über die Aufsicht kann konkludent geschlossen sein. Eine bloß tatsächliche Übernahme des Tiers genügt dagegen nach h.M. nicht.[4] **Nicht (selbstständige) Tierhüter** sind die Arbeitnehmer eines Reitstalls.[5] Wer mit dem Tierhalter auf dessen zweitem Pferd ausreitet, ist ebenfalls nicht Tierhüter.[6] Auch erfahrene Begleiter einer Reitgruppe sind nicht Tierhüter bezüglich aller Pferde der Gruppe.[7] Familienangehörige, die die Aufsicht über ein Rehgehege übernehmen, werden nicht als Tierhüter bewertet.[8] Kein Tierhüter ist ein 12-jähriges Kind, das zwar eine Reitberechtigung am Pferd hat, sich aber nur an den laufenden Kosten beteiligt und – trotz

3

---

[1] *Wagner* in: MünchKomm-BGB, § 834 Rn. 2; OLG Köln v. 13.03.1998 - 20 U 100/97 - OLGR Köln 1999, 253-254.
[2] LG Erfurt v. 23.02.2007 - 3 O 1529/06 - juris Rn. 23.
[3] KG Berlin v. 10.10.1994 - 22 U 5514/93 - KGR Berlin 1994, 254-256.
[4] OLG Celle v. 01.11.2000 - 20 U 11/00; anders *Wagner*, der die deliktische Delegation ausreichen lässt, *Wagner* in: MünchKomm-BGB, § 834 Rn. 5.
[5] OLG Hamm v. 24.01.2000 - 13 U 166/99 - OLGR Hamm 2001, 259-262.
[6] OLG Celle v. 10.07.1996 - 20 U 68/95 - OLGR Celle 1996, 247-248.
[7] OLG Düsseldorf v. 28.06.1991 - 22 U 22/91 - ZfSch 1992, 77.
[8] OLG Nürnberg v. 09.04.1991 - 3 U 239/91 - NJW-RR 1991, 1500-1501.

guter Reitkenntnisse – nicht selbstständig ausreiten darf.[9] Häufig sind Tierhüter Arbeitnehmer, sodass die gesetzliche Unfallversicherung die Haftpflicht des Tierhalters verdrängt (§ 104 SGB VII). Bekannte des Tierhalters, die auf Zuruf die gelegentliche Pflege und das Ausreiten eines Pferdes übernehmen, sind jedoch weder Arbeitnehmer noch arbeitnehmerähnliche Personen gem. § 2 SGB VII.[10]

II. Entlastungsbeweis

4   Wie der Nutz-Haustierhalter (§ 833 Satz 2 BGB; vgl. dazu die Kommentierung zu § 833 BGB) kann sich auch der Tierhüter entlasten, wenn er die nötige Sorgfalt beachtet hat oder der Schaden auch bei sorgfältigem Führen des Tieres entstanden wäre. Auch hier wird der Entlastungsbeweis selten angenommen. Ein Landwirt ist entlastet, wenn er die Pferdekoppel mit einem 1,25 m hohen Zaun gesichert hat, auch wenn der bei Panik der Pferde nichts nützt.[11]

D. Rechtsfolgen

5   Tierhalter und Tierhüter haften gesamtschuldnerisch. Bei Schädigung des Tierhüters kommt ein Anspruch gegen den Tierhalter in Betracht, wenn sich der Tierhüter entlasten kann (§ 834 Satz 2 BGB). Hat ein Tierhüter dem Tierarzt auf dessen Wunsch bei der Behandlung der Katze geholfen und wird er dabei vom Tier verletzt, so besteht ein Anspruch gegen den Halter gem. § 833 BGB. Ein möglicher Anspruch gegen den Tierarzt wird vom Anspruch gegen die gesetzliche Unfallversicherung verdrängt (§§ 2, 104 Abs. 1 SGB VII).[12]

6   Kann sich der Tierhüter nicht entlasten, so ist sein Mitverschulden gem. § 254 BGB zu berücksichtigen.[13] Beaufsichtigt jemand die Katzen eines anderen über einen längeren Zeitraum, so ist er Tierhüter. Bei Beschädigung seines Mobiliars durch die Katzen hat er einen Schadensersatzanspruch gegen den Halter, gemindert um einen Mitverschuldensanteil gem. § 254 BGB.[14] Eine Sorgfaltspflichtverletzung liegt nicht darin, dass der Tierhüter aufgrund vergangener Erfahrungen auf die Harmlosigkeit der Katzen vertraut hat.[15]

---

[9] OLG Frankfurt v. 25.02.2009 - 4 U 210/08 - NJW-RR 2009, 894-896.
[10] OLG Celle v. 14.02.2011 - 20 U 35/10 - juris Rn. 24.
[11] OLG Hamm v. 14.04.1994 - 6 U 2/94 - NJW-RR 1995, 409-410.
[12] AG Lichtenberg v. 19.03.2009 - 14 C 29/08 - juris Rn. 13 ff., 18.
[13] BGH v. 09.06.1992 - VI ZR 49/91 - LM BGB § 833 Nr. 23 (11/1992); OLG Hamm v. 07.10.1991 - 6 U 37/91 - OLGR Hamm 1991, Nr. 8, 9; OLG Celle v. 06.07.1991 - 5 U 109/88 - RuS 1993, 299; dagegen *Wagner*, der eine weitgehende Freistellung des Tierhalters wegen Gefahrübernahme durch den Hüter annimmt, *Wagner* in: MünchKomm-BGB, § 834 Rn. 8.
[14] LG Dortmund v. 28.03.2008 - 3 O 368/07 - juris Rn. 20.
[15] AG Nürtingen v. 15.07.2009 - 11 C 790/09.

§ 835 BGB (weggefallen)

(Fassung vom 01.01.1964, gültig ab 01.01.1980, gültig bis 31.12.2001)

(weggefallen)

§ 835 BGB in der Fassung vom 01.01.1964 ist durch § 46 Abs. 2 Nr. 1 des Gesetzes vom 29.11.1952 – BGBl I 1952, 780 – mit Wirkung vom 01.04.1953 weggefallen.

§ 836 BGB Haftung des Grundstücksbesitzers

(Fassung vom 02.01.2002, gültig ab 01.01.2002)

(1) ¹Wird durch den Einsturz eines Gebäudes oder eines anderen mit einem Grundstück verbundenen Werkes oder durch die Ablösung von Teilen des Gebäudes oder des Werkes ein Mensch getötet, der Körper oder die Gesundheit eines Menschen verletzt oder eine Sache beschädigt, so ist der Besitzer des Grundstücks, sofern der Einsturz oder die Ablösung die Folge fehlerhafter Errichtung oder mangelhafter Unterhaltung ist, verpflichtet, dem Verletzten den daraus entstehenden Schaden zu ersetzen. ²Die Ersatzpflicht tritt nicht ein, wenn der Besitzer zum Zwecke der Abwendung der Gefahr die im Verkehr erforderliche Sorgfalt beobachtet hat.

(2) Ein früherer Besitzer des Grundstücks ist für den Schaden verantwortlich, wenn der Einsturz oder die Ablösung innerhalb eines Jahres nach der Beendigung seines Besitzes eintritt, es sei denn, dass er während seines Besitzes die im Verkehr erforderliche Sorgfalt beobachtet hat oder ein späterer Besitzer durch Beobachtung dieser Sorgfalt die Gefahr hätte abwenden können.

(3) Besitzer im Sinne dieser Vorschriften ist der Eigenbesitzer.

Gliederung

A. Grundlagen 1
I. Kurzcharakteristik 1
II. Regelungsprinzipien 2
B. Praktische Bedeutung 3
C. Anwendungsvoraussetzungen 6
I. Normstruktur 6
II. Tötung, Verletzung einer Person, Sachbeschädigung 7
III. Bauwerk, Werk 8
IV. Einsturz oder Ablösen von Teilen 10
1. Rechtsprechung 11
2. Literatur 12
3. Die Auffassung des Autors 13
4. Typische Fallkonstellationen 14
a. Zusammenbrechen des ganzen Bauwerks 15
b. Zerbersten von Teilen 16
c. Ablösen von Teilen 17
V. Fehlerhafte Errichtung oder mangelhafte Unterhaltung 18
1. Naturkatastrophen 19
2. Zutrittsverbot 22

VI. Kausalität von Einsturz bzw. Ablösung und Schaden 23
1. Bewegende Kraft des Einsturzes 24
2. Einwirken auf das Bauwerk 25
3. Fälle fehlender Kausalität 26
VII. Besitzer des Grundstücks 27
VIII. Widerlegung der Verschuldensvermutung 28
1. Gegenbeweis des Besitzers 29
2. Zugangsverbot 31
3. Außerordentliche Naturkatastrophe ... 32
4. Typische Fallkonstellationen 33
5. Praktische Hinweise 34
D. Rechtsfolge 35
E. Konkurrenzen 38
I. Amtshaftung 38
II. Nachbarschutz 39
III. Nachbarrechtlicher Ausgleichsanspruch 40
IV. Sozialrechtlicher Anspruch gegen die Unfallversicherung 41
F. Arbeitshilfen – Fallgruppen 44

A. Grundlagen

I. Kurzcharakteristik

1 Die Vorschrift behandelt zusammen mit § 837 BGB und § 838 BGB einen – gesetzlich normierten – Ausschnitt der Verkehrssicherungspflichten (vgl. dazu die Kommentierung zu § 823 BGB) von Bauwerksbesitzern oder -unterhaltspflichtigen.[1] Es geht um Personen- oder Sachschäden, die durch äußere Veränderungen des Bauwerks verursacht sind. Bei solchen offensichtlich vom Bauwerk ausgehenden Schädigungen wird das Verschulden des Ersatzpflichtigen vermutet. Führt ein Mangel des Bauwerks nicht zum Einsturz oder Ablösen von Teilen, dann bleibt es bei der vertraglichen Mängelhaftung oder beim Anspruch aus Verletzung der Verkehrssicherungspflicht. Auf die Ansprüche aus den §§ 836-838

---

[1] *Petershagen*, Die Gebäudehaftung: § 836 BGB im System der Verkehrssicherungspflichten, 2000, 106 f.; zu alternativen Regelungen dieses Verhältnisses in anderen europäischen Ländern vgl. S. 45-102.

BGB sind die Prinzipien des Deliktsrechts anwendbar (Deliktsunfähigkeit gem. den §§ 827-829 BGB, Haftung für Verrichtungsgehilfen gem. § 831 BGB – aber in den Grenzen des Organisationsverschuldens – bzw. für Organmitglieder gem. § 31 BGB). Der Geschädigte kann seinen materiellen und immateriellen Schaden ersetzt verlangen (§§ 249-253 BGB). Sein Mitverschulden ist gem. § 254 BGB anzurechnen.

II. Regelungsprinzipien

Das Verschulden wird vermutet, so dass der Haftpflichtige sich entlasten muss. Allerdings ist die Haftung begrenzt auf Personen- und Sachschäden. Die Haftung des Eigenbesitzers des Grundstücks (§ 836 BGB) steht alternativ zur Haftung des Besitzers des Bauwerks (§ 837 BGB). Dagegen haftet der Verwalter gem. § 838 BGB kumulativ zu dem Besitzer des Grundstücks oder Bauwerks.

B. Praktische Bedeutung

Die eigenständige Bedeutung der Norm ist nicht groß, weil die meisten Schäden bereits über die allgemeinen Deliktstatbestände erfasst werden. Der allgemeine Anspruch aus Verletzung einer Verkehrssicherungspflicht wird aufgrund der in den §§ 836-838 BGB normierten Beweislastumkehr bezüglich der Sorgfaltspflichtverletzung nur graduell ausgedehnt. Manchmal übersehen Instanzgerichte die Norm und wenden nur § 823 BGB an; sie verlangen dann vom Geschädigten den Beweis der Sorgfaltspflichtverletzung des Bauwerksbesitzers, was bei dem Anspruch aus § 836 BGB entfällt.[2] Ursache mag die Fehlvorstellung sein, dass die Norm nur eine Haftung für Gebäude beinhaltet und nicht auch für andere mit dem Grundstück verbundene künstlich errichtete „Werke". Wegen der Üblichkeit einer Haftpflichtversicherung von Grundstückseigentümern[3] sind die Schäden meistens versichert und werden professionell behandelt. Ansprüche gegen Individuen werden daher vor allem bei ungewöhnlichen Bauten, bei denen kein Versicherungsschutz besteht, erhoben (Bierzelt, Hochsitz, Brücke) oder bei anderen „Werken" (Damm, Verkehrsschild).

Der BGH hat zu Recht eine Ausdehnung der Verschuldensvermutung beim Ablösen von Gebäudeteilen auf Schäden, die durch **bewegliche Sachen** entstehen,[4] abgelehnt. Allerdings wird bei ähnlichen Konfliktsituationen auch deutlich, dass die objektiven Voraussetzungen (Fehlerhaftigkeit der Sache) bei beweglichen Sachen noch schwerer beweisbar sind als bei Bauwerken: ist eine Explosion auf einem Sportboot passiert, so kann der erste Anschein der Mangelhaftigkeit des Motors durch Nachweis einer besondere Hitzesituation entkräftet werden, sodass sich die Verschuldensfrage nicht stellt.[5] Wäre der Motor dagegen defekt, würde ein Anscheinsbeweis für die Verletzung der Verkehrssicherungspflicht gem. § 823 BGB sprechen. Die Beweislastumkehr in § 836 BGB stellt dann nur eine graduelle Steigerung der Haftung dar. Wegen der geringen Beweislast-Differenzen hält *Wagner* es für gleichgültig, über welche Norm folgender allgemeiner Satz angewandt wird: „Sofern der verkehrswidrige Zustand einer Sache feststeht, ist es Aufgabe des Verkehrssicherungspflichtigen, sich zu entlasten."[6]

Eine Anwendung der Entlastungsmöglichkeit des Grundstücksbesitzers gem. § 836 Abs. 1 Satz 1 BGB auf die verschuldensunabhängige Haftung des Vermieters bei Mängeln bei Vertragsschluss gem. § 536a Abs. 1 Alt. 1 BGB wird zu Recht abgelehnt.[7]

C. Anwendungsvoraussetzungen

I. Normstruktur

Geschützte Rechtsgüter sind Personen und Sachen. Das Vermögen ist – wie meist im Deliktsrecht – nicht erfasst. Anknüpfungspunkt ist nicht das Handeln einer Person, sondern die Schädigung durch einstürzende Bauwerke oder sich ablösende Bauwerkteile. Die Verschuldensvermutung kann widerlegt werden (fehlerfreie Errichtung und Unterhaltung).

---

[2] Vgl. die Instanzentscheidungen in: BGH v. 27.04.1999 - VI ZR 174/98 - NJW 1999, 2593-2594; BGH v. 04.03.1997 - VI ZR 51/96 - LM BGB § 836 Nr. 25 (7/1997). OLG Celle v. 02.02.2005 - 9 U 74/04 - juris Rn. 33 - OLGR Celle 2005, 723-728 (zu Unrecht wird völlige Gleichheit angenommen).

[3] *Petershagen*, Die Gebäudehaftung: § 836 BGB im System der Verkehrssicherungspflichten, 2000, 226-234.

[4] *Belling* in: Staudinger, § 836 Rn. 42 ff.; *Schiemann* in: Erman, § 836 Rn. 7; *Spindler* in: BeckOK-BGB, § 836 Rn. 2; *Wagner* in: MünchKomm-BGB, § 836 Rn. 4 ff.

[5] BGH v. 04.04.2006 - VI ZR 151/05 - NJW-RR 2006, 1098-1100.

[6] *Wagner* in: MünchKomm-BGB, § 836 Rn. 5; ebenso *Spindler* in: BeckOK-BGB, § 836 Rn. 2.

[7] KG Berlin v. 22.02.2008 - 6 U 133/07 - juris Rn. 22.

II. Tötung, Verletzung einer Person, Sachbeschädigung

7 Die verschärfte Haftung des Bauwerksbesitzers ist beschränkt auf den persönlichen und sachlichen Integritätsschutz. Insoweit entspricht die Regelung vielen Gefährdungshaftungstatbeständen (§ 833 Satz 1 BGB, § 1 ProdHaftG, § 7 StVG).

III. Bauwerk, Werk

8 Die im Gesetz verwandte Begrifflichkeit ist sehr konkret (Gebäude) und sehr abstrakt (Werk). Der Grundstücksbesitzer soll für alle von Menschen geschaffenen und mit dem Grundstück verbundenen Objekte besonders haften. Denn von ihnen gehen wegen ihrer von Menschen geschaffenen Struktur Gefahren aus, die der Grundstücksbesitzer beherrschen soll. Naturgegenstände werden nicht erfasst (Pflanzen, Felsen, Bodenbesonderheiten). Insofern kann auf die sachenrechtliche Definition der §§ 94-95 BGB nicht zurückgegriffen werden.

9 **Definition**: Ein mit dem Grundstück verbundenes **Werk** ist jeder von Menschen errichtete und mit dem Grundstück verbundene Gegenstand: Zunächst ist darunter ein **Gebäude** zu verstehen. Der Begriff wird aber auch auf **sonstige Bauwerke** ausgedehnt (vgl. § 634a Abs. 1 Nr. 2 BGB): Brücke, Carport, Gewölbe, Stauwehr. Ferner sind weniger komplexe Gebilde von dem Begriff **Werk** erfasst: Baugerüst, Betondecke, Bierzelt, Damm, Grabstein, Hochsitz, Kran, Maibaum, Rohrleitung, Verkehrsschild, Zuschauergerüst im Zirkuszelt. Vgl. die Auflistung der Rechtsprechung unter Fallgruppen (vgl. Rn. 44). Nicht darunter fallen Naturerscheinungen (z.B. Bäume, überhängende Felsen) oder ein nur angelehnter, nicht mit dem Grundstück verbundener Bauzaun.[8] Als „Werk" ist auch eine mit dem Boden verankerte Markisenkonstruktion von 4x6 m anzusehen, sodass der Besitzer für Schäden, die beim Umkippen der Konstruktion entstehen, haftet.[9] Unter einem **Gebäude** versteht man ein Bauwerk mit Räumen zum Wohnen, Arbeiten oder Lagern. Auch Wohnwagen zählen dazu.[10] Als Gebäudeteile sind ähnlich § 94 Abs. 2 BGB die zur Herstellung oder Nutzung des Bauwerks eingebauten Sachen zu verstehen. Primär ist an herab fallende Dachziegel oder Dachpappe gedacht[11] und an andere sich vom Gebäude ablösende Teile. Aber auch eine eingebaute Duschkabine gehört dazu,[12] ebenso die Einbauküche. Nicht darunter fällt die unverbundene Wohnungseinrichtung, z.B. ein an der Wand aufgehängtes Bild oder ein Spiegel,[13] oder gar auf dem Dach liegender Schnee.[14] Teile eines Werks sind entsprechend die zur Herstellung oder Nutzung des Werks eingebauten Sachen, z.B. die Bretter eines Gerüstes.[15]

IV. Einsturz oder Ablösen von Teilen

10 Der recht enge Wortlaut des Einsturzes und Ablösens wird weit verstanden, sodass jede Schädigung durch ein Zerbrechen oder Ablösen eines Teils eines Gebäudes oder eines mit ihm verbundenen Werks erfasst ist.

10.1 Wirken Dritte auf das Werk ein (z.B. durch Vandalismus) und erleidet dadurch jemand einen Schaden, so ist der Normzweck von § 836 BGB nicht erfüllt (*Wagner* in: MünchKomm-BGB, § 836 Rn. 12). Fällt ein Mensch in einen offenen Schacht, weil das schwere Gitter von Dritten entfernt worden ist, so haftet die für den Weg unterhaltspflichtige Stadt nicht aus § 836 BGB, sondern allenfalls wegen Verletzung der Verkehrssicherungspflicht gem. § 823 Abs. 1 BGB, wenn mit solchem Vandalismus zu rechnen ist (hier wegen der Schwere des Gitters abgelehnt, OLG Karlsruhe v. 29.02.2012 - 7 U 92/11 - juris Rn. 33 bzw. Rn. 5).

1. Rechtsprechung

11 Die Rechtsprechung versucht, eine klare Abgrenzung zu schlichten Mängeln des Bauwerks zu finden: es kommt auf die **mechanische Kraft** an, die durch das Einstürzen oder Ablösen entsteht. Die Aufweichung des Straßenasphalts durch Hitzeeinwirkung wird nicht als Ablösen bewertet.[16]

---

[8] *Petershagen*, Die Gebäudehaftung: § 836 BGB im System der Verkehrssicherungspflichten, 2000, 123-129.
[9] OLG Koblenz v. 08.02.2008 - 8 U 397/07 - juris Rn. 53 - RuS 2009, 171-173; insoweit nicht beanstandet von dem aufhebenden Urteil BGH v. 19.05.2009 - VI ZR 56/08 - juris Rn. 10 - RuS 2009, 389-391.
[10] LG Karlsruhe v. 07.08.2002 - 1 S 84/01 - NJW-RR 2002, 1541-1542.
[11] BGH v. 23.03.1993 - VI ZR 176/92 - LM BGB § 836 Nr. 24 (8/1993).
[12] BGH v. 12.03.1985 - VI ZR 215/83 - LM Nr. 21 zu § 836 BGB.
[13] RG v. 25.06.1923 - IV 478/22 - RGZ 107, 337-339.
[14] BGH v. 08.12.1954 - VI ZR 289/53 - LM Nr. 4 zu § 823 (Eb) BGB; OLG Hamm v. 11.11.1986 - 27 U 68/86 - NJW-RR 1987, 412.
[15] BGH v. 04.03.1997 - VI ZR 51/96 - LM BGB § 836 Nr. 25 (7/1997).
[16] OLG Düsseldorf v. 26.10.1995 - 18 U 71/95 - NJWE-VHR 1996, 69-70.

2. Literatur

Eine wachsende Auffassung in der Literatur will alle Mängel des Bauwerks, aus denen der Schaden entstanden ist, ausreichen lassen, also auch bloß statische Mängel, da gleichermaßen ein Schutz vor allen physischen Schäden durch Gebäude geboten sei.[17] Dies wäre sicher de lege ferenda diskutabel (so auch der Vorschlag von *Belling*).[18] *Von Bar* sieht aus rechtsvergleichender Sicht in der Begrenzung ebenfalls einen Fehler, weil es auf die Gebäudehaftung generell ankomme. Die Mischung von Zustandshaftung und Haftung für Fehlverhalten hält er für verfehlt.[19] Dagegen lehnt *Krause* eine Ausdehnung ab, da insoweit die allgemeine Haftung wegen Verletzung von Verkehrssicherungspflichten ausreiche.[20] *Petershagen* hält eine analoge Anwendung von § 836 BGB für geboten, wenn ein Sturz „durch Höhe oder Tiefe" eines mangelhaften Bauwerks bedingt ist.[21]

12

3. Die Auffassung des Autors

Der Wortlaut der Norm erfasst aber nur Fälle, in denen die mechanische Energie zu Schaden führt. Eine falsch konstruierte Wendeltreppe stellt zwar einen Mangel des Architektenwerks dar, so dass eine Haftung aus § 634 BGB und wegen Verletzung der Verkehrssicherungspflicht aus § 823 BGB in Betracht kommt.[22] Von einem Ablösen oder Einstürzen des Bauwerks kann man jedoch nicht sprechen. Eine analoge Anwendung des § 836 BGB auf alle statischen Baumängel ist auch aus praktischen Gründen wenig sinnvoll. Die Norm führt ein Schattendasein als Spezialregelung zur Verkehrssicherungspflicht. Sie wird schon heute vielfach von Instanzgerichten in ihrer Tragweite nicht erkannt (so besonders der Begriff des „Werks", vgl. Rn. 9). Eine Ausdehnung über den Wortlaut hinaus würde diese Anwendungsprobleme noch verstärken und zu weiterer Rechtsunsicherheit führen. Eine gewisse Ausdehnung des Tatbestandes hat die Rechtsprechung vorgenommen, wenn sie Ablösen oder Einstürzen auch dann annimmt, wenn das Bauwerk besonders beansprucht wird (ein Gerüstbrett bricht ein;[23] die Loggiabrüstung gibt nach[24]). Auch in solchen Fällen tritt die Schädigung nicht durch die Energie der bewegenden Teile, sondern durch die geringe Festigkeit ein. Es handelt sich aber primär um eine Frage der Kausalität (vgl. Rn. 23).

13

4. Typische Fallkonstellationen

In Einzelfallentscheidungen versucht die Rechtsprechung, reine Baumängel von der Gefahrensituation des Einstürzens oder Ablösens abzugrenzen.

14

a. Zusammenbrechen des ganzen Bauwerks

Es kann das **ganze Bauwerk** oder **Werk zusammenbrechen**: die Brücke stürzt ein,[25] der Hochsitz kippt um,[26] das Bierzelt wird vom Wind weggerissen,[27] die Zuschauertribüne stürzt ein,[28] das Baugerüst stürzt ein[29].

15

---

[17] *Belling* in: Staudinger, § 836 Rn. 29; *Katzenmeier* in: AnwK-BGB, § 836 Rn. 17; *Spindler* in: BeckOK-BGB, § 836 Rn. 2; *Wagner* in: MünchKomm-BGB, § 836 Rn. 6 (unter der Voraussetzung, dass verhaltensbezogene Sorgfaltspflichten verletzt sind).

[18] *Belling* in: Staudinger, § 836 Rn. 104 m.w.N.

[19] v. *Bar*, Gemeineuropäisches Deliktsrecht, 1996, Band I, S. 240 ff., 243.

[20] *Krause* in: Soergel, § 836 Rn. 16.

[21] *Petershagen*, Die Gebäudehaftung, § 836 BGB im System der Verkehrssicherungspflichten, 2000, 141.

[22] BGH v. 06.10.1970 - VI ZR 223/69 - VersR 1971, 84.

[23] BGH v. 27.04.1999 - VI ZR 174/98 - NJW 1999, 2593-2594.

[24] BGH v. 11.12.1984 - VI ZR 218/83 - NJW 1985, 1076-1078.

[25] OLG Koblenz v. 09.07.1997 - 1 U 1396/95 - OLGR Koblenz 1998, 104-105.

[26] OLG Braunschweig v. 25.09.1991 - 3 U 106/90 - RuS 1993, 339.

[27] OLG Celle v. 05.08.1999 - 14 U 209/98 - OLGR Celle 2000, 35; OLG Düsseldorf v. 13.02.1998 - 22 U 124/97 - MDR 1998, 1350-1351.

[28] OLG Hamm v. 07.06.2001 - 6 U 45/01 - NJW-RR 2002, 92.

[29] OLG Celle v. 02.02.2005 - 9 U 74/04 - OLGR Celle 2005, 723-728.

b. Zerbersten von Teilen

16 Es genügt aber auch, dass **Teile des Bauwerks zerbersten** (Duschkabine,[30] Schaufensterscheibe[31]) oder **einbrechen** (Dachboden,[32] Loggiabrüstung[33]). Sogar der Bruch eines Wasserrohrs, das in der Erde liegt, wird als solcher Tatbestand bewertet.[34]

c. Ablösen von Teilen

17 Das **Ablösen von Teilen** realisiert die klassischen Gefahren von Bauwerken (Dachziegel fallen runter,[35] die Dachpappe eines Flachdachs wird vom Wind gelöst,[36] Bretter lösen sich vom Baugerüst[37]). Bei einem auf die Autobahn fallenden Regenrohr einer Brücke kommt es auf den Parteivortrag an: Lag das Rohr schon auf der Autobahn, dann ist der Zusammenstoß nicht durch das Ablösen entstanden. Trägt der Geschädigte aber vor, dass es gerade herunter fiel, als das Auto auf die Brücke zufuhr, so ist das Ablösen unmittelbar kausal für den Schaden.[38] Auch ein Defekt in der Mechanik kann zum Ablösen von Teilen führen: ein **Garagentor** fällt wegen eines Defekts überraschend zu.[39] Dem ist zuzustimmen, da auch hier die mechanische Energie – ausgelöst durch die defekte Feder – auf den Geschädigten einwirkt. Das Herabfallen eines Eisklumpens vom Dach stellt – wie eine Dachlawine – kein Ablösen eines Bauteils dar. Wenn sich jedoch die **Dachrinne** unter der Last des Eises neigt und ein Eisklumpen auf das Auto der Klägerin fällt, könnte man darin eine mittelbare Folge des „Ablösens" der Dachrinne sehen.[40] Es ist allerdings fraglich, ob eine Dachrinne die Funktion hat, Dachlawinen oder herabrutschendes Eis aufzuhalten. Ihre primäre Funktion ist die Kanalisierung des Wassers zum Fallrohr. Der Besitzer des Bauwerks ist nicht verantwortlich für die Erfüllung von zufälligen Nebenwirkungen. In diesen Fällen kann nicht der Anscheinsbeweis aufgrund der negativen Folgen gelten.[41] Vielmehr muss der Geschädigte darlegen und beweisen, dass die Pflicht zur Erhaltung des Gebäudes bezüglich der Hauptfunktionen verletzt ist. Zerplatzt eine **Halogenlampe** in einem Lagerhaus und fallen Teile der Lampe herunter, so handelt es sich um ein Ablösen von Teilen des Bauwerks.[42] Es liegt aber keine Verletzung der allgemeinen Wartungspflicht vor, da die Kontrolle der einzelnen Leuchtmittel kaum machbar ist. Aus diesem Grund hat der durch den Brand Geschädigte keinen Anspruch gegen den Besitzer gem. § 837 BGB. Ist die Halle vermietet, so scheidet die Haftung des Eigentümers gem. §§ 837, 836 BGB aus.

V. Fehlerhafte Errichtung oder mangelhafte Unterhaltung

18 Im Wege des **Anscheinsbeweises** kann in der Regel vom Einsturz oder Ablösen von Teilen auf die fehlerhafte Errichtung oder mangelhafte Unterhaltung geschlossen werden, sodass der Geschädigte keine weiteren Darlegungen vorzunehmen braucht.[43] Allerdings kann der Eigentümer einwenden, die richtigen Kontroll- und Unterhaltungsmaßnahmen ergriffen zu haben, z.B. die regelmäßige Wartung durch einen Fachmann (hier: alle drei Monate[44]). Eine normale Belastung muss das Bauwerk aushalten: einen

---

[30] BGH v. 30.05.1961 - VI ZR 310/56 - LM Nr. 12 zu § 836 BGB.
[31] OLG Düsseldorf v. 12.12.1994 - 3 Wx 619/94 - NJW-RR 1995, 587-588.
[32] OLG Celle v. 13.10.1999 - 9 U 308/98 - NdsRpfl 2000, 106-107.
[33] BGH v. 11.12.1984 - VI ZR 218/83 - NJW 1985, 1076-1078.
[34] BGH v. 17.03.1983 - III ZR 116/81 - LM Nr. 19 zu § 836 BGB (allerdings im Ergebnis verneint wegen einer subtilen Definition des Kausalzusammenhangs von Bruch des Rohrs und Schaden – nämlich Verstopfung des Abflusses). In Anbetracht der Anlagenhaftung gem. § 2 HaftpflG erübrigt sich eigentlich eine weite Definition des „Ablösens". Vgl. auch OLG Hamm v. 31.01.2011 - 5 U 91/10.
[35] LG Hanau v. 27.10.2006 - 2 S 181/06 - Schaden-Praxis 2007, 136; LG Koblenz v. 22.09.2006 - 13 S 16/06 - SVR 2007, 226; LG Nürnberg-Fürth v. 28.02.2003 - 15 S 7569/02 - IVH 2003, 154-155.
[36] BGH v. 23.03.1993 - VI ZR 176/92 - LM BGB § 836 Nr. 24 (8/1993).
[37] LG Mannheim v. 01.09.2006 - 4 O 3/05 - BauR 2008, 380-381.
[38] So geschehen im Fall: BGH v. 05.04.1990 - III ZR 4/89 - LM Nr. 14 zu HaftpflG 1978.
[39] OLG München v. 09.12.1994 - 21 U 3056/94 - NJW-RR 1995, 540-541.
[40] LG Flensburg v. 15.03.2011 - 1 S 90/10 - juris Rn. 36.
[41] So aber das LG Flensburg v. 15.03.2011 - 1 S 90/10 - juris Rn. 30, 34, 39.
[42] Anders OLG Koblenz v. 04.10.2010 - 2 U 950/09 - juris Rn. 12.
[43] LG Hanau v. 27.10.2006 - 2 S 181/06 - Schaden-Praxis 2007, 136.
[44] OLG Düsseldorf v. 20.12.2002 - 22 U 76/02 - NJW-RR 2003, 885-886.

Sprung aus 60 cm Höhe auf den Dachboden[45] oder ein Festhalten am Loggiageländer.[46] Anders ist es bei **Naturkatastrophen** oder **Einwirkungen Dritter**.

1. Naturkatastrophen

Eingewandt wird häufig die Heftigkeit des Sturms, mit der bei der Errichtung des Bauwerks nicht zu rechnen war. Regelmäßig muss aber der Besitzer in unserer Klimazone mit orkanartigen Stürmen rechnen, sodass Dächer und Gerüste entsprechend stabil gebaut sein müssen.[47] Daher finden sich fast keine Entscheidungen, in denen höhere Gewalt bejaht wurde. Lediglich bei „fliegenden Bauten" ist wegen der Vorschrift DIN 4112 eine geringere Windstandfestigkeit genügend.[48]

Der **Orkan „Lothar"** am 26.12.1999 hatte bisher in Deutschland nicht gemessene Windgeschwindigkeiten von über 200 km/h. Daher wurde das Land als Verwalter der Bundesautobahn (§ 838 BGB) nicht für den Schaden verantwortlich gemacht, der durch ein herumfliegendes Hinweisschild am Auto des Klägers entstand.[49] Zahlreiche Gerichte entlasteten auch andere Eigentümer von der Haftung bei diesen Orkanschäden.[50] Dem **Orkan „Kyrill"** am 18./19.01.2007 mit Windstärke 12 von bis zu 117 km/h muss ein Haus in Berlin gewachsen sein, auch wenn es sich um ein außergewöhnliches Witterungsereignis handelt. Der Hauseigentümer haftet daher für Schäden an einem neben dem Haus geparkten Auto, die durch herabfallende Schornsteinteile verursacht wurden.[51] Ebenso muss sich der Hausbesitzer schon konkret entlasten, wenn sich ein Werbeschild bei Windstärke 11 von seiner Befestigung löst und ein parkendes Auto beschädigt.[52] Das OLG Hamm hat die Einwendungen des Haftpflichtigen bei Beschädigung eines Autos durch Dachteile einer Garage aufgrund des Sturms „Kyrill" präzisiert.[53] Danach muss zunächst dargelegt werden, dass ein außerordentlicher Sturm am Schadensort geherrscht hat (ab 13 Beaufort Stärke). Allgemeine Aussagen zur Stärke des Orkans „Kyrill" reichen nicht aus. Ferner bedarf es zum Entlastungsbeweis konkreter Darlegungen zur Wartung des betroffenen Garagendaches, insbesondere wenn dessen Haltbarkeit auf 30-40 Jahre geschätzt wird und es bereits vor 40 Jahren erbaut war.

Auch Blitzeinschläge sind in städtischen Häusern selten, aber nicht völlig außergewöhnlich. Das Bauwerk selbst kann manchen Blitzen kaum standhalten. Der Eigentümer kann jedoch mit der Installation eines Blitzableiters die Folgen abmildern. Dies ist zumutbar, auch wenn das öffentliche Baurecht nur bei exponierten Gebäuden einen Blitzableiter vorschreibt.[54]

2. Zutrittsverbot

Das Werk ist nicht fehlerhaft errichtet, wenn es für den Publikumsverkehr deutlich erkennbar geschlossen ist (das Baugerüst ist nicht frei gegeben;[55] der private Hochsitz hat ein Schild: „Betreten verboten"[56]).

VI. Kausalität von Einsturz bzw. Ablösung und Schaden

Die Kausalität von Einsturz/Ablösen und Personen- oder Sachschaden wird relativ eng definiert.

---

[45] OLG Celle v. 13.10.1999 - 9 U 308/98 - NdsRpfl 2000, 106-107.
[46] BGH v. 11.12.1984 - VI ZR 218/83 - NJW 1985, 1076-1078.
[47] BGH v. 27.04.1999 - VI ZR 174/98 - NJW 1999, 2593-2594; LG Mannheim v. 01.09.2006 v. 4 O 3/05 - juris Rn. 40-43 - BauR 2008, 380-381; *Petershagen*: Die Gebäudehaftung, § 836 BGB im System der Verkehrssicherungspflichten, 2000, 145-146.
[48] LG Karlsruhe v. 07.08.2002 - 1 S 84/01 - NJW-RR 2002, 1541-1542.
[49] OLG Koblenz v. 09.02.2004 - 12 U 11/03 - NVwZ-RR 2004, 322-324.
[50] OLG Koblenz 05.07.2002 - 10 U 251/02 - OLGR Koblenz 2002, 446-447; OLG Zweibrücken v. 29.01.2002 - 3 W 11/02 - NJW-RR 2002, 749-750; LG Baden-Baden v. 26.04.2002 - 2 S 14/02 - VersR 2003, 517.
[51] AG Schöneberg v. 10.07.2009 - 17b C 181/07 - juris Rn. 34.
[52] AG Dachau 02.09.08 - 3 C 748/08 - NJW-RR 2009, 679-679.
[53] OLG Hamm v. 14.07.2010 - 13 U 145/09 - juris Rn. 9, 11.
[54] LG Frankfurt v. 24.09.2008 - 2-15 S 108/08 - juris Rn. 46 - VersR 2009, 228-230.
[55] BGH v. 27.04.1999 - VI ZR 174/98 - NJW 1999, 2593-2594.
[56] OLG Braunschweig v. 25.09.1991 - 3 U 106/90 - RuS 1993, 339.

1. Bewegende Kraft des Einsturzes

24 Die bewegend wirkende Kraft des Einsturzes oder Ablösens muss zum Personen- oder Sachschaden geführt haben:[57] das durch den Sturm abgelöste Dach fällt auf ein Gewächshaus und zerstört es;[58] der Staudamm bricht und das auslaufende Wasser zerstört eine Fischanlage (Aalschocker).[59]

2. Einwirken auf das Bauwerk

25 Kausalität wird auch noch angenommen, wenn erst ein anderes Ereignis (im Rahmen der normalen Nutzung) den Einsturz oder das Ablösen verursacht: der Gast stützt sich auf die schwach befestigte Loggiabrüstung und fällt in die Tiefe;[60] der Arbeiter tritt auf ein morsches Gerüstbrett und verletzt sich.[61]

3. Fälle fehlender Kausalität

26 Dagegen ist keine Kausalität aufgrund der Ablösung der Teile gegeben, wenn lediglich die Verkehrssicherungspflicht nicht gewahrt ist: Stolpern über herabgefallene Steine[62]; Überschwemmung wegen der im Bachbett liegenden Brückentrümmer.[63] Ebenso reichen nicht gewisse mittelbare Schädigungen aus: Stau des Regenwassers aufgrund eines defekten Sielrohrs auf dem Nachbargrundstück[64]; Eisbildung auf dem Fußweg wegen eines defekten Fallrohres.[65] Auch die Bodenkontamination durch auslaufendes Öl auf einem Tankstellengrundstück aufgrund defekter Leitungen wurde nicht als Folge des Rohrbruchs bewertet.[66] Das erscheint fragwürdig, da der Unterschied von mechanischer Zerstörung und Kontamination heute als gering einzustufen ist.[67] Kausalität fehlt ebenfalls, wenn die Nutzung nicht dem Werk entspricht: Übermäßiges Beladen eines Baugerüsts mit Baumaterial muss der Unternehmer nicht verantworten;[68] ebenso wenig das Betreten eines Gerüstbretts mit mehreren Personen, obwohl es nur für einzelne Arbeiter gedacht ist.[69]

VII. Besitzer des Grundstücks

27 Ersatzpflichtig ist, wer die Sachherrschaft ausübt. Das ist zunächst der Eigenbesitzer des Grundstücks, also der als Eigentümer Besitzende (§ 836 Abs. 3 BGB). Damit ist auch der mittelbar Besitzende gemeint (z.B. der Vermieter). Ferner wird in § 836 Abs. 2 BGB der frühere Besitzer noch ein Jahr lang verpflichtet, wenn nicht der spätere Besitzer durch seine Sorgfaltspflichtverletzung die Gefahr hätte abwenden können. In § 837 BGB wird eine gesonderte Haftung von Besitzern von Bauwerken, die nicht Grundstücksbesitzer sind, ausgesprochen (z.B. Wohnungseigentümer, Gerüstbauer). Insoweit haftet der Grundstücksbesitzer nicht nach § 836 BGB. Dagegen steht die Haftung eines Verwalters neben der des Besitzers (§ 838 BGB). Als Eigenbesitzer wird auch der **Erwerber** nach vereinbartem Gefahrübergang, aber vor Grundbucheintragung betrachtet.[70] Zu Recht wird als Begründung angeführt, dass es hier auf die aus dem Grundstück resultierende Pflicht ankommt. Insofern steht dem die gegenteilige Entscheidung des BGH zur Streupflicht[71] nicht entgegen.

---

[57] BGH v. 30.05.1961 - VI ZR 310/56 - LM Nr. 12 zu § 836 BGB.
[58] BGH v. 23.03.1993 - VI ZR 176/92 - LM BGB § 836 Nr. 24 (8/1993).
[59] BGH v. 12.10.1978 - II ZR 185/76 - LM Nr. 17 zu § 836 BGB.
[60] BGH v. 11.12.1984 - VI ZR 218/83 - NJW 1985, 1076-1078.
[61] BGH v. 04.03.1997 - VI ZR 51/96 - LM BGB § 836 Nr. 25 (7/1997).
[62] BGH v. 13.03.1952 - III ZR 212/51 - NJW 1952, 698.
[63] BGH v. 30.05.1961 - VI ZR 310/56 - LM Nr. 12 zu § 836 BGB.
[64] BGH v. 17.03.1983 - III ZR 116/81 - LM Nr. 19 zu § 836 BGB; OLG Hamm v. 31.01.2011 - 5 U 91/10 (allerdings wurde die Kausalität verneint, weil das Grundstück sowieso zu tief gelegen war).
[65] OLG Koblenz v. 11.11.2009 - 2 U 449/09 - juris Rn. 15 - MDR 2010, 387-388.
[66] BGH v. 14.06.1976 - III ZR 81/74 - WM 1976, 1056-1060.
[67] So auch *Petershagen*, Die Gebäudehaftung, § 836 BGB im System der Verkehrssicherungspflichten, 2000, 160; Außerdem erscheint es beim Rohrbruch fraglich, ob der Begriff des Ablösens so weit ausgedehnt werden soll, weil § 2 HaftpflG bei solchen Anlagen eine hinreichende Haftung vorsieht.
[68] BGH v. 04.03.1997 - VI ZR 51/96 - LM BGB § 836 Nr. 25 (7/1997).
[69] BGH v. 01.10.1968 - VI ZR 121/67 - VersR 1969, 37-38.
[70] LG Tübingen v. 31.01.1990 - 6 O 99/89 - NJW-RR 1990, 610-612.
[71] BGH v. 03.10.1989 - VI ZR 310/88 - LM Nr. 169 zu § 823 (Dc) BGB.

VIII. Widerlegung der Verschuldensvermutung

Der Gebäudebesitzer kann die Verschuldensvermutung widerlegen. Allerdings sind die an ihn gestellten Anforderungen hoch. **28**

1. Gegenbeweis des Besitzers

Der Besitzer kann darlegen und beweisen, dass ihn keine Sorgfaltspflichtverletzung trifft. Dies ist dann der Fall, wenn er alle Maßnahmen getroffen hat, die aus technischer Sicht geboten und geeignet sind, die Gefahr des Einsturzes des Bauwerks oder der Ablösung von Teilen zu erkennen und ihre Realisierung zu verhindern.[72] An die regelmäßigen Wartungsarbeiten werden hohe Anforderungen gestellt. Denn aus der manifestierten Unsicherheit des Bauwerks wird regelmäßig eine Sorgfaltspflichtverletzung abgeleitet. Führt der Besitzer die Bauarbeiten nicht selbst durch, dann begrenzt sich seine Sorgfaltspflicht auf die Auswahl der Handwerker (die Duschkabine wird vom Handwerker fehlerhaft eingebaut[73]). Dabei muss sicher gestellt sein, dass die in Auftrag gegebenen Überprüfungen regelmäßig und vollständig stattfinden, vor allem bei älteren Dächern.[74] Sichtprüfungen eines Dachdeckers entlasten den Eigentümer dann nicht, wenn diese unregelmäßig stattfinden und besonders schräge Dachteile ausgespart werden.[75] Wer als Laie die Arbeit übernimmt, wird mit dem Vorwurf konfrontiert, dass er nicht das nötige Fachwissen hat (Grabstein[76]). Andererseits hat der Eigentümer nicht zu verantworten, wenn ein Dachhaken zum Befestigen von Leitern nach 26 Jahren aus unerklärlichen Gründen bricht.[77] **29**

Problematisch ist die Ermittlung der Sorgfaltspflichten bei arbeitsteiliger Kooperation am Bau. Bauherr, Architekt, Hauptunternehmer und Subunternehmer sind für die Verhinderung von Schäden durch den Bau verantwortlich. Die Gewichtung der Verantwortlichkeit wechselt jedoch. Gewisse „sekundäre" Verkehrssicherungspflichten verbleiben dann jeweils bei den Kooperationspartnern.[78] Wenn der Subunternehmer nur 29 statt der vom Statiker vorgeschriebenen 98 Stützen vor dem Abriss einer tragenden Wand einbaut und die Decke daher einstürzt, dann muss gefragt werden, ob das Sicherungskonzept ausreichte. **30**

Das OLG Hamm (v. 12.10.2011 - 13 U 52/11, I-13 U 52/11- juris Rn. 34) betont die besonderen Prüfpflichten des Jagdpächters bei einem Hochsitz. Es folgt dem Sachverständigen, der eine Sicht- und Rüttelprüfung nicht für ausreichend erachtet. Das der Witterung ausgesetzte Holz müsse mit einem Hammer oder Messer von einem Sachkundigen geprüft werden. Der Pächter hafte als Besitzer daher einem Freund, dem die Nutzung gestattet war, voll. Die Entscheidung widerspricht formal dem Urteil des OLG Braunschweig v. 25.09.1991 (3 U 106/90 - juris Rn. 23), das keine sachverständige Prüfung verlangt. Allerdings ging es dort um die Nutzung durch Unbefugte (Waldarbeiter), gegenüber denen man eine geringere Verkehrssicherungspflicht des Besitzers annehmen könnte. Das OLG Braunschweig (juris Rn. 21) lehnt eine solche Differenzierung allerdings ab, wenn nicht ein deutliches Verbotsschild angebracht ist. **30.1**

2. Zugangsverbot

Bei unsicheren Bauwerken kann sich der Besitzer durch **effektive Sperrung für den Publikumsverkehr** von der Haftung befreien (Verbot des Betretens eines Hochsitzes;[79] Nutzungsverbot für die noch nicht fertig gestellte Loggia;[80] Absperrung des unsicheren Teils eines Scheunenbodens[81]). Das vor Mo- **31**

---

[72] BGH v. 23.03.1993 - VI ZR 176/92 - LM BGB § 836 Nr. 24 (8/1993).
[73] BGH v. 12.03.1985 - VI ZR 215/83 - LM Nr. 21 zu § 836 BGB.
[74] OLG Köln v. 05.02.2004 - 12 U 112/03 - VersR 2005, 512-513 (jährliche Überprüfung bei einem 54 Jahre alten Dach); LG Hanau v. 27.10.2006 - 2 S 181/06 - Schaden-Praxis 2007, 136; AG Freiberg v. 19.02.2002 - 4 C 1524/00 - Schaden-Praxis 2002, 258.
[75] LG Nürnberg-Fürth v. 28.02.2003 - 15 S 7569/02 - IVH 2003, 154-155; anders bei nachgewiesener dreimonatiger Überprüfung des Dachs durch einen Fachmann: OLG Düsseldorf v. 20.12.2002 - 22 U 76/02 - NJW-RR 2003, 885-886.
[76] BGH v. 29.03.1977 - VI ZR 64/76 - LM Nr. 2 zu § 837 BGB.
[77] OLG Karlsruhe v. 08.05.2002 - 9 U 172/01 - OLGR Karlsruhe 2002, 309.
[78] Vgl. BGH v. 13.11.2008 - 4 StR 252/08 - BGHSt 53, 38-45 und die Analyse von *Duttge*, HRRS 2009, 145-151.
[79] OLG Braunschweig v. 25.09.1991 - 3 U 106/90 - RuS 1993, 339.
[80] BGH v. 11.12.1984 - VI ZR 218/83 - NJW 1985, 1076-1078.
[81] BGH v. 29.11.1988 - VI ZR 301/87 - LM Nr. 14 zu § 254 (C) BGB.

naten an einen Grabstein geklebte Schild: „Vorsicht Unfallgefahr!" entlastet die Friedhofsverwaltung nur vorübergehend, weil sie schnell hätte Abhilfe schaffen können.[82]

3. Außerordentliche Naturkatastrophe

32 Der häufige Einwand des außerordentlichen Naturereignisses (Sturmbö, Überflutung) ist meistens weder geeignet, einen fehlerhaften Zustand zu rechtfertigen (vgl. Rn. 19) noch den Sorgfaltsmaßstab zu bestimmen. Dächer und Baugerüste müssen solche Beanspruchungen aushalten.[83] Das Naturereignis kann auch neben eine Sorgfaltspflichtverletzung treten: Bei einem Erddamm, der kein Deich ist, kann sich bei Überflutung Erde ablösen und auf den dahinter liegenden Grundstücken ablagern. Kausal für den dadurch entstandenen Schaden ist neben der Überflutung die vom Dammbesitzer unzureichend vorgenommene Abdeckung des Damms.[84] Beim Orkan „Lothar" am 26.12.1999 wurde jedoch eine den Eigentümer entlastende Naturkatastrophe extremen Ausmaßes angenommen[85], nicht jedoch beim Orkan Kyrill am 18./19.01.2007.[86]

4. Typische Fallkonstellationen

33 Der **Grabstein** wird von einem Nichtfachmann (Malermeister) nicht fachgerecht verankert und stürzt auf ein Kind.[87] An einem verrosteten Verkehrsschild sind Rüttelproben vorzunehmen.[88] Der Landwirt vermietet eine **Scheune für ein Fest**, trifft aber nicht hinreichende Vorkehrungen gegen das Betreten des unsicheren Bodens, der dann einbricht.[89] Eine **Brücke** wird nur oberflächlich gewartet, obwohl seit einigen Jahren bekannt ist, dass deren Konstruktion durch Korrosion gefährdet ist.[90] Ein **Staubecken** wird nicht daraufhin kontrolliert, dass sich Faulgase bilden, die zur Explosion führen können.[91] Eine 40 Jahre alte **Schaufensterscheibe zerbirst**. Sie hätte kontrolliert werden müssen.[92] Wird ein **Carport** ohne Baugenehmigung errichtet, verzichtet der Besitzer auf eine wesentliche Kontrolle der Standfestigkeit durch die Bauprüfabteilung.[93]

5. Praktische Hinweise

34 Der Entlastungsbeweis gelingt praktisch nur, wenn ordentlich ausgewählte Handwerker mit der Herstellung, Kontrolle und Reparatur beauftragt worden sind oder wenn das Bauwerk zuverlässig für den Publikumsverkehr gesperrt wird.[94]

D. Rechtsfolge

35 Der Schadensersatzanspruch des Geschädigten richtet sich nach allgemeinem Delikts- und Schadensrecht. Besitzer (§ 836 BGB oder § 837 BGB) und Gebäudeunterhaltungspflichtiger (§ 838 BGB) haften als Gesamtschuldner (§ 840 BGB). Ein Mitverschulden (§ 254 BGB) kommt nicht schon dadurch in Betracht, dass der Geschädigte das Bauwerk im Rahmen des Üblichen benutzt hat: kleiner Sprung auf dem Dachboden;[95] Festhalten an der Balkonbrüstung.[96] Ein erhebliches Mitverschulden liegt je-

---

[82] OLG Rostock v. 06.03.2003 - 1 U 59/01 - OLGR Rostock 2003, 348-351.
[83] BGH v. 27.04.1999 - VI ZR 174/98 - NJW 1999, 2593-2594; LG Mannheim v. 01.09.2006 - 4 O 3/05 - juris Rn. 40-43 - BauR 2008, 380-381.
[84] BGH v. 08.02.1972 - VI ZR 155/70 - BGHZ 58, 149-162.
[85] OLG Koblenz v. 05.07.2002 - 10 U 251/02 - OLGR Koblenz 2002, 446-447; OLG Zweibrücken v. 29.01.2002 - 3 W 11/02 - NJW-RR 2002, 749-750; LG Baden-Baden v. 26.04.2002 - 2 S 14/02 - VersR 2003, 517.
[86] OLG Hamm v. 14.07.2010 - 13 U 145/09 - juris Rn. 9, 11; LG Gera v. 01.08.2008 - 2 O 1288/07 - juris Rn. 17, 24; AG Wesel v. 08.12.2009 - 4 C 6/09; AG Friedberg (Hessen) v. 23.10.2009 - 2 C 647/09 (23).
[87] BGH v. 29.03.1977 - VI ZR 64/76 - LM Nr. 2 zu § 837 BGB.
[88] LG Neubrandenburg v. 19.08.2009 - 3 O 224/08 - juris Rn. 33.
[89] BGH v. 29.11.1988 - VI ZR 301/87 - LM Nr. 14 zu § 254 (C) BGB.
[90] BGH v. 21.01.1988 - III ZR 66/86 - LM Nr. 22 zu § 836 BGB.
[91] BGH v. 12.10.1978 - II ZR 185/76 - LM Nr. 17 zu § 836 BGB.
[92] OLG Düsseldorf v. 12.12.1994 - 3 Wx 619/94 - NJW-RR 1995, 587-588.
[93] OLG Hamm v. 22.03.1995 - 13 U 167/94 - NJW-RR 1995, 1230-1231.
[94] LG Mühlhausen v. 12.05.2011 - 1 O 839/10 - juris Rn. 30 (keine Entlastung bei fehlendem Nachweis fachkundiger Installation).
[95] OLG Celle v. 13.10.1999 - 9 U 308/98 - NdsRpfl 2000, 106-107.
[96] BGH v. 11.12.1984 - VI ZR 218/83 - NJW 1985, 1076-1078.

doch beim Handwerker, der von der herunterfallenden Aufzugsplattform schwer verletzt wurde. Denn er betrat den Schacht des älteren und defekten Lastenaufzugs ohne jede Sicherungsmaßnahme.[97]

Der Hauseigentümer kann die aufgrund einer Naturkatastrophe entstandenen Aufwendungen dann als außergewöhnliche Belastung steuerlich gem. § 33 Abs. 1 EStG absetzen, wenn keine Versicherungsmöglichkeit besteht. Wegen der Üblichkeit von Feuer- und Sturmversicherung der Grundstückseigentümer wird eine Absetzbarkeit verneint.[98]

36

Im Übrigen kann er, wenn der Mieter einen Schaden bei Dritten (durch Sturm zerborstene Fensterscheibe fällt auf ein Auto) verursacht, beim Mieter Regress nehmen (§§ 280, 426 Abs. 1, 426 Abs. 2 BGB i.V.m. § 823 Abs. 1 BGB). Fraglich ist, ob dann die kurze Verjährungsfrist des § 548 Abs. 1 BGB (6 Monate nach Rückgabe der Wohnung) ebenfalls gilt. Die Rechtsprechung verlangt einen „hinreichenden Bezug zur Mietsache". Das OLG Dresden hat den oben genannten Drittschaden abgelehnt.[99] Dagegen hält *Lammel* die Anwendung der kurzen Verjährungsfrist in solchen Fällen für richtig, da gerade ein enger Bezug zum Mietobjekt bestehe.[100] Vgl. dazu die Kommentierung zu § 548 BGB.

37

E. Konkurrenzen

I. Amtshaftung

Auch wenn die Amtshaftung in § 839 BGB speziell geregelt ist, werden die Grundsätze der Verschuldensvermutung bei Schäden durch Bauwerke auch hier herangezogen.[101]

38

II. Nachbarschutz

Gewisse Überlappungen sind mit dem Nachbarschutz gegeben: § 908 BGB gibt einen Anspruch auf Vorkehrungsmaßnahmen zur Gefahrenabwehr, wenn Einsturzgefahr besteht. Der Wortlaut des § 906 BGB erfasst dagegen nur unwägbare Immissionen. Insoweit ist eine Konkurrenz mit § 836 BGB ausgeschlossen, weil es hier ja um bewegende Teile handeln muss, die schädigen.

39

III. Nachbarrechtlicher Ausgleichsanspruch

Der nachbarrechtliche Ausgleichsanspruch gem. § 906 Abs. 2 Satz 2 BGB wird aber analog auf sog. Grobimmissionen angewandt, die der Geschädigte hinzunehmen hat oder nicht verhindern konnte.[102] Eine Überschneidung mit § 836 BGB ergibt sich, wenn z.B. ein Wasserrohr bricht und das Nachbargrundstück überschwemmt wird. Die Rechtsprechung lässt den nachbarrechtlichen Ausgleichsanspruch dann neben dem Schadensersatzanspruch bestehen, wenn dieser z.B. mangels Verschuldens nicht gegeben ist (Wasserrohrbruch beim Nachbarn[103]) oder wenn der Gefahrenabwehranspruch des § 908 BGB aus Gründen der Unzumutbarkeit nicht zu realisieren ist (schadhafter Damm, der in Kürze wegen Eindeichung des gesamten Gebiets überflüssig werden wird[104]). Zu beachten ist jedoch, dass vorrangig bei Wasserrohrbruch die Anlagenhaftung gem. § 2 HaftpflG anwendbar ist. Daneben andere Normen ausdehnend anzuwenden, erscheint problematisch.[105] Das gilt auch für die Ausdehnung des „Ablösens" auf einen Rohrbruch im Erdreich des Nachbarn.[106]

40

IV. Sozialrechtlicher Anspruch gegen die Unfallversicherung

Als **gesetzlicher Haftungsausschlusstatbestand** sind die sozialrechtlichen Unfallversicherungsregelungen in den §§ 104-106 SGB VII zu beachten. Danach haftet der Unternehmer seinen Arbeitnehmern oder Arbeitnehmern eines mit ihm zusammen arbeitenden Unternehmers privatrechtlich nicht, wenn er oder seine Leute den Unfall fahrlässig verursacht haben. Insbesondere entfällt ein Anspruch auf Schmerzensgeld gem. § 253 Abs. 2 BGB. Nach erst neuerdings geänderter Rechtsprechung sind auch

41

---

[97] OLG Frankfurt v. 16.04.2008 - 17 U 270/05 - juris Rn. 22 ff.
[98] FG Rheinland-Pfalz v. 26.06.2007 - 3 K 2099/03 - juris Rn. 21 - DStRE 2008, 86-88.
[99] OLG Dresden v. 17.04.2007 - 5 U 8/07 - ZMR 2007, 691-692.
[100] *Lammel*, jurisPR-MietR 24/2007, Anm. 3 (mit Darstellung der Rspr.).
[101] BGH v. 05.04.1990 - III ZR 4/89 - LM Nr. 14 zu HaftpflG 1978; *Wagner* in: MünchKomm-BGB, § 836 Rn. 3.
[102] BGH v. 11.06.1999 - V ZR 377/98 - BGHZ 142, 66-72.
[103] BGH v. 19.04.1985 - V ZR 33/84 - WM 1985, 1041.
[104] BGH v. 08.02.1972 - VI ZR 155/70 - BGHZ 58, 149-162.
[105] So aber BGH v. 30.05.2003 - V ZR 37/02 - BGHZ 155, 99-110; kritisch dazu *Popescu/Majer*, NZM 2009, 181-185, da dann kein Bedürfnis für eine Analogie bestehe; *Fritzsche* in: Beck-OK BGB, § 906 Rn. 82.
[106] BGH v. 17.03.1983 - III ZR 116/81 - LM Nr. 19 zu § 836 BGB.

§ 836

die Zivilgerichte an die Entscheidungen der sozialrechtlichen Instanzen (vor allem der Berufsgenossenschaften) gem. § 108 SGB VII gebunden.[107] Die Bindung bezieht sich darauf, ob ein Versicherungsfall vorliegt, in welchem Umfang Leistungen zu erbringen sind und ob der Unfallversicherungsträger zuständig ist.

42 Bei Schäden seiner Arbeitnehmer ist der Gerüstbauer durch die Unfallversicherung von einer Haftung nach § 837 BGB befreit (§§ 104, 110 SGB VII). Wegen des Vorrangs der Besitzerhaftung nahm das OLG Rostock auch eine Freistellung des Grundstückseigentümers an.[108] Das OLG Celle sah dagegen eine Entlastung des Haftenden in der Übertragung der Verkehrssicherungspflicht auf den Gerüstbauer.[109] Das ist die zutreffende Begründung für die Entlastung des Eigentümers. Aus diesen Gründen haben weder der Gerüstbauer noch seine Arbeiter einen Anspruch gegen den sie beauftragenden Eigentümer (oder Bauunternehmer), wenn sie beim Aufbau oder Abbau ihres eigenen Werkes zu Schaden kommen.

43 Eine Haftung des Bauunternehmers für Arbeitnehmer anderer Bauunternehmen kann ebenfalls bei Eintritt der gesetzlichen Unfallversicherung ausscheiden. Dies ist dann der Fall, wenn die Baustelle eine „**gemeinsame Betriebsstätte**" mehrerer Unternehmen ist (§ 106 Abs. 3 Alt. 3 SGB VII). Der BGH definiert die gemeinsame Betriebsstätte einschränkend:[110] Es müssen wechselseitig aufeinander bezogene betriebliche Aktivitäten der Arbeitnehmer mehrerer Unternehmen vorliegen. Dies wurde verneint, wenn der Arbeitnehmer des Dachdeckers wegen eines morschen Gerüsts stürzt. Denn die Arbeit des Gerüstbauers war vollendet, als der Dachdecker mit seiner Arbeit begann. Eine gemeinsame Arbeit fand nicht statt. Das Gerüstbauunternehmen haftet also für den Schaden des Dachdeckers gem. §§ 836, 837 BGB.[111]

F. Arbeitshilfen – Fallgruppen

44 Typische Konfliktbereiche sind:
- **Einsturz von Bauwerken i.w.S. bzw. von Bauwerksteilen**: Die Konflikte resultieren häufig aus der persönlichen Betroffenheit des Besitzers bei nicht versicherten Bauwerken. Daher geht es bei Konflikten selten um normale Häuser, die meist versichert sind, sondern um spezielle Bauwerke, bei denen das Risiko nicht vorhergesehen wurde: **Betondecke**;[112] **Bierzelt**;[113] **Baugerüst**;[114] **Brett eines Baugerüsts**;[115] **Carport**;[116] **Duschkabine**;[117] **Erddamm und Schlamm**;[118] **Staubecken**;[119] **Flugzeughalle**;[120] **Grabstein**;[121] **Hochsitz**;[122] **Loggiabrüstung**;[123] **Schaufensterscheibe**;[124] **Wasserrohr**;[125] **Zirkustribüne**.[126]

---

[107] BGH v. 19.05.2009 - VI ZR 56/08 - juris Rn. 11 ff. - RuS 2009, 389-391; BGH v. 22.04.2008 - VI ZR 202/07 - RuS 2008, 308-309.

[108] OLG Rostock v. 27.03.2003 - 1 U 118/01 - OLGR Rostock 2003, 372-374.

[109] OLG Celle v. 02.02.2005 - 9 U 74/04 - juris Rn. 20, 33 - OLGR Celle 2005, 723-728 (zu § 823 BGB, was dann in auf § 837 BGB übertragen wird).

[110] BGH v. 16.12.2003 - VI ZR 103/03 - BGHZ 157, 213-220; mit Bezug auf BGH v. 17.10.2000 - VI ZR 67/00 - BGHZ 145, 331-336.

[111] OLG Stuttgart v. 28.04.2009 - 6 U 56/08 - juris Rn. 70 - OLGR Stuttgart 2009, 618-621.

[112] BGH v. 13.06.1958 - VI ZR 135/57 - LM Nr. 11 zu § 836 BGB.

[113] OLG Celle v. 05.08.1999 - 14 U 209/98 - OLGR Celle 2000, 35; OLG Düsseldorf v. 13.02.1998 - 22 U 124/97 - MDR 1998, 1350-1351.

[114] OLG Celle v. 02.02.2005 - 9 U 74/04 - juris Rn. 33 - OLGR Celle 2005, 723-728.

[115] BGH v. 04.03.1997 - VI ZR 51/96 - LM BGB § 836 Nr. 25 (7/1997); BGH v. 01.10.1968 - VI ZR 121/67 - VersR 1969, 37-38.

[116] OLG Hamm v. 22.03.1995 - 13 U 167/94 - NJW-RR 1995, 1230-1231.

[117] OLG Celle v. 30.05.1961 - VI ZR 310/56 - LM Nr. 12 zu § 836 BGB.

[118] BGH v. 08.02.1972 - VI ZR 155/70 - BGHZ 58, 149-162.

[119] BGH v. 12.10.1978 - II ZR 185/76 - LM Nr. 17 zu § 836 BGB.

[120] OLG Düsseldorf v. 26.03.1993 - 7 U 106/92 - OLGR Düsseldorf 1993, 271-272.

[121] BGH v. 29.03.1977 - VI ZR 64/76 - LM Nr. 2 zu § 837 BGB; vgl. dazu: *Zwisler*, StG 1993, 421-424.

[122] OLG Braunschweig v. 25.09.1991 - 3 U 106/90 - RuS 1993, 339.

[123] BGH v. 11.12.1984 - VI ZR 218/83 - NJW 1985, 1076-1078.

[124] OLG Düsseldorf v. 12.12.1994 - 3 Wx 619/94 - NJW-RR 1995, 587-588.

[125] BGH v. 17.03.1983 - III ZR 116/81 - LM Nr. 19 zu § 836 BGB; BGH v. 19.04.1985 - V ZR 33/84 - WM 1985, 1041.

[126] OLG Hamm v. 07.06.2001 - 6 U 45/01 - NJW-RR 2002, 92.

- **Sturm – Ablösen von Dachteilen, Einsturz von Baugerüsten**: Der objektive Tatbestand des Ablösens von Gebäudeteilen oder des Einsturzes eines Bauwerks liegt in diesen Fällen unproblematisch vor. Haupteinwand gegen den Vorwurf mangelhafter Unterhaltung ist die Naturkatastrophe. Die Gerichte haben jedoch auch bei Orkanböen bis Windstärke 12 die Haftung bejaht, da sie in unserer Klimazone üblich seien: **Dach;**[127] **Baugerüst;**[128] **Turmdrehkran;**[129] **Leuchtreklame**[130]. Ausnahmen sind bei extremen Windhosen (**Tornados**) anzunehmen, die in unserer Klimazone sehr selten vorkommen.[131]
- **Schnee – Dachlawinen**: Dachlawinen sind keine Gebäudeteile; daher haftet der Besitzer/Eigentümer nur aus allgemeiner Verkehrssicherungspflicht gem. § 823 BGB.[132] Eine besondere Sicherung gegen Schneelawinen wird im Flachland jedoch abgelehnt.[133]
- **Haftung des Straßenbaulastpflichtigen bzw. der Gemeinde**: Relevant ist ferner die Haftung für einstürzende Brücken und umkippende Straßenschilder. Die Amtshaftung gem. § 839 BGB ist zwar spezielle Anspruchsgrundlage. Allerdings wird die Verschuldensvermutung des § 836 BGB auch zu Lasten des Beamten anerkannt.[134] Fallgruppen: **Brücken** stürzen ein.[135] Das Regenrohr einer Brücke fällt auf die Autobahn.[136] **Verkehrszeichen** fallen um.[137] Eine **fehlerhafte Baugenehmigung** wird erteilt.[138] Ein Maibaum stürzt um.[139] **Grabsteine** kippen um; Geschädigte machen Ansprüche gegen die Friedhofsverwaltung geltend.[140] **Spielgeräte** fallen auf Kinder.[141]
- **Keine Entlastung von Grundstücksbesitzern in den Neuen Bundesländern**: Die besondere Situation in den Neuen Bundesländern gab Anlass, über eine Entlastung der Besitzer von teilweise seit 50 Jahren nicht renovierten Häusern nachzudenken. Dies wurde jedoch abgelehnt.[142] Man wird allerdings dem Geschädigten häufig ein Mitverschulden anrechnen, weil die Baufälligkeit vieler Gebäude bekannt ist.

---

[127] BGH v. 23.03.1993 - VI ZR 176/92 - LM BGB § 836 Nr. 24 (8/1993); OLG v. Köln 05.02.2004 - 12 U 112/03; OLG Zweibrücken v. 29.01.2002 - 3 W 11/02 - NJW-RR 2002, 749-750; OLG Düsseldorf v. 01.06.1995 - 10 U 178/91 - MDR 1996, 470; OLG Düsseldorf v. 20.03.1992 - 22 U 120/91 - NJW-RR 1992, 1440-1441.

[128] BGH v. 27.04.1999 - VI ZR 174/98 - NJW 1999, 2593-2594; LG Mannheim v. 01.09.2006 - 4 O 3/05 - juris Rn. 40 - BauR 2008, 380-381.

[129] OLG München v. 04.04.2000 - 18 U 4536/99 - BauR 2001, 973-974; OLG Hamm v. 27.04.1995 - 27 U 169/94 - VersR 1997, 194-195.

[130] OLG Koblenz v. 05.07.2002 - 10 U 251/02 - OLGR Koblenz 2002, 446-447.

[131] Z.B. beim Orkan „Lothar" am 26.12.1999: LG Baden-Baden v. 26.04.2002 - 2 S 14/02 - VersR 2003, 517; OLG Zweibrücken v. 29.01.2002 - 3 W 11/02 - NJW-RR 2002, 749-750; vgl. auch die Windhose im Sturmtief „Yasna", die am 23.06.2004 ein Drittel des Dorfes Micheln (Sachsen-Anhalt) beschädigte; am 26.03.2006 wurde in Hamburg-Harburg erheblicher Schaden durch eine Windhose angerichtet (www.netplanet-harburg.netsamurai.de/foto-strecke-1.htm, abgerufen am 18.09.2012).

[132] BGH v. 08.12.1954 - VI ZR 289/53 - LM Nr. 4 zu § 823 (Eb) BGB; OLG Hamm v. 23.07.2003 - 13 U 49/03 - NJW-RR 2003, 1463-1464; OLG Hamm v. 11.11.1986 - 27 U 68/86 - NJW-RR 1987, 412; AG Aue v. 17.05.1999 - 2 C 0102/98, 2 C 102/98 - DAR 1999, 409; AG Schwetzingen v. 31.07.1997 - 51 C 117/97 - BWGZ 1999, 684-685; vgl. dazu: *Schröder*, SVR 2011, 367-368; *Hugger/Stallwanger*, DAR 2005, 665-668; *Schmid*, VersR 1995, 1269-1278.

[133] OLG Düsseldorf v. 17.02.2012 - I-24 U 217/11; AG Halle (Saale) v. 21.07.2011 - 93 C 4596/10; AG Kiel v. 02.05.2011 - 116 C 453/10; AG Jena v. 17.03.2011 - 22 C 630/10. Anders LG Magdeburg v. 10.11.2010 - 5 O 833/10.

[134] *Wagner* in: MünchKomm-BGB, § 836 Rn. 3.

[135] BGH v. 21.01.1988 - III ZR 66/86 - LM Nr. 22 zu § 836 BGB; BGH v. 21.01.1988 - III ZR 66/86 - LM Nr. 22 zu § 836 BGB; OLG Koblenz v. 09.07.1997 - 1 U 1396/95 - OLGR Koblenz 1998, 104-105; OLG Celle v. 01.06.1994 - 9 U 54/93 - OLGR Celle 1994, 9 U 54/93 - OLGR Celle 1994, 9 U 54/93 - OLGR Celle 1994, 9 U 54/93 - OLGR Celle 1994, 9 U 281 (fälschlich ist hier § 836 BGB direkt angewandt worden).

[136] BGH v. 05.04.1990 - III ZR 4/89 - LM Nr. 14 zu HaftpflG 1978.

[137] LG Neubrandenburg v. 19.08.2009 - 3 O 224/08 - juris Rn. 33; LG Hagen (Westfalen) v. 29.01.2001 - 4 O 387/00 - Städte- und Gemeinderat 2001, 29; OLG Hamm v. 13.08.1999 - 9 U 39/99 - OLGR Hamm 2000, 173-174; OLG Köln v. 23.08.1990 - 7 U 62/90 - NJW-RR 1991, 33-34. *Petershagen*, NZV 2011, 528-530.

[138] OLG Düsseldorf v. 26.03.1992 - 18 U 166/91 - NVwZ 1992, 1122-1123.

[139] LG Traunstein v. 15.12.1988 - 1 O 4500/88 - NJW-RR 1989, 985-986.

[140] BGH v. 29.03.1977 - VI ZR 64/76 - LM Nr. 2 zu § 837 BGB; BGH v. 30.01.1961 - III ZR 225/59 - BGHZ 34, 206-216; OLG Rostock v. 06.03.2003 - 1 U 59/01 - OLGR Rostock 2003, 348-351; OLG Hamm v. 24.11.1981 - 9 U 137/81 - NVwZ 1982, 333; dazu: *Zwisler*, StG 1993, 421-424.

[141] KG Berlin v. 31.01.1986 - 9 U 6739/84; OLG Koblenz v. 11.01.1980 - 10 U 725/79 - VersR 1980, 1051.

§ 836

- **Abbruchunternehmen**: Der Abbruchunternehmer hat keinen Anspruch gegen den Eigentümer, wenn er sich beim Abbruch verletzt.[143] Es gibt auch keine Haftung des Abbruchunternehmers für andere Unternehmen, die am Grundstück arbeiten.[144] Entsprechend hat der **Gerüstbauer** keine Ansprüche gegen den ihn beauftragenden Besitzer des Bauwerks, wenn sein Gerüst beim Abbau einstürzt, da er die Verkehrssicherungspflicht insoweit übernommen hat.[145]
- **Haftung der Wohnungseigentümer bzw. des Verwalters**: vgl. die Kommentierung zu § 838 BGB.

---

[142] OLG Dresden v. 23.09.1993 - 8 U 777/93; ebenso *Krause* in: Soergel, § 836 Rn. 28.
[143] BGH v. 26.09.1978 - VI ZR 150/77 - LM Nr. 16 zu § 836 BGB; OLG Jena v. 22.07.1997 - 3 U 1571/96 (31), 3 U 1571/96 - VersR 1998, 903-905.
[144] OLG Stuttgart v. 25.03.1998 - 4 U 228/97 - TranspR 1998, 488-491.
[145] OLG Celle v. 02.02.2005 - 9 U 74/04 - juris Rn. 33 - OLGR Celle 2005, 723-728.

§ 837 BGB Haftung des Gebäudebesitzers

(Fassung vom 02.01.2002, gültig ab 01.01.2002)

Besitzt jemand auf einem fremden Grundstück in Ausübung eines Rechts ein Gebäude oder ein anderes Werk, so trifft ihn an Stelle des Besitzers des Grundstücks die im § 836 bestimmte Verantwortlichkeit.

Gliederung

A. Grundlagen.. 1	1. Wohnungseigentümer 4
B. Anwendungsvoraussetzungen 2	2. Sonstige Bauwerke 5
I. Ersatzpflichtige Gebäude- und Werksbesitzer 2	3. Andere „Werke" 6
II. Typische Fallkonstellationen 3	C. Rechtsfolgen 7

A. Grundlagen

Der Kreis der gem. § 836 BGB Verpflichteten wird über den Grundstücksbesitzer hinaus ausgedehnt auf den Gebäude- oder Werksbesitzer.   1

B. Anwendungsvoraussetzungen

I. Ersatzpflichtige Gebäude- und Werksbesitzer

Besitzer eines Gebäudes sind zunächst sachenrechtliche Besitzer: Wohnungseigentümer bezüglich ihres Sondereigentums (§ 14 WoEigG), Erbbauberechtigte, Nießbraucher. Mieter und Pächter haben in der Regel nicht vollständige Besitzrechte am Gebäude. Besitzer eines Bauwerks oder Werks sind vor allem die Besitzer von fest verbundenen Scheinbestandteilen des Grundstücks (§ 95 BGB).   2

II. Typische Fallkonstellationen

Konflikte entstehen gelegentlich zwischen Wohnungseigentümern. Im Übrigen geht es häufig um nicht standardmäßig versicherte Bauwerke.   3

1. Wohnungseigentümer

Ansprüche gegen einzelne Wohnungseigentümer werden selten erhoben, weil die Wohnungseigentümergemeinschaft versichert sein wird und der Verwalter die Fragen klärt. Machen jedoch einzelne Wohnungseigentümer Schadensersatzansprüche gegen die Gemeinschaft geltend, so haftet die Gemeinschaft aus § 836 BGB: **Dachziegel** fallen auf die Plexiabdeckung des Balkons des Klägers.[1] Die **Fensterscheibe** wird durch eine Trennscheibe des Gemeinschaftseigentums beschädigt.[2]   4

2. Sonstige Bauwerke

Sonstige Bauwerke mit eigenständigen Besitzern sind: **Zirkuszelt**,[3] **Festzelt** eines Schützenvereins,[4] **Bierpavillon**,[5] **Baugerüst**,[6] **Messezelt**[7]. Ein typisches Werk auf fremdem Grundstück ist das Baugerüst. Besitzer i.S.v. § 837 BGB ist dann derjenige, der das Gerüst aufgebaut hat. Auf die Eigentumsverhältnisse an den Gerüstteilen kommt es nicht an. Wenn ein anderer Unternehmer als der ursprüng-   5

---

[1] OLG Frankfurt v. 09.11.1992 - 20 W 395/92 - OLGZ 1993, 188-190.
[2] OLG Düsseldorf v. 12.12.1994 - 3 Wx 619/94 - NJW-RR 1995, 587-588.
[3] OLG Hamm v. 07.06.2001 - 6 U 45/01 - NJW-RR 2002, 92.
[4] OLG Celle v. 11.06.1999 - 4 U 201/98 - OLGR Celle 1999, 357-358.
[5] OLG Düsseldorf v. 13.02.1998 - 22 U 124/97 - MDR 1998, 1350-1351.
[6] BGH v. 27.04.1999 - VI ZR 174/98 - NJW 1999, 2593-2594; BGH v. 04.03.1997 - VI ZR 51/96 - LM BGB § 836 Nr. 25 (7/1997); BGH v. 01.10.1968 - VI ZR 121/67 - VersR 1969, 37-38; OLG Celle v. 02.02.2005 - 9 U 74/04 - juris Rn. 33 - OLGR Celle 2005, 723-728; OLG Rostock v. 27.03.2003 - 1 U 118/01 - OLGR Rostock 2003, 372-374; LG Mannheim v. 01.09.2006 - 4 O 3/05 - BauR 2008, 380-381.
[7] OLG Rostock v. 15.09.2003 - 3 U 58/03 - juris Rn. 19 - OLGR Rostock 2004, 49-51.

§ 837

liche Gerüstbauer das Gerüst von einer Seite des Hauses auf die andere verlagert, dann ist der andere Unternehmer als Besitzer zu behandeln. Er haftet für Schäden, die durch lose Gerüstteile verursacht werden.[8]

3. Andere „Werke"

6 Andere mit dem Grundstück verbundene Werke mit eigenen Besitzern sind ein **Turmdrehkran**[9] **und ein Telefonmast**[10]. Für umstürzende **Grabsteine** haften die Grabstelleninhaber und die Friedhofsverwaltung.[11]

C. Rechtsfolgen

7 Die Haftung des Gebäude- oder Werksbesitzers ersetzt in der Regel die des Grundstücksbesitzers. Allerdings besteht die Möglichkeit, dass der Grundstücksbesitzer daneben aus Verletzung der Verkehrssicherungspflicht haftet (§ 823 BGB).[12]

8 Dagegen erscheint eine Anwendung der allgemeinen Haftungsnorm des § 823 Abs. 1 BGB (Verkehrssicherungspflichtverletzung) auf den Gebäudebesitzer neben der speziellen Regelung der §§ 836 ff. BGB systematisch verfehlt.[13]

---

[8] OLG Stuttgart v. 28.04.2009 - 6 U 56/08 - juris Rn. 48 - OLGR Stuttgart 2009, 618-621.

[9] OLG Hamm v. 27.04.1995 - 27 U 169/94 - BauR 1996, 408-410; OLG Bamberg v. 24.03.1988 - 1 U 148/87 - RuS 1989, 357-358.

[10] OLG Koblenz v. 13.07.1988 - 1 U 1835/87 - VersR 1989, 159; OLG Karlsruhe v. 14.07.1987 - 18 U 51/87 - NJW-RR 1988, 152-153.

[11] BGH v. 29.03.1977 - VI ZR 64/76 - LM Nr. 2 zu § 837 BGB; BGH v. 30.01.1961 - III ZR 225/59 - BGHZ 34, 206-216; OLG Rostock v. 06.03.2003 - 1 U 59/01 - OLGR Rostock 2003, 348-351; OLG Hamm v. 24.11.1981 - 9 U 137/81 - NVwZ 1982, 333; dazu: *Zwisler*, StG 1993, 421-424.

[12] OLG Celle v. 02.02.2005 - 9 U 74/04 - juris Rn. 25 - OLGR Celle 2005, 723-728; OLG Rostock v. 06.03.2003 - 1 U 59/01 - OLGR Rostock 2003, 348-351.

[13] So aber: OLG Rostock v. 15.09.2003 - 3 U 58/03 - juris Rn. 33 - OLGR Rostock 2004, 49-51.

§ 838 BGB Haftung des Gebäudeunterhaltungspflichtigen

(Fassung vom 02.01.2002, gültig ab 01.01.2002)

Wer die Unterhaltung eines Gebäudes oder eines mit einem Grundstück verbundenen Werkes für den Besitzer übernimmt oder das Gebäude oder das Werk vermöge eines ihm zustehenden Nutzungsrechts zu unterhalten hat, ist für den durch den Einsturz oder die Ablösung von Teilen verursachten Schaden in gleicher Weise verantwortlich wie der Besitzer.

A. Grundlagen

Eine weitere Ausdehnung des Kreises der Ersatzpflichtigen für Bauwerke erfolgt durch Einbeziehung von Unterhaltungspflichtigen kraft besonderer Absprache oder kraft eines Nutzungsrechts. 1

B. Anwendungsvoraussetzungen – Verwalter oder Nutzungsberechtigter

Verwalter ist, wer vom Eigentümer beauftragt ist, die Unterhaltung des Bauwerks vorzunehmen. Aus einem Nutzungsrecht entsteht die Unterhaltungspflicht, wenn es ein umfassendes Besitzrecht enthält. 2

Mieter und **Pächter** haben nur eine Erhaltungspflicht, wenn dies im Vertrag besonders vereinbart ist. 3

Für die Wohnungseigentümergemeinschaft übernimmt typischer Weise der von den Eigentümern bestellte **Wohnungsverwalter** die Pflege des Gemeinschaftseigentums (§ 27 Abs. 1 Nr. 2 WoEigG). Entsprechend haftet er sowohl Dritten als auch den Wohnungseigentümern u.a. bezüglich Schäden an ihrem Sondereigentum, wenn die Ursache im Einsturz oder Ablösen von Teilen des Gemeinschaftsgentums liegt (Ablösen von Dachteilen, die auf ein Nachbargrundstück fallen und dort ein Gewächshaus beschädigen[1]). Allerdings hängt der Umfang der Verwalterhaftung von der Vereinbarung der Wohnungseigentümer ab. Sie wird häufig umfassend sein, so dass die Wohnungseigentümer nur noch die Pflicht zur Mängelrüge haben.[2] 4

Auch im Übrigen hängt der Umfang der Verpflichtung eines Grundstücksverwalters von seiner **Vertragsstellung** ab. So haftet er selbst dann, wenn er bei Problemen nur die Baupolizei benachrichtigen sollte, dies aber unterlässt.[3] Hat der Verwalter keine eigenen Mittel und Befugnisse, dann entfällt seine Haftung ganz.[4] 5

Die Begrenzung der Haftung auf den Rahmen der vertraglichen Pflichten ist besonders bei **Mietern oder Pächtern** relevant. Das Gesetz gibt dem Vermieter auf, für den ordentlichen Zustand der Mietsache zu sorgen (§ 535 Abs. 1 Satz 2 BGB). Es ist dann zu prüfen, ob vertraglich etwas anderes vereinbart ist. Hat der Mieter einer brüchigen Scheune die Gebäudeunterhaltungspflicht übernommen, dann haftet er, wenn einem Nutzungsberechtigten das Tor auf den Kopf fällt.[5] 6

C. Rechtsfolgen

Die Haftung des Verwalters oder Nutzungsberechtigten kann neben die des Besitzers des Grundstücks oder Bauwerks gem. §§ 836, 837 BGB treten. Sie haften dann dem Geschädigten gegenüber als Gesamtschuldner gem. § 840 BGB. Wohnungseigentumsgemeinschaften haften dann gem. den § 21 WoEigG neben dem Verwalter. Bei Streitigkeiten geht es häufig um die Lastenverteilung im Innenverhältnis, wenn ein Wohnungseigentümer durch das Gemeinschaftseigentum geschädigt wird. Ist die gesamte Unterhaltungspflicht auf den Verwalter übertragen, werden die Wohnungseigentümer von der Haftung frei.[6] 7

---

[1] BGH v. 23.03.1993 - VI ZR 176/92 - LM BGB § 836 Nr. 24 (8/1993) und nachfolgend OLG Düsseldorf v. 01.06.1995 - 10 U 178/91 - MDR 1996, 470.
[2] OLG Düsseldorf v. 12.12.1994 - 3 Wx 619/94 - NJW-RR 1995, 587-588.
[3] BGH v. 08.07.1953 - VI ZR 325/52 - LM Nr. 3 zu § 838 BGB.
[4] BGH v. 13.03.1952 - III ZR 212/51 - LM Nr. 2 zu § 836 BGB.
[5] BGH v. 19.06.1990 - VI ZR 197/89 - LM Nr. 5 zu BGB § 838.
[6] OLG Düsseldorf v. 12.12.1994 - 3 Wx 619/94 - NJW-RR 1995, 587-588.

§ 839 BGB Haftung bei Amtspflichtverletzung

(Fassung vom 02.01.2002, gültig ab 01.01.2002)

(1) ¹Verletzt ein Beamter vorsätzlich oder fahrlässig die ihm einem Dritten gegenüber obliegende Amtspflicht, so hat er dem Dritten den daraus entstehenden Schaden zu ersetzen. ²Fällt dem Beamten nur Fahrlässigkeit zur Last, so kann er nur dann in Anspruch genommen werden, wenn der Verletzte nicht auf andere Weise Ersatz zu erlangen vermag.

(2) ¹Verletzt ein Beamter bei dem Urteil in einer Rechtssache seine Amtspflicht, so ist er für den daraus entstehenden Schaden nur dann verantwortlich, wenn die Pflichtverletzung in einer Straftat besteht. ²Auf eine pflichtwidrige Verweigerung oder Verzögerung der Ausübung des Amts findet diese Vorschrift keine Anwendung.

(3) Die Ersatzpflicht tritt nicht ein, wenn der Verletzte vorsätzlich oder fahrlässig unterlassen hat, den Schaden durch Gebrauch eines Rechtsmittels abzuwenden.

Gliederung

A. Kommentierung zu Absatz 1 1	f. Amtspflicht zum konsequenten Verhalten 76
I. Grundlagen... 1	g. Amtsmissbrauch 79
1. Kurzcharakteristik 1	h. Verschwiegenheitspflicht und Gehorsamspflicht 80
2. Gesetzgebungsgeschichte/Historische Entwicklung 4	i. Amtspflicht zur Vermeidung unerlaubter Handlungen 82
3. Regelungsprinzipien/Konkurrenzen 7	j. Amtspflicht zur Erteilung dienstlicher Auskünfte, Belehrung und Hinweise 83
a. Das Verhältnis des § 839 BGB zu anderen deliktsrechtlichen Vorschriften 7	k. Behördliche Warnungen 89
b. Das Verhältnis zum Staatshaftungsgesetz der DDR 8	l. Fürsorgepflicht des Dienstherrn 91
c. Haftungsausschlüsse nach dem Reichsbeamtenhaftungsgesetz (RHBG) 10	5. Drittbezogenheit der Amtspflicht 94
d. Das Verhältnis von § 839 BGB und Art. 34 GG 14	a. Allgemeines 94
	b. Einzelfälle 106
4. Abgrenzung zum Europäischen Staatshaftungsrecht 30	6. Kausalität 123
II. Praktische Bedeutung 35	7. Verschulden 130
III. Anwendungsvoraussetzungen 36	a. Allgemeines 130
1. Normstruktur 36	b. Rechtsanwendung bzw. Rechtsauslegung 136
2. Ausübung eines öffentlichen Amtes (Art. 34 Satz 1 GG) 37	c. Die Kollegialgerichts-Richtlinie 141
a. Die Deutsche Bundesbahn/Die DB-Bahn AG 45	d. Organisationsverschulden 144
b. Die Deutsche Bundespost 46	8. Subsidiaritätsklausel (Absatz 1 Satz 2) 148
c. Dienstliche Teilnahme am öffentlichen Straßenverkehr 47	9. Inhalt und Umfang des Schadensersatzanspruchs 157
d. Straßenbaulast, Verkehrssicherung und Verkehrsregelung 49	10. Mitverschulden (§ 254 BGB) 162
e. Öffentliche Einrichtung der Daseinsvorsorge ... 55	11. Verjährung 168
3. Inhalt der Amtspflichten 56	**B. Kommentierung zu Absatz 2** 180
a. Allgemeines 56	I. Grundlagen – Spruchrichterprivileg oder Richterspruchprivileg 180
b. Amtspflichtwidrigkeit und Rechtswidrigkeit 59	II. Anwendungsvoraussetzungen 186
4. Einzelne Amtspflichten 62	1. Der Richterbegriff 186
a. Amtspflicht zu rechtmäßigen Handeln 63	2. Urteil in einer Rechtssache 191
b. Amtspflicht zur Beachtung der Vorschriften und der Zuständigkeit, Form und Verfahren 68	3. Bei einem Urteil 197
c. Amtspflicht zu zügiger Sachbearbeitung 71	4. Die Ausnahmeregelung in Absatz 2 Satz 2 201
d. Amtspflicht zur fehlerfreien Ermessensausübung 74	5. Analoge Anwendung bei sonstigen Ansprüchen 211
e. Amtspflicht zur Behebung begangener Fehler 75	**C. Kommentierung zu Absatz 3** 212
	I. Grundlagen – Zweck der Vorschrift 212
	II. Anwendungsvoraussetzungen 216
	1. Der Begriff des Rechtsmittels 216
	a. Förmliche Rechtsmittel und Rechtsbehelfe 216

b. Formlose Rechtsbehelfe	223
c. Eigene Auffassung	230
2. Ursächlichkeit	232
3. Verschulden	236
4. Analoge Anwendung auf beamtenrechtliche Schadensersatzklagen	241
5. Analoge Anwendung bei einem Schadensersatzanspruch aus der Nichterfüllung eines öffentlich-rechtlichen Vertrages	251
6. Analoge Anwendung beim Entschädigungsanspruch wegen enteignungsgleichem Eingriff	252
7. Analoge Anwendung beim Entschädigungsanspruch gemäß § 81 SGB IX sowie § 15 Abs. 1 AGG	253
8. Analoge Anwendung beim gemeinschaftsrechtlichen Staatshaftungsanspruch	254
D. Prozessuale Hinweise	255
I. Rechtsweg	255
II. Die sachliche und örtliche Zuständigkeit des Landgerichtes	257
III. Vorfragenkompetenz	259
1. Beachtlichkeit bestandskräftiger Verwaltungsakte	259
2. Beachtlichkeit verwaltungsgerichtlicher Entscheidungen	260
3. Beachtlichkeit sonstiger gerichtlicher Entscheidungen	262
IV. Beweisfragen	263
1. Der Anscheinsbeweis	263
2. Beweiserleichterung und Beweisverschiebung	268
3. Die Darlegungs- und Beweislast im Beförderungsgeschehen	272
4. Prozesskostenhilfe und Beiordnung eines Notanwaltes	276
a. Beiordnung/Versagung der Prozesskostenhilfe	276
b. Beiordnung eines Notanwaltes	279
E. Arbeitshilfen – Fallgruppen	280
I. Personen	280
1. Amtspfleger/Amtsvormund	280
2. Betriebsprüfer	282
3. Dienstherr	284
4. (Freiwillige) Feuerwehr	287
5. Kirchenbeamte	291
6. Lehrer	292
7. Lotse (Fluglotse/Seelotse/Hafenloste)	295
8. Notar	298
9. (Gerichtlicher) Sachverständiger/TÜV	308
10. Schiedsmann	312
11. Schiedsrichter	313
12. Schornsteinfegermeister	314
13. Standesbeamter	315
14. Weinkontrolleur/Weinbergüter	316
15. Zivildienstleistender	317
16. Zollbeamter	320
II. Ämter	323
1. Amt zur Regelung offener Vermögensfragen	323
2. Arbeitsamt/Agentur für Arbeit/Jobcenter	324
3. Atombehörde	327
4. Ausländerbehörde	328
5. Bankenaufsicht/Bundesanstalt für Finanzdienstleistungsaufsicht	329
6. Bergamt	331
7. Börse	332
8. Bundesbank	334
9. Bundesprüfstelle für Jugend gefährdende Schriften	335
10. Bundeswehr	336
11. Bußgeldbehörde	340
12. Deutscher Wetterdienst	341
13. Finanzamt	342
14. Gewerbeaufsichtsamt	351
15. Handwerkskammer/Industrie- und Handelskammer	352
16. Hauptfürsorgestelle	353
17. Jagdbehörde	354
18. Jugendamt/Jugendhilfe	355
19. Katastrophenschutzbehörde	359
20. Kommunalaufsicht	360
21. Kommunalverwaltung	363
a. Drittgerichtetheit der Amtspflicht	363
b. Baugenehmigungsverfahren	369
c. Haftung der Gemeinde für Organe und Ausschüsse	376
22. Meldebehörde	377
23. Naturschutzbehörde	378
24. Öffentlich-rechtliche Kammern (Architektenkammer, Ärztekammer, Landwirtschaftskammer, Notarkammer, Rechtsanwaltskammer)	379
25. Ordnungsbehörde	384
26. Polizei	387
a. Allgemeine Amtspflichten	387
b. Verkehr	391
c. Weitere Amtspflichten	393
27. Post	395
28. Prüfungsamt	396
29. Rechtspflege (außerhalb des Richterspruchprivilegs gemäß Absatz 2)	402
a. Ausstattung der Gerichte	402
b. Bewährungshelfer	403
c. Freiwillige Gerichtsbarkeit	404
d. Gerichtsvollzieher	405
e. Grundbuchamt	408
f. Justizverwaltungsbehörde	411
g. Konkursgericht/Insolvenzgericht	412
h. Nachlassgericht	414
i. Rechtspfleger	415
j. Registergericht	419
k. Staatsanwalt	420
l. Strafrichter	427
m. Strafvollzug	431
n. Urkundsbeamter	434
o. Vollstreckungsgericht	435

§ 839

p. Vormundschaftsgericht	439	a. Altlasten	478
q. Zivilrichter	442	b. Allgemeine Pflichten	481
30. Schlachthof	443	5. Gesundheitswesen	484
31. See-Berufsgenossenschaft/Wasser und Schifffahrtsamt	444	a. Amtsarzt	484
		b. Amtstierarzt	488
32. Schleusenbetrieb	445	c. Anstaltsarzt	490
33. Stiftungsaufsicht	446	d. Durchgangsarzt	491
34. Straßenverkehrsbehörde	447	e. Impfarzt	492
a. Straßenverkehrsregelung	447	f. Notarzt	493
b. Straßenverkehrssicherungspflicht (Bäume und Äste)	450	g. Truppenarzt	495
		h. Gesundheitsamt	496
c. Straßenverkehrssicherungspflicht (Zustand der Fahrbahn)	455	i. Kassenärztliche Vereinigung	498
		j. Landeskrankenhaus/Psychiatrische Klinik	502
d. Straßenverkehrssicherungspflicht (Streupflicht)	460	k. Krankenkasse	504
		l. Berufsgenossenschaft	506
35. Treuhandanstalt	465	m. Medizinischer Dienst der Krankenkassen (MDK)	507
36. Vermessungsamt	466		
37. Versicherungsaufsicht	467	n. Universitätsklinik	508
38. Zulassungsstelle der Frankfurter Wertpapierbörse	468	6. Kraftfahrzeugzulassungsstelle	509
		7. Rentenversicherungsträger	514
39. Zweckverband (Bodenverband, Wasserverband)	469	8. Sozialversicherungsträger	516
		9. Technischer Überwachungsverein (TÜV-)Abgasuntersuchung	520
III. Tätigkeiten	472		
1. Abfallbeseitigung	472	10. Tierschutz	524
2. Abwasserbeseitigung/Kanalisation	473	11. Waldbesitz	525
3. Kläranlage	476	12. Waldschaden	526
4. Bauleitplanung	478	13. Wildschaden	528

A. Kommentierung zu Absatz 1

I. Grundlagen

1. Kurzcharakteristik

1 § 839 BGB bildet einen Sondertatbestand der unerlaubten Handlungen.[1] Einerseits erweitert diese Bestimmung die Haftung, wenn ein Beamter seine Amtspflichten gegenüber einem Dritten verletzt auf Vermögensschäden auch dann, wenn die Tatbestände der §§ 823, 826 BGB nicht erfüllt sind. Andererseits wird diese Haftung eingeschränkt gemäß § 839 Abs. 1 Satz 2, Abs. 2, Abs. 3 BGB, und zwar ohne Rücksicht darauf, ob der Beamte hoheitlich oder fiskalisch handelt.[2] Diese Bestimmung begründet die **Eigenverantwortlichkeit des Beamten**, und zwar unabhängig davon, ob der Beamte seine Pflichten im Rahmen des öffentlich-rechtlichen und des privatrechtlichen Tätigkeitsbereiches des Staates verletzt hat. Das Zusammenwirken von § 839 BGB und Art. 34 GG zeigt allerdings, dass im Vordergrund nicht mehr die Eigenverantwortlichkeit des Beamten steht. Die **Verantwortlichkeit für das Handeln** eines Amtswalters in Ausübung eines ihm anvertrauten Amtes **trifft generell den Staat** oder die **Anstellungskörperschaft**.[3]

2 § 839 BGB, Art. 34 GG enthalten zahlreiche Haftungsbeschränkungen. Dies sind die Subsidiaritätsklausel des § 839 Abs. 1 Satz 2 BGB, die Richterprivilegierung gemäß § 839 Abs. 2 BGB sowie der Ausschluss des Schadensersatzanspruches durch Nichteinlegung eines Rechtsmittels gemäß § 839 Abs. 3 BGB. Da Art. 34 GG nur eine **grundsätzliche** und **keine abschließende Regelung** der Haftungsverlagerung enthält, lässt die Rechtsprechung einfachgesetzliche Ausnahmen aus sachgerechten Erwägungen und ohne Antastung des Kernbereiches der Verfassungsnorm zu.[4] Zumindest die Haf-

---

[1] BGH v. 20.03.1961 - III ZR 9/60 - juris Rn. 12 - BGHZ 34, 375-381.

[2] BGH v. 19.12.1960 - GSZ 1/60 - juris Rn. 11 - BGHZ 34, 99-110; vgl. hierzu *Sprau* in: Palandt, § 839 Rn. 1; *Papier* in: MünchKomm-BGB, § 839 Rn. 1; *Hecker* in: Erman, § 839 Rn. 1-2.

[3] *Sprau* in: Palandt, § 839 Rn. 12; *Papier* in: MünchKomm-BGB, § 839 Rn. 1; *Vinke* in: Soergel, § 839 Rn. 3.

[4] BVerfG v. 19.10.1982 - 2 BvF 1/81 - NJW 1983, 25-32; BGH v. 10.06.1974 - III ZR 89/72 - juris Rn. 11 - BGHZ 62, 372-380; *Papier* in: Maunz/Dürig, GG, Art. 34 Rn. 250-260; *Vinke* in: Soergel, § 839 Rn. 14.

tungsbeschränkungen gemäß § 839 Abs. 2, Abs. 3 BGB werden von der Rechtsprechung sehr weit ausgelegt. Diese weite Auslegung ist sachlich nicht gerechtfertigt und erscheint rechtsstaatlich bedenklich[5] (vgl. Rn. 149 ff., Rn. 225 ff.). Die Rechtsprechung hat indes klargestellt, dass die Haftung aus § 839 BGB, Art. 34 GG ohne besondere gesetzliche Grundlage nicht durch eine gemeindliche Satzung eingeschränkt werden kann.[6]

Die Amtshaftung gemäß § 839 BGB, Art. 34 GG gehört zum **System der öffentlich-rechtlichen Schadensersatz- oder Entschädigungsleistungen**. Diese Schadensersatzansprüche – auch aus Aufopferung, Enteignung und enteignungsgleichem Eingriff – sind im Zivilrechtsweg geltend zu machen.[7] Die **Zuständigkeit der Zivilgerichte** ergibt sich für die Amtshaftung nicht nur aus § 71 Abs. 2 Nr. 2 GVG, sondern auch aus § 40 Abs. 2 VwGO. An dieser Zuständigkeit hat der Gesetzgeber trotz Ergänzung des § 40 Abs. 2 VwGO durch das RmBereinVpG[8] nichts geändert. Für den betroffenen Bürger ist dies durchaus von Nachteil: Im Verwaltungsprozess gilt im Gegensatz zum Zivilprozess die Amtsermittlungsmaxime (§ 86 VwGO); dies bedeutet, dass das Gericht von Amts wegen – auch ohne Rücksicht auf den Sachvortrag der Parteien – den Sachverhalt aufklären und insbesondere gemäß §§ 99, 100 VwGO die Verwaltungsakten der Behörde beiziehen kann.[9] Hinzu kommt, dass im Verwaltungsprozess die Behörden sich in der Regel selbst vertreten (dies ist auch möglich im Rechtsmittelverfahren, vgl. § 67 Abs. 1 VwGO). Bei einem Verfahren beim Landgericht muss sich die Behörde hingegen anwaltlich vertreten lassen. Dies hat eine beträchtliche Erhöhung des Prozessrisikos für den klagenden Bürger zur Folge.

2. Gesetzgebungsgeschichte/Historische Entwicklung

Vor In-Kraft-Treten des BGB entsprach es allgemeiner Rechtsüberzeugung, dass dem Staat nur rechtmäßiges Handeln seiner Beamten zugerechnet werden könne. Hieraus ergab sich zwangsläufig, dass **jeden Beamten bei schuldhafter Verletzung seiner Amtspflicht** eine **deliktische Eigenverantwortung** traf. Gelegentlich war diese Beamtenhaftung landesrechtlich normiert, wie etwa in den §§ 88, 89 Abs. 2 Satz 10 Preuß.ALR und im Sächsischen BGB von 1863 (§§ 1506, 1507 BGB). Die Haftung des Staates beschränkte sich hiernach auf eine etwaige mangelnde Sorgfalt bei der Auswahl und Überwachung der Beamten.[10] Im Anschluss an die genannten landesrechtlichen Regelungen normierte der Reichsgesetzgeber in § 839 BGB die persönliche Haftung aller Beamten im statusrechtlichen Sinne für hoheitliche und private Amtspflichtverletzungen in einem in den Zusammenhang der §§ 823 ff. BGB gestellten deliktischen Sondertatbestand.[11]

In Art. 34 Satz 1 GG wird über den Wortlaut in § 839 BGB sowie Art. 131 WRV hinausgehend die **Staatshaftung** auf die **Handlung aller Bediensteten** bei **Ausübung eines ihnen anvertrauten öffentlichen Amtes** ausgedehnt; die Verantwortung trifft den Staat bzw. die Körperschaft, in deren Dienst sie stehen. Bereits unter Geltung von Art. 131 WRV geht die ständige Rechtsprechung des RG davon aus, dass haftungsrechtlich als Beamter jede Person ohne Rücksicht auf ihre statusrechtliche Qualifikation anzusehen ist, die von einer öffentlich-rechtlichen Körperschaft mit öffentlicher Gewalt ausgestattet wurde.[12] Die Verwendung des Wortes **jemand** in Art. 34 GG anstelle des Wortes **Beamter** in Art. 131 WRV trägt dieser Erweiterung des Beamtenbegriffes im Haftungsrecht lediglich Rechnung.[13] Eine **Eigenhaftung** des Beamten gemäß § 839 BGB kommt hiernach im Wesentlichen nur für Pflichtverletzungen **bei Gelegenheit** der Amtsausübung in Betracht.[14] Bei Vorsatz oder grober Fahr-

---

[5] Ebenso *Ossenbühl*, Staatshaftungsrecht, 5. Aufl. 1998, S. 95.
[6] BGH v. 21.06.2007 - III ZR 177/06 - im Anschluss an BGH v. 17.05.1973 - III ZR 68/71 - BGHZ 61, 7.
[7] Hierzu *Papier* in: MünchKomm-BGB, § 839 Rn. 54-55; *Vinke* in: Soergel, § 839 Rn. 5; *Hecker* in: Erman, § 839 Rn. 3; *Reimer* in: Posser/Wolff, VwGO, 1. Aufl. 2008, § 40 Rn. 142 ff.
[8] Gesetz zur Bereinigung des Rechtsmittels im Verwaltungsprozess vom 20.12.2001, BGBl I 2001, 3987.
[9] Vgl. zur Neufassung des § 99 VwGO *Lang* in: Sodan/Ziekow, VwGO, 3. Aufl. 2010, § 99 Rn. 1 ff.; *Posser* in: Posser/Wolff, VwGO, 1. Aufl. 2008, § 99 Rn. 1 ff.
[10] Vgl. hierzu *Kreft* in: BGB-RGRK, § 839 Rn. 51; *Schäfer* in: Staudinger, 12. Aufl. 1986, § 839 Rn. 2; *Wurm* in: Staudinger, § 839 Rn. 1-8 sowie *Papier* in: Maunz/Dürig, Januar 2009, GG, Art. 34 Rn. 2.
[11] Hierzu *Vinke* in: Soergel, § 839 Rn. 2.
[12] RG v. 03.11.1922 - III 201/22 - RGZ 105, 334-336; RG v. 02.07.1926 - III 387/25 - RGZ 114, 197-202; RG v. 23.09.1938 - III 20/38 - RGZ 159, 235-243; RG v. 27.09.1940 - III 3/40 - RGZ 165, 91-107.
[13] Hierzu *Vinke* in: Soergel, § 839 Rn. 32-36.
[14] *Hecker* in: Erman, § 839 Rn. 6; *Ossenbühl*, Staatshaftungsrecht, 5. Aufl. 1998, S. 495; vgl. zur persönlichen Haftung des Beamten auch BGH v. 10.05.2001 - III ZR 111/99 - BGHZ 147, 381-393.

lässigkeit bleibt der Anstellungskörperschaft allerdings der Rückgriff vorbehalten[15], z.B. bei Gebrauch einer Schusswaffe durch einen Polizeibeamten aus rein persönlichen Gründen, etwa Rache oder Eifersucht[16]. Der Amtshaftungsanspruch ergibt sich nunmehr aus Art. 34 GG, § 839 BGB.[17] Darüber hinaus enthält diese Verfassungsnorm eine Mindestgarantie für die Verpflichtung des Staates, für Unrecht gegenüber dem Bürger einzustehen, was überwiegend als **institutionelle Garantie** der Staatshaftung bei rechtswidriger Ausübung öffentlicher Gewalt bezeichnet wird.[18] Aus der Verwendung des Wortes **grundsätzlich** in Art. 34 Satz 1 GG folgt nach allgemeiner Auffassung, dass die Staatshaftung bei vorangegangenem hoheitlichem Unrecht nicht zum lückenlosen Prinzip verdichtet ist, sondern Ausnahmen zulässig sind, womit auch die Ausnahmeregelungen in § 839 Abs. 1 Satz 2, Abs. 2, Abs. 3 BGB gerechtfertigt werden.[19] Art. 34 GG enthält hingegen kein Grundrecht, weder zu Gunsten der Bürger noch der Beamten.[20] Die Erhebung einer Verfassungsbeschwerde wegen Verletzung von Art. 34 GG kommt somit nicht in Betracht.

6 Eine Neuregelung sollte im Jahre 1981 erfolgen durch das **Staatshaftungsgesetz** (StHG) vom 26.06.1981.[21] Gemäß § 34 Abs. 1 Nr. 1 StHG sollte § 839 BGB aufgehoben werden. Der erste Abschnitt des StHG enthielt eine Neuregelung der Haftung für rechtswidriges Verhalten der öffentlichen Gewalt. Indes hat das BVerfG[22] das Gesetz in vollem Umfang mangels Gesetzgebungskompetenz für nichtig erklärt. Demzufolge ist § 839 BGB nach wie vor in Kraft.

3. Regelungsprinzipien/Konkurrenzen

a. Das Verhältnis des § 839 BGB zu anderen deliktsrechtlichen Vorschriften

7 Es gelten die allgemeinen Vorschriften §§ 827, 828, 830 und 840 BGB.[23] § 839 BGB schließt in der Regel Ansprüche aus culpa in contrahendo aus.[24] § 839 BGB regelt die Verantwortlichkeit des Amtswalters abschließend und verdrängt in seinem Anwendungsbereich als lex specialis die allgemeinen Deliktstatbestände der §§ 823 ff. BGB sowie diejenigen außerhalb des BGB, die Verschulden voraussetzen. Hieraus ergibt sich, dass derjenige Amtswalter, der in Ausübung seines Amtes den Tatbestand der unerlaubten Handlung gemäß §§ 823 ff. BGB erfüllt, damit zugleich eine Amtspflichtverletzung begeht.[25] Ein Anspruch aus § 826 BGB kann folglich erst geprüft werden, wenn eine Haftung aus § 839 BGB, Art. 34 GG ausgeschlossen ist.[26] Hinsichtlich der Beweislast bleiben die §§ 836-838 BGB anwendbar;[27] Gleiches gilt für die Grundsätze des Anscheinsbeweises[28] (vgl. Rn. 263 ff.). Der Amtshaf-

---

[15] Vgl. zum Regress gegen dem Amtswalter *Bonk* in: Sachs, GG, 6. Aufl. 2011, Art. 34 Rn. 108-111; *Thode*, DRiZ 2002, 417-424, 424.
[16] BGH v. 26.11.1953 - III ZR 26/52 - BGHZ 11, 181-190; *Reinert* in: Bamberger/Roth, 3. Aufl. 2012, § 839 Rn. 32.
[17] Vgl. hierzu *Gurlit* in: Münch/Kunig, GG, Bd 1, 6. Aufl. 2012, Art. 34 Rn. 1, 9.
[18] *Papier* in: Maunz/Dürig, GG, Art. 34 Rn. 7, 101; *Gurlit* in Münch-Kunig, GG, Bd 1, 6. Aufl. 2012, Art. 34 Rn. 1, 4.
[19] So z.B. *Bonk* in: Sachs, GG, 4. Aufl. 2007, Art. 34 Rn. 88-103.
[20] BVerfG v. 17.06.1953 - 1 BvR 668/52 - juris Rn. 9 - BVerfGE 2, 336-341; *Papier* in: Maunz/Dürig, GG, Art. 34 Rn. 13; *Gurlit* in: Münch/Kunig, GG, Bd 1, 6. Aufl. 2012, Art. 34 Rn. 1; *Vinke* in: Soergel, § 839 Rn. 17.
[21] BGBl I 1981, 553; vgl. zur Reformdebatte *Gurlit* in: Münch/Kunig, GG, Bd. 1, 6. Aufl. 2012, Art. 34 Rn. 7-8 sowie *Ossenbühl*, Staatshaftungsrecht, 5. Aufl. 1998, S. 438-456.
[22] BVerfG v. 19.10.1982 - 2 BvF 1/81 - NJW 1983, 25-32.
[23] *Kreft* in: BGB-RGRK, § 839 Rn. 13; *Vinke* in: Soergel, § 839 Rn. 13.
[24] BGH v. 18.05.2006 - III ZR 396/04 - DVBl 2006, 1326-1328; A.A. OLG München v. 23.07.2009 - 1 U 1863/08 - ZMGR 2010, 312-316 („und/oder").
[25] BGH v. 25.09.1980 - III ZR 74/78 - NJW 1981, 675-678; *Vinke* in: Soergel, § 839 Rn. 12.
[26] BGH v. 16.03.2000 - III ZR 179/99; OLG Frankfurt v. 15.05.2006 - 1 U 203/05 - NJW-RR 2007, 283-284. A.A. OLG Brandenburg v. 08.05.2007 - 2 U 28/06, das zunächst den Anspruch aus § 826 BGB und erst alsdann den Anspruch aus § 839 BGB prüft.
[27] BGH v. 17.05.1990 - IX ZR 158/89 - NJW-RR 1990, 1499-1500; OLG Köln v. 23.08.1990 - 7 U 62/90 - NJW-RR 1991, 33-34; OLG Rostock v. 06.03.2003 - 1 U 59/01 - OLGR Rostock 2003, 348-351; *Vinke* in: Soergel, § 839 Rn. 12.
[28] BGH v. 02.06.2005 - III ZR 358/04 - EBE/BGH 2005, 219.

tungsanspruch steht allerdings selbständig neben dem Anspruch aus § 7 Abs. 1 StVG; dieser Anspruch aus § 7 Abs. 1 StVG wird nicht durch den Anspruch aus § 839 BGB verdrängt.[29]

b. Das Verhältnis zum Staatshaftungsgesetz der DDR

Der Einigungsvertrag hat festgelegt, dass das Staatshaftungsgesetz der DDR vom 12.05.1969[30] im Beitrittsgebiet als Landesrecht fortgilt (Art. 9 Abs. 1 Abs. 2, StHG i.V.m. Anlage II Kap. III Sachgebiet W Abschnitt II Nr. 1)[31]. In Sachsen[32] sowie im Ostteil Berlins[33] ist das Staatshaftungsgesetz inzwischen aufgehoben worden. In den übrigen neuen Bundesländern gilt es modifiziert weiter.[34] Im StHG der DDR war das Verursachungsprinzip verankert; ein Verschulden des betreffenden staatlichen Organs am rechtswidrig eingetretenen Schaden des Bürgers war nicht erforderlich.[35] Der Regress gegen den Mitarbeiter wegen des von ihm rechtswidrig und schuldhaft verursachten Schadens erfolgte gemäß den Vorschriften über die Haftung der Arbeitnehmer (§ 9 DDR StHG).[36] Im Beitrittsgebiet können seit dem 03.10.1990 begangene Amtspflichtverletzungen zu einer **Konkurrenz** von **Ansprüchen** aus dem **Staatshaftungsgesetz** und **Ansprüchen aus** § 839 BGB führen.[37] Die Geltendmachung von Schadensersatzansprüchen wegen während eines früheren Dienstverhältnisses zur Nationalen Volksarmee (NVA) erlittener (Strahlen-)Schäden kann indes nur auf das StHG gestützt werden.[38] Die Rechtsprechung differenziert nicht immer nach der Anspruchsgrundlage (einerseits § 839 BGB, andererseits § 1 StHG).[39] Hierbei gelten für die Verjährung des Amtshaftungsanspruches nach § 839 BGB und des Staathaftungsanspruchs aus § 1 StHG unterschiedliche Verjährungsfristen.[40]

Soweit das StHG als Landesrecht fortgilt, wird eine Haftung unter dem Aspekt des enteignungsgleichen Eingriffs verdrängt.[41] Diese Regelung geht als **spezialgesetzliche Konkretisierung** den allgemeinen auf Richterrecht beruhenden Grundsätzen über den enteignungsgleichen Eingriff vor.[42] Soweit eine schuldhaft pflichtwidrige Amtspflichtverletzung zu verneinen ist, weil ein Kollegialgericht die vom Amtsträger vertretene Rechtsauffassung gebilligt hat, ist auch eine pflicht- und rechtswidrige Handlung im Sinne des § 1 Abs. 1 StHG ausgeschlossen.[43] Der Rechtsweg ist im Übrigen auch ohne schriftliches Vorverfahren im Sinne des § 5 StHG eröffnet, wenn die Landesregierung, der gegenüber

---

[29] BGH v. 27.06.1968 - III ZR 63/65 - NJW 1968, 1962; BGH v. 18.01.2005 - VI ZR 115/04 - VersR 2005, 566; OLG Saarbrücken v. 20.09.2005 - 4 U 386/04 - 106 - OLGR Saarbrücken 2005, 936-938; OLG Hamm v. 20.03.2009 - I 9 U 187/08, 9 U 187/08 - NJW-RR 2009, 1183-1885; OLG Brandenburg v. 13.07.2010 - 2 U 13/09 - NZV 2011, 26-28.
[30] Gbl I, 34; geändert durch Gesetz vom 14.12.1988, Gbl I, 327.
[31] BGBl II 1990, 1168; ausführlich hierzu *Papier* in: MünchKomm-BGB, § 839 Rn. 91-96; vgl. auch OLG Jena v. 13.07.2005 - 4 U 431/04 - OLG-NL 2005, 245-247.
[32] Sächs. GVBl 1198, S. 151.
[33] GVBl Berlin 1995, 607.
[34] Vgl. hierzu *Klein* in: Soergel, Anh § 839 Rn. 259-275; *Wurm* in: Staudinger, § 839 Rn. 13-19; *Lühmann*, NJW 1998, 3001-3005, 3001. Vgl. hierzu für Thüringen Bekanntmachung der als Landesrecht fortgeltenden Vorschriften der ehemaligen DDR, GVBl. 1998, 329.
[35] Ausführlich hierzu *Bley/Büchner-Uhder/Duckwitz* u.a., Verwaltungsrecht, 2. Aufl. 1988, S. 210-226; vgl. weiterhin zum Staatshaftungsrecht der DDR *Ossenbühl*, Staatshaftungsrecht, 5. Aufl. 1998, S. 457-491. Vgl. zur Anwendung des § 1 StHG BGH v. 19.01.2006 - III ZR 82/05 m. Anm. *Grzeszick*, JZ 2006, 795-798.
[36] OLG Jena v. 13.07.2005 - 4 U 431/04 - OLG-NL 2005, 245-247.
[37] Vgl. z.B. OLG Brandenburg v. 29.05.2007 - 2 U 41/06 sowie Urt. v. 14.10.2008 - 2 U 7/08; OLG Rostock v. 04.07.2008 - 5 U 87/08 - MDR 2008, 1338. Weiterhin z.B. *Papier* in: MünchKomm-BGB, § 839 Rn. 95; *Hecker* in: Erman, § 839 Rn. 14.
[38] OLG Brandenburg v. 20.03.2007 - 2 U 36/06 - LKV 2008, 44-48 sowie OLG Brandenburg v. 20.03.2007 - 2 U 38/06 - NJ 2007, 414-417.
[39] BGH v. 12.12.2002 - III ZR 201/01 - BGHZ 153, 198-204; m. Anm. *Teichmann*, JZ 2003, 960-961; vgl. weiterhin *Meyer*, NVwZ 2003, 818-821; *Pegatzky*, LKV 2003, 451-455; *Groth/von Mutius*, NJW 2003, 1278-1285; *Metzmacher*, DÖD 2003, 97-99; *Müller*, Gemeindehaushalt 2003, 181-183.
[40] BGH v. 10.04.2003 - III ZR 38/02 - VIZ 2003, 353-356; hierzu *Lühmann*, NJ 2003, 540.
[41] Zum Umfang des Schadensersatzanspruchs gemäß § 1 Abs. 1 DDR StHG; BGH v. 25.10.2007 - III ZR 62/07 - Grundeigentum 2007, 1693-1694 sowie LG Potsdam v. 13.02.2004 - 4 O 505/03 - LKV 2004, 480.
[42] BGH v. 19.12.1995 - III ZR 190/94 - BGHR BGB § 839 Abs. 1 Satz 2 Verweisungsprivileg 4; OLG Jena v. 06.11.2001 - 3 U 575/01 - OLG-NL 2002, 38-40; *Papier* in: MünchKomm-BGB, § 839 Rn. 97.
[43] OLG Dresden v. 21.02.2001 - 6 U 2233/00 - OLGR Dresden 2001, 551-556.

ein Anspruch nach dem StHG geltend gemacht wurde, ohne zureichenden Grund nicht innerhalb von 3 Monaten einen Bescheid erlassen hat. Soweit es um die Auslegung des Mitverschuldens in § 2 StHG geht, ist auf die Rechtsprechung zu § 254 BGB zurückzugreifen.[44] Den Schadensersatzanspruch kann auch jeder Ausländer geltend machen.[45] Die Verjährungsfrist beträgt ein Jahr (vgl. z.B. § 4 Abs. 1 StHG Thüringen).[46]

c. Haftungsausschlüsse nach dem Reichsbeamtenhaftungsgesetz (RHBG)

10 Bereits § 1 Abs. 1 RHBG[47] enthielt eine dem Art. 34 Satz 1 GG vergleichbare Regelung. Verletzt hiernach ein **Reichsbeamter** in Ausübung der ihm anvertrauten öffentlichen Gewalt vorsätzlich oder fahrlässig die ihm einem Dritten gegenüber obliegende Amtspflicht, so trifft die in § 839 BGB bestimmte Verantwortlichkeit anstelle des Beamten das Reich. Für die Länder gab es entsprechende Bestimmungen.[48] Relevant war der **Haftungsausschluss** in § 5 RHBG und § 7 RHBG. Gemäß § 5 Nr. 1 RHBG fand das Gesetz keine Anwendung auf **Gebührenbeamte** (z.B. Notare und Bezirksschornsteinfegermeister) sowie gemäß § 5 Nr. 2 RHBG auf die **Mitarbeiter des Auswärtigen Dienstes**. Trotz erhobener verfassungsrechtlicher Bedenken wird von der Weitergeltung des § 5 Nr. 1 RHBG[49] sowie des § 5 Nr. 2 RHBG[50] ausgegangen. § 5 RHBG bewirkt, dass die persönliche Beamtenhaftung eintritt (wie zahlreiche Prozesse gegen Notare belegen).[51]

11 Eine besondere Bedeutung hat § 7 RHBG. In der ursprünglichen Fassung vom 22.05.1910 war normiert, dass den **Angehörigen eines ausländischen Staates** ein Ersatzanspruch aufgrund dieses Gesetzes nur insoweit zusteht, als nach einer im Reichsgesetzblatt enthaltenen Bekanntmachung des Reichskanzlers durch die Gesetzgebung des ausländischen Staates oder durch Staatsvertrag die Gegenseitigkeit verbürgt war. Die Rechtsprechung hatte insoweit keine verfassungsrechtlichen Bedenken.[52] § 7 RHBG ist durch Art. 6 des Gesetzes über dienstrechtliche Regelungen für Verwendungen im Ausland vom 28.07.1993[53] geändert worden. Nach der nunmehr geltenden Fassung kann die Bundesregierung zur Herstellung der Gegenseitigkeit durch Rechtsverordnung bestimmen, dass einem ausländischen Staat und seinen Angehörigen, die im Geltungsbereich dieses Gesetzes keinen Wohnsitz oder ständigen Aufenthalt haben, Ansprüche aus diesem Gesetz nicht zustehen, wenn der Bundesrepublik Deutschland oder Deutschen nach dem ausländischen Recht bei vergleichbaren Schädigungen kein gleichwertiger Schadensausgleich von dem ausländischen Staat geleistet wird. Diese Regelung betrifft nicht Mitgliedstaaten der EU sowie deren Angehörige.[54] Die Regelung in den Bundesländern ist nach

---

[44] OLG Jena v. 01.07.1998 - 4 U 768/97 - OLG-NL 1999, 7-10.
[45] OLG Brandenburg v. 30.06.1998 - 2 U 140/97 - LKV 1999, 242-243.
[46] Gesetz zur Regelung der Staatshaftung in der Deutschen Demokratischen Republik (Staatshaftungsgesetz) v. 12.05.1969 gem. Bekanntmachung der als Landesrecht fortgeltenden Vorschriften der ehemaligen DDR v. 02.10.1998, GVBl., 329.
[47] Vom 22.05.1910, RGBl, 798, Sartorius, Nr. 210. Bei juris RHBG, ansonsten RBHG.
[48] Vgl. z.B. für Preußen PrBHaftG vom 01.08.1909, PrGS, 691, v. *Hippel/Rehborn*, Nr. 44.
[49] BGH v. 10.06.1974 - III ZR 89/72 - juris Rn. 11 - BGHZ 62, 372-380; a.A. *Bettermann*, Die Grundrechte Bd. III/2, 1959, S. 847; *Huber*, Wirtschaftsverwaltungsrecht Bd. 1, 2. Aufl. 1953, S. 545; kritisch *Musielak/Manke/Schira*, Schornsteinfegergesetz, 5. Aufl. 1998, § 3 Rn. 7.
[50] Ausführlich hierzu *Ossenbühl*, Staatshaftungsrecht, 5. Aufl. 1998, S. 97; *Hecker* in: Erman, § 839 Rn. 79.
[51] Zur Abdeckung des Schadenrisikos müssen die Notare eine Berufshaftpflichtversicherung abschließen (§§ 19a, 67 Abs. 2 Nr. 3 BNotO), worauf *Bonk* in: Sachs, GG, 6. Aufl. 2007, Art. 34 Rn. 101; ausdrücklich hinweist.
[52] BVerfG v. 05.10.1982 - 2 BvR 459/82 - MDR 1983, 107; BGH v. 05.07.1984 - III ZR 94/83 - LM Nr. 6 2011 zu Preuß StaatshaftungsG; BGH v. 01.10.1956 - III ZR 48/55 - LM Nr. 2 zu § 7 BeamtenhaftungsG; BGH v. 13.07.1961 - III ZR 96/60 - LM Nr. 60 zu Art. 34 GrundG; BGH v. 28.02.1980 - III ZR 165/78 - BGHZ 76, 375-387 einschränkend allerdings BGH v. 28.02.1980 - III ZR 103/78 - BGHZ 77, 11-16 für den Fall, dass der geschädigte Ausländer nachträglich (durch Einbürgerung) Deutscher wird; vgl. zu diesem Haftungsausschluss auch *Ossenbühl*, Staatshaftungsrecht, 5. Aufl. 1998, S. 98 mit zahlreichen Nachweisen in Fn. 118; sowie *Bonk* in: Sachs, GG, 6. Aufl. 2011, Art. 34 Rn. 102-103, weiterhin OLG Hamburg v. 08.05.1992 - 1 U 138/90.
[53] BGBl I 1993, 1394.
[54] *Ossenbühl*, Staatshaftungsrecht, 5. Aufl. 1998, S. 99; *Hecker* in: Erman, § 839 Rn. 79.

wie vor unterschiedlich. Bestehende Haftungsausschlüsse sind wohl zwischenzeitlich weitgehend abgebaut worden.[55]

Gegen die frühere Fassung von § 7 RHBG sind rechtspolitische und verfassungsrechtliche Bedenken vorgebracht worden.[56] Ein Teil der Literatur plädiert auch nach der Neufassung von § 7 RHBG nachdrücklich dafür, **dass sämtliche Haftungsbeschränkungen gegenüber Ausländern aufgehoben werden**.[57] Hierbei wird darauf hingewiesen, dass ein Haftungsausschluss gegenüber Ausländern lediglich dazu führe, dass eine Haftungsübernahme durch den Staat ausscheide, die persönliche Beamtenhaftung jedoch unberührt bleibe. So kann es passieren, dass ein Beamter bei leichter Fahrlässigkeit gegenüber dem Ausländer hafte, weil der Haftungsausschluss mangels Gegenseitigkeit eingreife. Im Übrigen wird verwiesen auf das Diskriminierungsverbot des Art. 6 Abs. 1 EGV.[58] 12

Der BGH hat – auch unter Hinweis auf die frühere Fassung von § 7 RHBG – betont, dass jedenfalls nach dem Verständnis des deutschen Amtshaftungsrechtes in der Zeit bis zum Ende des Zweiten Weltkrieges dem Staat zurechenbare **militärische Handlungen** während des Krieges im Ausland von dem Amtshaftungstatbestand des § 839 BGB i.V.m. Art. 131 WRV ausgenommen waren.[59] Der BGH hat es ausdrücklich dahinstehen lassen, ob nach heutigem Amtshaftungsrecht ein Anspruch begründet wäre. Das LG Bonn hat die Auffassung vertreten, dass Ansprüche jugoslawischer Staatsangehöriger auf Schadensersatz und Schmerzensgeld für die Folgen einer während des Krieges in Jugoslawien durchgeführten Nato-Luftoperation (im Jahre 1999) weder im Völkerrecht noch im deutschen Staatshaftungsrecht eine rechtliche Grundlage zu finden ist. § 7 RHBG wurde insoweit nicht bemüht.[60] 13

d. Das Verhältnis von § 839 BGB und Art. 34 GG

aa. Der Regelungsgehalt

Art. 34 GG setzt die Amtshaftung voraus. § 839 BGB ist die **haftungsbegründende**, Art. 34 GG die **haftungsverlagernde Norm**.[61] Amtshaftung ist hiernach die auf den Staat übergegangene persönliche Beamtenhaftung.[62] Sie verlagert die Haftung auf den Verwaltungsträger, der im Wege der **befreienden Schuldübernahme** anstelle und nicht neben dem Beamten haftet.[63] § 839 BGB und Art. 34 GG sind nicht deckungsgleich. Art. 34 GG setzt die Ausübung eines öffentlichen Amtes voraus, so dass der privatrechtliche Funktionskreis von der Haftungsübernahme ausgenommen ist. Der Ausschluss der Staatshaftung lässt gemäß Art. 34 GG die Eigenhaftung des Beamten nach § 839 BGB wieder aufleben.[64] Dann haftet auch der Beamte im staatsrechtlichen Sinn dem Geschädigten persönlich.[65] Das 14

---

[55] Vgl. hierzu BGH v. 26.02.1987 - III ZR 57/86 - VersR 1987, 934 (für Hessen); BGH v. 21.09.1989 - III ZR 13/88 - BGHR AuslG § 7 Verwaltungsvorschriften 1 (für Nordrhein-Westfalen); OLG Brandenburg v. 30.06.1998 - 2 U 140/97 - LKV 1999, 242-243 (für Brandenburg); OLG Schleswig v. 25.03.1999 - 11 U 94/97 - SchlHA 1999, 260-261 sowie OLG Schleswig v. 26.11.2001 - 11 W 23/01 - SchlHA 2002, 113-115 (für Schleswig-Holstein); OLG Oldenburg v. 13.12.2001 - 6 W 64/01 - InfAuslR 2002, 304-305 (für Niedersachsen); vgl. im Übrigen *Papier* in: MünchKomm-BGB, § 839 Rn. 345 sowie *Ossenbühl*, Staatshaftungsrecht, 5. Aufl. 1998, S. 99.

[56] *Ossenbühl*, Staatshaftungsrecht, 5. Aufl. 1998, S. 99 mit umfangreichen Nachweisen in Fn. 125.

[57] So z.B. *Papier* in: MünchKomm-BGB, § 839 Rn. 345; *Ossenbühl*, Staatshaftungsrecht, 5. Aufl. 1998, S. 100; *Kaiser*, NVwZ 1997, 667-670.

[58] *Ossenbühl*, Staatshaftungsrecht, 5. Aufl. 1998, S. 100.

[59] BGH v. 26.06.2003 - III ZR 245/98 - BGHZ 155, 279-300; BGH v. 02.11.2006 - III ZR 190/05 - BGHZ 169, 348-364.

[60] LG Bonn v. 10.12.2003 - 1 O 361/02 - NJW 2004, 525-526 m. Anm. *Dörr*, JZ 2004, 574-577. Das OLG Köln v. 28.07.2005 - 7 U 8/04 - NJW 2005, 2860-2865 hat die Berufung zurückgewiesen. Das BVerfG hat die gegen die Entscheidung des BGH erhobene Verfassungsbeschwerde nicht zur Entscheidung angenommen und hierbei maßgeblich auf die fehlende Verbürgung der Gegenseite gemäß § 7 RHBG a.F. hingewiesen, vgl. BVerfG v. 15.02.2006 - 2 BvR 1476/03 - EuGRZ 2006, 105-108.

[61] BVerfG v. 19.10.1982 - 2 BvF 1/81 - NJW 1983, 25-32; BGH v. 27.06.2002 - III ZR 234/01 - juris Rn. 10 - BGHZ 151, 198-204.

[62] *Papier* in: Maunz/Dürig, GG, Art. 34 Rn. 11; *Hecker* in: Erman, § 839 Rn. 20; *Vinke* in: Soergel, § 839 Rn. 18; *Pestalozza* in: Festschrift für Peter Raue, 2006, S. 269-283, 270-272 sowie 282-283.

[63] BGH v. 19.12.1960 - GSZ 1/60 - juris Rn. 15 - BGHZ 34, 99-110; *Hecker* in: Erman, § 839 Rn. 20.

[64] Vgl. zur persönlichen Haftung der Bürgermeisters nach § 839 BGB BGH v. 10.05.2001 - III ZR 111/99 - BGHZ 147, 381-393; m. Anm. *Oebbecke*, JR 2002, 282.

[65] BGH v. 17.05.1973 - III ZR 68/71 - BGHZ 61, 7-17.

BVerfG geht davon aus, dass der Amtshaftungsanspruch gemäß § 839 BGB i.V.m. Art. 34 GG öffentlich-rechtlicher Natur ist.[66] An der Zuständigkeit der Zivilgerichte ändert sich trotz dieser Erkenntnis nichts (vgl. Art. 34 Satz 3 GG, § 71 Abs. 2 Nr. 2 GVG, § 40 Abs. 2 VwGO).

bb. Haftung der Anstellungskörperschaft

15 Im Sinne des Haftungsrechtes sind heute als **Beamte** außer den Beamten im staatsrechtlichen Sinne auch alle **diejenigen Personen anzusehen, die in Ausübung hoheitlicher Befugnisse tätig werden**, die ihnen vom Staat oder einer sonst dazu befugten Körperschaft anvertraut worden sind.[67] Hiernach sind auch Private Beamte im haftungsrechtlichen Sinne, wenn ihnen hoheitliche Kompetenzen übertragen worden sind. Dies gilt auch für die so genannten **Beliehenen**.[68]

16 Für den hoheitlichen Funktionsbereich des Amtsträgers verändert Art. 34 Satz 1 GG die Passivlegitimation bezüglich des Schadensersatzanspruches. Zu verklagen ist stets der Staat oder diejenige öffentliche Körperschaft, in deren Dienst der Amtsträger steht. Nach der herrschenden Rechtsprechung liegt in der Teilnahme am Straßenverkehr zugleich die Ausübung eines öffentlichen Amtes, wenn der Bedienstete damit unmittelbar hoheitliche Aufgaben wahrnimmt.[69] Herrschend ist heute die **Anvertrauenstheorie** oder **Amtsübertragungstheorie**,[70] die Elemente der sich früher gegenüberstehenden so genannten **Anstellungstheorie** und **Funktionstheorie** kombiniert und deren Schwächen vermeidet.[71] Schadensersatzpflichtig ist im Regelfall die Behörde, die den Amtsträger angestellt oder durch Dienstvertrag verpflichtet hat, also grundsätzlich die Anstellungskörperschaft. Dies kann auch eine rechtsfähige Anstalt des öffentlichen Rechts sein, wenn sie dienstherrnfähig ist.[72] In der Regel überträgt der Dienstherr bzw. Arbeitgeber dem Amtsträger alle von diesem wahrzunehmenden Aufgaben. Lediglich in Ausnahmefällen, in denen entweder kein Dienstherr oder mehrere Dienstherren vorhanden sind, ist darauf abzustellen, wer dem Amtsträger die Aufgabe, bei deren Erfüllung die Pflichtverletzung erfolgt ist, anvertraut hat.[73] Nach der Rechtsprechung trifft in Fällen, in denen ein Beamter eine ihn bindende, aber rechtswidrige Weisung der übergeordneten Behörde zum Nachteil des Bürgers ausführt (z.B. im Baurecht), die Verantwortlichkeit hierfür nicht seine Anstellungskörperschaft. Vielmehr haftet dann der Dienstherr des anweisenden Beamten, denn dieser Beamte übernimmt mit der Anweisung auch die beamtenrechtliche Verantwortung für die Gesetzmäßigkeit des Verwaltungshandelns. Auch wenn die Weisung den Unrechtstatbestand der Amtspflichtverletzung nicht beseitigt, so verschiebt sie jedenfalls die Passivlegitimation auf die Anstellungskörperschaft des anweisenden Beamten.[74]

17 Hiernach haftet eine Gemeinde für Amtspflichtverletzungen ihrer Bediensteten auch dann, wenn jene in **Wahrnehmung staatlicher Auftragsangelegenheiten** tätig geworden sind.[75] Dies gilt auch für die Erfüllung der Straßenverkehrssicherungspflicht.[76] Entsprechendes gilt für die Tätigkeit von Bedienste-

---

[66] BVerfG v. 19.10.1982 - 2 BvF 1/81 - NJW 1983, 25-32; *Vinke* in: Soergel, § 839 Rn. 18; a.A. *Bartlsperger*, NJW 1968, 1697-1705, 1697, 1701.
[67] BGH v. 10.06.1974 - III ZR 89/72 - juris Rn. 16 - BGHZ 62, 372-380 hierzu *Kreft* in: BGB-RGRK, § 839 Rn. 51; *Wurm* in: Staudinger, § 839 Rn. 37-47; *Gurlit* in: Münch/Kunig, GG, Bd. 1, 6. Aufl. 2012, Art. 34 Rn. 12-15.
[68] BGH v. 25.10.2001 - III ZR 237/00 - LM BGB § 839 (A) Nr. 67 (8/2002); *Gurlit* in: Münch/Kunig, GG, Bd. 1, 6. Aufl. 2012, Art. 34 Rn. 13; vgl. ausführlich zur Haftung der Beliehenen *Burgi*, Staat, Kirche, Verwaltung: Festschrift für Hartmut Maurer zum 70. Geburtstag 2001, 581-594 sowie *Schmidt*, ZG 2002, 353-373.
[69] BGH v. 12.12.1991 - III ZR 10/91 - NJW 1992, 1227-1230; OLG Brandenburg v. 19.02.2008 - 2 U 20/07.
[70] BGH v. 12.02.1970 - III ZR 231/68 - juris Rn. 4 - BGHZ 53, 217-221; BGH v. 28.02.1980 - III ZR 103/78 - juris Rn. 16 - BGHZ 77, 11-16; BGH v. 15.01.1987 - III ZR 17/85 - juris Rn. 16 - BGHZ 99, 326-332; BGH v. 27.01.1994 - III ZR 109/92 - juris Rn. 19 - LM BGB § 839 (A) Nr. 58 (7/1994); *Vinke* in: Soergel, § 839 Rn. 246-248. *Schlick*, NJW 2008, 127-135.
[71] Vgl. zu diesen Theorien *Kreft* in: BGB-RGRK, § 839 Rn. 51; *Wurm* in: Staudinger, § 839 Rn. 51-55; *Ossenbühl*, Staatshaftungsrecht, 5. Aufl. 1998, S. 112-114.
[72] BGH v. 11.03.2004 - III ZR 90/03 - BGHZ 158, 253-263; v. 02.05.2005 - III ZR 365/03 - DVBl. 2006, 114-116; BVerwG v. 23.11.2011 - 8 C 20/10 - DVBl. 2012, 353-357. Bei einer Anstalt des öffentlichen Rechts sind die Kosten aus Amtspflichtverletzung umlagefähig, vgl. BVerwG v. 23.11.2011 - 8 C 20/10 - DVBl. 2012, 353-357; hierzu *Deiseroth*, jurisPR-BVerwG 7/2012, Anm. 5.
[73] *Vinke* in: Soergel, § 839 Rn. 246; *Hecker* in: Erman, § 839 Rn. 84-87; *Wurm* in: Staudinger, § 839 Rn. 60-61.
[74] BGH v. 07.02.1985 - III ZR 212/83 - VersR 1985, 588-590; OLG Düsseldorf v. 17.07.2002 - 18 U 227/01; OLG Brandenburg v. 17.07.2007 - 2 U 26/06 - NJ 2007, 507-509.
[75] BGH v. 30.01.1956 - III ZR 263/54 - LM Nr. 2 zu § 1 LuftschutzG; *Hecker* in: Erman, § 839 Rn. 86. OLG Brandenburg v. 31.07.2008 - 5 U 176/06.
[76] Vgl. hierzu für die Rechtslage Mecklenburg-Vorpommern OLG Rostock v. 12.11.2008 - 4 O 189/08.

ten des Landkreises beim Vollzug der StVZO[77] sowie auf dem Gebiet der Landschaftspflege.[78] Etwas anderes gilt nur dann, wenn der (Landes-)Gesetzgeber abweichende Vorschriften geschaffen hat. Dies ist teilweise für Baden-Württemberg und Bayern geschehen.[79] Soweit Hochschulprofessoren tätig werden, haftet grundsätzlich die Anstellungskörperschaft, nämlich das Land. Dies gilt zum einen bei Urheberrechtsverletzungen durch **Professoren**[80] und zum anderen auch für die Prüfungstätigkeit der Professoren, wobei es unerheblich ist, ob es sich hierbei um eine Hochschulprüfung oder um eine staatliche Prüfung handelt.[81]

Nach Auffassung des BGH kommt eine entsprechende Anwendung von § 839 BGB auf die Amtspflichtverletzung von **Kirchenbediensteten** in Betracht.[82] Erforderlich ist allerdings, dass der Kirchenbedienstete in Ausübung seines öffentlichen Amtes tätig geworden ist.[83] Soweit Amtsträger einer dritten Körperschaft des öffentlichen Rechtes **Amtshilfe** leisten, so haftet für die dabei auftretenden Amtspflichtverletzungen nicht jene Körperschaft, deren Interesse wahrgenommen wurde, sondern die Anstellungskörperschaft der die Amtshilfe leistenden Amtsträger.[84] Dementsprechend hat die ersuchte Behörde die erbetene Amtshilfe zu leisten, wenn diese in ihren Zuständigkeitsbereich fällt und nach den für die ersuchte Behörde maßgeblichen Rechtsvorschriften zulässig ist.[85]

18

Zum Kreis der haftpflichtigen Körperschaften im Sinne von Art. 34 GG gehören nicht die juristischen Personen des Privatrechtes[86]; Dies gilt auch für Tochtergesellschaften einer Gemeinde, die ihre Aufgaben selbständig als juristische Personen des Privatrechtes erfüllen.[87] Erforderlich ist nämlich bei Körperschaften im Sinne von Art. 34 GG für ihre Anerkennung als Anstellungskörperschaft in der Regel die **eigene Dienstherrnfähigkeit** gemäß § 121 BRRG.[88] Für die **Mitglieder unselbständiger Ausschüsse** (z.B. der Architektenkammer) haftet somit die hinter den Ausschüssen stehende Körperschaft des öffentlichen Rechtes.[89] Entsprechendes gilt für den Bewertungsausschuss der Kassenärztlichen Bundesvereinigung,[90] für den Gutachterausschuss der Gemeinden zur Wertermittlung von Grundstücken,[91] für die Mitglieder des Schulausschusses einer Schulträgergemeinde,[92] für die Mitglieder des Bauausschusses einer Gemeinde[93] sowie für die Arbeitsgemeinschaft gemäß § 44b SGB II.[94]

19

---

[77] BGH v. 21.04.1983 - III ZR 2/82 - BGHZ 87, 202-206; BGH v. 15.01.1987 - III ZR 17/85 - BGHZ 99, 326-332.
[78] BGH v. 05.12.1985 - III ZR 154/84 - LM Nr. 48 zu Art. 14 (Cc) GrundG.
[79] Vgl. *Vinke* in: Soergel, § 839 Rn. 248.
[80] BGH v. 16.01.1992 - I ZR 36/90 - LM GrundG Art. 34 Nr. 175 (7/1992).
[81] BGH v. 28.02.1980 - III ZR 103/78 - juris Rn. 16 - BGHZ 77, 11-16; BGH v. 29.03.1990 - III ZR 151/89 - BGHR ZPO § 549 Abs. 1 Prüfungsordnung 1; OLG Hamm v. 06.03.1996 - 11 U 110/95 - NWVBl 1997, 33-34; BayObLG München v. 05.11.1968 - RReg 1a Z 194/67 - NJW 1969, 846; OLG Koblenz v. 26.04.1989 - 1 U 905/88 - JuS 1990, 241-242; OLG Saarbrücken v. 26.01.1999 - 4 U 30/98 - 8, 4 U 30/98; LG Münster v. 07.03.2000 - 11 O 389/99 - NJW 2001, 1072-1073; *Schnellenbach* in: Hartmer/Detmer u.a., Hochschulrecht, 2. Auf. 2011, XII Rn. 59.
[82] BGH v. 04.04.1989 - VI ZR 269/87 - LM Nr. 168 zu § 823 (Dc) BGB; BGH v. 20.02.2003 - III ZR 224/01 - BGHZ 154, 54-64; hierzu *Weber*, NJW 2003, 2067-2070 sowie *Wilms*, NJW 2003, 2070-2073.
[83] Dies wurde verneint für Stellungnahmen zu allgemeinpolitischen und gesellschaftlichen Themen, vgl. OLG Düsseldorf v. 26.10.2000 - 18 U 48/00 - NVwZ 2001, 1449-1453 unter Bezugnahme auf BVerfG v. 13.07.1993 - 1 BvR 960/93 - NVwZ 1994, 159-160.
[84] BGH v. 25.04.1960 - III ZR 65/57 - MDR 1960, 827; BGH v. 10.04.2003 - III ZR 266/02 - NVwZ-RR 2003, 543-545; OLG Jena v. 08.08.2007 - 4 U 876/05 - OLGR Jena 2007, 1033-1034; *Wurm* in: Staudinger, § 839 Rn. 68.
[85] *Wurm* in: Staudinger, § 839 Rn. 68.
[86] BGH v. 30.11.1967 - VII ZR 34/65 - BGHZ 49, 108-117; BGH v. 05.07.1990 - III ZR 166/89 - LM Nr. 167 zu Art. 34 GrundG.
[87] OLG Hamm v. 04.02.2004 - 11 U 85/03.
[88] BGH v. 28.02.1980 - III ZR 103/78 - juris Rn. 16 - BGHZ 77, 11-16; *Ossenbühl*, Staatshaftungsrecht, 5. Aufl. 1998, S. 114; *Hecker* in: Erman, § 839 Rn. 84.
[89] BGH v. 31.01.1991 - III ZR 184/89 - LM Nr. 169 zu GrundG Art. 34.
[90] BGH v. 14.03.2002 - III ZR 302/00 - BGHZ 150, 172-187.
[91] BGH v. 01.02.2001 - III ZR 193/99 - BGHZ 146, 365-372; BGH v. 06.02.2003 - III ZR 44/02 - WM 2003, 2053-2055; OLG Naumburg v. 22.01.2004 - 4 U 133/03 - OLGR Naumburg 2004, 316-317.
[92] BGH v. 21.10.1993 - III ZR 68/92 - LM BGB § 839 (Fd) Nr. 29 (5/1994).
[93] BGH v. 26.05.1983 - III ZR 212/82 - WM 1983, 917-918.
[94] BGH v. 22.10.2009 - III ZR 295/08 - MDR 2010, 167-169.

20 Bei **Amtsträgern mit mehreren Dienstherren** ist auf die Anvertrauenstheorie abzustellen. Hierbei handelt es sich um Beamte mit institutioneller Doppelstellung, wie z.B. die Oberfinanzpräsidenten und die Leiter der Oberfinanzkassen, die zugleich Bundes- und Landesbeamte sind oder wie die Landräte, die – in vielen Bundesländern – zugleich kommunale und staatliche Ämter wahrnehmen.[95] In diesen Fällen trifft die Haftung denjenigen der beiden Dienstherrn, der dem Beamten die konkrete Aufgabe, bei der es zur Amtspflichtverletzung gekommen ist, anvertraut hat.[96] Entsprechendes gilt in den Fällen, in denen der Amtsträger von einer anderen Dienststelle ganz oder teilweise abgeordnet ist[97] sowie für Beamte mit Nebenamt im Dienst eines anderen Dienstherrn.[98] Bei der Entsendung von Polizeikräften in ein anderes Bundesland zur Verstärkung der dortigen Polizei haftet das ersuchende Bundesland.[99] Nach der Rechtslage in Nordrhein-Westfalen kann der bei einer Stadt bedienstete Standesbeamte die staatliche Funktion als Standesbeamter und die kommunale Funktion als Leiter einer Meldebehörde wahrnehmen. Dies ist bei der Geltendmachung eines Amtshaftungsanspruches zu beachten.[100] Besonderheiten der Haftungszuordnung zwischen Verbandsgemeinden und Ortsgemeinden sind nach dem rheinland-pfälzischen Kommunalrecht bei der Reinigungspflicht für öffentliche Straßen zu beachten; nach Auffassung des BGH haftet im Ergebnis ausschließlich die jeweilige Ortsgemeinde.[101] Selbstverständlich können im Rahmen der Amtshaftung auch mehrere Hoheitsträger gesamtschuldnerisch haften.[102] Unabhängig voneinander begangene Persönlichkeitsrechtsverletzungen mehrerer Amtsträger gegenüber dem selben Rechtsträger können, wenn sie für sich genommen nicht eine Schwere erreichen, welche die Zubilligung einer Geldentschädigung rechtfertigt, nicht durch ihre Kumulation zur Haftung der allen Amtsträgern gemeinsamen Anstellungskörperschaft nach § 839 BGB i.V.m. Art. 34 GG wegen einer schweren Persönlichkeitsrechtsverletzung führen.[103]

21 Erstattet aber ein **beamteter Professor** eines Landeskrankenhauses im Auftrag eines Gerichtes ein Gutachten, so kommt das Land als Anstellungskörperschaft nicht als Anspruchsgegner in Betracht.[104] Wird ein **Schüler** bei einer tätlichen Auseinandersetzung im Schulunterricht durch einen Lehrer verletzt, so steht ihm ein Schadensersatzanspruch gegen den Lehrer auch bei Vorsatz nicht zu, da dessen Haftung in jedem Fall auf seine Anstellungskörperschaft übergeleitet wird. Bei fahrlässig begangener Körperverletzung durch den Lehrer scheidet eine Haftung der Anstellungskörperschaft nach Amtshaftungsgrundsätzen aus, weil in diesem Fall die gesetzliche Unfallversicherung eintrittspflichtig ist.[105]

22 Macht der **Eigentümer** eines – ehemals staatlicher Verwaltung unterliegenden – Mietgrundstücks im Beitrittsgebiet Schadensersatzansprüche gegen eine Wohnungsgesellschaft geltend, die den staatlichen Verwalter abgelöst hat, weil dieser eine nicht marktgerechte (zu niedrige) Miete vereinbart hat, ist die Wohnungsgesellschaft im Schadensersatzprozess gemäß Art. 34 GG, § 839 BGB nicht passivlegitimiert. Ansprüche gemäß § 839 BGB sind gegen die Anstellungskörperschaft (hier: die Stadt) geltend zu machen.[106] Sofern ein **Gerichtsvollzieher** amtspflichtwidrig handelt, haftet das Bundesland als Anstellungskörperschaft gemäß Art. 34 GG i.V.m. § 839 BGB.[107] Anerkannt ist weiterhin die Haftung des

---

[95] Vgl. z.B. BGH v. 24.03.1955 - III ZR 174/53 - LM Nr. 24 zu Art. 34 GrundG; OLG Brandenburg v. 31.07.2008 - 5 U 176/06; ablehnend zur Doppelstellung des Landrates im Land Brandenburg OLG Brandenburg v. 06.11.2001 - 2 U 2/01 - OLG-NL 2002, 80-84.
[96] BGH v. 12.02.1970 - III ZR 231/68 - BGHZ 53, 217-221; BGH v. 21.04.1983 - III ZR 2/82 - BGHZ 87, 202-206; BGH v. 15.01.1987 - III ZR 17/85 - BGHZ 99, 326-332.
[97] BGH v. 05.06.1952 - III ZR 151/51 - BGHZ 6, 215-224; BGH v. 29.11.1954 - III ZR 84/53 - BGHZ 15, 305-315; BGH v. 24.03.1955 - III ZR 174/53 - LM Nr. 24 zu Art. 34 GrundG.
[98] Ossenbühl, Staatshaftungsrecht, 5. Aufl. 1998, S. 113.
[99] OLG Frankfurt v. 04.10.1984 - 22 W 43/84 - MDR 1985, 142; ebenso OLG München v. 07.06.2001 - 1 W 1307/01 - OLGR München 2002, 45-46.
[100] OLG Hamm v. 11.10.1996 - 11 U 173/95 - StAZ 1997, 133-137.
[101] BGH v. 21.11.1996 - III ZR 28/96 - LM RhPf LandesstraßenG Nr. 6 (10/1997).
[102] BGH v. 21.05.1992 - III ZR 14/91 - BGHZ 118, 263-275; BGH v. 01.07.1993 - III ZR 36/92 - LM BGB § 839 (D) Nr. 44 (12/1993); OLG München v. 22.10.1992 - 1 U 2708/92 - OLGR München 1993, 125-126; Ossenbühl, Staatshaftungsrecht, 5. Aufl. 1998, S. 115.
[103] OLG Düsseldorf v. 27.04.2005 - I-15 U 98/03 - NJW 2005, 1791-1810.
[104] OLG München v. 17.12.1987 - 1 U 3842/87 - VersR 1988, 853.
[105] OLG Hamm v. 17.09.1993 - 11 U 53/93 - ZfS 1993, 368; vgl. zu Schadensersatz und Schmerzensgeld bei einer tätlichen Auseinandersetzung zwischen zwei Schülern im Sportunterricht LG Koblenz v. 14.05.1999 - 1 O 112/97.
[106] OLG Rostock v. 07.03.1996 - 1 U 376/94 - OLGR Rostock 1997, 66-68.
[107] OLG Köln v. 15.01.1998 - 7 U 146/92 - JMBl NW 1998, 280-281.

Bundes für Schäden, die ein Zivildienstleistender in Ausübung des Ersatzdienstes verursacht hat.[108] Bei der Amtspflichtverletzung amtlich bestellter Sachverständiger (z.B. des TÜV) haftet das Land, das ihm die amtliche Anerkennung als Sachverständige verliehen hat.[109] Wie der **TÜV** und seine Sachverständigen im Rahmen der Straßenverkehrs-Zulassung tätig werden, werden in gleicher Weise tätig die luftfahrttechnischen Betriebe und ihre Prüfer bei der Prüfung der Verkehrssicherheit der Luftfahrtgeräte.[110] Gleiches gilt für Amtspflichtverletzungen, die ein Schülerlotse begangen hat[111] sowie für Amtspflichtverletzungen durch das von der Polizei beauftragte Abschleppunternehmen.[112] Die Amtshaftung kommt weiter in Betracht bei Übertragung der Durchführung von BSE-Schnelltests durch das Land wegen Kapazitätsausschöpfung bei den eigenen Labors auf private Institute für fehlerhaft ausgeführte Tests.[113]

Die Konstruktion der Amtshaftung (§ 839 BGB als haftungsbegründende, Art. 34 GG als haftungsverlagernde Norm) hat zur Folge, dass der Staat grundsätzlich nur in dem gleichen Umfang haftet, wie der Amtsträger selbst es müsste, wenn es die Schuldübernahme nicht gäbe. Dies bedeutet, dass sämtliche auf die **persönliche Verantwortlichkeit** des Amtsträgers zugeschnittenen gesetzlichen Haftungsbeschränkungen, -milderungen oder -privilegierungen mittelbar auch dem Staat zugutekommen.[114] Der BGH hat hieraus gefolgert, dass die die persönliche Haftpflicht betreffende Einbeziehung des Fahrers in den Schutz der Kfz-Haftpflichtversicherung auch der Bundesrepublik Deutschland gemäß § 10 AKB zugutekommen müsse.[115]

23

Nach der Rechtsprechung des BGH kommt eine Haftung der Anstellungskörperschaft auch dann in Betracht, wenn dem Amtswalter trotz **übermäßiger Dauer** der Bearbeitung eines Antrages wegen **Überlastung** kein Vorwurf gemacht werden kann und somit auch kein Verschulden vorliegt. Insoweit hat der BGH die Verantwortung der Behörden verschärft, indem „zur Erfüllung der Amtspflicht sämtliche möglichen und zumutbaren Maßnahmen zu ergreifen sind", damit die Aufgabenerledigung zeitnah erfolgen kann (so für die Bearbeitung von Anträgen durch das Grundbuchamt).[116]

24

cc. Rückgriff gegen den Amtsträger (Innenregress)

Die verfassungsrechtliche Bestimmung des Art. 34 Satz 1 GG schützt den Amtsträger nur vor einer **unmittelbaren Inanspruchnahme** durch den geschädigten Bürger. Insoweit ist der Beamte bei Ausübung eines öffentlichen Amtes geschützt.[117] Hiervon zu unterscheiden ist das deliktische Verhalten des Beamten **bei Gelegenheit** der Ausübung eines öffentlichen Amtes.[118] Hierbei ist auf den inneren Zusammenhang zwischen Amtsausübung und Schadenszufügung abzustellen.[119] Ein Beispiel für die Schädigung durch **bewusste Schlechterfüllung der Amtspflichten** während der Arbeitszeit war der

25

---

[108] BGH v. 04.06.1992 - III ZR 93/91 - BGHZ 118, 304-311; BGH v. 26.03.1997 - III ZR 295/96 - LM BGB § 839 (A) Nr. 58a (11/1997); BGH v. 14.11.2002 - III ZR 131/01 - BGHZ 152, 380-391; OLG Köln v. 26.02.1998 - 7 U 178/97 - OLGR Köln 1998, 265-266; vgl. weiterhin *Schmitt*, LMK 2003, 22-23.

[109] BGH v. 30.11.1967 - VII ZR 34/65 - BGHZ 49, 108-117; BGH v. 25.03.1993 - III ZR 34/92 - BGHZ 122, 85-93; BGH v. 02.11.2000 - III ZR 261/99 - LM BGB § 839 (A) NR 62 (6/2001); BGH v. 10.04.2003 - III ZR 266/02 - MDR 2003, 930; OLG Koblenz v. 02.09.2002 - 12 U 266/01 - NJW 2003, 297-299.

[110] BGH v. 22.03.2001 - III ZR 394/99 - BGHZ 147, 169-178; vgl. hierzu *von Gerlach*, DAR 2002, 241-258, 241, 250, 251.

[111] OLG Köln v. 19.01.1968 - 2 U 11/67 - NJW 1968, 655; hierzu *Martens*, NJW 1970, 1029-1030, 1029 sowie *Zuleeg*, DÖV 1970, 627-634, 627.

[112] BGH v. 21.01.1993 - III ZR 189/91 - BGHZ 121, 161-168.

[113] BGH v. 02.02.2006 - III ZR 131/05 - VersR 2006, 698-700; LG Stuttgart v. 08.07.2003 - 15 O 496/02; LG Köln v. 29.01.2002 - 5 O 411/01.

[114] BGH v. 27.06.2002 - III ZR 234/01 - juris Rn. 9 - BGHZ 151, 198-204.

[115] BGH v. 15.02.2001 - III ZR 120/00 - BGHZ 146, 385-391.

[116] BGH v. 11.01.2007 - III ZR 302/05 - NJW 2007, 830-834 m. Anm. *Nassall*, jurisPR-BGHZivilR 12/2007, Anm. 1; vgl. hierzu *Thiel*, JR 2008, 68-69. Anm. *Terhechte*, DVBl 2007, 1134-1143.

[117] Vgl. aber zur persönlichen Haftung des Bürgermeisters nach § 839 BGB BGH v. 10.05.2001 - III ZR 111/99 - BGHZ 147, 381-393; m. Anm. *Oebbecke*, JR 2002, 282.

[118] RG v. 30.06.1939 - III 185/38 - RGZ 161, 145-153; *Bryde* in: Münch/Kunig, GG Bd. 2, 5. Aufl. 2001, Art. 34 Rn. 19.

[119] BGH v. 16.04.1964 - III ZR 182/63 - BGHZ 42, 176-182; BGH v. 12.12.1991 - III ZR 10/91 - juris Rn. 8 - LM BGB § 839 (L) Nr. 15 (7/1992); *Papier* in: Maunz/Dürig, GG, Art. 34 Rn. 211-216; *Sprau* in: Palandt, § 839 Rn. 88-90; *Gurlit* in: Münch/Kunig, GG Bd. 1, 6. Aufl. 2012, Art. 34 Rn. 19.

Bummelstreik der Fluglotsen.[120] Hingegen wird der Beamte lediglich bei Gelegenheit der Amtsausübung tätig, wenn er die Dienstpistole zu einer Straftat benutzt.[121] Etwas anderes gilt, wenn der Beamte mit der geladenen Dienstwaffe außerhalb der Ladeecke und unsachgemäß hantiert; in diesem Fall ist eine Amtspflichtverletzung zu bejahen.[122]

26 Art. 34 Satz 2 GG erklärt einen **Rückgriff** des Dienstherrn gegenüber dem Amtswalter im Bereich **hoheitlicher Tätigkeit** für zulässig, dies allerdings nur im Falle vorsätzlicher oder grob fahrlässiger Amtspflichtverletzung. Art. 34 Satz 2 GG begründet unmittelbar keinen Rückgriffsanspruch des Staates; er konstituiert nicht einmal eine Verpflichtung des einfachen Gesetzgebers, eine Rückgriffshaftung zu normieren.[123] Es ist allgemein anerkannt, dass Art. 34 Satz 2 GG nur einen inhaltlich limitierten Vorbehalt enthält, den der Staat keineswegs auszuschöpfen brauche, wie das Beispiel von § 839 Abs. 2 BGB zeigt.[124] Indes kommt nach der Rechtsprechung auch die Geltendmachung eines Regressanspruches gegen einen Richter wegen Untätigkeit in Betracht.[125] Art. 34 Satz 1 GG findet auf Private keine Anwendung, selbst wenn sie als Amtsträger im haftungsrechtlichen Sinne hoheitlich tätig werden. Dies sei nicht das Ergebnis einer teleologischen Reduktion,[126] vielmehr bestehe hier – anders als bei Art. 34 Satz 1 GG – kein Anlass, die an sich nur für die öffentlich Bediensteten gedachte Vorschrift auf hoheitlich tätige Private zu erstrecken.[127]

27 Beim **Innenregress** geht es um die Erstattung des so genannten **Haftungsschadens** gegenüber dem Dienstherrn bzw. Arbeitgeber.[128] Steht der Dienstherr mit einem anderen Rechtsträger in einem öffentlich-rechtlichen Aufgabenverbund und trifft der von einem Beamten verursachte Schaden nicht seinen Dienstherrn, sondern den anderen Rechtsträger, so scheidet eine Amtshaftung des Dienstherrn aus. Dieser hat den Schaden des anderen Rechtsträgers vielmehr im Wege der Drittschadensliquidation gegenüber seinem Beamten geltend zu machen.[129] Hiervon zu unterscheiden ist der so genannte Eigenschaden des Dienstherrn.[130] Zu beachten ist hierbei, dass Art. 34 Satz 2 GG sowohl der Effektivität der Verwaltung dient, da der Amtsträger nicht durch Angst vor Haftung vom Handeln abgehalten werden soll, wie auch der Fürsorgepflicht des Staates für die Beamten. Diese Fürsorgepflicht kann einen über Art. 34 GG hinausgehenden Verzicht auf einen Rückgriff verlangen.[131] Für Beamte ergibt sich die Rückgriffsnorm aus § 46 Abs. 1 BRRG, § 78 Abs. 1 BBG und den entsprechenden Vorschriften der Landesbeamtengesetze.[132] Entsprechende Regelungen gelten für Soldaten gemäß § 24 Abs. 1 SoldG und für Zivildienstleistende gemäß § 34 Abs. 1 ZDG und galten für Angestellte gemäß § 14 BAT, der uneingeschränkt auf das Beamtenrecht verweist.[133] Nach der Rechtsprechung ist die Haftung eines mit der Durchführung der so genannten „BSE-Schnelltests" beauftragten Labors im Innenverhältnis (Re-

---

[120] BGH v. 16.06.1977 - III ZR 179/75 - BGHZ 69, 128-144.
[121] RG v. 11.04.1922 - III 483/21 - RGZ 104, 286-290.
[122] BGH v. 22.05.1980 - III ZR 101/78 - LM Nr. 42 zu § 839 BGB.
[123] RG v. 29.04.1921 - III 373/20 - RGZ 102, 166-174; *Maunz/Dürig*, GG, Art. 34 Rn. 298-302; *Gurlit* in: Münch/Kunig, GG, Bd. 1, 6. Aufl. 2012, Art. 34 Rn. 38; *Vinke* in: Soergel, § 839 Rn. 254.
[124] *Vinke* in: Soergel, § 839 Rn. 254.
[125] OLG Dresden v. 24.06.2009 - 6 U 24/09 - NVwZ 2010, 471; hierzu *Scheffer*, NVwZ 2010, 425-472. Vgl. zur „zulässigen" Dauer eines Prozesses auch OLG Hamm v. 08.01.2010 - 11 U 27/06.
[126] So aber – für den Verwaltungshelfer – BGH v. 14.10.2004 - III ZR 169/04 - NJW 2005, 286-288; vgl. hierzu *Gurlit* in: Münch/Kunig, GG, Bd 1, 6. Aufl. 2012, Art. 34 Rn. 35 sowie *Stelkens*, JZ 2004, 656-661.
[127] BVerwG v. 26.08.2010 - 3 C 35/09 - NVwZ 2011, 368-372 m. Anm. *Liebler*, jurisPR-BVerwG 4/2011, Anm. 1; kritisch hierzu v. *Weschpfennig*, DVBl 2011, 1137-1145.
[128] *Vinke* in: Soergel, § 839 Rn. 255-257; *Wurm* in: Staudinger, § 839 Rn. 385-405.
[129] BVerwG v. 29.04.2004 - 2 C 2/03 - NVwZ 2004, 1372-1375; hierzu *Schnellenbach*, Beamtenrecht in der Praxis, 6. Aufl. 2005, Rn. 306 m. Fn. 21.
[130] *Reinert* in: Bamberger/Roth, 3. Aufl. 2012, § 839 Rn. 117.
[131] Vgl. hierzu BGH v. 28.10.1993 - III ZR 67/92 - NJW 1994, 660-663; *Gurlit* in: Münch/Kunig, GG, Bd 1, 6. Aufl. 2012, Art. 34 Rn. 35; *Jarras/Pieroth*, GG, 10. Aufl. 2009, Art. 34 Rn. 25; *Minz*, DÖD 1983, 237-240, 237; *Däubler*, NJW 1986, 867-874, 867.
[132] Ausführlich hierzu *Battis*, BBG, 4. Aufl. 2009, § 75 Rn. 7-11.
[133] Vgl. hierzu *Neffke* in: Bredemeier/Neffke/KOMBA-Gewerkschaft, BAT/BAT-O, 1999, § 14 Rn. 4-6.

gress) nicht nach Art. 34 Satz 2 GG auf Vorsatz und grobe Fahrlässigkeit beschränkt.[134] Soweit ein Rückgriff gegenüber Beliehenen und Verwaltungshelfern erfolgen soll, ergeben sich die Grenzen aus dem zwischen diesem und dem Staat bestehenden verwaltungsrechtlichen Schuldverhältnis.[135]

Aufgrund des Neunten Gesetzes zur Änderung dienstlicher Vorschriften vom 11.06.1992[136] **haftet** der **Beamte** dem Dienstherrn nur bei **Vorsatz** und **grober Fahrlässigkeit**, und zwar unabhängig davon, ob der Beamte in hoheitlicher oder in privatrechtlicher Tätigkeit Dritte geschädigt und der Staat deshalb Schadensersatz geleistet hat. Von dieser Gesetzesänderung zu Gunsten der Haftung von Beamten profitierten auch die Angestellten des öffentlichen Dienstes gemäß § 14 BAT und die Arbeiter gemäß § 11a MTB II. In § 3 Abs. 7 TV-L sowie in § 3 Abs. 6 TVöD wird dies nunmehr auch ausdrücklich geregelt.[137] Der Begriff der groben Fahrlässigkeit ist unscharf.[138] Problematisch ist die Annahme einer groben Fahrlässigkeit bei einem Rechtsanwendungsfehler, bei einem Einschätzungsfehler, bei Augenblicksversagen, bei Handeln bei einem Organisationsfehler und Handeln bei Überforderung.[139] Im Hinblick auf die hohe Schranke der groben Fahrlässigkeit wird in Rechtsprechung und Literatur die Auffassung vertreten, dass beim Rückgriff kein Bedürfnis bestehe, die vom BAG entwickelten Haftungsbeschränkungen gegenüber Arbeitnehmern[140] entsprechend anzuwenden[141]. Eine noch weitergehende Haftungsbeschränkung gibt es für die Amtsträger in der Finanzverwaltung gemäß § 32 AO. Diese können bei einer Amts- oder Dienstpflichtverletzung nur dann in Anspruch genommen werden, wenn diese Amts- oder Dienstpflichtverletzung mit einer Strafe bedroht ist.[142]

28

Nach Art. 34 Satz 3 GG darf für den Rückgriff der **ordentliche Rechtsweg** nicht ausgeschlossen werden. Der Dienstherr muss unabhängig vom Status des Bediensteten den Haftungsschaden vor einem Zivilgericht geltend machen (was nur historisch zu verstehen ist).[143] Die Rückgriffsmöglichkeit mittels eines Leistungsbescheides ist nicht gegeben.[144] Im Schadensersatzprozess kann der Dienstherr den Beamten den Streit verkünden. Im Rückgriffsprozess kann der Beamte alsdann nicht geltend machen, der Dienstherr dürfe sich auf die Bindungswirkung aus der Streitverkündung nicht berufen, weil er entgegen seiner Fürsorgepflicht den Vorprozess nachlässig geführt habe.[145] Diese strikte Rechtswegzuweisung zu den Zivilgerichten gilt nicht für die Geltendmachung des Eigenschadens. Insoweit gelten die allgemeinen Grundsätze.[146]

29

4. Abgrenzung zum Europäischen Staatshaftungsrecht

Die Amtshaftung gemäß § 839 BGB ist abzugrenzen gegenüber der **gemeinschaftlichen Staatshaftung der Mitgliedstaaten** (der Europäischen Union) einerseits sowie gegenüber der Haftung der EG/EU nach Art. 288 Abs. 2 EGV/Art. 340 AEUV[147] andererseits. Darüber hinaus können sich Amtspflichten der Träger deutscher öffentlicher Gewalt auch aus dem primären und sekundären Gemeinschaftsrecht ergeben. Erforderlich ist allerdings, dass die verletzte Gemeinschaftsrechtsnorm bezweckt, dem Einzelnen Rechte zu verleihen, der Verstoß hinreichend qualifiziert ist und zwischen die-

30

---

[134] BGH v. 14.10.2004 - III ZR 169/04 - BGHZ 161, 6-14; OLG Stuttgart v. 19.04.2005 - 1 U 74/03, 1 U 74/2003 - OLGR Stuttgart 2005, 580-585; ebenso *Stelkens*, JZ 2004, 656-661.

[135] *Vinke* in: Soergel, § 839 Rn. 257; *Gurlit* in: Münch/Kunig, GG, Bd 1, 6. Aufl. 2012, Art. 34 Rn. 35.

[136] BGBl I 1992, 1030; in Kraft getreten zum 01.01.1993; vgl. hierzu *Simianer*, ZBR 1993, 33-48.

[137] Vgl. hierzu *Bredemeier/Neffke/Cerff/Weizenegger*, TVöD/TV-L, 2007, § 3 Rn. 19-26.

[138] *Simianer*, ZBR 1993, 33-48, 33, 41-43.

[139] Vgl. *Simianer*, ZBR 1993, 33-48, 31, 42-43.

[140] BAG v. 24.11.1987 - 8 AZR 524/82 - NJW 1988, 2816-2820.

[141] Vgl. z.B. BVerwG v. 17.09.1964 - II C 147.61 - BVerwGE 19, 243-252; BVerwG v. 20.04.1977 - VI C 14.75 - juris Rn. 24 - NJW 1978, 1540-1542.

[142] Vgl. hierzu OVG Münster v. 17.02.1984 - 6 A 1177/81 - NVwZ 1985, 208-209; OVG Bautzen v. 14.05.2001 - 2 BS 133/00 - LKV 2002, 470-472.

[143] Vgl. z.B. OLG Rostock v. 27.02.2003 - 1 U 88/01 - OLGR Rostock 2003, 465-468, das die Anwendung der Ausschlussklausel des § 70 BAT betont.

[144] OVG Münster v. 06.12.2010 - 6 A 338/09, DÖD 2011, 157-158; *Papier* in: MünchKomm-BGB, § 839 Rn. 369-380; *Vinke* in: Soergel, § 839 Rn. 258-259; *Reinert* in: Bamberger/Roth, 3. Aufl. 2012, § 839 Rn. 119.

[145] BayObLG München v. 19.03.1984 - RReg 2 Z 361/82 - MDR 1984, 586-587.

[146] *Papier* in: MünchKomm-BGB, § 839 Rn. 372; *Bonk* in: Sachs, GG, 6. Aufl. 2011, Art. 34 Rn. 112-114; LG Stuttgart v. 08.07.2003 - 15 O 496/02.

[147] Vertrag über die Arbeitsweise der Europäischen Union i.d.F. dem am 01.12.2009 in Kraft getretenen Vertrages von Lissabon, ABl. EG Nr. C 115 v. 09.05.2008, S. 47 (AEUV).

sem Verstoß und dem Einzelnen entstandenen Schaden ein unmittelbarer Kausalzusammenhang besteht.[148] Eine erst nach Ablauf einer Umsetzungsfrist vorgenommene Umsetzung einer EG-Richtlinie ist dann nicht schadensursächlich, wenn aufgrund der Verletzung des bereits vor der Umsetzung geltenden nationalen Rechts der Geschädigte vollen Schadensersatz verlangen kann.[149]

31 In seinem **Francovic-Urteil** vom 19.11.1991 hat der EuGH im Weg der richterlichen Rechtsfortbildung den **gemeinschaftsrechtlichen Rechtsgrundsatz** begründet, dass im Falle von Verstößen der Mitgliedstaaten gegen das Gemeinschaftsrecht aus dem Wesen der durch den EG-Vertrag geschaffenen Rechtsordnung der Grundsatz einer Haftung des Staates für die einzelnen dadurch entstandenen Schäden folgt.[150] Der EuGH ist der Auffassung, dass die volle Wirksamkeit des Europarechtes beeinträchtigt und der Schutz der durch sie begründeten Rechte gemindert wäre, wenn der Bürger nicht die Möglichkeit hätte, für den Fall eine Entschädigung zu erlangen, dass seine Rechte durch einen Verstoß gegen Gemeinschaftsrecht verletzt werden, die einem Mitgliedstaat zuzurechnen ist.[151] Die Literatur spricht insoweit von einem **Integrationsschub**.[152]

32 Hingegen geht **Art. 288 Abs. 2 EGV/Art. 340 AEUV** von einer unmittelbaren Haftung der Gemeinschaft aus. Im Gegensatz zum deutschen Haftungsrecht kennt das europäische Haftungsrecht nicht die Überleitung der persönlichen Haftung des Amtswalters auf die Gemeinschaft. Hiernach ersetzt die Gemeinschaft im Bereich der außervertraglichen Haftung den durch ihre Organe oder Bediensteten in Ausübung ihrer Amtstätigkeit verursachten Schaden nach den allgemeinen Rechtsgrundsätzen, die den Rechtsordnungen der Mitgliedstaaten gemeinsam sind.[153] Da diese sehr unterschiedlich sind, kommt dem EuGH letztendlich ein breiter rechtsschöpferischer Gestaltungsspielraum bei der Bestimmung der gemeinschaftsrechtlichen Haftungsvoraussetzungen zu.[154]

33 Die deutschen Gerichte haben sich bereits mehrfach mit Fragen der gemeinschaftsrechtlichen Staatshaftung der Mitgliedstaaten bzw. der Haftung der EG/EU nach Art. 288 Abs. 2 EGV/Art. 340 AEUV befasst.[155] **Entschädigungsansprüche einzelner Gemeinschaftsbürger** nach Amtshaftungsgrundsätzen wegen eines Verstoßes gegen Gemeinschaftsrecht setzen voraus, dass die in Rede stehende Gemeinschaftsnorm dem Geschädigten hinreichend bestimmte, individuelle Rechte verleiht.[156] Sofern einem EG-Bürger aus der Nichtumsetzung einer EG-Richtlinie ein Schaden entsteht, was insbesondere dann der Fall sein kann, wenn diese Richtlinie keine unmittelbare Wirkung entfaltet, so ist der Mitgliedstaat zum Ersatz des dem Bürger durch die Nichtumsetzung verursachten Schadens verpflichtet, sofern das Ziel der Richtlinie die Verleihung von Rechten an Bürgern ist, der Inhalt der Rechte auf der Grundlage der Richtlinie bestimmt werden kann und ein kausaler Zusammenhang zwischen dem Ver-

---

[148] EuGH v. 30.09.2003 - Rs C-224/01 - NJW 2003, 2539 zu Rn. 3031; BGH v. 28.10.2004 - III ZR 294/03 - EuZW 2005, 30; BGH v. 20.01.2005 - III ZR 48/01 - juris Rn. 7 - NJW 2005, 742-746.

[149] BGH v. 28.10.2004 - III ZR 294/03 - NJW 2005, 747-748. *Sprau* in: Palandt, § 839 Rn. 5-9a. Vgl. in Bezug auf die sogenannten Schrottimmobilienfälle hierzu *Späth*, ZfIR 2007, 568-575.

[150] EuGH Slg. 1990, I - 5357 Rn. 31 ff.; *Ossenbühl*, Staatshaftungsrecht, 5. Aufl. 1998, S. 102; *Hecker* in: Erman, § 839 Rn. 16-18; *Wurm* in: Staudinger, § 839 Rn. 524-541; *Gurlit* in: Münch/Kunig, GG, Bd 1, 6. Aufl. 2012, Art. 34 Rn. 35, Rn. 41; *Ossenbühl*, Staatshaftungsrecht, 5. Aufl. 1998, S. 494-526; *Jarass*, NJW 1994, 881-886; *Meier*, NVwZ 1996, 660-661.

[151] *Gurlit* in: Münch/Kunig, GG, Bd 1, 6. Aufl. 2012, Art. 34, Rn. 41-42.

[152] *Ossenbühl*, Staatshaftungsrecht, 5. Aufl. 1998, S. 495; vgl. zur Geltendmachung des gemeinschaftsrechtlichen Staatshaftungsanspruches *Jeromin/Kirchberg* in: Johlen, Münchener Anwaltshandbuch Verwaltungsrecht, 2. Aufl. 2003, § 18 Rn. 127-136.

[153] *Hecker* in: Erman, § 839 Rn. 16-18; *Ossenbühl*, Staatshaftungsrecht, 5. Aufl. 1998, S. 519; *Wolff/Bachof/Stober*, Verwaltungsrecht II, 6. Aufl. 2000, § 74; *Geiger*, EUV/EGV, 4. Aufl. 2004, Art. 288.

[154] *Papier* in: Maunz/Dürig, GG, Art. 34 Rn. 75.

[155] BGH v. 24.10.1996 - III ZR 127/91 - BGHZ 134, 30-41; BGH v. 14.12.2000 - III ZR 151/99 - BGHZ 146, 153-165; BGH v. 16.05.2002 - III ZR 48/01 - NJW 2002, 2464-2469; BGH v. 27.01.2011 - III ZR 337/09 - NVwZ-RR 2011, 308-310; OLG Köln v. 15.07.1997 - 7 U 23/97 - NJW-RR 1998, 169-170; OLG Köln v. 02.06.2005 - 7 U 29/04 - LRE 51, 370-385; OLG Karlsruhe v. 09.03.2006 - 12 U 286/05 - OLGR Karlsruhe 2006, 428-431; OLG Hamm v. 31.01.2007 - 11 U 90/05; LG Bonn v. 16.04.1999 - 1 O 186/98 - NJW 2000, 815-820; LG Berlin v. 09.04.2001 - 23 O 650/00 - ZIP 2001, 1636-1638.

[156] BGH v. 14.12.2000 - III ZR 151/99 - BGHZ 146, 153-165; OLG Köln v. 26.11.1998 - 7 U 55/96 - OLGR Köln 1999, 252; OLG Köln v. 25.05.2000 - 7 U 178/99 - OLGR Köln 2001, 208-210; OLG Köln v. 08.06.2000 - 7 U 208/99 - OLGR Köln 2001, 156-157; LG Bonn v. 06.09.1999 - 1 O 364/98 - ZIP 1999, 1595-1597; LG München v. 29.05.2009 - 15 O 23548/08 - ZfWG 2009, 279-293.

stoß gegen die dem Staat auferlegte Verpflichtung und dem entstandenen Schaden besteht.[157] Der BGH betont insoweit, dem Art. 340 AEUV sei zu entnehmen, dass die Wahrnehmung gesetzgeberischer Tätigkeit, insbesondere bei wirtschaftspolitischen Entscheidungen, nicht jedes Mal durch die Möglichkeit von Schadensersatzklagen behindert werden dürfe, wenn Allgemeininteressen den Erlass von Maßnahmen gebieten, die die Interessen des Einzelnen beeinträchtigen können.[158] Bei der Haftung gemäß Art. 288 Abs. 2 EGV ist streitig, ob es sich um einen vom **Verschulden unabhängigen Amtshaftungsanspruch** handelt.[159]

Weiterhin stellt sich das Problem der Anwendbarkeit des § 839 Abs. 1 Satz 2 BGB im Verhältnis zu Art. 288 Abs. 2 EGV/Art. 340 AEUV. Der BGH hat insoweit im Jahre 1971 judiziert, dass der Bürger bei einer Rechtsverfolgung in der Bundesrepublik Deutschland nicht auf ihm gegen die Kommission zustehende Ersatzansprüche verwiesen werden darf.[160] In der Kommentarliteratur wird insoweit die Auffassung vertreten, dass der Gesichtspunkt der **Einheit der öffentlichen Hand** wegen des supranationalen Charakters der EV einer Verweisung zwar nicht entgegenstehe, jedoch sei zu berücksichtigen, dass gerade das Gemeinschaftsrecht in hohem Maße auf die Vollziehung durch innerstaatliche Hoheitsträger angewiesen sei. Diese **zwangsläufige Wirkungseinheit** nationaler und gemeinschaftlicher Hoheitsakte gegenüber dem Bürger spreche für die generelle Nichtanwendung des Verweisungsprivilegs, soweit ein und derselbe Schaden im Grunde sowohl von den EG-Organen als auch von einem innerstaatlichen Hoheitsträger zu ersetzen ist.[161] Da der EuGH ein Endurteil in Schadensersatzprozessen erst dann zu fällen bereit ist, wenn die innerstaatlichen Gerichte über etwaige Haftungsansprüche gegen innerstaatliche Hoheitsträger entschieden haben, ist es dem Verletzten nicht zumutbar, ohne diese Klärung durch innerstaatliche Gerichte seine Ansprüche gegen die EG-Organe zu verfolgen.[162] Sofern eine Maßnahme der deutschen öffentlichen Gewalt allein deshalb rechtswidrig ist, weil die anzuwendende Gemeinschaftsrechtsnorm ihrerseits wegen Verstoßes gegen höherrangiges Gemeinschaftsrecht rechtswidrig ist, so ist dieses Unrecht allein den Gemeinschaftsorganen zuzurechnen. Wegen Fehlens einer Amtspflichtverletzung kommt ein Amtshaftungsanspruch gemäß § 839 BGB nicht in Betracht; Gleiches gilt für einen Anspruch aus enteignungsgleichem Eingriff.[163]

II. Praktische Bedeutung

Der BGH hat sich zwischenzeitlich in mehr als 1.200 Verfahren mit der Regelung des § 839 BGB beschäftigen müssen (durchschnittlich 20 bis 25 pro Jahr). Bei Juris sind mehr als 5200 Entscheidungen aller Gerichte zu § 839 BGB dokumentiert. § 839 BGB i.V.m. Art. 34 GG sind Anknüpfungspunkte einer nahezu unübersehbaren Kasuistik und haben ihre eigentliche Ordnungsfunktion in weiten Bereichen verloren. Mit dem bloßen Gesetzestext des § 839 BGB lässt sich ein Amtshaftungsfall häufig sachgerecht nicht lösen. In der Literatur ist die Rede von einem **gewachsenen Chaos**.[164] Wegen der Kasuistik im Einzelfall kann verwiesen werden auf die Zusammenstellung am Ende von § 839 BGB zu den Amtspersonen, Ämtern und den Tätigkeiten.

---

[157] *Papier* in: Maunz/Dürig, GG, Art. 34 Rn. 75-80 sowie *Papier* in: MünchKomm-BGB, § 839 Rn. 100-101; *Streinz*, Europarecht, 3. Aufl. 1996, Rn. 410; *Fischer*, NVwZ 1992, 635-638; *Jarass*, NJW 1994, 881-886; *Nettesheim*, DÖV 1992, 999-1005; *Prieß*, NVwZ 1993, 118-125, 118-125; *Fischer*, RiA 2002, 157-165; *Koenig/Sander*, MedR 2001, 295-300, 295, 297-300.

[158] BGH v. 24.06.2010 - III ZR 140/09 - NJW 2011, 772-775.

[159] Vgl. hierzu OLG Bremen v. 02.03.1995 - 1 W 16/94 - EuroAS 1995, 105; *Ossenbühl*, Staatshaftungsrecht, 5. Aufl. 1998, S. 103; *Gurlit* in: Münch/Kunig, GG, Bd 1, 6. Aufl. 2012, Art. 34, Rn. 42; *Sodan*, GG, Art. 34 Rn. 38; vgl. zur gerichtlichen Geltendmachung eines Haftungsanspruches nach Art. 288 Abs. 2 EGV *Jeromin/Kirchberg* in: Johlen, Münchener Anwaltshandbuch Verwaltungsrecht, 2. Aufl. 2003, § 18 Rn. 121-126.

[160] BGH v. 02.12.1971 - III ZR 51/69 - LM Nr. 22 zu § 839 (E) BGB sowie BGH v. 02.12.1971 - III ZR 60/69 - VersR 1972, 298-299.

[161] *Papier* in: Maunz/Dürig, GG, Art. 34 Rn. 261; *v. Danwitz* in: v. Mangold u.a., GG Bd. 2, 6 Aufl. 2010, Art. 34 Rn. 145; *Herdegen*, Die Haftung der Europäischen Wirtschaftsgemeinschaft für fehlerhafte Rechtsetzungsakte, 1983, S. 144; *Andre*, NJW 1968, 331-336, 331, 333.

[162] So zu Recht *Ossenbühl*, Staatshaftungsrecht, 5. Aufl. 1998, S. 86; *Jeromin/Kirchberg* in: Johlen, Münchener Anwaltshandbuch Verwaltungsrecht, 2. Aufl. 2003, § 18 Rn. 126.

[163] BGH v. 11.03.1993 - III ZR 44/92 - LM BGB § 839 (B) Nr. 45 (11/1993); BGH v. 27.01.1994 - III ZR 42/92 - BGHZ 125, 27-41; *Papier* in: MünchKomm-BGB, § 839 Rn. 103; vgl. auch *Kremer*, NJW 2004, 480-482.

[164] *Ossenbühl*, Staatshaftungsrecht, 5. Aufl. 1998, S. 2; *Jeromin/Kirchberg* in: Johlen, Münchener Anwaltshandbuch Verwaltungsrecht, 2. Aufl. 2003, § 18 Rn. 2.

III. Anwendungsvoraussetzungen

1. Normstruktur

36 Der Anspruch auf Amtshaftung gemäß Art. 34 GG i.V.m. § 839 BGB ist gegeben, wenn
- jemand in Ausübung eines ihm anvertrauten öffentlichen Amtes
- eine Amtspflicht verletzt,
- die ihm einem Dritten gegenüber obliegt, und
- dadurch einen Schaden verursacht,
- wobei die Amtspflichtverletzung schuldhaft erfolgt sein muss und
- weder ein Haftungsausschluss noch sonstige Haftungsbeschränkungen eingreifen.

2. Ausübung eines öffentlichen Amtes (Art. 34 Satz 1 GG)

37 In § 839 Abs. 1 Satz 1 BGB ist die Rede von einem **Beamten**. Demgegenüber hat der Grundgesetzgeber in Art. 34 Satz 1 GG die Formulierung **jemand** gewählt. Die Veränderung des Wortlautes bedeutet jedoch keine sachliche Erweiterung des Amtshaftungsanspruches. Auch zur Zeit der Weimarer Verfassung war man sich darüber einig, dass in haftungsrechtlichem Sinne **Beamter** jede Person ist, die hoheitlich tätig wird, gleichgültig ob Arbeiter, Angestellter oder Beamter nach dem Beamtengesetz.[165] Die **Amtshaftung** ist **keine Statushaftung**, sondern **eine Funktionshaftung**. Entscheidend ist somit die Ausübung eines **öffentlichen Amtes**. Die Amtshaftung erfasst nicht allein die obrigkeitliche Eingriffsverwaltung, sondern auch die schlicht hoheitliche (Leistungs-) Verwaltung.[166] Vorliegend geht es ausschließlich um den **haftungsrechtlichen Beamtenbegriff** (Funktionsbegriff): Beamter ist jedermann, der hoheitlich tätig wird. Der staatsrechtliche Beamtenbegriff (Statusbegriff) sowie der strafrechtliche Beamtenbegriff (§ 11 Abs. 2 Nr. 2 StGB) sind bei der Staatshaftung gemäß § 839 BGB ohne Bedeutung. Eine Ausnahme gilt nur für den Beamten im staatsrechtlichen Sinne bei der Haftung bei fiskalischem Handeln.[167] Insoweit haftet der nichtbeamtete Bedienstete der öffentlichen Hand persönlich und nach den allgemeinen Vorschriften des Rechts der unerlaubten Handlung unter Ausschluss des § 839 BGB.[168]

38 Die Ausübung öffentlicher Gewalt lässt sich unproblematisch bejahen bei Rechtshandlungen, die in den Formen des öffentlichen Rechtes stattfinden, etwa beim Erlass von Verwaltungsakten oder Satzungen.[169] Bei **öffentlich-rechtlicher Form des Verwaltungshandelns** erübrigt sich eine nähere Prüfung des Aufgabenbereiches sowie des Bezuges zwischen diesem und dem Verwaltungshandeln. Durch den Einsatz des spezifisch öffentlich-rechtlichen Handelns begibt sich die Verwaltung in eine Position rechtlicher Überlegenheit, die eine besondere Schutzbedürftigkeit des Bürgers begründet und im Gegensatz dem Staat eine besondere haftungsrechtliche Verantwortlichkeit zuweist.[170] Allerdings muss die Zielsetzung der Tätigkeit des Bediensteten dem Bereich hoheitlicher Verwaltung zuzurechnen sein; erforderlich ist ein enger äußerer und innerer Zusammenhang zwischen dieser Zielsetzung und der schädigenden Handlung. Handeln nur bei Gelegenheit der Amtsausübung genügt für die Staatshaftung nicht.[171] Indes kann eine Amtspflichtverletzung dann zu bejahen sein, wenn die Finanzbehörden Medienvertretern gestatten, sie bei einem Vollstreckungsversuch in der Wohnung des Steuerschuldners zu begleiten.[172]

---

[165] *Papier* in: Maunz/Dürig, GG, Art. 34 Rn. 106; *Papier* in: MünchKomm-BGB, § 839 Rn. 131; *Vinke* in: Soergel, § 839 Rn. 37; *Ossenbühl*, Staatshaftungsrecht, 5. Aufl. 1998, S. 13; *Pestalozza* in: Festschrift für Peter Raue, 2006, S. 269-283.
[166] *Vinke* in: Soergel, § 839 Rn. 37; *Hecker* in: Erman, § 839 Rn. 21; *Ossenbühl*, Staatshaftungsrecht, 5. Aufl. 1998, S. 13.
[167] *Ossenbühl*, Staatshaftungsrecht, 5. Aufl. 1998, S. 14.
[168] BGH v. 16.04.1964 - III ZR 182/63 - BGHZ 42, 176-182; *Vinke* in: Soergel, § 839 Rn. 37.
[169] BGH v. 24.09.1962 - III ZR 201/61 - juris Rn. 4 - BGHZ 38, 49-55; *Vinke* in: Soergel, § 839 Rn. 47, 53; *Hecker* in: Erman, § 839 Rn. 22.
[170] *Papier* in: MünchKomm-BGB, § 839 Rn. 150; *Hecker* in: Erman, § 839 Rn. 22.
[171] BGH v. 16.04.1964 - III ZR 182/63 - BGHZ 42, 176-182; BGH v. 12.12.1991 - III ZR 10/91 - juris Rn. 8 - LM BGB § 839 (L) Nr. 15 (7/1992); BGH v. 04.06.1992 - III ZR 93/91 - BGHZ 118, 304-311; hierzu *Rinne/Schlick*, NVwZ 1997, 1065-1077, 1065-1066; *Rinne/Schlick*, NJW Beilage 2002 Nr. 14, 3-24, 8-9.
[172] KG Berlin v. 21.01.2011 - 9 W 76/10 - NJW 2011, 2446-2448.

Das Abstellen auf Sinn und Zweck des Handelns des Amtswalters ist insbesondere erforderlich bei der Einordnung von **Realakten** sowie **Unterlassungen**. Diese sind für sich genommen rechtlich indifferent. Das Kriterium der Rechtsform des Verwaltungshandelns versagt bei ihnen. Entscheidend ist, ob das fragliche Verhalten auf die Erfüllung einer Aufgabe zielt, die von der Verwaltung nach Maßgabe des öffentlichen Rechts verfolgt wird und ob zwischen Verhalten und Aufgabe ein hinreichend enger Zusammenhang besteht.[173] Als Realakte der öffentlichen Verwaltung sind zu nennen Dienstfahrten,[174] Betreuung von Diensthunden und -pferden,[175] Reinigen der Dienstwaffe[176] und des Wachlokals,[177] die ärztliche Betreuung von Gefangenen[178] und die ärztlichen Betreuung von Wehrpflichtigen durch den Truppenarzt[179]. Gleiches gilt, wenn Bedienstete eines Jugendamtes es unterlassen, die Adoptivbewerber über den ihnen bekannten nicht ausgeräumten Verdacht eines Hirnschadens des Kindes aufzuklären[180] sowie bei Empfehlungen,[181] Löschung von Wohnsitzdaten von Amts wegen,[182] Bekanntgabe einer beabsichtigten Abmarkung[183] sowie bei der nicht ordnungsgemäßen Beschulung und Beaufsichtigung von Kindern während des Unterrichts.[184] Ein amtspflichtwidriges Unterlassen ist z.B. gegeben, wenn eine Finanzbehörde im Besteuerungsverfahren schuldhaft den Sachverhalt nicht ausreichend aufklärt.[185] Ist nach den Kriterien der Zielsetzung und des Funktionszusammenhanges eine eindeutige Zuordnung nicht möglich, greift die Vermutungsregel ein, wonach ein auf die Erfüllung öffentlich-rechtlich festgelegter Aufgaben gerichteter Realakt der Verwaltung anhand öffentlich-rechtlicher Normen zu beurteilen sei, solange ein entgegenstehender Wille nicht offenkundig in Erscheinung trete.[186]

Nach allgemeiner Auffassung können auch Privatpersonen in Ausübung eines ihnen anvertrauten öffentlichen Amtes handeln. Dies gilt maßgeblich für die so genannten Beliehenen. **Beliehene** sind **natürliche oder juristische Personen des Privatrechtes**, denen durch Gesetz oder aufgrund Gesetzes durch Verwaltungsakt oder verwaltungsrechtlichen Vertrag bestimmte einzelne hoheitliche Kompetenzen zur Wahrnehmung im eigenen Namen übertragen worden sind. Zu ihnen gehören die mit Polizeigewalt ausgestatteten Luftfahrzeugführer (§ 29 Abs. 3 LuftVG), Schiffskapitäne (§ 75 Abs. 1, 101, 106 SeemannsG), Jagdaufseher (§ 25 Abs. 2 BJagdG), Feld- und Forstaufseher (§ 16 FF-SchG NRW), Fischereiaufseher (§ 54 FischG NRW), weiter die nach § 2 Abs. 2 Nr. 2 ViehseuchenG zugezogenen Tierärzte, die Deutsche Post AG bei der Durchführung von Postzustellungsaufträgen gemäß § 16 PostG.[187]

Die höchstrichterliche Rechtsprechung hat die **Ausübung eines öffentlichen Amtes**[188] und damit die Anwendung der Grundsätze der Amtshaftung auch für folgende Funktionen bejaht:
- Milchleistungsprüfungen durch einen Kontrollverband nach Übertragung der Aufgabe durch den Direktor der Landwirtschaftskammer,[189]

---

[173] BGH v. 12.12.1991 - III ZR 10/91 - LM BGB § 839 (L) Nr. 15 (7/1992); *Hecker* in: Erman, § 839 Rn. 23; *Wurm* in: Staudinger, § 839 Rn. 83; *Ossenbühl*, Staatshaftungsrecht, 5. Aufl. 1998, S. 28-41.
[174] BGH v. 12.07.1962 - III ZR 93/61 - LM Nr. 64 zu Art.34 GrundG; BGH v. 27.01.1977 - III ZR 173/74 - BGHZ 68, 217-225; BGH v. 02.11.1978 - III ZR 183/76 - LM Nr. 107 zu Art. 34 GrundG; *Wurm* in: Staudinger, § 839 Rn. 84.
[175] BGH v. 26.06.1972 - III ZR 32/70 - VersR 1972, 1047 - 1049; OLG Bamberg v. 11.04.1973 - 1 U 152/72 - VersR 1974, 293-296.
[176] BGH v. 20.03.1961 - III ZR 9/60 - juris Rn. 12 - BGHZ 34, 375-381.
[177] AG St. Wendel v. 18.05.1976 - 4 C 84/76 - NJW 1976, 1407.
[178] BGH v. 09.07.1956 - III ZR 320/54 - BGHZ 21, 214-221.
[179] OLG Düsseldorf v. 15.01.1998 - 8 U 81/97 - NVwZ-RR 1999, 102-104; OLG Koblenz v. 11.10.2000 - 1 U 1139/99 - OLGR Koblenz 2001, 73-74.
[180] OLG Hamm v. 15.07.1992 - 11 U 52/92 - NJW-RR 1994, 394-396.
[181] OLG Köln v. 20.01.2000 - 7 U 84/99 - NVwZ 2000, 594-596.
[182] OLG Köln v. 04.02.1999 - 7 U 160/98.
[183] OLG Zweibrücken v. 19.01.1989 - 5 U 91/87 - BRS 53 Nr. 162.
[184] LG Kiel v. 20.05.2009 - 17 O 147/08.
[185] LG Nürnberg v. 30.10.2008 - 4 O 6567/08 - DStR 2009, 42-43.
[186] *Vinke* in: Soergel, § 839 Rn. 57; *Ossenbühl*, Staatshaftungsrecht, 5. Aufl. 1998, S. 36.
[187] *Ossenbühl*, Staatshaftungsrecht, 5. Aufl. 1998, S. 15; vgl. auch *Wurm* in: Staudinger, § 839 Rn. 44-47; *Jeromin/Kirchberg* in: Johlen, Münchener Anwaltshandbuch Verwaltungsrecht, 2. Aufl. 2003, § 18 Rn. 11; vgl. zur Rechtsstellung der Beliehenen auch *Burgi*, Staat, Kirche, Verwaltung: Festschrift für Hartmut Maurer zum 70. Geburtstag, 2001, 581-594 sowie *Schmidt*, ZG 2002, 353-373.
[188] Vgl. hierzu auch *Rinne/Schlick*, NJW 2004, 1918-1931, 1918-1920; *Rinne/Schlick*, NJW 2005, 2541-2550, 2541-2542; *Schlick*, NJW 2009, 3487-3488.
[189] OLG Köln v. 05.10.1989 - 7 U 50/89 - AgrarR 1990, 261-263.

§ 839

- Tätigkeiten des Zivildienstleistenden in privatrechtlichen Beschäftigungsstellen,[190]
- privater Müllentsorger,[191]
- die Vertrauensärzte der Sozialversicherungsträger,[192]
- die Amtsärzte,[193]
- Sanitätssoldat und Krankenschwester im Sanitätszentrum oder -bereich der Bundeswehr,[194]
- die vom Versorgungsamt beauftragten Vertragsärzte,[195]
- der Gutachter des Medizinischen Dienstes der Krankenkassen (MDK),[196]
- die von der Berufsgenossenschaft bestellten Durchgangsärzte im Rahmen ihres gesetzlichen Auftrages, somit nicht bei der ärztlichen Erstversorgung eines Unfallverletzten,[197]
- der Ersatzkassenverband bei der Zulassung von Leistungserbringern für die Abgabe von Hilfsmitteln und bei deren Widerruf,[198]
- TÜV-Sachverständige bei der Vorprüfung einer überwachungsbedürftigen Anlage im Vorfeld eines immissionsschutzrechtlichen Genehmigungsverfahrens,[199]
- die Prüfingenieure für Baustatik, weil sie von der Baugenehmigungsbehörde zur Mitwirkung bei ihrer hoheitlichen Aufgabe berufen worden sind,[200]
- Gutachterausschuss einer Gemeinde,[201]
- die Geistlichen bei der Erteilung des Religionsunterrichts, weil die Sorge für den Religionsunterricht nach Art. 7 Abs. 3 GG dem Staat obliege,[202]
- die Schiedsmänner,[203]
- die amtlich anerkannten Sachverständigen für den Kraftfahrzeugverkehr,[204] die Prüfingenieure zur Nachprüfung von Luftfahrtgeräten,[205]
- die Mitglieder der Freiwilligen Feuerwehr,[206]
- die Bezirksschornsteinfegermeister bei der Bauabnahme der Feuerstättenschau und bei gewissen Funktionen im Bereich des Immissionsschutzes,[207]
- der polizeilich beauftragte Blutentnahmearzt,[208]

---

[190] BGH v. 16.05.1983 - III ZR 78/82 - BGHZ 87, 253-259; BGH v. 04.06.1992 - III ZR 93/91 - BGHZ 118, 304-311; BGH v. 14.11.2002 - III ZR 131/01 - BGHZ 152, 380-391; hierzu *Schmitt*, LMK 2003, 22-23; OLG Saarbrücken v. 10.12.1998 - 3 U 789/97 - 45, 3 U 789/97 - MDR 1999, 865-866.

[191] OLG Düsseldorf v. 03.07.2000 - 1 U 235/99 - DAR 2000, 477-478.

[192] BGH v. 13.05.1968 - III ZR 182/67 - NJW 1968, 2293 für die AOK; BGH v. 19.12.1960 - III ZR 185/60 - VersR 1961, 225 für die Bundesknappschaft.

[193] BGH v. 11.12.1952 - III ZR 331/51 - LM Nr. 2 zu § 839 (Fc) BGB für das Arbeitsamt; BGH v. 05.05.1994 - III ZR 78/93 - LM BGB § 839 (Cb) Nr. 90 (10/1994) für das Gesundheitsamt; BGH v. 07.07.1994 - III ZR 52/93 - BGHZ 126, 386-396 für den Impfarzt.

[194] BGH v. 27.06.2002 - III ZR 234/01 - juris Rn. 10 - BGHZ 151, 198-204.

[195] BGH v. 19.12.1960 - III ZR 194/59 - NJW 1961, 969.

[196] OLG Karlsruhe v. 08.01.2001 - 3 W 110/00 - MedR 2001, 368-369; *Papier* in: Maunz/Dürig, GG, Art. 34 Rn. 140; *Sikorski*, MedR 2001, 188-190, 188.

[197] BGH v. 09.12.1974 - III ZR 131/72 - BGHZ 63, 265-274; vgl. zu den Pflichtverletzungen des Durchgangsarztes auch *Olzen*, MedR 2002, 132-139.

[198] BGH v. 25.10.2001 - III ZR 237/00 - LM BGB § 839 (A) Nr. 67 (8/2002).

[199] BGH v. 25.03.1993 - III ZR 34/92 - BGHZ 122, 85-93.

[200] BGH v. 27.05.1963 - III ZR 48/62 - BGHZ 39, 358-365.

[201] BGH v. 01.02.2001 - III ZR 193/99 - NVwZ 2001, 1074-1075; OLG Naumburg v. 22.01.2004 - 4 U 133/03 - OLGR Naumburg 2004, 316-317; *Körner*, UPR 2004, 17-21, 20.

[202] BGH v. 28.11.1960 - III ZR 200/59 - BGHZ 34, 20-23.

[203] BGH v. 11.12.1961 - III ZR 172/60 - BGHZ 36, 193-197; BGH v. 12.02.1970 - III ZR 231/68 - BGHZ 53, 217-221.

[204] BGH v. 30.11.1967 - VII ZR 34/65 - BGHZ 49, 108-117; BGH v. 10.04.2003 - III ZR 266/02 - MDR 2003, 930; OLG Köln v. 16.12.1988 - 6 U 83/88 - NJW 1989, 2065-2066; OLG Koblenz v. 02.09.2002 - 12 U 266/01 - NJW 2003, 297-299; OLG Karlsruhe v. 03.08.2011 - 9 U 59/11 - DAR 2012, 212-213.

[205] BGH v. 22.03.2001 - III ZR 394/99 - BGHZ 147, 169-178.

[206] BGH v. 23.04.1956 - III ZR 299/54 - BGHZ 20, 290-301; BGH v. 18.12.2007 - VI ZR 235/06 - MDR 2008, 384-386; vgl. hierzu *Reinert* in: Bamberger/Roth, 2. Aufl. 2008, § 839 Rn. 20.

[207] BGH v. 10.06.1974 - III ZR 89/72 - BGHZ 62, 372-380; OLG Hamm v. 28.04.1972 - 11 U 269/71 - NJW 1972, 2088-2090; LG Arnsberg v. 20.03.2002 - 2 O 406/01 - NVwZ-RR 2003, 545.

[208] OLG München v. 12.01.1978 - 1 U 3187/77 - NJW 1979, 608-609.

- der rettungsdienstliche Notarzteinsatz,[209]
- ärztliche Maßnahmen als Zwangsbehandlung in einem psychiatrischen Krankenhaus auf Veranlassung des Amtsarztes[210] sowie bei Einverständnis des Patienten und seines Betreuers,[211]
- private Labors, die vom Land wegen Kapazitätsausschöpfung der eigenen Labors mit der Durchführung von BSE-Schnelltests beauftragt werden,[212]
- Bedienstete der Krankenkassen und Landesverbände von Krankenkassen, die über die Zulassung von Leistungserbringern für Hilfsmittel nach § 126 Abs. 1 SGB V zu befinden haben,[213]
- nebenberufliche Tätigkeit als Anstaltsarzt in der JVA,[214]
- Gerichtsvollzieher[215].

Die Staatshaftung gilt auch für Verwaltungshelfer. Zu den Verwaltungshelfern werden gerechnet:[216]
- die Schülerlotsen,[217]
- die Ordnungsschüler bei zeitweiser Abwesenheit des Lehrers,[218]
- die Hilfestellung leistenden Schüler im Turnunterricht,[219]
- Begleiter (z.B. Eltern) bei Schulwanderungen und Schülertransporten,[220]
- die zur Pausenaufsicht eingeteilten Schüler,[221]
- hinzugezogene Ärzte eines Zivilkrankenhauses bei der Heilbehandlung eines Soldaten[222] sowie eines Gefangenen,[223] nicht aber Vertragsärzte und Krankenhäuser mit Kassenzulassung bei der Heilbehandlung eines Zivildienstleistenden im Rahmen der gesetzlichen Heilfürsorge,[224]
- das Abschleppunternehmen, das auf Veranlassung der Polizei einen Pkw abschleppt, weil es sich um einen Akt des Vollzugs in Gestalt einer Ersatzvornahme handelt,[225]
- beauftragte Privatfirmen mit der Überwachung von Ampelanlagen,[226]
- beauftragte Private mit der Fluggastkontrolle auf Flughäfen nach § 29c Abs. 1 LuftVG,[227]
- die von einer Kommune mit der Durchführung von BSE-Tests beauftragten privaten Labors,[228]
- das Privatunternehmen, das im Auftrag des Bergamtes Sicherungs- und Verfüllarbeiten eines Tagesbruchs zur Beseitigung einer nicht hinnehmbaren Gefährdung der öffentlichen Sicherheit und Ordnung ausführt[229].

42

---

[209] BGH v. 14.07.1987 - III ZR 183/86 - BGHR RVO § 637 Notarzt 1; BGH v. 12.11.1992 - III ZR 178/91 - BGHZ 120, 184-197; *Vinke* in: Soergel, § 839 Rn. 85; ausführlich hierzu *Fehn/Lechleuthner*, MedR 2000, 114-122, 116-120; u.a. in Bayern ist der gesamte Rettungsdienst öffentlich-rechtlich organisiert, vgl. BGH v. 09.01.2003 - III ZR 217/01 - BGHZ 153, 268-279; BGH v. 16.09.2004 - III ZR 346/03 - NJW 2005, 429-433.
[210] OLG Koblenz v. 14.09.1999 - 1 U 1551/95 - MedR 2000, 136-139; *Reinert* in: Bamberger/Roth, 3. Aufl. 2012, § 839 Rn. 21.
[211] BGH v. 31.01.2008 - III ZR 186/06 - NJW 2008, 1444-1445.
[212] BGH v. 02.02.2006 - III ZR 131/05 - VersR 2006, 698-700; OLG Stuttgart v. 19.04.2005 - 1 U 74/03 - NVwZ-RR 2006, 6-10. Vgl. auch *Stelkens*, JZ 2004, 656-661.
[213] BGH v. 02.10.2008 - III ZR 117/07.
[214] OLG München v. 09.05.2005 - 1 W 1294/05.
[215] BGH v. 05.02.2009 - IX ZR 36/08 - NJW-RR 2009, 658-659.
[216] *Papier* in: MünchKomm-BGB, § 839 Rn. 135-136; vgl. auch *Jeromin/Kirchberg* in: Johlen, Münchener Anwaltshandbuch Verwaltungsrecht, 2. Aufl. 2003, § 18 Rn. 13.
[217] OLG Köln v. 19.01.1968 - 2 U 11/67 - NJW 1968, 655 hierzu *Martens*, NJW 1970, 1029-1030, 1029 sowie *Zuleeg*, DÖV 1970, 627-634, 627.
[218] LG Rottweil v. 17.12.1969 - 2 O 144/69 - NJW 1970, 474.
[219] BGH v. 03.07.1958 - III ZR 88/57 - LM Nr. 40 zu § 839 (C) BGB.
[220] BGH v. 12.12.1991 - III ZR 10/91 - LM BGB § 839 (L) Nr. 15 (7/1992).
[221] LG Rottweil v. 17.12.1969 - 2 O 144/69 - NJW 1970, 474.
[222] BGH v. 29.02.1996 - III ZR 238/94 - NJW 1996, 2431-2432.
[223] BGH v. 26.11.1981 - III ZR 59/80 - LM Nr. 50 zu § 839 (Ca) BGB.
[224] BGH v. 26.10.2010 - VI ZR 307/09 - MedR 2011, 805-808.
[225] BGH v. 21.01.1993 - III ZR 189/91 - BGHZ 121, 161-168; vgl. auch *Schimikowski*, VersR 1984, 315-318, 315; OLG Jena v. 06.04.2005 - 4 U 965/04 - OLGR Jena 2005, 447-449.
[226] BGH v. 14.06.1971 - III ZR 120/68 - DB 1971, 1413; *Ossenbühl*, JuS 1973, 421-425, 421.
[227] Hierzu *Stöber*, NJW 1997, 889-896, 893-896.
[228] BGH v. 14.10.2004 - III ZR 169/04 - NJW 2005, 286-288; BGH v. 02.02.2006 - III ZR 131/05 - VersR 2006, 698-700; BGH v. 15.02.2007 - III ZR 137/06 - NVwZ-RR 2007, 368-369; OLG Bremen v. 10.12.2008 - 1 U 11/08 - OLGR Bremen 2009, 250-255.
[229] OLG Hamm v. 30.03.2011 - 11 U 221/10 u.a.

Der Verwaltungshelfer unterscheidet sich vom Beliehenen durch das Fehlen eines förmlichen Beleihungsaktes.[230]

43 Nach Auffassung von *Ossenbühl* ist das Problem, ob die Grundsätze der Amtshaftung auch dann eingreifen, wenn der Staat zur Erfüllung seiner Aufgaben selbständige Privatunternehmen heranzieht, noch nicht bewältigt.[231] Auf vielen Rechtsgebieten wird die Verwaltung teils hoheitlich und teils nicht hoheitlich tätig. Die Abgrenzung zwischen hoheitlicher und nicht hoheitlicher Tätigkeit ist häufig schwierig. *Ossenbühl* führt hierzu aus, dass die haftungsrechtliche Einordnung einer Reihe von Verwaltungsagenden **problematisch, zum Teil regelwidrig erscheint und nur aus der rechtsgeschichtlichen Entwicklung verständlich ist**.[232]

44 Hierbei wird die haftungsrechtliche Einordnung folgender Einzelfälle vielfach diskutiert:

a. Die Deutsche Bundesbahn/Die DB-Bahn AG

45 Die **Tätigkeit der Bundesbahn** wurde von der ständigen Rechtsprechung des RG[233] sowie BGH[234] – mit Ausnahme der Bahnpolizei – **privatrechtlich** beurteilt.[235] Trotz des hoheitlichen Charakters der Aufgaben der Bundesbahn wurde entscheidend auf die privatrechtlichen Beziehungen zwischen Benutzer und der Bundesbahn abgestellt[236]. Die Verpflichtung zur Zahlung eines Schmerzensgeldes für geschlossene Toiletten während einer längeren Bahnfahrt ergibt sich somit aus den §§ 823, 831 BGB.[237] Schadensersatzansprüche eines Beamten aus § 839 BGB sind weiterhin gegen das Bundeseisenbahnvermögen (BEV) zu richten. Diese Verbindlichkeiten sind nicht auf die DB Bahn AG übergegangen.[238]

b. Die Deutsche Bundespost

46 Die **Tätigkeit der Deutschen Bundespost** zählte zur **hoheitlichen Daseinsvorsorge**[239]. Entscheidend war indes nicht die Zielsetzung des Unternehmens, sondern die organisatorische Gestaltung.[240] Alsdann waren die Schädigungen Dritter grundsätzlich nach Amtshaftungsgrundsätzen zu beurteilen. Das galt auch für Schäden, die bei der Personenbeförderung durch die Bundespost entstanden waren[241], und bei Fehlern des Postscheckamtes[242]. Die Rechtslage hat sich geändert durch das In-Kraft-Treten des PoststrukturG vom 28.06.1989.[243] Danach ist die Post überwiegend privatrechtlich tätig. Nur im Bereich des Postauftragsdienstes blieben ihr öffentlich-rechtliche Befugnisse übertragen. Aufgrund weiterer Gesetzesänderungen, wie z.B. dem PostneuordnungsG vom 14.09.1994[244] sowie dem (neuen) PostG vom 22.12.1997,[245] geht die Literatur heute davon aus, dass die Post generell privatrechtlich tätig wird. Aus der derzeit der Deutschen Post AG erteilten Exklusivlizenz für Postsendungen bestimmter Größen kann Gegenteiliges nicht hergeleitet werden[246]. Bei Verlust eines Wertpaketes ergibt sich die Haftung ausschließlich aus den Bestimmungen des PostG 1989[247]. Der Deutschen Post AG obliegt

---

[230] Vgl. zum (privaten) Verwaltungshelfer *Wolff/Bachof/Stober/Kluth*, Verwaltungsrecht I, 12. Aufl. 2007, § 22 Rn. 53.
[231] *Ossenbühl*, Staatshaftungsrecht, 5. Aufl. 1998, S. 20-25.
[232] *Ossenbühl*, Staatshaftungsrecht, 5. Aufl. 1998, S. 28.
[233] RG v. 06.10.1939 - III 2/39 - RGZ 161, 341-350.
[234] BGH v. 23.04.1951 - IV ZR 158/50 - BGHZ 2, 37-55; BGH v. 19.06.1952 - III ZR 113/51 - BGHZ 6, 304-315; BGH v. 23.02.1956 - III ZR 324/54 - juris Rn. 6 - BGHZ 20, 102-109.
[235] Vgl. zur Haftung für Altverbindlichkeiten OLG Stuttgart v. 29.10.2003 - 4 U 159/03 - NJW-RR 2004, 1023-1024.
[236] *Vinke* in: Soergel, § 839 Rn. 65; *Hecker* in: Erman, § 839 Rn. 34; *Ossenbühl*, Staatshaftungsrecht, 5. Aufl. 1998, S. 36.
[237] AG Frankfurt v. 25.04.2002 - 32 C 261/01 - NJW 2002, 2253-2254.
[238] OLG Stuttgart v. 29.10.2009 - 4 U 159/03 - NJW-RR 2004, 1023-1024.
[239] BGH v. 23.02.1956 - III ZR 324/54 - juris Rn. 6 - BGHZ 20, 102-109; BGH v. 02.07.1986 - VIII ZR 194/85 - BGHZ 98, 140-147; vgl. hierzu *Reinert* in: Bamberger/Roth, 3. Aufl. 2012, § 839 Rn. 18.
[240] BGH v. 26.03.1997 - III ZR 307/95 - NJW 1997, 1985.
[241] BGH v. 23.02.1956 - III ZR 324/54 - BGHZ 20, 102-109.
[242] BGH v. 25.05.1961 - III ZR 54/60 - LM Nr. 2 zu § 9 PostscheckG.
[243] BGBl I 1989, 1026.
[244] BGBl I 1994, 2325.
[245] BGBl I 1997, 3294.
[246] *Vinke* in: Soergel, § 839 Rn. 66-67; *Hecker* in: Erman, § 839 Rn. 33; Ossenbühl, Staatshaftungsrecht, 5. Aufl. 1998, S. 37-38.
[247] BGH v. 16.07.2002 - X ZR 250/00 - BGHZ 151, 337-353.

es jedoch nach wie vor, Schriftstücke nach den Regeln des Prozess- und Verfahrensrechts förmlich zuzustellen. Nach § 33 Abs. 1 PostG n.F.[248] ist ein Lizenznehmer, der Briefzustelldienstleistungen erbringt, verpflichtet, Schriftstücke nach den Vorschriften der Prozessordnungen förmlich zuzustellen; im Umfang dieser Verpflichtung ist der Lizenznehmer mit Hoheitsbefugnissen ausgestattet und beliehener Unternehmer. Insoweit haftet der Lizenznehmer wie ein öffentlich-rechtlicher Dienstherr für seine Bediensteten im hoheitlichen Bereich.[249] Soweit die Instanzgerichte in den 90er Jahren trotz Änderung der Struktur der Deutschen Bundespost die Auffassung vertreten haben, diese handele nach wie vor hoheitlich, konnten das Postneuordnungsgesetz aus dem Jahre 1994 sowie das neue Postgesetz aus dem Jahre 1997 noch nicht berücksichtigt werden.[250] Im Bereich der Telekommunikation ist § 839 BGB unzweifelhaft nicht einschlägig[251] (vgl. Rn. 390).

c. Dienstliche Teilnahme am öffentlichen Straßenverkehr

Schädigungen bei der Teilnahme im **allgemeinen Straßenverkehr** sind gemäß § 839 BGB zu beurteilen, wenn die Dienstfahrt **im Einzelfall Ausübung eines öffentlichen Amtes** ist.[252] Entscheidend hierfür ist der **mit der Fahrt verfolgte Zweck**. Der Anwendungsbereich des Amtshaftungsanspruchs ist nicht auf Dienstfahrten oder Einsatz von Sonderrechten nach § 35 StVO beschränkt.[253] Eindeutig ist die Zuordnung in den Fällen, in denen mit der Wahrnehmung der öffentlichen Aufgabe die Verkehrsteilnahme typischerweise verbunden ist, wie z.B. bei Streifenfahrten der Polizei,[254] Übungsfahrten der Bundeswehr,[255] Einsatzfahrten der Feuerwehr,[256] wobei die Amtshaftung auch beim sachlich gebotenen Einsatz privater Beförderungsmittel gegeben ist[257]. Weiterhin wird eine hoheitsrechtlich zu beurteilende Fahrt angenommen bei der Teilnahme am Straßenverkehr der in der Bundesrepublik stationierten ausländischen Streitkräfte,[258] bei Kurierfahrten einer Behörde,[259] bei der Fahrt eines TÜV-Angestellten mit einem von der Polizei wegen Verkehrssicherheit sichergestellten Sattelzuges von der polizeilichen Verwahrstelle zur TÜV-Prüfstelle,[260] bei Fahrten eines Amtsarztes,[261] bei der Fahrt eines Justizvollzugsbediensteten mit eigenem Pkw zum Schießübungsplatz,[262] der Fahrt eines Feuerwehrfahrzeuges zum TÜV[263] sowie bei der Fahrt eines Straßenreinigungsfahrzeuges bei einer Einsatzfahrt[264]. Hierbei bleibt die Haftung gemäß § 7 StVG neben der Haftung gemäß § 839 BGB bestehen; dagegen gilt die Subsidiaritätsklausel des § 839 Abs. 1 Satz 2 BGB bezüglich des immateriellen Schadens, da sich dessen Ersatz nur aus § 839 BGB i.V.m. Art. 34 GG ergeben kann.[265]

47

---

[248] Gesetz vom 22.12.1997 - BGBl I 1997, 3294.
[249] BGH v. 19.10.2000 - IX ZB 69/00 - juris Rn. 10 - LM ZPO § 182 Nr. 11 (10/2001).
[250] OLG München v. 25.03.1994 - 10 U 4856/93 - NJW-RR 1994, 1442-1443; OLG Hamm v. 14.03.1995 - 27 U 218/94 - NJW-RR 1997, 467-468.
[251] OLG Karlsruhe v. 18.03.1994 - 15 U 244/93 - Archiv PT 1995, 145-147; *Vinke* in: Soergel, § 839 Rn. 67; *Hecker* in: Erman, § 839 Rn. 33.
[252] BGH v. 25.09.2007 - KZR 48/05 - NVwZ-RR 2008, 79. Hierzu *Wurm* in: Staudinger, § 839 Rn. 87-92.
[253] BGH v. 12.12.1991 - III ZR 10/91 - NJW 1992, 1227-1230; OLG Brandenburg v. 19.02.2008 - 2 U 20/07. Hierzu *Reinert* in: Bamberger/Roth, 3. Aufl. 2012, § 839 Rn. 22; vgl. zur Haftung im Straßenverkehr bei der Inanspruchnahme von Sonderrechten *Rebler*, PVR 2003, 308-314.
[254] RG v. 16.03.1933 - VI 19/33 - RGZ 140, 415-420; OLG Oldenburg v. 21.03.1963 - 1 O 170/62 - VersR 1963, 1087.
[255] BGH v. 29.01.1968 - III ZR 111/66 - BGHZ 49, 267-278.
[256] BGH v. 02.06.1958 - III ZR 126/57 - VersR 1958, 688; BGH v. 23.04.1956 - III ZR 299/54 - BGHZ 20, 290-301.
[257] BGH v. 12.12.1991 - III ZR 10/91 - LM BGB § 839 (L) Nr. 15 (7/1992); LG Magdeburg v. 07.09.2010 - 10 O 564/10.
[258] BGH v. 16.04.1964 - III ZR 182/63 - BGHZ 42, 176-182; BGH v. 29.01.1968 - III ZR 111/66 - BGHZ 49, 267-278.
[259] BGH v. 28.11.1955 - III ZR 306/54 - LM Nr. 25 zu Art. 34 GrundG.
[260] OLG München v. 31.03.1994 - 1 U 6250/93 - OLGR München 1994, 135.
[261] BGH v. 08.12.1958 - III ZR 235/56 - juris Rn. 10 - BGHZ 29, 38-46.
[262] LG Duisburg v. 18.05.1982 - 1 O 21/82 - VersR 1983, 93-94.
[263] OLG Oldenburg v. 06.03.1973 - 4 U 162/72 - NJW 1973, 1199.
[264] LG Berlin v. 07.05.2003 - 24 O 34/03 - Schaden-Praxis 2003, 301-303.
[265] KG Berlin v. 16.12.1991 - 12 U 202/91 - VersR 1992, 1129-1132.

§ 839

48 Von einer **privatrechtlichen Teilnahme** am Straßenverkehr geht die Rechtsprechung jedoch aus bei der Fahrt einer Richterin zum Ortstermin[266] und auch bei Überführung eines Polizeifahrzeuges in eine Reparaturwerkstatt; Letzteres wird als privatrechtlich-fiskalisches Hilfsgeschäft bezeichnet;[267] als privatrechtlich wird auch deklariert die Fahrt eines Autobahnbauamtsbediensteten zu Grundstücksverhandlungen für den Straßenbau[268] sowie die Fahrt eines Soldaten ohne dienstliche Anordnung mit eigenem Kraftrad zum Lehrgang[269]. Die Rechtsprechung hat den Unterschieden zwischen Dienstfahrten i.S.d. § 35 StVO und anderen Fahrten insofern Rechnung getragen, als sie bei letzteren aus Gründen der Gleichbehandlung anderer Verkehrsteilnehmer nicht mehr die Subsidiaritätsklausel des § 839 Abs. 1 Satz 2 BGB anwendet.[270] Der Sonderrechtsfahrer muss, je stärker er von den Verkehrsregeln abweicht, umso mehr Warnzeichen geben und sich vergewissern, dass die übrigen Verkehrsteilnehmer sie befolgen.[271]

d. Straßenbaulast, Verkehrssicherung und Verkehrsregelung

49 Die **Straßenbaulast** gehört zur **schlichten Hoheitsverwaltung** im Bereich der **Daseinsvorsorge**; ihre Wahrnehmung ist **Ausübung eines öffentlichen Amtes**.[272] Die Straßenbaulast umfasst alle mit dem Bau, der Unterhaltung und Verbesserung der Straßen, Wege und Plätze zusammenhängenden Aufgaben. Hierzu gehört auch das Auf- und Abbauen von Straßenschildern.[273] Die Straßenbaulast besteht gegenüber der Allgemeinheit.[274] Eine Amtshaftung wegen Nichterfüllung von Straßenbaulastaufgaben scheidet deshalb ebenso aus wie eine private Deliktshaftung;[275] die Instanzgerichte haben jedoch im Einzelfall die Amtshaftung des Straßenbaulastträgers für möglich erachtet[276].

50 Soweit es um die **Verkehrssicherungspflicht** (vgl. ausführlich hierzu Rn. 455 ff.) geht, ergibt sich hieraus die Verpflichtung des Trägers der Straßenbaulast, die Verkehrsflächen möglichst gefahrlos zu gestalten und zu erhalten und im Rahmen des Zumutbaren alles zu tun, um den Gefahren zu begegnen, die den Verkehrsteilnehmern aus einem nicht ordnungsgemäßem Zustand der Verkehrsflächen unabhängig von deren baulichen Beschaffenheit drohen, wozu z.B. das Streuen,[277] die Reinigung und die Beleuchtung gehören.[278] An der Verkehrssicherungspflicht ändert sich auch nichts durch die Einbindung Privater in den Bau, die Unterhaltung und den Betrieb von Straßen, insbesondere Bundesstraßen.[279] Es ist Aufgabe des Verkehrssicherungspflichtigen, dafür Sorge zu tragen, dass jeglicher zum öffentlichen Verkehr freigegebener Weg zumindest mit Schrittgeschwindigkeit befahren werden kann.[280] Zur (gemeindlichen) Verkehrssicherungspflicht gehört auch das Absaugen einer überfluteten

---

[266] BGH v. 27.09.1965 - III ZR 43/65 - VersR 1965, 1101.

[267] OVG Saarlouis v. 21.02.1968 - III R 38/67 - NJW 1968, 1796.

[268] BAG v. 23.08.1963 - 1 AZR 423/62 - NJW 1964, 1702.

[269] RG v. 11.03.1938 - III 140/37 - JW 1938, 1652; vgl. jedoch BGH v. 26.05.1981 - VI ZR 52/80 - ZfS 1981, 297-298.

[270] BGH v. 27.01.1977 - III ZR 173/74 - BGHZ 68, 217-225; BGH v. 13.12.1990 - III ZR 14/90 - BGHZ 113, 164-169; OLG Köln v. 26.02.1998 - 7 U 178/97 - OLGR Köln 1998, 265-266; vgl. *Hecker* in: Erman, § 839 Rn. 28.

[271] KG Berlin v. 12.04.2001 - 12 U 14/99 - KGR Berlin 2003, 40-42; KG Berlin v. 04.11.2002 - 12 U 113/01 - KGR Berlin 2003, 39-40.

[272] BGH v. 01.06.1970 - III ZR 210/68 - BGHZ 54, 165-177; BGH v. 21.09.1978 - X ZR 56/77 - LM Nr. 3 zu Art. 85 GrundG; OLG Brandenburg v. 19.02.2008 - 2 U 20/07; OLG Frankfurt v. 08.07.2009 - 1 U 300/08; KG Berlin v. 30.09.2011 - 9 U 11/11, VersR 2012, 236-238; vgl. hierzu auch *Rinne*, NVwZ 2003, 9-14.

[273] OLG Brandenburg v. 19.02.2008 - 2 U 20/07.

[274] OLG Düsseldorf v. 19.09.1996 - 18 U 22/96 - VD 1997, 257-258.

[275] *Vinke* in: Soergel, § 839 Rn. 96; *Ossenbühl*, Staatshaftungsrecht, 5. Aufl. 1998, S. 29-30.

[276] Vgl. z.B. OLG Brandenburg v. 12.03.2002 - 2 U 29/01 - OLG-NL 2003, 11-13; OLG Nürnberg v. 22.10.2003 - 4 U 2515/02 - MDR 2004, 277-278; LG Memmingen v. 06.05.2003 - 3 O 485/03.

[277] Nach der Rechtsprechung des BGH trägt der Geschädigte die Beweislast für die tatsächlichen Voraussetzungen, aus denen eine Streupflicht erwächst, vgl. BGH v. 26.02.2009 - III ZR 225/08 - NJW 2009, 3302-3303; hierzu *Schlick*, NJW 2009, 3487, 3489.

[278] BGH v. 18.12.1972 - III ZR 121/70 - BGHZ 60, 54-64; BGH v. 27.01.2005 - III ZR 176/04 - NVwZ-RR 2005, 362-363; BGH v. 02.06.2005 - III ZR 358/04 - NJW 2005, 2454; LG Koblenz v. 10.07.2003 - 10 O 69/03 - DAR 2003, 526-527.

[279] Vgl. hierzu *Müller*, VersR 2006, 326-330.

[280] OLG Jena v. 15.10.2002 - 3 U 964/01 - DAR 2003, 69-70.

Straßensenke²⁸¹ sowie der winterliche Räum- und Streudienst²⁸². Die Abgrenzung zwischen **öffentlicher** und **privatrechtlicher Verkehrssicherungspflicht** ist im Einzelfall schwierig. Im Grundsatz geht die Rechtsprechung davon aus, dass eine Verletzung der Straßenverkehrssicherungspflicht durch die allgemeinen **zivilrechtlichen Deliktsvorschriften** des BGB sanktioniert wird.²⁸³ Dies gilt auch für die Verkehrssicherungspflicht auf einem Friedhof (Schutz der Friedhofsbesucher gegen umstürzende Grabsteine).²⁸⁴ Streitig ist in Rechtsprechung und Literatur auch, ob eine Verletzung der Sicherungspflicht in einem kommunalen Freibad einen Amtshaftungsanspruch aus § 839 Abs. 1 BGB begründet.²⁸⁵

Allerdings gibt es **zwei Ausnahmen** von der privatrechtlichen Qualifikation der Verkehrssicherungspflicht: So kann durch Gesetz die Verkehrssicherungspflicht als öffentlich-rechtliche, allen Straßenbenutzern gegenüber bestehende Amtspflicht im Sinne von Art. 34 GG, § 839 BGB ausgestaltet werden.²⁸⁶ Soweit die Straßenverkehrssicherungspflicht öffentlich ausgestaltet ist, umfasst diese hoheitliche Aufgabe auch die Sorge für die Standsicherheit von Straßenbäumen²⁸⁷ und die Pflicht, die Erhaltung der wirksam übertragenen Räum- und Streupflicht durch die Anlieger zu überwachen²⁸⁸. Weiterhin besteht die Möglichkeit einer öffentlich-rechtlichen Haftung auch dann, wenn der Verwaltungsträger seinen Willen, die ihm obliegende Verkehrssicherung in hoheitlichen Formen zu erfüllen, durch einen öffentlich bekannt gemachten Organisationsakt, wie etwa durch einen gemeindlichen Satzungsbeschluss oder in der Ausgestaltung einer öffentlichen Einrichtung, zum Ausdruck gebracht hat.²⁸⁹   51

Den Straßenverkehrsbehörden obliegt weiterhin die **Verkehrsregelungspflicht**; diese ist dem öffentlichen Recht zuzurechnen.²⁹⁰ Die Straßenverkehrsbehörden haben die Pflicht, für die Sicherheit und Leichtigkeit des Verkehrs und zu diesem Zweck für eine ordnungsgemäße Anbringung von Verkehrseinrichtungen zu sorgen.²⁹¹ Die Entscheidung der Straßenverkehrsbehörde über die Anbringung von Verkehrszeichen und Verkehrseinrichtungen sowie über Ort und Art solcher Maßnahmen ist nach pflichtgemäßem Ermessen zu treffen.²⁹² Hierzu gehört auch das ordnungsgemäße Programmieren von Verkehrsregelungseinrichtungen, nicht hingegen die Wartung und Überprüfung der Anlagen und die Beseitigung von Funktionsstörungen.²⁹³ Letzteres obliegt im Hinblick auf die Verkehrssicherungspflicht dem Träger der Straßenbaulast.²⁹⁴   52

Zur behördlichen Verkehrsregelungspflicht gehört die Verpflichtung der Straßenverkehrsbehörde, an Tankstellenausfahrten Verkehrsschilder aufzustellen, die auf eine Einbahnstraße hinweisen.²⁹⁵ Die Rechtsprechung hat sich weiter mit Fragen der Verkehrsregelungspflicht an unübersichtlichen Kreuzungen beschäftigt²⁹⁶ und auch mit den Amtspflichten des diensttuenden Brückenwärters, der vor Öffnung der Drehbrücke für die Schifffahrt zu beobachten hat, ob Brückenbenutzer durch die Drehung gefährdet werden können²⁹⁷. Darüber hinaus besteht die Verpflichtung, Verkehrszeichen so einzurichten,   53

---

[281] OLG Hamm v. 01.03.2002 - 9 U 205/00 - OLGR Hamm 2002, 282-285.
[282] OLG Hamm v. 01.03.2002 - 9 U 205/00 - OLGR Hamm 2002, 282-285.
[283] Vgl. BGH v. 25.02.1993 - III ZR 9/92 - BGHZ 121, 367-378; hierzu *Vinke* in: Soergel, § 839 Rn. 72; *Hecker* in: Erman, § 839 Rn. 28; *Reinert* in: Bamberger/Roth, 3. Aufl. 2012, § 839 Rn. 23.
[284] OLG Rostock v. 06.03.2003 - 1 U 59/01 - OLGR Rostock 2003, 348-351.
[285] Vgl. hierzu OLG Celle v. 24.09.2003 - 9 U 80/03 - NJW-RR 2004, 20-21; OLG Stuttgart v. 24.09.2003 - 4 U 119/03 - NJW-RR 2003, 1531-1532; hierzu *Otto*, VersR 2004, 253.
[286] BGH v. 11.06.1992 - III ZR 134/91 - BGHZ 118, 368-374; *Vinke* in: Soergel, § 839 Rn. 72.
[287] BGH v. 01.07.1993 - III ZR 167/92 - BGHZ 123, 102-106.
[288] BGH v. 11.06.1992 - III ZR 134/91 - BGHZ 118, 368-374.
[289] BGH v. 18.12.1972 - III ZR 121/70 - juris Rn. 5 - BGHZ 60, 54-64; *Vinke* in: Soergel, § 839 Rn. 74; *Hecker* in: Erman, § 839 Rn. 29.
[290] BGH v. 08.04.1970 - III ZR 167/68 - NJW 1970, 1126; BGH v. 23.06.1971 - VIII ZR 40/70 - NJW 1971, 2220; *Wurm* in: Staudinger, § 839 Rn. 707; *Papier* in: MünchKomm-BGB, § 839 Rn. 185; *Reinert* in: Bamberger/Roth, 3. Aufl. 2012, § 839 Rn. 25.
[291] BGH v. 23.06.1971 - VIII ZR 40/70 - NJW 1971, 2220; BGH v. 24.04.1972 - III ZR 117/70 - VersR 1972, 788-789; *Papier* in: MünchKomm-BGB, § 839 Rn. 165.
[292] OLG Dresden v. 22.10.2003 - 6 U 870/03 - IVH 2003, 286.
[293] BGH v. 15.03.1990 - III ZR 149/89 - LM Nr. 19 zu § 276 (Fc) BGB.
[294] *Papier* in: MünchKomm-BGB, § 839 Rn. 187; *Reinert* in: Bamberger/Roth, 3. Aufl., § 839 Rn. 25.
[295] BGH v. 25.04.1985 - III ZR 53/84 - LM Nr. 87 zu § 839 (Fe) BGB.
[296] BGH v. 11.12.1980 - III ZR 34/79 - LM Nr. 37 zu § 839 (Fg) BGB.
[297] BGH v. 22.09.1977 - III ZR 117/75 - LM Nr. 33 zu § 839 BGB.

dass der Verkehr auf öffentlichen Flächen gefahrlos und zügig fließt.[298] Zur **Verkehrsregelungspflicht** (vgl. Rn. 447 ff.) gehört weiterhin die ordnungsgemäße Ampelschaltung einer Fußgängerfurt[299] sowie die Verpflichtung, bei einer Veränderung der Verkehrsführung Verkehrsschilder so umzuhängen, dass der Verkehr gefahrlos abzuwickeln ist[300].

54 In vielen Fällen muss die Rechtsprechung Verkehrssicherungs- und Verkehrsregelungspflicht gegeneinander abgrenzen.[301] Es ist möglich, dass bei einem Verkehrsunfall für den entstandenen Schaden der Landkreis aus verletzter Verkehrssicherungspflicht und die Stadt aus verletzter Verkehrsregelungspflicht gesamtschuldnerisch haften.[302] Auch im Bereich einer Autobahnabfahrt und der Anbindung an eine Bundesstraße sind die Träger der Verkehrssicherungspflicht und der Verkehrsregelungspflicht nicht identisch.[303] Wenn der Träger der Verkehrssicherungspflicht und der Verkehrsregelungspflicht identisch sind,[304] ist die Differenzierung zwischen einer Verletzung der Verkehrssicherungspflicht und der Verkehrsregelungspflicht sehr wohl geboten, da das Verweisungsprivileg des § 839 Abs. 1 Satz 2 BGB die Verletzung einer Verkehrsregelungspflicht voraussetzt[305].

e. Öffentliche Einrichtung der Daseinsvorsorge

55 Hierzu gehören vor allem die Abfallbeseitigung[306] (vgl. Rn. 472) sowie die Abwasserbeseitigung[307] (vgl. Rn. 477). Insoweit sind **privatrechtliche** wie **öffentlich-rechtliche Benutzungsverhältnisse** denkbar. Soweit die Einrichtung als juristische Person des Privatrechts (Eigengesellschaft) organisiert ist, kann das Benutzungsverhältnis nur privatrechtlich ausgestaltet werden.[308] Etwas anderes gilt nur dann, wenn die Einrichtung mit der Wahrnehmung hoheitlicher Aufgaben rechtssatzmäßig beliehen worden ist. Ist die rechtliche Einordnung als privatrechtliches oder öffentlich-rechtliches Benutzungsverhältnis unklar, ist auf äußere Umstände abzustellen. Anhaltspunkte für die öffentlich-rechtliche Ausgestaltung sind etwa die **Nutzungsregelung durch Satzung**, die Erhebung von **Gebühren**, der **Anschluss- und Benutzungszwang**.[309] In Rechtsprechung und Literatur wird die Auffassung vertreten, dass in Zweifelsfällen die öffentlich-rechtliche Ausgestaltung zu vermuten sei.[310] Diese Auffassung erscheint in Zeiten der Privatisierung kommunaler oder staatlicher Aufgaben zweifelhaft. Sofern ein Amtshaftungsanspruch gemäß § 839 BGB zu bejahen ist, richtet dieser sich gegen die Gemeinde, und zwar selbst dann, wenn das Benutzungsverhältnis privatrechtlich ausgestaltet ist und sogar die Einrichtung in der Form einer juristischen Person des Privatrechtes geführt wird.[311] Öffentliche Bekanntmachungen über die Abfallentsorgung müssen richtig, klar, unmissverständlich und vollständig sein; anderenfalls besteht ein Amtshaftungsanspruch.[312]

3. Inhalt der Amtspflichten

a. Allgemeines

56 Tatbestandselement sowohl der Haftungsnorm des § 839 Abs. 1 Satz 1 BGB als auch der Zurechnungsnorm des Art. 34 Satz 1 GG ist die Verletzung einer **Amtspflicht**. Die Amtspflichten sind nicht gesetzlich definiert. Unter einer Amtspflicht ist jede **persönliche Verhaltenspflicht des Amtswalters** in Be-

---

[298] BGH v. 26.05.1966 - III ZR 59/64 - NJW 1966, 1456; BGH v. 08.04.1970 - III ZR 167/68 - NJW 1970, 1126.
[299] OLG Hamm v. 16.01.2001 - 9 U 146/00 - NZV 2001, 379-380.
[300] OLG Hamm v. 24.01.1995 - 9 U 149/94 - OLGR Hamm 1995, 100-102.
[301] So z.B. OLG Düsseldorf v. 21.10.1993 - 18 U 64/93 - NJW-RR 1994, 1443-1444; OLG Hamm v. 22.03.1996 - 9 U 175/95 - RuS 1997, 15; OLG Frankfurt v. 10.04.1997 - 1 U 113/95 - OLGR Frankfurt 1997, 283-285.
[302] OLG München v. 22.10.1992 - 1 U 2708/92 - OLGR München 1993, 125-126.
[303] OLG Düsseldorf v. 04.03.1993 - 18 U 224/92 - OLGR Düsseldorf 1993, 293-294.
[304] So bei OLG Düsseldorf v. 21.10.1993 - 18 U 64/93 - NJW-RR 1994, 1443-1444.
[305] OLG Hamm v. 24.01.1995 - 9 U 149/94 - OLGR Hamm 1995, 100-102.
[306] LG Düsseldorf v. 19.06.2000 - 2b O 26/99.
[307] Vgl. z.B. OLG Celle v. 08.07.2004 - 14 U 3/04 - OLGR Celle 2005, 24-25; OLG Jena v. 21.09.2004 - 8 U 180/04 - OLG-NL 2005, 80-82; OLG Saarbrücken v. 21.06.2005 - 4 U 197/04 - 40 - OLGR Saarbrücken 2005, 708-710.
[308] *Papier* in: MünchKomm-BGB, § 839 Rn. 156; *Hecker* in: Erman, § 839 Rn. 30; *Ossenbühl*, Staatshaftungsrecht, 5. Aufl. 1998, S. 26-27.
[309] BGH v. 13.12.1951 - III ZR 144/50 - juris Rn. 16 - BGHZ 4, 138-153; BGH v. 18.09.1957 - V ZR 153/56 - BGHZ 25, 200-211.
[310] BGH v. 24.09.1962 - III ZR 201/61 - juris Rn. 5 - BGHZ 38, 49-55; *Hecker* in: Erman, § 839 Rn. 30.
[311] *Papier* in: MünchKomm-BGB, § 839 Rn. 157; *Hecker* in: Erman, § 839 Rn. 30.
[312] OLG Brandenburg v. 18.05.2010 - 2 U 18/09.

zug auf seine Amtsführung zu verstehen.[313] Da gemäß Art. 20 Abs. 3 GG die Gesetzgebung an die verfassungsmäßige Ordnung und die vollziehende Gewalt und die Rechtsprechung an Gesetz und Recht gebunden sind, ist es einer Staatsgewalt schlechthin verboten, rechtswidrig zu handeln.[314] Demzufolge können sich die Amtspflichten aus allen denkbaren Rechtsquellen (Verfassung, Gesetz, Rechtsverordnung, Satzung, Gewohnheitsrecht, Rechtsgrundsätze, auch Verwaltungsvorschriften) ergeben. Konkretisiert wurden die Amtspflichten durch die Rechtsprechung.[315]

Die Amtshaftung knüpft an eine im Innenverhältnis zwischen Amtswalter und Staat bestehende und auf spezifischen Rechtsnormen beruhende **(interne) Dienstpflicht** und gestaltet sie (teilweise) zu solcher mit Außenwirkung gegenüber Dritten (**externe Amtspflicht**). Die persönlichen (Innen-)Amtspflichten des Organwalters sind nach der herrschenden Auffassung weder identisch noch notwendigerweise inhaltsgleich mit den dem Bürger gegenüber bestehenden auf Rechtssätzen beruhenden (Außen-)Rechtspflichten. Hieraus kann sich die eigenartige Konsequenz ergeben, dass nicht jede Amtspflichtverletzung im Innenrechtsverhältnis zugleich die Verletzung einer Rechtspflicht des Hoheitsträgers im Außenrechtsverhältnis ist, und umgekehrt, so dass eine gegenüber einem Bürger rechtswidrige Maßnahme nach innen ein amtsgemäßes Verhalten des Organwalters sein kann.[316] Aus den weiteren Tatbestandsmerkmalen des § 839 Abs. 1 BGB ergibt sich eine Betonung der Drittbezogenheit der Amtspflichten.[317] Rechtsprechung und Lehre versuchen das Problem dahin gehend zu lösen, dass sie **die Wahrung der Rechtspflichten des Staates** interpretatorisch zu Amtspflichten des Beamten gemacht haben.[318] Diese Transformation sei erfolgt **auf eine dogmatisch schwer erklärbare Weise**.[319] Dogmatisch konsequent wäre es, mit der Haftungsüberleitung auf den Staat gemäß Art. 34 GG auch die Natur der verletzten Pflichten neu und vom Staat her zu bestimmen.[320]

57

Die Judikatur hat mit der Dogmatik von Art. 34 GG einerseits und § 839 BGB andererseits keine Probleme. Sie legt bestimmten Amtspflichten Außenwirkung bei, so dass Pflichtbegünstigter nicht nur Staat, sondern auch der Bürger ist.[321] Von daher ist es nicht verwunderlich, dass selbst Dienstanweisungen dem **Schutze Dritter** zu dienen bestimmt sein sollen, so z.B. die Dienstanweisung, auf der Autobahn eine bestimmte Geschwindigkeit nicht zu überschreiten[322] oder eine Dienstanweisung an Standesbeamte[323].

58

b. Amtspflichtwidrigkeit und Rechtswidrigkeit

Im Regelfall ist davon auszugehen, dass eine amtspflichtwidrige Amtshandlung auch ihre Rechtswidrigkeit begründet.[324] Unproblematisch ist die Feststellung der Rechtswidrigkeit, wenn eine bindende **verwaltungsgerichtliche Entscheidung** die **Rechtswidrigkeit** unmittelbar oder mittelbar festgestellt hat. Hierbei ist zu beachten, dass verwaltungsgerichtliche Entscheidungen im Rahmen des vorläufigen Rechtsschutzes (insbesondere Beschlüsse gemäß § 80 Abs. 5 VwGO sowie § 123 VwGO) keine die Zivilgerichte bindende Wirkung haben.[325]

59

Schwieriger ist die Frage der Rechtswidrigkeit zu klären, wenn die Amtspflichtwidrigkeit und die Rechtswidrigkeit gegensätzlich zu beurteilen sind. Dies gilt z.B. dann, wenn der Amtswalter einer ihn bindenden aufsichtlichen, aber objektiv gesetzwidrigen Weisung nachgekommen ist. Unter behörden-

60

---

[313] *Papier* in: MünchKomm-BGB, § 839 Rn. 191; *Vinke* in: Soergel, § 839 Rn. 112.
[314] *Wurm* in: Staudinger, § 839 Rn. 120-122.
[315] *Hecker* in: Erman, § 839 Rn. 42; *Wurm* in: Staudinger, § 839 Rn. 119; *Vinke* in: Soergel, § 839 Rn. 111; *Ossenbühl*, Staatshaftungsrecht, 5. Aufl. 1998, S. 42; *Reinert* in: Bamberger/Roth, 3. Aufl. 2012, § 839 Rn. 35.
[316] *Vinke* in: Soergel, § 839 Rn. 110; *Schoch*, Jura 1988, 585-594, 585, 589; zur Problematik der Verwaltungsvorschriften vgl. *Jeromin/Kirchberg* in: Johlen, Münchener Anwaltshandbuch Verwaltungsrecht, 2. Aufl. 2003, § 18 Rn. 19.
[317] *Papier* in: MünchKomm-BGB, § 839 Rn. 192; *Papier* in: Maunz/Dürig, GG, Art. 34 Rn. 18; *Vinke* in: Soergel, § 839 Rn. 112.
[318] Hierzu *Gurlit* in: Münch/Kunig, GG Bd. 1, 6. Aufl. 2012, Art. 34 Rn. 20; *Ossenbühl*, Staatshaftungsrecht, 5. Aufl. 1998, S. 42.
[319] *Hecker* in: Erman, § 839 Rn. 41.
[320] *Papier* in: Maunz/Dürig, GG, Art. 34 Rn. 160; *Gurlit* in Münch/Kunig, GG Bd. 1, 6. Aufl. 2012, Art. 34 Rn. 21.
[321] *Ossenbühl*, Staatshaftungsrecht, 5. Aufl. 1998, S. 42.
[322] BGH v. 27.02.1961 - III ZR 206/59 - VersR 1961, 512.
[323] BGH v. 13.07.1989 - III ZR 52/88 - LM Nr. 105 zu § 839 (Fe) BGB.
[324] Vgl. hierzu *Klement*, Verw 37, 73-104.
[325] BGH v. 16.11.2000 - III ZR 265/99 - LM BGB § 839 (J) Nr. 15 (7/2001).

internen Gesichtspunkten ist in diesem Fall das Verhalten des angewiesenen Beamten nicht zu beanstanden, somit amtspflichtgemäß, im Außenrechtskreis, im Verhältnis zu den betroffenen Bürgern, hingegen objektiv rechtswidrig.[326] Da es jedoch entscheidend auf die **Wahrung der Rechtspflichten des Staates** ankommt, ist insoweit unerheblich, ob dem betreffenden Beamten ein Vorwurf gemacht werden kann. Nach außen hin hat der Beamte die ihm obliegende Amtspflicht zum rechtmäßigen Verhalten verletzt, so dass die Rechtswidrigkeit zu bejahen ist. Hieraus folgt weiterhin, dass ein Unrechtstatbestand im Sinne des Amtshaftungsrechtes nicht vorliegt, wenn der Amtswalter der ihn bindenden gesetzwidrigen Weisung zuwider, also intern amtspflichtwidrig, eine objektiv rechtmäßige Handlung vollzogen hat.[327]

61 In der Literatur wird neuerdings die Frage diskutiert, ob und inwieweit es einen amtshaftungsrechtlichen Vertrauensschutz bei rechtswidriger Erteilung von Genehmigungen gibt. Insoweit stellt sich insbesondere die Frage, inwieweit § 48 VwVfG – analog oder unmittelbar – anwendbar ist.[328] Nach der Rechtsprechung stellt eine rechtswidrig erteilte Grundstücksverkehrsgenehmigung eine schuldhafte Amtspflichtverletzung dar.[329] Gleiches gilt im Falle eines fehlerhaft erteilten Negativ-Attestes gem. § 3 Abs. 5 VermG.[330]

4. Einzelne Amtspflichten

62 Der Kanon der Amtspflichten ist nicht abschließend festgelegt. Die Literatur ordnet die Amtspflichten regelmäßig nach Fallgruppen, wobei sich die entsprechenden Gruppen bzw. die hierfür gewählten Oberbegriffe häufig überschneiden. In den Grundprinzipien sind sich jedoch Literatur und Rechtsprechung einig. Im Einzelnen:

a. Amtspflicht zu rechtmäßigem Handeln

63 Die Pflicht zum rechtmäßigen Verhalten steht außer Frage.[331] Diese Amtspflicht entspricht der aus Art. 20 Abs. 3 GG sich ergebenden **Rechts- und Gesetzesbindung der Verwaltung**. Zu dieser Amtspflicht gehört selbstverständlich auch die Pflicht zur Beachtung der höchstrichterlichen Rechtsprechung, selbst wenn insoweit keine absolute Bindung besteht.[332] Selbstverständlich besteht eine Pflicht der Verwaltungsbehörde, ein gegen sie ergangenes rechtskräftiges verwaltungsgerichtliches Urteil zu befolgen.[333] Dass jeder Amtsträger seine Machtmöglichkeiten maßvoll ausüben muss, so dass unbeteiligte Dritte dadurch nicht geschädigt werden und der Betroffene nur nach den Grundsätzen der Verhältnismäßigkeit, nämlich in den Grenzen des unumgänglich Notwendigen, tangiert wird, ist selbstverständlich.[334] Weiterhin gehört hierzu die Verpflichtung des Beamten, sein Amt gewissenhaft und unparteiisch zu verwalten, die Gesetze zu wahren und sich jeden Amtsmissbrauchs zu enthalten.[335] Die allgemeine Amtspflicht zum rechtmäßigen Verhalten beinhaltet auch die Pflicht, sich bei der Amtsausübung aller Eingriffe in fremde Rechte zu enthalten, die eine unerlaubte Handlung im Sinne des bürgerlichen Rechtes darstellen, wie z.B. Eingriffe in die durch das Urheberrechtsgesetz geschützten Rechte.[336] Bei der Verwaltungsvollstreckung ist die ergangene Grundverfügung zu beachten; bei einem „Vollstreckungsexzess" haftet die handelnde Behörde gem. § 839 BGB.[337]

---

[326] Vgl. hierzu *Vinke* in: Soergel, § 839 Rn. 126; *Ossenbühl*, Staatshaftungsrecht, 5. Aufl. 1998, S. 56; *Jeromin/Kirchberg* in: Johlen, Münchener Anwaltshandbuch Verwaltungsrecht, 2. Aufl. 2003, § 18 Rn. 34.

[327] *Vinke* in: Soergel, § 839 Rn. 126.

[328] Vgl. zu dieser Problematik *Rohlfing*, BauR 2004, 1873-1881; *Ossenbühl* in: Gedächtnisschrift für Burmeister, 2005, 289-299.

[329] OLG Brandenburg v. 03.08.2010 - 2 U 15/09 - NotBZ 2010, 408-409.

[330] OLG Brandenburg v. 13.12.2011 - 2 U 11/09.

[331] BGH v. 10.01.1955 - III ZR 153/53 - juris Rn. 9 - BGHZ 16, 111-123; BGH v. 07.02.1980 - III ZR 153/78 - juris Rn. 10 - LM Nr. 64 zu Art. 14 (Ce) GrundG; BGH v. 22.05.1984 - III ZR 18/83 - BGHZ 91, 243-262; hierzu *Papier* in: MünchKomm-BGB, § 839 Rn. 193; *Reinert* in: Bamberger/Roth, 3. Aufl. 2012, § 839 Rn. 36.

[332] BGH v. 24.06.1982 - III ZR 19/81 - juris Rn. 11 - BGHZ 84, 285-292; BGH v. 13.07.1995 - III ZR 160/94 - juris Rn. 19 - BGHZ 130, 332-341.

[333] BGH v. 30.10.1961 - III ZR 196/59 - DVBl 1962, 177-178.

[334] BGH v. 13.03.1967 - III ZR 28/64 - LM Nr. 17 zu § 839 (Ca) BGB.

[335] BGH v. 15.05.2003 - III ZR 43/02 - BGHReport 2003, 868; *Wurm* in: Staudinger, § 839 Rn. 121.

[336] BGH v. 20.05.2009 - I ZR 239/06 - NJW 2009, 3509; hierzu *Schlick*, NJW 2009, 3487-3489.

[337] OLG Koblenz v. 05.05.2010 - 1 U 679/09.

Umstritten ist die Frage, wie sich ein Amtswalter zu verhalten hat, wenn er ein von ihm anzuwendendes Gesetz für unvereinbar mit höherem Recht, insbesondere der Verfassung, hält. Damit stellt sich das Problem der **Prüfungs- und Verwerfungskompetenz der Verwaltung**.[338] Soweit es um förmliche Gesetze geht, muss die Verwaltung diese auch bei von ihr angenommener Verfassungswidrigkeit prinzipiell anwenden.[339] Dies gilt auch für die Baugenehmigungsbehörde bei einer rechtswidrigen Satzung; diese hat keine Normverwerfungskompetenz.[340] Hingegen muss die zuständige Verwaltungsinstanz die als rechtswidrig erkannte Rechtsverordnung oder Satzung aufheben. Aktuell wird dies bei rechtwidrig und deshalb als nichtig erkannten Bebauungsplänen[341] bzw. Veränderungssperren.[342] Streitig ist allerdings die Frage, wie sich die Baugenehmigungsbehörde bei der Entscheidung über das Baugesuch zu verhalten hat, wenn sie Zweifel an der Gültigkeit eines Bebauungsplanes hat und es für die Entscheidung über den Bauantrag auf die Gültigkeit dieses Bebauungsplanes ankommt.[343] Der BGH geht von einer Amtspflichtverletzung aus, wenn die Bediensteten der Genehmigungsbehörde einen unwirksamen Bebauungsplan anwenden. Es wird von den Bediensteten verlangt, dass sie den Bauwilligen auf die Bedenken, die gegen die Wirksamkeit des Bebauungsplanes bestehen, hinweisen und ihre Bedenken sowohl dem Bebauungsplangeber als auch der Kommunalaufsicht vortragen und erst nach deren Anhörung über das Baugesuch entscheiden.[344] Offen muss einstweilen bleiben, ob diese Rechtsprechung übertragbar ist auf die Erteilung einer Baugenehmigung im vereinfachten Genehmigungsverfahren.[345] Weiter offen ist die Frage, ob die Baugenehmigungsbehörde befugt ist, die Rechtsunwirksamkeit des Bebauungsplanes ohne weiteres anzunehmen und dies ihrer Entscheidung zugrunde zu legen.[346]

64

Unzweifelhaft gehört es auch zu den Amtspflichten eines jeden Amtswalters, vor einer hoheitlichen Maßnahme, die geeignet ist, einen anderen in seinen Rechten zu beeinträchtigen, den Sachverhalt im Rahmen des Zumutbaren so umfassend zu erforschen, dass die Beurteilungs- und Entscheidungsgrundlage nicht in wesentlichen Punkten zum Nachteil des Betroffenen unvollständig bleibt.[347] Die **Pflicht zur gewissenhaften Verwaltung**[348] seines Amtes erfordert auch, dass der Amtswalter über die zur Ausübung seines Amtes erforderlichen Kenntnisse, Fähigkeiten und Erfahrungen verfügt oder, soweit er sie nicht besitzt, sich verschafft. Dies gilt nicht nur für die Handhabung von Schusswaffen durch einen Polizeibeamten,[349] sondern für jeden Amtswalter, so auch für den mit Rechtsangelegenheiten befassten Beamten. Dieser muss sich stets über die auf seinem Rechtsgebiet einschlägige Gesetzgebung

65

---

[338] Vgl. hierzu *Vinke* in: Soergel, § 839 Rn. 112; *Hecker* in: Erman, § 839 Rn. 43; *Ossenbühl*, Staatshaftungsrecht, 5. Aufl. 1998, S. 42; *Pietzcker*, DVBl 1986, 806-809.

[339] BayObLG München v. 14.01.1997 - 2Z RR 422/96 - NJW 1997, 1514-1515; *Hecker* in: Erman, § 839 Rn. 43; *Ossenbühl*, Staatshaftungsrecht, 5. Aufl. 1998, S. 43; *Ipsen*, NJW 1978, 2569-2572, 2569. Die Rechtsprechung macht zum Teil eine Ausnahme bei einem Verstoß eines deutschen Gesetzes gegen EU-Recht, vgl. z.B. OVG Saarlouis v. 22.01.2007 - 3 W 15/06 - ZM 2007, Nr. 3, 151.

[340] OLG Düsseldorf v. 26.08.2009 - I - 18 U 73/08 u.a. - ZNER 2009, 272, 274.

[341] BVerwG v. 21.11.1986 - 4 C 22/83 - NJW 1987, 1344-1345; OLG Düsseldorf v. 21.05.2008 - I-18 U 139/07; OLG Düsseldorf v. 26.08.2009 - I-18 U 73/08 - ZNER 2009, 272-274; *Ossenbühl*, Staatshaftungsrecht, 5. Aufl. 1998, S. 43; *Hecker* in: Erman, § 839 Rn. 43; *Jeromin/Kirchberg* in: Johlen, Münchener Anwaltshandbuch Verwaltungsrecht, 2. Aufl. 2003, § 18 Rn. 23.

[342] OLG München v. 22.12.2011 - 1 U 758/11.

[343] *Hecker* in: Erman, § 839 Rn. 43; *Vinke* in: Soergel, § 839 Rn. 142; *Ossenbühl*, Staatshaftungsrecht, 5. Aufl. 1998, S. 44; *Volhard*, NVwZ 1986, 105-107, 105-107; *Pietzcker*, DVBl 1986, 806-809, 806.

[344] BGH v. 10.04.1986 - III ZR 209/84 - LM Nr. 66 zu § 839 (Cb) BGB; BGH v. 20.12.1990 - III ZR 179/89 - ZfBR 1991, 77; BGH v. 18.06.1998 - III ZR 100/97 - ZfIR 1998, 618-621.

[345] Vgl. hierzu § 64 LBO Saarland sowie *Kuchler* in: Johlen, Münchener Anwaltshandbuch Verwaltungsrecht, 2. Aufl. 2003, § 18 Rn. 20.

[346] *Vinke* in: Soergel, § 839 Rn. 112.

[347] BGH v. 19.05.1988 - III ZR 32/87 - NJW 1989, 99-101; BGH v. 24.02.1994 - III ZR 76/92 - juris Rn. 27 - LM BGB § 839 (Ca) Nr. 94 (8/1994).

[348] Vgl. zu diesem Begriff auch OLG Köln v. 30.09.1999 - 7 U 152/98 - VersR 2000, 1279-1282; KG Berlin v. 23.02.2001 - 9 U 6766/99; OLG Dresden v. 06.04.2001 - 6 U 780/00 - BauR 2003, 1777-1778; BSG v. 12.11.2003 - B 8 KN 1/02 UR - BSGE 91, 269-277.

[349] BGH v. 12.02.1964 - III ZR 54/63 - VersR 1964, 536.

§ 839

und Rechtsprechung auf dem Laufenden halten.[350] Dies impliziert die Verpflichtung zur ständigen Weiterbildung.

66 Auch der **Gebrauch von Rechtsmitteln** durch einen Amtsträger gegen die Entscheidung eines anderen Amtsträgers kann amtspflichtwidrig sein. Dies gilt beispielhaft für die Klage einer Gemeinde, die geltend macht, durch die Erteilung der Baugenehmigung ohne ihr Einvernehmen in ihrer gemeindlichen Planungsfreiheit verletzt zu sein.[351] War indes die Erteilung der Baugenehmigung rechtmäßig (weil das Einvernehmen nicht erforderlich war oder zu Unrecht verweigert worden war), so kann die gleichwohl erfolgte Anfechtung der Erteilung der Baugenehmigung ihrerseits rechts- und amtspflichtwidrig sein und Schadensersatzansprüche – etwa wegen einer eingetretenen Verzögerung – begründen. Auch wenn mit Widerspruch und Klage formell bestehende rechtliche Möglichkeiten ausgeschöpft werden, steht dies der Annahme nicht entgegen, dass dieses Verhalten amtspflichtwidrig ist. Auch der Gebrauch von Rechtsbehelfen zur Durchsetzung amtspflichtwidriger Beschlüsse stellt eine Amtspflichtverletzung dar, wobei lediglich die mit dem ursprünglichen amtspflichtigen Beschluss begonnene Amtspflichtverletzung fortgesetzt wird.[352]

67 In der Rechtsprechung und Literatur wird die Auffassung vertreten, dass nicht jede unrichtige Entscheidung eine Pflichtverletzung darstellt,[353] insbesondere wenn der Beamte sich bei unklarer Rechtslage nach gewissenhafter Prüfung für eine **rechtlich vertretbare Lösung** entschieden hat. Zumindest fehlt es an einer **schuldhaften** Amtspflichtverletzung.[354] Entsprechendes gilt für die Entscheidung der Staatsanwaltschaft, ein strafrechtliches Ermittlungsverfahren einzuleiten (§ 152 Abs. 2 StPO), eine Anordnung nach § 160 Abs. 1 StPO zu treffen oder die öffentliche Klage zu erheben (§ 170 Abs. 1 StPO), da insoweit die Entscheidung nicht auf die Richtigkeit, sondern nur auf ihre Vertretbarkeit zu überprüfen ist.[355] Auch im Prüfungsrecht geht es nicht um die Richtigkeit einer Entscheidung, sondern um die Vertretbarkeit.[356] Über die Frage der Richtigkeit einer Entscheidung lässt sich trefflich streiten.[357] Eine Amtspflichtverletzung erfolgt schuldhaft, wenn die Entscheidung nicht auf vertretbaren rechtlichen Erwägungen, sondern lediglich auf Praktikabilitätserwägungen beruht.[358]

b. Amtspflicht zur Beachtung der Vorschriften und der Zuständigkeit, Form und Verfahren

68 Diese Amtspflicht ist ein Unterfall der Pflicht zum rechtmäßigen Verhalten.[359] Hierbei ist es unerheblich, ob die Vorschriften **über Zuständigkeit** und **Verfahren** einem förmlichen Gesetz oder Verwaltungsvorschriften entnommen werden können.[360] Zu beachten sind hierbei die Heilungs- und Unbe-

---

[350] OLG Koblenz v. 17.07.2002 - 1 U 1588/01 - OLGR Koblenz 2002, 383-385; m. Anm. *Weyand*, Information StW 2003, 238-240 und Anm. *Lange*, DB 2003, 360-362; vgl. weiterhin *Wurm* in: Staudinger, § 839 Rn. 124; KG Berlin v. 28.05.2002 - 9 U 10531/99 - NZM 2002, 755-757.

[351] BGH v. 27.09.1994 - III ZR 36/93 - NJW 1995, 1481.

[352] BGH v. 21.10.1993 - III ZR 68/92 - LM BGB § 839 (Fd) Nr. 29 (5/1994); hierzu *Wurm* in: Staudinger, § 839 Rn. 127.

[353] BSG v. 12.11.2003 - B 8 KN 1/02 U R - BSGE 91, 269-277; *Reinert* in: Bamberger/Roth, 3. Aufl. 2012, § 839 Rn. 36.

[354] OLG Hamm v. 04.11.2009 - I-11 U 15/09, bestätigt durch BGH v. 24.06.2010 - III ZR 315/09 - NVwZ-RR 2010, 675-676.

[355] *Papier* in: MünchKomm-BGB, § 839 Rn. 193; *Reinert* in: Bamberger/Roth, 3. Aufl. 2011, § 839 Rn. 36, jeweils im Anschluss BGH v. 21.04.1988 - III ZR 255/86 - NJW 1989, 96-99; BGH v. 24.02.1994 - III ZR 76/92 - LM BGB § 839 (Ca) Nr. 94 (8/1994) sowie BGH v. 18.05.2000 - III ZR 180/99 - LM BGB § 839 (Cb) Nr. 103 (4/2001).

[356] Vgl. hierzu BVerfG v. 17.04.1991 - 1 BvR 419/81, 1 BvR 213/83- NJW 1991, 2005-2008 sowie BVerfG v. 17.04.1991 - 1 BvR 138/87; ausführlich hierzu *Zimmerling/Brehm*, Prüfungsrecht, 3. Aufl. 2007, Rn. 575-580 sowie *Zimmerling/Brehm*, Der Prüfungsprozess, 2004, Rn. 62-87.

[357] Auch bei der Amtshaftung für richterliche Entscheidung ist es oft zweifelhaft, welche Rechtsanwendung richtig und welche unrichtig ist, vgl. hierzu *Tombrink*, DRiZ 2002, 296-300.

[358] LG Berlin v. 18.02.2010 - 9 O 259/09.

[359] BGH v. 29.09.1975 - III ZR 40/73 - BGHZ 65, 182-189; BGH v. 20.02.1992 - III ZR 188/90 - BGHZ 117, 240-259; *Vinke* in: Soergel, § 839 Rn. 112; *Ossenbühl*, Staatshaftungsrecht, 5. Aufl. 1998, S. 44; *Jeromin/Kirchberg* in: Johlen, Münchener Anwaltshandbuch Verwaltungsrecht, 2. Aufl. 2003, § 18 Rn. 26.

[360] BGH v. 07.02.1957 - III ZR 160/55 - DÖV 1957, 216-217; BGH v. 29.09.1975 - III ZR 40/73 - BGHZ 65, 182-189; BGH v. 04.06.1981 - III ZR 31/80 - BGHZ 81, 21-35; *Vinke* in: Soergel, § 839 Rn. 115; *Ossenbühl*, Staatshaftungsrecht, 5. Aufl. 1998, S. 44.

achtlichkeitsvorschriften der §§ 45, 46 VwVfG, die sich auch amtshaftungsrechtlich auswirken.[361] Nicht einbezogen in die Unbeachtlichkeitsklausel des VwVfG ist jedoch die Pflicht zur sachgemäßen Sachverhaltsermittlung aufgrund des Untersuchungsgrundsatzes.[362] Sofern dem Sachwalter die erforderliche Sachkenntnis fehlt, ist er verpflichtet, auch aufgrund des Untersuchungsgrundsatzes gemäß § 24 VwVfG, ggf. Sachverständige hinzuzuziehen.[363] Diese Amtspflicht zur umfassenden Sachverhaltsaufklärung trifft auch den kommunalen Bauplanungsgeber[364] sowie die Staatsanwaltschaft;[365] diese Amtspflicht besteht weiterhin in einem Haftbefehlsantragsverfahren[366] und im vormundschaftsgerichtlichen Verfahren.[367] Es besteht allerdings keine Amtspflicht zu einem ämterübergreifenden Informationsaustausch.[368]

Über die Anwendung der §§ 45, 46 VwVfG besteht in der Literatur Streit.[369] Zu beachten ist, dass gemäß § 45 Abs. 1 VwVfG eine **Verletzung von Verfahrens- oder Formvorschriften** in den dort genannten Fällen unbeachtlich ist. Sofern die Verletzung von Verfahrens- oder Formvorschriften beachtlich ist, kann die Behörde dies **bis zum Abschluss eines verwaltungsgerichtlichen Verfahrens** nachholen (somit ggf. bis zur letzten mündlichen Verhandlung beim OVG). Im gerichtlichen Verfahren muss sich der Kläger alsdann entscheiden, ob er den Rechtsstreit für erledigt erklärt oder seinen Antrag auf einen Fortsetzungsstellungsantrag gemäß § 113 Abs. 1 Satz 4 VwGO umstellt.[370] Die nachträgliche Heilung eines Verwaltungsaktes gemäß § 45 Abs. 2 VwGO[371] schließt einen Amtshaftungsanspruch gemäß § 839 BGB keineswegs aus. Irrtümlich wird in der Literatur die Auffassung vertreten, dass aufgrund seiner Neufassung § 46 VwVfG nunmehr auch auf Ermessensentscheidungen Anwendung finde.[372] Dies ist unrichtig. Wenn eine Behörde verkennt, dass ihr ein Ermessen zukommt, so ist der Verwaltungsakt in der Regel rechtswidrig.[373] Lediglich in den Fällen, in denen die Ermessenserwägungen unzureichend waren, besteht aufgrund einer Ergänzung von § 114 VwGO die Möglichkeit, die Ermessenserwägungen auch noch im Verwaltungsgerichtlichen zu ergänzen.[374] Auch in diesem Fall muss sich der Kläger entscheiden, ob er den Rechtsstreit für erledigt erklärt oder ob er seinen Klageantrag gemäß § 113 Abs. 1 Satz 4 VwGO umstellt.[375] Die (prozessual zulässige) Nachbesserung der Ermessenserwägungen lässt den Amtshaftungsanspruch (rückwirkend) nicht entfallen. **69**

Bei **beamtenrechtlichen Beförderungen** ergibt sich unmittelbar aus Art. 33 Abs. 2 GG i.V.m. Art. 19 Abs. 4 GG die Pflicht des Dienstherrn, dem unterlegenen Bewerber um einen Beförderungsdienstposten die Auswahlentscheidung so rechtzeitig mitzuteilen, so dieser die Möglichkeit hat, rechtzeitig verwaltungsgerichtlichen Rechtsschutz in Anspruch zu nehmen. Die Verletzung dieser Mitteilungspflicht stellt eine Amtspflichtverletzung dar.[376] Diese **Mitteilung** des Dienstherrn hat Doppelcharakter: Zum **70**

---

[361] OLG München v. 31.03.2011 - 1 U 5217/10; OLG München v. 29.08.2011 - 1 U 2597/11; *Papier* in: MünchKomm-BGB, § 839 Rn. 205; *Vinke* in: Soergel, § 839 Rn. 115; *Ossenbühl*, Staatshaftungsrecht, 5. Aufl. 1998, S. 45; *Jeromin/Kirchberg* in: Johlen, Münchener Anwaltshandbuch Verwaltungsrecht, 2. Aufl. 2003, § 18 Rn. 26.
[362] *Hecker* in: Erman, § 839 Rn. 43; *Ossenbühl*, Staatshaftungsrecht, 5. Aufl. 1998, S. 45.
[363] BGH v. 02.07.1987 - III ZR 79/86 - MDR 1988, 127; BGH v. 19.05.1988 - III ZR 32/87 - NJW 1989, 99-101.
[364] BGH v. 26.01.1989 - III ZR 194/87 - juris Rn. 23 - BGHZ 106, 323-336; *Ossenbühl*, Staatshaftungsrecht, 5. Aufl. 1998, S. 45; *Jeromin/Kirchberg* in: Johlen, Münchener Anwaltshandbuch Verwaltungsrecht, 2. Aufl. 2003, § 18 Rn. 26.
[365] BGH v. 21.04.1988 - III ZR 255/86 - juris Rn. 22 - NJW 1989, 96-99.
[366] BGH v. 16.10.1997 - III ZR 23/96 - LM BGB § 839 (B) Nr. 50 (2/1998).
[367] BGH v. 22.05.1986 - III ZR 237/84 - NJW 1986, 2829-2832.
[368] OLG Saarbrücken v. 31.01.2006 - 4 U 423/04 - 117 - OLGR Saarbrücken 2006, 944 unter Bezugnahme auf BGH v. 02.02.1996 - V ZR 239/94 - BGHZ 132, 30-39.
[369] Vgl. hierzu *Papier* in: MünchKomm-BGB, § 839 Rn. 205-206; *Vinke* in: Soergel, § 839 Rn. 115; *Hecker* in: Erman, § 839 Rn. 44; *Ossenbühl*, Staatshaftungsrecht, 5. Aufl. 1998, S. 45.
[370] Vgl. hierzu *Schmidt* in: Eyermann/Geiger/Happ/Rennert, VwGO, 12. Aufl. 2006, § 113 Rn. 76-94.
[371] Zu verfassungsrechtlichen Bedenken im Hinblick auf Art. 19 Abs. 4 GG vgl. *Hatje*, DÖV 1997, 477-485, 481-485 sowie *Sodan*, DVBl 1999, 729-738, 737-738.
[372] *Vinke* in: Soergel, § 839 Rn. 115.
[373] *Kopp/Ramsauer*, VwVfG, 12. Aufl. 2011, § 46 Rn. 32.
[374] *Rennert* in: Eyermann/Geiger/Happ/Rennert, VwGO, 12. Aufl. 2007, § 114 Rn. 84-89.
[375] *Kopp/Ramsauer*, VwVfG, 10 Aufl. 2008, § 45 Rn. 38; *Sodan*, DVBl 1999, 729-738, 735.
[376] BVerfG v. 19.09.1989 - 2 BvR 1576/88 - NJW 1990, 501-502; BGH v. 06.04.1995 - III ZR 183/94 - BGHZ 129, 226-236; *Vinke* in: Soergel, § 839 Rn. 126; *Reinert* in: Bamberger/Roth, 2. Aufl. 2008, § 839 Rn. 35; etwas anderes soll im Massenbeförderungsverfahren gelten, so OLG Koblenz v. 05.03.2003 - 1 U 1047/02 - OLGR Koblenz 2003, 201.

§ 839

einen soll sie den übergangenen Konkurrenten über die Auswahlentscheidung unterrichten, so dass dieser ggf. vorläufigen Rechtsschutz in Anspruch nehmen kann, zum anderen ist diese Mitteilung ein Verwaltungsakt, mit dem die Bewerbung des nicht berücksichtigten Beamten abschlägig beschieden wird.[377] Streitig ist in Rechtsprechung und Literatur, wie viel Zeit dem unterlegenen Bewerber nach Zugang der Mitteilung für die Anrufung des Verwaltungsgerichtes bleiben muss.[378] Die Rechtsprechung der Verwaltungsgerichte wurde übernommen von den Arbeitsgerichten im Zusammenhang mit der Übertragung einer höherwertigen Tätigkeit auf einen Angestellten.[379] Der Dienstherr muss nach der Entscheidung des Beschwerdegerichtes (OVG) eine angemessene Wartefrist verstreichen lassen, bevor er den ausgewählten Beamten ernennt, da er anderenfalls die Gewährung wirkungsvollen Rechtsschutzes verhindert.[380]

c. Amtspflicht zu zügiger Sachbearbeitung

71 Das Bestehen einer Amtspflicht zur Entscheidung ohne Verzögerung ist unstreitig.[381] Diese Amtspflicht ergibt sich mit hinreichender Deutlichkeit auch aus der Bestimmung von § 839 Abs. 2 Satz 2 BGB, eine oft übersehene und nur wenig praktizierte Vorschrift.[382] Weiter kann verwiesen werden auf die Bestimmung des § 75 VwGO (Untätigkeitsklage).[383] Der Amtsträger hat somit die Amtspflicht, Anträge mit der **gebotenen Beschleunigung** zu bearbeiten und nach abgeschlossener Prüfung zu bescheiden.[384] Dies gilt sowohl für den Antrag auf Neuerteilung einer Fahrerlaubnis[385] als auch im Verfahren auf Erteilung einer Baugenehmigung[386] sowie im Enteignungsverfahren gemäß §§ 85-92 BauGB,[387] weiterhin bei einem Antrag auf Versetzung in den Ruhestand wegen Dienstunfähigkeit[388] und schließlich auch wegen nicht rechtzeitiger Gewährung von Erziehungsurlaub.[389] Es wird allerdings behauptet, dass der bauwillige Grundstückseigentümer keinen Anspruch auf Durchführung einer zügigen Bauleitplanung habe.[390] Indes ist eine Gemeinde nicht berechtigt, die Entscheidung über eine Bauanfrage über die angemessene Bearbeitungszeit hinaus zu verzögern, wenn das Bauvorhaben nach der noch gültigen Rechtslage planungsrechtlich zulässig ist, aber ein – noch nicht verkündeter – Beschluss über die Aufstellung eines Bebauungsplans mit anders gearteten Zielen vorliegt.[391]

---

[377] Ausführlich hierzu *Schnellenbach*, Beamtenrecht in der Praxis, 7. Aufl. 2011, § 3 Rn. 81 ff.; *Schnellenbach* in: Johlen, Münchener Anwaltshandbuch Verwaltungsrecht, 2. Aufl. 2003, § 5 Rn. 89.

[378] *Schnellenbach*, Beamtenrecht in der Praxis, 7. Aufl. 2011, § 3 Rn. 81; *Wittkowski*, NJW 1993, 817-823, 817; *Zimmerling*, PersV 2000, 205-218, 208-209.

[379] *Zimmerling* in: Schwab/Weth, ArbGG, 3. Aufl. 2011, § 46 Rn. 145-168; *Zimmerling*, ZTR 2000, 489-496; *Zimmerling*, RiA 2002, 165-176.

[380] BVerfG v. 28.04.2005 - 1 BvR 2231/02 - NJW-RR 2005, 998-1001; BVerfG. 09.07.2007 - 2 BvR 706/07 - NVwZ 2007, 1178-1179; BVerfG v. 09.07.2009 - 2 BvR 206/09 - NVwZ 2009, 1430.

[381] BGH v. 23.03.1959 - III ZR 207/57 - BGHZ 30, 19-29; BGH v. 20.10.1983 - III ZR 202/82 - NVwZ 1984, 332-333; BGH v. 23.09.1993 - III ZR 54/92 - LM BGB § 839 (B) Nr. 46 (4/1994).

[382] *Ossenbühl*, Staatshaftungsrecht, 5. Aufl. 1998, S. 49 unter Bezugnahme auf *Habscheid*, Staatshaftung für fehlsame Bankenaufsicht, 1988, S. 100; bemerkenswert ist folgender von juris wiedergegebener Orientierungssatz des LG Bielefeld: Auch wenn ein Beamter schnell und unbürokratisch handelt, kann eine amtliche Tätigkeit vorliegen; vgl. LG Bielefeld v. 28.01.2003 - 2 O 634/02 - DVP 2003, 380-381.

[383] Vgl. zum Normzweck *Brenner* in: Sodan/Ziekow, VwGO, 3 Aufl. 2010, § 75 Rn. 9-12.

[384] OLG Düsseldorf v. 23.11.1989 - 18 U 119/89 - VersR 1991, 1057-1058; OLG Celle v. 29.10.1996 - 16 U 30/95 - NJWE-VHR 1997, 42-47; OLG München v. 28.09.2001 - 1 W 2072/01 - VersR 2003, 372; OLG Koblenz v. 07.02.2007 - 1 U 248/06 - OLGR Koblenz 2007, 437-439; hierzu *Papier* in: MünchKomm-BGB, § 839 Rn. 217.

[385] BGH v. 23.09.1993 - III ZR 54/92 - NVwZ 1994, 405-409; OLG Jena v. 14.01.2004 - 4 U 694/03 - NJ 2004, 323-324.

[386] OLG Jena v. 24.03.2004 - 3 U 132/03 - NVwZ-RR 2004, 809-811.

[387] Hierzu *Körner*, UPR 2004, 17-21.

[388] OVG Koblenz v. 21.01.2005 - 2 A 11800/04 - ZBR 2005, 426-428.

[389] VG Stuttgart v. 05.05.2004 - 17 K 1627/03 - NVwZ-RR 2005, 835-836.

[390] OLG Rostock v. 08.03.2001 - 1 U 155/99 - NVwZ 2001, 1075-1077.

[391] BGH v. 12.07.2001 - III ZR 282/00 - LM BGB § 839 (Ca) Nr. 106 (12/2001).

Unrichtig ist eine in der Literatur vertretene Auffassung, wonach bei komplexen oder umfangreichen Verfahren eine Verzögerung gerechtfertigt sein kann.[392] Auch komplexe und umfangreiche Verfahren sind ohne Verzögerung zu bearbeiten. Sie sind **in angemessener Frist** zu entscheiden.[393] § 75 VwGO bringt deutlich zum Ausdruck, dass eine Untätigkeitsklage möglich ist, wenn die Verwaltung binnen angemessener Frist (Ablauf von 3 Monaten) ohne zureichenden Grund entschieden hat. Bei komplexen oder umfangreichen Verfahren mag es erforderlich sein, die 3-Monatsfrist zu überschreiten. Dies rechtfertigt jedoch nicht eine verzögerte Behandlung eines komplexen oder umfangreichen Verfahrens. Bei einfach gelagerten Fällen hat die Verwaltung auch vor Ablauf der 3-Monatsfrist zu entscheiden.[394] Dies gilt auch, wenn besondere Umständen der Person des Antragstellers vorliegen, wie z.B. eine besondere Hilfsbedürftigkeit, seine Abhängigkeit von der Einhaltung eines festen Termins,[395] eine bevorstehende Gesetzesänderung zu seinen Lasten[396] oder eine akute Todesgefahr eines Heiratswilligen,[397] somit immer, wenn für die Behörde erkennbar ist, dass ein dringendes Interesse des Antragstellers an einer alsbaldigen Sachentscheidung besteht[398]. Es gibt Rechtsgebiete, in denen der Antragsteller generell eine beschleunigte Bearbeitung erwarten kann, z.B. das Sozialhilferecht oder auch das Prüfungsrecht.[399] Sinnvoll ist es, wenn in der Prüfungs-, Promotions- und Habilitationsordnung für die Korrektur bzw. Begutachtung der Arbeiten zeitliche Fristen gesetzt werden.[400] 72

Die Rechtsprechung vertritt die Auffassung, dass ein Beamter nicht schuldhaft handele, wenn er bei einer zweifelhaften und ungeklärten Rechtsfrage, von der seine Entscheidung abhängt, zunächst die Entscheidung eines bereits mit der gleichen Frage befassten oberen Gerichts abwartet.[401] Gleiches gilt bei einer unrichtigen Gesetzesanwendung, wenn der Amtsträger bei einer neuen gesetzlichen Regelung nach gewissenhafter tatsächlicher und rechtlicher Prüfung der zu Gebote stehenden Hilfsmittel zu einer auf vernünftigen Überlegungen beruhenden Auffassung kommt.[402] Auch könne eine erhebliche **Arbeitsüberlastung** das Verschulden des Beamten ausschließen, wenn sie den vorgesetzten Stellen bekannt war oder wenigstens bei ordnungsgemäßer Aufsicht hätte bekannt sein müssen.[403] Entsprechendes gilt bei einer unzureichenden Personalausstattung der Gerichte[404] oder der Verwaltung[405]. In solchen Fällen ist stets ein Organisationsverschulden zu prüfen.[406] Dass die Verwaltung auch verpflichtet ist, für die rechtzeitige Bezahlung öffentlich-rechtlicher Geldschulden Sorge zu tragen, steht außer Frage.[407] Der BGH hat nunmehr klargestellt, dass der Staat die Justiz so auszustatten hat, dass sie die anstehenden Verfahren ohne vermeidbare Verzögerungen abschließen können. Die Erfüllung dieser Verpflichtung kann den Justizbehörden insgesamt als drittgerichtete Amtspflicht obliegen.[408] Dies steht im Einklang mit der Rechtsprechung des EGMR, wonach der Bundesrepublik Deutschland eine Menschenrechtsverletzung anzulasten ist bei einer überlangen Dauer eines Zivilverfahrens.[409] Es ist 73

---

[392] So z.B. *Papier* in: Maunz/Dürig, GG, Art. 34 Rn. 170; *Hecker* in: Erman, § 839 Rn. 47.
[393] BGH v. 26.07.2001 - III ZR 206/00 - LM BGB § 839 (Fe) Nr. 156 (1/2002); BGH v. 12.07.2001 - III ZR 282/00 - LM BGB § 839 (Ca) Nr. 106 (12/2001); *Jeromin/Kirchberg* in: Johlen, Münchener Anwaltshandbuch Verwaltungsrecht, 2. Aufl. 2003, § 18 Rn. 28.
[394] BGH v. 23.01.1992 - III ZR 191/90 - UPR 1992, 233-234.
[395] BGH v. 23.03.1959 - III ZR 207/57 - BGHZ 30, 19-29.
[396] BGH v. 25.10.1990 - III ZR 167/89 - NVwZ 1991, 298.
[397] BGH v. 13.07.1989 - III ZR 52/88 - LM Nr. 105 zu § 839 (Fe) BGB; hierzu *Bosch*, FamRZ 1990, 578-579.
[398] BGH v. 23.03.1959 - III ZR 207/57 - BGHZ 30, 19-29; BGH v. 24.06.1963 - III ZR 195/61 - VersR 1963, 1080-1084.
[399] *Papier* in: MünchKomm-BGB, § 839 Rn. 217.
[400] Hierzu VG Saarlouis v. 22.02.2002 - 1 F 49/01 n.v. sowie VG Saarlouis v. 21.11.2003 - 1 F 29/03 n.v.
[401] BGH v. 28.11.1963 - III ZR 174/62 - VersR 1964, 195-198.
[402] BGH v. 08.10.1992 - III ZR 220/90 - BGHZ 119, 365; OLG München v. 07.03.2007 - 1 U 1585/07.
[403] BGH v. 24.06.1963 - III ZR 195/61 - VersR 1963, 1080-1084.
[404] Hierzu LG Berlin v. 12.05.2005 - 13 O 20/04 - NJW 2005, 1811-1812: verzögerte Bearbeitung eines Kostenfestsetzungsantrag aufgrund der unzureichenden Personalausstattung der Gerichte. Das KG Berlin v. 11.11.2005 - 9 U 116/05 - NJW 2006, 1292-1293 hat die erstinstanzliche Entscheidung aufgehoben unter Hinweis auf den Grundsatz der Gewaltenteilung und die Kompetenz des Haushaltsgesetzgebers.
[405] LG Aachen v. 05.10.2005 - 4 O 38/04 - AnwBl 2005, 794-795: Erstattung von Anwaltsgebühren durch die Verwaltung.
[406] Ebenso *Wurm* in: Staudinger, § 839 Rn. 130; *Vinke* in: Soergel, § 839 Rn. 119.
[407] BGH v. 01.10.1981 - III ZR 13/80 - NJW 1982, 1277-1278; *Papier* in: MünchKomm-BGB, § 839 Rn. 217.
[408] BGH v. 11.01.2007 - III ZR 302/05 - DB 2007, 458-461.
[409] EGMR v. 08.06.2006 - 75529/01 - NJW 2006, 2389.

durchaus bemerkenswert, dass alle in jüngster Zeit veröffentlichte Gerichtsentscheidungen betreffend die Amtspflicht zur zügigen Sachbearbeitung zu überlangen Gerichtsverfahren ergangen sind.[410] Zukünftig greift insoweit das nunmehr in Kraft gesetzte Gesetz über den Rechtsschutz von überlangen Gerichtsverfahren und strafrechtlichen Ermittlungsverfahren (vgl. hierzu Rn. 210)[411] ein.

d. Amtspflicht zur fehlerfreien Ermessensausübung

74 Die frühere Rechtsprechung hat eine Amtspflichtverletzung bei Ermessensausübung nur bei Willkür und/oder Fehlerevidenz bejaht.[412] Aufgrund der Kritik im Schrifttum[413] hat der BGH diese Rechtsprechung zwischenzeitlich aufgegeben. Eine Amtspflichtverletzung durch Ermessensfehlgebrauch kommt nunmehr bereits dann in Betracht, auch wenn die Schwelle des **Amtsmissbrauchs** noch nicht erreicht ist oder auch ein Fall evidenter fehlerhafter Amtstätigkeit nicht vorliegt. Damit ist die **Ermessensprüfung** im Rahmen der Amtshaftung zutreffend auf den Kontrollumfang von § 114 VwGO erweitert.[414] Eine Amtshaftung kommt insbesondere dann in Betracht, wenn die Verwaltung Ermessensschranken und Ermessensbindung außer Acht gelassen hat.[415] Eine Ermessensentscheidung kann erst nach Ausschöpfung der gebotenen Ermittlungen und Beweise getroffen werden.[416] Eine fehlerhafte Ermessensentscheidung ist nicht zu bejahen, wenn das Jugendamt die Beitreibung bestehender Unterhaltsansprüche eines Kindes unterlässt, um den Arbeitsplatz des Unterhaltsschuldners nicht zu gefährden und letztlich damit seine Leistungsfähigkeit zu erhalten.[417] Eine Amtspflichtverletzung bei Untätigkeit des Beamten liegt nur vor bei einer Ermessungsreduzierung auf Null, so dass die Behörde hätte tätig werden müssen.[418] Die Amtspflicht zur fehlerfreien Ermessensausübung kann verletzt sein, wenn bei Vorliegen eines vagen Verdachtes ohne Ausschöpfung weiterer Ermittlungsmöglichkeiten eine Verhaftung vorgenommen wird.[419] Der – notwendige – Ursachenzusammenhang zwischen der behaupteten Amtspflichtverletzung, bei welcher das Ermessen rechtsfehlerhaft nicht richtig oder gar nicht ausgeübt wurde, und dem eingetretenen Schaden kann nur dann bejaht werden, wenn mit an Sicherheit grenzender Wahrscheinlichkeit feststeht, dass das Ermessen zugunsten des Klägers ausgeübt worden wäre.[420]

e. Amtspflicht zur Behebung begangener Fehler

75 Jeder Amtsträger hat die Pflicht, begangene Fehler zu beheben und im Rahmen des Zumutbaren ihre für den Betroffenen nachteiligen Folgen zu beseitigen und hervorgerufene Schadensgefahren auszuräumen.[421] Insbesondere besteht die **Pflicht, als rechtswidrig erkannte oder erkennbare Verwaltungsakte zurückzunehmen**.[422] Hierzu ist der Beamte auch während des Laufes eines verwaltungsgerichtlichen Verfahrens verpflichtet. Sobald der Beamte die Rechtswidrigkeit des Verwaltungsaktes erkannt

---

[410] BGH v. 04.11.2010 - III ZR 32/10 - NJW 2011, 1072-1076; OLG Hamm v. 08.01.2010 - I-11 U 27/06 - BauR 2010, 1801-1806; OLG Hamm v. 17.06.2011 - 11 U 27/06 u.a.; OLG Celle v. 23.06.2011 - 16 U 130/10.
[411] Gesetz v. 24.11.2011, BGBl I 2011, 2302.
[412] BGH v. 23.05.1951 - III ZR 89/50 - BGHZ 2, 209-218; BGH v. 17.01.1952 - IV ZR 167/50 - BGHZ 4, 302-314; BGH v. 01.02.1954 - III ZR 299/52 - juris Rn. 6 - BGHZ 12, 206-213; BGH v. 13.12.1965 - III ZR 99/64 - juris Rn. 8 - BGHZ 45, 143-150.
[413] Vgl. hierzu *Ossenbühl*, Staatshaftungsrecht, 5. Aufl. 1998, S. 46 m. Fn. 225 sowie *Papier* in: MünchKomm-BGB, § 839 Rn. 198.
[414] BGH v. 15.02.1979 - III ZR 108/76 - BGHZ 74, 144-162; vgl. hierzu auch *Bäumler/Kopf*, NJW 1979, 1871-1873, 1871-1873; *Papier* in: MünchKomm-BGB, § 839 Rn. 198; *Reinert* in: Bamberger/Roth, 3. Aufl. 2012, § 839 Rn. 39.
[415] BGH v. 21.05.1992 - III ZR 14/91 - BGHZ 118, 263-275; BGH v. 23.09.1993 - III ZR 54/92 - LM BGB § 839 (B) Nr. 46 (4/1994); vgl. hierzu *Wurm* in: Staudinger, § 839 Rn. 116 sowie *Rinne/Schlick*, NVwZ 1997, 1065-1077, 1067.
[416] BGH v. 15.11.1973 - III ZR 42/72 - VersR 1974, 358.
[417] OLG Hamm v. 27.04.2011 - I-13 W 10/11 - FamRZ 2011, 1828.
[418] Vgl. z.B. OLG Hamm v. 13.03.1998 - 11 U 186/97 - NJW-RR 1999, 755-756; OLG Frankfurt v. 13.04.2000 - 1 U 9/99 - OLGR Frankfurt 2001, 78-80; OLG Hamburg v. 22.12.2000 - 1 U 37/00 - OLGR Hamburg 2001, 222-224.
[419] OLG Köln v. 30.10.2008 - 7 U 53/08.
[420] OLG München v. 18.07.2011 - 1 W 904/11.
[421] BGH v. 21.12.1964 - III ZR 70/63 - BGHZ 43, 34-42.
[422] BGH v. 29.03.1971 - III ZR 98/69 - BGHZ 56, 57-66; BGH v. 03.10.1985 - III ZR 28/84 - juris Rn. 33 - LM Nr. 23 zu AbgO; hierzu *Wurm* in: Staudinger, § 839 Rn. 134.

hat (oder hätte erkennen müssen), hat er tätig zu werden. Die Entscheidungskompetenz ist dem Beamten trotz des verwaltungsgerichtlichen Verfahrens nicht entzogen. Dass die Verfahrensakte möglicherweise vom Verwaltungsgericht beigezogen wurde, ist kein Hinderungsgrund, da diese zum Zwecke der Abhilfe vom Gericht zurückgefordert werden kann.

f. Amtspflicht zum konsequenten Verhalten

Diese Amtspflicht ist Ausprägung des allgemeinen **Verbots widersprüchlichen Verhaltens** (venire contra factum proprium) und im größeren Zusammenhang des Vertrauensschutzes des Bürgers gegen administrative Maßnahme zu sehen.[423] Die Behörde ist somit verpflichtet, sich nicht in Widerspruch zu früherem Verhalten zu setzen, wenn hierdurch schutzwürdiges Vertrauen von Bürgern verletzt wird.[424] Zum Schutzbereich der Amtspflicht zum konsequenten Verhalten gehört grundsätzlich auch der Schutz von Vermögensinteressen der betroffenen Bürger.[425] So dürfen z.B. Bedingungen einer öffentlichen Ausschreibung nicht nachträglich zum Nachteil eines Teils der Betroffenen geändert werden.[426] Auch dürfen keine rechtlich ungesicherten Vertrauenstatbestände durch Erlass objektiv rechtswidriger Genehmigungen geschaffen werden.[427] Haben Verhandlungen eines Grundstückseigentümers mit der Gemeinde über den Abschluss eines für die Erteilung der Baugenehmigung notwendigen Erschließungsvertrages bereits zu Teilgenehmigungen geführt, die eine Bindung in planungsrechtlicher Hinsicht begründen, so hat die Gemeinde die Amtspflicht, diese gesetzliche Bindung nicht durch grundlose Ablehnung des dem Grundeigentümer als sicher dargestellten Erschließungsvertrages zu unterlaufen.[428] Kein Verstoß gegen das Verbot widersprüchlichen Verhaltens liegt vor, wenn ein Gemeinderat seine in einem Beschluss formulierte **Zusage** der Ankaufmöglichkeit für gemeindliche Grundstücke in einem weiteren Beschluss (nach Vorlage der konkreten Planungsunterlagen und Widerstand betroffener Nachbarn) zurückzieht.[429]

76

Es darf sich kein Straßenbenutzer **darauf verlassen**, dass die **Verkehrszeichen** und Verkehrseinrichtungen **ständig unverändert bleiben**; es besteht lediglich grundsätzlich die Amtspflicht, Verkehrszeichen so anzuordnen, dass sie für einen mit den Verkehrsvorschriften vertrauten, durchschnittlich aufmerksamen Verkehrsteilnehmer auch bei schneller Fahrt durch einen raschen und beiläufigen Blick deutlich erkennbar sind.[430] Verpflichtet sich eine Gemeinde die für die Erschließung eines (verkauften) gemeindeeigenen) Grundstücks notwendigen Voraussetzungen zur Verwirklichung eines Bauvorhabens zu erbringen und verlangt sie später von dem Vertragspartner (privater Investor) Leistungen, die nach dem Inhalt des Vertrages nicht geschuldet sind (wie z.B. Finanzierungsnachweis und Vermietungsauslastung), und macht sie davon die Fortsetzung ihrer Bauleitplanung abhängig, kann sie gegen ihre Amtspflicht zu konsequentem Handeln verstoßen und sich dadurch schadensersatzpflichtig machen.[431] Unwirksam ist allerdings die vertragliche Zusage einer Gemeinde, einen inhaltlich näher bestimmten Bebauungsplan aufzustellen oder doch zumindest die Aufstellung in Übereinstimmung mit dem Vertragspartner zu fördern.[432]

77

---

[423] BGH v. 26.09.1960 - III ZR 125/59 - LM Nr. 59 zu § 839 (C) BGB; BGH v. 10.01.1963 - III ZR 124/61 - LM Nr. 26 zu § 839 (B) BGB; *Papier* in: MünchKomm-BGB, § 839 Rn. 220-221; *Hecker* in: Erman, § 839 Rn. 49; *Ossenbühl*, Staatshaftungsrecht, 5. Aufl. 1998, S. 49-50; *Wurm* in: Staudinger, § 839 Rn. 125; *Jeromin/Kirchberg* in: Johlen, Münchener Anwaltshandbuch Verwaltungsrecht, 2. Aufl. 2003, § 18 Rn. 27.

[424] BGH v. 07.02.1980 - III ZR 23/78 - BGHZ 76, 343-351; BGH v. 10.02.1983 - III ZR 151/81 - BGHZ 87, 9-19; BGH v. 22.06.1989 - III ZR 156/86 - juris Rn. 47 - BGHR BGB § 254 Abs. 2 Satz 1 Schadensbegrenzung 1; OLG Frankfurt v. 19.09.1996 - 1 U 8/95 - OLGR Frankfurt 1997, 243-244; OLG Karlsruhe v. 17.10.2002 - 12 U 107/01; OLG Hamm v. 19.09.2005 - 11 W 11/05 - NVwZ-RR 2006, 227-228: eingehend *Bömer*, NVwZ 1996, 749-754, 749-754.

[425] *Wurm* in: Staudinger, § 839 Rn. 125.

[426] BGH v. 26.09.1960 - III ZR 125/59 - LM Nr. 59 zu § 839 (C) BGB; BGH v. 10.01.1963 - III ZR 124/61 - LM Nr. 26 zu § 839 (B) BGB.

[427] BGH v. 01.12.1994 - III ZR 33/94 - LM BGB § 839 (Fe) Nr. 138 (6/1995); BGH v. 16.01.1997 - III ZR 117/95 - BGHZ 134, 268-304; *Papier* in: Maunz/Dürig, GG, Art. 34 Rn. 193; *Hecker* in: Erman, § 839 Rn. 49.

[428] BGH v. 07.02.1980 - III ZR 23/78 - BGHZ 76, 343-351.

[429] OLG Koblenz v. 26.07.2000 - 1 U 435/99 - OLGR Koblenz 2001, 1-2.

[430] OLG Brandenburg v. 12.02.2002 - 2 U 20/01 - VerkMitt 2002, Nr. 53.

[431] OLG Stuttgart v. 24.11.2004 - 4 U 73/04 - BauR 2005, 160.

[432] BGH v. 18.05.2006 - III ZR 396/04 - DVBl 2006, 1326-1328.

78 Keine Frage des konsequenten Verhaltens ist das Recht des Bürgermeisters, von dem ihm nach der Gemeindeordnung zustehenden Recht Gebrauch zu machen, der Wahl eines Beigeordneten durch den Gemeinderat zu widersprechen.[433] Der Bürgermeister ist weiterhin berechtigt, **Widerspruch** gegen jede vom Gemeinderat getroffene Maßnahme einzulegen, sofern er diese für rechtswidrig erachtet.[434] Allgemein begründet die Pflicht zum konsequenten Verhalten kein Verbot, die Maßnahme nach Bedarf der veränderten Situation anzupassen.[435] Dass **kein Vertrauensschutz** aufgrund von Äußerungen einzelner Mitglieder einer Berufungskommission auf eine Professorenstelle besteht, steht außer Frage.[436] Kein Vertrauensschutz besteht auch bei Erhalt einer rechtswidrigen Baugenehmigung, bei deren Erwirkung der Bauherr den – objektiv erfolglosen – Versuch einer arglistigen Täuschung begangen hat.[437] Mit der Frage der Abgrenzung von objektiver Reichweite des Vertrauensschutzes und mitwirkendem Verschulden des Bauherrn bei einer rechtswidrigen Baugenehmigung hat sich die Rechtsprechung mehrfach beschäftigen müssen.[438] Nach Auffassung der Rechtsprechung ist eine Behörde auch nicht verpflichtet, die von ihr erlassenen Auflagen (zum Schutze der Bevölkerung) auf ihre Einhaltung zu überprüfen.[439]

g. Amtsmissbrauch

79 Nicht jede schuldhaft unrichtige Amtsausübung stellen einen Amtsmissbrauch dar, sondern nur eine zu den Forderungen von Treu und Glauben sowie guter Sitte im Widerspruch stehende Amtsausübung.[440] Amtsmissbrauch führt zu einer Haftung der öffentlichen Hand gegenüber jedem, der hierdurch geschädigt wird. Dieser muss somit nicht **Dritter** im Sinne des § 839 Abs. 1 Satz 1 BGB sein.[441] Mit der Haftung wegen Amtsmissbrauchs bei der Erteilung einer Genehmigung nach § 19a GüKG musste sich der BGH mehrfach befassen. Ein solcher Amtsmissbrauch liegt vor, wenn sich ein Bediensteter des zuständigen Regierungspräsidiums in das betrügerische „Gesamtkonzept" eines Unternehmens einbinden lässt, das in einem Servicepakt Kraftfahrer neue Lastkraftwagen zum Kauf anbietet und ihnen die Verschaffung der notwendigen behördlichen Erlaubnis verspricht.[442] Bei Amtsmissbrauch haftet die zuständige Körperschaft auch dann, wenn die betreffende Amtspflicht keinen drittschützenden Charakter hat.[443]

h. Verschwiegenheitspflicht und Gehorsamspflicht

80 Die allgemeine Verschwiegenheitspflicht des Beamten ist eine Amtspflicht, die gegenüber allen Personen besteht. Sie erstreckt sich auf alle Angelegenheiten, die dem Beamten in seiner dienstlichen Tätigkeit unmittelbar oder mittelbar bekannt geworden sind, soweit diese nicht zum engeren Dienstbereich des Beamten gehören.[444] Bei der Frage eines Verstoßes gegen die Verschwiegenheitspflicht stellt sich die Frage nach **Vorsatz** oder **Fahrlässigkeit**. Soweit Beamte wegen Verstoßes gegen die Verschwiegenheitspflicht disziplinarrechtlich belangt werden, vertreten die Rechtsschutzversicherungen in Anwendung von § 4 Abs. 2a ARB die Auffassung, dass ein Beamter seine Dienstpflichten kennt und jeder Verstoß gegen eine Dienstpflicht vorsätzlich begangen ist.[445] Konsequenterweise müsste man bei einem Verstoß gegen die Verschwiegenheitspflicht regelmäßig Vorsatz annehmen mit der Folge, dass

---

[433] BGH v. 18.12.1997 - III ZR 241/96 - BGHZ 137, 344-350.
[434] *Jeromin/Kirchberg* in: Johlen, Münchener Anwaltshandbuch Verwaltungsrecht, 2. Aufl. 2003, § 18 Rn. 27.
[435] BGH v. 20.09.1984 - III ZR 58/83 - LM Nr. 146 zu § 34 GrundG.
[436] OLG Koblenz v. 24.06.1998 - 1 U 307/97 - OLGR Koblenz 1998, 384-386.
[437] BGH v. 16.01.2003 - III ZR 269/01 - MDR 2003, 571-572.
[438] BGH v. 16.01.1997 - III ZR 117/95 - BGHZ 134, 268-304; BGH v. 11.10.2001 - III ZR 63/00 - BGHZ 149, 50-57; BGH v. 11.04.2002 - III ZR 97/01 - WM 2002, 2115-2116.
[439] OLG Rostock v. 23.10.2003 - 1 U 182/01 - OLGR Rostock 2004, 302.
[440] BGH v. 11.01.1973 - III ZR 32/71 - NJW 1973, 458; OLG Saarbrücken v. 30.04.1993 - 4 U 19/92; *Kreft* in: BGB-RGRK, § 839 Rn. 249. *Papier* in: MünchKomm-BGB, § 839 Rn. 216.
[441] BGH v. 11.01.1973 - III ZR 32/71 - NJW 1973, 458; OLG Köln v. 13.11.1975 - 7 U 43/75 - NJW 1976, 295-298; OLG Saarbrücken v. 30.04.1993 - 4 U 19/92 - juris Rn. 19.
[442] BGH v. 15.05.2003 - III ZR 42/02 - NVwZ-RR 2003, 714-715; BGH v. 15.05.2003 - III ZR 43/02 - BGHReport 2003, 868; *Rinne/Schlick*, NJW 2004, 1918-1931, 1920-1921.
[443] OLG Hamm v. 17.06.2009 - I-11 U 112/08 - MDR 2010, 326-327.
[444] BGH v. 16.01.1961 - III ZR 210/59 - BGHZ 34, 184-188; OLG Bremen v. 06.12.1995 - 1 U 51/95 - OLGR Bremen 1996, 36-38; OLG Karlsruhe v. 01.04.1981 - 13 U 64/80 - MDR 1981, 757-758; OLG Zweibrücken v. 12.11.1998 - 6 U 15/97 - OLGR Zweibrücken 1999, 175-178.
[445] *Harbauer*, Rechtsschutzversicherung, 7. Aufl. 2004, vor § 21 ARB 75 Rn. 91.

das Verweisungsprivileg in § 839 Abs. 1 Satz 2 BGB ausscheidet. Verletzt ein Finanzbeamter seine Pflicht zur Amtsverschwiegenheit, indem er dem Steuergeheimnis unterfallende (und darüber hinaus teils unwahre) Tatsachen mitteilt, so kann die darin liegende Amtspflichtverletzung eine Haftung für gesundheitliche Beeinträchtigungen des betroffenen Steuerpflichtigen begründen, wobei aufgrund vorsätzlichen Handelns der Finanzbeamte auch persönlich haftet.[446] Entsprechendes gilt, wenn ein unter Schweigepflicht stehender Beamter ein Berufserlebnis veröffentlicht, das bei einem Durchschnittsleser den Eindruck hervorrufen kann, ein Dritter habe mit dem KGB zumindest zeitweilig zusammengearbeitet.[447]

Die Gehorsamspflicht des Beamten begründet auch gegenüber Dritten die Amtspflicht, außer den Gesetzen auch die allgemeinen und im Einzelfall erlassenen verbindlichen **Weisungen der Vorgesetzten** zu befolgen.[448] Dies gilt auch dann, wenn die angewiesene Stelle gegen die Weisung Gegenvorstellungen oder Aufsichtsbeschwerde erhoben hat.[449] Ist ein Verwaltungsakt von der **übergeordneten Stelle** aufgrund einer Beschwerde oder eines sonstigen Rechtsbehelfs aufgehoben worden, verletzt die **nachgeordnete Behörde** ihre Amtspflicht, wenn sie bei unveränderter Sach- und Rechtslage den gleichen Verwaltungsakt mit der früheren Begründung erneut erlässt, auch wenn sie die Rechtsauffassung der übergeordneten Behörde für unrichtig hält.[450] Einem rechtskräftigen Urteil des Verwaltungsgerichtes hat die Verwaltung unverzüglich Folge zu leisten, auch wenn sie das Urteil für unrichtig erachtet.[451] Dies gilt selbstverständlich auch dann, wenn das Verwaltungsgericht lediglich im vorläufigen Rechtsschutzverfahren entschieden hat. Die Erwartung des Verfassungs- und Gesetzgebers, dass die Verwaltung ein rechtskräftiges Urteil des Verwaltungsgerichts vollzieht, korrespondiert mit den nur beschränkten Vollstreckungsmöglichkeiten gemäß §§ 167-172 VwGO;[452] eine verfassungskonforme Auslegung von § 172 VwGO kann jedoch im Interesse des effektiven Rechtsschutzes geboten sein und zur Anwendung zivilprozessualer Vorschriften führen[453].

81

i. Amtspflicht zur Vermeidung unerlaubter Handlungen

Der BGH hat wiederholt die Amtspflicht betont, **unerlaubte Handlungen i.S.d.** §§ 823, 826 BGB zu unterlassen.[454] Ein Amtswalter, der in Ausübung öffentlicher Gewalt bei Vornahme eines Amtsgeschäftes eine unerlaubte Handlung gegenüber einem Dritten begeht, verletzt damit gleichzeitig eine ihm diesem Dritten gegenüber obliegende Amtspflicht.[455] Dies gilt auch für die Verletzung von Urheberrechten[456] sowie für das allgemeine Persönlichkeitsrecht.[457] Begeht ein Amtsträger eine nach allgemeinem Deliktsrecht tatbestandsmäßige und rechtswidrige Handlung, so liegt hierin immer auch zugleich eine Amtspflichtverletzung. § 839 BGB umfasst also Handlungen im Sinne der allgemeinen deliktsrechtlichen Bestimmungen, verdrängt daher aber auch als abschließende Regelung zum Amtswalterdelikt die Schadensersatznormen des allgemeinen Deliktrechtes.[458] Eine besondere Ausprägung dieser Pflicht ist die Verkehrssicherungspflicht hinsichtlich öffentlicher Verkehrswege.[459] Zu den Ver-

82

---

[446] OLG Zweibrücken v. 12.11.1998 - 6 U 15/97 - OLGR Zweibrücken 1999, 175-178.
[447] OLG Bremen v. 01.11.1995 - 1 U 51/95 - NJW 1996, 1000-1001.
[448] BGH v. 21.03.1963 - III ZR 193/61 - VersR 1963, 845-849; BGH v. 24.03.1966 - III ZR 220/64 - LM Nr. 16 zu § 839 (Ca) BGB; BGH v. 09.01.1958 - III ZR 95/56 - juris Rn. 7 - BGHZ 26, 232-236.
[449] BGH v. 03.12.1953 - III ZR 66/52 - juris Rn. 6 - BGHZ 11, 192-198.
[450] BGH v. 06.10.1955 - III ZR 56/54 - LM Nr. 1 zu VerwR - Allg. (FolgenbeseitAnspruch); BGH v. 11.07.1963 - III ZR 44/62 - VersR 1963, 1175-1179.
[451] BGH v. 30.10.1961 - III ZR 196/59 - LM Nr. 1 zu § 75 MRVO (BrZ) 165.
[452] Vgl. hierzu *Schoch/Schmidt-Aßmann/Pietzner*, VwGO, Vorbem. § 167 Rn. 8.
[453] Vgl. BVerfG v. 09.08.1999 - 1 BvR 2245/98 - DVBl 1999, 1646-1647.
[454] BGH v. 20.12.1956 - III ZR 97/55 - BGHZ 23, 36-52; BGH v. 16.06.1977 - III ZR 179/75 - BGHZ 69, 128-144; BGH v. 20.05.2009 - I ZR 239/06 - NJW 2009, 3509-3511.
[455] BGH v. 10.01.1955 - III ZR 153/53 - BGHZ 16, 111-123; BGH v. 16.06.1977 - III ZR 179/75 - BGHZ 69, 128-144; OLG Karlsruhe v. 15.10.2007 - 12 U 208/05 - juris Rn. 328; OLG Brandenburg v. 16.02.2010 - 2 U 5/08; *Vinke* in: Soergel, § 839 Rn. 12.
[456] BGH v. 16.01.1992 - I ZR 36/90 - LM GrundG Art.34 Nr. 175 (7/1992).
[457] BGH v. 17.03.1994 - III ZR 15/93 - LM BGB § 839 (Ca) Nr. 95 (8/1994).
[458] BGH v. 12.07.1951 - III ZR 168/50 - BGHZ 3, 94-110; BGH v. 15.03.1954 - III ZR 333/52 - BGHZ 13, 25-28; BGH v. 19.12.1960 - GSZ 1/60 - BGHZ 34, 99-110; BGH v. 30.09.1970 - III ZR 81/67 - LM Nr. 1 zu StrG RP; BGH v. 18.12.1972 - III ZR 121/70 - BGHZ 60, 54-64; ebenso *Schäfer* in: Staudinger, 12. Aufl. 1986, § 839 Rn. 8; *Kreft* in: BGB-RGRK, § 839 Rn. 12.
[459] OLG Düsseldorf v. 01.10.1992 - 18 U 93/92 - NJW-RR 1993, 597-598.

§ 839

kehrssicherungspflichten gehören die Straßenverkehrssicherungspflicht (außer in Hessen) sowie die Verkehrsregelungspflichten. Der BGH hat insoweit judiziert zur Streupflicht an **gefährlichen Stellen**, insbesondere bei Schneefall oder Glatteisbildung.[460] Weitere Entscheidungen zu den Verkehrssicherungspflichten befassen sich mit der Anbringung von Wildschutzzäunen,[461] mit der Standfestigkeit von Straßenbäumen,[462] mit den Anforderungen an die Beschaffenheit von Bodenschwellen zur Durchsetzung von Geschwindigkeitsbeschränkungen[463] sowie mit der Überwachung der Anlieger bei zulässiger Übertragung der Gehwegreinigung auf diese[464] und schließlich mit den Überwachungs- und Kontrollpflichten bei der Delegation von Verkehrswidrigkeiten im Rahmen von Straßenbauarbeiten.[465] Wird zur Durchführung einer Ersatzvornahme beim Vollzug des Bauordnungsrechtes ein privater Fachbetrieb hinzugezogen, so handelt dieser in einem ihm anvertrauten öffentlichen Amt (sog. Verwaltungshelfer); damit ist er in die Haftungsverantwortung der beauftragenden Körperschaft eingegliedert. Das Verweisungsprivileg nach § 839 Abs. 1 Satz 2 BGB ist unanwendbar.[466]

j. Amtspflicht zur Erteilung dienstlicher Auskünfte, Belehrung und Hinweise

83   Auskünfte gegenüber Bürgern sind **richtig, klar, unmissverständlich** und **vollständig** zu erteilen, damit der Empfänger entsprechend disponieren kann.[467] Dies gilt insbesondere, wenn der Empfänger der Auskunft weitreichende, ggf. sogar für seinen Lebensweg entscheidende Dispositionen an das Ergebnis der Auskunft knüpft.[468] Geschützter Dritter ist jeder, in dessen Interesse oder auf dessen Auftrag hin eine Auskunft von der Behörde erteilt wird.[469] Nimmt ein Beamter zur Vorbereitung einer Auskunft gegenüber einem Dritten einen weiteren Amtsträger aufgrund dessen überlegenen Fachwissens in Anspruch, gewinnt dessen Mitwirkung am Zustandekommen der Auskunft gegenüber dem Adressaten eine über die innerbehördliche Beteiligung hinausgehende Qualität, so dass seine Amtspflicht zur zutreffenden und vollständigen Unterrichtung über die Rechtslage auch gegenüber dem Empfänger der Auskunft besteht.[470] Die Pflicht zur richtigen und vollständigen Auskunftserteilung besteht unabhängig davon, ob der Beamte zur Erteilung der Auskunft verpflichtet oder nur befugt ist;[471] auch wenn eine Amtspflicht zur Erteilung der Auskunft nicht besteht, muss die Auskunft, wenn sie gleichwohl erteilt wird, diesen Erfordernissen genügen[472] Der Umfang der Auskunftspflicht hängt vom Inhalt der Frage

---

[460] BGH v. 11.07.1960 - III ZR 144/59 - VersR 1960, 998-1000; BGH v. 27.04.1987 - III ZR 123/86 - ZfS 1987, 356; BGH v. 05.07.1990 - I ZR 217/88 - LM Nr. 311 zu § 3 UWG; BGH v. 01.07.1993 - III ZR 88/92 - LM BGB § 839 (Ca) Nr. 90 (1/1994).
[461] BGH v. 13.07.1989 - III ZR 122/88 - BGHZ 108, 273-277.
[462] BGH v. 01.07.1993 - III ZR 167/92 - BGHZ 123, 102-106, ebenso OLG Düsseldorf v. 25.04.1996 - 18 U 150/95 - VersR 1997, 463-465; OLG Brandenburg v. 16.04.2002 - 2 U 17/01 - OLGR Brandenburg 2002, 411-413; OLG Hamm v. 04.02.2003 - 9 U 144/02 - NJW-RR 2003, 968.
[463] BGH v. 16.05.1991 - III ZR 125/90 - LM BGB § 839 (Ca) Nr. 80 (2/1992); OLG Celle v. 23.09.1998 - 9 U 114/98 - OLGR Celle 1998, 334; OLG Düsseldorf v. 13.06.1996 - 18 U 206/95 - NWVBl 1997, 113; OLG Koblenz v. 28.09.1999 - 1 U 406/98 - MDR 2000, 451.
[464] BGH v. 11.06.1992 - III ZR 134/91 - BGHZ 118, 368-374.
[465] OLG Celle v. 29.05.1996 - 9 U 184/95 - NVwZ-RR 1997, 81-82.
[466] OLG Koblenz v. 05.05.2010 - 1 U 679/09 - DVBl. 2011, 60.
[467] BGH v. 20.09.1954 - III ZR 369/52 - BGHZ 14, 319-325; BGH v. 10.07.1980 - III ZR 23/79 - LM Nr. 59 zu § 839 (Fe) BGB; BGH v. 25.06.1987 - III ZR 228/86 - BGHR BGB § 839 Abs. 1 Satz 1 Auskunft 2; BGH v. 13.06.1991 - III ZR 76/90 - LM BGB § 839 (Ca) Nr. 81 (2/1992); BGH v. 16.01.1992 - III ZR 18/90 - BGHZ 117, 83-91; BGH v. 05.05.1994 - III ZR 28/93 - LM BGB § 839 (Cb) Nr. 91 (10/1994); BGH v. 10.07.1986 - III ZR 39/85 - MDR 1987, 298; BGH v. 03.05.2001 - III ZR 191/00 - ZfBR 2001, 412-414; BGH v. 24.10.2002 - III ZR 259/01 - MDR 2003, 152-153; m. Anm. *Littbarski*, EWiR 2003, 59-60; BGH v. 21.04.2005 - III ZR 264/04 - NVwZ 2006, 245-248. *Rohlfing*, NdsVBl 2008, 57-60.
[468] BGH v. 21.04.2005 - III ZR 264/04 - NVwZ 2006, 245-248; OLG München v. 28.10.2010 - 1 U 3304/10.
[469] OLG Hamm v. 24.03.2010 - 11 U 65/09 - MDR 2010, 991-992; OLG Brandenburg v. 18.10.2011 - 2 U 35/09 - BauR 2012, 296.
[470] BGH v. 01.02.2001 - III ZR 193/99 - NVwZ 2001, 1074, BGH v. 21.04.2005 - III ZR 264/04 - NvwZ 2006, 245-248.
[471] BGH v. 05.04.1965 - III ZR 11/64 - LM Nr. 9 zu § 839 (Ca) BGB; BGH v. 24.06.1993 - III ZR 43/92 - juris Rn. 24 - LM ZPO § 322 Nr. 136 (1/1994).
[472] OLG Brandenburg v. 20.06.1995 - 2 U 13/94 - DtZ 1996, 381-384; *Wurm* in: Staudinger, § 839 Rn. 150; eine Pressemitteilung ist keine Auskunft OLG Stuttgart v. 03.05.2001 - 1 U 95/00 - NJW-RR 2002, 1597-1601.

ab, die der Auskunftssuchende an die Behörde richtet.[473] Die Pflicht zur Auskunftserteilung bezieht sich stets auf die konkret gestellte Frage.[474] Die Behörde kann natürlich auf ihren „derzeitigen Erkenntnisstand" bei der Auskunftserteilung verweisen.[475] Etwaige Auskünfte der Agentur für Arbeit über die Erfolgsaussichten der Bewilligung von Arbeitslosengeld können mangels einer Antragstellung aus der Sicht des Arbeitsuchenden nur vorläufigen Charakter haben, da eine abschließende Entscheidung eine vollständige (schriftliche) Antragstellung voraussetzt.[476] Wird der Bezieher von Arbeitslosengeld falsch über die Voraussetzungen für die Gewährung eines Gründungszuschusses beraten, hat er Anspruch auf Schadensersatz, sofern er ausreichend darlegt, dass sein Antrag hätte bewilligt werden müssen, wenn er seine selbständige Tätigkeit bei einer Anspruchsdauer auf Arbeitslosengeld von mehr als 90 Tagen aufgenommen hätte.[477]

Sofern der Beamte nicht **alle Gesichtspunkte**, die eine Bitte um Auskunft aufwirft, übersehen oder beurteilen kann, so muss er seine Auskunft ausdrücklich beschränken und den Auskunftssuchenden möglichst an die zuständige Stelle verweisen.[478] Der um eine Auskunft nachsuchende Bürger hat keine Verpflichtung, die erteilte Auskunft durch die übergeordnete Behörde oder einem sachkundigen Dritten noch einmal überprüfen zu lassen.[479] Für die Frage, ob eine Auskunft richtig und präzise ist, ist auf den Empfängerhorizont abzustellen.[480] Im Amtshaftungsprozess hat der Kläger die Unrichtigkeit oder Unvollständigkeit der ihm erteilten Auskunft darzulegen und zu beweisen.[481] Im Bereich des Baugenehmigungsverfahrens besteht die Amtspflicht der Gemeinde bzw. ihrer Mitarbeiter dahin gehend, Dritte, die auf die Wirksamkeit eines Bebauungsplanes vertrauen, auf die gegen die Gültigkeit des Plans gerichteten Bedenken hinzuweisen.[482] Soweit die Gemeinde eine Bescheinigung ausstellt, in der auf Ersuchen eines Urkundsnotar bestätigt werden soll, dass die Erschließung eines Kaufgrundstückes abgeschlossen ist und der Erwerber nicht zur Erschließungskosten herangezogen wird, muss diese Bescheinigung natürlich **richtig** sein; die Gemeinde ist einem Grundstückserwerber schadensersatzpflichtig, wenn sich die Auskunft als falsch herausstellt.[483] Weiterhin besteht die Pflicht zur nachträglichen Berichtigung einer unrichtig erteilten Auskunft.[484] In der Regel ist der Amtswalter nicht verpflichtet, sich durch eigene Nachprüfungen darüber zu vergewissern, ob die mitgeteilte Tatsache der Wirklichkeit entspricht (so bei einer falschen Registratur im Melderegister).[485] Erhält ein Beamter vom zuständigen Sachbearbeiter der Behörde eine schuldhaft falsche Auskunft über die zu erwartenden Versorgungsbezüge, so hat er nach den Grundsätzen der Amtshaftung Anspruch auf Zahlung der der Auskunft entsprechenden höheren Versorgungsbezüge.[486]

84

Generell besteht eine **Aufklärungspflicht der Behörde**, die erkennt, dass sie über weitergehende Erkenntnisse als der Betroffene verfügt und aufgrund ihrer Erkenntnisse den Betroffenen vor Schaden bewahren kann. Dies gilt beispielsweise für die Beratungspflicht des Arztes des Gesundheitsamtes bei Verdacht auf eine Impfschädigung.[487] Eine Pflicht, den Bebauungsplan auf Nichtigkeitsgründe zu überprüfen, besteht vor Erteilung der Auskunft nicht.[488] Der Mitarbeiter eines BAföG-Amtes hat ge-

85

---

[473] BGH v. 24.06.1993 - III ZR 43/92 - juris Rn. 24 - LM ZPO § 322 Nr. 136 (1/1994); BGH v. 06.02.1997 - III ZR 241/95 - juris Rn. 24 - LM GrundG Art. 34 Nr. 185 (6/1997). Vgl. zur Auskunftspflicht des Sozialamtes zur Rundfunk- und Telefongebührenbefreiung LG Göttingen v. 27.01.2003 - 9 O 311/02.
[474] OLG München v. 06.07.2005 - 1 U 3089/05.
[475] BGH v. 11.10.2007 - III ZR 301/06 - LKV 2008, 238-240.
[476] OLG München v. 29.03.2011 - 1 W 1566/10.
[477] OLG München v. 21.04.2011 - 1 U 133/11 - NJW 2011, 3244-3245.
[478] BayObLG v. 17.12.1964 - RReg IVa St 231/1964 - MDR 1965, 502; OLG Zweibrücken v. 24.06.1999 - 6 U 24/98 - OLGR Zweibrücken 2000, 506-510.
[479] OLG Koblenz v. 23.03.2005 - 1 U 1482/03 - OLGR Koblenz 2005, 613-616.
[480] BGH v. 12.02.1964 - III ZR 54/63 - VersR 1964, 536; BGH v. 08.01.1976 - III ZR 5/74 - LM Nr. 30 zu § 839 BGB; BGH v. 10.07.1986 - III ZR 39/85 - MDR 1987, 298.
[481] BGH v. 30.06.1977 - III ZR 51/75 - juris Rn. 20 - LM Nr. 32 zu § 839 BGB; OLG Schleswig v. 06.11.1997 - 11 U 100/95 - SchlHA 1998, 109-110.
[482] BGH v. 20.10.1977 - III ZR 142/75 - LM Nr. 34 zu § 839 BGB.
[483] BGH v. 03.05.2001 - III ZR 191/00 - ZfBR 2001, 412-414; OLG Köln v. 03.06.2004 - 7 U 184/03 - OLGR Köln 2004, 326-328.
[484] BGH v. 21.03.1989 - III ZR 158/88 - BGHR BGB § 839 Abs. 1 Satz 1 Auskunft 3.
[485] OLG Köln v. 04.02.1999 - 7 U 160/98 - VersR 2000, 1236.
[486] OLG Stuttgart v. 31.03.2004 - 4 U 216/03 - VBlBW 2004, 435-437.
[487] BGH v. 20.07.2000 - III ZR 64/99 - LM BGB § 839 (FC) Nr. 36 (6/2001).
[488] Vgl. OLG Saarbrücken v. 09.12.1997 - 4 U 105/97- 44, 4 U 105/97 - OLGR Saarbrücken 1998, 481-483.

genüber einem Antragsteller ganz besondere Beratungs- und Hinweispflichten, wenn er Kenntnis davon hat oder bekommt, dass dem Antragsteller besondere, weitergehende gesetzliche Förderungsmöglichkeiten (hier Erziehungsbeihilfe nach dem Bundesversorgungsgesetz) zustehen.[489] Es kann sogar der Hinweis geboten sein, dass mit einer Änderung der bestehenden Rechtslage zu rechnen ist, wenn der Antragsteller dann sein Ziel erreichen könnte.[490] Gleiches gilt für den Mitarbeiter der gesetzlichen Sozialversicherung gegenüber dem Versicherten, der die komplizierten, ständiger Veränderung unterliegenden Voraussetzungen von Ansprüchen aus der gesetzlichen Sozialversicherung aus eigenem Wissen nur sehr eingeschränkt überschauen kann.[491] Ebenso besteht auch eine Hinweispflicht des Bediensteten in einer kreisfreien Stadt gegenüber dem Inhaber einer Baugenehmigung, dass dieser mit dem drohenden Eintritt einer Veränderungssperre für sein in einem potentiellen Planungsgebiet gelegenes Grundstück zu rechnen haben.[492] Weiterhin besteht eine Amtspflicht der Baugenehmigungsbehörde, den Bauherrn unverzüglich von einem Nachbarwiderspruch zu unterrichten.[493] Die Behörde ist schließlich verpflichtet, den Bürger auf die Möglichkeit einer erneuten Antragsstellung hinzuweisen, wenn dessen rechtzeitig gestellter Antrag wegen höherer Gewalt auf dem Postweg verloren gegangen ist und die Voraussetzungen für die Stellung eines neuen Antrages nicht offensichtlich fehlen.[494] Informelle Vorgespräche über die Bebaubarkeit eines Grundstückes besagen nichts über die konkrete Entscheidung, die das zuständige Gremium (wie z.B. Bauausschuss der Gemeinde) fassen wird, wenn der Bauherr seine fertige Planung zur Abstimmung stellt.[495] Unterbreitet der Mitarbeiter eines Jobcenters einem Arbeitslosen eine Eingliederungsvereinbarung, ohne diese über den Umfang der vom Jobcenter zu erwartenden finanziellen Unterstützung der Bewerbungsbemühungen (korrekt) zu informieren, wurde gegen die Beratungspflicht aus § 14 Abs. 1 SGB I verstoßen.[496] Hingegen braucht ein im Stadtrat tätiger Rechtsanwalt von der Gemeinde nicht auf etwaige Lücken in seinem Unfallversicherungsschutz hingewiesen werden.[497]

86 Abzugrenzen ist die Auskunft von der Zusage. Die Auskunft bezieht sich auf gegenwärtige Umstände tatsächlicher oder rechtlicher Art,[498] die Zusage bezieht sich grundsätzlich auf ein zukünftiges Verhalten[499]. Die **Grenzen** zwischen einer **Auskunft** und **Zusicherung** sind **fließend**; denn auch die bestehende Absicht, der bereits gefasste Entschluss, künftig etwas zu tun, und die damit getroffenen Vorbereitungen sind vorhandene Wirklichkeit und daher **Tatsachen**. Die Auslegung kann dahin führen, dass die Auskunft über Tatsachen den eigentlichen Inhalt einer Erklärung bildet, die sich ihrem Wortlaut nach als (unwirksame) Zusage künftigen Verhaltens darstellt. Danach kann in der mündlichen Erklärung eines Sachbearbeiters, der Erlass eines Bauvorbescheides sei beschlossene Sache – die, verstanden als Zusicherung, wegen Nichteinhaltung der Schriftform der Wirksamkeit entbehrt (§ 38 VwVfG) – die Auskunft über den Stand der Meinungsbildung innerhalb des Bauamtes liegen.[500] An die Rechtsnatur einer gemeindlichen Äußerung als an eine Zusage oder verbindliche Auskunft sind strenge Anforderungen zu stellen, insbesondere wenn sie von einer kleinen Gemeinde mit entsprechend geringer Verwaltungskraft und Fachkompetenz stammen.[501] Hält eine Behörde die wegen Gesetzesverstoßes unwirksame Zusage nicht ein, so ist sie zum Ersatz des Schadens verpflichtet, der dem Empfänger der Zusage dadurch entstanden ist, dass er auf die Verbindlichkeit der Zusage vertraut hat; Ersatz des Erfüllungsschadens kann nicht verlangt werden.[502] Eine falsche Auskunft kann keinen Vertrauensschutz begründen, wenn der Empfänger die Unrichtigkeit der Auskunft kannte oder infolge grober Fahrlässig-

---

[489] OLG Koblenz v. 13.03.2002 - 1 U 529/00 - OLGR Koblenz 2002, 305-306.
[490] BGH v. 06.04.1960 - III ZR 38/59 - LM Nr. 54 zu § 839 (C) BGB.
[491] OLG München v. 04.08.2011 -1 U 5070/10.
[492] BGH v. 03.03.2005 - III ZR 186/04 - VersR 2006, 76-79.
[493] BGH v. 09.10.2003 - III ZR 414/02 - MDR 2004, 212.
[494] OLG Karlsruhe v. 29.10.2004 - U 72/03 - RdL 2005, 24-27.
[495] OLG München v. 05.05.2011 - 1 U 3829/10 - BAUR 2011, 1536.
[496] LG Berlin v. 17.02.2011 - 86 O 175/10.
[497] OLG München v. 22.02.2011 - 1 U 5452/10.
[498] BGH v. 17.04.1980 - III ZR 167/78 - LM Nr. 41 zu § 839 BGB.
[499] BGH v. 18.12.1997 - III ZR 241/96 - juris Rn. 21 - BGHZ 137, 344-350; hierzu *Jeromin/Kirchberg* in: Johlen, Münchener Anwaltshandbuch Verwaltungsrecht, 2. Aufl. 2003, § 18 Rn. 25.
[500] BGH v. 16.01.1992 - III ZR 18/90 - BGHZ 117, 83-91; vgl. hierzu *Rinne/Schlick*, NVwZ 1997, 1065-1077, 1068. Vgl. weiterhin OLG Hamm v. 30.09.2005 - 11 U 28/05 - DVP 2006, 477.
[501] OLG Naumburg v. 10.11.1994 - 4 U 145/94 - OLG-NL 1995, 108-109.
[502] OLG Köln v. 14.05.1992 - 7 U 18/92 - VersR 1993, 1483-1485.

keit nicht kannte.[503] Eine Gemeinde haftet für gegebene Zusagen im Zusammenhang mit dem Verkauf eines gemeindeeigenen Grundstücks.[504] Hingegen kann sich ein Investor einer Tiefgarage nicht darauf verlassen, dass abweichend von dem ihm mitgeteilten **Parkraumkonzept** nicht noch eine weitere Tiefgarage zugelassen werde.[505] Weiterhin bildet die Auskunft eines Bediensteten der Baubehörde gegenüber einem Architekten, in einem Bebauungsplangebiet könne gebaut werden, in der Regel keine ausreichende Verfassungsgrundlage für nachfolgende Investitionen.[506]

Kann eine Zusage aus Rechtsgründen nicht eingehalten werden, etwa weil diese wegen Gesetzesverstoß unwirksam oder die Behörde an die Zusage nicht gebunden ist, so liegt hierin ein Amtspflichtverstoß. Ein Schadensersatzanspruch erfasst in diesem Fall den Schaden, der dem Empfänger der Zusage dadurch entstanden ist, dass er auf die **Verbindlichkeit** vertraut hat; ein Ersatz des **Erfüllungsschadens** kann nicht verlangt werden.[507] Sofern der Bürger die Unwirksamkeit der Zusage erkennt oder hätte erkennen können, führt dies zur Anwendung des § 254 BGB.[508] Weiterhin wird die Auffassung vertreten, dass geringere Anforderungen an den Umfang der Aufklärungs- und Belehrungspflichten bestehen können, wenn die Behörde sich mit Mitteilung und Ankündigungen an Personen wendet, von denen sie erwarten kann, dass sie die Tragweite erfassen und übersehen oder sich Rechtsrat beschaffen.[509]

87

Der BGH hat sich mit dem Umfang der Haftung des Rentenversicherungsträgers für eine unrichtige Rentenauskunft nach § 109 SGB VI beschäftigt, die den Versicherten bewogen hat, Rentenantrag zu stellen und vorzeitig aus dem Erwerbsleben auszuscheiden. Bei der Prüfung des Schadensersatzanspruches ist zu berücksichtigen, wie sich die Vermögenslage des Klägers entwickelt hätte, wenn die Beklagte zutreffende Auskünfte erteilt hätte.[510] Auch die Landessozialgerichte haben sich mit dem Problem beschäftigt, inwieweit der **sozialrechtliche Herstellungsanspruch** neben dem Amtshaftungsanspruch zur Anwendung gelangt.[511]

88

k. Behördliche Warnungen

In § 8 ProdSG[512] war die Warnung vor nicht sicheren Produkten geregelt. Nach dem Inverkehrbringen durfte die zuständige Behörde anordnen, dass alle, die einer von einem Produkt ausgehenden Gefahr ausgesetzt sein können, rechtzeitig in geeigneter Form, insbesondere durch den Hersteller, auf diese Gefahr hingewiesen werden. Die Behörde selbst durfte **die Öffentlichkeit warnen**, wenn bei Gefahr im Verzug andere ebenso wirksame Maßnahmen, insbesondere Warnung durch den Hersteller, nicht getroffen werden konnten.[513] Am 01.05.2004 ist das neue GPSG in Kraft getreten.[514] Das neue GPSG setzt im Wesentlichen die EU-Richtlinie über die allgemeine Produktsicherheit[515] um und vereinigt zugleich das Gerätesicherheitsgesetz mit dem Produktsicherheitsgesetz. Das GPSG erfasst auch die behördliche Informationstätigkeit zur Aufklärung der Öffentlichkeit über Gefahren, die von bestimmten Produkten ausgehen und konkretisiert dabei die an sie zu stellenden Anforderungen. Damit präzisiert das Gesetz zugleich die Voraussetzungen der Amtshaftung für rechtswidrige behördliche Produktin-

89

---

[503] BGH v. 11.04.2002 - III ZR 97/01 - WM 2002, 2115-2116.
[504] OLG Stuttgart v. 24.11.2004 - 4 U 73/04 - BauR 2005, 160.
[505] OLG Dresden v. 27.04.2005 - 6 U 628/04 - IBR 2005, 403.
[506] OLG Koblenz v. 12.12.2007 - 1 U 180/07 - OLGR Koblenz 2008, 339-340.
[507] BGH v. 13.07.1993 - III ZR 86/92 - NVwZ 1994, 91.
[508] BGH v. 22.11.1979 - III ZR 186/77 - juris Rn. 69 - BGHZ 76, 16-31.
[509] BGH v. 28.03.1955 - III ZR 24/54 - BGHZ 17, 96-107; hierzu *Wurm* in: Staudinger, § 839 Rn. 165.
[510] BGH v. 10.07.2003 - III ZR 155/02 - BGHZ 155, 354-365; hierzu *Fuchs*, LVAMitt 2003, 448; sowie *Schmitt*, LMK 2003, 22-23; *Plagemann*, EWiR 2003, 917-918.
[511] LSG München v. 12.12.2002 - L 18 V 16/01 - SGb 2003, 403; LSG Berlin-Brandenburg v. 09.05.2007 - L 16 R 403/07; BVerwG v. 30.06.2011 - 3 C 36/10 - NJW 2012, 168-170.
[512] Gesetz zur Regelung der Sicherheitsanforderungen an Produkte und zum Schutz der CE-Kennzeichnung, Produktsicherheitsgesetz – ProdSG – vom 30.04.1997, BGBl I 1997, 934; hierzu *Nolte/Tremml*, NJW 1997, 2265-2273, 2265 sowie *Schieble*, VuR 2007, 401-410.
[513] *Wurm* in: Staudinger, § 839 Rn. 166; Vgl. hierzu BGH v. 09.1996 - 1 StR 475/96 - NJW 1996, 3350-3351 sowie OLG Stuttgart v. 21.03.1990 - 1 U 132/89 - NJW 1990, 2690-2694.
[514] Geräte- und Produktsicherheitsgesetz v. 06.01.2004 - BGBl I 2004, 2.
[515] Richtlinie 2001/95/EG des Europäischen Parlaments und des Rates v. 03.12.2001 über die allgemeine Produktsicherheit, AblEG Nr. L 11 v. 15.01.2004, S. 4.

formationen.[516] Hierbei wurde die Befugnis, die Öffentlichkeit vor Produktgefahren zu warnen, erweitert; nicht mehr Voraussetzung ist, dass Gefahr in Verzug besteht.[517]

90 Gegenstand behördlicher Warnungen können auch sonstige Gefahren außerhalb der Produktsicherheit sein, z.B. solche, die vom Glaubensgemeinschaften oder Jugendsekten ausgehen.[518] Weiterhin musste sich die Rechtsprechung beschäftigen mit Warnungen vor möglicher Gesundheitsschädlichkeit bei Lebensmitteln[519] sowie von Wasser aus einer Heilquelle.[520] Eine umfangreiche Rechtsprechung gibt es zu der Frage, inwieweit den Trägern der Straßenverkehrssicherungspflicht bzw. der Straßenverkehrsregelungspflicht Warnpflichten zukommen.[521] Darüber hinaus bestehen Warnpflichten bei Hochwasser, Katastrophenschutz, Unwetter etc.[522]

l. Fürsorgepflicht des Dienstherrn

aa. Mobbing

91 Die Fürsorgepflicht des Dienstherrn erstreckt sich auch auf den Schutz des allgemeinen Persönlichkeitsrechtes des Beamten vor rechtswidrigen persönlichen Angriffen durch Vorgesetzte und Mitarbeiter in Gestalt des sog. Mobbings.[523] Die Rechtsprechung hat sich in jüngster Zeit mehrfach mit Schadensersatzklage und Schmerzensgeld wegen einer Persönlichkeitsverletzung und Gesundheitsbeschädigung durch **Mobbing**[524] eines Dienstvorgesetzten gegenüber einem Beamten beschäftigen müssen. Hierbei wurde judiziert, dass für Schäden, die dadurch entstehen, dass ein Polizeibeamter im Rahmen der gemeinsamen Dienstausübung durch seinen Vorgesetzten systematisch und fortgesetzt schikaniert und beleidigt wird (Mobbing), der Dienstherr des Schädigers nach Amtshaftungsgrundsätzen haftet.[525] Die Rechtsprechung hat hierbei darauf abgehoben, dass der Beamte zu seinem Dienstherrn in einem öffentlich-rechtlichen Dienst- und Treueverhältnis steht und dass angesichts dieses beamtenrechtlichen (öffentlich-rechtlichen) Normgefüges ein Vorgesetzter, der im Rahmen der gemeinsamen Dienstausübung einen Untergebenen respektlos behandelt, regelmäßig hoheitlich tätig wird. Dies hat zur Folge, dass für etwaige daraus entstehende Gesundheitsschäden des Untergebenen nach **Amtshaftungsgrundsätzen** grundsätzlich nicht der **vorgesetzte Beamte persönlich**, sondern dessen **Dienstherr** haftet. Es verbleibt allein bei der Haftung aus § 839 BGB, Art. 34 Satz 1 GG, wenn der Beamte in Ausübung eines öffentlichen Amtes eine Handlung begeht, die bei Anwendung des allgemeinen Deliktsrechts den Tatbestand des § 823 Abs. 1, Abs. 2 BGB (i.V.m. den §§ 185, 223 StGB) oder des § 826

---

[516] Ausführlich hierzu *Tremml/Luber*, NJW 2005, 1745-1749, 1747.
[517] *Fluck/Sechting*, DVBl 2004, 1392-1403, 1392.
[518] BVerfG v. 26.06.2002 - 1 BvR 670/91 - NJW 2002, 2626-2632; *Ossenbühl*, Staatshaftungsrecht, 5. Aufl. 1998, S. 48; *Wurm* in: Staudinger, § 839 Rn. 167.
[519] OLG Stuttgart v. 21.03.1990 - 1 U 132/89 - NJW 1990, 2690-2694.
[520] LG Göttingen v. 29.11.1990 - 2 O 320/90 - NVwZ 1992, 98-100.
[521] Z.B. OLG Rostock v. 23.03.2000 - 1 U 169/98 - OLG-NL 2000, 103-104; OLG Celle v. 11.10.2000 - 9 U 92/00 - DAR 2001, 212-213; OLG Koblenz v. 07.01.2002 - 12 U 900/00 - NJW-RR 2002, 1105-1106; OLG Brandenburg v. 12.02.2002 - 2 U 20/01 - VerkMitt 2002, Nr. 53; OLG Brandenburg v. 12.03.2002 - 2 U 20/01 - VRS 102, 336-341 (2002); OLG Braunschweig v. 17.07.2002 - 3 U 267/01 - NZV 2002, 563-565; OLG Koblenz v. 02.12.2002 - 12 U 1027/01 - VD 2003, 55-57; OLG Dresden v. 22.10.2003 - 6 U 870/03 - IVH 2003, 286; OLG Koblenz v. 19.04.2004 - 12 U 515/03 - NVwZ-RR 2004, 476-477. OLG Saarbrücken v. 03.11.2009 - 4 U 185/09 - DAR 2010, 23-24; OLG München v. 24.06.2010 - 1 U 2278/10; OLG München v. 16.09.2010 - 1 U 3263/10.
[522] BGH v. 11.11.2004 - III ZR 200/03 - NVwZ-RR 2005, 149-152; OLG München v. 18.09.2003 - 1 U 2138/03 - OLGR München 2005, 840-842; hierzu auch *Koutses*, MDR 2002, 1229-1235, 1231-1232.
[523] Vgl. VG Saarlouis v. 23.09.2008 - 2 K 1964/07 - sowie VG Saarlouis v. 20.12.2011 - 2 K 668/10.
[524] Vgl. zu dem Begriff Mobbing aus der arbeitsgerichtlichen Judikatur BAG v. 16.05.2007 - 8 AZR 709/06 - NZA 2007, 1154-1166; BAG v. 25.10.2007 - 8 AZR 593/06 - NZA 2008, 223-228; BAG v. 24.04.2008 - 8 AZR 347/07 - NJW 2006, 251-255; LArbG Erfurt v. 10.04.2001 - 6 Sa 415/01; LArbG Mainz v. 16.08.2001 - 6 Sa 415/01 - ZIP 2001, 2298-2302; LArbG Berlin v. 07.11.2002 - 16 Sa 938/02 - Bibliothek BAG; LArbG Mainz v. 19.02.2004 - 2 Ta 12/04 - Bibliothek BAG.
[525] BGH v. 01.08.2002 - III ZR 277/01 - NJW 2002, 3172-3174; m. Anm. *Herrmann*, ZBR 2003, 59; OLG Stuttgart v. 28.07.2003 - 4 U 51/03 - OLGR Stuttgart 2003, 416-420; OLG Koblenz v. 01.06.2005 - 1 U 1161/04 - OLGR Koblenz 2005, 745; LG München v. 07.09.2005 - 15 O 25369/04 - ArbN 2006, Nr. 3, 33.

BGB erfüllt. Da ein fahrlässiges Mobbing kaum denkbar ist, besteht regelmäßig die Möglichkeit des Rückgriffs gegen den Amtsträger (Innenregress).[526] Eine Amtshaftung wegen Mobbing ist auch denkbar, wenn der Vorgesetzte die Schikanen zwischen Untergebenen duldet. Indes fällt nicht jede sachliche Austragung von Konflikten unter den Begriff des Mobbings;[527] insoweit ist eine objektive Betrachtungsweise anzustellen.[528]

Damit stellt sich die Frage, ob im öffentlichen Dienst die gleichen Rechtsgrundsätze Anwendung finden, wenn bei Ausübung hoheitlicher Tätigkeit der angestellte Vorgesetzte den angestellten nachgeordneten Mitarbeiter **mobbt**.[529] Hierbei ist zu beachten, dass der gesamte Tätigkeitsbereich, der sich auf die Erfüllung einer bestimmten hoheitlichen Aufgabe bezieht, als Einheit beurteilt werden muss und es nicht angeht, die einheitliche Aufgabe in Einzelteile – teils hoheitlicher, teils bürgerlich-rechtlicher Art – aufzuspalten und einer gesonderten Beurteilung zu unterziehen.[530] Soweit somit im öffentlichen Dienst die Amtsträger hoheitlich handeln und hierbei ein Mitarbeiter vom Vorgesetzten oder vom Kollegen schikaniert wird, ist eine etwaige **Mobbingklage** als Amtshaftungsklage gemäß § 839 BGB beim Landgericht auszutragen.[531]

bb. Beihilfe

Der BGH hat einen Dienstherrn zur Zahlung von Schadensersatz verpflichtet, der – im Beihilfeverfahren – die Überschreitung des Schwellenwertes (2,3-facher Gebührensatz) in einer Zahnarztrechnung nicht anerkannt hat, weshalb der den Antrag stellende Beamte wegen der bei ihm durch die Entscheidung hervorgerufenen begründeten Zweifel an der Richtigkeit der Rechnungstellung sich auf einen Zivilrechtsstreit mit dem behandelnden Arzt eingelassen und diesen Rechtsstreit verloren hat. Der Dienstherr wurde zur Ersetzung der insoweit entstandenen Prozesskosten verurteilt.[532] Die zuständige Beihilfestelle ist allerdings nicht verpflichtet, Beihilfeanträge in einem Zeitraum zu bearbeiten, dass der Beamte noch innerhalb seiner Zahlungsfrist gegenüber dem behandelnden Arzt die Beihilfe erhält. Vielmehr hat der Beamte insoweit in Vorleistung gegenüber seinem Arzt zu treten.[533]

5. Drittbezogenheit der Amtspflicht

a. Allgemeines

Nicht jede objektive Amtspflichtverletzung führt zu einem Schadensersatzanspruch des Geschädigten. Schadensersatz wird nur geleistet, wenn und soweit die verletzte Amtspflicht (auch) gegenüber dem Geschädigten bestand. Das ist nur dann der Fall, wenn die verletzte Amtspflicht jedenfalls auch den Geschädigten schützen soll (**Drittbezogenheit**).[534] Hierbei dient die Drittbezogenheit der Amtspflicht der Festlegung des geschützten Personenkreises;[535] hiervon zu unterscheiden ist der **Schutzzweck der verletzten Amtspflicht**, die der sachlichen Begrenzung des dem Dritten gewährten Schutzes dient.[536] Generell ist somit zu konstatieren, dass eine Amtspflicht nur dann drittschützende Wirkung i.S.d. § 839 BGB entfaltet, wenn sie gerade im Interesse einzelner Staatsbürger oder einer individualisierten Personengruppe zu erfüllen ist und nicht lediglich der Aufrechterhaltung der öffentlichen Ordnung und dem

---

[526] Anm. *Herrmann*, ZBR 2003, 59.
[527] OLG München v. 18.04.2007 - 1 U 5361/06.
[528] BAG v. 25.10.2007 - 8 AZR 593/06 - NZA 2008, 223-228: LAG Rostock v. 13.01.2009 - 5 Sa 86/08; OVG Münster v. 24.06.2011 - 6 B 445/11.
[529] So ArbG Trier v. 10.02.2004 - 3 Ca 1843/03.
[530] BAG v. 23.08.1963 - 1 AZR 423/62 - NJW 1964, 1702; BGH v. 01.08.2002 - III ZR 277/01 - NJW 2002, 3172-3174.
[531] ArbG Trier v. 10.02.2004 - 3 Ca 1843/03.
[532] BGH v. 13.10.2011 - III ZR 231/10 - NVwZ 2012, 517.
[533] VG Oldenburg v. 26.05.2004 - 6 A 3052/02 - unter Bezugnahme auf BVerwG v. 30.05.1996 - 2 C 10.95 - ZBR 1996, 314.
[534] *Papier* in: Maunz/Dürig, GG, Art. 34 Rn. 180; *Gurlit* in: Münch-Kunig, GG, Bd 1, 6. Aufl. 2012, Art. 34 Rn. 24; *Schäfer* in: Staudinger, 12. Aufl. 1986, § 839 Rn. 236; *Sprau* in: Palandt, § 839 Rn. 44; *Petersen*, DÖV 2004, 700-703.
[535] BGH v. 13.10.2011 - III ZR 126/10 - NVwZ-RR 2012, 54-57.
[536] BGH v. 10.03.1994 - III ZR 9/93 - juris Rn. 11 - BGHZ 125, 258-270; OLG Brandenburg v. 25.03.2011 - 2 U 3/10; OLG München v. 17.11.2011 - 1 U 2631/11; *Wurm* in: Staudinger, § 839 Rn. 170; *Wurm*, JA 1992, 1-10, 1-3.

Schutz des Allgemeininteresses des Gemeinwesens dient.[537] Auch bei Erteilung einer Auskunft kann ein Dritter in den Schutzbereich einbezogen werden; maßgeblich ist hierbei der Schutzzweck der Auskunft, dem die Amtspflicht nach den diese begründenden und umreißenden Bestimmungen und nach der besonderen Natur des Rechtsgeschäftes dienen soll. Hierbei ist erforderlich, dass die Amtspflicht gerade das letzte Rechtsgut und auch gerade dessen Inhaber schützen soll.[538] Hiernach hat die Anwendung der Schweinepest-Schutzverordnung keine Drittwirkung, da diese sich nicht an oder gegen einen Einzelnen richtet, sondern die Interessen der Gesamtheit berührt werden.[539] In der Literatur wird die Auffassung vertreten, dass in der unübersehbaren Kasuistik, die auch als **juristisches Potpourri** bezeichnet wird,[540] offensichtliche Parallelen zur Dogmatik des subjektiv-öffentlichen Rechtes bestehen (Schutznormtheorie), dass jedoch die Rechtsprechung der Zivilgerichte zu den Amtspflichten expansiver sei und eher Schutzpflichten annehme als die vergleichsweise restriktive Praxis der Verwaltungsgerichte zu den subjektiv-öffentlichen Rechten[541]. Nach der Rechtsprechung des BGH kann Dritter i.S.d. § 839 Abs. 1 Satz 1 BGB auch eine juristische Person des öffentlichen Rechtes sein.[542]

95   Die Rechtsprechung zieht den Kreis der Dritten immer weiter und schließt auch Personen ein, die an dem Rechtsgeschäft nicht unmittelbar beteiligt sind. Zwar hat die Rechtsprechung abgelehnt, die Schutzwirkung für Dritte bei der **Wirtschaftsaufsicht** auszudehnen.[543] Dies hat der Gesetzgeber zwischenzeitlich teilweise durch die Regelung in § 6 Abs. 3 KWG, § 81 Abs. 1 VAG korrigiert. Hingegen steht außer Frage, dass die Amtspflichten der Zulassungsstelle im Zulassungsverfahren nach § 36 BörsG a.F. nicht dem Schutz eines Kapitalanlegers dienen.[544] Ausdehnungen der Amtspflicht mit erheblicher Auswirkung für kommunales und staatliches Handeln ergeben sich aus der Haftung für mangelnde Sorgfalt bei der Überplanung von belasteten Flächen mit inkompatiblen Nutzungen (vor allem Wohngebieten) im Bereich **kommunaler Planungspolitik**[545] und aus den zu beachtenden Sorgfaltspflichten bei behördlichen Warnungen und Empfehlungen im Bereich des informellen Verwaltungshandelns.[546]

96   Nach allgemeiner Auffassung ist eine Drittbezogenheit in dreierlei Hinsicht erforderlich:
- die Amtspflicht muss überhaupt Drittwirkung haben,[547]
- der Geschädigte muss dem zu schützenden Personenkreis angehören,[548]

---

[537] OLG Saarbrücken v. 04.07.2006 - 4 U 535/05 - 210, 4 U 535/05 - OLGR Saarbrücken 2006, 1068-1070; vgl. zu einer drittbezogenen Amtspflicht gegenüber einer öffentlich-rechtlichen Körperschaft VG Trier v. 11.10.2011 - 1 K 842/11.TR - NJW 2012, 1464-1467.

[538] OLG Brandenburg v. 18.10.2011 - 2 U 35/09 - unter Berufung auf BGH v. 16.01.1992 - III ZR 18/90 - NJW 1992, 1230-1232.

[539] LG Düsseldorf v. 29.09.2010 - 2b O 34/10.

[540] So *Blankenagel*, DVBl 1981, 15-23, 15-16.

[541] *Gurlit* in: Münch/Kunig, GG, Bd. 1, 6. Aufl. 2012, Art. 34 Rn. 25; Ossenbühl, Staatshaftungsrecht, 5. Aufl. 1998, S. 43; BGH v. 21.10.1982 - III ZR 20/82 - LM Nr. 128 zu Art. 34 GrundG.

[542] BGH v. 22.10.2009 - III ZR 295/08 - MDR 2010, 167-169; hierzu *Schlick*, DVBl 2010, 1484-1489 sowie *Schlick*, NJW 2011, 3341-3347.

[543] BGH v. 24.01.1972 - III ZR 166/69 - BGHZ 58, 96-103; BGH v. 15.02.1979 - III ZR 108/76 - BGHZ 74, 144-162; BGH v. 12.07.1979 - III ZR 154/77 - BGHZ 75, 120-133.

[544] OLG Frankfurt v. 15.12.2005 - 1 U 178/05 - NJW-RR 2006, 416-417; LG Frankfurt v. 03.09.2004 - 2/4 O 435/02 - NJW 2005, 1055-1056; vgl. hierzu *Segna*, EWIR 2005, 173-174; vgl. auch zur fehlenden Amtshaftung bei fehlerhafter Bilanzkontrolle *Seidel*, DB 2005, 651-657.

[545] BGH v. 26.01.1989 - III ZR 194/87 - BGHZ 106, 323-336; BGH v. 06.07.1989 - III ZR 251/87 - BGHZ 108, 224-230; BGH v. 21.12.1989 - III ZR 118/88 - BGHZ 109, 380-396; BGH v. 21.12.1989 - III ZR 49/88 - BGHZ 110, 1-12; BGH v. 19.03.1992 - III ZR 16/90 - BGHZ 117, 363-374; BGH v. 13.07.1993 - III ZR 22/92 - BGHZ 123, 191-200.

[546] OLG Stuttgart v. 21.03.1990 - 1 U 132/89 - NJW 1990, 2690-2694.

[547] *Papier* in: Maunz/Dürig, GG, Art. 34 Rn. 180; *Gurlit* in: Münch/Kunig, GG, Bd. 1, 6. Aufl. 2012, Art. 34 Rn. 25; Ossenbühl, Staatshaftungsrecht, 5. Aufl. 1998, S. 58.

[548] BGH v. 29.03.1971 - III ZR 110/68 - BGHZ 56, 40-47; BGH v. 26.01.1989 - III ZR 194/87 - BGHZ 106,n 323-336; BGH v. 26.06.2008 - III ZR 118/07 - NVwZ-RR 2008, 670-671.

- das konkret betroffene Interesse muss durch die Amtspflicht geschützt werden,[549]

Da die **haftungsbegrenzende Funktion** der **Drittbezogenheit** eine Parallele zum subjektiv-öffentlichen Recht aufweist, ist dieser Drittbezug jedenfalls dann zu bejahen, wenn mit der verletzten Amtspflicht ein subjektiv-öffentliches Recht korrespondiert; ein Anhaltspunkt für die Bestimmung der Drittbezogenheit ist somit die Möglichkeit von Rechtsbehelfen des Betroffenen gegenüber der Amtshandlung.[550] Liegt die Amspflichtverletzung im Erlass eines rechtswidrigen belastenden Verwaltungsaktes oder in der rechtswidrigen Ablehnung oder Unterlassung eines begünstigenden Verwaltungsaktes, so fällt die Drittgerichtetheit mit der Klagebefugnis nach § 42 Abs. 2 VwGO zusammen. Dritter ist danach, wer durch den Verwaltungsakt oder durch seine Ablehnung oder Unterlassung in seinen Rechten verletzt ist.[551] Dies gilt erst recht, wenn der Geschädigte erfolgreich einen Verwaltungsprozess wegen Rechtswidrigkeit der angegriffenen behördlichen Maßnahme geführt hat.[552] Von daher kann es keinen Zweifel daran geben, dass die bei der Besetzung von Beamten- und Beförderungsstellen seitens des Dienstherrn bestehende Amtspflicht zu fehlerfreiem Ermessensgebrauch auch und gerade gegenüber dem einzelnen Bewerber besteht.[553] Die Amtspflicht des Versteigerungsgerichts zur Einhaltung der gesetzlichen Vorschriften im Zwangsversteigerungsverfahren schützt auch den Meistbietenden; er ist mithin **Dritter** im Sinne des § 839 BGB;[554] hingegen hat der Meistbietende keinen Anspruch aus Amtspflichtverletzung gegenüber Bediensteten des Vormundschaftsgerichtes, wenn diese das Vollstreckungsgericht nicht von einer angeordneten Pflegschaft für den Grundstückseigentümer unterrichten und aus diesem Grunde der Zuschlagsbeschluss später wieder aufgehoben wird.[555] Die Amtspflichten, die das Institut für medizinische und pharmazeutische Prüfungsfragen (IMPP) und die Landesprüfungsämter bei medizinischen Prüfungen zu beachten haben, bestehen auch gegenüber dem Prüfling als Dritten im Sinne von § 839 BGB, obwohl sich eine Klage ausschließlich gegen das betreffende Landesprüfungsamt richtet[556] und sogar fraglich ist, ob in dem verwaltungsgerichtlichen Verfahren das IMPP gemäß § 65 VwGO beizuladen ist.[557]

Darüber hinaus kann auch eine mittelbare Betroffenheit eines nicht am Amtsgeschäft Beteiligten ausreichen, wenn die Interessen des Dritten **nach der besonderen Natur des Amtsgeschäfts** durch dieses berührt werden.[558] Verneint wurde dies für den Verpächter einer Gaststätte, wenn die Behörde dem Pächter rechtswidrig die Schankerlaubnis versagt[559] sowie für den Grundstückseigentümer, wenn ein anderer einen Antrag auf eine Baugenehmigung gestellt hat und hiermit nicht durchgedrungen ist.[560] Verneint wurde dies auch für eine GmbH, deren Alleingesellschafter und alleinvertretungsberechtigter Geschäftsführer im eigenen Namen einen Antrag auf Genehmigung einer Nutzungsänderung für ein im Eigentum der GmbH stehenden Grundstücks gestellt hat.[561] Gleiches gilt bei Widerruf der Vermessungsbefugnis eines Vermessungsbüros durch die zuständige Behörde im Hinblick auf die Arbeitneh-

---

[549] BGH v. 27.05.1963 - III ZR 48/62 - BGHZ 39, 358-365; BGH v. 15.03.1984 - III ZR 15/83 - BGHZ 90, 310-317; BGH v. 26.01.1989 - III ZR 194/87 - BGHZ 106, 323-336; BGH v. 18.04.2002 - III ZR 159/01 - RdL 2002, 177-179; BGH v. 15.05.2003 - III ZR 42/02 - MDR 2003, 1113-1115; OLG Hamm v. 24.03.2010 - 11 U 65/09 - MDR 2010, 991-992; *Gurlit* in Münch/Kunig, GG, Bd. 1, 6. Aufl. 2012, Art. 34 Rn. 26; *Schäfer* in: Staudinger, 12. Aufl. 1986, § 839 Rn. 236-284; *Schoch*, Jura 1988, 585-594, 585.

[550] BGH v. 10.03.1994 - III ZR 9/93 - BGHZ 125, 258-270; *Vinke* in: Soergel, § 839 Rn. 127; *Ossenbühl*, Staatshaftungsrecht, 5. Aufl. 1998, S. 48; *Jeromin/Kirchberg* in: Johlen, Münchener Anwaltshandbuch Verwaltungsrecht, 2. Aufl. 2003, § 18 Rn. 37.

[551] BGH v. 10.03.1994 - III ZR 9/93 - BGHZ 125, 258-270.

[552] OLG Köln v. 21.01.1988 - 7 U 130/87 - VersR 1989, 748-749.

[553] BGH v. 18.11.2004 - III ZR 347/03 - NVwZ-RR 2005, 152-154.

[554] BGH v. 13.09.2001 - III ZR 228/00 - LM BGB § 839 (FI) Nr. 62 (7/2002).

[555] OLG München v. 21.10.1993 - 1 U 3105/93 - OLGR München 1995, 65-66.

[556] BGH v. 09.07.1998 - III ZR 87/97 - BGHZ 139, 200-214.

[557] Bejahend BVerwG v. 19.05.2005 - 6 C 14/04 - NvWZ 2005, 1430-1432; VGH München v. 20.12.1990 - 7 C 90.3490 - VGHE BY 43, 197-200; verneinend OVG Münster v. 24.09.1993 - 22 A 151/93 - DVBl 1994, 651-652; hierzu *Zimmerling/Brehm*, Prüfungsrecht, 2. Aufl. 2001, Rn. 632-633; *Zimmerling/Brehm*, Der Prüfungsprozess, 2004, Rn. 200-202.

[558] BGH v. 09.02.1956 - III ZR 196/54 - BGHZ 20, 53-57; BGH v. 16.06.1977 - III ZR 179/75 - BGHZ 69, 128-144; BGH v. 27.09.1990 - III ZR 124/89; OLG Saarbrücken v. 05.08.2008 - 4 U 675/07 - OLGR Saarbrücken 2008, 793-796.

[559] Vgl. OLG Saarbrücken v. 08.05.2001 - 4 U 537/00, 4 U 537/00 - 137 - OLGR Saarbrücken 2001, 355-356.

[560] BGH v. 25.03.2004 - III ZR 227/02 - NVwZ 2004, 1143-1144.

[561] BGH v. 26.06.2008 - III ZR 118/07 - NVwZ-RR 2008, 670-671.

merin, der alsdann gekündigt wird.[562] Auf dem Gebiet des Beurkundungs- und Grundbuchwesens wurde der geschützte Personenkreis seit jeher besonders weit gezogen, da diese Amtsgeschäfte nach ihrer besonderen Natur geeignet und bestimmt sind, in die Zukunft zu wirken und so den Rechtskreis auch der an dem Amtsgeschäft selbst nicht urkundlich Beteiligten zu beeinflussen.[563] So können Amtspflichten dem Notar auch gegenüber einer an dem Amtsgeschäft weder unmittelbar noch mittelbar beteiligten Person erwachsen, wenn deren rechtliche und wirtschaftliche Interessen nach der besonderen Natur des Amtsgeschäfts berührt werden; dies trifft auf den Zessionar einer Sicherungsgrundschuld regelmäßig zu.[564] Die Tätigkeit des mit der Wertermittlung beauftragten Gutachters im Zwangsversteigerungsverfahren ist drittgerichtet.[565] Ebenfalls Drittschutz wurde bejaht für den Inhaber eines Gartenbaubetriebes (in Hessen), der vom Pflanzenschutzdienst beraten worden ist.[566] Verwaltungsrichtlinien (hier: Grundsicherungsrichtlinie des Landkreistag und des Städtetages Baden-Württemberg) richten sich zwar unmittelbar an die Verwaltung. Bezüglich ihrer Drittbezogenheit sind sie aber wie Gesetze und Verordnungen zu behandeln; demzufolge stellt die verspätete Umsetzung der in einer Richtlinie enthaltenen Anordnung zur Berechnung des Bedarfs eines Empfängers von Leistungen und nach dem GSIG eine Amtspflichtverletzung dar.[567] Wird der Geschäftsleiter einer Bank aufgrund eines rechtswidrigen Abberufungs-Aufforderungsbescheides des (früheren) Bundesaufsichtsamtes für das Kreditwesen abberufen, so entstehen ebenfalls Amtshaftungsansprüche.[568]

99 Aus der Zugehörigkeit einer Person zum Kreis der durch eine Amtspflicht geschützten Dritten folgt nicht, dass diese Person in all ihren Belangen als Dritter anzusehen ist. Der Schutz ist abhängig von der **persönlichen und sachlichen Reichweite** der verletzten Amtspflicht[569]. So ist es ohne weiteres möglich, dass eine bestimmte Amtspflicht je nach dem zu schützenden Interesse ein und dieselbe Person zu schützen bestimmt ist oder auch nicht. Demzufolge kann eine bestimmte Amtspflicht **aufgespalten** sein, so genannte Relativität des Drittbezugs.[570] Nach Auffassung von *Ossenbühl* ist eine Systematisierung der **Drittbeziehungen** von Amtspflichten angesichts der Kasuistik der Rechtsprechung unmöglich; mit Ironie und Resignation verweist er auf Ausführungen von *Kayser/Leiss*,[571] wo es wie folgt heißt:

„Dritter in diesem Sinne ist, wen die Rechtsprechung immer seltener mit einlässlicher Begründung, häufig mit dem formelhaften Hinweis darauf, dass es einen Dritten nicht geben könne, wo Ziel und Zweck der hoheitlichen Tätigkeit der Aufrechterhaltung der öffentlichen Ordnung oder das Interesse des Staates an einer ordentlichen Geschäftsführung seiner Beamten oder der Schutz seiner vermögensrechtlichen Belange sei, immer öfter aber ohne jede Rechtfertigung als Dritten erklärt."

100 *Ossenbühl* konstatiert die **Tendenz, den Kreis des Dritten auszudehnen**.[572] Grundsätzlich enthalten Gesetze, Verordnungen sonstige Normsetzungsakte generell und abstrakte Regeln; der Normgeber nimmt in der Regel ausschließlich Aufgaben gegenüber der Allgemeinheit war. Dies gilt jedoch nicht ausnahmslos, wie das Beispiel der Beschlussfassung des Bewertungsausschusses über einheitliche Bewertungsmaßstäbe für die ärztlichen und zahnärztlichen Leistungen (vgl. § 87 SGB V) zeigt. Hierbei handele es sich um einen Normsetzungsakt der Selbstverwaltungsorgane in der gesetzlichen Krankenversicherung, wobei die Mitglieder dieses Ausschusses Amtspflichten gegenüber den Vertragsärzten obliegen.[573]

101 Auch **innerhalb des öffentlichen Dienstes** ist eine Amtspflichtverletzung möglich.[574] Eine Amtspflichtverletzung ist zu bejahen bei Verstoß gegen das Prinzip der Vertraulichkeit von Personal- und

---

[562] OLG Brandenburg v. 21.11.2003 - 2 W 6/03 - MDR 2004, 810-811.
[563] BGH v. 19.09.1963 - III ZR 111/62 - VersR 1963, 1197-1198.
[564] OLG Rostock v. 16.04.2004 - 1 W 17/03 - OLGR Rostock 2005, 7-9.
[565] BGH v. 06.02.2003 - III ZR 44/02 - WM 2003, 2053-2055.
[566] BGH v. 18.04.2002 - III ZR 159/01 - RdL 2002, 177-179.
[567] OLG Karlsruhe v. 07.04.2006 - 14 U 142/05 - OLGR Karlsruhe 2006, 510-511.
[568] OLG Frankfurt v. 13.07.2006 - 1 U 239/05 - OLGR Frankfurt 2006, 1007.
[569] OLG Brandenburg v. 05.08.2008 - 2 U 15/07 - VersR 2009, 221-224.
[570] Vgl. hierzu *Vinke* in: Soergel, § 839 Rn. 132; *Sprau* in: Palandt, § 839 Rn. 45; *Wurm* in: Staudinger, § 839 Rn. 170.
[571] *Leiß*, Die Amtshaftung bei Ausübung öffentlicher Gewalt, 2. Aufl. 1958, S. 34.
[572] *Ossenbühl*, Staatshaftungsrecht, 5. Aufl. 1998, S. 58-59.
[573] BGH v. 14.03.2002 - III ZR 302/00 - NJW 2002, 1793-1797.
[574] BGH v. 20.03.1961 - III ZR 9/60 - BGHZ 34, 375-381; BGH v. 07.07.1983 - III ZR 182/82 - LM Nr. 57 zu § 839 (Ca) BGB; vgl. hierzu *Stelkens*, DVBl 2003, 22-31; *Rinne/Schlick*, NJW 2004, 1918-1931, 1923.

Disziplinarakten; nur unabweisbar öffentliche Belange können im Einzelfall das Geheimhaltungsinteresse des Beamten überwiegen.[575] Der Beamte hat weiterhin einen Anspruch auf ordnungsgemäße Führung der Personalakten; fehlerhafte Vermerke sind aus der Personalakte wieder zu entfernen.[576] Im Zusammenhang mit Beförderungen ist der Beamte rechtzeitig von der beabsichtigten Beförderung eines Mitbewerbers zu unterrichten, so dass er rechtzeitig um verwaltungsgerichtlichen Rechtsschutz nachsuchen kann.[577] Auch für Schäden, die dadurch entstehen, dass ein Polizeibeamter im Rahmen der gemeinsamen Dienstausübung durch seinen Vorgesetzten systematisch und fortgesetzt schikaniert und beleidigt wird (Mobbing), haftet der Dienstherr des Schädigers nach Amtshaftungsgrundsätzen.[578] Ein Beamter hat zwar keinen Anspruch auf Beförderung, er kann jedoch bei einer auf einem Organisationsmangel beruhenden verzögerlichen Behandlung bei Aushändigung der Ernennungsurkunde Schadensersatz nach Amtshaftungsgrundsätzen verlangen.[579] Bei einem **Amtsmissbrauch** durch den Beamten ist jeder dadurch Geschädigte Dritter.[580]

Dritter im Sinne des Amtshaftungsrechts können nicht nur natürliche und juristische Personen des Privatrechtes sein. Auch eine juristische Person des öffentlichen Rechtes (sogar der Staat selbst) kann verletzter Dritter sein, wenn sie der Anstellungskörperschaft des handelnden Amtsträgers in einer Weise gegenübersteht, wie es für das Verhältnis zwischen den Dienstherrn des Beamten und dem Bürger charakteristisch ist, der sich auf die Verletzung einer ihm gegenüber bestehenden Amtspflicht beruft. Die Ersatz verlangende Körperschaft muss der Anstellungskörperschaft des die Amtspflicht verletzenden Bediensteten im Hinblick auf die entgegengesetzten Interessen gewissermaßen als **Gegner** gegenüberstehen.[581] Solche Konstellationen sind denkbar, wenn Selbstverwaltungskörperschaften im Rahmen ihres eigenen Wirkungskreises geschädigt werden (z.B. Gemeinden,[582] Universitäten, Rundfunkanstalten). Heftig diskutiert wird die neue Rechtsprechung des BGH, wonach die **Kommunalaufsicht** im Zusammenhang mit der Genehmigung gemeindlicher Grundstücksgeschäfte die Gemeinde vor Selbstschädigung zu bewahren hat,[583] wobei nach der verwaltungsgerichtlichen Judikatur die kommunalaufsichtliche Genehmigung eines gemeindlichen Grundstücksgeschäftes weder den Interessen des Vertragspartners zu dienen noch dessen Belange bei der Entscheidung zu berücksichtigen sind[584]. Der BGH hat nunmehr judiziert, dass im Baugenehmigungsverfahren die Gemeinde bei der Verweigerung des gemeindlichen Einvernehmens nach § 36 Abs. 1 BauGB keine den Bauwilligen schützenden Amtspflichten verletzt, wenn die Baugenehmigungsbehörde nach § 36 Abs. 2 Satz 3 BauGB i.V.m. landesrechtlichen Vorschriften das rechtswidrig verweigerte Einvernehmen ersetzen kann.[585] Dagegen scheidet im Kreis der so genannten mittelbaren Staatsverwaltung eine Amtshaftung aus Gründen der

102

---

[575] OLG Hamm v. 04.12.1970 - 11 U 168/70 - NJW 1971, 468.

[576] BGH v. 27.04.1961 - III ZR 209/59.

[577] BGH v. 06.04.1995 - III ZR 183/94 - BGHZ 129, 226-236.

[578] BGH v. 01.08.2002 - III ZR 277/01 - NJW 2002, 3172-3174; OLG Stuttgart v. 28.07.2003 - 4 U 51/03 - OLGR Stuttgart 2003, 416-420; vgl. zum Problem Mobbing und Beamtenrecht *Herrmann/Wittinger*, ZBR 2002, 337-343, 337-343.

[579] BGH v. 07.07.1983 - III ZR 182/82 - LM Nr. 57 zu § 839 (Ca) BGB.

[580] BGH v. 11.01.1973 - III ZR 32/71 - NJW 1973, 458; BGH v. 22.05.1984 - III ZR 18/83 - BGHZ 91, 243-262; BGH v. 29.11.1984 - III ZR 111/83 - LM Nr. 41 zu § 839 (Fm) BGB; BGH v. 12.12.1991 - III ZR 18/91 - VersR 1992, 696; OLG Saarbrücken v. 30.04.1993 - 4 U 19/92; OLG Hamm v. 17.06.2009 - 11 U 112/08 - MDR 2010, 326-327.

[581] BGH v. 09.01.1958 - III ZR 95/56 - BGHZ 26, 232-236; BGH v. 07.05.1973 - III ZR 47/71 - BGHZ 60, 371-377; BGH v. 07.10.1982 - III ZR 42/81 - juris Rn. 15 - BGHZ 85, 121-127; BGH v. 16.05.1983 - III ZR 78/82 - BGHZ 87, 253-259; BGH v. 11.10.2007 - III ZR 301/06 - MDR 2008, 22-24; BGH v. 22.10.2009 - III ZR 295/08, MDR 2010, 167-169; *Papier* in: MünchKomm-BGB, § 839 Rn. 272; *Kreft* in: BGB-RGRK, § 839 Rn. 245; *Wurm* in: Staudinger, § 839 Rn. 187; *Jeromin/Kirchberg* in: MünchKomm-BGB, § 18 Rn. 48; *Stelkens*, DVBl 2003, 22-31.

[582] Vgl. zur Amtspflicht der Kommunalaufsichtsbehörde gegenüber einer Gemeinde OLG Dresden v. 11.07.2001 - 6 U 254/01 - OLG-NL 2001, 268-274.

[583] BGH v. 12.12.2002 - III ZR 201/01 - BGHZ 153, 198-204; hierzu *Meyer*, NVwZ 2003, 818-821; *Müller*, Gemeindehaushalt 2003, 181-183; *Metzmacher*, DÖD 2003, 97-99; *Groth/von Mutius*, NJW 2003, 1278-1285; *Pegatzky*, LKV 2003, 451-455; *Teichmann*, JZ 2003, 960-961.

[584] VGH München v. 16.12.1980 - 295 IV 76 - BayVBl 1981, 183-185; OVG Frankfurt (Oder) v. 25.04.1995 - 1 A 24/94 - LKV 1995, 374-376.

[585] BGH v. 16.09.2010 - III ZR 29/10 - NVwZ 2011, 249-251; OLG München v. 21.07.2011 - 1 U 498/11; OLG München v. 22.12.2011 - 1 U 758/11.

Einheit der Staatsverwaltung regelmäßig aus. Wirken der Dienstherr des Beamten und eine andere Körperschaft des öffentlichen Rechtes bei der Erfüllung einer ihnen gemeinsam übertragenen Aufgabe derart zusammen, dass sie im Rahmen dieser Aufgabe als Teil eines einheitlichen Ganzen erscheinen, sind **drittgerichtete** Amtspflichten ausgeschlossen, deren Verletzung Amtshaftungsansprüche der geschädigten Körperschaft auslösen könnten.[586] *Stelkens* betont insoweit, dass rechtsstaatlich **eine Staatshaftung** zwischen Verwaltungsträgern nicht geboten, nicht erforderlich und auch nicht sinnvoll sei, da sie das Geld in den öffentlichen Kassen nicht vermehren, sondern nur – vermindert um die Kosten der Anspruchsdurchsetzung – verschieben kann.[587]

103 Ausgehend hiervon wurde die **Drittgerichtetheit** von Amtspflichten **verneint** im Verhältnis eines kommunalen Versicherungsamtes gegenüber dem Träger der Rentenversicherung,[588] für das Verhältnis eines Rentenversicherungsträgers gegenüber der Krankenkasse,[589] im Verhältnis der Bundesagentur für Arbeit bzw. Arbeitsgemeinschaft nach § 44b SGB II und den gesetzlichen Krankenkassen,[590] für das Verhältnis des Gewerbeaufsichtsamtes bei der Durchführung von Maßnahmen der Unfallverhütung zur Berufsgenossenschaft,[591] der Gemeinde bei der Entgegennahme eines Antrages auf Erwerbsunfähigkeitsrente im Verhältnis zum Träger der gesetzlichen Krankenversicherung,[592] bei den dem staatlichen Gewerbeaufsichtsamt im Baugenehmigungsverfahren obliegenden Pflichten im Verhältnis zur Baugenehmigungsbehörde,[593] bei der Unterrichtung der Bauaufsichtsbehörde durch die Gemeinde in Bezug auf die Erschließung eines Grundstücks, der Bauaufsichtsbehörde in Bezug auf die Erschließung eines Grundstückes,[594] im Verhältnis zweier Landkreise im Hinblick auf den Vollzug des Ausländergesetzes,[595] im Verhältnis des Amtsarztes eines hamburgischen Gesundheitsamtes, der eine in Hamburg wohnende Bewerberin wegen Berufung in ein Beamtenverhältnis in Schleswig-Holstein untersucht und der schleswig-holsteinischen Anstellungsbehörde gegenüber die gesundheitliche Eignung als Beamtin bescheinigt hat[596] sowie im Verhältnis der Finanzbehörde (des Saarlandes) und einer Gemeinde (in Bayern) im Hinblick auf das Gewerbesteuermessverfahren.[597] Sofern zwei Körperschaften bei der Erfüllung einer ihnen gemeinsam übertragenen Aufgabe mitwirken, können die einander obliegenden Pflichten nicht als drittgerichtete Amtspflichten gewertet werden.[598]

104 Darüber hinaus hat die Rechtsprechung betont, dass die Amtspflichten, die die **Kfz-Zulassungsstelle** bei der ordnungsgemäßen Ausstellung eines Kraftfahrzeugbriefs zu beachten habe, nicht dem Schutz des potentiellen (Gebrauchtwagen-)Käufers und dessen Vermögensinteressen diene.[599] Hingegen gehört zu den Amtspflichten der Kfz-Zulassungsstelle bei Eingang einer Nachricht des Kfz-Versicherers, dass für ein Fahrzeug keine dem Pflichtversicherungsgesetz entsprechende Haftpflichtversicherung mehr besteht, dafür Sorge zu tragen, dass die Einziehung des Fahrzeugscheins sowie die Kennzeichenentstempelung zwangsweise durchgesetzt werden; ggf. muss sie den Polizeivollzugsdienst um Vollzugshilfe bitten.[600] Die Polizei ist nicht verpflichtet, einen Verwahrplatz für sichergestellte Kraftfahrzeuge derart abzusichern, dass ein Eindringen unbefugter Dritter völlig ausgeschlossen ist.[601] Sofern Hinweise des Betriebsprüfers des Finanzamtes den Steuerpflichtigen veranlassen, den Beratungsvertrag (mit einem Steuerberater) zu kündigen, ist der Berater nicht Dritter im Sinne des § 839 BGB und

---

[586] BGH v. 16.05.1983 - III ZR 78/82 - BGHZ 87, 253-259; BGH v. 05.07.1990 - III ZR 190/88 - LM Nr. 76 zu § 839 BGB (Cb); BGH v. 12.12.1991 - III ZR 18/91 - BGHZ 116, 312-318.
[587] *Stelkens*, DVBl 2003, 22-31, 31.
[588] BGH v. 09.01.1958 - III ZR 95/56 - BGHZ 26, 232-236.
[589] BGH v. 09.01.1958 - III ZR 95/56 - BGHZ 26, 232-236.
[590] BGH v. 22.10.2009 - III ZR 295/08 - MDR 2010, 167-169.
[591] BGH v. 21.01.1974 - III ZR 13/72 - MDR 1974, 566-567.
[592] BGH v. 26.05.1977 - III ZR 82/75 - LM Nr. 34 zu § 839 BGB.
[593] BGH v. 05.07.1990 - III ZR 190/88 - LM Nr. 76 zu § 839 BGB (Cb).
[594] OLG Jena v. 20.10.2003 - 4 U 560/03.
[595] OLG Saarbrücken v. 04.07.2006 - 4 U 535/05 - 210 - OLGR Saarbrücken 2006, 1068-1070.
[596] BGH v. 21.06.2001 - III ZR 34/00 - BGHZ 148, 139-151; hierzu *Heßhaus*, JR 2002, 333-335.
[597] OLG Saarbrücken v. 30.04.1993 - 4 U 19/92; so nunmehr auch BGH v. 25.09.2003 - III ZR 362/02 - DStR 2003, 1940; *App*, KKZ 2003, 69-70.
[598] OLG Düsseldorf v. 14.02.2001 - 18 U 153/00 - I, 18 U 153/00 - WuM 2006, 712.
[599] BGH v. 26.11.1981 - III ZR 123/80 - LM Nr. 47 zu § 839 (Cb) BGB; OLG Düsseldorf v. 18.11.1999 - 18 U 63/99 - DAR 2000, 261.
[600] OLG Karlsruhe v. 17.08.2010 - 12 U 45/10 - MDR 2010, 1449-1450.
[601] OLG München v. 16.12.1998 - 1 W 2952/98 - OLGR München 1999, 217.

kann demzufolge auch keine Amtshaftungsansprüche geltend machen.[602] Dem Träger eines psychiatrischen Krankenhauses, in dem ein Straftäter untergebracht ist, obliegen Amtspflichten nur gegenüber der Allgemeinheit und dem Untergebrachten selbst, nicht aber gegenüber seinen Familienangehörigen oder dritten Personen.[603] Schließlich besteht die Amtspflicht des Trägers der Sozialhilfe, einen Antrag auf Bewilligung von Sozialhilfeleistungen in angemessener Zeit zu bescheiden, nur gegenüber dem Antragsteller, nicht jedoch im Verhältnis zu Personen, die den Antragsteller versorgen oder unterstützen.[604] Die Bestandsaufnahme einer Gemeinde im Rahmen der Bauleitplanung stellt keine gegenüber dem Grundstückseigentümer bestehende Amtspflicht dar.[605]

Sofern eine Amtspflicht lediglich dem **allgemeinen öffentlichen Wohl**, dem Schutz der öffentlichen Ordnung, dem allgemeinen Interesse des Gemeinwesens an einer ordnungsgemäßen sauberen Amtsführung der öffentlichen Bediensteten, der Wahrung innerdienstlicher Belange oder der Aufrechterhaltung einer im inneren Dienst wohl funktionierenden geordneten Verwaltung dient, dann macht der Umstand, dass die pflichtgemäße Tätigkeit des Beamten einem anderen zugutekommt und ihm als **Reflexwirkung** einen Vorteil verschafft, den anderen noch nicht zum Dritten im Sinne des § 839 BGB.[606] Eine Haftung gegenüber dem Dritten für Verletzung derartiger Amtspflichten kommt auch dann nicht in Betracht, wenn die amtliche Tätigkeit ihn betroffen, insbesondere seine Interessen beeinträchtigt hat.[607] Eine Verletzung einer gegenüber einem Dritten obliegenden Amtspflicht liegt nicht vor bei der Verletzung von Dienstpflichten, die nur behördeninterner Natur sind[608] oder nur den inneren Dienst für das Verhältnis zu Vorgesetzten und anderen Behörden betreffen und die im Interesse einer geordneten, funktionierenden Verwaltung bestehen[609]. Hierzu gehören die allgemeine Dienstaufsicht sowie Verwaltungsanweisungen der Ministerien an nachgeordnete Behörden zur einheitlichen Auslegung und Handhabung einer Gesetzesvorschrift.[610] Auch die **Behördenorganisation** erfolgt nicht zum Schutze Dritter. Demzufolge kann kein Antragsteller seinen Schadensersatzanspruch darauf stützen, dass eine raschere Erledigung durch Dezentralisierung der Aufgaben auf eine Mehrzahl von Behörden statt ihrer Konzentration bei einer Stelle möglich gewesen wäre.[611] Auch die (ständige) Verpflichtung der Behörden, die **Effizienz** ihrer Tätigkeit zu erhöhen, ist keine Amtspflicht gegenüber Außenstehenden.[612] Amtspflichten des Bewährungshelfers bestehen nur gegenüber dem Verurteilten, nicht gegenüber ihm bekannten potentiellen Opfern.[613]

b. Einzelfälle

aa. Drittgerichtete Amtspflichten bei der Bauleitplanung

Bei der Bauleitplanung ist das Merkmal der Drittbezogenheit bei Verstößen gegen **drittschützende Normen** höherrangigen Rechtes erfüllt.[614] Dies gilt auch für Veränderungssperren nach den §§ 14-18 BauGB.[615] Keine Drittbezogenheit besteht demzufolge bei einem Verstoß gegen das **Entwicklungsgebot** gemäß § 8 Abs. 2 Satz 1 BauGB.[616] Relevant wird dies bei der Nichtberücksichtigung abwägungs-

---

[602] OLG Schleswig v. 28.05.1998 - 11 U 212/96 - SchlHA 1998, 311-313.
[603] OLG Bamberg v. 17.11.1997 - 4 U 108/97 - OLGR Bamberg 1998, 20-21; LG Bremen v. 23.03.1999 - 1 O 1974/98 - NJW-RR 1999, 969-970.
[604] OLG Stuttgart v. 28.09.1988 - 1 U 75/88 - VersR 1990, 276-277; OLG Köln v. 20.01.1994 - 7 U 127/93 - NWVBl 1995, 154-155.
[605] OLG Zweibrücken v. 23.12.1999 - 6 U 41/98 - OLGR Zweibrücken 2001, 6-9.
[606] BGH v. 09.01.1958 - III ZR 95/56 - BGHZ 26, 232-236; BGH v. 24.01.1972 - III ZR 166/69 - BGHZ 58, 96-103.
[607] BGH v. 24.04.1961 - III ZR 40/60 - BGHZ 35, 44-53; BGH v. 29.03.1971 - III ZR 110/68 - BGHZ 56, 40-47.
[608] BGH v. 16.01.1964 - III ZR 167/62 - VersR 1964, 590-593.
[609] BGH v. 09.01.1958 - III ZR 95/56 - BGHZ 26, 232-236.
[610] BGH v. 28.06.1971 - III ZR 111/68 - NJW 1971, 1699.
[611] BGH v. 24.06.1963 - III ZR 195/61 - VersR 1963, 1080-1084.
[612] BGH v. 12.07.1979 - III ZR 154/77 - BGHZ 75, 120-133; BGH v. 17.12.1981 - III ZR 146/80 - WM 1982, 124-125; hierzu *Wurm* in: Staudinger, § 839 Rn. 176.
[613] OLG Stuttgart v. 25.06.2003 - 4 U 33/03 - OLGR Stuttgart 2003, 463-466.
[614] BGH v. 24.06.1982 - III ZR 169/80 - BGHZ 84, 292-303; BGH v. 28.06.1984 - III ZR 35/83 - BGHZ 92, 34-54; dies gilt auch für eine Abrundungssatzung, vgl. OLG Karlsruhe v. 23.08.1990 - 9 U 38/88 - NVwZ 1991, 101-103; vgl. zur Haftung für Planungsfehler der Architektenkammer des Bauingenieurs einer Planungsbehörde *Hertwig*, NZBau 2003, 359-366.
[615] *Hager/Kirchberg*, NVwZ 2002, 538-542, 541. *Schlick*, DVBl 2007, 457-466.
[616] BGH v. 24.06.1982 - III ZR 169/80 - BGHZ 84, 292-303.

erheblicher Individualbelange im Rahmen der **planerischen Abwägung** gemäß § 1 Abs. 6 BauGB,[617] wobei der BGH die Haftung an die zusätzliche und im Ergebnis den Haftungsumfang stark einschränkende Voraussetzung knüpft, dass der Planungsgeber das Gebot der Rücksichtnahme verletzt hat.[618] Die Rechtsprechung betont insoweit, dass einer Gemeinde bei Erlass einer Baugestaltungssatzung oder eines Bebauungsplanes gegenüber dem einzelnen Bürger keine drittschützenden Rechtspflichten obliegen.[619] Besonderheiten ergeben sich hinsichtlich der Bauleitplanung bei der Überplanung von so genannten Altlasten.[620] Einer Gemeinde obliegen bei der Aufstellung und Verabschiedung eines Bebauungsplanes keine Amtspflichten zum Schutz derjenigen Eigentümer, deren Grundstücke schon früher bebaut waren und die eine weitere Bebauung nicht beabsichtigen. Daher steht auch dem Erwerber eines derartigen Grundstücks kein Amtshaftungsanspruch gegen die planende Gemeinde wegen fehlerhafter Bauleitplanung zu.[621] Die Amtswalter einer Gemeinde verletzen allerdings die ihnen obliegenden Amtspflichten, wenn sie es unterlassen, die im Rahmen der Bauleitplanung gefassten Beschlüsse über die bauliche und sonstige Nutzung der Grundstücke rechtswirksam umzusetzen.[622]

107 Wegen der **überragenden Bedeutung der Rechtsgüter Leben und Gesundheit** hat der BGH bei der Überplanung von Altlasten verdächtigen Flächen eine solche Drittbezogenheit hinsichtlich derjenigen Personen bejaht, die ein nach der planerischen Ausweisung dem Wohnen dienendes Grundstück mit noch zu errichtendem Wohnhaus erwerben. Die Haftung umfasst auch Vermögensschäden, die die Erwerber dadurch erlitten, dass sie im Vertrauen auf eine ordnungsgemäße Planung Wohnungen errichtet oder gekauft hätten, die nicht bewohnbar seien. Dazu gehörten die **Ersterwerber**, die vom Bauträger erwerben.[623] Indes hat der BGH auch die Eigentümer eines Grundstückes, das mit Altlasten kontaminiert ist, in den Kreis der durch den Bebauungsplan geschützten Dritten einbezogen, obwohl er nicht selbst im fraglichen Plangebiet wohnt und das erworbene Gelände mit Wohnhäusern bebauen und weiterveräußern wollte.[624] Dass eine Amtshaftungsklage nicht immer auf die überragende Bedeutung der Rechtsgüter Leben und Gesundheit gestützt werden kann, zeigt die Entscheidung des BGH zu den Amtspflichten des Deutschen Wetterdienstes gegenüber den Flugbeteiligten. Ein Amtshaftungsanspruch wurde wegen der nicht hinreichenden Individualisierbarkeit der Amtspflichten (hier: unterlassene Hagelwarnung gegenüber einem im Landeanflug begriffenen Verkehrsflugzeug) verneint.[625] Sofern bei einem auf einem überplanten Gebiet liegenden Grundstück der Verdacht einer Kontaminierung mit Altlasten besteht, ist die Gemeinde zu einer entsprechenden (nachträglichen) Kennzeichnung des Bebauungsplanes nicht verpflichtet.[626]

108 Problematisch ist die **Abgrenzung** des Kreises der geschützten Dritten. Geschützt sind nur solche Personen, die Gesundheitsgefahren ausgesetzt sind, wenn sie auf dem schadstoffbelasteten Grundstück wohnen. Entscheidend kommt es auf den Zusammenhang zwischen **Gesundheitsgefahr** und **Bewohnbarkeit** an. Die Bewohnbarkeit muss wegen der Gesundheitsgefahr entfallen. Zu den geschützten Dritten gehören demzufolge nur solche Personen, die wegen der Schadstoffbelastung das Grundstück räumen müssen.[627] Nicht zu den geschützten Dritten gehören die Kreditgeber, denen infolge des Verlustes

---

[617] BGH v. 26.01.1989 - III ZR 194/87 - BGHZ 106, 323-336; BGH v. 14.10.1993 - III ZR 156/92 - BGHZ 123, 363-368; hierzu *Boujong*, WiVerw 1991, 59-116, 59; *Giesberts*, DB 1996, 361-368, 361.
[618] BGH v. 28.06.1984 - III ZR 35/83 - BGHZ 92, 34-54 ebenso OLG Schleswig v. 28.02.1991 - 11 U 208/89 - SchlHA 1991, 92-94.
[619] OLG Oldenburg v. 21.07.2006 - 6 U 30/06. Vgl. zur BGH-Rechtsprechung zur Drittbezogenheit der Amtspflichten im Baurecht *Hebeler*, VerwArch 2007, 136-161.
[620] BGH v. 22.05.2003 - III ZR 32/02 - NJW-RR 2003, 1004-1005; *Ossenbühl*, Staatshaftungsrecht, 5. Aufl. 1998, S. 65 m.w.N. in Fn. 340.
[621] BGH v. 09.07.1992 - III ZR 87/91 - NJW 1993, 384-385.
[622] OLG Köln v. 09.03.2000 - 7 U 136/99 - OLGR Köln 2000, 352-355.
[623] BGH v. 26.01.1989 - III ZR 194/87 - BGHZ 106, 323-336; BGH v. 21.12.1989 - III ZR 49/88 - BGHZ 110, 1-12, ebenso OLG Oldenburg v. 30.10.1987 - 6 U 18/87 - Mitt NWStGB 1988, 214-216.
[624] BGH v. 25.09.1997 - III ZR 273/96 - UPR 1998, 108-109.
[625] BGH v. 16.02.1995 - III ZR 135/93 - BGHZ 129, 17-22.
[626] OLG Oldenburg v. 26.09.2003 - 6 U 67/03 - DÖV 2004, 171-172.
[627] *Ossenbühl*, Staatshaftungsrecht, 5. Aufl. 1998, S. 66; mit Hinweis auf BGH v. 21.12.1989 - III ZR 49/88 - BGHZ 110, 1-12; weitergehend OLG München v. 29.02.1996 - 1 U 2075/95 - OLGR München 1998, 214-215; wonach auch der Verkäufer eines belasteten Grundstückes von der Gemeinde Freistellung von Schadensersatzansprüchen des Grundstückserwerbers verlangen kann.

der Wohnqualität und des damit verbundenen Wertverfalls die Sicherungsgrundlage entzogen wird.[628] *Ossenbühl* kritisiert den vom BGH hergestellten Zusammenhang zwischen Gesundheitsgefahr und Schaden im Sinne von Unbewohnbarkeit. Die Gesundheitsgefahr könne sich erst nach Errichtung eines Gebäudes realisieren. Bewohnbar sei nur ein Haus, nicht ein Grundstück. Unbewohnbarkeit als Schaden, der durch eine Gesundheitsgefahr verursacht worden ist, könne demnach streng genommen erst nach Errichtung des Gebäudes eintreten. Was vorher liege, sei eine Wertminderung des Grundstückes infolge einer Gesundheitsgefahr. Wenn man – wie der BGH – auch diesen Fall in den Amtshaftungsanspruch einbeziehe, erweitere man den **Schutzbereich** auf den Vermögensschutz; dann werde es schwierig, die Grundstücksspekulanten überzeugend auszugrenzen.[629]

Zum Kreis der geschützten Dritten gehört auch der Geschädigte, der im Rahmen eines **Umlegungsverfahrens** bei der Überplanung eines Baugebietes für sein bebaubares Einwurfsgrundstück anstelle eines werthaltigen Baugrundstückes ein nicht bebaubares Altlastengrundstück zugewiesen erhält. Der Amtshaftungsanspruch richtet sich abweichend von dem Grundsatz der Naturalrestitution in der Regel auf Ersatz in Geld, allenfalls auf Wertersatz, nicht jedoch auf Wiedergutmachung durch eine dem Amt zuzurechnende Handlung. Der Höhe nach richtet sich der Schadensersatzanspruch auf Ersatz des hypothetischen Werts des dem Geschädigten bei amtspflichtgemäßem Verfahren zuzuteilenden Grundstücks.[630] 109

Der BGH hat seine so genannte **Altlasten**-Rechtsprechung mit Urteil vom 29.07.1999 fortgeführt. Hiernach haben die Amtsträger einer Gemeinde die Amtspflicht, bei der Aufstellung von Bebauungsplänen Gefahren für die Sicherheit der Wohn- und Arbeitsbevölkerung (hier: aus Tagesbrüchen wegen Bergschäden) zu vermeiden. In den Schutzbereich dieser Amtspflicht fallen bei den vom Bauherrn nicht beherrschbaren Berggefahren auch solche Schäden, die auf mangelnder Standsicherheit des Gebäudes infolge von Baugrundrisiken beruhen. Entsprechendes gilt für eine wegen Berggefahren rechtswidrig erteilte Genehmigung.[631] Damit wird die bisherige restriktive Rechtsprechung des BGH zur Standsicherheit von Gebäuden[632] sowie zu Baugrundrisiken bei Altlasten[633] gelockert. 110

bb. Drittgerichtete Amtspflichten bei Entwässerungsmaßnahmen/Hochwasserschutz

Nach der Rechtsprechung des BGH gehört die **ausreichende Dimensionierung** einer gemeindlichen Abwasser- und Regenwasserkanalisation zu den drittgerichteten Amtspflichten.[634] Hierbei ist ggf. auch zu berücksichtigen, dass Wasser von außen in das Baugebiet einfließt.[635] Der BGH hat allerdings faktisch – wenn auch im Zusammenhang mit der Gefährdungshaftung nach § 2 Abs. 1 Satz 1 HPflG – die Haftung der Gemeinden drastisch eingeschränkt. Trotz Vorliegen einer objektiven Pflichtverletzung der Gemeinde in Form der Unterdimensionierung des Kanalnetzes kommt ein Amtshaftungsanspruch (bzw. ein Schadensersatzanspruch aus dem auf den Kanalanschluss beruhenden öffentlich-rechtlichen Schuldverhältnis) des Hauseigentümers wegen eines **Rückstauschadens** nicht in Betracht, wenn die vom Hauseigentümer gegen einen möglichen Rückstau zu treffenden Vorkehrungen unzureichend waren (z.B. wegen Fehlens einer **Rückstauklappe**).[636] Dies gilt auch, wenn die Gemeinde ein Wohngebiet erschließt und in dem Wohngebiet von einem Tochterunternehmen Häuser errichten lässt, die an- 111

---

[628] BGH v. 06.07.1989 - III ZR 251/87 - BGHZ 108, 224-230; *Ossenbühl*, Staatshaftungsrecht, 5. Aufl. 1998, S. 66; *Jeromin/Kirchberg* in: Johlen, Münchener Anwaltshandbuch Verwaltungsrecht, 2. Aufl. 2003, § 18 Rn. 45.

[629] *Ossenbühl*, Staatshaftungsrecht, 5. Aufl. 1998, S. 67.

[630] BGH v. 22.05.2003 - III ZR 32/02 - NJW-RR 2003, 1004-1005; hierzu *Mohr*, UPR 2004, 61-63; vgl. auch *Büssemaker*, BTR 2004, 65-69.

[631] BGH v. 29.07.1999 - III ZR 234/97 - BGHZ 142, 259-278.

[632] BGH v. 27.05.1963 - III ZR 48/62 - BGHZ 39, 358-365.

[633] BGH v. 17.12.1992 - III ZR 114/91 - BGHZ 121, 65-73; BGH v. 14.10.1993 - III ZR 156/92 - BGHZ 123, 363-368.

[634] BGH v. 05.10.1989 - III ZR 66/88 - BGHZ 109, 8-15; BGH v. 11.07.1991 - III ZR 177/90 - BGHZ 115, 141-150; BGH v. 11.12.1997 - III ZR 52/97 - LM BGB § 839 (Fe) Nr. 143 (8/1998).

[635] BGH v. 18.02.1999 - III ZR 272/96 - BGHZ 140, 380-390.

[636] BGH v. 30.07.1998 - III ZR 263/96 - ZfIR 1998, 549-550 zustimmend OLG Saarbrücken v. 08.02.2000 - 4 U 649/99- 220, 4 U 649/99- OLGR Saarbrücken 2000, 287; OLG Köln v. 18.11.1999 - 7 U 81/99 - OLGR Köln 2000, 275-276; OLG München v. 10.06.1999 - 1 U 1729/99 - OLGR München 2000, 172-173; OLG Düsseldorf v. 27.08.1999 - 22 U 50/99 - OLGR Düsseldorf 2000, 48-49; LG Paderborn v. 23.10.2002 - 4 O 569/00 - Mitt NWStGB 2002, 30.

schließend an die Bürger der Gemeinde verkauft werden. Nach der Rechtsprechung muss der Käufer das vom Tochterunternehmen der Gemeinde erworbene Hausanwesen – ggf. mit einem hohen Aufwand – mit einer Rückstauklappe nachrüsten.[637]

112 Der Hochwasserschutz obliegt nicht den Gemeinden, sondern den **Gewässerunterhaltspflichtigen**.[638] Der BGH hat eine Haftung wegen Amtspflichtverletzung (§ 839 Abs. 1 Satz 1 BGB) ausgeschlossen, wenn der Kläger auf seinem landwirtschaftlich genutzten Grundstück im Außenbereich an der tiefsten Stelle einer Geländemulde gebaut hat, in die Niederschlagswasser aus naturgegebenen Gründen zwingend zufließt und das Anwesen des Klägers laut Sachverständigengutachten **prädestiniert zum Überflutungsopfer** ist. In einem derartigen Fall müssten keine Hochwasserschutzmaßnahmen zu Gunsten des Betroffenen ergriffen werden.[639] Die Rechtsprechung betont weiterhin, dass zwar die Pflicht zur Gewässerunterhaltung öffentlich-rechtlicher Natur sei, weshalb Drittbetroffene grundsätzlich keinen Rechtsanspruch gegen den Träger der Unterhaltslast auf Erfüllung der Unterhaltspflicht oder Vornahme bestimmter Unterhaltsarbeiten haben. Das bedeute jedoch nur, dass die Unterhaltspflicht allein gegenüber der Allgemeinheit zu erfüllen sei; werde ein Betroffener durch eine Verletzung der Unterhaltspflicht in seinem Eigentum geschädigt, könne ihm dessen ungeachtet ein aus § 823 Abs. 1 BGB folgender zivilrechtlicher Schadensersatzanspruch zustehen.[640] Allerdings hat eine **Gemeinde** dafür Sorge zu tragen, dass ein **Baugebiet** vor Hochwasser geschützt wird.[641] Zu den ihr in diesem Zusammenhang obliegenden Pflichten zählt die Prüfung, ob ein vorhandener und für das bisher landwirtschaftlich genutzte Gebiet ausreichender Vorfluter unter den gewandelten Bedingungen noch funktionstüchtig ist oder den neuen Erfordernissen angepasst werden muss.[642] Wenn eine Gemeinde einen **Bebauungsplan** in Kraft setzen will, obwohl dieser nur unter der Auflage genehmigt worden ist, dass erhebliche Baumaßnahmen zum Hochwasserschutz erfolgen, muss die Gemeinde von der Inkraftsetzung des Bebauungsplanes absehen, wenn die Maßnahmen nicht mit zumutbaren finanziellen Mitteln durchgeführt werden können.[643] Weiter hat die BGH die Haftung einer Gemeinde bejaht, die vom Wasserwirtschaftsamt bereits frühzeitig auf die Gefahren eines bei Tauwetter einsetzenden Eisabganges hingewiesen und die demzufolge verpflichtet gewesen ist, (hier) Sandsäcke bereit zu stellen und die vom **Hochwasser** Betroffenen zu warnen.[644] Eine Gemeinde ist weiter verpflichtet, einen Bachdurchlass unter einer Gemeindestraße so zu erstellen, dass Regenmengen, wie sie alle paar Jahre fallen, schadlos abgeleitet werden können.[645] Eine Gemeinde, die durch Veränderung eines Baches die Gefahr einer Überschwemmung erhöht, ist den Anliegern bei einer Überflutung schadensersatzpflichtig.[646]

113 Die Rechtsprechung hat weiterhin die Amtshaftung einer Gemeinde beim Dammbruch betont. Bei einer drohenden Verklausung eines Wehres müssen Fürsorgemaßnahmen getroffen werden. Es besteht eine Pflicht zur **Warnung der Anwohner**.[647] Als Folge des Elbehochwassers im Jahre 2002 haben sich mehrere Autoren mit Schadensersatzansprüchen nach der Hochwasserkatastrophe beschäftigt.[648]

cc. Baugenehmigungsverfahren

114 Eine besondere Beziehung, die eine Drittbezogenheit der Amtspflichten im Sinne der Amtshaftung herstellt, besteht im **Baugenehmigungsverfahren** grundsätzlich nur zwischen Behörde und Bauherrn. Dies gilt auch bei rechtswidriger Ablehnung eines vom Alleingesellschafter und alleinvertretungsberechtigten Geschäftsführer einer GmbH im eigenen Namen gestellten Antrags auf Nutzungsänderung; die GmbH ist nicht geschützter „Dritter" im amtshaftungsrechtlichen Sinn.[649] Für die Frage der Dritt-

---

[637] OLG Saarbrücken v. 07.05.2002 - 4 U 421/01.
[638] BGH v. 27.01.1994 - III ZR 158/91 - juris Rn. 11 - BGHZ 125, 19-27.
[639] BGH v. 23.05.1991 - III ZR 128/89 - BGHR BGB § 839 Abs. 1 Satz 1 Hochwasserschutz 2.
[640] OLG Hamm v. 23.07.2010 - 11 U 145/08; OLG Brandenburg v. 08.11.2011 - 2 U 53/10.
[641] BGH v. 18.02.1999 - III ZR 272/96 - BGHZ 140, 380-390; BGH v. 04.04.2002 - III ZR 70/01 - LM BGB § 839 (Fe) Nr. 160 (10/2002); hierzu *Becker*, KommP 2004, 104-105.
[642] BGH v. 11.10.1990 - III ZR 134/88 - NJW-RR 1991, 733-735.
[643] OLG München v. 06.11.1997 - 1 U 3928/95 - OLGR München 1998, 372.
[644] BGH v. 12.07.1990 - III ZR 167/88 - BGHR BGB § 839 Abs. 1 Satz 1 Gemeinde 2.
[645] OLG München v. 14.01.1993 - 1 U 3695/92 - OLGR München 1993, 177-178.
[646] LG Osnabrück v. 15.11.2002 - 10 O 1024/02.
[647] OLG München v. 05.06.2003 - 1 U 3878/02.
[648] *Koutses*, MDR 2002, 1229-1235; *Beyer*, NWVBl 2004, 48-53; *Ewer*, NJW 2002, 3497-3503; *Staupe*, NJ 2002, 505-518.
[649] BGH v. 26.06.2008 - III ZR 118/07 - NVwZ-RR 2008, 670-671.

gerichtetheit der Amtspflichten im **atomrechtlichen Verfahren** kann grundsätzlich auf die in der Rechtsprechung zum Baugenehmigungsverfahren entwickelten Grundsätze zurückgegriffen werden.[650] Der Bauherr braucht nicht mit dem Grundstückseigentümer identisch zu sein; der Grundstückseigentümer ist nicht notwendig Dritter.[651] Der Versagung einer beantragten Baugenehmigung kommt grundsätzlich nur eine personenbezogene Wirkung zu. Dritte sind in den Schutzbereich von insoweit verletzten Pflichten nicht einbezogen.[652] Da die Baugenehmigung neben der Feststellung der Unbedenklichkeit des Bauvorhabens auch dem Zweck dient, für den Bauherrn eine Vertrauensgrundlage zu schaffen, ist dieser auch mit seinen reinen Vermögensbelangen geschützter Dritter.[653] Entsprechendes gilt für die Teilungsgenehmigung aufgrund des § 19 BauGB[654] und des Bauvorbescheides[655]. Außerhalb des Genehmigungsverfahrens steht dagegen der Bauunternehmer; dieser ist nicht Dritter.[656] Dritter kann hingegen sein der Nachbar, und zwar insoweit, als die Rechtswidrigkeit auf der Verletzung nachbarschützender Normen beruht[657], wie bei der Unterschreitung des Grenzabstandes[658]. Die Gemeinde ist nicht berechtigt, die Entscheidung über eine Bauvoranfrage über die angemessene Bearbeitungszeit hinauszuzögern, wenn das Bauvorhaben nach der noch gültigen Rechtslage planungsrechtlich zulässig ist, aber ein – noch nicht verkündeter – Beschluss über die Aufstellung eines Bebauungsplanes mit anders gearteten Zielen vorliegt[659]. Weiterhin besteht eine Amtspflicht der Baugenehmigungsbehörde, den Bauherrn unverzüglich von einem Nachbarwiderspruch zu unterrichten.[660]

Der Drittschutz im Baugenehmigungsverfahren ist unterschiedlich zu beurteilen, je nachdem ob die beantragte **Baugenehmigung** (Vorbescheid) **erteilt** oder **versagt** wird. Wird die Baugenehmigung erteilt, so ist diese objektbezogen und nicht an die Person des Antragstellers gebunden. Deshalb sind in den Drittschutz alle Personen einbezogen, die im berechtigten, schutzwürdigen Vertrauen auf den Bestand der Genehmigung unmittelbar Verwirklichung eines konkreten Bauvorhabens in Angriff nehmen wollen und zu diesem Zweck Aufwendungen für die Planung tätigen[661], wozu auch der künftige Käufer gehört[662]. Zu den Amtspflichten der Baugenehmigungsbehörde gehört auch die **Prüfungspflicht der Standsicherheit** eines Bauwerkes; diese Amtspflicht besteht nicht nur gegenüber dem Bauherrn, sondern auch gegenüber Dritten.[663] Soweit im Baugenehmigungsverfahren unrichtige Auskünfte gegenüber der Genehmigungsbehörde erteilt werden (z.B. über die Erschließung des Grundstückes), ist der Grundstückseigentümer nicht Dritter i.S.v. § 839 Abs. 1 Satz 1 BGB.[664] Sofern die Erteilung der Baugenehmigung abgelehnt wird, erzeugt die Versagung **Bindungswirkung** nur gegenüber dem Antragsteller. Demzufolge erstreckt sich der Drittschutz bei einer zu Unrecht abgelehnten Baugenehmigung ausschließlich auf den Antragsteller;[665] ist der Antragsteller somit eine GmbH, kann der Schadensersatzanspruch auch nur von der GmbH und nicht von dem geschäftsführenden Allgemeingesellschafter

115

---

[650] Vgl. OLG Koblenz v. 19.04.1995 - 1 U 1239/92 - ZUR 1995, 326-330; zu den Amtshaftungsansprüchen im Rahmen von Baugenehmigungsverfahren vgl. *Wolke*, ZfBR 2004, 226-236.
[651] BGH v. 11.11.1982 - III ZR 68/81 - LM Nr. 72 zu § 839 (Fe) BGB; BGH v. 25.03.2004 - III ZR 227/02 - NVwZ 2004, 1143-1144; OLG Saarbrücken v. 02.11.1984 - 4 U 3/83 - NVwZ 1986, 791-792; *Ossenbühl*, Staatshaftungsrecht, 5. Aufl. 1998, S. 64.
[652] OLG Hamm v. 19.09.2005 - 11 W 11/05 - NVwZ-RR 2006, 227-228.
[653] BGH v. 25.01.1973 - III ZR 256/68 - BGHZ 60, 112-119; BGH v. 05.05.1994 - III ZR 28/93 - LM BGB § 839 (Cb) Nr. 91 (10/1994).
[654] BGH v. 11.10.1984 - III ZR 27/83 - BGHZ 92, 302-307.
[655] BGH v. 06.05.1993 - III ZR 2/92 - BGHZ 122, 317-326.
[656] BGH v. 08.05.1980 - III ZR 27/78 - LM Nr. 41 zu § 839 (Cb) BGB.
[657] BGH v. 27.01.1983 - III ZR 131/81 - BGHZ 86, 356-367; BGH v. 23.01.1986 - III ZR 134/84 - LM Nr. 90 zu § 839 (Fe) BGB.
[658] BGH v. 25.10.1984 - III ZR 80/83 - juris Rn. 28 - LM Nr. 52 zu § 254 (Da) BGB.
[659] BGH v. 12.07.2001 - III ZR 282/00 - LM BGB § 839 (Ca) Nr. 106 (12/2001).
[660] BGH v. 09.10.2003 - III ZR 414/02 - MDR 2004, 212.
[661] OLG Düsseldorf v. 21.01.1993 - 18 U 129/92 - NVwZ-RR 1993, 452-454; OLG Düsseldorf v. 24.05.1993 - 18 U 4/93 - VersR 1994, 1065-1066.
[662] BGH v. 23.09.1993 - III ZR 139/92 - LM BGB § 839 (Cb) Nr. 85 (2/1994); vgl. hierzu *Ossenbühl*, Staatshaftungsrecht, 5. Aufl. 1998, S. 465.
[663] BayObLG München v. 29.03.1993 - 2Z RR 233/92 - BayObLGZ 1993, 142-147.
[664] OLG Jena v. 17.11.2003 - 4 U 560/03 - BauR 2004, 545.
[665] BGH v. 06.05.1993 - III ZR 2/92 - BGHZ 122, 317-326; BGH v. 24.02.1994 - III ZR 6/93 - LM BGB § 839 (Cb) Nr. 88 (7/1994); OLG Koblenz v. 03.04.2003 - 1 W 220/03 - OLGR Koblenz 2003, 291-292.

geltend gemacht werden[666]. Dies gilt auch bei schuldhaft verzögerter Erteilung einer Baugenehmigung.[667] Soweit zur Erteilung einer Baugenehmigung nach § 36 BauGB das Einvernehmen der Gemeinde einzuholen ist, hat sie dem Antragsteller gegenüber die Amtspflicht, ihr Einvernehmen nicht unberechtigt zu versagen.[668] Dabei kommt es nicht darauf an, ob eine Beteiligung der Gemeinde überhaupt erforderlich war. Es ist ausreichend, dass die Genehmigungsbehörde die Beteiligung der Gemeinde für erforderlich erachtet hat.[669] Indes obliegen der Gemeinde bei der Verweigerung des gemeindlichen Einvernehmens nach § 36 Abs. 1 BauGB keine den Bauwilligen schützenden Amtspflichten, wenn die Baugenehmigungsbehörde nach § 36 Abs. 2 Satz 3 BauGB i.V.m. landesrechtlichen Vorschriften das rechtswidrig verweigerte Einvernehmen ersetzen kann.[670]

dd. Aufsichtspflichten des Staates

116 Nach der verwaltungsgerichtlichen Judikatur wird die Rechtsaufsicht ausschließlich im öffentlichen Interesse ausgeübt. Dies gilt beispielsweise für die Ablehnung der **kommunalaufsichtlichen Genehmigung** eines Grundstücksgeschäftes/Grundstückskaufvertrags. Diese kommunalaufsichtliche Genehmigung hat weder den Interessen des Vertragspartners zu dienen noch sind dessen Belange bei der Entscheidung zu berücksichtigen.[671] Klargestellt wird in der verwaltungsgerichtlichen Judikatur weiterhin, dass die Vorschriften der Gemeindeordnung zur Kommunalaufsicht schon von ihrem Wortlaut her allein dem öffentlichen Interesse an der Einhaltung der gesetzlichen und sonstigen Rechtsvorschriften nach Art. 20 Abs. 3 GG dienen, nicht aber dem Rechtsschutzinteresse des Bürgers oder anderer Organwalter.[672] Der BGH hat weiter betont, dass die Rechtsaufsichtsbehörde der Gemeinde nicht für die kommunalaufsichtliche Genehmigung eines notariellen Vertrages haftet, wenn sie zu Unrecht von dessen Genehmigungsbedürftigkeit ausgeht oder die Erteilung der Genehmigung vor dem Hintergrund einer umstrittenen Rechtslage geprüft hat. Dass eine Schadensersatzpflicht nicht bestehen kann, wenn ein notarieller Kaufvertrag keiner kommunalaufsichtlichen Genehmigung bedarf, ist offenkundig.[673] Auch die rechtsaufsichtliche Ersatzvornahme erfolgt ausschließlich im öffentlichen Interesse; Bürger werden hierdurch nicht in eigenen Rechten beeinträchtigt.[674] Im Anschluss an eine Entscheidung des BGH[675] wird in der Literatur heftig die Auffassung diskutiert, ob die **Bewahrung der Gemeinde vor Selbstschädigung** im Zusammenhang mit der erforderlichen Genehmigung gemeindlicher Grundstücksgeschäfte zutreffend ist.[676] Der BGH leitet die Amtshaftungs- und Staatshaftungsansprüche aus dem fortgeltenden Staatshaftungsrecht der DDR her.[677]

117 Weiter wurde judiziert, dass ein **privater Rundfunkveranstalter** keinen Anspruch auf Einschreiten der Rechtsaufsicht gegen eine öffentlich-rechtliche Rundfunkanstalt bei behaupteter Verletzung des Südwestrundfunk-Staatsvertrages hat.[678] Auch im Zusammenhang mit einer Wahlbeanstandung hat die Judikatur betont, dass ein subjektiv-rechtlicher Anspruch auf aufsichtsbehördliche Wahlbeanstandung, überhaupt ein **Anspruch auf rechtsaufsichtsbehördliches Einschreiten**, nicht besteht.[679] Diese Rechtsprechung steht im Einklang mit der Rechtsprechung des BVerwG, wonach Bundesrecht nicht fordert, dass das Land einen Anspruch auf aufsichtsbehördliches Einschreiten – hier zur Unterbindung

---

[666] OLG Koblenz v. 03.04.2003 - 1 W 220/03 - OLGR Koblenz 2003, 291-292.
[667] OLG Dresden v. 06.04.2001 - 6 U 780/00 - BauR 2003, 1777-1778.
[668] BGH v. 29.09.1975 - III ZR 40/73 - BGHZ 65, 182-189; BGH v. 26.04.1979 - III ZR 100/77 - LM Nr. 57 zu Art. 14 GrundG; BGH v. 21.11.2002 - III ZR 278/01 - MDR 2003, 266.
[669] BGH v. 26.04.1979 - III ZR 100/77 - LM Nr. 57 zu Art. 14 GrundG.
[670] BGH v. 16.09.2010 - III ZR 29/10 - NVwZ 2011, 249-251; OLG München v. 21.07.2011 - 1 U 498/11; OLG München v. 22.12.2011 - 1 U 758/11.
[671] VGH München v. 16.12.1980 - 295 IV 76 - BayVBl 1981, 183-185; OVG Frankfurt (Oder) v. 25.04.1995 - 1 A 24/94 - LKV 1995, 374-376.
[672] VG Potsdam v. 25.08.1997 - 2 L 910/97 - VwRR MO 1998, 118; ebenso VG Dresden v. 18.10.1995 - 4 K 2384/95 - SächsVBl 1996, 286.
[673] BGH v. 18.01.2007 - III ZR 104/06 - BGHZ 170, 356-369.
[674] VGH München v. 22.12.1999 - 4 ZB 99.711 - VwRR BY 2000, 84-85.
[675] BGH v. 12.12.2002 - III ZR 201/01 - BGHZ 153, 198-204.
[676] *Meyer*, NVwZ 2003, 818-821; *Müller*, Gemeindehaushalt 2003, 181-183; *Metzmacher*, DÖD 2003, 97-99; *Groth/von Mutius*, NJW 2003, 1278-1285; *Pegatzky*, LKV 2003, 451-455; *Teichmann*, JZ 2003, 960-961.
[677] OVG Weimar v. 29.06.1999 - 2 EO 754/96 zu § 67 Abs. 2 Nr. 3 KomO TH; vgl. OVG Frankfurt (Oder) v. 25.04.1995 - 1 A 24/94 - LKV 1995, 374-376.
[678] VGH Mannheim v. 27.04.1999 - 1 S 165/99 - ESVGH 49, 259-264.
[679] BGH v. 24.04.1961 - III ZR 40/60 - BGHZ 35, 44-53; VG Meiningen v. 29.09.1994 - 2 E 516/94.Me.

nachteiliger Rechtsverletzungen durch Stiftungsorgane bei einer Familienstiftung – normiert.[680] Weiter hat das BVerwG betont, dass die standesrechtliche Aufsicht der Rechtsanwaltskammer über ihre Mitglieder nicht der Wahrung individueller Belange, sondern dem öffentlichen Interesse dient, wie auch die Staatsaufsicht über die Rechtsanwaltskammern nicht die Wahrung individueller Belange bezweckt. Hieraus folge ohne weiteres, dass Dritte keinen Anspruch gegen die Rechtsaufsichtsbehörde auf fehlerfreie Ermessensentscheidung über ein etwaiges Einschreiten gegen ein Mitglied habe.[681] Einem Patienten steht gegen die **Ärztekammer** kein Amtshaftungsanspruch zu, wenn diese ihre Pflicht, ihre Mitglieder zur Einhaltung der Berufspflichten (hier: Abschluss einer Berufshaftpflichtversicherung) anzuhalten, verletzt hat.[682] Es ist somit festzustellen, dass nach der verwaltungsgerichtlichen Judikatur die Rechts- und bzw. Staatsaufsicht im öffentlichen Interesse besteht und hierdurch subjektiv-öffentliche Rechte einzelner nicht begründet werden.

Hiermit im Einklang stehend hat früher die Rechtsprechung des BGH die Auffassung vertreten, dass die **staatliche Aufsicht** über Wirtschaftseinheiten (Versicherungsunternehmen, Banken, Börsen etc.) nur dem allgemeinen Interesse, nicht aber dem Schutz von Kunden, Konkurrenten oder sonstigen Dritten dient.[683] Diese allgemeine Auffassung hat der BGH für den Bereich der Bankenaufsicht modifiziert und die Auffassung vertreten, dass die allgemeine **Bankenaufsicht** nicht nur die Gewährleistung der Funktionsfähigkeit des Kreditgewerbes im Interesse der gesamten Volkswirtschaft bezwecke, sondern auch den Schutz des Bankkunden vor Vermögensverlusten.[684] Der Bundesgesetzgeber hat daraufhin dem § 6 KWG einen Absatz 4 angefügt, der ausdrücklich festlegt, dass die Bankenaufsicht nur im öffentlichen Interesse wahrgenommen wird. Der BGH hat alsdann dem EuGH die Frage vorgelegt, ob den Sparern und Anlegern durch verschiedene EG-Richtlinien das Recht verliehen worden ist, dass Maßnahmen der Bankenaufsicht auch in ihrem Interesse wahrzunehmen sind.[685] Nachdem der EuGH die Vorlage des BGH abschlägig beschieden hat,[686] hat der BGH seine Bedenken aufgegeben und anerkannt, dass die Bankenaufsicht nur im öffentlichen Interesse wahrgenommen wird.[687] Gleiches gilt im Übrigen auch für die **Börsenaufsicht**.[688]

118

Zahlreiche Entscheidungen befassen sich mit dem **Bereich des Versicherungswesens**. Im Bereich der Kraftfahrzeughaftpflichtversicherung verfolgt die Versicherungsaufsicht nicht (auch) den Zweck, den einzelnen Verkehrsteilnehmer davor zu bewahren, im Schadenfall keinen leistungsfähigen Schuldner zu haben.[689] Der Gesetzgeber ist dieser Rechtsprechung gefolgt, indem er im Jahre 1984 § 81 Abs. 1 VAG dahin gehend ergänzt, dass die jeweiligen Aufsichtsaufgaben nur **im öffentlichen Interesse** wahrgenommen werden. Soweit es jedoch im konkret-individuellen Fall den staatlichen Stellen obliegt, das Bestehen des Versicherungsschutzes zu überwachen, besteht insoweit eine gegenüber dem potentiellen Opfer des Straßenverkehrs bestehende Amtspflicht.[690] Die Amtspflicht der Grenzzollstellen, ausländische Fahrzeuge ohne Versicherungsbescheinigung zurückzuweisen (§ 1 Abs. 1 Satz 1 AuslPflVG), ist eine Pflicht, die dem Interesse und Schutz potentiell geschädigter inländischer Verkehrsteilnehmer dient.[691] Hingegen hat die Rechtsprechung die staatliche Stiftungsaufsicht als Amtspflicht gegenüber der Stiftung selbst angesehen.[692] Eine differenzierte Betrachtung erfolgt bei der

119

---

[680] BVerwG v. 10.05.1985 - 7 B 211/84 - NJW 1985, 2964-2965
[681] BVerwG v. 08.01.1991 - 1 B 137/90 - Buchholz 350 § 73 BRAO Nr. 2.
[682] KG Berlin v. 06.09.2002 - 9 W 8/02 - KGR Berlin 2003, 8-9; LG Düsseldorf v. 31.05.2002 - 2b O 265/01 - MedR 2003, 418-420; LG Dortmund v. 13.08.2004 - 8 O 428/03 - GesR 2005, 72-73.
[683] BGH v. 24.01.1972 - III ZR 166/69 - BGHZ 58, 96-103; BGH v. 12.06.1986 - III ZR 146/85 - LM Nr. 64 zu § 839 (Cb) BGB.
[684] BGH v. 15.02.1979 - III ZR 108/76 - BGHZ 74, 144-162; BGH v. 12.07.1979 - III ZR 154/77 - BGHZ 75, 120-133; BGH v. 17.12.1981 - III ZR 146/80 - WM 1982, 124-125; hierzu *Bäumler/Kopf*, NJW 1979, 1871-1873, 1871-1873.
[685] BGH v. 16.05.2002 - III ZR 48/01 - NJW 2002, 2464-2469.
[686] EuGH v. 12.10.2004 - C-222/02 - NJW 2004, 3479.
[687] BGH v. 20.01.2005 - III ZR 48/01 - NJW 2005, 742-746 und BGH v. 02.06.2005 - III ZR 365/03 - NJW-RR 2005, 1406-1407.
[688] OLG Frankfurt v. 15.12.2005 - 1 U 178/05 - NJW-RR 2006, 416-417; OLG Frankfurt v. 15.12.2005 - 1 U 129/05 - OLGR Frankfurt 2006, 509-511; LG Frankfurt v. 03.09.2004 - 2/4 O 435/02 - NJW 2005, 1055-1056.
[689] BGH v. 24.01.1972 - III ZR 166/69 - BGHZ 58, 96-103.
[690] BGH v. 02.07.1981 - III ZR 63/80 - LM Nr. 6 zu § 29d StVZO; OLG Düsseldorf v. 11.03.1993 - 18 U 176/92 - JMBl NW 1993, 128-129.
[691] Vgl. hierzu *Ossenbühl*, Staatshaftungsrecht, 5. Aufl. 1998, S. 64.
[692] BGH v. 03.03.1977 - III ZR 10/74 - BGHZ 68, 142-151.

§ 839

Amtspflicht der Baugenehmigungsbehörden, die staatlichen Berechnungen für ein Bauvorhaben ordnungsgemäß zu prüfen. Diese Prüfungspflicht besteht gegenüber dem Bauherrn (als Teil der Allgemeinheit) im Hinblick auf Schäden an Leben, Gesundheit und Eigentum infolge schuldhafter Verletzung der Überwachungspflicht, nicht jedoch in Bezug auf seine Vermögensinteressen durch Errichtung eines standunsicheren Gebäudes.[693] Bei der Zulassung von Pkws nach § 21 StVZO dient die Pflicht des amtlich anerkannten Sachverständigen zur sachgemäßen Untersuchung dem Schutz des öffentlichen Sicherheit, nicht dem Schutz vor Vermögensschäden, die ein Käufer durch den Kauf eines mangelhaften Fahrzeuges erleidet.[694] Vorschriften über die für staatliche Wirtschaftsaufsicht schützen im Regelfall nicht die Interessen von Konkurrenten.[695]

ee. Gesundheitswesen

120 Im Bereich des Gesundheitswesens sind geschützte Dritte bei der Tätigkeit von **Amts-, Vertrauens- und Vertragsärzten**[696] hinsichtlich Untersuchung und Begutachtung des Gesundheitszustandes der Kranke, der Einstellungsbewerber, das Kassenmitglied, bei der TBC-Untersuchung im Rahmen der Schul- und Gesundheitspflege jeder Schüler,[697] bei Geschlechtskrankheit des Mannes auch die zu belehrende Ehefrau,[698] bei Impfung auch die zu belehrenden Eltern[699] sowie sonstige gefährdete Personen[700]. Hingegen dient die amtsärztliche Eignungsuntersuchung anlässlich der Erteilung oder Verlängerung der Fahrerlaubnis zur Fahrgastbeförderung (§§ 15e, 15f StVZO) nicht den gesundheitlichen Interessen des Bewerbers.[701] Zu dem Kreis der geschützten Dritten bei amtsärztlicher Aufsicht über private Krankenanstalten gehört das Personal,[702] bei Unterbringung in Fürsorgeerziehung, Einweisung in Heilanstalt und Betreuung der Zöglinge bzw. der Kranke[703]. Die Überwachung zentraler Trinkwasserversorgungsanlagen dient dem Schutz des angeschlossenen Bürgers[704]; bei der veterinärpolizeilichen Überwachung oder Flügelschau wird geschützt der Verfügungsberechtigte und Verbraucher, beim TBC-Bekämpfungsverfahren der einzelne Tierhalter[705] und bei der Flügelschau der Aussteller hinsichtlich an einer Seuche erkrankter Tiere,[706] nicht aber deren Käufer[707]. Die Amtspflicht des **Musterungsarztes**, einen korrekten ärztlichen Untersuchungsbefund für die Tauglichkeit eines Wehrpflichtigen zu erheben, hat nicht den Schutzzweck, den Nicht-Wehrdienstfähigen davor zu bewahren, durch den Wehrdienst Zeit für Ausbildung und Beruf zu verlieren.[708] Ist ein Strafgefangener postoperativ außerhalb in einem Klinikum versorgt worden und hat das Krankenhaus auf ausdrückliche Nachfragen der Anstaltsleitung keine Bedenken gegen seine Rückverlegung in das Justizvollzugskrankenhaus zur weiteren stationären Behandlung erhoben, bestehen keine Anhaltspunkte für ein fehlerhaftes Verhalten der amtlichen Ärzte bei der ihnen obliegenden Gesundheitsfürsorge.[709]

121 Bezogen auf die Tätigkeit der **Kassenärztlichen Vereinigung** hat der BGH entschieden, dass die rechtsetzenden Organe der Kassenärztlichen Vereinigungen gegenüber den Mitgliedern bei der Gestaltung des Verteilungsmaßstabs für die von der Krankenkasse entrichtete Gesamtvergütung die Amtspflicht haben, sich im Rahmen ihrer Selbstverwaltungszuständigkeit zu halten und nicht in unzu-

---

[693] BGH v. 27.05.1963 - III ZR 48/62 - BGHZ 39, 358-365; BayObLG München v. 29.03.1993 - 2Z RR 233/92 - BayObLGZ 1993, 142-147.
[694] BGH v. 11.01.1973 - III ZR 32/71 - NJW 1973, 458.
[695] BVerwG v. 11.10.1963 - I A 10.60 - Buchholz 452.00 § 8 VAG Nr. 3; BGH v. 09.06.1994 - III ZR 126/93 - LM BGB § 839 (Cb) Nr. 92 (10/1994).
[696] Ausführlich hierzu *Kreft* in: BGB-RGRK, § 839 Rn. 342-347.
[697] BGH v. 02.12.1968 - III ZR 112/66 - VersR 1969, 237-240; OLG Karlsruhe v. 19.07.1989 - 7 U 50/86 - NJW 1990, 2319-2321.
[698] *Kreft* in: BGB-RGRK, § 839 Rn. 343.
[699] BGH v. 26.01.1959 - III ZR 213/57 - VersR 1959, 355.
[700] BGH v. 07.07.1994 - III ZR 52/93 - BGHZ 126, 386-396.
[701] BGH v. 05.05.1994 - III ZR 78/93 - LM BGB § 839 (Cb) Nr. 90 (10/1994).
[702] BGH v. 21.12.1964 - III ZR 165/63 - LM Nr. 42 zu § 839 (Fe) BGB.
[703] BGH v. 24.09.1962 - III ZR 201/61 - BGHZ 38, 49-55; BGH v. 08.07.1971 - III ZR 67/68 - NJW 1971, 1881.
[704] BGH v. 07.02.1957 - III ZR 160/55 - DÖV 1957, 216-217.
[705] BGH v. 09.12.1958 - VI ZR 199/57 - BGHZ 29, 65-75.
[706] BGH v. 06.02.1961 - III ZR 13/60 - BGHZ 34, 230-235.
[707] BGH v. 27.10.1960 - III ZR 159/59 - JZ 1961, 235-236.
[708] BGH v. 23.10.1975 - III ZR 97/73 - BGHZ 65, 196-209; bestätigt durch das BVerfG, mitgeteilt bei *Kreft* in: BGB-RGRK, § 839 Rn. 246.
[709] OLG Koblenz v. 31.07.2008 - 1 W 89/08 - OLGR Koblenz 2009, 236-237.

lässiger Weise den Zulassungsstatus der Mitglieder zu schmälern; anderenfalls entsteht eine Schadensersatzpflicht gemäß § 839 BGB gegenüber jedem Vertragsarzt, der durch die Amtspflichtverletzung geschädigt worden ist.[710] Diese Haftung hat der BGH nunmehr erweitert auf die Kassenärztliche Bundesvereinigung gegenüber Vertragsärzten, obwohl die Vertragsärzte lediglich Mitglied ihrer jeweiligen regionalen Kassenärztlichen Vereinigung sind (§ 77 Abs. 3 SGB V). Nach Auffassung des BGH haftet die Kassenärztliche Bundesvereinigung für die von ihr in den Bewertungsausschuss entsandten Mitglieder, die ihren Weisungen unterliegen, nach Amtshaftungsgrundsätzen.[711] Letztendlich wurde eine Amtspflicht der Kassenärztlichen Vereinigung, aufgrund ihres Sicherungsstellungsauftrages die zum Einsatz mit Notarztwagen im Rahmen des Rettungsdienstes erforderlichen Notärzte zur Verfügung zu stellen, bejaht, und zwar auch gegenüber Notfallpatienten,[712] was nunmehr § 75 Abs. 1 Satz 1 SGB V ausdrücklich regelt. Nach der Rechtsprechung des BSG sind niedergelassene Vertragsärzte grundsätzlich nicht zur Anfechtung von Entscheidungen befugt, mit denen Krankenhausärzte zur Teilnahme an der vertragsärztlichen Versorgung der Versicherten ermächtigt werden (§ 116 SGB V); hieraus folgt, dass die Vertragsärzte nicht als geschützte **Dritte** im Sinne des § 839 BGB anzusehen sind.[713] Rechtswidrige Entscheidungen der Vertreterversammlung der Kassenärztlichen Vereinigung begründen einen Anspruch des Vertragsarztes auf Schadensersatz nach Amtshaftungsgrundsätzen.[714]

ff. Amtspflichten der Staatsanwälte

Infolge mehrerer Zusammenbrüche von Unternehmen (wie z.B. Balsam AG, Ambros-Gruppe) und dadurch verursachter Schäden von Kunden in Millionenhöhe wurde in Rechtsprechung und Literatur die Frage aufgeworfen, ob und inwieweit die Staatsanwaltschaft etwa durch nicht – rechtzeitiges oder nicht – durchgreifendes Einschreiten ihre Amtspflichten gegenüber den Geschädigten verletzt habe.[715] Grundsätzlich ist davon auszugehen, dass die Amtspflichten von Staatsanwälten zur **Verfolgung von Straftaten nur im öffentlichen Interesse bestehen**.[716] Drittbezogenheit gegenüber dem Beschuldigten kann bei unberechtigterweise vorgenommenen Ermittlungshandlungen und Anklageerhebungen gegeben sein.[717] Auch gegenüber dem durch eine Straftat Geschädigten kann ausnahmsweise die Drittbezogenheit gegeben sein, etwa hinsichtlich der Pflicht zur Sicherstellung der Diebesbeute.[718] Auszugehen ist somit von einer Drittbezogenheit der Tätigkeit der Staatsanwaltschaft in Bezug auf den Beschuldigten.[719] Hingegen ist die **Ehefrau des Beschuldigten** eines staatsanwaltschaftlichen Ermittlungsverfahrens **nicht Dritte** im Sinne des § 839 BGB.[720] Die Aufgabe, wegen aller verfolgbaren Straftaten einzuschreiten (§ 152 Abs. 2 StPO) obliegt der Staatsanwaltschaft nicht gegenüber dem durch eine Straftat verletzten, sondern gegenüber der Allgemeinheit. Dem Verletzten steht kein Amtshaftungsanspruch wegen unterlassener Ermittlungstätigkeit zu.[721] Der Schutzbereich umfasst die Bereiche Haftbefehlsantrag, Fernsehfahndungen, irreführende öffentliche Bekanntmachungen oder Pressemitteilungen über den Beschuldigten.[722] Bei unrichtigem Auszug aus dem Strafregister und unzulässiger Mitteilung besteht ebenfalls eine Amtspflicht gegenüber dem Betroffenen.[723] Schließlich besteht eine Drittbezogenheit in Bezug auf die Obhut für beschlagnahmte Sachen, egal ob sie dem Beschuldig-

122

---

[710] BGH v. 04.06.1981 - III ZR 31/80 - BGHZ 81, 21-35; BGH v. 22.09.2011 - III ZR 217/10 - GesR 2012, 79-80; OLG München v. 21.09.2010 - 1 U 2742/09.
[711] BGH v. 14.03.2002 - III ZR 302/00 - BGHZ 150, 172-187.
[712] BGH v. 12.11.1992 - III ZR 178/91 - BGHZ 120, 184-197.
[713] BGH v. 14.03.2002 - III ZR 302/00 - BGHZ 150, 172-187; BGH v. 31.10.2002 - III ZR 89/02 - BGHReport 2003, 146.
[714] OLG Karlsruhe v. 13.05.2005 - 14 U 164/03 - NVwZ-RR 2005, 826-828.
[715] BGH v. 28.03.1996 - III ZR 141/95 - NJW 1996, 2373; OLG Düsseldorf v. 07.08.1995 - 18 W 5/95 - NJW 1996, 530.
[716] So grundsätzlich LG Karlsruhe v. 25.01.2005 - 2 O 2/04 - juris Rn. 71-73; LG Karlsruhe v. 26.07.2005 - 2 O 60/03 - juris Rn. 716-725 - NJW 2005, 2626.
[717] BGH v. 28.03.1996 - III ZR 141/95 - NJW 1996, 2373; vgl. weiterhin *Vogel*, NJW 1996, 3401-3402, 3401, 3402.
[718] BGH v. 28.03.1996 - III ZR 141/95 - NJW 1996, 2373.
[719] BGH v. 08.03.1956 - III ZR 113/54 - BGHZ 20, 178-183.
[720] Vgl. OLG Saarbrücken v. 22.01.1993 - 4 U 3/92 - OLGZ 1994, 181-184.
[721] BGH v. 28.03.1996 - III ZR 141/95 - NJW 1996, 2373; OLG Düsseldorf v. 18.05.1995 - 18 U 191/94 - VersR 1996, 709-710; OLG Düsseldorf v. 07.08.1995 - 18 W 5/95 - NJW 1996, 530.
[722] BGH v. 29.05.1958 - III ZR 38/57 - BGHZ 27, 338-351; vgl. weiterhin OLG Hamm v. 15.07.1992 - 11 U 88/92 - NJW 1993, 1209-1210.
[723] BGH v. 28.04.1955 - III ZR 161/53 - BGHZ 17, 153-159.

ten oder einem Dritten gehören.[724] Nach Auffassung von *Ossenbühl* ist es bedenkenswert, ob der Drittschutz mit Blick auf die Ausdehnung grundrechtlicher Schutzpflichten des Staates oder die Aufwertung der individuellen Position des Verletzten im Strafverfahren weiter ausgedehnt werden sollte.[725]

6. Kausalität

123 Nach allgemeiner Auffassung gibt es **keine besonders gearteten Kausalitätsprobleme** beim Amtshaftungstatbestand; es gelten dieselben Grundsätze zur kausalen Verknüpfung von Pflichtverletzung und Vermögensschaden wie bei den übrigen Tatbeständen des Deliktsrechts.[726] Bei der Feststellung der Kausalität einer Amtspflichtverletzung kommt es darauf an, welchen Verlauf das Geschehen bei pflichtgemäßem Verhalten des Amtsträgers genommen und wie sich dann die Vermögenslage des Betroffenen dargestellt hätte. Dabei lässt sich die Ursächlichkeit der Pflichtverletzung für einen eingetretenen Schaden nur dann bejahen, wenn dieser bei pflichtgemäßem Handeln ausgeblieben wäre, wobei dies in Fällen des pflichtwidrigen Unterlassens mit einer an Sicherheit grenzenden Wahrscheinlichkeit festgestellt werden muss.[727] Nach der ständigen Rechtsprechung des BGH sind die Grundsätze über den Beweis des ersten Anscheins nur bei typischen Geschehensabläufen anwendbar, d.h. in Fällen, in denen ein bestimmter Sachverhalt feststeht, der nach der allgemeinen Lebenserfahrung auf eine bestimmte Ursache oder auf einen bestimmten Ablauf als maßgeblich für den Eintritt eines bestimmten Erfolges hinweist.[728] Allerdings gibt es im Gegensatz zum § 823 Abs. 1 BGB keine Beschränkung auf die Verletzung bestimmter Rechte oder Rechtsgüter. Demzufolge ist gemäß § 839 BGB **jeder Vermögensschaden zu entschädigen**.[729] Etwas anderes gilt nur, wenn der Schutzzweck oder der Inhalt der Amtspflicht bestimmte Rechts- oder Rechtsgutverletzungen betrifft, wie etwa die Unterlassung deliktischer Eingriffe.[730] Nach Rechtsprechung und Literatur ist die Kausalitätsfrage anhand der **Theorie des adäquaten Kausalzusammenhanges** zu prüfen.[731] Hierbei kommt es darauf an, wie sich das Geschehen bei pflichtgemäßem Handeln entwickelt hätte und wie sich die Vermögenslage des Betroffenen in diesem Fall darstellen würde. Im Falle einer Ermessensentscheidung ist hierbei darauf abzustellen, wie die Behörde nach Auffassung des über den Ersatzanspruch entscheidenden Gerichtes richtigerweise hätte entscheiden müssen.[732] Bei einer Ermessensentscheidung kann der Ursachenzusammenhang nur dann bejaht werden, wenn mit an Sicherheit grenzender Wahrscheinlichkeit feststeht, dass das Ermessen zugunsten des Geschädigten ausgeübt worden wäre.[733] Dem Geschädigten kommen die Beweiserleichterungen des § 287 ZPO zugute.[734] Die rechtswidrige Ablehnung eines Antrages auf Förderung ist aber nur dann kausal für einen entstandenen Schaden, wenn nicht nur ein Anspruch auf ermessensfehlerfreie Entscheidung der beklagten Behörde über den Förderungsantrag besteht, sondern darüber hinaus ein Rechtsanspruch auf Gewährung von Zuwendungen bei Vorliegen der Voraussetzungen.[735]

---

[724] BGH v. 09.11.1978 - III ZR 116/77 - BGHZ 72, 302-306.
[725] *Ossenbühl*, Staatshaftungsrecht, 5. Aufl. 1998, S. 68; vgl. weiterhin *Hörstel*, NJW 1996, 497-498, 497 sowie *Vogel*, NJW 1996, 3401-3402, 3401-3402.
[726] Vgl. zur Kausalitätsprüfung BGH v. 22.01.2009 - III ZR 197/08 - NJW 2009, 1207-1209; weiterhin *Schlick*, NJW 2009, 3491-3492.
[727] BGH v. 27.01.994 - III ZR 109/92 - NVwZ 1994, 823-825; OLG Hamm v. 26.05.2010 - 11 U 129/08.
[728] BGH v. 22.11.2007 - III ZR 280/06 - NVwZ-RR 2008, 169; hierzu *Schlick*, NJW 2009, 3487, 3492.
[729] *Vinke* in: Soergel, § 839 Rn. 175; *Reinert* in: Bamberger/Roth, 3. Aufl. 2012, § 839 Rn. 115; *Ossenbühl*, Staatshaftungsrecht, 5. Aufl. 1998, S. 70; *Jeromin/Kirchberg* in: Johlen, Münchener Anwaltshandbuch Verwaltungsrecht, 2. Aufl. 2003, § 18 Rn. 49. Dies gilt auch bei einer Gesundheitsbeeinträchtigung aufgrund Mobbings durch den Vorgesetzten, vgl. z.B. BGH v. 01.08.2002 - III ZR 277/01 - NJW 2002, 3172-3174; OLG Stuttgart v. 28.07.2003 - 4 U 51/03 - OLGR Stuttgart 2003, 416-420.
[730] *Papier* in: Maunz/Dürig, GG, Art. 34 Rn. 189; *Vinke* in: Soergel, § 839 Rn. 175.
[731] BGH v. 24.10.1985 - IX ZR 91/84 - juris Rn. 55 - BGHZ 96, 157-174; BGH v. 07.01.1988 - IX ZR 7/87 - LM Nr. 38 zu § 19 BNotO; BGH v. 09.10.1997 - III ZR 4/97 - BGHZ 137, 11-27; OLG München v. 10.06.2010 - 1 U 3680/08; *Vinke* in: Soergel, § 839 Rn. 175; *Ossenbühl*, Staatshaftungsrecht, 5. Aufl. 1998, S. 71; ausführlich hierzu *Rinne/Schlick*, NJW Beilage 2002 Nr. 14, 3-24, 16-17.
[732] BGH v. 28.09.1993 - III ZR 91/92 - VersR 1993, 1521-1522; BGH v. 03.10.1985 - III ZR 28/84 - LM Nr. 23 zu AbgO.
[733] OLG München v. 18.07.2011 - 1 W 904/11.
[734] BGH v. 06.04.1995 - III ZR 183/94 - BGHZ 129, 226-236; BGH v. 22.07.2004 - III ZR 154/03 - NVwZ-RR 2005, 5-7; *Reinert* in: Bamberger/Roth, 2. Aufl. 2008, § 839 Rn. 76.
[735] OLG Brandenburg v. 29.10.2010 - 6 U 50/08.

Kommt es aufgrund einer fehlerhaften Auskunft zu einer **unrichtigen Entscheidung des Familiengerichtes** über den Versorgungsausgleich, steht der Bejahung des adäquaten Kausalzusammenhangs zwischen der fehlerhaften Auskunft und dem Schaden des betroffenen Ehegatten nicht entgegen, dass dieser endgültig erst durch die Gerichtsentscheidung herbeigeführt wird.[736] Stellt der eingetretene Schaden nicht die adäquate Folge des schädigenden Ereignisses dar, so fehlt der haftungsrechtliche Zurechnungszusammenhang. Das kann der Fall sein, wenn der Geschädigte selbst in völlig ungewöhnlicher oder unsachgemäßer Weise in den schadenträchtigen Geschehensablauf eingreift und **eine weitere Ursache setzt**, die den Schaden endgültig herbeiführt.[737] Ein adäquater Zusammenhang besteht somit nur dann, wenn eine Tatsache im Allgemeinen und nicht nur unter besonders eigenartigen, ganz unwahrscheinlichen und nach dem regelmäßigen Verlauf der Dinge außer Betracht zu lassenden Umständen zur Herbeiführung des Erfolges geeignet war.[738] Wenn Eltern geltend machen, aufgrund unzureichender Beschulung ihrer Kinder hätte diesen kostenpflichtiger privater Nachhilfeunterricht erteilt werden müssen, müssen diese die Kausalität der nicht ordnungsgemäßen Beschulung nachweisen; die bloße Wahrscheinlichkeit des Nichteintritts des Schadens genügt nicht.[739] Ein Anspruch auf Geldentschädigung kann sich im Falle unzumutbarer Haftbedingungen auch aus einer Verletzung des allgemeinen Persönlichkeitsrechtes des Häftlings ergeben; in diesem Fall bedarf es der Darlegung erlittener gesundheitlicher Beeinträchtigungen und deren Verursachung durch Amtshandlungen des beklagten Landes nicht.[740]

124

Amtspflichtverletzungen können nicht nur **durch positives Tun**, sondern auch **durch Unterlassen** begangen werden, sofern eine entsprechende Pflicht zum Handeln bestand. Beispiele sind die amtspflichtwidrige Unterlassung der Belehrung durch einen Notar[741], des BAföG-Sachbearbeiters gegenüber einem Studenten[742] oder durch den Mitarbeiter der Bundeswehrverwaltung gegenüber dem Wehrpflichtigen im Hinblick auf Befreiungsmöglichkeiten[743] (Amtspflichtverletzung wurde allerdings verneint wegen gesetzwidriger Anordnung der Befreiungsmöglichkeit). Gleiches gilt für die Unterlassung der Außerbetriebsetzung eines versicherungslosen Kraftfahrzeuges[744] oder die Unterlassung einer zureichenden Sachverhaltsermittlung[745]. Eine Pflichtverletzung durch Unterlassung ist für den schädigenden Erfolg als kausal anzusehen, wenn bei amtspflichtgemäßem Tätigwerden der Schaden **mit an Sicherheit grenzender Wahrscheinlichkeit** nicht oder jedenfalls nicht in dieser Höhe entstanden wäre; eine bloße Möglichkeit oder eine gewisse Wahrscheinlichkeit reichen nicht aus.[746] Der Geschädigte hat darzulegen und ggf. zu beweisen, in welcher für ihn günstigen Weise das Geschehen bei Vornahme der gebotenen Amtshandlung verlaufen wäre.[747] Auch insoweit kommt dem Geschädigten die Beweiserleichterung des § 287 ZPO zugute.[748] Das Fehlen eines Warnschildes ist nicht unfallkausal, wenn sich der Benutzer des Wirtschaftsweges selbst ein zutreffendes Bild von der Gefährdungslage (Abriss des linken Wegeteils) machen konnte.[749]

125

---

[736] BGH v. 09.10.1997 - III ZR 4/97 - BGHZ 137, 11-27.
[737] BGH v. 29.10.1987 - IX ZR 181/86 - LM Nr. 23 zu BeurkG; BGH v. 19.05.1988 - III ZR 32/87 - NJW 1989, 99-101.
[738] *Vinke* in: Soergel, § 839 Rn. 175.
[739] LG Kiel v. 20.05.2009 - 17 O 147/08.
[740] OLG München v. 07.02.2012 - 1 W 102/12.
[741] BGH v. 31.03.1960 - III ZR 159/58 - LM Nr. 5 zu § 202 BGB.
[742] OLG Koblenz v. 13.03.2002 - 1 U 529/00 - OLGR Koblenz 2002, 305-306.
[743] OLG Düsseldorf v. 01.10.1991 - 18 U 74/91 - NVwZ-RR 1992, 225-226.
[744] BGH v. 02.07.1981 - III ZR 63/80 - LM Nr. 6 zu § 29d StVZO.
[745] BGH v. 24.03.1966 - III ZR 220/64 - LM Nr. 16 zu § 839 (Ca) BGB; vgl. hierzu *Ossenbühl*, Staatshaftungsrecht, 5. Aufl. 1998, S. 71.
[746] BGH v. 27.10.1983 - III ZR 189/82 - juris Rn. 29 - LM Nr. 58 zu § 839 (Ca) BGB; BGH v. 21.11.1985 - III ZR 94/84 - juris Rn. 30 - WM 1986, 890-893; BGH v. 27.01.1994 - III ZR 109/92 - juris Rn. 33 - LM BGB § 839 (A) Nr. 58 (7/1994).
[747] BGH v. 22.05.1986 - III ZR 237/84 - juris Rn. 32 - NJW 1986, 2829-2832; BGH v. 27.01.1994 - III ZR 109/92 - juris Rn. 33 - LM BGB § 839 (A) Nr. 58 (7/1994).
[748] BGH v. 21.10.2004 - III ZR 254/03 - NJW 2005, 68-72; OLG Hamm v. 17.06.2011 - 11 U 27/06.
[749] OLG Koblenz v. 07.04.2003 - 12 U 1829/01 - NJW-RR 2003, 1253-1254.

126 Rechtsprechung und Literatur diskutieren weiterhin die Problematik des so genannten **rechtmäßigen Alternativverhaltens**.[750] Hierbei geht es um den Einwand des Schädigers, er habe sich zwar rechtswidrig verhalten, doch hätte er den Schaden auch durch ein normgerechtes Verhalten herbeiführen dürfen.[751] Relevanter ist jedoch die weitere Variante, wonach der Schädiger geltend macht, dass der Schaden auch bei ordnungsgemäßem Verhalten eingetreten wäre. Diesen Einwand hat der BGH bei verfahrensfehlerhaften Entscheidungen zugelassen, die bei ordnungsgemäßem Verfahren gleichlautend hätten ergehen müssen.[752] Die Berufung auf ein rechtmäßiges Alternativverhalten ist jedoch ausgeschlossen, wenn dieses Alternativverhalten der erkennbaren damaligen Absicht der Verwaltungsbehörde widersprochen hätte.[753]

127 In Fortführung einer Rechtsprechung hat der BGH ausgeführt, dass bei einem auf die rechtswidrige Versagung des Bauvorbescheides gestützten Amtshaftungsanspruch unter dem Gesichtspunkt des rechtmäßigen Alternativverhaltens entgegengehalten werden könne, dass bei pflichtgemäßem Handeln der Bauaufsichtsbehörde der Mangel rückwirkend geheilt worden wäre. Dies gilt auch dann, wenn der Anspruch auf Erteilung des Bauvorbescheides durch rechtskräftiges verwaltungsgerichtliches Verpflichtungsurteil tituliert ist, dieses Urteil aber wegen der zwischenzeitlichen Rechtsänderung erfolgreich mit der Vollstreckungsabwehrklage angegriffen werden kann.[754]

128 Der ursprünglich bestehende Kausalzusammenhang zwischen behördlichem Handeln und Schaden kann nachträglich dadurch unterbrochen werden, dass das behördliche Handeln durch eine Gesetzesänderung rückwirkend geheilt und damit **legalisiert** wird. Dies ist beispielsweise der Fall, wenn rückwirkend eine Ermächtigungsgrundlage für den erlassenen Verwaltungsakt geschaffen wird.[755] Wird jemand durch eine rechtswidrige Prüfungsentscheidung daran gehindert, seinen Beruf auszuüben, so entsteht ihm regelmäßig ein Schaden, der ggf. gemäß § 287 ZPO geschätzt werden kann. Erforderlich ist jedoch der Nachweis, dass der Prüfungskandidat überhaupt geeignet und befähigt ist, den angestrebten Beruf auszuüben. Sofern es um die Anfechtung einer Zwischenprüfung geht, ist dieser Nachweis spätestens erbracht mit Bestehen der Abschlussprüfung. Ansonsten hat das Gericht eine Prognoseentscheidung zu treffen.[756]

129 Der zivilgerichtlichen Judikatur zur **adäquaten Kausalität** kann nicht immer gefolgt werden. So ist es bei der Streitigkeit über eine beamtenrechtliche Beförderung verfehlt, auf den Verlauf der Dinge beim pflichtgemäßen Verhalten des Amtsträgers abzustellen[757], wenn der **falsche Bewerber** befördert worden ist, obwohl eine entsprechende Planstelle überhaupt nicht vorhanden war. Die Rechtsprechung vertritt die Verfassung, dass **trotz Vorliegens zahlreicher Verfahrensfehler** und **Verstöße gegen materiell-rechtliche Auswahlgrundsätze** der Kläger keinen Schadensersatz verlangen kann, wenn niemand hätte befördert werden dürfen, auch nicht der zu Unrecht Ausgewählte.[758] Begründet wird diese Auffassung damit, dass im Falle einer unterbliebenen Beförderung der Bewerber nachweisen muss, dass bei korrekter Durchführung des Stellenbesetzungsverfahrens gerade er den höherwertigen Dienstposten (bzw. im vorliegenden Fall die Zulage) erhalten hätte. Wenn es eine entsprechende Planstelle

---

[750] *Ossenbühl*, Staatshaftungsrecht, 5. Aufl. 1998, S. 71; *Jeromin/Kirchberg* in: Johlen, Münchener Anwaltshandbuch Verwaltungsrecht, 2. Aufl. 2003, § 18 Rn. 56.

[751] BGH v. 19.03.2008 - III ZR 49/07 - NVwZ 2008, 815; OLG Hamburg v. 25.02.2005 - 1 U 54/01 - NordÖR 2005, 256-259; OLG München v. 28.05.2009 - 1 U 5121/08.

[752] BGH v. 06.11.1961 - III ZR 143/60 - BGHZ 36, 144-155; BGH v. 26.03.1997 - III ZR 114/96 - BGHR BGB § 839 Abs. 1 Satz 1 Kausalität 12; BGH v. 03.02.2000 - III ZR 296/98 - BGHZ 143, 362-372; BGH v. 07.12.2000 - III ZR 84/00 - BGHZ 146, 122-137; OLG Celle v. 11.06.1999 - 4 U 241/97 - OLGR Celle 1999, 372-373; OLG Jena v. 08.02.2000 - 3 U 443/99 - NVwZ-RR 2001, 702-704.

[753] BGH v. 03.02.2000 - III ZR 296/98 - BGHZ 143, 362-372.

[754] BGH v. 19.03.2008 - III ZR 49/07 - EBE/BGH 2008, BGH-Ls 411/08 im Anschluss an BVerwG v. 19.09.2002 - 4 C 10/01 - NVwZ 2003, 214.

[755] BGH v. 13.10.1994 - III ZR 24/94 - BGHZ 127, 223-229; *Ossenbühl*, Staatshaftungsrecht, 5. Aufl. 1998, S. 72.

[756] *Jeromin/Kirchberg* in: Johlen, Münchener Anwaltshandbuch Verwaltungsrecht, 2. Aufl. 2003, § 18 Rn. 50; OLG Koblenz v. 17.07.2002 - 1 U 843/99 - EzB-VjA BGB § 839 Nr. 12.

[757] BGH v. 22.05.1986 - III ZR 237/84 - juris Rn. 32 - NJW 1986, 2829-2832; BGH v. 08.06.1989 - III ZR 63/88 - LM Nr. 27 zu § 839 (Fc) BGB; BGH v. 06.04.1995 - III ZR 183/94 - BGHZ 129, 226-236; OLG Hamm v. 07.02.1997 - 11 U 160/96 - NVwZ-RR 1998, 535-538.

[758] OLG Saarbrücken v. 09.04.2002 - 4 U 124/01 - 30, 4 U 124/01 - NVwZ-RR 2003, 810-814.

nicht gibt, könne im Schadensersatzprozess dieser Nachweis nicht geführt werden, obwohl der Mitbewerber auch ohne Planstelle befördert worden ist. Aufgrund des Fehlens einer Planstelle wird die Kausalität der Pflichtverletzung der Behörde verneint.

7. Verschulden

a. Allgemeines

Eine Amtspflichtverletzung muss schuldhaft begangen worden sein, um die Haftung des Staates und seiner Körperschaft des öffentlichen Rechtes zu begründen. Es gilt der allgemeine Verschuldensmaßstab des § 276 Abs. 2 BGB.[759] Die Amtspflichtverletzung erfolgt schuldhaft, wenn die Entscheidung nicht auf vertretbaren rechtlichen Erwägungen, sondern lediglich auf Praktikabilitätserwägungen beruht.[760] Der **Grad des Verschuldens**, ob somit **vorsätzlich** oder **fahrlässig**, ist beim Amtshaftungsprozess bedeutsam, und zwar vor allem wegen 130

- . des Verweisungsprivilegs in § 839 Abs. 1 Satz 2 BGB, welches nur bei Fahrlässigkeit eingreift,
- . des Spruchrichterprivilegs nach § 839 Abs. 2 Satz 1 BGB, welches eine Haftung nur bei Vorsatz begründet,
- . der Regresshaftung des Beamten nach Art. 34 Satz 2 GG bzw. § 46 Abs. 1 BRRG bzw. die entsprechenden landesrechtlichen Bestimmungen, die vorsätzliches oder zumindest grob fahrlässiges Handeln voraussetzen,
- . die Anrechnung des Mitverschuldens nach § 254 BGB, was bei vorsätzlichem Handeln des Amtsträgers regelmäßig ausscheidet und
- . der Sondervorschrift des § 91a Abs. 1 Satz 2 SVG, wonach der Soldat über das SVG hinausgehende Ansprüche gegen die BRD nur bei Vorliegen einer vorsätzlichen Amtspflichtverletzung geltend machen kann.[761]

Unrichtig wäre allerdings die Annahme, dass bei Vorsatz stets eine persönliche Außenhaftung des Beamten eintrete, dies ist nur dann der Fall, wenn die Pflichtverletzung nicht in den Anwendungsbereich des Art. 34 GG fällt.[762] Vorsatz und Fahrlässigkeit müssen sich nur auf die Amtspflichtverletzung, nicht auf den eingetretenen Schaden richten.[763] Soweit es um die Frage der Rechtswidrigkeit der Amtspflichtverletzung geht, ist das Zivilgericht an ein verwaltungsgerichtliches Urteil gebunden; bei der Beurteilung des Verschuldens ist das Zivilgericht jedoch frei.[764] 131

Der Nachweis des Verschuldens wird erleichtert aufgrund des **objektivierten Fahrlässigkeitsmaßstabes**,[765] der auch und gerade im Rahmen der Amtshaftung gilt. Hierbei ist für die Ermittlung der im Verkehr erforderlichen Sorgfalt (§ 276 Abs. 1 Satz 2 BGB) auf die Kenntnisse und Fähigkeiten abzustellen, die für die Führung des übernommenen Amtes im Durchschnitt erforderlich sind. Verfehlt wäre es, auf die in der betreffenden Behörde übliche oder nach dem Leistungsniveau des konkreten Amtsträgers zu erwartende Sorgfalt abzustellen.[766] Ein Verschulden der (Finanz-) Verwaltung entfällt auch nicht deshalb, weil es sich möglicherweise um ein **Massenverfahren** handelt, wenn eine Steuernachforderung in Folge einer einfachen Namensverwechselung gegenüber einem unbeteiligten Dritten geltend gemacht wird.[767] Bei einer objektiv unrichtigen Maßnahme einer Fachbehörde, bei der die erforderliche Sachkunde vorauszusetzen ist, wird die Außerachtlassung der erforderlichen Sorgfalt bezüglich der getroffenen Entscheidung vermutet.[768] Der Sorgfaltsmaßstab ist objektiv-abstrakt und am Bild des 132

---

[759] BGH v. 25.02.2010 - 2 C 22/09 - NJW 2010, 3592-3594.
[760] LG Berlin v. 18.02.2010 - 9 O 259/09 unter Bezugnahme auf BGH v. 17.03.1994 - III ZR 27/93 - NJW 1994, 3158-3161.
[761] BGH v. 09.05.1996 - III ZR 109/95 - LM BGB § 839 (Cb) Nr. 95 (10/1996).
[762] BGH v. 11.05.1999 - III ZR 331/98 - BGHR BGB § 839 Abs. 1 S. 1 Vorsatz 4.
[763] BGH v. 08.12.1983 - III ZR 72/82 - LM Nr. 5 zu § 151 BBG; BGH v. 15.05.1997 - III ZR 204/96 - juris Rn. 21 - BGHZ 135, 354-368; *Hecker* in: Erman, § 839 Rn. 58; *Wurm* in: Staudinger, § 839 Rn. 191; *Jeromin/Kirchberg* in: Johlen, Münchener Anwaltshandbuch Verwaltungsrecht, 2. Aufl. 2003, § 18 Rn. 57.
[764] BGH v. 26.03.1987 - III ZR 143/86 - BGH-DAT Zivil.
[765] Hierzu *Rinne/Schlick*, NJW Beilage 2002 Nr. 14, 3-24, 17-18.
[766] BGH v. 20.02.1992 - III ZR 188/90 - juris Rn. 31 - BGHZ 117, 240-259; *Papier* in: MünchKomm-BGB, § 839 Rn. 292; *Hecker* in: Erman, § 839 Rn. 58; *Wurm* in: Staudinger, § 839 Rn. 199-202.
[767] OLG Celle v. 19.02.2002 - 16 U 185/01 - DStRE 2002, 1152-1153.
[768] LG Karlsruhe v. 28.04.2009 - 2 O 362/08.

pflichtgetreuen Durchschnittsbeamten[769] ausgerichtet. Je bedeutsamer eine Verwaltungsaufgabe ist, desto höhere Sorgfaltsanforderungen bestehen.[770] Hierbei muss jeder staatliche Amtsträger die zur Führung seines Amtes **notwendigen Rechts- und Verwaltungskenntnisse** besitzen oder sich verschaffen[771] und auch die einschlägigen Verwaltungsvorschriften beachten.[772] Bei der Gesetzesauslegung und Rechtsanwendung hat er die Gesetzes- und Rechtslage unter Zuhilfenahme der ihm zu Gebote stehenden Hilfsmittel sorgfältig und gewissenhaft zu prüfen.[773] Nicht jeder objektive Rechtsirrtum begründet einen Schuldvorwurf. Wenn die nach sorgfältiger Prüfung gewonnene Rechtsansicht als rechtlich vertretbar angesehen werden kann, dann kann aus der späteren Missbilligung dieser Auffassung durch die Gerichte ein Schuldvorwurf nicht hergeleitet werden.[774] Die Verneinung eines Schuldvorwurfs setzt danach voraus, dass die letztlich als unzutreffend erkannte Rechtsmeinung nicht nur vertretbar, sondern kumulativ auch aufgrund sorgfältiger rechtlicher und tatsächlicher Prüfung gewonnen war. Dabei sind die Sorgfaltsanforderungen verschieden und hängen insbesondere von der konkreten Amtsstellung ab.[775] Ein Verschulden der Finanzverwaltung ist insbesondere zu bejahen, wenn eine grundlegende Entscheidung des Bundesfinanzhofes, die der bisherigen Verwaltungspraxis widerspricht, nicht unverzüglich den entscheidungsbefugten Sachbearbeitern zur Kenntnis gebracht wird.[776]

133 Wer die Funktion eines Landrates ausübt, muss über die erforderlichen **kommunalrechtlichen Kenntnisse** verfügen, auch wenn er vor seiner Berufung in dieses Amt als Arzt tätig war und über keine Verwaltungspraxis verfügt.[777] Amtswalter haben die obergerichtliche Rechtsprechung sorgsam zur Kenntnis zu nehmen und zur Grundlage staatlichen Handelns zu machen; ggf. kann es erforderlich sein, Erkundigungen zum Fortgang eines fachöffentlich bekannt gemachten einschlägigen Gerichtsverfahrens einzuholen.[778] Im Übrigen muss sich ein nicht-rechtskundiger Amtsinhaber beraten lassen, dies gilt auch für einen Minister[779] sowie für die Mitglieder kommunaler Vertretungskörperschaften[780]. Ein Amtswalter braucht sich allerdings nicht Gedanken über die Rechtmäßigkeit formell gültig zustande gekommener Gesetze oder untergesetzlicher Normen zu machen.[781]

134 Dass ein Amtswalter verpflichtet ist, sich hinreichend kundig zu machen, sofern er nicht über das erforderliche Wissen verfügt, steht außer Frage. Sofern dies nicht geschieht, wird von einer fahrlässigen Rechtsverletzung ausgegangen. Vorsatz hat die Rechtsprechung insoweit nur bejaht, wenn der Beamte weiß, dass er pflichtwidrig handelt, wenn er sich mithin bewusst über Gesetzesbestimmungen oder sonstige seine Amtspflicht regelnden Vorschriften hinwegsetzt oder wenn er zumindest mit der Möglichkeit eines Verstoßes gegen Amtspflichten rechnet und diese Pflichtverletzung in Kauf nimmt.[782] Es stellt sich allerdings die Frage, wann bei einem **belehrungsresistenten Amtswalter** (Politiker, Kommunalpolitiker), der einer rechtlichen Argumentation nicht zugänglich ist und der darauf besteht, dass die Behörde seine Entscheidung umsetzt, Vorsatz anzunehmen ist. Gleiches gilt für den Amtswalter, der sich permanent und penetrant jeglicher Fortbildung widersetzt. Der Regressanspruch des Staates gegenüber dem Beamten lässt sich ohne weiteres begründen, da insoweit grobe Fahrlässigkeit genügt. Aus der Sicht des Geschädigten ist jedoch die Annahme von Vorsatz notwendig, um beispielsweise die Anwendung von § 839 Abs. 1 Satz 2 BGB auszuschließen.

---

[769] BGH v. 08.01.1968 - III ZR 176/66 - VersR 1968, 371; BGH v. 26.04.1990 - III ZR 106/89 - BGHR BGB § 839 Abs. 1 Satz 1 Dritter 26; BGH v. 28.09.1995 - III ZR 202/94 - NVwZ-RR 1996, 65-66.

[770] BGH v. 16.01.1997 - III ZR 117/95 - BGHZ 134, 268-304.

[771] OLG Düsseldorf v. 31.10.1990 - 18 U 103/90 - NWVBl 1991, 134-136; BGH v. 26.04.1990 - III ZR 106/89 - BGHR BGB § 839 Abs. 1 Satz 1 Dritter 26.

[772] BGH v. 24.06.2010 - III ZR 315/09 - NVwZ-RR 2010, 675/676.

[773] *Wurm* in: Staudinger, § 839 Rn. 204-208.

[774] BGH v. 08.10.1992 - III ZR 220/90 - NJW 1993, 530-531; OLG Oldenburg v. 21.07.2006 - 6 U 30/06.

[775] BGH v. 13.07.1995 - III ZR 160/94 - NJW 1995, 2918-2921; BGH v. 18.06.1998 - III ZR 100/97 - NVwZ 1998, 1329-1330; OLG Naumburg v. 14.05.2004 - 7 U 6/04 - OLGR Naumburg 2005, 493; OLG München v. 07.11.2011 - 1 U 2597/11 sowie OLG München v. 06.03.2012 - 1 U 3824/11.

[776] OLG Karlsruhe v. 17.07.2002 - 1 U 1588/01 - NVwZ-RR 2003, 168-169.

[777] BGH v. 26.10.2000 - III ZR 53/99 - juris Rn. 14 - LM BGB § 839 (Fe) Nr. 152 (10/2001).

[778] KG Berlin v. 28.05.2002 - 9 U 10531/99 - NZM 2002, 755-757.

[779] RG JW 1932, 3767.

[780] BGH v. 26.01.1989 - III ZR 194/87 - BGHZ 106, 323-336; hierzu *Wurm* in: Staudinger, § 839 Rn. 201.

[781] BayObLG München v. 14.01.1997 - 2Z RR 422/96 - NJW 1997, 1514-1515; *Wurm* in: Staudinger, § 839 Rn. 202.

[782] BGH v. 18.06.1964 - III ZR 65/63 - VersR 1964, 1070-1075; vgl. weiterhin zu den subjektiven Voraussetzungen einer vorsätzlichen Amtspflichtverletzung BGH v. 08.12.1983 - III ZR 72/82 - LM Nr. 5 zu § 151 BBG.

Bei einer fehlerhaften behördlichen Entscheidung fehlt es an einem haftungsbegründenden Verschulden des Amtsträgers, wenn sich von mehreren die Entscheidung selbständig tragenden Begründungen auch nur eine als unverschuldet erweist.[783] Hierbei wird betont, dass nicht jeder objektive Rechtsirrtum einen Schuldvorwurf begründet. Wenn die nach sorgfältiger Prüfung gewonnene Rechtsansicht des Amtsträgers als rechtlich vertretbar angesehen werden kann und er daran bis zur gerichtlichen Klärung der Rechtslage festhält, so kann aus der späteren Missbilligung seiner Rechtsauffassung durch die Gerichte ein Schuldvorwurf nicht hergeleitet werden.[784]

b. Rechtsanwendung bzw. Rechtsauslegung

Eine infolge **unrichtiger Gesetzes- oder Rechtsauslegung** fehlerhafte Amtsausübung ist jedenfalls dann eine **schuldhafte Amtspflichtverletzung**, wenn die Auslegung gegen den klaren, bestimmten, völlig eindeutigen Wortlaut des Gesetzes verstößt.[785] Eine schuldhafte Amtspflichtverletzung liegt auch bei einer nicht vertretbaren Gesetzesauslegung vor, die im Widerspruch zu Rechtsprechung und Schrifttum steht. Selbst wenn es zu dieser Rechtsfrage noch keine Rechtsprechung und kein Schrifttum gibt, kann der Fahrlässigkeitsvorwurf gegeben sein, wenn sich nämlich Auslegung und Anwendung so weit vom Wortlaut und Sinn des Gesetzes entfernen, dass das gewonnene Ergebnis nicht mehr als vertretbar angesehen werden kann.[786] Streitig ist, ob ein Fahrlässigkeitsvorwurf erhoben werden kann, wenn die Verwaltung mit einer guten Begründung von der ständigen Rechtsprechung abweicht.[787] Insoweit wird man auf den Einzelfall abstellen müssen. So ist ein Verschulden sicherlich zu verneinen, wenn zweifelhaft ist, ob die (gefestigte) Rechtsprechung wegen zwischenzeitlich erfolgter Gesetzesänderungen obsolet geworden ist und die Verwaltung darlegt, dass infolge der Gesetzesänderungen die bisherige (gefestigte) Rechtsprechung nicht mehr anwendbar ist. Das Verschulden eines Amtsträgers wurde bei unrichtiger Gesetzesanwendung verneint, wenn dieser bei einer neuen gesetzlichen Regelung nach gewissenhafter tatsächlicher und rechtlicher Prüfung zu einer auf vernünftigen Regelungen beruhenden Auffassung kommt, deren Rechtmäßigkeit auch von einem Kollegialgericht bejaht wird.[788]

In Rechtsprechung und Literatur wird die Auffassung vertreten, der **Amtswalter handele nicht fahrlässig**, wenn bei einer gegen die Behörde ergangenen gerichtlichen Entscheidung diese sich **nach sorgfältiger Prüfung** und **mit vertretbarer Begründung der Entscheidung nicht beugt**, sondern ein Rechtsmittel einlegt.[789] Erforderlich ist jedoch stets die sorgfältige Prüfung durch den Beamten, der sich hierbei mit Rechtsprechung und Literatur auseinanderzusetzen hat.[790] Die Rechtsprechung neigt zu der Auffassung, dass eine einzige – eindeutige – höchstrichterliche Entscheidung genügt, damit der Amtswalter sich dieser Rechtsauffassung anschließen muss.[791] Bei der Auslegung einer landesrechtlichen Norm durch das OVG hat der Amtswalter diese Rechtsprechung zu beachten.[792] Unbeachtlich ist insoweit die Rechtsprechung anderer Oberverwaltungsgerichte zu einer vergleichbaren Norm des dortigen Landesrechtes.[793]

---

[783] BGH v. 09.12.2004 - III ZR 263/04 - juris Rn. 15 - NJW 2005, 748-751 m. Anm. *Kühne*, DVBl 2005, 978-980.

[784] BGH v. 03.07.1997 - III ZR 205/96 - NJW 1997, 3432; BGH v. 09.12.2004 - III ZR 263/04 - juris Rn. 12 - NJW 2005, 748-751.

[785] BGH v. 23.03.1959 - III ZR 207/57 - juris Rn. 11 - BGHZ 30, 19-29; BGH v. 08.07.1968 - III ZR 56/66 - LM Nr. 7 zu FStrG.

[786] BGH v. 31.01.1991 - III ZR 184/89 - juris Rn. 18 - LM Nr. 169 zu GrundG Art 34; vgl. hierzu *Wurm* in: Staudinger, § 839 Rn. 205.

[787] Verneinend *Ossenbühl*, Staatshaftungsrecht, 5. Aufl. 1998, S. 74; zweifelnd *Jeromin/Kirchberg* in: Johlen, Münchener Anwaltshandbuch Verwaltungsrecht, 2. Aufl. 2003, § 18 Rn. 61.

[788] OLG München v. 15.05.2007 - 1 U 1585/07.

[789] BGH v. 17.03.1994 - III ZR 27/93 - LM BGB § 839 (B) Nr. 48 (9/1994).

[790] *Papier* in: Maunz/Dürig, GG, Art. 34 Rn. 229; *Ossenbühl*, Staatshaftungsrecht, 5. Aufl. 1998, S. 74; *Hecker* in: Erman, § 839 Rn. 59; *Wurm* in: Staudinger, § 839 Rn. 204-208. Auf die sorgfältige Prüfung der Rechtsfrage stellt auch die Rechtsprechung ab, vgl. OLG Düsseldorf v. 19.05.1994 - 18 U 191/93 - OLGR Düsseldorf 1994, 298-299 sowie OLG Köln v. 20.01.1994 - 7 U 130/93 - OLGR Köln 1995, 57.

[791] BGH v. 29.04.1963 - III ZR 6/62 - LM Nr. 27 zu § 839 (B) BGB; BGH v. 26.11.1963 - VI ZR 229/62 - VersR 1964, 165; OLG Frankfurt v. 24.04.1992 - 25 U 108/91 - OLGR Frankfurt 1992, 53-56; *Wurm* in: Staudinger, § 839 Rn. 206.

[792] *Wurm* in: Staudinger, § 839 Rn. 206.

[793] BGH v. 13.07.1995 - III ZR 160/94 - juris Rn. 19 - BGHZ 130, 332-341; ebenso *Rinne/Schlick*, NVwZ 1997, 1171-1182, 1171, 1173.

138 Das **Verschulden des Amtsträgers kann** insbesondere dann **fehlen**, wenn es sich bei der Entscheidung um eine nicht einfach zu beurteilende Rechtsfrage gehandelt hat, die weder höchstrichterlich geklärt noch im Schrifttum zufrieden stellend behandelt war.[794] Allerdings kann sich eine Behörde bei einer verzögerten Sachbehandlung nicht darauf berufen, dass die Sach- und Rechtslage schwierig war, wenn der Amtswalter diese Schwierigkeiten überhaupt nicht erkannt hat und aus seiner damaligen Sicht kurzfristig über den Antrag hätte entscheiden können.[795] Das Verschulden eines Amtswalters kann auch entfallen, wenn er zum Zeitpunkt der Entscheidungsfindung sich in Übereinstimmung mit der Rechtsauffassung des fachlich zuständigen Ministeriums befunden hat.[796] Wird gegen eine der Behörde ungünstige Gerichtsentscheidung **Rechtsmittel** eingelegt, weil die Rechtsaufsicht die Rechtsauffassung der Behörde teilt, so kann die Einlegung des Rechtsmittels keine schuldhafte Amtspflichtverletzung sein.[797] Ein Verschulden des Amtswalters bei einer komplexen Fragestellung ist nicht bereits dann zu verneinen, wenn in der Begründung des Verwaltungsaktes lediglich auf zwei erstinstanzliche Entscheidungen eines Verwaltungsgerichtes verwiesen wird, in denen die Streitfrage kaum behandelt bzw. letztendlich offen gelassen worden ist, wenn bereits eine Entscheidung des Oberverwaltungsgerichtes in einem Beschwerdeverfahren vorlag, dem die gegenteilige Rechtsauffassung zu entnehmen ist.[798] Zurückhaltung bei der Annahme von Verschulden ist geboten, wenn es um die Anwendung von Normen des EG-Rechtes geht und diese Normen noch nicht in dem gebotenen Maße innerstaatlich umgesetzt worden sind.[799]

139 Die Beurteilung der so genannten **Nichtanwendungserlasse**[800] ist nicht nur rechtsstaatlich bedenklich, sondern auch haftungsrechtlich problematisch. Mit derartigen Erlassen werden nachgeordnete Finanzbehörden angewiesen, Entscheidungen des BFH (und damit die höchstrichterliche Judikatur) nicht anzuwenden.[801] In der Literatur wird hierzu die Auffassung vertreten, dass in den Fällen, in denen diese Erlasse auf einer verfehlten Wiedergabe oder Interpretation der höchstrichterlichen Rechtsprechung beruhen und sie ohne sachliche Gründe, einfach wegen der subjektiven Grenzen der Rechtskraft, zur Nichtberücksichtigung höchstrichterlicher Entscheidungen anhalten, die den Erlass herausgebenden Organwalter eine schuldhafte Fehlanwendung geltenden Rechtes und damit eine schuldhafte Amtspflichtverletzung begehen.[802] Allerdings kann die Drittbezogenheit der Amtspflichten bei Erlass **allgemeiner Verwaltungsvorschriften** durchaus fraglich sein.[803] Es ist aber nicht ohne weiteres einsehbar, dass ein Beamter, der bewusst eine höchstrichterliche Entscheidung missachtet, eine schuldhafte zum Schadensersatz verpflichtende Amtspflichtverletzung begeht, dass dies jedoch nicht der Fall sein soll, wenn der Beamte von einer vorgesetzten Dienststelle zu dem entsprechenden Verhalten angewiesen wird. Der Gesetzgeber tendiert neuerdings zu dem Erlass von rechtsprechungsbrechenden Nichtanwendungsgesetzen, was eine höchst bedenkliche Gesetzgebungspraxis ist.[804]

140 Schließlich wird eine schuldhafte Amtspflichtverletzung verneint, wenn in **Massenbeförderungsverfahren** (zum Oberstudienrat) die von der Rechtsprechung des BVerfG geforderte Unterrichtung der nicht zur Beförderung anstehenden Konkurrenten nicht erfolgt, wobei dies mit der insoweit entgegenstehenden Rechtsprechung einiger Verwaltungsgerichte (z.B. des OVG Koblenz) begründet wird.[805]

---

[794] BGH v. 17.03.1994 - III ZR 27/93 - LM BGB § 839 (B) Nr. 48 (9/1994).
[795] BGH v. 23.09.1993 - III ZR 54/92 - LM BGB § 839 (B) Nr. 46 (4/1994).
[796] BGH v. 27.02.1992 - III ZR 66/90 - LM BBauG § 173 Nr. 3 (9/1992).
[797] BGH v. 17.03.1994 - III ZR 27/93 - LM BGB § 839 (B) Nr. 48 (9/1994).
[798] BGH v. 03.02.2000 - III ZR 296/98 - juris Rn. 19 - BGHZ 143, 362-372.
[799] BGH v. 14.12.2000 - III ZR 151/99 - juris Rn. 25 - BGHZ 146, 153-165.
[800] Vgl. hierzu *Tipke/Lang*, Steuerrecht, 15. Aufl. 1996, § 5 Rn. 27 m.w.N.; *Mann*, ZSteu 2006, 464-465; *Spindler*, DStR 2007, 1061-1066; *Seewald*, StC 2009, Nr. 10, 21-23.
[801] Vgl. z.B. BFH v. 19.01.2000 - I R 94/97 - BStBl II 2001, 222 sowie Nichtanwendungserlass vom 19.03.2001, BStBl I 2001, 243.
[802] *Papier* in: Maunz/Dürig, GG, Art. 34 Rn. 230; *Papier/Peine*, NVwZ 1985, 164-167, 164.
[803] BGH v. 22.05.1984 - III ZR 18/83 - BGHZ 91, 243-262.
[804] Ausführlich hierzu *Völker/Ardizzomi*, NJW 2004, 2413-2420. Die Rechtsprechung scheint insoweit keine Bedenken zu haben, vgl. z.B. FG Münster v. 05.04.2005 - 8 K 3815/01 G, F- EFG 2005, 1243-1248.
[805] OLG Koblenz v. 05.03.2003 - 1 U 1047/02 - OLGR Koblenz 2003, 201; ausführlich zu dieser Unterrichtungspflicht Schnellenbach, Beamtenrecht in der Praxis, 7. Aufl. 2011, § 3 Rn. 81-82.

c. Die Kollegialgerichts-Richtlinie

Nach der ständigen Rechtsprechung des BGH trifft einen Amtswalter kein Verschulden, wenn ein mit mehreren Rechtskundigen besetztes **Kollegialgericht** die Amtstätigkeit als objektiv rechtmäßig angesehen hat, da von einem Beamten keine bessere Rechtseinsicht als von einem solchen Gericht erwartet und verlangt werden kann.[806] Hierbei wird auch davon ausgegangen, dass der Beamte **allein und im Drang der Geschäfte handeln muss**, während ein Kollegialgericht in **voller Ruhe nach reiflicher Überlegung entscheidet, nachdem vorher der Prozessstoff in ganzer Fülle vor ihm ausgebreitet war**.[807] Die Kollegialgerichts-Richtlinie ist indes nur anwendbar, wenn das konkrete, dem geltend gemachten Amtshaftungsanspruch zugrunde liegende Verhalten des Amtsträgers die Billigung eines Kollegialgerichts gefunden hat.[808] Eine unrichtige Gesetzesanwendung begründet jedenfalls dann kein Verschulden eines Amtsträgers, wenn er bei einer neuen gesetzlichen Regelung nach gewissenhafter, tatsächlicher und rechtlicher Prüfung zu einer Rechtsauffassung gelangt, die – in einem anderen Prozess – auch von einem Kollegialgericht bejaht wird.[809] Unter Berufung auf die Kollegialgerichtsrichtlinie haben mehrere Gerichte Schadensersatzansprüche bei behördlicher Untersagung der Vermittlung und Bewerbung von Sportwetten durch einen Veranstalter verneint, da mehrere Verwaltungsgerichte entsprechende Untersagungsverfügungen für rechtmäßig erachtet haben und ein Verstoß gegen europäisches Gemeinschaftsrecht nicht offenkundig war.[810]

Die in der Rechtsprechung entwickelten Ausnahmen von dieser so genannten **Kollegialgerichts-Richtlinie** sind allerdings zahlreich, wie z.B.:

- Die **Kollegialgerichts-Richtlinie** greift nicht ein, wenn die Annahme des Kollegialgerichtes, die Amtshandlung sei rechtmäßig gewesen, auf einer unzureichenden tatsächlichen oder rechtlichen Beurteilungsgrundlage beruht, etwa deshalb, weil das Gericht sich bereits in seinem Ausgangspunkt von einer sachlich verfehlten Betrachtungsweise nicht hat freimachen können oder weil es infolge unzureichender Tatsachenfeststellung von einem anderen Sachverhalt als dem, vor den der Beamte gestellt war, ausgegangen ist oder den festgestellten Sachverhalt nicht sorgfältig und erschöpfend gewürdigt hat.[811]
- Sie ist weiter nicht anwendbar, wenn das Kollegialgericht die für die Beurteilung des Falles maßgebliche höchstrichterliche Rechtsprechung (hier: des BVerwG) zwar angeführt hat, ihr aber, ohne sich damit auseinanderzusetzen, gleichwohl nicht gefolgt ist.[812]
- Sie ist weiter nicht anwendbar bei gerichtlichen Entscheidungen, **die im vorläufigen Rechtsschutzverfahren** ergangen sind, da zum einen lediglich eine **summarische Prüfung stattfindet**[813] und **zum anderen die gerichtliche Entscheidung auch von Amts wegen abgeändert werden kann**.[814] Eine Ausnahme von der Ausnahme soll allerdings gelten bei beamtenrechtlichen Konkurrentenstreitigkeiten, da in diesen Verfahren das Gebot effektiven Rechtsschutzes gemäß Art. 19 Abs. 4 Satz 1

---

[806] BGH v. 12.11.1992 - III ZR 185/91 - LM BGB § 839 (B) Nr. 44 (8/1993); BGH v. 16.10.1997 - III ZR 23/96 - LM BGB § 839 (B) Nr. 50 (2/1998); BGH v. 02.04.1998 - III ZR 111/97 - NVwZ 1998, 878-879; BVerwG v. 21.09.2000 - 2 C 5.99 - Buchholz 237.1 Art. 86 BayLBG Nr. 10; BVerwG v. 03.05.2004 - 6 B 17/04 - Buchholz 310 § 43 VwGO Nr. 139 (die gegen diese Entscheidung erhobene Verfassungsbeschwerde hat das BVerfG v. 01.09.2004 - 1 BvR 1474/04 nicht zur Entscheidung angenommen); BVerwG v. 17.08.2005 - 2 C 36/04 - juris Rn. 27.
[807] So *Wurm* in: Staudinger, § 839 Rn. 213.
[808] BGH v. 28.11.2002 - III ZR 122/02 - MDR 2003, 265-266.
[809] OLG München v. 15.05.2007 - 1 U 1585/07.
[810] LG Braunschweig v. 05.05.2011 -3 W 24/11; LG Bochum v. 09.09.2011 - 5 O 5/11; LG Köln v. 27.09.2011 - 5 O 385/10.
[811] BGH v. 19.01.1989 - III ZR 243/87 - juris Rn. 30 - LM Nr. 72 zu § 839 (Ca) BGB; OLG München v. 20.10.2011 - 1 U 2268/11.
[812] BGH v. 12.07.2001 - III ZR 282/00 - juris Rn. 19 - LM BGB § 839 (Ca) Nr. 106 (12/2001).
[813] Nach Auffassung des BVerwG v. 17.08.2005 - 2 C 37/04 - PersV 2006, 194-197 sowie OVG Saarlouis v. 19.11.2007 - 1 A 397/07 ist die Kollegialgerichtsregel grundsätzlich in beamtenrechtlichen Konkurrentenstreitigkeiten auch im Bereich des vorläufigen Rechtsschutzes anwendbar, da insoweit eine umfassende Sach- und Rechtsprüfung bereits im vorläufigen Rechtsschutzverfahren durchgeführt werden müsse.
[814] BGH v. 22.04.1986 - III ZR 104/85 - NJW 1986, 2954; BGH v. 16.11.2000 - III ZR 265/99 - LM BGB § 839 (J) Nr. 15 (7/2001).

i.V.m. Art. 33 Abs. 2 GG von den Gerichten bereits in vorläufigen Rechtsschutzverfahren eine eingehende tatsächliche und rechtliche Prüfung erfordert.[815]

- Eine **Durchbrechung** der Kollegialgerichts-Richtlinie wurde weiter bejaht **bei Maßnahmen zentraler Dienststellen**,[816] die nach umfassender Abwägung und Prüfung sowie unter Benutzung allen einschlägigen Materials entscheiden bzw. entschieden haben, sich mithin nicht weniger sach- und rechtskundig machen können (bzw. konnten) als ein Gericht, z.B. Genehmigung des Kernkraftwerks Mühlheim-Kerlich durch das Ministerium für Wirtschaft und Verkehr des Landes Rheinland-Pfalz,[817] die Wahrnehmung der Stiftungsaufsicht durch den Justizsenator des Landes Berlin,[818] bei Erstellen eines rechtswidrigen Bewertungsmaßstabes für die ärztlichen Leistungen durch den **Bewertungsausschuss der Kassenärztlichen Bundesvereinigung**, wobei von diesem Bewertungsausschuss ein hohes Maß an Sachkenntnis zu erwarten und dementsprechend die Fähigkeit zu besonders gründlicher Prüfung zu verlangen ist[819].
- Gleiches gilt, wenn das Kollegialgericht lediglich das Verschulden des Amtsträgers verneint, sein Verhalten aber für amtspflichtwidrig erklärt hat, wie bei der amtspflichtwidrigen Nichtbefolgung nachbarschützender Auflagen im Planfeststellungsbeschluss für eine Kläranlage.[820]
- Bei Überprüfung der Tätigkeit des Beamten durch das Kollegialgericht lediglich anhand eines gegenüber der eigenen Prüfungspflicht des Beamten reduzierten Prüfungsmaßstabes, wie bei einem **durch das Landgericht im Haftbeschwerdeverfahren** als vertretbar gebilligten Haftbefehlsantrag der Staatsanwaltschaft.[821]
- Die Kollegialgerichts-Richtlinie findet weiterhin keine Anwendung, wenn das Kollegialgericht die zur Entscheidung anstehende Rechtsfrage übersehen hat[822] oder wenn die gerichtliche Entscheidung von Verfahrensfehlern geprägt war[823].
- Gleiches gilt, wenn das Verhalten des Amtsträgers aus Gründen gebilligt wurde, die dieser selbst nicht erwogen hat[824] oder wenn das Kollegialgericht die Entscheidung des verantwortlichen Amtsträgers für eine Ermessensentscheidung gehalten hat, obwohl ein Fall bloßer Rechtsanwendung zu entscheiden war[825].
- Schließlich gilt Gleiches, wenn die Rechtsauffassung des Kollegialgerichtes offenkundig unrichtig ist[826] oder wenn sich das Kollegialgericht bereits in seinem Ausgangspunkt von einer rechtlich verfehlten Betrachtungsweise nicht freimachen konnte[827].

143 Die Literatur steht dieser Rechtsprechung teilweise kritisch gegenüber, da sie befürchtet, dass auf diese Art und Weise die Amtshaftungsgerichte sich zur **Superinstanz** der Verwaltungsgerichte aufschwingen könnten.[828] Unzweifelhaft findet die Kollegialgerichts-Richtlinie keine Anwendung, wenn das Kollegialgericht lediglich mit einem Berufsrichter und zwei ehrenamtlichen Richtern besetzt ist.[829] Allerdings ist es nicht ausgeschlossen, auch die Entscheidung eines Nicht-Kollegialgerichts, die Amtshandlung sei rechtmäßig gewesen, als Indiz gegen ein Verschulden zu werten.[830] Als **Kollegialgericht**

---

[815] BVerwG v. 17.08.2005 - 2 C 36/04 - juris Rn. 29.
[816] So z.B. bei der Versagung der Einstellung als Realschullehrer nach monatelanger Prüfung durch das Oberschulamt in naher Abstimmung mit dem zuständigen Ministerium OLG Karlsruhe v. 28.04.2009 - 2 O 362/08.
[817] BGH v. 16.01.1997 - III ZR 117/95 - BGHZ 134, 268-304.
[818] BGH v. 03.03.1977 - III ZR 10/74 - BGHZ 68, 142-151.
[819] BGH v. 14.03.2002 - III ZR 302/00 - BGHZ 150, 172-187; BVerwG v. 17.08.2005 - 2 C 36/04 - juris Rn. 28.
[820] BGH v. 06.02.1986 - III ZR 109/84 - BGHZ 97, 97-113.
[821] BGH v. 16.10.1997 - III ZR 23/96 - LM BGB § 839 (B) Nr. 50 (2/1998).
[822] BGH v. 09.06.1983 - III ZR 41/82 - LM Nr. 39 zu § 839 (B) BGB; BVerwG v. 17.08.2005 - 2 C 36/04 - juris Rn. 30.
[823] BGH v. 16.05.1991 - III ZR 125/90 - LM BGB § 839 (Ca) Nr. 80 (2/1992).
[824] BGH v. 23.09.1993 - III ZR 54/92 - LM BGB § 839 (B) Nr. 46 (4/1994).
[825] BGH v. 21.04.1988 - III ZR 255/86 - juris Rn. 18 - NJW 1989, 96-99.
[826] BGH v. 15.06.1989 - III ZR 96/88 - juris Rn. 37 - DAVorm 1989, 863-868.
[827] BGH v. 12.07.2001 - III ZR 282/00 - LM BGB § 839 (Ca) Nr. 106 (12/2001).
[828] So z.B. *Papier* in: MünchKomm-BGB, § 839 Rn. 290; *Ossenbühl*, Staatshaftungsrecht, 5. Aufl. 1998, S. 76; *Schmidt*, NJW 1993, 1630-1631, 1630.
[829] BGH v. 14.03.1996 - III ZR 224/94 - juris Rn. 28 - BGHZ 132, 181-189.
[830] Vgl. hierzu *Wurm* in: Staudinger, § 839 Rn. 217.

d. Organisationsverschulden

Ein Schuldvorwurf kann gegen die haftende Körperschaft unter dem Gesichtspunkt des **Organisationsverschuldens** auch dann begründet sein, wenn der tätig gewordene Beamte selbst subjektiv nach **bestem Wissen und Gewissen gehandelt** hat. Dies ist insbesondere dann der Fall, wenn die Körperschaft es versäumt hat, ihre **Amtsträger mit den erforderlichen Informationen und Anweisungen zu versehen**. Hierzu gehört auch die Unterrichtung über die aktuelle Rechtsprechung.[832] Die zuständige Behörde hat zur Vermeidung eines Organisationsverschuldens die Beamten ausreichend auszubilden und vorhandene Kontroll- und Steuerungsmöglichkeiten effektiv zu organisieren und zu realisieren.[833] Soweit eine Amtspflichtverletzung auf ein Organisationsverschulden der Behörde zurückzuführen ist (Überlastung des Personals, fehlende Personalausstattung, fehlende Aufsicht, fehlende Instruktion), ist ein Amtshaftungsanspruch auch dann möglich, wenn kein persönlicher Schuldvorwurf gegenüber den individuellen Amtsträgern erhoben werden kann.[834] Dies hat die Rechtsprechung bejaht für die Amtshaftung einer Gemeinde für die unrichtige Auskunft, ein Bebauungsplan sei gültig, wobei die Gemeinde es versäumt hatte, den (subjektiv gutgläubigen) auskunftserteilenden Beamten auf die ihr bekannten Bedenken gegen die Gültigkeit des Planes hinzuweisen.[835] Das Fehlen einer ordnungsgemäßen Erfassung eines Altlastenstandortes führt dazu, dass die Altlasten bei der Überplanung des betreffenden Gebietes nicht berücksichtigt werden; dieser Organisationsmangel ist der Gemeinde auch dann als Verschulden zuzurechnen, wenn ihre an der Planung beteiligten Amtsträger selbst subjektiv nach bestem Wissen und Gewissen gehandelt haben.[836]

144

Der BGH hat weiterhin die **Staatshaftung** bejaht bei der Durchführung von Röntgen-Reihenuntersuchungen, wobei der mit der Auswertung beauftragte Arzt einen positiven Befund übersehen hat, was jedoch aufgrund der gefertigten kleinen Schirmbildaufnahmen kein Verschulden darstellte. Die Nichtzurverfügungstellung geeigneter Schirmbildaufnahmen wurde als Organisationsverschulden gewertet.[837] Weiter wurde judiziert, dass es ein haftungsbegründendes Organisationsverschulden des Krankenhausträgers darstellt, wenn der zu fordernde Standard der anästhesiologischen Leistungen auch bei ärztlicher Unterversorgung der Anästhesie nicht durch klare Anweisung an die Ärzte gewährleistet ist.[838] Schließlich wurde auch die Amtshaftung der **Kassenärztlichen Vereinigung** aus Organisationsverschulden beim **Notarztdienst bejaht**.[839] Sofern die Gemeinde ihre Streupflicht bei extremer Wetterbildung vernachlässigt (hier: auf Fahrgaststeigen eines zentralen Busbahnhofs) haftet die Gemeinde ebenfalls wegen Organisationsverschuldens.[840] Die Gemeinde hat weiterhin im Rahmen ihrer winterlichen Räum- und Streupflicht eine Organisation zu schaffen, die die sichere Erfüllung der ihnen obliegenden Winterdienstmaßnahmen gewährleistet.[841]

145

Ein Organisationsverschulden hat die Rechtsprechung weiter angenommen, wenn die Pausenaufsicht über etwa 300 Schüler der Orientierungsstufe auf einem unübersichtlichen Schulgelände von mindestens 3.500 m² nur einer einzigen Lehrkraft übertragen wurde.[842] Eine ständige **Beaufsichtigung von Schülern auf Schritt und Tritt kann** hingegen nicht verlangt werden[843]. Die Amtshaftung des

146

---

[831] BGH v. 02.04.1998 - III ZR 111/97 - juris Rn. 9 - NVwZ 1998, 878-879; *Wurm* in: Staudinger, § 839 Rn. 217.
[832] OLG Koblenz v. 17.07.2002 - 1 U 1588/01 - OLGR Koblenz 2002, 383-385.
[833] OLG Koblenz v. 23.03.2005 - 1 U 1482/03 - OLGR Koblenz 2005, 613-616.
[834] BGH v. 24.05.1976 - III ZR 145/74 - BGHZ 66, 302-315.
[835] BGH v. 11.05.1989 - III ZR 88/87 - LM Nr. 50 zu § 305 BGB; BGH v. 25.11.1991 - III ZR 190/90 - BayVBl 1992, 221.
[836] BGH v. 21.02.1991 - III ZR 245/89 - BGHZ 113, 367-374.
[837] BGH v. 13.06.1960 - III ZR 54/59 - NJW 1961, 600-601.
[838] BGH v. 18.06.1985 - VI ZR 234/83 - BGHZ 95, 63-75; vgl. zu einem Organisationsverschulden eines Krankenhauses BGH v. 08.06.1989 - III ZR 63/88 - LM Nr. 27 zu § 839 (Fc) BGB.
[839] BGH v. 12.11.1992 - III ZR 178/91 - BGHZ 120, 184-197.
[840] BGH v. 01.07.1993 - III ZR 88/92 - LM BGB § 839 (Ca) Nr. 90 (1/1994); OLG Hamm v. 10.12.1999 - 9 U 159/99 - OLGR Hamm 2000, 234-236.
[841] OLG Hamm v. 13.09.2002 - 9 U 49/02 - MDR 2003, 390-391.
[842] OLG Celle v. 08.10.1985 - 16 U 35/85 - NdsRpfl 1985, 281-283.
[843] Vgl. OLG Hamburg v. 26.02.1999 - 1 U 110/98 - OLGR Hamburg 1999, 190-192.

Trägers eines psychiatrischen Krankenhauses wurde bejaht, wegen groben Organisationsverschuldens bei Flucht eines suizidgefährdeten Patienten[844]. Die Verkehrssicherungspflicht der Gemeinden für Bäume an Straßen und auf Gehwegen ist eine Amtspflicht. Ein Organisationsverschulden liegt vor, wenn bei von einem Baum ausgehender evidenter Gefahr die Gemeinde Probebohrungen unterlässt. Insoweit liegt ein Organisationsverschulden vor, wenn nur unzureichende Anweisungen an die zuständigen Bediensteten erteilt wurden.[845] Soweit es bei einer Behörde zu einem **jahrelangen (hier: 2 Jahre langen) Stau** bei der Bearbeitung von Anträgen kam, liegt ein Organisationsverschulden vor.[846] Für Strafgefangene muss bei nicht nur ganz vorübergehender gemeinschaftliche Unterbringung von zwei Strafgefangenen eine hinreichend große Zelle zur Verfügung stehen, da anderenfalls nicht nur gegen § 144 Abs. 1 StVollzG, sondern auch gegen die Menschenwürde verstoßen wird. Die zuständige Behörde trifft ein Organisationsverschulden, wenn eine ausreichende Haftraumreserve nicht rechtzeitig gebildet und damit eine strukturelle Überbelegung in Kauf genommen wird[847] (vgl. ausführlich hierzu Rn. 434 ff.).

147 Bei Unmöglichkeit, die verantwortliche Einzelperson festzustellen, muss der Schädiger nicht individualisiert werden. Es reicht die Feststellung, dass jedenfalls irgendein Amtsträger des beklagten Verwaltungsträgers seine ihm obliegende Amtspflicht verletzt hat, also letztlich das Gesamtverhalten der betreffenden Behörde in einer den verkehrsnotwendigen Sorgfaltsanforderungen widersprechenden Weise amtspflichtwidrig gewesen ist. Weitergehende Darlegungen sind dem Geschädigten, der die Interna des Behördenbetriebs nicht kennt oder auch nicht zu kennen braucht, häufig auch nicht möglich und deshalb auch nicht zumutbar.[848]

8. Subsidiaritätsklausel (Absatz 1 Satz 2)

148 Fällt dem Amtswalter nur Fahrlässigkeit zur Last, so kann er nur dann in Anspruch genommen werden, wenn der Verletzte nicht auf andere Weise Ersatz zu erlangen vermag. Diese Regelung in § 839 Abs. 1 Satz 2 BGB wird als **Verweisungsprivileg** oder **Subsidiaritätsklausel** bezeichnet. Diese Haftungssubsidiarität diente nach den gesetzgeberischen Intentionen bei ihrer Schaffung vorzugsweise dem Schutz des Beamten, dessen Entschlossenheit und Tatkraft nicht durch die Sorge gelähmt werden sollte, für jedes Versehen in Ausübung seines Amtes mit seinem Vermögen einstehen zu müssen. Das Verweisungsprivileg war demzufolge auf den ursprünglichen Rechtszustand zugeschnitten, wonach der Beamte persönlich haftete.[849] Die Rechtsprechung hat nunmehr das Haftungsprivileg auch ausgedehnt auf die Tätigkeit eines Beamten, der gegenüber seinem Dienstherrn Dienstpflichten aus einem Nebenamt (Behandlung eines Zivilpatienten durch Sanitätsoffizier) erfüllt.[850] Das Verweisungsprivileg des § 839 Abs. 1 Satz 2 BGB ist unanwendbar bei Einschaltung eines sog. Verwaltungshelfers durch eine Körperschaft des öffentlichen Rechts. Insoweit gilt der Grundsatz der vermögensrechtlichen Einheit der öffentlichen Hand.[851] Als anderweitige Ersatzmöglichkeit i.S.d. § 839 Abs. 1 Satz 2 BGB kommt grundsätzlich auch die Geltendmachung eines Ersatzanspruches im Wege der sog. Drittschadensliquidation in Betracht.[852]

149 Seit der Überleitung der Haftung auf den Staat oder die sonstige haftpflichtige Körperschaft ist dieses Haftungsprivileg umstritten; in der Literatur wird es als **rechtspolitisch und rechtsdogmatisch höchst fragwürdig** bezeichnet.[853] Im Ergebnis kommt dem Staat gemäß § 839 Abs. 1 Satz 2 BGB ohne jegliche Rechtfertigung ein Haftungsprivileg zugute, das seinem Sinn und Zweck nach ursprünglich auf den

---

[844] OLG Düsseldorf v. 10.01.1994 - 8 U 26/92 - PflR 1998, 112-115.
[845] OLG Karlsruhe v. 16.01.1997 - 12 U 245/96 - NJWE-VHR 1997, 118-119.
[846] KG Berlin v. 23.02.2001 - 9 U 6766/99 - Pharma Recht 2001, 410-414.
[847] OLG Hamburg v. 14.01.2005 - 1 U 43/04 - NordÖR 2005, 383-386; Entschädigung von 25 € pro Tag ist angemessen; OLG Hamm v. 23.02.2011 - 11 U 254/09; LG Berlin v. 28.03.2012 - 86 O 354/11.
[848] BGH v. 26.09.1960 - III ZR 125/59 - LM Nr. 59 zu § 839 (C) BGB; BGH v. 12.12.1991 - III ZR 18/91 - juris Rn. 9 - BGHZ 116, 312-318; *Papier* in: MünchKomm-BGB, § 839 Rn. 292; *Wurm* in: Staudinger, § 839 Rn. 221; *Hecker* in: Erman, § 839 Rn. 60.
[849] BGH v. 12.04.1954 - GSZ 1/54 - BGHZ 13, 88-106; *Wurm* in: Staudinger, § 839 Rn. 260; *Ossenbühl*, Staatshaftungsrecht, 5. Aufl. 1998, S. 79-80.
[850] OLG Koblenz v. 09.04.2010 - 5 U 154/10 - MedR 2011, 366-368.
[851] OLG Koblenz v. 05.05.2010 - 1 U 679/09 unter Bezugnahme auf *Wurm* in: Staudinger § 839 Rn. 276 ff.
[852] OLG Zweibrücken v. 04.05.2006 - 6 U 2/05.
[853] *Papier* in: MünchKomm-BGB, § 839 Rn. 300-303; *Ossenbühl*, Staatshaftungsrecht, 5. Aufl. 1998, S. 79; *Jeromin/Kirchberg* in: Johlen, Münchener Anwaltshandbuch Verwaltungsrecht, 2. Aufl. 2003, § 18 Rn. 68.

persönlich haftenden Amtswalter zielte.[854] Auch der BGH hat seit dem Jahre 1964 eingeräumt, dass diese Bestimmung bei mancherlei Fallgestaltungen heute nicht mehr sachgerecht erscheine und mit einer gewissen Berechtigung als **antiquiert** bezeichnet werde.[855] Dies gilt insbesondere bei der Schaffung spezieller Behörden mit speziell ausgebildeten Amtswaltern, denen spezielle Aufsichtsfunktionen zugewiesen werden (wie z.B. die Börsenaufsicht). Warum der geschädigte Anleger grundsätzlich auf die anderweitige Ersatzmöglichkeit der Prospekthaftungsklage verwiesen wird, ist nicht ohne weiteres einsehbar.[856] Soweit der BGH in der Folgezeit die Anwendung der Subsidiaritätsklausel eingeschränkt hat, geschah dies jedoch nur punktuell, ohne sie grundsätzlich in Frage zu stellen.[857] Im Rahmen **teleologischer Reduktion** der Subsidiaritätsklausel hat der BGH das Verweisungsprivileg von § 839 Abs. 1 Satz 2 BGB inzwischen in folgenden Fällen ganz oder zumindest teilweise entfallen lassen:

- **Dienstliche Teilnahme** eines **Amtsträgers am allgemeinen Straßenverkehr**, soweit keine Sonderrechte, etwa nach § 35 StVO, in Anspruch genommen werden.[858] Im allgemeinen Straßenverkehr gibt es keine Rechtfertigung für die haftungsrechtliche Benachteiligung etwaiger Mitschädiger, die bei Geltung des Verweisungsprivilegs den auf den Beamten/Staat entfallenen Haftungsanteil sonst mittragen müssten.[859]
- Als Amtspflichten ausgestattete **Straßenverkehrssicherungspflichten**[860] einschließlich der Überwachungspflicht bei Überwälzung der Streupflicht auf die Anlieger,[861] nicht jedoch bei Ausübung der **Verkehrsüberwachungspflicht** wie der unterlassenen Meldung eines Polizeibeamten bezüglich eines Defekts einer Ampelanlage[862]. Stürzt jemand bei winterlicher Glätte auf einem nicht gestreuten Bürgersteig und verletzt sich hierbei, so kann er sowohl den Anlieger als auch die Gemeinde in Anspruch nehmen. Bei Bauarbeiten im öffentlichen Straßenraum ist neben der ausführenden Baufirma und der Bauherrin auch die Kommune verkehrssicherungspflichtig, die die betreffende Straße verwaltet und für sie die Straßenbaulast trägt, ohne dass sie sich auf das Weisungsprivileg aus § 839 Abs. 1 Satz 2 BGB berufen kann.[863]
- Die öffentlich-rechtlich ausgestaltete **Straßenverkehrssicherungspflicht** umfasst auch die Sorge für die **Standsicherheit von Straßenbäumen**. Beschädigt ein umstürzender Baum aufgrund eines heftigen Unwetters ein Nachbargrundstück, so kann dem etwaigen Amtshaftungsanspruch das Verweisungsprivileg nicht entgegengehalten werden.[864]
- Soweit die Subsidiaritätsklausel durch ausdrückliche gesetzliche Regelung abbedungen wird, gehen die entsprechenden Spezialvorschriften vor. Dies gilt z.B. für den Fall des § 12 PflVG. Treffen Ansprüche des Geschädigten gegen den **Entschädigungsfonds für Schäden aus Kraftfahrzeugunfällen** mit solchen aus Amtspflichtverletzung gegen den Träger der Kraftfahrzeugzulassungsstelle zusammen, so geht nach der ausdrücklichen gesetzlichen Regelung des § 12 Abs. 1 Satz 4 PflVG im Falle einer fahrlässigen Amtspflichtverletzung abweichend von § 839 Abs. 1 Satz 2 BGB die Ersatz-

---

[854] Vgl. zu dieser Privilegierung auch *Isensee*, Subsidiaritätsprinzip und Verfassung, 1968, S. 86: Anachronistisches Fiskusprivileg; *Schneider*, NJW 1966, 1263-1264, 1263-1264: Schandfleck des BGB.
[855] BGH v. 16.04.1964 - III ZR 182/63 - BGHZ 42, 176-182.
[856] OLG Frankfurt v. 15.12.2005 - 1 U 129/05 - juris Rn. 2-3 - OLGR Frankfurt 2006, 509-511; OLG Frankfurt v. 15.12.2005 - 1 U 178/05 - juris Rn. 12-13 - NJW-RR 2006, 416-417.
[857] *Wurm* in: Staudinger, § 839 Rn. 261 ff.; *Rinne/Schlick*, NJW Beilage 2002 Nr. 14, 3-24, 18; *Jeromin/Kirchberg* in: Johlen, Münchener Anwaltshandbuch Verwaltungsrecht, 2. Aufl. 2003, § 18 Rn. 68; nach Auffassung von *Papier* in: MünchKomm-BGB, § 839 Rn. 303; muss man die Subsidiaritätsklausel heute als obsolet bezeichnen.
[858] BGH v. 28.10.1982 - III ZR 206/80 - BGHZ 85, 225-230; BGH v. 13.12.1990 - III ZR 14/90 - BGHZ 113, 164-169; OLG München v. 27.05.2011 - 1 U 1209/11.
[859] BGH v. 01.07.1993 - III ZR 167/92 - BGHZ 123, 102-106; *Wurm* in: Staudinger, § 839 Rn. 267, 269; *Krohn*, VersR 1991, 1085-1093, 1085; *Weireter*, VersR 1967, 925-927.
[860] BGH v. 12.07.1979 - III ZR 102/78 - BGHZ 75, 134-138; OLG Stuttgart v. 31.07.1991 - 1 U 22/91 - NVwZ 1992, 95-96.
[861] BGH v. 11.06.1992 - III ZR 134/91 - BGHZ 118, 368-374.
[862] BGH v. 05.04.1984 - III ZR 19/83 - BGHZ 91, 48-55.
[863] OLG Karlsruhe v. 26.01.2005 - 7 U 161/03 - OLGR Karlsruhe 2005, 235-238.
[864] BGH v. 01.07.1993 - III ZR 167/92 - BGHZ 123, 102-106; hierzu *Wurm* in: Staudinger, § 839 Rn. 275.

§ 839

pflicht aufgrund der Vorschriften über die Amtspflichtverletzung der Leistungspflicht des Entschädigungsfonds vor.[865]
- Der im Krankheitsfall bestehende **Gehalts- oder Lohnanspruch des Arbeitnehmers** nach § 616 BGB oder nach § 6 EntgeltfortzahlungsG (entspricht § 1 Abs. 1 Satz 1 LohnfortzahlungsG) sowie der entsprechende Gehaltsfortzahlungsanspruch des Beamten im Krankheitsfall bestehen fort mit der Folge, dass Amtshaftungsansprüche des geschädigten Arbeitnehmers/Beamten auf den Arbeitgeber/Dienstherrn übergehen und von diesem gegenüber den verantwortlichen Hoheitsträgern geltend gemacht werden können.[866]
- Im Verhältnis zwischen der Staatshaftung und der konkurrierenden Notarhaftung – und zwar auch in den neuen Bundesländern – greift das Verweisungsprivileg von § 839 Abs. 1 Satz 2 BGB bei beiderseitiger Fahrlässigkeit nicht ein, und zwar selbst dann, wenn der Notar eine nach den §§ 23, 24 BNotO übernommene Amtspflicht verletzt hat.[867]
- Bei Ansprüchen gegen andere Hoheitsträger oder aufgrund anderer Anspruchsgrundlagen.[868]
- Bei **Leistungen der privaten Versicherung** wie auch der **Sozialversicherung**, die der Geschädigte selbst unter Aufwendung eigener Mittel oder durch (von ihm verdiente) Leistungen Dritter erlangt hat, z.B. Leistungen nach dem Bundesversorgungsgesetz.[869]
- Bei Leistungen des Trägers der französischen gesetzlichen Unfallversicherung.[870]
- Bei Leistungen (Sachleistung und Barauwendungen) der gesetzlichen Krankenversicherung bei unfallbedingter Krankheit.[871]
- Bei Leistungen einer privaten Krankenversicherung.[872]
- Bei Leistungen der privaten Unfall- und Rentenversicherung.[873]
- Bei Leistungen einer Kaskoversicherung, und zwar sowohl für Kraftfahrzeuge[874] als auch für Flugzeuge[875].
- Bei Leistungen der privaten Feuerversicherung.[876]
- Bei Ansprüchen aus einer Lebensversicherung.[877]
- Bei Leistungen der Rechtsschutzversicherung.[878]

150 Die Haftungssubsidiarität von § 839 Abs. 1 Satz 2 BGB findet **keine Anwendung** auf **Ansprüche, die selbständig neben die Amtshaftung treten**, wie z.B. bei Ersatzansprüchen im Bereich der Gefährdungshaftung nach § 7 StVG,[879] Ansprüche aus enteignungsgleichem Eingriff, Ansprüche aus der Verletzung beamtenrechtlicher Fürsorgepflicht oder besonderer Fürsorge- und Betreuungspflichten, An-

---

[865] BGH v. 15.01.1987 - III ZR 17/85 - BGHZ 99, 326-332; BGH v. 17.05.1990 - III ZR 191/88 - BGHZ 111, 272-277; hierzu und zu dem vergleichbaren Fall von § 158c Abs. 5 VVG; *Wurm* in: Staudinger, § 839 Rn. 267.
[866] BGH v. 20.06.1974 - III ZR 27/73 - BGHZ 62, 380-387; BGH v. 20.06.1974 - III ZR 97/72 - NJW 1974, 1816-1818; *Reinert* in: Bamberger/Roth, 3. Aufl. 2012, § 839 Rn. 92.
[867] BGH v. 03.05.2001 - III ZR 191/00 - ZfBR 2001, 412-414. Ein Notar wird - im Verhältnis zu Dritten - grundsätzlich nicht als Erfüllungsgehilfe einer Vertragspartei tätig, sondern ausschließlich in Ausübung seiner eigenen Amtspflichten i.S.d. § 19 Abs. 1 BNotO, vgl. OLG Schleswig v. 27.09.2001 - 11 U 79/00 - SchlHA 2002, 69-70; vgl. hierzu *Fischer*, JuS 2002, 446-450, 450.
[868] BGH v. 12.04.1954 - GSZ 1/54 - BGHZ 13, 88-106; OLG Frankfurt v. 10.04.1997 - 1 U 113/95 - OLGR Frankfurt 1997, 283-285; hierzu *Ossenbühl*, Staatshaftungsrecht, 5. Aufl. 1998, S. 84-85; *Hecker* in: Erman, § 839 Rn. 68; *Wurm* in: Staudinger, § 839 Rn. 276-281.
[869] BGH v. 04.07.1974 - III ZR 63/72 - BGHZ 62, 394-400; vgl. aber BGH v. 21.01.1974 - III ZR 17/72 - VersR 1974, 549-551; wonach Ansprüche aus Sozialversicherungsleistungen Ansprüche aus Amtspflichtverletzung ausschließen. Hierzu *Wurm* in: Staudinger, § 839 Rn. 271-274; *Reinert* in: Bamberger/Roth, 3. Aufl. 2012, § 839 Rn. 91.
[870] BGH v. 10.11.1977 - III ZR 79/75 - BGHZ 70, 7-11.
[871] BGH v. 20.11.1980 - III ZR 122/79 - BGHZ 79, 26-35, wobei offen bleibt, wie BGH bei einer persönlichen Außenhaftung des Beamten entschieden hätte.
[872] BGH v. 20.11.1980 - III ZR 31/78 - BGHZ 79, 35-37.
[873] *Wurm* in: Staudinger, § 839 Rn. 272.
[874] BGH v. 28.10.1982 - III ZR 89/81 - BGHZ 85, 230-234.
[875] BGH v. 16.02.1995 - III ZR 106/93 - BGHZ 129, 23-30; BGH v. 18.11.1999 - III ZR 63/98 - LM BGB § 254 (Ba) Nr. 20 (7/2000); mit kritischer Anmerkungen *Mühlbauer*.
[876] BGH v. 02.04.1987 - III ZR 149/85 - juris Rn. 38 - BGHZ 100, 313-321.
[877] *Hecker* in: Erman, § 839 Rn. 68; *Wurm* in: Staudinger, § 839 Rn. 273.
[878] OLG Frankfurt v. 26.06.2003 - 1 U 60/02 - OLGR Frankfurt 2004, 105-107.
[879] KG Berlin v. 20.11.2006 - 12 U 151/05 - KGR Berlin 2007, 303-304.

sprüche aus öffentlich-rechtlichen Verwahrungen und Treuhand und bei öffentlich-rechtlichen Benutzungs- und Leistungsverhältnissen[880] sowie beim Zusammentreffen der Staatshaftung mit vertraglichen Ansprüchen[881]. Öffentlich-rechtliche Ansprüche aus culpa in contrahendo, die mit Amtshaftungsansprüchen konkurrieren können, werden ebenfalls ohne Rücksicht auf andere Ersatzmöglichkeiten gewährt,[882] ebenso Ansprüche gegen die öffentliche Hand aus fehlerhafter Geschäftsführung ohne Auftrag[883]. Gleiches gilt letztendlich auch für familienrechtliche Unterhaltsansprüche wegen des Grundsatzes von § 843 Abs. 4 BGB und für beamtenrechtliche Unfallfürsorgeansprüche gegen den Dienstherrn.[884] Die vorerwähnten Ausschlüsse der Subsidiaritätsklausel gelten nicht für die Eigenhaftung des Beamten im privatrechtlichen Funktionskreis[885] sowie im öffentlich-rechtlichen Funktionskreis dort nicht, wo der Haftungsübernahme durch den Verwaltungsträger sondergesetzliche Haftungsaufschlüsse entgegenstehen. In diesen Fällen behält § 839 Abs. 1 Satz 2 BGB weitergehend seinen ursprünglichen Sinn.[886] Das Verweisungsprivileg besteht im Übrigen fort bei der Notarhaftung: Für den durch den ungetreuen Notar Geschädigten stellt die von der Notarkammer abgeschlossene Vertrauensschadensversicherung im Verhältnis zur nach § 839 BGB, Art. 34 GG haftenden Aufsichtsbehörde eine anderweitige Ersatzmöglichkeit im Sinne des § 839 Abs. 1 Satz 2 BGB dar.[887]

Die **Unmöglichkeit, anderweitig Ersatz** zu erlangen, bildet einen Teil des Tatbestandes, aus dem der Amtshaftungsanspruch hergeleitet wird. Dementsprechend hat der Verletzte das Vorliegen dieser zur Klagebegründung gehörenden (negativen) Voraussetzung des Amtshaftungsanspruchs darzulegen und im Streitfall zu beweisen.[888] Nähere Darlegungen erübrigen sich allerdings, wenn ein Anspruch nach den Prozessstoff fern liegt.[889] § 839 Abs. 1 Satz 2 BGB hebt ab auf die Ersatzmöglichkeit, nicht auf die Ersatzeffektivität. Demzufolge kommt es darauf an, ob der Geschädigte Ersatz zu erlangen vermag. Wann dies der Fall ist, ist in jedem Einzelfall zu beurteilen. Keinesfalls kann man vom Geschädigten verlangen, dass er bis zum bitteren Ende wirkliche Rechte gegen einen Dritten fruchtlos verfolgt, um alsdann erst auf den Amtshaftungsanspruch zurückkommen zu können. Die Grenze der Anspruchsverfolgung liegt in der **konkreten Zumutbarkeit**.[890] Nach der Rechtsprechung gibt es gegen **Mobbing** in der Regel kein den Amtshaftungsanspruch ausschließendes, zumutbares Rechtsmittel.[891] Die Rechtsprechung hat die Schadensersatzklage im Ausland nicht als prinzipiell unzumutbar angesehen,[892] ebenso wenig wie eine unklare Sach- und Rechtslage hinsichtlich des Ersatzanspruchs gegen Dritte[893]. Die Erhebung einer derartigen Klage ist ungeachtet ihres Aufwandes dann zumutbar, wenn der Amtshaftungsprozess nur mit einem vergleichbaren Aufwand geführt werden kann.[894] Eine Verweisung ist ausgeschlossen, wenn besonders geringe Chancen für eine alsbaldige Befriedigung bestehen, wie beispielsweise bei der Rechtsverfolgung oder Zwangsvollstreckung gegen Personen, die auf absehbare Zeit inhaftiert sind.[895] Umstritten ist schließlich die Frage des Verhältnisses von Schadensersatzansprüchen gegen die Bundesrepublik Deutschland und gegen die Europäische Gemeinschaft. Insoweit wird

151

---

[880] *Wurm* in: Staudinger, § 839 Rn. 275.
[881] OLG München v. 10.01.2001 - 15 U 4663/00 - OLGR München 2001, 163-164.
[882] BGH v. 08.06.1978 - III ZR 48/76 - BGHZ 71, 386-400.
[883] BGH v. 24.10.1974 - VII ZR 223/72 - BGHZ 63, 167-176.
[884] BGH v. 27.06.1966 - III ZR 112/65 - LM Nr. 18 zu Dienst- u. ArbeitsunfallG; *Wurm* in: Staudinger, § 839 Rn. 275.
[885] BGH v. 30.11.1982 - VI ZR 77/81 - BGHZ 85, 393-400.
[886] *Vinke* in: Soergel, § 839 Rn. 203; *Hecker* in: Erman, § 839 Rn. 69; *Ossenbühl*, Staatshaftungsrecht, 5. Aufl. 1998, S. 80.
[887] BGH v. 15.05.1997 - III ZR 204/96 - BGHZ 135, 354-368.
[888] BGH v. 10.01.2002 - III ZR 13/01 - LM BGB § 839 (E) Nr. 58 (10/2002); OLG Zweibrücken v. 04.05.2006 - 6 U 2/05; OLG München v. 15.06.2010 - 1 U 2191/10; *Sprau* in: Palandt, § 839 Rn. 62.
[889] *Rinne/Schlick*, NJW Beilage 2002 Nr. 14, 3-24, 18.
[890] BGH v. 05.11.1992 - III ZR 91/91 - BGHZ 120, 124-132; OLG München v. 06.06.2005 - 1 U 2325/05; *Ossenbühl*, Staatshaftungsrecht, 5. Aufl. 1998, S. 85; *Jeromin/Kirchberg* in: Johlen, Münchener Anwaltshandbuch Verwaltungsrecht, 2. Aufl. 2003, § 18 Rn. 71; *Reinert* in: Bamberger/Roth, 3. Aufl. 2012, § 839 Rn. 94.
[891] OLG Stuttgart v. 28.07.2003 - 4 U 51/03 - NVwZ-RR 2003, 715-719.
[892] BGH v. 26.04.1976 - III ZR 26/74 - LM Nr. 28 zu § 839 (E) BGB.
[893] BGH v. 25.09.1980 - III ZR 74/78 - BGHZ 78, 274-288.
[894] OLG Frankfurt v. 15.12.2005 - 1 U 129/05 - OLGR Frankfurt 2006, 509-511.
[895] Vgl. zur Zumutbarkeit auch *Ossenbühl*, Staatshaftungsrecht, 5. Aufl. 1998, S. 86.

§ 839   jurisPK-BGB / Zimmerling

die Auffassung vertreten, dass das Verweisungsprivileg von § 839 Abs. 1 Satz 1 BGB nicht Platz greift, wenn es um Schadensersatzansprüche gegen die Europäische Gemeinschaft geht.[896]

152 Eine hohe praktische Bedeutung kommt der Subsidiaritätsklausel von § 839 Abs. 1 Satz 1 BGB im **Baugenehmigungsverfahren** zu. Es stellt sich nämlich regelmäßig die Frage, ob nicht der **Bauherr einen anderweitigen Ersatzanspruch** gegen den **Architekten** hat.[897] Die Inanspruchnahme des Architekten setzt allerdings voraus, dass dieser tatsächlich seine Vertragspflichten verletzt hat. Zu den Vertragspflichten des Architekten gehört nicht die eigentliche Rechtsberatung des Bauherrn.[898] Allerdings muss der Architekt über hinreichende Kenntnisse auf den Gebieten des Bauplanungs- und Bauordnungsrechtes verfügen. Zu den Grundkenntnissen des Baurechtes, die ein Architekt haben muss, gehören die Fragen der Festsetzung eines Bebauungsplanes sowie die Grundzüge des **Abstandsflächenrechtes**.[899] Zwar hat der Architekt die Aufgabe, eine genehmigungsfähige Planung zu erbringen. Es stellt sich jedoch die Frage, ob von einer schuldhaften Vertragsverletzung des Architekten die Rede sein kann, wenn die Baugenehmigung erteilt und erst später vom Dritten erfolgreich angefochten wird. Insoweit wird man der Rechtsprechung des BGH entnehmen müssen, dass die Kenntnis öffentlich-rechtlicher Vorschriften und deren richtige Anwendung in erster Linie in den Verantwortungsbereich der Bauaufsichtsbehörde fällt.[900] Dies spricht für die Inanspruchnahme der Bauaufsichtsbehörde ohne Verweisungsmöglichkeit auf den Architekten. Im Übrigen kann die Haftung des Architekten zulässigerweise beschränkt oder ausgeschlossen werden, so dass insoweit keine anderweitige Ersatzmöglichkeit besteht.[901] Keinesfalls wird man vom Architekten verlangen können, dass er zunächst einmal einen Bebauungsplan auf seine Wirksamkeit hin überprüft.[902] Im Übrigen erfüllt der Architekt seine Pflichten, wenn er – bei schwieriger Sach- oder Rechtslage – die Einholung eines Bauvorbescheides empfiehlt.[903]

153 Die **Kongruenz** zwischen **Architektenhaftung** und **Anwaltshaftung** belegt die Richtigkeit der Forderung des Schrifttums, die Subsidiaritätsklausel generell auf die noch verbliebenen Fälle der persönlichen Beamtenhaftung einzuschränken und aus der Staatshaftung völlig zu verbannen.[904] Die Anforderungen an die Sorgfaltspflichten der Rechtsanwälte sind zum Teil stark überzogen,[905] wobei die Rechtsprechung des BVerfG nicht in der gebotenen Weise gewürdigt wird[906]. Nach Auffassung der Rechtsprechung besteht eine anderweitige Ersatzmöglichkeit eines geschädigten Bürgers gegen seinen Prozessbevollmächtigten ab dem Zeitpunkt, in welchem der Rechtsanwalt von einer maßgeblichen Änderung der Rechtslage durch eine höchstrichterliche Entscheidung (z.B. des Bundesverwaltungsgerichtes) hätte Kenntnis nehmen müssen (können), wenn diese Entscheidung für ein ihm von dem Bürger im vorangegangenen Verwaltungsverfahren erteiltes Mandat relevant war.[907] Immerhin hat der BGH diese ziemlich anwaltsfeindliche und behördenfreundliche Rechtsprechung korrigiert, weil der betreffende Anwalt bereits in der Widerspruchsbegründung so argumentiert hat, wie später das BVerwG entschieden hat. In diesem Fall wäre es Sache der Widerspruchsbehörde gewesen, die nachträglich ergehende Entscheidung des BVerwG zur Kenntnis zu nehmen.[908]

---

[896] BGH v. 02.12.1971 - III ZR 51/69 - LM Nr. 22 zu § 839 (E) BGB; Ossenbühl, Staatshaftungsrecht, 5. Aufl. 1998, S. 86.
[897] BGH v. 19.03.1992 - III ZR 117/90 - LM BGB § 839 (E) Nr. 51 (10/1992); BGH v. 09.07.1992 - III ZR 119/91 - UPR 1992, 440-441; OLG Frankfurt v. 17.05.1991 - 24 U 84/90 - OLGR Frankfurt 1993, 2-4; LG Bonn v. 15.03.2006 - 1 O 552/04 - NWVBl 2007, 197-198; vgl. hierzu Bönker, NZBau 2003, 80-86.
[898] BGH v. 25.10.1984 - III ZR 80/83 - LM Nr. 52 zu § 254 (Da) BGB.
[899] Hierzu Jeromin/Kirchberg in: Johlen, Münchener Anwaltshandbuch Verwaltungsrecht, 2. Aufl. 2003, § 18 Rn. 73.
[900] BGH v. 11.10.2001 - III ZR 63/00 - juris Rn. 13 - BGHZ 149, 50-57.
[901] Jeromin/Kirchberg in: Johlen, Münchener Anwaltshandbuch Verwaltungsrecht, 2. Aufl. 2003, § 18 Rn. 73.
[902] BGH v. 11.10.2001 - III ZR 63/00 - juris Rn. 13 - BGHZ 149, 50-57.
[903] BGH v. 21.06.2001 - III ZR 313/99 - juris Rn. 20 - LM BGB § 839 (Fe) Nr. 153 (1/2002).
[904] Ossenbühl, Staatshaftungsrecht, 5. Aufl. 1998, S. 86 mit umfangreichen Nachweisen Fn. 50
[905] OLG Rostock v. 10.10.2002 - 1 U 207/00 - OLGR Rostock 2003, 58-65; OLG Düsseldorf v. 06.06.2001 - 18 U 208/00; allerdings stark eingeschränkt durch BGH v. 12.12.2002 - III ZR 182/01 - DVBl 2003, 460-463.
[906] BVerfG v. 12.08.2002 - 1 BvR 399/02 - NJW 2002, 2937-2938; vgl. hierzu Zugehör, NJW 2003, 3225-3232; hierzu Medicus, AnwBl 2004, 257-263.
[907] OLG Jena v. 24.03.2004 - 3 U 132/03 - NVwZ-RR 2004, 809-811.
[908] BGH v. 13.10.2005 - III ZR 234/04 - NVwZ 2006, 117-118.

Die **Verweisungsmöglichkeit** von § 839 Abs. 1 Satz 2 BGB entfällt nicht dadurch, dass der Geschädigte **schuldhaft eine andere Ersatzmöglichkeit versäumt hat**. Vielmehr greift die Subsidiaritätsklausel auch dann ein, wenn der Geschädigte eine früher vorhandene anderweitige Ersatzmöglichkeit schuldhaft nicht wahrgenommen hat. Eine Abwägung des beiderseitigen Verschuldens findet nicht statt.[909] Dies kann im Extremfall – ähnlich wie bei §839 Abs. 3 BGB – dazu führen, dass schon die leicht fahrlässige Versäumung zum Totalverlust des Amtshaftungsanspruchs selbst bei grob fahrlässiger Amtspflichtverletzung führt.[910] Eine **sachliche Rechtfertigung** hierfür gibt es nicht. Unbefriedigend ist auch die Rechtsprechung des BGH zur Unterbrechung der **Verjährung** des Amtshaftungsanspruches, wenn sich nämlich der Geschädigte für die Geltendmachung einer anderweitigen, jedoch zweifelhaften Ersatzmöglichkeit gemäß § 839 Abs. 1 Satz 2 BGB entscheidet. Hiernach ist es geboten, die Verjährung durch geeignete Maßnahmen, wie z.B. Streitverkündung, zu unterbrechen.[911]

154

Eine schuldhafte Versäumung einer anderweitigen Ersatzmöglichkeit ist anzunehmen, wenn der Geschädigte – in Kenntnis der Entstehung des Schadens – die mögliche und ihm nach den Umständen des Falles **zumutbare anderweitige Deckung seines Schadens unterlassen hat**.[912] Der Geschädigte muss sich hiernach um eine nahe liegende anderweitige Ersatzmöglichkeit kümmern; er darf nicht einen Ersatzanspruch gegen den Dritten verjähren lassen.[913] Keine schuldhafte Versäumung einer anderweitigen Ersatzmöglichkeit liegt allerdings vor, wenn der Geschädigte, dessen Gesuch um Prozesskostenhilfe zur Verfolgung eines Anspruchs gegenüber einem ersatzpflichtigen Dritten objektiv zu Unrecht abgelehnt wurde, von weiterem Vorgehen gegen diesen Dritten Abstand nimmt.[914] Wird **eine schwierige und umstrittene** Rechtsfrage, ob das Verweisungsprivileg in einem bestimmten Bereich besteht, erstmals höchstrichterlich entschieden, so ist dies bei der Verschuldensfrage mitzuberücksichtigen.[915]

155

Ist eine **Amtshaftungsklage** abgewiesen worden, weil die Möglichkeit eines anderweitigen Ersatzes bestehe, hindert die **Rechtskraft dieser Entscheidung**[916] nicht die Erhebung einer neuen Amtshaftungsklage, nachdem sich herausgestellt hat, dass Ansprüche gegen Dritte im Ergebnis doch nicht gegeben sind[917]. Wird eine Amtshaftungsklage (hier gegen den beamteten Chefarzt einer Universitätsklinik) wegen desselben Schadens mit einer Klage gegen einen Dritten (hier gegen die Universitätsklinik) verbunden, und ist die Frage, ob diesen eine Ersatzpflicht trifft, noch nicht entscheidungsreif, so darf kein Teilurteil gegen den beamteten Chefarzt ergehen.[918]

156

9. Inhalt und Umfang des Schadensersatzanspruchs

Der Amtshaftungsanspruch hat den Ersatz des durch die Amtspflichtverletzung verursachten Schadens zum Inhalt. Art und Umfang des Schadensersatzes bestimmen sich grundsätzlich nach den allgemeinen Vorschriften des BGB. Die Rechtsprechung geht allerdings davon aus, dass sich der Ersatzanspruch aus Amtspflichtverletzung in der Regel auf Geldersatz beschränkt und dass Naturalrestitution ausgeschlossen ist.[919] Begründet wird diese Auffassung damit, dass sich aus Art. 34 GG i.V.m. § 839 BGB **kein Anspruch auf Erlass oder Änderung von Verwaltungsakten** oder die **Vornahme schlicht-ho-**

157

---

[909] BGH v. 25.02.1999 - IX ZR 240/98 - LM DDR-NotVO Nr. 22 (9/1999); OLG Karlsruhe v. 03.07.2003 - 12 U 24/03 - OLGR Karlsruhe 2003, 378-380.
[910] *Wurm* in: Staudinger, § 839 Rn. 297.
[911] BGH v. 06.07.2006 - III ZR 13/05 - WM 2006, 1956-1958 mit kritischer Anmerkung *Geisler*, jurisPR-BGHZivilR 33/2006, Anm. 1.
[912] *Wurm* in: Staudinger, § 839 Rn. 298. Vgl. zur Darlegungs- und Beweislast *Rohlfing*, MDR 2010, 237-241.
[913] BGH v. 19.03.1992 - III ZR 117/90 - LM BGB § 839 (E) Nr. 51 (10/1992); mit zustimmender Anmerkung *Koeble*; vgl. hierzu auch *Wurm* in: Staudinger, § 839 Rn. 298.
[914] BGH v. 08.07.1957 - III ZR 49/56 - LM Nr. 4 zu § 839 (Fd) BGB.
[915] BGH v. 30.11.1982 - VI ZR 77/81 - juris Rn. 28 - BGHZ 85, 393-400.
[916] Die Klage wird nämlich als zur Zeit unbegründet abgewiesen, so BGH v. 10.01.2002 - III ZR 13/01 - LM BGB § 839 (E) Nr. 58 (10/2002); etwas anderes gilt aber, wenn die anderweitige Ersatzmöglichkeit in Folge Verjährung nicht mehr zur Verfügung steht, vgl. OLG Frankfurt v. 15.12.2005 - 1 U 129/05 - juris Rn. 2 - AG 2006, 377-379 sowie OLG Frankfurt v. 15.12.2005 - 1 U 178/05 - juris Rn. 12 - NJW-RR 2006, 416-417.
[917] OLG München v. 06.11.1997 - 1 U 3233/97 - OLGR München 1998, 218.
[918] BGH v. 08.12.1992 - VI ZR 349/91 - BGHZ 120, 376-386; BGH v. 17.02.2004 - VI ZR 39/03.
[919] BGH v. 25.02.1993 - III ZR 9/92 - BGHZ 121, 367-378; BGH v. 09.10.1997 - III ZR 4/97 - BGHZ 137, 11-27; OLG München v. 25.11.2011 - 1 W 2105/11; OLG Frankfurt v. 30.11.2011 - 1 W 54/11; ebenso *Sprau* in: Palandt, § 839 Rn. 78; *Papier* in: MünchKomm-BGB, § 839 Rn. 295; *Vinke* in: Soergel, § 839 Rn. 243-245; *Hecker* in: Erman, § 839 Rn. 81.

§ 839   jurisPK-BGB / Zimmerling

heitlicher Amtshandlungen ergebe. Anderenfalls könnten die Zivilgerichte in den Zuständigkeitsbereich der Verwaltungsgerichte übergreifen.[920] Das Staatshaftungsrecht gehe von der Eigenhaftung des Beamten nach § 839 BGB aus, die lediglich gemäß Art. 34 GG auf den Staat übergeleitet werde. Wegen dieser **privativen Schuldübernahme** könne auch die Staatshaftung nur das geben, was der Amtsträger aufgrund seiner eigenen Haftung als Privatperson zu leisten vermag.[921]

158 Nichtsdestotrotz ist die vielfach vertretene Behauptung nicht zutreffend, wonach Naturalrestitution (stets) ausgeschlossen sei.[922] In einer Entscheidung des BGH zur Amtshaftung aufgrund **Verstoßes gegen die Treuepflicht** bei **Führung der Personalakte** eines Beamten hat der BGH klargestellt, dass der Beamte kraft der Fürsorgepflicht des Dienstherrn einen Rechtsanspruch darauf hat, dass in seine Personalakten nur zutreffende Tatsachen über ihn und pflichtgemäß erstellte Beurteilungen seiner Persönlichkeit und Leistung aufgenommen werden. Sofern der Dienstherr fehlerhafte **Vermerke in der Personalakte** nicht berichtigt, habe der Beamte einen Anspruch auf Entfernung der fehlerhaften Vermerke aus den Personalakten. Ein Verstoß des Dienstherrn gegen diese Treuepflichten stelle eine Amtspflichtverletzung dar.[923] Hierbei ist zu berücksichtigen, dass nach der Rechtsprechung des BGH angesichts des beamtenrechtlichen (öffentlich-rechtlichen) Normengefüges ein Vorgesetzter, der im Rahmen der gemeinsamen Dienstausübung einen Untergebenen respektlos behandelt, regelmäßig hoheitlich handelt.[924] Bei **Verletzung der Fürsorgepflicht steht** somit die Amtshaftungsklage zur Verfügung mit der Möglichkeit der **Naturalrestitution**.[925] Keine Bedenken gegen die geltend gemachte Naturalrestitution bestehen weiterhin bei einem Anspruch auf Lieferung vertretbarer Sachen.[926] Schließlich kann im Rahmen der Amtshaftungsklage auch auf Auskunftserteilung geklagt werden; der Amtshaftungsanspruch schließt somit Hilfs- und Nebenansprüche ein, die der Durchsetzung des Schadensersatzes dienen.[927] Hingegen kann der Widerruf amtlicher ehrkränkender oder berufsschädigender Äußerungen nur über den **Folgenbeseitigungsanspruch** erreichbar sein.[928] Der **Amtshaftungsanspruch** gewährt hier allenfalls ein **Schmerzensgeld**.[929]

159 Der Amtshaftungsanspruch ist somit in aller Regel ein **Anspruch auf Schadensersatz** in Geld. Es ist der Schaden zu ersetzen, der durch den Schutzbereich der verletzten Amtspflicht erfasst wird.[930] Es ist das negative Interesse zu ersetzen.[931] Maßgeblich ist, wie sich bei pflichtgemäßem Handeln des Beamten die Vermögenslage des Geschädigten entwickelt hätte.[932] Ein Vorteilsausgleich ist zu berücksich-

---

[920] BGH v. 19.12.1960 - GSZ 1/60 - BGHZ 34, 99-110; *Vinke* in: Soergel, § 839 Rn. 243; *Hecker* in: Erman, § 839 Rn. 81.
[921] BGH v. 19.12.1960 - GSZ 1/60 - BGHZ 34, 99-110; OLG München v. 17.05.1990 - 1 U 1541/90 - NJW-RR 1990, 1248-1249; zurückhaltend *Wurm* in: Staudinger, § 839 Rn. 244-245; *Vinke* in: Soergel, § 839 Rn. 246-251; *Papier* in: MünchKomm-BGB, § 839 Rn. 295; *Ossenbühl*, Staatshaftungsrecht, 5. Aufl. 1998, S. 110.
[922] So z.B. *Jeromin/Kirchberg* in: Johlen, Münchener Anwaltshandbuch Verwaltungsrecht, 2. Aufl. 2003; unter Bezugnahme auf BGH v. 19.12.1960 - GSZ 1/60 - BGHZ 34, 99-110.
[923] BGH v. 27.04.1961 - III ZR 209/59.
[924] So für den Fall des Mobbing BGH v. 01.08.2002 - III ZR 277/01 - NJW 2002, 3172-3174.
[925] BVerfG v. 27.12.2005 - 1 BvR 1359/05 - NJW 2006, 1518-1581 unter Bezugnahme auf *Bonk* in: Sachs, Grundgesetz, 3. Auflage 2003, Art. 34 Rn. 86, 104. A.A. VGH München v. 12.08.1998 - 3 B 94.3497 - VwRR BY 1999, 95-96.
[926] BGH v. 11.02.1952 - III ZR 140/50 - BGHZ 5, 102-105.
[927] BGH v. 25.09.1980 - III ZR 74/78 - BGHZ 78, 274-288; BGH v. 02.03.2000 - III ZR 65/99 - LM ZPO § 254 Nr. 24 (9/2000); *Ossenbühl*, Staatshaftungsrecht, 5. Aufl. 1998, S. 111.
[928] BGH v. 19.12.1960 - GSZ 1/60 - BGHZ 34, 99-110; OLG Karlsruhe v. 08.01.2001 - 3 W 106/00 - MedR 2001, 368-369; *Vinke* in: Soergel, § 839 Rn. 243; *Papier* in: MünchKomm-BGB, § 839 Rn. 291; *Hecker* in: Erman, § 839 Rn. 81.
[929] BGH v. 25.09.1980 - III ZR 74/78 - BGHZ 78, 274-288; BGH v. 17.03.1994 - III ZR 15/93 - LM BGB § 839 (Ca) Nr. 95 (8/1994); vgl. zu öffentlich-rechtlichen Schmerzensgeldansprüchen *Dötsch*, NVwZ 2003, 185-186.
[930] BGH v. 03.10.1985 - III ZR 28/84 - LM Nr. 23 zu AbgO; BGH v. 17.05.1990 - III ZR 191/88 - BGHZ 111, 272-277; BGH v. 23.03.2000 - III ZR 152/99 - juris Rn. 21 - LM ZVG § 44 Nr. 2 (9/2000); *Vinke* in: Soergel, § 839 Rn. 243-245; *Ossenbühl*, Staatshaftungsrecht, 5. Aufl. 1998, S. 111.
[931] BGH v. 16.01.1997 - III ZR 117/95 - BGHZ 134, 268-304; vgl. hierzu *Jeromin/Kirchberg* in: Johlen, Münchener Anwaltshandbuch Verwaltungsrecht, 2. Aufl. 2003, § 18 Rn. 111.
[932] BGH v. 16.06.1988 - IX ZR 69/87 - LM Nr. 39 zu § 19 BNotO; BGH v. 26.10.2000 - III ZR 53/99 - LM BGB § 839 (Fe) Nr. 152 (10/2001); *Sprau* in: Palandt, § 839 Rn. 78-79.

tigen.[933] Der Schadensersatzanspruch umfasst auch den entgangenen Gewinn gemäß § 252 BGB[934] und Schmerzensgeld gemäß § 253 BGB[935]. Die Frage der Zahlung eines Schmerzensgeldanspruches wurde in jüngster Zeit vielfach diskutiert im Zusammenhang mit der menschenunwürdigen Unterbringung eines Untersuchungshäftlings bzw. eines Strafgefangenen gemeinsam mit einem weiteren Gefangenen in einem Haftraum von geringer Größe.[936] Ein Anspruch auf Schmerzensgeld besteht weiterhin bei unberechtigter Inhaftierung eines Ausländers wegen irriger Annahme eines Abschiebehaftbefehls und schuldhaft verzögerter Vorführung vor dem Haftrichter.[937] Gleiches gilt für jegliche Persönlichkeitsverletzung durch Behörden.[938] Bei jahrelangen Ermittlungen und/oder Durchsuchung von Privat- und Geschäftsräumen und/oder Bezeichnung des Betroffenen als „Straftäter" rechtfertigen darin liegende Verletzungen des allgemeinen Persönlichkeitsrechtes die Zuerkennung eines Schmerzensgeldes von 10.000,00 €.[939] Dass im Rahmen der Arzthaftung Schmerzensgeldansprüche entstehen können, steht außer Frage.[940] In einem gegen die Agentur für Arbeit gerichteten Rechtsstreit hat das LG München festgestellt, dass Schaden in Form von zusätzlichem Arbeitsaufwand, der durch eine – angeblich – falsche Vorgehensweise verursacht worden sein soll, nicht ersatzfähig sei. Ebenso wenig stellen die behauptete Beeinträchtigung der Lebensqualität, das Entwicklungshemmnis und der soziale Abstieg einen ersatzfähigen Schaden dar.[941]

Sofern ein Bewerber um eine Beamtenstelle in den neuen Bundesländern seine besser dotierte Anstellung in der freien Wirtschaft im Vertrauen auf die (unrichtige) Auskunft aufgibt, dass er nach Eintritt in das Beamtenverhältnis das volle Gehalt C 3 West und nicht das mit Abschlägen versehene Gehalt C 3 Ost beziehen werde, ist sein etwaiger Vertrauensschaden aus dem Vergleich seiner derzeitigen Einkommenssituation (C 3 Ost) und dem Einkommen zu ermitteln, dass er im Falle des Verbleibs bei seinem früheren Arbeitgeber erzielt hätte, indes der Höhe nach begrenzt durch die Differenz zwischen der Besoldung C 3 West und C 3 Ost.[942] Zu den ersatzpflichtigen mittelbaren Schäden gehören die Kosten einer vernünftigerweise erhobenen und sachgerecht geführten, wenn auch **erfolglosen Klage** und **etwaiger Vollstreckungsmaßnahmen** gegen den gemäß § 839 Abs. 1 Satz 2 BGB in Betracht kommenden Dritten.[943] Gleiches gilt für die Kosten eines nur wegen der Amtspflichtverletzung notwendig gewordenen (weiteren) Prozesses.[944] Die Rechtsprechung hat hingegen die Auffassung vertreten, dass die Kosten eines erfolglosen Rechtsmittels, dass der Geschädigte aufgrund der Bestimmung von § 839 Abs. 3 BGB einlegen musste, nicht zu dem vom Staat im Falle des Obsiegens bei einer Amtshaftungsklage zu ersetzenden Schaden gehört.[945] Einleuchtend ist dies nicht, da diese Kosten letztendlich verursacht werden auf Veranlassung (und im Interesse) des Staates.[946]

160

Die in einem erfolgreichen Widerspruchsverfahren gegen einen rechtswidrigen Beitragsbescheid entstandenen Rechtsanwaltskosten sind nach Staats- und Amtshaftungsgrundsätzen erstattungsfähig.[947] Hinsichtlich der Höhe der zu erstattenden Kosten vertritt die Rechtsprechung die Auffassung, dass die

161

---

[933] OLG München v. 10.06.2010 - 1 U 3680/08.
[934] BGH v. 15.01.1981 - VII ZR 44/80 - BGHZ 79, 223-231; *Vinke* in: Soergel, § 839 Rn. 244.
[935] BGH v. 25.09.1980 - III ZR 74/78 - BGHZ 78, 274-288; BGH v. 17.03.1994 - III ZR 15/93 - LM BGB § 839 (Ca) Nr. 95 (8/1994); BGH v. 26.03.1997 - III ZR 295/96 - LM BGB § 839 (A) Nr. 58a (11/1997); BGH v. 01.08.2002 - III ZR 277/01, NJW 2002 - 3172-3174; BGH v. 23.10.2003 - III ZR 9/03 - NJW 2003, 3693-3698; BGH v. 21.10.2004 - III ZR 254/03 - NJW 2005, 68-72; OLG Celle v. 19.06.2007 - 16 U 2/07 - OLGR Celle 2007, 820-823; *Ossenbühl*, Staatshaftungsrecht, 5. Aufl. 1998, S. 111; *Dötsch*, NVwZ 2003, 185-186.
[936] BGH v. 04.11.2004 - III ZR 361/03 - NJW 2005, 58-60; OLG Naumburg v. 17.08.2004 - 12 W 29/04 - OLGR Naumburg 2005, 95-96; KG Berlin v. 15.08.2005 - 9 W 39/05 - NJW-RR 2005, 1478; LG Karlsruhe v. 13.07.2004 - 2 O 1/04 - StV 2004, 550-554; *Unterreitmeyer*, NJW 2005, 475-477; *Unterreitmeyer*, DVBl 2005, 1235-1241.
[937] LG Hamburg v. 17.04.2003 - 303 O 50/03 - InfAuslR 2003, 297-298.
[938] LG Berlin v. 26.07.2005 - 27 O 301/05 - NJW-RR 2005, 1565-1566.
[939] OLG Schleswig v. 21.04.2006 - 11 W 22/05 - PStR 2006, 195.
[940] OLG Schleswig v. 10.09.2004 - 4 U 31/97 - OLGR Schleswig 2005, 273-276.
[941] LG München v. 21.01.2009 - 15 O 23545/08, bestätigt durch OLG München v. 10.06.2009 - 1 W 1401/09.
[942] BGH v. 21.04.2005 - III ZR 264/04 - NVwZ 2006, 245-248.
[943] BGH v. 27.10.1955 - III ZR 82/54 - BGHZ 18, 366-373; BGH v. 12.12.2002 - III ZR 182/01 - DVBl 2003, 460-463; *Vinke* in: Soergel, § 839 Rn. 243-245; *Hecker* in: Erman, § 839 Rn. 82.
[944] BGH v. 29.06.1989 - III ZR 92/87 - LM Nr. 25 zu § 203 BGB.
[945] RG v. 22.06.1912 - V 83/12 - WarnR 1912, 390; *Schäfer* in: Staudinger, 12. Aufl. 1986, § 839 Rn. 474.
[946] Im Ergebnis wie hier *Wurm* in: Staudinger, § 839 Rn. 244.
[947] BGH v. 14.05.1962 - III ZR 39/61 - MDR 1962, 641-641; BGH v. 23.10.2003 - III ZR 9/03 - NJW 2003, 3693; BGH v. 19.01.2006 - III ZR 82/05 - DVBl 2006, 764-766; OLG Jena v. 21.05.2002 - 3 U 1336/01 - OLG-NL 2002, 280-282. Vgl. hierzu OLG Brandenburg v. 11.07.2006 - 2 U 27/05 - NJ 2007, 81-82.

mit einem Steuerberater getroffene Bestimmung über dessen Honorar nicht verbindlich ist, wenn diese Bestimmung **unbillig** sei.[948] Wird eine Amtspflichtverletzung durch überzogene Maßnahmen der Steuerfahndung bejaht, so beinhaltet der Schadensersatzanspruch auch die Kosten der Vertretung durch einen Rechtsanwalt im Ermittlungsverfahren nach üblichen, vereinbarten Honorarsätzen auch über das Honorar nach dem RVG hinaus.[949]

10. Mitverschulden (§ 254 BGB)

162 Nach § 254 BGB führt die **schuldhafte Mitverursachung des Schadens** durch den Geschädigten zu einer Minderung der Schadensersatzpflicht. Diese Bestimmung ist anwendbar, wenn die Schadensersatzpflicht nicht nach Absatz 3 ausgeschlossen ist.[950] Rechtsprechung und Literatur haben keine Bedenken, die Regelung von § 254 BGB auch auf den Amtshaftungsanspruch anzuwenden.[951] Unter der Sorgfalt, deren Verletzung von § 254 BGB vorausgesetzt wird, ist auch im Rahmen von § 839 BGB diejenige zu verstehen, die ein ordentlicher und verständiger Mensch zur Vermeidung eigener Schäden anzuwenden pflegt.[952] Auf die Richtigkeit einer gerichtlichen Entscheidung kann sich der Geschädigte in der Regel verlassen; Nichteinlegung eines Rechtsmittels ist nur dann schuldhaft, wenn besondere Umstände die Einlegung nahe legen.[953] Regelmäßig ist ein Schuldvorwurf gegen den Bürger nicht begründet, wenn er nicht klüger ist als die mit der Sache befassten Beamten.[954] Selbst wenn der Bürger über bessere Erkenntnisquellen und die größere Erfahrung als die Behörde verfügt, ist es nicht zulässig, das **Rechtsanwendungsrisiko** vollständig auf den Bürger zu verlagern.[955] Das BVerfG hat allerdings den Anwendungsbereich des § 254 BGB im Anwendungsbereich des Art. 12 Abs. 1 GG etwas eingeschränkt. Zwar kann nach Art. 12 Abs. 1 GG grundsätzlich durch § 254 BGB auch im Rahmen des Staatshaftungsrechtsverhältnisses wirksam eingeschränkt werden; allerdings ist bei der Auslegung und Anwendung von § 254 BGB wiederum die Ausstrahlungswirkung von Art. 12 Abs. 1 GG zu berücksichtigen.[956]

163 Wird eine **vorsätzliche Amtspflichtverletzung** begangen, mindert Fahrlässigkeit des Geschädigten den Anspruch im Regelfall nicht.[957] Bei der Frage, ob einem Bauherrn ein Mitverschulden zur Last fällt, wenn er nicht unter Ausnutzung der aufschiebenden Wirkung des gegen den Erlass einer Baueinstellungsverfügung eingelegten Widerspruches die Bautätigkeit fortgesetzt hat, ist ein strenger Maßstab anzulegen. Immerhin ist nicht ausgeschlossen, dass die Baueinstellungsverfügung rechtmäßig und die erteilte Baugenehmigung rechtswidrig war, so dass der Betroffene bei der Geltendmachung eines auf die Rechtswidrigkeit der Genehmigung gestützten Amtshaftungsanspruchs seinerseits dem Einwand mitwirkenden Verschuldens ausgesetzt wäre.[958] Sofern ein Bauherr, dem rechtswidrigerweise eine Baugenehmigung erteilt worden ist, Schadensersatzansprüche wegen vergeblicher Aufwendungen geltend macht, ist ein Mitverschulden zu prüfen, wenn und soweit er diese Aufwendungen in Kenntnis eines – später zum Erfolg führenden – Nachbarwiderspruches getätigt hat. Setzt der Bauherr in einer derartigen Situation die Realisierung seines Bauvorhabens fort, bevor ein Gericht entschieden hat, so

---

[948] OLG Celle v. 19.02.2002 - 16 U 185/01 - DStRE 2002, 1152-1153; konstruiert wird dies mit der Anwendung des § 254 BGB.
[949] OLG Schleswig v. 21.04.2006 - 11 W 22/05 - PStR 2006, 195.
[950] BGH v. 08.02.1965 - III ZR 170/63 - LM Nr. 8 zu § 254 (Ea) BGB; BGH v. 06.12.1984 - III ZR 141/83 - LM Nr. 32 zu § 254 (DC) BGB; BGH v. 17.01.1985 - III ZR 109/83 - juris Rn. 23 - MDR 1986, 33.
[951] BGH v. 24.04.2008 - III ZR 252/06 - NJW 2008, 2502-2504; OLG Brandenburg v. 05.06.2007 - 2 U 42/06; *Hecker* in: Erman, § 839 Rn. 77; *Ossenbühl*, Staatshaftungsrecht, 5. Aufl. 1998, S. 89; *Engelhardt*, NVwZ 1989, 927-933, 927, 932; *Henke*, JuS 1988, 753-761, 753.
[952] BGH, VersR 1959, 233; BGH v. 02.04.1987 - III ZR 149/85 - BGHZ 100, 313-321; *Sprau* in: Palandt, § 839 Rn. 81; *Hecker* in: Erman, § 839 Rn. 77.
[953] BGH v. 06.12.1984 - III ZR 141/83 - LM Nr. 32 zu § 254 (DC) BGB.
[954] *Rinne/Schlick*, NJW Beilage 2002 Nr. 14, 3-24, 18.
[955] BGH v. 11.10.2001 - III ZR 63/00 - juris Rn. 11 - BGHZ 149, 50-57.
[956] BVerfG v. 26.08.2002 - 1 BvR 947/01 - NJW 2003, 125-127.
[957] BGH v. 29.11.1984 - III ZR 111/83 - LM Nr. 41 zu § 839 (Fm) BGB; BGH v. 21.05.1987 - III ZR 25/86 - LM Nr. 33 zu § 254 (A) BGB; OLG Koblenz v. 08.05.1985 - 1 U 1227/84 - VersR 1986, 771-772.
[958] BGH v. 05.07.2001 - III ZR 11/00 - LM BGB § 839 (Fe) Nr. 154 (1/2002).

nimmt er das in der Drittanfechtung **liegende Risiko** bewusst in Kauf.[959] Zu prüfen ist auch das Mitverschulden eines Bauherrn, der im Falle der Rücknahme einer bestandskräftigen Baugenehmigung durch die Bauaufsichtsbehörde nicht auf eine ihm günstige Stellungnahme der übergeordneten Behörde hingewiesen hat.[960]

Hingegen kann dem Amtshaftungsanspruch des Gaststättenbetreiber, dem der Landkreis durch rechtswidrige Verfügung verbunden mit einer Bußgeldandrohung die Durchführung von öffentlichen Tanz- oder Musikveranstaltungen untersagt hat, kein Mitverschulden angelastet werden, weil er sich nicht über die rechtswidrige Untersagungsverfügung hinweggesetzt habe.[961] Die Kasuistik zum Mitverschulden des Geschädigten ist umfangreich.[962] 164

Vielfach musste sich die Rechtsprechung mit einer Verletzung der Verkehrssicherungspflicht durch die Gemeinde einerseits und dem Mitverschulden des Verkehrsteilnehmers andererseits beschäftigen. Dies gilt vor allem für **Unfälle auf (teilweise) vereister Straße** oder Bürgersteigen[963], für die Teilnahme von Radfahrern am Straßenverkehr,[964] bei der Missachtung einer Warnpflicht des Verkehrssicherungspflichtigen durch einen Pkw-Fahrer[965] sowie bei einem Verstoß gegen das Sichtfahrgebot.[966] Die Rechtsprechung hat anerkannt, dass die Installation funkgesteuerter versenkbarer Poller eine Gefahrenquelle darstellt; nichtsdestotrotz wird einem Pkw-Fahrer, der trotz entsprechender örtlicher Gegebenheiten nicht besonders aufmerksam und in ständiger Bremsbereitschaft fährt, im Schadensfall ein erhebliches Mitverschulden (in Höhe von 50%) angelastet.[967] Die Verkehrssicherungspflicht würde nach Auffassung der Rechtsprechung überspannt, würde man von einer Gemeinde verlangen, jeden Punkt der Gehbahn auszuleuchten. Einen schlecht ausgeleuchteten Teil der Gehbahn muss der Fußgänger mit besonderer Aufmerksamkeit beschreiten.[968] Der Umstand, dass eine Unfallstelle nachträglich verändert wurde, ist kein Beleg dafür, dass die Unfallstelle ursprünglich nicht den Anforderungen an die Verkehrssicherungspflicht entsprach.[969] 165

Bei einem Rückstauschaden wurde im Hinblick auf die fehlende Rückstausicherung der Schadensersatzanspruch um 1/3 gekürzt.[970] Weiter hat die Rechtsprechung judiziert, dass der Kreditsachbearbeiter einer Bank den Inhalt eines Testamentsvollstreckervermerks im Grundbuch vor der Bestellung einer Grundschuld selbständig zu überprüfen habe. Unterläuft dem Grundbuchamt insoweit ein Fehler, sei beim Amtshaftungsanspruch der geschädigten Bank deren Mitverschulden (im konkreten Fall 50%) zu berücksichtigen.[971] Hingegen ist ein Steuerpflichtiger auch bei einem offensichtlich unrichtigen Steuerbescheid des Finanzamtes berechtigt, einen Steuerberater einzuschalten; dem Steuerpflichtigen kann nicht entgegengehalten werden, der Steuerbescheid sei so offensichtlich unrichtig, dass es keiner Ein- 166

---

[959] BGH v. 21.06.2001 - III ZR 313/99 - juris Rn. 21 - LM BGB § 839 (Fe) Nr. 153 (1/2002); vgl. hierzu auch *Wurm* in: Staudinger, § 839 Rn. 249; *Jeromin/Kirchberg* in: Johlen, Münchener Anwaltshandbuch Verwaltungsrecht, 2. Aufl. 2003, § 18 Rn. 83.

[960] BGH v. 11.01.2007 - III ZR 116/06 - NVwZ-RR 2007, 733-734.

[961] OLG Celle v. 24.02.2004 - 16 U 155/03 - OLGR Celle 2004, 465-468.

[962] Zahlreiche Beispiele bei *Ossenbühl*, Staatshaftungsrecht, 5. Aufl. 1998, S. 89-92; *Rinne/Schlick*, NVwZ 1997, 1171-1182, 1171, 1176-1177; *Rinne/Schlick*, NJW Beilage 2002 Nr. 14, 3-24, 19-20; *Rinne/Schlick*, NJW 2004, 1918-1931, 1928.

[963] OLG Brandenburg v. 23.03.2004 - 2 U 35/03 - LKV 2005, 40; OLG Brandenburg v. 05.08.2008 - 2 U 15/07 - VersR 2009, 221-224; OLG Brandenburg v. 02.03.2010 - 2 U 6/08 - MDR 2010, 809-810; OLG Hamm v. 15.10.2004 - 9 U 116/04 - VersR 2006, 134-135; OLG Hamm v. 14.01.2005 - 9 U 116/03 - OLGR Hamm 2005, 437-438; LG Osnabrück v. 13.12.2004 - 8 O 814/04 - VD 2005, 21-22.

[964] OLG Hamm v. 13.02.2009 - I-9 U 101/07 - NJW-RR 2010, 33-35; LG Bremen v. 07.10.2003 - 1 O 650/03; LG Osnabrück v. 13.12.2004 - 8 O 814/04 - VD 2005, 21-22.

[965] OLG Stuttgart v. 22.10.2003 - 4 U 131/03 - NJW-RR 2004, 104-106.

[966] OLG Brandenburg v. 15.06.2010 - 2 U 34/08; LG Kempten v. 07.09.2010 - 33 O 853/10; bestätigt durch OLG München v. 14.01.2011 - 1 U 4434/10.

[967] OLG Brandenburg v. 17.02.2004 - 2 U 52/03 - DAR 2004, 3089-390.

[968] OLG München v. 03.11.2011 - 1 U 879/11.

[969] OLG München v. 17.01.2012 - 1 U 4315/11.

[970] OLG Saarbrücken v. 21.06.2005 - 4 U 197/04 - 40 - OLGR Saarbrücken 2005, 207-210.

[971] OLG München v. 28.04.2005 - 1 U 4922/04 - OLGR München 2006, 70-73 m. Anm. *Bestelmeyer*, FamRZ 2006, 434-435.

§ 839

schaltung eines Steuerberaters bedurft hätte.[972] Schließlich bejaht die Rechtsprechung ein 100%iges Mitverschulden des Zoobesuchers bei einer Bissverletzung, wenn der Zoobesucher sich in ein Freigehege begeben hat.[973]

167 Einigkeit besteht darüber, dass **dem Geschädigten das Verschulden Dritter zuzurechnen** ist; soweit eine schuldrechtliche oder schuldrechtsähnliche Sonderverbindung zwischen Geschädigtem und Schädiger bzw. Verwaltungsträger bestand,[974] erfolgt die Zurechnung gemäß § 254 Abs. 2 Satz 2 BGB i.V.m. § 278 BGB, im Übrigen gemäß § 831 BGB[975]. Demgegenüber hat ein minderjähriges Kind für das Verhalten seines gesetzlichen Vertreters zu einem Zeitpunkt, zu dem Bezirksnotar/Vormundschaftsrichter die eigentliche schadensstiftende Handlung – Genehmigung eines dem Kind nachteiligen Unterhalts-, Pflichtteils- und Erbverzichtsvertrages – noch nicht vorgenommen hat, nicht einzustehen. Bei einem Fehlverhalten der Rechtsanwälte des Kindes, muss sich dieses ggf. gemäß § 831 BGB ein Mitverschulden der Anwälte als seiner Verrichtungsgehilfen anrechnen lassen.[976] Mehrere Ersatzpflichtige haften nach § 840 Abs. 1 BGB.[977] Im Innenverhältnis kommt eine Haftung gemäß § 426 BGB in Betracht, wobei allerdings die Sonderregelung in § 841 BGB zu beachten ist.

11. Verjährung

168 Gemäß § 852 a.F. BGB verjährten Amtshaftungsansprüche in drei Jahren von dem Zeitpunkt an, in welchem der Verletzte von dem Schaden oder der Person des Ersatzpflichtigen Kenntnis erlangt, ohne Rücksicht auf diese Kenntnis in 30 Jahren von der Begehung der Tat an.[978] Der **Lauf der Verjährungsfrist** begann hiernach, wenn der Geschädigte alle Voraussetzungen eines Amtshaftungsanspruches mit Ausnahme des Schadensbetrages vernünftigerweise für gegeben halten musste.[979] Hierzu gehörte die Kenntnis, dass das Verhalten des Beamten widerrechtlich und schuldhaft und infolgedessen eine zum Schadensersatz verpflichtende Amtshandlung war. Bei einer lediglich fahrlässig begangenen Amtspflichtverletzung erforderte der Verjährungsbeginn auch die Kenntnis des Verletzten, dass andere Ersatzmöglichkeiten gemäß § 839 Abs. 1 Satz 2 BGB fehlen.[980] Der **Verjährungsbeginn** ist derjenige Zeitpunkt, in dem der Verletzte von dem Schaden Kenntnis erlangte und bei **verständiger Würdigung die Klage so viel Erfolgsaussicht hatte, dass sie dem Geschädigten zumutbar** war.[981] Die Amtshaftungsklage muss – sei es auch nur als Feststellungsklage – so aussichtsreich erscheinen, dass dem Verletzten die Erhebung der Klage zugemutet werden kann.[982] Die Zumutbarkeit, eine Amtshaftungsklage zu erheben, ist verneint worden, solange für den Geschädigten die aussichtsreiche Möglichkeit bestand, durch Verhandlungen mit der Behörde zwar nicht Schadensersatz im engeren Sinne zu erlangen, wohl aber eine anderweitige Kompensation, durch die die Vermögenseinbuße ausgeglichen wurde, ohne dass es eines Schadensersatzprozesses bedurft hätte.[983]

---

[972] So zu Recht OLG Düsseldorf v. 10.11.2010 - I-18 U 56/10 u.a. gegen OLG Brandenburg v. 23.02.2006 - 2 U 1/05, NVwZ-RR 2007, 369.

[973] LG Magdeburg v. 02.11.2010 - 10 O 1082/10 - 262.

[974] Vgl. z.B. BGH v. 05.05.1994 - III ZR 28/93 - LM BGB § 839 (Cb) Nr. 91 (10/1994).

[975] BGH v. 10.07.1980 - III ZR 23/79 - juris Rn. 47 - LM Nr. 59 zu § 839 (Fe) BGB; *Ossenbühl*, Staatshaftungsrecht, 5. Aufl. 1998, S. 91-92; *Rinne/Schlick*, NVwZ 1997, 1171-1182, 1171, 1176 für Architekten - bzw. Steuerberaterverschulden.

[976] BGH v. 06.10.1994 - III ZR 134/93 - juris Rn. 39 - LM BGB § 839 (Ca) Nr. 97 (4/1995); *Rinne/Schlick*, NVwZ 1997, 1171-1182, 1171, 1177.

[977] BGH v. 21.05.1992 - III ZR 14/91 - juris Rn. 11 - BGHZ 118, 263-275; BGH v. 01.07.1993 - III ZR 36/92 - LM BGB § 839 (D) Nr. 44 (12/1993).

[978] Vgl. zur Verjährung des Staatshaftungsanspruches gemäß § 1 StHG BGH v. 10.04.2003 - III ZR 38/02 - VIZ 2003, 353-356; OLG Brandenburg v. 17.07.2007 - 2 U 26/06 - NJ 2007, 507-509; hierzu *Lühmann*, NJ 2003, 540; *Schlick*, NJW 2009, 3487, 3493-3494 sowie NJW 2011, 3341-3347.

[979] Vgl. hierzu *Papier* in: MünchKomm-BGB, § 839 Rn. 356-357; *Vinke* in: Soergel, § 839 Rn. 237-242.

[980] BGH v. 26.11.1987 - IX ZR 162/86 - BGHZ 102, 246-252; OLG Karlsruhe v. 03.07.2003 - 12 U 24/03 - OLGR Karlsruhe 2003, 378-380; *Vinke* in: Soergel, § 839 Rn. 240; *Rinne/Schlick*, NVwZ 1997, 1171-1182, 1171, 1178-1179.

[981] BGH v. 23.03.2000 - III ZR 152/99 - juris Rn. 32 - LM ZVG § 44 Nr. 2 (9/2000); BGH v. 12.10.2000 - III ZR 121/99 - juris Rn. 8 - LM BGB § 839 (H) Nr. 19 (8/2001); BGH v. 26.10.2000 - III ZR 53/99 - juris Rn. 23 - LM BGB § 839 (Fe) Nr. 152 (10/2001); *Rinne/Schlick*, NJW Beilage 2002 Nr. 14, 3-24, 20.

[982] BGH v. 02.04.1998 - III ZR 309/96 - BGHZ 138, 247-257; *Wurm* in: Staudinger, § 839 Rn. 375.

[983] BGH v. 11.05.1989 - III ZR 88/87 - NJW 1990, 245-247; *Wurm* in: Staudinger, § 839 Rn. 375.

Rechtsprechung und Literatur betonen, dass bei einer Amtspflichtverletzung aufgrund der Staatshaftung nicht die Kenntnis von der konkret den Schaden verursachenden Person gehöre, da anderenfalls der Ersatzanspruch eines nicht rechtskundigen Verletzten in den seltensten Fällen nach den §§ 839 BGB, 852 a.F. verjähren könnte.[984] Demzufolge setzte § 852 Abs. 1 BGB a.F. aus Gründen der Rechtssicherheit grundsätzlich nicht voraus, dass der Geschädigte aus den ihm bekannten Tatsachen auch die zutreffenden rechtlichen Schlüsse gezogen hatte. Bezüglich der Kenntnis i.S.d. § 199 BGB genügt es, dass der mögliche Anspruchsinhaber den Hergang in seinen Grundzügen kennt und weiß, dass der Sachverhalt erhebliche Anhaltspunkte für die Entstehung eines Anspruches bietet.[985] Nur in Ausnahmefällen bei unsicherer und zweifelhafter Rechtslage konnte Rechtsunkenntnis den Verjährungsbeginn hinausschieben.[986] Das Gleiche gelte, wenn der Geschädigte eine Rechtsnorm nicht kennt, die ausnahmsweise die Staatshaftung beseitigt und den Rückgriff gegen Beamten unmittelbar eröffnet.[987] Im Falle der subsidiären Haftung (des Notars), setzt der Verjährungsbeginn voraus, dass der gesicherte schuldrechtliche Anspruch nicht mehr bedient wird und damit die anderweitige Ersatzmöglichkeit im Sinne des § 19 Abs. 1 Satz 2 BNotO entfällt.[988]

169

Geht ein Amtshaftungsanspruch bereits im Augenblick seiner Entstehung mit dem Schadensereignis im Wege der Legalzession gemäß § 116 Abs. 1 SGB X auf den Träger der gesetzlichen Unfallversicherung über, so kann für den Beginn der Verjährung nur auf dessen Kenntnis abgehoben werden. Sind dabei innerhalb der regressbefugten Berufsgenossenschaft (Körperschaft des öffentlichen Rechts) mehrere Stellen für die Bearbeitung eines Schadensfalles zuständig, so kommt es für den Beginn der Verjährung von Regressansprüchen grundsätzlich auf den Kenntnisstand der Bediensteten der Regressabteilung an[989] bzw. auf die Kenntnis desjenigen Bediensteten, der vom Anspruchsinhaber mit der Erledigung der betreffenden Angelegenheit in eigener Verantwortung betraut worden ist.[990]

170

In entsprechender Anwendung von § 209 Abs. 1 a.F. BGB wurde die **Verjährung** durch die **Erhebung der verwaltungsgerichtlichen Anfechtungsklage** (§ 42 Abs. 1 VwGO), (Fortsetzungs-) Feststellungsklage (§ 113 Abs. 1 Satz 4 VwGO), Verpflichtungsklage (§ 42 Abs. 1 VwGO) oder durch die Einleitung des Vorverfahrens, mithin durch die Inanspruchnahme des Primärrechtsschutzes, unterbrochen;[991] die Beiladung im Verwaltungsrechtsstreit nach § 65 Abs. 1 VwGO bewirkt jedoch nicht eine Unterbrechung der Verjährung nach § 209 Abs. 2 BGB a.F.; sie kann den dort aufgeführten Unterbrechungsgründen, insbesondere der Streitverkündung (§ 209 Abs. 2 Nr. 4 a.F.), nicht gleichgestellt werden.[992] Hat im Beitragsgebiet der Kläger vor dem Verwaltungsgericht Untätigkeitsklage gemäß § 75 VwGO mit dem Ziel erhoben, einen **rechtsmittelfähigen Bescheid** über den geltend gemachten Schadensersatzanspruch zu erlangen, so konnte eine derartige Klage nur die Verjährung des Anspruchs aus § 1 Satz 1 DDR-StHG unterbrechen, nicht jedoch die des Anspruchs aus § 839 BGB, Art. 34 GG (vgl. § 209 Abs. 1 BGB a.F.), da in § 839 BGB ein behördliches Vorverfahren, in über ein geltend gemachten Schadensersatzanspruch durch Verwaltungsakt zu befinden ist, nicht vorgesehen ist; ein derartiges behördliches Vorverfahren ist nämlich nur in § 5 DDR-StHG vorgesehen.[993] Grundsätzlich ist die verwaltungsgerichtliche Klärung vorrangig, es sei denn, dass die verwaltungsgerichtliche Rechtsverfolgung von vornherein aussichtslos gewesen wäre.[994]

171

---

[984] BGH v. 17.03.1966 - III ZR 263/64 - VersR 1966, 632-637.

[985] OLG Hamm v. 19.11.2010 - 11 U 156/10 u.a. unter Bezugnahme auf BGH v. 06.02.1986 - III ZR 109/84 - NJW 1986, 2309-2312.

[986] BGH v. 14.03.2002 - III ZR 302/00 - NJW 2002, 1793-1797; BGH v. 16.09.2004 - III ZR 346/03 - NJW 2005, 429-433; LG Berlin v. 27.10.2010 - 86 O 82/10.

[987] BGH v. 17.03.1966 - III ZR 263/64 - VersR 1966, 632-637; vgl. hierzu *Wurm* in: Staudinger, § 839 Rn. 374.

[988] OLG Hamburg v. 15.02.2002 - 1 U 73/00 - OLGR Hamburg 2002, 290-292.

[989] BGH v. 09.03.2000 - III ZR 198/99 - LM BGB § 852 Nr. 157 (7/2000) sowie BGH v. 20.10.2011 - III ZR 252/10 - NJW 2012, 447-450; *Rinne/Schlick*, NJW Beilage 2002 Nr. 14, 3-24, 20; *Wurm* in: Staudinger, § 839 Rn. 376; *Jeromin/Kirchberg* in: Johlen, Münchener Anwaltshandbuch Verwaltungsrecht, 2. Aufl. 2003, § 18 Rn. 94.

[990] BGH v. 28.11.2006 - VI ZR 196/05 - NJW 2007, 834-835; OLG Hamm v. 30.11.2010 - I 9 U 19/10 u.a.

[991] BGH v. 11.07.1985 - III ZR 62/84 - BGHZ 95, 238-246; BGH v. 06.02.1986 - III ZR 109/84 - BGHZ 97, 97-113; BGH v. 29.06.1989 - III ZR 92/87 - LM Nr. 25 zu § 203 BGB; BGH v. 12.10.2000 - III ZR 121/99 - LM BGB § 839 (H) Nr. 19 (8/2001); hierzu *Wurm* in: Staudinger, § 839 Rn. 381-383 sowie *Braun/Spannbrücker*, DVBl 2009, 884-887.

[992] BGH v. 06.02.2003 - III ZR 223/02 - WM 2003, 2242-2245.

[993] BGH v. 10.04.2003 - III ZR 38/02 - VIZ 2003, 353-356.

[994] BGH v. 21.04.2005 - III ZR 264/04 - NVwZ 2006, 245-248.

172 Eine **unmittelbare Unterbrechung der Verjährung** erfolgt jedoch nicht, wenn gegen einen Verwaltungsakt geklagt wird, der im Gegensatz zu einer vorangegangenen Auskunft erlassen wurde.[995] Bei einer derartigen Fallkonstellation kann es aber dem Geschädigten unzumutbar sein, vor Abschluss des verwaltungsgerichtlichen Verfahrens eine Amtshaftungsklage zu erheben. Er müsste nämlich im Verwaltungsprozess geltend machen, dass die Auskunft rechtmäßig gewesen sei, während er im Amtshaftungsprozess genau das Gegenteil behaupten muss. Ein derartiges prozessual widersprüchliches Verhalten kann keinem Geschädigten zugemutet werden.[996] Wenn ein Widerspruchsverfahren durch eine Abhilfeentscheidung abgeschlossen war, bevor ein Schaden und damit ein Amtshaftungsanspruch entstehen konnte, scheidet eine Verjährungsunterbrechung aus.[997]

173 Die Rechtsprechung hat die Bestimmung von § 209 Abs. 1 BGB **weit ausgelegt**. Die Verjährung wurde nicht nur durch die Erhebung einer verwaltungsgerichtlichen Klage unterbrochen, sondern auch in folgenden Fällen:

- die Durchführung eines Vorverfahrens bzw. Widerspruchsverfahrens,[998]
- die Einleitung eines Verfahrens zur Verschärfung von Auflagen nach § 10 Abs. 2 WHG,[999]
- die Geltendmachung des sozialrechtlichen Herstellungsanspruchs im Wege der Klage vor den Sozialgerichten für Amtshaftungsansprüche, die auf dasselbe Fehlverhalten des Sozialversicherungsträgers gestützt werden,[1000]
- die Erhebung einer finanzgerichtlichen Klage gegen einen unrichtigen Gewinnfeststellungsbescheid, dessen Vollzug eine Amtspflichtverletzung darstellt,[1001] sowie durch Stellung eines Abänderungsantrages nach § 164 Abs. 2 Satz 2 AO vor Ablauf der Festsetzungsfrist.[1002]

174 Eine die Verjährung gemäß § 852 Abs. 1 BGB analog § 209 Abs. 1 BGB unterbrechende Inanspruchnahme des **primären Rechtsschutzes** durch Anrufung des Verwaltungsgerichtes kommt nach der Rechtsprechung auch dann in Betracht, wenn die für den Amtshaftungsanspruch haftende Anstellungskörperschaft mit der in dem Verwaltungsrechtsstreit verklagten Körperschaft öffentlichen Rechts nicht identisch ist, sofern das Verwaltungsstreitverfahren darauf gerichtet ist, den Eintritt eines Schadens aufgrund einer Amtspflichtverletzung zu verhindern.[1003] Es ist auch nicht erforderlich, dass bei einer Klage gegen eine Maßnahme der angewiesenen Behörde (wie z.B. Landkreis) die anweisende Behörde (wie z.B. das zuständige Ministerium) in dem Verwaltungsrechtsstreit beigeladen wird.[1004] Die Unterbrechung der Verjährung durch Klageerhebung (§ 209 Abs. 1 BGB a.F.) endet, wenn der Prozess dadurch, dass er nicht weiter betrieben wird, in Stillstand gerät (§ 211 Abs. 2 BGB a.F.). Die Anwendbarkeit dieser Bestimmung setzt weder die Absicht der Parteien voraus, bewusst gegen verjährungsrechtliche Vorschriften zu verstoßen, noch kommt es darauf an, ob die Parteien vernünftige Motive für das Nichtbetreiben des Prozesses geltend machen können. Maßgeblich ist allein, ob die Umstände des Prozessstillstandes nach außen erkennbar aus der Sicht des Gerichtes und des Prozessgegners triftig erscheinen.[1005]

---

[995] BGH v. 28.02.1991 - III ZR 252/89 - BGHR BGB § 852 Amtshaftung 2.
[996] BGH v. 12.10.2000 - III ZR 121/99 - LM BGB § 839 (H) Nr. 19 (8/2001); vgl. hierzu *Wurm* in: Staudinger, § 839 Rn. 382; *Rinne/Schlick*, NJW Beilage 2002 Nr. 14, 3-24, 21.
[997] OLG Frankfurt v. 21.01.1999 - 1 U 185/97 - OLGR Frankfurt 1999, 132-134; BGH v. 18.11.2004 - III ZR 347/03 - NVwZ-RR 2005, 152-154.
[998] BGH v. 11.07.1985 - III ZR 62/84 - BGHZ 95, 238-246. Gleiches gilt im sozialgerichtlichen Verfahren bei Einlegung eines Widerspruches gegen den Bescheid des Zulassungsausschusses; vgl. BGH v. 10.02.2011 - III ZR 37/10 - NJW 2011, 2586-2590 m. Anm. *Neumann*, NJW 2011, 2590-2591, ebenso OLG München v. 05.11.2009 - 1 U 5235/08.
[999] BGH v. 06.02.1986 - III ZR 109/84 - BGHZ 97, 97-113.
[1000] BGH v. 11.02.1988 - III ZR 221/86 - BGHZ 103, 242-250; BGH v. 20.07.2000 - III ZR 64/99 - juris Rn. 23 - LM BGB § 839 (FC) Nr. 36 (6/2001).
[1001] BGH v. 06.07.1995 - III ZR 145/94 - LM BGB § 839 (2/1996).
[1002] BGH v. 12.05.2011 - III ZR 59/10 - DB 2011, 1503-1511; hierzu *Schlick*, NJW 2011, 3341-3347.
[1003] So OLG Brandenburg v. 21.03.2001 - 7 U 74/00 - NVwZ-RR 2001, 704-708. Die Revision der beklagten Gemeinde war aus Gründen erfolgreich, die mit der Frage der Verjährung nichts zu tun hatte, vgl. BGH v. 11.04.2002 - III ZR 97/01 - WM 2002, 2115-2116. Vgl. weiterhin OLG Brandenburg v. 17.07.2007 - 2 U 26/06 - NJ 2007, 507-509.
[1004] BGH v. 11.12.2008 - III ZR 216/07 - NVwZ-RR 2009, 363.
[1005] BGH v. 28.09.1999 - VI ZR 195/98 - NJW 1999, 3774-3776; BGH v. 18.10.2000 - XII ZR 85/98 - NJW 2001, 218; OLG Saarbrücken v. 09.08.2005 - 4 U 401/02-44 - OLGR Saarbrücken 2005, 939-944.

Mit Wirkung ab 01.01.2002 sind die Verjährungsbestimmungen neu gefasst (§§ 194-213 BGB). Die Verjährungsvorschriften wurden der Regelung von § 852 BGB a.F. nachgebildet.[1006] Welches Recht Anwendung findet, ergibt sich aus Art. 229 § 6 EGBGB. Nach dieser Bestimmung finden die Vorschriften des BGB über die Verjährung in der seit dem 01.01.2002 geltenden Fassung auf die an diesem Tag bestehenden und noch verjährten Ansprüche Anwendung. Der Beginn, die Hemmung und der Neubeginn der Verjährung bestimmen sich jedoch für den Zeitraum vor dem 01.01.2002 nach dem BGB in der bis zu diesem Tag geltenden Fassung.[1007] Nunmehr ist entscheidend für den Beginn der Verjährungsfrist 1. die Entstehung des Anspruchs (dies beinhaltet, dass ein Schaden mindestens objektiv vorliegt)[1008] und 2. die Kenntnis bzw. grob fahrlässige Unkenntnis des Gläubigers von den den Anspruch begründenden Umständen in der Person des Schuldners;[1009] nicht erforderlich ist, dass der Geschädigte aus den ihm bekannten Tatsachen auch die zutreffenden rechtlichen Schlüsse zieht.[1010] Die Verjährungsvorschriften der §§ 94 ff. BGB n.F. gelten auch für die Verjährung des gemeinschaftsrechtlichen Staatshaftungsanspruchs.[1011]

175

Dem früheren **Unterbrechungstatbestand** des § 209 Abs. 1 BGB a.F. entspricht der nunmehrige **Hemmungstatbestand** des § 204 Abs. 1 n.F.[1012] Nach der Neufassung des Verjährungsrechtes haben bis auf die im jetzigen § 212 BGB geregelten Fälle des Neubeginns (früher: Unterbrechung) alle Tatbestände, die nach altem Recht zu einer Unterbrechung der Verjährungsfrist führten, nur noch eine Hemmung der Verjährung zur Folge. Insoweit bewirkt die Rechtsprechung gemäß § 209 Abs. 1 BGB a.F. analog zur Unterbrechung der Verjährung führenden Inanspruchnahme des Primärrechtsschutzes (wie z.B. Einlegung des Widerspruches oder Erhebung einer verwaltungsgerichtlichen Klage) nunmehr eine Hemmung der Verjährung nach § 204 Abs. 1 Nr. 1 BGB analog.[1013] Mit § 199 BGB n.F. ist jedoch für Schadensersatzansprüche eine von der früheren Regelung in § 852 Abs. 1 BGB a.F. abweichende Höchstfrist festgelegt worden. Der Gesetzgeber differenziert hierbei nach dem verletzten Rechtsgut. Schadensersatzansprüche, die auf der Verletzung des Lebens, des Körpers, der Gesundheit oder der Freiheit beruhen, verjähren ohne Rücksicht auf ihre Entstehung und die Kenntnis oder grob fahrlässige Unkenntnis in 30 Jahren von der Begehung der Handlung, der Pflichtverletzung oder dem sonstigen, den Schaden auslösenden Ereignis an. Sonstige Schadensersatzansprüche verjähren ohne Rücksicht auf die Kenntnis oder grob fahrlässige Unkenntnis in 10 Jahren von ihrer Entstehung an und ohne Rücksicht auf ihre Entstehung und die Kenntnis oder grobe Unkenntnis in 30 Jahren von der Begehung der Handlung, der Pflichtverletzung oder dem sonstigen, den Schaden auslösenden Ereignis an. Maßgeblich ist die früher endende Frist. Fehlt somit die Kenntnis oder Erkennbarkeit, verjähren Schadensersatzansprüche taggenau und nicht erst zum Jahresende in objektiven Fristen **von 10 bzw. 30** Jahren.[1014] Nach der Rechtsprechung ist bei der Frage, ob die beklagte öffentlich-rechtliche Körperschaft durch Erhebung der Verjährungseinrede gegen Treu und Glauben verstößt, bei **der 30jährigen Frist zu Lasten des Geschädigten** ein **besonders strenger Maßstab anzulegen**.[1015] Zu beachten ist weiterhin die Hemmung der Verjährung aus familiären und ähnlichen Gründen gem. § 207 Abs. 1 BGB.[1016]

176

Die Verjährung kann auch durch Verhandlungen gehemmt werden. Nach der Rechtsprechung des BGH ist der Begriff der Verhandlungen weit zu verstehen.[1017] Der Geschädigte muss insoweit klarstellen, dass er einen Anspruch geltend machen und worauf er ihn stützen will. Weiterhin muss der Ge-

177

[1006] Ausführlich hierzu *Kellner*, NVwZ 2002, 395-400, 395-400; *Vinke* in: Soergel, § 839 Rn. 237. *Papier* in: MünchKomm-BGB, § 839 Rn. 358-359.
[1007] *Reinert* in: Bamberger/Roth, 3. Aufl. 2012, § 839 Rn. 105-108.
[1008] *Schlick*, NJW 2009, 3487, 3494.
[1009] *Vinke* in: Soergel, § 839 Rn. 237.
[1010] *Reinert* in: Bamberger/Roth, 2. Aufl. 2008, § 839 Rn. 96.
[1011] EuGH v. 24.03.2009 - C-445/06 - NVwZ 2009, 771-776; hierzu *Armbrüster/Kämmerer*, NJW 2009, 3601-3605.
[1012] *Wurm* in: Staudinger, § 839 Rn. 381; *Papier* in: MünchKomm-BGB, § 839 Rn. 359.
[1013] *Vinke* in: Soergel, § 839 Rn. 242; *Wurm* in: Staudinger, § 839 Rn. 381-383.
[1014] *Jeromin/Kirchberg* in: Johlen, Münchener Anwaltshandbuch Verwaltungsrecht, 2. Aufl. 2003, § 18 Rn. 95.
[1015] BGH v. 27.02.1992 - III ZR 199/89 - juris Rn. 19 - BGHZ 117, 287-302; ebenso *Wurm* in: Staudinger, § 839 Rn. 384. So sind etwaige Amtshaftungsansprüche von Contergan-Opfern verjährt, vgl. LG Bonn v. 13.04.2011 - 1 O 211/10.
[1016] Vgl. zur Hemmung der Verjährung bei Bestehen einer Beistandschaft OLG Saarbrücken v. 13.12.2011 - 4 U 456/10.
[1017] BGH v. 08.05.2011 - VI ZR 208/00 - NVwZ-RR 2001, 1168-1170 sowie v. 12.05.2011 - III ZR 59/10 - DB 2011, 1503-1511.

schädigte berechtigterweise den Eindruck haben, dass der Verpflichtete sich auf Erörterungen über die Berechtigung von Schadensersatzansprüchen einlasse. Allein Verhandlungen über die Änderungen eines Verwaltungsaktes (wie z.B. eines Steuerbescheides) beinhalten noch nicht die gleichzeitige Geltendmachung von Ersatzansprüchen wegen des fehlerhaften Bescheides.[1018]

178 Wird bereits vor Beginn des Laufs der Verjährungsfrist ein Antrag auf Schadensersatz nach § 4 Abs. 3 StHG gestellt, über den nach Grund und Höhe in einem Verwaltungsverfahren nach § 5 Abs. 3 StHG zu befinden ist, so tritt die mit der Antragstellung verbundene Unterbrechungswirkung mit dem Beginn des Laufs der Verjährungsfrist ein. Die in § 5 Abs. 2 StHG vorgesehene Pflicht zur Weiterleitung eines Schadensersatzantrages über die zuständige Stelle soll sicherstellen, dass dem Geschädigten die mit der rechtzeitigen Stellung des Antrages verbundene verjährungsrechtliche Wirkung zukommt.[1019]

179 Bei wiederholten Amtspflichtverletzungen setzt die Verjährung hinsichtlich des jeweils schädigenden Einzelaktes gesondert ein.[1020] Jede schädigende Teilhandlung oder Unterlassung stellt eine verjährungsrechtlich selbständige neue Schädigung mit eigenem Lauf der Verjährungsfrist dar. Unerheblich ist, ob die wiederholten schadenstiftenden Handlungen Ausschluss eines einheitlichen Entschlusses sind – etwa im Sinne einer „Kampagne". Dies hat nach der Rechtsprechung des BGH nicht zur Folge, dass die Verjährung von Schadensersatzansprüchen erst mit der letzten unerlaubten Handlung für alle beginnt; strafrechtliche Begriffe wie die natürliche Handlungseinheit oder die fortgesetzte Handlung sind für die Verjährung deliktischer Ansprüche unmaßgeblich.[1021]

B. Kommentierung zu Absatz 2

I. Grundlagen – Spruchrichterprivileg oder Richterspruchprivileg

180 Auch **richterliche Tätigkeit** ist **Ausübung eines öffentlichen Amtes** im Sinne von Art. 34 GG, § 839 BGB.[1022] Bei Ausübung dieses öffentlichen Amtes haftet der Richter im Fall einer Amtspflichtverletzung **bei dem Urteil in einer Rechtssache** nur dann, **wenn die Pflichtverletzung in einer Straftat besteht**. Insoweit kommen in der Regel nur die vorsätzliche Richterbestechlichkeit und die vorsätzliche Rechtsbeugung (§§ 332 Abs. 2, 336, 339 StGB) in Betracht.[1023] Das Haftungsprivileg gilt nicht bei einer pflichtwidrigen Verweigerung oder Verzögerung der Ausübung des Amtes; dies ergibt sich auch aus Art. 6 Abs. 1 EMRK.[1024]

181 Sinn und Zweck des Richterprivilegs wurden und werden vielfach diskutiert.[1025] Die wohl überkommene Auffassung spricht von einem **Spruchrichterprivileg** und bringt das **Richterprivileg** vor allem mit dem Schutz der richterlichen Unabhängigkeit in Verbindung,[1026] wobei neuerdings die **innere Freiheit und Unbefangenheit** des Richters hervorgehoben wird[1027]. Sofern man Sinn und Zweck dieser Regelung primär im Schutz der Richter sieht, ist es fast zwangsläufig, insoweit von einem Spruchrichterprivileg zu sprechen.[1028] Diese Interpretation des Richterprivilegs im Hinblick auf die richterliche Unabhängigkeit würde aber die gesetzliche Begrenzung des Haftungsprivilegs auf die spruchrichterliche Tätigkeit des Richters ignorieren. Die verfassungsrechtliche Garantie der persönlichen und sachli-

---

[1018] BGH v. 12.05.2011 - III ZR 59/10 - DB 2011, 1503-1511; hierzu *Schlick*, NJW 2011, 3341-3347.
[1019] BGH v. 04.11.2010 - III ZR 275/09 - NJW-RR 2011, 35-37.
[1020] BGH v. 17.09.2008 - III ZR 129/07.
[1021] BGH v. 14.02.1978 - X ZR 19/76 - BGHZ 71, 86-101; *Wurm* in: Staudinger, § 839 Rn. 377. Anderer Auffassung zum Fristbeginn bei der Ausschlussfrist des § 70 BAT BAG v. 25.10.2007 - 8 AZR 593/06 - NZA 2008, 223-228.
[1022] *Papier* in: Maunz/Dürig, GG, Art. 34 Rn. 107; *Gurlit* in: Münch/Kunig, GG Bd. 1, 6. Aufl. 2012 Art. 34 Rn. 12; *Hecker* in: Erman, § 839 Rn. 61.
[1023] BGH v. 05.05.1975 - III ZR 43/73 - BGHZ 64, 347-354; *Vinke* in: Soergel, § 839 Rn. 207; *Schäfer* in: Staudinger, 12. Aufl. 1986, § 839 Rn. 427; *Steffen*, DRiZ 1969, 45, 45.
[1024] BGH v. 11.01.2007 - III ZR 302/05 - NJW 2007, 830-834; OLG Hamm v. 08.01.2010 - 11 U 27/06 - Prozessrecht Aktiv 2010, 55-56; *Wurm* in: Staudinger, § 839 Rn. 130; *Kreft* in: RGRK, § 839 Rn. 207.
[1025] Für eine Auslegung des Richterprivilegs plädiert *Tombrink*, DRiZ 2002, 296-300; die gegenteilige Auffassung wird vertreten von *Eichele*, BRAK-Mitt 2003, 159-161; *Tombrink*, DRiZ 2002, 296-300.
[1026] Vgl. hierzu *Kreft* in: BGB-RGRK, § 839 Rn. 514; *Grunsky*, Funktionswandel der Privatrechtsinstitutionen 1974, 141-158 (Festschrift für Raiser), 141, 150-151.
[1027] *Wurm* in: Staudinger, § 839 Rn. 313.
[1028] So z.B. BGH v. 06.10.1983 - III ZR 61/82 - LM Nr. 16 zu § 839 (G) BGB; OLG Naumburg v. 11.01.2000 - 1 U 151/99.

chen Unabhängigkeit des Richters durch die Art. 20 Abs. 2, Abs. 3, 92 und 97 GG[1029] gilt schlechthin, also auch für die nicht-spruchrichterliche Tätigkeit des Richters, etwa im Bereich der Freiwilligen Gerichtsbarkeit.[1030] Im Übrigen ist die richterliche Unabhängigkeit auch nicht durch den gerichtlichen Instanzenzug gefährdet;[1031] von daher lässt sich eine Beeinträchtigung der richterlichen Unabhängigkeit bei einer etwaigen Kontrolle durch dazu berufene Gerichte im Amtshaftungsprozess kaum bejahen[1032]. Wollte man im Übrigen die richterliche Unabhängigkeit schützen, wäre es völlig ausreichend, den Regressanspruch der Anstellungskörperschaft – über die Regelung in Art. 34 Satz 2 GG hinaus – gegen den Richter einzuschränken. Eine Notwendigkeit, die Inanspruchnahme des Staates wegen unrichtiger Gerichtsentscheidung einzuschränken, besteht insoweit nicht.

Die heute wohl herrschende Auffassung betont, die Bestimmung des § 839 Abs. 2 BGB soll verhindern, dass eine **Rechtskraftwirkung**, die bei gleich bleibender Sachlage eine erneute Beschlussfassung mit der Sache ausschließt, einfach dadurch umgangen wird, dass durch die Erhebung einer Amtshaftungsklage das Urteil und das Verhalten des Richters bei dem Urteil zum Gegenstand der Nachprüfung in einem anderen Verfahren gemacht wird. Im Vordergrund stehe somit der Schutz der Rechtskraftwirkung.[1033] Der Zweckrichtung nach handele es sich somit nicht um ein Spruchrichterprivileg, sondern um ein Richterspruchprivileg.[1034] Dieses Verständnis von § 839 Abs. 2 Satz 1 BGB steht im Einklang mit der Rechtsprechung des BGH zur Rechtskraftdurchbrechung bei unrichtigen Titeln. Bei Vollstreckungsbescheiden ist dies sehr wohl möglich, nicht aber bei nach streitiger Verhandlung ergangenen Urteilen.[1035] **182**

Ausgehend von dieser Rechtsauffassung wird vom BGH der Schutzbereich von § 839 Abs. 2 Satz 1 BGB weit ausgelegt. So hat der BGH die Auffassung vertreten, dass der Schutzbereich von § 839 Abs. 2 Satz 1 BGB sich auch auf den **gerichtlichen Sachverständigen** erstrecke.[1036] Das BVerfG ist dieser Rechtsprechung entgegengetreten und hat der Verfassungsbeschwerde stattgegeben.[1037] So vertritt der BGH zu Unrecht die Auffassung, dass § 839 Abs. 2 Satz 1 BGB auch Anwendung findet, wenn ein am Ausgangsverfahren unbeteiligter Dritter einen Schaden geltend macht, der ihm infolge eines Verfahrensverstoßes des Richters, etwa aus einer unzulässigen Verlesung eines den Dritten betreffenden Schriftstücks in der Hauptverhandlung, erwachsen ist.[1038] Ebenso wenig findet § 839 Abs. 2 BGB Anwendung, wenn der Richter in den Urteilsgründen **Zeugen** zu Unrecht als **Sympathisanten der Terrorszene** apostrophiert.[1039] **183**

Die Auffassung, § 839 Abs. 2 Satz 1 BGB diene (vor allem) dem **Schutz der Rechtskraft**, ist unrichtig; sie lässt sich mit den (verschiedenen) Rechtskrafttheorien nicht in Einklang bringen. Allgemein anerkannt ist nämlich, dass die Rechtskraftwirkung nur eintritt zwischen den Parteien des (Vor-)Prozes- **184**

[1029] Vgl. hierzu z.B. BVerfG v. 28.11.1957 - 2 BvL 11/56 - juris Rn. 21 - NJW 1958, 97.

[1030] So zutreffend *Papier* in: MünchKomm-BGB, § 839 Rn. 322; ebenso *Schäfer* in: Staudinger, 12. Aufl. 1986, § 839 Rn. 424.

[1031] Vgl. z.B. *Meyer* in: Münch/Kunig, GG Bd. 2, 6. Aufl. 2012, Art. 97 Rn. 8.

[1032] *Papier* in: MünchKomm-BGB, § 839 Rn. 322 sowie *Papier* in: Maunz/Dürig, GG, Art. 34 Rn. 263.

[1033] *Schäfer* in: Staudinger, 12. Aufl. 1986, § 839 Rn. 424; *Wurm* in: Staudinger, § 839 Rn. 314; *Papier* in: MünchKomm-BGB, § 839 Rn. 323 sowie *Papier* in: Maunz/Dürig, GG, Art. 34 Rn. 262-263; *Vinke* in: Soergel, § 839 Rn. 208; *Reinert* in: Bamberger/Roth, 3. Aufl. 2012, § 839 Rn. 95; *Gurlit* in: Münch/Kunig, GG Bd. 1, 6. Aufl. 2012, Art. 34 Rn. 32; *Wolff/Bachof/Stober*, Verwaltungsrecht II, 6. Aufl. 2000, § 67 Rn. 120; *Jeromin/Kirchberg* in: Johlen, Münchener Anwaltshandbuch Verwaltungsrecht, 2. Aufl. 2003, § 18 Rn. 84; *Blomeyer*, NJW 1977, 557-561, 557; *Köndgen*, JZ 1979, 246-252, 246, 248; kritisch *Smid*, Jura 1990, 225-231, 225-226.

[1034] So ausdrücklich *Papier* in: MünchKomm-BGB, § 839 Rn. 323; *Vinke* in: Soergel, § 839 Rn. 208; *Gurlit* in: Münch/Kunig, GG Bd. 1, 6. Aufl. 2012, Art. 34 Rn. 32; *Merten*, Multitudo legum ius unum – Festschrift für Wilhelm Wengler zu seinem 65. Geburtstag 1973, 519-540, 525.

[1035] BGH v. 29.09.1988 - III ZR 171/88 - ZIP 1989, 89; BGH v. 09.02.1999 - VI ZR 9/98 - LM BGB § 826 (Gi) Nr. 31 (9/1999); vgl. hierzu auch Prütting/Weth, Rechtskraftdurchbrechung bei unrichtigen Titeln, 2. Aufl. 1994, Rn. 123 ff., 190 ff.

[1036] BGH v. 18.12.1973 - VI ZR 113/71 - BGHZ 62, 54-63.

[1037] BVerfG v. 11.10.1978 - 1 BvR 84/74 - NJW 1979, 305-307.

[1038] BGH v. 11.03.1968 - III ZR 72/65 - BGHZ 50, 14-21; OLG Düsseldorf v. 10.03.1988 - 18 U 233/87 - JMBl NW 1988, 119; zustimmend *Wurm* in: Staudinger, § 839 Rn. 331; ablehnend *Papier* in: Maunz/Dürig, GG, Art. 34 Rn. 266.

[1039] So ausdrücklich *Ossenbühl*, Staatshaftungsrecht, 5. Aufl. 1998, S. 103 unter Bezugnahme auf *Köndgen*, JZ 1979, 246-252, 246, 248.

ses.[1040] Eine Schadensersatzklage gemäß § 839 BGB berührt die Rechtskraft des Vorprozesses überhaupt nicht. Es kann im Übrigen auch keinen Unterschied machen, ob eine Partei ihren **Rechtsanwalt** wegen schlechter Führung des Prozesses verklagt oder das betreffende Land als Anstellungskörperschaft des **Richters** wegen Unrichtigkeit des Urteils. In beiden Fällen wäre die Richtigkeit der Entscheidung des Vorprozesses zu überprüfen. Dass eine Klage eines Mandanten gegen den Rechtsanwalt wegen schlechter Führung des Prozesses möglich ist, steht außer Frage.[1041] Nunmehr hat das BVerfG festgestellt, dass bei der Anwaltshaftung – entgegen der Auffassung des BGH – Gerichtsfehler sehr wohl zu berücksichtigen sind.[1042] Unterlaufen in einem (Ehescheidungs-)Verfahren sowohl dem Richter als auch dem Rechtsanwalt der klägerischen Partei Rechtsanwendungsfehler, so scheidet auch nach neuerer Rechtsprechung des BGH die Haftung des Staates für das Fehlverhalten des Richters aufgrund des Spruchrichterprivilegs des § 839 Abs. 2 Satz 1 BGB aus, während der Rechtsanwalt vollumfänglich haftet.[1043] Zu beachten ist weiterhin die Neuregelung des § 839a BGB durch das Zweite Gesetz zur Änderung schadensersatzrechtlicher Vorschriften vom 19.07.2002.[1044] Erstattet hiernach ein vom Gericht ernannter **Sachverständiger** vorsätzlich oder grob fahrlässig ein unrichtiges Gutachten, so ist er zum Ersatz des Schadens verpflichtet, der einem Verfahrensbeteiligten durch eine gerichtliche Entscheidung entsteht, die auf diesem Gutachten beruht.[1045] Demzufolge kann die Regelung von § 839 Abs. 2 Satz 1 BGB nicht primär der Rechtskraft dienen.

185 Die Regelung von § 839 Abs. 2 Satz 1 BGB dient auf jeden Fall dem **Rechtsfrieden**.[1046] Ebenso wie der Gesetzgeber berechtigt ist, dem Bürger lediglich eine Instanz zur gerichtlichen Klärung seines Anliegens zur Verfügung zu stellen[1047], kann der Gesetzgeber den Rechtsfrieden und die Rechtssicherheit auch durch weitergehende Vorschriften sichern[1048]. Es spricht manches für die Richtigkeit der Auffassung, dass in die Rechtfertigung von § 839 Abs. 2 Satz 1 BGB alle **genannten Motive in ihrer Komplexität** einfließen.[1049] Dass die Regelung in § 839 Abs. 2 Satz 1 BGB verfassungsrechtlich unbedenklich ist, entspricht allgemeiner Auffassung.[1050] Ob im Hinblick auf EU-rechtliche Bestimmungen Bedenken bestehen, hat das OLG Frankfurt ausdrücklich offen gelassen.[1051] Im Hinblick auf die Entscheidung des EuGH vom 30.09.2003 in der Rechtssache **Köbler**[1052] fürchtet die Literatur um den Fortbestand des Richterspruchprivilegs, da der EuGH seine Rechtsprechung zur Staatshaftung der Mitgliedstaaten wegen Verletzung von Gemeinschaftsrecht auf Fehlurteile mitgliedstaatlicher Gerichte erstreckt habe.[1053]

II. Anwendungsvoraussetzungen

1. Der Richterbegriff

186 Voraussetzung für die Anwendung von § 839 Abs. 2 BGB ist, dass ein **Gericht** entschieden und damit **rechtsprechende Gewalt** ausgeübt hat.[1054] Der Status des Richters ist unerheblich. Gemäß § 11 Abs. 1 Nr. 3 StGB ist **Richter, wer nach deutschem Recht Berufsrichter oder ehrenamtlicher Richter ist**.

[1040] Vgl. z.B. BGH v. 19.09.1985 - VII ZR 15/85 - LM Nr. 109 zu § 322 ZPO; Prütting/Weth, Rechtskraftdurchbrechung bei unrichtigen Titeln, 2. Aufl. 1994, Rn. 18-21.

[1041] BGH v. 04.12.1973 - VI ZR 10/72 - VersR 1974, 488-489; BGH v. 11.03.2010 - IX ZR 104/08.

[1042] BVerfG v. 12.08.2002 - 1 BvR 399/02 - NJW 2002, 2937-2938.

[1043] BGH v. 13.03.2003 - IX ZR 181/99 - juris Rn. 36. Im Ergebnis ebenso BGH v. 18.12.2008 - IX ZR 179/07 - NJW 2009, 987-989 m. Anm. *Reinelt*, jurisPR-BGHZivilR 3/2009, Anm. 1.

[1044] BGBl I 2002, 2674.

[1045] Vgl. hierzu *Wagner*, NJW 2002, 2049-2064, 2061-2063.

[1046] *Papier* in: MünchKomm-BGB, § 839 Rn. 323; *Hecker* in: Erman, § 839 Rn. 62.

[1047] Vgl. hierzu z.B. BVerfG v. 23.06.2000 - 1 BvR 830/00 - DVBl 2000, 1458-1460.

[1048] *Schäfer* in: Staudinger, 12. Aufl. 1986, § 839 Rn. 424; *Papier* in: MünchKomm-BGB, § 839 Rn. 323; *Hecker* in: Erman, § 839 Rn. 62.

[1049] So *Kreft* in: BGB-RGRK, § 839 Rn. 514.

[1050] *Bonk* in: Sachs, GG, 6. Aufl. 2011, Art. 34 Rn. 88; *Gurlit* in: Münch/Kunig, GG Bd. 1, 6. Aufl. 2012, Art. 34 Rn. 32; Jarass/Pieroth, Grundgesetz (GG), 10. Aufl. 2009, Art. 34 Rn. 21-22.

[1051] OLG Frankfurt am Main v. 30.10.2001 - 1 U 116/00 - hierzu StGH Wiesbaden v. 14.08.2002 - P.St. 1711.

[1052] EuGH v. 30.09.2003 - C-224/01 - NJW 2003, 3529-3544 mit Anm. *Frenz*, DVBl 2003, 1522-1524 sowie *Krämer*, NJW 2004, 480-482 und *Danwitz*, JZ 2004, 301-303.

[1053] Ausführlich hierzu *Storr*, DÖV 2004, 545-553.

[1054] BVerfG v. 09.02.1971 - 1 BvL 27/70 - juris Rn. 4 - NJW 1971, 605; BGH v. 05.05.1975 - III ZR 43/73 - BGHZ 64, 347-354; *Vinke* in: Soergel, § 839 Rn. 210.

Gemäß § 16 Abs. 1 Satz 1 ArbGG besteht das Arbeitsgericht aus der erforderlichen Zahl von Vorsitzenden und ehrenamtlichen Richtern. Im Hinblick auf diese – beispielhafte erwähnte – Rechtslage besteht Einigkeit darüber, dass nicht entscheidend ist, ob der Richter die Befähigung zum Richteramt besitzt und ob er auf Lebenszeit ernannt worden ist. Zu den Richtern im Sinne des § 839 Abs. 2 BGB gehören deshalb alle ehrenamtlichen Richter, mithin die Handelsrichter (§ 105 GVG), die Schöffen, die Geschworenen und die sonstigen nicht-richterlichen Beisitzer in der ordentlichen wie auch in der Verwaltungs-, Arbeits-, Sozial- und Disziplinargerichtsbarkeit.[1055] Nach Auffassung des BGH findet das **Richterprivileg** gemäß § 839 Abs. 2 BGB im Hinblick auf den Gesichtspunkt der richterlichen Unabhängigkeit auch dann Anwendung, wenn ein Bezirksnotar im württembergischen Rechtsgebiet als Vormundschaftsrichter tätig wird und über die Genehmigung eines Unterhalts-, Pflichtteils- und Erbverzichtsvertrages zu entscheiden hat.[1056] Zu den **Richtern** im Sinne des § 839 Abs. 2 BGB gehören auch die Mitglieder der Gütestellen gemäß § 15a EGZPO.[1057] Hingegen gehört der Rechtspfleger nicht zu den Richtern im verfassungsrechtlichen Sinne gemäß Art. 92, 97 Abs. 1 GG;[1058] er ist jedoch gemäß § 9 RpflG in seiner Amtsausübung in gleicher Weise sachlich unabhängig und nur an Recht und Gesetz gebunden. Hieraus hat der BGH gefolgert, dass ein Verschulden des Rechtspflegers und damit eine Haftung des Staates nur bejaht werden könne, wenn die der Entscheidung zugrunde gelegte Rechtsansicht objektiv nicht mehr vertretbar erscheint.[1059]

Nicht zu den **Spruchrichtern** im Sinne von § 839 Abs. 2 BGB gehören die **Schiedsrichter** und **Schiedsgutachter**. Insoweit vertreten jedoch Rechtsprechung und Literatur die Auffassung, dass bei ihrer Bestellung als stillschweigende Vertragsbedingung anzunehmen sei, dass sie nicht weiter haften sollen als Richter der ordentlichen Gerichtsbarkeit.[1060] Die Rechtsprechung zum Richterprivileg der Schiedsrichter kann nicht überzeugen. So wird von der Rechtsprechung lediglich die Bestimmung von § 839 Abs. 2 Satz 1 BGB entsprechend angewandt; die weitere erhebliche Reduzierung der Haftung eines Richters aufgrund der Subsidiaritätsklausel von § 839 Abs. 1 Satz 2 BGB findet hingegen keine Anwendung. Dies ist inkonsequent. Darüber hinaus rekurrieren das RG und der BGH wiederholt auf die Wahrung der Unabhängigkeit der Schiedsrichter. Hiernach soll die Haftungsprivilegierung des Schiedsrichters seine Unabhängigkeit schützen.[1061] Das RG wollte darüber hinaus den Schiedsrichter dem staatlichen Richter weitgehend gleichstellen.[1062] 187

Verfehlt ist die Annahme des BGH, dass die Parteien **stillschweigend eine Haftungsbeschränkung** vereinbart haben, auch wenn sie sich über den Inhalt der Haftungsbeschränkung überhaupt keine Gedanken gemacht haben. Unerheblich sei auch, ob die eine Partei zu einer solchen Haftungsbeschränkung bereit gewesen wäre, wenn sie hierüber bei Bestellung des Schiedsrichters befragt worden wäre.[1063] Die Parteien entscheiden sich für das Schiedsgerichtsverfahren häufig im Hinblick auf die behauptete bessere Qualität der Schiedsrichter.[1064] Der Vorsitzende des Schiedsgerichtes wird in der Regel von beiden Parteien einvernehmlich bestellt (somit eine Abweichung vom Grundsatz des gesetzlichen Richters). Der Gedanke einer Haftungsbeschränkung ist den Parteien völlig fern. Im Übrigen wird der Schiedsrichter nach vergleichbaren Maßstäben wie der Rechtsanwalt vergütet.[1065] Von daher ist nicht ersichtlich, weshalb der Schiedsrichter im Gegensatz zum Rechtsanwalt bei der Haftung privile- 188

[1055] Vgl. *Schäfer* in: Staudinger, 12. Aufl. 1986, § 839 Rn. 432; *Kreft* in: BGB-RGRK, § 839 Rn. 516; *Vinke* in: Soergel, § 839 Rn. 209; *Hecker* in: Erman, § 839 Rn. 64; *Sprau* in: Palandt, § 839 Rn. 646.

[1056] BGH v. 06.10.1994 - III ZR 134/93 - LM BGB § 839 (Ca) Nr. 97 (4/1995); vgl. hierzu *Rinne/Schlick*, NVwZ 1997, 1171-1182, 1177.

[1057] Vgl. zu den Gütestellen *Gummer* in: Zöller, ZPO, 29 Aufl. 2012, EGZPO § 15a Rn. 27.

[1058] Vgl. nur BVerfG v. 18.01.2000 - 1 BvR 321/96 - NJW 2000, 1709, vgl. hierzu *Harm*, RpflStud 2011, 150-153.

[1059] BGH v. 05.10.2006 - III ZR 283/05 - DB 2006, 2563-2566.

[1060] BGH v. 19.11.1964 - VII ZR 8/63 - BGHZ 42, 313-318; *Sprau* in: Palandt, § 839 Rn. 67; *Kreft* in: BGB-RGRK, § 839 Rn. 517; *Reinert* in: Bamberger/Roth, 3. Aufl. 2012, § 839 Rn. 96.

[1061] BGH v. 06.10.1954 - II ZR 149/53 - juris Rn. 6 - BGHZ 15, 12-17; BGH v. 19.11.1964 - VII ZR 8/63 - BGHZ 42, 313-318; BGH v. 07.03.1985 - III ZR 169/83 - juris Rn. 28 - BGHZ 94, 92-98; ebenso *Wais* in: Schütze/Tschirng/Wais, Handbuch des Schiedsverfahrens, 2. Aufl. 1990, Rn. 230.

[1062] RG v. 21.03.1898 - VI 350/97 - RGZ 41, 251-257; RG v. 29.03.1927 - III 249/26 - JR 1927, 1484.

[1063] BGH v. 06.10.1954 - II ZR 149/53 - BGHZ 15, 12-17.

[1064] Vgl. hierzu *Lachmann*, Handbuch für Schiedsgerichtspraxis, 1. Aufl. 1998, Rn. 32, 34, 47; *Schütze*, Schiedsgericht und Schiedsverfahren, 4. Aufl. 2007, Rn. 20.

[1065] *Lachmann*, Handbuch für Schiedsgerichtspraxis, 1. Aufl. 1998, Rn. 319-340; *Schütze*, Schiedsgericht und Schiedsverfahren, 4. Aufl. 2007, Rn. 72.

giert sein soll. Die Behauptung, Schiedsrichter werden stillschweigend den staatlichen Richtern im Hinblick auf die Bestimmung von § 839 Abs. 2 Satz 1 BGB gleichgestellt, ist somit abzulehnen. Erst recht gilt dies für die gemäß § 101 Abs. 2 Satz 1 ArbGG durch **Tarifvertrag gebildeten Schiedsgerichte**, da in diesen Fällen die Streitparteien überhaupt keinen Einfluss auf die Bildung des Schiedsgerichtes haben.[1066] Nicht überzeugend ist auch die in Rechtsprechung und Literatur vertretene Auffassung, dass Schiedsrichter ohne einen Haftungsausschluss regelmäßig den Auftrag überhaupt nicht übernehmen würden.[1067] Erneut ist darauf hinzuweisen, dass auch Rechtsanwälte Aufträge übernehmen, ohne zugleich einen Haftungsausschluss zu vereinbaren. Weiterhin ist darauf hinzuweisen, dass bei einer gemäß § 76 BetrVG bzw. gemäß § 71 BPersVG gebildeten Einigungsstelle ein Haftungsausschluss der Mitglieder nie vereinbart wird.[1068] Hierbei ist lediglich anzumerken, dass die Vergütung eines Mitglieds einer Einigungsstelle (insbesondere im Bereich des öffentlichen Dienstes) in keinster Weise vergleichbar ist mit der Vergütung eines Schiedsrichters in einem schiedsgerichtlichen Verfahren.

189 Aufgrund der Neuregelung des § 839a BGB (Haftung des gerichtlichen Sachverständigen) ab 01.08.2002[1069] stellt sich allerdings die Frage, ob die dort geregelte Haftung für Sachverständige nicht analog auf Schiedsrichter übertragen werden kann. Ggf. würde der Schiedsrichter für Vermögensschäden haften, wobei jedoch eine Beschränkung erfolgt auf Vorsatz und grobe Fahrlässigkeit. Während die Regelung von § 839 Abs. 1 Satz 2 BGB nicht entsprechend anwendbar ist, findet das Verweisungsprivileg des § 839 Abs. 3 BGB sehr wohl Anwendung (§ 839a Abs. 2 BGB). Die analoge Anwendung dieser Regelung liegt näher als die **gewaltsame** Konstruktion einer Parteivereinbarung, von der die Parteien nichts wissen, durch die Rechtsprechung.

190 Nach Auffassung der Rechtsprechung sind die Einleitung des Verfahrens und der Erlass eines Bußgeldbescheides ebenso wie die Anklageerhebung der Staatsanwaltschaft, im Amtshaftungsprozess auf ihre Vertretbarkeit, nicht auf ihre Richtigkeit zu überprüfen.[1070] Hierbei stellt die Einleitung eines Bußgeldverfahrens nicht deshalb eine Amtspflichtverletzung dar, weil sich der Anfangsverdacht später nicht bestätigt; die Anforderungen an die Annahme eines Anfangsverdachts im Bußgeldverfahren sind geringer als im Strafverfahren.[1071]

2. Urteil in einer Rechtssache

191 Die Privilegierung von § 839 Abs. 2 Satz 1 BGB setzt voraus den Erlass eines **Urteils in einer Rechtssache**. Während das RG dabei **Urteil** im reinen **prozesstechnischen Sinn** verstanden hat[1072], besteht zwischenzeitlich Einigkeit darüber, dass sich das Haftungsprivileg auf **alle richterlichen Entscheidungen** erstreckt, die **ihrem Wesen nach Urteil sind oder diesen in allen wesentlichen Voraussetzungen gleichzusetzen, also urteilsvertretende Erkenntnisse sind**. Maßgeblich ist nicht die prozessrechtliche Form der Entscheidung, sondern der Gesichtspunkt, ob durch diese Entscheidung das Prozessrechtsverhältnis für die Instanz ganz oder teilweise beendet wird und ob die Entscheidung der Rechtskraft fähig ist.[1073] Hierzu gehören somit Endurteile (§ 300 ZPO), Teilurteile (§ 301 ZPO) und Vorbehaltsurteile (§ 302 ZPO). Im verwaltungsgerichtlichen, sozialgerichtlichen und finanzgerichtlichen Verfahren gehören hierzu auch der anstelle eines Urteils mögliche Gerichtsbescheid, wenn die Sach- und Rechtslage einfach gelagert ist (§ 84 VwGO).[1074] Gleiches gilt für Sachentscheidungen im

---

[1066] Vgl. hierzu *Germelmann/Matthes/Prütting/Müller-Glöge*, ArbGG, 7. Aufl. 2009, § 101 Rn. 13; *Schunck* in: Düwell/Lipke, ArbGG 2. Aufl. 2005, § 101 Rn. 13-17; *Zimmerling* in: Schwab/Weth, ArbGG, 3. Aufl. 2011, § 101 Rn. 11

[1067] BGH v. 06.10.1954 - II ZR 149/53 - juris Rn. 5 - BGHZ 15, 12-17; BGH v. 22.04.1965 - VII ZR 15/65 - BGHZ 43, 374-378; *Wurm* in: Staudinger, § 839 Rn. 323.

[1068] Vgl. zur Haftung der Mitglieder einer Einigungsstelle *Fitting/Engels/Schmidt/Trebinger/Linsenmaier*, Betriebsverfassungsgesetz (BetrVG), 23. Aufl. 2006, § 76 Rn. 34.

[1069] Zweites Gesetz zur Änderung schadensersatzrechtlicher Vorschriften vom 19.07.2002, BGBl I 2002, 2674.

[1070] BGH v. 24.02.1994 - III ZR 76/92 - WM 1994, 988; BGH v. 18.05.2000 - III ZR 180/99 - StV 2001, 579; OLG München v. 10.03.2005 - 1 U 4947/04 - OLGR München 2006, 35-36; *Sprau* in: Palandt, 67. Aufl., § 839 Rn. 140.

[1071] OLG Schleswig v. 25.10.2007 - 11 U 87/07.

[1072] *Wurm* in: Staudinger, § 839 Rn. 318.

[1073] BGH v. 19.02.1962 - III ZR 23/60 - juris Rn. 9 - BGHZ 36, 379-394; *Kreft* in: BGB-RGRK, § 839 Rn. 520; *Papier* in: MünchKomm-BGB, § 839 Rn. 325; *Vinke* in: Soergel, § 839 Rn. 210.

[1074] Vgl. hierzu *Richter*, DVBl 1962, 205-210, 205; § 90 Abs. 3 FGG; § 105 SGG.

Berufungsverfahren, die ohne mündliche Verhandlung ergehen können (z.B. Entscheidung über die eingelegte Berufung ohne mündliche Verhandlung durch Beschluss gemäß § 130a VwGO). Nach allgemeiner Auffassung greift die Privilegierung von § 839 Abs. 2 Satz 1 BGB auch ein, wenn das Verfahren nicht bis zu einer Entscheidung fortgeführt wurde, sondern durch Klagerücknahme oder Prozessvergleich geendet hat.[1075]

Nach Auffassung von Rechtsprechung und Literatur haben eine ganze Reihe weiterer Gerichtsentscheidungen **Urteilscharakter** im Sinne von § 839 Abs. 2 BGB. Hierzu gehören der 192
- Berichtigungsbeschluss gemäß § 319 ZPO,[1076]
- der Kostenbeschluss nach § 91a Abs. 1 ZPO,[1077]
- Arrest und einstweilige Verfügung durch Urteil,[1078]
- Beschluss, mit dem der Antrag auf Erlass eines Arrestes ohne mündliche Verhandlung abgelehnt wird,[1079]
- Erteilung eines Erbscheins,[1080]
- der Beschluss in streitentscheidenden FGG-Verfahren,[1081]
- Anordnung der Nachlasspflegschaft durch den Nachlassrichter,[1082]
- der Beschluss im Verfahren über die Regelung des Versorgungsausgleiches außerhalb des Scheidungsverbundes,[1083]
- der die Entmündigung wegen Geisteskrankheit oder Geistesschwäche anordnende Beschluss nach § 645 Abs. 1 ZPO a.F.,[1084]
- die Eintragung einer Forderung in die Konkurstabelle nach § 145 Abs. 2 KO, wenn sie ausnahmsweise durch einen Richter erfolgt,[1085]
- die Kammerentscheidung des BVerfG,[1086]
- der die Revision verwerfende Beschluss,[1087]
- der Einstellungsbeschluss nach § 153 Abs. 2 StPO,[1088]
- der Beschluss betreffend die Nichteröffnung eines Privatklageverfahrens gemäß § 383 Abs. 1 StPO,[1089]
- die Beschlüsse nach § 467 Abs. 4 StPO und § 8 StrEG,[1090]
- der Beschluss gemäß § 84 ArbGG,[1091]
- der Erlass einer einstweiligen Anordnung gemäß § 123 VwGO nach mündlicher Verhandlung[1092] und ohne mündliche Verhandlung,[1093]
- die Entschließung über die Eröffnung des Hauptverfahrens gemäß §§ 203, 209 Abs. 1 StPO,[1094]
- Entscheidung der Strafvollstreckungskammer gemäß § 115 StVollzG[1095].

[1075] BGH v. 19.11.1956 - III ZR 119/55 - LM Nr. 5 zu § 839 (G) BGB; OLG Bremen v. 21.07.1999 - 1 U 130/98 - NJW-RR 2001, 1036-1039 ebenso *Grunsky*, Funktionswandel der Privatrechtsinstitutionen 1974, 141-158 (Festschrift für Raiser), 155; a.A. *Vinke* in: Soergel, § 839 Rn. 210.
[1076] RG v. 15.05.1917 - III 65/17 - RGZ 90, 228-232.
[1077] BGH v. 26.04.1954 - III ZR 6/53 - juris Rn. 7 - BGHZ 13, 142-145.
[1078] BGH v. 21.05.1953 - III ZR 272/51 - juris Rn. 9 - BGHZ 10, 55-62.
[1079] KG Berlin v. 10.11.2000 - 9 U 2205/99 - KGR Berlin 2001, 93-94.
[1080] OLG Naumburg v. 11.01.2000 - 1 U 151/99, das im Übrigen auf die anderweitige Ersatzmöglichkeit, nämlich den Schadensersatzanspruch aus schuldhafter Verletzung des Anwaltsvertrages, verweist.
[1081] BGH v. 19.02.1962 - III ZR 23/60 - BGHZ 36, 379-394.
[1082] BGH v. 16.01.1961 - III ZR 224/59 - VersR 1961, 507-511.
[1083] Vgl. *Vinke* in: Soergel, § 839 Rn. 211; *von Maydell*, FamRZ 1977, 172-184, 172, 183.
[1084] BGH v. 19.09.1966 - III ZR 92/65 - BGHZ 46, 106-107.
[1085] Vgl. hierzu *Merten*, Multitudo legum ius unum - Festschrift für Wilhelm Wengler zu seinem 65. Geburtstag 1973, 519-540, 519, 534.
[1086] BGH v. 28.10.1965 - III ZR 166/63 - LM Nr. 10 zu § 839 (G) BGB.
[1087] BGH v. 31.01.1966 - III ZR 118/64 - BGHZ 45, 58-83.
[1088] BGH v. 05.05.1975 - III ZR 43/73 - BGHZ 64, 347-354.
[1089] BGH v. 10.02.1969 - III ZR 35/68 - BGHZ 51, 326-330.
[1090] BGH v. 14.07.1971 - III ZR 181/69 - BGHZ 57, 33-47.
[1091] Vgl. hierzu *Grunsky*, Arbeitsgerichtsgesetz, 7. Aufl. 1995, § 84 Rn. 1.
[1092] *Vinke* in: Soergel, § 839 Rn. 210.
[1093] BGH v. 09.12.2004 - III ZR 200/04 - NJW 2005, 436-437.
[1094] OLG Dresden v. 21.02.2001 - 6 U 2233/00 - OLGR Dresden 2001, 551-556.
[1095] OLG Koblenz v. 25.11.2003 - 1 W 674/03 - OLGR Koblenz 2004, 125-126.

§ 839

193 Hingegen werden nach der Rechtsprechung und Literatur die nachstehenden richterlichen Entscheidungen nicht vom Richterprivileg gemäß § 839 Abs. 2 BGB erfasst:
- . Haftbefehle sowie Beschlagnahme- und Durchsuchungsanordnungen,[1096]
- . die vom Amtsgericht getroffene Anordnung über den Einsatz verdeckter technischer Mittel zur Datenerhebung in oder aus Wohnungen,[1097]
- . Beschlüsse im Zwangsvollstreckungs- und Konkursverfahren,[1098]
- . Beschlüsse in der freiwilligen Gerichtsbarkeit, soweit sie nicht ausnahmsweise streitentscheidender Natur sind, wie etwa die Genehmigung von Rechtsgeschäften durch den Vormundschaftsrichter, bei der das Spruchrichterprivileg – stillschweigend – nicht zuerkannt wurde;[1099] einstweilige Anordnung betreffend eine vorläufige Unterbringungsmaßnahme auf der Grundlage der §§ 70h, 68f Abs. 1 FGG,[1100]
- . Entscheidungen im Prozesskostenhilfeverfahren nach den §§ 114 ff. ZPO,[1101]
- . Beschlüsse im Kostenfestsetzungsverfahren,[1102] die einen weitergehenden materiell-rechtlichen Kostenerstattungsanspruch nicht ausschließen,[1103]
- . Streitwertbeschlüsse,[1104]
- . Beschluss über die vorläufige Entziehung der Fahrerlaubnis nach § 111a StPO,[1105]
- . die Anordnung der sofortigen Vollziehung nach § 63a GWB,[1106]
- . Strafbefehl und Bußgeldbescheid,[1107]
- . Beschluss über die beantragte Stundung von Schulden und Aufhebung von Zwangsvollstreckungsmaßnahmen,[1108]
- . Anordnung des Amtsgerichtes auf Antrag der Polizei über den Einsatz verdeckter technischer Mittel zur Datenerhebung in oder aus Wohnungen,[1109]
- . Prozessvergleich auf dringendes Anraten des Gerichtes[1110] sowie Verstöße gegen richterliche Hinweispflichten[1111].

194 In der Rechtsprechung des BGH war lange Zeit umstritten, inwieweit vorläufige Sicherungsmaßnahmen des Gerichtes, vor allem die Beschlüsse im **Arrest- und einstweiligen Verfügungsverfahren** (§§ 916-945 ZPO)[1112] sowie im **vorläufigen Anordnungsverfahren** gemäß § 123 VwGO[1113] dem Richterspruchprivileg gemäß § 839 Abs. 2 Satz 1 BGB unterfallen. Der BGH hat nunmehr seine Rechtsprechung modifiziert und klargestellt, dass die Entscheidung über den Antrag auf Erlass einer einstweiligen Anordnung nach § 123 VwGO ein urteilsvertretendes Erkenntnis ist und demzufolge dem Spruchrichterprivileg (Richterspruchprivileg) des § 839 Abs. 2 Satz 1 BGB unterfällt; Gleiches gelte für den Arrest und die einstweilige Verfügung im Zivilprozess, auch soweit die Entscheidung

---

[1096] BGH v. 29.04.1993 - III ZR 3/92 - BGHZ 122, 268-282.
[1097] BGH v. 23.10.2003 - III ZR 9/03 - NJW 2003, 3693-3698.
[1098] BGH v. 17.10.1985 - III ZR 105/84 - juris Rn. 44 - NJW-RR 1986, 412-415; BGH v. 19.12.1991 - III ZR 9/91 - NJW-RR 1992, 919-920; BGH v. 23.03.2000 - III ZR 152/99 - juris Rn. 31 - LM ZVG § 44 Nr. 2 (9/2000); OLG Schleswig v. 04.12.1992 - 11 U 181/90 - SchlHA 1993, 91-92.
[1099] BGH v. 22.05.1986 - III ZR 237/84 - NJW 1986, 2829-2832.
[1100] BGH v. 03.07.2003 - III ZR 326/02 - BGHZ 155, 306-311 m. Anm. *Wollweber*, DVBl 2004, 511-512 sowie *Reinert*, LMK 2004, 44-45; OLG München v. 06.04.2009 - 1 U 5249/08.
[1101] BGH v. 06.10.1983 - III ZR 61/82 - LM Nr. 16 zu § 839 (G) BGB; OLG Frankfurt v. 28.01.2011 - 1 W 37/10 - NVwZ-RR 2011, 668-670.
[1102] BGH v. 19.09.1961 - III ZR 107/60 - NJW 1962, 36; kritisch hierzu *Tombrink*, DRiZ 2002, 296-300, 298.
[1103] BGH v. 23.10.2003 - III ZR 9/03 - NJW 2003, 3693-3698.
[1104] BGH v. 06.11.1961 - III ZR 143/60 - BGHZ 36, 144-155; OLG Koblenz v. 12.01.2005 - 1 U 713/04 - OLGR Koblenz 2005, 211-213; *Rinne/Schlick*, NJW 2005, 3541-2549, 3548 m.w.N.
[1105] BGH v. 17.09.1964 - III ZR 215/63 - LM Nr. 9 zu § 839 (G) BGB.
[1106] *Anschütz*, WRP 1975, 198-202, 198-199.
[1107] RG v. 01.07.1930 - III 365/29 - WarnR 1930, Nr. 159; RG v. 24.11.1939 - III 26/39 - RGZ 162, 230-238.
[1108] BGH v. 20.05.1957 - III ZR 8/56 - LM Nr. 6 zu § 839 (G) BGB.
[1109] BGH v. 23.10.2003 - III ZR 9/03 - NJW 2003, 3693-3698.
[1110] *Dietrich*, ZZP 120, 443-458.
[1111] *Schneider*, ZAP Fach 2, 497-498.
[1112] BGH v. 21.05.1953 - III ZR 272/51 - BGHZ 10, 55-62.
[1113] *Vinke* in: Soergel, BGB, § 839 Rn. 210; *Hecker* in: Erman, § 839 Rn. 63.

durch Beschluss ohne mündliche Verhandlung ergeht.[1114] Der BGH begründet seine – geänderte – Rechtsprechung damit, dass in der Rechtswirklichkeit – beispielsweise bei Unterlassungsbegehren in Wettbewerbssachen – in weitestem Umfang die prozessuale Durchsetzung nur im Wege der einstweiligen Verfügung erfolgt und der Verfügungsgegner in einem großen Teil der Fälle widerspruchslos die durch Beschluss angeordnete einstweilige Verfügung hinnimmt, die alsdann tatsächlich streitbeendigende Bedeutung habe. Dies müsste zur Konsequenz haben, dass der einstweiligen Verfügung auch in Beschlussform urteilsvertretende Bedeutung beizumessen sei.

Dieser Auffassung ist zuzustimmen: Dies zeigt ein Vergleich zwischen der Regelung in § 937 Abs. 2 ZPO einerseits und § 62 Abs. 2 Satz 2 ArbGG andererseits. Im Zivilprozess kann das Gericht eine einstweilige Verfügung in dringenden Fällen ohne mündliche Verhandlung erlassen sowie dann, wenn der Antrag auf Erlass einer einstweiligen Verfügung zurückzuweisen ist. Im arbeitsgerichtlichen Verfahren kann die Entscheidung über den Antrag auf Erlass einer einstweiligen Verfügung in dringenden Fällen, auch dann, wenn der Antrag zurückzuweisen ist, ohne mündliche Verhandlung ergehen. Die unterschiedlichen Gesetzesbestimmungen haben in der Praxis zur Folge, dass im arbeitsgerichtlichen Verfahren fast immer eine mündliche Verhandlung stattfindet, mit der Folge, dass regelmäßig ein Urteil ergeht, während dies im zivilprozessualen Verfahren seltener ist. Im arbeitsgerichtlichen Verfahren wäre somit regelmäßig von einer **urteilsvertretenden Erkenntnis** auszugehen, im zivilprozessualen Verfahren viel seltener. Nachvollziehbar wäre diese Differenzierung nicht. 195

Neuerdings hat das OLG Frankfurt jedoch Zweifel geäußert, ob richterliche Entscheidungen im verwaltungsgerichtlichen Eilverfahren nach § 80 Abs. 5 VwGO sowie § 123 VwGO und Entscheidungen im zivilprozessualen Verfahren auf Erlass eines Arrestes oder einer einstweiligen Verfügung „urteilsvertretende" Erkenntnisse mit der Folge sind, dass die gesetzliche Haftungsbeschränkung des § 839 Abs. 2 BGB eingreift. Nach Auffassung des OLG Frankfurt erscheint eine derartige Einordnung angesichts dessen fraglich, dass es nach § 80 Abs. 7 VwGO an einer Selbstbindung des beschließenden Gerichtes fehlt; das Gericht kann seine Entscheidung schon abändern, wenn es bei unveränderter Sachlage zu einer anderen Rechtsauffassung kommt.[1115] Im Ergebnis blieb die Frage offen, weil nach Auffassung des OLG Frankfurt das Verhalten der seinerzeit beschließenden Richter des Verwaltungsgerichtshofs nicht den Vorwurf eines groben Verschuldens rechtfertigt. 196

3. Bei einem Urteil

Der Begriff **bei einem Urteil** wird von Rechtsprechung und Literatur weit ausgelegt. Durch die Verwendung **bei** einem Urteil wird klargestellt, dass nicht nur sachlich- oder verfahrensrechtlich **unrichtige Entscheidungen** erfasst werden, sondern auch die **Vorbereitungshandlungen**, die dem Erlass eines Urteils dienen. Privilegiert ist somit die gesamte Tätigkeit, die Gesamtheit aller Maßnahmen, die objektiv darauf gerichtet sind, die Rechtssache einer gerichtlichen Entscheidung zuzuführen.[1116] Hierzu gehören nicht die richterliche Tätigkeit bei der Protokollführung und somit das Unterlassen der Aufnahme eines Antrages in das Protokoll.[1117] Unerheblich ist erneut, ob es letztendlich tatsächlich zu einer gerichtlichen Entscheidung kommt oder nicht.[1118] Diese Bestimmung findet Anwendung, wenn 197

- das Gericht die Parteien oder ihre Vertreter im Urteilstenor unrichtig bezeichnet hat,[1119]
- das Gericht das Vorliegen der Säumnis einer Partei vor Erlass des Versäumnisurteils nicht genügend geprüft hat,[1120]
- das Gericht seine Aufklärungspflicht gemäß § 139 ZPO verletzt hat,[1121]

[1114] BGH v. 09.12.2004 - III ZR 200/04 - BGHZ 161, 298.304; hierzu *Meyer*, NJW 2005, 864-865; *Schenke*, JZ 2005, 680-685; *Kummer*, jurisPR-BGHZivilR 4/2005, Anm. 5.

[1115] OLG Frankfurt v. 13.03.2008 - 1 U 244/07 - unter Bezugnahme auf *Schoch* in: Schoch/Schmidt-Aßmann/Pietzner, VwGO, § 80 Rn. 385.

[1116] BGH v. 19.11.1956 - III ZR 119/55 - LM Nr. 5 zu § 839 (G) BGB; BGH v. 28.10.1965 - III ZR 166/63 - LM Nr. 10 zu § 839 (G) BGB; BGH v. 11.03.1968 - III ZR 72/65 - BGHZ 50, 14-21; *Schäfer* in: Staudinger, 12. Aufl. 1986, § 839 Rn. 454; *Kreft* in: BGB-RGRK, § 839 Rn. 514; *Papier* in: MünchKomm-BGB, § 839 Rn. 325; *Papier* in: Maunz/Dürig, GG, Art. 34 Rn. 264; *Vinke* in: Soergel, § 839 Rn. 213.

[1117] OLG Frankfurt v. 08.07.2002 - 1 U 155/01 - OLGR Frankfurt 2002, 301-302.

[1118] BGH v. 19.11.1956 - III ZR 119/55 - LM Nr. 5 zu § 839 (G) BGB; OLG Bremen v. 21.07.1999 - 1 U 130/98 - NJW-RR 2001, 1036-1039; *Kreft* in: BGB-RGRK, § 839 Rn. 523.

[1119] RG v. 18.06.1932 - RAG 639/01 - SeuffArch 86 Nr. 176.

[1120] RG v. 24.10.1913 - III 254/13 - JW 1914, 85/16.

[1121] BGH v. 04.03.1954 - III ZR 324/52.

§ 839

- das Gericht streitige Parteibehauptungen als unstreitig behandelt und erhebliche Beweisangebote übersehen hat,[1122]
- das Gericht über einen Aussetzungsantrag gemäß § 148 ZPO unrichtig entschieden hat,[1123]
- das Gericht den Eingang eines angekündigten Gutachtens nicht abgewartet hat,[1124]
- das Gericht vorschriftswidrig besetzt ist,[1125]
- das Gericht einen falschen Sachverständigen beauftragt hat,[1126]
- das Gericht die Entschädigung des Sachverständigen nach § 16 ZSEG falsch festgesetzt hat,[1127]
- die Berufungskammer mit dem Berufungsurteil gemäß § 540 ZPO a.F. von einer Zurückweisung absieht und in der Sache selbst entscheidet[1128].

198 Dieser Rechtsprechung und Literatur kann nicht immer gefolgt werden. So ist bei der Prüfung von § 839 Abs. 3 BGB erforderlich, den **Kausalzusammenhang** zwischen der Nichteinlegung eines Rechtsmittels und dem Schaden zu prüfen, wobei anerkannt ist, dass der Nichtgebrauch eines Rechtsmittels nicht als schadenursächlich angesehen werden darf, wenn feststeht, dass der pflichtwidrig handelnde Beamte auch auf eine Gegenvorstellung hin seine Rechtsauffassung oder sein tatsächliches Verhalten nicht geändert hätte und dass auch eine Dienstaufsichtsbeschwerde erfolglos geblieben wäre.[1129] Konsequenterweise ist vorliegend zu prüfen, ob die richterliche Maßnahme irgendetwas mit der Unabhängigkeit des Richters bzw. der Rechtskraft und Rechtssicherheit zu tun hat. Wenn Sinn und Zweck von 839 Abs. 2 BGB der Schutz der richterlichen Unabhängigkeit einerseits und der Rechtskraft sowie des Rechtsfriedens andererseits ist, muss die betreffende richterliche Maßnahme irgendetwas mit diesen geschützten Rechtsgütern zu tun haben.

199 Dies ist ersichtlich nicht der Fall, wenn ein Gericht zu einer mündlichen Verhandlung das **persönliche Erscheinen der Parteien** anordnet, und alsdann in der mündlichen Verhandlung nur die Anträge gestellt und am Ende der mündlichen Verhandlung das in den Akten bereits befindliche Urteil verkündet wird. Zwar ist das Gericht berechtigt, das persönliche Erscheinen der Parteien anzuordnen. Wenn jedoch bereits vor der Verhandlung der Urteilsentwurf fertig vorliegt und das Gericht keine Erörterung der Sach- und Rechtsfragen der mündlichen Verhandlung beabsichtigt, muss konsequenterweise die Anordnung des persönlichen Erscheinens aufgehoben werden. Gleiches gilt, wenn bei der Terminverlegung vergessen wird, die Parteien, deren persönliches Erscheinen angeordnet war, unmittelbar zu benachrichtigen, so dass diese vergeblich zu dem aufgehobenen Termin anreisen.[1130] Die unterlegene Partei hat überflüssige Reisekosten zu tragen, die das Gericht ohne weiteres hätte vermeiden können, ohne dass dies irgendetwas mit der Unabhängigkeit der Richter oder der Frage der Rechtskraft und der Rechtssicherheit zu tun hat. Das Versäumen einer Abladung einer Partei von einem (aufgehobenen) Termin ist somit keine Tätigkeit **bei dem Urteil**. Hierbei handelt es sich um Justizverwaltungsaufgaben, deren Erledigung nicht unter § 839 Abs. 2 BGB fällt.[1131] Offen gelassen hat der BGH, ob das Richterprivileg bereits de lege lata für solche Justizschäden einzuschränken ist, die in grob fahrlässig verursachten außergerichtlichen Mehrkosten bestehen.[1132]

200 Neuerdings betont die Rechtsprechung, dass selbst bei Nichteingreifen des Richterprivilegs, weil es sich nicht um verfahrensabschließende Handlungen des Richters handelt, der Verfassungsgrundsatz der richterlichen Unabhängigkeit auch außerhalb des Anwendungsbereiches des § 839 Abs. 2 Satz 1

[1122] BGH v. 19.11.1956 - III ZR 119/55 - LM Nr. 5 zu § 839 (G) BGB.
[1123] BGH v. 19.09.1963 - III ZR 180/61 - LM Nr. 12 zu Art. 14 (Cc) GrundG.
[1124] BGH v. 28.10.1965 - III ZR 166/63 - LM Nr. 10 zu § 839 (G) BGB.
[1125] BGH v. 19.01.1978 - III ZR 11/76 - LM Nr. 35 zu § 839 BGB.
[1126] *Papier* in: MünchKomm-BGB, § 839 Rn. 323.
[1127] BGH v. 03.10.1960 - III ZR 154/59 - SGb 1961, 239-240; BGH v. 06.10.1983 - III ZR 61/82 - LM Nr. 16 zu § 839 (G) BGB.
[1128] OLG Frankfurt v. 08.07.2002 - 1 U 155/01 - OLGR Frankfurt 2002, 301-302.
[1129] BGH v. 16.01.1986 - III ZR 77/84 - NJW 1986, 1924-1925; BGH v. 05.02.1987 - III ZR 16/86 - BGHR BGB § 839 Abs. 3 Kausalität 1; BGH v. 21.04.1988 - III ZR 255/86 - NJW 1989, 96-99; BGH v. 17.01.2002 - IX ZR 434/00 - LM BNotO § 15 Nr. 7 (9/2002).
[1130] Vgl. zu dieser Problematik *Zierl*, NJW Heft 39/2002, III, S. 111.
[1131] Ebenso *Schäfer* in: Staudinger, 12. Aufl. 1986, § 839 Rn. 434.
[1132] Vgl. hierzu *Wurm* in: Staudinger, § 839 Rn. 330; unter Bezugnahme auf *Krohn/Schwager*, DVBl 1990, 1077-1089, 1077, 1085 Nr. 5 mit Fn. 77, jedoch eher zweifelnd.

BGB zu beachten sei. Hiernach könne dem Richter ein Schuldvorwurf nur bei besonders groben Verstößen gemacht werden. Inhaltlich laufe dies auf eine Haftung für Vorsatz und grobe Fahrlässigkeit hinaus.[1133]

4. Die Ausnahmeregelung in Absatz 2 Satz 2

Nach § 839 Abs. 2 Satz 2 BGB findet § 839 Abs. 2 Satz 1 BGB keine Anwendung **auf die pflichtwidrige Verweigerung oder Verzögerung der Ausübung des Amtes**. Die Rechtfertigung dieser Privilegierung der Rechtsprechung wird in der Literatur kaum diskutiert[1134]. Nach Auffassung der Rechtsprechung ist bei der Frage der schuldhaften Amtspflichtverletzung durch einen Richter außerhalb des so genannten Richterprivilegs der **Verfassungsgrundsatz der richterlichen Unabhängigkeit** zu beachten; ein Schuldvorwurf könne dem Richter in diesem Bereich nur bei besonders groben Verstößen gemacht werden.[1135] Inhaltlich läuft das auf eine Haftung für Vorsatz oder grobe Fahrlässigkeit hinaus.[1136] Es wurde bislang nur selten bekannt, dass ein Richter wegen verzögerter Verfahrensbehandlung in Regress genommen wurde. Nunmehr wurde aber ein grob fahrlässiges Organisationsverschulden eines Richters bejaht, wenn er ein Verfahren 6 Monate nicht zur Kenntnis nimmt, obwohl ein Verkündungstermin anberaumt war.[1137] Die Literatur hält dieser Rechtsprechung entgegen, dass für dieses Haftungsprivileg des Staates, nicht der Richter, eine gesetzliche Grundlage nicht vorhanden ist. Diese von der Rechtsprechung vorgenommene Haftungsbeschränkung für richterliche Amtspflichtverletzung außerhalb des Anwendungsbereiches des § 839 Abs. 2 Satz 1 BGB beruhe auf einer Rechtsfortbildung praeter legem.[1138] Zu Recht wird hingegen eine schuldhafte Amtspflichtverletzung nicht angenommen, wenn der von den Gerichten in einer schwierigen Rechtsfrage aufgrund sorgfältiger Überlegungen eingenommene und auch später aufrechterhaltene Rechtsstandpunkt jedenfalls mit gewichtigen Gründen vertretbar ist.[1139] Mit dem eigentlichen Regelungsgehalt von § 839 Abs. 2 Satz 2 BGB hat diese Rechtsprechung jedoch wenig zu tun. **201**

Der Auffassung von *Blomeyer*[1140] ist zuzustimmen, dass der Bestimmung von § 839 Abs. 2 Satz 1 BGB kein Argument dafür entnommen werden kann, den die **Haftung** im Falle der **Prozessverzögerung** ausdrücklich anordnenden § 839 Abs. 2 Satz 2 BGB einschränkend auszulegen[1141]. Hierbei ist zu berücksichtigen, dass es prozessuale Bestimmungen gibt, die eine **Beschleunigung des Verfahrens** in allen Rechtszügen bewirken sollen. Markant ist die Regelung in § 9 Abs. 1 ArbGG. Nach allgemeiner Auffassung handelt es sich um einen das Arbeitsgerichtsverfahren beherrschenden Grundsatz.[1142] Die übrigen Verfahrensgesetze enthalten keine vergleichbare ausdrückliche Regelung; indes ergibt sich bereits aus Art. 19 Abs. 4 GG i.V.m. dem Rechtsstaatsprinzip, dass die Gerichte sämtliche zur Verfügung stehenden Möglichkeiten der Verfahrensbeschleunigung zu nutzen haben. In der arbeitsgerichtlichen Literatur wird die Frage diskutiert, inwieweit aus einer Verletzung des Beschleunigungsgrundsatzes sich Schadensersatzansprüche gemäß § 839 Abs. 2 Satz 2 BGB ergeben können.[1143] Dieser Auffassung **202**

[1133] BGH v. 03.07.2003 - III ZR 326/02 - NJW 2003, 3052-3053, OLG München v. 05.08.2010 - 1 U 2562/10 sowie OLG Schleswig v. 02.02.2012 - 11 U 144/10.

[1134] Vgl. aber *Hagen*, NJW 1970, 1017-1023, 1017-1023; *Blomeyer*, NJW 1977, 557-561, sowie *Wollweber*, DVBl 2004, 511-512.

[1135] BGH v. 26.04.1990 - III ZR 182/89 - BGH-DAT Zivil; OLG Frankfurt v. 29.01.2001 - 1 U 25/2000, 1 U 25/00 - NJW 2001, 3270-3272; BGH v. 19.12.1991 - III ZR 9/91 - NJW-RR 1992, 919-920.

[1136] BGH v. 03.07.2003 - III ZR 326/02 - BGHZ 155, 306-311; BGH v. 05.10.2006 - III ZR 283/05 - NJW 2007, 224.227; OLG Frankfurt v. 29.01.2001 - 1 U 25/2000, 1 U 25/00 - NJW 2001, 3270-3272; OLG Frankfurt v. 13.03.2008 - 1 U 244/07; *Wurm* in: Staudinger, § 839 Rn. 334.

[1137] OLG Dresden v. 24.06.2009 - 6 U 24/09 - NVwZ 2010, 471-472; vgl. hierzu auch *Scheffer*, NVwZ 2010, 425-428.

[1138] So ausdrücklich *Wollweber*, DVBl 2004, 511-512.

[1139] BGH v. 14.10.1963 - III ZR 27/63 - VersR 1964, 146-149; vgl. zur Frage, welche Rechtsanwendung richtig welche unrichtig ist, *Tombrink*, DRiZ 2002, 296-300, 299.

[1140] *Blomeyer*, NJW 1977, 557-561, 557, 561.

[1141] Ebenso *Papier* in: MünchKomm-BGB, § 839 Rn. 323.

[1142] *Germelmann/Matthes/Prütting/Müller-Glöge*, Arbeitsgerichtsgesetz, 7. Aufl. 2009, § 9 Rn. 2; *Bader* in: GK-ArbGG, 2009, § 9 Rn. 11; vgl. auch *Haug/Pfarr/Struck*, Möglichkeiten der Beschleunigung des arbeitsgerichtlichen Verfahrens, 1985; *Grunsky*, RdA 1974, 201-206, 201, 203 bezeichnet § 9 Abs. 1 ArbGG als die „Mutternorm" für das Beschleunigungsgebot.

[1143] Vgl. z.B. Grunsky, Arbeitsgerichtsgesetz, 7. Aufl. 1995, § 9 Rn. 4; *Grunsky*, RdA 1974, 201-206, 201, 204-205; Schaub, Arbeitsgerichtsverfahren, 7. Aufl. 2001, § 20 Rn. 33.

203 ist zuzustimmen, da anderenfalls zum Zwecke der Beschleunigung das BVerfG angerufen werden kann,[1144] ein Schadensersatzanspruch aber gemäß § 839 Abs. 2 BGB ausgeschlossen wäre. Dies erscheint unvereinbar mit der Funktion des BVerfG als oberstes deutsches Gericht.

203 Darüber hinausgehend ist zu fordern, dass die Gerichte – unabhängig von ihrer Arbeitsbelastung – bei ihrer Terminierung die **Interessen der Parteien** beachten müssen. Wenn beispielsweise im Beitragsrecht einzelne Obergerichte die Auffassung vertreten, dass Anschlussbeiträge auch ohne Vorhandensein einer wirksamen Satzung verjähren,[1145] so sind die Verwaltungsgerichte verpflichtet, über Anfechtungsklagen von Bürgern gegen Beitragsbescheide, die aufgrund der für nichtig zu erklärenden Satzung aufzuheben sind, so rechtzeitig zu entscheiden, dass die beklagte Kommune oder der Zweckverband noch Gelegenheit hat, eine neue Beitragssatzung zu erlassen, um alsdann vor Ablauf der Verjährungsfrist neue Beitragsbescheide zu erlassen. Wenn indes Verwaltungsgerichte trotz Kenntnis der Rechtsprechung der Obergerichte Satzungen einzelner Kommunen oder Zweckverbände erst nach Ablauf der Verjährungsfrist für nichtig erklären und dadurch der Kommune oder dem Zweckverband die Möglichkeit nehmen, den Beitrag einzufordern, ist dies von der Privilegierung von § 839 Abs. 2 Satz 1 BGB nicht gedeckt, vielmehr ist § 839 Abs. 2 Satz 2 BGB anwendbar.

204 Ebenso unverständlich ist es, wenn ein Verwaltungsgericht unter Bezugnahme auf § 92 Abs. 2 Satz 1 VwGO („Die Klage gilt als zurückgenommen, wenn der Kläger das Verfahren trotz Aufforderung des Gerichtes länger als 2 Monate nicht betreibt") den Kläger zur Begründung der Klage auffordert, nach fristgemäß eingegangener Klagebegründung jedoch mehr als 2 Jahre lang überhaupt nichts unternimmt (wie an vielen Verwaltungsgerichten üblich). Wenn ein Gericht einen Kläger zur alsbaldigen Klagebegründung auffordert, ist es geboten, dass das Gericht alsdann zeitnah terminiert. Rechtsprechung und Literatur gehen davon aus, dass diese Vorschrift kein Hilfsmittel zur bequemen Erledigung lästiger Verfahren ist,[1146] so dass konsequenterweise eine alsbaldige Bearbeitung durch das Gericht erwartet werden kann. Somit stellt sich auch hier die Frage der Amtshaftung.[1147]

205 Mit der überlangen Dauer von Verwaltungsgerichtsverfahren und einem hieraus resultierenden Amtshaftungsanspruch gegen die Richter hat sich das LG München beschäftigt und diesen Anspruch bejaht. In dem vom LG München entschiedenen Fall hatte das Verwaltungsgericht 4 Jahre und 7 Monate lang keinerlei prozessfördernde Maßnahmen getroffen.[1148]

206 § 839 Abs. 2 Satz 2 BGB ist weiterhin anwendbar, wenn ein **Gericht** nicht innerhalb von 5 Monaten nach Verkündung seines Urteils **Tatbestand** und **Entscheidungsgründe** schriftlich niedergelegt hat und diese von den Richtern besonders unterschrieben und der Geschäftsstelle übergeben worden sind.[1149] Die Bestimmung von § 839 Abs. 2 Satz 2 BGB schützt somit **vor Justizverweigerung** durch pflichtwidrige (grundlose) Nichterledigung einer anhängigen Sache auch unter dem Verbot der Richterentziehung; möglich ist die Verfassungsbeschwerde gemäß § 90 BVerfGG.[1150] § 839 Abs. 2 Satz 2 BGB ist im Hinblick auf die Gewährleistung effektiven Rechtsschutzes durch Art. 19 Abs. 4 GG sowie den Justizgewährleistungsanspruch[1151] weit auszulegen.

207 Nunmehr hat der BGH einerseits betont, auch **außerhalb des Anwendungsbereiches** des § 839 Abs. 2 Satz 1 BGB sei der verfassungsrechtliche Grundsatz der richterlichen Unabhängigkeit zu berücksichtigen, weshalb das richterliche Verhalten bei der Prozessführung im Amtshaftungsprozess nur auf seine Vertretbarkeit hin zu überprüfen sei, dass jedoch andererseits bei der Würdigung, ob dem Richter

---

[1144] BVerfG v. 06.05.1997 - 1 BvR 711/96 - LM GrundG Art. 20 Nr. 30c (2/1998); BVerfG v. 20.07.2000 - 1 BvR 352/00 - NJW 2001, 214-216; BVerfG v. 11.12.2000 - 1 BvR 661/00 - LM GrundG Art. 2 Nr. 74c (8/2001).

[1145] So OVG Münster v. 18.05.1999 - 15 A 2880/96 - OVGE MüLü 48, 1-8; OVG Frankfurt (Oder) v. 08.06.2000 - 2 D 29/98.NE - VwRR MO 2000, 410-422; dagegen OVG Greifswald v. 13.11.2001 - 4 K 16/00 - KStZ 2002, 132-136.

[1146] BVerwG v. 05.07.2000 - 8 B 119/00 - NVwZ 2000, 1297; *Clausing* in: Schoch/Schmidt-Aßmann/Pietzner, VwGO, § 92 Rn. 39.

[1147] Selbstverständlich kann in einem derartigen Fall die Kollegialgerichts-Richtlinie für den Schadensersatzanspruch keine Anwendung finden; vgl. zur Kollegialgerichts-Richtlinie Rn. 141 ff.

[1148] LG München v. 12.01.2005 - 9 O 17286/03 - EuGRZ 2006, 308-311.

[1149] Vgl. hierzu GmSOGB v. 27.04.1993 - GmS-OGB 1/92 - LM VwGO § 138 Nr. 1 (12/1993); *Zöller/Vollkommer*, ZPO, § 315 Rn. 6.

[1150] *Schäfer* in: Staudinger, 12. Aufl. 1986, § 839 Rn. 462.

[1151] *Papier* in: Kirchhoff, Handbuch des Staatskirchenrechts der Bundesrepublik Deutschland, Band VI, 1989, § 153; *Degenhart* in: Sachs, GG, 6. Auf. 2011 Art. 101 Rn. 2

pflichtwidrige Verzögerungen anzulasten sind, zu beachten sei, dass sich bei zunehmender Verfahrensdauer die Pflicht des Gerichtes, sich nachhaltig um eine Förderung und Beendigung des Verfahrens zu bemühen, verdichtet. Der Zeitfaktor sei aber auch bei langer Verfahrensdauer nicht der allein entscheidende Maßstab.[1152] In dem vom BGH zurückverwiesenen Verfahren hat alsdann das OLG Hamm erneut die Berufung zurückgewiesen. Zwar hat das OLG Hamm eine schuldhaft pflichtwidrige Verfahrensbearbeitung festgestellt, die zu einer Verzögerung des Rechtsstreits um 20 Monate geführt hat, jedoch habe diese Verzögerung nicht den vom Kläger geltend gemachten Schaden verursacht.[1153]

In der Vergangenheit war streitig, ob eine Untätigkeitsbeschwerde möglich und erforderlich ist.[1154] Im Hinblick auf das Inkrafttreten des Gesetzes über den Rechtsschutz bei überlangen Gerichtsverfahren vertritt die Rechtsprechung jedoch nunmehr die Auffassung, dass für das von ihr entwickelte Institut der Untätigkeitsbeschwerde kein Raum mehr vorhanden ist.[1155] Die Untätigkeit des Gerichtes ist nicht zwangsläufig auf eine pflichtwidrige Verweigerung oder Verzögerung der Ausübung des Richteramtes zurückzuführen. Die Untätigkeit des Gerichtes kann auch begründet sein aufgrund einer unzureichenden personellen oder sachlichen Ausstattung des Gerichtes. Insoweit hat der BGH nunmehr klargestellt, dass eine Staatshaftung bei unzureichender Ausstattung der Gerichte besteht.[1156] Der Staat hat für die Bearbeitung von Anträgen durch das Grundbuchamt innerhalb angemessener Frist Sorge zu tragen.[1157] Darüber hinaus hat der Europäische Gerichtshof für Menschenrechte die Bundesrepublik Deutschland bei einer überlangen Dauer eines Zivilverfahrens zu Schadensersatz verurteilt.[1158] Hiernach ergibt sich aus Art. 13 EMRK ein statuiertes Recht auf eine wirksame Beschwerde zur Durchsetzung von Rechten und Pflichten der Konvention. Diese Bestimmung gilt auch für das Recht auf einen Rechtsbehelf gegen einen Verstoß gegen den Grundsatz des fairen Verfahrens nach Art. 6 Abs. 1 EMRK durch überlange Verfahrensdauer. **208**

Es stellt sich weiter die Frage, ob der auf § 839 Abs. 1 BGB i.V.m. § 839 Abs. 2 Satz 2 BGB gestützte Schadensersatzanspruch nicht an der Bestimmung des § 839 Abs. 3 BGB scheitert, wenn nicht zuvor **Dienstaufsichtsbeschwerde** erhoben wurde.[1159] Nach Auffassung des EGMR[1160] ist die Dienstaufsichtsbeschwerde keine wirksame Beschwerde i.S.d. Art. 13 EMRK, denn sie gibt im Allgemeinen keinen Anspruch darauf, den Staat zur Ausübung einer Dienstaufsichtsbefugnis zu zwingen. Auf die Möglichkeit einer Dienstaufsichtsbeschwerde verweisen aber zahlreiche Gerichte,[1161] und zwar mit der Behauptung, dass eine derartige Dienstaufsichtsbeschwerde „wirkungsvoll" sei. **209**

Durch das Gesetz über den Rechtsschutz bei **überlangen Gerichtsverfahren** und strafrechtlichen Ermittlungen[1162] wird das GVG um die §§ 198-201 ergänzt. Durch diese neu eingeführten Bestimmungen wird eine Entschädigung des Verfahrensbeteiligten geregelt, der infolge unangemessener Dauer eines Gerichtsverfahrens einen Nachteil erleidet.[1163] Die Literatur betont, dass der Entschädigungsanspruch nach § 198 GVG Amtshaftungsansprüche gem. § 839 BGB i.V.m. Art. 34 GG nicht ausschließe.[1164] **210**

[1152] BGH v. 04.11.2010 - III ZR 32/10 - NJW 2011, 1072.1076; hierzu *Roller*, DRiZ 2011, 172-174 *Zuck*, JZ 2011, 476-478; *Brüning*, NJW 2011, 1077; ebenso OLG Schleswig v. 02.02.2012 - 11 U 144/10.

[1153] OLG Hamm v. 17.06.2011 - 11 U 27/06 u.a.

[1154] Vgl. z.B. OLG Frankfurt v. 19.07.2001 - 2 WF 177/01 - EzFamR aktuell 2002, 62 sowie OLG Zweibrücken v. 10.09.2002 - 4 W 65/02 - NJW-RR 2003, 1653-1654; LSG Hamburg v. 25.11.1997 - III ANBs 136/97 - E-LSG B-110.

[1155] Vgl. z.B. OVG Greifswald v. 23.01.2012 - 1 O 4/12; KG Berlin v. 15.03.2012 - 8 W 17/12; OLG Hamburg, v. 19.03.2012 - 3 Vollz (Ws) 9/12.

[1156] BGH v. 11.01.2007 - III ZR 302/05 - m. Anm. *Nassall*, jurisPR-BGHZivilR 12/2007, Anm. 1.

[1157] Teilweise Abweichung von BGH v. 17.05.1990 - III ZR 191/88 - BGHZ 111, 272-277. Eine Amtspflichtverletzung bereits früher bejahend OLG Brandenburg v. 02.12.2003 - 11 U 25/03 - FamRZ 2005, 2082-2085, verneinend KG Berlin v. 11.11.2005 - 9 U 116/05 - DRiZ 2006, 16-17.

[1158] EGMR v. 08.06.2006 - 75529/01 - NJW 2006, 2389-2394; hierzu *Brüning*, NJW 2007, 1094-1099.

[1159] Mit den Möglichkeiten einer Dienstaufsichtsbeschwerde beschäftigt sich *Schneider*, ProzRB 2003, 22-23. Vgl. weiterhin *Brüning*, NJW 2007, 1094-1099.

[1160] EGMR v. 08.06.2006 - 75529/01 - NJW 2006, 2389-2394.

[1161] Vgl. z.B. OLG Koblenz v. 05.05.2008 - 5 W 255/08 - NJW-RR 2008, 974-975.

[1162] Gesetz v. 24.11.2011, BGBl I 2011, 2302; vgl. zur Gesetzgebungsgeschichte BT-Drs. 17/3802 v. 17.11.2010 sowie *Matusche-Beckmann/Kumpf*, ZZP 124 (2011), 173 ff., 184 ff.

[1163] Vgl. hierzu *Schenke*, NVwZ 2012, 257-265; *Althammer/Schäuble*, NJW 2012, 1-7; *Wagner*, FA 2012, 70-71.

[1164] *Schenke*, NVwZ 2012, 257-265; *Althammer/Schäuble*, NJW 2012, 1-7; *Remus*, NJW 2012, 1403-1409.

Der Amtshaftungsanspruch ist auf Ersatz immateriellen Schadens gerichtet, er erfasst auch den entgangenen Gewinn (vollständige Restitution i.S.d. §§ 249 ff. BGB). Der Entschädigungsanspruch aus § 198 GVG gewährt lediglich eine angemessene Entschädigung.

5. Analoge Anwendung bei sonstigen Ansprüchen

211 In Rechtsprechung und Literatur wird die Auffassung vertreten, dass die Regelung von § 839 Abs. 2 BGB entsprechend anzuwenden sei auf **Enteignungs- und Aufopferungsansprüche**.[1165] Gleiches soll gelten auch für die **beamtenrechtliche Haftung des Richters** gegenüber dem Dienstherrn in den Fällen, in denen der Dienstherr **wie ein Dritter** durch die richterliche Maßnahme geschädigt worden ist.[1166] Nach der Rechtsprechung wird die Regelung von § 839 Abs. 2 BGB auch angewandt bei Impfschäden und alsdann geltend gemachten Schadensersatzansprüchen nach Aufopferungsgrundsätzen.[1167] Schließlich wird die Auffassung vertreten, dass aus gemeinschaftsrechtlicher Sicht gegen die Anwendung des Richterspruchprivilegs auf den **gemeinschaftlichen Staatshaftungsanspruch** nichts einzuwenden sei.[1168]

C. Kommentierung zu Absatz 3

I. Grundlagen – Zweck der Vorschrift

212 § 839 Abs. 3 BGB stellt eine **Sonderregelung des mitwirkenden Verschuldens** gegenüber der allgemeinen Vorschrift des § 254 BGB dar. Hiernach tritt die Ersatzpflicht (gemäß § 839 Abs. 1, Abs. 2 BGB) nicht ein, wenn der Verletzte vorsätzlich oder fahrlässig es unterlassen hat, den Schaden durch **Gebrauch eines Rechtsmittels** abzuwenden. Diese Bestimmung geht davon aus, dass nur demjenigen Schadensersatz zuerkannt werden kann, der sich in ihm zumutbaren Maße für seine eigenen Belange eingesetzt und damit den Schaden abzuwenden bemüht hat.[1169] § 839 BGB kennt nicht die variable und die Umstände des Einzelfalles berücksichtigende Schadensteilung des § 254 BGB, sondern nur die Alternative **entweder – oder**, die bei jeder Form schuldhafter Schadensmitverursachung zum völligen Anspruchsverlust führt.[1170] Gemäß Art. 34 GG haftet **grundsätzlich** der Staat. Da Art. 34 GG an das BGB anknüpft, geht die Literatur davon aus, dass die herkömmlichen Einschränkungen im Rahmen des § 839 BGB verfassungsrechtlich unproblematisch sind. Dies gilt insbesondere für den Haftungsausschluss bei schuldhafter Versäumung von Rechtsmitteln.[1171] Dies gilt auch für Eingriffe der Ermittlungsbehörden in die Freiheits- und Eigentumsrechte des Betroffenen.[1172]

213 § 839 Abs. 3 BGB ist nur einschlägig, wenn der Gebrauch eines Rechtsmittels zu einer **Schadensvermeidung** oder **Schadensverminderung** geführt hätte; die Bestimmung betrifft nicht den Fall, dass der Geschädigte es schuldhaft unterlässt, Maßnahmen zu ergreifen, die auf Ersatz eines bereits entstandenen Schadens gerichtet sind.[1173] Insoweit ist jedoch die Anwendung des § 254 BGB zu prüfen.[1174] Offen gelassen hat der BGH bislang die Frage, ob die Geltendmachung des **sozialrechtlichen Herstellungsanspruchs** als ein Rechtsmittel im Sinne des § 839 Abs. 3 BGB anzu-

---

[1165] So z.B. BGH v. 11.03.1968 - III ZR 72/65 - BGHZ 50, 14-21; das BVerfG hat durch Beschl. v. 25.07.1966 - 1 BvR 320/68, die Verfassungsbeschwerde nicht angenommen; ebenso *Schäfer* in: Staudinger, 12. Aufl. 1986, § 839 Rn. 425; *Kreft* in: BGB-RGRK, § 839 Rn. 526.
[1166] *Pentz*, DÖV 1958, 493-496, 496; *Steffen*, DRiZ 1968, 237-239, 237, 239.
[1167] BGH v. 19.02.1962 - III ZR 23/60 - BGHZ 36, 379-394.
[1168] OLG Koblenz v. 08.10.2003 - 1 U 1554/02 - OLGR Koblenz 2004, 26-29; *Ossenbühl*, Staatshaftungsrecht, 5. Aufl. 1998, S. 519 kritisch hierzu *Tietjen*, EBS 2007, 15-19 unter Bezugnahme auf EuGH v. 13.06.2006 - C-173/03 - EuGHE I 2006, 5177-5222.
[1169] OLG Hamm v. 23.02.2011 - 11 U 319/09.
[1170] BGH v. 29.03.1971 - III ZR 98/69 - BGHZ 56, 57-66; *Vinke* in: Soergel, § 839 Rn. 216; *Schäfer* in: Staudinger, 12. Aufl. 1986, § 839 Rn. 463.
[1171] *Papier* in: Maunz/Dürig, GG, Art. 34 Rn. 241; *Gurlit* in: Münch/Kunig GG Bd. 1, 6. Aufl. 2012, Art. 34 Rn. 31; *Sprau* in: Palandt, § 839 Rn. 68-73.
[1172] OLG München v. 26.08.2011 - 1 U 708/11.
[1173] *Schäfer* in: Staudinger, 12. Aufl. 1986, § 839 Rn. 464.
[1174] BGH v. 29.03.1971 - III ZR 98/69 - BGHZ 56, 57-66; *Schäfer* in: Staudinger, 12. Aufl. 1986, § 839 Rn. 464; *Kreft* in: BGB-RGRK, § 839 Rn. 536.

sehen ist.[1175] Die Geltendmachung des sozialrechtlichen Herstellungsanspruchs durch Klage vor den Sozialgerichten unterbricht aber die Verjährung des Amtshaftungsanspruchs, der auf dasselbe Fehlverhalten des Sozialversicherungsträgers gestützt wird.[1176] Sofern ein Rechtsmittel oder Rechtsbehelf den Schaden nur teilweise hätte abwenden können, entfällt bei Nichteinlegung der Schadensersatzanspruch nur zum entsprechenden Teil.[1177]

Ebenso wie die **Subsidiaritätsklausel** des § 839 Abs. 1 Satz 2 BGB sollte § 839 Abs. 3 BGB ursprünglich den (wirtschaftlich) leistungsschwachen Beamten schützen.[1178] Diese rechtliche Legitimierung ist heute untragbar (geworden).[1179] Nach Ansicht des BGH soll es sich (nunmehr) um eine spezielle Ausprägung des in § 254 BGB geregelten Grundsatzes von Treu und Glauben handeln.[1180] Der BGH stellt darauf ab, ob die **schuldhafte Rechtsmittelversäumung** als ein **Verschulden gegen sich selbst** gewertet werden kann.[1181] In der Literatur überwiegt demgegenüber eine **institutionelle Deutung** im Sinne eines **Vorrangs des verwaltungsgerichtlichen Primärrechtsschutzes**.[1182] Das Abstellen auf den verwaltungsgerichtlichen Primärrechtsschutz ist sinnvoll, da im Verwaltungsprozess aufgrund der Amtsermittlungsmaxime gemäß § 86 VwGO und der vom Gericht veranlassten Beiziehung der Verwaltungsakten (vgl. § 99 VwGO) der Betroffene viel mehr Möglichkeiten hat, sich über das Zustandekommen einer Behördenentscheidung kundig zu machen. Allerdings wird hiermit dem Verletzten die Wahlmöglichkeit genommen, entweder den rechtswidrigen Hoheitseingriff mit den ordentlichen Rechtsschutzmitteln abzuwehren oder aber diesen (freiwillig) zu dulden und dafür zu liquidieren.[1183]

214

Sofern jedoch aus der Sicht eines verständigen Dritten der Primärrechtsschutz keine Aussicht auf Erfolg hat und der **Primärrechtsschutz** mit einem nicht unerheblichen Kostenaufwand verbunden ist, kann einem Bürger nicht angesonnen werden, die vorhandenen Rechtsmittel (ggf. bis **zur letzten Instanz**) auszuschöpfen.[1184] Hierbei wird der Schadensersatzanspruch nicht durch den Eintritt der Unanfechtbarkeit des Verwaltungsaktes ausgeschlossen.[1185] Bedauerlicherweise scheint dem BVerwG der Gedanke des verwaltungsgerichtlichen Primärrechtsschutzes fremd zu sein. Der Hinweis auf die beabsichtigte Führung einer Schadensersatzklage gemäß § 839 BGB ist nicht ausreichend, wenn sich der Verwaltungsakt bereits vor Klageerhebung erledigt hat[1186] oder wenn zeitgleich ein verwaltungsgerichtliches Verfahren betreffend die Rechtswidrigkeit des Verwaltungshandelns und im Zivilgericht eine Schadensersatzklage geführt werden[1187]. Nach Auffassung der Verwaltungsgerichte gibt es – angeblich – keinen Anspruch auf den **sachnäheren Richter**.[1188] Dieser Rechtsprechung ist nunmehr das BVerfG entgegengetreten und hat betont, dass der Betroffene ein schutzwürdig anzuerkennendes Interesse daran hat, den Verwaltungsrechtsweg gegenüber dem Zivilrechtsweg als **fachspezifischere** Rechtsschutzform einzuschlagen.[1189]

215

[1175] BGH v. 16.11.1989 - III ZR 146/88 - juris Rn. 22 - LM Nr. 74 zu ZPO § 286 (B); BGH v. 20.07.2000 - III ZR 64/99 - juris Rn. 23 - LM BGB § 839 (FC) Nr. 36 (6/2001); verneinend OLG Karlsruhe v. 07.04.2006 - 14 U 142/05 - OLGR Karlsruhe 2006, 510-511; ausführlich zum sozialrechtlichen Herstellungsanspruch *Papier* in: MünchKomm-BGB, § 839 Rn. 88-90.
[1176] BGH v. 11.02.1988 - III ZR 221/86 - BGHZ 103, 242-250.
[1177] BGH v. 16.01.1986 - III ZR 77/84 - NJW 1986, 1924-1925.
[1178] Vgl. hierzu RG v. 27.05.1919 - III 86/15 - RGZ 96, 143-148; *Vinke* in: Soergel, § 839 Rn. 217; *Bettermann*, DÖV 1954, 299-305, 299, 304 sowie *Bettermann*, JZ 1961, 482-483, 482-483.
[1179] *Papier* in: Maunz/Dürig, GG, Art. 34 Rn. 326; *Papier* in: MünchKomm-BGB, § 839 Rn. 330; *Vinke* in: Soergel, § 839 Rn. 217.
[1180] BGH v. 29.03.1971 - III ZR 98/69 - BGHZ 56, 57-66; *Ossenbühl*, Staatshaftungsrecht, 5. Aufl. 1998, S. 92.
[1181] BGH v. 15.11.1990 - III ZR 302/89 - BGHZ 113, 17-26.
[1182] *Vinke* in: Soergel, § 839 Rn. 217; *Wurm* in: Staudinger, § 839 Rn. 335; *Wolff/Bachof/Stober*, Verwaltungsrecht II, 6. Aufl. 2000, § 67 Rn. 100; *Schoch*, Jura 1988, 648-653, 648-650; *Menzel*, DRiZ 1990, 375-380, 375.
[1183] Kritisch insoweit auch *Papier* in: MünchKomm-BGB, § 839 Rn. 330.
[1184] So ausdrücklich *Hecker* in: Erman, § 839 Rn. 75; *Ossenbühl*, Staatshaftungsrecht, 5. Aufl. 1998, S. 96.
[1185] BGH v. 15.11.1990 - III ZR 302/89 - BGHZ 113, 17-26.
[1186] BVerwG v. 20.01.1989 - 8 C 30/87 - NJW 1989, 2486-2487.
[1187] BVerwG v. 12.07.2000 - 7 C 3/00 - BVerwGE 111, 306-313; vgl. zur Zulässigkeit der Fortsetzungsfeststellungsklage nach § 113 Abs. 1 S. 4 VwGO zur Vorbereitung eines Amtshaftungsprozesses *Papier* in: MünchKomm-BGB, § 839 Rn. 384.
[1188] BVerwG v. 17.08.1982 - 1 C 85/80 - juris Rn. 16 - Buchholz 402.24 § 13 AuslG Nr. 5; BVerwG v. 20.01.1989 - 8 C 30/87 - NJW 1989, 2486-2487; VGH Mannheim v. 02.12.1986 - 1 S 3275/85 - NVwZ 1987, 253-255.
[1189] BVerfG v. 07.04.2003 - 1 BvR 2129/02 - GewArch 2003, 243-244.

II. Anwendungsvoraussetzungen

1. Der Begriff des Rechtsmittels

a. Förmliche Rechtsmittel und Rechtsbehelfe

216 Im Hinblick auf die Sicherung des Vorrangs des verwaltungsgerichtlichen Primärrechtsschutzes ist der Begriff **Rechtsmittel** nicht im prozesstechnischen Sinne zu verstehen (Berufung, Revision, Beschwerde, Einspruch), sondern umschließt alle **Rechtsbehelfe**, die sich gegen die eine Amtspflichtverletzung darstellende Handlung oder Unterlassung richten und sowohl deren Beseitigung oder Berichtigung als auch die Abwendung des Schadens zum Ziel haben und herbeizuführen generell geeignet sind.[1190] Nach der Rechtsprechung gehört auch die Untätigkeitsklage gemäß § 75 VwGO zu den zu ergreifenden Rechtsmitteln;[1191] Zurückhaltung ist allerdings bei der Annahme geboten, es gereiche dem Geschädigten zum Verschulden, wenn er nicht unmittelbar nach Ablauf der 3-Monatsfrist des § 75 Satz 2 VwGO Untätigkeitsklage erhebe.[1192] Amtshaftungsansprüchen wegen verzögerter Bearbeitung oder Entscheidung eines Baugesuchs kann jedoch nicht entgegengehalten werden, der Schaden hätte durch eine Untätigkeitsklage abgewendet werden können, wenn wegen der voraussichtlichen Dauer des Klageverfahrens eine Verzögerung von mindestens gleicher Dauer eingetreten wäre.[1193] Weiterhin gehören zu den **Rechtsmitteln** im Sinne des § 839 Abs. 3 BGB die Anträge im einstweiligen Rechtsschutzverfahren, wie der Antrag auf Anordnung der Wiederherstellung der aufschiebenden Wirkung gemäß § 80 Abs. 5 Satz 1 VwGO.[1194] Hiernach besteht kein Schadensersatzanspruch wegen eines fehlerhaften Gewerbesteuermessbescheides, wenn der Verletzte keinen Antrag auf Aussetzung der Vollziehung gestellt hat.[1195] Entsprechendes gilt für den Antrag auf Erlass einer einstweiligen Anordnung nach § 123 VwGO.[1196] Offen geblieben ist bisher, ob ein Antrag auf einstweilige Anordnung im Normenkontrollverfahren (betreffend einen Bebauungsplan) gemäß § 47 Abs. 6 VwGO als Rechtsmittel im Sinne von § 839 BGB anzusehen ist.[1197]

217 Ein Schadensersatzanspruch gemäß § 839 Abs. 3 BGB ist ausgeschlossen, wenn es der Grundstückskäufer versäumt hat, das **Widerspruchsverfahren** gegen die Ausübung des Vorkaufsrechtes gemäß § 24 BauGB zu betreiben.[1198] Unterlässt der durch einen Bebauungsplan Geschädigte die Anfechtung der Baugenehmigung, die ihm zumutbar war, nachdem er nicht den Bebauungsplan selbst im **Wege der Normenkontrolle** angefochten hat, so entfällt eine Ersatzpflicht, weil er es vorwerfbar unterlassen hat, den Schaden durch Gebrauch eines Rechtsmittels abzuwenden.[1199] Darüber hinaus wird von dem Geschädigten gefordert, dass er ggf. Rechtsmittel gegen einen Planfeststellungsbeschluss einlegt, um dadurch eine Verschärfung von Auflagen (hier: nach § 10 Abs. 2 WHG) zu erreichen.[1200] Zur Vermeidung des Haftungsausschlusses nach § 839 Abs. 3 BGB ist der Geschädigte weiterhin gehalten, zunächst einen etwaigen öffentlich-rechtlichen Folgenbeseitigungsanspruch geltend zu machen.[1201] Allerdings ist der Geschädigte nicht verpflichtet, gegen einen Verwaltungsakt, der den sachlichen Inhalt eines vorher erlassenen und von ihm angefochtenen Verwaltungsaktes lediglich wiederholt, erneut ein

---

[1190] St. Rspr., vgl. z.B. BGH v. 09.07.1958 - V ZR 5/57 - BGHZ 28, 104-110; BGH v. 16.01.1986 - III ZR 77/84 - NJW 1986, 1924-1925; BGH v. 03.06.1993 - III ZR 104/92 - BGHZ 123, 1-15 ebenso *Papier* in: MünchKomm-BGB, § 839 Rn. 331; *Vinke* in: Soergel, § 839 Rn. 218; *Papier* in: Maunz/Dürig, GG, Art. 34 Rn. 267; *Ossenbühl*, Staatshaftungsrecht, 5. Aufl. 1998, S. 94.

[1191] BGH v. 29.11.1954 - III ZR 84/53 - BGHZ 15, 305-315; BGH v. 21.03.1963 - III ZR 8/62 - VersR 1963, 849-852; BGH v. 31.01.1991 - III ZR 184/89 - LM Nr. 169 zu GrundG Art. 34; BVerwG v. 27.03.1998 - 4 C 14/96 - BVerwGE 106, 295-302.

[1192] Hierzu *Schlick*, NJW 2009, 3487, 3492.

[1193] BayObLG München v. 18.01.1991 - RReg 2 Z 330/90 - BayObLGZ 1991, 35-45.

[1194] BGH v. 16.11.2000 - III ZR 265/99 - LM BGB § 839 (J) Nr. 15 (7/2001); OLG München v. 11.05.2009 - 1 W 612/09 - NJW-RR 2009, 1293-1294; *Vinke* in: Soergel, § 839 Rn. 218; *Papier* in: Maunz/Dürig, GG, Art. 34 Rn. 271; *Kreft* in: BGB-RGRK, § 839 Rn. 529; *Schäfer* in: Staudinger, 12. Aufl. 1986, § 839 Rn. 468.

[1195] OLG München v. 03.11.1983 - 1 U 1412/83 - WM 1984, 1273-1276.

[1196] BGH v. 13.07.1995 - III ZR 160/94 - BGHZ 130, 332-341; BGH v. 05.12.2002 - III ZR 148/02 - BGHReport 2003, 325-327; a.A. *Johlen*, NJW 1973, 2009-2012, 2009, 2012.

[1197] *Wurm* in: Staudinger, § 839 Rn. 339.

[1198] OLG München v. 27.05.1993 - 1 U 5787/92 - OLGR München 1994, 198.

[1199] BGH v. 21.12.1990 - III ZR 280/89 - BGHR BGB § 839 Abs. 3 Primärrechtsschutz 8.

[1200] BGH v. 06.02.1986 - III ZR 109/84 - BGHZ 97, 97-113.

[1201] OLG Oldenburg (Oldenburg) v. 23.11.2001 - 6 U 138/01 - NdsRpfl 2002, 168-169.

Rechtsmittel einzulegen.[1202] Des Weiteren hat der BGH die Auffassung vertreten, dass zu den Rechtsmitteln im Sinne von § 839 Abs. 3 BGB nur solche Rechtsbehelfe gehören, die sich unmittelbar gegen die schädigende Amtshandlung oder Unterlassung selbst richten und ihre Beseitigung oder Vornahme bezwecken und ermöglichen, also nicht verwaltungsgerichtliche Klagen gegen Widerspruchsbescheide.[1203] Kein Fall des Primärrechtsschutzes liegt vor, wenn gegen einen Verwaltungsakt Widerspruch sowie Klage erhoben werden, die Amtshaftungsklage aber gestützt wird auf die amtspflichtwidrige Erteilung einer unrichtigen Auskunft, die dem Verwaltungsakt vorangegangen ist.[1204]

Das **Verhältnis** zwischen **Schadensersatzklage** gemäß § 839 BGB und **vorläufigem Rechtsschutzverfahren** gemäß § 123 VwGO ist noch weitgehend – wie am Beispiel des Prüfungsrechtes verdeutlicht werden soll – ungeklärt: Von den Zivilgerichten wird häufig nicht erkannt, dass das vorläufige Rechtsschutzverfahren nicht geeignet ist, einen Schaden abzuwenden. Dies gilt auch im Prüfungsrecht.[1205] Die Verwaltungsgerichte berufen sich im vorläufigen Rechtsschutzverfahren gemäß § 123 VwGO vielfach auf das **angebliche Verbot der Vorwegnahme der Hauptsache**. Deshalb ist es im Prüfungsrecht nur schwerlich möglich, im einstweiligen Anordnungsverfahren auf vorläufige Neubewertung sowie vorläufige Feststellung des Bestehens einer Prüfung erfolgreich zu sein.[1206] Von den Verwaltungsgerichten wird übersehen, dass ein Prüfling im einstweiligen Anordnungsverfahren nur eine vorläufige Rechtsposition erlangt, die im Falle der Klageabweisung rückwirkend wieder entfällt.[1207] Von einer Vorwegnahme der Hauptsache kann somit überhaupt keine Rede sein. Von daher ist es unverständlich, dass von den Verwaltungsgerichten der Prüfling häufig auf die Schadensersatzklage verwiesen wird.[1208] Im Schadensersatzprozess ist somit die Frage kritisch zu prüfen, ob das Verwaltungsgericht mit einiger Sicherheit die begehrte einstweilige Anordnung erlassen hätte. Unsinnige Prozesse, die nur dem Nachweis dienen, dass der Rechtsweg ausgeschöpft wurde, sind einem Prüfling nicht zumutbar. Von einem Prüfling kann wegen der damit verbundenen Belastungen und Unwägbarkeiten nicht verlangt werden, ein einstweiliges Anordnungsverfahren zu führen zwecks Klärung noch offener Rechtsfragen.[1209] Hierbei ist auch zu bedenken, dass nach der Rechtsprechung des BVerwG der Prüfling zwar berechtigt ist, vorläufigen Rechtsschutz in Anspruch zu nehmen, jedoch keineswegs verpflichtet.[1210] Im Übrigen ist zu beachten, dass die Ablegung einer Prüfung in den durch Art. 12 Abs. 1 GG geschützten Bereich fällt. Das BVerfG hat insoweit betont, dass bei der Auslegung und Anwendung von § 254 BGB die Ausstrahlungswirkung von Art. 12 Abs. 1 GG zu berücksichtigen ist.[1211] Entsprechendes muss auch bei der Anwendung von § 839 Abs. 3 BGB gelten.

218

Ein Beamter braucht im Zusammenhang mit der Versetzung in den **Ruhestand wegen Dienstunfähigkeit** kein **vorläufiges Rechtsschutzverfahren** zu betreiben, um den Dienstherrn zu einer alsbaldigen Entscheidung zu zwingen. Einem dahin gehend gerichteten Antrag auf Erlass einer einstweiligen Anordnung nach § 123 VwGO ist wegen des statusändernden Charakters der Versetzung in den Ruhestand grundsätzlich das Verbot der Vorwegnahme der Hauptsache entgegenzuhalten.[1212]

219

Das LSG Schleswig-Holstein hat bei einer erledigten Klage auf Feststellung der Rechtswidrigkeit der Nichterteilung der **Arbeitserlaubnis**, wobei das Rechtsschutzinteresse mit einer Amtshaftungsklage begründet wurde, die Auffassung vertreten, dass der beabsichtigte Amtshaftungsprozess schon wegen

220

[1202] BGH v. 29.03.1971 - III ZR 98/69 - BGHZ 56, 57-66.
[1203] BGH v. 13.01.1964 - III ZR 159/62 - VersR 1964, 387-389.
[1204] BGH v. 12.10.2000 - III ZR 121/99 - LM BGB § 839 (H) Nr. 19 (8/2001).
[1205] Vgl. z.B. OLG Saarbrücken v. 26.01.1999 - 4 U 30/98 - 8, 4 U 30/98; vgl. weiterhin *Zimmerling/Brehm*, Prüfungsrecht, 2. Aufl. 2001, Rn. 785; *Zimmerling/Brehm*, NVwZ 2004, 651-656; *Schnellenbach* in: Hartmer/Detmer u.a., Hochschulrecht, 2. Aufl. 2011, XII Rn. 73-74 sowie 76-68.
[1206] Ausführlich hierzu *Zimmerling/Brehm*, DVBl 2001, 27-35; *Zimmerling/Brehm*, NVwZ 2004, 651-656; *Zimmerling/Brehm*, Der Prüfungsprozess, 2004, Rn. 289-303.
[1207] So ausdrücklich BVerwG v. 15.12.1993 - 6 C 20/92 - juris Rn. 21 - NJW 1994, 1601-1604; *Zimmerling/Brehm*, Prüfungsrecht, 2. Aufl. 2001, Rn. 652; *Zimmerling/Brehm*, Der Prüfungsprozess, 2004, Rn. 501-503.
[1208] OVG Berlin-Brandenburg v. 16.12.2011 - OVG 10 N 114.11; hierzu *Zimmerling/Brehm*, Prüfungsrecht, 2. Aufl. 2001, Rn. 664; *Zimmerling/Brehm*, Der Prüfungsprozess, 2004, Rn. 501-503.
[1209] In diesem Sinne BVerwG v. 19.12.2001 - 6 C 14/01 - juris Rn. 33 - BayVBl 2002, 414-415; LG Mainz v. 21.11.2000 - 4 O 53/00.
[1210] Vgl. z.B. BVerwG v. 19.12.2001 - 6 C 14/01 - BayVBl 2002, 414-415; vgl. hierzu *Brehm*, NVwZ 2002, 1334-1336.
[1211] BVerfG v. 26.08.2002 - 1 BvR 947/01 - NJW 2003, 125-127.
[1212] OVG Koblenz v. 21.01.2005 - 2 A 11800/04 - Schütz BeamtR ES/A II 5.5 Nr. 33.

§ 839

des Regelungsgehaltes des § 839 Abs. 3 BGB von vornherein offensichtlich aussichtslos ist, mit der weiteren Folge, dass ein so genanntes Schadensinteresse im Rahmen der Fortsetzungsfeststellungsklage zu verneinen ist.[1213] Diese Rechtsprechung hätte zwangsläufig zur Folge, dass im Zusammenhang mit einem Antrag auf Genehmigung oder Bewilligung stets ein vorläufiges Rechtsschutzverfahren zu führen ist, ohne Rücksicht auf die insoweit zurückhaltende Judikatur der Verwaltungsgerichte.

221 Die Rechtsprechung gilt jedoch nicht nur für die Inanspruchnahme von Rechtsmitteln und Rechtsbehelfen nach der VwGO. Von dem Betroffenen wird darüber hinausgehend erwartet, dass er **jedes ihm mögliche Rechtsmittel** in Anspruch nimmt. Dies gilt z.B. für den Antrag auf Aussetzung der Vollziehung gemäß § 361 Abs. 2 Satz 2 AO, § 69 Abs. 2 FGO,[1214] ferner für den Antrag auf gerichtliche Entscheidung gemäß § 23 EGGVG[1215]. Gleiches gilt für Widersprüche gegen Arrest und einstweilige Verfügungen, Einspruch gegen Strafbefehl, Erinnerung gemäß § 766 ZPO[1216] sowie Anträge auf Wiedereinsetzung in den vorherigen Stand, Wiederaufnahme des Verfahrens, Widerspruch gegen die Richtigkeit des Grundbuches[1217]. Selbst bei Nichtigkeit eines Verwaltungsaktes wird verlangt, dass ein entsprechendes Rechtsmittel eingelegt wird, um diesen durch formelle Aufhebung aus der Welt zu schaffen.[1218] Nicht zu den Rechtsmitteln im Sinne von § 839 Abs. 3 BGB gehört nach allgemeiner Auffassung die Bauvoranfrage an die Baugenehmigungsbehörde.[1219] Obwohl somit über die Sicherung des Vorranges des verwaltungsgerichtlichen Primärrechtsschutzes hinaus der Betroffene auch weitere Rechtsmittel einlegen muss, ist er nach der Rechtsprechung des BGH nicht verpflichtet, Verfassungsbeschwerde zu erheben.[1220]

222 Über diese weite **Auslegung des Begriffes Rechtsmittel** im Sinne von § 839 Abs. 3 BGB besteht in der Literatur Einigkeit.[1221] Dass sich die Bestimmung von § 839 Abs. 3 BGB nicht ausschließlich auf den verwaltungsgerichtlichen Primärrechtsschutz beziehen lässt, ist offenkundig. Es gibt unzweifelhaft Amtshandlungen, die im Primärrechtsschutz beim Finanzgericht[1222] oder beim Sozialgericht[1223] zu klären sind. Für Justizverwaltungsakte ist die ordentliche Gerichtsbarkeit zuständig. Entsprechendes gilt für die Klage gegen den Vorbescheid der Verwaltungsbehörde in Wild- und Jagdschadensachen gemäß § 35 BJagdG.[1224] Schließlich gilt die Bestimmung von § 839 BGB auch für die Tätigkeit der Staatsanwaltschaft. Insoweit sind ggf. die geeigneten strafprozessualen Rechtsbehelfe zu erheben.[1225] Gegen eine weite Auslegung des Begriffs Rechtsmittel im Sinne von § 839 Abs. 3 BGB auf alle prozessualen Maßnahmen bestehen keine Bedenken. Nicht zu den Rechtsmitteln gehören selbständige Verfahren, die zwar einem drohenden Schaden begegnen sollen, nicht aber der Überprüfung der beanstandeten Amtshandlung oder dem Tätigwerden der Behörde dienen, z.B. Antrag auf einstweilige Einstellung der Zwangsvollstreckung bei Einlegung der Berufung.[1226]

[1213] LSG Schleswig-Holstein v. 24.02.2006 - L 3 AL 77/05.

[1214] BGH v. 13.07.1984 - III ZR 6/84 - WM 1984, 1276; BGH v. 05.07.2001 - III ZR 11/00 - LM BGB § 839 (Fe) Nr. 154 (1/2002).

[1215] BGH v. 17.03.1994 - III ZR 15/93 - LM BGB § 839 (Ca) Nr. 95 (8/1994); *Schäfer* in: Staudinger, 12. Aufl. 1986, § 839 Rn. 468.

[1216] RG v. 28.02.1936 - III 172/35 - RGZ 150, 323-330.

[1217] RG v. 26.10.1932 - V 265/32 - RGZ 138, 114-118.

[1218] BGH v. 14.02.1955 - III ZR 262/53.

[1219] BGH v. 17.04.1980 - III ZR 167/78 - LM Nr. 41 zu § 839 BGB; *Ossenbühl*, Staatshaftungsrecht, 5. Aufl. 1998, S. 94.

[1220] BGH v. 23.03.1959 - III ZR 207/57 - juris Rn. 25 - BGHZ 30, 19-29; *Wurm* in: Staudinger, § 839 Rn. 341; *Vinke* in: Soergel, § 839 Rn. 219; *Bonk* in: Sachs, GG, 4. Aufl. 2007, Art. 34 Rn. 97; *Ossenbühl*, Staatshaftungsrecht, 5. Aufl. 1998, S. 94.

[1221] Vgl. z.B. *Kreft* in: BGB-RGRK, § 839 Rn. 529; *Vinke* in: Soergel, § 839 Rn. 218; *Schäfer* in: Staudinger, 12. Aufl. 1986, § 839 Rn. 468.

[1222] Vgl. zur Anfechtung eines Haftungsbescheides und etwaigen Amtshaftungsansprüchen BGH v. 16.11.2000 - III ZR 1/00 - LM BGB § 839 (H) Nr. 20 (8/2001).

[1223] So im Falle der Erteilung einer falschen Auskunft des Rentenversicherungsträgers BGH v. 06.02.1997 - III ZR 241/95 - LM GrundG Art. 34 Nr. 185 (6/1997); OLG Düsseldorf v. 31.05.1999 - 18 W 10/99 - AmtlMitt-LVA Rheinpr 2000, 408; vgl. im Übrigen zur Amtspflicht im Gesundheitswesen *Rinne/Schlick*, NVwZ 1997, 1065-1077, 1065, 1076.

[1224] Vgl. hierzu Mitschke/Schäfer, BJG, § 35 Rn. 34-36.

[1225] BGH v. 27.09.1990 - III ZR 314/89 - BGHR BGB § 839 Abs. 1 S. 1 Staatsanwalt 3.

[1226] *Sprau* in: Palandt, § 839 Rn. 73.

b. Formlose Rechtsbehelfe

Problematisch ist die Rechtsprechung dennoch, weil auch zahlreiche formlose Rechtsbehelfe als **Rechtsmittel** im Sinne von § 839 Abs. 3 BGB angesehen werden.[1227] So entsteht nach der Rechtsprechung der Eindruck, als dürfe der Bürger keinem Notar trauen und müsse diesen ständig kontrollieren. Wenn dies nicht geschehe, scheide eine Haftung des Notars aus.[1228] Die Rechtsprechung hat insoweit wie folgt judiziert: 223

Bei einer fehlerhaften Beurkundung durch den Notar muss der Betroffene diesem die Möglichkeit zur umgehenden Nachbesserung (Berichtigung, Ergänzung, notfalls Neubeurkundung) geben. Die Kosten einer Neubeurkundung durch einen anderen Notar können grundsätzlich nicht als Schaden geltend gemacht werden. Allerdings ist das Unterlassen einer Erinnerung für den Schaden nicht kausal, wenn feststeht, dass der Notar der **Erinnerung** nicht abgeholfen hätte.[1229] Bei Untätigkeit eines Notars muss dieser um Bestimmung eines Beurkundungstermins ersucht werden. Der untätige Notar haftet nicht, wenn der Geschädigte die Bitte um einen Beurkundungstermin unterlassen hat.[1230] Sofern der Betroffene eine amtspflichtwidrige Handlung des Notars befürchtet, ist er verpflichtet, ein Rechtsmittel zu erheben. Der Begriff Rechtsmittel in § 839 Abs. 3 BGB umfasst bei einem Notar auch **Erinnerungen, Gegenvorstellungen** und **Dienstaufsichtsbeschwerden**.[1231] Selbstverständlich muss der Notar auch an die Erledigung von Grundbuch-Eintragungsanträgen erinnert werden, weil anderenfalls der Amtshaftungsanspruch ausgeschlossen ist.[1232] Wenn der Betroffene zwischenzeitlich (nach Beurkundung) irgendwelche neuen Rechtskenntnisse erlangt, muss er ggf. den Notar mit einer **nicht-förmlichen Erinnerung** auf die bestehende Rechtslage hinweisen.[1233] Sofern es der Gläubiger fahrlässig unterlässt, den Notar an die Eintragung der beurkundeten Gesamtgrundschuld auch auf weitere Grundstücke zu erinnern, haftet der Notar für die Amtspflicht und die unterlassene Stellung des Eintragungsantrages nicht auf Schadensersatz.[1234] Sofern der Betroffene erkennt, dass ein Widerspruch zwischen dem vom Notar verlesenen Text und dem Willen der Beteiligten besteht, muss er den Notar hierauf hinweisen.[1235] Bei eigener Kenntnis muss der Geschädigte dem Notar stets Vorhaltungen machen, wenn er einen Vertragsentwurf für fehlerhaft erachtet.[1236] 224

Sofern ein Notar unzulässigerweise eine vollstreckbare Ausfertigung einer Urkunde erteilt, hat er zwar seine Amtspflicht verletzt. Gleichwohl entfällt seine Haftung gemäß § 19 Abs. 1 Satz 3 BNotO, § 839 Abs. 3 BGB, weil gemäß § 732 ZPO Einwendungen gegen die Zulässigkeit der Erteilung vor dem Amtsgericht geltend gemacht werden können. Demgegenüber ist dem Betroffenen die Berufung auf Rechtsunkenntnis (etwaiger Rechtsmittel) verwehrt.[1237] Auch die Instanzgerichte betonen, dass man einen Notar an die Erledigung seines Auftrages erinnern muss.[1238] Etwas anderes gilt allerdings nach der Rechtsprechung für den von der Erblasserin in Aussicht genommenen Testamentserben, der deswegen nicht Erbe geworden ist, weil der vom Erblasser angesprochene Notar amtspflichtwidrig das Testament nicht beurkundet hat, wenn der Erbe es schuldhaft unterlassen hat, den Notar an die Beurkundung zu erinnern.[1239] Auch wenn ein Notar seine Amtspflicht zum unverzüglichen Vollzug eines vom ihm be- 225

[1227] Vgl. hierzu *Wurm* in: Staudinger, § 839 Rn. 341; *Rinne/Schlick*, NVwZ 1997, 1065-1077, 1171, 1175-1176.
[1228] Vgl. hierzu *Edelmann*, WuB VIII A § 19 BNotO 2.02.
[1229] BGH v. 17.01.2002 - IX ZR 434/00 - LM BNotO § 15 Nr. 7 (9/2002); a.A. noch OLG Karlsruhe v. 06.03.1986 - 12 U 163/85 - Justiz 1986, 301-302.
[1230] BGH v. 28.09.1995 - IX ZR 13/95 - GI 1996, 219-220.
[1231] BGH v. 22.06.1982 - VI ZR 268/80 - LM Nr. 17 zu § 19 BNotO; BGH v. 16.01.1986 - III ZR 77/84 - NJW 1986, 1924-1925.
[1232] BGH v. 05.02.1974 - VI ZR 71/72 - LM Nr. 8 zu § 839 (H) BGB; OLG Rostock v. 16.04.2004 - 1 W 17/03 - OLGR Rostock 2005, 7-9 m. Anm. *Wilhelm*, WuB I F 3 Grundpfandrechte 6.05.
[1233] OLG Celle v. 18.10.2000 - 3 U 39/00.
[1234] OLG Düsseldorf v. 20.03.1997 - 18 U 47/96 - OLGR Düsseldorf 1997, 343-344.
[1235] OLG Hamm v. 08.01.1997 - 11 U 93/96 - DNotZ 1997, 573-576.
[1236] OLG Hamm v. 13.11.1996 - 11 U 99/96 - NJW-RR 1997, 1152.
[1237] OLG Düsseldorf v. 10.10.1996 - 18 U 5/96 - OLGR Düsseldorf 1997, 23-24.
[1238] OLG Bremen v. 09.06.1988 - 2 U 159/86 - DNotZ 1989, 59-61; OLG Celle v. 05.10.1994 - 3 U 23/94 - OLGR Celle 1995, 96; OLG Düsseldorf v. 24.06.1976 - 18 U 102/75 - MDR 1977, 588; OLG Köln v. 24.11.1994 - 7 U 204/93 - GI 1995, 104-112.
[1239] BGH v. 13.05.1997 - IX ZR 123/96 - LM BNotO § 19 Nr. 65 (11/1997).

§ 839

urkundeten Beherrschungs- und Gewinnabführungsvertrages zweier GmbHs verletzt, entfällt die Ersatzpflicht, wenn die beherrschte GmbH als Verletzte es schuldhaft unterlassen hat, den Notar an die Erledigung eines Eintragungsantrages zu erinnern.[1240]

226 Ausgehend hiervon ist es nicht verwunderlich, dass der **Begriff Rechtsmittel** – erstaunlicherweise ohne heftigen Widerspruch der Literatur[1241] – zwischenzeitlich **konturenlos** geworden ist. So wird zum Grundstücksverkehrsrecht die Auffassung vertreten, dass ein Antrag nach § 6 Abs. 1 GrdstVG an die Behörde, den Eintritt der Genehmigungsfiktion zu bescheinigen, verbunden mit einem Hinweis auf den verspätet ergangenen Zwischenbescheid, ein Rechtsmittel im Sinne des § 839 Abs. 3 BGB darstelle.[1242] Im Falle der Verkehrswertfestsetzung im Zwangsversteigerungsverfahren wird die Auffassung vertreten, dass ein Steuerberater ein gewisses Maß an wirtschaftlichen Erfahrungen und wirtschaftlichem Verständnis haben kann und muss, so dass ihn ein Verschulden trifft, wenn er es unterlässt, eine Korrektur der Verkehrswertfestsetzung in einem Rechtsbehelfsverfahren anzustreben.[1243] Als Rechtsmittel im Sinne des § 839 Abs. 3 BGB werden alle Rechtsbehelfe angesehen, die sich unmittelbar gegen die schädigende Amtshandlung oder Unterlassung selbst richten und ihre Beseitigung oder Berichtigung bezwecken oder ermöglichen, wozu auch ein bloßes Nachfragen oder Erinnern gehöre.[1244] Der Begriff des Rechtsmittels umfasst – nach der Rechtsprechung – auch einen weiteren Rechtsbehelf gegen eine auf ein Rechtsmittel i.S.d. § 839 Abs. 3 BGB ergangene Entscheidung.[1245]

227 Zur Schadensersatzabwendungspflicht gehört auch die Stellung eines förmlichen Antrages auf die begehrte Leistung.[1246] Auch **Telefonanrufe** an den zuständigen Sachbearbeiter zwecks Bearbeitung eines Antrages auf Zustimmung zur Mieterhöhung sind ein **hinreichendes Rechtsmittel** im Sinne des § 839 Abs. 3 BGB.[1247] Weiterhin wird als Rechtsmittel angesehen der Antrag auf Richtigstellung einer Pressemitteilung; über ein strafrechtliches Ermittlungsverfahren.[1248] Ein Anspruch auf Ersatz von Anwaltskosten nach Amtshaftungsgrundsätzen besteht nicht, wenn Fehler einer Behörde (hier des Finanzamtes) durch eine **sich aufdrängende** einfache Rückfrage hätten geklärt werden können.[1249] Bei fehlerhafter Steuerfestsetzung sowie der Verzinsung verspäteter Steuerfestsetzungen nach § 233a AO wird man die Beantragung eines Billigkeitserlasses als Rechtsmittel i.S.d. § 839 Abs. 3 BGB ansehen müssen.[1250] Im Rahmen einer Prüfungsanfechtung hat die Rechtsprechung ebenfalls die Auffassung vertreten, dass als Rechtsmittel im Sinne des § 839 Abs. 3 BGB auch Gegenvorstellungen, Erinnerungen, Dienst- und Fachaufsichtsbeschwerden u.Ä. anzusehen sind; nicht ausreichend seien bloße Unmutsäußerungen im Rahmen der Zeugnisübergabe bei der Abiturfeier.[1251] Sofern ein Gefangener ein 9,9 m² große Zelle mit einem Mitgefangenen teilen muss, verstößt dies gegen die Menschenwürde; ein Schadensersatzanspruch gegen das Land scheitert jedoch, wenn der Gefangene gegen die Unterbringung nicht nach StVollzG vorgegangen ist.[1252] Die Rechtsprechung vertritt weiterhin die Auffassung, dass ein Schadensersatzanspruch des Geschädigten ausgeschlossen ist, wenn dieser bei zu Unrecht eingeleiteten Strafverfolgungsmaßnahmen **nichts gegen das Verhalten des Polizeibeamten unternommen** (wie z.B. Dienstaufsichtsbeschwerde oder schriftliche Einreichung der vom Polizeibeamten zurückgewiesene entlastende Beweis) habe.[1253]

[1240] OLG Naumburg v. 24.03.2003 - 1 U 79/02 - OLGR Naumburg 2003, 480-481.

[1241] A.A. allerdings *Bonk* in: Sachs, GG, 4. Aufl. 2007, Art. 34 Rn. 97; *Ossenbühl*, Staatshaftungsrecht, 5. Aufl. 1998, S. 95; *Schoch*, Jura 1988, 648-653, 650.

[1242] BGH v. 03.06.1993 - III ZR 104/92 - BGHZ 123, 1-15.

[1243] BGH v. 27.09.1990 - III ZR 53/89 - Rpfleger 1991, 12-13.

[1244] BGH v. 12.07.1965 - III ZR 41/64 - BB 1966, 182; Die Bauvoranfrage ist allerdings kein Rechtsbehelf i.S.d. § 839 Abs. 3 BGB, vgl. OLG Brandenburg. v. 13.02.2007 - 2 U 10/05 - OLGR Brandenburg 2008, 190-196.

[1245] OLG München v. 09.08.2004 - 1 U 3448/04 - OLGR München 2005, 842-844.

[1246] OVG Münster v. 15.11.2006 - 6 A 131/05 - ZBR 2007, 214-215.

[1247] BGH v. 26.11.1964 - III ZR 63/64 - VersR 1965, 285-287.

[1248] OLG Karlsruhe v. 21.12.2007 - 14 U 193/06.

[1249] OLG Saarbrücken v. 27.11.2001 - 4 U 70/01 - 15, 4 U 70/01 - OLGR Saarbrücken 2002, 96-97.

[1250] *Jebens*, BB 2010, 544-549.

[1251] OLG Koblenz v. 03.05.2000 - 1 U 223/99 - OLGR Koblenz 2000, 505-506.

[1252] OLG Naumburg v. 03.08.2004 - 4 W 20/04 - NJW 2005, 514-515; OLG München v. 27.04.2005 - 1 W 1226/05; LG Hamburg v. 22.05.2003 - 303 O 28/03 - ZfStrVo 2004, 5-6.

[1253] OLG Brandenburg v. 02.12.2003 - 2 U 29/03 - VRS 106, 163-165; ergänzend BVerwG v. 01.04.2004 - 2 C 26/03 - NVwZ 2004, 1257.

Eine Haftung wegen Amtspflichtverletzung wegen eines angeblich unvollständig oder unrichtig erteilten **Patentes** tritt nicht ein, wenn der geltend gemachte Schaden hätte abgewendet werden können, wenn nach Erteilung des Patentes ein neuer Antrag gestellt worden wäre.[1254] Sofern ein Rentenversicherungsträger einen Widerspruchsbescheid unklar formuliert, macht er sich schadensersatzpflichtig. Prozesskostenhilfe für eine entsprechende Schadensersatzklage ist jedoch zu versagen, wenn es der **Versicherungsnehmer** unterlassen hat, sich hinsichtlich einer etwaigen Rechtsmitteleinlegung rechtzeitig fachkundig beraten zu lassen.[1255] Sofern ein Gläubiger bei der Pfändung von Gemälden nicht auf einer Schätzung des Wertes durch einen Sachverständigen besteht statt durch den Gerichtsvollzieher, kann er im Falle der Versteigerung der Bilder zum durch den Gerichtsvollzieher geschätzten (niedrigeren Wert) keinen Schadensersatz fordern.[1256] Die Amtshaftung gemäß § 839 Abs. 3 BGB scheidet auch dann aus, wenn der Betroffene zwar rechtzeitig Rechtsmittel eingelegt hat (hier: Widerspruch gegen die Beendigung des vorläufigen Schulverhältnisses mit einer berufsbildenden Schule), alsdann jedoch nicht die aufschiebende Wirkung des Widerspruches ausgenutzt und die Schule weiter besucht hat.[1257] Der Geschädigte muss selbst nach Ablauf der Widerspruchsfrist Widerspruch einlegen, da auch ein verfristeter Widerspruch die Behörde veranlassen kann, eine rechtswidrige Entscheidung aufzuheben.[1258]

228

Selbst der Grundsatz, dass ein Bürger auf Belehrungen und Erklärungen eines Beamten vertrauen darf, gilt nicht uneingeschränkt. Im Einzelfall könne bei unwidersprochener Hinnahme einer falschen Auskunft eine Amtshaftung gemäß § 839 Abs. 3 BGB ausscheiden, da der Begriff des Rechtsmittels in dieser Bestimmung auch eine Gegenvorstellung des Betroffenen umfasse.[1259] Bei zögerlicher Behandlung einer Angelegenheit durch eine Behörde ist eine **einfache Nachfrage** erforderlich.[1260] Im Prüfungsverfahren (Unterbleiben der Mitteilung des Namens des Zensors, Änderung des Themas der Prüfungsaufgabe ohne Verlängerung der Bearbeitungsfrist) sind Schadensersatzansprüche ausgeschlossen, wenn der Prüfling nicht alsbald die Behebung dieser Mängel verlangt und durchgesetzt hat.[1261] Immerhin hat der BGH nunmehr entschieden, dass zum **Gebrauch eines Rechtsmittels** im Sinne des § 839 Abs. 3 BGB nicht gehört, dass der Bauherr, der gegen eine Baustilllegungsverfügung Widerspruch eingelegt hat, wegen dessen aufschiebender Wirkung die bereits begonnenen Bauarbeiten fortsetzt.[1262] Ebenfalls kann Unterlassen des Gebrauchs eines **Rechtsmittels** vorliegen, wenn ein am Beurkundungsverfahren Beteiligter (vertreten durch einen Rechtsanwalt) sorgfaltswidrig es unterlassen hat, Unzulänglichkeiten in dem ihm zugänglich gemachten Urkundenentwurf des Notars aufzudecken, durch deren Prüfung Berichtigung weiterer Mängel in der daraufhin beurkundeten vertraglichen Fassung hätten vermieden werden können.[1263] Überzogen ist die Rechtsprechung der Verwaltungsgerichte, wonach das Fehlen eines eigenen Antrages auf Beförderung ebenfalls zur Anwendung des Rechtsgedanken des § 839 Abs. 3 BGB führen kann.[1264]

229

c. Eigene Auffassung

Gegen diese Rechtsprechung bestehen **erhebliche rechtsstaatliche Bedenken**. Eine Nachfrage, Erinnerung oder Dienstaufsichtsbeschwerde lässt sich ersichtlich nicht als **Rechtsmittel** begreifen. Selbst unter dem weiten Begriff des **Rechtsbehelfes** sind diese Maßnahmen nicht zu subsumieren.[1265] Warum bei einer zögerlichen Behandlung einer Angelegenheit die Behörde durch den betroffenen Bürger veranlasst werden muss, zügiger zu arbeiten, ist nicht ersichtlich. Hierbei ist auch zu berücksichtigen, dass viele Behörden dem betroffenen Bürger eine Eingangsbestätigung übermitteln und sogleich darauf hin-

230

[1254]OLG München v. 25.08.1999 - 1 W 2243/99 - OLGR München 2000, 95-96.
[1255]OLG Düsseldorf v. 31.05.1999 - 18 W 10/99 - AmtlMittLVA Rheinpr 2000, 408.
[1256]OLG München v. 29.10.1998 - 1 U 3299/98 - OLGR München 1999, 177-178.
[1257]OLG Koblenz v. 01.07.1998 - 1 U 1134/97 - OLGR Koblenz 1998, 424-425.
[1258]BGH v. 12.12.2002 - III ZR 182/01 - DVBl 2003, 460-463.
[1259]OLG Zweibrücken v. 07.01.1998 - 1 U 81/96 - OLGR Zweibrücken 1998, 188-190.
[1260]OLG Düsseldorf v. 02.12.1993 - 18 U 92/93 - NJW-RR 1995, 13-14.
[1261]OLG Düsseldorf v. 01.10.1991 - 18 U 124/91 - NVwZ 1992, 94-95.
[1262]BGH v. 05.07.2001 - III ZR 11/00 - LM BGB § 839 (Fe) Nr. 154 (1/2002).
[1263]BGH v. 08.01.2004 - III ZR 39/03 - EBE/BGH 2004, BGH-Ls 120/04.
[1264]BVerwG v. 18.04.2002 - 2 C 19/01 - NVwZ-RR 2002, 620 sowie OVG Münster v. 28.05.2003 - 1 A 3128/00 - IÖD 2004, 17-21.
[1265]Vgl. zu den verfassungsrechtlichen Grenzen der Auslegung einer Norm bei „eindeutigem Wortlaut der Norm und deren Entstehungsgeschichte" BVerwG v. 21.06.2007 - 3 C 24/06 - NVwZ 2008, 430-433.

weisen, dass die Bearbeitung einige Zeit in Anspruch nehme und dass man deshalb darum bitte, von Nachfragen Abstand zu nehmen. Die **konturenlose** Ausuferung des **Begriffes Rechtsmittel** hat mit dem Sinn und Zweck von § 839 Abs. 3 BGB, die Geschädigten auf den **primären Verwaltungsrechtsschutz** zu verweisen, nichts mehr zu tun.[1266] Insoweit wird lediglich das **Risiko** für die **Untätigkeit der Verwaltung** teilweise auf den Bürger **verlagert**.

231 Das Abstellen auf die Nichteinlegung eines formlosen Rechtsbehelfes mag im Rahmen des § 254 BGB diskutiert werden. Die Anwendung des § 839 Abs. 3 BGB führt jedoch zu einem **entweder – oder**. Insoweit liegt ein offenkundiger Verstoß gegen den aus dem Rechtsstaatsprinzip herzuleitenden Grundsatz der Verhältnismäßigkeit[1267] vor. Die Einbeziehung von **formlosen Rechtsbehelfen** in die **Rechtsmittel** im Sinne von § 839 Abs. 3 BGB verletzt objektiv willkürlich Art. 3 Abs. 1 GG.[1268] Letztendlich ist darauf hinzuweisen, dass Art. 34 GG eine institutionelle Garantie der Amtshaftung[1269] beinhaltet; die die Haftung des Staates beschränkenden oder gar ausschließenden Regelungen müssen daher sachlich gerechtfertigt sein, sich an der Grundentscheidung der Verfassung ausrichten sowie die Anforderungen der Verhältnismäßigkeit wahren;[1270] sie sind als **Ausnahmen von dem Verfassungsgrundsatz eng auszulegen**[1271]. Bedenklich ist auf jeden Fall die Ausweitung auf nicht-förmliche Rechtsbehelfe.[1272] Das BVerfG hat bislang lediglich betont, dass sich aus § 839 Abs. 3 BGB der strikte Vorrang des Primärrechtsschutzes ergebe und dass deshalb der Betroffene in der Regel verpflichtet sei, die zulässigen verwaltungsgerichtlichen Rechtsbehelfe zu ergreifen.[1273] Von daher bleibt abzuwarten, ob das BVerfG irgendwann einmal der ausufernden Ausdehnung des Begriffs „Rechtsmittel" i.S.d. § 839 Abs. 3 BGB entgegentritt.

2. Ursächlichkeit

232 Zwischen der Nichteinlegung des Rechtsmittels und dem Eintritt des Schadens muss ein Kausalzusammenhang bestehen.[1274] Die **Darlegungs- und Beweislast** für die **Ursächlichkeit** und das **Verschulden** trifft den Schädiger.[1275] Dies gilt auch für die hypothetische Kausalität des nicht eingelegten Rechtsbehelfs.[1276] Die Kausalität zwischen Nichteinlegung des Rechtsmittels und dem Schadenseintritt ist im Regelfall zu bejahen, wenn über den **Rechtsbehelf** richtigerweise zu Gunsten des Geschädigten hätte entschieden werden müssen.[1277] Hierbei ist auf die damalige Sach- und Rechtslage und Rechtsprechung abzustellen.[1278] Es steht außer Frage, dass in den Fällen, in denen ein Rechtsbehelf den Schaden aus der Amtspflichtverletzung nur teilweise abwenden könnte, die Nichteinigung den Ersatzanspruch nur zum entsprechenden Teil entfallen lässt.[1279] Die Ursächlichkeit der Nichteinlegung einer Dienstaufsichtsbeschwerde ist zu verneinen, wenn festgestellt werden kann, dass der Rechtsbehelf tatsächlich keinen Erfolg gehabt hätte.[1280] Gleiches gilt bei der Entschädigung wegen menschenunwürdiger Unterbringung in einem Gemeinschaftsraum, wenn die etwaige Versäumung von Anträgen und Rechtsmitteln nicht

---

[1266] Die Ablehnung von Dienstaufsichtsmaßnahmen kann nicht mit einer verwaltungsgerichtlichen Klage angegriffen werden, so bereits BVerwG v. 11.10.1963 - VII B 95.63 - Buchholz 310 § 40 VwGO Nr. 25; vgl. weiterhin OVG Bremen v. 15.07.1986 - 1 BA 20/86.

[1267] Vgl. hierzu BVerfG v. 09.09.1994 - 2 BvR 1089/94 - ZBR 1994, 380-382.

[1268] Im Ergebnis ebenso *Ossenbühl*, Staatshaftungsrecht, 5. Aufl. 1998, S. 95.

[1269] *Papier* in: Maunz/Dürig, GG, Art. 34 Rn. 240.

[1270] *Papier* in: Maunz/Dürig, GG, Art. 34 Rn. 240; *Papier* in: MünchKomm-BGB, § 839 Rn. 336-340; *Wieland* in: Dreier, GG, 2. Aufl. 2006, Art. 34 Rn. 56-57;

[1271] *Ossenbühl*, Staatshaftungsrecht, 5. Aufl. 1998, S. 96, 97; *Roth*, ZBR 2001, 14-24, 14, 21.

[1272] Ebenso *v. Danwitz* in: Mangoldt/Klein/Starck, Bonner GG, 5. Aufl. 2005, Art. 34 Rn. 104; Jarass/Pieroth, Grundgesetz (GG), 10. Aufl. 2009, Art. 34 Rn. 20.

[1273] BVerfG v. 02.12.1999 - 1 BvR 165/90 - NJW 2000, 1402.

[1274] OLG Karlsruhe v. 13.05.2005 - 14 U 164/03 - NVwZ-RR 2005, 826-828.

[1275] BVerfG v. 22.02.2011 - 1 BvR 409/09 - NJW-RR 2011, 1043-1047; RG v. 12.11.1941 - III 53/41 - RGZ 168, 143-175; BGH v. 09.10.2003 - III ZR 342/02 - NJW 2004, 1241; *Vinke* in: Soergel, § 839 Rn. 222.

[1276] LG Berlin v. 28.03.2012 - 86 O 354/11.

[1277] BGH v. 03.06.1993 - III ZR 104/92 - juris Rn. 27 - BGHZ 123, 1-15.

[1278] BGH v. 28.06.1984 - III ZR 35/83 - juris Rn. 27 - BGHZ 92, 34-54; BGH v. 09.10.2003 - III ZR 342/02 - NJW 2004, 1241-1243; BGH v. 11.03.2010 - III ZR 124/09; *Wurm* in: Staudinger, § 839 Rn. 351.

[1279] BVerfG v. 22.02.2011 - 1 BvR 409/09 - NJW-RR 2011, 1043-1047; BGH v. 16.01.1986 - III ZR 77/84 - NJW 1986, 1924-1925.

[1280] BGH v. 18.12.1961 - III ZR 195/60 - VerwRspr 14, 546-547; BGH v. 16.01.1986 - III ZR 77/84 - NJW 1986, 1924-1925.

kausal war für die Fortdauer der menschenunwürdigen Unterbringung, weil mangels ausreichender Kapazität eine menschenwürdige Unterbringung überhaupt nicht möglich war.[1281] Eine den Ausschluss von Amtshaftungsansprüchen rechtfertigende Erfolgsaussicht des Rechtsbehelfs kann nur bejaht werden, wenn das in Betracht kommende Rechtsmittel nicht nur überhaupt, sondern auch innerhalb einer für den Betroffenen zumutbaren Zeit zum Erfolg geführt hätte.[1282] Dass das **Unterlassen einer Erinnerung** für einen Schaden nicht kausal ist, wenn feststeht, dass der Notar/Beamte der Erinnerung nicht abgeholfen hätte, hat der BGH erneut bestätigt.[1283]

Es ist somit zu differenzieren: Sofern dem Betroffenen ein förmliches Rechtsmittel zur Verfügung stand, hat im Schadensersatzprozess das Gericht bei der Frage der Kausalitätsprüfung zu entscheiden, wie nach seiner Auffassung das Gericht des (verwaltungsgerichtlichen) Primärrechtsschutzes entschieden hätte. Problematisch ist dies in den Fällen, in denen eine Rechtsfrage offen war bzw. eine höchstrichterliche Klärung der Rechtsfrage noch ausstand. 233

Sofern es nicht um die Anrufung eines Gerichtes gegen einen Verwaltungsakt geht, sondern um **formlose Rechtsbehelfe**, wie z.B. Dienstaufsichtsbeschwerden oder Gegenvorstellungen, ist zu prognostizieren, ob durch einen derartigen formlosen Rechtsbehelf sich der Schadenseintritt hätte vermeiden lassen. Bei Hinweisen auf eine fehlerhafte Sachverhaltsannahme oder auf eine eindeutige Rechtslage wird man dies ohne weiteres unterstellen können. Zweifelhaft wird die Prognose jedoch, wenn es um die Untätigkeit einer Behörde geht. Es gibt keinen Erfahrungssatz, wonach eine Behörde aufgrund einer Nachfrage oder eines Anrufs schneller arbeitet. Bei **Dienstaufsichtsbeschwerden** gilt nach wie vor der populäre Satz: fristlos, formlos, kostenlos und zwecklos![1284] Von daher ist die Feststellung schwierig, dass ein derartiger formloser Rechtsbehelf im Falle der zögerlichen Behandlung oder Untätigkeit der Behörde zur Schadenabwendung geführt hätte.[1285] Richtigerweise muss der Schädiger darlegen und beweisen, dass der Geschädigte im Wege der unverzüglichen Dienstaufsichtsbehörde mit Erfolg die Vornahme der Amtshandlung hätte bewirken können.[1286] 234

Soweit in Rechtsprechung und Literatur die Auffassung vertreten wird, es sei davon auszugehen, dass über das Rechtsmittel, falls es eingelegt worden wäre, nach gehöriger Prüfung in angemessener Zeit entschieden worden wäre[1287], so gilt dieser Rechtssatz allenfalls für das gerichtliche Verfahren. Die Kausalität der Nichteinlegung eines Rechtsmittels bei einer Behörde wegen verzögerlicher Behandlung ist zu verneinen, wenn bekannt ist oder der Geschädigte nachweisen kann, dass diese Behörde – aus welchen Gründen auch immer – unverhältnismäßig lange braucht, ehe sie über einen Antrag entscheidet.[1288] 235

3. Verschulden

Die Nichteinlegung eines Rechtsmittels, das durch Beseitigung oder Berichtigung der pflichtwidrigen Amtshandlung den Schaden abgewendet hätte[1289], ist allein nicht ausreichend. Erforderlich ist ein **Verschulden**, und sei es auch nur **leichte Fahrlässigkeit**.[1290] Nach Rechtsprechung und Literatur ist das Verschulden des Verletzten unter Berücksichtigung der Umstände des Einzelfalles danach zu ermitteln, welches Maß an Umsicht und Sorgfalt von Angehörigen des Personenkreises verlangt werden muss, dem der Verletzte angehört. Hierbei sind die individuellen Umstände des Einzelfalles zu berücksichtigen.[1291] Im Übrigen sind der Bildungsgrad und die wirtschaftliche Erfahrung des Verletzten von 236

[1281] OLG Hamm v. 29.10.2010 - 11 U 239/09; OLG Hamm v. 10.12.2010 - 11 U 125/10; LG Münster v. 17.04.2009 - 11 O 164/08; LG Bonn v. 16.03.2009 - 1 O 400/07.
[1282] BGH v. 05.02.1987 - III ZR 16/86 - BGHR BGB § 839 Abs. 3 Kausalität 1.
[1283] BGH v. 17.01.2002 - IX ZR 434/00 - LM BNotO § 15 Nr. 7 (9/2002).
[1284] Eine gerichtliche Überprüfung ist möglich, auch nicht ohne Kostenerstattung; vgl. hierzu BVerwG v. 06.02.1979 - 1 WB 44/78 - BVerwGE 63, 189-190; BVerwG v. 25.04.1984 - 1 WB 51/83, 1 WB 146/83 - RiA 1984, 191.
[1285] Vgl. zu dieser Problematik BGH v. 16.01.1986 - III ZR 77/84 - NJW 1986, 1924-1925; *Vinke* in: Soergel, § 839 Rn. 222; *Ossenbühl*, Staatshaftungsrecht, 5. Aufl. 1998, S. 95.
[1286] OLG Karlsruhe v. 05.08.2004 - 12 U 218/04 - VersR 2005, 364-366.
[1287] BGH v. 18.12.1961 - III ZR 195/60 - VerwRspr 14, 546-547; *Kreft* in: BGB-RGRK, § 839 Rn. 534.
[1288] *Jakob*, NJW 2004, 368-369.
[1289] Die Nichterweislichkeit geht zu Lasten des Beklagten, vgl. OLG Hamm v. 10.12.2010 - 11 U 125/10.
[1290] RG v. 25.11.1930 - III 38/30 - RGZ 131, 12-16; BGH v. 01.02.1954 - III ZR 371/52 hierzu *Wurm* in: Staudinger, § 839 Rn. 345-349.
[1291] So insbesondere BGH v. 07.11.1996 - III ZR 283/95 - LM BGB § 839 (4/1997) zum Verschuldensmaßstab in einer politischen Umbruchsituation (hier: Frühjahr 1991 im Lande Brandenburg); vgl. weiterhin *Bonk* in: Sachs, GG, 6. Aufl. 2011, Art. 34 Rn. 99.

Bedeutung. Das Fehlen der erforderlichen Rechtskenntnisse kann nach allgemeiner Auffassung den Verletzten nicht entschuldigen; ggf. muss er sich rechtskundigen Rat einholen.[1292] Dies setzt aber voraus, dass der **Rechtsunkundige** die Rechtswidrigkeit der Amtshandlung erkennen konnte.[1293] Ohne Veranlassung besteht beim rechtsunkundigen Bürger keine Pflicht, sich hinsichtlich der Einlegung von Rechtsmitteln rechtlich beraten zu lassen; insoweit ist auf den jeweiligen Einzelfall abzustellen.[1294] Wenn der Dienstherr den Bewerber um eine Beförderung nicht über die beabsichtigte Besetzung der Planstelle mit anderen Bewerbern unterrichtet, kann die Nichteinlegung von Rechtsmittel gegen die Ernennung eines Mitbewerbers nicht als schuldhaft i.S.v. § 839 Abs. 3 BGB angesehen werden.[1295]

237 Der Schadensersatzanspruch wird nicht durch den Eintritt der Unanfechtbarkeit des Verwaltungsaktes ausgeschlossen; ein Ausschluss kommt gemäß § 839 Abs. 3 BGB nur in Betracht, wenn der Verletzte schuldhaft (im Sinne eines **Verschuldens gegen sich selbst**) versäumt hat, den Verwaltungsakt mit den dafür vorgesehenen Rechtsbehelfen anzufechten.[1296] Weiter stellt die Rechtsprechung darauf ab, ob der Betroffene es **vorwerfbar** unterlassen hat, den Schaden durch Gebrauch eines Rechtsmittels abzuwenden.[1297] Dies wird verneint, wenn ein Bietwilliger in Zwangsversteigerungsverfahren infolge Unkenntnis der Vorschriften es unterlässt, gegen das Unterbleiben des Einzelausgebots (§ 63 ZVG) Erinnerung einzulegen oder wenn ein Gläubiger es unterlässt, gegen einen Teilungsplan bei verwickelter Rechtslage Widerspruch zu erheben.[1298]

238 Im Allgemeinen darf der Staatsbürger auf **Erklärungen** und **Belehrungen** eines Beamten **vertrauen**.[1299] Wird einem Gefangenen auf einen von ihm gestellten Verlegungsantrag durch Bedienstete der JVA vermittelt, dass jedes Bemühen um eine sofortige Verlegung in die Einzelunterbringung aussichtslos sei, da die Vergabe von Einzelhafträumen ausschließlich nach Maßgabe einer Warteliste erfolge, ist es dem Gefangenen regelmäßig nicht zumutbar, weitere Rechtsmittel i.S.d. § 839 Abs. 2 BGB einzulegen.[1300] Der Einlegung eines Rechtsmittels bedarf es nicht, wenn der Geschädigte nicht klüger ist als der Beamte, es sei denn, dass die Annahme einer unrichtigen Belehrung dringlich nahe liegt.[1301] Bei hinreichenden Anhaltspunkten für eine unzutreffende Sachbehandlung muss indes ein Rechtsmittel eingelegt werden.[1302] Die Einlegung eines Rechtsbehelfs kommt nur in Betracht, wenn dieser auch innerhalb einer für den Betroffenen zumutbaren Zeit zum Ziel führt.[1303] Ein Geschädigter, dessen Antrag von der Behörde weder stattgegeben noch förmlich abgelehnt wurde, darf zwar zunächst mit der Behörde verhandeln; gibt jedoch die Behörde zu erkennen, dass sie dem Antrag auch nach geführter Verhandlung nicht stattgeben werde, muss er alsbald ein förmliches Rechtsmittel ergreifen[1304] und ggf.

[1292] RG v. 20.03.1941 - V 102/40 - RGZ 166, 249-257; OLG Hamm v. 29.10.2010 - 11 U 81/09; *Vinke* in: Soergel, § 839 Rn. 224; *Schäfer* in: Staudinger, 12. Aufl. 1986, § 839 Rn. 472.
[1293] BGH v. 05.02.1974 - VI ZR 71/72 - LM Nr. 8 zu § 839 (H) BGB; BGH v. 31.03.1977 - VII ZR 336/75 - juris Rn. 19 - BGHZ 68, 276-281; OLG Bremen v. 16.05.2001 - 1 U 93/00 - OLGR Bremen 2002, 114-118; *Vinke* in: Soergel, § 839 Rn. 224.
[1294] OLG Koblenz v. 25.07.2001 - 1 U 1025/00 - OLGR Koblenz 2001, 505-507.
[1295] OLG Brandenburg v. 11.12.2003 - 2 U 52/01 - NJ 2004, 367-368; OVG Münster v. 07.07.2004 - 1 A 512/02 - Schütz BeamtR ES/A II 1.4 Nr. 117.
[1296] BGH v. 15.11.1990 - III ZR 302/89 - BGHZ 113, 17-26; vgl. zur Überprüfung bestandskräftiger Verwaltungsakte durch die Zivilgerichte *Stuttmann*, NJW 2003, 1432-1434; *Steinweg*, NJW 2003, 3037-3039; *Wißmann*, NJW 2003, 3455-3457; *Beaucamp*, DVBl 2004, 352-356.
[1297] BGH v. 26.01.1984 - III ZR 216/82 - BGHZ 90, 17-33; BGH v. 28.06.1984 - III ZR 35/83 - BGHZ 92, 34-54; BGH v. 21.12.1990 - III ZR 280/89 - BGHR BGB § 839 Abs. 3 Primärrechtsschutz 8; BGH v. 26.03.1998 - III ZR 292/96 - BGHR BGB § 839 Abs. 3 Grundstücksverkehrsgenehmigung 1.
[1298] RG v. 20.03.1941 - V 102/40 - RGZ 166, 249-257.
[1299] BGH v. 21.03.1963 - III ZR 8/62 - VersR 1963, 849-852; BGH v. 31.03.1977 - VII ZR 336/75 - juris Rn. 19 - BGHZ 68, 276-281; BGH v. 15.11.1990 - III ZR 302/89 - NJW 1991, 1168; OVG Münster v. 15.11.2006 - 6 A 131/05 - ZBR 2007, 214-215.
[1300] OLG Hamm v. 19.11.2010 - 11 U 11/10 unter Bezugnahme auf BGH v. 12.03.2009 - III ZR 182/08.
[1301] BGH v. 21.03.1963 - III ZR 8/62 - VersR 1963, 849-852; BGH v. 29.11.1954 - III ZR 84/53 - BGHZ 15, 305-315.
[1302] BGH v. 05.02.1974 - VI ZR 71/72 - LM Nr. 8 zu § 839 (H) BGB; OLG Düsseldorf v. 02.05.1991 - 18 U 285/90 - ZBR 1992, 184.
[1303] BGH v. 05.02.1987 - III ZR 16/86 - BGHR BGB § 839 Abs. 3 Kausalität 1; BGH v. 26.01.1995 - III ZR 71/93 - BGHZ 128, 346-358; BGH v. 20.02.2003 - III ZR 224/01 - BGHZ 154, 54-64.
[1304] BGH v. 05.02.1987 - III ZR 16/86 - BGHR BGB § 839 Abs. 3 Kausalität 1.

auf einen förmlichen Bescheid bestehen.[1305] Stehen dem durch eine Amtspflichtverletzung Geschädigten mehrere Möglichkeiten zur Abwendung des Schadens zur Verfügung (z.B. Widerspruchsverfahren und Antrag auf Erlass einer einstweiligen Anordnung), so führt der Nichtgebrauch des effektivsten Rechtsmittels zum Anspruchsverlust nach § 839 Abs. 3 BGB.[1306] Weiterhin wird die Auffassung vertreten, dass es dem Betroffenen grundsätzlich zumutbar sei, gegen einen Bußgeldbescheid oder einen Strafbefehl Einspruch einzulegen bzw. ggf. aufrechtzuerhalten.[1307]

Ein **Rechtsmittel** gegen eine **Gerichtsentscheidung** braucht nicht eingelegt zu werden, wenn diese dem Betroffenen **aussichtslos** erscheinen durfte.[1308] Dies gilt auch, wenn der Betroffene aufgrund einer sich entwickelten Rechtsprechung bei nachträglicher Betrachtungsweise möglicherweise Erfolg gehabt hätte, die Rechtsprechung aber zum maßgeblichen – früheren – Zeitpunkt noch nicht **ausgeformt** und **verfestigt** war.[1309] Eine Kostenentscheidung gemäß § 91a ZPO braucht nur dann angefochten zu werden, wenn besondere Umstände den Erfolg einer Anfechtung nahe legen.[1310] Generell genügt somit die Inanspruchnahme nur einer gerichtlichen Instanz.[1311] Das Verhalten von Hilfspersonen oder des gesetzlichen Vertreters ist dem Geschädigten gemäß § 254 Abs. 2 Satz 2, § 278 BGB zurechenbar. Dies gilt sowohl für den Rechtsanwalt[1312] als auch für den Notar[1313]. 239

Es entsteht der Eindruck, dass Zivilgerichte die mit der vergeblichen Einlegung eines Rechtsmittels verbundenen Kosten und die **Zumutbarkeit** dieser Kosten für den Geschädigten völlig außer Betracht lassen, wobei die Kosten eines erfolglosen Rechtsmittels nicht zu dem vom Staat im Falle des Obsiegens bei einer Amtshaftungsklage zu ersetzenden Schaden gehören.[1314] Während sich im finanzgerichtlichen Verfahren die Finanzverwaltung stets selbst vertritt und im sozialgerichtlichen Verfahren eine Kostenerstattung (Übernahme der Kosten der Beklagten durch den Kläger) grundsätzlich nicht in Betracht kommt, können sich im Verwaltungsprozess die beklagten Behörden anwaltlich vertreten lassen. Die Kosten des Behördenanwaltes sind gemäß § 162 VwGO stets erstattungsfähig, es sei denn, dass die Hinzuziehung gegen Treu und Glauben verstößt, insbesondere offensichtlich nutzlos und objektiv nur dazu angetan war, dem Kläger Kosten zu verursachen.[1315] Das **Kostenrisiko** vergrößert sich erheblich, wenn zu dem verwaltungsgerichtlichen Verfahren gemäß § 65 VwGO ein Dritter beigeladen wird (z.B. der Nachbar in einer baurechtlichen Streitigkeit). Wenig bekannt ist hierbei, dass – abgesehen von den beamtenrechtlichen Streitigkeiten – viele **Rechtsschutzversicherungen** keinen Rechtsschutz für das Gebiet des Verwaltungsrechtes gewähren. Dies bedeutet, dass der verwaltungsgerichtliche Primärrechtsschutz häufig mit erheblichen Kosten für den Geschädigten verbunden ist, die im Unterliegensfalle von ihm persönlich zu tragen sind. Im Übrigen werden viele Rechtsanwälte, insbesondere die Fachanwälte für Verwaltungsrecht, nur auf der Basis einer Honorarvereinbarung tätig.[1316] In einem der- 240

[1305] OLG München v. 12.02.2012 - 1 W 2126/11.
[1306] LG Potsdam v. 09.01.2002 - 4 O 447/00 - VersR 2003, 372-374.
[1307] OLG München v. 10.03.2005 - 1 U 4947/04 - OLGR München 2006, 35-36.
[1308] BGH v. 06.12.1984 - III ZR 141/83 - LM Nr. 32 zu § 254 (DC) BGB; BGH v. 16.01.1986 - III ZR 77/84 - NJW 1986, 1924-1925; OLG Schleswig v. 19.06.2008 - 11 U 24/07 - OLGR Schleswig 2009, 373-376.
[1309] BGH v. 28.06.1984 - III ZR 35/83 - BGHZ 92, 34-54; ebenso *Papier* in: MünchKomm-BGB, § 839 Rn. 334.
[1310] BGH v. 06.12.1984 - III ZR 141/83 - LM Nr. 32 zu § 254 (DC) BGB.
[1311] RG v. 28.02.1936 - III 172/35 - RGZ 150, 323-330.
[1312] RG v. 26.10.1932 - V 265/32 - RGZ 138, 114-118; RG v. 18.03.1940 - V 169/39 - RGZ 163, 121-127; *Vinke* in: Soergel, § 839 Rn. 228; *Bonk* in: Sachs, GG, 4. Aufl. 2007, Art. 34 Rn. 99; vgl. zum Verhältnis Anwaltsverschulden, Gerichtsfehler und Anwaltshaftung BVerfG v. 12.08.2002 - 1 BvR 399/02 - NJW 2002, 2937-2938; sowie BGH v. 18.12.2008 - IX ZR 179/07 - NJW 2009, 987-989; vgl. hierzu *Zugehör*, NJW 2003, 3225-3232; *Medicus*, AnwBl 2004, 257-263; *Römermann*, EWiR 2009, 431-432 sowie *Stückemann*, FA 2010, 9-11.
[1313] BGH v. 13.01.1984 - V ZR 205/82 - LM Nr. 89 zu § 278 BGB; BGH v. 08.02.1974 - V ZR 21/72 - BGHZ 62, 119-125; BGH v. 03.06.1993 - III ZR 104/92 - juris Rn. 19 - BGHZ 123, 1-15; hierzu *Reinert* in: Bamberger/Roth, 2. Aufl. 2008, § 839 Rn. 92.
[1314] RG v. 22.06.1912 - V 83/12 - WarnR 1912, 390; *Schäfer* in: Staudinger, 12. Aufl. 1986, § 839 Rn. 474; a.A. nunmehr - ohne ausdrückliche Diskussion dieses Problems - BGH v. 12.12.2002 - III ZR 182/01 - DVBl 2003, 460-463.
[1315] Vgl. z.B. VGH Mannheim v. 28.02.1991 - NC 9 S 98/90 - VBlBW 1991, 254-255; *Kopp/Schenke*, VwGO, 15. Aufl. 2007, § 162 Rn. 10; *Eyermann/Geiger/Happ/Rennert*, VwGO, 12. Aufl. 2006, § 162 Rn. 8; *Bader/v. Albedyl/Funke-Kaiser/Kuntze*, Verwaltungsgerichtsordnung, 4. Aufl. 2007, § 162 Rn. 19-20; kritisch hierzu *Zimmerling/Brehm*, Prüfungsrecht, 2. Aufl. 2001, Rn. 782 ff.; *Zimmerling/Brehm*, Der Prüfungsprozess, 2004, Rn. 493 ff.
[1316] Vgl. hierzu *Johlen*, Münchener Anwaltshandbuch Verwaltungsrecht, 2. Aufl. 2003, § 1 Rn. 19-35.

artigen Fall liegt die Kostenbelastung des Betroffenen über den sich nach dem Streitwert zu berechnenden gesetzlichen Gebühren (vgl. § 2 Abs. 1 RVG). Dies relativiert die Zumutbarkeit der Einlegung eines Rechtsmittels im Sinne von § 839 Abs. 3 BGB.

4. Analoge Anwendung auf beamtenrechtliche Schadensersatzklagen

241 Bei beamtenrechtlichen Schadensersatzklagen wegen Verletzung der Fürsorgepflicht hat das BVerwG die Frage offen gelassen, ob die Bestimmung des § 254 Abs. 2 Satz 1 BGB anwendbar ist; im konkreten Fall wurde die Verpflichtung eines **Berufssoldaten** verneint, ein gegen ihn gerichtetes **Disziplinarverfahren** durch selbständige Maßnahmen (gemäß § 98 a.F. WDO) zu fördern, um einen durch das Verfahren bedingten Vermögensschaden von sich abzuwenden.[1317] Das BVerwG wendet jedoch in ständiger Rechtsprechung die Bestimmung von § 839 Abs. 3 BGB entsprechend an.[1318] Das BVerwG betont, der Rechtsgedanke, dass eine Ersatzpflicht nicht eintritt, wenn der Verletzte vorsätzlich oder fahrlässig es unterlassen hat, den Schaden durch **Gebrauch eines Rechtsmittels** abzuwenden, im Verwaltungsrecht Anwendung finde, wenn für den Nichtgebrauch des Rechtsmittels kein hinreichender Grund bestand.[1319] Im Falle einer vorläufigen Dienstenthebung und Gehaltskürzung in einem laufenden Disziplinarverfahren muss der Beamte infolgedessen einen Antrag auf gerichtliche Überprüfung der Gehaltskürzung stellen. Im gerichtlichen Überprüfungsverfahren ist die gebotene Prognose einer voraussichtlichen Entfernung aus dem Dienst anhand der bis dahin, d.h. zum Zeitpunkt der Entscheidung der Disziplinarkammer, zutage tretenden Tatsachen zu treffen. Leitet der Beamte kein gerichtliches Überprüfungsverfahren ein, erhält er zwar im Falle eines Obsiegens im Disziplinarverfahrens das einbehaltene Gehalt nachgezahlt, er erhält jedoch keinen Schadensersatz für entgangene Zinsen.[1320] Grundsätzlich hat der Beamte kein Wahlrecht zwischen alsbaldigen Primärrechtsschutz und einem späteren Schadensersatzbegehren.[1321]

242 In einem vom BVerwG entschiedenen Fall hatte zwar der Beamte die Ausgangsverfügung rechtzeitig angefochten, jedoch beim **unzuständigen Gericht**. Hinweise des Gerichtes, einen Verweisungsantrag zu stellen, hatte er ignoriert, so dass letztendlich die Klage durch Vorbescheid rechtskräftig als unzulässig abgewiesen wurde. Dieser Auffassung des BVerwG kann ohne weiteres zugestimmt werden. Gleiches gilt auch für die Feststellung des BVerwG, dass sich in einem Schadensersatzprozess wegen Verletzung der Fürsorgepflicht der Dienstherr auf die Rechtskraft eines ergangenen (möglicherweise unrichtigen) Urteils berufen kann, wenn der Beamte es versäumt hat, von einem Rechtsmittel Gebrauch zu machen.[1322] Bei der Beantwortung der Frage, ob der Beamte es schuldhaft unterlassen hat, ein Rechtsmittel einzulegen, kommt es darauf an, welches Maß an Umsicht und Sorgfalt von diesem Beamten verlangt werden kann. Das Maß an Umsicht und Sorgfalt ist in jedem Einzelfall gesondert zu beurteilen, wobei u.a. auf das im maßgeblichen Zeitraum übertragene konkrete Amt, die Ausbildung sowie auf die bisherige berufliche Erfahrung abzustellen ist.[1323]

243 Legt ein **Beamter** gegen eine **Versetzung** zu einer anderen Dienststelle kein Rechtsmittel ein, so steht der späteren Geltendmachung von Schadensersatz für zusätzliche Fahrtkosten und Verpflegungsmehraufwand der entsprechend anwendbare Rechtsgedanke des § 839 Abs. 3 BGB entgegen. Den Beamten steht ein Wahlrecht zwischen alsbaldigem Primärrechtsschutz und späterem Schadensersatzbegehren nicht zu.[1324] Nicht erforderlich ist, dass der Beamte im Zusammenhang mit seinem Antrag auf Versetzung in den Ruhestand wegen Dienstunfähigkeit einen Antrag auf Erlass einer einstweiligen Anordnung gemäß § 123 VwGO stellt, da diesem Antrag wegen des statusbeendenden Charakters der Versetzung in den Ruhestand grundsätzlich das Verbot der Vorwegnahme der Hauptsache entgegenzuhal-

---

[1317] BVerwG v. 13.05.1987 - 6 C 32/85 - Buchholz 236.1 § 31 SG Nr. 21.
[1318] BVerwG v. 28.05.1998 - 2 C 29/97 - NJW 1998, 3288-3289; BVerwG v. 17.08.2005 - 2 C 36/04. Vgl. auch OVG Münster v. 15.11.2006 - 6 A 131/05 - IÖD 2007, 88-90. Vgl. hierzu auch *Leppin*, NVwZ 2007, 1241-1246.
[1319] BVerwG v. 26.04.1968 - VI C 24.67 - BVerwGE 29, 309-310; OVG Münster v. 28.05.2003 - 1 A 3128/00 - IÖD 2004, 17-21 ebenso LArbG Berlin v. 15.02.2002 - 6 Sa 2099/01 - Bibliothek BAG.
[1320] OVG Saarlouis v. 22.11.2007 - 1 A 328/07 - NVwZ-RR 2008, 338-340.
[1321] VG Saarlouis v. 14.09.2010 - 2 K 605/09.
[1322] BVerwG v. 23.09.1980 - 2 B 52/80 - Buchholz 232 § 79 BBG Nr. 76.
[1323] BVerwG v. 01.08.2007 - 2 B 15/07.
[1324] OVG Saarlouis v. 30.06.2005 - 1 Q 90/04.

ten ist.[1325] Der Rechtsgedanke des § 839 Abs. 3 BGB ist – im Hinblick auf die Amtsermittlungsmaxime gemäß § 86 VwGO – von Amts wegen zu berücksichtigen.[1326]

Darüber hinausgehend hat das BVerwG judiziert, dass ein Schadensersatzanspruch wegen Verletzung der Fürsorgepflicht bei zurechenbarem **Unterlassen von Gegenvorstellungen**, mit denen die Entstehung des Schadens hätte abgewendet werden können, ausgeschlossen sei.[1327] Ein Schadensersatzanspruch des nicht beförderten Beamten wurde wegen Nichtgebrauchs von Rechtsbehelfen verneint, da der Beamte innerhalb der Jahresfrist von § 58 Abs. 1 VwGO gegen die Mitteilung seiner Nichtberücksichtigung in einem Beförderungsverfahren kein Rechtsmittel eingelegt hat, obwohl er inzwischen eine günstigere dienstliche Beurteilung erhalten hat.[1328] Bei einem Rechtsstreit über die verspätete Überleitung in den gehobenen Dienst wurde dem Beamten entgegengehalten, dass er es unterlassen habe, eine entsprechende Überleitung zu beantragen.[1329] Gleiches gilt für den von einem Beamten geltend gemachten Schadensersatzanspruch wegen verspäteter Versetzung in den Ruhestand, wenn es der Beamte vorwerfbar versäumt hat, den Schaden durch einen früheren Antrag auf Zurruhesetzung oder durch ein Bemühen um eine beschleunigte Bearbeitung abzuwenden.[1330] Ggf. ist der Beamte auch zur Erhebung einer Untätigkeitsklage (§ 75 VwGO) verpflichtet.[1331]

245 In seinem Urteil vom 28.05.1998 hat das BVerwG betont, dass es für die **Geltendmachung des Schadensersatzanspruches** durch einen Beamten unerheblich sei, ob der Schadensersatzanspruch auf eine Verletzung der beamtenrechtlichen Fürsorgepflicht oder auf eine **Verletzung der in Art. 33 Abs. 2 GG rechtlich festgelegten Auslesekriterien** der Eignung, Befähigung und fachlichen Leistung gestützt werde.[1332] In beiden Fällen handele es sich zwar um einen Schadensersatzanspruch aus Verletzung einer im öffentlich-rechtlichen Dienstverhältnis wurzelnden und insofern **quasi-vertraglichen** Verbindlichkeit, während die auf § 839 Abs. 1 BGB gestützte Amtshaftung kein bereits bestehendes Rechtsverhältnis voraussetze. Entscheidend für die Heranziehung des in § 839 Abs. 3 BGB verankerten Rechtsgedankens sei indessen nicht die rechtssystematische Einordnung des Schadensersatzanspruches, sondern die sachliche Vergleichbarkeit insofern, als der Anspruch auf die Rechtswidrigkeit eines staatlichen Handelns gestützt ist, das möglicherweise einer unmittelbaren Korrektur durch Rechtsbehelfe zugänglich war.[1333] Nach Auffassung des BVerwG war es dem Beamten zumutbar, gegen die Beförderungsentscheidung Widerspruch einzulegen und ggf. auch Klage zu erheben, da die Inanspruchnahme des Rechtsschutzes **jedenfalls nicht als von vornherein aussichtslos erschien**. Der Rechtsgedanke des § 839 Abs. 3 BGB eröffne dem Geschädigten grundsätzlich nicht die Annahme eines Wahlrechtes in dem Sinne, dass er sich ohne nachteilige Folgen anstelle des zulässigen gerichtlichen Rechtsschutzes auf bloße Gegenvorstellungen oder **sonstige formlose Rechtsbehelfe** beschränken dürfe.[1334] Die Rechtsprechung hat weiterhin judiziert, dass ein Beamter bereits gegen die Übertragung eines Beförderungsdienstpostens an einen Konkurrenten Widerspruch erheben und erforderlichenfalls auch um vorläufigen gerichtlichen Rechtsschutz nachsuchen muss.[1335] Selbst wenn der beamtenrechtliche Schadensersatzanspruch wegen Nichtgeltendmachung eines Rechtsmittels im Sinne des § 839 Abs. 2 BGB ausgeschlossen ist, kann der Beamte einen Entschädigungsanspruch gemäß § 15 AGG begehren, wenn – beispielsweise – er aufgrund seines Lebensalters nicht befördert worden ist.[1336]

246 Das BVerwG hat auch mehrfach betont, die Erklärung des Beamten, er habe für den Fall der Inanspruchnahme von Rechtsschutz befürchten müssen, umgesetzt oder versetzt oder später nicht befördert zu werden, entlaste ihn nicht, da einer an Gesetz und Recht gebundenen Verwaltung eine derartige künftige Rechtsverletzung nicht unterstellt werden könne.[1337] Diese **Rechtsprechung des BVerwG** ist

---

[1325] OVG Koblenz v. 21.01.2005 - 2 A 11800/04 - SchützBeamtR ES/A II 5.5 Nr. 33.
[1326] OVG Münster v. 28.05.2003 - 1 A 3128/00 - IÖD 2004, 17-21.
[1327] BVerwG v. 17.10.1985 - 2 C 12/82 - DÖD 1986, 93-94.
[1328] BVerwG v. 21.07.1989 - 2 B 93/89.
[1329] OVG Münster v. 17.02.2011 - 6 A 2270/09.
[1330] OVG Münster v. 28.06.2011 - 6 A 1183/10.
[1331] VG Saarlouis v. 05.07.2011 - 2 K 2091/09.
[1332] Vgl. hierzu z.B. VG Frankfurt v. 11.12.2008 - 9 K 2498/08.F; VG Saarlouis v. 26.08.2008 - 2 K 756/07.
[1333] BVerwG v. 28.05.1998 - 2 C 29/97 - NJW 1998, 3288-3289.
[1334] Ebenso BVerwG v. 05.10.1998 - 2 B 56/98 - Buchholz 237.5 § 8 HeLBG Nr. 6.
[1335] OVG Saarlouis v. 18.04.2007 - 1 R 19/05 - NVwZ-RR 2007, 793-795.
[1336] VG Mainz v. 21.01.2009 - 7 K 484/08.MZ - NVwZ-RR 2009, 570-572.
[1337] BVerwG v. 28.05.1998 - 2 C 29/97 - juris Rn. 19 - NJW 1998, 3288-3289; sowie BVerwG v. 03.12.1998 - 2 C 27/97 - DokBer B 1999, 102-104.

realitätsfern. In der Praxis ist zu beobachten, dass dem Nichtberücksichtigten häufig versprochen wird, dass er zum nächsten Beförderungstermin befördert wird und der Beamte alsdann verständlicherweise nicht durch Erhebung eines Rechtsbehelfs oder Rechtsmittels den Vorgesetzten verärgern will.[1338] In Fortführung seiner Rechtsprechung hat das BVerwG einen Schadensersatzanspruch wegen rechtswidriger Nichtauswahl für ein Aufstiegsverfahren bei Nichtgebrauch von Rechtsbehelfen (unter anderem auch Antrag auf Erlass einer einstweiligen Anordnung gemäß § 123 VwGO) ausgeschlossen.[1339]

247 Unterlässt der Beamte schuldhaft die (zeitnahe) Einlegung eines Widerspruches gegen eine von ihm für rechtswidrig gehaltene Beurteilung, die Grundlage einer Auswahlentscheidung zu seinen Lasten wird, steht dies nach dem in § 839 Abs. 3 BGB enthaltenen Rechtsgedanken einem Schadensersatzanspruch wegen verspäteter Beförderung entgegen.[1340] Wenn über einen vom Beamten eingelegten Widerspruch gegen seine dienstliche Beurteilung noch nicht entschieden wurde, und der Beamte deshalb auf eine Bewerbung um ein Beförderungsamt verzichtet, so steht dies nach erfolgreichem Abschluss des Widerspruchsverfahrens nach dem Rechtsgedanken des § 839 Abs. 3 BGB dem später geltend gemachten Schadensersatzanspruch wegen unterlassener Beförderung entgegen.[1341] Nach Auffassung des BVerwG war die Inanspruchnahme von Primärrechtsschutz nicht aussichtslos und deshalb unzumutbar, obwohl die angefochtene Beurteilung erst nach Durchführung eines Rechtsstreites durch eine bessere ersetzt worden ist. Im Rahmen des Auswahlverfahrens für ein Beförderungsamt sei weder der Dienstherr noch das Gericht an eine bestimmte dienstliche Beurteilung gebunden. Die **Einwendungen** gegen eine **dienstliche Beurteilung** könnten deshalb unmittelbar auch in einem verwaltungsgerichtlichen Konkurrentenrechtsstreit geltend gemacht werden. Diese Auffassung ist grundsätzlich zutreffend, wenn der Beamte die Unwirksamkeit des Beurteilungssystems, die Unwirksamkeit der Beurteilungsrichtlinien oder die Unzulässigkeit anlassbezogener Beurteilungen geltend macht. Primärrechtsschutz im Rahmen einer Konkurrentenklage ist jedoch faktisch ausgeschlossen, wenn es um die Bewertung der tatsächlichen Leistungen des Beamten geht. Eine Klärung dieser Problematik ist – wenn überhaupt – erst im Hauptsacheverfahren mit Beweisaufnahme möglich.[1342] Hat ein Beamter mit seinen Einwendungen gegen eine dienstliche Beurteilung Erfolg und hätte die bessere Beurteilung zum selben Stichtag zu einer früheren Beförderung geführt, so ist der Schadensersatzanspruch nichtsdestotrotz gemäß dem Rechtsgedanken des § 839 Abs. 3 BGB ausgeschlossen, wenn der Beamte keinen Antrag auf Freihaltung einer Beförderungsstelle gemäß § 123 VwGO gestellt hat.[1343]

248 Das BVerwG hat sich in diesem Zusammenhang überhaupt nicht mit der Frage beschäftigt, wer die **Kosten** des **offensichtlich aussichtslosen Konkurrentenrechtsstreites** tragen soll (vorläufiges Rechtsschutzverfahren gemäß § 123 VwGO).[1344] Sofern der Beamte keine Rechtsschutzversicherung hat, muss er damit rechnen, dass er nicht nur die eigenen Anwaltskosten sowie die Gerichtskosten, sondern darüber hinaus auch noch die Anwaltskosten des/der beizuladenden Bewerber zu tragen hat. Ein Konkurrentenrechtsstreit im Wege eines einstweiligen Anordnungsverfahrens kann dem Beamten deshalb nur zugemutet werden, wenn mit hinreichender Sicherheit – entgegen der allgemeinen Erfahrung in Konkurrentenstreitigkeiten – dieser Prozess gewonnen wird. Es ist weiter unzumutbar, von einem Beamten zu verlangen, Prozesse mit einer geringen Erfolgsaussicht zu führen, da hierdurch ein Beamter den Eindruck erwecken könnte, er habe die Eigenschaften eines Michael Kohlhaas! Abgesehen davon erscheint die in der Literatur vertretene Rechtsauffassung reichlich optimistisch, im Zweifel sei davon auszugehen, dass die angegangene Behörde bzw. das angerufene Gericht auf den Rechtsbehelf des Beamten aus jetziger (nachträglicher) Sicht richtig entschieden hätte, d.h. den Rechtsfehler aufgedeckt und – soweit noch möglich – korrigiert haben würde.[1345]

[1338] *Zimmerling*, PersV 2000, 205-218, 210 zur vergleichbaren Problematik im Beurteilungsverfahren.

[1339] BVerwG v. 09.12.1999 - 2 C 38/98 - DVBl 2000, 1128; VG Minden v. 29.11.2000 - 4 K 3122/99 - DÖD 2002, 186-187; vgl. zur Verschuldung und Kausalität und dem beschränkten gerichtlichen Überprüfungsspielraum *Roth*, ZBR 2001, 14-24, 14, 17.

[1340] OVG Münster v. 10.06.2010 - 6 A 1932/09 - IÖD 2010, 187-189.

[1341] BVerwG v. 18.04.2002 - 2 C 19/01 - NVwZ-RR 2002, 620-621.

[1342] Zutreffend *Hamann* in: Finkelnburg/Jank, Vorläufiger Rechtsschutz im Verwaltungsstreitverfahren, 4. Aufl. 1998, Rn. 1152 und *Finkelnburg/Dombert/Külpmann*, Vorläufiger Rechtsschutz im Verwaltungsstreitverfahren, 5. Aufl. 2008, Rn. 1358; *Roth*, ZBR 2001, 14-24, 18-20.

[1343] VG Minden v. 29.11.2000 - 4 K 3122/99 - DÖD 2002, 186-187.

[1344] Vgl. hierzu *Zimmerling*, RiA 2002, 165-176, 165, 168, 171.

[1345] So aber *Schnellenbach*, Beamtenrecht in der Praxis, 7. Aufl. 2011, § 9 Rn. 62.

Ansonsten ist vom Grundsatz her der Rechtsprechung des BVerwG zu folgen. Jedoch kann man im Beamtenverhältnis vom Beamten die Einlegung eines Rechtsmittels oder Rechtsbehelfes nur dann verlangen, wenn eine erhebliche Erfolgsaussicht besteht. Die **Vorwerfbarkeitsschwelle** ist im Beamtenrechtsverhältnis (aufgrund der gegenseitigen Rechte und Pflichten) entgegen der Rechtsprechung des BVerwG sehr hoch anzusetzen.[1346] Ansonsten betont die Rechtsprechung immer wieder die Pflicht des Dienstherrn zur Schutzgewährung als Kehrseite der besonderen Pflicht und Stellung des Beamten.[1347] Dann ist es aber unverständlich, dem Beamten ein erhebliches Prozessrisiko zuzumuten. 249

Nach der bisherigen Rechtsprechung des BGH ist die sogenannte Kollegialgerichts-Richtlinie (vgl. hierzu Rn. 141 ff.) nicht anwendbar bei gerichtlichen Entscheidungen, die im vorläufigen Rechtsschutzverfahren ergangen sind, da zum einen lediglich eine summarische Prüfung stattfindet und zum anderen die gerichtliche Entscheidung auch von Amts wegen abgeändert werden kann.[1348] Demgegenüber betonen die Verwaltungsgerichte nunmehr, dass die sogenannte Kollegialgerichtsregel auch auf Entscheidungen über die Gewährung vorläufigen Rechtsschutzes in beamtenrechtlichen Beförderungsstreitigkeiten anwendbar ist. Sie greift nur lediglich im Einzelfall nicht ein, wenn die gerichtliche Entscheidung nicht mit der Sorgfalt getroffen worden ist, wie sie von der Behörde erwartet wird, weil sie daran gemessen nicht auf einer zureichenden tatsächlichen und rechtlichen Beurteilungsgrundlage beruht.[1349] Die Instanzgerichte haben sich dieser Rechtsauffassung angeschlossen.[1350] 250

5. Analoge Anwendung bei einem Schadensersatzanspruch aus der Nichterfüllung eines öffentlich-rechtlichen Vertrages

Im Anschluss an das OVG Greifswald[1351] hat auch das BVerwG[1352] die Auffassung vertreten, dass der Rechtsgedanke des § 839 Abs. 3 BGB nicht auf den Bereich der (deliktischen) Amtshaftung beschränkt sei. Dem Betroffenen stehe generell kein Recht zu, frei zu wählen, ob er den Eintritt des Schadens verhindere oder ob er den Schaden zunächst hinnehme und dann Schadensersatz geltend mache. Das BVerwG hat dies unter anderem damit begründet, dass der mit dem Rechtsinstitut des mitwirkenden Verschuldens nahe verwandte Rechtsgedanke des § 839 Abs. 3 BGB im öffentlichen Recht Geltung beanspruchen könne. Dies gelte, insbesondere bei einer **quasi-vertraglichen Verbindlichkeit** (wie Schadensersatz aus der Nichterfüllung eines zwischen Staat und Bürger geschlossenen öffentlich-rechtlichen Vertrages).[1353] 251

6. Analoge Anwendung beim Entschädigungsanspruch wegen enteignungsgleichem Eingriff

Nach der Rechtsprechung des BGH findet die Bestimmung des § 839 Abs. 3 BGB Anwendung bei der Geltendmachung eines Entschädigungsanspruchs wegen enteignungsgleichen Eingriffs.[1354] Nach Auffassung des BVerfG verstößt die ständige Rechtsprechung der Zivilgerichte, wonach ein Entschädigungsanspruch wegen enteignungsgleichen Eingriffs regelmäßig für diejenigen Nachteile ausgeschlossen ist, die durch eine verwaltungsprozessuale Anfechtung des Verwaltungsakts hätten vermieden werden können (vgl. § 254 Abs. 1 BGB) weder gegen Art. 14 GG noch gegen sonstige Grundrechte.[1355] Während die Zivilgerichte insoweit eher die Bestimmung des § 254 Abs. 1 BGB anwenden,[1356] hat das 252

[1346] Zur Überzogenheit der Obliegenheitsanforderungen durch die Rechtsprechung vgl. auch *Roth*, ZBR 2001, 14-24, 14, 18-24.
[1347] So z.B. VGH Mannheim v. 27.09.1996 - 4 S 3322/94 - VGHBW-Ls 1997, Beilage 1, B 9.
[1348] BGH v. 22.04.1986 - III ZR 104/85 - NJW 1986, 2959; BGH. v. 16.11.2000 - III ZR 265/99 - LM BGB § 839 (J) Nr. 15 (7/2001).
[1349] BVerwG v. 17.08.2005 - 2 C 37/04 - PersV 2006, 194.
[1350] OVG Saarlouis v. 19.11.2007 - 1 A 397/07.
[1351] OVG Greifswald v. 27.11.2002 - 2 L 90/01 - NJW 2003, 3146-3149.
[1352] BVerwG v. 22.05.2003 - 6 B 25/03.
[1353] Unter Bezugnahme auf BVerwG v. 28.05.1998 - 2 C 29/97 - NJW 1998, 3288-3289 sowie BVerwG v. 05.10.1998 - 2 B 56/98 - Buchholz 237.5 § 8 HeLBG Nr. 6.
[1354] BGH v. 29.03.1971 - III ZR 98/69 - BGHZ 56, 57-66; OLG Brandenburg v. 10.03.1998 - 2 U 193/96 - OLG-NL 1998, 247-249; OLG Oldenburg v. 23.11.2001 - 6 U 138/01 - NdsRPfl 2002, 168-169; a.A. – ohne Begründung – OLG München v. 08.06.2004 - 1 U 1976/04 - OLGR München 2005, 788-790.
[1355] BVerfG v. 02.12.1999 - 1 BvR 165/90 - NJW 2000, 1401-1402.
[1356] BGH v. 21.12.1989 - III ZR 132/88 - BGHZ 110, 12-16.

BVerwG überhaupt keine Bedenken, § 839 Abs. 3 BGB generell im Recht der Staatsunrechtshaftung entsprechend anzuwenden[1357]. Es ist aber zu prüfen, ob das Ergreifen von Rechtsmitteln den Betroffenen zumutbar oder ob die unterlassene Geltendmachung **nicht vorwerfbar** ist.[1358]

7. Analoge Anwendung beim Entschädigungsanspruch gemäß § 81 SGB IX sowie § 15 Abs. 1 AGG

253   Die Rechtsprechung hat § 839 Abs. 3 BGB weiterhin analog angewandt auf den Anspruch eines Schwerbehinderten auf Entschädigung nach § 81 SGB IX, wenn der schwer behinderte Stellenbewerber es versäumt hat, einen Rechtsbehelf gegen die nicht erfolgte Einladung zum Vorstellungsgespräch und damit seine Nichtberücksichtigung im Auswalverfahren einzulegen.[1359] Geklagt hatte ein beamteter Lehrer, dem es zuzumuten gewesen sei, um Primärrechtsschutz im vorläufigen Rechtsschutzverfahren nachzusuchen. Dieser Primärrechtsschutz sei am ehesten zur Aufklärung und Würdigung komplexer Verwaltungsentscheidungen geeignet.[1360] Die Rechtsprechung hat weiter betont, dass der Schadensersatzanspruch nach § 15 Abs. 1 AGG des im Bewerbungsverfahren unterlegenen Bewerbers, der keinen einstweiligen Rechtsschutz gegen die Ablehnung seiner Bewerbung in Anspruch genommen hat, entsprechend dem Rechtsgedanken des § 839 Abs. 3 BGB auf den durch § 15 Abs. 2 Satz 1 AGG gekennzeichneten Bereich, d.h. auf drei Monatsgehälter, beschränkt werde.[1361]

8. Analoge Anwendung beim gemeinschaftsrechtlichen Staatshaftungsanspruch

254   Der BGH hat nunmehr betont, dass unter den Voraussetzungen des § 839 Abs. 3 BGB auch eine Ersatzpflicht nach dem gemeinschaftsrechtlichen Staatshaftungsanspruch nicht eintritt.[1362] Nach einem allgemeinen, den **Rechtsordnungen der Mitgliedsstaaten gemeinsamen Grundsatz** müsste sich nämlich der Geschädigte in angemessener Form um die Begrenzung des Schadensumfanges bemühen, wenn er nicht Gefahr laufen wolle, den Schaden selbst zu tragen.[1363]

D. Prozessuale Hinweise

I. Rechtsweg

255   Gemäß Art. 34 Satz 2 GG, § 40 Abs. 2 Satz 1 VwGO sind für Klagen aus Art. 34 GG, § 839 BGB gegen den Staat und andere öffentlich-rechtliche Körperschaften sowie gegen den Amtswalter persönlich, weiter für die Rückgriffsansprüche des Dienstherrn bzw. Arbeitgebers gegen den Amtswalter und auch für die Haftungsansprüche gegenüber einem Notar die Zivilgerichte zuständig. Die Zuständigkeit des Zivilrechtsweges erklärt sich aus der zwischenzeitlich überholten Auffassung vom besseren Schutz der Rechte des Bürgers durch die ordentliche Gerichtsbarkeit.[1364] Die Rechtswegzuweisung des Art. 34 Satz 3 GG erstreckt sich auch auf Hilfs- und Nebenansprüche, die nur einen Annex des auf Geldersatz gerichteten Amtshaftungsanspruches bilden, z.B. Ansprüche auf Auskunftserteilung oder Abgabe einer eidesstattlichen Versicherung.[1365] Demzufolge wird für einen Amtshaftungsanspruch wegen Erteilung einer unrichtigen oder unvollständigen Auskunft durch die Bundesanstalt für Arbeit/Bundesagentur für Arbeit der Rechtsweg zu den Gerichten der Sozialgerichtsbarkeit nicht eröffnet.[1366] Auch das Verfassungsgericht des Landes kann insoweit nicht angerufen werden.[1367] Soweit ein Gericht der ordentlichen Gerichtsbarkeit einen Rechtsstreit betreffend Schadensersatzansprüchen, die auch auf Amtspflichtverletzung begründet werden, an ein Verwaltungsgericht verwiesen hat, ist entgegen § 17a

---

[1357] BVerfG v. 02.12.1999 - 1 BvR 165/90 - NJW 2000, 1401-1402.
[1358] OLG Bremen v. 16.05.2001 - 1 U 93/00 - OLGR Bremen 2002, 114-118.
[1359] VG Düsseldorf v. 06.05.2005 - 2 K 4552/03 - Behindertenrecht 2005, 176-180.
[1360] Vgl. z.B. BVerwG v. 28.05.1998 - 2 C 29/97 - BVerwGE 107, 29.
[1361] VG Wiesbaden v. 01.04.2008 - 8 E 735/07.
[1362] BGH v. 09.10.2003 - III ZR 342/02 - NJW 2004, 1241-1243; BGH v. 04.06.2009 - III ZR 144/05 - EuZW 2009, 865-872.
[1363] EuGH v. 05.03.1996 - C-46/93 u. C-48/93 - NJW 1996, 1267-1272.
[1364] Vgl. *Papier* in: Maunz/Dürig, GG, Art. 34 Rn. 307; *Gurlit* in: Münch/Kunig, GG Bd. 1, 6. Aufl. 2012 Art. 34 Rn. 36.
[1365] BGH v. 25.09.1980 - III ZR 74/78 - BGHZ 78, 274-288; LSG Berlin-Brandenburg v. 30.09.2010 - L 34 AS 739/10 BPKH; *Vinke* in: Soergel, § 839 Rn. 264; *Wurm* in: Staudinger, § 839 Rn. 407.
[1366] LSG Hessen v. 18.04.1973 - L 1 Ar 1167/71 - ABA 1974, 29-32.
[1367] StGH Wiesbaden v. 14.05.2003 - P.St. 1839.

Abs. 2 Satz 3 GVG eine Rückverweisung an das Landgericht zulässig und geboten.[1368] Das BSG hat allerdings darauf hingewiesen, gem. § 202 SGG i.V.m. § 17a Abs. 5 GVG habe das Gericht, das über ein Rechtsmittel gegen eine Entscheidung in der Hauptsache entschieden hat, nicht zu prüfen, ob der beschrittene Rechtsweg zulässig ist. Wenn somit erstinstanzlich das SG auch einen Amtshaftungsanspruch aus § 839 BGB geprüft hat, so müssen im Rechtsmittelverfahren das LSG sowie das BSG kraft eigener Kompetenz über den Amtshaftungsanspruch entscheiden.[1369] Richtigerweise hätte das SG den Amtshaftungsanspruch abtrennen und nach § 17a Abs. 2 Satz 1 GVG verweisen müssen.[1370]

In der Literatur wird die **Aufspaltung** des **Rechtsweges** für den **Primär- und Sekundärrechtsschutz** vielfach beklagt.[1371] Im Verwaltungsrechtsstreit kann die Aufrechnung mit einer Schadensersatzforderung wegen Amtspflichtverletzung gemäß Art. 34 GG, § 839 BGB auch nach der Neufassung des § 17 GVG bei der Entscheidung über das Klagebegehren nur berücksichtigt werden, wenn diese Forderung rechtskräftig oder bestandskräftig festgestellt oder unbestritten ist.[1372] Rechnet der Anfechtungskläger mit einer Gegenforderung aus Amtspflichtverletzung (Art. 34 GG, § 839 BGB) auf, so hat das Verwaltungsgericht das Verfahren auszusetzen, soweit dieses die Aufrechnung mit dem Schadensersatzanspruch betrifft, und eine angemessene Frist zu bestimmen, innerhalb welcher dem sich auf die Aufrechnung Berufenden Gelegenheit gegeben wird, Klage vor dem zuständigen Zivilgericht zu erheben.[1373] Gleiches gilt im sozialgerichtlichen Verfahren für die Aufrechnung eines Schadensersatzanspruches gemäß § 839 BGB mit einem Beitragsbescheid.[1374] Im Verfahren des vorläufigen Rechtsschutzes kommt hingegen eine Aussetzung nicht in Betracht.[1375] Unschädlich ist es, wenn mit dem Amtshaftungsanspruch auch ein Anspruch aus Verletzung eines öffentlich-rechtlichen Vertrages verbunden wird.[1376]

256

II. Die sachliche und örtliche Zuständigkeit des Landgerichtes

Die **Zuständigkeit des Landgerichtes** in I. Instanz – und zwar ohne Rücksicht auf den Streitwert – ergibt sich aus § 71 Abs. 2 Nr. 2 GVG.[1377] Hiernach sind die Landgerichte zuständig für die Ansprüche gegen Richter und Beamte wegen Überschreitung ihrer amtlichen Befugnisse oder wegen pflichtwidriger Unterlassung von Amtshandlungen. Dies beinhaltet auch den Rückgriffsanspruch des Dienstherrn unter der Voraussetzung des hoheitlichen Handelns des Amtsträgers im Rahmen einer öffentlich-rechtlichen Pflicht.[1378] Die Zuständigkeit des Landgerichtes besteht bereits dann, wenn eine Amtspflichtverletzung in Betracht kommt. Dies setzt nicht voraus, dass eine Amtspflichtverletzung tatsächlich vorliegen muss; vielmehr reicht es aus, dass eine solche schlüssig dargelegt wird.[1379] Erhebt ein Strafgefangener bei der Strafvollstreckungskammer Amtshaftungsansprüche nach § 839 BGB i.V.m. Art. 34 GG, hat diese in entsprechender Anwendung des § 17a Abs. 2 Satz 1 GVG nach Anhörung der Beteiligten von Amts wegen ihre Unzuständigkeit auszusprechen und das Verfahren an die Zivilkammer des zu-

257

[1368] VG Meiningen v. 09.01.2007 - 2 K 543/04 Me; ebenso LSG Schleswig-Holstein v. 24.09.1996 - L 1 Kr 26/95 - SozSich 1997, 360; vgl. im Übrigen zur Anwendung des § 17 GVG bei der Amtshaftungsklage *Vinke* in: Soergel, § 839 Rn. 262-263.
[1369] BSG v. 20.05.2003 - B 1 KR 7/03 R - SozR 4-1720 § 17a Nr. 1; BSG v. 20.10.2010 - B 13 R 63/10 B - SozR 4-1500 § 153 Nr. 11; LSG Schleswig-Holstein v. 07.01.2005 - L 3 AL 72/04.
[1370] BayLSG v. 27.07.2011 - L 7 AS 12/11 B.
[1371] *Papier* in: Maunz/Dürig, GG, Art. 34 Rn. 307; *Gurlit* in: Münch/Kunig, GG Bd 1, 6. Aufl. 2012 Art. 34 Rn. 36; Jarass/Pieroth, Grundgesetz (GG), 10. Aufl. 2009, Art. 34 Rn. 24; *Vinke* in: Soergel, § 839 Rn. 261-263.
[1372] BVerwG v. 31.03.1993 - 7 B 5/93 - NJW 1993, 2255-2256; VG Gießen v. 22.02.2000 - 9 E 1375/97 - NVwZ 2001, 464-465; vgl. hierzu auch *Papier* in: Maunz/Dürig, GG, Art. 34 Rn. 312; *Vinke* in: Soergel, § 839 Rn. 268; ebenso für den Finanzprozess BFH v. 17.03.2000 - VII B 40/99 - BFH/NV 2000, 1216-1217; Gleiches gilt für das sozialgerichtliche Verfahren, vgl. BSG v. 15.12.1999 - B 9 V 12/99 R - SozR 3-1200 § 14 Nr. 28.
[1373] VGH Mannheim v. 02.12.1996 - 7 S 2235/95 - NJW 1997, 3394-3395 im Anschluss an BVerwG v. 12.02.1987 - 3 C 22/86 - NJW 1987, 2530-2533.
[1374] LSG Rheinland-Pfalz v. 14.02.2005 - L 5 ER 133/04 KR - NZS 2006, 167-168.
[1375] So - für das finanzgerichtliche Verfahren - FG Hamburg v. 19.12.2002 - IV 386/02, juris unter Bezugnahme auf BFH v. 09.04.2002 - VII B 73/01 - BSBl 2002, 509.
[1376] OLG Rostock v. 15.06.2005 - 1 W 64/03 - OLGR Rostock 2005, 720-721.
[1377] Hierzu *Gummer* in: Zöller, ZPO, 29. Aufl. 2012, § 71 GVG Rn. 5; *Wurm* in: Staudinger, § 839 Rn. 406-416.
[1378] Hierzu *Gummer* in: Zöller, ZPO, 29. Aufl. 2012, § 71 GVG Rn. 5.
[1379] LG Potsdam v. 12.12.2001 - 4 O 65/01.

ständigen Gerichtes zu verweisen.[1380] Demgegenüber besteht eine sachliche Zuständigkeit des Schifffahrtsgerichtes und vorrangig vor dem Landgericht im Zusammenhang mit einer Tätigkeit eines Beamten zur Sicherung des Verkehrs auf einer Wasserstraße.[1381]

258 Für einen Amtshaftungsanspruch ist ein deliktischer Gerichtsstand (§ 32 ZPO) auch dort gegeben, wo es – aufgrund positiven Tuns oder Unterlassens – zu einer Vermögensbeeinträchtigung des Antragstellers gekommen ist; das ist regelmäßig dort der Fall, wo der Antragsteller seinen (Wohn-)Sitz hat, nicht dort, wo die Teile seines Vermögens zufällig belegen sind.[1382]

III. Vorfragenkompetenz

1. Beachtlichkeit bestandskräftiger Verwaltungsakte

259 Nach der Rechtsprechung des BGH kann das Zivilgericht die Rechtmäßigkeit des **Ausgangs-Verwaltungsaktes** im Amtshaftungsprozess als Vorfrage grundsätzlich uneingeschränkt selbst prüfen.[1383] Der Schadensersatzanspruch wird nicht durch den Eintritt der Unanfechtbarkeit des Verwaltungsaktes ausgeschlossen; ein Ausschluss kommt nur unter den Voraussetzungen von § 839 Abs. 3 BGB in Betracht.[1384] Dies bedeutet jedoch nicht, dass das Zivilgericht jeden im Zusammenhang mit dem Schadensersatzanspruch vorhandenen Verwaltungsakt auf seine Rechtmäßigkeit hin überprüfen kann. Soweit die Rechtswidrigkeit des beanstandeten Verwaltungsaktes aus der Bestandskraft eines **vorgängigen Verwaltungsaktes** folgt, ist dieser der zivilgerichtlichen Nachprüfung entzogen (Bestandskraft eines Verwaltungsaktes).[1385] Wollte man dem Zivilgericht die Prüfung der Rechtmäßigkeit des Verwaltungsaktes als Vorfrage verwehren, so wäre jeder Schadensersatzanspruch ausgeschlossen und der Bürger würde ausdrücklich auf den Primärrechtsschutz verwiesen werden. Dann wäre jedoch die Regelung des § 839 BGB überflüssig.[1386] Von daher ist die neuerdings geführte Diskussion zur Bedeutung der Bestandskraft von Verwaltungsakten im Amtshaftungsprozess, wobei sogar der Vorwurf erhoben wird, die Zivilgerichte gerieren **sich als Superrevision der Verwaltungsgerichtsbarkeit**,[1387] nicht recht verständlich. Für unbeachtlich hält die Rechtsprechung den in einem Prüfungsprozess beim Verwaltungsgericht geschlossenen Vergleich, der dazu führte, dass aufgrund einer Neubeurteilung der erbrachten Prüfungsleistung eine bessere Prüfungsnote vergeben wurde.[1388]

2. Beachtlichkeit verwaltungsgerichtlicher Entscheidungen

260 Hingegen sind die Zivilgerichte an verwaltungsgerichtliche Vorentscheidungen gebunden.[1389] Ist durch eine **verwaltungsgerichtliche**, in **materieller Rechtskraft** erwachsene Entscheidung festgestellt worden, dass der Verwaltungsakt rechtmäßig oder rechtswidrig war, **ist er einer Überprüfung durch das Zivilgericht entzogen**. Dies gilt allerdings nur für das Ergebnis, nicht für die Begründung.[1390] An der Bindungswirkung nehmen die Gründe des verwaltungsgerichtlichen Urteils jedoch notwendig dann teil, soweit sich erst aus ihnen der tragende Grund für die festgestellte Rechtswidrigkeit erkennen

---

[1380] OLG München v. 25.11.2009 - 4 Ws 130/09 (R).
[1381] OLG Karlsruhe v. 02.01.2003 - 15 AR 45/02 - OLGR Karlsruhe 2003, 433-434.
[1382] OLG Frankfurt v. 19.07.2007 - 1 W 41/07 - OLGR Frankfurt 2008, 4-6. Vgl. auch OLG Celle v. 25.02.2010 - 16 U 55/09 - DVBl 2010, 532 sowie OLG Celle v. 08.06.2010 - 16 W 43/10 - MDR 2010, 1485-1486. OLG Celle v. 08.06.2010 - 16 W 43/10 - MDR 2010, 1485-1486.
[1383] Vgl. z.B. BGH v. 30.05.1983 - III ZR 76/82 - LM Nr. 137 zu Art. 34 GrundG; BGH v. 15.11.1990 - III ZR 302/89 - BGHZ 113, 17-26; BGH v. 20.02.2003 - III ZR 224/01 - BGHZ 154, 54-64.
[1384] OLG Koblenz v. 25.07.2001 - 1 U 1025/00 - OLGR Koblenz 2001, 505-507.
[1385] Vgl. hierzu BGH v. 03.02.2000 - III ZR 296/98 - BGHZ 143, 362-372; hierzu *Wurm* in: Staudinger, § 839 Rn. 417; *Jeromin/Kirchberg* in: Johlen, Münchener Anwaltshandbuch Verwaltungsrecht, 2. Aufl. 2003, § 18 Rn. 109-110.
[1386] Ebenso *Vinke* in: Soergel, § 839 Rn. 265.
[1387] Vgl. hierzu *Stuttmann*, NJW 2003, 1432-1434; *Steinweg*, NJW 2003, 3037-3039; *Wißmann*, NJW 2003, 3455-3457; *Beaucamp*, DVBl 2004, 352-356.
[1388] OLG Saarbrücken v. 13.04.2010 - 4 U 250/09-69.
[1389] *Schlick*, NJW 2009, 3487, 3494; vgl. zu Ausnahmefällen *Schlick*, DVBl 2010, 1484-1489.
[1390] BGH v. 11.02.1988 - III ZR 221/86 - juris Rn. 11 - BGHZ 103, 242-250; BGH v. 09.07.1998 - III ZR 87/97 - juris Rn. 8 - BGHZ 139, 200-214; BGH v. 09.12.2004 - III ZR 263/04 - NJW 2005, 748-751; ebenso *Sprau* in: Palandt, § 839 Rn. 87; *Vinke* in: Soergel, § 839 Rn. 266; *Wurm* in: Staudinger, § 839 Rn. 420-421.

lässt.[1391] Durch ein rechtskräftiges, einer Verpflichtungsklage stattgebendes Urteil steht für das Zivilgericht fest, dass dem Kläger ein Anspruch auf Erlass eines Verwaltungsaktes zusteht.[1392] Gleiches gilt für die Feststellung der Rechtswidrigkeit der Versagung des Einvernehmens i.S.d. § 36 BauGB durch die Gemeinde.[1393] Diese Präjudizwirkung kommt auch im Normenkontrollverfahren der Entscheidung des OVG über Bebauungspläne zu,[1394] z.B. für die Erforderlichkeit der Planung zur städtebaulichen Entwicklung und Ordnung generell und den Bedarf für die konkrete Planung.[1395] Eine Bindungswirkung verwaltungsgerichtlicher Eilentscheidungen gemäß § 80 Abs. 5 VwGO im Amtshaftungsprozess wird jedoch verneint, da diese jederzeit vom Verwaltungsgericht nach § 80 Abs. 7 VwGO abgeändert werden können.[1396] Gleiches gilt für die im Verfahren gemäß § 123 VwGO ergangene Entscheidung.[1397] Die einstweilige Anordnung regelt nur einen vorläufigen Zustand abschließend; sie stellt sich damit als endgültige Regelung eines vorläufigen Zustandes und nicht als vorläufige Regelung eines endgültigen Zustandes dar.[1398] In verwaltungsgerichtlichen Verfahren wird jedoch nur die Frage der Rechtmäßigkeit bzw. der Rechtswidrigkeit der behördlichen Maßnahmen geklärt. Über die Fragen des Verschuldens und des Schadens hat das Zivilgericht selbständig zu entscheiden.[1399] Bei der Verschuldensfrage hat das Zivilgericht auf den pflichtgetreuen Durchschnittsbeamten abzustellen, der für die Führung des übernommenen Amtes erforderliche Kenntnisse und Einsichten hat. Nicht jeder objektive Rechtsirrtum begründet einen Schuldvorwurf. Wenn die nach sorgfältiger Prüfung gewonnene Rechtsansicht als rechtlich vertretbar angesehen werden kann, dann kann aus der späteren Missbilligung dieser Auffassung durch die Gerichte ein Schuldvorwurf nicht hergeleitet werden. Hierbei kommt es auf die konkrete Amtsstellung an.[1400]

Der BGH hat darüber hinaus die Auffassung vertreten, dass im Amtshaftungsprozess verwaltungsgerichtliche Urteile eine **weitergehende Rechtskraftwirkung** haben. Hat das Verwaltungsgericht in einer Anfechtungsklage die Rechtmäßigkeit und Wirksamkeit eines Verwaltungsakts bejaht und die Anfechtungsklage aus sachlichen Gründen abgewiesen, so ist das Zivilgericht an die Rechtskraft dieses Urteils gebunden, auch wenn sich die Amtshaftungsklage nunmehr gegen einen anderen Beklagten richtet:[1401] Im verwaltungsgerichtlichen Verfahren wurde das Landesprüfungsamt für Medizin und Pharmazie verklagt, der Schadensersatzprozess richtete sich gegen das Institut für Medizinische und Pharmazeutische Prüfungsfragen (Aufgabensteller). Der BGH spricht insoweit von **einer Art Prozessstandschaft**.[1402] Die Bindungswirkung rechtskräftiger (verwaltungsgerichtlicher) Urteile endet grundsätzlich mit einer Änderung der Sach- und Rechtslage. Eine derartige Änderung kann jedoch nicht in der erstmaligen höchstrichterlichen Klärung einer Rechtsfrage gesehen werden.[1403] Keinesfalls darf eine Baugenehmigungsbehörde im Falle der Versagung vorläufigen Rechtsschutzes gem. § 123 VwGO folgern, dass ihre Rechtsauffassung zutreffend sei. Im vorläufigen Rechtsschutzverfahren erfolgt keine umfassende Prüfung der Rechtslage.[1404]

[1391] OLG München v. 18.07.2006 - 1 U 2960/05 - NJW 2007, 1005-1010 unter Bezugnahme auf BVerwG v. 16.10.1987 - 4 C 35/85 - NVwZ 1988, 1120-1124.

[1392] BGH v. 17.03.1994 - III ZR 27/93 - juris Rn. 9 - LM BGB § 839 (B) Nr. 48 (9/1994); OLG Koblenz v. 25.04.2001 - 1 U 843/99 - NVwZ 2002, 764-765.

[1393] OLG Naumburg v. 14.09.2005 - 6 U 130/03 - OLGR Naumburg 2007, 271-272.

[1394] BGH v. 08.05.1980 - III ZR 27/77 - BGHZ 77, 338-351; m. zust. Anm. *Kerbusch*, DÖV 1982, 42-43, 42; BGH v. 28.06.1984 - III ZR 35/83 - BGHZ 92, 34-54.

[1395] BGH v. 25.10.2001 - III ZR 76/01 - BauR 2002, 290-292.

[1396] BGH v. 16.11.2000 - III ZR 265/99 - NVwZ 2004, 638-640; hierzu *Gurlit* in: Münch/Kunig, GG Bd 1, 6. Aufl. 2012 Art. 34 Rn. 37.

[1397] OLG München v. 03.08.2000 - 1 U 1903/00 - OLGR München 2002, 435-438.

[1398] *Finkelnburg/Dombert/Külpmann*, Vorläufiger Rechtsschutz im Verwaltungsstreitverfahren, 5. Aufl. 2008, Rn. 79.

[1399] BGH v. 24.03.1966 - III ZR 220/64 - LM Nr. 16 zu § 839 (Ca) BGB; OLG München v. 20.06.1996 - 1 U 4840/95 - OLGR München 1993, 258-259; OLG Naumburg v. 14.05.2004 - 7 U 6/04 - OLGR Naumburg 2005, 493.

[1400] BGH v. 13.07.1995 - III ZR 160/94 - NJW 1995, 2918-2921; BGH v. 18.06.1998 - III ZR 100/97 - NVwZ 1998, 1329-1330; OLG Naumburg v. 14.05.2004 - 7 U 6/04.

[1401] BGH v. 12.07.1962 - III ZR 16/61 - LM Nr. 1 zu § 50 MRVO (BrZ) 165 ebenso LG Mainz v. 21.11.2000 - 4 O 53/00 für die Schadensersatzklage eines Prüflings.

[1402] Ebenso *Vinke* in: Soergel, § 839 Rn. 267; kritisch *Rennert* in: Eyermann/Geiger/Happ/Rennert, VwGO, 12. Aufl. 2006, § 121 Rn. 38.

[1403] BGH v. 07.02.2008 - III ZR 76/07, NVwZ 2009, 132-134; *Schlick*, NJW 2009, 3487, 3494.

[1404] So ausdrücklich OLG München v. 03.08.2000 - 1 U 1903/00 - OLGR München 2002, 435-438.

§ 839

3. Beachtlichkeit sonstiger gerichtlicher Entscheidungen

262 Eine Präjudizwirkung kommt auch der Entscheidung des OLG im Verfahren gemäß §§ 23-30 EGGVG in Bezug auf Justizverwaltungsakte zu.[1405] Bei einer Amtshaftungsklage eines Strafgefangenen auf Entschädigung in Geld wegen menschenunwürdiger Unterbringung in der Justizvollzugsanstalt ist das Zivilgericht an die rechtskräftige Entscheidung einer Strafvollstreckungskammer im Verfahren nach § 109 StVollzG hinsichtlich der Rechtswidrigkeit der Unterbringung gebunden.[1406] Dem Zivilrichter obliegt die tatrichterliche Würdigung, ob durch die Art und Weise der (rechtswidrigen) Unterbringung die Menschenwürde des Strafgefangenen verletzt worden ist.[1407] Ein Schadensersatzanspruch besteht nur bei einer schwerwiegenden Persönlichkeitsrechtsverletzung.[1408] Nach der Rechtsprechung des BGH sind bestimmte Maßnahmen der Staatsanwaltschaft, zu denen auch der Antrag auf Erlass eines Haftbefehls gehört, im Amtshaftungsprozess nicht auf ihre Richtigkeit, sondern nur darauf hin zu überprüfen, ob sie – bei voller Würdigung auch der Belange einer funktionstüchtigen Strafrechtspflege – vertretbar sind.[1409] Das OLG Bremen hat betont, dass die rechtskräftige Aberkennung von Ansprüchen auf Versicherungsleistungen durch die Sozialgerichte einen Schadensersatzanspruch nach § 839 BGB wegen Versagung der Versicherungsleistung durch den öffentlichen Versicherungsträger ausschließt.[1410]

IV. Beweisfragen

1. Der Anscheinsbeweis

263 Der Geschädigte hat die **schuldhafte Amtspflichtverletzung**, den **Schaden** sowie die **haftungsbegründende Kausalität** gemäß § 286 ZPO zu beweisen.[1411] Hierbei kann dem Geschädigten der **Anscheinsbeweis**[1412] zugutekommen. Das Rechtsinstitut des Anscheinsbeweises ist zwischenzeitlich auch vom Gesetzgeber anerkannt (vgl. § 292a ZPO, eingefügt durch das FormAnpG vom 13.07.2001).[1413] Der Anscheinsbeweis (= Beweis des ersten Anscheins) erlaubt bei **typischen Geschehensabläufen**[1414] den Nachweis eines ursächlichen Zusammenhangs oder eines schuldhaften Verhaltens ohne exakte Tatsachengrundlage, sondern aufgrund von Erfahrungssätzen. Das Geschehen muss nach der Lebenserfahrung typischerweise in eine bestimmte Richtung verlaufen. So streitet bei der Verletzung von Unfallverhütungsvorschriften und Schutzgesetzen der Beweis des ersten Anscheins dafür, dass der Verstoß für den Schadenseintritt ursächlich war, sofern sich gerade diejenige Gefahr verwirklicht hat, der das Schutzgesetz oder die Unfallverhütungsvorschrift entgegenwirken soll. Der Anscheinsbeweis ist darüber hinaus auch bei der Verletzung von Verkehrssicherungspflichten anwendbar, die wie Schutzgesetze oder Unfallverhütungsvorschriften typischen Gefährdungen entgegenwirken sollen, wenn sich in dem Schadensfall gerade diejenige Gefahr verwirklicht hat, der durch die Auferlegung der Verwaltungspflichten begegnet werden soll.[1415] Sofern das Ergebnis ungewiss ist oder zwei voneinander unabhängige Schadenursachen in Betracht kommen, ist für die Anwendung des Anscheinsbeweises kein Raum.[1416] Spricht nach der Lebenserfahrung eine tatsächliche Vermutung für

---

[1405] *Schäfer* in: Staudinger, 12. Aufl. 1986, § 839 Rn. 468.
[1406] OLG München v. 30.11.2006 - 1 W 2757/06 - NStZ-RR 2007, 64.
[1407] BGH v. 04.11.2004 - III ZR 361/03 - NJW 2005, 58-60; BGH v. 28.09.2006 - III ZB 89/05 - NJW 2006, 3572-3573.
[1408] OLG Hamburg v. 06.05.2002 - 1 W 66/01 - OLGR Hamburg 2002, 460-461.
[1409] BGH v. 21.04.1988 - III ZR 255/86 - NJW 1989, 96-99; BGH v.29.04.1993 - III ZR 3/92 - NJW 1993, 2927; BGH v. 18.05.2000 - III ZR 180/99 - NJW 2000, 2672; BGH v. 23.10.2003 - III ZR 9/03 - NJW 2003, 3693-3698.
[1410] OLG Bremen v. 16.12.1991 - 1 W 66/91.
[1411] BGH v. 27.06.1963 - III ZR 5/62 - LM Nr. 12 zu § 839 (Fd) BGB; *Wurm* in: Staudinger, § 839 Rn. 399-405; *Vinke* in: Soergel, 13. Aufl. Rn. 269-271.
[1412] Allgemein zum Anscheinsbeweis *Greger* in: Zöller, ZPO, 29. Aufl. 2012, Vor § 284 Rn. 29; *Foerste* in: Musielak, ZPO, 9. Aufl. 2012, § 286 Rn. 23-31.
[1413] BGBl I 2001, 1542.
[1414] Vgl. zu diesem Begriff BGH v. 01.06.1970 - III ZR 210/68 - BGHZ 54, 165-177; OLG Karlsruhe v. 20.02.2003 - 12 U 216/02 - OLGR Karlsruhe 2003, 160-161.
[1415] BGH v. 03.06.2008 - VI ZR 221/07 - NJW 2008, 3775-3777; BGH v. 09.09.2008 - VI ZR 279/06 - NJW 2008, 3378-3779; OLG Saarbrücken v. 27.10.2009 - 4 U 96/09 – 26 - NJW-RR 2010, 602-604.
[1416] OLG Hamm v. 29.04.1987 - 11 U 192/86 - AgrarR 1987, 353-355; KG Berlin v. 23.06.1995 - 9 U 5668/94; OLG München v. 10.11.2006 - 1 U 4336/06; *Greger* in: Zöller, 29. Aufl. 2012, ZPO, vor § 284 Rn. 29.

den Ursachenzusammenhang zwischen einer Amtspflichtverletzung und der nachfolgenden Schädigung eines Dritten, so ist es Sache des Amtsträgers oder der für ihn haftenden Körperschaft, die Kausalverbindung zu widerlegen.[1417] Der Anscheinsbeweis greift zugunsten des Geschädigten regelmäßig nur für den Kausalitätsnachweis. So begründet ein Glatteisunfall keinen Anscheinsbeweis oder ein Indiz dafür, dass der Streupflichtige seine Pflicht zum erneuten Streuen verletzt hat.[1418] Die Frage, ob die Grundsätze über den Anscheinsbeweis eingreifen, unterliegt der Prüfung durch das Revisionsgericht.[1419]

Ausgehend hiervon gibt es zahlreiche Gerichtsentscheidungen zum Beweis des ersten Anscheins im **Straßenverkehrsrecht**: 264

- Der Nachweis der Verletzung der Räum- und Streupflicht umfasst auch den Nachweis, dass der Zustand der Unfallstelle ein Räumen und/oder Streuen gebot, dieses aber nur unzureichend oder gar nicht erfolgt ist. Die Anwendung der Regel über den Anscheinsbeweis kommt nur und erst dann in Betracht, wenn feststeht, dass der auf Schadensersatz in Anspruch Genommene objektiv gegen die Räumpflicht und Streupflicht verstoßen oder ein Schutzgesetz verletzt hat und der Verletzte innerhalb der Grenzen der Streupflicht zu Fall gekommen ist.[1420]
- Es spricht ein Anscheinsbeweis dafür, dass Schäden durch das Streufahrzeug verursacht worden sind, wenn die am Straßenrand geparkten Fahrzeuge charakteristische Schäden aufweisen, die durch die Form des Streumaterials, das Auftreten bestimmter Dichten in bestimmter Höhe und durch die Einschlagstiefe gekennzeichnet sind.[1421]
- Sofern die Aufstellung von Verkehrsschildern erforderlich ist, spricht der Beweis des ersten Anscheins dafür, dass solche Verkehrsschilder die Verkehrsteilnehmer zu einem die Gefahr vermeidenden Verhalten veranlasst hätten.[1422]
- Erleidet ein Fußgänger an der unzureichenden Warnanlage (Blinkanlage vor herannahenden Straßenbahnen) einen Unfall mit einer Straßenbahn, spricht der Beweis des ersten Anscheins dafür, dass der Unfall bei einer pflichtgemäß geänderten Warnanlage vermieden worden wäre.[1423]
- Hat der Verkehrssicherungspflichtige gegen die Pflicht zur regelmäßigen Kontrolle von Straßenbäumen verstoßen und wird ein vorbeifahrendes Fahrzeug durch einen morschen Ast beschädigt, spricht der Anscheinsbeweis zu Gunsten des Geschädigten dafür, dass es bei Beachtung der Vorschrift über die Sicherung von Straßenbäumen nicht zu dem Unfall gekommen wäre.[1424]
- Bei Glatteisunfällen sind die Regeln über den Anscheinsbeweis anwendbar, wenn der Verletzte innerhalb der zeitlichen Grenzen der Streupflicht zu Fall gekommen ist.[1425]
- Sofern nach Landesgesetz Kreuzungs- und Einmündungsbereiche zur Bekämpfung von Eis- und Schneeglätte mit abstumpfenden und mechanischen Mitteln zu streuen sind, führt eine Verletzung dieser Streupflicht im Falle eines Auffahrunfalls zu einem gegen den Streupflichtigen sprechenden Anscheinsbeweis.[1426]
- Bei einem Sturz auf einem eisglatten Zebrastreifen vor einer Schule zur Zeit des Schulbeginns spricht regelmäßig der Beweis des ersten Anscheins für eine unfallsächliche Streupflichtverletzung der Gemeinde.[1427]
- Stürzt ein Fußgänger in unmittelbarer Nähe einer Gefahrenstelle, so liegt nach den Grundsätzen des Anscheinsbeweises der Schluss nahe, dass die Gefahrenstelle Ursache des Sturzes war.[1428]

[1417] BGH v. 28.02.1991 - III ZR 81/90 - BGHR BGB § 839 Abs. 1 S. 1 Kausalität 4; BGH v. 22.11.2007 - III ZR 280/06 - MDR 2008, 207-208.
[1418] OLG München v. 22.09.2006 - 1 U 3340/06.
[1419] BGH v. 22.11.2007 - III ZR 280/06 - NVwZ-RR 2008, 169-170.
[1420] BGH v. 04.10.1983 - VI ZR 98/82 - LM Nr. 23 zu § 823 (Eb) BGB; OLG Karlsruhe v. 16.01.1985 - 7 U 152/83 - VersR 1985, 1075.
[1421] OLG Braunschweig v. 30.11.1987 - 3 U 115/87, 3 U 116/87 - VersR 1989, 95-97.
[1422] OLG Nürnberg v. 27.09.2000 - 4 U 2350/99 - OLGR Nürnberg 2001, 5-7.
[1423] OLG Köln v. 11.01.2001 - 7 U 103/00 - NJW-RR 2002, 1182-1185.
[1424] OLG Dresden v. 28.02.2001 - 6 U 3035/00 - MDR 2001, 937-938.
[1425] BGH v. 19.12.1991 - III ZR 2/91 - BGHR BGB § 839 Abs. 1 S. 1 Streupflicht 7; OLG Brandenburg v. 21.12.2007 - 2 U 7/07; OLG Koblenz v. 27.10.2010 - 1 U 170/10.
[1426] KG Berlin v. 30.03.2001 - 9 U 8905/99 - DAR 2001, 497-498.
[1427] OLG Frankfurt v. 11.05.2005 - 1 U 209/04 - NVwZ-RR 2005, 763-764.
[1428] BGH v. 02.06.2005 - III ZR 358/04 - NJW 2005, 2454.

§ 839

265 Der Beweis des ersten Anscheins findet auch Anwendung bei einer **Amtspflichtverletzung von Ärzten**, so z.B.:
- Eine Anästhesistin, die kurz vor der Facharztprüfung steht, handelt grob fahrlässig, wenn sie nach zwei vergeblichen Intubationsversuchen statt den Oberarzt lediglich einen Assistenzarzt herbeiruft; der Beweis, dass der Fehler der Berufsanfängerin für den Tod des Patienten kausal geworden ist, ist als erbracht anzusehen, wenn in einem solchen Fall dem später hinzugezogenen erfahrenen Facharzt sofort die vierte regelgerechte Intubation gelingt.[1429]
- Für die Ansteckung eines Tieres durch ein importiertes Tier kann der Anscheinsbeweis sprechen, wenn die erforderlichen Untersuchungen von dem Importeur nicht angestellt worden sind; ein wissenschaftliches Institut handelt fahrlässig, wenn es sich nach Import eines Tieres nicht darüber informiert, inwieweit das Tier zum Infektionsherd für die inländischen Tieren werden kann.[1430]

266 Der Geschädigte ist auch für die ein **Verschulden des Amtsträgers** ergebenden tatsächlichen Umstände beweispflichtig.[1431] Es genügt im Allgemeinen der Beweis eines Sachverhaltes, der nach dem regelmäßigen Verlauf der Dinge die Folgerung auf eine schuldhafte Pflichtverletzung rechtfertigt.[1432] Verunglückt ein Polizeifahrzeug aufgrund von Wasseransammlung auf der Fahrbahn, so spricht der Beweis des ersten Anscheins für ein Verschulden des Fahrzeugführers.[1433] Bei einer Kollision des Fahrstreifenwechslers (Straßenreinigungsfahrzeug) mit einem Fahrzeug des durchgehenden Verkehrs spricht ebenfalls der Beweis des ersten Anscheins für ein Verschulden des Fahrstreifenwechslers.[1434] Wenn indes der Geschädigte zu den konkreten Umständen des Fehlverhaltens des Amtsträgers und dem Grad seines Verschuldens nicht vortragen kann, ist – insoweit zugunsten des Amtsträgers – von der mildesten Schuldform, also einer leichten Fahrlässigkeit, auszugehen.[1435]

267 Hierbei steht außer Frage, dass der Verletzte den schuldigen Beamten bei der Amtshaftung nicht zu **individualisieren** braucht.[1436] Eine **Beweislastumkehr** kommt nur selten in Betracht.[1437] Voraussetzung ist eine Beweisnot.[1438] So führt das Vorhandensein eines Schlagloches auf einer Straße zu keiner Umkehr der Beweislast im Hinblick auf eine etwaige Verletzung der Verkehrssicherungspflicht.[1439] Wer die Gegenpartei schuldhaft an der Möglichkeit beschneidet, den Anscheinsbeweis zu erschüttern oder zu widerlegen, kann sich nicht auf die Grundsätze des Anscheinsbeweises berufen. Dies ergibt sich unter Billigkeitsgesichtspunkten.[1440] Der Rechtsgedanke der Beweislastumkehr wurde herangezogen bei der Frage, ob die Vertreter der verklagten Körperschaft des öffentlichen Rechts im Zulassungsausschuss (betreffend die Zulassung von Ärzten) dem rechtswidrigen Ablehnungsbeschluss zugestimmt haben oder nicht. Insoweit wurde darauf abgestellt, dass die Beklagte den Vorgängen im Zulassungsausschuss näherstehe als der Geschädigte und die Beklagte auch im Verhältnis zu den anderen entsendenden Körperschaften ein Interesse daran haben müsse, das Stimmverhalten der von ihr bestellten Mitglieder des Zulassungsausschusses in Erfahrung zu bringen.[1441] Die Rechtsprechung hat den Rechtsgedanken der Umkehr der Beweislast auch herangezogen beim Streit über das Vorliegen bzw. das Nichtvorliegen der Beförderungsvoraussetzungen eines (seit vielen Jahren) freigestellten Personalratsmitgliedes.[1442]

[1429] OLG Köln v. 09.11.1988 - 27 U 77/88 - NJW 1990, 776-777.
[1430] OLG Frankfurt v. 28.02.1985 - 1 U 85/84 - NJW 1985, 2425-2426.
[1431] BGH v. 05.03.1974 - VI ZR 222/72 - VersR 1974, 782.
[1432] BGH v. 06.04.1963 - III ZR 213/61 - VersR 1963, 856; *Vinke* in: Soergel, § 839 Rn. 269.
[1433] LG Mainz v. 24.02.2005 - 4 O 76/04 - NVwZ-RR 2006, 358-359.
[1434] LG Berlin v. 07.05.2003 - 24 O 34/03.
[1435] OLG Brandenburg v. 05.06.2007 - 2 U 42/06.
[1436] *Vinke* in: Soergel, § 839 Rn. 269.
[1437] OLG Schleswig v. 06.11.1997 - 11 U 100/95 - SchlHA 1998, 109-110; vgl. z.B. OLG München v. 16.09.1999 - 1 U 2457/99 - OLGR München 2000, 121-122. Vgl. zur Beweislastumkehr bei Verletzung der Fürsorgepflicht des Dienstherrn *Wurm* in: Staudinger, § 839 Rn. 401.
[1438] OLG Stuttgart v. 24.11.2004 - 4 U 73/04 - BauR 2005, 160.
[1439] LG Hamburg v. 09.01.2004 - 331 O 20/03.
[1440] BGH v. 17.06.1997 - X ZR 119/94 - NJW 1998, 79-81; OLG Brandenburg v. 17.06.2003 - 2 U 50/02 - NVwZ-RR 2004, 76-77.
[1441] BGH v. 10.02.2011 - III ZR 37/10 - NJW 2011, 2586-2590.
[1442] VG Aachen v. 26.01.2012 - 1 K 740/11.

2. Beweiserleichterung und Beweisverschiebung

Besteht die Amtspflichtverletzung in einem **Unterlassen**, so kann ein Ursachenzusammenhang zwischen Pflichtverletzung und Schaden grundsätzlich nur bejaht werden, wenn der Schadenseintritt bei pflichtgemäßem Handeln mit an Sicherheit grenzender Wahrscheinlichkeit vermieden worden wäre; eine bloße Möglichkeit, ebenso eine gewisse Wahrscheinlichkeit genügt nicht.[1443] Dabei ist es grundsätzlich Sache des Geschädigten, darzulegen und ggf. zu beweisen, in welcher für ihn günstigen Weise das Geschehen bei Vornahme der gebotenen Amtshandlung verlaufen wäre, wobei allerdings in Anwendung des § 287 ZPO anstelle des vollen Beweises ein reduziertes Beweismaß – im Sinne einer erheblich bzw. deutlich überwiegenden Wahrscheinlichkeit genügt.[1444] Dem Geschädigten kommen Beweiserleichterungen zugute, wenn die verklagte Behörde (hier: Landesjustizprüfungsamt) ihn durch eine amtspflichtwidrige Entscheidung in Beweisnot gebracht hat.[1445] Dies gilt auch, wenn nach der Schädigung eines parkenden Kraftfahrzeuges durch einen herabfallenden Ast eines Straßenbaumes die Kommune das Fällen und die Beseitigung des Baumes während des Rechtsstreits und vor der erforderlichen Begutachtung durch einen Sachverständigen veranlasst und dadurch dem Beschädigten bewusst die Möglichkeit des Beweises einer Amtspflichtverletzung nimmt.[1446] Beweiserleichterungen wurden weiterhin zugebilligt einem unterernährten Pflegekind im Amtshaftungsprozess gegen den Träger des Jugendamtes, das trotz auffälligen Untergewichtes keine Nachforschungen angestellt hat.[1447] Bei einem Sturz auf dem Bürgersteig wegen Glatteises kommen dem Geschädigten insoweit Beweiserleichterungen im Rahmen der Darlegungslast zugute, als es der Gemeinde obliegt, die tatsächlichen Umstände darzulegen, die gegen die Annahme eines grundsätzlichen Mangels bei der Ausführung des Winterdienstes sprechen, der bei der geschuldeten Kontrolle aufgefallen wäre.[1448] Bei einer Unterbringung in einem psychiatrischen Krankenhaus wurde dem Kläger keine Beweiserleichterung zugebilligt, da nach Auffassung des Gerichtes der Befunderhebungsfehler nicht grob fehlerhaft war.[1449]

268

Wenn die **Amtspflichtverletzung** und der **zeitlich nachfolgende Schaden feststehen**, kann der Geschädigte der öffentlichen Körperschaft sogar den Nachweis überlassen, dass der Schaden nicht auf die Amtspflichtverletzung zurückzuführen ist, sofern nach der Lebenserfahrung eine tatsächliche Vermutung oder eine hohe Wahrscheinlichkeit für den ursächlichen Zusammenhang besteht.[1450] § 252 BGB enthält im Übrigen für den Geschädigten eine ergänzende Beweiserleichterung, wonach dieser nur die Umstände darzulegen und die Grenzen des § 287 ZPO zu beweisen braucht, aus denen sich nach dem gewöhnlichen Verlauf der Dinge oder der besonderen Umstände des Falles die Wahrscheinlichkeit des Gewinneintritts ergibt, da die Beweiserleichterung der § 252 BGB, § 287 ZPO auch die Darlegungslast derjenigen Partei mindert, die Ersatz des entgangenen Gewinns verlangt. Insoweit dürfen keine zu strengen Anforderungen gestellt werden.[1451]

269

Eine **Beweislastverschiebung** wurde trotz der Bindungswirkung eines verwaltungsgerichtlichen Urteils, in dem die Rechtswidrigkeit der Überschreitung der Prüfungsdauer festgestellt worden ist, von der Rechtsprechung verneint, da eine hinreichende Wahrscheinlichkeit nicht zu bejahen sei, dass der Prüfling bei Einhaltung der kürzeren Prüfungszeit ausreichende Leistungen erzielt hätte.[1452] Dem ist entgegenzuhalten, dass aufgrund der Aufhebung der Prüfungsentscheidung die angefochtene Prüfungsentscheidung überhaupt keinen Indizwert hat. Das Gericht kann allenfalls darauf abstellen, wann und unter welchen Umständen und mit welchem Ergebnis der Geschädigte die Wiederholungsprüfung absolviert hat. Wenn er spätere Prüfungen erfolgreich bestanden hat, spricht eine gewisse Wahrscheinlichkeit dafür, dass bei ordnungsgemäßem Prüfungsverlauf er auch die erfolgreich angefochtene Prüfung bestanden hätte. Das Gegenteil hat ggf. die Prüfungsbehörde zu beweisen. Hierbei ist zu beachten, dass nach Auffassung der Verwaltungsgerichte eine etwaige rechtswidrige Zulassung zur Prüfung we-

270

[1443] BGH v. 21.10.2004 - III ZR 254/03 - NJW 2005, 68-72 unter Berufung auf *Wurm* in: Staudinger, BGB, § 839 Rn. 232 m.w.N.

[1444] BGH v. 06.10.1994 - III ZR 134/93 - VersR 1995, 168; BGH v. 21.10.2004 - III ZR 254/03 - NJW 2005, 68-72.

[1445] OLG München v. 17.08.2006 - 1 U 2960/05 - NJW 2007, 1005-1010.

[1446] OLG Bremen v. 30.04.2008 - 1 U 4/08 - MDR 2008, 1061-1062.

[1447] BGH v. 21.10.2004 - III ZR 254/03 - FamRZ 2005, 93-97.

[1448] OLG Brandenburg v. 05.08.2008 - 2 U 15/07 - VersR 2009, 221-224.

[1449] OLG Hamm v. 05.03.2010 - 26 U 147/08 u.a.

[1450] BGH v. 22.05.1986 - III ZR 237/84 - NJW 1986, 2829 sowie BGH v. 21.10.2004 - III ZR 254/03 - NJW 2005, 68-72.

[1451] OLG Zweibrücken v. 10.02.2003 - 7 U 99/02 - OLGR Zweibrücken 2003, 202-204.

[1452] OLG Köln v. 02.11.1992 - 7 W 42/92 - MDR 1993, 630.

gen Fehlens eines Leistungsnachweises unerheblich ist, wenn der Prüfling seine Befähigung durch das Bestehen der Prüfung nachgewiesen hat.[1453] Dem (nachträglichen) Bestehen der Prüfung oder einer Abschlussprüfung kommt somit eine hohe Indizwirkung zu. Im Falle einer Beweisvereitelung durch die Prüfungsbehörde ist § 444 ZPO zu beachten (z.B. bei einem Verlust der Prüfungsarbeit).[1454]

271 Noch nicht geklärt ist die Frage, inwieweit der Geschädigte sich auf den Beweis des ersten Anscheins berufen kann, wenn er nach Feststellung der Rechtswidrigkeit einer Prüfungsentscheidung Schadensersatz begehrt. Der BGH hat insoweit die Auffassung vertreten, dass bei **Rechtswidrigkeit einer Prüfungsentscheidung** wegen Voreingenommenheit eines Mitglieds des Prüfungsausschusses das Zivilgericht im Rahmen der Schadenbestimmung eine hypothetische Feststellung über das Ergebnis einer rechtmäßig durchgeführten Prüfung zu treffen hat; dem Geschädigten kommen dabei die Beweiserleichterungen von § 287 ZPO zugute.[1455] In einer weiteren Entscheidung hat der BGH betont, dass dem Kläger für den Nachweis des geltend gemachten Schadens **unter Berücksichtigung der Anknüpfungstatsachen und anderen genannten Umständen Beweiserleichterungen zukommen**.[1456] Keine Probleme gibt es in den Fällen, in denen im Verwaltungsprozess das Prüfungsamt für verpflichtet erklärt wurde, die Prüfung für bestanden zu erklären und ein Prüfungszeugnis auszuhändigen.[1457]

3. Die Darlegungs- und Beweislast im Beförderungsgeschehen

272 In den letzten Jahren hat sich die Rechtsprechung wiederholt mit der Schadensersatzklage eines Beamten beschäftigen müssen, der wegen **unterbliebener Beförderung** bzw. **rechtswidriger Nichtberücksichtigung bei einer Beförderung** die Zivilgerichte gemäß § 839 BGB bemüht hat.[1458] Als Schaden kommen der Minderverdienst infolge der nicht erfolgten Beförderung und ein etwaiger Pensionsschaden in Betracht. Bezüglich der adäquaten Kausalität trägt der klagende Beamte grundsätzlich die Darlegungs- und Beweislast, d.h. er muss darlegen, welchen Verlauf die Dinge beim pflichtgemäßen Verhalten des Amtsträgers genommen hätten und wie sich in diesem Fall die Vermögenslage des Verletzten darstellen würde, wobei ihm ggf. die **Beweiserleichterung** des § 287 ZPO zugutekommt.[1459] Da ein Beamter bei unterbliebener Beförderung wegen Verletzung des Art. 33 Abs. 2 GG auch beim Verwaltungsgericht klagen kann und dort gem. § 86 VwGO die Amtsermittlungsmaxime gilt, werden derartige Schadensersatzklagen von Beamten in aller Regel beim Verwaltungsgericht anhängig gemacht.[1460]

273 Im Falle einer unterbliebenen Beförderung muss der Beamte somit darlegen und ggf. beweisen, dass bei korrekter Durchführung des Stellenbesetzungsverfahrens gerade er hätte befördert werden müssen. Dies setzt voraus, dass der Beamte nachweisen kann, dass er im Vergleich zu dem tatsächlich ernannten Mitbewerber und zu allen anderen Mitbewerbern der am besten geeignete war und dass bei sachgerechtem Vorgehen des Dienstherrn die Auswahl auf ihn hätte fallen müssen.[1461] Bei im Wesentlichen gleicher Qualifikation muss der Beamte im Hinblick auf den dem Dienstherrn zustehenden **Beurteilungs- und Ermessensspielraum** nachweisen, dass ausnahmsweise eine **Ermessensreduzierung**

[1453] OVG Münster v. 21.06.1985 - 15 A 1766/83 - KMK-HSchR 1986, 996; VGH Mannheim v. 08.04.1988 - 9 S 708/87 - ESVGH 38, 201-205; hierzu *Zimmerling/Brehm*, Prüfungsrecht, 2. Aufl. 2001, Rn. 130.

[1454] BVerwG v. 18.02.2003 - 6 B 10/03.

[1455] BGH v. 03.03.1983 - III ZR 34/82 - LM Nr. 23 zu § 839 (Fd) BGB; hierzu *Wurm* in: Staudinger, § 839 Rn. 402.

[1456] BGH v. 13.11.1997 - III ZR 165/96 - juris Rn. 14 - LM BGB § 626 Nr. 39 (6/1998); BGH v. 22.07.2004 - III ZR 154/03 - NVwZ-RR 2005, 5-7.

[1457] BGH v. 09.07.1998 - III ZR 87/97 - juris Rn. 8 - BGHZ 139, 200-214.

[1458] Grundlegend BGH v. 06.04.1995 - III ZR 183/94 - BGHZ 129, 226-236; vgl. hierzu Schnellenbach, Beamtenrecht in der Praxis, 7. Aufl. 2011, § 3 Rn. 73 ff.; *Biermann/Czybulka*, JuS 1998, 601-610, 601-610.

[1459] BGH v. 22.05.1986 - III ZR 237/84 - NJW 1986, 2829-2832; BGH v. 08.06.1989 - III ZR 63/88 - LM Nr. 27 zu § 839 (Fc) BGB; BGH v. 06.10.1994 - III ZR 134/93 - juris Rn. 17 - LM BGB § 839 (Ca) Nr. 97 (4/1995); BGH v. 06.04.1995 - III ZR 183/94 - BGHZ 129, 226-236; OLG Hamm v. 07.02.1997 - 11 U 160/96 - NVwZ-RR 1998, 535-538; OLG Saarbrücken v. 09.04.2002 - 4 U 124/01 - 30, 4 U 124/01 - NVwZ-RR 2003, 810-814.

[1460] Vgl. z.B. BVerwG v. 17.01.2011 - 2 B 9/10; BVerwG v. 31.03.2011 - 2 A 2/09 - NVwZ 2011, 1528-1529; BVerwG v. 30.06.2011 - 2 C 19/10 - NVwZ 2011, 1270-1272; BVerwG v. 09.11.2011 - 2 B 93/11.

[1461] Vgl. BVerwG v. 16.10.1991 - 2 B 115/91 - NJW 1992, 927-928; BGH v. 06.04.1995 - III ZR 183/94 - BGHZ 129, 226-236; OLG Hamm v. 07.02.1997 - 11 U 160/96 - NVwZ-RR 1998, 535-538; LArbG Saarbrücken v. 18.06.1997 - 1 Sa 185/96; *Schnellenbach*, Beamtenrecht in der Praxis, 7. Aufl. 2011, § 3, Rn. 88 *Zimmerling*, Arbeitsrechtliche Konkurrentenklage und Eingruppierungsklage im öffentlichen Dienst, 1999, Rn. 48.

auf Null vorliegt,[1462] wobei bei im Wesentlichen gleicher Leistungsbeurteilung dem Dienstherrn ein weites Ermessen hinsichtlich der Bestimmung der weiteren Auswahlkriterien zukommt[1463]. Noch unklar ist die Darlegungs- und Beweislast, wenn in einer arbeitsrechtlichen oder beamtenrechtlichen Konkurrentenklage der nicht berücksichtigte Bewerber nachweist, dass der ausgewählte Bewerber nicht das vom Arbeitgeber/Dienstherrn aufgestellte Anforderungsprofil erfüllt.[1464] Faktisch erscheint es kaum möglich, dass der nicht berücksichtigte Bewerber nicht nur nachweist, dass er besser beurteilt ist als die Mitbewerber, sondern dass er darüber hinaus vorrangig vor den anderen Bewerbern dem ausgeschriebenen Anforderungsprofil entspricht. Wie soll dieser Nachweis ohne Kenntnis der Personalakten der Mitbewerber geführt werden?[1465] Dementsprechend hat das BVerwG nunmehr festgestellt, dass das Verwaltungsverfahren nicht so ausgestaltet werden dürfe, dass es den gerichtlichen Rechtsschutz vereitelt oder unzumutbar erschwert. Der **Bewerbungsverfahrensanspruch** ist nach der neuen Rechtsprechung des BVerwG nicht erledigt, wenn entgegen einer einstweiligen Anordnung ein Mitbewerber befördert wird; vielmehr kann der im vorläufigen Rechtsschutz obsiegende Beamte seinen Bewerbungsverfahrensanspruch im Hauptsacheverfahren weiter verfolgen. Dies setzt nicht die Möglichkeit voraus, die bereits erfolgte Ernennung aufzuheben.[1466] Nunmehr hat das BVerwG auch dahingehend judiziert, dass der Grundsatz der Ämterstabilität der Konkurrentenklage eines unterlegenen Bewerbers nicht entgegensteht, wenn dieser daran gehindert worden ist, die Rechtsschutzmöglichkeiten zur Durchsetzung seines Bewerbungsverfahrensanspruchs vor der Ernennung auszuschöpfen.[1467]

Bei einer beamtenrechtlichen Konkurrentenklage konkurrieren mitunter ein **aktiver** Beamter und ein freigestelltes Personalratsmitglied. Bei einem (möglicherweise seit Jahren) freigestellten Personalratsmitglied hat der Dienstherr eine fiktive Laufbahnnachzeichnung vorzunehmen, wobei der Werdegang des freigestellten Personalratsmitglieds wie der berufliche Werdegang vergleichbarer Kollegen zu behandeln ist, die weder das Amt des Personalratsmitgliedes ausüben noch vom Dienst freigestellt sind.[1468] Dem **aktiven** Beamten ist es kaum möglich, selbst eine Laufbahnnachzeichnung des freigestellten Personalratsmitgliedes vorzunehmen oder die vom Dienstherrn erstellte fiktive Laufbahnnachzeichnung ohne nähere Unterlagen des Dienstherrn zu überprüfen. Insoweit muss die Darlegungslast modifiziert werden. Denn nur der Dienstherr kennt die wesentlichen Tatsachen und kann diese darlegen (**sekundäre Behauptungslast**).[1469] Entsprechendes hat zu gelten, wenn entgegen der zwingenden Bestimmung des § 39 Abs. 1 VwVfG die Mitteilung über die Nichtbeförderung, die als Verwaltungsakt zu qualifizieren ist,[1470] nicht oder nicht ordnungsgemäß begründet ist[1471] und eine verwaltungsgerichtliche Konkurrentenklage durch eine amtspflichtwidrige vorzeitige Ernennung eines Mitbewerbers vereitelt worden ist.[1472] Dies gilt erst recht, wenn nicht einmal – trotz zwingender gesetzlicher Vorgaben – Beurteilungsrichtlinien vorliegen. Alsdann muss der auf Schadensersatz verklagte Dienstherr ei-

274

[1462] OLG Hamm v. 07.02.1997 - 11 U 160/96 - NVwZ-RR 1998, 535-538; OLG Saarbrücken v. 09.04.2002 - 4 U 124/01 - 30, 4 U 124/01 - NVwZ-RR 2003, 810-814; *Schnellenbach*, Beamtenrecht in der Praxis, 7. Aufl. 2011, § 3, Rn. 88; *Zimmerling*, Arbeitsrechtliche Konkurrentenklage und Eingruppierungsklage im öffentlichen Dienst, 1999, Rn. 22, 48.

[1463] BVerwG v. 10.11.1993 - 2 ER 301/93 - DVBl 1994, 118-120; OLG Hamm v. 27.06.2001 - 11 U 195/00 - NVwZ-RR 2002, 522-525.

[1464] Vgl. zur Bedeutung des Anforderungsprofils im Rahmen einer Auswahlentscheidung BAG v. 21.01.2003 - 9 AZR 72/02 - MDR 2003, 1056-1058; OVG Koblenz v. 31.10.2002 - 2 B 11557/02 - Schütz BeamtR ES/A II 1.4 Nr. 95.

[1465] Vgl. zu den prozessualen Problemen im vorläufigen Rechtsschutzverfahren zur Sicherung eines Bewerberverfahrensanspruchs *Finkelnburg/Dombert/Külpmann*, Vorläufiger Rechtsschutz im Verwaltungsstreitverfahren, 5. Aufl. 2008, Rn. 1343-1360.

[1466] BVerwG v. 21.08.2003 - 2 C 14/02 - IÖD 2004, 38-41 - diese Rechtsprechung befürchtend und im Voraus kritisierend *Lemhöfer*, ZBR 2003, 14-16.

[1467] BVerwG v. 04.11.2010 - 2 C 16/09, NJW 2011, 695-700; hierzu *Kugele*, jurisPR-BVerwG 9/2011 Anm. 1; *v. Roetteken*, jurisPR-ArbR 19/2011, Anm. 6; *v. Roetteken*, ZBR 2011, 73-84; *Garditz*, DVBl 2011, 1173-1176.

[1468] OVG Münster v. 14.02.2005 - 6 B 2496/03 - Schütz BeamtR ES/A II 1.4 Nr. 125.

[1469] *Greger* in: Zöller, ZPO, 29. Aufl. 2011, vor § 284 Rn. 34.

[1470] *Schnellenbach*, Beamtenrecht in der Praxis, 7. Aufl. 2011, § 3 Rn. 81.

[1471] Der Begründungszwang ist vor allem für belastende Verwaltungsakte verfassungsrechtlich geboten, vgl. hierzu *Knack*, VwVfG, 8. Aufl. 2004, § 39 Rn. 6 m.w.N.

[1472] BGH v. 06.04.1995 - III ZR 183/94 - BGHZ 129, 226-236; OLG Hamm v. 07.02.1997 - 11 U 160/96 - NVwZ-RR 1998, 535-538; OLG Saarbrücken v. 09.04.2002 - 4 U 124/01 - 30, 4 U 124/01 - NVwZ-RR 2003, 810-814.

nerseits substantiiert darlegen, wie sich das Beförderungsverfahren bei pflichtgemäßem Verhalten entwickelt hätte. Insbesondere muss der Dienstherr vortragen, welche konkreten Einzelbeurteilungen und Auswahlerwägungen seiner Entscheidung, dem Mitbewerber den Vorzug zu geben, zugrunde lagen. Allgemeine Darlegungen zum Gang des Auswahlverfahrens, zum Ermessen sowie zur Darlegungs- und Beweislast reichen hingegen nicht aus.[1473]

275 Der Grundsatz, wonach hinsichtlich der Frage, ob die Amtspflichtverletzung den behaupteten Schaden verursacht hat, grundsätzlich dem Kläger die **Darlegungs- und Beweislast** obliegt, gilt dann nicht uneingeschränkt, wenn die Amtspflichtverletzung und eine zeitlich nachfolgende Schädigung feststehen. Insoweit ist zunächst von dem auf Schadensersatz verklagten Dienstherrn ein substantiierter Vortrag dazu zu verlangen, wie sich die Dinge bei pflichtgemäßem Verhalten entwickelt hätten.[1474] Nach Auffassung des BVerwG trägt der Dienstherr die materielle Beweislast für die in seinem Verantwortungsbereich liegenden Vorgänge, deren Kenntnis für die Beurteilung erforderlich ist, ob der Beamte ohne den schuldhaften Verstoß gegen Art. 33 Abs. 2 GG voraussichtlich befördert worden wäre.[1475]

4. Prozesskostenhilfe und Beiordnung eines Notanwaltes

a. Beiordnung/Versagung der Prozesskostenhilfe

276 Der Kläger hat den entscheidungserheblichen Sachvortrag in dem Antrag auf Gewährung von Prozesskostenhilfe selbst vorzutragen; es ist unzureichend, wenn er lediglich auf ein beiliegendes Urteil verweist. Ebenso wenig genügt es, einer Behörde eine „falsche Vorgehensweise" vorzuwerfen. Der Kläger muss vielmehr konkret benennen, in welchem Verhalten welcher Mitarbeiter bzw. welcher Behörde er die – zudem schuldhafte – Amtspflichtverletzung erblickt.[1476] Im PKH-Verfahren ist es jedoch nicht geboten, auch schwierige und ungeklärte Rechtsfragen „durchzuentscheiden".[1477] Bei substantiiertem Sachvortrag kann die Prüfung der Erfolgsaussichten auf der Grundlage eines vom Kläger vorgelegten Sachverständigengutachtens vorgenommen werden; das Verbot der Beweisantizipation gilt im Verfahren zur Prüfung eines Antrages auf Bewilligung von Prozesskostenhilfe nicht unbeschränkt.[1478] Aus dem Sachvortrag des Klägers muss sich auch ergeben, in welcher Höhe ihm ein Schaden entstanden ist.[1479] Das Gericht muss den Rechtsstandpunkt des Antragstellers aufgrund seiner Sachdarstellung und der vorhandenen Unterlagen für zutreffend oder zumindest vertretbar halten.[1480]

277 Da bei der Amtshaftungsklage nach allgemeiner Auffassung die im allgemeinen Deliktsrecht bestehenden **Beweislastregelungen** gelten,[1481] ist der Geschädigte auch für die ein Verschulden des Beamten ergebenden tatsächlichen Umstände[1482] beweispflichtig. Im Allgemeinen genügt jedoch der Beweis eines Sachverhaltes, der nach dem regelmäßigen Verlauf der Dinge die Folgerung auf eine verschuldete Pflichtwidrigkeit rechtfertigt.[1483] Dies wird in der Rechtsprechung bejaht bei feststehenden, objektiven Verstößen gegen die Verkehrssicherungspflicht. Alsdann obliegt dem Verpflichteten der Entlastungsbeweis für fehlendes Verschulden.[1484] Hierbei hat die Körperschaft (der Beamte) einen tatsächlichen

---

[1473] BGH v. 06.04.1995 - III ZR 183/94 - BGHZ 129, 226-236; OLG Köln v. 20.03.1997 - 7 U 198/96 - OLGR Köln 1997, 156-160; OLG Saarbrücken v. 09.04.2002 - 4 U 124/01 - 30, 4 U 124/01 - NVwZ-RR 2003, 810-814.
[1474] OLG Rostock v. 18.10.2001 - 1 U 38/00 - OLGR Rostock 2002, 435-437.
[1475] BVerwG v. 17.08.2005 - 2 C 36/04 m. Anm. *Kugele*, jurisPR-BVerwG 1/2006, Anm. 4. Vgl. zum vergleichbaren Problem im Verwaltungsprozess BVerwG v. 02.11.2007 - 3 B 58/07 - NVwZ 2008, 230-231.
[1476] OLG München v. 10.06.2009 - 1 W 1401/09.
[1477] So ausdrücklich BVerfG v. 22.02.2011 - 1 BvR 409/09 - NJW-RR 2011, 1043-1047 sowie BVerfG v. 07.11.2011 - 1 BvR 1403/09 - GuT 2011, 499-503.
[1478] OLG Hamm v. 08.07.2009 - 11 W 117/08.
[1479] OLG München v. 06.04.2010 - 1 W 2667/09; LG Köln v. 05.03.2009 - 5 O 504/08; LG München v. 01.03.2010 - 15 O 971/10.
[1480] LG Oldenburg v. 23.04.2010 - 5 O 1353/10.
[1481] BGH v. 24.02.1959 - VI ZR 66/58 - LM Nr. 5 zu § 18 StVG; OLG Hamm v. 13.08.1999 - 9 U 39/99 - OLGR Hamm 2000, 173-174.
[1482] BGH v. 05.03.1974 - III ZR 222/72 - VersR 1974, 782; OLG München v. 14.10.1993 - 1 U 2811/93 - OLGR München 1994, 86-87.
[1483] BGH v. 31.01.1963 - III ZR 119/61 - LM Nr. 78 zu § 839 (C) BGB; vgl. auch *Wurm* in: Staudinger, § 839 Rn. 400.
[1484] OLG Karlsruhe v. 22.12.1989 - 14 U 159/88 - MDR 1990, 722 ebenso BGH v. 10.10.1963 - III ZR 161/62 - LM Nr. 28 zu § 839 (B) BGB.

oder rechtlichen Irrtum zu beweisen.[1485] Gleiches gilt bei einem behaupteten Nichtverschulden an einer Ampelstörung[1486] oder bei der verspäteten Entscheidung über einen Antrag. Auch insoweit trägt die beklagte Behörde die materielle Beweislast.[1487] In einem Amtshaftungsprozess wegen der Körperverletzung durch einen Polizeibeamten hat grundsätzlich das beklagte Land die Voraussetzungen eines Rechtfertigungstatbestandes darzulegen und zu beweisen.[1488]

Im Rahmen des Verfahrens auf Bewilligung der Prozesskostenhilfe prüft die Rechtsprechung vor allem die Bestimmung des § 839 Abs. 3 BGB. Insbesondere bei Schmerzensgeldansprüchen von Insassen einer JVA wegen unmenschlicher Zustände erfordert die Bewilligung der Prozesskostenhilfe die Darlegung, dass sich der Insasse der JVA um die Beseitigung der behaupteten Missstände bemüht bzw. einen entsprechenden Antrag beim Haftrichter gestellt hat[1489] (vgl. zu einem Ausnahmefall Rn. 238). Weiterhin ist auch die Bestimmung des § 839 Abs. 1 Satz 2 BGB im PKH-Verfahren zu prüfen.[1490] 278

b. Beiordnung eines Notanwaltes

Wer einen Notanwalt will, muss es zuvor bei einer zumutbaren Anzahl von Anwälten vergeblich versucht haben (zumindest 10 Anwälte bei durchschnittlicher Sache), dann muss diese Behörde informiert und auf Verlangen Kostenvorschuss angeboten haben. Bei einer beabsichtigten Klage wegen Amtspflichtverletzung muss dargelegt werden, worin das Verschulden beim Beamten liegen soll; eine bloße Verweisung auf einen Verwaltungsgerichtsprozess genügt nicht.[1491] 279

E. Arbeitshilfen – Fallgruppen

I. Personen

1. Amtspfleger/Amtsvormund

Die dem Amtsvormund bei der Ausübung der Vormundschaft treffende Pflicht obliegt ihm auch gegenüber dem Mündel; die Vormundschaft soll nämlich dessen Interessen wahren. Hierzu gehört insbesondere die Pflicht, die Vermögensinteressen des **Mündels** zur Geltung zu bringen und seine Ansprüche gegenüber Dritten durchzusetzen (§ 1793 Satz 1 BGB).[1492] Eine Verpflichtung des Amtsvormundes, zu Gunsten des Mündels eine Haftpflichtversicherung abzuschließen, ist nur dann anzunehmen, wenn aufgrund besonderer Umstände eine erhöhte Gefahr haftpflichtrechtlicher Inanspruchnahme besteht.[1493] Soweit das Jugendamt durch einen Erlassvertrag wirksam und unberechtigterweise auf rückständigen Unterhalt gegenüber dem Unterhaltspflichtigen verzichtet, steht dem Kind ein Anspruch auf Ersatz des entsprechenden Unterhaltsschadens zu.[1494] Der Träger eines Jugendamtes, dessen Mitarbeiter ein Kind auf der Grundlage der §§ 42, 43 SGB VIII vorläufig in einer Pflegefamilie unterbringen, haftet nicht für ein Verschulden der Pflegeeltern während der Betreuungszeit, durch das das Kind einen (gesundheitlichen) Schaden erleidet.[1495] 280

Für Pflichtverletzungen, die sich ein Vertreter des Jugendamts bei Führung der Amtsvormundschaft einem Mündel gegenüber zu Schulden kommen lässt, haftet die Gemeinde, bei der das Jugendamt eingerichtet ist.[1496] Ein Mündel, der Schadensersatz wegen Verletzung der Aufsichtspflicht des **Vormundschaftsrichters** fordert, braucht sich ein Verschulden seines Vormundes oder Pflegers bei der Abwendung des Schadens nur anrechnen zu lassen, soweit sie als seine gesetzlichen Vertreter gehandelt haben. Das ist nicht der Fall, wenn der Vormund oder der Pfleger jahrelang Einkünfte des Mündels 281

[1485] BGH v. 16.06.1977 - III ZR 179/75 - BGHZ 69, 128-144.
[1486] OLG Düsseldorf v. 20.05.1976 - 18 U 160/73 - MDR 1976, 842-843.
[1487] BVerwG v. 17.10.1977 - 6 B 14/77 - Buchholz 232 § 79 Nr. 68 sowie OVG Koblenz v. 21.01.2005 - 2 A 11800/04 - ZBR 2005, 426-428.
[1488] OLG Karlsruhe v. 19.05.2010 - 4 W 23/10 - VersR 2011, 122-123.
[1489] OLG München v. 28.04.2010 - 1 W 1292/05; OLG München v. 13.07.2005 - 1 W 1955/05; OLG Düsseldorf v. 15.05.2008 - I-18 W 30/08; OLG Düsseldorf v. 03.07.2008 - I-18 U 96/08.
[1490] OLG München v. 13.07.2009 - 1 W 1733/09.
[1491] OLG München v. 03.03.1993 - 1 W 1014/93 - OLGR München 1993, 186-187.
[1492] BGH v. 05.05.1983 - III ZR 57/82 - LM Nr. 136 zu Art. 34 GrundG.
[1493] OLG Hamm v. 13.01.1981 - 11 U 208/77 - VersR 1982, 77-78.
[1494] OLG Hamm v. 30.05.2000 - 29 U 144/99 - NJWE-FER 2001, 14.
[1495] OLG Stuttgart v. 20.07.2005 - 4 U 81/05 - NJW 2005, 3579-3583; bestätigt durch BGH v. 23.02.2006 - III ZR 164/05 - NJW 2006, 1121-1124.
[1496] BGH v. 20.04.1953 - IV ZR 155/52 - BGHZ 9, 255-262.

§ 839

veruntreut hat und die einzige Möglichkeit der Schadenabwendung darin bestand, den Vormundschaftsrichter auf die Veruntreuung aufmerksam zu machen.[1497] Verhandelt der Amtsvormund eines wegen Geisteskrankheit entmündigten Mündels über einen Arbeitsvertrag für seinen Mündel, so können ihm ausnahmsweise Amtspflichten auch gegenüber dem Vertragspartner obliegen (hier: Hinweis auf krankhafte Neigung des Mündels zum Feuerlegen).[1498] In der Regel gehört die Geltendmachung von Ansprüchen nach dem Unterhaltsvorschussgesetz nicht zu den Aufgaben des Amtspflegers nach den §§ 1706, 1709 BGB a.F.[1499] Etwaige **bei einer Ergänzungspflegschaft** den Pflegeeltern entstehende Kosten können nicht gegenüber dem Jugendamt oder den Pflegeeltern, sondern nur gegenüber dem Kind bestehen, für dessen Personensorge die Pflegschaft bestellt worden ist.[1500]

2. Betriebsprüfer

282 Der (steuerliche) Betriebsprüfer darf keine erkennbar falschen Feststellungen treffen und den Steuerpflichtigen dadurch zu möglicherweise aufwendigen, aber sachlich unnötigen Stellungnahmen veranlassen. Die Verpflichtung, die Besteuerungsgrundlagen nur unter den Voraussetzungen des Gesetzes und im Rahmen des gesetzlich Zulässigen festzustellen, stellt eine Amtspflicht auch gegenüber dem Steuerpflichtigen dar.[1501] Der Betriebsprüfer verletzt seine Amtspflichten nicht, wenn er den Steuerpflichtigen im Rahmen der Schlussbesprechung den auf konkreten Anhaltspunkt beruhenden Verdacht mitteilt, dass als Betriebsausgaben verbuchte Beratungskosten nur auf einem Scheinvertrag beruhen würden und nicht abzugsfähig seien. Das Beratungsunternehmen, dessen Beratervertrag aufgrund der genannten Äußerung gekündigt wird, ist nicht Dritter im Sinne des § 839 BGB und deshalb nicht wegen Amtshaftungsansprüchen schadensersatzberechtigt.[1502] Etwaige Verletzungen der den Betriebsprüfern obliegenden Sorgfaltspflichten bei einer Betriebsprüfung begründen mangels Drittschutzes keine Amtshaftung gegenüber dem Steuerpflichtigen.[1503] Mit der Frage, inwieweit Äußerungen des Betriebsprüfers eines Finanzamtes zu Amtshaftungsansprüchen einer Steuerberatungsgesellschaft führen können, musste sich auch das OLG Hamm beschäftigen. Dieses hat judiziert, dass der Betriebsprüfer die Pflicht hat, vermeidbare Schädigungen Dritter zu unterlassen.[1504] Eine Amtspflichtverletzung wird auch bejaht, wenn – nachweislich – der Betriebsprüfer bei Durchführung der Betriebsführung und den Ausführungen eines öffentlichen Amtes Beihilfe zum Betrug begangen hat.[1505]

283 Aus dem Zweck der Betriebsprüfung durch die AOK ergibt sich keine Amtspflicht des Prüfers, den Arbeitgeber als Beitragsschuldner vor Überzahlungen oder Nachforderungen zu schützen.[1506]

3. Dienstherr

284 Mit den Rechtsfolgen der Verletzung der **beamtenrechtlichen Fürsorgepflicht** hat sich der BGH bereits frühzeitig beschäftigen müssen. So hat der Beamte aufgrund der Fürsorgepflicht des Dienstherrn einen Rechtsanspruch darauf, dass in seine Personalakten nur zutreffende Tatsachenangaben über ihn und pflichtgemäß erstellte Beurteilungen seiner Persönlichkeit und Leistungen aufgenommen werden.[1507] Viele Gerichtsentscheidungen sind ergangen zu Problemen der **Beförderung** bzw. **Nichtbeförderung** eines Beamten. Gerügt wird in der Regel eine Verletzung des Gebotes der Bestenauslese.[1508] Gestritten wird auch über die Rechtsfolgen der Nichtbeachtung der Frauenförderungsvorschriften bei einer Beförderungsentscheidung[1509] oder bei rechtswidriger Übergehung eines schwerbe-

---

[1497] BGH v. 31.03.1960 - III ZR 37/59 - BGHZ 33, 136-144.
[1498] BGH v. 02.04.1987 - III ZR 149/85 - BGHZ 100, 313-321.
[1499] BGH v. 17.06.1999 - III ZR 248/98 - LM BGB § 839 (Ca) Nr. 104 (1/2000).
[1500] OLG Karlsruhe v. 28.10.2004 - 12 U 170/04 - JAmt 2005, 40-44.
[1501] BGH v. 30.06.1988 - III ZR 135/87 - BGH-DAT Zivil; ebenso BGH v. 26.06.1986 - III ZR 191/85 - NJW 1987, 434.
[1502] OLG Schleswig v. 28.05.1998 - 11 U 212/96 - SchlHA 1998, 311-313.
[1503] LG Karlsruhe v. 26.07.2005 - 2 O 60/03.
[1504] OLG Hamm v. 03.02.1993 - 11 U 144/92 - OLGR Hamm 1993, 290-291.
[1505] So OLG Karlsruhe v. 15.10.2007 - 12 U 208/05 - juris Rn. 328 ff.
[1506] BGH v. 29.11.1984 - III ZR 111/83 - LM Nr. 41 zu § 839 (Fm) BGB.
[1507] BGH v. 27.04.1961 - III ZR 209/59 - MDR 1961, 834-835.
[1508] BGH v. 11.11.1954 - III ZR 120/53 - BGHZ 15, 185-189; BGH v. 12.07.1956 - III ZR 39/55 - BGHZ 21, 256-263; BGH v. 20.12.1956 - III ZR 97/55 - BGHZ 23, 36-52; BGH v. 21.10.1993 - III ZR 68/92 - LM BGB § 839 (Fd) Nr. 29 (5/1994); BGH v. 06.04.1995 - III ZR 183/94 - BGHZ 129, 226-236; BGH v. 05.12.2002 - III ZR 148/02 - BGHReport 2003, 325-327.
[1509] OLG Hamm v. 16.09.1998 - 11 U 92/97 - Streit 1999, 133-134.

hinderten Bewerbers.[1510] Die Rechtsfolgen der Unrichtigkeit der Beförderungsentscheidung können sowohl beim Verwaltungsgericht als auch beim Zivilgericht geltend gemacht werden.[1511] Auch mit der Zusicherung auf Einstellung als Beamter und entsprechender Amtshaftung hat sich der BGH beschäftigen müssen.[1512] Ist über die Beförderung eines Beamten sachlich entschieden, so gebietet es die Fürsorgepflicht, die erforderlichen Vorkehrungen dafür zu treffen, dass die Ernennungsurkunde dem Beamten unverzüglich ausgehändigt werden kann.[1513] Der Erfüllungsanspruch auf gleichen Zugang zu Beförderungsämtern wandelt sich bei schuldhafter Verletzung in einen Schadensersatzanspruch wegen Nichterfüllung um.[1514]

Mobbing gegenüber einem Mitarbeiter (sei es ein Beamter, sei es ein Angestellter) führt ebenfalls zu einer Amtspflichtverletzung.[1515] Ein Schadensersatzanspruch wegen Mobbings ist in Fällen von systematischer, längerfristiger und intensiver Missachtung, Schlechtbehandlung und Schikanen bis hin zur Beleidigung und psychischem Terror begründbar.[1516] Zwei isolierte Vorfälle innerhalb eines Abstandes von Jahren ohne Kenntnis oder gar Billigung der Vorgesetzten können den Vorwurf des systematischen Mobbings nicht begründen.[1517] Einem Vorgesetzten kann kein Mobbingvorwurf gemacht werden, wenn lediglich Arbeitsanweisungen in einem harschen Ton erteilt werden.[1518] Bei der Geltendmachung eines Schadensersatzanspruches wegen Mobbings durch einen Soldaten ist die Sperrwirkung des § 91a SVG zu beachten; im Hinblick auf den Ausgleichsanspruch nach § 85 SVG wegen einer Wehrdienstbeschädigung ist Vorsatz zur Begründung von Schadensersatzansprüchen erforderlich.[1519]

285

Die beamtenrechtliche Fürsorgepflicht gebietet dem Dienstherrn, einen Beamten auf Probe bei Entlassung über die Geltendmachung von Rentenansprüchen zu belehren.[1520] Der Dienstherr haftet auch für eine **falsche Auskunft** über Versorgungsbezüge eines Beamten im Falle des vorzeitigen Eintritts in den Ruhestand,[1521] wobei bei falscher anwaltlicher Beratung des Beamten eine anderweitige Ersatzmöglichkeit gem. § 839 Abs. 1 Satz 2 BGB besteht.[1522] Ein Disziplinarverfahren ist mit der gebotenen Beschleunigung durchzuführen; anderenfalls hat der Beamte einen Anspruch auf Schmerzensgeld.[1523] Sofern der Beamte durch eine vorsätzliche Amtspflichtverletzung eines Beamten des eigenen Dienstherrn einen Dienstunfall erleidet, ist er nicht auf den beamtenrechtlichen Anspruch auf Unfallfürsorge beschränkt; er kann vielmehr weitergehende Ansprüche auf Schadensersatz auch gegen den eigenen Dienstherrn geltend machen.[1524] Schließlich ist es dem Dienstherrn untersagt, durch Absprachen mit privaten Arbeitgebern einen beabsichtigten Berufswechsel (hier: eines Berufssoldaten zu einer privaten Fluggesellschaft) zu erschweren.[1525] Die Gemeinde hat die Angehörigen ihrer Freiwilligen Feuerwehr ausreichend im Sinne von § 18 Abs. 3 BRSHG Hessen zu versichern und damit ihre beamtenrechtliche Fürsorgepflicht zu erfüllen; dies geschieht, wenn sich im Versorgungsfalle die Ersatzleistungen nach den Vorschriften der gesetzlichen Unfallversicherung richten.[1526]

286

[1510] OLG Oldenburg v. 12.01.1996 - 6 U 157/95.
[1511] Vgl. weiterhin hierzu OLG Hamm v. 07.02.1997 - 11 U 160/96 - NVwZ-RR 1998, 535-538; OLG Saarbrücken v. 09.04.2002 - 4 U 124/01 - 30, 4 U 124/01 - NVwZ-RR 2003, 810-814; BayObLG München v. 14.10.1999 - 2Z RR 5/99 - BayVBl 2000, 442-443.
[1512] BGH v. 20.12.1956 - III ZR 97/55 - BGHZ 23, 36-52.
[1513] BGH v. 07.07.1983 - III ZR 182/82 - LM Nr. 57 zu § 839 (Ca) BGB.
[1514] BVerwG v. 28.05.1998 - 2 C 29/97 - NJW 1998, 3288-3289; BVerwG v. 01.04.2004 - 2 C 26/03 - NVwZ 2004, 1257-1258; BVerwG v. 17.08.2005 - 2 C 36/04; OLG Saarbrücken v. 09.04.2002 - 4 U 124/01 - 30, 4 U 124/01 - NVwZ-RR 2003, 810-814; OVG Münster v. 07.07.2004 - 1 A 512/02 - SchützBeamtR ES/A II 1.4. Nr. 117.
[1515] BGH v. 01.08.2002 - III ZR 277/01 - NJW 2002, 3172-3174; OLG Stuttgart v. 28.07.2003 - 4 U 51/03 - OLGR Stuttgart 2003, 416-420; LG München v. 07.09.2005 - 15 O 25369/04.
[1516] OLG Koblenz v. 01.06.2005 - 1 U 1161/04 - OLGR Koblenz 2005, 745.
[1517] OLG München v. 18.04.2007 - 1 U 5361/06; so bereits OLG München v. 15.02.2007 - 1 U 5361/06.
[1518] LG München v. 07.09.2005 - 15 O 25369/04 - ArbN 2006, Nr. 3, 33.
[1519] LG Düsseldorf v. 20.09.2006 - 2b O 229/04 - NVwZ-RR 2007, 265-266.
[1520] BGH v. 27.10.1983 - III ZR 189/82 - LM Nr. 58 zu § 839 (Ca) BGB.
[1521] OLG Stuttgart v. 31.03.2004 - 4 U 216/03 - VBlBW 2004, 435-437.
[1522] OLG Düsseldorf v. 05.09.2007 - I-18 U 49/07 - FamRZ 2008, 892.
[1523] OLG Hamm v. 21.07.2006 - 11 U 159/05.
[1524] BGH v. 20.03.1961 - III ZR 9/60 - BGHZ 34, 375-381.
[1525] BGH v. 18.12.1986 - III ZR 214/85 - LM Nr. 10 zu § 839 (Fk) BGB.
[1526] OLG Frankfurt v. 21.08.1992 - 24 U 68/91 - OLGR Frankfurt 1993, 77-78.

4. (Freiwillige) Feuerwehr

287 Nach der Rechtsprechung des BGH ist der Einsatz der Freiwilligen Feuerwehr einschließlich des Einsatzes bei Feuerwehrübungen im Land Nordrhein-Westfalen Ausübung hoheitlicher Gewalt.[1527] Gleiches gilt für die Tätigkeit der Freiwilligen Feuer in Nordbaden[1528], in Bayern[1529] sowie in Sachsen-Anhalt.[1530] Ersatzleistungen aufgrund eines Feuerversicherungsvertrages sind anderweitiger Ersatz, der den Amtshaftungsanspruch ausschließt.[1531] Kreuzt ein Unfallrettungswagen der Feuerwehr die Fahrbahn eines auf bevorrechtigter Straße fahrenden Privatwagens und kommt es dabei zum Zusammenstoß, so trägt der Halter des Unfallrettungswagens – bzw. der Dienstherr des Fahrers – die Beweislast für die Umstände, aus denen er das Recht zur **Missachtung der Vorfahrt** herleitet.[1532] Der Leiter einer Feuerlöschtruppe, der zugleich zum Fahrer des Feuerwagens bestellt ist, handelt in Ausübung des ihm anvertrauten öffentlichen Feuerschutzamtes, wenn er im Rahmen seiner Befugnisse mit der Feuerlöschgruppe einer anderen Gemeinde, die einen derartigen Wagen kaufen will, auf deren Wunsch eine Probefahrt mit seinem Feuerlöschwagen ausführt, um die Fahreigenschaft des Wagens im Einsatz zu zeigen.[1533] Ein der städtischen Berufsfeuerwehr zugewiesener Blutkonserven-Transportdienst kann in Nordrhein-Westfalen öffentlich-rechtliches Verwaltungshandeln sein und eine Amtshaftungspflicht der Stadt auslösen, wenn der Fahrer eines Feuerwehrwagens auf einem solchen Transport einen Verkehrsunfall verschuldet.[1534] Schließlich hat der BGH judiziert, dass eine Gemeinde für Schäden haftet, die die von ihr unterhaltene Feuerwehr grobfahrlässig einem Dritten zufügt, dessen Geschäfte sie bei ihrem Einsatz mitbesorgt, nach den §§ 677, 680 BGB ohne Rücksicht darauf, ob der Dritte auf andere Weise Ersatz zu erlangen vermag.[1535]

288 Auch die Instanzgerichte haben sich mit Rechtsproblemen der Tätigkeit der Freiwilligen Feuerwehr beschäftigen müssen. Nach Auffassung des BayObLG handeln die Mitglieder der Freiwilligen Feuerwehr bei ihrer Tätigkeit nicht in Ausübung eines öffentlichen Amtes, wenn jemand den Kranwagen der bayerischen Feuerwehr einer bayerischen Gemeinde zum Verladen einer Maschine in Anspruch nimmt. Dies gilt auch dann, wenn die Benutzung des Kranwagens als gemeindliche Einrichtung außerhalb der **gesetzlichen Pflichtaufgabe** der Freiwilligen Feuerwehr durch Satzung, also öffentlich-rechtlich, geregelt sei. Im Übrigen könne die Gemeinde die Haftung (für sich und die Mitglieder der Freiwilligen Feuerwehr) auf Vorsatz und grobe Fahrlässigkeit beschränken.[1536] Mit der hoheitlichen Aufgabenwahrnehmung der freiwilligen Feuerwehr bei Brand- und Übungseinsätzen hat sich auch das OLG Düsseldorf beschäftigt.[1537] Das OLG Schleswig hatte zu prüfen, ob das von dem Einsatzleiter der Freiwilligen Feuerwehr als Feuerübung deklarierte Training des Hantierens auf einer Feuerwehrleiter auf Privatgelände beim weihnachtlichen An- und Abschmücken einer 11 m hohen Fichte die Ausübung eines öffentlichen Amtes darstellt (die Frage wurde verneint).[1538]

289 Die im Zusammenhang mit einem Martinsumzug und anschließenden **Martinsfeuer** von den Mitgliedern der Freiwilligen Feuerwehr übernommenen Pflichten beschränken sich zeitlich auf die Sicherung, soweit und solange die Teilnehmer an dem Umzug sich an einer Feuerstelle mit dem brennenden Feuer befinden. Wenn diese Zusammenkunft aufgelöst ist, endet auch die (unterstellte) Pflichtenstellung zu Gunsten eines Teilnehmers.[1539] Wird ein in der Nähe eines brennenden Wohnhauses abgestelltes Fahrzeug bei einem Feuerwehreinsatz durch herabfallende Dachziegel beschädigt, so bestehen keine Schadensersatzansprüche des Fahrzeugeigentümers aus Amtshaftung oder enteignungsgleichem Eingriff.[1540]

[1527] BGH v. 23.04.1956 - III ZR 299/54 - BGHZ 20, 290-301.
[1528] BGH v. 23.10.1958 - III ZR 91/57 - LM Nr. 7 zu § 839 (E) BGB.
[1529] BGH v. 18.12.2007 - VI ZR 235/06 - VersR 2008, 410-413.
[1530] OLG Naumburg v. 09.08.2010 - 10 W 4/10 - NVwZ-RR 2011, 183.
[1531] BGH v. 23.10.1958 - III ZR 91/57 - LM Nr. 7 zu § 839 (E) BGB.
[1532] BGH v. 09.07.1962 - III ZR 85/61 - BGHZ 37, 336-341.
[1533] BGH v. 12.07.1962 - III ZR 93/61 - LM Nr. 64 zu Art. 34 GrundG.
[1534] BGH v. 07.06.1971 - III ZR 63/68 - LM Nr. 34 zu § 839 (A) BGB.
[1535] BGH v. 24.10.1974 - VII ZR 223/72 - BGHZ 63, 167-176.
[1536] BayObLG München v. 06.06.1989 - RReg 2 Z 290/88 - BayObLGZ 1989, 193-200.
[1537] OLG Düsseldorf v. 29.12.1993 - 18 U 110/93 - NJW-RR 1994, 1444.
[1538] OLG Schleswig v. 29.08.1996 - 11 U 24/95 - NJW-RR 1997, 156.
[1539] OLG Celle v. 11.10.1995 - 9 U 210/94 - VersR 1997, 251, OLG Hamm v. 11.12.1997 - 6 U 127/97 - VersR 1999, 501, OLG Koblenz v. 20.10.2004 - 1 U 329/04 - MDR 2005, 1052.
[1540] OLG Rostock v. 03.09.2010 - 5 U 139/09 - MDR 2011, 160-162.

Das OLG Hamm[1541] sowie das OLG Brandenburg[1542] haben sich mit der Frage der Abwägung der Haftungsanteile bei Kollision eines im Einsatz befindlichen Feuerwehrfahrzeuges, das bei Rotlicht abbiegt, mit einem vorfahrtsberechtigten Geradeausfahrer beschäftigt. Ein nach § 38 StVO mit Sonderrechten ausgestattetes Fahrzeug darf nur dann bei rotem Ampellicht in die Kreuzung einfahren, wenn sich der Fahrer vergewissert hat, dass die anderen Verkehrsteilnehmer sein Fahrzeug wahrgenommen haben.[1543] Sonderrechte gem. § 35 StVO kann ein Angehöriger der freiwilligen Feuerwehr bei Vorliegen eines konkreten Einsatzbefehls, sofern dies zur Gefahrenabwehr dringend geboten ist, auch dann in Anspruch nehmen, wenn er mit seinem privaten Fahrrad unterwegs ist.[1544] Beabsichtigt ein Einsatzfahrzeug der Polizei oder der Feuerwehr, das beide Warneinrichtungen betätigt hat, von einem Grundstück in eine Straße einzubiegen, so bedeutet dies, dass alle übrigen Verkehrsteilnehmer auf ihr gemäß der StVO bestehende Vorfahrtsrecht zu verzichten und dem Einsatzfahrzeug die Einfahrt in die Straße zu ermöglichen haben. Kommt es in einer solchen Situation zu einem **Verkehrsunfall**, steht dem eigentlich Vorfahrtsberechtigten weder gemäß § 839 BGB i.V.m. Art. 34 GG noch gemäß § 7 StVG ein Schadensersatzanspruch zu.[1545] Wenn es bei einem Probealarm der dörflichen Feuerwehr infolge des Lärms der Feuersirene zu Panikreaktionen von Rindern in einem benachbarten Stall kommt, so haftet die Gemeinde weder nach den Vorschriften des FeuerwG noch aus Amtshaftungsgesichtspunkten, auch wenn der Aufstellungsort der Sirene möglicherweise schlecht gewählt war, sofern die Gemeinde die Planung und Errichtung der Sirene einschließlich der Prüfung ihrer Verträglichkeit einer Fachfirma übertragen hatte.[1546] Die Rechtsprechung ist sich darin einig, dass die Anforderungen an die Amtsausübung einer Freiwilligen Feuerwehr nicht überspannt werden dürfen. Deren Mitglieder sind Gemeindebürger, die ehrenamtlich neben ihrem Beruf tätig sind, und es erscheint fraglich, ob sie sich hierzu bereitfänden, wenn die Anforderungen an die aus diesem Dienst erwachsenden Amtspflichten überspannt würden. Der **Vorwurf grober Fahrlässigkeit** lasse sich deshalb nur in den Fällen rechtfertigen, in denen die getroffene Entscheidung außerhalb des Rahmens dessen liegt, was bei sachgemäßer Beurteilung unter Berücksichtigung der Schnelligkeit der zu treffenden Entscheidung und der Anforderungen, die an Einsatz und Kenntnisse der handelnden Feuerwehrmänner gestellt werden können, erwartet werden kann.[1547] Eine schuldhafte Pflichtverletzung liegt vor, wenn bei einem Bergungseinsatz die beteiligten Feuerwehrmänner nicht alle in der konkreten Situation verfügbaren Erkenntnisquellen ausschöpfen, um eine – an sich mögliche – beschädigungsfreie Bergung des verunfallten Fahrzeuges sicherzustellen.[1548]

290

5. Kirchenbeamte

Der BGH vertritt in ständiger Rechtsprechung die Auffassung, dass für Ansprüche aus Amtspflichtverletzung kirchlicher Beamter mangels besonderer kirchenrechtlicher Vorschriften die Bestimmung des § 839 BGB i.V.m. Art. 34 GG mindestens entsprechend gilt.[1549] Voraussetzung hierfür ist aber, dass der Kirchenbedienstete (Beamter oder Angestellter) in Ausübung eines öffentlichen Amtes **hoheitlich gehandelt** hat. Dieses hat der BGH nunmehr bejaht auch für den Sektenbeauftragten.[1550] Dagegen gehören die bauleitenden Aufgaben bei der Renovierung des Kirchengebäudes in den **fiskalischen** Bereich der Kirche; auch die Beachtung der Verkehrssicherungspflicht obliegt einem Amtsträger der Kirche grundsätzlich nur privatrechtlich.[1551] Die Rechtsprechung hat weiterhin betont, dass außer in Fällen, in denen die Kirche Staatsaufgaben übernimmt oder auf dem Gebiet des Kirchensteuerrechts tätig

291

[1541] OLG Hamm v. 18.12.1981 - 9 U 105/81 - VersR 1983, 162.
[1542] OLG Brandenburg v. 05.11.2009 - 12 U 151/08 - SVR 2010, 61-62.
[1543] LG Jena v. 20.12.2006 - 4 U 259/05 - MDR 2007, 894-895 sowie OLG Brandenburg v. 13.07.2010 - 2 U 13/09 - NZV 2011, 26-28.
[1544] OLG Stuttgart v. 26.04.2002 - 4 Ss 72/02 - NZV 2003, 244-245; LG Magdeburg v. 07.09.2010 - 10 O 564/10.
[1545] KG Berlin v. 29.01.1990 - 12 U 1054/89.
[1546] OLG München v. 19.11.1998 - 1 U 3705/98 - OLGR München 1999, 349-350.
[1547] OLG Brandenburg v. 18.11.2005 - 6 U 231/04 - DVP 2006, 477 unter Bezugnahme auf OLG Celle v. 17.10.1959 - 3 U 105/59 - NJW 1960, 676.
[1548] OLG Hamm v. 28.05.2010 - I-11 U 304/09 u.a.
[1549] BGH v. 17.12.1956 - III ZR 89/55 - BGHZ 22, 383-395; BGH v. 30.01.1961 - III ZR 227/59 - VersR 1961, 437; BGH v. 04.04.1989 - VI ZR 269/87 - LM Nr. 168 zu § 823 (Dc) BGB.
[1550] BGH v. 20.02.2003 - III ZR 224/01 - BGHZ 154, 54-64; *Weber*, NJW 2003, 2067-2070 sowie *Wilms*, NJW 2003, 2070-2073.
[1551] BGH v. 04.04.1989 - VI ZR 269/87 - LM Nr. 168 zu § 823 (Dc) BGB.

wird, Bedienstete der Kirchen keine Hoheitsgewalt ausüben, die mit der staatlichen vergleichbar wäre oder mit ihr konkurrieren könnte. Kirchliche Bedienstete sind daher keine Amtsträger i.S.v. § 11 Nr. 2 StGB.[1552]

6. Lehrer

292 Zu den Aufsichtspflichten des Lehrers gibt es eine reichhaltige Rechtsprechung des BGH. So obliegt den Lehrern die Pflicht, minderjährige Schüler während der Schulpausen zu beaufsichtigen, als Amtspflicht Dritten, auch Mitschülern gegenüber, die durch Spiele der Schüler gefährdet werden.[1553] Indes begründet die Aufsichtspflicht der Schule eine Amtspflicht nur gegenüber den Schülern, nicht gegenüber dem allgemeinen Straßenverkehr.[1554] Der BGH hat sich weiterhin beschäftigt mit der Amtspflicht des Lehrers bei der Pausenaufsicht,[1555] beim Waldlauf,[1556] während der Turnstunde[1557] sowie beim Schulausflug.[1558]

293 Kommt es im Schulgelände zu Steinwürfen von Kindern, so besteht eine erhöhte Aufsichtspflicht der Lehrer. Die ständige Beobachtung sämtlicher Kinder dergestalt, dass ihnen das Werfen von Steinen unmöglich gemacht wird, kann jedoch nicht von den aufsichtspflichtigen Lehrern verlangt werden.[1559] Diese Rechtsprechung ist zwischenzeitlich aufgrund gesetzlicher Regelungen über die Schülerunfallversicherung (§ 104 Abs. 1 SGB VII überholt).[1560] Dieser Anspruch gegenüber der gesetzlichen Unfallversicherung führt zur Anwendung von § 839 Abs. 1 Satz 2 BGB. Selbst wenn ein Lehrer einen Schüler ohrfeigt und dieser dadurch einen Trommelfellriss erleidet, unterliegt dieser Schulunfall gemäß § 2 Abs. 1 Nr. 8b SGB VII dem Schutz der gesetzlichen Unfallversicherung. Der an sich bestehende Amtshaftungsanspruch gemäß § 839 Abs. 1 Satz 1 BGB i.V.m. Art. 34 Satz 1 GG wird durch die Leistungspflicht der gesetzlichen Unfallversicherung ausgeschlossen. Diese Haftungsbeschränkung bezieht sich auch auf einen Schmerzensgeldanspruch.[1561] Dies gilt auch bei der Klage eines Schülers gegen einen Mitschüler wegen einer im Sportunterricht erlittenen Verletzung.[1562] Auch bei einer Schülerbeförderung zwischen Schule und einer Sammelstelle mit eigenen Fahrzeugen und Personal des Schulträgers sind die gesetzlichen Bestimmungen des SGB VII einschlägig.[1563] Heute stellt sich allenfalls die Frage des **Regressanspruches** des Sozialversicherungsträgers gegenüber dem Lehrer.[1564]

294 Etwas anderes gilt nur dann, wenn ein Schulunfall durch den Lehrer vorsätzlich herbeigeführt worden ist.[1565] Gleiches gilt für den Schmerzensgeldanspruch aus Anlass einer Verletzung des Persönlichkeitsrechtes durch einen beleidigenden Brief des Lehrers.[1566] Weiterhin hat sich die Rechtsprechung mit der Amtshaftung eines Lehrers auf seiner Skifreizeit beschäftigt. Verneint wurde insoweit die Amtspflichtverletzung des Begleitpersonals im Zusammenhang mit einer Meningitiserkrankung eines volljährigen Schülers.[1567] Bejaht wurde hingegen eine Schadensersatzpflicht des Landes gegenüber dem kommunalen Schulträger, wenn der Lehrer beim Gebrauch von Fotokopiergeräten zur Herstellung von Fotoko-

---

[1552] OLG Düsseldorf v. 26.10.2000 - 18 U 48/00 - NVwZ 2001, 1449-1453.
[1553] BGH v. 15.03.1954 - III ZR 333/52 - BGHZ 13, 25-28; vgl. weiterhin OLG Frankfurt v. 18.01.2010 - 1 U 185/08.
[1554] OLG Celle v. 21.02.2005 - 16 U 120/94 - NVwZ-RR 1996, 153-154.
[1555] BGH v. 08.07.1957 - III ZR 49/56 - LM Nr. 4 zu § 839 (Fd) BGB; BGH v. 16.04.1964 - III ZR 103/63 - LM Nr. 12a zu § 839 (Fd) BGB.
[1556] BGH v. 27.01.1958 - III ZR 90/56 - LM Nr. 6 zu § 839 (Fd) BGB.
[1557] BGH v. 03.07.1958 - III ZR 88/57 - LM Nr. 40 zu § 839 (C) BGB sowie BGH v. 02.12.1968 - III ZR 88/66 - LM Nr. 1 zu § 839 (Cb) BGB.
[1558] BGH v. 03.11.1958 - III ZR 139/57 - BGHZ 28, 297-302.
[1559] OLG Düsseldorf v. 14.12.1995 - 18 U 91/95 - OLGR Düsseldorf 1996, 126-127; OLG Frankfurt v. 18.01.2010 - 1 U 185/08 - NVwZ-RR 2010, 479-480.
[1560] OLG München v. 15.02.2007 - 1 U 5048/06 - NJW-RR 2007, 746-748; OLG München v. 18.11.2011 - 1 U 3710/11; LG Neubrandenburg v. 02.02.2010 - 4 O 209/09.
[1561] OLG Frankfurt v. 30.11.2000 - 1 U 99/00 - OLGR Frankfurt 2001, 133-134.
[1562] OLG Celle v. 06.10.1999 - 9 U 24/99 - MDR 2000, 521.
[1563] OLG Dresden v. 12.01.2000 - 6 U 2969/99 - OLGR Dresden 2000, 249-251.
[1564] OLG Koblenz v. 28.10.1981 - 1 U 945/1209/80 - NVwZ 1982, 153-154.
[1565] OLG Düsseldorf v. 09.10.1997 - 18 U 28/97 - OLGR Düsseldorf 1998, 285-287; die Missachtung des einschlägigen „Ratgebers für Sportlehrerin und Sportlehrer" bei erhöhten Ozonwerten stellt bei Durchführung eines 100 m-Laufs unabhängig von der Ozonkonzentration keine Amtspflichtverletzung dar; vgl. hierzu OLG Brandenburg v. 28.04.2009 - 2 U 40/05.
[1566] OLG Zweibrücken v. 06.05.1997 - 6 U 1/97 - NJW 1998, 995-997.
[1567] OLG Celle v. 06.04.2004 - 16 U 150/03 - VersR 2005, 793-794.

pien auf Plastikfolien grob fahrlässig einen Schaden verursacht.[1568] Bei rechtswidrigem Unterrichtsausschluss, rechtswidriger Entlassung von der Schule und rechtswidriger Sonderschulüberweisung hat die Rechtsprechung einen Schadensersatzanspruch wegen mangelnder Kausalität verneint.[1569] Neuerdings muss sich die Rechtsprechung des Öfteren beschäftigen mit der Amtshaftung des Schulträgers aufgrund während des Sportunterrichtes abhanden gekommenen Gegenständen des Schülers (sei es eine Basketballmütze, sei es ein Handy).[1570] Die Anstellungskörperschaft des Lehrers haftet, wenn während des Musikunterrichtes ein einem Dritten gehörendes Instrument durch eine Unachtsamkeit des Lehrers beschädigt worden ist.[1571]

7. Lotse (Fluglotse/Seelotse/Hafenloste)

Der BGH hat sich mehrfach mit dem **Bummelstreik** der Fluglotsen im Jahre 1973 beschäftigen müssen. Hierbei wurde die Bundesrepublik Deutschland zum Ersatz des Schadens verpflichtet, den ein Dritter durch die streikähnliche Aktion der Fluglotsen als Folge eingetretener Verzögerungen erlitten hat. Dies wurde bejaht für den Flugreiseveranstalter,[1572] für den Pächter eines Flughafenrestaurationsbetriebes[1573] sowie für das Flugreisen vermittelnde Reisebüro.[1574]   295

Die Pflicht zur Überwachung der Seelotsen und die Unterrichtung der zuständigen Stellen über dabei festgestelltes Fehlverhalten der Lotsen, stellt eine Amtspflicht dar. Hat die überwachungspflichtige Behörde keine Kenntnis davon erlangt, dass der Seelotse seinen Berufspflichten infolge alkoholbedingter Gesundheitsstörung nicht ordnungsgemäß nachgekommen ist, so haftet die Behörde für einen Schiffsunfall infolge eines Fehlers des alkoholisierten Lotsen nicht nach den Rechtsgrundsätzen einer Amtspflichtverletzung.[1575]   296

Nach Auffassung des BGH werden die von der Freien und Hansestadt Hamburg angestellten Hafenlotsen bei der Beratung der Schiffsführung nicht in Ausübung eines öffentlichen Amtes tätig. Wird durch ihr Verschulden eine Hafenanlage beschädigt, so haften sie der Freien und Hansestadt Hamburg nach § 823 BGB.[1576]   297

8. Notar

Mit den **Belehrungspflichten** (§ 14 Abs. 1 BNotO) eines Notars[1577] hat sich der BGH mehrfach beschäftigt.[1578] So ist der Notar verpflichtet, die Beteiligten bei einem von ihm beurkundeten Rechtsgeschäft, zu dem die Genehmigung des Vormundschaftsgerichts erforderlich ist, darüber zu belehren, dass diese Genehmigung erst wirksam wird, wenn sich von dem Vormund (Pfleger) dem Vertragsgegner mitgeteilt worden ist, und dass der Vormund (Pfleger) den Notar bevollmächtigen kann, diese Mitteilung für ihn vorzunehmen.[1579] Weiterhin ist der Notar verpflichtet, den Käufer eines Grundstücks über Bedeutung und rechtliche Tragweite einer zu Gunsten eines Dritten bestehenden Auflassungsvormerkung aufzuklären.[1580] Beurkundet ein Notar einen Grundstückskaufvertrag, der eine Wertsicherungsklausel enthält, so muss er die Vertragsbeteiligten über die Genehmigungsbedürftigkeit einer solchen Klausel belehren. Er ist weiterhin verpflichtet, sie eingehend darauf hinzuweisen, dass sie selbst für die Einholung der Genehmigung sorgen müssen, falls sie nicht ihn hiermit beauftragen.[1581] Sofern aus der rechtlichen Anlage des vom Notar beurkundeten Vertragswerkes einer Vertragspartei eine wirtschaftliche Gefahr erwächst, hat der Notar den Beteiligten hierüber aufzuklären. Insbesondere hat er   298

[1568] OVG Koblenz v. 28.05.2004 - 2 A 12079/03 - NVwZ-RR 2005, 477-479.
[1569] OLG Hamm v. 05.11.1999 - 11 U 97/98 - (zitiert nach *Böhm*, Schulrecht 2005, 76-78).
[1570] Vgl. z.B. LG Wuppertal v. 29.11.2007 - 16 O 56/07 - n.v.; LG Saarbrücken v. 02.04.2009 - 4 O 386/08 - n.v.
[1571] OLG Celle v. 04.08.2011 - 16 U 77/11 - MDR 2011, 1170-1171.
[1572] BGH v. 16.06.1977 - III ZR 197/75 - Fremdenverkehrsrechtliche Entscheidungen Zivilrecht, Nr. 120.
[1573] BGH v. 22.03.1979 - III ZR 24/78 - LM Nr. 38 zu § 839 BGB.
[1574] BGH v. 25.02.1982 - III ZR 26/81 - WM 1982, 545.
[1575] OLG Hamburg v. 08.05.1992 - 1 U 138/90 - TranspR 1992, 279-283.
[1576] BGH v. 20.06.1968 - II ZR 78/67 - BGHZ 50, 250-257; BGH v. 20.06.1968 - II ZR 127/67 - VersR 1968, 941-942.
[1577] Vgl. zur Haftung des Anwaltsnotars *Becker*, AnwBl 2010, 618-620.
[1578] Ein Überblick über die jüngste Rechtsprechung des BGH zum Notarhaftungsrecht geben *Ganter*, ZNotP 2004, 458-465 sowie *Herrmann*, ZNotP 2010, 82-91.
[1579] BGH v. 03.11.1955 - III ZR 119/54 - BGHZ 19, 5-12.
[1580] BGH v. 20.04.1959 - III ZR 141/57 - NJW 1960, 265.
[1581] BGH v. 11.06.1959 - III ZR 46/58 - BB 1959, 1079.

§ 839

einen Grundstückskäufer auf die Ungewöhnlichkeit und Gefährlichkeit einer Vorauszahlung des vollen Kaufpreises vor dem Eigentumsübergang hinzuweisen und Sicherungsmaßnahmen zu Gunsten des Käufers anzuregen,[1582] immer bestehen besondere Aufklärungspflichten des Notars bei einer ungesicherten Vorleistung des Käufers.[1583]

299 Weiterhin hat sich der BGH mit der **Sorgfaltspflicht** des Notars bei der Beurkundung eines Testaments[1584] und bei der Feststellung der Identität der erschienenen Personen[1585] beschäftigt. Dem Notar obliegen Überwachungspflichten beim Vollzug der Urkunde.[1586] Bei einem Widerruf eines gemeinschaftlichen Testaments gegenüber einem abwesenden Ehegatten ist der Notar, sofern er es übernimmt, dem anderen Ehegatten eine Ausfertigung der Widerrufsverhandlung durch den Gerichtsvollzieher zustellen zu lassen, verpflichtet, dies persönlich zu erledigen; da dies ein Teil seines Amtsgeschäftes ist, darf er dies nicht ohne nähere Weisung und Überwachung dem Büropersonal überlassen.[1587] Bei der Beurkundung eines Kaufvertrages hat der Notar die Erklärungen der Beteiligten klar und unzweideutig in der Niederschrift wiederzugeben (§ 17 Abs. 1 Satz 1 BeurkG).[1588] Wurde ein Vertrag unter Mitwirkung eines Steuerberaters erstellt, kann der Notar, wenn einer der Beteiligten eine Änderung des Vertrags anregt, gehalten sein, den Beteiligten zu empfehlen, dass sie die Tragweite der Änderung durch den Steuerberater überprüfen lassen, bevor der Vertrag in der geänderten Form beurkundet wird.[1589]

300 Nach der Rechtsprechung des BGH muss der Notar, der bei der – regelmäßig gebotenen – gewissenhaften Prüfung der Rechtsprechung Zweifel an der rechtlichen Wirksamkeit dessen haben muss, was er beurkunden soll oder den Beteiligten zur Beurkundung vorschlagen zu können glaubt, den Beteiligten die **Bedenken** unterbreiten und ihnen zumindest den nach der Rechtsprechung sicheren Weg zu weisen, auch wenn dieser nach seiner Auffassung mit Mehrkosten verbunden ist.[1590] Unterlässt es ein Notar pflichtwidrig, den ihm von den Gründungs-Gesellschaftern einer GmbH erteilten Auftrag auf Bewirkung der Umschreibung eines von einem Gründer einzubringenden Grundstücks auszuführen, und hat dies zur Folge, dass das Grundstück vor der dann nachgeholten Umschreibung mit einer Zwangshypothek belastet wird, so steht den Gründern sowie der Gesellschaft ein Schadensersatzanspruch wegen schuldhafter Amtspflichtverletzung zu.[1591] Der Notar darf bei der Beurkundung eines Rechtsgeschäfts – sofern nicht besondere Anhaltspunkte für eine gegenteilige Annahme ersichtlich sind – ohne weiteres davon ausgehen, dass der von dem Beteiligten zur Durchführung des Rechtsgeschäftes bestellte Treuhänder auftragsgemäß verfahren wird.[1592] Der beurkundende Notar hat Schadensersatz zu leisten, wenn wegen des unvollständigen Wortlauts der Ausfertigung einer notariellen Urkunde vereinbarte Grunddienstbarkeiten auf dem zu belastenden Grundstück nicht eingetragen worden sind.[1593] Nach allgemeiner Auffassung ist ein völliger Gewährleistungsausschluss des Veräußerers bei Veräußerungsverträgen über neu errichtete oder erst zu errichtende Häuser oder Eigentumswohnungen auch in einem notariellen Individualvertrag wegen Verstoßes gegen § 242 BGB unwirksam; etwas anderes gilt nur dann, wenn der Notar die Freizeichnung mit dem Erwerber unter ausführlicher Belehrung über die einschneidenden Rechtsfolgen eingehend erörtert hat.[1594] Ein Notar verletzt schuldhaft seine Amtspflichten, wenn er einen Kaufvertrag nicht umgehend beim Grundbuchamt vollziehen

---

[1582] BGH v. 13.12.1966 - VI ZR 59/65 - VersR 1967, 187-189.
[1583] BGH v. 10.03.2005 - IX ZR 73/01 - NJW-RR 2005, 1292-1293; Ebert, jurisPR-BGHZivilR 18/2005, Anm. 2. Vgl. zur „doppelten Belehrungspflicht" des Notars aufgrund der Interessenlage der Vertragsparteien BGH v. 22.06.2006 - III ZR 259/05 - NJW 2006, 3065-3068.
[1584] BGH v. 21.03.1955 - III ZR 115/53 - BGHZ 17, 69-74.
[1585] BGH v. 20.03.1956 - III ZR 11/55 - LM Nr. 1 zu § 36 DofNot.
[1586] BGH v. 09.07.1958 - V ZR 5/57 - BGHZ 28, 104-110; BGH v. 01.07.1969 - VI ZR 31/68 - BB 1969, 1245; BGH v. 13.06.2002 - IX ZR 196/01 - NJW 2002, 3391-3392.
[1587] BGH v. 28.09.1959 - III ZR 112/58 - BGHZ 31, 5-13.
[1588] BGH v. 16.10.2003 - III ZR 62/03 - NJW 2004, 69-70.
[1589] BGH v. 22.05.2003 - IX ZR 201/01 - NJW-RR 2003, 1498-1501.
[1590] BGH v. 15.01.1962 - III ZR 177/60 - LM Nr. 1 zu § 19 BNotO; BGH v. 09.01.2003 - IX ZR 422/99 - NJW 2003, 1940-1943.
[1591] BGH v. 24.03.1964 - VI ZR 297/62 - BB 1964, 619.
[1592] BGH v. 03.11.1955 - III ZR 51/54 - BB 1956, 16-17.
[1593] BGH v. 14.05.1968 - VI ZR 176/66 - VersR 1968, 895-897.
[1594] BGH v. 05.04.1979 - VII ZR 308/77 - BGHZ 74, 204-211; BGH v. 15.03.1990 - VII ZR 311/88 - NJW-RR 1990, 786-787; BGH v. 29.06.1989 - VII ZR 151/88 - BGHZ 108, 164-171.

lässt, obwohl dies aufgrund besonderer Umstände im wohlverstandenen Interesse des Käufers liegt.[1595] Nicht der Notar, sondern der Richter ist nach § 2358 BGB vor Erteilung des Erbscheins verpflichtet, von Amts wegen die zur Feststellung der Tatsachen erforderlichen Ermittlungen zu veranlassen und die geeignet erscheinenden Beweise aufzunehmen.[1596] Beim Entwurf eines privat-schriftlichen Vertrages richtet sich die Amtspflicht des Notars nach dem Betreuungsauftrag. Sie erstreckt sich auf eine auftragsgerechte, zweckmäßig und rechtlich zuverlässige Gestaltung des beabsichtigten Rechtsgeschäfts.[1597]

Bereits im Jahre 1988 war ein Notar, der die Schenkung eines Hausgrundstücks unter Eheleuten beurkundete, grundsätzlich verpflichtet, die Parteien über die Problematik und Möglichkeit der Rückabwicklung von ehebedingten unbenannten Zuwendungen für den Scheidungsfall **aufzuklären**. Dabei war ein kurzer Hinweis auf die Möglichkeit einer Rückforderungsklausel erforderlich, aber auch ausreichend.[1598] Soweit Vertragsparteien im Geschäftsleben nicht völlig unerfahren sind und dem Notar einen Vertragsentwurf zwecks Beurkundung eines nicht formbedürftigen Rechtsgeschäftes überlassen, kann der Notar darauf vertrauen, dass bereits die Parteien selbst alle für sie bedeutsamen Umstände bedacht haben. In Ansehung seiner Neutralitätspflicht kann er deshalb darauf verzichten, die Parteien über Gefahren zu belehren, die mit ungesicherten Vorleistungen verbunden sind.[1599] Der Notar ist im Übrigen nicht verpflichtet, eine **anwaltlich beratende Partei** über den vom Anwalt korrigierten Urkundenentwurf hinaus bezüglich Absicherung einer Leibrente zu beraten.[1600] Grundsätzlich gehört zum Amt des Notars auch die sonstige Betreuung der Beteiligten auf dem Gebiet der vorsorgenden Rechtspflege, insbesondere die Anfertigung von Urkundenentwürfen und die Beratung der Beteiligten. Insoweit besteht eine Haftung des Notars.[1601]

301

Die Instanzgerichte haben sich auch mehrfach mit der **Belehrungspflicht** des Notars beschäftigt, so z.B. bei der Beurkundung einer Grundstücksübertragung unter Einschluss einer Grundschuldübernahme,[1602] hinsichtlich der Gültigkeit eines Interventionsvertrages nach den §§ 72-74 ZPO,[1603] bei einem Vertrag, bei dem die Gefahr gerade aus der rechtlichen Anlage des Vertragszweckes oder der vorgesehenen Art der Durchführung entsteht,[1604] bei der Mitwirkung des Notars an einem Warentermingeschäft mit versteckter Überraschungsklausel,[1605] bei der erforderlichen Belehrung über die Bedeutung eines von einer Vertragspartei verlangten Rangrücktritts,[1606] bei der Zahlung eines Einlagebetrages vor Beurkundung des Kapitalerhöhungsbeschlusses,[1607] generell bei der Erbringung von Vorleistungen durch den Verkäufer[1608]. Eine Belehrungs- bzw. Hinweispflicht wurde abgelehnt in Bezug auf die sich aus dem Bebauungsplan ergebenden zukünftigen und noch nicht umgesetzten Erschließungsmaßnahmen und die damit verbundenen Lasten. Hierzu müsse der Erwerber, der das Grundstück kauft, **wie es steht und liegt**, grundsätzlich selbst die notwendigen Erkundungen einholen.[1609] Ein Notar, der eine Pflichtteilsentziehung nach § 2333 Nr. 2 BGB beurkundet und der auch über die Beweislastregel des § 2336 Abs. 3 BGB zu belehren hat, muss den Testierenden im Rahmen der Belehrungspflichten nach § 19 BeurkG nicht auf mögliche Beweisschwierigkeiten und auf die Möglichkeit einer entsprechenden Feststellungsklage hinweisen.[1610] Eine Belehrungspflicht des das Grundstücksgeschäft beur-

302

[1595] BGH v. 02.12.1980 - VI ZR 56/79 - RuS 1981, 34-35.
[1596] BGH v. 11.10.1990 - IX ZR 114/89 - NJW-RR 1991, 515-517.
[1597] BGH v. 16.10.2008 - III ZR 15/08 - NZM 2009, 412-414.
[1598] OLG Koblenz v. 05.11.1997 - 1 U 1530/95 - OLGR Koblenz 1998, 96; a.A. OLG Düsseldorf v. 22.08.1996 - 18 U 205/95 - MittRhNotK 1996, 361-362.
[1599] OLG Düsseldorf v. 30.03.1995 - 18 U 173/94 - VersR 1996, 338.
[1600] OLG München v. 27.05.1993 - 1 U 5803/92 - OLGR München 1993, 255-256.
[1601] OLG Celle v. 12.12.2007 - 3 U 104/07.
[1602] OLG Düsseldorf v. 18.03.1993 - 18 U 252/92 - OLGR Düsseldorf 1993, 242-243.
[1603] OLG Düsseldorf v. 04.03.1993 - 18 U 167/92 - NJW-RR 1993, 1471-1472.
[1604] OLG Düsseldorf v. 08.10.1992 - 18 U 57/92 - OLGR Düsseldorf 1993, 85; OLG Düsseldorf v. 24.09.1992 - 18 U 261/91 - OLGR Düsseldorf 1993, 85.
[1605] OLG Frankfurt v. 14.11.1984 - 9 U 9/84 - OLGZ 1986, 241-246.
[1606] OLG Hamm v. 11.11.1982 - 28 U 59/82 - VersR 1984, 449-450.
[1607] OLG Oldenburg v. 26.01.2006 - 13 U 73/05 - OLGR Oldenburg 2007, 203-204.
[1608] OLG Hamm v. 01.12.1981 - 28 U 71/81 - VersR 1982, 807; OLG Saarbrücken v. 27.03.2002 - 1 U 671/01 - 154, 1 U 671/01 - MDR 2002, 1399-1400; OLG Köln v. 23.07.2009 - 7 U 25/09.
[1609] OLG Karlsruhe v. 03.07.2003 - 12 U 24/03 - OLGR Karlsruhe 2003, 378-380.
[1610] OLG Köln v. 28.03.2003 - 19 U 171/02 - OLGR Köln 2003, 248-250.

kundenden Notars hinsichtlich eines **anfallenden Spekulationsgewinns** ist nur dann gegeben, wenn dem Notar positiv alle Voraussetzungen für das Vorliegen eines steuerpflichtigen **Gewinns** und der Nichtablauf der **Spekulationsfrist** bekannt sind.[1611] Hingegen besteht keine Amtspflichtverletzung des Notars bei Nichterkennen der Nichtigkeit des Geschäftspersonenvertrages mit dem Treuhänder; etwas anderes gilt allerdings bezüglich der Beurteilung einer Vielzahl von Angeboten, da er insoweit aufgrund der Rechtsprechung die Unzulässigkeit mit der Vorgehensweise hätte erkennen können.[1612] Für das Bestehen einer Belehrungspflicht des Notars vor der Beurkundung des notariellen Kaufvertrages ist nicht die Ex-post-Betrachtung entscheidend, sondern, ob der Notar zum Zeitpunkt der Beurkundung hätte erkennen können, dass eine bestimmte Vertragsgestaltung nicht hinreichend die Interessen der Parteien wahrt bzw. sie vorhersehbar in Haftungsrisiken bringt.[1613]

303 Bei Klärung der Frage, welcher **Schaden** durch eine Amtspflichtverletzung herbeigeführt wurde, ist zu prüfen, welchen Verlauf die Dinge bei pflichtgemäßem Verhalten genommen hätten und wie die Vermögenslage des Betroffenen sein würde, wenn der Notar die Pflichtverletzung nicht begangen, sondern pflichtgemäß gehandelt hätte.[1614] Damit stellt sich stets die Frage der Beweislast.[1615] Die Kosten eines gegen einen möglichen Schädiger geführten, aussichtsreichen Vorprozesses können nachfolgend auch insoweit als Schadensersatz gegen einen Notar geltend gemacht werden, als der Geschädigte damit wegen Vermögensunzulänglichkeit des anderen Schädigers belastet bleibt.[1616] Der Notar kann sich einen auf amtspflichtwidrige Auszahlung des Kaufpreises für ein Grundstück von seinem Anderkonto gestützten Schadensersatzanspruch mit dem Einwand, der Anspruchsteller sei durch die Auszahlung von einer entsprechenden Verbindlichkeit befreit worden, auch dann verteidigen, wenn es zur Klärung dieser Frage einer Beweisaufnahme bedarf.[1617] Ist eine notarielle Urkunde aus vom Urkundsnotar zu vertretenden Gründen inhaltlich fehlerhaft, hat jener den Eintritt eines Schadens möglichst durch umgehende Nachbesserung (Berichtigung, Ergänzung, notfalls Neubeurkundung) zu vermeiden. Zusätzliche Gebühren stehen ihm dafür nicht zu.[1618]

304 Die Inanspruchnahme des Notars wegen Verletzung seiner Amtspflicht scheitert häufig an der Bestimmung des § 19 Abs. 1 Satz 1 BNotO sowie § 19 Abs. 1 Satz 3 BNotO. Gemäß § 19 Abs. 1 Satz 2 BNotO ist bei einer bloß fahrlässigen Amtspflichtverletzung des Notars ein Schadensersatzanspruch des Geschädigten ausgeschlossen, wenn er auf andere Weise Ersatz zu erlangen vermag. Der Begriff der anderweitigen Ersatzmöglichkeit wird weit verstanden. Hierfür kommen alle Möglichkeiten der Schadloshaltung tatsächlicher und rechtlicher Art in Betracht. Die anderweitige Ersatzmöglichkeit setzt allerdings voraus, dass sie ihre Grundlage in demselben Tatsachenkreis findet, der für das Entstehen des Amtshaftungsanspruchs maßgebend ist.[1619] Vielfach besteht ein Schadensersatzanspruch gegen den anwaltlichen Vertreter der durch eine notarielle Amtspflichtverletzung geschädigten Vertragspartei als anderweitige Ersatzmöglichkeit.[1620] Allerdings ist ein Rechtsanwalt nicht verpflichtet, Unzulänglichkeiten in dem ihm zugänglich gemachten Urkundenentwurf des Notars aufzudecken, durch deren Prüfung und Berichtigung weitere Mängel in der daraufhin beurkundeten vertraglichen Regelung, die dem Notar als Amtspflichtverletzung angelastet werden, hätten vermieden werden können.[1621]

305 Aus der umfangreichen Rechtsprechung der Instanzgerichte zur Notarhaftung sind einige Entscheidungen hervorzuheben: So hat das OLG Schleswig klargestellt, dass der schadensersatzpflichtige Notar den Geschädigten nicht auf eine **anderweitige Ersatzmöglichkeit** gegen einen anderen – ebenfalls

---

[1611] OLG Koblenz v. 28.04.1993 - 1 U 1710/91 - BWNotZ 1993, 125; OLG Koblenz v. 30.10.2003 - 1 U 117/02 - OLGR Koblenz 2003, 91-92.
[1612] OLG Hamm v. 21.09.2007 - 11 U 18/06.
[1613] OLG München v. 01.03.2012 - 1 U 1531/11.
[1614] BGH v. 03.11.1955 - III ZR 62/54 - LM Nr. 5 zu § 21 RNotO; BGH v. 21.03.1989 - IX ZR 155/88 - LM Nr. 28 zu BeurkG; BGH v. 21.09.1989 - IX ZR 126/88.
[1615] Vgl. hierzu OLG Hamm v. 11.11.1982 - 28 U 59/82 - VersR 1984, 449-450.
[1616] BGH v. 18.04.2002 - IX ZR 72/99 - BGHZ 150, 319-326.
[1617] BGH v. 30.04.2003 - III ZR 365/02 - NJW-RR 2003, 1497-1498.
[1618] BGH v. 17.01.2002 - IX ZR 434/00 - LM BNotO § 15 Nr. 7 (9/2002); vgl. hierzu *Hegemanns*, EWiR 2002, 997-998.
[1619] BGH v. 16.11.1995 - IX ZR 14/95 - WM 1996, 78, BGH v. 25.02.1999 - IX ZR 240/98 - NJW 1999, 2038; BGH v. 11.11.2004 - III ZR 101/03 - NJW-RR 2005, 284-286; OLG Celle v. 01.06.2005 - 3 U 303/04.
[1620] BGH v. 28.04.2005 - III ZR 374/04 - NJW-RR 2005, 1150.
[1621] BGH v. 08.01.2004 - III ZR 39/03 - NJW-RR 2004, 706-708.

subsidiär haftenden – Notar verweisen kann.[1622] Das OLG Naumburg hat betont, dass der Notar einen übernommenen Auftrag zügig bearbeiten muss.[1623] Hierzu gehört auch der unverzügliche Vollzug eines von dem Notar beurkundeten Beherrschungs- und Gewinnabführungsvertrages zweier GmbHs, indem er den Geschäftsführer des künftig beherrschenden Unternehmens zur Unterzeichnung der Anmeldung des Vertrages beim Handelsregister auffordert und einen entsprechenden Eintragungsantrag einreicht.[1624] Das OLG Koblenz hat klargestellt, dass der Notar grundsätzlich keine Belehrungspflicht über Steuerfragen hat. Eine Ausnahme sei allenfalls dann gegeben, wenn entweder besondere Umstände die Annahme rechtfertigen, dass einem Beteiligten steuerrechtlich konkrete Gefahr droht, derer er sich nicht bewusst ist oder der Notar tatsächlich eine steuerliche Beratung übernommen hat.[1625] Teilt ein Urkundsnotar unrichtigerweise mit, dass eine nach der Grundstücksverkehrsverordnung erforderliche Genehmigung erteilt worden sei und weist der Grundstückskäufer dann (wegen dieser Fälligkeitsbestätigung) den nach dem Kaufvertrag an sich noch nicht geschuldeten Kaufpreis an, so stellt die unrichtige Mitteilung des Notars eine objektive Amtspflichtverletzung dar. Da es sich um ein Versäumnis bei einem Amtsgeschäft auf dem Gebiet der vorsorgenden Rechtspflege im Sinne des § 24 Abs. 1 Satz 1 BNotO handelt, haftet der Notar für die Amtspflichtverletzung, ohne den Geschädigten auf eine **anderweitige Ersatzmöglichkeit** verweisen zu können.[1626] Hingegen entfällt die Haftung des Notars, durch dessen fahrlässige Amtspflichtverletzung die Eintragung einer Grundschuld zur Besicherung der den Grundstückskaufpreis finanzierenden Bank unterbleibt und die daraufhin einen Vermögensschaden erleidet, weil ihr Mitarbeiter trotz fehlender Eintragung der Sicherungsgrundschuld grob fahrlässig den Kaufpreis auszahlt, weil der Bank eine anderweitige Ersatzmöglichkeit i.S.v. § 19 Abs. 1 Satz 2 BNotO in Form ihres arbeitsrechtlichen Schadensersatzanspruches gegen dem eigenen Mitarbeiter zusteht.[1627]

Auch soweit es um den Haftungsausschluss gemäß § 19 Abs. 1 Satz 3 BNotO i.V.m. § 839 Abs. 3 BGB geht, gibt es eine reichhaltige Judikatur. Hierbei ist die Rechtsprechung sehr **notarfreundlich**. So entfällt die Ersatzpflicht des Notars gemäß § 19 Abs. 1 Satz 3 BNotO i.V.m. § 839 Abs. 3 BGB, wenn im Zusammenhang mit der Beurkundung eines Beherrschungs- und Gewinnabführungsvertrages zweier GmbHs die beherrschte GmbH als Verletzte es schuldhaft unterlassen hat, den Notar an die Erledigung eines Eintragungsantrages zu erinnern.[1628] Wenn ein Notar untätig bleibt, muss dieser um Bestimmung eines Beurkundungstermins ersucht werden. Dieses Ersuchen erstellt ein Rechtsmittel im Sinne des § 839 Abs. 3 BGB dar.[1629]

Der BGH hat sich auch mehrfach mit der Frage der **Verjährung** des Schadensersatzanspruches gegen den Notar beschäftigen müssen. Hiernach beginnt die Verjährungsfrist (früher: § 852 BGB) erst, wenn der Geschädigte Kenntnis davon erhält, dass ein in erster Linie Ersatzpflichtiger nicht mit Erfolg in Anspruch genommen werden kann.[1630] Sofern die Schadensersatzpflicht des Notars davon abhängt, dass der Geschädigte keinen anderweitigen Ersatz verlangen kann, setzt der Beginn der Verjährung die Kenntnis voraus, dass die anderweitige Ersatzmöglichkeit den Schaden mindestens teilweise nicht deckt.[1631] Für den Beginn der Verjährungsfrist ausreichend ist im Allgemeinen eine solche Kenntnis, die es dem Verletzten erlaubt, eine hinreichend aussichtsreiche – wenn auch nicht risikolose – und ihm daher zumutbare Feststellungsklage zu erheben.[1632] Erforderlich und genügend ist im Allgemeinen die

---

[1622] OLG Schleswig v. 27.09.2001 - 11 U 79/00 - SchlHA 2002, 69-70.
[1623] OLG Naumburg v. 16.01.2001 - 1 U 141/99.
[1624] OLG Naumburg v. 24.03.2003 - 1 U 79/02 - OLGR Naumburg 2003, 480-481.
[1625] OLG Koblenz v. 24.03.1999 - 1 U 1429/97 - OLGR Koblenz 1999, 429-431. Die Amtspflichten des Notars zur Rechtsbelehrung und zur allgemeinen Betreuung der Beteiligten erstrecken sich in der Regel nicht auf die steuerlichen Folgen des zu beurkundenden Geschäftes, ebenso LG Oldenburg v. 23.04.2010 - 5 O 1353/10, ZEV 2010, 648.
[1626] OLG München v. 18.06.1998 - 1 U 1779/97 - ZMR 1999, 331-333.
[1627] OLG Düsseldorf v. 19.06.2002 - 18 U 177/01 - ZfIR 2003, 122; sehr zweifelhaft, da selbst bei grober Fahrlässigkeit die Haftung des Arbeitnehmers beschränkt sein kann, vgl. z.B. BAG v. 12.10.1989 - 8 AZR 276/88 - NJW 1990, 468-471; BAG v. 12.11.1998 - 8 AZR 221/97 - NJW 1999, 966-967.
[1628] OLG Naumburg v. 24.03.2003 - 1 U 79/02 - OLGR Naumburg 2003, 480-481.
[1629] BGH v. 28.09.1995 - IX ZR 13/95 - GI 1996, 219-220.
[1630] BGH v. 09.07.1963 - VI ZR 304/62 - VersR 1963, 1169-1171.
[1631] BGH v. 31.10.1985 - IX ZR 13/85 - LM Nr. 16 zu § 839 (Ff) BGB; BGH v. 26.11.1987 - IX ZR 162/86 - BGHZ 102, 246-252; vgl. weiterhin OLG Hamburg v. 15.02.2002 - 1 U 73/00 - OLGR Hamburg 2002, 290-292.
[1632] BGH v. 20.09.1968 - V ZR 50/67 - BB 1968, 1265; BGH v. 26.03.1982 - V ZR 12/81 - WM 1982, 615-616.

§ 839

Kenntnis der tatsächlichen Umstände; nicht vorausgesetzt wird die zutreffende rechtliche Würdigung des bekannten Sachverhaltes. Daher kommt es grundsätzlich nicht darauf an, ob der Geschädigte die Rechtswidrigkeit des Geschehens, das Verschulden des Schädigers und den in Betracht kommenden Kausalverlauf richtig einschätzt. Rechtlich fehlerhafte Vorstellungen des Geschädigten beeinflussen den Beginn der Verjährung in der Regel nicht. Ist die Rechtslage dagegen unübersichtlich oder zweifelhaft, so dass sie selbst ein rechtskundiger Dritter nicht zuverlässig einzuschätzen vermag, kann der Verjährungsbeginn auch wegen Rechtsunkenntnis hinausgeschoben sein.[1633] Besteht neben einem etwaigen subsidiären Notarhaftungsanspruch auch ein Amtshaftungsanspruch, dessen Verpflichteter den Einwand subsidiärer Haftung erheben kann, so ist zum Zwecke der Unterbrechung der Verjährung eine gleichzeitige Klageerhebung gegen beide Anspruchsgegner in gesamtschuldnerischer Haftung (bzw. eine Maßnahme gleicher Wirkung) vorzunehmen.[1634]

9. (Gerichtlicher) Sachverständiger/TÜV

308   Für die Tätigkeit des amtlich anerkannten Sachverständigen i.S.d. § 24c GewO a.F. haftet nicht der TÜV, der ihn angestellt hat, sondern das Land, das ihm die amtliche Anerkennung als Sachverständiger erteilt hat.[1635] In gleicher Weise haftet das Land für die Tätigkeit des amtlich anerkannten Kfz-Sachverständigen.[1636] Gleiches gilt für die Haftung aufgrund einer Pflichtverletzung eines **TÜV-Sachverständigen** bei der Überprüfung einer überwachungsbedürftigen Anlage im Vorfeld eines immissionsschutzrechtlichen Genehmigungsverfahrens.[1637] Die gem. § 10 Abs. 1 Satz 3 TEHG 2004 (nunmehr § 9 Abs. 2 Satz 6 TEHG 2011) als Verifizierer tätige sachverständige Person oder Stelle ist nach der Rechtsprechung Beamter im haftungsrechtlichen Sinne.[1638] Im Verfahren über die Zulassung von Kraftfahrzeugen wird der anerkannte Sachverständige zwar hoheitlich tätig, jedoch obliegt ihm die Pflicht zur sachgemäßen Untersuchung nicht gegenüber dem Käufer eines neu zuzulassenden gebrauchten Kraftwagens, der einen Vermögensschaden dadurch erleidet, dass der Sachverständige Mängel bei dem Fahrzeug fahrlässig übersehen hat.[1639] Dies gilt auch, soweit die gegebene generelle Benutzbarkeit des Fahrzeugs in Frage steht.[1640] Indes besteht die Amtspflicht des amtlich anerkannten Kraftfahrzeugprüfers zur sachgemäßen Durchführung einer Hauptuntersuchung auch gegenüber einem potentiellen Opfer des Straßenverkehrs. Dies ist jedenfalls dann der Fall, wenn ein Dritter im Verkehr einen Schaden an Körper und Gesundheit dadurch erleidet, dass der Prüfer pflichtwidrig und schuldhaft einen die Verkehrssicherheit aufhebenden Mangel übersieht, den Weiterbetrieb des Fahrzeuges nicht unterbindet und deshalb der Mangel einen Verkehrsunfall verursacht.[1641] Verursacht jedoch der Sachverständige bei der Abgasuntersuchung einen Getriebeschaden, so haftet das Land nach den Grundsätzen des enteignenden Eingriffs.[1642] Dieser Grundsatz lässt sich dahingehend erweitern, dass grundsätzlich eine allgemeine und drittschützende Amtspflicht für den Sachverständigen besteht, das Eigentum dessen nicht zu beschädigen, der ihm die Sache zur Prüfung übergeben muss.[1643] Die gleichen Amtshaftungsgrundsätze gelten für Pflichtverletzungen, die im Rahmen der Nachprüfung der Lufttüchtigkeit eines Luftfahrzeuges durch einen genehmigten luftfahrttechnischen Betrieb nach den Bestimmungen der Verordnung zur Prüfung von Luftfahrtgeräten begangen werden.[1644] Eine Amtspflichtverlet-

---

[1633] BGH v. 16.09.2004 - III ZR 346/03 - NJW 2005, 429; BGH v. 03.03.2005 - III ZR 353/04 - NJW-RR 2005, 1148-1150; vgl. weiterhin OLG Jena v. 13.01.2004 - 8 U 319/04 - OLG-NL 2004, 245-247.
[1634] OLG Naumburg v. 08.07.2003 - 1 U 38/03 - NJ 2003, 659.
[1635] OLG Düsseldorf v. 24.04.1980 - 18 U 196/79 - VersR 1980, 875-876; OLG Hamm v. 17.06.2009 - 11 U 112/08 - MDR 2010, 326-327.
[1636] BGH v. 30.11.1967 - VII ZR 34/65 - BGHZ 49, 108-117; BGH v. 10.04.2003 - III ZR 266/02 - MDR 2003, 930; OLG Köln v. 16.12.1988 - 6 U 83/88 - NJW 1989, 2065-2066; OLG Düsseldorf v. 12.10.1995 - 18 U 67/95 - OLGR Düsseldorf 1996, 17; OLG Schleswig v. 04.01.1996 - 2 U 37/95 - OLGR Schleswig 1996, 84-85.
[1637] BGH v. 25.03.1993 - III ZR 34/92 - BGHZ 122, 85-93.
[1638] BGH v. 15.09.2011 - III ZR 240/10 - NVwZ 2012, 381-384. In der Literatur ist diese Frage streitig, bejahend *Schweer/v. Hammerstein*, TEHG, § 10 Rn. 20 ff.; verneinend *Körner* in: Körner/Vierhaus, TEHG, § 10 Rn. 15.
[1639] BGH v. 11.01.1973 - III ZR 32/71 - NJW 1973, 458.
[1640] BGH v. 30.09.2004 - III ZR 194/04 - NJW 2004, 3484.
[1641] OLG Koblenz v. 02.09.2002 - 12 U 266/01 - NJW 2003, 297-299.
[1642] OLG Bremen v. 21.10.1998 - 1 U 54/98 - NZV 1999, 166.
[1643] OLG Karlsruhe v. 19.10.2006 - 12 U 154/06 - VersR 2007, 498-499.
[1644] BGH v. 22.03.2001 - III ZR 394/99 - BGHZ 147, 169-178.

zung besteht grundsätzlich in den Fällen des Amtsmissbrauchs, weil insoweit eine umfassende Verantwortung des Trägers öffentlicher Gewalt gegenüber jedem Betroffenen besteht.[1645]

Ursprünglich hatte der BGH eine Amtspflicht eines gerichtlichen Sachverständigen gegenüber den Prozessparteien, nämlich sein Gutachten unparteiisch, richtig, sachkundig und vollständig zu erstatten, bejaht.[1646] Später hat der BGH klargestellt, dass ein vom Gericht beauftragter Sachverständiger keine öffentliche Gewalt für das Gericht ausübt.[1647] Dies gilt auch, wenn zum Gutachter der Chefarzt eines Städtischen Krankenhauses[1648] oder ein beamteter Professor[1649] bestellt wird. Diese Problematik ist **mit Schaffung von § 839a BGB mit Wirkung ab 01.08.2002 für „Neufälle" obsolet** geworden; nunmehr besteht eine eigenständige Haftung des vom Gericht ernannten Sachverständigen bei vorsätzlicher oder grob fahrlässiger Erstattung eines unrichtigen Gutachtens.[1650] Der gerichtlich bestellte Sachverständige kann wegen Besorgnis der Befangenheit abgelehnt werden.[1651]   309

Mit der Frage der Berechnung der Sachverständigengebühren und einer hierbei erfolgten Amtspflichtverletzung hat sich die Rechtsprechung mehrfach beschäftigen müssen.[1652] Die Rechtsprechung hat weiter judiziert, dass dem Gutachten eines (technischen) Sachverständigen ein hoher Beweiswert zukommt und gegenteilige Zeugenaussagen in der Regel zurücktreten müssen.[1653] Eine Verletzung des Anspruchs auf rechtliches Gehör ist zu bejahen bei Verwertung eines Sachverständigengutachtens, das in einem anderen Verfahren erstattet und in den Rechtsstreit nicht eingeführt worden ist.[1654] Das Gericht ist grundsätzlich verpflichtet, dem Antrag einer Partei, den gerichtlichen Sachverständigen zur Erläuterung seines schriftlichen Gutachtens zu laden, stattzugeben.[1655] Hingegen braucht das Berufungsgericht einem Antrag auf erneute Erläuterung des Gutachtens durch den Sachverständigen nach seinem Ermessen nicht stattzugeben.[1656]   310

Die Rechtsprechung hat sich auch mit der Frage beschäftigt, inwieweit Behörden in einem Verwaltungsverfahren (Genehmigungsverfahren) verpflichtet sind, Sachverständige beizuziehen. So wurde die Amtspflicht der Luftfahrtsbehörde bejaht, sich zu den Anforderungen an die Genehmigungsfähigkeit eines Drachenflugexperiments sachverständiger Hilfe zu bedienen.[1657] Ein psychiatrisches Krankenhaus ist bei einem suizidgefährdeten Patienten verpflichtet, einen medizinischen Sachverständigen hinzuziehen.[1658] Aber auch das Gericht bedarf sachverständiger Beratung, sei es zur Klärung von Überschwemmungsschäden,[1659] sei es zur Klärung der Diagnose in einem hoheitlichen Unterbringungsverfahren[1660].   311

10. Schiedsmann

Für Amtspflichtverletzungen eines Schiedsmannes haftet in Nordrhein-Westfalen der Staat (Landesjustizfiskus), nicht die Gemeinde.[1661] Gleiches gilt für den Bereich der Braunschweigschen Schiedsmannsordnung.[1662]   312

[1645] OLG Hamm v. 17.06.2009 - 11 U 112/08 - MDR 2010, 326-327.
[1646] BGH v. 01.10.1962 - III ZR 115/61 - VersR 1962, 1205-1207.
[1647] BGH v. 05.10.1972 - III ZR 168/70 - BGHZ 59, 310-316 ebenso OLG Düsseldorf v. 06.08.1986 - 4 U 41/86 - NJW 1986, 2891-2892 sowie OLG Frankfurt v. 10.12.2004 - 1 W 69/04 - MDR 2005, 1051-1052.
[1648] BGH v. 05.10.1972 - III ZR 168/70 - BGHZ 59, 310-316.
[1649] OLG München v. 17.12.1987 - 1 U 3842/87 - VersR 1988, 853.
[1650] Zweites Gesetz zur Änderung schadensersatzrechtlicher Vorschriften vom 19.07.2002, BGBl I 2002, 2674; vgl. hierzu *Wagner*, NJW 2002, 2049-2064, 2061-2063.
[1651] Vgl. hierzu OLG München v. 27.10.2006 - 1 W 2277/06 - MedR 2007, 359-360.
[1652] BGH v. 03.10.1960 - III ZR 154/59 - SGb 1961, 239-240; BGH v. 06.10.1983 - III ZR 61/82 - LM Nr. 16 zu § 839 (G) BGB.
[1653] OLG Hamm v. 02.10.1992 - 9 U 230/89 - NZV 1993, 481-482.
[1654] BGH v. 16.05.1991 - III ZR 125/90 - LM BGB § 839 (Ca) Nr. 80 (2/1992).
[1655] BGH v. 27.01.2004 - VI ZR 150/02 - MDR 2004, 699-700.
[1656] BGH v. 22.09.1988 - III ZR 158/87 - BGHR ZPO § 402 Parteibefragung 1.
[1657] BGH v. 02.07.1987 - III ZR 79/86 - MDR 1988, 127.
[1658] BGH v. 23.09.1993 - III ZR 107/92 - LM BGB § 611 Nr. 93 (3/1994).
[1659] BGH v. 20.03.1980 - III ZR 143/78 - LM Nr. 41 zu § 286 ZPO.
[1660] BGH v. 23.02.1995 - III ZR 205/94 - NJW 1995, 2412.
[1661] BGH v. 11.12.1961 - III ZR 172/60 - BGHZ 36, 193-197.
[1662] BGH v. 12.02.1970 - III ZR 231/68 - BGHZ 53, 217-221.

§ 839

11. Schiedsrichter

313 Ein Schiedsrichter in einem schiedsgerichtlichen Verfahren haftet bei seiner Spruchtätigkeit nicht für Fahrlässigkeit. Nach der Rechtsprechung ergibt sich die **Haftungsbeschränkung** nicht aus einer analogen Anwendung des § 839 Abs. 2 BGB, sondern ist aus der im Schiedsrichtervertrag eingeräumten Stellung herzuleiten.[1663]

12. Schornsteinfegermeister

314 Der Bezirksschornsteinfegermeister wird bei der **Feuerstättenschau** hoheitlich tätig (§ 3 Abs. 2 Satz 2 SchornstfG),[1664] im Rahmen der Kehrarbeiten wird er dagegen privatrechtlich tätig[1665]. Insoweit haftet ein Bezirksschornsteinfegermeister als so genannter Gebührenbeamter persönlich, da durch § 5 RBHG[1666] bzw. die entsprechenden landesrechtlichen Bestimmungen[1667] die Überleitung der Haftung auf die Dienstkörperschaft gemäß Art. 34 GG ausgeschlossen wird[1668]. Der wegen unsachgemäßer Feuerstättenschau hiernach persönlich haftende Bezirksschornsteinfegermeister kann den Geschädigten nach § 839 Abs. 1 Satz 2 BGB nicht auf die Leistung des (privaten) Feuerversicherers verweisen.[1669] Soweit der Bezirksschornsteinfegermeister die vorgeschriebene Feuerstättenschau unterlässt oder nicht ordnungsgemäß durchführt und hierdurch die Brandgefahr erhöht, unterlässt er nicht nur die ihm gegenüber der Allgemeinheit, sondern auch die ihm gegenüber dem einzelnen Hauseigentümer obliegenden Pflichten. Sinn und Zweck der Feuerstättenschau ist es jedoch nicht, den Hauseigentümer vor Schäden zu bewahren, die keinen Bezug zum Brandschutz haben (hier: Kaminversottung ohne Erhöhung der Brandgefahr).[1670] Ein Bezirksschornsteinfegermeister hat auch eine aufgrund Befristung zwischenzeitlich außer Kraft getretene Verwaltungsvorschrift (zur Durchführung der BauNVO) zu beachten, so lange keine Nachfolgevorschrift erlassen und demzufolge davon auszugehen ist, dass sich die Auffassung der obersten Bauaufsichtsbehörde zu den in der Verwaltungsvorschrift gemachten Aussagen auch nach deren Auslaufen nicht geändert hat.[1671]

13. Standesbeamter

315 Die Rechtsprechung hat die Amtspflicht eines Standesbeamten zur Ermöglichung der unverzüglichen Eheschließung bei Erkrankung eines Verlobten bejaht,[1672] insbesondere in Fällen dringender Todesgefahr.[1673] Weiterhin wurde eine Amtspflichtverletzung des Standesbeamten bei durch Verzögerung unmöglich gewordener Trauung bejaht, wobei die Trauung der Erlangung einer Hinterbliebenenrente dienen sollte.[1674] Durch eine Falscheintragung des Standesbeamten im Familienbuch kann eine dem gesetzlichen Erben als Drittem gegenüber bestehende Amtspflicht verletzt sein.[1675] Eine Amtspflichtverletzung liegt weiterhin vor bei falscher Ausfüllung einer Meldebescheinigung (die z.B. zum Verlust des Arbeitsplatzes führt).[1676] Hingegen haftet eine Gemeinde nicht für die Vollständigkeit einer vom Standesbeamten zu Rentenfragen erteilten Auskunft. Der Standesbeamte unterliegt bei dieser Auskunftser-

---

[1663] BGH v. 06.10.1954 - II ZR 149/53 - BGHZ 15, 12-17 im Anschluss an RG v. 08.02.1907 - Rep III 363/06 - RGZ 65, 175. Vgl. zur Rechtsnatur eines Schiedsrichtervertrages Oberster Gerichtshof Wien v. 28.04.1998 - 1 Ob 253/97f - ZfRV 1998, 259-263.
[1664] Gesetz über das Schornsteinfegerwesen vom 15.09.1969, BGBl I 1969, 1634. Vgl. hierzu OLG Karlsruhe v. 31.08.2006 - 12 U 60/06 - VersR 2007, 108.
[1665] BGH v. 10.06.1974 - III ZR 89/72 - BGHZ 62, 372-380; LG Arnsberg v. 20.03.2002 - 2 O 406/01 - NVwZ-RR 2003, 545.
[1666] Reichsbeamtenhaftungsgesetz vom 22.05.1910, RGBl, 798; Sartorius, Nr. 210.
[1667] So z.B. § 1 Abs. 3 Preuß.StaatshaftungsG vom 01.08.1909, GS, S. 691.
[1668] BGH v. 10.06.1974 - III ZR 89/72 - BGHZ 62, 372-380; vgl. hierzu *Musielak/Manke/Schira*, Schornsteinfegergesetz, 5. Aufl. 1998, § 3 Rn. 7.
[1669] BGH v. 24.02.1983 - III ZR 82/81 - LM Nr. 36 zu § 839 (Fm) BGB.
[1670] OLG Hamm v. 14.06.1989 - 11 U 27/89 - NVwZ-RR 1990, 228-229; OLG München v. 29.01.2004 - 1 U 4881/03 - OLGR München 2004, 227-228. Vgl. weiterhin LG Berlin v. 23.11.2009 - 5 O 385/08.
[1671] BGH v. 24.06.2010 - III ZR 315/09 - NVwZ-RR 2010, 675-676.
[1672] BGH v. 25.10.1990 - III ZR 62/90 - FamRZ 1991, 541.
[1673] OLG Düsseldorf v. 15.10.2003 - 18 U 33/03 - FamRZ 2004, 703-704.
[1674] BGH v. 13.07.1989 - III ZR 52/88 - LM Nr. 105 zu § 839 (Fe) BGB.
[1675] OLG Bremen v. 20.01.1998 - 1 W 72/97 - NJW-RR 1998, 1537-1538.
[1676] OLG Hamm v. 11.10.1996 - 11 U 173/95 - StAZ 1997, 133-137.

teilung nicht umfassenden sozialrechtlichen Auskunfts- und Beratungspflichten (der §§ 14-15 SGB I a.F.). Die Gemeinde ist nämlich nicht Adressat dieser sozialrechtlichen Normen. Demzufolge hätte sich der Rechtssuchende an die BfA wenden müssen.[1677]

14. Weinkontrolleur/Weinberghüter

Der staatliche Weinkontrolleur verstößt schuldhaft gegen seine Amtspflicht auf Erteilung einer richtigen, klaren und eindeutigen Auskunft, wenn er objektiv den Eindruck erweckt, dem untersuchten Wein sei tatsächlich Bromessigsäure beigegeben worden, obwohl ihm klar ist, dass nach dem chemisch festgestellten Bromgehalt zwar ein berechtigter Verdacht besteht, jedoch in dem Wein Bromessigsäure nicht nachweisbar ist.[1678] Eine Gemeinde haftet zwar aus Amtspflichtverletzung für ihre Weinberghüter; der Kahlfraß eines Weinberges durch Stare begründet jedoch noch nicht den Anschein einer Pflichtverletzung des Hüters, der nur einen teilweisen Schutz bieten kann.[1679]

316

15. Zivildienstleistender

Mit der Frage der Haftung von Zivildienstleistenden musste sich der BGH mehrfach beschäftigen. Beschädigt ein Zivildienstleistender bei Ableistung seines Dienstes fahrlässig Eigentum seiner Beschäftigungsstelle, so verletzt er dadurch auch dann nicht eine ihm ihr gegenüber bestehende Amtspflicht, wenn die Beschäftigungsstelle privatrechtlich organisiert ist.[1680] **Haftende Körperschaft** im Sinne des Art. 34 Satz 1 GG ist für Schäden, die ein Zivildienstleistender in Ausübung des Ersatzdienstes Dritten zufügt, die Bundesrepublik Deutschland[1681], und zwar ohne Unterschied, ob Träger der Beschäftigungsstelle ein Privatrechtssubjekt oder eine öffentlich-rechtliche Körperschaft ist[1682]. Die Haftung der Bundesrepublik Deutschland nach Amtshaftungsgrundsätzen schließt indes eine vertragliche Haftung des Trägers einer als Beschäftigungsstelle anerkannten privatrechtlichen Einrichtung, die sich des Zivildienstleistenden zur Erfüllung ihrer vertraglichen Pflichten bedient, nicht aus.[1683] Verursacht ein Zivildienstleistender mit einem Fahrzeug seiner – privatrechtlich organisierten – Beschäftigungsstelle auf einer Dienstfahrt schuldhaft einen Verkehrsunfall, bei dem ein Dritter geschädigt wird,[1684] so ist die gegenüber dem geschädigten Dritten nach Amtshaftungsgrundsätzen anstelle des Zivildienstleistenden verantwortliche Bundesrepublik Deutschland dem Kraftfahrzeug-Haftpflichtversicherer, der den Schaden reguliert hat, nicht ausgleichspflichtig.[1685]

317

Führen Zivildienstleistende Entrostungsarbeiten am Geländer einer **Rettungswache** durch, so handelt es sich um eine hoheitliche Tätigkeit, weil die Arbeiten der Erhaltung und Funktionsfähigkeit und Einsatzbereitschaft der Rettungswache dienen.[1686] Wenn ein Zivildienstleistender bei Ableistung seines Dienstes das Eigentum seiner Beschäftigungsstelle (hier: Beschädigung eines Kfz des Deutschen Roten Kreuzes bei einem Verkehrsunfall) beschädigt, verletzt er jedenfalls dann, wenn ihn nicht der Vorwurf der groben Fahrlässigkeit trifft, keine ihm gegenüber der Beschäftigungsstelle obliegende Amtspflicht. Die Beschäftigungsstelle ist insoweit nicht geschützter **Dritter** im Sinne des § 839 BGB.[1687] Soweit es um die Rechtsstellung des Zivildienstleistenden geht, wird die Auffassung vertreten, dass eine verzögerte Abwicklung des Entlassungsverfahrens für sich nicht geeignet sei, Amtshaftungsan-

318

[1677]OLG Saarbrücken v. 17.01.2006 - 4 U 95/05 - 92.
[1678]BGH v. 05.12.1963 - III ZR 176/62 - LM Nr. 19 zu § 839 (Fc) BGB.
[1679]OLG Koblenz v. 16.10.1985 - 1 U 1071/84; OLG Koblenz v. 27.02.2002 - 1 U 265/01 - OLGR Koblenz 2002, 225.
[1680]BGH v. 16.05.1983 - III ZR 78/82 - BGHZ 87, 253-259. Kritisch hierzu *Shirvani*, NVwZ 2010, 283-288.
[1681]BGH v. 04.06.1992 - III ZR 93/91 - BGHZ 118, 304-311; BGH v. 26.03.1997 - III ZR 295/96 - LM BGB § 839 (A) Nr. 58a (11/1997) ebenso OLG Saarbrücken v. 10.12.1998 - 3 U 789/97 - 45, 3 U 789/97 - MDR 1999, 865-866; OLG Dresden v. 04.08.1999 - 6 U 1187/99 - OLG-NL 2000, 222-225; OLG Koblenz v. 11.01.2000 - 1 U 1452/97 - MDR 2000, 768; OLG Frankfurt v. 26.10.2000 - 1 U 81/99.
[1682]BGH v. 11.05.2000 - III ZR 258/99 - LM BGB § 839 (A) Nr. 59 (9/2000).
[1683]BGH v. 14.11.2002 - III ZR 131/01 - BGHZ 152, 380-391; hierzu *Schmitt*, LMK 2003, 22-23.
[1684]So z.B. LG Passau v. 26.06.2003 - 1 O 1233/01.
[1685]BGH v. 15.02.2001 - III ZR 120/00 - BGHZ 146, 385-391.
[1686]OLG Düsseldorf v. 15.12.1994 - 18 U 102/94 - OLGR Düsseldorf 1995, 170.
[1687]OLG Köln v. 15.07.1997 - 7 U 215/96 - Schaden-Praxis 1998, 4-5; OLG Hamm v. 18.12.2003 - 27 U 163/02 - NJW 2004, 1883-1884; OLG Naumburg v. 13.12.2006 - 6 U 64/06 - OLGR Naumburg 2007, 481-483.

§ 839

sprüche des Zivildienstleistenden zu begründen. Eine andere Beurteilung könnte geboten sein, wenn sich die verfahrensmäßige Abwicklung als willkürlich darstellt und damit die Schwelle des Amtsmissbrauchs überschritten wird.[1688]

319 Haben der Zivildienstleistende und der Bedienstete der Beschäftigungsstelle im Rahmen einer Vertragsbeziehung zwischen der Beschäftigungsstelle und einem Dritten diesen geschädigt mit der Folge, dass die Beschäftigungsstelle aus positiver Vertragsverletzung für beide nach § 278 BGB einstehen muss, so kann es gerechtfertigt sein, dass die im Außenverhältnis gesamtschuldnerisch haftende Bundesrepublik im Innenverhältnis von der Haftung frei ist und allein der Träger der Beschäftigungsstelle den Schaden zu tragen hat.[1689] Das BVerwG hat betont, der Bund sei verpflichtet, den Zivildienstleistenden, der den Träger der Beschäftigungsstelle einen Schaden zugefügt hat, im Wege der Drittschadensliquidation auf Ersatz dieses Schadens in Anspruch zu nehmen.[1690] Bei einem zwischen beiden Schuldnern bestehenden **Gesamtschuldverhältnis** kommt allerdings auch ein hälftiger Ausgleichsanspruch gemäß § 426 Abs. 1 BGB in Betracht.[1691] Wird ein Zivildienstleistender im Rahmen seines Einführungsdienstes durch die Beschäftigungsstelle auf der Grundlage eines öffentlich-rechtlichen Vertrages im Wege der Abordnung einem (privaten) Krankenhaus für die klinische Ausbildung zum Rettungssanitäter zugewiesen, haftet die Bundesrepublik weder nach Amtshaftungsgrundsätzen noch aus Verletzung des öffentlich-rechtlichen Vertrages, wenn der Zivildienstleistende bei der Reinigungsarbeit ein Röntgengerät des Krankenhauses beschädigt.[1692] Nach § 34 Abs. 1 ZDG kann der Bund als Dienstherr den Zivildienstleistenden nur bei vorsätzlicher oder grob fahrlässiger Pflichtverletzung auf Schadensersatz in Anspruch nehmen. Diese Regelung enthält eine Anspruchskonzentration.[1693] Die Ausübung der Heilfürsorge durch die Bundesrepublik Deutschland gegenüber einem Zivildienstleistenden ist keine hoheitliche Tätigkeit.[1694]

16. Zollbeamter

320 Mit den **Aufklärungspflichten** der Zollbehörden hat sich der BGH ebenfalls beschäftigt.[1695] Grundsätzlich sind die Beamten verpflichtet, bei einer Bitte um Auskunft die betreffende Person vollständig sowie sachlich und rechtlich zutreffend zu informieren. Hierbei haben die Beamten vor allem in längeren und intensiveren Beratungssituationen auf die Belange des Auskunftssuchenden besondere Rücksicht zu nehmen. Der Bürger darf auf die Auskünfte des zuständigen Beamten grundsätzlich vertrauen, es sei denn, aus den Umständen des Einzelfalls drängen sich ihm Zweifel an der Korrektheit der Information auf.[1696] Die Rechtsprechung hat es hierbei für möglich gehalten, dass aus einem bestehenden Steuerschuldverhältnis i.V.m. dem Grundsatz von Treu und Glauben sich die Amtspflicht ergeben könnte, den Betroffenen auf ein besonderes Risiko und eine damit verbundene drohende Schädigung hinzuweisen.[1697]

321 Die Pflicht des Zollbeamten bei der Beaufsichtigung einer Verschlussbrennerei nach Maßgabe des Brandweinmonopolgesetzes in gewissen Fällen eine Niederschrift über die getroffenen Maßnahmen zu fertigen und eine beglaubigte Abschrift dem Brennereibesitzer zuzuleiten, ist unter Umständen auch eine dem Brennereibesitzer gegenüber bestehende Amtspflicht.[1698] Die Amtspflicht, die einem Zollbeamten bei der Zollabfertigung eingeführter Ware gegenüber dem Zollpflichtigen obliegt, erstreckt sich nicht auf dessen Interesse an einer bestimmten Zollbehandlung künftig einzuführender Ware.[1699] Im Sammelzollanmeldungsverfahren kann für die Beamten der Zollbehörde eine **Hinweis- und Warnpflicht** gegenüber einem Importeur bestehen, wenn sie aufgrund konkreter, ihm offensichtlich nicht be-

---

[1688] OLG Köln v. 15.01.1998 - 7 U 136/97 - OLGR Köln 1998, 295-297.
[1689] OLG Köln v. 20.07.2000 - 7 U 59/00 - OLGR Köln 2001, 164-165.
[1690] BVerwG v. 29.04.2004 - 2 C 2/03 - ZBR 2004, 352-355 m. Anm. Zetzsche, ZBR 2004, 355-356.
[1691] OLG München v. 10.01.2001 - 15 U 4663/00 - OLGR München 2001, 163-164.
[1692] OLG Köln v. 25.06.2001 - 7 U 172/00 - DVBl 2001, 1776-1777.
[1693] OLG Naumburg v. 13.12.2006 - 6 U 64/06 - OLGR Naumburg 2007, 481-483. Dies entspricht der Haftung des Beamten gemäß § 78 Abs. 1 BBG sowie der Haftung des Arbeitnehmers im öffentlichen Dienst gemäß § 3 Abs. 7 TV-L.
[1694] BGH v. 26.10.2010 - VI ZR 307/09 - MedR 2011, 805-808.
[1695] BGH v. 07.05.1956 - III ZR 243/54 - LM Nr. 2 zu § 253 BGB.
[1696] OLG Koblenz v. 23.03.2005 - 1 U 1482/03 - OLGR Koblenz 2005, 613-616.
[1697] BGH v. 07.12.1995 - III ZR 141/94 - NVwZ 1996, 512; BGH v. 02.10.2003 - III ZR 420/02 - MDR 2004, 31-32.
[1698] BGH v. 10.03.1960 - III ZR 52/59 - LM Nr. 5 zu § 839 (Fl) BGB.
[1699] BGH v. 09.10.1975 - III ZR 84/73 - NJW 1976, 103-104.

kannter Tatsachen von Zahlungsschwierigkeiten des Spediteurs/Zulassungsinhabers und damit von der Gefahr einer dem Importeur drohenden Schädigung in beträchtlicher Höhe Kenntnis erlangt haben.[1700] Hingegen ist der mit einer Betriebsprüfung eines mit eigener Zollabteilung ausgestatteten Importunternehmens betraute Zollbeamte nicht verpflichtet, dieses ungefragt über eine günstigere zollrechtliche Gestaltung zu informieren.[1701] Die Bundesrepublik Deutschland haftet, wenn entgegen der Bestimmungen des § 327 Satz 3 AO die Verwertung einer Sicherheit erfolgt, ohne dass dem Vollstreckungsschuldner die Verwertungsabsicht bekannt gegeben und seit der Bekanntgabe mindestens eine Woche verstrichen ist.[1702]

Bei **Überreaktion eines Zollbeamten** (bei Kontrolle eines Fahrzeugs) kommt eine Amtshaftung der Bundesrepublik Deutschland gemäß § 839 Abs. 1 BGB i.V.m. Art. 34 GG in Betracht.[1703] Eine Haftung der Bundesrepublik Deutschland kommt weiterhin in Betracht, wenn der Zoll die Ausfuhr von Maschinen unterbindet. Ggf. muss die Bundesrepublik Deutschland nachweisen, dass die von ihr veranlasste Unterbindung der Ausfuhr von Maschinen unter Berufung auf § 5c AWV rechtmäßig war.[1704] Es stellt eine schuldhafte Amtspflichtverletzung der Zollverwaltung dar, wenn sie nach Vermögensverfall des Spediteurs bei einem Importeur die Einfuhrumsatzsteuerschuld mit Säumniszuschlägen und Vollstreckungsandrohung einfordert, obwohl es mit Zustimmung der Zollverwaltung zu einer befreienden Schuldübernahme des Spediteurs für die Schulden des Importeurs gekommen war.[1705] Bei dem Zusammenstoß eines Kraftfahrzeuges mit einem dienstlich anvertrauten Zollhund kommt allein ein Anspruch aus § 839 BGB in Betracht, weil die Haftung des Tierhalters nach § 833 BGB von § 839 BGB als Spezialvorschrift verdrängt wird; bei der Feststellung der Amtspflichtverletzung findet jedoch die Beweislastregelung des § 833 Satz 2 BGB Anwendung.[1706]

II. Ämter

1. Amt zur Regelung offener Vermögensfragen

Mit Amtshaftungsansprüchen gegen das Amt zur Regelung offener Vermögensfragen hat sich die Rechtsprechung des Öfteren beschäftigen müssen. Derartige Ansprüche scheitern häufig an der fehlenden Inanspruchnahme eines Rechtsmittels gemäß § 839 Abs. 3 BGB.[1707] Bei erheblichen Unsicherheiten braucht sich hingegen der Geschädigte nicht auf die anderweitige Ersatzmöglichkeit gemäß § 839 Abs. 1 Satz 2 BGB verweisen lassen.[1708] Der staatliche Verwalter von Vermögenswerten im Beitrittsgebiet kann bei Verletzung seiner Pflicht zur ordnungsgemäßen Wirtschaftsführung, die ihm seit dem 03.10.1990 unterlaufen ist, nach Amtshaftungsgrundsätzen in Anspruch genommen werden.[1709] Zu den Amtspflichten gehört auch, den eingetragenen Eigentümer eines restitutionsbelasteten Grundstückes über den Eingang eines Restitutionsantrages zu informieren; dadurch kann der Eigentümer vor Aufwendungen bewahrt werden, die sich bei einer Rückgabe des Vermögenswertes für ihn als nutzlos erweisen können.[1710] Generell haftet das Amt zur Regelung offener Vermögensfragen bei der Unrichtigkeit erteilter Auskünfte.[1711] Die Rechtsprechung hat weiterhin betont, dass im Rahmen eines **Restitutionsverfahrens** die Behörde auch die Interessen des Restitutionsberechtigten zu wahren hat.[1712] Hingegen besteht keine Amtspflicht des Amtes zur Regelung offener Vermögensfragen zu Gunsten Dritter, das Grundbuchamt um Berichtigung des Grundbuches zu ersuchen; das Unterlassen bzw. die Verzögerung des Eintragungsersuchens stellt allerdings eine objektive Amtspflichtverletzung dar.[1713] Mit der Berechnung eines etwaigen Schadensersatzanspruches des Restitutionsberechtigten beschäf-

---

[1700] BGH v. 07.12.1995 - III ZR 141/94 - LM BGB § 839 (Ca) Nr. 99 (5/1996).
[1701] BGH v. 02.10.2003 - III ZR 420/02 - MDR 2004, 31-32.
[1702] BGH v. 03.03.2005 - III ZR 273/03 - NJW 2005, 1865-1867; *Osterloh*, jurisPR-BGHZivilR 16/2005, Anm. 3.
[1703] OLG Brandenburg v. 30.01.1996 - 2 U 119/95 - NJW-RR 1996, 924-926.
[1704] OLG Köln v. 20.01.2000 - 7 U 84/99 - NVwZ 2000, 594-596.
[1705] OLG Nürnberg v. 10.02.1999 - 4 U 1464/98 - ZfZ 1999, 316-319.
[1706] So OLG Brandenburg v. 18.11.2008 - 2 U 8/08.
[1707] BGH v. 26.03.1998 - III ZR 292/96 - BGHR BGB § 839 Abs. 3 Grundstücksverkehrsgenehmigung 1. BGH v. 14.12.2006 - III ZR 74/06 - VersR 2007, 497 mit Bespr. *Salzig*, NotBZ 2007, 50-52.
[1708] BGH v. 17.06.2004 - III ZR 335/03 - VersR 2005, 1732-1735.
[1709] BGH v. 26.11.1998 - III ZR 203/97 - VIZ 1999, 155.
[1710] BGH v. 21.10.1999 - III ZR 130/98 - BGHZ 143, 18-33.
[1711] BGH v. 10.04.2003 - III ZR 38/02 - VIZ 2003, 353-356.
[1712] OLG Naumburg v. 27.01.1998 - 11 U 440/97 - JMBl ST 1998, 194-197.
[1713] OLG Dresden v. 31.05.2001 - 6 U 122/01, 6 U 0122/01 - VIZ 2001, 489-494.

§ 839

tigt sich das OLG Brandenburg.[1714] Wird der Verkäufer eines Grundstückes, dem ein unrichtigen Negativattest erteilt wurde, verurteilt, dem Käufer, der die Restituierung zugunsten eines anderen Eigentümers hinnehmen muss, Schadensersatz zu leisten, so steht dem Verkäufer ein Schadensersatzanspruch gegenüber dem Amt zur Regelung offener Vermögensfragen in Höhe der aufgrund der Verurteilung geleisteten Zahlung zu.[1715] Selbstverständlich obliegt dem Bundesamt für Regelung offener Vermögensfragen die Pflicht zur Sachverhaltsermittlung unter Anwendung des Amtsermittlungsgrundsatzes nach § 24 VwVfG; das Bundesamt zur Regelung offener Vermögensfragen hat hiernach von Amts wegen den maßgeblichen Sachverhalt zu ermitteln.[1716]

2. Arbeitsamt/Agentur für Arbeit/Jobcenter

324 Dem Arbeitsamt können bei seiner Tätigkeit **Amtspflichten** sowohl gegenüber dem **Arbeitgeber** wie gegenüber dem **Arbeitnehmer** obliegen. Insbesondere besteht die Amtspflicht, einem Ratsuchenden gesetzeskonforme Auskünfte zu erteilen.[1717] Der BGH hat offen gelassen, inwieweit generell die Arbeitsverwaltung eine Prüfungspflicht bezüglich der fachlichen und persönlichen Eignung des Arbeitssuchenden hat oder ob das Arbeitsamt es dem Arbeitgeber überlassen kann, den zugewiesenen Arbeitnehmer selbst auf seine Eignung zu prüfen. Etwas anderes gilt jedoch dann, wenn ein Arbeitnehmer mit einer bestimmten Qualifikation (wie z.B. Führerschein) angefordert wird und dem Arbeitsamt die Prüfung dieser Eignung ohne weiteres möglich ist.[1718] Soweit es um den Gesundheitszustand des Arbeitnehmers geht und dessen gesundheitliche Eignung für eine zu besetzende Stelle, obliegt den Amtsärzten die eine entsprechende Dienstpflicht.[1719] Die Arbeitsämter erfüllen bei der Prüfung, ob die Voraussetzungen für die Gewährung von Kurzarbeitergeld gemäß AVG vorlagen, keine ihnen dem Arbeitgeber gegenüber obliegende Amtspflicht.[1720] Das Arbeitsamt ist auch nicht gegenüber dem Arbeitnehmer verpflichtet, Erkundigungen über die Zahlungsfähigkeit des Arbeitgebers einzuziehen.[1721] Schließlich gehört es nicht zu den Pflichten der Bundesagentur für Arbeit, gekündigte Arbeitnehmer über die Möglichkeit einer Kündigungsschutzklage zu beraten und auf die Ausschlussfrist des § 4 KSchG hinzuweisen.[1722] Die Amtspflicht zur sorgfältigen Ermittlung und Feststellung des im Rahmen von § 19 SGB II entscheidungserheblichen Sachverhaltes obliegt der Bundesagentur für Arbeit bzw. Arbeitsgemeinschaft nach § 44b SGB II nicht im Drittinteresse der gesetzlichen Krankenkassen.[1723] Die Bundesagentur für Arbeit und die Krankenkassen stehen sich nämlich nicht als „Gegner" gegenüber, so dass dieses Verhältnis nicht mit dem Verhältnis zwischen Amtsträger und Bürger vergleichbar ist[1724] (vgl. Rn. 94 ff.).

325 Eine Drittbezogenheit der Amtspflichten des Arbeitsamtes wurde allerdings bejaht, wenn aufgrund fehlerhafter Organisation nicht sichergestellt ist, dass in den Akten der Leistungsabteilung vorhandene Angaben über Straftaten eines Arbeitslosen auch den in der Vermittlungsabteilung tätigen Bediensteten bekannt werden.[1725] Dagegen ist das Arbeitsamt nicht verpflichtet, jeden Antrag des Arbeitgebers auf seine Richtigkeit hin zu überprüfen und ggf. aufzuklären; die widerspruchslose Entgegennahme eines Antrages durch die Arbeitsverwaltung begründet keinen Vertrauenstatbestand.[1726] Weiter ist die Arbeitsverwaltung verpflichtet, einen Arbeitslosen über die rentenrechtlichen Folgen des Unterlassens der regelmäßigen Erneuerung seines Vermittlungsgesuches aufzuklären.[1727] Sofern das Arbeitsamt dem Antragsteller eine unrichtige Auskunft hinsichtlich der einzuhaltenden Fristen für die Übernahme von Umzugskosten im Falle einer geförderten Arbeitsaufnahme außerhalb des bisherigen Wohnortes erteilt, besteht ein Schadensersatzanspruch aus Amtspflichtverletzung nur dann, wenn festgestellt wer-

---

[1714] OLG Brandenburg v. 21.05.2002 - 2 U 41/01 - ZOV 2002, 229-233.
[1715] OLG Brandenburg v. 13.12.2011 - 2 U 11/09.
[1716] OLG Brandenburg v. 13.10.2008 - 1 U 5/08 - OLGR Brandenburg 2009, 203-205.
[1717] OLG München v. 21.04.2011 - 1 U 133/11 - NJW 2011, 3244-3245.
[1718] BGH v. 29.10.1959 - III ZR 160/58 - BGHZ 31, 126-129.
[1719] BGH v. 11.12.1952 - III ZR 331/51 - LM Nr. 2 zu § 839 (Fc) BGB.
[1720] BGH v. 28.10.1971 - III ZR 243/68 - MDR 1972, 492.
[1721] LG Hamburg v. 20.05.1974 - 3 O 40/74 - BB 1974, 1072-1073.
[1722] LG Aachen v. 25.09.2006 - 7 O 237/06 - ASR 2007, 45-46.
[1723] BGH v. 22.10.2009 - III ZR 295/08 - VersR 2010, 346-350.
[1724] Vgl. hierzu auch BGH v. 12.12.1991 - III ZR 18/91 - NJW 1992, 972-974.
[1725] OLG Düsseldorf v. 28.05.1990 - 18 U 28/90 - NVwZ 1991, 709-711.
[1726] OLG Hamm v. 07.07.1993 - 11 U 258/92 - OLGR Hamm 1993, 277-278.
[1727] LG Essen v. 25.01.2007 - 4 O 586/03 - NZA-RR 2007, 493-495.

den kann, dass der Antragsteller bei richtiger Beratung die 2jährige Umzugsfrist eingehalten hätte.[1728] Im Übrigen verbleibt es bei der allgemeinen Darlegungs- und Beweislast, so dass bei einer angeblich fehlerhaften Auskunftserteilung durch einen Mitarbeiter des Arbeitsamtes es grundsätzlich Sache des Anspruchsstellers ist, die Unrichtigkeit oder Unvollständigkeit der ihm erteilten Auskunft darzulegen und zu beweisen.[1729] Schaden in Form von zusätzlichem Arbeitsaufwand wegen – angeblicher – falscher Vorgehensweise der Agentur für Arbeit ist nicht ersatzfähig. Ebenso wenig stellen die behauptete Beeinträchtigung der Lebensqualität, das Entwicklungshemmnis und der soziale Abstieg einen ersatzfähigen Schaden dar.[1730] Die Behauptung, die Leistungsansprüche auf Arbeitslosengeld und Eigenheimzulage seien nicht korrekt abgerechnet, begründet keinen Schmerzensgeldanspruch; es fehlt an der Darlegung der Verletzung eines nach § 253 BGB geschützten Rechtsgutes.[1731]

Früher hat die Rechtsprechung die Auffassung vertreten, dass ein Jobcenter nicht auf Schadensersatz wegen einer Amtspflichtverletzung in Anspruch genommen werden könne, da seine Mitarbeiter entweder beim Land oder bei einer Arbeitsagentur beschäftigt seien und im Außenverhältnis zum Bürger grundsätzlich der Staat oder diejenige Körperschaft ersatzpflichtig ist, in deren Dienst der Amtsträger steht.[1732] Soweit es um eine Klage auf Auskunft gegen ein Jobcenter wegen Vorbereitung einer Amtshaftungsklage und einer Dienstaufsichtsbeschwerde geht, hat das LSG Berlin-Brandenburg den Rechtsweg zu den Sozialgerichten verneint und die Rechtswegzuständigkeit der Zivilgerichte bejaht.[1733]

3. Atombehörde

Der Unternehmer, der die Genehmigung zur Errichtung und zum Betrieb eines Kernkraftwerkes beantragt hat, bleibt bezüglich der Amtspflicht der Behörde, keine rechtswidrige Genehmigung zu erteilen, auch dann **Dritter** im Sinne von § 839 Abs. 1 Satz 1 BGB, wenn ein anderer die Errichtung des Kernkraftwerkes übernimmt und dieses zu Eigentum erwirbt, um anschließend im Weg des so genannten Finanzierungsleasings die Nutzung dem Antragsteller zu überlassen. Als Gesichtspunkte, die der Annahme haftungsrechtlich schutzwürdigen Vertrauens auf einen (rechtswidrigen) begünstigenden Verwaltungsakt – in bereits den Tatbestand des § 839 Abs. 1 Satz 1 BGB ausschließender Weise – entgegenstehen können, kommen nicht nur objektive Umstände, sondern auch subjektive Kenntnisse und sich aufdrängende Erkenntnismöglichkeiten des Empfängers in Betracht.[1734]

4. Ausländerbehörde

Wird der Polizeivollzugsdienst von der Ausländerbehörde aufgrund eines vermeintlich vorliegenden **Haftbefehls** ohne hinreichende Nachprüfung veranlasst, einen betroffenen Ausländer zur Sicherung der Abschiebung in Gewahrsam zu nehmen, so begründet die fehlende Nachprüfung eine Amtspflichtverletzung sowohl der Ausländerbehörde als auch der ausführenden Polizeivollzugsbeamten.[1735] Erkennt die Ausländerbehörde bereits zum Zeitpunkt des Antrages auf Anordnung der Sicherungshaft, dass diese wegen § 57 Abs. 2 Satz 4 AuslG unzulässig ist, weil die Abschiebung aufgrund der Dauer der Beschaffung von Passersatzpapieren mit Sicherheit nicht innerhalb der nächsten 3 Monate durchgeführt werden kann und betreibt sie dennoch die Vollziehung der Abschiebehaft, so stellt dies eine ein Schmerzensgeld begründende Amtspflichtverletzung auch dann dar, wenn die Haftanordnung durch einen unabhängigen Richter beschlossen wurde.[1736] Verletzt eine Ausländerbehörde ihre Amtspflicht, indem sie einem Ausländer rechtswidrig eine Aufenthaltsgenehmigung (hier: eine unbefristete Aufenthaltserlaubnis) versagt, handelt sie schuldhaft, wenn sie auf dessen begründeten Widerspruch hin nicht unverzüglich eine Abhilfeentscheidung zu seinen Gunsten trifft.[1737] Im Falle einer rechtswidrigen Frei-

---

[1728] OLG Frankfurt v. 23.05.1996 - 1 U 32/95 - OLGR Frankfurt 1996, 160-162.
[1729] OLG Schleswig v. 06.11.1997 - 11 U 100/95 - SchlHA 1998, 109-110.
[1730] LG München v. 21.01.2009 - 15 O 23545/08, bestätigt durch OLG München v. 10.06.2009 - 1 W 1401/09.
[1731] OLG München v. 20.12.2010 - 1 W 2536/10.
[1732] KG Berlin v. 28.11.2008 - 9 U 137/08, KGR 2009, 261-263.
[1733] LSG Berlin-Brandenburg v. 30.09.2010 - L 34 AS 739/10 B PKH; vgl. hierzu auch LG Berlin v. 17.02.2011 - 86 O 175/10.
[1734] BGH v. 16.01.1997 - III ZR 117/95 - BGHZ 134, 268-304.
[1735] LG Hamburg v. 17.04.2003 - 303 O 50/03 - InfAuslR 2003, 297-298.
[1736] OLG Oldenburg v. 30.04.2003 - 2 W 207/02 - InfAuslR 2003, 296-297.
[1737] OLG Frankfurt v. 17.03.2005 - 1 W 7/05 - NVwZ-RR 2007, 63-65.

heitsentziehung (Abschiebehaft) ist der Behörde ihr Handeln nur bis zum Zeitpunkt der gerichtlichen Entscheidung zurechenbar. Für die rechtswidrige Freiheitsentziehung nach bzw. aufgrund einer gerichtlichen Entscheidung tragen die Gerichte die Verantwortung.[1738]

5. Bankenaufsicht/Bundesanstalt für Finanzdienstleistungsaufsicht

329   Bei Erteilung einer Erlaubnis zum Betrieb einer Bank hat die Bankenaufsicht unbestimmte Verwaltungsakte zu unterlassen; so muss sich aus der Genehmigung ergeben, ob die Leitung des neu zu gründenden Kreditinstituts an eine bestimmte Person gebunden ist.[1739] Die Rechtsprechung bejahte zunächst eine dem Bundesamt für das Kreditwesen gegenüber den Einlagegläubigern einer Bank obliegende Pflicht zur Prüfung, ob die Bank genehmigungspflichtige Geschäfte betreibt.[1740] Hierbei wurde der Bankenaufsicht ein Ermessensspielraum eingeräumt. Ein Drittschutz gegenüber den stillen Gesellschaftern einer Bank durch die Bankaufsicht wurde hingegen verneint.[1741] Auch wenn der Gesetzgeber § 6 KWG und einen Abs. 3 ergänzt hat, der ausdrücklich festlegt, dass die Bankenaufsicht **nur im öffentlichen Interesse** wahrgenommen wird,[1742] ist der BGH weiterhin um einen Drittschutz der Sparer und Anleger bemüht. Er hat nunmehr dem EuGH die Frage vorgelegt, ob sich aus Richtlinien zur Harmonisierung des Rechtes der Bankenaufsicht ein Drittschutz von Sparern und Anlegern ergibt[1743]. Der EuGH hat die vom BGH vorgelegte Frage verneint.[1744] Alsdann hat der BGH festgestellt, dass gemäß § 6 Abs. 4 KWG das Bundesaufsichtsamt die ihm zugewiesenen Aufgaben nur im öffentlichen Interesse wahrnimmt.[1745] Es gehört allerdings nicht zu den Amtspflichten der Bankenaufsicht, die Zeitungswerbung systematisch daraufhin zu überprüfen, ob nicht genehmigte Bankgeschäfte betrieben werden.[1746] Nach Auffassung des BGH sind durch § 6 Abs. 4 KWG und die an seine Stelle getretene Vorschrift des § 4 Abs. 4 FinDAG auch Amtshaftungsansprüche von Gläubigerin (hier: aufgrund einer typischen und atypischen Beteiligung) eines Unternehmens ausgeschlossen, die daraus hergeleitet werden, dass die Bankenaufsicht durch eine Abwicklungsanordnung die Insolvenz des Unternehmens verursacht habe.[1747] Wird der Geschäftsleiter einer Bank aufgrund einer Aufforderung des Bundesaufsichtsamtes für das Kreditwesen abberufen und entlassen, so kann er nicht auf eine anderweitige Ersatzmöglichkeit bei dieser Bank an Stelle der Amtshaftungsklage verwiesen werden.[1748] Da die Bundesanstalt für Finanzdienstleistungsaufsicht grundsätzlich nicht gegenüber Dritten haftet, verfügt sie auch nicht über abtretbare Schadensersatzansprüche. Auch scheidet grundsätzlich eine Drittschadensliquidation aus.[1749]

330   Teilt die Bundesanstalt für Finanzdienstleistungsaufsicht der Staatsanwaltschaft einen auf falschen Tatsachen beruhenden Verdacht verbotenen **Insiderhandels** mit, wird bei einer nachfolgenden Durchsuchung von Privat- und Geschäftsräumen nicht ohne weiteres ein Amtshaftungsanspruch gegen die Bundesanstalt begründet. Der Geschädigte ist zwar **Dritter** im Sinne des § 839 BGB, jedoch liegt eine Amtspflichtverletzung nur dann vor, wenn es ermessensfehlerhaft (und somit nicht vertretbar) war, dass die Bundesanstalt es unterließ, die den Verdacht maßgeblich begründende Nachricht zu überprü-

---

[1738] OLG Koblenz v. 01.08.2006 - 1 U 724/06 - OLGR Koblenz 2006, 1068.
[1739] BGH v. 28.04.1960 - III ZR 176/59 - BGHSt 14, 233.
[1740] BGH v. 15.02.1979 - III ZR 108/76 - BGHZ 74, 144-162; BGH v. 17.12.1981 - III ZR 146/80 - WM 1982, 124-125; BGH v. 21.10.1982 - III ZR 20/82 - LM Nr. 128 zu Art. 34 GrundG.
[1741] BGH v. 15.03.1984 - III ZR 15/83 - BGHZ 90, 310-317.
[1742] Vgl. hierzu *Ossenbühl*, Staatshaftungsrecht, 5. Aufl. 1998, S. 63.
[1743] BGH v. 16.05.2002 - III ZR 48/01 - NJW 2002, 2464-2469; hierzu *Hanten*, EWiR 2002, 961-962 sowie *Hafke*, WuB I L 6 Sonstiges (RL 94/19/EWG) 1.00; vgl. zur Staatshaftung wegen fehlerhafter Bankenaufsicht zu verspäteter Richtlinienumsetzung *Dreher/Görner*, EWiR 2004, 63-64.
[1744] EuGH v. 12.10.2004 - C-222/02 - NJW 2004, 3479-3481.
[1745] BGH v. 20.01.2005 - III ZR 48/01 - NJW 2005, 742-746.
[1746] OLG München v. 14.07.1980 - 1 U 2266/79 - ZIP 1980, 647-651; bestätigt durch BGH v. 17.12.1981 - III ZR 146/80 - WM 1982, 124-125.
[1747] BGH v. 20.01.2005 - III ZR 48/01 - BGHZ 162, 49-66; BGH v. 02.06.2005 - III ZR 365/03 - WM 2005, 1362-1364 m. Anm. *Geisler*, jurisPR-BGHZivilR 33/2005, Anm. 3.
[1748] OLG Frankfurt v. 13.07.2006 - 1 U 239/05 - OLGR Frankfurt 2006, 1007 unter Bezugnahme auf BGH v. 15.07.2004 - IX ZR 262/00 - NJW-RR 2004, 1704-1705.
[1749] OLG Stuttgart v. 13.05.2008 - 12 U 132/07 - ZIP 2008, 2419-2428.

fen.¹⁷⁵⁰ In der Literatur wird die Frage einer Amtshaftung für **fehlerhafte Bilanzkontrolle** in- und ausländischer Unternehmen, deren Wertpapiere an einer inländischen Börse zum Handel im amtlichen oder geregelten Markt zugelassen sind, diskutiert.¹⁷⁵¹

6. Bergamt

Den Bediensteten des Bergamtes obliegen drittschützende Amtspflichten in Bezug auf die Einwirkung des Bergbau-Betreibers. Zu den Amtspflichten gehört das Aufstellen eines Abschlussbetriebsplanes, die Durchführung von Sicherungs- und Verwaltungsmaßnahmen und nach Beendigung des Abbaus die Durchführung sichernder Maßnahmen aufgrund des Abschlussbetriebsplanes.¹⁷⁵² Überträgt das Bergamt diese Sicherungs-, Verfüll- und Verwaltungsmaßnahmen einem privaten Unternehmen, so handelt dieses als Verwaltungshelfer des Bergamtes mit der Folge, dass es von der eigenen Schadensersatzpflicht befreit ist und die Haftung nach Art. 34 Satz 1 GG auf das Land übergeht.¹⁷⁵³ Im Allgemeinen gehört es zu den Amtspflichten der Bergaufsichtsbehörden, alles im Rahmen ihrer Befugnisse Mögliche zu tun, damit sich die besonderen mit dem Bergbau verbundenen Gefahren nicht realisieren bzw. nach Möglichkeit gar nicht eintreten. Erst nach Ende der Bergaufsicht kommt das allgemeine Ordnungsrecht zum Tragen.¹⁷⁵⁴

331

7. Börse

Die Rechtsprechung des BGH zum drittschützenden Charakter der Vorschriften des KWG dient dem Verbraucherschutz und nicht dem Schutz vor nach dem Börsengesetz zulässigen Spekulationen.¹⁷⁵⁵ Erleidet ein Anleger durch die Aussetzung des **Börsenterminhandels** Verluste, steht ihm unter dem Gesichtspunkt der Amtshaftung kein Schadensersatzanspruch zu, da hier bei Aussetzung des Terminhandels zu beachtende Amtspflichten ausschließlich den Schutz des Publikums, nicht des einzelnen Anlegers bezwecken.¹⁷⁵⁶

332

Die Zulassungsstelle der Frankfurter Wertpapierbörse übt öffentlich-rechtliche Funktionen aus.¹⁷⁵⁷ Die Zulassungsprüfung dient dem Schutz **des Publikums** und zur Verhinderung **einer Schädigung erheblicher allgemeiner Interessen**. Eine besondere Beziehung zu dem Einzelanleger wird nicht begründet. Dieser ist kein geschützter **Dritter** im Sinne des § 839 Abs. 1 BGB. Im Übrigen sind in der Regel Schadensersatzansprüche aufgrund des Verweisungsprivilegs nach § 839 Abs. 1 Satz 2 BGB ausgeschlossen, da sich der Geschädigte durch eine Prospekthaftungsklage bei dem die Aktien emittierenden Unternehmen schadlos halten kann.¹⁷⁵⁸

333

8. Bundesbank

Ordnet ein fachkundiger und rechtskundiger Beamter trotz des Vorliegens einer eindeutigen Rechtslage einen bestimmten Kreditvertrag in vorwerfbarer Weise rechtlich falsch ein und erlässt daraufhin amtspflichtwidrig einen Heranziehungsbescheid zur Bardepotpflicht, so handelt er schuldhaft.¹⁷⁵⁹ Hingegen wurde eine Schadensersatzpflicht bei einer nach Aufhebung der Depotpflicht rechtswidrigen Heranziehung zur Bardepotpflicht verneint.¹⁷⁶⁰

334

9. Bundesprüfstelle für Jugend gefährdende Schriften

Mit den Amtspflichten des Vorsitzenden der Bundesprüfstelle für Jugend gefährdende Schriften bei der Mitwirkung im Verfahren der Freigabe der veränderten Fassung eines bereits indizierten Bildträgers für Jugendliche durch die Freiwillige Selbstkontrolle der Filmwirtschaft hat sich der BGH beschäf-

335

---

¹⁷⁵⁰OLG Frankfurt v. 26.05.2003 - 1 U 18/02 - OLGR Frankfurt 2003, 458-462.
¹⁷⁵¹*Seidel*, DB 2005, 651-657.
¹⁷⁵²*Terwische*, NVwZ 2007, 284-289.
¹⁷⁵³OLG Hamm v. 30.03.2011 -11 U 221/10 u.a.; hierzu *Baden*, IBR 2011, 335.
¹⁷⁵⁴*Kirchner/Krewer*, ZfB 131 (1990), S. 5.
¹⁷⁵⁵OLG München v. 30.10.1985 - 7 U 1890/85 - NJW-RR 1986, 1374-1376.
¹⁷⁵⁶OLG Frankfurt v. 18.01.2001 - 1 U 209/99 - ZIP 2001, 730-733.
¹⁷⁵⁷OLG Frankfurt v. 18.01.2001 - 1 U 209/99 - ZIP 2001, 730-733; LG Frankfurt v. 03.09.2004 - 2/4 O 435/02 - NJW 2005, 1055-1056.
¹⁷⁵⁸OLG Frankfurt v. 15.12.2005 - 1 U 178/05 - NJW-RR 2006, 416-417 sowie OLG Frankfurt v. 15.12.2005 - 1 U 129/05 - AG 2006, 377-379; LG Frankfurt v. 03.09.2004 - 2/4 335/02 - NJW 2005, 1055-1056 m. Anm. *Segna*, EWIR 2005, 173-174.
¹⁷⁵⁹BGH v. 22.03.1979 - III ZR 22/78 - LM Nr. 34 zu § 839 BGB.
¹⁷⁶⁰BGH v. 11.03.1982 - III ZR 173/80 - WM 1982, 788-791.

§ 839

tigt.[1761] Voraussetzung für eine Indizierung durch die Bundesprüfstelle für Jugend gefährdende Schriften ist die (selbstverständliche) Pflicht, sich zunächst einen Eindruck von dem Inhalt des Filmes zu verschaffen.[1762]

10. Bundeswehr

336 Bei einer **Schießübung** der Bundeswehr bestehen Amtspflichten gegenüber Dritten bei der Lagerung von Waffen und Munitionen im Gefahrenbereich.[1763] Bei einer Transportfahrt der Bundeswehr zur Verbringung von Soldaten zu einem Truppenübungsplatz ist hoheitliches Handeln gegeben.[1764] Im Zusammenhang mit einem Manöverschaden bei Beschädigung einer Bahnlinie hat sich der BGH intensiv mit dem anspruchsberechtigten Personenkreis i.S.d. § 839 Abs. 1 Satz 1 BGB beschäftigt.[1765] Sofern durch militärischen **Tiefffluglärm** eine gesundheitliche Beeinträchtigung erfolgt, kommen unter dem Gesichtspunkt der Amtshaftung Schmerzensgeldansprüche in Betracht.[1766]

337 Bei einer fehlerhaften Behandlung in einem **Bundeswehrzentralkrankenhaus** kann der Soldat einen Amtshaftungsanspruch geltend machen; die Beschränkungen des § 91a SVG sind jedoch zu beachten.[1767] Dies gilt auch bei Schmerzensgeldansprüchen der Eltern aus Amtspflichtverletzung gegen den Bund wegen eines **Schockschadens** nach § 847 Abs. 1 BGB a.F. i.V.m. § 839 Abs. 1 BGB; der Todesfall eines Soldaten im Rahmen eines Manövers erfüllt den Tatbestand der **Wehrdienstbeschädigung**, so dass eine Haftung nach allgemeinem Schadensersatzrecht ausgeschlossen ist (§ 91a Abs. 1 Satz 1 SVG).[1768] Ein Sanitätsoffizier der Bundeswehr ist als Soldat zugleich Beamter i.S.d. § 839 BGB.[1769] Generell erfolgt die ärztliche Behandlung eines Wehrpflichtigen durch den Truppenarzt in Wahrnehmung einer hoheitlichen Aufgabe und damit in Ausübung eines öffentlichen Amtes.[1770] Die Bundesrepublik Deutschland, die in einem ehemaligen Krankenhaus der Volkspolizei der DDR ein Bundeswehrkrankenhaus betreibt, haftet nicht für Schadensersatzforderungen der Patienten, die sich wegen Verletzung des ärztlichen Behandlungsverhältnisses gegen die DDR richten.[1771]

338 Die Bundesrepublik darf nicht durch Absprachen mit einer privaten Fluggesellschaft den beabsichtigten Berufswechsel eines Berufssoldaten, der seine Entlassung auf eigenen Antrag betreiben will, über die gesetzlichen Voraussetzungen hinaus erschweren.[1772] Die Tätigkeit eines Trainers in der Sportförderungsgruppe der Bundeswehr hat mit den Aufgaben der Bundeswehr, Streitkräfte zur Verteidigung aufzustellen, nichts zu tun und unterfällt somit nicht dem § 839 BGB.[1773]

339 Veranstaltet die Bundeswehr eine **Waffenschau** und stürzt ein Besucher beim Herabsteigen vom Panzer durch Wegrutschen der Leiter, stehen ihm Schadensersatzansprüche aus § 839 BGB i.V.m. Art. 34 GG zu.[1774] Kommt es nachts auf unbeleuchteter Straße zu einem Verkehrsunfall mit einem auf der Straße wendenden Gespann aus Bergepanzer und Mannschaftspanzer, ergibt sich eine Haftung dem Grunde nach aus § 839 Abs. 1 BGB, wenn die das Wendemanöver ausführenden Soldaten – fahrlässig – Amtspflichten verletzt haben, die ihnen auf öffentlichen Straßen gegenüber anderen Verkehrsteilnehmern oblagen.[1775] Die Beachtung des Verbots des Sammelns und der Benutzung von Schwarzmunition ist Teil der Fürsorgepflicht des Vorgesetzten, die u.a. beinhaltet, die Soldaten vor Nachteilen und Schä-

---

[1761] BGH v. 26.01.1995 - III ZR 71/93 - BGHZ 128, 346-358.
[1762] OLG Köln v. 16.09.2003 - 7 U 72/79; zum Umfang der gerichtlichen Überprüfung von Indizierungsentscheidungen vgl. BVerfG v. 27.11.1990 - 1 BvR 402/87 - NJW 1991, 1471-1475.
[1763] BGH v. 27.09.1990 - III ZR 5/90 - BGHR BGB § 839 Abs. 1 S. 1 Schießübung 1.
[1764] OLG Brandenburg v. 23.10.2008 - 12 U 70/08.
[1765] BGH v. 27.09.1990 - III ZR 124/89 - BGHR BGB § 839 Abs. 1 S. 1 Dritter 33.
[1766] BGH v. 27.05.1993 - III ZR 59/92 - BGHZ 122, 363-372.
[1767] BGH v. 25.04.1991 - III ZR 175/90 - LM BGB § 839 (K) Nr. 47 (1/1992); BGH v. 12.11.1992 - III ZR 19/92 - BGHZ 120, 176-184; OLG Koblenz v. 11.10.2000 - 1 U 1139/99 - OLGR Koblenz 2001, 73-74.
[1768] OLG Celle v. 05.06.2007 - 16 U 103/06 - OLGR Celle 2007, 548-551.
[1769] OLG Koblenz v. 09.04.2010 - 5 U 154/10 - MedR 2011, 366-368 unter Bezugnahme auf BVerwG v. 03.05.1984 - 1 WB 10/83 - DVBl. 1984, 950-952.
[1770] OLG Düsseldorf v. 15.01.1998 - 8 U 81/97 - NVwZ-RR 1999, 102-104.
[1771] KG Berlin v. 12.02.2004 - 20 U 206/02 - KGR Berlin 204, 384-388 gegen OLG Brandenburg v. 02.06.1998 - 2 U 18/96 - NJW 1999, 2530-2533.
[1772] BGH v. 18.12.1986 - III ZR 214/85 - LM Nr. 10 zu § 839 (Fk) BGB.
[1773] OLB Brandenburg v. 29.03.2011 - 6 U 66/10.
[1774] OLG München v. 10.07.1997 - 1 U 4143/96 - OLGR München 1998, 130.
[1775] OLG Frankfurt v. 10.02.1994 - 1 U 114/90 - OLGR Frankfurt 1994, 147-149.

den zu bewahren.[1776] Der Wehrpflichtige hat keinen Schadensersatzanspruch wegen Amtspflichtverletzung, wenn der zuständige Amtsträger der Bundeswehr es unterlässt, ihn auf eine durch Ministerialerlass angeordnete, aber rechtswidrige Möglichkeit einer Befreiung vom Wehrdienst hinzuweisen.[1777]

11. Bußgeldbehörde

Nach Auffassung des BGH gelten für die Beurteilungen von Maßnahmen einer Bußgeldbehörde die vom Gericht für die Beurteilung strafprozessualer Ermittlungshandlungen entwickelten Grundsätze entsprechend. Dabei sei jedoch zusätzlich zu berücksichtigen, dass für die Verfolgung von Ordnungswidrigkeiten der **Opportunitätsgrundsatz** gilt (§ 47 Abs. 1 Satz 1 OWiG), die Verfolgungsbehörde also trotz Vorliegens der rechtlichen Voraussetzungen für eine (weitere) Verfolgung – in jeder Lage des Verfahrens – nach pflichtgemäßem Ermessen hiervon Abstand nehmen kann. Soweit es um die Ausübung dieses Ermessens geht, ist in dem Amtshaftungsprozess Prüfungsmaßstab, ob die Behörde sich innerhalb der Grenzen fehlerfreien Ermessensgebrauchs gehalten hat.[1778]

340

12. Deutscher Wetterdienst

Mit der Frage der Drittgerichtetheit der Warnpflichten des Deutschen Wetterdienstes hat sich der BGH beschäftigt und die Drittgerichtetheit verneint.[1779] Der Schutzbereich der Pflicht des Deutschen Wetterdienstes, den Luftverkehr zu sichern, erstreckt sich nicht auch auf bereits geparkte, abgestellte Flugzeuge.[1780] Gutachten des Deutschen Wetterdienstes spielen häufig eine Rolle bei Fragen der Verkehrssicherungspflicht (Nachweis der Streuverletzungspflicht). Dem Gutachten des Deutschen Wetterdienstes kommt ein hoher Beweiswert zu.[1781]

341

13. Finanzamt

Die Beamten des Finanzamtes handeln bei der Verfolgung des Steueranspruchs in Ausübung öffentlicher Gewalt. Ihre Pflicht, Veranlagung, Erhebung und Beitreibung unter den gesetzlichen Voraussetzungen und im Rahmen des gesetzlich Zulässigen vorzunehmen, obliegt ihnen gegenüber dem Steuerschuldner als Amtspflicht.[1782] Der Vorsteher des Finanzamtes hat in Steuersachen dem Steuerpflichtigen gegenüber die Amtspflicht, die für die Erledigung eines Rechtsmittels geltenden **Verfahrensvorschriften** zu beachten. Dazu gehört im Hinblick auf § 285 Abs. 2 AO, dass er sich vor Einlegung des Rechtsmittels Kenntnis vom Zeitpunkt der Zustellung des Urteils des Finanzgerichtes verschafft.[1783] Die Erstattung der einem Steuerpflichtigen in einer Steuersache erwachsenen Beratungsgebühr kann ungeachtet der §§ 242, 370 AO aufgrund von § 839 BGB i.V.m. Art. 34 GG vor dem ordentlichen Gericht geltend gemacht werden, wenn zur Begründung der Klage ein Sachverhalt behauptet ist, der geeignet ist, die Annahme einer schuldhaften Amtspflichtverletzung durch den für die Ablehnung des **Kostenerstattungsantrages** verantwortlichen Finanzbeamten zu rechtfertigen.[1784] Die Verpflichtung des Steuerbeamten, die in § 217 AO vorgesehene Schätzung der Besteuerungsgrundlagen und die darauf beruhende Veranlagung nur unter den Voraussetzungen des Gesetzes und im Rahmen des gesetzlich zulässigen vorzunehmen, stellt eine Amtspflicht auch gegenüber dem Steuerpflichtigen dar.[1785] Hingegen ist das Ausstellen einer unrichtigen Unbedenklichkeitsbescheinigung durch das Finanzamt

342

[1776] OLG Schleswig v. 16.02.1995 - 11 U 161/92 - NVwZ-RR 1995, 536-538.
[1777] OLG Düsseldorf v. 01.10.1991 - 18 U 74/91 - NVwZ-RR 1992, 225-226.
[1778] BGH v. 21.04.1988 - III ZR 255/86 - NJW 1989, 96-99; BGH v. 24.02.1994 - III ZR 76/92 - LM BGB § 839 (Ca) Nr. 94 (8/1994).
[1779] BGH v. 16.02.1995 - III ZR 135/93 - BGHZ 129, 17-22; BGH v. 16.02.1995 - III ZR 106/93 - BGHZ 129, 23-30.
[1780] OLG München v. 27.05.1993 - 1 U 5879/92 - OLGR München 1993, 292-293.
[1781] OLG Stuttgart v. 17.04.1996 - 1 U 170/95 - BWGZ 1996, 528.
[1782] OLG Düsseldorf v. 19.05.1994 - 18 U 191/93 - NVwZ 1995, 200-201.
[1783] BGH v. 01.10.1956 - III ZR 53/55 - BGHZ 21, 359-364.
[1784] BGH v. 03.03.1960 - III ZR 31/59 - WM 1960, 721; vgl. weiterhin BGH v. 06.02.1975 - III ZR 149/72 - LM Nr. 10 zu § 839 BGB; OLG Frankfurt v. 30.10.1980 - 1 U 130/79 - BB 1981, 228-229; LG Berlin v. 27.11.1997 - 13 O 19/97 - BB 1999, 1591-1592; LG Augsburg v. 11.10.2001 - 6 O 2352/01 - DStRE 2002, 189-190; LG Nürnberg v. 30.10.2008 - 4 O 6567/08 - DStRE 2009, 42-43; vgl. generell zur Haftung der Finanzverwaltung *Laws/Stahlschmidt*, StB 2003, 180-190.
[1785] BGH v. 16.01.1961 - III ZR 217/59 - VersR 1961, 533-534 ebenso OLG Düsseldorf v. 19.05.1994 - 18 U 191/93 - OLGR Düsseldorf 1994, 298-299.

keine Amtspflichtverletzung gegenüber dem Lieferanten, der auf die Kreditfähigkeit des Unternehmers vertraut, da die Unbedenklichkeitsbescheinigung ausschließlich eine solche gegenüber Behörden ist.[1786]

343 Wenn der Vollziehungsbeamte ein Sparkassenbuch an sich nimmt, um damit den Zugriff auf das im Sparkassenbuch ausgewiesene Guthaben zu ermöglichen, so ergeben sich daraus zwangsläufig und unabhängig von dem Willen oder der Vorstellung der Behörde **Obhutspflichten** gegenüber dem Steuerschuldner, die eine Aushändigung des Sparbuchs an einen Dritten ohne Anhörung des Steuerschuldners verbieten.[1787] Ein Amtshaftungsanspruch kann sich auch ergeben aus gleichzeitiger Festsetzung und Vollstreckung von Steuerforderungen und Ablehnung eines beantragten Vollstreckungsschutzes.[1788] Das schuldhafte rechtswidrige Betreiben der Zwangsvollstreckung in unbewegliches Vermögen durch das Finanzamt kann eine Amtspflichtverletzung sein.[1789]

344 Einem Beamten, der einen sich mit schwierigen steuer- und gesellschaftsrechtlichen Fragen befassenden steuerlichen Einspruchsbescheid erlässt, fällt kein Verschulden zur Last, wenn der Bescheid eine insgesamt sachgerechte, jedenfalls vertretbare Beurteilung erhält, für die sich das Finanzamt in wesentlichen Punkten auf instanzgerichtliche Entscheidungen berufen kann. Das gilt auch dann, wenn die rechtliche Beurteilung in einem gegen den Bescheid gerichteten Klageverfahren vor dem Finanzgericht nicht bestätigt werden sollte.[1790]

345 Der **Betriebsprüfer** darf keine erkennbar falschen Feststellungen treffen und die Steuerpflichtigen dadurch zu möglicherweise aufwendigen, aber sachlich unnötigen Stellungnahmen veranlassen.[1791] Soweit es um die Amtsausübung geht, betont der BGH erneut, dass es für die Verschuldensfrage auf die Kenntnisse und Einsichten des Beamten ankomme, die für die Führung des übernommenen Amtes erforderlich sind. Jeder Beamte muss die für sein Amt erforderlichen Rechts- und Verwaltungskenntnisse besitzen oder sich verschaffen.[1792] Selbstverständlich muss die Finanzverwaltung eine grundlegende Entscheidung des BFH, die der bisherigen Verwaltungspraxis widerspricht, allen Sachbearbeitern zeitnah zur Kenntnis bringen; anderenfalls liegt regelmäßig ein Organisationsverschulden der Finanzverwaltung vor.[1793] Das Problem des **Nichtanwendungserlasses im Steuerrecht** wird in der Literatur heftig diskutiert.[1794] Bei Kosten eines erfolgreichen Einspruchsverfahrens kommt eine Amtshaftung wegen fehlerhafter Steuerveranlagung durch das Finanzamt in Betracht. Dies gilt insbesondere dann, wenn der tätige Steuerbeamte ein in einer Fachzeitschrift veröffentlichtes BFH-Urteil nicht kennt.[1795]

346 Verletzt ein Finanzbeamter seine Pflicht zur **Amtsverschwiegenheit**, indem er dem Steuergeheimnis unterfallende (und darüber hinaus teils unwahre) Tatsachen mitteilt, so kann die darin liegende Amtspflichtverletzung seine Haftung für gesundheitliche Beeinträchtigungen des betroffenen Steuerpflichtigen begründen.[1796] Der Betriebsprüfer des Finanzamtes verletzt seine Amtspflichten nicht, wenn er den Steuerpflichtigen im Rahmen der Schlussbesprechung den auf konkreten Anhaltspunkten beruhenden Verdacht mitteilt, dass die als Betriebsausgaben verbuchten Beratungskosten nur auf einem Scheinvertrag beruhen würden und nicht abzugsfähig seien.[1797] Ein Finanzbeamter handelt schuldhaft gegen ihn treffende Amtspflichten, wenn er gegenüber Kureinrichtungen, die innerhalb einer Firmengruppe, unter der sämtliche Kurbetriebe zusammengefasst sind, als eigenständige Gewerbebetriebe (in Form von Kapitalgesellschaften) betrieben werden, Forderungen aus Gewerbesteuermessbescheiden erlässt. Damit handelt er in Verkennung der gesetzlichen Voraussetzungen der Organschaft. Die betref-

---

[1786] BGH v. 22.01.1962 - III ZR 198/60 - BB 1962, 536.
[1787] BGH v. 27.06.1968 - III ZR 71/66 - BB 1968, 1264.
[1788] BGH v. 29.04.1982 - III ZR 163/80 - WM 1982, 824-825.
[1789] OLG Frankfurt v. 29.04.2002 - 1 U 42/00 - NVwZ-RR 2002, 814-815.
[1790] BGH v. 04.06.1987 - III ZR 147/86 - BGHR BGB § 839 Abs. 1 S. 1 Verschulden 5.
[1791] BGH v. 30.06.1988 - III ZR 135/87 - BGH-DAT Zivil.
[1792] BGH v. 26.04.1990 - III ZR 106/89 - BGHR BGB § 839 Abs. 1 S. 1 Dritter 26.
[1793] OLG Koblenz v. 17.07.2002 - 1 U 1588/01 - OLGR Koblenz 2002, 383-385; hierzu *Balmes/Rüdt von Collenberg*, AO-StB 2003, 77-80; *Lange*, DB 2003, 360-362; *Laws/Stahlschmidt*, StB 2003, 180-190.
[1794] *Mann*, ZSteu 2006, 464-465; *Eicke/Kessler*, DStR 2006, 1913-1919; *Spindler*, DStR 2007, 1061-1066; *Vinken* in: Festschrift für Spindler, 2011, 549-561.
[1795] OLG Koblenz v. 17.07.2002 - 1 U 1588/01 - NVwZ-RR 2003, 168-169 m. Anm. *Littbarski*, EWIR 2003, 157-158; *Kohlhepp*, DStR 2006, 549-553.
[1796] OLG Zweibrücken v. 12.11.1998 - 6 U 15/97 - OLGR Zweibrücken 1999, 175-178.
[1797] OLG Schleswig v. 28.05.1998 - 11 U 212/96 - SchlHA 1998, 311-313.

fende Gemeinde ist jedoch nicht **Dritter** im Sinne des § 839 Abs. 1 Satz 1 BGB.[1798] Nach der Rechtsprechung hat der Steuerbürger keinen Anspruch bei einer Amtspflichtverletzung durch den Betriebsprüfer, weil er nicht **Dritter** im Sinne des § 839 Abs. 1 BGB ist.[1799] Gleiches gilt für eine AG als Alleingesellschafterin einer GmbH im Hinblick auf einen amtspflichtwidrigen Steuerbescheid gegen die GmbH.[1800] Grundsätzlich kann ein geschädigter Dritter auch im Rahmen der Amtshaftung nur dann einen Anspruch geltend machen, wenn eine besondere Beziehung zwischen ihm und der verletzenden Amtspflicht besteht.[1801]

Grundsätzlich hat der **Außenprüfer** eines Finanzamts den Steuerschuldner über die bei der Betriebsprüfung festgestellten Sachverhalte und die möglichen steuerlichen Auswirkungen umfassend zu unterrichten. Bei Erfüllung dieser Amtspflicht aus § 199 Abs. 2 AO trifft den Betriebsprüfer allerdings die Pflicht, vermeidbare Schädigungen Dritter zu unterlassen.[1802] Beteiligte des Vollstreckungsverfahrens nach den §§ 249-258 AO sind nur die vollstreckende Finanzbehörde und der Vollstreckungsschuldner, nicht aber Dritte, die ein Eigentumsinteresse an den gepfändeten Gegenständen geltend machen können. Deshalb ist die Finanzbehörde nicht verpflichtet, diesen Dritten einen bevorstehenden Versteigerungstermin mitzuteilen. Ihr Bediensteter begeht deshalb keine Amtspflichtverletzung, wenn diese Dritten nicht vorab eindeutig ihr Eigentum darlegen und beweisen.[1803] Die Rechtsprechung hat weiterhin judiziert, dass gegenüber dem Wohnungseigentümer keine Amtspflicht auf Anzeige des Wegfalls der Wohnungsbindung bestehe.[1804]

347

Beamte des Finanzamtes begehen eine fahrlässige Amtspflichtverletzung, wenn sie nicht die Entscheidung über vom Steuerschuldner bestrittene Versäumniszuschläge durch einen Verwaltungsakt, d.h. die Erteilung eines Abrechnungsbescheids, abwarten, sondern statt dessen die Zwangsvollstreckung im Wege von Anträgen auf Eintragung von Sicherungshypotheken und auf Durchführung der Zwangsversteigerung in die Wege leiten, obwohl der Schuldner erhebliche Teile der Steuerschuld, aus denen sich die Säumniszuschläge herleiten, bereits bezahlt hat, so dass für den Schuldner nicht ohne weiteres ersichtlich war, wie sich die Säumniszuschläge errechnen.[1805] Gleiches gilt, wenn Bedienstete des Finanzamtes ohne hinreichende Sachaufklärung die Anfechtung einer in Wahrheit nicht anfechtbaren Vermögensverfügung ankündigen.[1806]

348

Wird im Rahmen eines **Steuerstrafverfahrens** wegen offener Steuerforderungen ein Kraftfahrzeug des Steuerschuldners gepfändet, kommt ein öffentlich-rechtliches Verwahrverhältnis zustande. Bei Beschädigung der gepfändeten Sache haftet die öffentlich-rechtliche Körperschaft auf Schadensersatz aus positiver Forderungsverletzung und nicht nach Amtshaftungsgrundsätzen gemäß § 839 Abs. 1 Satz 1 BGB.[1807] Ein Rückgriff gegenüber Amtsträgern in der Finanzverwaltung kommt aufgrund der Haftungsbeschränkung gemäß § 32 AO kaum in Betracht. Voraussetzung wäre nämlich, dass die Amts- oder Dienstverpflichtung mit einer Strafe bedroht ist.[1808]

349

Hat ein **Steuerfahnder** seine Amtspflicht, die Besteuerungsgrundlage nur unter den Voraussetzungen des Gesetzes und im Rahmen des gesetzlich Zulässigen festzustellen und dabei den Sachverhalt gewissenhaft zu prüfen, zumindest fahrlässig verletzt, muss das Bundesland Schadensersatz für überzogene Maßnahmen und Handlungen der Steuerfahndung leisten. Das Finanzamt ist grundsätzlich verpflichtet, gemäß dem in § 88 AO bestimmten Untersuchungsgrundsatz eigene Akten beizuziehen. Fragen der Organisation innerhalb des Finanzamtes, wie z.B. ein Umzug, führen nicht zu einer Einschränkung der dem Finanzamt obliegenden Pflicht zur Ermittlung des Sachverhaltes oder zu einer Verlagerung auf den Steuerschuldner.[1809] Zu dem Schadensersatz gehört auch wegen **Verletzung des allgemeinen Persönlichkeitsrechtes** die Zuerkennung eines Schmerzensgeldes; darüber hinaus erstreckt sich der Schadensersatzanspruch auf die im Rahmen der AO nicht ersetzbaren Kosten steuerrechtlicher Beratung ge-

350

[1798] OLG Saarbrücken v. 30.04.1993 - 4 U 19/92.
[1799] LG Karlsruhe v. 25.01.2005 - 2 O 2/04 - sowie LG Karlsruhe v. 26.07.2005 - 2 O 60/03 - NJW 2005, 2626.
[1800] OLG Hamburg v. 30.09.2005 - 1 U 204/04 - OLGR Hamburg 2006, 84-88.
[1801] OLG Brandenburg v. 01.07.2008 - 2 U 20/05.
[1802] OLG Hamm v. 03.02.1993 - 11 U 144/92 - OLGR Hamm 1993, 290-291.
[1803] OLG Düsseldorf v. 21.05.1992 - 18 U 248/91 - NJW-RR 1992, 1245-1247.
[1804] OLG Hamm v. 09.10.1981 - 11 U 27/81 - VersR 1983, 276.
[1805] OLG Frankfurt v. 29.04.2002 - 1 U 42/00 - NVwZ-RR 2002, 814-815.
[1806] OLG Frankfurt v. 07.05.2003 - 1 U 119/00.
[1807] OLG Saarbrücken v. 18.06.2002 - 4 U 270/01 - 67, 4 U 270/01 - OLGR Saarbrücken 2003, 39-43.
[1808] OVG Münster v. 17.02.1984 - 6 A 1177/81 - NVwZ 1985, 208-209 sowie OVG Bautzen v. 14.05.2001 - 2 Bs 133/00 - LKV 2002, 470-472.
[1809] OLG Brandenburg v. 23.03.2009 - 1 U 28/08 - DStrG 2009, 1140, 1141.

gen unrechtmäßige Steuerbescheide.[1810] Soweit es im Übrigen um den Schadensersatzanspruch wegen erkennbar fehlerhafter Steuerbescheide geht, wird der Amtshaftungsanspruch im Hinblick auf die **Steuerberaterkosten** häufig ganz oder teilweise verneint. Die Rechtsprechung behauptet, dass die Beauftragung des Steuerberaters nur dann erforderlich sei, wenn der Steuerpflichtige selbst zu einem Hinweis auf die Fehlerhaftigkeit des Steuerbescheides an das Finanzamt nicht in der Lage sei.[1811] Hat die Finanzverwaltung einen nicht im Eigentum des Schuldners stehenden Gegenstand gepfändet und wird deshalb die Zwangsvollstreckung gerichtlich für unzulässig erklärt, hat sie den Gegenstand auf ihre Kosten wieder an den Ort der Pfändung zurückzubringen. Der Wert des Nutzungsausfalls für einen beschlagnahmten Farbfernseher beläuft sich auf ca. 40 € monatlich.[1812]

14. Gewerbeaufsichtsamt

351   Die Verpflichtung des Gewerbeaufsichtsamtes, den **Berufsgenossenschaften** Amtshilfe zu leisten, begründet keine Amtspflicht, die dem Gewerbeaufsichtsbeamten den Sozialversicherungsträgern gegenüber als Dritten i.S.d. § 839 BGB obliegt. Die dem zur Prüfung immissionsschutzrechtlicher Belange im Baugenehmigungsverfahren berufenen (staatlichen) Gewerbeaufsichtsamt obliegenden Amtspflichten bestehen nicht auch gegenüber den Beteiligten des Baugenehmigungsverfahrens als **Dritter**.[1813]

15. Handwerkskammer/Industrie- und Handelskammer

352   Erbringt eine Handwerkskammer für ein Mitglied Beratungsdienste – wie z.B. Erstellung eines Wertgutachtens anlässlich der beabsichtigten Veräußerung des Betriebsgrundstückes des Mitglieds – so handelt sie in Ausübung eines öffentlichen Amtes.[1814] Bei fehlerhafter schuldhafter Beratung besteht ein Schadensersatzanspruch gegenüber dem Mitglied. Geschützt als **Dritter** im Sinne des § 839 BGB ist allerdings auch der (potentielle) Kaufererwerber.[1815] Eine Industrie- und Handelskammer ist verpflichtet, bei der Feststellung der Eignung eines Betriebes als Ausbildungsbetrieb diesem gegenüber offenzulegen, dass ein Auszubildender zur Erreichung des Ausbildungsziels im Regelfall eine kostenpflichtige außerbetriebliche Zusatzausbildung absolvieren muss.[1816]

16. Hauptfürsorgestelle

353   Die Amtspflicht der Hauptfürsorgestelle, die Zustimmung zur Kündigung eines **schwer behinderten Arbeiters** erst zu erteilen, wenn die für diese Entscheidung erforderliche Tatsachengrundlage in allen wesentlichen Punkten geklärt ist, besteht auch gegenüber dem Arbeitgeber.[1817] Dies bedeutet, dass sich die Hauptfürsorgestellte gegenüber dem **Arbeitgeber** nach den Grundsätzen der Amtshaftung schadensersatzpflichtig macht, wenn die von der Hauptfürsorgestelle erteilte Zustimmung zur Kündigung eines Behinderten vom Verwaltungsgericht aufgehoben wurde, weil der Sachverhalt nicht ausreichend ermittelt wurde.[1818] Die Hauptfürsorgestelle ist nicht verpflichtet, der Kündigung des schwer behinderten Arbeitnehmers zuzustimmen, solange die Möglichkeit besteht, dass die beabsichtigte Betriebsstilllegung durch eine Betriebsübernahme vermieden werden kann.[1819]

17. Jagdbehörde

354   Eine Begrenzung des Bestandes von Rotwild ist eine Maßnahme, die auch im Interesse der Waldbesitzer erfolgt und diesen gegenüber Amtspflichten begründet.[1820] Der BGH hat sich weiterhin mit der Frage der Drittbezogenheit der Amtspflicht einer obersten Landesbehörde beim Erlass allgemeiner Verwaltungsvorschriften beschäftigt und hierbei hinsichtlich der fehlerhaften Festsetzung von Ab-

---

[1810] OLG Schleswig v. 21.04.2006 - 11 W 22/05 - PStR 2006, 195. OLG Brandenburg v. 23.03.2009 - 1 U 28/08.
[1811] OLG Brandenburg v. 23.02.2006 - 2 U 1/05 - NVwZ-RR 2007, 369-371; OLG Nürnberg v. 26.06.2007 - 4 U 1073/07; hierzu *Brete*, ZSteu 2007, 238-244.
[1812] OLG München v. 22.04.2010 - 1 U 5045/09 - NJW-RR 2010, 1112-1113.
[1813] BGH v. 05.07.1990 - III ZR 190/88 - LM Nr. 76 zu § 839 BGB (Cb).
[1814] BGH v. 30.11.1955 - VI ZR 100/54 - LM Nr. 29 zu § 549 ZPO; BGH v. 22.02.2001 - III ZR 150/00 - LM BGB § 839 (Cb) Nr. 105 (11/2001).
[1815] BGH v. 22.02.2001 - III ZR 150/00 - LM BGB § 839 (Cb) Nr. 105 (11/2001).
[1816] OLG Zweibrücken v. 28.05.2009 - 6 U 1/08.
[1817] BGH v. 26.01.1989 - III ZR 75/88.
[1818] OLG Köln v. 21.01.1988 - 7 U 130/87 - VersR 1989, 748-749; ein enteignungsgleicher Eingriff liegt entgegen nicht vor, so BGH v. 19.09.1963 - III ZR 180/61 - LM Nr. 12 zu Art. 14 (Cc) GrundG.
[1819] OLG Hamm v. 04.02.1987 - 11 U 318/85 - NJW-RR 1988, 182-183.
[1820] BGH v. 09.12.1968 - III ZR 125/66.

schussplänen (§ 21 Abs. 2 BJagdG) die Verletzung einer dem Waldeigentümer gegenüber bestehenden Amtspflicht zum Schutz des Waldes für Wildschäden bejaht.[1821] Soweit es um die Angliederung jagdfreier Flächen an einen benachbarten Jagdbezirk geht (zur Begründung einer Schadensersatzpflicht bei Wildschäden), kommt der Jagdbehörde ein Ermessen zu.[1822]

18. Jugendamt/Jugendhilfe

Nach der Rechtsprechung des BGH ist der die Aufgaben des Pflegers ausübende Amtsträger des Jugendamtes ohne besonderen Anlass, der nicht schon in der gesetzlichen Änderung des Leistungsrahmens zu sehen ist, nicht verpflichtet, von sich aus darauf hinzuwirken, dass die Mutter des Pflegekindes Antrag auf Zahlung der Unterhaltsleistung stellt.[1823] Eine **drittbezogene Amtspflicht** des Jugendamtes, dem die Personensorge über eine Pflegekind übertragen ist, wurde gegenüber demjenigen bejaht, bei dem der Pflegling untergebracht ist; insoweit besteht die Amtspflicht, alles zu vermeiden, was zu einer Schädigung seines Vermögens führen kann. Dazu gehört die Pflicht, dafür Sorge zu tragen, dass auch für die Zeit nach Eintritt der Volljährigkeit des Pfleglings dessen gesetzliche Vertretung und finanzielle Betreuung rechtzeitig sichergestellt werden.[1824] Weiterhin besteht eine Amtspflicht dahin gehend, die Pflegeeltern über die Möglichkeit der Erlangung einer Einrichtungsbeihilfe aufzuklären.[1825] Weiter hat der BGH betont, dass der die Amtsvormundschaft ausübende Beamte für die Bewertung von Grundvermögen grundsätzlich von dem Gutachten eines öffentlich bestellten und vereidigten Sachverständigen ausgehen darf. Er muss indes das Gutachten dahin gehend **kontrollieren**, ob Zweifel an der Objektivität des Gutachters bestehen und ob es eine ausreichende Begründung enthält, die das gefundene Ergebnis **plausibel erscheinen** lässt.[1826] Das Jugendamt ist verpflichtet, nachdem es nach einem Umzug der Pflegefamilie erstmals für das Pflegekind zuständig geworden ist, sich in engem zeitlichem Zusammenhang mit der Übernahme der Zuständigkeit ein eigenes Bild von dem Pflegekind und der Pflegefamilie zu verschaffen (**Antrittsbesuch**). Das Jugendamt darf sich nicht auf eine Eingangsüberprüfung beschränken, sondern es trägt insoweit eine durchgehende Verantwortung.[1827] Eingeschränkt wurde die Haftung des Jugendamtes bei einem Gesundheitsschaden eines Pflegekindes in einer Notaufnahmefamilie aufgrund Fehlverhaltens der Eltern.[1828]

355

Eine Verpflichtung des Amtsvormundes, zu Gunsten des Mündels eine Haftpflichtversicherung abzuschließen, ist nur anzunehmen, wenn aufgrund besonderer Umstände eine erhöhte Gefahr haftpflichtrechtlicher Inanspruchnahme besteht.[1829] Für **Aufsichtsmaßnahmen und Weisungen**, die der Amtspfleger grundsätzlich zu erteilen hat, besteht dann keine Veranlassung, wenn der Amtspfleger mit einer ärztlich befürworteten Unterbringung das geistig behinderte und verhaltensauffällige Kind in einer offenen Einrichtung unterbringt; alsdann übernimmt dessen Träger die Aufsicht über das Kind und hat die erforderlichen und zumutbaren Maßnahmen zu treffen, um Schädigungen Dritter abzuwenden.[1830] Den Beamten des Jugendamtes, die die Pflegschaft für ein nichteheliches Kind ausüben, obliegen in dieser Eigenschaft keine Amtspflichten gegenüber dem Vater des Kindes.[1831] Gleiches gilt bei Bestehen einer Ergänzungspflegschaft gegenüber den Pflegeeltern.[1832] Der Urkundsbeamte beim Jugendamt verletzt seine Beratungspflicht nicht, wenn er dem Vater eines nichtehelichen Kindes trotz des Hinweises, dass dieser als Student nicht leistungsfähig sei, rät, eine vollstreckbare Verpflichtung zur Zahlung des Regelunterhaltes zu Protokoll nehmen zu lassen.[1833]

356

[1821] BGH v. 22.05.1984 - III ZR 18/83 - BGHZ 91, 243-262.
[1822] BGH v. 15.10.1998 - III ZR 10/98 - NVwZ-RR 1999, 206-208.
[1823] BGH v. 17.06.1999 - III ZR 248/98 - LM BGB § 839 (Ca) Nr. 104 (1/2000).
[1824] BGH v. 15.06.1989 - III ZR 96/88 - DAVorm 1989, 863-868.
[1825] LG Itzehoe v. 04.06.1998 - 6 O 523/97.
[1826] BGH v. 05.05.1983 - III ZR 57/82 - LM Nr. 136 zu Art. 34 GrundG.
[1827] BGH v. 21.10.2004 - III ZR 254/03 - NJW 2005, 68-72.
[1828] BGH v. 23.02.2006 - III ZR 164/05 - NJW 2006, 1121-1124. Vgl. hierzu *Ossenbühl*, JZ 2006, 923-924.
[1829] OLG Hamm v. 13.01.1978 - 11 U 208/77 - VersR 1982, 77-78.
[1830] OLG Frankfurt v. 24.04.1986 - 1 U 191/85 - DAVorm 1987, 282-286.
[1831] OLG Düsseldorf v. 18.12.1986 - 18 U 172/86 - FamRZ 1987, 749-750.
[1832] OLG Karlsruhe v. 28.10.2004 - 12 U 170/04 - JAmt 2005, 40-44.
[1833] OLG Hamburg v. 23.11.1990 - 1 U 110/90 - ZfJ 1991, 439-443.

357 Die Bediensteten eines Jugendamtes handeln amtspflichtwidrig, wenn sie es **unterlassen**, die Adoptivbewerber über den ihnen bekannten und noch nicht ausgeräumten Verdacht eines Hirnschadens des Kindes **aufzuklären**.[1834] Die Verpflichtung des Jugendamtes als Amtspfleger eines nichtehelich geborenen Kindes, bei einer Anfechtung der nichtehelichen Vaterschaft den biologischen Vater zu ermitteln, besteht allenfalls gegenüber dem Kind, nicht aber auch einem Dritten und damit auch nicht dem anfechtenden Scheinvater gegenüber.[1835] Hingegen verstößt das Jugendamt gegen die in § 18 Abs. 1 SGB VIII normierte Amtspflicht, minderjährige Kinder bei der Geltendmachung ihrer Unterhaltsansprüche zu beraten und zu unterstützen, wenn der zuständige Mitarbeiter des Jugendamtes nach Darlegung der Einkommensverhältnisse durch den unterhaltspflichtigen Vater nicht umgehend die notwendigen Schritte ergreift, um die alsbaldige Zahlung erhöhten Unterhalts des Vaters an die minderjährigen Kinder sicherzustellen.[1836] Dies ist jedoch nicht erforderlich, wenn bei dem Unterhaltsschuldner amtsbekannt eine „Zahlungsschwäche" besteht.[1837] Generell ist das Jugendamt verpflichtet, einen Jugendlichen in Obhut zu nehmen, wenn dieser darum bittet.[1838] Dem Amtspfleger für ein nichteheliches Kind (Mitarbeiter des Jugendamtes) obliegt gegenüber dem Kind auch die Amtspflicht, auf die Möglichkeit hinzuweisen, Leistungen nach dem Unterhaltsvorschussgesetz in Anspruch zu nehmen.[1839] Stimmt der Sorgeberechtigte im Rahmen einer vorläufigen Maßnahme des Jugendamtes zum Schutze von Kindern oder Jugendlichen einer Unterbringung des Kindes oder Jugendlichen bei Pflegeeltern zu, so sind die Mitarbeiter des Jugendamtes lediglich verpflichtet, die Pflegeeltern sorgfältig auszuwählen und durch Kontrollen zu überprüfen. Eine etwaige Pflichtverletzung der Pflegeeltern bei der Betreuung des Kindes oder Jugendlichen ist in diesen Fällen dem Träger der öffentlichen Jugendhilfe nicht als Amtspflichtverletzung zuzurechnen.[1840] Weiterhin besteht keine Amtshaftung des Jugendamtes, wenn trotz eines amtsgerichtlichen Beschlusses, der die Unterbringung eines (wegen vielfacher rechtswidriger Handlung auffälligen) Minderjährigen in einer sozialpädagogischen Einrichtung anordnet und diese 5 Monate später noch nicht vollzogen ist, und der Jugendliche alsdann das Kraftfahrzeug eines Dritten entwendet und schwer beschädigt. Der Geschädigte ist nicht **Dritter** i.S.d. § 839 Abs. 1 Satz 1 BGB.[1841]

358 Das Jugendamt verstößt nicht gegen die sich aus § 1712 Abs. 1 BGB ergebende Pflicht, die Unterhaltsansprüche des Kindes gegen den Unterhaltsschuldner geltend zu machen, wenn es die Beitreibung bestehender Unterhaltsrückstände unterlässt, um den Arbeitsplatz des Unterhaltsschuldners nicht zu gefährden und letztlich damit seine Leistungsfähigkeit zu erhalten.[1842] Die Versagung eines begleitenden Umgangs der Kinder in polnischer Sprache statt in deutscher Sprache mit ihrem polnisch und deutsch sprechenden Vater durch das Jugendamt stellt keine sog schwerwiegende Verletzung des allgemeinen Persönlichkeitsrechts dar, so dass die Zuerkennung einer Geldentschädigung an den Vater geboten wäre.[1843]

19. Katastrophenschutzbehörde

359 Mit den Amtspflichten einer Katastrophenschutzbehörde hat sich der BGH beschäftigt. Dieser betont, dass die Katastrophenschutzbehörde aus dem Gesichtspunkt der Gefahrenabwehr verpflichtet ist, die von dem Hochwasser bedrohte Bevölkerung vor der Überflutung zu warnen.[1844] Nach der Rechtsprechung des BGH dient der Katastrophen- und Hochwasserschutz nicht nur dem Interesse der Allgemein-

---

[1834] OLG Hamm v. 15.07.1992 - 11 U 52/92 - NJW-RR 1994, 394-396; OLG Frankfurt v. 22.01.1998 - 1 U 117/96 - OLGR Frankfurt 1998, 243-244.
[1835] OLG Schleswig v. 09.12.1993 - 11 U 157/92 - DAVorm 1995, 749-751.
[1836] OLG Celle v. 16.08.1996 - 16 W 40/95 - NJW-RR 1997, 135-136; OLG Saarbrücken v. 13.12.2011 - 4 U 456/10.
[1837] LG Berlin v. 07.12.2004 - 13 O 615/03 - JAmt 2005, 595-597; LG Magdeburg v. 24.11.2005 - 10 O 750/05 - JAmt 2006, 94-95.
[1838] OLG Hamm v. 20.11.1996 - 11 U 61/96 - ZfJ 1997, 433-435.
[1839] OLG Celle v. 11.08.1998 - 16 U 42/98 - OLGR Celle 1998, 354-356; vgl. weiterhin zum Unterhalt bei Verlust des Arbeitsplatzes OLG Hamm v. 30.05.2000 - 29 U 144/99 - NJWE-FER 2001, 14.
[1840] OLG Stuttgart v. 20.07.2005 - 4 U 81/05 - NJW 2005, 2379-2383.
[1841] OLG München v. 03.08.2004 - 1 U 3245/04 - VersR 2006, 272.
[1842] OLG Hamm v. 27.04.2011 - I-13 W 10/11 u.a.
[1843] OLG Hamburg v. 01.07.2011 - 1 U 34/10.
[1844] BGH v. 27.01.1994 - III ZR 109/92 - VersR 1994, 135; BGH v. 12.07.1990 - III ZR 167/88 - BGHR BGB § 839 Abs. 1 S. 1 Gemeinde 2; BGH v. 11.11.2004 - III ZR 200/03 - NVwZ-RR 2005, 149-152; vgl. hierzu *Itzel*, MDR 2005, 545-548, 548.

heit, sondern zugleich den Belangen der von den Auswirkungen einer Überflutung möglicherweise Betroffenen; Amtspflichten dieser Art sind daher drittbezogen.[1845] Die Katastrophenschutzbehörde ist jedoch nicht verpflichtet, bei einem drohenden Deichbruch ohne jeden Anhaltspunkt in sämtlichen Stadtteilen in weitem Umkreis Hochwasserwarnungen zu verbreiten, wenn es keine hinreichende Erkenntnis über die Fließrichtung des Wassers gibt.[1846] In den Schutzbereich der Warnung vor Überschwemmungen fallen solche Schäden nicht, die sich nur bei Missachtung des Inhalts der Warnung vermeiden ließen (hier: Schäden an dem Keller befindlichen Gegenständen, wenn vor einem Betreten des Kellers wegen Lebensgefahr hätte gewarnt werden müssen).[1847]

20. Kommunalaufsicht

Die Kommunalaufsicht begründet gegenüber der Gemeinde **Amtspflichten zur sachgemäßen Ausübung**, denn durch die Kommunalaufsicht sollen gerade auch die Belange der Gemeinde geschützt und gefordert werden.[1848] Dennoch hat der BGH entschieden, dass eine allgemeine Amtspflicht der Kommunalaufsichtsbehörde gegenüber den beaufsichtigten **Selbstverwaltungskörperschaften** zur Mitteilung über die Rechtsansicht des OVG hinsichtlich der Nichtigkeit eines Teiles der Durchführungsbestimmungen einer Norm nicht besteht. Anders könnte die Frage zu beantworten sein, wenn die Gemeindeaufsicht konkret darüber unterrichtet war, dass die vom OVG vertretene Rechtsauffassung in einem Einzelfall für die Selbstverwaltungskörperschaft Bedeutung hat.[1849] Weiter hat sich der BGH mit der kommunalaufsichtlichen Genehmigungspflicht öffentlich-rechtlicher Zusagen des Landkreises hinsichtlich der Belegung und der Pflegesatzhöhe für ein zu errichtendes Altenpflegeheim beschäftigt. Hat der Landkreis einem Investor Zusagen gemacht, die für die Errichtung und den späteren Betrieb eines Altenpflegeheimes eine Vertrauensgrundlage bilden sollen, trifft ihn auch die ihm gegenüber dem Empfänger der Zusage obliegende Amtspflicht, die notwendige Genehmigung der Rechtsaufsichtsbehörde einzuholen.[1850]   360

Die Kommunalaufsichtsbehörde muss bei der Ausübung der Aufsicht auch die Belange der Gemeinde berücksichtigen und deren Interessen wahren.[1851] Die Amtspflicht der Kommunalaufsichtsbehörde im Freistaat Sachsen, eine rechtswidrige aufsichtsrechtliche Genehmigung für ein Rechtsgeschäft der Gemeinde nicht zu erteilen, entfaltet zu Gunsten dieser drittschützende Wirkung i.S.v. § 839 BGB.[1852] Versagt die Gemeinde ihr von § 36 Abs. 1 BauGB gefordertes Einvernehmen, ist die Kommunalaufsichtsbehörde in der Regel nicht verpflichtet, dieses Einvernehmen im Wege der **Ersatzvornahme** zu ersetzen.[1853] Die kommunalaufsichtliche Genehmigung eines gemeindlichen Grundstücksgeschäftes hat hingegen weder die Interessen des Vertragspartners zu dienen noch in dessen Belange bei der Entscheidung zu berücksichtigen. Demzufolge besteht insoweit auch keine Klagebefugnis.[1854]   361

Der BGH[1855] und bereits vorher die Instanzgerichte[1856] vertreten weiterhin die Auffassung, zur Kommunalaufsicht gehöre die Bewahrung der Gemeinde vor Selbstschädigung im Zusammenhang mit der erforderlichen Genehmigung gemeindlicher Grundstücksgeschäfte. Diese Rechtsprechung ist in der Literatur heftig umstritten.[1857] Der BGH hat weiterhin betont, die Rechtsaufsichtsbehörde hafte einer   362

[1845] BGH v. 27.01.1994 - III ZR 109/92 - VersR 1994, 135; BGH v. 11.11.2004 - III ZR 200/03 - NVwZ-RR 2005, 149-152.
[1846] OLG München v. 28.07.2005 - 1 U 3877/02.
[1847] BGH v. 11.11.2004 - III ZR 200/03 - NVwZ-RR 2005, 149-152.
[1848] BGH v. 12.12.2002 - III ZR 201/01 - NJW 2003, 1318-1319; BGH v. 05.06.2008 - III ZR 225/07 - NVwZ-RR 2008, 671-672; *Papier* in: MünchKomm-BGB, § 839 Rn. 258 unter Bezugnahme auf BGH v. 24.04.1961 - III ZR 40/60 - BGHZ 35, 44-53; zur Dienstaufsicht der Justizverwaltung über Notare.
[1849] BGH v. 07.05.1956 - III ZR 249/54 - LM Nr. 2 zu § 839 (Fm) BGB.
[1850] BGH v. 26.10.2000 - III ZR 53/99 - LM BGB § 839 (Fe) Nr. 152 (10/2001).
[1851] OLG Brandenburg v. 06.11.2001 - 2 U 2/01 - OLG-NL 2002, 80-84.
[1852] OLG Dresden v. 11.07.2001 - 6 U 254/01 - OLG-NL 2001, 268-274; bestätigt durch BGH v. 12.12.2002 - III ZR 201/01 - BGHZ 153, 198-204.
[1853] OLG Schleswig v. 29.06.2000 - 11 U 137/98 - NordÖR 2000, 411-413.
[1854] OVG Frankfurt (Oder) v. 25.04.1995 - 1 A 24/94 - LKV 1995, 374-376.
[1855] BGH v. 12.12.2002 - III ZR 201/01 - BGHZ 153, 198-204.
[1856] LG Halle (Saale) v. 21.11.1996 - 5 O 89/96 - NJ 1998, 324; LG Mühlhausen v. 11.07.1997 - 6 O 1498/96 - NJ 1998, 324.
[1857] *Meyer*, NVwZ 2003, 818-821; *Müller*, Gemeindehaushalt 2003, 181-183; *Metzmacher*, DÖD 2003, 97-99; *Groth/von Mutius*, NJW 2003, 1278-1285; *Pegatzky*, LKV 2003, 451-455; *Teichmann*, JZ 2003, 960-961; *Wiesemann*, NVwZ 2005, 391-399.

Gemeinde nicht für die kommunalaufsichtliche Genehmigung eines notariellen Kaufvertrages, wenn diese zu Unrecht von dessen Genehmigungsbedürftigkeit ausgeht oder die Erteilung der Genehmigung vor dem Hintergrund einer umstrittenen Rechtslage geprüft hat.[1858] Soweit es um eine Kreditermächtigung (nach § 63 Abs. 2 ThürKO) geht, obliegt der Kommunalaufsicht keine wirtschaftliche Prognose über einen Zeitraum von 30 Jahren. Vielmehr soll die Gemeinde mit der Kreditermächtigung nur in die Lage versetzt werden, Kredite bis zur genannten Höhe des Gesamtrahmens im Haushaltsjahr aufnehmen zu können. Ob sie dies tut, zu welchen Konditionen und in welcher Höhe tatsächlich, das bleibt ihr überlassen, so dass insoweit letztendlich nicht die Kommunalaufsicht in Regress genommen werden kann.[1859]

21. Kommunalverwaltung

a. Drittgerichtetheit der Amtspflicht

363 Eine **juristische Person des öffentlichen Rechtes** kann nur „**Dritter**" i.S.d. § 839 Abs. 1 Satz 1 BGB sein, wenn der für die haftpflichtige Behörde tätig gewordene Beamte der geschädigten Körperschaft bei Erledigung seiner Dienstgeschäfte in einer Weise gegenübertritt, wie sie für das Verhältnis zwischen ihm und seinem Dienstherrn einerseits und dem Staatsbürger andererseits charakteristisch ist.[1860] Ausgehend hiervon stellt die überörtliche Rechnungsprüfung keinen aufsichtlichen Eingriff in die kommunale Selbstverwaltung dar; demzufolge ist die **Drittgerichtetheit** der **überörtlichen Rechnungsprüfung** zu verneinen.[1861] Die Amtspflichten einer Gemeinde bestehen häufig sowohl gegenüber der Allgemeinheit bzw. einem anderen Träger öffentlicher Verwaltung als auch gegenüber dem betroffenen Bürger. Dies gilt beispielsweise für die den Gemeinden aufgrund des Gesetzes über den Feuerschutz im Lande Nordrhein-Westfalen vom 02.06.1948[1862] als Träger des Feuerschutzes obliegenden Aufgaben.[1863] Hingegen verletzt ein kommunaler Angestellter, der innerhalb der Verwaltung seiner Anstellungskörperschaft Aufgaben zur Durchführung des Sozialhilfegesetzes wahrnimmt und hierbei den Sozialhilfefonds schädigt, keine Amtspflichten, die ihm gegenüber der Bundesrepublik Deutschland obliegen. Dient die Amtspflicht dem Schutz der Öffentlichkeit, allgemeiner Aufrechterhaltung der öffentlichen Ordnung oder dem Interesse des Gemeinwesens an einer ordnungsgemäßen Amtsführung überhaupt, dann handelt es sich insoweit nicht um eine einem Dritten gegenüber obliegende Amtspflicht.[1864]

364 Die Pflicht der **Meldebehörde** einer Gemeinde, Aufenthaltsbescheinigungen, die zum Nachweis der anspruchsbegründenden Voraussetzungen des Bayerischen Entschädigungsgesetzes vom 12.08.1949[1865] verwendet wurden, richtig und wahrheitsgemäß auszustellen, bestand als Amtspflicht auch gegenüber dem Freistaat Bayern im Sinne des § 839 Abs. 1 Satz 1 BGB[1866]. Ein zur Entgegennahme des Antrags auf Erwerbsunfähigkeitsrente zuständiger Amtsträger hat gegenüber dem Träger der gesetzlichen Krankenversicherung nicht die Amtspflicht, dessen Interesse an einer Vermeidung nicht rückforderbarer Krankengeldüberzahlungen durch unverzügliche Bearbeitung und Weiterleitung des Rentenantrages an die zur Entscheidung berufene Stelle wahrzunehmen.[1867] Weiterhin hat sich der BGH mit der Drittgerichtetheit des Erlasses einer Abrundungssatzung beschäftigt.[1868] Schließlich hat der BGH die Pflicht der Amtsträger einer Gemeinde betont, **Auskünfte richtig**, **wahrheitsgemäß und vollständig** zu erteilen. Diese Pflicht besteht auch und gerade bei Fragen nach dem Umfang zu erwartender Erschließungskosten.[1869]

[1858] BGH v. 18.01.2007 - III ZR 104/06 - VersR 2007, 1561-1564.
[1859] OLG Jena v. 25.06.2008 - 4 U 939/06 - OLGR Jena 2008, 857-859.
[1860] BGH v. 12.12.2002 - III ZR 201/01 - NJW 2003, 1318-1319.
[1861] OLG München v. 02.08.2007 - 1 U 2425/07.
[1862] GVBl, 195.
[1863] BGH v. 25.02.1957 - III ZR 186/55 - LM Nr. 26 zu § 839 (C) BGB.
[1864] BGH v. 05.05.1958 - III ZR 125/57 - BGHZ 27, 210-215.
[1865] GVBl, 195.
[1866] BGH v. 25.04.1960 - III ZR 65/57 - MDR 1960, 827.
[1867] BGH v. 26.05.1977 - III ZR 82/75 - LM Nr. 34 zu § 839 BGB.
[1868] BGH v. 05.12.1991 - III ZR 167/90 - BGHZ 116, 215-221.
[1869] BGH v. 03.05.2001 - III ZR 191/00 - ZfBR 2001, 412-414; BGH v. 18.07.2002 - III ZR 248/01 - BGHReport 2002, 1080-1081; vgl. zur Haftung von baurechtlicher Auskünfte u.z. *Freiherr v.u.z. Franckenstein*, BauR 2003, 807-813.

Die Rechtsprechung hat die Amtshaftung des Trägers der **öffentlichen Jugendhilfe wegen** eines fehlenden Kindergartenplatzes (Rechtsanspruch aus § 24 SGB VIII) bejaht.[1870] Hingegen hat die Literatur eine Amtshaftung bei Aufsichtspflichtverletzungen in Kindertagesstätten verneint.[1871] **365**

Nach der Rechtsprechung des BGH besteht zwischen einer Gemeinde und dem einzelnen Anschlussnehmer einer gemeindlichen **Abwasserkanalisation** ein öffentlich-rechtliches gesetzliches Schuldverhältnis. Dieses Schuldverhältnis ist grundsätzlich geeignet, eine Schadensersatzpflicht der Gemeinde nach den Bestimmungen der §§ 275 ff. BGB einschließlich einer **Haftung für Erfüllungsgehilfen** gemäß § 278 BGB zu begründen. Demzufolge haftet die Gemeinde für die Verletzung von Schutz- und Obhutspflichten und bei Bauarbeiten durch beauftragte Bauunternehmer, wobei in den Schutzbereich des Schuldverhältnisses auch der Mieter des angeschlossenen Grundstückes einbezogen ist.[1872] Die Haftung aus § 839 BGB i.V.m. Art. 34 GG kann ohne besondere gesetzliche Grundlage nicht durch eine gemeindliche Satzung beschränkt werden.[1873] Die Gemeinde ist hingegen nicht verpflichtet, in einem **Bebauungsplan** auf einen hohen Grundwasserstand hinzuweisen; die Vorschriften des Baugesetzbuches dienen allein dem **Allgemeininteresse** einer geordneten Gemeindeplanung und sollen nicht den Bauherrn das sogenannte Baugrundrisiko abnehmen.[1874] **366**

Allein dem Umstand, dass **Altpapiercontainer** Zielscheibe von Brandstiftern sein könnten, ist keine Pflicht für eine Gemeinde zu entnehmen, besondere Vorkehrungen des Brandschutzes einzuleiten, da von einer regelmäßigen widerrechtlichen Behandlung der Container nicht auszugehen ist. Vielmehr darf die Gemeinde insoweit auf das sozialadäquate Verhalten der Benutzer vertrauen. Der ordnungsgemäße Gebrauch der Sammelcontainer stellt jedenfalls keine Gefahr für das Eigentum Dritter dar.[1875] Eine Stadt haftet dem Grundstückseigentümer unter dem Gesichtspunkt der Amtspflichtverletzung auf materiellen Schadensersatz wegen der Einschränkung des Nutz- bzw. Wohnwertes ihrer Häuser, wenn diese bei der Planung des Bauvorhabens keinen **aktiven Lärmschutz** vorgesehen hat und über einen Zeitraum von 5½ Jahren die Realisierung eines Planänderungsbeschlusses über die Erstellung von Lärmschutzwänden als aktive Lärmschutzmaßnahme vor Verkehrslärm verzögert.[1876] Errichtet der Straßenbaulastpflichtige einen den natürlichen Wasserablauf hindernden **Lärmschutzwall**, so hat er bei der Planung der Straßenentwässerung auch das gesamte weitere Einzugsgebiet mit Vorflut zur Straße zu berücksichtigen und die notwendigen Durchlässe unter Wall und Straße entsprechend zu dimensionieren.[1877] **367**

Die rechtswidrige Versagung der Genehmigung des Abbruchs eines Gebäudes aus Gründen des Denkmalschutzes begründet mangels Verschuldens des zuständigen Beamten keinen Anspruch aus Amtspflichtverletzung, wenn die Entscheidung des Beamten vertretbar war, weil er dem diesbezüglichen Standpunkt des Landesamtes für Denkmalpflege gefolgt ist, und das Verwaltungsgericht bei Feststellung der Rechtswidrigkeit der Versagung der Genehmigung die Denkmalwürdigkeit des Gebäudes als rechtlich schwierige Frage eingestuft hat. Kommt für die rechtmäßige Versagung der Genehmigung eine Haftung der Gemeinde nicht in Betracht, so haftet diese auch nicht dafür, dass die Versagung nicht zu einem früheren Zeitpunkt erfolgt ist.[1878] **368**

b. Baugenehmigungsverfahren

Im Baugenehmigungsverfahren[1879] verletzen die Amtsträger der beteiligten Gemeinde ihre Amtspflicht gegenüber dem Baubewerber, wenn sie trotz Zulässigkeit des Bauvorhabens das nach § 36 Abs. 1 BauGB erforderliche **Einvernehmen der Gemeinde** versagen.[1880] Dies gilt auch bei einer ermessens- **369**

[1870] LG Wiesbaden v. 19.01.2000 - 5 O 182/99 - ASR 2002, 103-105.
[1871] *Ollmann*, VersR 2003, 302-304.
[1872] BGH v. 14.12.2006 - III ZR 303/05 - NJW 2007, 1061-1062.
[1873] BGH v. 21.06.2007 - III ZR 177/06 - DVBl 2007, 1238-1240.
[1874] OLG Düsseldorf v. 08.06.2004 - 20 W 4/04 - DVP 2005, 526.
[1875] LG Kassel v. 05.04.2006 - 4 O 2173/05 - DVP 2007, 85.
[1876] OLG München v. 08.06.2006 - 1 U 5381/05.
[1877] BGH v. 29.06.2006 - III ZR 269/05 - NVwZ-RR 2006, 758-759.
[1878] OLG München v. 29.08.2011 - 1 U 2597/11.
[1879] Vgl. zur neueren Rechtsprechung des BGH für Amtshaftung im Zusammenhang mit dem Baurecht *Schlick*, DVBl 2007, 457-466.
[1880] BGH v. 29.09.1975 - III ZR 40/73 - BGHZ 65, 182-189; BGH v. 25.02.1982 - III ZR 97/81 - VersR 1982, 498; vgl. insoweit zu den Sorgfaltspflichten einer Gemeinde BGH v. 14.06.1984 - III ZR 68/83 - LM Nr. 6 zu § 36 BBauG; OVG Naumburg v. 14.09.2005 - 6 U 130/03 - OLGR Naumburg 2007, 271-272; OLG Jena v. 17.11.2003 - 4 U 560/03; OLG Jena v. 30.01.2008 - 4 U 1230/05 - OLGR Jena 2008, 494-496; OLG Naumburg v. 27.11.2008 - 1 U 43/08 - OLRG Naumburg, 2009, 410-414. Vgl. hierzu *Zeiler*, KommJuR 2009, 288-293.

fehlerhaften Ablehnung eines Bauantrages.[1881] Steht ein Baugenehmigungsantrag im Widerspruch zu einer nachträglich beschlossenen Veränderungssperre, so hat die Bauaufsichtsbehörde, wenn sie einen formellen Mangel der Veränderungssperre feststellt, der Gemeinde vor der Entscheidung Gelegenheit zu geben, den zu beheben.[1882] Amtshaftungsansprüche sind auch dann begründet, wenn das Einvernehmen der Gemeinde objektiv überhaupt nicht erforderlich gewesen war; es genügt vielmehr, dass die Bauaufsichtsbehörde die Gemeinde am Baugenehmigungsverfahren beteiligt hat, weil sie deren Einvernehmen für erforderlich hielt.[1883] Eine Haftung der Gemeinde scheidet jedoch aus, wenn die Baugenehmigungsbehörde das rechtswidrig versagte, aber erforderliche Einvernehmen ersetzen kann; die Baugenehmigungsbehörde darf sich nicht auf die rechtswidrige Verweigerung des Einvernehmens durch die Gemeinde berufen.[1884] Die Gemeinde ist an das von ihr im Baugenehmigungsverfahren nach § 36 BauGB erklärte Einvernehmen mit der Erteilung der Teilbaugenehmigung gebunden.[1885] Verzögert eine Gemeinde durch ihren auf § 36 BauGB gestützten Widerspruch die Erteilung einer Baugenehmigung, weil sie einer von zwei Bundesgerichten abgelehnten Mindermeinung folgt, muss sie die daraus entstehenden Haftungsrisiken unter dem Gesichtspunkt der Amtshaftung tragen.[1886] Weiterhin besteht die Amtspflicht des Beamten der beteiligten Gemeinde, das nach § 36 Abs. 1 BauGB erforderliche Einvernehmen nicht gesetzwidrig zu versagen, auch gegenüber demjenigen, der ohne am Verfahren formell beteiligt zu sein, aufgrund eines vor Antragstellung mit dem Eigentümer abgeschlossenen notariellen Vertrages befugt ist, das Grundstück zu bebauen und dem ein Anspruch auf Übertragung des Eigentums eingeräumt worden ist.[1887] Die Baugenehmigungsbehörde trifft auch gegenüber dem Bauwilligen die Amtspflicht, keinen rechtswidrigen Bauvorbescheid zu erteilen; die schuldhafte Verletzung dieser Pflicht kann Amtshaftungsansprüche des in Vertrauen auf den Vorbescheid Fehlinvestitionen tätigenden Bauwilligen auslösen.[1888] Auch die rechtswidrige Eintragung einer Baulast kann Amtshaftungsansprüche des betroffenen Grundstückseigentümers auslösen.[1889] Stellt indes der Allgemeingesellschafter und alleinvertretungsberechtigte Geschäftsführer einer GmbH im eigenen Namen einen Antrag auf Genehmigung einer Nutzungsänderung für ein im Eigentum der GmbH stehendes Grundstück, so ist diese bei rechtswidriger Ablehnung des Antrages grundsätzlich nicht geschützter „Dritter" im amtshaftungsrechtlichen Sinn.[1890]

370 Die Baugenehmigungsbehörde ist an die – auch rechtswidrige – Versagung des Einvernehmens nach § 36 BauGB nur gebunden, wenn das **Einvernehmen erforderlich** ist. Nimmt die Gemeinde irrig an, ihr Einvernehmen sei erforderlich, so kann – und muss – die Baugenehmigungsbehörde sich über die Versagung hinwegsetzen. Eine Ersetzung des Einvernehmens im Wege der Rechtsaufsicht kommt in diesem Falle nicht in Betracht.[1891] Wird die von den Grundstückskäufern gestellte Bauvoranfrage rechtsfehlerhaft abgelehnt, so steht dem Grundstücksverkäufer, wenn daraufhin die Käufer vom Kaufvertrag zurücktreten, kein Schadensersatz wegen Amtspflichtverletzung gegen die ablehnende Gemeinde zu. Das mittelbare Interesse des Verkäufers an der Erteilung eines positiven Vorbescheides und damit eine Aufrechterhaltung des Kaufvertrages reicht nicht aus, um ihn in den Schutzbereich der der Gemeinde nach § 36 BauGB im Rahmen des Baugenehmigungsverfahrens den Antragstellern gegenüber obliegenden Amtspflichten einzubeziehen.[1892] Die rechtswidrige Erteilung einer Nutzungsänderungsgenehmigung, die wegen Lärmbelästigung der Nachbarschaft aufgehoben wurde, begründet keinen Vertrauenstatbestand für den Bauherrn, wenn durch die mit der Genehmigung verbundene Neben-

---

[1881] OLG München v. 27.06.2002 - 1 U 3390/01 - OLGR München 2004, 224-226.
[1882] BGH v. 25.03.2004 - III ZR 227/02 - NVwZ 2004, 1143-1144.
[1883] BGH v. 25.10.1990 - III ZR 249/89 - BGHR BGB § 839 Abs. 1 S. 1 Gemeinderat 4; BGH v. 21.11.2002 - III ZR 278/01 - MDR 2003, 266.
[1884] BGH v. 16.09.2010 - III ZR 29/10 - NVwZ 2011, 249-251; vgl. hierzu *Schlarmann/Krappel*, NVwZ 2011, 215-218; OLG München v. 21.07.2011 - 1 U 498/11; OLG München v. 22.12.2011 - 1 U 758/11.
[1885] BGH v. 13.11.1980 - III ZR 74/79 - LM Nr. 5 zu § 36 BBauG; BGH v. 25.10.1990 - III ZR 249/89 - BGHR BGB § 839 Abs. 1 S. 1 Gemeinderat 4; BGH v. 13.10.2005 - III ZR 234/04 - NVwZ 2006, 117-118.
[1886] BGH v. 28.11.1985 - III ZR 24/85.
[1887] BGH v. 15.11.1984 - III ZR 70/83 - BGHZ 93, 87-96.
[1888] OLG Frankfurt v. 30.10.2003 - 1 U 162/03 - IBR 2004, 349.
[1889] OLG Frankfurt v. 07.04.2004 - 1 U 172/03 - IBR 2004, 396.
[1890] BGH v. 26.06.2008 - III ZR 118/07 - NVwZ-RR 2008, 671-671.
[1891] BGH v. 25.02.1988 - III ZR 118/87 - BGH-DAT Zivil.
[1892] BGH v. 23.11.1989 - III ZR 161/88 - VersR 1990, 305-306.

bestimmung, der Bauherr müsse noch den erforderlichen Schallschutz durch ein Gutachten nachweisen, die Unmöglichkeit, einen solchen Schallschutz zu gewährleisten, in den Risikobereich des Bauherrn verwiesen wurde.[1893]

Im Rahmen einer Bauvoranfrage besteht die Pflicht der Bauaufsichtsbehörde ggf. zum Hinweis auf ein weiteres Genehmigungserfordernis.[1894] Wird die – rechtswidrige – Ablehnung einer **Bauvoranfrage**[1895] sowohl auf eigene Erwägungen der Bauaufsichtsbehörde als auch darauf gestützt, dass die Gemeinde das erforderliche Einvernehmen nach BauGB versagt habe, so können für den durch die Ablehnung verursachten Schaden die Bauaufsichtsbehörde und die Gemeinde nebeneinander verantwortlich sein.[1896] Im Falle der rechtswidrigen Ablehnung einer Bauvoranfrage bestimmt sich die haftungsrechtliche Zurechnung danach, wie sich die Entscheidung der Bauaufsichtsbehörde im Außenverhältnis zu dem Antragsteller darstellt. Wird der Bescheid nur damit begründet, dass die Gemeinde das erforderliche Einvernehmen verweigert hat, hat grundsätzlich allein die Gemeinde für den dem Antragsteller entstehenden Schaden aufzukommen. Geht hingegen aus dem ablehnenden Bescheid der Bauaufsichtsbehörde hervor, dass sie das Vorhaben auch aufgrund einer eigenen Sachüberprüfung und Überzeugungsbildung für unzulässig hält, so ist je nachdem, ob sie sich auf die Versagung des gemeindlichen Einvernehmens als zusätzlichen Grund für die – rechtswidrige – Ablehnung stützt oder nicht, eine gemeinschaftliche Verantwortung zusammen mit der Gemeinde oder die alleinige Haftung der Bauaufsichtsbehörde gegeben.[1897] Hingegen besteht zwischen dem widersprechenden Nachbarn und der Gemeinde keine **deliktische Gesamtschuldnerschaft**.[1898] Eine Amtshaftung der Gemeinde ist auch zu bejahen wegen rechtswidriger Versagung eines Bauvorbescheides bei rückwirkender Heilbarkeit des Bekanntmachungsfehlers des zugrunde liegenden Flächennutzungsplanes; dem auf die rechtswidrige Versagung des Bauvorbescheides gestützten Amtshaftungsanspruch kann jedoch der Gesichtspunkt des rechtmäßigen Alternativverhaltens entgegengehalten werden.[1899]

371

Informelle Vorgespräche über die Bebaubarkeit eines Grundstücks, die der Bauherr mit einem Mitarbeiter des Bauamtes führt, dienen lediglich dem Meinungsaustausch; insoweit von einem Mitarbeiter des Bauamtes geäußerte Bedenken stellen keine haftungsbegründende Maßnahmen dar, mögen sich die Bedenken rückblickend auch als objektiv unbegründet erweisen.[1900] Soweit im Baugenehmigungsverfahren die Genehmigungsbehörde einer Gemeinde sich in ihrer Eigenschaft als Träger der Straßenbaulast bedient und (zunächst fehlerhafte) **Auskünfte erhält**, handelt die Gemeinde nicht in Ausübung ihrer auch gegenüber dem Kläger bestehenden Amtspflicht. Der Kläger ist hinsichtlich solcher Auskünfte nicht Dritter i.S.v. § 839 Abs. 1 Satz 1 BGB.[1901] Macht der Bauwillige Schadensersatzansprüche gegen die Gemeinde wegen rechtswidrigen Versagens des gemeindlichen Einvernehmens nach § 36 BauGB geltend und erhebt er zugleich Klage beim Verwaltungsgericht gegen die Baugenehmigungsbehörde auf Ersetzen des Einvernehmens der Gemeinde, so kann das angerufene Gericht den Zivilrechtsstreit gemäß § 148 ZPO aussetzen.[1902] Schließlich ist es der Gemeinde nicht verwehrt, nach Vorliegen einer Bauvoranfrage die Zeit für die ordnungsgemäße Bearbeitung der Bauvoranfrage dahin gehend zu nutzen, ändernde Planungsmaßnahmen einzuleiten, wie z.B. eine Veränderungssperre zu verhängen.[1903] Stellt die Baugenehmigungsbehörde fest, dass die nachträglich beschlossene Veränderungssperre formell mangelhaft ist, so hat sie der Gemeinde vor einer Entscheidung Gelegenheit zu geben, diese zu beheben.[1904] Sofern die Baugenehmigungsbehörde bei Erteilung einer Baugenehmigung

372

[1893] BGH v. 31.05.1990 - III ZR 66/89 - BGH-DAT Zivil.
[1894] OLG Düsseldorf v. 07.03.2007 - I-18 U 148/06, 18 U 148/06.
[1895] Vgl. insoweit zur Rechtslage in Rheinland-Pfalz BGH v. 10.03.1994 - III ZR 9/93 - BGHZ 125, 258-270; vgl. weiterhin LG Oldenburg v. 09.03.2005 - 5 O 1685/04 - NVwZ 2005, 1457 m. Anm. *Krohn/de Witt*, NVwZ 2005, 1387-1389. Die Bauvoranfrage ist kein Rechtsbehelf i.S.d. § 839 Abs. 3 BGB, vgl. OLG Brandenburg v. 13.02.2007 - 2 U 10/05 - OLGR Brandenburg 2008, 190-196.
[1896] BGH v. 21.05.1992 - III ZR 14/91 - BGHZ 118, 263-275.
[1897] BGH v. 01.07.1993 - III ZR 36/92 - LM BGB § 839 (D) Nr. 44 (12/1993).
[1898] BGH v. 21.12.2000 - III ZR 119/00 - ZfBR 2001, 286.
[1899] BGH v. 19.03.2008 - III ZR 49/07 - NVwZ 2008, 815-816.
[1900] OLG München v. 05.50.2011 - 1 U 3829/10 - IBR 2011, 726.
[1901] OLG Jena v. 17.11.2003 - 4 U 560/03 - BauR 2004, 545. Vgl. weiterhin OLG Brandenburg v. 27.11.2001 - 2 U 6/01 - NVwZ-RR 2002, 813-814.
[1902] OLG Frankfurt v. 02.12.2002 - 24 W 45/02 - OLGR Frankfurt 2003, 53-54.
[1903] OLG Koblenz v. 05.12.2001 - 1 U 901/01 - OLGR Koblenz 2002, 110-111.
[1904] BGH v. 25.03.2004 - III ZR 227/02 - ZfIR 2004, 480-483.

gegen das im Genehmigungsverfahren zu beachtende nachbarrechtliche Gebot der Rücksichtnahme verstoßen hat, liegt eine Amtspflichtverletzung vor, die einen Schadensersatzanspruch des Geschädigten begründet;[1905] erforderlich ist allerdings ein schutzwürdiges Vertrauen des Bauherrn auf den Bestand der Baugenehmigung.[1906]

373 Die Mitarbeiter einer kreisfreien Stadt haben den Inhaber einer Baugenehmigung für ein im einem potentiellen Planungsgebiet gelegenen Grundstück auf den drohenden Eintritt einer Veränderungssperre gemäß § 9a Abs. 3 Satz 4. i.V.m. Abs. 1 FStrG hinzuweisen, wenn die Stadt nach § 9a Abs. 3 Satz 2 FStrG gehört wird und mit der Baumaßnahme noch nicht begonnen worden ist. Es entspricht insoweit einer gefestigten Rechtsprechung des BGH, dass besondere tatsächliche Lagen zusätzliche Pflichten für den Beamten schaffen können und er insbesondere nicht **sehendes Auges** zulassen darf, dass der Bürger Schaden erleidet, dem er, der Beamte, durch einen kurzen Hinweis, eine Belehrung mit wenigen Worten oder eine entsprechende Aufklärung über die Sach- und Rechtslage zu vermeiden in der Lage ist.[1907] Die Rechtsprechung hat allerdings betont, dass keine Verpflichtung der Bauaufsichtsbehörde besteht, den Antragsteller anlässlich einer Bauvoranfrage und den beigefügten Bauvorlagen darauf **hinzuweisen**, dass noch weitere Genehmigungsverfahren erforderlich sind.[1908] Ebenso wenig besteht eine Pflicht, den Antragsteller eines Baugesuches bzw. eines Tekturantrages auf das nachbarrechtliche Zustimmungserfordernis hinzuweisen.[1909] Grundsätzlich kommt eine Haftung der Baugenehmigungsbehörde wegen rechtswidrig erteilter Baugenehmigung aufgrund fehlender Standsicherheit eines Gebäudes auch gegenüber Dritten – nicht am Baugenehmigungsverfahren beteiligten Personen – dann in Betracht, wenn Schutz und Leben dieser dritten Personen oder deren Sachgüter durch das staatlich fehlerhafte Bauwerk beeinträchtigt werden. Allerdings ist der von der Baugenehmigungsbehörde hinzugezogene Prüfingenieur in der Regel nicht verpflichtet, zusätzlich zur Überprüfung der eingereichten Statikerunterlagen eine eigene Überprüfung der Bausubstanz des Gebäudes vorzunehmen.[1910]

374 Weiterhin verletzen die Mitarbeiter einer Baugenehmigungsbehörde schuldhaft ihre Amtspflichten, wenn sie die Erteilung eines positiven Vorbescheides über Gebühr hinauszögern, um die Änderung des Bebauungsplanes zu ermöglichen, welche die Unzulässigkeit der beantragten Grundstücksnutzung zur Folge hat; dass die Gemeinde eine Veränderungssperre hätte erlassen können, ist insoweit unerheblich.[1911] Unzureichend ist allerdings ein Planaufstellungsbeschluss für den Bebauungsplan; dieser begründet noch kein Baurecht nach § 32 BauGB.[1912]

375 Verweigert eine Gemeinde unberechtigt und schuldhaft die gemeindliche Einvernehmung für eine Baumaßnahme, so haftet sie dem **Bauträger** für den durch die hierdurch bedingte Verzögerung entstandenen Vermögensschaden. Auf rechtmäßiges Alternativverhalten kann sich die Gemeinde in diesem Fall nicht berufen.[1913] Der BGH hat betont, dass der Schadensersatzanspruch im Falle einer zu Unrecht abgelehnten Baugenehmigung grundsätzlich auf Ausgleich aller Nachteile gerichtet ist, die bei pflichtgemäßem Handeln der Behörde vermieden worden wären. Allerdings muss insoweit ein Bezug zur baulichen Nutzbarkeit des Grundstücks bestehen.[1914] Ist ein aufgrund einer **rechtswidrig erteilten Baugenehmigung** entstandener Schaden wegen jahrelanger und weiter andauernder Nutzung der Baulichkeit nicht mit den Investitionskosten gleichzusetzen und daher noch nicht bezifferbar, ist eine Feststellungsklage auch dann, wenn sich der Anspruch im Hinblick auf einzelne Schadenspositionen teilweise beziffern lässt, ohne weiteres zulässig.[1915] Die Amtspflicht der Baugenehmigungsbehörde, den Eigentümer durch **Brandschutzauflage**n vor Feuerschäden zu schützen, besteht nicht im Interesse des Eigentümers (und späteren Erwerbers), vor Aufwendungen verschont zu bleiben, die erforderlich werden, um eine nachträgliche bauliche Auflage nach öffentlichem Recht zu erfüllen, die schon im Rah-

---

[1905] OLG Saarbrücken v. 19.07.2005 - 4 U 122/04 - OLGR Saarbrücken 2005, 770-774.
[1906] Ausführlich hierzu *Rohlfing*, BauR 2004, 1873-1882.
[1907] BGH v. 09.10.2003 - III ZR 414/02 - NVwZ 2004, 638 sowie v. 03.03.2005 - III ZR 186/04 - BauR 2005, 1443-1449.
[1908] OLD Düsseldorf v. 07.03.2007 - I-18 U 148/06 - BauR 2007, 926.
[1909] OLG München v. 10.08.2006 - 1 U 1588/06.
[1910] OLG Jena v. 09.06.2004 - 4 U 99/04 - LKV 2005, 566-568.
[1911] OLG Hamburg v. 25.02.2005 - 1 U 54/01 - NordÖR 2005, 256-259; OLG München v. 15.03.2006 - 1 U 5488/05.
[1912] OLG München v. 28.04.2006 - 1 U 1706/06.
[1913] OLG Jena v. 30.01.2008 - 4 U 1230/05.
[1914] BGH v. 25.10.2007 - III ZR 62/07 - VersR 2008, 254-255 m. Anm. *Kummer*, jurisPR-BGHZivilR 51/2007, Anm. 1.
[1915] OLG Brandenburg v. 30.01.2007 - 2 U 13/06 - LKV 2007, 573-576.

men der ursprünglichen Baugenehmigung hätte gemacht werden müssen.[1916] Nach Auffassung des BGH ist ein mitwirkendes Verschulden des Bauherrn zu prüfen, der es unterlässt, die Bauaufsichtsbehörde nach Rücknahme einer bestandskräftigen Baugenehmigung auf ihm günstige Stellungnahmen der übergeordneten Behörde hinzuweisen.[1917] Dies gilt insbesondere, wenn der Geschädigte besondere Fachkenntnisse besitzt.[1918]

c. Haftung der Gemeinde für Organe und Ausschüsse

Nach der Rechtsprechung des BGH haftet die Gemeinde für Amtspflichtverletzungen der **Mitglieder des Umlegungsausschusses**,[1919] für Amtspflichtverletzungen der **Mitglieder des Gutachterausschusses**,[1920] sowie für das Verschulden von **Gemeinderatsmitgliedern** bei der Verweigerung des Einvernehmens nach § 36 BauGB[1921]. Wenn indes der **Bürgermeister** privatrechtlich für die Gemeinde in unzulässiger Weise handelt, kommt eine Haftung der Gemeinde nicht in Betracht.[1922] Bei Vertragsverhandlungen ist jedoch eine Haftung nach den Grundsätzen der (öffentlich-rechtlichen) culpa in contrahendo möglich.[1923] Eine Amtspflichtverletzung gegenüber einem Dritten ist zu verneinen, wenn ein Bebauungsplan nichtig ist, weil er entgegen dem (damaligen) § 8 Abs. 2 BBauG nicht aus einem Flächennutzungsplan entwickelt worden ist. Ein allgemeiner Anspruch auf Entschädigung für Aufwendungen, die im Vertrauen auf den Bestand eines (nichtigen) Bebauungsplanes gemacht worden sind, ist nicht gegeben.[1924] Verpflichtet sich eine Gemeinde, die für die Erschließung eines (verkauften gemeindeeigenen) Grundstücks notwendigen Voraussetzungen zur Verwirklichung eines Bauvorhabens zu erbringen und verlangt sie alsdann von dem Vertragspartner Leistungen, die nach dem Inhalt des Vertrages nicht geschuldet sind (wie z.B. Finanzierungsnachweis und Vermietungsauslastung) und macht sie davon die Fortsetzung ihrer Bauleitung abhängig, kann sie gegen ihre Amtspflicht zu konsequentem Handel verstoßen und sich dadurch schadensersatzpflichtig machen.[1925] Die Verzögerung der Erteilung einer Baugenehmigung wegen einer vom Stadtrat beschlossenen Veränderungssperre für einen formnichtigen Bebauungsplan begründet die Amtshaftung der Kommune.[1926]

22. Meldebehörde

Die Pflicht der Meldebehörde einer Gemeinde, Aufenthaltsbescheinigungen, die zum Nachweis der anspruchsbegründenden Voraussetzungen nach dem Bayerischen Entschädigungsgesetz verwendet wurden, richtig und wahrheitsgemäß auszustellen, besteht auch als Amtspflicht gegenüber dem Freistaat Bayern.[1927] Hat indes eine Meldebehörde aufgrund einer Personenverwechselung eine falsche Auskunft erteilt, so ist die Behörde weder nach den §§ 19 Abs. 1, 20 Abs. 2 DSG NW noch nach dem Gesichtspunkt einer Amtspflichtverletzung zum Schadensersatz verpflichtet.[1928] Hat ein Beamter, der gleichzeitig die Meldebehörde einer Stadt leitet, in einer Meldebescheinigung den Betroffenen unrichtigerweise als Jugoslawen bezeichnet, so haftet für diese Amtspflichtverletzung als Anstellungskörperschaft nicht das Land, sondern die Gemeinde, da der Beamte nicht in seiner staatlichen Funktion als Standesbeamter tätig geworden ist, sondern als Leiter der Meldebehörde.[1929] Registrieren Mitarbeiter

---

[1916] OLG München v. 01.06.2006 - 1 U 5467/05.
[1917] BGH v. 11.01.2007 - III ZR 116/06 - NJW 2007, 1063-1064.
[1918] So insbesondere die Vorinstanz OLG Koblenz v. 26.04.2006 - 1 U 749/05 - OLGR Koblenz 2006, 769-771.
[1919] BGH v. 27.04.1981 - III ZR 71/79 - LM Nr. 2 zu § 76 BBauG; BGH v. 22.05.2003 - III ZR 32/02 - NJW-RR 2003, 1004-1005.
[1920] BGH v. 01.02.2001 - III ZR 193/99 - BGHZ 146, 365-372; BGH v. 06.02.2003 - III ZR 44/02; OLG Naumburg v. 22.01.2004 - 4 U 133/03 - OLGR Naumburg 2004, 316-317.
[1921] BGH v. 29.10.1987 - III ZR 251/86 - BGHR BGB § 839 Abs. 1 S. 1 Verschulden 6; OLG München v. 01.03.2001 - 1 U 2965/00 - OLGR München 2001, 355-359; OLG Celle v. 04.09.2001 - 16 U 3/01 - OLGR Celle 2001, 347-348.
[1922] BGH v. 16.03.2000 - III ZR 179/99 - LM BGB § 826 (B) Nr. 15 (1/2001); BGH v. 10.05.2001 - III ZR 111/99 - BGHZ 147, 381-393.
[1923] BGH v. 07.02.1980 - III ZR 23/78 - BGHZ 76, 343-351; OLG Naumburg v. 27.11.2008 - 1 U 43/08 - OLGR Naumburg 2009, 410-414.
[1924] BGH v. 24.06.1982 - III ZR 169/80 - BGHZ 84, 292-303.
[1925] OLG Stuttgart v. 24.11.2004 - 4 U 73/04 - BauR 2005, 160.
[1926] BGH v. 30.11.2006 - III ZR 352/04 - NVwZ 2007, 458-460; OLG Düsseldorf v. 21.05.2008 - I-18 U 139/07.
[1927] BGH v. 25.04.1960 - 3 ZR 65/57 - MDR 1960, 827.
[1928] LG Aachen v. 19.09.1990 - 4 O 58/90 - NVwZ-RR 1991, 328.
[1929] OLG Hamm v. 11.10.1996 - 11 U 173/95 - NVwZ-RR 1997, 508-510.

der Meldebehörde aufgrund eines entsprechenden polizeilichen Hinweises eine Person fälschlich als „unbekannt verzogen" und löschen demzufolge den Wohnsitz im Melderegister, so liegt darin keine schuldhafte Amtspflichtverletzung, da die Bediensteten nicht verpflichtet sind, sich durch eigene Nachprüfung darüber zu vergewissern, ob die mitgeteilte Tatsache der Wirklichkeit entspricht.[1930] Melderegisterauskünfte sind nach dem Stand der Erkenntnismöglichkeiten des Auskunfterteilenden sachgerecht, d.h. richtig, klar, unmissverständlich und vollständig zu geben, so dass der Auskunftsempfänger entsprechend disponieren kann.[1931]

23. Naturschutzbehörde

378 Den Beamten der Naturschutzbehörde obliegt die Amtspflicht, den einzelnen Verkehrsteilnehmer vor Gefahren, die von einem eingetragenen Naturdenkmal ausgehen, zu sichern. Hierzu gehört auch die Überwachung einer **Allee alter Bäume**.[1932] Untersagt das städtische Umweltamt einem Grundstückseigentümer das Fällen eines Baumes, obwohl dessen mangelhafte Statik eine Beseitigung des Baumes erfordert, verletzt es seine Amtspflicht, die auch gegenüber einen dritten PKW-Benutzer besteht.[1933] Zu den zumutbaren Maßnahmen gehört auch eine regelmäßige Beobachtung der Straßenbäume, die sich im Allgemeinen auf eine Sichtprüfung beschränken kann.[1934] Hierbei ist zu berücksichtigen, dass bei einem Naturdenkmal die Einwirkungsmöglichkeiten des Eigentümers nur begrenzt sind. Der Eigentümer ist lediglich verpflichtet, das Naturdenkmal auf seine Gefährlichkeit hin zu beobachten und, wenn Anlass zur Besorgnis besteht, bei der Unteren Naturschutzbehörde vorstellig zu werden.[1935]

24. Öffentlich-rechtliche Kammern (Architektenkammer, Ärztekammer, Landwirtschaftskammer, Notarkammer, Rechtsanwaltskammer)

379 Nach der Rechtsprechung des BGH besteht ein Amtshaftungsanspruch bei pflichtwidriger Nichteintragung eines Bewerbers in die **Architektenliste** der Architektenkammer. Der Amtshaftungsanspruch wurde trotz fehlender beamtenrechtlicher Dienstherrnfähigkeit der Kammer bejaht.[1936] Grundsätzlich besteht eine Schadensersatzpflicht der Architektenkammer bei verzögerlicher Eintragung eines Antragstellers in die bei der Architektenkammer geführte Architektenliste.[1937]

380 Die Heranziehung von Kassenärzten und Nichtkassenärzten zum Notdienst im Rahmen eines gemeinsamen Notdienstplanes von **Ärztekammer** und **Kassenärztlicher Vereinigung** stellt keine Amtspflichtverletzung gegenüber einem Kassenarzt dar. Amtspflichten der willensbildenden Organe der Kassenärztlichen Vereinigung gegenüber ihren Mitgliedern bestehen allerdings insoweit, als die Träger der Rechtsetzung gehalten sind, sich im Rahmen ihrer Zuständigkeit zu halten und nicht durch Akte autonomer Rechtsetzung Rechte und Interessen ihrer Mitglieder zu beeinträchtigen.[1938] Die fehlerhafte Abrechnung des einem Arzt zustehenden Honorars durch die Kassenärztliche Vereinigung kann einen Amtshaftungsanspruch begründen.[1939] Die **berufsrechtliche** Überwachung durch die Ärztekammer dient regelmäßig nicht der Wahrung **individueller Belange**, sondern dem Interesse der Allgemeinheit und der Aufrechterhaltung einer geordneten ärztlichen Versorgung.[1940] Ebenso wenig besteht gegenüber der Ärztekammer ein Amtshaftungsanspruch, wenn diese ihre Pflicht, ihre Mitglieder zur Einhaltung der Berufspflichten (hier: Abschluss einer Berufshaftpflichtversicherung) anzuhalten, verletzt hat.[1941] Die Ärztekammer haftet insoweit auch für das Abstimmungsverhalten der von ihr bestellten Mitglieder der Zulassungsgremien (Zulassungsausschuss, Berufungsausschuss). Der Antrag auf Zulassung als Vertragsarzt kann nicht mit der Begründung abgelehnt werden, die Entfernung zwischen

---

[1930] OLG Köln v. 04.02.1999 - 7 U 160/98 - MDR 2000, 766-767.
[1931] OLG Hamm v. 08.07.2009 - 11 U 9/09.
[1932] BGH v. 21.12.1961 - III ZR 192/60 - LM Nr. 3 zu RNatSchG.
[1933] OLG Hamm v. 08.01.1993 - 9 U 100/92 - OLGR Hamm 1993, 195-196.
[1934] OLG Köln v. 11.06.1992 - 7 U 44/92 - MDR 1992, 1128.
[1935] OLG Celle v. 22.05.1957 - 3 U 57/56 - NJW 1957, 1637; OLG Frankfurt v. 30.03.1989 - 1 U 81/88 - NJW 1989, 2824-2825.
[1936] BGH v. 31.01.1991 - III ZR 184/89 - LM Nr. 169 zu GrundG Art. 34.
[1937] OLG Hamm v. 05.03.2009 - I-4 U 156/08 u.a. - WRP 2009, 870-873.
[1938] BGH v. 25.01.1990 - III ZR 283/88 - BGHR BGB § 839 Abs. 1 S. 1 Dritter 24.
[1939] BGH v. 22.09.2011 - III ZR 217/10 - GesR 2012, 79-80.
[1940] LG Düsseldorf v. 31.05.2002 - 2b O 265/01 - MedR 2003, 418-420.
[1941] KG Berlin v. 06.09.2002 - 9 W 8/02 - KGR Berlin 2003, 8-9; LG Dortmund v. 13.08.2004 - 8 O 428/03 - GesR 2005, 72-73.

Wohnort und Praxis sei zu groß, so dass eine ordnungsgemäße Versorgung der Patienten nicht gewährleistet sei, wenn der Fahrweg zwischen Wohnung und Praxis in (nur) ca. 30 Minuten zurückgelegt werden kann.[1942]

Zu den Pflichtaufgaben einer Landwirtschaftskammer gehört es, die landwirtschaftliche Erzeugung durch geeignete Einrichtungen und Maßnahmen zu fördern und die Produktivität zu steigern sowie Wirtschaftsberatung und Wirtschaftsbetreuung durchzuführen. Die Landwirtschaftskammer hat eine Betreuungspflicht gegenüber einem Wasser- und Bodenverband, der eine Firma mit Tiefpflügarbeiten beauftragt. Die der Zulassungsstelle bei der Anerkennung von Saatgut obliegende Prüfungs- und Überwachungspflichten schützen nicht die Vermögensinteressen einzelner Saatgut erzeugender oder verarbeitender Landwirtschafts- oder Gärtnereibetriebe.[1943] Der von der Landwirtschaftskammer durch konkludente Übertragung mit der Durchführung von Milchleistungsprüfungen beauftragte Landeskontrollverband wird als beliehener Unternehmer tätig; Amtshaftungsansprüche wegen Pflichtverletzung des Verbandes kommen daher nicht in Betracht.[1944] Eine Landwirtschaftskammer verletzt ihre Pflicht zur Beratung ihrer Mitglieder nicht, wenn der Landwirt es schuldhaft unterlassen hat, die für eine Bewilligung erforderlichen prüffähigen Belege vorzulegen, die die Landwirtschaftskammer überhaupt erst in den Stand versetzt hätten, die Antragsvoraussetzungen zu prüfen.[1945]

381

Die Rechtsprechung hat sich auch mit der Frage beschäftigen müssen, inwieweit eine Amtshaftung der Notarkammer gegenüber dem durch einen ungetreuen Notar Geschädigten besteht, wenn ein mit der Notarprüfung beauftragter Richter Mängel in der Amtsführung des Notars festgestellt hat, die Anlass für eine (vorläufige) Amtsenthebung des Notars geben. Für den durch einen ungetreuen Notar Geschädigten stellt die von der Notarkammer abgeschlossene Vertrauensschadensversicherung im Verhältnis zur haftenden Aufsichtsbehörde eine anderweitige Ersatzmöglichkeit i.S.d. § 839 Abs. 1 Satz 2 BGB dar.[1946]

382

Mit den Sorgfaltspflichten des Vorstandes einer Rechtsanwaltskammer bei der Erstattung eines ablehnenden Gutachtens für die Landesjustizverwaltung beim Gesuch auf **Zulassung zur Rechtsanwaltschaft** hat sich das KG Berlin beschäftigt. Hierbei wurde dem Vorstand der Rechtsanwaltskammer auferlegt, unter Auswertung aller dem Vorstand der Rechtsanwaltskammer bekannter Tatsachen über den Zulassungsbewerber diesen auch daraufhin zu überprüfen, ob der Sachverhalt bei der gebotenen Gesamtabwägung aller Umstände das in § 7 Nr. 5 BRAO mit einem unbestimmten Rechtsbegriff umschriebene Urteil des Zulassungsbegehrens rechtfertige, dieser sei **unwürdig**, den Beruf des Rechtsanwalts auszuüben.[1947] Eine Rechtsanwaltskammer, die nicht erkennt, dass der Bescheid, mit dem sie einem Rechtsanwalt aufgibt, ein nervenfachärztliches Gutachten vorzulegen, möglicherweise nicht den Bestimmtheitsanforderungen des § 8a Abs. 1 Satz 1 BRAO genügt,[1948] handelt nicht schuldhaft. Für das Verhalten eines gemäß § 53 Abs. 5 BRAO als Amtsvertreter für den Rechtsanwalt bestellten Kollegen hat die Rechtsanwaltskammer nicht einzustehen. Der Vertreter wird in eigener Verantwortung, jedoch im Interesse, für Rechnung und auf Kosten des Vertretenden tätig (§ 53 Abs. 9 Satz 1 BRAO).[1949] Hat die Rechtsanwaltskammer über den Antrag eines Rechtsanwalts auf Verleihung einer Fachanwaltsbezeichnung ohne zureichenden Grund nicht innerhalb von 3 Monaten entschieden, so steht dem Anwalt wegen Vorliegens einer Amtspflichtverletzung ein Anspruch auf Ersatz des dadurch entstandenen materiellen Schadens zu.[1950]

383

25. Ordnungsbehörde

Der BGH hat sich beschäftigt mit der Amtshaftung, wenn die Ordnungsbehörde nach dem Brand eines Hauses die sofortige Niederlegung der Brandruine durch einen privaten Abbruchunternehmer veranlasst und dabei ein zusätzlicher, von der Feuerversicherung nicht gedeckter Schaden entsteht. Die Ordnungsbehörde trifft ein Auswahl- und Überwachungsverschulden hinsichtlich der unsachgemäßen

384

[1942] BGH, v. 10.02.2011 - III ZR 37/10 - NVwZ 2011, 2586-2590 m. Anm. *Neumann*, NJW 2011, 2590-2591.
[1943] BGH v. 09.06.1994 - III ZR 126/93 - NVwZ 1994, 1237-1239.
[1944] OLG Köln v. 05.10.1989 - 7 U 50/89 - RdL 1990, 185-187.
[1945] OLG Köln v. 23.11.2000 - 7 U 19/00 - OLGR Köln 2001, 200-202.
[1946] BGH v. 15.05.1997 - III ZR 204/96 - NJW 1998, 142-145.
[1947] KG Berlin v. 26.11.1985 - 9 U 4822/84 - BRAK-Mitt 1986, 111.
[1948] OLG München v. 07.12.2005 - 1 U 4545/05.
[1949] OLG München v. 07.12.2005 - 1 U 4545/05.
[1950] LG Köln v. 09.08.2011 - 5 O 69/11 - NJW 2011, 3380-3381.

§ 839

Ausführungen des einem privaten Abbruchunternehmen erteilten Auftrags.[1951] Soweit die Erteilung einer Erlaubnis im Gaststättengewerbe beantragt wurde und demzufolge ein Führungszeugnis des Pächters vorzulegen ist, dient die im Rahmen der Erlaubniserteilung anzustellende **Zuverlässigkeitsprüfung** nicht dem Schutz des Verpächters einer Gastwirtschaft vor dem wirtschaftlichen Verlust, den er durch vertragswidriges Verhalten des Pächters erleidet. Es ist nicht Aufgabe der Zuverlässigkeitsprüfung, dem Verpächter das Erfüllungsrisiko abzunehmen. Insoweit ist er nicht **Dritter** im Sinne des § 839 Abs. 1 BGB.[1952] Eine Gemeinde haftet für die Amtspflichtverletzung ihrer Beamten des Ordnungsamtes, die es nach der Besichtigung eines privaten Zoos auf dem Gemeindegebiet unterlassen haben, sich von der Beseitigung des gefährlichen Zustandes eines Löwenkäfigs zu vergewissern, was zur Folge hatte, dass ein Besucher durch den Löwen schwer verletzt wurde.[1953] Sofern das Ordnungsamt einen Pkw mit gültigem amtlichen Kennzeichen in beschädigtem bzw. vielleicht verkehrsunsicherem, offensichtlich aber nicht völlig wertlosem Zustand, der mehrere Monate auf öffentlicher Straße abgestellt war, ohne dass eine gegenwärtige erhebliche Gefahr für die Umwelt davon ausging, abschleppen und verschrotten lässt, so begeht sie eine schuldhafte Amtspflichtverletzung. Befand sich an dem Fahrzeug kein amtliches Kennzeichen, so darf es erst dann abgeschleppt und verschrottet werden, wenn an dem Fahrzeug eine deutlich sichtbare Aufforderung (zur Beseitigung innerhalb eines Monats) angebracht wurde.[1954] Wird ein verbotswidriges auf einem Behindertenparkplatz abgestelltes Fahrzeug abgeschleppt und hierbei während der Abschleppmaßnahme durch einen privaten Abschleppunternehmer beschädigt, so haftet hierfür der die Abschleppmaßnahme anordnende Hoheitsträger nach Amtshaftungsgrundsätzen.[1955] Zieht die Ordnungsbehörde im Rahmen der sofortigen Unterbringung eines Betroffenen nach § 15 PSchKG Rheinland-Pfalz einen Arzt hinzu, dient dies der Erfüllung der ihr übertragenen Aufgabe. Ein pflichtwidriges Handeln des Arztes ist somit der Behörde bzw. ihrem Träger zuzurechnen.[1956] Ist einer Gemeinde bekannt, dass ein Schwan in einem öffentlich zugängigen Stadtpark ungewöhnlich häufig ohne konkreten Grund Passanten angreift, muss sie auf diese Gefahr hinweisen.[1957] Bei der Erteilung und Rücknahme eines Bauvorbescheides und einer Baugenehmigung ist der Bauherr geschützter Dritter im Sinne des § 839 BGB.[1958]

385 Grundsätzlich kommt die Amtshaftung wegen rechtswidriger Ausweisung und Abschiebung eines **EU-Bürgers** in Betracht. Zu berücksichtigen sind allerdings auch noch die Sorgfaltspflichten des Verfahrensbevollmächtigten eines auf der Grundlage einer sofort vollziehbaren Ausweisungsverfügung in Abschiebehaft genommenen EU-Angehörigen, durch geeignete Rechtsbehelfe der Abschiebung entgegenzuwirken.[1959] Die Ordnungsbehörde (Ausländerbehörde) haftet wegen schuldhafter Amtspflichtverletzung, wenn sie die Abschiebehaft aufrechterhält, obwohl sie erkennen kann, dass die Abschiebung undurchführbar ist.[1960] Bei rechtswidriger Anwendung von EU-Recht durch eine amtspflichtwidrige Untersagung des Gebrauchmachens von einer tschechischen Fahrerlaubnis in Deutschland besteht ebenfalls ein Schadensersatzanspruch.[1961]

386 Die behördliche Untersagung der Vermittlung und Bewerbung privater Sportwetten rechtfertig keinen Amtshaftungsanspruch gem. § 839 BGB i.V.m. Art. 34 GG; wegen der komplizierten europäischen Rechtslage kann selbst im Falle eines Obsiegens im verwaltungsgerichtlichen Verfahren nicht von einer schuldhaften Amtspflichtverletzung ausgegangen werden.[1962] Die Gerichte in Nordrhein-Westfalen betonen weiterhin, dass auch ein verschuldensunabhängiger Entschädigungsanspruch aus § 39 Abs. 1 b OBG NRW nicht vorliege, weil die Regelung Fälle, in denen die Maßnahmen einer Behörde auf legislativem Unrecht beruhen, gar nicht erfasst.[1963]

[1951] BGH v. 12.11.1992 - III ZR 185/91 - LM BGB § 839 (B) Nr. 44 (8/1993).
[1952] BGH v. 21.05.1981 - III ZR 167/79 - LM Nr. 44 zu § 839 (Cb) BGB.
[1953] OLG Schleswig v. 03.12.1987 - 11 U 310/85 - VersR 1989, 849-850.
[1954] OLG Naumburg v. 08.07.1994 - 6 U 60/94 - NJW-RR 1995, 919-920.
[1955] OLG Jena v. 06.04.2005 - 4 U 965/04 - OLGR Jena 2005, 447-449.
[1956] OLG Koblenz v. 05.11.2003 - 1 U 611/03 - OLGR Koblenz 2004, 226-227.
[1957] LG Stuttgart v. 02.11.2004 - 15 O 358/04 - NVwZ-RR 2005, 363-364.
[1958] BGH v. 25.11.1968 - III ZR 73/67; OLG Düsseldorf v. 24.05.1993 - 18 U 4/93 - VersR 1994, 1065-1066.
[1959] BGH v. 12.12.2002 - III ZR 182/01 - DVBl 2003, 460-463.
[1960] OLG Oldenburg v. 12.01.2004 - 6 W 112/03 - InfAuslR 2004, 216-217.
[1961] OLG München v. 12.07.2007 - 1 U 2042/07 - OLGR München 2007, 976-978.
[1962] OLG Braunschweig v. 05.05.2011 - 3 W 24/11 sowie LG Hannover v. 25.11.2010 - 14 O 57/10; LG Bochum v. 09.09.2011 - I - 5 O 5/11 u.a.; LG Köln v. 27.09.2011 - 5 O 385/10.
[1963] LG Bochum v. 09.09.2011 - I-5 O 5/11; LG Köln v. 27.09.2011 - 5 O 385/10.

26. Polizei

a. Allgemeine Amtspflichten

Der BGH hat betont, dass eine Amtspflicht der Polizei zum Einschreiten nicht nur gegenüber der Allgemeinheit besteht, sondern gegenüber jedem, dessen Rechtskreis durch eine Verletzung dieser Pflicht gefährdet ist.[1964] Die Polizei darf ihre der **Gefahrenabwehr** dienenden Maßnahmen nicht ohne Rücksicht auf deren – erkennbare – Folgen für unbeteiligte Dritte treffen.[1965] Die Maßnahme ist so einzurichten, dass die sich daraus für dritte Personen möglicherweise ergebenden Nachteile möglichst gering bleiben; ggf. hat die Polizei von der beabsichtigten Maßnahme abzusehen.[1966] Die Polizeibeamten eines Sonderkommandos handeln pflichtwidrig, wenn sie versuchen, in eine Wohnung einzudringen, ohne sich darüber zu vergewissern, ob die Zielperson sich tatsächlich in dieser Wohnung befindet.[1967] Nach der Rechtsprechung stellt es eine Straftat und damit eine Amtspflichtverletzung i.S.d. Art. 34 GG dar, wenn Polizeibeamte zur Erlangung von Angaben eines Beschuldigten diesem mit der Zufügung erheblicher Schmerzen drohen, auch wenn dies das Auffinden eines entführten Kindes bezweckt.[1968] Die Entscheidung darüber, ob eine Gefahr als Voraussetzung für ein polizeiliches Einschreiten bevorsteht, ist eine im Zivilprozess nachprüfbare Rechtsfrage. Grundsätzlich muss die Gefahr objektiv vorhanden sein.[1969] Bei Festnahme eines fahruntüchtigen Kraftfahrers durch die Polizei hat diese dafür Sorge zu tragen, dass das Kraftfahrzeug gesichert wird.[1970] Die Polizei darf einen Führerschein beschlagnahmen, wenn hinreichender Verdacht besteht, dass der in einen Unfall verwickelte Fahrer infolge Alkoholgenusses zur sicheren Führung des Fahrzeuges nicht mehr in der Lage ist und im Strafverfahren mit Entziehung der Fahrerlaubnis zu rechnen ist. Sie darf bis zur Durchführung der Blutalkoholuntersuchung jedenfalls dann weitere Ermittlungen nicht ablehnen, wenn zu besorgen ist, dass durch die Beschlagnahme des Führerscheins im Einzelfall besondere Nachteile entstehen können.[1971] Eine auf Antrag der Polizei vom Amtsgericht getroffene Anordnung über den Einsatz verdeckter technischer Mittel zur Datenerhebung in oder aus Wohnungen, die vom Betroffenen nicht mit der Beschwerde angegriffen wurde, sondern (formell) rechtmäßig geworden ist, kann im Amtshaftungsprozess auf ihre Richtigkeit überprüft werden.[1972] Die Polizeibeamten haben bei der Anwendung des unmittelbaren Zwanges den Grundsatz der Verhältnismäßigkeit zu beachten.[1973] Wenn bei einem lediglich vagen Verdacht ein Personenzugriff von SEK-Beamten erfolgt, kann die Amtspflicht zur fehlerfreien Ermessensausübung verletzt sein.[1974]

Zu den Amtspflichten eines Polizeibeamten gehört selbstverständlich, Mitteilung über Straftaten entgegenzunehmen und diese Mitteilung in geeigneter Weise festzuhalten, in aller Regel schriftlich zu fixieren. Dabei obliegt dem angegangenen Beamten diese Ermittlungs- und Sicherungspflicht auch im Interesse des durch die fragliche Straftat geschädigten Bürgers.[1975] Polizeiliche Ermittlungen unterliegen selbstverständlich der **beamtenrechtlichen Geheimhaltungspflicht**. Demzufolge darf die Polizei den Leiter einer Dienststelle, gegen dessen Mitarbeiter ermittelt wird, nicht über das Ermittlungsverfahren unterrichten.[1976] Weiterhin ist das Verhalten unfallaufnehmender Polizeibeamten amtspflichtwidrig, wenn die hierbei getätigte Anfertigung von Filmaufnahmen ohne wirksame Einwilligung des Gefilmten veröffentlicht wird; insoweit liegt eine schuldhafte Verletzung des allgemeinen Persönlich-

---

[1964] BGH v. 30.04.1953 - III ZR 204/52 - LM Nr. 5 zu § 839 (Fg) BGB.
[1965] Vgl. zum Eindringen eines Polizeibeamten zur Nachtzeit in einer Arztpraxis und Ausschalten des Kernspintomographen OLG München v. 21.11.2002 - 1 U 5247/01 - OLGR München 2004, 249-251.
[1966] BGH v. 01.02.1954 - III ZR 299/52 - BGHZ 12, 206-213.
[1967] LG Wuppertal v. 10.03.2011 - 16 O 151/07.
[1968] OLG Hamm v. 28.04.2008 - 1 W 47/06.
[1969] BGH v. 07.10.1954 - III ZR 197/53 - LM Nr. 5 zu § 14 PreußPVG; LG Itzehoe v. 19.11.2009 - 4 O 40/09 - unter Bezugnahme auf *Drefs/Backe/Vogel/Martens*, Gefahrenabwehr, 9. Aufl. § 13, 2 S. 226.
[1970] BGH v. 19.05.1958 - III ZR 23/57 - LM Nr. 12 zu § 839 (B) BGB; OLG München v. 03.12.2008 - 1 U 4646/08; vgl. zu den Grenzen der Verpflichtung der Polizei OLG München v. 16.12.1998 - 1 W 2952/98 - OLGR München 1999, 217.
[1971] BGH v. 27.10.1960 - III ZR 149/59 - NJW 1961, 264-266.
[1972] BGH v. 23.10.2003 - III ZR 9/03 - NJW 2003, 3693-3698; vgl. hierzu *Gusy*, JZ 2004, 459-460.
[1973] OLG Hamm v. 27.05.2009 - 11 U 175/07.
[1974] OLG Köln v. 30.10.2008 - 7 U 53/08.
[1975] OLG Düsseldorf v. 04.07.1991 - 18 U 33/91 - OLGR Düsseldorf 1991, Nr. 2, 9.
[1976] BGH v. 16.01.1961 - III ZR 210/59 - BGHZ 34, 184-188.

§ 839

keitsrechtes vor.[1977] Weiterhin hat ein Polizeibeamter sorgfältig mit seiner Dienstwaffe umzugehen. Für Schäden aus einer unsorgfältigen Verwahrung oder einem unsorgfältigen Umgang haftet nicht der Beamte persönlich, sondern der Dienstherr.[1978] Verschafft sich allerdings ein unbefugter Dritter den Besitz an der Dienstwaffe eines Polizeibeamten, so lässt dies allein nicht auf unachtsames oder gar leichtfertiges Verhalten des Beamten schließen.[1979] Vorschriften in einem ministeriellen **Leitfaden** über die Eigensicherung von Polizeibeamten beim Gefangenentransport dienen dem Schutz der Beamten von Übergriffen der zu transportierenden Person und beinhalten keine Amtspflichten bzw. Schutzpflichten zu deren Gunsten. Der Leitfaden ist jedenfalls nicht dazu geschaffen, um im Falle einer strafbaren Handlung den Täter davor zu bewahren, dass er bei einem von ihm durchgeführten rechtswidrigen Angriff auf Polizeibeamte durch Verteidigungsmaßnahmen der Beamten verletzt wird.[1980] Eine innerdienstliche Weisung des Innenministeriums über die Aufgaben der Polizei bei Straßenverkehrsunfällen bewirkt keine drittschützende Amtspflicht der Polizei.[1981]

389 Hingegen liegt eine Amtspflichtverletzung in Form des Ermessensfehlgebrauches vor, wenn Polizeibeamte einen geistig behinderten Jugendlichen aus einem Pkw herausziehen und in Polizeigewahrsam nehmen, obwohl sie nach Kontaktaufnahme mit dem Jugendlichen aufgrund der nur sehr eingeschränkt möglichen Verständigung hätten erkennen können und müssen, dass es sich um eine geistig behinderte Person handelte, von der keine ernsthafte, objektive Gefahr ausging.[1982] Eine behördlich veranlasste Freiheitsbeschränkung durch den unfreiwilligen eineinhalbstündigen Aufenthalt auf einer Polizeiwache durch Mitnahme und dortiges Festhalten zum Zwecke der Personalienfeststellung und Durchführung einer Alkoholüberprüfung lässt keine **seelischen Unlustgefühle** (nach Auffassung der Rechtsprechung) aufkommen; es handele sich vielmehr um eine Bagatellbeeinträchtigung, die nicht zu einem Schmerzensgeldanspruch führe.[1983] Ein Schadensersatzanspruch wegen Amtspflichtverletzung wurde verneint bei der Verletzung eines Pferdes während der polizeilichen Durchsuchung der Pferdeweide.[1984] Für Schäden, die dadurch entstehen, dass ein Polizeibeamter im Rahmen der gemeinsamen Dienstausübung durch seinen Vorgesetzten systematisch fortgesetzt schikaniert und beleidigt wird (so genanntes Mobbing), haftet der Dienstherr des Schädigers nach Amtshaftungsgrundsätzen.[1985]

390 Es stellt eine Straftat und damit eine Amtspflichtverletzung dar, wenn Polizeibeamte zur Erlangung von Angaben eines Beschuldigten diesem mit der **Zufügung erheblicher Schmerzen** drohen, auch wenn dies das Auffinden eines entführten Kindes bezweckt.[1986] Wenn ein Polizeihund einem Beschuldigten anlässlich seiner Festnahme Bissverletzungen zufügt, besteht ebenfalls eine Schadensersatzpflicht nach Amtshaftungsgesichtspunkten.[1987] Weiterhin hat die Rechtsprechung betont, dass die Eröffnung eines Internetforums durch die Polizei bei einem Kapitalverbrechen, in dem die Öffentlichkeit ihre Meinung zu den Verbrechen und möglichen Tätern äußern kann, amtspflichtwidrig und geeignet sei, dort als Täter bezeichnete Personen in ihrem Persönlichkeitsrecht zu verletzen.[1988] Die Rechtsprechung hat einem Geschädigten ein Schmerzensgeld in Höhe von 12.500 € zugesprochen, der eine **posttraumatische Belastungsstörung** dadurch erlitten hat, dass eine Blutentnahme, die sich als rechtswidrige Schikanemaßnahme darstellt, gegen den deutlich geäußerten Willen des Geschädigten und seine körperliche Gegenwehr unter Einsatz von mehreren Polizeibeamten mit erheblicher körperlicher Gewalt durchgesetzt wird.[1989]

[1977] OLG Hamm v. 19.11.2008 - 11 U 207/07 - AfP 2009, 504-506.
[1978] BGH v. 22.05.1980 - III ZR 101/78 - LM Nr. 42 zu § 839 BGB; BGH v. 25.11.1999 - III ZR 123/99 - LM GrundG Art. 34 Nr. 186 (7/2000).
[1979] OLG München v. 04.11.1999 - 1 U 3845/99 - OLGR München 2000, 258-259.
[1980] OLG Celle v. 08.02.2000 - 16 U 106/99 - NJW-RR 2001, 1033-1036.
[1981] OLG Hamm v. 28.01.2000 - 11 U 163/99 - NZV 2000, 414-415.
[1982] OLG Karlsruhe v. 03.12.1999 - 7 U 113/97 - VBlBW 2000, 329-332.
[1983] OLG Koblenz v. 30.06.1999 - 1 U 1285/96 - NJW 2000, 963.
[1984] LG Verden v. 24.10.2003 - 8 O 175/03 - RdL 2005, 177.
[1985] BGH v. 01.08.2002 - III ZR 277/01 - NJW 2002, 3172-3174; OLG Stuttgart v. 28.07.2003 - 4 U 51/03 - OLGR Stuttgart 2003, 416-420.
[1986] OLG Frankfurt v. 28.02.2007 - 1 W 47/06- NJW 2007, 2494-2499; LG Frankfurt v. 04.08.2011 - 2 - 04 O 521/05 - JR 2012, 36-43; hierzu *Amelung*, JR 2012, 18-20.
[1987] OLG Düsseldorf v. 21.07.1994 - 18 U 25/94 - NJW-RR 1995, 661; OLG München v. 12.12.2006 - 1 W 2901/06.
[1988] OLG Celle v. 19.06.2007 - 16 U 2/07 - CR 2008, 123-124.
[1989] OLG Brandenburg v. 16.12.2010 - 2 U 24/09.

b. Verkehr

Zu den Amtspflichten der Polizei gehört es auch, für die Leichtigkeit des Verkehrs zu sorgen.[1990] Der den Straßenverkehr **von Hand** regelnde Polizeibeamte muss sich stets vergewissern, dass seine Zeichen von allen betroffenen Verkehrsteilnehmern erkannt werden können.[1991] Bei einer Verkehrsregelung auf Kreuzungen durch einen Polizeibeamten bedeutet das Hochheben eines Armes für alle heranfahrenden Verkehrsteilnehmer **vor der Kreuzung warten**; an dieses Zeichen muss sich auch der Fahrer eines Polizeifahrzeuges halten, wenn er nicht Blinklicht und Einsatzhorn eingesetzt hat.[1992] So gehört zur Amtspflicht der Polizeibeamten auch die Verpflichtung, die für die Sicherheit des Straßenverkehrs zuständigen Stellen von der Funktionsstörung einer Lichtzeichenanlage unverzüglich zu unterrichten. Die Grundsätze über den Wegfall des Verweisungsprivilegs im allgemeinen Straßenverkehr und bei der Erfüllung der öffentlich-rechtlichen Straßenverkehrssicherungspflicht sind insoweit nicht anwendbar.[1993] Die regelmäßige Kontrolle der Straßen auf ihre **Verkehrssicherheit** ist zunächst Sache des Verkehrssicherungspflichtigen. Die Polizei ist zu solchen Kontrollen nicht verpflichtet; sie muss jedoch eingreifen, wenn hierzu eine besondere Veranlassung besteht.[1994] Wird eine Ölspur im öffentlichen Straßenraum mit Granulat abgestreut, muss die Polizei die Stelle sichern, bis die notwendigen Warnschilder aufgestellt sind.[1995] Generell gehört es zu den Amtspflichten der zu einem Gefahrenort gerufenen Polizeibeamten, Dritte vor einer für sie den Umständen nach noch nicht ohne weiteres zu erkennenden Gefahr zu warnen. Demzufolge gehört nach einem Verkehrsunfall das Absichern der Unfallstelle zu den Amtspflichten der Polizeibeamten Dritten gegenüber.[1996] Sind bei einem Straßenradrennen an einer Kreuzung zur Regelung des Verkehrs Polizeibeamte eingesetzt, die in der ersten Runde das Rennfeld vor dem an sich bevorrechtigten (Quer-)Verkehr der untergeordneten Straße abschirmen, so können die Rennfahrer erwarten, dass Derartiges auch in späteren Runden geschieht; werden stattdessen die Polizeibeamten während des Radrennens abgezogen, so haftet die Anstellungskörperschaft im Falle eines Unfalls.[1997]

391

Der BGH hat weiterhin judiziert, dass ein nach einem **Verkehrsunfall** herbeigerufener Polizeibeamter seine Amtspflichten dadurch verletzte, dass er wenige Tage nach dem Unfall den ihm von einem Sanitäter übergebenen Zettel mit der Anschrift des Schädigers vernichtete; es sei gemäß § 287 ZPO zu beurteilen, ob bei pflichtgemäßem Verhalten des Polizeibeamten ein Verschulden des Schädigers an dem Unfall hätte festgestellt werden können.[1998] Verlangt der Käufer eines Pkws von einem Polizeibeamten Auskunft darüber, ob das betreffende Fahrzeug als gestohlen gemeldet ist und gibt der Polizeibeamte das Kfz infolge eines Bedienungsfehlers des Fahndungscomputers fälschlicherweise als nicht entwendet aus, so liegt eine schuldhafte Amtspflichtverletzung vor.[1999] Versäumen Polizeibeamte die Sicherung einer Unfallstelle, so haftet die Anstellungskörperschaft nur subsidiär nach anderen Unfallbeteiligten, die vorrangig zur Absicherung verpflichtet sind.[2000] Werden Versammlungsteilnehmer und Mittäter einer versuchten Nötigung (Demonstration anlässlich des Weltwirtschaftsgipfels in München) zwecks Feststellung ihrer Personalien per Polizeibus auf das Polizeipräsidium mitgenommen und dort (in Haftzellen) über die rechtlich notwendige Dauer festgehalten, so liegt bezüglich der nicht notwendigen Festhaltungsdauer eine rechtswidrige Freiheitsentziehung und Amtspflichtverletzung vor. Die Festgehaltenen haben einen Anspruch auf Schmerzensgeld in Höhe von 50,00 DM.[2001] Die Durchführung eines Ermittlungsverfahrens durch Polizei und Staatsanwaltschaft stellt nur dann eine Amtspflichtverletzung gegenüber dem Beschuldigten dar, wenn gegen diesen kein hinreichender Tatverdacht besteht. Dabei kommt es auf die Beurteilung der Rechtslage **ex ante** an, nicht auf das Ergebnis

392

[1990] BGH v. 17.04.1961 - III ZR 30/60 - LM Nr. 25 zu § 839 (Fg) BGB.
[1991] OLG Frankfurt v. 21.10.1993 - 1 U 249/90 - OLGR Frankfurt 1993, 326-327.
[1992] KG Berlin v. 04.11.2002 - 12 U 113/01 - KGR Berlin 2003, 39-40.
[1993] BGH v. 05.04.1984 - III ZR 19/83 - BGHZ 91, 48-55.
[1994] BGH v. 18.10.1956 - III ZR 100/55 - LM Nr. 9 zu § 839 BGB.
[1995] OLG Hamm v. 10.11.1992 - 9 U 17/92 - NZV 1993, 192-193.
[1996] OLG Frankfurt v. 19.09.2003 - 24 U 71/03 - VD 2003, 306-307; wonach sich der geschädigte Kraftfahrzeugführer allenfalls ein Mitverschulden in Höhe von 20 v.H. zurechnen lassen müsse.
[1997] OLG Hamm v. 11.04.2008 - 9 U 156/07 - NJW 2008, 3795-3796.
[1998] BGH v. 29.06.1989 - III ZR 206/88; ebenso OLG Celle v. 11.11.1996 - 16 W 19/96 - NdsRpfl 1997, 44-45.
[1999] OLG Karlsruhe v. 06.11.1986 - 12 U 203/86 - Justiz 1987, 183-184.
[2000] OLG Koblenz v. 01.03.1993 - 12 U 167/92 - NZV 1994, 108.
[2001] OLG München v. 20.06.1996 - 1 U 3098/94 - NJW-RR 1997, 279-282.

der Hauptverhandlung.[2002] Sofern ein unbeteiligter Dritter den Verdacht erweckt, er sei eine wegen einer Straftat verdächtigte Person, so steht ihm aufgrund der daraufhin gegen ihn ergriffenen Maßnahmen kein Schadensersatzanspruch zu, wenn die Polizei in gleicher Weise gegen den tatsächlich Verdächtigten hätte vorgehen können.[2003]

c. Weitere Amtspflichten

393 Eine Amtspflichtverletzung eines Polizeibeamten ist zu bejahen, der als Wachhabender einer Fahrbereitschaft ein dazugehörendes Kraftfahrzeug für eine nicht dienstliche Fahrt benutzt.[2004] Die Vorschrift des § 839 Abs. 1 Satz 2 BGB ist anwendbar, wenn ein **Amtsträger** bei der dienstlichen Teilnahme am allgemeinen Straßenverkehr und der **Inanspruchnahme von Sonderrechten der** § 35 Abs. 1 StVO schuldhaft einen Verkehrsunfall verursacht.[2005] Das Sonderrecht eines Polizeifahrzeuges mit dem Gebot, dass alle übrigen Verkehrsteilnehmer sofort freie Bahn zu schaffen haben (§§ 35, 38 StVO), darf der Fahrer eines Polizeifahrzeuges nur in Anspruch nehmen, wenn er beide Sondersignale, also Blaulicht und Martinshorn, in Betrieb gesetzt hat.[2006] Mit der Frage der Haftungsverteilung beim Zusammenstoß eines Pkws mit einem Polizeifahrzeug, wenn der Fahrer des Pkws zwar bei Grün, jedoch mit überhöhter Geschwindigkeit und der Fahrer des Polizeifahrzeuges bei Rot, jedoch mit eingeschaltetem Blaulicht, ohne Einsatzhorn in den Kreuzungsbereich eingefahren sind, hat sich das OLG Naumburg beschäftigt.[2007] Fährt ein Polizeifahrzeug während eines Einsatzes mit eingeschaltetem Blaulicht und Martinshorn während einer späten Rotphase mit einer Geschwindigkeit von 70 km/h in einen Einmündungsbereich (bzw. eine Kreuzung) ein, ohne dass sich dessen Fahrer zuvor davon vergewissert hat (oder angesichts der hohen Geschwindigkeit überhaupt vergewissern kann), ob ein Verkehrsteilnehmer, für den die Grünphase begonnen hat, dies wahrgenommen hat, ist dieses Verhalten als besonders leichtfertig zu bewerten.[2008] Der Fahrer eines Polizeifahrzeuges, der auf seiner Einsatzfahrt mit Blaulicht auf freier Straße die zulässige Höchstgeschwindigkeit von 30 km/h um 20 km/h überschreitet, handelt nicht ermessensfehlerhaft bzw. rechtswidrig. Stößt ein Kraftfahrer bei der unachtsamen Ausfahrt aus der Grundstücksausfahrt mit dem in der Fahrbahnmitte fahrenden Polizeifahrzeug zusammen, so haftet er für den Schaden allein, wenn nicht festgestellt werden kann, dass der Fahrer des Polizeifahrzeuges bei gehöriger Aufmerksamkeit oder geringerer Geschwindigkeit hätte unfallverhütend reagieren können.[2009]

394 Bei einem **Verkehrsunfall** zwischen einem Polizeifahrzeug und einem Pkw ist dem Autofahrer schweres Verschulden anzulasten, wenn er aus dem vor einer **roten Ampel** wartenden Geradeausverkehr nach rechts auf eine sonst freie Rechtsabbiegerspur ausschert, obwohl sich dort von hinten ein Polizeifahrzeug mit Blaulicht und Martinshorn nähert.[2010] Auch der Fahrer eines nicht als solches erkennbaren Polizeifahrzeugs (Zivilfahrzeug ohne Blaulicht und Martinshorn), der sich auf einer Observationsfahrt (Verfolgung eines Drogenhändlers) befindet, muss auf die Sicherheit der anderen Verkehrsteilnehmer die gebührende Rücksicht nehmen (§ 25 Abs. 8 StVO).[2011] Eine Haftung des Landes als Dienstherr ist grundsätzlich zu bejahen, wenn ein Polizeibeamter im Rahmen seiner Dienstsportausübung zur Erhaltung seiner Einsatzfähigkeit gegen eine Rücksichtnahmepflicht im Straßenverkehr verstößt. Wenn er allerdings mit einem Rennradfahrer kollidiert, der bei leichtem Regen mit profilloser Bereifung und einer Geschwindigkeit von mindestens 25 km auf eine Kreuzung des Radweges mit dem Gehweg zufährt, trifft diesen Rennradfahrer ein so erhebliches Mitverschulden, dass dieser für die Folgen des Unfallgeschehens alleine haftet.[2012]

[2002] OLG Rostock v. 30.01.2002 - 1 U 255/99 - OLG-NL 2003, 73-77.
[2003] OLG Karlsruhe v. 18.07.2001 - 7 U 125/00 - OLGR Karlsruhe 2001, 448-449.
[2004] BGH v. 12.04.1951 - III ZR 99/50 - BGHZ 1, 388-396.
[2005] BGH v. 28.10.1982 - III ZR 206/80 - BGHZ 85, 225-230.
[2006] LG Hannover v. 16.11.2010 - 9 O 78/10 - Schaden-Praxis 2011, 245-246 unter Bezugnahme auf BGH v. 17.12.1974 - VI ZR 207/73 - NJW 1975, 648-649.
[2007] OLG Naumburg v. 28.06.1994 - 1 U 48/94 - VerkMitt 1995, Nr. 24.
[2008] KG Berlin v. 05.12.1994 - 12 U 390/94 - VRS 88, 321-324 (1995).
[2009] KG Berlin v. 02.05.1996 - 12 U 2664/95.
[2010] OLG Frankfurt v. 04.06.1998 - 1 U 42/97 - OLGR Frankfurt 1998, 341-343.
[2011] OLG Frankfurt v. 19.06.2002 - 1 U 99/01 - NZV 2003, 415-416.
[2012] OLG Celle v. 05.12.2002 - 14 U 53/02 - NZV 2003, 179-180.

27. Post

Die **Rechtsprechung** zur Tätigkeit der Deutschen Bundespost ist aufgrund verschiedener Gesetzesänderungen **obsolet**. Durch das In-Kraft-Treten des PoststrukturG vom 28.06.1989[2013] ist die Post überwiegend privatrechtlich tätig. Dies gilt erst recht aufgrund weiterer Gesetzesänderungen, wie z.B. das PostneuordnungsG vom 14.09.1994[2014] sowie des (neuen) PostG vom 22.12.1997[2015]. Eine Ausnahme wird heute lediglich noch gemacht für die Beförderung von Schriftstücken nach den Regeln des Prozess- und Verfahrensrechtes (vgl. § 33 Abs. 1 PostG n.F.). Insoweit wird die Post als beliehener Unternehmer tätig. Der BGH hat im Übrigen ausgeführt, dass sich an der überkommenen rechtlichen Einordnung der Dienstpfad eines Bediensteten der Deutschen Bundespost zum Zweck der Brief- und Paketbeförderung durch die **Postreform I** zumindest bis zum 10.07.1991 nichts geändert habe.[2016] Mit den weiteren Auswirkungen der Postreform konnte sich der BGH bislang nicht beschäftigen;[2017] die Haftung der Post für Verlust falsch deklarierter Pakete wird jedoch neuerdings ausschließlich im Hinblick auf die Bestimmungen des PostG 1989 geprüft[2018]. 395

28. Prüfungsamt

Mängel im Prüfungsverfahren können **Schadensersatzansprüche** auslösen,[2019] auch **Schmerzensgeldansprüche**[2020]. Hierbei ist zu beachten, dass für die von den Prüfern verursachten Mängel im Prüfungsverfahren die Anstellungskörperschaft des Prüfers haftet. Dies bedeutet, dass bei einem dem Hochschullehrer zurechenbaren Fehler dessen Anstellungskörperschaft (somit regelmäßig das Land) haftet, selbst wenn es sich hierbei um eine Hochschulprüfung handelt.[2021] Bei vom Hochschulprüfungsamt verursachten Prüfungsfehlern haftet hingegen die betreffende Hochschule.[2022] Neben der Ausgangsbehörde haftet die Widerspruchsbehörde selbständig, sofern sie sich nicht hinreichend mit den Einwänden des Prüflings im Widerspruchsverfahren auseinandersetzt. Es gehört zur Aufgabe der Widerspruchsbehörde, selbst durch sachkundiges Personal die Vertretbarkeit der vom Prüfling gegebenen Antwort durch Nachschlagen der von ihm zitierten Literaturstellen zu überprüfen.[2023] Eine Schadensersatzklage wegen Nichtbestehens einer medizinischen Prüfung ist gegen das Institut für Medizinische und Pharmazeutische Prüfungsfragen (IMPP) zu richten, obwohl dieses nicht als **Verwaltungshelfer** für die Landesprüfungsämter für Medizin und Pharmazie tätig wird.[2024] Auch verwaltungsinterne Maßnahmen – wie die Versagung des gemeindlichen Einvernehmens im Baurecht zeigt – können Amtshaftungsansprüche begründen.[2025] 396

[2013] BGBl I 1989, 1026.
[2014] BGBl I 1994, 2325.
[2015] BGBl I 1997, 3294.
[2016] BGH v. 26.03.1997 - III ZR 307/95 - NJW 1997, 1985.
[2017] Vgl. hierzu auch *Wurm* in: Staudinger, § 839 Rn. 729-730.
[2018] BGH v. 16.07.2002 - X ZR 250/00 - BGHZ 151, 337-353.
[2019] BGH v. 29.03.1990 - III ZR 151/89 - BGHR ZPO § 549 Abs. 1 Prüfungsordnung 1; BGH v. 09.07.1998 - III ZR 87/97 - BGHZ 139, 200-214; OLG München v. 01.06.1995 - 1 U 1794/95 - OLGR München 1996, 17-18; OLG Saarbrücken v. 26.01.1999 - 4 U 30/98 - 8, 4 U 30/98; LG Mainz v. 04.05.1999 - 4 O 163/98; *Schnellenbach* in: Hartmer/Detmer u.a., Hochschulrecht, 2. Aufl. 2011, XII Rn. 55-61; *Zimmerling/Brehm*, Der Prüfungsprozess, 2004, Rn. 496-504, weisen darauf hin, dass neben dem Amtshaftungsanspruch gemäß § 839 BGB es nicht abwegig erscheine, bei einer Verletzung von Pflichten aus dem Prüfungsverhältnis auch über einen eigenständigen öffentlich-rechtlichen Schadensersatzanspruch nachzudenken.
[2020] OLG Celle v. 18.09.2001 - 16 U 135/96.
[2021] BGH v. 28.02.1980 - III ZR 103/78 - BGHZ 77, 11-16; BGH v. 15.01.1987 - III ZR 17/85 - BGHZ 99, 326-332; BGH v. 29.03.1990 - III ZR 151/89 - BGHR ZPO § 549 Abs. 1 Prüfungsordnung 1; OLG Hamm v. 06.03.1996 - 11 U 110/95 - NWVBl 1997, 33-34; OLG Saarbrücken v. 26.01.1999 - 4 U 30/98 - 8, 4 U 30/98; BayObLG München v. 05.11.1968 - RReg 1a Z 194/67 - NJW 1969, 846; Zimmerling/Brehm, Prüfungsrecht, 2. Aufl. 2001, Rn. 784-789; Zimmerling/Brehm, Der Prüfungsprozess, 2004, Rn. 496-504; *Dörr*, JuS 1990, 241-242; *Schnellenbach* in: Hartmer/Detmer u.a., Hochschulrecht, 2. Aufl. 2011, XII Rn. 59.
[2022] BGH v. 05.07.1979 - III ZR 121/77 - LM Nr. 36 zu § 839 (B) BGB.
[2023] LG Köln v. 09.07.1996 - 5 O 121/95.
[2024] BGH v. 09.07.1998 - III ZR 87/97 - BGHZ 139, 200-214.
[2025] LG Mainz v. 21.11.2000 - 4 O 53/00; bestätigt durch OLG Koblenz v. 25.04.2001 - 1 U 843/99 - NVwZ 2002, 764-765; dieses bestätigt durch BGH v. 22.11.2001 - III ZR 140/01 (Nichtannahme der Revision).

397 Mit der fehlerhaften Bewertung einer Klausur im Zweiten Juristischen Staatsexamen in Bayern musste sich das OLG München beschäftigen. Dem Prüfer wurde vorgeworfen, dass er die Essentialia des Prüfungswesens, mithin die Grundzüge dessen, wie Noten zustande kommen und zu begründen sind, nicht beherrscht. Zu den allgemeinen Bewertungsgrundsätzen gehören insbesondere, dass Wortgutachten und Punktebewertung sich decken und Leistungsbewertungen in sich schlüssig sind. Demzufolge hat das Gericht gefordert, dass an Personen, die das Prüfungsamt bei den Prüfungen heranzieht, hohe Anforderungen im Hinblick auf die Beherrschung der notwendigen Rechts- und Verwaltungskenntnisse zu stellen sind.[2026]

398 Gestritten wird in den Schadensersatzprozessen gegen Prüfungsämter häufig über die Frage, ob das amtspflichtwidrige Verhalten des Prüfungsamtes bzw. seiner Bediensteten für einen (möglichen) Schaden **kausal** geworden ist;[2027] unproblematisch ist diese Frage, wenn in verwaltungsgerichtlichen Verfahren das Verwaltungsgericht die Prüfungsbehörde verpflichtet hat die, Prüfung für bestanden zu erklären[2028]. Problematisch ist die Frage der Kausalität, wenn eine Prüfungsentscheidung aus formalen Gründen (z.B. wegen Befangenheit des Prüfers, zu kurzer oder zu langer Prüfungsdauer)[2029] aufgehoben wird.[2030] Alsdann hat das Zivilgericht im Rahmen der Schadenbestimmung **hypothetische Feststellungen** über das Ergebnis einer regelmäßig durchgeführten Prüfung zu treffen. Dem Geschädigten kommen dabei die Beweiserleichterungen des § 287 ZPO zugute.[2031] Eine Beweislastverschiebung kommt nur dann in Betracht, wenn nach der Lebenserfahrung eine tatsächliche Vermutung oder eine tatsächliche Wahrscheinlichkeit dafür besteht, dass der Schaden auf der Amtspflichtverletzung beruht. § 287 ZPO ist nicht nur anwendbar bei der haftungsausfüllenden Kausalität, sondern auch bei der haftungsbegründenden Kausalität.[2032] Wenn die Parteien in einem verwaltungsgerichtlichen Verfahren einen Vergleich dahingehend schließen, dass eine streitige Klausur von einem anderen Prüfer neu begutachtet wird und dieses Gutachten zu einer besseren Note führt, bedeutet dies nach Auffassung der Rechtsprechung nicht, dass im Wege des Anscheinsbeweises davon ausgegangen werden kann, die ursprüngliche Bewertung sei rechtsfehlerhaft gewesen. Dies müsse vielmehr vom Zivilgericht ausdrücklich festgestellt werden.[2033]

399 Hierbei ist unter anderem zu berücksichtigen, ob der Kläger die **Abschlussprüfung** bestanden hat.[2034] Das Bestehen späterer Prüfungen ist ein erhebliches Indiz für die Bejahung der Kausalität der amtspflichtwidrigen Amtshandlung. Das Bestehen der Prüfung heilt auch die fehlerhafte Zulassung zur Prüfung (in Ermangelung aller vorzulegenden Leistungsnachweise).[2035] Durch Zwischen- und Abschlussprüfungen soll die Geeignetheit des Kandidaten für den Beruf geprüft werden. Diese Geeignetheit lässt sich schlechterdings nicht verneinen, wenn nachfolgende Prüfungen (möglicherweise noch recht ordentlich) bestanden werden. Demzufolge muss in diesen Fällen das Prüfungsamt nachweisen, dass die Amtspflichtverletzung nicht kausal für die Studienverzögerung und damit für den Schaden geworden ist. Im Übrigen ist darauf hinzuweisen, dass nach der Rechtsprechung bei einem Verkehrsunfall der

---

[2026] OLG München v. 17.08.2006 - 1 U 2960/05 - NJW 2007, 1005-1010.

[2027] BGH v. 26.02.1987 - III ZR 46/86 - BGHR BGB § 839 Abs. 1 S. 1 Verschulden 4; BGH v. 09.07.1998 - III ZR 87/97 - BGHZ 139, 200-214.

[2028] LG Mainz v. 21.11.2000 - 4 O 53/00; bestätigt durch OLG Koblenz v. 25.04.2001 - 1 U 843/99 - NVwZ 2002, 764-765.

[2029] Vgl. hierzu *Zimmerling/Brehm*, Prüfungsrecht, 2. Aufl. 2001, Rn. 784-789; *Zimmerling/Brehm*, Der Prüfungsprozess, 2004, Rn. 496-504; *Schnellenbach* in: Hartmer/Detmer u.a., Hochschulrecht, 2. Aufl. 2011, XII Rn. 29

[2030] Hierzu LG Stuttgart v. 18.12.2003 - 15 O 379/03.

[2031] BGH v. 03.03.1983 - III ZR 34/82 - LM Nr. 23 zu § 839 (Fd) BGB; BGH v. 13.11.1997 - III ZR 165/96 - LM BGB § 626 Nr. 39 (6/1998); BGH v. 09.07.1998 - III ZR 87/97 - BGHZ 139, 200-214.

[2032] BGH v. 03.03.1983 - III ZR 34/82 - LM Nr. 23 zu § 839 (Fd) BGB; BGH v. 22.09.1992 - VI ZR 293/91 - LM BGB § 844 Abs. 2 Nr. 91 (4/1993); KG Berlin v. 23.06.1995 - 9 U 5668/94; *Greger* in: Zöller, ZPO, 29. Aufl. 2012, Vor § 284 Rn. 29; vgl. im Übrigen auch BGH v. 06.04.1995 - III ZR 183/94 - BGHZ 129, 226-236 zum Schadensersatz eines Beamten wegen Nichtbeförderung; OLG Brandenburg v. 05.11.2009 - 12 U 151/08.

[2033] OLG Saarbrücken v. 13.04.2010 - 4 O 400/06 - nv.

[2034] BGH v. 09.07.1998 - III ZR 87/97 - BGHZ 139, 200-214; OLG München v. 17.08.2006 - 1 U 2960/05 - NJW 2007, 1005-1010.

[2035] OVG Münster v. 21.06.1985 - 15 A 1766/83 - KMK-HSchR 1986, 996; VGH Mannheim v. 08.04.1988 - 9 S 708/87 - ESVGH 38, 201-205.

Schädiger für jede Verzögerung der Ausbildung einzugestehen hat;[2036] es ist nicht recht einzusehen, warum dies bei einer Prüfung anders sein soll.

Soweit es um das Verschulden geht, vertritt die Rechtsprechung die Auffassung, dass für das Prüfungsamt ein **strenger Verschuldensmaßstab** gilt, wobei schon nach ständiger höchstrichterlicher Rechtsprechung jeder staatliche Amtsträger die zur Führung seines Amtes notwendigen Rechts- und Verwaltungskenntnisse besitzen oder sich beschaffen muss; erst recht gelte dies für die Bediensteten einer fachlich qualifizierten Anstalt des öffentlichen Rechtes.[2037] Soweit ein Prüfungsfehler offenkundig ist, ist der Prüfling verpflichtet, ein Rechtsmittel i.S.v. § 839 Abs. 3 BGB in Form von Gegenvorstellung, Erinnerung, Dienst- und Fachaufsichtsbeschwerde einzulegen. Nicht ausreichend sind bloße Unmutsäußerungen im Rahmen der Zeugnisübergabe und der Abiturfeier.[2038] Zweifelhaft ist, ob es einem Prüfling möglich und zumutbar ist, um vorläufigen Rechtsschutz im Prüfungsverfahren nachzusuchen.[2039]

400

Soweit auch um die Höhe des Schadens gestritten wird, kann das Gericht gemäß § 304 ZPO durch Zwischenurteil über den Schadensersatzanspruch dem Grunde nach befinden. Soweit es um die Schadenhöhe geht, bestehen keine Bedenken gegen einen Feststellungsantrag gemäß § 256 Abs. 1 ZPO.[2040] Als Schaden wird in der Regel der **Verdienstausfall** aufgrund des verzögerten Abschlusses des Studiums geltend gemacht,[2041] wobei der Prüfling aufgrund seiner Schadensminderungspflicht allerdings verpflichtet ist, mit seiner neben dem ergebnislos gebliebenen Studium verbliebenen Arbeitskraft wenigstens adäquate Einkünfte zu erzielen (§ 254 Abs. 2 BGB)[2042]. Wegen eines Prüferfehlverhaltens besteht die Möglichkeit des Regresses bei grober Fahrlässigkeit oder Vorsatz des Prüfers.[2043]

401

29. Rechtspflege (außerhalb des Richterspruchprivilegs gemäß Absatz 2)

a. Ausstattung der Gerichte

Der **BGH** hat nunmehr judiziert, der Staat habe seine Gerichte so auszustatten, dass sie die anstehenden Verfahren ohne vermeidbare Verzögerung abschließen können. Die Entscheidung des BGH betraf die **übermäßige Dauer** der Bearbeitung von Anträgen durch das Grundbuchamt wegen Überlastung. Die Erfüllung dieser Verpflichtung kann den Justizbehörden insgesamt als drittgerichtete Amtspflicht obliegen.[2044] Bei den Instanzgerichten war streitig, inwieweit eine Amtspflicht des Staates zur Ausstattung der Gerichte besteht.[2045] Der BGH musste zwangsläufig die Konsequenzen aus der Rechtsprechung des **Europäischen Gerichtshofs für Menschenrechte** ziehen, der eine Menschenrechtsverletzung durch die Bundesrepublik Deutschland wegen der überlangen Dauer eines Zivilverfahrens bejaht hat.[2046]

402

b. Bewährungshelfer

Ein Bewährungshelfer ist bei Erledigung der ihm in dieser Funktion übertragenen Aufgaben – unabhängig von der Art seines Anstellungsverhältnisses – als Beamter im haftungsrechtlichen Sinn anzusehen. Ein Bewährungshelfer verletzt seine Amtspflichten nicht dadurch, dass er nicht durch hinreichende Kontroll- und Überwachungsmaßnahmen und Informationserteilung über die strafrechtliche

403

[2036] BGH v. 23.10.1984 - VI ZR 30/83 - LM Nr. 40 zu § 249 (Bb) BGB.
[2037] BGH v. 09.07.1998 - III ZR 87/97 - BGHZ 139, 200-214; OLG Koblenz v. 25.04.2001 - 1 U 843/99 - NVwZ 2002, 764-765.
[2038] OLG Frankfurt v. 03.05.2001 - 1 U 223/99 - OLGR Frankfurt 2001, 307-308.
[2039] Vgl. insoweit zu der doch zurückhaltenden Rechtsprechung der Verwaltungsgerichte *Brehm/Zimmerling*, DVBl 2001, 27-35, *Brehm/Zimmerling*, NVwZ 2004, 651-656.
[2040] OLG Koblenz v. 25.04.2001 - 1 U 843/99 - NVwZ 2002, 764-765; unter Bezugnahme auf BGH v. 16.01.2001 - VI ZR 381/99 - LM ZPO § 256 Nr. 213 (1/2002) sowie *Lepa*, VersR 2001, 265-271, 265, 268.
[2041] OLG Saarbrücken v. 26.01.1999 - 4 U 30/98 - 8, 4 U 30/98; LG Mainz v. 21.11.2000 - 4 O 53/00; LG Münster v. 07.03.2000 - 11 O 389/99 - NJW 2001, 1072-1073.
[2042] OLG Koblenz v. 17.07.2002 - 1 U 843/99.
[2043] Hierzu *Schnellenbach* in: Hartmer/Detmer u.a., Hochschulrecht, 2. Aufl. 2011, XII Rn. 61.
[2044] BGH v. 11.01.2007 - III ZR 302/05 - NJW 2007, 830-834; mit Anm. *Nassall*, jurisPR-BGHZivilR 12/2007, Anm. 1; teilweise Abweichung von BGH v. 17.05.1990 - III ZR 191/88 - NJW 1990, 2615-2616.
[2045] (Für die Zeit ab 1996 in den neuen Bundesländern) bejahend OLG Brandenburg v. 02.12.2003 - 11 U 25/03 - FamRZ 2005, 2082-2085, verneinend KG Berlin v. 11.11.2005 - 9 U 116/05 - DRiZ 2006, 16-17.
[2046] EuGH für Menschenrechte v. 08.06.2006 - 75529/01 - NJW 2006, 2389 - m. Anm. *Grünling*, NJW 2007, 1094-1099; EuGH für Menschenrechte v. 08.10.2009 - 47757/06.

Vorbelastung eines Probanden gegenüber ihm bekannten potentiellen Opfern sicherstellt, dass der Verurteilte keine weiteren Straftaten begeht. Die Bewährungshilfe dient dem Interesse der Allgemeinheit an der Resozialisierung des Straftäters. Dritten gegenüber besteht keine Amtspflicht.[2047]

c. Freiwillige Gerichtsbarkeit

404 Die Rechtsprechung hat offen gelassen, ob das Richterspruchprivileg auch für Entscheidungen im Rahmen der freiwilligen Gerichtsbarkeit gilt.[2048] Betont wird insoweit, dass nach der Rechtsprechung des BGH für richterliche Amtspflichtverletzungen außerhalb des Anwendungsbereiches des § 839 Abs. 2 Satz 1 BGB der Verfassungsgrundsatz der richterlichen Unabhängigkeit zu beachten sei, so dass der Sache nach nur eine Haftung für Vorsatz und grobe Fahrlässigkeit gegeben sein kann. Demzufolge sei entgegen § 68b Abs. 3 Satz 2 FGG eine gerichtliche Entscheidung nur anfechtbar, wenn die Anordnung objektiv willkürlich, d.h. in so krassen Maß rechtsfehlerhaft ist, dass sie unter Berücksichtigung des Schutzzweckes von Art. 3 Abs. 1 und Art. 103 Abs. 1 GG nicht mehr verständlich erscheine.

d. Gerichtsvollzieher

405 Eine Amtspflichtverletzung des Gerichtsvollziehers liegt vor, wenn er aufgrund eines Titels gegen den Gesellschafter einer GmbH in das Gesellschaftsvermögen vollstreckt, auch wenn es sich um eine Einmann-Gesellschaft handelt.[2049] Sofern der Gerichtsvollzieher feststellt, dass Siegelmarken an Waren eines Lagers, die für einen Gläubiger gepfändet worden waren, infolge von Maßnahmen des Schuldners fehlen, und zu diesem Zeitpunkt eine ganz unverhältnismäßig große Zahl weiterer Pfändungen von Teilen des Lagers für verschiedene Gläubiger vorliegt, so ist in der Regel die Befriedigung des Gläubigers gefährdet, so dass für den Gerichtsvollzieher die Amtspflicht besteht, die Pfandstücke aus dem Gewahrsam des Schuldners zu nehmen.[2050] Hat ein Dritter nach einer Erstpfändung beim Schuldner gegenüber dem Gerichtsvollzieher an einem Gegenstand ein die Veräußerung hinderndes Recht geltend gemacht, so muss der Gerichtsvollzieher ihn über eine Anschlusspfändung desselben Gegenstandes unterrichten, damit er Gelegenheit erhält, von dem Gläubiger eine Freigabe zu erwirken oder gegen den Gläubiger nach § 771 ZPO vorzugehen.[2051] Der BGH hat weiter klargestellt, dass der Gerichtsvollzieher kein **Gebührenbeamter** ist. In dieser Entscheidung hat sich der BGH weiter beschäftigt mit der Abgrenzung von Amtshaftung und persönlicher Vertragshaftung für Pflichtverletzungen eines Gerichtsvollziehers bei einer Sequestration.[2052] Bei jeder Zwangsversteigerung – auch einer freiwilligen Versteigerung auf Rechnung des Auftraggebers – wird der Gerichtsvollzieher amtlich, d.h. hoheitlich tätig; die Haftung bei Pflichtwidrigkeiten richtet sich dementsprechend nach § 839 BGB.[2053] Zu den Amtspflichten des Gerichtsvollziehers gehört, Zeit und Ort einer Versteigerung unter allgemeiner Bezeichnung der zu versteigernden Sache öffentlich bekannt zu machen (§ 816 Abs. 3 ZPO), und zwar nicht nur gegenüber dem Gläubiger und dem Schuldner, sondern auch gegenüber dritten Personen, deren Interessen nach der besonderen Natur des Amtsgeschäftes durch die Amtshandlung berührt werden können und in deren Rechtskreis durch sie eingegriffen wird, namentlich gegenüber dem Eigentümer des Pfandgegenstandes.[2054] Handelt der Gerichtsvollzieher als Vollstreckungsorgan, so ist daneben kein Raum für eine Haftung des Gerichtsvollziehers als Verrichtungsgehilfe des Gläubigers.[2055]

406 Auch die Instanzgerichte haben sich vielfach mit den Amtspflichten des Gerichtsvollziehers beschäftigt. So wurde betont, dass der Gerichtsvollzieher, der zur **Schätzung** eines Schreibautomaten mit hohem Anschaffungswert einen amtlich bestellten vereidigten Sachverständigen der entsprechenden Fachrichtung zuziehe, weder für die Auswahl desselben noch für die Übernahme des von diesem ermittelten Schätzwertes ein Verschulden treffe, sofern das **Schätzgutachten** nicht offensichtlich unrichtig ist. Auch sei der Gerichtsvollzieher nicht verpflichtet, eine Pfandsache auf eventuelle Mängel zu

---

[2047] LG Rottweil v. 30.01.2003 - 2 O 487/02; bestätigt durch OLG Stuttgart v. 25.06.2003 - 4 U 33/03 - OLGR Stuttgart 2003, 463-466.
[2048] LG München v. 15.10.2008 - 15 O 9180/07 - n.F., bestätigt durch OLG München v. 06.04.2009 - 1 U 5249/08.
[2049] BGH v. 26.09.1957 - III ZR 67/56 - LM Nr. 6 zu § 839 (Fi) BGB.
[2050] BGH v. 08.12.1958 - III ZR 100/57 - LM Nr. 12 zu § 839 (Fi) BGB.
[2051] BGH v. 05.07.2007 - III ZR 143/06 - NJW-RR 2008, 338-340.
[2052] BGH v. 09.11.2000 - III ZR 314/99 - BGHZ 146, 17-24 m.w.N. aus Rechtsprechung und Literatur.
[2053] OLG Köln v. 30.12.1999 - 7 VA 2/99 - OLGR Köln 2000, 340-342; vgl. hierzu auch *Haertlein*, DGVZ 2002, 81-85; sowie *Meier*, KKZ 2003, 77-79.
[2054] BGH v. 03.03.2005 - III ZR 273/03 - NJW 2005, 1865-1867.
[2055] BGH v. 15.02.2009 - IX ZR 36/08 - NJW-RR 2009, 658-659.

untersuchen und diese bei der Versteigerung bekannt zu geben.[2056] Der Gerichtsvollzieher, der aus einem Räumungstitel gegen den Wohnungsmieter die Räumungsvollstreckung gegen den Untermieter betreibt, ohne dass ein Räumungstitel gegen diesen vorliegt, handelt pflichtwidrig und ist dem Untermieter – bei Verschulden – zum Ersatz des aus Anlass der Räumungszwangsvollstreckung entstandenen Schadens verpflichtet.[2057] Lagert der Gerichtsvollzieher bei einer Zwangsräumung eines Grundstückes die nicht der Vollstreckung unterliegenden beweglichen Sachen des Räumungsschuldners bei einem Lagerhalter ein (§ 885 Abs. 3 ZPO), dann kommt ein privatrechtlicher Lagervertrag mit dem Lagerhalter, nicht aber ein öffentlich-rechtliches Verwahrungsverhältnis zwischen dem Gerichtsvollzieher und dem Räumungsschuldner zustande. Der Gerichtsvollzieher hat für das Fehlverhalten des Lagerhalters nicht nach § 839 BGB einzustehen, da der Lagerhalter nicht Verwaltungshelfer ist.[2058] Wenn der Gerichtsvollzieher einem unbeteiligten **Dritten als Rechtsnachfolger** einen auf eine andere Person lautenden Vollstreckungstitel per Post zustellen lässt, liegt eine zum Schadensersatz verpflichtende Amtspflichtverletzung vor.[2059] Ob der Wert einer gepfändeten Sache durch einen Gerichtsvollzieher geschätzt werden muss, weil es sich um eine Kostbarkeit handelt, entscheidet der Gerichtsvollzieher nach pflichtgemäßen Ermessen; bloße Zweifel über das Vorliegen einer Kostbarkeit begründen dabei noch keine dahin gehende Verpflichtung.[2060] Bei Aushändigung eines Pfändungs- und Überweisungsbeschlusses hat der Gerichtsvollzieher zu prüfen, ob der Empfänger in einem offenkundigen Interessenkonflikt mit dem Zustellungsadressaten steht und ob eine entsprechende Anwendung von § 185 ZPO a.F. in Betracht kommt.[2061]

Dem Gerichtsvollzieher ist es nicht als Amtspflichtverletzung anzulasten, wenn er nach Erlass eines Arrestbeschlusses und erfolglosem Pfändungsversuch hinsichtlich eines Kraftfahrzeuges eine Mitteilung an die Zulassungsstelle unterlässt, und das Fahrzeug an einen gutgläubigen Dritten veräußert wird. Gemäß § 161 GVGR ist der Gerichtsvollzieher zu einer Mitteilung an die Zulassungsstelle nur verpflichtet, wenn er zwar ein Fahrzeug gepfändet hat, den Kraftfahrzeugbrief aber nicht in Besitz nehmen konnte.[2062] Es besteht keine Amtspflicht des Gerichtsvollziehers zugunsten des Schuldners, den gepfändeten Gegenstand nicht beim Schuldner zu belassen, sondern ihn in Verwahrung zu nehmen, um etwaigen Schäden an dem gepfändeten Gegenstand im Zuge des fortbestehenden Besitzes des Schuldners vorzubeugen.[2063] Bei einer Zwangsversteigerung im Internet (Justizauktion) durch einen Gerichtsvollzieher umfasst dessen Amtspflicht zur Ablieferung der ersteigerten Ware an den Versender auch deren ordnungsgemäße Verpackung; diese muss den Bedingungen entsprechen, die der Frachtführer für den Versand aufgestellt hat.[2064] Dass ein Gerichtsvollzieher **zügig** die Zwangsvollstreckung durchzuführen hat, steht außer Frage.[2065]

407

e. Grundbuchamt

Nach der Rechtsprechung rechtfertigt die Verhinderung eines gutgläubigen Grunderwerbs dadurch, dass das Grundbuchamt die vom Erbbauberechtigten (unter Vorlage einer gefälschten Eigentümerzustimmung) beantragte Eintragung einer im Voraus abgetretenen Eigengrundschuld am Erbbaurecht unterlassen und statt dessen unmittelbar für den Zessionar eingetragen hat, keinen Amtshaftungsanspruch.[2066] Hierbei können Amtspflichten des Notars auch gegenüber einer an dem Amtsgeschäft weder unmittelbar noch mittelbar beteiligten Person erwachsen, wenn deren rechtliche und wirtschaftliche Interessen nach der besonderen Natur des Amtsgeschäftes berührt werden (z.B. Zessionar einer Sicherungsgrundschuld).[2067] Der BGH hat sich weiterhin beschäftigt mit den Amtspflichten des Grundbuchamtes im Zusammenhang mit dem Eintragungsverfahren. So kann eine

408

[2056] OLG München v. 24.04.1980 - 1 U 1808/80 - DGVZ 1980, 122-124.
[2057] OLG Celle v. 15.12.1987 - 16 U 242/86 - NJW-RR 1988, 913.
[2058] OLG Köln v. 08.08.1994 - 7 W 20/94 - DGVZ 1994, 171-172; LG Berlin v. 24.02.1997 - 13 O 297/96 - DGVZ 1997, 168-169.
[2059] OLG Frankfurt v. 04.04.1996 - 1 U 278/94 - OLGR Frankfurt 1996, 148-149.
[2060] OLG Köln v. 15.01.1998 - 7 U 146/92 - JMBl NW 1998, 280-281.
[2061] OLG Celle v. 05.02.2002 - 16 U 161/01 - OLGR Celle 2002, 73-74.
[2062] OLG München v. 05.02.2007 - 1 U 5367/06.
[2063] OLG München v. 07.02.2012 - 1 W 198/12.
[2064] LG Magdeburg v. 24.11.2011 - 10 O 672/11.
[2065] OLG München v. 21.07.2005 - 1 U 1829/05.
[2066] BGH v. 21.02.1986 - V ZR 38/84 - BGHZ 97, 184-188.
[2067] OLG Rostock v. 16.04.2004 - 1 W 17/03 - OLGR Rostock 2005, 7-9.

schuldhafte Amtspflichtverletzung des zuständigen Grundbuchbeamten darin liegen, dass vor Zurückweisung des Eintragungsantrages wegen mangelnden Kostenvorschusses nicht sämtlichen Kostenschuldnern Gelegenheit gegeben wurde, den Vorschuss einzuzahlen.[2068] Das Grundbuchamt hat im Eintragungsverfahren immer die Geschäftsfähigkeit des Erklärenden zu prüfen und bei ernsthaften auf Tatsachen beruhenden Zweifeln an der Geschäftsfähigkeit ihre Behebung durch Zwischenverfügung aufzugeben.[2069] Grundsätzlich haftet das beklagte Bundesland aus Amtshaftung bei jeder falschen Eintragung im Grundbuch durch den Rechtspfleger (z.B. wegen eines Überwegungsrechts).[2070]

409 Sofern das Grundbuchamt bei einer **Eintragung** feststellt, dass der Erbschein unrichtig ist, stellt sich die Frage, inwieweit das Grundbuchamt verpflichtet ist, die Betroffenen aufzuklären. Insoweit vertritt der BGH die Auffassung, dass die dem Grundbuchamt gegenüber dem rechtsuchenden Bürger allgemein obliegenden **Schutz- und Fürsorgepflichten** nicht so weit reichen, als dass sie eine umfassende Rechtsbelehrung von Amts wegen gebieten.[2071] Nach einer weiteren Entscheidung des BGH ist in Grundbuchangelegenheiten Dritter im Sinne des § 839 BGB nicht nur derjenige, auf dessen Antrag oder in dessen Interesse die Eintragung erfolgt, sondern jeder, der im Vertrauen auf die richtige Handhabung der Grundbuchgeschäfte am Rechtsverkehr teilnimmt.[2072] In der Rechtsprechung wird weiter betont, dass das Grundbuchamt nicht schuldhaft falsch handelt, wenn es unter Hinweis auf die verwaltungsgerichtliche Rechtsprechung eine Eintragung verweigert (hier: Abgeschlossenheitsbescheinigung).[2073] Dem durch eine Amtspflichtverletzung des Grundbuchrichters Geschädigten steht ein Schadensersatzanspruch nicht zu, wenn er es versäumt hat, durch Pfändung und Überweisung des Anspruchs auf Auseinandersetzung einer Erbengemeinschaft und durch anschließendes Betreiben der Zwangsversteigerung des im Eigentum der Erbengemeinschaft stehenden Grundbesitzes Ersatz zu erlangen.[2074] Das Unterlassen bzw. die Verzögerung des Eintragungsersuchens gemäß § 34 Abs. 2 VermG stellt eine objektive Amtspflichtverletzung dar.[2075] Eine Amtspflichtverletzung ist weiterhin zu bejahen, wenn der im Grundbuch auf dem Nachbargrundstück eingetragene Vermerk über ein Überwegungsrecht (Herrschvermerk) nicht gelöscht worden ist, obwohl das auf dem Nachbargrundstück lastende Überwegungsrecht nach der Zwangsversteigerung dieses Nachbargrundstücks gelöscht worden ist.[2076] Des Weiteren besteht eine Schadensersatzpflicht des Grundbuchamtes bei Abhandenkommen eines Grundschuldbriefes.[2077]

410 In zahlreichen Entscheidungen hat sich der BGH mit den Amtspflichten des Grundbuchamtes einerseits und des Notars andererseits beschäftigt. Hierbei wurden die Überwachungspflichten des Notars bei Eintragungen mehrfach betont.[2078] Weiter wurden die **Belehrungspflichten** des Notars hervorgehoben[2079] sowie die Verpflichtung, durch Einlegung eines geeigneten **Rechtsmittels**[2080] Schaden vom Mandanten abzuwenden. Das OLG München hat betont, dass der Kreditsachbearbeiter einer Bank den Inhalt eines Testamentsvollstreckervermerks im Grundbuch vor der Bestellung einer Grundschuld selbständig zu überprüfen hat. Geht das Grundbuchamt dem Testamentsvollstreckervermerk nicht nach und trägt die Grundschuld entgegen der angeordneten Testamentsvollstreckung ein, ist beim Amtshaftungsanspruch der geschädigten Bank das **Mitverschulden** des Kreditsachbearbeiters zu berücksichtigen (im konkreten Fall 50%).[2081]

[2068] BGH v. 30.10.1981 - V ZR 190/80 - WM 1981, 1357-1358.
[2069] OLG Koblenz v. 05.05.2004 - 1 U 1382/03 - OLGR Koblenz 2004, 562-563.
[2070] OLG Oldenburg v. 23.07.2004 - 6 U 61/04 - NdsRpfl 2004, 295.
[2071] BGH v. 27.02.1992 - III ZR 199/89 - BGHZ 117, 287-302.
[2072] BGH v. 12.11.1993 - V ZR 174/92 - BGHZ 124, 100-110.
[2073] OLG München v. 04.03.1993 - 1 U 3125/92 - OLGR München 1994, 112.
[2074] BGH v. 27.02.1957 - V ZR 104/55 - LM Nr. 5 zu § 839 (Fi) BGB.
[2075] OLG Dresden v. 31.05.2001 - 6 U 122/01, 6 U 0122/01 - VIZ 2001, 489-494.
[2076] OLG Oldenburg v. 23.07.2004 - 6 U 61/04 - NdsRpfl 2004, 295.
[2077] LG Stade v. 09.04.2008 - 5 O 108/07 - NVwZ-RR 2009, 50-51.
[2078] Vgl. z.B. BGH v. 09.07.1958 - V ZR 5/57 - BGHZ 28, 104-110; BGH v. 31.01.1969 - VI ZR 170/67 - LM Nr. 19b zu § 21 RNotO; BGH v. 13.01.1984 - V ZR 205/82 - LM Nr. 89 zu § 278 BGB.
[2079] BGH v. 03.11.1955 - III ZR 119/54 - BGHZ 19, 5-12; BGH v. 01.07.1969 - VI ZR 31/68 - BB 1969, 1245.
[2080] BGH v. 31.03.1960 - III ZR 41/59 - LM Nr. 5 zu § 839 (H) BGB.
[2081] OLG München v. 28.04.2005 - 1 U 4922/04 - OLGR München 2006, 70-73.

f. Justizverwaltungsbehörde

Die Justizverwaltung ist zuständig für die Zulassung eines Rechtsbeistandes. Insoweit hat die Justizverwaltung die Fähigkeit des Rechtsbeistandes zu prüfen. Dieser bedarf ausreichender Kenntnis des materiellen und formellen Rechtes. Allerdings kann von ihm nicht erwartet werden, dass er nach Wissen und Kenntnis einem Rechtsanwalt gleichsteht.[2082] Justizverwaltungsakte können gemäß § 23 EGGVG angefochten werden. Entscheidungen nach § 23 EGGVG erwachsen in Rechtskraft. Sie entfalten Bindungswirkung auch im Amtshaftungsprozess. Diskutiert wird das Problem häufiger im Zusammenhang mit **Presseerklärungen von Justizbehörden**.[2083]

411

g. Konkursgericht/Insolvenzgericht

Mit der Pflicht des Konkursrichters zur Ermittlung der Zahlungsunfähigkeit eines Schuldners hat sich der BGH beschäftigt und hierbei judiziert, dass der Konkursrichter vor der Eröffnung eines Konkursverfahrens wegen der wirtschaftlichen Tragweite seiner Entscheidung sorgfältige Ermittlungen darüber anzustellen habe, ob eine **Zahlungsunfähigkeit des Schuldners** vorliege. Bestreitet der Schuldner seine Zahlungsunfähigkeit, dann könne sich der Richter die erforderliche Überzeugung in der Regel nur dadurch verschaffen, dass er sich eine vollständige und geordnete Vermögensübersicht vorlegen lässt.[2084] Weiterhin hat der BGH betont, das Aufsichtsrecht des Konkursgerichtes umfasse die Befugnisse, jederzeit Auskunft über die Geschäftsführung des Konkursverwalters zu verlangen, Bücher und Belege einzusehen und den Kassenbestand zu prüfen. Wie weit das Konkursgericht von diesen Befugnissen Gebrauch machen will, steht in seinem pflichtgemäßen Ermessen.[2085] Weiterhin besteht die Pflicht des Konkursgerichtes, das Schuldnerverzeichnis richtig zu führen, und zwar gegenüber allen, die in das Verzeichnis einsehen. Gegenüber den Gläubigern besteht im Übrigen die Pflicht zur Überwachung und Beaufsichtigung des Konkursverwalters.[2086] Weiter wurde judiziert, dass bei Angabe des Konkursgrundes der Zahlungsunfähigkeit (§ 102 KO) es für die Eröffnung des Konkursverfahrens nicht genüge, die Forderung glaubhaft zu machen; das Konkursgericht müsse vielmehr von dem Bestand der Forderung überzeugt sein. Ist der Bestand der Forderung ernsthaft bestritten, dann müsse das Konkursgericht den antragstellenden Gläubiger in aller Regel auf den Klageweg verweisen.[2087] Für Schäden, die aus einer nicht angezeigten Betriebsfortführung durch den Konkursverwalter entstehen, haftet der Staat, wenn der Konkursverwalter den zuständigen Rechtspfleger bestochen hat und dieser den Konkursrichter darüber nicht informiert hat.[2088] Der BGH hat judiziert, dass eine **Vorstrafe** wegen einer Insolvenzstraftat der Bestellung eines Rechtsanwalts zum Insolvenzverwalter im Allgemeinen ohne Rücksicht darauf entgegensteht, ob die Tat im Zusammenhang mit der beruflichen Tätigkeit des Rechtsanwalts steht.[2089] Bei einem etwaigen Auswahlverschulden durch das Insolvenzgericht haftet das Land (unter Berücksichtigung des § 839 Abs. 2 BGB).[2090]

412

Mit Rechtsproblemen des Insolvenzgerichtes im Rahmen der Amtshaftung hat sich bislang der BGH noch nicht beschäftigt.[2091] Das LG Münster hat betont, der Insolvenzrichter sei im Rahmen seiner Amtspflicht zur zügigen Bearbeitung des Insolvenzverfahrens gegenüber einem Insolvenzgläubiger nicht verpflichtet, das Insolvenzverfahren auf dessen Bitte beschleunigt zu eröffnen, um zu verhindern, dass dem Gläubiger der Versicherungsschutz für Forderungen gegen die Insolvenzmasse entgeht.[2092]

413

[2082] BGH v. 22.11.1984 - III ZR 162/83 - VersR 1985, 279-280; BGH v. 22.11.1984 - III ZR 162/83 - LM Nr. 37 ZU § RechtsberatG.
[2083] BGH v. 17.03.1994 - III ZR 15/93 - LM BGB § 839 (Ca) Nr. 95 (8/1994).
[2084] BGH v. 05.11.1956 - III ZR 139/55 - LM Nr. 4 zu § 839 (Fi) BGB.
[2085] BGH v. 12.07.1965 - III ZR 41/64 - BB 1966, 182.
[2086] *Sprau* in: Palandt, § 839 Rn. 145.
[2087] BGH v. 19.12.1991 - III ZR 9/91 - NJW-RR 1992, 919-920.
[2088] OLG München v. 18.07.1991 - 1 U 2199/89 - NJW-RR 1992, 1508.
[2089] BGH v. 31.01.2008 - III ZR 161/07 - WM 2008, 659-660. Vgl. zum fehlenden effektiven Rechtsschutz des nicht berücksichtigten Bewerbers *Wieland*, ZIP 2007, 462-467.
[2090] OLG Stuttgart v. 09.05.2007 - 4 U 204/06.
[2091] Vgl. aber *Keller*, RpflStud 2002, 130-136 sowie *Zimmermann*, ZInsO 2012, 245-249.
[2092] LG Münster v. 26.11.2004 - 11 O 538/03 - NJW-RR 2005, 845-846.

h. Nachlassgericht

414 Die Erteilung eines Erbscheins fällt nicht unter das Spruchrichterprivileg des § 839 Abs. 2 Satz 1 BGB.[2093] Mit den Amtspflichten des Nachlassrichters, die wahrzunehmen sind, wenn sich bei der Bearbeitung einer Grundbuchsache herausstellt, dass ein erteilter Erbschein unrichtig ist, beschäftigt sich der BGH.[2094] Der Nachlassrichter ist gemäß § 2358 BGB vor Erteilung des Erbscheins verpflichtet, von Amts wegen die zur Feststellung der Tatsachen erforderlichen Ermittlungen zu veranstalten und die geeignet erscheinenden Beweise aufzunehmen. Der Grundsatz der Amtsermittlung (§ 12 FGG) verpflichtet das Gericht, alle zur Klärung des Sachverhaltes dienlichen Beweise zu erheben.[2095] Gemäß §§ 2300a, 2263a, 2262 BGB hatte das Nachlassgericht **die Beteiligten** von dem sie betreffenden Inhalt des eröffneten Erbvertrages in Kenntnis zu setzen. Zweck dieser Mitteilungspflicht ist es, Personen, deren Rechtslage durch die vom Erblasser in der Verfügung von Todes wegen getroffene Bestimmung unmittelbar beeinflusst wird, von dem sie betreffenden Inhalt Kenntnis zu geben, um sie in den Stand zu setzen, das zur Wahrung ihrer Interessen Zweckdienliche zu veranlassen.[2096] Weiterhin hat das Gericht gemäß § 50 SGG a.F. (= § 50 Abs. 1 SGG n.F.) dem Vormundschaftsgericht Mitteilung zu machen, wenn infolge eines gerichtlichen Verfahrens eine Tätigkeit des Vormundschaftsgerichtes erforderlich ist.[2097] Diese Mitteilungspflicht besteht nicht allein im öffentlichen Interesse. Sie bezweckt vielmehr gerade den Schutz des einzelnen Minderjährigen. Dieser ist **Dritter** im Sinne des § 839 Abs. 1 Satz 1 BGB.[2098] **Dritter** ist generell der **Erbe**, der sich in seiner Rechtsstellung gegenüber dem sonstigen Rechtsverkehr legitimieren will; Dritter ist nicht derjenige, der zu Unrecht einen Erbschein erhalten hat.[2099]

i. Rechtspfleger

415 Der BGH musste sich mehrfach mit den **Sorgfaltspflichten** eines Rechtspflegers beschäftigen.[2100] Amtspflichten des Rechtspflegers beim Handelsregister bei der Prüfung der Zulässigkeit einer Firma bestehen nur im öffentlichen Interesse, nicht auch im Interesse des Einzutragenden.[2101] Hingegen besteht eine Verpflichtung des Rechtspflegers, bei der Handhabung des Schuldnerverzeichnisses eine Interessenabwägung gemäß § 11 BDSG vorzunehmen, nicht.[2102] Die Amtspflicht des Rechtspflegers im Versteigerungsverfahren zur Einhaltung der gesetzlichen Vorschriften schützt auch den Vollstreckungsgläubiger; der Schutzweck dieser Amtspflicht umfasst den Verlust, der dadurch eintritt, dass der Zuschlagsbeschluss wegen eines Zustellungsfehlers wieder aufgehoben wird und in einem nachfolgenden Versteigerungstermin ein geringerer Erlös erzielt wird.[2103] Zur Verjährung von Schadensersatzansprüchen aufgrund einer Amtspflichtverletzung des Rechtspflegers hat der BGH ausgeführt, dass bei einer Amtspflichtverletzung des Rechtspflegers zunächst ein in Frage kommender Dritter zu verklagen ist und dass die Verjährungsfrist (früher: § 852 BGB) erst dann zu laufen beginnt, wenn der Geschädigte Kenntnis vom Fehlen einer anderweitigen Ersatzmöglichkeit hat.[2104]

416 Der BGH hat sich mit der Frage beschäftigt, ob das „**Spruchrichterprivileg**" gemäß § 839 Abs. 2 BGB (vgl. Rn. 187 ff.) auch auf die Rechtspfleger zu übertragen ist. Der Rechtspfleger ist einerseits zwar kein Richter im verfassungsrechtlichen Sinne (Art. 92, 97 Abs. 1 GG).[2105] Er ist jedoch gemäß § 9 RpflG in seiner Amtsausübung in gleicher Weise sachlich unabhängig und nur an Recht und Gesetz gebunden. Die an ihn im Rahmen seiner Zuständigkeit bei der Rechtsanwendung und Gesetzesausle-

---

[2093] OLG Naumburg v. 11.01.2000 - 1 U 151/99.
[2094] BGH v. 27.02.1992 - III ZR 199/89 - BGHZ 117, 287-302; vgl. zu den Grenzen der Aufklärungspflicht BGH v. 16.01.1961 - III ZR 224/59 - VersR 1961, 507-511.
[2095] BGH v. 05.07.1963 - V ZB 7/63 - BGHZ 40, 54-60; BGH v. 11.10.1990 - IX ZR 114/89 - NJW-RR 1991, 515-517.
[2096] BGH v. 21.12.1977 - IV ZB 32/77 - BGHZ 70, 173-177.
[2097] OLG München v. 06.06.2002 - 1 U 4182/00 - Rpfleger 2003, 657-660.
[2098] BGH v. 27.02.1992 - III ZR 199/89 - BGHZ 117, 287-302.
[2099] BGH v. 05.12.1991 - III ZR 28/91 - LM BGB § 839 (Cb) Nr. 80 (6/1992); vgl. im Übrigen zur Drittbezogenheit der Tätigkeit des Nachlassrichters BGH v. 04.07.1974 - III ZR 61/72 - BGHZ 63, 35-45.
[2100] BGH v. 10.07.1967 - III ZR 120/66 - LM Nr. 28 zu § 839 (Fi) BGB; vgl. auch *Harm*, RpflBl 2004, 1.
[2101] BGH v. 24.06.1982 - III ZR 19/81 - BGHZ 84, 285-292.
[2102] BGH v. 09.07.1987 - III ZR 167/86 - VersR 1988, 38.
[2103] BGH v. 22.01.2009 - III ZR 172/08 - NJW-RR 2009, 601-603.
[2104] BGH v. 20.09.1968 - V ZR 50/67 - BB 1968, 1265; BGH v. 18.12.1981 - V ZR 220/80 - WM 1982, 403-405.
[2105] Vgl. hierzu BVerfG v. 18.01.2000 - 1 BvR 321/96 - NJW 2000, 1709-1711.

gung anzulegenden Sorgfaltsmaßstäbe müssen dem Rechnung tragen. Ein Verschulden des Rechtspflegers könne deshalb nur dann bejaht werden, wenn die seiner Entscheidung zugrunde gelegte Rechtsansicht objektiv nicht mehr vertretbar erscheint.[2106]

Auch die Instanzgerichte haben die **Amtspflichten des Rechtspflegers konkretisiert**. Dass ein Rechtspfleger eine Amtspflichtverletzung begeht, wenn er sich von einem Konkursverwalter bestechen lässt und wenn er in der Folgezeit nicht verhindert, dass derjenige, der ihn bestochen hat, in einem weiteren Konkursverfahren bestellt wird, steht außer Frage.[2107] Der Rechtspfleger verletzt weiterhin die ihm gegenüber den Bietern im **Zwangsversteigerungsverfahren obliegende Amtspflicht**, wenn er bei der Zwangsversteigerung von zwei Parzellen, die im Wege des Eigengrenzüberbaus mit Aufbauten versehen worden sind, es versäumt, die Bieter darauf hinzuweisen, dass nach gefestigter höchstrichterlicher Rechtsprechung das Eigentum an den Aufbauten ausschließlich demjenigen Bieter zufällt, der das Stammgrundstück erwirbt.[2108] Wenn dem Rechtspfleger bekannt ist, dass Altlasten oder schädliche Bodenveränderungen vorhanden sind, so hat er in Zwangsversteigerungsverfahren die erforderliche Sachaufklärung vorzunehmen; er darf Hinweise des Umweltamtes nicht einfach ignorieren.[2109] Die Rechtsprechung betont weiterhin, dass eine Haftung des Rechtspflegers für die Tätigkeit im Zwangsversteigerungsverfahren, da er hierbei richterliche Aufgaben wahrnehme und dabei sachlich unabhängig (§ 9 RPflG) sei, nur bei Vorsatz und grober Fahrlässigkeit bestehe.[2110] Im Zwangsversteigerungsverfahren hat weiterhin der Rechtspfleger bei der Terminbestimmung die Wirtschaftsart des Grundstückes ausreichend zu bezeichnen. Diese Amtspflicht zur ordnungsgemäßen Bekanntmachung besteht auch gegenüber dem Meistbietenden.[2111] Bei allen gepfändeten Gehaltsansprüchen kann der Rechtspfleger einen Teil vorab nach § 850k Abs. 2 ZPO vorläufig freigeben. Soweit die Freigabe den notwendigen Selbstbehalt übersteigt, darf die weitere Freigabe nur nach Anhörung des Gläubigers erfolgen; anderenfalls haftet das Land.[2112] Sofern sich ein Rechtspfleger im Zusammenhang mit der Eintragung einer Grundschuld über eine insoweit bindende Rechtsauffassung des Grundbuchrichters hinwegsetzt, begeht er eine schuldhafte Amtspflichtverletzung.[2113] Selbstverständlich müssen auch gegen fehlerhafte Entscheidung eines Rechtspflegers alle Rechtsmittel ausgeschöpft werden.[2114]

417

Ein Rechtsanwalt kann einen Amtshaftungsanspruch gegen das Land geltend machen, wenn der Rechtspfleger in einer die Amtspflicht verletzenden Weise versäumt hat, die weitere Vergütung des Anwalts in festgesetzte Einmalzahlungen des Mandanten einzubeziehen und damit die über die **PKH-Regelgebühren** hinausgehende Differenzgebühr wegen anschließender Mandanteninsolvenz nicht mehr realisiert werden konnte.[2115] Ein Insolvenzverwalter hat einen Anspruch auf Schadensersatz wegen Amtspflichtverletzung wegen der entgangenen Zinsen, wenn sein Vergütungsanspruch nicht unverzüglich festgesetzt wird.[2116] Derjenige, der einen Amtshaftungsanspruch wegen einer Amtspflichtverletzung eines Rechtspflegers geltend machen will, hat einen Anspruch auf Akteneinsicht.[2117]

418

j. Registergericht

Eine Amtspflicht des Rechtspflegers beim Registergericht, eine Firmenbezeichnung als unzulässig zu beanstanden und zu löschen, besteht grundsätzlich nur im öffentlichen Interesse an der Richtigkeit und Vollständigkeit des Handelsregisters zum Schutz des Publikums vor irreführendem Firmengebrauch, nicht aber auch im Interesse des Einzutragenden bzw. Eingetragenen.[2118] Der Rechtspfleger beim Registergericht begeht im Hinblick auf die analoge Anwendung des § 839 Abs. 2 BGB nur dann eine

419

[2106] BGH v. 05.10.2006 - III ZR 283/05 - ZIP 2006, 2312-2316.
[2107] OLG München v. 27.07.1989 - 1 U 2430/89 - VersR 1991, 775-776; OLG München v. 18.07.1991 - 1 U 2199/89 - NJW-RR 1992, 1508.
[2108] OLG Köln v. 09.02.1995 - 7 U 153/94 - OLGR Köln 1995, 197-199.
[2109] OLG Karlsruhe v. 30.07.2010 - 12 U 245/09 - RPfleger 2010, 688-690.
[2110] OLG Frankfurt v. 10.12.2004 - 1 W 69/04 - MDR 2005, 1051-1052.
[2111] OLG Koblenz v. 18.01.2000 - 1 U 1429/96 - OLGR Koblenz 2000, 288-291.
[2112] OLG Brandenburg v. 25.09.2001 - 11 U 51/00 - Rpfleger 2002, 85-87.
[2113] OLG Rostock v. 28.10.2004 - 1 U 11/03 - WM 2005, 1224-1226.
[2114] OLG Koblenz v. 30.05.2007 - 1 U 1571/06 - OLGR Koblenz 2007, 778-780.
[2115] LG Mainz v. 15.01.2003 - 4 O 311/02 - AnwBl 2003, 374.
[2116] BGH v. 04.12.2003 - IX ZB 69/03 - ZInsO 2004, 268-269; hierzu *Haarmeyer*, ZInsO 2004, 269-270.
[2117] KG Berlin v. 24.01.2006 - 1 W 133/05 - NJW-RR 2006, 1294-1295.
[2118] BGH v. 24.06.1982 - III ZR 19/81 - BGHZ 84, 285-292.

§ 839

schuldhafte Amtspflichtverletzung, wenn seine Rechtsauffassung unvertretbar erscheint.[2119] Wenn in einem Konkursverfahren/Insolvenzverfahren die Schlussverteilung des Vermögens stattgefunden hat und der Liquidator alsdann verstirbt, ist das Registergericht nicht zur Fortsetzung des Verfahrens verpflichtet. Amtshaftungsansprüche werden insoweit nicht begründet.[2120]

k. Staatsanwalt

420 Der BGH hat offen gelassen, ob eine gegenüber dem Beschuldigten bestehende Amtspflicht der Ermittlungsbehörden besteht, die Ermittlungen zügig durchzuführen und nach ihrem Abschluss in angemessener Zeit entweder Anklage zu erheben oder das Verfahren einzustellen.[2121] Der BGH hat eine **Drittbezogenheit der Amtspflicht der Staatsanwaltschaft**, Straftaten zu verfolgen, den Täter zu ermitteln und ggf. öffentliche Anklage zu erheben, verneint.[2122] Etwas anderes kann allerdings gelten, wenn der Staatsanwaltschaft in einem laufenden Ermittlungsverfahren konkrete Schutzpflichten gegenüber dem durch eine Straftat Geschädigten erwachsen, etwa zur Sicherstellung der Diebesbeute im Interesse des Bestohlenen.[2123] Die Entscheidung des Staatsanwaltes über die Erhebung einer Anklage im Bereich des **Legalitätsprinzips** und die anschließende Entscheidung des Richters über die Eröffnung des Hauptsacheverfahrens sind keine Ermessensentscheidungen; beide Amtsträger haben vielmehr bei der Prüfung des hinreichenden Tatverdachtes einen unbestimmten Rechtsbegriff mit einem gewissen Beurteilungsspielraum anzuwenden. Es sind die Grundsätze anzuwenden, die die Rechtsprechung beim Verwaltungshandeln herausgearbeitet hat.[2124] Die Amtspflichtwidrigkeit eines Haftbefehlsantrages ist zu bejahen, wenn die Staatsanwaltschaft dem zuständigen Richter nicht alle für die Beurteilung des Tatverdachtes des Beschuldigten erheblichen Beweisergebnisse vorlegt.[2125] Gleiches gilt, wenn die Staatsanwaltschaft bei ihren Ermittlungen maßgebliche Verfahrensvorschriften missachtet hat.[2126]

421 Selbstverständlich hat der Staatsanwalt die Ermittlungsakten sorgfältig zu lesen.[2127] Die Pflicht der Staatsanwaltschaft, zu prüfen, ob ein ihr angezeigter Sachverhalt überhaupt unter eine Strafbestimmung fällt, und ihre Ermittlungen ordnungsgemäß zu führen, obliegt ihr auch dem Beschuldigten gegenüber. Die Verletzung berechtigter Interessen des Beschuldigten kann zu Amtshaftungsansprüchen führen.[2128] Eine Amtspflichtverletzung begeht die Staatsanwaltschaft auch, wenn eine Anklage wegen Brandstiftung unvertretbar ist und aufgrund der Anklageerhebung die Feuerversicherung dem Geschädigten die Brandschadenentschädigung nicht auszahlt.[2129]

422 Die Staatsanwaltschaft kann auch bei Beantragung eines Haftbefehls amtspflichtwidrig handeln. Unerheblich ist, ob insoweit ein Kollegialgericht (Strafgericht) die Rechtmäßigkeit der Amtstätigkeit bejaht hat. Die **Kollegialgerichts-Richtlinie** (vgl. Rn. 141 ff.) beruht nämlich auf der Erwägung, dass von einem Beamten eine bessere Rechtseinsicht als von einem mit mehreren Rechtskundigen besetzten Kollegialgericht regelmäßig nicht erwartet und verlangt werden kann. Diese Kollegialgerichts-Richtlinie findet keine Anwendung, wenn das Kollegialgericht die Tätigkeit des Beamten lediglich anhand eines gegenüber der eigenen Prüfungspflicht des Beamten reduzierten Prüfungsmaßstabs – hier: der Maßstab der Vertretbarkeit – gebilligt hat.[2130] Erforderlich ist allerdings, dass die Amtspflichtverletzung kausal für den entstandenen Schaden geworden ist. Dies ist nicht der Fall, wenn die Staatsanwaltschaft auch bei richtiger Beurteilung der Rechtslage einen Haftbefehl beantragt hätte und die beteiligten Haftrichter die Haftfortdauer angeordnet hätten.[2131] Des Weiteren liegt eine Amtspflichtverletzung

---

[2119] BGH v. 05.10.2006 - III ZR 283/05 - ZIP 2006, 2312-2316.
[2120] OLG München v. 06.11.2008 - 1 U 4428/07.
[2121] BGH v. 26.05.1983 - III ZR 47/82 - WM 1983, 866-867; ausführlich zu den Amtspflichten der Staatsanwaltschaft Thode, DRiZ 2002, 417-424.
[2122] BGH v. 24.02.1994 - III ZR 76/92 - NJW 1994, 3162; OLG Düsseldorf v. 07.08.1995 - 18 W 5/95 - NJW 1996, 530; ebenso LG Karlsruhe v. 25.01.2005 - 2 O 2/04.
[2123] BGH v. 28.03.1996 - III ZR 141/95 - NJW 1996, 2373; OLG Bamberg v. 02.09.2002 - 4 U 27/02 - OLGR Bamberg 2003, 231-232.
[2124] BGH v. 18.06.1970 - III ZR 95/68 - NJW 1970, 1543.
[2125] BGH v. 23.10.2003 - III ZR 9/03 - NJW 2003, 3693-3698.
[2126] OLG Rostock v. 30.01.2002 - 1 U 255/99 - OLG-NL 2003, 73-77.
[2127] BGH v. 29.05.1958 - III ZR 38/57 - BGHZ 27, 338-351.
[2128] BGH v. 08.03.1956 - III ZR 113/54 - BGHZ 20, 178-183.
[2129] BGH v. 18.05.2000 - III ZR 180/99 - LM BGB § 839 (Cb) Nr. 103 (4/2001).
[2130] BGH v. 16.10.1997 - III ZR 23/96 - LM BGB § 839 (B) Nr. 50 (2/1998).
[2131] OLG Düsseldorf v. 16.03.2011 - I-18 U 111/10.

auch bei Empfehlung der Kündigung eines privaten Detektivvertrages wegen Störung staatsanwaltschaftlicher Ermittlungen vor.[2132] Die Verjährung eines Amtshaftungsanspruches gegen die Staatsanwaltschaft im Zusammenhang mit der Erhebung der öffentlichen Klage beginnt im Falle der Ablehnung der Eröffnung des Hauptverfahrens regelmäßig nicht vor der Rechtskraft dieser Entscheidung.[2133] Auch die Instanzgerichte betonen, dass die Einleitung eines Ermittlungsverfahrens der Staatsanwaltschaft gemäß § 152 Abs. 2 StPO, der Umfang und die Dauer der Ermittlungen sowie die Erschließung zur Anklageerhebung nach § 170 Abs. 1 StPO und auch die Einlegung der Berufung gegen ein strafgerichtliches Urteil nur auf ihre **Vertretbarkeit** hin überprüft werden können.[2134] Die Durchführung eines Ermittlungsverfahrens durch Polizei und Staatsanwaltschaft stellt nur dann eine Amtspflichtverletzung gegenüber dem Beschuldigten dar, wenn gegen diesen kein hinreichender Tatverdacht besteht. Dabei kommt es auf die Beurteilung der Rechtslage **ex ante** an, nicht auf das Ergebnis der Hauptverhandlung.[2135] Ein Staatsanwalt ist nicht an der Erhebung einer Anklage gehindert, wenn er entgegen der höchstrichterlichen Rechtsprechung ein Verhalten für strafbar hält, und erst recht, wenn er eine Anklage erhebt, die auf rechtlichen Wertungen beruht, die höchstrichterlich noch nicht abschließend geklärt sind.[2136] Ob eine fehlerhafte Asservatenverfügung, die auf einer tatsächlichen Fehleinschätzung des Staatsanwalts und einer fehlerhaften Anwendung der RiStBV beruht, den Vorwurf grober Fahrlässigkeit begründet, hängt von den Umständen ab.[2137] Die Freigabe eines beim Beschuldigten sichergestellten Geldbetrages durch Hinterlegung sowohl zu Gunsten des Beschuldigten als auch des Bestohlenen ist im Falle des unbekannten Aufenthaltes des Beschuldigten keine Amtspflichtverletzung des Staatsanwalts gegenüber dem Beschuldigten.[2138] Weiter wird von der Rechtsprechung postuliert, dass die Aufnahme von Ermittlungstätigkeiten eine Pflicht ausschließlich gegenüber der Allgemeinheit sei; daher stehe dem Verletzten kein Amtshaftungsanspruch wegen unterlassener Ermittlungstätigkeit zu.[2139] Die Ehefrau des Beschuldigten eines staatsanwaltschaftlichen Ermittlungsverfahrens ist nicht **Dritte** im Sinne von § 839 BGB.[2140]

Es ist dem Betroffenen grundsätzlich zumutbar (vgl. § 839 Abs. 2 BGB), gegen einen Bußgeldbescheid oder Strafbefehl Einspruch einzulegen bzw. diesen ggf. aufrechtzuerhalten. Dies gilt auch für das Ergreifen weiterer Rechtsmittel gegen eine Beschlagnahmung.[2141] Ggf. gehören zum Schaden bei amtspflichtwidriger Strafverfolgung auch die Leistungen an den Verteidiger aufgrund einer Honorar- bzw. Vergütungsvereinbarung.[2142]

Bei einer rechtswidrigen Öffentlichkeitsfahndung, veranlasst durch die Staatsanwaltschaft, kann der von der Öffentlichkeitsfahndung betroffene Tatverdächtige ein Schmerzensgeld nach Amtshaftungsgrundsätzen begehren.[2143] Die Zivilgerichte haben sich mehrfach mit den Folgen einer **Presseerklärung der Staatsanwaltschaft** beschäftigen müssen.[2144] Amtspflichtwidrige Pressehinweise zu einem Ermittlungsverfahren können einen Schmerzensgeldanspruch des Beschuldigten begründen.[2145] Im Berufungsverfahren hat das OLG Düsseldorf – unter Zurückweisung der Berufung beider Parteien – be-

---

[2132] BGH v. 19.01.1989 - III ZR 243/87 - LM Nr. 72 zu § 839 (Ca) BGB.
[2133] BGH v. 02.04.1998 - III ZR 309/96 - BGHZ 138, 247-257.
[2134] OLG Dresden v. 21.02.2001 - 6 U 2233/00 - OLGR Dresden 2001, 551-556; LG Dortmund v. 15.08.2003 - 8 O 507/01 - StV 2005, 451-452; OLG München v. 10.03.2005 - 1 U 4947/04 - OLGR München 2006, 35-36; OLG München v. 25.11.2011 - 1 W 2105/11; LG Bonn v. 15.02.2008 - 1 O 414/03.
[2135] OLG Rostock v. 30.01.2002 - 1 U 255/99 - OLG-NL 2003, 73-77.
[2136] OLG München v. 31.03.2011 - 1 U 5217/10.
[2137] OLG Rostock v. 27.02.2003 - 1 U 88/01 - OLGR Rostock 2003, 465-468.
[2138] OLG Frankfurt v. 23.11.1998 - 1 W 53/98 - OLGR Frankfurt 1999, 22-23.
[2139] OLG Düsseldorf v. 18.05.1995 - 18 U 191/94 - VersR 1996, 709-710; OLG Düsseldorf v. 07.08.1995 - 18 W 5/95 - NJW 1996, 530.
[2140] OLG Saarbrücken v. 22.01.1993 - 4 U 3/92 - OLGZ 1994, 181-184.
[2141] OLG München v. 26.08.2011 - 1 U 708/11.
[2142] BGH v. 23.10.2003 - III ZR 9/03 - NJW 2003, 3693-3698; OLG München v. 10.03.2005 - 1 U 4947/04 - OLGR München 2006, 35-36. Einschränkend zur Erstattung von Rechtsanwaltskosten OLG Schleswig v. 25.10.2007 - 11 U 87/07.
[2143] OLG Hamm v. 15.07.1992 - 11 U 88/92 - NJW 1993, 1209-1210.
[2144] BGH v. 29.05.1958 - III ZR 38/57 - BGHZ 27, 338-351; BGH v. 26.05.1983 - III ZR 47/82 - WM 1983, 866-867; BGH v. 22.02.1989 - III ZR 51/88 - BGH-DAT Zivil; BGH v. 17.03.1994 - III ZR 15/93 - LM BGB § 839 (Ca) Nr. 95 (8/1994).
[2145] Vgl. hierzu LG Düsseldorf v. 30.04.2003 - 2b O 182/02 - NJW 2003, 2536-2542; vgl. hierzu *Becker-Toussaint*, NJW 2004, 414-418.

tont, dass einzelne von verschiedenen Amtsträgern amtspflichtwidrig begangene Persönlichkeitsverletzungen, die für sich genommen eine Geldentschädigung mangels hinreichender Schwere des Eingriffs nicht rechtfertigen, grundsätzlich weder untereinander noch mit ggf. vorliegenden schweren Verletzungen des Persönlichkeitsrechtes zusammengerechnet werden können, um einen (höheren) Entschädigungsanspruch zu begründen.[2146] Eine Entscheidung des Generalstaatsanwalts, die sich weitestgehend auf die Wiederholung anderweitiger Ausführungen beschränkt, ist nicht verbunden mit einer überschießenden Persönlichkeitsrechtsverletzung.[2147]

426 Nimmt die Anklagebehörde in der Hauptverhandlung vor Urteilsverkündung für einen in Aussicht gestellten Rechtsmittelverzicht vom Angeklagten eine Geldleistung zu Gunsten der Staatskasse an, für die es keine gesetzliche Grundlage gibt, so kommt mangels Rechtsbeständigkeit dieser Zuwendung ein Rückforderungsanspruch nach Amtshaftungsgrundsätzen oder nach den Regeln des öffentlich-rechtlichen Erstattungsanspruchs in Betracht.[2148] Besteht zum Zeitpunkt der Pressekonferenz der Staatsanwaltschaft dringender Tatverdacht gegen einen Beschuldigten (wegen eines Kapitalverbrechens), ist die Offenbarung seiner Identität durch das öffentliche Informationsinteresse gerechtfertigt.[2149]

l. Strafrichter

427 Wegen einer Entscheidung des Strafrichters, dass nach Freispruch im Wiederaufnahmeverfahren dem Verurteilten eine Entschädigung wegen der verbüßten Strafe nach dem Gesetz betreffend der Entschädigung der im Wiederaufnahmeverfahren freigesprochenen Personen[2150] nicht zugesprochen werden soll, kann Schadensersatz nur bei **vorsätzlicher Rechtsbeugung** verlangt werden, weil diese Entscheidung wie das Urteil eines Spruchrichters in einer Rechtssache zu behandeln ist.[2151]

428 Die Entscheidung des Staatsanwalts über die Erhebung einer Anklage im Bereich des Legalitätsprinzips und die anschließende Entscheidung des Richters über die Eröffnung des Hauptverfahrens sind keine Ermessensentscheidungen; beide Amtsträger haben vielmehr bei der Prüfung des hinreichenden Tatverdachtes einen unbestimmten Rechtsbegriff mit einem gewissen Beurteilungsspielraum anzuwenden. Im Amtshaftungsprozess ist hiernach nur zu prüfen, ob die Entscheidung des Strafrichters **vertretbar** ist, selbst wenn sie nicht gebilligt wird. Zwar ist nur eine Lösung dem Gesetz entsprechend, also **richtig**, aber unterschiedliche Lösungen durch verschiedene Betrachter sind durchaus möglich, ohne dass sie als pflichtwidrig bezeichnet werden können.[2152] Schließlich hat sich der BGH noch mit der Frage beschäftigt, in welchem Umfang der Haftrichter vor Erlass eines Haftbefehls den Inhalt der Ermittlungsakten durcharbeiten muss.[2153]

429 Die Entscheidung des Vorsitzenden einer Strafkammer, den Hauptverhandlungstermin trotz der Bitte eines Zeugen um Terminverlegung bestehen bleiben zu lassen und den Zeugen zur Hauptverhandlung zu laden, stellt eine richterliche Tätigkeit dar, die darauf abzielt, eine Rechtssache durch Urteil zu entscheiden, und für die das **Richterprivileg** auch gegenüber Dritten wirkt, die an dem Rechtsmittelverfahren nicht unmittelbar beteiligt sind (hier: der Zeuge).[2154] Die Einleitung eines Ermittlungsverfahrens durch die Staatsanwaltschaft gemäß § 152 Abs. 2 StPO, der Umfang und die Dauer der Ermittlungen sowie die Entschließung zur Anklageerhebung nach § 170 Abs. 1 StPO können im Staatshaftungsprozess nicht auf ihre Richtigkeit, sondern nur daraufhin überprüft werden, ob sie vertretbar sind. Die Entschließung und die Eröffnung des Hauptverfahrens gemäß §§ 203, 209 Abs. 1 StPO stellt ein **Urteil in einer Rechtssache** im Sinne des § 839 Abs. 2 BGB dar.[2155]

430 Ein Strafgefangener kann einen Schadensersatzanspruch wegen Amtspflichtverletzung nicht darauf stützen, dass die Strafvollstreckungskammer in einem einstweiligen Anordnungsverfahren die Rechtswidrigkeit seiner Ablösung von seinem Arbeitsplatz für einen gewissen Zeitraum festgestellt hat, wenn sie in der nachfolgenden Hauptsacheentscheidung für rechtmäßig erklärt wurde.[2156] Ein grob amts-

---

[2146] OLG Düsseldorf v. 27.04.2005 - I-15 U 98/03, 15 U 98/03 - NJW 2005, 1791-1810.
[2147] OLG München v. 01.08.2008 - 1 U 3549/08.
[2148] OLG Hamburg v. 28.07.2004 - 1 W 24/04 - OLGR Hamburg 2005, 7-8.
[2149] OLG Celle v. 22.07.2003 - 16 U 25/03 - NJW 2004, 1461-1463.
[2150] Vom 20.05.1998, RGBl. 345.
[2151] BGH v. 14.07.1971 - III ZR 181/69 - BGHZ 57, 33-47; ausführlich hierzu *Thode*, DRiZ 2002, 417-424.
[2152] BGH v. 18.06.1970 - III ZR 95/68 - NJW 1970, 1543.
[2153] BGH v. 29.05.1958 - III ZR 38/57 - BGHZ 27, 338-351.
[2154] OLG Düsseldorf v. 10.03.1988 - 18 U 233/87 - JMBl NW 1988, 119.
[2155] OLG Dresden v. 21.02.2001 - 6 U 2233/00 - OLGR Dresden 2001, 551-556.
[2156] OLG Hamburg v. 16.04.2004 - 1 U 128/03 - NVwZ-RR 2004, 634-635.

pflichtwidriges Fehlverhalten des Strafrichters liegt nicht vor, wenn er sich der kostspieligen Hilfe eines Wirtschaftssachverständigen bedient, da Geschäftsunterlagen einem Brand zum Opfer gefallen waren. Das Strafverfahren dient der Durchsetzung des staatlichen Strafanspruchs und der Wahrung der öffentlichen Sicherheit; fiskalische oder sonstige finanzielle Erwägungen spielen demgegenüber nur eine untergeordnete Rolle.[2157]

m. Strafvollzug

Offen ist die Frage, ob ein Bundesland im Hinblick auf seine Verpflichtung gegenüber einem Strafgefangenen zur **Gesundheitsfürsorge** auch für schuldhafte Behandlungsfehler von Ärzten, die den Gefangenen in einem öffentlichen Krankenhaus behandelt haben, gemäß § 839 BGB haftet.[2158] Sofern ein Beamter eine **Auskunft** erteilt, muss diese dem Stand seiner Kenntnismöglichkeit entsprechend sachgerecht, d.h. vollständig, richtig und unmissverständlich sein. Dies gilt auch hinsichtlich des Umfangs der Auskunftserteilung eines Strafvollzugsbeamten über Vorstrafen eines Gefangenen, der sich als künftiger Freigänger um die Einstellung bei einem Privatunternehmen beworben hat.[2159] Weiterhin hat der BGH judiziert, dass das Gebot, Untersuchungsgefangene von Strafgefangenen getrennt zu halten, nicht den Schutzzweck habe, die Untersuchungsgefangenen vor Schädigungen durch Strafgefangene zu bewahren.[2160] Die Beachtung der in § 11 Abs. 2 StVollzG geregelten Voraussetzungen für die Gewährung von Lockerungen im Strafvollzug stellt eine drittschützende Amtspflicht i.S.d. § 839 BGB dar. Eine Amtshaftung ist auch gegeben bei der verspäteten Weiterleitung des Rentenantrages eines Strafgefangenen durch einen Sozialarbeiter der JVA.[2161] Die Amtspflicht ist verletzt, wenn die Entscheidung über die Gewährung von Vollzugslockerungen getroffen wurde, ohne dass alle gewichtigen tatsächlichen Umstände in die Entscheidung eingeflossen sind.[2162]

431

Bei der Unterbringung eines Strafgefangenen in einem Einzelhaftraum mit einer Grundfläche von 7,6 m² zusammen mit einem Mithäftling kann ein Schmerzensgeldanspruch wegen Verstoßes gegen die Menschenwürde begründet sein.[2163] Ein Schmerzensgeldanspruch besteht auch, wenn mehrere Gefangene in einem Haftraum gemeinsam untergebracht werden, selbst bei Ausstattung des Haftraumes mit einer räumlich abgetrennten gesondert entlüfteten Toilette, wenn jedem Gefangenen eine Zellengrundfläche von weniger als 5 m² zur Verfügung steht.[2164] Der Eintritt physischer oder psychischer Schäden ist keine Voraussetzung für den Entschädigungsanspruch.[2165] Bei einer nur zweitägigen Unterbringung in einem gemeinschaftlichen Haftraum kommt die Zahlung eines **Schmerzensgeldes** aus Gründen der Billigkeit weder unter dem Blickpunkt der Ausgleichs- noch der Genugtuungsfunktion in Betracht.[2166] Die Rechtsprechung geht von einer Verletzung der Menschenwürde und des Persönlichkeitsrechtes durch eine gemeinschaftliche Haftunterbringung erst nach einer Dauer von ca. 14 Tagen aus.[2167] Allerdings folgt nicht zwangsläufig aus einer rechtswidrigen Unterbringung eines Strafgefangenen in einem doppelt belegten Haftraum ein Amtshaftungsanspruch. Dies gilt auch dann, wenn eine Strafvollstreckungskammer einen Verstoß gegen den Anspruch auf Einzelunterbringung gemäß § 18 Abs. 1 Satz 2 StVollzG festgestellt hat.[2168] Der Schmerzensgeldanspruch eines Strafgefangenen wegen Unterbringung in einem doppelt belegten Einzelhaftraum besteht folglich nur bei einer schwerwiegen-

432

[2157] OLG München v. 05.08.2010 - 1 U 2562/10.
[2158] BGH v. 29.03.1990 - III ZR 325/89 - BGHR ZPO § 286 Abs. 1 Beweislastumkehr 1.
[2159] BGH v. 13.06.1991 - III ZR 76/90 - LM BGB § 839 (Ca) Nr. 81 (2/1992).
[2160] BGH v. 23.10.2003 - III ZR 354/02 - NJW 2003, 3698-3699.
[2161] OLG Celle v. 07.05.1997 - 16 W 4/97 - OLGR Celle 1997, 217-218; OLG Hamm v. 13.08.2010 - 11 U 190/10; LG Bielefeld v. 09.10.2003 - 2 O 552/02 - RuP 2004, 111-115.
[2162] OLG Karlsruhe v. 26.09.2001 - 7 U 148/99 - NJW 2002, 445-447.
[2163] OLG Celle v. 16.09.2002 - 16 W 47/02 - NJW 2003, 2463-2464; im Ergebnis ebenso LG Karlsruhe v. 13.07.2004 - 2 O 1/04 - StV 2004, 550-554; LG Halle v. 07.02.2006 - 8 O 340/05; LG Bonn v. 16.03.2009 - 1 O 457/07. Vgl. weiterhin *Kretschner*, NJW 2009, 2406-2411.
[2164] OLG Hamm v. 25.03.2009 - 11 W 106/08 - NStZ-RR 2009, 326-327 sowie v. 29.10.2010 - 11 U 239/09 u.a.
[2165] OLG Hamm v. 10.12.2010 - 11 U 48/09 u.a. sowie OLG Hamm v. 26.01.2011 - 11 U 122/10 u.a.
[2166] OLG Celle v. 02.12.2003 - 16 U 116/03 - StV 2004, 84-86, bestätigt durch BGH v. 04.11.2004 - III ZR 361/03 - NJW 2005, 58-60; im Ergebnis ebenso OLG Hamburg v. 06.05.2002 - 1 W 66/01 - OLGR Hamburg 2002, 460-461.
[2167] OLG Hamm v. 29.09.2010 - 11 U 367/09 u.a.
[2168] BVerfG v. 27.12.2005 - 1 BvR 1359/05 - NJW 2006, 1580-1581; BGH v. 28.09.2006 - III ZB 89/05 - NJW 2006, 3572-3573; LG Koblenz v. 20.04.2006 - 1 O 556/04 - ZfStrVo 2006, 181-183.

den Persönlichkeitsrechtsverletzung.[2169] Ein Amtshaftungsanspruch wurde wegen Verletzung der Menschenwürde bei Doppelbelegung eines Haftraums mit baulich nicht abgetrennter Toilette ohne Entlüftung bejaht. Maßgeblich war das Organisationsverschulden der zuständigen Behörde, die eine ausreichende Haftraumreserve nicht gebildet hatte. Eine Entschädigung von 25 € pro Tag sei nicht übersetzt.[2170] Ohne Überbelegung der Zelle wird ein Entschädigungssatz von 15 € pro Tag für gerechtfertigt erachtet.[2171] Für die Unterbringung eines Strafgefangenen in einer überbelegten, von Ungeziefer und Schimmel befallenen Zelle wurde ein Schadensausgleich in Höhe von 50 € täglich zugesprochen;[2172] bei einer menschenunwürdigen Unterbringung an 186 Tagen einer mehrjährigen Haftstrafe wurde eine Entschädigung in Höhe von 2.000 € für angemessen erachtet.[2173]

433 Ein Schadensersatzanspruch scheitert jedoch, wenn der Strafgefangene gegen die Unterbringung nicht nach StVollzG vorgegangen ist.[2174] Dies gilt insbesondere dann, wenn sich der Strafgefangene mit den ihm bekannten Bedingungen ausdrücklich einverstanden erklärt hat.[2175] § 839 Abs. 3 BGB ist grundsätzlich auf Entschädigungsansprüche wegen menschenunwürdiger Haftbedingungen anwendbar.[2176] Der Strafgefangene muss indes den Gebrauch eines Rechtsmittels schuldhaft unterlassen haben. Dies wird verneint, wenn der Strafgefangene einen Anspruch auf einen Einzelhaftraum hat, die JVA jedoch über keine derartigen Haftäume verfügt.[2177]

n. Urkundsbeamter

434 Im Mahnverfahren stellt es eine schuldhafte Amtspflichtverletzung des zuständigen Urkundsbeamten dar, wenn er die nachträglich durch die Post ergänzte Zustellungsurkunde ohne weiteres zu den Gerichtsakten nimmt. Er ist verpflichtet, den Vollstreckungsbefehl erneut und gesetzmäßig zustellen zu lassen. Zumindest muss der Urkundsbeamte den Kläger auf die ihm bekannten Umstände der erfolgten Zustellung, ihre Beurkundung und die von ihm gehegten Bedenken gegen eine formgerechte Zustellung hinweisen.[2178] Weiterhin ist der Urkundsbeamte verpflichtet, eine Zustellung **demnächst** zu veranlassen.[2179] Im Übrigen besteht eine Amtspflicht des Urkundsbeamten der Geschäftsstelle, ein Rechtskraftzeugnis nur bei nachgewiesener Rechtskraft zu erteilen; diese obliegt nicht gegenüber einem am Rechtsstreit unbeteiligten Dritten, dem das Rechtskraftzeugnis später von einer Prozesspartei vorgelegt wird.[2180] Weiter betont der BGH, dass eine Unkenntnis der einschlägigen Rechtsvorschriften oder der dazu ergangenen Rechtsprechung den Urkundsbeamten nicht zu entlasten vermag. Die zur Führung seines Amtes notwendigen Kenntnisse muss er besitzen oder sich verschaffen. Anderenfalls würde das Schadenrisiko in unzumutbarer Weise auf den Kläger verlagert.[2181] Der Urkundsbeamte beim Jugendamt verletzt seine Beratungspflichten nicht, wenn er den Vater eines nichtehelichen Kindes trotz des Hinweises, dass dieser Student und zur Zeit nicht leistungsfähig sei, rät, eine vollstreckbare Verpflichtung zur Zahlung des Regelunterhaltes zu Protokoll nehmen zu lassen.[2182]

[2169] OLG Hamburg v. 06.05.2002 - 1 W 66/01 - OLGR Hamburg 2002, 460-461.
[2170] OLG Hamburg v. 14.01.2005 - 1 U 43/04 - OLGR Hamburg 2005, 306-311. Vgl. im Übrigen zur Höhe des Schmerzensgeldes OLG Koblenz v. 15.03.2006 - 1 U 1286/05 sowie OLG Hamm v. 13.06.2008 - 11 W 54/08 - StRR 2009, 36-38; OLG Hamm v. 25.03.2009 - 11 W 106/08 - NStZ-RR 2009, 326-327.
[2171] OLG Karlsruhe v. 19.07.2005 - 12 U 300/04 - NJW-RR 2005, 1267; OLG Hamm v. 25.03.2009 - 11 W 106/08 - NStZ-RR 2009, 326-327.
[2172] OLG München v. 10.08.2006 - 1 W 1314/06 - VersR 2007, 843-844.
[2173] OLG Koblenz v. 22.11.2006 - 1 U 666/06 - StraFo 2007, 325-326.
[2174] OLG Naumburg v. 03.08.2004 - 4 W 20/04 - NJW 2005, 514-515; LG Hamburg v. 22.05.2003 - 303 O 28/03 - ZfStrVo 2004, 5-6.
[2175] OLG Hamm v. 29.09.2010 - 11 U 88/08.
[2176] OLG Celle v. 02.12.2003 - 16 U 116/03 - NJW-RR 2004, 380-382; OLG Schleswig v. 19.06.2008 - 11 U 24/07 - OLGR Schleswig 2009, 373-376.
[2177] BGH v. 11.03.2010 - III ZR 124/09, NJW-RR 2010, 1465-1467; OLG Schleswig v. 19.06.2008 - 11 U 24/07 - OLGR Schleswig 2009, 373-376.
[2178] BGH v. 29.06.1989 - III ZR 92/87 - LM Nr. 25 zu § 203 BGB.
[2179] BGH v. 07.04.1983 - III ZR 193/81 - LM Nr. 135 zu Art. 34 GrundG.
[2180] BGH v. 21.12.1959 - III ZR 138/58 - BGHZ 31, 388-394.
[2181] BGH v. 14.06.1984 - III ZR 68/83 - LM Nr. 6 zu § 36 BBauG; BGH v. 29.06.1989 - III ZR 92/87 - LM Nr. 25 zu § 203 BGB.
[2182] OLG Hamburg v. 23.11.1990 - 1 U 110/90 - ZfJ 1991, 439-443.

o. Vollstreckungsgericht

Der BGH hat sich mit der Amtspflicht des Vollstreckungsgerichtes bei Festsetzung des geringsten Gebotes für eine Grundstücksversteigerung beschäftigt. Gemäß § 44 Abs. 1 ZVG durften Nacherben- und Verpfändungsvermerk nicht bei der Feststellung des geringsten Gebotes berücksichtigt werden. Die Amtspflicht zur Beachtung der Verfahrensvorschriften des Zwangsversteigerungsgesetzes besteht auch gegenüber den **Erben** als Vollstreckungsschuldnern.[2183] Nach der Rechtsprechung des BGH bestehen die Amtspflichten des Zwangsversteigerungsverfahrens auch gegenüber dem **Meistbietenden**; er ist mithin Dritter im Sinne des § 839 BGB.[2184] Unerheblich sei, ob der Meistbietende stets eine verfahrensrechtlich gesicherte Anwartschaft auf den Erwerb des Grundstückes erlangt. Die nach der Rechtsprechung des BGH erforderliche besondere Beziehung zwischen der verletzten Amtspflicht und dem Geschädigten ergebe sich bereits daraus, dass sich der Bieter am Verfahren der Grundstücksversteigerung in einer gesetzlich geordneten Weise beteilige und die dort getroffenen gerichtlichen Maßnahmen ihm darum eine Vertrauensgrundlage für seine unter Umständen weit reichenden Vermögensdispositionen bieten müssen.[2185] Die Amtspflicht des Versteigerungsgerichtes zur Einhaltung der gesetzlichen Vorschriften im Zwangsversteigerungsverfahren schützt auch den Vollstreckungsgläubiger. Der Schutzzweck dieser Amtspflicht umfasst den Verlust, der dadurch eintritt, dass der Zuschlagsbeschluss wegen eines Zustellungsfehlers wieder aufgehoben wird oder in einem nachfolgenden Versteigerungstermin ein geringerer Erlös erzielt wird.[2186]

435

Erteilt der Rechtspfleger im **Versteigerungstermin** dem Ersteigerer die unzutreffende Auskunft, dass ihm von Denkmalschutzerwägungen für das Versteigerungsobjekt nichts bekannt ist, obwohl sich eine Anfrage der Denkmalschutzbehörde in der Beiakte befindet, liegt nach der Rechtsprechung keine Amtspflichtverletzung vor, da der Rechtspfleger nicht verpflichtet sei, sich unter sämtlich in Betracht kommenden rechtlichen Gesichtspunkten auch aus der Beiakte umfassend zu informieren (äußerst bedenklich).[2187] Bestehen Anhaltspunkte für Altlasten auf einem Grundstück, gehört es zu den Amtspflichten des Vollstreckungsgerichtes im Rahmen der Ermittlung des Verkehrswertes gem. § 74 a Abs. 5 ZVG, mit sachverständiger Hilfe zu klären, ob eine Kontaminierung des Grundstückes vorliegt.[2188] Im Zwangsversteigerungsverfahren besteht keine Amtshaftung gemäß Art. 34 GG/§ 839 BGB für Fehler eines gerichtlich bestellten Gutachters durch unrichtige Wertfestsetzung. Eine Haftung für die Tätigkeit eines Rechtspflegers im Zwangsversteigerungsverfahren, der hierbei richterliche Aufgaben wahrnimmt und dabei sachlich unabhängig (§ 9 RPflG) ist, besteht nur bei Vorsatz und grober Fahrlässigkeit.[2189]

436

Die Instanzgerichte haben betont, dass die Angabe der tatsächlichen Nutzung eines Objektes (hier: Schankwirtschaft) bei der Veröffentlichung des **Zwangsversteigerungstermins** durch das Vollstreckungsgericht keinen Vertrauensschutz dafür gebe, dass die Nutzung rechtlich zulässig sei.[2190] Bei der Zwangsversteigerung eines bebauten Grundstücks ist die konkrete Nutzungsart schlagwortartig in der Terminsbestimmung anzugeben, wenn die Nutzungsart baulich vorgegeben ist; das Unterlassen eines Hinweises auf die Nutzungsart kann Amtshaftungsansprüche begründen, wenn der Zuschlagsbeschluss aus diesem Grunde aufgehoben wird.[2191] Führt ein Vollstreckungsgericht eine Zwangsversteigerung in Unkenntnis der angeordneten Pflegschaft für den Grundstückseigentümer durch und wird der Zuschlagsbeschluss später wieder aufgehoben, so steht dem Meistbietenden gegen die Bediensteten des Vormundschaftsgerichts kein Anspruch aus Amtspflichtverletzung zu; deren Pflicht, entsprechende Informationen an das Vollstreckungsgericht weiterzuleiten, dient nur dem zwischengerichtlichen Infor-

437

[2183] BGH v. 23.03.2000 - III ZR 152/99 - LM ZVG § 44 Nr. 2 (9/2000).
[2184] BGH v. 21.04.1958 - III ZR 218/56 - LM Nr. 5 zu § 839 (D) BGB; BGH v. 02.10.1986 - III ZR 93/85 - WM 1987, 52-54; BGH v. 13.09.2001 - III ZR 228/00 - LM BGB § 839 (FI) Nr. 62 (7/2002); OLG Frankfurt v. 06.08.2003 - 1 U 112/02 - InVo 2004, 203-204.
[2185] BGH v. 22.02.2001 - III ZR 150/00 - LM BGB § 839 (Cb) Nr. 105 (11/2001); BGH v. 13.09.2001 - III ZR 228/00 - LM BGB § 839 (FI) Nr. 62 (7/2002).
[2186] BGH v. 22.01.2009 - III ZR 172/08 - NJW-RR 2009, 601-603.
[2187] OLG Brandenburg v. 25.03.2003 - 11 U 126/02 - OLGR Brandenburg 2004, 317-318.
[2188] OLG Karlsruhe v. 30.07.2010 - 12 U 245/09 - RPfleger 2010, 688-690.
[2189] OLG Frankfurt v. 10.12.2004 - 1 W 69/04 - MDR 2005, 1051-1052; vgl. hierzu auch BGH v. 05.10.2006 - III ZR 283/05 - NJW 2007, 224-227.
[2190] OLG Karlsruhe v. 09.02.1989 - 9 U 148/87 - MDR 1990, 452-453.
[2191] OLG Nürnberg v. 09.11.2005 - 4 U 920/05 - OLGR Nürnberg 2006, 280-281.

mationsfluss; der Meistbietende ist nicht **Dritter** im Sinne des § 839 Abs. 1 BGB.[2192] Soweit es um einen Pfändungs- und Überweisungsbeschluss geht, wurde in der Rechtsprechung ausdrücklich betont, dass das Haftungsprivileg des § 839 Abs. 2 Satz 1 BGB grundsätzlich nicht anwendbar sei.[2193] Wird der Erlass des Pfändungs- und Überweisungsbeschlusses so zögerlich bearbeitet, dass nach Ablauf der Monatsfrist das vorläufige Zahlungsverbot entfällt, so ist eine Schadensersatzklage dennoch nicht begründet, wenn der Antrag auf Erlass eines Pfändungs- und Überweisungsbeschlusses bei korrekter Behandlung hätte zurückgewiesen werden müssen (z.B. mangels hinreichender Bestimmtheit).[2194]

438 Wenn bei einem Urteil auf Auskunft über Zugewinn durch Vorlage eines Bestandsverzeichnisses und Vorlage „der für die Bewertung erforderlichen Unterlagen" mangels ausreichender Konkretisierung der vorzulegenden Unterlagen dieses Urteil nicht vollstreckbar ist und dennoch Beugehaft verhängt wird, so ist die Amtspflicht, niemanden rechtswidrig in seiner Freiheit zu beeinträchtigen, verletzt. Bei einer amtspflichtwidrigen 4-tägigen Beugehaft wurde ein Schmerzensgeld in Höhe von 1.500 DM[2195] bzw. 2.000 DM[2196] festgesetzt.

p. Vormundschaftsgericht

439 Ein Vormundschaftsrichter begeht eine Amtspflichtverletzung, wenn er vor Erteilung einer vormundschaftlichen Genehmigung den Sachverhalt nicht hinreichend aufklärt.[2197] So ist der verantwortliche Rechtspfleger in seiner Funktion als Vormundschaftsrichter verpflichtet, vor Bestellung des Vormundes Nachforschungen über dessen Vermögensverhältnisse anzustellen. Es liegt eine Amtspflichtverletzung vor, wenn zum Vormund jemand bestellt wird, gegen den bereits zweimal Haftandrohung zur Abgabe der eidesstattlichen Versicherung ergangen war.[2198] Der BGH hat sich weiterhin beschäftigt mit den Amtspflichten des Vormundschaftsrichters gegenüber einem minderjährigen Hoferben bei Fortschreiten im Ergebnis übermäßiger Belastung eines von der Mutter des **minderjährigen Eigentümers** verwalteten und genutzten Hofgrundstücks.[2199] Eine Amtspflichtverletzung des Vormundschaftsrichters wurde bejaht, wenn der Vormund oder der Pfleger jahrelang Einkünfte des Mündels veruntreut hat und die einzige Möglichkeit der Schadenabwendung darin bestand, den Vormundschaftsrichter auf die Veruntreuung aufmerksam zu machen. In einem derartigen Fall braucht sich das Mündel nicht das Verschulden seines Vormunds oder Pflegers bei der Abwendung des Schadens anrechnen zu lassen.[2200] Es kann eine Pflichtverletzung des Vormundschaftsrichters sein, wenn er einem 71jährigen Rentner so viele Vormundschaften und Pflegschaften gleichzeitig überträgt, dass dieser zur sachgemäßen Betreuung aller Mündel nicht in der Lage ist.[2201] Weiter hat sich der BGH mit den Besonderheiten der Amtspflichtverletzung von Bezirksnotaren als Vormundschaftsrichter im Landesdienst des Landes Baden-Württemberg (vor dem 01.01.1982) beschäftigt.[2202]

440 Rechtsgrundsätzlich und ziemlich weitgehend hat das OLG München judiziert, dass für die richterliche Tätigkeit und die Ermessensentscheidung im Bereich der freiwilligen Gerichtsbarkeit nur dann ein amtspflichtwidriges Verhalten anzunehmen sei, wenn die Entscheidung des Richters so fehlsam erscheine, dass sie mit den an eine ordnungsgemäße Richtertätigkeit zu stellenden Anforderungen schlechthin, d.h. jedem sachlich Beurteilenden einleuchtend, unvereinbar sei.[2203] Weiterhin haben die Instanzgerichte im Zusammenhang mit der Tätigkeit des Vormundschaftsgerichtes betont, dass eine Gemeinde nicht für Pflichtverletzungen ihres Beamten haftet, den das Vormundschaftsgericht auf ihren Vorschlag zum Einzelvormund oder -pfleger bestellt hat.[2204] Sofern das Vormundschaftsgericht

---

[2192] OLG München v. 21.10.1993 - 1 U 3105/93 - OLGR München 1995, 65-66.
[2193] OLG Schleswig v. 04.12.1992 - 11 U 181/90 - SchlHA 1993, 91-92; vgl. zur Entscheidungen des RG zur Amtspflichtverletzung des Vollstreckungsgerichtes *Wurm*: in: Staudinger, § 839 Rn. 686.
[2194] OLG Saarbrücken v. 26.11.2002 - 4 U 46/02 - 7, 4 U 46/02 - OLGR Saarbrücken 2003, 217-221.
[2195] OLG München v. 27.05.1993 - 1 U 6228/92 - NJW-RR 1994, 724-725.
[2196] OLG München v. 29.04.1992 - 1 W 1406/92 - OLGR München 1992, 99.
[2197] BGH v. 22.05.1986 - III ZR 237/84 - NJW 1986, 2829-2832.
[2198] LG Freiburg v. 05.05.2004 - 14 O 410/02 - FamRZ 2007, 2104-2106.
[2199] BGH v. 15.11.1973 - III ZR 42/72 - VersR 1974, 358.
[2200] BGH v. 31.03.1960 - III ZR 37/59 - BGHZ 33, 136-144; vgl. zur Frage des anrechenbaren Mitverschuldens des gesetzlichen Vertretens auch BGH v. 24.06.1965 - III ZR 219/63 - NJW Nr. 13 zu § 209 BGB.
[2201] BGH v. 07.05.1962 - III ZR 158/61 - LM Nr. 1 zu § 1848 BGB.
[2202] BGH v. 06.10.1994 - III ZR 134/93 - LM BGB § 839 (Ca) Nr. 97 (4/1995).
[2203] OLG München v. 06.04.2009 - 1 U 5249/08 - BTPrax 2009, 244-245.
[2204] OLG Köln v. 29.02.1988 - 7 W 50/87 - FamRZ 1988, 1097-1098.

Kenntnis von dem Eingang von Mündelgeldern erlangt, hat es sich alsbald bei dem Vormund oder Pfleger nach der Verwendung der Gelder zu erkundigen.[2205] Führt das Vollstreckungsgericht die Zwangsversteigerung in Unkenntnis der angeordneten Pflegschaft für den Grundstückseigentümer durch und wird der Zuschlagsbeschluss später wieder aufgehoben, so steht dem Meistbietenden gegen die Bediensteten des Vormundschaftsgerichtes kein Anspruch aus Amtspflichtverletzung zu, da deren Pflicht, entsprechende Informationen an das Vollstreckungsgericht weiter zu leiten, nur den zwischengerichtlichen Informationsfluss sicherstellen soll und keine den Bietern im Zwangsversteigerungsverfahren gegenüber obliegende Amtspflicht begründet.[2206] Der Vormundschaftsrichter hat bei der vorläufigen Betreuerbestellung unter vorläufiger Anordnung der Unterbringung zu prüfen, ob Gefahr in Verzug ist oder ob mit einem Aufschub eine Gefahr verbunden ist. Anderenfalls begeht der Vormundschaftsrichter eine Amtspflichtverletzung.[2207] Mit der Abgrenzung von Amtspflichten des Jugendamtes und des Vormundschaftsgerichtes beschäftigt sich das OLG Hamm.[2208]

Sofern das Vormundschaftsgericht einen **Abwesenheitspfleger** bestellt, ist es allein verpflichtet, die Tätigkeit des Pflegers zu überwachen. Der Umfang der Überwachung hängt von dem zutage tretenden Fürsorgebedürfnis ab. Das Interesse der Erben, ein Grundstück zu günstigen Marktpreisen schnellstmöglich zu veräußern, ist kein Interesse, welches das Vormundschaftsgericht vorrangig zu wahren hat.[2209] Ein amtsgerichtlicher Beschluss, der die Unterbringung eines (wegen vielfacher rechtswidriger Handlungen auffälligen) Minderjährigen in einer sozialpädagogischen Einrichtung anordnet, beruht auf §§ 1666, 1666a BGB; diese Normen bezwecken ausschließlich den Schutz des Kindes.[2210] 441

q. Zivilrichter

Die richterliche Amtspflicht, den der Kostenberechnung zugrunde zu legenden Streitwert zutreffend festzusetzen, besteht auch gegenüber den Prozessbevollmächtigten der Streitparteien.[2211] Eine schuldhafte Amtspflichtverletzung kann nicht angenommen werden, wenn der von den Richtern in einer schwierigen Rechtsfrage aufgrund sorgfältiger Überlegungen eingenommene und auch später aufrechterhaltene Rechtsstandpunkt jedenfalls aus gewichtigen Gründen vertretbar ist.[2212] Die Beiordnung eines Rechtsanwalts gemäß § 121 Abs. 2 ZPO durch das Gericht dient nicht dem Gebühreninteresse des beigeordneten Rechtsanwalts, so dass der Rechtsanwalt insoweit nicht Dritter i.S.d. § 839 Abs. 1 Satz 1 BGB ist. Er kann daher, wenn seine Beiordnung amtspflichtwidrig abgelehnt worden ist, nicht den Ersatz der Gebühren verlangen, die er bei pflichtgemäßer Beiordnung verdient hätte.[2213] Über einen PKH-Antrag (früher: Armenrechtsgesuch) hat der Zivilrichter zügig zu entscheiden.[2214] 442

30. Schlachthof

Der Leiter eines öffentlichen Schlachthofes ist berechtigt und verpflichtet, in den Schlachthof eingeführtes Fleisch, das nach seiner pflichtgemäßen, sachverständigen Überzeugung verdorben ist, vorübergehend **anzuhalten**, um eine lebensmittelpolizeiliche Untersuchung und Entscheidung der zuständigen Stelle herbeizuführen. Dies muss jedoch unverzüglich erfolgen, da er hierbei auch die Interessen und Belange des über das Fleisch Verfügungsberechtigten zu wahren hat.[2215] Der BGH hat weiter judiziert, dass die vertragsähnliche Haftung auch für Schlachthöfe mit Monopolstellung für leicht fahrlässige Schadenhandlungen durch Ortssatzung ausgeschlossen werden kann, soweit dies durch sachliche Gründe gerechtfertigt ist und den Benutzern keine unverhältnismäßigen Opfer abverlangt werden. Für einen generellen Ausschluss der gesetzlichen Haftung aus Art. 34 GG i.V.m. § 839 BGB ist hinge- 443

[2205] OLG Düsseldorf v. 11.03.1993 - 18 U 228/92 - JMBl NW 1994, 20-22.
[2206] OLG München v. 21.10.1993 - 1 U 3105/93 - OLGR München 1995, 65-66.
[2207] KG Berlin v. 28.11.1995 - 9 U 6782/94 - RuP 1996, 86-91.
[2208] OLG Hamm v. 20.11.1996 - 11 U 61/96 - ZfJ 1997, 433-435.
[2209] OLG Brandenburg v. 02.12.2003 - 11 U 25/03 - FamRZ 2005, 2082-2085; bestätigt durch BGH v. 24.02.2005 - III ZR 2/04 - OLGR Brandenburg 2005, 499-502.
[2210] OLG München v. 03.08.2004 - 1 U 3245/04 - VersR 2006, 272.
[2211] BGH v. 07.06.1962 - III ZR 36/61 - VersR 1962, 790-791.
[2212] BGH v. 14.10.1963 - III ZR 27/63 - VersR 1964, 146-149.
[2213] BGH v. 26.10.1989 - III ZR 147/88 - BGHZ 109, 163-171.
[2214] BGH v. 05.10.1959 - III ZR 111/58 - LM Nr. 1 zu § 118a ZPO.
[2215] BGH v. 12.05.1958 - III ZR 13/57 - LM Nr. 11 zu § 839 (B) BGB.

§ 839

gen eine ausdrückliche gesetzliche Ermächtigung erforderlich.[2216] Die Sorge für die Sicherheit und gefahrlose Benutzung des Schlachthofes ist eine Amtspflicht der Bediensteten, auch wenn es in der Satzung nicht ausdrücklich ausgesprochen ist.[2217] Ein Schadensersatzanspruch für das Abhandenkommen von Schlachtvieh aus dem Kühlhaus des Schlachthofes aus einem verwaltungsrechtlichen Schuldverhältnis in Gestalt der öffentlich-rechtlichen Verwahrung sowie ein Amtshaftungsanspruch sind nicht gegeben, wenn nach der Satzung des städtischen Schlachthofes keine Obhutspflicht gegeben ist.[2218] Der Schlachthofbetreiber hat gegen die zuständige Behörde einen Anspruch auf korrekte Durchführung sogenannter BSE-Tests; anderenfalls liegt eine Amtspflichtverletzung vor.[2219] Nach Auffassung der Rechtsprechung hat ein auf § 2 der Schweinepest-Schutzverordnung gestütztes „Verbringungsverbot" keinen Drittbezug. Dieses „Verbringungsverbot" sei eine ermessenslenkende Verwaltungsvorschrift an die nachgeordneten Behörden. Eine besondere individuelle Betroffenheit wurde verneint.[2220]

31. See-Berufsgenossenschaft/Wasser und Schifffahrtsamt

444   Die See-Berufsgenossenschaft ist bei der Wahrnehmung der ihr nach § 6 Abs. 1 SeeaufgG zugewiesenen Aufgaben des Bundes nach § 1 Nr. 4 SeeaufgG für Amtspflichtverletzungen ihrer Mitarbeiter haftungsrechtlich verantwortlich.[2221] Wird ein Boot bei dessen **Sicherstellung wegen Hochwasser** durch das Wasser- und Schifffahrtsamt beschädigt, so steht dem Eigentümer auch bei Rechtswidrigkeit der Ersatzvornahme wegen Nichtandrohung des sofortigen Vollzuges kein Anspruch nach Amtshaftungsgrundsätzen zu, wenn der Schaden auch bei der formell rechtmäßigen Verhaltensweise entstanden wäre.[2222] Die bei der Verwaltung des Abwrackfonds (§§ 32a, 32b BinSchVerkG) wahrzunehmenden Amtspflichten obliegen den zuständigen Beamten des Wasser- und Schifffahrtsamtes nur im Interesse der Allgemeinheit und des Staates, nicht auch zum Schutz der Schifffahrt Treibenden.[2223] Bei der **Errichtung von Bundeswasserstraßen** bestehen, soweit nicht Allgemeingesetze (wie z.B. § 823 Abs. 1 BGB) verletzt werden, keine drittgerichteten Amtspflichten, da die öffentliche Hand hier nicht zum Schutz von Individualinteressen tätig wird.[2224]

32. Schleusenbetrieb

445   Die richtige Durchführung und Überwachung des Betriebes an einer Schleuse ist ein Teil der Verkehrssicherungspflicht. Diese richtet sich nach bürgerlichen Grundsätzen, so dass für Fehler in der Bedienung der Schleuse die für sie verkehrssicherungspflichtige Bundesrepublik nach den §§ 831, 823, 31, 89 BGB haftet.[2225] An das Vorliegen des Verschuldens beim Schleusenbetrieb werden hohe Anforderungen gestellt.[2226]

33. Stiftungsaufsicht

446   Einem Beamten, der mit der Wahrnehmung der staatlichen Stiftungsaufsicht betraut ist, obliegt diese Aufsicht als Amtspflicht auch gegenüber der Stiftung selbst.[2227] Die Stiftungsaufsicht dient nämlich nicht nur dem öffentlichen Interesse, sondern auch dem der überwachten Stiftung selbst, da die Stiftung

---

[2216] BGH v. 17.05.1973 - III ZR 68/71 - BGHZ 61, 7-17; vgl. weiterhin BGH v. 20.06.1974 - III ZR 97/72 - NJW 1974, 1816-1818.
[2217] BGH v. 26.04.1983 - III ZR 117/82 - VersR 1983, 668.
[2218] OLG Hamm v. 28.11.1985 - 18 U 346/84 - VersR 1987, 789-790.
[2219] BGH v. 15.02.2007 - III ZR 137/06 - NVwZ-RR 2007, 368-369; OLG Bremen v. 10.12.2008 - 1 U 11/08 - OLGR Bremen 2009, 250-255.
[2220] LG Düsseldorf v. 29.09.2010 - 2b O 34/10.
[2221] BGH v. 02.12.2004 - III ZR 358/03 - DVBl. 2005, 371-373.
[2222] OLG Koblenz v. 05.07.2000 - 1 U 593/98 - OLGR Koblenz 2001, 45-35.
[2223] BGH v. 27.10.1983 - III ZR 126/82 - NJW 1984, 2220-2223.
[2224] BGH v. 15.11.1982 - II ZR 206/81 - NJW 1983, 2313-2315.
[2225] BGH v. 09.02.1956 - III ZR 255/54 - BGHZ 20, 57-61 ebenso Schifffahrtsobergericht Hamburg v. 28.07.1999 - 6 U 237/98 BSchG - OLGR Hamburg 2000, 74-76.
[2226] Rheinschiffahrtsobergericht Karlsruhe v. 15.04.1997 - U 5/96 BSch - NZV 1997, 514; vgl. auch OLG Hamburg v. 10.02.1983 - 6 U 35/82 - VersR 1983, 1076-1077.
[2227] BGH v. 03.03.1977 - III ZR 10/74 - BGHZ 68, 142-151; vgl. zu den Pflichten der Stiftungsaufsicht auch BVerwG v. 10.05.1985 - 7 B 211/84 - NJW 1985, 2964-2965.

keine Mitglieder hat und sie deshalb nur durch die Stiftungsaufsicht vor Pflichtverletzungen ihrer Organe geschützt werden kann.[2228]

34. Straßenverkehrsbehörde

a. Straßenverkehrsregelung

Die Verkehrsregelungspflicht ist von der Verkehrssicherungspflicht zu unterscheiden. Die Verkehrsregelungspflicht gebietet es, den Verkehr durch Verkehrszeichen und Verkehrsregelungen gefahrlos zu lenken. Gem. § 45 Abs. 3 StVO hat die Straßenverkehrsbehörde darüber zu bestimmen, wo und welche **Verkehrszeichen** und Verkehrseinrichtungen anzubringen sind.[2229] Die Amtspflichten der Straßenverkehrsbehörde im Zusammenhang mit der Straßenverkehrsregelung waren vielfach Gegenstand der Rechtsprechung. So hat sich der BGH u.a. beschäftigt mit der Frage der Auswahl der Umgehungsstraßen.[2230] weiterhin mit Autobahnen, die nach allgemeiner Kenntnis zu besonderer Glatteisbildung neigten und die unzureichend ausgeschildert waren (die Warnschilder waren nur teilweise aufgestellt).[2231] Die Straßenverkehrsbehörde hat für eine möglichst gefahrlose Abwicklung des Verkehrs Sorge zu tragen, weshalb irreführende Verkehrsregelungen nicht getroffen werden dürfen.[2232] Unzulässig sind demnach auch irreführende Verkehrsampeln für Linksabbieger.[2233] Eine Verkehrspflicht der Straßenverkehrsbehörden besteht an unübersichtlichen Kreuzungen.[2234] Bei einem erkennbar unbefestigten Bankett besteht keine Warnpflicht vor hoher Geschwindigkeit.[2235] Die **Verkehrsregelungspflicht** erstreckt sich auch auf den Bereich der Tankstellenausfahrt. Indes muss die an der Tankstelle vorbeiführende Einbahnstraße an der Ausfahrt der Tankstelle nicht gesondert gekennzeichnet werden.[2236] Sofern eine Verkehrsregelung geändert wird, müssen **Warnzeichen** – vorübergehend – angebracht werden;[2237] entschließt sich die Behörde zu einer Verkehrsregelung, so darf diese weder irreführend noch undeutlich sein oder gar neue Gefahren schaffen.[2238] Mit den Anforderungen an eine ordnungsgemäße Beschilderung hat sich die Rechtsprechung mehrfach befasst.[2239] Hierbei fordert die Rechtsprechung das Aufstellen von Warnschildern (§ 40 Z 124 StVO Wildwechsel) bei einer Häufung von Wildunfällen.[2240] Wenn also die Straßenverkehrsbehörde die Nutzung einer Anlegestelle durch das Verbotszeichen 250 wegen Hochwassers untersagt und dieses Schild zum Unfallzeitpunkt vermutlich durch unbefugte Personen entfernt war, kann dies in der Regel der Straßenverkehrsbehörde nicht angelastet werden.[2241] Die Straßenverkehrsbehörde ist auch dafür verantwortlich, dass ein angebrachter **Verkehrsspiegel** seine Funktion (weiterhin) erfüllen kann. Die Verantwortung für die Anbringung vorschriftsmäßiger Verkehrszeichen trägt zwar grundsätzlich allein die Straßenverkehrsbehörde, jedoch kann im Einzelfall auch der Träger der Straßenbaulast als Verkehrssicherungspflichtiger verpflichtet sein, bei der Straßenverkehrsbehörde auf eine Änderung der Verkehrsregelung hinzuwirken.[2242] Wenn das vorhandene **Zeichen 205 „Vorfahrt gewähren"** bei Annäherung an die Kreuzung zeitweise von einem **großen Baum** verdeckt wird und die Befürchtung besteht, dass der durchschnittlich sorgfältige Fahrer bei der Annäherung an die Einmündung von der Situation überrascht wird, muss

447

[2228]BayObLG München v. 09.10.1990 - BReg 2 Z 438/89 - BayObLGZ 1990, 264-275.
[2229]BGH, Urt. v. 15.03.1990 - III ZR 149/89 - NVwZ 1990, 898-899; OLG Saarbrücken v. 04.05.2010 - 4 U 272/09 - 76 - NJW 2010, 3104-3105.
[2230]BGH v. 29.10.1959 - III ZR 139/58 - LM Nr. 18 zu § 839 (Fg) BGB.
[2231]BGH v. 12.07.1962 - III ZR 139/61 - LM Nr. 33 zu § 839 (Fe) BGB; einschränkend OLG Frankfurt v. 05.05.1983 - 1 U 204/82 - VerkMitt 1984, 30-31.
[2232]BGH v. 18.10.1962 - III ZR 66/61 - LM Nr. 34 zu § 839 (Fe) BGB.
[2233]BGH v. 13.07.1972 - III ZR 98/70 - LM Nr. 32 zu § 839 (Fg) BGB.
[2234]BGH v. 11.12.1980 - III ZR 34/79 - LM Nr. 37 zu § 839 (Fg) BGB.
[2235]BGH v. 27.01.2005 - III ZR 176/04 - NVwZ-RR 2005, 362-363; OLG Braunschweig v. 17.07.2002 - 3 U 267/01 - NZV 2002, 2563-2565.
[2236]BGH v. 25.04.1985 - III ZR 53/84 - LM Nr. 87 zu § 839 (Fe) BGB.
[2237]BGH v. 15.03.1990 - III ZR 149/89 - LM Nr. 19 zu § 276 (Fc) BGB.
[2238]BGH v. 27.02.1967 - III ZR 210/64 - VersR 1967, 602.
[2239]Vgl. z.B. OLG Brandenburg v. 12.02.2002 - 2 U 20/01 - VerkMitt 2002, Nr. 53; OLG Koblenz v. 02.12.2002 - 12 U 1027/01 - VD 2003, 55-57; OLG Braunschweig v. 18.12.2002 - 3 U 135/02 - OLGR Braunschweig 2003, 185-187; OLG Dresden v. 22.10.2003 - 6 U 870/03 - IVH 2003, 286.
[2240]LG Stade v. 19.02.2004 - 3 O 234/03 - EAR 2004, 528-529.
[2241]LG Hannover v. 03.12.2008 - 11 O 107/08.
[2242]BGH v. 15.06.2000 - III ZR 302/99 - LM BGB § 839 (Fm) Nr. 53 (1/2001).

§ 839

die Straßenverkehrsbehörde tätig werden.[2243] Hingegen muss der Verkehrssicherungspflichtige nicht dafür einstehen, dass Dritte pflichtwidrig Sicherungseinrichtungen im Straßenverkehr umstellen und damit gefährdend in den Straßenverkehr eingreifen.[2244]

448 Der Einzelne hat einen **Anspruch auf verkehrsregelndes Einschreiten** der Straßenverkehrsbehörde, wenn eine Verletzung seiner geschützten Individualinteressen in Betracht kommt. Dieser Anspruch geht jedoch lediglich auf eine ermessensfehlerfreie Entscheidung.[2245] Warnen muss die Straßenverkehrsbehörde nur vor solchen Gefahren, die für den sorgfältigen Benutzer nicht oder nicht rechtzeitig erkennbar sind und auf die er sich nicht oder nicht rechtzeitig einzustellen vermag.[2246] Ist der Straßenverkehrsbehörde die Notwendigkeit einer Verkehrsregelung seit mehreren Jahren bekannt und wird das Erforderliche nicht veranlasst, stellt dies eine schuldhafte Amtspflichtverletzung dar.[2247] Bei der Regelung von Straßenbahnverkehr und Fußgängerverkehr hat die Verkehrssicherungsbehörde dafür Sorge zu tragen, dass die Fußgängerampel nur dann grünes Licht zeigt, wenn sich keine Straßenbahn nähert.[2248] Nach Durchführung eines Volksfestes kann es geboten sein, dass der Verkehrssicherungspflichtige auch die unmittelbar an einem Parkplatz angrenzenden Bereiche auf etwaige Gefahrenstellen für parkende Fahrzeuge hin kontrolliert.[2249]

449 Wird eine durch den Zustand der Fahrbahn bedingte **Gefahrenquelle** durch Gefahrenzeichen zu § 40 StVO mit Zusatzschild zum Charakter der Gefahrenquelle und Geschwindigkeitsbeschränkung auf 30 km/h pro Stunde ausgewiesen, ist der anlässlich eines Unfalls gegen die Straßenbaubehörde erhobene Vorwurf einer Verletzung der Verkehrssicherungspflicht unbegründet, zumal im Bereich der Verkehrsregelung der Straßenbaubehörde die entsprechende Zuständigkeit für weitere Maßnahmen fehlt.[2250] Auch kann der Straßenverkehrsbehörde kein Organisationsmangel zur Last gelegt werden, wenn sein Wochenend-Bereitschaftsdienst von einer Gefahrenstelle nicht unverzüglich unterrichtet wird. Erlangt ein Bediensteter außerdienstlich Kenntnis von einer Gefahrenstelle, die er absichert, so muss er nicht von Amts wegen nach weiteren Gefahrenstellen suchen, wenn ihm dafür kein konkreter Hinweis vorliegt.[2251] Bei Bauarbeiten im öffentlichen Straßenraum ist neben der ausführenden Baufirma und der Bauherren auch die Kommune verkehrssicherungspflichtig, die die betreffende Straße verwaltet und für sie die Straßenbaulast trägt, ohne dass sich sie auf das Verweisungsprivileg aus § 839 Abs. 1 Satz 2 BGB berufen kann.[2252]

b. Straßenverkehrssicherungspflicht (Bäume und Äste)

450 Die Rechtsprechung hat sich vielfach mit der Amtshaftung wegen Fahrzeugschäden durch einen von einem Baum herabfallenden Ast beschäftigen müssen.[2253] Zur Erfüllung der Verkehrssicherungspflicht ist eine fachmännische Baumkontrolle erforderlich; die Verkehrssicherungspflicht dient dem Schutz des Verkehrs vor Astbruch und Windwurf.[2254] Straßenbäume sind regelmäßig zweimal im Jahr durch qualifiziertes Person zu kontrollieren,[2255] nämlich einmal im belaubten und unbelaubten Zustand.[2256]

[2243] OLG München v. 04.10.2010 - 1 U 3427/10.
[2244] OLG München v. 06.12.2010 - 1 U 4434/10.
[2245] OLG Karlsruhe v. 17.11.1988 - 12 U 95/88 - NVwZ 1989, 399-400.
[2246] OLG Koblenz v. 28.09.1998 - 12 U 911/97 - OLGR Koblenz 1999, 30; im Ergebnis ebenso OLG München v. 29.07.1999 - 1 U 1992/99 - OLGR München 2000, 154-155.
[2247] OLG Köln v. 11.01.2001 - 7 U 103/00 - NJW-RR 2002, 1182-1185.
[2248] OLG Hamm v. 16.01.2001 - 9 U 146/00 - NZV 2001, 379-380.
[2249] OLG Saarbrücken v. 17.12.2002 - 4 U 169/02 - 22, 4 U 169/02- OLGR Saarbrücken 2003, 89-90.
[2250] OLG Hamm v. 01.10.2004 - 9 U 132/04 - NZV 2005, 256-257.
[2251] OLG Koblenz v. 19.04.2004 - 12 U 515/03 - NVwZ-RR 2004, 476-477.
[2252] OLG Karlsruhe v. 26.01.2005 - 7 U 161/03 - OLGR Karlsruhe 2005, 235-238.
[2253] Einen Überblick geben *Tschersich*, VersR 2003, 172-174; *Itzel*, MDR 2005, 545-548, 547 sowie *Schröder*, SVR 2007, 333-334.
[2254] OLG Jena v. 24.06.2009 - 4 U 648/08.
[2255] OLG Brandenburg v. 12.02.2002 - 2 U 37/01 - MDR 2002, 1067-1068; OLG Brandenburg v. 16.04.2002 - 2 U 17/01 - OLGR Brandenburg 2002, 411-413; OLG Brandenburg v. 25.11.2003 - 2 U 22/03 - IVH 2004, 23-24; OLG Hamm v. 04.02.2003 - 9 U 144/02 - NJW-RR 2003, 968; OLG Hamm v. 11.07.2003 - 9 U 71/03 - OLGR Hamm 2004, 8-9; LG Osnabrück v. 13.11.2003 - 1 O 3013/01; LG Kaiserslautern v. 26.09.2005 - 3 O 1030/04; hierzu *Otto*, VersR 2003, 1452-1453. Der BGH, BGH v. 04.03.2004 - III ZR 225/03 - NJW 2004, 1381-1382 hat ausdrücklich offen gelassen, ob diese Forderung der Oberlandesgerichte zutreffend ist.
[2256] OLG Düsseldorf v. 15.03.1990 - 18 U 228/89 - VersR 1992, 467-468; OLG München v. 07.08.2008 - 1 U 5171/07.

Allerdings besteht keine Verpflichtung, den Kraftfahrzeugverkehr auf einer Durchfahrtsstraße umfassend vor Schäden durch herabfallende Früchte eines am Fahrbahnrand stehenden Baumes zu schützen (hier: Walnuss).[2257] Darlegungs- und beweispflichtig ist grundsätzlich der Anspruchsteller. Ihm obliegt auch der Nachweis, dass bei der zumutbaren Überwachung der Straßenbäume eine Schädigung entdeckt worden wäre.[2258]

Das Maß der vom Verkehrssicherungspflichtigen **einzuhaltenden Sorgfalt** zum Schutz vor einem in den Straßenraum hineinragenden Baumteil ist im Einzelfall insbesondere anhand folgender Kriterien zu bestimmen: Verkehrsbedeutung der Straße (unter Berücksichtigung des Verkehrs von Fahrzeugen mit höheren Aufbauten), Fahrbahnbreite, Erkennbarkeit der Gefahrenstelle, Höhe des hineinragenden Astes; es hat eine Abwägung zu erfolgen zwischen dem Belangen der Verkehrssicherheit einerseits und dem ökologischen Interesse an der Erhaltung des Baumbestandes andererseits.[2259] Grundsätzlich erfolgt die Sichtprüfung nach der so genannten VTA-Methode.[2260] 451

Sofern eine **atypische Baumform**[2261] entsteht und der Baum an einem exponierten Standort sich befindet, bei dem wegen des starken Autoverkehrs und des regen Fußgängerverkehrs bei einem Astbruch die Gefahr schwerer Schäden bis hin zur Tötung eines Menschen besteht, muss eine kompromisslos sichere Kontrolle des Baumwipfels mit einem Hubwagen durchgeführt werden.[2262] Stellt der Verkehrssicherungspflichtige bei einer ordnungsgemäßen Sichtkontrolle Totholz in der Baumkrone fest, muss er die notwendigen Konsequenzen ziehen, d.h. unverzüglich bzw. in einem angemessenen Zeitraum ausreichende Schnittmaßnahmen durchführen.[2263] Eine schuldhafte Verletzung der Verkehrssicherungspflicht liegt vor, wenn Anzeichen oder sogenannte „Gefahrzeichen", die nach der Erfahrung auf die Gefahr des Abbrechens oder Umfallens des Baumes hinweisen, bei den erforderlichen Baumkontrollen verkannt oder übersehen werden.[2264] Eine Begutachtung von Straßenbäumen vom fahrenden Fahrzeug aus reicht u.a. dann nicht aus, wenn bei sehr hohen Bäumen vom Boden aus Totholz wegen äußerst dichter Krone nicht erkennbar ist; ggf. ist ein Hubwagen einzusetzen.[2265] Sofern der Schaden allerdings auch durch einen zum Unfallzeitpunkt herrschenden Sturm entstanden sein könnte, hat der Schädiger – wie üblich – die **Darlegungs- und Beweislast**.[2266] Etwas anderes gilt, wenn die beklagte Partei das Fällen und Beseitigen des Baumes während des Rechtsstreites und vor der erforderlichen Begutachtung durch einen Sachverständigen veranlasst und dadurch dem Kläger bewusst die Möglichkeit des Beweises einer Amtspflichtverletzung nimmt.[2267] 452

Die verkehrssicherungspflichtige Kommune haftet, wenn eine ehemaliger, an einem Steilhang gelegener Weg verunreinigt und überwuchert ist, sich hierdurch von oben herabfließende Wassermassen anstauen und zu einem Hangrutsch führen, durch den Unterlieger geschädigt werden.[2268] Weiterhin besteht eine Amtshaftung für Schäden an einem geparkten Pkw, die durch Grasmäharbeiten des Straßenverkehrssicherungspflichtigen entstehen.[2269] Grundsätzlich gehört das Mähen von zum Straßenkörper gehörenden Grünstreifen zur Straßenverkehrssicherungspflicht.[2270] Der Kommune obliegt weiterhin 453

[2257] OLG Stuttgart v. 30.10.2002 - 4 U 100/02 - MDR 2003, 28.
[2258] BGH v. 04.03.2004 - III ZR 225/03 - NJW 2004, 1381-1382.
[2259] OLG Celle v. 28.05.2003 - 9 U 23/03 - NdsRpfl 2003, 277-278.
[2260] OLG Brandenburg v. 18.11.2003 - 2 U 18/03 - OLG-NL 2004, 97-99; OLG Hamm v. 24.09.2004 - 9 U 158/02 - NZV 2005, 371-372. Hingegen hat bei der Ermittlung der Windwurf- und Bruchgefahr von Straßenbäumen im Rahmen von regelmäßigen Baumkontrollen das H/D-Verhältnis als Versagungskriterium keinen Eingang in die gängige Praxis oder den Stand der Technik gefunden, hierzu OLG Köln v. 01.06.2005 - 7 U 8/05 - AUR 2005, 277.
[2261] Z.B. bei einer so genannten Bauzwiesel, vgl. hierzu OLG Brandenburg v. 18.11.2003 - 2 U 18/03 - OLG-NL 2004, 97-99.
[2262] OLG Koblenz v. 25.02.2002 - 12 U 1214/00 - DAR 2002, 218-219.
[2263] OLG Brandenburg v. 12.02.2002 - 2 U 37/01 - MDR 2002, 1067-1068.
[2264] OLG Jena v. 14.01.2009 - 4 U 818/07 - MDR 2009, 324-325.
[2265] OLG Brandenburg v. 17.07.2001 - 2 U 99/00 - MDR 2002, 93.
[2266] BGH v. 04.03.2004 - III ZR 225/03 - NJW 2004, 1381-1382.
[2267] OLG Bremen v. 30.04.2008 - 1 U 4/08 - MDR 2008, 1061-1062.
[2268] OLG Saarbrücken v. 21.03.2006 - 4 U 113/05 - OLGR Saarbrücken 2006, 627-630.
[2269] BGH v. 28.11.2002 - III ZR 122/02 - MDR 2003, 265-266.
[2270] OLG Stuttgart v. 11.09.2002 - 4 U 108/2002, 4 U 108/02 - VersR 2002, 1572-1573; OLG Stuttgart v. 25.06.2003 - 4 U 41/03 - OLGR Stuttgart 2003, 436-438.

§ 839

454 die Beseitigung witterungsbedingter Verkehrsbeeinträchtigungen durch Herbstlaub. Allerdings kommt ein Mitverschulden des Verletzten in Betracht, wenn dieser Kenntnis hat von einer länger ausgebliebenen Straßenreinigung.[2271]

454 Die Verkehrssicherungspflicht beinhaltet allerdings nicht, jede überhaupt nur denkbare Gefahr auszuräumen; dem Betroffenen obliegt die Fürsorgepflicht, auf seine Sicherheit in zumutbarem Maße selbst zu achten. Dieser Grundsatz findet insbesondere dort seine Berechtigung, wo der Benutzer eines Verkehrsweges (hier eines im Randbereich baumbestandenen Rad- und Fußweges) mit naturbedingten Bodenunebenheiten und den sich daraus ergebenden Gefahrenquellen rechnen muss.[2272] Bei einer Straße mit geringer Verkehrsbedeutung (hier: Kreisstraße) besteht kein Vertrauen des Verkehrs, dass der Luftraum über der Fahrbahn bis zur höchst zulässigen Fahrzeughöhe von 4 m überall frei sei. Von daher können auf einer wenig genutzten Straße auch in einem **Luftraum** von weniger als 4 m Höhe Zweige und Äste in den Verkehrsraum ragen.[2273]

c. Straßenverkehrssicherungspflicht (Zustand der Fahrbahn)

455 Es ist Sache des Verkehrssicherungspflichtigen[2274], alle, aber auch nur diejenigen Gefahren auszuräumen und erforderlichenfalls vor ihnen zu warnen, die für den Benutzer, der die erforderliche Sorgfalt walten lässt, nicht erkennbar sind und auf die er sich nicht rechtzeitig einzustellen vermag.[2275] Ob eine Straße „in einem dem regelmäßigen Verkehrsbedürfnis entsprechenden Zustand" ist, entscheidet sich nach der **allgemeinen Verkehrsauffassung**, **Art und Häufigkeit der Benutzung** des Verkehrsweges und **Bedeutung des Verkehrsweges**.[2276] Grundsätzlich brauchen Verkehrsteilnehmer auf einer Bundesautobahn auch unter Berücksichtigung der angespannten Finanzlage der öffentlichen Haushalte nicht mit ganz beträchtlichen Vertiefungen und Asphaltabplatzungen in erheblichem Umfang zu rechnen.[2277] Die Nichtbeseitigung eines tiefen Schlaglochs in einer Ortsdurchgangsstraße stellt jedenfalls dann eine objektive Verletzung der dem Träger der Straßenbaulast obliegenden Verkehrssicherungspflicht dar, wenn sich der Schadensbereich über eine nicht unerhebliche Fläche erstreckt und im Scheidepunkt einer abschüssig verlaufenden Kurve liegt.[2278] Weiterhin brauchen Autofahrer mangels sichtbarer Einschränkungen und verkehrslenkender Maßnahmen auf einer Straße nicht mit einem Absatz im **Straßenbelag** mit einem Höhenunterschied von 19 cm zu rechnen, weil dies ein Hindernis darstellt, dass auch bei langsamster Fahrt und höchster Aufmerksamkeit nicht zu überwinden ist.[2279] Die Gemeinde ist allerdings nicht verpflichtet, **Unebenheiten** auf öffentlichen Gehwegen von geringer Verkehrsbedeutung bis zu einer Höhe von 2 cm zu beseitigen.[2280] Hingegen wurde eine Verletzung der Verkehrssicherungspflicht bejaht, wenn am Fahrbahnrand eine 4 cm hohe Stolperkante[2281] oder auf einem Spazierweg in einem Kurpark eine Vertiefung von 8 cm bis 10 cm[2282] sich befindet. Gleiches gilt, wenn durch Straßenbauarbeiten zwischen einem **Gullyeinlauf** und dem normalen Straßenbelag eine

---

[2271] KG Berlin v. 11.10.2005 - 9 U 134/04 - NJ 2006, 56-57; OLG Hamm v. 09.12.2005 - 9 U 170/04 - NVwZ-RR 2006, 718-720.

[2272] OLG Koblenz v. 10.01.2001 - 1 U 881/99 - NJW-RR 2001, 1392-1393.

[2273] OLG Rostock v. 10.06.2004 - 1 U 168/02 - NVwZ-RR 2005, 289.

[2274] Beauftragt der Verkehrssicherungspflichtige Mitarbeiter eines Privatunternehmens mit der Erfüllung der Straßenverkehrssicherungspflicht für öffentliche Straßen, so sind diese bei der Durchführung von Verkehrssicherungsmaßnahmen als Beamte im haftungsrechtlichen Sinne anzusehen, so OLG Nürnberg v. 30.07.2010 - 4 U 949/10 - NVwZ-RR 2010, 955-956.

[2275] BGH v. 21.06.1979 - III ZR 58/78 - VersR 1979, 1055; BGH v. 11.12.1984 - VI ZR 218/83 - NJW 1985, 1076; OLG Naumburg v. 30.07.1998 - 8 U 10/98; OLG Saarbrücken v. 09.11.2004 - 4 U 249/04 - 52- OLGR Saarbrücken 2005, 81-83; OLG Hamm v. 03.02.2009 - I 9 U 101/07, 9 U 101/07- NJW-RR 2010, 33-35; OLG Jena v. 31.05.2010 - 4 U 884/10.

[2276] OLG Jena v. 31.05.2010 - 4 U 864/10.

[2277] OLG Koblenz v. 03.03.2008 - 12 U 1255/07 - NVwZ-RR 2008, 651-652.

[2278] OLG Saarbrücken v. 03.11.2009 - 4 U 185/09 - SKZ 2010, 85-88.

[2279] OLG Jena v. 15.10.2002 - 3 U 964/01 - DAR 2003, 69-70.

[2280] OLG Schleswig v. 11.07.2002 - 11 U 47/01 - MDR 2003, 29-30; OLG Hamm v. 25.05.2004 - 9 U 43/04 - NJW-RR 2005, 255-257; OLG Koblenz v. 23.06.2010 - 1 U 1526/09 - LKRZ 2011, 116-117. Etwas anderes gilt allerdings bei der Neugestaltung eines dem Fußgängerverkehr vorbehaltenen Marktplatzes mit unauffälligen ca. 1,7 cm unter dem sonstigen Trittniveau scharfkantig verlegten Entwässerungsrinnen, so OLG Hamm v. 25.05.2004 - 9 U 43/04 - NJW-RR 2005, 255-257.

[2281] LG Mainz v. 05.06.2003 - 4 O 628/02.

[2282] OLG Hamm v. 15.10.2003 - 11 U 34/03 - NZV 2004, 141.

ziemlich plötzlich abfallende Kante in Höhe von 15 bis 20 cm entstanden ist.[2283] Dagegen haftet die Gemeinde bei einem durch einen **Poller** (Abgrenzung einer Tiefgarageneinfahrt zur öffentlichen Straße) verursachten Schaden nicht, auch wenn der Poller weder ausreichend beleuchtet noch gut erkennbar mit Signalfarbe nicht markiert ist.[2284] Gleiches gilt, wenn ein Fahrzeugführer mehrfach das Schild „Durchfahren verboten" missachtet und ein Hinweis auf eine ampelgesicherte Polleranlage angebracht ist.[2285] Hingegen kommt eine Haftung der Gemeinde in Betracht, wenn diese den Abtransport von Sand (Aushub städtischer Baustellen) duldet und im angrenzenden Straßenbereich eine Sandspur entsteht, auf der ein Motorradfahrer ins Rutschen kommt.[2286] Hingegen kann man von einem Verkehrsteilnehmer erwarten, dass er bei laubbedeckten Stellen auf der Fahrbahn besonders vorsichtig ist.[2287] Unter einer **Pfützenoberfläche** muss ein Verkehrsteilnehmer mit einem Schlagloch rechnen. Wer daher eine Pfütze mit einem Pkw durchfährt, hat den entstandenen Schaden allein zu verantworten.[2288]

Kleinere Schäden im Straßenbelag sind haftungsrechtlich in der Regel ohne Belang. Dies gilt insbesondere bei Warnung durch das Zeichen 101 „Gefahrstelle" bei einer im Ausbau befindlichen Straße und bei einem gut erkennbaren schlechten Zustand des Seitenstreifens.[2289] Hingegen besteht eine **Warnpflicht** vor frisch verfülltem Bitumen in einem Schlagloch.[2290] Problematisch ist das Abschalten der Straßenbeleuchtung zur Kostenersparnis; regelmäßig wird jedoch ein **Mitverschulden** des Verkehrsteilnehmers bejaht.[2291] Sofern hierbei der Blick auf den Stamm durch Blattwerk versperrt ist, muss dieses zur Seite geschoben werden.[2292] Für die Gemeinden besteht keine Pflicht, die in ihrem Gebiet gelegenen Straßen an Wochenenden darauf zu kontrollieren, ob dort Verkehrshindernisse, wie umgefahrene Poller, vorhanden sind.[2293]

456

Eine Gemeinde verletzt ihre gegenüber den **Radfahrern** bestehende Verkehrssicherungspflicht nicht, wenn sie einen Aufbruch im Fahrbahnbelag einer Gemeindestraße nicht schließt, der für einen Radfahrer bei der von ihm im Verkehr zu erwartenden Aufmerksamkeit so rechtzeitig erkennbar ist, dass dieser einen Unfall im Zusammenhang mit dieser Stelle vermeiden kann.[2294] Bei einem alkoholisierten Radfahrer wird grundsätzlich ein Mitverschulden vermutet.[2295] Weiterhin hat die Rechtsprechung klargestellt, dass der Benutzer eines Feldwirtschaftsweges dessen Zustand grundsätzlich hinnehmen und entsprechend aufmerksam fahren muss. Der Verkehrssicherungspflichtige muss allerdings Vorkehrungen gegen atypische Gefahren treffen, wenn hierfür Anlass besteht.[2296] Scherben auf einem Geh- und Radweg begründen nicht stets eine Verkehrssicherungspflichtverletzung. Diese ist zu verneinen, wenn der Geh- und Fahrweg dreimal wöchentlich durch die Straßenmeisterei (durch langsames Abfahren) kontrolliert wird und im Übrigen der Weg viermal jährlich mit einer handgeführten Maschine gereinigt wird.[2297] Der Benutzer des Fahrradweges muss sich den Verhältnissen anpassen und diesen so hinneh-

457

[2283] OLG Naumburg v. 16.09.2011 - 10 U 3/11 - MDR 2012, 346.
[2284] OLG Saarbrücken v. 23.12.2003 - 4 U 127/03, 4 U 127/03 - 25 - OLGR Saarbrücken 2004, 177-180; anders aber bei automatisch betriebenen versenkbaren Pollern zur Absperrung einer Fußgängerzone OLG Naumburg v. 30.07.1998 - 8 U 10/98.
[2285] OLG München v. 19.05.2006 - 1 U 2535/06; vgl. weiterhin zu Verkehrsunfällen mit einem Poller LG Kaiserslautern v. 28.10.2005 - 3 O 531/05 - sowie LG Rostock v. 16.11.2005 - 4 O 197/05 - LKV 2006, 431-432.
[2286] OLG Koblenz v. 28.01.2002 - 12 U 1295/00 - VersR 2002, 1042-1043.
[2287] OLG Frankfurt v. 11.09.2008 - 1 U 301/07 - MDR 2008, 1396.
[2288] LG Osnabrück v. 17.09.2009 - 5 O 1814/09.
[2289] OLG München v. 24.07.2006 - 1 U 2719/06; OLG München v. 29.06.2005 - 1 U 3120/05; OLG Brandenburg v. 13.02.2007 - 2 U 12/06 - ebenso für Zweige im Grünstreifenbereich von Autobahnen OLG Karlsruhe v. 09.03.2007 - 10 U 170/05 - DAR 2007, 335 m. Anm. *Woesch*, DAR 2007, 335-336.
[2290] OLG Jena v. 21.12.2005 - 4 U 803/04 - NZV 2006, 248-250.
[2291] OLG München v. 02.06.2005 - 1 U 2383/05; OLG Hamm v. 17.01.2006 - 9 U 102/05 - OLGR Hamm 2006, 467-468.
[2292] LG Heidelberg v. 03.08.2011 - 5 O 39/11.
[2293] OG Rostock v. 05.02.2010 - 5 U 127/09 - MDR 2010, 747.
[2294] OLG Stuttgart v. 01.10.2003 - 4 U 118/03 - OLGR Stuttgart 2003, 483-484.
[2295] OLG Hamm v. 15.09.1998 - 9 U 110/98 - OLGR Hamm 1999, 29-33.
[2296] OLG Koblenz v. 07.04.2003 - 12 U 1829/01 - NJW-RR 2003, 1253-1254; OLG Saarbrücken v. 23.09.2003 - 4 U 749/02 - 102 - OLGR Saarbrücken 2004, 1026-1027; OLG Naumburg v. 14.07.2006 - 10 U 24/06 - OLGR Naumburg 2007, 224-228; LG Kaiserslautern v. 28.03.2002 - 3 O 111/02.
[2297] OLG Koblenz v. 18.12.2002 - 1 U 1100/02 - VD 2003, 78-80. Vgl. weiterhin OLG Saarbrücken v. 17.07.2007 - 4 U 64/07 - 20.

men, wie er sich ihm erkennbar darbietet.[2298] Ein Fahrradfahrer muss sich darauf einstellen, dass ein befestigter Radweg in einer städtischen Wallanlage durch andere Radfahrer zerfahren worden ist, so dass entstandene Spurrillen das Lenken erschweren.[2299]

458 Zahlreiche Gerichte mussten sich mit den Anforderungen an einen Gehweg beschäftigen.[2300] Nach der Rechtsprechung richtet sich die Reichweite der Verkehrssicherungspflicht in dem Bereich der zwischen dem eigentlichen Straßenbelag und den Bordsteinen des Bürgersteiges befindlichen Randsteine grundsätzlich nach den Anforderungen des Fahrzeugverkehrs und nicht des Fußgängerverkehrs.[2301] Eine Haftung der Gemeinde für den Sturz eines **Fußgängers** auf einem wegen des Ausfalls einer Laterne nicht beleuchteten Gehweg wurde verneint.[2302] Die Ausleuchtung der Gehwege muss auch nicht so vorgenommen werden, dass trotz geparkter Fahrzeuge keine dunklen Stellen mehr verbleiben.[2303] Der Verkehrssicherungspflichtige ist nicht verpflichtet, unverzüglich solche Gefahren zu beseitigen, die erst durch das **Eingreifen Dritter** entstehen (wie z.B. Wegnahme von Gehwegplatten).[2304] Eine Kommune haftet nicht wegen Verletzung der Straßenverkehrssicherungspflicht, wenn auf einem Fußweg sich eine **deutlich sichtbare Schadstelle** befindet, so dass sich der Benutzer bei Begehung des Weges auf diese Gefahrenstelle ohne weiteres einzurichten vermag.[2305] Befindet sich ein asphaltierter Fahrradweg erkennbar in einem äußerst schlechten Zustand (z.B. zahlreiche tiefe Schlaglöcher), trifft die straßensicherungspflichtige Gemeinde nicht den Vorwurf der Verletzung der Verkehrssicherungspflicht, wenn sie die Gefahr weder beseitigt noch vor ihnen warnt.[2306] Hingegen verletzt der Träger der Straßenbaulast seine Verkehrssicherungspflicht, wenn er einen in einem desolaten und „vor sich selbst warnenden" Zustand befindlichen, für den öffentlichen Verkehr aber freigegebenen Fußgängerüberweg auf einen Mittelstreifen einer Straße über einen Zeitraum von mehreren Jahren nicht instand setzt.[2307] Bei einer erkennbar auf den Fußgängerverkehr beschränkten Widmung können für Fußgänger auch bei Dunkelheit erkennbare und deshalb keine Gefahr darstellenden Hindernisse (wie Absperrketten zwischen Pollern) angebracht werden. Eine zusätzliche Sicherung der Hindernisse zu Gunsten unbefugter Personen (wie z.B. Radfahrer) ist nicht erforderlich.[2308] Etwas anderes gilt allerdings, wenn der Pflichtige eine besondere Gefahrenlage geschaffen hat[2309] oder mit einer nahe liegenden bestimmungswidrigen Nutzung rechnen muss.[2310] Hingegen stellt der Regeneinlauf in einer Parkplatzzufahrt eine abhilfebedürftige Gefahrenquelle dar.[2311] Im Übrigen muss bei einem Volksfest nicht jede Gefahrenquelle abgesichert werden, solange sich hinreichend deutlich erkennbar ist.[2312]

459 Eine scharfkantige in Fahrtrichtung verlaufende Spurrille von einer Kreuzung mit einer Tiefe von 6,8 cm stellt eine abhilfebedürftige Gefahrenquelle dar.[2313] Insbesondere bei Durchführung von Baumaßnahmen einer Straße lässt sich eine völlige Gefahrlosigkeit der Straße mit zumutbaren Mitteln nicht erreichen. Dennoch dürfen Hydrantendeckel nicht 2 cm bis 2,5 cm aus der provisorischen Fahrbahnbedeckung herausragen.[2314] Netzrisse in der Fahrbahndecke (so genannte Elefantenhaut) können Anzeichen einer bevorstehenden gefahrenträchtigen Ablösung der Verschleißdecke sein und bedürfen

---

[2298] LG Rostock v. 25.08.2004 - 4 O 139/04 - MDR 2005, 396 im Anschluss an OLG Rostock v. 22.03.2001 - 1 U 144/99 - MDR 2001, 1052-1053.
[2299] OLG Celle v. 23.03.2005 - 9 U 199/04 - NJW-RR 2005, 754-755.
[2300] OLG Celle v. 25.01.2007 - 8 U 161/06 - OLGR Celle 2007, 634-637; OLG Jena v. 01.03.2006 - 4 U 719/04 - NVwZ-RR 2007, 66-67; LG Essen v. 12.05.2005 - 4 O 370/04; OLG Braunschweig v. 19.05.2005 - 3 U 192/04.
[2301] OLG Hamm v. 25.05.2004 - 9 U 208/03; OLG Düsseldorf v. 24.09.2008 - I-18 U 213/04.
[2302] OLG Hamm v. 05.04.2005 - 9 U 183/04 - NZV 2005, 525-526.
[2303] OLG Düsseldorf v. 09.03.1995 - 18 U 142/94 - NJW 1995, 2172-2173.
[2304] OLG Jena v. 08.02.2011 - 4 U 1040/10 - MDR 2011, 850-851.
[2305] OLG Jena v. 20.03.2012 - 4 W 134/12.
[2306] LG Rostock v. 25.08.2004 - 4 O 139/04 - MDR 2005, 396 unter Bezugnahme auf OLG Rostock v. 22.03.2001 - 1 U 144/99, MDR 2001 - 1052-1053.
[2307] KG Berlin v. 30.09.2011 - 9 U 11/11 - VersR 2012, 236-238.
[2308] OLG Jena v. 10.11.2004 - 4 U 432/04 - NZV 2005, 192-193.
[2309] So z.B. ein Einsatz von Kehrmaschinen auf einem Kopfsteinpflaster, vgl. hierzu LG Saarbrücken v. 25.03.2009 - 4 O 418/07.
[2310] BGH v. 18.10.1988 - VI ZR 94/88 - VersR 1989, 155; OLG Celle v. 18.01.1995 - 9 U 211/93 - NJW-RR 1995, 984; OLG Saarbrücken v. 31.08.2004 - 3 U 748/03 - 64 - MDR 2004, 1351-1352.
[2311] OLG Hamm v. 11.01.2005 - 9 U 173/04 - NZV 2005, 473-474.
[2312] OLG München v. 13.04.2006 - 1 U 4989/05.
[2313] OLG Hamm v. 24.01.2005 - 9 U 38/03 - NZV 2006, 197-198.
[2314] OLG Koblenz v. 19.07.2004 - 12 U 820/03 - OLGR Koblenz 2005, 79-80.

daher – erst recht bei einer Straße mit hohem Verkehrsaufkommen – regelmäßiger Kontrolle.[2315] Nach allgemeiner Auffassung begründet allein der ordnungswidrige Zustand der Fahrbahndecke (z.B. in Form eines Schlagloches) keine Verletzung der Verkehrssicherungspflicht, da dies erst dann bejaht wird, wenn die Fahrbahn gemäß den konkreten Umständen und örtlichen Verkehrsverhältnissen nicht bzw. nicht häufig genug **kontrolliert** wird. So ist bei einer stark befahrenen Autobahn eine tägliche **Kontrolle** erforderlich.[2316]

d. Straßenverkehrssicherungspflicht (Streupflicht)

Der BGH hat sich mit der Streupflicht auf **gemeinsamen Fuß- und Radwegen** beschäftigt.[2317] Die aus der öffentlich-rechtlichen Reinigungspflicht folgende Räum- und Streupflicht für innerörtliche Gehwege und Überwege erstreckt sich auf einen Seitenstreifen auf der Fahrbahn, wenn kein baulich von der Fahrbahn abgegrenzter Gehweg vorhanden ist.[2318] Die Rechtsprechung betont weiterhin, dass die **Fußgängerwege** innerorts grundsätzlich zu räumen und zu streuen sind, wenn sie nicht nur eine Freizeit-, sondern auch eine Erschließungsfunktion haben.[2319] Gleiches gilt, wenn auf Gehwegen innerhalb geschlossener Ortschaften ein nicht unbedeutender Verkehr stattfindet.[2320] Bei einer ca. 10 m breiten über 100 m langen Fußgängerzone ist es ausreichend, entweder durch einen geräumt/gestreuten Mittelstreifen oder durch einen am linken und rechten Rand der Fußgängerzone bearbeiteten Streifen eine Möglichkeit zum sicheren Begehen zu eröffnen.[2321] Der Verkehrssicherungspflichtige muss auf **Friedhöfen** im Winter zumindest die **Hauptwege** streuen und sicherstellen, dass den Friedhofbesuchern ein sicherer Zugang zu den Grabstätten gewährt wird. Dagegen ist der Bereich zu den Entsorgungsbehältern nicht streupflichtig.[2322]

460

Voraussetzung einer Streu- und Räumpflicht ist eine **allgemeine Glättebildung** und nicht nur das Vorhandensein vereinzelter Glättestellen. Für die tatsächlichen Voraussetzungen, aus denen eine Streupflicht erwächst, trägt der Verletzte die Darlegungs- und Beweislast.[2323] Allerdings sind nach der allgemeinen Lebenserfahrung Unfälle in Folge von Winterglätte auch auf gestreuten bzw. von Schnee geräumten Wegen nicht auszuschließen. Der Sturz eines Fußgängers auf einem schneebedeckten Gehweg begründet daher für sich genommen noch nicht den Beweis des ersten Anscheins für die Verletzung der Streupflicht durch den Verkehrssicherungspflichtigen.[2324] Auch ein von der Gemeinde herausgegebenes Prospekt, in welchem die Gemeinde mit „50 km geräumten Winterwanderwegen" wirbt, schafft aus der Sicht des verständigen Lesers keinen Vertrauenstatbestand dahingehend, dass die Benutzung der Wanderwege völlig ungefährlich ist.[2325]

461

Hingegen haben **Radfahrer** keinen generellen Anspruch auf das Bestreuen des ihnen zur Verfügung stehenden Verkehrsraums.[2326] Auch Fußgängern steht gegen die Gemeinde kein Schadensersatzanspruch wegen Beschädigung ihrer Schuhe durch im Winterdienst gestreutes Granulat-Salz-Gemisch zu. Bei der Abnutzung der Schuhsohlen durch Begehen eines mit einem solchen Gemisch bestreuten Fußweges verwirklicht sich ein allgemeines sozialadäquates Lebensrisiko, dass jeder Verkehrsteilnehmer hinzunehmen hat, wenn er im Winter vor die Tür geht.[2327]

462

[2315] OLG Hamm v. 06.07.2004 - 9 U 33/04 - NJW-RR 2005, 254.255.

[2316] Vgl. z.B. OLG Brandenburg v. 09.04.1998 - 2 U 125/97 - MDR 1998, 1161-1162; LG Bochum v. 24.07.2009 - I 5 O 152/08.

[2317] BGH v. 09.10.2003 - III ZR 8/03 - NJW 2003, 3622-3624.

[2318] OLG Dresden v. 19.02.2003 - 6 U 955/02, 6 U 0955/02 - OLG-NL 2003, 99-102.

[2319] OLG Hamm v. 04.12.1992 - 9 U 78/92 - VersR 1993, 1285-1286; OLG Düsseldorf v. 13.07.1995 - 18 U 6/95 - BWGZ 1996, 532; OLG Frankfurt v. 19.11.2003 - 1 U 62/03; OLG Hamm v. 30.09.2003 - 9 U 86/03 - OLGR Hamm 2004, 38-40; OLG Jena v. 09.03.2005 - 4 U 646/04 - OLGR Jena 2005, 414-416.

[2320] OLG München v. 13.01.2006 - 1 U 5136/05; OLG Jena v. 31.05.2006 - 4 U 281/05 - OLGR Jena 2006, 663-664.

[2321] OLG München v. 29.03.2007 - 1 U 2145/07.

[2322] OLG München v. 04.10.2011 - 1 U 3221/11.

[2323] OLG Koblenz v. 27.10.2010 - 1 U 170/10.

[2324] OLG München v. 24.08.2006 - 1 U 3340/06.

[2325] OLG München v. 04.04.2006 - 1 U 2345/06.

[2326] LG Osnabrück v. 24.02.2003 - 1 O 2861/02; bestätigt durch OLG Oldenburg (Oldenburg) v. 06.12.2002 - 6 U 150/02 - MDR 2003, 454-455.

[2327] LG Oldenburg v. 14.12.2004 - 5 O 3480/04 - NVwZ-RR 2005, 226-227.

463 Soweit es um den Straßenverkehr geht, besteht eine Räum- und Streupflicht an **innerstädtischen Kreuzungen**[2328] sowie verkehrsreichen Durchgangsstraßen und viel befahrenen innerörtlichen Hauptverkehrsstraßen.[2329] Die Fahrbahn muss nur an verkehrswichtigen und gefährlichen Stellen geräumt und gestreut werden.[2330] Eine Räumung hat nur im Rahmen des **Zumutbaren** zu erfolgen.[2331] Hierbei steht es im Ermessen des Verkehrssicherungspflichtigen, welche Maßnahme er konkret ergreift bzw. welche Art der **Winterdienstbehandlung** zur Anwendung kommt.[2332] Eine gefährliche Straßenstelle, die eine Räum- und Streupflicht begründen könnte, liegt nicht schon im Falle einer Brücke vor.[2333] Öffentliche Straßen **außerhalb geschlossener Ortschaften** sind nur an besonders gefährlichen Stellen zu bestreuen und auch dort nicht vor 6.00 Uhr morgens.[2334] Ein **nächtlicher Streudienst** braucht nicht eingerichtet zu werden.[2335] An Werktagen muss innerorts das Streukommando bereits seit 5.00 Uhr morgens unterwegs sein[2336], an Sonntagen erst ab 9.00 Uhr morgens[2337]. Bei einer Wetterlage mit allgemeiner und verbreiteter Glatteisbildung muss eine Bushaltestelle sorgfältig abgestreut werden, so dass auch der Führer des Linienbusses gefahrlos aussteigen kann.[2338] Wenn ein viel benutzter Fußgängerüberweg morgens um 5.00 Uhr geräumt und abgestreut wird, muss nach Einsetzen des Berufsverkehrs sein Zustand noch mal kontrolliert werden.[2339] Offen bleibt, ob sich die kommunale Räum- und Streupflicht auch auf öffentliche Parkplätze zur Vermeidung von Sachschäden erstreckt.[2340] Dagegen muss ein **Autobahnrastplatz** so geräumt werden, dass der Autofahrer gefahrlos sein Pkw verlassen und erreichen kann (sei es auf einem Gehweg, sei es auf der Verkehrsfläche).[2341] Die Streupflicht endet für gewöhnlich um 20.00 Uhr abends.[2342] Kommt es zu Glatteis in an sich streupflichtiger Zeit (19.20 Uhr/19.40 Uhr) außerhalb geschlossener Ortschaften, so begründet dies im Falle eines Unfalls nicht ohne weiteres den Vorwurf einer Verkehrssicherungspflichtverletzung; denn die für die Aufnahme von Streumaßnahmen notwendige Rüstzeit der Gerätschaften kann Streumaßnahmen, die erst außerhalb streupflichtiger Zeit beginnen könnten, unzumutbar machen.[2343] Eine Räum- und Streupflicht besteht jedoch nicht, wenn und solange das Räumen und Streuen wegen anhaltend starken Schneefalls oder sonstiger extremer Witterungsbedingungen keine nachhaltige Sicherungswirkung für den Verkehr bewirken kann. Ein völlig sinnloses Handeln kann von der (streupflichtigen) Gemeinde nicht verlangt werden.[2344] Wer nach Ablauf der streupflichtigen Tageszeit stürzt, muss beweisen, dass sich der Unfall bei Erfüllung der Streupflicht in der vorgeschriebenen Zeit nicht ereignet hätte. Eine vorbeugende Streupflicht zur Verhinderung von Glättebildung an bestimmten Stellen in den Nachtstunden ist nur ausnahmsweise erforderlich, wenn nämlich mit einem entsprechenden Verkehr gerechnet werden muss.[2345]

[2328] OLG Nürnberg v. 28.08.2003 - 4 U 1635/03 - NJW-RR 2004, 103-104; OLG Saarbrücken v. 07.03.2006 - 4 U 19/05 - 70.

[2329] OLG München v. 23.03.2011 - 1 U 5623/10.

[2330] OLG München v. 30.10.2006 - 1 U 3852/06; OLG Hamm v. 06.03.2009 - I - 9 U 153/08, 9 U 153/08- OLGR Hamm 2009, 467-469.

[2331] OLG Saarbrücken v. 07.03.2006 - 4 U 19/05 - 70; OLG München v. 07.12.2006 - 1 U 4591/06.

[2332] LG Magdeburg v. 09.11.2010 - 10 O 1151/10 - 282 - NVwZ-RR 2011, 183-184; LG Bonn v. 27.12.2010 - 1 O 237/10.

[2333] OLG München v. 19.04.2006 - 1 U 5603/05.

[2334] OLG Braunschweig v. 20.02.2006 - 3 U 42/05; OLG Hamm v. 02.03.2001 - 9 U 133/00 - NVwZ-RR 2001, 798; OLG München v. 08.01.2004 - 1 U 4755/03 - OLGR München 2005, 754-755.

[2335] OLG München v. 22.07.2010 - 1 U 1804/10 unter Bezugnahme auf OLG Hamm v. 02.03.2011 - 9 U 133/00 - NVwZ-RR 2010, 798.

[2336] OLG Frankfurt v. 13.01.1994 - 1 U 49/92 - OLGR Frankfurt 1994, 40-41; OLG Saarbrücken v. 23.12.2003 - 4 U 154/03 - VD 2005, 20.

[2337] OLG Köln v. 13.07.1995 - 7 U 37/95 - VersR 1997, 506-507; OLG Karlsruhe v. 25.09.1998 - 10 U 122/98 - BWGZ 1999, 663-664.

[2338] OLG Hamm v. 14.01.2005 - 9 U 116/03 - NZV 2005, 526-527.

[2339] LG Neubrandenburg v. 02.07.2010 - 3 O 70/09.

[2340] LG Bielefeld v. 24.06.2005 - 8 O 225/05 - NVwZ-RR 2006, 89-90.

[2341] OLG Brandenburg v. 08.01.2007 - 2 U 6/06,

[2342] BGH v. 02.10.1984 - VI ZR 125/83 - NJW 1985, 270-271; OLG München v. 19.04.2006 - 1 U 5603/05; LG Dessau-Rosslau v. 17.08.2011 - 4 O 14/10.

[2343] OLG Hamm v. 11.05.2004 - 9 U 69/04 - VersR 2005, 1746-1747.

[2344] OLG Jena v. 21.01.2009 - 4 U 341/08 - OLGR Jena 2009, 414-415.

[2345] BGH v. 11.08.2009 - VI ZR 163/08 - WuM 2009, 677-678.

Die Kommunen können zwar die Räum- und Streupflicht auf die Anlieger übertragen[2346], jedoch besteht insoweit eine Amtspflicht der Gemeinde auf Überwachung der Anlieger hinsichtlich der Erfüllung der übertragenen Räum- und Streupflicht[2347]. Dass die Gemeinde verpflichtet ist, den **Glättewarndienst** wirksam zu organisieren, steht außer Frage.[2348] Im gebirgsnahen Alpenvorland ist der Verkehrssicherungspflichtige nicht verpflichtet, sämtliche Schneeberge aus dem Verkehrsraum zu entfernen. Das Entfernen ist im Regelfall nur erforderlich, wenn von einem Schneeberg eine Gefährdung ausgeht, die von den Verkehrsteilnehmern auch bei gesteigerter Aufmerksamkeit und angepasster Fahrweise nicht gemeistert werden kann.[2349]

464

35. Treuhandanstalt

Der Treuhandanstalt konnten bei ihrer Privatisierungstätigkeit (öffentlich-rechtliche) Amtspflichten gegenüber einer Gemeinde obliegen, sofern diese einen spezifizierten Kommunalisierungs- oder Restitutionsantrag gestellt hatte.[2350] Erteilt das Amt zur Regelung offener Vermögensfragen eine fehlerhafte Negativbescheinigung gemäß § 3 Abs. 5 VermG, so ist auch die Treuhandanstalt (Bundesanstalt für vereinigungsbedingte Sonderaufgaben) als Verfügungsberechtigte geschützte Dritte.[2351]

465

36. Vermessungsamt

Bei der Teilung eines Grundstückes obliegen dem Vermessungsamt Amtspflichten gegenüber dem späteren Erwerber einer Teilfläche. Ein Veränderungsnachweis mit falschen Flächengrößen kann Amtshaftungsansprüche auslösen, da auch gegenüber den Käufern eine drittgerichtete Amtspflicht zur Ermittlung und Mitteilung des korrekten Flächenmaßes besteht. Die Amtspflicht bei der Vermessung bezieht sich nicht nur auf die Individualisierbarkeit des Grundstückes und die Eintragung im Liegenschaftskataster sowie im Grundbuch. Die Beamten des Vermessungsamtes werden im Auftrag und für vorrangige Interessen von Bürgern tätig.[2352]

466

37. Versicherungsaufsicht

Die den Trägern der Versicherungsaufsicht obliegende Amtspflicht, die **Belange der Versicherten** zu wahren, besteht auch im Bereich der Pflichtversicherung für Kraftfahrzeughalter nicht gegenüber dem einzelnen Versicherten oder dem durch ihn geschädigten Verkehrsopfer. Diese Entscheidung begründet der BGH mit dem Hinweis, dass die staatliche Aufsicht für private Wirtschaftseinheiten grundsätzlich nur dem allgemeinen staatlichen oder öffentlichen Interesse dient und regelmäßig keine Amtspflichten gegenüber bestimmten Personen begründet.[2353]

467

38. Zulassungsstelle der Frankfurter Wertpapierbörse

Das LG Frankfurt sowie das OLG Frankfurt mussten sich in mehreren Entscheidungen mit Amtshaftungsansprüchen wegen pflichtwidriger Zulassung von Aktien nach § 36 BörsG a.F. beschäftigen. Insoweit gilt zunächst einmal die Bestimmung des § 839 Abs. 1 Satz 2 BGB. Hiernach muss der Anleger nachweisen, dass er sich nicht durch eine Prospekthaftungsklage bei dem die Aktien emittierenden Unternehmen schadlos halten kann. Die Erhebung einer derartigen Klage ist ungeachtet ihres Aufwandes dann zumutbar, wenn der Amtshaftungsprozess einen vergleichbaren Aufwand erwarten lässt. Darüber hinaus vertritt die Rechtsprechung die Auffassung, dass die Amtspflichten in der Zulassungsstelle nicht dem Schutz eines Kapitalanlegers dienen.[2354]

468

[2346] OLG Dresden v. 19.02.2003 - 6 U 955/02, 6 U 0955/02 - OLG-NL 2003, 99-102.
[2347] OLG Karlsruhe v. 13.02.2002 - 7 U 117/00 - OLGR Karlsruhe 2002, 351; OLG Hamm v. 06.03.2009 - I 9 U 153/08 - OLGR Hamm 2009, 467-469; OLG Rostock v. 21.05.2010 - 5 U 145/09.
[2348] OLG Hamm v. 13.09.2002 - 9 U 49/02 - MDR 2003, 390-391.
[2349] OLG München v. 30.09.2008 - 1 U 3391/08.
[2350] BGH v. 11.03.2004 - III ZR 90/03 - LKV 2004, 382-384 m. Anm. *Schmidt*, NJ 2005, 35-36.
[2351] BGH v. 11.10.2007 - III ZR 301/06 - MDR 2008, 22-24.
[2352] OLG Karlsruhe v. 11.05.2006 - 9 U 98/05 - BauR 2006, 1192.
[2353] So bereits BGH v. 24.01.1972 - III ZR 166/69 - BGHZ 58, 96-103.
[2354] OLG Frankfurt v. 15.12.2005 - 1 U 129/05 - AG 2006, 377-379 sowie v. 15.12.2005 - 1 U 178/05 - NJW-RR 2006, 416-417; LG Frankfurt v. 03.09.2004 - 2/4 O 435/02 - NJW 2005, 1055-1056.

39. Zweckverband (Bodenverband, Wasserverband)

469 Die Maßnahmen des Hochwasserschutzes, die ein Wasserverband und Bodenverband in Erfüllung seiner Aufgaben durchführt (wie der Bau von Staubecken), fallen in den Bereich hoheitlicher Tätigkeit (**schlichthoheitliche Verwaltung**). Dabei können Amtspflichten auch gegenüber Nichtmitgliedern bestehen, insbesondere gegenüber Mietern oder Pächtern der Grundstücke des Verbandsgebietes.[2355] Die von einem Mitglied eines landwirtschaftlichen Wasserverbandes und Bodenverbandes geltend gemachten Schadensersatzansprüche wegen unsachgemäßer Bodenverbesserungsmaßnahmen, die auf seinen Antrag durchgeführt wurden, sind solche des öffentlichen Rechtes und nicht des Privatrechts. Als Anspruchsgrundlagen kommen Amtshaftung und das öffentlich-rechtliche Leistungsverhältnis in Betracht.[2356] Ein Entwässerungsverband ist verpflichtet, bei einem absehbaren längerfristigen Ausfall von Entwässerungseinrichtungen Ersatz- und Vorsorgungsmaßnahmen zu treffen. Es besteht kein Anscheinsbeweis dahin, dass die Überschwemmung des Grundstücks eines Verbandsmitgliedes auf das Abschalten eines Schöpfwerks zurückzuführen ist, wenn Vorkehrungen für eine anderweitige Ableitung des Niederschlagswassers getroffen waren.[2357]

470 Der Gemeindezweckverband, der den Bau des Abwasserkanals in Auftrag gegeben hat, haftet nicht gemäß Art. 34 GG i.V.m. § 839 BGB für den Überschwemmungsschaden, denn dem Amtswalter kann im Rahmen der Amtshaftung das Verschulden bauausführender Unternehmen nicht über die §§ 278, 831 BGB zugerechnet werden.[2358] Die Rechtsprechung hat sich weiterhin beschäftigt mit der **gesamtschuldnerischen Haftung der Gemeinde und eines Vorzweckverbandes in Brandenburg für ein Darlehen**.[2359] Treiben Mitarbeiter eines Zweckverbandes bei der Herstellung eines Kanals ohne zuverlässige Informationen über den genauen Verlauf einer Gasleitung ein spitzes Eisen in eine Tiefe von über 1 m in das Erdreich, obwohl sie damit rechnen müssen, dass dort Versorgungsleitungen verlaufen, so handeln sie grob fahrlässig.[2360] Ein Abwasserverband als Betreiber einer Kanalisationsanlage trägt die Verantwortung für die Dimensionierung des Kanals. Ihn trifft auch die Pflicht, die Anlieger auf eine etwaige Rückstaugefahr hinzuweisen. Er haftet bei Unterspülung des Gebäudes.[2361] Kommt es wieder zu Schadensfällen, so muss die verantwortliche Kommune tätig werden, um diesen Missstand zu beheben; unerheblich ist insoweit, ob das Entwässerungssystem entsprechend den technischen Vorgaben und Richtlinien ausreichend dimensioniert ist.[2362]

471 Bei Amtshaftungsprozessen ist der Zweckverband passivlegitimiert.[2363]

III. Tätigkeiten

1. Abfallbeseitigung

472 Hat ein Landkreis die Einhaltung der dem Betreiber der Deponie in der Betriebsgenehmigung des Regierungspräsidenten gemachten Auflagen zu überwachen und besteht der Sinn und Zweck dieser Auflagen gerade auch im Gewässerschutz (Ausschluss einer Grundwassergefährdung), ist ein nur wenige Kilometer entfernt in Fließrichtung des Grundwasserstroms gelegenes Wasserschutzgebiet mit einem Wasserwerk in den Schutzbereich der Amtspflichten einbezogen.[2364] Ein Amtshaftungsanspruch bei Ausschluss von der Benutzung einer Mülldeponie aufgrund eines fehlerhaften Verwaltungsaktes, bei dem der Sofortvollzug nicht angeordnet wurde, wurde vom BGH verneint.[2365] Sofern die Behörde den Antrag eines Eigentümers auf Erteilung der erforderlichen Genehmigung für die Verfüllung einer Steingrube rechtswidrig als abfallrechtlichen Genehmigungsantrag behandelt und abgelehnt hat, setzt ein darauf gestützter Amtshaftungsanspruch voraus, dass die Behörde bei pflichtgemäßer Verfahrens-

---

[2355] BGH v. 01.06.1970 - III ZR 210/68 - BGHZ 54, 165-177.
[2356] BGH v. 05.03.1987 - III ZR 265/85 - VersR 1987, 768-769.
[2357] BGH v. 22.11.2007 - III ZR 280/06 - NVwZ-RR 2008, 169-170.
[2358] OLG Jena v. 06.11.2001 - 3 U 575/01 - OLG-NL 2002, 38-40.
[2359] OLG Brandenburg v. 29.10.1998 - 2 U 120/97 - LKV 1999, 243-248.
[2360] OLG München v. 17.12.1987 - 1 U 2691/87 - VersR 1988, 740.
[2361] OLG Jena v. 21.09.2004 - 8 U 180/04 - OLG-NL 2005, 80-82.
[2362] OLG Brandenburg v. 06.05.2008 - 2 U 20/02 - BauR 2008, 1940; OLG Schleswig v. 21.02.2008 - 11 U 102/05 - OLGR Schleswig 2008, 512-515.
[2363] BGH v. 16.09.2004 - III ZR 346/03 - NJW 2005, 429-433; ebenso OLG München v. 14.06.2002 - 23 U 5512/01 - n.v.; *Lippert*, VersR 2004, 839:
[2364] BGH v. 22.09.1992 - III ZR 64/90 - BGHR BGB § 839 Abs. 1 S. 1 Dritter 44.
[2365] BGH v. 26.09.1996 - III ZR 244/95 - UPR 1997, 71-72.

weise eine nach anderen Vorschriften für das Vorhaben erforderliche Genehmigung erteilt hätte oder hätte erteilen müssen.[2366] Sofern ein Kraftfahrzeug (hier: älteres Fahrzeug der gehobenen Klasse) ohne amtliches Kennzeichen auf einem öffentlichen Parkplatz abgestellt ist und der Besitzer dies entgegen einer Aufforderung der Gemeinde innerhalb der vorgeschriebenen Monatsfrist nicht entfernt, kann die Gemeinde dieses als Abfall im Sinne des Abfallgesetzes behandeln und beseitigen sowie verschrotten lassen.[2367] Ebenso wie die Zerstörung und Abtragung einer baulichen Anlage ist die Abholung und Entsorgung rechtswidrig im Außenbereich gelagerter Gegenstände eine mögliche Form der Ersatzvornahme zur Beseitigung eines baurechtswidrigen Zustandes. Schadensersatzansprüche des Betroffenen kommen nur dann in Betracht, wenn sich die Art und Weise der Durchführung der Ersatzvornahme als unverhältnismäßig darstellt.[2368] Die Grundsätze einer gemeinwohlverträglichen Abfallbeseitigung dienen allein dem Interesse der Allgemeinheit und bezwecken nicht den Schutz wirtschaftlicher Interessen von Betreibern von Müll- und Verbrennungsanlagen an der Auslastung der Kapazitäten.[2369]

2. Abwasserbeseitigung/Kanalisation

Zu den Amtspflichten der Gemeinde gehört die Anbindung des Hausanschlusses an die kommunale Abwasserkanalisation. Die Haftung der Gemeinde aus § 839 BGB i.V.m. Art. 34 GG kann ohne besondere gesetzliche Grundlage nicht durch eine gemeindliche Satzung eingeschränkt werden.[2370] Mit der Frage der Auslegung einer gemeindlichen Regenwasserkanalisation hat sich der BGH vielfach beschäftigt. Die Anforderungen an die **Dimensionierung des Entwässerungssystems** wurden in zahlreichen Gerichtsentscheidungen präzisiert.[2371] Die Haftung der Gemeinde wurde jedoch faktisch erheblich eingeschränkt, weil das Vorliegen einer objektiven Pflichtverletzung der Gemeinde in Form der Unterdimensionierung des Kanalnetzes bei einem Rückstauschaden zurücktritt, wenn die vom Hauseigentümer gegen einen möglichen Rückstau zu treffenden Vorkehrungen unzureichend waren (**Fehlen einer Rückstauklappe**).[2372] Das Fehlen einer Rückstauklappe ist indes differenziert zu betrachten: Sinn und Zweck der vom Eigentümer anzubringenden Rückstauklappe ist die Vermeidung von die Allgemeinheit belastenden Investitionen, die bei Herstellung einer hinreichend dimensionierten Kanalisation erforderlich wären, während der einzelne Hauseigentümer den Gefahren des Rückstaus durch eine überschaubare Maßnahme vorbeugen kann.[2373] Demzufolge verpflichten Kommunen auch die Grundstückseigentümer, ihre Häuser gem. „DIN 1986-Entwässerung" abzusichern. Die „DIN-1986-Entwässerung" sieht vor, dass eine Absicherung von Hausanschlussleitungen bis zu einem Druck von 0,5 bar vorliegt.[2374] Das Fehlen einer Rückstauklappe ist jedoch unerheblich, wenn der Wasserschaden an dem Gebäude dadurch entsteht, dass Wurzeln eines auf Gemeindegrenze stehenden Baumes den Abwasserkanal verstopfen. Insoweit kann das Fehlen einer Rückstauklappe allenfalls im Rahmen des Mitverschuldens berücksichtigt werden.[2375] Etwas anderes gilt jedoch, wenn eine vom Amtsträger beschaffene besondere Gefahrenlage vorliegt, deren erkennbare Konkretisierung den Amtsträger aus vorangegangenem Tun zur zumutbaren Gefahrenabwehr verpflichtet. Es widerspricht elementaren Rich-

473

[2366] BGH v. 07.12.2000 - III ZR 84/00 - BGHZ 146, 122-137.
[2367] OLG Düsseldorf v. 26.03.1992 - 18 U 241/91 - MDR 1992, 1128-1129; OLG München v. 23.09.1993 - 1 U 3130/93 - OLGR München 1994, 52; einschränkend OLG Naumburg v. 08.07.1994 - 6 U 60/94 - NJW-RR 1995, 919-920.
[2368] OLG München v. 26.10.2006 - 1 U 3778/06.
[2369] LG Düsseldorf v. 19.06.2000 - 2b O 26/99.
[2370] BGH v. 21.06.2007 - III ZR 177/06 - VersR 2008, 119-120. Vgl. zu den Haftungstatbeständen im Bereich der Abwasserbeseitigung *Quetsch*, UPR 2006, 329-337.
[2371] BGH v. 28.10.1976 - III ZR 155/74 - LM Nr. 73 zu § 278 BGB; BGH v. 05.10.1989 - III ZR 66/88 - BGHZ 109, 8-15; BGH v. 11.10.1990 - III ZR 134/88 - NJW-RR 1991, 733-735; BGH v. 11.07.1991 - III ZR 177/90 - BGHZ 115, 141-150; BGH v. 11.12.1997 - III ZR 52/97 - LM BGB § 839 (Fe) Nr. 143 (8/1998); OLG Schleswig v. 10.05.2002 - 11 U 202/00 - SchlHA 2002, 184-186 sowie OLG Schleswig v. 21.02.2008 - 11 U 102/05 - OLGR Schleswig 2008, 512-515; OLG Brandenburg v. 29.05.2007 - 2 U 41/06.
[2372] BGH v. 30.07.1998 - III ZR 263/96 - ZfIR 1998, 549-550 ebenso OLG Düsseldorf v. 27.08.1999 - 22 U 50/99 - OLGR Düsseldorf 2000, 48-49; OLG Köln v. 18.11.1999 - 7 U 81/99 - OLGR Köln 2000, 275-276; OLG Köln v. 30.08.2001 - 7 U 29/01 - OLGR Köln 2002, 10-11; OLG Saarbrücken v. 07.05.2002 - 4 U 421/01 - 96, 4 U 421/01; OLG Celle v. 08.07.2004 - 14 U 3/04 - OLGR Celle 2005, 24-25; OLG München v. 25.07.2005 - 1 U 3104/05; LG Mühlhausen v. 11.08.2009 - 3 O 1332/04.
[2373] BGH v. 30.09.1982 - III ZR 110/81 - VersR 1982, 1196.
[2374] LG Mönchengladbach v. 21.12.2010 - 3 O 379/08.
[2375] OLG Nürnberg v. 25.07.2007 - 4 U 67/07 - MDR 2007, 1315-1316.

tigkeitsvorstellungen, den Amtsträger trotz einer Amtspflichtverletzung von jeder Haftung freizustellen, weil es auch der Geschädigte in der Hand gehabt hätte, vor dem Schadensfall Maßnahmen zu ergreifen, die einen Schaden vermieden hätten.[2376] Bei einer unzureichenden Dimensionierung des Kanals ist der Betreiber der Kanalisationsanlage verpflichtet, die Anlieger auf eine etwaige Rückstaugefahr hinzuweisen.[2377] Die Gemeinde haftet weiterhin nicht für Überschwemmungsschäden, die durch eine unzureichende Dimensionierung ihrer Regenwasserkanalisation verursacht wurden, wenn diese Schäden auch bei einem rechtmäßigen Alternativverhalten, also einer ausreichenden Dimensionierung, entstanden wären.[2378] Die Gemeinde haftet hingegen, wenn aus einem angrenzenden unbefestigten Gelände Niederschlagswasser in ein Baugebiet abfließt und das Entwässerungssystem insoweit unzureichend ist.[2379]

474 Mit der Abgrenzung der verschiedenen Haftungsmöglichkeiten nach einem **Überschwemmungsschaden** aufgrund eines fehlkonstruierten Abwasserpumpwerks (enteignungsreicher Eingriff, Anspruch nach dem Haftpflichtgesetz sowie Anspruch auf Amtshaftung) hat sich der BGH ebenfalls beschäftigt.[2380] Der BGH hat bejaht Ausbau- und Unterhaltspflichten der Gemeinde für ein Gewässer, das einer städtischen Kanalisation als Vorfluter für Regenüberläufe dient.[2381] Letztendlich haftet die Gemeinde auch bei Überschwemmungen, die auf Maßnahmen der Gemeinde zurückgehen, durch die die Abflussverhältnisse eines Wasserlaufes III. Ordnung verändert worden sind.[2382] Entsprechendes gilt, wenn über einen offen stehenden Kanaldeckel Sand und Unrat einer Straßenbaustelle in einen städtischen Abwasserkanal (Schmutzwasserkanal eines Trennsystems) gelangt und hierdurch ein Abschlusshindernis entsteht, das bei Regenfällen zu einem Wasserrückstau im Anwesen eines Anwohners führt.[2383]

475 Darüber hinaus haftet eine Gemeinde gegenüber einem **Anschlussnehmer** für die schädigenden Auswirkungen der unsachgemäßen Planung und Ausführung von Arbeiten an einer Abwasseranlage.[2384] Amtshaftungsansprüche und Entschädigungsansprüche bestehen auch bei Straßenbaumaßnahmen, die auf Anordnung der planenden Behörde von einer Baufirma ausgeführt worden sind.[2385] Sofern bei den Ausführungen von Kanalisationsarbeiten ein Stromkabel durch ein beauftragtes Bauunternehmen beschädigt wird, haftet die Gemeinde gemäß § 839 BGB i.V.m. Art. 34 GG.[2386] Dass eine Gemeinde bei Straßenbauarbeiten auf **Gewerbebetriebe** Rücksicht zu nehmen hat, steht außer Frage.[2387]

3. Kläranlage

476 Ein haftungsbegründendes **Einleiten** von Schadstoffen in ein Gewässer aus einer Kläranlage liegt nicht vor, wenn die Kläranlage die ihr zugewiesene Aufgabe erfüllt und den Gewässern nicht neuerdings Schadstoffe zuführt. § 839 Abs. 1 Satz 2 BGB kann allerdings nicht auf Ansprüche nach § 22 WHG entsprechend angewendet werden.[2388] Wenn die öffentliche Hand in schlichthoheitlicher Verwaltung eine Kläranlage betreibt, trifft sie gegenüber deren Nachbarn die Amtspflicht, nachbarschützende Auflagen in einem betriebsbezogenen Planfeststellungsbeschluss zu befolgen.[2389] Den Geschädigten trifft die volle Darlegungs- und Beweislast zu den Ursachen im Zusammenhang zwischen der Einleitung des Abwassers und dem behaupteten Fischsterben.[2390]

[2376] OLG Saarbrücken v. 21.06.2005 - 4 U 197/04 - OLGR Saarbrücken 2005, 708-710.
[2377] OLG Jena v. 21.09.2004 - 8 U 180/04 - OLG-NL 2005, 80-82.
[2378] OLG Celle v. 11.06.1999 - 4 U 241/97 - OLGR Celle 1999, 372-373.
[2379] BGH v. 18.02.1999 - III ZR 272/96 - BGHZ 140, 380-390; BGH v. 04.04.2002 - III ZR 70/01 - LM BGB § 839 (Fe) Nr. 160 (10/2002).
[2380] BGH v. 27.01.1994 - III ZR 158/91 - BGHZ 125, 19-27.
[2381] BGH v. 27.01.1983 - III ZR 70/81 - LM Nr. 74 zu § 839 (Fe) BGB.
[2382] BGH v. 26.02.1976 - III ZR 183/73 - WM 1976, 568-571; vgl. weiterhin BGH v. 06.12.1973 - III ZR 49/71 - VersR 1974, 365.
[2383] OLG Saarbrücken v. 04.05.2004 - 4 U 8/03 - OLGR Saarbrücken 2005, 46-49.
[2384] BGH v. 28.10.1976 - III ZR 155/74 - LM Nr. 73 zu § 278 BGB.
[2385] BGH v. 11.01.1973 - III ZR 186/71 - VersR 1973, 417-420; OLG Brandenburg v. 12.03.2002 - 2 U 29/01 - OLG-NL 2003, 11-13.
[2386] BGH v. 18.05.1967 - III ZR 94/65 - VersR 1967, 859-862.
[2387] BGH v. 10.10.1963 - III ZR 161/62 - LM Nr. 28 zu § 839 (B) BGB.
[2388] BGH v. 30.05.1974 - III ZR 190/71 - BGHZ 62, 351-361.
[2389] BGH v. 06.02.1986 - III ZR 109/84 - BGHZ 97, 97-113.
[2390] OLG Karlsruhe v. 20.02.2003 - 12 U 216/02 - OLGR Karlsruhe 2003, 160-161.

Haben die Verwaltungsgerichte – rechtskräftig – festgestellt, dass die Heranziehung eines Bürgers in einem **Beitragsbescheid** (hier: Abgabenbescheid für eine Kläranlage) rechtmäßig war, binden diese Vorentscheidungen das Zivilgericht im Amtshaftungsprozess. Dies gilt auch hinsichtlich verwaltungsgerichtlicher Feststellungen über die **Rechtmäßigkeit der Mittelverwendung**. Im Übrigen ist ein Amtshaftungsanspruch eines Bürgers wegen unrechtmäßiger Mittelverwendung schon deshalb zu verneinen, weil eine Amtspflicht gegenüber dem Einzelnen auf richtige Verwendung ordnungsgemäß erhobener Beiträge zu verneinen ist.[2391] Soweit der Waldboden mit Klärschlamm übermäßig gedüngt wird, haftet unter Umständen die Betreiberin der Kläranlage oder der selbständige Unternehmer, dem jene die Beseitigung des Schlammes überlässt oder das Land, dessen Forstbeamter die Düngung genehmigt und den Unternehmer einweist.[2392]

4. Bauleitplanung

a. Altlasten

Grundsätzlich haben die Amtsträger einer Gemeinde die Amtspflicht, bei der Aufstellung von Bebauungsplänen Gefahren für die Sicherheit der Wohn- und Arbeitsbevölkerung zu vermeiden.[2393] Hierbei stellt sich in der Regel die Frage der Drittbezogenheit der Amtspflichtverletzung. So ist die Gemeinde nicht verpflichtet, im Bebauungsplan auf hohen Grundwasserstand hinzuweisen; die Vorschriften des Baugesetzbuches dienen allein dem **Allgemeininteresse** an einer **geordneten Gemeindeplanung**. Sie sollen dem Bauherrn nicht das sogenannte Baugrundrisiko abnehmen.[2394] Insbesondere im Zusammenhang mit Altlasten gibt es hierzu eine umfangreiche Rechtsprechung des BGH. Insoweit hat der BGH zunächst entschieden, dass die Amtsträger einer Gemeinde die Amtspflicht haben, bei der Aufstellung von Bebauungsplänen **Gesundheitsgefährdungen** zu verhindern, die den zukünftigen Bewohnern des Plangebietes aus dessen Bodenbeschaffenheit drohen (hier: Verunreinigung des Bodens durch **Altlasten** aus einer ehemaligen Nutzung als Mülldeponie). Diese Amtspflicht bestehe jedenfalls gegenüber demjenigen als **Dritten**, der ein nach der planerischen Ausweisung dem Wohnen dienendes Grundstück mit noch zu errichtendem Wohnhaus erwirbt. Die Haftung wegen einer Verletzung dieser Amtspflichten umfasst auch Vermögensschäden, die die Erwerber dadurch erleiden, dass sie im Vertrauen auf eine ordnungsgemäße Planung Wohnungen errichten oder kaufen, die nicht bewohnbar sind.[2395] Die Frage, ob im Einzelfall der Geschädigte zu dem Kreis der **Dritten** i.S.v. § 839 BGB gehört, beantwortet sich danach, ob die Amtspflicht – wenn auch nicht notwendig allein, sondern auch – den Zweck hat, das Interesse gerade des Geschädigten wahrzunehmen. Nicht zu diesem Kreis der geschützten Dritten zählen diejenigen Eigentümer, die überhaupt nicht die Absicht haben, das Grundstück zu bebauen; Gleiches gilt für diejenigen, die lediglich reine Vermögensinteressen verfolgen, wie z.B. Kreditgeber für Bauträger.[2396] Die Amtspflicht der Gemeinden, bei der Aufstellung eines Bebauungsplans den Grundsatz der Trennung von unverträglichen Nutzungen zu beachten, besteht nur dann gegenüber einzelnen Planbetroffenen, wenn diesen bei der Ausübung der im Bebauungsplan vorgesehenen Nutzung nicht zu beseitigende **Gefahren für Leben und Gesundheit** drohen, die das Wohnen auf dem betroffenen Gebiet ausschließen.[2397]

Die planerische Ausweisung eines ehemaligen Deponiegeländes zu Wohnzwecken ist als solche nicht rechtswidrig, wenn von dem Deponiegut keine Gesundheitsgefahren ausgehen. Die plangebende Gemeinde kann jedoch verpflichtet sein, das Deponiegelände im Bebauungsplan zu kennzeichnen. Diese Kennzeichnungspflicht hat nicht den Schutzzweck, den Bauherrn vor finanziellen Mehraufwendungen zu bewahren, die durch Aushub und Abtransport des Deponieguts verursacht werden können.[2398] Nach Auffassung des BGH besteht ein Amtshaftungsanspruch selbst dann, wenn ein Bauträger bei der Ver-

---
[2391] OLG München v. 28.04.1994 - 1 U 1775/94 - OLGR München 1994, 158.
[2392] OLG Koblenz v. 08.01.1986 - 1 U 1558/84 - Jagdrechtliche Entscheidungen I Nr. 43.
[2393] Vgl. z.B. BGH v. 26.01.1989 - III ZR 194/87 - BGHZ 106, 323-336; BGH v. 14.10.1993 - III ZR 156/92 - BGHZ 123, 363-368; BGH v. 29.07.1999 - III ZR 234/97 - BGHZ 142, 259-278. Vgl. zur neueren Rechtsprechung des BGH zur Amtshaftung im Zusammenhang mit den Baurecht *Schlick*, DVBl 2007, 457 ff.
[2394] OLG Düsseldorf v. 08.06.2004 - 20 W 4/04.
[2395] BGH v. 26.01.1989 - III ZR 194/87 - BGHZ 106, 323-336.
[2396] BGH v. 06.07.1989 - III ZR 251/87 - BGHZ 108, 224-230.
[2397] BGH v. 21.12.1989 - III ZR 49/88 - BGHZ 110, 1-12; BGH v. 21.12.1989 - III ZR 118/88 - BGHZ 109, 380-396; BGH v. 21.12.1989 - III ZR 117/88 - RWP 1990/1189 SG 30.0, 30.
[2398] BGH v. 21.02.1991 - III ZR 245/89 - BGHZ 113, 367-374.

§ 839

äußerung eines überplanten Grundstückes dessen Belegenheit in einem ehemaligen Deponiegelände arglistig verschwiegen hat und wenn die Gemeinde später diese **Altlasten** überplant.[2399] Einer Gemeinde obliegen bei der Aufstellung und Verabschiedung eines Bebauungsplans keine Amtspflichten zum Schutz derjenigen Eigentümer, deren Grundstücke schon früher bebaut waren und die eine weitere Bebauung nicht beabsichtigen. Daher steht auch dem Erwerber eines derartigen Grundstücks kein Amtshaftungsanspruch gegen die planende Gemeinde wegen fehlerhafter Bauleitplanung zu.[2400] Besteht bei einem auf einem überplanten Gebiet liegenden Grundstück der Verdacht einer Kontaminierung mit Altlasten, ist die Gemeinde zu einer entsprechenden (nachträglichen) Kennzeichnung des Bebauungsplans nicht verpflichtet.[2401]

480 In einer weiteren Entscheidung hat der BGH noch einmal betont, dass **bloße Vermögensinteressen**, welche darin bestehen, dass ein von Altlasten freies Grundstück einen höheren Marktwert hat als ein belastetes, durch die Pflicht, bei der Bauleitplanung die Anforderungen an gesunde Wohn- und Arbeitsverhältnisse zu berücksichtigen, nicht geschützt sind.[2402] Mit der planerischen Festsetzung eines Geländes zur Wohnbebauung erzeugt die Gemeinde kein allgemeines Vertrauen dahin, dass die betroffenen Grundstücke auch für jede gewünschte gärtnerische Nutzung geeignet sind.[2403] In Kenntnis des Umstandes, dass es sich bei dem zu beplanenden Gelände um das ehemalige Gelände einer Chemiefabrik und/oder eines Gaswerks handelt, hat die Gemeinde zumindest die Pflicht, sich im Einzelnen über die Art der hergestellten Stoffe und das Risiko, ob mit giftigen Rückständen gerechnet werden muss, zu vergewissern und ggf. eingehendere Bodenuntersuchungen vorzunehmen.[2404] Hierbei schuldet die Gemeinde allerdings keine uferlose Überprüfung des zu beplanenden Areals, gleichsam **ins Blaue** hinein. Was die planende Stelle nicht **sieht** und was sie nach den ihr zur Verfügung stehenden Erkenntnisquellen auch nicht zu **sehen** braucht, kann von ihr nicht berücksichtigt werden und braucht von ihr auch nicht berücksichtigt zu werden.[2405] Schließlich hat der BGH die Rechtsprechung zum geschützten **Dritten** erweitert, indem auch der Eigentümer eines Grundstückes einbezogen wird, das mit Altlasten kontaminiert ist, auch wenn der Eigentümer nicht selbst im fraglichen Plangebiet wohnt, sondern das erworbene Gelände mit Wohnhäuser bebauen und weiter veräußern wollte.[2406]

b. Allgemeine Pflichten

481 Die Pflicht der Baugenehmigungsbehörde zu verhindern, dass Bauten errichtet werden, die in ihrer **Standsicherheit** gefährdet sind, hat nicht die Schutzrichtung, den Bauherrn davor zu bewahren, durch einen staatlich falsch berechneten Bau nutzlose finanzielle Aufwendungen zu machen. Gleiches gilt für die Pflicht der Baugenehmigungsbehörde, die erforderlichen Brandschutzauflagen festzusetzen; diese Verpflichtung dient nicht dem Interesse des Eigentümers (oder des späteren Erwerbers), von Aufwendungen verschont zu bleiben, die erforderlich werden, um eine nachträgliche bauliche Auflage nach öffentlichem Recht zu erfüllen.[2407] Im Grundsatz gilt dies für die Bauleitplanung entsprechend.[2408] Eine Gemeinde ist verpflichtet, bei der Planung ihrer Versorgungsleitungen und Entsorgungsleitungen auf die Bauleitplanung, insbesondere die Festsetzung von Baulinien und Baugrenzen, Rücksicht zu nehmen.[2409] Eine außerhalb des Bundesbaugesetzes (Baugesetzbuches) von der Gemeinde beschlossene allgemeine Beschränkung der bebaubaren Flächen und der Wohneinheiten ist unwirksam; dies begründet einen Amtshaftungsanspruch.[2410] Den Amtsträgern einer Gemeinde obliegen im Rahmen der planungsrechtlichen Abwägung nach § 1 Abs. 7 BBauG (= § 1 Abs. 6 BauGB) gegenüber einem Planbe-

---

[2399] BGH v. 19.03.1992 - III ZR 16/90 - BGHZ 117, 363-374; OLG München v. 29.02.1996 - 1 U 2075/95 - OLGR München 1998, 214-215.
[2400] BGH v. 09.07.1992 - III ZR 87/91 - NJW 1993, 384-385.
[2401] OLG Oldenburg (Oldenburg) v. 26.09.2003 - 6 U 67/03 - DÖV 2004, 171-172; vgl. zum Schutz des Neueigentümers nach Durchführung eines Kündigungsverfahrens BGH v. 22.05.2003 - III ZR 32/02 - NJW-RR 2003, 1004-1005; sowie *Mohr*, UPR 2004, 61-63; *Büssemaker*, BTR 2004, 65-69.
[2402] BGH v. 17.12.1992 - III ZR 114/91 - BGHZ 121, 65-73.
[2403] BGH v. 25.02.1993 - III ZR 47/92 - LM BGB § 839 (Ca) Nr. 86 (8/1993).
[2404] BGH v. 14.10.1993 - III ZR 156/92 - BGHZ 123, 363-368.
[2405] BGH v. 14.10.1993 - III ZR 157/92.
[2406] BGH v. 25.09.1997 - III ZR 273/96 - UPR 1998, 108-109.
[2407] OLG München v. 10.07.2008 - 1 U 5867/07.
[2408] BGH v. 25.01.1990 - III ZR 102/88 - BGHR BGB § 839 Abs. 1 S. 1 Gemeinderat 3.
[2409] BGH v. 13.03.1980 - III ZR 156/78 - LM Nr. 40 zu § 829 BGB.
[2410] BGH v. 11.06.1981 - III ZR 34/80 - LM Nr. 37 zu § 839 (B) BGB.

troffenen grundsätzlich nur dann drittgerichtete Amtspflichten, wenn das **Gebot der Rücksichtnahme** zu Gunsten dieses Betroffenen drittschützende Wirkung entfaltet. Hierbei sind auch die Interessen von Grundeigentümern außerhalb des Planbereiches beachtlich.[2411] Die Einholung von Stellungnahmen einer Behörde dient der Feststellung und Berücksichtigung der öffentlichen Belange bzw. Interessen, die sonst von dieser Behörde wahrgenommen werden, und somit ausschließlich den öffentlichen Interessen.[2412] Bei der Erteilung einer rechtswidrigen Baugenehmigung für ein Bauvorhaben, bei dem die Gefahr besteht, dass es unzumutbare Belästigungen oder Störungen durch Geruchsimmissionen ausgesetzt ist, können dem Bauherrn Amtshaftungsansprüche zustehen.[2413] Fehlende Sicherungsmaßnahmen gegen Überschwemmungsschäden bei der Erschließung eines Baugebietes begründen ebenfalls eine Amtspflichtverletzung.[2414] Die Bediensteten einer kreisfreien Stadt haben den Inhaber einer Baugenehmigung für ein in einem potentiellen Planungsgebiet gelegenes Grundstück auf den drohenden Eintritt einer Veränderungssperre gemäß § 9 Abs. 3 Satz 4 BauBG i.V.m. Abs. 1 FSrRG hinzuweisen, wenn die Stadt nach § 9a Abs. 3 Satz 2 FStRG gehört wurde und mit der Baumaßnahme noch nicht begonnen worden ist.[2415]

Die **Verpflichtungserklärung** einer Gemeinde, innerhalb bestimmter Frist einen Bebauungsplan aufzustellen, ist nichtig.[2416] Die fehlerhafte Bekanntmachung eines Bebauungsplans nach § 12 BBauG, die zur Nichtigkeit des Planes führt, stellt keine Verletzung drittgerichteter Amtspflichten gegenüber dem Planbetroffenen dar, da diese Bekanntmachungspflicht gegenüber jedermann besteht.[2417] Wenn ein Beamter Auskünfte über die Bebaubarkeit eines Grundstückes erteilt, so obliegt ihm die Amtspflicht, Auskünfte richtig, klar, unmissverständlich, eindeutig und vollständig zu erteilen.[2418] Soll ein Bauvorhaben im Wege eines **Vorhaben- und Erschließungsplanes** verwirklicht werden, wird dies jedoch letztendlich von der Gemeinde verhindert, so kann dies ebenfalls Amtshaftungsansprüche – in aller Regel allerdings keine Ansprüche aus culpa in contrahendo – begründen.[2419] Bei baulichen Großprojekten, die politisch und städtebaulich umstritten sind, obliegt es ggf. dem klagenden Investor, die behauptete Kausalität zwischen Amtspflichtverletzung und eingetretenem Schaden (wie z.B. vergebliche Planungskosten) nachzuweisen. Wird geltend gemacht, dass negative öffentliche Äußerungen von maßgeblichen Gemeinderepräsentanten eine intensive mediale Wirkung erzeugt haben, der sich die beschlussfassenden Organe des Gemeinderates nicht mehr haben entziehen können, so ist (zumindest bei der Beschlussfassung in öffentlicher Sitzung) mangels Beweisnot weder eine Beweislastumkehr noch eine Beweislastverteilung nach Gefahrabwehrbereichen vorzunehmen, da eine Benennung von Gemeinderatsmitgliedern als Zeugen möglich ist.[2420]

482

Einer Gemeinde ist es nicht verwehrt, selbst nach Vorliegen einer Bauvoranfrage oder eines Bauantrages, die sich aus dem Baugesetzbuch ergebenden planungsrechtlichen Möglichkeiten, etwa eine **Veränderungssperre**, auszuschöpfen. Sie handelt im Rahmen der gesetzlichen Befugnisse, wenn sie diese Anträge und Anfragen, die nach der bestehenden Rechtslage positiv hätten beschieden werden müssen, zum Anlass nimmt, ändernde Planungsmaßnahmen einzuleiten und diese nach Maßgabe der §§ 14, 15 BauGB zu sichern.[2421] Der Bauantrag oder die Bauvoranfrage sind jedoch **zügig weiter zu bearbeiten**.[2422] Legt der Bauherr gegen die auf § 15 BauGB gestützte Zurückstellung seines Baugesuchs Widerspruch ein, so hat die Bauaufsichtsbehörde mit Rücksicht auf dessen aufschiebende Wir-

483

[2411] BGH v. 28.06.1984 - III ZR 35/83 - BGHZ 92, 34-54.
[2412] OLG Brandenburg v. 27.11.2001 - 2 U 6/01 - NVwZ-RR 2002, 813-814.
[2413] BGH v. 21.06.2001 - III ZR 313/99 - LM BGB § 839 (Fe) Nr. 153 (1/2002).
[2414] BGH v. 04.04.2002 - III ZR 70/01 - LM BGB § 839 (Fe) Nr. 160 (10/2002); hierzu *Beyer*, NWVBl 2004, 48-53; *Becker*, KommP 2004, 104-105.
[2415] BGH v. 03.03.2005 - III ZR 186/04 - ZfBR 2005, 469-472 m. Anm. *Ebert*, jurisPR-BGHZivilR 20/2005, Anm. 3.
[2416] BGH v. 22.11.1979 - III ZR 186/77 - BGHZ 76, 16-31.
[2417] BGH v. 27.09.1990 - III ZR 67/89 - BayVBl 1991, 187.
[2418] BGH v. 17.04.1980 - III ZR 167/78 - LM Nr. 41 zu § 839 BGB; BGH v. 27.09.1990 - III ZR 295/89 - BGHR BGB § 839 Dritter 34; OLG Brandenburg v. 21.03.2001 - 7 U 74/00 - NVwZ-RR 2001, 704-708.
[2419] BGH v. 18.05.2006 - III ZR 396/04 - NVwZ 2006, 1207-1208.
[2420] OLG Stuttgart v. 24.11.2004 - 4 U 73/04.
[2421] BGH v. 12.07.2001 - III ZR 282/00 - LM BGB § 839 (Ca) Nr. 106 (12/2001); OLG Koblenz v. 05.12.2001 - 1 U 901/01 - OLGR Koblenz 2002, 110-111; OLG Düsseldorf v. 21.05.2008 - I-18 U 139/07; vgl. zur Haftung bei Veränderungssperre, Zurückstellung und faktischer Bausperre *Hager/Kirchberg*, NVwZ 2002, 538-542.
[2422] OLG Frankfurt v. 28.05.1998 - 15 U 249/96 - ZfIR 1999, 58-63.

kung die Pflicht, die Bearbeitung fortzusetzen, solange kein Sofortvollzug angeordnet wird.[2423] Ein bauwilliger Grundstückseigentümer hat keinen Anspruch auf Durchführung einer **zügigen Bauleitplanung**.[2424] Die Vertreter einer Gemeinde verletzten die ihm obliegenden Amtspflichten, wenn sie unterlassen, die im Rahmen der Bauleitplanung gefassten Beschlüsse über die bauliche und sonstige Nutzung der Grundstücke rechtswirksam umzusetzen.[2425] Eine Amtspflichtverletzung einer Gemeinde wegen Verweigerung des Einvernehmens ist nicht gegeben trotz rechtswidriger Veränderungssperre bei rechtmäßigem Alternativverhalten.[2426] Die Amtspflicht, das gemeindliche Vorkaufsrecht nur rechtmäßig auszuüben, besteht auch gegenüber dem Verkäufer des betroffenen Grundstücks.[2427] Die Baugenehmigungsbehörde handelt nicht schuldhaft i.S.d. § 839 BGB, wenn sie von der Wirksamkeit einer Veränderungssperre ausgeht und eine unter die Sperrwirkung fallende Baugenehmigung nicht erteilt.[2428]

5. Gesundheitswesen

a. Amtsarzt

484   Die **Amtsärzte des Arbeitsamtes** haben bei einer von diesem angeordneten Untersuchung eines Arbeitsuchenden nicht nur die Verpflichtung dem Arbeitsamt gegenüber, das Vorhandensein der Voraussetzung für die Gewährung von Arbeitslosenunterstützung nachzuprüfen, sondern auch die Amtspflicht gegenüber dem Arbeitsuchenden, ihn in diesem Rahmen seinem Gesundheitszustand entsprechend zu beurteilen.[2429] Die Frage, ob eine die Einweisung in eine Heilanstalt rechtfertigende **Gemeingefährlichkeit** vorliegt, ist eine Rechtsfrage und von der zuständigen Behörde selbständig und eigenverantwortlich zu prüfen. Mit der Frage, welche Anforderungen an eine derartige Prüfung und an das Gutachten eines Amtsarztes zu stellen sind, hat sich der BGH beschäftigt.[2430] Der Dienstherr eines Amtsarztes (nämlich das Land) haftet unter dem Gesichtspunkt der Amtspflichtverletzung für eine als Folge einer im Sommer 1955 durchgeführten freiwilligen Diphtherie-Schutzimpfung bei einem 3jährigen Kind aufgetretenen spinalen Lähmungsschaden.[2431] Bei der Durchführung einer staatlichen Schutzimpfung gegen Kinderlähmung unter Verwendung von Lebendviren trifft die Impfärztin die Amtspflicht, den Geimpften bzw. die für ihn Sorgeberechtigten auf die erhöhte Ansteckungsgefahr für besonders gefährdete Kontaktpersonen hinzuweisen.[2432] Sofern ein Amtsarzt im Rahmen der Aufsicht über Kliniken das Verhalten von Ärzten prüft, dann erwachsen ihm diesen gegenüber Amtspflichten dahin, ihre Tätigkeit nicht zum Anlass von Beanstandungen oder sonstigen nachteiligen Folgerungen zu machen, bevor nicht der Sachverhalt aufgeklärt ist. Hierzu gehört auch die Verpflichtung des Amtsarztes, diesen Personen gegenüber nicht Maßnahmen zu ergreifen oder von anderen zu verlangen, die in einem Missverhältnis zu der begangenen Verfehlung stehen.[2433]

485   Wird ein Patient in die geschlossene Abteilung einer **Psychiatrie** eingewiesen, um davor bewahrt zu werden, sich selbst das Leben zu nehmen, so trifft den Träger des Krankenhauses die Pflicht, alle Gefahren von dem Patienten abzuwehren, die ihm wegen seiner Krankheit durch sich selbst drohen.[2434] Konkrete Maßnahmen zum Schutz eines psychisch kranken Patienten durch Überwachung und Sicherung sind erforderlich bei erkennbar erhöhter, akuter oder konkreter Selbstmordgefahr. Entscheidend ist hierbei, ob aus der Sicht eines objektiven Beobachters ex ante eine Selbstgefährdung zu befürchten ist.[2435] Wird ein Strafgefangener, der eine Freiheitsstrafe in einer JVA verbüßt, postoperativ außerhalb

---

[2423] BGH v. 26.07.2001 - III ZR 206/00 - LM BGB § 839 (Fe) Nr. 156 (1/2002); Widerspruch und Anfechtungsklage gegen den Zurückstellungsbescheid nach § 15 BauGB haben gemäß § 80 Abs. 1 VwGO aufschiebende Wirkung, vgl. OVG Berlin v. 21.11.1994 - 2 S 28.94 - DÖV 1995, 252-253.
[2424] OLG Rostock v. 08.03.2001 - 1 U 155/99 - NVwZ 2001, 1075-1077.
[2425] OLG Köln v. 09.03.2000 - 7 U 136/99 - OLGR Köln 2000, 352-355.
[2426] OLG Jena v. 08.02.2000 - 3 U 443/99 - NVwZ-RR 2001, 702-704.
[2427] OLG Hamm v. 29.05.1996 - 11 U 217/95 - NWVBl 1996, 400-403.
[2428] OLG München v. 28.05.2009 - 1 U 5121/08.
[2429] BGH v. 11.12.1952 - III ZR 331/51 - LM Nr. 2 zu § 839 (Fc) BGB.
[2430] BGH v. 04.05.1959 - III ZR 38/58 - LM Nr. 17 zu § 839 (Fg) BGB.
[2431] BGH v. 26.10.1959 - III ZR 95/58 - VersR 1960, 468-470.
[2432] BGH v. 07.07.1994 - III ZR 52/93 - BGHZ 126, 386-396.
[2433] BGH v. 21.12.1964 - III ZR 165/63 - LM Nr. 42 zu § 839 (Fe) BGB.
[2434] OLG Hamburg v. 14.02.2003 - 1 U 186/00 - OLGR Hamburg 2003, 267-270.
[2435] LG Saarbrücken v. 22.12.2005 - 16 O 100/03 unter Bezugnahme auf BGH v. 05.10.1993 - VI ZR 237/92 - VersR 1994, 102-104 sowie OLG Stuttgart v. 20.10.1994 - 14 U 38/93 - NJW-RR 1995, 662-664.

in einem Klinikum versorgt und hat das Krankenhaus auf ausdrückliche Nachfrage der Anstaltsleitung keine Bedenken gegen eine Rückverlegung in das Justizvollzugskrankenhaus zur weiteren stationären Behandlung, so bestehen keine Anhaltspunkte für ein fehlerhaftes Verhalten der amtlichen Ärzte bei der ihnen obliegenden Gesundheitsfürsorge.[2436]

Der BGH hat weiterhin **Aufklärungspflichten des Impfarztes** betont, wenn sich aus seinen Ermittlungen ergibt, dass der Verdacht auf eine Impfschädigung besteht; in diesem Fall ist der Geschädigte dahin gehend zu belehren, dass es zur Anerkennung eines Impfschadens einer hierauf gerichteten Antragstellung bedarf.[2437] Der BGH hat die Drittbezogenheit von Amtspflichten eines Amtsarztes verneint, der die körperliche und geistige Eignung eines Bewerbers für die Erteilung oder Verlängerung einer Fahrerlaubnis zur Fahrgastüberprüfung gemäß §§ 15e, 15f StVZO überprüft hat. Es wurde auch die Amtspflicht verneint, den Fahrerlaubnisinhaber vor drohenden gesundheitlichen Nachteilen zu bewahren.[2438] Schließlich wurde vom BGH die Drittbezogenheit einer Amtspflicht des Amtsarztes eines Hamburgischen Gesundheitsamtes, der eine in Hamburg wohnende Bewerberin wegen Berufung in ein Beamtenverhältnis in Schleswig-Holstein untersucht und der schleswig-holsteinischen Einstellungsbehörde ein amtsärztliches Zeugnis über ihre gesundheitliche Eignung als Beamtin erteilt hat, verneint.[2439] 486

Die einem **Arzt des Bundesgrenzschutzes** im Rahmen einer Einstellungsuntersuchung obliegenden Amtspflichten sind nicht darauf gerichtet, den Untersuchten vor Nachteilen in seinem beruflichen Fortkommen zu schützen.[2440] Allerdings bestehen bei der Einstellungsuntersuchung Amtspflichten des Amtsarztes gegenüber dem zu untersuchenden Bewerber im Hinblick auf die Untersuchungsmethoden; jedenfalls besteht in der Wahl des strengsten von mehreren Maßstäben zu Lasten des Bewerbers keine Amtspflichtverletzung.[2441] Ordnet der Amtsarzt die Unterbringung eines Patienten in einem psychiatrischen Landeskrankenhaus an, so obliegt ihm die Amtspflicht, dafür Sorge zu tragen, dass eine vermeidbare Beeinträchtigung des Patienten vermieden wird.[2442] Leitet der Amtsarzt ein von ihm erstelltes Gutachten zur Einleitung eines Unterbringungsverfahrens dem Ordnungsamt mit der Bitte um unverzügliche Entscheidung zu, ohne ausdrücklich klarzustellen, dass die zugrunde liegende ärztliche Befunderhebung bereits eine Woche zurückliegt und daher die Voraussetzungen für eine Eilmaßnahme (vorläufige Einweisung) nicht mehr vorliegen, und veranlasst die Beamten des Ordnungsamtes aufgrund – fehlerhaft – angenommener Eilbedürftigkeit die – widerrechtlich – vorläufige Einweisung, so liegt eine schuldhafte Amtspflichtverletzung des Amtsarztes vor. Es ist dabei versagt, sich darauf zu berufen, dass er die Freiheitsentziehung auch in einer Weise hätte herbeiführen können, die rechtmäßig gewesen wäre und keine Ersatzpflicht begründet hätte (Berufung auf **rechtmäßiges Alternativverhalten**).[2443] Ein Amtsarzt verletzt die ihm obliegenden Amtspflichten, wenn er bei einer amtsärztlichen Untersuchung eines Patienten ein tatsächlich nicht vorhandenes Übergewicht von 80 kg – gegenüber einem wirklichen Körpergewicht von 72 kg – feststellt und dadurch die dem Patienten gewährte Krankenkostzulage durch die zuständige Stelle gekürzt wird.[2444] 487

b. Amtstierarzt

Der BGH hat sich mit der Frage beschäftigt, inwieweit dem beamteten Tierarzt im staatlichen **Tuberkulosebekämpfungsverfahren** Amtspflichten gegenüber den einzelnen Rindviehhaltern obliegen.[2445] Beamte der Veterinärpolizei verletzen, indem sie unzulängliche Maßnahmen hinsichtlich der Abhaltung einer Geflügelschau treffen, die im Verhältnis zu einem Geflügelhalter, der an der Geflügelpest erkranke Ausstellungstiere kauft und dadurch seinen Altbestand an Geflügel ansteckt, nicht eine ihnen 488

[2436] OLG Koblenz v. 31.07.2008 - 1 W 89/08 - OLGR Koblenz 2009, 236-237.
[2437] BGH v. 20.07.2000 - III ZR 64/99 - LM BGB § 839 (FC) Nr. 36 (6/2001).
[2438] BGH v. 05.05.1994 - III ZR 78/93 - LM BGB § 839 (Cb) Nr. 90 (10/1994).
[2439] BGH v. 21.06.2001 - III ZR 34/00 - BGHZ 148, 139-151.
[2440] OLG Celle v. 02.10.1990 - 16 U 51/90 - NdsRpfl 1991, 30-31 ebenso für den Truppenarzt OLG Düsseldorf v. 01.10.1991 - 18 U 74/91 - NVwZ-RR 1992, 225-226.
[2441] OLG Düsseldorf v. 03.04.1980 - 18 U 175/79 - VersR 1980, 774-776.
[2442] OLG Stuttgart v. 02.08.1990 - 14 U 10/90 - VersR 1991, 1288.
[2443] OLG Oldenburg (Oldenburg) v. 20.05.1988 - 6 U 28/88 - VersR 1991, 306-308.
[2444] OLG Hamm v. 12.12.1980 - 11 U 92/80 - VersR 1983, 402.
[2445] BGH v. 16.12.1957 - III ZR 148/56 - LM Nr. 7 zu § 839 (Fc) BGB; BGH v. 03.07.1961 - III ZR 42/60 - VersR 1961, 905-907.

§ 839

gegenüber einem Dritten obliegende Amtspflicht.[2446] Weiterhin hat sich der BGH mit der Frage beschäftigt, ob ein beamteter Tierarzt die Ausstellung von im Verkauf üblich gewordenen Marktbescheinigungen über die Tuberkulosefreiheit der bei einer Viehversteigerung zum Verkauf gestellten Rinder als amtliche Aufgabe übernommen hat oder in Ausübung privater Nebentätigkeit vornimmt.[2447] Nach Auffassung des OLG Hamm verletzt der Amtstierarzt eine ihm gegenüber dem Exporteur von Ferkeln obliegende Amtspflicht, wenn er die Ferkel mittels Stempelaufdruck kennzeichnen lässt, ohne darauf hinzuweisen, dass die Anerkennung dieser Kennzeichnung durch die spanische Behörde nicht gewährleistet ist.[2448] Ordnet der Amtstierarzt die sofortige Beseitigung eines im Schlachthof nicht mehr identifizierbaren Tierkadavers an, ist diese Anordnung angesichts virulenter Fälle von BSE und MKS eine notwendige Maßnahme zur Abwehr von Gefahren für die öffentliche Sicherheit. Eine Amtspflichtverletzung wegen fehlender Ermächtigungsgrundlage kommt insoweit nicht in Betracht.[2449]

489 Wenn der Amtstierarzt bzw. das Kreisveterinäramt zur Durchführung von BSE-Tests private Labors beauftragt, so haftet die Behörde für Mängel bei der Durchführung dieser Tests. Diese Tests dienen nämlich der Vorbereitung eines Verwaltungsaktes und stellen hoheitliche Tätigkeiten dar.[2450] Kann die nach § 1 FlHG erforderliche Fleischuntersuchung nicht durchgeführt werden, weil der amtliche Tierarzt die Untersuchung nicht sachgemäß vorbereitet hat mit der Folge, dass das Fleisch nicht mehr verwertbar ist, so stehen dem geschädigten Eigentümer des Tieres Amtshaftungsansprüche zu.[2451]

c. Anstaltsarzt

490 Von der Unterbringung eines Häftlings in Gemeinschaftshaft muss abgesehen werden, wenn und solange seine Erkrankung an offener Tuberkulose nicht nur als eine ganz entfernt und nicht ernsthaft in Erwägung zu ziehende Möglichkeit zu erachten ist.[2452] Eine Amtspflichtverletzung liegt weiterhin vor bei schwerwiegenden Krankheitserscheinungen (hier: wiederholte Rektalblutungen), sofern der Anstaltsarzt keine entsprechende Behandlung in die Wege leitet. Der Gesichtspunkt der **Umkehr der Beweislast** wegen grober schuldhafter Behandlungsfehler gilt auch für den Anstaltsarzt und den ihm gleichzustellenden Vertragsarzt einer Justizvollzugsanstalt.[2453] Für die Geltendmachung eines Schadensersatzanspruches ist der Träger der JVA, nicht jedoch der behandelnde Anstaltsarzt passiv legitimiert.[2454]

d. Durchgangsarzt

491 Nach Auffassung des BGH handelt ein von der Berufsgenossenschaft bestellter Durchgangsarzt bei der ärztlichen Erstversorgung eines Unfallverletzten nicht in Ausübung eines öffentlichen Amtes.[2455] Übernimmt aber der Durchgangsarzt die Heilbehandlung im Rahmen der Erstversorgung, wird von ihm und von dem Patienten ein zivilrechtliches Behandlungsverhältnis begründet, für welches die Berufsgenossenschaft nicht eintrittspflichtig ist.[2456] Beschränkt sich indes der Durchgangsarzt im Rahmen der Nachschau auf die Prüfung der Frage, ob die bei der Erstversorgung des Verletzten getroffene Entscheidung zu Gunsten einer allgemeinen Heilbehandlung aufrechtzuerhalten ist, wird er in Ausübung eines öffentlichen Amtes tätig (vgl. § 34 Abs. 2 SGB VII).[2457] Erstellt ein Durchgangsarzt in einer Unfallambulanz nach einem Wegeunfall Röntgenbilder und übersieht er bei der Befundung eine Fraktur, kann die Fehldiagnose sowohl ein öffentlich-rechtliches Handeln die Durchgangsarztfunktion betreffen, so dass das Haftungsprivileg nach § 839 Abs. 1 Satz 2 BGB, Art. 34 GG greifen kann, aber auch

---

[2446] BGH v. 27.10.1960 - III ZR 159/59 - JZ 1961, 235-236.
[2447] BGH v. 19.12.1957 - III ZR 159/56 - LM Nr. 6 zu § 839 (Fc) BGB.
[2448] OLG Hamm v. 28.04.1989 - 11 U 148/88 - VersR 1992, 493.
[2449] OLG Brandenburg v. 30.09.2003 - 2 U 65/02.
[2450] BGH v. 02.02.2006 - III ZR 131/05 - NVwZ 2006, 966-967; BGH v. 15.02.2007 - III ZR 137/06 - NVwZ-RR 2007, 368-369; OLG Schleswig v. 07.09.2006 - 11 U 16/05.
[2451] LG Köln v. 29.01.2002 - 5 O 411/01.
[2452] BGH v. 18.01.1962 - III ZR 135/60 - LM Nr. 17 zu § 839 (Fc) BGB.
[2453] BGH v. 26.11.1981 - III ZR 59/80 - LM Nr. 50 zu § 839 (Ca) BGB.
[2454] OLG München v. 09.05.2005 - 1 W 1294/05.
[2455] BGH v. 09.12.1974 - III ZR 131/72 - BGHZ 63, 265-274; vgl. hierzu *Olzen*, MedR 2002, 132-139 sowie *Schlaeger*, ZAP Fach 2, 523-528.
[2456] BGH v. 28.06.1994 - VI ZR 153/93 - NJW 1994, 2417-2419; OLG Bremen v. 29.10.2009 - 5 U 12/09; OLG Oldenburg v. 30.06.2010 - 5 U 15/10 - GesR 2011, 28-30; LG Baden-Baden v. 30.06.2005 - 1 O 250/05.
[2457] BGH v. 09.03.2010 - VI ZR 131/09 - UV Recht Aktuell 2010, 488-497.

eine ärztliche Erstversorgung, die dem Privatrecht unterfällt.[2458] Ein zum Heilbehandlungsarzt der Berufsgenossenschaft bestellter Arzt darf nur bei den in § 35 des Vertrages Ärzte/Unfallversicherungsträger 2001 im Einzelnen aufgeführten Verletzungen über die Einleitung der besonderen berufsgenossenschaftlichen Heilbehandlung entscheiden.[2459]

e. Impfarzt

Zu den Amtspflichten eines Impfarztes gehört es, sich vor Vornahme der Pockenschutz-Wiederimpfung von dem Erfolg der ersten Pockenimpfung zu überzeugen.[2460] Der Impfarzt des Gesundheitsamtes verletzt schuldhaft seine Amtspflicht, wenn er es unterlässt, das Vorliegen der in einem Runderlass genannten Voraussetzungen für die Indikation der als besonders gefährlich bekannten Keuchhustenimpfung zu prüfen und über die fehlende Indikation und die besondere Gefährlichkeit der Impfung aufzuklären.[2461] Bei der Durchführung einer staatlichen Schutzimpfung gegen Kinderlähmung unter Verwendung von Lebendviren trifft die Impfärztin die Amtspflicht, den Geimpften bzw. die für ihn Sorgeberechtigten auf das erhöhte Ansteckungsrisiko für besonders gefährdete Kontaktpersonen hinzuweisen.[2462] Schließlich besteht eine **Belehrungspflicht des Impfarztes** des Gesundheitsamtes über das Antragserfordernis für die Anerkennung von Impfschäden.[2463] 492

f. Notarzt

In den meisten Bundesländern ist der **Rettungsdienst öffentlich-rechtlich** organisiert mit der Folge, dass die Wahrnehmung der rettungsdienstlichen Aufgaben sowohl im Ganzen als auch im Einzelnen der hoheitlichen Betätigung zuzurechnen ist. Passivlegitimiert für den Amtshaftungsanspruch ist der Träger des Rettungsdienstes,[2464] ggf. der Rettungszweckverband. Dies gilt z.B. für Bayern[2465] und für Mecklenburg-Vorpommern.[2466] In Baden-Württemberg ist hingegen in der Regelfall von der privatrechtlichen Organisation des Rettungsdienstes auszugehen, so dass eine Amtshaftung des Staates nicht besteht.[2467] Eine etwaige Qualifizierung des rettungsdienstlichen Einsatzes als Ausübung eines öffentlichen Amtes gilt für privat und gesetzlich krankenversicherte Patienten gleichermaßen.[2468] 493

Der Krankenhausarzt ist wegen der dem Krankenhaus obliegenden Verpflichtung zur Mitwirkung im Rettungsdienst seinerseits aufgrund seines Anstellungsverhältnisses verpflichtet, nicht nur im Krankenhaus selbst, sondern auch bei Notarztwageneinsätzen tätig zu werden, auch wenn dies in seinem Dienstvertrag nicht besonders erwähnt ist. Der Unfall, bei dem ein Notarzt durch Verschulden des Fahrers des **Notarztwagens** geschädigt wird, ereignet sich nicht bei der Teilnahme am allgemeinen Verkehr, wenn das Verhältnis des Notarztes zum Schädiger im Augenblick des Unfalls durch die gemeinsame Betriebszugehörigkeit geprägt wird, was zu einem Haftungsausschluss nach § 637 RVO führt.[2469] Eine Gemeinde haftet nicht aus Amtspflichtverletzung für einen Schaden, den ein Notfallpatient im Rahmen eines von der Gemeinde durchgeführten Rettungseinsatzes dadurch erleidet, dass dem Notarzt bei der Behandlung ein Kunstfehler unterläuft.[2470] Kommt es an einem durch ein Sanitätshaus an einen Pflegebedürftigen vermieteten Pflegebett bei Notfalleinsatz zu einer irreparablen Beschädigung des 494

[2458] OLG Hamm v. 09.11.2009 - I-3 U 103/09 - GesR 2010, 137-139.
[2459] BGH v. 09.12.2008 - VI ZR 277/07 - MDR 2009, 259-260.
[2460] BGH v. 24.06.1968 - III ZR 37/66 - VersR 1968, 987-989.
[2461] BGH v. 15.02.1990 - III ZR 100/88 - NJW 1990, 2311-2312.
[2462] BGH v. 07.07.1994 - III ZR 52/93 - BGHZ 126, 386-396.
[2463] BGH v. 20.07.2000 - III ZR 64/99 - LM BGB § 839 (FC) Nr. 36 (6/2001).
[2464] OLG Schleswig v. 30.10.2006 - 4 U 133/05.
[2465] BGH v. 26.03.1997 - III ZR 295/96 - LM BGB § 839 (A) Nr. 58a (11/1997); BGH v. 09.01.2003 - III ZR 217/01 - BGHZ 153, 268-279; BGH v. 16.09.2004 - III ZR 346/03 - NJW 2005, 429-433; OLG Nürnberg v. 30.04.2001 - 5 U 4322/00 - OLGR Nürnberg 2001, 225-227; OLG Bamberg v. 24.02.2005 - 1 U 136/04 - NVwZ-RR 2006, 226-227.
[2466] LG Neubrandenburg v. 11.01.2005 - 4 O 165/04 - MedR 2005, 283.
[2467] OLG Stuttgart v. 02.02.2004 - 1 W 47/03 - NJW 2004, 2987-2988; vgl. hierzu *Emann*, NJW 2004, 2944-2946.
[2468] BGH v. 16.09.2004 - III ZR 346/03 - NJW 2005, 429-433.
[2469] BGH v. 14.07.1987 - III ZR 183/86 - BGHR RVO § 637 Notarzt 1; BGH v. 21.03.1991 - III ZR 77/90 - LM GrundG Art. 34 Nr. 170 (1/1992).
[2470] BGH v. 26.10.1989 - III ZR 99/88 - BGHR BGB § 839 Abs. 1 S. 1 Notarzt 1 ebenso OLG Nürnberg v. 30.04.2001 - 5 U 4322/00 - OLGR Nürnberg 2001, 225-227; OLG Zweibrücken v. 23.01.2001 - 5 U 11/00 - OLGR Zweibrücken 2001, 288-290.

Bettes, steht dem Sanitätshaus unter dem Aspekt eines enteignenden Eingriffs ein Schadensersatzanspruch zu.[2471] Die Tätigkeit im Rettungsdienst ist jedoch grundsätzlich als Ausübung eines öffentlichen Amtes anzusehen.

g. Truppenarzt

495 Der BGH hat sich mehrfach mit der Haftung des Truppenarztes beschäftigen müssen. Hiernach ist die ärztliche Behandlung von Soldaten durch Truppenärzte im Rahmen der gesetzlichen Heilfürsorge Wahrnehmung einer hoheitlichen Aufgabe und damit Ausübung eines öffentlichen Amtes.[2472] Die truppenärztliche Behandlung erfolgt in Ausübung eines öffentlichen Amtes nicht nur bei der Behandlung von Berufs- und Zeitsoldaten, sondern auch bei der Behandlung von Personen, die ihren Grundwehrdienst ableisten.[2473] Ein misslungener ärztlicher Heileingriff oder ein sonstiger Behandlungsfehler bei der ärztlichen Betreuung eines Soldaten im Rahmen des Wehrdienstverhältnisses kann ein schädigendes Ereignis darstellen, das zu einer Wehrdienstbeschädigung führt, sofern zwischen der Behandlungsmaßnahme und dem soldatischen Sozialbereich eine **innere Beziehung** bestanden hat. Amtshaftungsansprüche, die ausschließlich auf einen truppenärztlichen Kunstfehler gestützt werden, könne nach Maßgabe des § 91a SVG beschränkt werden.[2474] Eine gegenüber dem Geschädigten bestehende Amtspflicht kann jedoch nicht angenommen werden, wenn der von einem Truppenarzt behandelnde Patient, bei dem möglicherweise eine ansteckende Rötelninfektion übersehen worden ist, zu einem späterem Zeitpunkt und eher zufällig anlässlich einer Familienfeier mit der Mutter des zu diesem Zeitpunkt zwar gezeugten, aber noch nicht geborenen Geschädigten in Kontakt kommt.[2475] Sofern ein Truppenarzt einen privaten Facharzt bei Behandlung eines Soldaten hinzuzieht, wird dieser gleichsam als verlängerter Arm des Truppenarztes im Auftrag der Bundeswehr tätig und übt eine hoheitliche Tätigkeit aus.[2476] Der Wehrpflichtige hat keinen Schadensersatzanspruch wegen Amtspflichtverletzung, wenn der zuständige Arzt der Bundeswehrverwaltung es unterlässt, ihn auf eine durch Ministerialerlass angeordnete, aber rechtswidrige Möglichkeit einer **Befreiung vom Wehrdienst** hinzuweisen.[2477]

h. Gesundheitsamt

496 Bei Vorhandensein einer **zentralen Trinkwasserversorgung** besteht die **Überwachungspflicht** des Gesundheitsamtes auch als Amtspflicht gegenüber dem einzelnen Bürger, der an eine solche zentrale Versorgungseinrichtung angeschlossen ist.[2478] Die Tätigkeit des Gesundheitsamtes bei der Tuberkulosefürsorge und damit die Erteilung von Auskünften über die Notwendigkeit von Umgebungsuntersuchungen ist Ausübung eines öffentlichen Amtes im Sinne des Art. 34 GG. Alle Amtsträger haben die Pflicht, eine erbetene und auch gegebene Auskunft richtig und sachgemäß zu erteilen, auch wenn sie zur Erteilung der Auskunft nicht zuständig oder verpflichtet sind, und zwar allen gegenüber, die die Auskunft erbeten haben und in deren Interesse diese erteilt wird.[2479] Überlässt ein staatliches Gesundheitsamt die Überwachung der Termine für die Nachuntersuchung Tuberkuloseverdächtiger einer vom Kreissozialamt angestellten Fürsorgerin, die aufgrund einer Vereinbarung zwischen Kreisamt und Gesundheitsamt tätig wird, so haftet für die Folgen einer unrichtigen Vormerkung der Nachuntersuchungstermine der Staat und nicht der Landkreis.[2480] Die Verpflichtung der Gesundheitsämter, im Rahmen der Schulgesundheitspflege durch Überwachung eines erkrankten Lehrers oder Schülers der Gefahr einer Ansteckung zu begegnen, besteht als Amtspflicht gegenüber jedem von dieser Gefahr betrof-

---

[2471] OLG Bamberg v. 24.02.2005 - 1 U 136/04 - NVwZ-RR 2006, 226-227.
[2472] BGH v. 06.07.1989 - III ZR 79/88 - BGHZ 108, 230-236; vgl. hierzu auch *Petry*, GesR 2003, 204-206, ebenso OLG Koblenz v. 09.04.2010 - 5 U 154/10 - MedR 2011, 366-368, Aufsatz von *Raap*, UBWV 2011, 391-395.
[2473] OLG Karlsruhe v. 13.09.1995 - 7 U 100/94 - VersR 1996, 58.
[2474] BGH v. 25.04.1991 - III ZR 175/90 - LM BGB § 839 (K) Nr. 47 (1/1992); BGH v. 12.11.1992 - III ZR 19/92 - BGHZ 120, 176-184; OLG Stuttgart v. 11.12.2008 - 1 U 75/08 - MedR 2011, 101-102.
[2475] OLG Düsseldorf v. 15.01.1998 - 8 U 81/97 - NVwZ-RR 1999, 102-104.
[2476] OLG Brandenburg v. 12.01.2000 - 1 U 18/99 - OLGR Brandenburg 2000, 88-90.
[2477] BGH v. 23.10.1975 - III ZR 97/73 - BGHZ 65, 196-209; OLG Düsseldorf v. 01.10.1991 - 18 U 74/91 - NVwZ-RR 1992, 225-226.
[2478] BGH v. 07.02.1957 - III ZR 160/55 - DÖV 1957, 216-217.
[2479] BGH v. 26.01.1959 - III ZR 190/57 - VersR 1959, 353-355.
[2480] BGH v. 14.03.1960 - III ZR 72/59 - LM Nr. 12 zu § 839 (Fc) BGB.

fenen Schüler.[2481] Bei der Tätigkeit eines Hamburgischen Gesundheitsamtes (Untersuchung einer Bewerberin in das Beamtenverhältnis) im Auftrag des Landes Schleswig-Holstein handele es sich nicht um Amtshilfe; der Amtsarzt des Hamburgischen Gesundheitsamtes erfüllt keine Amtspflichten gegenüber dem Land Schleswig-Holstein, das kein Dritter im Sinne von § 839 BGB ist.[2482]

In Baden-Württemberg ist das Gesundheitsamt nicht befugt, das **Festhalten und Verbringen eines Unterbringungsbedürftigen zur fürsorglichen Aufnahme** in einem Zentrum für Psychiatrie anzuordnen. Denn das Verbringen eines psychisch Kranken ohne Gerichtsbeschluss richtet sich nach dem allgemeinen Polizeirecht.[2483] Erklärungen des Bundesministers für Gesundheit im Zusammenhang mit der Ausbreitung von AIDS, der Staat habe zu haften, weil das Bundesgesundheitsamt sträflich versagt habe, stellen regelmäßig weder ein konstitutives noch ein deklaratorisches Schuldanerkenntnis dar. Der Geschädigte ist auch in Amtshaftungsverfahren wegen pflichtwidrigen Handelns bzw. Unterlassens von Mitarbeitern des Bundesgesundheitsamtes im Zusammenhang mit der Bekämpfung von AIDS beweispflichtig für die Ursächlichkeit eines behaupteten pflichtwidrigen Verhaltens für den eingetretenen Schaden (HIV-Infektion).[2484]

i. Kassenärztliche Vereinigung

Im Vorfeld von Verhandlungen über die Veränderung einer Gesamtvergütung durch mit den Landesverbänden der Krankenkassen und den Verbänden der Ersatzkassen zu schließenden Vertrag bestehen **Ermittlungspflichten** einer Kassenärztlichen Vereinigung. Die vertragsärztliche Versorgung muss letztendlich so geregelt werden, dass eine ausreichende, zweckmäßige und wirtschaftliche Versorgung der Versicherten unter Berücksichtigung des allgemeinen anerkannten Standes der medizinischen Erkenntnisse gewährleistet ist und die ärztlichen Leistungen angemessen vergütet werden (§ 72 Abs. 2 SGB V). Auch der **Bewertungsausschuss der Kassenärztlichen Bundesvereinigung** hat bei Feststellung des Bewertungsmaßstabes für die ärztlichen Leistungen die Interessen der Mitglieder der Kassenärztlichen Vereinigungen zu wahren; unerheblich ist hierbei, ob die Entscheidung des Bewertungsausschusses der Kassenärztlichen Bundesvereinigung von einem Kollegialgericht bestätigt worden ist, da insoweit die **Kollegialgerichts-Richtlinie** nicht eingreift.[2485]

Die zuständigen Organe der Kassenärztlichen Vereinigung haben über den Antrag auf Berufung eines Kassenarztes (heute: Vertragsarztes) oder gegen die Entziehung der Kassenzulassung ohne Verzögerung zu entscheiden. Bei rechtswidriger Entscheidung des **Zulassungsausschusses** und des **Berufungsausschusses** haftet die Kassenärztliche Vereinigung, auch wenn die Mitglieder der Zulassungsausschüsse nicht an Weisungen gebunden sind.[2486] Aufgrund der sich aus § 41 Abs. 3 ÄrzteZV ergebenden Verpflichtung, Stillschweigen über den Hergang der Beratung und über das Stimmverhältnis zu bewahren, obliegt die Darlegungs- und Beweislast der beklagten Körperschaft, dass ihre Mitglieder einer rechtswidrig ergangenen (Mehrheits-)Entscheidung des Kollegiums nicht zugestimmt haben.[2487] Die Auffassung des Zulassungsausschusses, eine Entfernung von 30 km und eine Fahrzeit von knapp 30 Minuten für die einfache Strecke gewährleiste eine unverzügliche und ordnungsgemäße Versorgung der von dem Belegarzt ambulant und stationär zu betreuenden Versicherten nicht, insbesondere wenn es um Komplikationen nach einem chirurgischen Eingriff gehe, ist ohne weiteres als vertretbar anzusehen.[2488]

Weiter hat der BGH judiziert, dass die Kassenärztliche Vereinigung sich jedenfalls nicht schuldhaft verhalte, wenn sie einem (**erneuten**) Antrag eines niedergelassenen Arztes auf Ausschreibung seines Vertragsarztsitzes (§ 103 Abs. 3 SGB V) nicht entspreche, nachdem der Zulassungsausschuss in einem vorangegangenen Nachbesetzungsverfahren einen bestimmten Arzt als Nachfolger ausgewählt, einen

---

[2481] BGH v. 29.05.1967 - III ZR 126/66 - BGHZ 48, 65-69 ebenso OLG Karlsruhe v. 20.09.1989 - 7 U 50/86 - VersR 1990, 306-308.

[2482] BGH v. 21.06.2001 - III ZR 34/00 - BGHZ 148, 139-151.

[2483] OLG Stuttgart v. 30.11.2000 - 1 U 32/00 - OLGR Stuttgart 2001, 61-64.

[2484] OLG Koblenz v. 12.11.1997 - 1 U 533/94 - NJW-RR 1998, 167-169.

[2485] BGH v. 14.03.2002 - III ZR 302/00 - BGHZ 150, 172-187.

[2486] BGH v. 12.04.2006 - III ZR 35/05 - juris Rn. 8 - ZMGR 2006, 108-110; hierzu *Koller*, ZMGR 2011, 130-134.

[2487] BGH v. 10.02.2011 - III ZR 37/10 - NJW 2011, 2586-2590; LG Düsseldorf v. 05.04.2012 - 5 O 724/06 - MedR 2012, 132-136.

[2488] BGH v. 10.02.2011 - III ZR 310/09 - NZS 2012, 35-37. Vgl. zu den Amtspflichten des Zulassungsausschusses für die vertragsärztliche Zulassung zum Zwecke der Fortführung einer Praxis durch einen Nachfolger auch OLG Hamm v. 25.08.2010 - 11 U 288/09 u.a. - MedR 2011, 365-366.

Mitbewerber abgelehnt und der niedergelassene Arzt nach Zustellung dieser Entscheidung seinen auf dieses Nachbesetzungsverfahren bezogenen Antrag zurückgenommen hatte.[2489] Die Verweigerung der Zulassung als niedergelassener Vertragsarzt durch den Zulassungsausschuss unter Hinweis auf die räumliche Distanz von 12,4 km zwischen dem Wohnort des Bewerbers und dem Praxisort (Fahrzeit ca. 20 Minuten) ist rechtswidrig; eine Verletzung der **Residenzpflicht** gem. § 24 Abs. 2 Satz 2 ÄrzteZV liegt insoweit nicht vor.[2490] Diese Entscheidungen der Zulassungsverfahren sind keine Urteile in einer Rechtssache i.S.d. § 839 Abs. 2 BGB.[2491] Hingegen wurde die Verletzung einer Amtspflicht verneint bei der Weigerung der Kassenärztlichen Vereinigung, der Erbringung kassenärztlicher Leistungen mit einem Computertomographen zuzustimmen.[2492] Der zugelassene Kassenarzt bzw. Vertragsarzt hat einen Anspruch darauf, dass die Organe der Kassenärztlichen Vereinigung bei Festlegung des Verteilungsmaßstabes (Honorarverteilungsmaßstab), ein Akt autonomer Rechtssetzung der öffentlichen Körperschaft, seine berechtigten Interessen beachtet und seinen Status nicht beeinträchtigt.[2493] Im Übrigen hat der zugelassene Kassenarzt bzw. Vertragsarzt einen Anspruch darauf, dass sich seine Kassenärztliche Vereinigung auf die ihr zugewiesenen Aufgaben beschränkt.[2494] Da nach der gefestigten Rechtsprechung des BSG niedergelassene Vertragsärzte grundsätzlich nicht zur Anfechtung von Bescheiden befugt sind, mit denen Krankenhausärzte zur Teilnahme an der vertragsärztlichen Versorgung der Versicherten ermächtigt werden (§ 116 SGB V), sind sie zwangsläufig auch nicht geschützte **Dritte** im Sinne des § 839 BGB.[2495]

501 Die Instanzgerichte haben judiziert, dass bei Vorliegen der Voraussetzungen einer Genehmigung zur Durchführung und Abwicklung von Röntgenleistungen in der Kassenpraxis den Organen der Kassenärztlichen Vereinigung gegenüber den Antragstellern die Amtspflicht obliegt, die Genehmigung zu erteilen.[2496] Eine Kassenärztliche Vereinigung macht sich bei nicht rechtzeitigem Widerruf der Ermächtigung eines Krankenhauses zur Erbringung ambulanter Röntgenleistungen einer Amtspflichtverletzung schuldig, nachdem ein niedergelassener Röntgenologe den Bedarf decken kann.[2497] Weiterhin führt ein rechtswidriger Eingriff in den Zulassungsstatus eines Kassenarztes zur Amtshaftung der Kassenärztlichen Vereinigung.[2498] Die Rechtsprechung hat das Vorliegen einer Fürsorgepflicht der Kassenärztlichen Vereinigung in Bezug auf die **Existenzsicherung** ihrer Mitglieder verneint.[2499] Das rechtswidrige und schuldhafte Vorenthalten von Honoraren kann Schadensersatzansprüche aus einer Amtspflichtverletzung begründen, wenn dies zu einem Zusammenbruch der Praxis des Vertragsarztes führt.[2500] Die Kassenärztliche Vereinigung haftet für die Amtspflichtverletzungen der Mitglieder des Zulassungs- und des Berufungsausschusses.[2501] Wird ein Arzt infolge der Einteilung der Notfalldienstbezirke durch die zuständige Kassenärztliche Vereinigung übermäßig zum Notfalldienst herangezogen, kann er für die Einbuße an Freizeit keinen Schadensersatz in Geld beanspruchen.[2502] Schließlich hat sich die Rechtsprechung mit den **Sorgfaltsanforderungen** beschäftigt, die bei der Prüfung der von den Mitgliedern eingereichten Behandlungsausweise durch die Kassenärztliche Vereinigung zu beachten sind.[2503] Ein Amtshaftungsanspruch ist auch zu bejahen bei rechtswidrigem schuldhaftem Widerruf einer persönlichen Genehmigung zur Durchführung und Abrechnung bestimmter Leistungen, wie z.B.

[2489] BGH v. 08.09.2011 - III ZR 236/10 - GesR 2011, 686-687-

[2490] OLG München v. 21.01.2010 - 1 U 5307/08.

[2491] BGH v. 05.10.1959 - III ZR 82/58 - VersR 1960, 463; BGH v. 28.02.1963 - III ZR 157/61 - VersR 1963, 748.

[2492] BGH v. 14.03.1996 - III ZR 224/94 - BGHZ 132, 181-189.

[2493] BGH v. 04.06.1981 - III ZR 31/80 - BGHZ 81, 21-35.

[2494] BGH v. 25.11.1991 - III ZR 24/91 - BGHR BGB § 212 Abs. 2 Berechtigter 1.

[2495] BGH v. 14.03.2002 - III ZR 302/00 - BGHZ 150, 172-187; BGH v. 31.10.2002 - III ZR 89/02 - BGHReport 2003, 146.

[2496] OLG Düsseldorf v. 06.05.1982 - 18 U 249/81 - VersR 1983, 62.

[2497] OLG Schleswig v. 12.10.1984 - 11 U 329/83 - ArztR 1986, 170.

[2498] OLG Karlsruhe v. 13.05.2005 - 14 U 164/03 - NVwZ-RR 2005, 826-828.

[2499] OLG Frankfurt v. 19.01.1989 - 1 U 249/87 - MedR 1990, 88-90; bei der Festlegung des Honorarverteilungsmaßstabes sind jedoch die berechtigten Interessen der Mitglieder zu berücksichtigen; so auch für den Bewertungsausschuss der Kassenärztlichen Bundesvereinigung OLG Köln v. 30.09.1999 - 7 U 152/98 - OLGR Köln 2000, 309-313; bestätigt durch BGH v. 14.03.2002 - III ZR 302/00 - BGHZ 150, 172-187.

[2500] OLG München v. 21.09.2010 - 1 U 2742/09.

[2501] BGH v. 12.04.2006 - III ZR 35/05; OLG Düsseldorf v. 22.03.1990 - 18 U 221/89 - VersR 1991, 1000.

[2502] OLG Hamm v. 03.07.1992 - 11 U 13/92 - MedR 1992, 342-344.

[2503] OLG Hamm v. 08.12.1993 - 11 U 45/92 - MedR 1998, 130.

zur Durchführung von Methadon-Substitutionsbehandlungen.[2504] Wird die **Zulassung** als Vertrags(zahn)arzt zu Unrecht verweigert, ergeben sich hieraus erhebliche Schadensersatzansprüche.[2505] Die Klage ist zu richten gegen die Kassenärztliche Vereinigung, nicht gegen den Zulassungsausschuss; ggf. ist eine Klageänderung erforderlich.[2506]

j. Landeskrankenhaus/Psychiatrische Klinik

In der Rechtsprechung ist anerkannt, dass statt der Haftungsgrundlagen des privaten medizinischen Behandlungsvertrages und des allgemeinen Delikts ausschließlich die Grundsätze der Amtshaftung gelten, wenn sich die Behandlung als Amtsbehandlung darstellt. Dies hat die Rechtsprechung insbesondere bei der Verwahrung und Behandlung von Insassen in geschlossenen Anstalten, die sich dort aufgrund einer Weisung nach den Unterbringungsgesetzen befinden, angenommen.[2507] Die **Behandlung eines Patienten** in der geschlossenen Abteilung eines psychiatrischen Landeskrankenhauses ist auch dann öffentlich-rechtlicher Natur, wenn diese Behandlung im Einverständnis des Patienten und seines Betreuers und nicht etwa aufgrund einer hoheitlichen Unterbringung erfolgt.[2508] Die zuständigen Bediensteten eines Landeskrankenhauses haben ohne Bezug auf einen konkreten Einzelfall die Pflicht, zumindest die Beruhigungsräume mit hinreichend sicheren Fenstern ausstatten zu lassen; denn sie können und müssen die Möglichkeit in Betracht ziehen, dass unruhige Patienten, die in einen solchen Raum verbracht werden, auf unvorhersehbare Weise und daher ohne besondere Aufsicht ein solches Fenster öffnen und dabei zu Schaden kommen können.[2509] Besondere Sorgfaltspflichten bestehen gegenüber **suizidgefährdeten Patienten** in einem Psychiatrischen Krankenhaus;[2510] maßgebend ist, ob eine solche Gefährdung für die behandelnden Ärzte und das Krankenhaus erkennbar war.[2511] Die Haftung für die Verletzung der Pflicht zur Beaufsichtigung von Patienten, die sich freiwillig oder im Einverständnis ihrer gesetzlichen Vertreter einer von einer Körperschaft des öffentlichen Rechts getragenen offenen psychiatrischen Klinik befinden, ist nach § 832 BGB zu beurteilen.[2512]

502

Ordnet der Amtsarzt die Unterbringung eines Patienten in einem **psychiatrischen Landeskrankenhaus** an, so obliegt ihm die Amtspflicht, dafür Sorge zu tragen, dass eine vermeidbare Beeinträchtigung des Patienten vermieden wird. Wird ein Patient gegen seinen Willen und entgegen der eindeutigen Gesetzeslage ohne ausreichende gesetzliche Grundlage in dem Landeskrankenhaus festgehalten, so führt dies zu einem Schmerzensgeldanspruch.[2513] Erstattet ein beamteter Professor eines Landeskrankenhauses im Auftrag des Gerichtes ein Gutachten, so kommt das Land als Anstellungskörperschaft nicht als Anspruchsgegner in Betracht.[2514] Weiterhin hat sich die Rechtsprechung mit der Frage beschäftigt, wie eine wegen Selbstmordgefahr in die geschlossene Abteilung eines Landeskrankenhauses eingelieferte an Schizophrenie erkrankte Patientin unterzubringen ist, wenn sie über Jahre hinweg keine Anstalten zu einer erneuten Selbstgefährdung unternommen hat.[2515]

503

k. Krankenkasse

Beanstandet eine Krankenkasse die Abfassung von **Heil- und Kostenplänen** eines Zahnarztes über Zahnprothetik und veranlasst hierdurch die Wahl eines anderen Zahnarztes durch den Versicherten, so kommt als Anspruchsgrundlage für Schadensersatzansprüche § 839 BGB in Betracht.[2516] Aus dem

504

[2504] LG Düsseldorf v. 12.01.2004 - 2b O 243/02 - MedR 2004, 692-694.
[2505] Vgl. zur Berechnung OLG München v. 25.09.2007 - 1 U 3014/07.
[2506] OLG Hamm v. 03.07.2009 - I-11 U 25/09 - MedR 2011, 42-45.
[2507] BGH v. 24.09.1962 - III ZR 201/61 - NJW 1963, 40-43; BGH v. 31.01.2008 - III ZR 186/06 - NJW 2008, 1444-1445; OLG Naumburg v. 12.01.2010 - 1 U 77/09; ebenso für die psychiatrische Abteilung eines Kreiskrankenhauses OLG Oldenburg v. 01.03.1994 - 5 U 127/93 - NJW-RR 1996, 666-669 sowie OLG Naumburg v. 12.01.2010 - 1 U 77/09 - GesR 2010, 318-321.
[2508] BGH v. 31.01.2008 - III ZR 186/06 - NJW 2008, 1444-1445.
[2509] BGH v. 09.04.1987 - III ZR 171/86 - VersR 1987, 985-986.
[2510] BGH v. 23.09.1993 - III ZR 107/92 - LM BGB § 611 Nr. 93 (3/1994); OLG Köln v. - 01.04.1992 - 27 U 83/91 - VersR 1993, 1156-1157; OLG Stuttgart v. 20.10.1994 - 14 U 38/93 - NJW-RR 1995, 662-664; OLG Oldenburg v. 19.03.1996 - 5 U 164/95 - VersR 1997, 117-119; OLG Hamburg v. 14.02.2003 - 1 U 186/00 - OLGR Hamburg 2003, 267-270.
[2511] LG Saarbrücken v. 22.12.2005 - 16 O 100/03 - n.v.; LG Magdeburg v. 14.09.2011 - 9 O 1041/08 - 295.
[2512] BGH v. 19.01.1984 - III ZR 172/82 - LM Nr. 14 zu § 832 BGB.
[2513] OLG Stuttgart v. 02.08.1990 - 14 U 10/90 - VersR 1991, 1288.
[2514] OLG München v. 17.12.1987 - 1 U 3842/87 - VersR 1988, 853.
[2515] OLG Düsseldorf v. 14.06.1984 - 18 U 38/84 - VersR 1984, 1173-1174.
[2516] BGH v. 02.12.1980 - KZR 5/80 - LM Nr. 36 zu § 839 (K) BGB.

Zweck einer Betriebsprüfung durch die Krankenkasse ergibt sich keine Amtspflicht des Prüfers, den Arbeitgeber als Beitragsschuldner vor Überzahlungen oder Nachzahlungen zu schützen. Ein Betriebsprüfer, der bei seiner Prüfung Unregelmäßigkeiten verschleiert, die er im Rahmen einer Nebentätigkeit für den Betrieb des geprüften Unternehmens zu dessen Nachteil begangen hat, verletzt dadurch die ihm auch gegenüber diesem Unternehmer obliegende Amtspflicht, sein Prüfamt nicht zu missbrauchen.[2517] Soweit die Krankenkassen in zulässiger Weise und aufgrund gesetzlicher Anordnung Aufgaben übertragen haben, haftet die Bundesrepublik Deutschland bei einer Amtspflichtverletzung des Ersatzkassenverbandes[2518] und die Kassenärztliche Bundesvereinigung (Zusammenschluss der kassenärztlichen Vereinigungen auf Bundesebene) unmittelbar.[2519] Bei einem geltend gemachten Anspruch auf Erstattung eines durch die Verweigerung der Kostenerstattung entstandenen gesundheitlichen Schadens ist der ordentliche Rechtsweg eröffnet (§ 839 Abs. 1 BGB).[2520] Einer Krankenkasse kann keine Amtspflichtverletzung im Hinblick auf den Gesundheitszustand eines Mitgliedes vorgeworfen werden, wenn sie zur Vorbereitung einer Entscheidung ein Gutachten des Medizinischen Dienstes der Krankenkassen einholt und sich mangels eigener Sachkunde auf die Einschätzung des Medizinischen Dienstes verlässt.[2521] Dies gilt jedoch nicht, wenn sich die gesetzliche Krankenkasse mangels eigener Sachkunde auf die Einschätzung des Medizinischen Dienstes verlässt, dieser ausschließlich nach Aktenlage trifft, obwohl, Anhaltspunkte für offensichtliche Unrichtigkeiten, Lügen oder Missverständnisse des Gutachters vorliegen.[2522] Jedenfalls bei der **Bearbeitung von Leistungsanträgen** nehmen die Mitarbeiter einer Krankenkasse im Verhältnis zu den Versicherten hoheitliche Aufgaben wahr.[2523]

505 Leistungen einer **gesetzlichen Krankenkasse** sind keine **anderweitige Ersatzmöglichkeit** i.S.d. § 839 Abs. 1 Satz 2 BGB.[2524] Die Bediensteten der gesetzlichen Krankenkasse sind verpflichtet, denjenigen, der der Krankenkasse als freiwilliges Mitglied beitreten möchte, darauf hinzuweisen, dass zum Zeitpunkt des Beitritts zur Versicherung bestehende Vorerkrankungen gemäß den Vertragsbedingungen der Krankenkasse nicht vom Versicherungsschutz umfasst sind.[2525] Eine Amtspflichtverletzung ist zu verneinen, wenn die Krankenkasse bei der Beurteilung, ob ein Krankheits- oder Pflegefall vorliegt, der Beurteilung der Vertrauensärzte, nicht der des Krankenhausarztes folgt.[2526] Verursacht ein bei einem Pflegeheim angestellter Ergotherapeut fahrlässig den Sturz einer körperlich behinderten Bewohnerin, so kann die Krankenkasse einen Anspruch gegen den Ergotherapeuten gemäß § 823 Abs. 1 BGB i.V.m. § 116 Abs. 1 SGB X geltend machen.[2527] Beendet ein Soldat auf Zeit nach Ablauf seiner Dienstzeit die bestehende private Krankenversicherung, weil ihm eine gesetzliche Krankenversicherung eine Mitgliedsbescheinigung ausgestellt hat, obwohl er aufgrund gesetzlicher Bestimmungen nicht Mitglied werden kann, muss ihm die gesetzliche Krankenkasse nach den Grundsätzen der Amtshaftung den Schaden ersetzen, der ihm aus dem fehlenden Krankenversicherungsschutz entsteht.[2528] Pflichtverletzungen der Bediensteten eines als Körperschaft des öffentlichen Rechts verfassten Mitglieds der Arbeitsgemeinschaft der Landesverbände der Krankenkassen und der Verbände der Ersatzkassen bei den Verhandlungen über den Abschluss eines einheitlichen Versorgungsvertrages mit einer Versorgungs- oder Rehabilitationseinrichtung können Schadensersatzansprüche nach § 839 BGB i.V.m. Art. 34 GG als auch aus c.i.c. gegen diese Körperschaft begründen, da Versorgungsverträge nach § 111 SGB V (statusbegründende) öffentlich-rechtliche Verträge sind. Die Mitglieder der Arbeitsgemeinschaft der Landesverbände der Krankenkassen handeln somit (schlicht) hoheitlich.[2529]

[2517]BGH v. 29.11.1984 - III ZR 111/83 - LM Nr. 41 zu § 839 (Fm) BGB.
[2518]BGH v. 25.10.2001 - III ZR 237/00 - LM BGB § 839 (A) Nr. 67 (8/2002).
[2519]BGH v. 14.03.2002 - III ZR 302/00 - BGHZ 150, 172-187; vgl. hierzu *Zacharias*, JA 2002, 754-757 sowie *Kaltenborn*, SGb 2002, 659-663.
[2520]LSG Schleswig v. 13.03.2001 - L 1 KR 3/00.
[2521]OLG München v. 03.07.2006 - 1 U 2180/06.
[2522]LG Elwangen v. 13.02.2009 - 3 O 97/08 - ZMGR 2009, 114-119.
[2523]OLG Hamm v. 19.05.2010 - I-11 U 131/10.
[2524]OLG Frankfurt v. 28.01.1981 - 13 U 134/79.
[2525]OLG Hamm v. 09.12.1988 - 11 U 128/88 - NJW-RR 1989, 1507-1509.
[2526]OLG München v. 22.03.1990 - 1 U 6044/89 - NVwZ 1990, 1206.
[2527]OLG Rostock v. 31.05.2001 - 1 U 199/99 - OLG-NL 2001, 172-174.
[2528]OLG Celle v. 25.09.2001 - 16 U 83/01 - ASR 2002, 64.
[2529]BGH v. 24.06.2004 - III ZR 215/03 - NVwZ-RR 2004, 804-807.

l. Berufsgenossenschaft

Die Rechtsprechung hat das Vorliegen einer Amtspflichtverletzung verneint, wenn die Berufsgenossenschaft auf die Beendigung des Heilverlaufes durch das Erbitten **einer kritischen Stellungnahme** und der Überprüfung des Falles durch den behandelnden Arzt hingewirkt hat. Es mangele insoweit an einer Kausalität der Handlung der Berufsgenossenschaft für die behauptete Gesundheitsschädigung.[2530] Hingegen hat der BGH die Verantwortlichkeit der See-Berufsgenossenschaft für Amtspflichtverletzungen ihrer Mitarbeiter im Zusammenhang mit einer Festhalteverfügung für ein ausländisches Seeschiff wegen Sicherheitsmängeln bejaht. Bei einer etwaigen Klage ist diese zu richten gegen die See- und Berufsgenossenschaft und nicht gegen die Bundesrepublik Deutschland.[2531] Der für eine Berufsgenossenschaft als Heilbehandlungsarzt tätige Arzt übt bis zu seiner Entscheidung, ob eine besondere Heilbehandlung durch ihn selbst oder eine Heilbehandlung nach dem Verletzungsartenverfahren einzuleiten ist, ein öffentliches Amt aus.[2532] Die Rechtsprechung hat die Ausübung eines öffentlichen Amtes bei Durchführung wiederkehrender Prüfung von Kranen durch einen Sachkundigen nach § 26 Abs. 1 Satz 1 der berufsgenossenschaftlichen Unfallverhütungsvorschrift für Krane (BGV D 6) verneint.[2533]

506

m. Medizinischer Dienst der Krankenkassen (MDK)

Die Aufgaben des Vertrauensarztes der Krankenkassen[2534] hat nunmehr der Medizinische Dienst der Krankenkassen (MDK) übernommen (§§ 275-283 SGB V)[2535]. Der Arzt des MDK übt im Rahmen seiner Tätigkeit ein öffentliches Amt aus. Zweifelhaft ist, ob ggf. der MDK unmittelbar haftet oder die diese Untersuchung durch den MDK veranlassende Krankenkasse.[2536] Der beim MDK angestellte Arzt, der gegenüber einer Krankenkasse eine Stellungnahme nach § 275 SGB V abgibt, handelt unabhängig davon, ob sein Arbeitgeber öffentlich- oder privatrechtlich organisiert ist, in Ausübung eines öffentlichen Amtes.[2537]

507

n. Universitätsklinik

Der BGH hat sich in zahlreichen Entscheidungen mit der Haftung der Universitätsklinik und der beamteten Ärzte (Hochschullehrer) beschäftigt. Hierbei hat der BGH die Auffassung vertreten, dass die Rechtsbeziehungen zwischen einer Universitätsklinik und dem Patienten bürgerlich-rechtlicher Natur seien.[2538] In weiteren Entscheidungen hat der BGH alsdann die Auffassung vertreten, dass der beamtete Oberarzt einer Universitätsklinik,[2539] der an einer Universitätsklinik als Beamter auf Widerruf tätige Oberarzt,[2540] der selbstliquidierende beamtete Arzt[2541] haftet, so dass sich diese auf das Verweisungsprivileg des § 839 Abs. 1 Satz 2 BGB berufen können. Dies gilt jedoch nicht für die Haftung des **beamteten Arztes** bei der **ambulanten Behandlung** von **Kassen- und Privatpatienten**.[2542] Etwas anderes gilt jedoch gegenüber den Kassenpatienten einer vom Krankenhaus getragenen Institutsambulanz.[2543] Mit der Frage der Zulässigkeit eines Teilurteils bei deliktischer Haftungsklage gegen den be-

508

[2530] LG Wuppertal v. 19.12.2001 - 18 O 35/01 - HVBG-INFO 2002, 418-423.
[2531] BGH v. 02.12.2004 - III ZR 358/03 - NVwZ-RR 2006, 28-32.
[2532] LG Karlsruhe v. 03.02.2006 - 4 O 587/05. Vgl. im Übrigen zur Haftung der Berufsgenossenschaft *Pfeifer*, ZMGR 2006, 125-131.
[2533] BGH v. 14.05.2009 - III ZR 86/08 - MDR 2009, 914-915.
[2534] Vgl. hierzu z.B. BGH v. 19.12.1960 - III ZR 185/60 - VersR 1961, 225; BGH v. 15.12.1977 - III ZR 100/75 - LM Nr. 35 zu § 839 BGB.
[2535] Zum Begriff des Vertrauensarztes in § 7 Abs. 2 BAT; BAG v. 07.11.2002 - 2 AZR 475/01 - BB 2003, 1178-1182. § 3 Abs. 5 TV-L spricht vom „beauftragten Arzt" bzw. „Amtsarzt".
[2536] BGH v. 15.12.1977 - III ZR 100/75 - LM Nr. 35 zu § 839 BGB zu dem von der LVA beauftragten Vertrauensarzt.
[2537] BGH v. 22.06.2006 - III ZR 270/05 - NVwZ 2007, 487-488: m. Anm. *Osterloh*, jurisPR-BGHZivilR 32/2006, Anm. 3; OLG Koblenz v. 28.09.2011 - 1 U 1399/10, GesR 2012, 173-176.
[2538] BGH v. 27.01.1959 - VI ZR 20/58 - LM Nr. 7b zu § 276 (Ca) BGB.
[2539] BGH v. 25.04.1960 - III ZR 183/58 - VersR 1960, 752-754.
[2540] BGH v. 24.02.1964 - III ZR 221/62 - VersR 1964, 598-599.
[2541] BGH v. 30.11.1982 - VI ZR 77/81 - BGHZ 85, 393-400; BGH v. 24.06.1986 - VI ZR 202/85 - NJW 1986, 2883-2884.
[2542] OLG Düsseldorf v. 30.01.2003 - 8 U 192/01 - GesR 2003, 272-273; differenzierend bei teils ambulanter, teils stationärer Behandlung OLG Köln v. 23.10.2002 - 5 U 4/02 - JMBl NW 2003, 89-90.
[2543] BGH v. 08.12.1992 - VI ZR 349/91 - BGHZ 120, 376-386.

amteten Arzt und seine Anstellungskörperschaft hat sich der BGH ebenfalls beschäftigt (und verneint).[2544] Die einheitliche Anwendung des § 839 BGB auf die stationäre ärztliche Behandlung durch den beamteten Chefarzt – gleichgültig, ob sie dienstlich geschuldet ist oder auf der Basis des eigenen Liquidationsrechts erbracht wird – führt für den Chefarzt zu dem Haftungsprivileg des § 839 Abs. 1 Satz 2 BGB.[2545] Das Verweisungsprivileg greift ein, wenn neben der subsidiären Eigenhaftung des Beamten eine Haftung des Klinikträgers nach den §§ 31, 89, 823 BGB in Betracht kommt.[2546] Bei einem Organisationsverschulden haftet zwar das Universitätsklinikum gemäß § 839 BGB, jedoch mit der Möglichkeit des Verweisungsprivilegs in § 839 Abs. 1 Satz 2 BGB.[2547]

6. Kraftfahrzeugzulassungsstelle

509 Überlässt das Straßenverkehrsamt im Rahmen der Erteilung einer **Betriebserlaubnis** nach § 21 StVZO die Rückgabe des Kraftfahrzeugbriefes dem TÜV, so haftet bei weisungswidriger **Aushändigung des Briefs** an einen Nichtberechtigten nicht der Träger der Zulassungsstelle, sondern das Bundesland, das dem Kraftfahrzeugsachverständigen seine amtliche Anerkennung erteilt hat.[2548] Dies gilt auch dann, wenn die Zulassungsstelle dem TÜV die erstmalige Ausfertigung und Herausgabe der Kfz-Briefe für importierte Neufahrzeuge überlassen hat und dem TÜV hierbei Fehler unterlaufen.[2549] Entsprechendes gilt für die Kfz-Sachverständigen des Technischen Überwachungsvereins. Bei Amtspflichtverletzungen haftet stets das Land, das ihnen die amtliche Anerkennung als Sachverständiger erteilt hat.[2550] In Rheinland-Pfalz haftet für Amtspflichtverletzungen der bei der Unteren Straßenverkehrszulassungsbehörde (Kreisverwaltung) tätigenden Bediensteten nicht das Land, sondern der Landkreis.[2551]

510 Die Rechtsprechung hat sich mehrfach mit dem Kreis der durch **Amtspflichten der Kraftfahrzeugzulassungsstelle geschützten Dritten** beschäftigt. So besteht die Amtspflicht, die hinsichtlich der Behandlung der Kraftfahrzeugbriefe dem Zulassungsbeamten auferlegt ist, auch gegenüber demjenigen, der aufschiebend bedingt das Eigentum am Kraftfahrzeug erworben hat.[2552] Durch die Vorschrift § 25 Abs. 4 Satz 2 StVZO, wonach der Kraftfahrzeugbrief bei jeder Befassung der Zulassungsstelle mit dem Fahrzeug vorzulegen ist, sollen der Eigentümer und der dinglich Berechtigte am Wagen geschützt werden. Dagegen dient der Kfz-Brief nicht dem Schutz des Rechtsverkehrs in dem Sinn, dass aus seinem Besitz auf die Verfügungsberechtigung des Briefinhabers über den Wagen geschlossen werden könnte. Die Amtspflicht des Zulassungsbeamten, sich bei jeder Befassung mit dem Wagen den Brief vorlegen zu lassen, besteht somit nur gegenüber dem Eigentümer und dinglich Berechtigten am Wagen, nicht aber gegenüber demjenigen, der auf die Verfügungsberechtigung des Briefbesitzers vertraut.[2553] Die Amtspflicht zur Außerbetriebsetzung eines versicherungslosen Kraftfahrzeuges gemäß § 29d Abs. 2 StVZO besteht auch gegenüber dem Mitfahrer in dem nicht (mehr) versicherten Fahrzeug,[2554] diese Pflicht zur unverzüglichen Einziehung des Kraftfahrzeugscheines obliegt der Kraftfahrzeugzulassungsstelle als Amtspflicht gegenüber allen durch ein unversichertes Fahrzeuges gefährdeten Verkehrsteilnehmern[2555]. Diese Amtspflicht der Kfz-Zulassungsstelle soll jedoch nicht bestehen gegenüber dem Halter und dem Fahrer des Kraftfahrzeuges.[2556] Weiterhin besteht diese Amtspflicht nicht unmit-

---

[2544] BGH v. 12.01.1999 - VI ZR 77/98 - LM ZPO § 301 Nr. 60 (8/99); BGH v. 17.02.2004 - VI ZR 39/03 - JZ 2004, 732-733; BGH v. 17.02.2004 - VI ZR 39/03 - NVwZ 2004, 1526-1527.
[2545] OLG Schleswig v. 10.09.2004 - 4 U 31/97 - OLGR Schleswig 2005, 273-276.
[2546] OLG Köln v. 30.11.1994 - 13 U 110/94 - OLGR Köln 1995, 278-280.
[2547] BGH v. 18.06.1985 - VI ZR 234/83 - BGHZ 95, 63-75.
[2548] BGH v. 02.11.2000 - III ZR 261/99 - LM BGB § 839 (A) Nr. 62 (6/2001).
[2549] BGH v. 10.04.2003 - III ZR 266/02 - MDR 2003, 930.
[2550] BGH v. 30.11.1967 - VII ZR 34/65 - BGHZ 49, 108-117; BGH v. 11.01.1973 - III ZR 32/71 - NJW 1973, 458; BGH v. 10.04.2003 - III ZR 266/02 - MDR 2003, 930.
[2551] BGH v. 21.04.1983 - III ZR 2/82 - BGHZ 87, 202-206.
[2552] BGH v. 21.09.1959 - III ZR 103/58 - BGHZ 30, 374-381.
[2553] BGH v. 25.06.1953 - III ZR 353/51 - BGHZ 10, 122-125; BGH v. 26.11.1981 - III ZR 123/80 - LM Nr. 47 zu § 839 (Cb) BGB ebenso OLG Düsseldorf v. 18.11.1999 - 18 U 63/99 - DAR 2000, 261.
[2554] BGH v. 02.07.1981 - III ZR 63/80 - LM Nr. 6 zu § 29d StVZO.
[2555] OLG Düsseldorf v. 11.03.1993 - 18 U 176/92 - JMBl NW 1993, 128-129; OLG Karlsruhe v. 17.08.2010 - 12 U 45/10 - MDR 2010, 1449-1450.
[2556] OLG Köln v. 23.03.1992 - 7 W 7/92 - NJW-RR 1992, 1188-1189.

telbar gegenüber dem öffentlichen Dienstherrn, der einem durch das nicht versicherte Fahrzeug geschädigten Beamten Versorgungsleistungen zu erbringen hat.[2557]

511 Die Kraftfahrzeugzulassungsstelle hat die Amtspflicht, bei der ihr nach § 55 Abs. 3 StVZO obliegenden Aufgabe, Ersatzkraftfahrzeugbriefe auszustellen, einer missbräuchlichen, schadensstiftenden Verwendung von amtlichen Kraftfahrzeugbriefvordrucken vorzubeugen. Diese Amtspflicht besteht grundsätzlich auch gegenüber dem Käufer eines Kraftwagens, insbesondere eines Gebrauchtwagens, für den ein von dem Verkäufer erschlichener und gefälschter Kraftfahrzeugbriefvordruck verwendet wird.[2558] Ggf. stellt sich die Frage der anderweitigen Ersatzmöglichkeit bei der Amtshaftungsklage.[2559] Im Falle der Amtspflichtverletzung haftet, wenn der Fahrer des nicht vorschriftsmäßig versicherten Fahrzeugs einen Unfall verursacht, die zuständige Körperschaft dem Geschädigten nur bis zur Höhe der gesetzlich vorgeschriebenen **Mindestversicherungssumme**.[2560]

512 § 29d Abs. 2 StVZO dient auch den Interessen derjenigen, denen durch das Kraftfahrzeug Schäden zugefügt werden können und die für den Fall, dass eine **Haftpflichtversicherung** weiter bestünde, ihre sich daraus ergebenden Ansprüche gegen den Versicherer realisieren könnten. Welche Maßnahmen ergriffen werden müssen, hängt zwar vom konkreten Einzelfall ab, wobei der Grundsatz der Verhältnismäßigkeit zu berücksichtigen ist. Weil nicht stillgelegte Fahrzeuge andere Verkehrsteilnehmer im hohen Maße schädigen können, sind an die Bemühung der Zulassungsstelle, nicht-versicherte Fahrzeuge aus dem Verkehr zu ziehen, hohe Anforderungen zu stellen.[2561] Die Bediensteten der Zulassungsstelle verletzten die ihnen obliegenden Amtspflichten, wenn sie ein Fahrzeug auf einen Dritten umschreiben und ihm den Fahrzeugbrief ohne Nachweis einer Empfangsberechtigung aushändigen, obwohl der im Kraftfahrzeugbrief als Kraftfahrzeughalter Eingetragene der Zulassungsstelle mitgeteilt hat, dass ein Dritter unberechtigterweise über das Fahrzeug und den Fahrzeugbrief verfüge.[2562] Bei der Pflicht zur unverzüglichen Einziehung eines Kraftfahrzeugscheines nach Entfallen der Pflichtversicherung haben die Bediensteten der Zulassungsstelle insbesondere § 3 Nr. 5 PflVG zu bedenken, dass den Haftpflichtversicherer für ein Fahrzeug, dessen Versicherungsschutz erloschen ist, nur noch eine **einmonatige Nachhaftung** trifft.[2563]

513 Hat die Kraftfahrzeugzulassungsstelle gegen den Halter eines nicht versicherten Fahrzeuges angeordnet, entweder das Bestehen einer ausreichenden **Kfz-Haftpflichtversicherung** nachzuweisen oder die Fahrzeugkennzeichenschilder zur Entstempelung vorzulegen, diese Anordnung öffentlich zugestellt und konnte die von der Zulassungsstelle beauftragte Polizei den Pkw nicht außer Betrieb setzen, weil sie den Aufenthalt des Fahrzeughalters und den Standort des Fahrzeuges nicht ermitteln konnte, ist der Behörde nicht der Vorwurf einer Amtspflichtverletzung zu machen, wenn der Halter mit dem nicht versicherten Fahrzeug einen Verkehrsunfall verursacht hat.[2564] Ansprüche des durch eine Amtspflichtverletzung Geschädigten auf Leistung aus der **Kaskoversicherung** sind nicht als anderweitiger Ersatz i.S.d. § 839 Abs. 1 Satz 2 BGB anzusehen.[2565] Sofern der Geschädigte gegen den Halter des an einem Verkehrsunfall beteiligten Kraftfahrzeuges, für das keine Haftpflichtversicherung bestand, ein rechtskräftiges Urteil auf Schadensersatz erwirkt und er alsdann Schadensersatzansprüche wegen Amtspflichtverletzung gegen den Träger des Straßenverkehrsamtes geltend macht, weil dieses das Kraftfahrzeug nicht rechtzeitig aus dem Verkehr gezogen hat, kann sich der Träger des Straßenverkehrsamtes nicht darauf berufen, dass das gegen den Halter ergangene Urteil unrichtig sei.[2566]

[2557] BGH v. 24.04.1961 - III ZR 25/60 - LM Nr. 3 zu § 29d StVZO; OLG Rostock v. 11.04.1996 - 1 U 185/95 - OLGR Rostock 1996, 119-120.
[2558] BGH v. 11.01.1965 - III ZR 172/63 - LM Nr. 6 zu § 25 StVZO.
[2559] BGH v. 21.10.1965 - III ZR 156/64 - VersR 1966, 237-239; BGH v. 29.04.1976 - III ZR 37/75 - VersR 1976, 885-886.
[2560] BGH v. 17.05.1990 - III ZR 191/88 - BGHZ 111, 272-277.
[2561] OLG Celle v. 16.12.1997 - 16 U 69/97 - OLGR Celle 1998, 109-110.
[2562] OLG Hamm v. 05.01.1996 - 11 W 80/95 - OLGR Hamm 1996, 100-101.
[2563] OLG Düsseldorf v. 11.03.1993 - 18 U 176/92 - JMBl NW 1993, 128-129.
[2564] OLG München v. 17.11.1988 - 1 U 3883/88 - DAR 1989, 423.
[2565] OLG Hamm v. 03.04.1981 - 11 U 276/80 - VersR 1982, 795-796.
[2566] OLG Düsseldorf v. 30.12.1987 - 18 U 179/87 - NWVBl 1988, 248-249.

7. Rentenversicherungsträger

514 § 14 SGB I verpflichtet die Leistungsträger der gesetzlichen Sozialversicherung, die Versicherten über deren Rechte nach dem Sozialgesetzbuch zu **beraten**. Amtliche Auskünfte müssen nach ständiger Rechtsprechung richtig, vollständig und unmissverständlich sein.[2567] Mit der Problematik einer **Falschauskunft** des Rentenversicherungsträgers musste sich der BGH mehrfach beschäftigen, so z.B. bei einer vorzeitigen Versetzung in den Ruhestand,[2568] bei der Anfrage eines Querschnittsgelähmten auf Übernahme von Heilbehandlungskosten,[2569] bei Erteilung einer falschen Auskunft im Versorgungsausgleichsverfahren[2570] sowie bei der Beratung des Arbeitsuchenden im Zusammenhang mit der Erlangung einer Arbeitsstelle.[2571] Weiterhin hat der BGH betont, dass die Amtspflicht eines Bediensteten eines Rentenversicherungsträgers, der zuständigen Krankenkasse den Zeitpunkt der verbindlichen Ablehnung des Rentenantrages unverzüglich mitzuteilen, nicht gegenüber der Krankenkasse als einem Dritten im Sinne von § 839 BGB besteht.[2572] Der BGH hat sich auch mit dem Umfang der Haftung des Rentenversicherungsträgers für eine unrichtige Rentenauskunft nach § 109 SGB VI beschäftigt, die den Versicherten bewogen hat, Rentenantrag zu stellen und vorzeitig aus dem Erwerbsleben auszuscheiden. Hierbei hat der BGH betont, dass eine unrichtige, nicht rechtsverbindliche Auskunft keinen Erfüllungsanspruch begründet. Der BGH erwägt verschiedene Begrenzungen des Schadensersatzanspruches (und verweist zur Ermittlung des Schadens den Rechtsstreit an das OLG zurück).[2573]

515 Auch die Instanzgerichte haben sich mehrfach mit den Amtspflichten des Rentenversicherungsträgers beschäftigt. So ist der Rentenversicherungsträger verpflichtet, auf die Befristung der zu gewährenden Rente wegen Erwerbsunfähigkeit **hinzuweisen**, wenn die Rentenbewilligung von der Aufgabe des Beschäftigungsverhältnisses abhängig gemacht wird.[2574] Erteilt der Sachbearbeiter einer gesetzlichen Rentenversicherung (Bundesknappschaft) dem Bezieher einer Erwerbsunfähigkeitsrente nach § 47 Abs. 2 RKG auf seine Frage die Auskunft, er dürfe zu seiner Erwerbsunfähigkeitsrente nichts hinzuverdienen, so ist der Träger der gesetzlichen Rentenversicherung dem Bezieher der Erwerbsunfähigkeitsrente wegen unvollständiger Auskunft aus dem Gesichtspunkt der Amtspflichtverletzung zum Schadensersatz verpflichtet.[2575] Nach der Rechtsprechung hat ein Arbeitnehmer einen Anspruch auf Beratung über die Änderung im Bereich der Anrechnung von freiwilligen Beitragszahlungen auf Pflichtbeträge nur gegen den Rentenversicherungsträger, nicht aber auch gegen den Sozialhilfeträger.[2576] Wenn ein Rentenversicherungsträger seine Amtspflichten dadurch verletzt, dass er einem Durchschnittsversicherungsnehmer einen unklar formulierten Widerspruchsbescheid erteilt, macht er sich schadensersatzpflichtig.[2577] Eine Amtspflichtverletzung liegt weiterhin vor, wenn der zuständige Sachbearbeiter auf Antrag des Anspruchsstellers keine Neuberechnung des Rentenanspruches aufgrund der zum Zeitpunkt der Antragstellung geltenden Rechtslage vornimmt, sondern lediglich auf der Grundlage des ursprünglichen Bescheides eine Weitergewährung der Rente bescheidet. Die Amtspflichtverletzung erfolgt schuldhaft, wenn die Entscheidung nicht auf **vertretbaren rechtlichen Erwägungen**, sondern lediglich auf **Praktikabilitätserwägungen** beruht.[2578] Die Entscheidung über die Durchführung einer medizinischen Maßnahme zur Rehabilitation trifft der Träger der Rentenversicherung gemäß § 1296 Abs. 1 Satz 5 RVO nach pflichtgemäßem Ermessen. Danach kommt bei Versagung einer derartigen Maßnahme eine Haftung des Rentenversicherungsträgers wegen Amtspflichtverletzung für die geltend gemachte Gesundheitsbeeinträchtigung nur dann in Betracht, wenn nach den Umständen das Ermessen auf Null reduziert ist.[2579]

[2567] BGH v. 30.06.1977 - III ZR 51/75 - NJW 1978, 371-373; BGH v. 10.07.2003 - III ZR 155/02 - NJW 2003, 3049-3052; OLG München v. 04.08.2011 - 1 U 5070/10.
[2568] BGH v. 26.11.1987 - III ZR 77/87 - BGHR ZPO § 546 Abs. 2 S. 2 Rentenschaden 1.
[2569] BGH v. 06.02.1997 - III ZR 241/95 - LM GrundG Art. 34 Nr. 185 (6/1997).
[2570] BGH v. 09.10.1997 - III ZR 4/97 - BGHZ 137, 11-27.
[2571] BGH v. 22.07.2004 - III ZR 154/03 - NJW-RR 2005, 5-7.
[2572] BGH v. 12.12.1991 - III ZR 18/91 - BGHZ 116, 312-318.
[2573] BGH v. 10.07.2003 - III ZR 155/02 - BGHZ 155, 354-365; *Fuchs*, LVAMitt 2003, 448; *Schmitt*, LMK 2003, 218-219.
[2574] OLG Düsseldorf v. 26.04.1984 - 18 U 188/83 - DAngVers 1984, 418.
[2575] OLG Saarbrücken v. 18.03.1994 - 4 U 315/93 - 56, 4 U 315/93 - VersR 1995, 832.
[2576] OLG Schleswig v. 20.11.1997 - 11 U 111/95 - OLGR Schleswig 1998, 142-144.
[2577] OLG Düsseldorf v. 31.05.1999 - 18 W 10/99 - AmtlMittLVA Rheinpr 2000, 408.
[2578] LG Berlin v. 18.02.2010 - 9 O 259/09.
[2579] OLG Frankfurt v. 13.04.2000 - 1 U 9/99 - OLGR Frankfurt 2001, 78-80.

8. Sozialversicherungsträger

Beanstandet der Versicherungsträger (**AOK**) die Abfassung von Heil- und Kostenplänen eines Zahnarztes über Zahnprothetik und werden hierdurch Versicherte zur Wahl eines anderen Zahnarztes veranlasst, so kommt als Anspruchsgrundlage für Schadensersatzansprüche § 839 BGB (nicht aber § 26 GWB i.V.m. § 35 GWB) in Betracht.[2580] Aus dem Zweck der Betriebsprüfung durch die AOK ergibt sich keine Amtspflicht des Prüfers, den Arbeitgeber als Beitragsschuldner von Überzahlungen oder Nachforderungen zu schützen. Ein Betriebsprüfer, der bei seiner Prüfung Unregelmäßigkeiten verschleiert, die er im Rahmen einer Nebentätigkeit für den Betrieb des geprüften Unternehmens zu dessen Nachteil begangen hat, verletzt dadurch die ihm auch gegenüber diesem Unternehmen obliegende Amtspflicht, sein Prüferamt nicht zu missbrauchen.[2581] Dem Vertrauensarzt (**der LVA**) obliegen bei seiner Untersuchung (Begutachtung) im Rahmen von § 369b RVO auch Amtspflichten gegenüber dem zu untersuchenden Kassenmitglied. Er hat ihm gegenüber insbesondere die Amtspflicht zur sorgfältigen, sachgemäßen Untersuchung und im Interesse des Versicherten auch zur Mitteilung des erhobenen Befundes an den Kassenarzt.[2582] Die Amtspflicht eines Bediensteten eines Rentenversicherungsträgers, der zuständigen Krankenkasse den Zeitpunkt der verbindlichen Ablehnung eines Rentenantrages unverzüglich mitzuteilen, besteht nicht gegenüber der Krankenkasse als einem Dritten im Sinne von § 839 BGB.[2583]

516

Der BGH hat sich auch mit der Amtshaftung der **Knappschaft** für die durch verzögerten Rentenbescheid hervorgerufene Versäumung der für die Auszahlung von Arbeitslosengeld vorgesehenen Anwartschaftsfrist beschäftigt.[2584] Weiterhin besteht eine Amtspflicht der Bediensteten, Zahlungen ohne Verzögerung zu leisten.[2585] Wenn die AOK durch die Untätigkeitsklage eines Krankengymnasten im sozialgerichtlichen Verfahren zur Wiedererteilung der beantragten Zulassung als Leistungserbringer verurteilt wird, hat dies Bindungswirkung für den Schadensersatzprozess vor dem Zivilgericht.[2586]

517

Mit der **Schadensberechnung** bei Erteilung einer falschen Auskunft des Sozialversicherungsträgers beschäftigt sich das OLG München. Hiernach ist der Kläger so zu stellen, wie er gestanden hätte, wenn ihm sogleich die richtige Auskunft erteilt worden wäre (so genanntes negatives Interesse).[2587] Soweit es um den Verjährungsbeginn für die auf einen Sozialversicherungsträger übergeleiteten Schadensersatzansprüche geht, betont die Rechtsprechung, dass es bei Vorhandensein in einer eigenständigen Rechts-/Regressabteilung auf die Kenntnis des Sachbearbeiters der Leistungsabteilung ankomme, wenn dieser eine Vorprüfung anzustellen hat, ob ein Regress in Betracht kommt, und wenn die tatsächliche Durchführung des Regresses maßgeblich von dem Ergebnis dieser Vorprüfung abhängt.[2588] Die Rechtsprechung hat betont, dass die Pflicht des sozialrechtlichen Leistungsträgers, von sich aus eine Beratung anzubieten, grundsätzlich nicht besteht; die Beratungspflicht entsteht in der Regel erst mit Initiative des Ratsuchenden.[2589]

518

Macht ein Sozialversicherungsträger gegenüber einem Schädiger einen Regressanspruch geltend, so kommt es auf die Kenntnis desjenigen Bediensteten an, der vom Sozialversicherungsträger mit der Erledigung der entsprechenden Angelegenheit in eigener Verantwortung betraut worden ist. Bei Anwendung des § 852 BGB auf juristische Personen des öffentlichen Rechts und Behörden darf diesen nicht die Kenntnis eines jeden Bediensteten zugerechnet werden, sondern es muss sich um einen sog. Wissensvertreter handeln. Dies sind entsprechend dem Rechtsgedanken des § 966 BGB diejenigen Bediensteten, die vom Anspruchsinhaber mit der Erledigung der betreffenden Angelegenheit in eigener Verantwortung betraut worden sind.[2590]

519

[2580] BGH v. 02.12.1980 - KZR 5/80 - LM Nr. 36 zu § 839 (K) BGB.
[2581] BGH v. 29.11.1984 - III ZR 111/83 - LM Nr. 41 zu § 839 (Fm) BGB.
[2582] BGH v. 13.05.1968 - III ZR 182/67 - NJW 1968, 2293; BGH v. 15.12.1977 - III ZR 100/75 - LM Nr. 35 zu § 839 BGB.
[2583] BGH v. 12.12.1991 - III ZR 18/91 - BGHZ 116, 312-318.
[2584] BGH v. 28.03.1963 - III ZR 220/61 - VersR 1963, 723; BGH v. 05.11.1964 - III ZR 64/64 - VersR 1965, 159.
[2585] BGH v. 20.12.1962 - III ZR 128/61 - VerwRspr 15, 461-463.
[2586] OLG Saarbrücken v. 08.12.1998 - 4 U 119/98 - 32, 4 U 119/98- NJW-RR 2001, 813-816.
[2587] OLG München v. 05.08.1999 - 1 U 2459/99 - MDR 2000, 213.
[2588] OLG Jena v. 27.04.1999 - 3 U 1409/98 - OLG-NL 1999, 155-158.
[2589] OLG München v. 01.06.2006 - 1 U 2388/02 - OLGR München 2007, 160-162.
[2590] OLG Hamm v. 30.11.2010 - I-9 U 19/10 u.a.; bestätigt durch BGH v. 20.10.2011 - III ZR 252/10 - NJW 2012, 447-450.

9. Technischer Überwachungsverein (TÜV-)Abgasuntersuchung

520 Der amtlich anerkannte Sachverständige für den Kraftfahrzeugverkehr übt bei der ihm durch die StVO übertragenen Tätigkeit hoheitliche Befugnisse aus. Für Amtspflichtverletzungen, die er bei Ausübung dieser Tätigkeit begeht, haftet das **Land**, das ihm die amtliche Anerkennung als Sachverständigen erteilt hat.[2591] Die Pflicht zur sachgemäßen Untersuchung obliegt dem **anerkannten Sachverständigen** nicht gegenüber dem Käufer eines neu zuzulassenden gebrauchten Kraftfahrzeuges, der einen Vermögensschaden dadurch erleidet, dass der Sachverständige Mängel bei dem Fahrzeug fahrlässig übersieht.[2592] Der Grundsatz, dass die den amtlichen Sachverständigen für den Kraftfahrzeugverkehr bei der technischen Prüfung nach § 21 Satz 3 StVZO treffenden Amtspflichten nicht dem Schutz des Vermögens des zukünftigen Fahrzeugerwerbers dienen, gilt auch, soweit die generelle Benutzbarkeit des Fahrzeuges in Rede steht.[2593] Überlässt das Straßenverkehrsamt im Rahmen der Erteilung einer Betriebserlaubnis nach § 21 StVZO die Rückgabe des Kraftfahrzeugbriefes dem TÜV, so haftet bei weisungswidriger Aushändigung des Briefes an einen Nichtberechtigten das Bundesland, das dem Sachverständigen die amtliche Anerkennung erteilt hat.[2594] Das gilt auch dann, wenn die Zulassungsstelle dem TÜV die erstmalige Ausfertigung und Herausgabe der Kfz-Briefe für importierte Neufahrzeuge überlassen hat und dem TÜV hierbei Fehler unterlaufen sind.[2595]

521 Die turnusmäßige Überwachung einer Ölheizungsanlage durch **Angestellte des TÜV** ist hoheitliche Tätigkeit und führt zur Amtshaftung des Landes.[2596] Wenn an einem Fahrzeug auf der Rückfahrt von der TÜV-Hauptuntersuchung, bei der die TÜV-Plakette erteilt worden ist, ein Schaden dadurch entsteht, dass die Motorhaube plötzlich aufspringt, kommt eine Haftung des TÜV nicht in Betracht, sei es denn, dass ein Verschulden des Prüfers deshalb anzunehmen sei, weil dieser das nicht ordnungsgemäße Verschließen der Motorhaube hätte erkennen müssen.[2597] Eine Haftung des verantwortlichen Landes scheidet ebenfalls aus, wenn bei der Durchführung der Abgassonderuntersuchung aufgrund eines unerkannt gebliebenen Defekts an einem Verschleißteil, das nicht zu untersuchen war, ein Fahrzeug beschädigt wird. Durch die Prüfungsbelastung hat sich lediglich einen Schadenursache realisiert, die bereits konkret angelegt war.[2598] Verursacht hingegen der TÜV-Sachverständige bei der Abgassonderuntersuchung einen Getriebeschaden, so haftet das Land nach den Grundsätzen des enteignenden Eingriffs.[2599]

522 Der TÜV-Angestellte wird anlässlich der **Überführungsfahrt** von der polizeilichen Verwahrstelle zur TÜV-Prüfstelle hoheitlich und damit als Beamter im Sinne des § 839 BGB tätig.[2600] Auch eine – autorisierte – Kfz-Werkstatt, die turnusmäßig Abgasuntersuchungen nach § 47a StVZO an einem Fahrzeug durchführt, handelt ähnlich wie ein TÜV-Sachverständiger nach § 21 StVZO hoheitlich.[2601] Auch wenn die besondere Amtspflicht eines in Ausübung eines ihm anvertrauten öffentlichen Amtes mit der Prüfung betrauten Sachverständigen nur dem Schutz der Allgemeinheit vor Gefahren für Leben und Gesundheit dient, trifft ihn weiter die allgemeine und drittschützende Amtspflicht, das Eigentum dessen nicht zu schädigen, der ihm die Sache zur Prüfung übergeben muss.[2602]

523 Bei der **Abgasuntersuchung** nach § 47a StVZO handeln die betreffenden Werkstätten ähnlich wie die TÜV-Sachverständigen nach § 21 StVZO hoheitlich. Schadensersatzansprüche aus Fehlern einer solchen Untersuchung sind somit im Wege der Amtshaftung zu verfolgen.[2603] Wenn indes die Abgasuntersuchung ordnungsgemäß durchgeführt wurde, lediglich im Zusammenhang mit der Abgasuntersuchung durch den TÜV-Sachverständigen ein Getriebeschaden verursacht wurde, so haftet das Land

---

[2591] BGH v. 01.02.1966 - VI ZR 34/65 - AnwBl 1966, 132; BGH v. 25.03.1993 - III ZR 34/92 - BGHZ 122, 85-93; OLG Karlsruhe v. 03.08.2011 - 9 U 59/11 - DAR 2012, 212-213.
[2592] BGH v. 11.01.1973 - III ZR 32/71 - NJW 1973, 458.
[2593] BGH v. 30.09.2004 - III ZR 194/04 - NJW 2004, 3484.
[2594] BGH v. 02.11.2000 - III ZR 261/99 - LM BGB § 839 (A) Nr. 62 (6/2001).
[2595] BGH v. 10.04.2003 - III ZR 266/02 - MDR 2003, 930.
[2596] OLG Oldenburg (Oldenburg) v. 18.12.1990 - 12 U 76/90 - NdsRpfl 1991, 144-145.
[2597] OLG Nürnberg v. 25.11.1992 - 4 U 2897/92 - NZV 1993, 399.
[2598] OLG Frankfurt v. 31.01.2003 - 2 U 35/02 - NJW 2003, 1465-1466.
[2599] OLG Bremen v. 21.10.1998 - 1 U 54/98 - NZV 1999, 166.
[2600] OLG München v. 31.03.1994 - 1 U 6250/93 - OLGR München 1994, 135.
[2601] OLG Schleswig v. 04.01.1996 - 2 U 37/95 - OLGR Schleswig 1996, 84-85.
[2602] OLG Karlsruhe v. 19.10.2006 - 12 U 154/06 - VersR 2007, 498-499.
[2603] OLG Schleswig v. 04.01.1996 - 2 U 37/95 - NJW 1996, 1218-1219; OLG Hamm v. 31.03.2010 - 11 U 338/09 u.a.

nach den Grundsätzen des enteignungsgleichen Eingriffs.[2604] Wird das Fahrzeug bei der Durchführung der Abgassonderuntersuchung aufgrund eines unerkannt gebliebenen Defekts an einem Verschleißteil, das nicht zu untersuchen war, beschädigt, so haftet das verantwortliche Land weder aus Amtshaftung noch aus enteignungsgleichen Eingriffen.[2605]

10. Tierschutz

Die eine sichergestellte Schafherde betreffende Anordnung einer Verwertung nebst deren sofortigen Vollzug gemäß § 80 Abs. 2 Nr. 4 VwGO sowie die Vornahme der Verwertung ist rechtmäßig, wenn durch den Eigentümer der Herde ein **ausreichender Tierschutz** nicht gewährleistet ist und die Kosten, die durch die amtliche Verwahrung entstanden sind, den Schätzwert der Herde übersteigen und der Eigentümer nicht innerhalb einer ihm gesetzten angemessenen Frist eine tierschutzgerechte Unterbringung der Herde nachweist. Im Fall der Eilbedürftigkeit kann die Herde als Ganzes verwertet werden, wenn im Zuge einer Einzelversteigerung nur ein geringer Teil der Herde hätte verkauft werden können.[2606] Die Anordnung der (generellen) Versagung der internationalen Transportbescheinigung für Schafe und Rinder ist amtspflichtwidrig und begründet einen Schadensersatzanspruch des Exporteurs gegen das beklagte Land.[2607]

524

11. Waldbesitz

Die Rechtsprechung hat mehrfach betont, dass der Waldbesitzer nur eine eingeschränkte Verkehrssicherungspflicht – auch auf einem **Wanderweg** – hat. So hat die Rechtsprechung die Haftung eines Waldbesitzers (niedersächsische Stadt) verneint bei einem Sturzunfall eines Waldspaziergängers beim Umgehen eines umgestürzten Baumes.[2608] Ebenfalls wurde die Haftung des Waldbesitzers beim nächtlichen Sturz eines Waldbesuchers in einen Schacht verneint.[2609]

525

12. Waldschaden

Nach einer Entscheidung des BGH vom Oktober 1987 können der Bundesrepublik Deutschland im Rahmen des § 14 Satz 2 BImSchG die schädlichen Immissionen haftungsrechtlich nicht zugerechnet werden, da sie zwar die imitierenden Industrieanlagen genehmigt habe, die Immission jedoch nicht auf ihren maßgeblichen Willen zurückgehe. Es bestehe auch kein den Staat zur Entschädigung verpflichtendes Unterlassen des Gesetzes- oder Verordnungsgebers, soweit er in dem vom Gericht zu beurteilenden Zeitraum keine zusätzlichen Vorschriften zum Schutz des Waldes vor **Luftschadstoffen** erlassen bzw. bestehende Rechts- oder Verwaltungsvorschriften verschärft habe.[2610] Der BGH hat mit zwei Entscheidungen vom Dezember 1987 seine Rechtsauffassung bekräftigt.[2611]

526

Art. 10 Abs. 2 BayWaldG i.V.m. Art. 14 Abs. 3 Satz 1 BayWaldG begründet nicht nur allgemeine Amtspflichten, sie sind vielmehr drittgerichtet. Hiernach bedarf der **Kahlhieb** eines Sturmschutzwaldes der behördlichen Erlaubnis. Sie ist zu versagen, wenn und soweit ein unverhältnismäßiger Nachteil für benachbarte Waldbestände zu befürchten ist. Wird eine Kahlhieberlaubnis rechtswidrig erteilt, so hat sich die Untere Forstbehörde schadensersatzpflichtig gemacht.[2612] Auch das OLG Koblenz hat judiziert, dass die Amtspflichten der Forstbehörde (hier: zur Vorbereitung der maschinellen Durchforstungsmaßnahme auf einer Nachbarparzelle) nachbarschützenden Charakter haben. Wenn das zuständige Forstamt auf Wunsch des privaten Waldbesitzers diesen bei den Betriebsarbeiten anleitet und unterstützt, übt die Forstbehörde insoweit eine hoheitliche – drittschützende – Tätigkeit aus.[2613]

527

[2604] OLG Bremen v. 21.10.1998 - 1 U 54/98 - NZV 1998, 166.
[2605] OLG Frankfurt/Main v. 31.01.2003 - 2 U 35/02 - NJW 2003, 1465-1466; LG Stuttgart v. 04.11.2008 - 15 O 12/08.
[2606] OLG Rostock v. 11.07.2002 - 1 W 12/01 - OLG-NL 2002, 252-254.
[2607] OLG Celle v. 08.12.1998 - 16 U 64/98 - OLGR Celle 2000, 167-169.
[2608] LG Hannover v. 02.05.2005 - 20 O 3/05 - NuR 2006, 597-598.
[2609] LG Gera v. 12.12.2005 - 4 O 2007/04.
[2610] BGH v. 22.10.1987 - III ZR 191/86 - VersR 1988, 186-190; vgl. zum „Rechtsanspruch auf saubere Luft" Klinger/Löwenberg, ZuR 2005, 169-176.
[2611] BGH v. 10.12.1987 - III ZR 220/86 - BGHZ 102, 350-368 ebenso OLG Köln v. 16.09.1985 - 7 U 133/84 - NJW 1986, 589-592; BGH v. 10.12.1987 - III ZR 191/86 - JurBüro 1988, 318-319.
[2612] OLG München v. 29.06.1990 - 14 U 7/90 - NJW-RR 1991, 1048-1049 sowie OLG München v. 19.05.2011 - 1 U 5305/10.
[2613] OLG Koblenz v. 28.07.2010 - 1 U 46/09 - DVBl. 2011, 60.

13. Wildschaden

528 Der BGH hat betont, dass die Verursachung von Wildschäden in Wäldern durch **einen gesunden Wildbestand** in bestimmtem Umfang allgemein hingenommen werden muss; hierin liegt eine Sozialbindung des Eigentums.[2614] Es besteht keine allgemeine Verpflichtung des Staates, seine Bürger vor dem **Verlust von Einnahmen** zu schützen, die durch wildlebende Tiere entstehen könnten. Einnahmeausfälle im Bereich des Tabakanbaus infolge des Rabenvogelbestandes begründen keinen Entschädigungsanspruch.[2615] Auch nach der Neufassung des BJagdG[2616] genießen die Belange einer ordnungsgemäßen landwirtschaftlichen, forstwirtschaftlichen und fischereiwirtschaftlichen Benutzung den Vorrang vor der zahlenmäßigen Hege der den Waldaufbau schädigenden Wildarten. In der Festsetzung von Abschussplänen (§ 21 Abs. 2 BJagdG) kann die Verletzung einer dem Waldeigentümer gegenüber bestehenden Amtspflicht zum Schutz des Waldes vor Wildschäden und ein enteignungsgleicher Eingriff in das Eigentum am Wald liegen[2617]. Weiterhin hat sich der BGH beschäftigt mit der Amtspflicht zur Angliederung einer jagdbezirksfreien Fläche an einem benachbarten Jagdbezirk, um dem Eigentümer oder Pächter dieser Grundfläche einen Wildschadensersatzanspruch nach § 29 BJagdG zu verschaffen.[2618] Amtspflichtwidrig handelt eine Gemeinde, wenn sich dessen Mitarbeiter wiederholt weigert, die Anmeldung eines Wildschadens zur Niederschrift aufzunehmen.[2619] Eine fehlerhafte Schätzung des Wildschadensschätzers muss sich die Behörde, die das Vorverfahren durchzuführen hat, nach Amtshaftungsgrundsätzen zurechnen lassen.[2620] Die verfahrensfehlerhafte Heranziehung eines landwirtschaftlichen Sachverständigen anstatt eines amtlich bestellten Wildschadensschätzers und die Zahlung von Wildschadensersatz durch den Jagdausübungsberechtigten begründen jedenfalls dann keinen Amtshaftungsanspruch gegen die Gemeinde, wenn hinreichend wahrscheinlich ist, dass der Jagdausübungsberechtigte einer Einigung über den Schadensersatz auch dann zugestimmt hätte, wenn er gewusst hätte, dass es sich bei dem Schätzer nicht um einen amtlich bestellten Wildschadensschätzer handelt.[2621]

529 Ist es auf einer bestimmten Strecke einer Straße zu einer Häufung von **Wildunfällen** gekommen, so handelt es sich um eine ungewöhnlich gefährliche Stelle, deren tatsächliche Gefährlichkeit sich dem Verkehrsteilnehmer offensichtlich nicht erschließt, so dass der versicherungspflichtige Straßenbaulastträger verpflichtet ist, durch das Aufstellen eines Warnschildes (§ 40 Z 124 StVO Wildwechsel) auf die besondere Gefährlichkeit dieser Strecke hinzuweisen.[2622]

[2614] BGH v. 09.12.1968 - III ZR 125/66.
[2615] OLG Karlsruhe v.06.04.2010 - 12 U 11/10 - MDR 2010, 1117-1118.
[2616] Das Zweite Gesetz zur Änderung des Bundesjagdgesetzes vom 28.09.1976, BGBl I 1976, 2841.
[2617] BGH v. 22.05.1984 - III ZR 18/83 - BGHZ 91, 243-262.
[2618] BGH v. 15.10.1998 - III ZR 10/98 - LM BGB § 839 (Ca) Nr. 103 (4/1999).
[2619] OLG Karlsruhe v. 05.08.2004 - 12 U 218/04 - OLGR Karlsruhe 2004, 518-520.
[2620] LG Koblenz v. 11.01.2002 - 15 O 268/01 - RdL 2005, 24.
[2621] OLG Köln v. 12.01.2006 - 7 U 105/05.
[2622] LG Stade v. 19.02.2004 - 3 O 234/03 - DAR 2004, 528-529; LG Bielefeld v. 25.01.2008 - 2 O 465/07.

§ 839a BGB Haftung des gerichtlichen Sachverständigen

(Fassung vom 19.07.2002, gültig ab 01.08.2002)

(1) Erstattet ein vom Gericht ernannter Sachverständiger vorsätzlich oder grob fahrlässig ein unrichtiges Gutachten, so ist er zum Ersatz des Schadens verpflichtet, der einem Verfahrensbeteiligten durch eine gerichtliche Entscheidung entsteht, die auf diesem Gutachten beruht.

(2) § 839 Abs. 3 ist entsprechend anzuwenden.

Gliederung

A. Grundlagen 1	1. Vom Gericht ernannter Sachverständiger 11
I. Kurzcharakteristik 1	2. Haftungsvoraussetzungen 15
II. Gesetzgebungsgeschichte 7	II. Haftungsausschluss gemäß Absatz 2 25
III. Übergangsrecht 10	III. Bedeutung des § 839a BGB 27
B. Anwendungsvoraussetzungen 11	C. Prozessuale Hinweise 28
I. Persönlicher Anwendungsbereich 11	

A. Grundlagen

I. Kurzcharakteristik

Die Haftung des gerichtlichen Sachverständigen bei Verletzung seiner verfahrensrechtlichen Pflicht zu unparteiischer, richtiger, sachkundiger und vollständiger Erstattung seines Gutachtens war nach früherem Recht (bis zum 31.07.2002) unbefriedigend geregelt. Der **gerichtliche Sachverständige** ist nach allgemeiner Auffassung **kein Beamter im haftungsrechtlichen Sinn**,[1] so dass die Amtshaftung gemäß § 839 BGB ausscheidet.[2] Eine vertragliche **Haftung**, auch **unter dem Gesichtspunkt des Vertrages mit Schutzwirkung Dritter** gemäß § 328 BGB, kommt ebenfalls nicht in Betracht; der gerichtliche Sachverständige wird nicht aufgrund eines privatrechtlichen Vertrages tätig.[3]

Nach früherem Recht verblieb nur eine **Haftung aus unerlaubter Handlung** nach den allgemeinen Vorschriften (§§ 823, 826 BGB).[4] Damit haftete der Sachverständige bei einem beeidigten falschen Gutachten für Vorsatz und Fahrlässigkeit (§§ 154, 155, 163 StGB); auch § 163 StGB (fahrlässiger Falscheid) ist ein Schutzgesetz im Sinne des § 823 Abs. 2 BGB.[5] Dagegen war ein unbeeidigtes fahrlässig falsches Sachverständigengutachten nicht haftungsbegründend.[6] Streitig war darüber hinaus die Frage, ob der Sachverständige durch die Erstattung eines schriftlichen Gutachtens eine **Aussage** i.S.d. §§ 153-156 StGB geleistet hat.[7] § 410 ZPO sowie § 79 StPO wurden nicht als **Schutzgesetze im Sinne des** § 823 Abs. 2 BGB angesehen, denn sie regeln nur die Fassung des Eides und den Zeitpunkt seiner Abnahme.[8] Eine Haftung bei Fahrlässigkeit konnte nur dann eintreten, wenn der Sachverständige auf

1

2

---

[1] BGH v. 05.10.1972 - III ZR 168/70 - BGHZ 59, 310-316; OLG München v. 19.10.1973 - 8 U 4203/72 - VersR 1977, 482-483; OLG Düsseldorf v. 06.08.1986 - 4 U 41/86 - NJW 1986, 2891-2892; OLG Celle v. 27.11.1959 - 11 U 85/59 - NJW 1960, 387.
[2] *Reinert* in: Bamberger/Roth, 3. Aufl. 2012, § 839a Rn. 2.
[3] BGH v. 02.11.1983 - IVa ZR 20/82 - LM Nr. 75 zu § 328 BGB; OLG Düsseldorf v. 06.08.1986 - 4 U 41/86 - NJW 1986, 2891-2892; OLG Rostock v. 20.04.2000 - 1 U 175/98 - OLGR Rostock 2001, 194-196; OLG Nürnberg v. 15.09.2000 - 6 U 727/00 - RuS 2001, 504; *Reinert* in: Bamberger/Roth, 3. Aufl. 2012, § 839a Rn. 2.
[4] Vgl. auch OLG Koblenz v. 14.07.2006 – 10 U 1685/05 – VersR 2007, 960-961.
[5] BGH v. 19.11.1964 - VII ZR 8/63 - BGHZ 42, 313-318; OLG Hamburg v. 06.09.2000 - 14 W 34/00 - OLGR Hamburg 2001, 57-59; *Wagner* in: MünchKomm-BGB, § 839a Rn. 2; *Reinert* in: Bamberger/Roth, 3. Aufl. 2012, § 839a Rn. 2; vgl. zum bisherigen Haftungssystem *Jacobs*, ZRP 2001, 489-493; *Kilian*, VersR 2003, 683-688, 683 sowie *Jaeger*, ZAP Fach 2, S. 441-456.
[6] OLG Hamm v. 17.07.1997 - 13 W 1/96 - NJW-RR 1998, 1686-1687.
[7] Vgl. hierzu OLG München v. 14.05.1968 - Ws 265/68 - MDR 1968, 939; OLG Düsseldorf v. 06.08.1986 - 4 U 41/86 - NJW 1986, 2891-2892.
[8] BGH v. 19.11.1964 - VII ZR 8/63 - BGHZ 42, 313-318; OLG Celle v. 27.11.1959 - 11 U 85/59 - NJW 1960, 387; OLG Köln v. 16.03.1962 - 9 W 7/62 - NJW 1962, 1773; OLG Hamburg v. 06.09.2000 - 14 W 34/00 - OLGR Hamburg 2001, 57-59.

§ 839a

das konkrete Gutachten vereidigt worden war; die allgemeine Vereidigung, etwa durch die Industrie- und Handelskammer, genügte nicht. Zweifelhaft war, ob die ausdrückliche Berufung auf den allgemeinen Sachverständigeneid ausreichend war.[9]

3 Die Haftung des Sachverständigen nach der früheren Rechtslage war somit beschränkt. Die Haftung scheiterte häufig bereits daran, dass nur Vermögensschäden entstanden waren und im Übrigen in der Regel daran, dass die meisten Falschbegutachtungen nur fahrlässig begangen worden waren.[10] Die Ersatzpflicht des Sachverständigen hing somit davon ab, ob ein Schutzgesetz i.S.d. § 823 Abs. 2 BGB verletzt wurde, was wiederum eine **Vereidigung des Sachverständigen** implizierte. In der Regel geschah dies nicht.[11]

4 Durch die Einführung des § 839a BGB[12] (mit Wirkung ab 01.08.2002) wurde Folgendes erreicht: Zum einen kommt es nicht mehr darauf an, ob der Sachverständige vereidigt wird; darüber hinaus wird durch § 839a BGB der Schutzbereich der Sachverständigenhaftung auf reine **Vermögensschäden** erweitert. Schließlich enthält diese Bestimmung eine Beschränkung dahingehend, dass die Haftung vorsätzliches oder grob fahrlässiges Verhalten voraussetzt. § 839a BGB kommt somit eine Doppelfunktion zu: Auf der einen Seite Anspruchsgrundlage für Verfahrensbeteiligte, zum anderen Haftungsbeschränkung zu Gunsten des Sachverständigen.[13] Die Literatur vertritt deshalb die Auffassung, dass die Haftung gemäß § 839a BGB abschließend und dass § 823 Abs. 2 BGB z.B. i.V.m. § 163 StGB daneben nicht mehr anwendbar ist.[14] Bestehen bleibe jedoch die Haftung aus § 826 BGB für durch § 839a BGB nicht erfasste Schäden.[15]

5 Diskutiert wird das Rechtsverhältnis zwischen den Prozessbeteiligten, dem Gericht und dem gerichtlich bestellten Sachverständigen.[16] Gemäß § 839a BGB **ernennt**[17] das Gericht den Sachverständigen. Demzufolge könnte die Ernennung ein öffentlich-rechtliches Rechtsverhältnis begründen.[18] Andererseits erhält nunmehr der Gutachter gemäß § 8 JVEG eine **Vergütung** für seine Tätigkeit.[19] Dies spricht für das Vorliegen eines werk- oder dienstvertraglichen Vertragsverhältnisses. Sofern man von der Begründung eines vertraglichen Rechtsverhältnisses ausgeht, könnten sich auch Verzugsansprüche gegen den Gutachter ergeben, wenn dieser säumig ist und das Gutachten nicht innerhalb der vom Gericht gesetzten Frist abliefert.[20]

6 Die Haftung der an einem Gerichtsverfahren Beteiligten ist somit höchst unterschiedlich geregelt. Verletzt ein Richter im Urteil in einer Rechtssache seine Amtspflicht, ist er für den daraus entstehenden Schaden gemäß § 839 Abs. 2 Satz 1 BGB nur dann verantwortlich, wenn die Pflichtverletzung in einer **Straftat** besteht. Der vom Gericht ernannte Sachverständige, der ein unrichtiges Gutachten erstattet,

---

[9] OLG Hamm v. 20.09.1993 - 13 U 40/92 - BB 1993, 2407-2408; *Wurm* in: Staudinger, § 839a Rn. 3.
[10] OLG Hamm v. 20.09.1993 - 13 U 40/92 - BB 1993, 2407-2408.
[11] *Wagner* in: MünchKomm-BGB, § 839a Rn. 2; *Reinert* in: Bamberger/Roth, 3. Aufl. 2012, § 839a Rn. 2; *Huber* in: AnwK-Das neue Schuldrecht, § 839a Rn. 25-34; vgl. hierzu auch *Wagner*, NJW 2002, 2049-2064, 2062; *Rauscher*, Jura 2002, 577-584; *Kilian*, VersR 2003, 683-688; *Brückner/Neumann*, MDR 2003, 906-912.
[12] Zweites Gesetz zur Änderung schadenersatzrechtlicher Vorschriften vom 19.07.2002, BGBl I 2002, 2674; vgl. zur (beabsichtigten) Neuregelung *Jacobs*, ZRP 2001, 489-493; vgl. weiterhin *Zimmermann*, BuW 2003, 154-159.
[13] *Jaeger*, ZAP Fach 2, 441-456, 450-451; *Hecker* in: Erman, § 839a Rn. 2; *Wagner*, NJW 2002, 2049-2064 sowie *Kilian*, VersR 2003, 683-688, 684.
[14] *Reinert* in: Bamberger/Roth, 3. Aufl. 2012, § 839a Rn. 4; *Wagner* in: MünchKomm-BGB, § 839a Rn. 5; *Sprau* in: Palandt, § 839a Rn. 1; *Huber* in: AnwK, Das neue Schuldrecht, § 839a Rn. 42; *Jaeger/Luckey*, Das neue Schadensersatzrecht, 2002, Rn. 416; *Brückner/Neumann*, MDR 2003, 906-912, 907; *Jaeger*, ZAP Fach 2, 441-456, 450.
[15] OLG Koblenz v. 14.07.2006 - 10 U 1685/05 - VersR 2007, 960; *Sprau* in: Palandt, § 839a Rn. 1.
[16] *Jankowski*, NZBau 2006, 96-99.
[17] Vgl. OLG Brandenburg v. 31.08.2006 - 5 U 168/05 - OLGR Brandenburg 2007, 174-177.
[18] So z.B. *Ulrich*, Der gerichtliche Sachverständige, 12. Aufl. 2007, Rn. 742, ebenso *Klement*, JURA 2010, 867-875, wonach auf der Grundlage von § 404 Abs. 1 ZPO einseitig ein besonderes öffentlich-rechtliches Dienstverhältnis begründet werde; OLG Hamm v. 07.06.2010 - 6 U 213/08, I-6 U 213/08 - BauR 2010, 1811 unter Bezugnahme auf BGH v. 20.05.2003 - VI ZR 312/02 - NJW 2003, 2825-2827.
[19] Wird ein Sachverständiger von einer Partei mit Erfolg wegen Besorgnis der Befangenheit abgelehnt, so verliert er seinen Entschädigungsanspruch nur dann, wenn er selbst den Ablehnungsgrund durch grobe Fahrlässigkeit oder gar Vorsatz herbeigeführt hat, vgl. OLG Köln v. 08.09.2011 - I-5 W 34/11 unter Bezugnahme auf *Zöller/Greger*, ZPO, 27. Aufl. 2009, § 413 Rn. 7 m.w.N.
[20] *Jankowski*, NZBau 2006, 96-99, 98-99.

haftet gemäß § 839a Abs. 1 BGB bereits bei Vorsatz oder grober Fahrlässigkeit. Der Rechtsanwalt haftet hingegen gemäß § 51a BRAO für jeden fahrlässig verursachten Schaden, und zwar selbst im Falle der Beiordnung durch das Gericht.[21]

II. Gesetzgebungsgeschichte

In der Literatur wird darauf hingewiesen, dass die Vorschrift des § 839a BGB **nahezu unbemerkt Einzug ins BGB gehalten** habe.[22] Die Vorschrift sei nicht ad hoc entwickelt worden, sondern gehe zurück auf den 1976 vorgelegten Bericht in der ZPO-Reformkommission.[23]

In dem Entwurf eines Zweiten Gesetzes zur Änderung schadensersatzrechtlicher Vorschriften[24] wird hierzu Folgendes ausgeführt:

„Ein gerichtlich bestellter Sachverständiger ist gegenüber den Parteien eines Rechtsstreites oder sonst von einem gerichtlichen Verfahren Betroffenen keiner Vertragshaftung unterworfen (OLG Düsseldorf NJW 1986, 2891). Denn an dem zwischen dem Träger der Gerichtsbarkeit und dem Sachverständigen bestehenden Rechtsverhältnis sind sie weder beteiligt, noch entfaltet dieses Schutzwirkungen zu ihren Gunsten. Auch eine Haftung aus Amtspflichtverletzung (§ 839) kommt mangels Ausübung hoheitlicher Gewalt durch den Sachverständigen nicht in Betracht (OLG Düsseldorf NJW 1986, 2891). Ansprüche können sich daher nur aus allgemeinem Deliktsrecht ergeben.

Diese Ansprüche sind indes nach geltender Rechtslage unterschiedlich, je nachdem, ob der Sachverständige beeidigt worden oder unbeeidigt geblieben ist: Der beeidigte Sachverständige haftet nach § 823 Abs. 2 BGB i.V.m. den §§ 154, 163 StGB für jeden Vermögensschaden bereits bei fahrlässiger Falschbegutachtung. Der unbeeidigte Sachverständige haftet – da § 410 ZPO kein Schutzgesetz i.S.d. § 823 Abs. 2 BGB ist (OLG Düsseldorf NJW 1986, 2891) – für Vermögensschäden erst bei vorsätzlicher Falschbegutachtung (§ 826 BGB) (OLG Hamm NJW-RR 1998, 1686). Im Übrigen trifft ihn nur eine Haftung für die Verletzung absoluter Rechte (§ 823 Abs. 1 BGB), die von der Rechtsprechung auf die vorsätzliche und die grob fahrlässige Falschbegutachtung beschränkt wird (BVerfGE 49, 304; OLG Schleswig NJW 1995, 7919).

Ob ein Sachverständiger beeidigt worden oder unbeeidigt geblieben ist, ist eine verfahrensrechtliche und strafrechtlich unbeachtliche Unterscheidung. Haftungsrechtlich ist dies indes kein geeignetes Differenzierungskriterium (vgl. BVerfGE 49, 304). Mit dem neuen § 839a BGB soll dieser Unterschied zwischen der Haftung des beeidigten und des nicht beeidigten gerichtlichen Sachverständigen deshalb beseitigt werden.

Mit der vorgeschlagenen Regelung wird ein neuer Haftungstatbestand geschaffen, der die Haftung des gerichtlichen Sachverständigen für ein unrichtiges Gutachten abschließend regelt. Unerheblich ist es danach, ob der Sachverständige beeidigt wurde. Sowohl der beeidigte als auch der unbeeidigte Sachverständige haften für Vorsatz und grobe Fahrlässigkeit. Damit wird zugleich der Vorschlag der ZPO-Kommission (§ 839 BGB-E, Bericht, S. 358 ff.) umgesetzt, die sich bereits für eine eigenständige Vorschrift für die Haftung des gerichtlichen Sachverständigen ausgesprochen und vorgeschlagen hatte, dass dieser – gleichgültig ob er beeidigt wurde oder nicht – stets für Vorsatz und grobe Fahrlässigkeit einstehen solle.

Mit der Regelung soll auch dem Umstand Rechnung getragen werden, dass der Rückgriff auf den Sachverständigen für den in einem Rechtsstreit auf Grund eines falschen Sachverständigengutachtens Unterlegenen oft die einzige Möglichkeit ist, materielle Gerechtigkeit zu erlangen. Dies birgt freilich auch die Gefahr in sich, dass rechtskräftig abgeschlossene Prozesse im Gewand des Sachverständigenhaftungsprozess neu aufgerollt werden.

Der Verschuldensmissbrauch ist auf Vorsatz und grobe Fahrlässigkeit beschränkt; eine Haftung für einfache Fahrlässigkeit scheidet daher künftig aus. Anderenfalls würde dem Sachverständigen die innere Freiheit genommen, derer er bedarf, um sein Gutachten unabhängig und ohne Druck eines mög-

---

[21] Ausführlich hierzu *Stobbe* in: Henssler/Prütting, BRAO, 2. Aufl. 2004, § 51a Rn. 1-5, 30 sowie *Borgmann/Jungk/Grams*, Anwaltshaftung, 4. Aufl. 2005, § 26 Rn. 24 f.

[22] *Wagner*, NJW 2002, 2049-2064, 2061.

[23] Bericht der Kommission für das Zivilprozessrecht, 1977, S. 358-359; hierzu *Wagner* in: MünchKomm-BGB, § 839a Rn. 1; *Huber* in: AnwK-Das neue Schuldrecht, § 839a Rn. 1; *Kilian*, VersR 2003, 683-688, 638.

[24] BT-Drs. 14/7752 v. 07.12.2001, S. 27-28.

lichen Rückgriffs erstatten zu können. Dies gilt umso mehr, als der öffentlich bestellte Sachverständige regelmäßig zur Erstattung des Gutachtens verpflichtet ist.

Eine Ersatzpflicht des Sachverständigen soll nur insoweit begründet werden, als einem Prozessbeteiligten durch eine gerichtliche Entscheidung, die auf dem unrichtigen Gutachten beruht, ein Schaden entsteht. Ausgeschlossen von der Ersatzpflicht sind somit Fälle anderweitiger Erledigung wie z.B., dass sich die Parteien unter dem Eindruck eines unrichtigen Gutachtens vergleichen. Hier wäre der Nachweis, dass dieses Gutachten auf die Motivation der Parteien eingewirkt hat, auch nur schwer zu erbringen."

9 Der BGH hat in einer viel kritisierten Entscheidung, in welcher ein Rechtsanwalt aufgrund eines grob fehlerhaften psychiatrischen Gutachtens zwangsweise in einer Heilanstalt untergebracht worden war, die Regel des § 839 Abs. 2 BGB de facto auf den **Gerichtssachverständigen** erstreckt und dessen Einstandspflicht für Freiheitsverletzungen gemäß § 823 Abs. 1 BGB auf Fälle vorsätzlich falscher Begutachtung beschränkt.[25] Das BVerfG ist dieser Rechtsprechung entgegen getreten und hat die Haftung des Sachverständigen auch für grob fahrlässige falsche Begutachtung wieder hergestellt.[26] Vier der acht Richter plädierten darüber hinaus gegen jedwede Beschränkung der Sachverständigenhaftung und damit für die Einstandspflicht auch bei leicht fahrlässiger Falschbegutachtung. Der Gesetzgeber hat nunmehr der Gegenansicht den Vorzug gegeben. Die Literatur vertritt die Auffassung, der Gesetzgeber habe sich hierbei von der Erwägung leiten lassen, dass eine Haftung des Sachverständigen bei leicht fahrlässiger Falschbegutachtung geeignet sei, diesem die innere Freiheit zu nehmen; darüber bestehe eine rechtliche Verpflichtung zur Erstattung eines Gutachtens.[27] Bemerkenswert ist darüber hinaus, dass die Regelung von § 839 Abs. 3 BGB für entsprechend anwendbar erklärt wurde.

III. Übergangsrecht

10 Nach Art. 229 § 8 Abs. 1 EGBGB ist § 839a BGB anzuwenden, wenn das schädigende Ereignis nach dem 31.07.2002 eingetreten ist.[28] Streitig war die Frage, ob mit dem Begriff des schädigenden Ereignisses auf den Eingriff in das geschützte Rechtsgut[29] oder auf die schädigende Handlung abzustellen ist.[30] Diskutiert wurde weiterhin die Anwendung des § 839a BGB in den Fällen, in denen das zu erstattende Gutachten zwar vor dem 01.08.2002 in Auftrag gegeben, jedoch erst nach dem 01.08.2002 dem Gericht übergeben worden ist,[31] oder das Gutachten zwar vor dem 01.08.2002 bei Gericht eingegangen ist und auf Antrag einer der Parteien der Sachverständige das Gutachten erst nach dem 31.07.2002 mündlich erläutert hat.[32] Der BGH hat – ohne diese Frage näher zu vertiefen – entschieden, dass bei der Frage, ob ein gerichtlich bestellter Sachverständiger in einem Zwangsversteigerungsverfahren grob fahrlässig ein Wertgutachten falsch erstellt hat, auf die Ersteigerung des Grundstückes als **schädigendes Ereignis** abzustellen sei.[33] Bei einem über zwei Instanzen geführten Rechtsstreit ist insoweit auf die zeitlich zuletzt ergangene, verfahrensabschließende gerichtliche Entscheidung abzustellen.[34]

---

[25] BGH v. 18.12.1973 - VI ZR 113/71 - BGHZ 62, 54-63; die Literatur reagierte überwiegend ablehnend, vgl. z.B. *Hopt*, JZ 1974, 551-555, 551-552; *Rasehorn*, NJW 1974, 1172-1174, 1172; *Damm*, JuS 1976, 359-364, 359, 361.

[26] BVerfG v. 11.10.1978 - 1 BvR 84/74 - NJW 1979, 305-307.

[27] *Wagner*, NJW 2002, 2049-2064, 2062.

[28] Vgl. zum Übergangsrecht BGH v. 20.05.2003 - VI ZR 312/02 - NJW 2003, 2825-2827; *Däubler*, JuS 2002, 625-630; *Wagner/Thole*, VersR 2004, 275-279.

[29] So z.B. *Däubler*, JuS 2002, 625-630.

[30] Z.B. *Wagner*, NJW 2002, 2049-2064.

[31] LG Köln v. 28.01.2004 - 28 O 330/03 - BauR 2004, 694-695; *Sprau* in: Palandt, § 838a Rn. 1, Maßgeblich ist bei schriftlichen Gutachten die Niederlegung des Gutachtens bei der Geschäftsstelle (§ 411 Abs. 1 S. 1 ZPO), vgl. *Ulrich*, Der gerichtliche Sachverständige, 12. Aufl. 2007, Rn. 744.

[32] Hierzu *Zimmermann*, BuW 2003, 154-159, 154.

[33] BGH v. 16.09.2004 - III ZB 33/04 - NJW 2004, 3488-3490 sowie BGH v. 09.03.2006 - III ZR 143/05 - NJW 2006, 1733-1734; zustimmend *Wurm* in: Staudinger, § 839a Rn. 30; offen gelassen OLG Koblenz v. 14.07.2006 - 10 U 1685/05 - VersR 2007, 960.

[34] OLG Celle v. 05.05.2009 - 4 U 26/09 - IBR 2010, 63.

B. Anwendungsvoraussetzungen

I. Persönlicher Anwendungsbereich

1. Vom Gericht ernannter Sachverständiger

Die Anwendung des § 839a BGB setzt voraus, dass ein Sachverständiger von einem Gericht in einem konkreten Verfahren bestellt worden ist.[35] Auf die Verfahrensordnung und -art kommt es nicht an.[36] Im Zivilprozess erfolgt die Bestimmung eines Sachverständigen in der Regel aufgrund eines (verkündeten) Beweisbeschlusses, während im Strafprozess die Bestellung zum Sachverständigen häufig durch eine einfache Beweisanordnung des Vorsitzenden erfolgt. § 839a BGB gilt für **alle gerichtlichen Verfahren**[37] (im Unterschied zu den sogenannten Parteigutachtern oder Privatgutachtern)[38] sowie im Zwangsversteigerungsverfahren.[39] Anwendbar ist die Vorschrift auch auf die Sachverständigentätigkeit im Rahmen staatsanwaltschaftlicher Ermittlungsverfahren[40] sowie im Insolvenzverfahren.[41]

11

Das Gericht kann auch eine Behörde mit der Erstattung eines Gutachtens beauftragen.[42] Insoweit gerät § 839a BGB in Konkurrenz zur Staatshaftung gemäß § 839 BGB.[43] In der Literatur ist streitig, ob bei der Beauftragung einer Behörde § 839 BGB Anwendung finden kann. Insoweit wird zum Teil die Auffassung vertreten, es könne nicht angenommen werden, dass der Gesetzgeber den Fall der behördlichen Bestellung nicht bedacht habe.[44] Nach Auffassung von *Wagner*[45] gehört hingegen die Erstattung von Gutachten zum öffentlich-rechtlichen Handlungskreis der Behörde, so dass das Staatshaftungsrecht (§ 839 BGB) den Vorrang beansprucht. Heftig diskutiert wird insoweit auch die Frage, ob nicht entscheidend auf das Tatbestandsmerkmal **vom Gericht ernannter Sachverständiger** abzustellen und demzufolge § 839a BGB zumindest analog anzuwenden ist.[46] Warum eine Behörde, die im Rahmen ihrer gesetzlichen Aufgaben tätig wird, von der Haftungsprivilegierung des § 839a Abs. 1 BGB (Haftung nur bei Vorsatz und grober Fahrlässigkeit) profitieren soll, ist nicht einsehbar.[47] Etwas anderes gilt allerdings dann, wenn das Gericht einen Mitarbeiter einer Behörde zum Gutachter bestimmt und dieser im Rahmen der ihm erlaubten Nebentätigkeit das Gutachten erstattet. Insoweit findet die Bestimmung des § 839a BGB ohne weiteres Anwendung. Sind in bestimmten Verfahren Behörden kraft Gesetzes gutachtlich zu hören, haben sie nicht die von § 839a BGB vorausgesetzte prozessuale Stellung eines Sachverständigen. Hierzu gehören beispielsweise die Kammergutachten in Anwaltsvergütungsstreitigkeiten, die gutachterlichen Stellungnahmen des Jugendamtes in Vormundschafts- oder Adoptionssachen und die Gutachten der Industrie- und Handels-, Handwerk- oder Landwirtschaftskammern in Handelsregistersachen.[48]

12

---

[35] Vgl. zu den Pflichten eines medizinischen Sachverständigen bei einem Kunstfehlerprozess BGH v. 06.07.2010 - VI ZR 198/09 - NJW 2010, 502-505 sowie zu den Pflichten eines Kfz-Sachverständigen bei einem Verkehrsunfall *Klingenberger*, AnwZert VerkR 6/2009, Anm. 4.

[36] *Kramer/Schaub* in: Prütting/Wegen/Weinreich, BGB, § 839a Rn. 2; *Hecker* in: Erman, § 839a Rn. 3; *Wurm* in: Staudinger, § 839a, Rn. 8; *Sprau* in: Palandt, § 839a, Rn. 1a.

[37] *Wagner* in: MünchKomm-BGB, § 839a Rn. 1-2; *Wurm* in: Staudinger, § 839a Rn. 8; *Sprau* in: Palandt, § 839a Rn. 2; *Zimmermann*, BuW 2003, 154-159, 155.

[38] *Hecker* in: Erman, § 839a Rn. 3.

[39] BGH v. 09.03.2006 - III ZR 143/05 - NJW 2006, 1733-1734; vgl. bereits zur Haftung des Wertgutachters gegenüber dem Ersteigerer *Wagner/Thole*, VersR 2004, 275-279.

[40] *Wurm* in: Staudinger, § 839a Rn. 8; *Hecker* in: Erman, § 839a Rn. 3; *Kilian*, ZGS 2004, 220-226, 222.

[41] *Wagner* in: MünchKomm-BGB, § 839a Rn. 7; *Sprau* in: Palandt, § 839a Rn. 2.

[42] *Hecker* in: Erman, § 839a Rn. 3; a.A. *Huber* in: Dauner-Lieb u.a., Das neue Schuldrecht in der anwaltlichen Praxis, 2002, Rn. 106 sowie *Ulrich*, Der gerichtliche Sachverständige, 12. Aufl. 2007, Rn. 750 sowie OLG Hamm v. 07.06.2010 - 6 U 213/08 - BauR 2010, 1811.

[43] *Schöpflin*, ZfSch 2004, 241-246, 243; *Kilian*, ZGS 2004, 220-226, 222; *Zimmermann*, BuW 2003, 154-159, 155.

[44] *Hecker* in: Erman, § 839a Rn. 3 unter Bezugnahme auf OLG Koblenz v. 06.06.2005 - 5 U 687/05 - NVwZ-RR 2006 262.

[45] *Wagner* in: MünchKomm-BGB, § 839a Rn. 8; vgl. weiterhin *Spickhoff* in: Soergel, § 839a Rn. 12 und 15.

[46] *Huber* in: AnwK-Das neue Schuldrecht, § 839a Rn. 49.

[47] *Kramer/Schaub* in: Prütting/Wegen/Weinreich, § 839a Rn. 1; *Klement*, JURA 2010, 867-875; *Kilian*, VersR 2003, 683-688, 685.

[48] *Kilian*, VersR 2003, 683-688, 685.

13 Streitig ist weiterhin, ob die Bestimmung des § 839a BGB auch auf den **schiedsgerichtlich** bestellten Sachverständigen Anwendung findet.[49] Der BGH und das Schrifttum sind in der Vergangenheit davon ausgegangen, dass Gerichtssachverständige im Schiedsverfahren und vor dem staatlichen Gericht funktionsidentisch tätig und daher auch haftungsrechtlich gleich zu behandeln sind.[50] Das Schiedsgericht will dem Gutachter kein größeres Maß an Verantwortung aufbürden, als ein gerichtlicher Sachverständiger zu tragen habe. Neuerdings wird jedoch in der Literatur überwiegend die Auffassung vertreten, dass der Sachverständige in einem schiedsgerichtlichen Verfahren frei über die Annahme des Auftrages entscheiden, den Preis für sein Leistungen frei kalkulieren und dabei eine von ihm zu zahlende **Haftpflichtversicherungsprämie** einkalkulieren kann. Von daher muss den Parteien das Recht zustehen, eine Gegenleistung zu verlangen, die dem Standard der im Verkehr erforderlichen Sorgfalt in jeder Hinsicht genügt. Im Übrigen haftet der im Schiedsgerichtsverfahren bestellte Sachverständige aufgrund Vertragsrechts ohnehin für jeden fahrlässig verursachten Vermögensschaden, so dass sich eine Haftungsbeschränkung durch die bloße Anwendung des § 839a BGB gar nicht erreichen lässt.[51] Sowohl seine vertragliche als auch seine deliktische Haftung seien grundsätzlich ausgeschlossen, soweit die Fehlerhaftigkeit seines Gutachtens auf Fahrlässigkeit beruht. Schließlich wird in der Literatur zutreffend darauf verwiesen, dass unter **Gericht** im Sinne des § 839a BGB nur das **staatliche Gericht** gemeint sei, weil auch nur insoweit eine Regelungslücke bestanden habe. Bei von einem Schiedsgericht bestelltem Gutachter habe schon immer eine unbeschränkte Haftung bestanden (sofern sie nicht im Einzelfall ausgeschlossen wurde).[52]

14 In der Literatur wird weiterhin die Frage erörtert, ob die Regelung des § 839a BGB analog auf **Zeugen** anzuwenden sei. Die Interessenlage wäre die Gleiche.[53] Diese Auffassung ist abzulehnen.[54] Gleiches gilt für den sachverständigen Zeugen.[55] Der Gesetzgeber hat ausdrücklich nur eine Regelung für den gerichtlich bestellten Sachverständigen geschaffen. Von daher scheidet die analoge Anwendung des § 839a BGB von vornherein aus. Ob es wünschenswert wäre, die Haftung des Zeugen auf Vorsatz und grobe Fahrlässigkeit zu beschränken oder diesen lediglich entsprechend den Grundsätzen zur Arbeitnehmerhaftung haften zu lassen[56], ist eine rechtspolitische Frage.

2. Haftungsvoraussetzungen

15 Der Sachverständige muss ein **unrichtiges Gutachten** erstatten. In welcher Form das Gutachten erstattet wird (ob schriftlich oder mündlich) ist unerheblich.[57] Unrichtig ist das Gutachten, wenn es nicht der objektiven Sachlage entspricht, wenn der Sachverständige von falschen Tatsachen oder einem unvollständigen Sachverhalt ausgeht.[58] Der Sachverständige hat sich zunächst einmal zu Tatsachen zu äußern. Wenn der Sachverständige Schlussfolgerungen zieht oder sich zum Wahrscheinlichkeitsgrad eines Geschehensablaufs äußert, muss er dies deutlich machen.[59] Der Sachverständige haftet nicht, wenn er in seinem Gutachten ausdrücklich darauf hingewiesen hat, dass die Bewertung des Versteigerungsobjektes auf schriftlichen Unterlagen (Baubeschreibung) und dem äußeren Eindruck beruhe, weil ihm der Zutritt nicht gestattet worden ist.[60] Ebenso wenig liegt nach der Rechtsprechung ein unrichtiges

---

[49] *Sprau* in: Palandt, § 839a Rn. 1a; *Kramer/Schaub* in: Prütting/Wegen/Weinreich, § 839a Rn. 1.

[50] Vgl. z.B. BGH v. 19.11.1964 - VII ZR 8/63 - BGHZ 42, 313-318; ebenso *Wurm* in: Staudinger, 2002, § 839 Rn. 8.

[51] *Wagner* in: MünchKomm-BGB, § 839a Rn. 11; *Spickhoff* in: Soergel, § 839a Rn. 18; *Reinert* in: Bamberger/Roth, 3. Aufl. 2012, § 839a Rn. 6; vgl. nunmehr auch *Wurm* in: Staudinger, 2007, § 839a Rn. 34.

[52] *Spickhoff* in: Soergel, § 839a Rn. 18; *Zimmermann*, BuW 2003, 154-159, 156; *Kilian*, ZGS 2004, 220-226, 221-222.

[53] Z.B. *Wagner* in: MünchKomm-BGB, § 839a Rn. 12; *Wagner*, NJW 2002, 2049-2064 in diese Richtung zumindest tendierend *Huber* in: AnwK-Das neue Schuldrecht, § 839a Rn. 64.

[54] So auch *Cahn*, Einführung in das neue Schadensersatzrecht, 2003, Rn. 153, sowie ausführlich *Windthorst*, VersR 2005, 1634-1641; vgl. weiterhin *Kilian*, ZGS 2004, 220-226, 223-224 sowie *Reinert* in: Bamberger/Roth, 3. Aufl. 2012, § 839a, Rn. 6.

[55] *Sprau* in: Palandt, § 839a Rn. 1a; *Windthorst*, VersR 2005, 1634.

[56] Vgl. hierzu z.B. *Wagner* in: MünchKomm-BGB, § 839a Rn. 12; *Spickhoff* in: Soergel, § 839a Rn. 17.

[57] *Spickhoff* in: Soergel, § 839a Rn. 21; *Sprau* in: Palandt, § 839a Rn. 3; *Kilian*, VersR 2003, 683-688, 685.

[58] *Wagner* in: MünchKomm-BGB, § 839a Rn. 17; *Wurm* in: Staudinger, § 839a Rn. 9-10; *Spickhoff* in: Soergel, § 839a Rn. 20; *Sprau* in: Palandt, § 839a Rn. 3; vgl. zu dem Sonderfall von „Konstruktionsöffnungen" *Ulrich*, Der gerichtliche Sachverständige, 12. Aufl. 2007, Rn. 760.

[59] *Wagner* in: MünchKomm-BGB, § 839a Rn. 17.

[60] OLG Celle v. 06.05.2004 - 4 U 30/04 - OLGR Celle 2004, 461.

Sachverständigengutachten vor, wenn ein medizinischer Sachverständiger darauf hinweist, dass es sich bei seiner gutachterlichen Einschätzung lediglich um eine Verdachtsdiagnose handele und die apparative Diagnose nicht geeignet war, die Verdachtsdiagnose zweifelsfrei zu widerlegen.[61] Der Sachverständige hat sein Gutachten an allgemein vertretenen Ansichten auszurichten oder deutlich zu machen, dass seine in dem Gutachten vertretene Auffassung auf einer (Minderheits-)Meinung beruht. Er muss hierbei die Gegenauffassung darlegen und begründen, warum er dieser nicht folgt.[62] Bei Wertgutachten gewährt die Rechtsprechung dem Sachverständigen Toleranzen von bis zu 20%, innerhalb derer das Gutachten noch richtig sein kann.[63] Häufig wird gestritten über die Richtigkeit eines im Zusammenhang mit einem Zwangsversteigerungsverfahren erstellten Gutachtens. Die Rechtsprechung vertritt insoweit die Auffassung, für die sachliche Richtigkeit eines Verkehrsgutachtens komme es nur darauf an, ob der Verkehrswert richtig geschätzt worden ist. Die Feststellung von Baumängeln gehörte insoweit nicht zur Sachverständigenpflicht.[64] Unter Umständen muss aber der Sachverständige das Zwangsversteigerungsgericht auf von ihm festgestellte Baumängel hinweisen[65]; ob dies auch dann gilt, wenn ersichtlich der Verkehrswert unter Berücksichtigung dieser Baumängel festgesetzt wurde, hat die Rechtsprechung offen gelassen.[66]

Weiterhin muss gemäß § 839a Abs. 1 BGB die **Entscheidung des Gerichtes** auf dem Gutachten **beruhen**. Dies erfordert die **Ursächlichkeit** des Gutachtens für die gerichtliche Entscheidung, die ihrerseits erst die Schädigung der benachteiligten Partei bewirkt.[67] Ein **Beruhen** der Entscheidung auf dem Gutachten ist jedenfalls dann gegeben, wenn das Gutachten zumindest mitursächlich für die Entscheidung des Gerichtes geworden ist.[68] Es genügt, dass das Gutachten neben anderen Beweismitteln zur Überzeugungsbildung des Gerichtes beigetragen hat. Die Literatur verweist zutreffend darauf, dass i.S.d. conditio sine qua non-Formel zu fragen ist, ob die gerichtliche Entscheidung ohne das unrichtige Gutachten genauso ausgefallen wäre.[69] Daran fehlt es, wenn das Gutachten für die Entscheidungsfindung des Gerichtes ohne Bedeutung war. Dies ist unproblematisch zu bejahen, wenn das Gericht zwar aufgrund eines Beweisbeschlusses ein Sachverständigengutachten einholt, letztendlich jedoch aus Rechtsgründen die Klage abweist oder ihr stattgibt. Im Regressprozess ist folglich zu prüfen, wie nach Auffassung des nun entscheidenden Gerichtes der Vorprozess richtigerweise hätte entschieden werden müssen.[70] An der Kausalität fehlt es demzufolge, wenn das Gutachten zwar streckenweise falsch ist, die Entscheidung sich aber gerade nicht auf die hiervon betroffenen Stellen stützt.[71] Unklar ist die Kausalität, wenn das Gericht ein unrichtiges Sachverständigengutachten unzutreffend würdigt. Hierbei muss man nicht zwangsläufig an eine Rechtsbeugung denken[72], ausreichend ist die Befangenheit des Gerichtes. In einem derartigen Fall ist die Prüfung einer Unterbrechung des Zurechnungszusammenhanges geboten.[73] Bei einem außergerichtlich erstatteten Gutachten kommt eine Inanspruchnahme des Sachverständigen gem. § 839a BGB nur in Betracht, wenn das Gutachten Gegenstand einer Beweisaufnahme war.[74]

16

---

[61] OLG Saarbrücken v. 23.10.2008 - 8 U 487/07.
[62] *Hecker* in: Erman, § 839a Rn. 4; *Brückner/Neumann*, MDR 2003, 906-912, 907.
[63] BGH v. 26.04.1991 - V ZR 61/90 - LM Nr. 30 zu § 319 BGB; kritisch hierzu *Brückner/Neumann*, MDR 2003, 906-912, 907. Vgl. auch OLG Schleswig v. 06.07.2007 - 14 U 61/06 - MDR 2008, 25: Abweichung von 12,5% tolerabel.
[64] OLG Schleswig v. 06.07.2007 - 14 U 61/06 - MDR 2008, 25 sowie LG Karlsruhe v. 18.02.2009 - 6 O 48/06.
[65] OLG Celle v. 05.05.2004 - 4 U 30/04 - OLGR Celle 2004, 461-464 sowie OLG Rostock v. 27.06.2008 - 5 U 50/08 - MDR 2009, 146-147.
[66] LG Karlsruhe v. 18.02.2009 - 6 O 48/06; vgl. insoweit auch OLG Rostock v. 27.06.2008 - 5 U 50/08 - MDR 2009, 146-147.
[67] Vgl. zur Kausalität für den Schadenseintritt BGH v. 05.07.2007 - III 240/06 - MDR 2007, 1210-1211 und OLG Celle v. 05.05.2009 - 4 U 26/09; OLG München v. 19.07.2011 - 1 W 999/11; *Hecker* in: Erman, § 839a Rn. 7; *Kilian*, ZfSch 2004, 241-246, 244-245.
[68] *Spickhoff* in: Soergel, § 839a Rn. 37; *Sprau* in: Palandt, § 839a Rn. 4.
[69] *Spickhoff* in: Soergel, § 839a Rn. 37.
[70] *Jaeger*, ZAP Fach 2, 441-456, 454.
[71] *Hecker* in: Erman, § 839a Rn. 7. *Kramer/Schaub* in: Prütting/Wegen/Weinreich, § 839a Rn. 3.
[72] So aber *Spickhoff* in: Soergel, § 839a Rn. 37.
[73] Ähnlich *Spickhoff* in: Soergel, § 839a Rn. 37.
[74] OLG Celle v. 05.05.2009 - 4 U 26/09 - IBR 2010, 63.

§ 839a

17 Eine Entscheidung des Gerichtes **beruht nicht** auf einem Gutachten, wenn der Rechtsstreit durch Klagerücknahme bzw. Anerkenntnisurteil endet.[75] Diese Prozesshandlungen geschehen ohne Mitwirkung des Gerichtes. Sehr streitig ist indes die Frage, ob Gleiches auch bei Abschluss eines Prozessvergleiches gilt.[76] Rechtsprechung[77] und Literatur[78] vertreten insoweit die Auffassung, dass ein Vergleich keine Entscheidung des Gerichtes i.S.d. § 839a BGB sei. Sie berufen sich hierbei auf die Gesetzesmaterialien.[79] Diese Rechtsauffassung wird als Haftungsfalle bzw. Regressfalle für den Rechtsanwalt bezeichnet.[80] Aus den Gesetzesmaterialien[81] ergibt sich in der Tat, dass nach dem Willen des Gesetzgebers die Anwendung des § 839a BGB auch dann ausgeschlossen sei, wenn „sich die Parteien unter dem Eindruck eines unrichtigen Gutachtens vergleichen". Begründet wird diese Auffassung damit, dass im Falle eines Vergleiches kaum der Nachweis erbracht werden könne, „dass dieses Gutachten auf die Motivation der Parteien eingewirkt hat".[82]

18 Insoweit ist zu differenzieren, ob nach Vorlage eines Sachverständigengutachtens sich die Parteien außergerichtlich geeinigt haben und den Vergleich lediglich bei Gericht protokolliert haben (z.B. um einen Vollstreckungstitel zu verlangen) oder ob der Vergleichsabschluss auf einem vom Gericht unterbreiteten Vergleichsvorschlag beruht. Zum einen bestehen aufgrund der Neufassung des § 139 ZPO erhöhte Hinweispflichten des Gerichtes.[83] Zwar kann ein Gericht von einem von ihm unterbreiteten Vergleichsvorschlag in seinem Urteil abweichen, in der Regel ist jedoch ein entsprechender richterlicher Hinweis erforderlich.[84] Dies belegt, dass einem gerichtlichen Vergleichsvorschlag für den weiteren Verlauf des Rechtsstreites eine (entscheidungs)erhebliche Bedeutung zukommt. Deshalb ist es verfehlt, einen gerichtlichen Vergleichsvorschlag insoweit als „Nullum" zu betrachten. Von daher muss man bei der Fallkonstellation, dass das Gericht nach Vorliegen eines Sachverständigengutachtens und nach Anhörung der Parteien einen Vergleichsvorschlag unterbreitet, davon ausgehen, dass das Gericht eine Beweiswürdigung vorgenommen hat und demzufolge die gerichtliche Empfehlung (Vergleichsvorschlag) als **gerichtliche Entscheidung** i.S.d. § 839a Abs. 1 BGB anzusehen ist. Es kann alsdann keinen Zweifel daran geben, dass ein Beschluss gem. § 278 Abs. 6 Satz 2 ZPO eine gerichtliche Entscheidung i.S.d. § 839a Abs. 1 BGB ist. Indes kann nichts anderes gelten, wenn eine der Parteien dem Prozessgegner einen schriftlichen Vergleichsvorschlag unterbreitet und aufgrund dieses schriftlichen Vergleichsvorschlages in der mündlichen Verhandlung oder gem. § 278 Abs. 6 Satz 2 ZPO – somit unter Mitwirkung des Gerichtes – ein Vergleich geschlossen wird. Die materiell-rechtlichen Wirkungen sind die gleichen. Der – unter Mitwirkung des Gerichtes – zustande gekommene Vergleich ist – als Gerichtsentscheidung – unanfechtbar.[85]

19 *Wagner*[86] hat die Motivation des Gesetzgebers bereits frühzeitig kritisiert. Er spricht von einer **Inkonsistenz** der gesetzlichen Regelung. Dieser Kritik ist zuzustimmen. Nach dem Sinn und Zweck des § 839a BGB hat eine Orientierung der Rechtsprechung an § 839 Abs. 2 BGB zu erfolgen. Nach dieser Rechtsprechung steht außer Frage, dass das **Ergehen einer Gerichtsentscheidung** keineswegs erforderlich ist. Auch wenn der Rechtsstreit anderweitig – z.B. durch Vergleich oder durch Klagerücknahme – endet, besteht das **Richterspruchprivileg**.[87] Nach dem Willen des Gesetzgebers sollte mit dieser

---

[75] Vgl. hierzu *Wagner* in: MünchKomm-BGB, § 839a Rn. 19-23; *Wurm* in: Staudinger, § 839a Rn. 19-23; *Sprau* in: Palandt, § 839a Rn. 4; *Huber* in: AnwK, Das neue Schuldrecht, § 839a Rn. 43-48.

[76] Ausführlich zur Anwendbarkeit des § 779 BGB *Spickhoff* in: Soergel, § 839a Rn. 34; *Thole*, AnwBl 2006, 91-94.

[77] OLG Nürnberg v. 07.03.2011 - 12 W 456/11 - NJW-RR 2011, 1216-1217.

[78] *Sprau* in: Palandt, § 839a Rn. 6; *Hecker* in: Erman, § 839a Rn. 6; kritisch zu dieser Argumentation *Däubler*, JuS 2002, 625-630, 629.

[79] Vgl. Entwurf eines zweiten Gesetzes zur Änderung schadenersatzrechtlicher Vorschriften v. 07.12.2001, S. 28.

[80] *Kilian*, VersR 2003, 683-688, 686; *Jaeger*, ZAP Fach 2, S. 441-456, 454; *Thole*, AnwBl 2006, 91-94. Im Ergebnis ebenso *Wagner* in: MünchKomm-BGB, § 839a Rn. 23.

[81] BT-Drs. 14/7752, S. 28.

[82] OLG Nürnberg v. 07.03.2011 - 12 W 456/10 - NJW-RR 2011, 1216-1217.

[83] Vgl. hierzu *Greger* in: Zöller, ZPO, § 139 Rn. 10-18.

[84] OLG Koblenz v. 11.07.2005 - 12 U 702/04 - OLGR Koblenz, 2005, 815-817; OLG Zweibrücken v. 16.11.2006 - 4 U 126/05 - OLGR Zweibrücken 2007, 144-156.

[85] *Greger* in: Zöller, ZPO, § 278 Rn. 31; *Musielak*, ZPO, § 278 Rn. 18.

[86] *Wagner*, NJW 2002, 2049-2064, 2062.

[87] RG v. 29.06.1932 - III 402/31 - HRR 1933 Nr. 651; BGH v. 19.11.1956 - III ZR 119/55 - LM Nr. 5 zu § 839 (G) BGB; *Wurm* in: Staudinger, § 839 Rn. 323, 325; *Grunsky*, Funktionswandel der Privatrechtsinstitutionen 1974, 141-158 (Festschrift für Raiser), 155.

Vorschrift **die Haftung des gerichtlichen Sachverständigen für ein unrichtiges Gutachten abschließend geregelt** werden.[88] Dann muss zwangsläufig die Regelung des § 839a BGB auch für den Abschluss eines Vergleiches, der auf einem (falschen) Sachverständigengutachten beruht, gelten.[89]

Bei der Frage, wie der Begriff **gerichtliche Entscheidung** i.S.d. § 839a BGB zu verstehen ist, liegt es nahe, die Beendigung des Verfahrens durch Vergleich, Anerkenntnisurteil, Verzichtsurteil und Klagerücknahme – jeweils nach Vorliegen eines Sachverständigengutachtens – gleich zu behandeln. Hierbei ist festzuhalten, dass der Begriff **Urteil in einer Rechtssache** im Sinne des § 839 Abs. 2 BGB weit verstanden wird und hierzu zweifelsohne auch Beschlüsse gehören.[90] Von daher ist die Auffassung von *Huber* abwegig, wonach der Gesetzgeber mit der Formulierung **gerichtliche Entscheidung** ausschließlich ein Urteil gemeint hat.[91] Vielmehr muss man den Begriff **gerichtliche Entscheidung** weit verstehen, wobei die Rechtsprechung zur Auslegung des Begriffs **Urteil einer Rechtssache** im Sinne des § 839 Abs. 2 BGB betont, dass eine Gerichtsentscheidung überhaupt nicht ergehen muss.[92] Weiterhin ist zu berücksichtigen, dass der Begriff **Rechtsmittel** i.S.d. § 839 Abs. 3 BGB ebenfalls weit verstanden wird und hierzu selbst formlose Gegenvorstellungen gezählt werden (vgl. die Kommentierung zu § 839 BGB Rn. 197 ff.). Von daher ist es insoweit nur konsequent, den Begriff **gerichtliche Entscheidung** in § 839a Abs. 1 BGB dahingehend auszulegen, dass dazu alle auf Vorschlag eines Gerichtes abgeschlossenen Vergleiche und in sonstiger Weise zustande gekommenen Urteile (Anerkenntnisurteil, Verzichtsurteil) und auch die Klagerücknahme gehören. Entscheidend ist, dass nach Vorliegen eines Sachverständigengutachtens und nach Anhörung der Parteien das Gericht eine Empfehlung ausspricht, die zu einer Beendigung des Rechtsstreites in sonstiger Weise führt. 20

In der Literatur wird die Auffassung vertreten, dass bei einer übereinstimmenden Erledigungserklärung der Parteien unter dem Eindruck des Gutachtens in die daraufhin vom Gericht nach § 91a ZPO zu treffende Kostenentscheidung durchaus auch die Ergebnisse des Sachverständigengutachtens einfließen können. Insoweit sei eine Haftung des Sachverständigen nach § 839a BGB denkbar, allerdings beschränkt auf das Kosteninteresse. Das Hauptsacheinteresse sei hingegen nicht Gegenstand der gerichtlichen (Kosten-)Entscheidung.[93] Dies hätte zur Konsequenz, dass der aufgrund eines unrichtigen Gutachtens Geschädigte die insoweit entstandenen Kosten gemäß § 839a BGB gegenüber dem Sachverständigen geltend machen könnte, hinsichtlich des Hauptsacheinteresses jedoch auf die deliktischen Ansprüche gemäß §§ 823 ff. BGB beschränkt wäre. Dies ist inkonsequent. Demzufolge muss der Begriff **gerichtliche Entscheidung** im Sinne des § 839a Abs. 1 BGB weit ausgelegt werden. 21

Eine Haftung gemäß § 839a BGB erfordert weiterhin, dass das unrichtige Gutachten **vorsätzlich** oder **grob fahrlässig** erstellt worden ist. Einfache Fahrlässigkeit genügt nicht. Es muss somit eine Pflichtverletzung vorliegen, die sowohl in objektiver als auch in subjektiver Hinsicht besonders schwer wiegt.[94] *Wagner*[95] weist zutreffend darauf hin, dass wertvolle Orientierungshilfen bei der Konkretisierung der groben Fahrlässigkeit die Rechtsprechung zum früheren ZSEG liefert, die dem Sachverständigen seinen Vergütungsanspruch abspricht, wenn dieser grob fahrlässig ein falsches Gutachten erstattet oder einen Ablehnungsgrund verursacht bzw. verschwiegen hat.[96] Der Sachverständige hat den Sachvortrag der Parteien zur Kenntnis zu nehmen und zu würdigen und er darf nicht ungeprüft die Angaben eines Verfahrensbeteiligten übernehmen.[97] Bei bestehenden Zweifeln sind diese offen zu le- 22

---

[88] Vgl. Entwurf eines Zweiten Gesetzes zur Änderung schadenersatzrechtlicher Vorschriften, BT-Drs. 14/7752 vom 07.12.2001, S. 28.
[89] Dies wird – trotz anerkannter vergleichbarer Interessenlage – verneint von *Kilian*, VersR 2003, 683-688, 686.
[90] Vgl. aus der umfangreichen Judikatur z.B. BGH v. 26.04.1954 - III ZR 6/53 - BGHZ 13, 142-145; BGH v. 10.02.1969 - III ZR 35/68 - BGHZ 51, 326-330; BGH v. 05.05.1975 - III ZR 43/73 - BGHZ 64, 347-354.
[91] So aber *Huber* in: AnwK, Das neue Schuldrecht, § 839a Rn. 40.
[92] BGH v. 19.11.1956 - III ZR 119/55 - LM Nr. 5 zu § 839 (G) BGB; OLG Bremen v. 21.07.1999 - 1 U 130/98 - NJW-RR 2001, 1036-1039; *Kreft* in: BGB-RGRK, § 839 Rn. 523.
[93] *Wurm* in: Staudinger, § 839a Rn. 22.
[94] *Wagner* in: MünchKomm-BGB, § 839a Rn. 18; *Wurm* in: Staudinger, § 839a Rn. 11-12; *Sprau* in: Palandt, § 839a Rn. 3; *Reinert* in: Bamberger/Roth, 3. Aufl. 2012, § 839a Rn. 8; vgl. weiterhin OLG München v. 21.05.2010 - 1 U 3611/09.
[95] *Wagner* in: MünchKomm-BGB, § 839a Rn. 18.
[96] Vgl. insoweit BGH v. 15.12.1975 - X ZR 52/73 - WM 1976, 461-462; BGH v. 25.10.1983 - VI ZR 249/81 - LM Nr. 1 zu § 5 GKG 1975; OLG Düsseldorf v. 11.07.1996 - 10 W 48/96 - NJW-RR 1997, 1353; OLG München v. 11.05.1998 - 11 W 864/98 - NJW-RR 1998, 1687-1688; OLG Naumburg v. 21.11.2001 - 13 W 604/01.
[97] *Bayerlein*, Sachverständigenrecht, 3. Aufl. 2002, S. 12.

§ 839a

gen.[98] Wenn das in Auftrag gebende Gericht die Vorgehensweise des Sachverständigen billigt, handelt er nicht grob fahrlässig i.S.d. § 839a BGB.[99] Wenn ein Sachverständiger ein Gutachten übernimmt, für das ihm erkennbar die Fachkompetenz fehlt, so haftet er grob fahrlässig.[100] Im Zusammenhang mit der Haftung eines Sachverständigen hat das KG Berlin ausgeführt, dass unter grober Fahrlässigkeit eine besonders schwere Sorgfaltspflichtverletzung zu verstehen sei, welche dann vorliege, wenn die im Verkehr erforderliche Sorgfalt in ungewöhnlich hohem Maße verletzt wurde, wenn also ganz naheliegende Überlegungen nicht angestellt oder beiseite geschoben wurden und dasjenige unbeachtet geblieben ist, was im gegebenen Fall sich jedem aufgedrängt hätte. Bei der groben Fahrlässigkeit handelt es sich um eine subjektiv schlechthin unentschuldbare Pflichtverletzung, die das gewöhnliche Maß der Fahrlässigkeit nach § 276 Abs. 1 BGB erheblich übersteigt, wobei auch subjektive, in der Person des Handelnden begründete Umstände zu berücksichtigen sind.[101] Die vom Geschädigten zu überwindende „Hürde" ist somit ziemlich hoch. Grobe Fahrlässigkeit wurde von der Rechtsprechung bejaht, wenn ein Gutachter sich seines Gutachtenauftrages „entledigt" hat, indem er Empfehlungen eines Wirtschaftsverbandes übernommen hat, ohne eine eigene gutachterliche Aussage zu finden und zu treffen.[102]

23 Aus der Sicht des Betroffenen ist der erlittene **Schaden** unschwer feststellbar. Ersatzfähig ist der so genannte Urteilsschaden, der auf der durch das unrichtige Gutachten beeinflussten unrichtigen gerichtlichen Entscheidung beruht. Erforderlich ist hiernach, dass das unrichtige Gutachten zu einer unrichtigen Gerichtsentscheidung geführt hat. Da der Sachverständige die Naturalrestitution (§ 249 Abs. 1 BGB) durch Abänderungen oder Aufhebung der falschen Gerichtsentscheidung nicht herbeiführen kann, ist gemäß § 251 Abs. 1 BGB Schadensersatzentgelt zu leisten. Der zu leistende Schadensersatz soll die Vermögenslage herstellen, die bei pflichtgemäßem Verhalten des Sachverständigen eingetreten wäre.[103] Zum Schaden gehören auch die Prozesskosten (Anwalts- und Gerichtskosten) einschließlich der gemäß § 839a Abs. 2 BGB i.V.m. § 839 Abs. 3 BGB für notwendig gehaltenen Rechtsmittel.[104] Auch Detektivkosten können anfallen, z.B. um in einem Verfahren nach § 1666 BGB den durch ein grob fehlerhaftes aussagepsychologisches Gutachten bestätigten Verdacht des Kindesmissbrauchs auszuräumen.[105] Führt das unrichtige Gutachten zu einer Freiheitsentziehung oder zu sonstigen Eingriffen in Persönlichkeitsgüter, kommt auch die Zahlung eines Schmerzensgeldes gemäß § 253 Abs. 2 BGB in Betracht.[106] Die Rechtsprechung hielt ein Schmerzensgeld in Höhe von 150.000 € als billige Entschädigung für 1.973 Tage zu Unrecht erlittene Haft für angemessen.[107]

24 Den Schaden geltend machen kann der betroffene **Verfahrensbeteiligte**. Zu den Verfahrensbeteiligten gehören alle Personen, die am Prozess beteiligt waren, somit die Parteien, im Zivilprozess die Nebenintervenienten und Streitverkündete gemäß den §§ 66-72 ZPO, im Verwaltungsprozess die Beigeladenen gemäß § 65 VwGO, im Strafprozess Angeklagter, Privat- und Nebenkläger. Den Verfahrensbeteiligten gleichzustellen sind diejenigen Personen, die als Rechtsnachfolger der Verfahrensbeteiligten an die wegen des Gutachtens falschen Entscheidungen gebunden sind (§§ 265, 325, 727 ZPO), weiterhin Insolvenzverwalter und Testamentsvollstrecker oder beauftragte Prozessstandschafter.[108] Zwischenzeitlich hat der BGH klargestellt, dass die Sachverständigenhaftung des Wertgutachters auch gegenüber dem Ersteigerer im Zwangsversteigerungsverfahren besteht.[109] In der Literatur ist streitig, ob der Sachverständige auch den Parteien eines Folgeprozesses haftet, wenn das Gericht die Akte des Erstprozesses beizieht, um im Rahmen des Urkundenbeweises das Gutachten in den Folgeprozess einzu-

---

[98] *Bayerlein*, Sachverständigenrecht, 3. Aufl. 2002, S. 18.
[99] KG Berlin v. 10.01.2007 - 12 W 61/06 sowie LG Ulm v. 06.11.2009 - 3 O 261/09.
[100] *Zimmermann*, BuW 2003, 154-159, 157-159; *Kilian*, VersR 2003, 683-689, 687; *Schöpflin*, ZfSch 2004, 241-246, 245.
[101] KG Berlin v. 03.12.2007 - 24 U 71/07 - KGR Berlin 2008, 365-367 unter Bezugnahme auf BGH v. 13.12.2004 - II ZR 17/03 - NJW 2005, 981; ebenso OLG Saarbrücken v. 23.10.2008 - 8 U 487/07 sowie OLG München v. 29.07.2010 - 1 U 5314/09.
[102] LG Frankenthal v. 06.10.2011 - 8 O 79/10 m. Anm. *Döring*, jurisPR-PrivBauR 5/2012, Anm. 2.
[103] *Wurm* in: Staudinger, § 839a Rn. 25.
[104] *Wurm* in: Staudinger, § 839a Rn. 25.
[105] *Schöpflin*, ZfSch 2004, 241-246, 245.
[106] *Wagner* in: MünchKomm-BGB, § 839a Rn. 24; *Sprau* in: Palandt, § 839a Rn. 6; *Zimmermann*, BuW 2003, 154-159, 159.
[107] OLG Frankfurt v. 02.10.2007 - 19 U 8/07 - Rechtsmedizin 18, 460-464 (2008).
[108] *Wagner* in: MünchKomm-BGB, § 839a Rn. 28.
[109] BGH v. 09.03.2006 - III ZR 143/05 - ZGS 2006, 186-187; hierzu bereits *Wagner/Thole*, VersR 2004, 275-279.

beziehen.[110] Die Haftung des Sachverständigen für die Beziehung des Gutachtens im Folgeprozess ist nach diesseitiger Auffassung zu verneinen, weil der Sachverständige insoweit nicht gesondert honoriert wird, es somit nicht einzusehen ist, weshalb ihm ein weiteres Haftungsrisiko auferlegt wird.[111] In der Literatur wird die Auffassung vertreten, dass auch der Zeuge als geschützter **Verfahrensbeteiligter** anzusehen sei.[112]

II. Haftungsausschluss gemäß Absatz 2

Nach Auffassung der Literatur handelt es sich bei der in § 839a Abs. 1 BGB genannten Gerichtsentscheidung regelmäßig, aber nicht notwendig um eine letztinstanzliche Entscheidung, da gemäß § 839a Abs. 2 BGB und § 839 Abs. 3 BGB die Ersatzpflicht dann nicht eintrete, wenn es der Geschädigte schuldhaft – vorsätzlich oder fahrlässig – unterlassen habe, den Schaden durch Gebrauch eines Rechtsmittels abzuwenden.[113] Hierzu gehören nicht nur die prozessualen Möglichkeiten gem. § 411 Abs. 4 ZPO[114], sondern auch Anregungen, Hinweise und Einwendungen sowie Befangenheitsgesuche gegen den Sachverständigen einschließlich Rechtsbehelfe gegen zurückweisende Ablehnungsentscheidung.[115] Weiterhin betont die Rechtsprechung, zu den Rechtsmitteln i.S.d. § 839a Abs. 2 BGB i.V.m. § 839 Abs. 3 BGB gehöre auch die Einholung eines Privatgutachters zu dem Zwecke, die angebliche Fehlerhaftigkeit des Gerichtsgutachters gegenüber dem erkennenden Gericht aufzuzeigen.[116] Demgegenüber meint die Literatur, dass im Rahmen der Frage der Erkennbarkeit der Fehlerhaftigkeit des Gerichtsgutachters keine Obliegenheit des Klägers bestehen kann, die Expertise des gerichtlichen Sachverständigen durch ein Privatgutachten überprüfen zu lassen.[117] Stets ist jedoch der Ursachenzusammenhang zwischen der unterbliebenen Anhörung des Sachverständigen und dem Schaden zu prüfen.[118]

Dieser Auffassung kann in ihrer Stringenz nicht gefolgt werden. Es wird nicht berücksichtigt, dass jeder Prozess – insbesondere mit einer Beweisaufnahme aufgrund eines Sachverständigengutachtens – mit erheblichen Kosten verbunden ist. Sofern nicht eine Rechtsschutzversicherung eingreift, können einem Kläger ohne weiteres die Geldmittel für die Fortführung des Rechtsstreites, insbesondere mit Einholung eines weiteren Sachverständigengutachtens, fehlen. Von daher ist die Frage sorgfältig zu prüfen, ob der Kläger – bei fehlenden Mitteln – es schuldhaft unterlassen hat, den Schaden durch Gebrauch eines (förmlichen) Rechtsmittels abzuwenden. Im Übrigen kann selbst ein vermögender Geschädigter nicht verpflichtet werden, voraussichtlich erfolglose Rechtsmittel einzulegen.[119] Die apodiktische Forderung von *Brückner/Neumann*,[120] wonach der Geschädigte **sämtliche Rechtsmittel** gegen die nachteilige Entscheidung einzulegen hat, ist auf jeden Fall unrichtig. Es ist stets im Einzelfall zu prüfen, ob die Einlegung eines Rechtsmittels dem Geschädigten zumutbar ist.

III. Bedeutung des § 839a BGB

Das Spruchrichterprivileg in § 839 Abs. 2 BGB wird mit einem Hinweis auf die Rechtskraft begründet. Es soll vermieden werden, dass ein anderes Gericht – mittelbar – erneut über einen Rechtsstreit entscheidet und damit die Rechtskraft unterlaufen wird. Mit Einführung des § 839a BGB hat der Gesetzgeber die Überprüfung rechtskräftiger Entscheidungen in einem Schadensprozess gegen den Sachverständigen ausdrücklich gebilligt. Insoweit kommt der Rechtskraft keine **absolute Bedeutung** mehr zu. Dass ein rechtskräftiges Urteil mittelbar in einem Schadensersatzprozess gegen einen beteiligten Rechtsanwalt überprüft werden kann, dürfte außer Frage stehen. Gestört hat dies bisher noch nieman-

---

[110] Bejahend *Wagner* in: MünchKomm-BGB, § 839a Rn. 29; verneinend *Cahn*, Einführung in das neue Schadensersatzrecht, 2003, Rn. 151.
[111] Dieses Haftungsrisiko sei nach Auffassung von *Wagner* in: MünchKomm-BGB, § 839a Rn. 29; zu vernachlässigen, solange die Haftung auf Vorsatz und grobe Fahrlässigkeit beschränkt bleibt.
[112] So z.B. *Wurm* in: Staudinger, § 839a Rn. 25.
[113] *Wagner*, NJW 2002, 2049-2064, 2061-2062; *Wurm* in: Staudinger, § 839a Rn. 27.
[114] OLG Hamm v. 02.11.2010 - 6 U 131/10 - GesR 2011, 227-229 (Leitsatz und Gründe).
[115] *Ulrich*, Der gerichtliche Sachverständige, 12. Aufl. 2007, Rn. 766.
[116] OLG Celle v. 10.11.2011 - 13 U 84/11 - MDR 2012, 280-281.
[117] So *Wagner* in: MünchKomm BGB, § 839a Rn. 33; OLG Celle v. 10.11.2011 - 13 U 84/11- MDR 2012, 280-281.
[118] BGH v. 05.07.2007 - III ZR 240/06 - MDR 2007, 1210-1211.
[119] Bezeichnend ist die Kommentierung von *Wurm* in: Staudinger, § 839a Rn. 27, sowie *Wagner* in: MünchKomm-BGB, § 839a Rn. 32. Dass ein Rechtsmittel Kosten verursacht, wird nicht einmal ansatzweise erwähnt, wobei die Kosten für die Einholung eines (Ober-)Gutachtens zusätzlich zu berücksichtigen sind.
[120] *Brückner/Neumann*, MDR 2003, 906-912, 908.

den. Von daher kann die Einführung der Haftung des gerichtlichen Sachverständigen gemäß § 839a BGB ein erster Schritt in Richtung einer Modifizierung des Spruchrichterprivilegs gemäß § 839 Abs. 2 BGB sein. In der Literatur wird kritisiert, dass die weitergehende Haftung des „Gehilfen" des Richters gegenüber dem Richter selbst problematisch erscheine und sich in der Praxis nachteilig auf die innere Freiheit des Sachverständigen auswirken könne.[121]

C. Prozessuale Hinweise

28 Nach Auffassung des BGH ist ein Antrag auf Begutachtung durch einen Sachverständigen im selbständigen Beweisverfahren nach § 485 Abs. 2 ZPO, der der Vorbereitung eines Sachverständigenhaftpflichtprozesses nach § 839a BGB dienen soll, mangels eines rechtlichen Interesses grundsätzlich unzulässig, solange der Vorprozess noch nicht abgeschlossen ist und der Partei dort Rechtsbehelfe zur Verfügung stehen, mit denen sie eine Korrektur des ihrer Meinung nach grob fehlerhaften Gutachtens erwirken kann.[122] Unerheblich ist hierbei, dass die Parteien des nachfolgenden Regressprozesses gegen den ersten gerichtlichen Sachverständigen und die Parteien des Ausgangsrechtsstreites nicht identisch sind.[123]

29 In Rechtsprechung und Literatur wurde lange und heftig die Frage diskutiert, ob eine **Streitverkündung** gegenüber dem gerichtlich bestellten Sachverständigen zulässig ist. Die Oberlandesgerichte tendierten dazu, die Streitverkündung gegenüber dem Sachverständigen grundsätzlich[124] für **rechtsmissbräuchlich** zu erachten und demzufolge die Zustellung der Streitverkündungsschrift für unzulässig zu erklären. In der Literatur wurde hingegen überwiegend die Auffassung vertreten, dass die Absicht einer Streitverkündung gegenüber dem Sachverständigen zwar prozesstaktisch durchsichtig, jedoch nicht rechtsmissbräuchlich und demzufolge die Streitverkündungsschrift zuzustellen sei.[125] Verfehlt war der in der Literatur vorgenommene Vergleich zum Richter, der unzweifelhaft kein **Dritter** i.S.d. § 72 ZPO ist. Der Richter gehört einem Spruchkörper an und ist zur Entscheidung berufen und für diesen gilt das Spruchrichterprivileg gemäß § 839 Abs. 2 BGB. Der Sachverständige übt keine richterliche Tätigkeit aus und für diesen gilt über die Verweisung in § 839a Abs. 2 BGB nur die Bestimmung des § 839 Abs. 3 BGB.

30 Der BGH hat entschieden,[126] dass die Streitverkündung gegenüber einem gerichtlichen Sachverständigen zur Vorbereitung von Haftungsansprüchen gegen diesen aus angeblich fehlerhaften, im selben Rechtsstreit erbrachten Gutachterleistungen unzulässig sei und dass der Streitverkündungsschriftsatz nicht zuzustellen sei. Der BGH begründet seine Auffassung damit, dass der Sachverständige nicht als Dritter im Sinne des § 72 Abs. 1 ZPO behandelt werden kann. Er stehe als neutraler, vom Gericht bestellter **Gehilfe des Richters**[127] ähnlich dem Richter nicht außerhalb des Prozesses. Anderenfalls wäre seine Unabhängigkeit und Unparteilichkeit nicht mehr gewährleistet. Durch das 2. Justizmodernisierungsgesetz[128] ist nunmehr klargestellt worden, dass das Gericht und der gerichtlich bestellte Sachverständige kein Dritter i.S.d. § 72 ZPO sind und daher eine Streitverkündung gegenüber diesem nicht zulässig ist (vgl. § 72 Abs. 2 ZPO n.F.).[129]

31 Der geschädigte Verfahrensbeteiligte trägt die **Beweislast** für die Bestellung des Sachverständigen, die Unrichtigkeit des Gutachtens, das Verschulden, das Ergehen einer gerichtlichen Entscheidung sowie für die Kausalität zwischen der Unrichtigkeit des Gutachtens und der Entscheidung. Der in Anspruch

---

[121] So z.B. *Ulrich*, Der gerichtliche Sachverständige, 12. Aufl. 2007, Rn. 743 unter Bezugnahme auf *Jacobs*, ZRP 2001, 489-493.
[122] BGH v. 28.07.2006 - III ZB 14/06 - NJW-RR 2006, 1454.1455.
[123] OLG Frankfurt v. 17.02.2003 - 2 W 49/02 - IBR 2003, 585.
[124] OLG München v. 29.07.2005 - 9 W 1940/05 - IBR 2006, 239 sowie OLG Koblenz v. 28.09.2005 - BauR 2006, 144-147; etwas differenzierter OLG Celle v. 14.11.2005 - 7 W 117/05 - BauR 2006, 722-724.
[125] So *Bockholdt*, NJW 2006, 122-124; *Weise*, NJW-Spezial 2006, 165-166; *Ulrich*, BauR 2006, 724-730; a.A. *Rickert/König*, NJW 2005, 1829-1831 sowie *Ulbrich* in: Kuffer/Wirth, Handbuch des Fachanwaltes für Bau- und Architektenrecht, 2006, S. 1921.
[126] BGH v. 27.07.2006 - VII ZB 16/06; hierzu *Geisler*, jurisPR-BGHZivilR 40/2006, Anm. 1; *Kaiser*, NJW 2007, 123-125; *v. Preuschen*, NJW 2007, 321-325 sowie *Wagner* in: MünchKomm-BGB, § 839a Rn. 36.
[127] BGH v. 03.03.1998 - X ZR 106/96 - NJW 1998, 3355-3357; *Reinert* in: Bamberger/Roth, 3. Aufl. 2012, § 839a Rn. 7.
[128] Gesetz v. 22.12.2006, BGBl I 2006, 3418, zuletzt geändert durch Art. 8b des Gesetzes v. 12.12.2007, BGBl I 2007, 2840.
[129] *Zöller/Voll*, ZPO, 29. Aufl. 2012, § 72 Rn. 7; *Kaiser*, NJW 2007, 123-126; *v. Preuschen*, NJW 2007, 321-325.

genommene Sachverständige hat hingegen das schuldhafte Unterlassen eines Rechtsmittels darzulegen und zu beweisen.[130] Nach der Rechtsprechung erfordert die Geltendmachung von Schadensersatz gegen einen Sachverständigen wegen Erstellung eines unrichtigen Gutachtens eine detaillierte Auseinandersetzung mit dem Inhalt des Gutachtens und einen substantiierten Vortrag zu einem vorsätzlichen bzw. grob fahrlässigen Handeln des Sachverständigen. Allein die Tatsache, dass der Sachverständige mit seinen Ausführungen von den Feststellungen eines Privatgutachters abweicht, rechtfertigt nicht ohne weiteres den Vorwurf grob fahrlässigen Verhaltens.[131] Dies gilt insbesondere dann, wenn ein Rechtsstreit über zwei Instanzen geführt wurde und wenn beide Instanzen dem Sachverständigengutachten gefolgt sind.[132]

Die Rechtsprechung hat weiterhin betont, dass bei der Inanspruchnahme eines gerichtlichen Sachverständigen, der im vorausgegangenen Arzthaftungsprozess des Klägers gegen den behandelnden Arzt als Gutachter tätig gewesen war, die Substantiierungslast des Klägers im Schadensersatzprozess aus § 839a BGB anders als im Arzthaftungsprozess nicht herabgesetzt ist. Der Kläger muss also die Umstände, die eine grobe Fahrlässigkeit des Gutachters begründen sollen, darlegen und unter Beweis stellen.[133]

Ein Sachverständiger kann von einer Partei wegen Besorgnis der Befangenheit abgelehnt werden. Seinen Entschädigungsanspruch verliert er jedoch nur dann, wenn er selbst den Ablehnungsgrund durch grobe Fahrlässigkeit oder gar Vorsatz herbeigeführt hat.[134] Ein Sachverständiger verstößt nach der Rechtsprechung nicht schon dann grob fahrlässig oder vorsätzlich gegen seine Pflichten mit der Folge entschädigungsloser Verpflichtung, wenn er auf Angriffe gegen sein „sachlich zutreffendes" Gutachten mit verbalen Entgleisungen reagiert oder wenn er den Gutachtenauftrag durch rechtliche Ausführungen überschreitet. Insoweit ist ein hoher Maßstab anzulegen, um die gebotene innere Unabhängigkeit des Sachverständigen zu bewahren.[135]

Der Anspruch aus § 839a BGB unterliegt, soweit ein Vermögensschaden im Raum steht, der **Verjährung** aus § 199 Abs. 1 BGB. Das OLG Zweibrücken[136] hatte über die Verjährung von Schadenersatzansprüchen gegen einen gerichtlichen Sachverständigen nach altem Schuldrecht zu entscheiden (§ 852 BGB a.F.). Nach Auffassung des OLG Zweibrücken hat der Geschädigte positive Kenntnis mit Kenntnis der ersten ihm nachteiligen Gerichtsentscheidung, nicht erst mit der Rechtskraft des ihn belastenden Urteils.[137] Um die missliche Folge zu vermeiden, dass während des laufenden Primärprozesses ein etwaiger Schadensersatzanspruch gegen den Sachverständigen zu verjähren droht, muss man konsequenterweise davon ausgehen, dass nach geltendem Recht die Inanspruchnahme von Primärrechtsschutz i.S.d. §§ 839a Abs. 2, 839 Abs. 3 BGB die Verjährung gemäß § 204 Abs. 1 BGB hemmt.[138] Hierbei ist zu berücksichtigen, dass eine Streitverkündung gegenüber dem Sachverständigen im Ausgangsverfahren nach der Rechtsprechung des BGH nicht möglich ist; eine Streitverkündung würde die Verjährung gemäß § 204 Abs. 1, 6 BGB hemmen.[139]

---

[130] *Wagner* in: MünchKomm-BGB, § 839a Rn. 35; *Jaeger*, ZAP Fach 2, 441-456, 455; *Kilian*, VersR 2003, 683-686, 686.
[131] LG Bochum v. 09.07.2008 - I-6 O 33/08, 6 O 33/08 - MedR 2009, 95-97.
[132] OLG Celle v. 05.05.2009 - 4 U 26/09 - IBR 2010, 63.
[133] OLG Hamm v. 16.06.2009 - I-9 U 239/08, 9 U 239/08 - VersR 2010, 222-223.
[134] OLG Köln v. 08.09.2011 - I-5 W 34/11, 5 W 34/11, GesR 2011, 676-677 unter Bezugnahme auf *Zöller/Greger*, ZPO, 27. Aufl. 2009, § 413 Rn. 7 m.w.N.
[135] OLG Köln v. 08.09.2011 - 5 W 34/11 - GesR 2011, 676-677.
[136] OLG Zweibrücken v. 20.03.2003 - 4 U 35/02 - OLGR Zweibrücken 2003, 298-300; offen gelassen von OLG Celle v. 05.05.2009 - 4 U 26/09 - IBR 2010, 63.
[137] Ebenso für den Beginn der Primärverjährung bei der Anwaltshaftung BGH v. 23.06.2005 - IX ZR 197/01 - juris Rn. 15 - NJW-RR 2006, 279-281.
[138] *Spickhoff* in: Soergel, § 839a Rn. 51.
[139] *Spickhoff* in: Soergel, § 839a Rn. 52.

§ 840 BGB Haftung mehrerer

(Fassung vom 02.01.2002, gültig ab 01.01.2002)

(1) Sind für den aus einer unerlaubten Handlung entstehenden Schaden mehrere nebeneinander verantwortlich, so haften sie als Gesamtschuldner.

(2) Ist neben demjenigen, welcher nach den §§ 831, 832 zum Ersatz des von einem anderen verursachten Schadens verpflichtet ist, auch der andere für den Schaden verantwortlich, so ist in ihrem Verhältnis zueinander der andere allein, im Falle des § 829 der Aufsichtspflichtige allein verpflichtet.

(3) Ist neben demjenigen, welcher nach den §§ 833 bis 838 zum Ersatz des Schadens verpflichtet ist, ein Dritter für den Schaden verantwortlich, so ist in ihrem Verhältnis zueinander der Dritte allein verpflichtet.

Gliederung

A. Kommentierung zu Absatz 1 1	1. Kurzcharakteristik 8
I. Grundlagen 1	2. Regelungsprinzipien 9
1. Kurzcharakteristik 1	II. Praktische Bedeutung 10
2. Regelungsprinzipien 2	III. Anwendungsvoraussetzungen 11
II. Praktische Bedeutung 3	C. Kommentierung zu Absatz 3 12
III. Anwendungsvoraussetzungen 4	I. Grundlagen 12
1. Normstruktur 4	1. Kurzcharakteristik 12
2. Mehrere Verantwortliche 5	2. Regelungsprinzipien 13
IV. Rechtsfolgen 7	II. Praktische Bedeutung 14
B. Kommentierung zu Absatz 2 8	III. Anwendungsvoraussetzungen 15
I. Grundlagen 8	

A. Kommentierung zu Absatz 1

I. Grundlagen

1. Kurzcharakteristik

1   Die Norm enthält in Absatz 1 die Anordnung einer Gesamtschuldnerschaft für den Fall, dass mehrere für den aus einer unerlaubten Handlung entstehenden Schaden nebeneinander verantwortlich sind. Absatz 2 und Absatz 3 regeln das Innenverhältnis der Gesamtschuldner untereinander abweichend von der Grundregel des § 426 BGB.

2. Regelungsprinzipien

2   Das der Anordnung der Gesamtschuldnerschaft zugrunde liegende Regelungsprinzip ist das der **Schutzzweckgesamtschuld** im Sinne *Ehmanns* (vgl. die Kommentierung zu § 421 BGB Rn. 15). Wenn verschiedene Haftungen zum Schutze ein und desselben Rechtsguts oder Interesses aufeinander treffen, werden die Haftungen zu Gesamtschulden verbunden. Die Anordnungen in Absatz 2 und Absatz 3 belegen in an Deutlichkeit nicht zu übertreffender Weise, dass die Gleichstufigkeit kein konstituierendes Merkmal für die Gesamtschuld ist. Bestimmte Gesamtschuldner treten im Innenverhältnis völlig hinter die anderen Gesamtschuldner zurück. Sie sind den anderen mithin nach Einschätzung des Gesetzgebers nicht gleichwertig. Dennoch haften sie im Außenverhältnis mit den anderen als Gesamtschuldner.

II. Praktische Bedeutung

3   Die praktische Bedeutung der Norm ist außerordentlich groß. Sie bietet einen Rahmen für alle Haftungen mehrerer Personen, die auf den Schutz ein und desselben Interesses gerichtet sind.

III. Anwendungsvoraussetzungen

1. Normstruktur

4   Absatz 1 begründet keine Haftung, sondern setzt die Haftung mehrerer voraus.[1] Die Anordnung beschränkt sich auf die Zusammenfassung der mehreren Haftungen zur Gesamtschuld. Absatz 2 und

---

[1] *Sprau* in: Palandt, § 840 Rn. 1; *Wagner* in: MünchKomm-BGB, § 840 Rn. 1.

Absatz 3 bestimmen für das Aufeinandertreffen bestimmter Haftungen im Innenverhältnis das Zurücktreten der Haftenden, die nach Einschätzung des Gesetzgebers dem Schaden ferner stehen.

2. Mehrere Verantwortliche

Die Voraussetzung für das Eingreifen der Gesamtschuld ist die Haftung mehrerer für ein und denselben Schaden. Das Gesetz spricht von einem aus einer unerlaubten Handlung entstehenden Schaden. Es spricht damit unmittelbar die Fälle der in § 830 BGB geregelten Haftung von Mittätern, Anstiftern und Gehilfen an. Aber auch **Nebentäter** werden über § 840 Abs. 1 BGB zu Gesamtschuldnern zusammengefasst, soweit sie jeweils insgesamt für den Schaden verantwortlich sind. Dabei sind grundsätzlich zwei Fallgestaltungen zu unterscheiden. Haften alle Nebentäter für den vollen Schaden, so liegt ein typischer Fall der Gesamtschuld vor, d.h. durch die Leistung eines Schuldners wird das volle Gläubigerinteresse befriedigt; lediglich im Innenverhältnis ist zwischen den Gesamtschuldnern nach § 426 Abs. 1 BGB die Schuld nach den jeweiligen Verursachungsbeiträgen aufzuteilen. Problematischer wird der Fall, wenn den Geschädigten ein (gegenüber den einzelnen Schädigern gar unterschiedliches) Mitverschulden nach § 254 BGB oder § 17 StVG trifft. Dann hat eine Einzelabwägung zwischen dem Geschädigten und dem jeweiligen Schädiger zu erfolgen, welche mit einer Gesamtabwägung zu verknüpfen ist. Der einzelne Schädiger kann dem Geschädigten dessen Mithaftungsquote entgegenhalten; letztere bemisst sich nach dem Verhältnis der beiden Tatanteile unter Ausklammerung der übrigen Schuldner. Jeder Schädiger haftet bis zu dem Betrag, der seiner Verantwortung im Vergleich zum Mitverschulden des Geschädigten entspricht, d.h. der Einzelquote. Insgesamt kann der Geschädigte von allen Schädigern nicht mehr fordern als den Anteil am zu ersetzenden Schaden, der den zusammenaddierten Verantwortungsteilen sämtlicher Schädiger im Verhältnis zum Mitverschulden des Geschädigten entspricht (sog. Gesamtquote).[2] Von diesen Grundsätzen ist eine Ausnahme zu machen in den Fällen der sog. **Haftungseinheit**; von einer solchen spricht man, wenn ein Schädiger aufgrund des Fehlverhaltens eines anderen Schädigers neben letzterem mithaftet. Eine Haftungseinheit ist regelmäßig anzunehmen bei Verkehrsunfällen im Verhältnis von Fahrer, Halter und Kraftfahrzeughaftpflichtversicherung.[3]

Darüber hinaus wird in folgerichtiger Fortentwicklung des der Regelung zugrunde liegenden Modells der Schutzzweckgesamtschuld eine Gesamtschuld auch angenommen, wenn Gefährdungshaftungstatbestände[4], Haftungstatbestände aus unerlaubter Handlung und Haftungstatbestände aus Vertrag in welcher Kombination auch immer aufeinander treffen[5].

IV. Rechtsfolgen

Die Rechtsfolge ist die gesamtschuldnerische Haftung der mehreren für einen Schaden Verantwortlichen. Was das im Einzelnen bedeutet, ist in den §§ 421-426 BGB festgelegt und kommentiert.

B. Kommentierung zu Absatz 2

I. Grundlagen

1. Kurzcharakteristik

Absatz 2 regelt das Innenverhältnis des Gehilfen zum Geschäftsherrn, des Handelnden zum Aufsichtspflichtigen und des Aufsichtspflichtigen zum nur aus Billigkeitserwägungen Haftenden abweichend von der Grundregel des § 426 BGB.

2. Regelungsprinzipien

Mit der Belastung allein des Gehilfen im Verhältnis zum Geschäftsherrn, allein des Handelnden im Verhältnis zum Aufsichtspflichtigen und allein des Aufsichtspflichtigen im Verhältnis zu dem nur aus § 829 BGB Verantwortlichen bringt der Gesetzgeber seine Wertung zum Ausdruck, dass die so Privilegierten dem Schaden ferner stehen als die im Innenverhältnis Belasteten. Damit wird Absatz 2 zum Beleg dafür, dass die Gleichstufigkeit kein konstituierendes Merkmal für die Gesamtschuld ist.

---

[2] BGH v. 13.12.2005 - VI ZR 68/04 - NJW 2006, 896-899 m.w.N.
[3] *Hentschel*, Straßenverkehrsrecht, 40. Aufl. 2009, § 17 StVG Rn. 4.
[4] BGH v. 21.11.1953 - VI ZR 82/52 - BGHZ 11, 170-174.
[5] So jetzt auch *Sprau* in: Palandt, § 840 Rn. 1; *Wagner* in: MünchKomm-BGB, § 840 Rn. 9.

II. Praktische Bedeutung

10 Die praktische Bedeutung der Norm ist nicht sehr groß. Im wichtigsten Anwendungsfeld des Aufeinandertreffens von Gehilfen- und Geschäftsherrenhaftung, dem Arbeitsrecht, hat die Praxis eine § 840 Abs. 2 BGB verdrängende (geradezu ins Gegenteil verkehrende) Aufteilung der Haftungsrisiken zwischen Arbeitnehmern und Arbeitgebern geschaffen.[6]

III. Anwendungsvoraussetzungen

11 **Mehrere Verantwortliche**: Die Voraussetzung für die von § 426 BGB abweichende Verteilung der Belastung im Innenverhältnis ist das Aufeinandertreffen der Haftung des Geschäftsherrn aus § 831 BGB und des Gehilfen aus § 823 BGB, das Aufeinandertreffen der Haftung des Aufsichtspflichtigen aus § 832 BGB mit der Haftung des zu Beaufsichtigenden einmal aus allgemeinem Deliktsrecht und zum anderen aus dem Billigkeitstatbestand des § 829 BGB. Für dieses Aufeinandertreffen wird jeweils die völlige Freistellung eines der Beteiligten im Innenverhältnis angeordnet mit allen Folgen, die sich daraus im Rahmen des § 426 BGB ergeben. Die Regelung wird im Arbeitsrecht durch die Grundsätze der Arbeitnehmerhaftung verdrängt.

C. Kommentierung zu Absatz 3

I. Grundlagen

1. Kurzcharakteristik

12 Absatz 3 regelt das Innenverhältnis von Personen, die wegen nachgewiesenen Verschuldens haften, zu Personen, die aus den §§ 833-838 BGB wegen vermuteten Verschuldens haften, abweichend von der Grundregel des § 426 BGB.

2. Regelungsprinzipien

13 Mit der Belastung allein der Personen, die wegen nachgewiesenen Verschuldens haften, im Verhältnis zu den Personen, die aus den §§ 833-838 BGB wegen vermuteten Verschuldens haften, bringt der Gesetzgeber seine Wertung zum Ausdruck, dass die so Privilegierten dem Schaden ferner stehen als die im Innenverhältnis Belasteten. Damit wird auch Absatz 3 zum Beleg dafür, dass die Gleichstufigkeit kein konstituierendes Merkmal für die Gesamtschuld ist.

II. Praktische Bedeutung

14 Die praktische Bedeutung der Norm ist nicht sehr groß. Auch greift die herrschende Meinung in Fortführung des der Regelung zugrunde liegenden Gedankens zu Korrekturen, wenn die bei den Regelungsprinzipien beschriebene Grundkonstellation nicht gegeben ist.

III. Anwendungsvoraussetzungen

15 **Mehrere Verantwortliche**: Die Voraussetzung für die von § 426 BGB abweichende Verteilung der Belastung im Innenverhältnis ist das Aufeinandertreffen der Haftung von Personen, die wegen nachgewiesenen Verschuldens haften, und der Haftung von Personen, die aus den §§ 833-838 BGB wegen vermuteten Verschuldens haften. Für dieses Aufeinandertreffen wird jeweils die völlige Freistellung der nur wegen vermuteten Verschuldens Haftenden im Innenverhältnis angeordnet mit allen Folgen, die sich daraus im Rahmen des § 426 BGB ergeben. Die Regelung greift dann nicht, wenn bei den Haftungen wegen vermuteten Verschuldens der Verschuldensnachweis geführt werden kann. Denn mit einem solchen Nachweis entfällt der Grund für die Privilegierung. Die Verteilung im Innenverhältnis richtet sich nach den allgemeinen für § 426 BGB entwickelten Regeln.[7] Die Regelung greift auch dann nicht, wenn mit der Haftung wegen vermuteten Verschuldens keine Haftung aus nachgewiesenem Verschulden, sondern eine Gefährdungshaftung zusammentrifft. In einer solchen Situation entfällt der Grund für die Privilegierung des aus vermutetem Verschulden Haftenden. Der andere ist noch unschuldiger, was in einer Abwägung nach § 254 BGB zu gewichten ist.

---

[6] *Wagner* in: MünchKomm-BGB, § 840 Rn. 18.
[7] *Sprau* in: Palandt, § 840 Rn. 12.

§ 841 BGB Ausgleichung bei Beamtenhaftung

(Fassung vom 02.01.2002, gültig ab 01.01.2002)

Ist ein Beamter, der vermöge seiner Amtspflicht einen anderen zur Geschäftsführung für einen Dritten zu bestellen oder eine solche Geschäftsführung zu beaufsichtigen oder durch Genehmigung von Rechtsgeschäften bei ihr mitzuwirken hat, wegen Verletzung dieser Pflichten neben dem anderen für den von diesem verursachten Schaden verantwortlich, so ist in ihrem Verhältnis zueinander der andere allein verpflichtet.

Gliederung

A. Grundlagen 1	I. Normstruktur 3
B. Anwendungsvoraussetzungen 2	II. Gesetzgebungsgeschichte 5

A. Grundlagen

§ 841 BGB durchbricht – ebenso wie § 840 Abs. 2 BGB und § 840 Abs. 3 BGB sowie § 1833 Abs. 2 Satz 2 BGB – die allgemeinen Regeln über den **Ausgleich unter Gesamtschuldnern** nach den §§ 426, 254 BGB. Voraussetzung ist ein Gesamtschuldverhältnis zwischen **Beamten** und **Dritten**. Da die Amtshaftung bei Haftung anderer wegen des Subsidiaritätsgrundsatzes des § 839 Abs. 1 Satz 2 BGB schon im **Außenverhältnis** meistens ausscheidet, ordnet § 841 BGB die alleinige Schadenersatzpflicht des Dritten im **Innenverhältnis** dann an, wenn nach außen Staat bzw. Beamter und Dritter gesamtschuldnerisch haften.[1] Die Norm wird heute vielfach als rechtspolitisch verfehlt erachtet;[2] immerhin hatte der Gesetzgeber durch das vom BVerfG für nichtig erklärte Staatshaftungsgesetz vom 26.06.1981[3] in § 34 Abs. 1 Ziffer 1 die Aufhebung dieser Bestimmung vorgesehen.

1

B. Anwendungsvoraussetzungen

Der Anwendungsbereich dieser Vorschrift ist gering. Voraussetzung ist die Bestellung eines Beamten zur **Geschäftsführung** für einen Dritten oder zur Beaufsichtigung über eine solche Geschäftsführung. Der Begriff der Geschäftsführung i.S.d. § 841 BGB ist weiter als in den §§ 662, 677 BGB; er umfasst jede Tätigkeit im fremden Interesse.[4] Hierbei entfällt der **Rückgriffsanspruch** des unmittelbaren Schädigers wegen der entfernteren Verursachung des Schadens durch den haftpflichtigen **Beamten** (Beamte im haftungsrechtlichen, nicht im beamtenrechtlichen Sinn)[5] bzw. die für ihn haftende Körperschaft, wenn diese Haftung zusammen trifft mit der Verantwortlichkeit aufgrund mangelhafter Beaufsichtigung des Schädigers und ähnlicher entfernterer Mitwirkung bei der Herbeiführung eines Schadens. Die gemäß § 839 BGB i.V.m. Art. 34 GG haftende Körperschaft kann hiernach Befreiung von der Schadenersatzpflicht verlangen.[6] Im Umkehrschluss folgt hieraus jedoch, dass abgesehen von den gemäß § 841 BGB privilegierten Beamten alle übrigen Beamte in der Regel der Ausgleichshaftung nach § 426 BGB unterliegen.[7]

2

I. Normstruktur

Anwendungsfälle des § 841 BGB sind hauptsächlich die Freistellung des **Vormundschaftsrichters** gegenüber den Eltern, dem Sorgerechtsinhaber, dem Vormund, Gegenvormund, Beistand und Pfleger[8],

3

---

[1] *Sprau* in: Palandt, § 841 Rn. 1; *Teichmann* in: Jauernig, § 841 Rn. 1; *Zeuner* in: Soergel, § 841 Rn. 1; *Wagner* in: MünchKomm-BGB, § 841 Rn. 1, 6; *Schiemann* in: Erman, § 841 Rn. 1; *Vieweg* in: Staudinger, § 841 Rn. 1; *Spindler* in: Bamberger/Roth, 3. Aufl. 2012, § 841 Rn. 1.

[2] *Wagner* in: MünchKomm-BGB, § 841 Rn. 1; *Vieweg* in: Staudinger, § 841 Rn. 1; *Spindler* in: Bamberger/Roth, 3. Aufl. 2012, § 841 Rn. 1.

[3] Vgl. hierzu BVerfG v. 19.10.1982 - 2 BvF 1/81 - NJW 1983, 25-32.

[4] *Vieweg* in: Staudinger, § 841 Rn. 6.

[5] *Vieweg* in: Staudinger, § 841 Rn. 1.

[6] *Wagner* in: MünchKomm-BGB, § 841 Rn. 2; *Vieweg* in: Staudinger, § 841 Rn. 7 mit Hinweisen auf die Rechtsprechung.

[7] *Wagner* in: MünchKomm-BGB, § 841 Rn. 2; ausführlich hierzu *Hohenester*, NJW 1962, 1140-1143, 1142; *Waldeyer*, NJW 1972, 1249-1254, 1252.

[8] BGH v. 24.06.1965 - III ZR 219/63 - LM Nr. 13 zu § 209 BGB; RG v. 22.10.1912 - III 36/12 - RGZ 80, 252-257.

des **Nachlassrichters** gegenüber dem Nachlassverwalter oder Nachlasspfleger, des **Konkursrichters** im Verhältnis zum Konkursverwalter oder des **Insolvenzrichters** im Verhältnis zum Insolvenzverwalter, des Vollstreckungsrichters im Verhältnis zum Zwangsverwalter[9] oder des Amtsrichters, der im Notfall auf der Grundlage von § 29 BGB Vorstandsmitglieder von Kooperationen bestellt[10]. Eine ähnliche Bestimmung stellt § 1833 Abs. 2 Satz 2 BGB für das Verhältnis zwischen Vormund und Gegen- oder Mitvormund dar.[11] Die Haftung des Staates entfällt gemäß § 839 Abs. 1 Satz 2 BGB, wenn dem Beamten nur Fahrlässigkeit zur Last fällt und wenn der Verletzte auf andere Weise Ersatz zu verlangen vermag. Diese Voraussetzung ist nicht gegeben, wenn der Geschäftsführer i.S.d. § 841 BGB ersatzpflichtig, aber zahlungsunfähig oder die Realisierung des Ersatzanspruches aus anderen Gründen praktisch nicht möglich ist.[12] In diesem Fall besteht im Außenverhältnis eine gesamtschuldnerische Haftung zwischen den Beamten und dem Geschäftsführer, während für ihr Innenverhältnis zueinander § 841 BGB maßgebend ist.

4   Eine Mindermeinung in der Literatur[13] vertritt die Auffassung, dass die interne Haftungsfreistellung des Beamten mit dem in § 841 BGB beschriebenen Aufgabenbereich kein Ausfluss des in § 839 Abs. 1 Satz 2 BGB verankerten sogenannten Verweisungsprivilegs sei. Die Abweichung in § 841 BGB von der **gesamtschuldnerischen Regelung** in den §§ 426, 254 BGB könne ihre Rechtfertigung nicht in staatshaftungsrechtlichen Überlegungen finden. Die Vorschrift dehne vielmehr den sich aus § 840 Abs. 2 BGB ergebenden Grundgedanken einer Schadensverteilung aufgrund der Nähe zum Schadenseintritt anstatt aufgrund einer Abwägung der Verantwortungsbeiträge auf einige Fälle der Mithaftung eines Beamten aus. Die gesetzgeberische Vorstellung, dass der unmittelbare Eingriff stets schwerwiegender sei als die nur mittelbare Schädigung sei jedoch nicht überzeugend und durch die nach den §§ 426, 254 BGB gebotene Verschuldensabwägung im Einzelfall überholt. Nach h.M. stellt hingegen § 841 BGB eine (weitere) **Ausnahme** von dem **Grundsatz** des § 426 BGB dar,[14] wobei nach allgemeiner Auffassung der Anwendungsbereich des § 841 BGB eng ist.[15] Es steht außer Frage, dass der Gesetzgeber in einigen Fällen ausdrücklich eine Abweichung von der allgemeinen Regelung des § 426 Abs. 1 BGB normiert hat, so weiterhin in § 840 Abs. 2 BGB und § 840 Abs. 3 BGB sowie in § 1833 Abs. 2 Satz 2 BGB. Hierbei handelt es sich eindeutig um Spezialvorschriften gegenüber der allgemeinen Regelung in § 426 BGB. Hiernach kann § 841 BGB nicht nur als bei der Verschuldensabwägung gemäß den §§ 426, 254 BGB zu berücksichtigendes Moment angesehen werden, sondern führt bereits auf der Tatbestandsebene zum Ausschluss jeglichen Regressanspruchs.[16]

II. Gesetzgebungsgeschichte

5   Gemäß § 34 Abs. 1 Nr. 1 StHG vom 26.06.1981[17] sollte mit dem In-Kraft-Treten des Staatshaftungsgesetzes § 841 BGB zum 01.07.1982 außer Kraft treten. Da das BVerfG[18] das Gesetz in vollem Umfang mangels Gesetzgebungskompetenz des Bundes für nichtig erklärt hat, gilt § 841 BGB weiterhin. Das BVerfG hat ausdrücklich entschieden, dass die im 4. Abschnitt des Staatshaftungsgesetzes enthaltenen Vorschriften (§§ 21-34 StHG) nicht bestehen bleiben können, da sie Bestimmungen zur „Anpassung des Bundes- und Landesrecht" an das neue Gesetz enthalten und mit dessen Nichtigkeit ihren erklärten Zweck verfehlen. Bemerkenswert ist, dass die verfassungsrechtliche Literatur von der Existenz des § 841 BGB keine Notiz nimmt. Es ist zwar sehr streitig, ob über die Haftungsbeschränkung des § 839 BGB hinaus Einschränkungen der Staatshaftung zulässig sind. Dies entnimmt die ganz h.L. dem Wort „grundsätzlich" in Art. 34 GG. Einschränkungen von der Staatshaftung seien hiernach zulässig,

---

[9] *Vieweg* in: Staudinger, § 841 Rn. 2; *Wagner* in: MünchKomm-BGB, § 841 Rn. 3; *Jauernig*, § 841 Rn. 2.
[10] *Vieweg* in: Staudinger, § 841 Rn. 8 mit weiteren Beispielen; *Wagner* in: MünchKomm-BGB, § 841 Rn. 2.
[11] *Zeuner* in: Soergel, § 841 Rn. 1; *Schiemann* in: Erman, § 841 Rn. 2; *Sprau* in: Palandt, § 841 Rn. 1.
[12] *Vieweg* in: Staudinger, § 841 Rn. 7; *Wagner* in: MünchKomm-BGB, § 841 Rn. 3; *Waldeyer*, NJW 1972, 1249-1254, 1251.
[13] Z.B. *Stein* in: MünchKomm-BGB, § 841 Rn. 2.
[14] *Sprau* in: Palandt, § 841 Rn. 1; *Zeuner* in: Soergel, § 841 Rn. 1; *Vieweg* in: Staudinger, § 841 Rn. 1; *Wagner* in: MünchKomm-BGB, § 841 Rn. 1.
[15] *Schäfer* in: Staudinger, § 841 Rn. 6; *Schiemann* in: Erman, § 841 Rn. 1; *Hohenester*, NJW 1962, 1140-1143, 1140.
[16] *Spindler* in: Bamberger/Roth, 3. Aufl. 2012, § 841 Rn. 1.
[17] BGBl I 1981, 553.
[18] BVerfG v. 19.10.1982 - 2 BvF 1/81 - NJW 1983, 25-32.

bedürfen allerdings des gesetzlichen Grundes und als Ausnahme von Art. 34 GG eines rechtfertigenden Grundes.[19] Die Frage nach der Berechtigung der **Privilegierung** weniger Beamter wird nirgendwo gestellt.

---

[19] *Münch/Kunig/Gurlit*, GG, Bd. 1, 6. Aufl. 2012, Art. 34 Rn. 33; *Jarass/Pieroth*, GG, 10. Aufl. 2009, Art. 34 Rn. 22.

§ 842 BGB Umfang der Ersatzpflicht bei Verletzung einer Person

(Fassung vom 02.01.2002, gültig ab 01.01.2002)

Die Verpflichtung zum Schadensersatz wegen einer gegen die Person gerichteten unerlaubten Handlung erstreckt sich auf die Nachteile, welche die Handlung für den Erwerb oder das Fortkommen des Verletzten herbeiführt.

Gliederung

A. Grundlagen 1	C. Rechtsfolgen 3
B. Anwendungsvoraussetzungen 2	D. Anwendungsfelder 8

A. Grundlagen

1 § 842 BGB stellt eine sachlich zum Schadensrecht gehörende **Sonderregelung zum Umfang der Schadensersatzpflicht** bei unerlaubten Handlungen gegen eine Person dar, die klarstellt, dass aus der Schädigung resultierende Nachteile für Erwerb und Fortkommen des Verletzten zum ersatzfähigen Schaden gehören.

B. Anwendungsvoraussetzungen

2 **Eine gegen die Person gerichtete unerlaubte Handlung:** Das Gesetz verlangt auf der Voraussetzungsseite lediglich, dass der Anspruchsgegner eine einen Ersatzanspruch des Geschädigten begründende unerlaubte Handlung begangen hat, die sich dadurch auszeichnet, dass sie „gegen die Person" des Geschädigten gerichtet ist. Damit ist es erforderlich, dass durch die unerlaubte Handlung ein **personenbezogenes Rechtsgut** beeinträchtigt wird, also etwa Körper, Gesundheit, Ehre, Freiheit, sexuelle Selbstbestimmung oder das allgemeine Persönlichkeitsrecht in all seinen Ausprägungen wie z.B. das Recht am eigenen Bild oder das Namensrecht.[1] Dementsprechend greift § 842 BGB auch bei den Gefährdungshaftungstatbeständen des BGB ein, sofern und soweit diese wie z.B. § 833 BGB an die Verletzung personenbezogener Rechtsgüter anknüpfen.

C. Rechtsfolgen

3 Der hier geregelte **Umfang der Schadensersatzpflicht** bei unerlaubten Handlungen gegen eine Person geht weder über das hinaus, was der Ersatzpflichtige ohnehin nach dem allgemeinen Schadensrecht der §§ 249-252 BGB leisten muss, noch beschränkt er die Ersatzmöglichkeiten, die das allgemeine Schadensrecht dem Verletzten bietet. Die Nachteile für den Erwerb und das Fortkommen des Verletzten sind in erster Linie die infolge der Verletzung **nicht realisierten Vermögensvorteile**, die durch Lohn- und Gewinnausfall, Rückstufung, Ausbleiben der Beförderung, verhinderten Wechsel in eine lukrativere Position etc. entstehen können. Aber nicht nur berufliche Nachteile müssen ausgeglichen werden. In die Ersatzpflicht sind nach der zutreffenden Position der Rechtsprechung[2] auch die vermögensrechtlichen Nachteile einbezogen, die dem Verletzten dadurch entstehen, dass sich etwa eine sonst sichere **Heirat** zerschlägt. Dies hat nämlich nichts damit zu tun, dass man der Ehe eine nach heutigem gesellschaftlichem Verständnis nicht mehr zukommende Funktion als materieller Versorgungseinrichtung für nicht berufstätige Frauen beimisst[3], sondern damit, dass dem nicht berufstätigen Ehepartner kraft der Eheschließung ein Unterhaltsanspruch gegen seinen Ehegatten zuwächst, dessen Vereitelung bei einer darauf ausgerichteten, langfristigen Lebensplanung sehr wohl vermögensrechtliche Relevanz hat. Man muss allerdings darauf achten, dass das Interesse allein auf die vermögensbezogenen Entwicklungen gerichtet ist und die allgemeine Minderung der Heiratschancen bei der Bemessung eines Schmerzensgeldes, nicht aber bei der Ermittlung des Vermögensschadens berücksichtigt werden darf (vgl. zum schadensrechtlichen Vermögensbegriff die Kommentierung zu § 251 BGB Rn. 21).

---

[1] *Wagner* in: MünchKomm-BGB, §§ 843 Rn. 11.
[2] BGH v. 13.03.1959 - VI ZR 72/58 - LM Nr. 14 zu § 847 BGB.
[3] So *Stein* in: MünchKomm-BGB, 3. Aufl. 1997, § 842 Rn. 12.

Nachteile für Erwerb oder Fortkommen entstehen nicht schon durch den Wegfall oder die Verminderung der Arbeitskraft als solcher (vgl. die Kommentierung zu § 251 BGB Rn. 27).[4] Deswegen hat derjenige Verletzte, der bisher keinem Erwerb nachgegangen ist, sondern von den Einkünften seines Vermögens oder einem Ruhegeld gelebt hat und ohne die Verletzung weiterhin davon gelebt hätte, im Hinblick auf den Wegfall seiner Arbeitskraft ebenso wenig einen Schaden wie ein Dauerarbeitsloser[5], da Erwerbsschäden nur beim Verlust solcher staatlichen Leistungen entstehen, welchen eine Lohnersatzfunktion zukommt[6]. Verliert ein Arbeitsloser allerdings wegen der Verletzung seinen Anspruch auf Arbeitslosenunterstützung, so stellt dies demgegenüber selbstverständlich einen ersatzfähigen Schaden dar.[7] Setzt schließlich jemand seine Arbeitskraft, ohne dabei etwa einer gesetzlichen Unterhaltspflicht zu genügen, zu sozialen oder karitativen Zwecken unentgeltlich zu Gunsten der Pflege nahe stehender Personen, Nachbarn etc. oder zu Gunsten einer sozialen Einrichtung (z.B. einem Orden) ein, so stellt die Beeinträchtigung seiner Arbeitskraft ebenfalls keinen Schaden dar.[8] Dieses Ergebnis mag im Hinblick auf den gemeinschaftsdienlichen Wert solchen sozialen Engagements misslich erscheinen, ist aber zwingend in der Definition des Schadensbegriffs, der nicht beliebig durch Billigkeitserwägungen aufgeweicht werden darf, angelegt.[9]

4

Stellt schon der Verlust/die Beeinträchtigung der Arbeitskraft als solcher keinen Schaden dar, so müssen die dem Geschädigten infolge von Verlust/Beeinträchtigung der Arbeitskraft entstandenen Vermögensnachteile **konkret berechnet** werden durch den Vergleich des Vermögens, das der Verletzte jetzt erzielt, mit dem Vermögen, das er ohne die Verletzung durch den Einsatz seiner Person erzielt hätte bzw. erzielen würde. Eine Verdienstausfallrente ist auf die voraussichtliche Dauer der Erwerbstätigkeit des Verletzten, wie sie sich ohne den Unfall gestaltet hätte, zu begrenzen. Dabei ist grundsätzlich bei einem nicht selbständig Tätigen auf den gesetzlich mit Vollendung des 65. Lebensjahres vorgesehenen Eintritt in den Ruhestand abzustellen. Dieser Zeitpunkt ist auch bei Frauen maßgebend.[10] Im Einzelfall kann die Berechnung außerordentlich schwierig sein, sei es, dass hypothetische Entwicklungen ohnehin nur mit erheblichen Unsicherheitsfaktoren festgestellt werden können, sei es, dass der Gewinn, der gerade auf den Einsatz der Person entfällt, sich etwa bei selbständigen Unternehmern kaum getrennt ausweisen lässt. Hier sind die Gerichte auf die Ausübung ihres Schätzungsermessens nach § 287 ZPO angewiesen. Da die höchstrichterliche Rechtsprechung keine klare Linie erkennen lässt (vgl. die Kommentierung zu § 251 BGB Rn. 19), bietet sie für die Bewältigung dieser Aufgabe nur wenig Hilfe.[11]

5

In der Mehrzahl der Fälle wird der individuelle Schadensausgleich durch kollektive Vorsorgesysteme überlagert. Mit Hilfe von **Regressanordnungen** (vgl. die Kommentierung zu § 249 BGB Rn. 17) werden dann faktisch die Nachteile ausgeglichen, die den Vorsorgeträgern entstehen. Dem trägt man auch bei der Bemessung der Ersatzleistung durch die sog. **Bruttolohntheorie** Rechnung.[12] Im Übrigen verfährt die Praxis überwiegend nach der sog. **modifizierten Nettolohnmethode**[13], bei der man vom Nettoeinkommen ausgeht und diesem die Steuern und Sozialabgaben des Verletzten zuschlägt. Bei beiden Methoden, die gleichermaßen vom Bundesgerichtshof angewendet und akzeptiert werden, handelt es sich – mit den Worten des Gerichts gesprochen – „um bloße **Berechnungstechniken ohne eine eigenständige normative Aussage**". Es hängt daher allein von Zweckmäßigkeitserwägungen ab, ob ein Gericht die eine oder die andere Methode anwendet[14] (zu einem differenzierteren Standpunkt vgl. die Kommentierung zu § 252 BGB).

6

---

[4] BGH v. 17.01.1995 - VI ZR 62/94 - LM BGB § 252 Nr. 62 (5/1995).
[5] BGH v. 05.05.1970 - VI ZR 212/68 - BGHZ 54, 45-56; OLG Köln v. 27.01.2009 - 3 U 124/08 - OLGR Köln 2009, 611-613.
[6] Thüringer OLG v. 28.02.2012 - 4 U 527/11 - juris Rn. 14-22.
[7] BGH v. 20.03.1984 - VI ZR 14/82 - BGHZ 90, 334-344.
[8] OLG Celle v. 03.12.1987 - 5 U 299/86 - NJW 1988, 2618.
[9] A.A. *Wagner* in: MünchKomm-BGB, §§ 843 Rn. 16, 18, 54.
[10] BGH v. 05.11.2002 - VI ZR 256/01 - GesR 2003, 84-85.
[11] Zum Ganzen *Lange/Schiemann*, Schadensersatz, 3. Aufl. 2003, § 6 IX 4 m.w.N.
[12] BGH v. 30.06.1964 - VI ZR 81/63 - BGHZ 42, 76-84; BGH v. 27.04.1965 - VI ZR 124/64 - BGHZ 43, 378-384; BGH v. 08.02.1983 - VI ZR 201/81 - BGHZ 86, 372-378.
[13] OLG Bamberg v. 21.06.1977 - 5 U 130/76 - VersR 1978, 451-452 m.w.N.
[14] BGH v. 15.11.1994 - VI ZR 194/93 - BGHZ 127, 391-399.

7 Auch solche Nachteile müssen ausgeglichen werden, die im **Verlust von Anwartschaften auf Leistungen von öffentlichen oder privaten Versicherungen** liegen. Dabei sind die Beiträge zu ersetzen, die zur freiwilligen Fortsetzung der Rentenversicherung aufgebracht werden müssen.[15] Das gilt auch, wenn noch gar nicht feststeht, dass die beitragslose Zeit später zu einer Verkürzung der Rente führen wird. Der Ersatzpflichtige muss in diesem Fall eine vernünftige Entscheidung des Verletzten für eine Fortsetzung der sozialen Rentenversicherung respektieren.[16] Ebenfalls zu ersetzen ist der infolge der unfallbedingten Aufgabe der Erwerbstätigkeit eingetretene Verlust des Schutzes der gesetzlichen Krankenversicherung.[17] Nicht zu ersetzen sind demgegenüber solche Vermögensvorteile, die der Geschädigte nur mit **rechtswidrigen Mitteln**, insbesondere unter Verstoß gegen ein gesetzliches Verbot i.S.d. § 134 BGB, erlangt hätte, da dies sonst dazu führen würde, dass der Geschädigte im Wege des Schadensersatzes einen Gewinn erhielte, den andere gesetzliche Vorschriften gerade verhindern sollen.[18] An diese Rechtsprechung anknüpfend hat der Bundesgerichtshof einer durch einen Verkehrsunfall verletzten Prostituierten den Anspruch auf Ersatz des vollen entgangenen Gewinns versagt und den Ersatzanspruch mit Rücksicht auf den „sittlichen Unwert der der Klägerin unmöglich gewordenen Erwerbstätigkeit" nach oben begrenzt „durch die Höhe eines existenzdeckenden Einkommens, das auch in einfachen Verhältnissen von jedem gesunden Menschen erfahrungsgemäß zu erzielen ist".[19] Ob diese Rechtsprechung vormals richtig war, mag dahinstehen. Auf Grund des gesellschaftlichen Wandels der Wertanschauungen und der geänderten rechtlichen Bewertung der Prostitution durch den Gesetzgeber, die sich im „Gesetz zur Regelung der Rechtsverhältnisse der Prostituierten" (ProstG) niedergeschlagen hat, ist sie jedenfalls nicht mehr haltbar.[20]

D. Anwendungsfelder

8 Außerhalb der Tatbestände der unerlaubten Handlungen des BGB ist § 842 BGB kraft gesetzlicher Anordnung in den Fällen des § 618 Abs. 3 BGB und des § 62 Abs. 3 HGB entsprechend anwendbar. Darüber hinaus ist § 618 Abs. 3 BGB und damit auch § 842 BGB auf solche Auftrags- und Werkverträge analog anwendbar, bei denen der geschädigte Beauftragte/Unternehmer in den Räumen bzw. mit den Vorrichtungen oder Gerätschaften seines Vertragspartners zu arbeiten hat.[21] Nicht anwendbar ist § 842 BGB dagegen auf die spezialgesetzlichen Gefährdungshaftungstatbestände, da diese diesbezügliche eigenständige Regelungen enthalten.

---

[15] BGH v. 17.01.1967 - VI ZR 91/65 - BGHZ 46, 332-338.
[16] BGH v. 18.10.1977 - VI ZR 21/76 - BGHZ 69, 347-354.
[17] BGH v. 18.05.2010 - VI ZR 142/09 - juris Rn. 8 - VersR 2010, 1103-1105.
[18] BGH v. 28.01.1986 - VI ZR 151/84 - LM Nr. 115 zu § 134 BGB; BGH v. 21.12.1993 - VI ZR 103/93 - LM BGB § 242 (D) Nr. 132 (5/1994).
[19] BGH v. 06.07.1976 - VI ZR 122/75 - BGHZ 67, 119-129.
[20] Ebenso *Staudinger* in: Hk-BGB, § 842 Rn. 4; *Wagner* in: MünchKomm-BGB, §§ 842, 843 Rn. 55; *Jahnke* in: Burmann/Heß/Jahnke/Janker, Straßenverkehrsrecht, 22. Aufl. 2012, § 842 Rn. 18.
[21] BGH v. 05.02.1952 - GSZ 4/51 - BGHZ 5, 62-69; BGH v. 09.02.1955 - VI ZR 286/53 - BGHZ 16, 265-275.

§ 843 BGB Geldrente oder Kapitalabfindung

(Fassung vom 02.01.2002, gültig ab 01.01.2002)

(1) Wird infolge einer Verletzung des Körpers oder der Gesundheit die Erwerbsfähigkeit des Verletzten aufgehoben oder gemindert oder tritt eine Vermehrung seiner Bedürfnisse ein, so ist dem Verletzten durch Entrichtung einer Geldrente Schadensersatz zu leisten.

(2) ¹Auf die Rente finden die Vorschriften des § 760 Anwendung. ²Ob, in welcher Art und für welchen Betrag der Ersatzpflichtige Sicherheit zu leisten hat, bestimmt sich nach den Umständen.

(3) Statt der Rente kann der Verletzte eine Abfindung in Kapital verlangen, wenn ein wichtiger Grund vorliegt.

(4) Der Anspruch wird nicht dadurch ausgeschlossen, dass ein anderer dem Verletzten Unterhalt zu gewähren hat.

Gliederung

A. Grundlagen 1
B. Anwendungsvoraussetzungen 2
I. Verletzung des Körpers oder der Gesundheit 2
II. Aufhebung oder Minderung der Erwerbsfähigkeit 3
III. Bedürfnisvermehrung 5
IV. Unterhaltsverpflichtungen Dritter (Absatz 4) 6
C. Rechtsfolgen 7
D. Prozessuale Hinweise/Verfahrenshinweise 10

A. Grundlagen

§ 843 BGB legt fest, in welcher Art dem Geschädigten im Falle der Körperverletzung oder Gesundheitsbeschädigung wegen seines Verdienst- oder Erwerbsausfalls einerseits und wegen der Vermehrung seiner Bedürfnisse andererseits Ersatz zu leisten ist: regelmäßig durch eine jeweils drei Monate im Voraus (§ 760 BGB) zu zahlende **Geldrente** und ausnahmsweise bei Vorliegen eines wichtigen Grundes durch Kapitalabfindung. Verdienstausfall und Bedürfnisvermehrung sind dabei zwei selbständige Faktoren einer insgesamt und einheitlich festzusetzenden Rente.

B. Anwendungsvoraussetzungen

I. Verletzung des Körpers oder der Gesundheit

§ 843 BGB erfordert, dass eine unerlaubte Handlung zu einer Körper- und/oder Gesundheitsverletzung geführt hat. Diese im Vergleich zu § 842 BGB auffällige Beschränkung der von der Norm erfassten personenbezogenen Rechtsgüter resultiert daraus, dass der Gesetzgeber bewusst keine Verrentung sämtlicher denkbarer Dauerschäden angestrebt hat, sondern sich auf solche der in § 843 BGB beschriebenen Art beschränken wollte.[1]

II. Aufhebung oder Minderung der Erwerbsfähigkeit

Auch im Rahmen des § 843 BGB gilt, dass die Arbeitskraft als solche für die Schadensberechnung unerheblich ist, sondern vielmehr konkret die tatsächlich infolge des schädigenden Ereignisses eingetretene Erwerbsminderung darzulegen und zu beweisen ist. Daher kann auf die Kommentierung zu § 842 BGB Rn. 4 Bezug genommen werden.

Wird infolge einer deliktischen Körper- bzw. Gesundheitsverletzung die Fähigkeit des Geschädigten zur Verrichtung von **Haushaltstätigkeiten** vermindert bzw. ausgeschlossen, so führt dies nicht pauschal zu einer entsprechenden Minderung bzw. einem entsprechendem Ausschluss des Merkmals „Erwerbsfähigkeit". Vielmehr ist insoweit danach zu differenzieren, inwieweit infolge der Schädigung entfallene Haushaltstätigkeiten des Geschädigten einen Beitrag zum Familienunterhalt darstellten und inwieweit sie zur Befriedigung der eigenen Bedürfnisse des Geschädigten dienten.[2] Nur soweit die ent-

---
[1] *Stein* in: MünchKomm-BGB, 3. Aufl. 1997, § 843 Rn. 6.
[2] *Wagner* in: MünchKomm-BGB, §§ 842, 843 Rn. 50.

fallene Haushaltstätigkeit einen Beitrag zum Familienunterhalt darstellt, vermag sie das Merkmal „Aufhebung bzw. Minderung der Erwerbsfähigkeit" zu erfüllen. Soweit die infolge der Verletzung zu substituierende Haushaltstätigkeit dagegen den Eigenbedürfnissen des Geschädigten dient, erfüllt sie das Merkmal „Bedürfnisvermehrung".[3] Diese Unterscheidung dient nicht bloß der akademisch wünschenswerten Abgrenzung zweier Tatbestandsalternativen, sondern kann erhebliche praktische Bedeutung für die Frage erlangen, ob und in welchem Umfang Zahlungen eines Leistungsträgers an den Geschädigten zum Anspruchsverlust führen.[4] Nachfolgende Ausführungen gelten selbstverständlich für Hausmänner in gleichem Maße wie für Hausfrauen. Dem verletzten Ehegatten oder Lebenspartner steht ein eigener Anspruch auf Ersatz des Schadens zu, welcher ihm durch die Verminderung seiner häuslichen Arbeitsleistung widerfährt. Nicht jedoch steht dem Partner des Verletzten ein Schadensersatzanspruch nach § 845 BGB zu.[5] Der Verlust der Fähigkeit, Hausarbeiten zu verrichten, ist nur dann ein Erwerbsschaden i.S.d. § 843 Abs. 1 BGB, wenn sie der Erfüllung einer gesetzlichen Unterhaltspflicht dient; die Führung eines Haushalts in einer nichtehelichen Lebensgemeinschaft reicht nach der Rechtsprechung des KG Berlin[6] sowie des OLG Nürnberg hierfür nicht aus.[7] Mit dieser Entscheidung setzt sich *Löhnig* kritisch auseinander und bietet einen Überblick über die zum Haushaltsführungsschaden des Mitglieds einer Solidargemeinschaft ergangene Judikatur.[8] Für die Bemessung des **Haushaltsführungsschadens** kommt es entscheidend darauf an, welchen Wert die vom Geschädigten ohne die Verletzung erbrachten Arbeiten tatsächlich hätten. Unter den Begriff der Haushaltsführung fallen nicht nur die Hausarbeit im engeren Sinn, sondern auch Reparaturen an Haus und Hof sowie Gartenarbeit.[9] Hinsichtlich des Umfangs der zu leistenden Hausarbeit bedient sich die Rechtsprechung überwiegend der Tabellen von *Schulz-Borck/Pardey*,[10] welche nach der Größe des Haushalts, Kinderzahl und Erwerbstätigkeit differenzieren. Entscheidend ist eine haushaltsspezifische Minderung der Erwerbsfähigkeit, die gesondert gutachterlich festzustellen sein wird; die allgemeine Minderung der Erwerbsfähigkeit, bei welcher ein Durchschnittswert für alle Berufe ermittelt wird, ist insoweit nicht aussagekräftig. Eine Ersatzpflicht kommt nur in Betracht, wenn die haushaltsspezifische Minderung der Erwerbsfähigkeit nicht unerheblich ist; als Untergrenze wird eine Beeinträchtigung von 10%, teilweise auch 20% gefordert. Den Geschädigten trifft überdies die Pflicht zur Umorganisation der Hausarbeit innerhalb der Familie, um den Schaden möglichst gering zu halten.[11] Wird anstelle des haushaltsführenden Ehegatten tatsächlich eine Ersatzkraft eingestellt, so bemisst sich der Schaden nach deren Bruttolohn; wird hingegen keine Ersatzkraft eingestellt, sondern der Schaden abstrakt berechnet, so kommt hierfür lediglich der Nettolohn für eine fiktive Ersatzkraft in Betracht. Als Stundenlohn war dabei auf den Bundesangestelltentarif abzustellen.[12] Da die Vergütungsgruppe X praktisch nicht besetzt war,[13] wurden in der neueren Rechtsprechung hierfür überwiegend BAT IXa[14] oder BAT IXb,[15] teilweise aber auch BAT VIII[16] zugrunde gelegt. Mit In-Kraft-Treten des TVöD vom 13.09.2005 wurde der BAT abgelöst. Ob allerdings auf die Regelungen des TVöD/Bund abzustellen ist, wird richtigerweise in Zweifel ge-

---

[3] BGH v. 08.10.1996 - VI ZR 247/95 - LM BGB § 843 Nr. 55 (2/1997).
[4] Vgl. beispielsweise: BGH v. 08.10.1996 - VI ZR 247/95 - LM BGB § 843 Nr. 55 (2/1997) oder OLG München v. 26.05.2010 - 20 U 5620/09 - juris Rn. 41, 42.
[5] St. Rspr. seit BGH v. 09.07.1968 - GSZ 2/67 - BGHZ 50, 304-306.
[6] KG Berlin v. 26.07.2010 - 12 U 77/09 - juris Rn. 20, 21 - jurisPR-VerkR 1/2011, Anm. 2.
[7] OLG Nürnberg v. 10.06.2005 - 5 U 195/05 - OLGR Nürnberg 2005, 618-619; bestätigend OLG Düsseldorf v. 12.06.2006 - I-1 U 241/05, 1 U 241/05 - Schaden-Praxis 2007, 284-286.
[8] *Löhnig*, FamRZ 2005, 2030-2032.
[9] *Pardey* in: Geigel, Der Haftpflichtprozess, 25. Aufl. 2008, 4. Kapitel Rn. 142.
[10] *Schulz-Borck/Pardey*, Schadensersatz bei Beeinträchtigung oder Ausfall unentgeltlicher Tätigkeit in Privathaushalten: mit Berechnungstabellen, 7. Aufl. 2009.
[11] KG Berlin v. 26.02.2004 - 12 U 276/02 - VersR 2005, 237-238.
[12] *Pardey* in: Geigel, Der Haftpflichtprozess, 25. Aufl. 2008, 4. Kapitel Rn. 145.
[13] So aber OLG Düsseldorf v. 29.08.2002 - 8 U 190/01 - juris Rn. 33 - NJW-RR 2003, 87-88.
[14] OLG Brandenburg v. 04.04.2007 - 7 U 86/03 - juris Rn. 29.
[15] OLG Hamm v. 26.03.2002 - 27 U 185/01 - VersR 2002, 1430; KG Berlin v. 21.10.2004 - 12 U 22/04 - VRS 108, 9-17 (2005).
[16] LG Kassel v. 15.02.2005 - 8 O 2358/02 - Schaden-Praxis 2005, 410-412.

zogen, da auch unter Geltung des BAT stets die örtlichen Verhältnisse maßgebend waren.[17] Deshalb sollte bei der Berechnung des Haushaltsführungsschadens nach Bereichen für die Kommunen Ost bzw. West differenziert werden.

III. Bedürfnisvermehrung

„Vermehrte Bedürfnisse"[18] i.S.d. § 843 BGB sind **verletzungsbedingte Mehraufwendungen**, die dem Geschädigten im Vergleich zu einem gesunden Menschen erwachsen.[19] Sie sind abzugrenzen von normalen Lebenshaltungskosten, die dem Verletzten in gleicher Weise wie in der Zeit vor dem Unfall anfallen. Diese Unterscheidung ist insbesondere dann von Belang, wenn zeitabschnittsweise aufzubringende Sonderaufwendungen, wie z.B. „Ausbildungskosten", die zu den Lebenshaltungskosten zu zählen sind, infolge der Verletzung für einen längeren Zeitraum anfallen als geplant. Der Geschädigte muss dann wachsam sein und darf im Prozess nicht darauf bauen, dass diese Kosten vom Gericht zu den unfallbedingt vermehrten Bedürfnissen gerechnet werden. Vielmehr kann der Geschädigte für die unfallbedingt verlängerte Ausbildungszeit Verdienstausfall verlangen, den er jedoch detailliert belegen muss.[20] Ferner sind die „vermehrten Bedürfnisse" auch dadurch gekennzeichnet, dass sie ständige, immer wiederkehrende Aufwendungen auslösen, die den Zweck haben, diejenigen Nachteile auszugleichen, die dem Verletzten infolge dauernder Beeinträchtigung seines körperlichen Wohlbefindens entstehen.[21] Dazu gehören beispielsweise Mehraufwendungen für medizinisch notwendige Diätverpflegung, die ständig erforderliche Beschaffung besonderer Körperpflege- bzw. Arzneimittel, die Notwendigkeit der Beschäftigung einer Pflegeperson oder einer den Verletzungsfolgen angepassten Wohnung,[22] Kosten für den behindertengerechten Umbau eines Kraftfahrzeugs (nicht aber daneben auch noch des Motorrades),[23] Aufwendungen zur Instandhaltung/Wartung von Prothesen bzw. sonstiger erforderlicher Hilfsmittel (z.B. Rollstuhl),[24] der wirtschaftlich im gesamten Kindesunterhalt enthaltene behinderungsbedingte Mehrbedarf für Pflege und Versorgung eines behinderten Kindes[25] sowie solche Pflegeleistungen der Eltern gegenüber ihrem gesundheitlich geschädigten Kind, die den Bereich der allein den Eltern als engsten Bezugspersonen des Kindes zugänglichen „unvertretbaren" Zuwendung verlassen und sich so weit aus dem selbstverständlichen, originären Aufgabengebiet der Eltern herausheben, dass nicht nur theoretisch, sondern als praktische Alternative ein vergleichbarer Einsatz fremder Hilfskräfte in Betracht kommt.[26] Demgegenüber ist vermehrte elterliche Betreuung, die der Beruhigung, Ablenkung etc. des unter Schmerzen und psychischen Beeinträchtigungen leidenden Kindes dient, in ihrem Schwerpunkt eine spezifisch den Eltern als nächsten Bezugspersonen zukommende individuelle und nicht austauschbare Zuwendung, die, wenn sie auch mit erheblichem Zeitaufwand verbunden ist, dem Begehren nach materiellem Schadensersatz nicht zugänglich ist.[27] Das OLG Bamberg hatte über die Schadensersatzklage eines nach einem Verkehrsunfall schwer und dauerhaft körperlich und geistig behinderten Kindes zu entscheiden. In diesem Fall hatte ein Elternteil sein Arbeitsverhältnis gekündigt, um die Intensivförderung des Kindes durchführen zu können. Das Gericht sprach dem Kind einen Ersatzanspruch wegen vermehrter Bedürfnisse in Höhe des Verdienstausfalls des Elternteils abzüglich des Lohnsteuerabzugsbetrages zu und stellt klar, dass es sich hierbei nicht um den Verdienst-

---

[17] *Pardey* in: Geigel, Der Haftpflichtprozess, 25. Aufl. 2008, 4. Kapitel Rn. 147.
[18] Mit dem Themenkomplex der vermehrten Bedürfnissen befassen sich *Burmann/Hess*, NJW-Spezial 2006, 159-160.
[19] BGH v. 11.02.1992 - VI ZR 103/91 - NJW-RR 1992, 791-792; BGH v. 20.01.2004 - VI ZR 46/03 - juris Rn. 4 - VersR 2004, 482-483; OLG München v. 14.12.2006 - 24 U 103/06 - juris Rn. 10 - NJW-RR 2007, 653-654.
[20] BGH v. 11.02.1992 - VI ZR 103/91 - juris Rn. 6 - NJW-RR 1992, 791-792; mit der Frage der Ersatzfähigkeit von Umbaukosten des Zweitwohnsitzes beschäftigt sich *Huber*, NZV 2005, 620-623.
[21] BGH v. 19.05.1981 - VI ZR 108/79 - LM Nr. 29 zu § 843 BGB.
[22] BGH v. 19.05.1981 - VI ZR 108/79 - LM Nr. 29 zu § 843 BGB.
[23] BGH v. 20.01.2004 - VI ZR 46/03 - VersR 2004, 482-483.
[24] BGH v. 19.11.1955 - VI ZR 134/54 - NJW 1956, 219.
[25] OLG Düsseldorf v. 20.11.1997 - 8 U 69/96 - VersR 1999, 232-235.
[26] BGH v. 08.06.1999 - VI ZR 244/98 - LM BGB § 843 Nr. 59 (11/1999); OLG Zweibrücken v. 13.11.2007 - 5 U 62/06 - juris Rn. 10 - OLGR Zweibrücken 2008, 135-139.
[27] BGH v. 08.06.1999 - VI ZR 244/98 - LM BGB § 843 Nr. 59 (11/1999).

ausfallschaden des Elternteils handele. Es sei nicht lediglich Ersatz in Höhe der Kosten für eine externe Kraft zu leisten; eine Grenze sei lediglich bei Unverhältnismäßigkeit zu ziehen, welche im zu entscheidenden Fall jedoch verneint wurde.[28]

IV. Unterhaltsverpflichtungen Dritter (Absatz 4)

6 Der dem Geschädigten zustehende Schadensersatzanspruch wird gemäß § 843 Abs. 4 BGB nicht dadurch ausgeschlossen, dass ein anderer dem Geschädigten unterhaltspflichtig ist. Dabei ist das Gesetz so zu verstehen, dass auch ein tatsächlich bereits gewährter Unterhalt den Anspruch nicht ausschließt.[29] Diese großzügige Auslegung erklärt sich damit, dass § 843 Abs. 4 BGB nach unbestrittener Ansicht der **allgemeine Rechtsgedanke** zu Grunde liegt, wonach auf den Schadensersatzanspruch keine Leistungen Dritter anzurechnen sind, die ihrer Natur nach nicht dazu bestimmt sind, den Schädiger zu entlasten.[30] Daher wird § 843 Abs. 4 BGB über seinen Wortlaut hinaus auch analog auf die Fälle angewendet, in denen der Schaden des Verletzten rechnerisch durch freiwillige, rechtlich nicht geschuldete Leistungen Dritter ausgeglichen wird.[31] Ferner wird § 843 Abs. 4 BGB analog angewendet auf alle Ansprüche aus unerlaubter Handlung sowie auf entsprechende Ansprüche aus den Haftpflichtsondergesetzen.[32] Durch § 843 Abs. 4 BGB nicht entschieden ist die Frage, ob der Unterhaltsverpflichtete, der seiner Unterhaltspflicht nachgekommen ist, einen Regressanspruch gegen den Schadensersatzpflichtigen hat. Diese Frage ist zu bejahen, weil Unterhaltsverpflichteter und Schadensersatzpflichtige Gesamtschuldner sind und deshalb dem Unterhaltsverpflichteten der Ausgleich nach § 426 BGB gebührt.[33] Demgegenüber hat der Bundesgerichtshof ein Gesamtschuldverhältnis zwischen dem Schadensersatzpflichtigen und dem Unterhaltsverpflichteten mangels Gleichartigkeit und Gleichstufigkeit verneint.[34]

C. Rechtsfolgen

7 Sind die Anspruchsvoraussetzungen erfüllt, so steht dem Verletzten **regelmäßig** ein Anspruch auf Rentenzahlung gemäß § 843 Abs. 1 BGB zu. Die **Höhe der Rente** richtet sich nach den **konkret erlittenen Nachteilen**: bei der **Vermehrung der Bedürfnisse** danach, welche Aufwendungen infolge der Verletzung zusätzlich erforderlich sind. Das können Aufwendungen für auf eine Erkrankung abgestimmte Verpflegung, wiederkehrende Heilkuren, medizinische Betreuung, Arzneien, Körperpflege- und Stärkungsmittel sein. Die anderweitige Verwendung der gezahlten Rente verpflichtet den Empfänger nicht zur Rückzahlung; sie kann aber als Indiz dafür gewertet werden, dass ein die weitere Zahlung rechtfertigender Bedarf nicht mehr besteht. Mit dem Bedarf entfällt der Anspruch, so dass entgegen der ständigen Rechtsprechung der Ersatzpflichtige nicht mehr zur Zahlung herangezogen werden kann für den in der Vergangenheit etwa wegen Geldmangels nicht befriedigten Bedarf.[35] Ist die Erwerbsfähigkeit beeinträchtigt, muss man einerseits fragen, wie sich die konkreten Verhältnisse des Verletzten vom Zeitpunkt des Schadensereignisses an ohne die Verletzung weiterentwickelt hätten; andererseits ist festzustellen, wie sich die Dinge nach der Verletzung während des zum Zeitpunkt der Beurteilung überschaubaren Zeitraums weiterentwickeln werden. Aus der Differenz ergibt sich die zuzusprechende Rente. Dabei treten die schon angesprochenen Berechnungsschwierigkeiten auf.[36]

8 Regelmäßig ist die Festsetzung einer **zeitlichen Grenze** für die Rentenverpflichtung im Urteil erforderlich.[37] Sie ist auf den Zeitpunkt auszurichten, von dem an eine Einkommensschmälerung durch die Verletzung nicht mehr zu erwarten ist. Dies gilt auch, wenn der Verletzte nach Überzeugung des Gerichts dauerhaft erwerbsunfähig ist. Dann ist die Verdienstausfallsrente auf die voraussichtliche Dauer

---

[28] OLG Bamberg v. 28.06.2005 - 5 U 23/05 - VersR 2005, 1593-1597.
[29] BGH v. 22.09.1970 - VI ZR 28/69 - JZ 1971, 657-659.
[30] BGH v. 22.09.1970 - VI ZR 28/69 - JZ 1971, 657-659; vgl. dazu auch die Kommentierung zu § 249 BGB Rn. 56.
[31] BGH v. 22.09.1970 - VI ZR 28/69 - JZ 1971, 657-659.
[32] *Wagner* in: MünchKomm-BGB, §§ 843 Rn. 80.
[33] In der Ausgangswertung ähnlich, aber mit einer anderen Regresskonstruktion *von Koppenfels-Spies*, FPR 2003, 585-591.
[34] BGH v. 15.06.2004 - VI ZR 60/03 - BGHZ 159, 318-323.
[35] RG v. 11.06.1936 - VI 432/35 - RGZ 151, 298-304; BGH v. 21.01.1958 - VI ZR 306/56 - LM Nr. 4 zu § 823 (Bb) BGB.
[36] Zu den dabei auftretenden Schwierigkeiten hinreichend substantiierten Sachvortrags vgl. BGH v. 17.01.1995 - VI ZR 62/94 - LM BGB § 252 Nr. 62 (5/1995).
[37] BGH v. 28.09.1995 - II ZR 87/94 - LM HGB § 161 Nr. 122 (2/1996).

der Erwerbstätigkeit des Verletzten, so wie sie sich ohne den Unfall gestaltet hätte, zu begrenzen. Dabei ist, sofern keine abweichende fallspezifischen Gesichtspunkte entgegenstehen, auf das Eintrittsalter für die gesetzliche Regelaltersrente abzustellen, die derzeit (noch) bei 65 Jahren liegt.[38] Trotz aller Schwierigkeiten müssen die Erwägungen immer an den Verhältnissen des konkreten Falles ausgerichtet sein. Dabei sind **hypothetische Kausalverläufe** ebenso in Rechnung zu stellen **wie verletzungsbedingte Vorteile**.

Ausnahmsweise ist bei Vorliegen der Voraussetzungen des § 843 BGB auf Antrag des Verletzten keine Rente, sondern eine einmalige **Kapitalabfindung**[39] auszuwerfen, wenn dies durch einen „wichtigen Grund" gerechtfertigt ist (§ 843 Abs. 3 BGB). Der Ersatzpflichtige hat nicht von sich aus die Möglichkeit, dem Verletzten eine Kapitalabfindung aufzudrängen, obwohl gerade die Haftpflichtversicherer aus bilanztechnischen Gründen daran interessiert sind. Ein solcher eine Kapitalabfindung rechtfertigender wichtiger Grund ist zu bejahen, wenn tatsächliche Umstände von einigem Gewicht die Annahme nahe legen, dass der mit dem Ersatzanspruch verfolgte Ausgleichszweck bei Zahlung einer Kapitalabfindung effektiver gefördert wird als bei Zahlung einer Geldrente und wenn überdies die Zahlung einer einmaligen größeren Geldsumme bei Abwägung der widerstreitenden schutzwürdigen Interessen beider Parteien dem Schädiger zugemutet werden kann.[40] Solche triftigen Gründe in der Person des Geschädigten können beispielsweise die unfallbedingte Notwendigkeit, sich eine neue Existenz aufbauen zu müssen, oder der günstige Einfluss der einer größeren Summe zusprechenden Entscheidung auf den Heilungsverlauf des unter der verletzungsbedingten finanziellen Ungewissheit leidenden (nervenkranken) Geschädigten sein.[41] Auch wenn nach zwanzig Jahre dauernden Regulierungsverhandlungen momentan ein hoher Kapitalbedarf des Geschädigten besteht, kann davon ausgegangen werden, dass der Zweck des Schadensersatzes nachhaltiger durch die Zahlung einer größeren Geldsumme auf einmal zu erreichen ist.[42] Aber auch in der Person des Schädigers liegende Gründe können einen „wichtigen Grund" darstellen. Dies ist etwa anzunehmen, wenn der Schädiger sich in einer finanziell problematischen Situation befindet oder gar sein Vermögensverfall droht oder er Wohnsitz im Ausland hat, wodurch die dauerhafte Durchsetzung eines titulierten Rentenanspruchs in Frage gestellt ist.[43] Steht hinter dem Ersatzpflichtigen eine zahlungsfähige inländische Versicherung, entfallen die gerade angeführten Gründe aus der Person des Schädigers.

D. Prozessuale Hinweise/Verfahrenshinweise

Die Rechtsprechung behandelt die Ansprüche auf Erwerbsschadensersatz und auf den Ausgleich der durch vermehrte Bedürfnisse entstehenden Kosten als einheitlichen Streitgegenstand.[44]

Den Kläger trifft die Darlegungs- und **Beweislast** für diejenigen Tatsachen, die seine Erwerbsminderung und/oder Bedürfnisvermehrung begründen. Dabei ist allerdings zu beachten, dass das Gericht gemäß § 252 Satz 2 BGB, § 287 ZPO zur Schadenschätzung berechtigt ist.[45] Dabei darf das Gericht nicht starr alleine auf die im Unfallzeitpunkt bestehenden Verhältnisse (wie z.B. eine mehrmonatige Arbeitslosigkeit) abstellen, sondern muss auch mit Hilfe der vorgetragenen und bewiesenen Tatsachen eine realistische Zukunftsprognose treffen. Diese beinhaltet aber, dass ein im Zeitpunkt der Schädigung erwerbsfähiger junger Mann, auch wenn er zu dieser Zeit für einen gewissen Zeitraum arbeitslos war, nicht auf Dauer ohne Einkünfte geblieben wäre. Das OLG Hamm hat hierzu den praktikablen Vorschlag gemacht, zur Berücksichtigung der Unwägbarkeiten wegen bisheriger nicht kontinuierlicher Erwerbstätigkeit des Geschädigten einen Abschlag von 10% vorzunehmen.[46]

---

[38] BGH v. 28.09.1995 - II ZR 87/94 - LM HGB § 161 Nr. 122 (2/1996).
[39] Zu den Problemen mit der Kapitalisierung aufgeschobener Leibrenten vgl. *Langenick/Vatter*, NZV 2005, 10-18.
[40] Ähnlich *Wagner* in: MünchKomm-BGB, §§ 843 Rn. 76; OLG Koblenz v. 07.07.1997 - 12 U 276/96 - OLGR Koblenz 1997, 332-333.
[41] Zum letzteren Fall vgl. RG v. 23.05.1910 - VI 452/09 - RGZ 73, 418-420.
[42] LG Stuttgart v. 26.01.2005 - 14 O 542/01; zur dortigen Barwertberechnung kritisch *Schneider*, NZV 2005, 497-503.
[43] Vgl. *Sprau* in: Palandt, § 843 Rn. 18.
[44] BGH v. 19.05.1981 - VI ZR 108/79 - LM Nr. 29 zu § 843 BGB; dagegen mit guten Gründen *Wagner* in: Münch-Komm-BGB, §§ 843 Rn. 69.
[45] BGH v. 06.07.1993 - VI ZR 228/92 - juris Rn. 7 - LM BGB § 252 Nr. 59 (2/1994).
[46] OLG Hamm v. 25.10.1999 - 13 U 1/98 - Schaden-Praxis 2000, 194-195.

12 Im Anwendungsbereich des § 843 BGB wird sich für den Verletzten nicht selten die Frage stellen, ob er **Leistungs- oder Feststellungsklage** erheben soll. Ist der künftige Verdienstausfall bzw. Mehrbedarf hinreichend übersehbar und sind die für die richterliche Schadensschätzung erforderlichen Anknüpfungspunkte auch beweisbar, so ist die Feststellungsklage subsidiär und der Geschädigte muss zur Leistungsklage greifen.[47] Ist demgegenüber die künftige Schadensentwicklung im Hinblick auf Verdienstausfall und/oder Bedürfnisvermehrung noch nicht übersehbar, wie dies namentlich bei geschädigten Kindern oder Gesundheitsverletzungen mit höchst ungewissem konkretem Krankheitsverlauf (z.B. Aids-Infektion) der Fall ist, sollte der Kläger zur Feststellungsklage greifen, um sich kein abweisendes Sachurteil „einzufangen". Dabei genügt es zur Zulässigkeit des Feststellungsantrages, wenn der Kläger darlegen und gegebenenfalls beweisen kann, dass mit Wahrscheinlichkeit spätere Schadensfolgen eintreten können. Die hieran von der Rechtsprechung geknüpften Anforderungen sind maßvoll. Es genügt, dass der Geschädigte die aus seiner Sicht bei verständiger Würdigung nicht eben fern liegende Möglichkeit künftiger Verwirklichung der Schadensersatzpflicht durch das Auftreten weiterer Folgeschäden aufzeigt.[48] Allerdings braucht der Geschädigte, dessen Schadensersatzrente sich bereits für einen bestimmten Zeitraum beziffern lässt, ausnahmsweise keine Leistungsklage erheben, weil anerkannt ist, dass der Geschädigte, dessen Schaden in der Entwicklung begriffen ist, sich insgesamt mit dem Feststellungsantrag begnügen darf.[49] Aus anwaltstaktischer Sicht kann es sowohl bei Vertretung der Schädigerseite als auch bei Vertretung der Geschädigtenseite sinnvoll sein, eine Vorabentscheidung über den Anspruchsgrund gemäß § 304 Abs. 1 ZPO anzustreben, weil diese nicht selten eine taugliche Grundlage für einen Vergleichsabschluss bietet, der die anschließende Durchführung des Betragsverfahrens und damit eine oft kosten- und zeitintensive Beweisaufnahme über den Anspruchsumfang entbehrlich macht. Ferner ist zu beachten, dass die stets im Urteil auszusprechende Festsetzung der Rentendauer zum Anspruchsgrund gehört. Dennoch hält der Bundesgerichtshof es für zulässig, die Festsetzung von Beginn und Ende der Rente, wenn Zweckmäßigkeitserwägungen dies nahe legen, dem Betragsverfahren vorzubehalten. Allerdings muss dann in den Urteilsgründen ein entsprechender Vorbehalt kenntlich gemacht werden.[50] Ändern sich die für die Festsetzung von Höhe oder Dauer der Rente maßgeblichen Umstände, so ändert sich materiellrechtlich auch die Rente. Prozessual kann das allerdings nur unter den Voraussetzungen des § 323 ZPO über eine Klage auf **Abänderung des Rententitels** geltend gemacht werden. Dabei können grundsätzlich nur solche Umstände vorgebracht werden, auf denen das abzuändernde Urteil nicht beruhen konnte.[51] Strittig ist, ob das eine Kapitalabfindung gemäß § 843 Abs. 3 BGB zusprechende Urteil mit der Abänderungsklage angegriffen werden kann. Der BGH lehnt dies im Gegensatz zur h.M. in der Literatur[52] ab. Mit Recht. Denn es liegt – wie der BGH überzeugend ausführt – in der Tat im Wesen des eine Kapitalabfindung gemäß § 843 Abs. 3 BGB zusprechenden Urteils, dass es Elemente eines, wenn auch richterlich verfügten, Vergleichs beinhaltet, der unter Inkaufnahme der mit einer Prognoseentscheidung stets verbundenen Unwägbarkeiten für beide Seiten eine endgültige Klärung des Schadensfalls in schadensersatzmäßiger Hinsicht herbeiführen soll.[53] Eine Änderung wesentlicher, der Prognoseentscheidung zu Grunde liegender Umstände, fällt mithin in die Risikosphäre der jeweils durch die Umstandsveränderung belasteten „Partei".

13 Der Anspruch auf Rentengewährung aus § 843 BGB ist gemäß § 850 Abs. 1 Nr. 1 ZPO nur bedingt pfändbar, d.h. grundsätzlich unpfändbar und ausnahmsweise nach den für Arbeitseinkommen geltenden Vorschriften unter den Voraussetzungen des § 850 Abs. 2 ZPO umfänglich beschränkt pfändbar, wenn das Vollstreckungsgericht durch (in den Pfändungsbeschluss integrierten) Beschluss ihre Pfändbarkeit bejaht.

---

[47] Ähnlich *Sprau* in: Palandt, § 843 Rn. 12; *Wagner* in: MünchKomm-BGB, §§ 843 Rn. 93.
[48] BGH v. 19.03.1991 - VI ZR 199/90 - juris Rn. 10 - NJW-RR 1991, 917-918.
[49] OLG Köln v. 17.09.1987 - 7 U 76/87 - VersR 1988, 61-62.
[50] BGH v. 26.11.1953 - III ZR 26/52 - juris Rn. 8 - BGHZ 11, 181-190.
[51] BGH v. 20.12.1960 - VI ZR 38/60 - BGHZ 34, 110-122.
[52] Vgl. etwa: *Stürner*, JZ 1984, 412-416; *Stein* in: MünchKomm-BGB, 3. Aufl. 1997, § 843 Rn. 62; anders *Wagner* in: MünchKomm-BGB, §§ 843 Rn. 78.
[53] BGH v. 08.01.1981 - VI ZR 128/79 - BGHZ 79, 187-200; BGH v. 04.10.1988 - VI ZR 46/88 - BGHZ 105, 243-250.

§ 844 BGB Ersatzansprüche Dritter bei Tötung

(Fassung vom 19.07.2002, gültig ab 01.08.2002)

(1) Im Falle der Tötung hat der Ersatzpflichtige die Kosten der Beerdigung demjenigen zu ersetzen, welchem die Verpflichtung obliegt, diese Kosten zu tragen.

(2) ¹Stand der Getötete zur Zeit der Verletzung zu einem Dritten in einem Verhältnis, vermöge dessen er diesem gegenüber kraft Gesetzes unterhaltspflichtig war oder unterhaltspflichtig werden konnte, und ist dem Dritten infolge der Tötung das Recht auf den Unterhalt entzogen, so hat der Ersatzpflichtige dem Dritten durch Entrichtung einer Geldrente insoweit Schadensersatz zu leisten, als der Getötete während der mutmaßlichen Dauer seines Lebens zur Gewährung des Unterhalts verpflichtet gewesen sein würde; die Vorschriften des § 843 Abs. 2 bis 4 finden entsprechende Anwendung. ²Die Ersatzpflicht tritt auch dann ein, wenn der Dritte zur Zeit der Verletzung gezeugt, aber noch nicht geboren war.

Gliederung

A. Grundlagen... 1	B. Anwendungsvoraussetzungen........................ 3
I. Kurzcharakteristik..................................... 1	C. Rechtsfolgen.. 4
II. Regelungsprinzipien................................. 2	D. Prozessuale Hinweise/Verfahrenshinweise...... 12

A. Grundlagen

I. Kurzcharakteristik

§ 844 BGB **erweitert den Kreis der Ersatzberechtigten** über diejenigen Personen, denen durch Verletzung gesetzlich geschützter Rechtsgüter ein unmittelbarer oder mittelbarer Schaden entstanden ist, hinaus auf diejenigen Personen, die dadurch, dass sie infolge der Tötung einer Person entweder mit der Verpflichtung zur Tragung der Beerdigungskosten belastet worden sind (Absatz 1) oder einen (potentiellen) gesetzlichen Unterhaltsschuldner verloren haben (Absatz 2), zu den mittelbar Geschädigten zählen.

1

II. Regelungsprinzipien

Einen Schadensersatzanspruch hat in der Regel nur der, gegen den sich die unerlaubte Handlung richtet, in dessen Recht oder geschütztes Rechtsgut durch das deliktische Verhalten eingegriffen wird (sog. **Tatbestandsprinzip**; vgl. dazu die Kommentierung zu § 249 BGB Rn. 61). Der nur **mittelbar Geschädigte** geht dagegen leer aus. Von diesem Grundsatz machen die §§ 844, 845 BGB im Falle der Tötung, der Körper- und Gesundheitsverletzung sowie der Freiheitsentziehung Ausnahmen, die weder über den geregelten Inhalt noch über den genannten Personenkreis hinaus ausgedehnt werden dürfen.[1]

2

B. Anwendungsvoraussetzungen

Tötung infolge unerlaubter Handlung: § 844 BGB erfordert als Anspruchsvoraussetzung, dass der Tod infolge der Verwirklichung einer **unerlaubten Handlung** im Sinne des BGB eingetreten ist. Außerhalb spezialgesetzlicher Ausnahmen, die § 844 BGB ausdrücklich für entsprechend anwendbar erklären (z.B. § 618 Abs. 3 BGB, § 62 Abs. 3 HGB), ist § 844 BGB daher im Rahmen der Vertragshaftung nicht anwendbar.[2] Da § 844 BGB als schadensrechtliche Norm nicht zum haftungsbegründenden, sondern zum **haftungsausfüllenden Tatbestand** gehört, ist es für den Fall, dass die Tötung Folgeschaden einer anderen Rechtsgutsverletzung wie etwa einer Körperverletzung ist, nicht erforderlich, dass sich das Verschulden des Schädigers auch auf die Tötung bezieht.[3] Des Weiteren folgt daraus, dass bei

3

---

[1] BGH v. 19.06.1952 - III ZR 295/51 - juris Rn. 7 - BGHZ 7, 30-53; *Staudinger* fordert in DAR 2012, 280-285 hingegen die Ausweitung u.a. auf nichteheliche Lebensgemeinschaften und diesbezügliche realitätsnahe Reformbemühungen.

[2] OLG Saarbrücken v. 18.02.1994 - 4 U 381/93 - 71, 4 U 381/93 - NJW-RR 1995, 986-988.

[3] BGH v. 13.02.1996 - VI ZR 318/94 - juris Rn. 10 - BGHZ 132, 39-47.

der Prüfung eines Anspruchs aus § 844 BGB für den aus der haftungsbegründenden Körperverletzung folgenden Tod des Verletzten die Beurteilung des Kausalzusammenhangs zwischen der Körperverletzung und dem Tod nicht am Maßstab des § 286 ZPO, sondern am Maßstab des § 287 ZPO zu erfolgen hat. Mithin genügt für die diesbezügliche richterliche Überzeugungsbildung je nach Lage des Einzelfalls bereits eine höhere oder deutlich höhere Wahrscheinlichkeit.[4]

C. Rechtsfolgen

4   Die nach § 844 Abs. 1 BGB zu ersetzenden **Beerdigungskosten** hat in erster Linie der Erbe (§ 1968 BGB) und nach ihm derjenige zu tragen, der dem Getöteten gesetzlich unterhaltspflichtig war (§§ 1360a Abs. 3, 1361 Abs. 4 Satz 4, 1615 Abs. 2, 1615m BGB, § 5 Satz 2 LPartG). Ein Ersatzanspruch steht aber auch dem zu, der sich vertraglich verpflichtet hat, die Kosten der Beerdigung zu übernehmen. Begleicht ein nicht dazu verpflichteter Dritter die Beerdigungskosten, was insbesondere bei Partnern einer nichtehelichen Lebensgemeinschaft praktisch relevant werden kann, so steht ihm ein Erstattungsanspruch sowohl gegen die Erben bzw. die subsidiär Verpflichten als auch gegen den Schädiger aus den §§ 683, 677, 679 BGB zu.[5] Zu ersetzen sind die Kosten einer angemessenen, nicht nur notdürftigen Beerdigung.[6] Da § 844 Abs. 1 BGB auf die Ersatzpflicht des Anspruchsberechtigten abstellt und dieser die Kosten einer „standesgemäßen Beerdigung" schuldet[7], kommt es für die Beurteilung der Angemessenheit der aufgewendeten Beerdigungskosten vornehmlich auf die gesellschaftliche und wirtschaftliche Stellung des Verstorbenen an. Ferner können Sitte, Brauchtum, regionale Besonderheiten und der Kulturkreis, dem der Verstorbene angehört hat, relevante Faktoren für die Beurteilung der Angemessenheit sein.[8] Zu den erstattungsfähigen Beerdigungskosten zählen in jedem Fall die Aufwendungen für die Beerdigung, die Trauerkleidung der nächsten Angehörigen, das „Trauermahl", die Grabstätte, der Grabstein, nicht aber Grabpflege- und -instandsetzungskosten.[9] Bei Beschaffung eines Doppelgrabes zugleich für den überlebenden Ehegatten sind nur die Kosten zu ersetzen, die der Beerdigung des Getöteten selbst zuzurechnen sind.[10] Auch bei der Trauerkleidung nimmt die überwiegende Rechtsprechung im Rahmen der Vorteilsausgleichung Abzüge vor. Die diesbezüglich variierende Rechtsprechung reicht von der völligen Ablehnung jeden Abzugs über Abzüge von 20-50% bis hin zu Differenzierungen nach dem Geschlecht.[11]

5   Der Kreis der nach § 844 Abs. 2 BGB **anspruchsberechtigten Personen** ergibt sich aus den §§ 1360-1361, 1569-1579, 1601-1604, 1615a-1615n, 1754-1755 BGB; § 5 Satz 1 LPartG. Dazu nennt § 844 Abs. 2 Satz 3 BGB den nasciturus. Es muss sich also um kraft Gesetzes unterhaltsberechtigte Personen handeln. Der für die (auch nur künftige) Unterhaltsberechtigung relevante Zeitpunkt ist der Zeitpunkt der todesursächlichen Körperverletzung. Wer erst anschließend, aber noch vor dem Tode des Verletzten durch Heirat, Zeugung Unterhaltsberechtigter wird, gehört nicht mehr zum Kreis der nach § 844 Abs. 2 BGB anspruchsberechtigten Personen.[12] Da die Körperverletzung den Anspruch des Unterhaltsberechtigten dem Grunde nach zum Entstehen bringt, vermag ein nach der todesursächlichen Körperverletzung und vor dem Versterben erklärter **Verzicht des Verletzten** oder ein von ihm in dieser Zeit abgeschlossener Vergleich den Anspruch des Unterhaltsberechtigten nicht mehr zu beeinträchtigen, da es sich bei einem derartigen Vertrag um einen unzulässigen Vertrag zu Lasten Dritter handeln würde.[13]

6   Die Tötung muss schließlich dazu geführt haben, dass dem Anspruchsberechtigten sein **Recht auf den Unterhalt entzogen** worden ist. Das ist nach der Rechtsprechung des Bundesgerichtshofs zu verneinen, wenn dem Unterhaltsberechtigten infolge des Todesfalls im Wege der Erbschaft Vermögen zuwächst, das im Falle des Weiterlebens des Unterhaltsverpflichteten dazu gedient hätte, den Unterhalt

---

[4] BGH v. 22.09.1992 - VI ZR 293/91 - juris Rn. 12 - LM BGB § 844 Abs. 2 Nr. 91 (4/1993).
[5] Vgl. dazu *Wenker*, VersR 1998, 557-559 m.N.
[6] Übersicht bei *Balke*, PVR 2002, 190-193.
[7] Daran hat sich auch nach der Streichung des Wörtchens „standesgemäß" durch den Gesetzgeber nichts geändert: vgl. *Edenhofer* in: Palandt, § 1968 Rn. 2.
[8] *Wenker*, VersR 1998, 557-559 m.w.N.
[9] BGH v. 20.09.1973 - III ZR 148/71 - BGHZ 61, 238-240.
[10] BGH v. 20.09.1973 - III ZR 148/71 - BGHZ 61, 238-240.
[11] Vgl. dazu ausführlich *Wenker*, VersR 1998, 557-559 m.w.N.
[12] BGH v. 13.02.1996 - VI ZR 318/94 - juris Rn. 10 - BGHZ 132, 39-47.
[13] BGH v. 13.02.1996 - VI ZR 318/94 - juris Rn. 10 - BGHZ 132, 39-47.

des Unterhaltsberechtigten zu decken.[14] Voraussetzung für eine Anrechnung des ererbten Vermögens auf den Schadensersatzanspruch ist allerdings, dass die ererbten Vermögenswerte (gleich ob Stamm oder Erträgnisse), wäre der Unterhaltsverpflichtete nicht getötet worden, von diesem bestimmungsgemäß zur Bestreitung des Unterhalts verbraucht worden wären. Der Unterhalt muss also bildlich gesprochen bereits vor dem Schadensereignis „aus derselben Quelle gespeist worden sein"[15]. Somit ist auch eine Feststellung einer Berechnungsgrundlage eines späteren eventuellen Unterhaltsanspruches der Eltern eines bei einem Unfall getöteten Kindes auf Grundlage eines fiktiven Einkommens unzulässig[16].

Diese Grundsätze wendet der Bundesgerichtshof nunmehr auch auf **Ansprüche aus Lebensversicherungen** an, die dem Anspruchsberechtigten mit dem Todesfall zuwachsen, weil der Getötete den Anspruchsberechtigten als Bezugsberechtigten eingesetzt hat. Ganz regelmäßig waren diese Versicherungen, auch wenn es sich nicht um reine Risikolebensversicherungen handelt, nicht dazu bestimmt, für Unterhaltsleistungen an den Unterhaltsberechtigten eingesetzt zu werden. Daher sind diese Versicherungsleistungen regelmäßig nicht auf den Anspruch aus § 844 Abs. 2 BGB anzurechnen. Diese begrüßenswerte Rechtsprechung verhindert in der Tat, um es mit den Worten der Rechtsprechung selbst zu formulieren, dass das Versicherungsverhältnis seinem Sinn zuwider dem Schädiger zugutekommt, so dass „im Ergebnis also die Wirkung einer Haftpflichtversicherung zu Gunsten des Schädigers einträte, bei der ein anderer, ohne es zu wollen, die Prämien für den Schädiger bezahlt hätte"[17].

7

Ein Verlust **vertraglich vereinbarter Unterhaltsleistungen** reicht im Rahmen des § 844 Abs. 2 BGB auf Grund des eindeutigen Gesetzeswortlautes nicht aus.[18] Pflegekinder haben mangels gesetzlicher Unterhaltsberechtigung ebenfalls keinen Anspruch. Gleiches gilt für **freiwillig** erbrachte Unterhaltsleistungen. War der Getötete der allein voll berufstätige unterhaltspflichtige Ehegatte, so ist regelmäßig davon auszugehen, dass die von ihm im Haushalt erbrachten Leistungen freiwillig, nicht aufgrund der gesetzlichen Unterhaltspflicht erbracht wurden; ein ersatzfähiger Haushaltsführungsschaden ist in einem solchen Fall zu verneinen.[19]

8

Der Ersatz ist in Form einer Rente zu gewähren, deren Berechnung im Einzelfall deshalb erhebliche Schwierigkeiten bereiten kann, weil der Unterhaltsanspruch, dessen Verlust ausgeglichen werden soll, regelmäßig nach allgemeinen unterhaltsrechtlichen Grundsätzen von der **Bedürftigkeit des Berechtigten** und der **Leistungsfähigkeit des Verpflichteten** abhängt[20] und weil häufig über längere Zeit hinweg die tatsächliche Entwicklung mit dem hypothetischen Verlauf verglichen werden muss, zu dem es gekommen wäre, wenn der Getötete weitergelebt hätte.[21] Das zusprechende Urteil muss eine bestimmte **Rentendauer** festlegen. Diese bestimmt sich danach, innerhalb welchen Zeitraums der Getötete dem Unterhaltsberechtigten zur Unterhaltsgewährung verpflichtet gewesen wäre. Zeitliche Obergrenze stellt dabei regelmäßig die **hypothetische Lebenserwartung** des Unterhaltspflichtigen dar. Die hierzu erforderliche Lebensdauerprognose ist, soweit möglich, an der individuellen gesundheitlichen Konstitution des Getöteten auszurichten.[22] Fehlen diesbezügliche individuelle Anhaltspunkte, so sind die vom Statistischen Bundesamt herausgegebenen Sterbetafeln für die Bundesrepublik Deutschland heranzuziehen. Dabei ist auf diejenige Sterbetafel abzustellen, deren Erhebungsjahr dem Todesjahr zeitlich am nächsten ist.[23] Allerdings ist bei der Anwendung dieser zeitlichen Obergrenze nicht starr zu verfahren. So ist zu berücksichtigen, ob der Unterhaltspflichtige während seiner Lebensdauer durch Vorsorgemaßnahmen Vorkehrungen für die unterhaltsmäßige Weiterversorgung für die Zeit nach seinem Ableben getroffen haben würde. Allerdings ist bei der Bemessung der Dauer der Rentenzahlung zu beachten, dass ein Leistungstitel nur den Zeitraum abdecken darf, für den sich die Prognose von

9

---

[14] BGH v. 12.02.1974 - VI ZR 187/72 - BGHZ 62, 126-131.
[15] BGH v. 19.12.1978 - VI ZR 218/76 - juris Rn. 30 - BGHZ 73, 109-114.
[16] OLG Oldenburg v. 19.01.2011 - 5 U 48/10 - juris Rn. 38 - Schaden-Praxis 2011, 251-253.
[17] BGH v. 19.12.1978 - VI ZR 218/76 - juris Rn. 45 - BGHZ 73, 109-114.
[18] BGH v. 21.11.2000 - VI ZR 231/99 - LM BGB § 823 (Ad) Nr. 13 (7/2001).
[19] OLG Frankfurt v. 26.07.2005 - 17 U 18/05 - Schaden-Praxis 2005, 338-340.
[20] Das kann dazu führen, dass im Rahmen der Haftungsfrage offene Fragen des Unterhaltsrechts beantwortet werden müssen. So hat sich der für Haftungsrechtsfragen zuständige 6. Zivilsenat des Bundesgerichtshofs im Rahmen einer Entscheidung zu § 844 BGB mit einer unterhaltsrechtlichen Frage auseinandergesetzt und entschieden, dass bei der Bemessung des Unterhaltsschadens dem fiktiven Nettoeinkommen des Getöteten Eigenheimzulagen und Kinderzulagen zurechenbar sind (BGH v. 04.11.2003 - VI ZR 346/02 - NJW 2004, 358-361).
[21] Zum Unterhaltsschaden in der Praxis vgl. Schmitz-Herscheidt, VersR 2003, 33-38.
[22] BGH v. 22.09.1992 - VI ZR 293/91 - LM BGB § 844 Abs. 2 Nr. 91 (4/1993).
[23] OLG Hamm v. 08.09.1998 - 9 U 86/98 - MDR 1998, 1414-1415.

mutmaßlicher Bedürftigkeit und Leistungsfähigkeit auf hinreichend gesicherter Tatsachengrundlage bewegt. So darf für die Bemessung der Geldrente das fiktive Nettoeinkommen des Getöteten nur bis zu seinem voraussichtlichen Ausscheiden aus dem Erwerbsleben zugrunde gelegt werden; derzeit geht man bei nicht selbständig Tätigen davon aus, dass dieser Zeitpunkt grundsätzlich mit Vollendung des 65. Lebensjahres eintritt.[24]

10 Dies spielt insbesondere bei **unterhaltsberechtigten Kindern** eine Rolle, die Ansprüche wegen Tötung unterhaltsverpflichteter Elternteile geltend machen. Hier ist anerkannt, dass das den Rentenzahlungsanspruch titulierende Urteil sich auf die Vollendung des 18. Lebensjahres des Kindes zu beschränken hat, wiewohl erfahrungsgemäß auch in der Zeit danach häufig wegen Studiums etc. eine Unterhaltsverpflichtung des Getöteten bestanden hätte. Allerdings ist dies nicht hinreichend gesichert, weil es ebenso denkbar ist, dass das Kind dann bereits eine Lehre abgeschlossen hat und sich selbst zu versorgen vermag. Daher hat das Gericht die zugesprochene Schadensersatzrente auf die Vollendung des 18. Lebensjahres zu beschränken – der das Kind vertretende Rechtsanwalt darf dann allerdings nicht vergessen, etwaige weitergehende Ansprüche des Kindes über das 18. Lebensjahr hinaus durch einen Feststellungsantrag abzusichern.[25]

11 Wäre die Unterhaltsverpflichtung des Getöteten möglicherweise infolge einer späteren Scheidung verändert worden oder gar erloschen, so ist das nur dann zu berücksichtigen, wenn für eine **Scheidung** hinreichende tatsächliche Anhaltspunkte bestehen. Dies ist immer dann der Fall, wenn bereits ein Scheidungsantrag eingereicht war. Dann muss das Gericht im Schadensersatzprozess inzidenter dessen Erfolgsaussichten prüfen.[26] Gab es allerdings lediglich Scheidungsabsichten, die sich noch nicht in der Einreichung eines Scheidungsantrags niedergeschlagen hatten, so haben diese regelmäßig außer Betracht zu bleiben.[27] In Fällen mehrjährigen Getrenntlebens, die der Vorbereitung eines Scheidungsverfahrens dienten, kann dies aber im Einzelfall vor dem Hintergrund der Zerrüttungsvermutungen des § 1566 BGB anders zu beurteilen sein.[28] Zur Unterhaltspflicht eines berufstätigen Ehegatten gehört in der Regel auch der Erwerb einer den Verhältnissen entsprechenden Altersversorgung für den anderen Ehegatten. Der Schädiger muss daher gegebenenfalls auch Ersatz dafür leisten, dass die Witwe wegen des vorzeitigen Todes ihres Mannes keine Rente erwerben kann[29], oder er muss ihr die erforderlichen Beiträge für die Weiterversicherung erstatten[30].

D. Prozessuale Hinweise/Verfahrenshinweise

12 Sofern und soweit die die Unterhaltsberechtigung des Anspruchstellers betreffenden tatsächlichen Umstände unter Berücksichtigung des abgesenkten Beweismaßes des § 287 ZPO darlegbar und beweisbar sind, muss der Geschädigte die ihm zustehende Schadensersatzrente mittels **Leistungsklage** geltend machen. Ist dies demgegenüber, wie z.B. regelmäßig bei Kindern (vgl. Rn. 9) für die Zeit nach Vollendung des 18. Lebensjahres oder bei derzeit noch nicht, aber absehbar künftig Bedürftigen der Fall, müssen sie zur **Feststellungsklage** greifen, um in der Zukunft eingreifende Ansprüche zu titulieren, bevor sie verjähren oder nicht mehr beweisbar sind.

13 Auch wenn die Anspruchsberechtigung mehrerer Personen auf demselben schädigenden Ereignis beruht und sich die Ansprüche mithin auch gegen den ein und denselben Schädiger richten, handelt es sich natürlich wegen der Verschiedenheit der Voraussetzungen für Höhe und Dauer der Rentenansprüche der jeweiligen Anspruchsberechtigten (z.B. Witwe und Kind des Getöteten) um materiell-rechtlich voneinander zu unterscheidende Ansprüche, so dass eine Zusammenfassung der Ansprüche in einen einzigen Rentenanspruch nicht in Betracht kommt.[31] Die Schadensersatzansprüche der Hinterbliebenen, zwischen denen demnach keine Gesamtgläubigerschaft besteht, wegen entgangenen Unterhalts können daher nur getrennt für jeden einzelnen Berechtigten geltend gemacht werden.[32] Dies führt allerdings im Zusammenspiel mit dem prozessualen Erfordernis, bestimmte Anträge stellen zu müssen

---

[24] BGH v. 27.01.2004 - VI ZR 342/02 - VersR 2004, 653-654.
[25] BGH v. 15.03.1983 - VI ZR 187/81 - juris Rn. 15 - BGHZ 87, 121-125; BGH v. 15.10.1985 - VI ZR 55/84 - juris Rn. 22 - NJW 1986, 715-717.
[26] OLG Hamm v. 26.09.1990 - 13 U 168/89 - FamRZ 1991, 1179-1180.
[27] BGH v. 19.03.1974 - VI ZR 19/73 - LM Nr. 50 zu § 844 Abs. 2 BGB.
[28] LG Bayreuth v. 22.06.1981 - 3 O 117/81 - VersR 1982, 607-608.
[29] BGH v. 29.04.1960 - VI ZR 51/59 - BGHZ 32, 246-250.
[30] BGH v. 23.03.1971 - VI ZR 188/69 - VersR 1971, 717.
[31] BGH v. 26.11.1953 - III ZR 26/52 - BGHZ 11, 181-190.
[32] BGH v. 02.05.1972 - VI ZR 80/70 - NJW 1972, 1716-1719.

(§ 253 Abs. 2 Nr. 2 ZPO), deshalb zu erheblichen Unwägbarkeiten auf Seiten der in einem Haushalt zusammenlebenden verwandtschaftlich verbundenen Anspruchsteller, weil die Höhe der den Anspruchstellern zustehenden Rentenansprüche auch davon abhängen, welchen Anspruch das Gericht jedem von ihnen zuerkennt. Deshalb lässt es der Bundesgerichtshof als ausnahmsweise zulässige „Modifikation des Hauptantrages" zu, dass die Anspruchsteller sich neben der genauen Bezifferung ihrer Anträge mit einer anderweitigen Aufteilung der begehrten Gesamtsumme einverstanden erklären. Spricht das Gericht die insgesamt begehrte Summe zu, teilt sie dann aber anders als beantragt unter den Anspruchstellern auf, ist es daran weder durch § 308 ZPO gehindert noch berechtigt, gegenüber dem Anspruchsteller, bei dem es zu Gunsten des anderen „gekürzt" hat, auf Teilabweisung zu erkennen.[33]

Da die im Urteil festzusetzende Rentendauer zum Anspruchsgrund gehört, muss sie im Grundurteil (§ 304 ZPO) ausgesprochen werden. Der Bundesgerichtshof lässt es demgegenüber aus prozessualen Zweckmäßigkeitserwägungen ausnahmsweise zu, die Entscheidung über die Rentendauer dem Betragsverfahren vorzubehalten. Allerdings bedarf es dann mindestens eines diesbezüglichen ausdrücklichen Vorbehalts in den Entscheidungsgründen, damit der Umfang der Rechtskraft des Grundurteils klar erkennbar ist.[34]

14

---

[33] BGH v. 02.05.1972 - VI ZR 80/70 - NJW 1972, 1716-1719.
[34] BGH v. 26.11.1953 - III ZR 26/52 - juris Rn. 8 - BGHZ 11, 181-190.

§ 845

§ 845 BGB Ersatzansprüche wegen entgangener Dienste

(Fassung vom 02.01.2002, gültig ab 01.01.2002)

¹Im Falle der Tötung, der Verletzung des Körpers oder der Gesundheit sowie im Falle der Freiheitsentziehung hat der Ersatzpflichtige, wenn der Verletzte kraft Gesetzes einem Dritten zur Leistung von Diensten in dessen Hauswesen oder Gewerbe verpflichtet war, dem Dritten für die entgehenden Dienste durch Entrichtung einer Geldrente Ersatz zu leisten. ²Die Vorschrift des § 843 Abs. 2 bis 4 findet entsprechende Anwendung.

Gliederung

A. Grundlagen.. 1
B. Praktische Bedeutung................................ 2
C. Anwendungsvoraussetzungen................. 4
   I. Tötung, Körper-, Gesundheitsverletzung oder Freiheitsentziehung........................ 4
   II. Beeinträchtigung einer dem Anspruchsteller gegenüber bestehenden Verpflichtung zur Dienstleistung... 5
D. Rechtsfolgen.. 10
E. Prozessuale Hinweise/Verfahrenshinweise....... 12

A. Grundlagen

1 § 845 BGB **erweitert** in Durchbrechung des Tatbestandsprinzips auf ähnliche Weise wie § 844 BGB **den Kreis der Ersatzberechtigten** über diejenigen Personen, denen durch Verletzung gesetzlich geschützter Rechtsgüter ein unmittelbarer oder mittelbarer Schaden entstanden ist, hinaus auf diejenigen Personen, die dadurch als mittelbar Geschädigte einen Schaden erlitten haben, dass ein anderer, der ihnen kraft Gesetzes zur Leistung von Diensten in deren Hauswesen/Gewerbe verpflichtet war, durch Tötung, Körper-, Gesundheitsverletzung oder Freiheitsentziehung daran gehindert ist/war, seine Dienstleistungspflicht wahrzunehmen.

B. Praktische Bedeutung

2 Die Regelung hat an praktischer Bedeutung erheblich verloren, seitdem die **Mitarbeit des Ehegatten bzw. Lebenspartners** im Haushalt und/oder im Geschäft/Betrieb des anderen Ehegatten bzw. Lebenspartners als **Beitrag zum Familienunterhalt bzw. Lebenspartnerschaftsunterhalt** und nicht als eine dem anderen Partner geschuldete Dienstleistung verstanden wird. Der Ausfall dieser Mitarbeit wird darum nicht mehr von § 845 BGB erfasst. Im Falle seiner Körper- bzw. Gesundheitsverletzung hat der verletzte Partner bzw. die verletzte Partnerin wegen des Wegfalls/der Minderung seiner/ihrer Fähigkeit zur Haushaltsarbeit gemäß §§ 842, 843 BGB einen eigenen Schadensersatzanspruch[1], den ihm/ihr die Rechtsprechung auch für den Ausfall seiner/ihrer Mitarbeit im Erwerbsgeschäft der Partnerin/des Partners zubilligt[2]. Im Falle der Tötung können die Unterhaltsberechtigten Ansprüche unter den Voraussetzungen des § 844 Abs. 2 BGB geltend machen.[3]

3 Eine gewisse praktische Bedeutung hat die Vorschrift noch für die sich aus § 1619 BGB ergebende **Dienstverpflichtung hausangehöriger Kinder**. Auf sie trifft man noch in ländlichen Verhältnissen. Dabei kommt es entscheidend auf den Umfang der familienrechtlichen Verpflichtung an. So nahm das OLG Celle bei einem Gymnasialschüler der 11. Klasse an, eine Verpflichtung zur Mitarbeit in einem landwirtschaftlichen Nebenerwerbsbetrieb des Vaters bestünde nur im Umfang von 10 Wochenstunden.[4]

C. Anwendungsvoraussetzungen

I. Tötung, Körper-, Gesundheitsverletzung oder Freiheitsentziehung

4 Das Gesetz erfordert auf der Voraussetzungsseite, dass der Anspruchsgegner gegenüber der dem Anspruchsteller kraft Gesetzes dienstleistungspflichtigen Person eine zum Schadensersatz verpflichtende

---

[1] BGH v. 09.07.1968 - GSZ 2/67 - BGHZ 50, 304-306; vgl. auch die Kommentierung zu § 251 BGB Rn. 28.
[2] BGH v. 11.07.1972 - VI ZR 194/70 - BGHZ 59, 172-175.
[3] BGH v. 14.03.1972 - VI ZR 160/70 - NJW 1972, 1130-1131.
[4] OLG Celle v. 07.10.2004 - 14 U 27/04 - Schaden-Praxis 2004, 407-408.

unerlaubte Handlung begangen hat[5], die aus dem Eingriff in die Rechtsgüter „Leben", „körperliche Unversehrtheit", „Gesundheit" und/oder „Freiheit" resultierte.

II. Beeinträchtigung einer dem Anspruchsteller gegenüber bestehenden Verpflichtung zur Dienstleistung

Der Verletzte muss dem Anspruchsteller gegenüber **im Zeitpunkt der Verletzung kraft Gesetzes zur Dienstleistung verpflichtet** gewesen sein.[6] Dass es auf den Zeitpunkt der Verletzung ankommt und demnach nicht ausreicht, dass der Verletzte dem Anspruchsteller bei dessen Weiterleben irgendwann einmal hätte dienstleistungspflichtig werden können, folgt bereits aus der Gesetzessystematik. So ist in § 844 Abs. 2 BGB davon die Rede, dass der Getötete dem Anspruchsberechtigten gegenüber „unterhaltspflichtig war oder werden konnte", während § 845 BGB alleine darauf abstellt, dass der Verletzte dem Anspruchsberechtigten gegenüber „unterhaltspflichtig war". Diese auffällig unterschiedlichen Formulierungen beruhen auch nicht auf einer gesetzgeberischen Nachlässigkeit, sondern bringen zum Ausdruck, dass der Gesetzgeber in der Bewertung der beiden Arten von Ersatzansprüchen Dritter (Anspruch auf Unterhalt/Anspruch auf Dienstleistung) einen Unterschied in der Bewertung vornimmt: Für lebenswichtiger wird der Unterhaltsanspruch gesehen, dessen Wegfall in der Zukunft zu künftigen Notlagen führen kann. Da demgegenüber der Anspruch auf Ersatz entgangener Dienste an Bedeutung zurücktritt, soll er auch nur unter engeren Voraussetzungen einen Anspruch auf Schadensersatz des mittelbar Geschädigten begründen.[7]

Da das Gesetz auf das Entfallen einer gesetzlichen Dienstleistungsverpflichtung abstellt, besteht kein Anspruch aus § 845 BGB, wenn eine Dienstleistung des Verletzten nicht im Rahmen einer gesetzlichen Dienstverpflichtung erfolgte, sondern ihr eine vertragliche Verpflichtung etwa aus einem Dienst- oder Arbeitsvertrag zu Grunde lag.[8] Kommt sowohl eine Mitarbeit auf Grund gesetzlicher Verpflichtung, etwa des Kindes aus § 1619 BGB, als auch auf vertraglicher Basis in Betracht, so besteht keine Vermutung für eine gesetzliche, familienrechtliche Grundlage der Mitarbeit des Kindes. Vielmehr ist auf Grund einer unvoreingenommenen und offenen Würdigung der jeweiligen Umstände des Einzelfalls zu prüfen, ob die Dienstleistung des Kindes als familien- oder dienst- bzw. arbeitsvertraglicher Art anzusehen ist.[9]

Andererseits spricht aber auch der Abschluss eines **Ausbildungsvertrages** nicht notwendig gegen ein Tätigwerden im Rahmen des § 1619 BGB. Maßgeblich ist auch insoweit die tatsächlich bestehende Willensrichtung der Beteiligten, die z.B. durchaus für eine Zuordnung des Tätigwerdens zu § 1619 BGB spricht, wenn der Vertrag nur „pro forma" geschlossen wurde, um die Voraussetzungen für einen Ausbildungsabschluss zu erfüllen.[10] Dabei kann durchaus auch für eine familienrechtlich begründete Mitarbeitspflicht sprechen, wenn die tatsächlich geleistete Arbeit weit über den Gegenwert der im Ausbildungsvertrag genannten Ausbildungsvergütung hinausging.[11]

Schließlich ist es in derartigen „Gemengelagen" nicht möglich, § 845 BGB jedenfalls insoweit anzuwenden, als die Dienstleistung des Kindes auch nach § 1619 BGB geboten gewesen wäre, weil eine derartige Aufspaltung der einheitlich erbrachten Dienstleistung in einen familienrechtlich geschuldeten und einen auf anderen Rechtsgründen beruhenden Teil dem gesetzgeberischen Anliegen, den natürlichen Verhältnissen des Lebens Rechnung zu tragen, widersprechen würde.[12]

Hat im Falle eines auf die §§ 845, 1619 BGB gestützten Begehrens der Eltern das Kind die Verletzung überlebt, so ist der **Subsidiarität des Anspruchs der Eltern** gegenüber auf die §§ 842, 843 BGB gestützten Ansprüchen des Kindes wegen Erwerbsminderung Rechnung zu tragen. Diese Subsidiarität ergibt sich daraus, dass der Schaden, der durch den Wegfall der Arbeitskraft eines sog. „Hauskindes" ent-

---

[5] Vgl. das Merkmal „der Ersatzpflichtige"; ebenso: BGH v. 06.11.1990 - VI ZR 37/90 - juris Rn. 8 - LM Nr. 7 zu BGB § 1619.
[6] OLG München v. 09.04.1965 - 10 U 1559/64 - NJW 1965, 1439; KG Berlin v. 06.02.1967 - 12 W 174/67 - NJW 1967, 1089; *Sprau* in: Palandt; § 845 Rn. 2; a.A. *Staudinger* in: Hk-BGB, § 845 Rn. 3, wonach es genügen soll, dass bei Verletzung ein Rechtsverhältnis bestand, aus dem sich in naher Zukunft eine Dienstleistungspflicht ergeben hätte.
[7] OLG München v. 09.04.1965 - 10 U 1559/64 - NJW 1965, 1439.
[8] BGH v. 06.11.1990 - VI ZR 37/90 - LM Nr. 7 zu BGB § 1619.
[9] BGH v. 06.11.1990 - VI ZR 37/90 - LM Nr. 7 zu BGB § 1619.
[10] BGH v. 06.11.1990 - VI ZR 37/90 - juris Rn. 12 - LM Nr. 7 zu BGB § 1619.
[11] BGH v. 06.11.1990 - VI ZR 37/90 - juris Rn. 13 - LM Nr. 7 zu BGB § 1619.
[12] BGH v. 06.11.1990 - VI ZR 37/90 - juris Rn. 12 - LM Nr. 7 zu BGB § 1619.

standen ist, nur einheitlich beurteilt werden kann (sog. **Grundsatz der Schadenseinheit**). Zweck des § 845 BGB ist es nämlich, den Ersatz eines tatsächlich entstandenen wirtschaftlichen Ausfalls nicht daran scheitern zu lassen, dass die Vermögensminderung durch die Besonderheit der auf familienrechtlicher Grundlage erbrachten Dienstleistung nicht beim unmittelbar Verletzten entsteht, sondern bei dessen Eltern, für die er unentgeltlich gearbeitet hat. Dagegen darf die Vorschrift aber nie dazu führen, dass der Schädiger wegen des von ihm zu vertretenden wirtschaftlichen Ausfalls doppelt, nämlich mit einem Ersatzanspruch sowohl der Eltern als auch des Kindes, belastet wird (**Verbot der Doppelbelastung**). Deshalb kann den Eltern ein Schadensersatzanspruch nicht verbleiben, wenn und/oder soweit es dem Kind nach dem schädigenden Ereignis gelungen ist, seine Arbeitskraft in anderer, mindestens wirtschaftlich gleichwertiger Weise einzusetzen.[13] Daraus ergibt sich die Notwendigkeit einer, wie der Bundesgerichtshof es formuliert, „praktikablen und gerechten Koordination" von Ansprüchen des Verletzten und dessen Eltern. Als „Schlüssel" für diese Koordination sieht der Bundesgerichtshof mit Recht die **Entschlussfreiheit des Kindes** an, dem es unbenommen bleiben muss, jederzeit geltend machen zu können, dass es sich von einem bestimmten Zeitpunkt an zu selbständiger Erwerbstätigkeit entschlossen haben würde. Die Wahrung dieser Entschlussfreiheit des Hauskindes und der sich aus ihm ergebenden Subsidiarität des elterlichen Anspruchs kann nur dadurch gewährleistet werden, dass aus den §§ 845, 1619 BGB klagende Eltern als Grundlage ihres Anspruchs das Fehlen von vorrangigen Ansprüchen des verletzten Kindes darlegen und gegebenenfalls beweisen müssen.[14] Die Subsidiarität des elterlichen Anspruchs führt aber nicht zwingend dazu, dass Ansprüche des Kindes aus den §§ 842, 843 BGB und Ansprüche der Eltern aus den §§ 845, 1619 BGB nicht nebeneinander bestehen könnten. Ein solches Nebeneinander von in der Höhe selbstverständlich aufeinander abgestimmten Ansprüchen kommt dann in Betracht, wenn das Kind neben einer Berufstätigkeit in gewissem Umfang in seiner Freizeit im elterlichen Betrieb mithilft. In diesen Fällen ist aber immer sorgfältig zu prüfen, ob mit dieser Mitarbeit tatsächlich eine Dienstleistungspflicht aus § 1619 BGB korrespondierte. Dies ist bei volljährigen Kindern nämlich grundsätzlich nur so lange zu bejahen, wie sie von den Eltern unterhalten werden, wobei es sich sowohl um gesetzliche gebotene als auch um freiwillige Unterhaltsleistungen handeln kann.[15]

D. Rechtsfolgen

10 Sind die Anspruchsvoraussetzungen erfüllt, so schuldet der Verletzter den Eltern eine **Geldrente**, deren Höhe sich am Wert der entgangenen Dienste orientiert und die nicht zugleich dazu dient, sonstige den Eltern aus dem schädigenden Ereignis entstandene Vermögensschäden zu ersetzen. Der Wert der entgangenen Dienste berechnet sich nach den voraussichtlichen Kosten, die auf dem freien Arbeitsmarkt für eine Hilfskraft aufgewendet werden müssten, die dieselben Dienste wie das verletzte Kind erbringen und hierfür stundenweise bezahlt werden müsste.[16]

11 Umstritten ist, welche Positionen die Eltern sich im Wege der **Vorteilsausgleichung** anspruchsmindernd auf ihren Rentenanspruch anrechnen lassen müssen. Die neuere Rechtsprechung der Oberlandesgerichte befürwortet, dass sich die Eltern den dem Kind geschuldeten Gesamtunterhalt anspruchsmindernd entgegenhalten lassen müssen.[17] Dies würde allerdings in sehr vielen Fällen dazu führen, dass im Ergebnis keine Ansprüche der Eltern bestehen.[18] Schon dieses Ergebnis mutet seltsam an. Vollends gegen die Auffassung spricht aber folgende Überlegung: Wenn der Anspruch aus den §§ 845, 1619 BGB anerkanntermaßen nicht dazu dient, sonstige den Eltern aus dem schädigenden Ereignis entstandene Vermögensschäden zu ersetzen, sondern lediglich den Wert der entgangenen Dienste erfasst, dann können umgekehrt im Wege der Vorteilsausgleichung auch nur solche Positionen auf ihn angerechnet werden, die mit der Dienstleistung als solcher in unmittelbarem Zusammenhang stehen. Dies sind aber nur solche Aufwendungen, die auch für eine fremde Arbeitskraft bei Aufnahme in die häusliche Gemeinschaft angefallen wären, nicht aber pauschal der dem Kind familienrechtlich geschuldete Unterhalt.[19]

---

[13] BGH v. 25.10.1977 - VI ZR 220/75 - juris Rn. 19 - BGHZ 69, 380-386.
[14] BGH v. 25.10.1977 - VI ZR 220/75 - juris Rn. 27 - BGHZ 69, 380-386.
[15] OLG Saarbrücken v. 23.10.1987 - 3 U 176/85 - FamRZ 1989, 180-181.
[16] OLG Saarbrücken v. 23.10.1987 - 3 U 176/85 - FamRZ 1989, 180-181.
[17] OLG Karlsruhe v. 13.03.1987 - 10 U 128/86 - FamRZ 1988, 1051-1052; OLG Celle v. 10.08.1989 - 5 U 97/88 - NJW-RR 1990, 1478-1480.
[18] Vgl. z.B. OLG Karlsruhe v. 13.03.1987 - 10 U 128/86 - FamRZ 1988, 1051-1052.
[19] Im Ergebnis ebenso *Wagner* in: MünchKomm-BGB, § 845 Rn. 16.

E. Prozessuale Hinweise/Verfahrenshinweise

Hinsichtlich der Verteilung der **Darlegungs- und Beweislast** sind die bereits erörterten Besonderheiten zu berücksichtigen, die sich aus der Subsidiarität (Rn. 8) des Anspruchs aus den §§ 845, 1619 BGB gegenüber Ansprüchen des Kindes wegen seiner Erwerbsminderung (§§ 842, 843 BGB) ergeben. Diese Besonderheiten führen dazu, dass aus den §§ 845, 1619 BGB klagende Eltern als Grundlage ihres Anspruchs das Fehlen von vorrangigen Ansprüchen des verletzten Kindes darlegen und gegebenenfalls beweisen müssen. Als Beweismittel hierfür bietet sich regelmäßig vor allem das **Zeugnis des verletzten Kindes** an.[20]

In dem Prozess der Eltern gegen den Schädiger muss dieser allerdings Vorsorge dagegen treffen, dass er später trotz erfolgreicher Inanspruchnahme durch die Eltern nicht erneut von dem Kind in Anspruch genommen werden kann, ohne davor durch Bindungswirkungen des Vorprozesses geschützt zu sein. Um derartige Bindungswirkungen herbeizuführen, wird es daher ratsam sein, dem Kind den **Streit zu verkünden** (§§ 73, 74 ZPO).

---

[20] BGH v. 25.10.1977 - VI ZR 220/75 - juris Rn. 27 - BGHZ 69, 380-386.

§ 846 BGB Mitverschulden des Verletzten

(Fassung vom 02.01.2002, gültig ab 01.01.2002)

Hat in den Fällen der §§ 844, 845 bei der Entstehung des Schadens, den der Dritte erleidet, ein Verschulden des Verletzten mitgewirkt, so finden auf den Anspruch des Dritten die Vorschriften des § 254 Anwendung.

Gliederung

A. Grundlagen 1	B. Anwendungsvoraussetzungen 3
I. Kurzcharakteristik 1	C. Rechtsfolgen 6
II. Regelungsprinzipien 2	D. Anwendungsfelder 7

A. Grundlagen

I. Kurzcharakteristik

1   § 846 BGB zieht die Konsequenz daraus, dass § 254 BGB auf die §§ 844, 845 BGB nicht unmittelbar anwendbar ist, weil diese Vorschriften einen Anspruch des nur mittelbar Geschädigten normieren, während § 254 BGB an den unmittelbar Beschädigten anknüpft, und ordnet für diese Fälle die entsprechende Anwendung des § 254 BGB an.

II. Regelungsprinzipien

2   Die Ansprüche der mittelbar Geschädigten sind zwar **selbständige Ansprüche**. Sie hängen aber dennoch in vielfältiger Weise vom Verhalten des unmittelbar Verletzten ab. Eine dieser Abhängigkeiten bringt § 846 BGB zum Ausdruck, der den Anwendungsbereich des § 254 BGB auf das Verhalten des unmittelbar Verletzten ausdehnt.

B. Anwendungsvoraussetzungen

3   **Mitwirkendes Verschulden des Verletzten**: Der unmittelbar Verletzte muss die Entstehung des Schadens mitverschuldet haben (vgl. dazu die Kommentierung zu § 254 BGB). Dabei ist „Verschulden", ebenso wie in § 254 BGB, sehr weit zu verstehen und erfasst etwa auch eine bei der Schadensentstehung mitwirkende, dem Verletzten zurechenbare Betriebsgefahr oder sonstige Gegebenheiten in der Person des Verletzten, die diesen an der Geltendmachung von Ersatzansprüchen hindern würden.

4   Dazu zählen namentlich **vertragliche Haftungsausschlüsse**. Diese spielen insbesondere in der praktisch wichtigen Fallkonstellation der stillschweigenden Vereinbarung eines Haftungsausschlusses im Rahmen einer sog. Gefälligkeitsfahrt eine große Rolle.[1]

5   Hat bei der Schadensentstehung sowohl ein Verursachungsbeitrag des Verletzten als auch ein Verursachungsbeitrag des mittelbar Geschädigten (= Anspruchsinhabers) mitgewirkt, so ist der Anspruch des mittelbar Geschädigten in Anwendung von § 254 BGB und von § 846 BGB um ihm zurechenbare Mitverschuldensanteile zu kürzen.[2]

C. Rechtsfolgen

6   Sind die Voraussetzungen des durch § 846 BGB in Bezug genommenen § 254 BGB erfüllt, führt dies zu einer Anspruchskürzung, die bis zu einer Reduzierung des Anspruchs auf Null gehen kann. Hinsichtlich der hierbei zu beachtenden Details kann auf die Kommentierung zu § 254 BGB Bezug genommen werden.

D. Anwendungsfelder

7   Außerhalb seines unmittelbaren Anwendungsbereiches ist § 846 BGB auch auf nach dem Vorbild der §§ 844, 845 BGB ausgestaltete Schadensersatzansprüche mittelbar Geschädigter in den sondergesetz-

---

[1] Vgl. zur Anwendung des § 846 BGB in dieser Fallkonstellation: LG Wiesbaden v. 12.08.1975 - 3 O 410/74 - juris Rn. 30 - VersR 1977, 93-95.
[2] OLG Köln v. 16.10.1990 - 15 U 46/90 - NJW-RR 1992, 414-415.

lich geregelten Haftpflichtgesetzen (wie z.B. §§ 1, 5 HpflG) anwendbar.[3] Im Übrigen gilt § 846 BGB auf Grund der gesetzlichen Anordnungen in § 618 Abs. 3 BGB und § 62 Abs. 3 HGB auch im Anwendungsbereich dieser Vorschriften.

Des Weiteren wird strittig diskutiert, ob § 846 BGB in den Fällen analog anwendbar ist, in denen ein naher Angehöriger des Verletzten vom Schädiger auf deliktsrechtlicher Grundlage Schadensersatz verlangen kann, weil er infolge der Verletzung selbst einen **Schockschaden** erlitten hat. Der Bundesgerichtshof lehnt dies mit Recht aus dogmatischen Gründen ab. Denn die Fälle der Ersatzpflicht wegen Schockschädigung unterscheiden sich dadurch wesentlich von den durch die §§ 844, 845 BGB erfassten Fallgestaltungen, dass bei ihnen der Anspruchsinhaber selbst in einem seiner Rechtsgüter verletzt worden und deshalb unmittelbar Geschädigter aus § 823 Abs. 1 BGB ist. Deswegen passt § 846 BGB auf die Fälle der Schockschädigung nicht, da bei ihnen anders als bei den §§ 844, 845 BGB die Schadensersatzpflicht des Schädigers nicht davon abhängt, ob der unmittelbar Verletzte/Getötete selbst einen Ersatzanspruch gegen den Schädiger hat oder gehabt hätte.[4] Dennoch rechnet der BGH auch in den Schockschadensfällen die Mitverschuldensanteile des getöteten/verletzten Angehörigen dem Anspruchsinhaber gegenüber gestützt auf die §§ 242, 254 BGB anspruchsmindernd an. Er begründet dies überzeugend damit, dass die in diesen Konstellationen besonders geartete Schadensentstehung, die nur durch die enge persönliche Bindung zwischen dem Verletzten/Getöteten und dem Angehörigen, kraft derer der Angehörige fremdes Unglück als eigenes Unglück empfindet, erklärbar ist, es rechtfertige den für das schädigende Erstereignis gesetzten (Mit-)Verursachungsbeitrag des unmittelbar Verletzten nicht dem Schädiger, sondern dem mittelbar verletzten Angehörigen zuzurechnen.[5]

---

[3] BGH v. 18.11.1993 - III ZR 178/92 - LM BGB § 839 (Fa) Nr. 4 (7/1994).
[4] BGH v. 11.05.1971 - VI ZR 78/70 - juris Rn. 16 - BGHZ 56, 163-173.
[5] BGH v. 11.05.1971 - VI ZR 78/70 - juris Rn. 23 - BGHZ 56, 163-173.

§ 847 BGB Schmerzensgeld (weggefallen)

(Fassung vom 02.01.2002, gültig ab 01.01.2002, gültig bis 31.07.2002)

(1) Im Falle der Verletzung des Körpers oder der Gesundheit sowie im Falle der Freiheitsentziehung kann der Verletzte auch wegen des Schadens, der nicht Vermögensschaden ist, eine billige Entschädigung in Geld verlangen.

(2) Ein gleicher Anspruch steht einer Frauensperson zu, gegen die ein Verbrechen oder Vergehen wider die Sittlichkeit begangen oder die durch Hinterlist, durch Drohung oder unter Missbrauch eines Abhängigkeitsverhältnisses zur Gestattung der außerehelichen Beiwohnung bestimmt wird.

1 § 847 BGB in der Fassung vom 19.07.2002 ist durch Art. 1 des Gesetzes vom 19.07.2002 – BGBl I 2002, 2674 – mit Wirkung vom 01.08.2002 weggefallen.

§ 848 BGB Haftung für Zufall bei Entziehung einer Sache

(Fassung vom 02.01.2002, gültig ab 01.01.2002)

Wer zur Rückgabe einer Sache verpflichtet ist, die er einem anderen durch eine unerlaubte Handlung entzogen hat, ist auch für den zufälligen Untergang, eine aus einem anderen Grund eintretende zufällige Unmöglichkeit der Herausgabe oder eine zufällige Verschlechterung der Sache verantwortlich, es sei denn, dass der Untergang, die anderweitige Unmöglichkeit der Herausgabe oder die Verschlechterung auch ohne die Entziehung eingetreten sein würde.

Gliederung

A. Grundlagen 1	II. Zufall 4
B. Praktische Bedeutung 2	III. Kein Eintritt des Schadens auch ohne die Entziehung der Sache 5
C. Anwendungsvoraussetzungen 3	D. Rechtsfolgen 6
I. Entziehung einer Sache durch unerlaubte Handlung 3	

A. Grundlagen

§ 848 BGB ordnet an, dass derjenige, der einem anderen aus unerlaubter Handlung zur Herausgabe einer Sache verpflichtet ist, auch für die auf Zufall beruhende Unmöglichkeit der Herausgabe bzw. Verschlechterung der Sache verantwortlich ist, es sei denn, es wäre dazu auch ohne die deliktische Sachentziehung gekommen.

1

B. Praktische Bedeutung

§ 848 BGB findet in der Rechtsprechung der Gerichte nur selten Beachtung und spielt auch in der deliktsrechtlichen Literatur eine nur untergeordnete Rolle.[1] *Wagner* schlägt die ersatzlose Streichung der Vorschrift vor.[2]

2

C. Anwendungsvoraussetzungen

I. Entziehung einer Sache durch unerlaubte Handlung

§ 848 BGB erfordert die Entziehung einer „Sache" i.S.d. § 90 BGB. Auf verbriefte Rechte ist die Norm daher nicht anwendbar.[3] Die Sachentziehung muss durch unerlaubte Handlung erfolgt sein. Wegen der für den Fall der Sachentziehung durch schuldhafte verbotene Eigenmacht (§ 858 Abs. 1 BGB) in § 992 BGB enthaltenen Verweisung auf die Schadensersatzhaftung wegen unerlaubter Handlung genügt es für die Anwendung des § 848 BGB auch, dass eine Sache durch schuldhafte verbotene Eigenmacht (§ 858 Abs. 1 BGB) entzogen worden ist.

3

II. Zufall

Gemäß § 848 BGB ist der Schädiger, der dem Geschädigten zuvor auf deliktische Weise eine Sache entzogen hatte, auch dann für den Untergang bzw. die Verschlechterung der Sache „verantwortlich", wenn der Untergang bzw. die Verschlechterung auf „Zufall" beruhte, also nach allgemeinen Regeln (§§ 276-278 BGB) nicht vom Schädiger zu vertreten ist. Im Hinblick darauf, dass sich bei einer deliktischen Haftung das Verschulden regelmäßig nicht auf den Schaden beziehen muss und man den Untergang bzw. die Verschlechterung als bloße Folge der bereits in der Sachentziehung liegenden Rechtsgutsverletzung und mithin als Schaden werten kann und darauf, dass sich mittels der Anwendung des § 251 BGB nahezu das gleiche Ergebnis erzielen lässt, wird gelegentlich behauptet, § 848 BGB sei eine überflüssige Bestimmung, die man getrost streichen könne.[4] Dies ist so nicht richtig. Denn § 848 BGB hat jedenfalls in den Fällen **haftungserweiternden Charakter**, in denen dem Schädiger, bei dem die

4

---

[1] So bereits *Meincke*, JZ 1980, 677-678, 677.
[2] *Wagner* in: MünchKomm-BGB, § 848 Rn. 2.
[3] *Wagner* in: MünchKomm-BGB, § 848 Rn. 3.
[4] *Meincke*, JZ 1980, 677-678.

entzogene Sache zufällig und ohne dessen Zutun untergegangen bzw. beschädigt worden ist, der in dem Untergang bzw. der Beschädigung liegende Schaden wegen Überschreitung des Schutzzweckzusammenhangs nicht mehr, auch nicht mittels § 251 BGB, zugerechnet werden könnte.[5] Als Beispiel für eine solche Fallgestaltung sei etwa auf den Fall verwiesen, dass ein Dieb die gestohlene Sache sorgfältig diebstahlgesichert in seinem Haus verwahrt und sie ihm dennoch von einem anderen Dieb entwendet wird.

III. Kein Eintritt des Schadens auch ohne die Entziehung der Sache

5   Die in § 848 BGB angeordnete sehr weitgehende Zurechnung von Zufallsschäden wird durch den letzten Halbsatz der Vorschrift, der **den hypothetischen Kausalverlauf für den Fall, dass das Delikt unterblieben wäre,** für beachtlich erklärt, eingeschränkt und in gerechter Weise auf ein erträgliches Maß reduziert. Es wäre nämlich in hohem Maße unbillig, den Schädiger auch für einen solchen Schaden einstehen zu lassen, der nicht einmal im Sinne der condicio-sine-qua-non-Formel mit der unerlaubten Handlung des Schädigers verknüpft ist. Ein Beispielsfall für einen solcherart beachtlichen hypothetischen Kausalverlauf wäre die Zerstörung einer im Besitz des Diebes befindlichen Sache, die auf einen der Sache bereits bei Entwendung anhaftenden Sachmangel zurückzuführen ist.

D. Rechtsfolgen

6   Die Vorschrift hat im Hinblick auf § 251 BGB nicht bloß klarstellende, deklaratorische Bedeutung, sondern rechnet in ihrem Anwendungsbereich dem Schädiger in haftungserweiternder Weise auch jene Umstände, die zur Unmöglichkeit der Herausgabe bzw. Beschädigung der entzogenen Sache geführt haben, zu, die ihm nach den allgemeinen Regeln der Schadenszurechnung nicht mehr zugerechnet werden können. Ausgenommen von dieser **gesetzlichen Zurechnungsanordnung** sind jene Umstände, die auch bei Hinwegdenken der Sachenentziehung zum konkret eingetretenen Schaden geführt haben würden.

---

[5] *Larenz/Canaris*, Schuldrecht, Band II/2: Besonderer Teil, 13. Aufl. 1994, § 83 IV.

§ 849 BGB Verzinsung der Ersatzsumme

(Fassung vom 02.01.2002, gültig ab 01.01.2002)

Ist wegen der Entziehung einer Sache der Wert oder wegen der Beschädigung einer Sache die Wertminderung zu ersetzen, so kann der Verletzte Zinsen des zu ersetzenden Betrags von dem Zeitpunkt an verlangen, welcher der Bestimmung des Wertes zugrunde gelegt wird.

Gliederung

A. Grundlagen 1	II. Anspruch auf Wertersatz bzw. Ersatz der Wertminderung wegen der Entziehung einer Sache.... 3
B. Anwendungsvoraussetzungen 2	C. Rechtsfolgen 4
I. Entziehung/Beschädigung einer Sache durch unerlaubte Handlung 2	D. Anwendungsfelder................................... 8

A. Grundlagen

§ 849 BGB gewährt dem Geschädigten, der wegen Entziehung bzw. Beschädigung einer Sache einen Anspruch auf Wertersatz/Ersatz der Wertminderung hat, in offenkundiger Parallele zu § 290 BGB vom Zeitpunkt der Entstehung dieses Anspruchs an einen Anspruch auf Zinsen in Höhe des gesetzlichen Zinsfußes (§ 246 BGB) aus dem geschuldeten Betrag als **pauschalisierten Mindestschadensersatz** für die ihm infolge der Schädigung **entgangenen Nutzungen**.

B. Anwendungsvoraussetzungen

I. Entziehung/Beschädigung einer Sache durch unerlaubte Handlung

§ 849 BGB setzt die körperliche Entziehung einer „Sache" i.S.d. § 90 BGB durch unerlaubte Handlung voraus. Eine solche Sachentziehung ist bei einer amtspflichtwidrig durchgeführten Grundstücksversteigerung, in Folge derer das Grundstückseigentum per Zuschlag hoheitlich auf den Ersteigerer übertragen wird, nicht zu bejahen, da die Eigentumsübertragung selbst nicht zum Besitzverlust führt und die Zuschlagserteilung mithin begrifflich keine „Sachentziehung" darstellt.[1] Demgegenüber stellt die (amts-)pflichtwidrige Nichtabführung des Versteigerungserlöses an den Berechtigten eine „Entziehung" dieses Erlöses dar, da hierunter nicht nur die rechtswidrige Besitzentwendung, sondern auch das rechtswidrige Vorenthalten der Besitzübertragung an den Berechtigten gehört.[2] Zu den von der Vorschrift erfassten „Sachen" gehört nach Wortlaut, Entstehungsgeschichte und Sinn und Zweck der Norm zweifelsfrei auch (z.B. durch Diebstahl, Untreue oder Unterschlagung) entzogenes **Geld**.[3] Von einer Entziehung ist auch auszugehen bei der verspäteten Auskehrung eingezogener Mandantengelder;[4] die freiwillige Überlassung von Geld zu Investitionszwecken genügt dagegen für die Anwendbarkeit des § 849 BGB nicht[5].

II. Anspruch auf Wertersatz bzw. Ersatz der Wertminderung wegen der Entziehung einer Sache

Infolge der Sachentziehung muss dem Anspruchsteller des Weiteren ein Anspruch auf Wertersatz bzw. Ersatz der Wertminderung aus unerlaubter Handlung entstanden sein.

C. Rechtsfolgen

§ 849 BGB gewährt dem Anspruchsberechtigten einen Anspruch auf Zahlung von Zinsen aus dem ihm zustehenden Betrag auf Wertersatz/Ersatz der Wertminderung in Höhe des gesetzlichen Zinsfußes

---

[1] Vgl. BGH v. 28.09.1993 - III ZR 91/92 - juris Rn. 10 - VersR 1993, 1521-1522.
[2] Vgl. OLG Düsseldorf v. 11.07.1989 - 24 U 9/89 - NJW-RR 1989, 1253-1254.
[3] BGH v. 26.11.2007 - II ZR 167/06 - juris Rn. 6 - NJW 2008, 1084; BGH v. 14.01.1953 - VI ZR 9/52 - juris Rn. 21 - BGHZ 8, 288-299; OLG Frankfurt v. 28.10.2002 - 1 U 67/01 - OLGR Frankfurt 2002, 357-360.
[4] OLG Düsseldorf v. 14.10.2003 - I-24 U 79/03 - JurBüro 2004, 536-540.
[5] OLG Karlsruhe v. 24.02.2006 - 1 U 190/05.

(§ 246 BGB).[6] Dogmatisch betrachtet handelt es sich hierbei um einen Anspruch auf Ersatz des pauschalierten Mindestschadens. Dem Anspruchsberechtigten soll dadurch der endgültig verbleibende Verlust an Nutzbarkeit der Sache ausgeglichen werden, der durch den späteren Gebrauch derselben oder einer anderen Sache nicht mehr nachgeholt werden kann. Dem Gesetzgeber erschien es dabei billig, den Geschädigten von dem Nachweis dafür zu befreien, welchen Schaden er durch den Entzug der Nutzungen des betreffenden Gegenstandes erlitten hat. Ihm wurde daher das Recht eingeräumt, an Stelle des Schadens für die entzogenen Nutzungen Zinsen aus der ihm gebührenden Ersatzsumme zu verlangen. Damit knüpft der Anspruch aus § 849 BGB zwar seinem Sachgrund nach an die Nutzbarkeit der Sache an. Für die Schadensabwicklung wird der Anspruch aber von dem Vorhandensein eines konkreten Nutzungsausfalls der Sache gelöst und führt zu einem **abstrakten Mindestbetrag**.[7]

5 Davon ausgehend steht es dem Geschädigten frei, den durch das Ausbleiben der geschuldeten Ersatzleistung entstehenden Vermögensschaden entweder konkret nach den Grundsätzen der Nutzungsausfallentschädigung oder abstrakt nach § 849 BGB zu berechnen. Soweit es dabei um verschiedene Zeiträume geht, kann er auch beides, je für die jeweiligen Zeiträume getrennt, kombinieren.[8]

6 Soweit es dagegen um den gleichen Zeitraum geht, ist für eine gleichzeitige Geltendmachung von Nutzungsausfallentschädigung und Zinsansprüchen aus § 849 BGB kein Raum.[9]

7 Die **Verzinsung beginnt** nach dem Gesetzeswortlaut „von dem Zeitpunkt an, welcher der Bestimmung des Wertes zu Grunde gelegt wird". Damit ist der Zeitpunkt gemeint, der bei einem Schadensersatzanspruch für die Bestimmung des Schadensumfangs bedeutsam ist. Das ist in aller Regel der Zeitpunkt des Eingriffs oder des Schadensereignisses, der maßgeblich dafür bleibt, welches Vermögensobjekt beschädigt oder entzogen ist und in welchem Umfang in das Vermögen des Geschädigten durch Entziehung oder Beschädigung eingegriffen worden ist.[10] Auf einen kurzen Nenner gebracht ist der Zeitpunkt, ab dem aus § 849 BGB Zinsen zu ersetzen sind, der Zeitpunkt der Entstehung des Wertersatzanspruches/Anspruches auf Ersatz der Wertminderung. Die Pflicht zur **Verzinsung endet** erst in dem Zeitpunkt, in dem der Schädiger den geschuldeten Ersatzbetrag an den Geschädigten gezahlt hat. Hat der Geschädigte zwischenzeitlich aus eigenen Mitteln Ersatz für die entzogene Sache beschafft, lässt dies dagegen die Zinspflicht unberührt, da dieser Ersatz lediglich die Nutzungsmöglichkeiten, nicht aber die Einstandspflicht des Schädigers zum Ausgleich des Vermögens des Geschädigten beeinflusst.[11] Sind seit der Schädigung die Preise gestiegen, kann der Geschädigte die Zinsen nicht über den gesamten zu verzinsenden Zeitraum hinweg nach den höheren Preisen der letzten mündlichen Verhandlung berechnen, sondern muss den geforderten Gesamtbetrag zeitabschnittsweise auf Grund des jeweils im Verzinsungszeitraum geltenden Preisniveaus aus den sich aus dem jeweiligen Preisniveau für die Zeitabschnitte ergebenden Beträgen errechnen. Im Rahmen einer Schätzung gemäß § 287 ZPO darf das Gericht bei gleichmäßig steigenden Preisen auch eine gleichmäßige Verzinsung nach mittleren Werten vornehmen.[12]

D. Anwendungsfelder

8 § 849 BGB ist auf die sondergesetzlich geregelten Haftpflichttatbestände, unabhängig davon, ob es sich bei ihnen um Gefährdungshaftungstatbestände handelt (wie z.B. § 7 StVG) oder ob sie eine Haftung für vermutetes Verschulden normieren (wie z.B. § 18 StVG), entsprechend anwendbar, sofern sie keine abweichenden Bestimmungen enthalten. Denn alleine der Umstand, dass diese Haftungstatbestände nach Erlass des BGB außergesetzlich geregelt worden sind, besagt nicht, dass sie von den allgemeinen Vorschriften des Schadensausgleichs losgelösten eigentümlichen Regelungen folgten.[13]

9 Allerdings enthält § 849 BGB keinen allgemeinen Rechtsgrundsatz, dass ein Schadensersatzanspruch aus unerlaubter Handlung vom Zeitpunkt seiner Entstehung an mit dem gesetzlichen Zinssatz zu verzinsen ist. Aus § 849 BGB ergibt sich vielmehr, dass eine solche „automatische" Verzinsung die Aus-

---

[6] BGH v. 26.11.2007 - II ZR 167/06 - juris Rn. 3 - NJW 2008, 1084; a.A. *Wagner* in: MünchKomm-BGB, § 849 Rn. 6, der nicht den gesetzlichen Zinssatz, sondern den Verzugszinssatz zugrunde legen will. Das ist durch den Text der Norm nicht gedeckt und sprengt die Möglichkeiten der Rechtsfortbildung.
[7] BGH v. 14.06.1983 - VI ZR 183/81 - BGHZ 87, 381-385.
[8] BGH v. 14.06.1983 - VI ZR 183/81 - BGHZ 87, 381-385.
[9] BGH v. 14.06.1983 - VI ZR 183/81 - BGHZ 87, 381-385.
[10] BGH v. 03.12.1964 - III ZR 141/64 - LM Nr. 3 zu § 849 BGB.
[11] BGH v. 14.06.1983 - VI ZR 183/81 - BGHZ 87, 381-385.
[12] BGH v. 03.12.1964 - III ZR 141/64 - LM Nr. 3 zu § 849 BGB.
[13] BGH v. 24.02.1983 - VI ZR 191/81 - BGHZ 87, 38-42.

nahme ist und auf die dort geregelten Fälle der Entziehung oder Beschädigung einer Sache beschränkt bleiben muss.[14] Das gilt auch hinsichtlich der zu verzinsenden Schadenspositionen. Über die im Gesetz genannten Positionen Wertersatz/Ersatz der Wertminderung heraus, greift § 849 BGB nicht, auch nicht in entsprechender Anwendung, ein.[15]

---

[14] BGH v. 28.09.1993 - III ZR 91/92 - juris Rn. 9 - VersR 1993, 1521-1522.
[15] Vgl. z.B. hinsichtlich der Position Ersatz des Veräußerungsgewinns: BGH v. 28.09.1993 - III ZR 91/92 - juris Rn. 10 - VersR 1993, 1521-1522.

§ 850 BGB Ersatz von Verwendungen

(Fassung vom 02.01.2002, gültig ab 01.01.2002)

Macht der zur Herausgabe einer entzogenen Sache Verpflichtete Verwendungen auf die Sache, so stehen ihm dem Verletzten gegenüber die Rechte zu, die der Besitzer dem Eigentümer gegenüber wegen Verwendungen hat.

Gliederung

A. Grundlagen 1
B. Anwendungsvoraussetzungen 2
   I. Verpflichtung zur Herausgabe einer Sache durch unerlaubte Handlung entzogenen Sache 2
   II. Verwendungen auf die Sache 3
C. Rechtsfolgen 4

A. Grundlagen

1   § 850 BGB ordnet an, dass derjenige, der zur Herausgabe einer entzogenen Sache verpflichtet ist und auf diese Sache Verwendungen gemacht hat, im Hinblick auf die Verwendungen gegenüber dem Verletzten die Rechte hat, die dem besitzrechtslosen Besitzer gemäß §§ 994-1003 BGB gegenüber dem Eigentümer zustehen.

B. Anwendungsvoraussetzungen

I. Verpflichtung zur Herausgabe einer Sache durch unerlaubte Handlung entzogenen Sache

2   § 850 BGB setzt das Vorliegen eines Herausgabeanspruchs des Verletzten wegen Entziehung einer „Sache" i.S.d. § 90 BGB im Wege unerlaubter Handlung voraus.

II. Verwendungen auf die Sache

3   Der Herausgabepflichtige muss auf die entzogene Sache „Verwendungen" gemacht haben. Unter Verwendungen sind freiwillige Vermögensaufwendungen zu verstehen, die der Sache unmittelbar zu Gute kommen, weil sie der Erhaltung, Herstellung oder Verbesserung der Sache dienen.[1] Weitere Details zum Verwendungsbegriff würden den Rahmen einer Kommentierung des Rechts der unerlaubten Handlungen sprengen und müssen einer Kommentierung des Sachenrechts vorbehalten bleiben.

C. Rechtsfolgen

4   Infolge der Verweisung, die als Rechtsgrundverweisung zu verstehen ist, bestimmen sich die Rechte des zur Herausgabe der entzogenen Sache Verpflichteten nach den §§ 994-1003 BGB. Danach hat der Verwender vor allem **Ansprüche auf Verwendungsersatz** unter den Voraussetzungen der §§ 994-996 BGB, ein **Wegnahmerecht** unter den Voraussetzungen des § 997 BGB, ein **Zurückbehaltungsrecht** gemäß § 1000 BGB sowie ein **Recht zur Befriedigung aus der Sache** unter den Voraussetzungen des § 1003 BGB.

---

[1] BGH v. 24.11.1995 - V ZR 88/95 - juris Rn. 7 - BGHZ 131, 220-227.

§ 851 BGB Ersatzleistung an Nichtberechtigten

(Fassung vom 02.01.2002, gültig ab 01.01.2002)

Leistet der wegen der Entziehung oder Beschädigung einer beweglichen Sache zum Schadensersatz Verpflichtete den Ersatz an denjenigen, in dessen Besitz sich die Sache zur Zeit der Entziehung oder der Beschädigung befunden hat, so wird er durch die Leistung auch dann befreit, wenn ein Dritter Eigentümer der Sache war oder ein sonstiges Recht an der Sache hatte, es sei denn, dass ihm das Recht des Dritten bekannt oder infolge grober Fahrlässigkeit unbekannt ist.

Gliederung

A. Grundlagen 1	II. Leistung an den Nichtberechtigten und Besitzer im Zeitpunkt des schädigenden Ereignisses 4
I. Kurzcharakteristik 1	III. Keine Bösgläubigkeit des Leistenden 5
II. Regelungsprinzipien 2	C. Rechtsfolgen 6
B. Anwendungsvoraussetzungen 3	D. Prozessuale Hinweise/Verfahrenshinweise ... 7
I. Schadensersatzverpflichtung wegen Entziehung/Beschädigung einer beweglichen Sache 3	E. Anwendungsfelder 8

A. Grundlagen

I. Kurzcharakteristik

§ 851 BGB gewährt im Falle der Entziehung/Beschädigung einer beweglichen Sache einem Schädiger, der an denjenigen Schadensersatz leistet, der im Zeitpunkt der Schädigung Besitzer, aber nicht Eigentümer der Sache war, **Gutglaubensschutz**, indem er anordnet, dass der Leistung an den Nichtberechtigten Liberationswirkung zukommt, sofern der Schädiger das Recht des Dritten nicht gekannt oder infolge grober Fahrlässigkeit verkannt hat. **1**

II. Regelungsprinzipien

Die Vorschrift konkretisiert – ebenso wie § 932 BGB und § 1006 BGB – den Gedanken, dass der **Besitz** hinsichtlich des Eigentums an **beweglichen Sachen Rechtsscheinswirkung** entfaltet. **2**

B. Anwendungsvoraussetzungen

I. Schadensersatzverpflichtung wegen Entziehung/Beschädigung einer beweglichen Sache

Durch § 851 BGB geschützt wird derjenige, der wegen Entziehung oder Beschädigung einer beweglichen Sache (§ 90 BGB) durch unerlaubte Handlung einem anderen zum Schadensersatz verpflichtet ist. Immobilien und unkörperliche Gegenstände fallen nicht unter dieses Tatbestandsmerkmal. Eine analoge Anwendung des § 851 BGB auf diese Fälle kommt ebenfalls nicht in Betracht. **3**

II. Leistung an den Nichtberechtigten und Besitzer im Zeitpunkt des schädigenden Ereignisses

Der im Sinne der vorstehenden Ausführungen zum Schadensersatz Verpflichtete muss auf den ihn gerichteten Schadensersatzanspruch geleistet haben. Dabei muss die Zuwendung des Schuldners als eine Leistung an denjenigen zu werten sein, der sich zur Zeit der Entziehung oder Beschädigung, also des schädigenden Ereignisses, im Besitz der beweglichen Sache befunden hat. Ob die Zuwendung des Schuldners als Leistung an den letztmaligen Besitzer zu werten ist, bestimmt sich nach dem bereicherungsrechtlichen Leistungsbegriff. Zugleich muss ein Dritter Eigentümer oder Inhaber eines „sonstigen Rechts" an der Sache gewesen sein. Dies ist dann der Fall, wenn der Leistungsempfänger „Nichtberechtigter" im Sinne des § 816 Abs. 2 BGB war (vgl. die Kommentierung zu § 816 BGB Rn. 45). Das ist zu bejahen, wenn nicht er, sondern ein Dritter kraft seiner Eigentümerstellung oder unter einem anderen rechtlichen Gesichtspunkt (z.B. Sache gehört nach Eröffnung eines Insolvenzverfahrens zur Insolvenzmasse) Anspruchsinhaber war. **4**

III. Keine Bösgläubigkeit des Leistenden

5 Der Leistende darf im **Zeitpunkt der Vornahme der Leistungshandlung** nicht bösgläubig gewesen sein. Dies ist nach der – mit § 932 Abs. 2 BGB übereinstimmenden – Bestimmung im letzten Halbsatz des § 851 BGB der Fall, wenn ihm die Anspruchsinhaberschaft des Dritten positiv bekannt oder infolge grober Fahrlässigkeit unbekannt war. Grob fahrlässig handelt bekanntlich, wer die im Verkehr erforderliche Sorgfalt in ungewöhnlich großem Maße verletzt und dasjenige außer Acht lässt, was im zu beurteilenden Fall jedem hätte einleuchten müssen.[1] Es liegen nur wenige veröffentlichte Judikate zur Anwendung des Merkmals der groben Fahrlässigkeit im Rahmen des § 851 BGB vor. So hat das Kammergericht grobe Fahrlässigkeit bei der Zahlung einer Haftpflichtversicherung an einen im Unfallzeitpunkt besitzenden Leasingnehmer verneint, da dem Sachbearbeiter der Versicherung sowohl ein anwaltliches Anspruchsschreiben des Leasingnehmers vorlag, in dem das Leasingverhältnis nicht offen gelegt worden war, als auch ein Sachverständigengutachten zur Höhe des Fahrzeugschadens, in dem der Leasingnehmer als Eigentümer des Fahrzeuges bezeichnet worden war.[2] Dem Umstand, dass der zahlenden Versicherung dabei bekannt war, dass für das verunfallte kleinere Fahrzeug Vollkaskoversicherungsschutz bestand, maß das Kammergericht demgegenüber keine Relevanz zu. Ein Erfahrungssatz des Inhalts, für kleinere Fahrzeuge werde nur bei Bestehen von Sicherungsrechten Dritter eine Vollkaskoversicherung abgeschlossen, bestehe nicht. Ferner hat es das OLG Düsseldorf als nicht grob fahrlässig gewertet, wenn eine Haftpflichtversicherung ohne Einsicht in den Kraftfahrzeugbrief und die Ermittlungsakten eine Auszahlung eines Vorschusses an den nichtberechtigten Besitzer des beschädigten Pkws veranlasst.[3] Nach Ansicht des OLG Saarbrücken handelt ein Haftpflichtversicherer grob fahrlässig, wenn er ohne jede schriftliche Korrespondenz allein auf telefonische Anforderung Schadensersatz an den Fahrer des unfallbeschädigten Fahrzeugs leistet, wenn er weiß, dass dieser nicht der Fahrzeughalter ist und wenn dessen Eigentum und Anspruchsberechtigung nach dem Inhalt des Haftpflichtgutachtens zweifelhaft waren und er sich das Eigentum nicht in geeigneter Form hat belegen lassen[4]. Eine daraufhin erfolgte Zahlung muss der Fahrzeugeigentümer nicht gegen sich gelten lassen.

C. Rechtsfolgen

6 § 851 BGB ist ein Befreiungstatbestand, der zum Schutz des gutgläubig an den Nichtberechtigten Leistenden anordnet, dass der Leistung **Liberationswirkung** zukommt. Damit handelt es sich sachlich um eine die Regeln über die Erfüllung (§§ 362-371 BGB) ergänzende Bestimmung. Für die sich hieran anschließende Frage des Bereicherungsausgleichs zwischen dem nichtberechtigten Leistungsempfänger und dem durch die Liberationswirkung belasteten Berechtigten ist § 816 Abs. 2 BGB einschlägig.

D. Prozessuale Hinweise/Verfahrenshinweise

7 Für die rechtsbegründenden Voraussetzungen des § 851 BGB (Leistung des wegen Entziehung/Beschädigung einer beweglichen Sache zum Schadensersatz Verpflichteten an den Besitzer im Zeitpunkt des schädigenden Ereignisses) trägt derjenige, der sich auf die Liberationswirkung dieser Zahlung beruft, die Darlegungs- und Beweislast. Wer sich dagegen darauf beruft, dass der Schadensersatzanspruch trotz der Zahlung nicht erloschen ist, muss die Kenntnis/grob fahrlässige Unkenntnis des Leistenden im Zeitpunkt der Leistungshandlung darlegen und gegebenenfalls beweisen, weil es sich hierbei um eine rechtshindernde Einwendung handelt.

E. Anwendungsfelder

8 § 851 BGB ist nicht nur auf Schadensersatzansprüche aus unerlaubter Handlung, sondern auch auf solche aus den sondergesetzlich geregelten Haftpflichttatbeständen, unabhängig davon, ob es sich bei ihnen um Gefährdungshaftungstatbestände handelt (wie z.B. § 7 StVG) oder ob sie eine Haftung für vermutetes Verschulden normieren (wie z.B. § 18 StVG), entsprechend anwendbar, sofern diese keine abweichenden Bestimmungen enthalten. Denn alleine der Umstand, dass diese Haftungstatbestände nach Erlass des BGB außerhalb des BGB gesetzlich geregelt worden sind, besagt nicht, dass sie von den allgemeinen Vorschriften des Schadensausgleichs losgelösten eigentümlichen Regelungen folgten. Der

---

[1] BGH v. 13.04.1994 - II ZR 196/93 - juris Rn. 16 - LM BGB § 932 Nr. 43 (9/1994).
[2] KG Berlin v. 04.03.1976 - 22 U 1946/75 - VersR 1976, 1160.
[3] OLG Düsseldorf v. 31.03.1992 - 4 U 127/91 - MDR 1992, 945-946.
[4] OLG Saarbrücken v. 10.05.2011 - 4 U 261/10 - juris Rn. 77 ff. - Schaden-Praxis 2011, 446-449.

Bundesgerichtshof hat dies mit vorstehender Begründung zwar nicht ausdrücklich für § 851 BGB, sondern für § 849 BGB entschieden.[5] Es ist aber kein Grund dafür ersichtlich, warum diese Begründung nicht auch bei § 851 BGB eingreifen sollte.

Demgegenüber ist § 851 BGB nach allgemeiner Ansicht nicht analog auf Schadensersatzansprüche wegen Entziehung/Beschädigung nicht beweglicher Sachen oder unkörperlicher Gegenstände anwendbar.[6] Denn der § 851 BGB zu Grunde liegende Rechtsgedanke, dass der Besitz beweglicher Sachen Rechtsscheinsträgerfunktion für das Eigentum hat, greift bei unbeweglichen Sachen und unkörperlichen Gegenständen nicht ein.

---

[5] BGH v. 24.02.1983 - VI ZR 191/81 - BGHZ 87, 38-42.
[6] Vgl. *Wagner* in: MünchKomm-BGB, § 851 Rn. 2.

§ 852 BGB Herausgabeanspruch nach Eintritt der Verjährung

(Fassung vom 02.01.2002, gültig ab 01.01.2002)

¹Hat der Ersatzpflichtige durch eine unerlaubte Handlung auf Kosten des Verletzten etwas erlangt, so ist er auch nach Eintritt der Verjährung des Anspruchs auf Ersatz des aus einer unerlaubten Handlung entstandenen Schadens zur Herausgabe nach den Vorschriften über die Herausgabe einer ungerechtfertigten Bereicherung verpflichtet. ²Dieser Anspruch verjährt in zehn Jahren von seiner Entstehung an, ohne Rücksicht auf die Entstehung in 30 Jahren von der Begehung der Verletzungshandlung oder dem sonstigen, den Schaden auslösenden Ereignis an.

Gliederung

A. Grundlagen 1	I. Der Ersatzpflichtige 4
I. Kurzcharakteristik 1	II. Erlangung von „etwas" auf Kosten des Verletzten durch eine unerlaubte Handlung 5
II. Gesetzgebungsmaterialien 2	
III. Regelungsprinzipien 3	C. Rechtsfolgen 6
B. Anwendungsvoraussetzungen 4	D. Anwendungsfelder 8

A. Grundlagen

I. Kurzcharakteristik

1 § 852 BGB gewährt dem durch eine unerlaubte Handlung Verletzten, dessen Schädiger infolge der Tatbegehung zu seinen Lasten bereichert ist, einen nach Eintritt der Verjährung seiner deliktischen Ansprüche eingreifenden Schadensersatzanspruch, der seinem Umfang nach auf einen bereicherungsrechtlichen Herausgabeanspruch begrenzt ist.

II. Gesetzgebungsmaterialien

2 Mit der Schuldrechtsreform wurden die Ansprüche aus unerlaubter Handlung der Regelverjährung gemäß §§ 195, 199 Abs. 1 BGB unterstellt, so dass für eine Sonderregelung, wie sie vor der Schuldrechtsreform an dieser Stelle zu finden war, kein Raum mehr ist. Übernommen wurde indes der bisher in Absatz 3 geregelte Anspruch, der lediglich redaktionelle Änderungen erfahren hat. Dabei wird in den Gesetzgebungsmaterialien[1] zustimmend auf die zur Vorgängerregelung ergangene Rechtsprechung des Bundesgerichtshofs Bezug genommen, wonach es sich bei § 852 Satz 1 BGB dogmatisch um einen Schadensersatzanspruch handelt, der nur in seinem Umfang auf das durch die unerlaubte Handlung auf Kosten des Geschädigten Erlangte beschränkt ist. Daher ist diesbezüglich auch im Neuen Schuldrecht keine veränderte Sichtweise angezeigt. **Praktische Bedeutung** misst der Gesetzgeber der Vorschrift beispielsweise in den Fällen bei, dass etwa ein Dieb nach seiner Festnahme behauptet, das Diebesgut „versetzt" und den Erlös verbraucht zu haben, oder ein Lösegelderpresser behauptet, das Lösegeld zwischenzeitlich „verjubelt" zu haben. Der Gläubiger, der im Hinblick auf derartige Einlassungen keine Maßnahmen zur Verjährungshemmung in die Wege geleitet hat, soll sich auch nach Verjährungseintritt entscheiden können, ob er den Bekundungen des Täters Glauben schenken oder ihn auf Herausgabe der Bereicherung verklagen möchte.[2] Im Übrigen habe sich gezeigt, dass die Beibehaltung des Bereicherungsanspruchs bei deliktsähnlichen Verletzungen „auf dem Gebiete des geistigen Eigentums" erforderlich sei.[3]

III. Regelungsprinzipien

3 Der Anspruch aus § 852 Satz 1 BGB ist seiner **Rechtsnatur** nach ein Schadensersatzanspruch. Man muss das Gesetz so verstehen, dass der verjährte Deliktsanspruch als solcher bestehen bleibt und durch § 852 Satz 1 BGB seinem Umfang nach auf das durch die unerlaubte Handlung auf Kosten des Geschä-

---

[1] BT-Drs. 14/6040, S. 270.
[2] BT-Drs. 14/6040, S. 270.
[3] BT-Drs. 14/6040, S. 270.

digten Erlangte beschränkt wird.[4] Um diesem Spezifikum des Anspruchs Rechnung zu tragen, kann man ihn durchaus als **„deliktischen Bereicherungsanspruch"** bezeichnen.[5]

B. Anwendungsvoraussetzungen

I. Der Ersatzpflichtige

Wegen der Rechtsnatur des Anspruchs aus § 852 Satz 1 BGB als „verlängerter Schadensersatzanspruch" mit modifizierter Rechtsfolge und der im Kontext des Regelungsstandortes (25. Titel: „Unerlaubte Handlungen") zu verstehenden gesetzlichen Formulierung „der Ersatzpflichtige", erfordert der Anspruch dieselben Voraussetzungen wie der weitergehende verjährte deliktische Schadensersatzanspruch.[6]

4

II. Erlangung von „etwas" auf Kosten des Verletzten durch eine unerlaubte Handlung

Der im obigen Sinne dem Verletzten Ersatzpflichtige muss „durch eine unerlaubte Handlung etwas auf Kosten des Verletzten erlangt" haben. Das Merkmal „etwas" ist wie in § 812 Abs. 1 BGB zu verstehen, erfasst also jede vermögenswerte Rechtsposition, die das Vermögen des Begünstigten irgendwie vermehrt.[7] Demgegenüber ist – von der Rechtsnatur des Anspruchs ausgehend – die Formulierung „auf Kosten" nicht als Rechtsgrundverweisung auf § 812 Abs. 1 Satz 1 Alt. 2 BGB zu verstehen, sondern vielmehr eigenständig auszulegen. Anders als bei der Eingriffskondiktion muss sich bei § 852 Satz 1 BGB die Vermögensverschiebung nicht unmittelbar zwischen dem Schädiger und dem Geschädigten vollziehen. Es genügt, wenn es auf die Weise zu einer Vermögensschiebung zwischen Schädiger und Verletztem gekommen ist, dass der infolge der unerlaubten Handlung beim Geschädigten eingetretene Vermögensverlust mit einem entsprechenden Vermögenszuwachs beim Schädiger korrespondiert. Darauf, ob diese Vermögensverschiebung dem Schädiger durch einen oder mehrere Vertragspartner vermittelt worden ist, kommt es demgegenüber nicht an.[8]

5

C. Rechtsfolgen

§ 852 Satz 1 BGB begründet einen Schadensersatzanspruch des Geschädigten, der der Rechtsfolge nach auf Bereicherungsausgleich gerichtet ist. § 852 Satz 1 BGB ist also keine Rechtsgrundverweisung auf § 812 Abs. 1 Satz 1 Alt. 2 BGB, sondern eine **Rechtsfolgenverweisung** auf die §§ 818-819 BGB.

6

§ 852 Satz 2 BGB nimmt den Anspruch aus § 852 Satz 1 BGB von der Regelverjährung gemäß §§ 195, 199 Abs. 1 BGB aus und unterstellt ihn einer zehnjährigen objektiven Verjährungsfrist beginnend mit der Entstehung des Anspruchs. Entsteht der Anspruch, etwa auf Grund eines erst lange nach dem schädigenden Ereignis eintretenden Schadens oder auf Grund einer erst spät eintretenden Verjährung des deliktischen Ersatzanspruchs, der ja dem subjektiven Verjährungssystem unterliegt (vgl. § 199 Abs. 1 Nr. 2 BGB), erst nach vielen Jahren, so verjährt der Anspruch ohne Rücksicht auf seine Entstehung spätestens in 30 Jahren von der Begehung der Verletzungshandlung oder dem sonstigen, den Schaden auslösenden Ereignis an.

7

D. Anwendungsfelder

Über den unmittelbaren Anwendungsbereich der Vorschrift hinaus schlägt *Krämer*[9] mit überzeugenden Argumenten vor, den Rückforderungsanspruch aus § 31 Abs. 1 GmbHG gegen den böswillig handelnden Gesellschafter dem Anwendungsbereich des § 852 Satz 2 BGB zu unterstellen.

8

---

[4] BGH v. 14.02.1978 - X ZR 19/76 - juris Rn. 61 - BGHZ 71, 86-101.
[5] BT-Drs. 14/6040, S. 270.
[6] BGH v. 14.02.1978 - X ZR 19/76 - juris Rn. 61 - BGHZ 71, 86-101.
[7] BGH v. 07.10.1994 - V ZR 4/94 - juris Rn. 12 - LM BGB § 812 Nr. 242 (3/1995).
[8] BGH v. 14.02.1978 - X ZR 19/76 - juris Rn. 63 - BGHZ 71, 86-101.
[9] *Krämer*, GmbHR 2004, 538-542.

§ 853 BGB Arglisteinrede

(Fassung vom 02.01.2002, gültig ab 01.01.2002)

Erlangt jemand durch eine von ihm begangene unerlaubte Handlung eine Forderung gegen den Verletzten, so kann der Verletzte die Erfüllung auch dann verweigern, wenn der Anspruch auf Aufhebung der Forderung verjährt ist.

Gliederung

A. Grundlagen 1
   I. Kurzcharakteristik 1
   II. Regelungsprinzipien 2
B. Anwendungsvoraussetzungen 3
C. Rechtsfolgen 5
D. Anwendungsfelder 6

A. Grundlagen

I. Kurzcharakteristik

1   § 853 BGB ordnet an, dass das Recht, die Erfüllung einer Forderung zu verweigern, die der Gläubiger infolge einer unerlaubten Handlung erlangt hat, **unverjährbar** ist.

II. Regelungsprinzipien

2   Die Vorschrift ist eine Konkretisierung des aus § 242 BGB ableitbaren Einwandes der unzulässigen Rechtsausübung (exceptio doli).

B. Anwendungsvoraussetzungen

3   Der Anspruchsgegner muss die **Forderung durch eine von ihm selbst begangene unerlaubte Handlung erlangt** haben. Hat der Anspruchsgegner die anspruchserzeugende unerlaubte Handlung zwar nicht selbst begangen, wohl aber der Zedent, der die Forderung an ihn abgetreten hat, so kann ihm der Einwand vom Verletzten gleichwohl nach § 404 BGB entgegengehalten werden.

4   Mit Blick auf den Sinn und Zweck des § 853 BGB, dem verletzten Schuldner einen Behelf an die Hand zu geben, der es ihm ermöglicht, rechtsmissbräuchliches Verhalten des Gläubigers abzuwehren, wird § 853 BGB mit Recht dahin einschränkend ausgelegt, dass nicht bereits ein Conditio-sine-qua-non-Zusammenhang zwischen unerlaubter Handlung und dem Forderungserwerb seitens des Schädigers ausreicht. Vielmehr ist es erforderlich, dass zwischen der unerlaubten Handlung und der Forderungserzeugung eine **Mittel-Zweck-Relation** bestand.[1]

C. Rechtsfolgen

5   § 853 BGB begründet eine Einrede des Verletzten, also ein Leistungsverweigerungsrecht, das im Falle seiner Ausübung seitens des Berechtigten zur Hemmung des Anspruchs führt. Dieses Leistungsverweigerungsrecht gilt nach dem Wortlaut der Vorschrift („auch dann") nicht erst ab Eintritt der Verjährung des Aufhebungsanspruchs, sondern, solange der Verletzte seinen Aufhebungsanspruch nicht durchgesetzt hat, erst recht für die Zeit davor. Verweigert der Verletzte gestützt auf § 853 BGB die Vertragserfüllung, so ist er, um nicht ebenfalls arglistig zu handeln, vorbehaltlich des Eingreifens des § 817 Satz 2 BGB, verpflichtet, dem Schädiger die bereits von diesem empfangenen Vertragsleistungen zurückzuerstatten.

D. Anwendungsfelder

6   § 853 BGB ist nach allgemeiner Ansicht auch auf andere Fallgestaltungen anzuwenden, in denen ein Recht, eine durch unerlaubte Handlung entstandene Forderung zu vernichten, verfristet ist. Dies spielt in erster Linie für den Fall der **Versäumung der Anfechtungsfrist** aus § 124 BGB eine Rolle.[2] Allerdings gilt das nicht ausnahmslos für jeden Fall der Anfechtung aus § 123 BGB. Denn der Gesetzgeber wollte mit der Regelung des § 124 BGB dem Recht der Anfechtung gemäß § 123 BGB eine klare zeit-

---

[1] *Wagner* in: MünchKomm-BGB, § 853 Rn. 2.
[2] BGH v. 11.07.1968 - II ZR 157/65 - LM Nr. 6 zu Art 17 WG.

liche Begrenzung setzen. Die Ausschlussfrist des § 124 BGB würde aber praktisch jede Bedeutung verlieren, wenn trotz Fristablaufs alleine auf Grund der Erfüllung des Anfechtungstatbestandes eine Einrede der Arglist gegeben wäre, ohne dass dazu noch besondere Umstände hinzutreten müssten[3]. Deshalb ist § 853 BGB in den Fällen der Fristversäumnis nur dann analog anzuwenden, wenn in der zur Anfechtung berechtigenden Täuschung/Drohung zugleich eine unerlaubte Handlung im Sinne der §§ 823 Abs. 2, 826 BGB liegt.[4]

---

[3] BGH v. 11.07.1968 - II ZR 157/65 - LM Nr. 6 zu Art 17 WG.
[4] BGH v. 11.07.1968 - II ZR 157/65 - LM Nr. 6 zu Art 17 WG.

Stichwortverzeichnis

Die **fetten Zahlen** geben die Paragraphen an, die mageren Zahlen die Randnummern

A

Abbuchungsauftragsverfahren 675X 8 f.
Abdingbarkeit
- begrenzte bei unbeschränkter Haftung **702A** 3

Abfallbeseitigung
- Haftung **839** 472

Abgasuntersuchung 839 523
Abhandenkommen
- Schuldverschreibung **799** 15

Abhilfeanspruch
- des Reisenden **651C** 99

Abhilfefrist 651E 14
Ablehnung
- berechtigte **675O** 4
- Gründe **675O** 4

Ablehnungsandrohung 643 3
Ablösungsrecht
- der Gesellschafter **725** 12

Abnahme
- Ausschluss mangels Abnahmefähigkeit **646** 1

Abnahme des Werkes
- Abdingbarkeit **640** 25
- Abnahme, Architekt **640** 15
- Abnahmefiktion, angemessene Frist **640** 28
- Abnahmereife **640** 16
- AGB **640** 26
- Beweislast **640** 7, 39
- Beweislast, Abnahmefiktion **640** 41
- Beweislast, Höhe des Werklohns **640** 40
- Definition **640** 8
- konkludente, schlüssige, stillschweigende **640** 11
- Mängelrechte **640** 6
- Präklusion **640** 42
- Rechtsgeschäft **640** 10
- Subunternehmervertrag **640** 14
- Teilabnahme **640** 22, 27
- Übergangsregelungen **640** 43
- unwesentlicher Mangel **640** 19
- Versäumnisurteil **640** 4
- Vollendung **640** 18
- Vorbehalt, Modalitäten **640** 35
- Vorbehalt, Wirkungen **640** 36
- vorbehaltlose **640** 31
- vorbehaltlose, Abdingbarkeit **640** 37
- vorbehaltlose, Abnahmefiktion **640** 33
- vorbehaltlose, Schadensersatz **640** 32
- vorbehaltlose Abnahme, Kenntnis **640** 34

Abrechnung
- Begriff **782** 2

Abschlagszahlung
- Höhe **632A** 13
- Werkvertrag **632A** 1

Absicht
- betrügerische **675V** 22

Abspaltungsverbot 717 6
- Einzelfälle **717** 8

Abtretung
- derivativer Erwerb **720** 2
- rechtsgeschäftliche **651G** 39

Abtretungsempfänger
- Rechtsstellung **717** 15

Abwasserbeseitigung
- Haftung **839** 473

Abweichung
- von der Norm **675E** 1 ff.
- zum Nachteil des ZDN **675L** 19

Abzugsverbot 675Q 2
Access-Provider-Vertrag 631 116
Akkreditiv
- Abgrenzung zum Kreditauftrag **778** 3
- Widerruf **790** 5

Akzessorietät
- Beschränkungen **767** 10

Alkohol
- und Mitverschulden **839** 457

Alternativverhalten 839 487
- rechtmäßiges **839** 126

Altlast
- Amtshaftung **839** 479

Amtsarzt
- Haftung **839** 484

Amtsermittlung 839 65
Amtsmissbrauch 839 74, 79
Amtspfleger
- Amtsvormund, Haftung **839** 280

Amtspflichtverletzung
- fahrlässige, Mitverschulden **839** 165
- vorsätzliche, Mitverschulden **839** 163

Amtstierarzt
- Haftung **839** 488

Amtsübertragungstheorie 839 16
Amtsverschwiegenheit 839 80
Amtsvormund 839 439
Amtswalter
- belehrungsresistenter **839** 134

Änderung
- unbefugte, Rechtsfolgen **692** 7

Anerkenntnis
- einseitige nichtrechtsgeschäftliche **781** 4
- prozessuale **781** 6

Stichwortverzeichnis

Anfechtungsfrist
- Versäumung **853** 6

Anfechtungsrecht
- des Bürgen **770** 2

Angewiesener
- Schutzzweck **785** 1

Anklagevertretung
- vertretbar **839** 421

Anmeldebefugnis
- Reisender **651G** 28

Annahme
- Begriff **784** 3
- Einschränkungen **784** 4
- Verpflichtungswirkung **784** 9

Annahmevermerk
- abweichende Wille **791** 7
- Sonderfall **784** 8

Annahmeverweigerung
- nach Eintritt der Fälligkeit **789** 3

Annahmeverzug
- des Bestellers **642** 10; **643** 2

Annexpflicht 675K 6

Anscheinsbeweis 675L 15 ff.; **675W** 4

Anspruch
- der ZDL untereinander **676A** 3
- kein Nachschieben **651G** 55
- Verschaffung von Gewissheit über Bestehen **809** 13

Anspruchskonkurrenz 839 150

Anstaltsarzt
- Haftung **839** 490

Anstifter
- bei unerlaubter Handlung **830** 6
- Haftung mehrerer Beteiligter **830** 2

Anteil
- an Gewinn und Verlust **722** 2

Anteilspfändung
- durch Kündigung der Gesellschaft **725** 3
- Gegenstand **725** 2

Anweisender
- abweichende Wille **791** 7

Anweisung 783 3
- Abstraktionswille **784** 3
- Annahme **784** 2
- Annahme als Leistung **788** 1
- Annahmeverpflichtung **787** 6
- Annahmeverweigerung, Anzeige **789** 1
- Anspruch auf Erteilung einer Quittung **785** 3
- auf Kredit **787** 1
- auf Schuld **787** 1
- Aushändigung **785** 1
- Deckungsverhältnis **783** 8
- eine doppelte Ermächtigung **787** 6
- einseitiges Rechtsgeschäft **783** 10
- Erfüllungssurrogate **788** 2
- Erleichterung des Zahlungsverkehrs **783** 2
- Erlöschen durch Widerruf **790** 8
- Geschäftsunfähigkeit **791** 3
- kaufmännische **783** 32
- Kreditbrief **783** 33
- mangelhafte **675U** 5
- Nichterlöschen durch Tod des Anweisenden **791** 2
- Tod **791** 3
- Übernahmeerklärung im Rahmen der Schadensregulierung **783** 34
- Übertragung **792** 2
- Übertragung, Ausschluss **792** 6
- Übertragung nach der Annahme **792** 10
- Übertragung vor der Annahme **792** 9
- Valutaverhältnis **783** 7
- vom Besteller erteilt **645** 7
- Wertpapier **783** 11
- Widerruf **790** 1
- Wirksamkeit während Insolvenz **791** 6
- Zirkularkreditbrief **785** 4

Anweisungsempfänger
- Schutz des gutgläubigen **790** 9
- Verpflichtung **788** 5
- weitere Pflichten **789** 9

Anweisungsurkunde
- Aushändigung **785** 7

Anwendungsbereich 675D 6

Anzeige
- geschäftsähnliche Handlung **789** 6
- Rechtsfolgen bei Unterlassen **789** 8

Anzeigenvertrag 631 118

Anzeigenwerbevertrag 646 1

Anzeigepflicht 675L 4; **676B** 2
- Beginn **676B** 4
- des Anweisungsempfängers **789** 2
- nichtautorisierter oder fehlerhaft ausgeführter Zahlungsvorgang **676B** 2
- regelmäßige Kontrolle der Kosten **650** 10

Äquivalenzinteresse
- Verletzung **651F** 40

Arbeitgeber
- Vergütungsvereinbarung **655** 3

Arbeitnehmerüberlassungsvertrag
- Abgrenzung zum Werkvertrag **631** 18

Arbeitsamt
- Haftung **839** 324

Arbeitserlaubnis 839 220

Arbeitsgemeinschaft 631 193

Arbeitsüberlastung
- Verschulden des Beamten, Haftung **839** 73

Arbeitsverhältnis
- Haftung, innerbetrieblicher Schadensausgleich **831** 11
- Leiharbeitsverhältnis **831** 46

Stichwortverzeichnis

Arbeitsvertrag 631 119
Architekt
- Bauplanung **631** 42
- Objektüberwachung **631** 44

Architektenkammer
- Haftung **839** 379

Architektenwerk
- Ausführungsplanung **633** 56
- Bauaufsicht **633** 60
- Bauaufsicht, Kontrollen **633** 61
- Bausummenüberschreitung **633** 66
- Bausummenüberschreitung, Garantie **634** 107
- Bausummenüberschreitung, Schaden **634** 106
- Darlegungsumfang **633** 68
- Erfolg, geschuldeter **633** 50
- Erfüllungsgehilfe des Bauherrn **633** 65
- Genehmigungsplanung **633** 53
- Kostenermittlungen **633** 51
- Leistungsphasen **633** 50
- Mängel am Bauwerk **634** 103
- Nacherfüllung **633** 59
- Objektüberwachung **633** 63
- Planung **633** 55
- Schaden bei fehlerhafter Genehmigungsplanung **634** 104
- schadenträchtige Details **633** 57
- Sonderfachmann **633** 58
- Überwachungsfehler **633** 60
- Untersuchungs- und Beratungspflicht **633** 64

Architektenwettbewerb 657 46; **661** 16, 31
Arglisteinrede 853 1
Ärztekammer
- Haftung **839** 379

Arztvertrag 631 120
Atombehörde
- Haftung **839** 327

Aufbewahrung
- Änderung **692** 1 f.
- durch den Gastwirt **703** 9
- Fehlen einer Gegenleistung **690** 3
- nicht sichere **675V** 4
- unentgeltliche **690** 2
- vorzeitige Beendigung **699** 5

Aufgebotsverfahren 785 9; **808** 28
- zur Kraftloserklärung der Urkunde **802** 1

Aufhebung
- Ausschluss im Todesfall **750** 1
- Vollzug **749** 14

Aufhebungsanspruch
- der Gemeinschaft **749** 2
- fehlender **749** 20
- Unverjährbarkeit **758** 1
- wichtiger Grund **749** 4

Aufhebungsvereinbarung
- Befristung **750** 2
- Begriff **749** 15

Aufklärung
- Aktienfonds **675** 129
- geschlossene Fonds **675** 129
- Innenprovision **675** 126
- Interessenkonflikt **675** 129
- Verbotsirrtum **675** 138
- Werthaltigkeit **675** 128

Aufklärungspflicht 675L 14; **839** 85, 301, 325, 515
Aufladebegrenzung 675I 6
Auflösung
- Erleichterung durch gesellschaftsvertragliche Vereinbarungen **726** 5

Aufrechnung
- gegen eine Gesellschaftsforderung **719** 5
- gegen fällige Forderung des Hauptschuldners **770** 6

Aufrechnungsrecht 675T 6
Aufrechnungsverbot
- in der Insolvenz **675H** 7

Aufsichtspflicht 839 293, 296
- der Eltern **828** 7
- Erziehung **832** 20

Aufsichtspflichtverletzung
- Aufsichtsverhältnis, Delegierung **832** 16
- begleitetes Fahren **832** 49
- Haftpflichtversicherung **832** 50
- Jugendliche **832** 38
- Kinder (6-10 Jahre) **832** 29
- Kleinkinder **832** 22
- Mitverschulden der Eltern **832** 53
- ordentliche Erziehung **832** 36
- Rechtswidrigkeit **832** 18
- unvermeidbare Fehlhandlungen **832** 32
- Verschulden **832** 19
- Volljährige **832** 47

Aufsichtsverhältnis
- Kinder **832** 5
- konkludent vertraglich übernommene Aufsichtspflicht **832** 11
- Vertrag **832** 8
- Volljährige **832** 6

Auftrag 662 1
- Abgrenzung zum Gefälligkeitsverhältnis **662** 23
- Abgrenzung zum Werkvertrag **631** 15
- Ablehnung **663** 8
- Abmahnung **670** 26
- Annahme und Nichtannahme des Vertrags **663** 7
- Anspruch auf Ausführung **664** 11
- Arbeitskraft und Aufwendung **670** 11
- Aufrechnung **667** 17
- Aufwendung und Aufrechnung **670** 20
- Aufwendung und Zurückbehaltungsrecht **670** 20

Stichwortverzeichnis

- Aufwendungen, Begriff **670** 5
- Aufwendungen, Erforderlichkeit **670** 16
- Aufwendungen, verbotene Geschäfte **670** 17
- Aufwendungen, Zweckrichtung **670** 19
- Aufwendungen beim Arbeitsverhältnis **670** 35
- Aufwendungsersatz **670** 1
- Aufwendungsersatz, Beweislast **670** 21
- Aufwendungsersatz, Geltendmachung **670** 20
- Aufwendungsersatz und Geschäftsbesorgung **670** 3
- Auskunft **666** 1
- Auskunft, Klagbarkeit **666** 13
- Auskunftsberechtigter **666** 6
- Auskunftsrecht **666** 3
- Auskunftsverpflichteter **666** 7
- Beendigung **671** 2
- Beendigung, Geschäftsbesorgung **671** 14, 17
- Beendigung bei mehreren Beteiligten **671** 5
- Beendigung durch Auftraggeber **671** 15
- Begriff der Geschäftsbesorgung **662** 4
- Einheitstheorie **662** 5
- Erfüllungsanspruch **662** 31
- Erfüllungsgehilfe **664** 4, 14
- Erfüllungsgehilfe und Auslegungsregel **664** 10
- Fiktion des Fortbestandes **674** 1
- Form **662** 28
- fremdnützige Tätigkeit **662** 17
- Fremdnützigkeit **662** 18
- Geldverwendung **668** 1
- Gesamtrechtsnachfolge beim Beauftragten **673** 5
- Geschäftsunfähigkeit des Auftraggebers **672** 1
- Haftung **662** 34
- Herausgabe von Krankenunterlagen **667** 7
- Herausgabepflicht **667** 1
- Herausgabepflicht, Erfüllung **667** 12
- Herausgabepflicht, Schmiergelder **667** 9
- Herausgabepflicht, Umfang **667** 3
- Herausgabepflicht, Wirkung gegen Dritte **667** 13
- Informationspflicht als Schutzpflicht **666** 10
- Insolvenz des Auftraggebers **672** 5
- Insolvenz des Beauftragten **673** 2
- Insolvenzeröffnung und Konto **667** 16
- Kündigung, Rechtsfolge **671** 13
- Kündigung und wichtiger Grund **671** 11
- Kündigung zur Unzeit **671** 10
- Kündigungserklärung **671** 8
- Kündigungsrecht **671** 7
- Notgeschäftsführung **672** 10
- Obhuts- und Warnpflichten **662** 32
- öffentliche Bestellung **663** 3
- öffentliches Sich-Erbieten **663** 5
- Rechenschaft **666** 2, 12
- Risiken als Aufwendungen **670** 7
- Schadenersatz bei Kartenmissbrauch **670** 13
- Schadenersatz mangels Ablehnung **663** 11
- Schenkung auf den Todesfall **672** 7
- Substitution **664** 3, 5, 8, 12
- Substitution und Pflichtverletzung **664** 13
- Tod des Auftraggebers **672** 1, 4, 13
- Tod des Beauftragten **673** 1, 4
- Trennungstheorie **662** 5
- Übertragbarkeit **664** 1
- Und-Kaufrecht **662** 12
- Unentgeltlichkeit **662** 21
- Verhältnis zu anderen Normen **662** 30
- Vertrauensschutz bei Beendigung **672** 11
- Vertrauenstatbestand **663** 1
- Verzinsung **668** 1
- Verzinsungspflicht für Geld **668** 1
- Vollmacht **662** 29
- Vorschuss **669** 1
- vorvertragliche Verhaltenspflicht **663** 1
- Weisung, Begriff **665** 4
- Weisung, Pflicht zum Abweichen **665** 9
- Weisung, Recht zum Abweichen **665** 8
- Weisung, Verstoß gegen **665** 13
- Weisung, Widerruflichkeit **665** 6
- Weisungsgebundenheit **665** 7
- Widerruf **671** 1
- Widerruf, Rechtsfolge **671** 12
- Widerrufserklärung **671** 4
- Widerrufsrecht **671** 3
- Zahlungsdienste **670** 22

Auftraggeber
- Beweislast für Zahlung des Vorschusses **669** 10
- Bürge für Verbindlichkeit des Dritten **778** 1

Auftragsangelegenheit
- Haftung der Gemeinde **839** 17

Auftragsrecht
- subsidiäre Geltung **713** 5

Auftragsstrenge
- formale **675R** 3

Aufwandserfolgsrisiko
- angemaßter Geschäftsführer **687** 71
- Aufwendung **675J** 9
- beim Auftrag, Begriff **670** 5
- Erforderlichkeit der getätigten **683** 51

Aufwendungsersatz
- Anspruch **675J** 3
- Internetanschluss **670** 31
- risikotypische Begleitschäden **713** 7

Auseinandersetzung
- Gesellschaftsvermögen **730** 11; **738** 1
- keine andere Vereinbarung **731** 3
- Verfahren **731** 1

Auseinandersetzungsbilanz 731 4

Stichwortverzeichnis

Auseinandersetzungsguthaben
- fiktive **725** 11

Ausfallhaftung
- Berechnung **739** 3

Ausführung
- fehlgeleitete **675Y** 1

Ausführungsart
- Vereinbarung **633** 32

Ausführungsbedingung 675O 6
Ausführungsfrist 675I 5; **675N** 9; **675S** 2
Ausführungspflicht 675O 6
Ausführungszeit
- maximale **675S** 1

Ausgabenobergrenze 675I 2
Ausgleich
- bei mehreren Bürgen **774** 15
- bei mehrfacher ungleichartiger Sicherung **774** 17
- unter Gesamtschuldnern **841** 1

Ausgleichsanspruch 675Y 9
- im Innenverhältnis **755** 3
- Zahlungsvorgang **676A** 1

Ausgleichung
- bei Beamtenhaftung **841** 1

Aushang 675A 10
Ausklärungspflicht 839 357
Auskunft 839 83 f.
- falsche **839** 286

Auskunfterteilung 799 26; **839** 372
Auskunftspflicht 681 7
Auskunftsvertrag 631 121
Auslagenerstattung
- Vereinbarung **655D** 1

Ausländer 839 11 f., 328
Auslandsüberweisung 675Q 2
Auslegungsregel 685 8
Auslieferung
- neue Zins- und Rentenscheine **805** 1

Auslobung
- Abgrenzung zu Werk-, Dienst-, Auftragsvertrag **657** 4
- Abgrenzung zum Preisausschreiben **657** 7
- Abgrenzung zur Gewinnzusage **657** 7
- Abgrenzung zur Schenkung **657** 5
- Abgrenzung zur Wette **657** 6
- Anfechtung neben Widerruf möglich **658** 12
- Architektenwettbewerbe **657** 46; **661** 16, 31
- Einschränkung bei Sportwettkämpfen **657** 38
- einseitiges nicht empfangsbedürftiges Rechtsgeschäft **657** 1
- fehlerhafte Belohnungsvergabe **659** 5
- Gewinnzusage **661A** 10
- Klage gegen die Verteilungsentscheidung **660** 15

- Maßstab für die Ernstlichkeit des Versprechens **657** 16
- Preisausschreiben **661** 6
- steuerrechtliche Auswirkungen **657** 45
- unter Vorbehalt des Widerrufs **658** 1
- Widerruf **658** 1
- Widerruf einer ausgelobten Unterlassung **658** 7

Ausschließlichkeitsrecht
- Besonderheiten **687** 18

Ausschluss
- gesetzlicher **773** 4
- vertragliche Haftung des Reiseveranstalters **651H** 21
- vertraglicher **773** 2

Ausschlussfrist 675X 10; **676B** 3
- Beginn **651G** 44
- nichtautorisierter oder fehlerhaft ausgeführter Zahlungsvorgang **676B** 3

Ausschlussgrund 685 5
Ausspähen 675L 17
Aussteller
- schuldbefreiende Leistung **797** 20
- Tod oder nachträgliche Geschäftsunfähigkeit **794** 23

Ausstellerhaftung
- zwingende **790** 6

Ausstellungsmangel 796 8
Auswärtiges Amt
- Warnhinweise **651J** 12

Authentifizierung 675W 3
Autorenvertrag 631 122
Autorisierung 675F 3; **675J** 1 ff.; **675U** 3; **675X** 2
- streitig **675W** 2

Autorisierungsproblem 675I 5

B

Bahnreise
- im Rahmen von Pauschalreisen **651C** 16

Bankautomat 675N 7
Bankenaufsicht
- Haftung **839** 329

Bankkartenvertrag 675H 5
Bankvertrag 631 123
- allgemeiner **675M** 1

Bargeldersatzfunktion 675P 4
Baugenehmigung 839 115
- rechtswidrige **839** 375

Bauhandwerkssicherung 648A 3 f.
- Anwendungsbereich **648A** 6
- gesicherte Forderung **648A** 21
- Leistungsverweigerung, Kündigung **648A** 1

Bauherrengemeinschaft
- Gesellschafterhaftung **714** 29

Stichwortverzeichnis

Bauleitplanung
- Haftung **839** 478
- zügige **839** 483

Baumform
- atypische **839** 452

Baumkontrolle 839 450

Bauunternehmer
- mehrere **631** 191
- mehrere, Haftung **631** 179

Bauvertrag 631 64
- VOB **631** 66
- VOB, Inhaltskontrolle **631** 70
- VOB Teil A **631** 67
- VOB Teil B **631** 68
- VOB Teil C **631** 77

Bauvoranfrage 839 371

Bauwerk
- Begriff **634A** 11
- Definition **836** 9
- Planungs- und Überwachungsleistungen **634A** 15
- sonstiges **837** 5
- Verjährungsbeginn und Verjährungsdauer **634A** 16

Bauwerkunternehmer
- als Berechtigter **648** 4

Beamter
- Geschäftsführung für einen Dritten **841** 2
- interne Haftungsfreistellung **841** 4
- Verletzung der beamtenrechtlichen Fürsorgepflicht **839** 284

Beauftragter
- Verwendung vorhandenen Geldes **668** 2

Bedenken
- Hinweis **839** 300

Bedürfnisvermehrung 843 5

Beeinträchtigung
- Anspruchsteller gegenüber bestehende Dienstleistungsverpflichtung **845** 5
- objektive Erheblichkeit **651E** 5

Beerdigungskosten
- infolge der Tötung einer Person **844** 1, 4

Befangenheit 839A 33

Beförderung 839 70, 101

Beförderungsleistung 646 1

Beförderungsvertrag 631 124

Befreiung
- gegenüber dem Hauptschuldner **775** 11

Befreiungsanspruch
- Abdingbarkeit **775** 15
- Berichtigung von Forderungen **755** 1
- Entstehung **775** 6

Befristung
- der Aufhebungsvereinbarung **750** 2

Begebungsmangel
- Begriff **796** 15

Begebungsvertrag
- Abschluss **807** 4

Begehren
- auf Teilung der Gemeinschaft gerichtet **758** 2

Begleitschaden
- Ersatzanspruch **680** 5

Behauptungslast
- sekundäre **839** 274

Beherbergung
- Begriff **701** 11
- eingebrachte Sachen **701** 18
- Gastaufnahme **701** 15
- Haftung des Gastwirts **701** 1
- im Rahmen von Pauschalreisen **651C** 19
- Personenschifffahrtsgesellschaft **701** 11
- Schadensersatzanspruch **701** 25
- Schadensverursachung durch Begleiter **701** 36
- Schadensverursachung durch Gast **701** 32
- Schadensverursachung durch höhere Gewalt **701** 37
- Schlafwagengesellschaft **701** 11
- Übernachtung **701** 14
- Verpflegung **701** 12

Beherbergungsbetrieb
- vorübergehende Entfernung von Sachen **704** 6

Behördengutachten 839A 12

Beitrag
- Ausschluss der Rückforderung **760** 6
- psychischer oder intellektueller **830** 6

Beiträge
- der Gesellschafter **706** 1

Belastungsbuchung 675X 7

Belehrungspflicht 839 298, 410

Beliehener 839 15

Belohnung
- Zuteilung nach billigem Ermessen **659** 8

Belohnungsverteilungsplan
- Aufstellung **660** 2

Benachteiligungsverbot 675G 11

Benutzungsregelung
- der Teilhaber **746** 3

Beratungspflicht 839 133

Beratungsvertrag 631 125

Berechnungsmethode
- dreifache **687** 27

Berechtigter
- Verzicht **659** 4

Bereicherung
- ungerechtfertigte **675U** 4

Bereicherungsanspruch 675T 5; **675U** 13; **675Y** 10
- Auslobende gegen den Bewerber **659** 5
- deliktischer **852** 3

Bereicherungsanspruchs
- Wegfall gegen den Zuwendenden **822** 5

Bereicherungseinrede
- Ausübung **821** 3
- Bestellung einer Sicherheit für Forderungen **821** 12

Berichtigung
- der Forderung unter den Teilhabern **756** 5

Berufsgenossenschaft
- Haftung **839** 506

Beschädigung
- alte Urkunde **798** 7
- einer Sache durch unerlaubte Handlung **849** 2
- Risikobereich des Hinterlegers **697** 8

Beschaffenheit
- Anzeige **694** 8

Beschaffenheitsvereinbarung
- Werkvertrag **633** 13

Beschlussverfahren 745 3

Beschränkung
- des Aufhebungsverbotes **751** 1

Besichtigung
- der Sache **809** 1, 17
- Hardware **809** 23
- Sache, Gefahr und Kosten der Vorlegung **811** 5
- Sache, Vorlegungsort **811** 2
- Sachen **809** 1

Besichtigungsanspruch
- Hilfsanspruch **809** 1

Besichtigungsrecht
- Ausübung **809** 18

Bestandteile 651 4

Besteller
- Mängeleinrede **634A** 26
- Rücktrittsrecht **634A** 25

Beteiligung
- am Ergebnis schwebender Geschäfte **740** 1

Betragsgrenze 675I 2

Betragsobergrenze 675K 1 f.

Betriebsprüfer
- Haftung **839** 282

Betroffenheit
- mittelbare **839** 98

Beurteilung
- dienstliche **839** 247
- vertretbar **839** 344

Beurteilungsspielraum 839 273

Bewährungshelfer
- Haftung **839** 403

Beweis
- des ersten Anscheins **839** 263

Beweisanforderungen 675W 4

Beweislast 675D 7; **675W** 5; **839A** 31
- Geschädigter **831** 139
- Geschäftsherr **831** 140

- Mindestanforderungen **676** 1
- Verlagerung vom Unternehmer auf den Besteller **646** 3
- Verlust des Nebenpapiers **804** 19

Beweislastregel 839 277

Beweislastumkehr 839 267

Beweislastverschiebung 839 270

Beweismittel
- Zeugnis des verletzten Kindes **845** 12

Beweisvereitelung 675L 17

Bewohnbarkeit 839 108

Bewusstsein
- ein fremdes Geschäft zu führen **687** 35

BGB-Gesellschaft
- eigenübliche Sorgfalt **740** 6

BGB-InfoV 675A 1

BGB-InfoVO 675D 2

Billigkeit
- Schadloshaltung erforderlich **829** 7

Billigkeitshaftung
- Minderjähriger **829** 1
- Schadensumfang **829** 11

Billigreise
- Reise mit besonderem Charakter **651C** 95

Bindungswirkung 839 131, 260

Blankett
- Bürgschaft **766** 9, 15

Blankett-Bürgschaft 766 9

Börse
- Haftung **839** 332

Bruchteilsgemeinschaft
- Abgrenzung zur Gesellschaft **705** 33
- Beweislast für das Bestehen **748** 12

Bruchteilszuständigkeit
- Beendigung durch Rechtsgeschäft **749** 1

Bruttolohntheorie
- Bemessung der Ersatzleistung **842** 6

Buchung
- valutamäßige **675Y** 3

Bummelstreik 839 295

Bundesanstalt für Finanzdienstleistungsaufsicht
- Haftung **839** 329

Bundesbank
- Haftung **839** 334

Bundesprüfstelle für jugendgefährdende Schriften
- Haftung **839** 335

Bundeswehr
- Haftung **839** 336

Bürge
- Ausgleichspflicht bei mehreren Bürgen **774** 15
- Befreiungsanspruch gegen Hauptschuldner **775** 1
- Befriedigung des Gläubigers **774** 4

Stichwortverzeichnis

- Einrede, Begriff **768** 6
- Einrede bei Anfechtbarkeit der Hauptschuld **770** 2
- Einrede bei Aufrechnungsrecht **770** 6
- Einrede der beschränkten Erbenhaftung **768** 9
- Einrede der Vorausklage **771** 1
- Einrede der Vorausklage, Ausschluss **773** 1
- Freiwerden bei Rechtsaufgabe durch Gläubiger **776** 7
- Leistungsverweigerungsrecht **770** 1
- Pflichten **765** 50
- Rückgriff gegen Hauptschuldner **774** 1
- Übergang der Hauptforderung **774** 3
- Übergang von Sicherungsrechten **774** 6

Bürgenverpflichtung
- Freistellung **776** 8

Bürgschaft
- Abgrenzung zu anderen Personalsicherheiten **765** 62
- Akzessorietät **765** 26; **767** 1, 10
- Angehörigenbürgschaft **765** 40
- auf Zeit **777** 1, 5
- Ausfallbürgschaft **765** 57
- Beendigung **765** 52
- Blankett **766** 9, 15
- Bürgschaft auf erstes Anfordern **765** 60
- Einschränkungen der Hauptschuld **767** 6
- Einwendungen und Einreden **765** 30
- Erteilung **766** 5
- Erweiterung der Hauptschuld **767** 7
- Form **765** 25; **766** 1
- Form, elektronische **766** 7
- Form, Telefax **766** 8
- für künftige Verbindlichkeiten **777** 5
- Heilung des Formmangels **766** 12
- Höchstbetragsbürgschaft **765** 58
- Insolvenz **765** 65
- Kreditauftrag **778** 1
- Mitbürgschaft **769** 2
- Nachbürgschaft **765** 55
- Pflichten des Bürgen **765** 50
- Pflichten des Gläubigers **765** 48
- Prozessbürgschaft **765** 59
- Rückbürgschaft **765** 56
- schriftliche Erklärung **766** 3
- selbstschuldnerische **773** 2
- Sonderformen **769** 1
- vermögensloser Personen **765** 33
- Verzicht des Hauptschuldners auf Einreden **768** 10
- von Gesellschaftern **765** 43
- Voraussetzungen **765** 13
- Zeitbürgschaft **777** 1

Bürgschaftsschuld
- Umfang **767** 1

Bürgschaftsvertrags
- mit einer zeitlichen Befristung **777** 3

Bußgeldbehörde
- Haftung **839** 340

Busreise
- im Rahmen von Pauschalreisen **651C** 18

C

Campingplatzinhaber
- Haftung **701** 8

Chartervertrag 631 128

Clearing 675T 6

Cluburlaub
- Reise mit besonderem Charakter **651C** 85

Cut-off-Zeitpunkt 675N 6, 8

D

Darlehensvermittler
- Ausschluss des Vergütungsanspruchs **655B** 5
- Vereinbarung einer Auslagenerstattung **655D** 1

Darlehensvermittlungsvertrag
- abweichende Vereinbarungen **655E** 1
- ausschließlich mit einem Dritten **655A** 17
- Darlehensvermittlungsvertrag **655A** 14
- Form **655B** 1
- Formerfordernis **655B** 1
- mit einem Verbraucher **655A** 16
- Nebenentgelte **655D** 1
- Trennungsgebot **655B** 2
- Vergütung **655C** 1
- Wirksamkeitsvoraussetzung **655B** 1

Daueraufträge 675N 9

Debitkarte 675I 1; **675L** 12

Deckungsverhältnis 675T 5; **675X** 10
- Erfüllungseintritt **787** 2

Deckvertrag 631 129

Deliktsfähigkeit
- actio libera in causa **827** 8
- bei unerlaubter Handlung **827** 1
- bei unerlaubter Handlung, Kinder und Jugendliche **828** 1, 3
- Beweislastregel **827** 2
- Bewusstlosigkeit **827** 6
- Billigkeitshaftung **829** 1
- Billigkeitshaftung und Haftung des Aufsichtspflichtigen **827** 3
- Kinder und Jugendliche, erforderliche Einsicht **828** 4
- Kinder und Jugendliche, Verkehrsunfall **828** 5
- krankhafte Störung der Geistestätigkeit **827** 7
- Minderjähriger, Rechtsfolge **828** 12
- von Kindern und Jugendlichen **828** 1

Deliktsunfähigkeit 829 6

Depositengeschäft 700 4

DepotG 675B 3

Stichwortverzeichnis

Diebstahl
- ec-Karte **675V** 16

Dienstaufsichtsbeschwerde 839 209, 224, 234

Dienstherrnfähigkeit 839 19

Dienstvertrag
- Abgrenzung zur Verwahrung **688** 22

Diligenzpflicht
- beschränkte **708** 11

DIN-Normen 633 31; **823** 168

Disziplinarverfahren
- Rechtsmittel **839** 241

Doppelfehler 675U 10

Doppelgutschrift 675U 12

Doppelinteresse
- Handeln **683** 31

Doppelmaklertätigkeit
- Üblichkeit **654** 7

Doppelstellung 839 20

Doppelüberweisung 675J 1

Dringlichkeitsvermutung 648 25

Drittbezogenheit 839 97

Drittbezug
- Relativität **839** 99

Dritte
- Nutzung gemeinschaftlicher Gegenstände **754** 1

Dritter
- Herausgabepflicht **822** 1
- Unterhaltsverpflichtungen **843** 6

Drittgerichtetheit 839 104

Drittschadenbezug 675Q 2

Drittschadensliquidation
- Beherbergungsvertrag **701** 26

Drittschutz 839 58

Drittstaatenbezug 675Q 4; **675T** 11

Drittstaatensachverhalt 675E 4

Drittstaatenwährung 675T 8

Drittverwahrung
- befugte **691** 8
- mutmaßliche Einwilligung **691** 7
- unbefugte **691** 10
- von Wertpapieren **691** 3

Duplikat
- Kennzeichnung **800** 8

Durchgangsarzt
- Haftung **839** 491

E

E-Commerce 675L 2

E-Geld 675I 1, 3, 6 f.
- kartenbasiertes **675I** 3

E-Mailpostfach 675N 2

Ebay 675A 9

EC-Karte
- mit PIN **675H** 5

EC-Karten-Missbrauch 675L 17

Effektengiroverkehr 675B 4

Eheanbahnungsdienstvertrag 656 2

Ehegatteninnengesellschaft
- Auseinandersetzungsansprüche **730** 80
- Definition **730** 81

Ehevermittlung
- Eheanbahnung **656** 2
- Partnerschaftsvermittlung **656** 4

Eigenbesitzer
- böswilliger **687** 77

Eigengeschäftsführung
- irrtümliche **687** 1
- von eigennützigen Verhalten geprägt **687** 38

Eigentumserwerb
- Aushändigung der Urkunde **797** 16

Eigentumsübertragung
- auf den Besteller **632A** 9

Ein-Zugriff-Doktrine 675V 12 ff.

Eingang
- vorbehalten **675T** 6

Eingreifen
- manuelles **675R** 9

Eingriff
- schuldloser **687** 19
- verschuldeter **687** 23

Einkommensverlust 839 528

Einlage
- Zurückerstattung **731** 4

Einlagen
- in Gesellschaft, Begriff **706** 1
- Rückerstattung **733** 12

Einlagenrückgewähr
- verbotene **669** 12

Einlegung
- Rechtsmittel **839** 138

Einrede
- Ausnahmen **768** 9
- Begriff **768** 6
- der Bereicherung **821** 1

Einredeverzicht
- des Bürgen **770** 7

Einsicht
- in öffentliche Register, Akten und Urkunden **810** 6
- Operations- und Krankenunterlagen **810** 15
- Urkunde **810** 1, 5
- Urkunde, Gefahr und Kosten der Vorlegung **811** 5
- Urkunde, Vorlegungsort **811** 2

Einsichtsrecht
- Beauftragung von Dritten **716** 4

Einstandspflicht
- Grenzen **651C** 35

Eintrittskarte
- kleine Inhaberpapiere **807** 17

Stichwortverzeichnis

Einwendung
- Ausschluss durch gutgläubigen Erwerb **796** 24
- Definition **796** 6
- des Ausstellers **796** 1
- unmittelbare **796** 23
- urkundliche **796** 18

Einwendungen 675X 19
Einwendungsausschluss 784 11
Einwilligung 675J 4
Einwilligungsvorbehalt
- Anordnung **791** 5

Einzelrente
- Höhe, bei Tod des Berechtigten **760** 6

Einzelzahlungsvertrag 675F 1
Einzugsermächtigung 675J 5; **675P** 5
Einzugsermächtigungsverfahren 675X 13 ff.
- Lastenschrift **675S** 3, 8

Empfang
- Kenntnis vom Fehlen des Rechtsgrundes **819** 4

Entgelt 675D 8; **675F** 10; **675H** 2, 6; **675P** 8; **675Q** 3; **675Y** 11 f.
- für Lastschriftrückgabe **675X** 33 ff.
- in AGB **675F** 13

Entgelt-Sharing 675Q 4 f.
Entgeltabzug 675Q 2
Entlastung
- Anspruch des Geschäftsführers **713** 5

Entlastungsbeweis
- des Tierhüters **834** 4
- Kraftfahrer **831** 117
- Krankenhaus, Arzthaftung **831** 121
- Leitungssorgfalt **831** 115
- Rechtswidrigkeitszusammenhang **831** 105, 128
- Überwachungssorgfalt **831** 111

Entschädigung
- angemessene **642** 11
- Art des Anspruchs **651F** 45
- erhebliche Beeinträchtigung **651F** 49
- finanzielle **675Z** 1
- Höhe **642** 16; **651F** 62
- Resterholungswert **651F** 63
- Vereitelung der Reise **651F** 57

Entschädigungsanspruch 839 33
- des Veranstalters **651E** 23

Entscheidung
- eines Gerichts **839A** 16, 21

Entschlussfreiheit
- des Kindes **845** 9

Entsorgungsvertrag 631 130
Entsperrung 675K 6
Entstehung
- wirksame, der Bürgschaft auf Zeit **777** 7

Entziehung
- einer Sache durch unerlaubte Handlung **849** 2

Entziehungsbeschluss
- Wirkung **712** 5

Entziehungsgrund 712 3
- organschaftliche Vertretungsmacht **715** 3
- unredliches Verhalten **712** 3

Erbengemeinschaft
- Fruchtziehung **743** 9
- Kostentragung **748** 13
- Verwaltung **745** 9

Ereignis
- ungewöhnliches **676C** 3
- unvorhersehbares **676C** 3

Erfolg
- Mitwirkung am gemeinsamen **660** 6

Erfolgseintritt
- Ungewissheit **820** 6

Erfüllung
- gesetzliche Unterhaltspflicht **679** 18

Erfüllungsgehilfe 839 366
- zwischengeschaltete Stellen **675Z** 5

Erfüllungsort 697 3
- bei öffentlich-rechtlicher Verwahrung **697** 6

Erfüllungsverweigerung
- Recht des Auslobenden **660** 13

Erhaltungspflicht
- Mieter und Pächter **838** 3

Erkenntnis
- urteilsvertretende **839** 195

Erlangung
- auf Kosten des Verletzten **852** 5
- von etwas **852** 5

Erlös
- aus Weiterveräußerung des Erlangten **822** 9

Erlöschensgrund
- spezifisch wertpapierrechtlicher **801** 1

Ermächtigungstheorie 675X 18
Ermessensausübung 839 74
Ermessensentscheidung 839 448
Ermittlungsverfahren
- Vertretbarkeit **839** 423

Erneuerungsanspruch
- erfolgreiches Aufgebotsverfahren **800** 1

Erneuerungsschein
- Begriff **805** 5
- einfache Legitimationspapiere **805** 4

Ersatz
- in Form der Lizenzgebühr **687** 29
- von Verwendungen **850** 1

Ersatzanspruch
- des Geschäftsführers **683** 7
- spezielle Gefahrtragungsregel **732** 9
- von Drittem bei Tötung **844** 1
- wegen entgangener Dienste **845** 1
- zum Gebrauch überlassene Gegenstand **732** 9

Ersatzfähigkeit
- Kosten eines zwischengeschalteten Dienstleistungsunternehmens **683** 49

Ersatzmöglichkeit
- anderweitige **839** 305, 505

Ersatzpflicht
- bei Verletzung einer Person **842** 1

Ersatzurkunde 798 1
Ersatzvornahme 839 361
Erschließungsplan 839 482

Ersetzungsbefugnis
- Ausübung **651B** 5

Erstattung 675X 11
- am Urlaubsort **651M** 4

Erstattungsanspruch 675U 3, 8

Erwerb
- neu errichteter Häuser und Eigentumswohnungen **633** 71
- von Altbauten **633** 72

Erwerber
- Bruchteil an der Gemeinschaft **746** 2

Erwerbsfähigkeit
- Aufhebung oder Minderung **843** 3

Erwerbsunterlassung
- böswillige **649** 20

Erzieher 675A 5
EU-Bürger 839 385

Eventualzweck
- im Gesellschaftsvertrag **726** 5

Existenzgründer
- Unterrichtungspflicht **655E** 2
- Vermittlung von Verbraucherdarlehensverträgen **655E** 2

Existenzsicherung 839 501

Expeditionsreise
- Reise mit besonderem Charakter **651C** 83

F

Fahrkarte
- kleine Inhaberpapiere **807** 17

Fahrlässigkeit
- grobe **675V** 7, 9, 11

Fahrlässigkeitsmaßstab 839 132
Falsa demonstratio non nocet 675U 10
Falschauskunft 839 514, 518 f.
Falschbegutachtung 839A 9

Fälschung
- der Unterschrift **675V** 5

Fehlbetrag 735 6
Fehlbuchung 675U 9
Fehlerbehebung 839 75
Fehlüberweisung 675T 5

Fertigstellung
- der neuen Urkunde **798** 13

Feststellung
- hypothetische **839** 398

Fiktion
- der Zustimmung **675G** 1
- Fortbestand des Auftrags **674** 1
- stillschweigende Übereinkunft **653** 1
- stillschweigende Vergütungsvereinbarung **632** 23

Filialüberweisung 675S 4
Filmherstellungsvertrag 631 134

Finanzamt
- Haftung **839** 342

Finanzierungsnebenkosten 668 3
Finanztermingeschäft 762 35
- zwischen Privaten **762** 39

Finanztransfergeschäfte 675S 2
Fixkosten 675F 12
Folgenbeseitigungsanspruch 839 217
Folgeschaden 676B 5
- Ersatz **676B** 5

Forderung
- auf Gemeinschaft begründet **756** 2
- durch unerlaubte Handlung erlangt **853** 3
- im Gesellschaftsvermögen **720** 4
- Inhalt **756** 3
- keine Kenntnis des Schuldners **720** 3
- Übertragung der gesicherten **767** 8

Forderungsübergang
- gesetzlicher **651G** 32
- Verhältnis Bürge zu Gläubiger **774** 3

Formvorschrift 839 69
Forschungsvertrag 631 132

Frachtführer
- Haftung **831** 27

Frankfurter Tabelle
- Ermittlung der Minderung **651D** 29

Freiwillige Feuerwehr
- Haftung **839** 287

Freizeichnungsvereinbarung
- Erlass der Haftung **702A** 2

Fremdgeschäftsführungsbewusstsein
- Senkung der Anforderungen **686** 3

Fremdgeschäftsführungswille
- Ermittlung **681** 5

Fremdwährung 675E 7
Friseurvertrag 631 133

Frist
- angemessene **839** 72
- vereinbarte **675S** 7 f.

Fristbestimmung
- als Verzicht **658** 10

Fristversäumung
- nicht verschuldete **651G** 56

Funktionstauglichkeit 633 34
Fürsorgepflicht 839 409
Fußgänger 839 462
- Sturz **839** 461

Stichwortverzeichnis

G

Garantie
- Werkvertrag **633** 21
- zusätzliche Sicherheitsleistung **648A** 29

Garantiehaftung
- reiserechtliches Gewährleistungsrecht **651C** 1

Garantievertrag
- Abgrenzung zum Werkvertrag **631** 17

Gast
- Erklärung **702A** 5

Gastschulaufenthalte 651L 1
- Beendigungsmöglichkeit für Veranstalter **651L** 8
- Gastfamilie **651L** 6
- Kündigung **651L** 11
- Rücktritt **651L** 9
- Schulbesuch **651L** 7

Gastschüler
- minderjähriger **651L** 5
- Reisender **651L** 4

Gastwirt
- Ablehnung der Aufbewahrung **702** 14
- Campingplatzinhaber **701** 8
- Entbehrlichkeit der Schadensanzeige bei Aufbewahrung **703** 9
- Erlöschen des Ersatzanspruchs für eingebrachte Sachen **703** 1
- Erlöschen des Pfandrechts **704** 5
- Freizeichnung von Haftung, Formerfordernis **702A** 5
- Freizeichnung von Haftung, Nichtigkeit **702A** 2
- Gewerbsmäßigkeit **701** 5
- Haftung **701** 1; **831** 24
- Haftung, uneingeschränkte **702** 9
- Haftung, verschuldensabhängige **702** 10, 12
- Haftung bei Übernahme zur Aufbewahrung **702** 12
- Haftungshöchstbetrag bei Geld, Kostbarkeiten, Wertpapieren **702** 5
- Haftungshöchstsumme **702** 2
- Haftungshöchstsumme, Mehrfachbelegung **702** 4
- Haftungsumfang **702** 2, 9
- Inhaber des Pfandrechts **704** 2
- Pächter einer Familienpension **701** 6
- Pfandrecht **704** 1
- Pfandrecht, Erlöschen **704** 5
- Privatpersonen **701** 10
- Reiseveranstalter **701** 9
- Schankwirt **701** 7
- Schutz- und Obhutspflicht **703** 1
- Speisewirt **701** 7
- Streupflicht **823** 152
- Verschulden **703** 11

Gastwirtshaftung
- grundsätzlich unabdingbar **702A** 1

Gebäudebesitzer
- ersatzpflichtig **837** 2
- Rechtsfolgen **837** 7

Gebäudebesitzerhaftung 836 1
- Amtshaftung **836** 38
- Bauwerk **836** 8
- Einstürzen oder Ablösen **836** 10
- Errichtungsfehler **836** 18
- Fallgruppen **836** 44
- Gebäudebesitzer ohne Grundstückseigentum **837** 1
- Grundstücksbesitzer **836** 27
- Kausalität **836** 23
- nachbarrechtlicher Ausgleichsanspruch **836** 40
- Nachbarschutz **836** 39
- Naturkatastrophe **836** 32
- Naturkatastrophen **836** 19
- Rechtsfolge **836** 35
- Unfallversicherung **836** 41
- Verschuldensvermutung **836** 28
- Zutrittsverbot **836** 22

Gebäudereinigungsvertrag 631 135

Gebäudeunterhaltungspflichtiger
- Haftung **838** 1

Gebäudeverwalterhaftung 838 2
- Wohnungsverwalter **838** 4

Gebrauchsüberlassung
- unberechtigte an Dritte **687** 47

Gebührenforderung
- von Rechtsanwälten **674** 6

Gefahr
- irrtümlich angenommene drohende **680** 11
- Preisgefahr **644** 5; **645** 1

Gefahrenhinweis 839 89 f.

Gefälligkeitsfahrt
- Haftungsausschluss **846** 4

Gegenstand
- Unveräußerlichkeit **753** 20
- zum Gebrauch überlassen **732** 3

Gegenweisung 675J 14

Geheimhaltungspflicht 839 388

Gehilfe
- bei unerlaubter Handlung **830** 6
- Einsatz durch Verwahrer **691** 4
- Haftung mehrerer Beteiligter **830** 2

Gehweg 839 458

Geld
- Verwenden **698** 1

Geldautomat 675V 20

Geldbetrag
- Höhe des unbefugt verwendeten **698** 5

Geldkarte 675I 6
- Aufladen **669** 9

Stichwortverzeichnis

Geldrente
- Ersatzanspruch wegen entgangener Dienste **845** 10

Geldwäsche 675K 4

Gelegenheitsgesellschaft 726 2

Gemeinde
- Einvernehmen **839** 369 f.

Gemeindeorgane 839 376

Gemeindestraße 839 459

Gemeindeverwaltung
- Haftung **839** 363

Gemeinschaft 741 1
- Anspruch auf Aufhebung **758** 2
- Anteilsregelungen **742** 3
- Anteilsverfügung **747** 1
- Aufhebung, Forderungsberichtigung **755** 1, 6
- Aufhebungsabreden **747** 6
- Ausschluss der Aufhebung **751** 5
- Bruchteilsberechtigung **741** 6
- Entstehung **741** 3
- Entstehungsgrund **741** 4
- Erbengemeinschaft, Fruchtziehung **743** 9
- Erbengemeinschaft, Kostentragung **748** 13
- Erbengemeinschaft, Verwaltung **745** 9
- Erhaltungsmaßnahmen, Einwilligungsverlangen **744** 6
- Erhaltungsmaßregeln **744** 3
- Erhaltungsmaßregeln, Kostentragung **744** 4
- Erhaltungsmaßregeln, Vertretungsmacht **744** 5
- Fruchtziehung **743** 2
- Gebrauchsrecht **743** 10
- Gegenstand **741** 5
- Gemeinschaftserfindungen **742** 4
- Gemeinschaftskonto **742** 5
- Gleichbehandlungsgrundsatz **741** 8
- Kosten **748** 5
- Lasten **748** 3
- Lasten- und Kostentragung **748** 1
- Mitgebrauch **743** 13
- Miturheberschaft **743** 4
- Parteifähigkeit **744** 10
- Rechtszuständigkeit **741** 2
- Sondernachfolge **746** 1; **751** 1, 3
- Streitgenossenschaft **747** 10
- Teilung durch Verkauf **753** 3
- Tod eines Teilhabers **750** 1
- Verfügung über gemeinschaftlichen Gegenstand im Ganzen **747** 7
- Verfügungsbeschränkung **747** 7
- Verfügungsverbot **747** 3
- Verwahrer **747** 9
- Verwaltung **744** 1; **745** 1
- Verwaltung, Beschlussverfahren **745** 3
- Vorkaufsrecht **747** 4
- Zugewinngemeinschaft **747** 12
- Zwangsvollstreckung **747** 11
- Zweifelsregelung **742** 2

Gemeinschaftserfindung
- Voraussetzung **742** 4

Gemeinschaftsrecht 839 31

Genehmigung 675J 4
- Ausschluss von Folgen unberechtigter GoA **684** 20
- stillschweigende **684** 16

Genehmigungsfiktion 675X 23

Genehmigungstheorie 675X 2

Generalunternehmer 631 192

Gericht
- Untätigkeit **839** 208

Gerichtsgutachter 839A 11

Gerichtsvollzieher
- Haftung **839** 405

Gesamthänder
- Mitwirkung der anderen **754** 7

Gesamthandsgemeinschaft
- Auseinandersetzung **754** 7
- Teilung **752** 18; **753** 22
- Teilung in Natur **752** 18

Gesamthandslehre
- tradierte **719** 1

Gesamtschuld
- Haftung von Tierhalter und Kfz-Halter **833** 70
- zwischen Beamten und Dritten, Ausgleich **841** 1

Gesamtschuldner
- Geschäftsherr, Gehilfe **831** 10
- Haftung der Teilhaber **755** 3
- Übernahmehaftung **831** 134

Gesamtschuldnerschaft
- Anordnung **840** 2

Gesamtschuldverhältnis 839 319
- zwischen Beamten und Dritten **841** 1

Geschäft
- Durchführung **668** 1
- für eine bestimmte andere Person **686** 5
- standardisierte **675A** 11

Geschäftsbesorgung
- Abgrenzung zum Werkvertrag **631** 16
- entgeltliche **675A** 3
- fremde Schuld getilgt **684** 10
- Übernahme **678** 6

Geschäftsbesorgungsvertrag 675C 2
- Anlageberatung **675** 22
- Anlagevermittlung **675** 31
- Auktionator **675** 37
- Auskunftshaftung **675** 88
- Auskunftsverträge und Beratungsverträge **675** 18
- Baubetreuungsvertrag/Bauträgervertrag **675** 38
- Bauherrenmodell **675** 102
- Beweislast und Schutzzweck **675** 110, 112

Stichwortverzeichnis

- Depotgeschäft **675** 16
- Effektengeschäft **675** 15
- Empfehlung zur Kapitalanlage **675** 103
- gerichtlicher Sachverständiger **662** 38
- Handelsmakler **675** 79
- Hausverwaltervertrag **675** 41
- Inkassovertrag **675** 42
- Kommissionär **675** 80
- Kooperationsverträge des Handelsrechts **675** 77
- Kreditgeschäft **675** 13
- Liquidatoren **675** 45
- Managementvertrag. **675** 46
- Notare **675** 48
- Patentanwälte **675** 49
- Schiedsrichter/Schiedsgutachterverträge **675** 61
- Sonderregelung **675** 109
- Treuhandverträge **675** 68
- Überweisungsvertrag **675** 17
- unerlaubte Handlung **675** 108
- Verträge mit Banken **675** 9
- vertragsähnliches Verhältnis **675** 104
- Vertragshändler **675** 82
- Verwaltung, Geschäftsabwicklung **675** 36
- Wirtschaftsprüfer **675** 76

Geschäftsfähigkeit
- des Geschäftsherrn **682** 7

Geschäftsführer
- Haftung, GoA **677** 2
- Haftung, GoA bei drohender Gefahr **680** 1
- Haftung, unechte GoA **687** 11, 58
- Haftung (GoA) bei fehlender Geschäftsfähigkeit **682** 1
- handelt in freigiebiger Absicht **685** 6
- in Geschäftsfähigkeit beschränkt **682** 2
- Kenntnis und Absicht **687** 53

Geschäftsführung
- Entgeltlichkeit **713** 8
- Entziehung **712** 3
- für denjenigen, den es angeht **686** 6
- gegen Willen des Geschäftsherrn **678** 1 f.
- organschaftliche **710** 3
- Übertragung **710** 1
- zur Gefahrenabwehr **680** 1 f.
- zweckbestimmt **680** 10

Geschäftsführung ohne Auftrag
- Anzeigepflicht des Geschäftsführers **681** 4
- Aufwendungsersatzanspruch bei Genehmigung **684** 15
- Aufwendungsersatzanspruch bei Schenkungsabsicht **685** 1
- Aufwendungsersatzanspruch des Geschäftsführers **683** 1
- Auskunftspflicht und Pflicht zur Rechnungslegung **681** 7
- bei drohender Gefahr **680** 1
- Eigengeschäftsführung, angemaßte **687** 35
- Eigengeschäftsführung (unechte GoA) **677** 3, 21; **687** 1, 33, 35
- Fremdgeschäftsführungswille **677** 11
- Fremdgeschäftsführungswille, Nachweis **677** 19
- Geschäftsherr, Irrtum über dessen Person **686** 1
- Haftung des Geschäftsführers **677** 2
- Haftung des Geschäftsführers, unechte GoA **687** 11, 58
- Haftung des Geschäftsführers bei fehlender Geschäftsfähigkeit **682** 1
- Herausgabepflicht **681** 8
- öffentlich-rechtliche GoA **677** 47
- Übernahme gegen Willen des Geschäftsherrn **678** 1; **679** 1; **683** 27
- Verhältnis zu anderen Schuldverhältnissen **677** 41
- Verstoß des Geschäftsführers gegen Nebenpflichten **681** 10
- Verzinsungspflicht **681** 9

Geschäftsführungsbefugnis
- Fortdauer **729** 1
- Gutgläubigkeit **729** 6
- nach Auflösung der Gesellschaft **729** 1
- sonstige Fälle des Verlusts **729** 5
- Überschreitung **708** 37

Geschäftsherr
- Abwendung einer drohenden dringenden Gefahr **680** 8
- Haftung nach Bereicherungsrecht **684** 4
- Interesse **683** 10
- Irrtum über Person **686** 5
- mutmaßlicher Wille **683** 23
- objektives Interesse **679** 3
- Übereinstimmung mit Wille und Interesse **683** 8
- Widerspruch zum wirklichen oder mutmaßlichen Willen **678** 7
- Wille des gesetzlichen Vertreters **682** 7
- wirklicher **686** 8
- wirklicher Wille **683** 20

Geschäftstag 675N 7
- Ende **675N** 6, 8

Geschäftsunfähigkeit
- Eintritt **791** 3

Gesellschaft
- "Wirkung des Urteils gegen Gesellschaft und Gesellschafter; Parteiwechsel" **714** 44
- Abgrenzung, (unechte) Vorgesellschaften **705** 38
- Abgrenzung, partiarisches Rechtsverhältnis **705** 35
- Abgrenzung, Partnerschaftsgesellschaft **705** 40

Stichwortverzeichnis

- Abgrenzung, Verwalten und Halten eines einzigen Gegenstandes **705** 34
- Abgrenzung zum nicht eingetragener Verein **705** 41
- Abgrenzung zur Bruchteilsgemeinschaft **705** 33
- Abgrenzung zur OHG und KG **705** 36
- Abgrenzung zur Vorgründungsgesellschaft **705** 39
- Änderung des Gesellschaftsvertrags **705** 6
- Anteil am Gewinn/Verlust **722** 1
- auf Lebenszeit **724** 1 f.
- auf unbestimmte Zeit **723** 7
- Auflösung **723** 1; **729** 4
- Auflösung durch Gesellschafterbeschluss **723** 5
- Auflösung durch Zeitablauf **723** 5
- Auflösung ohne Kündigung **726** 1
- Auflösungsgründe **723** 5
- Auseinandersetzung **730** 11
- Auseinandersetzung, Geschäftsführung **730** 42
- Auseinandersetzung, Stellung der Gläubiger **730** 50
- Auseinandersetzungsklage **730** 52
- außerordentliche und fristlose Kündigung **723** 9
- Ausscheiden eines Gesellschafters, Fortbestand bei Fortsetzungsklausel **736** 2
- Begriff **705** 1, 3
- Beiträge **706** 1; **707** 1; **718** 1
- Beiträge, Einbringungsarten **706** 10
- Beiträge, Leistungsstörungen **706** 6
- Beitragserhöhung **707** 6; **709** 24
- Beitragserhöhung aufgrund Mehrheitsbeschlusses **707** 7
- beitragslose Beteiligung **706** 15
- BGB-Gesellschaft als juristische Person **705** 47
- BGB-Gesellschaft als Kommanditist oder Komplementär **705** 10
- drittfinanzierte Beteiligung an Anlagegesellschaft **705** 28
- Drittverhältnis **705** 55
- Einlagen und Beiträge **706** 1
- Einmanngesellschaft **723** 4
- Eintritt eines neuen Gesellschafters **736** 16
- Ende, von selbst ohne Kündigung **726** 1
- Erbe und Erbengemeinschaft in der Abwicklungsgesellschaft **727** 4
- fehlerhafte **705** 14
- fehlerhafte, Auseinandersetzung **730** 94
- Fortbestehen trotz Auflösungsgrund **723** 3
- Fortsetzung **728** 5
- Fortsetzungsbeschluss **727** 8
- Fortsetzungsklausel **727** 10
- Geltendmachung von Gesellschaftsforderungen außerhalb der Handlungsverfassung **709** 27
- gemeinsamer Zweck **705** 30
- Gesellschafterbeschluss **709** 32; **712** 4; **715** 2; **737** 15
- Gesellschafterwechsel **736** 27
- Grundbuchfähigkeit **705** 45
- Grundlagengeschäfte **709** 16
- Haustürgeschäft **705** 26
- Informationsrecht, kollektives **713** 5
- Innengesellschaft **705** 48
- Insolvenz **728** 1
- Internationales Gesellschaftsrecht **705** 61
- Kündigung der Gesellschaft durch Gläubiger **725** 10
- Kündigung durch einen Gesellschafter **723** 6
- nach Auflösung **710** 2
- Parteifähigkeit der BGB-Gesellschaft **714** 39
- Rechte des Gläubigers **725** 6
- Rechts- und Parteifähigkeit **705** 43
- Rechtsformautomatik **705** 37
- Schadensersatzansprüche gegen den Gesellschafter **730** 66
- Schuldnerschutz **720** 1
- Selbstorganschaft und Fremdorganschaft **709** 4
- Sozialansprüche, Sozialpflichten **705** 54
- Tod als gesetzlicher Auflösungsgrund **727** 2
- Trennung der Vermögensmassen **705** 44
- Vereinigung zweier Personengesellschaften **736** 28
- Vertragsschluss **705** 4
- Vertretung, Gesamtvertretung als Regel **714** 3
- Vertretung, organschaftliche **714** 2
- Vertretung der BGB-Gesellschaft **714** 1
- Verwaltungsrechte, Individualansprüche und Individualpflichten **705** 56
- Zweckerreichung **726** 2
- Zweckerreichung, Unmöglichkeit **726** 3

Gesellschafter
- „Ausscheiden; Entziehung der Geschäftsführungsbefugnis" **729** 5
- „Wirkung des Urteils gegen Gesellschaft und Gesellschafter; Parteiwechsel" **714** 44
- Abspaltungsverbot, Gesellschafterrechte **717** 6
- Abwicklung, Treuepflicht der Gesellschafter **730** 21
- als notwendige Streitgenossen im Gesellschaftsprozess **714** 41
- Änderung der Gewinn- und Verlustbeteiligung als Vertragsänderung **722** 8
- Anspruch auf das Auseinandersetzungsguthaben **730** 35
- Anspruch auf den Gewinnanteil **721** 11
- Anspruch auf Gewinnverteilung **721** 8

Stichwortverzeichnis

- Anspruch auf Rechnungsabschluss **721** 4
- Anteil am Gewinn/Verlust **722** 1
- Aufwendungsersatz und Ausgleichsansprüche **707** 4
- Auseinandersetzung, Geschäftsführung **730** 42
- Auseinandersetzung, Stellung der Gläubiger **730** 50
- Auseinandersetzungsanspruch gegen jeden Mitgesellschafter **730** 24
- außergesellschaftliches Verhalten **723** 16
- außerordentliche Kündigung des volljährig gewordenen Gesellschafters **723** 23
- außerordentliche und fristlose Kündigung **723** 9
- Ausscheiden, Abfindungsanspruch **738** 11
- Ausscheiden, Anspruch auf Schuldbefreiung **738** 7
- Ausscheiden, arglistige Herbeiführung **736** 10
- Ausscheiden, automatisches **737** 9
- Ausscheiden, Folgen **738** 1
- Ausscheiden, Rückgabeanspruch **738** 6
- Ausscheiden, schwebende Geschäfte **740** 1, 3
- Ausschließung in der Abwicklung **737** 7
- Ausschluss **737** 1
- Ausschluss der Abfindung, Abfindungsklauseln **723** 32
- Ausschluss der Kündigung **723** 34
- Ausschluss der Kündigung für bestimmte Zeit **723** 30
- Ausschluss einzelner Gesellschafter von der Geschäftsführung **710** 1
- Ausschluss ohne wichtigen Grund **737** 11
- Ausschluss ohne wichtigen Grund, Abfindungsanspruch **737** 13
- Beitragspflicht **706** 2
- Beitragspflicht und Schadensersatzpflicht bei Schädigung der Gesellschaft **730** 23
- Durchsetzungssperre **730** 27
- Einlagen, Definition **733** 12
- Eintritt eines neuen Gesellschafters **736** 16
- Einzelgeschäftsführung **709** 15
- Entnahmerecht **721** 17
- Entnahmerecht, gewinnunabhängiges **721** 12
- Entziehung und Kündigung der Geschäftsführung **712** 1
- Gefahr des Einlageverlusts **707** 10
- Gesamtgeschäftsführung **709** 11
- Geschäftsführung, Begriff **709** 5
- Geschäftsführung, Formen **709** 11
- Geschäftsführung, Mehrheitsprinzip **709** 13
- Geschäftsführung, notwendige **709** 12
- Geschäftsführung, vertragliche Regelung **709** 6
- Geschäftsführungsbefugnis, Fortdauer **729** 1, 7
- Geschäftsunfähige und Minderjährige **705** 7
- Gesellschafterbeschluss **709** 34; **712** 4; **715** 2; **737** 15
- Gesellschafterpflichten **708** 36
- Gesellschafterprozess **714** 42
- Gesellschafterstreitigkeiten **714** 45
- Gesellschafterwechsel **736** 27
- Grundlagengeschäfte, Zustimmungspflichten zu Vertragsänderungen **709** 25
- Haftung **714** 16
- Haftung, Abfindungsanspruch eines ausscheidenden Gesellschafters **714** 35
- Haftung, Bauherrengemeinschaft **714** 29
- Haftung, Gesellschafterforderung **714** 31
- Haftung, Gesellschafterforderung aus Gesellschaftsverhältnis **714** 33
- Haftung, Gesellschafterforderung wegen Befriedigung eines Gesellschaftsgläubigers **714** 34
- Haftung, solidarische der Gesellschafter **714** 22
- Haftung, Verhältnis Gesellschafts- und Gesellschaftsschuld **714** 20
- Haftung bei Erfüllung der Gesellschafterpflichten **708** 1
- Haftung des eintretenden Gesellschafters **736** 19
- Haftung des eintretenden und ausgeschiedenen Gesellschafters **714** 23
- Haftung in der Idealgesellschaft **714** 36
- Haftungsausschluss **714** 25
- Haftungsausschluss, Ausnahmen **714** 28
- Haftungsbeschränkung bei Eintritt in die Volljährigkeit **723** 22
- Informationsrecht **716** 1, 4
- Informationsrecht, Geltendmachung gegen die Gesellschaft **716** 3
- insolventer, Auflösung oder Ausscheiden **728** 6
- Insolvenz **728** 6
- juristische Personen, Gesamthandsgesellschaften, Erbengemeinschaften **705** 9
- Klage auf Zahlung des Auseinandersetzungsguthabens **730** 64
- Kontrollrecht, individuelles **716** 1
- Kreis der nachschusspflichtigen **735** 7
- Kündigung **723** 6
- Kündigungsfristen **723** 33
- Leistungsverweigerungsrecht **705** 11; **706** 7
- Mehrheitsprinzip **709** 13
- Nachhaftung bei Ausscheiden aus zweigliedriger Gesellschaft **736** 14
- Nachhaftung des ausgeschiedenen Gesellschafters **736** 12
- Nachschusspflicht **735** 1, 7; **739** 1
- Nachschusspflicht bei Ausscheiden und nach Auflösung **707** 3
- Nichtübertragbarkeit der Gesellschafterrechte **717** 1

- objektive Umstände außerhalb der Person eines Gesellschafters **723** 17
- Pflicht zur Mitwirkung an der Auseinandersetzung **730** 20
- Pflichten **713** 1
- Rechtscheinhaftung **714** 24
- rechtsmissbräuchliche Kündigung **723** 27
- Rückgriff bei Befriedigung eines Gesellschaftsgläubigers **707** 5
- Schadensersatz bei unzeitiger Kündigung **723** 26
- Schadensersatzansprüche gegen den Gesellschafter **730** 66
- Tod **727** 1
- Treuepflicht **705** 51
- Treuhänder und Strohmann **705** 9
- Überschreitung der Geschäftsführungsbefugnis **708** 37
- übertragbare Vermögensrechte **717** 13
- unzeitige und rechtsmissbräuchliche Kündigung **723** 24
- Verbot des Ausschlusses und der Beschränkung der Kündigung **723** 29
- Verletzung organschaftlicher Treue- und Sorgfaltspflichten **713** 3
- Verletzung wesentlicher Pflichten **723** 12
- Verlusttragungspflicht **721** 16
- Vertretung der BGB-Gesellschaft **714** 1
- Vertretungsmacht, Entziehung **715** 2
- Widerspruchsrecht bei Geschäftsführung **711** 1
- Zerstörung des Vertrauensverhältnisses **723** 14
- Zurechnung, schuldhaftes Organhandeln im Rahmen von Schuldverhältnissen **714** 14
- Zurechnung deliktischen Organhandelns **714** 13

Gesellschafterbeschluss 709 32
- "Abtretung und Ausschluss des Stimmrechts; Stimmrechtsvollmacht; Gruppenvertretung" **709** 37
- Anwendungsbereich **709** 33
- Darlegungs- und Beweislast **709** 35
- Interessenkollision **709** 39
- Stimmabgabe **709** 36
- Stimmrecht für Dritte **709** 42
- Stimmrechtsbindung **709** 41
- Unwirksamkeit **709** 34
- Verbot des Selbstkontrahierens **709** 38
- Zustimmungspflicht **709** 40

Gesellschafterpflicht 708 36

Gesellschaftsanteil 717 1
- kein Anspruch auf Teilung **719** 4
- Nießbrauch, Pfändung **719** 15
- Pfändung **725** 1
- Pfändung, Durchführung **725** 5
- sonstige Verfügungen **719** 15
- Übertragung der Mitgliedschaft **719** 7
- Verfügungen über die Mitgliedschaft **719** 6
- Vermögenszuordnung und Mitgliedschaft **719** 1

Gesellschaftsrecht
- Verletzung organschaftlicher Pflichten **713** 3

Gesellschaftsvermögen
- aktive Bestandteile **718** 2
- Anspruch auf das Auseinandersetzungsguthaben **730** 35
- Anteil **719** 2
- Auseinandersetzung, Berichtigung der gemeinschaftlichen Schulden **733** 6
- Auseinandersetzung, Durchführung **731** 4
- Auseinandersetzung, Rückerstattung der Einlagen **733** 11
- Auseinandersetzung, Rückgabe überlassener Gegenstände **732** 1, 6
- Auseinandersetzung, Rückgabe überlassener Gegenstände und Gefahrtragungsregel **732** 1, 9
- Auseinandersetzung, Überschussverteilung **734** 1, 3
- Auseinandersetzung, Umsetzung des Gesellschaftsvermögens **733** 21
- Ausfallhaftung und Umfang **735** 9
- BGB-Gesellschaft als Besitzer **718** 4
- Einlagen, Definition **733** 12
- Einzelvollstreckung gegen die Gesellschaft **718** 5
- Erwerb einer Forderung **720** 2
- Gewinn **721** 2
- Haftung des eintretenden Gesellschafters **736** 19
- kein Anspruch auf Teilung **719** 4
- kein Verfügungsverbot **725** 7
- Nachhaftung des ausgeschiedenen Gesellschafters **736** 12
- Nachschusspflicht **735** 1, 7; **739** 1
- passive Bestandteile **718** 3
- Träger **718** 1
- Verlust **721** 3

Gesellschaftsvertrag
- Abfindungsklauseln **738** 16
- Änderung **710** 1
- Änderung der Gewinn- und Verlustbeteiligung als Vertragsänderung **722** 8
- Auslegung **705** 12
- Eintrittsklausel **727** 19
- Fortsetzungsklausel **727** 10
- gegenseitiger Vertrag **705** 11
- Inhaltskontrolle **705** 13
- Leistungsstörungen **705** 11
- Mehrheitsbeschluss bei Vertragsänderungen **709** 19
- Nachfolgeklausel **727** 12

Stichwortverzeichnis

- Nachfolgeklausel, gesellschaftsvertragliche **727** 21
- Nachfolgeklausel, qualifizierte **727** 16
- Vertragsschluss **705** 4
- Vertreterklausel **727** 15

Gesetzesanwendung 839 136

Gestaltungsrecht
- andere **770** 3

Gesundheitsamt
- Haftung **839** 496

Gesundheitswesen
- Haftung **839** 484

Gewährleistung
- Zuteilung an einen Teilhaber **757** 1

Gewerbeaufsichtsamt
- Haftung **839** 351

Gewerbeerlaubnis
- Verbraucherdarlehensvertrag **655A** 11

Gewinnanspruch
- Geltendmachung **725** 9

Gewinnbeteiligung
- Änderung **722** 8
- Ausschluss **722** 7

Gewinnzusage
- Abgrenzung zur Auslobung **657** 7
- Anfechtung der Gewinnzusage **661A** 35
- Ausschluss des Gewinnanspruchs **661A** 31
- Gewinnzusage und besondere Mitteilung **661A** 10
- Haftung des Unternehmers bei Einschaltung von Dritten **661A** 13
- Störerhaftung **661A** 54
- Unlauterkeit von Gewinnzusagen **661A** 51
- Unternehmer- und Verbraucherbegriff **661A** 12
- Versender **661A** 14
- zusenden **661A** 18

Girokonto 675F 5
- Verwahrung, unregelmäßige **700** 18

Girovertrag 675F 1
- Kontokorrentverhältnis **674** 4

Glättewarndienst 839 464

Gläubiger
- Aufgabe des Rechts **776** 7
- Befriedigung durch den Bürgen **774** 4
- materiell berechtigter Aufbieter **800** 7

Gläubigerschutz 751 6

Gleichbehandlungsgrundsatz
- bei Gemeinschaft **741** 8

Gleichsetzung
- unentgeltlicher und rechtsgrundloser Erwerb **822** 7

Glücksspiel
- Begriff **762** 15
- Lotterie- und Ausspielung **762** 17

Grund
- sachlicher **675K** 3

Grundbuchamt
- Haftung **839** 408

Grundbucheintrag
- ohne Angabe der Quoten **742** 6

Grundstück
- andere verbundene Werke **837** 6

Grundstücksverwalter
- Umfang der Verpflichtung **838** 5

Gültigkeitseinwendung
- Definition **796** 7

Gutachten
- unrichtiges **839A** 15

Gutachter
- im Schiedsgerichtsverfahren **839A** 13

Gutschrift 675F 4; **675P** 2 f.; **675Q** 3; **675R** 10
- irrtümliche **675T** 5
- Stornierung **675T** 4
- valutarische **675T** 7

H

Haftpflichtversicherung 839 512
- Einbeziehung **829** 9

Haftung 675O 7; **675Y** 8
- als Gesamtschuldner **755** 3
- Aussteller einer Inhaberschuldverschreibung **794** 1
- bei Schlechtleistung **674** 2
- der Gesellschafter **708** 1 f.
- des Geschäftsführers **687** 12
- des Geschäftsherrn **687** 17
- des unberechtigten Geschäftsführers **684** 13
- für Fahrlässigkeit **675L** 6 f.
- für Fehlbetrag **739** 1
- für grobe Fahrlässigkeit **675L** 8 ff.
- für Zufall **848** 1
- gesamtschuldnerische **839** 470
- mehrerer Beteiligter **830** 1
- mehrerer Bürgen auf dieselbe Verbindlichkeit **769** 1
- subsidiär **839** 304
- verfassungsgemäß berufener Vertreter **831** 20
- vermutetes Verschulden des Tierhüters **834** 1
- verschärfte, bei ungewissem Erfolgseintritt **820** 1
- verschuldensunabhängige **675L** 5

Haftungsausschluss 839 10; **839A** 25
- Fälle höherer Gewalt **676C** 1
- höhere Gewalt **676C** 1
- vertraglicher **846** 4

Haftungsbegrenzung 675Z 4
- Mieter und Pächter **383** 6

Haftungsbeschränkung 739 2; **839** 2, 188; **839A** 27
- für Leistungsträger **651H** 23
- vertragliche **651H** 3
- Voraussetzung **651H** 10
- Wirksamkeit **651H** 16

Haftungseinheit
- mehrere Verantwortliche **840** 5

Haftungshöchstbetrag 651K 14

Haftungsmaßstab
- der verkehrsüblichen Sorgfalt **690** 1

Haftungsprivileg 839 149

Haftungsprivilegierung
- fremdnütziges Handeln des Verwahrers **690** 1

Haftungsrecht
- europäisches **839** 32

Haftungsvorschriften 675I 7; **676A** 3

Handlung
- fortgesetzte **839** 179
- gegen Person gerichtete unerlaubte **842** 2
- mehrmalige selbständige Vornahme **659** 2
- rechtsgeschäftsähnliche **675J** 3

Handlungsverfassung
- Erklärung der beschränkten Diligenzpflicht **708** 11
- Kontinuität **710** 2

Handwerkskammer
- Haftung **839** 352

Hauptfürsorgestelle
- Haftung **839** 353

Hauptleistungspflicht 675F 9

Hauptschuld
- Einschränkung **767** 6
- Entstehung und Erlöschen **767** 3
- Erweiterung **767** 7
- Fälligkeit, Bürgschaft auf Zeit **777** 9
- Umfang **767** 5
- Verjährung **768** 14

Hauptschuldner
- Einwendungen und Einreden **774** 12
- Verhalten **768** 10
- Wahlmöglichkeiten **775** 12

Hauptschuldverschreibung
- Kündigung bzw. Auslosung **803** 30

Haushaltsführungsschaden
- Bemessung **843** 4

Hebamme 675A 5

Heilung
- rückwirkende **839** 128

Hemmung
- Beginn **802** 7
- der Gewährleistungsansprüche **651G** 66
- Ende **802** 8

Hemmungstatbestand 839 176

Herabsetzung
- unverhältnismäßig hoher Lohn **655** 14

Herausgabeanspruch
- des durch eine unerlaubte Handlung Verletzten **852** 1
- nach Eintritt der Verjährung **852** 1
- wegen Entziehung einer Sache **850** 2

Herausgabepflicht 681 8

Herstellungsanspruch 839 88

Hilfeleistung
- unter nahen Verwandten **685** 6

Hilfsgeschäft
- privatrechtlich-fiskalisches **839** 48

Hinterleger
- Fehlen der Exkulpation **694** 6
- ohne Zustimmung **692** 4
- prozessuale Rechte **695** 13
- Schadensersatzpflicht **694** 1 f.
- Unkenntnis **694** 6

Hinterlegung
- bei Dritten **691** 4

Hinweispflicht 839 321, 373

Höchstspeicherbetrag 675I 4

Hochwasser 839 444

Höhenbegrenzung 675U 11

Homebanking 675A 9

Honorarberater 675A 4

Hund
- Tierhalterhaftung **833** 74

I

IBAN 675R 8

Idealgesellschaft
- institutionelle Haftungsbeschränkung **714** 37

Identifikationsnummer 675N 3

Identität
- personelle **648** 17

Immobilienfonds
- verbundenes Geschäft **675** 116

Immobilienkauf
- Mängelrechte **634** 108

Impfarzt 839 486
- Haftung **839** 492

Inanspruchnahme
- Vermeidung einer doppelten **660** 13

Information
- elektronische **675A** 9
- vorvertragliche **675G** 6

Informationspflicht 675A 3
- gegenüber anderen **675D** 9
- Verletzung **651F** 37

Informationsrecht
- ausgeschiedene Gesellschafter **716** 6
- Ausübung **716** 4
- kollektives **713** 5

Stichwortverzeichnis

Inhaber
- der Ansprüche **675A** 2
- Widerspruch **805** 12

Inhaberaktien 794 15
Inhaberkarte 807 3
Inhaberklausel
- eingeschränkte oder hinkende **808** 16

Inhabermarke 807 3
Inhaberpapiere 793 35
- hinkende **808** 1
- kleine, unvollkommene **807** 1
- Unterschied zu qualifizierten Legitimationspapieren **808** 5

Inhaberrentenschein 803 40
Inhaberschuldverschreibung 793 1
- Abhandenkommen **799** 15
- Ausstellung **793** 73
- Ausstellungsmängel **796** 8
- Beispiele **793** 89
- Eigentumserwerb **793** 76
- Einwendungen des Ausstellers **796** 1, 5
- Erlöschen des Anspruchs **801** 1
- Ersatzurkunde **798** 1
- Form **793** 69
- für kraftlos erklärte **800** 4
- Haftung des Ausstellers **794** 1
- Kraftloserklärung **799** 12
- Kraftloserklärung, Wirkung **800** 1
- Legitimationswirkung **793** 55
- Leistung gegen Aushändigung **797** 1
- Umschreibung auf den Namen **806** 3 f.
- Verjährungsfrist **801** 19
- Vernichtung **799** 14
- Vorlegungsfrist **801** 8
- Zahlungssperre **802** 1
- Zinsscheine **803** 12

Inkasso 675N 3
Inkassoaufträge 675N 3
Innengesellschaft
- Abwicklung **730** 74
- Ehegatteninnengesellschaften, Auseinandersetzungsansprüche **730** 80
- fehlerhafte **705** 17
- Kündigungsrecht **724** 1
- stille BGB-Gesellschaft **705** 49
- Unterbeteiligung **705** 50

Innenprovision 675 126
Innenregress 839 27
Innentäterattacke 675M 2; **675V** 21
Innenverhältnis
- der Gesamtschuldner untereinander **840** 8, 12

Insiderhandel 839 330
Insolvenz
- der Gesellschaft **728** 2
- des Gesellschafters **728** 6

Insolvenzantrag 728 2
Insolvenzeröffnung
- Erlöschen eines Bankvertrages **674** 4

Insolvenzgericht
- Haftung **839** 412

Insolvenzsicherung
- Ausgestaltung **651K** 16

Insolvenzsicherungspflicht
- Verstoß **651K** 27

Insolvenzverfahren
- abgesonderte Befriedigung **755** 8; **756** 7
- Auflösung der Gesellschaft **728** 4
- Ausschluss der Einrede der Vorausklage **773** 5

Insolvenzverwalter
- Haftung **831** 29

Integritätsinteresse
- Verletzung **651F** 23

Interesse
- Besichtigung der Sache **809** 14

Internet-Online-Dienst 631 138
Internetanschlussinhaber
- Störer **670** 31

IT-Projektvertrag 651 6
IT-Vertrag 631 100, 140

J

Jagdbehörde
- Haftung **839** 354

Jahresgebühr
- anteilige **675H** 6

Jugendamt
- Haftung **839** 355

Justizverwaltungsbehörde
- Haftung **839** 411

K

Kahlhieb 839 527
Kapitalabfindung
- einmalige **843** 9

Kapitalmarkt
- Ad-hoc-Mitteilungen **826** 37, 78
- Churning **826** 42
- Missachtung von Aufklärungspflichten **826** 32
- nichtbörsennotierte Aktien **826** 36
- Stückelung einer Anlage **826** 41
- unrichtige Prospektangaben **826** 35

Kapitalmarktpapiere 793 24
Kartell
- Verabredung und Durchführung **830** 3

Kartenmissbrauch 675W 5
- Beweislast **670** 22

Kartenverwendung
- missbräuchliche **675V** 4

Kaskoversicherung 839 513

Katastrophenschutzbehörde
- Haftung **839** 359

Kauf
- Immobilien **634** 108
- Wohnungseigentum **634** 108

Kaufleute 675A 6

Kausalität 839 232; **839A** 17
- adäquate **839** 129
- potenzielle **830** 7

Kausalverlauf
- hypothetischer **848** 5

Kausalzusammenhang 839 124, 198

Kenntnis
- des Schädigers **839** 169

Kenntnisstand
- des zuständigen Beamten **839** 170

Kfz-Brief 839 510

Kick-Back 675 126

Kirche 839 291

Kirchenbediensteter
- Haftung **839** 18, 291

Kläranlage
- Haftung **839** 476

Kleinbetragsinstrument 675I 1 ff.

Kollegialgerichts-Richtlinie 839 250

Kommanditgesellschaft
- Abgrenzung zur Gesellschaft **705** 36

Kommunalaufsicht 839 102, 116, 362
- Haftung **839** 360

Konkurrenz 839 7

Konkursgericht
- Haftung **839** 412

Konto 675F 3

Kontobeschlagnahme 676C 4
- aufgrund hoheitlicher Anordnung **676C** 4

Kontokorrent 675U 3
- wichtigstes Abrechnungsverhältnis **782** 2

Kontokorrentabrede 675T 4

Kontostand
- am Bildschirm **675T** 4

Kontrollrecht
- der Gesellschafter **716** 1
- individuelle **716** 2
- Inhalt **716** 2

Körper
- des lebenden Menschen **809** 10

Kostbarkeit
- Begriff **702** 7

Kosten 675F 12
- Begriff **748** 5
- bei Rücknahme, Verwahrung **697** 8
- der Vorlegung **811** 5
- erforderliche, Selbstvornahme **637** 19
- unberechtigter Mängelrüge, Werkvertrag **635** 9, 14
- unverhältnismäßige **635** 22
- variable **675F** 12

Kosten-Verteilung 651E 26

Kostenanschlag 650 2
- Vergütung **632** 18

Kostenorientierung 675F 13

Kostentragung 798 10; **839** 248

Kostenüberschreitung
- Rechtsfolgen **650** 9

Kostenvorschuss 798 10

Kraftfahrzeugbriefvordruck 839 511

Kraftfahrzeugzulassungsstelle
- Haftung **839** 509

Kraftloserklärung
- Voraussetzungen **799** 13
- Wirkung **800** 1

Krankenkasse
- Haftung **839** 504

Kreditauftrag 778 1
- Begriff **778** 1
- Rechtsfolge, bis zur Darlehensgewährung **778** 6
- Rechtsfolge, nach Darlehensgewährung **778** 7
- Voraussetzungen **778** 4

Kreditgefährdung 824 1
- Abgrenzungsfragen **824** 2
- Bankgeheimnis **824** 7
- Behauptung oder Verbreitung **824** 22
- Bewertungsforen (Ebay) **824** 8, 18, 46
- Bildaufnahmen **824** 16
- Interessenabwägung **824** 38
- Rechtsschutzbedürfnis **824** 47
- Schutzzweck **824** 3
- Sorgfaltsmaßstab, Internet-Informationsdienst-Betreiber **824** 34
- Sorgfaltsmaßstab, Journalist **824** 34
- Sorgfaltsmaßstab, Redakteur **824** 34
- Sorgfaltsmaßstab, Verleger **824** 34
- Sorgfaltsmaßstab, Wissenschaftler **824** 34
- Tatsache **824** 13
- Tatsache, Abgrenzung von Werturteil **824** 14, 44
- Tatsache, Nachteilseignung **824** 26
- Tatsache, Unwahrheit **824** 19
- Unternehmensrating **824** 11, 18
- Verschulden **824** 31
- Verständnishorizont des Empfängers **824** 17
- Wahrheitsbeweis **824** 35
- Widerruf, Unterlassung **824** 6, 37
- zukünftige Schäden **824** 43

Kreditgewährung 675K 3

Kreditkarte 675H 6
- am Körper **675L** 13

Kreditkartenvertrag 675M 4
- Änderung **675G** 3

Stichwortverzeichnis

Kreditkartenzahlung 675C 4; 675P 4; 675S 7; 675X 33 ff.
Kreditsicherungsrecht 776 5
Kreuzfahrt
- Reise mit besonderem Charakter **651C** 78

Kundenkennung 675F 4; 675J 12; 675R 1 ff.
- Definition **675R** 8
- falsch **675R** 5
- fehlerhaft **675Y** 10; **675Z** 7
- verfälscht **675R** 7

Kundenkreditkarte 675C 5
Kundenmitteilungsgebühr 675X 37
Kündigung
- Anspruch auf Entschädigung **651J** 17
- aus wichtigem Grund **675H** 1
- außerordentliche **675H** 1
- Ausschluss der ordentlichen **724** 3
- Beendigung des Vertragsverhältnisses **649** 14
- bei unterlassener Mitwirkung **643** 1 f.
- der Geschäftsführung **712** 1, 7
- der Gesellschaft durch den Gläubiger **725** 10
- der organschaftlichen Vertretung **715** 7
- des Reisevertrages wegen besonders schwerer Mängel **651E** 1
- durch den ZDL **675H** 4
- Gesellschaft auf Lebenszeit **724** 1
- ordentliche **675H** 2
- wegen höherer Gewalt **651J** 8
- werkvertragliche **649** 7

Kündigungsgrund
- Wegfall **651E** 13

Kündigungsrecht
- des Bestellers **649** 7
- Fälligkeit des Anspruchs **649** 24
- wesentliche Überschreitung **650** 7
- zeitliche Ausübung **649** 9

Kunstwerk
- Erstellung **631** 143

KWG
- Begriffsbestimmungen **675C** 4

L

Lagergeld 689 4
Lagergeschäft
- Anzeige der Beschaffenheit **694** 9
- Aufbewahrungszeit **696** 4

Landeskrankenhaus 839 503
- Haftung **839** 502

Landgericht
- Zuständigkeit **839** 257

Last
- Begriff **748** 3

Lastschrift 675C 4; 675N 3, 9; 675P 5; 675X 6
- nachträglich autorisierte **675X** 12

Lastschriftverfahren 675J 5, 8, 12

Lastschriftzahlung 675S 7 f.
Lebenserfahrung 675V 16 f.
Lebensversicherung
- Ansprüche **844** 7

Legalitätsprinzip 839 428
Legitimationspapier
- Benennung eines Gläubigers **808** 11
- qualifiziertes, typische Anwendungsfälle **808** 51

Legitimationswirkung
- des Talons **805** 16

Lehrer
- Haftung **839** 292

Leibrente
- aufgrund Schadensersatzverpflichtung **759** 16, 21, 54
- Begriff **759** 1, 6
- Dauer **759** 17
- Entrichtung **760** 1
- Form des Leibrentenversprechens **761** 1
- Leistungsstörungen **759** 87
- Schenkung **759** 36
- Verpflichtungsgeschäft **759** 30
- Zahlungsweise und Fälligkeit **760** 1
- zu Gunsten Dritter **759** 32

Leibrentenversprechen
- Formverstoß **761** 10
- Formvorschrift **761** 1
- Heilung der fehlenden Form **761** 12

Leibrentenvertrag
- zu Gunsten eines Dritten **761** 7

Leihe
- Abgrenzung zur Verwahrung **688** 18

Leistender
- keine Bösgläubigkeit **851** 5

Leistung
- an den Nichtberechtigten **851** 4
- erbrachte **632A** 6
- im Zeitpunkt des schädigenden Ereignisses **851** 4
- nichtkörperlicher Art **646** 1

Leistungskondiktion 675U 6
Leistungspflicht
- gegen Aushändigung **797** 1

Leistungsstörung
- Ursache bei Zahlungsdienstleister **676A** 2

Leistungsverhalten
- des Angewiesenen **788** 2

Leistungsverweigerung
- Einrede des Bürgen **770** 4

Leistungsverweigerungsrecht
- Bürge **770** 1
- Gesellschafter **705** 11; **706** 7
- Hemmung des Anspruchs **853** 5

Leistungswille 675U 7

Stichwortverzeichnis

Liberationspapier
- qualifiziertes **808** 3

Liberationswirkung 851 6

Liquidationsgesellschaft
- Umwandlung **731** 4

Lockstep-System 722 8

Lohnhöhe
- Unverhältnismäßigkeit **655** 13

Lohnzahlung
- ausstehende **655** 14

Lotse
- Haftung **839** 295

Lotterie 763 1, 8
- ausländische **763** 29
- Internetlotterie **763** 32, 46
- Mängel des gewonnenen Gegenstandes **763** 38
- staatliche Genehmigung **763** 26

Lotterielos 802 10

Luftbeförderung
- im Rahmen von Pauschalreisen **651C** 8

Luftschallschutz 633 86

M

Mailorder 675L 2

Makler 675A 4
- Anlagemakler **652** 283
- Aufwendungsersatzanspruch **652** 213
- Bestimmungsrecht **653** 10
- Doppeltätigkeit **654** 3
- Eigengeschäft des Maklers **652** 154
- Erlaubnispflichtigkeit **652** 94
- erlaubte Doppeltätigkeit **654** 3
- Immobilienmakler **652** 223
- Lohnanspruch des Maklers **652** 7
- Lohnunwürdigkeit **654** 3
- Lohnunwürdigkeit, Neutralitätspflicht **654** 3
- Makler als Erfüllungsgehilfe **652** 183
- Maklertypen **652** 3
- Neutralitätspflicht **654** 4
- Provisionshöhe **652** 199
- Stellenmakler **652** 241
- Treue- und Sorgfaltspflicht **654** 10
- Unternehmensmakler **652** 379
- Versicherungsmakler **652** 363
- Vertretung des Auftraggebers **652** 49
- Vertretung des Maklers **652** 49
- Wohnungsmakler **652** 230

Maklerleistung
- typische **655A** 26

Maklerlohn
- Erfolgsbezogenheit **655C** 1
- Herabsetzung **655** 1
- Lohnunwürdigkeit, Neutralitätspflicht **654** 3
- Ortsüblichkeit **653** 1
- unvollkommene Verbindlichkeit **656** 1

Mäklerlohn 653 1 f.
- Höhe **653** 8

Maklervertrag
- Abschluss **652** 9
- AGB, Einbeziehungsvoraussetzungen **652** 83
- AGB, Inhaltskontrolle **652** 85
- Alleinauftrag **652** 57
- Änderungsvertrag **652** 132
- atypischer Maklervertrag **652** 179
- Ausführungs- und Erfüllungsrisiko **652** 140
- besonderes Treueverhältnis **652** 64
- Folgeprovisionen **652** 197
- Formbedürftigkeit **652** 28
- Grundstücksgeschäfte **652** 25
- Inidividualabreden **652** 81
- Kausalität, Abschluss des Hauptvertrages **652** 189
- Makler- und Bauträgerverordnung **652** 96
- Maklerdienstvertrag **652** 56
- Maklerklausel **652** 208
- Maklerwerkvertrag **652** 62
- Nachweismaklervertrag **652** 98
- Sittenwidrigkeit **652** 44
- Treuepflichten des Auftraggebers **652** 78
- typische Maklertätigkeiten **652** 90
- Übererlösabrede **652** 204
- Übernahmeklausel **652** 209
- Verbotsgesetze **652** 31
- Vermittlungsmaklervertrag **652** 105
- Vertragsdauer **652** 53
- Vorvertrag **652** 118
- Zustandekommen **653** 2

Mangel
- unwesentlicher beim Werkvertrag, Verweigerung der Abnahme **640** 19
- vom Besteller gelieferter Stoff **645** 5

Mängelanzeige
- entbehrlich **651D** 6
- Minderung des Reisepreises **651D** 5
- schuldhafte Unterlassung **651D** 28

Mangelfolgeschaden
- Werkvertrag **634** 2

Mangelhaftigkeit
- der Sache **757** 3

Mängelhaftung
- Mangelerscheinungen **634** 11
- Reisevertrag, Ausschlussfrist **651G** 14
- Reisevertrag, Mangel **651D** 4
- Reisevertrag, Minderung, Schätzung **651D** 24
- Reisevertrag, Verjährung **651G** 65
- Symptomrechtsprechung **634** 11
- Werkvertrag, Abdingbarkeit **634** 128
- Werkvertrag, arglistiges Verschweigen eines Mangels **639** 3
- Werkvertrag, Aufwendungsersatz **634** 63

Stichwortverzeichnis

- Werkvertrag, Beweislast, Soll-Beschaffenheit **634** 70
- Werkvertrag, Beweislast nach Abnahme **634** 65
- Werkvertrag, Beweislast vor Abnahme **634** 66
- Werkvertrag, endgültige und ernsthafte Erfüllungsverweigerung **636** 7
- Werkvertrag, Erfüllungsgehilfe **634** 59
- Werkvertrag, Erfüllungsgehilfe, Kenntnis **633** 24
- Werkvertrag, Fristsetzung **634** 6
- Werkvertrag, Fristsetzung, Angemessenheit **634** 13
- Werkvertrag, Fristsetzung, Entbehrlichkeit **634** 7, 34; **636** 3; **637** 6
- Werkvertrag, Fristsetzung, Erfolglosigkeit **634** 9
- Werkvertrag, Fristsetzung, Fehlerfalle **634** 10
- Werkvertrag, Fristsetzung, Inhalt **634** 11; **637** 5
- Werkvertrag, Fristsetzung, Leistungsverweigerung **634** 8
- Werkvertrag, Haftungsausschluss **639** 1
- Werkvertrag, Haftungsausschluss, AGB **639** 24
- Werkvertrag, Haftungsausschluss, Arglist **639** 3
- Werkvertrag, Haftungsausschluss, Garantie **639** 16
- Werkvertrag, Haftungsausschluss, Immobilienerwerb **639** 29
- Werkvertrag, Hilfsperson, Kenntnis **633** 24
- Werkvertrag, Immobilienerwerb **634** 108
- Werkvertrag, Konkurrenzen **634** 85
- Werkvertrag, Makler, Kenntnis **633** 24
- Werkvertrag, Minderung **638** 1
- Werkvertrag, Minderung, Berechnung **638** 16
- Werkvertrag, Minderung, Beteiligung mehrerer **638** 13
- Werkvertrag, Minderung, Erklärung **638** 8
- Werkvertrag, Minderung, Rechtsfolgen **638** 11
- Werkvertrag, Minderung, Rückforderungsanspruch **638** 21
- Werkvertrag, Minderung, Schätzung **638** 20
- Werkvertrag, Minderung, Voraussetzungen **638** 5
- Werkvertrag, Mitverschulden **634** 59
- Werkvertrag, Nacherfüllung **634** 85; **635** 4
- Werkvertrag, Nacherfüllung und Druckeinbehalt **634** 90
- Werkvertrag, Privatgutachten **633** 46
- Werkvertrag, Rechtsverfolgungskosten **634** 53
- Werkvertrag, Rücktritt **634** 15
- Werkvertrag, Rücktritt, Ausschluss **634** 17
- Werkvertrag, Rücktritt, Rechtsfolgen **634** 22
- Werkvertrag, Sachverständigengutachten **633** 46
- Werkvertrag, Schadensersatz **634** 27
- Werkvertrag, Schadensersatz, Einzelfälle **634** 62
- Werkvertrag, Schadensersatz statt der Leistung **634** 33, 36
- Werkvertrag, Schuldrechtsmodernisierung **634** 2
- Werkvertrag, Selbstvornahme **634** 91; **637** 4
- Werkvertrag, Übergangsregelungen **633** 96
- Werkvertrag, unerheblicher Mangel **634** 18
- Werkvertrag, Verjährung **634A** 3
- Werkvertrag, Verjährung, arglistiges Verschweigen eines Mangels **634A** 22
- Werkvertrag, Verjährung, Bauwerk **634A** 11
- Werkvertrag, Verrechnung **634** 54
- Werkvertrag, vertragsuntreuer Besteller **634** 14
- Werkvertrag, Verzögerungsschaden **634** 52
- Werkvertrag, Vorrang der Nacherfüllung **634** 1
- Werkvertrag, Vorteilsausgleichung **634** 56
- Werkvertrag, Wohnungseigentum **634** 109
- Werkvertrag, Zusicherung **634** 3

Maschinenüberlassung 631 144
Maßnahme
- wertsteigernde **748** 6

Massengeschäft 675U 6
Medizinischer Dienst der Krankenkassen
- Haftung **839** 507

Mehrheitsbeschluss
- Grenzen **745** 7

Meistbegünstigung
- Prinzip **651J** 3

Meldebehörde 839 364
Menschenwürde 839 262
Miete
- Abgrenzung zur Verwahrung **688** 18

Minderjährige 675F 2
Minderung
- der Erwerbsfähigkeit, Schadensberechnung **842** 4; **843** 3
- des Reisepreises **651D** 2
- hypothetische **651E** 27

Minderungsrecht
- des Bestellers **634A** 28

Minderwert
- merkantiler **633** 27

Mindestbetrag
- abstrakter **849** 4

Missbrauch 675K 2
Missbrauchsanzeige 675L 18; **675M** 5 ff.; **675V** 6, 23
Missbrauchsrisiko 675I 1, 6

Stichwortverzeichnis

Mitarbeit
- des Ehegatten bzw. Lebenspartners im Haushalt **845** 2

Mitbürgschaft 769 2
- Begriff **769** 2
- Entstehungsvoraussetzungen **769** 3

Mitgliedschaft
- Einheitlichkeit **717** 2
- Übertragung **719** 7

Mittäter
- bei unerlaubter Handlung **830** 6
- Haftung mehrerer Beteiligter **830** 2

Mitteilen 675D 3, 5; **675G** 2; **675O** 2

Mittel-Zweck-Relation 853 4

Mittelzufluss 675T 3

Mitverschulden
- des Verletzten **846** 1

Mitverwaltungsrecht 717 5

Mitwirkung
- ausgeschiedener Gesellschafter **740** 6

Mitwirkungshandlung
- erforderliche, des Bestellers **642** 3

Mitwirkungspflicht
- Obliegenheit des Bestellers **643** 1

Mobbing 839 91, 285
- Angestelltenverhältnis **839** 92
- Beamtenverhältnis **839** 91, 101, 285

Modellagentur 631 145

Motive 675U 9

Mülldeponie
- Amtshaftungsanspruch bei Ausschluss von der Benutzung **839** 472

N

Nachdisposition 675T 4

Nacherfüllung
- Werkvertrag, Abtretung **635** 8
- Werkvertrag, Fehlschlagen **636** 9
- Werkvertrag, Fristsetzung als Grundsatz **636** 1
- Werkvertrag, Gebrauchsvorteile **635** 31
- Werkvertrag, Gutachterkosten **635** 15
- Werkvertrag, Kosten unberechtigter Mängelrüge **635** 9, 14
- Werkvertrag, Mitverschulden **635** 21
- Werkvertrag, Nacherfüllungsaufwand **635** 11
- Werkvertrag, Nacherfüllungsaufwand, Abdingbarkeit **635** 16
- Werkvertrag, Nacherfüllungskosten **635** 11
- Werkvertrag, Nacherfüllungskosten bei unberechtigter Inanspruchnahme **635** 9, 14
- Werkvertrag, Nacherfüllungsversuche, Anzahl **636** 10
- Werkvertrag, Nebenarbeiten **635** 15
- Werkvertrag, Rechtsanwaltskosten **635** 15
- Werkvertrag, Rückgewähr **635** 31
- Werkvertrag, steuerliche Vorteile **635** 18
- Werkvertrag, unberechtigte Mängelrüge **635** 9, 14
- Werkvertrag, unverhältnismäßige Kosten **635** 22
- Werkvertrag, Unzumutbarkeit **636** 11
- Werkvertrag, verschuldensunabhängig **635** 5
- Werkvertrag, Vorteilsausgleichung **635** 17
- Werkvertrag, Wahlrecht des Unternehmers **635** 4

Nachforschungspflicht 675Y 13

Nachfrage 839 229

Nachfrist
- Erbringung der Mitwirkungspflichten **643** 1

Nachfristsetzung
- angemessene **643** 3

Nachlassgericht
- Haftung **839** 414

Nachschusspflicht
- ausscheidender Gesellschafter **739** 2

Nachweis 839 271

Nachwirkung 675F 6

Namenspapier 793 39
- mit Inhaberklausel **808** 1

Naturalrestitution 839 158

Naturschutzbehörde
- Haftung **839** 378

Nebenentgelt
- unzulässiges **655D** 2
- verbraucherschützende Funktion **655D** 1
- Vereinbarungsverbot **655D** 1

Nebenpapier
- Ausschluss durch Vermerk **804** 13
- Verlust oder Vernichtung **804** 5

Nebenpflicht
- Anzeige- und Wartepflicht **681** 4
- des Geschäftsführers **681** 1
- Verstoß **681** 10

Nebentäterschaft
- Abgrenzung zu Mittäter und Beteiligtem **830** 4

Nettolohnmethode
- modifizierte **842** 6

Nichtanwendungserlass 839 139, 345

Nichtberechtigter
- Alleingesellschafter einer GmbH **816** 11
- Definition **816** 10
- Leistung an einen Nichtberechtigten **816** 42
- nachträgliche Herstellung der Nichtberechtigung **816** 14
- Nichtberechtigung des Eigentümers **816** 13

Nichteheliche Lebensgemeinschaft
- Auseinandersetzung bei Vorliegen eines Gesellschaftsvertrages **730** 84

Nichtleistungskondiktion 675U 6

Stichwortverzeichnis

Nichtübertragbarkeit
- der Gesellschafterrechte **717** 1 f.

Notanwalt 839 279

Notar
- Belehrungsfrist **839** 302
- Haftung **839** 298, 300, 410

Notarkammer 839 382

Notarzt
- Haftung **839** 493

Notarztwagen 839 494

Notgeschäftsführung
- Wohnungseigentümergemeinschaft **679** 13

Notgeschäftsführungspflicht
- des Erben **673** 3

Nothelfer
- berufliche **680** 7

Nothilfefall 683 54

Nutz-Haustierhalter 834 4

Nutztier 833 55

Nutztierhalterhaftung
- Absicherung **833** 64
- Ausritt **833** 66
- Beaufsichtigung **833** 58
- Beweislast **833** 62
- Fallgruppen **833** 63
- freilaufende Tiere **833** 65
- Wachhunde **833** 67

Nutzung
- missbräuchliche **675L** 2

Nutzungsberechtigter
- Haftung **838** 7

O

Obhutspflicht 839 343

Offene Handelsgesellschaft
- Abgrenzung zur Gesellschaft **705** 36

Öffentliche Hand
- Einheit **839** 34

Öffentliches Amt 839 288

Online-Banking 675J 4; **675K** 2; **675N** 6; **675V** 5

Onlineübermittlung 675M 3

Operations- und Krankenunterlagen
- Einsicht **810** 15

Orderpapiere 793 45

Ordnungsbehörde
- Haftung **839** 384

Originalurkunde
- Leibrentenversprechen **761** 6

P

Pannenhilfe 631 146

Parteiwille
- durch Auslegung zu ermittelnder **781** 3

Partneranschriftendepotvertrag 656 6

Partnerschaftsservicevertrag 631 147

Partnerschaftsvermittlung 656 4
- Dienste höherer Art **656** 2

Partnerschaftsvermittlungsvertrag 656 4
- Lauf- oder Verlängerungszeit **656** 9

Passivlegitimation 839 22

Patent
- gemeinschaftliches **742** 4

Patentanwalt 675A 4

Patentrecht
- Verletzungen **809** 23

Person
- öffentlich bestellte **675A** 3

Personengruppe
- Ausschluss bei Belohnung **660** 18

Personenschifffahrtsgesellschaft 701 11

Persönlichkeitsverletzung 839 91

Pfandgegenstand
- Baugrundstück des Bestellers **648** 15

Pfandobjekt
- bewegliche Sachen **647** 8
- Sachen des Bestellers **647** 12
- Verwertung **647** 32

Pfandrecht 675T 6
- Begriff **772** 5
- Gegenstand und Umfang **704** 3

Pfandrechtsentstehung
- an bestellerfremden Sachen **647** 21

Pfändung
- Anspruch auf Gemeinschaftsaufhebung **749** 24
- des Gesellschaftsanteils **725** 1, 5
- eines Bruchteils **751** 4
- isolierte, von Ansprüchen des Gesellschafters gegen die Gesellschaft **717** 16
- Überwindung des Aufhebungsverbots **751** 4
- Wirkungen **725** 6

Pfändungsgläubiger 676C 4

Pfändungsschutzkonto 675F 5, 11

Pflicht
- Gefahrenabwehr **679** 12
- nicht rechtzeitig erfüllt **679** 5
- Tilgung fremder Steuerschulden **679** 10
- Verkehrssicherung **679** 12

Pflichtverletzung 839A 6

PIN 675F 14 f.; **675M** 4

PIN-Nummer 675L 10

PKH-Verfahren 839 276

Point-off-Sale 675P 4

Polizei
- Haftung **839** 387

Portemonnaie 675L 12

POS-Terminal 675L 17; **675V** 20

Post
- Haftung **839** 395

Stichwortverzeichnis

Präsenzgeschäft 675L 2
Preisausschreiben
- Abgrenzung zur Auslobung **657** 7
- Anspruch bei Zustimmungsvorbehalt Dritter **661** 18
- Ansprüche der übrigen Teilnehmer auf angemessene Vergütung **762** 5
- Ausschluss des Anspruchs **661** 17
- Ausschluss des Rechtsweges **661** 3
- Ausschreibung an begrenzten Personenkreis **661** 12
- eingeschränkte Haftung der Preisrichter **661** 26
- Fehlen einer Frist **661** 10
- Geldzahlung als Teilnahmebedingung **661** 13
- Haftung wegen Verletzung von Nebenpflichten **661** 28
- kein Anspruch des Gewinners auf angemessene Vergütung **762** 4
- Preisrichterbestimmung **661** 15
- Schadensersatzansprüche **661** 27
- sonstige Ansprüche des Teilnehmers **661** 35
- Überprüfbarkeit bei schwerwiegenden Mängeln **661** 38
- Wirksamwerden der Preisentscheidung **661** 14

Preisvereinbarung
- keine bindende **650** 4

Prepaid-Karte 675I 6
Prepaid-Produkt 675I 2
Prioritätsgrundsatz 659 2
Privatgutachten
- Werkvertrag **633** 46

Privathaftpflichtversicherung
- für deliktsunfähige Kinder **828** 3

Pro rata temporis 675H 6
Prognose
- über Maklerleistung **653** 12

Projektsteuerungsvertrag 631 148
Proportionalhaftung
- nach Verursachungswahrscheinlichkeit **830** 7

Provisionsvereinbarung
- Fehlen **653** 1

Prüfung
- sorgfältige **839** 137

Prüfungsamt
- Haftung **839** 396

Prüfungsanfechtung 839 218
Psychiatrie 839 485
Publikumsgesellschaft 708 23
- kapitalistische **724** 7

Pull-Zahlung 675E 5; **675P** 4, 7
Pull-Zahlungsverfahren 675S 8

Q

Quittung
- Anspruch des Angewiesenen auf Erteilung **785** 3

R

Rahmenvertrag 675F 1, 4
Realakt 839 39
Realteilung
- des gemeinschaftlichen Gegenstandes **752** 3

Rechnungsabschluss 675T 5
Rechnungslegung 681 7
- ausgeschiedener Gesellschafter **740** 7

Rechtsanwalt 631 149
Rechtsanwaltskammer
- Haftung **839** 379

Rechtsaufsicht 839 103
Rechtsaussicht 839 117
Rechtsbehelf
- Formloser **839** 223
- formlos **839** 231

Rechtsberater 675A 4
Rechtsfolgen 675A 12; **675U** 11 ff.
Rechtsfrieden 839 185
Rechtskraft 839 184
Rechtskraftwirkung 839 182, 261
Rechtsmangel
- positive Kenntnis **819** 4
- Werkvertrag **633** 39

Rechtsmittel 839A 26
- aussichtslos **839** 239
- Begriff **839** 216, 221
- hinreichend **839** 227
- konturenlos **839** 226
- Kosten **839** 240

Rechtsmitteln
- Gebrauch **839** 66

Rechtspflege
- Haftung **839** 403

Rechtspfleger
- Haftung **839** 415

Rechtsprechung
- realitätsfern **839** 246

Rechtsscheinswirkung
- Besitz an beweglichen Sachen **851** 2

Rechtsschutz
- primärer **839** 174, 215
- vorläufiger **839** 194

Rechtsschutzverfahren
- vorläufiges **839** 196

Rechtsstellung
- des Inhabers **808** 47
- des Schuldners **808** 34

Rechtsverhältnis 839A 5
- zwischen Angewiesenem und Erwerber **792** 8

Rechtsweg 839 29, 326
- Aufspaltung des **839** 256

Rechtswidrigkeit 839 59
- Lehre vom Erfolgsunrecht **831** 70
- Lehre vom Handlungsunrecht **831** 71
- verkehrsrichtiges Verhalten **831** 79

Stichwortverzeichnis

Reeder
- Haftung **831** 25

Referenzwechselkurs 675G 9 f.

Referenzzins 675G 7 f.

Reflexwirkung 839 105

Regelung
- abschließende **675V** 2; **675Z** 1 ff.
- günstigere **675E** 2 f.

Registergericht
- Haftung **839** 419

Regress
- des Bürgen **774** 10
- rechtsgeschäftlicher **775** 5

Regressanordnung
- kollektives Vorsorgesystem **842** 6

Regressanspruch 676A 2

Regressregelung 676A 1

Reichweite 839 100

Reise
- erhebliche Auswirkungen **651J** 15

Reisebüro
- Geltendmachung der Ansprüche **651G** 21

Reiseerfordernis
- besonderes **651B** 8

Reisemangel
- Ausfall, Verspätung der Beförderung **651C** 48
- Fehlen zugesicherter Eigenschaften **651C** 21
- Geruch **651C** 65
- Lärm **651C** 66
- Service, Verpflegung **651C** 69
- Strandlage, Strandzustand **651C** 60
- Urlaubsobjekt, Umweltverhältnisse **651C** 57

Reisender
- Gastschüler **651L** 4

Reiserücktrittskosten-Versicherung
- Rücktritt vor Reisebeginn **651I** 17

Reisescheck 675C 5

Reiseveranstalter
- ausländischer **651K** 21
- Begrenzung des Haftungsrisikos **651H** 1 f.
- Verpflichtungen **651F** 42
- Widerspruchsrecht **651B** 7

Reisevertrag
- Absagegrund **651A** 71
- abweichende Vereinbarungen **651M** 2
- Annahme **651A** 33
- Anzahlungen **651A** 59
- BGB-InfoV **651A** 43
- Erhöhungsgründe **651A** 64
- Ersatzreise **651A** 75
- Ersetzungsbefugnis **651B** 1, 5
- Fallbeispiele **651A** 69
- Fälligkeit **651A** 58
- Formfreiheit **651A** 31
- Gastschulaufenthalte **651L** 1

- Gelegenheitsveranstalter **651K** 24
- Gewinnreise **651A** 14
- Haftungsbeschränkung **651H** 1, 3
- Haftungsbeschränkung für Leistungsträger **651H** 23
- höhere Gewalt **651J** 8
- höhere Gewalt, Streik **651J** 11
- höhere Gewalt, Vorhersehbarkeit **651J** 10
- höhere Gewalt, Warnhinweise des Auswärtigen Amtes **651J** 12
- Incentive-Reisen **651A** 13
- Kerosinklausel **651A** 65
- Klauselverbote **651A** 45
- Kündigung wegen höherer Gewalt **651J** 1
- Leistungsinhalt **651A** 42
- Mängelanzeige **651D** 5
- Mängelhaftung **651D** 1
- Mindestteilnehmerzahl **651A** 72
- Mitteilungsfrist **651A** 66
- Prospektangaben **651A** 32
- Reiseleistungen **651A** 38
- Reisepreis **651A** 57
- Reiserücktrittskosten-Versicherung **651I** 17
- Reiseveranstalter **651A** 17
- Rücktritt nach Reisebeginn **651I** 6
- Rücktritt vor Reisebeginn **651I** 4
- Sicherungsschein **651K** 17
- stop-over-Flug **651A** 12
- Storno-Pauschale **651I** 15
- Umbuchungen, keine Rücktrittsfiktion **651I** 10
- Ursprung **651A** 1
- Vertragsübernahme **651B** 4, 19
- Zahlungsunfähigkeit des Reiseveranstalters **651K** 1

Reitpferde
- Tierhalterhaftung **833** 73

Rektapapier 806 11

Rektazeichen
- kein Inhaberpapier **807** 18

Rentenanspruch
- bei unerlaubter Handlung **843** 7

Rentenhöhe 843 7

Rententitel
- Klage auf Abänderung **843** 12

Rentenversicherungsträger
- Haftung **839** 514

Residenzpflicht 839 500

Retail-Kundengeschäft 675Q 5

Retourprovision 675X 37

Retrozession 675 126

Richter
- Gehilfe **839A** 30

Richterhaftung 839 180
- Analogie, Schiedsrichter **839** 189
- Analogie, sonstige Ansprüche **839** 211
- Beschleunigung **839** 202
- Justizverweigerung **839** 206
- Parteiinteressen **839** 203
- Rechtsache **839** 191
- Richterbegriff **839** 186
- überflüssige Kosten **839** 199
- Urteilscharakter **839** 192
- Urteilsfindung **839** 197
- Verzögerung **839** 201

Richterspruchprivileg 839A 19

Rückabwicklung
- bereicherungsrechtliche **676B** 3

Rückbeförderung
- Verpflichtung des Reiseveranstalters **651J** 18

Rückbelastungsrecht 675X 6

Rückforderung
- überhöhte Abschlagszahlung mit Vorschusscharakter **820** 17

Rückforderungsrecht
- des Hinterlegers **695** 1
- Umfang **695** 6
- Verjährung **695** 14

Rückgabe
- der Gesellschaft zur Benutzung überlassenen Gegenstände **732** 2
- einer Lastschrift **675P** 5
- Unmöglichkeit **695** 7

Rückgabeanspruch
- Durchsetzbarkeit **732** 7
- zum Gebrauch überlassene Gegenstand **732** 6

Rückgabeort
- Begriff **697** 7

Rückgabepflicht
- als Holschuld **697** 1

Rückgriff 839 26

Rückreise
- notwendige Aufwendungen **651K** 10

Rücksendung
- auf Verlangen des Hinterlegers **697** 8

Rücksichtnahme
- Gebot **839** 481

Rücktritt
- Rückzahlung und Entschädigung **651I** 12
- vor Reisebeginn **651I** 1 f.

Rücktrittsfiktion
- Unzulässigkeit **651I** 10

Rückumschreibung
- von Namenspapier zu Inhaberpapier **806** 5

Rückvergütung 675 126

Rückzahlungsanspruch
- des Reisenden **651E** 21

S

Sachbearbeitung
- zügige **839** 71

Sachbegriff
- Besichtigungsanspruch **809** 10
- Herstellung, Wartung oder Veränderung **634A** 5

Sache
- Besichtigung **809** 1, 17
- Besichtigung, Gefahr und Kosten der Vorlegung **811** 5
- Besichtigung, Vorlegungsort **811** 2
- Entziehung durch unerlaubte Handlung **848** 3
- gefahrdrohende Beschaffenheit **694** 2
- nicht mehr zur Abwicklung benötigt **732** 5

Sachleistungsprinzip 675A 5

Sachmangel
- Werkvertrag **633** 12

Sachverständigengutachten
- Werkvertrag **633** 46, 94

Sachverständiger
- gerichtlicher **839** 183
- gerichtlicher, Haftung **839** 308, 520; **839A** 1

Saldotheorie 818 78

Schaden 839A 23

Schadensanzeige
- Entbehrlichkeit **703** 9
- Unverzüglichkeit **703** 1

Schadensberechnung 839 517

Schadenseinheit
- Grundsatz **845** 9

Schadensereignis 839A 10

Schadensersatz 675R 10
- Anspruchsumfang **634** 37
- Dispositionsfreiheit **634** 40
- Fristsetzung **634** 32
- Gesamtschuldner **634** 40
- kleiner Schadensersatz **634** 36
- Mehrwertsteuer **634** 51
- Minderwert, merkantiler **634** 39
- Minderwert, technischer **634** 38
- Nutzungsausfall **634** 43
- Reisemangel und Mängelanzeige **651F** 21
- statt der ganzen Leistung **634** 48
- statt der ganzen Leistung, Inhalt **634** 50
- statt der Leistung, Werkmängelrechte **634** 33, 36
- Umfang **694** 12
- Umsatzsteuer **634** 51
- unverhältnismäßige Kosten **634** 41

Schadensersatzanspruch 839 159
- aus positiver Vertragsverletzung **654** 16
- Ersatz des negativen Interesses **650** 11
- spezifisch werkvertraglicher **642** 1
- Umfang **839** 160
- wegen Übernahmeverschuldens **678** 2

Stichwortverzeichnis

Schadensersatzpflicht
- Sonderregelung zum Umfang **842** 1
- Verzögerung oder Unterlassen der Anzeige **789** 8

Schadensersatzverpflichtung
- wegen Beschädigung einer beweglichen Sache **851** 3
- wegen Entziehung einer beweglichen Sache **851** 3

Schadensvermeidung 839 213
Schallschutz 633 86
Schankwirt
- Haftung **701** 7

Schätzer 675A 4
Schätzung 839 406
Scheck 675C 5; **788** 4
- Widerruf nach Ablauf der Frist **790** 7

Schenkung
- Abgrenzung zur Auslobung **657** 5
- auf den Todesfall **672** 7
- belohnende **761** 9
- gemischte, Verfügung eines Nichtberechtigten **816** 32

Schiedsmann
- Haftung **839** 312

Schiffsreise
- Reise mit besonderem Charakter **651C** 78

Schiffswerft
- Inhaber **648** 9

Schlachthof
- Haftung **839** 443

Schlafwagengesellschaft 701 11
Schleusenbetrieb
- Haftung **839** 445

Schlussabrechnung 734 8
Schmerzen
- Androhung von **839** 390

Schockschaden 839 337
- infolge der Verletzung **846** 8

Schornsteinfeger
- Haftung **839** 314

Schriftform 675A 8
Schrottimmobilie 675 113
- Immobilienfonds **675** 116
- institutionalisiertes Zusammenwirken **675** 122
- Realkreditverträge **675** 114

Schuld
- Anweisung der Tilgung **788** 3

Schuldanerkenntnis
- Begriff **781** 1
- deklaratorisches auch kausales **781** 2
- negatives **781** 5
- nichtrechtsgeschäftliches Anerkenntnis **781** 4
- prozessuales Anerkenntnis **781** 6

Schuldner
- Schutz des gutgläubigen **720** 1

Schuldübernahme 839 14, 23
Schuldverschreibung
- auf den Inhaber **798** 3
- Einwendungen gegen den Bestand **796** 27
- Erteilung einer neuen auf den Inhaber **798** 13
- nicht mehr zum Umlauf geeignet **798** 4
- ohne Willen des Ausstellers in Verkehr gelangt **794** 6
- vor Ausgabe **794** 25

Schuldversprechen
- Abgrenzungsfragen **780** 1
- Abrechnung **782** 2
- abstraktes **675T** 4 f.
- Allgemeine Geschäftsbedingungen **780** 10
- Auslegung **780** 10
- Bereicherungsausgleich **780** 13
- Beweislast **780** 14
- Forderungskauf **780** 1
- Formfreiheit **782** 1
- Grundlage **780** 9
- Inhalt **780** 7
- Kontokorrent **782** 2
- Rechtsnatur **780** 1
- Schriftform **780** 11
- Schuldverstärkung **780** 12
- Selbstständigkeit **780** 10
- Streitgegenstand **780** 16
- Urkundenprozess **780** 15
- Vergleich **782** 3
- Verjährung **780** 12
- Vertrag **780** 6
- Zweck **780** 3

Schüler 839 21
Schulunfall 839 294
Schutzgesetz 839A 2 f.
Schutzwirkung 839 95
Schutzzweck 839 94
Schutzzweckgesamtschuld
- Regelungsprinzip **840** 2

Schwebezustand
- Möglichkeit der Ausübung des Gestaltungsrechts **770** 1

Schweigen
- als Zustimmung **675G** 4

Sechs-Wochen-Frist 675X 20
Seereise
- im Rahmen von Pauschalreisen **651C** 15
- Selbstabhilferecht **651C** 110
- Fristsetzung **651C** 112

Selbständiges Beweisverfahren
- Kosten und Feststellungsklage **633** 48
- Kosten und negative Feststellungsklage **633** 49
- Kostenausspruch **633** 47

Selbständigkeit
- rechtliche, beider Verträge **655B** 2

Selbsthilfemaßnahme
- Aufwendungsersatzanspruch **683** 45

Selbstkontrolle
- der geschäftsführungsberechtigten Gesellschafter **711** 1

Selbstmörder
- Rettung **679** 22

Selbstorganschaft
- Grundsatz **710** 3

Selbstständigkeit
- bei Aufsicht über das Tier **834** 3

Selbstvornahme
- Werkvertrag, Abgrenzung **637** 17
- Werkvertrag, Abnahme **637** 4
- Werkvertrag, Aufwendungsersatz, Vorrang vor Vorschuss **637** 30
- Werkvertrag, Darlegung, Anspruchshöhe **637** 31
- Werkvertrag, Darlegung, Fälligkeit der Abrechnungspflicht **637** 32
- Werkvertrag, Druckeinbehalt **637** 23
- Werkvertrag, Eigenleistung **637** 19
- Werkvertrag, Einrede **637** 13
- Werkvertrag, Einrede - Zeitpunkt **637** 14
- Werkvertrag, erforderliche Kosten **637** 19
- Werkvertrag, Fristsetzung, angemessene Frist **637** 5
- Werkvertrag, Fristsetzung, ungeeignete Maßnahmen **637** 7
- Werkvertrag, Leistungsverweigerungsrecht **637** 10
- Werkvertrag, Mängelbeseitigung **634** 91; **637** 4
- Werkvertrag, Nacherfüllungsanspruch, Abhängigkeit vom **637** 12
- Werkvertrag, Nacherfüllungsanspruch des Unternehmers **637** 27
- Werkvertrag, Neuherstellung **637** 18
- Werkvertrag, Schuldrechtsmodernisierung **637** 2
- Werkvertrag, verfrühte **637** 7
- Werkvertrag, Vorschuss, Abrechnungspflicht **637** 24
- Werkvertrag, Vorschuss, Mängelbeseitigungswille **637** 8
- Werkvertrag, Vorschuss, Pflicht zur zügigen Mängelbeseitigung **637** 25
- Werkvertrag, Vorschuss, Rückzahlung und Schadensersatz **637** 24
- Werkvertrag, Vorschuss, Schadensersatz **637** 24
- Werkvertrag, Vorschuss, Verzinsung **637** 26
- Werkvertrag, Vorschuss, Vorrang des Aufwendungsersatzes **637** 9, 30
- Werkvertrag, Vorschussurteil **637** 33
- Werkvertrag, Werklohneinbehalt **637** 23
- Werkvertrag, Zurückbehaltungsrecht **637** 23

SEPA-Lastschrift 675J 5; **675X** 6
SEPA-Überweisungen 675R 8
Sequester
- Bereicherungseinrede **821** 9

Sexueller Missbrauch
- Abhängigkeitsverhältnis **825** 10
- Bestimmung zur Vornahme oder Duldung sexueller Handlungen **825** 5
- Drohung **825** 11
- Duldung **825** 7
- Hinterlist **825** 8
- Missbrauch **825** 9
- sexuelle Handlung **825** 6
- Verhältnis zu § 823 **825** 3

SHARE-Regel 675E 5
Sicherheit
- Aufgabe **776** 1
- nicht fristgemäße Leistung **648A** 38
- Vorrang anderer Realsicherheiten **772** 5

Sicherheitsleistung
- erstattungsfähige Kosten **648A** 35
- statt Befreiung **775** 13

Sicherheitsmerkmal
- personalisiertes **675L** 3, 9; **675M** 3; **675V** 8, 10

Sicherstellung
- Erstattung des gezahlten Reisepreises **651K** 6

Sicherungshypothek
- Bestellung **648** 22

Sicherungsverlangen 648A 14
- Bauhandwerkssicherung **648A** 14

Sittenverstoß
- bei der Annahme der Leistung **819** 14

Sittenwidrigkeit
- Definition **826** 8
- Rechtsprechung **826** 11
- Schadenszufügung, Einzelfälle **826** 15
- Schadenszufügung, Fallgruppen **826** 14
- Schadenszufügung, Haftungsgrund **826** 1
- Schädigung **826** 61
- Strohmanngeschäfte **826** 51

Sollzinsen 675U 8 ff.
Sondernachfolger
- an Vereinbarungen der Teilhaber gebunden **746** 1
- Begriff **746** 2
- Berichtigung der Forderung **755** 7
- Wirkung **746** 1
- Wirkung der getroffenen Vereinbarung **751** 3

Sonderrechte
- Inanspruchnahme **839** 393

Sondervollmacht
- für einen oder mehrere Gesellschafter **715** 1

Stichwortverzeichnis

Sorgfalt
- einzuhaltende **839** 451

Sorgfaltspflicht 675L 1 ff.; **839** 299
- objektive **675L** 2 ff.
- organschaftliche **713** 3

Sozialversicherungsträger
- Haftung **839** 516

Sparbuch
- qualifiziertes Legitimationspapier **808** 53

Speisewirt
- Haftung **701** 7

Sperren 675I 5; **675K** 3 f.

Sperrwirkung
- Ausübung des Widerspruchsrechts **805** 17

Spezialgesetz 839 9

Spiel
- Abgrenzung von Spiel und Wette **762** 24
- Abgrenzung von Spiel und Wette zu anderen Formen **762** 28
- Ausspielvertrag **763** 1
- Darlehen **762** 60, 65
- Differenzeinwand, Begriff **762** 32
- Geschicklichkeitsspiel **762** 19
- Glücksspiel **762** 15; **763** 1
- Lotterie- und Ausspielung **762** 17
- Merkmale **762** 2
- Rennwette **762** 27
- Spielsperre **762** 49
- Unverbindlichkeit **762** 40
- verbotenes **762** 65

Spielunfall
- Billigkeitshaftung **829** 10

Sportwette 839 386

Sprachreise
- Reise mit besonderem Charakter **651C** 74

Sprungregress
- gegen den Anweisenden **792** 12
- gegen früheren Erwerber **792** 12

Staatsanwalt
- Haftung **839** 420

Staatsanwaltschaft
- Presseerklärung **839** 425

Staatshaftung 839 1
- Abgrenzung zum europäischen Staatshaftungsrecht **839** 30
- Altlasten **839** 110
- Amtspflicht **839** 56
- Bankenaufsicht **839** 118
- Baugenehmigung **839** 114
- Bauleitplanung **839** 106
- Beliehene **839** 40
- Benutzungsverhältnis **839** 55
- Beweis des ersten Anscheins, Straßenverkehrsrecht **839** 264
- Beweiserleichterungen **839** 268
- Beweisfragen **839** 263
- Daseinsfürsorge **839** 55
- Deutsche Bahn **839** 45
- Deutsche Bundespost **839** 46
- Dienstpflicht und Amtspflicht, Abgrenzung **839** 57
- Drittschutz von Kommunen **839** 346
- Entwässerungsmaßnahmen **839** 111
- Fallgruppen, Ämter **839** 323
- Fallgruppen, Personen **839** 280
- Fallgruppen, Tätigkeiten **839** 472
- Funktionshaftung, Ausübung eines öffentlichen Amtes **839** 37
- Gesetzeskonkurrenz **839** 8
- Gesundheitswesen **839** 120
- Hochwasser **839** 111
- Inhalt und Umfang **839** 157
- Innenregress **839** 25
- kassenärztliche Vereinigung **839** 121
- Kausalität **839** 123
- Kirchenbedienstete **839** 18
- Kollegialgerichts-Richtlinie **839** 141
- Krieg **839** 13
- Mitverschulden **839** 162
- Mitwirkendes Verschulden **839** 212
- Nichtanwendungserlass **839** 139
- Organisationsverschulden **839** 144
- Rechtsaufsicht **839** 116, 360
- Rechtsweg **839** 255
- Richterbegriff **839** 186
- richterliche Tätigkeit **839** 180
- Richterprivileg **839** 181
- Schiedsrichter, Schiedsgutachter **839** 187
- Staatsanwalt **839** 122
- Straßenbaulast **839** 49
- Subsidiaritätsklausel **839** 148
- Teilnahme am öffentlichen Straßenverkehr **839** 47
- Umfang der Staatshaftung **839** 5, 25
- Verjährung **839** 168
- Verjährung, Unterbrechung **839** 171
- Verkehrsregelungspflicht **839** 52
- Verschulden **839** 130
- Versicherungswesen **839** 119
- Verwaltungshelfer **839** 42
- Zivilrechtsweg **839** 3

Staatsnotstand 796 28

Standardgeschäft 675A 7

Standesbeamter
- Haftung **839** 315

Statiker 631 150

Stelle
- zwischengeschaltete **675Z** 5 f.

Steuerberater 631 151

Steuerfahnder 839 350

Stichwortverzeichnis

Steuerstrafverfahren 839 349
Stiftungsaufsicht
- Haftung **839** 446

Stille Gesellschaft 705 49
- Auseinandersetzung **730** 93

Stoff
- Begriff **645** 5

Storno-Pauschale
- Rücktritt vor Reisebeginn **651I** 15

Strafanspruch
- Durchsetzung **839** 430

Strafgefangener
- Schmerzensgeld **839** 432

Strafrichter
- Haftung **839** 427

Strafvollzug
- Haftung **839** 431

Straßenbelag 839 455
Straßenverkehrsbehörde
- Haftung **839** 447

Streitverkündung 839A 28 f.
Streupflicht 823 146
- Anliegerstreupflicht **823** 146
- Autowaschanlagenbetreiber **823** 147
- Berufsverkehrszeiten **823** 155
- Beweislastverteilung bei Streupflichtverletzung **823** 159
- Blitzeis **823** 148
- Krankenhausparkplatz **823** 154
- Parkplätzen **823** 154
- Passant **823** 152
- räumliche Grenzen **823** 156
- Streupflichtdelegation **823** 146
- Streupflichtsatzung **823** 146
- Umfang der Streupflicht **839** 460
- Unvermögen **823** 150
- wiederholtes Abstreuen **823** 157
- Wohnungseigentum **823** 158
- zeitliche Grenzen **823** 155
- Zeitungszusteller **823** 155

Strohmanngeschäfte 826 51
Studienreise
- Reise mit besonderem Charakter **651C** 73

Subsidiaritätsklausel 839 154 f., 214
Substantiierungspflicht
- Geltendmachung der Ansprüche **651G** 16

Substanzwertmethode 740 1
Superinstanz 839 143
Superrevision 839 259
Surcharging 675F 14

T

TAN 675F 14 f.; **675M** 4
Tätigkeit
- honorarauslösende **632** 8

Technik
- Regeln, Definition **633** 29

Technischer Überwachungsverein
- Haftung **839** 520

Teilbarkeit
- der Forderung zweifelhaft **754** 4
- des Gegenstandes **752** 7

Teilhaber
- Aufhebung der Gemeinschaft ausgeschlossen **751** 2
- Gläubiger und Schuldner **756** 4
- Lasten- und Kostentragung **748** 2
- Zugehörigkeit zur Gemeinschaft **756** 2
- Zuteilung **757** 2

Teilhaberschutz
- Aufhebung der Gemeinschaft **757** 1

Teilkündigung 675H 3, 5
Teilleistung
- an einzelne Gesellschafter **720** 3
- aus schwebenden Geschäften **740** 5

Teilnichtigkeit
- individuelle Reisevertragsregelung **651M** 6

Teilung
- der ausgesetzten Belohnung **659** 3
- durch Veräußerung **753** 3

Teilungskosten
- Teilung in Natur **752** 17

Teilungsvereinbarung
- abweichende Vereinbarung **754** 3
- Begriff **749** 16

Teilungsvorschrift
- Geltung **731** 6

Teilvergütungsanspruch
- Umfang **699** 6

Telefax
- Ausschluss der Bürgschaftserklärung **766** 8

Telefon-Banking 675F 15; **675J** 4
Terminsbestimmung 675P 6
Terrorismusfinanzierung 675K 4
Tier
- Begriff **833** 7
- vertragliche Übernahme der Aufsicht **834** 3

Tierhalterhaftung 830 8
- Fallgruppen **833** 72
- Gefälligkeit **833** 33
- Gesamtschuld **833** 69
- Haftpflichtversicherung **833** 3
- Haftung mehrerer Tierhalter **833** 71
- Haftungsausschluss **833** 24
- Handeln auf eigene Gefahr **833** 30
- Kausalität (haftungsausfüllende) **833** 23
- Kausalität (haftungsbegründende) **833** 12
- Kfz-Halter-Haftung **833** 45
- Mitverschulden **833** 37
- Mitverschulden, Beweislast **833** 52

Stichwortverzeichnis

- Nutztierhalterhaftung **833** 53
- Tiergefahr **833** 14
- Tierhalter **833** 8
- Wildschaden **833** 2
- Zusammentreffen von Gefährdungshaftungstatbeständen **833** 44

Tierhüter
- Haftung **834** 1

Tierhüterhaftung 834 1
- Entlastungsbeweis **834** 4

Tilgungsbestimmung
- Vorliegen **787** 3

Tod
- des Beauftragten **673** 1
- keine Rückforderung **760** 6
- Teilhaber einer Gemeinschaft **750** 1

Tötung
- infolge unerlaubter Handlung **844** 3

Treuhandanstalt
- Haftung **839** 465

Treuhandgiroverkehr 675B 4

Truppenarzt
- Haftung **839** 495

TÜV
- Angestellte **839** 521

Ü

Überflutung 839 112
Überlastung 839 24
Übermittlungserfolg 675Y 5
Übernahmeverschulden 678 9

Überplanung
- von Altlasten **839** 107

Überreaktion 839 322
Überschuss 734 3
- Anspruch auf Auszahlung **734** 9
- Definition **734** 3

Überschwemmungsschaden 839 474
Übersetzungen 631 151

Übertragung
- Ausschluss **792** 6
- der verbrieften Forderung **808** 25
- nach der Annahme **792** 10
- vor der Annahme **792** 9

Übertragungsauftrag 675B 3 f.
Übertragungsvertrag 675B 4
Überweisung 675C 4
- nichtautorisierte **675U** 6

Überweisungsauftrag
- Fälschung **675J** 9

U

Umbuchung
- des Reisenden **651I** 10

Umgehungen 675X 40

Umkehrschluss 675W 2
Umlegungsverfahren 839 109
Umsatzsteuerfreiheit
- der Kreditvermittlung **655A** 22

Umschreibung
- Veränderung der förmlichen Legitimation **806** 8
- Vermerk in der Urkunde **806** 4

Umschreibungsverpflichtung 806 6

Umschuldung
- externe **655C** 8
- interne **655C** 7
- Sonderanforderungen **655C** 4

UN-Kaufrecht
- Lieferung herzustellender Sachen **651** 8

Unabdingbarkeit
- der beschränkten Haftung **702A** 2

Unabhängigkeit
- richterliche **839** 207

Unbeachtlichkeit
- des Willens **683** 27
- entgegenstehender Wille des Geschäftsherrn **679** 1 f.

Unbilligkeit 839 161
Unerlaubte Handlung 839 82
- abgetrennte Körperteile **823** 6
- Abstand **823** 93
- Allgemeines Persönlichkeitsrecht als sonstiges Recht **823** 28
- Anfahren **823** 98
- Arbeitsverhältnis als sonstiges Recht **823** 24
- Arglisteinrede **853** 2
- Ärzteverzeichnisse **823** 72
- Aufsichtspflichtverletzung **832** 1
- Ausreißer **823** 120
- Bandencheck **823** 110
- Beerdigungskosten **844** 4
- Befundsicherungspflicht **823** 142
- Belästigungsschutz **823** 33
- Besitz als sonstiges Recht **823** 20
- Betriebsbehinderung **823** 44
- Betriebsbezogenheit **823** 39
- Betriebsblockaden **823** 79
- Beweiserleichterungen **823** 187
- Beweislastverteilung **823** 164
- Bildberichterstattung über Prominente **823** 72
- Billigkeitshaftung **829** 1
- Boykottaufrufe **823** 80
- Deliktsfähigkeit **827** 1; **828** 1
- Dienste, entgangene **845** 10
- dingliches Recht als sonstiges Recht **823** 19
- Ehe als sonstiges Recht **823** 21
- Ehrschutz **823** 30
- Ehrverletzungen **823** 70
- Ein- und Aussteigen **823** 99

Stichwortverzeichnis

- eingerichteter und ausgeübter Gewerbebetrieb **823** 35
- Eingriff in den Kausalverlauf **823** 58
- elterliche Sorge als sonstiges Recht **823** 23
- Entscheidungsfreiheit **823** 34
- Entstellung des Persönlichkeitsbildes **823** 69
- Entwicklungsfehler **823** 115
- Ermittlungsverfahren **823** 72
- Ersatzansprüche Dritter bei Tötung **844** 1
- Ersatzleistung an Nichtberechtigten **851** 1
- Fabrikationsfehler **823** 120
- Fabrikationsfehler, Beweislast **823** 142
- Fabrikationsfehler, Herstellerhaftung **823** 121
- Fabrikationsfehler, Importeurhaftung **823** 124
- Fabrikationsfehler, Vertriebshändlerhaftung **823** 123
- Fabrikationsfehler, Zuliefererhaftung **823** 122
- Fahrstreifenwechsel **823** 95
- Forderungsrechte als sonstiges Recht **823** 27
- Fotografieren fremden Eigentums **823** 17
- Freiheit **823** 9
- Fußgänger **823** 102
- Gastronomiekritik **823** 77
- Gebotsnormcharakter **823** 170
- Gebrauchsbeeinträchtigungen **823** 15
- Gefährdungsdelikte **823** 181
- Geldrente **843** 1; **844** 9; **845** 10
- Geschwindigkeit **823** 92
- Gesundheitsverletzung **823** 7
- Grätschen **823** 110
- Haftung für den Erfüllungsgehilfen **831** 13
- Haftung für Hilfspersonen **831** 1
- Haftung für Hilfspersonen, Entlastungsbeweis/Exkulpation **831** 104
- Haftung mehrerer **840** 1
- Haftung mehrerer Beteiligter **830** 1
- haftungsbegründende Kausalität **823** 51
- Immaterialgüterrechte als sonstiges Recht **823** 26
- Individualschutzcharakter **823** 171
- informationelle Selbstbestimmung **823** 32
- Insolvenzverschleppung **823** 184
- Instruktionsfehler, Beweislast **823** 143
- Instruktionsfehler, Händlerhaftung **823** 128
- Instruktionsfehler, Herstellerhaftung **823** 126
- Instruktionsfehler, Importeurhaftung **823** 129
- Instruktionsfehler, Zuliefererhaftung **823** 127
- Instruktionspflichten **823** 125
- Kenntnis der Abstammung **823** 75
- Kombinationsgefahren **823** 130
- Kommerzialisierung der Persönlichkeit **823** 31
- Konkretisierungsfunktion **823** 166
- Konstruktionsfehler **823** 115
- Konstruktionsfehler, Beweislast **823** 141
- Konstruktionsfehler, Herstellerhaftung **823** 116
- Konstruktionsfehler, Importeurhaftung **823** 119
- Konstruktionsfehler, Vertriebshändlerhaftung **823** 118
- Konstruktionsfehler, Zuliefererhaftung **823** 117
- Körperverletzung **823** 5
- Kreditgefährdung **824** 1
- Leben **823** 4
- Liegenbleiben von Fahrzeugen **823** 100
- Lizenzanalogie **823** 163
- Mitgliedschaftsrechte als sonstiges Recht **823** 25
- mittelbare Verletzungshandlungen **823** 53
- Mitverschulden **846** 1
- mutmaßliche Einwilligung **823** 61
- Nebentäterschaft, Abgrenzung **830** 4
- negatives Interesse **823** 163, 186
- Nothilfefälle **823** 54
- Notsturz **823** 111
- persönlicher Schutzbereich **823** 176
- Persönlichkeitsbild **823** 29
- Pistensicherungspflicht **823** 107
- positives Interesse **823** 186
- Privatmann als Verfolger **823** 56
- Produktbeobachtung, Beweislast **823** 144
- Produktbeobachtung, Händlerhaftung **823** 133
- Produktbeobachtung, Herstellerhaftung **823** 131
- Produktbeobachtung, Importeurhaftung **823** 134
- Produktbeobachtung, Zuliefererhaftung **823** 132
- Produktbeobachtungspflicht **823** 130
- Produktrückruf **823** 135
- Produktrückruf, Herstellerhaftung **823** 136
- Produktrückruf, Importeurhaftung **823** 139
- Produktrückruf, Vertriebshändlerhaftung **823** 138
- Produktrückruf, Zuliefererhaftung **823** 137
- Produzentenhaftung **823** 113
- Produzentenhaftung, Beweislastverteilung **823** 140
- Radweg **823** 91
- Rahmenrechte **823** 59
- räumlich-gegenständlicher Ehebereich **823** 22
- Recht auf Irrtum **823** 64
- Rechtfertigungsgründe **823** 60
- rechtliche Einwirkung auf das Eigentum **823** 12
- Rechtsfahrgebot **823** 91
- Rechtswidrigkeit **823** 179
- Regenbogenpresse **823** 71
- Rückschaupflicht **823** 97
- Sachbeschädigung/-entziehung **849** 2
- Sachbeschädigung/-entziehung, Verzinsung **849** 4
- Sachentziehung **848** 3

Stichwortverzeichnis

- Sachentziehung, Ersatz von Verwendungen **850** 1, 3
- Sachentziehung, Ersatzleistung an Nichtberechtigten **851** 1
- sachlicher Schutzbereich **823** 177
- Sachverständigenhaftung **823** 10
- Schaden **823** 185
- Schmähkritik **823** 70
- Schmähkritik mit Bezug auf Unternehmen **823** 77
- Schockschädigung **823** 57; **846** 8
- Schuldfähigkeit **823** 180
- Schuldform **823** 182
- Schutzgesetztauglichkeit **823** 171
- Schutzgesetzverletzung **823** 178
- Schutzrechtsverwarnung **823** 78
- sexueller Missbrauch **825** 1
- Sichtfahrgebot **823** 92
- sittenwidriges Verhalten **826** 1
- Sparringstraining **823** 107
- Sperma **823** 6
- Staatshaftung **839** 1, 5
- Strafgesetze **823** 173
- Strafverfolgungsvoraussetzungen **823** 178
- Straßenverkehrssicherungspflicht **823** 145
- Streiks **823** 43
- Streupflicht **823** 146
- Substanzeingriffe **823** 13
- Tarifvertrag **823** 168
- Tennisdoppel **823** 110
- Textberichterstattung über Prominente **823** 72
- Tierhalterhaftung **833** 1
- Überholen **823** 94
- Übernahmehaftung **831** 129
- Umfang der Ersatzpflicht bei Verletzung einer Person **842** 1; **843** 1
- Unternehmenskritik **823** 41
- Unternehmensschutz **823** 38
- Verfolgerfälle **823** 55
- Verkehrsregelungspflicht **823** 145
- Verkehrssicherungspflicht **823** 90
- Verkehrssicherungspflichten **831** 3
- Vermögensschutz **823** 2
- Verwaltungsvorschriften **823** 168
- Verwarnung wegen Rechtsverstößen **823** 42
- Vorfahrtverletzung **823** 96
- Vorverlagerung des Rechtsgüterschutzes **823** 166
- Warentests **823** 77
- Warnzeichen im Straßenverkehr **823** 101
- Weiterfressermangel **823** 14
- wertneutrale Falschmeldungen **823** 29
- Windschattenfahren **823** 112
- Zurechnungszusammenhang **823** 52, 184

Ungerechtfertigte Bereicherung
- Abschlagszahlungen **820** 17
- Aliudlieferung **812** 37
- angestaffelte Zwecke **812** 68
- Anweisungsfälle **812** 112
- Anwendungsbereich kraft Verweisung **812** 167
- Arbeitsrecht **812** 22
- aufgedrängte Bereicherung **814** 24; **818** 48
- Aufwendungen **818** 95
- bargeldloser Zahlungsverkehr **812** 126
- Befreiung von einer Verbindlichkeit **818** 28
- bei Anfechtung **812** 35, 48; **813** 6
- Bereicherung einer Gesamtheit **812** 155
- Bordellkauf **817** 45
- Bordellpacht **817** 49
- Brautgeschenke **815** 13
- Bürgschaft **812** 61
- condictio ob causam finitam, Begriff **812** 46
- condictio ob rem, Dogmatik **812** 55
- Dienstleistungen, Wertersatz **818** 52
- Dreipersonenverhältnis **812** 102
- Durchlieferung **812** 111
- Einbaufälle **812** 154
- Eingriffskondiktion **812** 78
- Eingriffskondiktion, Rechtsgrund **812** 94
- Einrede **813** 5
- Einrede, dauernde **813** 7
- Einrede der Bereicherung **821** 1
- Einrede der Bereicherung gegenüber Sequester **821** 9
- Einziehung Forderung **812** 86
- Entreicherung **817** 43; **818** 125
- Entreicherung des primären Bereicherungsschuldners **822** 5
- Erbbauberechtigter **815** 14
- Erfüllung trotz Einrede **813** 1
- Erlangung auf Kosten eines anderen **812** 29
- Ersatzvorteile, Herausgabe **818** 15
- Erschleichung einer Leistung **812** 24
- Ersparnis von Aufwendungen **818** 73
- ersparte Aufwendungen **812** 20
- ersparte Aufwendungen bei Minderjährigen **812** 21
- Erwerb einer vorteilhaften Rechtsstellung **812** 16
- Erwerb von Rechten **812** 15
- Erwerbskosten **818** 104
- fehlerhafte Handlungen der öffentlichen Gewalt **812** 84
- fehlerhaftes Arbeits- und Gesellschaftsverhältnis **812** 172
- formnichtige Verträge **815** 15
- Funktion der Konditionssperren **814** 1
- Gegenanspruch des Bereicherungsgläubigers **818** 110

- Gesetzes- oder Sittenverstoß **817** 15
- Gesetzes- oder Sittenverstoß, beiderseitig **817** 24
- Gesetzes- oder Sittenverstoß aufgrund der Leistung **817** 21
- Gesetzes- oder Sittenverstoß durch Vertreter **817** 25
- Gestaltungsrechte **813** 6
- Globalzession **818** 108
- GmbH Recht **812** 178
- Herausgabeart **818** 20
- Hinterlegung **818** 30
- Insolvenzanfechtung **817** 52
- IPR **812** 185
- irrtümliche Überzahlung **812** 36
- Kausalverhältnis als Rechtsgrund **812** 33
- Kehrseitentheorie **812** 183
- Kenntnis der Anfechtbarkeit **819** 9
- Kenntnis der Einwendungen und der Anfechtbarkeit **814** 14
- Kenntnis der Nichtschuld **814** 10
- Kenntnis des Leistungsempfängers von der Nichtschuld **814** 22
- Kondiktion der Kondiktion **812** 110
- Kondiktionssperre **815** 1
- Kreditversicherung, Rückabwicklung **818** 54
- Lastschriftverfahren **812** 130
- Leistung **812** 23
- Leistung, Erschleichung **812** 24
- Leistung an einen Nichtberechtigten **816** 42
- Leistung an Scheingläubiger **816** 46
- Leistung unter Vorbehalt **820** 15
- Leistungen eines Dritten **814** 23
- Leistungsbegriff, Funktion **812** 27
- Leistungserbringung durch Vertreter **814** 16
- Leistungskette **812** 106
- Leistungskette, Doppelmangel **812** 107
- Leistungszwecke **812** 28
- Luxusaufwendungen **818** 74, 96
- mehrere Bereicherte **818** 47, 112
- Nichtleistungskondiktion **812** 77
- Nutzungen, Herausgabe **818** 11
- öffentlich-rechtliche Rechtsverhältnisse **812** 182
- Persönlichkeitsrecht, Eingriffe **812** 96
- Rechte, Rückgewähr **818** 26
- Rechtsgrund, Begriff **812** 30
- Rechtsgrund, Wegfall **812** 48
- Rechtsgrund bei condictio indebiti **812** 32
- Rechtshängigkeit, Eintritt **818** 116
- Rechtshängigkeit, verschärfte Haftung **818** 113
- rechtshindernde Einwendung **814** 2; **815** 3
- Rückgriffskondiktion **812** 97
- Saldotheorie **818** 78
- Saldotheorie, Unanwendbarkeit **818** 82
- Scheck, Einlösung **812** 132
- Schenkung, Widerruf **812** 50
- Schenkungsrückforderung **822** 12
- Schuldentilgung **818** 91
- Schwarzarbeiterfälle **817** 39
- Sitten- und Anstandpflicht **814** 27
- Sittenverstoß **817** 1
- Surrogate, Herausgabe **818** 14, 123
- Theorie der Gegenleistungskondiktion **818** 79
- Tilgung einer nicht bestehenden Schuld **818** 100
- Tilgung fremder Schulden **812** 144
- Trennungs- und Einheitstheorie **812** 3
- treuwidrige Verhinderung des Erfolgseintritts **815** 12
- Überzahlung **812** 85
- Umfang des Bereicherungsanspruchs **818** 1, 9
- Umgestaltung des Bereicherungsgegenstandes **818** 103
- unentgeltliche Zuwendung **822** 3
- unerlaubte Arbeitnehmerüberlassung **817** 38
- Ungewissheit bezüglich des Erfolgseintritts **820** 6
- Unmittelbarkeitszusammenhang **812** 92
- Unmöglichkeit der Herausgabe **818** 41
- Unterhaltszahlungen **820** 16
- Unterschlagung durch Vertreter **818** 101
- Urteil als Rechtsgrund **812** 40
- Veranlassungsfälle **812** 66
- Verbindlichkeit, betagte **813** 13
- Verfügung eines Nichtberechtigten **816** 1
- Verhältnis Leistungskondiktion und Eingriffskondiktion **812** 101
- Verhältnis zu Vorschriften außerhalb des BGB **812** 177
- Verhältnis zum Familienrecht **812** 176
- Verhältnis zum Rücktrittsrecht **812** 169
- Verhältnis zum Sachenrecht **812** 175
- Verhältnis zum Sachmängelrecht **812** 171
- Verhältnis zum Schuldrecht **812** 168
- Verhältnis zum Wegnahmeanspruch **812** 170
- Verhältnis zur GoA **812** 173
- Verjährungseinrede **813** 11
- verlorener Baukostenzuschuss **818** 61
- Vermögenslosigkeit **818** 97
- Vermögensnachteil **812** 93
- verschärfte Haftung bei Kenntnis und bei Gesetzes- oder Sittenverstoß **819** 1
- verschärfte Haftung bei ungewissem Erfolgseintritt **820** 1
- Versicherungsrecht **812** 165
- Verstöße gegen Preisvorschriften **817** 40
- Vertrag zugunsten Dritter **812** 138
- Vertragsaufhebung **812** 49

Stichwortverzeichnis

- Vertrauen auf Beständigkeit des Erwerbs **818** 107
- Verwendungen auf die erlangte Sache **818** 102
- Verwendungskondiktion **812** 99
- Verzinsung im Falle gesetzes- oder sittenwidriger Darlehen **817** 42
- Vorbehalt der Rückforderung **814** 18
- Vorleistungsfälle **812** 65
- Vorrang Regress **812** 174
- Vorteilsanrechnung **812** 8
- Wegfall der Bereicherung **818** 67
- Weiterverfügung **818** 98
- Wertersatz **818** 45
- Zeitpunkt der Haftungsschärfung **819** 10
- Zeitpunkt des Entreicherungseintritts **818** 75
- Zessionsfälle **812** 139
- Zinsen als Nutzungen **818** 37
- Zurechnung der Kenntnis eines Vertreters **819** 8
- Zweckbestimmung, Rechtsnatur **812** 60
- Zweckbestimmung und Tilgungsbestimmung **812** 26
- Zweckverfehlung, Beispiele **812** 45
- Zweckverfehlungskondiktion, Herausgabe der Nutzungen **818** 35
- Zweckverwendungsfälle **812** 67
- Zwischenzinsen **813** 15

Universalkreditkarte 675I 1

Universitätsklinik
- Haftung **839** 508

Unteilbarkeit
- des Gegenstandes **752** 12

Unterhaltsleistung
- hypothetische Lebenserwartung als Obergrenze **844** 9
- Verlust vertraglich vereinbarter **844** 8

Unterhaltszahlung
- aufgrund einer einstweiligen Anordnung **820** 16

Unterlassen 839 125, 244

Unterlassungsklage
- der nichtgeschäftsführungsberechtigten Gesellschafter **713** 4

Unternehmen
- betriebliche Organisationspflicht **831** 4
- körperschaftlicher Organisationsmangel **831** 9

Unternehmerpfandrecht 647 4

Unterrichten 675D 5; **675O** 2

Unterrichtung 675K 4
- des Zahlers **675R** 9
- von Entsperrung **675K** 6

Unverjährbarkeit
- des Aufhebungsanspruchs **758** 1

Unverzüglich 675L 4

Unzumutbarkeit
- subjektive **651E** 12

Urheberrecht 809 23

Urkunde
- Aushändigung der alten **798** 9
- Ausschluss durch Bestimmung **804** 13
- Begriff **793** 57
- Einsicht **810** 1, 5
- Einsicht, Gefahr und Kosten der Vorlegung **811** 5
- Einsicht, Operations- und Krankenunterlagen **810** 15
- Einsicht, Vorlegungsort **811** 2
- Inhaber verfügungsbefugt **794** 5
- Klage auf Einsichtnahme **810** 30
- Urkundsbegriff **810** 9

Urkundenprozess 780 15

Urkundsbeamter
- Haftung **839** 434

Urlaub 675V 12 ff.

Urteil
- Rechtsmittelverzicht **839** 426

V

Valutaverhältnis 675T 5
- Auswirkungen einer Anweisung **788** 5
- Begriff **788** 1
- Erfüllungswirkung **787** 4

Verantwortlicher
- mehrere **840** 5

Verantwortlichkeit
- erforderliche Einsicht **828** 4

Veräußerung
- Erfolglosigkeit **753** 19

Veräußerungsverbot
- an Dritte **753** 8

Verbrauch
- des Geldes **698** 2

Verbraucher
- Zulässigkeit abweichender vorteilhafter Vereinbarungen **655E** 2

Verbraucherdarlehensvertrag 655A 25

Verbraucherschutz 655E 1

Verbrauchwiderruf
- Unmöglichkeit **655C** 3

Verbrechen
- sachdienliche Hinweise bei der Aufklärung **660** 8

Verdienstausfall 839 401

Verdinglichung
- von Ansprüchen unter den Teilhabern **755** 1

Vereidigung 839A 4

Vereinbarung
- in AGB **675J** 11
- vertragliche Haftungsbeschränkung **651H** 9

Stichwortverzeichnis

Vereinigung
- kassenärztliche, Haftung **839** 498

Vereinsvorstand 662 34, 38; **675** 67

Verfahren
- Dauer **839** 402

Verfahrensbeteiligter 839A 24

Verfahrensdauer 839 210

Verfahrenskosten
- aus dem Versteigerungserlös **753** 16

Verfahrensvorschrift 839 69

Verfrachter
- Haftung **831** 26

Verfügung
- Definition **816** 7
- Einwilligung **816** 17

Verfügungsbefugnis
- des Inhabers **794** 9

Vergleich
- Anfechtung **779** 19
- Anwaltsvergleich **779** 26
- Auslegung **779** 8
- Begriff **779** 2; **782** 3
- Bereinigungszweck **779** 3
- Beseitigung **779** 12
- Beweislast **779** 24
- Einwand der unzulässigen Rechtsausübung **779** 21
- Form **779** 6
- Formfreiheit **782** 1
- gegenseitiges Nachgeben **779** 13
- Grundlagenirrtum **779** 14
- Kausales Anerkenntnis **779** 4
- Prozessvergleich **779** 26
- Rechtsfolgen **779** 16
- Rechtsverhältnis **779** 9
- Regelungsgegenstand **779** 1, 9
- Schiedsvergleich **779** 26
- schwebende Prozesse **779** 27
- Sittenwidrigkeit **779** 18
- Streit **779** 10
- Streitgegenstand **779** 25
- Ungewissheit **779** 10
- Unmöglichkeit **779** 23
- Vertrag **779** 5
- Verzichts- und Vergleichsverbote **779** 7
- Verzug **779** 22
- Wegfall der Geschäftsgrundlage **779** 20

Vergleichsvorschlag 839A 18

Vergütung
- Art **632** 10
- bei Beendigung der Aufbewahrung fällig **699** 2
- Höhe **632** 11
- Pflicht zur Zahlung **655C** 3

Vergütungsanspruch
- Fälligkeit **699** 1

Vergütungspflicht
- des Kostenanschlags **632** 18
- kündigender Besteller **649** 15

Verhalten
- rechtmäßiges **839** 63
- schlüssiges **675J** 6 f.

Verhältnis
- der ZDL untereinander **675P** 9

Verjährung 839 175, 177, 307; **839A** 34
- bereicherungsrechtlicher Anspruch **821** 2
- reisevertragliche Ansprüche **651G** 65
- Verkürzung **651M** 7

Verjährungsfrist 839 178
- Beginn **801** 20
- Dauer **801** 21
- nach Mitteilung des Mangels **651M** 9
- vor Mitteilung des Mangels **651M** 8

Verkauf
- einer gemeinschaftlichen Forderung **754** 2

Verkehrsregelungspflicht 839 53

Verkehrssicherheit 839 391

Verkehrssicherungspflicht 823 85; **839** 51
- Badeanstalten **823** 107
- Basketball **823** 110
- Beleuchtungspflicht des Grundstückseigentümers **823** 86
- Bergsportveranstalter **823** 107
- Betreiber eines Basketballfeldes **823** 107
- Beweislastverteilung **823** 160
- Eishockey **823** 110
- Eishockeyveranstalter **823** 107
- Eislauf **823** 111
- Fallgruppen **823** 86
- Fallschirmspringschule **823** 107
- Fußball **823** 110
- Fußballveranstalter **823** 107
- Golfen **823** 111
- Handball **823** 110
- Judo **823** 110
- Kampfsportarten **823** 109
- Kampfsportlehrer **823** 107
- Parallelsportarten **823** 111
- Radsport **823** 111
- Radsportveranstalter **823** 107
- Schwimmsport **823** 111
- Skilehrer **823** 107
- Skisport **823** 111
- Sport **823** 103
- Straßenverkehr **823** 89
- Tennis **823** 110
- Tennisanlagenbetreiber **823** 107
- Trainer einer Jugendfußballmannschaft **823** 107
- Verkehrsflächen **839** 50
- Verkehrspflicht und Fahrlässigkeit **823** 84

Stichwortverzeichnis

- Verkehrssicherungspflichten in öffentlichen Gebäuden **823** 87
Verkehrsunfall 839 392, 394
- Beteiligung Minderjähriger **828** 5
- im Dienst **839** 290
Verkehrszeichen 839 447
Verlagsvertrag 631 152
Verletzerkette
- Schadensersatz **687** 22
Verletzung
- des Körpers oder der Gesundheit **843** 2
Verlust
- Anwartschaft auf Leistungen von öffentlichen oder privaten Versicherungen **842** 7
- oder Diebstahl **675V** 4
Verlustanteil
- Berechnung **739** 3
Verlustanzeige
- des Nebenpapiers **804** 7
Verlustbeteiligung
- Änderung **722** 8
- Ausschluss **722** 7
Verlustrisiko 675I 1, 6
Vermessung
- eines Grundstücks **631** 153
Vermittlerleistung
- Erforderlichkeit **655D** 2
- Ursächlichkeit **655C** 2
Vermittlungsfunktion
- untergeordnete **655A** 19
Vermittlungsprovision
- für Arbeitnehmerüberlassung **655** 5
Vermittlungsvergütung
- ungeplante Wechsel zum Entleiher **655** 7
Vermögensmasse
- Trennung **728** 7
Vermögensrecht
- übertragbares **717** 13
Vermögensvorteil
- durch Verletzung nicht realisierter **842** 3
Vermutung
- gesetzliche, gleiche Anteile **742** 1
- Leistung in freigiebiger Absicht **685** 8
Vernichtung
- Schuldverschreibung **799** 14
Verpfändung
- des Geschäftsanteils **719** 16
Verpflichtung
- zur Teilung in Natur **752** 5
Verpflichtungsermächtigung
- Theorie **647** 18
Verpflichtungswille
- Leistung an den jeweiligen Inhaber **807** 5
Verrechnungsvereinbarung
- antizipierte **674** 4

Verrichtungsgehilfe
- Architekten, Bauunternehmer **831** 58
- Arzt **831** 48
- Begriff **831** 34
- Gerichtsvollzieher **831** 62
- Geschäftsunfähiger **831** 38
- Handeln bei Gelegenheit **831** 82
- Handeln in Ausführung der Verrichtung, Haftung des Geschäftsherrn **831** 81
- Handelsvertreter **831** 50
- Mobbing **831** 93
- Rechtsanwalt **831** 53
- Schwarzfahrt **831** 102
- selbständiger Unternehmer **831** 36
- Streikposten **831** 57
- Türsteher **831** 54
- Verleger **831** 55
- Verschulden **831** 68
- vorsätzliche Straftaten **831** 83
Verschulden 839 28, 236; **839A** 22
- gegen sich selbst **839** 237
Versendungsgefahr 675M 8
Versetzung
- in den Ruhestand **839** 219
Versicherungsaufsicht
- Haftung **839** 467
Versorgungszentrum
- medizinische **675A** 5
Verspätung
- von Reisegepäck **651C** 9
Versteigerer 675A 4
Versteigerungstermin 839 436
Verteilung
- des Überschusses **734** 4
- durch Los **752** 14
- nach billigem Ermessen **660** 9
- nach Kopfteilen **734** 4
Verteilungsmaßstab 734 4
Verteilungsschlüssel 735 8
Verteilungsverfahren 734 5
Vertragsbeziehung
- zwischen Eigentümer und Unternehmer **648** 5
Vertragsgemäßheit
- Anspruch auf Abschlagszahlung **632A** 8
Vertragsschluss 632 5
Vertragstyp
- Wahlrecht **651** 5
Vertragsübernahme
- neuer Vertragspartner des Reiseveranstalters **651B** 4
Vertrauensschutz 839 61, 77, 87
Vertretbarkeit 839 67, 135, 190
Vertretungsbefugnis
- alle Gesellschafter gemeinschaftlich **729** 1

Stichwortverzeichnis

Vertretungsmacht
- Entziehung 715 1
- organschaftliche 715 1
- Wirkung der Entziehung 715 5

Verunstaltung
- alte Urkunde 798 8

Verwahrer
- Änderungsbefugnis 692 1
- Kenntnis 694 10
- unbefugte Verwendung 698 4

Verwahrung 688 1
- Abgrenzung zum Dienstvertrag 688 22
- Abgrenzung zum Werkvertrag 688 22
- Abgrenzung zur Leihe 688 18
- Abgrenzung zur Miete 688 18
- Änderung der Aufbewahrung 692 1
- Änderungsbefugnis, mit Zustimmung des Hinterlegers 692 2
- Änderungsbefugnis, ohne Zustimmung des Hinterlegers 692 4
- Aufbewahrung von polizeilich abgeschleppten Kfz 688 41
- Aufbewahrungspflicht 688 28
- Aufbewahrungszeit, Lagergeschäft 696 4
- Aufbewahrungszeit, Unbestimmtheit 696 3
- Aufwendungen, Einsatz von Arbeitskraft 693 4
- Aufwendungen, Erforderlichkeit 693 8
- Aufwendungen, Ersatz 693 1
- Beendigung 695 1; 696 1
- Beschlagnahmeverfügung 688 46
- Beschlagnahmung 688 40
- Bindungswille 688 4
- Bundeswehr 688 47
- Depot 688 35, 38
- Depotgeschäft 688 35
- der ec-Karte 675V 11, 18 f.
- Drittverwahrung 691 1, 8, 10
- Drittverwahrung bei Wertpapieren 691 3
- Finanzamt 688 42
- Fluggast 688 20
- Flughafen 688 20
- Flughafenunternehmen 688 20
- Frühstücksbüffet 688 25
- Gastwirt 688 12
- Gefahrenlage 693 3
- Gefälligkeit 688 4, 23, 25
- Gefälligkeitsverhältnis 688 23
- Gehilfeneinsatz 691 2, 4
- Gehilfenverschulden 691 9
- Gemeinschaftsverwahrung 688 3
- Gepäck im Bahn- und Flugverkehr 688 3
- Gläubigerverzug 696 11
- Haftung bei unentgeltlicher 690 1
- Haftung des Hinterlegers 694 1
- Haftung des Hinterlegers, Exkulpation 694 6
- Haftungsmilderung 688 46
- Hinterlegerhaftung 694 1
- Hinterlegerhaftung, Exkulpation 694 6
- Hinterlegungsdarlehen 688 3, 21
- Hinterlegungsordnung 688 40
- Hotel 688 25
- Inbesitznahme 688 40
- kaufmännisches Lagergeschäft 688 3
- Kosten bei Rücknahme 697 8
- Kündigung, konkludente 695 1; 696 2
- Lagergeld 689 4
- Lagerhalter 688 33
- Lagervertrag 688 32
- öffentlich-rechtliche 688 40; 690 8
- Parkhausbetreiber 688 11
- Parkplatz 688 20
- Parkplätze oder -häuser 688 11
- Polizei 688 43
- pVV 688 42
- Reparatur von Kfz 688 22
- Rettungshandlung 693 3
- Rettungsmaßnahme 688 29
- Rückforderung, Umfang 695 6; 697 4
- Rückforderung der hinterlegten Sache 695 1; 696 2
- Rückgabeort 697 7
- Rückgabepflicht 688 30
- Rückgabepflicht als Holschuld 697 1
- Rücknahme, vorzeitige aus wichtigem Grund 696 5
- Sammelverwahrung 688 36
- Saunaspind 688 15
- Schließfach 688 39
- Schrankfach 688 35, 39
- Schrankfachvermietung 688 35
- Sequestration 688 3
- Sicherstellung von Hausrat 688 41
- Staatseigentum 688 47
- Steuerstrafverfahren 688 42
- Stückeverwahrung 688 35
- Substitution 691 4
- Summenverwahrung 688 21
- Tauschverwahrung 688 36
- Taxe 689 3
- Tiere, Betreuung 693 2
- Tierpension 688 8
- Unmöglichkeit der Rückgabe 689 5; 695 7
- unregelmäßige 700 1, 4
- unregelmäßige, Eigentumswechsel 700 11
- unregelmäßige, Form 700 8
- unregelmäßige, Girokonto 700 18
- unregelmäßige, uneigentliche 688 21
- Vergütung, Fälligkeit 699 1
- Vergütung, Höhe 689 3
- Vergütung, Teilvergütungsanspruch 699 5

Stichwortverzeichnis

- Vergütungspflicht, Grenzen **689** 5
- Verpflichtungswille **688** 23
- Verzinsung des unbefugt verwendeten Geldes **698** 5
- Weisungen, nachträgliche **692** 6
- Weisungsfreiheit **692** 3
- Wertpapiere **688** 3, 34
- Wertpapiere, Hinterlegung **700** 8, 10

Verwahrungsbuch 675B 3
Verwahrungsnebenpflicht 690 5
Verwalter
- Begriff **838** 2

Verwaltung
- fehlende Regelung **745** 4
- gemeinschaftliche **745** 1

Verwaltungshandeln 839 38
Verwaltungshelfer 839 331
Verwaltungskosten
- Einziehung gemeinschaftlicher Forderung **754** 5

Verwaltungsregelung
- der Teilhaber **746** 3

Verweigerungsrecht
- des Reiseveranstalters **651C** 106

Verwendung
- auf die Sache **850** 3
- Ersatz **850** 1
- sonstige missbräuchliche **675V** 5

Verwerfungskompetenz 839 64
Verwertungspflicht
- des Gläubigers **772** 1

Verzicht
- Aufgabe eines Sicherungsrecht **776** 9
- Widerruf der Auslobung **658** 9

Verzichtsabsicht
- Äußerung **685** 7

Verzichtsklausel 651D 20
- am Urlaubsort **651M** 4

Verzichtswille
- Beweis **685** 12

Verzinsung
- der Ersatzsumme **849** 7
- des verwendeten Geldes **668** 1; **698** 5

Verzinsungspflicht 681 9
- Verwendung zu eigenen Zwecken **668** 1

Vollendung
- der Werkleistung **646** 1

Vollharmonisierung 675C 1
Vollstreckung
- bei Geldforderungen **772** 3

Vollstreckungsgericht
- Haftung **839** 435

Vollstreckungsgläubiger
- Beitritt **753** 10

Vollstreckungspflicht
- Verwertung **772** 1

Vollstreckungsversuch
- erfolgloser **771** 3

Vollzugsvereinbarung
- Begriff **749** 18

Vorabprüfung
- automatische **675R** 4

Vorausklage
- Abdingbarkeit **771** 7
- Ausschluss der Einrede **773** 1
- Ausübung **771** 4
- Einrede **771** 1
- Hemmung der Verjährung **771** 6

Vorauszahlungspflicht 760 4
Vorhabenplan 839 482
Vorhersehbarkeit
- höhere Gewalt **651J** 10

Vorlegungsfrist
- Beginn **801** 10
- Dauer **801** 14
- Festlegung durch den Aussteller **801** 8
- Fristwahrung **801** 17
- noch nicht abgelaufen **800** 6

Vorleistungspflicht
- des Auftraggebers **669** 2
- des Verwahrers **699** 1

Vorleser 675A 5
Vormundschaftsgericht
- Ermessensentscheidung des **839** 440

Vorsatz 675V 7
Vorschuss
- auf Verlangen des Beauftragten **669** 4
- objektiv erforderliche Aufwendungen **669** 3

Vorteil
- wirtschaftlicher, außerhalb des Vertrags liegender **690** 4

Vorwerfbarkeit 839 249
Vorzugsrecht
- Begriff **776** 5

W

Warnpflicht 839 321
Warnung 839 113
Wartungsvertrag 631 154
Wechsel 675C 5
Wechselkurse 675G 7 ff.
Wegnahmerecht 850 4
Weigerungspflicht 675O 6
Weinkontrolleur
- Haftung **839** 316

Weisung 675J 3; **675U** 5; **839** 81, 356
- beim Auftrag **665** 4
- des Hinterlegers **692** 6

Weisung/Gesetzwidrig 839 60

Werbevertrag 631 155
Werbung 675T 10
Werk
- Untergang, Verschlechterung, Unausführbarkeit **645** 2

Werklieferungsvertrag 651 1, 13, 55
- Mangelfreiheit **651** 51
- nicht vertretbare Sachen **651** 53
- Projektvertrag **651** 3
- Verantwortung des Bestellers **651** 54

Werkunternehmerpfandrecht
- Besitz des Bestellers **647** 25

Werkvertrag
- Abgrenzung **631** 6
- Abgrenzung zum Arbeitnehmerüberlassungsvertrag **631** 18
- Abgrenzung zum Auftrag **631** 15
- Abgrenzung zum Dienstvertrag **631** 9
- Abgrenzung zum Garantievertrag **631** 17
- Abgrenzung zum Kaufvertrag **631** 7; **651** 12
- Abgrenzung zur Auslobung **657** 4
- Abgrenzung zur Geschäftsbesorgung **631** 16
- Abgrenzung zur Verwahrung **688** 22
- Abschlagszahlungen, Abdingbarkeit **632A** 14
- Abschlagszahlungen, Fälligkeit **632A** 15
- Abschlagszahlungen, Höhe **632A** 13
- Abschluss **631** 19
- AGB **631** 24
- allgemeine Regeln der Technik **633** 19, 28
- Anlagenteile **651** 16
- Annahmeverzug des Bestellers **642** 10
- Anweisung vom Besteller **645** 7
- Architektenvertrag **631** 38
- Architektenwerk, Vollendung **640** 18
- Aufklärungs- und Beratungspflicht **631** 167; **633** 33
- Ausführungsart, Vereinbarung **633** 32
- Auskunft und Rechnungslegung **631** 172
- Bauvertrag **631** 64
- Bauwerk **651** 17
- Beendigung **631** 36
- Begriff **631** 4
- Beschaffenheitsvereinbarung **633** 13
- Beschaffenheitsvereinbarung, Form **633** 20
- Beschaffenheitsvereinbarung, Garantie **633** 21
- Beschaffenheitsvereinbarung, Vollständigkeit **633** 23
- Computerprogramme **651** 37
- DIN-Normen **633** 31
- Drittschadensliquidation **644** 8
- Druckzuschlag **641** 30
- Eigenschaftszusicherung **633** 4
- Entwicklung **651** 32
- Erfolg **651** 25
- Erfolgseintritt **631** 11
- Erzeugung **651** 30
- Fälligkeit bei Leistungskette **641** 22
- Fälligkeit der Vergütung **641** 1
- Fälligkeit der Vergütung ohne Abnahme **641** 4
- Fälligkeit in AGB **641** 17
- Falschlieferung **633** 35
- Fehlerbegriff **633** 3
- Form **631** 25
- Gefahrtragung durch den Besteller **644** 9
- Gefahrtragung durch den Unternehmer **644** 7
- geistige Werke **651** 19
- Haftungsbegrenzung des Unternehmers **633** 6, 45
- Herstellung **651** 28
- Herstellungspflicht **651** 23
- IT-Projekte **651** 39
- IT-Verträge **631** 100, 140
- Kaufrecht **651** 48
- Kostenanschlag **650** 2
- Kündigung bei unterlassener Mitwirkung **643** 1
- Leistungsgefahr **644** 4
- Lieferung **651** 22
- Mangel **633** 9
- Mangel, unwesentlicher **633** 10
- Mangel des vom Besteller gelieferten Stoffes **645** 5
- Mangelfolgeschaden **634** 2
- mangelfreie Werkherstellung **633** 2
- Massengüter **651** 18
- Mehrheit von Unternehmern **631** 191
- Mehrheit von Unternehmern, Haftung **631** 179
- merkantiler Minderwert **633** 27
- Minderleistung **633** 35
- Mitwirkung des Bestellers **642** 3
- Montage **651** 34
- Montageverpflichtung **651** 24
- Nichtigkeit **631** 26
- Obhuts- und Fürsorgepflicht **631** 171
- Pflichten des Bestellers **631** 180
- Pflichten des Unternehmers **631** 158; **633** 7
- Pflichtverletzung durch Besteller, Rechtsfolgen **631** 188
- Pflichtverletzung durch den Unternehmer, Rechtsfolgen **631** 173
- Prüfungspflicht **633** 38
- Rechtsmangel **633** 39
- Regeln der Technik **633** 28
- Regeln der Technik, Definition **633** 29
- Sachen **651** 14
- Sachmangel **633** 12
- Scheinbestandteil **651** 15
- Schwarzarbeit **631** 34
- Schwerpunkt der Leistung **651** 42
- Sicherung durch Unternehmerpfandrecht **647** 1
- Sicherungshypothek **648** 1

Stichwortverzeichnis

- Software **631** 102
- Sphärentheorie **645** 12
- Standardsoftware **651** 38
- Teilabnahme **640** 22, 27
- Vergütung **632** 4
- Vergütung bei Kündigung durch Besteller **649** 15
- Vergütung für Vorarbeiten, Vergütungspflicht des Kostenanschlags **632** 18
- Vergütungsgefahr **644** 5
- Verjährung **651** 41
- vertragstypologische Einordnung **651** 31
- Verwendungseignung, gewöhnliche **633** 26
- Verwendungseignung, vertraglich vorausgesetzte **633** 22
- Verwertungsrechte **651** 43
- Vollendung des Werkes **646** 1
- Vorleistung, mangelhafte **633** 38
- Widerrufsrecht **631** 23
- Zinspflicht **641** 39
- Zuwenigleistung **633** 35
- Zuweniglieferung **633** 35

Wertersatz
- wegen Entziehung einer Sache **849** 3

Wertminderung
- Ersatz, wegen Entziehung einer Sache **849** 3

Wertpapier
- Begriff **702** 6; **793** 9
- Formen und Einteilung **793** 22
- Hinterlegung **700** 8, 10
- Inhaberschuldverschreibungen **793** 1
- qualifiziertes Legitimationspapier **808** 3
- Verwahrung **688** 3, 34

Wertpapiere
- Übertragung **675B** 2

Wertstellung **675U** 8 ff.; **675Y** 6
- bei Bareinzahlungen **675T** 11
- taggleiche **675T** 7
- von Belastungen **675T** 12

Wertstellungsdatum 675T 2

Wertstellungsrechtsprechung 675T 1

Wertstellungszeitpunkt
- bei Gutschriften **675T** 2 ff.

Wette
- Abgrenzung von Spiel und Wette **762** 24
- Abgrenzung von Spiel und Wette zu anderen Formen **762** 28
- Abgrenzung zur Auslobung **657** 6
- Begriff **762** 22
- Merkmale **762** 2
- Rennwette **762** 27
- Unverbindlichkeit **762** 40

Wetterdienst
- deutscher, Haftung **839** 341

Widerruf 675J 13 ff.
- der Anweisung **790** 1
- der Zustimmung **675U** 7
- des Zahlungsauftrags **675P** 1 ff.
- durch Insolvenzverwalter **675X** 30
- einer Lastschrift **675O** 5
- Folgen **658** 8
- Form **658** 4
- nicht formbedürftig **790** 2
- sittenwidriger **675X** 27, 31
- Verzicht **658** 9
- zeitgleicher **675P** 3

Widerruflichkeit 675X 17

Widerrufserklärung
- inhaltliche Anforderungen **658** 3

Widerrufsfrist 675F 10
- verlängerte **675P** 7

Widerrufsrecht 675I 5
- Ausschluss **658** 6

Widerspruch
- auf einzelne Geschäfte **711** 2
- Außenwirkung **711** 4
- gegen geplante Geschäftsführungsmaßnahmen **711** 2
- Unwirksamkeit **711** 3
- zum wirklichen oder mutmaßlichen Willen des Geschäftsherrn **678** 7

Widerspruchsberechtigter
- geschäftsführungsberechtigter Gesellschafter **711** 5

Widerspruchsrecht
- des Reiseveranstalters **651B** 12
- im EEV **675X** 24 ff.

Widerspruchsvorbehalt
- des Sicherungsgebers **648A** 28

Wiedergutschrift 675R 10

Wildunfall 839 529

Winterdienstbehandlung 839 463

Wissen
- um andersartige Rückgewährpflicht **819** 6

Wohnfläche 633 90

Wohnsitz 839 258

Wohnungseigentum
- Kauf **634** 108
- Mängel am Sondereigentum **634** 108
- Werkmängelrechte **634** 109

Wohnungseigentümer 837 4

Wohnungsverwalter
- Pflege des Gemeinschaftseigentums **838** 4

Z

ZAG
- Begriffsbestimmungen **675C** 4

Zahlstelle
- vom Aussteller beauftragt **797** 24

Stichwortverzeichnis

ju

Z
 675F 8
 pfändeten Konto 676C 4
Z
 ies Konto 675H 7
 reitende 675Q 3
 nde 675J 15
 rag 675F 4, 8; 675I 5; 675N 5;
 6
 675O 1 ff.
 isierte oder mangelhafte Ausfüh-
  1
 eit 675N 2
 thentifizierungsinstrument

 etrag
 675R 10
 , 675S 6
 eitung 675Y 1
 betrags
 5Y 4
 sdienste 675C 1, 5
 ternehmen 675E 8
 sdiensterahmenvertrag 675F 5;

 ligung 675H 1
 gsdiensterecht 675A 1; 675C 1
 gsdienstevertrag 675F 4
 ngskonto 675T 9
 ngssperre
 trag auf Erlass 802 4
 rläufiger Rechtsschutz 799 24
 ungsunfähigkeit
 s Reiseveranstalters während der Reise
 51K 1
 lungsunwilligkeit
 les Hauptschuldners 773 3
 hlungsverkehr
 grenzüberschreitender 675Q 3
 hlungsversprechen
 sonstiges 648A 29
 ahlungsvorgang 675F 4, 7; 675J 2; 675Y 2 ff.
 Ausgelöste 675P 5
 Ausgleichsanspruch 676A 1
- autorisierter 675U 2; 675X 4
- beleggebundene 675S 5
- Nachweis der Ausführung 676 1
- nicht ordnungsgemäße Ausführung 676 1
- nichtautorisierter 675V 3
- nichtautorisierter oder fehlerhaft ausgeführter 676B 1
- vollautomatisiert 675R 6
- vom Zahlungsempfänger ausgelöst 675Y 7 ff.
ZAuFI
- Begriff 675J 12

- betrügerische Verwendung 675K 3
- gestohlenes 675J 10
- Neuausstellung 675K 5
Zedent
- Forderungsabtretung 853 3
Zeitabschnitt
- Fälligkeit der Vergütung 699 4
Zeitbestimmung
- Vereinbarung 777 6
Zeitpunkt
- der Wertstellung 675T 7
Zession
- Übertragung der Anweisung 792 2
Zeugen 839A 14
Zeugniserteilung 799 26
Zinsen 675Y 12
Zinspflicht
- Änderung bzw. Wegfall der materiellen 803 22
Zinssatz
- Änderungen 675G 7 ff.
Zinsschein
- Ausgabe 803 11
- Begriff 803 12
- Erneuerungsschein 805 6
- Fälligkeit 803 28
- Selbständigkeit 803 16
- Verlust 804 5
- Verlustanzeige 804 7
Zirkularkreditbrief
- Begriff 785 4
Zivildienstleistender
- Haftung 839 317
Zivilmakler
- Einbeziehung 653 7
Zivilrichter
- Haftung 839 442
Zollbeamter
- Haftung 839 320
Zufall
- Begriff 848 4
Zufallschaden
- keine Haftung 682 1
Zugang 675N 2 ff.
Zugänglichmachen 675D 3 f.
Zugewinngemeinschaft 747 12
Zulassung
- zur Rechtsanwaltschaft 839 383
Zulassungsausschuss 839 499
Zumutbarkeit 839 151
Zuordnungsproblem 675R 9
Zurechenbarkeit
- fiktive 829 5
Zurechnung
- von Zufallsschäden 848 5

2191

Stichwortverzeichnis

Zurechnungsanordnung
- gesetzliche **848** 6

Zurechnungsfähigkeit
- bei unerlaubter Handlung **827** 1
- bei unerlaubter Handlung, Kinder und Jugendliche **828** 1

Zurückbehaltungsrecht 675T 6; **850** 4
- Annahmeverzug des Inhabers **797** 13
- Aushändigung der Anweisung **785** 5
- der Gesellschaft **739** 4
- des Ausstellers **797** 6
- des Verwahrers **695** 8
- gegenüber Bereicherungsanspruch des Geschäftsführers **684** 14

Zusage 839 76

Zusammenarbeit
- gewerblicher Unternehmer **722** 6

Zusammenverwahrung 675V 12 ff.
- von Karte und Geheimnummer **675V** 15

Zusammenwirken
- institutionalisiertes zwischen Bank, Vermittler und Verkäufer **675** 122
- kollusives **675V** 22

Zusicherung 839 86
Zuständigkeit 839 68
Zustellung 714 40
Zustimmung 675G 2; 67?
- beiderseitige **675G** 1
- des Hinterlegers **692** 2

Zustimmungsfiktion 675G

Zuteilung
- eines gemeinschaftlichen an einen Teilhaber **757** 2

Zuteilungsabrede 758 2

Zuwendung
- unentgeltliche **822** 3

Zwangsversteigerung
- Teilung durch Verkauf **753** 9

Zwangsversteigerungstermin

Zwangsversteigerungsverfahre
- Amtspflicht **839** 417

Zweck 675U 9

Zweckerreichung
- Auflösung der Gesellschaft **726**
- Unmöglichkeit **726** 3

Zwischenzinsen 813 15